NomosGesetze

Strafrecht

33. Auflage

Stand: 21. August 2024 (BGBl. I Nr. 266)

Nomos

Hinweise und Anregungen zu dieser Sammlung nimmt die Fachredaktion unter bundesrecht@nomos.de gerne entgegen.

Die Deutsche Nationalbibliothek verzeichnet diese Publikation in der Deutschen Nationalbibliografie; detaillierte bibliografische Daten sind im Internet über http://dnb.d-nb.de abrufbar.

ISBN 978-3-7560-0958-9

33. Auflage 2024

Inhaltsverzeichnis

Nebenstrafrecht

Gerichtsverfassungs- und Strafprozessrecht

Internationales Strafverfahrensrecht

Strafvollzugs- und Registerrecht

Entschädigungsrecht

Gerichtskosten- und Vergütungsrecht

Verfassungs- und europarechtliche Grundlagen

Strafgesetzbuch (StGB)[1)]

In der Fassung der Bekanntmachung vom 13. November 1998[2)] (BGBl. I S. 3322)
(FNA 450-2)

zuletzt geändert durch Art. 2 G zur Fortentwicklung des Völkerstrafrechts vom 30. Juli 2024 (BGBl. 2024 I Nr. 255)

Inhaltsübersicht

---

1) Beachte die Bek. v. 27.2.2024 (BGBl. 2024 I Nr. 69): „Die Richtlinie (EU) 2016/800 des Europäischen Parlaments und des Rates vom 11. Mai 2016 über Verfahrensgarantien in Strafverfahren für Kinder, die Verdächtige oder beschuldigte Personen in Strafverfahren sind (ABl. L 132 vom 21.5.2016, S. 1), wird ergänzend zu dem Gesetz zur Stärkung der Verfahrensrechte von Beschuldigten im Jugendstrafverfahren vom 9. Dezember 2019 (BGBl. I S. 2146) sowie dem Gesetz zur Neuregelung des Rechts der notwendigen Verteidigung vom 10. Dezember 2019 (BGBl. I S. 2128) umgesetzt durch

1. § 41 des Bundespolizeigesetzes vom 19. Oktober 1994 (BGBl. I S. 2978, 2979), das zuletzt durch Artikel 2 des Gesetzes vom 19. Dezember 2022 (BGBl. I S. 2632) geändert worden ist,
2. die §§ 147, 171b und 177 des Gerichtsverfassungsgesetzes in der Fassung der Bekanntmachung vom 9. Mai 1975 (BGBl. I S. 1077), das zuletzt durch Artikel 2 des Gesetzes vom 25. Oktober 2023 (BGBl. 2023 I Nr. 294) geändert worden ist,
3. die §§ 35a, 58 Absatz 2, die §§ 58a, 81a, 81b, 114b, 114e, 116, 117, 118, 118a, 118b, 121, 122, 126a, 136, 137, 140, 148, 161, 163, 163a, 168, 168a, 168b Absatz 3, § 168c Absatz 1, die §§ 201, 216, 217, 230 Absatz 1, die §§ 231 ff., 243 Absatz 5, die §§ 247, 257 Absatz 1, § 258 Absatz 1, § 275a Absatz 6, die §§ 285, 304 ff., 310 Absatz 1, die §§ 332, 333 ff., 338 Nummer 5 sowie § 464a der Strafprozessordnung in der Fassung der Bekanntmachung vom 7. April 1987 (BGBl. I S. 1074, 1319), die zuletzt durch Artikel 2 des Gesetzes vom 26. Juli 2023 (BGBl. 2023 I Nr. 203) geändert worden ist,
4. § 77 Absatz 1 und § 78 Absatz 1 des Gesetzes über die internationale Rechtshilfe in Strafsachen in der Fassung der Bekanntmachung vom 27. Juni 1994 (BGBl. I S. 1537), das zuletzt durch Artikel 6 des Gesetzes vom 19. Dezember 2022 (BGBl. I S. 2632) geändert worden ist,
5. § 1 des Gerichtskostengesetzes in der Fassung der Bekanntmachung vom 27. Februar 2014 (BGBl. I S. 154), das zuletzt durch Artikel 2 des Gesetzes vom 14. Dezember 2023 (BGBl. 2023 I Nr. 365) geändert worden ist, sowie die Nummern 9005, 9011 und 9015 der Anlage 1 (Kostenverzeichnis) zum Gerichtskostengesetz,
6. die §§ 823, 1004, 1626 Absatz 1, die §§ 1626a, 1630, 1671, 1773 Absatz 1 und § 1789 Absatz 2 des Bürgerlichen Gesetzbuches in der Fassung der Bekanntmachung vom 2. Januar 2002 (BGBl. I S. 42, 2909; 2003 I S. 738), das zuletzt durch Artikel 34 Absatz 3 des Gesetzes vom 22. Dezember 2023 (BGBl. 2023 I Nr. 411) geändert worden ist,
7. die §§ 22, 23, 33 und 48 des Gesetzes betreffend das Urheberrecht an Werken der bildenden Künste und der Photographie in der im Bundesgesetzblatt Teil III, Gliederungsnummer 440-3, veröffentlichten bereinigten Fassung, das zuletzt durch Artikel 3 § 31 des Gesetzes vom 16. Februar 2001 (BGBl. I S. 266) geändert worden ist,
8. die §§ 19, 203 und 353d des Strafgesetzbuches in der Fassung der Bekanntmachung vom 13. November 1998 (BGBl. I S. 3322), das zuletzt durch Artikel 1 des Gesetzes vom 26. Juli 2023 (BGBl. 2023 I Nr. 203) geändert worden ist,
9. die §§ 1, 2, 12, 33, 33a, 33b, 36, 37, 38, 43, 48, 50, 51, 67, 68, 70, 70b, 71, 72, 72a, 81a und 89c des Jugendgerichtsgesetzes in der Fassung der Bekanntmachung vom 11. Dezember 1974 (BGBl. I S. 3427), das zuletzt durch Artikel 21 des Gesetzes vom 25. Juni 2021 (BGBl. I S. 2099) geändert worden ist,
10. § 12 Absatz 1 und § 46 des Gesetzes über Ordnungswidrigkeiten in der Fassung der Bekanntmachung vom 19. Februar 1987 (BGBl. I S. 602), das zuletzt durch Artikel 5 des Gesetzes vom 14. März 2023 (BGBl. 2023 I Nr. 73) geändert worden ist, sowie
11. die §§ 1, 34, 45, 52, 62 und 72 des Achten Buches Sozialgesetzbuch – Kinder und Jugendhilfe – in der Fassung der Bekanntmachung vom 11. September 2012 (BGBl. I S. 2022), das zuletzt durch Artikel 1 des Gesetzes vom 21. Dezember 2022 (BGBl. I S. 2824; 2023 I Nr. 19) geändert worden ist."

2) Neubekanntmachung des StGB idF der Bek. v. 10.3.1987 (BGBl. I S. 945, 1160) in der ab 1.1.1999 geltenden Fassung.

Sechster Titel
Maßregeln der Besserung und Sicherung

Siebenter Titel
Einziehung

Vierter Abschnitt
Strafantrag, Ermächtigung, Strafverlangen

Fünfter Abschnitt
Verjährung

Erster Titel
Verfolgungsverjährung

Zweiter Titel
Vollstreckungsverjährung

Dreizehnter Abschnitt
Straftaten gegen die sexuelle Selbstbestimmung

Vierzehnter Abschnitt
Beleidigung

Fünfzehnter Abschnitt
Verletzung des persönlichen Lebens- und Geheimbereichs

Sechzehnter Abschnitt
Straftaten gegen das Leben

Allgemeiner Teil

Erster Abschnitt
Das Strafgesetz

Erster Titel
Geltungsbereich

§ 1 Keine Strafe ohne Gesetz
Eine Tat kann nur bestraft werden, wenn die Strafbarkeit gesetzlich bestimmt war, bevor die Tat begangen wurde.

§ 2 Zeitliche Geltung
(1) Die Strafe und ihre Nebenfolgen bestimmen sich nach dem Gesetz, das zur Zeit der Tat gilt.
(2) Wird die Strafdrohung während der Begehung der Tat geändert, so ist das Gesetz anzuwenden, das bei Beendigung der Tat gilt.
(3) Wird das Gesetz, das bei Beendigung der Tat gilt, vor der Entscheidung geändert, so ist das mildeste Gesetz anzuwenden.
(4) [1]Ein Gesetz, das nur für eine bestimmte Zeit gelten soll, ist auf Taten, die während seiner Geltung begangen sind, auch dann anzuwenden, wenn es außer Kraft getreten ist. [2]Dies gilt nicht, soweit ein Gesetz etwas anderes bestimmt.
(5) Für Einziehung und Unbrauchbarmachung gelten die Absätze 1 bis 4 entsprechend.
(6) Über Maßregeln der Besserung und Sicherung ist, wenn gesetzlich nichts anderes bestimmt ist, nach dem Gesetz zu entscheiden, das zur Zeit der Entscheidung gilt.

§ 3 Geltung für Inlandstaten
Das deutsche Strafrecht gilt für Taten, die im Inland begangen werden.

§ 4 Geltung für Taten auf deutschen Schiffen und Luftfahrzeugen
Das deutsche Strafrecht gilt, unabhängig vom Recht des Tatorts, für Taten, die auf einem Schiff oder in einem Luftfahrzeug begangen werden, das berechtigt ist, die Bundesflagge oder das Staatszugehörigkeitszeichen der Bundesrepublik Deutschland zu führen.

§ 5 Auslandstaten mit besonderem Inlandsbezug
Das deutsche Strafrecht gilt, unabhängig vom Recht des Tatorts, für folgende Taten, die im Ausland begangen werden:
1. *[aufgehoben]*
2. Hochverrat (§§ 81 bis 83);
3. Gefährdung des demokratischen Rechtsstaates

a) in den Fällen des § 86 Absatz 1 und 2, wenn Propagandamittel im Inland wahrnehmbar verbreitet oder der inländischen Öffentlichkeit zugänglich gemacht werden und der Täter Deutscher ist oder seine Lebensgrundlage im Inland hat,
b) in den Fällen des § 86a Absatz 1 Nummer 1, wenn ein Kennzeichen im Inland wahrnehmbar verbreitet oder in einer der inländischen Öffentlichkeit zugänglichen Weise oder in einem im Inland wahrnehmbar verbreiteten Inhalt (§ 11 Absatz 3) verwendet wird und der Täter Deutscher ist oder seine Lebensgrundlage im Inland hat,
c) in den Fällen der §§ 89, 90a Abs. 1 und des § 90b, wenn der Täter Deutscher ist und seine Lebensgrundlage im räumlichen Geltungsbereich dieses Gesetzes hat, und
d) in den Fällen der §§ 90 und 90a Abs. 2;

4. Landesverrat und Gefährdung der äußeren Sicherheit (§§ 94 bis 100a);
5. Straftaten gegen die Landesverteidigung
   a) in den Fällen der §§ 109 und 109e bis 109g und
   b) in den Fällen der §§ 109a, 109d und 109h, wenn der Täter Deutscher ist und seine Lebensgrundlage im räumlichen Geltungsbereich dieses Gesetzes hat;

5a. Widerstand gegen die Staatsgewalt und Straftaten gegen die öffentliche Ordnung
   a) in den Fällen des § 111, wenn die Aufforderung im Inland wahrnehmbar ist und der Täter Deutscher ist oder seine Lebensgrundlage im Inland hat,
   b) in den Fällen des § 127, wenn der Zweck der Handelsplattform darauf ausgerichtet ist, die Begehung von rechtswidrigen Taten im Inland zu ermöglichen oder zu fördern und der Täter Deutscher ist oder seine Lebensgrundlage im Inland hat, und
   c) in den Fällen des § 130 Absatz 2 Nummer 1, auch in Verbindung mit Absatz 6, wenn ein in Absatz 2 Nummer 1 oder Absatz 3 bezeichneter Inhalt (§ 11 Absatz 3) in einer Weise, die geeignet ist, den öffentlichen Frieden zu stören, im Inland wahrnehmbar verbreitet oder der inländischen Öffentlichkeit zugänglich gemacht wird und der Täter Deutscher ist oder seine Lebensgrundlage im Inland hat;

6. Straftaten gegen die persönliche Freiheit
   a) in den Fällen der §§ 234a und 241a, wenn die Tat sich gegen eine Person richtet, die zur Zeit der Tat Deutsche ist und ihren Wohnsitz oder gewöhnlichen Aufenthalt im Inland hat,
   b) in den Fällen des § 235 Absatz 2 Nummer 2, wenn die Tat sich gegen eine Person richtet, die zur Zeit der Tat ihren Wohnsitz oder gewöhnlichen Aufenthalt im Inland hat, und
   c) in den Fällen des § 237, wenn der Täter zur Zeit der Tat Deutscher ist oder seine Lebensgrundlage im Inland hat oder wenn die Tat sich gegen eine Person richtet, die zur Zeit der Tat ihren Wohnsitz oder gewöhnlichen Aufenthalt im Inland hat;

7. Verletzung von Betriebs- oder Geschäftsgeheimnissen eines im räumlichen Geltungsbereich dieses Gesetzes liegenden Betriebs, eines Unternehmens, das dort seinen Sitz hat, oder eines Unternehmens mit Sitz im Ausland, das von einem Unternehmen mit Sitz im räumlichen Geltungsbereich dieses Gesetzes abhängig ist und mit diesem einen Konzern bildet;
8. Straftaten gegen die sexuelle Selbstbestimmung in den Fällen des § 174 Absatz 1, 2 und 4, der §§ 176 bis 178 und des § 182, wenn der Täter zur Zeit der Tat Deutscher ist oder seine Lebensgrundlage im Inland hat;
9. Straftaten gegen das Leben
   a) in den Fällen des § 218 Absatz 2 Satz 2 Nummer 1 und Absatz 4 Satz 1, wenn der Täter zur Zeit der Tat Deutscher ist oder seine Lebensgrundlage im Inland hat, und
   b) in den übrigen Fällen des § 218, wenn der Täter zur Zeit der Tat Deutscher ist und seine Lebensgrundlage im Inland hat;

9a. Straftaten gegen die körperliche Unversehrtheit
   a) in den Fällen des § 226 Absatz 1 Nummer 1 in Verbindung mit Absatz 2 bei Verlust der Fortpflanzungsfähigkeit, wenn der Täter zur Zeit der Tat Deutscher ist oder seine Lebensgrundlage im Inland hat, und
   b) in den Fällen des § 226a, wenn der Täter zur Zeit der Tat Deutscher ist oder seine Lebensgrundlage im Inland hat oder wenn die Tat sich gegen eine Person richtet, die zur Zeit der Tat ihren Wohnsitz oder gewöhnlichen Aufenthalt im Inland hat;

10. falsche uneidliche Aussage, Meineid und falsche Versicherung an Eides Statt (§§ 153 bis 156) in einem Verfahren, das im räumlichen Geltungsbereich dieses Gesetzes bei einem Gericht oder einer anderen deutschen Stelle anhängig ist, die zur Abnahme von Eiden oder eidesstattlichen Versicherungen zuständig ist;

10a. Sportwettbetrug und Manipulation von berufssportlichen Wettbewerben (§§ 265c und 265d), wenn sich die Tat auf einen Wettbewerb bezieht, der im Inland stattfindet;
11. Straftaten gegen die Umwelt in den Fällen der §§ 324, 326, 330 und 330a, die im Bereich der deutschen ausschließlichen Wirtschaftszone begangen werden, soweit völkerrechtliche Übereinkommen zum Schutze des Meeres ihre Verfolgung als Straftaten gestatten;
11a. Straftaten nach § 328 Abs. 2 Nr. 3 und 4, Abs. 4 und 5, auch in Verbindung mit § 330, wenn der Täter zur Zeit der Tat Deutscher ist;
12. Taten, die ein deutscher Amtsträger oder für den öffentlichen Dienst besonders Verpflichteter während eines dienstlichen Aufenthalts oder in Beziehung auf den Dienst begeht;
13. Taten, die ein Ausländer als Amtsträger oder für den öffentlichen Dienst besonders Verpflichteter begeht;
14. Taten, die jemand gegen einen Amtsträger, einen für den öffentlichen Dienst besonders Verpflichteten oder einen Soldaten der Bundeswehr während der Ausübung ihres Dienstes oder in Beziehung auf ihren Dienst begeht;
15. Straftaten im Amt nach den §§ 331 bis 337, wenn
    a) der Täter zur Zeit der Tat Deutscher ist,
    b) der Täter zur Zeit der Tat Europäischer Amtsträger ist und seine Dienststelle ihren Sitz im Inland hat,
    c) die Tat gegenüber einem Amtsträger, einem für den öffentlichen Dienst besonders Verpflichteten oder einem Soldaten der Bundeswehr begangen wird oder
    d) die Tat gegenüber einem Europäischen Amtsträger oder Schiedsrichter, der zur Zeit der Tat Deutscher ist, oder einer nach § 335a gleichgestellten Person begangen wird, die zur Zeit der Tat Deutsche ist;
16. Bestechlichkeit und Bestechung von Mandatsträgern (§ 108e) und unzulässige Interessenwahrnehmung (§ 108f), wenn
    a) der Täter zur Zeit der Tat Mitglied einer deutschen Volksvertretung oder Deutscher ist oder
    b) die Tat gegenüber einem Mitglied einer deutschen Volksvertretung oder einer Person, die zur Zeit der Tat Deutsche ist, begangen wird;
17. Organ- und Gewebehandel (§ 18 des Transplantationsgesetzes), wenn der Täter zur Zeit der Tat Deutscher ist.

§ 6 Auslandstaten gegen international geschützte Rechtsgüter

Das deutsche Strafrecht gilt weiter, unabhängig vom Recht des Tatorts, für folgende Taten, die im Ausland begangen werden:
1. *[aufgehoben]*
2. Kernenergie-, Sprengstoff- und Strahlungsverbrechen in den Fällen der §§ 307 und 308 Abs. 1 bis 4, des § 309 Abs. 2 und des § 310;
3. Angriffe auf den Luft- und Seeverkehr (§ 316c);
4. Menschenhandel (§ 232);
5. unbefugter Vertrieb von Betäubungsmitteln;
6. Verbreitung pornographischer Inhalte in den Fällen der §§ 184a, 184b Absatz 1 und 2 und § 184c Absatz 1 und 2;
7. Geld- und Wertpapierfälschung (§§ 146, 151 und 152), Fälschung von Zahlungskarten mit Garantiefunktion (§ 152b Abs. 1 bis 4) sowie deren Vorbereitung (§§ 149, 151, 152 und 152b Abs. 5);
8. Subventionsbetrug (§ 264);
9. Taten, die auf Grund eines für die Bundesrepublik Deutschland verbindlichen zwischenstaatlichen Abkommens auch dann zu verfolgen sind, wenn sie im Ausland begangen werden.

§ 7 Geltung für Auslandstaten in anderen Fällen

(1) Das deutsche Strafrecht gilt für Taten, die im Ausland gegen einen Deutschen begangen werden, wenn die Tat am Tatort mit Strafe bedroht ist oder der Tatort keiner Strafgewalt unterliegt.

(2) Für andere Taten, die im Ausland begangen werden, gilt das deutsche Strafrecht, wenn die Tat am Tatort mit Strafe bedroht ist oder der Tatort keiner Strafgewalt unterliegt und wenn der Täter
1. zur Zeit der Tat Deutscher war oder es nach der Tat geworden ist oder
2. zur Zeit der Tat Ausländer war, im Inland betroffen und, obwohl das Auslieferungsgesetz seine Auslieferung nach der Art der Tat zuließe, nicht ausgeliefert wird, weil ein Auslieferungsersuchen innerhalb angemessener Frist nicht gestellt oder abgelehnt wird oder die Auslieferung nicht ausführbar ist.

§ 8 Zeit der Tat

[1]Eine Tat ist zu der Zeit begangen, zu welcher der Täter oder der Teilnehmer gehandelt hat oder im Falle des Unterlassens hätte handeln müssen. [2]Wann der Erfolg eintritt, ist nicht maßgebend.

§ 9 Ort der Tat

(1) Eine Tat ist an jedem Ort begangen, an dem der Täter gehandelt hat oder im Falle des Unterlassens hätte handeln müssen oder an dem der zum Tatbestand gehörende Erfolg eingetreten ist oder nach der Vorstellung des Täters eintreten sollte.

(2) [1]Die Teilnahme ist sowohl an dem Ort begangen, an dem die Tat begangen ist, als auch an jedem Ort, an dem der Teilnehmer gehandelt hat oder im Falle des Unterlassens hätte handeln müssen oder an dem nach seiner Vorstellung die Tat begangen werden sollte. [2]Hat der Teilnehmer an einer Auslandstat im Inland gehandelt, so gilt für die Teilnahme das deutsche Strafrecht, auch wenn die Tat nach dem Recht des Tatorts nicht mit Strafe bedroht ist.

§ 10 Sondervorschriften für Jugendliche und Heranwachsende

Für Taten von Jugendlichen und Heranwachsenden gilt dieses Gesetz nur, soweit im Jugendgerichtsgesetz nichts anderes bestimmt ist.

Zweiter Titel

Sprachgebrauch

§ 11 Personen- und Sachbegriffe

(1) Im Sinne dieses Gesetzes ist

1. Angehöriger:
   wer zu den folgenden Personen gehört:
   a) Verwandte und Verschwägerte gerader Linie, der Ehegatte, der Lebenspartner, der Verlobte, Geschwister, Ehegatten oder Lebenspartner der Geschwister, Geschwister der Ehegatten oder Lebenspartner, und zwar auch dann, wenn die Ehe oder die Lebenspartnerschaft, welche die Beziehung begründet hat, nicht mehr besteht oder wenn die Verwandtschaft oder Schwägerschaft erloschen ist,
   b) Pflegeeltern und Pflegekinder;
2. Amtsträger:
   wer nach deutschem Recht
   a) Beamter oder Richter ist,
   b) in einem sonstigen öffentlich-rechtlichen Amtsverhältnis steht oder
   c) sonst dazu bestellt ist, bei einer Behörde oder bei einer sonstigen Stelle oder in deren Auftrag Aufgaben der öffentlichen Verwaltung unbeschadet der zur Aufgabenerfüllung gewählten Organisationsform wahrzunehmen;

2a. Europäischer Amtsträger:
   wer
   a) Mitglied der Europäischen Kommission, der Europäischen Zentralbank, des Rechnungshofs oder eines Gerichts der Europäischen Union ist,
   b) Beamter oder sonstiger Bediensteter der Europäischen Union oder einer auf der Grundlage des Rechts der Europäischen Union geschaffenen Einrichtung ist oder
   c) mit der Wahrnehmung von Aufgaben der Europäischen Union oder von Aufgaben einer auf der Grundlage des Rechts der Europäischen Union geschaffenen Einrichtung beauftragt ist;

3. Richter:
   wer nach deutschem Recht Berufsrichter oder ehrenamtlicher Richter ist;
4. für den öffentlichen Dienst besonders Verpflichteter:
   wer, ohne Amtsträger zu sein,
   a) bei einer Behörde oder bei einer sonstigen Stelle, die Aufgaben der öffentlichen Verwaltung wahrnimmt, oder
   b) bei einem Verband oder sonstigen Zusammenschluß, Betrieb oder Unternehmen, die für eine Behörde oder für eine sonstige Stelle Aufgaben der öffentlichen Verwaltung ausführen,

   beschäftigt oder für sie tätig und auf die gewissenhafte Erfüllung seiner Obliegenheiten auf Grund eines Gesetzes förmlich verpflichtet ist;
5. rechtswidrige Tat:
   nur eine solche, die den Tatbestand eines Strafgesetzes verwirklicht;
6. Unternehmen einer Tat:

deren Versuch und deren Vollendung;
7. Behörde:
auch ein Gericht;
8. Maßnahme:
jede Maßregel der Besserung und Sicherung, die Einziehung und die Unbrauchbarmachung;
9. Entgelt:
jede in einem Vermögensvorteil bestehende Gegenleistung.

(2) Vorsätzlich im Sinne dieses Gesetzes ist eine Tat auch dann, wenn sie einen gesetzlichen Tatbestand verwirklicht, der hinsichtlich der Handlung Vorsatz voraussetzt, hinsichtlich einer dadurch verursachten besonderen Folge jedoch Fahrlässigkeit ausreichen läßt.

(3) Inhalte im Sinne der Vorschriften, die auf diesen Absatz verweisen, sind solche, die in Schriften, auf Ton- oder Bildträgern, in Datenspeichern, Abbildungen oder anderen Verkörperungen enthalten sind oder auch unabhängig von einer Speicherung mittels Informations- oder Kommunikationstechnik übertragen werden.

§ 12 Verbrechen und Vergehen

(1) Verbrechen sind rechtswidrige Taten, die im Mindestmaß mit Freiheitsstrafe von einem Jahr oder darüber bedroht sind.

(2) Vergehen sind rechtswidrige Taten, die im Mindestmaß mit einer geringeren Freiheitsstrafe oder die mit Geldstrafe bedroht sind.

(3) Schärfungen oder Milderungen, die nach den Vorschriften des Allgemeinen Teils oder für besonders schwere oder minder schwere Fälle vorgesehen sind, bleiben für die Einteilung außer Betracht.

Zweiter Abschnitt
Die Tat

Erster Titel
Grundlagen der Strafbarkeit

§ 13 Begehen durch Unterlassen

(1) Wer es unterläßt, einen Erfolg abzuwenden, der zum Tatbestand eines Strafgesetzes gehört, ist nach diesem Gesetz nur dann strafbar, wenn er rechtlich dafür einzustehen hat, daß der Erfolg nicht eintritt, und wenn das Unterlassen der Verwirklichung des gesetzlichen Tatbestandes durch ein Tun entspricht.

(2) Die Strafe kann nach § 49 Abs. 1 gemildert werden.

§ 14 Handeln für einen anderen

(1) Handelt jemand
1. als vertretungsberechtigtes Organ einer juristischen Person oder als Mitglied eines solchen Organs,
2. als vertretungsberechtigter Gesellschafter einer rechtsfähigen Personengesellschaft oder
3. als gesetzlicher Vertreter eines anderen,

so ist ein Gesetz, nach dem besondere persönliche Eigenschaften, Verhältnisse oder Umstände (besondere persönliche Merkmale) die Strafbarkeit begründen, auch auf den Vertreter anzuwenden, wenn diese Merkmale zwar nicht bei ihm, aber bei dem Vertretenen vorliegen.

(2) [1]Ist jemand von dem Inhaber eines Betriebs oder einem sonst dazu Befugten
1. beauftragt, den Betrieb ganz oder zum Teil zu leiten, oder
2. ausdrücklich beauftragt, in eigener Verantwortung Aufgaben wahrzunehmen, die dem Inhaber des Betriebs obliegen,

und handelt er auf Grund dieses Auftrags, so ist ein Gesetz, nach dem besondere persönliche Merkmale die Strafbarkeit begründen, auch auf den Beauftragten anzuwenden, wenn diese Merkmale zwar nicht bei ihm, aber bei dem Inhaber des Betriebs vorliegen. [2]Dem Betrieb im Sinne des Satzes 1 steht das Unternehmen gleich. [3]Handelt jemand auf Grund eines entsprechenden Auftrags für eine Stelle, die Aufgaben der öffentlichen Verwaltung wahrnimmt, so ist Satz 1 sinngemäß anzuwenden.

(3) Die Absätze 1 und 2 sind auch dann anzuwenden, wenn die Rechtshandlung, welche die Vertretungsbefugnis oder das Auftragsverhältnis begründen sollte, unwirksam ist.

§ 15 Vorsätzliches und fahrlässiges Handeln

Strafbar ist nur vorsätzliches Handeln, wenn nicht das Gesetz fahrlässiges Handeln ausdrücklich mit Strafe bedroht.

§ 16 Irrtum über Tatumstände

(1) [1]Wer bei Begehung der Tat einen Umstand nicht kennt, der zum gesetzlichen Tatbestand gehört, handelt nicht vorsätzlich. [2]Die Strafbarkeit wegen fahrlässiger Begehung bleibt unberührt.

(2) Wer bei Begehung der Tat irrig Umstände annimmt, welche den Tatbestand eines milderen Gesetzes verwirklichen würden, kann wegen vorsätzlicher Begehung nur nach dem milderen Gesetz bestraft werden.

§ 17 Verbotsirrtum

[1]Fehlt dem Täter bei Begehung der Tat die Einsicht, Unrecht zu tun, so handelt er ohne Schuld, wenn er diesen Irrtum nicht vermeiden konnte. [2]Konnte der Täter den Irrtum vermeiden, so kann die Strafe nach § 49 Abs. 1 gemildert werden.

§ 18 Schwerere Strafe bei besonderen Tatfolgen

Knüpft das Gesetz an eine besondere Folge der Tat eine schwerere Strafe, so trifft sie den Täter oder den Teilnehmer nur, wenn ihm hinsichtlich dieser Folge wenigstens Fahrlässigkeit zur Last fällt.

§ 19 Schuldunfähigkeit des Kindes

Schuldunfähig ist, wer bei Begehung der Tat noch nicht vierzehn Jahre alt ist.

§ 20 Schuldunfähigkeit wegen seelischer Störungen

Ohne Schuld handelt, wer bei Begehung der Tat wegen einer krankhaften seelischen Störung, wegen einer tiefgreifenden Bewußtseinsstörung oder wegen einer Intelligenzminderung oder einer schweren anderen seelischen Störung unfähig ist, das Unrecht der Tat einzusehen oder nach dieser Einsicht zu handeln.

§ 21 Verminderte Schuldfähigkeit

Ist die Fähigkeit des Täters, das Unrecht der Tat einzusehen oder nach dieser Einsicht zu handeln, aus einem der in § 20 bezeichneten Gründe bei Begehung der Tat erheblich vermindert, so kann die Strafe nach § 49 Abs. 1 gemildert werden.

Zweiter Titel

Versuch

§ 22 Begriffsbestimmung

Eine Straftat versucht, wer nach seiner Vorstellung von der Tat zur Verwirklichung des Tatbestandes unmittelbar ansetzt.

§ 23 Strafbarkeit des Versuchs

(1) Der Versuch eines Verbrechens ist stets strafbar, der Versuch eines Vergehens nur dann, wenn das Gesetz es ausdrücklich bestimmt.

(2) Der Versuch kann milder bestraft werden als die vollendete Tat (§ 49 Abs. 1).

(3) Hat der Täter aus grobem Unverstand verkannt, daß der Versuch nach der Art des Gegenstandes, an dem, oder des Mittels, mit dem die Tat begangen werden sollte, überhaupt nicht zur Vollendung führen konnte, so kann das Gericht von Strafe absehen oder die Strafe nach seinem Ermessen mildern (§ 49 Abs. 2).

§ 24 Rücktritt

(1) [1]Wegen Versuchs wird nicht bestraft, wer freiwillig die weitere Ausführung der Tat aufgibt oder deren Vollendung verhindert. [2]Wird die Tat ohne Zutun des Zurücktretenden nicht vollendet, so wird er straflos, wenn er sich freiwillig und ernsthaft bemüht, die Vollendung zu verhindern.

(2) [1]Sind an der Tat mehrere beteiligt, so wird wegen Versuchs nicht bestraft, wer freiwillig die Vollendung verhindert. [2]Jedoch genügt zu seiner Straflosigkeit sein freiwilliges und ernsthaftes Bemühen, die Vollendung der Tat zu verhindern, wenn sie ohne sein Zutun nicht vollendet oder unabhängig von seinem früheren Tatbeitrag begangen wird.

Dritter Titel

Täterschaft und Teilnahme

§ 25 Täterschaft

(1) Als Täter wird bestraft, wer die Straftat selbst oder durch einen anderen begeht.

(2) Begehen mehrere die Straftat gemeinschaftlich, so wird jeder als Täter bestraft (Mittäter).

§ 26 Anstiftung
Als Anstifter wird gleich einem Täter bestraft, wer vorsätzlich einen anderen zu dessen vorsätzlich begangener rechtswidriger Tat bestimmt hat.

§ 27 Beihilfe
(1) Als Gehilfe wird bestraft, wer vorsätzlich einem anderen zu dessen vorsätzlich begangener rechtswidriger Tat Hilfe geleistet hat.
(2) [1]Die Strafe für den Gehilfen richtet sich nach der Strafdrohung für den Täter. [2]Sie ist nach § 49 Abs. 1 zu mildern.

§ 28 Besondere persönliche Merkmale
(1) Fehlen besondere persönliche Merkmale (§ 14 Abs. 1), welche die Strafbarkeit des Täters begründen, beim Teilnehmer (Anstifter oder Gehilfe), so ist dessen Strafe nach § 49 Abs. 1 zu mildern.
(2) Bestimmt das Gesetz, daß besondere persönliche Merkmale die Strafe schärfen, mildern oder ausschließen, so gilt das nur für den Beteiligten (Täter oder Teilnehmer), bei dem sie vorliegen.

§ 29 Selbständige Strafbarkeit des Beteiligten
Jeder Beteiligte wird ohne Rücksicht auf die Schuld des anderen nach seiner Schuld bestraft.

§ 30 Versuch der Beteiligung
(1) [1]Wer einen anderen zu bestimmen versucht, ein Verbrechen zu begehen oder zu ihm anzustiften, wird nach den Vorschriften über den Versuch des Verbrechens bestraft. [2]Jedoch ist die Strafe nach § 49 Abs. 1 zu mildern. [3]§ 23 Abs. 3 gilt entsprechend.
(2) Ebenso wird bestraft, wer sich bereit erklärt, wer das Erbieten eines anderen annimmt oder wer mit einem anderen verabredet, ein Verbrechen zu begehen oder zu ihm anzustiften.

§ 31 Rücktritt vom Versuch der Beteiligung
(1) Nach § 30 wird nicht bestraft, wer freiwillig
1. den Versuch aufgibt, einen anderen zu einem Verbrechen zu bestimmen, und eine etwa bestehende Gefahr, daß der andere die Tat begeht, abwendet,
2. nachdem er sich zu einem Verbrechen bereit erklärt hatte, sein Vorhaben aufgibt oder,
3. nachdem er ein Verbrechen verabredet oder das Erbieten eines anderen zu einem Verbrechen angenommen hatte, die Tat verhindert.

(2) Unterbleibt die Tat ohne Zutun des Zurücktretenden oder wird sie unabhängig von seinem früheren Verhalten begangen, so genügt zu seiner Straflosigkeit sein freiwilliges und ernsthaftes Bemühen, die Tat zu verhindern.

Vierter Titel
Notwehr und Notstand

§ 32 Notwehr
(1) Wer eine Tat begeht, die durch Notwehr geboten ist, handelt nicht rechtswidrig.
(2) Notwehr ist die Verteidigung, die erforderlich ist, um einen gegenwärtigen rechtswidrigen Angriff von sich oder einem anderen abzuwenden.

§ 33 Überschreitung der Notwehr
Überschreitet der Täter die Grenzen der Notwehr aus Verwirrung, Furcht oder Schrecken, so wird er nicht bestraft.

§ 34 Rechtfertigender Notstand[1)]

[1]Wer in einer gegenwärtigen, nicht anders abwendbaren Gefahr für Leben, Leib, Freiheit, Ehre, Eigentum oder ein anderes Rechtsgut eine Tat begeht, um die Gefahr von sich oder einem anderen abzuwenden, handelt nicht rechtswidrig, wenn bei Abwägung der widerstreitenden Interessen, namentlich der betroffenen Rechtsgüter und des Grades der ihnen drohenden Gefahren, das geschützte Interesse das beeinträchtigte wesentlich überwiegt. [2]Dies gilt jedoch nur, soweit die Tat ein angemessenes Mittel ist, die Gefahr abzuwenden.

§ 35 Entschuldigender Notstand

(1) [1]Wer in einer gegenwärtigen, nicht anders abwendbaren Gefahr für Leben, Leib oder Freiheit eine rechtswidrige Tat begeht, um die Gefahr von sich, einem Angehörigen oder einer anderen ihm nahestehenden Person abzuwenden, handelt ohne Schuld. [2]Dies gilt nicht, soweit dem Täter nach den Umständen, namentlich weil er die Gefahr selbst verursacht hat oder weil er in einem besonderen Rechtsverhältnis stand, zugemutet werden konnte, die Gefahr hinzunehmen; jedoch kann die Strafe nach § 49 Abs. 1 gemildert werden, wenn der Täter nicht mit Rücksicht auf ein besonderes Rechtsverhältnis die Gefahr hinzunehmen hatte.

(2) [1]Nimmt der Täter bei Begehung der Tat irrig Umstände an, welche ihn nach Absatz 1 entschuldigen würden, so wird er nur dann bestraft, wenn er den Irrtum vermeiden konnte. [2]Die Strafe ist nach § 49 Abs. 1 zu mildern.

Fünfter Titel

Straflosigkeit parlamentarischer Äußerungen und Berichte

§ 36 Parlamentarische Äußerungen

[1]Mitglieder des Bundestages, der Bundesversammlung oder eines Gesetzgebungsorgans eines Landes dürfen zu keiner Zeit wegen ihrer Abstimmung oder wegen einer Äußerung, die sie in der Körperschaft oder in einem ihrer Ausschüsse getan haben, außerhalb der Körperschaft zur Verantwortung gezogen werden. [2]Dies gilt nicht für verleumderische Beleidigungen.

§ 37 Parlamentarische Berichte

Wahrheitsgetreue Berichte über die öffentlichen Sitzungen der in § 36 bezeichneten Körperschaften oder ihrer Ausschüsse bleiben von jeder Verantwortlichkeit frei.

---

1) Beachte hierzu auch Art. 2 und 13 der Konvention zum Schutze der Menschenrechte und Grundfreiheiten, die auf Grund des G mit Gesetzeskraft im Geltungsbereich des Grundgesetzes in Kraft getreten ist. Art. 2 und 13 der Konvention lauten:

Artikel 2 Recht auf Leben

(1) [1]Das Recht jedes Menschen auf Leben wird gesetzlich geschützt. [2]Niemand darf absichtlich getötet werden, außer durch Vollstreckung eines Todesurteils, das ein Gericht wegen eines Verbrechens verhängt hat, für das die Todesstrafe gesetzlich vorgesehen ist.

(2) Eine Tötung wird nicht als Verletzung dieses Artikels betrachtet, wenn sie durch eine Gewaltanwendung verursacht wird, die unbedingt erforderlich ist, um

a) jemanden gegen rechtswidrige Gewalt zu verteidigen;
b) jemanden rechtmäßig festzunehmen oder jemanden, dem die Freiheit rechtmäßig entzogen ist, an der Flucht zu hindern;
c) einen Aufruhr oder Aufstand rechtmäßig niederzuschlagen.

Artikel 13 Recht auf wirksame Beschwerde

Jede Person, die in ihren in dieser Konvention anerkannten Rechten oder Freiheiten verletzt worden ist, hat das Recht, bei einer innerstaatlichen Instanz eine wirksame Beschwerde zu erheben, auch wenn die Verletzung von Personen begangen worden ist, die in amtlicher Eigenschaft gehandelt haben.

Siehe hierzu BGB:

§ 228 Notstand

[1]Wer eine fremde Sache beschädigt oder zerstört, um eine durch sie drohende Gefahr von sich oder einem anderen abzuwenden, handelt nicht widerrechtlich, wenn die Beschädigung oder die Zerstörung zur Abwendung der Gefahr erforderlich ist und der Schaden nicht außer Verhältnis zu der Gefahr steht. [2]Hat der Handelnde die Gefahr verschuldet, so ist er zum Schadensersatz verpflichtet.

§ 904 Notstand

[1]Der Eigentümer einer Sache ist nicht berechtigt, die Einwirkung eines anderen auf die Sache zu verbieten, wenn die Einwirkung zur Abwendung einer gegenwärtigen Gefahr notwendig und der drohende Schaden gegenüber dem aus der Einwirkung dem Eigentümer entstehenden Schaden unverhältnismäßig groß ist. [2]Der Eigentümer kann Ersatz des ihm entstehenden Schadens verlangen.

Dritter Abschnitt
Rechtsfolgen der Tat

Erster Titel
Strafen

Freiheitsstrafe

§ 38 Dauer der Freiheitsstrafe
(1) Die Freiheitsstrafe ist zeitig, wenn das Gesetz nicht lebenslange Freiheitsstrafe androht.
(2) Das Höchstmaß der zeitigen Freiheitsstrafe ist fünfzehn Jahre, ihr Mindestmaß ein Monat.

§ 39 Bemessung der Freiheitsstrafe
Freiheitsstrafe unter einem Jahr wird nach vollen Wochen und Monaten, Freiheitsstrafe von längerer Dauer nach vollen Monaten und Jahren bemessen.

Geldstrafe

§ 40 Verhängung in Tagessätzen
(1) [1]Die Geldstrafe wird in Tagessätzen verhängt. [2]Sie beträgt mindestens fünf und, wenn das Gesetz nichts anderes bestimmt, höchstens dreihundertsechzig volle Tagessätze.
(2) [1]Die Höhe eines Tagessatzes bestimmt das Gericht unter Berücksichtigung der persönlichen und wirtschaftlichen Verhältnisse des Täters. [2]Dabei geht es in der Regel von dem Nettoeinkommen aus, das der Täter durchschnittlich an einem Tag hat oder haben könnte. [3]Es achtet dabei ferner darauf, dass dem Täter mindestens das zum Leben unerlässliche Minimum seines Einkommens verbleibt[1)] [4]Ein Tagessatz wird auf mindestens einen und höchstens dreißigtausend Euro festgesetzt.
(3) Die Einkünfte des Täters, sein Vermögen und andere Grundlagen für die Bemessung eines Tagessatzes können geschätzt werden.
(4) In der Entscheidung werden Zahl und Höhe der Tagessätze angegeben.

§ 41 Geldstrafe neben Freiheitsstrafe
Hat der Täter sich durch die Tat bereichert oder zu bereichern versucht, so kann neben einer Freiheitsstrafe eine sonst nicht oder nur wahlweise angedrohte Geldstrafe verhängt werden, wenn dies auch unter Berücksichtigung der persönlichen und wirtschaftlichen Verhältnisse des Täters angebracht ist.

§ 42 Zahlungserleichterungen
[1]Ist dem Verurteilten nach seinen persönlichen oder wirtschaftlichen Verhältnissen nicht zuzumuten, die Geldstrafe sofort zu zahlen, so bewilligt ihm das Gericht eine Zahlungsfrist oder gestattet ihm, die Strafe in bestimmten Teilbeträgen zu zahlen. [2]Das Gericht kann dabei anordnen, daß die Vergünstigung, die Geldstrafe in bestimmten Teilbeträgen zu zahlen, entfällt, wenn der Verurteilte einen Teilbetrag nicht rechtzeitig zahlt. [3]Das Gericht soll Zahlungserleichterungen auch gewähren, wenn ohne die Bewilligung die Wiedergutmachung des durch die Straftat verursachten Schadens durch den Verurteilten erheblich gefährdet wäre; dabei kann dem Verurteilten der Nachweis der Wiedergutmachung auferlegt werden.

§ 43 Ersatzfreiheitsstrafe
[1]An die Stelle einer uneinbringlichen Geldstrafe tritt Ersatzfreiheitsstrafe. [2]Zwei Tagessätzen entspricht ein Tag Ersatzfreiheitsstrafe. [3]Das Mindestmaß der Ersatzfreiheitsstrafe ist ein Tag.

§ 43a *[aufgehoben]*

Nebenstrafe

§ 44 Fahrverbot
(1) [1]Wird jemand wegen einer Straftat zu einer Freiheitsstrafe oder einer Geldstrafe verurteilt, so kann ihm das Gericht für die Dauer von einem Monat bis zu sechs Monaten verbieten, im Straßenverkehr Kraftfahrzeuge jeder oder einer bestimmten Art zu führen. [2]Auch wenn die Straftat nicht bei oder im Zusammenhang mit dem Führen eines Kraftfahrzeugs oder unter Verletzung der Pflichten eines Kraftfahrzeugführers begangen wurde, kommt die Anordnung eines Fahrverbots namentlich in Betracht, wenn sie zur Einwirkung auf den Täter oder zur Verteidigung der Rechtsordnung erforderlich erscheint oder hierdurch die Verhängung einer Freiheitsstrafe oder deren Vollstreckung vermieden werden kann. [3]Ein

1) Satzzeichen fehlt amtlich.

Fahrverbot ist in der Regel anzuordnen, wenn in den Fällen einer Verurteilung nach § 315c Abs. 1 Nr. 1 Buchstabe a, Abs. 3 oder § 316 die Entziehung der Fahrerlaubnis nach § 69 unterbleibt.

(2) [1]Das Fahrverbot wird wirksam, wenn der Führerschein nach Rechtskraft des Urteils in amtliche Verwahrung gelangt, spätestens jedoch mit Ablauf von einem Monat seit Eintritt der Rechtskraft. [2]Für seine Dauer werden von einer deutschen Behörde ausgestellte nationale und internationale Führerscheine amtlich verwahrt. [3]Dies gilt auch, wenn der Führerschein von einer Behörde eines Mitgliedstaates der Europäischen Union oder eines anderen Vertragsstaates des Abkommens über den Europäischen Wirtschaftsraum ausgestellt worden ist, sofern der Inhaber seinen ordentlichen Wohnsitz im Inland hat. [4]In anderen ausländischen Führerscheinen wird das Fahrverbot vermerkt.

(3) [1]Ist ein Führerschein amtlich zu verwahren oder das Fahrverbot in einem ausländischen Führerschein zu vermerken, so wird die Verbotsfrist erst von dem Tage an gerechnet, an dem dies geschieht. [2]In die Verbotsfrist wird die Zeit nicht eingerechnet, in welcher der Täter auf behördliche Anordnung in einer Anstalt verwahrt worden ist.

(4) [1]Werden gegen den Täter mehrere Fahrverbote rechtskräftig verhängt, so sind die Verbotsfristen nacheinander zu berechnen. [2]Die Verbotsfrist auf Grund des früher wirksam gewordenen Fahrverbots läuft zuerst. [3]Werden Fahrverbote gleichzeitig wirksam, so läuft die Verbotsfrist auf Grund des früher angeordneten Fahrverbots zuerst, bei gleichzeitiger Anordnung ist die frühere Tat maßgebend.

Nebenfolgen

§ 45 Verlust der Amtsfähigkeit, der Wählbarkeit und des Stimmrechts

(1) Wer wegen eines Verbrechens zu Freiheitsstrafe von mindestens einem Jahr verurteilt wird, verliert für die Dauer von fünf Jahren die Fähigkeit, öffentliche Ämter zu bekleiden und Rechte aus öffentlichen Wahlen zu erlangen.

(2) Das Gericht kann dem Verurteilten für die Dauer von zwei bis zu fünf Jahren die in Absatz 1 bezeichneten Fähigkeiten aberkennen, soweit das Gesetz es besonders vorsieht.

(3) Mit dem Verlust der Fähigkeit, öffentliche Ämter zu bekleiden, verliert der Verurteilte zugleich die entsprechenden Rechtsstellungen und Rechte, die er innehat.

(4) Mit dem Verlust der Fähigkeit, Rechte aus öffentlichen Wahlen zu erlangen, verliert der Verurteilte zugleich die entsprechenden Rechtsstellungen und Rechte, die er innehat, soweit das Gesetz nichts anderes bestimmt.

(5) Das Gericht kann dem Verurteilten für die Dauer von zwei bis zu fünf Jahren das Recht, in öffentlichen Angelegenheiten zu wählen oder zu stimmen, aberkennen, soweit das Gesetz es besonders vorsieht.

§ 45a Eintritt und Berechnung des Verlustes

(1) Der Verlust der Fähigkeiten, Rechtsstellungen und Rechte wird mit der Rechtskraft des Urteils wirksam.

(2) [1]Die Dauer des Verlustes einer Fähigkeit oder eines Rechts wird von dem Tage an gerechnet, an dem die Freiheitsstrafe verbüßt, verjährt oder erlassen ist. [2]Ist neben der Freiheitsstrafe eine freiheitsentziehende Maßregel der Besserung und Sicherung angeordnet worden, so wird die Frist erst von dem Tage an gerechnet, an dem auch die Maßregel erledigt ist.

(3) War die Vollstreckung der Strafe, des Strafrestes oder der Maßregel zur Bewährung oder im Gnadenweg ausgesetzt, so wird in die Frist die Bewährungszeit eingerechnet, wenn nach deren Ablauf die Strafe oder der Strafrest erlassen wird oder die Maßregel erledigt ist.

§ 45b Wiederverleihung von Fähigkeiten und Rechten

(1) Das Gericht kann nach § 45 Abs. 1 und 2 verlorene Fähigkeiten und nach § 45 Abs. 5 verlorene Rechte wiederverleihen, wenn

1. der Verlust die Hälfte der Zeit, für die er dauern sollte, wirksam war und
2. zu erwarten ist, daß der Verurteilte künftig keine vorsätzlichen Straftaten mehr begehen wird.

(2) In die Fristen wird die Zeit nicht eingerechnet, in welcher der Verurteilte auf behördliche Anordnung in einer Anstalt verwahrt worden ist.

Zweiter Titel

Strafbemessung

§ 46 Grundsätze der Strafzumessung

(1) [1]Die Schuld des Täters ist Grundlage für die Zumessung der Strafe. [2]Die Wirkungen, die von der Strafe für das künftige Leben des Täters in der Gesellschaft zu erwarten sind, sind zu berücksichtigen.

(2) [1]Bei der Zumessung wägt das Gericht die Umstände, die für und gegen den Täter sprechen, gegeneinander ab. [2]Dabei kommen namentlich in Betracht:

die Beweggründe und die Ziele des Täters, besonders auch rassistische, fremdenfeindliche, antisemitische, geschlechtsspezifische, gegen die sexuelle Orientierung gerichtete oder sonstige menschenverachtende,
die Gesinnung, die aus der Tat spricht, und der bei der Tat aufgewendete Wille,
das Maß der Pflichtwidrigkeit,
die Art der Ausführung und die verschuldeten Auswirkungen der Tat,
das Vorleben des Täters, seine persönlichen und wirtschaftlichen Verhältnisse sowie
sein Verhalten nach der Tat, besonders sein Bemühen, den Schaden wiedergutzumachen, sowie das Bemühen des Täters, einen Ausgleich mit dem Verletzten zu erreichen.

(3) Umstände, die schon Merkmale des gesetzlichen Tatbestandes sind, dürfen nicht berücksichtigt werden.

§ 46a Täter-Opfer-Ausgleich, Schadenswiedergutmachung

Hat der Täter

1. in dem Bemühen, einen Ausgleich mit dem Verletzten zu erreichen (Täter-Opfer-Ausgleich), seine Tat ganz oder zum überwiegenden Teil wiedergutgemacht oder deren Wiedergutmachung ernsthaft erstrebt oder
2. in einem Fall, in welchem die Schadenswiedergutmachung von ihm erhebliche persönliche Leistungen oder persönlichen Verzicht erfordert hat, das Opfer ganz oder zum überwiegenden Teil entschädigt,

so kann das Gericht die Strafe nach § 49 Abs. 1 mildern oder, wenn keine höhere Strafe als Freiheitsstrafe bis zu einem Jahr oder Geldstrafe bis zu dreihundertsechzig Tagessätzen verwirkt ist, von Strafe absehen.

§ 46b Hilfe zur Aufklärung oder Verhinderung von schweren Straftaten

(1) [1]Wenn der Täter einer Straftat, die mit einer im Mindestmaß erhöhten Freiheitsstrafe oder mit lebenslanger Freiheitsstrafe bedroht ist,

1. durch freiwilliges Offenbaren seines Wissens wesentlich dazu beigetragen hat, dass eine Tat nach § 100a Abs. 2 der Strafprozessordnung, die mit seiner Tat im Zusammenhang steht, aufgedeckt werden konnte, oder
2. freiwillig sein Wissen so rechtzeitig einer Dienststelle offenbart, dass eine Tat nach § 100a Abs. 2 der Strafprozessordnung, die mit seiner Tat im Zusammenhang steht und von deren Planung er weiß, noch verhindert werden kann,

kann das Gericht die Strafe nach § 49 Abs. 1 mildern, wobei an die Stelle ausschließlich angedrohter lebenslanger Freiheitsstrafe eine Freiheitsstrafe nicht unter zehn Jahren tritt. [2]Für die Einordnung als Straftat, die mit einer im Mindestmaß erhöhten Freiheitsstrafe bedroht ist, werden nur Schärfungen für besonders schwere Fälle und keine Milderungen berücksichtigt. [3]War der Täter an der Tat beteiligt, muss sich sein Beitrag zur Aufklärung nach Satz 1 Nr. 1 über den eigenen Tatbeitrag hinaus erstrecken. [4]Anstelle einer Milderung kann das Gericht von Strafe absehen, wenn die Straftat ausschließlich mit zeitiger Freiheitsstrafe bedroht ist und der Täter keine Freiheitsstrafe von mehr als drei Jahren verwirkt hat.

(2) Bei der Entscheidung nach Absatz 1 hat das Gericht insbesondere zu berücksichtigen:

1. die Art und den Umfang der offenbarten Tatsachen und deren Bedeutung für die Aufklärung oder Verhinderung der Tat, den Zeitpunkt der Offenbarung, das Ausmaß der Unterstützung der Strafverfolgungsbehörden durch den Täter und die Schwere der Tat, auf die sich seine Angaben beziehen, sowie
2. das Verhältnis der in Nummer 1 genannten Umstände zur Schwere der Straftat und Schuld des Täters.

(3) Eine Milderung sowie das Absehen von Strafe nach Absatz 1 sind ausgeschlossen, wenn der Täter sein Wissen erst offenbart, nachdem die Eröffnung des Hauptverfahrens (§ 207 der Strafprozessordnung) gegen ihn beschlossen worden ist.

§ 47 Kurze Freiheitsstrafe nur in Ausnahmefällen

(1) Eine Freiheitsstrafe unter sechs Monaten verhängt das Gericht nur, wenn besondere Umstände, die in der Tat oder der Persönlichkeit des Täters liegen, die Verhängung einer Freiheitsstrafe zur Einwirkung auf den Täter oder zur Verteidigung der Rechtsordnung unerläßlich machen.

(2) [1]Droht das Gesetz keine Geldstrafe an und kommt eine Freiheitsstrafe von sechs Monaten oder darüber nicht in Betracht, so verhängt das Gericht eine Geldstrafe, wenn nicht die Verhängung einer Freiheitsstrafe nach Absatz 1 unerläßlich ist. [2]Droht das Gesetz ein erhöhtes Mindestmaß der Freiheitsstrafe an, so be-

stimmt sich das Mindestmaß der Geldstrafe in den Fällen des Satzes 1 nach dem Mindestmaß der angedrohten Freiheitsstrafe; dabei entsprechen dreißig Tagessätze einem Monat Freiheitsstrafe.

§ 48 (weggefallen)

§ 49 Besondere gesetzliche Milderungsgründe

(1) Ist eine Milderung nach dieser Vorschrift vorgeschrieben oder zugelassen, so gilt für die Milderung folgendes:

1. An die Stelle von lebenslanger Freiheitsstrafe tritt Freiheitsstrafe nicht unter drei Jahren.
2. [1]Bei zeitiger Freiheitsstrafe darf höchstens auf drei Viertel des angedrohten Höchstmaßes erkannt werden. [2]Bei Geldstrafe gilt dasselbe für die Höchstzahl der Tagessätze.
3. Das erhöhte Mindestmaß einer Freiheitsstrafe ermäßigt sich
   im Falle eines Mindestmaßes von zehn oder fünf Jahren auf zwei Jahre,
   im Falle eines Mindestmaßes von drei oder zwei Jahren auf sechs Monate,
   im Falle eines Mindestmaßes von einem Jahr auf drei Monate,
   im übrigen auf das gesetzliche Mindestmaß.

(2) Darf das Gericht nach einem Gesetz, das auf diese Vorschrift verweist, die Strafe nach seinem Ermessen mildern, so kann es bis zum gesetzlichen Mindestmaß der angedrohten Strafe herabgehen oder statt auf Freiheitsstrafe auf Geldstrafe erkennen.

§ 50 Zusammentreffen von Milderungsgründen

Ein Umstand, der allein oder mit anderen Umständen die Annahme eines minder schweren Falles begründet und der zugleich ein besonderer gesetzlicher Milderungsgrund nach § 49 ist, darf nur einmal berücksichtigt werden.

§ 51 Anrechnung

(1) [1]Hat der Verurteilte aus Anlaß einer Tat, die Gegenstand des Verfahrens ist oder gewesen ist, Untersuchungshaft oder eine andere Freiheitsentziehung erlitten, so wird sie auf zeitige Freiheitsstrafe und auf Geldstrafe angerechnet. [2]Das Gericht kann jedoch anordnen, daß die Anrechnung ganz oder zum Teil unterbleibt, wenn sie im Hinblick auf das Verhalten des Verurteilten nach der Tat nicht gerechtfertigt ist.

(2) Wird eine rechtskräftig verhängte Strafe in einem späteren Verfahren durch eine andere Strafe ersetzt, so wird auf diese die frühere Strafe angerechnet, soweit sie vollstreckt oder durch Anrechnung erledigt ist.

(3) [1]Ist der Verurteilte wegen derselben Tat im Ausland bestraft worden, so wird auf die neue Strafe die ausländische angerechnet, soweit sie vollstreckt ist. [2]Für eine andere im Ausland erlittene Freiheitsentziehung gilt Absatz 1 entsprechend.

(4) [1]Bei der Anrechnung von Geldstrafe oder auf Geldstrafe entspricht ein Tag Freiheitsentziehung einem Tagessatz. [2]Wird eine ausländische Strafe oder Freiheitsentziehung angerechnet, so bestimmt das Gericht den Maßstab nach seinem Ermessen.

(5) [1]Für die Anrechnung der Dauer einer vorläufigen Entziehung der Fahrerlaubnis (§ 111a der Strafprozeßordnung) auf das Fahrverbot nach § 44 gilt Absatz 1 entsprechend. [2]In diesem Sinne steht der vorläufigen Entziehung der Fahrerlaubnis die Verwahrung, Sicherstellung oder Beschlagnahme des Führerscheins (§ 94 der Strafprozeßordnung) gleich.

Dritter Titel

Strafbemessung bei mehreren Gesetzesverletzungen

§ 52 Tateinheit

(1) Verletzt dieselbe Handlung mehrere Strafgesetze oder dasselbe Strafgesetz mehrmals, so wird nur auf eine Strafe erkannt.

(2) [1]Sind mehrere Strafgesetze verletzt, so wird die Strafe nach dem Gesetz bestimmt, das die schwerste Strafe androht. [2]Sie darf nicht milder sein, als die anderen anwendbaren Gesetze es zulassen.

(3) Geldstrafe kann das Gericht unter den Voraussetzungen des § 41 neben Freiheitsstrafe gesondert verhängen.

(4) Auf Nebenstrafen, Nebenfolgen und Maßnahmen (§ 11 Absatz 1 Nummer 8) muss oder kann erkannt werden, wenn eines der anwendbaren Gesetze dies vorschreibt oder zulässt.

§ 53 Tatmehrheit

(1) Hat jemand mehrere Straftaten begangen, die gleichzeitig abgeurteilt werden, und dadurch mehrere Freiheitsstrafen oder mehrere Geldstrafen verwirkt, so wird auf eine Gesamtstrafe erkannt.

(2) [1]Trifft Freiheitsstrafe mit Geldstrafe zusammen, so wird auf eine Gesamtstrafe erkannt. [2]Jedoch kann das Gericht auf Geldstrafe auch gesondert erkennen; soll in diesen Fällen wegen mehrerer Straftaten Geldstrafe verhängt werden, so wird insoweit auf eine Gesamtgeldstrafe erkannt.
(3) § 52 Abs. 3 und 4 gilt sinngemäß.

§ 54 Bildung der Gesamtstrafe

(1) [1]Ist eine der Einzelstrafen eine lebenslange Freiheitsstrafe, so wird als Gesamtstrafe auf lebenslange Freiheitsstrafe erkannt. [2]In allen übrigen Fällen wird die Gesamtstrafe durch Erhöhung der verwirkten höchsten Strafe, bei Strafen verschiedener Art durch Erhöhung der ihrer Art nach schwersten Strafe gebildet. [3]Dabei werden die Person des Täters und die einzelnen Straftaten zusammenfassend gewürdigt.
(2) [1]Die Gesamtstrafe darf die Summe der Einzelstrafen nicht erreichen. [2]Sie darf bei zeitigen Freiheitsstrafen fünfzehn Jahre und bei Geldstrafe siebenhundertzwanzig Tagessätze nicht übersteigen.
(3) Ist eine Gesamtstrafe aus Freiheits- und Geldstrafe zu bilden, so entspricht bei der Bestimmung der Summe der Einzelstrafen ein Tagessatz einem Tag Freiheitsstrafe.

§ 55 Nachträgliche Bildung der Gesamtstrafe

(1) [1]Die §§ 53 und 54 sind auch anzuwenden, wenn ein rechtskräftig Verurteilter, bevor die gegen ihn erkannte Strafe vollstreckt, verjährt oder erlassen ist, wegen einer anderen Straftat verurteilt wird, die er vor der früheren Verurteilung begangen hat. [2]Als frühere Verurteilung gilt das Urteil in dem früheren Verfahren, in dem die zugrundeliegenden tatsächlichen Feststellungen letztmals geprüft werden konnten.
(2) Nebenstrafen, Nebenfolgen und Maßnahmen (§ 11 Abs. 1 Nr. 8), auf die in der früheren Entscheidung erkannt war, sind aufrechtzuerhalten, soweit sie nicht durch die neue Entscheidung gegenstandslos werden.

Vierter Titel
Strafaussetzung zur Bewährung

§ 56 Strafaussetzung

(1) [1]Bei der Verurteilung zu Freiheitsstrafe von nicht mehr als einem Jahr setzt das Gericht die Vollstreckung der Strafe zur Bewährung aus, wenn zu erwarten ist, daß der Verurteilte sich schon die Verurteilung zur Warnung dienen lassen und künftig auch ohne die Einwirkung des Strafvollzugs keine Straftaten mehr begehen wird. [2]Dabei sind namentlich die Persönlichkeit des Verurteilten, sein Vorleben, die Umstände seiner Tat, sein Verhalten nach der Tat, seine Lebensverhältnisse und die Wirkungen zu berücksichtigen, die von der Aussetzung für ihn zu erwarten sind.
(2) [1]Das Gericht kann unter den Voraussetzungen des Absatzes 1 auch die Vollstreckung einer höheren Freiheitsstrafe, die zwei Jahre nicht übersteigt, zur Bewährung aussetzen, wenn nach der Gesamtwürdigung von Tat und Persönlichkeit des Verurteilten besondere Umstände vorliegen. [2]Bei der Entscheidung ist namentlich auch das Bemühen des Verurteilten, den durch die Tat verursachten Schaden wiedergutzumachen, zu berücksichtigen.
(3) Bei der Verurteilung zu Freiheitsstrafe von mindestens sechs Monaten wird die Vollstreckung nicht ausgesetzt, wenn die Verteidigung der Rechtsordnung sie gebietet.
(4) Die Strafaussetzung kann nicht auf einen Teil der Strafe beschränkt werden. [2]Sie wird durch eine Anrechnung von Untersuchungshaft oder einer anderen Freiheitsentziehung nicht ausgeschlossen.

§ 56a Bewährungszeit

(1) Das Gericht bestimmt die Dauer der Bewährungszeit. [2]Sie darf fünf Jahre nicht überschreiten und zwei Jahre nicht unterschreiten.
(2) [1]Die Bewährungszeit beginnt mit der Rechtskraft der Entscheidung über die Strafaussetzung. [2]Sie kann nachträglich bis auf das Mindestmaß verkürzt oder vor ihrem Ablauf bis auf das Höchstmaß verlängert werden.

§ 56b Auflagen

(1) Das Gericht kann dem Verurteilten Auflagen erteilen, die der Genugtuung für das begangene Unrecht dienen. [2]Dabei dürfen an den Verurteilten keine unzumutbaren Anforderungen gestellt werden.
(2) [1]Das Gericht kann dem Verurteilten auferlegen,
1. nach Kräften den durch die Tat verursachten Schaden wiedergutzumachen,
2. einen Geldbetrag zugunsten einer gemeinnützigen Einrichtung zu zahlen, wenn dies im Hinblick auf die Tat und die Persönlichkeit des Täters angebracht ist,
3. sonst gemeinnützige Leistungen zu erbringen oder
4. einen Geldbetrag zugunsten der Staatskasse zu zahlen.

[2]Eine Auflage nach Satz 1 Nr. 2 bis 4 soll das Gericht nur erteilen, soweit die Erfüllung der Auflage einer Wiedergutmachung des Schadens nicht entgegensteht.

(3) Erbietet sich der Verurteilte zu angemessenen Leistungen, die der Genugtuung für das begangene Unrecht dienen, so sieht das Gericht in der Regel von Auflagen vorläufig ab, wenn die Erfüllung des Anerbietens zu erwarten ist.

§ 56c Weisungen

(1) [1]Das Gericht erteilt dem Verurteilten für die Dauer der Bewährungszeit Weisungen, wenn er dieser Hilfe bedarf, um keine Straftaten mehr zu begehen. [2]Dabei dürfen an die Lebensführung des Verurteilten keine unzumutbaren Anforderungen gestellt werden.

(2) Das Gericht kann den Verurteilten namentlich anweisen,

1. Anordnungen zu befolgen, die sich auf Aufenthalt, Ausbildung, Arbeit oder Freizeit oder auf die Ordnung seiner wirtschaftlichen Verhältnisse beziehen,
2. sich zu bestimmten Zeiten bei Gericht oder einer anderen Stelle zu melden,
3. zu der verletzten Person oder bestimmten Personen oder Personen einer bestimmten Gruppe, die ihm Gelegenheit oder Anreiz zu weiteren Straftaten bieten können, keinen Kontakt aufzunehmen, mit ihnen nicht zu verkehren, sie nicht zu beschäftigen, auszubilden oder zu beherbergen,
4. bestimmte Gegenstände, die ihm Gelegenheit oder Anreiz zu weiteren Straftaten bieten können, nicht zu besitzen, bei sich zu führen oder verwahren zu lassen,
5. Unterhaltspflichten nachzukommen oder
6. sich psychiatrisch, psycho- oder sozialtherapeutisch betreuen und behandeln zu lassen (Therapieweisung).

(3) Die Weisung,

1. sich einer Heilbehandlung, die mit einem körperlichen Eingriff verbunden ist, oder einer Entziehungskur zu unterziehen oder
2. in einem geeigneten Heim oder einer geeigneten Anstalt Aufenthalt zu nehmen,

darf nur mit Einwilligung des Verurteilten erteilt werden.

(4) Macht der Verurteilte entsprechende Zusagen für seine künftige Lebensführung, so sieht das Gericht in der Regel von Weisungen vorläufig ab, wenn die Einhaltung der Zusagen zu erwarten ist.

§ 56d Bewährungshilfe

(1) Das Gericht unterstellt die verurteilte Person für die Dauer oder einen Teil der Bewährungszeit der Aufsicht und Leitung einer Bewährungshelferin oder eines Bewährungshelfers, wenn dies angezeigt ist, um sie von Straftaten abzuhalten.

(2) Eine Weisung nach Absatz 1 erteilt das Gericht in der Regel, wenn es eine Freiheitsstrafe von mehr als neun Monaten aussetzt und die verurteilte Person noch nicht 27 Jahre alt ist.

(3) [1]Die Bewährungshelferin oder der Bewährungshelfer steht der verurteilten Person helfend und betreuend zur Seite. [2]Sie oder er überwacht im Einvernehmen mit dem Gericht die Erfüllung der Auflagen und Weisungen sowie der Anerbieten und Zusagen und berichtet über die Lebensführung der verurteilten Person in Zeitabständen, die das Gericht bestimmt. [3]Gröbliche oder beharrliche Verstöße gegen Auflagen, Weisungen, Anerbieten oder Zusagen teilt die Bewährungshelferin oder der Bewährungshelfer dem Gericht mit.

(4) [1]Die Bewährungshelferin oder der Bewährungshelfer wird vom Gericht bestellt. [2]Es kann der Bewährungshelferin oder dem Bewährungshelfer für die Tätigkeit nach Absatz 3 Anweisungen erteilen.

(5) Die Tätigkeit der Bewährungshelferin oder des Bewährungshelfers wird haupt- oder ehrenamtlich ausgeübt.

§ 56e Nachträgliche Entscheidungen

Das Gericht kann Entscheidungen nach den §§ 56b bis 56d auch nachträglich treffen, ändern oder aufheben.

§ 56f Widerruf der Strafaussetzung

(1) [1]Das Gericht widerruft die Strafaussetzung, wenn die verurteilte Person

1. in der Bewährungszeit eine Straftat begeht und dadurch zeigt, daß die Erwartung, die der Strafaussetzung zugrunde lag, sich nicht erfüllt hat,
2. gegen Weisungen gröblich oder beharrlich verstößt oder sich der Aufsicht und Leitung der Bewährungshelferin oder des Bewährungshelfers beharrlich entzieht und dadurch Anlaß zu der Besorgnis gibt, daß sie erneut Straftaten begehen wird, oder
3. gegen Auflagen gröblich oder beharrlich verstößt.

²Satz 1 Nr. 1 gilt entsprechend, wenn die Tat in der Zeit zwischen der Entscheidung über die Strafaussetzung und deren Rechtskraft oder bei nachträglicher Gesamtstrafenbildung in der Zeit zwischen der Entscheidung über die Strafaussetzung in einem einbezogenen Urteil und der Rechtskraft der Entscheidung über die Gesamtstrafe begangen worden ist.

(2) ¹Das Gericht sieht jedoch von dem Widerruf ab, wenn es ausreicht,
1. weitere Auflagen oder Weisungen zu erteilen, insbesondere die verurteilte Person einer Bewährungshelferin oder einem Bewährungshelfer zu unterstellen, oder
2. die Bewährungs- oder Unterstellungszeit zu verlängern.

²In den Fällen der Nummer 2 darf die Bewährungszeit nicht um mehr als die Hälfte der zunächst bestimmten Bewährungszeit verlängert werden.

(3) ¹Leistungen, die die verurteilte Person zur Erfüllung von Auflagen, Anerbieten, Weisungen oder Zusagen erbracht hat, werden nicht erstattet. ²Das Gericht kann jedoch, wenn es die Strafaussetzung widerruft, Leistungen, die die verurteilte Person zur Erfüllung von Auflagen nach § 56b Abs. 2 Satz 1 Nr. 2 bis 4 oder entsprechenden Anerbieten nach § 56b Abs. 3 erbracht hat, auf die Strafe anrechnen.

§ 56g Straferlaß

(1) ¹Widerruft das Gericht die Strafaussetzung nicht, so erläßt es die Strafe nach Ablauf der Bewährungszeit. ²§ 56f Abs. 3 Satz 1 ist anzuwenden.

(2) ¹Das Gericht kann den Straferlaß widerrufen, wenn der Verurteilte wegen einer in der Bewährungszeit begangenen vorsätzlichen Straftat zu Freiheitsstrafe von mindestens sechs Monaten verurteilt wird. ²Der Widerruf ist nur innerhalb von einem Jahr nach Ablauf der Bewährungszeit und von sechs Monaten nach Rechtskraft der Verurteilung zulässig. ³§ 56f Abs. 1 Satz 2 und Abs. 3 gilt entsprechend.

§ 57 Aussetzung des Strafrestes bei zeitiger Freiheitsstrafe

(1) ¹Das Gericht setzt die Vollstreckung des Restes einer zeitigen Freiheitsstrafe zur Bewährung aus, wenn
1. zwei Drittel der verhängten Strafe, mindestens jedoch zwei Monate, verbüßt sind,
2. dies unter Berücksichtigung des Sicherheitsinteresses der Allgemeinheit verantwortet werden kann, und
3. die verurteilte Person einwilligt.

²Bei der Entscheidung sind insbesondere die Persönlichkeit der verurteilten Person, ihr Vorleben, die Umstände ihrer Tat, das Gewicht des bei einem Rückfall bedrohten Rechtsguts, das Verhalten der verurteilten Person im Vollzug, ihre Lebensverhältnisse und die Wirkungen zu berücksichtigen, die von der Aussetzung für sie zu erwarten sind.

(2) Schon nach Verbüßung der Hälfte einer zeitigen Freiheitsstrafe, mindestens jedoch von sechs Monaten, kann das Gericht die Vollstreckung des Restes zur Bewährung aussetzen, wenn
1. die verurteilte Person erstmals eine Freiheitsstrafe verbüßt und diese zwei Jahre nicht übersteigt oder
2. die Gesamtwürdigung von Tat, Persönlichkeit der verurteilten Person und ihrer Entwicklung während des Strafvollzugs ergibt, daß besondere Umstände vorliegen,

und die übrigen Voraussetzungen des Absatzes 1 erfüllt sind.

(3) ¹Die §§ 56a bis 56e gelten entsprechend; die Bewährungszeit darf, auch wenn sie nachträglich verkürzt wird, die Dauer des Strafrestes nicht unterschreiten. ²Hat die verurteilte Person mindestens ein Jahr ihrer Strafe verbüßt, bevor deren Rest zur Bewährung ausgesetzt wird, unterstellt sie das Gericht in der Regel für die Dauer oder einen Teil der Bewährungszeit der Aufsicht und Leitung einer Bewährungshelferin oder eines Bewährungshelfers.

(4) Soweit eine Freiheitsstrafe durch Anrechnung erledigt ist, gilt sie als verbüßte Strafe im Sinne der Absätze 1 bis 3.

(5) ¹Die §§ 56f und 56g gelten entsprechend. ²Das Gericht widerruft die Strafaussetzung auch dann, wenn die verurteilte Person in der Zeit zwischen der Verurteilung und der Entscheidung über die Strafaussetzung eine Straftat begangen hat, die von dem Gericht bei der Entscheidung über die Strafaussetzung aus tatsächlichen Gründen nicht berücksichtigt werden konnte und die im Fall ihrer Berücksichtigung zur Versagung der Strafaussetzung geführt hätte; als Verurteilung gilt das Urteil, in dem die zugrunde liegenden tatsächlichen Feststellungen letztmals geprüft werden konnten.

(6) Das Gericht kann davon absehen, die Vollstreckung des Restes einer zeitigen Freiheitsstrafe zur Bewährung auszusetzen, wenn die verurteilte Person unzureichende oder falsche Angaben über den Verbleib von Gegenständen macht, die der Einziehung von Taterträgen unterliegen.

(7) Das Gericht kann Fristen von höchstens sechs Monaten festsetzen, vor deren Ablauf ein Antrag der verurteilten Person, den Strafrest zur Bewährung auszusetzen, unzulässig ist.

§ 57a Aussetzung des Strafrestes bei lebenslanger Freiheitsstrafe

(1) [1]Das Gericht setzt die Vollstreckung des Restes einer lebenslangen Freiheitsstrafe zur Bewährung aus, wenn

1. fünfzehn Jahre der Strafe verbüßt sind,
2. nicht die besondere Schwere der Schuld des Verurteilten die weitere Vollstreckung gebietet und
3. die Voraussetzungen des § 57 Abs. 1 Satz 1 Nr. 2 und 3 vorliegen.

[2]§ 57 Abs. 1 Satz 2 und Abs. 6 gilt entsprechend.

(2) Als verbüßte Strafe im Sinne des Absatzes 1 Satz 1 Nr. 1 gilt jede Freiheitsentziehung, die der Verurteilte aus Anlaß der Tat erlitten hat.

(3) [1]Die Dauer der Bewährungszeit beträgt fünf Jahre. [2]§ 56a Abs. 2 Satz 1 und die §§ 56b bis 56g, 57 Abs. 3 Satz 2 und Abs. 5 Satz 2 gelten entsprechend.

(4) Das Gericht kann Fristen von höchstens zwei Jahren festsetzen, vor deren Ablauf ein Antrag des Verurteilten, den Strafrest zur Bewährung auszusetzen, unzulässig ist.

§ 57b Aussetzung des Strafrestes bei lebenslanger Freiheitsstrafe als Gesamtstrafe

Ist auf lebenslange Freiheitsstrafe als Gesamtstrafe erkannt, so werden bei der Feststellung der besonderen Schwere der Schuld (§ 57a Abs. 1 Satz 1 Nr. 2) die einzelnen Straftaten zusammenfassend gewürdigt.

§ 58 Gesamtstrafe und Strafaussetzung

(1) Hat jemand mehrere Straftaten begangen, so ist für die Strafaussetzung nach § 56 die Höhe der Gesamtstrafe maßgebend.

(2) [1]Ist in den Fällen des § 55 Abs. 1 die Vollstreckung der in der früheren Entscheidung verhängten Freiheitsstrafe ganz oder für den Strafrest zur Bewährung ausgesetzt und wird auch die Gesamtstrafe zur Bewährung ausgesetzt, so verkürzt sich das Mindestmaß der neuen Bewährungszeit um die bereits abgelaufene Bewährungszeit, jedoch nicht auf weniger als ein Jahr. [2]Wird die Gesamtstrafe nicht zur Bewährung ausgesetzt, so gilt § 56f Abs. 3 entsprechend.

Fünfter Titel

Verwarnung mit Strafvorbehalt; Absehen von Strafe

§ 59 Voraussetzungen der Verwarnung mit Strafvorbehalt

(1) [1]Hat jemand Geldstrafe bis zu einhundertachtzig Tagessätzen verwirkt, so kann das Gericht ihn neben dem Schuldspruch verwarnen, die Strafe bestimmen und die Verurteilung zu dieser Strafe vorbehalten, wenn

1. zu erwarten ist, daß der Täter künftig auch ohne Verurteilung zu Strafe keine Straftaten mehr begehen wird,
2. nach der Gesamtwürdigung von Tat und Persönlichkeit des Täters besondere Umstände vorliegen, die eine Verhängung von Strafe entbehrlich machen, und
3. die Verteidigung der Rechtsordnung die Verurteilung zu Strafe nicht gebietet.

[2]§ 56 Abs. 1 Satz 2 gilt entsprechend.

(2) [1]Neben der Verwarnung kann auf Einziehung oder Unbrauchbarmachung erkannt werden. [2]Neben Maßregeln der Besserung und Sicherung ist die Verwarnung mit Strafvorbehalt nicht zulässig.

§ 59a Bewährungszeit, Auflagen und Weisungen

(1) [1]Das Gericht bestimmt die Dauer der Bewährungszeit. [2]Sie darf zwei Jahre nicht überschreiten und ein Jahr nicht unterschreiten.

(2) [1]Das Gericht kann den Verwarnten anweisen,

1. sich zu bemühen, einen Ausgleich mit dem Verletzten zu erreichen oder sonst den durch die Tat verursachten Schaden wiedergutzumachen,
2. seinen Unterhaltspflichten nachzukommen,
3. einen Geldbetrag zugunsten einer gemeinnützigen Einrichtung oder der Staatskasse zu zahlen,
4. sonst gemeinnützige Leistungen zu erbringen,
5. sich einer ambulanten Heilbehandlung oder einer ambulanten Entziehungskur zu unterziehen, einschließlich sich psychiatrisch, psycho- oder sozialtherapeutisch betreuen und behandeln zu lassen (Therapieweisung),
6. an einem sozialen Trainingskurs teilzunehmen oder
7. an einem Verkehrsunterricht teilzunehmen.

[2]Das Gericht kann dem Verwarnten weitere Weisungen erteilen, wenn er dieser Hilfe bedarf, um keine Straftaten mehr zu begehen. [3]An die Lebensführung des Verwarnten dürfen bei Auflagen und Weisungen keine unzumutbaren Anforderungen gestellt werden; auch dürfen die Auflagen und Weisungen nach

Satz 1 Nummer 3 bis 7 und Satz 2 zur Bedeutung der vom Täter begangenen Tat nicht außer Verhältnis stehen. [4]§ 56c Abs. 3 und 4 und § 56e gelten entsprechend.

§ 59b Verurteilung zu der vorbehaltenen Strafe

(1) Für die Verurteilung zu der vorbehaltenen Strafe gilt § 56f entsprechend.

(2) Wird der Verwarnte nicht zu der vorbehaltenen Strafe verurteilt, so stellt das Gericht nach Ablauf der Bewährungszeit fest, daß es bei der Verwarnung sein Bewenden hat.

§ 59c Gesamtstrafe und Verwarnung mit Strafvorbehalt

(1) Hat jemand mehrere Straftaten begangen, so sind bei der Verwarnung mit Strafvorbehalt für die Bestimmung der Strafe die §§ 53 bis 55 entsprechend anzuwenden.

(2) Wird der Verwarnte wegen einer vor der Verwarnung begangenen Straftat nachträglich zu Strafe verurteilt, so sind die Vorschriften über die Bildung einer Gesamtstrafe (§§ 53 bis 55 und 58) mit der Maßgabe anzuwenden, daß die vorbehaltene Strafe in den Fällen des § 55 einer erkannten Strafe gleichsteht.

§ 60 Absehen von Strafe

[1]Das Gericht sieht von Strafe ab, wenn die Folgen der Tat, die den Täter getroffen haben, so schwer sind, daß die Verhängung einer Strafe offensichtlich verfehlt wäre. [2]Dies gilt nicht, wenn der Täter für die Tat eine Freiheitsstrafe von mehr als einem Jahr verwirkt hat.

Sechster Titel

Maßregeln der Besserung und Sicherung

§ 61 Übersicht

Maßregeln der Besserung und Sicherung sind

1. die Unterbringung in einem psychiatrischen Krankenhaus,
2. die Unterbringung in einer Entziehungsanstalt,
3. die Unterbringung in der Sicherungsverwahrung,
4. die Führungsaufsicht,
5. die Entziehung der Fahrerlaubnis,
6. das Berufsverbot.

§ 62 Grundsatz der Verhältnismäßigkeit

Eine Maßregel der Besserung und Sicherung darf nicht angeordnet werden, wenn sie zur Bedeutung der vom Täter begangenen und zu erwartenden Taten sowie zu dem Grad der von ihm ausgehenden Gefahr außer Verhältnis steht.

Freiheitsentziehende Maßregeln

§ 63 Unterbringung in einem psychiatrischen Krankenhaus

[1]Hat jemand eine rechtswidrige Tat im Zustand der Schuldunfähigkeit (§ 20) oder der verminderten Schuldfähigkeit (§ 21) begangen, so ordnet das Gericht die Unterbringung in einem psychiatrischen Krankenhaus an, wenn die Gesamtwürdigung des Täters und seiner Tat ergibt, daß von ihm infolge seines Zustandes erhebliche rechtswidrige Taten, durch welche die Opfer seelisch oder körperlich erheblich geschädigt oder erheblich gefährdet werden oder schwerer wirtschaftlicher Schaden angerichtet wird, zu erwarten sind und er deshalb für die Allgemeinheit gefährlich ist. [2]Handelt es sich bei der begangenen rechtswidrigen Tat nicht um eine im Sinne von Satz 1 erhebliche Tat, so trifft das Gericht eine solche Anordnung nur, wenn besondere Umstände die Erwartung rechtfertigen, dass der Täter infolge seines Zustandes derartige erhebliche rechtswidrige Taten begehen wird.

§ 64 Unterbringung in einer Entziehungsanstalt

[1]Hat eine Person den Hang, alkoholische Getränke oder andere berauschende Mittel im Übermaß zu sich zu nehmen, und wird sie wegen einer rechtswidrigen Tat, die überwiegend auf ihren Hang zurückgeht, verurteilt oder nur deshalb nicht verurteilt, weil ihre Schuldunfähigkeit erwiesen oder nicht auszuschließen ist, so soll das Gericht die Unterbringung in einer Entziehungsanstalt anordnen, wenn die Gefahr besteht, dass sie infolge ihres Hanges erhebliche rechtswidrige Taten begehen wird; der Hang erfordert eine Substanzkonsumstörung, infolge derer eine dauernde und schwerwiegende Beeinträchtigung der Lebensgestaltung, der Gesundheit, der Arbeits- oder der Leistungsfähigkeit eingetreten ist und fortdauert. [2]Die Anordnung ergeht nur, wenn aufgrund tatsächlicher Anhaltspunkte zu erwarten ist, die Person durch die Behandlung in einer Entziehungsanstalt innerhalb der Frist nach § 67d Absatz 1 Satz 1 oder 3 zu heilen

oder über eine erhebliche Zeit vor dem Rückfall in den Hang zu bewahren und von der Begehung erheblicher rechtswidriger Taten abzuhalten, die auf ihren Hang zurückgehen.

§ 65 (weggefallen)

§ 66 Unterbringung in der Sicherungsverwahrung

(1) [1]Das Gericht ordnet neben der Strafe die Sicherungsverwahrung an, wenn

1. jemand zu Freiheitsstrafe von mindestens zwei Jahren wegen einer vorsätzlichen Straftat verurteilt wird, die
   a) sich gegen das Leben, die körperliche Unversehrtheit, die persönliche Freiheit oder die sexuelle Selbstbestimmung richtet,
   b) unter den Ersten, Siebenten, Zwanzigsten oder Achtundzwanzigsten Abschnitt des Besonderen Teils oder unter das Völkerstrafgesetzbuch oder das Betäubungsmittelgesetz fällt und im Höchstmaß mit Freiheitsstrafe von mindestens zehn Jahren bedroht ist oder
   c) den Tatbestand des § 145a erfüllt, soweit die Führungsaufsicht auf Grund einer Straftat der in den Buchstaben a oder b genannten Art eingetreten ist, oder den Tatbestand des § 323a, soweit die im Rausch begangene rechtswidrige Tat eine solche der in den Buchstaben a oder b genannten Art ist,
2. der Täter wegen Straftaten der in Nummer 1 genannten Art, die er vor der neuen Tat begangen hat, schon zweimal jeweils zu einer Freiheitsstrafe von mindestens einem Jahr verurteilt worden ist,
3. er wegen einer oder mehrerer dieser Taten vor der neuen Tat für die Zeit von mindestens zwei Jahren Freiheitsstrafe verbüßt oder sich im Vollzug einer freiheitsentziehenden Maßregel der Besserung und Sicherung befunden hat und
4. die Gesamtwürdigung des Täters und seiner Taten ergibt, dass er infolge eines Hanges zu erheblichen Straftaten, namentlich zu solchen, durch welche die Opfer seelisch oder körperlich schwer geschädigt werden, zum Zeitpunkt der Verurteilung für die Allgemeinheit gefährlich ist.

[2]Für die Einordnung als Straftat im Sinne von Satz 1 Nummer 1 Buchstabe b gilt § 12 Absatz 3 entsprechend, für die Beendigung der in Satz 1 Nummer 1 Buchstabe c genannten Führungsaufsicht § 68b Absatz 1 Satz 4.

(2) Hat jemand drei Straftaten der in Absatz 1 Satz 1 Nummer 1 genannten Art begangen, durch die er jeweils Freiheitsstrafe von mindestens einem Jahr verwirkt hat, und wird er wegen einer oder mehrerer dieser Taten zu Freiheitsstrafe von mindestens drei Jahren verurteilt, so kann das Gericht unter der in Absatz 1 Satz 1 Nummer 4 bezeichneten Voraussetzung neben der Strafe die Sicherungsverwahrung auch ohne frühere Verurteilung oder Freiheitsentziehung (Absatz 1 Satz 1 Nummer 2 und 3) anordnen.

(3) [1]Wird jemand wegen eines die Voraussetzungen nach Absatz 1 Satz 1 Nummer 1 Buchstabe a oder b erfüllenden Verbrechens oder wegen einer Straftat nach § 89a Absatz 1 bis 3, § 89c Absatz 1 bis 3, § 129a Absatz 5 Satz 1 erste Alternative, auch in Verbindung mit § 129b Absatz 1, den §§ 174 bis 174c, 176a, 176b, 177 Absatz 2 Nummer 1, Absatz 3 und 6, §§ 180, 182, 224, 225 Abs. 1 oder 2 oder wegen einer vorsätzlichen Straftat nach § 323a, soweit die im Rausch begangene Tat eine der vorgenannten rechtswidrigen Taten ist, zu Freiheitsstrafe von mindestens zwei Jahren verurteilt, so kann das Gericht neben der Strafe die Sicherungsverwahrung anordnen, wenn der Täter wegen einer oder mehrerer solcher Straftaten, die er vor der neuen Tat begangen hat, schon einmal zu Freiheitsstrafe von mindestens drei Jahren verurteilt worden ist und die in Absatz 1 Satz 1 Nummer 3 und 4 genannten Voraussetzungen erfüllt sind. [2]Hat jemand zwei Straftaten der in Satz 1 bezeichneten Art begangen, durch die er jeweils Freiheitsstrafe von mindestens zwei Jahren verwirkt hat und wird er wegen einer oder mehrerer dieser Taten zu Freiheitsstrafe von mindestens drei Jahren verurteilt, so kann das Gericht unter den in Absatz 1 Satz 1 Nummer 4 bezeichneten Voraussetzungen neben der Strafe die Sicherungsverwahrung auch ohne frühere Verurteilung oder Freiheitsentziehung (Absatz 1 Satz 1 Nummer 2 und 3) anordnen. [3]Die Absätze 1 und 2 bleiben unberührt.

(4) [1]Im Sinne des Absatzes 1 Satz 1 Nummer 2 gilt eine Verurteilung zu Gesamtstrafe als eine einzige Verurteilung. [2]Ist Untersuchungshaft oder eine andere Freiheitsentziehung auf Freiheitsstrafe angerechnet, so gilt sie als verbüßte Strafe im Sinne des Absatzes 1 Satz 1 Nummer 3. [3]Eine frühere Tat bleibt außer Betracht, wenn zwischen ihr und der folgenden Tat mehr als fünf Jahre verstrichen sind; bei Straftaten gegen die sexuelle Selbstbestimmung beträgt die Frist fünfzehn Jahre. [4]In die Frist wird die Zeit nicht eingerechnet, in welcher der Täter auf behördliche Anordnung in einer Anstalt verwahrt worden ist. [5]Eine Tat, die außerhalb des räumlichen Geltungsbereichs dieses Gesetzes abgeurteilt worden ist, steht einer innerhalb dieses Bereichs abgeurteilten Tat gleich, wenn sie nach deutschem Strafrecht eine Straftat der in Absatz 1 Satz 1 Nummer 1, in den Fällen des Absatzes 3 der in Absatz 3 Satz 1 bezeichneten Art wäre.

§ 66a Vorbehalt der Unterbringung in der Sicherungsverwahrung

(1) Das Gericht kann im Urteil die Anordnung der Sicherungsverwahrung vorbehalten, wenn

1. jemand wegen einer der in § 66 Absatz 3 Satz 1 genannten Straftaten verurteilt wird,
2. die übrigen Voraussetzungen des § 66 Absatz 3 erfüllt sind, soweit dieser nicht auf § 66 Absatz 1 Satz 1 Nummer 4 verweist, und
3. nicht mit hinreichender Sicherheit feststellbar, aber wahrscheinlich ist, dass die Voraussetzungen des § 66 Absatz 1 Satz 1 Nummer 4 vorliegen.

(2) Einen Vorbehalt im Sinne von Absatz 1 kann das Gericht auch aussprechen, wenn

1. jemand zu einer Freiheitsstrafe von mindestens fünf Jahren wegen eines oder mehrerer Verbrechen gegen das Leben, die körperliche Unversehrtheit, die persönliche Freiheit, die sexuelle Selbstbestimmung, nach dem Achtundzwanzigsten Abschnitt oder nach den §§ 250, 251, auch in Verbindung mit § 252 oder § 255, verurteilt wird,
2. die Voraussetzungen des § 66 nicht erfüllt sind und
3. mit hinreichender Sicherheit feststellbar oder zumindest wahrscheinlich ist, dass die Voraussetzungen des § 66 Absatz 1 Satz 1 Nummer 4 vorliegen.

(3) [1]Über die nach Absatz 1 oder 2 vorbehaltene Anordnung der Sicherungsverwahrung kann das Gericht im ersten Rechtszug nur bis zur vollständigen Vollstreckung der Freiheitsstrafe entscheiden; dies gilt auch, wenn die Vollstreckung des Strafrestes zur Bewährung ausgesetzt war und der Strafrest vollstreckt wird. [2]Das Gericht ordnet die Sicherungsverwahrung an, wenn die Gesamtwürdigung des Verurteilten, seiner Tat oder seiner Taten und ergänzend seiner Entwicklung bis zum Zeitpunkt der Entscheidung ergibt, dass von ihm erhebliche Straftaten zu erwarten sind, durch welche die Opfer seelisch oder körperlich schwer geschädigt werden.

§ 66b Nachträgliche Anordnung der Unterbringung in der Sicherungsverwahrung

[1]Ist die Unterbringung in einem psychiatrischen Krankenhaus nach § 67d Abs. 6 für erledigt erklärt worden, weil der die Schuldfähigkeit ausschließende oder vermindernde Zustand, auf dem die Unterbringung beruhte, im Zeitpunkt der Erledigungsentscheidung nicht bestanden hat, so kann das Gericht die Unterbringung in der Sicherungsverwahrung nachträglich anordnen, wenn

1. die Unterbringung des Betroffenen nach § 63 wegen mehrerer der in § 66 Abs. 3 Satz 1 genannten Taten angeordnet wurde oder wenn der Betroffene wegen einer oder mehrerer solcher Taten, die er vor der zur Unterbringung nach § 63 führenden Tat begangen hat, schon einmal zu einer Freiheitsstrafe von mindestens drei Jahren verurteilt oder in einem psychiatrischen Krankenhaus untergebracht worden war und
2. die Gesamtwürdigung des Betroffenen, seiner Taten und ergänzend seiner Entwicklung bis zum Zeitpunkt der Entscheidung ergibt, dass er mit hoher Wahrscheinlichkeit erhebliche Straftaten begehen wird, durch welche die Opfer seelisch oder körperlich schwer geschädigt werden.

[2]Dies gilt auch, wenn im Anschluss an die Unterbringung nach § 63 noch eine daneben angeordnete Freiheitsstrafe ganz oder teilweise zu vollstrecken ist.

§ 66c Ausgestaltung der Unterbringung in der Sicherungsverwahrung und des vorhergehenden Strafvollzugs

(1) Die Unterbringung in der Sicherungsverwahrung erfolgt in Einrichtungen, die

1. dem Untergebrachten auf der Grundlage einer umfassenden Behandlungsuntersuchung und eines regelmäßig fortzuschreibenden Vollzugsplans eine Betreuung anbieten,
   a) die individuell und intensiv sowie geeignet ist, seine Mitwirkungsbereitschaft zu wecken und zu fördern, insbesondere eine psychiatrische, psycho- oder sozialtherapeutische Behandlung, die auf den Untergebrachten zugeschnitten ist, soweit standardisierte Angebote nicht Erfolg versprechend sind, und
   b) die zum Ziel hat, seine Gefährlichkeit für die Allgemeinheit so zu mindern, dass die Vollstreckung der Maßregel möglichst bald zur Bewährung ausgesetzt oder sie für erledigt erklärt werden kann,
2. eine Unterbringung gewährleisten,
   a) die den Untergebrachten so wenig wie möglich belastet, den Erfordernissen der Betreuung im Sinne von Nummer 1 entspricht und, soweit Sicherheitsbelange nicht entgegenstehen, den allgemeinen Lebensverhältnissen angepasst ist, und
   b) die vom Strafvollzug getrennt in besonderen Gebäuden oder Abteilungen erfolgt, sofern nicht die Behandlung im Sinne von Nummer 1 ausnahmsweise etwas anderes erfordert, und
3. zur Erreichung des in Nummer 1 Buchstabe b genannten Ziels

a) vollzugsöffnende Maßnahmen gewähren und Entlassungsvorbereitungen treffen, soweit nicht zwingende Gründe entgegenstehen, insbesondere konkrete Anhaltspunkte die Gefahr begründen, der Untergebrachte werde sich dem Vollzug der Sicherungsverwahrung entziehen oder die Maßnahmen zur Begehung erheblicher Straftaten missbrauchen, sowie
b) in enger Zusammenarbeit mit staatlichen oder freien Trägern eine nachsorgende Betreuung in Freiheit ermöglichen.

(2) Hat das Gericht die Unterbringung in der Sicherungsverwahrung im Urteil (§ 66), nach Vorbehalt (§ 66a Absatz 3) oder nachträglich (§ 66b) angeordnet oder sich eine solche Anordnung im Urteil vorbehalten (§ 66a Absatz 1 und 2), ist dem Täter schon im Strafvollzug eine Betreuung im Sinne von Absatz 1 Nummer 1, insbesondere eine sozialtherapeutische Behandlung, anzubieten mit dem Ziel, die Vollstreckung der Unterbringung (§ 67c Absatz 1 Satz 1 Nummer 1) oder deren Anordnung (§ 66a Absatz 3) möglichst entbehrlich zu machen.

§ 67 Reihenfolge der Vollstreckung

(1) Wird die Unterbringung in einer Anstalt nach den §§ 63 und 64 neben einer Freiheitsstrafe angeordnet, so wird die Maßregel vor der Strafe vollzogen.

(2) [1]Das Gericht bestimmt jedoch, daß die Strafe oder ein Teil der Strafe vor der Maßregel zu vollziehen ist, wenn der Zweck der Maßregel dadurch leichter erreicht wird. [2]Bei Anordnung der Unterbringung in einer Entziehungsanstalt neben einer zeitigen Freiheitsstrafe von über drei Jahren soll das Gericht bestimmen, dass ein Teil der Strafe vor der Maßregel zu vollziehen ist. [3]Dieser Teil der Strafe ist in der Regel so zu bemessen, dass nach seiner Vollziehung und einer anschließenden Unterbringung eine Entscheidung nach Absatz 5 Satz 1 erster Halbsatz möglich ist. [4]Das Gericht soll ferner bestimmen, dass die Strafe vor der Maßregel zu vollziehen ist, wenn die verurteilte Person vollziehbar zur Ausreise verpflichtet und zu erwarten ist, dass ihr Aufenthalt im räumlichen Geltungsbereich dieses Gesetzes während oder unmittelbar nach Verbüßung der Strafe beendet wird.

(3) [1]Das Gericht kann eine Anordnung nach Absatz 2 Satz 1 oder Satz 2 nachträglich treffen, ändern oder aufheben, wenn Umstände in der Person des Verurteilten es angezeigt erscheinen lassen. [2]Eine Anordnung nach Absatz 2 Satz 4 kann das Gericht auch nachträglich treffen. [3]Hat es eine Anordnung nach Absatz 2 Satz 4 getroffen, so hebt es diese auf, wenn eine Beendigung des Aufenthalts der verurteilten Person im räumlichen Geltungsbereich dieses Gesetzes während oder unmittelbar nach Verbüßung der Strafe nicht mehr zu erwarten ist.

(4) Wird die Maßregel ganz oder zum Teil vor der Strafe vollzogen, so wird die Zeit des Vollzugs der Maßregel auf die Strafe angerechnet, bis zwei Drittel der Strafe erledigt sind.

(5) [1]Wird die Maßregel vor der Strafe oder vor einem Rest der Strafe vollzogen, so setzt das Gericht die Vollstreckung des Strafrestes unter den Voraussetzungen des § 57 Absatz 1 Satz 1 Nummer 2 und 3 und Satz 2 zur Bewährung aus, wenn zwei Drittel der Strafe erledigt sind; das Gericht kann die Aussetzung auch schon nach Erledigung der Hälfte der Strafe bestimmen, wenn die Voraussetzungen des § 57 Absatz 2 entsprechend erfüllt sind. [2]Wird der Strafrest nicht ausgesetzt, so wird der Vollzug der Maßregel fortgesetzt; das Gericht kann jedoch den Vollzug der Strafe anordnen, wenn Umstände in der Person des Verurteilten es angezeigt erscheinen lassen.

(6) [1]Das Gericht bestimmt, dass eine Anrechnung nach Absatz 4 auch auf eine verfahrensfremde Strafe erfolgt, wenn deren Vollzug für die verurteilte Person eine unbillige Härte wäre. [2]Bei dieser Entscheidung sind insbesondere das Verhältnis der Dauer des bisherigen Freiheitsentzugs zur Dauer der verhängten Strafen, der erzielte Therapieerfolg und seine konkrete Gefährdung sowie das Verhalten der verurteilten Person im Vollstreckungsverfahren zu berücksichtigen. [3]Die Anrechnung ist in der Regel ausgeschlossen, wenn die der verfahrensfremden Strafe zugrunde liegende Tat nach der Anordnung der Maßregel begangen worden ist. [4]Absatz 5 Satz 2 gilt entsprechend.

§ 67a Überweisung in den Vollzug einer anderen Maßregel

(1) Ist die Unterbringung in einem psychiatrischen Krankenhaus oder einer Entziehungsanstalt angeordnet worden, so kann das Gericht die untergebrachte Person nachträglich in den Vollzug der anderen Maßregel überweisen, wenn ihre Resozialisierung dadurch besser gefördert werden kann.

(2) [1]Unter den Voraussetzungen des Absatzes 1 kann das Gericht nachträglich auch eine Person, gegen die Sicherungsverwahrung angeordnet worden ist, in den Vollzug einer der in Absatz 1 genannten Maßregeln überweisen. [2]Die Möglichkeit einer nachträglichen Überweisung besteht, wenn die Voraussetzungen des Absatzes 1 vorliegen und die Überweisung zur Durchführung einer Heilbehandlung oder Entziehungskur angezeigt ist, auch bei einer Person, die sich noch im Strafvollzug befindet und deren Unterbringung in der Sicherungsverwahrung angeordnet oder vorbehalten worden ist.

(3) [1]Das Gericht kann eine Entscheidung nach den Absätzen 1 und 2 ändern oder aufheben, wenn sich nachträglich ergibt, dass die Resozialisierung der untergebrachten Person dadurch besser gefördert werden kann. [2]Eine Entscheidung nach Absatz 2 kann das Gericht ferner aufheben, wenn sich nachträglich ergibt, dass mit dem Vollzug der in Absatz 1 genannten Maßregeln kein Erfolg erzielt werden kann.

(4) [1]Die Fristen für die Dauer der Unterbringung und die Überprüfung richten sich nach den Vorschriften, die für die im Urteil angeordnete Unterbringung gelten. [2]Im Falle des Absatzes 2 Satz 2 hat das Gericht bis zum Beginn der Vollstreckung der Unterbringung jeweils spätestens vor Ablauf eines Jahres zu prüfen, ob die Voraussetzungen für eine Entscheidung nach Absatz 3 Satz 2 vorliegen.

§ 67b Aussetzung zugleich mit der Anordnung

(1) [1]Ordnet das Gericht die Unterbringung in einem psychiatrischen Krankenhaus oder einer Entziehungsanstalt an, so setzt es zugleich deren Vollstreckung zur Bewährung aus, wenn besondere Umstände die Erwartung rechtfertigen, daß der Zweck der Maßregel auch dadurch erreicht werden kann. [2]Die Aussetzung unterbleibt, wenn der Täter noch Freiheitsstrafe zu verbüßen hat, die gleichzeitig mit der Maßregel verhängt und nicht zur Bewährung ausgesetzt wird.

(2) Mit der Aussetzung tritt Führungsaufsicht ein.

§ 67c Späterer Beginn der Unterbringung

(1) [1]Wird eine Freiheitsstrafe vor einer wegen derselben Tat oder Taten angeordneten Unterbringung vollzogen und ergibt die vor dem Ende des Vollzugs der Strafe erforderliche Prüfung, dass

1. der Zweck der Maßregel die Unterbringung nicht mehr erfordert oder
2. die Unterbringung in der Sicherungsverwahrung unverhältnismäßig wäre, weil dem Täter bei einer Gesamtbetrachtung des Vollzugsverlaufs ausreichende Betreuung im Sinne des § 66c Absatz 2 in Verbindung mit § 66c Absatz 1 Nummer 1 nicht angeboten worden ist,

setzt das Gericht die Vollstreckung der Unterbringung zur Bewährung aus; mit der Aussetzung tritt Führungsaufsicht ein. [2]Der Prüfung nach Satz 1 Nummer 1 bedarf es nicht, wenn die Unterbringung in der Sicherungsverwahrung im ersten Rechtszug weniger als ein Jahr vor dem Ende des Vollzugs der Strafe angeordnet worden ist.

(2) [1]Hat der Vollzug der Unterbringung drei Jahre nach Rechtskraft ihrer Anordnung noch nicht begonnen und liegt ein Fall des Absatzes 1 oder des § 67b nicht vor, so darf die Unterbringung nur noch vollzogen werden, wenn das Gericht es anordnet. [2]In die Frist wird die Zeit nicht eingerechnet, in welcher der Täter auf behördliche Anordnung in einer Anstalt verwahrt worden ist. [3]Das Gericht ordnet den Vollzug an, wenn der Zweck der Maßregel die Unterbringung noch erfordert. [4]Ist der Zweck der Maßregel nicht erreicht, rechtfertigen aber besondere Umstände die Erwartung, daß er auch durch die Aussetzung erreicht werden kann, so setzt das Gericht die Vollstreckung der Unterbringung zur Bewährung aus; mit der Aussetzung tritt Führungsaufsicht ein. [5]Ist der Zweck der Maßregel erreicht, so erklärt das Gericht sie für erledigt.

§ 67d Dauer der Unterbringung

(1) [1]Die Unterbringung in einer Entziehungsanstalt darf zwei Jahre nicht übersteigen. [2]Die Frist läuft vom Beginn der Unterbringung an. [3]Wird vor einer Freiheitsstrafe eine daneben angeordnete freiheitsentziehende Maßregel vollzogen, so verlängert sich die Höchstfrist um die Dauer der Freiheitsstrafe, soweit die Zeit des Vollzugs der Maßregel auf die Strafe angerechnet wird.

(2) [1]Ist keine Höchstfrist vorgesehen oder ist die Frist noch nicht abgelaufen, so setzt das Gericht die weitere Vollstreckung der Unterbringung zur Bewährung aus, wenn zu erwarten ist, daß der Untergebrachte außerhalb des Maßregelvollzugs keine erheblichen rechtswidrigen Taten mehr begehen wird. [2]Gleiches gilt, wenn das Gericht nach Beginn der Vollstreckung der Unterbringung in der Sicherungsverwahrung feststellt, dass die weitere Vollstreckung unverhältnismäßig wäre, weil dem Untergebrachten nicht spätestens bis zum Ablauf einer vom Gericht bestimmten Frist von höchstens sechs Monaten ausreichende Betreuung im Sinne des § 66c Absatz 1 Nummer 1 angeboten worden ist; eine solche Frist hat das Gericht, wenn keine ausreichende Betreuung angeboten wird, unter Angabe der anzubietenden Maßnahmen bei der Prüfung der Aussetzung der Vollstreckung festzusetzen. [3]Mit der Aussetzung nach Satz 1 oder 2 tritt Führungsaufsicht ein.

(3) [1]Sind zehn Jahre der Unterbringung in der Sicherungsverwahrung vollzogen worden, so erklärt das Gericht die Maßregel für erledigt, wenn nicht die Gefahr besteht, daß der Untergebrachte erhebliche Straftaten begehen wird, durch welche die Opfer seelisch oder körperlich schwer geschädigt werden. [2]Mit der Entlassung aus dem Vollzug der Unterbringung tritt Führungsaufsicht ein.

(4) [1]Ist die Höchstfrist abgelaufen, so wird der Untergebrachte entlassen. [2]Die Maßregel ist damit erledigt. [3]Mit der Entlassung aus dem Vollzug der Unterbringung tritt Führungsaufsicht ein.

(5) [1]Das Gericht erklärt die Unterbringung in einer Entziehungsanstalt für erledigt, wenn die Voraussetzungen des § 64 Satz 2 nicht mehr vorliegen. [2]Mit der Entlassung aus dem Vollzug der Unterbringung tritt Führungsaufsicht ein.

(6) [1]Stellt das Gericht nach Beginn der Vollstreckung der Unterbringung in einem psychiatrischen Krankenhaus fest, dass die Voraussetzungen der Maßregel nicht mehr vorliegen oder die weitere Vollstreckung der Maßregel unverhältnismäßig wäre, so erklärt es sie für erledigt. [2]Dauert die Unterbringung sechs Jahre, ist ihre Fortdauer in der Regel nicht mehr verhältnismäßig, wenn nicht die Gefahr besteht, dass der Untergebrachte infolge seines Zustandes erhebliche rechtswidrige Taten begehen wird, durch welche die Opfer seelisch oder körperlich schwer geschädigt werden oder in die Gefahr einer schweren körperlichen oder seelischen Schädigung gebracht werden. [3]Sind zehn Jahre der Unterbringung vollzogen, gilt Absatz 3 Satz 1 entsprechend. [4]Mit der Entlassung aus dem Vollzug der Unterbringung tritt Führungsaufsicht ein. [5]Das Gericht ordnet den Nichteintritt der Führungsaufsicht an, wenn zu erwarten ist, dass der Betroffene auch ohne sie keine Straftaten mehr begehen wird.

§ 67e Überprüfung

(1) [1]Das Gericht kann jederzeit prüfen, ob die weitere Vollstreckung der Unterbringung zur Bewährung auszusetzen oder für erledigt zu erklären ist. [2]Es muß dies vor Ablauf bestimmter Fristen prüfen.

(2) Die Fristen betragen bei der Unterbringung
in einer Entziehungsanstalt sechs Monate,
in einem psychiatrischen Krankenhaus ein Jahr,
in der Sicherungsverwahrung ein Jahr, nach dem Vollzug von zehn Jahren der Unterbringung neun Monate.

(3) [1]Das Gericht kann die Fristen kürzen. [2]Es kann im Rahmen der gesetzlichen Prüfungsfristen auch Fristen festsetzen, vor deren Ablauf ein Antrag auf Prüfung unzulässig ist.

(4) [1]Die Fristen laufen vom Beginn der Unterbringung an. [2]Lehnt das Gericht die Aussetzung oder Erledigungserklärung ab, so beginnen die Fristen mit der Entscheidung von neuem.

§ 67f Mehrfache Anordnung der Maßregel

Ordnet das Gericht die Unterbringung in einer Entziehungsanstalt an, so ist eine frühere Anordnung der Maßregel erledigt.

§ 67g Widerruf der Aussetzung

(1) [1]Das Gericht widerruft die Aussetzung einer Unterbringung, wenn die verurteilte Person
1. während der Dauer der Führungsaufsicht eine rechtswidrige Tat begeht,
2. gegen Weisungen nach § 68b gröblich oder beharrlich verstößt oder
3. sich der Aufsicht und Leitung der Bewährungshelferin oder des Bewährungshelfers oder der Aufsichtsstelle beharrlich entzieht

und sich daraus ergibt, dass der Zweck der Maßregel ihre Unterbringung erfordert. [2]Satz 1 Nr. 1 gilt entsprechend, wenn der Widerrufsgrund zwischen der Entscheidung über die Aussetzung und dem Beginn der Führungsaufsicht (§ 68c Abs. 4) entstanden ist.

(2) Das Gericht widerruft die Aussetzung einer Unterbringung nach den §§ 63 und 64 auch dann, wenn sich während der Dauer der Führungsaufsicht ergibt, dass von der verurteilten Person infolge ihres Zustands rechtswidrige Taten zu erwarten sind und deshalb der Zweck der Maßregel ihre Unterbringung erfordert.

(3) Das Gericht widerruft die Aussetzung ferner, wenn Umstände, die ihm während der Dauer der Führungsaufsicht bekannt werden und zur Versagung der Aussetzung geführt hätten, zeigen, daß der Zweck der Maßregel die Unterbringung der verurteilten Person erfordert.

(4) Die Dauer der Unterbringung vor und nach dem Widerruf darf insgesamt die gesetzliche Höchstfrist der Maßregel nicht übersteigen.

(5) Widerruft das Gericht die Aussetzung der Unterbringung nicht, so ist die Maßregel mit dem Ende der Führungsaufsicht erledigt.

(6) Leistungen, die die verurteilte Person zur Erfüllung von Weisungen erbracht hat, werden nicht erstattet.

§ 67h Befristete Wiederinvollzugsetzung; Krisenintervention

(1) [1]Während der Dauer der Führungsaufsicht kann das Gericht die ausgesetzte Unterbringung nach § 63 oder § 64 für eine Dauer von höchstens drei Monaten wieder in Vollzug setzen, wenn eine akute Verschlechterung des Zustands der aus der Unterbringung entlassenen Person oder ein Rückfall in ihr Suchtverhalten eingetreten ist und die Maßnahme erforderlich ist, um einen Widerruf nach § 67g zu vermeiden. [2]Unter den Voraussetzungen des Satzes 1 kann es die Maßnahme erneut anordnen oder ihre Dauer ver-

längern; die Dauer der Maßnahme darf insgesamt sechs Monate nicht überschreiten. [3]§ 67g Abs. 4 gilt entsprechend.

(2) Das Gericht hebt die Maßnahme vor Ablauf der nach Absatz 1 gesetzten Frist auf, wenn ihr Zweck erreicht ist.

Führungsaufsicht

§ 68 Voraussetzungen der Führungsaufsicht

(1) Hat jemand wegen einer Straftat, bei der das Gesetz Führungsaufsicht besonders vorsieht, zeitige Freiheitsstrafe von mindestens sechs Monaten verwirkt, so kann das Gericht neben der Strafe Führungsaufsicht anordnen, wenn die Gefahr besteht, daß er weitere Straftaten begehen wird.

(2) Die Vorschriften über die Führungsaufsicht kraft Gesetzes (§§ 67b, 67c, 67d Abs. 2 bis 6 und § 68f) bleiben unberührt.

§ 68a Aufsichtsstelle, Bewährungshilfe, forensische Ambulanz

(1) Die verurteilte Person untersteht einer Aufsichtsstelle; das Gericht bestellt ihr für die Dauer der Führungsaufsicht eine Bewährungshelferin oder einen Bewährungshelfer.

(2) Die Bewährungshelferin oder der Bewährungshelfer und die Aufsichtsstelle stehen im Einvernehmen miteinander der verurteilten Person helfend und betreuend zur Seite.

(3) Die Aufsichtsstelle überwacht im Einvernehmen mit dem Gericht und mit Unterstützung der Bewährungshelferin oder des Bewährungshelfers das Verhalten der verurteilten Person und die Erfüllung der Weisungen.

(4) Besteht zwischen der Aufsichtsstelle und der Bewährungshelferin oder dem Bewährungshelfer in Fragen, welche die Hilfe für die verurteilte Person und ihre Betreuung berühren, kein Einvernehmen, entscheidet das Gericht.

(5) Das Gericht kann der Aufsichtsstelle und der Bewährungshelferin oder dem Bewährungshelfer für ihre Tätigkeit Anweisungen erteilen.

(6) Vor Stellung eines Antrags nach § 145a Satz 2 hört die Aufsichtsstelle die Bewährungshelferin oder den Bewährungshelfer; Absatz 4 ist nicht anzuwenden.

(7) [1]Wird eine Weisung nach § 68b Abs. 2 Satz 2 und 3 erteilt, steht im Einvernehmen mit den in Absatz 2 Genannten auch die forensische Ambulanz der verurteilten Person helfend und betreuend zur Seite. [2]Im Übrigen gelten die Absätze 3 und 6, soweit sie die Stellung der Bewährungshelferin oder des Bewährungshelfers betreffen, auch für die forensische Ambulanz.

(8) [1]Die in Absatz 1 Genannten und die in § 203 Absatz 1 Nummer 1, 2 und 6 genannten Mitarbeiterinnen und Mitarbeiter der forensischen Ambulanz haben fremde Geheimnisse, die ihnen im Rahmen des durch § 203 geschützten Verhältnisses anvertraut oder sonst bekannt geworden sind, einander zu offenbaren, soweit dies notwendig ist, um der verurteilten Person zu helfen, nicht wieder straffällig zu werden. [2]Darüber hinaus haben die in § 203 Absatz 1 Nummer 1, 2 und 6 genannten Mitarbeiterinnen und Mitarbeiter der forensischen Ambulanz solche Geheimnisse gegenüber der Aufsichtsstelle und dem Gericht zu offenbaren, soweit aus ihrer Sicht

1. dies notwendig ist, um zu überwachen, ob die verurteilte Person einer Vorstellungsweisung nach § 68b Abs. 1 Satz 1 Nr. 11 nachkommt oder im Rahmen einer Weisung nach § 68b Abs. 2 Satz 2 und 3 an einer Behandlung teilnimmt,
2. das Verhalten oder der Zustand der verurteilten Person Maßnahmen nach § 67g, § 67h oder § 68c Abs. 2 oder Abs. 3 erforderlich erscheinen lässt oder
3. dies zur Abwehr einer erheblichen gegenwärtigen Gefahr für das Leben, die körperliche Unversehrtheit, die persönliche Freiheit oder die sexuelle Selbstbestimmung Dritter erforderlich ist.

[3]In den Fällen der Sätze 1 und 2 Nr. 2 und 3 dürfen Tatsachen im Sinne von § 203 Abs. 1, die von Mitarbeiterinnen und Mitarbeitern der forensischen Ambulanz offenbart wurden, nur zu den dort genannten Zwecken verwendet werden.

§ 68b Weisungen

(1) [1]Das Gericht kann die verurteilte Person für die Dauer der Führungsaufsicht oder für eine kürzere Zeit anweisen,

1. den Wohn- oder Aufenthaltsort oder einen bestimmten Bereich nicht ohne Erlaubnis der Aufsichtsstelle zu verlassen,
2. sich nicht an bestimmten Orten aufzuhalten, die ihr Gelegenheit oder Anreiz zu weiteren Straftaten bieten können,

3. zu der verletzten Person oder bestimmten Personen oder Personen einer bestimmten Gruppe, die ihr Gelegenheit oder Anreiz zu weiteren Straftaten bieten können, keinen Kontakt aufzunehmen, mit ihnen nicht zu verkehren, sie nicht zu beschäftigen, auszubilden oder zu beherbergen,
4. bestimmte Tätigkeiten nicht auszuüben, die sie nach den Umständen zu Straftaten missbrauchen kann,
5. bestimmte Gegenstände, die ihr Gelegenheit oder Anreiz zu weiteren Straftaten bieten können, nicht zu besitzen, bei sich zu führen oder verwahren zu lassen,
6. Kraftfahrzeuge oder bestimmte Arten von Kraftfahrzeugen oder von anderen Fahrzeugen nicht zu halten oder zu führen, die sie nach den Umständen zu Straftaten missbrauchen kann,
7. sich zu bestimmten Zeiten bei der Aufsichtsstelle, einer bestimmten Dienststelle oder der Bewährungshelferin oder dem Bewährungshelfer zu melden,
8. jeden Wechsel der Wohnung oder des Arbeitsplatzes unverzüglich der Aufsichtsstelle zu melden,
9. sich im Fall der Erwerbslosigkeit bei der zuständigen Agentur für Arbeit oder einer anderen zur Arbeitsvermittlung zugelassenen Stelle zu melden,
10. keine alkoholischen Getränke oder andere berauschende Mittel zu sich zu nehmen, wenn aufgrund bestimmter Tatsachen Gründe für die Annahme bestehen, dass der Konsum solcher Mittel zur Begehung weiterer Straftaten beitragen wird, und sich Alkohol- oder Suchtmittelkontrollen zu unterziehen, die nicht mit einem körperlichen Eingriff verbunden sind,
11. sich zu bestimmten Zeiten oder in bestimmten Abständen bei einer Ärztin oder einem Arzt, einer Psychotherapeutin oder einem Psychotherapeuten oder einer forensischen Ambulanz vorzustellen oder
12. die für eine elektronische Überwachung ihres Aufenthaltsortes erforderlichen technischen Mittel ständig in betriebsbereitem Zustand bei sich zu führen und deren Funktionsfähigkeit nicht zu beeinträchtigen.

[2]Das Gericht hat in seiner Weisung das verbotene oder verlangte Verhalten genau zu bestimmen. [3]Eine Weisung nach Satz 1 Nummer 12 ist, unbeschadet des Satzes 5, nur zulässig, wenn

1. die Führungsaufsicht auf Grund der vollständigen Vollstreckung einer Freiheitsstrafe oder Gesamtfreiheitsstrafe von mindestens drei Jahren oder auf Grund einer erledigten Maßregel eingetreten ist,
2. die Freiheitsstrafe oder Gesamtfreiheitsstrafe oder die Unterbringung wegen einer oder mehrerer Straftaten der in § 66 Absatz 3 Satz 1 genannten Art verhängt oder angeordnet wurde,
3. die Gefahr besteht, dass die verurteilte Person weitere Straftaten der in § 66 Absatz 3 Satz 1 genannten Art begehen wird, und
4. die Weisung erforderlich erscheint, um die verurteilte Person durch die Möglichkeit der Datenverwendung nach § 463a Absatz 4 Satz 2 der Strafprozessordnung, insbesondere durch die Überwachung der Erfüllung einer nach Satz 1 Nummer 1 oder 2 auferlegten Weisung, von der Begehung weiterer Straftaten der in § 66 Absatz 3 Satz 1 genannten Art abzuhalten.

[4]Die Voraussetzungen von Satz 3 Nummer 1 in Verbindung mit Nummer 2 liegen unabhängig davon vor, ob die dort genannte Führungsaufsicht nach § 68e Absatz 1 Satz 1 beendet ist. [5]Abweichend von Satz 3 Nummer 1 genügt eine Freiheits- oder Gesamtfreiheitsstrafe von zwei Jahren, wenn diese wegen einer oder mehrerer Straftaten verhängt worden ist, die unter den Ersten oder Siebenten Abschnitt des Besonderen Teils fallen; zu den in Satz 3 Nummer 2 bis 4 genannten Straftaten gehört auch eine Straftat nach § 129a Absatz 5 Satz 2, auch in Verbindung mit § 129b Absatz 1.

(2) [1]Das Gericht kann der verurteilten Person für die Dauer der Führungsaufsicht oder für eine kürzere Zeit weitere Weisungen erteilen, insbesondere solche, die sich auf Ausbildung, Arbeit, Freizeit, die Ordnung der wirtschaftlichen Verhältnisse oder die Erfüllung von Unterhaltspflichten beziehen. [2]Das Gericht kann die verurteilte Person insbesondere anweisen, sich psychiatrisch, psycho- oder sozialtherapeutisch betreuen und behandeln zu lassen (Therapieweisung). [3]Die Betreuung und Behandlung kann durch eine forensische Ambulanz erfolgen. [4]§ 56c Abs. 3 gilt entsprechend, auch für die Weisung, sich Alkohol- oder Suchtmittelkontrollen zu unterziehen, die mit körperlichen Eingriffen verbunden sind.

(3) Bei den Weisungen dürfen an die Lebensführung der verurteilten Person keine unzumutbaren Anforderungen gestellt werden.

(4) Wenn mit Eintritt der Führungsaufsicht eine bereits bestehende Führungsaufsicht nach § 68e Abs. 1 Satz 1 Nr. 3 endet, muss das Gericht auch die Weisungen in seine Entscheidung einbeziehen, die im Rahmen der früheren Führungsaufsicht erteilt worden sind.

(5) Soweit die Betreuung der verurteilten Person in den Fällen des Absatzes 1 Nr. 11 oder ihre Behandlung in den Fällen des Absatzes 2 nicht durch eine forensische Ambulanz erfolgt, gilt § 68a Abs. 8 entsprechend.

§ 68c Dauer der Führungsaufsicht

(1) [1]Die Führungsaufsicht dauert mindestens zwei und höchstens fünf Jahre. [2]Das Gericht kann die Höchstdauer abkürzen.

(2) [1]Das Gericht kann eine die Höchstdauer nach Absatz 1 Satz 1 überschreitende unbefristete Führungsaufsicht anordnen, wenn die verurteilte Person

1. in eine Weisung nach § 56c Abs. 3 Nr. 1 nicht einwilligt oder
2. einer Weisung, sich einer Heilbehandlung oder einer Entziehungskur zu unterziehen, oder einer Therapieweisung nicht nachkommt

und eine Gefährdung der Allgemeinheit durch die Begehung weiterer erheblicher Straftaten zu befürchten ist. [2]Erklärt die verurteilte Person in den Fällen des Satzes 1 Nr. 1 nachträglich ihre Einwilligung, setzt das Gericht die weitere Dauer der Führungsaufsicht fest. [3]Im Übrigen gilt § 68e Abs. 3.

(3) [1]Das Gericht kann die Führungsaufsicht über die Höchstdauer nach Absatz 1 Satz 1 hinaus unbefristet verlängern, wenn

1. in Fällen der Aussetzung der Unterbringung in einem psychiatrischen Krankenhaus nach § 67d Abs. 2 aufgrund bestimmter Tatsachen Gründe für die Annahme bestehen, dass die verurteilte Person andernfalls alsbald in einen Zustand nach § 20 oder § 21 geraten wird, infolge dessen eine Gefährdung der Allgemeinheit durch die Begehung weiterer erheblicher rechtswidriger Taten zu befürchten ist, oder
2. sich aus dem Verstoß gegen Weisungen nach § 68b Absatz 1 oder 2 oder auf Grund anderer bestimmter Tatsachen konkrete Anhaltspunkte dafür ergeben, dass eine Gefährdung der Allgemeinheit durch die Begehung weiterer erheblicher Straftaten zu befürchten ist, und
   a) gegen die verurteilte Person wegen Straftaten der in § 181b genannten Art eine Freiheitsstrafe oder Gesamtfreiheitsstrafe von mehr als zwei Jahren verhängt oder die Unterbringung in einem psychiatrischen Krankenhaus oder in einer Entziehungsanstalt angeordnet wurde oder
   b) die Führungsaufsicht unter den Voraussetzungen des § 68b Absatz 1 Satz 3 Nummer 1 eingetreten ist und die Freiheitsstrafe oder Gesamtfreiheitsstrafe oder die Unterbringung wegen eines oder mehrerer Verbrechen gegen das Leben, die körperliche Unversehrtheit, die persönliche Freiheit oder nach den §§ 250, 251, auch in Verbindung mit § 252 oder § 255, verhängt oder angeordnet wurde.

[2]Für die Beendigung der Führungsaufsicht gilt § 68b Absatz 1 Satz 4 entsprechend.

(4) [1]In den Fällen des § 68 Abs. 1 beginnt die Führungsaufsicht mit der Rechtskraft ihrer Anordnung, in den Fällen des § 67b Abs. 2, des § 67c Absatz 1 Satz 1 und Abs. 2 Satz 4 und des § 67d Absatz 2 Satz 3 mit der Rechtskraft der Aussetzungsentscheidung oder zu einem gerichtlich angeordneten späteren Zeitpunkt. [2]In ihre Dauer wird die Zeit nicht eingerechnet, in welcher die verurteilte Person flüchtig ist, sich verborgen hält oder auf behördliche Anordnung in einer Anstalt verwahrt wird.

§ 68d Nachträgliche Entscheidungen; Überprüfungsfrist

(1) Das Gericht kann Entscheidungen nach § 68a Abs. 1 und 5, den §§ 68b und 68c Abs. 1 Satz 2 und Abs. 2 und 3 auch nachträglich treffen, ändern oder aufheben.

(2) [1]Bei einer Weisung gemäß § 68b Absatz 1 Satz 1 Nummer 12 prüft das Gericht spätestens vor Ablauf von zwei Jahren, ob sie aufzuheben ist. [2]§ 67e Absatz 3 und 4 gilt entsprechend.

§ 68e Beendigung oder Ruhen der Führungsaufsicht

(1) [1]Soweit sie nicht unbefristet oder nach Aussetzung einer freiheitsentziehenden Maßregel (§ 67b Absatz 2, § 67c Absatz 1 Satz 1, Absatz 2 Satz 4, § 67d Absatz 2 Satz 3) eingetreten ist, endet die Führungsaufsicht

1. mit Beginn des Vollzugs einer freiheitsentziehenden Maßregel,
2. mit Beginn des Vollzugs einer Freiheitsstrafe, neben der eine freiheitsentziehende Maßregel angeordnet ist,
3. mit Eintritt einer neuen Führungsaufsicht.

[2]In den übrigen Fällen ruht die Führungsaufsicht während der Dauer des Vollzugs einer Freiheitsstrafe oder einer freiheitsentziehenden Maßregel. [3]Das Gericht ordnet das Entfallen einer nach Aussetzung einer freiheitsentziehenden Maßregel eingetretenen Führungsaufsicht an, wenn es ihrer nach Eintritt eines in Satz 1 Nummer 1 bis 3 genannten Umstandes nicht mehr bedarf. [4]Tritt eine neue Führungsaufsicht zu einer bestehenden unbefristeten oder nach Aussetzung einer freiheitsentziehenden Maßregel eingetretenen Führungsaufsicht hinzu, ordnet das Gericht das Entfallen der neuen Maßregel an, wenn es ihrer neben der bestehenden nicht bedarf.

(2) [1]Das Gericht hebt die Führungsaufsicht auf, wenn zu erwarten ist, dass die verurteilte Person auch ohne sie keine Straftaten mehr begehen wird. [2]Die Aufhebung ist frühestens nach Ablauf der gesetzlichen

Mindestdauer zulässig. [3]Das Gericht kann Fristen von höchstens sechs Monaten festsetzen, vor deren Ablauf ein Antrag auf Aufhebung der Führungsaufsicht unzulässig ist.

(3) [1]Ist unbefristete Führungsaufsicht eingetreten, prüft das Gericht

1. in den Fällen des § 68c Abs. 2 Satz 1 spätestens mit Verstreichen der Höchstfrist nach § 68c Abs. 1 Satz 1,
2. in den Fällen des § 68c Abs. 3 vor Ablauf von zwei Jahren,

ob eine Entscheidung nach Absatz 2 Satz 1 geboten ist. [2]Lehnt das Gericht eine Aufhebung der Führungsaufsicht ab, hat es vor Ablauf von zwei Jahren von neuem über eine Aufhebung der Führungsaufsicht zu entscheiden.

§ 68f Führungsaufsicht bei Nichtaussetzung des Strafrestes

(1) [1]Ist eine Freiheitsstrafe oder Gesamtfreiheitsstrafe von mindestens zwei Jahren wegen vorsätzlicher Straftaten oder eine Freiheitsstrafe oder Gesamtfreiheitsstrafe von mindestens einem Jahr wegen Straftaten der in § 181b genannten Art vollständig vollstreckt worden, tritt mit der Entlassung der verurteilten Person aus dem Strafvollzug Führungsaufsicht ein. [2]Dies gilt nicht, wenn im Anschluss an die Strafverbüßung eine freiheitsentziehende Maßregel der Besserung und Sicherung vollzogen wird.

(2) Ist zu erwarten, dass die verurteilte Person auch ohne die Führungsaufsicht keine Straftaten mehr begehen wird, ordnet das Gericht an, dass die Maßregel entfällt.

§ 68g Führungsaufsicht und Aussetzung zur Bewährung

(1) [1]Ist die Strafaussetzung oder Aussetzung des Strafrestes angeordnet oder das Berufsverbot zur Bewährung ausgesetzt und steht der Verurteilte wegen derselben oder einer anderen Tat zugleich unter Führungsaufsicht, so gelten für die Aufsicht und die Erteilung von Weisungen nur die §§ 68a und 68b. [2]Die Führungsaufsicht endet nicht vor Ablauf der Bewährungszeit.

(2) [1]Sind die Aussetzung zur Bewährung und die Führungsaufsicht auf Grund derselben Tat angeordnet, so kann das Gericht jedoch bestimmen, daß die Führungsaufsicht bis zum Ablauf der Bewährungszeit ruht. [2]Die Bewährungszeit wird dann in die Dauer der Führungsaufsicht nicht eingerechnet.

(3) [1]Wird nach Ablauf der Bewährungszeit die Strafe oder der Strafrest erlassen oder das Berufsverbot für erledigt erklärt, so endet damit auch eine wegen derselben Tat angeordnete Führungsaufsicht. [2]Dies gilt nicht, wenn die Führungsaufsicht unbefristet ist (§ 68c Abs. 2 Satz 1 oder Abs. 3).

Entziehung der Fahrerlaubnis

§ 69 Entziehung der Fahrerlaubnis

(1) [1]Wird jemand wegen einer rechtswidrigen Tat, die er bei oder im Zusammenhang mit dem Führen eines Kraftfahrzeuges oder unter Verletzung der Pflichten eines Kraftfahrzeugführers begangen hat, verurteilt oder nur deshalb nicht verurteilt, weil seine Schuldunfähigkeit erwiesen oder nicht auszuschließen ist, so entzieht ihm das Gericht die Fahrerlaubnis, wenn sich aus der Tat ergibt, daß er zum Führen von Kraftfahrzeugen ungeeignet ist. [2]Einer weiteren Prüfung nach § 62 bedarf es nicht.

(2) Ist die rechtswidrige Tat in den Fällen des Absatzes 1 ein Vergehen

1. der Gefährdung des Straßenverkehrs (§ 315c),

1a. des verbotenen Kraftfahrzeugrennens (§ 315d),

2. der Trunkenheit im Verkehr (§ 316),
3. des unerlaubten Entfernens vom Unfallort (§ 142), obwohl der Täter weiß oder wissen kann, daß bei dem Unfall ein Mensch getötet oder nicht unerheblich verletzt worden oder an fremden Sachen bedeutender Schaden entstanden ist, oder
4. des Vollrausches (§ 323a), der sich auf eine der Taten nach den Nummern 1 bis 3 bezieht,

so ist der Täter in der Regel als ungeeignet zum Führen von Kraftfahrzeugen anzusehen.

(3) [1]Die Fahrerlaubnis erlischt mit der Rechtskraft des Urteils. [2]Ein von einer deutschen Behörde ausgestellter Führerschein wird im Urteil eingezogen.

§ 69a Sperre für die Erteilung einer Fahrerlaubnis

(1) [1]Entzieht das Gericht die Fahrerlaubnis, so bestimmt es zugleich, daß für die Dauer von sechs Monaten bis zu fünf Jahren keine neue Fahrerlaubnis erteilt werden darf (Sperre). [2]Die Sperre kann für immer angeordnet werden, wenn zu erwarten ist, daß die gesetzliche Höchstfrist zur Abwehr der von dem Täter drohenden Gefahr nicht ausreicht. [3]Hat der Täter keine Fahrerlaubnis, so wird nur die Sperre angeordnet.

(2) Das Gericht kann von der Sperre bestimmte Arten von Kraftfahrzeugen ausnehmen, wenn besondere Umstände die Annahme rechtfertigen, daß der Zweck der Maßregel dadurch nicht gefährdet wird.

(3) Das Mindestmaß der Sperre beträgt ein Jahr, wenn gegen den Täter in den letzten drei Jahren vor der Tat bereits einmal eine Sperre angeordnet worden ist.

(4) [1]War dem Täter die Fahrerlaubnis wegen der Tat vorläufig entzogen (§ 111a der Strafprozeßordnung), so verkürzt sich das Mindestmaß der Sperre um die Zeit, in der die vorläufige Entziehung wirksam war. [2]Es darf jedoch drei Monate nicht unterschreiten.

(5) [1]Die Sperre beginnt mit der Rechtskraft des Urteils. [2]In die Frist wird die Zeit einer wegen der Tat angeordneten vorläufigen Entziehung eingerechnet, soweit sie nach Verkündung des Urteils verstrichen ist, in dem die der Maßregel zugrunde liegenden tatsächlichen Feststellungen letztmals geprüft werden konnten.

(6) Im Sinne der Absätze 4 und 5 steht der vorläufigen Entziehung der Fahrerlaubnis die Verwahrung, Sicherstellung oder Beschlagnahme des Führerscheins (§ 94 der Strafprozeßordnung) gleich.

(7) [1]Ergibt sich Grund zu der Annahme, daß der Täter zum Führen von Kraftfahrzeugen nicht mehr ungeeignet ist, so kann das Gericht die Sperre vorzeitig aufheben. [2]Die Aufhebung ist frühestens zulässig, wenn die Sperre drei Monate, in den Fällen des Absatzes 3 ein Jahr gedauert hat; Absatz 5 Satz 2 und Absatz 6 gelten entsprechend.

§ 69b Wirkung der Entziehung bei einer ausländischen Fahrerlaubnis

(1) [1]Darf der Täter auf Grund einer im Ausland erteilten Fahrerlaubnis im Inland Kraftfahrzeuge führen, ohne daß ihm von einer deutschen Behörde eine Fahrerlaubnis erteilt worden ist, so hat die Entziehung der Fahrerlaubnis die Wirkung einer Aberkennung des Rechts, von der Fahrerlaubnis im Inland Gebrauch zu machen. [2]Mit der Rechtskraft der Entscheidung erlischt das Recht zum Führen von Kraftfahrzeugen im Inland. [3]Während der Sperre darf weder das Recht, von der ausländischen Fahrerlaubnis wieder Gebrauch zu machen, noch eine inländische Fahrerlaubnis erteilt werden.

(2) [1]Ist der ausländische Führerschein von einer Behörde eines Mitgliedstaates der Europäischen Union oder eines anderen Vertragsstaates des Abkommens über den Europäischen Wirtschaftsraum ausgestellt worden und hat der Inhaber seinen ordentlichen Wohnsitz im Inland, so wird der Führerschein im Urteil eingezogen und an die ausstellende Behörde zurückgesandt. [2]In anderen Fällen werden die Entziehung der Fahrerlaubnis und die Sperre in den ausländischen Führerscheinen vermerkt.

Berufsverbot

§ 70 Anordnung des Berufsverbots

(1) [1]Wird jemand wegen einer rechtswidrigen Tat, die er unter Mißbrauch seines Berufs oder Gewerbes oder unter grober Verletzung der mit ihnen verbundenen Pflichten begangen hat, verurteilt oder nur deshalb nicht verurteilt, weil seine Schuldunfähigkeit erwiesen oder nicht auszuschließen ist, so kann ihm das Gericht die Ausübung des Berufs, Berufszweiges, Gewerbes oder Gewerbezweiges für die Dauer von einem Jahr bis zu fünf Jahren verbieten, wenn die Gesamtwürdigung des Täters und der Tat die Gefahr erkennen läßt, daß er bei weiterer Ausübung des Berufs, Berufszweiges, Gewerbes oder Gewerbezweiges erhebliche rechtswidrige Taten der bezeichneten Art begehen wird. [2]Das Berufsverbot kann für immer angeordnet werden, wenn zu erwarten ist, daß die gesetzliche Höchstfrist zur Abwehr der von dem Täter drohenden Gefahr nicht ausreicht.

(2) [1]War dem Täter die Ausübung des Berufs, Berufszweiges, Gewerbes oder Gewerbezweiges vorläufig verboten (§ 132a der Strafprozeßordnung), so verkürzt sich das Mindestmaß der Verbotsfrist um die Zeit, in der das vorläufige Berufsverbot wirksam war. [2]Es darf jedoch drei Monate nicht unterschreiten.

(3) Solange das Verbot wirksam ist, darf der Täter den Beruf, den Berufszweig, das Gewerbe oder den Gewerbezweig auch nicht für einen anderen ausüben oder durch eine von seinen Weisungen abhängige Person für sich ausüben lassen.

(4) [1]Das Berufsverbot wird mit der Rechtskraft des Urteils wirksam. [2]In die Verbotsfrist wird die Zeit eines wegen der Tat angeordneten vorläufigen Berufsverbots eingerechnet, soweit sie nach Verkündung des Urteils verstrichen ist, in dem die der Maßregel zugrunde liegenden tatsächlichen Feststellungen letztmals geprüft werden konnten. [3]Die Zeit, in welcher der Täter auf behördliche Anordnung in einer Anstalt verwahrt worden ist, wird nicht eingerechnet.

§ 70a Aussetzung des Berufsverbots

(1) Ergibt sich nach Anordnung des Berufsverbots Grund zu der Annahme, daß die Gefahr, der Täter werde erhebliche rechtswidrige Taten der in § 70 Abs. 1 bezeichneten Art begehen, nicht mehr besteht, so kann das Gericht das Verbot zur Bewährung aussetzen.

(2) [1]Die Anordnung ist frühestens zulässig, wenn das Verbot ein Jahr gedauert hat. [2]In die Frist wird im Rahmen des § 70 Abs. 4 Satz 2 die Zeit eines vorläufigen Berufsverbots eingerechnet. [3]Die Zeit, in welcher der Täter auf behördliche Anordnung in einer Anstalt verwahrt worden ist, wird nicht eingerechnet.
(3) [1]Wird das Berufsverbot zur Bewährung ausgesetzt, so gelten die §§ 56a und 56c bis 56e entsprechend. [2]Die Bewährungszeit verlängert sich jedoch um die Zeit, in der eine Freiheitsstrafe oder eine freiheitsentziehende Maßregel vollzogen wird, die gegen den Verurteilten wegen der Tat verhängt oder angeordnet worden ist.

§ 70b Widerruf der Aussetzung und Erledigung des Berufsverbots

(1) Das Gericht widerruft die Aussetzung eines Berufsverbots, wenn die verurteilte Person
1. während der Bewährungszeit unter Mißbrauch ihres Berufs oder Gewerbes oder unter grober Verletzung der mit ihnen verbundenen Pflichten eine rechtswidrige Tat begeht,
2. gegen eine Weisung gröblich oder beharrlich verstößt oder
3. sich der Aufsicht und Leitung der Bewährungshelferin oder des Bewährungshelfers beharrlich entzieht

und sich daraus ergibt, daß der Zweck des Berufsverbots dessen weitere Anwendung erfordert.
(2) Das Gericht widerruft die Aussetzung des Berufsverbots auch dann, wenn Umstände, die ihm während der Bewährungszeit bekannt werden und zur Versagung der Aussetzung geführt hätten, zeigen, daß der Zweck der Maßregel die weitere Anwendung des Berufsverbots erfordert.
(3) Die Zeit der Aussetzung des Berufsverbots wird in die Verbotsfrist nicht eingerechnet.
(4) Leistungen, die die verurteilte Person zur Erfüllung von Weisungen oder Zusagen erbracht hat, werden nicht erstattet.
(5) Nach Ablauf der Bewährungszeit erklärt das Gericht das Berufsverbot für erledigt.

Gemeinsame Vorschriften

§ 71 Selbständige Anordnung

(1) Die Unterbringung in einem psychiatrischen Krankenhaus oder in einer Entziehungsanstalt kann das Gericht auch selbständig anordnen, wenn das Strafverfahren wegen Schuldunfähigkeit oder Verhandlungsunfähigkeit des Täters undurchführbar ist.
(2) Dasselbe gilt für die Entziehung der Fahrerlaubnis und das Berufsverbot.

§ 72 Verbindung von Maßregeln

(1) [1]Sind die Voraussetzungen für mehrere Maßregeln erfüllt, ist aber der erstrebte Zweck durch einzelne von ihnen zu erreichen, so werden nur sie angeordnet. [2]Dabei ist unter mehreren geeigneten Maßregeln denen der Vorzug zu geben, die den Täter am wenigsten beschweren.
(2) Im übrigen werden die Maßregeln nebeneinander angeordnet, wenn das Gesetz nichts anderes bestimmt.
(3) [1]Werden mehrere freiheitsentziehende Maßregeln angeordnet, so bestimmt das Gericht die Reihenfolge der Vollstreckung. [2]Vor dem Ende des Vollzugs einer Maßregel ordnet das Gericht jeweils den Vollzug der nächsten an, wenn deren Zweck die Unterbringung noch erfordert. [3]§ 67c Abs. 2 Satz 4 und 5 ist anzuwenden.

Siebenter Titel
Einziehung

§ 73 Einziehung von Taterträgen bei Tätern und Teilnehmern

(1) Hat der Täter oder Teilnehmer durch eine rechtswidrige Tat oder für sie etwas erlangt, so ordnet das Gericht dessen Einziehung an.
(2) Hat der Täter oder Teilnehmer Nutzungen aus dem Erlangten gezogen, so ordnet das Gericht auch deren Einziehung an.
(3) Das Gericht kann auch die Einziehung der Gegenstände anordnen, die der Täter oder Teilnehmer erworben hat
1. durch Veräußerung des Erlangten oder als Ersatz für dessen Zerstörung, Beschädigung oder Entziehung oder
2. auf Grund eines erlangten Rechts.

§ 73a Erweiterte Einziehung von Taterträgen bei Tätern und Teilnehmern

(1) Ist eine rechtswidrige Tat begangen worden, so ordnet das Gericht die Einziehung von Gegenständen des Täters oder Teilnehmers auch dann an, wenn diese Gegenstände durch andere rechtswidrige Taten oder für sie erlangt worden sind.

(2) Hat sich der Täter oder Teilnehmer vor der Anordnung der Einziehung nach Absatz 1 an einer anderen rechtswidrigen Tat beteiligt und ist erneut über die Einziehung seiner Gegenstände zu entscheiden, berücksichtigt das Gericht hierbei die bereits ergangene Anordnung.

§ 73b Einziehung von Taterträgen bei anderen

(1) [1]Die Anordnung der Einziehung nach den §§ 73 und 73a richtet sich gegen einen anderen, der nicht Täter oder Teilnehmer ist, wenn

1. er durch die Tat etwas erlangt hat und der Täter oder Teilnehmer für ihn gehandelt hat,
2. ihm das Erlangte
   a) unentgeltlich oder ohne rechtlichen Grund übertragen wurde oder
   b) übertragen wurde und er erkannt hat oder hätte erkennen müssen, dass das Erlangte aus einer rechtswidrigen Tat herrührt, oder
3. das Erlangte auf ihn
   a) als Erbe übergegangen ist oder
   b) als Pflichtteilsberechtigter oder Vermächtnisnehmer übertragen worden ist.

[2]Satz 1 Nummer 2 und 3 findet keine Anwendung, wenn das Erlangte zuvor einem Dritten, der nicht erkannt hat oder hätte erkennen müssen, dass das Erlangte aus einer rechtswidrigen Tat herrührt, entgeltlich und mit rechtlichem Grund übertragen wurde.

(2) Erlangt der andere unter den Voraussetzungen des Absatzes 1 Satz 1 Nummer 2 oder Nummer 3 einen Gegenstand, der dem Wert des Erlangten entspricht, oder gezogene Nutzungen, so ordnet das Gericht auch deren Einziehung an.

(3) Unter den Voraussetzungen des Absatzes 1 Satz 1 Nummer 2 oder Nummer 3 kann das Gericht auch die Einziehung dessen anordnen, was erworben wurde

1. durch Veräußerung des erlangten Gegenstandes oder als Ersatz für dessen Zerstörung, Beschädigung oder Entziehung oder
2. auf Grund eines erlangten Rechts.

§ 73c Einziehung des Wertes von Taterträgen

[1]Ist die Einziehung eines Gegenstandes wegen der Beschaffenheit des Erlangten oder aus einem anderen Grund nicht möglich oder wird von der Einziehung eines Ersatzgegenstandes nach § 73 Absatz 3 oder nach § 73b Absatz 3 abgesehen, so ordnet das Gericht die Einziehung eines Geldbetrages an, der dem Wert des Erlangten entspricht. [2]Eine solche Anordnung trifft das Gericht auch neben der Einziehung eines Gegenstandes, soweit dessen Wert hinter dem Wert des zunächst Erlangten zurückbleibt.

§ 73d Bestimmung des Wertes des Erlangten; Schätzung

(1) [1]Bei der Bestimmung des Wertes des Erlangten sind die Aufwendungen des Täters, Teilnehmers oder des anderen abzuziehen. [2]Außer Betracht bleibt jedoch das, was für die Begehung der Tat oder für ihre Vorbereitung aufgewendet oder eingesetzt worden ist, soweit es sich nicht um Leistungen zur Erfüllung einer Verbindlichkeit gegenüber dem Verletzten der Tat handelt.

(2) Umfang und Wert des Erlangten einschließlich der abzuziehenden Aufwendungen können geschätzt werden.

§ 73e Ausschluss der Einziehung des Tatertrages oder des Wertersatzes

(1) [1]Die Einziehung nach den §§ 73 bis 73c ist ausgeschlossen, soweit der Anspruch, der dem Verletzten aus der Tat auf Rückgewähr des Erlangten oder auf Ersatz des Wertes des Erlangten erwachsen ist, erloschen ist. [2]Dies gilt nicht für Ansprüche, die durch Verjährung erloschen sind.

(2) In den Fällen des § 73b, auch in Verbindung mit § 73c, ist die Einziehung darüber hinaus ausgeschlossen, soweit der Wert des Erlangten zur Zeit der Anordnung nicht mehr im Vermögen des Betroffenen vorhanden ist, es sei denn, dem Betroffenen waren die Umstände, welche die Anordnung der Einziehung gegen den Täter oder Teilnehmer ansonsten zugelassen hätten, zum Zeitpunkt des Wegfalls der Bereicherung bekannt oder infolge von Leichtfertigkeit unbekannt.

§ 74 Einziehung von Tatprodukten, Tatmitteln und Tatobjekten bei Tätern und Teilnehmern

(1) Gegenstände, die durch eine vorsätzliche Tat hervorgebracht (Tatprodukte) oder zu ihrer Begehung oder Vorbereitung gebraucht worden oder bestimmt gewesen sind (Tatmittel), können eingezogen werden.

(2) Gegenstände, auf die sich eine Straftat bezieht (Tatobjekte), unterliegen der Einziehung nach der Maßgabe besonderer Vorschriften.

(3) [1]Die Einziehung ist nur zulässig, wenn die Gegenstände zur Zeit der Entscheidung dem Täter oder Teilnehmer gehören oder zustehen. [2]Das gilt auch für die Einziehung, die durch eine besondere Vorschrift über Absatz 1 hinaus vorgeschrieben oder zugelassen ist.

§ 74a Einziehung von Tatprodukten, Tatmitteln und Tatobjekten bei anderen

Verweist ein Gesetz auf diese Vorschrift, können Gegenstände abweichend von § 74 Absatz 3 auch dann eingezogen werden, wenn derjenige, dem sie zur Zeit der Entscheidung gehören oder zustehen,

1. mindestens leichtfertig dazu beigetragen hat, dass sie als Tatmittel verwendet worden oder Tatobjekt gewesen sind, oder
2. sie in Kenntnis der Umstände, welche die Einziehung zugelassen hätten, in verwerflicher Weise erworben hat.

§ 74b Sicherungseinziehung

(1) Gefährden Gegenstände nach ihrer Art und nach den Umständen die Allgemeinheit oder besteht die Gefahr, dass sie der Begehung rechtswidriger Taten dienen werden, können sie auch dann eingezogen werden, wenn

1. der Täter oder Teilnehmer ohne Schuld gehandelt hat oder
2. die Gegenstände einem anderen als dem Täter oder Teilnehmer gehören oder zustehen.

(2) [1]In den Fällen des Absatzes 1 Nummer 2 wird der andere aus der Staatskasse unter Berücksichtigung des Verkehrswertes des eingezogenen Gegenstandes angemessen in Geld entschädigt. [2]Das Gleiche gilt, wenn der eingezogene Gegenstand mit dem Recht eines anderen belastet ist, das durch die Entscheidung erloschen oder beeinträchtigt ist.

(3) [1]Eine Entschädigung wird nicht gewährt, wenn

1. der nach Absatz 2 Entschädigungsberechtigte
   a) mindestens leichtfertig dazu beigetragen hat, dass der Gegenstand als Tatmittel verwendet worden oder Tatobjekt gewesen ist, oder
   b) den Gegenstand oder das Recht an dem Gegenstand in Kenntnis der Umstände, welche die Einziehung zulassen, in verwerflicher Weise erworben hat oder
2. es nach den Umständen, welche die Einziehung begründet haben, auf Grund von Rechtsvorschriften außerhalb des Strafrechts zulässig wäre, dem Entschädigungsberechtigten den Gegenstand oder das Recht an dem Gegenstand ohne Entschädigung dauerhaft zu entziehen.

[2]Abweichend von Satz 1 kann eine Entschädigung jedoch gewährt werden, wenn es eine unbillige Härte wäre, sie zu versagen.

§ 74c Einziehung des Wertes von Tatprodukten, Tatmitteln und Tatobjekten bei Tätern und Teilnehmern

(1) Ist die Einziehung eines bestimmten Gegenstandes nicht möglich, weil der Täter oder Teilnehmer diesen veräußert, verbraucht oder die Einziehung auf andere Weise vereitelt hat, so kann das Gericht gegen ihn die Einziehung eines Geldbetrages anordnen, der dem Wert des Gegenstandes entspricht.

(2) [1]Eine solche Anordnung kann das Gericht auch neben oder statt der Einziehung eines Gegenstandes treffen, wenn ihn der Täter oder Teilnehmer vor der Entscheidung über die Einziehung mit dem Recht eines Dritten belastet hat, dessen Erlöschen nicht oder ohne Entschädigung nicht angeordnet werden kann (§ 74b Absatz 2 und 3 und § 75 Absatz 2). [2]Trifft das Gericht die Anordnung neben der Einziehung, bemisst sich die Höhe des Wertersatzes nach dem Wert der Belastung des Gegenstandes.

(3) Der Wert des Gegenstandes und der Belastung kann geschätzt werden.

§ 74d Einziehung von Verkörperungen eines Inhalts und Unbrauchbarmachung

(1) [1]Verkörperungen eines Inhalts (§ 11 Absatz 3), dessen vorsätzliche Verbreitung den Tatbestand eines Strafgesetzes verwirklichen würde, werden eingezogen, wenn der Inhalt durch eine rechtswidrige Tat verbreitet oder zur Verbreitung bestimmt worden ist. [2]Zugleich wird angeordnet, dass die zur Herstellung der Verkörperungen gebrauchten oder bestimmten Vorrichtungen, die Vorlage für die Vervielfältigung waren oder sein sollten, unbrauchbar gemacht werden.

(2) Die Einziehung erstreckt sich nur auf die Verkörperungen, die sich im Besitz der bei der Verbreitung oder deren Vorbereitung mitwirkenden Personen befinden oder öffentlich ausgelegt oder beim Verbreiten durch Versenden noch nicht dem Empfänger ausgehändigt worden sind.

(3) [1]Absatz 1 gilt entsprechend für Verkörperungen eines Inhalts (§ 11 Absatz 3), dessen vorsätzliche Verbreitung nur bei Hinzutreten weiterer Tatumstände den Tatbestand eines Strafgesetzes verwirklichen würde. [2]Die Einziehung und Unbrauchbarmachung werden jedoch nur angeordnet, soweit

1. die Verkörperungen und die in Absatz 1 Satz 2 bezeichneten Vorrichtungen sich im Besitz des Täters, des Teilnehmers oder eines anderen befinden, für den der Täter oder Teilnehmer gehandelt hat, oder von diesen Personen zur Verbreitung bestimmt sind und
2. die Maßnahmen erforderlich sind, um ein gesetzwidriges Verbreiten durch die in Nummer 1 bezeichneten Personen zu verhindern.

(4) Dem Verbreiten im Sinne der Absätze 1 bis 3 steht es gleich, wenn ein Inhalt (§ 11 Absatz 3) der Öffentlichkeit zugänglich gemacht wird.

(5) [1]Stand das Eigentum an der Sache zur Zeit der Rechtskraft der Entscheidung über die Einziehung oder Unbrauchbarmachung einem anderen als dem Täter oder Teilnehmer zu oder war der Gegenstand mit dem Recht eines Dritten belastet, das durch die Entscheidung erloschen oder beeinträchtigt ist, wird dieser aus der Staatskasse unter Berücksichtigung des Verkehrswertes angemessen in Geld entschädigt. [2]§ 74b Absatz 3 gilt entsprechend.

§ 74e Sondervorschrift für Organe und Vertreter

[1]Hat jemand

1. als vertretungsberechtigtes Organ einer juristischen Person oder als Mitglied eines solchen Organs,
2. als Vorstand eines nicht rechtsfähigen Vereins oder als Mitglied eines solchen Vorstandes,
3. als vertretungsberechtigter Gesellschafter einer rechtsfähigen Personengesellschaft,
4. als Generalbevollmächtigter oder in leitender Stellung als Prokurist oder Handlungsbevollmächtigter einer juristischen Person oder einer in Nummer 2 oder 3 genannten Personenvereinigung oder
5. als sonstige Person, die für die Leitung des Betriebs oder Unternehmens einer juristischen Person oder einer in Nummer 2 oder 3 genannten Personenvereinigung verantwortlich handelt, wozu auch die Überwachung der Geschäftsführung oder die sonstige Ausübung von Kontrollbefugnissen in leitender Stellung gehört,

eine Handlung vorgenommen, die ihm gegenüber unter den übrigen Voraussetzungen der §§ 74 bis 74c die Einziehung eines Gegenstandes oder des Wertersatzes zulassen oder den Ausschluss der Entschädigung begründen würde, wird seine Handlung bei Anwendung dieser Vorschriften dem Vertretenen zugerechnet. [2]§ 14 Absatz 3 gilt entsprechend.

§ 74f Grundsatz der Verhältnismäßigkeit

(1) [1]Ist die Einziehung nicht vorgeschrieben, so darf sie in den Fällen der §§ 74 und 74a nicht angeordnet werden, wenn sie zur begangenen Tat und zum Vorwurf, der den von der Einziehung Betroffenen trifft, außer Verhältnis stünde. [2]In den Fällen der §§ 74 bis 74b und 74d ordnet das Gericht an, dass die Einziehung vorbehalten bleibt, wenn ihr Zweck auch durch eine weniger einschneidende Maßnahme erreicht werden kann. [3]In Betracht kommt insbesondere die Anweisung,

1. die Gegenstände unbrauchbar zu machen,
2. an den Gegenständen bestimmte Einrichtungen oder Kennzeichen zu beseitigen oder die Gegenstände sonst zu ändern oder
3. über die Gegenstände in bestimmter Weise zu verfügen.

[4]Wird die Anweisung befolgt, wird der Vorbehalt der Einziehung aufgehoben; andernfalls ordnet das Gericht die Einziehung nachträglich an. [5]Ist die Einziehung nicht vorgeschrieben, kann sie auf einen Teil der Gegenstände beschränkt werden.

(2) In den Fällen der Unbrauchbarmachung nach § 74d Absatz 1 Satz 2 und Absatz 3 gilt Absatz 1 Satz 2 und 3 entsprechend.

§ 75 Wirkung der Einziehung

(1) [1]Wird die Einziehung eines Gegenstandes angeordnet, so geht das Eigentum an der Sache oder das Recht mit der Rechtskraft der Entscheidung auf den Staat über, wenn der Gegenstand

1. dem von der Anordnung Betroffenen zu dieser Zeit gehört oder zusteht oder
2. einem anderen gehört oder zusteht, der ihn für die Tat oder andere Zwecke in Kenntnis der Tatumstände gewährt hat.

[2]In anderen Fällen geht das Eigentum an der Sache oder das Recht mit Ablauf von sechs Monaten nach der Mitteilung der Rechtskraft der Einziehungsanordnung auf den Staat über, es sei denn, dass vorher derjenige, dem der Gegenstand gehört oder zusteht, sein Recht bei der Vollstreckungsbehörde anmeldet.

(2) [1]Im Übrigen bleiben Rechte Dritter an dem Gegenstand bestehen. [2]In den in § 74b bezeichneten Fällen ordnet das Gericht jedoch das Erlöschen dieser Rechte an. [3]In den Fällen der §§ 74 und 74a kann es das Erlöschen des Rechts eines Dritten anordnen, wenn der Dritte

1. wenigstens leichtfertig dazu beigetragen hat, dass der Gegenstand als Tatmittel verwendet worden oder Tatobjekt gewesen ist, oder

2. das Recht an dem Gegenstand in Kenntnis der Umstände, welche die Einziehung zulassen, in verwerflicher Weise erworben hat.

(3) Bis zum Übergang des Eigentums an der Sache oder des Rechts wirkt die Anordnung der Einziehung oder die Anordnung des Vorbehalts der Einziehung als Veräußerungsverbot im Sinne des § 136 des Bürgerlichen Gesetzbuchs.

(4) In den Fällen des § 111d Absatz 1 Satz 2 der Strafprozessordnung findet § 91 der Insolvenzordnung keine Anwendung.

§ 76 Nachträgliche Anordnung der Einziehung des Wertersatzes

Ist die Anordnung der Einziehung eines Gegenstandes unzureichend oder nicht ausführbar, weil nach der Anordnung eine der in den §§ 73c oder 74c bezeichneten Voraussetzungen eingetreten oder bekanntgeworden ist, so kann das Gericht die Einziehung des Wertersatzes nachträglich anordnen.

§ 76a Selbständige Einziehung

(1) [1]Kann wegen der Straftat keine bestimmte Person verfolgt oder verurteilt werden, so ordnet das Gericht die Einziehung oder die Unbrauchbarmachung selbständig an, wenn die Voraussetzungen, unter denen die Maßnahme vorgeschrieben ist, im Übrigen vorliegen. [2]Ist sie zugelassen, so kann das Gericht die Einziehung unter den Voraussetzungen des Satzes 1 selbständig anordnen. [3]Die Einziehung wird nicht angeordnet, wenn Antrag, Ermächtigung oder Strafverlangen fehlen oder bereits rechtskräftig über sie entschieden worden ist.

(2) [1]Unter den Voraussetzungen der §§ 73, 73b und 73c ist die selbständige Anordnung der Einziehung des Tatertrages und die selbständige Einziehung des Wertes des Tatertrages auch dann zulässig, wenn die Verfolgung der Straftat verjährt ist. [2]Unter den Voraussetzungen der §§ 74b und 74d gilt das Gleiche für die selbständige Anordnung der Sicherungseinziehung, der Einziehung von Verkörperungen eines Inhalts und der Unbrauchbarmachung.

(3) Absatz 1 ist auch anzuwenden, wenn das Gericht von Strafe absieht oder wenn das Verfahren nach einer Vorschrift eingestellt wird, die dies nach dem Ermessen der Staatsanwaltschaft oder des Gerichts oder im Einvernehmen beider zulässt.

(4) [1]Ein wegen des Verdachts einer in Satz 3 genannten Straftat sichergestellter Gegenstand sowie daraus gezogene Nutzungen sollen auch dann selbständig eingezogen werden, wenn der Gegenstand aus einer rechtswidrigen Tat herrührt und der von der Sicherstellung Betroffene nicht wegen der ihr zugrundeliegenden Straftat verfolgt oder verurteilt werden kann. [2]Wird die Einziehung eines Gegenstandes angeordnet, so geht das Eigentum an der Sache oder das Recht mit der Rechtskraft der Entscheidung auf den Staat über; § 75 Absatz 3 gilt entsprechend. [3]Straftaten im Sinne des Satzes 1 sind

1. aus diesem Gesetz:
   a) Vorbereitung einer schweren staatsgefährdenden Gewalttat nach § 89a und Terrorismusfinanzierung nach § 89c Absatz 1 bis 4,
   b) Bildung krimineller Vereinigungen nach § 129 Absatz 1 und Bildung terroristischer Vereinigungen nach § 129a Absatz 1, 2, 4, 5, jeweils auch in Verbindung mit § 129b Absatz 1,
   c) Zuhälterei nach § 181a Absatz 1, auch in Verbindung mit Absatz 3,
   d) Verbreitung, Erwerb und Besitz kinderpornografischer Inhalte in den Fällen des § 184b Absatz 2,
   e) gewerbs- und bandenmäßige Begehung des Menschenhandels, der Zwangsprostitution und der Zwangsarbeit nach den §§ 232 bis 232b sowie bandenmäßige Ausbeutung der Arbeitskraft und Ausbeutung unter Ausnutzung einer Freiheitsberaubung nach den §§ 233 und 233a,
   f) Geldwäsche nach § 261 Absatz 1 und 2,
2. aus der Abgabenordnung:
   a) Steuerhinterziehung unter den in § 370 Absatz 3 Nummer 5 genannten Voraussetzungen,
   b) gewerbsmäßiger, gewaltsamer und bandenmäßiger Schmuggel nach § 373,
   c) Steuerhehlerei im Fall des § 374 Absatz 2,
3. aus dem Asylgesetz:
   a) Verleitung zur missbräuchlichen Asylantragstellung nach § 84 Absatz 3,
   b) gewerbs- und bandenmäßige Verleitung zur missbräuchlichen Asylantragstellung nach § 84a,
4. aus dem Aufenthaltsgesetz:
   a) Einschleusen von Ausländern nach § 96 Absatz 2,
   b) Einschleusen mit Todesfolge sowie gewerbs- und bandenmäßiges Einschleusen nach § 97,
5. aus dem Außenwirtschaftsgesetz:
   vorsätzliche Straftaten nach den §§ 17 und 18,

6. aus dem Betäubungsmittelgesetz:
   a) Straftaten nach einer in § 29 Absatz 3 Satz 2 Nummer 1 in Bezug genommenen Vorschrift unter den dort genannten Voraussetzungen,
   b) Straftaten nach den §§ 29a, 30 Absatz 1 Nummer 1, 2 und 4 sowie den §§ 30a und 30b,

6a. aus dem Konsumcannabisgesetz:
   a) Straftaten nach einer in § 34 Absatz 3 Satz 2 Nummer 1 oder Nummer 4 in Bezug genommenen Vorschrift unter den dort genannten Voraussetzungen,
   b) Straftaten nach § 34 Absatz 4,

6b. aus dem Medizinal-Cannabisgesetz:
   a) Straftaten nach einer in § 25 Absatz 4 Satz 2 Nummer 1 oder Nummer 4 in Bezug genommenen Vorschrift unter den dort genannten Voraussetzungen,
   b) Straftaten nach § 25 Absatz 5,

7. aus dem Gesetz über die Kontrolle von Kriegswaffen:
   a) Straftaten nach § 19 Absatz 1 bis 3 und § 20 Absatz 1 und 2 sowie § 20a Absatz 1 bis 3, jeweils auch in Verbindung mit § 21,
   b) Straftaten nach § 22a Absatz 1 bis 3,

8. aus dem Waffengesetz:
   a) Straftaten nach § 51 Absatz 1 bis 3,
   b) Straftaten nach § 52 Absatz 1 Nummer 1 und 2 Buchstabe c und d sowie Absatz 5 und 6.

§ 76b Verjährung der Einziehung von Taterträgen und des Wertes von Taterträgen

(1) [1]Die erweiterte und die selbständige Einziehung des Tatertrages oder des Wertes des Tatertrages nach den §§ 73a und 76a verjähren in 30 Jahren. [2]Die Verjährung beginnt mit der Beendigung der rechtswidrigen Tat, durch oder für die der Täter oder Teilnehmer oder der andere im Sinne des § 73b etwas erlangt hat. [3]Die §§ 78b und 78c gelten entsprechend.

(2) In den Fällen des § 78 Absatz 2 und des § 5 des Völkerstrafgesetzbuches verjähren die erweiterte und die selbständige Einziehung des Tatertrages oder des Wertes des Tatertrages nach den §§ 73a und 76a nicht.

Vierter Abschnitt
Strafantrag, Ermächtigung, Strafverlangen

§ 77 Antragsberechtigte

(1) Ist die Tat nur auf Antrag verfolgbar, so kann, soweit das Gesetz nichts anderes bestimmt, der Verletzte den Antrag stellen.

(2) [1]Stirbt der Verletzte, so geht sein Antragsrecht in den Fällen, die das Gesetz bestimmt, auf den Ehegatten, den Lebenspartner und die Kinder über. [2]Hat der Verletzte weder einen Ehegatten, oder einen Lebenspartner noch Kinder hinterlassen oder sind sie vor Ablauf der Antragsfrist gestorben, so geht das Antragsrecht auf die Eltern und, wenn auch sie vor Ablauf der Antragsfrist gestorben sind, auf die Geschwister und die Enkel über. [3]Ist ein Angehöriger an der Tat beteiligt oder ist seine Verwandtschaft erloschen, so scheidet er bei dem Übergang des Antragsrechts aus. [4]Das Antragsrecht geht nicht über, wenn die Verfolgung dem erklärten Willen des Verletzten widerspricht.

(3) Ist der Antragsberechtigte geschäftsunfähig oder beschränkt geschäftsfähig, so können der gesetzliche Vertreter in den persönlichen Angelegenheiten und derjenige, dem die Sorge für die Person des Antragsberechtigten zusteht, den Antrag stellen.

(4) Sind mehrere antragsberechtigt, so kann jeder den Antrag selbständig stellen.

§ 77a Antrag des Dienstvorgesetzten

(1) Ist die Tat von einem Amtsträger, einem für den öffentlichen Dienst besonders Verpflichteten oder einem Soldaten der Bundeswehr oder gegen ihn begangen und auf Antrag des Dienstvorgesetzten verfolgbar, so ist derjenige Dienstvorgesetzte antragsberechtigt, dem der Betreffende zur Zeit der Tat unterstellt war.

(2) [1]Bei Berufsrichtern ist an Stelle des Dienstvorgesetzten antragsberechtigt, wer die Dienstaufsicht über den Richter führt. [2]Bei Soldaten ist Dienstvorgesetzter der Disziplinarvorgesetzte.

(3) [1]Bei einem Amtsträger oder einem für den öffentlichen Dienst besonders Verpflichteten, der keinen Dienstvorgesetzten hat oder gehabt hat, kann die Dienststelle, für die er tätig war, den Antrag stellen. [2]Leitet der Amtsträger oder der Verpflichtete selbst diese Dienststelle, so ist die staatliche Aufsichtsbehörde antragsberechtigt.

(4) Bei Mitgliedern der Bundesregierung ist die Bundesregierung, bei Mitgliedern einer Landesregierung die Landesregierung antragsberechtigt.

§ 77b Antragsfrist

(1) [1]Eine Tat, die nur auf Antrag verfolgbar ist, wird nicht verfolgt, wenn der Antragsberechtigte es unterläßt, den Antrag bis zum Ablauf einer Frist von drei Monaten zu stellen. [2]Fällt das Ende der Frist auf einen Sonntag, einen allgemeinen Feiertag oder einen Sonnabend, so endet die Frist mit Ablauf des nächsten Werktags.

(2) [1]Die Frist beginnt mit Ablauf des Tages, an dem der Berechtigte von der Tat und der Person des Täters Kenntnis erlangt. [2]Für den Antrag des gesetzlichen Vertreters und des Sorgeberechtigten kommt es auf dessen Kenntnis an.

(3) Sind mehrere antragsberechtigt oder mehrere an der Tat beteiligt, so läuft die Frist für und gegen jeden gesondert.

(4) Ist durch Tod des Verletzten das Antragsrecht auf Angehörige übergegangen, so endet die Frist frühestens drei Monate und spätestens sechs Monate nach dem Tod des Verletzten.

(5) Der Lauf der Frist ruht, wenn ein Antrag auf Durchführung eines Sühneversuchs gemäß § 380 der Strafprozeßordnung bei der Vergleichsbehörde eingeht, bis zur Ausstellung der Bescheinigung nach § 380 Abs. 1 Satz 3 der Strafprozeßordnung.

§ 77c Wechselseitig begangene Taten

[1]Hat bei wechselseitig begangenen Taten, die miteinander zusammenhängen und nur auf Antrag verfolgbar sind, ein Berechtigter die Strafverfolgung des anderen beantragt, so erlischt das Antragsrecht des anderen, wenn er es nicht bis zur Beendigung des letzten Wortes im ersten Rechtszug ausübt. [2]Er kann den Antrag auch dann noch stellen, wenn für ihn die Antragsfrist schon verstrichen ist.

§ 77d Zurücknahme des Antrags

(1) [1]Der Antrag kann zurückgenommen werden. [2]Die Zurücknahme kann bis zum rechtskräftigen Abschluß des Strafverfahrens erklärt werden. [3]Ein zurückgenommener Antrag kann nicht nochmals gestellt werden.

(2) [1]Stirbt der Verletzte oder der im Falle seines Todes Berechtigte, nachdem er den Antrag gestellt hat, so können der Ehegatte, der Lebenspartner, die Kinder, die Eltern, die Geschwister und die Enkel des Verletzten in der Rangfolge des § 77 Abs. 2 den Antrag zurücknehmen. [2]Mehrere Angehörige des gleichen Ranges können das Recht nur gemeinsam ausüben. [3]Wer an der Tat beteiligt ist, kann den Antrag nicht zurücknehmen.

§ 77e Ermächtigung und Strafverlangen

Ist eine Tat nur mit Ermächtigung oder auf Strafverlangen verfolgbar, so gelten die §§ 77 und 77d entsprechend.

Fünfter Abschnitt

Verjährung

Erster Titel

Verfolgungsverjährung

§ 78 Verjährungsfrist

(1) [1]Die Verjährung schließt die Ahndung der Tat und die Anordnung von Maßnahmen (§ 11 Abs. 1 Nr. 8) aus. [2]§ 76a Absatz 2 bleibt unberührt.

(2) Verbrechen nach § 211 (Mord) verjähren nicht.

(3) Soweit die Verfolgung verjährt, beträgt die Verjährungsfrist

1. dreißig Jahre bei Taten, die mit lebenslanger Freiheitsstrafe bedroht sind,
2. zwanzig Jahre bei Taten, die im Höchstmaß mit Freiheitsstrafen von mehr als zehn Jahren bedroht sind,
3. zehn Jahre bei Taten, die im Höchstmaß mit Freiheitsstrafen von mehr als fünf Jahren bis zu zehn Jahren bedroht sind,
4. fünf Jahre bei Taten, die im Höchstmaß mit Freiheitsstrafen von mehr als einem Jahr bis zu fünf Jahren bedroht sind,
5. drei Jahre bei den übrigen Taten.

(4) Die Frist richtet sich nach der Strafdrohung des Gesetzes, dessen Tatbestand die Tat verwirklicht, ohne Rücksicht auf Schärfungen oder Milderungen, die nach den Vorschriften des Allgemeinen Teils oder für besonders schwere oder minder schwere Fälle vorgesehen sind.

§ 78a Beginn

[1]Die Verjährung beginnt, sobald die Tat beendet ist. [2]Tritt ein zum Tatbestand gehörender Erfolg erst später ein, so beginnt die Verjährung mit diesem Zeitpunkt.

§ 78b Ruhen

(1) Die Verjährung ruht

1. bis zur Vollendung des 30. Lebensjahres des Opfers bei Straftaten nach den §§ 174 bis 174c, 176 bis 178, 182, 184b Absatz 1 Satz 1 Nummer 3, auch in Verbindung mit Absatz 2, §§ 225, 226a und 237,
2. solange nach dem Gesetz die Verfolgung nicht begonnen oder nicht fortgesetzt werden kann; dies gilt nicht, wenn die Tat nur deshalb nicht verfolgt werden kann, weil Antrag, Ermächtigung oder Strafverlangen fehlen.

(2) Steht der Verfolgung entgegen, daß der Täter Mitglied des Bundestages oder eines Gesetzgebungsorgans eines Landes ist, so beginnt die Verjährung erst mit Ablauf des Tages zu ruhen, an dem

1. die Staatsanwaltschaft oder eine Behörde oder ein Beamter des Polizeidienstes von der Tat und der Person des Täters Kenntnis erlangt oder
2. eine Strafanzeige oder ein Strafantrag gegen den Täter angebracht wird (§ 158 der Strafprozeßordnung).

(3) Ist vor Ablauf der Verjährungsfrist ein Urteil des ersten Rechtszuges ergangen, so läuft die Verjährungsfrist nicht vor dem Zeitpunkt ab, in dem das Verfahren rechtskräftig abgeschlossen ist.

(4) Droht das Gesetz strafschärfend für besonders schwere Fälle Freiheitsstrafe von mehr als fünf Jahren an und ist das Hauptverfahren vor dem Landgericht eröffnet worden, so ruht die Verjährung in den Fällen des § 78 Abs. 3 Nr. 4 ab Eröffnung des Hauptverfahrens, höchstens jedoch für einen Zeitraum von fünf Jahren; Absatz 3 bleibt unberührt.

(5) [1]Hält sich der Täter in einem ausländischen Staat auf und stellt die zuständige Behörde ein förmliches Auslieferungsersuchen an diesen Staat, ruht die Verjährung ab dem Zeitpunkt des Zugangs des Ersuchens beim ausländischen Staat

1. bis zur Übergabe des Täters an die deutschen Behörden,
2. bis der Täter das Hoheitsgebiet des ersuchten Staates auf andere Weise verlassen hat,
3. bis zum Eingang der Ablehnung dieses Ersuchens durch den ausländischen Staat bei den deutschen Behörden oder
4. bis zur Rücknahme dieses Ersuchens.

[2]Lässt sich das Datum des Zugangs des Ersuchens beim ausländischen Staat nicht ermitteln, gilt das Ersuchen nach Ablauf von einem Monat seit der Absendung oder Übergabe an den ausländischen Staat als zugegangen, sofern nicht die ersuchende Behörde Kenntnis davon erlangt, dass das Ersuchen dem ausländischen Staat tatsächlich nicht oder erst zu einem späteren Zeitpunkt zugegangen ist. [3]Satz 1 gilt nicht für ein Auslieferungsersuchen, für das im ersuchten Staat auf Grund des Rahmenbeschlusses des Rates vom 13. Juni 2002 über den Europäischen Haftbefehl und die Übergabeverfahren zwischen den Mitgliedstaaten (ABl. EG Nr. L 190 S. 1) oder auf Grund völkerrechtlicher Vereinbarung eine § 83c des Gesetzes über die internationale Rechtshilfe in Strafsachen vergleichbare Fristenregelung besteht.

(6) In den Fällen des § 78 Absatz 3 Nummer 1 bis 3 ruht die Verjährung ab der Übergabe der Person an den Internationalen Strafgerichtshof oder den Vollstreckungsstaat bis zu ihrer Rückgabe an die deutschen Behörden oder bis zu ihrer Freilassung durch den Internationalen Strafgerichtshof oder den Vollstreckungsstaat.

§ 78c Unterbrechung

(1) [1]Die Verjährung wird unterbrochen durch

1. die erste Vernehmung des Beschuldigten, die Bekanntgabe, daß gegen ihn das Ermittlungsverfahren eingeleitet ist, oder die Anordnung dieser Vernehmung oder Bekanntgabe,
2. jede richterliche Vernehmung des Beschuldigten oder deren Anordnung,
3. jede Beauftragung eines Sachverständigen durch den Richter oder Staatsanwalt, wenn vorher der Beschuldigte vernommen oder ihm die Einleitung des Ermittlungsverfahrens bekanntgegeben worden ist,
4. jede richterliche Beschlagnahme- oder Durchsuchungsanordnung und richterliche Entscheidungen, welche diese aufrechterhalten,

5. den Haftbefehl, den Unterbringungsbefehl, den Vorführungsbefehl und richterliche Entscheidungen, welche diese aufrechterhalten,
6. die Erhebung der öffentlichen Klage,
7. die Eröffnung des Hauptverfahrens,
8. jede Anberaumung einer Hauptverhandlung,
9. den Strafbefehl oder eine andere dem Urteil entsprechende Entscheidung,
10. die vorläufige gerichtliche Einstellung des Verfahrens wegen Abwesenheit des Angeschuldigten sowie jede Anordnung des Richters oder Staatsanwalts, die nach einer solchen Einstellung des Verfahrens oder im Verfahren gegen Abwesende zur Ermittlung des Aufenthalts des Angeschuldigten oder zur Sicherung von Beweisen ergeht,
11. die vorläufige gerichtliche Einstellung des Verfahrens wegen Verhandlungsunfähigkeit des Angeschuldigten sowie jede Anordnung des Richters oder Staatsanwalts, die nach einer solchen Einstellung des Verfahrens zur Überprüfung der Verhandlungsfähigkeit des Angeschuldigten ergeht, oder
12. jedes richterliche Ersuchen, eine Untersuchungshandlung im Ausland vorzunehmen.

[2]Im Sicherungsverfahren und im selbständigen Verfahren wird die Verjährung durch die dem Satz 1 entsprechenden Handlungen zur Durchführung des Sicherungsverfahrens oder des selbständigen Verfahrens unterbrochen.

(2) [1]Die Verjährung ist bei einer schriftlichen Anordnung oder Entscheidung in dem Zeitpunkt unterbrochen, in dem die Anordnung oder Entscheidung abgefasst wird. [2]Ist das Dokument nicht alsbald nach der Abfassung in den Geschäftsgang gelangt, so ist der Zeitpunkt maßgebend, in dem es tatsächlich in den Geschäftsgang gegeben worden ist.

(3) [1]Nach jeder Unterbrechung beginnt die Verjährung von neuem. [2]Die Verfolgung ist jedoch spätestens verjährt, wenn seit dem in § 78a bezeichneten Zeitpunkt das Doppelte der gesetzlichen Verjährungsfrist und, wenn die Verjährungsfrist nach besonderen Gesetzen kürzer ist als drei Jahre, mindestens drei Jahre verstrichen sind. [3]§ 78b bleibt unberührt.

(4) Die Unterbrechung wirkt nur gegenüber demjenigen, auf den sich die Handlung bezieht.

(5) Wird ein Gesetz, das bei der Beendigung der Tat gilt, vor der Entscheidung geändert und verkürzt sich hierdurch die Frist der Verjährung, so bleiben Unterbrechungshandlungen, die vor dem Inkrafttreten des neuen Rechts vorgenommen worden sind, wirksam, auch wenn im Zeitpunkt der Unterbrechung die Verfolgung nach dem neuen Recht bereits verjährt gewesen wäre.

Zweiter Titel

Vollstreckungsverjährung

§ 79 Verjährungsfrist

(1) Eine rechtskräftig verhängte Strafe oder Maßnahme (§ 11 Abs. 1 Nr. 8) darf nach Ablauf der Verjährungsfrist nicht mehr vollstreckt werden.

(2) Die Vollstreckung von lebenslangen Freiheitsstrafen verjährt nicht.

(3) Die Verjährungsfrist beträgt
1. fünfundzwanzig Jahre bei Freiheitsstrafe von mehr als zehn Jahren,
2. zwanzig Jahre bei Freiheitsstrafe von mehr als fünf Jahren bis zu zehn Jahren,
3. zehn Jahre bei Freiheitsstrafe von mehr als einem Jahr bis zu fünf Jahren,
4. fünf Jahre bei Freiheitsstrafe bis zu einem Jahr und bei Geldstrafe von mehr als dreißig Tagessätzen,
5. drei Jahre bei Geldstrafe bis zu dreißig Tagessätzen.

(4) [1]Die Vollstreckung der Sicherungsverwahrung und der unbefristeten Führungsaufsicht (§ 68c Abs. 2 Satz 1 oder Abs. 3) verjähren nicht. [2]Die Verjährungsfrist beträgt
1. fünf Jahre in den sonstigen Fällen der Führungsaufsicht sowie bei der ersten Unterbringung in einer Entziehungsanstalt,
2. zehn Jahre bei den übrigen Maßnahmen.

(5) [1]Ist auf Freiheitsstrafe und Geldstrafe zugleich oder ist neben einer Strafe auf eine freiheitsentziehende Maßregel, auf Einziehung oder Unbrauchbarmachung erkannt, so verjährt die Vollstreckung der einen Strafe oder Maßnahme nicht früher als die der anderen. [2]Jedoch hindert eine zugleich angeordnete Sicherungsverwahrung die Verjährung der Vollstreckung von Strafen oder anderen Maßnahmen nicht.

(6) Die Verjährung beginnt mit der Rechtskraft der Entscheidung.

§ 79a Ruhen
Die Verjährung ruht,
1. solange nach dem Gesetz die Vollstreckung nicht begonnen oder nicht fortgesetzt werden kann,
2. solange dem Verurteilten
   a) Aufschub oder Unterbrechung der Vollstreckung,
   b) Aussetzung zur Bewährung durch richterliche Entscheidung oder im Gnadenweg oder
   c) Zahlungserleichterung bei Geldstrafe oder Einziehung

   bewilligt ist,
3. solange der Verurteilte im In- oder Ausland auf behördliche Anordnung in einer Anstalt verwahrt wird.

§ 79b Verlängerung
Das Gericht kann die Verjährungsfrist vor ihrem Ablauf auf Antrag der Vollstreckungsbehörde einmal um die Hälfte der gesetzlichen Verjährungsfrist verlängern, wenn der Verurteilte sich in einem Gebiet aufhält, aus dem seine Auslieferung oder Überstellung nicht erreicht werden kann.

Besonderer Teil

Erster Abschnitt
Friedensverrat, Hochverrat und Gefährdung des demokratischen Rechtsstaates

Erster Titel
Friedensverrat

§ 80 ***[aufgehoben]***

§ 80a Aufstacheln zum Verbrechen der Aggression
Wer im räumlichen Geltungsbereich dieses Gesetzes öffentlich, in einer Versammlung oder durch Verbreiten eines Inhalts (§ 11 Absatz 3) zum Verbrechen der Aggression (§ 13 des Völkerstrafgesetzbuches) aufstachelt, wird mit Freiheitsstrafe von drei Monaten bis zu fünf Jahren bestraft.

Zweiter Titel
Hochverrat

§ 81 Hochverrat gegen den Bund
(1) Wer es unternimmt, mit Gewalt oder durch Drohung mit Gewalt
1. den Bestand der Bundesrepublik Deutschland zu beeinträchtigen oder
2. die auf dem Grundgesetz der Bundesrepublik Deutschland beruhende verfassungsmäßige Ordnung zu ändern,

wird mit lebenslanger Freiheitsstrafe oder mit Freiheitsstrafe nicht unter zehn Jahren bestraft.
(2) In minder schweren Fällen ist die Strafe Freiheitsstrafe von einem Jahr bis zu zehn Jahren.

§ 82 Hochverrat gegen ein Land
(1) Wer es unternimmt, mit Gewalt oder durch Drohung mit Gewalt
1. das Gebiet eines Landes ganz oder zum Teil einem anderen Land der Bundesrepublik Deutschland einzuverleiben oder einen Teil eines Landes von diesem abzutrennen oder
2. die auf der Verfassung eines Landes beruhende verfassungsmäßige Ordnung zu ändern,

wird mit Freiheitsstrafe von einem Jahr bis zu zehn Jahren bestraft.
(2) In minder schweren Fällen ist die Strafe Freiheitsstrafe von sechs Monaten bis zu fünf Jahren.

§ 83 Vorbereitung eines hochverräterischen Unternehmens
(1) Wer ein bestimmtes hochverräterisches Unternehmen gegen den Bund vorbereitet, wird mit Freiheitsstrafe von einem Jahr bis zu zehn Jahren, in minder schweren Fällen mit Freiheitsstrafe von einem Jahr bis zu fünf Jahren bestraft.
(2) Wer ein bestimmtes hochverräterisches Unternehmen gegen ein Land vorbereitet, wird mit Freiheitsstrafe von drei Monaten bis zu fünf Jahren bestraft.

§ 83a Tätige Reue
(1) In den Fällen der §§ 81 und 82 kann das Gericht die Strafe nach seinem Ermessen mildern (§ 49 Abs. 2) oder von einer Bestrafung nach diesen Vorschriften absehen, wenn der Täter freiwillig die weitere

Ausführung der Tat aufgibt und eine von ihm erkannte Gefahr, daß andere das Unternehmen weiter ausführen, abwendet oder wesentlich mindert oder wenn er freiwillig die Vollendung der Tat verhindert.
(2) In den Fällen des § 83 kann das Gericht nach Absatz 1 verfahren, wenn der Täter freiwillig sein Vorhaben aufgibt und eine von ihm verursachte und erkannte Gefahr, daß andere das Unternehmen weiter vorbereiten oder es ausführen, abwendet oder wesentlich mindert oder wenn er freiwillig die Vollendung der Tat verhindert.
(3) Wird ohne Zutun des Täters die bezeichnete Gefahr abgewendet oder wesentlich gemindert oder die Vollendung der Tat verhindert, so genügt sein freiwilliges und ernsthaftes Bemühen, dieses Ziel zu erreichen.

Dritter Titel

Gefährdung des demokratischen Rechtsstaates

§ 84 Fortführung einer für verfassungswidrig erklärten Partei

(1) [1]Wer als Rädelsführer oder Hintermann im räumlichen Geltungsbereich dieses Gesetzes den organisatorischen Zusammenhalt
1. einer vom Bundesverfassungsgericht für verfassungswidrig erklärten Partei oder
2. einer Partei, von der das Bundesverfassungsgericht festgestellt hat, daß sie Ersatzorganisation einer verbotenen Partei ist,

aufrechterhält, wird mit Freiheitsstrafe von drei Monaten bis zu fünf Jahren bestraft. [2]Der Versuch ist strafbar.
(2) Wer sich in einer Partei der in Absatz 1 bezeichneten Art als Mitglied betätigt oder wer ihren organisatorischen Zusammenhalt oder ihre weitere Betätigung unterstützt, wird mit Freiheitsstrafe bis zu fünf Jahren oder mit Geldstrafe bestraft.
(3) [1]Wer einer anderen Sachentscheidung des Bundesverfassungsgerichts, die im Verfahren nach Artikel 21 Abs. 2 des Grundgesetzes oder im Verfahren nach § 33 Abs. 2 des Parteiengesetzes erlassen ist, oder einer vollziehbaren Maßnahme zuwiderhandelt, die im Vollzug einer in einem solchen Verfahren ergangenen Sachentscheidung getroffen ist, wird mit Freiheitsstrafe bis zu fünf Jahren oder mit Geldstrafe bestraft. [2]Den in Satz 1 bezeichneten Verfahren steht ein Verfahren nach Artikel 18 des Grundgesetzes gleich.
(4) In den Fällen des Absatzes 1 Satz 2 und der Absätze 2 und 3 Satz 1 kann das Gericht bei Beteiligten, deren Schuld gering und deren Mitwirkung von untergeordneter Bedeutung ist, die Strafe nach seinem Ermessen mildern (§ 49 Abs. 2) oder von einer Bestrafung nach diesen Vorschriften absehen.
(5) In den Fällen der Absätze 1 bis 3 Satz 1 kann das Gericht die Strafe nach seinem Ermessen mildern (§ 49 Abs. 2) oder von einer Bestrafung nach diesen Vorschriften absehen, wenn der Täter sich freiwillig und ernsthaft bemüht, das Fortbestehen der Partei zu verhindern; erreicht er dieses Ziel oder wird es ohne sein Bemühen erreicht, so wird der Täter nicht bestraft.

§ 85 Verstoß gegen ein Vereinigungsverbot

(1) [1]Wer als Rädelsführer oder Hintermann im räumlichen Geltungsbereich dieses Gesetzes den organisatorischen Zusammenhalt
1. einer Partei oder Vereinigung, von der im Verfahren nach § 33 Abs. 3 des Parteiengesetzes unanfechtbar festgestellt ist, daß sie Ersatzorganisation einer verbotenen Partei ist, oder
2. einer Vereinigung, die unanfechtbar verboten ist, weil sie sich gegen die verfassungsmäßige Ordnung oder gegen den Gedanken der Völkerverständigung richtet, oder von der unanfechtbar festgestellt ist, daß sie Ersatzorganisation einer solchen verbotenen Vereinigung ist,

aufrechterhält, wird mit Freiheitsstrafe bis zu fünf Jahren oder mit Geldstrafe bestraft. [2]Der Versuch ist strafbar.
(2) Wer sich in einer Partei oder Vereinigung der in Absatz 1 bezeichneten Art als Mitglied betätigt oder wer ihren organisatorischen Zusammenhalt oder ihre weitere Betätigung unterstützt, wird mit Freiheitsstrafe bis zu drei Jahren oder mit Geldstrafe bestraft.
(3) § 84 Abs. 4 und 5 gilt entsprechend.

§ 86 Verbreiten von Propagandamitteln verfassungswidriger und terroristischer Organisationen

(1) Wer Propagandamittel
1. einer vom Bundesverfassungsgericht für verfassungswidrig erklärten Partei oder einer Partei oder Vereinigung, von der unanfechtbar festgestellt ist, daß sie Ersatzorganisation einer solchen Partei ist,

2. einer Vereinigung, die unanfechtbar verboten ist, weil sie sich gegen die verfassungsmäßige Ordnung oder gegen den Gedanken der Völkerverständigung richtet, oder von der unanfechtbar festgestellt ist, daß sie Ersatzorganisation einer solchen verbotenen Vereinigung ist,
3. einer Regierung, Vereinigung oder Einrichtung außerhalb des räumlichen Geltungsbereichs dieses Gesetzes, die für die Zwecke einer der in den Nummern 1 und 2 bezeichneten Parteien oder Vereinigungen tätig ist, oder
4. die nach ihrem Inhalt dazu bestimmt sind, Bestrebungen einer ehemaligen nationalsozialistischen Organisation fortzusetzen,

im Inland verbreitet oder der Öffentlichkeit zugänglich macht oder zur Verbreitung im Inland oder Ausland herstellt, vorrätig hält, einführt oder ausführt, wird mit Freiheitsstrafe bis zu drei Jahren oder mit Geldstrafe bestraft.

(2) Ebenso wird bestraft, wer Propagandamittel einer Organisation, die im Anhang der Durchführungsverordnung (EU) 2021/138 des Rates vom 5. Februar 2021 zur Durchführung des Artikels 2 Absatz 3 der Verordnung (EG) Nr. 2580/2001 über spezifische, gegen bestimmte Personen und Organisationen gerichtete restriktive Maßnahmen zur Bekämpfung des Terrorismus und zur Aufhebung der Durchführungsverordnung (EU) 2020/1128 (ABl. L 43 vom 8.2.2021, S. 1) als juristische Person, Vereinigung oder Körperschaft aufgeführt ist, im Inland verbreitet oder der Öffentlichkeit zugänglich macht oder zur Verbreitung im Inland oder Ausland herstellt, vorrätig hält, einführt oder ausführt.

(3) [1]Propagandamittel im Sinne des Absatzes 1 ist nur ein solcher Inhalt (§ 11 Absatz 3), der gegen die freiheitliche demokratische Grundordnung oder den Gedanken der Völkerverständigung gerichtet ist. [2]Propagandamittel im Sinne des Absatzes 2 ist nur ein solcher Inhalt (§ 11 Absatz 3), der gegen den Bestand oder die Sicherheit eines Staates oder einer internationalen Organisation oder gegen die Verfassungsgrundsätze der Bundesrepublik Deutschland gerichtet ist.

(4) Die Absätze 1 und 2 gelten nicht, wenn die Handlung der staatsbürgerlichen Aufklärung, der Abwehr verfassungswidriger Bestrebungen, der Kunst oder der Wissenschaft, der Forschung oder der Lehre, der Berichterstattung über Vorgänge des Zeitgeschehens oder der Geschichte oder ähnlichen Zwecken dient.

(5) Ist die Schuld gering, so kann das Gericht von einer Bestrafung nach dieser Vorschrift absehen.

§ 86a Verwenden von Kennzeichen verfassungswidriger und terroristischer Organisationen

(1) Mit Freiheitsstrafe bis zu drei Jahren oder mit Geldstrafe wird bestraft, wer

1. im Inland Kennzeichen einer der in § 86 Abs. 1 Nr. 1, 2 und 4 oder Absatz 2 bezeichneten Parteien oder Vereinigungen verbreitet oder öffentlich, in einer Versammlung oder in einem von ihm verbreiteten Inhalt (§ 11 Absatz 3) verwendet oder
2. einen Inhalt (§ 11 Absatz 3), der ein derartiges Kennzeichen darstellt oder enthält, zur Verbreitung oder Verwendung im Inland oder Ausland in der in Nummer 1 bezeichneten Art und Weise herstellt, vorrätig hält, einführt oder ausführt.

(2) [1]Kennzeichen im Sinne des Absatzes 1 sind namentlich Fahnen, Abzeichen, Uniformstücke, Parolen und Grußformen. [2]Den in Satz 1 genannten Kennzeichen stehen solche gleich, die ihnen zum Verwechseln ähnlich sind.

(3) § 86 Abs. 4 und 5 gilt entsprechend.

§ 87 Agententätigkeit zu Sabotagezwecken

(1) Mit Freiheitsstrafe bis zu fünf Jahren oder mit Geldstrafe wird bestraft, wer einen Auftrag einer Regierung, Vereinigung oder Einrichtung außerhalb des räumlichen Geltungsbereichs dieses Gesetzes zur Vorbereitung von Sabotagehandlungen, die in diesem Geltungsbereich begangen werden sollen, dadurch befolgt, daß er

1. sich bereit hält, auf Weisung einer der bezeichneten Stellen solche Handlungen zu begehen,
2. Sabotageobjekte auskundschaftet,
3. Sabotagemittel herstellt, sich oder einem anderen verschafft, verwahrt, einem anderen überläßt oder in diesen Bereich einführt,
4. Lager zur Aufnahme von Sabotagemitteln oder Stützpunkte für die Sabotagetätigkeit einrichtet, unterhält oder überprüft,
5. sich zur Begehung von Sabotagehandlungen schulen läßt oder andere dazu schult oder
6. die Verbindung zwischen einem Sabotageagenten (Nummern 1 bis 5) und einer der bezeichneten Stellen herstellt oder aufrechterhält,

und sich dadurch absichtlich oder wissentlich für Bestrebungen gegen den Bestand oder die Sicherheit der Bundesrepublik Deutschland oder gegen Verfassungsgrundsätze einsetzt.

(2) Sabotagehandlungen im Sinne des Absatzes 1 sind
1. Handlungen, die den Tatbestand der §§ 109e, 305, 306 bis 306c, 307 bis 309, 313, 315, 315b, 316b, 316c Abs. 1 Nr. 2, der §§ 317 oder 318 verwirklichen, und
2. andere Handlungen, durch die der Betrieb eines für die Landesverteidigung, den Schutz der Zivilbevölkerung gegen Kriegsgefahren oder für die Gesamtwirtschaft wichtigen Unternehmens dadurch verhindert oder gestört wird, daß eine dem Betrieb dienende Sache zerstört, beschädigt, beseitigt, verändert oder unbrauchbar gemacht oder daß die für den Betrieb bestimmte Energie entzogen wird.

(3) Das Gericht kann von einer Bestrafung nach diesen Vorschriften absehen, wenn der Täter freiwillig sein Verhalten aufgibt und sein Wissen so rechtzeitig einer Dienststelle offenbart, daß Sabotagehandlungen, deren Planung er kennt, noch verhindert werden können.

§ 88 Verfassungsfeindliche Sabotage

(1) Wer als Rädelsführer oder Hintermann einer Gruppe oder, ohne mit einer Gruppe oder für eine solche zu handeln, als einzelner absichtlich bewirkt, daß im räumlichen Geltungsbereich dieses Gesetzes durch Störhandlungen
1. Unternehmen oder Anlagen, die der öffentlichen Versorgung mit Postdienstleistungen oder dem öffentlichen Verkehr dienen,
2. Telekommunikationsanlagen, die öffentlichen Zwecken dienen,
3. Unternehmen oder Anlagen, die der öffentlichen Versorgung mit Wasser, Licht, Wärme oder Kraft dienen oder sonst für die Versorgung der Bevölkerung lebenswichtig sind, oder
4. Dienststellen, Anlagen, Einrichtungen oder Gegenstände, die ganz oder überwiegend der öffentlichen Sicherheit oder Ordnung dienen,

ganz oder zum Teil außer Tätigkeit gesetzt oder den bestimmungsmäßigen Zwecken entzogen werden, und sich dadurch absichtlich für Bestrebungen gegen den Bestand oder die Sicherheit der Bundesrepublik Deutschland oder gegen Verfassungsgrundsätze einsetzt, wird mit Freiheitsstrafe bis zu fünf Jahren oder mit Geldstrafe bestraft.

(2) Der Versuch ist strafbar.

§ 89 Verfassungsfeindliche Einwirkung auf Bundeswehr und öffentliche Sicherheitsorgane

(1) Wer auf Angehörige der Bundeswehr oder eines öffentlichen Sicherheitsorgans planmäßig einwirkt, um deren pflichtmäßige Bereitschaft zum Schutz der Sicherheit der Bundesrepublik Deutschland oder der verfassungsmäßigen Ordnung zu untergraben, und sich dadurch absichtlich für Bestrebungen gegen den Bestand oder die Sicherheit der Bundesrepublik Deutschland oder gegen Verfassungsgrundsätze einsetzt, wird mit Freiheitsstrafe bis zu fünf Jahren oder mit Geldstrafe bestraft.

(2) Der Versuch ist strafbar.

(3) § 86 Absatz 5 gilt entsprechend.

§ 89a Vorbereitung einer schweren staatsgefährdenden Gewalttat

(1) [1]Wer eine schwere staatsgefährdende Gewalttat vorbereitet, wird mit Freiheitsstrafe von sechs Monaten bis zu zehn Jahren bestraft. [2]Eine schwere staatsgefährdende Gewalttat ist eine Straftat gegen das Leben in den Fällen des § 211 oder des § 212 oder gegen die persönliche Freiheit in den Fällen des § 239a oder des § 239b, die nach den Umständen bestimmt und geeignet ist, den Bestand oder die Sicherheit eines Staates oder einer internationalen Organisation zu beeinträchtigen oder Verfassungsgrundsätze der Bundesrepublik Deutschland zu beseitigen, außer Geltung zu setzen oder zu untergraben.

(2) Absatz 1 ist nur anzuwenden, wenn der Täter eine schwere staatsgefährdende Gewalttat vorbereitet, indem er
1. eine andere Person unterweist oder sich unterweisen lässt in der Herstellung von oder im Umgang mit Schusswaffen, Sprengstoffen, Spreng- oder Brandvorrichtungen, Kernbrenn- oder sonstigen radioaktiven Stoffen, Stoffen, die Gift enthalten oder hervorbringen können, anderen gesundheitsschädlichen Stoffen, zur Ausführung der Tat erforderlichen besonderen Vorrichtungen oder in sonstigen Fertigkeiten, die der Begehung einer der in Absatz 1 genannten Straftaten dienen,
2. Waffen, Stoffe oder Vorrichtungen der in Nummer 1 bezeichneten Art herstellt, sich oder einem anderen verschafft, verwahrt oder einem anderen überlässt oder
3. Gegenstände oder Stoffe sich verschafft oder verwahrt, die für die Herstellung von Waffen, Stoffen oder Vorrichtungen der in Nummer 1 bezeichneten Art wesentlich sind.

(2a) Absatz 1 ist auch anzuwenden, wenn der Täter eine schwere staatsgefährdende Gewalttat vorbereitet, indem er es unternimmt, zum Zweck der Begehung einer schweren staatsgefährdenden Gewalttat oder der in Absatz 2 Nummer 1 genannten Handlungen aus der Bundesrepublik Deutschland auszureisen, um sich in einen Staat zu begeben, in dem Unterweisungen von Personen im Sinne des Absatzes 2 Nummer 1 erfolgen.

(3) [1]Absatz 1 gilt auch, wenn die Vorbereitung im Ausland begangen wird. [2]Wird die Vorbereitung außerhalb der Mitgliedstaaten der Europäischen Union begangen, gilt dies nur, wenn sie durch einen Deutschen oder einen Ausländer mit Lebensgrundlage im Inland begangen wird oder die vorbereitete schwere staatsgefährdende Gewalttat im Inland oder durch oder gegen einen Deutschen begangen werden soll.

(4) [1]In den Fällen des Absatzes 3 Satz 2 bedarf die Verfolgung der Ermächtigung durch das Bundesministerium der Justiz und für Verbraucherschutz. [2]Wird die Vorbereitung in einem anderen Mitgliedstaat der Europäischen Union begangen, bedarf die Verfolgung der Ermächtigung durch das Bundesministerium der Justiz und für Verbraucherschutz, wenn die Vorbereitung weder durch einen Deutschen erfolgt noch die vorbereitete schwere staatsgefährdende Gewalttat im Inland noch durch oder gegen einen Deutschen begangen werden soll.

(5) In minder schweren Fällen ist die Strafe Freiheitsstrafe von drei Monaten bis zu fünf Jahren.

(6) Das Gericht kann Führungsaufsicht anordnen (§ 68 Abs. 1).

(7) [1]Das Gericht kann die Strafe nach seinem Ermessen mildern (§ 49 Abs. 2) oder von einer Bestrafung nach dieser Vorschrift absehen, wenn der Täter freiwillig die weitere Vorbereitung der schweren staatsgefährdenden Gewalttat aufgibt und eine von ihm verursachte und erkannte Gefahr, dass andere diese Tat weiter vorbereiten oder sie ausführen, abwendet oder wesentlich mindert oder wenn er freiwillig die Vollendung dieser Tat verhindert. [2]Wird ohne Zutun des Täters die bezeichnete Gefahr abgewendet oder wesentlich gemindert oder die Vollendung der schweren staatsgefährdenden Gewalttat verhindert, genügt sein freiwilliges und ernsthaftes Bemühen, dieses Ziel zu erreichen.

§ 89b Aufnahme von Beziehungen zur Begehung einer schweren staatsgefährdenden Gewalttat

(1) Wer in der Absicht, sich in der Begehung einer schweren staatsgefährdenden Gewalttat gemäß § 89a Abs. 2 Nr. 1 unterweisen zu lassen, zu einer Vereinigung im Sinne des § 129a, auch in Verbindung mit § 129b, Beziehungen aufnimmt oder unterhält, wird mit Freiheitsstrafe bis zu drei Jahren oder mit Geldstrafe bestraft.

(2) Absatz 1 gilt nicht, wenn die Handlung ausschließlich der Erfüllung rechtmäßiger beruflicher oder dienstlicher Pflichten dient.

(3) [1]Absatz 1 gilt auch, wenn das Aufnehmen oder Unterhalten von Beziehungen im Ausland erfolgt. [2]Außerhalb der Mitgliedstaaten der Europäischen Union gilt dies nur, wenn das Aufnehmen oder Unterhalten von Beziehungen durch einen Deutschen oder einen Ausländer mit Lebensgrundlage im Inland begangen wird.

(4) Die Verfolgung bedarf der Ermächtigung durch das Bundesministerium der Justiz und für Verbraucherschutz

1. in den Fällen des Absatzes 3 Satz 2 oder
2. wenn das Aufnehmen oder Unterhalten von Beziehungen in einem anderen Mitgliedstaat der Europäischen Union nicht durch einen Deutschen begangen wird.

(5) Ist die Schuld gering, so kann das Gericht von einer Bestrafung nach dieser Vorschrift absehen.

§ 89c Terrorismusfinanzierung

(1) [1]Wer Vermögenswerte sammelt, entgegennimmt oder zur Verfügung stellt mit dem Wissen oder in der Absicht, dass diese von einer anderen Person zur Begehung

1. eines Mordes (§ 211), eines Totschlags (§ 212), eines Völkermordes (§ 6 des Völkerstrafgesetzbuches), eines Verbrechens gegen die Menschlichkeit (§ 7 des Völkerstrafgesetzbuches), eines Kriegsverbrechens (§§ 8, 9, 10, 11 oder 12 des Völkerstrafgesetzbuches), einer Körperverletzung nach § 224 oder einer Körperverletzung, die einem anderen Menschen schwere körperliche oder seelische Schäden, insbesondere der in § 226 bezeichneten Art, zufügt,
2. eines erpresserischen Menschenraubes (§ 239a) oder einer Geiselnahme (§ 239b),
3. von Straftaten nach den §§ 303b, 305, 305a oder gemeingefährlicher Straftaten in den Fällen der §§ 306 bis 306c oder 307 Absatz 1 bis 3, des § 308 Absatz 1 bis 4, des § 309 Absatz 1 bis 5, der §§ 313, 314 oder 315 Absatz 1, 3 oder 4, des § 316b Absatz 1 oder 3 oder des § 316c Absatz 1 bis 3 oder des § 317 Absatz 1,
4. von Straftaten gegen die Umwelt in den Fällen des § 330a Absatz 1 bis 3,
5. von Straftaten nach § 19 Absatz 1 bis 3, § 20 Absatz 1 oder 2, § 20a Absatz 1 bis 3, § 19 Absatz 2 Nummer 2 oder Absatz 3 Nummer 2, § 20 Absatz 1 oder 2 oder § 20a Absatz 1 bis 3, jeweils auch in Verbindung mit § 21, oder nach § 22a Absatz 1 bis 3 des Gesetzes über die Kontrolle von Kriegswaffen,
6. von Straftaten nach § 51 Absatz 1 bis 3 des Waffengesetzes,

7. einer Straftat nach § 328 Absatz 1 oder 2 oder § 310 Absatz 1 oder 2,
8. einer Straftat nach § 89a Absatz 2a

verwendet werden sollen, wird mit Freiheitsstrafe von sechs Monaten bis zu zehn Jahren bestraft. [2]Satz 1 ist in den Fällen der Nummern 1 bis 7 nur anzuwenden, wenn die dort bezeichnete Tat dazu bestimmt ist, die Bevölkerung auf erhebliche Weise einzuschüchtern, eine Behörde oder eine internationale Organisation rechtswidrig mit Gewalt oder durch Drohung mit Gewalt zu nötigen oder die politischen, verfassungsrechtlichen, wirtschaftlichen oder sozialen Grundstrukturen eines Staates oder einer internationalen Organisation zu beseitigen oder erheblich zu beeinträchtigen, und durch die Art ihrer Begehung oder ihre Auswirkungen einen Staat oder eine internationale Organisation erheblich schädigen kann.

(2) Ebenso wird bestraft, wer unter der Voraussetzung des Absatzes 1 Satz 2 Vermögenswerte sammelt, entgegennimmt oder zur Verfügung stellt, um selbst eine der in Absatz 1 Satz 1 genannten Straftaten zu begehen.

(3) [1]Die Absätze 1 und 2 gelten auch, wenn die Tat im Ausland begangen wird. [2]Wird sie außerhalb der Mitgliedstaaten der Europäischen Union begangen, gilt dies nur, wenn sie durch einen Deutschen oder einen Ausländer mit Lebensgrundlage im Inland begangen wird oder die finanzierte Straftat im Inland oder durch oder gegen einen Deutschen begangen werden soll.

(4) [1]In den Fällen des Absatzes 3 Satz 2 bedarf die Verfolgung der Ermächtigung durch das Bundesministerium der Justiz und für Verbraucherschutz. [2]Wird die Tat in einem anderen Mitgliedstaat der Europäischen Union begangen, bedarf die Verfolgung der Ermächtigung durch das Bundesministerium der Justiz und für Verbraucherschutz, wenn die Tat weder durch einen Deutschen begangen wird noch die finanzierte Straftat im Inland noch durch oder gegen einen Deutschen begangen werden soll.

(5) Sind die Vermögenswerte bei einer Tat nach Absatz 1 oder 2 geringwertig, so ist auf Freiheitsstrafe von drei Monaten bis zu fünf Jahren zu erkennen.

(6) Das Gericht mildert die Strafe (§ 49 Absatz 1) oder kann von Strafe absehen, wenn die Schuld des Täters gering ist.

(7) [1]Das Gericht kann die Strafe nach seinem Ermessen mildern (§ 49 Absatz 2) oder von einer Bestrafung nach dieser Vorschrift absehen, wenn der Täter freiwillig die weitere Vorbereitung der Tat aufgibt und eine von ihm verursachte und erkannte Gefahr, dass andere diese Tat weiter vorbereiten oder sie ausführen, abwendet oder wesentlich mindert oder wenn er freiwillig die Vollendung dieser Tat verhindert. [2]Wird ohne Zutun des Täters die bezeichnete Gefahr abgewendet oder wesentlich gemindert oder die Vollendung der Tat verhindert, genügt sein freiwilliges und ernsthaftes Bemühen, dieses Ziel zu erreichen.

§ 90 Verunglimpfung des Bundespräsidenten

(1) Wer öffentlich, in einer Versammlung oder durch Verbreiten eines Inhalts (§ 11 Absatz 3) den Bundespräsidenten verunglimpft, wird mit Freiheitsstrafe von drei Monaten bis zu fünf Jahren bestraft.

(2) In minder schweren Fällen kann das Gericht die Strafe nach seinem Ermessen mildern (§ 49 Abs. 2), wenn nicht die Voraussetzungen des § 188 erfüllt sind.

(3) Die Strafe ist Freiheitsstrafe von sechs Monaten bis zu fünf Jahren, wenn die Tat eine Verleumdung (§ 187) ist oder wenn der Täter sich durch die Tat absichtlich für Bestrebungen gegen den Bestand der Bundesrepublik Deutschland oder gegen Verfassungsgrundsätze einsetzt.

(4) Die Tat wird nur mit Ermächtigung des Bundespräsidenten verfolgt.

§ 90a Verunglimpfung des Staates und seiner Symbole

(1) Wer öffentlich, in einer Versammlung oder durch Verbreiten eines Inhalts (§ 11 Absatz 3)

1. die Bundesrepublik Deutschland oder eines ihrer Länder oder ihre verfassungsmäßige Ordnung beschimpft oder böswillig verächtlich macht oder
2. die Farben, die Flagge, das Wappen oder die Hymne der Bundesrepublik Deutschland oder eines ihrer Länder verunglimpft,

wird mit Freiheitsstrafe bis zu drei Jahren oder mit Geldstrafe bestraft.

(2) [1]Ebenso wird bestraft, wer eine öffentlich gezeigte Flagge der Bundesrepublik Deutschland oder eines ihrer Länder oder ein von einer Behörde öffentlich angebrachtes Hoheitszeichen der Bundesrepublik Deutschland oder eines ihrer Länder entfernt, zerstört, beschädigt, unbrauchbar oder unkenntlich macht oder beschimpfenden Unfug daran verübt. [2]Der Versuch ist strafbar.

(3) Die Strafe ist Freiheitsstrafe bis zu fünf Jahren oder Geldstrafe, wenn der Täter sich durch die Tat absichtlich für Bestrebungen gegen den Bestand der Bundesrepublik Deutschland oder gegen Verfassungsgrundsätze einsetzt.

§ 90b Verfassungsfeindliche Verunglimpfung von Verfassungsorganen

(1) Wer öffentlich, in einer Versammlung oder durch Verbreiten eines Inhalts (§ 11 Absatz 3) ein Gesetzgebungsorgan, die Regierung oder das Verfassungsgericht des Bundes oder eines Landes oder eines ihrer Mitglieder in dieser Eigenschaft in einer das Ansehen des Staates gefährdenden Weise verunglimpft und sich dadurch absichtlich für Bestrebungen gegen den Bestand der Bundesrepublik Deutschland oder gegen Verfassungsgrundsätze einsetzt, wird mit Freiheitsstrafe von drei Monaten bis zu fünf Jahren bestraft.

(2) Die Tat wird nur mit Ermächtigung des betroffenen Verfassungsorgans oder Mitglieds verfolgt.

§ 90c Verunglimpfung von Symbolen der Europäischen Union

(1) Wer öffentlich, in einer Versammlung oder durch Verbreiten eines Inhalts (§ 11 Absatz 3) die Flagge oder die Hymne der Europäischen Union verunglimpft, wird mit Freiheitsstrafe bis zu drei Jahren oder mit Geldstrafe bestraft.

(2) [1]Ebenso wird bestraft, wer eine öffentlich gezeigte Flagge der Europäischen Union entfernt, zerstört, beschädigt, unbrauchbar oder unkenntlich macht oder beschimpfenden Unfug daran verübt. [2]Der Versuch ist strafbar.

§ 91 Anleitung zur Begehung einer schweren staatsgefährdenden Gewalttat

(1) Mit Freiheitsstrafe bis zu drei Jahren oder mit Geldstrafe wird bestraft, wer

1. einen Inhalt (§ 11 Absatz 3), der geeignet ist, als Anleitung zu einer schweren staatsgefährdenden Gewalttat (§ 89a Abs. 1) zu dienen, anpreist oder einer anderen Person zugänglich macht, wenn die Umstände seiner Verbreitung geeignet sind, die Bereitschaft anderer zu fördern oder zu wecken, eine schwere staatsgefährdende Gewalttat zu begehen,
2. sich einen Inhalt der in Nummer 1 bezeichneten Art verschafft, um eine schwere staatsgefährdende Gewalttat zu begehen.

(2) Absatz 1 Nr. 1 ist nicht anzuwenden, wenn

1. die Handlung der staatsbürgerlichen Aufklärung, der Abwehr verfassungswidriger Bestrebungen, der Kunst und Wissenschaft, der Forschung oder der Lehre, der Berichterstattung über Vorgänge des Zeitgeschehens oder der Geschichte oder ähnlichen Zwecken dient oder
2. die Handlung ausschließlich der Erfüllung rechtmäßiger beruflicher oder dienstlicher Pflichten dient.

(3) Ist die Schuld gering, so kann das Gericht von einer Bestrafung nach dieser Vorschrift absehen.

§ 91a Anwendungsbereich

Die §§ 84, 85 und 87 gelten nur für Taten, die durch eine im räumlichen Geltungsbereich dieses Gesetzes ausgeübte Tätigkeit begangen werden.

Vierter Titel

Gemeinsame Vorschriften

§ 92 Begriffsbestimmungen

(1) Im Sinne dieses Gesetzes beeinträchtigt den Bestand der Bundesrepublik Deutschland, wer ihre Freiheit von fremder Botmäßigkeit aufhebt, ihre staatliche Einheit beseitigt oder ein zu ihr gehörendes Gebiet abtrennt.

(2) Im Sinne dieses Gesetzes sind Verfassungsgrundsätze

1. das Recht des Volkes, die Staatsgewalt in Wahlen und Abstimmungen und durch besondere Organe der Gesetzgebung, der vollziehenden Gewalt und der Rechtsprechung auszuüben und die Volksvertretung in allgemeiner, unmittelbarer, freier, gleicher und geheimer Wahl zu wählen,
2. die Bindung der Gesetzgebung an die verfassungsmäßige Ordnung und die Bindung der vollziehenden Gewalt und der Rechtsprechung an Gesetz und Recht,
3. das Recht auf die Bildung und Ausübung einer parlamentarischen Opposition,
4. die Ablösbarkeit der Regierung und ihre Verantwortlichkeit gegenüber der Volksvertretung,
5. die Unabhängigkeit der Gerichte und
6. der Ausschluß jeder Gewalt- und Willkürherrschaft.

(3) Im Sinne dieses Gesetzes sind

1. Bestrebungen gegen den Bestand der Bundesrepublik Deutschland solche Bestrebungen, deren Träger darauf hinarbeiten, den Bestand der Bundesrepublik Deutschland zu beeinträchtigen (Absatz 1),
2. Bestrebungen gegen die Sicherheit der Bundesrepublik Deutschland solche Bestrebungen, deren Träger darauf hinarbeiten, die äußere oder innere Sicherheit der Bundesrepublik Deutschland zu beeinträchtigen,

3. Bestrebungen gegen Verfassungsgrundsätze solche Bestrebungen, deren Träger darauf hinarbeiten, einen Verfassungsgrundsatz (Absatz 2) zu beseitigen, außer Geltung zu setzen oder zu untergraben.

§ 92a Nebenfolgen

Neben einer Freiheitsstrafe von mindestens sechs Monaten wegen einer Straftat nach diesem Abschnitt kann das Gericht die Fähigkeit, öffentliche Ämter zu bekleiden, die Fähigkeit, Rechte aus öffentlichen Wahlen zu erlangen, und das Recht, in öffentlichen Angelegenheiten zu wählen oder zu stimmen, aberkennen (§ 45 Abs. 2 und 5).

§ 92b Einziehung

[1]Ist eine Straftat nach diesem Abschnitt begangen worden, so können

1. Gegenstände, die durch die Tat hervorgebracht oder zu ihrer Begehung oder Vorbereitung gebraucht worden oder bestimmt gewesen sind, und
2. Gegenstände, auf die sich eine Straftat nach den §§ 80a, 86, 86a, 89a bis 91 bezieht,

eingezogen werden. [2]§ 74a ist anzuwenden.

Zweiter Abschnitt

Landesverrat und Gefährdung der äußeren Sicherheit

§ 93 Begriff des Staatsgeheimnisses

(1) Staatsgeheimnisse sind Tatsachen, Gegenstände oder Erkenntnisse, die nur einem begrenzten Personenkreis zugänglich sind und vor einer fremden Macht geheimgehalten werden müssen, um die Gefahr eines schweren Nachteils für die äußere Sicherheit der Bundesrepublik Deutschland abzuwenden.

(2) Tatsachen, die gegen die freiheitliche demokratische Grundordnung oder unter Geheimhaltung gegenüber den Vertragspartnern der Bundesrepublik Deutschland gegen zwischenstaatlich vereinbarte Rüstungsbeschränkungen verstoßen, sind keine Staatsgeheimnisse.

§ 94 Landesverrat

(1) Wer ein Staatsgeheimnis

1. einer fremden Macht oder einem ihrer Mittelsmänner mitteilt oder
2. sonst an einen Unbefugten gelangen läßt oder öffentlich bekanntmacht, um die Bundesrepublik Deutschland zu benachteiligen oder eine fremde Macht zu begünstigen,

und dadurch die Gefahr eines schweren Nachteils für die äußere Sicherheit der Bundesrepublik Deutschland herbeiführt, wird mit Freiheitsstrafe nicht unter einem Jahr bestraft.

(2) [1]In besonders schweren Fällen ist die Strafe lebenslange Freiheitsstrafe oder Freiheitsstrafe nicht unter fünf Jahren. [2]Ein besonders schwerer Fall liegt in der Regel vor, wenn der Täter

1. eine verantwortliche Stellung mißbraucht, die ihn zur Wahrung von Staatsgeheimnissen besonders verpflichtet, oder
2. durch die Tat die Gefahr eines besonders schweren Nachteils für die äußere Sicherheit der Bundesrepublik Deutschland herbeiführt.

§ 95 Offenbaren von Staatsgeheimnissen

(1) Wer ein Staatsgeheimnis, das von einer amtlichen Stelle oder auf deren Veranlassung geheimgehalten wird, an einen Unbefugten gelangen läßt oder öffentlich bekanntmacht und dadurch die Gefahr eines schweren Nachteils für die äußere Sicherheit der Bundesrepublik Deutschland herbeiführt, wird mit Freiheitsstrafe von sechs Monaten bis zu fünf Jahren bestraft, wenn die Tat nicht in § 94 mit Strafe bedroht ist.

(2) Der Versuch ist strafbar.

(3) [1]In besonders schweren Fällen ist die Strafe Freiheitsstrafe von einem Jahr bis zu zehn Jahren. [2]§ 94 Abs. 2 Satz 2 ist anzuwenden.

§ 96 Landesverräterische Ausspähung; Auskundschaften von Staatsgeheimnissen

(1) Wer sich ein Staatsgeheimnis verschafft, um es zu verraten (§ 94), wird mit Freiheitsstrafe von einem Jahr bis zu zehn Jahren bestraft.

(2) [1]Wer sich ein Staatsgeheimnis, das von einer amtlichen Stelle oder auf deren Veranlassung geheimgehalten wird, verschafft, um es zu offenbaren (§ 95), wird mit Freiheitsstrafe von sechs Monaten bis zu fünf Jahren bestraft. [2]Der Versuch ist strafbar.

§ 97 Preisgabe von Staatsgeheimnissen

(1) Wer ein Staatsgeheimnis, das von einer amtlichen Stelle oder auf deren Veranlassung geheimgehalten wird, an einen Unbefugten gelangen läßt oder öffentlich bekanntmacht und dadurch fahrlässig die Gefahr

eines schweren Nachteils für die äußere Sicherheit der Bundesrepublik Deutschland verursacht, wird mit Freiheitsstrafe bis zu fünf Jahren oder mit Geldstrafe bestraft.

(2) Wer ein Staatsgeheimnis, das von einer amtlichen Stelle oder auf deren Veranlassung geheimgehalten wird und das ihm kraft seines Amtes, seiner Dienststellung oder eines von einer amtlichen Stelle erteilten Auftrags zugänglich war, leichtfertig an einen Unbefugten gelangen läßt und dadurch fahrlässig die Gefahr eines schweren Nachteils für die äußere Sicherheit der Bundesrepublik Deutschland verursacht, wird mit Freiheitsstrafe bis zu drei Jahren oder mit Geldstrafe bestraft.

(3) Die Tat wird nur mit Ermächtigung der Bundesregierung verfolgt.

§ 97a Verrat illegaler Geheimnisse

[1]Wer ein Geheimnis, das wegen eines der in § 93 Abs. 2 bezeichneten Verstöße kein Staatsgeheimnis ist, einer fremden Macht oder einem ihrer Mittelsmänner mitteilt und dadurch die Gefahr eines schweren Nachteils für die äußere Sicherheit der Bundesrepublik Deutschland herbeiführt, wird wie ein Landesverräter (§ 94) bestraft. [2]§ 96 Abs. 1 in Verbindung mit § 94 Abs. 1 Nr. 1 ist auf Geheimnisse der in Satz 1 bezeichneten Art entsprechend anzuwenden.

§ 97b Verrat in irriger Annahme eines illegalen Geheimnisses

(1) [1]Handelt der Täter in den Fällen der §§ 94 bis 97 in der irrigen Annahme, das Staatsgeheimnis sei ein Geheimnis der in § 97a bezeichneten Art, so wird er, wenn

1. dieser Irrtum ihm vorzuwerfen ist,
2. er nicht in der Absicht handelt, dem vermeintlichen Verstoß entgegenzuwirken, oder
3. die Tat nach den Umständen kein angemessenes Mittel zu diesem Zweck ist,

nach den bezeichneten Vorschriften bestraft. [2]Die Tat ist in der Regel kein angemessenes Mittel, wenn der Täter nicht zuvor ein Mitglied des Bundestages um Abhilfe angerufen hat.

(2) [1]War dem Täter als Amtsträger oder als Soldat der Bundeswehr das Staatsgeheimnis dienstlich anvertraut oder zugänglich, so wird er auch dann bestraft, wenn nicht zuvor der Amtsträger einen Dienstvorgesetzten, der Soldat einen Disziplinarvorgesetzten um Abhilfe angerufen hat. [2]Dies gilt für die für den öffentlichen Dienst besonders Verpflichteten und für Personen, die im Sinne des § 353b Abs. 2 verpflichtet worden sind, sinngemäß.

§ 98 Landesverräterische Agententätigkeit

(1) [1]Wer

1. für eine fremde Macht eine Tätigkeit ausübt, die auf die Erlangung oder Mitteilung von Staatsgeheimnissen gerichtet ist, oder
2. gegenüber einer fremden Macht oder einem ihrer Mittelsmänner sich zu einer solchen Tätigkeit bereit erklärt,

wird mit Freiheitsstrafe bis zu fünf Jahren oder mit Geldstrafe bestraft, wenn die Tat nicht in § 94 oder § 96 Abs. 1 mit Strafe bedroht ist. [2]In besonders schweren Fällen ist die Strafe Freiheitsstrafe von einem Jahr bis zu zehn Jahren; § 94 Abs. 2 Satz 2 Nr. 1 gilt entsprechend.

(2) [1]Das Gericht kann die Strafe nach seinem Ermessen mildern (§ 49 Abs. 2) oder von einer Bestrafung nach diesen Vorschriften absehen, wenn der Täter freiwillig sein Verhalten aufgibt und sein Wissen einer Dienststelle offenbart. [2]Ist der Täter in den Fällen des Absatzes 1 Satz 1 von der fremden Macht oder einem ihrer Mittelsmänner zu seinem Verhalten gedrängt worden, so wird er nach dieser Vorschrift nicht bestraft, wenn er freiwillig sein Verhalten aufgibt und sein Wissen unverzüglich einer Dienststelle offenbart.

§ 99 Geheimdienstliche Agententätigkeit

(1) Wer

1. für den Geheimdienst einer fremden Macht eine geheimdienstliche Tätigkeit gegen die Bundesrepublik Deutschland ausübt, die auf die Mitteilung oder Lieferung von Tatsachen, Gegenständen oder Erkenntnissen gerichtet ist, oder
2. gegenüber dem Geheimdienst einer fremden Macht oder einem seiner Mittelsmänner sich zu einer solchen Tätigkeit bereit erklärt,

wird mit Freiheitsstrafe bis zu fünf Jahren oder mit Geldstrafe bestraft, wenn die Tat nicht in § 94 oder § 96 Abs. 1, in § 97a oder in § 97b in Verbindung mit § 94 oder § 96 Abs. 1 mit Strafe bedroht ist.

(2) [1]In besonders schweren Fällen ist die Strafe Freiheitsstrafe von einem Jahr bis zu zehn Jahren. [2]Ein besonders schwerer Fall liegt in der Regel vor, wenn der Täter Tatsachen, Gegenstände oder Erkenntnisse, die von einer amtlichen Stelle oder auf deren Veranlassung geheimgehalten werden, mitteilt oder liefert und wenn er

1. eine verantwortliche Stellung mißbraucht, die ihn zur Wahrung solcher Geheimnisse besonders verpflichtet, oder
2. durch die Tat die Gefahr eines schweren Nachteils für die Bundesrepublik Deutschland herbeiführt.

(3) § 98 Abs. 2 gilt entsprechend.

§ 100 Friedensgefährdende Beziehungen

(1) Wer als Deutscher, der seine Lebensgrundlage im räumlichen Geltungsbereich dieses Gesetzes hat, in der Absicht, einen Krieg oder ein bewaffnetes Unternehmen gegen die Bundesrepublik Deutschland herbeizuführen, zu einer Regierung, Vereinigung oder Einrichtung außerhalb des räumlichen Geltungsbereichs dieses Gesetzes oder zu einem ihrer Mittelsmänner Beziehungen aufnimmt oder unterhält, wird mit Freiheitsstrafe nicht unter einem Jahr bestraft.

(2) [1]In besonders schweren Fällen ist die Strafe lebenslange Freiheitsstrafe oder Freiheitsstrafe nicht unter fünf Jahren. [2]Ein besonders schwerer Fall liegt in der Regel vor, wenn der Täter durch die Tat eine schwere Gefahr für den Bestand der Bundesrepublik Deutschland herbeiführt.

(3) In minder schweren Fällen ist die Strafe Freiheitsstrafe von einem Jahr bis zu fünf Jahren.

§ 100a Landesverräterische Fälschung

(1) Wer wider besseres Wissen gefälschte oder verfälschte Gegenstände, Nachrichten darüber oder unwahre Behauptungen tatsächlicher Art, die im Falle ihrer Echtheit oder Wahrheit für die äußere Sicherheit oder die Beziehungen der Bundesrepublik Deutschland zu einer fremden Macht von Bedeutung wären, an einen anderen gelangen läßt oder öffentlich bekanntmacht, um einer fremden Macht vorzutäuschen, daß es sich um echte Gegenstände oder um Tatsachen handele, und dadurch die Gefahr eines schweren Nachteils für die äußere Sicherheit oder die Beziehungen der Bundesrepublik Deutschland zu einer fremden Macht herbeiführt, wird mit Freiheitsstrafe von sechs Monaten bis zu fünf Jahren bestraft.

(2) Ebenso wird bestraft, wer solche Gegenstände durch Fälschung oder Verfälschung herstellt oder sie sich verschafft, um sie in der in Absatz 1 bezeichneten Weise zur Täuschung einer fremden Macht an einen anderen gelangen zu lassen oder öffentlich bekanntzumachen und dadurch die Gefahr eines schweren Nachteils für die äußere Sicherheit oder die Beziehungen der Bundesrepublik Deutschland zu einer fremden Macht herbeizuführen.

(3) Der Versuch ist strafbar.

(4) [1]In besonders schweren Fällen ist die Strafe Freiheitsstrafe nicht unter einem Jahr. [2]Ein besonders schwerer Fall liegt in der Regel vor, wenn der Täter durch die Tat einen besonders schweren Nachteil für die äußere Sicherheit oder die Beziehungen der Bundesrepublik Deutschland zu einer fremden Macht herbeiführt.

§ 101 Nebenfolgen

Neben einer Freiheitsstrafe von mindestens sechs Monaten wegen einer vorsätzlichen Straftat nach diesem Abschnitt kann das Gericht die Fähigkeit, öffentliche Ämter zu bekleiden, die Fähigkeit, Rechte aus öffentlichen Wahlen zu erlangen, und das Recht, in öffentlichen Angelegenheiten zu wählen oder zu stimmen, aberkennen (§ 45 Abs. 2 und 5).

§ 101a Einziehung

[1]Ist eine Straftat nach diesem Abschnitt begangen worden, so können

1. Gegenstände, die durch die Tat hervorgebracht oder zu ihrer Begehung oder Vorbereitung gebraucht worden oder bestimmt gewesen sind, und
2. Gegenstände, die Staatsgeheimnisse sind, und Gegenstände der in § 100a bezeichneten Art, auf die sich die Tat bezieht,

eingezogen werden. [2]§ 74a ist anzuwenden. [3]Gegenstände der in Satz 1 Nr. 2 bezeichneten Art werden auch ohne die Voraussetzungen des § 74 Absatz 3 Satz 1 und des § 74b eingezogen, wenn dies erforderlich ist, um die Gefahr eines schweren Nachteils für die äußere Sicherheit der Bundesrepublik Deutschland abzuwenden; dies gilt auch dann, wenn der Täter ohne Schuld gehandelt hat.

Dritter Abschnitt

Straftaten gegen ausländische Staaten

§ 102 Angriff gegen Organe und Vertreter ausländischer Staaten

(1) Wer einen Angriff auf Leib oder Leben eines ausländischen Staatsoberhaupts, eines Mitglieds einer ausländischen Regierung oder eines im Bundesgebiet beglaubigten Leiters einer ausländischen diplomatischen Vertretung begeht, während sich der Angegriffene in amtlicher Eigenschaft im Inland aufhält,

wird mit Freiheitsstrafe bis zu fünf Jahren oder mit Geldstrafe, in besonders schweren Fällen mit Freiheitsstrafe nicht unter einem Jahr bestraft.

(2) Neben einer Freiheitsstrafe von mindestens sechs Monaten kann das Gericht die Fähigkeit, öffentliche Ämter zu bekleiden, die Fähigkeit, Rechte aus öffentlichen Wahlen zu erlangen, und das Recht, in öffentlichen Angelegenheiten zu wählen oder zu stimmen, aberkennen (§ 45 Abs. 2 und 5).

§ 103 *[aufgehoben]*

§ 104 Verletzung von Flaggen und Hoheitszeichen ausländischer Staaten

(1) [1]Wer eine auf Grund von Rechtsvorschriften oder nach anerkanntem Brauch öffentlich gezeigte Flagge eines ausländischen Staates oder wer ein Hoheitszeichen eines solchen Staates, das von einer anerkannten Vertretung dieses Staates öffentlich angebracht worden ist, entfernt, zerstört, beschädigt oder unkenntlich macht oder wer beschimpfenden Unfug daran verübt, wird mit Freiheitsstrafe bis zu zwei Jahren oder mit Geldstrafe bestraft. [2]Ebenso wird bestraft, wer öffentlich die Flagge eines ausländischen Staates zerstört oder beschädigt und dadurch verunglimpft. [3]Den in Satz 2 genannten Flaggen stehen solche gleich, die ihnen zum Verwechseln ähnlich sind.

(2) Der Versuch ist strafbar.

§ 104a Voraussetzungen der Strafverfolgung

Straftaten nach diesem Abschnitt werden nur verfolgt, wenn die Bundesrepublik Deutschland zu dem anderen Staat diplomatische Beziehungen unterhält und ein Strafverlangen der ausländischen Regierung vorliegt.

Vierter Abschnitt

Straftaten gegen Verfassungsorgane sowie bei Wahlen und Abstimmungen

§ 105 Nötigung von Verfassungsorganen

(1) Wer

1. ein Gesetzgebungsorgan des Bundes oder eines Landes oder einen seiner Ausschüsse,
2. die Bundesversammlung oder einen ihrer Ausschüsse oder
3. die Regierung oder das Verfassungsgericht des Bundes oder eines Landes

rechtswidrig mit Gewalt oder durch Drohung mit Gewalt nötigt, ihre Befugnisse nicht oder in einem bestimmten Sinne auszuüben, wird mit Freiheitsstrafe von einem Jahr bis zu zehn Jahren bestraft.

(2) In minder schweren Fällen ist die Strafe Freiheitsstrafe von sechs Monaten bis zu fünf Jahren.

§ 106 Nötigung des Bundespräsidenten und von Mitgliedern eines Verfassungsorgans

(1) Wer

1. den Bundespräsidenten oder
2. ein Mitglied
   a) eines Gesetzgebungsorgans des Bundes oder eines Landes,
   b) der Bundesversammlung oder
   c) der Regierung oder des Verfassungsgerichts des Bundes oder eines Landes

rechtswidrig mit Gewalt oder durch Drohung mit einem empfindlichen Übel nötigt, seine Befugnisse nicht oder in einem bestimmten Sinne auszuüben, wird mit Freiheitsstrafe von drei Monaten bis zu fünf Jahren bestraft.

(2) Der Versuch ist strafbar.

(3) In besonders schweren Fällen ist die Strafe Freiheitsstrafe von einem Jahr bis zu zehn Jahren.

§ 106a *[aufgehoben]*

§ 106b Störung der Tätigkeit eines Gesetzgebungsorgans

(1) Wer gegen Anordnungen verstößt, die ein Gesetzgebungsorgan des Bundes oder eines Landes oder sein Präsident über die Sicherheit und Ordnung im Gebäude des Gesetzgebungsorgans oder auf dem dazugehörenden Grundstück allgemein oder im Einzelfall erläßt, und dadurch die Tätigkeit des Gesetzgebungsorgans hindert oder stört, wird mit Freiheitsstrafe bis zu einem Jahr oder mit Geldstrafe bestraft.

(2) Die Strafvorschrift des Absatzes 1 gilt bei Anordnungen eines Gesetzgebungsorgans des Bundes oder seines Präsidenten weder für die Mitglieder des Bundestages noch für die Mitglieder des Bundesrates und der Bundesregierung sowie ihre Beauftragten, bei Anordnungen eines Gesetzgebungsorgans eines Landes oder seines Präsidenten weder für die Mitglieder der Gesetzgebungsorgane dieses Landes noch für die Mitglieder der Landesregierung und ihre Beauftragten.

§ 107 Wahlbehinderung

(1) Wer mit Gewalt oder durch Drohung mit Gewalt eine Wahl oder die Feststellung ihres Ergebnisses verhindert oder stört, wird mit Freiheitsstrafe bis zu fünf Jahren oder mit Geldstrafe, in besonders schweren Fällen mit Freiheitsstrafe nicht unter einem Jahr bestraft.

(2) Der Versuch ist strafbar.

§ 107a Wahlfälschung

(1) [1]Wer unbefugt wählt oder sonst ein unrichtiges Ergebnis einer Wahl herbeiführt oder das Ergebnis verfälscht, wird mit Freiheitsstrafe bis zu fünf Jahren oder mit Geldstrafe bestraft. [2]Unbefugt wählt auch, wer im Rahmen zulässiger Assistenz entgegen der Wahlentscheidung des Wahlberechtigten oder ohne eine geäußerte Wahlentscheidung des Wahlberechtigten eine Stimme abgibt.

(2) Ebenso wird bestraft, wer das Ergebnis einer Wahl unrichtig verkündet oder verkünden läßt.

(3) Der Versuch ist strafbar.

§ 107b Fälschung von Wahlunterlagen

(1) Wer

1. seine Eintragung in die Wählerliste (Wahlkartei) durch falsche Angaben erwirkt,
2. einen anderen als Wähler einträgt, von dem er weiß, daß er keinen Anspruch auf Eintragung hat,
3. die Eintragung eines Wahlberechtigten als Wähler verhindert, obwohl er dessen Wahlberechtigung kennt,
4. sich als Bewerber für eine Wahl aufstellen läßt, obwohl er nicht wählbar ist,

wird mit Freiheitsstrafe bis zu sechs Monaten oder mit Geldstrafe bis zu einhundertachtzig Tagessätzen bestraft, wenn die Tat nicht in anderen Vorschriften mit schwererer Strafe bedroht ist.

(2) Der Eintragung in die Wählerliste als Wähler entspricht die Ausstellung der Wahlunterlagen für die Urwahlen in der Sozialversicherung.

§ 107c Verletzung des Wahlgeheimnisses

Wer einer dem Schutz des Wahlgeheimnisses dienenden Vorschrift in der Absicht zuwiderhandelt, sich oder einem anderen Kenntnis davon zu verschaffen, wie jemand gewählt hat, wird mit Freiheitsstrafe bis zu zwei Jahren oder mit Geldstrafe bestraft.

§ 108 Wählernötigung

(1) Wer rechtswidrig mit Gewalt, durch Drohung mit einem empfindlichen Übel, durch Mißbrauch eines beruflichen oder wirtschaftlichen Abhängigkeitsverhältnisses oder durch sonstigen wirtschaftlichen Druck einen anderen nötigt oder hindert, zu wählen oder sein Wahlrecht in einem bestimmten Sinne auszuüben, wird mit Freiheitsstrafe bis zu fünf Jahren oder mit Geldstrafe, in besonders schweren Fällen mit Freiheitsstrafe von einem Jahr bis zu zehn Jahren bestraft.

(2) Der Versuch ist strafbar.

§ 108a Wählertäuschung

(1) Wer durch Täuschung bewirkt, daß jemand bei der Stimmabgabe über den Inhalt seiner Erklärung irrt oder gegen seinen Willen nicht oder ungültig wählt, wird mit Freiheitsstrafe bis zu zwei Jahren oder mit Geldstrafe bestraft.

(2) Der Versuch ist strafbar.

§ 108b Wählerbestechung

(1) Wer einem anderen dafür, daß er nicht oder in einem bestimmten Sinne wähle, Geschenke oder andere Vorteile anbietet, verspricht oder gewährt, wird mit Freiheitsstrafe bis zu fünf Jahren oder mit Geldstrafe bestraft.

(2) Ebenso wird bestraft, wer dafür, daß er nicht oder in einem bestimmten Sinne wähle, Geschenke oder andere Vorteile fordert, sich versprechen läßt oder annimmt.

§ 108c Nebenfolgen

Neben einer Freiheitsstrafe von mindestens sechs Monaten wegen einer Straftat nach den §§ 107, 107a, 108 und 108b kann das Gericht die Fähigkeit, Rechte aus öffentlichen Wahlen zu erlangen, und das Recht, in öffentlichen Angelegenheiten zu wählen oder zu stimmen, aberkennen (§ 45 Abs. 2 und 5).

§ 108d Geltungsbereich

[1]Die §§ 107 bis 108c gelten für Wahlen zu den Volksvertretungen, für die Wahl der Abgeordneten des Europäischen Parlaments, für sonstige Wahlen und Abstimmungen des Volkes im Bund, in den Ländern, in kommunalen Gebietskörperschaften, für Wahlen und Abstimmungen in Teilgebieten eines Landes oder einer kommunalen Gebietskörperschaft sowie für Urwahlen in der Sozialversicherung. [2]Einer Wahl oder

Abstimmung steht das Unterschreiben eines Wahlvorschlags oder das Unterschreiben für ein Volksbegehren gleich.

§ 108e Bestechlichkeit und Bestechung von Mandatsträgern

(1) Wer als Mitglied einer Volksvertretung des Bundes oder der Länder einen ungerechtfertigten Vorteil für sich oder einen Dritten als Gegenleistung dafür fordert, sich versprechen lässt oder annimmt, dass er bei der Wahrnehmung seines Mandates eine Handlung im Auftrag oder auf Weisung vornehme oder unterlasse, wird mit Freiheitsstrafe von einem Jahr bis zu zehn Jahren, in minder schweren Fällen mit Freiheitsstrafe von sechs Monaten bis zu fünf Jahren bestraft.

(2) Ebenso wird bestraft, wer einem Mitglied einer Volksvertretung des Bundes oder der Länder einen ungerechtfertigten Vorteil für dieses Mitglied oder einen Dritten als Gegenleistung dafür anbietet, verspricht oder gewährt, dass es bei der Wahrnehmung seines Mandates eine Handlung im Auftrag oder auf Weisung vornehme oder unterlasse.

(3) Den in den Absätzen 1 und 2 genannten Mitgliedern gleich stehen Mitglieder

1. einer Volksvertretung einer kommunalen Gebietskörperschaft,
2. eines in unmittelbarer und allgemeiner Wahl gewählten Gremiums einer für ein Teilgebiet eines Landes oder einer kommunalen Gebietskörperschaft gebildeten Verwaltungseinheit,
3. der Bundesversammlung,
4. des Europäischen Parlaments,
5. einer parlamentarischen Versammlung einer internationalen Organisation und
6. eines Gesetzgebungsorgans eines ausländischen Staates.

(4) [1]Ein ungerechtfertigter Vorteil liegt insbesondere nicht vor, wenn die Annahme des Vorteils im Einklang mit den für die Rechtsstellung des Mitglieds maßgeblichen Vorschriften steht. [2]Keinen ungerechtfertigten Vorteil stellen dar

1. ein politisches Mandat oder eine politische Funktion sowie
2. eine nach dem Parteiengesetz oder entsprechenden Gesetzen zulässige Spende.

(5) Neben einer Freiheitsstrafe von mindestens sechs Monaten kann das Gericht die Fähigkeit, Rechte aus öffentlichen Wahlen zu erlangen, und das Recht, in öffentlichen Angelegenheiten zu wählen oder zu stimmen, aberkennen.

§ 108f Unzulässige Interessenwahrnehmung

(1) [1]Wer einen ungerechtfertigten Vermögensvorteil für sich oder einen Dritten als Gegenleistung dafür fordert, sich versprechen lässt oder annimmt, dass er während seines Mandates zur Wahrnehmung von Interessen des Vorteilsgebers oder eines Dritten eine Handlung vornehme oder unterlasse, wird mit Freiheitsstrafe bis zu drei Jahren oder mit Geldstrafe bestraft. [2]Satz 1 gilt nur für folgende Mandatsträger und nur dann, wenn eine solche entgeltliche Interessenwahrnehmung die für die Rechtsstellung des Mandatsträgers maßgeblichen Vorschriften verletzen würde:

1. Mitglieder einer Volksvertretung des Bundes oder der Länder,
2. Mitglieder des Europäischen Parlaments und
3. Mitglieder der parlamentarischen Versammlung einer internationalen Organisation.

(2) [1]Wer einem in Absatz 1 Satz 2 genannten Mandatsträger einen ungerechtfertigten Vermögensvorteil für diesen Mandatsträger oder einen Dritten als Gegenleistung dafür anbietet, verspricht oder gewährt, dass dieser Mandatsträger während seines Mandates zur Wahrnehmung von Interessen des Vorteilsgebers oder eines Dritten eine Handlung vornehme oder unterlasse, wird mit Freiheitsstrafe bis zu drei Jahren oder mit Geldstrafe bestraft. [2]Satz 1 gilt nur, wenn eine solche entgeltliche Interessenwahrnehmung die für die Rechtsstellung des Mandatsträgers maßgeblichen Vorschriften verletzen würde.

(3) § 108e Absatz 4 und 5 gilt entsprechend.

Fünfter Abschnitt

Straftaten gegen die Landesverteidigung

§ 109 Wehrpflichtentziehung durch Verstümmelung

(1) Wer sich oder einen anderen mit dessen Einwilligung durch Verstümmelung oder auf andere Weise zur Erfüllung der Wehrpflicht untauglich macht oder machen läßt, wird mit Freiheitsstrafe von drei Monaten bis zu fünf Jahren bestraft.

(2) Führt der Täter die Untauglichkeit nur für eine gewisse Zeit oder für eine einzelne Art der Verwendung herbei, so ist die Strafe Freiheitsstrafe bis zu fünf Jahren oder Geldstrafe.

(3) Der Versuch ist strafbar.

§ 109a Wehrpflichtentziehung durch Täuschung

(1) Wer sich oder einen anderen durch arglistige, auf Täuschung berechnete Machenschaften der Erfüllung der Wehrpflicht dauernd oder für eine gewisse Zeit, ganz oder für eine einzelne Art der Verwendung entzieht, wird mit Freiheitsstrafe bis zu fünf Jahren oder mit Geldstrafe bestraft.

(2) Der Versuch ist strafbar.

§§ 109b und 109c (weggefallen)

§ 109d Störpropaganda gegen die Bundeswehr

(1) Wer unwahre oder gröblich entstellte Behauptungen tatsächlicher Art, deren Verbreitung geeignet ist, die Tätigkeit der Bundeswehr zu stören, wider besseres Wissen zum Zwecke der Verbreitung aufstellt oder solche Behauptungen in Kenntnis ihrer Unwahrheit verbreitet, um die Bundeswehr in der Erfüllung ihrer Aufgabe der Landesverteidigung zu behindern, wird mit Freiheitsstrafe bis zu fünf Jahren oder mit Geldstrafe bestraft.

(2) Der Versuch ist strafbar.

§ 109e Sabotagehandlungen an Verteidigungsmitteln

(1) Wer ein Wehrmittel oder eine Einrichtung oder Anlage, die ganz oder vorwiegend der Landesverteidigung oder dem Schutz der Zivilbevölkerung gegen Kriegsgefahren dient, unbefugt zerstört, beschädigt, verändert, unbrauchbar macht oder beseitigt und dadurch die Sicherheit der Bundesrepublik Deutschland, die Schlagkraft der Truppe oder Menschenleben gefährdet, wird mit Freiheitsstrafe von drei Monaten bis zu fünf Jahren bestraft.

(2) Ebenso wird bestraft, wer wissentlich einen solchen Gegenstand oder den dafür bestimmten Werkstoff fehlerhaft herstellt oder liefert und dadurch wissentlich die in Absatz 1 bezeichnete Gefahr herbeiführt.

(3) Der Versuch ist strafbar.

(4) In besonders schweren Fällen ist die Strafe Freiheitsstrafe von einem Jahr bis zu zehn Jahren.

(5) Wer die Gefahr in den Fällen des Absatzes 1 fahrlässig, in den Fällen des Absatzes 2 nicht wissentlich, aber vorsätzlich oder fahrlässig herbeiführt, wird mit Freiheitsstrafe bis zu fünf Jahren oder mit Geldstrafe bestraft, wenn die Tat nicht in anderen Vorschriften mit schwererer Strafe bedroht ist.

§ 109f Sicherheitsgefährdender Nachrichtendienst

(1) [1]Wer für eine Dienststelle, eine Partei oder eine andere Vereinigung außerhalb des räumlichen Geltungsbereichs dieses Gesetzes, für eine verbotene Vereinigung oder für einen ihrer Mittelsmänner

1. Nachrichten über Angelegenheiten der Landesverteidigung sammelt,
2. einen Nachrichtendienst betreibt, der Angelegenheiten der Landesverteidigung zum Gegenstand hat, oder
3. für eine dieser Tätigkeiten anwirbt oder sie unterstützt

und dadurch Bestrebungen dient, die gegen die Sicherheit der Bundesrepublik Deutschland oder die Schlagkraft der Truppe gerichtet sind, wird mit Freiheitsstrafe bis zu fünf Jahren oder mit Geldstrafe bestraft, wenn die Tat nicht in anderen Vorschriften mit schwererer Strafe bedroht ist. [2]Ausgenommen ist eine zur Unterrichtung der Öffentlichkeit im Rahmen der üblichen Presse- oder Funkberichterstattung ausgeübte Tätigkeit.

(2) Der Versuch ist strafbar.

§ 109g Sicherheitsgefährdendes Abbilden

(1) Wer von einem Wehrmittel, einer militärischen Einrichtung oder Anlage oder einem militärischen Vorgang eine Abbildung oder Beschreibung anfertigt oder eine solche Abbildung oder Beschreibung an einen anderen gelangen läßt und dadurch wissentlich die Sicherheit der Bundesrepublik Deutschland oder die Schlagkraft der Truppe gefährdet, wird mit Freiheitsstrafe bis zu fünf Jahren oder mit Geldstrafe bestraft.

(2) Wer von einem Luftfahrzeug aus eine Lichtbildaufnahme von einem Gebiet oder Gegenstand im räumlichen Geltungsbereich dieses Gesetzes anfertigt oder eine solche Aufnahme oder eine danach hergestellte Abbildung an einen anderen gelangen läßt und dadurch wissentlich die Sicherheit der Bundesrepublik Deutschland oder die Schlagkraft der Truppe gefährdet, wird mit Freiheitsstrafe bis zu zwei Jahren oder mit Geldstrafe bestraft, wenn die Tat nicht in Absatz 1 mit Strafe bedroht ist.

(3) Der Versuch ist strafbar.

(4) [1]Wer in den Fällen des Absatzes 1 die Abbildung oder Beschreibung an einen anderen gelangen läßt und dadurch die Gefahr nicht wissentlich, aber vorsätzlich oder leichtfertig herbeiführt, wird mit Freiheitsstrafe bis zu zwei Jahren oder mit Geldstrafe bestraft. [2]Die Tat ist jedoch nicht strafbar, wenn der Täter mit Erlaubnis der zuständigen Dienststelle gehandelt hat.

§ 109h Anwerben für fremden Wehrdienst

(1) Wer zugunsten einer ausländischen Macht einen Deutschen zum Wehrdienst in einer militärischen oder militärähnlichen Einrichtung anwirbt oder ihren Werbern oder dem Wehrdienst einer solchen Einrichtung zuführt, wird mit Freiheitsstrafe von drei Monaten bis zu fünf Jahren bestraft.

(2) Der Versuch ist strafbar.

§ 109i Nebenfolgen

Neben einer Freiheitsstrafe von mindestens einem Jahr wegen einer Straftat nach den §§ 109e und 109f kann das Gericht die Fähigkeit, öffentliche Ämter zu bekleiden, die Fähigkeit, Rechte aus öffentlichen Wahlen zu erlangen, und das Recht, in öffentlichen Angelegenheiten zu wählen oder zu stimmen, aberkennen (§ 45 Abs. 2 und 5).

§ 109k Einziehung

[1]Ist eine Straftat nach den §§ 109d bis 109g begangen worden, so können

1. Gegenstände, die durch die Tat hervorgebracht oder zu ihrer Begehung oder Vorbereitung gebraucht worden oder bestimmt gewesen sind, und
2. Abbildungen, Beschreibungen und Aufnahmen, auf die sich eine Straftat nach § 109g bezieht,

eingezogen werden. [2]§ 74a ist anzuwenden. [3]Gegenstände der in Satz 1 Nr. 2 bezeichneten Art werden auch ohne die Voraussetzungen des § 74 Absatz 3 Satz 1 und des § 74b eingezogen, wenn das Interesse der Landesverteidigung es erfordert; dies gilt auch dann, wenn der Täter ohne Schuld gehandelt hat.

Sechster Abschnitt

Widerstand gegen die Staatsgewalt

§ 110 (weggefallen)

§ 111 Öffentliche Aufforderung zu Straftaten

(1) Wer öffentlich, in einer Versammlung oder durch Verbreiten eines Inhalts (§ 11 Absatz 3) zu einer rechtswidrigen Tat auffordert, wird wie ein Anstifter (§ 26) bestraft.

(2) [1]Bleibt die Aufforderung ohne Erfolg, so ist die Strafe Freiheitsstrafe bis zu fünf Jahren oder Geldstrafe. [2]Die Strafe darf nicht schwerer sein als die, die für den Fall angedroht ist, daß die Aufforderung Erfolg hat (Absatz 1); § 49 Abs. 1 Nr. 2 ist anzuwenden.

§ 112 (weggefallen)

§ 113 Widerstand gegen Vollstreckungsbeamte

(1) Wer einem Amtsträger oder Soldaten der Bundeswehr, der zur Vollstreckung von Gesetzen, Rechtsverordnungen, Urteilen, Gerichtsbeschlüssen oder Verfügungen berufen ist, bei der Vornahme einer solchen Diensthandlung mit Gewalt oder durch Drohung mit Gewalt Widerstand leistet, wird mit Freiheitsstrafe bis zu drei Jahren oder mit Geldstrafe bestraft.

(2) [1]In besonders schweren Fällen ist die Strafe Freiheitsstrafe von sechs Monaten bis zu fünf Jahren. [2]Ein besonders schwerer Fall liegt in der Regel vor, wenn

1. der Täter oder ein anderer Beteiligter eine Waffe oder ein anderes gefährliches Werkzeug bei sich führt,
2. der Täter durch eine Gewalttätigkeit den Angegriffenen in die Gefahr des Todes oder einer schweren Gesundheitsschädigung bringt oder
3. die Tat mit einem anderen Beteiligten gemeinschaftlich begangen wird.

(3) [1]Die Tat ist nicht nach dieser Vorschrift strafbar, wenn die Diensthandlung nicht rechtmäßig ist. [2]Dies gilt auch dann, wenn der Täter irrig annimmt, die Diensthandlung sei rechtmäßig.

(4) [1]Nimmt der Täter bei Begehung der Tat irrig an, die Diensthandlung sei nicht rechtmäßig, und konnte er den Irrtum vermeiden, so kann das Gericht die Strafe nach seinem Ermessen mildern (§ 49 Abs. 2) oder bei geringer Schuld von einer Bestrafung nach dieser Vorschrift absehen. [2]Konnte der Täter den Irrtum nicht vermeiden und war ihm nach den ihm bekannten Umständen auch nicht zuzumuten, sich mit Rechtsbehelfen gegen die vermeintlich rechtswidrige Diensthandlung zu wehren, so ist die Tat nicht nach dieser Vorschrift strafbar; war ihm dies zuzumuten, so kann das Gericht die Strafe nach seinem Ermessen mildern (§ 49 Abs. 2) oder von einer Bestrafung nach dieser Vorschrift absehen.

§ 114 Tätlicher Angriff auf Vollstreckungsbeamte

(1) Wer einen Amtsträger oder Soldaten der Bundeswehr, der zur Vollstreckung von Gesetzen, Rechtsverordnungen, Urteilen, Gerichtsbeschlüssen oder Verfügungen berufen ist, bei einer Diensthandlung tätlich angreift, wird mit Freiheitsstrafe von drei Monaten bis zu fünf Jahren bestraft.

(2) § 113 Absatz 2 gilt entsprechend.
(3) § 113 Absatz 3 und 4 gilt entsprechend, wenn die Diensthandlung eine Vollstreckungshandlung im Sinne des § 113 Absatz 1 ist.

§ 115 Widerstand gegen oder tätlicher Angriff auf Personen, die Vollstreckungsbeamten gleichstehen

(1) Zum Schutz von Personen, die die Rechte und Pflichten eines Polizeibeamten haben oder Ermittlungspersonen der Staatsanwaltschaft sind, ohne Amtsträger zu sein, gelten die §§ 113 und 114 entsprechend.
(2) Zum Schutz von Personen, die zur Unterstützung bei der Diensthandlung hinzugezogen sind, gelten die §§ 113 und 114 entsprechend.
(3) [1]Nach § 113 wird auch bestraft, wer bei Unglücksfällen, gemeiner Gefahr oder Not Hilfeleistende der Feuerwehr, des Katastrophenschutzes, eines Rettungsdienstes, eines ärztlichen Notdienstes oder einer Notaufnahme durch Gewalt oder durch Drohung mit Gewalt behindert. [2]Nach § 114 wird bestraft, wer die Hilfeleistenden in diesen Situationen tätlich angreift.

§§ 116 bis 119 (weggefallen)

§ 120 Gefangenenbefreiung

(1) Wer einen Gefangenen befreit, ihn zum Entweichen verleitet oder dabei fördert, wird mit Freiheitsstrafe bis zu drei Jahren oder mit Geldstrafe bestraft.
(2) Ist der Täter als Amtsträger oder als für den öffentlichen Dienst besonders Verpflichteter gehalten, das Entweichen des Gefangenen zu verhindern, so ist die Strafe Freiheitsstrafe bis zu fünf Jahren oder Geldstrafe.
(3) Der Versuch ist strafbar.
(4) Einem Gefangenen im Sinne der Absätze 1 und 2 steht gleich, wer sonst auf behördliche Anordnung in einer Anstalt verwahrt wird.

§ 121 Gefangenenmeuterei

(1) Gefangene, die sich zusammenrotten und mit vereinten Kräften
1. einen Anstaltsbeamten, einen anderen Amtsträger oder einen mit ihrer Beaufsichtigung, Betreuung oder Untersuchung Beauftragten nötigen (§ 240) oder tätlich angreifen,
2. gewaltsam ausbrechen oder
3. gewaltsam einem von ihnen oder einem anderen Gefangenen zum Ausbruch verhelfen,

werden mit Freiheitsstrafe von drei Monaten bis zu fünf Jahren bestraft.
(2) Der Versuch ist strafbar.
(3) [1]In besonders schweren Fällen wird die Meuterei mit Freiheitsstrafe von sechs Monaten bis zu zehn Jahren bestraft. [2]Ein besonders schwerer Fall liegt in der Regel vor, wenn der Täter oder ein anderer Beteiligter
1. eine Schußwaffe bei sich führt,
2. eine andere Waffe oder ein anderes gefährliches Werkzeug bei sich führt, um diese oder dieses bei der Tat zu verwenden, oder
3. durch eine Gewalttätigkeit einen anderen in die Gefahr des Todes oder einer schweren Gesundheitsschädigung bringt.

(4) Gefangener im Sinne der Absätze 1 bis 3 ist auch, wer in der Sicherungsverwahrung untergebracht ist.

§ 122 (weggefallen)

Siebenter Abschnitt

Straftaten gegen die öffentliche Ordnung

§ 123 Hausfriedensbruch

(1) Wer in die Wohnung, in die Geschäftsräume oder in das befriedete Besitztum eines anderen oder in abgeschlossene Räume, welche zum öffentlichen Dienst oder Verkehr bestimmt sind, widerrechtlich eindringt, oder wer, wenn er ohne Befugnis darin verweilt, auf die Aufforderung des Berechtigten sich nicht entfernt, wird mit Freiheitsstrafe bis zu einem Jahr oder mit Geldstrafe bestraft.
(2) Die Tat wird nur auf Antrag verfolgt.

§ 124 Schwerer Hausfriedensbruch

Wenn sich eine Menschenmenge öffentlich zusammenrottet und in der Absicht, Gewalttätigkeiten gegen Personen oder Sachen mit vereinten Kräften zu begehen, in die Wohnung, in die Geschäftsräume oder in das befriedete Besitztum eines anderen oder in abgeschlossene Räume, welche zum öffentlichen Dienst bestimmt sind, widerrechtlich eindringt, so wird jeder, welcher an diesen Handlungen teilnimmt, mit Freiheitsstrafe bis zu zwei Jahren oder mit Geldstrafe bestraft.

§ 125 Landfriedensbruch

(1) Wer sich an
1. Gewalttätigkeiten gegen Menschen oder Sachen oder
2. Bedrohungen von Menschen mit einer Gewalttätigkeit,

die aus einer Menschenmenge in einer die öffentliche Sicherheit gefährdenden Weise mit vereinten Kräften begangen werden, als Täter oder Teilnehmer beteiligt oder wer auf die Menschenmenge einwirkt, um ihre Bereitschaft zu solchen Handlungen zu fördern, wird mit Freiheitsstrafe bis zu drei Jahren oder mit Geldstrafe bestraft.

(2) [1]Soweit die in Absatz 1 Nr. 1, 2 bezeichneten Handlungen in § 113 mit Strafe bedroht sind, gilt § 113 Abs. 3, 4 sinngemäß. [2]Dies gilt auch in Fällen des § 114, wenn die Diensthandlung eine Vollstreckungshandlung im Sinne des § 113 Absatz 1 ist.

§ 125a Besonders schwerer Fall des Landfriedensbruchs

[1]In besonders schweren Fällen des § 125 Abs. 1 ist die Strafe Freiheitsstrafe von sechs Monaten bis zu zehn Jahren. [2]Ein besonders schwerer Fall liegt in der Regel vor, wenn der Täter
1. eine Schußwaffe bei sich führt,
2. eine andere Waffe oder ein anderes gefährliches Werkzeug bei sich führt,
3. durch eine Gewalttätigkeit einen anderen in die Gefahr des Todes oder einer schweren Gesundheitsschädigung bringt oder
4. plündert oder bedeutenden Schaden an fremden Sachen anrichtet.

§ 126 Störung des öffentlichen Friedens durch Androhung von Straftaten

(1) Wer in einer Weise, die geeignet ist, den öffentlichen Frieden zu stören,
1. einen der in § 125a Satz 2 Nr. 1 bis 4 bezeichneten Fälle des Landfriedensbruchs,
2. eine Straftat gegen die sexuelle Selbstbestimmung in den Fällen des § 177 Absatz 4 bis 8 oder des § 178,
3. einen Mord (§ 211), Totschlag (§ 212) oder Völkermord (§ 6 des Völkerstrafgesetzbuches) oder ein Verbrechen gegen die Menschlichkeit (§ 7 des Völkerstrafgesetzbuches) oder ein Kriegsverbrechen (§§ 8, 9, 10, 11 oder 12 des Völkerstrafgesetzbuches),
4. eine gefährliche Körperverletzung (§ 224) oder eine schwere Körperverletzung (§ 226),
5. eine Straftat gegen die persönliche Freiheit in den Fällen des § 232 Absatz 3 Satz 2, des § 232a Absatz 3, 4 oder 5, des § 232b Absatz 3 oder 4, des § 233a Absatz 3 oder 4, jeweils soweit es sich um Verbrechen handelt, der §§ 234 bis 234b, 239a oder 239b,
6. einen Raub oder eine räuberische Erpressung (§§ 249 bis 251 oder 255),
7. ein gemeingefährliches Verbrechen in den Fällen der §§ 306 bis 306c oder 307 Abs. 1 bis 3, des § 308 Abs. 1 bis 3, des § 309 Abs. 1 bis 4, der §§ 313, 314 oder 315 Abs. 3, des § 315b Abs. 3, des § 316a Abs. 1 oder 3, des § 316c Abs. 1 oder 3 oder des § 318 Abs. 3 oder 4 oder
8. ein gemeingefährliches Vergehen in den Fällen des § 309 Abs. 6, des § 311 Abs. 1, des § 316b Abs. 1, des § 317 Abs. 1 oder des § 318 Abs. 1

androht, wird mit Freiheitsstrafe bis zu drei Jahren oder mit Geldstrafe bestraft.

(2) Ebenso wird bestraft, wer in einer Weise, die geeignet ist, den öffentlichen Frieden zu stören, wider besseres Wissen vortäuscht, die Verwirklichung einer der in Absatz 1 genannten rechtswidrigen Taten stehe bevor.

§ 126a Gefährdendes Verbreiten personenbezogener Daten

(1) Wer öffentlich, in einer Versammlung oder durch Verbreiten eines Inhalts (§ 11 Absatz 3) personenbezogene Daten einer anderen Person in einer Art und Weise verbreitet, die geeignet und nach den Umständen bestimmt ist, diese Person oder eine ihr nahestehende Person der Gefahr
1. eines gegen sie gerichteten Verbrechens oder
2. einer gegen sie gerichteten sonstigen rechtswidrigen Tat gegen die sexuelle Selbstbestimmung, die körperliche Unversehrtheit, die persönliche Freiheit oder gegen eine Sache von bedeutendem Wert

auszusetzen, wird mit Freiheitsstrafe bis zu zwei Jahren oder mit Geldstrafe bestraft.

(2) Handelt es sich um nicht allgemein zugängliche Daten, so ist die Strafe Freiheitsstrafe bis zu drei Jahren oder Geldstrafe.

(3) § 86 Absatz 4 gilt entsprechend.

§ 127 Betreiben krimineller Handelsplattformen im Internet

(1) [1]Wer eine Handelsplattform im Internet betreibt, deren Zweck darauf ausgerichtet ist, die Begehung von rechtswidrigen Taten zu ermöglichen oder zu fördern, wird mit Freiheitsstrafe bis zu fünf Jahren oder mit Geldstrafe bestraft, wenn die Tat nicht in anderen Vorschriften mit schwererer Strafe bedroht ist. [2]Rechtswidrige Taten im Sinne des Satzes 1 sind

1. Verbrechen,
2. Vergehen nach
   a) den §§ 86, 86a, 91, 130, 147 und 148 Absatz 1 Nummer 3, den §§ 149, 152a und 176a Absatz 2, § 176b Absatz 2, § 180 Absatz 2, § 184b Absatz 1, § 184c Absatz 1, § 184l Absatz 1 und 3, den §§ 202a, 202b, 202c, 202d, 232 und 232a Absatz 1, 2, 5 und 6, nach § 232b Absatz 1, 2 und 4 in Verbindung mit § 232a Absatz 5, nach den §§ 233, 233a, 236, 259 und 260, nach § 261 Absatz 1 und 2 unter den in § 261 Absatz 5 Satz 2 genannten Voraussetzungen sowie nach den §§ 263, 263a, 267, 269, 275, 276, 303a und 303b,
   b) § 4 Absatz 1 bis 3 des Anti-Doping-Gesetzes,
   c) § 29 Absatz 1 Satz 1 Nummer 1, auch in Verbindung mit Absatz 6, sowie Absatz 2 und 3 des Betäubungsmittelgesetzes,
   d) § 19 Absatz 1 bis 3 des Grundstoffüberwachungsgesetzes,
   e) § 4 Absatz 1 und 2 des Neue-psychoaktive-Stoffe-Gesetzes,
   f) § 95 Absatz 1 bis 3 des Arzneimittelgesetzes,
   g) § 52 Absatz 1 Nummer 1 und 2 Buchstabe b und c, Absatz 2 und 3 Nummer 1 und 7 sowie Absatz 5 und 6 des Waffengesetzes,
   h) § 40 Absatz 1 bis 3 des Sprengstoffgesetzes,
   i) § 13 des Ausgangsstoffgesetzes,
   j) § 83 Absatz 1 Nummer 4 und 5 sowie Absatz 4 des Kulturgutschutzgesetzes,
   k) den §§ 143, 143a und 144 des Markengesetzes sowie
   l) den §§ 51 und 65 des Designgesetzes.

(2) Handelsplattform im Internet im Sinne dieser Vorschrift ist jede virtuelle Infrastruktur im frei zugänglichen wie im durch technische Vorkehrungen zugangsbeschränkten Bereich des Internets, die Gelegenheit bietet, Menschen, Waren, Dienstleistungen oder Inhalte (§ 11 Absatz 3) anzubieten oder auszutauschen.

(3) Mit Freiheitsstrafe von sechs Monaten bis zu zehn Jahren wird bestraft, wer im Fall des Absatzes 1 gewerbsmäßig oder als Mitglied einer Bande handelt, die sich zur fortgesetzten Begehung solcher Taten verbunden hat.

(4) Mit Freiheitsstrafe von einem Jahr bis zu zehn Jahren wird bestraft, wer bei der Begehung einer Tat nach Absatz 1 beabsichtigt oder weiß, dass die Handelsplattform im Internet den Zweck hat, Verbrechen zu ermöglichen oder zu fördern.

§ 128 Bildung bewaffneter Gruppen

Wer unbefugt eine Gruppe, die über Waffen oder andere gefährliche Werkzeuge verfügt, bildet oder befehligt oder wer sich einer solchen Gruppe anschließt, sie mit Waffen oder Geld versorgt oder sonst unterstützt, wird mit Freiheitsstrafe bis zu zwei Jahren oder mit Geldstrafe bestraft.

§ 129 Bildung krimineller Vereinigungen

(1) [1]Mit Freiheitsstrafe bis zu fünf Jahren oder mit Geldstrafe wird bestraft, wer eine Vereinigung gründet oder sich an einer Vereinigung als Mitglied beteiligt, deren Zweck oder Tätigkeit auf die Begehung von Straftaten gerichtet ist, die im Höchstmaß mit Freiheitsstrafe von mindestens zwei Jahren bedroht sind. [2]Mit Freiheitsstrafe bis zu drei Jahren oder mit Geldstrafe wird bestraft, wer eine solche Vereinigung unterstützt oder für sie um Mitglieder oder Unterstützer wirbt.

(2) Eine Vereinigung ist ein auf längere Dauer angelegter, von einer Festlegung von Rollen der Mitglieder, der Kontinuität der Mitgliedschaft und der Ausprägung der Struktur unabhängiger organisierter Zusammenschluss von mehr als zwei Personen zur Verfolgung eines übergeordneten gemeinsamen Interesses.

(3) Absatz 1 ist nicht anzuwenden,

1. wenn die Vereinigung eine politische Partei ist, die das Bundesverfassungsgericht nicht für verfassungswidrig erklärt hat,
2. wenn die Begehung von Straftaten nur ein Zweck oder eine Tätigkeit von untergeordneter Bedeutung ist oder
3. soweit die Zwecke oder die Tätigkeit der Vereinigung Straftaten nach den §§ 84 bis 87 betreffen.

(4) Der Versuch, eine in Absatz 1 Satz 1 und Absatz 2 bezeichnete Vereinigung zu gründen, ist strafbar.

(5) [1]In besonders schweren Fällen des Absatzes 1 Satz 1 ist auf Freiheitsstrafe von sechs Monaten bis zu fünf Jahren zu erkennen. [2]Ein besonders schwerer Fall liegt in der Regel vor, wenn der Täter zu den Rädelsführern oder Hintermännern der Vereinigung gehört. [3]In den Fällen des Absatzes 1 Satz 1 ist auf Freiheitsstrafe von sechs Monaten bis zu zehn Jahren zu erkennen, wenn der Zweck oder die Tätigkeit der Vereinigung darauf gerichtet ist, in § 100b Absatz 2 Nummer 1 Buchstabe a, c, d, e und g bis n[1)], Nummer 2 bis 8 und 10 der Strafprozessordnung genannte Straftaten mit Ausnahme der in § 100b Absatz 2 Nummer 1 Buchstabe h der Strafprozessordnung genannten Straftaten nach den §§ 239a und 239b des Strafgesetzbuches zu begehen.

(6) Das Gericht kann bei Beteiligten, deren Schuld gering und deren Mitwirkung von untergeordneter Bedeutung ist, von einer Bestrafung nach den Absätzen 1 und 4 absehen.

(7) Das Gericht kann die Strafe nach seinem Ermessen mildern (§ 49 Abs. 2) oder von einer Bestrafung nach diesen Vorschriften absehen, wenn der Täter

1. sich freiwillig und ernsthaft bemüht, das Fortbestehen der Vereinigung oder die Begehung einer ihren Zielen entsprechenden Straftat zu verhindern, oder
2. freiwillig sein Wissen so rechtzeitig einer Dienststelle offenbart, daß Straftaten, deren Planung er kennt, noch verhindert werden können;

erreicht der Täter sein Ziel, das Fortbestehen der Vereinigung zu verhindern, oder wird es ohne sein Bemühen erreicht, so wird er nicht bestraft.

§ 129a Bildung terroristischer Vereinigungen

(1) Wer eine Vereinigung (§ 129 Absatz 2) gründet, deren Zwecke oder deren Tätigkeit darauf gerichtet sind,

1. Mord (§ 211) oder Totschlag (§ 212) oder Völkermord (§ 6 des Völkerstrafgesetzbuches) oder Verbrechen gegen die Menschlichkeit (§ 7 des Völkerstrafgesetzbuches) oder Kriegsverbrechen (§§ 8, 9, 10, 11 oder § 12 des Völkerstrafgesetzbuches) oder
2. Straftaten gegen die persönliche Freiheit in den Fällen des § 239a oder des § 239b

zu begehen, oder wer sich an einer solchen Vereinigung als Mitglied beteiligt, wird mit Freiheitsstrafe von einem Jahr bis zu zehn Jahren bestraft.

(2) Ebenso wird bestraft, wer eine Vereinigung gründet, deren Zwecke oder deren Tätigkeit darauf gerichtet sind,

1. einem anderen Menschen schwere körperliche oder seelische Schäden, insbesondere der in § 226 bezeichneten Art, zuzufügen,
2. Straftaten nach den §§ 303b, 305, 305a oder gemeingefährliche Straftaten in den Fällen der §§ 306 bis 306c oder 307 Abs. 1 bis 3, des § 308 Abs. 1 bis 4, des § 309 Abs. 1 bis 5, der §§ 313, 314 oder 315 Abs. 1, 3 oder 4, des § 316b Abs. 1 oder 3 oder des § 316c Abs. 1 bis 3 oder des § 317 Abs. 1,
3. Straftaten gegen die Umwelt in den Fällen des § 330a Abs. 1 bis 3,
4. Straftaten nach § 19 Abs. 1 bis 3, § 20 Abs. 1 oder 2, § 20a Abs. 1 bis 3, § 19 Abs. 2 Nr. 2 oder Abs. 3 Nr. 2, § 20 Abs. 1 oder 2 oder § 20a Abs. 1 bis 3, jeweils auch in Verbindung mit § 21, oder nach § 22a Abs. 1 bis 3 des Gesetzes über die Kontrolle von Kriegswaffen oder
5. Straftaten nach § 51 Abs. 1 bis 3 des Waffengesetzes

zu begehen, oder wer sich an einer solchen Vereinigung als Mitglied beteiligt, wenn eine der in den Nummern 1 bis 5 bezeichneten Taten bestimmt ist, die Bevölkerung auf erhebliche Weise einzuschüchtern, eine Behörde oder eine internationale Organisation rechtswidrig mit Gewalt oder durch Drohung mit Gewalt zu nötigen oder die politischen, verfassungsrechtlichen, wirtschaftlichen oder sozialen Grundstrukturen eines Staates oder einer internationalen Organisation zu beseitigen oder erheblich zu beeinträchtigen, und durch die Art ihrer Begehung oder ihre Auswirkungen einen Staat oder eine internationale Organisation erheblich schädigen kann.

(3) Sind die Zwecke oder die Tätigkeit der Vereinigung darauf gerichtet, eine der in Absatz 1 und 2 bezeichneten Straftaten anzudrohen, ist auf Freiheitsstrafe von sechs Monaten bis zu fünf Jahren zu erkennen.

(4) Gehört der Täter zu den Rädelsführern oder Hintermännern, so ist in den Fällen der Absätze 1 und 2 auf Freiheitsstrafe nicht unter drei Jahren, in den Fällen des Absatzes 3 auf Freiheitsstrafe von einem Jahr bis zu zehn Jahren zu erkennen.

(5) [1]Wer eine in Absatz 1, 2 oder Absatz 3 bezeichnete Vereinigung unterstützt, wird in den Fällen der Absätze 1 und 2 mit Freiheitsstrafe von sechs Monaten bis zu zehn Jahren, in den Fällen des Absatzes 3

---

1) Folgende Änderungsanweisung im G v. 12.8.2021 (BGBl. I S. 3544) ist mangels Textübereinstimmung („g bis m" statt „g bis n") nicht ausführbar: „In § 129 Absatz 5 Satz 3 werden die Wörter „§ 100b Absatz 2 Nummer 1 Buchstabe a, c, d, e und g bis m" durch die Wörter „§ 100b Absatz 2 Nummer 1 Buchstabe a, b, d bis f und h bis o" [...] ersetzt."

mit Freiheitsstrafe bis zu fünf Jahren oder mit Geldstrafe bestraft. [2]Wer für eine in Absatz 1 oder Absatz 2 bezeichnete Vereinigung um Mitglieder oder Unterstützer wirbt, wird mit Freiheitsstrafe von sechs Monaten bis zu fünf Jahren bestraft.

(6) Das Gericht kann bei Beteiligten, deren Schuld gering und deren Mitwirkung von untergeordneter Bedeutung ist, in den Fällen der Absätze 1, 2, 3 und 5 die Strafe nach seinem Ermessen (§ 49 Abs. 2) mildern.

(7) § 129 Absatz 7 gilt entsprechend.

(8) Neben einer Freiheitsstrafe von mindestens sechs Monaten kann das Gericht die Fähigkeit, öffentliche Ämter zu bekleiden, und die Fähigkeit, Rechte aus öffentlichen Wahlen zu erlangen, aberkennen (§ 45 Abs. 2).

(9) In den Fällen der Absätze 1, 2, 4 und 5 kann das Gericht Führungsaufsicht anordnen (§ 68 Abs. 1).

§ 129b Kriminelle und terroristische Vereinigungen im Ausland; Einziehung

(1) [1]Die §§ 129 und 129a gelten auch für Vereinigungen im Ausland. [2]Bezieht sich die Tat auf eine Vereinigung außerhalb der Mitgliedstaaten der Europäischen Union, so gilt dies nur, wenn sie durch eine im räumlichen Geltungsbereich dieses Gesetzes ausgeübte Tätigkeit begangen wird oder wenn der Täter oder das Opfer Deutscher ist oder sich im Inland befindet. [3]In den Fällen des Satzes 2 wird die Tat nur mit Ermächtigung des Bundesministeriums der Justiz und für Verbraucherschutz verfolgt. [4]Die Ermächtigung kann für den Einzelfall oder allgemein auch für die Verfolgung künftiger Taten erteilt werden, die sich auf eine bestimmte Vereinigung beziehen. [5]Bei der Entscheidung über die Ermächtigung zieht das Ministerium in Betracht, ob die Bestrebungen der Vereinigung gegen die Grundwerte einer die Würde des Menschen achtenden staatlichen Ordnung oder gegen das friedliche Zusammenleben der Völker gerichtet sind und bei Abwägung aller Umstände als verwerflich erscheinen.

(2) In den Fällen der §§ 129 und 129a, jeweils auch in Verbindung mit Absatz 1, ist § 74a anzuwenden.

§ 130 Volksverhetzung

(1) Wer in einer Weise, die geeignet ist, den öffentlichen Frieden zu stören,

1. gegen eine nationale, rassische, religiöse oder durch ihre ethnische Herkunft bestimmte Gruppe, gegen Teile der Bevölkerung oder gegen einen Einzelnen wegen dessen Zugehörigkeit zu einer vorbezeichneten Gruppe oder zu einem Teil der Bevölkerung zum Hass aufstachelt, zu Gewalt- oder Willkürmaßnahmen auffordert oder
2. die Menschenwürde anderer dadurch angreift, dass er eine vorbezeichnete Gruppe, Teile der Bevölkerung oder einen Einzelnen wegen dessen Zugehörigkeit zu einer vorbezeichneten Gruppe oder zu einem Teil der Bevölkerung beschimpft, böswillig verächtlich macht oder verleumdet,

wird mit Freiheitsstrafe von drei Monaten bis zu fünf Jahren bestraft.

(2) Mit Freiheitsstrafe bis zu drei Jahren oder mit Geldstrafe wird bestraft, wer

1. einen Inhalt (§ 11 Absatz 3) verbreitet oder der Öffentlichkeit zugänglich macht oder einer Person unter achtzehn Jahren einen Inhalt (§ 11 Absatz 3) anbietet, überlässt oder zugänglich macht, der
   a) zum Hass gegen eine in Absatz 1 Nummer 1 bezeichnete Gruppe, gegen Teile der Bevölkerung oder gegen einen Einzelnen wegen dessen Zugehörigkeit zu einer in Absatz 1 Nummer 1 bezeichneten Gruppe oder zu einem Teil der Bevölkerung aufstachelt,
   b) zu Gewalt- oder Willkürmaßnahmen gegen in Buchstabe a genannte Personen oder Personenmehrheiten auffordert oder
   c) die Menschenwürde von in Buchstabe a genannten Personen oder Personenmehrheiten dadurch angreift, dass diese beschimpft, böswillig verächtlich gemacht oder verleumdet werden oder
2. einen in Nummer 1 Buchstabe a bis c bezeichneten Inhalt (§ 11 Absatz 3) herstellt, bezieht, liefert, vorrätig hält, anbietet, bewirbt oder es unternimmt, diesen ein- oder auszuführen, um ihn im Sinne der Nummer 1 zu verwenden oder einer anderen Person eine solche Verwendung zu ermöglichen.

(3) Mit Freiheitsstrafe bis zu fünf Jahren oder mit Geldstrafe wird bestraft, wer eine unter der Herrschaft des Nationalsozialismus begangene Handlung der in § 6 Abs. 1 des Völkerstrafgesetzbuches bezeichneten Art in einer Weise, die geeignet ist, den öffentlichen Frieden zu stören, öffentlich oder in einer Versammlung billigt, leugnet oder verharmlost.

(4) Mit Freiheitsstrafe bis zu drei Jahren oder mit Geldstrafe wird bestraft, wer öffentlich oder in einer Versammlung den öffentlichen Frieden in einer die Würde der Opfer verletzenden Weise dadurch stört, dass er die nationalsozialistische Gewalt- und Willkürherrschaft billigt, verherrlicht oder rechtfertigt.

(5) Mit Freiheitsstrafe bis zu drei Jahren oder mit Geldstrafe wird bestraft, wer eine Handlung der in den §§ 6 bis 12 des Völkerstrafgesetzbuches bezeichneten Art gegen eine der in Absatz 1 Nummer 1 bezeichneten Personenmehrheiten oder gegen einen Einzelnen wegen dessen Zugehörigkeit zu einer dieser Personenmehrheiten öffentlich oder in einer Versammlung in einer Weise billigt, leugnet oder gröblich ver-

harmlost, die geeignet ist, zu Hass oder Gewalt gegen eine solche Person oder Personenmehrheit aufzustacheln und den öffentlichen Frieden zu stören.

(6) Absatz 2 gilt auch für einen in den Absätzen 3 bis 5 bezeichneten Inhalt (§ 11 Absatz 3).

(7) In den Fällen des Absatzes 2 Nummer 1, auch in Verbindung mit Absatz 6, ist der Versuch strafbar.

(8) In den Fällen des Absatzes 2, auch in Verbindung mit den Absätzen 6 und 7, sowie in den Fällen der Absätze 3 bis 5 gilt § 86 Absatz 4 entsprechend.

§ 130a Anleitung zu Straftaten

(1) Wer einen Inhalt (§ 11 Absatz 3), der geeignet ist, als Anleitung zu einer in § 126 Abs. 1 genannten rechtswidrigen Tat zu dienen, und dazu bestimmt ist, die Bereitschaft anderer zu fördern oder zu wecken, eine solche Tat zu begehen, verbreitet oder der Öffentlichkeit zugänglich macht, wird mit Freiheitsstrafe bis zu drei Jahren oder mit Geldstrafe bestraft.

(2) Ebenso wird bestraft, wer

1. einen Inhalt (§ 11 Absatz 3), der geeignet ist, als Anleitung zu einer in § 126 Abs. 1 genannten rechtswidrigen Tat zu dienen, verbreitet oder der Öffentlichkeit zugänglich macht oder
2. öffentlich oder in einer Versammlung zu einer in § 126 Abs. 1 genannten rechtswidrigen Tat eine Anleitung gibt,

um die Bereitschaft anderer zu fördern oder zu wecken, eine solche Tat zu begehen.

(3) § 86 Absatz 4 gilt entsprechend.

§ 131 Gewaltdarstellung

(1) [1]Mit Freiheitsstrafe bis zu einem Jahr oder mit Geldstrafe wird bestraft, wer

1. einen Inhalt (§ 11 Absatz 3), der grausame oder sonst unmenschliche Gewalttätigkeiten gegen Menschen oder menschenähnliche Wesen in einer Art schildert, die eine Verherrlichung oder Verharmlosung solcher Gewalttätigkeiten ausdrückt oder die das Grausame oder Unmenschliche des Vorgangs in einer die Menschenwürde verletzenden Weise darstellt,
   a) verbreitet oder der Öffentlichkeit zugänglich macht,
   b) einer Person unter achtzehn Jahren anbietet, überlässt oder zugänglich macht oder
2. einen in Nummer 1 bezeichneten Inhalt (§ 11 Absatz 3) herstellt, bezieht, liefert, vorrätig hält, anbietet, bewirbt oder es unternimmt, diesen ein- oder auszuführen, um ihn im Sinne der Nummer 1 zu verwenden oder einer anderen Person eine solche Verwendung zu ermöglichen.

[2]In den Fällen des Satzes 1 Nummer 1 ist der Versuch strafbar.

(2) Absatz 1 gilt nicht, wenn die Handlung der Berichterstattung über Vorgänge des Zeitgeschehens oder der Geschichte dient.

(3) Absatz 1 Satz 1 Nummer 1 Buchstabe b ist nicht anzuwenden, wenn der zur Sorge für die Person Berechtigte handelt; dies gilt nicht, wenn der Sorgeberechtigte durch das Anbieten, Überlassen oder Zugänglichmachen seine Erziehungspflicht gröblich verletzt.

§ 132 Amtsanmaßung

Wer unbefugt sich mit der Ausübung eines öffentlichen Amtes befaßt oder eine Handlung vornimmt, welche nur kraft eines öffentlichen Amtes vorgenommen werden darf, wird mit Freiheitsstrafe bis zu zwei Jahren oder mit Geldstrafe bestraft.

§ 132a Mißbrauch von Titeln, Berufsbezeichnungen und Abzeichen

(1) Wer unbefugt

1. inländische oder ausländische Amts- oder Dienstbezeichnungen, akademische Grade, Titel oder öffentliche Würden führt,
2. die Berufsbezeichnung Arzt, Zahnarzt, Psychologischer Psychotherapeut, Kinder- und Jugendlichenpsychotherapeut, Psychotherapeut, Tierarzt, Apotheker, Rechtsanwalt, Patentanwalt, Wirtschaftsprüfer, vereidigter Buchprüfer, Steuerberater oder Steuerbevollmächtigter führt,
3. die Bezeichnung öffentlich bestellter Sachverständiger führt oder
4. inländische oder ausländische Uniformen, Amtskleidungen oder Amtsabzeichen trägt,

wird mit Freiheitsstrafe bis zu einem Jahr oder mit Geldstrafe bestraft.

(2) Den in Absatz 1 genannten Bezeichnungen, akademischen Graden, Titeln, Würden, Uniformen, Amtskleidungen oder Amtsabzeichen stehen solche gleich, die ihnen zum Verwechseln ähnlich sind.

(3) Die Absätze 1 und 2 gelten auch für Amtsbezeichnungen, Titel, Würden, Amtskleidungen und Amtsabzeichen der Kirchen und anderen Religionsgesellschaften des öffentlichen Rechts.

(4) Gegenstände, auf die sich eine Straftat nach Absatz 1 Nr. 4, allein oder in Verbindung mit Absatz 2 oder 3, bezieht, können eingezogen werden.

§ 133 Verwahrungsbruch

(1) Wer Schriftstücke oder andere bewegliche Sachen, die sich in dienstlicher Verwahrung befinden oder ihm oder einem anderen dienstlich in Verwahrung gegeben worden sind, zerstört, beschädigt, unbrauchbar macht oder der dienstlichen Verfügung entzieht, wird mit Freiheitsstrafe bis zu zwei Jahren oder mit Geldstrafe bestraft.

(2) Dasselbe gilt für Schriftstücke oder andere bewegliche Sachen, die sich in amtlicher Verwahrung einer Kirche oder anderen Religionsgesellschaft des öffentlichen Rechts befinden oder von dieser dem Täter oder einem anderen amtlich in Verwahrung gegeben worden sind.

(3) Wer die Tat an einer Sache begeht, die ihm als Amtsträger oder für den öffentlichen Dienst besonders Verpflichteten anvertraut worden oder zugänglich geworden ist, wird mit Freiheitsstrafe bis zu fünf Jahren oder mit Geldstrafe bestraft.

§ 134 Verletzung amtlicher Bekanntmachungen

Wer wissentlich ein dienstliches Schriftstück, das zur Bekanntmachung öffentlich angeschlagen oder ausgelegt ist, zerstört, beseitigt, verunstaltet, unkenntlich macht oder in seinem Sinn entstellt, wird mit Freiheitsstrafe bis zu einem Jahr oder mit Geldstrafe bestraft.

§ 135 (weggefallen)

§ 136 Verstrickungsbruch; Siegelbruch

(1) Wer eine Sache, die gepfändet oder sonst dienstlich in Beschlag genommen ist, zerstört, beschädigt, unbrauchbar macht oder in anderer Weise ganz oder zum Teil der Verstrickung entzieht, wird mit Freiheitsstrafe bis zu einem Jahr oder mit Geldstrafe bestraft.

(2) Ebenso wird bestraft, wer ein dienstliches Siegel beschädigt, ablöst oder unkenntlich macht, das angelegt ist, um Sachen in Beschlag zu nehmen, dienstlich zu verschließen oder zu bezeichnen, oder wer den durch ein solches Siegel bewirkten Verschluß ganz oder zum Teil unwirksam macht.

(3) [1]Die Tat ist nicht nach den Absätzen 1 und 2 strafbar, wenn die Pfändung, die Beschlagnahme oder die Anlegung des Siegels nicht durch eine rechtmäßige Diensthandlung vorgenommen ist. [2]Dies gilt auch dann, wenn der Täter irrig annimmt, die Diensthandlung sei rechtmäßig.

(4) § 113 Abs. 4 gilt sinngemäß.

§ 137 (weggefallen)

§ 138 Nichtanzeige geplanter Straftaten

(1) Wer von dem Vorhaben oder der Ausführung
1. *[aufgehoben]*
2. eines Hochverrats in den Fällen der §§ 81 bis 83 Abs. 1,
3. eines Landesverrats oder einer Gefährdung der äußeren Sicherheit in den Fällen der §§ 94 bis 96, 97a oder 100,
4. einer Geld- oder Wertpapierfälschung in den Fällen der §§ 146, 151, 152 oder einer Fälschung von Zahlungskarten mit Garantiefunktion in den Fällen des § 152b Abs. 1 bis 3,
5. eines Mordes (§ 211) oder Totschlags (§ 212) oder eines Völkermordes (§ 6 des Völkerstrafgesetzbuches) oder eines Verbrechens gegen die Menschlichkeit (§ 7 des Völkerstrafgesetzbuches) oder eines Kriegsverbrechens (§§ 8, 9, 10, 11 oder 12 des Völkerstrafgesetzbuches) oder eines Verbrechens der Aggression (§ 13 des Völkerstrafgesetzbuches),
6. einer Straftat gegen die persönliche Freiheit in den Fällen des § 232 Absatz 3 Satz 2, des § 232a Absatz 3, 4 oder 5, des § 232b Absatz 3 oder 4, des § 233a Absatz 3 oder 4, jeweils soweit es sich um Verbrechen handelt, der §§ 234 bis 234b, 239a oder 239b,
7. eines Raubes oder einer räuberischen Erpressung (§§ 249 bis 251 oder 255) oder
8. einer gemeingefährlichen Straftat in den Fällen der §§ 306 bis 306c oder 307 Abs. 1 bis 3, des § 308 Abs. 1 bis 4, des § 309 Abs. 1 bis 5, der §§ 310, 313, 314 oder 315 Abs. 3, des § 315b Abs. 3 oder der §§ 316a oder 316c

zu einer Zeit, zu der die Ausführung oder der Erfolg noch abgewendet werden kann, glaubhaft erfährt und es unterläßt, der Behörde oder dem Bedrohten rechtzeitig Anzeige zu machen, wird mit Freiheitsstrafe bis zu fünf Jahren oder mit Geldstrafe bestraft.

(2) [1]Ebenso wird bestraft, wer
1. von der Ausführung einer Straftat nach § 89a oder
2. von dem Vorhaben oder der Ausführung einer Straftat nach § 129a, auch in Verbindung mit § 129b Abs. 1 Satz 1 und 2,

zu einer Zeit, zu der die Ausführung noch abgewendet werden kann, glaubhaft erfährt und es unterlässt, der Behörde unverzüglich Anzeige zu erstatten. [2]§ 129b Abs. 1 Satz 3 bis 5 gilt im Fall der Nummer 2 entsprechend.

(3) Wer die Anzeige leichtfertig unterläßt, obwohl er von dem Vorhaben oder der Ausführung der rechtswidrigen Tat glaubhaft erfahren hat, wird mit Freiheitsstrafe bis zu einem Jahr oder mit Geldstrafe bestraft.

§ 139 Straflosigkeit der Nichtanzeige geplanter Straftaten

(1) Ist in den Fällen des § 138 die Tat nicht versucht worden, so kann von Strafe abgesehen werden.

(2) Ein Geistlicher ist nicht verpflichtet anzuzeigen, was ihm in seiner Eigenschaft als Seelsorger anvertraut worden ist.

(3) [1]Wer eine Anzeige unterläßt, die er gegen einen Angehörigen erstatten müßte, ist straffrei, wenn er sich ernsthaft bemüht hat, ihn von der Tat abzuhalten oder den Erfolg abzuwenden, es sei denn, daß es sich um

1. einen Mord oder Totschlag (§§ 211 oder 212),
2. einen Völkermord in den Fällen des § 6 Abs. 1 Nr. 1 des Völkerstrafgesetzbuches oder ein Verbrechen gegen die Menschlichkeit in den Fällen des § 7 Abs. 1 Nr. 1 des Völkerstrafgesetzbuches oder ein Kriegsverbrechen in den Fällen des § 8 Abs. 1 Nr. 1 des Völkerstrafgesetzbuches oder
3. einen erpresserischen Menschenraub (§ 239a Abs. 1), eine Geiselnahme (§ 239b Abs. 1) oder einen Angriff auf den Luft- und Seeverkehr (§ 316c Abs. 1) durch eine terroristische Vereinigung (§ 129a, auch in Verbindung mit § 129b Abs. 1)

handelt. [2]Unter denselben Voraussetzungen ist ein Rechtsanwalt, Verteidiger, Arzt, Psychotherapeut, Psychologischer Psychotherapeut oder Kinder- und Jugendlichenpsychotherapeut nicht verpflichtet anzuzeigen, was ihm in dieser Eigenschaft anvertraut worden ist. [3]Die berufsmäßigen Gehilfen der in Satz 2 genannten Personen und die Personen, die bei diesen zur Vorbereitung auf den Beruf tätig sind, sind nicht verpflichtet mitzuteilen, was ihnen in ihrer beruflichen Eigenschaft bekannt geworden ist.

(4) [1]Straffrei ist, wer die Ausführung oder den Erfolg der Tat anders als durch Anzeige abwendet. [2]Unterbleibt die Ausführung oder der Erfolg der Tat ohne Zutun des zur Anzeige Verpflichteten, so genügt zu seiner Straflosigkeit sein ernsthaftes Bemühen, den Erfolg abzuwenden.

§ 140 Belohnung und Billigung von Straftaten

Wer eine der in § 138 Absatz 1 Nummer 2 bis 4 und 5 letzte Alternative oder in § 126 Absatz 1 genannten rechtswidrigen Taten oder eine rechtswidrige Tat nach § 176 Absatz 1 oder nach den §§ 176c und 176d

1. belohnt, nachdem sie begangen oder in strafbarer Weise versucht worden ist, oder
2. in einer Weise, die geeignet ist, den öffentlichen Frieden zu stören, öffentlich, in einer Versammlung oder durch Verbreiten eines Inhalts (§ 11 Absatz 3) billigt,

wird mit Freiheitsstrafe bis zu drei Jahren oder mit Geldstrafe bestraft.

§ 141 (weggefallen)

§ 142 Unerlaubtes Entfernen vom Unfallort

(1) Ein Unfallbeteiligter, der sich nach einem Unfall im Straßenverkehr vom Unfallort entfernt, bevor er

1. zugunsten der anderen Unfallbeteiligten und der Geschädigten die Feststellung seiner Person, seines Fahrzeugs und der Art seiner Beteiligung durch seine Anwesenheit und durch die Angabe, daß er an dem Unfall beteiligt ist, ermöglicht hat oder
2. eine nach den Umständen angemessene Zeit gewartet hat, ohne daß jemand bereit war, die Feststellungen zu treffen,

wird mit Freiheitsstrafe bis zu drei Jahren oder mit Geldstrafe bestraft.

(2) Nach Absatz 1 wird auch ein Unfallbeteiligter bestraft, der sich

1. nach Ablauf der Wartefrist (Absatz 1 Nr. 2) oder
2. berechtigt oder entschuldigt

vom Unfallort entfernt hat und die Feststellungen nicht unverzüglich nachträglich ermöglicht.

(3) [1]Der Verpflichtung, die Feststellungen nachträglich zu ermöglichen, genügt der Unfallbeteiligte, wenn er den Berechtigten (Absatz 1 Nr. 1) oder einer nahe gelegenen Polizeidienststelle mitteilt, daß er an dem Unfall beteiligt gewesen ist, und wenn er seine Anschrift, seinen Aufenthalt sowie das Kennzeichen und den Standort seines Fahrzeugs angibt und dieses zu unverzüglichen Feststellungen für eine ihm zumutbare Zeit zur Verfügung hält. [2]Dies gilt nicht, wenn er durch sein Verhalten die Feststellungen absichtlich vereitelt.

(4) Das Gericht mildert in den Fällen der Absätze 1 und 2 die Strafe (§ 49 Abs. 1) oder kann von Strafe nach diesen Vorschriften absehen, wenn der Unfallbeteiligte innerhalb von vierundzwanzig Stunden nach

einem Unfall außerhalb des fließenden Verkehrs, der ausschließlich nicht bedeutenden Sachschaden zur Folge hat, freiwillig die Feststellungen nachträglich ermöglicht (Absatz 3).
(5) Unfallbeteiligter ist jeder, dessen Verhalten nach den Umständen zur Verursachung des Unfalls beigetragen haben kann.

§ 143 *[aufgehoben]*

§ 144 (weggefallen)

§ 145 Mißbrauch von Notrufen und Beeinträchtigung von Unfallverhütungs- und Nothilfemitteln

(1) Wer absichtlich oder wissentlich
1. Notrufe oder Notzeichen mißbraucht oder
2. vortäuscht, daß wegen eines Unglücksfalles oder wegen gemeiner Gefahr oder Not die Hilfe anderer erforderlich sei,

wird mit Freiheitsstrafe bis zu einem Jahr oder mit Geldstrafe bestraft.
(2) Wer absichtlich oder wissentlich
1. die zur Verhütung von Unglücksfällen oder gemeiner Gefahr dienenden Warn- oder Verbotszeichen beseitigt, unkenntlich macht oder in ihrem Sinn entstellt oder
2. die zur Verhütung von Unglücksfällen oder gemeiner Gefahr dienenden Schutzvorrichtungen oder die zur Hilfeleistung bei Unglücksfällen oder gemeiner Gefahr bestimmten Rettungsgeräte oder anderen Sachen beseitigt, verändert oder unbrauchbar macht,

wird mit Freiheitsstrafe bis zu zwei Jahren oder mit Geldstrafe bestraft, wenn die Tat nicht in § 303 oder § 304 mit Strafe bedroht ist.

§ 145a Verstoß gegen Weisungen während der Führungsaufsicht

[1]Wer während der Führungsaufsicht gegen eine bestimmte Weisung der in § 68b Abs. 1 bezeichneten Art verstößt und dadurch den Zweck der Maßregel gefährdet, wird mit Freiheitsstrafe bis zu drei Jahren oder mit Geldstrafe bestraft. [2]Die Tat wird nur auf Antrag der Aufsichtsstelle (§ 68a) verfolgt.

§ 145b (weggefallen)

§ 145c Verstoß gegen das Berufsverbot

Wer einen Beruf, einen Berufszweig, ein Gewerbe oder einen Gewerbezweig für sich oder einen anderen ausübt oder durch einen anderen für sich ausüben läßt, obwohl dies ihm oder dem anderen strafgerichtlich untersagt ist, wird mit Freiheitsstrafe bis zu einem Jahr oder mit Geldstrafe bestraft.

§ 145d Vortäuschen einer Straftat

(1) Wer wider besseres Wissen einer Behörde oder einer zur Entgegennahme von Anzeigen zuständigen Stelle vortäuscht,
1. daß eine rechtswidrige Tat begangen worden sei oder
2. daß die Verwirklichung einer der in § 126 Abs. 1 genannten rechtswidrigen Taten bevorstehe,

wird mit Freiheitsstrafe bis zu drei Jahren oder mit Geldstrafe bestraft, wenn die Tat nicht in § 164, § 258 oder § 258a mit Strafe bedroht ist.
(2) Ebenso wird bestraft, wer wider besseres Wissen eine der in Absatz 1 bezeichneten Stellen über den Beteiligten
1. an einer rechtswidrigen Tat oder
2. an einer bevorstehenden, in § 126 Abs. 1 genannten rechtswidrigen Tat

zu täuschen sucht.
(3) Mit Freiheitsstrafe von drei Monaten bis zu fünf Jahren wird bestraft, wer
1. eine Tat nach Absatz 1 Nr. 1 oder Absatz 2 Nr. 1 begeht oder
2. wider besseres Wissen einer der in Absatz 1 bezeichneten Stellen vortäuscht, dass die Verwirklichung einer der in § 46b Abs. 1 Satz 1 Nr. 2 dieses Gesetzes, in § 31 Satz 1 Nummer 2 des Betäubungsmittelgesetzes, in § 4a Satz 1 Nummer 2 des Anti-Doping-Gesetzes, in § 35 Satz 1 Nummer 2 des Konsumcannabisgesetzes oder in § 26 Satz 1 Nummer 2 des Medizinal-Cannabisgesetzes genannten rechtswidrigen Taten bevorstehe, oder
3. wider besseres Wissen eine dieser Stellen über den Beteiligten an einer bevorstehenden Tat nach Nummer 2 zu täuschen sucht,

um eine Strafmilderung oder ein Absehen von Strafe nach § 46b dieses Gesetzes, § 31 des Betäubungsmittelgesetzes, § 4a des Anti-Doping-Gesetzes, § 35 des Konsumcannabisgesetzes oder § 26 des Medizinal-Cannabisgesetzes zu erlangen.

(4) In minder schweren Fällen des Absatzes 3 ist die Strafe Freiheitsstrafe bis zu drei Jahren oder Geldstrafe.

Achter Abschnitt

Geld- und Wertzeichenfälschung

§ 146 Geldfälschung

(1) Mit Freiheitsstrafe nicht unter einem Jahr wird bestraft, wer

1. Geld in der Absicht nachmacht, daß es als echt in Verkehr gebracht oder daß ein solches Inverkehrbringen ermöglicht werde, oder Geld in dieser Absicht so verfälscht, daß der Anschein eines höheren Wertes hervorgerufen wird,
2. falsches Geld in dieser Absicht sich verschafft oder feilhält oder
3. falsches Geld, das er unter den Voraussetzungen der Nummern 1 oder 2 nachgemacht, verfälscht oder sich verschafft hat, als echt in Verkehr bringt.

(2) Handelt der Täter gewerbsmäßig oder als Mitglied einer Bande, die sich zur fortgesetzten Begehung einer Geldfälschung verbunden hat, so ist die Strafe Freiheitsstrafe nicht unter zwei Jahren.

(3) In minder schweren Fällen des Absatzes 1 ist auf Freiheitsstrafe von drei Monaten bis zu fünf Jahren, in minder schweren Fällen des Absatzes 2 auf Freiheitsstrafe von einem Jahr bis zu zehn Jahren zu erkennen.

§ 147 Inverkehrbringen von Falschgeld

(1) Wer, abgesehen von den Fällen des § 146, falsches Geld als echt in Verkehr bringt, wird mit Freiheitsstrafe bis zu fünf Jahren oder mit Geldstrafe bestraft.

(2) Der Versuch ist strafbar.

§ 148 Wertzeichenfälschung

(1) Mit Freiheitsstrafe bis zu fünf Jahren oder mit Geldstrafe wird bestraft, wer

1. amtliche Wertzeichen in der Absicht nachmacht, daß sie als echt verwendet oder in Verkehr gebracht werden oder daß ein solches Verwenden oder Inverkehrbringen ermöglicht werde, oder amtliche Wertzeichen in dieser Absicht so verfälscht, daß der Anschein eines höheren Wertes hervorgerufen wird,
2. falsche amtliche Wertzeichen in dieser Absicht sich verschafft oder
3. falsche amtliche Wertzeichen als echt verwendet, feilhält oder in Verkehr bringt.

(2) Wer bereits verwendete amtliche Wertzeichen, an denen das Entwertungszeichen beseitigt worden ist, als gültig verwendet oder in Verkehr bringt, wird mit Freiheitsstrafe bis zu einem Jahr oder mit Geldstrafe bestraft

(3) Der Versuch ist strafbar.

§ 149 Vorbereitung der Fälschung von Geld und Wertzeichen

(1) Wer eine Fälschung von Geld oder Wertzeichen vorbereitet, indem er

1. Platten, Formen, Drucksätze, Druckstöcke, Negative, Matrizen, Computerprogramme oder ähnliche Vorrichtungen, die ihrer Art nach zur Begehung der Tat geeignet sind,
2. Papier, das einer solchen Papierart gleicht oder zum Verwechseln ähnlich ist, die zur Herstellung von Geld oder amtlichen Wertzeichen bestimmt und gegen Nachahmung besonders gesichert ist, oder
3. Hologramme oder andere Bestandteile, die der Sicherung gegen Fälschung dienen,

herstellt, sich oder einem anderen verschafft, feilhält, verwahrt oder einem anderen überläßt, wird, wenn er eine Geldfälschung vorbereitet, mit Freiheitsstrafe bis zu fünf Jahren oder mit Geldstrafe, sonst mit Freiheitsstrafe bis zu zwei Jahren oder mit Geldstrafe bestraft.

(2) Nach Absatz 1 wird nicht bestraft, wer freiwillig

1. die Ausführung der vorbereiteten Tat aufgibt und eine von ihm verursachte Gefahr, daß andere die Tat weiter vorbereiten oder sie ausführen, abwendet oder die Vollendung der Tat verhindert und
2. die Fälschungsmittel, soweit sie noch vorhanden und zur Fälschung brauchbar sind, vernichtet, unbrauchbar macht, ihr Vorhandensein einer Behörde anzeigt oder sie dort abliefert.

(3) Wird ohne Zutun des Täters die Gefahr, daß andere die Tat weiter vorbereiten oder sie ausführen, abgewendet oder die Vollendung der Tat verhindert, so genügt an Stelle der Voraussetzungen des Absatzes 2 Nr. 1 das freiwillige und ernsthafte Bemühen des Täters, dieses Ziel zu erreichen.

§ 150 Einziehung

Ist eine Straftat nach diesem Abschnitt begangen worden, so werden das falsche Geld, die falschen oder entwerteten Wertzeichen und die in § 149 bezeichneten Fälschungsmittel eingezogen.

§ 151 Wertpapiere

Dem Geld im Sinne der §§ 146, 147, 149 und 150 stehen folgende Wertpapiere gleich, wenn sie durch Druck und Papierart gegen Nachahmung besonders gesichert sind:

1. Inhaber- sowie solche Orderschuldverschreibungen, die Teile einer Gesamtemission sind, wenn in den Schuldverschreibungen die Zahlung einer bestimmten Geldsumme versprochen wird;
2. Aktien;
3. von Kapitalverwaltungsgesellschaften ausgegebene Anteilscheine;
4. Zins-, Gewinnanteil- und Erneuerungsscheine zu Wertpapieren der in den Nummern 1 bis 3 bezeichneten Art sowie Zertifikate über Lieferung solcher Wertpapiere;
5. Reiseschecks.

§ 152 Geld, Wertzeichen und Wertpapiere eines fremden Währungsgebiets

Die §§ 146 bis 151 sind auch auf Geld, Wertzeichen und Wertpapiere eines fremden Währungsgebiets anzuwenden.

§ 152a Fälschung von Zahlungskarten, Schecks, Wechseln und anderen körperlichen unbaren Zahlungsinstrumenten

(1) Wer zur Täuschung im Rechtsverkehr oder, um eine solche Täuschung zu ermöglichen,

1. inländische oder ausländische Zahlungskarten, Schecks, Wechsel oder andere körperliche unbare Zahlungsinstrumente nachmacht oder verfälscht oder
2. solche falschen Karten, Schecks, Wechsel oder anderen körperlichen unbaren Zahlungsinstrumente sich oder einem anderen verschafft, feilhält, einem anderen überlässt oder gebraucht,

wird mit Freiheitsstrafe bis zu fünf Jahren oder mit Geldstrafe bestraft.

(2) Der Versuch ist strafbar.

(3) Handelt der Täter gewerbsmäßig oder als Mitglied einer Bande, die sich zur fortgesetzten Begehung von Straftaten nach Absatz 1 verbunden hat, so ist die Strafe Freiheitsstrafe von sechs Monaten bis zu zehn Jahren.

(4) Zahlungskarten und andere körperliche unbare Zahlungsinstrumente im Sinne des Absatzes 1 sind nur solche, die durch Ausgestaltung oder Codierung besonders gegen Nachahmung gesichert sind.

(5) § 149, soweit er sich auf die Fälschung von Wertzeichen bezieht, und § 150 gelten entsprechend.

§ 152b Fälschung von Zahlungskarten mit Garantiefunktion

(1) Wer eine der in § 152a Abs. 1 bezeichneten Handlungen in Bezug auf Zahlungskarten mit Garantiefunktion begeht, wird mit Freiheitsstrafe von einem Jahr bis zu zehn Jahren bestraft.

(2) Handelt der Täter gewerbsmäßig oder als Mitglied einer Bande, die sich zur fortgesetzten Begehung von Straftaten nach Absatz 1 verbunden hat, so ist die Strafe Freiheitsstrafe nicht unter zwei Jahren.

(3) In minder schweren Fällen des Absatzes 1 ist auf Freiheitsstrafe von drei Monaten bis zu fünf Jahren, in minder schweren Fällen des Absatzes 2 auf Freiheitsstrafe von einem Jahr bis zu zehn Jahren zu erkennen.

(4) Zahlungskarten mit Garantiefunktion im Sinne des Absatzes 1 sind Kreditkarten und sonstige Karten,

1. die es ermöglichen, den Aussteller im Zahlungsverkehr zu einer garantierten Zahlung zu veranlassen, und
2. durch Ausgestaltung oder Codierung besonders gegen Nachahmung gesichert sind.

(5) § 149, soweit er sich auf die Fälschung von Geld bezieht, und § 150 gelten entsprechend.

§ 152c Vorbereitung des Diebstahls und der Unterschlagung von Zahlungskarten, Schecks, Wechseln und anderen körperlichen unbaren Zahlungsinstrumenten

(1) Wer eine Straftat nach § 242 oder § 246, die auf die Erlangung inländischer oder ausländischer Zahlungskarten, Schecks, Wechsel oder anderer körperlicher unbarer Zahlungsinstrumente gerichtet ist, vorbereitet, indem er

1. Computerprogramme oder Vorrichtungen, deren Zweck die Begehung einer solchen Tat ist, herstellt, sich oder einem anderen verschafft oder einem anderen überlässt oder
2. Passwörter oder sonstige Sicherungscodes, die zur Begehung einer solchen Tat geeignet sind, herstellt, sich oder einem anderen verschafft oder einem anderen überlässt,

wird mit Freiheitsstrafe bis zu zwei Jahren oder mit Geldstrafe bestraft.

(2) [1]§ 149 Absatz 2 und 3 gilt entsprechend. [2]§ 152a Absatz 4 ist anwendbar.

Neunter Abschnitt
Falsche uneidliche Aussage und Meineid

§ 153 Falsche uneidliche Aussage
Wer vor Gericht oder vor einer anderen zur eidlichen Vernehmung von Zeugen oder Sachverständigen zuständigen Stelle als Zeuge oder Sachverständiger uneidlich falsch aussagt, wird mit Freiheitsstrafe von drei Monaten bis zu fünf Jahren bestraft.

§ 154 Meineid
(1) Wer vor Gericht oder vor einer anderen zur Abnahme von Eiden zuständigen Stelle falsch schwört, wird mit Freiheitsstrafe nicht unter einem Jahr bestraft.
(2) In minder schweren Fällen ist die Strafe Freiheitsstrafe von sechs Monaten bis zu fünf Jahren.

§ 155 Eidesgleiche Bekräftigungen
Dem Eid stehen gleich
1. die den Eid ersetzende Bekräftigung,
2. die Berufung auf einen früheren Eid oder auf eine frühere Bekräftigung.

§ 156 Falsche Versicherung an Eides Statt
Wer vor einer zur Abnahme einer Versicherung an Eides Statt zuständigen Behörde eine solche Versicherung falsch abgibt oder unter Berufung auf eine solche Versicherung falsch aussagt, wird mit Freiheitsstrafe bis zu drei Jahren oder mit Geldstrafe bestraft.

§ 157 Aussagenotstand
(1) Hat ein Zeuge oder Sachverständiger sich eines Meineids oder einer falschen uneidlichen Aussage schuldig gemacht, so kann das Gericht die Strafe nach seinem Ermessen mildern (§ 49 Abs. 2) und im Falle uneidlicher Aussage auch ganz von Strafe absehen, wenn der Täter die Unwahrheit gesagt hat, um von einem Angehörigen oder von sich selbst die Gefahr abzuwenden, bestraft oder einer freiheitsentziehenden Maßregel der Besserung und Sicherung unterworfen zu werden.
(2) Das Gericht kann auch dann die Strafe nach seinem Ermessen mildern (§ 49 Abs. 2) oder ganz von Strafe absehen, wenn ein noch nicht Eidesmündiger uneidlich falsch ausgesagt hat.

§ 158 Berichtigung einer falschen Angabe
(1) Das Gericht kann die Strafe wegen Meineids, falscher Versicherung an Eides Statt oder falscher uneidlicher Aussage nach seinem Ermessen mildern (§ 49 Abs. 2) oder von Strafe absehen, wenn der Täter die falsche Angabe rechtzeitig berichtigt.
(2) Die Berichtigung ist verspätet, wenn sie bei der Entscheidung nicht mehr verwertet werden kann oder aus der Tat ein Nachteil für einen anderen entstanden ist oder wenn schon gegen den Täter eine Anzeige erstattet oder eine Untersuchung eingeleitet worden ist.
(3) Die Berichtigung kann bei der Stelle, der die falsche Angabe gemacht worden ist oder die sie im Verfahren zu prüfen hat, sowie bei einem Gericht, einem Staatsanwalt oder einer Polizeibehörde erfolgen.

§ 159 Versuch der Anstiftung zur Falschaussage
Für den Versuch der Anstiftung zu einer falschen uneidlichen Aussage (§ 153) und einer falschen Versicherung an Eides Statt (§ 156) gelten § 30 Abs. 1 und § 31 Abs. 1 Nr. 1 und Abs. 2 entsprechend.

§ 160 Verleitung zur Falschaussage
(1) Wer einen anderen zur Ableistung eines falschen Eides verleitet, wird mit Freiheitsstrafe bis zu zwei Jahren oder mit Geldstrafe bestraft; wer einen anderen zur Ableistung einer falschen Versicherung an Eides Statt oder einer falschen uneidlichen Aussage verleitet, wird mit Freiheitsstrafe bis zu sechs Monaten oder mit Geldstrafe bis zu einhundertachtzig Tagessätzen bestraft.
(2) Der Versuch ist strafbar.

§ 161 Fahrlässiger Falscheid; fahrlässige falsche Versicherung an Eides Statt
(1) Wenn eine der in den §§ 154 bis 156 bezeichneten Handlungen aus Fahrlässigkeit begangen worden ist, so tritt Freiheitsstrafe bis zu einem Jahr oder Geldstrafe ein.
(2) [1]Straflosigkeit tritt ein, wenn der Täter die falsche Angabe rechtzeitig berichtigt. [2]Die Vorschriften des § 158 Abs. 2 und 3 gelten entsprechend.

§ 162 Internationale Gerichte; nationale Untersuchungsausschüsse
(1) Die §§ 153 bis 161 sind auch auf falsche Angaben in einem Verfahren vor einem internationalen Gericht, das durch einen für die Bundesrepublik Deutschland verbindlichen Rechtsakt errichtet worden ist, anzuwenden.

(2) Die §§ 153 und 157 bis 160, soweit sie sich auf falsche uneidliche Aussagen beziehen, sind auch auf falsche Angaben vor einem Untersuchungsausschuss eines Gesetzgebungsorgans des Bundes oder eines Landes anzuwenden.

§ 163 ***[aufgehoben]***

Zehnter Abschnitt

Falsche Verdächtigung

§ 164 Falsche Verdächtigung

(1) Wer einen anderen bei einer Behörde oder einem zur Entgegennahme von Anzeigen zuständigen Amtsträger oder militärischen Vorgesetzten oder öffentlich wider besseres Wissen einer rechtswidrigen Tat oder der Verletzung einer Dienstpflicht in der Absicht verdächtigt, ein behördliches Verfahren oder andere behördliche Maßnahmen gegen ihn herbeizuführen oder fortdauern zu lassen, wird mit Freiheitsstrafe bis zu fünf Jahren oder mit Geldstrafe bestraft.

(2) Ebenso wird bestraft, wer in gleicher Absicht bei einer der in Absatz 1 bezeichneten Stellen oder öffentlich über einen anderen wider besseres Wissen eine sonstige Behauptung tatsächlicher Art aufstellt, die geeignet ist, ein behördliches Verfahren oder andere behördliche Maßnahmen gegen ihn herbeizuführen oder fortdauern zu lassen.

(3) [1]Mit Freiheitsstrafe von sechs Monaten bis zu zehn Jahren wird bestraft, wer die falsche Verdächtigung begeht, um eine Strafmilderung oder ein Absehen von Strafe nach § 46b dieses Gesetzes, § 31 des Betäubungsmittelgesetzes, § 4a des Anti-Doping-Gesetzes, § 35 des Konsumcannabisgesetzes oder § 26 des Medizinal-Cannabisgesetzes zu erlangen. [2]In minder schweren Fällen ist die Strafe Freiheitsstrafe von drei Monaten bis zu fünf Jahren.

§ 165 Bekanntgabe der Verurteilung

(1) [1]Ist die Tat nach § 164 öffentlich oder durch Verbreiten eines Inhalts (§ 11 Absatz 3) begangen und wird ihretwegen auf Strafe erkannt, so ist auf Antrag des Verletzten anzuordnen, daß die Verurteilung wegen falscher Verdächtigung auf Verlangen öffentlich bekanntgemacht wird. [2]Stirbt der Verletzte, so geht das Antragsrecht auf die in § 77 Abs. 2 bezeichneten Angehörigen über. [3]§ 77 Abs. 2 bis 4 gilt entsprechend.

(2) Für die Art der Bekanntmachung gilt § 200 Abs. 2 entsprechend.

Elfter Abschnitt

Straftaten, welche sich auf Religion und Weltanschauung beziehen

§ 166 Beschimpfung von Bekenntnissen, Religionsgesellschaften und Weltanschauungsvereinigungen

(1) Wer öffentlich oder durch Verbreiten eines Inhalts (§ 11 Absatz 3) den Inhalt des religiösen oder weltanschaulichen Bekenntnisses anderer in einer Weise beschimpft, die geeignet ist, den öffentlichen Frieden zu stören, wird mit Freiheitsstrafe bis zu drei Jahren oder mit Geldstrafe bestraft.

(2) Ebenso wird bestraft, wer öffentlich oder durch Verbreiten eines Inhalts (§ 11 Absatz 3) eine im Inland bestehende Kirche oder andere Religionsgesellschaft oder Weltanschauungsvereinigung, ihre Einrichtungen oder Gebräuche in einer Weise beschimpft, die geeignet ist, den öffentlichen Frieden zu stören.

§ 167 Störung der Religionsausübung

(1) Wer
1. den Gottesdienst oder eine gottesdienstliche Handlung einer im Inland bestehenden Kirche oder anderen Religionsgesellschaft absichtlich und in grober Weise stört oder
2. an einem Ort, der dem Gottesdienst einer solchen Religionsgesellschaft gewidmet ist, beschimpfenden Unfug verübt,

wird mit Freiheitsstrafe bis zu drei Jahren oder mit Geldstrafe bestraft.

(2) Dem Gottesdienst stehen entsprechende Feiern einer im Inland bestehenden Weltanschauungsvereinigung gleich.

§ 167a Störung einer Bestattungsfeier

Wer eine Bestattungsfeier absichtlich oder wissentlich stört, wird mit Freiheitsstrafe bis zu drei Jahren oder mit Geldstrafe bestraft.

§ 168 Störung der Totenruhe

(1) Wer unbefugt aus dem Gewahrsam des Berechtigten den Körper oder Teile des Körpers eines verstorbenen Menschen, eine tote Leibesfrucht, Teile einer solchen oder die Asche eines verstorbenen Menschen wegnimmt oder wer daran beschimpfenden Unfug verübt, wird mit Freiheitsstrafe bis zu drei Jahren oder mit Geldstrafe bestraft.

(2) Ebenso wird bestraft, wer eine Aufbahrungsstätte, Beisetzungsstätte oder öffentliche Totengedenkstätte zerstört oder beschädigt oder wer dort beschimpfenden Unfug verübt.

(3) Der Versuch ist strafbar.

Zwölfter Abschnitt

Straftaten gegen den Personenstand, die Ehe und die Familie

§ 169 Personenstandsfälschung

(1) Wer ein Kind unterschiebt oder den Personenstand eines anderen gegenüber einer zur Führung von Personenstandsregistern oder zur Feststellung des Personenstands zuständigen Behörde falsch angibt oder unterdrückt, wird mit Freiheitsstrafe bis zu zwei Jahren oder mit Geldstrafe bestraft.

(2) Der Versuch ist strafbar.

§ 170 Verletzung der Unterhaltspflicht

(1) Wer sich einer gesetzlichen Unterhaltspflicht entzieht, so daß der Lebensbedarf des Unterhaltsberechtigten gefährdet ist oder ohne die Hilfe anderer gefährdet wäre, wird mit Freiheitsstrafe bis zu drei Jahren oder mit Geldstrafe bestraft.

(2) Wer einer Schwangeren zum Unterhalt verpflichtet ist und ihr diesen Unterhalt in verwerflicher Weise vorenthält und dadurch den Schwangerschaftsabbruch bewirkt, wird mit Freiheitsstrafe bis zu fünf Jahren oder mit Geldstrafe bestraft.

§ 171 Verletzung der Fürsorge- oder Erziehungspflicht

Wer seine Fürsorge- oder Erziehungspflicht gegenüber einer Person unter sechzehn Jahren gröblich verletzt und dadurch den Schutzbefohlenen in die Gefahr bringt, in seiner körperlichen oder psychischen Entwicklung erheblich geschädigt zu werden, einen kriminellen Lebenswandel zu führen oder der Prostitution nachzugehen, wird mit Freiheitsstrafe bis zu drei Jahren oder mit Geldstrafe bestraft.

§ 172 Doppelehe; doppelte Lebenspartnerschaft

[1]Mit Freiheitsstrafe bis zu drei Jahren oder mit Geldstrafe wird bestraft, wer verheiratet ist oder eine Lebenspartnerschaft führt und

1. mit einer dritten Person eine Ehe schließt oder
2. gemäß § 1 Absatz 1 des Lebenspartnerschaftsgesetzes gegenüber der für die Begründung der Lebenspartnerschaft zuständigen Stelle erklärt, mit einer dritten Person eine Lebenspartnerschaft führen zu wollen.

[2]Ebenso wird bestraft, wer mit einer dritten Person, die verheiratet ist oder eine Lebenspartnerschaft führt, die Ehe schließt oder gemäß § 1 Absatz 1 des Lebenspartnerschaftsgesetzes gegenüber der für die Begründung der Lebenspartnerschaft zuständigen Stelle erklärt, mit dieser dritten Person eine Lebenspartnerschaft führen zu wollen.

§ 173 Beischlaf zwischen Verwandten

(1) Wer mit einem leiblichen Abkömmling den Beischlaf vollzieht, wird mit Freiheitsstrafe bis zu drei Jahren oder mit Geldstrafe bestraft.

(2) [1]Wer mit einem leiblichen Verwandten aufsteigender Linie den Beischlaf vollzieht, wird mit Freiheitsstrafe bis zu zwei Jahren oder mit Geldstrafe bestraft; dies gilt auch dann, wenn das Verwandtschaftsverhältnis erloschen ist. [2]Ebenso werden leibliche Geschwister bestraft, die miteinander den Beischlaf vollziehen.

(3) Abkömmlinge und Geschwister werden nicht nach dieser Vorschrift bestraft, wenn sie zur Zeit der Tat noch nicht achtzehn Jahre alt waren.

Dreizehnter Abschnitt

Straftaten gegen die sexuelle Selbstbestimmung

§ 174 Sexueller Mißbrauch von Schutzbefohlenen

(1) [1]Wer sexuelle Handlungen

1. an einer Person unter achtzehn Jahren, die ihm zur Erziehung oder zur Betreuung in der Lebensführung anvertraut ist,
2. an einer Person unter achtzehn Jahren, die ihm im Rahmen eines Ausbildungs-, Dienst- oder Arbeitsverhältnisses untergeordnet ist, unter Missbrauch einer mit dem Ausbildungs-, Dienst- oder Arbeitsverhältnis verbundenen Abhängigkeit oder
3. an einer Person unter achtzehn Jahren, die sein leiblicher oder rechtlicher Abkömmling ist oder der seines Ehegatten, seines Lebenspartners oder einer Person, mit der er in eheähnlicher oder lebenspartnerschaftsähnlicher Gemeinschaft lebt,

vornimmt oder an sich von dem Schutzbefohlenen vornehmen läßt, wird mit Freiheitsstrafe von drei Monaten bis zu fünf Jahren bestraft. [2]Ebenso wird bestraft, wer unter den Voraussetzungen des Satzes 1 den Schutzbefohlenen dazu bestimmt, dass er sexuelle Handlungen an oder vor einer dritten Person vornimmt oder von einer dritten Person an sich vornehmen lässt.

(2) [1]Mit Freiheitsstrafe von drei Monaten bis zu fünf Jahren wird eine Person bestraft, der in einer dazu bestimmten Einrichtung die Erziehung, Ausbildung oder Betreuung in der Lebensführung von Personen unter achtzehn Jahren anvertraut ist, und die sexuelle Handlungen

1. an einer Person unter sechzehn Jahren, die zu dieser Einrichtung in einem Rechtsverhältnis steht, das ihrer Erziehung, Ausbildung oder Betreuung in der Lebensführung dient, vornimmt oder an sich von ihr vornehmen lässt oder
2. unter Ausnutzung ihrer Stellung an einer Person unter achtzehn Jahren, die zu dieser Einrichtung in einem Rechtsverhältnis steht, das ihrer Erziehung, Ausbildung oder Betreuung in der Lebensführung dient, vornimmt oder an sich von ihr vornehmen lässt.

[2]Ebenso wird bestraft, wer unter den Voraussetzungen des Satzes 1 den Schutzbefohlenen dazu bestimmt, dass er sexuelle Handlungen an oder vor einer dritten Person vornimmt oder von einer dritten Person an sich vornehmen lässt.

(3) Wer unter den Voraussetzungen des Absatzes 1 oder 2

1. sexuelle Handlungen vor dem Schutzbefohlenen vornimmt, um sich oder den Schutzbefohlenen hierdurch sexuell zu erregen, oder
2. den Schutzbefohlenen dazu bestimmt, daß er sexuelle Handlungen vor ihm vornimmt,

wird mit Freiheitsstrafe bis zu drei Jahren oder mit Geldstrafe bestraft.

(4) Der Versuch ist strafbar.

(5) In den Fällen des Absatzes 1 Satz 1 Nummer 1, des Absatzes 2 Satz 1 Nummer 1 oder des Absatzes 3 in Verbindung mit Absatz 1 Satz 1 Nummer 1 oder mit Absatz 2 Satz 1 Nummer 1 kann das Gericht von einer Bestrafung nach dieser Vorschrift absehen, wenn das Unrecht der Tat gering ist.

§ 174a Sexueller Mißbrauch von Gefangenen, behördlich Verwahrten oder Kranken und Hilfsbedürftigen in Einrichtungen

(1) Wer sexuelle Handlungen an einer gefangenen oder auf behördliche Anordnung verwahrten Person, die ihm zur Erziehung, Ausbildung, Beaufsichtigung oder Betreuung anvertraut ist, unter Mißbrauch seiner Stellung vornimmt oder an sich von der gefangenen oder verwahrten Person vornehmen läßt oder die gefangene oder verwahrte Person zur Vornahme oder Duldung sexueller Handlungen an oder von einer dritten Person bestimmt, wird mit Freiheitsstrafe von drei Monaten bis zu fünf Jahren bestraft.

(2) Ebenso wird bestraft, wer eine Person, die in einer Einrichtung für kranke oder hilfsbedürftige Menschen aufgenommen und ihm zur Beaufsichtigung oder Betreuung anvertraut ist, dadurch mißbraucht, daß er unter Ausnutzung der Krankheit oder Hilfsbedürftigkeit dieser Person sexuelle Handlungen an ihr vornimmt oder an sich von ihr vornehmen läßt oder diese Person zur Vornahme oder Duldung sexueller Handlungen an oder von einer dritten Person bestimmt.

(3) Der Versuch ist strafbar.

§ 174b Sexueller Mißbrauch unter Ausnutzung einer Amtsstellung

(1) Wer als Amtsträger, der zur Mitwirkung an einem Strafverfahren oder an einem Verfahren zur Anordnung einer freiheitsentziehenden Maßregel der Besserung und Sicherung oder einer behördlichen Verwahrung berufen ist, unter Mißbrauch der durch das Verfahren begründeten Abhängigkeit sexuelle Handlungen an demjenigen, gegen den sich das Verfahren richtet, vornimmt oder an sich von dem anderen

vornehmen läßt oder die Person zur Vornahme oder Duldung sexueller Handlungen an oder von einer dritten Person bestimmt, wird mit Freiheitsstrafe von drei Monaten bis zu fünf Jahren bestraft.
(2) Der Versuch ist strafbar.

§ 174c Sexueller Mißbrauch unter Ausnutzung eines Beratungs-, Behandlungs- oder Betreuungsverhältnisses

(1) Wer sexuelle Handlungen an einer Person, die ihm wegen einer geistigen oder seelischen Krankheit oder Behinderung einschließlich einer Suchtkrankheit oder wegen einer körperlichen Krankheit oder Behinderung zur Beratung, Behandlung oder Betreuung anvertraut ist, unter Mißbrauch des Beratungs-, Behandlungs- oder Betreuungsverhältnisses vornimmt oder an sich von ihr vornehmen läßt oder diese Person zur Vornahme oder Duldung sexueller Handlungen an oder von einer dritten Person bestimmt, wird mit Freiheitsstrafe von drei Monaten bis zu fünf Jahren bestraft.
(2) Ebenso wird bestraft, wer sexuelle Handlungen an einer Person, die ihm zur psychotherapeutischen Behandlung anvertraut ist, unter Mißbrauch des Behandlungsverhältnisses vornimmt oder an sich von ihr vornehmen läßt oder diese Person zur Vornahme oder Duldung sexueller Handlungen an oder von einer dritten Person bestimmt.
(3) Der Versuch ist strafbar.

§ 175 (weggefallen)

§ 176 Sexueller Missbrauch von Kindern

(1) Mit Freiheitsstrafe nicht unter einem Jahr wird bestraft, wer
1. sexuelle Handlungen an einer Person unter vierzehn Jahren (Kind) vornimmt oder an sich von dem Kind vornehmen lässt,
2. ein Kind dazu bestimmt, dass es sexuelle Handlungen an einer dritten Person vornimmt oder von einer dritten Person an sich vornehmen lässt,
3. ein Kind für eine Tat nach Nummer 1 oder Nummer 2 anbietet oder nachzuweisen verspricht.

(2) In den Fällen des Absatzes 1 Nummer 1 kann das Gericht von Strafe nach dieser Vorschrift absehen, wenn zwischen Täter und Kind die sexuelle Handlung einvernehmlich erfolgt und der Unterschied sowohl im Alter als auch im Entwicklungsstand oder Reifegrad gering ist, es sei denn, der Täter nutzt die fehlende Fähigkeit des Kindes zur sexuellen Selbstbestimmung aus.

§ 176a Sexueller Missbrauch von Kindern ohne Körperkontakt mit dem Kind

(1) Mit Freiheitsstrafe von sechs Monaten bis zu zehn Jahren wird bestraft, wer
1. sexuelle Handlungen vor einem Kind vornimmt oder vor einem Kind von einer dritten Person an sich vornehmen lässt,
2. ein Kind dazu bestimmt, dass es sexuelle Handlungen vornimmt, soweit die Tat nicht nach § 176 Absatz 1 Nummer 1 oder Nummer 2 mit Strafe bedroht ist, oder
3. auf ein Kind durch einen pornographischen Inhalt (§ 11 Absatz 3) oder durch entsprechende Reden einwirkt.

(2) Ebenso wird bestraft, wer ein Kind für eine Tat nach Absatz 1 anbietet oder nachzuweisen verspricht oder wer sich mit einem anderen zu einer solchen Tat verabredet.
(3) [1]Der Versuch ist in den Fällen des Absatzes 1 Nummer 1 und 2 strafbar. [2]Bei Taten nach Absatz 1 Nummer 3 ist der Versuch in den Fällen strafbar, in denen eine Vollendung der Tat allein daran scheitert, dass der Täter irrig annimmt, sein Einwirken beziehe sich auf ein Kind.

§ 176b Vorbereitung des sexuellen Missbrauchs von Kindern

(1) Mit Freiheitsstrafe von drei Monaten bis zu fünf Jahren wird bestraft, wer auf ein Kind durch einen Inhalt (§ 11 Absatz 3) einwirkt, um
1. das Kind zu sexuellen Handlungen zu bringen, die es an oder vor dem Täter oder an oder vor einer dritten Person vornehmen oder von dem Täter oder einer dritten Person an sich vornehmen lassen soll, oder
2. eine Tat nach § 184b Absatz 1 Satz 1 Nummer 3 oder nach § 184b Absatz 3 zu begehen.

(2) Ebenso wird bestraft, wer ein Kind für eine Tat nach Absatz 1 anbietet oder nachzuweisen verspricht oder wer sich mit einem anderen zu einer solchen Tat verabredet.
(3) Bei Taten nach Absatz 1 ist der Versuch in den Fällen strafbar, in denen eine Vollendung der Tat allein daran scheitert, dass der Täter irrig annimmt, sein Einwirken beziehe sich auf ein Kind.

§ 176c Schwerer sexueller Missbrauch von Kindern

(1) Der sexuelle Missbrauch von Kindern wird in den Fällen des § 176 Absatz 1 Nummer 1 und 2 mit Freiheitsstrafe nicht unter zwei Jahren bestraft, wenn

1. der Täter innerhalb der letzten fünf Jahre wegen einer solchen Straftat rechtskräftig verurteilt worden ist,
2. der Täter mindestens achtzehn Jahre alt ist und
   a) mit dem Kind den Beischlaf vollzieht oder ähnliche sexuelle Handlungen an ihm vornimmt oder an sich von ihm vornehmen lässt, die mit einem Eindringen in den Körper verbunden sind, oder
   b) das Kind dazu bestimmt, den Beischlaf mit einem Dritten zu vollziehen oder ähnliche sexuelle Handlungen, die mit einem Eindringen in den Körper verbunden sind, an dem Dritten vorzunehmen oder von diesem an sich vornehmen zu lassen,
3. die Tat von mehreren gemeinschaftlich begangen wird oder
4. der Täter das Kind durch die Tat in die Gefahr einer schweren Gesundheitsschädigung oder einer erheblichen Schädigung der körperlichen oder seelischen Entwicklung bringt.

(2) Ebenso wird bestraft, wer in den Fällen des § 176 Absatz 1 Nummer 1 oder Nummer 2, des § 176a Absatz 1 Nummer 1 oder Nummer 2 oder Absatz 3 Satz 1 als Täter oder anderer Beteiligter in der Absicht handelt, die Tat zum Gegenstand eines pornographischen Inhalts (§ 11 Absatz 3) zu machen, der nach § 184b Absatz 1 oder 2 verbreitet werden soll.

(3) Mit Freiheitsstrafe nicht unter fünf Jahren wird bestraft, wer das Kind in den Fällen des § 176 Absatz 1 Nummer 1 oder Nummer 2 bei der Tat körperlich schwer misshandelt oder durch die Tat in die Gefahr des Todes bringt.

(4) [1]In die in Absatz 1 Nummer 1 bezeichnete Frist wird die Zeit nicht eingerechnet, in welcher der Täter auf behördliche Anordnung in einer Anstalt verwahrt worden ist. [2]Eine Tat, die im Ausland abgeurteilt worden ist, steht in den Fällen des Absatzes 1 Nummer 1 einer im Inland abgeurteilten Tat gleich, wenn sie nach deutschem Strafrecht eine solche nach § 176 Absatz 1 Nummer 1 oder Nummer 2 wäre.

§ 176d Sexueller Missbrauch von Kindern mit Todesfolge

Verursacht der Täter durch den sexuellen Missbrauch (§§ 176 bis 176c) mindestens leichtfertig den Tod eines Kindes, so ist die Strafe lebenslange Freiheitsstrafe oder Freiheitsstrafe nicht unter zehn Jahren.

§ 176e Verbreitung und Besitz von Anleitungen zu sexuellem Missbrauch von Kindern

(1) Wer einen Inhalt (§ 11 Absatz 3) verbreitet oder der Öffentlichkeit zugänglich macht, der geeignet ist, als Anleitung zu einer in den §§ 176 bis 176d genannten rechtswidrigen Tat zu dienen, und der dazu bestimmt ist, die Bereitschaft anderer zu fördern oder zu wecken, eine solche Tat zu begehen, wird mit Freiheitsstrafe bis zu drei Jahren oder mit Geldstrafe bestraft.

(2) Ebenso wird bestraft, wer
1. einen Inhalt (§ 11 Absatz 3), der geeignet ist, als Anleitung zu einer in den §§ 176 bis 176d genannten rechtswidrigen Tat zu dienen, verbreitet oder der Öffentlichkeit zugänglich macht oder
2. öffentlich oder in einer Versammlung zu einer in den §§ 176 bis 176d genannten rechtswidrigen Tat eine Anleitung gibt,

um die Bereitschaft anderer zu fördern oder zu wecken, eine solche Tat zu begehen.

(3) Wer einen in Absatz 1 bezeichneten Inhalt abruft, besitzt, einer anderen Person zugänglich macht oder einer anderen Person den Besitz daran verschafft, wird mit Freiheitsstrafe bis zu zwei Jahren oder mit Geldstrafe bestraft.

(4) Absatz 3 gilt nicht für Handlungen, die ausschließlich der rechtmäßigen Erfüllung von Folgendem dienen:
1. staatlichen Aufgaben,
2. Aufgaben, die sich aus Vereinbarungen mit einer zuständigen staatlichen Stelle ergeben, oder
3. dienstlichen oder beruflichen Pflichten.

(5) Die Absätze 1 und 3 gelten nicht für dienstliche Handlungen im Rahmen von strafrechtlichen Ermittlungsverfahren, wenn
1. kein kinderpornographischer Inhalt, der ein tatsächliches Geschehen wiedergibt oder der unter Verwendung einer Bildaufnahme eines Kindes oder Jugendlichen hergestellt worden ist, einer anderen Person oder der Öffentlichkeit zugänglich gemacht, verbreitet oder einer anderen Person der Besitz daran verschafft wird, und
2. die Aufklärung des Sachverhalts auf andere Weise aussichtslos oder wesentlich erschwert wäre.

(6) [1]Gegenstände, auf die sich eine Straftat nach Absatz 3 bezieht, werden eingezogen. [2]§ 74a ist anzuwenden.

§ 177 Sexueller Übergriff; sexuelle Nötigung; Vergewaltigung

(1) Wer gegen den erkennbaren Willen einer anderen Person sexuelle Handlungen an dieser Person vornimmt oder von ihr vornehmen lässt oder diese Person zur Vornahme oder Duldung sexueller Handlungen

an oder von einem Dritten bestimmt, wird mit Freiheitsstrafe von sechs Monaten bis zu fünf Jahren bestraft.

(2) Ebenso wird bestraft, wer sexuelle Handlungen an einer anderen Person vornimmt oder von ihr vornehmen lässt oder diese Person zur Vornahme oder Duldung sexueller Handlungen an oder von einem Dritten bestimmt, wenn

1. der Täter ausnutzt, dass die Person nicht in der Lage ist, einen entgegenstehenden Willen zu bilden oder zu äußern,
2. der Täter ausnutzt, dass die Person auf Grund ihres körperlichen oder psychischen Zustands in der Bildung oder Äußerung des Willens erheblich eingeschränkt ist, es sei denn, er hat sich der Zustimmung dieser Person versichert,
3. der Täter ein Überraschungsmoment ausnutzt,
4. der Täter eine Lage ausnutzt, in der dem Opfer bei Widerstand ein empfindliches Übel droht, oder
5. der Täter die Person zur Vornahme oder Duldung der sexuellen Handlung durch Drohung mit einem empfindlichen Übel genötigt hat.

(3) Der Versuch ist strafbar.

(4) Auf Freiheitsstrafe nicht unter einem Jahr ist zu erkennen, wenn die Unfähigkeit, einen Willen zu bilden oder zu äußern, auf einer Krankheit oder Behinderung des Opfers beruht.

(5) Auf Freiheitsstrafe nicht unter einem Jahr ist zu erkennen, wenn der Täter

1. gegenüber dem Opfer Gewalt anwendet,
2. dem Opfer mit gegenwärtiger Gefahr für Leib oder Leben droht oder
3. eine Lage ausnutzt, in der das Opfer der Einwirkung des Täters schutzlos ausgeliefert ist.

(6) [1]In besonders schweren Fällen ist auf Freiheitsstrafe nicht unter zwei Jahren zu erkennen. [2]Ein besonders schwerer Fall liegt in der Regel vor, wenn

1. der Täter mit dem Opfer den Beischlaf vollzieht oder vollziehen lässt oder ähnliche sexuelle Handlungen an dem Opfer vornimmt oder von ihm vornehmen lässt, die dieses besonders erniedrigen, insbesondere wenn sie mit einem Eindringen in den Körper verbunden sind (Vergewaltigung), oder
2. die Tat von mehreren gemeinschaftlich begangen wird.

(7) Auf Freiheitsstrafe nicht unter drei Jahren ist zu erkennen, wenn der Täter

1. eine Waffe oder ein anderes gefährliches Werkzeug bei sich führt,
2. sonst ein Werkzeug oder Mittel bei sich führt, um den Widerstand einer anderen Person durch Gewalt oder Drohung mit Gewalt zu verhindern oder zu überwinden, oder
3. das Opfer in die Gefahr einer schweren Gesundheitsschädigung bringt.

(8) Auf Freiheitsstrafe nicht unter fünf Jahren ist zu erkennen, wenn der Täter

1. bei der Tat eine Waffe oder ein anderes gefährliches Werkzeug verwendet oder
2. das Opfer
   a) bei der Tat körperlich schwer misshandelt oder
   b) durch die Tat in die Gefahr des Todes bringt.

(9) In minder schweren Fällen der Absätze 1 und 2 ist auf Freiheitsstrafe von drei Monaten bis zu drei Jahren, in minder schweren Fällen der Absätze 4 und 5 ist auf Freiheitsstrafe von sechs Monaten bis zu zehn Jahren, in minder schweren Fällen der Absätze 7 und 8 ist auf Freiheitsstrafe von einem Jahr bis zu zehn Jahren zu erkennen.

§ 178 Sexueller Übergriff, sexuelle Nötigung und Vergewaltigung mit Todesfolge

Verursacht der Täter durch den sexuellen Übergriff, die sexuelle Nötigung oder Vergewaltigung (§ 177) wenigstens leichtfertig den Tod des Opfers, so ist die Strafe lebenslange Freiheitsstrafe oder Freiheitsstrafe nicht unter zehn Jahren.

§ 179 ***[aufgehoben]***

§ 180 Förderung sexueller Handlungen Minderjähriger

(1) [1]Wer sexuellen Handlungen einer Person unter sechzehn Jahren an oder vor einem Dritten oder sexuellen Handlungen eines Dritten an einer Person unter sechzehn Jahren

1. durch seine Vermittlung oder
2. durch Gewähren oder Verschaffen von Gelegenheit

Vorschub leistet, wird mit Freiheitsstrafe bis zu drei Jahren oder mit Geldstrafe bestraft. [2]Satz 1 Nr. 2 ist nicht anzuwenden, wenn der zur Sorge für die Person Berechtigte handelt; dies gilt nicht, wenn der Sorgeberechtigte durch das Vorschubleisten seine Erziehungspflicht gröblich verletzt.

(2) Wer eine Person unter achtzehn Jahren bestimmt, sexuelle Handlungen gegen Entgelt an oder vor einem Dritten vorzunehmen oder von einem Dritten an sich vornehmen zu lassen, oder wer solchen

Handlungen durch seine Vermittlung Vorschub leistet, wird mit Freiheitsstrafe bis zu fünf Jahren oder mit Geldstrafe bestraft.

(3) Im Fall des Absatzes 2 ist der Versuch strafbar.

§ 180a Ausbeutung von Prostituierten

(1) Wer gewerbsmäßig einen Betrieb unterhält oder leitet, in dem Personen der Prostitution nachgehen und in dem diese in persönlicher oder wirtschaftlicher Abhängigkeit gehalten werden, wird mit Freiheitsstrafe bis zu drei Jahren oder mit Geldstrafe bestraft.

(2) Ebenso wird bestraft, wer

1. einer Person unter achtzehn Jahren zur Ausübung der Prostitution Wohnung, gewerbsmäßig Unterkunft oder gewerbsmäßig Aufenthalt gewährt oder
2. eine andere Person, der er zur Ausübung der Prostitution Wohnung gewährt, zur Prostitution anhält oder im Hinblick auf sie ausbeutet.

§§ 180b, 181 ***[aufgehoben]***

§ 181a Zuhälterei

(1) Mit Freiheitsstrafe von sechs Monaten bis zu fünf Jahren wird bestraft, wer

1. eine andere Person, die der Prostitution nachgeht, ausbeutet oder
2. seines Vermögensvorteils wegen eine andere Person bei der Ausübung der Prostitution überwacht, Ort, Zeit, Ausmaß oder andere Umstände der Prostitutionsausübung bestimmt oder Maßnahmen trifft, die sie davon abhalten sollen, die Prostitution aufzugeben,

und im Hinblick darauf Beziehungen zu ihr unterhält, die über den Einzelfall hinausgehen.

(2) Mit Freiheitsstrafe bis zu drei Jahren oder mit Geldstrafe wird bestraft, wer die persönliche oder wirtschaftliche Unabhängigkeit einer anderen Person dadurch beeinträchtigt, dass er gewerbsmäßig die Prostitutionsausübung der anderen Person durch Vermittlung sexuellen Verkehrs fördert und im Hinblick darauf Beziehungen zu ihr unterhält, die über den Einzelfall hinausgehen.

(3) Nach den Absätzen 1 und 2 wird auch bestraft, wer die in Absatz 1 Nr. 1 und 2 genannten Handlungen oder die in Absatz 2 bezeichnete Förderung gegenüber seinem Ehegatten oder Lebenspartner vornimmt.

§ 181b Führungsaufsicht

In den Fällen der §§ 174 bis 174c, 176 bis 180, 181a, 182 und 184b kann das Gericht Führungsaufsicht anordnen (§ 68 Abs. 1).

§ 181c ***[aufgehoben]***

§ 182 Sexueller Mißbrauch von Jugendlichen

(1) Wer eine Person unter achtzehn Jahren dadurch missbraucht, dass er unter Ausnutzung einer Zwangslage

1. sexuelle Handlungen an ihr vornimmt oder an sich von ihr vornehmen lässt oder
2. diese dazu bestimmt, sexuelle Handlungen an einem Dritten vorzunehmen oder von einem Dritten an sich vornehmen zu lassen,

wird mit Freiheitsstrafe bis zu fünf Jahren oder mit Geldstrafe bestraft.

(2) Ebenso wird eine Person über achtzehn Jahren bestraft, die eine Person unter achtzehn Jahren dadurch missbraucht, dass sie gegen Entgelt sexuelle Handlungen an ihr vornimmt oder an sich von ihr vornehmen lässt.

(3) Eine Person über einundzwanzig Jahre, die eine Person unter sechzehn Jahren dadurch mißbraucht, daß sie

1. sexuelle Handlungen an ihr vornimmt oder an sich von ihr vornehmen läßt oder
2. diese dazu bestimmt, sexuelle Handlungen an einem Dritten vorzunehmen oder von einem Dritten an sich vornehmen zu lassen,

und dabei die ihr gegenüber fehlende Fähigkeit des Opfers zur sexuellen Selbstbestimmung ausnutzt, wird mit Freiheitsstrafe bis zu drei Jahren oder mit Geldstrafe bestraft.

(4) Der Versuch ist strafbar.

(5) In den Fällen des Absatzes 3 wird die Tat nur auf Antrag verfolgt, es sei denn, daß die Strafverfolgungsbehörde wegen des besonderen öffentlichen Interesses an der Strafverfolgung ein Einschreiten von Amts wegen für geboten hält.

(6) In den Fällen der Absätze 1 bis 3 kann das Gericht von Strafe nach diesen Vorschriften absehen, wenn bei Berücksichtigung des Verhaltens der Person, gegen die sich die Tat richtet, das Unrecht der Tat gering ist.

§ 183 Exhibitionistische Handlungen

(1) Ein Mann, der eine andere Person durch eine exhibitionistische Handlung belästigt, wird mit Freiheitsstrafe bis zu einem Jahr oder mit Geldstrafe bestraft.

(2) Die Tat wird nur auf Antrag verfolgt, es sei denn, daß die Strafverfolgungsbehörde wegen des besonderen öffentlichen Interesses an der Strafverfolgung ein Einschreiten von Amts wegen für geboten hält.

(3) Das Gericht kann die Vollstreckung einer Freiheitsstrafe auch dann zur Bewährung aussetzen, wenn zu erwarten ist, daß der Täter erst nach einer längeren Heilbehandlung keine exhibitionistischen Handlungen mehr vornehmen wird.

(4) Absatz 3 gilt auch, wenn ein Mann oder eine Frau wegen einer exhibitionistischen Handlung

1. nach einer anderen Vorschrift, die im Höchstmaß Freiheitsstrafe bis zu einem Jahr oder Geldstrafe androht, oder
2. nach § 174 Absatz 3 Nummer 1 oder § 176a Absatz 1 Nummer 1

bestraft wird.

§ 183a Erregung öffentlichen Ärgernisses

Wer öffentlich sexuelle Handlungen vornimmt und dadurch absichtlich oder wissentlich ein Ärgernis erregt, wird mit Freiheitsstrafe bis zu einem Jahr oder mit Geldstrafe bestraft, wenn die Tat nicht in § 183 mit Strafe bedroht ist.

§ 184 Verbreitung pornographischer Inhalte

(1) Wer einen pornographischen Inhalt (§ 11 Absatz 3)

1. einer Person unter achtzehn Jahren anbietet, überläßt oder zugänglich macht,
2. an einem Ort, der Personen unter achtzehn Jahren zugänglich ist oder von ihnen eingesehen werden kann, zugänglich macht,
3. im Einzelhandel außerhalb von Geschäftsräumen, in Kiosken oder anderen Verkaufsstellen, die der Kunde nicht zu betreten pflegt, im Versandhandel oder in gewerblichen Leihbüchereien oder Lesezirkeln einem anderen anbietet oder überläßt,

3a. im Wege gewerblicher Vermietung oder vergleichbarer gewerblicher Gewährung des Gebrauchs, ausgenommen in Ladengeschäften, die Personen unter achtzehn Jahren nicht zugänglich sind und von ihnen nicht eingesehen werden können, einem anderen anbietet oder überläßt,

4. im Wege des Versandhandels einzuführen unternimmt,
5. öffentlich an einem Ort, der Personen unter achtzehn Jahren zugänglich ist oder von ihnen eingesehen werden kann, oder durch Verbreiten von Schriften außerhalb des Geschäftsverkehrs mit dem einschlägigen Handel anbietet oder bewirbt,
6. an einen anderen gelangen läßt, ohne von diesem hierzu aufgefordert zu sein,
7. in einer öffentlichen Filmvorführung gegen ein Entgelt zeigt, das ganz oder überwiegend für diese Vorführung verlangt wird,
8. herstellt, bezieht, liefert, vorrätig hält oder einzuführen unternimmt, um diesen im Sinne der Nummern 1 bis 7 zu verwenden oder einer anderen Person eine solche Verwendung zu ermöglichen, oder
9. auszuführen unternimmt, um diesen im Ausland unter Verstoß gegen die dort geltenden Strafvorschriften zu verbreiten oder der Öffentlichkeit zugänglich zu machen oder eine solche Verwendung zu ermöglichen,

wird mit Freiheitsstrafe bis zu einem Jahr oder mit Geldstrafe bestraft.

(2) [1]Absatz 1 Nummer 1 und 2 ist nicht anzuwenden, wenn der zur Sorge für die Person Berechtigte handelt; dies gilt nicht, wenn der Sorgeberechtigte durch das Anbieten, Überlassen oder Zugänglichmachen seine Erziehungspflicht gröblich verletzt. [2]Absatz 1 Nr. 3a gilt nicht, wenn die Handlung im Geschäftsverkehr mit gewerblichen Entleihern erfolgt.

§ 184a Verbreitung gewalt- oder tierpornographischer Inhalte

[1]Mit Freiheitsstrafe bis zu drei Jahren oder mit Geldstrafe wird bestraft, wer einen pornographischen Inhalt (§ 11 Absatz 3), der Gewalttätigkeiten oder sexuelle Handlungen von Menschen mit Tieren zum Gegenstand hat,

1. verbreitet oder der Öffentlichkeit zugänglich macht oder
2. herstellt, bezieht, liefert, vorrätig hält, anbietet, bewirbt oder es unternimmt, diesen ein- oder auszuführen, um ihn im Sinne der Nummer 1 zu verwenden oder einer anderen Person eine solche Verwendung zu ermöglichen.

[2]In den Fällen des Satzes 1 Nummer 1 ist der Versuch strafbar.

§ 184b Verbreitung, Erwerb und Besitz kinderpornographischer Inhalte

(1) [1]Mit Freiheitsstrafe von sechs Monaten bis zu zehn Jahren wird bestraft, wer

1. einen kinderpornographischen Inhalt verbreitet oder der Öffentlichkeit zugänglich macht; kinderpornographisch ist ein pornographischer Inhalt (§ 11 Absatz 3), wenn er zum Gegenstand hat:
   a) sexuelle Handlungen von, an oder vor einer Person unter vierzehn Jahren (Kind),
   b) die Wiedergabe eines ganz oder teilweise unbekleideten Kindes in aufreizend geschlechtsbetonter Körperhaltung oder
   c) die sexuell aufreizende Wiedergabe der unbekleideten Genitalien oder des unbekleideten Gesäßes eines Kindes,
2. es unternimmt, einer anderen Person einen kinderpornographischen Inhalt, der ein tatsächliches oder wirklichkeitsnahes Geschehen wiedergibt, zugänglich zu machen oder den Besitz daran zu verschaffen,
3. einen kinderpornographischen Inhalt, der ein tatsächliches Geschehen wiedergibt, herstellt oder
4. einen kinderpornographischen Inhalt herstellt, bezieht, liefert, vorrätig hält, anbietet, bewirbt oder es unternimmt, diesen ein- oder auszuführen, um ihn im Sinne der Nummer 1 oder der Nummer 2 zu verwenden oder einer anderen Person eine solche Verwendung zu ermöglichen, soweit die Tat nicht nach Nummer 3 mit Strafe bedroht ist.

[2]Gibt der kinderpornographische Inhalt in den Fällen von Absatz 1 Satz 1 Nummer 1 und 4 kein tatsächliches oder wirklichkeitsnahes Geschehen wieder, so ist auf Freiheitsstrafe von drei Monaten bis zu fünf Jahren zu erkennen.

(2) Handelt der Täter in den Fällen des Absatzes 1 Satz 1 gewerbsmäßig oder als Mitglied einer Bande, die sich zur fortgesetzten Begehung solcher Taten verbunden hat, und gibt der Inhalt in den Fällen des Absatzes 1 Satz 1 Nummer 1, 2 und 4 ein tatsächliches oder wirklichkeitsnahes Geschehen wieder, so ist auf Freiheitsstrafe nicht unter zwei Jahren zu erkennen.

(3) Wer es unternimmt, einen kinderpornographischen Inhalt, der ein tatsächliches oder wirklichkeitsnahes Geschehen wiedergibt, abzurufen oder sich den Besitz an einem solchen Inhalt zu verschaffen oder wer einen solchen Inhalt besitzt, wird mit Freiheitsstrafe von drei Monaten bis zu fünf Jahren bestraft.

(4) Der Versuch ist in den Fällen des Absatzes 1 Satz 1 Nummer 1 und 3 sowie in den Fällen des Absatzes 1 Satz 2 in Verbindung mit Satz 1 Nummer 1 strafbar.

(5) Absatz 1 Satz 1 Nummer 2 und Absatz 3 gelten nicht für Handlungen, die ausschließlich der rechtmäßigen Erfüllung von Folgendem dienen:

1. staatlichen Aufgaben,
2. Aufgaben, die sich aus Vereinbarungen mit einer zuständigen staatlichen Stelle ergeben, oder
3. dienstlichen oder beruflichen Pflichten.

(6) Absatz 1 Satz 1 Nummer 1, 2 und 4 und Satz 2 gilt nicht für dienstliche Handlungen im Rahmen von strafrechtlichen Ermittlungsverfahren, wenn

1. die Handlung sich auf einen kinderpornographischen Inhalt bezieht, der kein tatsächliches Geschehen wiedergibt und auch nicht unter Verwendung einer Bildaufnahme eines Kindes oder Jugendlichen hergestellt worden ist, und
2. die Aufklärung des Sachverhalts auf andere Weise aussichtslos oder wesentlich erschwert wäre.

(7) [1]Gegenstände, auf die sich eine Straftat nach Absatz 1 Satz 1 Nummer 2 oder 3 oder Absatz 3 bezieht, werden eingezogen. [2]§ 74a ist anzuwenden.

§ 184c Verbreitung, Erwerb und Besitz jugendpornographischer Inhalte

(1) Mit Freiheitsstrafe bis zu drei Jahren oder mit Geldstrafe wird bestraft, wer

1. einen jugendpornographischen Inhalt verbreitet oder der Öffentlichkeit zugänglich macht; jugendpornographisch ist ein pornographischer Inhalt (§ 11 Absatz 3), wenn er zum Gegenstand hat:
   a) sexuelle Handlungen von, an oder vor einer vierzehn, aber noch nicht achtzehn Jahre alten Person,
   b) die Wiedergabe einer ganz oder teilweise unbekleideten vierzehn, aber noch nicht achtzehn Jahre alten Person in aufreizend geschlechtsbetonter Körperhaltung oder
   c) die sexuell aufreizende Wiedergabe der unbekleideten Genitalien oder des unbekleideten Gesäßes einer vierzehn, aber noch nicht achtzehn Jahre alten Person,
2. es unternimmt, einer anderen Person einen jugendpornographischen Inhalt, der ein tatsächliches oder wirklichkeitsnahes Geschehen wiedergibt, zugänglich zu machen oder den Besitz daran zu verschaffen,
3. einen jugendpornographischen Inhalt, der ein tatsächliches Geschehen wiedergibt, herstellt oder

4. einen jugendpornographischen Inhalt herstellt, bezieht, liefert, vorrätig hält, anbietet, bewirbt oder es unternimmt, diesen ein- oder auszuführen, um ihn im Sinne der Nummer 1 oder 2 zu verwenden oder einer anderen Person eine solche Verwendung zu ermöglichen, soweit die Tat nicht nach Nummer 3 mit Strafe bedroht ist.

(2) Handelt der Täter in den Fällen des Absatzes 1 gewerbsmäßig oder als Mitglied einer Bande, die sich zur fortgesetzten Begehung solcher Taten verbunden hat, und gibt der Inhalt in den Fällen des Absatzes 1 Nummer 1, 2 und 4 ein tatsächliches oder wirklichkeitsnahes Geschehen wieder, so ist auf Freiheitsstrafe von drei Monaten bis zu fünf Jahren zu erkennen.

(3) Wer es unternimmt, einen jugendpornographischen Inhalt, der ein tatsächliches Geschehen wiedergibt, abzurufen oder sich den Besitz an einem solchen Inhalt zu verschaffen, oder wer einen solchen Inhalt besitzt, wird mit Freiheitsstrafe bis zu zwei Jahren oder mit Geldstrafe bestraft.

(4) Absatz 1 Nummer 3, auch in Verbindung mit Absatz 5, und Absatz 3 sind nicht anzuwenden auf Handlungen von Personen in Bezug auf einen solchen jugendpornographischen Inhalt, den sie ausschließlich zum persönlichen Gebrauch mit Einwilligung der dargestellten Personen hergestellt haben.

(5) Der Versuch ist strafbar; dies gilt nicht für Taten nach Absatz 1 Nummer 2 und 4 sowie Absatz 3.

(6) § 184b Absatz 5 bis 7 gilt entsprechend.

§ 184d *[aufgehoben]*

§ 184e Veranstaltung und Besuch kinder- und jugendpornographischer Darbietungen

(1) [1]Nach § 184b Absatz 1 wird auch bestraft, wer eine kinderpornographische Darbietung veranstaltet. [2]Nach § 184c Absatz 1 wird auch bestraft, wer eine jugendpornographische Darbietung veranstaltet.

(2) [1]Nach § 184b Absatz 3 wird auch bestraft, wer eine kinderpornographische Darbietung besucht. [2]Nach § 184c Absatz 3 wird auch bestraft, wer eine jugendpornographische Darbietung besucht. [3]§ 184b Absatz 5 Nummer 1 und 3 gilt entsprechend.

§ 184f Ausübung der verbotenen Prostitution

Wer einem durch Rechtsverordnung erlassenen Verbot, der Prostitution an bestimmten Orten überhaupt oder zu bestimmten Tageszeiten nachzugehen, beharrlich zuwiderhandelt, wird mit Freiheitsstrafe bis zu sechs Monaten oder mit Geldstrafe bis zu einhundertachtzig Tagessätzen bestraft.

§ 184g Jugendgefährdende Prostitution

Wer der Prostitution

1. in der Nähe einer Schule oder anderen Örtlichkeit, die zum Besuch durch Personen unter achtzehn Jahren bestimmt ist, oder
2. in einem Haus, in dem Personen unter achtzehn Jahren wohnen,

in einer Weise nachgeht, die diese Personen sittlich gefährdet, wird mit Freiheitsstrafe bis zu einem Jahr oder mit Geldstrafe bestraft.

§ 184h Begriffsbestimmungen

Im Sinne dieses Gesetzes sind

1. sexuelle Handlungen
   nur solche, die im Hinblick auf das jeweils geschützte Rechtsgut von einiger Erheblichkeit sind,
2. sexuelle Handlungen vor einer anderen Person
   nur solche, die vor einer anderen Person vorgenommen werden, die den Vorgang wahrnimmt.

§ 184i Sexuelle Belästigung

(1) Wer eine andere Person in sexuell bestimmter Weise körperlich berührt und dadurch belästigt, wird mit Freiheitsstrafe bis zu zwei Jahren oder mit Geldstrafe bestraft, wenn nicht die Tat in anderen Vorschriften dieses Abschnitts mit schwererer Strafe bedroht ist.

(2) [1]In besonders schweren Fällen ist die Freiheitsstrafe von drei Monaten bis zu fünf Jahren. [2]Ein besonders schwerer Fall liegt in der Regel vor, wenn die Tat von mehreren gemeinschaftlich begangen wird.

(3) Die Tat wird nur auf Antrag verfolgt, es sei denn, dass die Strafverfolgungsbehörde wegen des besonderen öffentlichen Interesses an der Strafverfolgung ein Einschreiten von Amts wegen für geboten hält.

§ 184j Straftaten aus Gruppen

Wer eine Straftat dadurch fördert, dass er sich an einer Personengruppe beteiligt, die eine andere Person zur Begehung einer Straftat an ihr bedrängt, wird mit Freiheitsstrafe bis zu zwei Jahren oder mit Geldstrafe bestraft, wenn von einem Beteiligten der Gruppe eine Straftat nach den §§ 177 oder 184i begangen wird und die Tat nicht in anderen Vorschriften mit schwererer Strafe bedroht ist.

§ 184k Verletzung des Intimbereichs durch Bildaufnahmen

(1) Mit Freiheitsstrafe bis zu zwei Jahren oder mit Geldstrafe wird bestraft, wer

1. absichtlich oder wissentlich von den Genitalien, dem Gesäß, der weiblichen Brust oder der diese Körperteile bedeckenden Unterwäsche einer anderen Person unbefugt eine Bildaufnahme herstellt oder überträgt, soweit diese Bereiche gegen Anblick geschützt sind,
2. eine durch eine Tat nach Nummer 1 hergestellte Bildaufnahme gebraucht oder einer dritten Person zugänglich macht oder
3. eine befugt hergestellte Bildaufnahme der in der Nummer 1 bezeichneten Art wissentlich unbefugt einer dritten Person zugänglich macht.

(2) Die Tat wird nur auf Antrag verfolgt, es sei denn, dass die Strafverfolgungsbehörde wegen des besonderen öffentlichen Interesses an der Strafverfolgung ein Einschreiten von Amts wegen für geboten hält.

(3) Absatz 1 gilt nicht für Handlungen, die in Wahrnehmung überwiegender berechtigter Interessen erfolgen, namentlich der Kunst oder der Wissenschaft, der Forschung oder der Lehre, der Berichterstattung über Vorgänge des Zeitgeschehens oder der Geschichte oder ähnlichen Zwecken dienen.

(4) [1]Die Bildträger sowie Bildaufnahmegeräte oder andere technische Mittel, die der Täter oder Teilnehmer verwendet hat, können eingezogen werden. [2]§ 74a ist anzuwenden.

§ 184l Inverkehrbringen, Erwerb und Besitz von Sexpuppen mit kindlichem Erscheinungsbild[1)]

(1) [1]Mit Freiheitsstrafe bis zu fünf Jahren oder Geldstrafe wird bestraft, wer

1. eine körperliche Nachbildung eines Kindes oder eines Körperteiles eines Kindes, die nach ihrer Beschaffenheit zur Vornahme sexueller Handlungen bestimmt ist, herstellt, anbietet oder bewirbt oder
2. mit einer in Nummer 1 beschriebenen Nachbildung Handel treibt oder sie hierzu in oder durch den räumlichen Geltungsbereich dieses Gesetzes verbringt oder
3. ohne Handel zu treiben, eine in Nummer 1 beschriebene Nachbildung veräußert, abgibt oder sonst in Verkehr bringt.

[2]Satz 1 gilt nicht, wenn die Tat nach § 184b mit schwererer Strafe bedroht ist.

(2) [1]Mit Freiheitsstrafe bis zu drei Jahren oder Geldstrafe wird bestraft, wer eine in Absatz 1 Satz 1 Nummer 1 beschriebene Nachbildung erwirbt, besitzt oder in oder durch den räumlichen Geltungsbereich dieses Gesetzes verbringt. [2]Absatz 1 Satz 2 gilt entsprechend.

(3) In den Fällen des Absatzes 1 Satz 1 Nummer 2 und 3 ist der Versuch strafbar.

(4) Absatz 1 Satz 1 Nummer 3 und Absatz 2 gelten nicht für Handlungen, die ausschließlich der rechtmäßigen Erfüllung staatlicher Aufgaben oder dienstlicher oder beruflicher Pflichten dienen.

(5) [1]Gegenstände, auf die sich die Straftat bezieht, werden eingezogen. [2]§ 74a ist anzuwenden.

Vierzehnter Abschnitt

Beleidigung

§ 185 Beleidigung

Die Beleidigung wird mit Freiheitsstrafe bis zu einem Jahr oder mit Geldstrafe und, wenn die Beleidigung öffentlich, in einer Versammlung, durch Verbreiten eines Inhalts (§ 11 Absatz 3) oder mittels einer Tätlichkeit begangen wird, mit Freiheitsstrafe bis zu zwei Jahren oder mit Geldstrafe bestraft.

§ 186 Üble Nachrede

Wer in Beziehung auf einen anderen eine Tatsache behauptet oder verbreitet, welche denselben verächtlich zu machen oder in der öffentlichen Meinung herabzuwürdigen geeignet ist, wird, wenn nicht diese Tatsache erweislich wahr ist, mit Freiheitsstrafe bis zu einem Jahr oder mit Geldstrafe und, wenn die Tat öffentlich, in einer Versammlung oder durch Verbreiten eines Inhalts (§ 11 Absatz 3) begangen ist, mit Freiheitsstrafe bis zu zwei Jahren oder mit Geldstrafe bestraft.

§ 187 Verleumdung

Wer wider besseres Wissen in Beziehung auf einen anderen eine unwahre Tatsache behauptet oder verbreitet, welche denselben verächtlich zu machen oder in der öffentlichen Meinung herabzuwürdigen oder dessen Kredit zu gefährden geeignet ist, wird mit Freiheitsstrafe bis zu zwei Jahren oder mit Geldstrafe und, wenn die Tat öffentlich, in einer Versammlung oder durch Verbreiten eines Inhalts (§ 11 Absatz 3) begangen ist, mit Freiheitsstrafe bis zu fünf Jahren oder mit Geldstrafe bestraft.

---

1) **Amtl. Anm.:** Notifiziert gemäß der Richtlinie (EU) 2015/1535 des Europäischen Parlaments und des Rates vom 9. September 2015 über ein Informationsverfahren auf dem Gebiet der technischen Vorschriften und der Vorschriften für die Dienste der Informationsgesellschaft (ABl. L 241 vom 17.9.2015, S. 1).

§ 188 Gegen Personen des politischen Lebens gerichtete Beleidigung, üble Nachrede und Verleumdung

(1) [1]Wird gegen eine im politischen Leben des Volkes stehende Person öffentlich, in einer Versammlung oder durch Verbreiten eines Inhalts (§ 11 Absatz 3) eine Beleidigung (§ 185) aus Beweggründen begangen, die mit der Stellung des Beleidigten im öffentlichen Leben zusammenhängen, und ist die Tat geeignet, sein öffentliches Wirken erheblich zu erschweren, so ist die Strafe Freiheitsstrafe bis zu drei Jahren oder Geldstrafe. [2]Das politische Leben des Volkes reicht bis hin zur kommunalen Ebene.
(2) Unter den gleichen Voraussetzungen wird eine üble Nachrede (§ 186) mit Freiheitsstrafe von drei Monaten bis zu fünf Jahren und eine Verleumdung (§ 187) mit Freiheitsstrafe von sechs Monaten bis zu fünf Jahren bestraft.

§ 189 Verunglimpfung des Andenkens Verstorbener

Wer das Andenken eines Verstorbenen verunglimpft, wird mit Freiheitsstrafe bis zu zwei Jahren oder mit Geldstrafe bestraft.

§ 190 Wahrheitsbeweis durch Strafurteil

[1]Ist die behauptete oder verbreitete Tatsache eine Straftat, so ist der Beweis der Wahrheit als erbracht anzusehen, wenn der Beleidigte wegen dieser Tat rechtskräftig verurteilt worden ist. [2]Der Beweis der Wahrheit ist dagegen ausgeschlossen, wenn der Beleidigte vor der Behauptung oder Verbreitung rechtskräftig freigesprochen worden ist.

§ 191 (weggefallen)

§ 192 Beleidigung trotz Wahrheitsbeweises

Der Beweis der Wahrheit der behaupteten oder verbreiteten Tatsache schließt die Bestrafung nach § 185 nicht aus, wenn das Vorhandensein einer Beleidigung aus der Form der Behauptung oder Verbreitung oder aus den Umständen, unter welchen sie geschah, hervorgeht.

§ 192a Verhetzende Beleidigung

Wer einen Inhalt (§ 11 Absatz 3), der geeignet ist, die Menschenwürde anderer dadurch anzugreifen, dass er eine durch ihre nationale, rassische, religiöse oder ethnische Herkunft, ihre Weltanschauung, ihre Behinderung oder ihre sexuelle Orientierung bestimmte Gruppe oder einen Einzelnen wegen dessen Zugehörigkeit zu einer dieser Gruppen beschimpft, böswillig verächtlich macht oder verleumdet, an eine andere Person, die zu einer der vorbezeichneten Gruppen gehört, gelangen lässt, ohne von dieser Person hierzu aufgefordert zu sein, wird mit Freiheitsstrafe bis zu zwei Jahren oder mit Geldstrafe bestraft.

§ 193 Wahrnehmung berechtigter Interessen

Tadelnde Urteile über wissenschaftliche, künstlerische oder gewerbliche Leistungen, desgleichen Äußerungen oder Tathandlungen nach § 192a, welche zur Ausführung oder Verteidigung von Rechten oder zur Wahrnehmung berechtigter Interessen vorgenommen werden, sowie Vorhaltungen und Rügen der Vorgesetzten gegen ihre Untergebenen, dienstliche Anzeigen oder Urteile von seiten eines Beamten und ähnliche Fälle sind nur insofern strafbar, als das Vorhandensein einer Beleidigung aus der Form der Äußerung oder aus den Umständen, unter welchen sie geschah, hervorgeht.

§ 194 Strafantrag

(1) [1]Die Beleidigung wird nur auf Antrag verfolgt. [2]Ist die Tat in einer Versammlung oder dadurch begangen, dass ein Inhalt (§ 11 Absatz 3) verbreitet oder der Öffentlichkeit zugänglich gemacht worden ist, so ist ein Antrag nicht erforderlich, wenn der Verletzte als Angehöriger einer Gruppe unter der nationalsozialistischen oder einer anderen Gewalt- und Willkürherrschaft verfolgt wurde, diese Gruppe Teil der Bevölkerung ist und die Beleidigung mit dieser Verfolgung zusammenhängt. [3]In den Fällen der §§ 188 und 192a wird die Tat auch dann verfolgt, wenn die Strafverfolgungsbehörde wegen des besonderen öffentlichen Interesses an der Strafverfolgung ein Einschreiten von Amts wegen für geboten hält. [4]Die Taten nach den Sätzen 2 und 3 können jedoch nicht von Amts wegen verfolgt werden, wenn der Verletzte widerspricht. [5]Der Widerspruch kann nicht zurückgenommen werden. [6]Stirbt der Verletzte, so gehen das Antragsrecht und das Widerspruchsrecht auf die in § 77 Abs. 2 bezeichneten Angehörigen über.
(2) [1]Ist das Andenken eines Verstorbenen verunglimpft, so steht das Antragsrecht den in § 77 Abs. 2 bezeichneten Angehörigen zu. [2]Ist die Tat in einer Versammlung oder dadurch begangen, dass ein Inhalt (§ 11 Absatz 3) verbreitet oder der Öffentlichkeit zugänglich gemacht worden ist, so ist ein Antrag nicht erforderlich, wenn der Verstorbene sein Leben als Opfer der nationalsozialistischen oder einer anderen Gewalt- und Willkürherrschaft verloren hat und die Verunglimpfung damit zusammenhängt. [3]Die Tat kann jedoch nicht von Amts wegen verfolgt werden, wenn ein Antragsberechtigter der Verfolgung widerspricht. [4]Der Widerspruch kann nicht zurückgenommen werden.

(3) [1]Ist die Beleidigung gegen einen Amtsträger, einen für den öffentlichen Dienst besonders Verpflichteten oder einen Soldaten der Bundeswehr während der Ausübung seines Dienstes oder in Beziehung auf seinen Dienst begangen, so wird sie auch auf Antrag des Dienstvorgesetzten verfolgt. [2]Richtet sich die Tat gegen eine Behörde oder eine sonstige Stelle, die Aufgaben der öffentlichen Verwaltung wahrnimmt, so wird sie auf Antrag des Behördenleiters oder des Leiters der aufsichtführenden Behörde verfolgt. [3]Dasselbe gilt für Träger von Ämtern und für Behörden der Kirchen und anderen Religionsgesellschaften des öffentlichen Rechts.

(4) Richtet sich die Tat gegen ein Gesetzgebungsorgan des Bundes oder eines Landes oder eine andere politische Körperschaft im räumlichen Geltungsbereich dieses Gesetzes, so wird sie nur mit Ermächtigung der betroffenen Körperschaft verfolgt.

§§ 195 bis 198 (weggefallen)

§ 199 Wechselseitig begangene Beleidigungen

Wenn eine Beleidigung auf der Stelle erwidert wird, so kann der Richter beide Beleidiger oder einen derselben für straffrei erklären.

§ 200 Bekanntgabe der Verurteilung

(1) Ist die Beleidigung öffentlich oder durch Verbreiten eines Inhalts (§ 11 Absatz 3) begangen und wird ihretwegen auf Strafe erkannt, so ist auf Antrag des Verletzten oder eines sonst zum Strafantrag Berechtigten anzuordnen, daß die Verurteilung wegen der Beleidigung auf Verlangen öffentlich bekanntgemacht wird.

(2) [1]Die Art der Bekanntmachung ist im Urteil zu bestimmen. [2]Ist die Beleidigung durch Verbreiten eines Inhalts (§ 11 Absatz 3) begangen, so soll die Bekanntmachung, wenn möglich, auf dieselbe Art erfolgen.

Fünfzehnter Abschnitt

Verletzung des persönlichen Lebens- und Geheimbereichs

§ 201 Verletzung der Vertraulichkeit des Wortes

(1) Mit Freiheitsstrafe bis zu drei Jahren oder mit Geldstrafe wird bestraft, wer unbefugt

1. das nichtöffentlich gesprochene Wort eines anderen auf einen Tonträger aufnimmt oder
2. eine so hergestellte Aufnahme gebraucht oder einem Dritten zugänglich macht.

(2) [1]Ebenso wird bestraft, wer unbefugt

1. das nicht zu seiner Kenntnis bestimmte nichtöffentlich gesprochene Wort eines anderen mit einem Abhörgerät abhört oder
2. das nach Absatz 1 Nr. 1 aufgenommene oder nach Absatz 2 Nr. 1 abgehörte nichtöffentlich gesprochene Wort eines anderen im Wortlaut oder seinem wesentlichen Inhalt nach öffentlich mitteilt.

[2]Die Tat nach Satz 1 Nr. 2 ist nur strafbar, wenn die öffentliche Mitteilung geeignet ist, berechtigte Interessen eines anderen zu beeinträchtigen. [3]Sie ist nicht rechtswidrig, wenn die öffentliche Mitteilung zur Wahrnehmung überragender öffentlicher Interessen gemacht wird.

(3) Mit Freiheitsstrafe bis zu fünf Jahren oder mit Geldstrafe wird bestraft, wer als Amtsträger oder als für den öffentlichen Dienst besonders Verpflichteter die Vertraulichkeit des Wortes verletzt (Absätze 1 und 2).

(4) Der Versuch ist strafbar.

(5) [1]Die Tonträger und Abhörgeräte, die der Täter oder Teilnehmer verwendet hat, können eingezogen werden. [2]§ 74a ist anzuwenden.

§ 201a Verletzung des höchstpersönlichen Lebensbereichs und von Persönlichkeitsrechten durch Bildaufnahmen

(1) Mit Freiheitsstrafe bis zu zwei Jahren oder mit Geldstrafe wird bestraft, wer

1. von einer anderen Person, die sich in einer Wohnung oder einem gegen Einblick besonders geschützten Raum befindet, unbefugt eine Bildaufnahme herstellt oder überträgt und dadurch den höchstpersönlichen Lebensbereich der abgebildeten Person verletzt,
2. eine Bildaufnahme, die die Hilflosigkeit einer anderen Person zur Schau stellt, unbefugt herstellt oder überträgt und dadurch den höchstpersönlichen Lebensbereich der abgebildeten Person verletzt,
3. eine Bildaufnahme, die in grob anstößiger Weise eine verstorbene Person zur Schau stellt, unbefugt herstellt oder überträgt,
4. eine durch eine Tat nach den Nummern 1 bis 3 hergestellte Bildaufnahme gebraucht oder einer dritten Person zugänglich macht oder

5. eine befugt hergestellte Bildaufnahme der in den Nummern 1 bis 3 bezeichneten Art wissentlich unbefugt einer dritten Person zugänglich macht und in den Fällen der Nummern 1 und 2 dadurch den höchstpersönlichen Lebensbereich der abgebildeten Person verletzt.

(2) [1]Ebenso wird bestraft, wer unbefugt von einer anderen Person eine Bildaufnahme, die geeignet ist, dem Ansehen der abgebildeten Person erheblich zu schaden, einer dritten Person zugänglich macht. [2]Dies gilt unter den gleichen Voraussetzungen auch für eine Bildaufnahme von einer verstorbenen Person.

(3) Mit Freiheitsstrafe bis zu zwei Jahren oder mit Geldstrafe wird bestraft, wer eine Bildaufnahme, die die Nacktheit einer anderen Person unter achtzehn Jahren zum Gegenstand hat,

1. herstellt oder anbietet, um sie einer dritten Person gegen Entgelt zu verschaffen, oder
2. sich oder einer dritten Person gegen Entgelt verschafft.

(4) Absatz 1 Nummer 2 und 3, auch in Verbindung mit Absatz 1 Nummer 4 oder 5, Absatz 2 und 3 gelten nicht für Handlungen, die in Wahrnehmung überwiegender berechtigter Interessen erfolgen, namentlich der Kunst oder der Wissenschaft, der Forschung oder der Lehre, der Berichterstattung über Vorgänge des Zeitgeschehens oder der Geschichte oder ähnlichen Zwecken dienen.

(5) [1]Die Bildträger sowie Bildaufnahmegeräte oder andere technische Mittel, die der Täter oder Teilnehmer verwendet hat, können eingezogen werden. [2]§ 74a ist anzuwenden.

§ 202 Verletzung des Briefgeheimnisses

(1) Wer unbefugt

1. einen verschlossenen Brief oder ein anderes verschlossenes Schriftstück, die nicht zu seiner Kenntnis bestimmt sind, öffnet oder
2. sich vom Inhalt eines solchen Schriftstücks ohne Öffnung des Verschlusses unter Anwendung technischer Mittel Kenntnis verschafft,

wird mit Freiheitsstrafe bis zu einem Jahr oder mit Geldstrafe bestraft, wenn die Tat nicht in § 206 mit Strafe bedroht ist.

(2) Ebenso wird bestraft, wer sich unbefugt vom Inhalt eines Schriftstücks, das nicht zu seiner Kenntnis bestimmt und durch ein verschlossenes Behältnis gegen Kenntnisnahme besonders gesichert ist, Kenntnis verschafft, nachdem er dazu das Behältnis geöffnet hat.

(3) Einem Schriftstück im Sinne der Absätze 1 und 2 steht eine Abbildung gleich.

§ 202a Ausspähen von Daten

(1) Wer unbefugt sich oder einem anderen Zugang zu Daten, die nicht für ihn bestimmt und die gegen unberechtigten Zugang besonders gesichert sind, unter Überwindung der Zugangssicherung verschafft, wird mit Freiheitsstrafe bis zu drei Jahren oder mit Geldstrafe bestraft.

(2) Daten im Sinne des Absatzes 1 sind nur solche, die elektronisch, magnetisch oder sonst nicht unmittelbar wahrnehmbar gespeichert sind oder übermittelt werden.

§ 202b Abfangen von Daten

Wer unbefugt sich oder einem anderen unter Anwendung von technischen Mitteln nicht für ihn bestimmte Daten (§ 202a Abs. 2) aus einer nichtöffentlichen Datenübermittlung oder aus der elektromagnetischen Abstrahlung einer Datenverarbeitungsanlage verschafft, wird mit Freiheitsstrafe bis zu zwei Jahren oder mit Geldstrafe bestraft, wenn die Tat nicht in anderen Vorschriften mit schwererer Strafe bedroht ist.

§ 202c Vorbereiten des Ausspähens und Abfangens von Daten

(1) Wer eine Straftat nach § 202a oder § 202b vorbereitet, indem er

1. Passwörter oder sonstige Sicherungscodes, die den Zugang zu Daten (§ 202a Abs. 2) ermöglichen, oder
2. Computerprogramme, deren Zweck die Begehung einer solchen Tat ist,

herstellt, sich oder einem anderen verschafft, verkauft, einem anderen überlässt, verbreitet oder sonst zugänglich macht, wird mit Freiheitsstrafe bis zu zwei Jahren oder mit Geldstrafe bestraft.

(2) § 149 Abs. 2 und 3 gilt entsprechend.

§ 202d Datenhehlerei

(1) Wer Daten (§ 202a Absatz 2), die nicht allgemein zugänglich sind und die ein anderer durch eine rechtswidrige Tat erlangt hat, sich oder einem anderen verschafft, einem anderen überlässt, verbreitet oder sonst zugänglich macht, um sich oder einen Dritten zu bereichern oder einen anderen zu schädigen, wird mit Freiheitsstrafe bis zu drei Jahren oder mit Geldstrafe bestraft.

(2) Die Strafe darf nicht schwerer sein als die für die Vortat angedrohte Strafe.

(3) [1]Absatz 1 gilt nicht für Handlungen, die ausschließlich der Erfüllung rechtmäßiger dienstlicher oder beruflicher Pflichten dienen. [2]Dazu gehören insbesondere

1. solche Handlungen von Amtsträgern oder deren Beauftragten, mit denen Daten ausschließlich der Verwertung in einem Besteuerungsverfahren, einem Strafverfahren oder einem Ordnungswidrigkeitenverfahren zugeführt werden sollen, sowie
2. solche beruflichen Handlungen der in § 53 Absatz 1 Satz 1 Nummer 5 der Strafprozessordnung genannten Personen, mit denen Daten entgegengenommen, ausgewertet oder veröffentlicht werden.

§ 203 Verletzung von Privatgeheimnissen

(1) Wer unbefugt ein fremdes Geheimnis, namentlich ein zum persönlichen Lebensbereich gehörendes Geheimnis oder ein Betriebs- oder Geschäftsgeheimnis, offenbart, das ihm als

1. Arzt, Zahnarzt, Tierarzt, Apotheker oder Angehörigen eines anderen Heilberufs, der für die Berufsausübung oder die Führung der Berufsbezeichnung eine staatlich geregelte Ausbildung erfordert,
2. Berufspsychologen mit staatlich anerkannter wissenschaftlicher Abschlußprüfung,
3. Rechtsanwalt, Kammerrechtsbeistand, Patentanwalt, Notar, Verteidiger in einem gesetzlich geordneten Verfahren, Wirtschaftsprüfer, vereidigtem Buchprüfer, Steuerberater, Steuerbevollmächtigten,

3a. Organ oder Mitglied eines Organs einer Wirtschaftsprüfungs-, Buchprüfungs- oder einer Berufsausübungsgesellschaft von Steuerberatern und Steuerbevollmächtigten, einer Berufsausübungsgesellschaft von Rechtsanwälten oder europäischen niedergelassenen Rechtsanwälten oder einer Berufsausübungsgesellschaft von Patentanwälten oder niedergelassenen europäischen Patentanwälten im Zusammenhang mit der Beratung und Vertretung der Wirtschaftsprüfungs-, Buchprüfungs- oder Berufsausübungsgesellschaft im Bereich der Wirtschaftsprüfung, Buchprüfung oder Hilfeleistung in Steuersachen oder ihrer rechtsanwaltlichen oder patentanwaltlichen Tätigkeit,

4. Ehe-, Familien-, Erziehungs- oder Jugendberater sowie Berater für Suchtfragen in einer Beratungsstelle, die von einer Behörde oder Körperschaft, Anstalt oder Stiftung des öffentlichen Rechts anerkannt ist,
5. Mitglied oder Beauftragten einer anerkannten Beratungsstelle nach den §§ 3 und 8 des Schwangerschaftskonfliktgesetzes,
6. staatlich anerkanntem Sozialarbeiter oder staatlich anerkanntem Sozialpädagogen oder
7. Angehörigen eines Unternehmens der privaten Kranken-, Unfall- oder Lebensversicherung oder einer privatärztlichen, steuerberaterlichen oder anwaltlichen Verrechnungsstelle

anvertraut worden oder sonst bekanntgeworden ist, wird mit Freiheitsstrafe bis zu einem Jahr oder mit Geldstrafe bestraft.

(2) [1]Ebenso wird bestraft, wer unbefugt ein fremdes Geheimnis, namentlich ein zum persönlichen Lebensbereich gehörendes Geheimnis oder ein Betriebs- oder Geschäftsgeheimnis, offenbart, das ihm als

1. Amtsträger oder Europäischer Amtsträger,
2. für den öffentlichen Dienst besonders Verpflichteten,
3. Person, die Aufgaben oder Befugnisse nach dem Personalvertretungsrecht wahrnimmt,
4. Mitglied eines für ein Gesetzgebungsorgan des Bundes oder eines Landes tätigen Untersuchungsausschusses, sonstigen Ausschusses oder Rates, das nicht selbst Mitglied des Gesetzgebungsorgans ist, oder als Hilfskraft eines solchen Ausschusses oder Rates,
5. öffentlich bestelltem Sachverständigen, der auf die gewissenhafte Erfüllung seiner Obliegenheiten auf Grund eines Gesetzes förmlich verpflichtet worden ist, oder
6. Person, die auf die gewissenhafte Erfüllung ihrer Geheimhaltungspflicht bei der Durchführung wissenschaftlicher Forschungsvorhaben auf Grund eines Gesetzes förmlich verpflichtet worden ist,

anvertraut worden oder sonst bekanntgeworden ist. [2]Einem Geheimnis im Sinne des Satzes 1 stehen Einzelangaben über persönliche oder sachliche Verhältnisse eines anderen gleich, die für Aufgaben der öffentlichen Verwaltung erfaßt worden sind; Satz 1 ist jedoch nicht anzuwenden, soweit solche Einzelangaben anderen Behörden oder sonstigen Stellen für Aufgaben der öffentlichen Verwaltung bekanntgegeben werden und das Gesetz dies nicht untersagt.

(3) [1]Kein Offenbaren im Sinne dieser Vorschrift liegt vor, wenn die in den Absätzen 1 und 2 genannten Personen Geheimnisse den bei ihnen berufsmäßig tätigen Gehilfen oder den bei ihnen zur Vorbereitung auf den Beruf tätigen Personen zugänglich machen. [2]Die in den Absätzen 1 und 2 Genannten dürfen fremde Geheimnisse gegenüber sonstigen Personen offenbaren, die an ihrer beruflichen oder dienstlichen Tätigkeit mitwirken, soweit dies für die Inanspruchnahme der Tätigkeit der sonstigen mitwirkenden Personen erforderlich ist; das Gleiche gilt für sonstige mitwirkende Personen, wenn diese sich weiterer Personen bedienen, die an der beruflichen oder dienstlichen Tätigkeit der in den Absätzen 1 und 2 Genannten mitwirken.

(4) [1]Mit Freiheitsstrafe bis zu einem Jahr oder mit Geldstrafe wird bestraft, wer unbefugt ein fremdes Geheimnis offenbart, das ihm bei der Ausübung oder bei Gelegenheit seiner Tätigkeit als mitwirkende Person oder als bei den in den Absätzen 1 und 2 genannten Personen tätiger Datenschutzbeauftragter bekannt geworden ist. [2]Ebenso wird bestraft, wer

1. als in den Absätzen 1 und 2 genannte Person nicht dafür Sorge getragen hat, dass eine sonstige mitwirkende Person, die unbefugt ein fremdes, ihr bei der Ausübung oder bei Gelegenheit ihrer Tätigkeit bekannt gewordenes Geheimnis offenbart, zur Geheimhaltung verpflichtet wurde; dies gilt nicht für sonstige mitwirkende Personen, die selbst eine in den Absätzen 1 oder 2 genannte Person sind,
2. als im Absatz 3 genannte mitwirkende Person sich einer weiteren mitwirkenden Person, die unbefugt ein fremdes, ihr bei der Ausübung oder bei Gelegenheit ihrer Tätigkeit bekannt gewordenes Geheimnis offenbart, bedient und nicht dafür Sorge getragen hat, dass diese zur Geheimhaltung verpflichtet wurde; dies gilt nicht für sonstige mitwirkende Personen, die selbst eine in den Absätzen 1 oder 2 genannte Person sind, oder
3. nach dem Tod der nach Satz 1 oder nach den Absätzen 1 oder 2 verpflichteten Person ein fremdes Geheimnis unbefugt offenbart, das er von dem Verstorbenen erfahren oder aus dessen Nachlass erlangt hat.

(5) Die Absätze 1 bis 4 sind auch anzuwenden, wenn der Täter das fremde Geheimnis nach dem Tod des Betroffenen unbefugt offenbart.

(6) Handelt der Täter gegen Entgelt oder in der Absicht, sich oder einen anderen zu bereichern oder einen anderen zu schädigen, so ist die Strafe Freiheitsstrafe bis zu zwei Jahren oder Geldstrafe.

§ 204 Verwertung fremder Geheimnisse

(1) Wer unbefugt ein fremdes Geheimnis, namentlich ein Betriebs- oder Geschäftsgeheimnis, zu dessen Geheimhaltung er nach § 203 verpflichtet ist, verwertet, wird mit Freiheitsstrafe bis zu zwei Jahren oder mit Geldstrafe bestraft.

(2) § 203 Absatz 5 gilt entsprechend.

§ 205 Strafantrag

(1) [1]In den Fällen des § 201 Abs. 1 und 2 und der §§ 202, 203 und 204 wird die Tat nur auf Antrag verfolgt. [2]Dies gilt auch in den Fällen der §§ 201a, 202a, 202b und 202d, es sei denn, dass die Strafverfolgungsbehörde wegen des besonderen öffentlichen Interesses an der Strafverfolgung ein Einschreiten von Amts wegen für geboten hält.

(2) [1]Stirbt der Verletzte, so geht das Antragsrecht nach § 77 Abs. 2 auf die Angehörigen über; dies gilt nicht in den Fällen der §§ 202a, 202b und 202d. [2]Gehört das Geheimnis nicht zum persönlichen Lebensbereich des Verletzten, so geht das Antragsrecht bei Straftaten nach den §§ 203 und 204 auf die Erben über. [3]Offenbart oder verwertet der Täter in den Fällen der §§ 203 und 204 das Geheimnis nach dem Tod des Betroffenen, so gelten die Sätze 1 und 2 sinngemäß. [4]In den Fällen des § 201a Absatz 1 Nummer 3 und Absatz 2 Satz 2 steht das Antragsrecht den in § 77 Absatz 2 bezeichneten Angehörigen zu.

§ 206 Verletzung des Post- oder Fernmeldegeheimnisses

(1) Wer unbefugt einer anderen Person eine Mitteilung über Tatsachen macht, die dem Post- oder Fernmeldegeheimnis unterliegen und die ihm als Inhaber oder Beschäftigtem eines Unternehmens bekanntgeworden sind, das geschäftsmäßig Post- oder Telekommunikationsdienste erbringt, wird mit Freiheitsstrafe bis zu fünf Jahren oder mit Geldstrafe bestraft.

(2) Ebenso wird bestraft, wer als Inhaber oder Beschäftigter eines in Absatz 1 bezeichneten Unternehmens unbefugt

1. eine Sendung, die einem solchen Unternehmen zur Übermittlung anvertraut worden und verschlossen ist, öffnet oder sich von ihrem Inhalt ohne Öffnung des Verschlusses unter Anwendung technischer Mittel Kenntnis verschafft,
2. eine einem solchen Unternehmen zur Übermittlung anvertraute Sendung unterdrückt oder
3. eine der in Absatz 1 oder in Nummer 1 oder 2 bezeichneten Handlungen gestattet oder fördert.

(3) Die Absätze 1 und 2 gelten auch für Personen, die

1. Aufgaben der Aufsicht über ein in Absatz 1 bezeichnetes Unternehmen wahrnehmen,
2. von einem solchen Unternehmen oder mit dessen Ermächtigung mit dem Erbringen von Post- oder Telekommunikationsdiensten betraut sind oder
3. mit der Herstellung einer dem Betrieb eines solchen Unternehmens dienenden Anlage oder mit Arbeiten daran betraut sind.

(4) Wer unbefugt einer anderen Person eine Mitteilung über Tatsachen macht, die ihm als außerhalb des Post- oder Telekommunikationsbereichs tätigem Amtsträger auf Grund eines befugten oder unbefugten Eingriffs in das Post- oder Fernmeldegeheimnis bekanntgeworden sind, wird mit Freiheitsstrafe bis zu zwei Jahren oder mit Geldstrafe bestraft.

(5) [1]Dem Postgeheimnis unterliegen die näheren Umstände des Postverkehrs bestimmter Personen sowie der Inhalt von Postsendungen. [2]Dem Fernmeldegeheimnis unterliegen der Inhalt der Telekommunikation und ihre näheren Umstände, insbesondere die Tatsache, ob jemand an einem Telekommunikationsvorgang beteiligt ist oder war. [3]Das Fernmeldegeheimnis erstreckt sich auch auf die näheren Umstände erfolgloser Verbindungsversuche.

§§ 207 bis 210 (weggefallen)

Sechzehnter Abschnitt

Straftaten gegen das Leben

§ 211 Mord

(1) Der Mörder wird mit lebenslanger Freiheitsstrafe bestraft.

(2) Mörder ist, wer

aus Mordlust, zur Befriedigung des Geschlechtstriebs, aus Habgier oder sonst aus niedrigen Beweggründen,

heimtückisch oder grausam oder mit gemeingefährlichen Mitteln oder

um eine andere Straftat zu ermöglichen oder zu verdecken,

einen Menschen tötet.

§ 212 Totschlag

(1) Wer einen Menschen tötet, ohne Mörder zu sein, wird als Totschläger mit Freiheitsstrafe nicht unter fünf Jahren bestraft.

(2) In besonders schweren Fällen ist auf lebenslange Freiheitsstrafe zu erkennen.

§ 213 Minder schwerer Fall des Totschlags

War der Totschläger ohne eigene Schuld durch eine ihm oder einem Angehörigen zugefügte Mißhandlung oder schwere Beleidigung von dem getöteten Menschen zum Zorn gereizt und hierdurch auf der Stelle zur Tat hingerissen worden oder liegt sonst ein minder schwerer Fall vor, so ist die Strafe Freiheitsstrafe von einem Jahr bis zu zehn Jahren.

§§ 214 und 215 (weggefallen)

§ 216 Tötung auf Verlangen

(1) Ist jemand durch das ausdrückliche und ernstliche Verlangen des Getöteten zur Tötung bestimmt worden, so ist auf Freiheitsstrafe von sechs Monaten bis zu fünf Jahren zu erkennen.

(2) Der Versuch ist strafbar.

§ 217[1)] Geschäftsmäßige Förderung der Selbsttötung

(1) Wer in der Absicht, die Selbsttötung eines anderen zu fördern, diesem hierzu geschäftsmäßig die Gelegenheit gewährt, verschafft oder vermittelt, wird mit Freiheitsstrafe bis zu drei Jahren oder mit Geldstrafe bestraft.

(2) Als Teilnehmer bleibt straffrei, wer selbst nicht geschäftsmäßig handelt und entweder Angehöriger des in Absatz 1 genannten anderen ist oder diesem nahesteht.

§ 218 Schwangerschaftsabbruch

(1) [1]Wer eine Schwangerschaft abbricht, wird mit Freiheitsstrafe bis zu drei Jahren oder mit Geldstrafe bestraft. [2]Handlungen, deren Wirkung vor Abschluß der Einnistung des befruchteten Eies in der Gebärmutter eintritt, gelten nicht als Schwangerschaftsabbruch im Sinne dieses Gesetzes.

(2) [1]In besonders schweren Fällen ist die Strafe Freiheitsstrafe von sechs Monaten bis zu fünf Jahren. [2]Ein besonders schwerer Fall liegt in der Regel vor, wenn der Täter

1. gegen den Willen der Schwangeren handelt oder
2. leichtfertig die Gefahr des Todes oder einer schweren Gesundheitsschädigung der Schwangeren verursacht.

(3) Begeht die Schwangere die Tat, so ist die Strafe Freiheitsstrafe bis zu einem Jahr oder Geldstrafe.

---

1) § 217 ist gem. Urt. des BVerfG v. 26.2.2020 (BGBl. I S. 525) mit Art. 2 Abs. 1 iVm Art. 1 Abs. 1, Art. 2 Abs. 2 Satz 2 iVm Art. 104 Abs. 1 und Art. 12 Abs. 1 GG unvereinbar und nichtig.

(4) [1]Der Versuch ist strafbar. [2]Die Schwangere wird nicht wegen Versuchs bestraft.

§ 218a Straflosigkeit des Schwangerschaftsabbruchs[1)]

(1) Der Tatbestand des § 218 ist nicht verwirklicht, wenn

1. die Schwangere den Schwangerschaftsabbruch verlangt und dem Arzt durch eine Bescheinigung nach § 219 Abs. 2 Satz 2 nachgewiesen hat, daß sie sich mindestens drei Tage vor dem Eingriff hat beraten lassen,
2. der Schwangerschaftsabbruch von einem Arzt vorgenommen wird und
3. seit der Empfängnis nicht mehr als zwölf Wochen vergangen sind.

(2) Der mit Einwilligung der Schwangeren von einem Arzt vorgenommene Schwangerschaftsabbruch ist nicht rechtswidrig, wenn der Abbruch der Schwangerschaft unter Berücksichtigung der gegenwärtigen und zukünftigen Lebensverhältnisse der Schwangeren nach ärztlicher Erkenntnis angezeigt ist, um eine Gefahr für das Leben oder die Gefahr einer schwerwiegenden Beeinträchtigung des körperlichen oder seelischen Gesundheitszustandes der Schwangeren abzuwenden, und die Gefahr nicht auf eine andere für sie zumutbare Weise abgewendet werden kann.

(3) Die Voraussetzungen des Absatzes 2 gelten bei einem Schwangerschaftsabbruch, der mit Einwilligung der Schwangeren von einem Arzt vorgenommen wird, auch als erfüllt, wenn nach ärztlicher Erkenntnis an der Schwangeren eine rechtswidrige Tat nach den §§ 176 bis 178 des Strafgesetzbuches begangen worden ist, dringende Gründe für die Annahme sprechen, daß die Schwangerschaft auf der Tat beruht, und seit der Empfängnis nicht mehr als zwölf Wochen vergangen sind.

(4) [1]Die Schwangere ist nicht nach § 218 strafbar, wenn der Schwangerschaftsabbruch nach Beratung (§ 219) von einem Arzt vorgenommen worden ist und seit der Empfängnis nicht mehr als zweiundzwanzig Wochen verstrichen sind. [2]Das Gericht kann von Strafe nach § 218 absehen, wenn die Schwangere sich zur Zeit des Eingriffs in besonderer Bedrängnis befunden hat.

§ 218b Schwangerschaftsabbruch ohne ärztliche Feststellung; unrichtige ärztliche Feststellung

(1) [1]Wer in den Fällen des § 218a Abs. 2 oder 3 eine Schwangerschaft abbricht, ohne daß ihm die schriftliche Feststellung eines Arztes, der nicht selbst den Schwangerschaftsabbruch vornimmt, darüber vorgelegen hat, ob die Voraussetzungen des § 218a Abs. 2 oder 3 gegeben sind, wird mit Freiheitsstrafe bis zu einem Jahr oder mit Geldstrafe bestraft, wenn die Tat nicht in § 218 mit Strafe bedroht ist. [2]Wer als Arzt wider besseres Wissen eine unrichtige Feststellung über die Voraussetzungen des § 218a Abs. 2 oder 3 zur Vorlage nach Satz 1 trifft, wird mit Freiheitsstrafe bis zu zwei Jahren oder mit Geldstrafe bestraft, wenn die Tat nicht in § 218 mit Strafe bedroht ist. [3]Die Schwangere ist nicht nach Satz 1 oder 2 strafbar.

(2) [1]Ein Arzt darf Feststellungen nach § 218a Abs. 2 oder 3 nicht treffen, wenn ihm die zuständige Stelle dies untersagt hat, weil er wegen einer rechtswidrigen Tat nach Absatz 1, den §§ 218 oder 219b oder wegen einer anderen rechtswidrigen Tat, die er im Zusammenhang mit einem Schwangerschaftsabbruch begangen hat, rechtskräftig verurteilt worden ist. [2]Die zuständige Stelle kann einem Arzt vorläufig untersagen, Feststellungen nach § 218a Abs. 2 und 3 zu treffen, wenn gegen ihn wegen des Verdachts einer der in Satz 1 bezeichneten rechtswidrigen Taten das Hauptverfahren eröffnet worden ist.

---

1) Siehe hierzu § 2a SchKG: § 2a Aufklärung und Beratung in besonderen Fällen

(1) [1]Sprechen nach den Ergebnissen von pränataldiagnostischen Maßnahmen dringende Gründe für die Annahme, dass die körperliche oder geistige Gesundheit des Kindes geschädigt ist, so hat die Ärztin oder der Arzt, die oder der der Schwangeren die Diagnose mitteilt, über die medizinischen und psychosozialen Aspekte, die sich aus dem Befund ergeben, unter Hinzuziehung von Ärztinnen oder Ärzten, die mit dieser Gesundheitsschädigung bei geborenen Kindern Erfahrung haben, zu beraten. [2]Die Beratung erfolgt in allgemein verständlicher Form und ergebnisoffen. [3]Sie umfasst die eingehende Erörterung der möglichen medizinischen, psychischen und sozialen Fragen sowie der Möglichkeiten zur Unterstützung bei physischen und psychischen Belastungen. [4]Die Ärztin oder der Arzt hat über den Anspruch auf weitere und vertiefende psychosoziale Beratung nach § 2 zu informieren und im Einvernehmen mit der Schwangeren Kontakte zu Beratungsstellen nach § 3 und zu Selbsthilfegruppen oder Behindertenverbänden zu vermitteln.

(2) [1]Die Ärztin oder der Arzt, die oder der gemäß § 218b Absatz 1 des Strafgesetzbuchs die schriftliche Feststellung über die Voraussetzungen des § 218a Absatz 2 des Strafgesetzbuchs zu treffen hat, hat vor der schriftlichen Feststellung gemäß § 218b Absatz 1 des Strafgesetzbuchs die Schwangere über die medizinischen und psychischen Aspekte eines Schwangerschaftsabbruchs zu beraten, über den Anspruch auf weitere und vertiefende psychosoziale Beratung nach § 2 zu informieren und im Einvernehmen mit der Schwangeren Kontakte zu Beratungsstellen nach § 3 zu vermitteln, soweit dies nicht auf Grund des Absatzes 1 bereits geschehen ist. [2]Die schriftliche Feststellung darf nicht vor Ablauf von drei Tagen nach der Mitteilung der Diagnose gemäß Absatz 1 Satz 1 oder nach der Beratung gemäß Satz 1 vorgenommen werden. [3]Dies gilt nicht, wenn die Schwangerschaft abgebrochen werden muss, um eine gegenwärtige erhebliche Gefahr für Leib oder Leben der Schwangeren abzuwenden.

(3) Die Ärztin oder der Arzt, die oder der die schriftliche Feststellung der Indikation zu treffen hat, hat bei der schriftlichen Feststellung eine schriftliche Bestätigung der Schwangeren über die Beratung und Vermittlung nach den Absätzen 1 und 2 oder über den Verzicht darauf einzuholen, nicht aber vor Ablauf der Bedenkzeit nach Absatz 2 Satz 2.

§ 218c Ärztliche Pflichtverletzung bei einem Schwangerschaftsabbruch

(1) Wer eine Schwangerschaft abbricht,
1. ohne der Frau Gelegenheit gegeben zu haben, ihm die Gründe für ihr Verlangen nach Abbruch der Schwangerschaft darzulegen,
2. ohne die Schwangere über die Bedeutung des Eingriffs, insbesondere über Ablauf, Folgen, Risiken, mögliche physische und psychische Auswirkungen ärztlich beraten zu haben,
3. ohne sich zuvor in den Fällen des § 218a Abs. 1 und 3 auf Grund ärztlicher Untersuchung von der Dauer der Schwangerschaft überzeugt zu haben oder
4. obwohl er die Frau in einem Fall des § 218a Abs. 1 nach § 219 beraten hat,

wird mit Freiheitsstrafe bis zu einem Jahr oder mit Geldstrafe bestraft, wenn die Tat nicht in § 218 mit Strafe bedroht ist.

(2) Die Schwangere ist nicht nach Absatz 1 strafbar.

§ 219 Beratung der Schwangeren in einer Not- und Konfliktlage

(1) [1]Die Beratung dient dem Schutz des ungeborenen Lebens. [2]Sie hat sich von dem Bemühen leiten zu lassen, die Frau zur Fortsetzung der Schwangerschaft zu ermutigen und ihr Perspektiven für ein Leben mit dem Kind zu eröffnen; sie soll ihr helfen, eine verantwortliche und gewissenhafte Entscheidung zu treffen. [3]Dabei muß der Frau bewußt sein, daß das Ungeborene in jedem Stadium der Schwangerschaft auch ihr gegenüber ein eigenes Recht auf Leben hat und daß deshalb nach der Rechtsordnung ein Schwangerschaftsabbruch nur in Ausnahmesituationen in Betracht kommen kann, wenn der Frau durch das Austragen des Kindes eine Belastung erwächst, die so schwer und außergewöhnlich ist, daß sie die zumutbare Opfergrenze übersteigt. [4]Die Beratung soll durch Rat und Hilfe dazu beitragen, die in Zusammenhang mit der Schwangerschaft bestehende Konfliktlage zu bewältigen und einer Notlage abzuhelfen. [5]Das Nähere regelt das Schwangerschaftskonfliktgesetz.

(2) [1]Die Beratung hat nach dem Schwangerschaftskonfliktgesetz durch eine anerkannte Schwangerschaftskonfliktberatungsstelle zu erfolgen. [2]Die Beratungsstelle hat der Schwangeren nach Abschluß der Beratung hierüber eine mit dem Datum des letzten Beratungsgesprächs und dem Namen der Schwangeren versehene Bescheinigung nach Maßgabe des Schwangerschaftskonfliktgesetzes auszustellen. [3]Der Arzt, der den Abbruch der Schwangerschaft vornimmt, ist als Berater ausgeschlossen.

§ 219a *[aufgehoben]*

§ 219b Inverkehrbringen von Mitteln zum Abbruch der Schwangerschaft

(1) Wer in der Absicht, rechtswidrige Taten nach § 218 zu fördern, Mittel oder Gegenstände, die zum Schwangerschaftsabbruch geeignet sind, in den Verkehr bringt, wird mit Freiheitsstrafe bis zu zwei Jahren oder mit Geldstrafe bestraft.

(2) Die Teilnahme der Frau, die den Abbruch ihrer Schwangerschaft vorbereitet, ist nicht nach Absatz 1 strafbar.

(3) Mittel oder Gegenstände, auf die sich die Tat bezieht, können eingezogen werden.

§ 220 (weggefallen)

§ 220a *[aufgehoben]*

§ 221 Aussetzung

(1) Wer einen Menschen
1. in eine hilflose Lage versetzt oder
2. in einer hilflosen Lage im Stich läßt, obwohl er ihn in seiner Obhut hat oder ihm sonst beizustehen verpflichtet ist,

und ihn dadurch der Gefahr des Todes oder einer schweren Gesundheitsschädigung aussetzt, wird mit Freiheitsstrafe von drei Monaten bis zu fünf Jahren bestraft.

(2) Auf Freiheitsstrafe von einem Jahr bis zu zehn Jahren ist zu erkennen, wenn der Täter
1. die Tat gegen sein Kind oder eine Person begeht, die ihm zur Erziehung oder zur Betreuung in der Lebensführung anvertraut ist, oder
2. durch die Tat eine schwere Gesundheitsschädigung des Opfers verursacht.

(3) Verursacht der Täter durch die Tat den Tod des Opfers, so ist die Strafe Freiheitsstrafe nicht unter drei Jahren.

(4) In minder schweren Fällen des Absatzes 2 ist auf Freiheitsstrafe von sechs Monaten bis zu fünf Jahren, in minder schweren Fällen des Absatzes 3 auf Freiheitsstrafe von einem Jahr bis zu zehn Jahren zu erkennen.

§ 222 Fahrlässige Tötung
Wer durch Fahrlässigkeit den Tod eines Menschen verursacht, wird mit Freiheitsstrafe bis zu fünf Jahren oder mit Geldstrafe bestraft.

Siebzehnter Abschnitt

Straftaten gegen die körperliche Unversehrtheit

§ 223 Körperverletzung
(1) Wer eine andere Person körperlich mißhandelt oder an der Gesundheit schädigt, wird mit Freiheitsstrafe bis zu fünf Jahren oder mit Geldstrafe bestraft.
(2) Der Versuch ist strafbar.

§ 224 Gefährliche Körperverletzung
(1) Wer die Körperverletzung
1. durch Beibringung von Gift oder anderen gesundheitsschädlichen Stoffen,
2. mittels einer Waffe oder eines anderen gefährlichen Werkzeugs,
3. mittels eines hinterlistigen Überfalls,
4. mit einem anderen Beteiligten gemeinschaftlich oder
5. mittels einer das Leben gefährdenden Behandlung

begeht, wird mit Freiheitsstrafe von sechs Monaten bis zu zehn Jahren, in minder schweren Fällen mit Freiheitsstrafe von drei Monaten bis zu fünf Jahren bestraft.
(2) Der Versuch ist strafbar.

§ 225 Mißhandlung von Schutzbefohlenen
(1) Wer eine Person unter achtzehn Jahren oder eine wegen Gebrechlichkeit oder Krankheit wehrlose Person, die
1. seiner Fürsorge oder Obhut untersteht,
2. seinem Hausstand angehört,
3. von dem Fürsorgepflichtigen seiner Gewalt überlassen worden oder
4. ihm im Rahmen eines Dienst- oder Arbeitsverhältnisses untergeordnet ist,

quält oder roh mißhandelt, oder wer durch böswillige Vernachlässigung seiner Pflicht, für sie zu sorgen, sie an der Gesundheit schädigt, wird mit Freiheitsstrafe von sechs Monaten bis zu zehn Jahren bestraft.
(2) Der Versuch ist strafbar.
(3) Auf Freiheitsstrafe nicht unter einem Jahr ist zu erkennen, wenn der Täter die schutzbefohlene Person durch die Tat in die Gefahr
1. des Todes oder einer schweren Gesundheitsschädigung oder
2. einer erheblichen Schädigung der körperlichen oder seelischen Entwicklung

bringt.
(4) In minder schweren Fällen des Absatzes 1 ist auf Freiheitsstrafe von drei Monaten bis zu fünf Jahren, in minder schweren Fällen des Absatzes 3 auf Freiheitsstrafe von sechs Monaten bis zu fünf Jahren zu erkennen.

§ 226 Schwere Körperverletzung
(1) Hat die Körperverletzung zur Folge, daß die verletzte Person
1. das Sehvermögen auf einem Auge oder beiden Augen, das Gehör, das Sprechvermögen oder die Fortpflanzungsfähigkeit verliert,
2. ein wichtiges Glied des Körpers verliert oder dauernd nicht mehr gebrauchen kann oder
3. in erheblicher Weise dauernd entstellt wird oder in Siechtum, Lähmung oder geistige Krankheit oder Behinderung verfällt,

so ist die Strafe Freiheitsstrafe von einem Jahr bis zu zehn Jahren.
(2) Verursacht der Täter eine der in Absatz 1 bezeichneten Folgen absichtlich oder wissentlich, so ist die Strafe Freiheitsstrafe nicht unter drei Jahren.
(3) In minder schweren Fällen des Absatzes 1 ist auf Freiheitsstrafe von sechs Monaten bis zu fünf Jahren, in minder schweren Fällen des Absatzes 2 auf Freiheitsstrafe von einem Jahr bis zu zehn Jahren zu erkennen.

§ 226a Verstümmelung weiblicher Genitalien
(1) Wer die äußeren Genitalien einer weiblichen Person verstümmelt, wird mit Freiheitsstrafe nicht unter einem Jahr bestraft.
(2) In minder schweren Fällen ist auf Freiheitsstrafe von sechs Monaten bis zu fünf Jahren zu erkennen.

§ 227 Körperverletzung mit Todesfolge

(1) Verursacht der Täter durch die Körperverletzung (§§ 223 bis 226a) den Tod der verletzten Person, so ist die Strafe Freiheitsstrafe nicht unter drei Jahren.

(2) In minder schweren Fällen ist auf Freiheitsstrafe von einem Jahr bis zu zehn Jahren zu erkennen.

§ 228 Einwilligung

Wer eine Körperverletzung mit Einwilligung der verletzten Person vornimmt, handelt nur dann rechtswidrig, wenn die Tat trotz der Einwilligung gegen die guten Sitten verstößt.

§ 229 Fahrlässige Körperverletzung

Wer durch Fahrlässigkeit die Körperverletzung einer anderen Person verursacht, wird mit Freiheitsstrafe bis zu drei Jahren oder mit Geldstrafe bestraft.

§ 230 Strafantrag

(1) [1]Die vorsätzliche Körperverletzung nach § 223 und die fahrlässige Körperverletzung nach § 229 werden nur auf Antrag verfolgt, es sei denn, daß die Strafverfolgungsbehörde wegen des besonderen öffentlichen Interesses an der Strafverfolgung ein Einschreiten von Amts wegen für geboten hält. [2]Stirbt die verletzte Person, so geht bei vorsätzlicher Körperverletzung das Antragsrecht nach § 77 Abs. 2 auf die Angehörigen über.

(2) [1]Ist die Tat gegen einen Amtsträger, einen für den öffentlichen Dienst besonders Verpflichteten oder einen Soldaten der Bundeswehr während der Ausübung seines Dienstes oder in Beziehung auf seinen Dienst begangen, so wird sie auch auf Antrag des Dienstvorgesetzten verfolgt. [2]Dasselbe gilt für Träger von Ämtern der Kirchen und anderen Religionsgesellschaften des öffentlichen Rechts.

§ 231 Beteiligung an einer Schlägerei

(1) Wer sich an einer Schlägerei oder an einem von mehreren verübten Angriff beteiligt, wird schon wegen dieser Beteiligung mit Freiheitsstrafe bis zu drei Jahren oder mit Geldstrafe bestraft, wenn durch die Schlägerei oder den Angriff der Tod eines Menschen oder eine schwere Körperverletzung (§ 226) verursacht worden ist.

(2) Nach Absatz 1 ist nicht strafbar, wer an der Schlägerei oder dem Angriff beteiligt war, ohne daß ihm dies vorzuwerfen ist.

Achtzehnter Abschnitt

Straftaten gegen die persönliche Freiheit

§ 232 Menschenhandel

(1) [1]Mit Freiheitsstrafe von sechs Monaten bis zu fünf Jahren wird bestraft, wer eine andere Person unter Ausnutzung ihrer persönlichen oder wirtschaftlichen Zwangslage oder ihrer Hilflosigkeit, die mit dem Aufenthalt in einem fremden Land verbunden ist, oder wer eine andere Person unter einundzwanzig Jahren anwirbt, befördert, weitergibt, beherbergt oder aufnimmt, wenn

1. diese Person ausgebeutet werden soll
   a) bei der Ausübung der Prostitution oder bei der Vornahme sexueller Handlungen an oder vor dem Täter oder einer dritten Person oder bei der Duldung sexueller Handlungen an sich selbst durch den Täter oder eine dritte Person,
   b) durch eine Beschäftigung,
   c) bei der Ausübung der Bettelei oder
   d) bei der Begehung von mit Strafe bedrohten Handlungen durch diese Person,
2. diese Person in Sklaverei, Leibeigenschaft, Schuldknechtschaft oder in Verhältnissen, die dem entsprechen oder ähneln, gehalten werden soll oder
3. dieser Person rechtswidrig ein Organ entnommen werden soll.

[2]Ausbeutung durch eine Beschäftigung im Sinne des Satzes 1 Nummer 1 Buchstabe b liegt vor, wenn die Beschäftigung aus rücksichtslosem Gewinnstreben zu Arbeitsbedingungen erfolgt, die in einem auffälligen Missverhältnis zu den Arbeitsbedingungen solcher Arbeitnehmer stehen, welche der gleichen oder einer vergleichbaren Beschäftigung nachgehen (ausbeuterische Beschäftigung).

(2) Mit Freiheitsstrafe von sechs Monaten bis zu zehn Jahren wird bestraft, wer eine andere Person, die in der in Absatz 1 Satz 1 Nummer 1 bis 3 bezeichneten Weise ausgebeutet werden soll,

1. mit Gewalt, durch Drohung mit einem empfindlichen Übel oder durch List anwirbt, befördert, weitergibt, beherbergt oder aufnimmt oder
2. entführt oder sich ihrer bemächtigt oder ihrer Bemächtigung durch eine dritte Person Vorschub leistet.

(3) [1]In den Fällen des Absatzes 1 ist auf Freiheitsstrafe von sechs Monaten bis zu zehn Jahren zu erkennen, wenn

1. das Opfer zur Zeit der Tat unter achtzehn Jahren alt ist,
2. der Täter das Opfer bei der Tat körperlich schwer misshandelt oder durch die Tat oder eine während der Tat begangene Handlung wenigstens leichtfertig in die Gefahr des Todes oder einer schweren Gesundheitsschädigung bringt oder
3. der Täter gewerbsmäßig handelt oder als Mitglied einer Bande, die sich zur fortgesetzten Begehung solcher Taten verbunden hat.

[2]In den Fällen des Absatzes 2 ist auf Freiheitsstrafe von einem Jahr bis zu zehn Jahren zu erkennen, wenn einer der in Satz 1 Nummer 1 bis 3 bezeichneten Umstände vorliegt.

(4) In den Fällen der Absätze 1, 2 und 3 Satz 1 ist der Versuch strafbar.

§ 232a Zwangsprostitution

(1) Mit Freiheitsstrafe von sechs Monaten bis zu zehn Jahren wird bestraft, wer eine andere Person unter Ausnutzung ihrer persönlichen oder wirtschaftlichen Zwangslage oder ihrer Hilflosigkeit, die mit dem Aufenthalt in einem fremden Land verbunden ist, oder wer eine andere Person unter einundzwanzig Jahren veranlasst,

1. die Prostitution aufzunehmen oder fortzusetzen oder
2. sexuelle Handlungen, durch die sie ausgebeutet wird, an oder vor dem Täter oder einer dritten Person vorzunehmen oder von dem Täter oder einer dritten Person an sich vornehmen zu lassen.

(2) Der Versuch ist strafbar.

(3) Mit Freiheitsstrafe von einem Jahr bis zu zehn Jahren wird bestraft, wer eine andere Person mit Gewalt, durch Drohung mit einem empfindlichen Übel oder durch List zu der Aufnahme oder Fortsetzung der Prostitution oder den in Absatz 1 Nummer 2 bezeichneten sexuellen Handlungen veranlasst.

(4) In den Fällen des Absatzes 1 ist auf Freiheitsstrafe von einem Jahr bis zu zehn Jahren und in den Fällen des Absatzes 3 auf Freiheitsstrafe nicht unter einem Jahr zu erkennen, wenn einer der in § 232 Absatz 3 Satz 1 Nummer 1 bis 3 bezeichneten Umstände vorliegt.

(5) In minder schweren Fällen des Absatzes 1 ist auf Freiheitsstrafe von drei Monaten bis zu fünf Jahren zu erkennen, in minder schweren Fällen der Absätze 3 und 4 auf Freiheitsstrafe von sechs Monaten bis zu zehn Jahren.

(6) [1]Mit Freiheitsstrafe von drei Monaten bis zu fünf Jahren wird bestraft, wer an einer Person, die Opfer

1. eines Menschenhandels nach § 232 Absatz 1 Satz 1 Nummer 1 Buchstabe a, auch in Verbindung mit § 232 Absatz 2, oder
2. einer Tat nach den Absätzen 1 bis 5

geworden ist und der Prostitution nachgeht, gegen Entgelt sexuelle Handlungen vornimmt oder von ihr an sich vornehmen lässt und dabei deren persönliche oder wirtschaftliche Zwangslage oder deren Hilflosigkeit, die mit dem Aufenthalt in einem fremden Land verbunden ist, ausnutzt. [2]Verkennt der Täter bei der sexuellen Handlung zumindest leichtfertig die Umstände des Satzes 1 Nummer 1 oder 2 oder die persönliche oder wirtschaftliche Zwangslage des Opfers oder dessen Hilfslosigkeit[1)], so ist die Strafe Freiheitsstrafe bis zu drei Jahren oder Geldstrafe. [3]Nach den Sätzen 1 und 2 wird nicht bestraft, wer eine Tat nach Satz 1 Nummer 1 oder 2, die zum Nachteil der Person, die nach Satz 1 der Prostitution nachgeht, begangen wurde, freiwillig bei der zuständigen Behörde anzeigt oder freiwillig eine solche Anzeige veranlasst, wenn nicht diese Tat zu diesem Zeitpunkt ganz oder zum Teil bereits entdeckt war und der Täter dies wusste oder bei verständiger Würdigung der Sachlage damit rechnen musste.

§ 232b Zwangsarbeit

(1) Mit Freiheitsstrafe von sechs Monaten bis zu zehn Jahren wird bestraft, wer eine andere Person unter Ausnutzung ihrer persönlichen oder wirtschaftlichen Zwangslage oder ihrer Hilflosigkeit, die mit dem Aufenthalt in einem fremden Land verbunden ist, oder wer eine andere Person unter einundzwanzig Jahren veranlasst,

1. eine ausbeuterische Beschäftigung (§ 232 Absatz 1 Satz 2) aufzunehmen oder fortzusetzen,
2. sich in Sklaverei, Leibeigenschaft, Schuldknechtschaft oder in Verhältnisse, die dem entsprechen oder ähneln, zu begeben oder
3. die Bettelei, bei der sie ausgebeutet wird, aufzunehmen oder fortzusetzen.

(2) Der Versuch ist strafbar.

(3) Mit Freiheitsstrafe von einem Jahr bis zu zehn Jahren wird bestraft, wer eine andere Person mit Gewalt, durch Drohung mit einem empfindlichen Übel oder durch List veranlasst,

---

1) Richtig wohl: „Hilflosigkeit".

1. eine ausbeuterische Beschäftigung (§ 232 Absatz 1 Satz 2) aufzunehmen oder fortzusetzen,
2. sich in Sklaverei, Leibeigenschaft, Schuldknechtschaft oder in Verhältnisse, die dem entsprechen oder ähneln, zu begeben oder
3. die Bettelei, bei der sie ausgebeutet wird, aufzunehmen oder fortzusetzen.

(4) § 232a Absatz 4 und 5 gilt entsprechend.

§ 233 Ausbeutung der Arbeitskraft

(1) Mit Freiheitsstrafe bis zu drei Jahren oder mit Geldstrafe wird bestraft, wer eine andere Person unter Ausnutzung ihrer persönlichen oder wirtschaftlichen Zwangslage oder ihrer Hilflosigkeit, die mit dem Aufenthalt in einem fremden Land verbunden ist, oder wer eine andere Person unter einundzwanzig Jahren ausbeutet

1. durch eine Beschäftigung nach § 232 Absatz 1 Satz 2,
2. bei der Ausübung der Bettelei oder
3. bei der Begehung von mit Strafe bedrohten Handlungen durch diese Person.

(2) Auf Freiheitsstrafe von sechs Monaten bis zu zehn Jahren ist zu erkennen, wenn

1. das Opfer zur Zeit der Tat unter achtzehn Jahren alt ist,
2. der Täter das Opfer bei der Tat körperlich schwer misshandelt oder durch die Tat oder eine während der Tat begangene Handlung wenigstens leichtfertig in die Gefahr des Todes oder einer schweren Gesundheitsschädigung bringt,
3. der Täter das Opfer durch das vollständige oder teilweise Vorenthalten der für die Tätigkeit des Opfers üblichen Gegenleistung in wirtschaftliche Not bringt oder eine bereits vorhandene wirtschaftliche Not erheblich vergrößert oder
4. der Täter als Mitglied einer Bande handelt, die sich zur fortgesetzten Begehung solcher Taten verbunden hat.

(3) Der Versuch ist strafbar.

(4) In minder schweren Fällen des Absatzes 1 ist auf Freiheitsstrafe bis zu zwei Jahren oder auf Geldstrafe zu erkennen, in minder schweren Fällen des Absatzes 2 auf Freiheitsstrafe von drei Monaten bis zu fünf Jahren.

(5) [1]Mit Freiheitsstrafe bis zu zwei Jahren oder mit Geldstrafe wird bestraft, wer einer Tat nach Absatz 1 Nummer 1 Vorschub leistet durch die

1. Vermittlung einer ausbeuterischen Beschäftigung (§ 232 Absatz 1 Satz 2),
2. Vermietung von Geschäftsräumen oder
3. Vermietung von Räumen zum Wohnen an die auszubeutende Person.

[2]Satz 1 gilt nicht, wenn die Tat bereits nach anderen Vorschriften mit schwererer Strafe bedroht ist.

§ 233a Ausbeutung unter Ausnutzung einer Freiheitsberaubung

(1) Mit Freiheitsstrafe von sechs Monaten bis zu zehn Jahren wird bestraft, wer eine andere Person einsperrt oder auf andere Weise der Freiheit beraubt und sie in dieser Lage ausbeutet

1. bei der Ausübung der Prostitution,
2. durch eine Beschäftigung nach § 232 Absatz 1 Satz 2,
3. bei der Ausübung der Bettelei oder
4. bei der Begehung von mit Strafe bedrohten Handlungen durch diese Person.

(2) Der Versuch ist strafbar.

(3) In den Fällen des Absatzes 1 ist auf Freiheitsstrafe von einem Jahr bis zu zehn Jahren zu erkennen, wenn einer der in § 233 Absatz 2 Nummer 1 bis 4 bezeichneten Umstände vorliegt.

(4) In minder schweren Fällen des Absatzes 1 ist auf Freiheitsstrafe von drei Monaten bis zu fünf Jahren, in minder schweren Fällen des Absatzes 3 auf Freiheitsstrafe von sechs Monaten bis zu zehn Jahren zu erkennen.

§ 233b Führungsaufsicht

In den Fällen der §§ 232, 232a Absatz 1 bis 5, der §§ 232b, 233 Absatz 1 bis 4 und des § 233a kann das Gericht Führungsaufsicht anordnen (§ 68 Abs. 1).

§ 234 Menschenraub

(1) Wer sich einer anderen Person mit Gewalt, durch Drohung mit einem empfindlichen Übel oder durch List bemächtigt, um sie in hilfloser Lage auszusetzen oder dem Dienst in einer militärischen oder militärähnlichen Einrichtung im Ausland zuzuführen, wird mit Freiheitsstrafe von einem Jahr bis zu zehn Jahren bestraft.

(2) In minder schweren Fällen ist die Strafe Freiheitsstrafe von sechs Monaten bis zu fünf Jahren.

§ 234a Verschleppung

(1) Wer einen anderen durch List, Drohung oder Gewalt in ein Gebiet außerhalb des räumlichen Geltungsbereichs dieses Gesetzes verbringt oder veranlaßt, sich dorthin zu begeben, oder davon abhält, von dort zurückzukehren, und dadurch der Gefahr aussetzt, aus politischen Gründen verfolgt zu werden und hierbei im Widerspruch zu rechtsstaatlichen Grundsätzen durch Gewalt- oder Willkürmaßnahmen Schaden an Leib oder Leben zu erleiden, der Freiheit beraubt oder in seiner beruflichen oder wirtschaftlichen Stellung empfindlich beeinträchtigt zu werden, wird mit Freiheitsstrafe nicht unter einem Jahr bestraft.

(2) In minder schweren Fällen ist die Strafe Freiheitsstrafe von drei Monaten bis zu fünf Jahren.

(3) Wer eine solche Tat vorbereitet, wird mit Freiheitsstrafe bis zu fünf Jahren oder mit Geldstrafe bestraft.

§ 234b Verschwindenlassen von Personen

(1) Mit Freiheitsstrafe nicht unter einem Jahr wird bestraft, wer als Amtsträger oder im Auftrag oder mit Billigung eines Staates

1. eine Person entführt oder sonst ihrer körperlichen Freiheit beraubt, wobei im Weiteren die Auskunft über ihr Schicksal oder ihren Verbleib verweigert wird, oder
2. das Schicksal oder den Verbleib einer Person verschleiert, die von einem Amtsträger oder im Auftrag oder mit Billigung eines Staates entführt oder sonst ihrer körperlichen Freiheit beraubt worden ist, oder die Auskunft darüber verweigert,

und sie dadurch dem Schutz des Gesetzes entzieht.

(2) In minder schweren Fällen ist die Strafe Freiheitsstrafe von drei Monaten bis zu fünf Jahren.

§ 235 Entziehung Minderjähriger

(1) Mit Freiheitsstrafe bis zu fünf Jahren oder mit Geldstrafe wird bestraft, wer

1. eine Person unter achtzehn Jahren mit Gewalt, durch Drohung mit einem empfindlichen Übel oder durch List oder
2. ein Kind, ohne dessen Angehöriger zu sein,

den Eltern, einem Elternteil, dem Vormund oder dem Pfleger entzieht oder vorenthält.

(2) Ebenso wird bestraft, wer ein Kind den Eltern, einem Elternteil, dem Vormund oder dem Pfleger

1. entzieht, um es in das Ausland zu verbringen, oder
2. im Ausland vorenthält, nachdem es dorthin verbracht worden ist oder es sich dorthin begeben hat.

(3) In den Fällen des Absatzes 1 Nr. 2 und des Absatzes 2 Nr. 1 ist der Versuch strafbar.

(4) Auf Freiheitsstrafe von einem Jahr bis zu zehn Jahren ist zu erkennen, wenn der Täter

1. das Opfer durch die Tat in die Gefahr des Todes oder einer schweren Gesundheitsschädigung oder einer erheblichen Schädigung der körperlichen oder seelischen Entwicklung bringt oder
2. die Tat gegen Entgelt oder in der Absicht begeht, sich oder einen Dritten zu bereichern.

(5) Verursacht der Täter durch die Tat den Tod des Opfers, so ist die Strafe Freiheitsstrafe nicht unter drei Jahren.

(6) In minder schweren Fällen des Absatzes 4 ist auf Freiheitsstrafe von sechs Monaten bis zu fünf Jahren, in minder schweren Fällen des Absatzes 5 auf Freiheitsstrafe von einem Jahr bis zu zehn Jahren zu erkennen.

(7) Die Entziehung Minderjähriger wird in den Fällen der Absätze 1 bis 3 nur auf Antrag verfolgt, es sei denn, daß die Strafverfolgungsbehörde wegen des besonderen öffentlichen Interesses an der Strafverfolgung ein Einschreiten von Amts wegen für geboten hält.

§ 236 Kinderhandel

(1) [1]Wer sein noch nicht achtzehn Jahre altes Kind oder seinen noch nicht achtzehn Jahre alten Mündel oder Pflegling unter grober Vernachlässigung der Fürsorge- oder Erziehungspflicht einem anderen auf Dauer überlässt und dabei gegen Entgelt oder in der Absicht handelt, sich oder einen Dritten zu bereichern, wird mit Freiheitsstrafe bis zu fünf Jahren oder mit Geldstrafe bestraft. [2]Ebenso wird bestraft, wer in den Fällen des Satzes 1 das Kind, den Mündel oder Pflegling auf Dauer bei sich aufnimmt und dafür ein Entgelt gewährt.

(2) [1]Wer unbefugt

1. die Adoption einer Person unter achtzehn Jahren vermittelt oder
2. eine Vermittlungstätigkeit ausübt, die zum Ziel hat, daß ein Dritter eine Person unter achtzehn Jahren auf Dauer bei sich aufnimmt,

und dabei gegen Entgelt oder in der Absicht handelt, sich oder einen Dritten zu bereichern, wird mit Freiheitsstrafe bis zu drei Jahren oder mit Geldstrafe bestraft. [2]Ebenso wird bestraft, wer als Vermittler der Adoption einer Person unter achtzehn Jahren einer Person für die Erteilung der erforderlichen Zustimmung zur Adoption ein Entgelt gewährt. [3]Bewirkt der Täter in den Fällen des Satzes 1, daß die vermittelte Person in das Inland oder in das Ausland verbracht wird, so ist die Strafe Freiheitsstrafe bis zu fünf Jahren oder Geldstrafe.

(3) Der Versuch ist strafbar.

(4) Auf Freiheitsstrafe von sechs Monaten bis zu zehn Jahren ist zu erkennen, wenn der Täter

1. aus Gewinnsucht, gewerbsmäßig oder als Mitglied einer Bande handelt, die sich zur fortgesetzten Begehung eines Kinderhandels verbunden hat, oder
2. das Kind oder die vermittelte Person durch die Tat in die Gefahr einer erheblichen Schädigung der körperlichen oder seelischen Entwicklung bringt.

(5) In den Fällen der Absätze 1 und 3 kann das Gericht bei Beteiligten und in den Fällen der Absätze 2 und 3 bei Teilnehmern, deren Schuld unter Berücksichtigung des körperlichen oder seelischen Wohls des Kindes oder der vermittelten Person gering ist, die Strafe nach seinem Ermessen mildern (§ 49 Abs. 2) oder von Strafe nach den Absätzen 1 bis 3 absehen.

§ 237 Zwangsheirat

(1) [1]Wer einen Menschen rechtswidrig mit Gewalt oder durch Drohung mit einem empfindlichen Übel zur Eingehung der Ehe nötigt, wird mit Freiheitsstrafe von sechs Monaten bis zu fünf Jahren bestraft. [2]Rechtswidrig ist die Tat, wenn die Anwendung der Gewalt oder die Androhung des Übels zu dem angestrebten Zweck als verwerflich anzusehen ist.

(2) Ebenso wird bestraft, wer zur Begehung einer Tat nach Absatz 1 den Menschen durch Gewalt, Drohung mit einem empfindlichen Übel oder durch List in ein Gebiet außerhalb des räumlichen Geltungsbereiches dieses Gesetzes verbringt oder veranlasst, sich dorthin zu begeben, oder davon abhält, von dort zurückzukehren.

(3) Der Versuch ist strafbar.

(4) In minder schweren Fällen ist die Strafe Freiheitsstrafe bis zu drei Jahren oder Geldstrafe.

§ 238 Nachstellung

(1) Mit Freiheitsstrafe bis zu drei Jahren oder mit Geldstrafe wird bestraft, wer einer anderen Person in einer Weise unbefugt nachstellt, die geeignet ist, deren Lebensgestaltung nicht unerheblich zu beeinträchtigen, indem er wiederholt

1. die räumliche Nähe dieser Person aufsucht,
2. unter Verwendung von Telekommunikationsmitteln oder sonstigen Mitteln der Kommunikation oder über Dritte Kontakt zu dieser Person herzustellen versucht,
3. unter missbräuchlicher Verwendung von personenbezogenen Daten dieser Person
   a) Bestellungen von Waren oder Dienstleistungen für sie aufgibt oder
   b) Dritte veranlasst, Kontakt mit ihr aufzunehmen,
4. diese Person mit der Verletzung von Leben, körperlicher Unversehrtheit, Gesundheit oder Freiheit ihrer selbst, eines ihrer Angehörigen oder einer anderen ihr nahestehenden Person bedroht,
5. zulasten dieser Person, eines ihrer Angehörigen oder einer anderen ihr nahestehenden Person eine Tat nach § 202a, § 202b oder § 202c begeht,
6. eine Abbildung dieser Person, eines ihrer Angehörigen oder einer anderen ihr nahestehenden Person verbreitet oder der Öffentlichkeit zugänglich macht,
7. einen Inhalt (§ 11 Absatz 3), der geeignet ist, diese Person verächtlich zu machen oder in der öffentlichen Meinung herabzuwürdigen, unter Vortäuschung der Urheberschaft der Person verbreitet oder der Öffentlichkeit zugänglich macht oder
8. eine mit den Nummern 1 bis 7 vergleichbare Handlung vornimmt.

(2) [1]In besonders schweren Fällen des Absatzes 1 Nummer 1 bis 7 wird die Nachstellung mit Freiheitsstrafe von drei Monaten bis zu fünf Jahren bestraft. [2]Ein besonders schwerer Fall liegt in der Regel vor, wenn der Täter

1. durch die Tat eine Gesundheitsschädigung des Opfers, eines Angehörigen des Opfers oder einer anderen dem Opfer nahestehenden Person verursacht,
2. das Opfer, einen Angehörigen des Opfers oder eine andere dem Opfer nahestehende Person durch die Tat in die Gefahr des Todes oder einer schweren Gesundheitsschädigung bringt,
3. dem Opfer durch eine Vielzahl von Tathandlungen über einen Zeitraum von mindestens sechs Monaten nachstellt,
4. bei einer Tathandlung nach Absatz 1 Nummer 5 ein Computerprogramm einsetzt, dessen Zweck das digitale Ausspähen anderer Personen ist,
5. eine durch eine Tathandlung nach Absatz 1 Nummer 5 erlangte Abbildung bei einer Tathandlung nach Absatz 1 Nummer 6 verwendet,

6. einen durch eine Tathandlung nach Absatz 1 Nummer 5 erlangten Inhalt (§ 11 Absatz 3) bei einer Tathandlung nach Absatz 1 Nummer 7 verwendet oder
7. über einundzwanzig Jahre ist und das Opfer unter sechzehn Jahre ist.

(3) Verursacht der Täter durch die Tat den Tod des Opfers, eines Angehörigen des Opfers oder einer anderen dem Opfer nahestehenden Person, so ist die Strafe Freiheitsstrafe von einem Jahr bis zu zehn Jahren.

§ 239 Freiheitsberaubung

(1) Wer einen Menschen einsperrt oder auf andere Weise der Freiheit beraubt, wird mit Freiheitsstrafe bis zu fünf Jahren oder mit Geldstrafe bestraft.

(2) Der Versuch ist strafbar.

(3) Auf Freiheitsstrafe von einem Jahr bis zu zehn Jahren ist zu erkennen, wenn der Täter
1. das Opfer länger als eine Woche der Freiheit beraubt oder
2. durch die Tat oder eine während der Tat begangene Handlung eine schwere Gesundheitsschädigung des Opfers verursacht.

(4) Verursacht der Täter durch die Tat oder eine während der Tat begangene Handlung den Tod des Opfers, so ist die Strafe Freiheitsstrafe nicht unter drei Jahren.

(5) In minder schweren Fällen des Absatzes 3 ist auf Freiheitsstrafe von sechs Monaten bis zu fünf Jahren, in minder schweren Fällen des Absatzes 4 auf Freiheitsstrafe von einem Jahr bis zu zehn Jahren zu erkennen.

§ 239a Erpresserischer Menschenraub

(1) Wer einen Menschen entführt oder sich eines Menschen bemächtigt, um die Sorge des Opfers um sein Wohl oder die Sorge eines Dritten um das Wohl des Opfers zu einer Erpressung (§ 253) auszunutzen, oder wer die von ihm durch eine solche Handlung geschaffene Lage eines Menschen zu einer solchen Erpressung ausnutzt, wird mit Freiheitsstrafe nicht unter fünf Jahren bestraft.

(2) In minder schweren Fällen ist die Strafe Freiheitsstrafe nicht unter einem Jahr.

(3) Verursacht der Täter durch die Tat wenigstens leichtfertig den Tod des Opfers, so ist die Strafe lebenslange Freiheitsstrafe oder Freiheitsstrafe nicht unter zehn Jahren.

(4) [1]Das Gericht kann die Strafe nach § 49 Abs. 1 mildern, wenn der Täter das Opfer unter Verzicht auf die erstrebte Leistung in dessen Lebenskreis zurückgelangen läßt. [2]Tritt dieser Erfolg ohne Zutun des Täters ein, so genügt sein ernsthaftes Bemühen, den Erfolg zu erreichen.

§ 239b Geiselnahme

(1) Wer einen Menschen entführt oder sich eines Menschen bemächtigt, um ihn oder einen Dritten durch die Drohung mit dem Tod oder einer schweren Körperverletzung (§ 226) des Opfers oder mit dessen Freiheitsentziehung von über einer Woche Dauer zu einer Handlung, Duldung oder Unterlassung zu nötigen, oder wer die von ihm durch eine solche Handlung geschaffene Lage eines Menschen zu einer solchen Nötigung ausnutzt, wird mit Freiheitsstrafe nicht unter fünf Jahren bestraft.

(2) § 239a Abs. 2 bis 4 gilt entsprechend.

§ 239c Führungsaufsicht

In den Fällen der §§ 239a und 239b kann das Gericht Führungsaufsicht anordnen (§ 68 Abs. 1).

§ 240 Nötigung

(1) Wer einen Menschen rechtswidrig mit Gewalt oder durch Drohung mit einem empfindlichen Übel zu einer Handlung, Duldung oder Unterlassung nötigt, wird mit Freiheitsstrafe bis zu drei Jahren oder mit Geldstrafe bestraft.

(2) Rechtswidrig ist die Tat, wenn die Anwendung der Gewalt oder die Androhung des Übels zu dem angestrebten Zweck als verwerflich anzusehen ist.

(3) Der Versuch ist strafbar.

(4) [1]In besonders schweren Fällen ist die Strafe Freiheitsstrafe von sechs Monaten bis zu fünf Jahren. [2]Ein besonders schwerer Fall liegt in der Regel vor, wenn der Täter
1. eine Schwangere zum Schwangerschaftsabbruch nötigt oder
2. seine Befugnisse oder seine Stellung als Amtsträger mißbraucht.

§ 241 Bedrohung

(1) Wer einen Menschen mit der Begehung einer gegen ihn oder eine ihm nahestehende Person gerichteten rechtswidrigen Tat gegen die sexuelle Selbstbestimmung, die körperliche Unversehrtheit, die persönliche Freiheit oder gegen eine Sache von bedeutendem Wert bedroht, wird mit Freiheitsstrafe bis zu einem Jahr oder mit Geldstrafe bestraft.

(2) Wer einen Menschen mit der Begehung eines gegen ihn oder eine ihm nahestehende Person gerichteten Verbrechens bedroht, wird mit Freiheitsstrafe bis zu zwei Jahren oder mit Geldstrafe bestraft.
(3) Ebenso wird bestraft, wer wider besseres Wissen einem Menschen vortäuscht, daß die Verwirklichung eines gegen ihn oder eine ihm nahestehende Person gerichteten Verbrechens bevorstehe.
(4) Wird die Tat öffentlich, in einer Versammlung oder durch Verbreiten eines Inhalts (§ 11 Absatz 3) begangen, ist in den Fällen des Absatzes 1 auf Freiheitsstrafe bis zu zwei Jahren oder auf Geldstrafe und in den Fällen der Absätze 2 und 3 auf Freiheitsstrafe bis zu drei Jahren oder auf Geldstrafe zu erkennen.
(5) Die für die angedrohte Tat geltenden Vorschriften über den Strafantrag sind entsprechend anzuwenden.

§ 241a Politische Verdächtigung
(1) Wer einen anderen durch eine Anzeige oder eine Verdächtigung der Gefahr aussetzt, aus politischen Gründen verfolgt zu werden und hierbei im Widerspruch zu rechtsstaatlichen Grundsätzen durch Gewalt- oder Willkürmaßnahmen Schaden an Leib oder Leben zu erleiden, der Freiheit beraubt oder in seiner beruflichen oder wirtschaftlichen Stellung empfindlich beeinträchtigt zu werden, wird mit Freiheitsstrafe bis zu fünf Jahren oder mit Geldstrafe bestraft.
(2) Ebenso wird bestraft, wer eine Mitteilung über einen anderen macht oder übermittelt und ihn dadurch der in Absatz 1 bezeichneten Gefahr einer politischen Verfolgung aussetzt.
(3) Der Versuch ist strafbar.
(4) Wird in der Anzeige, Verdächtigung oder Mitteilung gegen den anderen eine unwahre Behauptung aufgestellt oder ist die Tat in der Absicht begangen, eine der in Absatz 1 bezeichneten Folgen herbeizuführen, oder liegt sonst ein besonders schwerer Fall vor, so kann auf Freiheitsstrafe von einem Jahr bis zu zehn Jahren erkannt werden.

Neunzehnter Abschnitt
Diebstahl und Unterschlagung

§ 242 Diebstahl
(1) Wer eine fremde bewegliche Sache einem anderen in der Absicht wegnimmt, die Sache sich oder einem Dritten rechtswidrig zuzueignen, wird mit Freiheitsstrafe bis zu fünf Jahren oder mit Geldstrafe bestraft.
(2) Der Versuch ist strafbar.

§ 243 Besonders schwerer Fall des Diebstahls
(1) [1]In besonders schweren Fällen wird der Diebstahl mit Freiheitsstrafe von drei Monaten bis zu zehn Jahren bestraft. [2]Ein besonders schwerer Fall liegt in der Regel vor, wenn der Täter
1. zur Ausführung der Tat in ein Gebäude, einen Dienst- oder Geschäftsraum oder in einen anderen umschlossenen Raum einbricht, einsteigt, mit einem falschen Schlüssel oder einem anderen nicht zur ordnungsmäßigen Öffnung bestimmten Werkzeug eindringt oder sich in dem Raum verborgen hält,
2. eine Sache stiehlt, die durch ein verschlossenes Behältnis oder eine andere Schutzvorrichtung gegen Wegnahme besonders gesichert ist,
3. gewerbsmäßig stiehlt,
4. aus einer Kirche oder einem anderen der Religionsausübung dienenden Gebäude oder Raum eine Sache stiehlt, die dem Gottesdienst gewidmet ist oder der religiösen Verehrung dient,
5. eine Sache von Bedeutung für Wissenschaft, Kunst oder Geschichte oder für die technische Entwicklung stiehlt, die sich in einer allgemein zugänglichen Sammlung befindet oder öffentlich ausgestellt ist,
6. stiehlt, indem er die Hilflosigkeit einer anderen Person, einen Unglücksfall oder eine gemeine Gefahr ausnutzt oder
7. eine Handfeuerwaffe, zu deren Erwerb es nach dem Waffengesetz der Erlaubnis bedarf, ein Maschinengewehr, eine Maschinenpistole, ein voll- oder halbautomatisches Gewehr oder eine Sprengstoff enthaltende Kriegswaffe im Sinne des Kriegswaffenkontrollgesetzes oder Sprengstoff stiehlt.

(2) In den Fällen des Absatzes 1 Satz 2 Nr. 1 bis 6 ist ein besonders schwerer Fall ausgeschlossen, wenn sich die Tat auf eine geringwertige Sache bezieht.

§ 244 Diebstahl mit Waffen; Bandendiebstahl; Wohnungseinbruchdiebstahl
(1) Mit Freiheitsstrafe von sechs Monaten bis zu zehn Jahren wird bestraft, wer
1. einen Diebstahl begeht, bei dem er oder ein anderer Beteiligter

a) eine Waffe oder ein anderes gefährliches Werkzeug bei sich führt,
b) sonst ein Werkzeug oder Mittel bei sich führt, um den Widerstand einer anderen Person durch Gewalt oder Drohung mit Gewalt zu verhindern oder zu überwinden,

2. als Mitglied einer Bande, die sich zur fortgesetzten Begehung von Raub oder Diebstahl verbunden hat, unter Mitwirkung eines anderen Bandenmitglieds stiehlt oder
3. einen Diebstahl begeht, bei dem er zur Ausführung der Tat in eine Wohnung einbricht, einsteigt, mit einem falschen Schlüssel oder einem anderen nicht zur ordnungsmäßigen Öffnung bestimmten Werkzeug eindringt oder sich in der Wohnung verborgen hält.

(2) Der Versuch ist strafbar.

(3) In minder schweren Fällen des Absatzes 1 Nummer 1 bis 3 ist die Strafe Freiheitsstrafe von drei Monaten bis zu fünf Jahren.

(4) Betrifft der Wohnungseinbruchdiebstahl nach Absatz 1 Nummer 3 eine dauerhaft genutzte Privatwohnung, so ist die Strafe Freiheitsstrafe von einem Jahr bis zu zehn Jahren.

§ 244a Schwerer Bandendiebstahl

(1) Mit Freiheitsstrafe von einem Jahr bis zu zehn Jahren wird bestraft, wer den Diebstahl unter den in § 243 Abs. 1 Satz 2 genannten Voraussetzungen oder in den Fällen des § 244 Abs. 1 Nr. 1 oder 3 als Mitglied einer Bande, die sich zur fortgesetzten Begehung von Raub oder Diebstahl verbunden hat, unter Mitwirkung eines anderen Bandenmitglieds begeht.

(2) In minder schweren Fällen ist die Strafe Freiheitsstrafe von sechs Monaten bis zu fünf Jahren.

§ 245 Führungsaufsicht

In den Fällen der §§ 242 bis 244a kann das Gericht Führungsaufsicht anordnen (§ 68 Abs. 1).

§ 246 Unterschlagung

(1) Wer eine fremde bewegliche Sache sich oder einem Dritten rechtswidrig zueignet, wird mit Freiheitsstrafe bis zu drei Jahren oder mit Geldstrafe bestraft, wenn die Tat nicht in anderen Vorschriften mit schwererer Strafe bedroht ist.

(2) Ist in den Fällen des Absatzes 1 die Sache dem Täter anvertraut, so ist die Strafe Freiheitsstrafe bis zu fünf Jahren oder Geldstrafe.

(3) Der Versuch ist strafbar.

§ 247 Haus- und Familiendiebstahl

Ist durch einen Diebstahl oder eine Unterschlagung ein Angehöriger, der Vormund oder der Betreuer verletzt oder lebt der Verletzte mit dem Täter in häuslicher Gemeinschaft, so wird die Tat nur auf Antrag verfolgt.

§ 248 (weggefallen)

§ 248a Diebstahl und Unterschlagung geringwertiger Sachen

Der Diebstahl und die Unterschlagung geringwertiger Sachen werden in den Fällen der §§ 242 und 246 nur auf Antrag verfolgt, es sei denn, daß die Strafverfolgungsbehörde wegen des besonderen öffentlichen Interesses an der Strafverfolgung ein Einschreiten von Amts wegen für geboten hält.

§ 248b Unbefugter Gebrauch eines Fahrzeugs

(1) Wer ein Kraftfahrzeug oder ein Fahrrad gegen den Willen des Berechtigten in Gebrauch nimmt, wird mit Freiheitsstrafe bis zu drei Jahren oder mit Geldstrafe bestraft, wenn die Tat nicht in anderen Vorschriften mit schwererer Strafe bedroht ist.

(2) Der Versuch ist strafbar.

(3) Die Tat wird nur auf Antrag verfolgt.

(4) Kraftfahrzeuge im Sinne dieser Vorschrift sind die Fahrzeuge, die durch Maschinenkraft bewegt werden, Landkraftfahrzeuge nur insoweit, als sie nicht an Bahngleise gebunden sind.

§ 248c Entziehung elektrischer Energie

(1) Wer einer elektrischen Anlage oder Einrichtung fremde elektrische Energie mittels eines Leiters entzieht, der zur ordnungsmäßigen Entnahme von Energie aus der Anlage oder Einrichtung nicht bestimmt ist, wird, wenn er die Handlung in der Absicht begeht, die elektrische Energie sich oder einem Dritten rechtswidrig zuzueignen, mit Freiheitsstrafe bis zu fünf Jahren oder mit Geldstrafe bestraft.

(2) Der Versuch ist strafbar.

(3) Die §§ 247 und 248a gelten entsprechend.

(4) [1]Wird die in Absatz 1 bezeichnete Handlung in der Absicht begangen, einem anderen rechtswidrig Schaden zuzufügen, so ist die Strafe Freiheitsstrafe bis zu zwei Jahren oder Geldstrafe. [2]Die Tat wird nur auf Antrag verfolgt.

Zwanzigster Abschnitt

Raub und Erpressung

§ 249 Raub

(1) Wer mit Gewalt gegen eine Person oder unter Anwendung von Drohungen mit gegenwärtiger Gefahr für Leib oder Leben eine fremde bewegliche Sache einem anderen in der Absicht wegnimmt, die Sache sich oder einem Dritten rechtswidrig zuzueignen, wird mit Freiheitsstrafe nicht unter einem Jahr bestraft.
(2) In minder schweren Fällen ist die Strafe Freiheitsstrafe von sechs Monaten bis zu fünf Jahren.

§ 250 Schwerer Raub

(1) Auf Freiheitsstrafe nicht unter drei Jahren ist zu erkennen, wenn
1. der Täter oder ein anderer Beteiligter am Raub
   a) eine Waffe oder ein anderes gefährliches Werkzeug bei sich führt,
   b) sonst ein Werkzeug oder Mittel bei sich führt, um den Widerstand einer anderen Person durch Gewalt oder Drohung mit Gewalt zu verhindern oder zu überwinden,
   c) eine andere Person durch die Tat in die Gefahr einer schweren Gesundheitsschädigung bringt oder
2. der Täter den Raub als Mitglied einer Bande, die sich zur fortgesetzten Begehung von Raub oder Diebstahl verbunden hat, unter Mitwirkung eines anderen Bandenmitglieds begeht.

(2) Auf Freiheitsstrafe nicht unter fünf Jahren ist zu erkennen, wenn der Täter oder ein anderer Beteiligter am Raub
1. bei der Tat eine Waffe oder ein anderes gefährliches Werkzeug verwendet,
2. in den Fällen des Absatzes 1 Nr. 2 eine Waffe bei sich führt oder
3. eine andere Person
   a) bei der Tat körperlich schwer mißhandelt oder
   b) durch die Tat in die Gefahr des Todes bringt.

(3) In minder schweren Fällen der Absätze 1 und 2 ist die Strafe Freiheitsstrafe von einem Jahr bis zu zehn Jahren.

§ 251 Raub mit Todesfolge

Verursacht der Täter durch den Raub (§§ 249 und 250) wenigstens leichtfertig den Tod eines anderen Menschen, so ist die Strafe lebenslange Freiheitsstrafe oder Freiheitsstrafe nicht unter zehn Jahren.

§ 252 Räuberischer Diebstahl

Wer, bei einem Diebstahl auf frischer Tat betroffen, gegen eine Person Gewalt verübt oder Drohungen mit gegenwärtiger Gefahr für Leib oder Leben anwendet, um sich im Besitz des gestohlenen Gutes zu erhalten, ist gleich einem Räuber zu bestrafen.

§ 253 Erpressung

(1) Wer einen Menschen rechtswidrig mit Gewalt oder durch Drohung mit einem empfindlichen Übel zu einer Handlung, Duldung oder Unterlassung nötigt und dadurch dem Vermögen des Genötigten oder eines anderen Nachteil zufügt, um sich oder einen Dritten zu Unrecht zu bereichern, wird mit Freiheitsstrafe bis zu fünf Jahren oder mit Geldstrafe bestraft.
(2) Rechtswidrig ist die Tat, wenn die Anwendung der Gewalt oder die Androhung des Übels zu dem angestrebten Zweck als verwerflich anzusehen ist.
(3) Der Versuch ist strafbar.
(4) [1]In besonders schweren Fällen ist die Strafe Freiheitsstrafe nicht unter einem Jahr. [2]Ein besonders schwerer Fall liegt in der Regel vor, wenn der Täter gewerbsmäßig oder als Mitglied einer Bande handelt, die sich zur fortgesetzten Begehung einer Erpressung verbunden hat.

§ 254 (weggefallen)

§ 255 Räuberische Erpressung

Wird die Erpressung durch Gewalt gegen eine Person oder unter Anwendung von Drohungen mit gegenwärtiger Gefahr für Leib oder Leben begangen, so ist der Täter gleich einem Räuber zu bestrafen.

§ 256 Führungsaufsicht

In den Fällen der §§ 249 bis 255 kann das Gericht Führungsaufsicht anordnen (§ 68 Abs. 1).

Einundzwanzigster Abschnitt
Begünstigung und Hehlerei

§ 257 Begünstigung

(1) Wer einem anderen, der eine rechtswidrige Tat begangen hat, in der Absicht Hilfe leistet, ihm die Vorteile der Tat zu sichern, wird mit Freiheitsstrafe bis zu fünf Jahren oder mit Geldstrafe bestraft.

(2) Die Strafe darf nicht schwerer sein als die für die Vortat angedrohte Strafe.

(3) [1]Wegen Begünstigung wird nicht bestraft, wer wegen Beteiligung an der Vortat strafbar ist. [2]Dies gilt nicht für denjenigen, der einen an der Vortat Unbeteiligten zur Begünstigung anstiftet.

(4) [1]Die Begünstigung wird nur auf Antrag, mit Ermächtigung oder auf Strafverlangen verfolgt, wenn der Begünstiger als Täter oder Teilnehmer der Vortat nur auf Antrag, mit Ermächtigung oder auf Strafverlangen verfolgt werden könnte. [2]§ 248a gilt sinngemäß.

§ 258 Strafvereitelung

(1) Wer absichtlich oder wissentlich ganz oder zum Teil vereitelt, daß ein anderer dem Strafgesetz gemäß wegen einer rechtswidrigen Tat bestraft oder einer Maßnahme (§ 11 Abs. 1 Nr. 8) unterworfen wird, wird mit Freiheitsstrafe bis zu fünf Jahren oder mit Geldstrafe bestraft.

(2) Ebenso wird bestraft, wer absichtlich oder wissentlich die Vollstreckung einer gegen einen anderen verhängten Strafe oder Maßnahme ganz oder zum Teil vereitelt.

(3) Die Strafe darf nicht schwerer sein als die für die Vortat angedrohte Strafe.

(4) Der Versuch ist strafbar.

(5) Wegen Strafvereitelung wird nicht bestraft, wer durch die Tat zugleich ganz oder zum Teil vereiteln will, daß er selbst bestraft oder einer Maßnahme unterworfen wird oder daß eine gegen ihn verhängte Strafe oder Maßnahme vollstreckt wird.

(6) Wer die Tat zugunsten eines Angehörigen begeht, ist straffrei.

§ 258a Strafvereitelung im Amt

(1) Ist in den Fällen des § 258 Abs. 1 der Täter als Amtsträger zur Mitwirkung bei dem Strafverfahren oder dem Verfahren zur Anordnung der Maßnahme (§ 11 Abs. 1 Nr. 8) oder ist er in den Fällen des § 258 Abs. 2 als Amtsträger zur Mitwirkung bei der Vollstreckung der Strafe oder Maßnahme berufen, so ist die Strafe Freiheitsstrafe von sechs Monaten bis zu fünf Jahren, in minder schweren Fällen Freiheitsstrafe bis zu drei Jahren oder Geldstrafe.

(2) Der Versuch ist strafbar.

(3) § 258 Abs. 3 und 6 ist nicht anzuwenden.

§ 259 Hehlerei

(1) Wer eine Sache, die ein anderer gestohlen oder sonst durch eine gegen fremdes Vermögen gerichtete rechtswidrige Tat erlangt hat, ankauft oder sonst sich oder einem Dritten verschafft, sie absetzt oder absetzen hilft, um sich oder einen Dritten zu bereichern, wird mit Freiheitsstrafe bis zu fünf Jahren oder mit Geldstrafe bestraft.

(2) Die §§ 247 und 248a gelten sinngemäß.

(3) Der Versuch ist strafbar.

§ 260 Gewerbsmäßige Hehlerei; Bandenhehlerei

(1) Mit Freiheitsstrafe von sechs Monaten bis zu zehn Jahren wird bestraft, wer die Hehlerei

1. gewerbsmäßig oder
2. als Mitglied einer Bande, die sich zur fortgesetzten Begehung von Raub, Diebstahl oder Hehlerei verbunden hat,

begeht.

(2) Der Versuch ist strafbar.

§ 260a Gewerbsmäßige Bandenhehlerei

(1) Mit Freiheitsstrafe von einem Jahr bis zu zehn Jahren wird bestraft, wer die Hehlerei als Mitglied einer Bande, die sich zur fortgesetzten Begehung von Raub, Diebstahl oder Hehlerei verbunden hat, gewerbsmäßig begeht.

(2) In minder schweren Fällen ist die Strafe Freiheitsstrafe von sechs Monaten bis zu fünf Jahren.

§ 261 Geldwäsche

(1) [1]Wer einen Gegenstand, der aus einer rechtswidrigen Tat herrührt,

1. verbirgt,
2. in der Absicht, dessen Auffinden, dessen Einziehung oder die Ermittlung von dessen Herkunft zu vereiteln, umtauscht, überträgt oder verbringt,
3. sich oder einem Dritten verschafft oder
4. verwahrt oder für sich oder einen Dritten verwendet, wenn er dessen Herkunft zu dem Zeitpunkt gekannt hat, zu dem er ihn erlangt hat,

wird mit Freiheitsstrafe bis zu fünf Jahren oder mit Geldstrafe bestraft. [2]In den Fällen des Satzes 1 Nummer 3 und 4 gilt dies nicht in Bezug auf einen Gegenstand, den ein Dritter zuvor erlangt hat, ohne hierdurch eine rechtswidrige Tat zu begehen. [3]Wer als Strafverteidiger ein Honorar für seine Tätigkeit annimmt, handelt in den Fällen des Satzes 1 Nummer 3 und 4 nur dann vorsätzlich, wenn er zu dem Zeitpunkt der Annahme des Honorars sichere Kenntnis von dessen Herkunft hatte.

(2) Ebenso wird bestraft, wer Tatsachen, die für das Auffinden, die Einziehung oder die Ermittlung der Herkunft eines Gegenstands nach Absatz 1 von Bedeutung sein können, verheimlicht oder verschleiert.

(3) Der Versuch ist strafbar.

(4) Wer eine Tat nach Absatz 1 oder Absatz 2 als Verpflichteter nach § 2 des Geldwäschegesetzes begeht, wird mit Freiheitsstrafe von drei Monaten bis zu fünf Jahren bestraft.

(5) [1]In besonders schweren Fällen ist die Strafe Freiheitsstrafe von sechs Monaten bis zu zehn Jahren. [2]Ein besonders schwerer Fall liegt in der Regel vor, wenn der Täter gewerbsmäßig handelt oder als Mitglied einer Bande, die sich zur fortgesetzten Begehung von Geldwäsche verbunden hat.

(6) [1]Wer in den Fällen des Absatzes 1 oder 2 leichtfertig nicht erkennt, dass es sich um einen Gegenstand nach Absatz 1 handelt, wird mit Freiheitsstrafe bis zu zwei Jahren oder mit Geldstrafe bestraft. [2]Satz 1 gilt in den Fällen des Absatzes 1 Satz 1 Nummer 3 und 4 nicht für einen Strafverteidiger, der ein Honorar für seine Tätigkeit annimmt.

(7) Wer wegen Beteiligung an der Vortat strafbar ist, wird nach den Absätzen 1 bis 6 nur dann bestraft, wenn er den Gegenstand in den Verkehr bringt und dabei dessen rechtswidrige Herkunft verschleiert.

(8) Nach den Absätzen 1 bis 6 wird nicht bestraft,

1. wer die Tat freiwillig bei der zuständigen Behörde anzeigt oder freiwillig eine solche Anzeige veranlasst, wenn nicht die Tat zu diesem Zeitpunkt bereits ganz oder zum Teil entdeckt war und der Täter dies wusste oder bei verständiger Würdigung der Sachlage damit rechnen musste, und
2. in den Fällen des Absatzes 1 oder des Absatzes 2 unter den in Nummer 1 genannten Voraussetzungen die Sicherstellung des Gegenstandes bewirkt.

(9) Einem Gegenstand im Sinne des Absatzes 1 stehen Gegenstände, die aus einer im Ausland begangenen Tat herrühren, gleich, wenn die Tat nach deutschem Strafrecht eine rechtswidrige Tat wäre und

1. am Tatort mit Strafe bedroht ist oder
2. nach einer der folgenden Vorschriften und Übereinkommen der Europäischen Union mit Strafe zu bedrohen ist:
   a) Artikel 2 oder Artikel 3 des Übereinkommens vom 26. Mai 1997 aufgrund von Artikel K.3 Absatz 2 Buchstabe c des Vertrags über die Europäische Union über die Bekämpfung der Bestechung, an der Beamte der Europäischen Gemeinschaften oder der Mitgliedstaaten der Europäischen Union beteiligt sind (BGBl. 2002 II S. 2727, 2729),
   b) Artikel 1 des Rahmenbeschlusses 2002/946/JI des Rates vom 28. November 2002 betreffend die Verstärkung des strafrechtlichen Rahmens für die Bekämpfung der Beihilfe zur unerlaubten Ein- und Durchreise und zum unerlaubten Aufenthalt (ABl. L 328 vom 5.12.2002, S. 1),
   c) Artikel 2 oder Artikel 3 des Rahmenbeschlusses 2003/568/JI des Rates vom 22. Juli 2003 zur Bekämpfung der Bestechung im privaten Sektor (ABl. L 192 vom 31.7.2003, S. 54),
   d) Artikel 2 oder Artikel 3 des Rahmenbeschlusses 2004/757/JI des Rates vom 25. Oktober 2004 zur Festlegung von Mindestvorschriften über die Tatbestandsmerkmale strafbarer Handlungen und die Strafen im Bereich des illegalen Drogenhandels (ABl. L 335 vom 11.11.2004, S. 8), der zuletzt durch die Delegierte Richtlinie (EU) 2019/369 (ABl. L 66 vom 7.3.2019, S. 3) geändert worden ist,
   e) Artikel 2 Buchstabe a des Rahmenbeschlusses 2008/841/JI des Rates vom 24. Oktober 2008 zur Bekämpfung der organisierten Kriminalität (ABl. L 300 vom 11.11.2008, S. 42),
   f) Artikel 2 oder Artikel 3 der Richtlinie 2011/36/EU des Europäischen Parlaments und des Rates vom 5. April 2011 zur Verhütung und Bekämpfung des Menschenhandels und zum Schutz seiner

Opfer sowie zur Ersetzung des Rahmenbeschlusses 2002/629/JI des Rates (ABl. L 101 vom 15.4.2011, S. 1),

g) den Artikeln 3 bis 8 der Richtlinie 2011/93/EU des Europäischen Parlaments und des Rates vom 13. Dezember 2011 zur Bekämpfung des sexuellen Missbrauchs und der sexuellen Ausbeutung von Kindern sowie der Kinderpornografie sowie zur Ersetzung des Rahmenbeschlusses 2004/68/JI des Rates (ABl. L 335 vom 17.12.2011, S. 1; L 18 vom 21.1.2012, S. 7) oder

h) den Artikeln 4 bis 9 Absatz 1 und 2 Buchstabe b oder den Artikeln 10 bis 14 der Richtlinie (EU) 2017/541 des Europäischen Parlaments und des Rates vom 15. März 2017 zur Terrorismusbekämpfung und zur Ersetzung des Rahmenbeschlusses 2002/475/JI des Rates und zur Änderung des Beschlusses 2005/671/JI des Rates (ABl. L 88 vom 31.3.2017, S. 6).

(10) [1]Gegenstände, auf die sich die Straftat bezieht, können eingezogen werden. [2]§ 74a ist anzuwenden. [3]Die §§ 73 bis 73e bleiben unberührt und gehen einer Einziehung nach § 74 Absatz 2, auch in Verbindung mit den §§ 74a und 74c, vor.

§ 262 Führungsaufsicht

In den Fällen der §§ 259 bis 261 kann das Gericht Führungsaufsicht anordnen (§ 68 Abs. 1).

Zweiundzwanzigster Abschnitt
Betrug und Untreue

§ 263 Betrug

(1) Wer in der Absicht, sich oder einem Dritten einen rechtswidrigen Vermögensvorteil zu verschaffen, das Vermögen eines anderen dadurch beschädigt, daß er durch Vorspiegelung falscher oder durch Entstellung oder Unterdrückung wahrer Tatsachen einen Irrtum erregt oder unterhält, wird mit Freiheitsstrafe bis zu fünf Jahren oder mit Geldstrafe bestraft.

(2) Der Versuch ist strafbar.

(3) [1]In besonders schweren Fällen ist die Strafe Freiheitsstrafe von sechs Monaten bis zu zehn Jahren. [2]Ein besonders schwerer Fall liegt in der Regel vor, wenn der Täter

1. gewerbsmäßig oder als Mitglied einer Bande handelt, die sich zur fortgesetzten Begehung von Urkundenfälschung oder Betrug verbunden hat,
2. einen Vermögensverlust großen Ausmaßes herbeiführt oder in der Absicht handelt, durch die fortgesetzte Begehung von Betrug eine große Zahl von Menschen in die Gefahr des Verlustes von Vermögenswerten zu bringen,
3. eine andere Person in wirtschaftliche Not bringt,
4. seine Befugnisse oder seine Stellung als Amtsträger oder Europäischer Amtsträger mißbraucht oder
5. einen Versicherungsfall vortäuscht, nachdem er oder ein anderer zu diesem Zweck eine Sache von bedeutendem Wert in Brand gesetzt oder durch eine Brandlegung ganz oder teilweise zerstört oder ein Schiff zum Sinken oder Stranden gebracht hat.

(4) § 243 Abs. 2 sowie die §§ 247 und 248a gelten entsprechend.

(5) Mit Freiheitsstrafe von einem Jahr bis zu zehn Jahren, in minder schweren Fällen mit Freiheitsstrafe von sechs Monaten bis zu fünf Jahren wird bestraft, wer den Betrug als Mitglied einer Bande, die sich zur fortgesetzten Begehung von Straftaten nach den §§ 263 bis 264 oder 267 bis 269 verbunden hat, gewerbsmäßig begeht.

(6) Das Gericht kann Führungsaufsicht anordnen (§ 68 Abs. 1).

§ 263a Computerbetrug

(1) Wer in der Absicht, sich oder einem Dritten einen rechtswidrigen Vermögensvorteil zu verschaffen, das Vermögen eines anderen dadurch beschädigt, daß er das Ergebnis eines Datenverarbeitungsvorgangs durch unrichtige Gestaltung des Programms, durch Verwendung unrichtiger oder unvollständiger Daten, durch unbefugte Verwendung von Daten oder sonst durch unbefugte Einwirkung auf den Ablauf beeinflußt, wird mit Freiheitsstrafe bis zu fünf Jahren oder mit Geldstrafe bestraft.

(2) § 263 Abs. 2 bis 6 gilt entsprechend.

(3) Wer eine Straftat nach Absatz 1 vorbereitet, indem er

1. Computerprogramme, deren Zweck die Begehung einer solchen Tat ist, herstellt, sich oder einem anderen verschafft, feilhält, verwahrt oder einem anderen überlässt oder
2. Passwörter oder sonstige Sicherungscodes, die zur Begehung einer solchen Tat geeignet sind, herstellt, sich oder einem anderen verschafft, feilhält, verwahrt oder einem anderen überlässt,

wird mit Freiheitsstrafe bis zu drei Jahren oder mit Geldstrafe bestraft.

(4) In den Fällen des Absatzes 3 gilt § 149 Abs. 2 und 3 entsprechend.

§ 264 Subventionsbetrug

(1) Mit Freiheitsstrafe bis zu fünf Jahren oder mit Geldstrafe wird bestraft, wer

1. einer für die Bewilligung einer Subvention zuständigen Behörde oder einer anderen in das Subventionsverfahren eingeschalteten Stelle oder Person (Subventionsgeber) über subventionserhebliche Tatsachen für sich oder einen anderen unrichtige oder unvollständige Angaben macht, die für ihn oder den anderen vorteilhaft sind,
2. einen Gegenstand oder eine Geldleistung, deren Verwendung durch Rechtsvorschriften oder durch den Subventionsgeber im Hinblick auf eine Subvention beschränkt ist, entgegen der Verwendungsbeschränkung verwendet,
3. den Subventionsgeber entgegen den Rechtsvorschriften über die Subventionsvergabe über subventionserhebliche Tatsachen in Unkenntnis läßt oder
4. in einem Subventionsverfahren eine durch unrichtige oder unvollständige Angaben erlangte Bescheinigung über eine Subventionsberechtigung oder über subventionserhebliche Tatsachen gebraucht.

(2) [1]In besonders schweren Fällen ist die Strafe Freiheitsstrafe von sechs Monaten bis zu zehn Jahren. [2]Ein besonders schwerer Fall liegt in der Regel vor, wenn der Täter

1. aus grobem Eigennutz oder unter Verwendung nachgemachter oder verfälschter Belege für sich oder einen anderen eine nicht gerechtfertigte Subvention großen Ausmaßes erlangt,
2. seine Befugnisse oder seine Stellung als Amtsträger oder Europäischer Amtsträger mißbraucht oder
3. die Mithilfe eines Amtsträgers oder Europäischen Amtsträgers ausnutzt, der seine Befugnisse oder seine Stellung mißbraucht.

(3) § 263 Abs. 5 gilt entsprechend.

(4) In den Fällen des Absatzes 1 Nummer 2 ist der Versuch strafbar.

(5) Wer in den Fällen des Absatzes 1 Nr. 1 bis 3 leichtfertig handelt, wird mit Freiheitsstrafe bis zu drei Jahren oder mit Geldstrafe bestraft.

(6) [1]Nach den Absätzen 1 und 5 wird nicht bestraft, wer freiwillig verhindert, daß auf Grund der Tat die Subvention gewährt wird. [2]Wird die Subvention ohne Zutun des Täters nicht gewährt, so wird er straflos, wenn er sich freiwillig und ernsthaft bemüht, das Gewähren der Subvention zu verhindern.

(7) [1]Neben einer Freiheitsstrafe von mindestens einem Jahr wegen einer Straftat nach den Absätzen 1 bis 3 kann das Gericht die Fähigkeit, öffentliche Ämter zu bekleiden, und die Fähigkeit, Rechte aus öffentlichen Wahlen zu erlangen, aberkennen (§ 45 Abs. 2). [2]Gegenstände, auf die sich die Tat bezieht, können eingezogen werden; § 74a ist anzuwenden.

(8) [1]Subvention im Sinne dieser Vorschrift ist

1. eine Leistung aus öffentlichen Mitteln nach Bundes- oder Landesrecht an Betriebe oder Unternehmen, die wenigstens zum Teil
   a) ohne marktmäßige Gegenleistung gewährt wird und
   b) der Förderung der Wirtschaft dienen soll;
2. eine Leistung aus öffentlichen Mitteln nach dem Recht der Europäischen Union, die wenigstens zum Teil ohne marktmäßige Gegenleistung gewährt wird.

[2]Betrieb oder Unternehmen im Sinne des Satzes 1 Nr. 1 ist auch das öffentliche Unternehmen.

(9) Subventionserheblich im Sinne des Absatzes 1 sind Tatsachen,

1. die durch Gesetz oder auf Grund eines Gesetzes von dem Subventionsgeber als subventionserheblich bezeichnet sind oder
2. von denen die Bewilligung, Gewährung, Rückforderung, Weitergewährung oder das Belassen einer Subvention oder eines Subventionsvorteils gesetzlich oder nach dem Subventionsvertrag abhängig ist.

§ 264a Kapitalanlagebetrug

(1) Wer im Zusammenhang mit

1. dem Vertrieb von Wertpapieren, Bezugsrechten oder von Anteilen, die eine Beteiligung an dem Ergebnis eines Unternehmens gewähren sollen, oder
2. dem Angebot, die Einlage auf solche Anteile zu erhöhen,

in Prospekten oder in Darstellungen oder Übersichten über den Vermögensstand hinsichtlich der für die Entscheidung über den Erwerb oder die Erhöhung erheblichen Umstände gegenüber einem größeren Kreis von Personen unrichtige vorteilhafte Angaben macht oder nachteilige Tatsachen verschweigt, wird mit Freiheitsstrafe bis zu drei Jahren oder mit Geldstrafe bestraft.

(2) Absatz 1 gilt entsprechend, wenn sich die Tat auf Anteile an einem Vermögen bezieht, das ein Unternehmen im eigenen Namen, jedoch für fremde Rechnung verwaltet.

(3) [1]Nach den Absätzen 1 und 2 wird nicht bestraft, wer freiwillig verhindert, daß auf Grund der Tat die durch den Erwerb oder die Erhöhung bedingte Leistung erbracht wird. [2]Wird die Leistung ohne Zutun des Täters nicht erbracht, so wird er straflos, wenn er sich freiwillig und ernsthaft bemüht, das Erbringen der Leistung zu verhindern.

§ 265 Versicherungsmißbrauch

(1) Wer eine gegen Untergang, Beschädigung, Beeinträchtigung der Brauchbarkeit, Verlust oder Diebstahl versicherte Sache beschädigt, zerstört, in ihrer Brauchbarkeit beeinträchtigt, beiseite schafft oder einem anderen überläßt, um sich oder einem Dritten Leistungen aus der Versicherung zu verschaffen, wird mit Freiheitsstrafe bis zu drei Jahren oder mit Geldstrafe bestraft, wenn die Tat nicht in § 263 mit Strafe bedroht ist.

(2) Der Versuch ist strafbar.

§ 265a Erschleichen von Leistungen

(1) Wer die Leistung eines Automaten oder eines öffentlichen Zwecken dienenden Telekommunikationsnetzes, die Beförderung durch ein Verkehrsmittel oder den Zutritt zu einer Veranstaltung oder einer Einrichtung in der Absicht erschleicht, das Entgelt nicht zu entrichten, wird mit Freiheitsstrafe bis zu einem Jahr oder mit Geldstrafe bestraft, wenn die Tat nicht in anderen Vorschriften mit schwererer Strafe bedroht ist.

(2) Der Versuch ist strafbar.

(3) Die §§ 247 und 248a gelten entsprechend.

§ 265b Kreditbetrug

(1) Wer einem Betrieb oder Unternehmen im Zusammenhang mit einem Antrag auf Gewährung, Belassung oder Veränderung der Bedingungen eines Kredits für einen Betrieb oder ein Unternehmen oder einen vorgetäuschten Betrieb oder ein vorgetäuschtes Unternehmen

1. über wirtschaftliche Verhältnisse
   a) unrichtige oder unvollständige Unterlagen, namentlich Bilanzen, Gewinn- und Verlustrechnungen, Vermögensübersichten oder Gutachten vorlegt oder
   b) schriftlich unrichtige oder unvollständige Angaben macht,

   die für den Kreditnehmer vorteilhaft und für die Entscheidung über einen solchen Antrag erheblich sind, oder
2. solche Verschlechterungen der in den Unterlagen oder Angaben dargestellten wirtschaftlichen Verhältnisse bei der Vorlage nicht mitteilt, die für die Entscheidung über einen solchen Antrag erheblich sind,

wird mit Freiheitsstrafe bis zu drei Jahren oder mit Geldstrafe bestraft.

(2) [1]Nach Absatz 1 wird nicht bestraft, wer freiwillig verhindert, daß der Kreditgeber auf Grund der Tat die beantragte Leistung erbringt. [2]Wird die Leistung ohne Zutun des Täters nicht erbracht, so wird er straflos, wenn er sich freiwillig und ernsthaft bemüht, das Erbringen der Leistung zu verhindern.

(3) Im Sinne des Absatzes 1 sind

1. Betriebe und Unternehmen unabhängig von ihrem Gegenstand solche, die nach Art und Umfang einen in kaufmännischer Weise eingerichteten Geschäftsbetrieb erfordern;
2. Kredite Gelddarlehen aller Art, Akzeptkredite, der entgeltliche Erwerb und die Stundung von Geldforderungen, die Diskontierung von Wechseln und Schecks und die Übernahme von Bürgschaften, Garantien und sonstigen Gewährleistungen.

§ 265c Sportwettbetrug

(1) Wer als Sportler oder Trainer einen Vorteil für sich oder einen Dritten als Gegenleistung dafür fordert, sich versprechen lässt oder annimmt, dass er den Verlauf oder das Ergebnis eines Wettbewerbs des organisierten Sports zugunsten des Wettbewerbsgegners beeinflusse und infolgedessen ein rechtswidriger Vermögensvorteil durch eine auf diesen Wettbewerb bezogene öffentliche Sportwette erlangt werde, wird mit Freiheitsstrafe bis zu drei Jahren oder mit Geldstrafe bestraft.

(2) Ebenso wird bestraft, wer einem Sportler oder Trainer einen Vorteil für diesen oder einen Dritten als Gegenleistung dafür anbietet, verspricht oder gewährt, dass er den Verlauf oder das Ergebnis eines Wettbewerbs des organisierten Sports zugunsten des Wettbewerbsgegners beeinflusse und infolgedessen ein rechtswidriger Vermögensvorteil durch eine auf diesen Wettbewerb bezogene öffentliche Sportwette erlangt werde.

(3) Wer als Schieds-, Wertungs- oder Kampfrichter einen Vorteil für sich oder einen Dritten als Gegenleistung dafür fordert, sich versprechen lässt oder annimmt, dass er den Verlauf oder das Ergebnis eines Wettbewerbs des organisierten Sports in regelwidriger Weise beeinflusse und infolgedessen ein rechts-

widriger Vermögensvorteil durch eine auf diesen Wettbewerb bezogene öffentliche Sportwette erlangt werde, wird mit Freiheitsstrafe bis zu drei Jahren oder mit Geldstrafe bestraft.

(4) Ebenso wird bestraft, wer einem Schieds-, Wertungs- oder Kampfrichter einen Vorteil für diesen oder einen Dritten als Gegenleistung dafür anbietet, verspricht oder gewährt, dass er den Verlauf oder das Ergebnis eines Wettbewerbs des organisierten Sports in regelwidriger Weise beeinflusse und infolgedessen ein rechtswidriger Vermögensvorteil durch eine auf diesen Wettbewerb bezogene öffentliche Sportwette erlangt werde.

(5) Ein Wettbewerb des organisierten Sports im Sinne dieser Vorschrift ist jede Sportveranstaltung im Inland oder im Ausland,

1. die von einer nationalen oder internationalen Sportorganisation oder in deren Auftrag oder mit deren Anerkennung organisiert wird und
2. bei der Regeln einzuhalten sind, die von einer nationalen oder internationalen Sportorganisation mit verpflichtender Wirkung für ihre Mitgliedsorganisationen verabschiedet wurden.

(6) [1]Trainer im Sinne dieser Vorschrift ist, wer bei dem sportlichen Wettbewerb über den Einsatz und die Anleitung von Sportlern entscheidet. [2]Einem Trainer stehen Personen gleich, die aufgrund ihrer beruflichen oder wirtschaftlichen Stellung wesentlichen Einfluss auf den Einsatz oder die Anleitung von Sportlern nehmen können.

§ 265d Manipulation von berufssportlichen Wettbewerben

(1) Wer als Sportler oder Trainer einen Vorteil für sich oder einen Dritten als Gegenleistung dafür fordert, sich versprechen lässt oder annimmt, dass er den Verlauf oder das Ergebnis eines berufssportlichen Wettbewerbs in wettbewerbswidriger Weise zugunsten des Wettbewerbsgegners beeinflusse, wird mit Freiheitsstrafe bis zu drei Jahren oder mit Geldstrafe bestraft.

(2) Ebenso wird bestraft, wer einem Sportler oder Trainer einen Vorteil für diesen oder einen Dritten als Gegenleistung dafür anbietet, verspricht oder gewährt, dass er den Verlauf oder das Ergebnis eines berufssportlichen Wettbewerbs in wettbewerbswidriger Weise zugunsten des Wettbewerbsgegners beeinflusse.

(3) Wer als Schieds-, Wertungs- oder Kampfrichter einen Vorteil für sich oder einen Dritten als Gegenleistung dafür fordert, sich versprechen lässt oder annimmt, dass er den Verlauf oder das Ergebnis eines berufssportlichen Wettbewerbs in regelwidriger Weise beeinflusse, wird mit Freiheitsstrafe bis zu drei Jahren oder mit Geldstrafe bestraft.

(4) Ebenso wird bestraft, wer einem Schieds-, Wertungs- oder Kampfrichter einen Vorteil für diesen oder einen Dritten als Gegenleistung dafür anbietet, verspricht oder gewährt, dass er den Verlauf oder das Ergebnis eines berufssportlichen Wettbewerbs in regelwidriger Weise beeinflusse.

(5) Ein berufssportlicher Wettbewerb im Sinne dieser Vorschrift ist jede Sportveranstaltung im Inland oder im Ausland,

1. die von einem Sportbundesverband oder einer internationalen Sportorganisation veranstaltet oder in deren Auftrag oder mit deren Anerkennung organisiert wird,
2. bei der Regeln einzuhalten sind, die von einer nationalen oder internationalen Sportorganisation mit verpflichtender Wirkung für ihre Mitgliedsorganisationen verabschiedet wurden, und
3. an der überwiegend Sportler teilnehmen, die durch ihre sportliche Betätigung unmittelbar oder mittelbar Einnahmen von erheblichem Umfang erzielen.

(6) § 265c Absatz 6 gilt entsprechend.

§ 265e Besonders schwere Fälle des Sportwettbetrugs und der Manipulation von berufssportlichen Wettbewerben

[1]In besonders schweren Fällen wird eine Tat nach den §§ 265c und 265d mit Freiheitsstrafe von drei Monaten bis zu fünf Jahren bestraft. [2]Ein besonders schwerer Fall liegt in der Regel vor, wenn

1. die Tat sich auf einen Vorteil großen Ausmaßes bezieht oder
2. der Täter gewerbsmäßig handelt oder als Mitglied einer Bande, die sich zur fortgesetzten Begehung solcher Taten verbunden hat.

§ 266 Untreue

(1) Wer die ihm durch Gesetz, behördlichen Auftrag oder Rechtsgeschäft eingeräumte Befugnis, über fremdes Vermögen zu verfügen oder einen anderen zu verpflichten, mißbraucht oder die ihm kraft Gesetzes, behördlichen Auftrags, Rechtsgeschäfts oder eines Treueverhältnisses obliegende Pflicht, fremde Vermögensinteressen wahrzunehmen, verletzt und dadurch dem, dessen Vermögensinteressen er zu betreuen hat, Nachteil zufügt, wird mit Freiheitsstrafe bis zu fünf Jahren oder mit Geldstrafe bestraft.

(2) § 243 Abs. 2 und die §§ 247, 248a und 263 Abs. 3 gelten entsprechend.

§ 266a Vorenthalten und Veruntreuen von Arbeitsentgelt

(1) Wer als Arbeitgeber der Einzugsstelle Beiträge des Arbeitnehmers zur Sozialversicherung einschließlich der Arbeitsförderung, unabhängig davon, ob Arbeitsentgelt gezahlt wird, vorenthält, wird mit Freiheitsstrafe bis zu fünf Jahren oder mit Geldstrafe bestraft.

(2) Ebenso wird bestraft, wer als Arbeitgeber

1. der für den Einzug der Beiträge zuständigen Stelle über sozialversicherungsrechtlich erhebliche Tatsachen unrichtige oder unvollständige Angaben macht oder
2. die für den Einzug der Beiträge zuständige Stelle pflichtwidrig über sozialversicherungsrechtlich erhebliche Tatsachen in Unkenntnis lässt

und dadurch dieser Stelle vom Arbeitgeber zu tragende Beiträge zur Sozialversicherung einschließlich der Arbeitsförderung, unabhängig davon, ob Arbeitsentgelt gezahlt wird, vorenthält.

(3) [1]Wer als Arbeitgeber sonst Teile des Arbeitsentgelts, die er für den Arbeitnehmer an einen anderen zu zahlen hat, dem Arbeitnehmer einbehält, sie jedoch an den anderen nicht zahlt und es unterlässt, den Arbeitnehmer spätestens im Zeitpunkt der Fälligkeit oder unverzüglich danach über das Unterlassen der Zahlung an den anderen zu unterrichten, wird mit Freiheitsstrafe bis zu fünf Jahren oder mit Geldstrafe bestraft. [2]Satz 1 gilt nicht für Teile des Arbeitsentgelts, die als Lohnsteuer einbehalten werden.

(4) [1]In besonders schweren Fällen der Absätze 1 und 2 ist die Strafe Freiheitsstrafe von sechs Monaten bis zu zehn Jahren. [2]Ein besonders schwerer Fall liegt in der Regel vor, wenn der Täter

1. aus grobem Eigennutz in großem Ausmaß Beiträge vorenthält,
2. unter Verwendung nachgemachter oder verfälschter Belege fortgesetzt Beiträge vorenthält,
3. fortgesetzt Beiträge vorenthält und sich zur Verschleierung der tatsächlichen Beschäftigungsverhältnisse unrichtige, nachgemachte oder verfälschte Belege von einem Dritten verschafft, der diese gewerbsmäßig anbietet,
4. als Mitglied einer Bande handelt, die sich zum fortgesetzten Vorenthalten von Beiträgen zusammengeschlossen hat und die zur Verschleierung der tatsächlichen Beschäftigungsverhältnisse unrichtige, nachgemachte oder verfälschte Belege vorhält, oder
5. die Mithilfe eines Amtsträgers ausnutzt, der seine Befugnisse oder seine Stellung missbraucht.

(5) Dem Arbeitgeber stehen der Auftraggeber eines Heimarbeiters, Hausgewerbetreibenden oder einer Person, die im Sinne des Heimarbeitsgesetzes diesen gleichgestellt ist, sowie der Zwischenmeister gleich.

(6) [1]In den Fällen der Absätze 1 und 2 kann das Gericht von einer Bestrafung nach dieser Vorschrift absehen, wenn der Arbeitgeber spätestens im Zeitpunkt der Fälligkeit oder unverzüglich danach der Einzugsstelle schriftlich

1. die Höhe der vorenthaltenen Beiträge mitteilt und
2. darlegt, warum die fristgemäße Zahlung nicht möglich ist, obwohl er sich darum ernsthaft bemüht hat.

[2]Liegen die Voraussetzungen des Satzes 1 vor und werden die Beiträge dann nachträglich innerhalb der von der Einzugsstelle bestimmten angemessenen Frist entrichtet, wird der Täter insoweit nicht bestraft. [3]In den Fällen des Absatzes 3 gelten die Sätze 1 und 2 entsprechend.

§ 266b Mißbrauch von Scheck- und Kreditkarten

(1) Wer die ihm durch die Überlassung einer Scheckkarte oder einer Kreditkarte eingeräumte Möglichkeit, den Aussteller zu einer Zahlung zu veranlassen, mißbraucht und diesen dadurch schädigt, wird mit Freiheitsstrafe bis zu drei Jahren oder mit Geldstrafe bestraft.

(2) § 248a gilt entsprechend.

Dreiundzwanzigster Abschnitt

Urkundenfälschung

§ 267 Urkundenfälschung

(1) Wer zur Täuschung im Rechtsverkehr eine unechte Urkunde herstellt, eine echte Urkunde verfälscht oder eine unechte oder verfälschte Urkunde gebraucht, wird mit Freiheitsstrafe bis zu fünf Jahren oder mit Geldstrafe bestraft.

(2) Der Versuch ist strafbar.

(3) [1]In besonders schweren Fällen ist die Strafe Freiheitsstrafe von sechs Monaten bis zu zehn Jahren. [2]Ein besonders schwerer Fall liegt in der Regel vor, wenn der Täter

1. gewerbsmäßig oder als Mitglied einer Bande handelt, die sich zur fortgesetzten Begehung von Betrug oder Urkundenfälschung verbunden hat,
2. einen Vermögensverlust großen Ausmaßes herbeiführt,

3. durch eine große Zahl von unechten oder verfälschten Urkunden die Sicherheit des Rechtsverkehrs erheblich gefährdet oder
4. seine Befugnisse oder seine Stellung als Amtsträger oder Europäischer Amtsträger mißbraucht.

(4) Mit Freiheitsstrafe von einem Jahr bis zu zehn Jahren, in minder schweren Fällen mit Freiheitsstrafe von sechs Monaten bis zu fünf Jahren wird bestraft, wer die Urkundenfälschung als Mitglied einer Bande, die sich zur fortgesetzten Begehung von Straftaten nach den §§ 263 bis 264 oder 267 bis 269 verbunden hat, gewerbsmäßig begeht.

§ 268 Fälschung technischer Aufzeichnungen

(1) Wer zur Täuschung im Rechtsverkehr
1. eine unechte technische Aufzeichnung herstellt oder eine technische Aufzeichnung verfälscht oder
2. eine unechte oder verfälschte technische Aufzeichnung gebraucht,

wird mit Freiheitsstrafe bis zu fünf Jahren oder mit Geldstrafe bestraft.

(2) Technische Aufzeichnung ist eine Darstellung von Daten, Meß- oder Rechenwerten, Zuständen oder Geschehensabläufen, die durch ein technisches Gerät ganz oder zum Teil selbsttätig bewirkt wird, den Gegenstand der Aufzeichnung allgemein oder für Eingeweihte erkennen läßt und zum Beweis einer rechtlich erheblichen Tatsache bestimmt ist, gleichviel ob ihr die Bestimmung schon bei der Herstellung oder erst später gegeben wird.

(3) Der Herstellung einer unechten technischen Aufzeichnung steht es gleich, wenn der Täter durch störende Einwirkung auf den Aufzeichnungsvorgang das Ergebnis der Aufzeichnung beeinflußt.

(4) Der Versuch ist strafbar.

(5) § 267 Abs. 3 und 4 gilt entsprechend.

§ 269 Fälschung beweiserheblicher Daten

(1) Wer zur Täuschung im Rechtsverkehr beweiserhebliche Daten so speichert oder verändert, daß bei ihrer Wahrnehmung eine unechte oder verfälschte Urkunde vorliegen würde, oder derart gespeicherte oder veränderte Daten gebraucht, wird mit Freiheitsstrafe bis zu fünf Jahren oder mit Geldstrafe bestraft.

(2) Der Versuch ist strafbar.

(3) § 267 Abs. 3 und 4 gilt entsprechend.

§ 270 Täuschung im Rechtsverkehr bei Datenverarbeitung

Der Täuschung im Rechtsverkehr steht die fälschliche Beeinflussung einer Datenverarbeitung im Rechtsverkehr gleich.

§ 271 Mittelbare Falschbeurkundung

(1) Wer bewirkt, daß Erklärungen, Verhandlungen oder Tatsachen, welche für Rechte oder Rechtsverhältnisse von Erheblichkeit sind, in öffentlichen Urkunden, Büchern, Dateien oder Registern als abgegeben oder geschehen beurkundet oder gespeichert werden, während sie überhaupt nicht oder in anderer Weise oder von einer Person in einer ihr nicht zustehenden Eigenschaft oder von einer anderen Person abgegeben oder geschehen sind, wird mit Freiheitsstrafe bis zu drei Jahren oder mit Geldstrafe bestraft.

(2) Ebenso wird bestraft, wer eine falsche Beurkundung oder Datenspeicherung der in Absatz 1 bezeichneten Art zur Täuschung im Rechtsverkehr gebraucht.

(3) Handelt der Täter gegen Entgelt oder in der Absicht, sich oder einen Dritten zu bereichern oder eine andere Person zu schädigen, so ist die Strafe Freiheitsstrafe von drei Monaten bis zu fünf Jahren.

(4) Der Versuch ist strafbar.

§ 272 (weggefallen)

§ 273 Verändern von amtlichen Ausweisen

(1) Wer zur Täuschung im Rechtsverkehr
1. eine Eintragung in einem amtlichen Ausweis entfernt, unkenntlich macht, überdeckt oder unterdrückt oder eine einzelne Seite aus einem amtlichen Ausweis entfernt oder
2. einen derart veränderten amtlichen Ausweis gebraucht,

wird mit Freiheitsstrafe bis zu drei Jahren oder mit Geldstrafe bestraft, wenn die Tat nicht in § 267 oder § 274 mit Strafe bedroht ist.

(2) Der Versuch ist strafbar.

§ 274 Urkundenunterdrückung; Veränderung einer Grenzbezeichnung

(1) Mit Freiheitsstrafe bis zu fünf Jahren oder mit Geldstrafe wird bestraft, wer

1. eine Urkunde oder eine technische Aufzeichnung, welche ihm entweder überhaupt nicht oder nicht ausschließlich gehört, in der Absicht, einem anderen Nachteil zuzufügen, vernichtet, beschädigt oder unterdrückt,
2. beweiserhebliche Daten (§ 202a Abs. 2), über die er nicht oder nicht ausschließlich verfügen darf, in der Absicht, einem anderen Nachteil zuzufügen, löscht, unterdrückt, unbrauchbar macht oder verändert oder
3. einen Grenzstein oder ein anderes zur Bezeichnung einer Grenze oder eines Wasserstandes bestimmtes Merkmal in der Absicht, einem anderen Nachteil zuzufügen, wegnimmt, vernichtet, unkenntlich macht, verrückt oder fälschlich setzt.

(2) Der Versuch ist strafbar.

§ 275 Vorbereitung der Fälschung von amtlichen Ausweisen; Vorbereitung der Herstellung von unrichtigen Impfausweisen

(1) Wer eine Fälschung von amtlichen Ausweisen vorbereitet, indem er

1. Platten, Formen, Drucksätze, Druckstöcke, Negative, Matrizen oder ähnliche Vorrichtungen, die ihrer Art nach zur Begehung der Tat geeignet sind,
2. Papier, das einer solchen Papierart gleicht oder zum Verwechseln ähnlich ist, die zur Herstellung von amtlichen Ausweisen bestimmt und gegen Nachahmung besonders gesichert ist, oder
3. Vordrucke für amtliche Ausweise

herstellt, sich oder einem anderen verschafft, feilhält, verwahrt, einem anderen überläßt oder einzuführen oder auszuführen unternimmt, wird mit Freiheitsstrafe bis zu zwei Jahren oder mit Geldstrafe bestraft.

(1a) Wer die Herstellung eines unrichtigen Impfausweises vorbereitet, indem er in einem Blankett-Impfausweis eine nicht durchgeführte Schutzimpfung dokumentiert oder einen auf derartige Weise ergänzten Blankett-Impfausweis sich oder einem anderen verschafft, feilhält, verwahrt, einem anderen überlässt oder einzuführen oder auszuführen unternimmt, wird mit Freiheitsstrafe bis zu zwei Jahren oder mit Geldstrafe bestraft.

(2) Handelt der Täter gewerbsmäßig oder als Mitglied einer Bande, die sich zur fortgesetzten Begehung von Straftaten nach Absatz 1 oder Absatz 1a verbunden hat, so ist die Strafe Freiheitsstrafe von drei Monaten bis zu fünf Jahren.

(3) § 149 Abs. 2 und 3 gilt entsprechend.

§ 276 Verschaffen von falschen amtlichen Ausweisen

(1) Wer einen unechten oder verfälschten amtlichen Ausweis oder einen amtlichen Ausweis, der eine falsche Beurkundung der in den §§ 271 und 348 bezeichneten Art enthält,

1. einzuführen oder auszuführen unternimmt oder
2. in der Absicht, dessen Gebrauch zur Täuschung im Rechtsverkehr zu ermöglichen, sich oder einem anderen verschafft, verwahrt oder einem anderen überläßt,

wird mit Freiheitsstrafe bis zu zwei Jahren oder mit Geldstrafe bestraft.

(2) Handelt der Täter gewerbsmäßig oder als Mitglied einer Bande, die sich zur fortgesetzten Begehung von Straftaten nach Absatz 1 verbunden hat, so ist die Strafe Freiheitsstrafe von drei Monaten bis zu fünf Jahren.

§ 276a Aufenthaltsrechtliche Papiere; Fahrzeugpapiere

Die §§ 275 und 276 gelten auch für aufenthaltsrechtliche Papiere, namentlich Aufenthaltstitel und Duldungen, sowie für Fahrzeugpapiere, namentlich Fahrzeugscheine und Fahrzeugbriefe.

§ 277 Unbefugtes Ausstellen von Gesundheitszeugnissen

(1) Wer zur Täuschung im Rechtsverkehr unter der ihm nicht zustehenden Bezeichnung als Arzt oder als eine andere approbierte Medizinalperson ein Zeugnis über seinen oder eines anderen Gesundheitszustand ausstellt, wird mit Freiheitsstrafe bis zu einem Jahr oder mit Geldstrafe bestraft, wenn die Tat nicht in anderen Vorschriften dieses Abschnitts mit schwererer Strafe bedroht ist.

(2) [1]In besonders schweren Fällen ist die Strafe Freiheitsstrafe von drei Monaten bis zu fünf Jahren. [2]Ein besonders schwerer Fall liegt in der Regel vor, wenn der Täter gewerbsmäßig oder als Mitglied einer Bande, die sich zur fortgesetzten Begehung von unbefugtem Ausstellen von Gesundheitszeugnissen verbunden hat, Impfnachweise oder Testzertifikate betreffend übertragbare Krankheiten unbefugt ausstellt.

§ 278 Ausstellen unrichtiger Gesundheitszeugnisse

(1) Wer zur Täuschung im Rechtsverkehr als Arzt oder andere approbierte Medizinalperson ein unrichtiges Zeugnis über den Gesundheitszustand eines Menschen ausstellt, wird mit Freiheitsstrafe bis zu zwei Jahren oder mit Geldstrafe bestraft.

(2) [1]In besonders schweren Fällen ist die Strafe Freiheitsstrafe von drei Monaten bis zu fünf Jahren. [2]Ein besonders schwerer Fall liegt in der Regel vor, wenn der Täter gewerbsmäßig oder als Mitglied einer Bande, die sich zur fortgesetzten Begehung von unrichtigem Ausstellen von Gesundheitszeugnissen verbunden hat, Impfnachweise oder Testzertifikate betreffend übertragbare Krankheiten unrichtig ausstellt.

§ 279 Gebrauch unrichtiger Gesundheitszeugnisse

Wer zur Täuschung im Rechtsverkehr von einem Gesundheitszeugnis der in den §§ 277 und 278 bezeichneten Art Gebrauch macht, wird mit Freiheitsstrafe bis zu einem Jahr oder mit Geldstrafe bestraft, wenn die Tat nicht in anderen Vorschriften dieses Abschnitts mit schwererer Strafe bedroht ist.

§ 280 (weggefallen)

§ 281 Mißbrauch von Ausweispapieren

(1) [1]Wer ein Ausweispapier, das für einen anderen ausgestellt ist, zur Täuschung im Rechtsverkehr gebraucht, oder wer zur Täuschung im Rechtsverkehr einem anderen ein Ausweispapier überläßt, das nicht für diesen ausgestellt ist, wird mit Freiheitsstrafe bis zu einem Jahr oder mit Geldstrafe bestraft. [2]Der Versuch ist strafbar.

(2) Einem Ausweispapier stehen Gesundheitszeugnisse sowie solche Zeugnisse und andere Urkunden gleich, die im Verkehr als Ausweis verwendet werden.

§ 282 Einziehung

[1]Gegenstände, auf die sich eine Straftat nach § 267, § 268, § 271 Abs. 2 und 3, § 273 oder § 276, dieser auch in Verbindung mit § 276a, oder nach § 279 bezieht, können eingezogen werden. [2]In den Fällen des § 275, auch in Verbindung mit § 276a, werden die dort bezeichneten Fälschungsmittel eingezogen.

Vierundzwanzigster Abschnitt

Insolvenzstraftaten

§ 283 Bankrott

(1) Mit Freiheitsstrafe bis zu fünf Jahren oder mit Geldstrafe wird bestraft, wer bei Überschuldung oder bei drohender oder eingetretener Zahlungsunfähigkeit

1. Bestandteile seines Vermögens, die im Falle der Eröffnung des Insolvenzverfahrens zur Insolvenzmasse gehören, beiseite schafft oder verheimlicht oder in einer den Anforderungen einer ordnungsgemäßen Wirtschaft widersprechenden Weise zerstört, beschädigt oder unbrauchbar macht,
2. in einer den Anforderungen einer ordnungsgemäßen Wirtschaft widersprechenden Weise Verlust- oder Spekulationsgeschäfte oder Differenzgeschäfte mit Waren oder Wertpapieren eingeht oder durch unwirtschaftliche Ausgaben, Spiel oder Wette übermäßige Beträge verbraucht oder schuldig wird,
3. Waren oder Wertpapiere auf Kredit beschafft und sie oder die aus diesen Waren hergestellten Sachen erheblich unter ihrem Wert in einer den Anforderungen einer ordnungsgemäßen Wirtschaft widersprechenden Weise veräußert oder sonst abgibt,
4. Rechte anderer vortäuscht oder erdichtete Rechte anerkennt,
5. Handelsbücher, zu deren Führung er gesetzlich verpflichtet ist, zu führen unterläßt oder so führt oder verändert, daß die Übersicht über seinen Vermögensstand erschwert wird,
6. Handelsbücher oder sonstige Unterlagen, zu deren Aufbewahrung ein Kaufmann nach Handelsrecht verpflichtet ist, vor Ablauf der für Buchführungspflichtige bestehenden Aufbewahrungsfristen beiseite schafft, verheimlicht, zerstört oder beschädigt und dadurch die Übersicht über seinen Vermögensstand erschwert,
7. entgegen dem Handelsrecht
   a) Bilanzen so aufstellt, daß die Übersicht über seinen Vermögensstand erschwert wird, oder
   b) es unterläßt, die Bilanz seines Vermögens oder das Inventar in der vorgeschriebenen Zeit aufzustellen, oder
8. in einer anderen, den Anforderungen einer ordnungsgemäßen Wirtschaft grob widersprechenden Weise seinen Vermögensstand verringert oder seine wirklichen geschäftlichen Verhältnisse verheimlicht oder verschleiert.

(2) Ebenso wird bestraft, wer durch eine der in Absatz 1 bezeichneten Handlungen seine Überschuldung oder Zahlungsunfähigkeit herbeiführt.

(3) Der Versuch ist strafbar.

(4) Wer in den Fällen

1. des Absatzes 1 die Überschuldung oder die drohende oder eingetretene Zahlungsunfähigkeit fahrlässig nicht kennt oder
2. des Absatzes 2 die Überschuldung oder Zahlungsunfähigkeit leichtfertig verursacht,

wird mit Freiheitsstrafe bis zu zwei Jahren oder mit Geldstrafe bestraft.

(5) Wer in den Fällen

1. des Absatzes 1 Nr. 2, 5 oder 7 fahrlässig handelt und die Überschuldung oder die drohende oder eingetretene Zahlungsunfähigkeit wenigstens fahrlässig nicht kennt oder
2. des Absatzes 2 in Verbindung mit Absatz 1 Nr. 2, 5 oder 7 fahrlässig handelt und die Überschuldung oder Zahlungsunfähigkeit wenigstens leichtfertig verursacht,

wird mit Freiheitsstrafe bis zu zwei Jahren oder mit Geldstrafe bestraft.

(6) Die Tat ist nur dann strafbar, wenn der Täter seine Zahlungen eingestellt hat oder über sein Vermögen das Insolvenzverfahren eröffnet oder der Eröffnungsantrag mangels Masse abgewiesen worden ist.

§ 283a Besonders schwerer Fall des Bankrotts

[1]In besonders schweren Fällen des § 283 Abs. 1 bis 3 wird der Bankrott mit Freiheitsstrafe von sechs Monaten bis zu zehn Jahren bestraft. [2]Ein besonders schwerer Fall liegt in der Regel vor, wenn der Täter

1. aus Gewinnsucht handelt oder
2. wissentlich viele Personen in die Gefahr des Verlustes ihrer ihm anvertrauten Vermögenswerte oder in wirtschaftliche Not bringt.

§ 283b Verletzung der Buchführungspflicht

(1) Mit Freiheitsstrafe bis zu zwei Jahren oder mit Geldstrafe wird bestraft, wer

1. Handelsbücher, zu deren Führung er gesetzlich verpflichtet ist, zu führen unterläßt oder so führt oder verändert, daß die Übersicht über seinen Vermögensstand erschwert wird,
2. Handelsbücher oder sonstige Unterlagen, zu deren Aufbewahrung er nach Handelsrecht verpflichtet ist, vor Ablauf der gesetzlichen Aufbewahrungsfristen beiseite schafft, verheimlicht, zerstört oder beschädigt und dadurch die Übersicht über seinen Vermögensstand erschwert,
3. entgegen dem Handelsrecht
   a) Bilanzen so aufstellt, daß die Übersicht über seinen Vermögensstand erschwert wird, oder
   b) es unterläßt, die Bilanz seines Vermögens oder das Inventar in der vorgeschriebenen Zeit aufzustellen.

(2) Wer in den Fällen des Absatzes 1 Nr. 1 oder 3 fahrlässig handelt, wird mit Freiheitsstrafe bis zu einem Jahr oder mit Geldstrafe bestraft.

(3) § 283 Abs. 6 gilt entsprechend.

§ 283c Gläubigerbegünstigung

(1) Wer in Kenntnis seiner Zahlungsunfähigkeit einem Gläubiger eine Sicherheit oder Befriedigung gewährt, die dieser nicht oder nicht in der Art oder nicht zu der Zeit zu beanspruchen hat, und ihn dadurch absichtlich oder wissentlich vor den übrigen Gläubigern begünstigt, wird mit Freiheitsstrafe bis zu zwei Jahren oder mit Geldstrafe bestraft.

(2) Der Versuch ist strafbar.

(3) § 283 Abs. 6 gilt entsprechend.

§ 283d Schuldnerbegünstigung

(1) Mit Freiheitsstrafe bis zu fünf Jahren oder mit Geldstrafe wird bestraft, wer

1. in Kenntnis der einem anderen drohenden Zahlungsunfähigkeit oder
2. nach Zahlungseinstellung, in einem Insolvenzverfahren oder in einem Verfahren zur Herbeiführung der Entscheidung über die Eröffnung des Insolvenzverfahrens eines anderen

Bestandteile des Vermögens eines anderen, die im Falle der Eröffnung des Insolvenzverfahrens zur Insolvenzmasse gehören, mit dessen Einwilligung oder zu dessen Gunsten beiseite schafft oder verheimlicht oder in einer den Anforderungen einer ordnungsgemäßen Wirtschaft widersprechenden Weise zerstört, beschädigt oder unbrauchbar macht.

(2) Der Versuch ist strafbar.

(3) [1]In besonders schweren Fällen ist die Strafe Freiheitsstrafe von sechs Monaten bis zu zehn Jahren. [2]Ein besonders schwerer Fall liegt in der Regel vor, wenn der Täter

1. aus Gewinnsucht handelt oder
2. wissentlich viele Personen in die Gefahr des Verlustes ihrer dem anderen anvertrauten Vermögenswerte oder in wirtschaftliche Not bringt.

(4) Die Tat ist nur dann strafbar, wenn der andere seine Zahlungen eingestellt hat oder über sein Vermögen das Insolvenzverfahren eröffnet oder der Eröffnungsantrag mangels Masse abgewiesen worden ist.

Fünfundzwanzigster Abschnitt

Strafbarer Eigennutz

§ 284 Unerlaubte Veranstaltung eines Glücksspiels

(1) Wer ohne behördliche Erlaubnis öffentlich ein Glücksspiel veranstaltet oder hält oder die Einrichtungen hierzu bereitstellt, wird mit Freiheitsstrafe bis zu zwei Jahren oder mit Geldstrafe bestraft.

(2) Als öffentlich veranstaltet gelten auch Glücksspiele in Vereinen oder geschlossenen Gesellschaften, in denen Glücksspiele gewohnheitsmäßig veranstaltet werden.

(3) Wer in den Fällen des Absatzes 1

1. gewerbsmäßig oder
2. als Mitglied einer Bande handelt, die sich zur fortgesetzten Begehung solcher Taten verbunden hat,

wird mit Freiheitsstrafe von drei Monaten bis zu fünf Jahren bestraft.

(4) Wer für ein öffentliches Glücksspiel (Absätze 1 und 2) wirbt, wird mit Freiheitsstrafe bis zu einem Jahr oder mit Geldstrafe bestraft.

§ 285 Beteiligung am unerlaubten Glücksspiel

Wer sich an einem öffentlichen Glücksspiel (§ 284) beteiligt, wird mit Freiheitsstrafe bis zu sechs Monaten oder mit Geldstrafe bis zu einhundertachtzig Tagessätzen bestraft.

§ 286 Einziehung

[1]In den Fällen der §§ 284 und 285 werden die Spieleinrichtungen und das auf dem Spieltisch oder in der Bank vorgefundene Geld eingezogen, wenn sie dem Täter oder Teilnehmer zur Zeit der Entscheidung gehören. [2]Andernfalls können die Gegenstände eingezogen werden; § 74a ist anzuwenden.

§ 287 Unerlaubte Veranstaltung einer Lotterie oder einer Ausspielung

(1) Wer ohne behördliche Erlaubnis öffentliche Lotterien oder Ausspielungen beweglicher oder unbeweglicher Sachen veranstaltet, namentlich den Abschluß von Spielverträgen für eine öffentliche Lotterie oder Ausspielung anbietet oder auf den Abschluß solcher Spielverträge gerichtete Angebote annimmt, wird mit Freiheitsstrafe bis zu zwei Jahren oder mit Geldstrafe bestraft.

(2) Wer für öffentliche Lotterien oder Ausspielungen (Absatz 1) wirbt, wird mit Freiheitsstrafe bis zu einem Jahr oder mit Geldstrafe bestraft.

§ 288 Vereiteln der Zwangsvollstreckung

(1) Wer bei einer ihm drohenden Zwangsvollstreckung in der Absicht, die Befriedigung des Gläubigers zu vereiteln, Bestandteile seines Vermögens veräußert oder beiseite schafft, wird mit Freiheitsstrafe bis zu zwei Jahren oder mit Geldstrafe bestraft.

(2) Die Tat wird nur auf Antrag verfolgt.

§ 289 Pfandkehr

(1) Wer seine eigene bewegliche Sache oder eine fremde bewegliche Sache zugunsten des Eigentümers derselben dem Nutznießer, Pfandgläubiger oder demjenigen, welchem an der Sache ein Gebrauchs- oder Zurückbehaltungsrecht zusteht, in rechtswidriger Absicht wegnimmt, wird mit Freiheitsstrafe bis zu drei Jahren oder mit Geldstrafe bestraft.

(2) Der Versuch ist strafbar.

(3) Die Tat wird nur auf Antrag verfolgt.

§ 290 Unbefugter Gebrauch von Pfandsachen

Öffentliche Pfandleiher, welche die von ihnen in Pfand genommenen Gegenstände unbefugt in Gebrauch nehmen, werden mit Freiheitsstrafe bis zu einem Jahr oder mit Geldstrafe bestraft.

§ 291 Wucher

(1) [1]Wer die Zwangslage, die Unerfahrenheit, den Mangel an Urteilsvermögen oder die erhebliche Willensschwäche eines anderen dadurch ausbeutet, daß er sich oder einem Dritten

1. für die Vermietung von Räumen zum Wohnen oder damit verbundene Nebenleistungen,
2. für die Gewährung eines Kredits,

3. für eine sonstige Leistung oder
4. für die Vermittlung einer der vorbezeichneten Leistungen

Vermögensvorteile versprechen oder gewähren läßt, die in einem auffälligen Mißverhältnis zu der Leistung oder deren Vermittlung stehen, wird mit Freiheitsstrafe bis zu drei Jahren oder mit Geldstrafe bestraft. [2]Wirken mehrere Personen als Leistende, Vermittler oder in anderer Weise mit und ergibt sich dadurch ein auffälliges Mißverhältnis zwischen sämtlichen Vermögensvorteilen und sämtlichen Gegenleistungen, so gilt Satz 1 für jeden, der die Zwangslage oder sonstige Schwäche des anderen für sich oder einen Dritten zur Erzielung eines übermäßigen Vermögensvorteils ausnutzt.

(2) [1]In besonders schweren Fällen ist die Strafe Freiheitsstrafe von sechs Monaten bis zu zehn Jahren. [2]Ein besonders schwerer Fall liegt in der Regel vor, wenn der Täter

1. durch die Tat den anderen in wirtschaftliche Not bringt,
2. die Tat gewerbsmäßig begeht,
3. sich durch Wechsel wucherische Vermögensvorteile versprechen läßt.

§ 292 Jagdwilderei

(1) Wer unter Verletzung fremden Jagdrechts oder Jagdausübungsrechts

1. dem Wild nachstellt, es fängt, erlegt oder sich oder einem Dritten zueignet oder
2. eine Sache, die dem Jagdrecht unterliegt, sich oder einem Dritten zueignet, beschädigt oder zerstört,

wird mit Freiheitsstrafe bis zu drei Jahren oder mit Geldstrafe bestraft.

(2) [1]In besonders schweren Fällen ist die Strafe Freiheitsstrafe von drei Monaten bis zu fünf Jahren. [2]Ein besonders schwerer Fall liegt in der Regel vor, wenn die Tat

1. gewerbs- oder gewohnheitsmäßig,
2. zur Nachtzeit, in der Schonzeit, unter Anwendung von Schlingen oder in anderer nicht weidmännischer Weise oder
3. von mehreren mit Schußwaffen ausgerüsteten Beteiligten gemeinschaftlich

begangen wird.

(3) Die Absätze 1 und 2 gelten nicht für die in einem Jagdbezirk zur Ausübung der Jagd befugten Personen hinsichtlich des Jagdrechts auf den zu diesem Jagdbezirk gehörenden nach § 6a des Bundesjagdgesetzes für befriedet erklärten Grundflächen.

§ 293 Fischwilderei

Wer unter Verletzung fremden Fischereirechts oder Fischereiausübungsrechts

1. fischt oder
2. eine Sache, die dem Fischereirecht unterliegt, sich oder einem Dritten zueignet, beschädigt oder zerstört,

wird mit Freiheitsstrafe bis zu zwei Jahren oder mit Geldstrafe bestraft.

§ 294 Strafantrag

In den Fällen des § 292 Abs. 1 und des § 293 wird die Tat nur auf Antrag des Verletzten verfolgt, wenn sie von einem Angehörigen oder an einem Ort begangen worden ist, wo der Täter die Jagd oder die Fischerei in beschränktem Umfang ausüben durfte.

§ 295 Einziehung

[1]Jagd- und Fischereigeräte, Hunde und andere Tiere, die der Täter oder Teilnehmer bei der Tat mit sich geführt oder verwendet hat, können eingezogen werden. [2]§ 74a ist anzuwenden.

§ 296 (weggefallen)

§ 297 Gefährdung von Schiffen, Kraft- und Luftfahrzeugen durch Bannware

(1) Wer ohne Wissen des Reeders oder des Schiffsführers oder als Schiffsführer ohne Wissen des Reeders eine Sache an Bord eines deutschen Schiffes bringt oder nimmt, deren Beförderung

1. für das Schiff oder die Ladung die Gefahr einer Beschlagnahme oder Einziehung (§§ 74 bis 74f) oder
2. für den Reeder oder den Schiffsführer die Gefahr einer Bestrafung

verursacht, wird mit Freiheitsstrafe bis zu zwei Jahren oder mit Geldstrafe bestraft.

(2) Ebenso wird bestraft, wer als Reeder ohne Wissen des Schiffsführers eine Sache an Bord eines deutschen Schiffes bringt oder nimmt, deren Beförderung für den Schiffsführer die Gefahr einer Bestrafung verursacht.

(3) Absatz 1 Nr. 1 gilt auch für ausländische Schiffe, die ihre Ladung ganz oder zum Teil im Inland genommen haben.

(4) [1]Die Absätze 1 bis 3 sind entsprechend anzuwenden, wenn Sachen in Kraft- oder Luftfahrzeuge gebracht oder genommen werden. [2]An die Stelle des Reeders und des Schiffsführers treten der Halter und der Führer des Kraft- oder Luftfahrzeuges.

Sechsundzwanzigster Abschnitt

Straftaten gegen den Wettbewerb

§ 298 Wettbewerbsbeschränkende Absprachen bei Ausschreibungen

(1) Wer bei einer Ausschreibung über Waren oder Dienstleistungen ein Angebot abgibt, das auf einer rechtswidrigen Absprache beruht, die darauf abzielt, den Veranstalter zur Annahme eines bestimmten Angebots zu veranlassen, wird mit Freiheitsstrafe bis zu fünf Jahren oder mit Geldstrafe bestraft.

(2) Der Ausschreibung im Sinne des Absatzes 1 steht die freihändige Vergabe eines Auftrages nach vorausgegangenem Teilnahmewettbewerb gleich.

(3) [1]Nach Absatz 1, auch in Verbindung mit Absatz 2, wird nicht bestraft, wer freiwillig verhindert, daß der Veranstalter das Angebot annimmt oder dieser seine Leistung erbringt. [2]Wird ohne Zutun des Täters das Angebot nicht angenommen oder die Leistung des Veranstalters nicht erbracht, so wird er straflos, wenn er sich freiwillig und ernsthaft bemüht, die Annahme des Angebots oder das Erbringen der Leistung zu verhindern.

§ 299 Bestechlichkeit und Bestechung im geschäftlichen Verkehr

(1) Mit Freiheitsstrafe bis zu drei Jahren oder Geldstrafe wird bestraft, wer im geschäftlichen Verkehr als Angestellter oder Beauftragter eines Unternehmens

1. einen Vorteil für sich oder einen Dritten als Gegenleistung dafür fordert, sich versprechen lässt oder annimmt, dass er bei dem Bezug von Waren oder Dienstleistungen einen anderen im inländischen oder ausländischen Wettbewerb in unlauterer Weise bevorzuge, oder
2. ohne Einwilligung des Unternehmens einen Vorteil für sich oder einen Dritten als Gegenleistung dafür fordert, sich versprechen lässt oder annimmt, dass er bei dem Bezug von Waren oder Dienstleistungen eine Handlung vornehme oder unterlasse und dadurch seine Pflichten gegenüber dem Unternehmen verletze.

(2) Ebenso wird bestraft, wer im geschäftlichen Verkehr einem Angestellten oder Beauftragten eines Unternehmens

1. einen Vorteil für diesen oder einen Dritten als Gegenleistung dafür anbietet, verspricht oder gewährt, dass er bei dem Bezug von Waren oder Dienstleistungen ihn oder einen anderen im inländischen oder ausländischen Wettbewerb in unlauterer Weise bevorzuge, oder
2. ohne Einwilligung des Unternehmens einen Vorteil für diesen oder einen Dritten als Gegenleistung dafür anbietet, verspricht oder gewährt, dass er bei dem Bezug von Waren oder Dienstleistungen eine Handlung vornehme oder unterlasse und dadurch seine Pflichten gegenüber dem Unternehmen verletze.

§ 299a Bestechlichkeit im Gesundheitswesen

Wer als Angehöriger eines Heilberufs, der für die Berufsausübung oder die Führung der Berufsbezeichnung eine staatlich geregelte Ausbildung erfordert, im Zusammenhang mit der Ausübung seines Berufs einen Vorteil für sich oder einen Dritten als Gegenleistung dafür fordert, sich versprechen lässt oder annimmt, dass er

1. bei der Verordnung von Arznei-, Heil- oder Hilfsmitteln oder von Medizinprodukten,
2. bei dem Bezug von Arznei- oder Hilfsmitteln oder von Medizinprodukten, die jeweils zur unmittelbaren Anwendung durch den Heilberufsangehörigen oder einen seiner Berufshelfer bestimmt sind, oder
3. bei der Zuführung von Patienten oder Untersuchungsmaterial

einen anderen im inländischen oder ausländischen Wettbewerb in unlauterer Weise bevorzuge, wird mit Freiheitsstrafe bis zu drei Jahren oder mit Geldstrafe bestraft.

§ 299b Bestechung im Gesundheitswesen

Wer einem Angehörigen eines Heilberufs im Sinne des § 299a im Zusammenhang mit dessen Berufsausübung einen Vorteil für diesen oder einen Dritten als Gegenleistung dafür anbietet, verspricht oder gewährt, dass er

1. bei der Verordnung von Arznei-, Heil- oder Hilfsmitteln oder von Medizinprodukten,
2. bei dem Bezug von Arznei- oder Hilfsmitteln oder von Medizinprodukten, die jeweils zur unmittelbaren Anwendung durch den Heilberufsangehörigen oder einen seiner Berufshelfer bestimmt sind, oder
3. bei der Zuführung von Patienten oder Untersuchungsmaterial

ihn oder einen anderen im inländischen oder ausländischen Wettbewerb in unlauterer Weise bevorzuge, wird mit Freiheitsstrafe bis zu drei Jahren oder mit Geldstrafe bestraft.

§ 300 Besonders schwere Fälle der Bestechlichkeit und Bestechung im geschäftlichen Verkehr und im Gesundheitswesen

[1]In besonders schweren Fällen wird eine Tat nach den §§ 299, 299a und 299b mit Freiheitsstrafe von drei Monaten bis zu fünf Jahren bestraft. [2]Ein besonders schwerer Fall liegt in der Regel vor, wenn

1. die Tat sich auf einen Vorteil großen Ausmaßes bezieht oder
2. der Täter gewerbsmäßig handelt oder als Mitglied einer Bande, die sich zur fortgesetzten Begehung solcher Taten verbunden hat.

§ 301 Strafantrag

(1) Die Bestechlichkeit und Bestechung im geschäftlichen Verkehr nach § 299 wird nur auf Antrag verfolgt, es sei denn, daß die Strafverfolgungsbehörde wegen des besonderen öffentlichen Interesses an der Strafverfolgung ein Einschreiten von Amts wegen für geboten hält.

(2) Das Recht, den Strafantrag nach Absatz 1 zu stellen, haben in den Fällen des § 299 Absatz 1 Nummer 1 und Absatz 2 Nummer 1 neben dem Verletzten auch die in § 8 Absatz 3 Nummer 2 und 4 des Gesetzes gegen den unlauteren Wettbewerb bezeichneten Verbände und Kammern.

§ 302 *[aufgehoben]*

Siebenundzwanzigster Abschnitt

Sachbeschädigung

§ 303 Sachbeschädigung

(1) Wer rechtswidrig eine fremde Sache beschädigt oder zerstört, wird mit Freiheitsstrafe bis zu zwei Jahren oder mit Geldstrafe bestraft.

(2) Ebenso wird bestraft, wer unbefugt das Erscheinungsbild einer fremden Sache nicht nur unerheblich und nicht nur vorübergehend verändert.

(3) Der Versuch ist strafbar.

§ 303a Datenveränderung

(1) Wer rechtswidrig Daten (§ 202a Abs. 2) löscht, unterdrückt, unbrauchbar macht oder verändert, wird mit Freiheitsstrafe bis zu zwei Jahren oder mit Geldstrafe bestraft.

(2) Der Versuch ist strafbar.

(3) Für die Vorbereitung einer Straftat nach Absatz 1 gilt § 202c entsprechend.

§ 303b Computersabotage

(1) Wer eine Datenverarbeitung, die für einen anderen von wesentlicher Bedeutung ist, dadurch erheblich stört, dass er

1. eine Tat nach § 303a Abs. 1 begeht,
2. Daten (§ 202a Abs. 2) in der Absicht, einem anderen Nachteil zuzufügen, eingibt oder übermittelt oder
3. eine Datenverarbeitungsanlage oder einen Datenträger zerstört, beschädigt, unbrauchbar macht, beseitigt oder verändert,

wird mit Freiheitsstrafe bis zu drei Jahren oder mit Geldstrafe bestraft.

(2) Handelt es sich um eine Datenverarbeitung, die für einen fremden Betrieb, ein fremdes Unternehmen oder eine Behörde von wesentlicher Bedeutung ist, ist die Strafe Freiheitsstrafe bis zu fünf Jahren oder Geldstrafe.

(3) Der Versuch ist strafbar.

(4) [1]In besonders schweren Fällen des Absatzes 2 ist die Strafe Freiheitsstrafe von sechs Monaten bis zu zehn Jahren. [2]Ein besonders schwerer Fall liegt in der Regel vor, wenn der Täter

1. einen Vermögensverlust großen Ausmaßes herbeiführt,
2. gewerbsmäßig oder als Mitglied einer Bande handelt, die sich zur fortgesetzten Begehung von Computersabotage verbunden hat,

3. durch die Tat die Versorgung der Bevölkerung mit lebenswichtigen Gütern oder Dienstleistungen oder die Sicherheit der Bundesrepublik Deutschland beeinträchtigt.

(5) Für die Vorbereitung einer Straftat nach Absatz 1 gilt § 202c entsprechend.

§ 303c Strafantrag

In den Fällen der §§ 303, 303a Abs. 1 und 2 sowie § 303b Abs. 1 bis 3 wird die Tat nur auf Antrag verfolgt, es sei denn, daß die Strafverfolgungsbehörde wegen des besonderen öffentlichen Interesses an der Strafverfolgung ein Einschreiten von Amts wegen für geboten hält.

§ 304 Gemeinschädliche Sachbeschädigung

(1) Wer rechtswidrig Gegenstände der Verehrung einer im Staat bestehenden Religionsgesellschaft oder Sachen, die dem Gottesdienst gewidmet sind, oder Grabmäler, öffentliche Denkmäler, Naturdenkmäler, Gegenstände der Kunst, der Wissenschaft oder des Gewerbes, welche in öffentlichen Sammlungen aufbewahrt werden oder öffentlich aufgestellt sind, oder Gegenstände, welche zum öffentlichen Nutzen oder zur Verschönerung öffentlicher Wege, Plätze oder Anlagen dienen, beschädigt oder zerstört, wird mit Freiheitsstrafe bis zu drei Jahren oder mit Geldstrafe bestraft.

(2) Ebenso wird bestraft, wer unbefugt das Erscheinungsbild einer in Absatz 1 bezeichneten Sache oder eines dort bezeichneten Gegenstandes nicht nur unerheblich und nicht nur vorübergehend verändert.

(3) Der Versuch ist strafbar.

§ 305 Zerstörung von Bauwerken

(1) Wer rechtswidrig ein Gebäude, ein Schiff, eine Brücke, einen Damm, eine gebaute Straße, eine Eisenbahn oder ein anderes Bauwerk, welche fremdes Eigentum sind, ganz oder teilweise zerstört, wird mit Freiheitsstrafe bis zu fünf Jahren oder mit Geldstrafe bestraft.

(2) Der Versuch ist strafbar.

§ 305a Zerstörung wichtiger Arbeitsmittel

(1) Wer rechtswidrig

1. ein fremdes technisches Arbeitsmittel von bedeutendem Wert, das für die Errichtung einer Anlage oder eines Unternehmens im Sinne des § 316b Abs. 1 Nr. 1 oder 2 oder einer Anlage, die dem Betrieb oder der Entsorgung einer solchen Anlage oder eines solchen Unternehmens dient, von wesentlicher Bedeutung ist, oder
2. ein für den Einsatz wesentliches technisches Arbeitsmittel der Polizei, der Bundeswehr, der Feuerwehr, des Katastrophenschutzes oder eines Rettungsdienstes, das von bedeutendem Wert ist, oder
3. ein Kraftfahrzeug der Polizei, der Bundeswehr, der Feuerwehr, des Katastrophenschutzes oder eines Rettungsdienstes

ganz oder teilweise zerstört, wird mit Freiheitsstrafe bis zu fünf Jahren oder mit Geldstrafe bestraft.

(2) Der Versuch ist strafbar.

Achtundzwanzigster Abschnitt

Gemeingefährliche Straftaten

§ 306 Brandstiftung

(1) Wer fremde

1. Gebäude oder Hütten,
2. Betriebsstätten oder technische Einrichtungen, namentlich Maschinen,
3. Warenlager oder -vorräte,
4. Kraftfahrzeuge, Schienen-, Luft- oder Wasserfahrzeuge,
5. Wälder, Heiden oder Moore oder
6. land-, ernährungs- oder forstwirtschaftliche Anlagen oder Erzeugnisse

in Brand setzt oder durch eine Brandlegung ganz oder teilweise zerstört, wird mit Freiheitsstrafe von einem Jahr bis zu zehn Jahren bestraft.

(2) In minder schweren Fällen ist die Strafe Freiheitsstrafe von sechs Monaten bis zu fünf Jahren.

§ 306a Schwere Brandstiftung

(1) Mit Freiheitsstrafe nicht unter einem Jahr wird bestraft, wer

1. ein Gebäude, ein Schiff, eine Hütte oder eine andere Räumlichkeit, die der Wohnung von Menschen dient,
2. eine Kirche oder ein anderes der Religionsausübung dienendes Gebäude oder
3. eine Räumlichkeit, die zeitweise dem Aufenthalt von Menschen dient, zu einer Zeit, in der Menschen sich dort aufzuhalten pflegen,

in Brand setzt oder durch eine Brandlegung ganz oder teilweise zerstört.

(2) Ebenso wird bestraft, wer eine in § 306 Abs. 1 Nr. 1 bis 6 bezeichnete Sache in Brand setzt oder durch eine Brandlegung ganz oder teilweise zerstört und dadurch einen anderen Menschen in die Gefahr einer Gesundheitsschädigung bringt.

(3) In minder schweren Fällen der Absätze 1 und 2 ist die Strafe Freiheitsstrafe von sechs Monaten bis zu fünf Jahren.

§ 306b Besonders schwere Brandstiftung

(1) Wer durch eine Brandstiftung nach § 306 oder § 306a eine schwere Gesundheitsschädigung eines anderen Menschen oder eine Gesundheitsschädigung einer großen Zahl von Menschen verursacht, wird mit Freiheitsstrafe nicht unter zwei Jahren bestraft.

(2) Auf Freiheitsstrafe nicht unter fünf Jahren ist zu erkennen, wenn der Täter in den Fällen des § 306a

1. einen anderen Menschen durch die Tat in die Gefahr des Todes bringt,
2. in der Absicht handelt, eine andere Straftat zu ermöglichen oder zu verdecken oder
3. das Löschen des Brandes verhindert oder erschwert.

§ 306c Brandstiftung mit Todesfolge

Verursacht der Täter durch eine Brandstiftung nach den §§ 306 bis 306b wenigstens leichtfertig den Tod eines anderen Menschen, so ist die Strafe lebenslange Freiheitsstrafe oder Freiheitsstrafe nicht unter zehn Jahren.

§ 306d Fahrlässige Brandstiftung

(1) Wer in den Fällen des § 306 Abs. 1 oder des § 306a Abs. 1 fahrlässig handelt oder in den Fällen des § 306a Abs. 2 die Gefahr fahrlässig verursacht, wird mit Freiheitsstrafe bis zu fünf Jahren oder mit Geldstrafe bestraft.

(2) Wer in den Fällen des § 306a Abs. 2 fahrlässig handelt und die Gefahr fahrlässig verursacht, wird mit Freiheitsstrafe bis zu drei Jahren oder mit Geldstrafe bestraft.

§ 306e Tätige Reue

(1) Das Gericht kann in den Fällen der §§ 306, 306a und 306b die Strafe nach seinem Ermessen mildern (§ 49 Abs. 2) oder von Strafe nach diesen Vorschriften absehen, wenn der Täter freiwillig den Brand löscht, bevor ein erheblicher Schaden entsteht.

(2) Nach § 306d wird nicht bestraft, wer freiwillig den Brand löscht, bevor ein erheblicher Schaden entsteht.

(3) Wird der Brand ohne Zutun des Täters gelöscht, bevor ein erheblicher Schaden entstanden ist, so genügt sein freiwilliges und ernsthaftes Bemühen, dieses Ziel zu erreichen.

§ 306f Herbeiführen einer Brandgefahr

(1) Wer fremde

1. feuergefährdete Betriebe oder Anlagen,
2. Anlagen oder Betriebe der Land- oder Ernährungswirtschaft, in denen sich deren Erzeugnisse befinden,
3. Wälder, Heiden oder Moore oder
4. bestellte Felder oder leicht entzündliche Erzeugnisse der Landwirtschaft, die auf Feldern lagern,

durch Rauchen, durch offenes Feuer oder Licht, durch Wegwerfen brennender oder glimmender Gegenstände oder in sonstiger Weise in Brandgefahr bringt, wird mit Freiheitsstrafe bis zu drei Jahren oder mit Geldstrafe bestraft.

(2) Ebenso wird bestraft, wer eine in Absatz 1 Nr. 1 bis 4 bezeichnete Sache in Brandgefahr bringt und dadurch Leib oder Leben eines anderen Menschen oder fremde Sachen von bedeutendem Wert gefährdet.

(3) Wer in den Fällen des Absatzes 1 fahrlässig handelt oder in den Fällen des Absatzes 2 die Gefahr fahrlässig verursacht, wird mit Freiheitsstrafe bis zu einem Jahr oder mit Geldstrafe bestraft.

§ 307 Herbeiführen einer Explosion durch Kernenergie

(1) Wer es unternimmt, durch Freisetzen von Kernenergie eine Explosion herbeizuführen und dadurch Leib oder Leben eines anderen Menschen oder fremde Sachen von bedeutendem Wert zu gefährden, wird mit Freiheitsstrafe nicht unter fünf Jahren bestraft.

(2) Wer durch Freisetzen von Kernenergie eine Explosion herbeiführt und dadurch Leib oder Leben eines anderen Menschen oder fremde Sachen von bedeutendem Wert fahrlässig gefährdet, wird mit Freiheitsstrafe von einem Jahr bis zu zehn Jahren bestraft.

(3) Verursacht der Täter durch die Tat wenigstens leichtfertig den Tod eines anderen Menschen, so ist die Strafe
1. in den Fällen des Absatzes 1 lebenslange Freiheitsstrafe oder Freiheitsstrafe nicht unter zehn Jahren,
2. in den Fällen des Absatzes 2 Freiheitsstrafe nicht unter fünf Jahren.

(4) Wer in den Fällen des Absatzes 2 fahrlässig handelt und die Gefahr fahrlässig verursacht, wird mit Freiheitsstrafe bis zu drei Jahren oder mit Geldstrafe bestraft.

§ 308 Herbeiführen einer Sprengstoffexplosion

(1) Wer anders als durch Freisetzen von Kernenergie, namentlich durch Sprengstoff, eine Explosion herbeiführt und dadurch Leib oder Leben eines anderen Menschen oder fremde Sachen von bedeutendem Wert gefährdet, wird mit Freiheitsstrafe nicht unter einem Jahr bestraft.

(2) Verursacht der Täter durch die Tat eine schwere Gesundheitsschädigung eines anderen Menschen oder eine Gesundheitsschädigung einer großen Zahl von Menschen, so ist auf Freiheitsstrafe nicht unter zwei Jahren zu erkennen.

(3) Verursacht der Täter durch die Tat wenigstens leichtfertig den Tod eines anderen Menschen, so ist die Strafe lebenslange Freiheitsstrafe oder Freiheitsstrafe nicht unter zehn Jahren.

(4) In minder schweren Fällen des Absatzes 1 ist auf Freiheitsstrafe von sechs Monaten bis zu fünf Jahren, in minder schweren Fällen des Absatzes 2 auf Freiheitsstrafe von einem Jahr bis zu zehn Jahren zu erkennen.

(5) Wer in den Fällen des Absatzes 1 die Gefahr fahrlässig verursacht, wird mit Freiheitsstrafe bis zu fünf Jahren oder mit Geldstrafe bestraft.

(6) Wer in den Fällen des Absatzes 1 fahrlässig handelt und die Gefahr fahrlässig verursacht, wird mit Freiheitsstrafe bis zu drei Jahren oder mit Geldstrafe bestraft.

§ 309 Mißbrauch ionisierender Strahlen

(1) Wer in der Absicht, die Gesundheit eines anderen Menschen zu schädigen, es unternimmt, ihn einer ionisierenden Strahlung auszusetzen, die dessen Gesundheit zu schädigen geeignet ist, wird mit Freiheitsstrafe von einem Jahr bis zu zehn Jahren bestraft.

(2) Unternimmt es der Täter, eine unübersehbare Zahl von Menschen einer solchen Strahlung auszusetzen, so ist die Strafe Freiheitsstrafe nicht unter fünf Jahren.

(3) Verursacht der Täter in den Fällen des Absatzes 1 durch die Tat eine schwere Gesundheitsschädigung eines anderen Menschen oder eine Gesundheitsschädigung einer großen Zahl von Menschen, so ist auf Freiheitsstrafe nicht unter zwei Jahren zu erkennen.

(4) Verursacht der Täter durch die Tat wenigstens leichtfertig den Tod eines anderen Menschen, so ist die Strafe lebenslange Freiheitsstrafe oder Freiheitsstrafe nicht unter zehn Jahren.

(5) In minder schweren Fällen des Absatzes 1 ist auf Freiheitsstrafe von sechs Monaten bis zu fünf Jahren, in minder schweren Fällen des Absatzes 3 auf Freiheitsstrafe von einem Jahr bis zu zehn Jahren zu erkennen.

(6) [1]Wer in der Absicht,
1. die Brauchbarkeit einer fremden Sache von bedeutendem Wert zu beeinträchtigen,
2. nachhaltig ein Gewässer, die Luft oder den Boden nachteilig zu verändern oder
3. ihm nicht gehörende Tiere oder Pflanzen von bedeutendem Wert zu schädigen,

die Sache, das Gewässer, die Luft, den Boden, die Tiere oder Pflanzen einer ionisierenden Strahlung aussetzt, die geeignet ist, solche Beeinträchtigungen, Veränderungen oder Schäden hervorzurufen, wird mit Freiheitsstrafe bis zu fünf Jahren oder mit Geldstrafe bestraft. [2]Der Versuch ist strafbar.

§ 310 Vorbereitung eines Explosions- oder Strahlungsverbrechens

(1) Wer zur Vorbereitung
1. eines bestimmten Unternehmens im Sinne des § 307 Abs. 1 oder des § 309 Abs. 2,
2. einer Straftat nach § 308 Abs. 1, die durch Sprengstoff begangen werden soll,
3. einer Straftat nach § 309 Abs. 1 oder
4. einer Straftat nach § 309 Abs. 6

Kernbrennstoffe, sonstige radioaktive Stoffe, Sprengstoffe oder die zur Ausführung der Tat erforderlichen besonderen Vorrichtungen herstellt, sich oder einem anderen verschafft, verwahrt oder einem anderen überläßt, wird in den Fällen der Nummer 1 mit Freiheitsstrafe von einem Jahr bis zu zehn Jahren, in den Fällen der Nummer 2 und der Nummer 3 mit Freiheitsstrafe von sechs Monaten bis zu fünf Jahren, in den Fällen der Nummer 4 mit Freiheitsstrafe bis zu drei Jahren oder mit Geldstrafe bestraft.

(2) In minder schweren Fällen des Absatzes 1 Nr. 1 ist die Strafe Freiheitsstrafe von sechs Monaten bis zu fünf Jahren.

(3) In den Fällen des Absatzes 1 Nr. 3 und 4 ist der Versuch strafbar.

§ 311 Freisetzen ionisierender Strahlen

(1) Wer unter Verletzung verwaltungsrechtlicher Pflichten (§ 330d Absatz 1 Nummer 4, 5, Absatz 2)
1. ionisierende Strahlen freisetzt oder
2. Kernspaltungsvorgänge bewirkt,

die geeignet sind, Leib oder Leben eines anderen Menschen, fremde Sachen von bedeutendem Wert zu schädigen oder erhebliche Schäden an Tieren oder Pflanzen, Gewässern, der Luft oder dem Boden herbeizuführen, wird mit Freiheitsstrafe bis zu fünf Jahren oder mit Geldstrafe bestraft.

(2) Der Versuch ist strafbar.

(3) Wer fahrlässig
1. beim Betrieb einer Anlage, insbesondere einer Betriebsstätte, eine Handlung im Sinne des Absatzes 1 in einer Weise begeht, die geeignet ist, eine Schädigung außerhalb des zur Anlage gehörenden Bereichs herbeizuführen oder
2. in sonstigen Fällen des Absatzes 1 unter grober Verletzung verwaltungsrechtlicher Pflichten handelt,

wird mit Freiheitsstrafe bis zu zwei Jahren oder mit Geldstrafe bestraft.

§ 312 Fehlerhafte Herstellung einer kerntechnischen Anlage

(1) Wer eine kerntechnische Anlage (§ 330d Nr. 2) oder Gegenstände, die zur Errichtung oder zum Betrieb einer solchen Anlage bestimmt sind, fehlerhaft herstellt oder liefert und dadurch eine Gefahr für Leib oder Leben eines anderen Menschen oder für fremde Sachen von bedeutendem Wert herbeiführt, die mit der Wirkung eines Kernspaltungsvorgangs oder der Strahlung eines radioaktiven Stoffes zusammenhängt, wird mit Freiheitsstrafe von drei Monaten bis zu fünf Jahren bestraft.

(2) Der Versuch ist strafbar.

(3) Verursacht der Täter durch die Tat eine schwere Gesundheitsschädigung eines anderen Menschen oder eine Gesundheitsschädigung einer großen Zahl von Menschen, so ist auf Freiheitsstrafe von einem Jahr bis zu zehn Jahren zu erkennen.

(4) Verursacht der Täter durch die Tat den Tod eines anderen Menschen, so ist die Strafe Freiheitsstrafe nicht unter drei Jahren.

(5) In minder schweren Fällen des Absatzes 3 ist auf Freiheitsstrafe von sechs Monaten bis zu fünf Jahren, in minder schweren Fällen des Absatzes 4 auf Freiheitsstrafe von einem Jahr bis zu zehn Jahren zu erkennen

(6) Wer in den Fällen des Absatzes 1
1. die Gefahr fahrlässig verursacht oder
2. leichtfertig handelt und die Gefahr fahrlässig verursacht,

wird mit Freiheitsstrafe bis zu drei Jahren oder mit Geldstrafe bestraft.

§ 313 Herbeiführen einer Überschwemmung

(1) Wer eine Überschwemmung herbeiführt und dadurch Leib oder Leben eines anderen Menschen oder fremde Sachen von bedeutendem Wert gefährdet, wird mit Freiheitsstrafe von einem Jahr bis zu zehn Jahren bestraft.

(2) § 308 Abs. 2 bis 6 gilt entsprechend.

§ 314 Gemeingefährliche Vergiftung

(1) Mit Freiheitsstrafe von einem Jahr bis zu zehn Jahren wird bestraft, wer
1. Wasser in gefaßten Quellen, in Brunnen, Leitungen oder Trinkwasserspeichern oder
2. Gegenstände, die zum öffentlichen Verkauf oder Verbrauch bestimmt sind,

vergiftet oder ihnen gesundheitsschädliche Stoffe beimischt oder vergiftete oder mit gesundheitsschädlichen Stoffen vermischte Gegenstände im Sinne der Nummer 2 verkauft, feilhält oder sonst in den Verkehr bringt.

(2) § 308 Abs. 2 bis 4 gilt entsprechend.

§ 314a Tätige Reue

(1) Das Gericht kann die Strafe in den Fällen des § 307 Abs. 1 und des § 309 Abs. 2 nach seinem Ermessen mildern (§ 49 Abs. 2), wenn der Täter freiwillig die weitere Ausführung der Tat aufgibt oder sonst die Gefahr abwendet.

(2) Das Gericht kann die in den folgenden Vorschriften angedrohte Strafe nach seinem Ermessen mildern (§ 49 Abs. 2) oder von Strafe nach diesen Vorschriften absehen, wenn der Täter
1. in den Fällen des § 309 Abs. 1 oder § 314 Abs. 1 freiwillig die weitere Ausführung der Tat aufgibt oder sonst die Gefahr abwendet oder

2. in den Fällen des
   a) § 307 Abs. 2,
   b) § 308 Abs. 1 und 5,
   c) § 309 Abs. 6,
   d) § 311 Abs. 1,
   e) § 312 Abs. 1 und 6 Nr. 1,
   f) § 313, auch in Verbindung mit § 308 Abs. 5,

   freiwillig die Gefahr abwendet, bevor ein erheblicher Schaden entsteht.

(3) Nach den folgenden Vorschriften wird nicht bestraft, wer

1. in den Fällen des
   a) § 307 Abs. 4,
   b) § 308 Abs. 6,
   c) § 311 Abs. 3,
   d) § 312 Abs. 6 Nr. 2,
   e) § 313 Abs. 2 in Verbindung mit § 308 Abs. 6

   freiwillig die Gefahr abwendet, bevor ein erheblicher Schaden entsteht, oder
2. in den Fällen des § 310 freiwillig die weitere Ausführung der Tat aufgibt oder sonst die Gefahr abwendet.

(4) Wird ohne Zutun des Täters die Gefahr abgewendet, so genügt sein freiwilliges und ernsthaftes Bemühen, dieses Ziel zu erreichen.

§ 315 Gefährliche Eingriffe in den Bahn-, Schiffs- und Luftverkehr

(1) Wer die Sicherheit des Schienenbahn-, Schwebebahn-, Schiffs- oder Luftverkehrs dadurch beeinträchtigt, daß er

1. Anlagen oder Beförderungsmittel zerstört, beschädigt oder beseitigt,
2. Hindernisse bereitet,
3. falsche Zeichen oder Signale gibt oder
4. einen ähnlichen, ebenso gefährlichen Eingriff vornimmt,

und dadurch Leib oder Leben eines anderen Menschen oder fremde Sachen von bedeutendem Wert gefährdet, wird mit Freiheitsstrafe von sechs Monaten bis zu zehn Jahren bestraft.

(2) Der Versuch ist strafbar.

(3) Auf Freiheitsstrafe nicht unter einem Jahr ist zu erkennen, wenn der Täter

1. in der Absicht handelt,
   a) einen Unglücksfall herbeizuführen oder
   b) eine andere Straftat zu ermöglichen oder zu verdecken, oder
2. durch die Tat eine schwere Gesundheitsschädigung eines anderen Menschen oder eine Gesundheitsschädigung einer großen Zahl von Menschen verursacht.

(4) In minder schweren Fällen des Absatzes 1 ist auf Freiheitsstrafe von drei Monaten bis zu fünf Jahren, in minder schweren Fällen des Absatzes 3 auf Freiheitsstrafe von sechs Monaten bis zu fünf Jahren zu erkennen.

(5) Wer in den Fällen des Absatzes 1 die Gefahr fahrlässig verursacht, wird mit Freiheitsstrafe bis zu fünf Jahren oder mit Geldstrafe bestraft.

(6) Wer in den Fällen des Absatzes 1 fahrlässig handelt und die Gefahr fahrlässig verursacht, wird mit Freiheitsstrafe bis zu zwei Jahren oder mit Geldstrafe bestraft.

§ 315a Gefährdung des Bahn-, Schiffs- und Luftverkehrs

(1) Mit Freiheitsstrafe bis zu fünf Jahren oder mit Geldstrafe wird bestraft, wer

1. ein Schienenbahn- oder Schwebebahnfahrzeug, ein Schiff oder ein Luftfahrzeug führt, obwohl er infolge des Genusses alkoholischer Getränke oder anderer berauschender Mittel oder infolge geistiger oder körperlicher Mängel nicht in der Lage ist, das Fahrzeug sicher zu führen, oder
2. als Führer eines solchen Fahrzeugs oder als sonst für die Sicherheit Verantwortlicher durch grob pflichtwidriges Verhalten gegen Rechtsvorschriften zur Sicherung des Schienenbahn-, Schwebebahn-, Schiffs- oder Luftverkehrs verstößt

und dadurch Leib oder Leben eines anderen Menschen oder fremde Sachen von bedeutendem Wert gefährdet.

(2) In den Fällen des Absatzes 1 Nr. 1 ist der Versuch strafbar.

(3) Wer in den Fällen des Absatzes 1
1. die Gefahr fahrlässig verursacht oder
2. fahrlässig handelt und die Gefahr fahrlässig verursacht,
wird mit Freiheitsstrafe bis zu zwei Jahren oder mit Geldstrafe bestraft.

§ 315b Gefährliche Eingriffe in den Straßenverkehr

(1) Wer die Sicherheit des Straßenverkehrs dadurch beeinträchtigt, daß er
1. Anlagen oder Fahrzeuge zerstört, beschädigt oder beseitigt,
2. Hindernisse bereitet oder
3. einen ähnlichen, ebenso gefährlichen Eingriff vornimmt,
und dadurch Leib oder Leben eines anderen Menschen oder fremde Sachen von bedeutendem Wert gefährdet, wird mit Freiheitsstrafe bis zu fünf Jahren oder mit Geldstrafe bestraft.

(2) Der Versuch ist strafbar.

(3) Handelt der Täter unter den Voraussetzungen des § 315 Abs. 3, so ist die Strafe Freiheitsstrafe von einem Jahr bis zu zehn Jahren, in minder schweren Fällen Freiheitsstrafe von sechs Monaten bis zu fünf Jahren.

(4) Wer in den Fällen des Absatzes 1 die Gefahr fahrlässig verursacht, wird mit Freiheitsstrafe bis zu drei Jahren oder mit Geldstrafe bestraft.

(5) Wer in den Fällen des Absatzes 1 fahrlässig handelt und die Gefahr fahrlässig verursacht, wird mit Freiheitsstrafe bis zu zwei Jahren oder mit Geldstrafe bestraft.

§ 315c Gefährdung des Straßenverkehrs

(1) Wer im Straßenverkehr
1. ein Fahrzeug führt, obwohl er
   a) infolge des Genusses alkoholischer Getränke oder anderer berauschender Mittel oder
   b) infolge geistiger oder körperlicher Mängel

   nicht in der Lage ist, das Fahrzeug sicher zu führen, oder
2. grob verkehrswidrig und rücksichtslos
   a) die Vorfahrt nicht beachtet,
   b) falsch überholt oder sonst bei Überholvorgängen falsch fährt,
   c) an Fußgängerüberwegen falsch fährt,
   d) an unübersichtlichen Stellen, an Straßenkreuzungen, Straßeneinmündungen oder Bahnübergängen zu schnell fährt,
   e) an unübersichtlichen Stellen nicht die rechte Seite der Fahrbahn einhält,
   f) auf Autobahnen oder Kraftfahrstraßen wendet, rückwärts oder entgegen der Fahrtrichtung fährt oder dies versucht oder
   g) haltende oder liegengebliebene Fahrzeuge nicht auf ausreichende Entfernung kenntlich macht, obwohl das zur Sicherung des Verkehrs erforderlich ist,

und dadurch Leib oder Leben eines anderen Menschen oder fremde Sachen von bedeutendem Wert gefährdet, wird mit Freiheitsstrafe bis zu fünf Jahren oder mit Geldstrafe bestraft.

(2) In den Fällen des Absatzes 1 Nr. 1 ist der Versuch strafbar.

(3) Wer in den Fällen des Absatzes 1
1. die Gefahr fahrlässig verursacht oder
2. fahrlässig handelt und die Gefahr fahrlässig verursacht,
wird mit Freiheitsstrafe bis zu zwei Jahren oder mit Geldstrafe bestraft.

§ 315d Verbotene Kraftfahrzeugrennen

(1) Wer im Straßenverkehr
1. ein nicht erlaubtes Kraftfahrzeugrennen ausrichtet oder durchführt,
2. als Kraftfahrzeugführer an einem nicht erlaubten Kraftfahrzeugrennen teilnimmt oder
3. [1] sich als Kraftfahrzeugführer mit nicht angepasster Geschwindigkeit und grob verkehrswidrig und rücksichtslos fortbewegt, um eine höchstmögliche Geschwindigkeit zu erreichen,
wird mit Freiheitsstrafe bis zu zwei Jahren oder mit Geldstrafe bestraft.

(2) Wer in den Fällen des Absatzes 1 Nummer 2 oder 3 Leib oder Leben eines anderen Menschen oder fremde Sachen von bedeutendem Wert gefährdet, wird mit Freiheitsstrafe bis zu fünf Jahren oder mit Geldstrafe bestraft.

(3) Der Versuch ist in den Fällen des Absatzes 1 Nummer 1 strafbar.

---

1) § 315d Abs. 1 Nr. 3 ist gem. Beschl. des BVerfG v. 9.2.2022 (BGBl. I S. 479) mit dem GG vereinbar.

(4) Wer in den Fällen des Absatzes 2 die Gefahr fahrlässig verursacht, wird mit Freiheitsstrafe bis zu drei Jahren oder mit Geldstrafe bestraft.
(5) Verursacht der Täter in den Fällen des Absatzes 2 durch die Tat den Tod oder eine schwere Gesundheitsschädigung eines anderen Menschen oder eine Gesundheitsschädigung einer großen Zahl von Menschen, so ist die Strafe Freiheitsstrafe von einem Jahr bis zu zehn Jahren, in minder schweren Fällen Freiheitsstrafe von sechs Monaten bis zu fünf Jahren.

§ 315e Schienenbahnen im Straßenverkehr

Soweit Schienenbahnen am Straßenverkehr teilnehmen, sind nur die Vorschriften zum Schutz des Straßenverkehrs (§§ 315b und 315c) anzuwenden.

§ 315f Einziehung

[1]Kraftfahrzeuge, auf die sich eine Tat nach § 315d Absatz 1 Nummer 2 oder Nummer 3, Absatz 2, 4 oder 5 bezieht, können eingezogen werden. [2]§ 74a ist anzuwenden.

§ 316 Trunkenheit im Verkehr

(1) Wer im Verkehr (§§ 315 bis 315e) ein Fahrzeug führt, obwohl er infolge des Genusses alkoholischer Getränke oder anderer berauschender Mittel nicht in der Lage ist, das Fahrzeug sicher zu führen, wird mit Freiheitsstrafe bis zu einem Jahr oder mit Geldstrafe bestraft, wenn die Tat nicht in § 315a oder § 315c mit Strafe bedroht ist.
(2) Nach Absatz 1 wird auch bestraft, wer die Tat fahrlässig begeht.

§ 316a Räuberischer Angriff auf Kraftfahrer

(1) Wer zur Begehung eines Raubes (§§ 249 oder 250), eines räuberischen Diebstahls (§ 252) oder einer räuberischen Erpressung (§ 255) einen Angriff auf Leib oder Leben oder die Entschlußfreiheit des Führers eines Kraftfahrzeugs oder eines Mitfahrers verübt und dabei die besonderen Verhältnisse des Straßenverkehrs ausnutzt, wird mit Freiheitsstrafe nicht unter fünf Jahren bestraft.
(2) In minder schweren Fällen ist die Strafe Freiheitsstrafe von einem Jahr bis zu zehn Jahren.
(3) Verursacht der Täter durch die Tat wenigstens leichtfertig den Tod eines anderen Menschen, so ist die Strafe lebenslange Freiheitsstrafe oder Freiheitsstrafe nicht unter zehn Jahren.

§ 316b Störung öffentlicher Betriebe

(1) Wer den Betrieb
1. von Unternehmen oder Anlagen, die der öffentlichen Versorgung mit Postdienstleistungen oder dem öffentlichen Verkehr dienen,
2. einer der öffentlichen Versorgung mit Wasser, Licht, Wärme oder Kraft dienenden Anlage oder eines für die Versorgung der Bevölkerung lebenswichtigen Unternehmens oder
3. einer der öffentlichen Ordnung oder Sicherheit dienenden Einrichtung oder Anlage

dadurch verhindert oder stört, daß er eine dem Betrieb dienende Sache zerstört, beschädigt, beseitigt, verändert oder unbrauchbar macht oder die für den Betrieb bestimmte elektrische Kraft entzieht, wird mit Freiheitsstrafe bis zu fünf Jahren oder mit Geldstrafe bestraft.
(2) Der Versuch ist strafbar.
(3) [1]In besonders schweren Fällen ist die Strafe Freiheitsstrafe von sechs Monaten bis zu zehn Jahren. [2]Ein besonders schwerer Fall liegt in der Regel vor, wenn der Täter durch die Tat die Versorgung der Bevölkerung mit lebenswichtigen Gütern, insbesondere mit Wasser, Licht, Wärme oder Kraft, beeinträchtigt.

§ 316c Angriffe auf den Luft- und Seeverkehr

(1) [1]Mit Freiheitsstrafe nicht unter fünf Jahren wird bestraft, wer
1. Gewalt anwendet oder die Entschlußfreiheit einer Person angreift oder sonstige Machenschaften vornimmt, um dadurch die Herrschaft über
   a) ein im zivilen Luftverkehr eingesetztes und im Flug befindliches Luftfahrzeug oder
   b) ein im zivilen Seeverkehr eingesetztes Schiff

   zu erlangen oder auf dessen Führung einzuwirken, oder
2. um ein solches Luftfahrzeug oder Schiff oder dessen an Bord befindliche Ladung zu zerstören oder zu beschädigen, Schußwaffen gebraucht oder es unternimmt, eine Explosion oder einen Brand herbeizuführen.

[2]Einem im Flug befindlichen Luftfahrzeug steht ein Luftfahrzeug gleich, das von Mitgliedern der Besatzung oder von Fluggästen bereits betreten ist oder dessen Beladung bereits begonnen hat oder das von Mitgliedern der Besatzung oder von Fluggästen noch nicht planmäßig verlassen ist oder dessen planmäßige Entladung noch nicht abgeschlossen ist.

(2) In minder schweren Fällen ist die Strafe Freiheitsstrafe von einem Jahr bis zu zehn Jahren.
(3) Verursacht der Täter durch die Tat wenigstens leichtfertig den Tod eines anderen Menschen, so ist die Strafe lebenslange Freiheitsstrafe oder Freiheitsstrafe nicht unter zehn Jahren.
(4) Wer zur Vorbereitung einer Straftat nach Absatz 1 Schußwaffen, Sprengstoffe oder sonst zur Herbeiführung einer Explosion oder eines Brandes bestimmte Stoffe oder Vorrichtungen herstellt, sich oder einem anderen verschafft, verwahrt oder einem anderen überläßt, wird mit Freiheitsstrafe von sechs Monaten bis zu fünf Jahren bestraft.

§ 317 Störung von Telekommunikationsanlagen

(1) Wer den Betrieb einer öffentlichen Zwecken dienenden Telekommunikationsanlage dadurch verhindert oder gefährdet, daß er eine dem Betrieb dienende Sache zerstört, beschädigt, beseitigt, verändert oder unbrauchbar macht oder die für den Betrieb bestimmte elektrische Kraft entzieht, wird mit Freiheitsstrafe bis zu fünf Jahren oder mit Geldstrafe bestraft.
(2) Der Versuch ist strafbar.
(3) Wer die Tat fahrlässig begeht, wird mit Freiheitsstrafe bis zu einem Jahr oder mit Geldstrafe bestraft.

§ 318 Beschädigung wichtiger Anlagen

(1) Wer Wasserleitungen, Schleusen, Wehre, Deiche, Dämme oder andere Wasserbauten oder Brücken, Fähren, Wege oder Schutzwehre oder dem Bergwerksbetrieb dienende Vorrichtungen zur Wasserhaltung, zur Wetterführung oder zum Ein- und Ausfahren der Beschäftigten beschädigt oder zerstört und dadurch Leib oder Leben eines anderen Menschen gefährdet, wird mit Freiheitsstrafe von drei Monaten bis zu fünf Jahren bestraft.
(2) Der Versuch ist strafbar.
(3) Verursacht der Täter durch die Tat eine schwere Gesundheitsschädigung eines anderen Menschen oder eine Gesundheitsschädigung einer großen Zahl von Menschen, so ist auf Freiheitsstrafe von einem Jahr bis zu zehn Jahren zu erkennen.
(4) Verursacht der Täter durch die Tat den Tod eines anderen Menschen, so ist die Strafe Freiheitsstrafe nicht unter drei Jahren.
(5) In minder schweren Fällen des Absatzes 3 ist auf Freiheitsstrafe von sechs Monaten bis zu fünf Jahren, in minder schweren Fällen des Absatzes 4 auf Freiheitsstrafe von einem Jahr bis zu zehn Jahren zu erkennen.
(6) Wer in den Fällen des Absatzes 1
1. die Gefahr fahrlässig verursacht oder
2. fahrlässig handelt und die Gefahr fahrlässig verursacht,

wird mit Freiheitsstrafe bis zu drei Jahren oder mit Geldstrafe bestraft.

§ 319 Baugefährdung

(1) Wer bei der Planung, Leitung oder Ausführung eines Baues oder des Abbruchs eines Bauwerks gegen die allgemein anerkannten Regeln der Technik verstößt und dadurch Leib oder Leben eines anderen Menschen gefährdet, wird mit Freiheitsstrafe bis zu fünf Jahren oder mit Geldstrafe bestraft.
(2) Ebenso wird bestraft, wer in Ausübung eines Berufs oder Gewerbes bei der Planung, Leitung oder Ausführung eines Vorhabens, technische Einrichtungen in ein Bauwerk einzubauen oder eingebaute Einrichtungen dieser Art zu ändern, gegen die allgemein anerkannten Regeln der Technik verstößt und dadurch Leib oder Leben eines anderen Menschen gefährdet.
(3) Wer die Gefahr fahrlässig verursacht, wird mit Freiheitsstrafe bis zu drei Jahren oder mit Geldstrafe bestraft.
(4) Wer in den Fällen der Absätze 1 und 2 fahrlässig handelt und die Gefahr fahrlässig verursacht, wird mit Freiheitsstrafe bis zu zwei Jahren oder mit Geldstrafe bestraft.

§ 320 Tätige Reue

(1) Das Gericht kann die Strafe in den Fällen des § 316c Abs. 1 nach seinem Ermessen mildern (§ 49 Abs. 2), wenn der Täter freiwillig die weitere Ausführung der Tat aufgibt oder sonst den Erfolg abwendet.
(2) Das Gericht kann die in den folgenden Vorschriften angedrohte Strafe nach seinem Ermessen mildern (§ 49 Abs. 2) oder von Strafe nach diesen Vorschriften absehen, wenn der Täter in den Fällen
1. des § 315 Abs. 1, 3 Nr. 1 oder Abs. 5,
2. des § 315b Abs. 1, 3 oder 4, Abs. 3 in Verbindung mit § 315 Abs. 3 Nr. 1,
3. des § 318 Abs. 1 oder 6 Nr. 1,
4. des § 319 Abs. 1 bis 3

freiwillig die Gefahr abwendet, bevor ein erheblicher Schaden entsteht.

(3) Nach den folgenden Vorschriften wird nicht bestraft, wer
1. in den Fällen des
   a) § 315 Abs. 6,
   b) § 315b Abs. 5,
   c) § 318 Abs. 6 Nr. 2,
   d) § 319 Abs. 4
   freiwillig die Gefahr abwendet, bevor ein erheblicher Schaden entsteht, oder
2. in den Fällen des § 316c Abs. 4 freiwillig die weitere Ausführung der Tat aufgibt oder sonst die Gefahr abwendet.

(4) Wird ohne Zutun des Täters die Gefahr oder der Erfolg abgewendet, so genügt sein freiwilliges und ernsthaftes Bemühen, dieses Ziel zu erreichen.

§ 321 Führungsaufsicht

In den Fällen der §§ 306 bis 306c und 307 Abs. 1 bis 3, des § 308 Abs. 1 bis 3, des § 309 Abs. 1 bis 4, des § 310 Abs. 1 und des § 316c Abs. 1 Nr. 2 kann das Gericht Führungsaufsicht anordnen (§ 68 Abs. 1).

§ 322 Einziehung

Ist eine Straftat nach den §§ 306 bis 306c, 307 bis 314 oder 316c begangen worden, so können
1. Gegenstände, die durch die Tat hervorgebracht oder zu ihrer Begehung oder Vorbereitung gebraucht worden oder bestimmt gewesen sind, und
2. Gegenstände, auf die sich eine Straftat nach den §§ 310 bis 312, 314 oder 316c bezieht,

eingezogen werden.

§ 323 (weggefallen)

§ 323a Vollrausch

(1) Wer sich vorsätzlich oder fahrlässig durch alkoholische Getränke oder andere berauschende Mittel in einen Rausch versetzt, wird mit Freiheitsstrafe bis zu fünf Jahren oder mit Geldstrafe bestraft, wenn er in diesem Zustand eine rechtswidrige Tat begeht und ihretwegen nicht bestraft werden kann, weil er infolge des Rausches schuldunfähig war oder weil dies nicht auszuschließen ist.

(2) Die Strafe darf nicht schwerer sein als die Strafe, die für die im Rausch begangene Tat angedroht ist.

(3) Die Tat wird nur auf Antrag, mit Ermächtigung oder auf Strafverlangen verfolgt, wenn die Rauschtat nur auf Antrag, mit Ermächtigung oder auf Strafverlangen verfolgt werden könnte.

§ 323b Gefährdung einer Entziehungskur

Wer wissentlich einem anderen, der auf Grund behördlicher Anordnung oder ohne seine Einwilligung zu einer Entziehungskur in einer Anstalt untergebracht ist, ohne Erlaubnis des Anstaltsleiters oder seines Beauftragten alkoholische Getränke oder andere berauschende Mittel verschafft oder überläßt oder ihn zum Genuß solcher Mittel verleitet, wird mit Freiheitsstrafe bis zu einem Jahr oder mit Geldstrafe bestraft.

§ 323c Unterlassene Hilfeleistung; Behinderung von hilfeleistenden Personen

(1) Wer bei Unglücksfällen oder gemeiner Gefahr oder Not nicht Hilfe leistet, obwohl dies erforderlich und ihm den Umständen nach zuzumuten, insbesondere ohne erhebliche eigene Gefahr und ohne Verletzung anderer wichtiger Pflichten möglich ist, wird mit Freiheitsstrafe bis zu einem Jahr oder mit Geldstrafe bestraft.

(2) Ebenso wird bestraft, wer in diesen Situationen eine Person behindert, die einem Dritten Hilfe leistet oder leisten will.

Neunundzwanzigster Abschnitt

Straftaten gegen die Umwelt

§ 324 Gewässerverunreinigung

(1) Wer unbefugt ein Gewässer verunreinigt oder sonst dessen Eigenschaften nachteilig verändert, wird mit Freiheitsstrafe bis zu fünf Jahren oder mit Geldstrafe bestraft.

(2) Der Versuch ist strafbar.

(3) Handelt der Täter fahrlässig, so ist die Strafe Freiheitsstrafe bis zu drei Jahren oder Geldstrafe.

§ 324a Bodenverunreinigung

(1) Wer unter Verletzung verwaltungsrechtlicher Pflichten Stoffe in den Boden einbringt, eindringen läßt oder freisetzt und diesen dadurch

1. in einer Weise, die geeignet ist, die Gesundheit eines anderen, Tiere, Pflanzen oder andere Sachen von bedeutendem Wert oder ein Gewässer zu schädigen, oder
2. in bedeutendem Umfang

verunreinigt oder sonst nachteilig verändert, wird mit Freiheitsstrafe bis zu fünf Jahren oder mit Geldstrafe bestraft.

(2) Der Versuch ist strafbar.

(3) Handelt der Täter fahrlässig, so ist die Strafe Freiheitsstrafe bis zu drei Jahren oder Geldstrafe.

§ 325 Luftverunreinigung

(1) [1]Wer beim Betrieb einer Anlage, insbesondere einer Betriebsstätte oder Maschine, unter Verletzung verwaltungsrechtlicher Pflichten Veränderungen der Luft verursacht, die geeignet sind, außerhalb des zur Anlage gehörenden Bereichs die Gesundheit eines anderen, Tiere, Pflanzen oder andere Sachen von bedeutendem Wert zu schädigen, wird mit Freiheitsstrafe bis zu fünf Jahren oder mit Geldstrafe bestraft. [2]Der Versuch ist strafbar.

(2) Wer beim Betrieb einer Anlage, insbesondere einer Betriebsstätte oder Maschine, unter Verletzung verwaltungsrechtlicher Pflichten Schadstoffe in bedeutendem Umfang in die Luft außerhalb des Betriebsgeländes freisetzt, wird mit Freiheitsstrafe bis zu fünf Jahren oder mit Geldstrafe bestraft.

(3) Wer unter Verletzung verwaltungsrechtlicher Pflichten Schadstoffe in bedeutendem Umfang in die Luft freisetzt, wird mit Freiheitsstrafe bis zu drei Jahren oder mit Geldstrafe bestraft, wenn die Tat nicht nach Absatz 2 mit Strafe bedroht ist.

(4) Handelt der Täter in den Fällen der Absätze 1 und 2 fahrlässig, so ist die Strafe Freiheitsstrafe bis zu drei Jahren oder Geldstrafe.

(5) Handelt der Täter in den Fällen des Absatzes 3 leichtfertig, so ist die Strafe Freiheitsstrafe bis zu einem Jahr oder Geldstrafe.

(6) Schadstoffe im Sinne der Absätze 2 und 3 sind Stoffe, die geeignet sind,
1. die Gesundheit eines anderen, Tiere, Pflanzen oder andere Sachen von bedeutendem Wert zu schädigen oder
2. nachhaltig ein Gewässer, die Luft oder den Boden zu verunreinigen oder sonst nachteilig zu verändern.

(7) Absatz 1, auch in Verbindung mit Absatz 4, gilt nicht für Kraftfahrzeuge, Schienen-, Luft- oder Wasserfahrzeuge.

§ 325a Verursachen von Lärm, Erschütterungen und nichtionisierenden Strahlen

(1) Wer beim Betrieb einer Anlage, insbesondere einer Betriebsstätte oder Maschine, unter Verletzung verwaltungsrechtlicher Pflichten Lärm verursacht, der geeignet ist, außerhalb des zur Anlage gehörenden Bereichs die Gesundheit eines anderen zu schädigen, wird mit Freiheitsstrafe bis zu drei Jahren oder mit Geldstrafe bestraft.

(2) Wer beim Betrieb einer Anlage, insbesondere einer Betriebsstätte oder Maschine, unter Verletzung verwaltungsrechtlicher Pflichten, die dem Schutz vor Lärm, Erschütterungen oder nichtionisierenden Strahlen dienen, die Gesundheit eines anderen, ihm nicht gehörende Tiere oder fremde Sachen von bedeutendem Wert gefährdet, wird mit Freiheitsstrafe bis zu fünf Jahren oder mit Geldstrafe bestraft.

(3) Handelt der Täter fahrlässig, so ist die Strafe
1. in den Fällen des Absatzes 1 Freiheitsstrafe bis zu zwei Jahren oder Geldstrafe,
2. in den Fällen des Absatzes 2 Freiheitsstrafe bis zu drei Jahren oder Geldstrafe.

(4) Die Absätze 1 bis 3 gelten nicht für Kraftfahrzeuge, Schienen-, Luft- oder Wasserfahrzeuge.

§ 326 Unerlaubter Umgang mit Abfällen

(1) Wer unbefugt Abfälle, die
1. Gifte oder Erreger von auf Menschen oder Tiere übertragbaren gemeingefährlichen Krankheiten enthalten oder hervorbringen können,
2. für den Menschen krebserzeugend, fortpflanzungsgefährdend oder erbgutverändernd sind,
3. explosionsgefährlich, selbstentzündlich oder nicht nur geringfügig radioaktiv sind oder
4. nach Art, Beschaffenheit oder Menge geeignet sind,
   a) nachhaltig ein Gewässer, die Luft oder den Boden zu verunreinigen oder sonst nachteilig zu verändern oder
   b) einen Bestand von Tieren oder Pflanzen zu gefährden,

außerhalb einer dafür zugelassenen Anlage oder unter wesentlicher Abweichung von einem vorgeschriebenen oder zugelassenen Verfahren sammelt, befördert, behandelt, verwertet, lagert, ablagert, ablässt, beseitigt, handelt, makelt oder sonst bewirtschaftet, wird mit Freiheitsstrafe bis zu fünf Jahren oder mit Geldstrafe bestraft.

(2) Ebenso wird bestraft, wer Abfälle im Sinne des Absatzes 1 entgegen einem Verbot oder ohne die erforderliche Genehmigung in den, aus dem oder durch den Geltungsbereich dieses Gesetzes verbringt.

(3) Wer radioaktive Abfälle unter Verletzung verwaltungsrechtlicher Pflichten nicht abliefert, wird mit Freiheitsstrafe bis zu drei Jahren oder mit Geldstrafe bestraft.

(4) In den Fällen der Absätze 1 und 2 ist der Versuch strafbar.

(5) Handelt der Täter fahrlässig, so ist die Strafe

1. in den Fällen der Absätze 1 und 2 Freiheitsstrafe bis zu drei Jahren oder Geldstrafe,
2. in den Fällen des Absatzes 3 Freiheitsstrafe bis zu einem Jahr oder Geldstrafe.

(6) Die Tat ist dann nicht strafbar, wenn schädliche Einwirkungen auf die Umwelt, insbesondere auf Menschen, Gewässer, die Luft, den Boden, Nutztiere oder Nutzpflanzen, wegen der geringen Menge der Abfälle offensichtlich ausgeschlossen sind.

§ 327 Unerlaubtes Betreiben von Anlagen

(1) Wer ohne die erforderliche Genehmigung oder entgegen einer vollziehbaren Untersagung

1. eine kerntechnische Anlage betreibt, eine betriebsbereite oder stillgelegte kerntechnische Anlage innehat oder ganz oder teilweise abbaut oder eine solche Anlage oder ihren Betrieb wesentlich ändert oder
2. eine Betriebsstätte, in der Kernbrennstoffe verwendet werden, oder deren Lage wesentlich ändert,

wird mit Freiheitsstrafe bis zu fünf Jahren oder mit Geldstrafe bestraft.

(2) [1]Mit Freiheitsstrafe bis zu drei Jahren oder mit Geldstrafe wird bestraft, wer

1. eine genehmigungsbedürftige Anlage oder eine sonstige Anlage im Sinne des Bundes-Immissionsschutzgesetzes, deren Betrieb zum Schutz vor Gefahren untersagt worden ist,
2. eine genehmigungsbedürftige Rohrleitungsanlage zum Befördern wassergefährdender Stoffe im Sinne des Gesetzes über die Umweltverträglichkeitsprüfung,
3. eine Abfallentsorgungsanlage im Sinne des Kreislaufwirtschaftsgesetzes oder
4. eine Abwasserbehandlungsanlage nach § 60 Absatz 3 des Wasserhaushaltsgesetzes

ohne die nach dem jeweiligen Gesetz erforderliche Genehmigung oder Planfeststellung oder entgegen einer auf dem jeweiligen Gesetz beruhenden vollziehbaren Untersagung betreibt. [2]Ebenso wird bestraft, wer ohne die erforderliche Genehmigung oder Planfeststellung oder entgegen einer vollziehbaren Untersagung eine Anlage, in der gefährliche Stoffe oder Gemische gelagert oder verwendet oder gefährliche Tätigkeiten ausgeübt werden, in einem anderen Mitgliedstaat der Europäischen Union in einer Weise betreibt, die geeignet ist, außerhalb der Anlage Leib oder Leben eines anderen Menschen zu schädigen oder erhebliche Schäden an Tieren oder Pflanzen, Gewässern, der Luft oder dem Boden herbeizuführen.

(3) Handelt der Täter fahrlässig, so ist die Strafe

1. in den Fällen des Absatzes 1 Freiheitsstrafe bis zu drei Jahren oder Geldstrafe,
2. in den Fällen des Absatzes 2 Freiheitsstrafe bis zu zwei Jahren oder Geldstrafe.

§ 328 Unerlaubter Umgang mit radioaktiven Stoffen und anderen gefährlichen Stoffen und Gütern

(1) Mit Freiheitsstrafe bis zu fünf Jahren oder mit Geldstrafe wird bestraft,

1. wer ohne die erforderliche Genehmigung oder entgegen einer vollziehbaren Untersagung Kernbrennstoffe oder
2. wer ohne die erforderliche Genehmigung oder wer entgegen einer vollziehbaren Untersagung sonstige radioaktive Stoffe, die nach Art, Beschaffenheit oder Menge geeignet sind, durch ionisierende Strahlen den Tod oder eine schwere Gesundheitsschädigung eines anderen oder erhebliche Schäden an Tieren oder Pflanzen, Gewässern, der Luft oder dem Boden herbeizuführen,

herstellt, aufbewahrt, befördert, bearbeitet, verarbeitet oder sonst verwendet, einführt oder ausführt.

(2) Ebenso wird bestraft, wer

1. Kernbrennstoffe, zu deren Ablieferung er auf Grund des Atomgesetzes verpflichtet ist, nicht unverzüglich abliefert,
2. Kernbrennstoffe oder die in Absatz 1 Nr. 2 bezeichneten Stoffe an Unberechtigte abgibt oder die Abgabe an Unberechtigte vermittelt,
3. eine nukleare Explosion verursacht oder
4. einen anderen zu einer in Nummer 3 bezeichneten Handlung verleitet oder eine solche Handlung fördert.

(3) Mit Freiheitsstrafe bis zu fünf Jahren oder mit Geldstrafe wird bestraft, wer unter Verletzung verwaltungsrechtlicher Pflichten

1. beim Betrieb einer Anlage, insbesondere einer Betriebsstätte oder technischen Einrichtung, radioaktive Stoffe oder gefährliche Stoffe und Gemische nach Artikel 3 der Verordnung (EG) Nr. 1272/2008 des Europäischen Parlaments und des Rates vom 16. Dezember 2008 über die Einstufung, Kennzeichnung und Verpackung von Stoffen und Gemischen, zur Änderung und Aufhebung der Richtlinien 67/548/EWG und 1999/45/EG und zur Änderung der Verordnung (EG) Nr. 1907/2006 (ABl. L 353 vom 31.12.2008, S. 1), die zuletzt durch die Verordnung (EG) Nr. 790/2009 (ABl. L 235 vom 5.9.2009, S. 1) geändert worden ist, lagert, bearbeitet, verarbeitet oder sonst verwendet oder
2. gefährliche Güter befördert, versendet, verpackt oder auspackt, verlädt oder entlädt, entgegennimmt oder anderen überläßt

und dadurch die Gesundheit eines anderen, Tiere oder Pflanzen, Gewässer, die Luft oder den Boden oder fremde Sachen von bedeutendem Wert gefährdet.

(4) Der Versuch ist strafbar.

(5) Handelt der Täter fahrlässig, so ist die Strafe Freiheitsstrafe bis zu drei Jahren oder Geldstrafe.

(6) Die Absätze 4 und 5 gelten nicht für Taten nach Absatz 2 Nr. 4.

§ 329 Gefährdung schutzbedürftiger Gebiete

(1) [1]Wer entgegen einer auf Grund des Bundes-Immissionsschutzgesetzes erlassenen Rechtsverordnung über ein Gebiet, das eines besonderen Schutzes vor schädlichen Umwelteinwirkungen durch Luftverunreinigungen oder Geräusche bedarf oder in dem während austauscharmer Wetterlagen ein starkes Anwachsen schädlicher Umwelteinwirkungen durch Luftverunreinigungen zu befürchten ist, Anlagen innerhalb des Gebiets betreibt, wird mit Freiheitsstrafe bis zu drei Jahren oder mit Geldstrafe bestraft. [2]Ebenso wird bestraft, wer innerhalb eines solchen Gebiets Anlagen entgegen einer vollziehbaren Anordnung betreibt, die auf Grund einer in Satz 1 bezeichneten Rechtsverordnung ergangen ist. [3]Die Sätze 1 und 2 gelten nicht für Kraftfahrzeuge, Schienen-, Luft- oder Wasserfahrzeuge.

(2) [1]Wer entgegen einer zum Schutz eines Wasser- oder Heilquellenschutzgebietes erlassenen Rechtsvorschrift oder vollziehbaren Untersagung

1. betriebliche Anlagen zum Umgang mit wassergefährdenden Stoffen betreibt,
2. Rohrleitungsanlagen zum Befördern wassergefährdender Stoffe betreibt oder solche Stoffe befördert oder
3. im Rahmen eines Gewerbebetriebes Kies, Sand, Ton oder andere feste Stoffe abbaut,

wird mit Freiheitsstrafe bis zu drei Jahren oder mit Geldstrafe bestraft. [2]Betriebliche Anlage im Sinne des Satzes 1 ist auch die Anlage in einem öffentlichen Unternehmen.

(3) Wer entgegen einer zum Schutz eines Naturschutzgebietes, einer als Naturschutzgebiet einstweilig sichergestellten Fläche oder eines Nationalparks erlassenen Rechtsvorschrift oder vollziehbaren Untersagung

1. Bodenschätze oder andere Bodenbestandteile abbaut oder gewinnt,
2. Abgrabungen oder Aufschüttungen vornimmt,
3. Gewässer schafft, verändert oder beseitigt,
4. Moore, Sümpfe, Brüche oder sonstige Feuchtgebiete entwässert,
5. Wald rodet,
6. Tiere einer im Sinne des Bundesnaturschutzgesetzes besonders geschützten Art tötet, fängt, diesen nachstellt oder deren Gelege ganz oder teilweise zerstört oder entfernt,
7. Pflanzen einer im Sinne des Bundesnaturschutzgesetzes besonders geschützten Art beschädigt oder entfernt oder
8. ein Gebäude errichtet

und dadurch den jeweiligen Schutzzweck nicht unerheblich beeinträchtigt, wird mit Freiheitsstrafe bis zu fünf Jahren oder mit Geldstrafe bestraft.

(4) Wer unter Verletzung verwaltungsrechtlicher Pflichten in einem Natura 2000-Gebiet einen für die Erhaltungsziele oder den Schutzzweck dieses Gebietes maßgeblichen

1. Lebensraum einer Art, die in Artikel 4 Absatz 2 oder Anhang I der Richtlinie 2009/147/EG des Europäischen Parlaments und des Rates vom 30. November 2009 über die Erhaltung der wildlebenden Vogelarten (ABl. L 20 vom 26.1.2010, S. 7) oder in Anhang II der Richtlinie 92/43/EWG des Rates vom 21. Mai 1992 zur Erhaltung der natürlichen Lebensräume sowie der wildlebenden Tiere und Pflanzen (ABl. L 206 vom 22.7.1992, S. 7), die zuletzt durch die Richtlinie 2013/17/EU (ABl. L 158 vom 10.6.2013, S. 193) geändert worden ist, aufgeführt ist, oder
2. natürlichen Lebensraumtyp, der in Anhang I der Richtlinie 92/43/EWG des Rates vom 21. Mai 1992 zur Erhaltung der natürlichen Lebensräume sowie der wildlebenden Tiere und Pflanzen (ABl. L 206

vom 22.7.1992, S. 7), die zuletzt durch die Richtlinie 2013/17/EU (ABl. L 158 vom 10.6.2013, S. 193) geändert worden ist, aufgeführt ist,

erheblich schädigt, wird mit Freiheitsstrafe bis zu fünf Jahren oder mit Geldstrafe bestraft.

(5) Handelt der Täter fahrlässig, so ist die Strafe

1. in den Fällen der Absätze 1 und 2 Freiheitsstrafe bis zu zwei Jahren oder Geldstrafe,
2. in den Fällen des Absatzes 3 Freiheitsstrafe bis zu drei Jahren oder Geldstrafe.

(6) Handelt der Täter in den Fällen des Absatzes 4 leichtfertig, so ist die Strafe Freiheitsstrafe bis zu drei Jahren oder Geldstrafe.

§ 330 Besonders schwerer Fall einer Umweltstraftat

(1) [1]In besonders schweren Fällen wird eine vorsätzliche Tat nach den §§ 324 bis 329 mit Freiheitsstrafe von sechs Monaten bis zu zehn Jahren bestraft. [2]Ein besonders schwerer Fall liegt in der Regel vor, wenn der Täter

1. ein Gewässer, den Boden oder ein Schutzgebiet im Sinne des § 329 Abs. 3 derart beeinträchtigt, daß die Beeinträchtigung nicht, nur mit außerordentlichem Aufwand oder erst nach längerer Zeit beseitigt werden kann,
2. die öffentliche Wasserversorgung gefährdet,
3. einen Bestand von Tieren oder Pflanzen einer streng geschützten Art nachhaltig schädigt oder
4. aus Gewinnsucht handelt.

(2) Wer durch eine vorsätzliche Tat nach den §§ 324 bis 329

1. einen anderen Menschen in die Gefahr des Todes oder einer schweren Gesundheitsschädigung oder eine große Zahl von Menschen in die Gefahr einer Gesundheitsschädigung bringt oder
2. den Tod eines anderen Menschen verursacht,

wird in den Fällen der Nummer 1 mit Freiheitsstrafe von einem Jahr bis zu zehn Jahren, in den Fällen der Nummer 2 mit Freiheitsstrafe nicht unter drei Jahren bestraft, wenn die Tat nicht in § 330a Abs. 1 bis 3 mit Strafe bedroht ist.

(3) In minder schweren Fällen des Absatzes 2 Nr. 1 ist auf Freiheitsstrafe von sechs Monaten bis zu fünf Jahren, in minder schweren Fällen des Absatzes 2 Nr. 2 auf Freiheitsstrafe von einem Jahr bis zu zehn Jahren zu erkennen.

§ 330a Schwere Gefährdung durch Freisetzen von Giften

(1) Wer Stoffe, die Gifte enthalten oder hervorbringen können, verbreitet oder freisetzt und dadurch die Gefahr des Todes oder einer schweren Gesundheitsschädigung eines anderen Menschen oder die Gefahr einer Gesundheitsschädigung einer großen Zahl von Menschen verursacht, wird mit Freiheitsstrafe von einem Jahr bis zu zehn Jahren bestraft.

(2) Verursacht der Täter durch die Tat den Tod eines anderen Menschen, so ist die Strafe Freiheitsstrafe nicht unter drei Jahren.

(3) In minder schweren Fällen des Absatzes 1 ist auf Freiheitsstrafe von sechs Monaten bis zu fünf Jahren, in minder schweren Fällen des Absatzes 2 auf Freiheitsstrafe von einem Jahr bis zu zehn Jahren zu erkennen.

(4) Wer in den Fällen des Absatzes 1 die Gefahr fahrlässig verursacht, wird mit Freiheitsstrafe bis zu fünf Jahren oder mit Geldstrafe bestraft.

(5) Wer in den Fällen des Absatzes 1 leichtfertig handelt und die Gefahr fahrlässig verursacht, wird mit Freiheitsstrafe bis zu drei Jahren oder mit Geldstrafe bestraft.

§ 330b Tätige Reue

(1) [1]Das Gericht kann in den Fällen des § 325a Abs. 2, des § 326 Abs. 1 bis 3, des § 328 Abs. 1 bis 3 und des § 330a Abs. 1, 3 und 4 die Strafe nach seinem Ermessen mildern (§ 49 Abs. 2) oder von Strafe nach diesen Vorschriften absehen, wenn der Täter freiwillig die Gefahr abwendet oder den von ihm verursachten Zustand beseitigt, bevor ein erheblicher Schaden entsteht. [2]Unter denselben Voraussetzungen wird der Täter nicht nach § 325a Abs. 3 Nr. 2, § 326 Abs. 5, § 328 Abs. 5 und § 330a Abs. 5 bestraft.

(2) Wird ohne Zutun des Täters die Gefahr abgewendet oder der rechtswidrig verursachte Zustand beseitigt, so genügt sein freiwilliges und ernsthaftes Bemühen, dieses Ziel zu erreichen.

§ 330c Einziehung

[1]Ist eine Straftat nach den §§ 326, 327 Abs. 1 oder 2, §§ 328, 329 Absatz 1, 2 oder Absatz 3, dieser auch in Verbindung mit Absatz 5, oder Absatz 4, dieser auch in Verbindung mit Absatz 6, begangen worden, so können

1. Gegenstände, die durch die Tat hervorgebracht oder zu ihrer Begehung oder Vorbereitung gebraucht worden oder bestimmt gewesen sind, und
2. Gegenstände, auf die sich die Tat bezieht,

eingezogen werden. [2]§ 74a ist anzuwenden.

§ 330d Begriffsbestimmungen

(1) Im Sinne dieses Abschnitts ist

1. ein Gewässer:
   ein oberirdisches Gewässer, das Grundwasser und das Meer;
2. eine kerntechnische Anlage:
   eine Anlage zur Erzeugung oder zur Bearbeitung oder Verarbeitung oder zur Spaltung von Kernbrennstoffen oder zur Aufarbeitung bestrahlter Kernbrennstoffe;
3. ein gefährliches Gut:
   ein Gut im Sinne des Gesetzes über die Beförderung gefährlicher Güter und einer darauf beruhenden Rechtsverordnung und im Sinne der Rechtsvorschriften über die internationale Beförderung gefährlicher Güter im jeweiligen Anwendungsbereich;
4. eine verwaltungsrechtliche Pflicht:
   eine Pflicht, die sich aus
   a) einer Rechtsvorschrift,
   b) einer gerichtlichen Entscheidung,
   c) einem vollziehbaren Verwaltungsakt,
   d) einer vollziehbaren Auflage oder
   e) einem öffentlich-rechtlichen Vertrag, soweit die Pflicht auch durch Verwaltungsakt hätte auferlegt werden können,

   ergibt und dem Schutz vor Gefahren oder schädlichen Einwirkungen auf die Umwelt, insbesondere auf Menschen, Tiere oder Pflanzen, Gewässer, die Luft oder den Boden, dient;
5. ein Handeln ohne Genehmigung, Planfeststellung oder sonstige Zulassung:
   auch ein Handeln auf Grund einer durch Drohung, Bestechung oder Kollusion erwirkten oder durch unrichtige oder unvollständige Angaben erschlichenen Genehmigung, Planfeststellung oder sonstigen Zulassung.

(2) [1]Für die Anwendung der §§ 311, 324a, 325, 326, 327 und 328 stehen in Fällen, in denen die Tat in einem anderen Mitgliedstaat der Europäischen Union begangen worden ist,

1. einer verwaltungsrechtlichen Pflicht,
2. einem vorgeschriebenen oder zugelassenen Verfahren,
3. einer Untersagung,
4. einem Verbot,
5. einer zugelassenen Anlage,
6. einer Genehmigung und
7. einer Planfeststellung

entsprechende Pflichten, Verfahren, Untersagungen, Verbote, zugelassene Anlagen, Genehmigungen und Planfeststellungen auf Grund einer Rechtsvorschrift des anderen Mitgliedstaats der Europäischen Union oder auf Grund eines Hoheitsakts des anderen Mitgliedstaats der Europäischen Union gleich. [2]Dies gilt nur, soweit damit ein Rechtsakt der Europäischen Union oder ein Rechtsakt der Europäischen Atomgemeinschaft umgesetzt oder angewendet wird, der dem Schutz vor Gefahren oder schädlichen Einwirkungen auf die Umwelt, insbesondere auf Menschen, Tiere oder Pflanzen, Gewässer, die Luft oder den Boden, dient.

Dreißigster Abschnitt

Straftaten im Amt

§ 331 Vorteilsannahme

(1) Ein Amtsträger, ein Europäischer Amtsträger oder ein für den öffentlichen Dienst besonders Verpflichteter, der für die Dienstausübung einen Vorteil für sich oder einen Dritten fordert, sich versprechen läßt oder annimmt, wird mit Freiheitsstrafe bis zu drei Jahren oder mit Geldstrafe bestraft.

(2) [1]Ein Richter, Mitglied eines Gerichts der Europäischen Union oder Schiedsrichter, der einen Vorteil für sich oder einen Dritten als Gegenleistung dafür fordert, sich versprechen läßt oder annimmt, daß er eine richterliche Handlung vorgenommen hat oder künftig vornehme, wird mit Freiheitsstrafe bis zu fünf Jahren oder mit Geldstrafe bestraft. [2]Der Versuch ist strafbar.

(3) Die Tat ist nicht nach Absatz 1 strafbar, wenn der Täter einen nicht von ihm geforderten Vorteil sich versprechen läßt oder annimmt und die zuständige Behörde im Rahmen ihrer Befugnisse entweder die Annahme vorher genehmigt hat oder der Täter unverzüglich bei ihr Anzeige erstattet und sie die Annahme genehmigt.

§ 332 Bestechlichkeit

(1) [1]Ein Amtsträger, ein Europäischer Amtsträger oder ein für den öffentlichen Dienst besonders Verpflichteter, der einen Vorteil für sich oder einen Dritten als Gegenleistung dafür fordert, sich versprechen läßt oder annimmt, daß er eine Diensthandlung vorgenommen hat oder künftig vornehme und dadurch seine Dienstpflichten verletzt hat oder verletzen würde, wird mit Freiheitsstrafe von sechs Monaten bis zu fünf Jahren bestraft. [2]In minder schweren Fällen ist die Strafe Freiheitsstrafe bis zu drei Jahren oder Geldstrafe. [3]Der Versuch ist strafbar.

(2) [1]Ein Richter, Mitglied eines Gerichts der Europäischen Union oder Schiedsrichter, der einen Vorteil für sich oder einen Dritten als Gegenleistung dafür fordert, sich versprechen läßt oder annimmt, daß er eine richterliche Handlung vorgenommen hat oder künftig vornehme und dadurch seine richterlichen Pflichten verletzt hat oder verletzen würde, wird mit Freiheitsstrafe von einem Jahr bis zu zehn Jahren bestraft. [2]In minder schweren Fällen ist die Strafe Freiheitsstrafe von sechs Monaten bis zu fünf Jahren.

(3) Falls der Täter den Vorteil als Gegenleistung für eine künftige Handlung fordert, sich versprechen läßt oder annimmt, so sind die Absätze 1 und 2 schon dann anzuwenden, wenn er sich dem anderen gegenüber bereit gezeigt hat,

1. bei der Handlung seine Pflichten zu verletzen oder,
2. soweit die Handlung in seinem Ermessen steht, sich bei Ausübung des Ermessens durch den Vorteil beeinflussen zu lassen.

§ 333 Vorteilsgewährung

(1) Wer einem Amtsträger, einem Europäischen Amtsträger, einem für den öffentlichen Dienst besonders Verpflichteten oder einem Soldaten der Bundeswehr für die Dienstausübung einen Vorteil für diesen oder einen Dritten anbietet, verspricht oder gewährt, wird mit Freiheitsstrafe bis zu drei Jahren oder mit Geldstrafe bestraft.

(2) Wer einem Richter, Mitglied eines Gerichts der Europäischen Union oder Schiedsrichter einen Vorteil für diesen oder einen Dritten als Gegenleistung dafür anbietet, verspricht oder gewährt, daß er eine richterliche Handlung vorgenommen hat oder künftig vornehme, wird mit Freiheitsstrafe bis zu fünf Jahren oder mit Geldstrafe bestraft.

(3) Die Tat ist nicht nach Absatz 1 strafbar, wenn die zuständige Behörde im Rahmen ihrer Befugnisse entweder die Annahme des Vorteils durch den Empfänger vorher genehmigt hat oder sie auf unverzügliche Anzeige des Empfängers genehmigt.

§ 334 Bestechung

(1) [1]Wer einem Amtsträger, einem Europäischen Amtsträger, einem für den öffentlichen Dienst besonders Verpflichteten oder einem Soldaten der Bundeswehr einen Vorteil für diesen oder einen Dritten als Gegenleistung dafür anbietet, verspricht oder gewährt, daß er eine Diensthandlung vorgenommen hat oder künftig vornehme und dadurch seine Dienstpflichten verletzt hat oder verletzen würde, wird mit Freiheitsstrafe von drei Monaten bis zu fünf Jahren bestraft. [2]In minder schweren Fällen ist die Strafe Freiheitsstrafe bis zu zwei Jahren oder Geldstrafe.

(2) [1]Wer einem Richter, Mitglied eines Gerichts der Europäischen Union oder Schiedsrichter einen Vorteil für diesen oder einen Dritten als Gegenleistung dafür anbietet, verspricht oder gewährt, daß er eine richterliche Handlung

1. vorgenommen und dadurch seine richterlichen Pflichten verletzt hat oder
2. künftig vornehme und dadurch seine richterlichen Pflichten verletzen würde,

wird in den Fällen der Nummer 1 mit Freiheitsstrafe von drei Monaten bis zu fünf Jahren, in den Fällen der Nummer 2 mit Freiheitsstrafe von sechs Monaten bis zu fünf Jahren bestraft. [2]Der Versuch ist strafbar.

(3) Falls der Täter den Vorteil als Gegenleistung für eine künftige Handlung anbietet, verspricht oder gewährt, so sind die Absätze 1 und 2 schon dann anzuwenden, wenn er den anderen zu bestimmen versucht, daß dieser

1. bei der Handlung seine Pflichten verletzt oder,
2. soweit die Handlung in seinem Ermessen steht, sich bei der Ausübung des Ermessens durch den Vorteil beeinflussen läßt.

§ 335 Besonders schwere Fälle der Bestechlichkeit und Bestechung

(1) In besonders schweren Fällen wird
1. eine Tat nach
   a) § 332 Abs. 1 Satz 1, auch in Verbindung mit Abs. 3, und
   b) § 334 Abs. 1 Satz 1 und Abs. 2, jeweils auch in Verbindung mit Abs. 3,

   mit Freiheitsstrafe von einem Jahr bis zu zehn Jahren und
2. eine Tat nach § 332 Abs. 2, auch in Verbindung mit Abs. 3, mit Freiheitsstrafe nicht unter zwei Jahren

bestraft.

(2) Ein besonders schwerer Fall im Sinne des Absatzes 1 liegt in der Regel vor, wenn
1. die Tat sich auf einen Vorteil großen Ausmaßes bezieht,
2. der Täter fortgesetzt Vorteile annimmt, die er als Gegenleistung dafür gefordert hat, daß er eine Diensthandlung künftig vornehme, oder
3. der Täter gewerbsmäßig oder als Mitglied einer Bande handelt, die sich zur fortgesetzten Begehung solcher Taten verbunden hat.

§ 335a Ausländische und internationale Bedienstete

(1) Für die Anwendung des § 331 Absatz 2 und des § 333 Absatz 2 sowie der §§ 332 und 334, diese jeweils auch in Verbindung mit § 335, auf eine Tat, die sich auf eine künftige richterliche Handlung oder eine künftige Diensthandlung bezieht, stehen gleich:
1. einem Richter:

   ein Mitglied eines ausländischen und eines internationalen Gerichts;
2. einem sonstigen Amtsträger:
   a) ein Bediensteter eines ausländischen Staates und eine Person, die beauftragt ist, öffentliche Aufgaben für einen ausländischen Staat wahrzunehmen;
   b) ein Bediensteter einer internationalen Organisation und eine Person, die beauftragt ist, Aufgaben einer internationalen Organisation wahrzunehmen;
   c) ein Soldat eines ausländischen Staates und ein Soldat, der beauftragt ist, Aufgaben einer internationalen Organisation wahrzunehmen.

(2) Für die Anwendung des § 331 Absatz 1 und 3 sowie des § 333 Absatz 1 und 3 auf eine Tat, die sich auf eine künftige Diensthandlung bezieht, stehen gleich:
1. einem Richter:

   ein Mitglied des Internationalen Strafgerichtshofes;
2. einem sonstigen Amtsträger:

   ein Bediensteter des Internationalen Strafgerichtshofes.

(3) Für die Anwendung des § 333 Absatz 1 und 3 auf eine Tat, die sich auf eine künftige Diensthandlung bezieht, stehen gleich:
1. einem Soldaten der Bundeswehr:

   ein Soldat der in der Bundesrepublik Deutschland stationierten Truppen der nichtdeutschen Vertragsstaaten des Nordatlantikpaktes, die sich zur Zeit der Tat im Inland aufhalten;
2. einem sonstigen Amtsträger:

   ein Bediensteter dieser Truppen;
3. einem für den öffentlichen Dienst besonders Verpflichteten:

   eine Person, die bei den Truppen beschäftigt oder für sie tätig und auf Grund einer allgemeinen oder besonderen Anweisung einer höheren Dienststelle der Truppen zur gewissenhaften Erfüllung ihrer Obliegenheiten förmlich verpflichtet worden ist.

§ 336 Unterlassen der Diensthandlung

Der Vornahme einer Diensthandlung oder einer richterlichen Handlung im Sinne der §§ 331 bis 335a steht das Unterlassen der Handlung gleich.

§ 337 Schiedsrichtervergütung

Die Vergütung eines Schiedsrichters ist nur dann ein Vorteil im Sinne der §§ 331 bis 335, wenn der Schiedsrichter sie von einer Partei hinter dem Rücken der anderen fordert, sich versprechen läßt oder annimmt oder wenn sie ihm eine Partei hinter dem Rücken der anderen anbietet, verspricht oder gewährt.

§ 338 ***[aufgehoben]***

§ 339 Rechtsbeugung

Ein Richter, ein anderer Amtsträger oder ein Schiedsrichter, welcher sich bei der Leitung oder Entscheidung einer Rechtssache zugunsten oder zum Nachteil einer Partei einer Beugung des Rechts schuldig macht, wird mit Freiheitsstrafe von einem Jahr bis zu fünf Jahren bestraft.

§ 340 Körperverletzung im Amt

(1) [1]Ein Amtsträger, der während der Ausübung seines Dienstes oder in Beziehung auf seinen Dienst eine Körperverletzung begeht oder begehen läßt, wird mit Freiheitsstrafe von drei Monaten bis zu fünf Jahren bestraft. [2]In minder schweren Fällen ist die Strafe Freiheitsstrafe bis zu fünf Jahren oder Geldstrafe.

(2) Der Versuch ist strafbar.

(3) Die §§ 224 bis 229 gelten für Straftaten nach Absatz 1 Satz 1 entsprechend.

§§ 341 und 342 (weggefallen)

§ 343 Aussageerpressung

(1) Wer als Amtsträger, der zur Mitwirkung an

1. einem Strafverfahren, einem Verfahren zur Anordnung einer behördlichen Verwahrung,
2. einem Bußgeldverfahren oder
3. einem Disziplinarverfahren oder einem ehrengerichtlichen oder berufsgerichtlichen Verfahren

berufen ist, einen anderen körperlich mißhandelt, gegen ihn sonst Gewalt anwendet, ihm Gewalt androht oder ihn seelisch quält, um ihn zu nötigen, in dem Verfahren etwas auszusagen oder zu erklären oder dies zu unterlassen, wird mit Freiheitsstrafe von einem Jahr bis zu zehn Jahren bestraft.

(2) In minder schweren Fällen ist die Strafe Freiheitsstrafe von sechs Monaten bis zu fünf Jahren.

§ 344 Verfolgung Unschuldiger

(1) [1]Wer als Amtsträger, der zur Mitwirkung an einem Strafverfahren, abgesehen von dem Verfahren zur Anordnung einer nicht freiheitsentziehenden Maßnahme (§ 11 Abs. 1 Nr. 8), berufen ist, absichtlich oder wissentlich einen Unschuldigen oder jemanden, der sonst nach dem Gesetz nicht strafrechtlich verfolgt werden darf, strafrechtlich verfolgt oder auf eine solche Verfolgung hinwirkt, wird mit Freiheitsstrafe von einem Jahr bis zu zehn Jahren, in minder schweren Fällen mit Freiheitsstrafe von drei Monaten bis zu fünf Jahren bestraft. [2]Satz 1 gilt sinngemäß für einen Amtsträger, der zur Mitwirkung an einem Verfahren zur Anordnung einer behördlichen Verwahrung berufen ist.

(2) [1]Wer als Amtsträger, der zur Mitwirkung an einem Verfahren zur Anordnung einer nicht freiheitsentziehenden Maßnahme (§ 11 Abs. 1 Nr. 8) berufen ist, absichtlich oder wissentlich jemanden, der nach dem Gesetz nicht strafrechtlich verfolgt werden darf, strafrechtlich verfolgt oder auf eine solche Verfolgung hinwirkt, wird mit Freiheitsstrafe von drei Monaten bis zu fünf Jahren bestraft. [2]Satz 1 gilt sinngemäß für einen Amtsträger, der zur Mitwirkung an

1. einem Bußgeldverfahren oder
2. einem Disziplinarverfahren oder einem ehrengerichtlichen oder berufsgerichtlichen Verfahren

berufen ist. [3]Der Versuch ist strafbar.

§ 345 Vollstreckung gegen Unschuldige

(1) Wer als Amtsträger, der zur Mitwirkung bei der Vollstreckung einer Freiheitsstrafe, einer freiheitsentziehenden Maßregel der Besserung und Sicherung oder einer behördlichen Verwahrung berufen ist, eine solche Strafe, Maßregel oder Verwahrung vollstreckt, obwohl sie nach dem Gesetz nicht vollstreckt werden darf, wird mit Freiheitsstrafe von einem Jahr bis zu zehn Jahren, in minder schweren Fällen mit Freiheitsstrafe von drei Monaten bis zu fünf Jahren bestraft.

(2) Handelt der Täter leichtfertig, so ist die Strafe Freiheitsstrafe bis zu einem Jahr oder Geldstrafe.

(3) [1]Wer, abgesehen von den Fällen des Absatzes 1, als Amtsträger, der zur Mitwirkung bei der Vollstreckung einer Strafe oder einer Maßnahme (§ 11 Abs. 1 Nr. 8) berufen ist, eine Strafe oder Maßnahme vollstreckt, obwohl sie nach dem Gesetz nicht vollstreckt werden darf, wird mit Freiheitsstrafe von drei Monaten bis zu fünf Jahren bestraft. [2]Ebenso wird bestraft, wer als Amtsträger, der zur Mitwirkung bei der Vollstreckung

1. eines Jugendarrestes,
2. einer Geldbuße oder Nebenfolge nach dem Ordnungswidrigkeitenrecht,
3. eines Ordnungsgeldes oder einer Ordnungshaft oder
4. einer Disziplinarmaßnahme oder einer ehrengerichtlichen oder berufsgerichtlichen Maßnahme

berufen ist, eine solche Rechtsfolge vollstreckt, obwohl sie nach dem Gesetz nicht vollstreckt werden darf. [3]Der Versuch ist strafbar.

§§ 346 und 347 (weggefallen)

§ 348 Falschbeurkundung im Amt

(1) Ein Amtsträger, der, zur Aufnahme öffentlicher Urkunden befugt, innerhalb seiner Zuständigkeit eine rechtlich erhebliche Tatsache falsch beurkundet oder in öffentliche Register, Bücher oder Dateien falsch einträgt oder eingibt, wird mit Freiheitsstrafe bis zu fünf Jahren oder mit Geldstrafe bestraft.

(2) Der Versuch ist strafbar.

§§ 349 bis 351 (weggefallen)

§ 352 Gebührenüberhebung

(1) Ein Amtsträger, Anwalt oder sonstiger Rechtsbeistand, welcher Gebühren oder andere Vergütungen für amtliche Verrichtungen zu seinem Vorteil zu erheben hat, wird, wenn er Gebühren oder Vergütungen erhebt, von denen er weiß, daß der Zahlende sie überhaupt nicht oder nur in geringerem Betrag schuldet, mit Freiheitsstrafe bis zu einem Jahr oder mit Geldstrafe bestraft.

(2) Der Versuch ist strafbar.

§ 353 Abgabenüberhebung; Leistungskürzung

(1) Ein Amtsträger, der Steuern, Gebühren oder andere Abgaben für eine öffentliche Kasse zu erheben hat, wird, wenn er Abgaben, von denen er weiß, daß der Zahlende sie überhaupt nicht oder nur in geringerem Betrag schuldet, erhebt und das rechtswidrig Erhobene ganz oder zum Teil nicht zur Kasse bringt, mit Freiheitsstrafe von drei Monaten bis zu fünf Jahren bestraft.

(2) Ebenso wird bestraft, wer als Amtsträger bei amtlichen Ausgaben an Geld oder Naturalien dem Empfänger rechtswidrig Abzüge macht und die Ausgaben als vollständig geleistet in Rechnung stellt.

§ 353a Vertrauensbruch im auswärtigen Dienst

(1) Wer bei der Vertretung der Bundesrepublik Deutschland gegenüber einer fremden Regierung, einer Staatengemeinschaft oder einer zwischenstaatlichen Einrichtung einer amtlichen Anweisung zuwiderhandelt oder in der Absicht, die Bundesregierung irrezuleiten, unwahre Berichte tatsächlicher Art erstattet, wird mit Freiheitsstrafe bis zu fünf Jahren oder mit Geldstrafe bestraft.

(2) Die Tat wird nur mit Ermächtigung der Bundesregierung verfolgt.

§ 353b Verletzung des Dienstgeheimnisses und einer besonderen Geheimhaltungspflicht

(1) [1]Wer ein Geheimnis, das ihm als

1. Amtsträger,
2. für den öffentlichen Dienst besonders Verpflichteten,
3. Person, die Aufgaben oder Befugnisse nach dem Personalvertretungsrecht wahrnimmt oder
4. Europäischer Amtsträger,

anvertraut worden oder sonst bekanntgeworden ist, unbefugt offenbart und dadurch wichtige öffentliche Interessen gefährdet, wird mit Freiheitsstrafe bis zu fünf Jahren oder mit Geldstrafe bestraft. [2]Hat der Täter durch die Tat fahrlässig wichtige öffentliche Interessen gefährdet, so wird er mit Freiheitsstrafe bis zu einem Jahr oder mit Geldstrafe bestraft.

(2) Wer, abgesehen von den Fällen des Absatzes 1, unbefugt einen Gegenstand oder eine Nachricht, zu deren Geheimhaltung er

1. auf Grund des Beschlusses eines Gesetzgebungsorgans des Bundes oder eines Landes oder eines seiner Ausschüsse verpflichtet ist oder
2. von einer anderen amtlichen Stelle unter Hinweis auf die Strafbarkeit der Verletzung der Geheimhaltungspflicht förmlich verpflichtet worden ist,

an einen anderen gelangen läßt oder öffentlich bekanntmacht und dadurch wichtige öffentliche Interessen gefährdet, wird mit Freiheitsstrafe bis zu drei Jahren oder mit Geldstrafe bestraft.

(3) Der Versuch ist strafbar.

(3a) Beihilfehandlungen einer in § 53 Absatz 1 Satz 1 Nummer 5 der Strafprozessordnung genannten Person sind nicht rechtswidrig, wenn sie sich auf die Entgegennahme, Auswertung oder Veröffentlichung des Geheimnisses oder des Gegenstandes oder der Nachricht, zu deren Geheimhaltung eine besondere Verpflichtung besteht, beschränken.

(4) [1]Die Tat wird nur mit Ermächtigung verfolgt. [2]Die Ermächtigung wird erteilt

1. von dem Präsidenten des Gesetzgebungsorgans
   a) in den Fällen des Absatzes 1, wenn dem Täter das Geheimnis während seiner Tätigkeit bei einem oder für ein Gesetzgebungsorgan des Bundes oder eines Landes bekanntgeworden ist,
   b) in den Fällen des Absatzes 2 Nr. 1;

2. von der obersten Bundesbehörde
   a) in den Fällen des Absatzes 1, wenn dem Täter das Geheimnis während seiner Tätigkeit sonst bei einer oder für eine Behörde oder bei einer anderen amtlichen Stelle des Bundes oder für eine solche Stelle bekanntgeworden ist,
   b) in den Fällen des Absatzes 2 Nr. 2, wenn der Täter von einer amtlichen Stelle des Bundes verpflichtet worden ist;
3. von der Bundesregierung in den Fällen des Absatzes 1 Satz 1 Nummer 4, wenn dem Täter das Geheimnis während seiner Tätigkeit bei einer Dienststelle der Europäischen Union bekannt geworden ist;
4. von der obersten Landesbehörde in allen übrigen Fällen der Absätze 1 und 2 Nr. 2.

[3]In den Fällen des Satzes 2 Nummer 3 wird die Tat nur verfolgt, wenn zudem ein Strafverlangen der Dienststelle vorliegt.

§ 353c (weggefallen)

§ 353d Verbotene Mitteilungen über Gerichtsverhandlungen

Mit Freiheitsstrafe bis zu einem Jahr oder mit Geldstrafe wird bestraft, wer
1. entgegen einem gesetzlichen Verbot über eine Gerichtsverhandlung, bei der die Öffentlichkeit ausgeschlossen war, oder über den Inhalt eines die Sache betreffenden amtlichen Dokuments öffentlich eine Mitteilung macht,
2. entgegen einer vom Gericht auf Grund eines Gesetzes auferlegten Schweigepflicht Tatsachen unbefugt offenbart, die durch eine nichtöffentliche Gerichtsverhandlung oder durch ein die Sache betreffendes amtliches Dokument zu seiner Kenntnis gelangt sind, oder
3. die Anklageschrift oder andere amtliche Dokumente eines Strafverfahrens, eines Bußgeldverfahrens oder eines Disziplinarverfahrens, ganz oder in wesentlichen Teilen, im Wortlaut öffentlich mitteilt, bevor sie in öffentlicher Verhandlung erörtert worden sind oder das Verfahren abgeschlossen ist.

§ 354 (weggefallen)

§ 355 Verletzung des Steuergeheimnisses

(1) [1]Wer unbefugt
1. personenbezogene Daten eines anderen, die ihm als Amtsträger
   a) in einem Verwaltungsverfahren, einem Rechnungsprüfungsverfahren oder einem gerichtlichen Verfahren in Steuersachen,
   b) in einem Strafverfahren wegen einer Steuerstraftat oder in einem Bußgeldverfahren wegen einer Steuerordnungswidrigkeit,
   c) im Rahmen einer Weiterverarbeitung nach § 29c Absatz 1 Satz 1 Nummer 4, 5 oder 6 der Abgabenordnung oder aus anderem dienstlichen Anlass, insbesondere durch Mitteilung einer Finanzbehörde oder durch die gesetzlich vorgeschriebene Vorlage eines Steuerbescheids oder einer Bescheinigung über die bei der Besteuerung getroffenen Feststellungen

   bekannt geworden sind, oder
2. ein fremdes Betriebs- oder Geschäftsgeheimnis, das ihm als Amtsträger in einem der in Nummer 1 genannten Verfahren bekannt geworden ist,

offenbart oder verwertet, wird mit Freiheitsstrafe bis zu zwei Jahren oder mit Geldstrafe bestraft. [2]Personenbezogene Daten eines anderen oder fremde Betriebs- oder Geschäftsgeheimnisse sind dem Täter auch dann als Amtsträger in einem in Satz 1 Nummer 1 genannten Verfahren bekannt geworden, wenn sie sich aus Daten ergeben, zu denen er Zugang hatte und die er unbefugt abgerufen hat. [3]Informationen, die sich auf identifizierte oder identifizierbare verstorbene natürliche Personen oder Körperschaften, rechtsfähige oder nicht rechtsfähige Personenvereinigungen oder Vermögensmassen beziehen, stehen personenbezogenen Daten eines anderen gleich.

(2) Den Amtsträgern im Sinne des Absatzes 1 stehen gleich
1. die für den öffentlichen Dienst besonders Verpflichteten,
2. amtlich zugezogene Sachverständige und
3. die Träger von Ämtern der Kirchen und anderen Religionsgesellschaften des öffentlichen Rechts.

(3) [1]Die Tat wird nur auf Antrag des Dienstvorgesetzten oder des Verletzten verfolgt. [2]Bei Taten amtlich zugezogener Sachverständiger ist der Leiter der Behörde, deren Verfahren betroffen ist, neben dem Verletzten antragsberechtigt.

§ 356 Parteiverrat

(1) Ein Anwalt oder ein anderer Rechtsbeistand, welcher bei den ihm in dieser Eigenschaft anvertrauten Angelegenheiten in derselben Rechtssache beiden Parteien durch Rat oder Beistand pflichtwidrig dient, wird mit Freiheitsstrafe von drei Monaten bis zu fünf Jahren bestraft.

(2) Handelt derselbe im Einverständnis mit der Gegenpartei zum Nachteil seiner Partei, so tritt Freiheitsstrafe von einem Jahr bis zu fünf Jahren ein.

§ 357 Verleitung eines Untergebenen zu einer Straftat

(1) Ein Vorgesetzter, welcher seine Untergebenen zu einer rechtswidrigen Tat im Amt verleitet oder zu verleiten unternimmt oder eine solche rechtswidrige Tat seiner Untergebenen geschehen läßt, hat die für diese rechtswidrige Tat angedrohte Strafe verwirkt.

(2) Dieselbe Bestimmung findet auf einen Amtsträger Anwendung, welchem eine Aufsicht oder Kontrolle über die Dienstgeschäfte eines anderen Amtsträgers übertragen ist, sofern die von diesem letzteren Amtsträger begangene rechtswidrige Tat die zur Aufsicht oder Kontrolle gehörenden Geschäfte betrifft.

§ 358 Nebenfolgen

Neben einer Freiheitsstrafe von mindestens sechs Monaten wegen einer Straftat nach den §§ 332, 335, 339, 340, 343, 344, 345 Abs. 1 und 3, §§ 348, 352 bis 353b Abs. 1, §§ 355 und 357 kann das Gericht die Fähigkeit, öffentliche Ämter zu bekleiden (§ 45 Abs. 2), aberkennen.

Einführungsgesetz zum Strafgesetzbuch (EGStGB)

Vom 2. März 1974 (BGBl. I S. 469; 1975 I S. 1916; 1976 I S. 507)
(FNA 450-16)
zuletzt geändert durch Art. 13 CannabisG vom 27. März 2024 (BGBl. 2024 I Nr. 109)

Nichtamtliche Inhaltsübersicht

Erster Abschnitt
Allgemeine Vorschriften

Erster Titel
Sachliche Geltung des Strafgesetzbuches

Artikel 1 Geltung des Allgemeinen Teils

(1) Die Vorschriften des Allgemeinen Teils des Strafgesetzbuches gelten für das bei seinem Inkrafttreten bestehende und das zukünftige Bundesrecht, soweit das Gesetz nichts anderes bestimmt.

(2) [1]Die Vorschriften des Allgemeinen Teils des Strafgesetzbuches gelten auch für das bei seinem Inkrafttreten bestehende und das zukünftige Landesrecht. [2]Sie gelten nicht, soweit das Bundesrecht besondere Vorschriften des Landesrechts zuläßt und das Landesrecht derartige Vorschriften enthält.

Artikel 1a *[aufgehoben]*

Artikel 1b Anwendbarkeit der Vorschriften des internationalen Strafrechts

Soweit das deutsche Strafrecht auf im Ausland begangene Taten Anwendung findet und unterschiedliches Strafrecht im Geltungsbereich dieses Gesetzes gilt, finden diejenigen Vorschriften Anwendung, die an dem Ort gelten, an welchem der Täter seine Lebensgrundlage hat.

Artikel 2 Vorbehalte für das Landesrecht

Die Vorschriften des Allgemeinen Teils des Strafgesetzbuches lassen Vorschriften des Landesrechts unberührt, die bei einzelnen landesrechtlichen Straftatbeständen

1. den Geltungsbereich abweichend von den §§ 3 bis 7 des Strafgesetzbuches bestimmen oder
2. unter besonderen Voraussetzungen Straflosigkeit vorsehen.

Artikel 3 Zulässige Rechtsfolgen bei Straftaten nach Landesrecht

(1) Vorschriften des Landesrechts dürfen bei Straftaten keine anderen Rechtsfolgen vorsehen als

1. Freiheitsstrafe bis zu zwei Jahren und wahlweise Geldstrafe bis zum gesetzlichen Höchstmaß (§ 40 Abs. 1 Satz 2, Abs. 2 Satz 3 des Strafgesetzbuches),
2. Einziehung von Gegenständen im Sinne der §§ 74 bis 74b und 74d des Strafgesetzbuches.

(2) Vorschriften des Landesrechts dürfen

1. weder Freiheitsstrafe noch Geldstrafe allein und
2. bei Freiheitsstrafe kein anderes Mindestmaß als das gesetzliche (§ 38 Abs. 2 des Strafgesetzbuches) und kein niedrigeres Höchstmaß als sechs Monate

androhen.

Artikel 4 Verhältnis des Besonderen Teils zum Bundes- und Landesrecht

(1) Die Vorschriften des Besonderen Teils des Strafgesetzbuches lassen die Strafvorschriften des Bundesrechts unberührt, soweit sie nicht durch dieses Gesetz aufgehoben oder geändert werden.

(2) Die Vorschriften des Besonderen Teils des Strafgesetzbuches lassen auch die Straf- und Bußgeldvorschriften des Landesrechts unberührt, soweit diese nicht eine Materie zum Gegenstand haben, die im Strafgesetzbuch abschließend geregelt ist.

(3) Die Vorschriften des Strafgesetzbuches über Betrug, Hehlerei und Begünstigung lassen die Vorschriften des Landesrechts unberührt, die bei Steuern oder anderen Abgaben

1. die Straf- und Bußgeldvorschriften der Abgabenordnung für anwendbar erklären oder
2. entsprechende Straf- und Bußgeldtatbestände wie die Abgabenordnung enthalten; Artikel 3 bleibt unberührt.

(4) Die Vorschriften des Strafgesetzbuches über Diebstahl, Hehlerei und Begünstigung lassen die Vorschriften des Landesrechts zum Schutze von Feld und Forst unberührt, die bestimmen, daß eine Tat in bestimmten Fällen, die unbedeutend erscheinen, nicht strafbar ist oder nicht verfolgt wird.

(5) Die Vorschriften des Strafgesetzbuches über Hausfriedensbruch, Sachbeschädigung und Urkundenfälschung lassen die Vorschriften des Landesrechts zum Schutze von Feld und Forst unberührt, die

1. bestimmte Taten nur mit Geldbuße bedrohen oder
2. bestimmen, daß eine Tat in bestimmten Fällen,
   a) die unbedeutend erscheinen, nicht strafbar ist oder nicht verfolgt wird, oder
   b) die geringfügig erscheinen, nur auf Antrag oder nur dann verfolgt wird, wenn die Strafverfolgungsbehörde wegen des besonderen öffentlichen Interesses an der Strafverfolgung ein Einschreiten von Amts wegen für geboten hält.

Zweiter Titel

Gemeinsame Vorschriften für Ordnungs- und Zwangsmittel

Artikel 5 Bezeichnung der Rechtsnachteile

In Vorschriften des Bundes- und des Landesrechts dürfen Rechtsnachteile, die nicht bei Straftaten angedroht werden, nicht als Freiheitsstrafe, Haftstrafe, Ordnungsstrafe oder Geldstrafe bezeichnet werden.

Artikel 6 Mindest- und Höchstmaß von Ordnungs- und Zwangsmitteln

(1) [1]Droht das Bundesgesetz Ordnungsgeld oder Zwangsgeld an, ohne dessen Mindest- oder Höchstmaß zu bestimmen, so beträgt das Mindestmaß fünf, das Höchstmaß tausend Euro. [2]Droht das Landesgesetz Ordnungsgeld an, so gilt Satz 1 entsprechend.

(2) [1]Droht das Gesetz Ordnungshaft an, ohne das Mindest- oder Höchstmaß zu bestimmen, so beträgt das Mindestmaß einen Tag, das Höchstmaß sechs Wochen. [2]Die Ordnungshaft wird in diesem Fall nach Tagen bemessen.

Artikel 7 Zahlungserleichterungen bei Ordnungsgeld

(1) [1]Ist dem Betroffenen nach seinen wirtschaftlichen Verhältnissen nicht zuzumuten, das Ordnungsgeld sofort zu zahlen, so wird ihm eine Zahlungsfrist bewilligt oder gestattet, das Ordnungsgeld in bestimmten Teilbeträgen zu zahlen. [2]Dabei kann angeordnet werden, daß die Vergünstigung, das Ordnungsgeld in bestimmten Teilbeträgen zu zahlen, entfällt, wenn der Betroffene einen Teilbetrag nicht rechtzeitig zahlt.

(2) [1]Nach Festsetzung des Ordnungsgeldes entscheidet über die Bewilligung von Zahlungserleichterungen nach Absatz 1 die Stelle, der die Vollstreckung des Ordnungsgeldes obliegt. [2]Sie kann eine Entscheidung über Zahlungserleichterungen nachträglich ändern oder aufheben. [3]Dabei darf sie von einer vorausgegangenen Entscheidung zum Nachteil des Betroffenen nur auf Grund neuer Tatsachen oder Beweismittel abweichen.

(3) [1]Entfällt die Vergünstigung nach Absatz 1 Satz 2, das Ordnungsgeld in bestimmten Teilbeträgen zu zahlen, so wird dies in den Akten vermerkt. [2]Dem Betroffenen kann erneut eine Zahlungserleichterung bewilligt werden.
(4) Über Einwendungen gegen Anordnungen nach den Absätzen 2 und 3 entscheidet die Stelle, die das Ordnungsgeld festgesetzt hat, wenn einer anderen Stelle die Vollstreckung obliegt.

Artikel 8 Nachträgliche Entscheidungen über die Ordnungshaft

(1) [1]Kann das Ordnungsgeld nicht beigetrieben werden und ist die Festsetzung der für diesen Fall vorgesehenen Ordnungshaft unterblieben, so wandelt das Gericht das Ordnungsgeld nachträglich in Ordnungshaft um. [2]Das Gericht entscheidet nach Anhörung der Beteiligten durch Beschluß.
(2) Das Gericht ordnet an, daß die Vollstreckung der Ordnungshaft, die an Stelle eines uneinbringlichen Ordnungsgeldes festgesetzt worden ist, unterbleibt, wenn die Vollstreckung für den Betroffenen eine unbillige Härte wäre.

Artikel 9 Verjährung von Ordnungsmitteln

(1) [1]Die Verjährung schließt die Festsetzung von Ordnungsgeld und Ordnungshaft aus. [2]Die Verjährungsfrist beträgt, soweit das Gesetz nichts anderes bestimmt, zwei Jahre. [3]Die Verjährung beginnt, sobald die Handlung beendet ist. [4]Die Verjährung ruht, solange nach dem Gesetz das Verfahren zur Festsetzung des Ordnungsgeldes nicht begonnen oder nicht fortgesetzt werden kann.
(2) [1]Die Verjährung schließt auch die Vollstreckung des Ordnungsgeldes und der Ordnungshaft aus. [2]Die Verjährungsfrist beträgt zwei Jahre. [3]Die Verjährung beginnt, sobald das Ordnungsmittel vollstreckbar ist. [4]Die Verjährung ruht, solange
1. nach dem Gesetz die Vollstreckung nicht begonnen oder nicht fortgesetzt werden kann,
2. die Vollstreckung ausgesetzt ist oder
3. eine Zahlungserleichterung bewilligt ist.

Zweiter Abschnitt
Allgemeine Anpassung von Strafvorschriften

Artikel 10 Geltungsbereich

(1) Die Vorschriften dieses Abschnitts gelten für die Strafvorschriften des Bundesrechts, soweit sie nicht durch Gesetz besonders geändert werden.
(2) Die Vorschriften gelten nicht für die Strafdrohungen des Wehrstrafgesetzes und des Zivildienstgesetzes.

Artikel 11 Freiheitsstrafdrohungen

Droht das Gesetz Freiheitsstrafe mit einem besonderen Mindestmaß an, das einen Monat oder weniger beträgt, so entfällt die Androhung dieses Mindestmaßes.

Artikel 12 Geldstrafdrohungen

(1) [1]Droht das Gesetz neben Freiheitsstrafe ohne besonderes Mindestmaß wahlweise keine Geldstrafe an, so tritt neben die Freiheitsstrafe die wahlweise Androhung der Geldstrafe. [2]Dies gilt auch, wenn die Androhung des besonderen Mindestmaßes der Freiheitsstrafe nach Artikel 11 entfällt.
(2) An die Stelle einer neben Freiheitsstrafe wahlweise angedrohten Geldstrafe von unbeschränkter Höhe oder mit einem besonderen Höchstmaß oder mit einem Höchstmaß, das in dem Mehrfachen, Einfachen oder Bruchteil eines bestimmten Betrages besteht, tritt Geldstrafe mit dem gesetzlichen Höchstmaß (§ 40 Abs. 1 Satz 2, Abs. 2 Satz 3 des Strafgesetzbuches), soweit Absatz 4 nichts anderes bestimmt.
(3) Ist Geldstrafe neben Freiheitsstrafe vorgeschrieben oder zugelassen, so entfällt diese Androhung.
(4) [1]Droht das Gesetz Freiheitsstrafe bis zu sechs Monaten an, so beträgt das Höchstmaß einer wahlweise angedrohten Geldstrafe einhundertachtzig Tagessätze. [2]Dies gilt auch, wenn sich die wahlweise Androhung der Geldstrafe aus Absatz 1 ergibt.

Artikel 13 *[aufgehoben]*

Artikel 14 Polizeiaufsicht

Soweit Vorschriften die Polizeiaufsicht zulassen, treten sie außer Kraft.

Artikel 15 Verfall

Soweit Vorschriften außerhalb des Allgemeinen Teils des Strafgesetzbuches den Verfall eines Gegenstandes oder eines ihm entsprechenden Wertersatzes wegen einer Straftat oder einer rechtswidrigen Tat vorschreiben oder zulassen, treten sie außer Kraft.

Artikel 16 Rücknahme des Strafantrages
Soweit Vorschriften außerhalb des Allgemeinen Teils des Strafgesetzbuches die Rücknahme des Strafantrages regeln, treten sie außer Kraft.

Artikel 17 Buße zugunsten des Verletzten
Soweit Vorschriften bestimmen, daß zugunsten des Verletzten einer Straftat auf eine Buße erkannt werden kann, treten sie außer Kraft.

Dritter bis Fünfter Abschnitt

Artikel 18–287 ***[nicht wiedergegebene Änderungsvorschriften]***

Sechster Abschnitt
Anpassung des Landesrechts

Artikel 288 Geltungsbereich
Die Vorschriften dieses Abschnitts gelten für die Strafvorschriften des Landesrechts, soweit sie durch ein Landesgesetz nicht besonders geändert werden.

Artikel 289 Allgemeine Anpassung
Vorschriften sind nicht mehr anzuwenden, soweit sie Rechtsfolgen androhen, die nach Artikel 3 nicht zulässig sind.

Artikel 290 Geldstrafdrohungen
(1) Auf Geldstrafe kann auch dann erkannt werden, wenn das Gesetz neben Freiheitsstrafe wahlweise keine Geldstrafe androht.
(2) [1]Droht das Gesetz neben Freiheitsstrafe mit einem Höchstmaß von mehr als sechs Monaten wahlweise Geldstrafe von unbeschränkter Höhe oder mit einem besonderen Höchstmaß oder mit einem Höchstmaß an, das in dem Mehrfachen, Einfachen oder Bruchteil eines bestimmten Betrages besteht, so kann auf Geldstrafe bis zum gesetzlichen Höchstmaß erkannt werden. [2]Beträgt das Höchstmaß der wahlweise angedrohten Freiheitsstrafe nur sechs Monate, so kann auf Geldstrafe bis zu einhundertachtzig Tagessätzen erkannt werden.
(3) Vorschriften sind nicht mehr anzuwenden, soweit sie Geldstrafe neben Freiheitsstrafe vorschreiben oder zulassen.

Artikel 291 Rücknahme des Strafantrages, Buße zugunsten des Verletzten
Vorschriften sind nicht mehr anzuwenden, soweit sie
1. die Rücknahme des Strafantrags regeln oder
2. bestimmen, daß zugunsten des Verletzten einer Straftat auf eine Buße erkannt werden kann.

Artikel 292 Nicht mehr anwendbare Straf- und Bußgeldtatbestände
(1) Straf- und Bußgeldvorschriften des Landesrechts, die eine im Strafgesetzbuch abschließend geregelte Materie zum Gegenstand haben, sind nicht mehr anzuwenden, soweit sie nicht nach Artikel 4 Abs. 3 bis 5 unberührt bleiben.
(2), (3) *[hier nicht wiedergegeben]*

Siebenter Abschnitt
Ergänzende strafrechtliche Regelungen

Artikel 293 Abwendung der Vollstreckung der Ersatzfreiheitsstrafe und Erbringung von Arbeitsleistungen
(1) [1]Die Landesregierungen werden ermächtigt, durch Rechtsverordnung Regelungen zu treffen, wonach die Vollstreckungsbehörde dem Verurteilten gestatten kann, die Vollstreckung einer Ersatzfreiheitsstrafe nach § 43 des Strafgesetzbuches durch freie Arbeit abzuwenden. [2]Soweit der Verurteilte die freie Arbeit geleistet hat, ist die Ersatzfreiheitsstrafe erledigt. [3]In der Rechtsverordnung ist die Zahl der Arbeitsstunden zu bestimmen, die geleistet werden müssen, um einen Tag Ersatzfreiheitsstrafe zu erledigen. [4]Die Arbeit muß unentgeltlich sein; sie darf nicht erwerbswirtschaftlichen Zwecken dienen. [5]Die Landesregierungen können die Ermächtigung durch Rechtsverordnung auf die Landesjustizverwaltungen übertragen.
(2) [1]Durch die freie Arbeit wird kein Arbeitsverhältnis im Sinne des Arbeitsrechts und kein Beschäftigungsverhältnis im Sinne der Sozialversicherung, einschließlich der Arbeitslosenversicherung, oder des Steuerrechts begründet. [2]Die Vorschriften über den Arbeitsschutz finden sinngemäße Anwendung.

(3) Absatz 1 Satz 3 und Absatz 2 gelten entsprechend für freie Arbeit, die aufgrund einer Anordnung im Gnadenwege ausgeübt wird, Absatz 2 gilt entsprechend für gemeinnützige Leistungen und Arbeitsleistungen nach § 56b Abs. 2 Satz 1 Nr. 3 und § 59a Absatz 2 Satz 1 Nummer 4 des Strafgesetzbuches, § 153a Abs. 1 Satz 1 Nr. 3 der Strafprozeßordnung, § 10 Abs. 1 Satz 3 Nr. 4 und § 15 Abs. 1 Satz 1 Nr. 3 des Jugendgerichtsgesetzes und § 98 Abs. 1 Satz 1 Nr. 1 des Gesetzes über Ordnungswidrigkeiten oder aufgrund einer vom Gesetz vorgesehenen entsprechenden Anwendung der genannten Vorschriften.

Artikel 294 Gerichtshilfe

[1]Die Gerichtshilfe (§ 160 Abs. 3 Satz 2 der Strafprozeßordnung) gehört zum Geschäftsbereich der Landesjustizverwaltungen. [2]Die Landesregierung kann durch Rechtsverordnung eine andere Behörde aus dem Bereich der Sozialverwaltung bestimmen.

Artikel 295 Aufsichtsstellen bei Führungsaufsicht

(1) Die Aufsichtsstellen (§ 68a des Strafgesetzbuches) gehören zum Geschäftsbereich der Landesjustizverwaltungen.

(2) [1]Die Aufgaben der Aufsichtsstelle werden von Beamten des höheren Dienstes, von staatlich anerkannten Sozialarbeitern oder Sozialpädagogen oder von Beamten des gehobenen Dienstes wahrgenommen. [2]Der Leiter der Aufsichtsstelle muß die Befähigung zum Richteramt besitzen oder ein Beamter des höheren Dienstes sein. [3]Die Leitung der Aufsichtsstelle kann auch einem Richter übertragen werden.

Artikel 296 ***[aufgehoben]***

Artikel 297 Verbot der Prostitution

(1) [1]Die Landesregierung kann zum Schutze der Jugend oder des öffentlichen Anstandes

1. für das ganze Gebiet einer Gemeinde bis zu fünfzigtausend Einwohnern,
2. für Teile des Gebiets einer Gemeinde über zwanzigtausend Einwohner oder eines gemeindefreien Gebiets,
3. unabhängig von der Zahl der Einwohner für öffentliche Straßen, Wege, Plätze, Anlagen und für sonstige Orte, die von dort aus eingesehen werden können, im ganzen Gebiet oder in Teilen des Gebiets einer Gemeinde oder eines gemeindefreien Gebiets

durch Rechtsverordnung verbieten, der Prostitution nachzugehen. [2]Sie kann das Verbot nach Satz 1 Nr. 3 auch auf bestimmte Tageszeiten beschränken.

(2) Die Landesregierung kann diese Ermächtigung durch Rechtsverordnung auf eine oberste Landesbehörde oder andere Behörden übertragen.

(3) Wohnungsbeschränkungen auf bestimmte Straßen oder Häuserblocks zum Zwecke der Ausübung der Prostitution (Kasernierungen) sind verboten.

Achter Abschnitt

Schlußvorschriften

Artikel 298 Mindestmaß der Freiheitsstrafe

(1) Eine Freiheitsstrafe unter einem Monat darf auch wegen solcher Taten nicht verhängt werden, die vor dem 1. Januar 1975 begangen worden sind.

(2) Hätte das Gericht nach bisherigem Recht eine Freiheitsstrafe unter einem Monat verhängt, so erkennt es auf eine Geldstrafe bis zu dreißig Tagessätzen.

Artikel 299 Geldstrafe

(1) Die Vorschriften des neuen Rechts über die Geldstrafe (§§ 40 bis 43 des Strafgesetzbuches) gelten auch für die vor dem 1. Januar 1975 begangenen Taten, soweit die Absätze 2 und 3 nichts anderes bestimmen.

(2) [1]Die Geldstrafe darf nach Zahl und Höhe der Tagessätze insgesamt das Höchstmaß der bisher angedrohten Geldstrafe nicht übersteigen. [2]Es dürfen nur so viele Tagessätze verhängt werden, daß die Ersatzfreiheitsstrafe nach § 43 des Strafgesetzbuches nicht höher ist als das nach bisherigem Recht angedrohte Höchstmaß der Ersatzfreiheitsstrafe.

(3) Neben Freiheitsstrafe darf eine Geldstrafe nach § 41 des Strafgesetzbuches nur verhängt werden, wenn auch nach bisherigem Recht eine Geldstrafe neben Freiheitsstrafe vorgeschrieben oder zugelassen war.

Artikel 300 Übertretungen

(1) [1]Auf die vor dem 1. Januar 1975 begangenen Taten, die nach bisherigem Recht Übertretungen waren und nach neuem Recht Vergehen sind, ist das neue Recht mit der Beschränkung anzuwenden, daß sich

die Voraussetzungen der Strafbarkeit und das Höchstmaß der Freiheitsstrafe nach bisherigem Recht bestimmen. [2]Artikel 298, 299 sind anzuwenden.

(2) Die vor dem 1. Januar 1975 begangenen Taten, die nach bisherigem Recht Übertretungen waren, bleiben bei der Anwendung des § 48 Abs. 1 des Strafgesetzbuches außer Betracht.

Artikel 301 ***[aufgehoben]***

Artikel 302 Anrechnung des Maßregelvollzugs auf die Strafe

Ist vor dem 1. Januar 1975 die Unterbringung in einer Heil- oder Pflegeanstalt oder in einer Trinkerheilanstalt oder einer Entziehungsanstalt nach § 456b Satz 2 der Strafprozeßordnung in der bisherigen Fassung vor der Freiheitsstrafe vollzogen worden, so wird die Zeit des Vollzuges der Maßregel auf die Strafe angerechnet.

Artikel 303 Führungsaufsicht

(1) Wegen einer Tat, die vor dem 1. Januar 1975 begangen worden ist, darf Führungsaufsicht nach § 68 Abs. 1 des Strafgesetzbuches nicht angeordnet werden.

(2) Nach Verbüßung einer Freiheitsstrafe wegen einer Tat, die vor dem 1. Januar 1975 begangen worden ist, tritt Führungsaufsicht nach § 68f des Strafgesetzbuches nicht ein.

Artikel 304 Polizeiaufsicht

[1]Ist vor dem 1. Januar 1975 auf Zulässigkeit von Polizeiaufsicht erkannt worden, so verliert dieser Ausspruch seine Wirkung. [2]Ist im Zentralregister bei einer Verurteilung die Zulässigkeit von Polizeiaufsicht eingetragen worden, so ist die Eintragung insoweit zu tilgen.

Artikel 305 Berufsverbot

[1]Neben der Strafe, die wegen einer vor dem 1. Januar 1975 begangenen Tat verhängt wird, ordnet das Gericht das Berufsverbot nur an, wenn außer den Voraussetzungen des § 70 des Strafgesetzbuches auch die Voraussetzungen der Untersagung der Berufsausübung oder der Betriebsführung nach bisherigem Recht vorliegen. [2]Das Berufsverbot darf in diesem Falle nicht für immer angeordnet werden.

Artikel 306 Selbständige Anordnung von Maßregeln

[1]Die Vorschriften des neuen Rechts über die selbständige Anordnung von Maßregeln der Besserung und Sicherung (§ 71 des Strafgesetzbuches) gelten auch für Taten, die vor dem 1. Januar 1975 begangen worden sind. [2]Dies gilt nicht, wenn die Maßregel nach den Artikeln 301 und 305 auch neben der Strafe nicht angeordnet werden darf.

Artikel 307 Verfall

(1) Für die Anordnung des Verfalls wegen einer Tat, die vor dem 1. Januar 1975 begangen worden ist und über die nach diesem Zeitpunkt entschieden wird, gelten die Vorschriften des neuen Rechts

1. über die Voraussetzungen des Verfalls (§§ 73, 73a des Strafgesetzbuches), soweit das bisherige Recht den Verfall oder die Einziehung des Entgelts vorschreibt,
2. über die Schätzung, die Entscheidung in Härtefällen, die Wirkung des Verfalls und seine nachträgliche Anordnung (§§ 73b bis 73d, 76 des Strafgesetzbuches).

(2) [1]Die Anordnung des Verfalls ist auch insoweit zulässig, als nach § 27b des Strafgesetzbuches in der bisherigen Fassung eine höhere Geldstrafe hätte verhängt werden können als nach neuem Recht. [2]An die Stelle der Anordnung des Verfalls eines Gegenstandes tritt der Verfall des Wertersatzes.

(3) Absatz 1 Nr. 1 gilt nicht, soweit das bisherige Recht für den Betroffenen günstiger ist.

Artikel 308 Strafantrag, Ermächtigung, Strafverlangen

(1) Die Vorschriften des neuen Rechts über Strafantrag, Ermächtigung und Strafverlangen (§§ 77 bis 77e, 194 des Strafgesetzbuches) gelten auch für Taten, die vor dem 1. Januar 1975 begangen worden sind, soweit die Absätze 2 bis 5 nichts anderes bestimmen.

(2) War nach bisherigem Recht zur Verfolgung ein Antrag erforderlich, so bleibt es dabei.

(3) Ein vor dem 1. Januar 1975 gestellter Antrag bleibt wirksam, auch wenn die Antragsberechtigung nach neuem Recht einem anderen zusteht.

(4) War am 1. Januar 1975 das Recht, einen Strafantrag zu stellen, nach den Vorschriften des bisherigen Rechts bereits erloschen, so bleibt es dabei.

(5) Ist die Tat erst durch die Vorschriften des neuen Rechts nur auf Antrag verfolgbar, so endet die Antragsfrist frühestens am 31. März 1975.

Artikel 309 Verfolgungs- und Vollstreckungsverjährung

(1) Die Vorschriften des neuen Rechts über die Verfolgungs- und Vollstreckungsverjährung (§§ 78 bis 79b des Strafgesetzbuches, §§ 31 bis 34 des Gesetzes über Ordnungswidrigkeiten) gelten auch für Taten, die vor dem 1. Januar 1975 begangen worden sind, soweit die Absätze 2 bis 4 nichts anderes bestimmen.

(2) Für Unterbrechungshandlungen, die vor dem 1. Januar 1975 vorgenommen sind, gilt das bisherige Recht.

(3) Soweit die Verjährungsfristen des bisherigen Rechts kürzer sind als die des neuen Rechts, gelten die des bisherigen Rechts.

(4) Ist die Verjährung der Verfolgung oder der Vollstreckung vor dem 1. Januar 1975 unterbrochen worden, so verjährt die Verfolgung oder Vollstreckung, abweichend von § 78c Abs. 3 Satz 2, § 79 des Strafgesetzbuches, § 33 Abs. 3 Satz 2, § 34 des Gesetzes über Ordnungswidrigkeiten, frühestens mit dem Ablauf der von der letzten Unterbrechungshandlung an zu berechnenden Verjährungsfrist.

(5) Bei der Berechnung der Verjährungsfrist nach § 1 Abs. 1 Satz 1 des Gesetzes über die Berechnung strafrechtlicher Verjährungsfristen vom 13. April 1965 (Bundesgesetzbl. I S. 315), geändert durch das Erste Gesetz zur Reform des Strafrechts vom 25. Juni 1969 (Bundesgesetzbl. I S. 645), ist § 78 Abs. 4 des Strafgesetzbuches entsprechend anzuwenden.

Artikel 310 Bekanntgabe der Verurteilung

Die Vorschriften des neuen Rechts über die gerichtliche Anordnung, daß eine Verurteilung öffentlich bekanntgemacht wird, gelten auch für Taten, die vor dem 1. Januar 1975 begangen worden sind.

Artikel 311 Verletzung von Privatgeheimnissen durch Amtsträger und besonders Verpflichtete

(1) Soweit das Offenbaren oder Verwerten eines fremden Geheimnisses, namentlich eines Betriebs- oder Geschäftsgeheimnisses, durch Personen, die nach neuem Recht für den öffentlichen Dienst besonders verpflichtet werden sollen, nach bisherigem Recht mit Strafe oder Geldbuße bedroht war, gelten

1. für die vor dem 1. Januar 1975 begangenen Taten die Vorschriften des bisherigen Rechts über die Verletzung eines fremden Geheimnisses weiter und
2. für die nach dem 1. Januar 1975 begangenen Taten die Strafvorschriften des neuen Rechts (§ 203 Abs. 2, § 204 des Strafgesetzbuches) entsprechend,

sofern die Strafvorschriften des neuen Rechts allein deswegen nicht anwendbar sind, weil der Täter vor dem 1. Januar 1975 nicht für den öffentlichen Dienst besonders verpflichtet worden ist, obwohl die Voraussetzungen, unter denen die Verpflichtung nach neuem Recht vorgenommen werden soll, vorgelegen hatten.

(2) In den Fällen des Absatzes 1 Nr. 1 gelten die Vorschriften des neuen Rechts (§ 203 Abs. 2, 5, § 204 des Strafgesetzbuches), soweit sie im übrigen für den Täter günstiger sind.

Artikel 312 Gerichtsverfassung und Strafverfahren

(1) Soweit sich auf Grund der Vorschriften dieses Gesetzes die sachliche Zuständigkeit der Gerichte ändert, gilt dies für gerichtlich anhängige Strafsachen nur dann, wenn das Hauptverfahren noch nicht eröffnet ist oder das Revisionsgericht das Urteil aufhebt und die Sache nach § 354 Abs. 2 der Strafprozeßordnung zurückverweist.

(2) Der Bundesgerichtshof ist auch dann zur Verhandlung und Entscheidung über das Rechtsmittel der Revision zuständig, wenn die Revision sich gegen ein Urteil des Richters beim Amtsgericht oder des Schöffengerichts oder gegen ein Berufungsurteil der kleinen oder großen Strafkammer richtet, durch das die Unterbringung des Angeklagten in einer Heil- oder Pflegeanstalt angeordnet ist, und Termin zur Hauptverhandlung vor dem Oberlandesgericht noch nicht bestimmt ist.

(3) Ist vor dem 1. Januar 1975 auf Unterbringung in einer Heil- oder Pflegeanstalt oder in einer Trinkerheilanstalt oder einer Entziehungsanstalt, auf Untersagung der Berufsausübung oder der Betriebsführung oder auf Zulassung der Urteilsbekanntmachung erkannt worden und ist das Revisionsgericht der Auffassung, daß die Revision im übrigen unbegründet ist, so berichtigt es den Urteilsspruch dahin, daß an die Stelle

1. der Unterbringung in einer Heil- oder Pflegeanstalt die Unterbringung in einem psychiatrischen Krankenhaus,
2. der Unterbringung in einer Trinkerheilanstalt oder einer Entziehungsanstalt die Unterbringung in einer Entziehungsanstalt,
3. der Untersagung der Berufsausübung oder der Betriebsführung das Berufsverbot,
4. der Zulässigkeit der Urteilsbekanntmachung deren Anordnung

tritt.

(4) Ist das Revisionsgericht der Auffassung, daß ein vor dem 1. Januar 1975 ergangenes Urteil allein wegen der Artikel 299 und 307 dem Gesetz nicht entspricht, so kann die Revision auch dann verworfen werden, wenn eine wesentlich andere Entscheidung über die Höhe der Geldstrafe oder den Verfall nicht zu erwarten ist.

(5) Das Revisionsgericht kann auch in einem Beschluß nach § 349 Abs. 2 der Strafprozeßordnung nach den Absätzen 3 und 4 verfahren, wenn es die Revision im übrigen einstimmig für offensichtlich unbegründet erachtet.

Artikel 313 Noch nicht vollstreckte Strafen

(1) [1]Rechtskräftig verhängte Strafen wegen solcher Taten, die nach neuem Recht nicht mehr strafbar und auch nicht mit Geldbuße bedroht sind, werden mit Inkrafttreten des neuen Rechts erlassen, soweit sie noch nicht vollstreckt sind. [2]Der Straferlaß erstreckt sich auf Nebenstrafen und Nebenfolgen mit Ausnahme der Einziehung und Unbrauchbarmachung, Maßregeln der Besserung und Sicherung, Erziehungsmaßregeln und Zuchtmittel nach dem Jugendgerichtsgesetz sowie auf rückständige Bußen und Kosten, auch wenn die Strafe bei Inkrafttreten des neuen Rechts bereits vollstreckt war.

(2) Absatz 1 gilt entsprechend, wenn ein vor Inkrafttreten des neuen Rechts erlassenes Urteil nach diesem Zeitpunkt

1. rechtskräftig wird, weil ein Rechtsmittel nicht eingelegt oder zurückgenommen wird oder das Rechtsmittel nicht zulässig ist, oder
2. sonst rechtskräftig wird, ohne daß der Schuldspruch geändert werden konnte.

(3) [1]Ist der Täter wegen einer Handlung verurteilt worden, die eine nach neuem Recht nicht mehr anwendbare Strafvorschrift und zugleich eine andere Strafvorschrift verletzt hat (§ 73 Abs. 2 des Strafgesetzbuches in der bisherigen Fassung), so sind die Absätze 1 und 2 nicht anzuwenden. [2]Das Gericht setzt die auf die andere Gesetzesverletzung entfallende Strafe neu fest, wenn die Strafe einer Strafvorschrift entnommen worden ist, die aufgehoben ist oder die den Sachverhalt, welcher der Verurteilung zugrunde lag, nicht mehr unter Strafe stellt oder mit Geldbuße bedroht. [3]Ist die Strafe der anderen Strafvorschrift entnommen, so wird sie angemessen ermäßigt, wenn anzunehmen ist, daß das Gericht wegen der Verletzung der gemilderten Strafvorschrift auf eine höhere Strafe erkannt hat.

(4) [1]Enthält eine Gesamtstrafe Einzelstrafen im Sinne des Absatzes 1 Satz 1 und andere Einzelstrafen, so ist die Strafe neu festzusetzen. [2]In den Fällen der §§ 31 und 66 des Jugendgerichtsgesetzes gilt dies sinngemäß.

(5) Bei Zweifeln über die sich aus den Absätzen 1 und 2 ergebenden Rechtsfolgen und für die richterlichen Entscheidungen nach den Absätzen 3 und 4 gelten die §§ 458 und 462 der Strafprozeßordnung sinngemäß.

Artikel 314 Überleitung der Vollstreckung

(1) Eine vor dem 1. Januar 1975 verhängte und noch nicht oder erst zum Teil vollzogene Unterbringung in einer Heil- oder Pflegeanstalt wird als Unterbringung in einem psychiatrischen Krankenhaus, eine Unterbringung in einer Trinkerheilanstalt oder einer Entziehungsanstalt als Unterbringung in einer Entziehungsanstalt vollzogen.

(2) [1]Ist die Unterbringung in einer Heil- oder Pflegeanstalt, in einer Trinkerheilanstalt oder einer Entziehungsanstalt oder in der Sicherungsverwahrung vor dem 1. Januar 1975 bedingt ausgesetzt, so tritt Führungsaufsicht ein. [2]Die Auferlegung besonderer Pflichten nach § 42h Abs. 2 des Strafgesetzbuches in der bisherigen Fassung gilt als Weisung gemäß § 68b Abs. 2 des Strafgesetzbuches.

(3) Eine vor dem 1. Januar 1975 angeordnete Untersagung der Berufsausübung oder der Betriebsführung hat die Wirkung eines Berufsverbots.

(4) Eine vor dem 1. Januar 1975 ausgesprochene Befugnis zur öffentlichen Bekanntmachung des Urteils wird so vollstreckt, als wenn auf Anordnung der Bekanntmachung des Urteils erkannt wäre.

(5) *[gegenstandslos durch Fristablauf]*

Artikel 315 Geltung des Strafrechts für in der Deutschen Demokratischen Republik begangene Taten

(1) Auf vor dem Wirksamwerden des Beitritts in der Deutschen Demokratischen Republik begangene Taten findet § 2 des Strafgesetzbuches mit der Maßgabe Anwendung, daß das Gericht von Strafe absieht, wenn nach dem zur Zeit der Tat geltenden Recht der Deutschen Demokratischen Republik weder eine Freiheitsstrafe noch eine Verurteilung auf Bewährung noch eine Geldstrafe verwirkt gewesen wäre.

(2) [1]Die Vorschriften des Strafgesetzbuches über die Geldstrafe (§§ 40 bis 43) gelten auch für die vor dem Wirksamwerden des Beitritts in der Deutschen Demokratischen Republik begangenen Taten, soweit nachfolgend nichts anderes bestimmt ist. [2]Die Geldstrafe darf nach Zahl und Höhe der Tagessätze ins-

gesamt das Höchstmaß der bisher angedrohten Geldstrafe nicht übersteigen. [3]Es dürfen höchstens dreihundertsechzig Tagessätze verhängt werden.

(3) Die Vorschriften des Strafgesetzbuches über die Aussetzung eines Strafrestes sowie den Widerruf ausgesetzter Strafen finden auf Verurteilungen auf Bewährung (§ 33 des Strafgesetzbuches der Deutschen Demokratischen Republik) sowie auf Freiheitsstrafen Anwendung, die wegen vor dem Wirksamwerden des Beitritts in der Deutschen Demokratischen Republik begangener Taten verhängt worden sind, soweit sich nicht aus den Grundsätzen des § 2 Abs. 3 des Strafgesetzbuches etwas anderes ergibt.

(4) Die Absätze 1 bis 3 finden keine Anwendung, soweit für die Tat das Strafrecht der Bundesrepublik Deutschland schon vor dem Wirksamwerden des Beitritts gegolten hat.

Artikel 315a Vollstreckungs- und Verfolgungsverjährung für in der Deutschen Demokratischen Republik verfolgte und abgeurteilte Taten; Verjährung für während der Herrschaft des SED-Unrechtsregimes nicht geahndete Taten

(1) [1]Soweit die Verjährung der Verfolgung oder der Vollstreckung nach dem Recht der Deutschen Demokratischen Republik bis zum Wirksamwerden des Beitritts nicht eingetreten war, bleibt es dabei. [2]Dies gilt auch, soweit für die Tat vor dem Wirksamwerden des Beitritts auch das Strafrecht der Bundesrepublik Deutschland gegolten hat. [3]Die Verfolgungsverjährung gilt als am Tag des Wirksamwerdens des Beitritts unterbrochen; § 78c Abs. 3 des Strafgesetzbuches bleibt unberührt.

(2) Die Verfolgung von Taten, die in dem in Artikel 3 des Einigungsvertrages genannten Gebiet begangen worden sind und die im Höchstmaß mit Freiheitsstrafe von mehr als einem Jahr bis zu fünf Jahren bedroht sind, verjährt frühestens mit Ablauf des 2. Oktober 2000, die Verfolgung der in diesem Gebiet vor Ablauf des 2. Oktober 1990 begangenen und im Höchstmaß mit Freiheitsstrafe bis zu einem Jahr oder mit Geldstrafe bedrohten Taten frühestens mit Ablauf des 31. Dezember 1995.

(3) Verbrechen, die den Tatbestand des Mordes (§ 211 des Strafgesetzbuches) erfüllen, für welche sich die Strafe jedoch nach dem Recht der Deutschen Demokratischen Republik bestimmt, verjähren nicht.

(4) Die Absätze 2 und 3 gelten nicht für Taten, deren Verfolgung am 30. September 1993 bereits verjährt war.

(5) [1]Bei der Berechnung der Verjährungsfrist für die Verfolgung von Taten, die während der Herrschaft des SED-Unrechtsregimes begangen wurden, aber entsprechend dem ausdrücklichen oder mutmaßlichen Willen der Staats- und Parteiführung der ehemaligen Deutschen Demokratischen Republik aus politischen oder sonst mit wesentlichen Grundsätzen einer freiheitlichen rechtsstaatlichen Ordnung unvereinbaren Gründen nicht geahndet worden sind, bleibt die Zeit vom 11. Oktober 1949 bis 2. Oktober 1990 außer Ansatz. [2]In dieser Zeit hat die Verjährung geruht.

Artikel 315b Strafantrag bei in der Deutschen Demokratischen Republik begangenen Taten

[1]Die Vorschriften des Strafgesetzbuches über den Strafantrag gelten auch für die vor dem Wirksamwerden des Beitritts in der Deutschen Demokratischen Republik begangenen Taten. [2]War nach dem Recht der Deutschen Demokratischen Republik zur Verfolgung ein Antrag erforderlich, so bleibt es dabei. [3]Ein vor dem Wirksamwerden des Beitritts gestellter Antrag bleibt wirksam. [4]War am Tag des Wirksamwerdens des Beitritts das Recht, einen Strafantrag zu stellen, nach dem bisherigen Recht der Deutschen Demokratischen Republik bereits erloschen, so bleibt es dabei. [5]Ist die Tat nach den Vorschriften der Bundesrepublik Deutschland nur auf Antrag verfolgbar, so endet die Antragsfrist frühestens am 31. Dezember 1990.

Artikel 315c Anpassung der Strafdrohungen

[1]Soweit Straftatbestände der Deutschen Demokratischen Republik fortgelten, treten an die Stelle der bisherigen Strafdrohungen die im Strafgesetzbuch vorgesehenen Strafdrohungen der Freiheitsstrafe und der Geldstrafe. [2]Die übrigen Strafdrohungen entfallen. [3]Die Geldstrafe darf nach Art und Höhe der Tagessätze insgesamt das Höchstmaß der bisher angedrohten Geldstrafe nicht übersteigen. [4]Es dürfen höchstens dreihundertsechzig Tagessätze verhängt werden.

Artikel 316 Übergangsvorschrift zum Neunten Strafrechtsänderungsgesetz

(1) § 66 Abs. 2 und § 67 Abs. 1 des Strafgesetzbuches in der Fassung des Artikels 1 des Neunten Strafrechtsänderungsgesetzes vom 4. August 1969 (BGBl. I S. 1065) gelten auch für früher begangene Taten und früher verhängte Strafen, wenn die Verfolgung und Vollstreckung beim Inkrafttreten des Neunten Strafrechtsänderungsgesetzes am 6. August 1969 noch nicht verjährt waren.

(2) § 1 des Gesetzes über die Berechnung strafrechtlicher Verjährungsfristen vom 13. April 1965 (BGBl. I S. 315) bleibt unberührt.

Artikel 316a Übergangsvorschrift zum Sechzehnten Strafrechtsänderungsgesetz

(1) § 78 Abs. 2 des Strafgesetzbuches in der Fassung des Artikels 1 des Sechzehnten Strafrechtsänderungsgesetzes vom 16. Juli 1979 (BGBl. I S. 1046) gilt auch für früher begangene Taten, wenn die Verfolgung beim Inkrafttreten des Sechzehnten Strafrechtsänderungsgesetzes am 22. Juli 1979 noch nicht verjährt war.

(2) § 1 des Gesetzes über die Berechnung strafrechtlicher Verjährungsfristen vom 13. April 1965 (BGBl. I S. 315) bleibt unberührt.

Artikel 316b Übergangsvorschrift zum Dreiundzwanzigsten Strafrechtsänderungsgesetz

(1) § 67 Abs. 4 und § 67d Abs. 5 des Strafgesetzbuches finden keine Anwendung auf Unterbringungen, die vor dem 1. Mai 1986 angeordnet worden sind; für die Anrechnung der Zeit des Vollzugs der Maßregel auf die Strafe gilt das bisherige Recht.

(2) Ist jemand vor dem 1. Mai 1986 zu mehreren lebenslangen Freiheitsstrafen oder zu lebenslanger und zeitiger Freiheitsstrafe verurteilt worden, so ist § 460 der Strafprozeßordnung sinngemäß anzuwenden, wenn nach neuem Recht auf eine lebenslange Freiheitsstrafe als Gesamtstrafe erkannt worden wäre.

Artikel 316c Übergangsvorschrift zum Dreißigsten Strafrechtsänderungsgesetz

§ 78b Abs. 1 des Strafgesetzbuches in der Fassung des Artikels 1 des Dreißigsten Strafrechtsänderungsgesetzes vom 23. Juni 1994 (BGBl. I S. 1310) gilt auch für vor dem Inkrafttreten des Dreißigsten Strafrechtsänderungsgesetzes am 30. Juni 1994 begangene Taten, es sei denn, dass deren Verfolgung zu diesem Zeitpunkt bereits verjährt ist.

Artikel 316d Übergangsvorschrift zum Dreiundvierzigsten Strafrechtsänderungsgesetz

§ 46b des Strafgesetzbuches und § 31 des Betäubungsmittelgesetzes in der Fassung des Artikels 2 des Dreiundvierzigsten Strafrechtsänderungsgesetzes vom 29. Juli 2009 (BGBl. I S. 2288) sind nicht auf Verfahren anzuwenden, in denen vor dem 1. September 2009 die Eröffnung des Hauptverfahrens beschlossen worden ist.

Artikel 316e Übergangsvorschrift zum Gesetz zur Neuordnung des Rechts der Sicherungsverwahrung und zu begleitenden Regelungen

(1) [1]Die Vorschriften über die Sicherungsverwahrung in der Fassung des Gesetzes zur Neuordnung des Rechts der Sicherungsverwahrung und zu begleitenden Regelungen vom 22. Dezember 2010 (BGBl. I S. 2300) sind nur anzuwenden, wenn die Tat oder mindestens eine der Taten, wegen deren Begehung die Sicherungsverwahrung angeordnet oder vorbehalten werden soll, nach dem 31. Dezember 2010 begangen worden ist. [2]In allen anderen Fällen ist das bisherige Recht anzuwenden, soweit in den Absätzen 2 und 3 sowie in Artikel 316f Absatz 2 und 3 nichts anderes bestimmt ist.

(2) Sind die Taten, wegen deren Begehung die Sicherungsverwahrung nach § 66 des Strafgesetzbuches angeordnet werden soll, vor dem 1. Januar 2011 begangen worden und ist der Täter deswegen noch nicht rechtskräftig verurteilt worden, so ist § 66 des Strafgesetzbuches in der seit dem 1. Januar 2011 geltenden Fassung anzuwenden, wenn diese gegenüber dem bisherigen Recht das mildere Gesetz ist.

(3) [1]Eine nach § 66 des Strafgesetzbuches vor dem 1. Januar 2011 rechtskräftig angeordnete Sicherungsverwahrung erklärt das Gericht für erledigt, wenn die Anordnung ausschließlich auf Taten beruht, die nach § 66 des Strafgesetzbuches in der seit dem 1. Januar 2011 geltenden Fassung nicht mehr Grundlage für eine solche Anordnung sein können. [2]Das Gericht kann, soweit dies zur Durchführung von Entlassungsvorbereitungen geboten ist, als Zeitpunkt der Erledigung spätestens den 1. Juli 2011 festlegen. [3]Zuständig für die Entscheidungen nach den Sätzen 1 und 2 ist das nach den §§ 454, 462a Absatz 1 der Strafprozessordnung zuständige Gericht. [4]Für das Verfahren ist § 454 Absatz 1, 3 und 4 der Strafprozessordnung entsprechend anzuwenden; die Vollstreckungsbehörde übersendet die Akten unverzüglich an die Staatsanwaltschaft des zuständigen Gerichtes, die diese umgehend dem Gericht zur Entscheidung übergibt. [5]Mit der Entlassung aus dem Vollzug tritt Führungsaufsicht ein.

(4) § 1 des Therapieunterbringungsgesetzes vom 22. Dezember 2010 (BGBl. I S. 2300, 2305) ist unter den dortigen sonstigen Voraussetzungen auch dann anzuwenden, wenn der Betroffene noch nicht in Sicherungsverwahrung untergebracht, gegen ihn aber bereits Sicherungsverwahrung im ersten Rechtszug angeordnet war und aufgrund einer vor dem 4. Mai 2011 ergangenen Revisionsentscheidung festgestellt wurde, dass die Sicherungsverwahrung ausschließlich deshalb nicht rechtskräftig angeordnet werden konnte, weil ein zu berücksichtigendes Verbot rückwirkender Verschärfungen im Recht der Sicherungsverwahrung dem entgegenstand, ohne dass es dabei auf den Grad der Gefährlichkeit des Betroffenen für die Allgemeinheit angekommen wäre.

Artikel 316f Übergangsvorschrift zum Gesetz zur bundesrechtlichen Umsetzung des Abstandsgebotes im Recht der Sicherungsverwahrung

(1) Die bisherigen Vorschriften über die Sicherungsverwahrung sind in der ab dem 1. Juni 2013 geltenden Fassung anzuwenden, wenn die Tat oder mindestens eine der Taten, wegen deren Begehung die Sicherungsverwahrung angeordnet oder vorbehalten werden soll (Anlasstat), nach dem 31. Mai 2013 begangen worden ist.

(2) [1]In allen anderen Fällen sind, soweit Absatz 3 nichts anderes bestimmt, die bis zum 31. Mai 2013 geltenden Vorschriften über die Sicherungsverwahrung nach Maßgabe der Sätze 2 bis 4 anzuwenden. [2]Die Anordnung oder Fortdauer der Sicherungsverwahrung auf Grund einer gesetzlichen Regelung, die zur Zeit der letzten Anlasstat noch nicht in Kraft getreten war, oder eine nachträgliche Anordnung der Sicherungsverwahrung, die nicht die Erledigung einer Unterbringung in einem psychiatrischen Krankenhaus voraussetzt, oder die Fortdauer einer solchen nachträglich angeordneten Sicherungsverwahrung ist nur zulässig, wenn beim Betroffenen eine psychische Störung vorliegt und aus konkreten Umständen in seiner Person oder seinem Verhalten eine hochgradige Gefahr abzuleiten ist, dass er infolge dieser Störung schwerste Gewalt- oder Sexualstraftaten begehen wird. [3]Auf Grund einer gesetzlichen Regelung, die zur Zeit der letzten Anlasstat noch nicht in Kraft getreten war, kann die Anordnung der Sicherungsverwahrung nur vorbehalten werden, wenn beim Betroffenen eine psychische Störung vorliegt und die in Satz 2 genannte Gefahr wahrscheinlich ist oder, wenn es sich bei dem Betroffenen um einen Heranwachsenden handelt, feststeht. [4]Liegen die Voraussetzungen für eine Fortdauer der Sicherungsverwahrung in den in Satz 2 genannten Fällen nicht mehr vor, erklärt das Gericht die Maßregel für erledigt; mit der Entlassung aus dem Vollzug der Unterbringung tritt Führungsaufsicht ein.

(3) [1]Die durch die Artikel 1, 2 Nummer 1 Buchstabe c Doppelbuchstabe cc und Nummer 4 sowie die Artikel 3 bis 6 des Gesetzes zur bundesrechtlichen Umsetzung des Abstandsgebotes im Recht der Sicherungsverwahrung vom 5. Dezember 2012 (BGBl. I S. 2425) geänderten Vorschriften sind auch auf die in Absatz 2 Satz 1 genannten Fälle anzuwenden, § 67c Absatz 1 Satz 1 Nummer 2 des Strafgesetzbuches jedoch nur dann, wenn nach dem 31. Mai 2013 keine ausreichende Betreuung im Sinne des § 66c des Strafgesetzbuches angeboten worden ist. [2]Die Frist des § 119a Absatz 3 des Strafvollzugsgesetzes für die erste Entscheidung von Amts wegen beginnt am 1. Juni 2013 zu laufen, wenn die Freiheitsstrafe zu diesem Zeitpunkt bereits vollzogen wird.

Artikel 316g Übergangsvorschrift zum Gesetz zur Verbesserung des Schutzes der sexuellen Selbstbestimmung

Als Straftat im Sinne von § 66 Absatz 3 Satz 1 des Strafgesetzbuches in der Fassung des Gesetzes zur Verbesserung des Schutzes der sexuellen Selbstbestimmung vom 4. November 2016 (BGBl. I S. 2460) gilt auch eine Straftat nach § 179 Absatz 1 bis 4 des Strafgesetzbuches in der bis zum 9. November 2016 geltenden Fassung.

Artikel 316h Übergangsvorschrift zum Gesetz zur Reform der strafrechtlichen Vermögensabschöpfung

[1]Wird über die Anordnung der Einziehung des Tatertrages oder des Wertes des Tatertrages wegen einer Tat, die vor dem 1. Juli 2017 begangen worden ist, nach diesem Zeitpunkt entschieden, sind abweichend von § 2 Absatz 5 des Strafgesetzbuches die §§ 73 bis 73c, 75 Absatz 1 und 3 sowie die §§ 73d, 73e, 76, 76a, 76b und 78 Absatz 1 Satz 2 des Strafgesetzbuches in der Fassung des Gesetzes zur Reform der strafrechtlichen Vermögensabschöpfung vom 13. April 2017 (BGBl. I S. 872) anzuwenden.[1)] [2]Die Vorschriften des Gesetzes zur Reform der strafrechtlichen Vermögensabschöpfung vom 13. April 2017 (BGBl. I S. 872) sind nicht in Verfahren anzuwenden, in denen bis zum 1. Juli 2017 bereits eine Entscheidung über die Anordnung des Verfalls oder des Verfalls von Wertersatz ergangen ist.

Artikel 316i Übergangsvorschrift zum Dreiundfünfzigsten Gesetz zur Änderung des Strafgesetzbuches – Ausweitung des Maßregelrechts bei extremistischen Straftätern

[1]§ 66 Absatz 3 Satz 1 des Strafgesetzbuches in der Fassung des Dreiundfünfzigsten Gesetzes zur Änderung des Strafgesetzbuches vom 11. Juni 2017 (BGBl. I S. 1612), auch in Verbindung mit § 66 Absatz 3 Satz

---

1) Beachte hierzu den Beschl. des BVerfG – 2 BvL 8/19 – v. 10.2.2021 (BGBl. I S. 1098):
„Artikel 316h Satz 1 des Einführungsgesetzes zum Strafgesetzbuch ist mit dem Grundgesetz vereinbar, soweit er § 76a Absatz 2 Satz 1 des Strafgesetzbuches in Verbindung mit § 78 Absatz 1 Satz 2 des Strafgesetzbuches sowie § 76b Absatz 1 des Strafgesetzbuches jeweils in der Fassung des Gesetzes zur Reform der strafrechtlichen Vermögensabschöpfung vom 13. April 2017 (Bundesgesetzblatt I Seite 872) in Fällen für anwendbar erklärt, in denen hinsichtlich der rechtswidrigen Taten, aus denen der von der selbständigen Einziehung Betroffene etwas erlangt hat, bereits vor dem Inkrafttreten der Neuregelung am 1. Juli 2017 Verfolgungsverjährung (§ 78 Absatz 1 Satz 1 des Strafgesetzbuches) eingetreten war."

2, § 66a Absatz 1 Nummer 1 und § 66b Satz 1 Nummer 1 des Strafgesetzbuches, ist nur anzuwenden, wenn die letzte Anlasstat nach dem 30. Juni 2017 begangen worden ist; in allen anderen Fällen ist das bisherige Recht anzuwenden. [2]Soweit in anderen als den in Satz 1 genannten Vorschriften auf § 66 Absatz 3 Satz 1 des Strafgesetzbuches verwiesen wird, ist § 66 Absatz 3 Satz 1 des Strafgesetzbuches in der Fassung des Dreiundfünfzigsten Gesetzes zur Änderung des Strafgesetzbuches vom 11. Juni 2017 (BGBl. I S. 1612) anwendbar. [3]Artikel 316g bleibt unberührt.

Artikel 316j Übergangsvorschrift zum Jahressteuergesetz 2020

Wird über die Anordnung der Einziehung des Tatertrages oder des Wertes des Tatertrages wegen einer Tat, die vor dem 29. Dezember 2020 begangen worden ist, nach diesem Zeitpunkt entschieden, so ist abweichend von § 2 Absatz 5 des Strafgesetzbuches § 73e Absatz 1 Satz 2 des Strafgesetzbuches in der am 29. Dezember 2020 geltenden Fassung anzuwenden, wenn

1. es sich um eine unter den in § 370 Absatz 3 Satz 2 Nummer 1 der Abgabenordnung genannten Voraussetzungen begangene Tat handelt oder
2. das Erlöschen im Sinne von § 73e Absatz 1 Satz 2 des Strafgesetzbuches durch Verjährung nach § 47 der Abgabenordnung nach dem 1. Juli 2020 eingetreten ist oder
3. das Erlöschen im Sinne von § 73e Absatz 1 Satz 2 des Strafgesetzbuches nach dem 29. Dezember 2020 eingetreten ist.

Artikel 316k Übergangsvorschrift zum Gesetz zur Verbesserung der strafrechtlichen Bekämpfung der Geldwäsche

Für die Einziehung von Gegenständen, die nach dem 17. März 2021 sichergestellt worden sind, gilt abweichend von § 2 Absatz 5 des Strafgesetzbuches § 76a Absatz 4 des Strafgesetzbuches in der ab dem 18. März 2021 geltenden Fassung; in allen anderen Fällen gilt das bisherige Recht.

Artikel 316l Übergangsvorschrift zum Gesetz zur Bekämpfung sexualisierter Gewalt gegen Kinder

[1]§ 66 Absatz 3 Satz 1 des Strafgesetzbuches in der am 1. Juli 2021 geltenden Fassung, auch in Verbindung mit § 66 Absatz 3 Satz 2, § 66a Absatz 1 Nummer 1 und § 66b Satz 1 Nummer 1 des Strafgesetzbuches, ist im Hinblick auf Taten nach den §§ 176 bis 176d und 184b des Strafgesetzbuches in der am 1. Juli 2021 geltenden Fassung nur anzuwenden, wenn die letzte Anlasstat nach dem 30. Juni 2021 begangen worden ist; in allen anderen Fällen ist das bisherige Recht anzuwenden. [2]Soweit in anderen als den in Satz 1 genannten Vorschriften auf § 66 Absatz 3 Satz 1 des Strafgesetzbuches verwiesen wird, sind die Vorschriften in der am 1. Juli 2021 geltenden Fassung anwendbar. [3]Die Artikel 316g und 316i bleiben unberührt.

Artikel 316m Übergangsvorschrift zum Gesetz zur Änderung des Anti-Doping-Gesetzes

§ 4a des Anti-Doping-Gesetzes in der Fassung des Artikels 1 des Gesetzes zur Änderung des Anti-Doping-Gesetzes vom 12. August 2021 (BGBl. I S. 3542) ist nicht auf Verfahren anzuwenden, in denen vor dem 1. Oktober 2021 die Eröffnung des Hauptverfahrens beschlossen worden ist.

Artikel 316n Übergangsvorschrift zum Gesetz zur Änderung des Strafgesetzbuches – Aufhebung des Verbots der Werbung für den Schwangerschaftsabbruch (§ 219a StGB), zur Änderung des Heilmittelwerbegesetzes, zur Änderung des Schwangerschaftskonfliktgesetzes, zur Änderung des Einführungsgesetzes zum Strafgesetzbuch und zur Änderung des Gesetzes zur strafrechtlichen Rehabilitierung der nach dem 8. Mai 1945 wegen einvernehmlicher homosexueller Handlungen verurteilten Personen

(1) Strafgerichtliche Urteile, die aufgrund der folgenden Vorschriften nach dem 3. Oktober 1990 ergangen sind, werden aufgehoben:

1. aufgrund des § 219a des Strafgesetzbuches
   a) in der vom 16. Juni 1993 bis einschließlich 31. Dezember 1998 geltenden Fassung,
   b) in der vom 1. Januar 1999 bis einschließlich 28. März 2019 geltenden Fassung,
   c) in der vom 29. März 2019 bis einschließlich 31. Dezember 2020 geltenden Fassung oder
   d) in der seit dem 1. Januar 2021 geltenden Fassung sowie
2. aufgrund des § 219b des Strafgesetzbuches in der vom 1. Oktober 1987 bis einschließlich 15. Juni 1993 geltenden Fassung.

(2) Die Verfahren, die den in Absatz 1 genannten Urteilen zugrunde liegen, werden eingestellt.

Artikel 316o Übergangsvorschrift zum Gesetz zur Überarbeitung des Sanktionenrechts – Ersatzfreiheitsstrafe, Strafzumessung, Auflagen und Weisungen sowie Unterbringung in einer Entziehungsanstalt

(1) [1]Für die Vollstreckung von vor dem 1. Oktober 2023 rechtskräftig angeordneten Unterbringungen nach § 63 oder § 64 des Strafgesetzbuches gilt § 67 des Strafgesetzbuches in der bis zu diesem Tag geltenden Fassung. [2]Artikel 313 Absatz 2 gilt entsprechend.

(2) [1]Für die Vollstreckung von vor dem 1. Februar 2024 rechtskräftig verhängten Geldstrafen gelten § 43 des Strafgesetzbuches und § 11 des Wehrstrafgesetzes jeweils in der bis zu diesem Tag geltenden Fassung. [2]Artikel 313 Absatz 2 gilt entsprechend.

Artikel 316p Noch nicht vollstreckte Strafen im Zusammenhang mit Cannabis nach dem Betäubungsmittelgesetz

Im Hinblick auf vor dem 1. April 2024 verhängte Strafen nach dem Betäubungsmittelgesetz, die nach dem Konsumcannabisgesetz oder dem Medizinal-Cannabisgesetz nicht mehr strafbar und auch nicht mit Geldbuße bedroht sind, ist Artikel 313 entsprechend anzuwenden.

Artikel 317 Überleitung des Verfahrens wegen Ordnungswidrigkeiten nach neuem Recht

(1) [1]Die bei Inkrafttreten des neuen Rechts schwebenden Verfahren wegen einer Zuwiderhandlung, die nach neuem Recht nur noch mit Geldbuße bedroht ist, werden in der Lage, in der sie sich befinden, nach den Vorschriften des Gesetzes über Ordnungswidrigkeiten fortgesetzt, soweit nichts anderes bestimmt ist. [2]Hat das Gericht wegen einer solchen Zuwiderhandlung bereits das Hauptverfahren eröffnet oder einen Strafbefehl oder eine Strafverfügung erlassen, so bleibt die Staatsanwaltschaft für die Verfolgung auch im Bußgeldverfahren zuständig. [3]§ 72 des Gesetzes über Ordnungswidrigkeiten ist in diesem Falle nicht anzuwenden.

(2) [1]Die §§ 79, 80 des Gesetzes über Ordnungswidrigkeiten gelten nicht, wenn das Urteil vor Inkrafttreten des neuen Rechts wegen einer Zuwiderhandlung ergangen ist, die nach neuem Recht nur noch mit Geldbuße bedroht ist; in diesen Fällen gelten die §§ 313 und 334 der Strafprozeßordnung in der bisherigen Fassung fort. [2]Ist das Revisionsgericht der Auffassung, daß ein solches Urteil allein wegen des neuen Rechts dem Gesetz nicht entspricht, so berichtigt es den Schuldspruch und wandelt eine Verurteilung zu einer Geldstrafe in eine solche zu einer entsprechenden Geldbuße um. [3]Das Revisionsgericht kann auch in einem Beschluß nach § 349 Abs. 2 der Strafprozeßordnung so verfahren, wenn es die Revision im übrigen einstimmig für offensichtlich unbegründet erachtet. [4]Hebt das Revisionsgericht das angefochtene Urteil auf, so kann es abweichend von § 354 Abs. 2 der Strafprozeßordnung die Sache an das Gericht, dessen Urteil aufgehoben wird, zurückverweisen.

Artikel 318 Zuwiderhandlungen nach den Gesetzen auf dem Gebiet der Sozialversicherung

(1) Auf die vor dem 1. Januar 1975 begangenen Zuwiderhandlungen nach den Gesetzen auf dem Gebiet der Sozialversicherung, die nach bisherigem Recht mit Ordnungsstrafe bedroht waren und nach neuem Recht Ordnungswidrigkeiten sind, ist das neue Recht mit der Beschränkung anzuwenden, daß sich das Höchstmaß der Geldbuße nach dem Höchstmaß der bisherigen Ordnungsstrafe bestimmt.

(2) Ist jedoch vor dem 1. Januar 1975 wegen einer der in Absatz 1 bezeichneten Zuwiderhandlungen ein Ordnungsstrafbescheid erlassen worden, so ist in dem weiteren Verfahren das bisherige Recht anzuwenden.

Artikel 319 Anwendung des bisherigen Kostenrechts

In Straf- und Bußgeldsachen werden Gebühren nach dem bisherigen Recht erhoben, wenn die über die Kosten ergangene Entscheidung vor dem 1. Januar 1975 rechtskräftig geworden ist.

Artikel 320, 321 *[aufgehoben]*

Artikel 322 Verweisungen

Soweit in anderen Vorschriften auf Vorschriften verwiesen wird, die durch dieses Gesetz geändert werden, treten an deren Stelle die geänderten Vorschriften.

Artikel 323 Ermächtigung zur Neubekanntmachung

[hier nicht wiedergegeben]

Artikel 324 Sonderregelung für Berlin

(1) [1]Artikel 18 II Nr. 3, soweit diese Nummer sich auf § 5 Nr. 5 bezieht, 19 Nr. 5 Buchstabe b, Nr. 6 bis 9, 12, 34 bis 41, 207, soweit diese Nummer sich auf die §§ 84 bis 87, 89 und 109 bis 109k bezieht, Artikel 21 Nr. 24 Buchstabe b, Artikel 26 Nr. 52 und 53, Artikel 27, 28, 31, 34, 35, 70, 147, 152 bis 159, 181, 287 Nr. 44, 52, 56, 77 und 81 und Artikel 326 Abs. 5 Nr. 7 bis 9 sind im Land Berlin nicht anzuwenden.

²Artikel 230 ist in Berlin erst anzuwenden, wenn das durch ihn geänderte Gesetz vom Land Berlin übernommen ist.

(2) Die §§ 113 und 114 des Strafgesetzbuches in der Fassung des Artikels 19 Nr. 43 und 44 sind auch im Land Berlin anzuwenden.

(3) Für folgende Vorschriften des Strafgesetzbuches gelten im Land Berlin die nachstehend bezeichneten Besonderheiten:1.–6. *[hier nicht wiedergegeben]*

(4) Die zugunsten des Bundes und der Länder, ihrer verfassungsmäßigen Ordnung, ihrer Staatsorgane und deren Mitglieder geltenden Strafvorschriften sind auch hinsichtlich des Landes Berlin anzuwenden.

(5) Für § 74a Abs. 1 des Gerichtsverfassungsgesetzes gelten im Land Berlin die nachstehend bezeichneten Besonderheiten:1., 2. *[hier nicht wiedergegeben]*

Artikel 325 ***[aufgehoben]***

Artikel 326 Inkrafttreten; Übergangsfassungen

(1) Dieses Gesetz tritt am 1. Januar 1975 in Kraft, soweit nichts anderes bestimmt ist.

(2) § 78a Abs. 2, 3 des Gerichtsverfassungsgesetzes in der Fassung des Artikels 22 Nr. 6 sowie Artikel 29 Nr. 26 Buchstabe a, Artikel 61 Nr. 1, Artikel 161 Nr. 2 Buchstabe d, Nr. 9 Buchstabe a, Artikel 171 Nr. 2, Artikel 249 Nr. 5 bis 7, Artikel 250 Nr. 3, 4 Buchstabe a, Artikel 287 Nr. 24, 25, Artikel 294 Satz 2, Artikel 302, 315 Abs. 1, auch soweit diese Vorschrift nach Artikel 315 Abs. 3 entsprechend gilt, Artikel 323, 324 Abs. 4 und Artikel 325 Satz 2 treten am Tage nach der Verkündung[1)] in Kraft.

(3) Artikel 19 Nr. 148, 159, 194 und 206, soweit in dieser Nummer § 361 Nr. 3 bis 5, 7 und 8 des Strafgesetzbuches aufgehoben wird, sowie Artikel 313 treten einen Monat nach der Verkündung[1)] in Kraft.

(4), (5) *[aufgehoben]*

(6) *[hier nicht wiedergegeben]*

1) Verkündet am 9.3.1974.

Gesetz zur weiteren Vereinfachung des Wirtschaftsstrafrechts (Wirtschaftsstrafgesetz 1954)

In der Fassung der Bekanntmachung vom 3. Juni 1975[1]) (BGBl. I S. 1313)
(FNA 453-11)

zuletzt geändert durch Art. 76 PersonengesellschaftsrechtsmodernisierungsG (MoPeG) vom 10. August 2021 (BGBl. I S. 3436)

Erster Abschnitt

Ahndung von Zuwiderhandlungen im Bereich des Wirtschaftsrechts

§ 1 Strafbare Verstöße gegen Sicherstellungsvorschriften

(1) Wer eine Zuwiderhandlung nach
1. § 18 des Wirtschaftssicherstellungsgesetzes,
2. § 26 des Verkehrssicherstellungsgesetzes,
3. § 22 des Ernährungssicherstellungsgesetzes,
4. § 28 des Wassersicherstellungsgesetzes

begeht, wird mit Freiheitsstrafe bis zu fünf Jahren oder mit Geldstrafe bestraft.

(2) Der Versuch ist strafbar.

(3) [1]In besonders schweren Fällen ist die Strafe Freiheitsstrafe nicht unter sechs Monaten. [2]Ein besonders schwerer Fall liegt in der Regel vor, wenn
1. durch die Handlung
   a) die Versorgung, sei es auch nur auf einem bestimmten Gebiet in einem örtlichen Bereich, schwer gefährdet wird oder
   b) das Leben oder die Freiheit eines anderen gefährdet wird oder eine Maßnahme nicht rechtzeitig getroffen werden kann, die erforderlich ist, um eine gegenwärtige Gefahr für das Leben oder die Freiheit eines anderen abzuwenden, oder
2. der Täter
   a) bei Begehung der Tat eine einflußreiche Stellung im Wirtschaftsleben oder in der Wirtschaftsverwaltung zur Erzielung von bedeutenden Vermögensvorteilen gröblich mißbraucht,
   b) eine außergewöhnliche Mangellage bei der Versorgung mit Sachen oder Leistungen des lebenswichtigen Bedarfs zur Erzielung von bedeutenden Vermögensvorteilen gewissenlos ausnutzt oder
   c) gewerbsmäßig zur Erzielung von hohen Gewinnen handelt.

(4) Handelt der Täter fahrlässig, so ist die Strafe Freiheitsstrafe bis zu zwei Jahren oder Geldstrafe.

§ 2 Ordnungswidrige Verstöße gegen Sicherstellungsvorschriften

(1) Ordnungswidrig handelt, wer vorsätzlich oder fahrlässig eine der in § 1 Abs. 1 bezeichneten Handlungen begeht, wenn die Tat ihrem Umfang und ihrer Auswirkung nach, namentlich nach Art und Menge der Sachen oder Leistungen, auf die sie sich bezieht, nicht geeignet ist,
1. die Versorgung, sei es auch nur auf einem bestimmten Gebiet in einem örtlichen Bereich, merkbar zu stören und
2. die Verwirklichung der sonstigen Ziele, denen die in § 1 Abs. 1 bezeichneten Rechtsvorschriften im allgemeinen oder im Einzelfall zu dienen bestimmt sind, merkbar zu beeinträchtigen.

(2) Absatz 1 ist nicht anzuwenden, wenn der Täter die Tat beharrlich wiederholt.

(3) Die Ordnungswidrigkeit und der Versuch einer Ordnungswidrigkeit können mit einer Geldbuße bis zu fünfundzwanzigtausend Euro geahndet werden.

§ 3 Verstöße gegen die Preisregelung

(1) [1]Ordnungswidrig handelt, wer in anderen als den in den §§ 1, 2 bezeichneten Fällen vorsätzlich oder fahrlässig einer Rechtsvorschrift über
1. Preise, Preisspannen, Zuschläge oder Abschläge,
2. Preisangaben,
3. Zahlungs- oder Lieferungsbedingungen oder
4. andere der Preisbildung oder dem Preisschutz dienende Maßnahmen

---

1) Neubekanntmachung des WiStG (WirtschaftsstrafG 1954) v. 9.7.1954 (BGBl. I S. 175) in der ab 1.1.1975 geltenden Fassung.

oder einer auf Grund einer solchen Rechtsvorschrift ergangenen vollziehbaren Verfügung zuwiderhandelt, soweit die Rechtsvorschrift für einen bestimmten Tatbestand auf diese Vorschrift verweist. [2]Die Verweisung ist nicht erforderlich, soweit § 16 dies bestimmt.

(2) Die Ordnungswidrigkeit kann mit einer Geldbuße bis zu fünfundzwanzigtausend Euro geahndet werden.

§ 4 Preisüberhöhung in einem Beruf oder Gewerbe

(1) Ordnungswidrig handelt, wer vorsätzlich oder leichtfertig in befugter oder unbefugter Betätigung in einem Beruf oder Gewerbe für Gegenstände oder Leistungen des lebenswichtigen Bedarfs Entgelte fordert, verspricht, vereinbart, annimmt oder gewährt, die infolge einer Beschränkung des Wettbewerbs oder infolge der Ausnutzung einer wirtschaftlichen Machtstellung oder einer Mangellage unangemessen hoch sind.

(2) Die Ordnungswidrigkeit kann mit einer Geldbuße bis zu fünfundzwanzigtausend Euro geahndet werden.

§ 5 Mietpreisüberhöhung

(1) Ordnungswidrig handelt, wer vorsätzlich oder leichtfertig für die Vermietung von Räumen zum Wohnen oder damit verbundene Nebenleistungen unangemessen hohe Entgelte fordert, sich versprechen lässt oder annimmt.

(2) [1]Unangemessen hoch sind Entgelte, die infolge der Ausnutzung eines geringen Angebots an vergleichbaren Räumen die üblichen Entgelte um mehr als 20 vom Hundert übersteigen, die in der Gemeinde oder in vergleichbaren Gemeinden für die Vermietung von Räumen vergleichbarer Art, Größe, Ausstattung, Beschaffenheit und Lage oder damit verbundene Nebenleistungen in den letzten sechs Jahren vereinbart oder, von Erhöhungen der Betriebskosten abgesehen, geändert worden sind. [2]Nicht unangemessen hoch sind Entgelte, die zur Deckung der laufenden Aufwendungen des Vermieters erforderlich sind, sofern sie unter Zugrundelegung der nach Satz 1 maßgeblichen Entgelte nicht in einem auffälligen Missverhältnis zu der Leistung des Vermieters stehen.

(3) Die Ordnungswidrigkeit kann mit einer Geldbuße bis zu fünfzigtausend Euro geahndet werden.

§ 6 Durchführung einer baulichen Veränderung in missbräuchlicher Weise

(1) Ordnungswidrig handelt, wer in der Absicht, einen Mieter von Wohnraum hierdurch zur Kündigung oder zur Mitwirkung an der Aufhebung des Mietverhältnisses zu veranlassen, eine bauliche Veränderung in einer Weise durchführt oder durchführen lässt, die geeignet ist, zu erheblichen, objektiv nicht notwendigen Belastungen des Mieters zu führen.

(2) Die Ordnungswidrigkeit kann mit einer Geldbuße bis zu hunderttausend Euro geahndet werden.

Zweiter Abschnitt

Ergänzende Vorschriften

§ 7 Einziehung

Ist eine Zuwiderhandlung im Sinne der §§ 1 bis 4 begangen worden, so können

1. Gegenstände, auf die sich die Tat bezieht, und
2. Gegenstände, die zu ihrer Begehung oder Vorbereitung gebraucht worden oder bestimmt gewesen sind,

eingezogen werden.

§ 8 Abführung des Mehrerlöses

(1) [1]Hat der Täter durch eine Zuwiderhandlung im Sinne der §§ 1 bis 6 einen höheren als den zulässigen Preis erzielt, so ist anzuordnen, daß er den Unterschiedsbetrag zwischen dem zulässigen und dem erzielten Preis (Mehrerlös) an das Land abführt, soweit er ihn nicht auf Grund einer rechtlichen Verpflichtung zurückerstattet hat. [2]Die Abführung kann auch angeordnet werden, wenn eine rechtswidrige Tat nach den §§ 1 bis 6 vorliegt, der Täter jedoch nicht schuldhaft gehandelt hat oder die Tat aus anderen Gründen nicht geahndet werden kann.

(2) [1]Wäre die Abführung des Mehrerlöses eine unbillige Härte, so kann die Anordnung auf einen angemessenen Betrag beschränkt werden oder ganz unterbleiben. [2]Sie kann auch unterbleiben, wenn der Mehrerlös gering ist.

(3) [1]Die Höhe des Mehrerlöses kann geschätzt werden. [2]Der abzuführende Betrag ist zahlenmäßig zu bestimmen.

(4) [1]Die Abführung des Mehrerlöses tritt an die Stelle der Einziehung von Taterträgen (§§ 73 bis 73e und 75 des Strafgesetzbuches, § 29a des Gesetzes über Ordnungswidrigkeiten). [2]Bei Zuwiderhandlungen im

Sinne des § 1 gelten die Vorschriften des Strafgesetzbuches über die Verjährung der Einziehung von Taterträgen entsprechend.

§ 9 Rückerstattung des Mehrerlöses

(1) Statt der Abführung kann auf Antrag des Geschädigten die Rückerstattung des Mehrerlöses an ihn angeordnet werden, wenn sein Rückforderungsanspruch gegen den Täter begründet erscheint.

(2) Legt der Täter oder der Geschädigte, nachdem die Abführung des Mehrerlöses angeordnet ist, eine rechtskräftige Entscheidung vor, in welcher der Rückforderungsanspruch gegen den Täter festgestellt ist, so ordnet die Vollstreckungsbehörde an, daß die Anordnung der Abführung des Mehrerlöses insoweit nicht mehr vollstreckt oder der Geschädigte aus dem bereits abgeführten Mehrerlös befriedigt wird.

(3) Die Vorschriften der Strafprozeßordnung über die Entschädigung des Verletzten (§§ 403 bis 406c) sind mit Ausnahme des § 405 Satz 1, § 406a Abs. 3 und § 406c Abs. 2 entsprechend anzuwenden.

§ 10 Selbständige Abführung des Mehrerlöses

(1) Kann ein Straf- oder Bußgeldverfahren nicht durchgeführt werden, so kann die Abführung oder Rückerstattung des Mehrerlöses selbständig angeordnet werden, wenn im übrigen die Voraussetzungen des § 8 oder § 9 vorliegen.

(2) Ist eine rechtswidrige Tat nach diesem Gesetz in einem Betrieb begangen worden, so kann die Abführung des Mehrerlöses gegen den Inhaber oder Leiter des Betriebes und, falls der Inhaber eine juristische Person oder eine rechtsfähige Personengesellschaft ist, auch gegen diese selbständig angeordnet werden, wenn ihnen der Mehrerlös zugeflossen ist.

§ 11 Verfahren

(1) [1]Im Strafverfahren ist die Abführung des Mehrerlöses im Urteil auszusprechen. [2]Für das selbständige Verfahren gelten § 435 Absatz 1, 2 und 3 Satz 1 und § 436 Absatz 1 und 2 in Verbindung mit § 434 Absatz 2 oder 3 der Strafprozeßordnung entsprechend.

(2) [1]Im Bußgeldverfahren ist die Abführung des Mehrerlöses im Bußgeldbescheid auszusprechen. [2]Im selbständigen Verfahren steht der von der Verwaltungsbehörde zu erlassende Bescheid einem Bußgeldbescheid gleich.

§ 12 (weggefallen)

§ 13 Besondere Vorschriften für das Strafverfahren

(1) [1]Soweit für Straftaten nach § 1 das Amtsgericht sachlich zuständig ist, ist örtlich zuständig das Amtsgericht, in dessen Bezirk das Landgericht seinen Sitz hat. [2]Die Landesregierung kann durch Rechtsverordnung die örtliche Zuständigkeit des Amtsgerichts abweichend regeln, soweit dies mit Rücksicht auf die Wirtschafts- oder Verkehrsverhältnisse, den Aufbau der Verwaltungsbehörden oder andere örtliche Bedürfnisse zweckmäßig erscheint. [3]Die Landesregierung kann diese Ermächtigung auf die Landesjustizverwaltung übertragen.

(2) Im Strafverfahren wegen einer Zuwiderhandlung im Sinne des § 1 gelten die §§ 49, 63 Abs. 1 bis 3 Satz 1 und § 76 Abs. 1, 4 des Gesetzes über Ordnungswidrigkeiten über die Beteiligung der Verwaltungsbehörde im Verfahren der Staatsanwaltschaft und im gerichtlichen Verfahren entsprechend.

§ 14 (weggefallen)

Dritter Abschnitt

Übergangs- und Schlußvorschriften

§ 15 (weggefallen)

§ 16 Verweisungen

[1]Verweisen Vorschriften der in § 3 Abs. 1 Satz 1 bezeichneten Art auf die Straf- und Bußgeldvorschriften dieses Gesetzes in der vor dem 1. Januar 1975 geltenden Fassung, auf die Straf- und Bußgeldvorschriften des Wirtschaftsstrafgesetzes in der früher geltenden Fassung, auf dessen § 18 oder auf eine nach § 102 des genannten Gesetzes außer Kraft getretene Vorschrift, so gelten solche Verweisungen als ausdrückliche Verweisungen im Sinne des § 3 Abs. 1 Satz 1. [2]Das gleiche gilt, wenn in Vorschriften der in § 3 Abs. 1 Satz 1 bezeichneten Art auf die Straf- und Bußgeldvorschriften des Getreidegesetzes, des Milch- und Fettgesetzes sowie des Zuckergesetzes in der vor dem 1. Januar 1975 geltenden Fassung verwiesen wird. [3]Soweit eine Verweisung nach § 104 Abs. 3 des Wirtschaftsstrafgesetzes in der früher geltenden Fassung nicht erforderlich war, bestimmt sich die Ahndung der Zuwiderhandlungen nach § 3 Abs. 1 Satz 1, ohne daß es einer Verweisung bedarf.

§§ 17–19 (weggefallen)

§ 20 ***[aufgehoben]***

§ 21 Begriffsbestimmung

Wirtschaftsstrafgesetz in der früher geltenden Fassung im Sinne der §§ 15 bis 18 ist das Wirtschaftsstrafgesetz vom 26. Juli 1949 (Gesetzblatt der Verwaltung des Vereinigten Wirtschaftsgebietes S. 193) mit seinen weiteren Fassungen, die durch die Erstreckungsverordnung vom 24. Januar 1950 (Bundesgesetzbl. S. 24), das Gesetz zur Erstreckung und zur Verlängerung der Geltungsdauer des Wirtschaftsstrafgesetzes vom 29. März 1950 (Bundesgesetzbl. S. 78), das Gesetz zur Verlängerung des Wirtschaftsstrafgesetzes vom 30. März 1951 (Bundesgesetzbl. I S. 223), das Gesetz zur Änderung und Verlängerung des Wirtschaftsstrafgesetzes vom 25. März 1952 (Bundesgesetzbl. I S. 188) und das Gesetz zur Verlängerung des Wirtschaftsstrafgesetzes vom 17. Dezember 1952 (Bundesgesetzbl. I S. 805) bestimmt sind.

§§ 21a, 22 ***[aufgehoben]***

§ 23[1] Inkrafttreten

Dieses Gesetz tritt am Tage nach seiner Verkündung[2] in Kraft.

---

1) **Amtl. Anm.:** § 23 betrifft das Inkrafttreten des Gesetzes in der ursprünglichen Fassung. Der Zeitpunkt des Inkrafttretens der späteren Änderungen ergibt sich aus den Änderungsgesetzen.

2) Verkündet am 9.7.1954.

Gesetz gegen mißbräuchliche Inanspruchnahme von Subventionen (Subventionsgesetz – SubvG)[1)]

Vom 29. Juli 1976 (BGBl. I S. 2037)
(FNA 453-18-1-2)

§ 1 Geltungsbereich

(1) Dieses Gesetz gilt, soweit Absatz 2 nichts anderes bestimmt, für Leistungen, die Subventionen im Sinne des § 264 des Strafgesetzbuches sind.

(2) Für Leistungen nach Landesrecht, die Subventionen im Sinne des § 264 des Strafgesetzbuches sind, gelten die §§ 2 bis 6 nur, soweit das Landesrecht dies bestimmt.

§ 2 Bezeichnung der subventionserheblichen Tatsachen

(1) Die für die Bewilligung einer Subvention zuständige Behörde oder andere in das Subventionsverfahren eingeschaltete Stelle oder Person (Subventionsgeber) hat vor der Bewilligung oder Gewährung einer Subvention demjenigen, der für sich oder einen anderen eine Subvention beantragt oder eine Subvention oder einen Subventionsvorteil in Anspruch nimmt (Subventionsnehmer), die Tatsachen als subventionserheblich im Sinne des § 264 des Strafgesetzbuches zu bezeichnen, die nach

1. dem Subventionszweck,
2. den Rechtsvorschriften, Verwaltungsvorschriften und Richtlinien über die Subventionsvergabe sowie
3. den sonstigen Vergabevoraussetzungen

für die Bewilligung, Gewährung, Rückforderung, Weitergewährung oder das Belassen einer Subvention oder eines Subventionsvorteils erheblich sind.

(2) Ergeben sich aus den im Subventionsverfahren gemachten Angaben oder aus sonstigen Umständen Zweifel, ob die beantragte oder in Anspruch genommene Subvention oder der in Anspruch genommene Subventionsvorteil mit dem Subventionszweck oder den Vergabevoraussetzungen nach Absatz 1 Nr. 2, 3 im Einklang steht, so hat der Subventionsgeber dem Subventionsnehmer die Tatsachen, deren Aufklärung zur Beseitigung der Zweifel notwendig erscheint, nachträglich als subventionserheblich im Sinne des § 264 des Strafgesetzbuches zu bezeichnen.

§ 3 Offenbarungspflicht bei der Inanspruchnahme von Subventionen

(1) [1]Der Subventionsnehmer ist verpflichtet, dem Subventionsgeber unverzüglich alle Tatsachen mitzuteilen, die der Bewilligung, Gewährung, Weitergewährung, Inanspruchnahme oder dem Belassen der Subvention oder des Subventionsvorteils entgegenstehen oder für die Rückforderung der Subvention oder des Subventionsvorteils erheblich sind. [2]Besonders bestehende Pflichten zur Offenbarung bleiben unberührt.

(2) Wer einen Gegenstand oder eine Geldleistung, deren Verwendung durch Gesetz oder durch den Subventionsgeber im Hinblick auf eine Subvention beschränkt ist, entgegen der Verwendungsbeschränkung verwenden will, hat dies rechtzeitig vorher dem Subventionsgeber anzuzeigen.

§ 4 Scheingeschäfte, Mißbrauch von Gestaltungsmöglichkeiten

(1) [1]Scheingeschäfte und Scheinhandlungen sind für die Bewilligung, Gewährung, Rückforderung und Weitergewährung oder das Belassen einer Subvention oder eines Subventionsvorteils unerheblich. [2]Wird durch ein Scheingeschäft oder eine Scheinhandlung ein anderer Sachverhalt verdeckt, so ist der verdeckte Sachverhalt für die Bewilligung, Gewährung, Rückforderung, Weitergewährung oder das Belassen der Subvention oder des Subventionsvorteils maßgebend.

(2) [1]Die Bewilligung oder Gewährung einer Subvention oder eines Subventionsvorteils ist ausgeschlossen, wenn im Zusammenhang mit einer beantragten Subvention ein Rechtsgeschäft oder eine Handlung unter Mißbrauch von Gestaltungsmöglichkeiten vorgenommen wird. [2]Ein Mißbrauch liegt vor, wenn jemand eine den gegebenen Tatsachen und Verhältnissen unangemessene Gestaltungsmöglichkeit benutzt, um eine Subvention oder einen Subventionsvorteil für sich oder einen anderen in Anspruch zu nehmen oder zu nutzen, obwohl dies dem Subventionszweck widerspricht. [3]Dies ist namentlich dann anzunehmen, wenn die förmlichen Voraussetzungen einer Subvention oder eines Subventionsvorteils in einer dem Subventionszweck widersprechenden Weise künstlich geschaffen werden.

---

1) Verkündet als Art. 2 Erstes Gesetz zur Bekämpfung der Wirtschaftskriminalität (1. WiKG) vom 29. 7. 1976 (BGBl. I S. 2034).

§ 5 Herausgabe von Subventionsvorteilen

(1) Wer einen Gegenstand oder eine Geldleistung, deren Verwendung durch Gesetz oder durch den Subventionsgeber im Hinblick auf eine Subvention beschränkt ist, entgegen der Verwendungsbeschränkung verwendet und dadurch einen Vorteil erlangt, hat diesen dem Subventionsgeber herauszugeben.

(2) [1]Für den Umfang der Herausgabe gelten die Vorschriften des Bürgerlichen Gesetzbuches über die Herausgabe einer ungerechtfertigten Bereicherung entsprechend. [2]Auf den Wegfall der Bereicherung kann sich der Herausgabepflichtige nicht berufen, soweit er die Verwendungsbeschränkung kannte oder infolge grober Fahrlässigkeit nicht kannte.

(3) Besonders bestehende Verpflichtungen zur Herausgabe bleiben unberührt.

§ 6 Anzeige bei Verdacht eines Subventionsbetrugs

Gerichte und Behörden von Bund, Ländern und kommunalen Trägern der öffentlichen Verwaltung haben Tatsachen, die sie dienstlich erfahren und die den Verdacht eines Subventionsbetrugs begründen, den Strafverfolgungsbehörden mitzuteilen.

§ 7 (gegenstandslos)

§ 8 Inkrafttreten

Dieses Gesetz tritt am ersten Tage des auf die Verkündung[1)] folgenden Monats in Kraft.

1) Verkündet am 6. 8. 1976.

Gesetz gegen den unlauteren Wettbewerb (UWG)[1)2)]

In der Fassung der Bekanntmachung vom 3. März 2010[3)] (BGBl. I S. 254)
(FNA 43-7)

zuletzt geändert durch Art. 21 G zur Durchführung der VO (EU) 2022/2065 sowie zur Durchführung der VO (EU) 2019/1150 und zur Änd. weiterer Gesetze vom 6. Mai 2024 (BGBl. 2024 I Nr. 149)

Nichtamtliche Inhaltsübersicht

---

1) **Amtl. Anm.:** Dieses Gesetz dient der Umsetzung der Richtlinie 2005/29/EG des Europäischen Parlaments und des Rates vom 11. Mai 2005 über unlautere Geschäftspraktiken von Unternehmen gegenüber Verbrauchern im Binnenmarkt und zur Änderung der Richtlinie 84/450/EWG des Rates, der Richtlinien 97/7/EG, 98/27/EG und 2002/65/EG des Europäischen Parlaments und des Rates sowie der Verordnung (EG) Nr. 2006/2004 des Europäischen Parlaments und des Rates (ABl. L 149 vom 11.6.2005, S. 22; berichtigt im ABl. L 253 vom 25.9.2009, S. 18) sowie der Richtlinie 2006/114/EG des Europäischen Parlaments und des Rates vom 12. Dezember 2006 über irreführende und vergleichende Werbung (kodifizierte Fassung) (ABl. L 376 vom 27.12.2006, S. 21). Es dient ferner der Umsetzung von Artikel 13 der Richtlinie 2002/58/EG des Europäischen Parlaments und des Rates vom 12. Juli 2002 über die Verarbeitung personenbezogener Daten und den Schutz der Privatsphäre in der elektronischen Kommunikation (ABl. L 201 vom 31.7.2002, S. 37), der zuletzt durch Artikel 2 Nummer 7 der Richtlinie 2009/136/EG (ABl. L 337 vom 18.12.2009, S. 11) geändert worden ist.

Die Verpflichtungen aus der Richtlinie 98/34/EG des Europäischen Parlaments und des Rates vom 22. Juni 1998 über ein Informationsverfahren auf dem Gebiet der Normen und technischen Vorschriften und der Vorschriften für die Dienste der Informationsgesellschaft (ABl. L 204 vom 21.7.1998, S. 37), die zuletzt durch die Richtlinie 2006/96/EG (ABl. L 363 vom 20.12.2006, S. 81) geändert worden ist, sind beachtet worden.

2) Beachte die Bek. v. 1.11.2023 (BGBl. 2023 I Nr. 296): „Die Richtlinie (EU) 2020/1828 des Europäischen Parlaments und des Rates vom 25. November 2020 über Verbandsklagen zum Schutz der Kollektivinteressen der Verbraucher und zur Aufhebung der Richtlinie 2009/22/EG (ABl. L 409 vom 4.12.2020, S. 1), die zuletzt durch die Verordnung (EU) 2023/988 des Europäischen Parlaments und des Rates vom 10. Mai 2023 über die allgemeine Produktsicherheit, zur Änderung der Verordnung (EU) Nr. 1025/2012 des Europäischen Parlaments und des Rates und der Richtlinie (EU) 2020/1828 des Europäischen Parlaments und des Rates sowie zur Aufhebung der Richtlinie 2001/95/EG des Europäischen Parlaments und des Rates und der Richtlinie 87/357/EWG des Rates (ABl. L 135 vom 23.5.2023, S. 1) geändert worden ist, wird ergänzend zum Verbandsklagenrichtlinienumsetzungsgesetz vom 8. Oktober 2023 (BGBl. 2023 I Nr. 272) umgesetzt durch

1. § 29 Absatz 2 und die §§ 59 ff., 78, 91 ff., 142 ff., 253 ff., 260, 308, 310 ff., 322, 415 ff., 705 Satz 1 sowie die §§ 890, 935 ff. der Zivilprozessordnung in der Fassung der Bekanntmachung vom 5. Dezember 2005 (BGBl. I S. 3202; 2006 I S. 431; 2007 I S. 1781), die zuletzt durch Artikel 6 des Gesetzes vom 8. Oktober 2023 (BGBl. 2023 I Nr. 272) geändert worden ist,
2. § 22 Absatz 1 Satz 1 des Gerichtskostengesetzes in der Fassung der Bekanntmachung vom 27. Februar 2014 (BGBl. I S. 154), das zuletzt durch Artikel 29 des Gesetzes vom 8. Oktober 2023 (BGBl. 2023 I Nr. 272) geändert worden ist,
3. die §§ 1 ff. des Rechtsanwaltsvergütungsgesetzes in der Fassung der Bekanntmachung vom 15. März 2022 (BGBl. I S. 610), das zuletzt durch Artikel 30 des Gesetzes vom 8. Oktober 2023 (BGBl. 2023 I Nr. 272) geändert worden ist,
4. die §§ 13, 14 und 779 des Bürgerlichen Gesetzesbuchs in der Fassung der Bekanntmachung vom 2. Januar 2002 (BGBl. I S. 42, 2909; 2003 I S. 738), das zuletzt durch Artikel 2 des Gesetzes vom 16. Oktober 2023 (BGBl. 2023 I Nr. 280) geändert worden ist,
5. die §§ 1, 5 und 7 des Unterlassungsklagengesetzes in der Fassung der Bekanntmachung vom 27. August 2002 (BGBl. I S. 3422, 4346), das zuletzt durch Artikel 10 des Gesetzes vom 8. Oktober 2023 (BGBl. 2023 I Nr. 272) geändert worden ist, sowie
6. § 2 Absatz 1 Nummer 2 und 8 sowie § 12 des Gesetzes gegen den unlauteren Wettbewerb in der Fassung der Bekanntmachung vom 3. März 2010 (BGBl. I S. 254), das zuletzt durch Artikel 13 des Gesetzes vom 8. Oktober 2023 (BGBl. 2023 I Nr. 272) geändert worden ist."

3) Neubekanntmachung des UWG v. 3.7.2004 (BGBl. I S. 1414) in der ab 4.8.2009 geltenden Fassung.

Kapitel 1
Allgemeine Bestimmungen

§ 1 Zweck des Gesetzes; Anwendungsbereich

(1) [1]Dieses Gesetz dient dem Schutz der Mitbewerber, der Verbraucher sowie der sonstigen Marktteilnehmer vor unlauteren geschäftlichen Handlungen. [2]Es schützt zugleich das Interesse der Allgemeinheit an einem unverfälschten Wettbewerb.

(2) Vorschriften zur Regelung besonderer Aspekte unlauterer geschäftlicher Handlungen gehen bei der Beurteilung, ob eine unlautere geschäftliche Handlung vorliegt, den Regelungen dieses Gesetzes vor.

§ 2 Begriffsbestimmungen

(1) Im Sinne dieses Gesetzes ist

1. „geschäftliche Entscheidung" jede Entscheidung eines Verbrauchers oder sonstigen Marktteilnehmers darüber, ob, wie und unter welchen Bedingungen er ein Geschäft abschließen, eine Zahlung leisten, eine Ware oder Dienstleistung behalten oder abgeben oder ein vertragliches Recht im Zusammenhang mit einer Ware oder Dienstleistung ausüben will, unabhängig davon, ob der Verbraucher oder sonstige Marktteilnehmer sich entschließt, tätig zu werden;
2. „geschäftliche Handlung" jedes Verhalten einer Person zugunsten des eigenen oder eines fremden Unternehmens vor, bei oder nach einem Geschäftsabschluss, das mit der Förderung des Absatzes oder des Bezugs von Waren oder Dienstleistungen oder mit dem Abschluss oder der Durchführung eines Vertrags über Waren oder Dienstleistungen unmittelbar und objektiv zusammenhängt; als Waren gelten auch Grundstücke und digitale Inhalte, Dienstleistungen sind auch digitale Dienstleistungen, als Dienstleistungen gelten auch Rechte und Verpflichtungen;
3. „Marktteilnehmer" neben Mitbewerber und Verbraucher auch jede weitere Person, die als Anbieter oder Nachfrager von Waren oder Dienstleistungen tätig ist;
4. „Mitbewerber" jeder Unternehmer, der mit einem oder mehreren Unternehmern als Anbieter oder Nachfrager von Waren oder Dienstleistungen in einem konkreten Wettbewerbsverhältnis steht;
5. „Nachricht" jede Information, die zwischen einer endlichen Zahl von Beteiligten über einen öffentlich zugänglichen elektronischen Kommunikationsdienst ausgetauscht oder weitergeleitet wird; nicht umfasst sind Informationen, die als Teil eines Rundfunkdienstes über ein elektronisches Kommunikationsnetz an die Öffentlichkeit weitergeleitet werden, soweit diese Informationen nicht mit dem identifizierbaren Teilnehmer oder Nutzer, der sie erhält, in Verbindung gebracht werden können;
6. „Online-Marktplatz" ein Dienst, der es Verbrauchern ermöglicht, durch die Verwendung von Software, die von einem Unternehmer oder in dessen Namen betrieben wird, einschließlich einer Website, eines Teils einer Website oder einer Anwendung, Fernabsatzverträge (§ 312c des Bürgerlichen Gesetzbuchs) mit anderen Unternehmern oder Verbrauchern abzuschließen;
7. „Ranking" die von einem Unternehmer veranlasste relative Hervorhebung von Waren oder Dienstleistungen, unabhängig von den hierfür verwendeten technischen Mitteln;

8. „Unternehmer“ jede natürliche oder juristische Person, die geschäftliche Handlungen im Rahmen ihrer gewerblichen, handwerklichen oder beruflichen Tätigkeit vornimmt, und jede Person, die im Namen oder Auftrag einer solchen Person handelt;
9. „unternehmerische Sorgfalt“ der Standard an Fachkenntnissen und Sorgfalt, von dem billigerweise angenommen werden kann, dass ein Unternehmer ihn in seinem Tätigkeitsbereich gegenüber Verbrauchern nach Treu und Glauben unter Berücksichtigung der anständigen Marktgepflogenheiten einhält;
10. „Verhaltenskodex“ jede Vereinbarung oder Vorschrift über das Verhalten von Unternehmern, zu welchem diese sich in Bezug auf Wirtschaftszweige oder einzelne geschäftliche Handlungen verpflichtet haben, ohne dass sich solche Verpflichtungen aus Gesetzes- oder Verwaltungsvorschriften ergeben;
11. „wesentliche Beeinflussung des wirtschaftlichen Verhaltens des Verbrauchers“ die Vornahme einer geschäftlichen Handlung, um die Fähigkeit des Verbrauchers, eine informierte Entscheidung zu treffen, spürbar zu beeinträchtigen und damit den Verbraucher zu einer geschäftlichen Entscheidung zu veranlassen, die er andernfalls nicht getroffen hätte.

(2) Für den Verbraucherbegriff ist § 13 des Bürgerlichen Gesetzbuchs entsprechend anwendbar.

§ 3 Verbot unlauterer geschäftlicher Handlungen

(1) Unlautere geschäftliche Handlungen sind unzulässig.

(2) Geschäftliche Handlungen, die sich an Verbraucher richten oder diese erreichen, sind unlauter, wenn sie nicht der unternehmerischen Sorgfalt entsprechen und dazu geeignet sind, das wirtschaftliche Verhalten des Verbrauchers wesentlich zu beeinflussen.

(3) Die im Anhang dieses Gesetzes aufgeführten geschäftlichen Handlungen gegenüber Verbrauchern sind stets unzulässig.

(4) [1]Bei der Beurteilung von geschäftlichen Handlungen gegenüber Verbrauchern ist auf den durchschnittlichen Verbraucher oder, wenn sich die geschäftliche Handlung an eine bestimmte Gruppe von Verbrauchern wendet, auf ein durchschnittliches Mitglied dieser Gruppe abzustellen. [2]Geschäftliche Handlungen, die für den Unternehmer vorhersehbar das wirtschaftliche Verhalten nur einer eindeutig identifizierbaren Gruppe von Verbrauchern wesentlich beeinflussen, die auf Grund von geistigen oder körperlichen Beeinträchtigungen, Alter oder Leichtgläubigkeit im Hinblick auf diese geschäftlichen Handlungen oder die diesen zugrunde liegenden Waren oder Dienstleistungen besonders schutzbedürftig sind, sind aus der Sicht eines durchschnittlichen Mitglieds dieser Gruppe zu beurteilen.

§ 3a Rechtsbruch

Unlauter handelt, wer einer gesetzlichen Vorschrift zuwiderhandelt, die auch dazu bestimmt ist, im Interesse der Marktteilnehmer das Marktverhalten zu regeln, und der Verstoß geeignet ist, die Interessen von Verbrauchern, sonstigen Marktteilnehmern oder Mitbewerbern spürbar zu beeinträchtigen.

§ 4 Mitbewerberschutz

Unlauter handelt, wer

1. die Kennzeichen, Waren, Dienstleistungen, Tätigkeiten oder persönlichen oder geschäftlichen Verhältnisse eines Mitbewerbers herabsetzt oder verunglimpft;
2. über die Waren, Dienstleistungen oder das Unternehmen eines Mitbewerbers oder über den Unternehmer oder ein Mitglied der Unternehmensleitung Tatsachen behauptet oder verbreitet, die geeignet sind, den Betrieb des Unternehmens oder den Kredit des Unternehmers zu schädigen, sofern die Tatsachen nicht erweislich wahr sind; handelt es sich um vertrauliche Mitteilungen und hat der Mitteilende oder der Empfänger der Mitteilung an ihr ein berechtigtes Interesse, so ist die Handlung nur dann unlauter, wenn die Tatsachen der Wahrheit zuwider behauptet oder verbreitet wurden;
3. Waren oder Dienstleistungen anbietet, die eine Nachahmung der Waren oder Dienstleistungen eines Mitbewerbers sind, wenn er
   a) eine vermeidbare Täuschung der Abnehmer über die betriebliche Herkunft herbeiführt,
   b) die Wertschätzung der nachgeahmten Ware oder Dienstleistung unangemessen ausnutzt oder beeinträchtigt oder
   c) die für die Nachahmung erforderlichen Kenntnisse oder Unterlagen unredlich erlangt hat;
4. Mitbewerber gezielt behindert.

§ 4a Aggressive geschäftliche Handlungen

(1) [1]Unlauter handelt, wer eine aggressive geschäftliche Handlung vornimmt, die geeignet ist, den Verbraucher oder sonstigen Marktteilnehmer zu einer geschäftlichen Entscheidung zu veranlassen, die dieser andernfalls nicht getroffen hätte. [2]Eine geschäftliche Handlung ist aggressiv, wenn sie im konkreten Fall

unter Berücksichtigung aller Umstände geeignet ist, die Entscheidungsfreiheit des Verbrauchers oder sonstigen Marktteilnehmers erheblich zu beeinträchtigen durch

1. Belästigung,
2. Nötigung einschließlich der Anwendung körperlicher Gewalt oder
3. unzulässige Beeinflussung.

[3]Eine unzulässige Beeinflussung liegt vor, wenn der Unternehmer eine Machtposition gegenüber dem Verbraucher oder sonstigen Marktteilnehmer zur Ausübung von Druck, auch ohne Anwendung oder Androhung von körperlicher Gewalt, in einer Weise ausnutzt, die die Fähigkeit des Verbrauchers oder sonstigen Marktteilnehmers zu einer informierten Entscheidung wesentlich einschränkt.

(2) [1]Bei der Feststellung, ob eine geschäftliche Handlung aggressiv im Sinne des Absatzes 1 Satz 2 ist, ist abzustellen auf

1. Zeitpunkt, Ort, Art oder Dauer der Handlung;
2. die Verwendung drohender oder beleidigender Formulierungen oder Verhaltensweisen;
3. die bewusste Ausnutzung von konkreten Unglückssituationen oder Umständen von solcher Schwere, dass sie das Urteilsvermögen des Verbrauchers oder sonstigen Marktteilnehmers beeinträchtigen, um dessen Entscheidung zu beeinflussen;
4. belastende oder unverhältnismäßige Hindernisse nichtvertraglicher Art, mit denen der Unternehmer den Verbraucher oder sonstigen Marktteilnehmer an der Ausübung seiner vertraglichen Rechte zu hindern versucht, wozu auch das Recht gehört, den Vertrag zu kündigen oder zu einer anderen Ware oder Dienstleistung oder einem anderen Unternehmer zu wechseln;
5. Drohungen mit rechtlich unzulässigen Handlungen.

[2]Zu den Umständen, die nach Nummer 3 zu berücksichtigen sind, zählen insbesondere geistige und körperliche Beeinträchtigungen, das Alter, die geschäftliche Unerfahrenheit, die Leichtgläubigkeit, die Angst und die Zwangslage von Verbrauchern.

§ 5 Irreführende geschäftliche Handlungen

(1) Unlauter handelt, wer eine irreführende geschäftliche Handlung vornimmt, die geeignet ist, den Verbraucher oder sonstigen Marktteilnehmer zu einer geschäftlichen Entscheidung zu veranlassen, die er andernfalls nicht getroffen hätte.

(2) Eine geschäftliche Handlung ist irreführend, wenn sie unwahre Angaben enthält oder sonstige zur Täuschung geeignete Angaben über folgende Umstände enthält:

1. die wesentlichen Merkmale der Ware oder Dienstleistung wie Verfügbarkeit, Art, Ausführung, Vorteile, Risiken, Zusammensetzung, Zubehör, Verfahren oder Zeitpunkt der Herstellung, Lieferung oder Erbringung, Zwecktauglichkeit, Verwendungsmöglichkeit, Menge, Beschaffenheit, Kundendienst und Beschwerdeverfahren, geographische oder betriebliche Herkunft, von der Verwendung zu erwartende Ergebnisse oder die Ergebnisse oder wesentlichen Bestandteile von Tests der Waren oder Dienstleistungen;
2. den Anlass des Verkaufs wie das Vorhandensein eines besonderen Preisvorteils, den Preis oder die Art und Weise, in der er berechnet wird, oder die Bedingungen, unter denen die Ware geliefert oder die Dienstleistung erbracht wird;
3. die Person, Eigenschaften oder Rechte des Unternehmers wie Identität, Vermögen einschließlich der Rechte des geistigen Eigentums, den Umfang von Verpflichtungen, Befähigung, Status, Zulassung, Mitgliedschaften oder Beziehungen, Auszeichnungen oder Ehrungen, Beweggründe für die geschäftliche Handlung oder die Art des Vertriebs;
4. Aussagen oder Symbole, die im Zusammenhang mit direktem oder indirektem Sponsoring stehen oder sich auf eine Zulassung des Unternehmers oder der Waren oder Dienstleistungen beziehen;
5. die Notwendigkeit einer Leistung, eines Ersatzteils, eines Austauschs oder einer Reparatur;
6. die Einhaltung eines Verhaltenskodexes, auf den sich der Unternehmer verbindlich verpflichtet hat, wenn er auf diese Bindung hinweist, oder
7. Rechte des Verbrauchers, insbesondere solche auf Grund von Garantieversprechen oder Gewährleistungsrechte bei Leistungsstörungen.

(3) Eine geschäftliche Handlung ist auch irreführend, wenn

1. sie im Zusammenhang mit der Vermarktung von Waren oder Dienstleistungen einschließlich vergleichender Werbung eine Verwechslungsgefahr mit einer anderen Ware oder Dienstleistung oder mit der Marke oder einem anderen Kennzeichen eines Mitbewerbers hervorruft oder
2. mit ihr eine Ware in einem Mitgliedstaat der Europäischen Union als identisch mit einer in anderen Mitgliedstaaten der Europäischen Union auf dem Markt bereitgestellten Ware vermarktet wird, ob-

wohl sich diese Waren in ihrer Zusammensetzung oder in ihren Merkmalen wesentlich voneinander unterscheiden, sofern dies nicht durch legitime und objektive Faktoren gerechtfertigt ist.

(4) Angaben im Sinne von Absatz 2 sind auch Angaben im Rahmen vergleichender Werbung sowie bildliche Darstellungen und sonstige Veranstaltungen, die darauf zielen und geeignet sind, solche Angaben zu ersetzen.

(5) [1]Es wird vermutet, dass es irreführend ist, mit der Herabsetzung eines Preises zu werben, sofern der Preis nur für eine unangemessen kurze Zeit gefordert worden ist. [2]Ist streitig, ob und in welchem Zeitraum der Preis gefordert worden ist, so trifft die Beweislast denjenigen, der mit der Preisherabsetzung geworben hat.

§ 5a Irreführung durch Unterlassen

(1) Unlauter handelt auch, wer einen Verbraucher oder sonstigen Marktteilnehmer irreführt, indem er ihm eine wesentliche Information vorenthält,

1. die der Verbraucher oder der sonstige Marktteilnehmer nach den jeweiligen Umständen benötigt, um eine informierte geschäftliche Entscheidung zu treffen, und
2. deren Vorenthalten dazu geeignet ist, den Verbraucher oder den sonstigen Marktteilnehmer zu einer geschäftlichen Entscheidung zu veranlassen, die er andernfalls nicht getroffen hätte.

(2) Als Vorenthalten gilt auch

1. das Verheimlichen wesentlicher Informationen,
2. die Bereitstellung wesentlicher Informationen in unklarer, unverständlicher oder zweideutiger Weise sowie
3. die nicht rechtzeitige Bereitstellung wesentlicher Informationen.

(3) Bei der Beurteilung, ob wesentliche Informationen vorenthalten wurden, sind zu berücksichtigen:

1. räumliche oder zeitliche Beschränkungen durch das für die geschäftliche Handlung gewählte Kommunikationsmittel sowie
2. alle Maßnahmen des Unternehmers, um dem Verbraucher oder sonstigen Marktteilnehmer die Informationen auf andere Weise als durch das für die geschäftliche Handlung gewählte Kommunikationsmittel zur Verfügung zu stellen.

(4) [1]Unlauter handelt auch, wer den kommerziellen Zweck einer geschäftlichen Handlung nicht kenntlich macht, sofern sich dieser nicht unmittelbar aus den Umständen ergibt, und das Nichtkenntlichmachen geeignet ist, den Verbraucher oder sonstigen Marktteilnehmer zu einer geschäftlichen Entscheidung zu veranlassen, die er andernfalls nicht getroffen hätte. [2]Ein kommerzieller Zweck liegt bei einer Handlung zugunsten eines fremden Unternehmens nicht vor, wenn der Handelnde kein Entgelt oder keine ähnliche Gegenleistung für die Handlung von dem fremden Unternehmen erhält oder sich versprechen lässt. [3]Der Erhalt oder das Versprechen einer Gegenleistung wird vermutet, es sei denn der Handelnde macht glaubhaft, dass er eine solche nicht erhalten hat.

§ 5b Wesentliche Informationen

(1) Werden Waren oder Dienstleistungen unter Hinweis auf deren Merkmale und Preis in einer dem verwendeten Kommunikationsmittel angemessenen Weise so angeboten, dass ein durchschnittlicher Verbraucher das Geschäft abschließen kann, so gelten die folgenden Informationen als wesentlich im Sinne des § 5a Absatz 1, sofern sie sich nicht unmittelbar aus den Umständen ergeben:

1. alle wesentlichen Merkmale der Ware oder Dienstleistung in dem der Ware oder Dienstleistung und dem verwendeten Kommunikationsmittel angemessenen Umfang,
2. die Identität und Anschrift des Unternehmers, gegebenenfalls die Identität und Anschrift desjenigen Unternehmers, für den er handelt,
3. der Gesamtpreis oder in Fällen, in denen ein solcher Preis auf Grund der Beschaffenheit der Ware oder Dienstleistung nicht im Voraus berechnet werden kann, die Art der Preisberechnung sowie gegebenenfalls alle zusätzlichen Fracht-, Liefer- und Zustellkosten oder in Fällen, in denen diese Kosten nicht im Voraus berechnet werden können, die Tatsache, dass solche zusätzlichen Kosten anfallen können,
4. Zahlungs-, Liefer- und Leistungsbedingungen, soweit diese von den Erfordernissen unternehmerischer Sorgfalt abweichen,
5. das Bestehen des Rechts auf Rücktritt oder Widerruf und
6. bei Waren oder Dienstleistungen, die über einen Online-Marktplatz angeboten werden, die Information, ob es sich bei dem Anbieter der Waren oder Dienstleistungen nach dessen eigener Erklärung gegenüber dem Betreiber des Online-Marktplatzes um einen Unternehmer handelt.

(2) [1]Bietet ein Unternehmer Verbrauchern die Möglichkeit, nach Waren oder Dienstleistungen zu suchen, die von verschiedenen Unternehmern oder von Verbrauchern angeboten werden, so gelten unabhängig

davon, wo das Rechtsgeschäft abgeschlossen werden kann, folgende allgemeine Informationen als wesentlich:

1. die Hauptparameter zur Festlegung des Rankings der dem Verbraucher als Ergebnis seiner Suchanfrage präsentierten Waren oder Dienstleistungen sowie
2. die relative Gewichtung der Hauptparameter zur Festlegung des Rankings im Vergleich zu anderen Parametern.

[2]Die Informationen nach Satz 1 müssen von der Anzeige der Suchergebnisse aus unmittelbar und leicht zugänglich sein. [3]Die Sätze 1 und 2 gelten nicht für Betreiber von Online-Suchmaschinen im Sinne des Artikels 2 Nummer 6 der Verordnung (EU) 2019/1150 des Europäischen Parlaments und des Rates vom 20. Juni 2019 zur Förderung von Fairness und Transparenz für gewerbliche Nutzer von Online-Vermittlungsdiensten (ABl. L 186 vom 11.7.2019, S. 57).

(3) Macht ein Unternehmer Bewertungen zugänglich, die Verbraucher im Hinblick auf Waren oder Dienstleistungen vorgenommen haben, so gelten als wesentlich Informationen darüber, ob und wie der Unternehmer sicherstellt, dass die veröffentlichten Bewertungen von solchen Verbrauchern stammen, die die Waren oder Dienstleistungen tatsächlich genutzt oder erworben haben.

(4) Als wesentlich im Sinne des § 5a Absatz 1 gelten auch solche Informationen, die dem Verbraucher auf Grund unionsrechtlicher Verordnungen oder nach Rechtsvorschriften zur Umsetzung unionsrechtlicher Richtlinien für kommerzielle Kommunikation einschließlich Werbung und Marketing nicht vorenthalten werden dürfen.

§ 5c Verbotene Verletzung von Verbraucherinteressen durch unlautere geschäftliche Handlungen

(1) Die Verletzung von Verbraucherinteressen durch unlautere geschäftliche Handlungen ist verboten, wenn es sich um einen weitverbreiteten Verstoß gemäß Artikel 3 Nummer 3 der Verordnung (EU) 2017/2394 des Europäischen Parlaments und des Rates vom 12. Dezember 2017 über die Zusammenarbeit zwischen den für die Durchsetzung der Verbraucherschutzgesetze zuständigen nationalen Behörden und zur Aufhebung der Verordnung (EG) Nr. 2006/2004 (ABl. L 345 vom 27.12.2017, S. 1), die zuletzt durch die Richtlinie (EU) 2019/771 (ABl. L 136 vom 22.5.2019, S. 28; L 305 vom 26.11.2019, S. 66) geändert worden ist, oder einen weitverbreiteten Verstoß mit Unions-Dimension gemäß Artikel 3 Nummer 4 der Verordnung (EU) 2017/2394 handelt.

(2) Eine Verletzung von Verbraucherinteressen durch unlautere geschäftliche Handlungen im Sinne des Absatzes 1 liegt vor, wenn

1. eine unlautere geschäftliche Handlung nach § 3 Absatz 3 in Verbindung mit den Nummern 1 bis 31 des Anhangs vorgenommen wird,
2. eine aggressive geschäftliche Handlung nach § 4a Absatz 1 Satz 1 vorgenommen wird,
3. eine irreführende geschäftliche Handlung nach § 5 Absatz 1 oder § 5a Absatz 1 vorgenommen wird oder
4. eine unlautere geschäftliche Handlung nach § 3 Absatz 1 fortgesetzt vorgenommen wird, die durch eine vollziehbare Anordnung der zuständigen Behörde im Sinne des Artikels 3 Nummer 6 der Verordnung (EU) 2017/2394 oder durch eine vollstreckbare Entscheidung eines Gerichts untersagt worden ist, sofern die Handlung nicht bereits von den Nummern 1 bis 3 erfasst ist.

(3) Eine Verletzung von Verbraucherinteressen durch unlautere geschäftliche Handlungen im Sinne des Absatzes 1 liegt auch vor, wenn

1. eine geschäftliche Handlung die tatsächlichen Voraussetzungen eines der in Absatz 2 geregelten Fälle erfüllt und
2. auf die geschäftliche Handlung das nationale Recht eines anderen Mitgliedstaates der Europäischen Union anwendbar ist, welches eine Vorschrift enthält, die der jeweiligen in Absatz 2 genannten Vorschrift entspricht.

§ 6 Vergleichende Werbung

(1) Vergleichende Werbung ist jede Werbung, die unmittelbar oder mittelbar einen Mitbewerber oder die von einem Mitbewerber angebotenen Waren oder Dienstleistungen erkennbar macht.

(2) Unlauter handelt, wer vergleichend wirbt, wenn der Vergleich

1. sich nicht auf Waren oder Dienstleistungen für den gleichen Bedarf oder dieselbe Zweckbestimmung bezieht,
2. nicht objektiv auf eine oder mehrere wesentliche, relevante, nachprüfbare und typische Eigenschaften oder den Preis dieser Waren oder Dienstleistungen bezogen ist,
3. im geschäftlichen Verkehr zu einer Gefahr von Verwechslungen zwischen dem Werbenden und einem Mitbewerber oder zwischen den von diesen angebotenen Waren oder Dienstleistungen oder den von ihnen verwendeten Kennzeichen führt,

4. den Ruf des von einem Mitbewerber verwendeten Kennzeichens in unlauterer Weise ausnutzt oder beeinträchtigt,
5. die Waren, Dienstleistungen, Tätigkeiten oder persönlichen oder geschäftlichen Verhältnisse eines Mitbewerbers herabsetzt oder verunglimpft oder
6. eine Ware oder Dienstleistung als Imitation oder Nachahmung einer unter einem geschützten Kennzeichen vertriebenen Ware oder Dienstleistung darstellt.

§ 7 Unzumutbare Belästigungen

(1) [1]Eine geschäftliche Handlung, durch die ein Marktteilnehmer in unzumutbarer Weise belästigt wird, ist unzulässig. [2]Dies gilt insbesondere für Werbung, obwohl erkennbar ist, dass der angesprochene Marktteilnehmer diese Werbung nicht wünscht.

(2) Eine unzumutbare Belästigung ist stets anzunehmen

1. bei Werbung mit einem Telefonanruf gegenüber einem Verbraucher ohne dessen vorherige ausdrückliche Einwilligung oder gegenüber einem sonstigen Marktteilnehmer ohne dessen zumindest mutmaßliche Einwilligung,
2. bei Werbung unter Verwendung einer automatischen Anrufmaschine, eines Faxgerätes oder elektronischer Post, ohne dass eine vorherige ausdrückliche Einwilligung des Adressaten vorliegt, oder
3. bei Werbung mit einer Nachricht,
   a) bei der die Identität des Absenders, in dessen Auftrag die Nachricht übermittelt wird, verschleiert oder verheimlicht wird oder
   b) bei der gegen § 6 Absatz 1 des Digitale-Dienste-Gesetzes verstoßen wird oder in der der Empfänger aufgefordert wird, eine Website aufzurufen, die gegen diese Vorschrift verstößt, oder
   c) bei der keine gültige Adresse vorhanden ist, an die der Empfänger eine Aufforderung zur Einstellung solcher Nachrichten richten kann, ohne dass hierfür andere als die Übermittlungskosten nach den Basistarifen entstehen.

(3) Abweichend von Absatz 2 Nummer 2 ist eine unzumutbare Belästigung bei einer Werbung unter Verwendung elektronischer Post nicht anzunehmen, wenn

1. ein Unternehmer im Zusammenhang mit dem Verkauf einer Ware oder Dienstleistung von dem Kunden dessen elektronische Postadresse erhalten hat,
2. der Unternehmer die Adresse zur Direktwerbung für eigene ähnliche Waren oder Dienstleistungen verwendet,
3. der Kunde der Verwendung nicht widersprochen hat und
4. der Kunde bei Erhebung der Adresse und bei jeder Verwendung klar und deutlich darauf hingewiesen wird, dass er der Verwendung jederzeit widersprechen kann, ohne dass hierfür andere als die Übermittlungskosten nach den Basistarifen entstehen.

§ 7a Einwilligung in Telefonwerbung

(1) Wer mit einem Telefonanruf gegenüber einem Verbraucher wirbt, hat dessen vorherige ausdrückliche Einwilligung in die Telefonwerbung zum Zeitpunkt der Erteilung in angemessener Form zu dokumentieren und gemäß Absatz 2 Satz 1 aufzubewahren.

(2) [1]Die werbenden Unternehmen müssen den Nachweis nach Absatz 1 ab Erteilung der Einwilligung sowie nach jeder Verwendung der Einwilligung fünf Jahre aufbewahren. [2]Die werbenden Unternehmen haben der nach § 20 Absatz 3 zuständigen Verwaltungsbehörde den Nachweis nach Absatz 1 auf Verlangen unverzüglich vorzulegen.

Kapitel 2
Rechtsfolgen

§ 8 Beseitigung und Unterlassung

(1) [1]Wer eine nach § 3 oder § 7 unzulässige geschäftliche Handlung vornimmt, kann auf Beseitigung und bei Wiederholungsgefahr auf Unterlassung in Anspruch genommen werden. [2]Der Anspruch auf Unterlassung besteht bereits dann, wenn eine derartige Zuwiderhandlung gegen § 3 oder § 7 droht.

(2) Werden die Zuwiderhandlungen in einem Unternehmen von einem Mitarbeiter oder Beauftragten begangen, so sind der Unterlassungsanspruch und der Beseitigungsanspruch auch gegen den Inhaber des Unternehmens begründet.

(3) Die Ansprüche aus Absatz 1 stehen zu:

1. jedem Mitbewerber, der Waren oder Dienstleistungen in nicht unerheblichem Maße und nicht nur gelegentlich vertreibt oder nachfragt,

2. denjenigen rechtsfähigen Verbänden zur Förderung gewerblicher oder selbstständiger beruflicher Interessen, die in der Liste der qualifizierten Wirtschaftsverbände nach § 8b eingetragen sind, soweit ihnen eine erhebliche Zahl von Unternehmern angehört, die Waren oder Dienstleistungen gleicher oder verwandter Art auf demselben Markt vertreiben, und die Zuwiderhandlung die Interessen ihrer Mitglieder berührt,
3. den qualifizierten Verbraucherverbänden, die in der Liste nach § 4 des Unterlassungsklagengesetzes eingetragen sind, und den qualifizierten Einrichtungen aus anderen Mitgliedstaaten der Europäischen Union, die in dem Verzeichnis der Europäischen Kommission nach Artikel 5 Absatz 1 Satz 4 der Richtlinie (EU) 2020/1828 des Europäischen Parlaments und des Rates vom 25. November 2020 über Verbandsklagen zum Schutz der Kollektivinteressen der Verbraucher und zur Aufhebung der Richtlinie 2009/22/EG (ABl. L 409 vom 4.12.2020, S. 1) eingetragen sind,
4. den Industrie- und Handelskammern, den nach der Handwerksordnung errichteten Organisationen und anderen berufsständischen Körperschaften des öffentlichen Rechts im Rahmen der Erfüllung ihrer Aufgaben sowie den Gewerkschaften im Rahmen der Erfüllung ihrer Aufgaben bei der Vertretung selbstständiger beruflicher Interessen.

(4) Stellen nach Absatz 3 Nummer 2 und 3 können die Ansprüche nicht geltend machen, solange ihre Eintragung ruht.

(5) [1]§ 13 des Unterlassungsklagengesetzes ist entsprechend anzuwenden; in § 13 Absatz 1 und 3 Satz 2 des Unterlassungsklagengesetzes treten an die Stelle der dort aufgeführten Ansprüche nach dem Unterlassungsklagengesetz die Ansprüche nach dieser Vorschrift. [2]Macht eine anspruchsberechtigte Stelle nach Absatz 3 Nummer 3 Ansprüche nach Absatz 1 gerichtlich geltend, so sind die §§ 5a und 6a des Unterlassungsklagengesetzes entsprechend anzuwenden. [3]Im Übrigen findet das Unterlassungsklagengesetz keine Anwendung, es sei denn, es liegt ein Fall des § 2a des Unterlassungsklagengesetzes vor.

§ 8a Anspruchsberechtigte bei einem Verstoß gegen die Verordnung (EU) 2019/1150

Anspruchsberechtigt nach § 8 Absatz 1 sind bei einem Verstoß gegen die Verordnung (EU) 2019/1150 des Europäischen Parlaments und des Rates vom 20. Juni 2019 zur Förderung von Fairness und Transparenz für gewerbliche Nutzer von Online-Vermittlungsdiensten (ABl. L 186 vom 11.7.2019, S. 57) abweichend von § 8 Absatz 3 die Verbände, Organisationen und öffentlichen Stellen, die die Voraussetzungen des Artikels 14 Absatz 3 und 4 der Verordnung (EU) 2019/1150 erfüllen.

§ 8b Liste der qualifizierten Wirtschaftsverbände

(1) Das Bundesamt für Justiz führt eine Liste der qualifizierten Wirtschaftsverbände und veröffentlicht sie in der jeweils aktuellen Fassung auf seiner Internetseite.

(2) Ein rechtsfähiger Verband, zu dessen satzungsmäßigen Aufgaben es gehört, gewerbliche oder selbstständige berufliche Interessen zu verfolgen und zu fördern sowie zu Fragen des lauteren Wettbewerbs zu beraten und zu informieren, wird auf seinen Antrag in die Liste eingetragen, wenn
1. er mindestens 75 Unternehmer als Mitglieder hat,
2. er zum Zeitpunkt der Antragstellung seit mindestens einem Jahr seine satzungsmäßigen Aufgaben wahrgenommen hat,
3. auf Grund seiner bisherigen Tätigkeit sowie seiner personellen, sachlichen und finanziellen Ausstattung gesichert erscheint, dass er
   a) seine satzungsmäßigen Aufgaben auch künftig dauerhaft wirksam und sachgerecht erfüllen wird und
   b) seine Ansprüche nicht vorwiegend geltend machen wird, um für sich Einnahmen aus Abmahnungen oder Vertragsstrafen zu erzielen,
4. seinen Mitgliedern keine Zuwendungen aus dem Verbandsvermögen gewährt werden und Personen, die für den Verband tätig sind, nicht durch unangemessen hohe Vergütungen oder andere Zuwendungen begünstigt werden.

(3) [1]Die Vorschriften für qualifizierte Verbraucherverbände in § 4 Absatz 3 und 4 und in den §§ 4a bis 4c und 4f des Unterlassungsklagengesetzes sind auf die qualifizierten Wirtschaftsverbände entsprechend anzuwenden. [2]Ergänzend zu den Berichtspflichten der qualifizierten Wirtschaftsverbände nach § 4b Absatz 1 Satz 1 Nummer 1 des Unterlassungsklagengesetzes sind auch die Anzahl der gestellten Anträge auf Erlass von einstweiligen Verfügungen und die Anzahl der erhobenen Klagen zur Durchsetzung der in dieser Vorschrift genannten Ansprüche anzugeben.

§ 8c Verbot der missbräuchlichen Geltendmachung von Ansprüchen; Haftung

(1) Die Geltendmachung der Ansprüche aus § 8 Absatz 1 ist unzulässig, wenn sie unter Berücksichtigung der gesamten Umstände missbräuchlich ist.

(2) Eine missbräuchliche Geltendmachung ist im Zweifel anzunehmen, wenn
1. die Geltendmachung der Ansprüche vorwiegend dazu dient, gegen den Zuwiderhandelnden einen Anspruch auf Ersatz von Aufwendungen oder von Kosten der Rechtsverfolgung oder die Zahlung einer Vertragsstrafe entstehen zu lassen,
2. ein Mitbewerber eine erhebliche Anzahl von Verstößen gegen die gleiche Rechtsvorschrift durch Abmahnungen geltend macht, wenn die Anzahl der geltend gemachten Verstöße außer Verhältnis zum Umfang der eigenen Geschäftstätigkeit steht oder wenn anzunehmen ist, dass der Mitbewerber das wirtschaftliche Risiko seines außergerichtlichen oder gerichtlichen Vorgehens nicht selbst trägt,
3. ein Mitbewerber den Gegenstandswert für eine Abmahnung unangemessen hoch ansetzt,
4. offensichtlich überhöhte Vertragsstrafen vereinbart oder gefordert werden,
5. eine vorgeschlagene Unterlassungsverpflichtung offensichtlich über die abgemahnte Rechtsverletzung hinausgeht,
6. mehrere Zuwiderhandlungen, die zusammen hätten abgemahnt werden können, einzeln abgemahnt werden oder
7. wegen einer Zuwiderhandlung, für die mehrere Zuwiderhandelnde verantwortlich sind, die Ansprüche gegen die Zuwiderhandelnden ohne sachlichen Grund nicht zusammen geltend gemacht werden.

(3) [1]Im Fall der missbräuchlichen Geltendmachung von Ansprüchen kann der Anspruchsgegner vom Anspruchsteller Ersatz der für seine Rechtsverteidigung erforderlichen Aufwendungen fordern. [2]Weitergehende Ersatzansprüche bleiben unberührt.

§ 9 Schadensersatz

(1) Wer vorsätzlich oder fahrlässig eine nach § 3 oder § 7 unzulässige geschäftliche Handlung vornimmt, ist den Mitbewerbern zum Ersatz des daraus entstehenden Schadens verpflichtet.

(2) [1]Wer vorsätzlich oder fahrlässig eine nach § 3 unzulässige geschäftliche Handlung vornimmt und hierdurch Verbraucher zu einer geschäftlichen Entscheidung veranlasst, die sie andernfalls nicht getroffen hätten, ist ihnen zum Ersatz des daraus entstehenden Schadens verpflichtet. [2]Dies gilt nicht für unlautere geschäftliche Handlungen nach den §§ 3a, 4 und 6 sowie nach Nummer 32 des Anhangs.

(3) Gegen verantwortliche Personen von periodischen Druckschriften kann der Anspruch auf Schadensersatz nach den Absätzen 1 und 2 nur bei einer vorsätzlichen Zuwiderhandlung geltend gemacht werden.

§ 10 Gewinnabschöpfung

(1) [1]Wer vorsätzlich oder grob fahrlässig eine nach § 3 oder § 7 unzulässige geschäftliche Handlung vornimmt und hierdurch zu Lasten einer Vielzahl von Abnehmern einen Gewinn erzielt, kann von den gemäß § 8 Absatz 3 Nummer 2 bis 4 zur Geltendmachung eines Unterlassungsanspruchs Berechtigten auf Herausgabe dieses Gewinns an den Bundeshaushalt in Anspruch genommen werden. [2]Ist zwischen den Parteien streitig, ob durch die unzulässige geschäftliche Handlung zu Lasten einer Vielzahl von Abnehmern ein Gewinn erzielt wurde oder wie hoch der erzielte Gewinn ist, so entscheidet hierüber das Gericht unter Würdigung aller Umstände nach freier Überzeugung.

(2) [1]Auf den Gewinn sind die Leistungen anzurechnen, die der Schuldner auf Grund der Zuwiderhandlung an Dritte oder an den Staat erbracht hat. [2]Soweit der Schuldner solche Leistungen erst nach Erfüllung des Anspruchs nach Absatz 1 erbracht hat, erstattet das Bundesamt für Justiz dem Schuldner den abgeführten Gewinn in Höhe der nachgewiesenen Zahlungen zurück.

(3) Beanspruchen mehrere Gläubiger den Gewinn, so gelten die §§ 428 bis 430 des Bürgerlichen Gesetzbuchs entsprechend.

(4) Die Gläubiger haben dem Bundesamt für Justiz über die Geltendmachung von Ansprüchen nach Absatz 1 Auskunft zu erteilen.

(5) [1]Haben die Gläubiger einen Anspruch gegen den Schuldner auf Ersatz der für die Geltendmachung des Anspruchs erforderlichen Aufwendungen und können sie vom Schuldner keinen Ausgleich erlangen, so können sie die Erstattung dieser Aufwendungen vom Bundesamt für Justiz verlangen. [2]Der Anspruch nach Satz 1 ist auf die Höhe des an den Bundeshaushalt abgeführten Gewinns beschränkt.

(6) [1]Die Gläubiger können vom Bundesamt für Justiz Ersatz der Aufwendungen verlangen, die für eine Finanzierung des gerichtlichen Verfahrens durch einen gewerblichen Prozessfinanzierer entstanden sind, wenn das Bundesamt für Justiz vor Einleitung des gerichtlichen Verfahrens die Inanspruchnahme dieser Finanzierung bewilligt hat. [2]Das Bundesamt für Justiz bewilligt die Inanspruchnahme der Finanzierung, wenn die beabsichtigte Rechtsverfolgung unter Berücksichtigung der gesamten Umstände nicht missbräuchlich ist und die Aufwendungen für den Prozessfinanzierer üblich und angemessen sind.

§ 11 Verjährung

(1) Die Ansprüche aus den §§ 8, 9 Absatz 1 und § 13 Absatz 3 verjähren in sechs Monaten und der Anspruch aus § 9 Absatz 2 Satz 1 verjährt in einem Jahr.

(2) Die Verjährungsfrist beginnt, wenn

1. der Anspruch entstanden ist und
2. der Gläubiger von den den Anspruch begründenden Umständen und der Person des Schuldners Kenntnis erlangt oder ohne grobe Fahrlässigkeit erlangen müsste.

(3) Schadensersatzansprüche verjähren ohne Rücksicht auf die Kenntnis oder grob fahrlässige Unkenntnis in zehn Jahren von ihrer Entstehung, spätestens in 30 Jahren von der den Schaden auslösenden Handlung an.

(4) Andere Ansprüche verjähren ohne Rücksicht auf die Kenntnis oder grob fahrlässige Unkenntnis in drei Jahren von der Entstehung an.

Kapitel 3
Verfahrensvorschriften

§ 12 Einstweiliger Rechtsschutz; Veröffentlichungsbefugnis; Streitwertminderung

(1) Zur Sicherung der in diesem Gesetz bezeichneten Ansprüche auf Unterlassung können einstweilige Verfügungen auch ohne die Darlegung und Glaubhaftmachung der in den §§ 935 und 940 der Zivilprozessordnung bezeichneten Voraussetzungen erlassen werden.

(2) [1]Ist auf Grund dieses Gesetzes Klage auf Unterlassung erhoben worden, so kann das Gericht der obsiegenden Partei die Befugnis zusprechen, das Urteil auf Kosten der unterliegenden Partei öffentlich bekannt zu machen, wenn sie ein berechtigtes Interesse dartut. [2]Art und Umfang der Bekanntmachung werden im Urteil bestimmt. [3]Die Befugnis erlischt, wenn von ihr nicht innerhalb von drei Monaten nach Eintritt der Rechtskraft Gebrauch gemacht worden ist. [4]Der Ausspruch nach Satz 1 ist nicht vorläufig vollstreckbar.

(3) [1]Macht eine Partei in Rechtsstreitigkeiten, in denen durch Klage ein Anspruch aus einem der in diesem Gesetz geregelten Rechtsverhältnisse geltend gemacht wird, glaubhaft, dass die Belastung mit den Prozesskosten nach dem vollen Streitwert ihre wirtschaftliche Lage erheblich gefährden würde, so kann das Gericht auf ihren Antrag anordnen, dass die Verpflichtung dieser Partei zur Zahlung von Gerichtskosten sich nach einem ihrer Wirtschaftslage angepassten Teil des Streitwerts bemisst. [2]Die Anordnung hat zur Folge, dass

1. die begünstigte Partei die Gebühren ihres Rechtsanwalts ebenfalls nur nach diesem Teil des Streitwerts zu entrichten hat,
2. die begünstigte Partei, soweit ihr Kosten des Rechtsstreits auferlegt werden oder soweit sie diese übernimmt, die von dem Gegner entrichteten Gerichtsgebühren und die Gebühren seines Rechtsanwalts nur nach dem Teil des Streitwerts zu erstatten hat und
3. der Rechtsanwalt der begünstigten Partei, soweit die außergerichtlichen Kosten dem Gegner auferlegt oder von ihm übernommen werden, seine Gebühren von dem Gegner nach dem für diesen geltenden Streitwert beitreiben kann.

(4) [1]Der Antrag nach Absatz 3 kann vor der Geschäftsstelle des Gerichts zur Niederschrift erklärt werden. [2]Er ist vor der Verhandlung zur Hauptsache anzubringen. [3]Danach ist er nur zulässig, wenn der angenommene oder festgesetzte Streitwert später durch das Gericht heraufgesetzt wird. [4]Vor der Entscheidung über den Antrag ist der Gegner zu hören.

§ 13 Abmahnung; Unterlassungsverpflichtung; Haftung

(1) Die zur Geltendmachung eines Unterlassungsanspruchs Berechtigten sollen den Schuldner vor der Einleitung eines gerichtlichen Verfahrens abmahnen und ihm Gelegenheit geben, den Streit durch Abgabe einer mit einer angemessenen Vertragsstrafe bewehrten Unterlassungsverpflichtung beizulegen.

(2) In der Abmahnung muss klar und verständlich angegeben werden:

1. Name oder Firma des Abmahnenden sowie im Fall einer Vertretung zusätzlich Name oder Firma des Vertreters,
2. die Voraussetzungen der Anspruchsberechtigung nach § 8 Absatz 3,
3. ob und in welcher Höhe ein Aufwendungsersatzanspruch geltend gemacht wird und wie sich dieser berechnet,
4. die Rechtsverletzung unter Angabe der tatsächlichen Umstände,
5. in den Fällen des Absatzes 4, dass der Anspruch auf Aufwendungsersatz ausgeschlossen ist.

(3) Soweit die Abmahnung berechtigt ist und den Anforderungen des Absatzes 2 entspricht, kann der Abmahnende vom Abgemahnten Ersatz der erforderlichen Aufwendungen verlangen.

(4) Der Anspruch auf Ersatz der erforderlichen Aufwendungen nach Absatz 3 ist für Anspruchsberechtigte nach § 8 Absatz 3 Nummer 1 ausgeschlossen bei

1. im elektronischen Geschäftsverkehr oder in digitalen Diensten nach § 1 Absatz 4 Nummer 1 des Digitale-Dienste-Gesetzes begangenen Verstößen gegen gesetzliche Informations- und Kennzeichnungspflichten oder
2. sonstigen Verstößen gegen die Verordnung (EU) 2016/679 des Europäischen Parlaments und des Rates vom 27. April 2016 zum Schutz natürlicher Personen bei der Verarbeitung personenbezogener Daten, zum freien Datenverkehr und zur Aufhebung der Richtlinie 95/46/EG (Datenschutz-Grundverordnung) (ABl. L 119 vom 4.5.2016, S. 1; L 314 vom 22.11.2016, S. 72; L 127 vom 23.5.2018, S. 2) und das Bundesdatenschutzgesetz durch Unternehmen sowie gewerblich tätige Vereine, sofern sie in der Regel weniger als 250 Mitarbeiter beschäftigen.

(5) [1]Soweit die Abmahnung unberechtigt ist oder nicht den Anforderungen des Absatzes 2 entspricht oder soweit entgegen Absatz 4 ein Anspruch auf Aufwendungsersatz geltend gemacht wird, hat der Abgemahnte gegen den Abmahnenden einen Anspruch auf Ersatz der für seine Rechtsverteidigung erforderlichen Aufwendungen. [2]Der Anspruch nach Satz 1 ist beschränkt auf die Höhe des Aufwendungsersatzanspruchs, die der Abmahnende geltend macht. [3]Bei einer unberechtigten Abmahnung ist der Anspruch nach Satz 1 ausgeschlossen, wenn die fehlende Berechtigung der Abmahnung für den Abmahnenden zum Zeitpunkt der Abmahnung nicht erkennbar war. [4]Weitergehende Ersatzansprüche bleiben unberührt.

§ 13a Vertragsstrafe

(1) Bei der Festlegung einer angemessenen Vertragsstrafe nach § 13 Absatz 1 sind folgende Umstände zu berücksichtigen:

1. Art, Ausmaß und Folgen der Zuwiderhandlung,
2. Schuldhaftigkeit der Zuwiderhandlung und bei schuldhafter Zuwiderhandlung die Schwere des Verschuldens,
3. Größe, Marktstärke und Wettbewerbsfähigkeit des Abgemahnten sowie
4. wirtschaftliches Interesse des Abgemahnten an erfolgten und zukünftigen Verstößen.

(2) Die Vereinbarung einer Vertragsstrafe nach Absatz 1 ist für Anspruchsberechtigte nach § 8 Absatz 3 Nummer 1 bei einer erstmaligen Abmahnung bei Verstößen nach § 13 Absatz 4 ausgeschlossen, wenn der Abgemahnte in der Regel weniger als 100 Mitarbeiter beschäftigt.

(3) Vertragsstrafen dürfen eine Höhe von 1 000 Euro nicht überschreiten, wenn die Zuwiderhandlung angesichts ihrer Art, ihres Ausmaßes und ihrer Folgen die Interessen von Verbrauchern, Mitbewerbern und sonstigen Marktteilnehmern in nur unerheblichem Maße beeinträchtigt und wenn der Abgemahnte in der Regel weniger als 100 Mitarbeiter beschäftigt.

(4) Verspricht der Abgemahnte auf Verlangen des Abmahnenden eine unangemessen hohe Vertragsstrafe, schuldet er lediglich eine Vertragsstrafe in angemessener Höhe.

(5) [1]Ist lediglich eine Vertragsstrafe vereinbart, deren Höhe noch nicht beziffert wurde, kann der Abgemahnte bei Uneinigkeit über die Höhe auch ohne Zustimmung des Abmahnenden eine Einigungsstelle nach § 15 anrufen. [2]Das Gleiche gilt, wenn der Abgemahnte nach Absatz 4 nur eine Vertragsstrafe in angemessener Höhe schuldet. [3]Ist ein Verfahren vor der Einigungsstelle anhängig, so ist eine erst nach Anrufung der Einigungsstelle erhobene Klage nicht zulässig.

§ 14 Sachliche und örtliche Zuständigkeit; Verordnungsermächtigung

(1) Für alle bürgerlichen Rechtsstreitigkeiten, mit denen ein Anspruch auf Grund dieses Gesetzes geltend gemacht wird, sind die Landgerichte ausschließlich zuständig.

(2) [1]Für alle bürgerlichen Rechtsstreitigkeiten, mit denen ein Anspruch auf Grund dieses Gesetzes geltend gemacht wird, ist das Gericht zuständig, in dessen Bezirk der Beklagte seinen allgemeinen Gerichtsstand hat. [2]Für alle bürgerlichen Rechtsstreitigkeiten, mit denen ein Anspruch auf Grund dieses Gesetzes geltend gemacht wird, ist außerdem das Gericht zuständig, in dessen Bezirk die Zuwiderhandlung begangen wurde. [3]Satz 2 gilt nicht für

1. Rechtsstreitigkeiten wegen Zuwiderhandlungen im elektronischen Geschäftsverkehr oder in digitalen Diensten nach § 1 Absatz 4 Nummer 1 des Digitale-Dienste-Gesetzes oder
2. Rechtsstreitigkeiten, die von den nach § 8 Absatz 3 Nummer 2 bis 4 zur Geltendmachung eines Unterlassungsanspruchs Berechtigten geltend gemacht werden,

es sei denn, der Beklagte hat im Inland keinen allgemeinen Gerichtsstand.

(3) [1]Die Landesregierungen werden ermächtigt, durch Rechtsverordnung für die Bezirke mehrerer Landgerichte eines von ihnen als Gericht für Wettbewerbsstreitsachen zu bestimmen, wenn dies der Rechts-

pflege in Wettbewerbsstreitsachen dienlich ist. [2]Die Landesregierungen können die Ermächtigung durch Rechtsverordnung auf die Landesjustizverwaltungen übertragen. [3]Die Länder können außerdem durch Vereinbarung die den Gerichten eines Landes obliegenden Klagen nach Absatz 1 insgesamt oder teilweise dem zuständigen Gericht eines anderen Landes übertragen.

(4) Abweichend von den Absätzen 1 bis 3 richtet sich die Zuständigkeit für bürgerliche Rechtsstreitigkeiten, mit denen ein Anspruch nach § 9 Absatz 2 Satz 1 geltend gemacht wird, nach den allgemeinen Vorschriften.

§ 15 Einigungsstellen

(1) Die Landesregierungen errichten bei Industrie- und Handelskammern Einigungsstellen zur Beilegung von bürgerlichen Rechtsstreitigkeiten, in denen ein Anspruch auf Grund dieses Gesetzes geltend gemacht wird (Einigungsstellen).

(2) [1]Die Einigungsstellen sind mit einer vorsitzenden Person, die die Befähigung zum Richteramt nach dem Deutschen Richtergesetz hat, und beisitzenden Personen zu besetzen. [2]Als beisitzende Personen werden im Falle einer Anrufung durch eine nach § 8 Absatz 3 Nummer 3 zur Geltendmachung eines Unterlassungsanspruchs berechtigte qualifizierte Einrichtung Unternehmer und Verbraucher in gleicher Anzahl tätig, sonst mindestens zwei sachverständige Unternehmer. [3]Die vorsitzende Person soll auf dem Gebiet des Wettbewerbsrechts erfahren sein. [4]Die beisitzenden Personen werden von der vorsitzenden Person für den jeweiligen Streitfall aus einer alljährlich für das Kalenderjahr aufzustellenden Liste berufen. [5]Die Berufung soll im Einvernehmen mit den Parteien erfolgen. [6]Für die Ausschließung und Ablehnung von Mitgliedern der Einigungsstelle sind die §§ 41 bis 43 und § 44 Absatz 2 bis 4 der Zivilprozessordnung entsprechend anzuwenden. [7]Über das Ablehnungsgesuch entscheidet das für den Sitz der Einigungsstelle zuständige Landgericht (Kammer für Handelssachen oder, falls es an einer solchen fehlt, Zivilkammer).

(3) [1]Die Einigungsstellen können bei bürgerlichen Rechtsstreitigkeiten, in denen ein Anspruch auf Grund dieses Gesetzes geltend gemacht wird, angerufen werden, wenn der Gegner zustimmt. [2]Soweit die geschäftlichen Handlungen Verbraucher betreffen, können die Einigungsstellen von jeder Partei zu einer Aussprache mit dem Gegner über den Streitfall angerufen werden; einer Zustimmung des Gegners bedarf es nicht.

(4) Für die Zuständigkeit der Einigungsstellen ist § 14 entsprechend anzuwenden.

(5) [1]Die der Einigungsstelle vorsitzende Person kann das persönliche Erscheinen der Parteien anordnen. [2]Gegen eine unentschuldigt ausbleibende Partei kann die Einigungsstelle ein Ordnungsgeld festsetzen. [3]Gegen die Anordnung des persönlichen Erscheinens und gegen die Festsetzung des Ordnungsgeldes findet die sofortige Beschwerde nach den Vorschriften der Zivilprozessordnung an das für den Sitz der Einigungsstelle zuständige Landgericht (Kammer für Handelssachen oder, falls es an einer solchen fehlt, Zivilkammer) statt.

(6) [1]Die Einigungsstelle hat einen gütlichen Ausgleich anzustreben. [2]Sie kann den Parteien einen schriftlichen, mit Gründen versehenen Einigungsvorschlag machen. [3]Der Einigungsvorschlag und seine Begründung dürfen nur mit Zustimmung der Parteien veröffentlicht werden.

(7) [1]Kommt ein Vergleich zustande, so muss er in einem besonderen Schriftstück niedergelegt und unter Angabe des Tages seines Zustandekommens von den Mitgliedern der Einigungsstelle, welche in der Verhandlung mitgewirkt haben, sowie von den Parteien unterschrieben werden. [2]Aus einem vor der Einigungsstelle geschlossenen Vergleich findet die Zwangsvollstreckung statt; § 797a der Zivilprozessordnung ist entsprechend anzuwenden.

(8) Die Einigungsstelle kann, wenn sie den geltend gemachten Anspruch von vornherein für unbegründet oder sich selbst für unzuständig erachtet, die Einleitung von Einigungsverhandlungen ablehnen.

(9) [1]Durch die Anrufung der Einigungsstelle wird die Verjährung in gleicher Weise wie durch Klageerhebung gehemmt. [2]Kommt ein Vergleich nicht zustande, so ist der Zeitpunkt, zu dem das Verfahren beendet ist, von der Einigungsstelle festzustellen. [3]Die vorsitzende Person hat dies den Parteien mitzuteilen.

(10) [1]Ist ein Rechtsstreit der in Absatz 3 Satz 2 bezeichneten Art ohne vorherige Anrufung der Einigungsstelle anhängig gemacht worden, so kann das Gericht auf Antrag den Parteien unter Anberaumung eines neuen Termins aufgeben, vor diesem Termin die Einigungsstelle zur Herbeiführung eines gütlichen Ausgleichs anzurufen. [2]In dem Verfahren über den Antrag auf Erlass einer einstweiligen Verfügung ist diese Anordnung nur zulässig, wenn der Gegner zustimmt. [3]Absatz 8 ist nicht anzuwenden. [4]Ist ein Verfahren vor der Einigungsstelle anhängig, so ist eine erst nach Anrufung der Einigungsstelle erhobene Klage des Antragsgegners auf Feststellung, dass der geltend gemachte Anspruch nicht bestehe, nicht zulässig.

(11) [1]Die Landesregierungen werden ermächtigt, durch Rechtsverordnung die zur Durchführung der vorstehenden Bestimmungen und zur Regelung des Verfahrens vor den Einigungsstellen erforderlichen Vorschriften zu erlassen, insbesondere über die Aufsicht über die Einigungsstellen, über ihre Besetzung unter angemessener Beteiligung der nicht den Industrie- und Handelskammern angehörenden Unternehmern[1] (§ 2 Absatz 2 bis 6 des Gesetzes zur vorläufigen Regelung des Rechts der Industrie- und Handelskammern in der im Bundesgesetzblatt Teil III, Gliederungsnummer 701-1, veröffentlichten bereinigten Fassung) und über die Vollstreckung von Ordnungsgeldern, sowie Bestimmungen über die Erhebung von Auslagen durch die Einigungsstelle zu treffen. [2]Bei der Besetzung der Einigungsstellen sind die Vorschläge der für ein Bundesland errichteten, mit öffentlichen Mitteln geförderten Verbraucherzentralen zur Bestimmung der in Absatz 2 Satz 2 genannten Verbraucher zu berücksichtigen.

(12) Abweichend von Absatz 2 Satz 1 kann in den Ländern Brandenburg, Mecklenburg-Vorpommern, Sachsen, Sachsen-Anhalt und Thüringen die Einigungsstelle auch mit einem Rechtskundigen als Vorsitzendem besetzt werden, der die Befähigung zum Berufsrichter nach dem Recht der Deutschen Demokratischen Republik erworben hat.

§ 15a Überleitungsvorschrift zum Gesetz zur Stärkung des fairen Wettbewerbs

(1) § 8 Absatz 3 Nummer 2 ist nicht anzuwenden auf Verfahren, die am 1. September 2021 bereits rechtshängig sind.

(2) Die §§ 13 und 13a Absatz 2 und 3 sind nicht anzuwenden auf Abmahnungen, die vor dem 2. Dezember 2020 bereits zugegangen sind.

Kapitel 4
Straf- und Bußgeldvorschriften

§ 16 Strafbare Werbung

(1) Wer in der Absicht, den Anschein eines besonders günstigen Angebots hervorzurufen, in öffentlichen Bekanntmachungen oder in Mitteilungen, die für einen größeren Kreis von Personen bestimmt sind, durch unwahre Angaben irreführend wirbt, wird mit Freiheitsstrafe bis zu zwei Jahren oder mit Geldstrafe bestraft.

(2) Wer es im geschäftlichen Verkehr unternimmt, Verbraucher zur Abnahme von Waren, Dienstleistungen oder Rechten durch das Versprechen zu veranlassen, sie würden entweder vom Veranstalter selbst oder von einem Dritten besondere Vorteile erlangen, wenn sie andere zum Abschluss gleichartiger Geschäfte veranlassen, die ihrerseits nach der Art dieser Werbung derartige Vorteile für eine entsprechende Werbung weiterer Abnehmer erlangen sollen, wird mit Freiheitsstrafe bis zu zwei Jahren oder mit Geldstrafe bestraft.

§§ 17, 18 *[aufgehoben]*

§ 19 Bußgeldvorschriften bei einem weitverbreiteten Verstoß und einem weitverbreiteten Verstoß mit Unions-Dimension

(1) Ordnungswidrig handelt, wer vorsätzlich oder fahrlässig entgegen § 5c Absatz 1 Verbraucherinteressen verletzt.

(2) [1]Die Ordnungswidrigkeit kann mit einer Geldbuße bis zu fünfzigtausend Euro geahndet werden. [2]Gegenüber einem Unternehmer, der in den von dem Verstoß betroffenen Mitgliedstaaten der Europäischen Union in dem der Behördenentscheidung vorausgegangenen Geschäftsjahr mehr als eine Million zweihundertfünfzigtausend Euro Jahresumsatz erzielt hat, kann eine höhere Geldbuße verhängt werden; diese darf 4 Prozent des Jahresumsatzes nicht übersteigen. [3]Die Höhe des Jahresumsatzes kann geschätzt werden. [4]Liegen keine Anhaltspunkte für eine Schätzung des Jahresumsatzes vor, so beträgt das Höchstmaß der Geldbuße zwei Millionen Euro. [5]Abweichend von den Sätzen 2 bis 4 gilt gegenüber einem Täter oder einem Beteiligten, der im Sinne des § 9 des Gesetzes über Ordnungswidrigkeiten für einen Unternehmer handelt, und gegenüber einem Beteiligten im Sinne des § 14 Absatz 1 Satz 2 des Gesetzes über Ordnungswidrigkeiten, der kein Unternehmer ist, der Bußgeldrahmen des Satzes 1. [6]Das für die Ordnungswidrigkeit angedrohte Höchstmaß der Geldbuße im Sinne des § 30 Absatz 2 Satz 2 des Gesetzes über Ordnungswidrigkeiten ist das nach den Sätzen 1 bis 4 anwendbare Höchstmaß.

(3) Die Ordnungswidrigkeit kann nur im Rahmen einer koordinierten Durchsetzungsmaßnahme nach Artikel 21 der Verordnung (EU) 2017/2394 geahndet werden.

---

1) Richtig wohl: „Unternehmer“.

(4) Verwaltungsbehörden im Sinne des § 36 Absatz 1 Nummer 1 des Gesetzes über Ordnungswidrigkeiten sind

1. das Umweltbundesamt,
2. die Bundesanstalt für Finanzdienstleistungsaufsicht bei einer Zuwiderhandlung, die sich auf die Tätigkeit eines Unternehmens im Sinne des § 2 Nummer 2 des EU-Verbraucherschutzdurchführungsgesetzes bezieht, und
3. die nach Landesrecht zuständige Behörde bei einer Zuwiderhandlung, die sich auf die Tätigkeit eines Unternehmens im Sinne des § 2 Nummer 4 des EU-Verbraucherschutzdurchführungsgesetzes bezieht.

§ 20 Bußgeldvorschriften

(1) Ordnungswidrig handelt, wer vorsätzlich oder fahrlässig

1. entgegen § 7 Absatz 1 Satz 1 in Verbindung mit Absatz 2 Nummer 1 oder 2 mit einem Telefonanruf oder unter Verwendung einer automatischen Anrufmaschine gegenüber einem Verbraucher ohne dessen vorherige ausdrückliche Einwilligung wirbt,
2. entgegen § 7a Absatz 1 eine dort genannte Einwilligung nicht, nicht richtig, nicht vollständig oder nicht rechtzeitig dokumentiert oder nicht oder nicht mindestens fünf Jahre aufbewahrt,
3. entgegen § 8 Absatz 5 Satz 2 in Verbindung mit § 6a Absatz 1 Satz 3 des Unterlassungsklagengesetzes eine dort genannte Zustellung nicht oder nicht rechtzeitig bekannt macht,
4. einer Rechtsverordnung nach § 8b Absatz 3 Satz 1 in Verbindung mit § 4f Nummer 1 oder 2 des Unterlassungsklagengesetzes oder einer vollziehbaren Anordnung auf Grund einer solchen Rechtsverordnung zuwiderhandelt, soweit die Rechtsverordnung für einen bestimmten Tatbestand auf diese Bußgeldvorschrift verweist, oder
5. entgegen § 8b Absatz 3 in Verbindung mit § 4b Absatz 1 Satz 1 des Unterlassungsklagengesetzes, auch in Verbindung mit einer Rechtsverordnung nach § 4f Nummer 3 des Unterlassungsklagengesetzes, einen dort genannten Bericht nicht, nicht richtig, nicht vollständig oder nicht rechtzeitig erstattet.

(2) Die Ordnungswidrigkeit kann in den Fällen des Absatzes 1 Nummer 1 mit einer Geldbuße bis zu dreihunderttausend Euro, in den Fällen des Absatzes 1 Nummer 2 mit einer Geldbuße bis zu fünfzigtausend Euro und in den übrigen Fällen mit einer Geldbuße bis zu hunderttausend Euro geahndet werden.

(3) Verwaltungsbehörde im Sinne des § 36 Absatz 1 Nummer 1 des Gesetzes über Ordnungswidrigkeiten ist in den Fällen des Absatzes 1 Nummer 1 und 2 die Bundesnetzagentur für Elektrizität, Gas, Telekommunikation, Post und Eisenbahnen, in den übrigen Fällen das Bundesamt für Justiz.

Anhang
(zu § 3 Absatz 3)

Folgende geschäftliche Handlungen sind gegenüber Verbrauchern stets unzulässig:

Irreführende geschäftliche Handlungen

1. unwahre Angabe über die Unterzeichnung eines Verhaltenskodexes
die unwahre Angabe eines Unternehmers, zu den Unterzeichnern eines Verhaltenskodexes zu gehören;
2. unerlaubte Verwendung von Gütezeichen und Ähnlichem
die Verwendung von Gütezeichen, Qualitätskennzeichen oder Ähnlichem ohne die erforderliche Genehmigung;
3. unwahre Angabe über die Billigung eines Verhaltenskodexes
die unwahre Angabe, ein Verhaltenskodex sei von einer öffentlichen oder anderen Stelle gebilligt;
4. unwahre Angabe über Anerkennungen durch Dritte
die unwahre Angabe,
   a) ein Unternehmer, eine von ihm vorgenommene geschäftliche Handlung oder eine Ware oder Dienstleistung sei von einer öffentlichen oder privaten Stelle bestätigt, gebilligt oder genehmigt worden, oder
   b) den Bedingungen für die Bestätigung, Billigung oder Genehmigung werde entsprochen;
5. Lockangebote ohne Hinweis auf Unangemessenheit der Bevorratungsmenge
Waren- oder Dienstleistungsangebote im Sinne des § 5b Absatz 1 zu einem bestimmten Preis, wenn der Unternehmer nicht darüber aufklärt, dass er hinreichende Gründe für die Annahme hat, er werde nicht in der Lage sein, diese oder gleichartige Waren oder Dienstleistungen für einen angemessenen Zeitraum in angemessener Menge zum genannten Preis bereitzustellen oder bereitstellen zu lassen; ist die Bevorratung kürzer als zwei Tage, obliegt es dem Unternehmer, die Angemessenheit nachzuweisen;
6. Lockangebote zum Absatz anderer Waren oder Dienstleistungen
Waren- oder Dienstleistungsangebote im Sinne des § 5b Absatz 1 zu einem bestimmten Preis, wenn der Unternehmer sodann in der Absicht, stattdessen eine andere Ware oder Dienstleistung abzusetzen,
   a) eine fehlerhafte Ausführung der Ware oder Dienstleistung vorführt,
   b) sich weigert zu zeigen, was er beworben hat, oder
   c) sich weigert, Bestellungen dafür anzunehmen oder die beworbene Leistung innerhalb einer vertretbaren Zeit zu erbringen;
7. unwahre Angabe über zeitliche Begrenzung des Angebots
die unwahre Angabe, bestimmte Waren oder Dienstleistungen seien allgemein oder zu bestimmten Bedingungen nur für einen sehr begrenzten Zeitraum verfügbar, um den Verbraucher zu einer sofortigen geschäftlichen Entscheidung zu veranlassen, ohne dass dieser Zeit und Gelegenheit hat, sich auf Grund von Informationen zu entscheiden;
8. Sprachenwechsel für Kundendienstleistungen bei einer in einer Fremdsprache geführten Vertragsverhandlung
Kundendienstleistungen in einer anderen Sprache als derjenigen, in der die Verhandlungen vor dem Abschluss des Geschäfts geführt worden sind, wenn die ursprünglich verwendete Sprache nicht Amtssprache desjenigen Mitgliedstaats der Europäischen Union ist, in dem der Unternehmer niedergelassen ist; dies gilt nicht, soweit Verbraucher vor dem Abschluss des Geschäfts darüber aufgeklärt werden, dass diese Leistungen in einer anderen als der ursprünglich verwendeten Sprache erbracht werden;
9. unwahre Angabe über die Verkehrsfähigkeit
die unwahre Angabe oder das Erwecken des unzutreffenden Eindrucks, eine Ware oder Dienstleistung sei verkehrsfähig;
10. Darstellung gesetzlicher Verpflichtungen als Besonderheit eines Angebots
die unwahre Angabe oder das Erwecken des unzutreffenden Eindrucks, gesetzlich bestehende Rechte stellten eine Besonderheit des Angebots dar;

11. als Information getarnte Werbung
der vom Unternehmer finanzierte Einsatz redaktioneller Inhalte zu Zwecken der Verkaufsförderung, ohne dass sich dieser Zusammenhang aus dem Inhalt oder aus der Art der optischen oder akustischen Darstellung eindeutig ergibt;

11a. verdeckte Werbung in Suchergebnissen
die Anzeige von Suchergebnissen aufgrund der Online-Suchanfrage eines Verbrauchers, ohne dass etwaige bezahlte Werbung oder spezielle Zahlungen, die dazu dienen, ein höheres Ranking der jeweiligen Waren oder Dienstleistungen im Rahmen der Suchergebnisse zu erreichen, eindeutig offengelegt werden;

12. unwahre Angabe über Gefahren für die persönliche Sicherheit
unwahre Angaben über Art und Ausmaß einer Gefahr für die persönliche Sicherheit des Verbrauchers oder seiner Familie für den Fall, dass er die angebotene Ware nicht erwirbt oder die angebotene Dienstleistung nicht in Anspruch nimmt;

13. Täuschung über betriebliche Herkunft
Werbung für eine Ware oder Dienstleistung, die der Ware oder Dienstleistung eines bestimmten Herstellers ähnlich ist, wenn in der Absicht geworben wird, über die betriebliche Herkunft der beworbenen Ware oder Dienstleistung zu täuschen;

14. Schneeball- oder Pyramidensystem
die Einführung, der Betrieb oder die Förderung eines Systems zur Verkaufsförderung, bei dem vom Verbraucher ein finanzieller Beitrag für die Möglichkeit verlangt wird, eine Vergütung allein oder zumindest hauptsächlich durch die Einführung weiterer Teilnehmer in das System zu erlangen;

15. unwahre Angabe über Geschäftsaufgabe
die unwahre Angabe, der Unternehmer werde demnächst sein Geschäft aufgeben oder seine Geschäftsräume verlegen;

16. Angaben über die Erhöhung der Gewinnchancen bei Glücksspielen
die Angabe, durch eine bestimmte Ware oder Dienstleistung ließen sich die Gewinnchancen bei einem Glücksspiel erhöhen;

17. unwahre Angaben über die Heilung von Krankheiten
die unwahre Angabe, eine Ware oder Dienstleistung könne Krankheiten, Funktionsstörungen oder Missbildungen heilen;

18. unwahre Angabe über Marktbedingungen oder Bezugsquellen
eine unwahre Angabe über die Marktbedingungen oder Bezugsquellen, um den Verbraucher dazu zu bewegen, eine Ware oder Dienstleistung zu weniger günstigen Bedingungen als den allgemeinen Marktbedingungen abzunehmen oder in Anspruch zu nehmen;

19. Nichtgewährung ausgelobter Preise
das Angebot eines Wettbewerbs oder Preisausschreibens, wenn weder die in Aussicht gestellten Preise noch ein angemessenes Äquivalent vergeben werden;

20. unwahre Bewerbung als kostenlos
das Angebot einer Ware oder Dienstleistung als „gratis", „umsonst", „kostenfrei" oder dergleichen, wenn für die Ware oder Dienstleistung gleichwohl Kosten zu tragen sind; dies gilt nicht für Kosten, die im Zusammenhang mit dem Eingehen auf das Waren- oder Dienstleistungsangebot oder für die Abholung oder Lieferung der Ware oder die Inanspruchnahme der Dienstleistung unvermeidbar sind;

21. Irreführung über das Vorliegen einer Bestellung
die Übermittlung von Werbematerial unter Beifügung einer Zahlungsaufforderung, wenn damit der unzutreffende Eindruck vermittelt wird, die beworbene Ware oder Dienstleistung sei bereits bestellt;

22. Irreführung über Unternehmereigenschaft
die unwahre Angabe oder das Erwecken des unzutreffenden Eindrucks, der Unternehmer sei Verbraucher oder nicht für Zwecke seines Geschäfts, Handels, Gewerbes oder Berufs tätig;

23. Irreführung über Kundendienst in anderen Mitgliedstaaten der Europäischen Union
die unwahre Angabe oder das Erwecken des unzutreffenden Eindrucks, es sei im Zusammenhang mit Waren oder Dienstleistungen in einem anderen Mitgliedstaat der Europäischen Union als dem des Warenverkaufs oder der Dienstleistung ein Kundendienst verfügbar;

23a. Wiederverkauf von Eintrittskarten für Veranstaltungen
der Wiederverkauf von Eintrittskarten für Veranstaltungen an Verbraucher, wenn der Unternehmer diese Eintrittskarten unter Verwendung solcher automatisierter Verfahren erworben hat, die dazu dienen, Beschränkungen zu umgehen in Bezug auf die Zahl der von einer Person zu erwerbenden Eintrittskarten oder in Bezug auf andere für den Verkauf der Eintrittskarten geltende Regeln;

23b. Irreführung über die Echtheit von Verbraucherbewertungen
die Behauptung, dass Bewertungen einer Ware oder Dienstleistung von solchen Verbrauchern stammen, die diese Ware oder Dienstleistung tatsächlich erworben oder genutzt haben, ohne dass angemessene und verhältnismäßige Maßnahmen zur Überprüfung ergriffen wurden, ob die Bewertungen tatsächlich von solchen Verbrauchern stammen;

23c. gefälschte Verbraucherbewertungen
die Übermittlung oder Beauftragung gefälschter Bewertungen oder Empfehlungen von Verbrauchern sowie die falsche Darstellung von Bewertungen oder Empfehlungen von Verbrauchern in sozialen Medien zu Zwecken der Verkaufsförderung;

Aggressive geschäftliche Handlungen

24. räumliches Festhalten des Verbrauchers
das Erwecken des Eindrucks, der Verbraucher könne bestimmte Räumlichkeiten nicht ohne vorherigen Vertragsabschluss verlassen;

25. Nichtverlassen der Wohnung des Verbrauchers trotz Aufforderung
bei persönlichem Aufsuchen des Verbrauchers in dessen Wohnung die Nichtbeachtung seiner Aufforderung, die Wohnung zu verlassen oder nicht zu ihr zurückzukehren, es sei denn, das Aufsuchen ist zur rechtmäßigen Durchsetzung einer vertraglichen Verpflichtung gerechtfertigt;

26. unzulässiges hartnäckiges Ansprechen über Fernabsatzmittel
hartnäckiges und unerwünschtes Ansprechen des Verbrauchers mittels Telefonanrufen, unter Verwendung eines Faxgerätes, elektronischer Post oder sonstiger für den Fernabsatz geeigneter Mittel der kommerziellen Kommunikation, es sei denn, dieses Verhalten ist zur rechtmäßigen Durchsetzung einer vertraglichen Verpflichtung gerechtfertigt;

27. Verhinderung der Durchsetzung vertraglicher Rechte im Versicherungsverhältnis
Maßnahmen, durch die der Verbraucher von der Durchsetzung seiner vertraglichen Rechte aus einem Versicherungsverhältnis dadurch abgehalten werden soll, dass
    a) von ihm bei der Geltendmachung eines Anspruchs die Vorlage von Unterlagen verlangt wird, die zum Nachweis dieses Anspruchs nicht erforderlich sind, oder
    b) Schreiben zur Geltendmachung eines Anspruchs systematisch nicht beantwortet werden;

28. Kaufaufforderung an Kinder
die in eine Werbung einbezogene unmittelbare Aufforderung an Kinder, selbst die beworbene Ware zu erwerben oder die beworbene Dienstleistung in Anspruch zu nehmen oder ihre Eltern oder andere Erwachsene dazu zu veranlassen;

29. Aufforderung zur Bezahlung nicht bestellter Waren oder Dienstleistungen
die Aufforderung zur Bezahlung nicht bestellter, aber gelieferter Waren oder erbrachter Dienstleistungen oder eine Aufforderung zur Rücksendung oder Aufbewahrung nicht bestellter Waren;

30. Angaben über die Gefährdung des Arbeitsplatzes oder des Lebensunterhalts
die ausdrückliche Angabe, dass der Arbeitsplatz oder der Lebensunterhalt des Unternehmers gefährdet sei, wenn der Verbraucher die Ware oder Dienstleistung nicht abnehme;

31. Irreführung über Preis oder Gewinn
die unwahre Angabe oder das Erwecken des unzutreffenden Eindrucks, der Verbraucher habe bereits einen Preis gewonnen oder werde ihn gewinnen oder werde durch eine bestimmte Handlung einen Preis gewinnen oder einen sonstigen Vorteil erlangen, wenn
    a) es einen solchen Preis oder Vorteil tatsächlich nicht gibt oder
    b) die Möglichkeit, einen solchen Preis oder Vorteil zu erlangen, von der Zahlung eines Geldbetrags oder der Übernahme von Kosten abhängig gemacht wird.

32. Aufforderung zur Zahlung bei unerbetenen Besuchen in der Wohnung eines Verbrauchers am Tag des Vertragsschlusses
bei einem im Rahmen eines unerbetenen Besuchs in der Wohnung eines Verbrauchers geschlossenen Vertrag die an den Verbraucher gerichtete Aufforderung zur Bezahlung der Ware oder Dienstleistung vor Ablauf des Tages des Vertragsschlusses; dies gilt nicht, wenn der Verbraucher einen Betrag unter 50 Euro schuldet.

Gesetz über Urheberrecht und verwandte Schutzrechte (Urheberrechtsgesetz)

Vom 9. September 1965 (BGBl. I S. 1273)
(FNA 440-1)
zuletzt geändert durch Art. 25 TelekommunikationsmodernisierungsG[1] vom 23. Juni 2021
(BGBl. I S. 1858)

Inhaltsübersicht

1) **Amtl. Anm.:** Dieses Gesetz dient der Umsetzung der Richtlinie (EU) 2018/1972 des Europäischen Parlaments und des Rates vom 11. Dezember 2018 über den europäischen Kodex für die elektronische Kommunikation (Neufassung) (ABl. L 321 vom 17.12.2018, S. 36).

Der Bundestag hat das folgende Gesetz beschlossen:

Teil 1
Urheberrecht

Abschnitt 1
Allgemeines

§ 1 Allgemeines
Die Urheber von Werken der Literatur, Wissenschaft und Kunst genießen für ihre Werke Schutz nach Maßgabe dieses Gesetzes.

Abschnitt 2
Das Werk

§ 2 Geschützte Werke
(1) Zu den geschützten Werken der Literatur, Wissenschaft und Kunst gehören insbesondere:
1. Sprachwerke, wie Schriftwerke, Reden und Computerprogramme;
2. Werke der Musik;
3. pantomimische Werke einschließlich der Werke der Tanzkunst;
4. Werke der bildenden Künste einschließlich der Werke der Baukunst und der angewandten Kunst und Entwürfe solcher Werke;
5. Lichtbildwerke einschließlich der Werke, die ähnlich wie Lichtbildwerke geschaffen werden;
6. Filmwerke einschließlich der Werke, die ähnlich wie Filmwerke geschaffen werden;
7. Darstellungen wissenschaftlicher oder technischer Art, wie Zeichnungen, Pläne, Karten, Skizzen, Tabellen und plastische Darstellungen.

(2) Werke im Sinne dieses Gesetzes sind nur persönliche geistige Schöpfungen.

§ 3 Bearbeitungen
[1]Übersetzungen und andere Bearbeitungen eines Werkes, die persönliche geistige Schöpfungen des Bearbeiters sind, werden unbeschadet des Urheberrechts am bearbeiteten Werk wie selbständige Werke geschützt. [2]Die nur unwesentliche Bearbeitung eines nicht geschützten Werkes der Musik wird nicht als selbständiges Werk geschützt.

§ 4 Sammelwerke und Datenbankwerke
(1) Sammlungen von Werken, Daten oder anderen unabhängigen Elementen, die aufgrund der Auswahl oder Anordnung der Elemente eine persönliche geistige Schöpfung sind (Sammelwerke), werden, unbe-

schadet eines an den einzelnen Elementen gegebenenfalls bestehenden Urheberrechts oder verwandten Schutzrechts, wie selbständige Werke geschützt.

(2) [1]Datenbankwerk im Sinne dieses Gesetzes ist ein Sammelwerk, dessen Elemente systematisch oder methodisch angeordnet und einzeln mit Hilfe elektronischer Mittel oder auf andere Weise zugänglich sind. [2]Ein zur Schaffung des Datenbankwerkes oder zur Ermöglichung des Zugangs zu dessen Elementen verwendetes Computerprogramm (§ 69a) ist nicht Bestandteil des Datenbankwerkes.

§ 5 Amtliche Werke

(1) Gesetze, Verordnungen, amtliche Erlasse und Bekanntmachungen sowie Entscheidungen und amtlich verfaßte Leitsätze zu Entscheidungen genießen keinen urheberrechtlichen Schutz.

(2) Das gleiche gilt für andere amtliche Werke, die im amtlichen Interesse zur allgemeinen Kenntnisnahme veröffentlicht worden sind, mit der Einschränkung, daß die Bestimmungen über Änderungsverbot und Quellenangabe in § 62 Abs. 1 bis 3 und § 63 Abs. 1 und 2 entsprechend anzuwenden sind.

(3) [1]Das Urheberrecht an privaten Normwerken wird durch die Absätze 1 und 2 nicht berührt, wenn Gesetze, Verordnungen, Erlasse oder amtliche Bekanntmachungen auf sie verweisen, ohne ihren Wortlaut wiederzugeben. [2]In diesem Fall ist der Urheber verpflichtet, jedem Verleger zu angemessenen Bedingungen ein Recht zur Vervielfältigung und Verbreitung einzuräumen. [3]Ist ein Dritter Inhaber des ausschließlichen Rechts zur Vervielfältigung und Verbreitung, so ist dieser zur Einräumung des Nutzungsrechts nach Satz 2 verpflichtet.

§ 6 Veröffentlichte und erschienene Werke

(1) Ein Werk ist veröffentlicht, wenn es mit Zustimmung des Berechtigten der Öffentlichkeit zugänglich gemacht worden ist.

(2) [1]Ein Werk ist erschienen, wenn mit Zustimmung des Berechtigten Vervielfältigungsstücke des Werkes nach ihrer Herstellung in genügender Anzahl der Öffentlichkeit angeboten oder in Verkehr gebracht worden sind. [2]Ein Werk der bildenden Künste gilt auch dann als erschienen, wenn das Original oder ein Vervielfältigungsstück des Werkes mit Zustimmung des Berechtigten bleibend der Öffentlichkeit zugänglich ist.

Abschnitt 3
Der Urheber

§ 7 Urheber

Urheber ist der Schöpfer des Werkes.

§ 8 Miturheber

(1) Haben mehrere ein Werk gemeinsam geschaffen, ohne daß sich ihre Anteile gesondert verwerten lassen, so sind sie Miturheber des Werkes.

(2) [1]Das Recht zur Veröffentlichung und zur Verwertung des Werkes steht den Miturhebern zur gesamten Hand zu; Änderungen des Werkes sind nur mit Einwilligung der Miturheber zulässig. [2]Ein Miturheber darf jedoch seine Einwilligung zur Veröffentlichung, Verwertung oder Änderung nicht wider Treu und Glauben verweigern. [3]Jeder Miturheber ist berechtigt, Ansprüche aus Verletzungen des gemeinsamen Urheberrechts geltend zu machen; er kann jedoch nur Leistung an alle Miturheber verlangen.

(3) Die Erträgnisse aus der Nutzung des Werkes gebühren den Miturhebern nach dem Umfang ihrer Mitwirkung an der Schöpfung des Werkes, wenn nichts anderes zwischen den Miturhebern vereinbart ist.

(4) [1]Ein Miturheber kann auf seinen Anteil an den Verwertungsrechten (§ 15) verzichten. [2]Der Verzicht ist den anderen Miturhebern gegenüber zu erklären. [3]Mit der Erklärung wächst der Anteil den anderen Miturhebern zu.

§ 9 Urheber verbundener Werke

Haben mehrere Urheber ihre Werke zu gemeinsamer Verwertung miteinander verbunden, so kann jeder vom anderen die Einwilligung zur Veröffentlichung, Verwertung und Änderung der verbundenen Werke verlangen, wenn die Einwilligung dem anderen nach Treu und Glauben zuzumuten ist.

§ 10 Vermutung der Urheber- oder Rechtsinhaberschaft

(1) Wer auf den Vervielfältigungsstücken eines erschienenen Werkes oder auf dem Original eines Werkes der bildenden Künste in der üblichen Weise als Urheber bezeichnet ist, wird bis zum Beweis des Gegenteils als Urheber des Werkes angesehen; dies gilt auch für eine Bezeichnung, die als Deckname oder Künstlerzeichen des Urhebers bekannt ist.

(2) [1]Ist der Urheber nicht nach Absatz 1 bezeichnet, so wird vermutet, daß derjenige ermächtigt ist, die Rechte des Urhebers geltend zu machen, der auf den Vervielfältigungsstücken des Werkes als Herausgeber bezeichnet ist. [2]Ist kein Herausgeber angegeben, so wird vermutet, daß der Verleger ermächtigt ist.
(3) [1]Für die Inhaber ausschließlicher Nutzungsrechte gilt die Vermutung des Absatzes 1 entsprechend, soweit es sich um Verfahren des einstweiligen Rechtsschutzes handelt oder Unterlassungsansprüche geltend gemacht werden. [2]Die Vermutung gilt nicht im Verhältnis zum Urheber oder zum ursprünglichen Inhaber des verwandten Schutzrechts.

Abschnitt 4
Inhalt des Urheberrechts

Unterabschnitt 1
Allgemeines

§ 11 Allgemeines
[1]Das Urheberrecht schützt den Urheber in seinen geistigen und persönlichen Beziehungen zum Werk und in der Nutzung des Werkes. [2]Es dient zugleich der Sicherung einer angemessenen Vergütung für die Nutzung des Werkes.

Unterabschnitt 2
Urheberpersönlichkeitsrecht

§ 12 Veröffentlichungsrecht
(1) Der Urheber hat das Recht zu bestimmen, ob und wie sein Werk zu veröffentlichen ist.
(2) Dem Urheber ist es vorbehalten, den Inhalt seines Werkes öffentlich mitzuteilen oder zu beschreiben, solange weder das Werk noch der wesentliche Inhalt oder eine Beschreibung des Werkes mit seiner Zustimmung veröffentlicht ist.

§ 13 Anerkennung der Urheberschaft
[1]Der Urheber hat das Recht auf Anerkennung seiner Urheberschaft am Werk. [2]Er kann bestimmen, ob das Werk mit einer Urheberbezeichnung zu versehen und welche Bezeichnung zu verwenden ist.

§ 14 Entstellung des Werkes
Der Urheber hat das Recht, eine Entstellung oder eine andere Beeinträchtigung seines Werkes zu verbieten, die geeignet ist, seine berechtigten geistigen oder persönlichen Interessen am Werk zu gefährden.

Unterabschnitt 3
Verwertungsrechte

§ 15 Allgemeines
(1) Der Urheber hat das ausschließliche Recht, sein Werk in körperlicher Form zu verwerten; das Recht umfaßt insbesondere
1. das Vervielfältigungsrecht (§ 16),
2. das Verbreitungsrecht (§ 17),
3. das Ausstellungsrecht (§ 18).

(2) [1]Der Urheber hat ferner das ausschließliche Recht, sein Werk in unkörperlicher Form öffentlich wiederzugeben (Recht der öffentlichen Wiedergabe). [2]Das Recht der öffentlichen Wiedergabe umfasst insbesondere
1. das Vortrags-, Aufführungs- und Vorführungsrecht (§ 19),
2. das Recht der öffentlichen Zugänglichmachung (§ 19a),
3. das Senderecht (§ 20),
4. das Recht der Wiedergabe durch Bild- oder Tonträger (§ 21),
5. das Recht der Wiedergabe von Funksendungen und von öffentlicher Zugänglichmachung (§ 22).

(3) [1]Die Wiedergabe ist öffentlich, wenn sie für eine Mehrzahl von Mitgliedern der Öffentlichkeit bestimmt ist. [2]Zur Öffentlichkeit gehört jeder, der nicht mit demjenigen, der das Werk verwertet, oder mit den anderen Personen, denen das Werk in unkörperlicher Form wahrnehmbar oder zugänglich gemacht wird, durch persönliche Beziehungen verbunden ist.

§ 16 Vervielfältigungsrecht

(1) Das Vervielfältigungsrecht ist das Recht, Vervielfältigungsstücke des Werkes herzustellen, gleichviel ob vorübergehend oder dauerhaft, in welchem Verfahren und in welcher Zahl.

(2) Eine Vervielfältigung ist auch die Übertragung des Werkes auf Vorrichtungen zur wiederholbaren Wiedergabe von Bild- oder Tonfolgen (Bild- oder Tonträger), gleichviel, ob es sich um die Aufnahme einer Wiedergabe des Werkes auf einen Bild- oder Tonträger oder um die Übertragung des Werkes von einem Bild- oder Tonträger auf einen anderen handelt.

§ 17 Verbreitungsrecht

(1) Das Verbreitungsrecht ist das Recht, das Original oder Vervielfältigungsstücke des Werkes der Öffentlichkeit anzubieten oder in Verkehr zu bringen.

(2) Sind das Original oder Vervielfältigungsstücke des Werkes mit Zustimmung des zur Verbreitung Berechtigten im Gebiet der Europäischen Union oder eines anderen Vertragsstaates des Abkommens über den Europäischen Wirtschaftsraum im Wege der Veräußerung in Verkehr gebracht worden, so ist ihre Weiterverbreitung mit Ausnahme der Vermietung zulässig.

(3) [1]Vermietung im Sinne der Vorschriften dieses Gesetzes ist die zeitlich begrenzte, unmittelbar oder mittelbar Erwerbszwecken dienende Gebrauchsüberlassung. [2]Als Vermietung gilt jedoch nicht die Überlassung von Originalen oder Vervielfältigungsstücken

1. von Bauwerken und Werken der angewandten Kunst oder
2. im Rahmen eines Arbeits- oder Dienstverhältnisses zu dem ausschließlichen Zweck, bei der Erfüllung von Verpflichtungen aus dem Arbeits- oder Dienstverhältnis benutzt zu werden.

§ 18 Ausstellungsrecht

Das Ausstellungsrecht ist das Recht, das Original oder Vervielfältigungsstücke eines unveröffentlichten Werkes der bildenden Künste oder eines unveröffentlichten Lichtbildwerkes öffentlich zur Schau zu stellen.

§ 19 Vortrags-, Aufführungs- und Vorführungsrecht

(1) Das Vortragsrecht ist das Recht, ein Sprachwerk durch persönliche Darbietung öffentlich zu Gehör zu bringen.

(2) Das Aufführungsrecht ist das Recht, ein Werk der Musik durch persönliche Darbietung öffentlich zu Gehör zu bringen oder ein Werk öffentlich bühnenmäßig darzustellen.

(3) Das Vortrags- und das Aufführungsrecht umfassen das Recht, Vorträge und Aufführungen außerhalb des Raumes, in dem die persönliche Darbietung stattfindet, durch Bildschirm, Lautsprecher oder ähnliche technische Einrichtungen öffentlich wahrnehmbar zu machen.

(4) [1]Das Vorführungsrecht ist das Recht, ein Werk der bildenden Künste, ein Lichtbildwerk, ein Filmwerk oder Darstellungen wissenschaftlicher oder technischer Art durch technische Einrichtungen öffentlich wahrnehmbar zu machen. [2]Das Vorführungsrecht umfaßt nicht das Recht, die Funksendung oder öffentliche Zugänglichmachung solcher Werke öffentlich wahrnehmbar zu machen (§ 22).

§ 19a Recht der öffentlichen Zugänglichmachung

Das Recht der öffentlichen Zugänglichmachung ist das Recht, das Werk drahtgebunden oder drahtlos der Öffentlichkeit in einer Weise zugänglich zu machen, dass es Mitgliedern der Öffentlichkeit von Orten und zu Zeiten ihrer Wahl zugänglich ist.

§ 20 Senderecht

Das Senderecht ist das Recht, das Werk durch Funk, wie Ton- und Fernsehrundfunk, Satellitenrundfunk, Kabelfunk oder ähnliche technische Mittel, der Öffentlichkeit zugänglich zu machen.

§ 20a Europäische Satellitensendung

(1) Wird eine Satellitensendung innerhalb des Gebietes eines Mitgliedstaates der Europäischen Union oder Vertragsstaates des Abkommens über den Europäischen Wirtschaftsraum ausgeführt, so gilt sie ausschließlich als in diesem Mitgliedsstaat oder Vertragsstaat erfolgt.

(2) [1]Wird eine Satellitensendung im Gebiet eines Staates ausgeführt, der weder Mitgliedstaat der Europäischen Union noch Vertragsstaat des Abkommens über den Europäischen Wirtschaftsraum ist und in dem für das Recht der Satellitensendung das in Kapitel II der Richtlinie 93/83/EWG des Rates vom 27. September 1993 zur Koordinierung bestimmter urheber- und leistungsschutzrechtlicher Vorschriften betreffend Satellitenrundfunk und Kabelweiterverbreitung (ABl. EG Nr. L 248 S. 15) vorgesehene Schutzniveau nicht gewährleistet ist, so gilt sie als in dem Mitgliedstaat oder Vertragsstaat erfolgt,

1. in dem die Erdfunkstation liegt, von der aus die programmtragenden Signale zum Satelliten geleitet werden, oder
2. in dem das Sendeunternehmen seine Niederlassung hat, wenn die Vorraussetzung nach Nummer 1 nicht gegeben ist.

[2]Das Senderecht ist im Fall der Nummer 1 gegenüber dem Betreiber der Erdfunkstation, im Fall der Nummer 2 gegenüber dem Sendeunternehmen geltend zu machen.

(3) Satellitensendung im Sinne von Absatz 1 und 2 ist die unter der Kontrolle und Verantwortung des Sendeunternehmens stattfindende Eingabe der für den öffentlichen Empfang bestimmten programmtragenden Signale in eine ununterbrochene Übertragungskette, die zum Satelliten und zurück zur Erde führt.

§ 20b Weitersendung

(1) [1]Das Recht, ein gesendetes Werk im Rahmen eines zeitgleich, unverändert und vollständig weiterübertragenen Programms weiterzusenden (Weitersendung), kann nur durch eine Verwertungsgesellschaft geltend gemacht werden. [2]Dies gilt nicht für

1. Rechte an einem Werk, das ausschließlich im Internet gesendet wird,
2. Rechte, die ein Sendeunternehmen in Bezug auf seine Sendungen geltend macht.

(1a) Bei der Weitersendung über einen Internetzugangsdienst ist Absatz 1 nur anzuwenden, wenn der Betreiber des Weitersendedienstes ausschließlich berechtigten Nutzern in einer gesicherten Umgebung Zugang zum Programm bietet.

(1b) Internetzugangsdienst im Sinne von Absatz 1a ist ein Dienst gemäß Artikel 2 Absatz 2 Nummer 2 der Verordnung (EU) 2015/2120 des Europäischen Parlaments und des Rates vom 25. November 2015 über Maßnahmen zum Zugang zum offenen Internet und zur Änderung der Richtlinie 2002/22/EG über den Universaldienst und Nutzerrechte bei elektronischen Kommunikationsnetzen und -diensten sowie der Verordnung (EU) Nr. 531/2012 über das Roaming in öffentlichen Mobilfunknetzen in der Union (ABl. L 310 vom 26.11.2015, S. 1), die zuletzt durch die Richtlinie (EU) 2018/1972 (ABl. L 321 vom 17.12.2018, S. 36; L 334 vom 27.12.2019, S. 164) geändert worden ist.

(2) [1]Hat der Urheber das Recht der Weitersendung einem Sendeunternehmen oder einem Tonträger- oder Filmhersteller eingeräumt, so hat der Weitersendedienst gleichwohl dem Urheber eine angemessene Vergütung für die Weitersendung zu zahlen. [2]Auf den Vergütungsanspruch kann nicht verzichtet werden. [3]Er kann im Voraus nur an eine Verwertungsgesellschaft abgetreten und nur durch eine solche geltend gemacht werden. [4]Diese Regelung steht Tarifverträgen, Betriebsvereinbarungen und gemeinsamen Vergütungsregeln von Sendeunternehmen nicht entgegen, soweit dadurch dem Urheber eine angemessene Vergütung für jede Weitersendung eingeräumt wird.

§ 20c Europäischer ergänzender Online-Dienst

(1) Ein ergänzender Online-Dienst eines Sendeunternehmens ist

1. die Sendung von Programmen im Internet zeitgleich mit ihrer Sendung in anderer Weise,
2. die öffentliche Zugänglichmachung bereits gesendeter Programme im Internet, die für einen begrenzten Zeitraum nach der Sendung abgerufen werden können, auch mit ergänzenden Materialien zum Programm.

(2) [1]Die Vervielfältigung und die öffentliche Wiedergabe von Werken zur Ausführung eines ergänzenden Online-Dienstes eines Sendeunternehmens in einem Mitgliedstaat der Europäischen Union oder einem Vertragsstaat des Abkommens über den Europäischen Wirtschaftsraum gelten ausschließlich als in dem Mitgliedstaat oder Vertragsstaat erfolgt, in dem das Sendeunternehmen seine Hauptniederlassung hat. [2]Der Rechtsinhaber und das Sendeunternehmen können den Umfang von Nutzungsrechten für ergänzende Online-Dienste des Sendeunternehmens beschränken.

(3) Absatz 2 gilt bei Fernsehprogrammen nur für Eigenproduktionen des Sendeunternehmens, die vollständig von ihm finanziert wurden, sowie für Nachrichtensendungen und die Berichterstattung über Tagesereignisse, nicht aber für die Übertragung von Sportveranstaltungen.

§ 20d Direkteinspeisung

(1) Überträgt ein Sendeunternehmen die programmtragenden Signale an einen Signalverteiler, ohne sie gleichzeitig selbst öffentlich wiederzugeben (Direkteinspeisung), und gibt der Signalverteiler diese programmtragenden Signale öffentlich wieder, so gelten das Sendeunternehmen und der Signalverteiler als Beteiligte einer einzigen öffentlichen Wiedergabe.

(2) § 20b gilt entsprechend.

§ 21 Recht der Wiedergabe durch Bild- oder Tonträger

[1]Das Recht der Wiedergabe durch Bild- oder Tonträger ist das Recht, Vorträge oder Aufführungen des Werkes mittels Bild- oder Tonträger öffentlich wahrnehmbar zu machen. [2]§ 19 Abs. 3 gilt entsprechend.

§ 22 Recht der Wiedergabe von Funksendungen und von öffentlicher Zugänglichmachung

[1]Das Recht der Wiedergabe von Funksendungen und der Wiedergabe von öffentlicher Zugänglichmachung ist das Recht, Funksendungen und auf öffentlicher Zugänglichmachung beruhende Wiedergaben des Werkes durch Bildschirm, Lautsprecher oder ähnliche technische Einrichtungen öffentlich wahrnehmbar zu machen. [2]§ 19 Abs. 3 gilt entsprechend.

§ 23 Bearbeitungen und Umgestaltungen

(1) [1]Bearbeitungen oder andere Umgestaltungen eines Werkes, insbesondere auch einer Melodie, dürfen nur mit Zustimmung des Urhebers veröffentlicht oder verwertet werden. [2]Wahrt das neu geschaffene Werk einen hinreichenden Abstand zum benutzten Werk, so liegt keine Bearbeitung oder Umgestaltung im Sinne des Satzes 1 vor.

(2) Handelt es sich um
1. die Verfilmung eines Werkes,
2. die Ausführung von Plänen und Entwürfen eines Werkes der bildenden Künste,
3. den Nachbau eines Werkes der Baukunst oder
4. die Bearbeitung oder Umgestaltung eines Datenbankwerkes,

so bedarf bereits das Herstellen der Bearbeitung oder Umgestaltung der Zustimmung des Urhebers.

(3) Auf ausschließlich technisch bedingte Änderungen eines Werkes bei Nutzungen nach § 44b Absatz 2, § 60d Absatz 1, § 60e Absatz 1 sowie § 60f Absatz 2 sind die Absätze 1 und 2 nicht anzuwenden.

§ 24 *[aufgehoben]*

Unterabschnitt 4

Sonstige Rechte des Urhebers

§ 25 Zugang zu Werkstücken

(1) Der Urheber kann vom Besitzer des Originals oder eines Vervielfältigungsstückes seines Werkes verlangen, daß er ihm das Original oder das Vervielfältigungsstück zugänglich macht, soweit dies zur Herstellung von Vervielfältigungsstücken oder Bearbeitungen des Werkes erforderlich ist und nicht berechtigte Interessen des Besitzers entgegenstehen.

(2) Der Besitzer ist nicht verpflichtet, das Original oder das Vervielfältigungsstück dem Urheber herauszugeben

§ 26 Folgerecht

(1) [1]Wird das Original eines Werkes der bildenden Künste oder eines Lichtbildwerkes weiterveräußert und ist hieran ein Kunsthändler oder Versteigerer als Erwerber, Veräußerer oder Vermittler beteiligt, so hat der Veräußerer dem Urheber einen Anteil des Veräußerungserlöses zu entrichten. [2]Als Veräußerungserlös im Sinne des Satzes 1 gilt der Verkaufspreis ohne Steuern. [3]Ist der Veräußerer eine Privatperson, so haftet der als Erwerber oder Vermittler beteiligte Kunsthändler oder Versteigerer neben ihm als Gesamtschuldner; im Verhältnis zueinander ist der Veräußerer allein verpflichtet. [4]Die Verpflichtung nach Satz 1 entfällt, wenn der Veräußerungserlös weniger als 400 Euro beträgt.

(2) [1]Die Höhe des Anteils des Veräußerungserlöses beträgt:
1. 4 Prozent für den Teil des Veräußerungserlöses bis zu 50 000 Euro,
2. 3 Prozent für den Teil des Veräußerungserlöses von 50 000,01 bis 200 000 Euro,
3. 1 Prozent für den Teil des Veräußerungserlöses von 200 000,01 bis 350 000 Euro,
4. 0,5 Prozent für den Teil des Veräußerungserlöses von 350 000,01 bis 500 000 Euro,
5. 0,25 Prozent für den Teil des Veräußerungserlöses über 500 000 Euro.

[2]Der Gesamtbetrag der Folgerechtsvergütung aus einer Weiterveräußerung beträgt höchstens 12 500 Euro.

(3) [1]Das Folgerecht ist unveräußerlich. [2]Der Urheber kann auf seinen Anteil im Voraus nicht verzichten.

(4) Der Urheber kann von einem Kunsthändler oder Versteigerer Auskunft darüber verlangen, welche Originale von Werken des Urhebers innerhalb der letzten drei Jahre vor dem Auskunftsersuchen unter Beteiligung des Kunsthändlers oder Versteigerers weiterveräußert wurden.

(5) [1]Der Urheber kann, soweit dies zur Durchsetzung seines Anspruchs gegen den Veräußerer erforderlich ist, von dem Kunsthändler oder Versteigerer Auskunft über den Namen und die Anschrift des Veräußerers sowie über die Höhe des Veräußerungserlöses verlangen. [2]Der Kunsthändler oder Versteigerer darf die Auskunft über Namen und Anschrift des Veräußerers verweigern, wenn er dem Urheber den Anteil entrichtet.

(6) Die Ansprüche nach den Absätzen 4 und 5 können nur durch eine Verwertungsgesellschaft geltend gemacht werden.

(7) [1]Bestehen begründete Zweifel an der Richtigkeit oder Vollständigkeit einer Auskunft nach Absatz 4 oder 5, so kann die Verwertungsgesellschaft verlangen, dass nach Wahl des Auskunftspflichtigen ihr oder einem von ihm zu bestimmenden Wirtschaftsprüfer oder vereidigten Buchprüfer Einsicht in die Geschäftsbücher oder sonstige Urkunden so weit gewährt wird, wie dies zur Feststellung der Richtigkeit oder Vollständigkeit der Auskunft erforderlich ist. [2]Erweist sich die Auskunft als unrichtig oder unvollständig, so hat der Auskunftspflichtige die Kosten der Prüfung zu erstatten.

(8) Die vorstehenden Bestimmungen sind auf Werke der Baukunst und der angewandten Kunst nicht anzuwenden.

§ 27 Vergütung für Vermietung und Verleihen

(1) [1]Hat der Urheber das Vermietrecht (§ 17) an einem Bild- oder Tonträger dem Tonträger- oder Filmhersteller eingeräumt, so hat der Vermieter gleichwohl dem Urheber eine angemessene Vergütung für die Vermietung zu zahlen. [2]Auf den Vergütungsanspruch kann nicht verzichtet werden. [3]Er kann im voraus nur an eine Verwertungsgesellschaft abgetreten werden.

(2) [1]Für das Verleihen von Originalen oder Vervielfältigungsstücken eines Werkes, deren Weiterverbreitung nach § 17 Abs. 2 zulässig ist, ist dem Urheber eine angemessene Vergütung zu zahlen, wenn die Originale oder Vervielfältigungsstücke durch eine der Öffentlichkeit zugängliche Einrichtung (Bücherei, Sammlung von Bild- oder Tonträgern oder anderer Originale oder Vervielfältigungsstücke) verliehen werden. [2]Verleihen im Sinne von Satz 1 ist die zeitlich begrenzte, weder unmittelbar noch mittelbar Erwerbszwecken dienende Gebrauchsüberlassung; § 17 Abs. 3 Satz 2 findet entsprechende Anwendung.

(3) Die Vergütungsansprüche nach den Absätzen 1 und 2 können nur durch eine Verwertungsgesellschaft geltend gemacht werden.

Abschnitt 5

Rechtsverkehr im Urheberrecht

Unterabschnitt 1

Rechtsnachfolge in das Urheberrecht

§ 28 Vererbung des Urheberrechts

(1) Das Urheberrecht ist vererblich.

(2) [1]Der Urheber kann durch letztwillige Verfügung die Ausübung des Urheberrechts einem Testamentsvollstrecker übertragen. [2]§ 2210 des Bürgerlichen Gesetzbuchs ist nicht anzuwenden.

§ 29 Rechtsgeschäfte über das Urheberrecht

(1) Das Urheberrecht ist nicht übertragbar, es sei denn, es wird in Erfüllung einer Verfügung von Todes wegen oder an Miterben im Wege der Erbauseinandersetzung übertragen.

(2) Zulässig sind die Einräumung von Nutzungsrechten (§ 31), schuldrechtliche Einwilligungen und Vereinbarungen zu Verwertungsrechten sowie die in § 39 geregelten Rechtsgeschäfte über Urheberpersönlichkeitsrechte.

§ 30 Rechtsnachfolger des Urhebers

Der Rechtsnachfolger des Urhebers hat die dem Urheber nach diesem Gesetz zustehenden Rechte, soweit nichts anderes bestimmt ist.

Unterabschnitt 2

Nutzungsrechte

§ 31 Einräumung von Nutzungsrechten

(1) [1]Der Urheber kann einem anderen das Recht einräumen, das Werk auf einzelne oder alle Nutzungsarten zu nutzen (Nutzungsrecht). [2]Das Nutzungsrecht kann als einfaches oder ausschließliches Recht sowie räumlich, zeitlich oder inhaltlich beschränkt eingeräumt werden.

(2) Das einfache Nutzungsrecht berechtigt den Inhaber, das Werk auf die erlaubte Art zu nutzen, ohne dass eine Nutzung durch andere ausgeschlossen ist.

(3) [1]Das ausschließliche Nutzungsrecht berechtigt den Inhaber, das Werk unter Ausschluss aller anderen Personen auf die ihm erlaubte Art zu nutzen und Nutzungsrechte einzuräumen. [2]Es kann bestimmt werden, dass die Nutzung durch den Urheber vorbehalten bleibt. [3]§ 35 bleibt unberührt.

(4) *[aufgehoben]*

(5) [1]Sind bei der Einräumung eines Nutzungsrechts die Nutzungsarten nicht ausdrücklich einzeln bezeichnet, so bestimmt sich nach dem von beiden Partnern zugrunde gelegten Vertragszweck, auf welche

Nutzungsarten es sich erstreckt. [2]Entsprechendes gilt für die Frage, ob ein Nutzungsrecht eingeräumt wird, ob es sich um ein einfaches oder ausschließliches Nutzungsrecht handelt, wie weit Nutzungsrecht und Verbotsrecht reichen und welchen Einschränkungen das Nutzungsrecht unterliegt.

§ 31a Verträge über unbekannte Nutzungsarten

(1) [1]Ein Vertrag, durch den der Urheber Rechte für unbekannte Nutzungsarten einräumt oder sich dazu verpflichtet, bedarf der Schriftform. [2]Der Schriftform bedarf es nicht, wenn der Urheber unentgeltlich ein einfaches Nutzungsrecht für jedermann einräumt. [3]Der Urheber kann diese Rechtseinräumung oder die Verpflichtung hierzu widerrufen. [4]Das Widerrufsrecht erlischt nach Ablauf von drei Monaten, nachdem der andere die Mitteilung über die beabsichtigte Aufnahme der neuen Art der Werknutzung an den Urheber unter der ihm zuletzt bekannten Anschrift abgesendet hat.

(2) [1]Das Widerrufsrecht entfällt, wenn sich die Parteien nach Bekanntwerden der neuen Nutzungsart auf eine Vergütung nach § 32c Abs. 1 geeinigt haben. [2]Das Widerrufsrecht entfällt auch, wenn die Parteien die Vergütung nach einer gemeinsamen Vergütungsregel vereinbart haben. [3]Es erlischt mit dem Tod des Urhebers.

(3) Sind mehrere Werke oder Werkbeiträge zu einer Gesamtheit zusammengefasst, die sich in der neuen Nutzungsart in angemessener Weise nur unter Verwendung sämtlicher Werke oder Werkbeiträge verwerten lässt, so kann der Urheber das Widerrufsrecht nicht wider Treu und Glauben ausüben.

(4) Auf die Rechte nach den Absätzen 1 bis 3 kann im Voraus nicht verzichtet werden.

§ 32 Angemessene Vergütung

(1) [1]Der Urheber hat für die Einräumung von Nutzungsrechten und die Erlaubnis zur Werknutzung Anspruch auf die vertraglich vereinbarte Vergütung. [2]Ist die Höhe der Vergütung nicht bestimmt, gilt die angemessene Vergütung als vereinbart. [3]Soweit die vereinbarte Vergütung nicht angemessen ist, kann der Urheber von seinem Vertragspartner die Einwilligung in die Änderung des Vertrages verlangen, durch die dem Urheber die angemessene Vergütung gewährt wird.

(2) [1]Eine nach einer gemeinsamen Vergütungsregel (§ 36) ermittelte Vergütung ist angemessen. [2]Im Übrigen ist die Vergütung angemessen, wenn sie im Zeitpunkt des Vertragsschlusses dem entspricht, was im Geschäftsverkehr nach Art und Umfang der eingeräumten Nutzungsmöglichkeit, insbesondere nach Dauer, Häufigkeit, Ausmaß und Zeitpunkt der Nutzung, unter Berücksichtigung aller Umstände üblicher- und redlicherweise zu leisten ist. [3]Eine pauschale Vergütung muss eine angemessene Beteiligung des Urhebers am voraussichtlichen Gesamtertrag der Nutzung gewährleisten und durch die Besonderheiten der Branche gerechtfertigt sein.

(2a) Eine gemeinsame Vergütungsregel kann zur Ermittlung der angemessenen Vergütung auch bei Verträgen herangezogen werden, die vor ihrem zeitlichen Anwendungsbereich abgeschlossen wurden.

(3) [1]Auf eine Vereinbarung, die zum Nachteil des Urhebers von den Absätzen 1 bis 2a abweicht, kann der Vertragspartner sich nicht berufen. [2]Die in Satz 1 bezeichneten Vorschriften finden auch Anwendung, wenn sie durch anderweitige Gestaltungen umgangen werden. [3]Der Urheber kann aber unentgeltlich ein einfaches Nutzungsrecht für jedermann einräumen.

(4) Der Urheber hat keinen Anspruch nach Absatz 1 Satz 3, soweit die Vergütung für die Nutzung seiner Werke tarifvertraglich bestimmt ist.

§ 32a Weitere Beteiligung des Urhebers

(1) [1]Hat der Urheber einem anderen ein Nutzungsrecht zu Bedingungen eingeräumt, die dazu führen, dass die vereinbarte Gegenleistung sich unter Berücksichtigung der gesamten Beziehungen des Urhebers zu dem anderen als unverhältnismäßig niedrig im Vergleich zu den Erträgen und Vorteilen aus der Nutzung des Werkes erweist, so ist der andere auf Verlangen des Urhebers verpflichtet, in eine Änderung des Vertrages einzuwilligen, durch die dem Urheber eine den Umständen nach weitere angemessene Beteiligung gewährt wird. [2]Ob die Vertragspartner die Höhe der erzielten Erträge oder Vorteile vorhergesehen haben oder hätten vorhersehen können, ist unerheblich.

(2) [1]Hat der andere das Nutzungsrecht übertragen oder weitere Nutzungsrechte eingeräumt und ergibt sich die unverhältnismäßig niedrige Vergütung des Urhebers aus den Erträgnissen oder Vorteilen eines Dritten, so haftet dieser dem Urheber unmittelbar nach Maßgabe des Absatzes 1 unter Berücksichtigung der vertraglichen Beziehungen in der Lizenzkette. [2]Die Haftung des anderen entfällt.

(3) [1]Auf die Ansprüche nach den Absätzen 1 und 2 kann im Voraus nicht verzichtet werden. [2]Die Anwartschaft hierauf unterliegt nicht der Zwangsvollstreckung; eine Verfügung über die Anwartschaft ist unwirksam. [3]Der Urheber kann aber unentgeltlich ein einfaches Nutzungsrecht für jedermann einräumen.

(4) [1]Der Urheber hat keinen Anspruch nach Absatz 1, soweit die Vergütung nach einer gemeinsamen Vergütungsregel (§ 36) oder tarifvertraglich bestimmt worden ist und ausdrücklich eine weitere angemessene Beteiligung für den Fall des Absatzes 1 vorsieht. [2]§ 32 Absatz 2a ist entsprechend anzuwenden.

§ 32b Zwingende Anwendung

Die §§ 32, 32a, 32d bis 32f und 38 Absatz 4 finden zwingend Anwendung,

1. wenn auf den Nutzungsvertrag mangels einer Rechtswahl deutsches Recht anzuwenden wäre oder
2. soweit Gegenstand des Vertrages maßgebliche Nutzungshandlungen im räumlichen Geltungsbereich dieses Gesetzes sind.

§ 32c Vergütung für später bekannte Nutzungsarten

(1) [1]Der Urheber hat Anspruch auf eine gesonderte angemessene Vergütung, wenn der Vertragspartner eine neue Art der Werknutzung nach § 31a aufnimmt, die im Zeitpunkt des Vertragsschlusses vereinbart, aber noch unbekannt war. [2]§ 32 Abs. 2 und 4 gilt entsprechend. [3]Der Vertragspartner hat den Urheber über die Aufnahme der neuen Art der Werknutzung unverzüglich zu unterrichten.

(2) [1]Hat der Vertragspartner das Nutzungsrecht einem Dritten übertragen, haftet der Dritte mit der Aufnahme der neuen Art der Werknutzung für die Vergütung nach Absatz 1. [2]Die Haftung des Vertragspartners entfällt.

(3) [1]Auf die Rechte nach den Absätzen 1 und 2 kann im Voraus nicht verzichtet werden. [2]Der Urheber kann aber unentgeltlich ein einfaches Nutzungsrecht für jedermann einräumen.

§ 32d Auskunft und Rechenschaft des Vertragspartners

(1) [1]Bei entgeltlicher Einräumung eines Nutzungsrechts erteilt der Vertragspartner dem Urheber mindestens einmal jährlich Auskunft über den Umfang der Werknutzung und die hieraus gezogenen Erträge und Vorteile. [2]Die Auskunft erfolgt auf der Grundlage der Informationen, die im Rahmen eines ordnungsgemäßen Geschäftsbetriebes üblicherweise vorhanden sind. [3]Die Auskunft ist erstmals ein Jahr nach Beginn der Werknutzung und nur für die Zeit der Werknutzung zu erteilen.

(1a) Nur auf Verlangen des Urhebers hat der Vertragspartner Auskunft über Namen und Anschriften seiner Unterlizenznehmer zu erteilen sowie Rechenschaft über die Auskunft nach Absatz 1 abzulegen.

(2) Die Absätze 1 und 1a sind nicht anzuwenden, soweit

1. der Urheber einen lediglich nachrangigen Beitrag zu einem Werk, einem Produkt oder einer Dienstleistung erbracht hat, es sei denn, der Urheber legt aufgrund nachprüfbarer Tatsachen klare Anhaltspunkte dafür dar, dass er die Auskunft für eine Vertragsanpassung (§ 32a Absatz 1 und 2) benötigt; nachrangig ist ein Beitrag insbesondere dann, wenn er den Gesamteindruck eines Werkes oder die Beschaffenheit eines Produktes oder einer Dienstleistung wenig prägt, etwa weil er nicht zum typischen Inhalt eines Werkes, eines Produktes oder einer Dienstleistung gehört, oder
2. die Inanspruchnahme des Vertragspartners aus anderen Gründen unverhältnismäßig ist, insbesondere wenn der Aufwand für die Auskunft außer Verhältnis zu den Einnahmen aus der Werknutzung stünde.

(3) [1]Von den Absätzen 1 bis 2 kann nur durch eine Vereinbarung abgewichen werden, die auf einer gemeinsamen Vergütungsregel (§ 36) oder einem Tarifvertrag beruht. [2]Im Fall des Satzes 1 wird vermutet, dass die kollektiven Vereinbarungen dem Urheber zumindest ein vergleichbares Maß an Transparenz wie die gesetzlichen Bestimmungen gewährleisten.

§ 32e Auskunft und Rechenschaft Dritter in der Lizenzkette

(1) [1]Hat der Vertragspartner des Urhebers das Nutzungsrecht übertragen oder weitere Nutzungsrechte eingeräumt, so kann der Urheber Auskunft und Rechenschaft im Umfang des § 32d Absatz 1 bis 2 auch von denjenigen Dritten verlangen,

1. die die Nutzungsvorgänge in der Lizenzkette wirtschaftlich wesentlich bestimmen oder
2. aus deren Erträgnissen oder Vorteilen sich die unverhältnismäßig niedrige Vergütung des Urhebers gemäß § 32a Absatz 2 ergibt.

[2]Ansprüche nach Satz 1 kann der Urheber nur geltend machen, soweit sein Vertragspartner seiner Auskunftspflicht nach § 32d nicht innerhalb von drei Monaten ab Fälligkeit nachgekommen ist oder die Auskunft nicht hinreichend über die Werknutzung Dritter und die hieraus gezogenen Erträge und Vorteile informiert.

(2) Für die Geltendmachung der Ansprüche nach Absatz 1 genügt es, dass aufgrund nachprüfbarer Tatsachen klare Anhaltspunkte für deren Voraussetzungen vorliegen.

(3) § 32d Absatz 3 ist anzuwenden.

§ 32f Mediation und außergerichtliche Konfliktbeilegung

(1) Urheber und Werknutzer können insbesondere bei Streitigkeiten über Rechte und Ansprüche nach den §§ 32 bis 32e eine Mediation oder ein anderes freiwilliges Verfahren der außergerichtlichen Konfliktbeilegung einleiten.

(2) Auf eine Vereinbarung, die zum Nachteil des Urhebers von Absatz 1 abweicht, können sich der Vertragspartner des Urhebers oder andere Werknutzer nicht berufen.

§ 32g Vertretung durch Vereinigungen

Urheber können sich bei Streitigkeiten über Rechte und Ansprüche nach den §§ 32 bis 32f nach Maßgabe des Rechtsdienstleistungsgesetzes und der Prozessordnungen durch Vereinigungen von Urhebern vertreten lassen.

§ 33 Weiterwirkung von Nutzungsrechten

[1]Ausschließliche und einfache Nutzungsrechte bleiben gegenüber später eingeräumten Nutzungsrechten wirksam. [2]Gleiches gilt, wenn der Inhaber des Rechts, der das Nutzungsrecht eingeräumt hat, wechselt oder wenn er auf sein Recht verzichtet.

§ 34 Übertragung von Nutzungsrechten

(1) [1]Ein Nutzungsrecht kann nur mit Zustimmung des Urhebers übertragen werden. [2]Der Urheber darf die Zustimmung nicht wider Treu und Glauben verweigern.

(2) Werden mit dem Nutzungsrecht an einem Sammelwerk (§ 4) Nutzungsrechte an den in das Sammelwerk aufgenommenen einzelnen Werken übertragen, so genügt die Zustimmung des Urhebers des Sammelwerkes.

(3) [1]Ein Nutzungsrecht kann ohne Zustimmung des Urhebers übertragen werden, wenn die Übertragung im Rahmen der Gesamtveräußerung eines Unternehmens oder der Veräußerung von Teilen eines Unternehmens geschieht. [2]Der Urheber kann das Nutzungsrecht zurückrufen, wenn ihm die Ausübung des Nutzungsrechts durch den Erwerber nach Treu und Glauben nicht zuzumuten ist. [3]Satz 2 findet auch dann Anwendung, wenn sich die Beteiligungsverhältnisse am Unternehmen des Inhabers des Nutzungsrechts wesentlich ändern.

(4) Der Erwerber des Nutzungsrechts haftet gesamtschuldnerisch für die Erfüllung der sich aus dem Vertrag mit dem Urheber ergebenden Verpflichtungen des Veräußerers, wenn der Urheber der Übertragung des Nutzungsrechts nicht im Einzelfall ausdrücklich zugestimmt hat.

(5) [1]Der Urheber kann auf das Rückrufsrecht und die Haftung des Erwerbers im Voraus nicht verzichten. [2]Im Übrigen können der Inhaber des Nutzungsrechts und der Urheber Abweichendes vereinbaren.

§ 35 Einräumung weiterer Nutzungsrechte

(1) [1]Der Inhaber eines ausschließlichen Nutzungsrechts kann weitere Nutzungsrechte nur mit Zustimmung des Urhebers einräumen. [2]Der Zustimmung bedarf es nicht, wenn das ausschließliche Nutzungsrecht nur zur Wahrnehmung der Belange des Urhebers eingeräumt ist.

(2) Die Bestimmungen in § 34 Abs. 1 Satz 2, Abs. 2 und Abs. 5 Satz 2 sind entsprechend anzuwenden.

§ 35a Mediation und außergerichtliche Konfliktbeilegung bei Videoabrufdiensten

Rechtsinhaber und Werknutzer können insbesondere bei Vertragsverhandlungen über die Einräumung von Nutzungsrechten für die öffentliche Zugänglichmachung audiovisueller Werke über Videoabrufdienste eine Mediation oder ein anderes freiwilliges Verfahren der außergerichtlichen Konfliktbeilegung einleiten

§ 36 Gemeinsame Vergütungsregeln

(1) [1]Zur Bestimmung der Angemessenheit von Vergütungen nach den §§ 32, 32a und 32c, zur Regelung der Auskünfte nach den §§ 32d und 32e sowie zur Bestimmung der angemessenen Beteiligung nach § 87k Absatz 1 stellen Vereinigungen von Urhebern mit Vereinigungen von Werknutzern oder einzelnen Werknutzern gemeinsame Vergütungsregeln auf. [2]Die gemeinsamen Vergütungsregeln sollen die Umstände des jeweiligen Regelungsbereichs berücksichtigen, insbesondere die Struktur und Größe der Verwerter. [3]In Tarifverträgen enthaltene Regelungen gehen gemeinsamen Vergütungsregeln vor.

(2) [1]Vereinigungen nach Absatz 1 müssen repräsentativ, unabhängig und zur Aufstellung gemeinsamer Vergütungsregeln ermächtigt sein. [2]Eine Vereinigung, die einen wesentlichen Teil der jeweiligen Urheber oder Werknutzer vertritt, gilt als ermächtigt im Sinne des Satzes 1, es sei denn, die Mitglieder der Vereinigung fassen einen entgegenstehenden Beschluss.

(3) [1]Ein Verfahren zur Aufstellung gemeinsamer Vergütungsregeln vor der Schlichtungsstelle (§ 36a) findet statt, wenn die Parteien dies vereinbaren. [2]Das Verfahren findet auf schriftliches Verlangen einer Partei statt, wenn

1. die andere Partei nicht binnen drei Monaten, nachdem eine Partei schriftlich die Aufnahme von Verhandlungen verlangt hat, Verhandlungen über gemeinsame Vergütungsregeln beginnt,
2. Verhandlungen über gemeinsame Vergütungsregeln ein Jahr, nachdem schriftlich ihre Aufnahme verlangt worden ist, ohne Ergebnis bleiben oder
3. eine Partei die Verhandlungen endgültig für gescheitert erklärt hat.

(4) [1]Die Schlichtungsstelle hat allen Parteien, die sich am Verfahren beteiligt haben oder nach § 36a Absatz 4a zur Beteiligung aufgefordert worden sind, einen begründeten Einigungsvorschlag zu machen, der den Inhalt der gemeinsamen Vergütungsregeln enthält. [2]Er gilt als angenommen, wenn innerhalb von sechs Wochen nach Empfang des Vorschlages keine der in Satz 1 genannten Parteien widerspricht.

§ 36a Schlichtungsstelle

(1) Zur Aufstellung gemeinsamer Vergütungsregeln bilden Vereinigungen von Urhebern mit Vereinigungen von Werknutzern oder einzelnen Werknutzern eine Schlichtungsstelle, wenn die Parteien dies vereinbaren oder eine Partei die Durchführung des Schlichtungsverfahrens verlangt.

(2) Die Schlichtungsstelle besteht aus einer gleichen Anzahl von Beisitzern, die jeweils von einer Partei bestellt werden, und einem unparteiischen Vorsitzenden, auf dessen Person sich beide Parteien einigen sollen.

(3) [1]Wenn sich die Parteien nicht einigen, entscheidet das nach § 1062 der Zivilprozessordnung zuständige Oberlandesgericht auf Antrag einer Partei über
1. die Person des Vorsitzenden,
2. die Anzahl der Beisitzer,
3. die Voraussetzungen des Schlichtungsverfahrens in Bezug auf
   a) die Fähigkeit der Werknutzer sowie Vereinigungen von Werknutzern und Urhebern, Partei des Schlichtungsverfahrens zu sein (§ 36 Absatz 1 Satz 1 und Absatz 2),
   b) ein Verfahren vor der Schlichtungsstelle, das auf Verlangen nur einer Partei stattfindet (§ 36 Absatz 3 Satz 2).

[2]Solange der Ort des Schlichtungsverfahrens noch nicht bestimmt ist, ist für die Entscheidung das Oberlandesgericht zuständig, in dessen Bezirk der Antragsgegner seinen Sitz oder seinen gewöhnlichen Aufenthalt hat. [3]Für das Verfahren vor dem Oberlandesgericht gelten die §§ 1063 und 1065 der Zivilprozessordnung entsprechend.

(4) [1]Das Verlangen auf Durchführung des Schlichtungsverfahrens gemäß § 36 Abs. 3 Satz 2 muss einen Vorschlag über die Aufstellung gemeinsamer Vergütungsregeln enthalten. [2]Die Schlichtungsstelle stellt den Schriftsatz, mit dem die Durchführung des Verfahrens verlangt wird, der anderen Partei mit der Aufforderung zu, sich innerhalb eines Monats schriftlich zur Sache zu äußern.

(4a) [1]Jede Partei kann binnen drei Monaten nach Kenntnis vom Schlichtungsverfahren verlangen, dass die Schlichtungsstelle andere Vereinigungen von Urhebern zur Beteiligung auffordert, wenn der Vorschlag nach Absatz 4 Satz 1 Werke oder verbundene Werke betrifft, die üblicherweise nur unter Mitwirkung von weiteren Urhebern geschaffen werden können, die von den benannten Vereinigungen vertreten werden. [2]Absatz 4 Satz 2 ist entsprechend anzuwenden. [3]Beteiligt sich die Vereinigung von Urhebern, so benennt sie und die Partei der Werknutzer je weitere Beisitzer.

(5) [1]Die Schlichtungsstelle fasst ihren Beschluss nach mündlicher Beratung mit Stimmenmehrheit. [2]Die Beschlussfassung erfolgt zunächst unter den Beisitzern; kommt eine Stimmenmehrheit nicht zustande, so nimmt der Vorsitzende nach weiterer Beratung an der erneuten Beschlussfassung teil. [3]Benennt eine Partei keine Mitglieder oder bleiben die von einer Partei genannten Mitglieder trotz rechtzeitiger Einladung der Sitzung fern, so entscheiden der Vorsitzende und die erschienenen Mitglieder nach Maßgabe der Sätze 1 und 2 allein. [4]Der Beschluss der Schlichtungsstelle ist schriftlich niederzulegen, vom Vorsitzenden zu unterschreiben und beiden Parteien zuzuleiten.

(6) [1]Die Parteien tragen ihre eigenen Kosten sowie die Kosten der von ihnen bestellten Beisitzer. [2]Die sonstigen Kosten tragen die Parteien der Urheber, die sich am Verfahren beteiligen, und die Partei der Werknutzer jeweils zur Hälfte. [3]Sie haben als Gesamtschuldner auf Anforderung des Vorsitzenden zu dessen Händen einen für die Tätigkeit der Schlichtungsstelle erforderlichen Vorschuss zu leisten.

(7) [1]Die Parteien können durch Vereinbarung die Einzelheiten des Verfahrens vor der Schlichtungsstelle regeln. [2]Die Schlichtungsstelle informiert nach Absatz 4a beteiligte Vereinigungen von Urhebern über den Gang des Verfahrens.

(8) Das Bundesministerium der Justiz und für Verbraucherschutz wird ermächtigt, durch Rechtsverordnung ohne Zustimmung des Bundesrates die weiteren Einzelheiten des Verfahrens vor der Schlichtungsstelle zu regeln sowie weitere Vorschriften über die Kosten des Verfahrens und die Entschädigung der Mitglieder der Schlichtungsstelle zu erlassen.

§ 36b Unterlassungsanspruch bei Verstoß gegen gemeinsame Vergütungsregeln

(1) [1]Wer in einem Vertrag mit einem Urheber eine Bestimmung verwendet, die zum Nachteil des Urhebers von gemeinsamen Vergütungsregeln abweicht, kann auf Unterlassung in Anspruch genommen werden, wenn und soweit er

1. als Werknutzer die gemeinsamen Vergütungsregeln selbst aufgestellt hat oder
2. Mitglied einer Vereinigung von Werknutzern ist, die die gemeinsamen Vergütungsregeln aufgestellt hat.

[2]Der Anspruch auf Unterlassung steht denjenigen Vereinigungen von Urhebern oder Werknutzern und denjenigen einzelnen Werknutzern zu, die die gemeinsamen Vergütungsregeln aufgestellt haben.

(2) [1]Auf das Verfahren sind § 8c Absatz 1, 2 Nummer 1 und Absatz 3 und § 12 Absatz 1, 3 und 4 sowie § 13 Absatz 1 des Gesetzes gegen den unlauteren Wettbewerb entsprechend anzuwenden; soweit die Abmahnung berechtigt ist, kann der Abmahnende vom Abgemahnten Ersatz der erforderlichen Aufwendungen verlangen. [2]Für die Bekanntmachung des Urteils gilt § 103.

§ 36c Individualvertragliche Folgen des Verstoßes gegen gemeinsame Vergütungsregeln

[1]Der Vertragspartner, der an der Aufstellung von gemeinsamen Vergütungsregeln gemäß § 36b Absatz 1 Satz 1 Nummer 1 oder 2 beteiligt war, kann sich nicht auf eine Bestimmung berufen, die zum Nachteil des Urhebers von den gemeinsamen Vergütungsregeln abweicht. [2]Der Urheber kann von seinem Vertragspartner die Einwilligung in die Änderung des Vertrages verlangen, mit der die Abweichung beseitigt wird.

§ 36d Unterlassungsanspruch bei Nichterteilung von Auskünften

(1) [1]Wer als Werknutzer Urhebern in mehreren gleich oder ähnlich gelagerten Fällen Auskünfte nach § 32d oder § 32e nicht erteilt, kann auf Unterlassung in Anspruch genommen werden. [2]Der Anspruch nach Satz 1 steht nur Vereinigungen von Urhebern zu, die im Hinblick auf die jeweilige Gruppe von Urhebern die Anforderungen des § 36 Absatz 2 erfüllen.

(2) Für die Geltendmachung des Anspruchs nach Absatz 1 genügt es, dass aufgrund nachprüfbarer Tatsachen klare Anhaltspunkte für seine Voraussetzungen vorliegen.

(3) Der Anspruch nach Absatz 1 ist ausgeschlossen, wenn die Pflicht zur Auskunftserteilung nach § 32d oder § 32e in einer Vereinbarung geregelt ist, die auf einer gemeinsamen Vergütungsregel (§ 36) oder einem Tarifvertrag beruht.

(4) § 36b Absatz 2 ist anzuwenden.

§ 37 Verträge über die Einräumung von Nutzungsrechten

(1) Räumt der Urheber einem anderen ein Nutzungsrecht am Werk ein, so verbleibt ihm im Zweifel das Recht der Einwilligung zur Veröffentlichung oder Verwertung einer Bearbeitung des Werkes.

(2) Räumt der Urheber einem anderen ein Nutzungsrecht zur Vervielfältigung des Werkes ein, so verbleibt ihm im Zweifel das Recht, das Werk auf Bild- oder Tonträger zu übertragen.

(3) Räumt der Urheber einem anderen ein Nutzungsrecht zu einer öffentlichen Wiedergabe des Werkes ein, so ist dieser im Zweifel nicht berechtigt, die Wiedergabe außerhalb der Veranstaltung, für die sie bestimmt ist, durch Bildschirm, Lautsprecher oder ähnliche technische Einrichtungen öffentlich wahrnehmbar zu machen.

§ 38 Beiträge zu Sammlungen

(1) [1]Gestattet der Urheber die Aufnahme des Werkes in eine periodisch erscheinende Sammlung, so erwirbt der Verleger oder Herausgeber im Zweifel ein ausschließliches Nutzungsrecht zur Vervielfältigung, Verbreitung und öffentlichen Zugänglichmachung. [2]Jedoch darf der Urheber das Werk nach Ablauf eines Jahres seit Erscheinen anderweit vervielfältigen, verbreiten und öffentlich zugänglich machen, wenn nichts anderes vereinbart ist.

(2) Absatz 1 Satz 2 gilt auch für einen Beitrag zu einer nicht periodisch erscheinenden Sammlung, für dessen Überlassung dem Urheber kein Anspruch auf Vergütung zusteht.

(3) [1]Wird der Beitrag einer Zeitung überlassen, so erwirbt der Verleger oder Herausgeber ein einfaches Nutzungsrecht, wenn nichts anderes vereinbart ist. [2]Räumt der Urheber ein ausschließliches Nutzungsrecht ein, so ist er sogleich nach Erscheinen des Beitrags berechtigt, ihn anderweit zu vervielfältigen und zu verbreiten, wenn nichts anderes vereinbart ist.

(4) [1]Der Urheber eines wissenschaftlichen Beitrags, der im Rahmen einer mindestens zur Hälfte mit öffentlichen Mitteln geförderten Forschungstätigkeit entstanden und in einer periodisch mindestens zweimal jährlich erscheinenden Sammlung erschienen ist, hat auch dann, wenn er dem Verleger oder Herausgeber ein ausschließliches Nutzungsrecht eingeräumt hat, das Recht, den Beitrag nach Ablauf von zwölf Monaten seit der Erstveröffentlichung in der akzeptierten Manuskriptversion öffentlich zugänglich

zu machen, soweit dies keinem gewerblichen Zweck dient. [2]Die Quelle der Erstveröffentlichung ist anzugeben. [3]Eine zum Nachteil des Urhebers abweichende Vereinbarung ist unwirksam.

§ 39 Änderungen des Werkes

(1) Der Inhaber eines Nutzungsrechts darf das Werk, dessen Titel oder Urheberbezeichnung (§ 10 Abs. 1) nicht ändern, wenn nichts anderes vereinbart ist.

(2) Änderungen des Werkes und seines Titels, zu denen der Urheber seine Einwilligung nach Treu und Glauben nicht versagen kann, sind zulässig.

§ 40 Verträge über künftige Werke

(1) [1]Ein Vertrag, durch den sich der Urheber zur Einräumung von Nutzungsrechten an künftigen Werken verpflichtet, die überhaupt nicht näher oder nur der Gattung nach bestimmt sind, bedarf der schriftlichen Form. [2]Er kann von beiden Vertragsteilen nach Ablauf von fünf Jahren seit dem Abschluß des Vertrages gekündigt werden. [3]Die Kündigungsfrist beträgt sechs Monate, wenn keine kürzere Frist vereinbart ist.

(2) [1]Auf das Kündigungsrecht kann im voraus nicht verzichtet werden. [2]Andere vertragliche oder gesetzliche Kündigungsrechte bleiben unberührt.

(3) Wenn in Erfüllung des Vertrages Nutzungsrechte an künftigen Werken eingeräumt worden sind, wird mit Beendigung des Vertrages die Verfügung hinsichtlich der Werke unwirksam, die zu diesem Zeitpunkt noch nicht abgeliefert sind.

§ 40a Recht zur anderweitigen Verwertung nach zehn Jahren bei pauschaler Vergütung

(1) [1]Hat der Urheber ein ausschließliches Nutzungsrecht gegen eine pauschale Vergütung eingeräumt, ist er gleichwohl berechtigt, das Werk nach Ablauf von zehn Jahren anderweitig zu verwerten. [2]Für die verbleibende Dauer der Einräumung besteht das Nutzungsrecht des ersten Inhabers als einfaches Nutzungsrecht fort. [3]Die Frist nach Satz 1 beginnt mit der Einräumung des Nutzungsrechts oder, wenn das Werk später abgeliefert wird, mit der Ablieferung. [4]§ 38 Absatz 4 Satz 2 ist entsprechend anzuwenden.

(2) Frühestens fünf Jahre nach dem in Absatz 1 Satz 3 genannten Zeitpunkt können die Vertragspartner die Ausschließlichkeit auf die gesamte Dauer der Nutzungsrechtseinräumung erstrecken.

(3) Abweichend von Absatz 1 kann der Urheber bei Vertragsschluss ein zeitlich unbeschränktes ausschließliches Nutzungsrecht einräumen, wenn

1. er einen lediglich nachrangigen Beitrag zu einem Werk, einem Produkt oder einer Dienstleistung erbringt; nachrangig ist ein Beitrag insbesondere dann, wenn er den Gesamteindruck eines Werkes oder die Beschaffenheit eines Produktes oder einer Dienstleistung wenig prägt, etwa weil er nicht zum typischen Inhalt eines Werkes, eines Produktes oder einer Dienstleistung gehört,
2. es sich um ein Werk der Baukunst oder den Entwurf eines solchen Werkes handelt,
3. das Werk mit Zustimmung des Urhebers für eine Marke oder ein sonstiges Kennzeichen, ein Design oder ein Gemeinschaftsgeschmacksmuster bestimmt ist oder
4. das Werk nicht veröffentlicht werden soll.

(4) Von den Absätzen 1 bis 3 kann zum Nachteil des Urhebers nur durch eine Vereinbarung abgewichen werden, die auf einer gemeinsamen Vergütungsregel (§ 36) oder einem Tarifvertrag beruht.

§ 41 Rückrufsrecht wegen Nichtausübung

(1) [1]Übt der Inhaber eines ausschließlichen Nutzungsrechts dieses Recht nicht oder nur unzureichend aus, so kann der Urheber entweder nur die Ausschließlichkeit des Nutzungsrechts oder das Nutzungsrecht insgesamt zurückrufen. [2]Dies gilt nicht, wenn die Nichtausübung oder die unzureichende Ausübung des Nutzungsrechts überwiegend auf Umständen beruht, deren Behebung dem Urheber zuzumuten ist.

(2) [1]Das Rückrufsrecht kann nicht vor Ablauf von zwei Jahren seit Einräumung oder Übertragung des Nutzungsrechts oder, wenn das Werk später abgeliefert wird, seit der Ablieferung geltend gemacht werden. [2]Bei einem Beitrag zu einer Zeitung beträgt die Frist drei Monate, bei einem Beitrag zu einer Zeitschrift, die monatlich oder in kürzeren Abständen erscheint, sechs Monate und bei einem Beitrag zu anderen Zeitschriften ein Jahr.

(3) [1]Der Rückruf kann erst erklärt werden, nachdem der Urheber dem Inhaber des Nutzungsrechts unter Ankündigung des Rückrufs eine angemessene Nachfrist zur zureichenden Ausübung des Nutzungsrechts bestimmt hat. [2]Der Bestimmung der Nachfrist bedarf es nicht, wenn die Ausübung des Nutzungsrechts seinem Inhaber unmöglich ist oder von ihm verweigert wird oder wenn durch die Gewährung einer Nachfrist überwiegende Interessen des Urhebers gefährdet würden.

(4) Von den Absätzen 1 bis 3 kann zum Nachteil des Urhebers nur durch eine Vereinbarung abgewichen werden, die auf einer gemeinsamen Vergütungsregel (§ 36) oder einem Tarifvertrag beruht.

(5) Mit Wirksamwerden des Rückrufs nach Absatz 1 wandelt sich das ausschließliche Nutzungsrecht in ein einfaches Nutzungsrecht um oder erlischt insgesamt.

(6) Der Urheber hat den Betroffenen zu entschädigen, wenn und soweit es der Billigkeit entspricht.

(7) Rechte und Ansprüche der Beteiligten nach anderen gesetzlichen Vorschriften bleiben unberührt.

§ 42 Rückrufsrecht wegen gewandelter Überzeugung

(1) [1]Der Urheber kann ein Nutzungsrecht gegenüber dem Inhaber zurückrufen, wenn das Werk seiner Überzeugung nicht mehr entspricht und ihm deshalb die Verwertung des Werkes nicht mehr zugemutet werden kann. [2]Der Rechtsnachfolger des Urhebers (§ 30) kann den Rückruf nur erklären, wenn er nachweist, daß der Urheber vor seinem Tode zum Rückruf berechtigt gewesen wäre und an der Erklärung des Rückrufs gehindert war oder diese letztwillig verfügt hat.

(2) [1]Auf das Rückrufsrecht kann im voraus nicht verzichtet werden. [2]Seine Ausübung kann nicht ausgeschlossen werden.

(3) [1]Der Urheber hat den Inhaber des Nutzungsrechts angemessen zu entschädigen. [2]Die Entschädigung muß mindestens die Aufwendungen decken, die der Inhaber des Nutzungsrechts bis zur Erklärung des Rückrufs gemacht hat; jedoch bleiben hierbei Aufwendungen, die auf bereits gezogene Nutzungen entfallen, außer Betracht. [3]Der Rückruf wird erst wirksam, wenn der Urheber die Aufwendungen ersetzt oder Sicherheit dafür geleistet hat. [4]Der Inhaber des Nutzungsrechts hat dem Urheber binnen einer Frist von drei Monaten nach Erklärung des Rückrufs die Aufwendungen mitzuteilen; kommt er dieser Pflicht nicht nach, so wird der Rückruf bereits mit Ablauf dieser Frist wirksam.

(4) Will der Urheber nach Rückruf das Werk wieder verwerten, so ist er verpflichtet, dem früheren Inhaber des Nutzungsrechts ein entsprechendes Nutzungsrecht zu angemessenen Bedingungen anzubieten.

(5) Die Bestimmungen in § 41 Abs. 5 und 7 sind entsprechend anzuwenden.

§ 42a Zwangslizenz zur Herstellung von Tonträgern

(1) [1]Ist einem Hersteller von Tonträgern ein Nutzungsrecht an einem Werk der Musik eingeräumt worden mit dem Inhalt, das Werk zu gewerblichen Zwecken auf Tonträger zu übertragen und diese zu vervielfältigen und zu verbreiten, so ist der Urheber verpflichtet, jedem anderen Hersteller von Tonträgern, der im Geltungsbereich dieses Gesetzes seine Hauptniederlassung oder seinen Wohnsitz hat, nach Erscheinen des Werkes gleichfalls ein Nutzungsrecht mit diesem Inhalt zu angemessenen Bedingungen einzuräumen; dies gilt nicht, wenn das bezeichnete Nutzungsrecht erlaubterweise von einer Verwertungsgesellschaft wahrgenommen wird oder wenn das Werk der Überzeugung des Urhebers nicht mehr entspricht, ihm deshalb die Verwertung des Werkes nicht mehr zugemutet werden kann und er ein etwa bestehendes Nutzungsrecht aus diesem Grunde zurückgerufen hat. [2]§ 63 ist entsprechend anzuwenden. [3]Der Urheber ist nicht verpflichtet, die Benutzung des Werkes zur Herstellung eines Filmes zu gestatten.

(2) Gegenüber einem Hersteller von Tonträgern, der weder seine Hauptniederlassung noch seinen Wohnsitz im Geltungsbereich dieses Gesetzes hat, besteht die Verpflichtung nach Absatz 1, soweit in dem Staat, in dem er seine Hauptniederlassung oder seinen Wohnsitz hat, den Herstellern von Tonträgern, die ihre Hauptniederlassung oder ihren Wohnsitz im Geltungsbereich dieses Gesetzes haben, nach einer Bekanntmachung des Bundesministeriums der Justiz und für Verbraucherschutz im Bundesgesetzblatt ein entsprechendes Recht gewährt wird.

(3) Das nach den vorstehenden Bestimmungen einzuräumende Nutzungsrecht wirkt nur im Geltungsbereich dieses Gesetzes und für die Ausfuhr nach Staaten, in denen das Werk keinen Schutz gegen die Übertragung auf Tonträger genießt.

(4) Hat der Urheber einem anderen das ausschließliche Nutzungsrecht eingeräumt mit dem Inhalt, das Werk zu gewerblichen Zwecken auf Tonträger zu übertragen und diese zu vervielfältigen und zu verbreiten, so gelten die vorstehenden Bestimmungen mit der Maßgabe, dass der Inhaber des ausschließlichen Nutzungsrechts zur Einräumung des in Absatz 1 bezeichneten Nutzungsrechts verpflichtet ist.

(5) Auf ein Sprachwerk, das als Text mit einem Werk der Musik verbunden ist, sind die vorstehenden Bestimmungen entsprechend anzuwenden, wenn einem Hersteller von Tonträgern ein Nutzungsrecht eingeräumt worden ist mit dem Inhalt, das Sprachwerk in Verbindung mit dem Werk der Musik auf Tonträger zu übertragen und diese zu vervielfältigen und zu verbreiten.

(6) [1]Für Klagen, durch die ein Anspruch auf Einräumung des Nutzungsrechts geltend gemacht wird, sind, sofern der Urheber oder im Fall des Absatzes 4 der Inhaber des ausschließlichen Nutzungsrechts im Geltungsbereich dieses Gesetzes keinen allgemeinen Gerichtsstand hat, die Gerichte zuständig, in deren Bezirk das Patentamt seinen Sitz hat. [2]Einstweilige Verfügungen können erlassen werden, auch wenn die in den §§ 935 und 940 der Zivilprozessordnung bezeichneten Voraussetzungen nicht zutreffen.

(7) Die vorstehenden Bestimmungen sind nicht anzuwenden, wenn das in Absatz 1 bezeichnete Nutzungsrecht lediglich zur Herstellung eines Filmes eingeräumt worden ist.

§ 43 Urheber in Arbeits- oder Dienstverhältnissen
Die Vorschriften dieses Unterabschnitts sind auch anzuwenden, wenn der Urheber das Werk in Erfüllung seiner Verpflichtungen aus einem Arbeits- oder Dienstverhältnis geschaffen hat, soweit sich aus dem Inhalt oder dem Wesen des Arbeits- oder Dienstverhältnisses nichts anderes ergibt.

§ 44 Veräußerung des Originals des Werkes
(1) Veräußert der Urheber das Original des Werkes, so räumt er damit im Zweifel dem Erwerber ein Nutzungsrecht nicht ein.
(2) Der Eigentümer des Originals eines Werkes der bildenden Künste oder eines Lichtbildwerkes ist berechtigt, das Werk öffentlich auszustellen, auch wenn es noch nicht veröffentlicht ist, es sei denn, daß der Urheber dies bei der Veräußerung des Originals ausdrücklich ausgeschlossen hat.

Abschnitt 6
Schranken des Urheberrechts durch gesetzlich erlaubte Nutzungen

Unterabschnitt 1
Gesetzlich erlaubte Nutzungen

§ 44a Vorübergehende Vervielfältigungshandlungen
Zulässig sind vorübergehende Vervielfältigungshandlungen, die flüchtig oder begleitend sind und einen integralen und wesentlichen Teil eines technischen Verfahrens darstellen und deren alleiniger Zweck es ist,
1. eine Übertragung in einem Netz zwischen Dritten durch einen Vermittler oder
2. eine rechtmäßige Nutzung

eines Werkes oder sonstigen Schutzgegenstands zu ermöglichen, und die keine eigenständige wirtschaftliche Bedeutung haben.

§ 44b Text und Data Mining
(1) Text und Data Mining ist die automatisierte Analyse von einzelnen oder mehreren digitalen oder digitalisierten Werken, um daraus Informationen insbesondere über Muster, Trends und Korrelationen zu gewinnen.
(2) [1]Zulässig sind Vervielfältigungen von rechtmäßig zugänglichen Werken für das Text und Data Mining. [2]Die Vervielfältigungen sind zu löschen, wenn sie für das Text und Data Mining nicht mehr erforderlich sind.
(3) [1]Nutzungen nach Absatz 2 Satz 1 sind nur zulässig, wenn der Rechtsinhaber sich diese nicht vorbehalten hat. [2]Ein Nutzungsvorbehalt bei online zugänglichen Werken ist nur dann wirksam, wenn er in maschinenlesbarer Form erfolgt.

§ 45 Rechtspflege und öffentliche Sicherheit
(1) Zulässig ist, einzelne Vervielfältigungsstücke von Werken zur Verwendung in Verfahren vor einem Gericht, einem Schiedsgericht oder einer Behörde herzustellen oder herstellen zu lassen.
(2) Gerichte und Behörden dürfen für Zwecke der Rechtspflege und der öffentlichen Sicherheit Bildnisse vervielfältigen oder vervielfältigen lassen.
(3) Unter den gleichen Voraussetzungen wie die Vervielfältigung ist auch die Verbreitung, öffentliche Ausstellung und öffentliche Wiedergabe der Werke zulässig.

§ 45a Menschen mit Behinderungen
(1) Zulässig ist die nicht Erwerbszwecken dienende Vervielfältigung eines Werkes für und deren Verbreitung ausschließlich an Menschen, soweit diesen der Zugang zu dem Werk in einer bereits verfügbaren Art der sinnlichen Wahrnehmung auf Grund einer Behinderung nicht möglich oder erheblich erschwert ist, soweit es zur Ermöglichung des Zugangs erforderlich ist.
(2) [1]Für die Vervielfältigung und Verbreitung ist dem Urheber eine angemessene Vergütung zu zahlen; ausgenommen ist die Herstellung lediglich einzelner Vervielfältigungsstücke. [2]Der Anspruch kann nur durch eine Verwertungsgesellschaft geltend gemacht werden.
(3) Für die Nutzung von Sprachwerken und grafischen Aufzeichnungen von Werken der Musik zugunsten von Menschen mit einer Seh- oder Lesebehinderung sind die Absätze 1 und 2 nicht anzuwenden, sondern ausschließlich die §§ 45b bis 45d.

§ 45b Menschen mit einer Seh- oder Lesebehinderung
(1) [1]Menschen mit einer Seh- oder Lesebehinderung dürfen veröffentlichte Sprachwerke, die als Text oder im Audioformat vorliegen, sowie grafische Aufzeichnungen von Werken der Musik zum eigenen

Gebrauch vervielfältigen oder vervielfältigen lassen, um sie in ein barrierefreies Format umzuwandeln. [2]Diese Befugnis umfasst auch Illustrationen jeder Art, die in Sprach- oder Musikwerken enthalten sind. [3]Vervielfältigungsstücke dürfen nur von Werken erstellt werden, zu denen der Mensch mit einer Seh- oder Lesebehinderung rechtmäßigen Zugang hat.

(2) Menschen mit einer Seh- oder Lesebehinderung im Sinne dieses Gesetzes sind Personen, die aufgrund einer körperlichen, seelischen oder geistigen Beeinträchtigung oder aufgrund einer Sinnesbeeinträchtigung auch unter Einsatz einer optischen Sehhilfe nicht in der Lage sind, Sprachwerke genauso leicht zu lesen, wie dies Personen ohne eine solche Beeinträchtigung möglich ist.

§ 45c Befugte Stellen; Vergütung; Verordnungsermächtigung

(1) [1]Befugte Stellen dürfen veröffentlichte Sprachwerke, die als Text oder im Audioformat vorliegen, sowie grafische Aufzeichnungen von Werken der Musik vervielfältigen, um sie ausschließlich für Menschen mit einer Seh- oder Lesebehinderung in ein barrierefreies Format umzuwandeln. [2]§ 45b Absatz 1 Satz 2 und 3 gilt entsprechend.

(2) Befugte Stellen dürfen nach Absatz 1 hergestellte Vervielfältigungsstücke an Menschen mit einer Seh- oder Lesebehinderung oder andere befugte Stellen verleihen, verbreiten sowie für die öffentliche Zugänglichmachung oder die sonstige öffentliche Wiedergabe benutzen.

(3) Befugte Stellen sind Einrichtungen, die in gemeinnütziger Weise Bildungsangebote oder barrierefreien Lese- und Informationszugang für Menschen mit einer Seh- oder Lesebehinderung zur Verfügung stellen.

(4) [1]Für Nutzungen nach den Absätzen 1 und 2 hat der Urheber Anspruch auf Zahlung einer angemessenen Vergütung. [2]Der Anspruch kann nur durch eine Verwertungsgesellschaft geltend gemacht werden.

(5) Das Bundesministerium der Justiz und für Verbraucherschutz wird ermächtigt, durch Rechtsverordnung ohne Zustimmung des Bundesrates in Bezug auf befugte Stellen Folgendes zu regeln:

1. deren Pflichten im Zusammenhang mit den Nutzungen nach den Absätzen 1 und 2,
2. deren Pflicht zur Anzeige als befugte Stelle beim Deutschen Patent- und Markenamt,
3. die Aufsicht des Deutschen Patent- und Markenamts über die Einhaltung der Pflichten nach Nummer 1 nach Maßgabe des § 85 Absatz 1 und 3 sowie des § 89 des Verwertungsgesellschaftengesetzes.

§ 45d Gesetzlich erlaubte Nutzung und vertragliche Nutzungsbefugnis

Auf Vereinbarungen, die nach den §§ 45b und 45c erlaubte Nutzungen zum Nachteil der Nutzungsberechtigten beschränken oder untersagen, kann sich der Rechtsinhaber nicht berufen.

§ 46 Sammlungen für den religiösen Gebrauch

(1) [1]Nach der Veröffentlichung zulässig ist die Vervielfältigung, Verbreitung und öffentliche Zugänglichmachung von Teilen eines Werkes, von Sprachwerken oder von Werken der Musik von geringem Umfang, von einzelnen Werken der bildenden Künste oder einzelnen Lichtbildwerken als Element einer Sammlung, die Werke einer größeren Anzahl von Urhebern vereinigt und die nach ihrer Beschaffenheit nur für den Gebrauch während religiöser Feierlichkeiten bestimmt ist. [2]In den Vervielfältigungsstücken oder bei der öffentlichen Zugänglichmachung ist deutlich anzugeben, wozu die Sammlung bestimmt ist.

(2) *[aufgehoben]*

(3) [1]Mit der Vervielfältigung oder der öffentlichen Zugänglichmachung darf erst begonnen werden, wenn die Absicht, von der Berechtigung nach Absatz 1 Gebrauch zu machen, dem Urheber oder, wenn sein Wohnort oder Aufenthaltsort unbekannt ist, dem Inhaber des ausschließlichen Nutzungsrechts durch eingeschriebenen Brief mitgeteilt worden ist und seit Absendung des Briefes zwei Wochen verstrichen sind. [2]Ist auch der Wohnort oder Aufenthaltsort des Inhabers des ausschließlichen Nutzungsrechts unbekannt, so kann die Mitteilung durch Veröffentlichung im Bundesanzeiger bewirkt werden.

(4) Für die nach dieser Vorschrift zulässige Verwertung ist dem Urheber eine angemessene Vergütung zu zahlen.

(5) [1]Der Urheber kann die nach dieser Vorschrift zulässige Verwertung verbieten, wenn das Werk seiner Überzeugung nicht mehr entspricht, ihm deshalb die Verwertung des Werkes nicht mehr zugemutet werden kann und er ein etwa bestehendes Nutzungsrecht aus diesem Grunde zurückgerufen hat (§ 42). [2]Die Bestimmungen in § 136 Abs. 1 und 2 sind entsprechend anzuwenden.

§ 47 Schulfunksendungen

(1) [1]Schulen sowie Einrichtungen der Lehrerbildung und der Lehrerfortbildung dürfen einzelne Vervielfältigungsstücke von Werken, die innerhalb einer Schulfunksendung gesendet werden, durch Übertragung der Werke auf Bild- oder Tonträger herstellen. [2]Das gleiche gilt für Heime der Jugendhilfe und die staatlichen Landesbildstellen oder vergleichbare Einrichtungen in öffentlicher Trägerschaft.

(2) [1]Die Bild- oder Tonträger dürfen nur für den Unterricht verwendet werden. [2]Sie sind spätestens am Ende des auf die Übertragung der Schulfunksendung folgenden Schuljahres zu löschen, es sei denn, daß dem Urheber eine angemessene Vergütung gezahlt wird.

§ 48 Öffentliche Reden

(1) Zulässig ist

1. die Vervielfältigung und Verbreitung von Reden über Tagesfragen in Zeitungen, Zeitschriften sowie in anderen Druckschriften oder sonstigen Datenträgern, die im Wesentlichen den Tagesinteressen Rechnung tragen, wenn die Reden bei öffentlichen Versammlungen gehalten oder durch öffentliche Wiedergabe im Sinne von § 19a oder § 20 veröffentlicht worden sind, sowie die öffentliche Wiedergabe solcher Reden,
2. die Vervielfältigung, Verbreitung und öffentliche Wiedergabe von Reden, die bei öffentlichen Verhandlungen vor staatlichen, kommunalen oder kirchlichen Organen gehalten worden sind.

(2) Unzulässig ist jedoch die Vervielfältigung und Verbreitung der in Absatz 1 Nr. 2 bezeichneten Reden in Form einer Sammlung, die überwiegend Reden desselben Urhebers enthält.

§ 49 Zeitungsartikel und Rundfunkkommentare

(1) [1]Zulässig ist die Vervielfältigung und Verbreitung einzelner Rundfunkkommentare und einzelner Artikel sowie mit ihnen im Zusammenhang veröffentlichter Abbildungen aus Zeitungen und anderen lediglich Tagesinteressen dienenden Informationsblättern in anderen Zeitungen und Informationsblättern dieser Art sowie die öffentliche Wiedergabe solcher Kommentare, Artikel und Abbildungen, wenn sie politische, wirtschaftliche oder religiöse Tagesfragen betreffen und nicht mit einem Vorbehalt der Rechte versehen sind. [2]Für die Vervielfältigung, Verbreitung und öffentliche Wiedergabe ist dem Urheber eine angemessene Vergütung zu zahlen, es sei denn, daß es sich um eine Vervielfältigung, Verbreitung oder öffentliche Wiedergabe kurzer Auszüge aus mehreren Kommentaren oder Artikeln in Form einer Übersicht handelt. [3]Der Anspruch kann nur durch eine Verwertungsgesellschaft geltend gemacht werden.

(2) Unbeschränkt zulässig ist die Vervielfältigung, Verbreitung und öffentliche Wiedergabe von vermischten Nachrichten tatsächlichen Inhalts und von Tagesneuigkeiten, die durch Presse oder Funk veröffentlicht worden sind; ein durch andere gesetzliche Vorschriften gewährter Schutz bleibt unberührt.

§ 50 Berichterstattung über Tagesereignisse

Zur Berichterstattung über Tagesereignisse durch Funk oder durch ähnliche technische Mittel, in Zeitungen, Zeitschriften und in anderen Druckschriften oder sonstigen Datenträgern, die im Wesentlichen Tagesinteressen Rechnung tragen, sowie im Film, ist die Vervielfältigung, Verbreitung und öffentliche Wiedergabe von Werken, die im Verlauf dieser Ereignisse wahrnehmbar werden, in einem durch den Zweck gebotenen Umfang zulässig.

§ 51 Zitate

[1]Zulässig ist die Vervielfältigung, Verbreitung und öffentliche Wiedergabe eines veröffentlichten Werkes zum Zweck des Zitats, sofern die Nutzung in ihrem Umfang durch den besonderen Zweck gerechtfertigt ist. [2]Zulässig ist dies insbesondere, wenn

1. einzelne Werke nach der Veröffentlichung in ein selbständiges wissenschaftliches Werk zur Erläuterung des Inhalts aufgenommen werden,
2. Stellen eines Werkes nach der Veröffentlichung in einem selbständigen Sprachwerk angeführt werden,
3. einzelne Stellen eines erschienenen Werkes der Musik in einem selbständigen Werk der Musik angeführt werden.

[3]Von der Zitierbefugnis gemäß den Sätzen 1 und 2 umfasst ist die Nutzung einer Abbildung oder sonstigen Vervielfältigung des zitierten Werkes, auch wenn diese selbst durch ein Urheberrecht oder ein verwandtes Schutzrecht geschützt ist.

§ 51a Karikatur, Parodie und Pastiche

[1]Zulässig ist die Vervielfältigung, die Verbreitung und die öffentliche Wiedergabe eines veröffentlichten Werkes zum Zweck der Karikatur, der Parodie und des Pastiches. [2]Die Befugnis nach Satz 1 umfasst die Nutzung einer Abbildung oder sonstigen Vervielfältigung des genutzten Werkes, auch wenn diese selbst durch ein Urheberrecht oder ein verwandtes Schutzrecht geschützt ist.

§ 52 Öffentliche Wiedergabe

(1) [1]Zulässig ist die öffentliche Wiedergabe eines veröffentlichten Werkes, wenn die Wiedergabe keinem Erwerbszweck des Veranstalters dient, die Teilnehmer ohne Entgelt zugelassen werden und im Falle des Vortrages oder der Aufführung des Werkes keiner der ausübenden Künstler (§ 73) eine besondere Ver-

gütung erhält. [2]Für die Wiedergabe ist eine angemessene Vergütung zu zahlen. [3]Die Vergütungspflicht entfällt für Veranstaltungen der Jugendhilfe, der Sozialhilfe, der Alten- und Wohlfahrtspflege sowie der Gefangenenbetreuung, sofern sie nach ihrer sozialen oder erzieherischen Zweckbestimmung nur einem bestimmt abgegrenzten Kreis von Personen zugänglich sind. [4]Dies gilt nicht, wenn die Veranstaltung dem Erwerbszweck eines Dritten dient; in diesem Fall hat der Dritte die Vergütung zu zahlen.

(2) [1]Zulässig ist die öffentliche Wiedergabe eines erschienenen Werkes auch bei einem Gottesdienst oder einer kirchlichen Feier der Kirchen oder Religionsgemeinschaften. [2]Jedoch hat der Veranstalter dem Urheber eine angemessene Vergütung zu zahlen.

(3) Öffentliche bühnenmäßige Darstellungen, öffentliche Zugänglichmachungen und Funksendungen eines Werkes sowie öffentliche Vorführungen eines Filmwerkes sind stets nur mit Einwilligung des Berechtigten zulässig.

§§ 52a, 52b *[aufgehoben]*

§ 53 Vervielfältigungen zum privaten und sonstigen eigenen Gebrauch

(1) [1]Zulässig sind einzelne Vervielfältigungen eines Werkes durch eine natürliche Person zum privaten Gebrauch auf beliebigen Trägern, sofern sie weder unmittelbar noch mittelbar Erwerbszwecken dienen, soweit nicht zur Vervielfältigung eine offensichtlich rechtswidrig hergestellte oder öffentlich zugänglich gemachte Vorlage verwendet wird. [2]Der zur Vervielfältigung Befugte darf die Vervielfältigungsstücke auch durch einen anderen herstellen lassen, sofern dies unentgeltlich geschieht oder es sich um Vervielfältigungen auf Papier oder einem ähnlichen Träger mittels beliebiger photomechanischer Verfahren oder anderer Verfahren mit ähnlicher Wirkung handelt.

(2) [1]Zulässig ist, einzelne Vervielfältigungsstücke eines Werkes herzustellen oder herstellen zu lassen
1. *[aufgehoben]*
2. zur Aufnahme in ein eigenes Archiv, wenn und soweit die Vervielfältigung zu diesem Zweck geboten ist und als Vorlage für die Vervielfältigung ein eigenes Werkstück benutzt wird,
3. zur eigenen Unterrichtung über Tagesfragen, wenn es sich um ein durch Funk gesendetes Werk handelt,
4. zum sonstigen eigenen Gebrauch,
   a) wenn es sich um kleine Teile eines erschienenen Werkes oder um einzelne Beiträge handelt, die in Zeitungen oder Zeitschriften erschienen sind,
   b) wenn es sich um ein seit mindestens zwei Jahren vergriffenes Werk handelt.

[2]Dies gilt nur, wenn zusätzlich
1. die Vervielfältigung auf Papier oder einem ähnlichen Träger mittels beliebiger photomechanischer Verfahren oder anderer Verfahren mit ähnlicher Wirkung vorgenommen wird oder
2. eine ausschließlich analoge Nutzung stattfindet.

(3) *[aufgehoben]*

(4) Die Vervielfältigung
a) graphischer Aufzeichnungen von Werken der Musik,
b) eines Buches oder einer Zeitschrift, wenn es sich um eine im wesentlichen vollständige Vervielfältigung handelt,

ist, soweit sie nicht durch Abschreiben vorgenommen wird, stets nur mit Einwilligung des Berechtigten zulässig oder unter den Voraussetzungen des Absatzes 2 Satz 1 Nr. 2 oder zum eigenen Gebrauch, wenn es sich um ein seit mindestens zwei Jahren vergriffenes Werk handelt.

(5) Die Absätze 1 und 2 Satz 1 Nr. 2 bis 4 finden keine Anwendung auf Datenbankwerke, deren Elemente einzeln mit Hilfe elektronischer Mittel zugänglich sind.

(6) [1]Die Vervielfältigungsstücke dürfen weder verbreitet noch zu öffentlichen Wiedergaben benutzt werden. [2]Zulässig ist jedoch, rechtmäßig hergestellte Vervielfältigungsstücke von Zeitungen und vergriffenen Werken sowie solche Werkstücke zu verleihen, bei denen kleine beschädigte oder abhanden gekommene Teile durch Vervielfältigungsstücke ersetzt worden sind.

(7) Die Aufnahme öffentlicher Vorträge, Aufführungen oder Vorführungen eines Werkes auf Bild- oder Tonträger, die Ausführung von Plänen und Entwürfen zu Werken der bildenden Künste und der Nachbau eines Werkes der Baukunst sind stets nur mit Einwilligung des Berechtigten zulässig.

§ 53a *[aufgehoben]*

Unterabschnitt 2

Vergütung der nach den §§ 53, 60a bis 60f erlaubten Vervielfältigungen

§ 54 Vergütungspflicht

(1) Lässt die Art des Werkes eine nach § 53 Absatz 1 oder 2 oder den §§ 60a bis 60f erlaubte Vervielfältigung erwarten, so hat der Urheber des Werkes gegen den Hersteller von Geräten und von Speichermedien, deren Typ allein oder in Verbindung mit anderen Geräten, Speichermedien oder Zubehör zur Vornahme solcher Vervielfältigungen benutzt wird, Anspruch auf Zahlung einer angemessenen Vergütung.

(2) Der Anspruch nach Absatz 1 entfällt, soweit nach den Umständen erwartet werden kann, dass die Geräte oder Speichermedien im Geltungsbereich dieses Gesetzes nicht zu Vervielfältigungen benutzt werden.

§ 54a Vergütungshöhe

(1) [1]Maßgebend für die Vergütungshöhe ist, in welchem Maß die Geräte und Speichermedien als Typen tatsächlich für Vervielfältigungen nach § 53 Absatz 1 oder 2 oder den §§ 60a bis 60f genutzt werden. [2]Dabei ist zu berücksichtigen, inwieweit technische Schutzmaßnahmen nach § 95a auf die betreffenden Werke angewendet werden.

(2) Die Vergütung für Geräte ist so zu gestalten, dass sie auch mit Blick auf die Vergütungspflicht für in diesen Geräten enthaltene Speichermedien oder andere, mit diesen funktionell zusammenwirkende Geräte oder Speichermedien insgesamt angemessen ist.

(3) Bei der Bestimmung der Vergütungshöhe sind die nutzungsrelevanten Eigenschaften der Geräte und Speichermedien, insbesondere die Leistungsfähigkeit von Geräten sowie die Speicherkapazität und Mehrfachbeschreibbarkeit von Speichermedien, zu berücksichtigen.

(4) Die Vergütung darf Hersteller von Geräten und Speichermedien nicht unzumutbar beeinträchtigen; sie muss in einem wirtschaftlich angemessenen Verhältnis zum Preisniveau des Geräts oder des Speichermediums stehen.

§ 54b Vergütungspflicht des Händlers oder Importeurs

(1) Neben dem Hersteller haftet als Gesamtschuldner, wer die Geräte oder Speichermedien in den Geltungsbereich dieses Gesetzes gewerblich einführt oder wiedereinführt oder wer mit ihnen handelt.

(2) [1]Einführer ist, wer die Geräte oder Speichermedien in den Geltungsbereich dieses Gesetzes verbringt oder verbringen lässt. [2]Liegt der Einfuhr ein Vertrag mit einem Gebietsfremden zugrunde, so ist Einführer nur der im Geltungsbereich dieses Gesetzes ansässige Vertragspartner, soweit er gewerblich tätig wird. [3]Wer lediglich als Spediteur oder Frachtführer oder in einer ähnlichen Stellung bei dem Verbringen der Waren tätig wird, ist nicht Einführer. [4]Wer die Gegenstände aus Drittländern in eine Freizone oder in ein Freilager nach Artikel 166 der Verordnung (EWG) Nr. 2913/92 des Rates vom 12. Oktober 1992 zur Festlegung des Zollkodex der Gemeinschaften (ABl. EG Nr. L 302 S. 1) verbringt oder verbringen lässt, ist als Einführer nur anzusehen, wenn die Gegenstände in diesem Bereich gebraucht oder wenn sie in den zollrechtlich freien Verkehr übergeführt werden.

(3) Die Vergütungspflicht des Händlers entfällt,

1. soweit ein zur Zahlung der Vergütung Verpflichteter, von dem der Händler die Geräte oder die Speichermedien bezieht, an einen Gesamtvertrag über die Vergütung gebunden ist oder
2. wenn der Händler Art und Stückzahl der bezogenen Geräte und Speichermedien und seine Bezugsquelle der nach § 54h Abs. 3 bezeichneten Empfangsstelle jeweils zum 10. Januar und 10. Juli für das vorangegangene Kalenderhalbjahr schriftlich mitteilt.

§ 54c Vergütungspflicht des Betreibers von Ablichtungsgeräten

(1) Werden Geräte der in § 54 Abs. 1 genannten Art, die im Weg der Ablichtung oder in einem Verfahren vergleichbarer Wirkung vervielfältigen, in Schulen, Hochschulen sowie Einrichtungen der Berufsbildung oder der sonstigen Aus- und Weiterbildung, Forschungseinrichtungen, öffentlichen Bibliotheken, in nicht kommerziellen Archiven oder Einrichtungen im Bereich des Film- oder Tonerbes oder in nicht kommerziellen öffentlich zugänglichen Museen oder in Einrichtungen betrieben, die Geräte für die entgeltliche Herstellung von Ablichtungen bereithalten, so hat der Urheber auch gegen den Betreiber des Geräts einen Anspruch auf Zahlung einer angemessenen Vergütung.

(2) Die Höhe der von dem Betreiber insgesamt geschuldeten Vergütung bemisst sich nach der Art und dem Umfang der Nutzung des Geräts, die nach den Umständen, insbesondere nach dem Standort und der üblichen Verwendung, wahrscheinlich ist.

§ 54d Hinweispflicht

Soweit nach § 14 Abs. 2 Satz 1 Nr. 2 Satz 2 des Umsatzsteuergesetzes eine Verpflichtung zur Erteilung einer Rechnung besteht, ist in Rechnungen über die Veräußerung oder ein sonstiges Inverkehrbringen der in § 54 Abs. 1 genannten Geräte oder Speichermedien auf die auf das Gerät oder Speichermedium entfallende Urhebervergütung hinzuweisen.

§ 54e Meldepflicht

(1) Wer Geräte oder Speichermedien in den Geltungsbereich dieses Gesetzes gewerblich einführt oder wiedereinführt, ist dem Urheber gegenüber verpflichtet, Art und Stückzahl der eingeführten Gegenstände der nach § 54h Abs. 3 bezeichneten Empfangsstelle monatlich bis zum zehnten Tag nach Ablauf jedes Kalendermonats schriftlich mitzuteilen.

(2) Kommt der Meldepflichtige seiner Meldepflicht nicht, nur unvollständig oder sonst unrichtig nach, kann der doppelte Vergütungssatz verlangt werden.

§ 54f Auskunftspflicht

(1) [1]Der Urheber kann von dem nach § 54 oder § 54b zur Zahlung der Vergütung Verpflichteten Auskunft über Art und Stückzahl der im Geltungsbereich dieses Gesetzes veräußerten oder in Verkehr gebrachten Geräte und Speichermedien verlangen. [2]Die Auskunftspflicht des Händlers erstreckt sich auch auf die Benennung der Bezugsquellen; sie besteht auch im Fall des § 54b Abs. 3 Nr. 1. [3]§ 26 Abs. 7 gilt entsprechend.

(2) Der Urheber kann von dem Betreiber eines Geräts in einer Einrichtung im Sinne des § 54c Abs. 1 die für die Bemessung der Vergütung erforderliche Auskunft verlangen.

(3) Kommt der zur Zahlung der Vergütung Verpflichtete seiner Auskunftspflicht nicht, nur unvollständig oder sonst unrichtig nach, so kann der doppelte Vergütungssatz verlangt werden.

§ 54g Kontrollbesuch

[1]Soweit dies für die Bemessung der vom Betreiber nach § 54c geschuldeten Vergütung erforderlich ist, kann der Urheber verlangen, dass ihm das Betreten der Betriebs- und Geschäftsräume des Betreibers, der Geräte für die entgeltliche Herstellung von Ablichtungen bereithält, während der üblichen Betriebs- oder Geschäftszeit gestattet wird. [2]Der Kontrollbesuch muss so ausgeübt werden, dass vermeidbare Betriebsstörungen unterbleiben.

§ 54h Verwertungsgesellschaften; Handhabung der Mitteilungen

(1) Die Ansprüche nach den §§ 54 bis 54c, 54e Abs. 2, §§ 54f und 54g können nur durch eine Verwertungsgesellschaft geltend gemacht werden.

(2) [1]Jedem Berechtigten steht ein angemessener Anteil an den nach den §§ 54 bis 54c gezahlten Vergütungen zu. [2]Soweit Werke mit technischen Maßnahmen gemäß § 95a geschützt sind, werden sie bei der Verteilung der Einnahmen nicht berücksichtigt.

(3) [1]Für Mitteilungen nach § 54b Abs. 3 und § 54e haben die Verwertungsgesellschaften dem Deutschen Patent- und Markenamt eine gemeinsame Empfangsstelle zu bezeichnen. [2]Das Deutsche Patent- und Markenamt gibt diese im Bundesanzeiger bekannt.

(4) [1]Das Deutsche Patent- und Markenamt kann Muster für die Mitteilungen nach § 54b Abs. 3 Nr. 2 und § 54e im Bundesanzeiger bekannt machen. [2]Werden Muster bekannt gemacht, sind diese zu verwenden.

(5) Die Verwertungsgesellschaften und die Empfangsstelle dürfen die gemäß § 54b Abs. 3 Nr. 2, den §§ 54e und 54f erhaltenen Angaben nur zur Geltendmachung der Ansprüche nach Absatz 1 verwenden.

Unterabschnitt 3

Weitere gesetzlich erlaubte Nutzungen

§ 55 Vervielfältigung durch Sendeunternehmen

(1) [1]Ein Sendeunternehmen, das zur Funksendung eines Werkes berechtigt ist, darf das Werk mit eigenen Mitteln auf Bild- oder Tonträger übertragen, um diese zur Funksendung über jeden seiner Sender oder Richtstrahler je einmal zu benutzen. [2]Die Bild- oder Tonträger sind spätestens einen Monat nach der ersten Funksendung des Werkes zu löschen.

(2) [1]Bild- oder Tonträger, die außergewöhnlichen dokumentarischen Wert haben, brauchen nicht gelöscht zu werden, wenn sie in ein amtliches Archiv aufgenommen werden. [2]Von der Aufnahme in das Archiv ist der Urheber unverzüglich zu benachrichtigen.

§ 55a Benutzung eines Datenbankwerkes

[1]Zulässig ist die Bearbeitung sowie die Vervielfältigung eines Datenbankwerkes durch den Eigentümer eines mit Zustimmung des Urhebers durch Veräußerung in Verkehr gebrachten Vervielfältigungsstücks

des Datenbankwerkes, den in sonstiger Weise zu dessen Gebrauch Berechtigten oder denjenigen, dem ein Datenbankwerk aufgrund eines mit dem Urheber oder eines mit dessen Zustimmung mit einem Dritten geschlossenen Vertrags zugänglich gemacht wird, wenn und soweit die Bearbeitung oder Vervielfältigung für den Zugang zu den Elementen des Datenbankwerkes und für dessen übliche Benutzung erforderlich ist. [2]Wird aufgrund eines Vertrags nach Satz 1 nur ein Teil des Datenbankwerkes zugänglich gemacht, so ist nur die Bearbeitung sowie die Vervielfältigung dieses Teils zulässig. [3]Entgegenstehende vertragliche Vereinbarungen sind nichtig.

§ 56 Vervielfältigung und öffentliche Wiedergabe in Geschäftsbetrieben

(1) In Geschäftsbetrieben, in denen Geräte zur Herstellung oder zur Wiedergabe von Bild- oder Tonträgern, zum Empfang von Funksendungen oder zur elektronischen Datenverarbeitung vertrieben oder instand gesetzt werden, ist die Übertragung von Werken auf Bild-, Ton- oder Datenträger, die öffentliche Wahrnehmbarmachung von Werken mittels Bild-, Ton- oder Datenträger sowie die öffentliche Wahrnehmbarmachung von Funksendungen und öffentliche Zugänglichmachungen von Werken zulässig, soweit dies notwendig ist, um diese Geräte Kunden vorzuführen oder instand zu setzen.

(2) Nach Absatz 1 hergestellte Bild-, Ton- oder Datenträger sind unverzüglich zu löschen.

§ 57 Unwesentliches Beiwerk

Zulässig ist die Vervielfältigung, Verbreitung und öffentliche Wiedergabe von Werken, wenn sie als unwesentliches Beiwerk neben dem eigentlichen Gegenstand der Vervielfältigung, Verbreitung oder öffentlichen Wiedergabe anzusehen sind.

§ 58 Werbung für die Ausstellung und den öffentlichen Verkauf von Werken

Zulässig sind die Vervielfältigung, Verbreitung und öffentliche Zugänglichmachung von öffentlich ausgestellten oder zur öffentlichen Ausstellung oder zum öffentlichen Verkauf bestimmten Werken gemäß § 2 Absatz 1 Nummer 4 bis 6 durch den Veranstalter zur Werbung, soweit dies zur Förderung der Veranstaltung erforderlich ist.

§ 59 Werke an öffentlichen Plätzen

(1) [1]Zulässig ist, Werke, die sich bleibend an öffentlichen Wegen, Straßen oder Plätzen befinden, mit Mitteln der Malerei oder Graphik, durch Lichtbild oder durch Film zu vervielfältigen, zu verbreiten und öffentlich wiederzugeben. [2]Bei Bauwerken erstrecken sich diese Befugnisse nur auf die äußere Ansicht.

(2) Die Vervielfältigungen dürfen nicht an einem Bauwerk vorgenommen werden.

§ 60 Bildnisse

(1) [1]Zulässig ist die Vervielfältigung sowie die unentgeltliche und nicht zu gewerblichen Zwecken vorgenommene Verbreitung eines Bildnisses durch den Besteller des Bildnisses oder seinen Rechtsnachfolger oder bei einem auf Bestellung geschaffenen Bildnis durch den Abgebildeten oder nach dessen Tod durch seine Angehörigen oder durch einen im Auftrag einer dieser Personen handelnden Dritten. [2]Handelt es sich bei dem Bildnis um ein Werk der bildenden Künste, so ist die Verwertung nur durch Lichtbild zulässig.

(2) Angehörige im Sinne von Absatz 1 Satz 1 sind der Ehegatte oder der Lebenspartner und die Kinder oder, wenn weder ein Ehegatte oder Lebenspartner noch Kinder vorhanden sind, die Eltern.

Unterabschnitt 4

Gesetzlich erlaubte Nutzungen für Unterricht, Wissenschaft und Institutionen

§ 60a Unterricht und Lehre

(1) Zur Veranschaulichung des Unterrichts und der Lehre an Bildungseinrichtungen dürfen zu nicht kommerziellen Zwecken bis zu 15 Prozent eines veröffentlichten Werkes vervielfältigt, verbreitet, öffentlich zugänglich gemacht und in sonstiger Weise öffentlich wiedergegeben werden

1. für Lehrende und Teilnehmer der jeweiligen Veranstaltung,
2. für Lehrende und Prüfer an derselben Bildungseinrichtung sowie
3. für Dritte, soweit dies der Präsentation des Unterrichts, von Unterrichts- oder Lernergebnissen an der Bildungseinrichtung dient.

(2) Abbildungen, einzelne Beiträge aus derselben Fachzeitschrift oder wissenschaftlichen Zeitschrift, sonstige Werke geringen Umfangs und vergriffene Werke dürfen abweichend von Absatz 1 vollständig genutzt werden.

(3) [1]Nicht nach den Absätzen 1 und 2 erlaubt sind folgende Nutzungen:

1. Vervielfältigung durch Aufnahme auf Bild- oder Tonträger und öffentliche Wiedergabe eines Werkes, während es öffentlich vorgetragen, aufgeführt oder vorgeführt wird,

2. Vervielfältigung, Verbreitung und öffentliche Wiedergabe eines Werkes, das ausschließlich für den Unterricht an Schulen geeignet, bestimmt und entsprechend gekennzeichnet ist, an Schulen sowie
3. Vervielfältigung von grafischen Aufzeichnungen von Werken der Musik, soweit sie nicht für die öffentliche Zugänglichmachung nach den Absätzen 1 oder 2 erforderlich ist.

[2]Satz 1 ist nur anzuwenden, wenn Lizenzen für diese Nutzungen leicht verfügbar und auffindbar sind, den Bedürfnissen und Besonderheiten von Bildungseinrichtungen entsprechen und Nutzungen nach Satz 1 Nummer 1 bis 3 erlauben.

(3a) Werden Werke in gesicherten elektronischen Umgebungen für die in Absatz 1 Nummer 1 und 2 sowie Absatz 2 genannten Zwecke in Mitgliedstaaten der Europäischen Union und Vertragsstaaten des Abkommens über den Europäischen Wirtschaftsraum genutzt, so gilt diese Nutzung nur als in dem Mitgliedstaat oder Vertragsstaat erfolgt, in dem die Bildungseinrichtung ihren Sitz hat.

(4) Bildungseinrichtungen sind frühkindliche Bildungseinrichtungen, Schulen, Hochschulen sowie Einrichtungen der Berufsbildung oder der sonstigen Aus- und Weiterbildung.

§ 60b Unterrichts- und Lehrmedien

(1) Hersteller von Unterrichts- und Lehrmedien dürfen für solche Sammlungen bis zu 10 Prozent eines veröffentlichten Werkes vervielfältigen, verbreiten und öffentlich zugänglich machen.

(2) § 60a Absatz 2 und 3 Satz 1 ist entsprechend anzuwenden.

(3) Unterrichts- und Lehrmedien im Sinne dieses Gesetzes sind Sammlungen, die Werke einer größeren Anzahl von Urhebern vereinigen und ausschließlich zur Veranschaulichung des Unterrichts und der Lehre an Bildungseinrichtungen (§ 60a) zu nicht kommerziellen Zwecken geeignet, bestimmt und entsprechend gekennzeichnet sind.

§ 60c Wissenschaftliche Forschung

(1) Zum Zweck der nicht kommerziellen wissenschaftlichen Forschung dürfen bis zu 15 Prozent eines Werkes vervielfältigt, verbreitet und öffentlich zugänglich gemacht werden

1. für einen bestimmt abgegrenzten Kreis von Personen für deren eigene wissenschaftliche Forschung sowie
2. für einzelne Dritte, soweit dies der Überprüfung der Qualität wissenschaftlicher Forschung dient.

(2) Für die eigene wissenschaftliche Forschung dürfen bis zu 75 Prozent eines Werkes vervielfältigt werden.

(3) Abbildungen, einzelne Beiträge aus derselben Fachzeitschrift oder wissenschaftlichen Zeitschrift, sonstige Werke geringen Umfangs und vergriffene Werke dürfen abweichend von den Absätzen 1 und 2 vollständig genutzt werden.

(4) Nicht nach den Absätzen 1 bis 3 erlaubt ist es, während öffentlicher Vorträge, Aufführungen oder Vorführungen eines Werkes diese auf Bild- oder Tonträger aufzunehmen und später öffentlich zugänglich zu machen.

§ 60d Text und Data Mining für Zwecke der wissenschaftlichen Forschung

(1) Vervielfältigungen für Text und Data Mining (§ 44b Absatz 1 und 2 Satz 1) sind für Zwecke der wissenschaftlichen Forschung nach Maßgabe der nachfolgenden Bestimmungen zulässig.

(2) [1]Zu Vervielfältigungen berechtigt sind Forschungsorganisationen. [2]Forschungsorganisationen sind Hochschulen, Forschungsinstitute oder sonstige Einrichtungen, die wissenschaftliche Forschung betreiben, sofern sie

1. nicht kommerzielle Zwecke verfolgen,
2. sämtliche Gewinne in die wissenschaftliche Forschung reinvestieren oder
3. im Rahmen eines staatlich anerkannten Auftrags im öffentlichen Interesse tätig sind.

[3]Nicht nach Satz 1 berechtigt sind Forschungsorganisationen, die mit einem privaten Unternehmen zusammenarbeiten, das einen bestimmenden Einfluss auf die Forschungsorganisation und einen bevorzugten Zugang zu den Ergebnissen der wissenschaftlichen Forschung hat.

(3) Zu Vervielfältigungen berechtigt sind ferner

1. Bibliotheken und Museen, sofern sie öffentlich zugänglich sind, sowie Archive und Einrichtungen im Bereich des Film- oder Tonerbes (Kulturerbe-Einrichtungen),
2. einzelne Forscher, sofern sie nicht kommerzielle Zwecke verfolgen.

(4) [1]Berechtigte nach den Absätzen 2 und 3, die nicht kommerzielle Zwecke verfolgen, dürfen Vervielfältigungen nach Absatz 1 folgenden Personen öffentlich zugänglich machen:

1. einem bestimmt abgegrenzten Kreis von Personen für deren gemeinsame wissenschaftliche Forschung sowie
2. einzelnen Dritten zur Überprüfung der Qualität wissenschaftlicher Forschung.

[2]Sobald die gemeinsame wissenschaftliche Forschung oder die Überprüfung der Qualität wissenschaftlicher Forschung abgeschlossen ist, ist die öffentliche Zugänglichmachung zu beenden.

(5) Berechtigte nach den Absätzen 2 und 3 Nummer 1 dürfen Vervielfältigungen nach Absatz 1 mit angemessenen Sicherheitsvorkehrungen gegen unbefugte Benutzung aufbewahren, solange sie für Zwecke der wissenschaftlichen Forschung oder zur Überprüfung wissenschaftlicher Erkenntnisse erforderlich sind.

(6) Rechtsinhaber sind befugt, erforderliche Maßnahmen zu ergreifen, um zu verhindern, dass die Sicherheit und Integrität ihrer Netze und Datenbanken durch Vervielfältigungen nach Absatz 1 gefährdet werden.

§ 60e Bibliotheken

(1) Öffentlich zugängliche Bibliotheken, die keine unmittelbaren oder mittelbaren kommerziellen Zwecke verfolgen (Bibliotheken), dürfen ein Werk aus ihrem Bestand oder ihrer Ausstellung für Zwecke der Zugänglichmachung, Indexierung, Katalogisierung, Erhaltung und Restaurierung vervielfältigen oder vervielfältigen lassen, auch mehrfach und mit technisch bedingten Änderungen.

(2) [1]Verbreiten dürfen Bibliotheken Vervielfältigungen eines Werkes aus ihrem Bestand an andere Bibliotheken oder an in § 60f genannte Institutionen für Zwecke der Restaurierung. [2]Verleihen dürfen sie restaurierte Werke sowie Vervielfältigungsstücke von Zeitungen, vergriffenen oder zerstörten Werken aus ihrem Bestand.

(3) Verbreiten dürfen Bibliotheken Vervielfältigungen eines in § 2 Absatz 1 Nummer 4 bis 7 genannten Werkes, sofern dies in Zusammenhang mit dessen öffentlicher Ausstellung oder zur Dokumentation des Bestandes der Bibliothek erfolgt.

(4) [1]Zugänglich machen dürfen Bibliotheken an Terminals in ihren Räumen ein Werk aus ihrem Bestand ihren Nutzern für deren Forschung oder private Studien. [2]Sie dürfen den Nutzern je Sitzung Vervielfältigungen an den Terminals von bis zu 10 Prozent eines Werkes sowie von einzelnen Abbildungen, Beiträgen aus derselben Fachzeitschrift oder wissenschaftlichen Zeitschrift, sonstigen Werken geringen Umfangs und vergriffenen Werken zu nicht kommerziellen Zwecken ermöglichen.

(5) Auf Einzelbestellung an Nutzer zu nicht kommerziellen Zwecken übermitteln dürfen Bibliotheken Vervielfältigungen von bis zu 10 Prozent eines erschienenen Werkes sowie einzelne Beiträge, die in Fachzeitschriften oder wissenschaftlichen Zeitschriften erschienen sind.

(6) Für öffentlich zugängliche Bibliotheken, die kommerzielle Zwecke verfolgen, ist Absatz 1 für Vervielfältigungen zum Zweck der Erhaltung eines Werkes entsprechend anzuwenden.

§ 60f Archive, Museen und Bildungseinrichtungen

(1) Für Archive, Einrichtungen im Bereich des Film- oder Tonerbes sowie öffentlich zugängliche Museen und Bildungseinrichtungen (§ 60a Absatz 4), die keine unmittelbaren oder mittelbaren kommerziellen Zwecke verfolgen, gilt § 60e mit Ausnahme der Absätze 5 und 6 entsprechend.

(2) [1]Archive, die auch im öffentlichen Interesse tätig sind, dürfen ein Werk vervielfältigen oder vervielfältigen lassen, um es als Archivgut in ihre Bestände aufzunehmen. [2]Die abgebende Stelle hat unverzüglich die bei ihr vorhandenen Vervielfältigungen zu löschen.

(3) Für Archive, Einrichtungen im Bereich des Film- oder Tonerbes sowie öffentlich zugängliche Museen, die kommerzielle Zwecke verfolgen, ist § 60e Absatz 1 für Vervielfältigungen zum Zweck der Erhaltung eines Werkes entsprechend anzuwenden.

§ 60g Gesetzlich erlaubte Nutzung und vertragliche Nutzungsbefugnis

(1) Auf Vereinbarungen, die erlaubte Nutzungen nach den §§ 60a bis 60f zum Nachteil der Nutzungsberechtigten beschränken oder untersagen, kann sich der Rechtsinhaber nicht berufen.

(2) Vereinbarungen, die ausschließlich die Zugänglichmachung an Terminals nach § 60e Absatz 4 und § 60f Absatz 1 oder den Versand von Vervielfältigungen auf Einzelbestellung nach § 60e Absatz 5 zum Gegenstand haben, gehen abweichend von Absatz 1 der gesetzlichen Erlaubnis vor.

§ 60h Angemessene Vergütung der gesetzlich erlaubten Nutzungen

(1) [1]Für Nutzungen nach Maßgabe dieses Unterabschnitts hat der Urheber Anspruch auf Zahlung einer angemessenen Vergütung. [2]Vervielfältigungen sind nach den §§ 54 bis 54c zu vergüten.

(2) Folgende Nutzungen sind abweichend von Absatz 1 vergütungsfrei:

1. die öffentliche Wiedergabe für Angehörige von Bildungseinrichtungen und deren Familien nach § 60a Absatz 1 Nummer 1 und 3 sowie Absatz 2 mit Ausnahme der öffentlichen Zugänglichmachung,

2. Vervielfältigungen zum Zweck der Erhaltung gemäß § 60e Absatz 1 und 6 sowie § 60f Absatz 1 und 3 sowie zum Zweck der Indexierung, Katalogisierung und Restaurierung nach § 60e Absatz 1 und § 60f Absatz 1,
3. Vervielfältigungen im Rahmen des Text und Data Mining für Zwecke der wissenschaftlichen Forschung nach § 60d Absatz 1.

(3) [1]Eine pauschale Vergütung oder eine repräsentative Stichprobe der Nutzung für die nutzungsabhängige Berechnung der angemessenen Vergütung genügt. [2]Dies gilt nicht bei Nutzungen nach den §§ 60b und 60e Absatz 5.

(4) Der Anspruch auf angemessene Vergütung kann nur durch eine Verwertungsgesellschaft geltend gemacht werden.

(5) [1]Ist der Nutzer im Rahmen einer Einrichtung tätig, so ist nur sie die Vergütungsschuldnerin. [2]Für Vervielfältigungen, die gemäß Absatz 1 Satz 2 nach den §§ 54 bis 54c abgegolten werden, sind nur diese Regelungen anzuwenden.

Unterabschnitt 5

Besondere gesetzlich erlaubte Nutzungen verwaister Werke

§ 61 Verwaiste Werke

(1) Zulässig sind die Vervielfältigung und die öffentliche Zugänglichmachung verwaister Werke nach Maßgabe der Absätze 3 bis 5.

(2) Verwaiste Werke im Sinne dieses Gesetzes sind
1. Werke und sonstige Schutzgegenstände in Büchern, Fachzeitschriften, Zeitungen, Zeitschriften oder anderen Schriften,
2. Filmwerke sowie Bildträger und Bild- und Tonträger, auf denen Filmwerke aufgenommen sind, und
3. Tonträger

aus Sammlungen (Bestandsinhalte) von öffentlich zugänglichen Bibliotheken, Bildungseinrichtungen, Museen, Archiven sowie von Einrichtungen im Bereich des Film- oder Tonerbes, wenn diese Bestandsinhalte bereits veröffentlicht worden sind, deren Rechtsinhaber auch durch eine sorgfältige Suche nicht festgestellt oder ausfindig gemacht werden konnte.

(3) Gibt es mehrere Rechtsinhaber eines Bestandsinhalts, kann dieser auch dann vervielfältigt und öffentlich zugänglich gemacht werden, wenn selbst nach sorgfältiger Suche nicht alle Rechtsinhaber festgestellt oder ausfindig gemacht werden konnten, aber von den bekannten Rechtsinhabern die Erlaubnis zur Nutzung eingeholt worden ist.

(4) Bestandsinhalte, die nicht erschienen sind oder nicht gesendet wurden, dürfen durch die jeweilige in Absatz 2 genannte Institution genutzt werden, wenn die Bestandsinhalte von ihr bereits mit Erlaubnis des Rechtsinhabers der Öffentlichkeit zugänglich gemacht wurden und sofern nach Treu und Glauben anzunehmen ist, dass der Rechtsinhaber in die Nutzung nach Absatz 1 einwilligen würde.

(5) [1]Die Vervielfältigung und die öffentliche Zugänglichmachung durch die in Absatz 2 genannten Institutionen sind nur zulässig, wenn die Institutionen zur Erfüllung ihrer im Gemeinwohl liegenden Aufgaben handeln, insbesondere wenn sie Bestandsinhalte bewahren und restaurieren und den Zugang zu ihren Sammlungen eröffnen, sofern dies kulturellen und bildungspolitischen Zwecken dient. [2]Die Institutionen dürfen für den Zugang zu den genutzten verwaisten Werken ein Entgelt verlangen, das die Kosten der Digitalisierung und der öffentlichen Zugänglichmachung deckt.

§ 61a Sorgfältige Suche und Dokumentationspflichten

(1) [1]Die sorgfältige Suche nach dem Rechtsinhaber gemäß § 61 Absatz 2 ist für jeden Bestandsinhalt und für in diesem enthaltene sonstige Schutzgegenstände durchzuführen; dabei sind mindestens die in der Anlage bestimmten Quellen zu konsultieren. [2]Die sorgfältige Suche ist in dem Mitgliedstaat der Europäischen Union durchzuführen, in dem das Werk zuerst veröffentlicht wurde. [3]Wenn es Hinweise darauf gibt, dass relevante Informationen zu Rechtsinhabern in anderen Staaten gefunden werden können, sind auch verfügbare Informationsquellen in diesen anderen Staaten zu konsultieren. [4]Die nutzende Institution darf mit der Durchführung der sorgfältigen Suche auch einen Dritten beauftragen.

(2) Bei Filmwerken sowie bei Bildträgern und Bild- und Tonträgern, auf denen Filmwerke aufgenommen sind, ist die sorgfältige Suche in dem Mitgliedstaat der Europäischen Union durchzuführen, in dem der Hersteller seine Hauptniederlassung oder seinen gewöhnlichen Aufenthalt hat.

(3) Für die in § 61 Absatz 4 genannten Bestandsinhalte ist eine sorgfältige Suche in dem Mitgliedstaat der Europäischen Union durchzuführen, in dem die Institution ihren Sitz hat, die den Bestandsinhalt mit Erlaubnis des Rechtsinhabers der Öffentlichkeit zugänglich gemacht hat.

(4) [1]Die nutzende Institution dokumentiert ihre sorgfältige Suche und leitet die folgenden Informationen dem Deutschen Patent- und Markenamt zu:

1. die genaue Bezeichnung des Bestandsinhalts, der nach den Ergebnissen der sorgfältigen Suche verwaist ist,
2. die Art der Nutzung des verwaisten Werkes durch die Institution,
3. jede Änderung des Status eines genutzten verwaisten Werkes gemäß § 61b,
4. die Kontaktdaten der Institution wie Name, Anschrift sowie gegebenenfalls Telefonnummer, Faxnummer und E-Mail-Adresse.

[2]Diese Informationen werden von dem Deutschen Patent- und Markenamt unverzüglich an das Harmonisierungsamt für den Binnenmarkt (Marken, Muster, Modelle) weitergeleitet.

(5) Einer sorgfältigen Suche bedarf es nicht für Bestandsinhalte, die bereits in der Datenbank des Harmonisierungsamtes für den Binnenmarkt (Marken, Muster, Modelle) als verwaist erfasst sind.

§ 61b Beendigung der Nutzung und Vergütungspflicht der nutzenden Institution

[1]Wird ein Rechtsinhaber eines Bestandsinhalts nachträglich festgestellt oder ausfindig gemacht, hat die nutzende Institution die Nutzungshandlungen unverzüglich zu unterlassen, sobald sie hiervon Kenntnis erlangt. [2]Der Rechtsinhaber hat gegen die nutzende Institution Anspruch auf Zahlung einer angemessenen Vergütung für die erfolgte Nutzung.

§ 61c Nutzung verwaister Werke durch öffentlich-rechtliche Rundfunkanstalten

[1]Zulässig sind die Vervielfältigung und die öffentliche Zugänglichmachung von

1. Filmwerken sowie Bildträgern und Bild- und Tonträgern, auf denen Filmwerke aufgenommen sind, und
2. Tonträgern,

die vor dem 1. Januar 2003 von öffentlich-rechtlichen Rundfunkanstalten hergestellt wurden und sich in deren Sammlung befinden, unter den Voraussetzungen des § 61 Absatz 2 bis 5 auch durch öffentlich-rechtliche Rundfunkanstalten. [2]Die §§ 61a und 61b gelten entsprechend.

Unterabschnitt 5a

Besondere gesetzlich erlaubte Nutzungen nicht verfügbarer Werke

§ 61d Nicht verfügbare Werke

(1) [1]Kulturerbe-Einrichtungen (§ 60d) dürfen nicht verfügbare Werke (§ 52b des Verwertungsgesellschaftengesetzes) aus ihrem Bestand vervielfältigen oder vervielfältigen lassen sowie der Öffentlichkeit zugänglich machen. [2]Dies gilt nur, wenn keine Verwertungsgesellschaft besteht, die diese Rechte für die jeweiligen Arten von Werken wahrnimmt und insoweit repräsentativ (§ 51b des Verwertungsgesellschaftengesetzes) ist. [3]Nutzungen nach Satz 1 sind nur zu nicht kommerziellen Zwecken zulässig. [4]Die öffentliche Zugänglichmachung ist nur auf nicht kommerziellen Internetseiten erlaubt.

(2) Der Rechtsinhaber kann der Nutzung nach Absatz 1 jederzeit gegenüber dem Amt der Europäischen Union für geistiges Eigentum widersprechen.

(3) [1]Die Kulturerbe-Einrichtung informiert während der gesamten Nutzungsdauer im Online-Portal des Amtes der Europäischen Union für geistiges Eigentum über die betreffenden Werke, deren Nutzung und das Recht zum Widerspruch. [2]Die öffentliche Zugänglichmachung darf erst erfolgen, wenn der Rechtsinhaber der Nutzung innerhalb von sechs Monaten seit Beginn der Bekanntgabe der Informationen nach Satz 1 nicht widersprochen hat.

(4) [1]Die Nutzung nach Absatz 1 in Mitgliedstaaten der Europäischen Union und Vertragsstaaten des Abkommens über den Europäischen Wirtschaftsraum gilt als nur in dem Mitgliedstaat oder Vertragsstaat erfolgt, in dem die Kulturerbe-Einrichtung ihren Sitz hat. [2]Absatz 1 ist nicht auf Werkreihen anzuwenden, die überwiegend Werke aus Drittstaaten (§ 52c des Verwertungsgesellschaftengesetzes) enthalten.

§ 61e Verordnungsermächtigung

Das Bundesministerium der Justiz und für Verbraucherschutz wird ermächtigt, durch Rechtsverordnung ohne Zustimmung des Bundesrates zu folgenden Regelungen nähere Bestimmungen zu treffen:

1. Ausübung und Rechtsfolgen des Widerspruchs des Rechtsinhabers (§ 61d Absatz 2),
2. Informationspflichten (§ 61d Absatz 3).

§ 61f Information über nicht verfügbare Werke

Verwertungsgesellschaften, Kulturerbe-Einrichtungen und das Amt der Europäischen Union für geistiges Eigentum dürfen Werke vervielfältigen und der Öffentlichkeit zugänglich machen, soweit dies erforderlich ist, um im Online-Portal des Amtes darüber zu informieren, dass die Verwertungsgesellschaft Rechte an diesem Werk gemäß § 52 des Verwertungsgesellschaftengesetzes einräumt oder eine Kulturerbe-Einrichtung dieses Werk gemäß § 61d nutzt.

§ 61g Gesetzlich erlaubte Nutzung und vertragliche Nutzungsbefugnis

Auf Vereinbarungen, die erlaubte Nutzungen nach den §§ 61d und 61f zum Nachteil der Nutzungsberechtigten beschränken oder untersagen, kann sich der Rechtsinhaber nicht berufen.

Unterabschnitt 6

Gemeinsame Vorschriften für gesetzlich erlaubte Nutzungen

§ 62 Änderungsverbot

(1) [1]Soweit nach den Bestimmungen dieses Abschnitts die Benutzung eines Werkes zulässig ist, dürfen Änderungen an dem Werk nicht vorgenommen werden. [2]§ 39 gilt entsprechend.

(2) Soweit der Benutzungszweck es erfordert, sind Übersetzungen und solche Änderungen des Werkes zulässig, die nur Auszüge oder Übertragungen in eine andere Tonart oder Stimmlage darstellen.

(3) Bei Werken der bildenden Künste und Lichtbildwerken sind Übertragungen des Werkes in eine andere Größe und solche Änderungen zulässig, die das für die Vervielfältigung angewendete Verfahren mit sich bringt.

(4) Bei Nutzungen nach den §§ 45a bis 45c sind solche Änderungen zulässig, die für die Herstellung eines barrierefreien Formats erforderlich sind.

(4a) Soweit es der Benutzungszweck nach § 51a erfordert, sind Änderungen des Werkes zulässig.

(5) [1]Bei Sammlungen für den religiösen Gebrauch (§ 46), bei Nutzungen für Unterricht und Lehre (§ 60a) und bei Unterrichts- und Lehrmedien (§ 60b) sind auch solche Änderungen von Sprachwerken zulässig, die für den religiösen Gebrauch und für die Veranschaulichung des Unterrichts und der Lehre erforderlich sind. [2]Diese Änderungen bedürfen jedoch der Einwilligung des Urhebers, nach seinem Tode der Einwilligung seines Rechtsnachfolgers (§ 30), wenn dieser Angehöriger (§ 60 Abs. 2) des Urhebers ist oder das Urheberrecht auf Grund letztwilliger Verfügung des Urhebers erworben hat. [3]Die Einwilligung gilt als erteilt, wenn der Urheber oder der Rechtsnachfolger nicht innerhalb eines Monats, nachdem ihm die beabsichtigte Änderung mitgeteilt worden ist, widerspricht und er bei der Mitteilung der Änderung auf diese Rechtsfolge hingewiesen worden ist. [4]Bei Nutzungen für Unterricht und Lehre (§ 60a) sowie für Unterrichts- und Lehrmedien (§ 60b) bedarf es keiner Einwilligung, wenn die Änderungen deutlich sichtbar kenntlich gemacht werden.

§ 63 Quellenangabe

(1) [1]Wenn ein Werk oder ein Teil eines Werkes in den Fällen des § 45 Abs. 1, der §§ 45a bis 48, 50, 51, 58, 59 sowie der §§ 60a bis 60c, 61, 61c, 61d und 61f vervielfältigt oder verbreitet wird, ist stets die Quelle deutlich anzugeben. [2]Bei der Vervielfältigung oder Verbreitung ganzer Sprachwerke oder ganzer Werke der Musik ist neben dem Urheber auch der Verlag anzugeben, in dem das Werk erschienen ist, und außerdem kenntlich zu machen, ob an dem Werk Kürzungen oder andere Änderungen vorgenommen worden sind. [3]Die Verpflichtung zur Quellenangabe entfällt, wenn die Quelle weder auf dem benutzten Werkstück oder bei der benutzten Werkwiedergabe genannt noch dem zur Vervielfältigung oder Verbreitung Befugten anderweit bekannt ist oder im Fall des § 60a oder des § 60b Prüfungszwecke einen Verzicht auf die Quellenangabe erfordern.

(2) [1]Soweit nach den Bestimmungen dieses Abschnitts die öffentliche Wiedergabe eines Werkes zulässig ist, ist die Quelle deutlich anzugeben, wenn und soweit die Verkehrssitte es erfordert. [2]In den Fällen der öffentlichen Wiedergabe nach den §§ 46, 48, 51, 60a bis 60d, 61, 61c, 61d und 61f sowie bei digitalen sonstigen Nutzungen gemäß § 60a ist die Quelle einschließlich des Namens des Urhebers stets anzugeben, es sei denn, dass dies nicht möglich ist.

(3) [1]Wird ein Artikel aus einer Zeitung oder einem anderen Informationsblatt nach § 49 Abs. 1 in einer anderen Zeitung oder in einem anderen Informationsblatt abgedruckt oder durch Funk gesendet, so ist stets außer dem Urheber, der in der benutzten Quelle bezeichnet ist, auch die Zeitung oder das Informationsblatt anzugeben, woraus der Artikel entnommen ist; ist dort eine andere Zeitung oder ein anderes Informationsblatt als Quelle angeführt, so ist diese Zeitung oder dieses Informationsblatt anzugeben. [2]Wird ein Rundfunkkommentar nach § 49 Abs. 1 in einer Zeitung oder einem anderen Informationsblatt abgedruckt oder durch Funk gesendet, so ist stets außer dem Urheber auch das Sendeunternehmen anzugeben, das den Kommentar gesendet hat.

§ 63a Gesetzliche Vergütungsansprüche

(1) [1]Auf gesetzliche Vergütungsansprüche nach diesem Abschnitt kann der Urheber im Voraus nicht verzichten. [2]Sie können im Voraus nur an eine Verwertungsgesellschaft abgetreten werden.

(2) [1]Hat der Urheber einem Verleger ein Recht an seinem Werk eingeräumt, so ist der Verleger in Bezug auf dieses Recht angemessen an den gesetzlichen Vergütungsansprüchen nach diesem Abschnitt zu beteiligen. [2]In diesem Fall können gesetzliche Vergütungsansprüche nur durch eine gemeinsame Verwertungsgesellschaft von Urhebern und Verlegern geltend gemacht werden.

(3) Absatz 2 ist auf den Vergütungsanspruch nach § 27 Absatz 2 entsprechend anzuwenden.

Abschnitt 7

Dauer des Urheberrechts

§ 64 Allgemeines

Das Urheberrecht erlischt siebzig Jahre nach dem Tode des Urhebers.

§ 65 Miturheber, Filmwerke, Musikkomposition mit Text

(1) Steht das Urheberrecht mehreren Miturhebern (§ 8) zu, so erlischt es siebzig Jahre nach dem Tode des längstlebenden Miturhebers.

(2) Bei Filmwerken und Werken, die ähnlich wie Filmwerke hergestellt werden, erlischt das Urheberrecht siebzig Jahre nach dem Tod des Längstlebenden der folgenden Personen: Hauptregisseur, Urheber des Drehbuchs, Urheber der Dialoge, Komponist der für das betreffende Filmwerk komponierten Musik.

(3) [1]Die Schutzdauer einer Musikkomposition mit Text erlischt 70 Jahre nach dem Tod des Längstlebenden der folgenden Personen: Verfasser des Textes, Komponist der Musikkomposition, sofern beide Beiträge eigens für die betreffende Musikkomposition mit Text geschaffen wurden. [2]Dies gilt unabhängig davon, ob diese Personen als Miturheber ausgewiesen sind.

§ 66 Anonyme und pseudonyme Werke

(1) [1]Bei anonymen und pseudonymen Werken erlischt das Urheberrecht siebzig Jahre nach der Veröffentlichung. [2]Es erlischt jedoch bereits siebzig Jahre nach der Schaffung des Werkes, wenn das Werk innerhalb dieser Frist nicht veröffentlicht worden ist.

(2) [1]Offenbart der Urheber seine Identität innerhalb der in Absatz 1 Satz 1 bezeichneten Frist oder läßt das vom Urheber angenommene Pseudonym keinen Zweifel an seiner Identität zu, so berechnet sich die Dauer des Urheberrechts nach den §§ 64 und 65. [2]Dasselbe gilt, wenn innerhalb der in Absatz 1 Satz 1 bezeichneten Frist der wahre Name des Urhebers zur Eintragung in das Register anonymer und pseudonymer Werke (§ 138) angemeldet wird.

(3) Zu den Handlungen nach Absatz 2 sind der Urheber, nach seinem Tode sein Rechtsnachfolger (§ 30) oder der Testamentsvollstrecker (§ 28 Abs. 2) berechtigt.

§ 67 Lieferungswerke

Bei Werken, die in inhaltlich nicht abgeschlossenen Teilen (Lieferungen) veröffentlicht werden, berechnet sich im Falle des § 66 Abs. 1 Satz 1 die Schutzfrist einer jeden Lieferung gesondert ab dem Zeitpunkt ihrer Veröffentlichung.

§ 68 Vervielfältigungen gemeinfreier visueller Werke

Vervielfältigungen gemeinfreier visueller Werke werden nicht durch verwandte Schutzrechte nach den Teilen 2 und 3 geschützt.

§ 69 Berechnung der Fristen

Die Fristen dieses Abschnitts beginnen mit dem Ablauf des Kalenderjahres, in dem das für den Beginn der Frist maßgebende Ereignis eingetreten ist.

Abschnitt 8

Besondere Bestimmungen für Computerprogramme

§ 69a Gegenstand des Schutzes

(1) Computerprogramme im Sinne dieses Gesetzes sind Programme in jeder Gestalt, einschließlich des Entwurfsmaterials.

(2) [1]Der gewährte Schutz gilt für alle Ausdrucksformen eines Computerprogramms. [2]Ideen und Grundsätze, die einem Element eines Computerprogramms zugrunde liegen, einschließlich der den Schnittstellen zugrundeliegenden Ideen und Grundsätze, sind nicht geschützt.

(3) [1]Computerprogramme werden geschützt, wenn sie individuelle Werke in dem Sinne darstellen, daß sie das Ergebnis der eigenen geistigen Schöpfung ihres Urhebers sind. [2]Zur Bestimmung ihrer Schutzfähigkeit sind keine anderen Kriterien, insbesondere nicht qualitative oder ästhetische, anzuwenden.

(4) Auf Computerprogramme finden die für Sprachwerke geltenden Bestimmungen Anwendung, soweit in diesem Abschnitt nichts anderes bestimmt ist.

(5) Die §§ 32 bis 32g, 36 bis 36d, 40a und 41 sind auf Computerprogramme nicht anzuwenden.

§ 69b Urheber in Arbeits- und Dienstverhältnissen

(1) Wird ein Computerprogramm von einem Arbeitnehmer in Wahrnehmung seiner Aufgaben oder nach den Anweisungen seines Arbeitgebers geschaffen, so ist ausschließlich der Arbeitgeber zur Ausübung aller vermögensrechtlichen Befugnisse an dem Computerprogramm berechtigt, sofern nichts anderes vereinbart ist.

(2) Absatz 1 ist auf Dienstverhältnisse entsprechend anzuwenden.

§ 69c Zustimmungsbedürftige Handlungen

Der Rechtsinhaber hat das ausschließliche Recht, folgende Handlungen vorzunehmen oder zu gestatten:

1. die dauerhafte oder vorübergehende Vervielfältigung, ganz oder teilweise, eines Computerprogramms mit jedem Mittel und in jeder Form. Soweit das Laden, Anzeigen, Ablaufen, Übertragen oder Speichern des Computerprogramms eine Vervielfältigung erfordert, bedürfen diese Handlungen der Zustimmung des Rechtsinhabers;
2. die Übersetzung, die Bearbeitung, das Arrangement und andere Umarbeitungen eines Computerprogramms sowie die Vervielfältigung der erzielten Ergebnisse. Die Rechte derjenigen, die das Programm bearbeiten, bleiben unberührt;
3. jede Form der Verbreitung des Originals eines Computerprogramms oder von Vervielfältigungsstücken, einschließlich der Vermietung. Wird ein Vervielfältigungsstück eines Computerprogramms mit Zustimmung des Rechtsinhabers im Gebiet der Europäischen Union oder eines anderen Vertragsstaates des Abkommens über den Europäischen Wirtschaftsraum im Wege der Veräußerung in Verkehr gebracht, so erschöpft sich das Verbreitungsrecht in bezug auf dieses Vervielfältigungsstück mit Ausnahme des Vermietrechts;
4. die drahtgebundene oder drahtlose öffentliche Wiedergabe eines Computerprogramms einschließlich der öffentlichen Zugänglichmachung in der Weise, dass es Mitgliedern der Öffentlichkeit von Orten und zu Zeiten ihrer Wahl zugänglich ist.

§ 69d Ausnahmen von den zustimmungsbedürftigen Handlungen

(1) Soweit keine besonderen vertraglichen Bestimmungen vorliegen, bedürfen die in § 69c Nr. 1 und 2 genannten Handlungen nicht der Zustimmung des Rechtsinhabers, wenn sie für eine bestimmungsgemäße Benutzung des Computerprogramms einschließlich der Fehlerberichtigung durch jeden zur Verwendung eines Vervielfältigungsstücks des Programms Berechtigten notwendig sind.

(2) [1]Die Erstellung einer Sicherungskopie durch eine Person, die zur Benutzung des Programms berechtigt ist, darf nicht vertraglich untersagt werden, wenn sie für die Sicherung künftiger Benutzung erforderlich ist. [2]Für Vervielfältigungen zum Zweck der Erhaltung sind § 60e Absatz 1 und 6 sowie § 60f Absatz 1 und 3 anzuwenden.

(3) Der zur Verwendung eines Vervielfältigungsstücks eines Programms Berechtigte kann ohne Zustimmung des Rechtsinhabers das Funktionieren dieses Programms beobachten, untersuchen oder testen, um die einem Programmelement zugrundeliegenden Ideen und Grundsätze zu ermitteln, wenn dies durch Handlungen zum Laden, Anzeigen, Ablaufen, Übertragen oder Speichern des Programms geschieht, zu denen er berechtigt ist.

(4) Computerprogramme dürfen für das Text und Data Mining nach § 44b auch gemäß § 69c Nummer 2 genutzt werden.

(5) § 60a ist auf Computerprogramme mit folgenden Maßgaben anzuwenden:

1. Nutzungen sind digital unter Verantwortung einer Bildungseinrichtung in ihren Räumlichkeiten, an anderen Orten oder in einer gesicherten elektronischen Umgebung zulässig.
2. Die Computerprogramme dürfen auch gemäß § 69c Nummer 2 genutzt werden.
3. Die Computerprogramme dürfen vollständig genutzt werden.
4. Die Nutzung muss zum Zweck der Veranschaulichung von Unterricht und Lehre gerechtfertigt sein.

(6) § 60d ist auf Computerprogramme nicht anzuwenden.

(7) Die §§ 61d bis 61f sind auf Computerprogramme mit der Maßgabe anzuwenden, dass die Computerprogramme auch gemäß § 69c Nummer 2 genutzt werden dürfen.

§ 69e Dekompilierung

(1) Die Zustimmung des Rechtsinhabers ist nicht erforderlich, wenn die Vervielfältigung des Codes oder die Übersetzung der Codeform im Sinne des § 69c Nr. 1 und 2 unerläßlich ist, um die erforderlichen

Informationen zur Herstellung der Interoperabilität eines unabhängig geschaffenen Computerprogramms mit anderen Programmen zu erhalten, sofern folgende Bedingungen erfüllt sind:

1. Die Handlungen werden von dem Lizenznehmer oder von einer anderen zur Verwendung eines Vervielfältigungsstücks des Programms berechtigten Person oder in deren Namen von einer hierzu ermächtigten Person vorgenommen;
2. die für die Herstellung der Interoperabilität notwendigen Informationen sind für die in Nummer 1 genannten Personen noch nicht ohne weiteres zugänglich gemacht;
3. die Handlungen beschränken sich auf die Teile des ursprünglichen Programms, die zur Herstellung der Interoperabilität notwendig sind.

(2) Bei Handlungen nach Absatz 1 gewonnene Informationen dürfen nicht

1. zu anderen Zwecken als zur Herstellung der Interoperabilität des unabhängig geschaffenen Programms verwendet werden,
2. an Dritte weitergegeben werden, es sei denn, daß dies für die Interoperabilität des unabhängig geschaffenen Programms notwendig ist,
3. für die Entwicklung, Herstellung oder Vermarktung eines Programms mit im wesentlichen ähnlicher Ausdrucksform oder für irgendwelche anderen das Urheberrecht verletzenden Handlungen verwendet werden.

(3) Die Absätze 1 und 2 sind so auszulegen, daß ihre Anwendung weder die normale Auswertung des Werkes beeinträchtigt noch die berechtigten Interessen des Rechtsinhabers unzumutbar verletzt.

§ 69f Rechtsverletzungen; ergänzende Schutzbestimmungen

(1) [1]Der Rechtsinhaber kann von dem Eigentümer oder Besitzer verlangen, daß alle rechtswidrig hergestellten, verbreiteten oder zur rechtswidrigen Verbreitung bestimmten Vervielfältigungsstücke vernichtet werden. [2]§ 98 Abs. 3 und 4 ist entsprechend anzuwenden.

(2) [1]Absatz 1 ist entsprechend auf Mittel anzuwenden, die allein dazu bestimmt sind, die unerlaubte Beseitigung oder Umgehung technischer Programmschutzmechanismen zu erleichtern. [2]Satz 1 gilt nicht für Mittel, die Kulturerbe-Einrichtungen einsetzen, um von der gesetzlichen Nutzungserlaubnis des § 61d, auch in Verbindung mit § 69d Absatz 7, Gebrauch zu machen.

(3) Auf technische Programmschutzmechanismen ist in den Fällen des § 44b, auch in Verbindung mit § 69d Absatz 4, des § 60a, auch in Verbindung mit § 69d Absatz 5, des § 60e Absatz 1 oder 6 sowie des § 60f Absatz 1 oder 3 nur § 95b entsprechend anzuwenden.

§ 69g Anwendung sonstiger Rechtsvorschriften; Vertragsrecht

(1) Die Bestimmungen dieses Abschnitts lassen die Anwendung sonstiger Rechtsvorschriften auf Computerprogramme, insbesondere über den Schutz von Erfindungen, Topographien von Halbleitererzeugnissen, Marken und den Schutz gegen unlauteren Wettbewerb einschließlich des Schutzes von Geschäfts- und Betriebsgeheimnissen, sowie schuldrechtliche Vereinbarungen unberührt.

(2) Vertragliche Bestimmungen, die in Widerspruch zu § 69d Absatz 2, 3, 5 oder 7 oder zu § 69e stehen, sind nichtig.

Teil 2
Verwandte Schutzrechte

Abschnitt 1
Schutz bestimmter Ausgaben

§ 70 Wissenschaftliche Ausgaben

(1) Ausgaben urheberrechtlich nicht geschützter Werke oder Texte werden in entsprechender Anwendung der Vorschriften des Teils 1 geschützt, wenn sie das Ergebnis wissenschaftlich sichtender Tätigkeit darstellen und sich wesentlich von den bisher bekannten Ausgaben der Werke oder Texte unterscheiden.

(2) Das Recht steht dem Verfasser der Ausgabe zu.

(3) [1]Das Recht erlischt fünfundzwanzig Jahre nach dem Erscheinen der Ausgabe, jedoch bereits fünfundzwanzig Jahre nach der Herstellung, wenn die Ausgabe innerhalb dieser Frist nicht erschienen ist. [2]Die Frist ist nach § 69 zu berechnen.

§ 71 Nachgelassene Werke

(1) [1]Wer ein nicht erschienenes Werk nach Erlöschen des Urheberrechts erlaubterweise erstmals erscheinen läßt oder erstmals öffentlich wiedergibt, hat das ausschließliche Recht, das Werk zu verwerten. [2]Das gleiche gilt für nicht erschienene Werke, die im Geltungsbereich dieses Gesetzes niemals geschützt waren,

deren Urheber aber schon länger als siebzig Jahre tot ist. [3]Die §§ 5 und 10 Abs. 1 sowie die §§ 15 bis 23, 26, 27, 44a bis 63 und 88 sind sinngemäß anzuwenden.

(2) Das Recht ist übertragbar.

(3) [1]Das Recht erlischt fünfundzwanzig Jahre nach dem Erscheinen des Werkes oder, wenn seine erste öffentliche Wiedergabe früher erfolgt ist, nach dieser. [2]Die Frist ist nach § 69 zu berechnen.

Abschnitt 2

Schutz der Lichtbilder

§ 72 Lichtbilder

(1) Lichtbilder und Erzeugnisse, die ähnlich wie Lichtbilder hergestellt werden, werden in entsprechender Anwendung der für Lichtbildwerke geltenden Vorschriften des Teils 1 geschützt.

(2) Das Recht nach Absatz 1 steht dem Lichtbildner zu.

(3) [1]Das Recht nach Absatz 1 erlischt fünfzig Jahre nach dem Erscheinen des Lichtbildes oder, wenn seine erste erlaubte öffentliche Wiedergabe früher erfolgt ist, nach dieser, jedoch bereits fünfzig Jahre nach der Herstellung, wenn das Lichtbild innerhalb dieser Frist nicht erschienen oder erlaubterweise öffentlich wiedergegeben worden ist. [2]Die Frist ist nach § 69 zu berechnen.

Abschnitt 3

Schutz des ausübenden Künstlers

§ 73 Ausübender Künstler

Ausübender Künstler im Sinne dieses Gesetzes ist, wer ein Werk oder eine Ausdrucksform der Volkskunst aufführt, singt, spielt oder auf eine andere Weise darbietet oder an einer solchen Darbietung künstlerisch mitwirkt.

§ 74 Anerkennung als ausübender Künstler

(1) [1]Der ausübende Künstler hat das Recht, in Bezug auf seine Darbietung als solcher anerkannt zu werden. [2]Er kann dabei bestimmen, ob und mit welchem Namen er genannt wird.

(2) [1]Haben mehrere ausübende Künstler gemeinsam eine Darbietung erbracht und erfordert die Nennung jedes einzelnen von ihnen einen unverhältnismäßigen Aufwand, so können sie nur verlangen, als Künstlergruppe genannt zu werden. [2]Hat die Künstlergruppe einen gewählten Vertreter (Vorstand), so ist dieser gegenüber Dritten allein zur Vertretung befugt. [3]Hat eine Gruppe keinen Vorstand, so kann das Recht nur durch den Leiter der Gruppe, mangels eines solchen nur durch einen von der Gruppe zu wählenden Vertreter geltend gemacht werden. [4]Das Recht eines beteiligten ausübenden Künstlers auf persönliche Nennung bleibt bei einem besonderen Interesse unberührt.

(3) § 10 Abs. 1 gilt entsprechend.

§ 75 Beeinträchtigung der Darbietung

[1]Der ausübende Künstler hat das Recht, eine Entstellung oder eine andere Beeinträchtigung seiner Darbietung zu verbieten, die geeignet ist, sein Ansehen oder seinen Ruf als ausübender Künstler zu gefährden. [2]Haben mehrere ausübende Künstler gemeinsam eine Darbietung erbracht, so haben sie bei der Ausübung des Rechts aufeinander angemessene Rücksicht zu nehmen.

§ 76 Dauer der Persönlichkeitsrechte

[1]Die in den §§ 74 und 75 bezeichneten Rechte erlöschen mit dem Tode des ausübenden Künstlers, jedoch erst 50 Jahre nach der Darbietung, wenn der ausübende Künstler vor Ablauf dieser Frist verstorben ist, sowie nicht vor Ablauf der für die Verwertungsrechte nach § 82 geltenden Frist. [2]Die Frist ist nach § 69 zu berechnen. [3]Haben mehrere ausübende Künstler gemeinsam eine Darbietung erbracht, so ist der Tod des letzten der beteiligten ausübenden Künstler maßgeblich. [4]Nach dem Tod des ausübenden Künstlers stehen die Rechte seinen Angehörigen (§ 60 Abs. 2) zu.

§ 77 Aufnahme, Vervielfältigung und Verbreitung

(1) Der ausübende Künstler hat das ausschließliche Recht, seine Darbietung auf Bild- oder Tonträger aufzunehmen.

(2) [1]Der ausübende Künstler hat das ausschließliche Recht, den Bild- oder Tonträger, auf den seine Darbietung aufgenommen worden ist, zu vervielfältigen und zu verbreiten. [2]§ 27 ist entsprechend anzuwenden.

§ 78 Öffentliche Wiedergabe

(1) Der ausübende Künstler hat das ausschließliche Recht, seine Darbietung
1. öffentlich zugänglich zu machen (§ 19a),
2. zu senden, es sei denn, dass die Darbietung erlaubterweise auf Bild- oder Tonträger aufgenommen worden ist, die erschienen oder erlaubterweise öffentlich zugänglich gemacht worden sind,
3. außerhalb des Raumes, in dem sie stattfindet, durch Bildschirm, Lautsprecher oder ähnliche technische Einrichtungen öffentlich wahrnehmbar zu machen.

(2) Dem ausübenden Künstler ist eine angemessene Vergütung zu zahlen, wenn
1. die Darbietung nach Absatz 1 Nr. 2 erlaubterweise gesendet,
2. die Darbietung mittels Bild- oder Tonträger öffentlich wahrnehmbar gemacht oder
3. die Sendung oder die auf öffentlicher Zugänglichmachung beruhende Wiedergabe der Darbietung öffentlich wahrnehmbar gemacht wird.

(3) [1]Auf Vergütungsansprüche nach Absatz 2 kann der ausübende Künstler im Voraus nicht verzichten. [2]Sie können im Voraus nur an eine Verwertungsgesellschaft abgetreten werden.

(4) § 20b gilt entsprechend.

§ 79 Nutzungsrechte

(1) [1]Der ausübende Künstler kann seine Rechte und Ansprüche aus den §§ 77 und 78 übertragen. [2]§ 78 Abs. 3 und 4 bleibt unberührt.

(2) Der ausübende Künstler kann einem anderen das Recht einräumen, die Darbietung auf einzelne oder alle der ihm vorbehaltenen Nutzungsarten zu nutzen.

(2a) Auf Übertragungen nach Absatz 1 und Rechtseinräumungen nach Absatz 2 sind die §§ 31, 32 bis 32b, 32d bis 40, 41, 42 und 43 entsprechend anzuwenden.

(3) [1]Unterlässt es der Tonträgerhersteller, Kopien des Tonträgers in ausreichender Menge zum Verkauf anzubieten oder den Tonträger öffentlich zugänglich zu machen, so kann der ausübende Künstler den Vertrag, mit dem er dem Tonträgerhersteller seine Rechte an der Aufzeichnung der Darbietung eingeräumt oder übertragen hat (Übertragungsvertrag), kündigen. [2]Die Kündigung ist zulässig
1. nach Ablauf von 50 Jahren nach dem Erscheinen eines Tonträgers oder 50 Jahre nach der ersten erlaubten Benutzung des Tonträgers zur öffentlichen Wiedergabe, wenn der Tonträger nicht erschienen ist, und
2. wenn der Tonträgerhersteller innerhalb eines Jahres nach Mitteilung des ausübenden Künstlers, den Übertragungsvertrag kündigen zu wollen, nicht beide in Satz 1 genannten Nutzungshandlungen ausführt.

[3]Ist der Übertragungsvertrag gekündigt, so erlöschen die Rechte des Tonträgerherstellers am Tonträger. [4]Auf das Kündigungsrecht kann der ausübende Künstler nicht verzichten.

§ 79a Vergütungsanspruch des ausübenden Künstlers

(1) [1]Hat der ausübende Künstler einem Tonträgerhersteller gegen Zahlung einer einmaligen Vergütung Rechte an seiner Darbietung eingeräumt oder übertragen, so hat der Tonträgerhersteller dem ausübenden Künstler eine zusätzliche Vergütung in Höhe von 20 Prozent der Einnahmen zu zahlen, die der Tonträgerhersteller aus der Vervielfältigung, dem Vertrieb und der Zugänglichmachung des Tonträgers erzielt, der die Darbietung enthält. [2]Enthält ein Tonträger die Aufzeichnung der Darbietungen von mehreren ausübenden Künstlern, so beläuft sich die Höhe der Vergütung ebenfalls auf insgesamt 20 Prozent der Einnahmen. [3]Als Einnahmen sind die vom Tonträgerhersteller erzielten Einnahmen vor Abzug der Ausgaben anzusehen.

(2) Der Vergütungsanspruch besteht für jedes vollständige Jahr unmittelbar im Anschluss an das 50. Jahr nach Erscheinen des die Darbietung enthaltenen Tonträgers oder mangels Erscheinen an das 50. Jahr nach dessen erster erlaubter Benutzung zur öffentlichen Wiedergabe.

(3) [1]Auf den Vergütungsanspruch nach Absatz 1 kann der ausübende Künstler nicht verzichten. [2]Der Vergütungsanspruch kann nur durch eine Verwertungsgesellschaft geltend gemacht werden. [3]Er kann im Voraus nur an eine Verwertungsgesellschaft abgetreten werden.

(4) Der Tonträgerhersteller ist verpflichtet, dem ausübenden Künstler auf Verlangen Auskunft über die erzielten Einnahmen und sonstige, zur Bezifferung des Vergütungsanspruchs nach Absatz 1 erforderliche Informationen zu erteilen.

(5) Hat der ausübende Künstler einem Tonträgerhersteller gegen Zahlung einer wiederkehrenden Vergütung Rechte an seiner Darbietung eingeräumt oder übertragen, so darf der Tonträgerhersteller nach Ablauf folgender Fristen weder Vorschüsse noch vertraglich festgelegte Abzüge von der Vergütung abziehen:

1. 50 Jahre nach dem Erscheinen des Tonträgers, der die Darbietung enthält, oder
2. 50 Jahre nach der ersten erlaubten Benutzung des die Darbietung enthaltenden Tonträgers zur öffentlichen Wiedergabe, wenn der Tonträger nicht erschienen ist.

§ 79b Vergütung des ausübenden Künstlers für später bekannte Nutzungsarten

(1) Der ausübende Künstler hat Anspruch auf eine gesonderte angemessene Vergütung, wenn der Vertragspartner eine neue Art der Nutzung seiner Darbietung aufnimmt, die im Zeitpunkt des Vertragsschlusses vereinbart, aber noch unbekannt war.

(2) [1]Hat der Vertragspartner des ausübenden Künstlers das Nutzungsrecht einem Dritten übertragen, haftet der Dritte mit der Aufnahme der neuen Art der Nutzung für die Vergütung. [2]Die Haftung des Vertragspartners entfällt.

(3) Auf die Rechte nach den Absätzen 1 und 2 kann im Voraus nicht verzichtet werden.

§ 80 Gemeinsame Darbietung mehrerer ausübender Künstler

(1) [1]Erbringen mehrere ausübende Künstler gemeinsam eine Darbietung, ohne dass sich ihre Anteile gesondert verwerten lassen, so steht ihnen das Recht zur Verwertung zur gesamten Hand zu. [2]Keiner der beteiligten ausübenden Künstler darf seine Einwilligung zur Verwertung wider Treu und Glauben verweigern. [3]§ 8 Abs. 2 Satz 3, Abs. 3 und 4 ist entsprechend anzuwenden.

(2) Für die Geltendmachung der sich aus den §§ 77, 78 und 79 Absatz 3 ergebenden Rechte und Ansprüche gilt § 74 Abs. 2 Satz 2 und 3 entsprechend.

§ 81 Schutz des Veranstalters

[1]Wird die Darbietung des ausübenden Künstlers von einem Unternehmen veranstaltet, so stehen die Rechte nach § 77 Abs. 1 und 2 Satz 1 sowie § 78 Abs. 1 neben dem ausübenden Künstler auch dem Inhaber des Unternehmens zu. [2]§ 10 Abs. 1, § 31 sowie die §§ 33 und 38 gelten entsprechend.

§ 82 Dauer der Verwertungsrechte

(1) [1]Ist die Darbietung des ausübenden Künstlers auf einem Tonträger aufgezeichnet worden, so erlöschen die in den §§ 77 und 78 bezeichneten Rechte des ausübenden Künstlers 70 Jahre nach dem Erscheinen des Tonträgers, oder wenn dessen erste erlaubte Benutzung zur öffentlichen Wiedergabe früher erfolgt ist, 70 Jahre nach dieser. [2]Ist die Darbietung des ausübenden Künstlers nicht auf einem Tonträger aufgezeichnet worden, so erlöschen die in den §§ 77 und 78 bezeichneten Rechte des ausübenden Künstlers 50 Jahre nach dem Erscheinen der Aufzeichnung, oder wenn deren erste erlaubte Benutzung zur öffentlichen Wiedergabe früher erfolgt ist, 50 Jahre nach dieser. [3]Die Rechte des ausübenden Künstlers erlöschen jedoch bereits 50 Jahre nach der Darbietung, wenn eine Aufzeichnung innerhalb dieser Frist nicht erschienen oder nicht erlaubterweise zur öffentlichen Wiedergabe benutzt worden ist.

(2) [1]Die in § 81 bezeichneten Rechte des Veranstalters erlöschen 25 Jahre nach Erscheinen einer Aufzeichnung der Darbietung eines ausübenden Künstlers, oder wenn deren erste erlaubte Benutzung zur öffentlichen Wiedergabe früher erfolgt ist, 25 Jahre nach dieser. [2]Die Rechte erlöschen bereits 25 Jahre nach der Darbietung, wenn eine Aufzeichnung innerhalb dieser Frist nicht erschienen oder nicht erlaubterweise zur öffentlichen Wiedergabe benutzt worden ist.

(3) Die Fristen sind nach § 69 zu berechnen.

§ 83 Schranken der Verwertungsrechte

Auf die dem ausübenden Künstler nach den §§ 77 und 78 sowie die dem Veranstalter nach § 81 zustehenden Rechte sind die Vorschriften des Abschnitts 6 des Teils 1 entsprechend anzuwenden.

§ 84 *[aufgehoben]*

Abschnitt 4

Schutz des Herstellers von Tonträgern

§ 85 Verwertungsrechte

(1) [1]Der Hersteller eines Tonträgers hat das ausschließliche Recht, den Tonträger zu vervielfältigen, zu verbreiten und öffentlich zugänglich zu machen. [2]Ist der Tonträger in einem Unternehmen hergestellt worden, so gilt der Inhaber des Unternehmens als Hersteller. [3]Das Recht entsteht nicht durch Vervielfältigung eines Tonträgers.

(2) [1]Das Recht ist übertragbar. [2]Der Tonträgerhersteller kann einem anderen das Recht einräumen, den Tonträger auf einzelne oder alle der ihm vorbehaltenen Nutzungsarten zu nutzen. [3]§ 31 und die §§ 33 und 38 gelten entsprechend.

(3) [1]Das Recht erlischt 70 Jahre nach dem Erscheinen des Tonträgers. [2]Ist der Tonträger innerhalb von 50 Jahren nach der Herstellung nicht erschienen, aber erlaubterweise zur öffentlichen Wiedergabe benutzt worden, so erlischt das Recht 70 Jahre nach dieser. [3]Ist der Tonträger innerhalb dieser Frist nicht erschienen oder erlaubterweise zur öffentlichen Wiedergabe benutzt worden, so erlischt das Recht 50 Jahre nach der Herstellung des Tonträgers. [4]Die Frist ist nach § 69 zu berechnen.
(4) § 10 Absatz 1 und die §§ 23 und 27 Absatz 2 und 3 sowie die Vorschriften des Teils 1 Abschnitt 6 gelten entsprechend.

§ 86 Anspruch auf Beteiligung
Wird ein erschienener oder erlaubterweise öffentlich zugänglich gemachter Tonträger, auf den die Darbietung eines ausübenden Künstlers aufgenommen ist, zur öffentlichen Wiedergabe der Darbietung benutzt, so hat der Hersteller des Tonträgers gegen den ausübenden Künstler einen Anspruch auf angemessene Beteiligung an der Vergütung, die dieser nach § 78 Abs. 2 erhält.

Abschnitt 5
Schutz des Sendeunternehmens

§ 87 Sendeunternehmen
(1) Das Sendeunternehmen hat das ausschließliche Recht,
1. seine Funksendung weiterzusenden und öffentlich zugänglich zu machen,
2. seine Funksendung auf Bild- oder Tonträger aufzunehmen, Lichtbilder von seiner Funksendung herzustellen sowie die Bild- oder Tonträger oder Lichtbilder zu vervielfältigen und zu verbreiten, ausgenommen das Vermietrecht,
3. an Stellen, die der Öffentlichkeit nur gegen Zahlung eines Eintrittsgeldes zugänglich sind, seine Funksendung öffentlich wahrnehmbar zu machen.

(2) [1]Das Recht ist übertragbar. [2]Das Sendeunternehmen kann einem anderen das Recht einräumen, die Funksendung auf einzelne oder alle der ihm vorbehaltenen Nutzungsarten zu nutzen. [3]§ 31 und die §§ 33 und 38 gelten entsprechend.
(3) [1]Das Recht erlischt 50 Jahre nach der ersten Funksendung. [2]Die Frist ist nach § 69 zu berechnen.
(4) § 10 Abs. 1 sowie die Vorschriften des Teils 1 Abschnitt 6 mit Ausnahme des § 47 Abs. 2 Satz 2 und des § 54 Abs. 1 gelten entsprechend.
(5) [1]Sendeunternehmen und Weitersendedienste sind gegenseitig verpflichtet, einen Vertrag über die Weitersendung im Sinne des § 20b Absatz 1 Satz 1 durch Kabelsysteme oder Mikrowellensysteme zu angemessenen Bedingungen abzuschließen, sofern nicht ein die Ablehnung des Vertragsabschlusses sachlich rechtfertigender Grund besteht; die Verpflichtung des Sendeunternehmens gilt auch für die ihm in Bezug auf die eigene Sendung eingeräumten oder übertragenen Senderechte. [2]Auf Verlangen des Weitersendedienstes oder des Sendeunternehmens ist der Vertrag gemeinsam mit den in Bezug auf die Weitersendung durch Kabelsysteme oder Mikrowellensysteme anspruchsberechtigten Verwertungsgesellschaften zu schließen, sofern nicht ein die Ablehnung eines gemeinsamen Vertragsschlusses sachlich rechtfertigender Grund besteht. [3]Sofern Sendeunternehmen und Weitersendedienste Verhandlungen über andere Formen der Weitersendung aufnehmen, führen sie diese nach Treu und Glauben.
(6) Absatz 5 gilt für die Direkteinspeisung nach § 20d Absatz 1 entsprechend.

Abschnitt 6
Schutz des Datenbankherstellers

§ 87a Begriffsbestimmungen
(1) [1]Datenbank im Sinne dieses Gesetzes ist eine Sammlung von Werken, Daten oder anderen unabhängigen Elementen, die systematisch oder methodisch angeordnet und einzeln mit Hilfe elektronischer Mittel oder auf andere Weise zugänglich sind und deren Beschaffung, Überprüfung oder Darstellung eine nach Art oder Umfang wesentliche Investition erfordert. [2]Eine in ihrem Inhalt nach Art oder Umfang wesentlich geänderte Datenbank gilt als neue Datenbank, sofern die Änderung eine nach Art oder Umfang wesentliche Investition erfordert.
(2) Datenbankhersteller im Sinne dieses Gesetzes ist derjenige, der die Investition im Sinne des Absatzes 1 vorgenommen hat.

§ 87b Rechte des Datenbankherstellers
(1) [1]Der Datenbankhersteller hat das ausschließliche Recht, die Datenbank insgesamt oder einen nach Art oder Umfang wesentlichen Teil der Datenbank zu vervielfältigen, zu verbreiten und öffentlich wieder-

zugeben. [2]Der Vervielfältigung, Verbreitung oder öffentlichen Wiedergabe eines nach Art oder Umfang wesentlichen Teils der Datenbank steht die wiederholte und systematische Vervielfältigung, Verbreitung oder öffentliche Wiedergabe von nach Art und Umfang unwesentlichen Teilen der Datenbank gleich, sofern diese Handlungen einer normalen Auswertung der Datenbank zuwiderlaufen oder die berechtigten Interessen des Datenbankherstellers unzumutbar beeinträchtigen.

(2) § 10 Abs. 1, § 17 Abs. 2 und § 27 Abs. 2 und 3 gelten entsprechend.

§ 87c Schranken des Rechts des Datenbankherstellers

(1) Die Vervielfältigung eines nach Art oder Umfang wesentlichen Teils einer Datenbank ist zulässig

1. zum privaten Gebrauch; dies gilt nicht für eine Datenbank, deren Elemente einzeln mit Hilfe elektronischer Mittel zugänglich sind,
2. zu Zwecken der wissenschaftlichen Forschung gemäß § 60c,
3. zu Zwecken der Veranschaulichung des Unterrichts und der Lehre gemäß den §§ 60a und 60b,
4. zu Zwecken des Text und Data Mining gemäß § 44b,
5. zu Zwecken des Text und Data Mining für Zwecke der wissenschaftlichen Forschung gemäß § 60d,
6. zu Zwecken der Erhaltung einer Datenbank gemäß § 60e Absatz 1 und 6 und § 60f Absatz 1 und 3.

(2) Die Vervielfältigung, Verbreitung und öffentliche Wiedergabe eines nach Art oder Umfang wesentlichen Teils einer Datenbank ist zulässig zur Verwendung in Verfahren vor einem Gericht, einem Schiedsgericht oder einer Behörde sowie für Zwecke der öffentlichen Sicherheit.

(3) Die §§ 45b bis 45d sowie 61d bis 61g gelten entsprechend.

(4) Die digitale Verbreitung und digitale öffentliche Wiedergabe eines nach Art oder Umfang wesentlichen Teils einer Datenbank ist zulässig für Zwecke der Veranschaulichung des Unterrichts und der Lehre gemäß § 60a.

(5) Für die Quellenangabe ist § 63 entsprechend anzuwenden.

(6) In den Fällen des Absatzes 1 Nummer 2, 3, 5 und 6 sowie des Absatzes 4 ist § 60g Absatz 1 entsprechend anzuwenden.

§ 87d Dauer der Rechte

[1]Die Rechte des Datenbankherstellers erlöschen fünfzehn Jahre nach der Veröffentlichung der Datenbank, jedoch bereits fünfzehn Jahre nach der Herstellung, wenn die Datenbank innerhalb dieser Frist nicht veröffentlicht worden ist. [2]Die Frist ist nach § 69 zu berechnen.

§ 87e Verträge über die Benutzung einer Datenbank

Eine vertragliche Vereinbarung, durch die sich der Eigentümer eines mit Zustimmung des Datenbankherstellers durch Veräußerung in Verkehr gebrachten Vervielfältigungsstücks der Datenbank, der in sonstiger Weise zu dessen Gebrauch Berechtigte oder derjenige, dem eine Datenbank aufgrund eines mit dem Datenbankhersteller oder eines mit dessen Zustimmung mit einem Dritten geschlossenen Vertrags zugänglich gemacht wird, gegenüber dem Datenbankhersteller verpflichtet, die Vervielfältigung, Verbreitung oder öffentliche Wiedergabe von nach Art und Umfang unwesentlichen Teilen der Datenbank zu unterlassen, ist insoweit unwirksam, als diese Handlungen weder einer normalen Auswertung der Datenbank zuwiderlaufen noch die berechtigten Interessen des Datenbankherstellers unzumutbar beeinträchtigen.

Abschnitt 7
Schutz des Presseverlegers

§ 87f Begriffsbestimmungen

(1) [1]Presseveröffentlichung ist eine hauptsächlich aus Schriftwerken journalistischer Art bestehende Sammlung, die auch sonstige Werke oder nach diesem Gesetz geschützte Schutzgegenstände enthalten kann, und die

1. eine Einzelausgabe in einer unter einem einheitlichen Titel periodisch erscheinenden oder regelmäßig aktualisierten Veröffentlichung, etwa Zeitungen oder Magazinen von allgemeinem oder besonderem Interesse, darstellt,
2. dem Zweck dient, die Öffentlichkeit über Nachrichten oder andere Themen zu informieren, und
3. unabhängig vom Medium auf Initiative eines Presseverlegers nach Absatz 2 unter seiner redaktionellen Verantwortung und Aufsicht veröffentlicht wird.

[2]Periodika, die für wissenschaftliche oder akademische Zwecke verlegt werden, sind keine Presseveröffentlichungen.

(2) [1]Presseverleger ist, wer eine Presseveröffentlichung herstellt. [2]Ist die Presseveröffentlichung in einem Unternehmen hergestellt worden, so gilt der Inhaber des Unternehmens als Hersteller.

(3) Dienste der Informationsgesellschaft im Sinne dieses Abschnitts sind Dienste im Sinne des Artikels 1 Absatz 1 Buchstabe b der Richtlinie (EU) 2015/1535 des Europäischen Parlaments und des Rates vom 9. September 2015 über ein Informationsverfahren auf dem Gebiet der technischen Vorschriften und der Vorschriften für die Dienste der Informationsgesellschaft (ABl. L 241 vom 17.9.2015, S. 1).

§ 87g Rechte des Presseverlegers

(1) Ein Presseverleger hat das ausschließliche Recht, seine Presseveröffentlichung im Ganzen oder in Teilen für die Online-Nutzung durch Anbieter von Diensten der Informationsgesellschaft öffentlich zugänglich zu machen und zu vervielfältigen.

(2) Die Rechte des Presseverlegers umfassen nicht
1. die Nutzung der in einer Presseveröffentlichung enthaltenen Tatsachen,
2. die private oder nicht kommerzielle Nutzung einer Presseveröffentlichung durch einzelne Nutzer,
3. das Setzen von Hyperlinks auf eine Presseveröffentlichung und
4. die Nutzung einzelner Wörter oder sehr kurzer Auszüge aus einer Presseveröffentlichung.

(3) [1]Die Rechte des Presseverlegers sind übertragbar. [2]Die §§ 31 und 33 gelten entsprechend.

§ 87h Ausübung der Rechte des Presseverlegers

(1) Die Rechte des Presseverlegers dürfen nicht zum Nachteil des Urhebers oder des Leistungsschutzberechtigten geltend gemacht werden, dessen Werk oder dessen anderer nach diesem Gesetz geschützter Schutzgegenstand in der Presseveröffentlichung enthalten ist.

(2) Die Rechte des Presseverlegers dürfen nicht zu dem Zweck geltend gemacht werden,
1. Dritten die berechtigte Nutzung solcher Werke oder solcher anderen nach diesem Gesetz geschützten Schutzgegenstände zu untersagen, die auf Grundlage eines einfachen Nutzungsrechts in die Presseveröffentlichung aufgenommen wurden, oder
2. Dritten die Nutzung von nach diesem Gesetz nicht mehr geschützten Werken oder anderen Schutzgegenständen zu untersagen, die in die Presseveröffentlichung aufgenommen wurden.

§ 87i Vermutung der Rechtsinhaberschaft; gesetzlich erlaubte Nutzungen

§ 10 Absatz 1 sowie die Vorschriften des Teils 1 Abschnitt 6 gelten entsprechend.

§ 87j Dauer der Rechte des Presseverlegers

[1]Die Rechte des Presseverlegers erlöschen zwei Jahre nach der erstmaligen Veröffentlichung der Presseveröffentlichung. [2]Die Frist ist nach § 69 zu berechnen.

§ 87k Beteiligungsanspruch

(1) [1]Der Urheber sowie der Inhaber von Rechten an anderen nach diesem Gesetz geschützten Schutzgegenständen sind an den Einnahmen des Presseverlegers aus der Nutzung seiner Rechte nach § 87g Absatz 1 angemessen, mindestens zu einem Drittel, zu beteiligen. [2]Von Satz 1 kann zum Nachteil des Urhebers sowie des Inhabers von Rechten an anderen nach diesem Gesetz geschützten Schutzgegenständen nur durch eine Vereinbarung abgewichen werden, die auf einer gemeinsamen Vergütungsregel (§ 36) oder einem Tarifvertrag beruht.

(2) Der Anspruch nach Absatz 1 kann nur durch eine Verwertungsgesellschaft geltend gemacht werden.

Teil 3
Besondere Bestimmungen für Filme

Abschnitt 1
Filmwerke

§ 88 Recht zur Verfilmung

(1) [1]Gestattet der Urheber einem anderen, sein Werk zu verfilmen, so liegt darin im Zweifel die Einräumung des ausschließlichen Rechts, das Werk unverändert oder unter Bearbeitung oder Umgestaltung zur Herstellung eines Filmwerkes zu benutzen und das Filmwerk sowie Übersetzungen und andere filmische Bearbeitungen auf alle Nutzungsarten zu nutzen. [2]§ 31a Abs. 1 Satz 3 und 4 und Abs. 2 bis 4 findet keine Anwendung.

(2) [1]Die in Absatz 1 bezeichneten Befugnisse berechtigen im Zweifel nicht zu einer Wiederverfilmung des Werkes. [2]Der Urheber ist berechtigt, sein Werk nach Ablauf von zehn Jahren nach Vertragsabschluß anderweit filmisch zu verwerten. [3]Von Satz 2 kann zum Nachteil des Urhebers nur durch eine Vereinba-

rung abgewichen werden, die auf einer gemeinsamen Vergütungsregel (§ 36) oder einem Tarifvertrag beruht.

§ 89 Rechte am Filmwerk

(1) [1]Wer sich zur Mitwirkung bei der Herstellung eines Filmes verpflichtet, räumt damit für den Fall, daß er ein Urheberrecht am Filmwerk erwirbt, dem Filmhersteller im Zweifel das ausschließliche Recht ein, das Filmwerk sowie Übersetzungen und andere filmische Bearbeitungen oder Umgestaltungen des Filmwerkes auf alle Nutzungsarten zu nutzen. [2]§ 31a Abs. 1 Satz 3 und 4 und Abs. 2 bis 4 findet keine Anwendung.

(2) Hat der Urheber des Filmwerkes das in Absatz 1 bezeichnete Nutzungsrecht im voraus einem Dritten eingeräumt, so behält er gleichwohl stets die Befugnis, dieses Recht beschränkt oder unbeschränkt dem Filmhersteller einzuräumen.

(3) Die Urheberrechte an den zur Herstellung des Filmwerkes benutzten Werken, wie Roman, Drehbuch und Filmmusik, bleiben unberührt.

(4) Für die Rechte zur filmischen Verwertung der bei der Herstellung eines Filmwerkes entstehenden Lichtbilder und Lichtbildwerke gelten die Absätze 1 und 2 entsprechend.

§ 90 Einschränkung der Rechte

(1) [1]Für die in § 88 Absatz 1 und § 89 Absatz 1 bezeichneten Rechte gelten nicht die Bestimmungen

1. über die Übertragung von Nutzungsrechten (§ 34),
2. über die Einräumung weiterer Nutzungsrechte (§ 35) und
3. über die Rückrufsrechte (§§ 41 und 42).

[2]Satz 1 findet bis zum Beginn der Dreharbeiten für das Recht zur Verfilmung keine Anwendung. [3]Ein Ausschluss der Ausübung des Rückrufsrechts wegen Nichtausübung (§ 41) bis zum Beginn der Dreharbeiten kann mit dem Urheber im Voraus für eine Dauer von bis zu fünf Jahren vereinbart werden.

(2) Für die in § 88 und § 89 Absatz 1 bezeichneten Rechte gilt nicht die Bestimmung über das Recht zur anderweitigen Verwertung nach zehn Jahren bei pauschaler Vergütung (§ 40a).

§ 91 ***[aufgehoben]***

§ 92 Ausübende Künstler

(1) Schließt ein ausübender Künstler mit dem Filmhersteller einen Vertrag über seine Mitwirkung bei der Herstellung eines Filmwerks, so liegt darin im Zweifel hinsichtlich der Verwertung des Filmwerks die Einräumung des Rechts, die Darbietung auf eine der dem ausübenden Künstler nach § 77 Abs. 1 und 2 Satz 1 und § 78 Abs. 1 Nr. 1 und 2 vorbehaltenen Nutzungsarten zu nutzen.

(2) Hat der ausübende Künstler im Voraus ein in Absatz 1 genanntes Recht übertragen oder einem Dritten hieran ein Nutzungsrecht eingeräumt, so behält er gleichwohl die Befugnis, dem Filmhersteller dieses Recht hinsichtlich der Verwertung des Filmwerkes zu übertragen oder einzuräumen.

(3) § 90 gilt entsprechend.

§ 93 Schutz gegen Entstellung; Namensnennung

(1) [1]Die Urheber des Filmwerkes und der zu seiner Herstellung benutzten Werke sowie die Inhaber verwandter Schutzrechte, die bei der Herstellung des Filmwerkes mitwirken oder deren Leistungen zur Herstellung des Filmwerkes benutzt werden, können nach den §§ 14 und 75 hinsichtlich der Herstellung und Verwertung des Filmwerkes nur gröbliche Entstellungen oder andere gröbliche Beeinträchtigungen ihrer Werke oder Leistungen verbieten. [2]Sie haben hierbei aufeinander und auf den Filmhersteller angemessene Rücksicht zu nehmen.

(12) Die Nennung jedes einzelnen an einem Film mitwirkenden ausübenden Künstlers ist nicht erforderlich, wenn sie einen unverhältnismäßigen Aufwand bedeutet.

§ 94 Schutz des Filmherstellers

(1) [1]Der Filmhersteller hat das ausschließliche Recht, den Bildträger oder Bild- und Tonträger, auf den das Filmwerk aufgenommen ist, zu vervielfältigen, zu verbreiten und zur öffentlichen Vorführung, Funksendung oder öffentlichen Zugänglichmachung zu benutzen. [2]Der Filmhersteller hat ferner das Recht, jede Entstellung oder Kürzung des Bildträgers oder Bild- und Tonträgers zu verbieten, die geeignet ist, seine berechtigten Interessen an diesem zu gefährden.

(2) [1]Das Recht ist übertragbar. [2]Der Filmhersteller kann einem anderen das Recht einräumen, den Bildträger oder Bild- und Tonträger auf einzelne oder alle der ihm vorbehaltenen Nutzungsarten zu nutzen. [3]§ 31 und die §§ 33 und 38 gelten entsprechend.

(3) Das Recht erlischt fünfzig Jahre nach dem Erscheinen des Bildträgers oder Bild- und Tonträgers oder, wenn seine erste erlaubte Benutzung zur öffentlichen Wiedergabe früher erfolgt ist, nach dieser, jedoch

bereits fünfzig Jahre nach der Herstellung, wenn der Bildträger oder Bild- und Tonträger innerhalb dieser Frist nicht erschienen oder erlaubterweise zur öffentlichen Wiedergabe benutzt worden ist.
(4) § 10 Abs. 1 und die §§ 20b und 27 Abs. 2 und 3 sowie die Vorschriften des Abschnitts 6 des Teils 1 sind entsprechend anzuwenden.

Abschnitt 2
Laufbilder

§ 95 Laufbilder
Die §§ 88, 89 Abs. 4, 90, 93 und 94 sind auf Bildfolgen und Bild- und Tonfolgen, die nicht als Filmwerke geschützt sind, entsprechend anzuwenden.

Teil 4
Gemeinsame Bestimmungen für Urheberrecht und verwandte Schutzrechte

Abschnitt 1
Ergänzende Schutzbestimmungen

§ 95a Schutz technischer Maßnahmen
(1) Wirksame technische Maßnahmen zum Schutz eines nach diesem Gesetz geschützten Werkes oder eines anderen nach diesem Gesetz geschützten Schutzgegenstandes dürfen ohne Zustimmung des Rechtsinhabers nicht umgangen werden, soweit dem Handelnden bekannt ist oder den Umständen nach bekannt sein muss, dass die Umgehung erfolgt, um den Zugang zu einem solchen Werk oder Schutzgegenstand oder deren Nutzung zu ermöglichen.
(2) [1]Technische Maßnahmen im Sinne dieses Gesetzes sind Technologien, Vorrichtungen und Bestandteile, die im normalen Betrieb dazu bestimmt sind, geschützte Werke oder andere nach diesem Gesetz geschützte Schutzgegenstände betreffende Handlungen, die vom Rechtsinhaber nicht genehmigt sind, zu verhindern oder einzuschränken. [2]Technische Maßnahmen sind wirksam, soweit durch sie die Nutzung eines geschützten Werkes oder eines anderen nach diesem Gesetz geschützten Schutzgegenstandes von dem Rechtsinhaber durch eine Zugangskontrolle, einen Schutzmechanismus wie Verschlüsselung, Verzerrung oder sonstige Umwandlung oder einen Mechanismus zur Kontrolle der Vervielfältigung, die die Erreichung des Schutzziels sicherstellen, unter Kontrolle gehalten wird.
(3) Verboten sind die Herstellung, die Einfuhr, die Verbreitung, der Verkauf, die Vermietung, die Werbung im Hinblick auf Verkauf oder Vermietung und der gewerblichen Zwecken dienende Besitz von Vorrichtungen, Erzeugnissen oder Bestandteilen sowie die Erbringung von Dienstleistungen, die
1. Gegenstand einer Verkaufsförderung, Werbung oder Vermarktung mit dem Ziel der Umgehung wirksamer technischer Maßnahmen sind oder
2. abgesehen von der Umgehung wirksamer technischer Maßnahmen nur einen begrenzten wirtschaftlichen Zweck oder Nutzen haben oder
3. hauptsächlich entworfen, hergestellt, angepasst oder erbracht werden, um die Umgehung wirksamer technischer Maßnahmen zu ermöglichen oder zu erleichtern.

(4) Von den Verboten der Absätze 1 und 3 unberührt bleiben Aufgaben und Befugnisse öffentlicher Stellen zum Zwecke des Schutzes der öffentlichen Sicherheit oder der Strafrechtspflege sowie die Befugnisse von Kulturerbe-Einrichtungen gemäß § 61d.

§ 95b Durchsetzung von Schrankenbestimmungen
(1) [1]Soweit ein Rechtsinhaber technische Maßnahmen nach Maßgabe dieses Gesetzes anwendet, ist er verpflichtet, den durch eine der nachfolgend genannten Bestimmungen Begünstigten, soweit sie rechtmäßig Zugang zu dem Werk oder Schutzgegenstand haben, die notwendigen Mittel zur Verfügung zu stellen, um von diesen Bestimmungen in dem erforderlichen Maße Gebrauch machen zu können:
1. § 44b (Text und Data Mining),
1a. § 45 (Rechtspflege und öffentliche Sicherheit),
2. § 45a (Menschen mit Behinderungen),
3. § 45b (Menschen mit einer Seh- oder Lesebehinderung),
4. § 45c (Befugte Stellen; Vergütung; Verordnungsermächtigung),
5. § 47 (Schulfunksendungen),
6. § 53 (Vervielfältigungen zum privaten und sonstigen eigenen Gebrauch)

a) Absatz 1, soweit es sich um Vervielfältigungen auf Papier oder einen ähnlichen Träger mittels beliebiger photomechanischer Verfahren oder anderer Verfahren mit ähnlicher Wirkung handelt,
b) *[aufgehoben]*
c) Absatz 2 Satz 1 Nr. 2 in Verbindung mit Satz 2 Nr. 1,
d) Absatz 2 Satz 1 Nr. 3 und 4 jeweils in Verbindung mit Satz 2 Nr. 1,

7. § 55 (Vervielfältigung durch Sendeunternehmen),
8. § 60a (Unterricht und Lehre),
9. § 60b (Unterrichts- und Lehrmedien),
10. § 60c (Wissenschaftliche Forschung),
11. § 60d (Text und Data Mining für Zwecke der wissenschaftlichen Forschung),
12. § 60e (Bibliotheken)
    a) Absatz 1,
    b) Absatz 2,
    c) Absatz 3,
    d) Absatz 5,
13. § 60f (Archive, Museen und Bildungseinrichtungen).

[2]Vereinbarungen zum Ausschluss der Verpflichtungen nach Satz 1 sind unwirksam.

(2) [1]Wer gegen das Gebot nach Absatz 1 verstößt, kann von dem Begünstigten einer der genannten Bestimmungen darauf in Anspruch genommen werden, die zur Verwirklichung der jeweiligen Befugnis benötigten Mittel zur Verfügung zu stellen. [2]Entspricht das angebotene Mittel einer Vereinbarung zwischen Vereinigungen der Rechtsinhaber und der durch die Schrankenregelung Begünstigten, so wird vermutet, dass das Mittel ausreicht.

(3) Werden Werke und sonstige Schutzgegenstände auf Grund einer vertraglichen Vereinbarung nach § 19a öffentlich zugänglich gemacht, so gelten die Absätze 1 und 2 nur für gesetzlich erlaubte Nutzungen gemäß den nachfolgend genannten Vorschriften:

1. § 44b (Text und Data Mining),
2. § 45b (Menschen mit einer Seh- oder Lesebehinderung),
3. § 45c (Befugte Stellen; Vergütung; Verordnungsermächtigung),
4. § 60a (Unterricht und Lehre), soweit digitale Nutzungen unter Verantwortung einer Bildungseinrichtung in ihren Räumlichkeiten oder an anderen Orten oder in einer gesicherten elektronischen Umgebung erlaubt sind,
5. § 60d (Text und Data Mining für Zwecke der wissenschaftlichen Forschung), soweit Forschungsorganisationen sowie Kulturerbe-Einrichtungen Vervielfältigungen anfertigen dürfen,
6. § 60e (Bibliotheken), soweit Vervielfältigungen zum Zweck der Erhaltung erlaubt sind, sowie
7. § 60f (Archive, Museen und Bildungseinrichtungen), soweit Vervielfältigungen zum Zweck der Erhaltung erlaubt sind.

(4) Zur Erfüllung der Verpflichtungen aus Absatz 1 angewandte technische Maßnahmen, einschließlich der zur Umsetzung freiwilliger Vereinbarungen angewandten Maßnahmen, genießen Rechtsschutz nach § 95a.

§ 95c Schutz der zur Rechtewahrnehmung erforderlichen Informationen

(1) Von Rechtsinhabern stammende Informationen für die Rechtewahrnehmung dürfen nicht entfernt oder verändert werden, wenn irgendeine der betreffenden Informationen an einem Vervielfältigungsstück eines Werkes oder eines sonstigen Schutzgegenstandes angebracht ist oder im Zusammenhang mit der öffentlichen Wiedergabe eines solchen Werkes oder Schutzgegenstandes erscheint und wenn die Entfernung oder Veränderung wissentlich unbefugt erfolgt und dem Handelnden bekannt ist oder den Umständen nach bekannt sein muss, dass er dadurch die Verletzung von Urheberrechten oder verwandter Schutzrechte veranlasst, ermöglicht, erleichtert oder verschleiert.

(2) Informationen für die Rechtewahrnehmung im Sinne dieses Gesetzes sind elektronische Informationen, die Werke oder andere Schutzgegenstände, den Urheber oder jeden anderen Rechtsinhaber identifizieren. Informationen über die Modalitäten und Bedingungen für die Nutzung der Werke oder Schutzgegenstände sowie die Zahlen und Codes, durch die derartige Informationen ausgedrückt werden.

(3) Werke oder sonstige Schutzgegenstände, bei denen Informationen für die Rechtewahrnehmung unbefugt entfernt oder geändert wurden, dürfen nicht wissentlich unbefugt verbreitet, zur Verbreitung eingeführt, gesendet, öffentlich wiedergegeben oder öffentlich zugänglich gemacht werden, wenn dem Handelnden bekannt ist oder den Umständen nach bekannt sein muss, dass er dadurch die Verletzung von Urheberrechten oder verwandter Schutzrechte veranlasst, ermöglicht, erleichtert oder verschleiert.

§ 95d Kennzeichnungspflichten

(1) Werke und andere Schutzgegenstände, die mit technischen Maßnahmen geschützt werden, sind deutlich sichtbar mit Angaben über die Eigenschaften der technischen Maßnahmen zu kennzeichnen.

(2) Wer Werke und andere Schutzgegenstände mit technischen Maßnahmen schützt, hat diese zur Ermöglichung der Geltendmachung von Ansprüchen nach § 95b Abs. 2 mit seinem Namen oder seiner Firma und der zustellungsfähigen Anschrift zu kennzeichnen.

§ 96 Verwertungsverbot

(1) Rechtswidrig hergestellte Vervielfältigungsstücke dürfen weder verbreitet noch zu öffentlichen Wiedergaben benutzt werden.

(2) Rechtswidrig veranstaltete Funksendungen dürfen nicht auf Bild- oder Tonträger aufgenommen oder öffentlich wiedergegeben werden.

Abschnitt 2

Rechtsverletzungen

Unterabschnitt 1

Bürgerlich-rechtliche Vorschriften; Rechtsweg

§ 97 Anspruch auf Unterlassung und Schadensersatz

(1) [1]Wer das Urheberrecht oder ein anderes nach diesem Gesetz geschütztes Recht widerrechtlich verletzt, kann von dem Verletzten auf Beseitigung der Beeinträchtigung, bei Wiederholungsgefahr auf Unterlassung in Anspruch genommen werden. [2]Der Anspruch auf Unterlassung besteht auch dann, wenn eine Zuwiderhandlung erstmalig droht.

(2) [1]Wer die Handlung vorsätzlich oder fahrlässig vornimmt, ist dem Verletzten zum Ersatz des daraus entstehenden Schadens verpflichtet. [2]Bei der Bemessung des Schadensersatzes kann auch der Gewinn, den der Verletzer durch die Verletzung des Rechts erzielt hat, berücksichtigt werden. [3]Der Schadensersatzanspruch kann auch auf der Grundlage des Betrages berechnet werden, den der Verletzer als angemessene Vergütung hätte entrichten müssen, wenn er die Erlaubnis zur Nutzung des verletzten Rechts eingeholt hätte. [4]Urheber, Verfasser wissenschaftlicher Ausgaben (§ 70), Lichtbildner (§ 72) und ausübende Künstler (§ 73) können auch wegen des Schadens, der nicht Vermögensschaden ist, eine Entschädigung in Geld verlangen, wenn und soweit dies der Billigkeit entspricht.

§ 97a Abmahnung

(1) Der Verletzte soll den Verletzer vor Einleitung eines gerichtlichen Verfahrens auf Unterlassung abmahnen und ihm Gelegenheit geben, den Streit durch Abgabe einer mit einer angemessenen Vertragsstrafe bewehrten Unterlassungsverpflichtung beizulegen.

(2) [1]Die Abmahnung hat in klarer und verständlicher Weise

1. Name oder Firma des Verletzten anzugeben, wenn der Verletzte nicht selbst, sondern ein Vertreter abmahnt,
2. die Rechtsverletzung genau zu bezeichnen,
3. geltend gemachte Zahlungsansprüche als Schadensersatz- und Aufwendungsersatzansprüche aufzuschlüsseln und
4. wenn darin eine Aufforderung zur Abgabe einer Unterlassungsverpflichtung enthalten ist, anzugeben, ob die vorgeschlagene Unterlassungsverpflichtung erheblich über die abgemahnte Rechtsverletzung hinausgeht.

[2]Eine Abmahnung, die nicht Satz 1 entspricht, ist unwirksam.

(3) [1]Soweit die Abmahnung berechtigt ist und Absatz 2 Satz 1 Nummer 1 bis 4 entspricht, kann der Ersatz der erforderlichen Aufwendungen verlangt werden. [2]Für die Inanspruchnahme anwaltlicher Dienstleistungen beschränkt sich der Ersatz der erforderlichen Aufwendungen hinsichtlich der gesetzlichen Gebühren auf Gebühren nach einem Gegenstandswert für den Unterlassungs- und Beseitigungsanspruch von 1 000 Euro, wenn der Abgemahnte

1. eine natürliche Person ist, die nach diesem Gesetz geschützte Werke oder andere nach diesem Gesetz geschützte Schutzgegenstände nicht für ihre gewerbliche oder selbständige berufliche Tätigkeit verwendet, und
2. nicht bereits wegen eines Anspruchs des Abmahnenden durch Vertrag, auf Grund einer rechtskräftigen gerichtlichen Entscheidung oder einer einstweiligen Verfügung zur Unterlassung verpflichtet ist.

[3]Der in Satz 2 genannte Wert ist auch maßgeblich, wenn ein Unterlassungs- und ein Beseitigungsanspruch nebeneinander geltend gemacht werden. [4]Satz 2 gilt nicht, wenn der genannte Wert nach den besonderen Umständen des Einzelfalles unbillig ist.

(4) [1]Soweit die Abmahnung unberechtigt oder unwirksam ist, kann der Abgemahnte Ersatz der für seine Rechtsverteidigung erforderlichen Aufwendungen verlangen, es sei denn, es war für den Abmahnenden zum Zeitpunkt der Abmahnung nicht erkennbar, dass die Abmahnung unberechtigt war. [2]Weitergehende Ersatzansprüche bleiben unberührt.

§ 98 Anspruch auf Vernichtung, Rückruf und Überlassung

(1) [1]Wer das Urheberrecht oder ein anderes nach diesem Gesetz geschütztes Recht widerrechtlich verletzt, kann von dem Verletzten auf Vernichtung der im Besitz oder Eigentum des Verletzers befindlichen rechtswidrig hergestellten, verbreiteten oder zur rechtswidrigen Verbreitung bestimmten Vervielfältigungsstücke in Anspruch genommen werden. [2]Satz 1 ist entsprechend auf die im Eigentum des Verletzers stehenden Vorrichtungen anzuwenden, die vorwiegend zur Herstellung dieser Vervielfältigungsstücke gedient haben.

(2) Wer das Urheberrecht oder ein anderes nach diesem Gesetz geschütztes Recht widerrechtlich verletzt, kann von dem Verletzten auf Rückruf von rechtswidrig hergestellten, verbreiteten oder zur rechtswidrigen Verbreitung bestimmten Vervielfältigungsstücken oder auf deren endgültiges Entfernen aus den Vertriebswegen in Anspruch genommen werden.

(3) Statt der in Absatz 1 vorgesehenen Maßnahmen kann der Verletzte verlangen, dass ihm die Vervielfältigungsstücke, die im Eigentum des Verletzers stehen, gegen eine angemessene Vergütung, welche die Herstellungskosten nicht übersteigen darf, überlassen werden.

(4) [1]Die Ansprüche nach den Absätzen 1 bis 3 sind ausgeschlossen, wenn die Maßnahme im Einzelfall unverhältnismäßig ist. [2]Bei der Prüfung der Verhältnismäßigkeit sind auch die berechtigten Interessen Dritter zu berücksichtigen.

(5) Bauwerke sowie ausscheidbare Teile von Vervielfältigungsstücken und Vorrichtungen, deren Herstellung und Verbreitung nicht rechtswidrig ist, unterliegen nicht den in den Absätzen 1 bis 3 vorgesehenen Maßnahmen.

§ 99 Haftung des Inhabers eines Unternehmens

Ist in einem Unternehmen von einem Arbeitnehmer oder Beauftragten ein nach diesem Gesetz geschütztes Recht widerrechtlich verletzt worden, hat der Verletzte die Ansprüche aus § 97 Abs. 1 und § 98 auch gegen den Inhaber des Unternehmens.

§ 100 Entschädigung

[1]Handelt der Verletzer weder vorsätzlich noch fahrlässig, kann er zur Abwendung der Ansprüche nach den §§ 97 und 98 den Verletzten in Geld entschädigen, wenn ihm durch die Erfüllung der Ansprüche ein unverhältnismäßig großer Schaden entstehen würde und dem Verletzten die Abfindung in Geld zuzumuten ist. [2]Als Entschädigung ist der Betrag zu zahlen, der im Fall einer vertraglichen Einräumung des Rechts als Vergütung angemessen wäre. [3]Mit der Zahlung der Entschädigung gilt die Einwilligung des Verletzten zur Verwertung im üblichen Umfang als erteilt.

§ 101 Anspruch auf Auskunft

(1) [1]Wer in gewerblichem Ausmaß das Urheberrecht oder ein anderes nach diesem Gesetz geschütztes Recht widerrechtlich verletzt, kann von dem Verletzten auf unverzügliche Auskunft über die Herkunft und den Vertriebsweg der rechtsverletzenden Vervielfältigungsstücke oder sonstigen Erzeugnisse in Anspruch genommen werden. [2]Das gewerbliche Ausmaß kann sich sowohl aus der Anzahl der Rechtsverletzungen als auch aus der Schwere der Rechtsverletzung ergeben.

(2) [1]In Fällen offensichtlicher Rechtsverletzung oder in Fällen, in denen der Verletzte gegen den Verletzer Klage erhoben hat, besteht der Anspruch unbeschadet von Absatz 1 auch gegen eine Person, die in gewerblichem Ausmaß

1. rechtsverletzende Vervielfältigungsstücke in ihrem Besitz hatte,
2. rechtsverletzende Dienstleistungen in Anspruch nahm,
3. für rechtsverletzende Tätigkeiten genutzte Dienstleistungen erbrachte oder
4. nach den Angaben einer in Nummer 1, 2 oder Nummer 3 genannten Person an der Herstellung, Erzeugung oder am Vertrieb solcher Vervielfältigungsstücke, sonstigen Erzeugnisse oder Dienstleistungen beteiligt war,

es sei denn, die Person wäre nach den §§ 383 bis 385 der Zivilprozessordnung im Prozess gegen den Verletzer zur Zeugnisverweigerung berechtigt. [2]Im Fall der gerichtlichen Geltendmachung des Anspruchs nach Satz 1 kann das Gericht den gegen den Verletzer anhängigen Rechtsstreit auf Antrag bis zur Erledigung des wegen des Auskunftsanspruchs geführten Rechtsstreits aussetzen. [3]Der zur Auskunft Verpflichtete kann von dem Verletzten den Ersatz der für die Auskunftserteilung erforderlichen Aufwendungen verlangen.

(3) Der zur Auskunft Verpflichtete hat Angaben zu machen über

1. Namen und Anschrift der Hersteller, Lieferanten und anderer Vorbesitzer der Vervielfältigungsstücke oder sonstigen Erzeugnisse, der Nutzer der Dienstleistungen sowie der gewerblichen Abnehmer und Verkaufsstellen, für die sie bestimmt waren, und
2. die Menge der hergestellten, ausgelieferten, erhaltenen oder bestellten Vervielfältigungsstücke oder sonstigen Erzeugnisse sowie über die Preise, die für die betreffenden Vervielfältigungsstücke oder sonstigen Erzeugnisse bezahlt wurden.

(4) Die Ansprüche nach den Absätzen 1 und 2 sind ausgeschlossen, wenn die Inanspruchnahme im Einzelfall unverhältnismäßig ist.

(5) Erteilt der zur Auskunft Verpflichtete die Auskunft vorsätzlich oder grob fahrlässig falsch oder unvollständig, so ist er dem Verletzten zum Ersatz des daraus entstehenden Schadens verpflichtet.

(6) Wer eine wahre Auskunft erteilt hat, ohne dazu nach Absatz 1 oder Absatz 2 verpflichtet gewesen zu sein, haftet Dritten gegenüber nur, wenn er wusste, dass er zur Auskunftserteilung nicht verpflichtet war.

(7) In Fällen offensichtlicher Rechtsverletzung kann die Verpflichtung zur Erteilung der Auskunft im Wege der einstweiligen Verfügung nach den §§ 935 bis 945 der Zivilprozessordnung angeordnet werden.

(8) Die Erkenntnisse dürfen in einem Strafverfahren oder in einem Verfahren nach dem Gesetz über Ordnungswidrigkeiten wegen einer vor der Erteilung der Auskunft begangenen Tat gegen den Verpflichteten oder gegen einen in § 52 Abs. 1 der Strafprozessordnung bezeichneten Angehörigen nur mit Zustimmung des Verpflichteten verwertet werden.

(9) [1]Kann die Auskunft nur unter Verwendung von Verkehrsdaten (§ 3 Nummer 70 des Telekommunikationsgesetzes) erteilt werden, ist für ihre Erteilung eine vorherige richterliche Anordnung über die Zulässigkeit der Verwendung der Verkehrsdaten erforderlich, die von dem Verletzten zu beantragen ist. [2]Für den Erlass dieser Anordnung ist das Landgericht, in dessen Bezirk der zur Auskunft Verpflichtete seinen Wohnsitz, seinen Sitz oder eine Niederlassung hat, ohne Rücksicht auf den Streitwert ausschließlich zuständig. [3]Die Entscheidung trifft die Zivilkammer. [4]Für das Verfahren gelten die Vorschriften des Gesetzes über das Verfahren in Familiensachen und in den Angelegenheiten der freiwilligen Gerichtsbarkeit entsprechend. [5]Die Kosten der richterlichen Anordnung trägt der Verletzte. [6]Gegen die Entscheidung des Landgerichts ist die Beschwerde statthaft. [7]Die Beschwerde ist binnen einer Frist von zwei Wochen einzulegen. [8]Die Vorschriften zum Schutz personenbezogener Daten bleiben im Übrigen unberührt.

(10) Durch Absatz 2 in Verbindung mit Absatz 9 wird das Grundrecht des Fernmeldegeheimnisses (Artikel 10 des Grundgesetzes) eingeschränkt.

§ 101a Anspruch auf Vorlage und Besichtigung

(1) [1]Wer mit hinreichender Wahrscheinlichkeit das Urheberrecht oder ein anderes nach diesem Gesetz geschütztes Recht widerrechtlich verletzt, kann von dem Verletzten auf Vorlage einer Urkunde oder Besichtigung einer Sache in Anspruch genommen werden, die sich in seiner Verfügungsgewalt befindet, wenn dies zur Begründung von dessen Ansprüchen erforderlich ist. [2]Besteht die hinreichende Wahrscheinlichkeit einer in gewerblichem Ausmaß begangenen Rechtsverletzung, erstreckt sich der Anspruch auch auf die Vorlage von Bank-, Finanz- oder Handelsunterlagen. [3]Soweit der vermeintliche Verletzer geltend macht, dass es sich um vertrauliche Informationen handelt, trifft das Gericht die erforderlichen Maßnahmen, um den im Einzelfall gebotenen Schutz zu gewährleisten.

(2) Der Anspruch nach Absatz 1 ist ausgeschlossen, wenn die Inanspruchnahme im Einzelfall unverhältnismäßig ist.

(3) [1]Die Verpflichtung zur Vorlage einer Urkunde oder zur Duldung der Besichtigung einer Sache kann im Wege der einstweiligen Verfügung nach den §§ 935 bis 945 der Zivilprozessordnung angeordnet werden. [2]Das Gericht trifft die erforderlichen Maßnahmen, um den Schutz vertraulicher Informationen zu gewährleisten. [3]Dies gilt insbesondere in den Fällen, in denen die einstweilige Verfügung ohne vorherige Anhörung des Gegners erlassen wird.

(4) § 811 des Bürgerlichen Gesetzbuchs sowie § 101 Abs. 8 gelten entsprechend.

(5) Wenn keine Verletzung vorlag oder drohte, kann der vermeintliche Verletzer von demjenigen, der die Vorlage oder Besichtigung nach Absatz 1 begehrt hat, den Ersatz des ihm durch das Begehren entstandenen Schadens verlangen.

§ 101b Sicherung von Schadensersatzansprüchen

(1) [1]Der Verletzte kann den Verletzer bei einer in gewerblichem Ausmaß begangenen Rechtsverletzung in den Fällen des § 97 Abs. 2 auch auf Vorlage von Bank-, Finanz- oder Handelsunterlagen oder einen

geeigneten Zugang zu den entsprechenden Unterlagen in Anspruch nehmen, die sich in der Verfügungsgewalt des Verletzers befinden und die für die Durchsetzung des Schadensersatzanspruchs erforderlich sind, wenn ohne die Vorlage die Erfüllung des Schadensersatzanspruchs fraglich ist. [2]Soweit der Verletzer geltend macht, dass es sich um vertrauliche Informationen handelt, trifft das Gericht die erforderlichen Maßnahmen, um den im Einzelfall gebotenen Schutz zu gewährleisten.

(2) Der Anspruch nach Absatz 1 ist ausgeschlossen, wenn die Inanspruchnahme im Einzelfall unverhältnismäßig ist.

(3) [1]Die Verpflichtung zur Vorlage der in Absatz 1 bezeichneten Urkunden kann im Wege der einstweiligen Verfügung nach den §§ 935 bis 945 der Zivilprozessordnung angeordnet werden, wenn der Schadensersatzanspruch offensichtlich besteht. [2]Das Gericht trifft die erforderlichen Maßnahmen, um den Schutz vertraulicher Informationen zu gewährleisten. [3]Dies gilt insbesondere in den Fällen, in denen die einstweilige Verfügung ohne vorherige Anhörung des Gegners erlassen wird.

(4) § 811 des Bürgerlichen Gesetzbuchs sowie § 101 Abs. 8 gelten entsprechend.

§ 102 Verjährung

[1]Auf die Verjährung der Ansprüche wegen Verletzung des Urheberrechts oder eines anderen nach diesem Gesetz geschützten Rechts finden die Vorschriften des Abschnitts 5 des Buches 1 des Bürgerlichen Gesetzbuchs entsprechende Anwendung. [2]Hat der Verpflichtete durch die Verletzung auf Kosten des Berechtigten etwas erlangt, findet § 852 des Bürgerlichen Gesetzbuchs entsprechende Anwendung.

§ 102a Ansprüche aus anderen gesetzlichen Vorschriften

Ansprüche aus anderen gesetzlichen Vorschriften bleiben unberührt.

§ 103 Bekanntmachung des Urteils

[1]Ist eine Klage auf Grund dieses Gesetzes erhoben worden, so kann der obsiegenden Partei im Urteil die Befugnis zugesprochen werden, das Urteil auf Kosten der unterliegenden Partei öffentlich bekannt zu machen, wenn sie ein berechtigtes Interesse darlegt. [2]Art und Umfang der Bekanntmachung werden im Urteil bestimmt. [3]Die Befugnis erlischt, wenn von ihr nicht innerhalb von drei Monaten nach Eintritt der Rechtskraft des Urteils Gebrauch gemacht wird. [4]Das Urteil darf erst nach Rechtskraft bekannt gemacht werden, wenn nicht das Gericht etwas anderes bestimmt.

§ 104 Rechtsweg

[1]Für alle Rechtsstreitigkeiten, durch die ein Anspruch aus einem der in diesem Gesetz geregelten Rechtsverhältnisse geltend gemacht wird, (Urheberrechtsstreitsachen) ist der ordentliche Rechtsweg gegeben. [2]Für Urheberrechtsstreitsachen aus Arbeits- oder Dienstverhältnissen, die ausschließlich Ansprüche auf Leistung einer vereinbarten Vergütung zum Gegenstand haben, bleiben der Rechtsweg zu den Gerichten für Arbeitssachen und der Verwaltungsrechtsweg unberührt.

§ 104a Gerichtsstand

(1) [1]Für Klagen wegen Urheberrechtsstreitsachen gegen eine natürliche Person, die nach diesem Gesetz geschützte Werke oder andere nach diesem Gesetz geschützte Schutzgegenstände nicht für ihre gewerbliche oder selbständige berufliche Tätigkeit verwendet, ist das Gericht ausschließlich zuständig, in dessen Bezirk diese Person zur Zeit der Klageerhebung ihren Wohnsitz, in Ermangelung eines solchen ihren gewöhnlichen Aufenthalt hat. [2]Wenn die beklagte Person im Inland weder einen Wohnsitz noch ihren gewöhnlichen Aufenthalt hat, ist das Gericht zuständig, in dessen Bezirk die Handlung begangen ist.

(2) § 105 bleibt unberührt.

§ 105 Gerichte für Urheberrechtsstreitsachen

(1) Die Landesregierungen werden ermächtigt, durch Rechtsverordnung Urheberrechtsstreitsachen, für die das Landgericht in erster Instanz oder in der Berufungsinstanz zuständig ist, für die Bezirke mehrerer Landgerichte einem von ihnen zuzuweisen, wenn dies der Rechtspflege dienlich ist.

(2) Die Landesregierungen werden ferner ermächtigt, durch Rechtsverordnung die zur Zuständigkeit der Amtsgerichte gehörenden Urheberrechtsstreitsachen für die Bezirke mehrerer Amtsgerichte einem von ihnen zuzuweisen, wenn dies der Rechtspflege dienlich ist.

(3) Die Landesregierungen können die Ermächtigungen nach den Absätzen 1 und 2 auf die Landesjustizverwaltungen übertragen.

Unterabschnitt 2

Straf- und Bußgeldvorschriften

§ 106 Unerlaubte Verwertung urheberrechtlich geschützter Werke

(1) Wer in anderen als den gesetzlich zugelassenen Fällen ohne Einwilligung des Berechtigten ein Werk oder eine Bearbeitung oder Umgestaltung eines Werkes vervielfältigt, verbreitet oder öffentlich wiedergibt, wird mit Freiheitsstrafe bis zu drei Jahren oder mit Geldstrafe bestraft.

(2) Der Versuch ist strafbar.

§ 107 Unzulässiges Anbringen der Urheberbezeichnung

(1) Wer

1. auf dem Original eines Werkes der bildenden Künste die Urheberbezeichnung (§ 10 Abs. 1) ohne Einwilligung des Urhebers anbringt oder ein derart bezeichnetes Original verbreitet,
2. auf einem Vervielfältigungsstück, einer Bearbeitung oder Umgestaltung eines Werkes der bildenden Künste die Urheberbezeichnung (§ 10 Abs. 1) auf eine Art anbringt, die dem Vervielfältigungsstück, der Bearbeitung oder Umgestaltung den Anschein eines Originals gibt, oder ein derart bezeichnetes Vervielfältigungsstück, eine solche Bearbeitung oder Umgestaltung verbreitet,

wird mit Freiheitsstrafe bis zu drei Jahren oder mit Geldstrafe bestraft, wenn die Tat nicht in anderen Vorschriften mit schwererer Strafe bedroht ist.

(2) Der Versuch ist strafbar.

§ 108 Unerlaubte Eingriffe in verwandte Schutzrechte

(1) Wer in anderen als den gesetzlich zugelassenen Fällen ohne Einwilligung des Berechtigten

1. eine wissenschaftliche Ausgabe (§ 70) oder eine Bearbeitung oder Umgestaltung einer solchen Ausgabe vervielfältigt, verbreitet oder öffentlich wiedergibt,
2. ein nachgelassenes Werk oder eine Bearbeitung oder Umgestaltung eines solchen Werkes entgegen § 71 verwertet,
3. ein Lichtbild (§ 72) oder eine Bearbeitung oder Umgestaltung eines Lichtbildes vervielfältigt, verbreitet oder öffentlich wiedergibt,
4. die Darbietung eines ausübenden Künstlers entgegen den § 77 Abs. 1 oder Abs. 2 Satz 1, § 78 Abs. 1 verwertet,
5. einen Tonträger entgegen § 85 verwertet,
6. eine Funksendung entgegen § 87 verwertet,
7. einen Bildträger oder Bild- und Tonträger entgegen §§ 94 oder 95 in Verbindung mit § 94 verwertet,
8. eine Datenbank entgegen § 87b Abs. 1 verwertet,

wird mit Freiheitsstrafe bis zu drei Jahren oder mit Geldstrafe bestraft.

(2) Der Versuch ist strafbar.

§ 108a Gewerbsmäßige unerlaubte Verwertung

(1) Handelt der Täter in den Fällen der §§ 106 bis 108 gewerbsmäßig, so ist die Strafe Freiheitsstrafe bis zu fünf Jahren oder Geldstrafe.

(2) Der Versuch ist strafbar.

§ 108b Unerlaubte Eingriffe in technische Schutzmaßnahmen und zur Rechtewahrnehmung erforderliche Informationen

(1) Wer

1. in der Absicht, sich oder einem Dritten den Zugang zu einem nach diesem Gesetz geschützten Werk oder einem anderen nach diesem Gesetz geschützten Schutzgegenstand oder deren Nutzung zu ermöglichen, eine wirksame technische Maßnahme ohne Zustimmung des Rechtsinhabers umgeht oder
2. wissentlich unbefugt
   a) eine von Rechtsinhabern stammende Information für die Rechtewahrnehmung entfernt oder verändert, wenn irgendeine der betreffenden Informationen an einem Vervielfältigungsstück eines Werkes oder eines sonstigen Schutzgegenstandes angebracht ist oder im Zusammenhang mit der öffentlichen Wiedergabe eines solchen Werkes oder Schutzgegenstandes erscheint, oder
   b) ein Werk oder einen sonstigen Schutzgegenstand, bei dem eine Information für die Rechtewahrnehmung unbefugt entfernt oder geändert wurde, verbreitet, zur Verbreitung einführt, sendet, öffentlich wiedergibt oder öffentlich zugänglich macht

und dadurch wenigstens leichtfertig die Verletzung von Urheberrechten oder verwandten Schutzrechten veranlasst, ermöglicht, erleichtert oder verschleiert, wird, wenn die Tat nicht ausschließlich zum eigenen privaten Gebrauch des Täters oder mit dem Täter persönlich verbundener Personen erfolgt oder sich auf einen derartigen Gebrauch bezieht, mit Freiheitsstrafe bis zu einem Jahr oder mit Geldstrafe bestraft.

(2) Ebenso wird bestraft, wer entgegen § 95a Abs. 3 eine Vorrichtung, ein Erzeugnis oder einen Bestandteil zu gewerblichen Zwecken herstellt, einführt, verbreitet, verkauft oder vermietet.

(3) Handelt der Täter in den Fällen des Absatzes 1 gewerbsmäßig, so ist die Strafe Freiheitsstrafe bis zu drei Jahren oder Geldstrafe.

§ 109 Strafantrag

In den Fällen der §§ 106 bis 108 und des § 108b wird die Tat nur auf Antrag verfolgt, es sei denn, daß die Strafverfolgungsbehörde wegen des besonderen öffentlichen Interesses an der Strafverfolgung ein Einschreiten von Amts wegen für geboten hält.

§ 110 Einziehung

[1]Gegenstände, auf die sich eine Straftat nach den §§ 106, 107 Abs. 1 Nr. 2, §§ 108 bis 108b bezieht, können eingezogen werden. [2]§ 74a des Strafgesetzbuches ist anzuwenden. [3]Soweit den in § 98 bezeichneten Ansprüchen im Verfahren nach den Vorschriften der Strafprozeßordnung über die Entschädigung des Verletzten (§§ 403 bis 406c) stattgegeben wird, sind die Vorschriften über die Einziehung nicht anzuwenden.

§ 111 Bekanntgabe der Verurteilung

[1]Wird in den Fällen der §§ 106 bis 108b auf Strafe erkannt, so ist, wenn der Verletzte es beantragt und ein berechtigtes Interesse daran dartut, anzuordnen, daß die Verurteilung auf Verlangen öffentlich bekanntgemacht wird. [2]Die Art der Bekanntmachung ist im Urteil zu bestimmen.

§ 111a Bußgeldvorschriften

(1) Ordnungswidrig handelt, wer

1. entgegen § 95a Abs. 3
   a) eine Vorrichtung, ein Erzeugnis oder einen Bestandteil verkauft, vermietet oder über den Kreis der mit dem Täter persönlich verbundenen Personen hinaus verbreitet oder
   b) zu gewerblichen Zwecken eine Vorrichtung, ein Erzeugnis oder einen Bestandteil besitzt, für deren Verkauf oder Vermietung wirbt oder eine Dienstleistung erbringt,
2. entgegen § 95b Abs. 1 Satz 1 ein notwendiges Mittel nicht zur Verfügung stellt oder
3. entgegen § 95d Absatz 2 Werke oder andere Schutzgegenstände nicht oder nicht vollständig kennzeichnet.

(2) Die Ordnungswidrigkeit kann in den Fällen des Absatzes 1 Nr. 1 und 2 mit einer Geldbuße bis zu fünfzigtausend Euro und in den übrigen Fällen mit einer Geldbuße bis zu zehntausend Euro geahndet werden.

Unterabschnitt 3

Vorschriften über Maßnahmen der Zollbehörde

§ 111b Verfahren nach deutschem Recht

(1) [1]Verletzt die Herstellung oder Verbreitung von Vervielfältigungsstücken das Urheberrecht oder ein anderes nach diesem Gesetz geschütztes Recht, so unterliegen die Vervielfältigungsstücke, soweit nicht die Verordnung (EU) Nr. 608/2013 des Europäischen Parlaments und des Rates vom 12. Juni 2013 zur Durchsetzung der Rechte geistigen Eigentums durch die Zollbehörden und zur Aufhebung der Verordnung (EG) Nr. 1383/2003 des Rates (ABl. L 181 vom 29.6.2013, S. 15), in ihrer jeweils geltenden Fassung anzuwenden ist, auf Antrag und gegen Sicherheitsleistung des Rechtsinhabers bei ihrer Einfuhr oder Ausfuhr der Beschlagnahme durch die Zollbehörde, sofern die Rechtsverletzung offensichtlich ist. [2]Dies gilt für den Verkehr mit anderen Mitgliedstaaten der Europäischen Union sowie mit den anderen Vertragsstaaten des Abkommens über den Europäischen Wirtschaftsraum nur, soweit Kontrollen durch die Zollbehörden stattfinden.

(2) [1]Ordnet die Zollbehörde die Beschlagnahme an, so unterrichtet sie unverzüglich den Verfügungsberechtigten sowie den Antragsteller. [2]Dem Antragsteller sind Herkunft, Menge und Lagerort der Vervielfältigungsstücke sowie Name und Anschrift des Verfügungsberechtigten mitzuteilen; das Brief- und Postgeheimnis (Artikel 10 des Grundgesetzes) wird insoweit eingeschränkt. [3]Dem Antragsteller wird Gelegenheit gegeben, die Vervielfältigungsstücke zu besichtigen, soweit hierdurch nicht in Geschäfts- oder Betriebsgeheimnisse eingegriffen wird.

(3) Wird der Beschlagnahme nicht spätestens nach Ablauf von zwei Wochen nach Zustellung der Mitteilung nach Absatz 2 Satz 1 widersprochen, so ordnet die Zollbehörde die Einziehung der beschlagnahmten Vervielfältigungsstücke an.

(4) [1]Widerspricht der Verfügungsberechtigte der Beschlagnahme, so unterrichtet die Zollbehörde hiervon unverzüglich den Antragsteller. [2]Dieser hat gegenüber der Zollbehörde unverzüglich zu erklären, ob er den Antrag nach Absatz 1 in bezug auf die beschlagnahmten Vervielfältigungsstücke aufrechterhält.

1. [3]Nimmt der Antragsteller den Antrag zurück, hebt die Zollbehörde die Beschlagnahme unverzüglich auf.
2. [4]Hält der Antragsteller den Antrag aufrecht und legt er eine vollziehbare gerichtliche Entscheidung vor, die die Verwahrung der beschlagnahmten Vervielfältigungsstücke oder eine Verfügungsbeschränkung anordnet, trifft die Zollbehörde die erforderlichen Maßnahmen.

[5]Liegen die Fälle der Nummern 1 oder 2 nicht vor, hebt die Zollbehörde die Beschlagnahme nach Ablauf von zwei Wochen nach Zustellung der Mitteilung an den Antragsteller nach Satz 1 auf; weist der Antragsteller nach, daß die gerichtliche Entscheidung nach Nummer 2 beantragt, ihm aber noch nicht zugegangen ist, wird die Beschlagnahme für längstens zwei weitere Wochen aufrechterhalten.

(5) Erweist sich die Beschlagnahme als von Anfang an ungerechtfertigt und hat der Antragsteller den Antrag nach Absatz 1 in bezug auf die beschlagnahmten Vervielfältigungsstücke aufrechterhalten oder sich nicht unverzüglich erklärt (Absatz 4 Satz 2), so ist er verpflichtet, den dem Verfügungsberechtigten durch die Beschlagnahme entstandenen Schaden zu ersetzen.

(6) [1]Der Antrag nach Absatz 1 ist bei der Generalzolldirektion zu stellen und hat Wirkung für ein Jahr, sofern keine kürzere Geltungsdauer beantragt wird; er kann wiederholt werden. [2]Für die mit dem Antrag verbundenen Amtshandlungen werden vom Antragsteller Kosten nach Maßgabe des § 178 der Abgabenordnung erhoben.

(7) [1]Die Beschlagnahme und die Einziehung können mit den Rechtsmitteln angefochten werden, die im Bußgeldverfahren nach dem Gesetz über Ordnungswidrigkeiten gegen die Beschlagnahme und Einziehung zulässig sind. [2]Im Rechtsmittelverfahren ist der Antragsteller zu hören. [3]Gegen die Entscheidung des Amtsgerichts ist die sofortige Beschwerde zulässig; über sie entscheidet das Oberlandesgericht.

§ 111c Verfahren nach der Verordnung (EU) Nr. 608/2013

Für das Verfahren nach der Verordnung (EU) Nr. 608/2013 gilt § 111b Absatz 5 und 6 entsprechend, soweit die Verordnung keine Bestimmungen enthält, die dem entgegenstehen.

Abschnitt 3
Zwangsvollstreckung

Unterabschnitt 1
Allgemeines

§ 112 Allgemeines

Die Zulässigkeit der Zwangsvollstreckung in ein nach diesem Gesetz geschütztes Recht richtet sich nach den allgemeinen Vorschriften, soweit sich aus den §§ 113 bis 119 nichts anderes ergibt.

Unterabschnitt 2
Zwangsvollstreckung wegen Geldforderungen gegen den Urheber

§ 113 Urheberrecht

[1]Gegen den Urheber ist die Zwangsvollstreckung wegen Geldforderungen in das Urheberrecht nur mit seiner Einwilligung und nur insoweit zulässig, als er Nutzungsrechte einräumen kann (§ 31). [2]Die Einwilligung kann nicht durch den gesetzlichen Vertreter erteilt werden.

§ 114 Originale von Werken

(1) [1]Gegen den Urheber ist die Zwangsvollstreckung wegen Geldforderungen in die ihm gehörenden Originale seiner Werke nur mit seiner Einwilligung zulässig. [2]Die Einwilligung kann nicht durch den gesetzlichen Vertreter erteilt werden.

(2) [1]Der Einwilligung bedarf es nicht,

1. soweit die Zwangsvollstreckung in das Original des Werkes zur Durchführung der Zwangsvollstreckung in ein Nutzungsrecht am Werk notwendig ist,

2. zur Zwangsvollstreckung in das Original eines Werkes der Baukunst,
3. zur Zwangsvollstreckung in das Original eines anderen Werkes der bildenden Künste, wenn das Werk veröffentlicht ist.

[2]In den Fällen der Nummern 2 und 3 darf das Original des Werkes ohne Zustimmung des Urhebers verbreitet werden.

Unterabschnitt 3

Zwangsvollstreckung wegen Geldforderungen gegen den Rechtsnachfolger des Urhebers

§ 115 Urheberrecht

[1]Gegen den Rechtsnachfolger des Urhebers (§ 30) ist die Zwangsvollstreckung wegen Geldforderungen in das Urheberrecht nur mit seiner Einwilligung und nur insoweit zulässig, als er Nutzungsrechte einräumen kann (§ 31). [2]Der Einwilligung bedarf es nicht, wenn das Werk erschienen ist.

§ 116 Originale von Werken

(1) Gegen den Rechtsnachfolger des Urhebers (§ 30) ist die Zwangsvollstreckung wegen Geldforderungen in die ihm gehörenden Originale von Werken des Urhebers nur mit seiner Einwilligung zulässig.

(2) [1]Der Einwilligung bedarf es nicht
1. in den Fällen des § 114 Abs. 2 Satz 1,
2. zur Zwangsvollstreckung in das Original eines Werkes, wenn das Werk erschienen ist.

[2]§ 114 Abs. 2 Satz 2 gilt entsprechend.

§ 117 Testamentsvollstrecker

Ist nach § 28 Abs. 2 angeordnet, daß das Urheberrecht durch einen Testamentsvollstrecker ausgeübt wird, so ist die nach den §§ 115 und 116 erforderliche Einwilligung durch den Testamentsvollstrecker zu erteilen.

Unterabschnitt 4

Zwangsvollstreckung wegen Geldforderungen gegen den Verfasser wissenschaftlicher Ausgaben und gegen den Lichtbildner

§ 118 Entsprechende Anwendung

Die §§ 113 bis 117 sind sinngemäß anzuwenden
1. auf die Zwangsvollstreckung wegen Geldforderungen gegen den Verfasser wissenschaftlicher Ausgaben (§ 70) und seinen Rechtsnachfolger,
2. auf die Zwangsvollstreckung wegen Geldforderungen gegen den Lichtbildner (§ 72) und seinen Rechtsnachfolger.

Unterabschnitt 5

Zwangsvollstreckung wegen Geldforderungen in bestimmte Vorrichtungen

§ 119 Zwangsvollstreckung in bestimmte Vorrichtungen

(1) Vorrichtungen, die ausschließlich zur Vervielfältigung oder Funksendung eines Werkes bestimmt sind, wie Formen, Platten, Steine, Druckstöcke, Matrizen und Negative, unterliegen der Zwangsvollstreckung wegen Geldforderungen nur, soweit der Gläubiger zur Nutzung des Werkes mittels dieser Vorrichtungen berechtigt ist.

(2) Das gleiche gilt für Vorrichtungen, die ausschließlich zur Vorführung eines Filmwerkes bestimmt sind, wie Filmstreifen und dergleichen.

(3) Die Absätze 1 und 2 sind auf die nach den §§ 70 und 71 geschützten Ausgaben, die nach § 72 geschützten Lichtbilder, die nach § 77 Abs. 2 Satz 1, §§ 85, 87, 94 und 95 geschützten Bild- und Tonträger und die nach § 87b Abs. 1 geschützten Datenbanken entsprechend anzuwenden.

Teil 5

Anwendungsbereich. Übergangs- und Schlussbestimmungen

Abschnitt 1

Anwendungsbereich des Gesetzes

Unterabschnitt 1

Urheberrecht

§ 120 Deutsche Staatsangehörige und Staatsangehörige anderer EU-Staaten und EWR-Staaten

(1) [1]Deutsche Staatsangehörige genießen den urheberrechtlichen Schutz für alle ihre Werke, gleichviel, ob und wo die Werke erschienen sind. [2]Ist ein Werk von Miturhebern (§ 8) geschaffen, so genügt es, wenn ein Miturheber deutscher Staatsangehöriger ist.

(2) Deutschen Staatsangehörigen stehen gleich:

1. Deutsche im Sinne des Art. 116 Abs. 1 des Grundgesetzes, die nicht die deutsche Staatsangehörigkeit besitzen, und
2. Staatsangehörige eines anderen Mitgliedstaates der Europäischen Union oder eines anderen Vertragsstaates des Abkommens über den Europäischen Wirtschaftsraum.

§ 121 Ausländische Staatsangehörige

(1) [1]Ausländische Staatsangehörige genießen den urheberrechtlichen Schutz für ihre im Geltungsbereich dieses Gesetzes erschienenen Werke, es sei denn, daß das Werk oder eine Übersetzung des Werkes früher als dreißig Tage vor dem Erscheinen im Geltungsbereich dieses Gesetzes außerhalb dieses Gebietes erschienen ist. [2]Mit der gleichen Einschränkung genießen ausländische Staatsangehörige den Schutz auch für solche Werke, die im Geltungsbereich dieses Gesetzes nur in Übersetzung erschienen sind.

(2) Den im Geltungsbereich dieses Gesetzes erschienenen Werken im Sinne des Absatzes 1 werden die Werke der bildenden Künste gleichgestellt, die mit einem Grundstück im Geltungsbereich dieses Gesetzes fest verbunden sind.

(3) Der Schutz nach Absatz 1 kann durch Rechtsverordnung des Bundesministers der Justiz und für Verbraucherschutz für ausländische Staatsangehörige beschränkt werden, die keinem Mitgliedstaat der Berner Übereinkunft zum Schutze von Werken der Literatur und der Kunst angehören und zur Zeit des Erscheinens des Werkes weder im Geltungsbereich dieses Gesetzes noch in einem anderen Mitgliedstaat ihren Wohnsitz haben, wenn der Staat, dem sie angehören, deutschen Staatsangehörigen für ihre Werke keinen genügenden Schutz gewährt.

(4) [1]Im übrigen genießen ausländische Staatsangehörige den urheberrechtlichen Schutz nach Inhalt der Staatsverträge. [2]Bestehen keine Staatsverträge, so besteht für solche Werke urheberrechtlicher Schutz, soweit in dem Staat, dem der Urheber angehört, nach einer Bekanntmachung des Bundesministers der Justiz und für Verbraucherschutz im Bundesgesetzblatt deutsche Staatsangehörige für ihre Werke einen entsprechenden Schutz genießen.

(5) Das Folgerecht (§ 26) steht ausländischen Staatsangehörigen nur zu, wenn der Staat, dem sie angehören, nach einer Bekanntmachung des Bundesministers der Justiz und für Verbraucherschutz im Bundesgesetzblatt deutschen Staatsangehörigen ein entsprechendes Recht gewährt.

(6) Den Schutz nach den §§ 12 bis 14 genießen ausländische Staatsangehörige für alle ihre Werke, auch wenn die Voraussetzungen der Absätze 1 bis 5 nicht vorliegen.

§ 122 Staatenlose

(1) Staatenlose mit gewöhnlichem Aufenthalt im Geltungsbereich dieses Gesetzes genießen für ihre Werke den gleichen urheberrechtlichen Schutz wie deutsche Staatsangehörige.

(2) Staatenlose ohne gewöhnlichen Aufenthalt im Geltungsbereich dieses Gesetzes genießen für ihre Werke den gleichen urheberrechtlichen Schutz wie die Angehörigen des ausländischen Staates, in dem sie ihren gewöhnlichen Aufenthalt haben.

§ 123 Ausländische Flüchtlinge

[1]Für Ausländer, die Flüchtlinge im Sinne von Staatsverträgen oder anderen Rechtsvorschriften sind, gelten die Bestimmungen des § 122 entsprechend. [2]Hierdurch wird ein Schutz nach § 121 nicht ausgeschlossen.

Unterabschnitt 2

Verwandte Schutzrechte

§ 124 Wissenschaftliche Ausgaben und Lichtbilder

Für den Schutz wissenschaftlicher Ausgaben (§ 70) und den Schutz von Lichtbildern (§ 72) sind die §§ 120 bis 123 sinngemäß anzuwenden.

§ 125 Schutz des ausübenden Künstlers

(1) [1]Den nach den §§ 73 bis 83 gewährten Schutz genießen deutsche Staatsangehörige für alle ihre Darbietungen, gleichviel, wo diese stattfinden. [2]§ 120 Abs. 2 ist anzuwenden.

(2) Ausländische Staatsangehörige genießen den Schutz für alle ihre Darbietungen, die im Geltungsbereich dieses Gesetzes stattfinden, soweit nicht in den Absätzen 3 und 4 etwas anderes bestimmt ist.

(3) Werden Darbietungen ausländischer Staatsangehöriger erlaubterweise auf Bild- oder Tonträger aufgenommen und sind diese erschienen, so genießen die ausländischen Staatsangehörigen hinsichtlich dieser Bild- oder Tonträger den Schutz nach § 77 Abs. 2 Satz 1, § 78 Abs. 1 Nr. 1 und Abs. 2, wenn die Bild- oder Tonträger im Geltungsbereich dieses Gesetzes erschienen sind, es sei denn, daß die Bild- oder Tonträger früher als dreißig Tage vor dem Erscheinen im Geltungsbereich dieses Gesetzes außerhalb dieses Gebietes erschienen sind.

(4) Werden Darbietungen ausländischer Staatsangehöriger erlaubterweise durch Funk gesendet, so genießen die ausländischen Staatsangehörigen den Schutz gegen Aufnahme der Funksendung auf Bild- oder Tonträger (§ 77 Abs. 1) und Weitersendung der Funksendung (§ 78 Abs. 1 Nr. 2) sowie den Schutz nach § 78 Abs. 2, wenn die Funksendung im Geltungsbereich dieses Gesetzes ausgestrahlt worden ist.

(5) [1]Im übrigen genießen ausländische Staatsangehörige den Schutz nach Inhalt der Staatsverträge. [2]§ 121 Abs. 4 Satz 2 sowie die §§ 122 und 123 gelten entsprechend.

(6) [1]Den Schutz nach den §§ 74 und 75, § 77 Abs. 1 sowie § 78 Abs. 1 Nr. 3 genießen ausländische Staatsangehörige für alle ihre Darbietungen, auch wenn die Voraussetzungen der Absätze 2 bis 5 nicht vorliegen. [2]Das gleiche gilt für den Schutz nach § 78 Abs. 1 Nr. 2, soweit es sich um die unmittelbare Sendung der Darbietung handelt.

(7) Wird Schutz nach den Absätzen 2 bis 4 oder 6 gewährt, so erlischt er spätestens mit dem Ablauf der Schutzdauer in dem Staat, dessen Staatsangehöriger der ausübende Künstler ist, ohne die Schutzfrist nach § 82 zu überschreiten.

§ 126 Schutz des Herstellers von Tonträgern

(1) [1]Den nach den §§ 85 und 86 gewährten Schutz genießen deutsche Staatsangehörige oder Unternehmen mit Sitz im Geltungsbereich dieses Gesetzes für alle ihre Tonträger, gleichviel, ob und wo diese erschienen sind. [2]§ 120 Abs. 2 ist anzuwenden. [3]Unternehmen mit Sitz in einem anderen Mitgliedstaat der Europäischen Union oder in einem anderen Vertragsstaat des Abkommens über den Europäischen Wirtschaftsraum stehen Unternehmen mit Sitz im Geltungsbereich dieses Gesetzes gleich.

(2) [1]Ausländische Staatsangehörige oder Unternehmen ohne Sitz im Geltungsbereich dieses Gesetzes genießen den Schutz für ihre im Geltungsbereich dieses Gesetzes erschienenen Tonträger, es sei denn, daß der Tonträger früher als dreißig Tage vor dem Erscheinen im Geltungsbereich dieses Gesetzes außerhalb dieses Gebietes erschienen ist. [2]Der Schutz erlischt jedoch spätestens mit dem Ablauf der Schutzdauer in dem Staat, dessen Staatsangehörigkeit der Hersteller des Tonträgers besitzt oder in welchem das Unternehmen seinen Sitz hat, ohne die Schutzfrist nach § 85 Abs. 3 zu überschreiten.

(3) [1]Im übrigen genießen ausländische Staatsangehörige oder Unternehmen ohne Sitz im Geltungsbereich dieses Gesetzes den Schutz nach Inhalt der Staatsverträge. [2]§ 121 Abs. 4 Satz 2 sowie die §§ 122 und 123 gelten entsprechend.

§ 127 Schutz des Sendeunternehmens

(1) [1]Den nach § 87 gewährten Schutz genießen Sendeunternehmen mit Sitz im Geltungsbereich dieses Gesetzes für alle Funksendungen, gleichviel, wo sie diese ausstrahlen. [2]§ 126 Abs. 1 Satz 3 ist anzuwenden.

(2) [1]Sendeunternehmen ohne Sitz im Geltungsbereich dieses Gesetzes genießen den Schutz für alle Funksendungen, die sie im Geltungsbereich dieses Gesetzes ausstrahlen. [2]Der Schutz erlischt spätestens mit dem Ablauf der Schutzdauer in dem Staat, in dem das Sendeunternehmen seinen Sitz hat, ohne die Schutzfrist nach § 87 Abs. 3 zu überschreiten.

(3) [1]Im übrigen genießen Sendeunternehmen ohne Sitz im Geltungsbereich dieses Gesetzes den Schutz nach Inhalt der Staatsverträge. [2]§ 121 Abs. 4 Satz 2 gilt entsprechend.

§ 127a Schutz des Datenbankherstellers

(1) [1]Den nach § 87b gewährten Schutz genießen deutsche Staatsangehörige sowie juristische Personen mit Sitz im Geltungsbereich dieses Gesetzes. [2]§ 120 Abs. 2 ist anzuwenden.

(2) Die nach deutschem Recht oder dem Recht eines der in § 120 Abs. 2 Nr. 2 bezeichneten Staaten gegründeten juristischen Personen ohne Sitz im Geltungsbereich dieses Gesetzes genießen den nach § 87b gewährten Schutz, wenn

1. ihre Hauptverwaltung oder Hauptniederlassung sich im Gebiet eines der in § 120 Abs. 2 Nr. 2 bezeichneten Staaten befindet oder
2. ihr satzungsmäßiger Sitz sich im Gebiet eines dieser Staaten befindet und ihre Tätigkeit eine tatsächliche Verbindung zur deutschen Wirtschaft oder zur Wirtschaft eines dieser Staaten aufweist.

(3) Im übrigen genießen ausländische Staatsangehörige sowie juristische Personen den Schutz nach dem Inhalt von Staatsverträgen sowie von Vereinbarungen, die die Europäische Gemeinschaft mit dritten Staaten schließt; diese Vereinbarungen werden vom Bundesministerium der Justiz und für Verbraucherschutz im Bundesgesetzblatt bekanntgemacht.

§ 127b Schutz des Presseverlegers

(1) [1]Den nach § 87g gewährten Schutz genießen deutsche Staatsangehörige oder Unternehmen mit Sitz im Geltungsbereich dieses Gesetzes. [2]§ 120 Absatz 2 und § 126 Absatz 1 Satz 3 sind anzuwenden.

(2) Unternehmen ohne Sitz im Geltungsbereich dieses Gesetzes genießen den nach § 87g gewährten Schutz, wenn ihre Hauptverwaltung oder ihre Hauptniederlassung sich im Geltungsbereich dieses Gesetzes oder im Gebiet eines anderen Mitgliedstaates der Europäischen Union oder eines anderen Vertragsstaates des Abkommens über den Europäischen Wirtschaftsraum befindet.

§ 128 Schutz des Filmherstellers

(1) [1]Den nach den §§ 94 und 95 gewährten Schutz genießen deutsche Staatsangehörige oder Unternehmen mit Sitz im Geltungsbereich dieses Gesetzes für alle ihre Bildträger oder Bild- und Tonträger, gleichviel, ob und wo diese erschienen sind. [2]§ 120 Abs. 2 und § 126 Abs. 1 Satz 3 sind anzuwenden.

(2) Für ausländische Staatsangehörige oder Unternehmen ohne Sitz im Geltungsbereich dieses Gesetzes gelten die Bestimmungen in § 126 Abs. 2 und 3 entsprechend.

Abschnitt 2

Übergangsbestimmungen

§ 129 Werke

(1) [1]Die Vorschriften dieses Gesetzes sind auch auf die vor seinem Inkrafttreten geschaffenen Werke anzuwenden, es sei denn, daß sie zu diesem Zeitpunkt urheberrechtlich nicht geschützt sind oder daß in diesem Gesetz sonst etwas anderes bestimmt ist. [2]Dies gilt für verwandte Schutzrechte entsprechend.

(2) Die Dauer des Urheberrechts an einem Werk, das nach Ablauf von fünfzig Jahren nach dem Tode des Urhebers, aber vor dem Inkrafttreten dieses Gesetzes veröffentlicht worden ist, richtet sich nach den bisherigen Vorschriften.

§ 130 Übersetzungen

Unberührt bleiben die Rechte des Urhebers einer Übersetzung, die vor dem 1. Januar 1902 erlaubterweise ohne Zustimmung des Urhebers des übersetzten Werkes erschienen ist.

§ 131 Vertonte Sprachwerke

Vertonte Sprachwerke, die nach § 20 des Gesetzes betreffend das Urheberrecht an Werken der Literatur und der Tonkunst vom 19. Juni 1901 (Reichsgesetzbl. S. 227) in der Fassung des Gesetzes zur Ausführung der revidierten Berner Übereinkunft zum Schutze von Werken der Literatur und Kunst vom 22. Mai 1910 (Reichsgesetzbl. S. 793) ohne Zustimmung ihres Urhebers vervielfältigt, verbreitet und öffentlich wiedergegeben werden durften, dürfen auch weiterhin in gleichem Umfang vervielfältigt, verbreitet und öffentlich wiedergegeben werden, wenn die Vertonung des Werkes vor dem Inkrafttreten dieses Gesetzes erschienen ist.

§ 132 Verträge

(1) [1]Die Vorschriften dieses Gesetzes sind mit Ausnahme der §§ 42 und 43 auf Verträge, die vor dem 1. Januar 1966 abgeschlossen worden sind, nicht anzuwenden. [2]§ 43 gilt für ausübende Künstler entsprechend. [3]Die §§ 40 und 41 gelten für solche Verträge mit der Maßgabe, daß die in § 40 Abs. 1 Satz 2 und § 41 Abs. 2 genannten Fristen frühestens mit dem 1. Januar 1966 beginnen.

(2) Vor dem 1. Januar 1966 getroffene Verfügungen bleiben wirksam.

(3) [1]Auf Verträge oder sonstige Sachverhalte, die vor dem 1. Juli 2002 geschlossen worden oder entstanden sind, sind die Vorschriften dieses Gesetzes vorbehaltlich der Sätze 2 und 3 sowie des § 133 Absatz 2 bis 4 in der am 28. März 2002 geltenden Fassung weiter anzuwenden. [2]§ 32a findet auf Sachverhalte Anwendung, die nach dem 28. März 2002 entstanden sind. [3]Auf Verträge, die seit dem 1. Juni 2001 und bis zum 30. Juni 2002 geschlossen worden sind, findet auch § 32 Anwendung, sofern von dem eingeräumten Recht oder der Erlaubnis nach dem 30. Juni 2002 Gebrauch gemacht wird.

(3a) Auf Verträge oder sonstige Sachverhalte, die ab dem 1. Juli 2002 und vor dem 1. März 2017 geschlossen worden sind oder entstanden sind, sind die Vorschriften dieses Gesetzes vorbehaltlich des § 133 Absatz 2 bis 4 in der bis einschließlich 28. Februar 2017 geltenden Fassung weiter anzuwenden.

(4) Die Absätze 3 und 3a gelten für ausübende Künstler entsprechend.

§ 133 Übergangsregelung bei der Umsetzung vertragsrechtlicher Bestimmungen der Richtlinie (EU) 2019/790

(1) Auf Verträge oder sonstige Sachverhalte, die ab dem 1. März 2017 und vor dem 7. Juni 2021 geschlossen worden sind oder entstanden sind, sind vorbehaltlich der Absätze 2 bis 4 die Vorschriften des Teils 1 Abschnitt 5 Unterabschnitt 2 in der am 1. März 2017 geltenden Fassung weiter anzuwenden.

(2) Die Vorschriften über die weitere Beteiligung des Urhebers (§ 32a) und über das Rückrufsrecht wegen Nichtausübung (§ 41) sind in der am 7. Juni 2021 geltenden Fassung ab diesem Zeitpunkt auch auf zuvor geschlossene Verträge anzuwenden.

(3) [1]Die Vorschriften über die Auskunft und Rechenschaft des Vertragspartners (§ 32d) und über die Auskunft und Rechenschaft Dritter in der Lizenzkette (§ 32e) sind in der am 7. Juni 2021 geltenden Fassung ab dem 7. Juni 2022 auch auf vor dem 7. Juni 2021 geschlossene Verträge anzuwenden. [2]Abweichend von Satz 1 ist bei Verträgen, die vor dem 1. Januar 2008 geschlossen worden sind, Auskunft über die Nutzung von Filmwerken oder Laufbildern und die filmische Verwertung der zu ihrer Herstellung benutzten Werke nur auf Verlangen des Urhebers zu erteilen.

(4) Die Absätze 1 bis 3 gelten für ausübende Künstler entsprechend.

§ 134 Urheber

[1]Wer zur Zeit des Inkrafttretens dieses Gesetzes nach den bisherigen Vorschriften, nicht aber nach diesem Gesetz als Urheber eines Werkes anzusehen ist, gilt, abgesehen von den Fällen des § 135, weiterhin als Urheber. [2]Ist nach den bisherigen Vorschriften eine juristische Person als Urheber eines Werkes anzusehen, so sind für die Berechnung der Dauer des Urheberrechts die bisherigen Vorschriften anzuwenden.

§ 135 Inhaber verwandter Schutzrechte

Wer zur Zeit des Inkrafttretens dieses Gesetzes nach den bisherigen Vorschriften als Urheber eines Lichtbildes oder der Übertragung eines Werkes auf Vorrichtungen zur mechanischen Wiedergabe für das Gehör anzusehen ist, ist Inhaber der entsprechenden verwandten Schutzrechte, die dieses Gesetz ihm gewährt.

§ 135a Berechnung der Schutzfrist

[1]Wird durch die Anwendung dieses Gesetzes auf ein vor seinem Inkrafttreten entstandenes Recht die Dauer des Schutzes verkürzt und liegt das für den Beginn der Schutzfrist nach diesem Gesetz maßgebende Ereignis vor dem Inkrafttreten dieses Gesetzes, so wird die Frist erst vom Inkrafttreten dieses Gesetzes an berechnet. [2]Der Schutz erlischt jedoch spätestens mit Ablauf der Schutzdauer nach den bisherigen Vorschriften.

§ 136 Vervielfältigung und Verbreitung

(1) War eine Vervielfältigung, die nach diesem Gesetz unzulässig ist, bisher erlaubt, so darf die vor Inkrafttreten dieses Gesetzes begonnene Herstellung von Vervielfältigungsstücken vollendet werden.

(2) Die nach Absatz 1 oder bereits vor dem Inkrafttreten dieses Gesetzes hergestellten Vervielfältigungsstücke dürfen verbreitet werden.

(3) Ist für eine Vervielfältigung, die nach den bisherigen Vorschriften frei zulässig war, nach diesem Gesetz eine angemessene Vergütung an den Berechtigten zu zahlen, so dürfen die in Absatz 2 bezeichneten Vervielfältigungsstücke ohne Zahlung einer Vergütung verbreitet werden.

§ 137 Übertragung von Rechten

(1) [1]Soweit das Urheberrecht vor Inkrafttreten dieses Gesetzes auf einen anderen übertragen worden ist, stehen dem Erwerber die entsprechenden Nutzungsrechte (§ 31) zu. [2]Jedoch erstreckt sich die Übertragung im Zweifel nicht auf Befugnisse, die erst durch dieses Gesetz begründet werden.

(2) [1]Ist vor dem Inkrafttreten dieses Gesetzes das Urheberrecht ganz oder teilweise einem anderen übertragen worden, so erstreckt sich die Übertragung im Zweifel auch auf den Zeitraum, um den die Dauer des Urheberrechts nach den §§ 64 bis 66 verlängert worden ist. [2]Entsprechendes gilt, wenn vor dem

Inkrafttreten dieses Gesetzes einem anderen die Ausübung einer dem Urheber vorbehaltenen Befugnis erlaubt worden ist.

(3) In den Fällen des Absatzes 2 hat der Erwerber oder Erlaubnisnehmer dem Veräußerer oder Erlaubnisgeber eine angemessene Vergütung zu zahlen, sofern anzunehmen ist, daß dieser für die Übertragung oder die Erlaubnis eine höhere Gegenleistung erzielt haben würde, wenn damals bereits die verlängerte Schutzdauer bestimmt gewesen wäre.

(4) [1]Der Anspruch auf die Vergütung entfällt, wenn alsbald nach seiner Geltendmachung der Erwerber dem Veräußerer das Recht für die Zeit nach Ablauf der bisher bestimmten Schutzdauer zur Verfügung stellt oder der Erlaubnisnehmer für diese Zeit auf die Erlaubnis verzichtet. [2]Hat der Erwerber das Urheberrecht vor dem Inkrafttreten dieses Gesetzes weiterveräußert, so ist die Vergütung insoweit nicht zu zahlen, als sie den Erwerber mit Rücksicht auf die Umstände der Weiterveräußerung unbillig belasten würde.

(5) Absatz 1 gilt für verwandte Schutzrechte entsprechend.

§ 137a Lichtbildwerke

(1) Die Vorschriften dieses Gesetzes über die Dauer des Urheberrechts sind auch auf Lichtbildwerke anzuwenden, deren Schutzfrist am 1. Juli 1985 nach dem bis dahin geltenden Recht noch nicht abgelaufen ist.

(2) Ist vorher einem anderen ein Nutzungsrecht an einem Lichtbildwerk eingeräumt oder übertragen worden, so erstreckt sich die Einräumung oder Übertragung im Zweifel nicht auf den Zeitraum, um den die Dauer des Urheberrechts an Lichtbildwerken verlängert worden ist.

§ 137b Bestimmte Ausgaben

(1) Die Vorschriften dieses Gesetzes über die Dauer des Schutzes nach den §§ 70 und 71 sind auch auf wissenschaftliche Ausgaben und Ausgaben nachgelassener Werke anzuwenden, deren Schutzfrist am 1. Juli 1990 nach dem bis dahin geltenden Recht noch nicht abgelaufen ist.

(2) Ist vor dem 1. Juli 1990 einem anderen ein Nutzungsrecht an einer wissenschaftlichen Ausgabe oder einer Ausgabe nachgelassener Werke eingeräumt oder übertragen worden, so erstreckt sich die Einräumung oder Übertragung im Zweifel auch auf den Zeitraum, um den die Dauer des verwandten Schutzrechtes verlängert worden ist.

(3) Die Bestimmungen in § 137 Abs. 3 und 4 gelten entsprechend.

§ 137c Ausübende Künstler

(1) [1]Die Vorschriften dieses Gesetzes über die Dauer des Schutzes nach § 82 sind auch auf Darbietungen anzuwenden, die vor dem 1. Juli 1990 auf Bild- oder Tonträger aufgenommen worden sind, wenn am 1. Januar 1991 seit dem Erscheinen des Bild- oder Tonträgers 50 Jahre noch nicht abgelaufen sind. [2]Ist der Bild- oder Tonträger innerhalb dieser Frist nicht erschienen, so ist die Frist von der Darbietung an zu berechnen. [3]Der Schutz nach diesem Gesetz dauert in keinem Fall länger als 50 Jahre nach dem Erscheinen des Bild- oder Tonträgers oder, falls der Bild- oder Tonträger nicht erschienen ist, 50 Jahre nach der Darbietung.

(2) Ist vor dem 1. Juli 1990 einem anderen ein Nutzungsrecht an der Darbietung eingeräumt oder übertragen worden, so erstreckt sich die Einräumung oder Übertragung im Zweifel auch auf den Zeitraum, um den die Dauer des Schutzes verlängert worden ist.

(3) Die Bestimmungen in § 137 Abs. 3 und 4 gelten entsprechend.

§ 137d Computerprogramme

(1) [1]Die Vorschriften des Abschnitts 8 des Teils 1 sind auch auf Computerprogramme anzuwenden, die vor dem 24. Juni 1993 geschaffen worden sind. [2]Jedoch erstreckt sich das ausschließliche Vermietrecht (§ 69c Nr. 3) nicht auf Vervielfältigungsstücke eines Programms, die ein Dritter vor dem 1. Januar 1993 zum Zweck der Vermietung erworben hat.

(2) § 69g Abs. 2 ist auch auf Verträge anzuwenden, die vor dem 24. Juni 1993 abgeschlossen worden sind.

(3) § 69a Absatz 5 ist in der am 7. Juni 2021 geltenden Fassung nur auf Verträge und Sachverhalte anzuwenden, die von diesem Tag an geschlossen werden oder entstehen.

§ 137e Übergangsregelung bei Umsetzung der Richtlinie 92/100/EWG

(1) Die am 30. Juni 1995 in Kraft tretenden Vorschriften dieses Gesetzes finden auch auf vorher geschaffene Werke, Darbietungen, Tonträger, Funksendungen und Filme Anwendung, es sei denn, daß diese zu diesem Zeitpunkt nicht mehr geschützt sind.

(2) [1]Ist ein Orginal oder Vervielfältigungsstück eines Werkes oder ein Bild- oder Tonträger vor dem 30. Juni 1995 erworben oder zum Zweck der Vermietung einem Dritten überlassen worden, so gilt für

die Vermietung nach diesem Zeitpunkt die Zustimmung der Inhaber des Vermietrechts (§§ 17, 77 Abs. 2 Satz 1, §§ 85 und 94) als erteilt. [2]Diesen Rechtsinhabern hat der Vermieter jeweils eine angemessene Vergütung zu zahlen; § 27 Abs. 1 Satz 2 und 3 hinsichtlich der Ansprüche der Urheber und ausübenden Künstler und § 27 Abs. 3 finden entsprechende Anwendung. [3]§ 137d bleibt unberührt.

(3) Wurde ein Bild- oder Tonträger, der vor dem 30. Juni 1995 erworben oder zum Zweck der Vermietung einem Dritten überlassen worden ist, zwischen dem 1. Juli 1994 und dem 30. Juni 1995 vermietet, besteht für diese Vermietung ein Vergütungsanspruch in entsprechender Anwendung des Absatzes 2 Satz 2.

(4) [1]Hat ein Urheber vor dem 30. Juni 1995 ein ausschließliches Verbreitungsrecht eingeräumt, so gilt die Einräumung auch für das Vermietrecht. [2]Hat ein ausübender Künstler vor diesem Zeitpunkt bei der Herstellung eines Filmwerkes mitgewirkt oder in die Benutzung seiner Darbietung zur Herstellung eines Filmwerkes eingewilligt, so gelten seine ausschließlichen Rechte als auf den Filmhersteller übertragen. [3]Hat er vor diesem Zeitpunkt in die Aufnahme seiner Darbietung auf Tonträger und in die Vervielfältigung eingewilligt, so gilt die Einwilligung auch als Übertragung des Verbreitungsrechts, einschließlich der Vermietung.

§ 137f Übergangsregelung bei Umsetzung der Richtlinie 93/98 EWG

(1) [1]Würde durch die Anwendung dieses Gesetzes in der ab dem 1. Juli 1995 geltenden Fassung die Dauer eines vorher entstandenen Rechts verkürzt, so erlischt der Schutz mit dem Ablauf der Schutzdauer nach den bis zum 30. Juni 1995 geltenden Vorschriften. [2]Im übrigen sind die Vorschriften dieses Gesetzes über die Schutzdauer in der ab dem 1. Juli 1995 geltenden Fassung auch auf Werke und verwandte Schutzrechte anzuwenden, deren Schutz am 1. Juli 1995 noch nicht erloschen ist.

(2) [1]Die Vorschriften dieses Gesetzes in der ab dem 1. Juli 1995 geltenden Fassung sind auch auf Werke anzuwenden, deren Schutz nach diesem Gesetz vor dem 1. Juli 1995 abgelaufen ist, nach dem Gesetz eines anderen Mitgliedstaates der Europäischen Union oder eines Vertragsstaates des Abkommens über den Europäischen Wirtschaftsraum zu diesem Zeitpunkt aber noch besteht. [2]Satz 1 gilt entsprechend für die verwandten Schutzrechte des Herausgebers nachgelassener Werke (§ 71), der ausübenden Künstler (§ 73), der Hersteller von Tonträgern (§ 85), der Sendeunternehmen (§ 87) und der Filmhersteller (§§ 94 und 95).

(3) [1]Lebt nach Absatz 2 der Schutz eines Werkes im Geltungsbereich dieses Gesetzes wieder auf, so stehen die wiederauflebenden Rechte dem Urheber zu. [2]Eine vor dem 1. Juli 1995 begonnene Nutzungshandlung darf jedoch in dem vorgesehenen Rahmen fortgesetzt werden. [3]Für die Nutzung ab dem 1. Juli 1995 ist eine angemessene Vergütung zu zahlen. [4]Die Sätze 1 bis 3 gelten für verwandte Schutzrechte entsprechend.

(4) [1]Ist vor dem 1. Juli 1995 einem anderen ein Nutzungsrecht an einer nach diesem Gesetz noch geschützten Leistung eingeräumt oder übertragen worden, so erstreckt sich die Einräumung oder Übertragung im Zweifel auch auf den Zeitraum, um den die Schutzdauer verlängert worden ist. [2]Im Fall des Satzes 1 ist eine angemessene Vergütung zu zahlen.

§ 137g Übergangsregelung bei Umsetzung der Richtlinie 96/9/EG

(1) § 23 Absatz 2, § 53 Abs. 5, die §§ 55a und 63 Abs. 1 Satz 2, sind auch auf Datenbankwerke anzuwenden, die vor dem 1. Januar 1998 geschaffen wurden.

(2) [1]Die Vorschriften des Abschnitts 6 des Teils 2 sind auch auf Datenbanken anzuwenden, die zwischen dem 1. Januar 1983 und dem 31. Dezember 1997 hergestellt worden sind. [2]Die Schutzfrist beginnt in diesen Fällen am 1. Januar 1998.

(3) Die §§ 55a und 87e sind nicht auf Verträge anzuwenden, die vor dem 1. Januar 1998 abgeschlossen worden sind.

§ 137h Übergangsregelung bei Umsetzung der Richtlinie 93/83/EWG

(1) Die Vorschrift des § 20a ist auf Verträge, die vor dem 1. Juni 1998 geschlossen worden sind, erst ab dem 1. Januar 2000 anzuwenden, sofern diese nach diesem Zeitpunkt ablaufen.

(2) Sieht ein Vertrag über die gemeinsame Herstellung eines Bild- oder Tonträgers, der vor dem 1. Juni 1998 zwischen mehreren Herstellern, von denen mindestens einer einem Mitgliedstaat der Europäischen Union oder Vertragsstaat des Europäischen Wirtschaftsraumes angehört, geschlossen worden ist, eine räumliche Aufteilung des Rechts der Sendung unter den Herstellern vor, ohne nach der Satellitensendung und anderen Arten der Sendung zu unterscheiden, und würde die Satellitensendung der gemeinsam hergestellten Produktion durch einen Hersteller die Auswertung der räumlich oder sprachlich beschränkten ausschließlichen Rechte eines anderen Herstellers beeinträchtigen, so ist die Satellitensendung nur zulässig, wenn ihr der Inhaber dieser ausschließlichen Rechte zugestimmt hat.

(3) Die Vorschrift des § 20b Abs. 2 ist nur anzuwenden, sofern der Vertrag über die Einräumung des Kabelweitersenderechts nach dem 1. Juni 1998 geschlossen wurde.

§ 137i Übergangsregelung zum Gesetz zur Modernisierung des Schuldrechts

Artikel 229 § 6 des Einführungsgesetzes zum Bürgerlichen Gesetzbuche findet mit der Maßgabe entsprechende Anwendung, dass § 26 Abs. 7, § 36 Abs. 2 und § 102 in der bis zum 1. Januar 2002 geltenden Fassung den Vorschriften des Bürgerlichen Gesetzbuchs über die Verjährung in der bis zum 1. Januar 2002 geltenden Fassung gleichgestellt sind.

§ 137j Übergangsregelung aus Anlass der Umsetzung der Richtlinie 2001/29/EG

(1) § 95d Abs. 1 ist auf alle ab dem 1. Dezember 2003 neu in den Verkehr gebrachten Werke und anderen Schutzgegenstände anzuwenden.

(2) Die Vorschrift dieses Gesetzes über die Schutzdauer für Hersteller von Tonträgern in der ab dem 13. September 2003 geltenden Fassung ist auch auf verwandte Schutzrechte anzuwenden, deren Schutz am 22. Dezember 2002 noch nicht erloschen ist.

(3) Lebt nach Absatz 2 der Schutz eines Tonträgers wieder auf, so stehen die wiederauflebenden Rechte dem Hersteller des Tonträgers zu.

(4) [1]Ist vor dem 13. September 2003 einem anderen ein Nutzungsrecht an einem nach diesem Gesetz noch geschützten Tonträger eingeräumt oder übertragen worden, so erstreckt sich, im Fall einer Verlängerung der Schutzdauer nach § 85 Abs. 3, die Einräumung oder Übertragung im Zweifel auch auf diesen Zeitraum. [2]Im Fall des Satzes 1 ist eine angemessene Vergütung zu zahlen.

§ 137k ***[aufgehoben]***

§ 137l Übergangsregelung für neue Nutzungsarten

(1) [1]Hat der Urheber zwischen dem 1. Januar 1966 und dem 1. Januar 2008 einem anderen alle wesentlichen Nutzungsrechte ausschließlich sowie räumlich und zeitlich unbegrenzt eingeräumt, gelten die zum Zeitpunkt des Vertragsschlusses unbekannten Nutzungsrechte als dem anderen ebenfalls eingeräumt, sofern der Urheber nicht dem anderen gegenüber der Nutzung widerspricht. [2]Der Widerspruch kann für Nutzungsarten, die am 1. Januar 2008 bereits bekannt sind, nur innerhalb eines Jahres erfolgen. [3]Im Übrigen erlischt das Widerspruchsrecht nach Ablauf von drei Monaten, nachdem der andere die Mitteilung über die beabsichtigte Aufnahme der neuen Art der Werknutzung an den Urheber unter der ihm zuletzt bekannten Anschrift abgesendet hat. [4]Die Sätze 1 bis 3 gelten nicht für zwischenzeitlich bekannt gewordene Nutzungsrechte, die der Urheber bereits einem Dritten eingeräumt hat.

(2) [1]Hat der andere sämtliche ihm ursprünglich eingeräumten Nutzungsrechte einem Dritten übertragen, so gilt Absatz 1 für den Dritten entsprechend. [2]Erklärt der Urheber den Widerspruch gegenüber seinem ursprünglichen Vertragspartner, hat ihm dieser unverzüglich alle erforderlichen Auskünfte über den Dritten zu erteilen.

(3) Das Widerspruchsrecht nach den Absätzen 1 und 2 entfällt, wenn die Parteien über eine zwischenzeitlich bekannt gewordene Nutzungsart eine ausdrückliche Vereinbarung geschlossen haben.

(4) Sind mehrere Werke oder Werkbeiträge zu einer Gesamtheit zusammengefasst, die sich in der neuen Nutzungsart in angemessener Weise nur unter Verwendung sämtlicher Werke oder Werkbeiträge verwerten lässt, so kann der Urheber das Widerspruchsrecht nicht wider Treu und Glauben ausüben.

(5) [1]Der Urheber hat Anspruch auf eine gesonderte angemessene Vergütung, wenn der andere eine neue Art der Werknutzung nach Absatz 1 aufnimmt, die im Zeitpunkt des Vertragsschlusses noch unbekannt war. [2]§ 32 Abs. 2 und 4 gilt entsprechend. [3]Der Anspruch kann nur durch eine Verwertungsgesellschaft geltend gemacht werden. [4]Hat der Vertragspartner das Nutzungsrecht einem Dritten übertragen, haftet der Dritte mit der Aufnahme der neuen Art der Werknutzung für die Vergütung. [5]Die Haftung des anderen entfällt.

§ 137m Übergangsregelung aus Anlass der Umsetzung der Richtlinie 2011/77/EU

(1) Die Vorschriften über die Schutzdauer nach den §§ 82 und 85 Absatz 3 sowie über die Rechte und Ansprüche des ausübenden Künstlers nach § 79 Absatz 3 sowie § 79a gelten für Aufzeichnungen von Darbietungen und für Tonträger, deren Schutzdauer für den ausübenden Künstler und den Tonträgerhersteller am 1. November 2013 nach den Vorschriften dieses Gesetzes in der bis 6. Juli 2013 geltenden Fassung noch nicht erloschen war, und für Aufzeichnungen von Darbietungen und für Tonträger, die nach dem 1. November 2013 entstehen.

(2) [1]§ 65 Absatz 3 gilt für Musikkompositionen mit Text, von denen die Musikkomposition oder der Text in mindestens einem Mitgliedstaat der Europäischen Union am 1. November 2013 geschützt sind, und für Musikkompositionen mit Text, die nach diesem Datum entstehen. [2]Lebt nach Satz 1 der Schutz der Musikkomposition oder des Textes wieder auf, so stehen die wiederauflebenden Rechte dem Urheber zu.

[3]Eine vor dem 1. November 2013 begonnene Nutzungshandlung darf jedoch in dem vorgesehenen Rahmen fortgesetzt werden. [4]Für die Nutzung ab dem 1. November 2013 ist eine angemessene Vergütung zu zahlen.

(3) Ist vor dem 1. November 2013 ein Übertragungsvertrag zwischen einem ausübenden Künstler und einem Tonträgerhersteller abgeschlossen worden, so erstreckt sich im Fall der Verlängerung der Schutzdauer die Übertragung auch auf diesen Zeitraum, wenn keine eindeutigen vertraglichen Hinweise auf das Gegenteil vorliegen.

§ 137n Übergangsregelung aus Anlass der Umsetzung der Richtlinie 2012/28/EU

§ 61 Absatz 4 ist nur anzuwenden auf Bestandsinhalte, die der nutzenden Institution vor dem 29. Oktober 2014 überlassen wurden.

§ 137o Übergangsregelung zum Urheberrechts-Wissensgesellschafts-Gesetz

§ 60g gilt nicht für Verträge, die vor dem 1. März 2018 geschlossen wurden.

§ 137p Übergangsregelung aus Anlass der Umsetzung der Richtlinie (EU) 2019/789

(1) § 20b ist auf Verträge über Weitersendungen, die nicht durch Kabelsysteme oder Mikrowellensysteme erfolgen, nur anzuwenden, sofern der Vertrag ab dem 7. Juni 2021 geschlossen wurde.

(2) § 20c ist auf Verträge über ergänzende Online-Dienste, die vor dem 7. Juni 2021 geschlossen wurden, ab dem 7. Juni 2023 anzuwenden.

(3) § 20d ist auf Verträge über die Direkteinspeisung, die vor dem 7. Juni 2021 geschlossen wurden, ab dem 7. Juni 2025 anzuwenden.

§ 137q Übergangsregelung zur Verlegerbeteiligung

§ 63a Absatz 2 und 3 gilt für Einnahmen, die Verwertungsgesellschaften ab dem 7. Juni 2021 erhalten.

§ 137r Übergangsregelung zum Schutz des Presseverlegers

Die Vorschriften dieses Gesetzes über den Schutz des Presseverlegers (§§ 87f bis 87k und § 127b) finden keine Anwendung auf Presseveröffentlichungen, deren erstmalige Veröffentlichung vor dem 6. Juni 2019 erfolgte.

Abschnitt 3

Schlussbestimmungen

§ 138 Register anonymer und pseudonymer Werke

(1) [1]Das Register anonymer und pseudonymer Werke für die in § 66 Abs. 2 Satz 2 vorgesehenen Eintragungen wird beim Patentamt geführt. [2]Das Patentamt bewirkt die Eintragungen, ohne die Berechtigung des Antragstellers oder die Richtigkeit der zur Eintragung angemeldeten Tatsachen zu prüfen.

(2) [1]Wird die Eintragung abgelehnt, so kann der Antragsteller gerichtliche Entscheidung beantragen. [2]Über den Antrag entscheidet das für den Sitz des Patentamts zuständige Oberlandesgericht durch einen mit Gründen versehenen Beschluß. [3]Der Antrag ist schriftlich bei dem Oberlandesgericht einzureichen. [4]Die Entscheidung des Oberlandesgerichts ist endgültig. [5]Im übrigen gelten für das gerichtliche Verfahren die Vorschriften des Gesetzes über das Verfahren in Familiensachen und in den Angelegenheiten der freiwilligen Gerichtsbarkeit entsprechend.

(3) [1]Die Eintragungen werden im Bundesanzeiger öffentlich bekanntgemacht. [2]Die Kosten für die Bekanntmachung hat der Antragsteller im voraus zu entrichten.

(4) [1]Die Einsicht in das Register ist jedem gestattet. [2]Auf Antrag werden Auszüge aus dem Register erteilt.

(5) Der Bundesminister der Justiz und für Verbraucherschutz wird ermächtigt, durch Rechtsverordnung

1. Bestimmungen über die Form des Antrags und die Führung des Registers zu erlassen,
2. zur Deckung der Verwaltungskosten die Erhebung von Kosten (Gebühren und Auslagen) für die Eintragung, für die Ausfertigung eines Eintragungsscheins und für die Erteilung sonstiger Auszüge und deren Beglaubigung anzuordnen sowie Bestimmungen über den Kostenschuldner, die Fälligkeit von Kosten, die Kostenvorschußpflicht, Kostenbefreiungen, die Verjährung, das Kostenfestsetzungsverfahren und die Rechtsbehelfe gegen die Kostenfestsetzung zu treffen.

(6) Eintragungen, die nach § 56 des Gesetzes betreffend das Urheberrecht an Werken der Literatur und der Tonkunst vom 19. Juni 1901 beim Stadtrat in Leipzig vorgenommen worden sind, bleiben wirksam.

§ 138a Datenschutz

[1]Soweit personenbezogene Daten im Register anonymer und pseudonymer Werke enthalten sind, bestehen nicht

1. das Recht auf Auskunft gemäß Artikel 15 Absatz 1 Buchstabe c der Verordnung (EU) 2016/679 des Europäischen Parlaments und des Rates vom 27. April 2016 zum Schutz natürlicher Personen bei der Verarbeitung personenbezogener Daten, zum freien Datenverkehr und zur Aufhebung der Richtlinie 95/46/EG (Datenschutz-Grundverordnung) (ABl. L 119 vom 4.5.2016, S. 1; L 314 vom 22.11.2016, S. 72),
2. die Mitteilungspflicht gemäß Artikel 19 Satz 2 der Verordnung (EU) 2016/679 und
3. das Recht auf Widerspruch gemäß Artikel 21 Absatz 1 der Verordnung (EU) 2016/679.

[2]Das Recht auf Erhalt einer Kopie nach Artikel 15 Absatz 3 der Verordnung (EU) 2016/679 wird dadurch erfüllt, dass die betroffene Person Einsicht in das Register anonymer und pseudonymer Werke des Deutschen Patent- und Markenamtes nehmen kann.

§§ 139, 140 *[nicht wiedergegebene Änderungsvorschriften]*

§ 141 Aufgehobene Vorschriften

Mit dem Inkrafttreten dieses Gesetzes werden aufgehoben:

1. die §§ 57 bis 60 des Gesetzes betreffend das Urheberrecht an Schriftwerken, Abbildungen, musikalischen Kompositionen und dramatischen Werken vom 11. Juni 1870 (Bundesgesetzblatt des Norddeutschen Bundes S. 339);
2. die §§ 17 bis 19 des Gesetzes betreffend das Urheberrecht an Werken der bildenden Künste vom 9. Januar 1876 (Reichsgesetzbl. S. 4);
3. das Gesetz betreffend das Urheberrecht an Werken der Literatur und der Tonkunst vom 19. Juni 1901 in der Fassung des Gesetzes zur Ausführung der revidierten Berner Übereinkunft zum Schutze von Werken der Literatur und Kunst vom 22. Mai 1910 und des Gesetzes zur Verlängerung der Schutzfristen im Urheberrecht vom 13. Dezember 1934 (Reichsgesetzbl. II S. 1395);
4. die §§ 3, 13 und 42 des Gesetzes über das Verlagsrecht vom 19. Juni 1901 (Reichsgesetzbl. S. 217) in der Fassung des Gesetzes zur Ausführung der revidierten Berner Übereinkunft zum Schutze von Werken der Literatur und Kunst vom 22. Mai 1910;
5. das Gesetz betreffend das Urheberrecht an Werken der bildenden Künste und der Photographie vom 9. Januar 1907 (Reichsgesetzbl. S. 7) in der Fassung des Gesetzes zur Ausführung der revidierten Berner Übereinkunft zum Schutze von Werken der Literatur und Kunst vom 22. Mai 1910, des Gesetzes zur Verlängerung der Schutzfristen im Urheberrecht vom 13. Dezember 1934 und des Gesetzes zur Verlängerung der Schutzfristen für das Urheberrecht an Lichtbildern vom 12. Mai 1940 (Reichsgesetzbl. I S. 758), soweit es nicht den Schutz von Bildnissen betrifft;
6. die Artikel I, III und IV des Gesetzes zur Ausführung der revidierten Berner Übereinkunft zum Schutze von Werken der Literatur und Kunst vom 22. Mai 1910;
7. das Gesetz zur Erleichterung der Filmberichterstattung vom 30. April 1936 (Reichsgesetzbl. I S. 404);
8. § 10 des Gesetzes über die Rechtsstellung heimatloser Ausländer im Bundesgebiet vom 25. April 1951 (Bundesgesetzbl. I S. 269).

§ 142 Evaluierung

Die Bundesregierung erstattet vier Jahre nach Inkrafttreten des Urheberrechts-Wissensgesellschafts-Gesetzes dem Deutschen Bundestag Bericht über die Auswirkungen des Teils 1 Abschnitt 6 Unterabschnitt 4.

§ 143 Inkrafttreten

(1) Die §§ 64 bis 67, 69, 105 Abs. 1 bis 3 und § 138 Abs. 5 treten am Tage nach der Verkündung[1)] dieses Gesetzes in Kraft.

(2) Im übrigen tritt dieses Gesetz am 1. Januar 1966 in Kraft.

1) Verkündet am 16.9.1965.

Anlage
(zu § 61a)

Quellen einer sorgfältigen Suche

1. Für veröffentlichte Bücher:
   a) der Katalog der Deutschen Nationalbibliothek sowie die von Bibliotheken und anderen Institutionen geführten Bibliothekskataloge und Schlagwortlisten;
   b) Informationen der Verleger- und Autorenverbände, insbesondere das Verzeichnis lieferbarer Bücher (VLB);
   c) bestehende Datenbanken und Verzeichnisse, WATCH (Writers, Artists and their Copyright Holders) und die ISBN (International Standard Book Number);
   d) die Datenbanken der entsprechenden Verwertungsgesellschaften, insbesondere der mit der Wahrnehmung von Vervielfältigungsrechten betrauten Verwertungsgesellschaften wie die Datenbank der VG Wort;
   e) Quellen, die mehrere Datenbanken und Verzeichnisse zusammenfassen, einschließlich der Gemeinsamen Normdatei (GND), VIAF (Virtual International Authority Files) und ARROW (Accessible Registries of Rights Information and Orphan Works);
2. für Zeitungen, Zeitschriften, Fachzeitschriften und Periodika:
   a) das deutsche ISSN (International Standard Serial Number) – Zentrum für regelmäßige Veröffentlichungen;
   b) Indexe und Kataloge von Bibliotheksbeständen und -sammlungen, insbesondere der Katalog der Deutschen Nationalbibliothek sowie die Zeitschriftendatenbank (ZDB);
   c) Depots amtlich hinterlegter Pflichtexemplare;
   d) Verlegerverbände und Autoren- und Journalistenverbände, insbesondere das Verzeichnis lieferbarer Zeitschriften (VLZ), das Verzeichnis lieferbarer Bücher (VLB), Banger Online, STAMM und pressekatalog.de;
   e) die Datenbanken der entsprechenden Verwertungsgesellschaften, einschließlich der mit der Wahrnehmung von Vervielfältigungsrechten betrauten Verwertungsgesellschaften, insbesondere die Datenbank der VG Wort;
3. für visuelle Werke, einschließlich Werken der bildenden Künste, Fotografien, Illustrationen, Design- und Architekturwerken, sowie für deren Entwürfe und für sonstige derartige Werke, die in Büchern, Zeitschriften, Zeitungen und Magazinen oder anderen Werken enthalten sind:
   a) die in den Ziffern 1 und 2 genannten Quellen;
   b) die Datenbanken der entsprechenden Verwertungsgesellschaften, insbesondere der Verwertungsgesellschaften für bildende Künste, einschließlich der mit der Wahrnehmung von Vervielfältigungsrechten betrauten Verwertungsgesellschaften wie die Datenbank der VG BildKunst;
   c) die Datenbanken von Bildagenturen;
4. für Filmwerke sowie für Bildträger und Bild- und Tonträger, auf denen Filmwerke aufgenommen sind, und für Tonträger:
   a) die Depots amtlich hinterlegter Pflichtexemplare, insbesondere der Katalog der Deutschen Nationalbibliothek;
   b) Informationen der Produzentenverbände;
   c) die Informationen der Filmförderungseinrichtungen des Bundes und der Länder;
   d) die Datenbanken von im Bereich des Film- oder Tonerbes tätigen Einrichtungen und nationalen Bibliotheken, insbesondere des Kinematheksverbunds, des Bundesarchivs, der Stiftung Deutsche Kinemathek, des Deutschen Filminstituts (Datenbank und Katalog www.filmportal.de), der DEFA- und Friedrich-Wilhelm-Murnau-Stiftung, sowie die Kataloge der Staatsbibliotheken zu Berlin und München;
   e) Datenbanken mit einschlägigen Standards und Kennungen wie ISAN (International Standard Audiovisual Number) für audiovisuelles Material, ISWC (International Standard Music Work Code) für Musikwerke und ISRC (International Standard Recording Code) für Tonträger;
   f) die Datenbanken der entsprechenden Verwertungsgesellschaften, insbesondere für Autoren, ausübende Künstler sowie Hersteller von Tonträgern und Filmwerken;
   g) die Aufführung der Mitwirkenden und andere Informationen auf der Verpackung des Werks oder in seinem Vor- oder Abspann;
   h) die Datenbanken anderer maßgeblicher Verbände, die eine bestimmte Kategorie von Rechtsinhabern vertreten, wie die Verbände der Regisseure, Drehbuchautoren, Filmkomponisten, Komponisten, Theaterverlage, Theater- und Opernvereinigungen;

5. für Bestandsinhalte, die nicht erschienen sind oder nicht gesendet wurden:
   a) aktuelle und ursprüngliche Eigentümer des Werkstücks;
   b) nationale Nachlassverzeichnisse (Zentrale Datenbank Nachlässe und Kalliope);
   c) Findbücher der nationalen Archive;
   d) Bestandsverzeichnisse von Museen;
   e) Auskunftsdateien und Telefonbücher.

Insolvenzordnung
(InsO)

Vom 5. Oktober 1994 (BGBl. I S. 2866)
(FNA 311-13)
zuletzt geändert durch Art. 6 PostrechtsmodernisierungsG vom 15. Juli 2024 (BGBl. 2024 I Nr. 236)
– Auszug –

Zweiter Teil
Eröffnung des Insolvenzverfahrens. Erfaßtes Vermögen und Verfahrensbeteiligte

Erster Abschnitt
Eröffnungsvoraussetzungen und Eröffnungsverfahren

§ 15a Antragspflicht bei juristischen Personen und rechtsfähigen Personengesellschaften

(1) [1]Wird eine juristische Person zahlungsunfähig oder überschuldet, haben die Mitglieder des Vertretungsorgans oder die Abwickler ohne schuldhaftes Zögern einen Eröffnungsantrag zu stellen. [2]Der Antrag ist spätestens drei Wochen nach Eintritt der Zahlungsunfähigkeit und sechs Wochen nach Eintritt der Überschuldung zu stellen. [3]Das Gleiche gilt für die organschaftlichen Vertreter der zur Vertretung der Gesellschaft ermächtigten Gesellschafter oder die Abwickler bei einer rechtsfähigen Personengesellschaft, bei der kein persönlich haftender Gesellschafter eine natürliche Person ist; dies gilt nicht, wenn zu den persönlich haftenden Gesellschaftern eine andere Gesellschaft gehört, bei der ein persönlich haftender Gesellschafter eine natürliche Person ist.

(2) Bei einer Gesellschaft im Sinne des Absatzes 1 Satz 3 gilt Absatz 1 sinngemäß, wenn die organschaftlichen Vertreter der zur Vertretung der Gesellschaft ermächtigten Gesellschafter ihrerseits Gesellschaften sind, bei denen kein persönlich haftender Gesellschafter eine natürliche Person ist, oder sich die Verbindung von Gesellschaften in dieser Art fortsetzt.

(3) Im Fall der Führungslosigkeit einer Gesellschaft mit beschränkter Haftung ist auch jeder Gesellschafter, im Fall der Führungslosigkeit einer Aktiengesellschaft oder einer Genossenschaft ist auch jedes Mitglied des Aufsichtsrats zur Stellung des Antrags verpflichtet, es sei denn, diese Person hat von der Zahlungsunfähigkeit und der Überschuldung oder der Führungslosigkeit keine Kenntnis.

(4) Mit Freiheitsstrafe bis zu drei Jahren oder mit Geldstrafe wird bestraft, wer entgegen Absatz 1 Satz 1 und 2, auch in Verbindung mit Satz 3 oder Absatz 2 oder Absatz 3, einen Eröffnungsantrag

1. nicht oder nicht rechtzeitig stellt oder
2. nicht richtig stellt.

(5) Handelt der Täter in den Fällen des Absatzes 4 fahrlässig, ist die Strafe Freiheitsstrafe bis zu einem Jahr oder Geldstrafe.

(6) Im Falle des Absatzes 4 Nummer 2, auch in Verbindung mit Absatz 5, ist die Tat nur strafbar, wenn der Eröffnungsantrag rechtskräftig als unzulässig zurückgewiesen wurde.

(7) Auf Vereine und Stiftungen, für die § 42 Absatz 2 des Bürgerlichen Gesetzbuchs gilt, sind die Absätze 1 bis 6 nicht anzuwenden.

Gesetz über den Wertpapierhandel (Wertpapierhandelsgesetz – WpHG)

In der Fassung der Bekanntmachung vom 9. September 1998[1)] (BGBl. I S. 2708) (FNA 4110-4)

zuletzt geändert durch Art. 19 G zur Durchführung der VO (EU) 2022/2065 vom 6. Mai 2024 (BGBl. 2024 I Nr. 149)

Inhaltsübersicht

1) Neubekanntmachung des WpHG v. 26.7.1994 (BGBl. I S. 1794) in der ab 1.8.1998 geltenden Fassung.

Abschnitt 5b
Schwarmfinanzierungsdienstleister

Abschnitt 6
Mitteilung, Veröffentlichung und Übermittlung von Veränderungen des Stimmrechtsanteils an das Unternehmensregister

Abschnitt 7
Notwendige Informationen für die Wahrnehmung von Rechten aus Wertpapieren

Abschnitt 8
Leerverkäufe und Geschäfte in Derivaten

Abschnitt 9
Positionslimits und Positionsmanagementkontrollen bei Warenderivaten und Positionsmeldungen

Abschnitt 10
Organisationspflichten von Datenbereitstellungsdiensten

Abschnitt 11
Verhaltenspflichten, Organisationspflichten, Transparenzpflichten

Abschnitt 1
Anwendungsbereich, Begriffsbestimmungen

§ 1 Anwendungsbereich
(1) Dieses Gesetz enthält Regelungen in Bezug auf
1. die Erbringung von Wertpapierdienstleistungen und Wertpapiernebendienstleistungen,
2. die Erbringung von Datenbereitstellungsdiensten und die Organisation von Datenbereitstellungsdienstleistern,
3. das marktmissbräuchliche Verhalten im börslichen und außerbörslichen Handel mit Finanzinstrumenten,
4. die Vermarktung, den Vertrieb und den Verkauf von Finanzinstrumenten und strukturierten Einlagen,
5. die Konzeption von Finanzinstrumenten zum Vertrieb,
6. die Überwachung von Unternehmensabschlüssen und die Veröffentlichung von Finanzberichten, die den Vorschriften dieses Gesetzes unterliegen,
7. die Veränderungen der Stimmrechtsanteile von Aktionären an börsennotierten Gesellschaften sowie
8. die Zuständigkeiten und Befugnisse der Bundesanstalt für Finanzdienstleistungsaufsicht (Bundesanstalt) und die Ahndung von Verstößen hinsichtlich

a) der Vorschriften dieses Gesetzes,

b) der Verordnung (EG) Nr. 1060/2009 des Europäischen Parlaments und des Rates vom 16. September 2009 über Ratingagenturen (ABl. L 302 vom 17.11.2009, S. 1; L 350 vom 29.12.2009, S. 59; L 145 vom 31.5.2011, S. 57; L 267 vom 6.9.2014, S. 30), die zuletzt durch die Richtlinie 2014/51/EU (ABl. L 153 vom 22.5.2014, S. 1; L 108 vom 28.4.2015, S. 8) geändert worden ist, in der jeweils geltenden Fassung,

c) der Verordnung (EU) Nr. 236/2012 des Europäischen Parlaments und des Rates vom 14. März 2012 über Leerverkäufe und bestimmte Aspekte von Credit Default Swaps (ABl. L 86 vom 24.3.2012, S. 1), die zuletzt durch die Verordnung (EU) Nr. 909/2014 (ABl. L 257 vom 28.8.2014, S. 1) geändert worden ist, in der jeweils geltenden Fassung,

d) der Verordnung (EU) Nr. 648/2012 des Europäischen Parlaments und des Rates vom 4. Juli 2012 über OTC-Derivate, zentrale Gegenparteien und Transaktionsregister (ABl. L 201 vom 27.7.2012, S. 1; L 321 vom 30.11.2013, S. 6), die zuletzt durch die Verordnung (EU) 2019/834 (ABl. L 141 vom 28.5.2019, S. 42) geändert worden ist, in der jeweils geltenden Fassung,

e) der Verordnung (EU) Nr. 596/2014 des Europäischen Parlaments und des Rates vom 16. April 2014 über Marktmissbrauch (Marktmissbrauchsverordnung) und zur Aufhebung der Richtlinie 2003/6/EG des Europäischen Parlaments und des Rates und der Richtlinien 2003/124/EG, 2003/125/EG und 2004/72/EG der Kommission (ABl. L 173 vom 12.6.2014, S. 1; L 287 vom 21.10.2016, S. 320; L 306 vom 15.11.2016, S. 43; L 348 vom 21.12.2016, S. 83), die zuletzt durch die Verordnung (EU) 2016/1033 (ABl. L 175 vom 30.6.2016, S. 1) geändert worden ist, in der jeweils geltenden Fassung,

f) der Verordnung (EU) Nr. 600/2014 des Europäischen Parlaments und des Rats vom 15. Mai 2014 über Märkte für Finanzinstrumente und zur Änderung der Verordnung (EU) Nr. 648/2012 (ABl. L 173 vom 12.6.2014, S. 84; L 6 vom 10.1.2015, S. 6; L 270 vom 15.10.2015, S. 4) in der jeweils geltenden Fassung,

g) der Verordnung (EU) Nr. 909/2014 des Europäischen Parlaments und des Rates vom 23. Juli 2014 zur Verbesserung der Wertpapierlieferungen und -abrechnungen in der Europäischen Union und über Zentralverwahrer sowie zur Änderung der Richtlinien 98/26/EG und 2014/65/EU und der Verordnung (EU) Nr. 236/2012 (ABl. L 257 vom 28.8.2014, S. 1; L 349 vom 21.12.2016, S. 5), die zuletzt durch die Verordnung (EU) 2016/1033 (ABl. L 175 vom 30.6.2016, S. 1) geändert worden ist, in der jeweils geltenden Fassung,

h) der Verordnung (EU) Nr. 1286/2014 des Europäischen Parlaments und des Rates vom 26. November 2014 über Basisinformationsblätter für verpackte Anlageprodukte für Kleinanleger und Versicherungsanlageprodukte (PRIIP) (ABl. L 352 vom 9.12.2014, S. 1; L 358 vom 13.12.2014, S. 50), in der jeweils geltenden Fassung,

i) der Verordnung (EU) 2015/2365 des Europäischen Parlaments und des Rates vom 25. November 2015 über die Transparenz von Wertpapierfinanzierungsgeschäften und der Weiterverwendung sowie zur Änderung der Verordnung (EU) Nr. 648/2012 (ABl. L 337 vom 23.12.2015, S. 1), in der jeweils geltenden Fassung,

j) der Verordnung (EU) 2016/1011 des Europäischen Parlaments und des Rates vom 8. Juni 2016 über Indizes, die bei Finanzinstrumenten und Finanzkontrakten als Referenzwert oder zur Messung der Wertentwicklung eines Investmentfonds verwendet werden, und zur Änderung der Richtlinien 2008/48/EG und 2014/17/EU sowie der Verordnung (EU) Nr. 596/2014 (ABl. L 171 vom 29.6.2016, S. 1), in der jeweils geltenden Fassung,

k) der Verordnung (EU) 2019/2088 des Europäischen Parlaments und des Rates vom 27. November 2019 über nachhaltigkeitsbezogene Offenlegungspflichten im Finanzdienstleistungssektor (ABl. L 317 vom 9.12.2019, S. 1), die durch die Verordnung (EU) 2020/852 (ABl. L 198 vom 22.6.2020, S. 13) geändert worden ist, sofern es sich um Wertpapierdienstleistungsunternehmen handelt, die Anlageberatung oder Finanzportfolioverwaltung betreiben,

l) der Verordnung (EU) 2020/852 des Europäischen Parlaments und des Rates vom 18. Juni 2020 über die Einrichtung eines Rahmens zur Erleichterung nachhaltiger Investitionen und zur Änderung der Verordnung (EU) 2019/2088 (ABl. L 198 vom 22.6.2020, S. 13), sofern es sich um Wertpapierdienstleistungsunternehmen handelt, die Anlageberatung oder Finanzportfolioverwaltung betreiben.

k)[1] der Verordnung (EU) 2019/1238 des Europäischen Parlaments und des Rates vom 20. Juni 2019 über ein Paneuropäisches Privates Pensionsprodukt (PEPP) (ABl. L 198 vom 25.7.2019, S. 1) in der jeweils geltenden Fassung,

---

1) Zählung amtlich.

l)[1] der Verordnung (EU) 2020/1503 des Europäischen Parlaments und des Rates vom 7. Oktober 2020 über Europäische Schwarmfinanzierungsdienstleister für Unternehmen und zur Änderung der Verordnung (EU) 2017/1129 und der Richtlinie (EU) 2019/1937 (ABl. L 347 vom 20.10.2020, S. 1) in der jeweils geltenden Fassung.

(2) [1]Soweit nicht abweichend geregelt, sind die Vorschriften des Abschnitts 11 sowie die §§ 54 bis 57 auch anzuwenden auf Handlungen und Unterlassungen, die im Ausland vorgenommen werden, sofern sie
1. einen Emittenten mit Sitz im Inland,
2. Finanzinstrumente, die an einem inländischen organisierten Markt, einem inländischen multilateralen Handelssystem oder einem inländischen organisierten Handelssystem gehandelt werden oder
3. Wertpapierdienstleistungen oder Wertpapiernebendienstleistungen, die im Inland angeboten werden,

betreffen. [2]Die §§ 54 bis 57 gelten auch für im Ausland außerhalb eines Handelsplatzes gehandelte Warenderivate, die wirtschaftlich gleichwertig mit Warenderivaten sind, die an Handelsplätzen im Inland gehandelt werden.

(3) [1]Bei Anwendung der Vorschriften der Abschnitte 6, 7 und 16 unberücksichtigt bleiben Anteile und Aktien an offenen Investmentvermögen im Sinne des § 1 Absatz 4 des Kapitalanlagegesetzbuchs. [2]Für Abschnitt 6 gilt dies nur, soweit es sich nicht um Spezial-AIF im Sinne des § 1 Absatz 6 des Kapitalanlagegesetzbuchs handelt.

§ 2 Begriffsbestimmungen

(1) Wertpapiere im Sinne dieses Gesetzes sind, auch wenn keine Urkunden über sie ausgestellt sind, alle Gattungen von übertragbaren Wertpapieren mit Ausnahme von Zahlungsinstrumenten, die ihrer Art nach auf den Finanzmärkten handelbar sind, insbesondere
1. Aktien,
2. andere Anteile an in- oder ausländischen juristischen Personen, rechtsfähigen Personengesellschaften und sonstigen Unternehmen, soweit sie Aktien vergleichbar sind, sowie Hinterlegungsscheine, die Aktien vertreten,
3. Schuldtitel,
   a) insbesondere Genussscheine und Inhaberschuldverschreibungen und Orderschuldverschreibungen sowie Hinterlegungsscheine, die Schuldtitel vertreten,
   b) sonstige Wertpapiere, die zum Erwerb oder zur Veräußerung von Wertpapieren nach den Nummern 1 und 2 berechtigen oder zu einer Barzahlung führen, die in Abhängigkeit von Wertpapieren, von Währungen, Zinssätzen oder anderen Erträgen, von Waren, Indices oder Messgrößen bestimmt wird; nähere Bestimmungen enthält die Delegierte Verordnung (EU) 2017/565 der Kommission vom 25. April 2016 zur Ergänzung der Richtlinie 2014/65/EU des Europäischen Parlaments und des Rates in Bezug auf die organisatorischen Anforderungen an Wertpapierfirmen und die Bedingungen für die Ausübung ihrer Tätigkeit sowie in Bezug auf die Definition bestimmter Begriffe für die Zwecke der genannten Richtlinie (ABl. L 87 vom 31.3.2017, S. 1), in der jeweils geltenden Fassung.

(2) Geldmarktinstrumente im Sinne dieses Gesetzes sind Instrumente, die üblicherweise auf dem Geldmarkt gehandelt werden, insbesondere Schatzanweisungen, Einlagenzertifikate, Commercial Papers und sonstige vergleichbare Instrumente, sofern im Einklang mit Artikel 11 der Delegierten Verordnung (EU) 2017/565
1. ihr Wert jederzeit bestimmt werden kann,
2. es sich nicht um Derivate handelt und
3. ihre Fälligkeit bei Emission höchstens 397 Tage beträgt,

es sei denn, es handelt sich um Zahlungsinstrumente.

(3) Derivative Geschäfte im Sinne dieses Gesetzes sind
1. als Kauf, Tausch oder anderweitig ausgestaltete Festgeschäfte oder Optionsgeschäfte, die zeitlich verzögert zu erfüllen sind und deren Wert sich unmittelbar oder mittelbar vom Preis oder Maß eines Basiswertes ableitet (Termingeschäfte) mit Bezug auf die folgenden Basiswerte:
   a) Wertpapiere oder Geldmarktinstrumente,
   b) Devisen, soweit das Geschäft nicht die in Artikel 10 der Delegierten Verordnung (EU) 2017/565 genannten Voraussetzungen erfüllt, oder Rechnungseinheiten,
   c) Zinssätze oder andere Erträge,
   d) Indices der Basiswerte der Buchstaben a, b, c oder f, andere Finanzindizes oder Finanzmessgrößen,
   e) derivative Geschäfte oder

1) Zählung amtlich.

f) Berechtigungen nach § 3 Nummer 3 des Treibhausgas-Emissionshandelsgesetzes, Emissionsreduktionseinheiten nach § 2 Nummer 20 des Projekt-Mechanismen-Gesetzes und zertifizierte Emissionsreduktionen nach § 2 Nummer 21 des Projekt-Mechanismen-Gesetzes, soweit diese jeweils im Emissionshandelsregister gehalten werden dürfen (Emissionszertifikate);
2. Termingeschäfte mit Bezug auf Waren, Frachtsätze, Klima- oder andere physikalische Variablen, Inflationsraten oder andere volkswirtschaftliche Variablen oder sonstige Vermögenswerte, Indices oder Messwerte als Basiswerte, sofern sie
   a) durch Barausgleich zu erfüllen sind oder einer Vertragspartei das Recht geben, einen Barausgleich zu verlangen, ohne dass dieses Recht durch Ausfall oder ein anderes Beendigungsereignis begründet ist,
   b) auf einem organisierten Markt oder in einem multilateralen oder organisierten Handelssystem geschlossen werden und nicht über ein organisiertes Handelssystem gehandelte Energiegroßhandelsprodukte im Sinne von Absatz 20 sind, die effektiv geliefert werden müssen, oder
   c) die Merkmale anderer Derivatekontrakte im Sinne des Artikels 7 der Delegierten Verordnung (EU) 2017/565 aufweisen und nichtkommerziellen Zwecken dienen,

   und sofern sie keine Kassageschäfte im Sinne des Artikels 7 der Delegierten Verordnung (EU) 2017/565 sind;
3. finanzielle Differenzgeschäfte;
4. als Kauf, Tausch oder anderweitig ausgestaltete Festgeschäfte oder Optionsgeschäfte, die zeitlich verzögert zu erfüllen sind und dem Transfer von Kreditrisiken dienen (Kreditderivate);
5. Termingeschäfte mit Bezug auf die in Artikel 8 der Delegierten Verordnung (EU) 2017/565 genannten Basiswerte, sofern sie die Bedingungen der Nummer 2 erfüllen.

(4) Finanzinstrumente im Sinne dieses Gesetzes sind
1. Wertpapiere im Sinne des Absatzes 1,
2. Anteile an Investmentvermögen im Sinne des § 1 Absatz 1 des Kapitalanlagegesetzbuchs,
3. Geldmarktinstrumente im Sinne des Absatzes 2,
4. derivative Geschäfte im Sinne des Absatzes 3,
5. Emissionszertifikate,
6. Rechte auf Zeichnung von Wertpapieren und
7. Vermögensanlagen im Sinne des § 1 Absatz 2 des Vermögensanlagengesetzes mit Ausnahme von Anteilen an einer Genossenschaft im Sinne des § 1 des Genossenschaftsgesetzes sowie Namensschuldverschreibungen, die mit einer vereinbarten festen Laufzeit, einem unveränderlich vereinbarten festen positiven Zinssatz ausgestattet sind, bei denen das investierte Kapital ohne Anrechnung von Zinsen ungemindert zum Zeitpunkt der Fälligkeit zum vollen Nennwert zurückgezahlt wird, und die von einem CRR-Kreditinstitut im Sinne des § 1 Absatz 3d Satz 1 des Kreditwesengesetzes, dem eine Erlaubnis nach § 32 Absatz 1 des Kreditwesengesetzes erteilt worden ist, oder von einem in Artikel 2 Absatz 5 Nummer 5 der Richtlinie 2013/36/EU des Europäischen Parlaments und des Rates vom 26. Juni 2013 über den Zugang zur Tätigkeit von Kreditinstituten und die Beaufsichtigung von Kreditinstituten und Wertpapierfirmen, zur Änderung der Richtlinie 2002/87/EG und zur Aufhebung der Richtlinien 2006/48/EG und 2006/49/EG (ABl. L 176 vom 27.6.2013, S. 338; L 208 vom 2.8.2013, S. 73; L 20 vom 25.1.2017, S. 1; L 203 vom 26.6.2020, S. 95; L 212 vom 3.7.2020, S. 20; L 436 vom 28.12.2020, S. 77), die zuletzt durch die Richtlinie (EU) 2021/338 (ABl. L 68 vom 26.2.2021, S. 14) geändert worden ist, namentlich genannten Kreditinstitut, das über eine Erlaubnis verfügt, Bankgeschäfte im Sinne von § 1 Absatz 1 Satz 2 Nummer 1 und 2 des Kreditwesengesetzes zu betreiben, ausgegeben werden, wenn das darauf eingezahlte Kapital im Falle des Insolvenzverfahrens über das Vermögen des Instituts oder der Liquidation des Instituts nicht erst nach Befriedigung aller nicht nachrangigen Gläubiger zurückgezahlt wird.

(5) Waren im Sinne dieses Gesetzes sind fungible Wirtschaftsgüter, die geliefert werden können; dazu zählen auch Metalle, Erze und Legierungen, landwirtschaftliche Produkte und Energien wie Strom.

(6) Waren-Spot-Kontrakt im Sinne dieses Gesetzes ist ein Vertrag im Sinne des Artikels 3 Absatz 1 Nummer 15 der Verordnung (EU) Nr. 596/2014.

(7) Referenzwert im Sinne dieses Gesetzes ist ein Kurs, Index oder Wert im Sinne des Artikels 3 Absatz 1 Nummer 29 der Verordnung (EU) Nr. 596/2014.

(8) [1]Wertpapierdienstleistungen im Sinne dieses Gesetzes sind
1. die Anschaffung oder Veräußerung von Finanzinstrumenten im eigenen Namen für fremde Rechnung (Finanzkommissionsgeschäft),

2. das
   a) kontinuierliche Anbieten des An- und Verkaufs von Finanzinstrumenten an den Finanzmärkten zu selbst gestellten Preisen für eigene Rechnung unter Einsatz des eigenen Kapitals (Market-Making),
   b) häufige organisierte und systematische Betreiben von Handel für eigene Rechnung in erheblichem Umfang außerhalb eines organisierten Marktes oder eines multilateralen oder organisierten Handelssystems, wenn Kundenaufträge außerhalb eines geregelten Marktes oder eines multilateralen oder organisierten Handelssystems ausgeführt werden, ohne dass ein multilaterales Handelssystem betrieben wird (systematische Internalisierung),
   c) Anschaffen oder Veräußern von Finanzinstrumenten für eigene Rechnung als Dienstleistung für andere (Eigenhandel) oder
   d) Kaufen oder Verkaufen von Finanzinstrumenten für eigene Rechnung als unmittelbarer oder mittelbarer Teilnehmer eines inländischen organisierten Marktes oder eines multilateralen oder organisierten Handelssystems mittels einer hochfrequenten algorithmischen Handelstechnik im Sinne von Absatz 44, auch ohne Dienstleistung für andere (Hochfrequenzhandel),
3. die Anschaffung oder Veräußerung von Finanzinstrumenten in fremdem Namen für fremde Rechnung (Abschlussvermittlung),
4. die Vermittlung von Geschäften über die Anschaffung und die Veräußerung von Finanzinstrumenten (Anlagevermittlung),
5. die Übernahme von Finanzinstrumenten für eigenes Risiko zur Platzierung oder die Übernahme gleichwertiger Garantien (Emissionsgeschäft),
6. die Platzierung von Finanzinstrumenten ohne feste Übernahmeverpflichtung (Platzierungsgeschäft),
7. die Verwaltung einzelner oder mehrerer in Finanzinstrumenten angelegter Vermögen für andere mit Entscheidungsspielraum (Finanzportfolioverwaltung),
8. der Betrieb eines multilateralen Systems, das die Interessen einer Vielzahl von Personen am Kauf und Verkauf von Finanzinstrumenten innerhalb des Systems und nach nichtdiskretionären Bestimmungen in einer Weise zusammenbringt, die zu einem Vertrag über den Kauf dieser Finanzinstrumente führt (Betrieb eines multilateralen Handelssystems),
9. der Betrieb eines multilateralen Systems, bei dem es sich nicht um einen organisierten Markt oder ein multilaterales Handelssystem handelt und das die Interessen einer Vielzahl Dritter am Kauf und Verkauf von Schuldverschreibungen, strukturierten Finanzprodukten, Emissionszertifikaten oder Derivaten innerhalb des Systems auf eine Weise zusammenführt, die zu einem Vertrag über den Kauf dieser Finanzinstrumente führt (Betrieb eines organisierten Handelssystems),
10. die Abgabe von persönlichen Empfehlungen im Sinne des Artikels 9 der Delegierten Verordnung (EU) 2017/565 an Kunden oder deren Vertreter, die sich auf Geschäfte mit bestimmten Finanzinstrumenten beziehen, sofern die Empfehlung auf eine Prüfung der persönlichen Umstände des Anlegers gestützt oder als für ihn geeignet dargestellt wird und nicht ausschließlich über Informationsverbreitungskanäle oder für die Öffentlichkeit bekannt gegeben wird (Anlageberatung).

[2]Das Finanzkommissionsgeschäft, der Eigenhandel und die Abschlussvermittlung umfassen den Abschluss von Vereinbarungen über den Verkauf von Finanzinstrumenten, die von einem Wertpapierdienstleistungsunternehmen oder einem Kreditinstitut ausgegeben werden, im Zeitpunkt ihrer Emission. [3]Ob ein häufiger systematischer Handel vorliegt, bemisst sich nach der Zahl der Geschäfte außerhalb eines Handelsplatzes (OTC-Handel) mit einem Finanzinstrument zur Ausführung von Kundenaufträgen, die von dem Wertpapierdienstleistungsunternehmen für eigene Rechnung durchgeführt werden. [4]Ob ein Handel in erheblichem Umfang vorliegt, bemisst sich entweder nach dem Anteil des OTC-Handels an dem Gesamthandelsvolumen des Wertpapierdienstleistungsunternehmens in einem bestimmten Finanzinstrument oder nach dem Verhältnis des OTC-Handels des Wertpapierdienstleistungsunternehmens zum Gesamthandelsvolumen in einem bestimmten Finanzinstrument in der Europäischen Union; nähere Bestimmungen enthalten die Artikel 12 bis 17 der Delegierten Verordnung (EU) 2017/565. [5]Die Voraussetzungen der systematischen Internalisierung sind erst dann erfüllt, wenn sowohl die Obergrenze für den häufigen systematischen Handel als auch die Obergrenze für den Handel in erheblichem Umfang überschritten werden oder wenn ein Unternehmen sich freiwillig den für die systematische Internalisierung geltenden Regelungen unterworfen und eine Erlaubnis zum Betreiben der systematischen Internalisierung bei der Bundesanstalt beantragt hat. [6]Als Wertpapierdienstleistung gilt auch die Anschaffung und Veräußerung von Finanzinstrumenten für eigene Rechnung, die keine Dienstleistung für andere im Sinne des Satzes 1 Nr. 2 darstellt (Eigengeschäft). [7]Der Finanzportfolioverwaltung gleichgestellt ist hinsichtlich der §§ 63 bis 83 und 85 bis 92 dieses Gesetzes sowie des Artikels 20 Absatz 1 der Verordnung (EU)

Nr. 596/2014, des Artikels 26 der Verordnung (EU) Nr. 600/2014 und der Artikel 72 bis 76 der Delegierten Verordnung (EU) 2017/565 die erlaubnispflichtige Anlageverwaltung nach § 1 Absatz 1a Satz 2 Nummer 11 des Kreditwesengesetzes.

(9) Wertpapiernebendienstleistungen im Sinne dieses Gesetzes sind

1. die Verwahrung und die Verwaltung von Finanzinstrumenten für andere, einschließlich Depotverwahrung und verbundener Dienstleistungen wie Cash-Management oder die Verwaltung von Sicherheiten mit Ausnahme der Bereitstellung und Führung von Wertpapierkonten auf oberster Ebene (zentrale Kontenführung) gemäß Abschnitt A Nummer 2 des Anhangs zur Verordnung (EU) Nr. 909/2014 (Depotgeschäft),
2. die Gewährung von Krediten oder Darlehen an andere für die Durchführung von Wertpapierdienstleistungen, sofern das Unternehmen, das den Kredit oder das Darlehen gewährt, an diesen Geschäften beteiligt ist,
3. die Beratung von Unternehmen über die Kapitalstruktur, die industrielle Strategie sowie die Beratung und das Angebot von Dienstleistungen bei Unternehmenskäufen und Unternehmenszusammenschlüssen,
4. Devisengeschäfte, die in Zusammenhang mit Wertpapierdienstleistungen stehen,
5. das Erstellen oder Verbreiten von Empfehlungen oder Vorschlägen von Anlagestrategien im Sinne des Artikels 3 Absatz 1 Nummer 34 der Verordnung (EU) Nr. 596/2014 (Anlagestrategieempfehlung) oder von Anlageempfehlungen im Sinne des Artikels 3 Absatz 1 Nummer 35 der Verordnung (EU) Nr. 596/2014 (Anlageempfehlung),
6. Dienstleistungen, die im Zusammenhang mit dem Emissionsgeschäft stehen,
7. Dienstleistungen, die sich auf einen Basiswert im Sinne des Absatzes 2 Nr. 2 oder Nr. 5 beziehen und im Zusammenhang mit Wertpapierdienstleistungen oder Wertpapiernebendienstleistungen stehen.

(9a) Umschichtung von Finanzinstrumenten im Sinne dieses Gesetzes ist der Verkauf eines Finanzinstruments und der Kauf eines Finanzinstruments oder die Ausübung eines Rechts, eine Änderung im Hinblick auf ein bestehendes Finanzinstrument vorzunehmen.

(10) Wertpapierdienstleistungsunternehmen im Sinne dieses Gesetzes sind Kreditinstitute, Finanzdienstleistungsinstitute, nach § 53 Absatz 1 Satz 1 des Kreditwesengesetzes tätige Unternehmen und Wertpapierinstitute im Sinne des § 2 Absatz 1 des Wertpapierinstitutsgesetzes, die Wertpapierdienstleistungen allein oder zusammen mit Wertpapiernebendienstleistungen gewerbsmäßig oder in einem Umfang erbringen, der einen in kaufmännischer Weise eingerichteten Geschäftsbetrieb erfordert.

(11) Organisierter Markt im Sinne dieses Gesetzes ist ein im Inland, in einem anderen Mitgliedstaat der Europäischen Union oder einem anderen Vertragsstaat des Abkommens über den Europäischen Wirtschaftsraum betriebenes oder verwaltetes, durch staatliche Stellen genehmigtes, geregeltes und überwachtes multilaterales System, das die Interessen einer Vielzahl von Personen am Kauf und Verkauf von dort zum Handel zugelassenen Finanzinstrumenten innerhalb des Systems und nach nichtdiskretionären Bestimmungen in einer Weise zusammenbringt oder das Zusammenbringen fördert, die zu einem Vertrag über den Kauf dieser Finanzinstrumente führt.

(12) Drittstaat im Sinne dieses Gesetzes ist ein Staat, der weder Mitgliedstaat der Europäischen Union (Mitgliedstaat) noch Vertragsstaat des Abkommens über den Europäischen Wirtschaftsraum ist.

(13) Emittenten, für die die Bundesrepublik Deutschland der Herkunftsstaat ist, sind

1. Emittenten von Schuldtiteln mit einer Stückelung von weniger als 1 000 Euro oder dem am Ausgabetag entsprechenden Gegenwert in einer anderen Währung oder von Aktien,
   a) die ihren Sitz im Inland haben und deren Wertpapiere zum Handel an einem organisierten Markt im Inland oder in einem anderen Mitgliedstaat der Europäischen Union oder einem anderen Vertragsstaat des Abkommens über den Europäischen Wirtschaftsraum zugelassen sind oder
   b) die ihren Sitz in einem Drittstaat haben, deren Wertpapiere zum Handel an einem organisierten Markt im Inland zugelassen sind und die die Bundesrepublik Deutschland als Herkunftsstaat nach § 4 Absatz 1 gewählt haben,
2. Emittenten, die andere als die in Nummer 1 genannten Finanzinstrumente begeben und
   a) die ihren Sitz im Inland haben und deren Finanzinstrumente zum Handel an einem organisierten Markt im Inland oder in anderen Mitgliedstaaten der Europäischen Union oder in anderen Vertragsstaaten des Abkommens über den Europäischen Wirtschaftsraum zugelassen sind oder
   b) die ihren Sitz nicht im Inland haben und deren Finanzinstrumente zum Handel an einem organisierten Markt im Inland zugelassen sind

   und die die Bundesrepublik Deutschland nach Maßgabe des § 4 Absatz 2 als Herkunftsstaat gewählt haben,

3. Emittenten, die nach Nummer 1 Buchstabe b oder Nummer 2 die Bundesrepublik Deutschland als Herkunftsstaat wählen können und deren Finanzinstrumente zum Handel an einem organisierten Markt im Inland zugelassen sind, solange sie nicht wirksam einen Herkunftsmitgliedstaat gewählt haben nach § 4 in Verbindung mit § 5 oder nach entsprechenden Vorschriften anderer Mitgliedstaaten der Europäischen Union oder anderer Vertragsstaaten des Abkommens über den Europäischen Wirtschaftsraum.

(14) Inlandsemittenten sind

1. Emittenten, für die die Bundesrepublik Deutschland der Herkunftsstaat ist, mit Ausnahme solcher Emittenten, deren Wertpapiere nicht im Inland, sondern lediglich in einem anderen Mitgliedstaat der Europäischen Union oder einem anderen Vertragsstaat des Abkommens über den Europäischen Wirtschaftsraum zugelassen sind, soweit sie in diesem anderen Staat Veröffentlichungs- und Mitteilungspflichten nach Maßgabe der Richtlinie 2004/109/EG des Europäischen Parlaments und des Rates vom 15. Dezember 2004 zur Harmonisierung der Transparenzanforderungen in Bezug auf Informationen über Emittenten, deren Wertpapiere zum Handel auf einem geregelten Markt zugelassen sind, und zur Änderung der Richtlinie 2001/34/EG (ABl. EU Nr. L 390 S. 38) unterliegen, und
2. Emittenten, für die nicht die Bundesrepublik Deutschland, sondern ein anderer Mitgliedstaat der Europäischen Union oder ein anderer Vertragsstaat des Abkommens über den Europäischen Wirtschaftsraum der Herkunftsstaat ist, deren Wertpapiere aber nur im Inland zum Handel an einem organisierten Markt zugelassen sind.

(15) MTF-Emittenten im Sinne dieses Gesetzes sind Emittenten von Finanzinstrumenten,

1. die ihren Sitz im Inland haben und die für ihre Finanzinstrumente eine Zulassung zum Handel an einem multilateralen Handelssystem im Inland oder in einem anderen Mitgliedstaat der Europäischen Union (Mitgliedstaat) oder einem anderen Vertragsstaat des Abkommens über den Europäischen Wirtschaftsraum beantragt oder genehmigt haben, wenn diese Finanzinstrumente nur auf multilateralen Handelssystemen gehandelt werden, mit Ausnahme solcher Emittenten, deren Finanzinstrumente nicht im Inland, sondern lediglich in einem anderen Mitgliedstaat oder einem anderen Vertragsstaat des Abkommens über den Europäischen Wirtschaftsraum zugelassen sind, oder
2. die ihren Sitz nicht im Inland haben und die für ihre Finanzinstrumente eine Zulassung zum Handel auf einem multilateralen Handelssystem im Inland beantragt oder genehmigt haben, wenn diese Finanzinstrumente nur an multilateralen Handelssystemen im Inland gehandelt werden.

(16) OTF-Emittenten im Sinne dieses Gesetzes sind Emittenten von Finanzinstrumenten,

1. die ihren Sitz im Inland haben und die für ihre Finanzinstrumente eine Zulassung zum Handel an einem organisierten Handelssystem im Inland oder in einem anderen Mitgliedstaat oder einem anderen Vertragsstaat des Abkommens über den Europäischen Wirtschaftsraum beantragt oder genehmigt haben, wenn diese Finanzinstrumente nur auf organisierten Handelssystemen gehandelt werden, mit Ausnahme solcher Emittenten, deren Finanzinstrumente nicht im Inland, sondern lediglich in einem anderen Mitgliedstaat oder einem anderen Vertragsstaat des Abkommens über den Europäischen Wirtschaftsraum zugelassen sind, soweit sie in diesem Staat den Anforderungen des Artikels 21 der Richtlinie 2004/109/EG unterliegen, oder
2. die ihren Sitz nicht im Inland haben und die für ihre Finanzinstrumente nur eine Zulassung zum Handel an einem organisierten Handelssystem im Inland beantragt oder genehmigt haben.

(17) Herkunftsmitgliedstaat im Sinne dieses Gesetzes ist

1. im Falle eines Wertpapierdienstleistungsunternehmens,
   a) sofern es sich um eine natürliche Person handelt, der Mitgliedstaat, in dem sich die Hauptverwaltung des Wertpapierdienstleistungsunternehmens befindet;
   b) sofern es sich um eine juristische Person handelt, der Mitgliedstaat, in dem sich ihr Sitz befindet;
   c) sofern es sich um eine juristische Person handelt, für die nach dem nationalen Recht, das für das Wertpapierdienstleistungsunternehmen maßgeblich ist, kein Sitz bestimmt ist, der Mitgliedstaat, in dem sich die Hauptverwaltung befindet;
2. im Falle eines organisierten Marktes der Mitgliedstaat, in dem dieser registriert oder zugelassen ist, oder, sofern für ihn nach dem Recht dieses Mitgliedstaats kein Sitz bestimmt ist, der Mitgliedstaat, in dem sich die Hauptverwaltung befindet;
3. im Falle eines Datenbereitstellungsdienstes,
   a) sofern es sich um eine natürliche Person handelt, der Mitgliedstaat, in dem sich die Hauptverwaltung des Datenbereitstellungsdienstes befindet;
   b) sofern es sich um eine juristische Person handelt, der Mitgliedstaat, in dem sich der Sitz des Datenbereitstellungsdienstes befindet;

c) sofern es sich um eine juristische Person handelt, für die nach dem nationalen Recht, das für den Datenbereitstellungsdienst maßgeblich ist, kein Sitz bestimmt ist, der Mitgliedstaat, in dem sich die Hauptverwaltung befindet.

(18) Aufnahmemitgliedstaat im Sinne dieses Gesetzes ist

1. für ein Wertpapierdienstleistungsunternehmen der Mitgliedstaat, in dem es eine Zweigniederlassung unterhält oder Wertpapierdienstleistungen im Wege des grenzüberschreitenden Dienstleistungsverkehrs erbringt;
2. für einen organisierten Markt der Mitgliedstaat, in dem er geeignete Vorkehrungen bietet, um in diesem Mitgliedstaat niedergelassenen Marktteilnehmern den Zugang zum Handel über sein System zu erleichtern.

(19) [1]Eine strukturierte Einlage ist eine Einlage im Sinne des § 2 Absatz 3 Satz 1 und 2 des Einlagensicherungsgesetzes, die bei Fälligkeit in voller Höhe zurückzuzahlen ist, wobei sich die Zahlung von Zinsen oder einer Prämie, das Zinsrisiko oder das Prämienrisiko aus einer Formel ergibt, die insbesondere abhängig ist von

1. einem Index oder einer Indexkombination,
2. einem Finanzinstrument oder einer Kombination von Finanzinstrumenten,
3. einer Ware oder einer Kombination von Waren oder anderen körperlichen oder nicht körperlichen nicht übertragbaren Vermögenswerten oder
4. einem Wechselkurs oder einer Kombination von Wechselkursen.

[2]Keine strukturierten Einlagen stellen variabel verzinsliche Einlagen dar, deren Ertrag unmittelbar an einen Zinsindex, insbesondere den Euribor oder den Libor, gebunden ist.

(20) Energiegroßhandelsprodukt im Sinne dieses Gesetzes ist ein Energiegroßhandelsprodukt im Sinne des Artikels 2 Nummer 4 der Verordnung (EU) Nr. 1227/2011 des Europäischen Parlaments und des Rates vom 25. Oktober 2011 über die Integrität und Transparenz des Energiegroßhandelsmarkts (ABl. L 326 vom 8.12.2011, S. 1), sowie der Artikel 5 und 6 der Delegierten Verordnung (EU) 2017/565.

(21) Multilaterales System im Sinne dieses Gesetzes ist ein System oder ein Mechanismus, der die Interessen einer Vielzahl Dritter am Kauf und Verkauf von Finanzinstrumenten innerhalb des Systems zusammenführt.

(22) Handelsplatz im Sinne dieses Gesetzes ist ein organisierter Markt, ein multilaterales Handelssystem oder ein organisiertes Handelssystem.

(23) [1]Liquider Markt im Sinne dieses Gesetzes ist ein Markt für ein Finanzinstrument oder für eine Kategorie von Finanzinstrumenten,

1. auf dem kontinuierlich kauf- oder verkaufsbereite vertragswillige Käufer oder Verkäufer verfügbar sind und
2. der unter Berücksichtigung der speziellen Marktstrukturen des betreffenden Finanzinstruments oder der betreffenden Kategorie von Finanzinstrumenten nach den folgenden Kriterien bewertet wird:
   a) Durchschnittsfrequenz und -volumen der Geschäfte bei einer bestimmten Bandbreite von Marktbedingungen unter Berücksichtigung der Art und des Lebenszyklus von Produkten innerhalb der Kategorie von Finanzinstrumenten;
   b) Zahl und Art der Marktteilnehmer, einschließlich des Verhältnisses der Marktteilnehmer zu den gehandelten Finanzinstrumenten in Bezug auf ein bestimmtes Finanzinstrument;
   c) durchschnittlicher Spread, sofern verfügbar.

[2]Nähere Bestimmungen enthalten die Artikel 1 bis 4 der Delegierten Verordnung (EU) 2017/567 der Kommission vom 18. Mai 2016 zur Ergänzung der Verordnung (EU) Nr. 600/2014 des Europäischen Parlaments und des Rates im Hinblick auf Begriffsbestimmungen, Transparenz, Portfoliokomprimierung und Aufsichtsmaßnahmen zur Produktintervention und zu den Positionen (ABl. L 87 vom 31.3.2017, S. 90), in der jeweils geltenden Fassung.

(24) [1]Zweigniederlassung im Sinne dieses Gesetzes ist eine Betriebsstelle, die

1. nicht die Hauptverwaltung ist,
2. einen rechtlich unselbstständigen Teil eines Wertpapierdienstleistungsunternehmens bildet und
3. Wertpapierdienstleistungen, gegebenenfalls auch Wertpapiernebendienstleistungen, erbringt, für die dem Wertpapierdienstleistungsunternehmen eine Zulassung erteilt wurde.

[2]Alle Betriebsstellen eines Wertpapierdienstleistungsunternehmens mit Hauptverwaltung in einem anderen Mitgliedstaat, die sich in demselben Mitgliedstaat befinden, gelten als eine einzige Zweigniederlassung.

(25) Mutterunternehmen im Sinne dieses Gesetzes ist, sofern nicht die Abschnitte 6 und 16 besondere Regelungen enthalten, ein Mutterunternehmen im Sinne des Artikels 2 Nummer 9 und des Artikels 22

der Richtlinie 2013/34/EU des Europäischen Parlaments und des Rates vom 26. Juni 2013 über den Jahresabschluss, den konsolidierten Abschluss und damit verbundene Berichte von Unternehmen bestimmter Rechtsformen und zur Änderung der Richtlinie 2006/43/EG des Europäischen Parlaments und des Rates und zur Aufhebung der Richtlinien 78/660/EWG und 83/349/EWG des Rates (ABl. L 182 vom 29.6.2013, S. 19), die zuletzt durch die Richtlinie 2014/102/EU (ABl. L 334 vom 21.11.2014, S. 86) geändert worden ist.

(26) Tochterunternehmen im Sinne dieses Gesetzes ist, sofern nicht die Abschnitte 6 und 16 besondere Regelungen enthalten, ein Tochterunternehmen im Sinne des Artikels 2 Nummer 10 und des Artikels 22 der Richtlinie 2013/34/EU, einschließlich aller Tochterunternehmen eines Tochterunternehmens des an der Spitze stehenden Mutterunternehmens.

(27) Gruppe im Sinne dieses Gesetzes ist eine Gruppe im Sinne des Artikels 2 Nummer 11 der Richtlinie 2013/34/EU.

(27a) Überwiegend kommerzielle Gruppe im Sinne dieses Gesetzes ist jede Gruppe, deren Haupttätigkeit nicht in der Erbringung von Wertpapierdienstleistungen oder in der Erbringung von in Anhang I der Richtlinie 2013/36/EU aufgeführten Tätigkeiten oder in der Tätigkeit als Market Maker in Bezug auf Warenderivate besteht.

(28) Eine enge Verbindung im Sinne dieses Gesetzes liegt vor, wenn zwei oder mehr natürliche oder juristische Personen wie folgt miteinander verbunden sind:

1. durch eine Beteiligung in Form des direkten Haltens oder des Haltens im Wege der Kontrolle von mindestens 20 Prozent der Stimmrechte oder der Anteile an einem Unternehmen,
2. durch Kontrolle in Form eines Verhältnisses zwischen Mutter- und Tochterunternehmen, wie in allen Fällen des Artikels 22 Absatz 1 und 2 der Richtlinie 2013/34/EU oder einem vergleichbaren Verhältnis zwischen einer natürlichen oder juristischen Person und einem Unternehmen; Tochterunternehmen von Tochterunternehmen gelten ebenfalls als Tochterunternehmen des Mutterunternehmens, das an der Spitze dieser Unternehmen steht oder
3. durch ein dauerhaftes Kontrollverhältnis beider oder aller Personen, das zu derselben dritten Person besteht.

(29) Zusammenführung sich deckender Kundenaufträge (Matched Principal Trading) im Sinne dieses Gesetzes ist ein Geschäft, bei dem

1. zwischen Käufer und Verkäufer ein Vermittler zwischengeschaltet ist, der während der gesamten Ausführung des Geschäfts zu keiner Zeit einem Marktrisiko ausgesetzt ist,
2. Kauf- und Verkaufsgeschäfte gleichzeitig ausgeführt werden und
3. das zu Preisen abgeschlossen wird, durch die der Vermittler abgesehen von einer vorab offengelegten Provision, Gebühr oder sonstigen Vergütung weder Gewinn noch Verlust macht.

(30) [1]Direkter elektronischer Zugang im Sinne dieses Gesetzes ist eine Vereinbarung, in deren Rahmen ein Mitglied, ein Teilnehmer oder ein Kunde eines Handelsplatzes einer anderen Person die Nutzung seines Handelscodes gestattet, damit diese Person Aufträge in Bezug auf Finanzinstrumente elektronisch direkt an den Handelsplatz übermitteln kann, mit Ausnahme der in Artikel 20 der Delegierten Verordnung (EU) 2017/565 genannten Fälle. [2]Der direkte elektronische Zugang umfasst auch Vereinbarungen, die die Nutzung der Infrastruktur oder eines anderweitigen Verbindungssystems des Mitglieds, des Teilnehmers oder des Kunden durch diese Person zur Übermittlung von Aufträgen beinhalten (direkter Marktzugang), sowie diejenigen Vereinbarungen, bei denen eine solche Infrastruktur nicht durch diese Person genutzt wird (geförderter Zugang).

(31) Hinterlegungsscheine im Sinne dieses Gesetzes sind Wertpapiere, die auf dem Kapitalmarkt handelbar sind und die ein Eigentumsrecht an Wertpapieren von Emittenten mit Sitz im Ausland verbriefen, zum Handel auf einem organisierten Markt zugelassen sind und unabhängig von den Wertpapieren des jeweiligen Emittenten mit Sitz im Ausland gehandelt werden können.

(32) Börsengehandeltes Investmentvermögen im Sinne dieses Gesetzes ist ein Investmentvermögen im Sinne des Kapitalanlagegesetzbuchs, bei dem mindestens eine Anteilsklasse oder Aktiengattung ganztägig an mindestens einem Handelsplatz und mit mindestens einem Market Maker, der tätig wird, um sicherzustellen, dass der Preis seiner Anteile oder Aktien an diesem Handelsplatz nicht wesentlich von ihrem Nettoinventarwert und, sofern einschlägig, von ihrem indikativen Nettoinventarwert abweicht, gehandelt wird.

(33) Zertifikat im Sinne dieses Gesetzes ist ein Wertpapier, das auf dem Kapitalmarkt handelbar ist und das im Falle der durch den Emittenten vorgenommenen Rückzahlung einer Anlage bei dem Emittenten Vorrang vor Aktien hat, aber nicht besicherten Anleiheinstrumenten und anderen vergleichbaren Instrumenten nachgeordnet ist.

(34) Strukturiertes Finanzprodukt im Sinne dieses Gesetzes ist ein Wertpapier, das zur Verbriefung und Übertragung des mit einer ausgewählten Palette an finanziellen Vermögenswerten einhergehenden Kreditrisikos geschaffen wurde und das den Wertpapierinhaber zum Empfang regelmäßiger Zahlungen berechtigt, die vom Geldfluss der Basisvermögenswerte abhängen.

(34a) Make-Whole-Klausel im Sinne dieses Gesetzes ist eine Klausel, die den Anleger schützen soll, indem sichergestellt wird, dass der Emittent im Falle der vorzeitigen Rückzahlung einer Anleihe verpflichtet ist, dem Anleger, der die Anleihe hält, einen Betrag zu zahlen, welcher der Summe des Nettogegenwartwertes der verbleibenden Kuponzahlungen, die bis zur Fälligkeit erwartet werden, und dem Kapitalbetrag der zurückzuzahlenden Anleihe entspricht.

(35) Derivate im Sinne dieses Gesetzes sind derivative Geschäfte im Sinne des Absatzes 3 sowie Wertpapiere im Sinne des Absatzes 1 Nummer 3 Buchstabe b.

(36) Warenderivate im Sinne dieses Gesetzes sind Finanzinstrumente im Sinne des Artikels 2 Absatz 1 Nummer 30 der Verordnung (EU) Nr. 600/2014.

(36a) Derivate auf landwirtschaftliche Erzeugnisse im Sinne dieses Gesetzes sind Derivatkontrakte in Bezug auf die Erzeugnisse, die in Artikel 1 und Anhang I Teil I bis XX und XXIV/1 der Verordnung (EU) Nr. 1308/2013 des Europäischen Parlaments und des Rates vom 17. Dezember 2013 über eine gemeinsame Marktorganisation für landwirtschaftliche Erzeugnisse und zur Aufhebung der Verordnungen (EWG) Nr. 922/72, (EWG) Nr. 234/79, (EG) Nr. 1037/2001 und (EG) Nr. 1234/2007 (ABl. L 347 vom 20.12.2013, S. 671; L 189 vom 27.6.2014, S. 261; L 130 vom 19.5.2016, S. 18; L 34 vom 9.2.2017, S. 41; L 106 vom 6.4.2020, S. 12), die zuletzt durch die Verordnung (EU) 2020/2220 (ABl. L 437 vom 28.12.2020, S. 1) geändert worden ist, sowie in Anhang I der Verordnung (EU) Nr. 1379/2013 des Europäischen Parlaments und des Rates vom 11. Dezember 2013 über die gemeinsame Marktorganisation für Erzeugnisse der Fischerei und der Aquakultur, zur Änderung der Verordnungen (EG) Nr. 1184/2006 und (EG) Nr. 1224/2009 des Rates und zur Aufhebung der Verordnung (EG) Nr. 104/2000 des Rates (ABl. L 354 vom 28.12.2013, S. 1), die zuletzt durch die Verordnung (EU) 2020/560 (ABl. L 130 vom 24.4.2020, S. 11) geändert worden ist, aufgeführt sind.

(37) Genehmigtes Veröffentlichungssystem im Sinne dieses Gesetzes ist ein genehmigtes Veröffentlichungssystem im Sinne von Artikel 2 Absatz 1 Nummer 34 der Verordnung (EU) Nr. 600/2014.

(38) *[aufgehoben]*

(39) Genehmigter Meldemechanismus im Sinne dieses Gesetzes ist ein genehmigter Meldemechanismus im Sinne von Artikel 2 Absatz 1 Nummer 36 der Verordnung (EU) Nr. 600/2014.

(40) Datenbereitstellungsdienst im Sinne dieses Gesetzes ist

1. ein genehmigtes Veröffentlichungssystem,
2. ein genehmigter Meldemechanismus.

(41) Drittlandunternehmen im Sinne dieses Gesetzes ist ein Unternehmen, das ein Wertpapierdienstleistungsunternehmen wäre, wenn es seinen Sitz im Europäischen Wirtschaftsraum hätte.

(42) Öffentliche Emittenten im Sinne dieses Gesetzes sind folgende Emittenten von Schuldtiteln:

1. die Europäische Union,
2. ein Mitgliedstaat einschließlich eines Ministeriums, einer Behörde oder einer Zweckgesellschaft dieses Mitgliedstaats,
3. im Falle eines bundesstaatlich organisierten Mitgliedstaats einer seiner Gliedstaaten,
4. eine für mehrere Mitgliedstaaten tätige Zweckgesellschaft,
5. ein von mehreren Mitgliedstaaten gegründetes internationales Finanzinstitut, das dem Zweck dient, Finanzmittel zu mobilisieren und seinen Mitgliedern Finanzhilfen zu gewähren, sofern diese von schwerwiegenden Finanzierungsproblemen betroffen oder bedroht sind,
6. die Europäische Investitionsbank.

(43) [1]Ein dauerhafter Datenträger ist jedes Medium, das

1. es dem Kunden gestattet, an ihn persönlich gerichtete Informationen derart zu speichern, dass er sie in der Folge für eine Dauer, die für die Zwecke der Informationen angemessen ist, einsehen kann, und
2. die unveränderte Wiedergabe der gespeicherten Informationen ermöglicht.

[2]Nähere Bestimmungen enthält Artikel 3 der Delegierten Verordnung (EU) 2017/565.

(43a) Elektronische Form im Sinne dieses Gesetzes ist ein dauerhaftes Medium, das kein Papier ist.

(44) Hochfrequente algorithmische Handelstechnik im Sinne dieses Gesetzes ist ein algorithmischer Handel im Sinne des § 80 Absatz 2 Satz 1, der gekennzeichnet ist durch

1. eine Infrastruktur zur Minimierung von Netzwerklatenzen und anderen Verzögerungen bei der Orderübertragung (Latenzen), die mindestens eine der folgenden Vorrichtungen für die Eingabe algo-

rithmischer Aufträge aufweist: Kollokation, Proximity Hosting oder einen direkten elektronischen Hochgeschwindigkeitszugang,
2. die Fähigkeit des Systems, einen Auftrag ohne menschliche Intervention im Sinne des Artikels 18 der Delegierten Verordnung (EU) 2017/565 einzuleiten, zu erzeugen, weiterzuleiten oder auszuführen und
3. ein hohes untertägiges Mitteilungsaufkommen im Sinne des Artikels 19 der Delegierten Verordnung (EU) 2017/565 in Form von Aufträgen, Kursangaben oder Stornierungen.

(45) Zentrale Gegenpartei im Sinne dieses Gesetzes ist ein Unternehmen im Sinne des Artikels 2 Nummer 1 der Verordnung (EU) Nr. 648/2012 in der jeweils geltenden Fassung.

(46) [1]Kleine und mittlere Unternehmen im Sinne dieses Gesetzes sind Unternehmen, deren durchschnittliche Marktkapitalisierung auf der Grundlage der Notierungen zum Jahresende in den letzten drei Kalenderjahren weniger als 200 Millionen Euro betrug. [2]Nähere Bestimmungen enthalten die Artikel 77 bis 79 der Delegierten Verordnung (EU) 2017/565.

(47) Öffentlicher Schuldtitel im Sinne dieses Gesetzes ist ein Schuldtitel, der von einem öffentlichen Emittenten begeben wird.

(48) PRIP im Sinne dieses Gesetzes ist ein Produkt im Sinne des Artikels 4 Nummer 1 der Verordnung (EU) Nr. 1286/2014.

(49) PRIIP im Sinne dieses Gesetzes ist ein Produkt im Sinne des Artikels 4 Nummer 3 der Verordnung (EU) Nr. 1286/2014.

§ 2a Unzuverlässigkeit von sanktionierten Personen

[1]Eine natürliche oder juristische Person oder eine Personengesellschaft gilt als unzuverlässig, wenn nach einem im Amtsblatt der Europäischen Gemeinschaften oder der Europäischen Union veröffentlichten unmittelbar geltenden Rechtsakt der Europäischen Gemeinschaften oder der Europäischen Union, der der Durchführung einer vom Rat der Europäischen Union im Bereich der Gemeinsamen Außen- und Sicherheitspolitik beschlossenen wirtschaftlichen Sanktionsmaßnahme dient, ihre Gelder und wirtschaftlichen Ressourcen eingefroren sind oder ihr weder unmittelbar noch mittelbar Gelder oder wirtschaftliche Ressourcen zur Verfügung gestellt werden oder zu Gute kommen dürfen. [2]Eine natürliche Person gilt in der Regel als unzuverlässig, wenn sie als Geschäftsleiter, Aufsichtsratsmitglied oder in vergleichbarer Position für eine Person oder Personengesellschaft nach Satz 1 tätig ist; dies gilt nicht für Arbeitnehmervertreter. [3]Eine natürliche Person gilt in der Regel auch dann als unzuverlässig, wenn sie die Interessen einer Person oder Personengesellschaft nach Satz 1 als Mitglied eines Aufsichts- oder Verwaltungsrats oder eines vergleichbaren Kontrollgremiums in einem Institut wahrnimmt, das nicht unter Satz 1 fällt.

§ 3 Ausnahmen; Verordnungsermächtigung

(1) [1]Als Wertpapierdienstleistungsunternehmen gelten nicht
1. Unternehmen, die Wertpapierdienstleistungen im Sinne des § 2 Absatz 8 Satz 1 ausschließlich für ihr Mutterunternehmen oder ihre Tochter- oder Schwesterunternehmen im Sinne des Artikels 4 Absatz 1 Nummer 15 und 16 der Verordnung (EU) Nr. 575/2013 des Europäischen Parlaments und des Rates vom 26. Juni 2013 über Aufsichtsanforderungen an Kreditinstitute und Wertpapierfirmen und zur Änderung der Verordnung (EU) Nr. 646/2012 (ABl. L 176 vom 27.6.2013, S. 1) und des § 1 Absatz 7 des Kreditwesengesetzes erbringen,
2. Unternehmen, deren Wertpapierdienstleistung für andere ausschließlich in der Verwaltung eines Systems von Arbeitnehmerbeteiligungen an den eigenen oder an mit ihnen verbundenen Unternehmen besteht,
3. Unternehmen, die ausschließlich Wertpapierdienstleistungen sowohl nach Nummer 1 als auch nach Nummer 2 erbringen,
4. private und öffentlich-rechtliche Versicherungsunternehmen, soweit sie die Tätigkeiten ausüben, die in der Richtlinie 2009/138/EG des Europäischen Parlaments und des Rates vom 25. November 2009 betreffend die Aufnahme und Ausübung der Versicherungs- und der Rückversicherungstätigkeit (Solvabilität II) (ABl. L 335 vom 17.12.2009, S. 1; L 219 vom 25.7.2014, S. 66; L 108 vom 28.4.2015, S. 8), die zuletzt durch die Richtlinie 2014/51/EU (ABl. L 153 vom 22.5.2014, S. 1; L 108 vom 28.4.2015, S. 8) geändert worden ist, genannt sind,
5. die öffentliche Schuldenverwaltung des Bundes oder eines Landes, eines ihrer Sondervermögen, eines anderen Mitgliedstaates der Europäischen Union oder eines anderen Vertragsstaates des Abkommens über den Europäischen Wirtschaftsraum, die Deutsche Bundesbank und andere Mitglieder des Europäischen Systems der Zentralbanken sowie die Zentralbanken der anderen Vertragsstaaten und internationale Finanzinstitute, die von zwei oder mehreren Staaten gemeinsam errichtet

werden, um zugunsten dieser Staaten Finanzierungsmittel zu beschaffen und Finanzhilfen zu geben, wenn Mitgliedstaaten von schwerwiegenden Finanzierungsproblemen betroffen oder bedroht sind,

6. Angehörige freier Berufe, die Wertpapierdienstleistungen nur gelegentlich im Sinne des Artikels 4 der Delegierten Verordnung (EU) 2017/565 und im Rahmen eines Mandatsverhältnisses als Freiberufler erbringen und einer Berufskammer in der Form der Körperschaft des öffentlichen Rechts angehören, deren Berufsrecht die Erbringung von Wertpapierdienstleistungen nicht ausschließt,

7. Unternehmen, die als Wertpapierdienstleistung für andere ausschließlich die Anlageberatung und die Anlagevermittlung zwischen Kunden und
   a) Instituten im Sinne des Kreditwesengesetzes,
   b) Instituten oder Finanzunternehmen mit Sitz in einem anderen Staat des Europäischen Wirtschaftsraums, die die Voraussetzungen nach § 53b Abs. 1 Satz 1 oder Abs. 7 des Kreditwesengesetzes erfüllen,
   c) Unternehmen, die aufgrund einer Rechtsverordnung nach § 53c des Kreditwesengesetzes gleichgestellt oder freigestellt sind,
   d) Kapitalverwaltungsgesellschaften, extern verwalteten Investmentgesellschaften, EU-Verwaltungsgesellschaften oder ausländischen AIF-Verwaltungsgesellschaften oder
   e) Anbietern oder Emittenten von Vermögensanlagen im Sinne des § 1 Absatz 2 des Vermögensanlagengesetzes

   betreiben, sofern sich diese Wertpapierdienstleistungen auf Anteile oder Aktien von inländischen Investmentvermögen, die von einer Kapitalverwaltungsgesellschaft ausgegeben werden, die eine Erlaubnis nach § 7 oder § 97 Absatz 1 des Investmentgesetzes in der bis zum 21. Juli 2013 geltenden Fassung hat, die für den in § 345 Absatz 2 Satz 1, Absatz 3 Satz 2, in Verbindung mit Absatz 2 Satz 1, oder Absatz 4 Satz 1 des Kapitalanlagegesetzbuchs vorgesehenen Zeitraum noch fortbesteht, oder die eine Erlaubnis nach den §§ 20, 21 oder den §§ 20, 22 des Kapitalanlagegesetzbuchs hat, oder die von einer EU-Verwaltungsgesellschaft ausgegeben werden, die eine Erlaubnis nach Artikel 6 der Richtlinie 2009/65/EG des Europäischen Parlaments und des Rates vom 13. Juli 2009 zur Koordinierung der Rechts- und Verwaltungsvorschriften betreffend bestimmte Organismen für gemeinsame Anlagen in Wertpapieren (OGAW) (ABl. L 302 vom 17.11.2009, S. 32, L 269 vom 13.10.2010, S. 27), die zuletzt durch die Richtlinie 2014/91/EU (ABl. L 257 vom 28.8.2014, S. 186) geändert worden ist, oder nach Artikel 6 der Richtlinie 2011/61/EU des Europäischen Parlaments und des Rates vom 8. Juni 2011 über die Verwalter alternativer Investmentfonds und zur Änderung der Richtlinien 2003/41/EG und 2009/65/EG und der Verordnungen (EG) Nr. 1060/2009 und (EU) Nr. 1095/2010 (ABl. L 174 vom 1.7.2011, S. 1, L 115 vom 27.4.2012, S. 35), die zuletzt durch die Richtlinie 2014/65/EU (ABl. L 173 vom 12.6.2014, S. 349, L 74 vom 18.3.2015, S. 38) geändert worden ist, hat, oder auf Anteile oder Aktien an EU-Investmentvermögen oder ausländischen AIF, die nach dem Kapitalanlagegesetzbuch vertrieben werden dürfen, mit Ausnahme solcher AIF, die nach § 330a des Kapitalanlagegesetzbuchs vertrieben werden dürfen, oder auf Vermögensanlagen im Sinne des § 1 Absatz 2 des Vermögensanlagengesetzes, die erstmals öffentlich angeboten werden, beschränken und die Unternehmen nicht befugt sind, sich bei der Erbringung dieser Finanzdienstleistungen Eigentum oder Besitz an Geldern oder Anteilen von Kunden zu verschaffen, es sei denn, das Unternehmen beantragt und erhält eine entsprechende Erlaubnis nach § 32 Abs. 1 des Kreditwesengesetzes; Anteile oder Aktien an Hedgefonds im Sinne des § 283 des Kapitalanlagegesetzbuchs gelten nicht als Anteile an Investmentvermögen im Sinne dieser Vorschrift,

8. Unternehmen, die bezüglich Warenderivaten, Emissionszertifikaten oder Derivaten auf Emissionszertifikate Eigengeschäft oder Market-Making betreiben oder ausschließlich Wertpapierdienstleistungen im Sinne des § 2 Absatz 8 Nummer 1 und 3 bis 10 gegenüber den Kunden und Zulieferern ihrer Haupttätigkeit erbringen, sofern
   a) diese Tätigkeiten in jedem dieser Fälle sowohl auf individueller als auch auf auf Ebene der Unternehmensgruppe aggregierter Basis eine Nebentätigkeit zur Haupttätigkeit darstellen; die Kriterien, wann eine Nebentätigkeit vorliegt, werden in einem auf der Grundlage von Artikel 2 Absatz 4 und Artikel 89 der Richtlinie 2014/65/EU in der jeweils geltenden Fassung erlassenen delegierten Rechtsakt bestimmt,
   b) das Unternehmen nicht Teil einer Unternehmensgruppe ist, deren Haupttätigkeit in der Erbringung von Wertpapierdienstleistungen im Sinne des § 2 Absatz 8 Satz 1 Nummer 1, 2 Buchstabe b bis d, Nummer 3 bis 10 oder Satz 2, oder in der Tätigkeit als Market Maker in Bezug auf Warenderivate oder in der Erbringung von Bankgeschäften im Sinne des § 1 Absatz 1 Satz 2 des Kreditwesengesetzes besteht,

c) das Unternehmen keine hochfrequente algorithmische Handelstechnik anwendet,
d) das Unternehmen der Bundesanstalt auf Anforderung die Umstände mitteilt, auf Grund derer es zu der Auffassung gelangt, dass seine Tätigkeit eine Nebentätigkeit zu seiner Haupttätigkeit darstellt,
e) das Unternehmen auf Anforderung der Bundesanstalt unverzüglich mitteilt, auf Grund welcher Tatsachen und Berechnungsverfahren gemäß der Delegierten Verordnung (EU) 2017/592 es die Ausnahme in Anspruch nimmt,

9. Unternehmen, die Wertpapierdienstleistungen ausschließlich in Bezug auf Warenderivate, Emissionszertifikate oder Derivate auf Emissionszertifikate mit dem alleinigen Ziel der Absicherung der Geschäftsrisiken ihrer Kunden erbringen, sofern diese Kunden
a) ausschließlich lokale Elektrizitätsunternehmen im Sinne des Artikels 2 Nummer 35 der Richtlinie 2009/72/EG des Europäischen Parlaments und des Rates vom 13. Juli 2009 über gemeinsame Vorschriften für den Elektrizitätsbinnenmarkt und zur Aufhebung der Richtlinie 2003/54/EG (ABl. L 211 vom 14.8.2009, S. 55) oder Erdgasunternehmen im Sinne des Artikels 2 Nummer 1 der Richtlinie 2009/73/EG des Europäischen Parlaments und des Rates vom 13. Juli 2009 über gemeinsame Vorschriften für den Erdgasbinnenmarkt und zur Aufhebung der Richtlinie 2003/55/EG (ABl. L 211 vom 14.8.2009, S. 94) sind,
b) zusammen 100 Prozent des Kapitals oder der Stimmrechte der betreffenden Unternehmen halten und dieses gemeinsam kontrollieren und
c) nach Nummer 8 ausgenommen wären, wenn sie die betreffenden Wertpapierdienstleistungen selbst erbrächten,

10. Unternehmen, die Wertpapierdienstleistungen ausschließlich in Bezug auf Emissionszertifikate oder Derivate auf Emissionszertifikate mit dem alleinigen Ziel der Absicherung der Geschäftsrisiken ihrer Kunden erbringen, sofern diese Kunden
a) ausschließlich Anlagenbetreiber im Sinne des § 3 Nummer 2 des Treibhausgas-Emissionshandelsgesetzes sind,
b) zusammen 100 Prozent des Kapitals oder der Stimmrechte der betreffenden Unternehmen halten und dieses gemeinsam kontrollieren und
c) nach Nummer 8 ausgenommen wären, wenn sie die betreffenden Wertpapierdienstleistungen selbst erbrächten,

11. Unternehmen, die ausschließlich Eigengeschäft mit anderen Finanzinstrumenten als Warenderivaten, Emissionszertifikaten oder Derivaten auf Emissionszertifikate betreiben, die keine anderen Wertpapierdienstleistungen erbringen, einschließlich keiner anderen Anlagetätigkeiten, in anderen Finanzinstrumenten als Warenderivaten, Emissionszertifikaten oder Derivaten auf Emissionszertifikate, es sei denn,
a) es handelt sich bei diesen Unternehmen um Market Maker,
b) die Unternehmen sind entweder Mitglied oder Teilnehmer eines organisierten Marktes oder multilateralen Handelssystems oder haben einen direkten elektronischen Zugang zu einem Handelsplatz, mit Ausnahme von nichtfinanziellen Stellen, die an einem Handelsplatz Geschäfte tätigen, die in objektiv messbarer Weise die direkt mit der Geschäftstätigkeit oder dem Liquiditäts- und Finanzmanagement verbundenen Risiken dieser nichtfinanziellen Stellen oder ihrer Gruppen verringern,
c) die Unternehmen wenden eine hochfrequente algorithmische Handelstechnik an oder
d) die Unternehmen betreiben Eigengeschäft bei der Ausführung von Kundenaufträgen,

12. Unternehmen, die als Wertpapierdienstleistung ausschließlich die Anlageberatung im Rahmen einer anderen beruflichen Tätigkeit erbringen, ohne sich die Anlageberatung gesondert vergüten zu lassen,

13. Börsenträger oder Betreiber organisierter Märkte, die neben dem Betrieb eines multilateralen oder organisierten Handelssystems keine anderen Wertpapierdienstleistungen im Sinne des § 2 Absatz 8 Satz 1 erbringen,

14. Unternehmen, die das Platzierungsgeschäft ausschließlich für Anbieter oder für Emittenten von Vermögensanlagen im Sinne des § 1 Absatz 2 des Vermögensanlagengesetzes erbringen,

15. Betreiber im Sinne des § 3 Nummer 4 des Treibhausgas-Emissionshandelsgesetzes, wenn sie beim Handel mit Emissionszertifikaten
a) ausschließlich Eigengeschäft betreiben,
b) keine Anlagevermittlung und keine Abschlussvermittlung betreiben,
c) keine hochfrequente algorithmische Handelstechnik anwenden und
d) keine anderen Wertpapierdienstleistungen erbringen,

16. Übertragungsnetzbetreiber im Sinne des Artikels 2 Nummer 4 der Richtlinie 2009/72/EG oder des Artikels 2 Nummer 4 der Richtlinie 2009/73/EG, wenn sie ihre Aufgaben gemäß diesen Richtlinien, gemäß der Verordnung (EG) Nr. 714/2009 des Europäischen Parlaments und des Rates vom 13. Juli 2009 über die Netzzugangsbedingungen für den grenzüberschreitenden Stromhandel und zur Aufhebung der Verordnung (EG) Nr. 1228/2003 (ABl. L 211 vom 14.8.2009, S. 15), die zuletzt durch die Verordnung (EU) Nr. 543/2013 (ABl. L 163 vom 15.6.2013, S. 1) geändert worden ist, gemäß der Verordnung (EG) Nr. 715/2009 des Europäischen Parlaments und des Rates vom 13. Juli 2009 über die Bedingungen für den Zugang zu den Erdgasfernleitungsnetzen und zur Aufhebung der Verordnung (EG) Nr. 1775/2005 (ABl. L 211 vom 14.8.2009, S. 36; L 229 vom 1.9.2009, S. 29; L 309 vom 24.11.2009, S. 87), die zuletzt durch den Beschluss (EU) 2015/715 (ABl. L 114 vom 5.5.2015, S. 9) geändert worden ist, sowie gemäß den nach diesen Verordnungen erlassenen Netzcodes oder Leitlinien wahrnehmen, Personen, die in ihrem Namen als Dienstleister handeln, um die Aufgaben eines Übertragungsnetzbetreibers gemäß diesen Gesetzgebungsakten sowie gemäß den nach diesen Verordnungen erlassenen Netzcodes oder Leitlinien wahrzunehmen, sowie Betreiber oder Verwalter eines Energieausgleichssystems, eines Rohrleitungsnetzes oder eines Systems zum Ausgleich von Energieangebot und -verbrauch bei der Wahrnehmung solcher Aufgaben, sofern sie die Wertpapierdienstleistung in Bezug auf Warenderivate, die mit dieser Tätigkeit in Zusammenhang stehen, erbringen und sofern sie weder einen Sekundärmarkt noch eine Plattform für den Sekundärhandel mit finanziellen Übertragungsrechten betreiben,
17. Zentralverwahrer im Sinne des Artikels 2 Absatz 1 Nummer 1 der Verordnung (EU) Nr. 909/2014, soweit sie die in den Abschnitten A und B des Anhangs dieser Verordnung genannten Dienstleistungen erbringen,
18. Kapitalverwaltungsgesellschaften, EU-Verwaltungsgesellschaften und extern verwaltete Investmentgesellschaften, sofern sie nur die kollektive Vermögensverwaltung oder neben der kollektiven Vermögensverwaltung ausschließlich die in § 20 Absatz 2 und 3 des Kapitalanlagegesetzbuchs aufgeführten Dienstleistungen oder Nebendienstleistungen erbringen und
19. Schwarmfinanzierungsdienstleister im Sinne von Artikel 2 Absatz 1 Buchstabe e der Verordnung (EU) 2020/1503, soweit sie Schwarmfinanzierungsdienstleistungen im Sinne von Artikel 2 Absatz 1 Buchstabe a der Verordnung (EU) 2020/1503 erbringen.

[2]Unternehmen, die die Voraussetzungen des Satzes 1 Nummer 9 und 10 erfüllen, haben dies der Bundesanstalt jährlich anzuzeigen.

(2) [1]Ein Unternehmen, das als vertraglich gebundener Vermittler im Sinne des § 2 Absatz 10 Satz 1 des Kreditwesengesetzes als Wertpapierdienstleistung nur die Anlagevermittlung, das Platzieren von Finanzinstrumenten ohne feste Übernahmeverpflichtung oder Anlageberatung erbringt, gilt nicht als Wertpapierdienstleistungsunternehmen. [2]Seine Tätigkeit wird dem Institut oder Unternehmen zugerechnet, für dessen Rechnung und unter dessen Haftung es seine Tätigkeit erbringt.

(3) [1]Für Unternehmen, die Mitglieder oder Teilnehmer von organisierten Märkten oder multilateralen Handelssystemen sind und die von der Ausnahme nach Absatz 1 Nummer 4, 8 oder 15 Gebrauch machen, gelten die §§ 77, 78 und 80 Absatz 2 und 3 entsprechend. [2]Für Unternehmen, die von einer Ausnahme nach Absatz 1 Nummer 9 oder 10 Gebrauch machen, gelten die §§ 63 bis 83 und 85 bis 92 sowie Artikel 26 der Verordnung (EU) Nr. 600/2014 entsprechend.

(4) [1]Das Bundesministerium der Finanzen kann durch Rechtsverordnung nähere Bestimmungen über Zeitpunkt, Inhalt und Form der Einreichung der Anzeige nach Absatz 1 Satz 2 sowie die Führung eines öffentlichen Registers über die anzeigenden Unternehmen erlassen. [2]Das Bundesministerium der Finanzen kann die Ermächtigung durch Rechtsverordnung auf die Bundesanstalt übertragen.

§ 4 Wahl des Herkunftsstaates; Verordnungsermächtigung

(1) [1]Ein Emittent im Sinne des § 2 Absatz 13 Nummer 1 Buchstabe b kann die Bundesrepublik Deutschland als Herkunftsstaat wählen, wenn
1. er nicht bereits einen anderen Staat als Herkunftsstaat gewählt hat oder
2. er zwar zuvor einen anderen Staat als Herkunftsstaat gewählt hatte, aber seine Wertpapiere in diesem Staat an keinem organisierten Markt mehr zum Handel zugelassen sind.

[2]Die Wahl gilt so lange, bis
1. die Wertpapiere des Emittenten an keinem inländischen organisierten Markt mehr zugelassen sind, sondern stattdessen in einem anderen Mitgliedstaat der Europäischen Union oder in einem anderen Vertragsstaat des Abkommens über den Europäischen Wirtschaftsraum zum Handel an einem organisierten Markt zugelassen sind und der Emittent einen neuen Herkunftsstaat wählt, oder

2. die Wertpapiere des Emittenten an keinem organisierten Markt in einem Mitgliedstaat der Europäischen Union oder in einem anderen Vertragsstaat des Abkommens über den Europäischen Wirtschaftsraum mehr zum Handel zugelassen sind.

(2) [1]Ein Emittent im Sinne des § 2 Absatz 13 Nummer 2 kann die Bundesrepublik Deutschland als Herkunftsstaat wählen, wenn

1. er nicht innerhalb der letzten drei Jahre einen anderen Staat als Herkunftsstaat gewählt hat oder
2. er zwar bereits einen anderen Staat als Herkunftsstaat gewählt hatte, aber seine Finanzinstrumente in diesem Staat an keinem organisierten Markt mehr zum Handel zugelassen sind.

[2]Die Wahl gilt so lange, bis

1. der Emittent Wertpapiere im Sinne des § 2 Absatz 13 Nummer 1, die zum Handel an einem organisierten Markt in einem Mitgliedstaat der Europäischen Union oder in einem anderen Vertragsstaat des Abkommens über den Europäischen Wirtschaftsraum zugelassen sind, begibt,
2. die Finanzinstrumente des Emittenten an keinem organisierten Markt in einem Mitgliedstaat der Europäischen Union oder in einem anderen Vertragsstaat des Abkommens über den Europäischen Wirtschaftsraum mehr zum Handel zugelassen sind oder
3. der Emittent nach Satz 3 einen neuen Herkunftsstaat wählt.

[3]Ein Emittent im Sinne des § 2 Absatz 13 Nummer 2, der die Bundesrepublik Deutschland als Herkunftsstaat gewählt hat, kann einen neuen Herkunftsstaat wählen, wenn

1. die Finanzinstrumente des Emittenten an keinem inländischen organisierten Markt mehr zugelassen sind, aber stattdessen in einem anderen Mitgliedstaat der Europäischen Union oder in einem anderen Vertragsstaat des Abkommens über den Europäischen Wirtschaftsraum zum Handel an einem organisierten Markt zugelassen sind, oder
2. die Finanzinstrumente des Emittenten zum Handel an einem organisierten Markt in einem anderen Mitgliedstaat der Europäischen Union oder in einem anderen Vertragsstaat des Abkommens über den Europäischen Wirtschaftsraum zugelassen sind und seit der Wahl der Bundesrepublik Deutschland als Herkunftsstaat mindestens drei Jahre vergangen sind.

(3) Die Wahl des Herkunftsstaates wird mit der Veröffentlichung nach § 5 wirksam.

(4) Das Bundesministerium der Finanzen kann durch Rechtsverordnung, die nicht der Zustimmung des Bundesrates bedarf, nähere Bestimmungen zur Wahl des Herkunftsstaates erlassen.

§ 5 Veröffentlichung des Herkunftsstaates; Verordnungsermächtigung

(1) [1]Ein Emittent, dessen Herkunftsstaat nach § 2 Absatz 11 Nummer 1 Buchstabe a die Bundesrepublik Deutschland ist oder der nach § 4 Absatz 1 oder Absatz 2 die Bundesrepublik Deutschland als Herkunftsstaat wählt, hat dies unverzüglich zu veröffentlichen. [2]Außerdem muss er die Information, dass die Bundesrepublik Deutschland sein Herkunftsstaat ist,

1. unverzüglich der das Unternehmensregister führenden Stelle zur Einstellung in das Unternehmensregister übermitteln und
2. unverzüglich den folgenden Behörden mitteilen:
   a) der Bundesanstalt für Finanzdienstleistungsaufsicht (Bundesanstalt),
   b) wenn er seinen Sitz in einem anderen Mitgliedstaat der Europäischen Union oder einem anderen Vertragsstaat des Abkommens über den Europäischen Wirtschaftsraum hat, auch der dort zuständigen Behörde im Sinne des Artikels 24 der Richtlinie 2004/109/EG des Europäischen Parlaments und des Rates vom 15. Dezember 2004 zur Harmonisierung der Transparenzanforderungen in Bezug auf Informationen über Emittenten, deren Wertpapiere zum Handel auf einem geregelten Markt zugelassen sind, und zur Änderung der Richtlinie 2001/34/EG (ABl. L 390 vom 31.12.2004, S. 38), die durch die Richtlinie 2013/50/EU (ABl. L 294 vom 6.11.2013, S. 13) geändert worden ist, und,
   c) wenn seine Finanzinstrumente zum Handel an einem organisierten Markt in einem anderen Mitgliedstaat der Europäischen Union oder einem anderen Vertragsstaat des Abkommens über den Europäischen Wirtschaftsraum zugelassen sind, auch der dort zuständigen Behörde im Sinne des Artikels 24 der Richtlinie 2004/109/EG.

(2) Das Bundesministerium der Finanzen kann durch Rechtsverordnung, die nicht der Zustimmung des Bundesrates bedarf, nähere Bestimmungen zur Veröffentlichung des Herkunftsstaates erlassen.

Abschnitt 2
Bundesanstalt für Finanzdienstleistungsaufsicht

§ 6 Aufgaben und allgemeine Befugnisse der Bundesanstalt

(1) [1]Die Bundesanstalt übt die Aufsicht nach den Vorschriften dieses Gesetzes aus. [2]Sie hat im Rahmen der ihr zugewiesenen Aufgaben Missständen entgegenzuwirken, welche die ordnungsgemäße Durchführung des Handels mit Finanzinstrumenten oder von Wertpapierdienstleistungen, Wertpapiernebendienstleistungen oder Datenbereitstellungsdienstleistungen beeinträchtigen oder erhebliche Nachteile für den Finanzmarkt bewirken können. [3]Sie kann Anordnungen treffen, die geeignet und erforderlich sind, diese Missstände zu beseitigen oder zu verhindern.

(2) [1]Die Bundesanstalt überwacht im Rahmen der ihr jeweils zugewiesenen Zuständigkeit die Einhaltung der Verbote und Gebote dieses Gesetzes, der auf Grund dieses Gesetzes erlassenen Rechtsverordnungen, der in § 1 Absatz 1 Nummer 8 aufgeführten europäischen Verordnungen einschließlich der auf Grund dieser Verordnungen erlassenen delegierten Rechtsakte und Durchführungsrechtsakte der Europäischen Kommission. [2]Sie kann Anordnungen treffen, die zu ihrer Durchsetzung geeignet und erforderlich sind. [3]Sie kann insbesondere auf ihrer Internetseite öffentlich Warnungen aussprechen, soweit dies für die Erfüllung ihrer Aufgaben erforderlich ist. [4]Sie kann den Handel mit einzelnen oder mehreren Finanzinstrumenten vorübergehend untersagen oder die Aussetzung des Handels in einzelnen oder mehreren Finanzinstrumenten an Märkten, an denen Finanzinstrumente gehandelt werden, anordnen, soweit dies zur Durchsetzung der Verbote und Gebote dieses Gesetzes, der Verordnung (EU) Nr. 596/2014 oder der Verordnung (EU) Nr. 600/2014 oder zur Beseitigung oder Verhinderung von Missständen nach Absatz 1 geboten ist.

(2a) [1]Hat die Bundesanstalt einen hinreichend begründeten Verdacht, dass gegen Bestimmungen der Verordnung (EU) 2017/1129 des Europäischen Parlaments und des Rates vom 14. Juni 2017 über den Prospekt, der beim öffentlichen Angebot von Wertpapieren oder bei deren Zulassung zum Handel an einem geregelten Markt zu veröffentlichen ist und zur Aufhebung der Richtlinie 2003/71/EG (ABl. L 168 vom 30.6.2017, S. 12), insbesondere Artikel 3, auch in Verbindung mit Artikel 5, sowie die Artikel 12, 20, 23, 25 oder 27 verstoßen wurde, kann sie

1. die Zulassung zum Handel an einem geregelten Markt oder
2. den Handel
   a) an einem geregelten Markt,
   b) an einem multilateralen Handelssystem oder
   c) an einem organisierten Handelssystem

für jeweils höchstens zehn aufeinander folgende Arbeitstage aussetzen oder gegenüber den Betreibern der betreffenden geregelten Märkte oder Handelssysteme die Aussetzung des Handels für einen entsprechenden Zeitraum anordnen. [2]Wurde gegen die in Satz 1 genannten Bestimmungen verstoßen, so kann die Bundesanstalt den Handel an dem betreffenden geregelten Markt, multilateralen Handelssystem oder organisierten Handelssystem untersagen. [3]Wurde gegen die in Satz 1 genannten Bestimmungen verstoßen oder besteht ein hinreichend begründeter Verdacht, dass dagegen verstoßen würde, so kann die Bundesanstalt eine Zulassung zum Handel an einem geregelten Markt untersagen. [4]Die Bundesanstalt kann ferner den Handel der Wertpapiere aussetzen oder von dem Betreiber des betreffenden multilateralen Handelssystems oder organisierten Handelssystems die Aussetzung des Handels verlangen, wenn der Handel angesichts der Lage des Emittenten den Anlegerinteressen abträglich wäre.

(2b) Verhängt die Bundesanstalt nach Artikel 42 der Verordnung (EU) Nr. 600/2014 oder die Europäische Wertpapier- und Marktaufsichtsbehörde nach Artikel 40 der Verordnung (EU) Nr. 600/2014 ein Verbot oder eine Beschränkung, so kann die Bundesanstalt zudem anordnen, dass die Zulassung zum Handel an einem geregelten Markt ausgesetzt oder eingeschränkt wird, solange dieses Verbot oder diese Beschränkungen gelten.

(2c) In Ausübung der in Absatz 2 Satz 4 und den Absätzen 2a und 2b genannten Befugnisse kann sie Anordnungen auch gegenüber einem öffentlich-rechtlichen Rechtsträger oder gegenüber einer Börse erlassen.

(2d) Die Bundesanstalt kann den Vertrieb oder Verkauf von Finanzinstrumenten oder strukturierten Einlagen aussetzen, wenn ein Wertpapierdienstleistungsunternehmen kein wirksames Produktfreigabeverfahren nach § 80 Absatz 9 entwickelt hat oder anwendet oder in anderer Weise gegen § 80 Absatz 1 Satz 2 Nummer 2 oder Absatz 9 bis 11 verstoßen hat.

(3) [1]Die Bundesanstalt kann von jedermann Auskünfte, die Vorlage von Unterlagen oder sonstigen Daten und die Überlassung von Kopien verlangen sowie Personen laden und vernehmen, um

1. zu überwachen, ob die Verbote oder Gebote dieses Gesetzes oder der Verordnung (EU) Nr. 596/2014, der Verordnung (EU) Nr. 600/2014, der Verordnung (EU) Nr. 1286/2014, der Verordnung (EU) 2015/2365, der Verordnung (EU) 2016/1011, der Verordnung (EU) 2019/1238 eingehalten werden, oder
2. zu prüfen, ob die Voraussetzungen für eine Maßnahme nach § 15 dieses Gesetzes, nach Artikel 42 der Verordnung (EU) 600/2014 oder nach Artikel 63 der Verordnung (EU) Nr. 2019/1238 vorliegen.

[2]Sie kann insbesondere folgende Angaben verlangen:

1. über Veränderungen im Bestand in Finanzinstrumenten,
2. über die Identität weiterer Personen, insbesondere der Auftraggeber und der aus Geschäften berechtigten oder verpflichteten Personen,
3. über Volumen und Zweck einer mittels eines Warenderivats eingegangenen Position oder offenen Forderung sowie
4. über alle Vermögenswerte oder Verbindlichkeiten am Basismarkt.

[3]Auf Verlangen der Bundesanstalt sind die Informationen nach den Sätzen 1 und 2 elektronisch zu übermitteln. [4]Für den Fall, dass ein Zugang zum Melde- und Veröffentlichungssystem der Bundesanstalt bereits besteht oder verpflichtend einzurichten ist, sind die Informationen nach Satz 1 auf Verlangen der Bundesanstalt auf diesem Weg zu übermitteln. [5]Die Bundesanstalt kann zudem die Übermittlung in einem von ihr bestimmten Format verlangen. [6]Gesetzliche Auskunfts- oder Aussageverweigerungsrechte sowie gesetzliche Verschwiegenheitspflichten bleiben unberührt. [7]Im Hinblick auf die Verbote und Gebote der Verordnung (EU) 2016/1011 gelten die Sätze 1 und 3 bezüglich der Erteilung von Auskünften, der Vorladung und der Vernehmung jedoch nur gegenüber solchen Personen, die an der Bereitstellung eines Referenzwertes im Sinne der Verordnung (EU) 2016/1011 beteiligt sind oder die dazu beitragen.

(4) [1]Von einem Wertpapierdienstleistungsunternehmen, das algorithmischen Handel im Sinne des § 80 Absatz 2 Satz 1 betreibt, kann die Bundesanstalt insbesondere jederzeit Informationen über seinen algorithmischen Handel und die für diesen Handel eingesetzten Systeme anfordern, soweit dies auf Grund von Anhaltspunkten für die Überwachung der Einhaltung eines Verbots oder Gebots dieses Gesetzes erforderlich ist. [2]Die Bundesanstalt kann insbesondere eine Beschreibung der algorithmischen Handelsstrategien, von Einzelheiten der Handelsparameter oder Handelsobergrenzen, denen das System unterliegt, von den wichtigsten Verfahren zur Überprüfung der Risiken und Einhaltung der Vorgaben des § 80 sowie von Einzelheiten über seine Systemprüfung verlangen.

(5) [1]Die Bundesanstalt ist unbeschadet des § 3 Absatz 5, 11 und 12 sowie des § 15 Absatz 7 des Börsengesetzes zuständige Behörde im Sinne des Artikels 22 der Verordnung (EU) Nr. 596/2014 und im Sinne des Artikels 2 Absatz 1 Nummer 18 der Verordnung (EU) Nr. 600/2014. [2]Die Bundesanstalt ist zuständige Behörde für die Zwecke des Artikels 25 Absatz 4 Buchstabe a Unterabsatz 3 der Richtlinie 2014/65/EU des Europäischen Parlaments und des Rates vom 15. Mai 2014 über Märkte für Finanzinstrumente sowie zur Änderung der Richtlinien 2002/92/EG und 2011/61/EU (ABl. L 173 vom 12.6.2014, S. 349; L 74 vom 18.3.2015, S. 38; L 188 vom 13.7.2016, S. 28; L 273 vom 8.10.2016, S. 35; L 64 vom 10.3.2017, S. 116; L 278 vom 27.10.2017, S. 56), die zuletzt durch die Richtlinie (EU) 2016/1034 (ABl. L 175 vom 30.6.2016, S. 8) geändert worden ist, in der jeweils geltenden Fassung.

(6) [1]Im Falle eines Verstoßes gegen

1. Vorschriften des Abschnitts 3 dieses Gesetzes sowie die zur Durchführung dieser Vorschriften erlassenen Rechtsverordnungen,
2. Vorschriften der Verordnung (EU) Nr. 596/2014, insbesondere gegen deren Artikel 4 und 14 bis 21, sowie die auf Grundlage dieser Artikel erlassenen delegierten Rechtsakte und Durchführungsrechtsakte der Europäischen Kommission,
3. Vorschriften der Abschnitte 9 bis 11 dieses Gesetzes sowie die zur Durchführung dieser Vorschriften erlassenen Rechtsverordnungen,
4. Vorschriften der Verordnung (EU) Nr. 600/2014, insbesondere die in den Titeln II bis VI enthaltenen Artikel sowie die auf Grundlage dieser Artikel erlassenen delegierten Rechtsakte und Durchführungsrechtsakte der Europäischen Kommission,
5. die Artikel 4 und 15 der Verordnung (EU) 2015/2365 sowie die auf Grundlage des Artikels 4 erlassenen delegierten Rechtsakte und Durchführungsrechtsakte der Europäischen Kommission,
6. Vorschriften der Verordnung (EU) 2016/1011 sowie die auf deren Grundlage erlassenen delegierten Rechtsakte und Durchführungsrechtsakte der Europäischen Kommission,

6a. Vorschriften, auf die in § 120a Absatz 1 und 2 Bezug genommen wird,

6b. die in Artikel 39 Absatz 1 Satz 2 Buchstabe a der Verordnung (EU) 2020/1503 in Bezug genommenen Artikel sowie die auf deren Grundlage erlassenen delegierten Rechtsakte und Durchführungsrechtsakte der Europäischen Kommission oder
7. eine Anordnung der Bundesanstalt, die sich auf eine der in den Nummern 1 bis 6b genannte Vorschrift bezieht,

kann die Bundesanstalt zur Verhinderung weiterer Verstöße für einen Zeitraum von bis zu zwei Jahren die Einstellung der den Verstoß begründenden Handlungen oder Verhaltensweisen verlangen. [2]Bei Verstößen gegen die in Satz 1 Nummer 3, 4, 6a und 6b genannten Vorschriften sowie gegen Anordnungen der Bundesanstalt, die sich hierauf beziehen, kann sie verlangen, dass die den Verstoß begründenden Handlungen oder Verhaltensweisen dauerhaft eingestellt werden sowie deren Wiederholung verhindern.

(7) Die Bundesanstalt kann es einer natürlichen Person, die verantwortlich ist für einen Verstoß gegen die Artikel 14, 15, 16 Absatz 1 und 2, Artikel 17 Absatz 1, 2, 4, 5 und 8, Artikel 18 Absatz 1 bis 6, Artikel 19 Absatz 1 bis 3, 5 bis 7 und 11 sowie Artikel 20 Absatz 1 der Verordnung (EU) Nr. 596/2014 oder gegen eine Anordnung der Bundesanstalt, die sich auf diese Vorschriften bezieht, für einen Zeitraum von bis zu zwei Jahren untersagen, Geschäfte für eigene Rechnung in den in Artikel 2 Absatz 1 der Verordnung (EU) Nr. 596/2014 genannten Finanzinstrumenten und Produkten zu tätigen.

(8) [1]Die Bundesanstalt kann einer Person, die bei einem von der Bundesanstalt beaufsichtigten Unternehmen tätig ist, für einen Zeitraum von bis zu zwei Jahren die Ausübung der Berufstätigkeit untersagen, wenn diese Person vorsätzlich gegen eine der in Absatz 6 Satz 1 Nummer 1 bis 4 und 6 genannten Vorschriften oder gegen eine Anordnung der Bundesanstalt, die sich auf diese Vorschriften bezieht, verstoßen hat und dieses Verhalten trotz Verwarnung durch die Bundesanstalt fortsetzt. [2]Bei einem Verstoß gegen eine der in Absatz 6 Satz 1 Nummer 5, 6a und 6b genannten Vorschriften oder eine sich auf diese Vorschriften beziehende Anordnung der Bundesanstalt kann die Bundesanstalt einer Person für einen Zeitraum von bis zu zwei Jahren die Wahrnehmung von Führungsaufgaben untersagen, wenn diese den Verstoß vorsätzlich begangen hat und das Verhalten trotz Verwarnung durch die Bundesanstalt fortsetzt.

(9) [1]Bei einem Verstoß gegen eine der in Absatz 6 Satz 1 Nummer 1 bis 5 und 6b genannten Vorschriften oder eine vollziehbare Anordnung der Bundesanstalt, die sich auf diese Vorschriften bezieht, kann die Bundesanstalt auf ihrer Internetseite eine Warnung unter Nennung der natürlichen oder juristischen Person oder der Personenvereinigung, die den Verstoß begangen hat, sowie der Art des Verstoßes veröffentlichen. [2]§ 125 Absatz 3 und 5 gilt entsprechend.

(10) Die Bundesanstalt kann es einem Wertpapierdienstleistungsunternehmen, das gegen eine der in Absatz 6 Satz 1 Nummer 3 und 4 genannten Vorschriften oder gegen eine vollziehbare Anordnung der Bundesanstalt, die sich auf diese Vorschriften bezieht, verstoßen hat, für einen Zeitraum von bis zu drei Monaten untersagen, am Handel eines Handelsplatzes teilzunehmen.

(11) [1]Während der üblichen Arbeitszeit ist Bediensteten der Bundesanstalt und den von ihr beauftragten Personen, soweit dies zur Wahrnehmung ihrer Aufgaben erforderlich ist, das Betreten der Grundstücke und Geschäftsräume der nach Absatz 3 auskunftspflichtigen Personen zu gestatten. [2]Das Betreten außerhalb dieser Zeit oder wenn die Geschäftsräume sich in einer Wohnung befinden, ist ohne Einverständnis nur zulässig und insoweit zu dulden, wie dies zur Verhütung von dringenden Gefahren für die öffentliche Sicherheit und Ordnung erforderlich ist und Anhaltspunkte vorliegen, dass die auskunftspflichtige Person gegen ein Verbot oder Gebot dieses Gesetzes verstoßen hat. [3]Das Grundrecht des Artikels 13 des Grundgesetzes wird insoweit eingeschränkt.

(12) [1]Bedienstete der Bundesanstalt dürfen Geschäfts- und Wohnräume durchsuchen, soweit dies zur Verfolgung von Verstößen gegen die Artikel 14 und 15 der Verordnung (EU) Nr. 596/2014 geboten ist. [2]Das Grundrecht des Artikels 13 des Grundgesetzes wird insoweit eingeschränkt. [3]Im Rahmen der Durchsuchung dürfen Bedienstete der Bundesanstalt Gegenstände sicherstellen, die als Beweismittel für die Ermittlung des Sachverhalts von Bedeutung sein können. [4]Befinden sich die Gegenstände im Gewahrsam einer Person und werden sie nicht freiwillig herausgegeben, können Bedienstete der Bundesanstalt die Gegenstände beschlagnahmen. [5]Durchsuchungen und Beschlagnahmen sind, außer bei Gefahr im Verzug, durch den Richter anzuordnen. [6]Zuständig ist das Amtsgericht Frankfurt am Main. [7]Gegen die richterliche Entscheidung ist die Beschwerde zulässig. [8]Die §§ 306 bis 310 und 311a der Strafprozessordnung gelten entsprechend. [9]Bei Beschlagnahmen ohne gerichtliche Anordnung gilt § 98 Absatz 2 der Strafprozessordnung entsprechend. [10]Zuständiges Gericht für die nachträglich eingeholte gerichtliche Entscheidung ist das Amtsgericht Frankfurt am Main. [11]Über die Durchsuchung ist eine Niederschrift zu fertigen. [12]Sie muss die verantwortliche Dienststelle, Grund, Zeit und Ort der Durchsuchung und ihr Ergebnis enthalten. [13]Die Sätze 1 bis 11 gelten für die Räumlichkeiten juristischer Personen entsprechend, soweit dies zur Verfolgung von Verstößen gegen die Verordnung (EU) 2016/1011 geboten ist.

(13) [1]Die Bundesanstalt kann die Beschlagnahme von Vermögenswerten beantragen, soweit dies zur Durchsetzung der Verbote und Gebote der in Absatz 6 Satz 1 Nummer 3, 4 und 6 genannten Vorschriften und der Verordnung (EU) Nr. 596/2014 geboten ist. [2]Maßnahmen nach Satz 1 sind durch den Richter anzuordnen. [3]Zuständig ist das Amtsgericht Frankfurt am Main. [4]Gegen eine richterliche Entscheidung ist die Beschwerde zulässig; die §§ 306 bis 310 und 311a der Strafprozessordnung gelten entsprechend.

(14) Die Bundesanstalt kann eine nach den Vorschriften dieses Gesetzes oder nach der Verordnung (EU) Nr. 596/2014 gebotene Veröffentlichung oder Mitteilung auf Kosten des Pflichtigen vornehmen, wenn die Veröffentlichungs- oder Mitteilungspflicht nicht, nicht richtig, nicht vollständig oder nicht in der vorgeschriebenen Weise erfüllt wird.

(15) [1]Der zur Erteilung einer Auskunft Verpflichtete kann die Auskunft auf solche Fragen verweigern, deren Beantwortung ihn selbst oder einen der in § 383 Absatz 1 Nummer 1 bis 3 der Zivilprozessordnung bezeichneten Angehörigen der Gefahr strafgerichtlicher Verfolgung oder eines Verfahrens nach dem Gesetz über Ordnungswidrigkeiten aussetzen würde. [2]Der Verpflichtete ist über sein Recht zur Verweigerung der Auskunft oder Aussage zu belehren und darauf hinzuweisen, dass es ihm nach dem Gesetz freisteht, jederzeit, auch schon vor seiner Vernehmung, einen von ihm zu wählenden Verteidiger zu befragen.

(16) Die Bundesanstalt darf ihr mitgeteilte personenbezogene Daten nur zur Erfüllung ihrer aufsichtlichen Aufgaben und für Zwecke der internationalen Zusammenarbeit nach Maßgabe des § 18 speichern, verändern und nutzen.

(17) Bei der Durchführung ihrer Aufgaben kann sich die Bundesanstalt anderer sachverständiger Personen und Einrichtungen bedienen.

§ 7 Herausgabe von Kommunikationsdaten

(1) [1]Die Bundesanstalt kann von einem Telekommunikationsbetreiber die Herausgabe von in dessen Besitz befindlichen bereits existierenden Verkehrsdaten im Sinne der §§ 9 und 12 des Telekommunikation-Digitale-Dienste-Datenschutz-Gesetzes verlangen, wenn bestimmte Tatsachen den Verdacht begründen, dass jemand gegen Artikel 14 oder 15 der Verordnung (EU) Nr. 596/2014 oder eine der in § 6 Absatz 6 Satz 1 Nummer 3 und 4 genannten Vorschriften verstoßen hat, soweit dies zur Erforschung des Sachverhalts erforderlich ist. [2]§ 100a Absatz 3 und 4, § 100e Absatz 1, 3 und 5 Satz 1 der Strafprozessordnung gelten entsprechend mit der Maßgabe, dass die Bundesanstalt antragsberechtigt ist. [3]Zuständig ist das Amtsgericht Frankfurt am Main. [4]Gegen die richterliche Entscheidung ist die Beschwerde zulässig; die §§ 306 bis 310 und 311a der Strafprozessordnung gelten entsprechend. [5]Das Briefgeheimnis sowie das Post- und Fernmeldegeheimnis nach Artikel 10 des Grundgesetzes werden insoweit eingeschränkt.

(2) [1]Die Bundesanstalt kann von Wertpapierdienstleistungsunternehmen, Datenbereitstellungsdiensten, Kreditinstituten im Sinne des Artikels 4 Absatz 1 Nummer 1 der Verordnung (EU) Nr. 575/2013, beaufsichtigten Unternehmen im Sinne des Artikels 3 Absatz 1 Nummer 17 der Verordnung (EU) 2016/1011 und Finanzinstituten im Sinne des Artikels 4 Absatz 1 Nummer 26 der Verordnung (EU) Nr. 575/2013 die Herausgabe von bereits existierenden

1. Aufzeichnungen von Telefongesprächen,
2. elektronischen Mitteilungen oder
3. Verkehrsdaten im Sinne der §§ 9 und 12 des Telekommunikation-Digitale-Dienste-Datenschutz-Gesetzes,

die sich im Besitz dieser Unternehmen befinden, verlangen, soweit dies auf Grund von Anhaltspunkten für die Überwachung der Einhaltung eines Verbots nach den Artikeln 14 und 15 der Verordnung (EU) Nr. 596/2014 oder einer in § 6 Absatz 6 Satz 1 Nummer 3 und 4 genannten Vorschriften oder eines Verbots oder Gebots nach der Verordnung (EU) 2016/1011 erforderlich ist. [2]Das Briefgeheimnis sowie das Post- und Fernmeldegeheimnis nach Artikel 10 des Grundgesetzes werden insoweit eingeschränkt.

§ 8 Übermittlung und Herausgabe marktbezogener Daten; Verordnungsermächtigung

(1) [1]Von Börsen und Betreibern von Märkten, an denen Finanzinstrumente gehandelt werden, kann die Bundesanstalt insbesondere verlangen, dass die Daten, die zur Erfüllung der Aufgaben der Bundesanstalt nach § 54, nach Artikel 4 der Verordnung (EU) Nr. 596/2014, nach Artikel 27 der Verordnung (EU) Nr. 600/2014 und den auf Grundlage dieser Artikel sowie den auf Grundlage von Artikel 57 der Richtlinie 2014/65/EU erlassenen delegierten Rechtsakten und Durchführungsrechtsakten erforderlich sind, in standardisierter und elektronischer Form übermittelt werden. [2]Die Bundesanstalt kann, insbesondere auf Grund der Meldungen, die sie nach Artikel 4 der Verordnung (EU) Nr. 596/2014 erhält, auf ihrer Internetseite Informationen dazu veröffentlichen, welcher Emittent beantragt oder genehmigt hat, dass seine Finanzinstrumente auf einem Handelsplatz gehandelt oder zum Handel zugelassen werden und welche Finanzinstrumente dies betrifft.

(2) [1]Von Marktteilnehmern, die an Spotmärkten im Sinne des Artikels 3 Absatz 1 Nummer 16 der Verordnung (EU) Nr. 596/2014 tätig sind, kann die Bundesanstalt insbesondere Auskünfte und die Meldung von Geschäften in Warenderivaten verlangen, soweit dies auf Grund von Anhaltspunkten für die Überwachung der Einhaltung eines Verbots nach den Artikeln 14 und 15 der Verordnung (EU) Nr. 596/2014 in Bezug auf Warenderivate erforderlich ist. [2]Der Bundesanstalt ist unter den Voraussetzungen des Satzes 1 ferner der direkte Zugriff auf die Handelssysteme von Händlern zu gewähren. [3]Die Bundesanstalt kann verlangen, dass die Informationen nach Satz 1 in standardisierter Form übermittelt werden. [4]§ 6 Absatz 15 gilt entsprechend.

(3) [1]Das Bundesministerium der Finanzen kann durch Rechtsverordnung, die nicht der Zustimmung des Bundesrates bedarf, nähere Bestimmungen über Inhalt, Art, Umfang und Form der nach Absatz 1 Satz 1 und Absatz 2 zu übermittelnden Mitteilungen und über die zulässigen Datenträger und Übertragungswege sowie zu Form, Inhalt, Umfang und Darstellung der Veröffentlichung nach Absatz 1 Satz 2 erlassen. [2]Das Bundesministerium der Finanzen kann die Ermächtigung durch Rechtsverordnung auf die Bundesanstalt übertragen.

§ 9 Verringerung und Einschränkung von Positionen oder offenen Forderungen

(1) Die Bundesanstalt kann von jedermann verlangen, die Größe der Positionen oder offenen Forderungen in Finanzinstrumenten zu verringern, soweit dies zur Durchsetzung der Verbote und Gebote der in § 6 Absatz 6 Satz 1 Nummer 3 und 4 genannten Vorschriften geboten ist.

(2) Die Bundesanstalt kann für jedermann die Möglichkeit einschränken, eine Position in Warenderivaten einzugehen, soweit dies zur Durchsetzung der Verbote und Gebote der in § 6 Absatz 6 Satz 1 Nummer 3 und 4 genannten Vorschriften erforderlich ist.

§ 10 Besondere Befugnisse nach der Verordnung (EU) Nr. 1286/2014, der Verordnung (EU) 2016/1011, der Verordnung (EU) 2019/2088, der Verordnung (EU) 2020/852 und der Verordnung (EU) 2020/1503

(1) [1]Die Bundesanstalt überwacht die Einhaltung der Verbote und Gebote der Verordnung (EU) Nr. 1286/2014 sowie der auf deren Grundlage erlassenen delegierten Rechtsakte und Durchführungsrechtsakte der Europäischen Kommission. [2]Gegenüber einem Wertpapierdienstleistungsunternehmen, das über ein PRIIP berät, es verkauft oder Hersteller von PRIIP ist, kann sie Anordnungen treffen, die zur Durchsetzung der in Satz 1 genannten Verbote und Gebote geeignet und erforderlich sind. [3]Insbesondere kann sie

1. die Vermarktung, den Vertrieb oder den Verkauf des PRIIP vorübergehend oder dauerhaft untersagen, wenn ein Verstoß gegen Artikel 5 Absatz 1, die Artikel 6, 7 und 8 Absatz 1 bis 3, die Artikel 9, 10 Absatz 1, Artikel 13 Absatz 1, 3 und 4 oder die Artikel 14 oder 19 der Verordnung (EU) Nr. 1286/2014 vorliegt,
2. die Bereitstellung eines Basisinformationsblattes untersagen, das nicht den Anforderungen der Artikel 6 bis 8 oder 10 der Verordnung (EU) Nr. 1286/2014 genügt,
3. den Hersteller eines PRIIP verpflichten, eine neue Fassung des Basisinformationsblattes zu veröffentlichen, sofern die veröffentlichte Fassung nicht den Anforderungen der Artikel 6 bis 8 oder 10 der Verordnung (EU) Nr. 1286/2014 genügt, und
4. bei einem Verstoß gegen eine der in Nummer 1 genannten Vorschriften auf ihrer Internetseite eine Warnung unter Nennung des verantwortlichen Wertpapierdienstleistungsunternehmens sowie der Art des Verstoßes veröffentlichen; § 125 Absatz 3 und 5 gilt entsprechend.

[4]Die in Satz 2 genannten Befugnisse stehen der Bundesanstalt vorbehaltlich von § 34d Absatz 8 Nummer 5, § 34e Absatz 2 und § 34g Absatz 1 Satz 2 Nummer 5 der Gewerbeordnung, jeweils in Verbindung mit einer hierzu erlassenen Rechtsverordnung, § 5 Absatz 6a des Kapitalanlagegesetzbuchs, § 308a des Versicherungsaufsichtsgesetzes und § 47 des Kreditwesengesetzes auch gegenüber sonstigen Personen oder Personenvereinigungen zu, die über ein PRIIP beraten, es verkaufen oder Hersteller von PRIIP sind.

(2) [1]Außer für Versicherungsunternehmen unter Landesaufsicht ist die Bundesanstalt zuständige Behörde im Sinne des Artikels 40 Absatz 1 der Verordnung (EU) 2016/1011. [2]Sie überwacht die Einhaltung der Verbote und Gebote der Verordnung (EU) 2016/1011 sowie der delegierten Rechtsakte und Durchführungsrechtsakte der Europäischen Kommission, die auf der Grundlage dieser Verordnung erlassen worden sind, und kann Anordnungen treffen, die zu ihrer Durchsetzung geeignet und erforderlich sind. [3]Insbesondere kann sie

1. Maßnahmen zur korrekten Information der Öffentlichkeit über die Bereitstellung eines Referenzwertes treffen und Richtigstellungen verlangen,
2. von Kontributoren, die an Spotmärkten tätig sind und dabei Daten zur Erstellung eines Rohstoff-Referenzwertes bereitstellen, Auskünfte und die Meldung von Geschäften verlangen, soweit dies

erforderlich ist, um die Einhaltung der Gebote und Verbote der Verordnung (EU) 2016/1011 in Bezug auf diese Rohstoff-Referenzwerte zu überwachen; hierbei gelten § 8 Absatz 2 Satz 2 und 3 und die Vorschriften einer nach § 8 Absatz 3 erlassenen Rechtsverordnung entsprechend,

3. bei einem Verstoß gegen die Artikel 4 bis 16, 21, 23 bis 29 und 34 der Verordnung (EU) 2016/1011 oder gegen eine vollziehbare Anordnung der Bundesanstalt, die im Zusammenhang mit einer Untersuchung betreffend die Einhaltung der Pflichten nach dieser Verordnung gemäß Nummer 1 oder 2, § 6 Absatz 3 Satz 4, Absatz 6 Satz 1, Absatz 8, 11 bis 13, § 7 Absatz 2 ergangen ist
   a) von einem beaufsichtigten Unternehmen im Sinne des Artikels 3 Absatz 1 Nummer 17 dieser Verordnung eine dauerhafte Einstellung der den Verstoß begründenden Handlungen oder Verhaltensweisen verlangen,
   b) bezüglich eines beaufsichtigten Unternehmens im Sinne des Artikels 3 Absatz 1 Nummer 17 dieser Verordnung eine Warnung gemäß § 6 Absatz 9 unter Nennung der natürlichen oder juristischen Person oder Personenvereinigung, die den Verstoß begangen hat, veröffentlichen,
   c) die Zulassung oder Registrierung eines Administrators entziehen oder aussetzen,
   d) einer Person für einen Zeitraum von bis zu zwei Jahren die Wahrnehmung von Führungsaufgaben bei einem Administrator oder beaufsichtigten Kontributor untersagen, wenn die Person den Verstoß vorsätzlich oder grob fahrlässig begangen hat und dieses Verhalten trotz Verwarnung durch die Bundesanstalt fortsetzt.

(3) [1]Die Bundesanstalt überwacht die Einhaltung der Verbote und Gebote der Verordnung (EU) 2019/2088 und der Verordnung (EU) 2020/852 sowie der auf deren Grundlage erlassenen delegierten Rechtsakte und technischen Durchführungs- und Regulierungsstandards der Europäischen Kommission. [2]Gegenüber einem Wertpapierdienstleistungsunternehmen, das Anlageberatung oder Finanzportfolioverwaltung erbringt, kann sie die hierfür erforderlichen Maßnahmen treffen.

(4) [1]Die Bundesanstalt kann Anordnungen treffen, die zur Durchsetzung der Verbote und Gebote der Verordnung (EU) 2020/1503 sowie der auf deren Grundlage erlassenen delegierten Rechtsakte und Durchführungsrechtsakte der Europäischen Kommission geeignet und erforderlich sind. [2]Insbesondere kann die Bundesanstalt

1. beim Vorliegen eines Verstoßes oder eines hinreichend begründeten Verdachts eines Verstoßes gegen die Verordnung (EU) 2020/1503,
   a) den Umstand bekannt machen, dass ein Schwarmfinanzierungsdienstleister im Sinne des Artikels 2 Absatz 1 Buchstabe e der Verordnung (EU) 2020/1503 oder ein Dritter, der zur Wahrnehmung von Aufgaben im Zusammenhang mit solchen Dienstleistungen benannt wurde, seinen Verpflichtungen insbesondere aus den Kapiteln II, IV und V der Verordnung (EU) 2020/1503 nicht nachkommt,
   b) zur Gewährleistung des Anlegerschutzes nach Kapitel IV der Verordnung (EU) 2020/1053[1)] oder des reibungslosen Funktionierens des Marktes alle wesentlichen Informationen, die die Erbringung von Schwarmfinanzierungsdienstleistungen im Sinne des Artikels 2 Absatz 1 Buchstabe a der Verordnung (EU) 2020/1503 beeinflussen können, bekannt machen oder von einem Schwarmfinanzierungsdienstleister im Sinne des Artikels 2 Absatz 1 Buchstabe e der Verordnung (EU) 2020/1503 oder von einem Dritten, der zur Wahrnehmung von Aufgaben im Zusammenhang von solchen Dienstleistungen benannt wurde, die Bekanntgabe dieser Informationen verlangen,
   c) die Erbringung von Schwarmfinanzierungsdienstleistungen im Sinne des Artikels 2 Absatz 1 Buchstabe a der Verordnung (EU) 2020/1503 aussetzen oder von einem Schwarmfinanzierungsdienstleister im Sinne des Artikels 2 Absatz 1 Buchstabe e der Verordnung (EU) 2020/1503 die Aussetzung der Erbringung von solchen Schwarmfinanzierungsdienstleistungen verlangen, wenn die Bundesanstalt der Auffassung ist, dass die Erbringung dieser Schwarmfinanzierungsdienstleistungen den Anlegerinteressen abträglich wäre,
   d) vorbehaltlich der Zustimmung der Kunden im Sinne von Artikel 2 Absatz 1 Buchstabe g der Verordnung (EU) 2020/1503 und des übernehmenden Schwarmfinanzierungsdienstleisters im Sinne des Artikels 2 Absatz 1 Buchstabe e der Verordnung (EU) 2020/1503 bestehende Verträge an einen anderen Schwarmfinanzierungsdienstleister übertragen, falls einem Schwarmfinanzierungsdienstleister die Zulassung nach Artikel 17 Absatz 1 Unterabsatz 1 Buchstabe c entzogen wurde,

2. bei einem hinreichend begründeten Verdacht für das Vorliegen eines Verstoßes gegen die Verordnung (EU) 2020/1503 in jedem einzelnen Fall

---

1) Richtig wohl: „1503".

a) ein Schwarmfinanzierungsangebot im Sinne des Artikels 2 Absatz 1 Buchstabe f der Verordnung (EU) 2020/1503 untersagen oder für maximal zehn aufeinanderfolgende Arbeitstage aussetzen,
b) die Erbringung von Schwarmfinanzierungsdienstleistungen im Sinne des Artikels 2 Absatz 1 Buchstabe a der Verordnung (EU) 2020/1503 für maximal zehn aufeinanderfolgende Arbeitstage aussetzen oder von einem Schwarmfinanzierungsdienstleister im Sinne des Artikels 2 Absatz 1 Buchstabe e der Verordnung (EU) 2020/1503 für maximal zehn aufeinanderfolgende Arbeitstage die Aussetzung der Erbringung von solchen Schwarmfinanzierungsdienstleistungen verlangen,
c) Marketingmitteilungen im Sinne des Artikels 2 Absatz 1 Buchstabe o der Verordnung (EU) 2020/1503 untersagen oder für maximal zehn aufeinanderfolgende Arbeitstage aussetzen oder Schwarmfinanzierungsdienstleistern im Sinne des Artikels 2 Absatz 1 Buchstabe e der Verordnung (EU) 2020/1503 oder Dritten, die mit der Wahrnehmung von Funktionen in Bezug auf die Schwarmfinanzierungsdienstleistungen beauftragt wurden, vorschreiben, solche Marketingmitteilungen zu unterlassen oder für maximal zehn aufeinanderfolgende Arbeitstage auszusetzen,

3. die Erbringung von Schwarmfinanzierungsdienstleistungen untersagen, wenn sie das Vorliegen eines Verstoßes gegen die Verordnung (EU) 2020/1503 feststellt.

§ 11 Anzeige straftatbegründender Tatsachen

[1]Die Bundesanstalt hat Tatsachen, die den Verdacht einer Straftat nach § 119 begründen, der zuständigen Staatsanwaltschaft unverzüglich anzuzeigen. [2]Sie kann die personenbezogenen Daten der betroffenen Personen, gegen die sich der Verdacht richtet oder die als Zeugen in Betracht kommen, der Staatsanwaltschaft übermitteln, soweit dies für Zwecke der Strafverfolgung erforderlich ist. [3]Die Staatsanwaltschaft entscheidet über die Vornahme der erforderlichen Ermittlungsmaßnahmen, insbesondere über Durchsuchungen, nach den Vorschriften der Strafprozessordnung. [4]Die Befugnisse der Bundesanstalt nach § 6 Absatz 2 bis 13 sowie den §§ 7 bis 9 und 10 Absatz 2 bleiben hiervon unberührt, soweit dies für die Vornahme von Verwaltungsmaßnahmen oder zur Erfüllung von Ersuchen ausländischer Stellen nach § 18 Absatz 2, 4 Satz 1 oder Absatz 10 erforderlich ist und soweit eine Gefährdung des Untersuchungszwecks von Ermittlungen der Strafverfolgungsbehörden oder der für Strafsachen zuständigen Gerichte nicht zu besorgen ist.

§ 12 Adressaten einer Maßnahme wegen möglichen Verstoßes gegen Artikel 14 oder 15 der Verordnung (EU) Nr. 596/2014

Die Adressaten von Maßnahmen nach § 6 Absatz 2 bis 4, 6 bis 8 und 10 bis 13 sowie den §§ 7 bis 9, die von der Bundesanstalt wegen eines möglichen Verstoßes gegen ein Verbot nach Artikel 14 oder 15 der Verordnung (EU) Nr. 596/2014 ergriffen werden, dürfen andere Personen als Mitarbeiter staatlicher Stellen und solche, die auf Grund ihres Berufs einer gesetzlichen Verschwiegenheitspflicht unterliegen, von diesen Maßnahmen oder von einem daraufhin eingeleiteten Ermittlungsverfahren nicht in Kenntnis setzen.

§ 13 Sofortiger Vollzug

Widerspruch und Anfechtungsklage gegen Maßnahmen nach § 6 Absatz 1 bis 13 und den §§ 7 bis 10 und 54 Absatz 1 einschließlich der Androhung und der Festsetzung von Zwangsmitteln haben keine aufschiebende Wirkung.

§ 14 Befugnisse zur Sicherung des Finanzsystems

(1) [1]Die Bundesanstalt kann im Benehmen mit der Deutschen Bundesbank Anordnungen treffen, die geeignet und erforderlich sind, Missstände, die Nachteile für die Stabilität der Finanzmärkte bewirken oder das Vertrauen in die Funktionsfähigkeit der Finanzmärkte erschüttern können, zu beseitigen oder zu verhindern. [2]Insbesondere kann die Bundesanstalt vorübergehend

1. den Handel mit einzelnen oder mehreren Finanzinstrumenten untersagen, insbesondere ein Verbot des Erwerbs von Rechten aus Währungsderivaten im Sinne des § 2 Absatz 2 Nummer 1 Buchstabe b, d oder e anordnen, deren Wert sich unmittelbar oder mittelbar vom Devisenpreis des Euro ableitet, soweit zu erwarten ist, dass der Marktwert dieser Rechte bei einem Kursrückgang des Euro steigt, und wenn der Erwerb der Rechte nicht der Absicherung eigener bestehender oder erwarteter Währungsrisiken dient, wobei das Verbot auch auf den rechtsgeschäftlichen Eintritt in solche Geschäfte erstreckt werden kann,
2. die Aussetzung des Handels mit einzelnen oder mehreren Finanzinstrumenten an Märkten, an denen Finanzinstrumente gehandelt werden, anordnen oder
3. anordnen, dass Märkte, an denen Finanzinstrumente gehandelt werden, mit Ausnahme von Börsen im Sinne des § 2 des Börsengesetzes, schließen oder geschlossen bleiben oder die Tätigkeit der systematischen Internalisierung eingestellt wird.

[3]Die Bundesanstalt kann Anordnungen nach Satz 2 Nummer 1 und 2 auch gegenüber einem öffentlich-rechtlichen Rechtsträger oder gegenüber einer Börse erlassen.

(2) [1]Die Bundesanstalt kann anordnen, dass Personen, die Geschäfte in Finanzinstrumenten tätigen, ihre Positionen in diesen Finanzinstrumenten veröffentlichen und gleichzeitig der Bundesanstalt mitteilen müssen [2]Die Bundesanstalt kann Mitteilungen nach Satz 1 auf ihrer Internetseite öffentlich bekannt machen.

(3) § 6 Absatz 3, 11, 14 und 16 ist entsprechend anzuwenden.

(4) [1]Maßnahmen nach den Absätzen 1 bis 3 sind auf höchstens zwölf Monate zu befristen. [2]Eine Verlängerung über diesen Zeitraum hinaus um bis zu zwölf weitere Monate ist zulässig. [3]In diesem Falle legt das Bundesministerium der Finanzen dem Deutschen Bundestag innerhalb eines Monates nach erfolgter Verlängerung einen Bericht vor. [4]Widerspruch und Anfechtungsklage gegen Maßnahmen nach den Absätzen 1 bis 3 haben keine aufschiebende Wirkung.

§ 14a Befugnisse zur Durchsetzung von Sanktionsmaßnahmen

(1) [1]Die Bundesanstalt kann die zur Durchsetzung eines von einer zuständigen Stelle der Europäischen Union oder Einrichtungen eines Mitgliedstaates der Europäischen Union beschlossenen Handelsverbotes von Finanzinstrumenten erforderlichen Maßnahmen gegenüber jedermann anordnen. [2]Sie kann insbesondere den Handel mit einzelnen oder mehreren Finanzinstrumenten untersagen und die Aussetzung des Handels in einzelnen oder mehreren Finanzinstrumenten an Märkten, an denen Finanzinstrumente gehandelt werden, anordnen. [3]Die Bundesanstalt kann Anordnungen nach den Sätzen 1 und 2 auch gegenüber einem öffentlich-rechtlichen Rechtsträger, gegenüber einer Börse oder gegenüber deren Börsenträger erlassen.

(2) [1]§ 125 Absatz 1 Satz 1 gilt entsprechend. [2]Die Zuständigkeit der Börsenaufsichtsbehörden nach § 3 Absatz 1 Satz 1 des Börsengesetzes bleibt unberührt.

(3) Widerspruch und Anfechtungsklage gegen Maßnahmen nach Absatz 1 haben keine aufschiebende Wirkung.

§ 15 Produktintervention

(1) [1]Der Bundesanstalt stehen die Befugnisse nach Artikel 42 der Verordnung (EU) Nr. 600/2014 unter den dort genannten Voraussetzungen, mit Ausnahme der Voraussetzungen nach Artikel 42 Absatz 3 und 4 der Verordnung (EU) Nr. 600/2014, entsprechend für Vermögensanlagen im Sinne des § 1 Absatz 2 des Vermögensanlagengesetzes zu. [2]Die Bundesanstalt kann Maßnahmen nach Satz 1 und Artikel 42 der Verordnung (EU) Nr. 600/2014 gegenüber jedermann treffen, soweit die Verordnung nicht unmittelbar anwendbar ist.

(2) Widerspruch und Anfechtungsklage gegen Maßnahmen nach Absatz 1 und Artikel 42 der Verordnung (EU) Nr. 600/2014 haben keine aufschiebende Wirkung.

(3) Bei der Durchführung von Prüfungen nach Artikel 42 der Verordnung (EU) Nr. 600/2014 und nach Absatz 1 hinsichtlich des Vorliegens der Voraussetzungen für eine Produktinterventionsmaßnahme, kann sich die Bundesanstalt externer Wirtschaftsprüfer und anderer sachverständiger Personen und Einrichtungen bedienen.

§ 16 Wertpapierrat

(1) [1]Bei der Bundesanstalt wird ein Wertpapierrat gebildet. [2]Er besteht aus Vertretern der Länder. [3]Die Mitgliedschaft ist nicht personengebunden. [4]Jedes Land entsendet einen Vertreter. [5]An den Sitzungen können Vertreter der Bundesministerien der Finanzen, der Justiz und für Verbraucherschutz und für Wirtschaft und Energie sowie der Deutschen Bundesbank teilnehmen. [6]Der Wertpapierrat kann Sachverständige insbesondere aus dem Bereich der Börsen, der Marktteilnehmer, der Wirtschaft und der Wissenschaft anhören. [7]Der Wertpapierrat gibt sich eine Geschäftsordnung.

(2) [1]Der Wertpapierrat wirkt bei der Aufsicht mit. [2]Er berät die Bundesanstalt, insbesondere

1. bei dem Erlass von Rechtsverordnungen und der Aufstellung von Richtlinien für die Aufsichtstätigkeit der Bundesanstalt,
2. hinsichtlich der Auswirkungen von Aufsichtsfragen auf die Börsen- und Marktstrukturen sowie den Wettbewerb im Handel mit Finanzinstrumenten,
3. bei der Abgrenzung von Zuständigkeiten zwischen der Bundesanstalt und den Börsenaufsichtsbehörden sowie bei Fragen der Zusammenarbeit.

[3]Der Wertpapierrat kann bei der Bundesanstalt Vorschläge zur allgemeinen Weiterentwicklung der Aufsichtspraxis einbringen. [4]Die Bundesanstalt berichtet dem Wertpapierrat mindestens einmal jährlich über die Aufsichtstätigkeit, die Weiterentwicklung der Aufsichtspraxis sowie über die internationale Zusammenarbeit.

(3) [1]Der Wertpapierrat wird mindestens einmal jährlich vom Präsidenten der Bundesanstalt einberufen. [2]Er ist ferner auf Verlangen von einem Drittel seiner Mitglieder einzuberufen. [3]Jedes Mitglied hat das Recht, Beratungsvorschläge einzubringen.

§ 17 Zusammenarbeit mit anderen Behörden im Inland

(1) [1]Die Börsenaufsichtsbehörden werden im Wege der Organleihe für die Bundesanstalt bei der Durchführung von eilbedürftigen Maßnahmen im Rahmen der Überwachung der Verbote von Insidergeschäften nach Artikel 14 der Verordnung (EU) Nr. 596/2014 und des Verbots der Marktmanipulation nach Artikel 15 der Verordnung (EU) Nr. 596/2014 an den ihrer Aufsicht unterliegenden Börsen tätig. [2]Das Nähere regelt ein Verwaltungsabkommen zwischen dem Bund und den börsenaufsichtsführenden Ländern.

(2) Die Bundesanstalt, die Deutsche Bundesbank im Rahmen ihrer Tätigkeit nach Maßgabe des Kreditwesengesetzes, das Bundeskartellamt, die Börsenaufsichtsbehörden, die Handelsüberwachungsstellen, die zuständigen Behörden für die Durchführung der Verordnung (EU) Nr. 1308/2013 des Europäischen Parlaments und des Rates vom 17. Dezember 2013 über eine gemeinsame Marktorganisation für landwirtschaftliche Erzeugnisse und zur Aufhebung der Verordnungen (EWG) Nr. 922/72, (EWG) Nr. 234/79, (EG) Nr. 1037/2001 und (EG) Nr. 1234/2007 (ABl. L 347 vom 20.12.2013, S. 671; L 189 vom 27.6.2014, S. 261; L 130 vom 19.5.2016, S. 18; L 34 vom 9.2.2017, S. 41), die zuletzt durch die Delegierte Verordnung (EU) 2016/1226 (ABl. L 202 vom 28.7.2016, S. 5) geändert worden ist, im Rahmen ihrer Tätigkeiten nach Maßgabe des Energiewirtschaftsgesetzes die Bundesnetzagentur und die Landeskartellbehörden sowie die für die Aufsicht über Versicherungsvermittler und die Unternehmen im Sinne des § 3 Absatz 1 Nummer 7 zuständigen Stellen haben einander Beobachtungen und Feststellungen einschließlich personenbezogener Daten mitzuteilen, die für die Erfüllung ihrer Aufgaben erforderlich sind.

(3) Die Bundesanstalt arbeitet mit den Börsenaufsichtsbehörden, den Handelsüberwachungsstellen sowie mit den nach § 19 Absatz 1 des Treibhausgas-Emissionshandelsgesetzes zuständigen Behörden zusammen, um sicherzustellen, dass sie sich einen Gesamtüberblick über die Emissionszertifikatemärkte verschaffen kann.

(4) [1]Die Bundesanstalt darf zur Erfüllung ihrer Aufgaben die nach § 2 Abs. 10, §§ 2c, 24 Abs. 1 Nr. 1, 2, 5, 7 und 10 und Abs. 3, § 25b Absatz 1 bis 3, § 32 Abs. 1 Satz 1 und 2 Nr. 2 und 6 Buchstabe a und b des Kreditwesengesetzes bei der Deutschen Bundesbank gespeicherten Daten im automatisierten Verfahren abrufen. [2]Die Deutsche Bundesbank hat für Zwecke der Datenschutzkontrolle den Zeitpunkt, die Angaben, welche die Feststellung der aufgerufenen Datensätze ermöglichen, sowie die für den Abruf verantwortliche Person zu protokollieren. [3]Die protokollierten Daten dürfen nur für Zwecke der Datenschutzkontrolle, der Datensicherung oder zur Sicherstellung eines ordnungsmäßigen Betriebs der Datenverarbeitungsanlage verarbeitet werden. [4]Die Protokolldaten sind am Ende des auf die Speicherung folgenden Kalenderjahres zu löschen.

§ 18 Zusammenarbeit mit zuständigen Stellen im Ausland; Verordnungsermächtigung

(1) [1]Der Bundesanstalt obliegt die Zusammenarbeit mit den für die Überwachung von Verhaltens- und Organisationspflichten von Unternehmen, die Wertpapierdienstleistungen erbringen, von Finanzinstrumenten und von Märkten, an denen Finanzinstrumente oder Waren gehandelt werden, zuständigen Stellen der Europäischen Union, der anderen Mitgliedstaaten der Europäischen Union und der anderen Vertragsstaaten des Abkommens über den Europäischen Wirtschaftsraum. [2]Die Bundesanstalt kann im Rahmen ihrer Zusammenarbeit zum Zwecke der Überwachung der Einhaltung der Verbote und Gebote dieses Gesetzes und der Verordnung (EU) Nr. 600/2014 sowie der Verbote und Gebote der in Satz 1 genannten Staaten, die denen dieses Gesetzes, des Börsengesetzes oder der genannten Verordnungen entsprechen, von allen ihr nach diesem Gesetz und der Verordnung (EU) Nr. 600/2014 zustehenden Befugnissen Gebrauch machen, soweit dies geeignet und erforderlich ist, um den Ersuchen der in Satz 1 genannten Stellen nachzukommen. [3]Sie kann auf ein Ersuchen der in Satz 1 genannten Stellen die Untersagung oder Aussetzung des Handels nach § 6 Absatz 2 Satz 4 an einem inländischen Markt nur anordnen, sofern die Interessen der Anleger oder der ordnungsgemäße Handel an dem betreffenden Markt nicht erheblich gefährdet werden. [4]Betrifft die Zusammenarbeit nach Satz 1 inländische Handelsplätze, an denen Finanzinstrumente oder Waren gehandelt werden, so unterstützen sich die Bundesanstalt und die Behörde, die für den inländischen Handelsplatz zuständig ist, gegenseitig. [5]Ersucht die Bundesanstalt die für den inländischen Handelsplatz zuständige Behörde um die Weitergabe von Informationen, die zur Erfüllung ihrer Aufgaben nach Satz 1 erforderlich sind, übermittelt sie der ersuchten Behörde die für die Erledigung des Auskunftsersuchens erforderlichen Informationen. [6]Die ersuchte Behörde übermittelt der Bundesanstalt die zur Erfüllung der Aufgaben nach Satz 1 erforderlichen Informationen. [7]§ 10 Absatz 1 Satz 3 bis 5 des Börsengesetzes gilt entsprechend. [8]Die Bundesanstalt löscht personenbezogene Daten, sobald die Daten zur Erfüllung ihrer Aufgaben nach Satz 1 nicht mehr erforderlich sind. [9]Die ersuchte Behörde löscht

von der Bundesanstalt übermittelte personenbezogene Daten spätestens nach Erteilung der Auskunft. [10]Die Vorschriften des Börsengesetzes über die Zusammenarbeit der Handelsüberwachungsstellen mit entsprechenden Stellen oder Börsengeschäftsführungen anderer Staaten bleiben hiervon unberührt.

(2) [1]Auf Ersuchen der in Absatz 1 Satz 1 genannten zuständigen Stellen führt die Bundesanstalt nach Maßgabe der auf Grundlage von Artikel 80 Absatz 4 und Artikel 81 Absatz 4 der Richtlinie 2014/65/EU erlassenen Durchführungsverordnung Untersuchungen durch und übermittelt unverzüglich alle Informationen, soweit dies für die Überwachung von organisierten Märkten oder anderen Märkten für Finanzinstrumente, von Kreditinstituten, Finanzdienstleistungsinstituten, Wertpapierinstituten, Kapitalverwaltungsgesellschaften, extern verwaltete Investmentgesellschaften, EU-Verwaltungsgesellschaften, ausländische AIF-Verwaltungsgesellschaften, Finanzunternehmen oder Versicherungsunternehmen oder damit zusammenhängender Verwaltungs- oder Gerichtsverfahren erforderlich ist. [2]Bei der Übermittlung von Informationen hat die Bundesanstalt den Empfänger darauf hinzuweisen, dass er unbeschadet seiner Verpflichtungen im Rahmen von Strafverfahren die übermittelten Informationen einschließlich personenbezogener Daten nur zur Erfüllung von Überwachungsaufgaben nach Satz 1 und für damit zusammenhängende Verwaltungs- und Gerichtsverfahren verarbeiten darf.

(3) Die Bundesanstalt trifft angemessene Vorkehrungen für eine wirksame Zusammenarbeit insbesondere gegenüber solchen Mitgliedstaaten, in denen die Geschäfte eines inländischen Handelsplatzes eine wesentliche Bedeutung für das Funktionieren der Finanzmärkte und den Anlegerschutz nach Maßgabe des Artikels 90 der Delegierten Verordnung (EU) 2017/565 haben oder deren Handelsplätze eine solche Bedeutung im Inland haben.

(4) [1]Die Bundesanstalt kann Bediensteten der zuständigen Stellen anderer Staaten auf Ersuchen die Teilnahme an den von der Bundesanstalt durchgeführten Untersuchungen gestatten. [2]Nach vorheriger Unterrichtung der Bundesanstalt sind die zuständigen Stellen im Sinne des Absatzes 1 Satz 1 befugt, selbst oder durch ihre Beauftragten die Informationen, die für eine Überwachung der Einhaltung der Meldepflichten nach Artikel 26 der Verordnung (EU) Nr. 600/2014, der Verhaltens-, Organisations- und Transparenzpflichten nach den §§ 63 bis 83 oder entsprechender ausländischer Vorschriften durch eine Zweigniederlassung im Sinne des § 53b Absatz 1 Satz 1 des Kreditwesengesetzes erforderlich sind, bei dieser Zweigniederlassung zu prüfen. [3]Bedienstete der Europäischen Wertpapier- und Marktaufsichtsbehörde können an Untersuchungen nach Satz 1 teilnehmen.

(5) Die Bundesanstalt kann in Bezug auf die Erleichterung der Einziehung von Geldbußen mit den in Absatz 1 Satz 1 genannten Stellen zusammenarbeiten.

(6) [1]Die Bundesanstalt kann eine Untersuchung, die Übermittlung von Informationen oder die Teilnahme von Bediensteten zuständiger ausländischer Stellen im Sinne von Absatz 1 Satz 1 verweigern, wenn auf Grund desselben Sachverhalts gegen die betreffenden Personen bereits ein gerichtliches Verfahren eingeleitet worden oder eine unanfechtbare Entscheidung ergangen ist. [2]Kommt die Bundesanstalt einem Ersuchen nicht nach oder macht sie von ihrem Recht nach Satz 1 Gebrauch, so teilt sie ihre Entscheidung einschließlich ihrer Gründe der ersuchenden Stelle und der Europäischen Wertpapier- und Marktaufsichtsbehörde unverzüglich mit und übermittelt diesen genaue Informationen über das gerichtliche Verfahren oder die unanfechtbare Entscheidung.

(7) [1]Die Bundesanstalt ersucht die in Absatz 1 genannten zuständigen Stellen nach Maßgabe der auf Grundlage von Artikel 80 Absatz 4 und Artikel 81 Absatz 4 der Richtlinie 2014/65/EU erlassenen Durchführungsverordnung um die Durchführung von Untersuchungen und die Übermittlung von Informationen, die für die Erfüllung ihrer Aufgaben nach den Vorschriften dieses Gesetzes geeignet und erforderlich sind. [2]Sie kann die zuständigen Stellen ersuchen, Bediensteten der Bundesanstalt die Teilnahme an den Untersuchungen zu gestatten. [3]Mit Einverständnis der zuständigen Stellen kann die Bundesanstalt Untersuchungen im Ausland durchführen und hierfür Wirtschaftsprüfer oder Sachverständige beauftragen; bei Untersuchung eine Zweigniederlassung eines inländischen Wertpapierdienstleistungsunternehmens in einem Aufnahmemitgliedstaat durch die Bundesanstalt genügt eine vorherige Unterrichtung der zuständigen Stelle im Ausland. [4]Trifft die Bundesanstalt Anordnungen gegenüber Unternehmen mit Sitz im Ausland, die Mitglieder inländischer organisierter Märkte sind, unterrichtet sie die für die Überwachung dieser Unternehmen zuständigen Stellen. [5]Werden der Bundesanstalt von einer Stelle eines anderen Staates Informationen mitgeteilt, so darf sie diese unbeschadet ihrer Verpflichtungen in strafrechtlichen Angelegenheiten, die den Verdacht einer Straftat nach den Strafvorschriften dieses Gesetzes zum Gegenstand haben, nur zur Erfüllung von Überwachungsaufgaben nach Absatz 2 Satz 1 und für damit zusammenhängende Verwaltungs- und Gerichtsverfahren verarbeiten. [6]Die Bundesanstalt darf diese Informationen unter Beachtung der Zweckbestimmung der übermittelnden Stelle den in § 17 Absatz 2 genannten Stellen mitteilen, sofern dies für die Erfüllung ihrer Aufgaben erforderlich ist. [7]Eine anderweitige Verarbeitung der Informationen ist nur mit Zustimmung der übermittelnden Stelle zulässig. [8]Außer bei Informationen

im Zusammenhang mit Insiderhandel oder Marktmanipulation kann in begründeten Ausnahmefällen auf diese Zustimmung verzichtet werden, sofern dieses der übermittelnden Stelle unverzüglich unter Angabe der Gründe mitgeteilt wird. [9]Wird einem Ersuchen der Bundesanstalt nach den Sätzen 1 bis 3 nicht innerhalb angemessener Frist Folge geleistet oder wird es ohne hinreichende Gründe abgelehnt, kann die Bundesanstalt die Europäische Wertpapier- und Marktaufsichtsbehörde nach Maßgabe des Artikels 19 der Verordnung (EU) Nr. 1095/2010 des Europäischen Parlaments und des Rates vom 24. November 2010 zur Errichtung einer Europäischen Aufsichtsbehörde (Europäische Wertpapier- und Marktaufsichtsbehörde), zur Änderung des Beschlusses Nr. 716/2009/EG und zur Aufhebung des Beschlusses 2009/77/EG der Kommission (ABl. L 331 vom 15.12.2010, S. 84) um Hilfe ersuchen.

(8) [1]Hat die Bundesanstalt hinreichende Anhaltspunkte für einen Verstoß gegen Verbote oder Gebote nach den Vorschriften dieses Gesetzes oder nach entsprechenden ausländischen Vorschriften der in Absatz 1 Satz 1 genannten Staaten, teilt sie diese Anhaltspunkte der Europäischen Wertpapier- und Marktaufsichtsbehörde und den nach Absatz 1 Satz 1 zuständigen Stellen des Staates mit, auf dessen Gebiet die vorschriftswidrige Handlung stattfindet oder stattgefunden hat oder auf dessen Gebiet die betroffenen Finanzinstrumente an einem organisierten Markt gehandelt werden oder der nach dem Recht der Europäischen Union für die Verfolgung des Verstoßes zuständig ist. [2]Sind die daraufhin getroffenen Maßnahmen der zuständigen ausländischen Stellen unzureichend oder wird weiterhin gegen die Vorschriften dieses Gesetzes oder gegen die entsprechenden ausländischen Vorschriften verstoßen, ergreift die Bundesanstalt nach vorheriger Unterrichtung der zuständigen Stellen alle für den Schutz der Anleger erforderlichen Maßnahmen und unterrichtet davon die Europäische Kommission und die Europäische Wertpapier- und Marktaufsichtsbehörde. [3]Erhält die Bundesanstalt eine entsprechende Mitteilung von zuständigen ausländischen Stellen, unterrichtet sie diese sowie die Europäische Wertpapier- und Marktaufsichtsbehörde über Ergebnisse daraufhin eingeleiteter Untersuchungen. [4]Die Bundesanstalt unterrichtet ferner

1. die zuständigen Stellen nach Satz 1 und die Europäische Wertpapier- und Marktaufsichtsbehörde über Anordnungen zur Aussetzung, Untersagung oder Einstellung des Handels nach § 6 Absatz 2 Satz 4 dieses Gesetzes sowie § 3 Absatz 5 Satz 3 Nummer 1 und § 25 Absatz 1 des Börsengesetzes,
2. die zuständigen Stellen nach Satz 1 innerhalb eines Monats nach Erhalt einer Mitteilung nach § 19 Absatz 10 des Börsengesetzes von der Absicht der Geschäftsführung einer Börse, Handelsteilnehmern aus den betreffenden Staaten einen unmittelbaren Zugang zu ihrem Handelssystem zu gewähren,
3. die zuständigen Stellen nach Satz 1 und die Europäische Wertpapier- und Marktaufsichtsbehörde über Anordnungen nach § 9 Absatz 1 zur Verringerung von Positionsgrößen oder offenen Forderungen sowie
4. die zuständigen Stellen nach Satz 1 und die Europäische Wertpapier- und Marktaufsichtsbehörde über Anordnungen nach § 9 Absatz 2 zur Beschränkung von Positionen in Warenderivaten.

[5]Die Unterrichtung nach Satz 4 Nummer 3 und 4 muss mindestens 24 Stunden vor Bekanntgabe der Anordnung erfolgen; wenn dies im Ausnahmefall nicht möglich ist, muss die Unterrichtung spätestens vor der Bekanntgabe erfolgen. [6]Die Unterrichtung nach Satz 4 Nummer 3 und 4 umfasst Angaben über Auskunfts- und Vorlageersuchen gemäß § 6 Absatz 3 Satz 2 Nummer 1 einschließlich ihrer Begründung und den Adressaten sowie über den Umfang von Anordnungen gemäß § 9 Absatz 2 einschließlich ihres Adressatenkreises, der betroffenen Finanzinstrumente, Positionsschranken und Ausnahmen, die nach § 56 Absatz 3 gewährt wurden. [7]Betrifft eine in Satz 4 Nummer 3 und 4 genannte Maßnahme Energiegroßhandelsprodukte, so unterrichtet die Bundesanstalt auch die durch die Verordnung (EG) Nr. 713/2009 gegründete Agentur für die Zusammenarbeit der Energieregulierungsbehörden.

(9) Die Regelungen über die internationale Rechtshilfe in Strafsachen bleiben unberührt.

(10) [1]Die Bundesanstalt kann mit den zuständigen Stellen anderer als der in Absatz 1 genannten Staaten entsprechend den Absätzen 1 bis 9 zusammenarbeiten und Vereinbarungen über den Informationsaustausch abschließen. [2]Absatz 7 Satz 5 und 6 findet mit der Maßgabe Anwendung, dass Informationen, die von diesen Stellen übermittelt werden, nur unter Beachtung einer Zweckbestimmung der übermittelnden Stelle verarbeitet und nur mit ausdrücklicher Zustimmung der übermittelnden Stelle der Deutschen Bundesbank oder dem Bundeskartellamt mitgeteilt werden dürfen, sofern dies für die Erfüllung ihrer Aufgaben erforderlich ist. [3]Absatz 7 Satz 8 findet keine Anwendung. [4]Die Übermittlung personenbezogener Daten muss im Einklang mit Kapitel V der Verordnung (EU) 2016/679 des Europäischen Parlaments und des Rates vom 27. April 2016 zum Schutz natürlicher Personen bei der Verarbeitung personenbezogener Daten, zum freien Datenverkehr und zur Aufhebung der Richtlinie 95/46/EG (Datenschutz-Grundverordnung) (ABl. L 119 vom 4.5.2016, S. 1; L 314 vom 22.11.2016, S. 72; L 127 vom 23.5.2018, S. 2) in der jeweils geltenden Fassung und mit den sonstigen allgemeinen datenschutzrechtlichen Vorschriften

stehen. [2]Die Bundesanstalt unterrichtet die Europäische Wertpapier- und Marktaufsichtsbehörde über den Abschluss von Vereinbarungen nach Satz 1.

(11) Für Zwecke der Zusammenarbeit im Zusammenhang mit der Verordnung (EU) Nr. 596/2014 und der Verordnung (EU) 2020/1503 stehen der Bundesanstalt die Befugnisse nach diesem Gesetz zu, um den einschlägigen Ersuchen der zuständigen Behörden nach der Verordnung (EU) Nr. 596/2014 und der Verordnung (EU) 2020/1503 sowie der für die Überwachung entsprechender ausländischer Bestimmungen zuständigen Behörden anderer Vertragsstaaten des Abkommens über den Europäischen Wirtschaftsraum oder von Drittstaaten nachzukommen.

(12) [1]Das Bundesministerium der Finanzen kann durch Rechtsverordnung, die nicht der Zustimmung des Bundesrates bedarf, zu den in den Absätzen 2, 3 und 7 genannten Zwecken nähere Bestimmungen über die Übermittlung von Informationen an ausländische Stellen, die Durchführung von Untersuchungen auf Ersuchen ausländischer Stellen sowie Ersuchen der Bundesanstalt an ausländische Stellen erlassen. [2]Das Bundesministerium der Finanzen kann die Ermächtigung durch Rechtsverordnung auf die Bundesanstalt für Finanzdienstleistungsaufsicht übertragen.

§ 19 Zusammenarbeit mit der Europäischen Wertpapier- und Marktaufsichtsbehörde

(1) Die Bundesanstalt stellt der Europäischen Wertpapier- und Marktaufsichtsbehörde gemäß den Artikeln 35 und 36 der Verordnung (EU) Nr. 1095/2010 auf Verlangen unverzüglich alle für die Erfüllung ihrer Aufgaben erforderlichen Informationen zur Verfügung.

(2) Die Bundesanstalt übermittelt der Europäischen Wertpapier- und Marktaufsichtsbehörde jährlich eine Zusammenfassung von Informationen zu allen im Zusammenhang mit der Überwachung nach den Abschnitten 9 bis 11 ergriffenen Verwaltungsmaßnahmen und verhängten Sanktionen.

(3) Die Bundesanstalt unterrichtet die Europäische Wertpapier- und Marktaufsichtsbehörde über das Erlöschen einer Erlaubnis nach § 4 Absatz 4 des Börsengesetzes und die Aufhebung einer Erlaubnis nach § 4 Absatz 5 des Börsengesetzes oder nach den Vorschriften der Verwaltungsverfahrensgesetze der Länder.

§ 20 Zusammenarbeit mit der Europäischen Kommission im Rahmen des Energiewirtschaftsgesetzes

Die Bundesanstalt übermittelt der Europäischen Kommission auf Verlangen diejenigen Angaben zu Geschäften in Finanzinstrumenten einschließlich personenbezogenen Daten, die ihr nach Artikel 26 der Verordnung (EU) Nr. 600/2014 mitgeteilt worden sind, soweit die Europäische Kommission deren Überlassung gemäß § 5a Absatz 1 des Energiewirtschaftsgesetzes auch unmittelbar von den mitteilungspflichtigen Unternehmen verlangen könnte und die Europäische Kommission diese Informationen zur Erfüllung ihrer im Energiewirtschaftsgesetz näher beschriebenen Aufgaben benötigt.

§ 21 Verschwiegenheitspflicht

(1) [1]Die bei der Bundesanstalt Beschäftigten und die nach § 4 Abs. 3 des Finanzdienstleistungsaufsichtsgesetzes beauftragten Personen dürfen die ihnen bei ihrer Tätigkeit bekannt gewordenen Tatsachen, deren Geheimhaltung im Interesse eines nach diesem Gesetz Verpflichteten, der zuständigen Behörden oder eines Dritten liegt, insbesondere Geschäfts- und Betriebsgeheimnisse sowie personenbezogene Daten, nicht unbefugt offenbaren oder verwenden, auch wenn sie nicht mehr im Dienst sind oder ihre Tätigkeit beendet ist. [2]Dies gilt auch für andere Personen, die durch dienstliche Berichterstattung Kenntnis von den in Satz 1 bezeichneten Tatsachen erhalten. [3]Ein unbefugtes Offenbaren oder Verwenden im Sinne des Satzes 1 liegt insbesondere nicht vor, wenn Tatsachen weitergegeben werden an

1. Strafverfolgungsbehörden oder für Straf- und Bußgeldsachen zuständige Gerichte,
2. kraft Gesetzes oder im öffentlichen Auftrag mit der Überwachung von Börsen oder anderen Märkten, an denen Finanzinstrumente gehandelt werden, des Handels mit Finanzinstrumenten oder Devisen, von Kreditinstituten, Finanzdienstleistungsinstituten, Wertpapierinstituten, Kapitalverwaltungsgesellschaften, extern verwaltete Investmentgesellschaften, EU-Verwaltungsgesellschaften oder ausländische AIF-Verwaltungsgesellschaften, Finanzunternehmen, Versicherungsunternehmen, Versicherungsvermittlern, Unternehmen im Sinne von § 3 Absatz 1 Nummer 7 oder Mitarbeitern im Sinne des § 87 Absatz 1 bis 5 betraute Stellen sowie von diesen beauftragte Personen,
3. Zentralbanken in ihrer Eigenschaft als Währungsbehörden sowie an andere staatliche Behörden, die mit der Überwachung der Zahlungssysteme betraut sind,
4. mit der Liquidation oder dem Insolvenzverfahren über das Vermögen eines Wertpapierdienstleistungsunternehmens, eines organisierten Marktes oder des Betreibers eines organisierten Marktes befasste Stellen,
5. die Europäische Zentralbank, das Europäische System der Zentralbanken, die Europäische Wertpapier- und Marktaufsichtsbehörde, die Europäische Aufsichtsbehörde für das Versicherungswesen

und die betriebliche Altersversorgung, die Europäische Bankenaufsichtsbehörde, den Gemeinsamen Ausschuss der Europäischen Finanzaufsichtsbehörden, den Europäischen Ausschuss für Systemrisiken oder die Europäische Kommission,

7. [1] zuständige Behörden im Sinne von Artikel 2 Absatz 1 Buchstabe r der Verordnung (EU) 2020/1503,

soweit diese Stellen die Informationen zur Erfüllung ihrer Aufgaben benötigen. [4]Für die bei den in Satz 3 Nummer 1 bis 4 genannten Stellen beschäftigten Personen sowie von diesen Stellen beauftragten Personen gilt die Verschwiegenheitspflicht nach Satz 1 entsprechend. [5]Befindet sich eine in Satz 3 Nummer 1 bis 4 genannte Stelle in einem anderen Staat, so dürfen die Tatsachen nur weitergegeben werden, wenn die bei dieser Stelle beschäftigten und die von dieser Stelle beauftragten Personen einer dem Satz 1 entsprechenden Verschwiegenheitspflicht unterliegen.

(2) [1]Die §§ 93, 97 und 105 Absatz 1, § 111 Absatz 5 in Verbindung mit § 105 Absatz 1 sowie § 116 Absatz 1 der Abgabenordnung gelten für die in Absatz 1 Satz 1 und 2 bezeichneten Personen nur, soweit die Finanzbehörden die Kenntnisse für die Durchführung eines Verfahrens wegen einer Steuerstraftat oder eines Besteuerungsverfahrens benötigen, es sei denn, der Weitergabe der Informationen stehen andere Vorschriften entgegen. [2]Die in Satz 1 genannten Vorschriften sind jedoch nicht anzuwenden, soweit Tatsachen betroffen sind,

1. die den in Absatz 1 Satz 1 oder Satz 2 bezeichneten Personen durch eine Stelle eines anderen Staates im Sinne von Absatz 1 Satz 3 Nummer 2 oder durch von dieser Stelle beauftragte Personen mitgeteilt worden sind oder
2. von denen bei der Bundesanstalt beschäftigte Personen dadurch Kenntnis erlangen, dass sie an der Aufsicht über direkt von der Europäischen Zentralbank beaufsichtigte Institute mitwirken, insbesondere in gemeinsamen Aufsichtsteams nach Artikel 2 Nummer 6 der Verordnung (EU) Nr. 468/2014 der Europäischen Zentralbank vom 16. April 2014 zur Einrichtung eines Rahmenwerks für die Zusammenarbeit zwischen der Europäischen Zentralbank und den nationalen zuständigen Behörden und den nationalen benannten Behörden innerhalb des einheitlichen Aufsichtsmechanismus (SSM-Rahmenverordnung) (EZB/2014/17) (ABl. L 141 vom 14.5.2014 S. 1), und die nach den Regeln der Europäischen Zentralbank geheim sind.

§ 22 Meldepflichten

(1) [1]Die Bundesanstalt ist zuständige Behörde im Sinne der Artikel 26 und 27 der Verordnung (EU) Nr. 600/2014. [2]Dies gilt insbesondere auch für die Mitteilung von Referenzdaten, die von Handelsplätzen nach Artikel 27 Absatz 1 der Verordnung (EU) Nr. 600/2014 zu übermitteln sind. [3]Sie ist zuständig für die Übermittlung von Mitteilungen nach Artikel 26 Absatz 1 der Verordnung (EU) Nr. 600/2014 an die zuständige Behörde eines anderen Mitgliedstaates oder eines anderen Vertragsstaates des Abkommens über den Europäischen Wirtschaftsraum, wenn sich in diesem Staat der unter Liquiditätsaspekten relevanteste Markt für das gemeldete Finanzinstrument im Sinne des Artikels 26 Absatz 1 der Verordnung (EU) Nr. 600/2014 befindet.

(2) [1]Ein inländischer Handelsplatz, der im Namen eines Wertpapierdienstleistungsunternehmens Meldungen nach Artikel 26 Absatz 1 der Verordnung (EU) Nr. 600/2014 vornimmt, muss Sicherheitsmechanismen einrichten, die die Sicherheit und Authentifizierung der Informationsübermittlungswege gewährleisten sowie eine Verfälschung der Daten und einen unberechtigten Zugriff und ein Bekanntwerden von Informationen verhindern und so jederzeit die Vertraulichkeit der Daten wahren. [2]Der Handelsplatz muss ausreichende Mittel vorhalten und Notfallsysteme einrichten, um seine diesbezüglichen Dienste jederzeit anbieten und aufrechterhalten zu können.

(3) [1]Die Verpflichtung nach Artikel 26 Absatz 1 bis 3 sowie 6 und 7 der Verordnung (EU) Nr. 600/2014 in Verbindung mit der Delegierten Verordnung (EU) 2017/590 der Kommission vom 28. Juli 2016 zur Ergänzung der Verordnung (EU) Nr. 600/2014 des Europäischen Parlaments und des Rates durch technische Regulierungsstandards für die Meldung von Geschäften an die zuständigen Behörden (ABl. L 87 vom 31.3.2017, S. 449), in der jeweils geltenden Fassung, gilt entsprechend für inländische zentrale Gegenparteien im Sinne des § 1 Absatz 31 des Kreditwesengesetzes hinsichtlich der Informationen, über die sie auf Grund der von ihnen abgeschlossenen Geschäfte verfügen. [2]Diese Informationen umfassen Inhalte, die gemäß Anhang 1 Tabelle 2 Meldefelder Nummer 1 bis 4, 6, 7, 16, 28 bis 31, 33 bis 36 und 38 bis 56 der Delegierten Verordnung (EU) 2017/590 anzugeben sind. [3]Die übrigen Meldefelder sind so zu befüllen, dass sie den technischen Validierungsregeln, die von der Europäischen Wertpapier- und Marktaufsichtsbehörde vorgegeben sind, entsprechen.

1) Zählung amtlich.

§ 23 Anzeige von Verdachtsfällen

(1) [1]Wertpapierdienstleistungsunternehmen, andere Kreditinstitute, Kapitalverwaltungsgesellschaften und Betreiber von außerbörslichen Märkten, an denen Finanzinstrumente gehandelt werden, haben bei der Feststellung von Tatsachen, die den Verdacht begründen, dass mit einem Geschäft über Finanzinstrumente, für die die Bundesanstalt die zuständige Behörde im Sinne des Artikels 2 Absatz 1 Buchstabe j der Verordnung (EU) Nr. 236/2012 ist, gegen die Artikel 12, 13 oder 14 der Verordnung (EU) Nr. 236/2012 verstoßen wird, diese unverzüglich der Bundesanstalt mitzuteilen. [2]Sie dürfen andere Personen als staatliche Stellen und solche, die auf Grund ihres Berufs einer gesetzlichen Verschwiegenheitspflicht unterliegen, von der Anzeige oder von einer daraufhin eingeleiteten Untersuchung nicht in Kenntnis setzen.

(2) [1]Der Inhalt einer Anzeige nach Absatz 1 darf von der Bundesanstalt nur zur Erfüllung ihrer Aufgaben verwendet werden. [2]Die Bundesanstalt darf die Identität einer anzeigenden Person nach Absatz 1 anderen als staatlichen Stellen nicht zugänglich machen. [3]Das Recht der Bundesanstalt nach § 123 bleibt unberührt.

(3) Wer eine Anzeige nach Absatz 1 erstattet, darf wegen dieser Anzeige nicht verantwortlich gemacht werden, es sei denn, die Anzeige ist vorsätzlich oder grob fahrlässig unwahr erstattet worden.

(4) [1]Das Bundesministerium der Finanzen kann durch Rechtsverordnung, die nicht der Zustimmung des Bundesrates bedarf, nähere Bestimmungen erlassen über

1. die Form und den Inhalt einer Anzeige nach Absatz 1 und
2. die Art und Weise der Übermittlung einer Mitteilung nach Artikel 16 Absatz 1 und 2 der Verordnung (EU) Nr. 596/2014.

[2]Das Bundesministerium der Finanzen kann die Ermächtigung durch Rechtsverordnung auf die Bundesanstalt übertragen.

§ 24 Verpflichtung des Insolvenzverwalters

(1) Wird über das Vermögen eines nach diesem Gesetz zu einer Handlung Verpflichteten ein Insolvenzverfahren eröffnet, hat der Insolvenzverwalter den Schuldner bei der Erfüllung der Pflichten nach diesem Gesetz zu unterstützen, insbesondere indem er aus der Insolvenzmasse die hierfür erforderlichen Mittel bereitstellt.

(2) Wird vor Eröffnung des Insolvenzverfahrens ein vorläufiger Insolvenzverwalter bestellt, hat dieser den Schuldner bei der Erfüllung seiner Pflichten zu unterstützen, insbesondere indem er der Verwendung der Mittel durch den Verpflichteten zustimmt oder, wenn dem Verpflichteten ein allgemeines Verfügungsverbot auferlegt wurde, indem er die Mittel aus dem von ihm verwalteten Vermögen zur Verfügung stellt.

§ 24a Verordnungsermächtigung

(1) [1]Das Bundesministerium der Finanzen wird ermächtigt, durch Rechtsverordnung festzulegen, welche Meldungen, Mitteilungen, Anzeigen, Berichte, Anträge und sonstige Informationen mit den hierzu notwendigen Unterlagen, die der Bundesanstalt vorzulegen sind,

1. nach diesem Gesetz und den auf Grund dieses Gesetzes erlassenen Rechtsverordnungen, sowie
2. nach den in § 1 Absatz 1 Nummer 8 genannten Verordnungen der europäischen Union und den europäischen Rechtsakten, die zur Durchführung dieser Verordnungen erlassen worden sind,

elektronisch übermittelt werden müssen. [2]Die Rechtsverordnung kann nähere Bestimmungen treffen über Art, Umfang, Zeitpunkt, Form und Datenformat der Einreichungen nach Satz 1 und sie kann festlegen, welches elektronische Kommunikationsverfahren für die jeweilige Vorlagepflicht bei der Bundesanstalt zu nutzen ist und welche Bestimmungen für dessen Nutzung gelten, sowie dass eine Verpflichtung zur Einrichtung eines Zugangs zu einem Melde- und Veröffentlichungssystem der Bundesanstalt besteht.

(2) [1]Das Bundesministerium der Finanzen kann die Ermächtigung nach Absatz 1 durch Rechtsverordnung auf die Bundesanstalt übertragen. [2]Rechtsverordnungen nach Absatz 1 bedürfen nicht der Zustimmung des Bundesrates.

Abschnitt 3

Marktmissbrauchsüberwachung

§ 25 Anwendung der Verordnung (EU) Nr. 596/2014 auf Waren und ausländische Zahlungsmittel

Artikel 15 in Verbindung mit Artikel 12 Absatz 1 bis 4 der Verordnung (EU) Nr. 596/2014 gilt entsprechend für

1. Waren im Sinne des § 2 Absatz 5 und
2. ausländische Zahlungsmittel im Sinne des § 51 des Börsengesetzes,

die an einer inländischen Börse oder einem vergleichbaren Markt in einem anderen Mitgliedstaat der Europäischen Union oder in einem anderen Vertragsstaat des Abkommens über den Europäischen Wirtschaftsraum gehandelt werden.

§ 26 Übermittlung von Insiderinformationen und von Eigengeschäften; Verordnungsermächtigung

(1) Ein Inlandsemittent, ein MTF-Emittent oder ein OTF-Emittent, der gemäß Artikel 17 Absatz 1, 7 oder 8 der Verordnung (EU) Nr. 596/2014 verpflichtet ist, Insiderinformationen zu veröffentlichen, hat diese vor ihrer Veröffentlichung den Geschäftsführungen der Handelsplätze, an denen seine Finanzinstrumente zum Handel zugelassen oder in den Handel einbezogen sind, mitzuteilen sowie unverzüglich nach ihrer Veröffentlichung der Bundesanstalt sowie der das Unternehmensregister führenden Stelle zur Einstellung in das Unternehmensregister zu übermitteln.

(2) Ein Inlandsemittent, ein MTF-Emittent oder ein OTF-Emittent, der gemäß Artikel 19 Absatz 3 der Verordnung (EU) Nr. 596/2014 verpflichtet ist, Informationen zu Eigengeschäften von Führungskräften zu veröffentlichen, hat diese Informationen unverzüglich, jedoch nicht vor ihrer Veröffentlichung, der das Unternehmensregister führenden Stelle zur Einstellung in das Unternehmensregister zu übermitteln sowie die Veröffentlichung der Bundesanstalt mitzuteilen.

(3) [1]Verstößt der Emittent gegen die Verpflichtungen nach Absatz 1 oder nach Artikel 17 Absatz 1, 7 oder 8 der Verordnung (EU) Nr. 596/2014, so ist er einem anderen nur unter den Voraussetzungen der §§ 97 und 98 zum Ersatz des daraus entstehenden Schadens verpflichtet. [2]Schadensersatzansprüche, die auf anderen Rechtsgrundlagen beruhen, bleiben unberührt.

(4) [1]Das Bundesministerium der Finanzen kann durch Rechtsverordnung, die nicht der Zustimmung des Bundesrates bedarf, nähere Bestimmungen erlassen über

1. den Mindestinhalt, die Art, die Sprache, den Umfang und die Form einer Mitteilung nach Absatz 1 oder Absatz 2,
2. den Mindestinhalt, die Art, die Sprache, den Umfang und die Form einer Veröffentlichung nach Artikel 17 Absatz 1, 2 und 6 bis 9 der Verordnung (EU) Nr. 596/2014,
3. die Bedingungen, die ein Emittent oder Teilnehmer am Markt für Emissionszertifikate nach Artikel 17 Absatz 4 Unterabsatz 1 der Verordnung (EU) Nr. 596/2014 erfüllen muss, um die Offenlegung von Insiderinformationen aufzuschieben,
4. die Art und Weise der Übermittlung sowie den Mindestinhalt einer Mitteilung nach Artikel 17 Absatz 4 Unterabsatz 3 Satz 1 und Absatz 6 Unterabsatz 1 Satz 1 der Verordnung (EU) Nr. 596/2014,
5. die Art und Weise der Übermittlung einer Insiderliste nach Artikel 18 Absatz 1 Buchstabe c der Verordnung (EU) Nr. 596/2014,
6. die Art und Weise der Übermittlung sowie der Sprache einer Meldung nach Artikel 19 Absatz 1 der Verordnung (EU) Nr. 596/2014 und
7. den Inhalt, die Art, den Umfang und die Form einer zusätzlichen Veröffentlichung der Informationen nach Artikel 19 Absatz 3 der Verordnung (EU) Nr. 596/2014 durch die Bundesanstalt gemäß Artikel 19 Absatz 3 Unterabsatz 3 der Verordnung (EU) Nr. 596/2014.

[2]Das Bundesministerium der Finanzen kann die Ermächtigung durch Rechtsverordnung auf die Bundesanstalt übertragen.

§ 27 Aufzeichnungspflichten

[1]Wertpapierdienstleistungsunternehmen sowie Unternehmen mit Sitz im Inland, die an einer inländischen Börse zur Teilnahme am Handel zugelassen sind, haben vor Durchführung von Aufträgen, die Finanzinstrumente im Sinne des Artikels 2 Absatz 1 Unterabsatz 1 der Verordnung (EU) Nr. 596/2014 oder Handlungen oder Geschäfte im Sinne des Artikels 2 Absatz 1 Unterabsatz 2 Satz 1 der Verordnung (EU) Nr. 596/2014 zum Gegenstand haben, bei natürlichen Personen den Namen, das Geburtsdatum und die Anschrift, bei Unternehmen die Firma und die Anschrift der Auftraggeber und der berechtigten oder verpflichteten Personen oder Unternehmen festzustellen und diese Angaben aufzuzeichnen. [2]Die Aufzeichnungen nach Satz 1 sind mindestens sechs Jahre aufzubewahren. [3]Für die Aufbewahrung gilt § 257 Abs. 3 und 5 des Handelsgesetzbuchs entsprechend.

§ 28 *[aufgehoben]*

Abschnitt 4
Ratingagenturen

§ 29 Zuständigkeit im Sinne der Verordnung (EG) Nr. 1060/2009

(1) Die Bundesanstalt ist zuständige Behörde im Sinne des Artikels 22 der Verordnung (EG) Nr. 1060/2009 des Europäischen Parlaments und des Rates vom 16. September 2009 über Ratingagenturen (ABl. L 302 vom 17.11.2009, S. 1), die zuletzt durch die Verordnung (EU) Nr. 462/2013 (ABl. L 146 vom 31.5.2013, S. 1) geändert worden ist, in der jeweils geltenden Fassung.

(2) Für Wertpapierdienstleistungsunternehmen ist die Bundesanstalt nach diesem Gesetz sektoral zuständige Behörde im Sinne des Artikels 25a der Verordnung (EG) Nr. 1060/2009 in der jeweils geltenden Fassung, soweit diese Unternehmen bei der Erbringung von Wertpapierdienstleistungen oder Wertpapiernebendienstleistungen Ratings verwenden.

(3) Soweit in der Verordnung (EG) Nr. 1060/2009 in der jeweils geltenden Fassung oder den auf ihrer Grundlage erlassenen Rechtsakten nichts Abweichendes geregelt ist, sind die §§ 2, 3, 6 bis 13, 17 Absatz 2, § 18 mit Ausnahme von Absatz 7 Satz 5 bis 8, § 21 mit Ausnahme von Absatz 1 Satz 3 bis 5 für die Ausübung der Aufsicht durch die Bundesanstalt nach den Absätzen 1, 2 und 5 entsprechend anzuwenden.

(4) Widerspruch und Anfechtungsklage gegen Maßnahmen der Bundesanstalt nach den Absätzen 1 und 2, auch aufgrund oder in Verbindung mit der Verordnung (EG) Nr. 1060/2009 in der jeweils geltenden Fassung oder den auf ihrer Grundlage erlassenen Rechtsakten, haben keine aufschiebende Wirkung.

(5) [1]Zulassungsantragsteller im Sinne von § 2 Nummer 7 und Anbieter im Sinne von § 2 Nummer 6 des Wertpapierprospektgesetzes, die einen Antrag auf Billigung eines Prospekts im Sinne der Verordnung (EU) 2017/1129 für ein öffentliches Angebot oder die Zulassung zum Handel von strukturierten Finanzinstrumenten im Sinne der Artikel 8b oder Artikel 8c der Verordnung (EG) Nr. 1060/2009 in der jeweils geltenden Fassung oder einer Emission im Sinne des Artikels 8d der Verordnung (EG) Nr. 1060/2009 in der jeweils geltenden Fassung bei der Bundesanstalt stellen und zugleich Emittent dieses strukturierten Finanzinstruments oder dieser Emission sind, haben der Bundesanstalt mit der Stellung des Billigungsantrags eine Erklärung beizufügen, dass sie die auf sie anwendbaren Pflichten aus den Artikeln 8b, 8c oder Artikel 8d der Verordnung (EG) Nr. 1060/2009 in der jeweils geltenden Fassung erfüllen. [2]Die Wirksamkeit des Billigungsantrags bleibt von der ordnungsgemäßen Abgabe dieser Erklärung unberührt.

Abschnitt 5
OTC-Derivate und Transaktionsregister

§ 30 Überwachung des Clearings von OTC-Derivaten und Aufsicht über Transaktionsregister

(1) [1]Die Bundesanstalt ist unbeschadet des § 6 des Kreditwesengesetzes nach diesem Gesetz zuständig für die Einhaltung der Vorschriften nach den Artikeln 4, 4a, 5 und 7 bis 13 der Verordnung (EU) Nr. 648/2012 des Europäischen Parlaments und des Rates vom 4. Juli 2012 über OTC-Derivate, zentrale Gegenparteien und Transaktionsregister (ABl. L 201 vom 27.7.2012, S. 1), soweit sich nicht aus § 3 Absatz 5 oder § 5 Absatz 6 des Börsengesetzes etwas anderes ergibt. [2]Die Bundesanstalt ist zuständige Behörde im Sinne des Artikels 62 Absatz 4, des Artikels 63 Absatz 3 bis 7, des Artikels 68 Absatz 3 und des Artikels 74 Absatz 1 bis 3 der Verordnung (EU) Nr. 648/2012. [3]Soweit in der Verordnung (EU) Nr. 648/2012 nichts Abweichendes geregelt ist, gelten die Vorschriften der Abschnitte 1 und 2 dieses Gesetzes, mit Ausnahme der §§ 22 und 23, entsprechend.

(2) Eine inländische finanzielle Gegenpartei im Sinne des Artikels 2 Nummer 8 der Verordnung (EU) Nr. 648/2012 hat, wenn sie eine Garantie im Sinne der Artikel 1 und 2 Absatz 1 der Delegierten Verordnung (EU) Nr. 285/2014 der Kommission vom 13. Februar 2014 zur Ergänzung der Verordnung (EU) Nr. 648/2012 des Europäischen Parlaments und des Rates im Hinblick auf technische Regulierungsstandards in Bezug auf unmittelbare, wesentliche und vorhersehbare Auswirkungen von Kontrakten innerhalb der Union und die Verhinderung der Umgehung von Vorschriften und Pflichten (ABl. L 85 vom 21.3.2014, S. 1) in der jeweils geltenden Fassung gewährt oder erweitert, durch geeignete Maßnahmen, insbesondere durch Vertragsgestaltung und Kontrollen, sicherzustellen, dass die an garantierten OTC-Derivatekontrakten beteiligten, in einem Drittstaat ansässigen Einrichtungen nicht gegen auf diese garantierten OTC-Derivatekontrakte anwendbare Bestimmungen der Verordnung (EU) Nr. 648/2012 verstoßen.

(3) Inländische Clearingmitglieder im Sinne des Artikels 2 Nummer 14 der Verordnung (EU) Nr. 648/2012 sowie Handelsplätze im Sinne des Artikels 2 Nummer 4 der Verordnung (EU) Nr. 648/2012 dürfen Clearingdienste einer in einem Drittstaat ansässigen zentralen Gegenpartei im Sinne des Artikels

25 Absatz 1 der Verordnung (EU) Nr. 648/2012 nur nutzen, wenn diese von der Europäischen Wertpapier- und Marktaufsichtsbehörde anerkannt wurde.

(4) Die Bundesanstalt übt die ihr nach Absatz 1 in Verbindung mit der Verordnung (EU) Nr. 648/2012 übertragenen Befugnisse aus, soweit dies für die Wahrnehmung ihrer Aufgaben und die Überwachung der Einhaltung der in der Verordnung (EU) Nr. 648/2012 geregelten Pflichten erforderlich ist.

(5) [1]Sofern die Bundesanstalt als zuständige Behörde nach Absatz 1 tätig wird oder Befugnisse nach Absatz 4 ausübt, sind die vorzulegenden Unterlagen in deutscher Sprache und auf Verlangen der Bundesanstalt zusätzlich in englischer Sprache zu erstellen und vorzulegen. [2]Die Bundesanstalt kann gestatten, dass die Unterlagen ausschließlich in englischer Sprache erstellt und vorgelegt werden.

(6) [1]Die Bundesanstalt kann von Unternehmen Auskünfte, die Vorlage von Unterlagen und die Überlassung von Kopien verlangen, soweit dies für die Überwachung der Einhaltung der Vorschriften nach Absatz 1 erforderlich ist. [2]Gesetzliche Auskunfts- oder Aussageverweigerungsrechte sowie gesetzliche Verschwiegenheitspflichten bleiben unberührt.

(7) Widerspruch und Anfechtungsklage gegen Maßnahmen der Bundesanstalt nach den Absätzen 4 und 6, auch in Verbindung mit der Verordnung (EU) Nr. 648/2012, haben keine aufschiebende Wirkung.

§ 31 Verordnungsermächtigung zu den Mitteilungspflichten nach der Verordnung (EU) Nr. 648/2012

[1]Das Bundesministerium der Finanzen kann durch Rechtsverordnung, die nicht der Zustimmung des Bundesrates bedarf, nähere Bestimmungen erlassen über den Inhalt, die Art, die Sprache, den Umfang und die Form der Unterrichtung nach Artikel 4a Absatz 1 Unterabsatz 2 Buchstabe a oder nach Artikel 10 Absatz 1 Unterabsatz 2 Buchstabe a sowie der Nachweise nach Artikel 4a Absatz 2 Unterabsatz 1 oder nach Artikel 10 Absatz 2 Unterabsatz 1 der Verordnung (EU) Nr. 648/2012. [2]Das Bundesministerium der Finanzen kann die Ermächtigung durch Rechtsverordnung auf die Bundesanstalt übertragen.

§ 32 Prüfung der Einhaltung bestimmter Pflichten der Verordnung (EU) Nr. 648/2012 und der Verordnung (EU) Nr. 600/2014

(1) [1]Kapitalgesellschaften, die weder kleine Kapitalgesellschaften im Sinne des § 267 Absatz 1 des Handelsgesetzbuchs noch finanzielle Gegenparteien im Sinne des Artikels 2 Nummer 8 der Verordnung (EU) Nr. 648/2012 sind und die im abgelaufenen Geschäftsjahr entweder

1. OTC-Derivate im Sinne des Artikels 2 Nummer 7 der Verordnung (EU) Nr. 648/2012 mit einem Gesamtnominalvolumen von mehr als 100 Millionen Euro oder
2. mehr als 100 OTC-Derivatekontrakte im Sinne des Artikels 2 Nummer 7 der Verordnung (EU) Nr. 648/2012

eingegangen sind, haben durch einen geeigneten Prüfer innerhalb von neun Monaten nach Ablauf des Geschäftsjahres prüfen und bescheinigen zu lassen, dass sie über geeignete Systeme verfügen, die die Einhaltung der Anforderungen nach Artikel 4 Absatz 1, 2 und 3 Unterabsatz 2, Artikel 9 Absatz 1 bis 3, Artikel 10 Absatz 1 bis 3 sowie Artikel 11 Absatz 1, 2 und 3 Satz 2 und Absatz 5 bis 11 Unterabsatz 1 der Verordnung (EU) Nr. 648/2012, nach Artikel 28 Absatz 1 bis 3 der Verordnung (EU) Nr. 600/2014 sowie nach einer auf Grund des § 31 dieses Gesetzes erlassenen Rechtsverordnung sicherstellen. [2]Für die Zwecke der Berechnung der Schwelle nach Satz 1 Nummer 1 und 2 sind solche Geschäfte nicht zu berücksichtigen, die als gruppeninterne Geschäfte der Ausnahme des Artikels 4 Absatz 2 der Verordnung (EU) Nr. 648/2012 unterliegen oder von den Anforderungen des Artikels 11 Absatz 3 der Verordnung (EU) Nr. 648/2012 befreit sind. [3]Die Pflichten nach Satz 1 gelten nicht für solche Unternehmen, die den Prüfungspflichten nach § 35 des Versicherungsaufsichtsgesetzes oder den Prüfungspflichten nach § 29 des Kreditwesengesetzes unterliegen.

(2) [1]Geeignete Prüfer im Sinne des Absatzes 1 Satz 1 sind Wirtschaftsprüfer, vereidigte Buchprüfer sowie Wirtschaftsprüfungs- und Buchprüfungsgesellschaften, die hinsichtlich des Prüfungsgegenstandes über ausreichende Kenntnisse verfügen. [2]Die Kapitalgesellschaft hat den Prüfer spätestens 15 Monate nach Beginn des Geschäftsjahres, auf das sich die Prüfung erstreckt, zu bestellen.

(3) [1]Der Prüfer hat die Bescheinigung zu unterzeichnen und innerhalb von neun Monaten nach Ablauf des Geschäftsjahres, auf das sich die Prüfung erstreckt, den gesetzlichen Vertretern und dem Aufsichtsrat vorzulegen, falls die Kapitalgesellschaft über einen solchen verfügt. [2]Vor der Zuleitung der Bescheinigung an den Aufsichtsrat ist der Geschäftsleitung Gelegenheit zur Stellungnahme zu geben. [3]In der Bescheinigung hat der Prüfer über die Ergebnisse der Prüfung schriftlich zu berichten. [4]Werden dem Prüfer bei der Prüfung schwerwiegende Verstöße gegen die Anforderungen des Absatzes 1 bekannt, hat er die Bundesanstalt unverzüglich zu unterrichten. [5]§ 323 des Handelsgesetzbuchs gilt entsprechend.

(4) [1]Enthält die Bescheinigung des Prüfers die Feststellung von Mängeln, hat die Kapitalgesellschaft die Bescheinigung unverzüglich der Bundesanstalt zu übermitteln. [2]Stellt ein Prüfer fest, dass die Geschäfts-

leitung eine entsprechende Übermittlung an die Bundesanstalt in einem Geschäftsjahr, das vor dem Prüfungszeitraum liegt, unterlassen hat, hat er dies der Bundesanstalt unverzüglich mitzuteilen. [3]Tatsachen, die auf das Vorliegen einer Berufspflichtverletzung durch den Prüfer schließen lassen, übermittelt die Bundesanstalt der Wirtschaftsprüferkammer. [4]§ 110 Absatz 1 Satz 2 gilt entsprechend.
(5) [1]Die Pflichten nach Absatz 1 in Verbindung mit den Absätzen 2 bis 4 gelten auch für offene Handelsgesellschaften und Kommanditgesellschaften im Sinne des § 264a Absatz 1 des Handelsgesetzbuchs. [2]§ 264a Absatz 2 des Handelsgesetzbuchs gilt entsprechend.
(6) [1]Das Bundesministerium der Finanzen kann durch Rechtsverordnung, die nicht der Zustimmung des Bundesrates bedarf, im Einvernehmen mit dem Bundesministerium der Justiz und für Verbraucherschutz nähere Bestimmungen über Art, Umfang und Zeitpunkt der Prüfung nach Absatz 1 sowie über Art und Umfang der Bescheinigungen nach Absatz 3 erlassen, soweit dies zur Erfüllung der Aufgaben der Bundesanstalt erforderlich ist, insbesondere um auf die Einhaltung der in Absatz 1 Satz 1 genannten Pflichten und Anforderungen hinzuwirken und um einheitliche Unterlagen zu erhalten. [2]Das Bundesministerium der Finanzen kann die Ermächtigung durch Rechtsverordnung im Einvernehmen mit dem Bundesministerium der Justiz und für Verbraucherschutz auf die Bundesanstalt übertragen.

Abschnitt 5a
Paneuropäisches Privates Pensionsprodukt (PEPP)

§ 32a Zuständigkeit im Sinne der Verordnung (EU) 2019/1238

(1) Die Bundesanstalt ist zuständige Behörde im Sinne von Artikel 2 Nummer 18 der Verordnung (EU) 2019/1238 des Europäischen Parlaments und des Rates vom 20. Juni 2019 über ein Paneuropäisches Privates Pensionsprodukt (PEPP) (ABl. L 198 vom 25.7.2019, S. 1) in der jeweils geltenden Fassung nach den Vorschriften dieses Gesetzes, soweit nicht § 295 Absatz 1 Nummer 7 des Versicherungsaufsichtsgesetzes, § 6 Absatz 1f des Kreditwesengesetzes oder § 5 Absatz 13 des Kapitalanlagegesetzbuchs anzuwenden ist.
(2) Widerspruch und Anfechtungsklage gegen Maßnahmen und Entscheidungen der Bundesanstalt nach Artikel 6 Absatz 4, Artikel 8 Absatz 1 sowie nach Artikel 63 der Verordnung (EG) 2019/1238 haben keine aufschiebende Wirkung.

Abschnitt 5b
Schwarmfinanzierungsdienstleister

§ 32b Zuständigkeit der Bundesanstalt nach der Verordnung (EU) 2020/1503

(1) Die Bundesanstalt ist zuständige Behörde im Sinne des Artikels 29 Absatz 1 der Verordnung (EU) 2020/1503.
(2) Die Bundesanstalt erlässt im Einvernehmen mit dem Bundesministerium der Justiz und für Verbraucherschutz Gestattungen nach Artikel 2 Absatz 2 der Verordnung (EU) 2020/1503 durch Allgemeinverfügung.
(3) In Bezug auf Maßnahmen nach Artikel 17 Absatz 1 der Verordnung (EU) 2020/1503 sind § 48 Absatz 4 Satz 1 und § 49 Absatz 2 Satz 2 des Verwaltungsverfahrensgesetzes über die Jahresfrist nicht anzuwenden.
(4) Widerspruch und Anfechtungsklage gegen Entscheidungen und Maßnahmen der Bundesanstalt nach der Verordnung (EU) 2020/1503 einschließlich der Androhung und der Festsetzung von Zwangsmitteln haben keine aufschiebende Wirkung.

§ 32c Haftung für Angaben im Anlagebasisinformationsblatt nach Artikel 23 der Verordnung (EU) 2020/1503

(1) Der für das Anlagebasisinformationsblatt nach Artikel 23 der Verordnung (EU) 2020/1503 verantwortliche Projektträger im Sinne des Artikels 2 Absatz 1 Buchstabe h der Verordnung (EU) 2020/1503 ist dem Anleger im Sinne des Artikels 2 Absatz 1 Buchstabe i der Verordnung (EU) 2020/1503 zur Rückabwicklung des Kredits im Sinne des Artikels 2 Absatz 1 Buchstabe b der Verordnung (EU) 2020/1503 und zur Erstattung der mit der Kreditgewährung verbundenen üblichen Kosten oder zur Übernahme der Wertpapiere oder der für Schwarmfinanzierungszwecke verwendeten Instrumente gegen die Erstattung des Erwerbspreises, soweit dieser den ersten Erwerbspreis nicht überschreitet, und zur Erstattung der mit dem Erwerb verbundenen üblichen Kosten verpflichtet, wenn in dem Anlagebasisinformationsblatt nach Artikel 23 der Verordnung (EU) 2020/1503 oder etwaigen Übersetzungen in Amtssprachen eines Mitgliedstaats der Europäischen Union aufgrund von Vorsatz oder Fahrlässigkeit

1. irreführende oder unrichtige Informationen angegeben sind,
2. wichtige Informationen nicht angegeben sind, die erforderlich sind, um Anleger bei ihrer Entscheidung, ob sie in einem Schwarmfinanzierungsprojekt anlegen, zu unterstützen oder
3. eine nach Artikel 23 Absatz 6 Buchstabe c der Verordnung (EU) 2020/1503 abzugebende Risikowarnung nicht enthalten ist.

(2) Die Verpflichtung nach Absatz 1 besteht auch dann, wenn der Projektträger aufgrund von Vorsatz oder Fahrlässigkeit

1. das Anlagebasisinformationsblatt entgegen Artikel 23 Absatz 2 der Verordnung (EU) 2020/1503 nicht erstellt hat oder
2. dem Schwarmfinanzierungsdienstleister im Sinne des Artikels 2 Absatz 1 Buchstabe e der Verordnung (EU) 2020/1503 entgegen Artikel 23 Absatz 8 Satz 1 der Verordnung (EU) 2020/1503 eine Änderung der im Anlagebasisinformationsblatt enthaltenen Informationen nicht unverzüglich mitgeteilt hat.

(3) Die Verpflichtung nach Absatz 1 besteht für den Schwarmfinanzierungsdienstleister, wenn dieser aufgrund von Vorsatz oder Fahrlässigkeit

1. dem Anleger das Anlagebasisinformationsblatt entgegen Artikel 23 Absatz 2 der Verordnung (EU) 2020/1503 nicht zur Verfügung gestellt hat oder
2. den Anleger entgegen Artikel 23 Absatz 8 Satz 2 der Verordnung (EU) 2020/1503 über eine wesentliche Änderung der im Anlagebasisinformationsblatt enthaltenen Informationen nicht unverzüglich informiert hat.

(4) Ist der Anleger nicht mehr Inhaber der Wertpapiere oder der verwendeten Instrumente, so kann er den Ausgleich eines etwaigen Vermögensnachteils sowie die Zahlung der mit dem ursprünglichen Erwerb und der Veräußerung verbundenen Kosten verlangen, wenn der Veräußerungspreis den ersten Erwerbspreis nicht überschreitet.

§ 32d Haftung für Angaben im Anlagebasisinformationsblatt auf Ebene der Plattform nach Artikel 24 der Verordnung (EU) 2020/1503

(1) Der für das Anlagebasisinformationsblatt auf Ebene der Plattform nach Artikel 24 der Verordnung (EU) 2020/1503 verantwortliche Schwarmfinanzierungsdienstleister im Sinne des Artikels 2 Absatz 1 Buchstabe e der Verordnung (EU) 2020/1503 ist dem Anleger im Sinne des Artikels 2 Absatz 1 Buchstabe i der Verordnung (EU) 2020/1503 zur Rückzahlung des für die individuelle Verwaltung des Kreditportfolios zugewiesenen Betrages sowie der mit der individuellen Verwaltung des Kreditportfolios verbundenen Gebühren und sonstigen Kosten abzüglich bereits ausgezahlter Beträge verpflichtet, wenn in dem Anlagebasisinformationsblatt auf Ebene der Plattform nach Artikel 24 der Verordnung (EU) 2020/1503 oder dessen etwaigen Übersetzungen in Amtssprachen eines Mitgliedstaats der Europäischen Union aufgrund von Vorsatz oder Fahrlässigkeit

1. irreführende oder unrichtige Informationen angegeben sind,
2. wichtige Informationen nicht angegeben sind, die erforderlich sind, um Anleger bei ihrer Entscheidung, ob sie ihre Anlage durch die individuelle Verwaltung des Kreditportfolios vornehmen, zu unterstützen oder
3. die nach Artikel 24 Absatz 1 Buchstabe c der Verordnung (EU) 2020/1503 abzugebende Erklärung nicht enthalten ist.

(2) Die Verpflichtung nach Absatz 1 besteht auch dann, wenn der Schwarmfinanzierungsdienstleister aufgrund von Vorsatz oder Fahrlässigkeit

1. dem Anleger das Anlagebasisinformationsblatt auf Ebene der Plattform entgegen Artikel 24 Absatz 1 der Verordnung (EU) 2020/1503 nicht zur Verfügung gestellt hat,
2. das Anlagebasisinformationsblatt auf Ebene der Plattform entgegen Artikel 24 Absatz 2 Satz 1 der Verordnung (EU) 2020/1503 nicht auf dem neusten Stand gehalten hat oder
3. den Anleger entgegen Artikel 24 Absatz 2 Satz 2 der Verordnung (EU) 2020/1503 nicht unverzüglich über eine wesentliche Änderung der im Anlagebasisinformationsblatt auf Ebene der Plattform enthaltenen Informationen informiert hat.

§ 32e Sonstige Regelungen hinsichtlich der Ansprüche nach den §§ 32c und 32d

(1) Ein Anspruch des Anlegers nach § 32c oder § 32d besteht nicht, wenn der Anleger vor seiner Entscheidung die Unrichtigkeit oder die Unvollständigkeit der Informationen in dem Anlagebasisinformationsblatt nach Artikel 23 oder in dem Anlagebasisinformationsblatt auf Ebene der Plattform nach Artikel 24 der Verordnung (EU) 2020/1503 oder etwaigen Übersetzungen in Amtssprachen eines Mitgliedstaats der Europäischen Union kannte.

(2) Eine Vereinbarung, durch die Ansprüche nach § 32c oder § 32d im Voraus ermäßigt, erlassen oder ausgeschlossen werden, ist unwirksam.

(3) Weitergehende Ansprüche, die nach den Vorschriften des bürgerlichen Rechts auf Grund von Verträgen oder unerlaubten Handlungen erhoben werden können, bleiben unberührt.

§ 32f Überwachung und Prüfung der Pflichten nach der Verordnung (EU) 2020/1503; Verordnungsermächtigung

(1) Die Bundesanstalt kann zur Überwachung der Einhaltung der Pflichten nach der Verordnung (EU) 2020/1503 in der jeweils geltenden Fassung auch ohne besonderen Anlass Prüfungen bei den Schwarmfinanzierungsdienstleistern im Sinne des Artikels 2 Absatz 1 Buchstabe e der Verordnung (EU) 2020/1503 bei den Unternehmen, mit denen eine Auslagerungsvereinbarung besteht oder bestand, und bei sonstigen zur Durchführung eingeschalteten dritten Personen oder Unternehmen vornehmen.

(2) [1]Unbeschadet des Absatzes 1 ist einmal jährlich durch einen geeigneten Prüfer zu prüfen, ob die Schwarmfinanzierungsdienstleister die nach der Verordnung (EU) 2020/1503 einzuhaltenden Pflichten erfüllen. [2]Die Bundesanstalt kann auf Antrag von der jährlichen Prüfung ganz oder teilweise unter Berücksichtigung der Art und des Umfangs der betriebenen Geschäfte absehen. [3]Der Schwarmfinanzierungsdienstleister hat den geeigneten Prüfer spätestens zum Ablauf desjenigen Geschäftsjahres zu bestellen, auf das sich die Prüfung erstreckt. [4]Bei Schwarmfinanzierungsdienstleistern, die einem genossenschaftlichen Prüfungsverband angehören oder durch die Prüfungsstelle eines Sparkassen- und Giroverbandes geprüft werden, wird die Prüfung durch den zuständigen Prüfungsverband oder die zuständige Prüfungsstelle, soweit hinsichtlich Letzterer das Landesrecht dies vorsieht, vorgenommen. [5]Geeignete Prüfer sind darüber hinaus Wirtschaftsprüfer, vereidigte Buchprüfer sowie Wirtschaftsprüfungs- und Buchprüfungsgesellschaften, die hinsichtlich des Prüfungsgegenstandes über ausreichende Kenntnisse verfügen.

(3) [1]Über die Prüfung nach Absatz 2 ist ein Prüfungsbericht zu erstellen und auf Anforderung der Bundesanstalt vorzulegen. [2]Die wesentlichen Prüfungsergebnisse sind in einem Fragebogen zusammenzufassen, der dem Prüfungsbericht beizufügen ist. [3]Der Fragebogen ist auch dann bei der Bundesanstalt einzureichen, wenn ein Prüfungsbericht nach Satz 1 nicht angefordert wird. [4]Der Fragebogen ist unverzüglich nach Beendigung der Prüfung einzureichen.

(4) [1]Der Schwarmfinanzierungsdienstleister hat vor Erteilung des Prüfungsauftrags der Bundesanstalt den Prüfer anzuzeigen. [2]Die Bundesanstalt kann innerhalb eines Monats nach Zugang der Anzeige die Bestellung eines anderen Prüfers verlangen, wenn dies zur Erreichung des Prüfungszweckes geboten ist. [3]Die Sätze 1 und 2 gelten nicht für Schwarmfinanzierungsdienstleister, die einem genossenschaftlichen Prüfungsverband angehören oder durch die Prüfungsstelle eines Sparkassen- und Giroverbandes geprüft werden.

(5) [1]Die Bundesanstalt kann gegenüber dem Schwarmfinanzierungsdienstleister Bestimmungen über den Inhalt der Prüfung treffen, die vom Prüfer zu berücksichtigen sind. [2]Sie kann insbesondere Schwerpunkte für die Prüfungen festlegen. [3]Bei Verdacht auf schwerwiegende Verstöße gegen die Pflichten, deren Einhaltung zu prüfen ist, hat der Prüfer die Bundesanstalt unverzüglich zu unterrichten. [4]Die Bundesanstalt kann an den Prüfungen teilnehmen. [5]Hierfür ist der Bundesanstalt der Beginn der Prüfung rechtzeitig mitzuteilen.

(6) [1]Die Bundesanstalt kann die Prüfung nach Absatz 2 auch ohne besonderen Anlass anstelle des Prüfers selbst oder durch Beauftragte durchführen. [2]Der Schwarmfinanzierungsdienstleister ist hierüber rechtzeitig zu informieren.

(7) Widerspruch und Anfechtungsklage gegen Maßnahmen nach den Absätzen 1 bis 6 haben keine aufschiebende Wirkung.

(8) [1]Das Bundesministerium der Finanzen kann durch Rechtsverordnung, die nicht der Zustimmung des Bundesrates bedarf, nähere Bestimmungen über Aufbau, Inhalt und Art und Weise der nach Absatz 3 vorzulegenden Prüfungsberichte sowie nähere Bestimmungen über Art, Umfang und Zeitpunkt der Prüfung nach den Absätzen 1 und 2 erlassen, um Missständen bei der Erbringung von Schwarmfinanzierungsdienstleistungen nach der Verordnung (EU) 2020/1503 entgegenzuwirken, um auf die Einhaltung der der Prüfung nach Absatz 2 Satz 1 unterliegenden Pflichten hinzuwirken und um zu diesem Zweck einheitliche Unterlagen zu erhalten. [2]Das Bundesministerium der Finanzen kann die Ermächtigung durch Rechtsverordnung auf die Bundesanstalt übertragen.

Abschnitt 6

Mitteilung, Veröffentlichung und Übermittlung von Veränderungen des Stimmrechtsanteils an das Unternehmensregister

§ 33 Mitteilungspflichten des Meldepflichtigen; Verordnungsermächtigung

(1) [1]Wer durch Erwerb, Veräußerung oder auf sonstige Weise 3 Prozent, 5 Prozent, 10 Prozent, 15 Prozent, 20 Prozent, 25 Prozent, 30 Prozent, 50 Prozent oder 75 Prozent der Stimmrechte aus ihm gehörenden Aktien an einem Emittenten, für den die Bundesrepublik Deutschland der Herkunftsstaat ist, erreicht, überschreitet oder unterschreitet (Meldepflichtiger), hat dies unverzüglich dem Emittenten und gleichzeitig der Bundesanstalt, spätestens innerhalb von vier Handelstagen unter Beachtung von § 34 Absatz 1 und 2 mitzuteilen. [2]Bei Hinterlegungsscheinen, die Aktien vertreten, trifft die Mitteilungspflicht ausschließlich den Inhaber der Hinterlegungsscheine. [3]Die Frist des Satzes 1 beginnt mit dem Zeitpunkt, zu dem der Meldepflichtige Kenntnis davon hat oder nach den Umständen haben mußte, daß sein Stimmrechtsanteil die genannten Schwellen erreicht, überschreitet oder unterschreitet. [4]Hinsichtlich des Fristbeginns wird unwiderleglich vermutet, dass der Meldepflichtige spätestens zwei Handelstage nach dem Erreichen, Überschreiten oder Unterschreiten der genannten Schwellen Kenntnis hat. [5]Kommt es infolge von Ereignissen, die die Gesamtzahl der Stimmrechte verändern, zu einer Schwellenberührung, so beginnt die Frist abweichend von Satz 3, sobald der Meldepflichtige von der Schwellenberührung Kenntnis erlangt, spätestens jedoch mit der Veröffentlichung des Emittenten nach § 41 Absatz 1.

(2) [1]Wem im Zeitpunkt der erstmaligen Zulassung der Aktien zum Handel an einem organisierten Markt 3 Prozent oder mehr der Stimmrechte an einem Emittenten zustehen, für den die Bundesrepublik Deutschland der Herkunftsstaat ist, hat diesem Emittenten sowie der Bundesanstalt eine Mitteilung entsprechend Absatz 1 Satz 1 zu machen. [2]Absatz 1 Satz 2 gilt entsprechend.

(3) Als Gehören im Sinne dieses Abschnitts gilt bereits das Bestehen eines auf die Übertragung von Aktien gerichteten unbedingten und ohne zeitliche Verzögerung zu erfüllenden Anspruchs oder einer entsprechenden Verpflichtung.

(4) Inlandsemittenten und Emittenten, für die die Bundesrepublik Deutschland der Herkunftsstaat ist, sind im Sinne dieses Abschnitts nur solche, deren Aktien zum Handel an einem organisierten Markt zugelassen sind.

(5) [1]Das Bundesministerium der Finanzen kann durch Rechtsverordnung, die nicht der Zustimmung des Bundesrates bedarf, nähere Bestimmungen erlassen über den Inhalt, die Art, die Sprache, den Umfang und die Form der Mitteilung nach Absatz 1 Satz 1 und Absatz 2. [2]Das Bundesministerium der Finanzen kann die Ermächtigung durch Rechtsverordnung auf die Bundesanstalt übertragen, soweit die Art und die Form der Mitteilung nach Absatz 1 oder Absatz 2, insbesondere die Nutzung eines elektronischen Verfahrens, betroffen sind.

§ 34 Zurechnung von Stimmrechten

(1) [1]Für die Mitteilungspflichten nach § 33 Absatz 1 und 2 stehen den Stimmrechten des Meldepflichtigen Stimmrechte aus Aktien des Emittenten, für den die Bundesrepublik Deutschland der Herkunftsstaat ist, gleich,

1. die einem Tochterunternehmen des Meldepflichtigen gehören,
2. die einem Dritten gehören und von ihm für Rechnung des Meldepflichtigen gehalten werden,
3. die der Meldepflichtige einem Dritten als Sicherheit übertragen hat, es sei denn, der Dritte ist zur Ausübung der Stimmrechte aus diesen Aktien befugt und bekundet die Absicht, die Stimmrechte unabhängig von den Weisungen des Meldepflichtigen auszuüben,
4. an denen zugunsten des Meldepflichtigen ein Nießbrauch bestellt ist,
5. die der Meldepflichtige durch eine Willenserklärung erwerben kann,
6. die dem Meldepflichtigen anvertraut sind oder aus denen er die Stimmrechte als Bevollmächtigter ausüben kann, sofern er die Stimmrechte aus diesen Aktien nach eigenem Ermessen ausüben kann, wenn keine besonderen Weisungen des Aktionärs vorliegen,
7. aus denen der Meldepflichtige die Stimmrechte ausüben kann auf Grund einer Vereinbarung, die eine zeitweilige Übertragung der Stimmrechte ohne die damit verbundenen Aktien gegen Gegenleistung vorsieht,
8. die bei dem Meldepflichtigen als Sicherheit verwahrt werden, sofern der Meldepflichtige die Stimmrechte hält und die Absicht bekundet, diese Stimmrechte auszuüben.

[2]Für die Zurechnung nach Satz 1 Nummer 2 bis 8 stehen dem Meldepflichtigen Tochterunternehmen des Meldepflichtigen gleich. [3]Stimmrechte des Tochterunternehmens werden dem Meldepflichtigen in voller Höhe zugerechnet.

(2) [1]Dem Meldepflichtigen werden auch Stimmrechte eines Dritten aus Aktien des Emittenten, für den die Bundesrepublik Deutschland der Herkunftsstaat ist, in voller Höhe zugerechnet, mit dem der Meldepflichtige oder sein Tochterunternehmen sein Verhalten in Bezug auf diesen Emittenten auf Grund einer Vereinbarung oder in sonstiger Weise abstimmt; ausgenommen sind Vereinbarungen in Einzelfällen. [2]Ein abgestimmtes Verhalten setzt voraus, dass der Meldepflichtige oder sein Tochterunternehmen und der Dritte sich über die Ausübung von Stimmrechten verständigen oder mit dem Ziel einer dauerhaften und erheblichen Änderung der unternehmerischen Ausrichtung des Emittenten in sonstiger Weise zusammenwirken. [3]Für die Berechnung des Stimmrechtsanteils des Dritten gilt Absatz 1 entsprechend.

(3) [1]Wird eine Vollmacht im Falle des Absatzes 1 Satz 1 Nummer 6 nur zur Ausübung der Stimmrechte für eine Hauptversammlung erteilt, ist es für die Erfüllung der Mitteilungspflicht nach § 33 Absatz 1 und 2 in Verbindung mit Absatz 1 Satz 1 Nummer 6 ausreichend, wenn die Mitteilung lediglich bei Erteilung der Vollmacht abgegeben wird. [2]Die Mitteilung muss die Angabe enthalten, wann die Hauptversammlung stattfindet und wie hoch nach Erlöschen der Vollmacht oder des Ausübungsermessens der Stimmrechtsanteil sein wird, der dem Bevollmächtigten zugerechnet wird.

§ 35 Tochterunternehmenseigenschaft; Verordnungsermächtigung

(1) Vorbehaltlich der Absätze 2 bis 4 sind Tochterunternehmen im Sinne dieses Abschnitts Unternehmen,
1. die als Tochterunternehmen im Sinne des § 290 des Handelsgesetzbuchs gelten oder
2. auf die ein beherrschender Einfluss ausgeübt werden kann,

ohne dass es auf die Rechtsform oder den Sitz ankommt.

(2) Nicht als Tochterunternehmen im Sinne dieses Abschnitts gilt ein Wertpapierdienstleistungsunternehmen hinsichtlich der Beteiligungen, die von ihm im Rahmen einer Wertpapierdienstleistung nach § 2 Absatz 3 Satz 1 Nummer 7 verwaltet werden, wenn
1. das Wertpapierdienstleistungsunternehmen die Stimmrechte, die mit den betreffenden Aktien verbunden sind, unabhängig vom Mutterunternehmen ausübt,
2. das Wertpapierdienstleistungsunternehmen
   a) die Stimmrechte nur auf Grund von in schriftlicher Form oder über elektronische Hilfsmittel erteilten Weisungen ausüben darf oder
   b) durch geeignete Vorkehrungen sicherstellt, dass die Finanzportfolioverwaltung unabhängig von anderen Dienstleistungen und unter Bedingungen erfolgt, die gleichwertig sind denen der Richtlinie 2009/65/EG des Europäischen Parlaments und des Rates vom 13. Juli 2009 zur Koordinierung der Rechts- und Verwaltungsvorschriften betreffend bestimmte Organismen für gemeinsame Anlagen in Wertpapieren (OGAW) (ABl. L 302 vom 17.11.2009, S. 32) in der jeweils geltenden Fassung,
3. das Mutterunternehmen der Bundesanstalt den Namen des Wertpapierdienstleistungsunternehmens und die für dessen Überwachung zuständige Behörde oder das Fehlen einer solchen Behörde mitteilt und
4. das Mutterunternehmen gegenüber der Bundesanstalt erklärt, dass die Voraussetzungen der Nummer 1 erfüllt sind.

(3) Nicht als Tochterunternehmen im Sinne dieses Abschnitts gelten Kapitalverwaltungsgesellschaften im Sinne des § 17 Absatz 1 des Kapitalanlagegesetzbuchs und EU-Verwaltungsgesellschaften im Sinne des § 1 Absatz 17 des Kapitalanlagegesetzbuchs hinsichtlich der Beteiligungen, die zu den von ihnen verwalteten Investmentvermögen gehören, wenn
1. die Verwaltungsgesellschaft die Stimmrechte, die mit den betreffenden Aktien verbunden sind, unabhängig vom Mutterunternehmen ausübt,
2. die Verwaltungsgesellschaft die zu dem Investmentvermögen gehörenden Beteiligungen im Sinne der §§ 33 und 34 nach Maßgabe der Richtlinie 2009/65/EG verwaltet,
3. das Mutterunternehmen der Bundesanstalt den Namen der Verwaltungsgesellschaft und die für deren Überwachung zuständige Behörde oder das Fehlen einer solchen Behörde mitteilt und
4. das Mutterunternehmen gegenüber der Bundesanstalt erklärt, dass die Voraussetzungen der Nummer 1 erfüllt sind.

(4) Ein Unternehmen mit Sitz in einem Drittstaat, das nach § 32 Absatz 1 Satz 1 in Verbindung mit § 1 Absatz 1a Satz 2 Nummer 3 des Kreditwesengesetzes einer Zulassung für die Finanzportfolioverwaltung oder einer Erlaubnis nach § 20 oder § 113 des Kapitalanlagegesetzbuchs bedürfte, wenn es seinen Sitz oder seine Hauptverwaltung im Inland hätte, gilt nicht als Tochterunternehmen im Sinne dieses Abschnitts, wenn

1. das Unternehmen bezüglich seiner Unabhängigkeit Anforderungen genügt, die denen nach Absatz 2 oder Absatz 3, auch in Verbindung mit einer Rechtsverordnung nach Absatz 6, jeweils gleichwertig sind,
2. das Mutterunternehmen der Bundesanstalt den Namen dieses Unternehmens und die für dessen Überwachung zuständige Behörde oder das Fehlen einer solchen Behörde mitteilt und
3. das Mutterunternehmen gegenüber der Bundesanstalt erklärt, dass die Voraussetzungen der Nummer 1 erfüllt sind.

(5) Abweichend von den Absätzen 2 bis 4 gelten Wertpapierdienstleistungsunternehmen und Verwaltungsgesellschaften jedoch dann als Tochterunternehmen im Sinne dieses Abschnitts, wenn
1. das Mutterunternehmen oder ein anderes Tochterunternehmen des Mutterunternehmens seinerseits Anteile an der von dem Unternehmen verwalteten Beteiligung hält und
2. das Unternehmen die Stimmrechte, die mit diesen Beteiligungen verbunden sind, nicht nach freiem Ermessen, sondern nur auf Grund unmittelbarer oder mittelbarer Weisungen ausüben kann, die ihm vom Mutterunternehmen oder von einem anderen Tochterunternehmen des Mutterunternehmens erteilt werden.

(6) Das Bundesministerium der Finanzen wird ermächtigt, durch Rechtsverordnung, die nicht der Zustimmung des Bundesrates bedarf, nähere Bestimmungen zu erlassen über die Umstände, unter denen in den Fällen der Absätze 2 bis 5 eine Unabhängigkeit vom Mutterunternehmen gegeben ist.

§ 36 Nichtberücksichtigung von Stimmrechten

(1) Stimmrechte aus Aktien eines Emittenten, für den die Bundesrepublik Deutschland der Herkunftsstaat ist, bleiben bei der Berechnung des Stimmrechtsanteils unberücksichtigt, wenn ihr Inhaber
1. ein Kreditinstitut oder ein Wertpapierdienstleistungsunternehmen mit Sitz in einem Mitgliedstaat der Europäischen Union oder in einem anderen Vertragsstaat des Abkommens über den Europäischen Wirtschaftsraum ist,
2. die betreffenden Aktien im Handelsbuch hält und dieser Anteil nicht mehr als 5 Prozent der Stimmrechte beträgt und
3. sicherstellt, dass die Stimmrechte aus den betreffenden Aktien nicht ausgeübt und nicht anderweitig genutzt werden, um auf die Geschäftsführung des Emittenten Einfluss zu nehmen.

(2) Unberücksichtigt bei der Berechnung des Stimmrechtsanteils bleiben Stimmrechte aus Aktien, die gemäß der Verordnung (EG) Nr. 2273/2003 zu Stabilisierungszwecken erworben wurden, wenn der Aktieninhaber sicherstellt, dass die Stimmrechte aus den betreffenden Aktien nicht ausgeübt und nicht anderweitig genutzt werden, um auf die Geschäftsführung des Emittenten Einfluss zu nehmen.

(3) Stimmrechte aus Aktien eines Emittenten, für den die Bundesrepublik Deutschland der Herkunftsstaat ist, bleiben bei der Berechnung des Stimmrechtsanteils unberücksichtigt, sofern
1. die betreffenden Aktien ausschließlich für den Zweck der Abrechnung und Abwicklung von Geschäften für höchstens drei Handelstage gehalten werden, selbst wenn die Aktien auch außerhalb eines organisierten Marktes gehandelt werden, oder
2. eine mit der Verwahrung von Aktien betraute Stelle die Stimmrechte aus den verwahrten Aktien nur aufgrund von Weisungen, die schriftlich oder über elektronische Hilfsmittel erteilt wurden, ausüben darf.

(4) [1]Stimmrechte aus Aktien, die die Mitglieder des Europäischen Systems der Zentralbanken bei der Wahrnehmung ihrer Aufgaben als Währungsbehörden zur Verfügung gestellt bekommen oder die sie bereitstellen, bleiben bei der Berechnung des Stimmrechtsanteils am Emittenten, für den die Bundesrepublik Deutschland der Herkunftsstaat ist, unberücksichtigt, soweit es sich bei den Transaktionen um kurzfristige Geschäfte handelt und die Stimmrechte aus den betreffenden Aktien nicht ausgeübt werden. [2]Satz 1 gilt insbesondere für Stimmrechte aus Aktien, die einem oder von einem Mitglied im Sinne des Satzes 1 zur Sicherheit übertragen werden, und für Stimmrechte aus Aktien, die dem Mitglied als Pfand oder im Rahmen eines Pensionsgeschäfts oder einer ähnlichen Vereinbarung gegen Liquidität für geldpolitische Zwecke oder innerhalb eines Zahlungssystems zur Verfügung gestellt oder von diesem bereitgestellt werden.

(5) [1]Für die Meldeschwellen von 3 Prozent und 5 Prozent bleiben Stimmrechte aus solchen Aktien eines Emittenten, für den die Bundesrepublik Deutschland der Herkunftsstaat ist, unberücksichtigt, die von einer Person erworben oder veräußert werden, die an einem Markt dauerhaft anbietet, Finanzinstrumente im Wege des Eigenhandels zu selbst gestellten Preisen zu kaufen oder zu verkaufen, wenn
1. diese Person dabei in ihrer Eigenschaft als Market Maker handelt,
2. sie eine Zulassung nach der Richtlinie 2004/39/EG hat,

3. sie nicht in die Geschäftsführung des Emittenten eingreift und keinen Einfluss auf ihn dahingehend ausübt, die betreffenden Aktien zu kaufen oder den Preis der Aktien zu stützen und
4. sie der Bundesanstalt unverzüglich, spätestens innerhalb von vier Handelstagen mitteilt, dass sie hinsichtlich der betreffenden Aktien als Market Maker tätig ist; für den Beginn der Frist gilt § 33 Absatz 1 Satz 3 und 4 entsprechend.

[2]Die Person kann die Mitteilung auch schon zu dem Zeitpunkt abgeben, an dem sie beabsichtigt, hinsichtlich der betreffenden Aktien als Market Maker tätig zu werden.

(6) Stimmrechte aus Aktien, die nach den Absätzen 1 bis 5 bei der Berechnung des Stimmrechtsanteils unberücksichtigt bleiben, können mit Ausnahme von Absatz 3 Nummer 2 nicht ausgeübt werden.

(7) Das Bundesministerium der Finanzen kann durch Rechtsverordnung, die nicht der Zustimmung des Bundesrates bedarf,
1. eine geringere Höchstdauer für das Halten der Aktien nach Absatz 3 Nummer 1 festlegen,
2. nähere Bestimmungen erlassen über die Nichtberücksichtigung der Stimmrechte eines Market Maker nach Absatz 5 und
3. nähere Bestimmungen erlassen über elektronische Hilfsmittel, mit denen Weisungen nach Absatz 3 Nummer 2 erteilt werden können.

(8) Die Berechnung der Stimmrechte, die nach den Absätzen 1 und 5 nicht zu berücksichtigen sind, bestimmt sich nach den in Artikel 9 Absatz 6b und Artikel 13 Absatz 4 der Richtlinie 2004/109/EG des Europäischen Parlaments und des Rates vom 15. Dezember 2004 zur Harmonisierung der Transparenzanforderungen in Bezug auf Informationen über Emittenten, deren Wertpapiere zum Handel auf einem geregelten Markt zugelassen sind, und zur Änderung der Richtlinie 2001/34/EG (ABl. L 390 vom 31.12.2004, S. 38) benannten technischen Regulierungsstandards.

§ 37 Mitteilung durch Mutterunternehmen; Verordnungsermächtigung

(1) Ein Meldepflichtiger ist von den Meldepflichten nach § 33 Absatz 1 und 2, § 38 Absatz 1 und § 39 Absatz 1 befreit, wenn die Mitteilung von seinem Mutterunternehmen erfolgt oder, falls das Mutterunternehmen selbst ein Tochterunternehmen ist, durch dessen Mutterunternehmen erfolgt.

(2) Das Bundesministerium der Finanzen kann durch Rechtsverordnung, die nicht der Zustimmung des Bundesrates bedarf, nähere Bestimmungen erlassen über den Inhalt, die Art, die Sprache, den Umfang und die Form der Mitteilung nach Absatz 1.

§ 38 Mitteilungspflichten beim Halten von Instrumenten; Verordnungsermächtigung

(1) [1]Die Mitteilungspflicht nach § 33 Absatz 1 und 2 gilt bei Erreichen, Überschreiten oder Unterschreiten der in § 33 Absatz 1 Satz 1 genannten Schwellen mit Ausnahme der Schwelle von 3 Prozent entsprechend für unmittelbare oder mittelbare Inhaber von Instrumenten, die
1. dem Inhaber entweder
   a) bei Fälligkeit ein unbedingtes Recht auf Erwerb mit Stimmrechten verbundener und bereits ausgegebener Aktien eines Emittenten, für den die Bundesrepublik Deutschland der Herkunftsstaat ist, oder
   b) ein Ermessen in Bezug auf sein Recht auf Erwerb dieser Aktien

   verleihen, oder
2. sich auf Aktien im Sinne der Nummer 1 beziehen und eine vergleichbare wirtschaftliche Wirkung haben wie die in Nummer 1 genannten Instrumente, unabhängig davon, ob sie einen Anspruch auf physische Lieferung einräumen oder nicht.

[2]Die §§ 36 und 37 gelten entsprechend.

(2) Instrumente im Sinne des Absatzes 1 können insbesondere sein:
1. übertragbare Wertpapiere,
2. Optionen,
3. Terminkontrakte,
4. Swaps,
5. Zinsausgleichsvereinbarungen und
6. Differenzgeschäfte.

(3) [1]Die Anzahl der für die Mitteilungspflicht nach Absatz 1 maßgeblichen Stimmrechte ist anhand der vollen nominalen Anzahl der dem Instrument zugrunde liegenden Aktien zu berechnen. [2]Sieht das Instrument ausschließlich einen Barausgleich vor, ist die Anzahl der Stimmrechte abweichend von Satz 1 auf einer Delta-angepassten Basis zu berechnen, wobei die nominale Anzahl der zugrunde liegenden Aktien mit dem Delta des Instruments zu multiplizieren ist. [3]Die Einzelheiten der Berechnung bestimmen sich nach den in Artikel 13 Absatz 1a der Richtlinie 2004/109/EG des Europäischen Parlaments und des Rates vom 15. Dezember 2004 zur Harmonisierung der Transparenzanforderungen in Bezug auf Infor-

mationen über Emittenten, deren Wertpapiere zum Handel auf einem geregelten Markt zugelassen sind, und zur Änderung der Richtlinie 2001/34/EG (ABl. L 390 vom 31.12.2004, S. 38) benannten technischen Regulierungsstandards. [4]Bei Instrumenten, die sich auf einen Aktienkorb oder einen Index beziehen, bestimmt sich die Berechnung ebenfalls nach den technischen Regulierungsstandards gemäß Satz 2.

(4) [1]Beziehen sich verschiedene der in Absatz 1 genannten Instrumente auf Aktien desselben Emittenten, sind die Stimmrechte aus diesen Aktien zusammenzurechnen. [2]Erwerbspositionen dürfen nicht mit Veräußerungspositionen verrechnet werden.

(5) [1]Das Bundesministerium der Finanzen kann durch Rechtsverordnung, die nicht der Zustimmung des Bundesrates bedarf, nähere Bestimmungen erlassen über den Inhalt, die Art, die Sprache, den Umfang und die Form der Mitteilung nach Absatz 1. [2]Das Bundesministerium der Finanzen kann die Ermächtigung durch Rechtsverordnung auf die Bundesanstalt übertragen, soweit die Art und die Form der Mitteilung nach Absatz 1, insbesondere die Nutzung eines elektronischen Verfahrens, betroffen sind.

§ 39 Mitteilungspflichten bei Zusammenrechnung; Verordnungsermächtigung

(1) Die Mitteilungspflicht nach § 33 Absatz 1 und 2 gilt entsprechend für Inhaber von Stimmrechten im Sinne des § 33 und Instrumenten im Sinne des § 38, wenn die Summe der nach § 33 Absatz 1 Satz 1 oder Absatz 2 und § 38 Absatz 1 Satz 1 zu berücksichtigenden Stimmrechte an demselben Emittenten die in § 33 Absatz 1 Satz 1 genannten Schwellen mit Ausnahme der Schwelle von 3 Prozent erreicht, überschreitet oder unterschreitet.

(2) [1]Das Bundesministerium der Finanzen kann durch Rechtsverordnung, die nicht der Zustimmung des Bundesrates bedarf, nähere Bestimmungen erlassen über den Inhalt, die Art, die Sprache, den Umfang und die Form der Mitteilung nach Absatz 1. [2]Das Bundesministerium der Finanzen kann die Ermächtigung durch Rechtsverordnung auf die Bundesanstalt übertragen, soweit die Art und die Form der Mitteilung nach Absatz 1, insbesondere die Nutzung eines elektronischen Verfahrens, betroffen sind.

§ 40 Veröffentlichungspflichten des Emittenten und Übermittlung an das Unternehmensregister

(1) [1]Ein Inlandsemittent hat Informationen nach § 33 Absatz 1 Satz 1, Absatz 2 und § 38 Absatz 1 Satz 1 sowie § 39 Absatz 1 Satz 1 oder nach entsprechenden Vorschriften anderer Mitgliedstaaten der Europäischen Union oder anderer Vertragsstaaten des Abkommens über den Europäischen Wirtschaftsraum unverzüglich, spätestens drei Handelstage nach Zugang der Mitteilung zu veröffentlichen; er übermittelt sie außerdem unverzüglich, jedoch nicht vor ihrer Veröffentlichung der das Unternehmensregister führenden Stelle zur Einstellung in das Unternehmensregister. [2]Erreicht, überschreitet oder unterschreitet ein Inlandsemittent in Bezug auf eigene Aktien entweder selbst, über ein Tochterunternehmen oder über eine in eigenem Namen, aber für Rechnung dieses Emittenten handelnde Person die Schwellen von 5 Prozent oder 10 Prozent durch Erwerb, Veräußerung oder auf sonstige Weise, gilt Satz 1 entsprechend mit der Maßgabe, dass abweichend von Satz 1 eine Erklärung zu veröffentlichen ist, deren Inhalt sich nach § 33 Absatz 1 Satz 1, auch in Verbindung mit einer Rechtsverordnung nach § 33 Absatz 5 bestimmt, und die Veröffentlichung spätestens vier Handelstage nach Erreichen, Überschreiten oder Unterschreiten der genannten Schwellen zu erfolgen hat; wenn für den Emittenten die Bundesrepublik Deutschland der Herkunftsstaat ist, ist außerdem die Schwelle von 3 Prozent maßgeblich.

(2) Der Inlandsemittent hat gleichzeitig mit der Veröffentlichung nach Absatz 1 Satz 1 und 2 diese der Bundesanstalt mitzuteilen.

(3) Das Bundesministerium der Finanzen kann durch Rechtsverordnung, die nicht der Zustimmung des Bundesrates bedarf, nähere Bestimmungen erlassen über

1. den Inhalt, die Art, die Sprache, den Umfang und die Form sowie die elektronische Verarbeitung der Angaben der Veröffentlichung nach Absatz 1 Satz 1 einschließlich enthaltener personenbezogener Daten und
2. den Inhalt, die Art, die Sprache, den Umfang, die Form sowie die elektronische Verarbeitung der Angaben der Mitteilung nach Absatz 2 einschließlich enthaltener personenbezogener Daten.

§ 41 Veröffentlichung der Gesamtzahl der Stimmrechte und Übermittlung an das Unternehmensregister

(1) [1]Ist es bei einem Inlandsemittenten zu einer Zu- oder Abnahme von Stimmrechten gekommen, so ist er verpflichtet, die Gesamtzahl der Stimmrechte unter Angabe der auf diese entfallenden Anzahl von Mehrstimmrechten und das Datum der Wirksamkeit der Zu- oder Abnahme in der in § 40 Absatz 1 Satz 1, auch in Verbindung mit einer Rechtsverordnung nach Absatz 3 Nummer 1, vorgesehenen Weise unverzüglich, spätestens innerhalb von zwei Handelstagen zu veröffentlichen. [2]Er hat die Veröffentlichung gleichzeitig der Bundesanstalt entsprechend § 40 Absatz 2, auch in Verbindung mit einer Rechtsverordnung nach Absatz 3 Nummer 2, mitzuteilen. [3]Er übermittelt die Informationen außerdem unverzüglich,

jedoch nicht vor ihrer Veröffentlichung, der das Unternehmensregister führenden Stelle zur Einstellung in das Unternehmensregister.

(2) [1]Bei der Ausgabe von Bezugsaktien ist die Gesamtzahl der Stimmrechte abweichend von Absatz 1 Satz 1 nur im Zusammenhang mit einer ohnehin erforderlichen Veröffentlichung nach Absatz 1, spätestens jedoch am Ende des Kalendermonats, in dem es zu einer Zu- oder Abnahme von Stimmrechten gekommen ist, zu veröffentlichen. [2]Der Veröffentlichung des Datums der Wirksamkeit der Zu- oder Abnahme bedarf es nicht.

§ 42 Nachweis mitgeteilter Beteiligungen

Wer eine Mitteilung nach § 33 Absatz 1 oder 2, § 38 Absatz 1 oder § 39 Absatz 1 abgegeben hat, muß auf Verlangen der Bundesanstalt oder des Emittenten, für den die Bundesrepublik Deutschland der Herkunftsstaat ist, das Bestehen der mitgeteilten Beteiligung nachweisen.

§ 43 Mitteilungspflichten für Inhaber wesentlicher Beteiligungen

(1) [1]Ein Meldepflichtiger im Sinne der §§ 33 und 34, der die Schwelle von 10 Prozent der Stimmrechte aus Aktien oder eine höhere Schwelle erreicht oder überschreitet, muss dem Emittenten, für den die Bundesrepublik Deutschland Herkunftsstaat ist, die mit dem Erwerb der Stimmrechte verfolgten Ziele und die Herkunft der für den Erwerb verwendeten Mittel innerhalb von 20 Handelstagen nach Erreichen oder Überschreiten dieser Schwellen mitteilen. [2]Eine Änderung der Ziele im Sinne des Satzes 1 ist innerhalb von 20 Handelstagen mitzuteilen. [3]Hinsichtlich der mit dem Erwerb der Stimmrechte verfolgten Ziele hat der Meldepflichtige anzugeben, ob

1. die Investition der Umsetzung strategischer Ziele oder der Erzielung von Handelsgewinnen dient,
2. er innerhalb der nächsten zwölf Monate weitere Stimmrechte durch Erwerb oder auf sonstige Weise zu erlangen beabsichtigt,
3. er eine Einflussnahme auf die Besetzung von Verwaltungs-, Leitungs- und Aufsichtsorganen des Emittenten anstrebt und
4. er eine wesentliche Änderung der Kapitalstruktur der Gesellschaft, insbesondere im Hinblick auf das Verhältnis von Eigen- und Fremdfinanzierung und die Dividendenpolitik anstrebt.

[4]Hinsichtlich der Herkunft der verwendeten Mittel hat der Meldepflichtige anzugeben, ob es sich um Eigen- oder Fremdmittel handelt, die der Meldepflichtige zur Finanzierung des Erwerbs der Stimmrechte aufgenommen hat. [5]Eine Mitteilungspflicht nach Satz 1 besteht nicht, wenn der Schwellenwert auf Grund eines Angebots im Sinne des § 2 Absatz 1 des Wertpapiererwerbs- und Übernahmegesetzes erreicht oder überschritten wurde. [6]Die Mitteilungspflicht besteht ferner nicht für Kapitalverwaltungsgesellschaften sowie ausländische Verwaltungsgesellschaften und Investmentgesellschaften im Sinne der Richtlinie 2009/65/EG, die einem Artikel 56 Absatz 1 Satz 1 der Richtlinie 2009/65/EG entsprechenden Verbot unterliegen, sofern eine Anlagegrenze von 10 Prozent oder weniger festgelegt worden ist; eine Mitteilungspflicht besteht auch dann nicht, wenn eine Artikel 57 Absatz 1 Satz 1 und Absatz 2 der Richtlinie 2009/65/EG entsprechende zulässige Ausnahme bei der Überschreitung von Anlagegrenzen vorliegt.

(2) Der Emittent hat die erhaltene Information oder die Tatsache, dass die Mitteilungspflicht nach Absatz 1 nicht erfüllt wurde, entsprechend § 40 Absatz 1 Satz 1 in Verbindung mit der Rechtsverordnung nach § 40 Absatz 3 Nummer 1 zu veröffentlichen; er übermittelt diese Informationen außerdem unverzüglich, jedoch nicht vor ihrer Veröffentlichung der das Unternehmensregister führenden Stelle zur Einstellung in das Unternehmensregister.

(3) [1]Die Satzung eines Emittenten mit Sitz im Inland kann vorsehen, dass Absatz 1 keine Anwendung findet. [2]Absatz 1 findet auch keine Anwendung auf Emittenten mit Sitz im Ausland, deren Satzung oder sonstige Bestimmungen eine Nichtanwendung vorsehen.

(4) Das Bundesministerium der Finanzen kann durch Rechtsverordnung, die nicht der Zustimmung des Bundesrates bedarf, nähere Bestimmungen über den Inhalt, die Art, die Sprache, den Umfang und die Form der Mitteilungen nach Absatz 1 erlassen.

§ 44 Rechtsverlust

(1) [1]Rechte aus Aktien, die einem Meldepflichtigen gehören oder aus denen ihm Stimmrechte gemäß § 34 zugerechnet werden, bestehen nicht für die Zeit, für welche die Mitteilungspflichten nach § 33 Absatz 1 oder 2 nicht erfüllt werden. [2]Dies gilt nicht für Ansprüche nach § 58 Abs. 4 des Aktiengesetzes und § 271 des Aktiengesetzes, wenn die Mitteilung nicht vorsätzlich unterlassen wurde und nachgeholt worden ist. [3]Sofern die Höhe des Stimmrechtsanteils betroffen ist, verlängert sich die Frist nach Satz 1 bei vorsätzlicher oder grob fahrlässiger Verletzung der Mitteilungspflichten um sechs Monate. [4]Satz 3 gilt nicht, wenn die Abweichung bei der Höhe der in der vorangegangenen unrichtigen Mitteilung angegebenen Stimmrechte weniger als 10 Prozent des tatsächlichen Stimmrechtsanteils beträgt und keine Mitteilung

über das Erreichen, Überschreiten oder Unterschreiten einer der in § 33 genannten Schwellen unterlassen wird.

(2) Kommt der Meldepflichtige seinen Mitteilungspflichten nach § 38 Absatz 1 oder § 39 Absatz 1 nicht nach, so ist Absatz 1 auf Aktien desselben Emittenten anzuwenden, die dem Meldepflichtigen gehören.

§ 45 Richtlinien der Bundesanstalt

[1]Die Bundesanstalt kann Richtlinien aufstellen, nach denen sie für den Regelfall beurteilt, ob die Voraussetzungen für einen mitteilungspflichtigen Vorgang oder eine Befreiung von den Mitteilungspflichten nach § 33 Absatz 1 gegeben sind. [2]Die Richtlinien sind im Bundesanzeiger zu veröffentlichen.

§ 46 Befreiungen; Verordnungsermächtigung

(1) [1]Die Bundesanstalt kann Inlandsemittenten mit Sitz in einem Drittstaat von den Pflichten nach § 40 Absatz 1 und § 41 freistellen, soweit diese Emittenten gleichwertigen Regeln eines Drittstaates unterliegen oder sich solchen Regeln unterwerfen. [2]Die Bundesanstalt unterrichtet die Europäische Wertpapier- und Marktaufsichtsbehörde über die erteilte Freistellung. [3]Satz 1 gilt nicht für Pflichten dieser Emittenten nach § 40 Absatz 1 und § 41 auf Grund von Mitteilungen nach § 39.

(2) [1]Emittenten, denen die Bundesanstalt eine Befreiung nach Absatz 1 erteilt hat, müssen Informationen über Umstände, die denen des § 33 Absatz 1 Satz 1 und Absatz 2, § 38 Absatz 1 Satz 1, § 40 Absatz 1 Satz 1 und 2 sowie § 41 entsprechen und die nach den gleichwertigen Regeln eines Drittstaates der Öffentlichkeit zur Verfügung zu stellen sind, in der in § 40 Absatz 1 Satz 1, auch in Verbindung mit einer Rechtsverordnung nach Absatz 3, geregelten Weise veröffentlichen und gleichzeitig der Bundesanstalt mitteilen. [2]Die Informationen sind außerdem unverzüglich, jedoch nicht vor ihrer Veröffentlichung der das Unternehmensregister führenden Stelle zur Einstellung in das Unternehmensregister zu übermitteln.

(3) Das Bundesministerium der Finanzen wird ermächtigt, durch Rechtsverordnung, die nicht der Zustimmung des Bundesrates bedarf, nähere Bestimmungen über die Gleichwertigkeit von Regeln eines Drittstaates und die Freistellung von Emittenten nach Absatz 1 zu erlassen.

§ 47 Handelstage

(1) Für die Berechnung der Mitteilungs- und Veröffentlichungsfristen nach diesem Abschnitt gelten als Handelstage alle Kalendertage, die nicht Sonnabende, Sonntage oder zumindest in einem Land landeseinheitliche gesetzlich anerkannte Feiertage sind.

(2) Die Bundesanstalt stellt im Internet unter ihrer Adresse einen Kalender der Handelstage zur Verfügung.

Abschnitt 7

Notwendige Informationen für die Wahrnehmung von Rechten aus Wertpapieren

§ 48 Pflichten der Emittenten gegenüber Wertpapierinhabern

(1) Emittenten, für die die Bundesrepublik Deutschland der Herkunftsstaat ist, müssen sicherstellen, dass

1. alle Inhaber der zugelassenen Wertpapiere unter gleichen Voraussetzungen gleich behandelt werden;
2. alle Einrichtungen und Informationen, die die Inhaber der zugelassenen Wertpapiere zur Ausübung ihrer Rechte benötigen, im Inland öffentlich zur Verfügung stehen;
3. Daten zu Inhabern zugelassener Wertpapiere vor einer Kenntnisnahme durch Unbefugte geschützt sind;
4. für die gesamte Dauer der Zulassung der Wertpapiere mindestens ein Finanzinstitut als Zahlstelle im Inland bestimmt ist, bei der alle erforderlichen Maßnahmen hinsichtlich der Wertpapiere, im Falle der Vorlegung der Wertpapiere bei dieser Stelle kostenfrei, bewirkt werden können;
5. im Falle zugelassener Aktien jeder stimmberechtigten Person zusammen mit der Einladung zur Hauptversammlung oder nach deren Anberaumung auf Verlangen in Textform ein Formular für die Erteilung einer Vollmacht für die Hauptversammlung übermittelt wird;
6. im Falle zugelassener Schuldtitel im Sinne des § 2 Absatz 1 Nummer 3 mit Ausnahme von Wertpapieren, die zugleich unter § 2 Absatz 1 Nummer 2 fallen oder die ein zumindest bedingtes Recht auf den Erwerb von Wertpapieren nach § 2 Absatz 1 Nummer 1 oder Nummer 2 begründen, jeder stimmberechtigten Person zusammen mit der Einladung zur Gläubigerversammlung oder nach deren Anberaumung auf Verlangen rechtzeitig in Textform ein Formular für die Erteilung einer Vollmacht für die Gläubigerversammlung übermittelt wird.

(2) [1]Ein Emittent von zugelassenen Schuldtiteln im Sinne des Absatzes 1 Nummer 6, für den die Bundesrepublik Deutschland der Herkunftsstaat ist, kann die Gläubigerversammlung in jedem Mitgliedstaat der Europäischen Union oder in jedem anderen Vertragsstaat des Abkommens über den Europäischen Wirtschaftsraum abhalten. [2]Das setzt voraus, dass in dem Staat alle für die Ausübung der Rechte erfor-

derlichen Einrichtungen und Informationen für die Schuldtitelinhaber verfügbar sind und zur Gläubigerversammlung ausschließlich Inhaber von folgenden Schuldtiteln eingeladen werden:

1. Schuldtiteln mit einer Mindeststückelung von 100 000 Euro oder dem am Ausgabetag entsprechenden Gegenwert in einer anderen Währung oder
2. noch ausstehenden Schuldtiteln mit einer Mindeststückelung von 50 000 Euro oder dem am Ausgabetag entsprechenden Gegenwert in einer anderen Währung, wenn die Schuldtitel bereits vor dem 31. Dezember 2010 zum Handel an einem organisierten Markt im Inland oder in einem anderen Mitgliedstaat der Europäischen Union oder einem anderen Vertragsstaat des Abkommens über den Europäischen Wirtschaftsraum zugelassen worden sind.

(3) Für die Bestimmungen nach Absatz 1 Nr. 1 bis 5 sowie nach § 49 Absatz 3 Nummer 1 stehen die Inhaber Aktien vertretender Hinterlegungsscheine den Inhabern der vertretenen Aktien gleich.

§ 49 Veröffentlichung von Mitteilungen und Übermittlung im Wege der Datenfernübertragung

(1) [1]Der Emittent von zugelassenen Aktien, für den die Bundesrepublik Deutschland der Herkunftsstaat ist, muss

1. die Einberufung der Hauptversammlung einschließlich der Tagesordnung, die Gesamtzahl der Aktien und Stimmrechte unter gesonderter Angabe der Mehrstimmrechtsaktien und der auf sie entfallenden Stimmrechte im Zeitpunkt der Einberufung der Hauptversammlung und die Rechte der Aktionäre bezüglich der Teilnahme an der Hauptversammlung sowie
2. Mitteilungen über die Ausschüttung und Auszahlung von Dividenden, die Ankündigung der Ausgabe neuer Aktien und die Vereinbarung oder Ausübung von Umtausch-, Bezugs-, Einziehungs- und Zeichnungsrechten sowie die Beschlussfassung über diese Rechte

unverzüglich im Bundesanzeiger veröffentlichen. [2]Soweit eine entsprechende Veröffentlichung im Bundesanzeiger auch durch sonstige Vorschriften vorgeschrieben wird, ist eine einmalige Veröffentlichung ausreichend.

(2) [1]Der Emittent zugelassener Schuldtitel im Sinne von § 48 Absatz 1 Nummer 6, für den die Bundesrepublik Deutschland der Herkunftsstaat ist, muss

1. den Ort, den Zeitpunkt und die Tagesordnung der Gläubigerversammlung und Mitteilungen über das Recht der Schuldtitelinhaber zur Teilnahme daran sowie
2. Mitteilungen über die Ausübung von Umtausch-, Zeichnungs- und Kündigungsrechten sowie über die Zinszahlungen, die Rückzahlungen, die Auslosungen und die bisher gekündigten oder ausgelosten, noch nicht eingelösten Stücke

unverzüglich im Bundesanzeiger veröffentlichen. [2]Absatz 1 Satz 2 gilt entsprechend.

(3) [1]Unbeschadet der Veröffentlichungspflichten nach den Absätzen 1 und 2 dürfen Emittenten, für die die Bundesrepublik Deutschland der Herkunftsstaat ist, Informationen an die Inhaber zugelassener Wertpapiere im Wege der Datenfernübertragung übermitteln, wenn die dadurch entstehenden Kosten nicht unter Verletzung des Gleichbehandlungsgrundsatzes nach § 48 Absatz 1 Nummer 1 den Wertpapierinhabern auferlegt werden und

1. im Falle zugelassener Aktien
   a) die Hauptversammlung zugestimmt hat,
   b) die Wahl der Art der Datenfernübertragung nicht vom Sitz oder Wohnsitz der Aktionäre oder der Personen, denen Stimmrechte in den Fällen des § 34 zugerechnet werden, abhängt,
   c) Vorkehrungen zur sicheren Identifizierung und Adressierung der Aktionäre oder derjenigen, die Stimmrechte ausüben oder Weisungen zu deren Ausübung erteilen dürfen, getroffen worden sind und
   d) die Aktionäre oder in Fällen des § 34 Absatz 1 Satz 1 Nummer 1, 3, 4 und Absatz 2 die zur Ausübung von Stimmrechten Berechtigten in die Übermittlung im Wege der Datenfernübertragung ausdrücklich eingewilligt haben oder einer Bitte in Textform um Zustimmung nicht innerhalb eines angemessenen Zeitraums widersprochen und die dadurch als erteilt geltende Zustimmung nicht zu einem späteren Zeitpunkt widerrufen haben,
2. im Falle zugelassener Schuldtitel im Sinne von § 48 Absatz 1 Nummer 6
   a) eine Gläubigerversammlung zugestimmt hat,
   b) die Wahl der Art der Datenfernübertragung nicht vom Sitz oder Wohnsitz der Schuldtitelinhaber oder deren Bevollmächtigten abhängt,
   c) Vorkehrungen zur sicheren Identifizierung und Adressierung der Schuldtitelinhaber getroffen worden sind,
   d) die Schuldtitelinhaber in die Übermittlung im Wege der Datenfernübertragung ausdrücklich eingewilligt haben oder einer Bitte in Textform um Zustimmung nicht innerhalb eines ange-

messenen Zeitraums widersprochen und die dadurch als erteilt geltende Zustimmung nicht zu einem späteren Zeitpunkt widerrufen haben.

[2]Ist eine Datenfernübertragung unter diesen Voraussetzungen nicht möglich, erfolgt die Übermittlung ohne Rücksicht auf anderweitige Satzungsregelungen des Emittenten auf schriftlichem Wege.

§ 50 Veröffentlichung zusätzlicher Angaben und Übermittlung an das Unternehmensregister; Verordnungsermächtigung

(1) [1]Ein Inlandsemittent muss

1. jede Änderung der mit den zugelassenen Wertpapieren verbundenen Rechte sowie
   a) im Falle zugelassener Aktien der Rechte, die mit derivativen vom Emittenten selbst begebenen Wertpapieren verbunden sind, sofern sie ein Umtausch- oder Erwerbsrecht auf die zugelassenen Aktien des Emittenten verschaffen,
   b) im Falle anderer Wertpapiere als Aktien Änderungen der Ausstattung dieser Wertpapiere, insbesondere von Zinssätzen, oder der damit verbundenen Bedingungen, soweit die mit den Wertpapieren verbundenen Rechte hiervon indirekt betroffen sind, und
2. Informationen, die er in einem Drittstaat veröffentlicht und die für die Öffentlichkeit in der Europäischen Union und dem Europäischen Wirtschaftsraum Bedeutung haben können,

unverzüglich veröffentlichen und gleichzeitig der Bundesanstalt diese Veröffentlichung mitteilen. [2]Er übermittelt diese Informationen außerdem unverzüglich, jedoch nicht vor ihrer Veröffentlichung der das Unternehmensregister führenden Stelle zur Einstellung in das Unternehmensregister.

(2) Das Bundesministerium der Finanzen wird ermächtigt, durch Rechtsverordnung, die nicht der Zustimmung des Bundesrates bedarf, nähere Bestimmungen zu erlassen über den Mindestinhalt, die Art, die Sprache, den Umfang und die Form der Veröffentlichung und der Mitteilung nach Absatz 1 Satz 1.

§ 51 Befreiung

(1) [1]Die Bundesanstalt kann Inlandsemittenten mit Sitz in einem Drittstaat von den Pflichten nach den §§ 48, 49 und 50 Absatz 1 Satz 1 Nummer 1 und 2 freistellen, soweit diese Emittenten gleichwertigen Regeln eines Drittstaates unterliegen oder sich solchen Regeln unterwerfen. [2]Die Bundesanstalt unterrichtet die Europäische Wertpapier- und Marktaufsichtsbehörde über die erteilte Freistellung.

(2) Emittenten, denen die Bundesanstalt eine Befreiung nach Absatz 1 erteilt hat, müssen Informationen über Umstände im Sinne des § 50 Absatz 1 Satz 1 Nummer 1 und 2, die nach den gleichwertigen Regeln eines Drittstaates der Öffentlichkeit zur Verfügung zu stellen sind, nach Maßgabe des § 50 Absatz 1 in Verbindung mit einer Rechtsverordnung nach § 50 Absatz 2 veröffentlichen und die Veröffentlichung gleichzeitig der Bundesanstalt mitteilen; sie müssen die Informationen außerdem unverzüglich, jedoch nicht vor der Veröffentlichung der das Unternehmensregister führenden Stelle zur Einstellung in das Unternehmensregister übermitteln.

(3) Das Bundesministerium der Finanzen wird ermächtigt, durch Rechtsverordnung, die nicht der Zustimmung des Bundesrates bedarf, nähere Bestimmungen über die Gleichwertigkeit von Regeln eines Drittstaates und die Freistellung von Emittenten nach Absatz 1 zu erlassen.

§ 52 Ausschluss der Anfechtung

Die Anfechtung eines Hauptversammlungsbeschlusses kann nicht auf eine Verletzung der Vorschriften dieses Abschnitts gestützt werden.

Abschnitt 8

Leerverkäufe und Geschäfte in Derivaten

§ 53 Überwachung von Leerverkäufen; Verordnungsermächtigung

(1) [1]Die Bundesanstalt ist zuständige Behörde im Sinne der Verordnung (EU) Nr. 236/2012. [2]§ 15 Absatz 7 des Börsengesetzes bleibt unberührt. [3]Soweit in der Verordnung (EU) Nr. 236/2012 nichts Abweichendes geregelt ist, gelten die Vorschriften der Abschnitte 1 und 2 dieses Gesetzes, mit Ausnahme des § 18 Absatz 7 Satz 5 bis 8, des § 21 Absatz 1 Satz 3 und des § 22, entsprechend.

(2) [1]Die Bundesanstalt übt die ihr nach Absatz 1 Satz 1 in Verbindung mit der Verordnung (EU) Nr. 236/2012 übertragenen Befugnisse aus, soweit dies für die Wahrnehmung ihrer Aufgaben und die Überwachung der Einhaltung der in der Verordnung (EU) Nr. 236/2012 geregelten Pflichten erforderlich ist. [2]Für die Zwecke des Artikels 9 Absatz 4 Satz 2 der Verordnung (EU) Nr. 236/2012 beaufsichtigt die Bundesanstalt die entsprechenden Internetseiten des Bundesanzeigers.

(3) Widerspruch und Anfechtungsklage gegen Maßnahmen der Bundesanstalt nach Absatz 2, auch in Verbindung mit der Verordnung (EU) Nr. 236/2012, haben keine aufschiebende Wirkung.

(4) [1]Das Bundesministerium der Finanzen kann durch Rechtsverordnung, die nicht der Zustimmung des Bundesrates bedarf, nähere Bestimmungen über

1. Art, Umfang und Form von Mitteilungen und Veröffentlichungen von Netto-Leerverkaufspositionen nach den Artikeln 5 bis 8 der Verordnung (EU) Nr. 236/2012,
2. die Beaufsichtigung der Internetseiten des Bundesanzeigers für die Zwecke des Artikels 9 Absatz 4 Satz 2 der Verordnung (EU) Nr. 236/2012 sowie
3. Art, Umfang und Form der Mitteilungen, Übermittlungen und Benachrichtigungen gemäß Artikel 17 Absatz 5, 6 und 8 bis 10 der Verordnung (EU) Nr. 236/2012

erlassen. [2]Das Bundesministerium der Finanzen kann die Ermächtigung des Satzes 1 durch Rechtsverordnung ohne Zustimmung des Bundesrates auf die Bundesanstalt übertragen.

Abschnitt 9

Positionslimits und Positionsmanagementkontrollen bei Warenderivaten und Positionsmeldungen

§ 54 Positionslimits und Positionsmanagementkontrollen

(1) [1]Die Bundesanstalt legt vorbehaltlich des § 55 für jedes Derivat auf landwirtschaftliche Erzeugnisse und jedes kritische oder signifikante Warenderivat, das an einem inländischen Handelsplatz gehandelt wird, einen quantitativen Schwellenwert für die maximale Größe einer Position in diesem Derivat, die eine Person halten darf (Positionslimit), fest. [2]Warenderivate gelten als kritisch oder signifikant, wenn die Summe aller Nettopositionen der Halter von Endpositionen dem Umfang ihrer offenen Positionen entspricht und durchschnittlich mindestens 300 000 handelbare Einheiten innerhalb von 12 Monaten beträgt. [3]Nähere Bestimmungen zur Berechnungsmethode nach der die Positionslimits in Spot-Monaten und anderen Monaten für effektiv gelieferte oder bar abgerechnete Warenderivate auf der Grundlage der Eigenschaften der entsprechenden Derivate festgelegt werden, ergeben sich aus von der Kommission gemäß Artikel 57 Absatz 3 der Richtlinie 2014/65/EU in der jeweils geltenden Fassung erlassenen technischen Regulierungsstandards.

(2) [1]Das Positionslimit ist so festzulegen, dass es

1. Marktmissbrauch im Sinne des Artikels 1 der Verordnung (EU) Nr. 596/2014 verhindert und
2. zu geordneten Preisbildungs- und Abwicklungsbedingungen beiträgt.

[2]Insbesondere trägt das Positionslimit zu Preisbildungs- und Abwicklungsbedingungen im Sinne des Satzes 1 Nummer 2 bei, wenn es

1. marktverzerrende Positionen verhindert und
2. eine Konvergenz zwischen dem Preis des Derivats im Monat der Lieferung und dem Preis für die zugrunde liegende Ware an den entsprechenden Spotmärkten sicherstellt, ohne dass die Preisbildung am Markt für die zugrunde liegende Ware davon berührt wird.

(3) [1]Die Bundesanstalt kann in Ausnahmefällen Positionslimits festlegen, die strenger sind als die nach den Absätzen 1 und 2 berechneten, wenn dies unter Berücksichtigung der Liquidität in dem betreffenden Derivat und im Interesse einer geordneten Funktionsweise des betreffenden Marktes geboten und verhältnismäßig ist. [2]Eine Festlegung nach Satz 1 ist auf der Internetseite der Bundesanstalt zu veröffentlichen und auf höchstens sechs Monate ab dem Zeitpunkt der Veröffentlichung befristet. [3]Liegen die Gründe nach Satz 1 auch nach Ablauf dieser Frist weiter vor, kann die Festlegung jeweils für einen Zeitraum von höchstens sechs Monaten verlängert werden. [4]Absatz 4 gilt entsprechend.

(4) [1]Vor Festlegung eines Positionslimits nach Absatz 1 teilt die Bundesanstalt der Europäischen Wertpapier- und Marktaufsichtsbehörde das beabsichtigte Positionslimit mit. [2]Verlangt diese binnen zwei Monaten nach Erhalt der Mitteilung nach Satz 1 eine Änderung an dem Positionslimit und kommt die Bundesanstalt diesem Verlangen nicht nach, teilt sie ihre Entscheidung einschließlich ihrer Gründe der Europäischen Wertpapier- und Marktaufsichtsbehörde mit und veröffentlicht ihre begründete Entscheidung auf ihrer Internetseite. [3]Die Bundesanstalt übermittelt die Einzelheiten der von ihr festgelegten Positionslimits an die Europäische Wertpapier- und Marktaufsichtsbehörde.

(5) [1]Ändert sich die lieferbare Menge eines Derivats oder die Anzahl oder das Volumen offener Kontraktpositionen in einem Derivat in erheblichem Umfang oder treten sonstige erhebliche Änderungen auf dem Markt auf, legt die Bundesanstalt die Positionslimits nach Maßgabe der Absätze 1 bis 4 neu fest. [2]Die Betreiber von Handelsplätzen unterrichten die Bundesanstalt über nach Satz 1 erhebliche Änderungen an ihrem Handelsplatz.

(6) [1]Der Betreiber eines multilateralen oder organisierten Handelssystems, an dem Warenderivate gehandelt werden, muss Verfahren zur Überwachung der Einhaltung der nach den Absätzen 1 bis 5 und § 55 festgelegten Positionslimits (Positionsmanagementkontrollen) einrichten. [2]Diese müssen transparent und diskriminierungsfrei ausgestaltet werden, festlegen, wie sie anzuwenden sind und der Art und Zu-

sammensetzung der Marktteilnehmer sowie deren Nutzung der zum Handel zugelassenen Kontrakte Rechnung tragen. [3]Im Rahmen von Kontrollen nach den Sätzen 1 und 2 hat der Betreiber eines Handelsplatzes insbesondere sicherzustellen, dass er das Recht hat,
1. die offenen Kontraktpositionen jeder Person zu überwachen,
2. von jeder Person Zugang zu Informationen, einschließlich aller einschlägigen Unterlagen, über Größe und Zweck einer eingegangenen Position oder offenen Forderung, über wirtschaftliche oder tatsächliche Eigentümer, etwaige Absprachen sowie alle etwaigen zugehörigen Vermögenswerte oder Verbindlichkeiten im einschlägigen Basiswert zu erhalten, gegebenenfalls auch zu Positionen, die in Warenderivaten mit demselben Basiswert und denselben Eigenschaften an anderen Handelsplätzen und in wirtschaftlich gleichwertigen OTC-Kontrakten über Mitglieder und Teilnehmer gehalten werden,
3. von jeder Person die zeitweilige oder dauerhafte Auflösung oder Reduzierung einer von ihr eingegangenen Position zu verlangen und, falls der Betreffende dem nicht nachkommt, einseitig geeignete Maßnahmen zu ergreifen, um die Auflösung oder Reduzierung sicherzustellen, und
4. von jeder Person zu verlangen, zeitweilig Liquidität zu einem vereinbarten Preis und in vereinbartem Umfang eigens zu dem Zweck in den Markt zurückfließen zu lassen, die Auswirkungen einer großen oder marktbeherrschenden Position abzumildern.

[4]Der Betreiber unterrichtet die Bundesanstalt über Einzelheiten der Positionsmanagementkontrollen nach den Sätzen 1 bis 3. [5]Die Bundesanstalt übermittelt diese Informationen an die Europäische Wertpapier- und Marktaufsichtsbehörde. [6]Nähere Bestimmungen zum Inhalt der Positionsmanagementkontrollen ergeben sich aus den von der Kommission aufgrund der gemäß Artikel 57 Absatz 8 der Richtlinie 2014/65/EU in der jeweils geltenden Fassung in Verbindung mit Absatz 10 bis 14 der Verordnung (EU) Nr. 1095/2010 erlassenen technischen Regulierungsstandards.

§ 55 Positionslimits bei europaweit gehandelten Derivaten

(1) [1]Werden Derivate auf landwirtschaftliche Erzeugnisse mit demselben Basiswert und denselben Eigenschaften in erheblichen Volumina oder kritische oder signifikante Derivate mit demselben Basiswert und denselben Eigenschaften auch an einem Handelsplatz in einem anderen Mitgliedstaat oder einem anderen Vertragsstaat des Abkommens über den Europäischen Wirtschaftsraum gehandelt, legt die Bundesanstalt ein Positionslimit nach § 54 Absatz 1 nur fest, wenn sie für dieses Derivat zentrale zuständige Behörde ist. [2]Die Bundesanstalt ist zentrale zuständige Behörde, wenn das größte Volumen dieses Derivats an einem inländischen Handelsplatz gehandelt wird. [3]Nähere Bestimmungen dazu, wie erhebliche Volumina im Sinne des Satzes 1 erste Variante berechnet werden, ergeben sich aus von der Kommission aufgrund der gemäß Artikel 57 Absatz 12 der Richtlinie 2014/65/EU in der jeweils geltenden Fassung in Verbindung mit Absatz 10 bis 14 der Verordnung (EU) Nr. 1095/2010 erlassenen technischen Regulierungsstandards.

(2) Ist die Bundesanstalt im Falle des Absatzes 1 Satz 1 zentrale zuständige Behörde für das betreffende Derivat, konsultiert sie im Hinblick auf das anzuwendende einheitliche Positionslimit und auf jede Überarbeitung dieses einheitlichen Positionslimits die zuständigen Behörden der anderen Handelsplätze, an denen die Derivate auf landwirtschaftliche Erzeugnisse in erheblichen Volumina oder an denen die kritischen oder signifikanten Derivate gehandelt werden.

(3) [1]Ist die Bundesanstalt im Falle des Absatzes 1 Satz 1 nicht zentrale zuständige Behörde für das betreffende Derivat, ist das von der zentralen zuständigen Behörde für dieses Derivat festgelegte Positionslimit auch im Inland maßgeblich. [2]Die Bundesanstalt kann der Festlegung des einheitlichen Positionslimits durch eine andere zentrale zuständige Stelle widersprechen. [3]In diesem Fall legt sie schriftlich die vollständigen und ausführlichen Gründe dar, warum aus ihrer Sicht die Voraussetzungen für die Festlegung nicht erfüllt sind. [4]Kommt die zentrale zuständige Behörde einem Verlangen der Bundesanstalt zur Änderung des Positionslimits nicht nach, teilt die Bundesanstalt ihr Verlangen einschließlich ihrer Gründe der Europäischen Wertpapier- und Marktaufsichtsbehörde mit.

(4) Die Bundesanstalt trifft mit anderen für die Aufsicht über
1. Handelsplätze, an denen Derivate auf landwirtschaftliche Erzeugnisse mit demselben Basiswert und denselben Eigenschaften in erheblichen Volumina gehandelt werden oder an denen kritische oder signifikante Warenderivate mit demselben Basiswert und denselben Eigenschaften gehandelt werden, und
2. Inhaber von Positionen in diesen Derivaten

zuständigen Behörden Vereinbarungen für eine Zusammenarbeit, einschließlich des Austauschs einschlägiger Daten, um die Überwachung und Durchsetzung des einheitlichen Positionslimits zu ermöglichen.

§ 56 Anwendung von Positionslimits

(1) [1]Bei der Anwendung der nach den §§ 54 und 55 festgelegten Positionslimits werden alle Positionen berücksichtigt, die von einer natürlichen oder juristischen Person oder einer Personenvereinigung selbst oder aggregiert auf Gruppenebene gehalten werden. [2]Nähere Bestimmungen zur Berechnung der Position ergeben sich aus den Artikeln 3, 4 und 9 bis 20 der Delegierten Verordnung (EU) 2017/591.

(2) [1]Die nach den §§ 54 und 55 festgelegten Positionslimits gelten auch für OTC-Kontrakte, die wirtschaftlich gleichwertig mit Warenderivaten im Sinne des Absatzes 1 sind. [2]Nähere Bestimmungen zur wirtschaftlichen Gleichwertigkeit ergeben sich aus Artikel 6 der Delegierten Verordnung (EU) 2017/591.

(3) [1]Die nach den §§ 54 und 55 festgelegten Positionslimits gelten nicht für:

1. Positionen, für die die Bundesanstalt oder die zuständige Behörde eines anderen Mitgliedstaats auf Antrag festgestellt hat, dass sie von oder für eine nichtfinanzielle Stelle gehalten werden und die objektiv messbar die direkt mit der Geschäftstätigkeit dieser nichtfinanziellen Stelle verbundenen Risiken mindern,
2. Positionen, für die die Bundesanstalt oder die zuständige Behörde eines anderen Mitgliedstaats auf Antrag festgestellt hat, dass sie von oder für eine finanzielle Stelle gehalten werden, die Teil einer überwiegend kommerziellen Unternehmensgruppe ist und die im Namen einer nichtfinanziellen Stelle der überwiegend kommerziellen Unternehmensgruppe handelt, und diese Positionen objektiv messbar die direkt mit der Geschäftstätigkeit dieser nichtfinanziellen Stelle verbundenen Risiken mindern,
3. Positionen, für die die Bundesanstalt oder die zuständige Behörde eines anderen Mitgliedstaats auf Antrag festgestellt hat, dass sie von finanziellen und nichtfinanziellen Gegenparteien gehalten werden und objektiv messbar aus Transaktionen stammen, die abgeschlossen wurden, um der Verpflichtung gemäß Artikel 2 Absatz 4 Unterabsatz 4 Buchstabe c der Richtlinie 2014/65/EU, einen Handelsplatz mit Liquidität zu versorgen, in Bezug auf Warenderivate nachzukommen und
4. Wertpapiere im Sinne des § 2 Absatz 1 Nummer 3 Buchstabe b, die mit Waren oder Basiswerten im Sinne des § 2 Absatz 3 Nummer 2 in Verbindung stehen.

[2]Nähere Bestimmungen zum Verfahren bei der Beantragung von Ausnahmen nach Satz 1 Nummer 1, 2 und 3 ergeben sich aus den von der Kommission aufgrund der gemäß Artikel 57 Absatz 1 der Richtlinie 2014/65/EU in der jeweils geltenden Fassung in Verbindung mit Absatz 10 bis 14 der Verordnung (EU) Nr. 1095/2010 erlassenen technischen Regulierungsstandards.

§ 57 Positionsmeldungen; Verordnungsermächtigung

(1) [1]Mitglieder und Teilnehmer von Handelsplätzen sind verpflichtet, dem jeweiligen Betreiber des Handelsplatzes einmal täglich die Einzelheiten ihrer eigenen Positionen in Warenderivaten, die an diesem Handelsplatz gehandelt werden, wie auch die Positionen ihrer Kunden und der Kunden dieser Kunden bis zum Endkunden zu melden. [2]Kunden und deren Kunden bis zum Endkunden haben den zur Meldung verpflichteten Teilnehmern an Handelsplätzen die für die Meldung notwendigen Informationen zur Verfügung zu stellen. [3]Die Pflicht nach Satz 1 gilt nicht für Wertpapiere im Sinne des § 2 Absatz 1 Nummer 3 Buchstabe b, die mit Waren oder Basiswerten im Sinne des § 2 Absatz 3 Nummer 2 in Verbindung stehen.

(2) [1]Der Betreiber eines Handelsplatzes, an dem Warenderivate, Emissionszertifikate oder Derivate davon gehandelt werden, muss wöchentlich eine Aufstellung der aggregierten Positionen in den verschiedenen an dem Handelsplatz gehandelten Warenderivaten oder Emissionszertifikaten oder Derivaten davon, die von Personenkategorien nach Satz 4 in diesen Finanzinstrumenten gehalten werden, veröffentlichen und der Bundesanstalt sowie der Europäischen Wertpapier- und Marktaufsichtsbehörde übermitteln. [2]Die Aufstellung muss enthalten:

1. die Zahl der Kauf- und Verkaufspositionen, aufgeteilt nach den in den Sätzen 4 und 5 genannten Kategorien,
2. diesbezügliche Änderungen seit dem letzten Bericht,
3. den prozentualen Anteil der gesamten offenen Kontraktpositionen in jeder Kategorie sowie
4. die Anzahl der Positionsinhaber in jeder Kategorie.

[3]Bei den Angaben nach Satz 2 sind jeweils Positionen getrennt darzustellen, die objektiv messbar die unmittelbar mit einer Geschäftstätigkeit in Zusammenhang stehenden Risiken verringern, und andere Positionen. [4]Für die Zwecke des Satzes 1 hat der Betreiber des Handelsplatzes die Inhaber einer Position entsprechend ihrer Haupttätigkeit, für die sie zugelassen sind, einer der folgenden Kategorien zuzuordnen:

1. Wertpapierdienstleistungsunternehmen und Kreditinstitute,
2. Investmentvermögen im Sinne des § 1 Absatz 1 des Kapitalanlagegesetzbuchs,

3. sonstige Finanzinstitute, einschließlich Versicherungsunternehmen oder Rückversicherungsunternehmen im Sinne der Richtlinie 2009/138/EG und Einrichtungen der betrieblichen Altersversorgung im Sinne der Richtlinie 2003/41/EG,
4. sonstige kommerzielle Unternehmen.

[5]Im Falle eines Emissionszertifikats oder eines Derivats davon ist ergänzend zu Satz 4 eine weitere Kategorie für Betreiber mit der Verpflichtung zur Einhaltung der Anforderungen der Richtlinie 2003/87/EG bei Emissionszertifikaten oder Derivaten davon zu bilden. [6]Die Pflicht nach Satz 1 gilt nur für Warenderivate, Emissionszertifikate und Derivate davon, bei denen die in Artikel 83 der Delegierten Verordnung (EU) 2017/565 festgelegten Mindestschwellen überschritten werden.

(3) Betreiber eines Handelsplatzes, an dem Warenderivate, Emissionszertifikate oder Derivate davon gehandelt werden, müssen der Bundesanstalt darüber hinaus einmal täglich eine vollständige Aufstellung der Positionen aller Mitglieder oder Teilnehmer an diesem Handelsplatz sowie deren Kunden und der Kunden dieser Kunden bis zum Endkunden in Warenderivaten, Emissionszertifikaten oder Derivaten davon übermitteln.

(4) [1]Wertpapierdienstleistungsunternehmen, die außerhalb eines Handelsplatzes mit Warenderivaten, Emissionszertifikaten oder Derivaten davon handeln, die auch an einem Handelsplatz gehandelt werden, sind verpflichtet, der in Satz 2 genannten Behörde mindestens einmal täglich eine vollständige Aufstellung ihrer Positionen in diesen Finanzinstrumenten und in wirtschaftlich gleichwertigen OTC-Kontrakten sowie der entsprechenden Positionen ihrer Kunden und der Kunden dieser Kunden bis zum Endkunden gemäß Artikel 26 der Verordnung (EU) Nr. 600/2014 oder Artikel 8 der Verordnung (EU) Nr. 1227/2011 zu übermitteln. [2]Die Aufstellung nach Satz 1 ist zu übermitteln
1. der zentralen zuständigen Behörde im Sinne des § 55 Absatz 1 oder
2. der zuständigen Behörde des Handelsplatzes, an dem die Warenderivate, Emissionszertifikate oder Derivate davon gehandelt werden, falls es keine zentrale zuständige Behörde gibt.

[3]Kunden und deren Kunden bis zum Endkunden haben den zur Übermittlung verpflichteten Wertpapierdienstleistungsunternehmen die für die Übermittlung notwendigen Informationen zur Verfügung zu stellen.

(5) Die Bundesanstalt kann in kritischen Marktsituationen verlangen, dass die Mitteilungen nach den Absätzen 1, 3 und 4 mehrfach innerhalb eines Tages erfolgen müssen.

(6) [1]Das Bundesministerium der Finanzen kann durch Rechtsverordnung, die nicht der Zustimmung des Bundesrates bedarf,
1. nähere Bestimmungen über Inhalt, Art, Umfang, Form und Häufigkeit der Mitteilungen nach den Absätzen 1 und 3 bis 5 und über die zulässigen Datenträger und Übertragungswege erlassen sowie
2. vorschreiben, dass in den in den Absätzen 1, 3 und 4 genannten Fällen über die dort genannten Angaben hinaus zusätzliche Angaben zu übermitteln sind, wenn die zusätzlichen Angaben auf Grund der besonderen Eigenschaften des Finanzinstruments, das Gegenstand der Mitteilung ist, oder der besonderen Bedingungen an dem Handelsplatz, an dem das Geschäft ausgeführt wurde, zur Überwachung der Positionslimits nach § 54 durch die Bundesanstalt erforderlich sind.

[2]Das Bundesministerium der Finanzen kann die Ermächtigung durch Rechtsverordnung auf die Bundesanstalt übertragen.

Abschnitt 10

Organisationspflichten von Datenbereitstellungsdiensten

§ 58 Hinweisgeberverfahren

Ein Datenbereitstellungsdienst muss über ein Hinweisgeberverfahren in entsprechender Anwendung des § 25a Absatz 1 Satz 6 Nummer 3 des Kreditwesengesetzes verfügen.

§ 59 Überwachung der Organisationspflichten

[1]Die Bundesanstalt kann zur Überwachung der in § 58 sowie der in Titel IVa der Verordnung (EU) Nr. 600/2014, auch in Verbindung mit delegierten Rechtsakten und Durchführungsrechtsakten auf der Grundlage von Artikel 27g Absatz 6 bis 8 sowie Artikel 27i Absatz 5 dieser Verordnung, geregelten Pflichten, im Rahmen einer Ausnahme gemäß Artikel 2 Absatz 3 dieser Verordnung, bei den Datenbereitstellungsdiensten auch ohne besonderen Anlass Prüfungen vornehmen. [2]§ 88 Absatz 3 gilt entsprechend. [3]Hinsichtlich des Umfangs der Prüfungen gilt § 88 Absatz 2 entsprechend. [4]Widerspruch und Anfechtungsklage gegen Maßnahmen nach Satz 1 haben keine aufschiebende Wirkung.

§ 60 Prüfung der Organisationspflichten; Verordnungsermächtigung

(1) [1]Unbeschadet des § 59 ist die Einhaltung der in § 58 sowie der in Titel IVa der Verordnung (EU) Nr. 600/2014, auch in Verbindung mit delegierten Rechtsakten und Durchführungsrechtsakten auf der Grundlage von Artikel 27g Absatz 6 bis 8 sowie Artikel 27i Absatz 5 dieser Verordnung, geregelten Pflichten einmal jährlich durch einen geeigneten Prüfer zu prüfen. [2]§ 89 Absatz 1 Satz 4 und 6, Absatz 2 Satz 1 und 2, Absatz 3 und 4 gilt entsprechend.

(2) [1]Das Bundesministerium der Finanzen kann durch Rechtsverordnung, die nicht der Zustimmung des Bundesrates bedarf, nähere Bestimmungen über Art, Umfang und Zeitpunkt der Prüfung nach Absatz 1 sowie den Inhalt der Prüfungsberichte erlassen. [2]Das Bundesministerium der Finanzen kann die Ermächtigung durch Rechtsverordnung auf die Bundesanstalt übertragen.

§§ 61, 62 ***[aufgehoben]***

Abschnitt 11

Verhaltenspflichten, Organisationspflichten, Transparenzpflichten

§ 63 Allgemeine Verhaltensregeln; Verordnungsermächtigung

(1) Ein Wertpapierdienstleistungsunternehmen ist verpflichtet, Wertpapierdienstleistungen und Wertpapiernebendienstleistungen ehrlich, redlich und professionell im bestmöglichen Interesse seiner Kunden zu erbringen.

(2) [1]Ein Wertpapierdienstleistungsunternehmen hat einem Kunden, bevor es Geschäfte für ihn durchführt, die allgemeine Art und Herkunft von Interessenkonflikten und die zur Begrenzung der Risiken der Beeinträchtigung der Kundeninteressen unternommenen Schritte eindeutig darzulegen, soweit die organisatorischen Vorkehrungen nach § 80 Absatz 1 Satz 2 Nummer 2 nicht ausreichen, um nach vernünftigem Ermessen zu gewährleisten, dass das Risiko der Beeinträchtigung von Kundeninteressen vermieden wird. [2]Die Darlegung nach Satz 1 muss

1. mittels eines dauerhaften Datenträgers erfolgen und
2. unter Berücksichtigung der Einstufung des Kunden im Sinne des § 67 so detailliert sein, dass der Kunde in die Lage versetzt wird, seine Entscheidung über die Wertpapierdienstleistung oder Wertpapiernebendienstleistung, in deren Zusammenhang der Interessenkonflikt auftritt, in Kenntnis der Sachlage zu treffen.

(3) [1]Ein Wertpapierdienstleistungsunternehmen muss sicherstellen, dass es die Leistung seiner Mitarbeiter nicht in einer Weise vergütet oder bewertet, die mit seiner Pflicht, im bestmöglichen Interesse der Kunden zu handeln, kollidiert. [2]Insbesondere darf es bei seinen Mitarbeitern weder durch Vergütungsvereinbarungen noch durch Verkaufsziele oder in sonstiger Weise Anreize dafür setzen, einem Privatkunden ein bestimmtes Finanzinstrument zu empfehlen, obwohl das Wertpapierdienstleistungsunternehmen dem Privatkunden ein anderes Finanzinstrument anbieten könnte, das den Bedürfnissen des Privatkunden besser entspricht.

(4) [1]Ein Wertpapierdienstleistungsunternehmen, das Finanzinstrumente zum Verkauf an Kunden konzipiert, muss sicherstellen, dass diese Finanzinstrumente so ausgestaltet sind, dass

1. sie den Bedürfnissen eines bestimmten Zielmarktes im Sinne des § 80 Absatz 9 entsprechen und
2. die Strategie für den Vertrieb der Finanzinstrumente mit diesem Zielmarkt vereinbar ist.

[2]Das Wertpapierdienstleistungsunternehmen muss zumutbare Schritte unternehmen, um zu gewährleisten, dass das Finanzinstrument an den bestimmten Zielmarkt vertrieben wird.

(5) [1]Ein Wertpapierdienstleistungsunternehmen muss die von ihm angebotenen oder empfohlenen Finanzinstrumente verstehen. [2]Es muss deren Vereinbarkeit mit den Bedürfnissen der Kunden, denen gegenüber es Wertpapierdienstleistungen erbringt, beurteilen, auch unter Berücksichtigung des in § 80 Absatz 9 genannten Zielmarktes, und sicherstellen, dass es Finanzinstrumente nur anbietet oder empfiehlt, wenn dies im Interesse der Kunden liegt.

(5a) Die Absätze 4 und 5 gelten nicht für Wertpapierdienstleistungsunternehmen, sofern sich ihre Wertpapierdienstleistung auf Anleihen mit einer Make-Whole-Klausel bezieht, die über keine anderen eingebetteten Derivate als eine Make-Whole-Klausel verfügen, oder wenn die Finanzinstrumente ausschließlich an geeignete Gegenparteien vermarktet oder vertrieben werden.

(6) [1]Alle Informationen, die Wertpapierdienstleistungsunternehmen Kunden zugänglich machen, einschließlich Marketingmitteilungen, müssen redlich und eindeutig sein und dürfen nicht irreführend sein. [2]Marketingmitteilungen müssen eindeutig als solche erkennbar sein. [3]§ 302 des Kapitalanlagegesetzbuchs, Artikel 22 der Verordnung (EU) 2017/1129 und § 7 des Wertpapierprospektgesetzes bleiben unberührt.

(7) [1]Wertpapierdienstleistungsunternehmen sind verpflichtet, ihren Kunden rechtzeitig und in verständlicher Form angemessene Informationen über das Wertpapierdienstleistungsunternehmen und seine Dienstleistungen, über die Finanzinstrumente und die vorgeschlagenen Anlagestrategien, über Ausführungsplätze und alle Kosten und Nebenkosten zur Verfügung zu stellen, die erforderlich sind, damit die Kunden nach vernünftigem Ermessen die Art und die Risiken der ihnen angebotenen oder von ihnen nachgefragten Arten von Finanzinstrumenten oder Wertpapierdienstleistungen verstehen und auf dieser Grundlage ihre Anlageentscheidung treffen können. [2]Die Informationen können auch in standardisierter Form zur Verfügung gestellt werden. [3]Die Informationen nach Satz 1 müssen folgende Angaben enthalten:

1. hinsichtlich der Arten von Finanzinstrumenten und der vorgeschlagenen Anlagestrategie unter Berücksichtigung des Zielmarktes im Sinne des Absatzes 3 oder 4:
   a) geeignete Leitlinien zur Anlage in solche Arten von Finanzinstrumenten oder zu den einzelnen Anlagestrategien,
   b) geeignete Warnhinweise zu den Risiken, die mit dieser Art von Finanzinstrumenten oder den einzelnen Anlagestrategien verbunden sind, und
   c) ob die Art des Finanzinstruments für Privatkunden oder professionelle Kunden bestimmt ist;
2. hinsichtlich aller Kosten und Nebenkosten:
   a) Informationen in Bezug auf Kosten und Nebenkosten sowohl der Wertpapierdienstleistungen als auch der Wertpapiernebendienstleistungen, einschließlich eventueller Beratungskosten,
   b) Kosten der Finanzinstrumente, die dem Kunden empfohlen oder an ihn vermarktet werden sowie
   c) Zahlungsmöglichkeiten des Kunden einschließlich etwaiger Zahlungen durch Dritte.

[4]Informationen zu Kosten und Nebenkosten, einschließlich solchen Kosten und Nebenkosten im Zusammenhang mit der Wertpapierdienstleistung und dem Finanzinstrument, die nicht durch ein zugrunde liegendes Marktrisiko verursacht werden, muss das Wertpapierdienstleistungsunternehmen in zusammengefasster Weise darstellen, damit der Kunde sowohl die Gesamtkosten als auch die kumulative Wirkung der Kosten auf die Rendite der Anlage verstehen kann. [5]Auf Verlangen des Kunden muss das Wertpapierdienstleistungsunternehmen eine Aufstellung, die nach den einzelnen Posten aufgegliedert ist, zur Verfügung stellen. [6]Solche Informationen sollen dem Kunden unter den in Artikel 50 Absatz 9 der Delegierten Verordnung (EU) 2017/565 genannten Voraussetzungen regelmäßig, mindestens jedoch jährlich während der Laufzeit der Anlage zur Verfügung gestellt werden. [7]Die §§ 293 bis 297, 303 bis 307 des Kapitalanlagegesetzbuchs bleiben unberührt. [8]Bei zertifizierten Altersvorsorge- und Basisrentenverträgen im Sinne des Altersvorsorgeverträge-Zertifizierungsgesetzes gilt die Informationspflicht nach diesem Absatz durch Bereitstellung des individuellen Produktinformationsblattes nach § 7 des Altersvorsorgeverträge-Zertifizierungsgesetzes als erfüllt. [9]Dem Kunden sind auf Nachfrage die nach diesem Absatz erforderlichen Informationen über Kosten und Nebenkosten zur Verfügung zu stellen. [10]Der Kunde ist bei Bereitstellung des individuellen Produktinformationsblattes nach § 7 des Altersvorsorgeverträge-Zertifizierungsgesetzes ausdrücklich auf dieses Recht hinzuweisen. [11]Wird einem Kunden ein standardisiertes Informationsblatt nach § 64 Absatz 2 Satz 3 zur Verfügung gestellt, sind dem Kunden die Informationen hinsichtlich aller Kosten und Nebenkosten nach den Sätzen 4 und 5 unverlangt unter Verwendung einer formalisierten Kostenaufstellung zur Verfügung zu stellen. [12]Wenn die Vereinbarung, ein Finanzinstrument zu kaufen oder zu verkaufen, unter Verwendung eines Fernkommunikationsmittels geschlossen wird, das eine vorherige Übermittlung der Informationen über Kosten und Gebühren verhindert, kann das Wertpapierdienstleistungsunternehmen dem Kunden diese Informationen unmittelbar nach Geschäftsabschluss entweder in elektronischer Form oder, wenn ein Privatkunde darum ersucht, in schriftlicher Form übermitteln, sofern nachfolgende Bedingungen erfüllt sind:

1. der Kunde hat eingewilligt, die Informationen unverzüglich nach dem Geschäftsabschluss zu erhalten, und
2. das Wertpapierdienstleistungsunternehmen hat dem Kunden die Möglichkeit eingeräumt, den Geschäftsabschluss aufzuschieben, bis er die Informationen erhalten hat.

[13]Zusätzlich zu den Anforderungen nach Satz 12 hat das Wertpapierdienstleistungsunternehmen dem Kunden die Möglichkeit einzuräumen, vor Abschluss des Geschäfts telefonisch Informationen über Kosten und Entgelte zu erhalten. [14]Die Anforderungen nach Satz 3 Nummer 2 und den Sätzen 4 bis 6 gelten gegenüber professionellen Kunden ausschließlich für die Erbringung von Finanzportfolioverwaltung und Anlageberatung.

(8) Die Absätze 6 und 7 gelten nicht für Wertpapierdienstleistungen, die als Teil eines Finanzprodukts angeboten werden, das in Bezug auf die Informationspflichten bereits anderen Bestimmungen des Europäischen Gemeinschaftsrechts, die Kreditinstitute und Verbraucherkredite betreffen, unterliegt.

(9) [1]Bietet ein Wertpapierdienstleistungsunternehmen Wertpapierdienstleistungen verbunden mit anderen Dienstleistungen oder anderen Produkten als Gesamtpaket oder in der Form an, dass die Erbringung der

Wertpapierdienstleistungen, der anderen Dienstleistungen oder der Geschäfte über die anderen Produkte Bedingung für die Durchführung der jeweils anderen Bestandteile oder des Abschlusses der anderen Vereinbarungen ist, muss es den Kunden darüber informieren, ob die einzelnen Bestandteile auch getrennt voneinander bezogen werden können und dem Kunden für jeden Bestandteil getrennt Kosten und Gebühren nachweisen. [2]Besteht die Wahrscheinlichkeit, dass die mit dem Gesamtpaket oder der Gesamtvereinbarung verknüpften Risiken von den mit den einzelnen Bestandteilen verknüpften Risiken abweichen, hat es Privatkunden in angemessener Weise über die einzelnen Bestandteile, die mit ihnen verknüpften Risiken und die Art und Weise, wie ihre Wechselwirkung das Risiko beeinflusst, zu informieren.

(10) [1]Vor der Erbringung anderer Wertpapierdienstleistungen als der Anlageberatung oder der Finanzportfolioverwaltung hat ein Wertpapierdienstleistungsunternehmen von den Kunden Informationen einzuholen über Kenntnisse und Erfahrungen der Kunden in Bezug auf Geschäfte mit bestimmten Arten von Finanzinstrumenten oder Wertpapierdienstleistungen, soweit diese Informationen erforderlich sind, um die Angemessenheit der Finanzinstrumente oder Wertpapierdienstleistungen für die Kunden beurteilen zu können. [2]Sind verbundene Dienstleistungen oder Produkte im Sinne des Absatzes 9 Gegenstand des Kundenauftrages, muss das Wertpapierdienstleistungsunternehmen beurteilen, ob das gesamte verbundene Geschäft für den Kunden angemessen ist. [3]Gelangt ein Wertpapierdienstleistungsunternehmen auf Grund der nach Satz 1 erhaltenen Informationen zu der Auffassung, dass das vom Kunden gewünschte Finanzinstrument oder die Wertpapierdienstleistung für den Kunden nicht angemessen ist, hat es den Kunden darauf hinzuweisen. [4]Erlangt das Wertpapierdienstleistungsunternehmen nicht die erforderlichen Informationen, hat es den Kunden darüber zu informieren, dass eine Beurteilung der Angemessenheit im Sinne des Satzes 1 nicht möglich ist. [5]Näheres zur Angemessenheit und zu den Pflichten, die im Zusammenhang mit der Beurteilung der Angemessenheit geltenden Pflichten regeln die Artikel 55 und 56 der Delegierten Verordnung (EU) 2017/565. [6]Der Hinweis nach Satz 3 und die Information nach Satz 4 können in standardisierter Form erfolgen.

(11) Die Pflichten nach Absatz 10 gelten nicht, soweit das Wertpapierdienstleistungsunternehmen

1. auf Veranlassung des Kunden Finanzkommissionsgeschäft, Eigenhandel, Abschlussvermittlung oder Anlagevermittlung erbringt in Bezug auf
   a) Aktien, die zum Handel an einem organisierten Markt, an einem diesem gleichwertigen Markt eines Drittlandes oder an einem multilateralen Handelssystem zugelassen sind, mit Ausnahme von Aktien an AIF im Sinne von § 1 Absatz 3 des Kapitalanlagegesetzbuchs, und von Aktien, in die ein Derivat eingebettet ist,
   b) Schuldverschreibungen und andere verbriefte Schuldtitel, die zum Handel an einem organisierten Markt, einem diesem gleichwertigen Markt eines Drittlandes oder einem multilateralen Handelssystem zugelassen sind, mit Ausnahme solcher, in die ein Derivat eingebettet ist und solcher, die eine Struktur aufweisen, die es dem Kunden erschwert, die mit ihnen einhergehenden Risiken zu verstehen,
   c) Geldmarktinstrumente, mit Ausnahme solcher, in die ein Derivat eingebettet ist, und solcher, die eine Struktur aufweisen, die es dem Kunden erschwert, die mit ihnen einhergehenden Risiken zu verstehen,
   d) Anteile oder Aktien an OGAW im Sinne von § 1 Absatz 2 des Kapitalanlagegesetzbuchs, mit Ausnahme der in Artikel 36 Absatz 1 Unterabsatz 2 der Verordnung (EU) Nr. 583/2010 genannten strukturierten OGAW,
   e) strukturierte Einlagen, mit Ausnahme solcher, die eine Struktur aufweisen, die es dem Kunden erschwert, das Ertragsrisiko oder die Kosten des Verkaufs des Produkts vor Fälligkeit zu verstehen oder
   f) andere nicht komplexe Finanzinstrumente für Zwecke dieses Absatzes, die die in Artikel 57 der Delegierten Verordnung (EU) 2017/565 genannten Kriterien erfüllen,
2. diese Wertpapierdienstleistung nicht gemeinsam mit der Gewährung eines Darlehens als Wertpapiernebendienstleistung im Sinne des § 2 Absatz 7 Nummer 2 erbringt, außer sie besteht in der Ausnutzung einer Kreditobergrenze eines bereits bestehenden Darlehens oder eines bereits bestehenden Darlehens, das in der Weise gewährt wurde, dass der Darlehensgeber in einem Vertragsverhältnis über ein laufendes Konto dem Darlehensnehmer das Recht einräumt, sein Konto in bestimmter Höhe zu überziehen (Überziehungsmöglichkeit) oder darin, dass der Darlehensgeber im Rahmen eines Vertrages über ein laufendes Konto, ohne eingeräumte Überziehungsmöglichkeit die Überziehung des Kontos durch den Darlehensnehmer duldet und hierfür vereinbarungsgemäß ein Entgelt verlangt, und
3. den Kunden ausdrücklich darüber informiert, dass keine Angemessenheitsprüfung im Sinne des Absatzes 10 vorgenommen wird, wobei diese Information in standardisierter Form erfolgen kann.

(12) [1]Wertpapierdienstleistungsunternehmen müssen ihren Kunden in geeigneter Weise auf einem dauerhaften Datenträger über die erbrachten Wertpapierdienstleistungen berichten; insbesondere müssen sie nach Ausführung eines Geschäftes mitteilen, wo sie den Auftrag ausgeführt haben. [2]Die Pflicht nach Satz 1 beinhaltet einerseits nach den in den Artikeln 59 bis 63 der Delegierten Verordnung (EU) 2017/565 näher bestimmten Fällen regelmäßige Berichte an den Kunden, wobei die Art und Komplexität der jeweiligen Finanzinstrumente sowie die Art der erbrachten Wertpapierdienstleistungen zu berücksichtigen ist, und andererseits, sofern relevant, Informationen zu den angefallenen Kosten. [3]Bei zertifizierten Altersvorsorge- und Basisrentenverträgen im Sinne des Altersvorsorgeverträge-Zertifizierungsgesetzes gilt die Informationspflicht gemäß Satz 1 bei Beachtung der jährlichen Informationspflicht nach § 7a des Altersvorsorgeverträge-Zertifizierungsgesetzes als erfüllt. [4]Dem Kunden sind auf Nachfrage die nach diesem Absatz erforderlichen Informationen über Kosten und Nebenkosten zur Verfügung zu stellen. [5]Der Kunde ist bei Bereitstellung der jährlichen Information nach § 7a des Altersvorsorgeverträge-Zertifizierungsgesetzes ausdrücklich auf dieses Recht hinzuweisen. [6]Die Sätze 1 und 2 gelten nicht für Dienstleistungen, die gegenüber professionellen Kunden erbracht werden, es sei denn, diese Kunden setzen das Wertpapierdienstleistungsunternehmen entweder in elektronischer Form oder in schriftlicher Form darüber in Kenntnis, dass sie von den durch diese Bestimmungen gewährten Rechten Gebrauch machen möchten.

(13) Nähere Bestimmungen zu den Absätzen 1 bis 3, 6, 7, 10 und 12 ergeben sich aus der Delegierten Verordnung (EU) 2017/565, insbesondere zu

1. der Verpflichtung nach Absatz 1 aus den Artikeln 58, 64, 65 und 67 bis 69,
2. Art, Umfang und Form der Offenlegung nach Absatz 2 aus den Artikeln 34 und 41 bis 43,
3. der Vergütung oder Bewertung nach Absatz 3 aus Artikel 27,
4. den Voraussetzungen, unter denen Informationen im Sinne von Absatz 6 Satz 1 als redlich, eindeutig und nicht irreführend angesehen werden aus den Artikeln 36 und 44,
5. Art, Inhalt, Gestaltung und Zeitpunkt der nach Absatz 7 notwendigen Informationen für die Kunden aus den Artikeln 38, 39, 41, 45 bis 53, 61 und 65,
6. Art, Umfang und Kriterien der nach Absatz 10 von den Kunden einzuholenden Informationen aus den Artikeln 54 bis 56,
7. Art, Inhalt und Zeitpunkt der Berichtspflichten nach Absatz 12 aus den Artikeln 59 bis 63.

(14) [1]Das Bundesministerium der Finanzen kann im Einvernehmen mit dem Bundesministerium der Justiz und für Verbraucherschutz durch Rechtsverordnung, die nicht der Zustimmung des Bundesrates bedarf, nähere Bestimmungen zu Inhalt und Aufbau der formalisierten Kostenaufstellung nach Absatz 7 Satz 11 erlassen. [2]Das Bundesministerium der Finanzen kann die Ermächtigung durch Rechtsverordnung auf die Bundesanstalt übertragen.

§ 64 Besondere Verhaltensregeln bei der Erbringung von Anlageberatung und Finanzportfolioverwaltung; Verordnungsermächtigung

(1) [1]Erbringt ein Wertpapierdienstleistungsunternehmen Anlageberatung, muss es den Kunden zusätzlich zu den Informationen nach § 63 Absatz 7 rechtzeitig vor der Beratung und in verständlicher Form darüber informieren

1. ob die Anlageberatung unabhängig erbracht wird (Unabhängige Honorar-Anlageberatung) oder nicht;
2. ob sich die Anlageberatung auf eine umfangreiche oder eine eher beschränkte Analyse verschiedener Arten von Finanzinstrumenten stützt, insbesondere, ob die Palette an Finanzinstrumenten auf Finanzinstrumente beschränkt ist, die von Anbietern oder Emittenten stammen, die in einer engen Verbindung zum Wertpapierdienstleistungsunternehmen stehen oder zu denen in sonstiger Weise rechtliche oder wirtschaftliche Verbindungen bestehen, die so eng sind, dass das Risiko besteht, dass die Unabhängigkeit der Anlageberatung beeinträchtigt wird, und
3. ob das Wertpapierdienstleistungsunternehmen dem Kunden regelmäßig eine Beurteilung der Geeignetheit der empfohlenen Finanzinstrumente zur Verfügung stellt.

[2]Satz 1 gilt entsprechend für Informationen nach Artikel 6 Absatz 2 der Verordnung (EU) 2019/2088. [3]§ 63 Absatz 7 Satz 2 und bei Vorliegen der dort genannten Voraussetzungen die Ausnahme nach § 63 Absatz 8 gelten entsprechend.

(2) [1]Im Falle einer Anlageberatung hat das Wertpapierdienstleistungsunternehmen einem Privatkunden rechtzeitig vor dem Abschluss eines Geschäfts über Finanzinstrumente, für die kein Basisinformationsblatt nach der Verordnung (EU) Nr. 1286/2014 erstellt werden muss,

1. über jedes Finanzinstrument, auf das sich eine Kaufempfehlung bezieht, ein kurzes und leicht verständliches Informationsblatt,

2. in den Fällen des Satzes 3 ein in Nummer 1 genanntes Informationsblatt oder wahlweise ein standardisiertes Informationsblatt oder
3. in den Fällen des Satzes 4 ein dort genanntes Dokument anstelle des in Nummer 1 genannten Informationsblatts

zur Verfügung zu stellen. [2]Die Angaben in den Informationsblättern nach Satz 1 dürfen weder unrichtig noch irreführend sein und müssen mit den Angaben des Prospekts vereinbar sein. [3]Für Aktien, die zum Zeitpunkt der Anlageberatung an einem organisierten Markt gehandelt werden, kann anstelle des Informationsblattes nach Satz 1 Nummer 1 ein standardisiertes Informationsblatt verwendet werden. [4]An die Stelle des Informationsblattes treten

1. bei Anteilen oder Aktien an OGAW oder an offenen Publikums-AIF die wesentlichen Anlegerinformationen nach den §§ 164 und 166 des Kapitalanlagegesetzbuchs,
2. bei Anteilen oder Aktien an geschlossenen Publikums-AIF die wesentlichen Anlegerinformationen nach den §§ 268 und 270 des Kapitalanlagegesetzbuchs,
3. bei Anteilen oder Aktien an Spezial-AIF die wesentlichen Anlegerinformationen nach § 166 oder § 270 des Kapitalanlagegesetzbuchs, sofern die AIF-Kapitalverwaltungsgesellschaft solche gemäß § 307 Absatz 5 des Kapitalanlagegesetzbuchs erstellt hat,
4. bei EU-AIF und ausländischen AIF die wesentlichen Anlegerinformationen nach § 318 Absatz 5 des Kapitalanlagegesetzbuchs,
5. bei EU-OGAW die wesentlichen Anlegerinformationen, die nach § 298 Absatz 1 Satz 2 des Kapitalanlagegesetzbuchs in deutscher Sprache veröffentlicht worden sind,
6. bei inländischen Investmentvermögen im Sinne des Investmentgesetzes in der bis zum 21. Juli 2013 geltenden Fassung, die für den in § 345 Absatz 6 Satz 1 des Kapitalanlagegesetzbuchs genannten Zeitraum noch weiter vertrieben werden dürfen, die wesentlichen Anlegerinformationen, die nach § 42 Absatz 2 des Investmentgesetzes in der bis zum 21. Juli 2013 geltenden Fassung erstellt worden sind,
7. bei ausländischen Investmentvermögen im Sinne des Investmentgesetzes in der bis zum 21. Juli 2013 geltenden Fassung, die für den in § 345 Absatz 8 Satz 2 oder § 355 Absatz 2 Satz 10 des Kapitalanlagegesetzbuchs genannten Zeitraum noch weiter vertrieben werden dürfen, die wesentlichen Anlegerinformationen, die nach § 137 Absatz 2 des Investmentgesetzes in der bis zum 21. Juli 2013 geltenden Fassung erstellt worden sind,
8. bei Vermögensanlagen im Sinne des § 1 Absatz 2 des Vermögensanlagengesetzes das Vermögensanlagen-Informationsblatt nach § 13 des Vermögensanlagengesetzes, soweit der Anbieter der Vermögensanlagen zur Erstellung eines solchen Vermögensanlagen-Informationsblatts verpflichtet ist,
9. bei zertifizierten Altersvorsorge- und Basisrentenverträgen im Sinne des Altersvorsorgeverträge-Zertifizierungsgesetzes das individuelle Produktinformationsblatt nach § 7 Absatz 1 des Altersvorsorgeverträge-Zertifizierungsgesetzes sowie zusätzlich die wesentlichen Anlegerinformationen nach Nummer 1, 3 oder Nummer 4, sofern es sich um Anteile an den in Nummer 1, 3 oder Nummer 4 genannten Organismen für gemeinsame Anlagen handelt und
10. bei Wertpapieren im Sinne des § 2 Nummer 1 des Wertpapierprospektgesetzes das Wertpapier-Informationsblatt nach § 4 des Wertpapierprospektgesetzes, soweit der Anbieter der Wertpapiere zur Erstellung eines solchen Wertpapier-Informationsblatts verpflichtet ist.

(3) [1]Das Wertpapierdienstleistungsunternehmen muss von einem Kunden alle Informationen

1. über Kenntnisse und Erfahrungen des Kunden in Bezug auf Geschäfte mit bestimmten Arten von Finanzinstrumenten oder Wertpapierdienstleistungen,
2. über die finanziellen Verhältnisse des Kunden, einschließlich seiner Fähigkeit, Verluste zu tragen, und
3. über seine Anlageziele, einschließlich seiner Risikotoleranz,

einholen, die erforderlich sind, um dem Kunden ein Finanzinstrument oder eine Wertpapierdienstleistung empfehlen zu können, das oder die für ihn geeignet ist und insbesondere seiner Risikotoleranz und seiner Fähigkeit, Verluste zu tragen, entspricht. [2]Ein Wertpapierdienstleistungsunternehmen darf seinen Kunden nur Finanzinstrumente und Wertpapierdienstleistungen empfehlen oder Geschäfte im Rahmen der Finanzportfolioverwaltung tätigen, die nach den eingeholten Informationen für den Kunden geeignet sind. [3]Näheres zur Geeignetheit und den im Zusammenhang mit der Beurteilung der Geeignetheit geltenden Pflichten regeln die Artikel 54 und 55 der Delegierten Verordnung (EU) 2017/565. [4]Näheres zur Geeignetheit von Verbriefungen und den im Zusammenhang mit der Beurteilung der Geeignetheit geltenden Pflichten regelt Artikel 3 der Verordnung (EU) 2017/2402 des Europäischen Parlaments und des Rates vom 12. Dezember 2017 zur Festlegung eines allgemeinen Rahmens für Verbriefungen und zur Schaffung eines spezifischen Rahmens für einfache, transparente und standardisierte Verbriefung und zur Änderung der Richtlinien 2009/65/EG, 2009/138/EG, 2011/61/EU und der Verordnungen (EG) Nr. 1060/2009 und (EU) Nr. 648/2012 (ABl. L 347 vom 28.12.2017, S. 35). [5]Erbringt ein Wertpapierdienstleistungsunternehmen eine Anlageberatung, bei der verbundene Produkte oder Dienstleistungen im Sinne des § 63 Absatz 9 empfohlen werden, gilt Satz 2 für das gesamte verbundene Geschäft entsprechend. [6]Erbringen Wertpapierdienstleistungsunternehmen entweder Anlageberatung oder Finanzportfolioverwaltung, die eine Umschichtung von Finanzinstrumenten umfassen, so haben sie die notwendigen Informationen über die Investition des Kunden einzuholen und die Kosten und den Nutzen der Umschichtung von Finanzinstrumenten zu analysieren. [7]Satz 6 gilt nicht für Dienstleistungen, die gegenüber professionellen Kunden erbracht werden, es sei denn, diese Kunden setzen das Wertpapierdienstleistungsunternehmen entweder in elektronischer Form oder in schriftlicher Form darüber in Kenntnis, dass sie von den durch Satz 6 gewährten Rechten Gebrauch machen möchten.

(4) [1]Ein Wertpapierdienstleistungsunternehmen, das Anlageberatung erbringt, muss dem Privatkunden auf einem dauerhaften Datenträger vor Vertragsschluss eine Erklärung über die Geeignetheit der Empfehlung (Geeignetheitserklärung) zur Verfügung stellen. [2]Die Geeignetheitserklärung muss die erbrachte Beratung nennen sowie erläutern, wie sie auf die Präferenzen, Anlageziele und die sonstigen Merkmale des Kunden abgestimmt wurde. [3]Näheres regelt Artikel 54 Absatz 12 der Delegierten Verordnung (EU) 2017/565. [4]Wird die Vereinbarung über den Kauf oder Verkauf eines Finanzinstruments mittels eines Fernkommunikationsmittels geschlossen, das die vorherige Übermittlung der Geeignetheitserklärung nicht erlaubt, darf das Wertpapierdienstleistungsunternehmen die Geeignetheitserklärung ausnahmsweise unmittelbar nach dem Vertragsschluss zur Verfügung stellen, wenn der Kunde zugestimmt hat, dass ihm die Geeignetheitserklärung unverzüglich nach Vertragsschluss zur Verfügung gestellt wird und das Wertpapierdienstleistungsunternehmen dem Kunden angeboten hat, die Ausführung des Geschäfts zu verschieben, damit der Kunde die Möglichkeit hat, die Geeignetheitserklärung zuvor zu erhalten. [5]Bei der Erbringung von Anlageberatung haben Wertpapierdienstleistungsunternehmen den Kunden darüber zu informieren, ob die Vorteile einer Umschichtung von Finanzinstrumenten die im Rahmen der Umschichtung anfallenden Kosten überwiegen oder nicht. [6]Satz 5 gilt nicht für Dienstleistungen, die gegenüber professionellen Kunden erbracht werden, es sei denn, diese Kunden setzen das Wertpapierdienstleistungsunternehmen entweder in elektronischer Form oder in schriftlicher Form darüber in Kenntnis, dass sie von den durch Satz 5 gewährten Rechten Gebrauch machen möchten.

(5) [1]Ein Wertpapierdienstleistungsunternehmen, das Unabhängige Honorar-Anlageberatung erbringt,

1. muss bei der Beratung eine ausreichende Palette von auf dem Markt angebotenen Finanzinstrumenten berücksichtigen, die
   a) hinsichtlich ihrer Art und des Emittenten oder Anbieters hinreichend gestreut sind und
   b) nicht beschränkt sind auf Finanzinstrumente, die das Wertpapierdienstleistungsunternehmen selbst emittiert oder anbietet oder deren Anbieter oder Emittenten in einer engen Verbindung zum Wertpapierdienstleistungsunternehmen stehen oder in sonstiger Weise so enge rechtliche oder wirtschaftliche Verbindung zu diesem unterhalten, dass die Unabhängigkeit der Beratung dadurch gefährdet werden könnte;
2. darf sich die Unabhängige Honorar-Anlageberatung allein durch den Kunden vergüten lassen.

[2]Es dürfen nach Satz 1 Nummer 2 im Zusammenhang mit der Unabhängigen Honorar-Anlageberatung keinerlei nichtmonetäre Zuwendungen von einem Dritten, der nicht Kunde dieser Dienstleistung ist oder von dem Kunden dazu beauftragt worden ist, angenommen werden. [3]Monetäre Zuwendungen dürfen nur dann angenommen werden, wenn das empfohlene Finanzinstrument oder ein in gleicher Weise geeignetes Finanzinstrument ohne Zuwendung nicht erhältlich ist. [4]In diesem Fall sind die monetären Zuwendungen so schnell wie nach vernünftigem Ermessen möglich, nach Erhalt und in vollem Umfang an den Kunden auszukehren. [5]Vorschriften über die Entrichtung von Steuern und Abgaben bleiben davon unberührt. [6]Das Wertpapierdienstleistungsunternehmen muss Kunden über die ausgekehrten monetären Zuwendungen unterrichten. [7]Im Übrigen gelten die allgemeinen Anforderungen für die Anlageberatung.

(6) [1]Bei der Empfehlung von Geschäftsabschlüssen in Finanzinstrumenten, die auf einer Unabhängigen Honorar-Anlageberatung beruhen, deren Anbieter oder Emittent das Wertpapierdienstleistungsunternehmen selbst ist oder zu deren Anbieter oder Emittenten eine enge Verbindung oder sonstige wirtschaftliche Verflechtung besteht, muss das Wertpapierdienstleistungsunternehmen den Kunden rechtzeitig vor der Empfehlung und in verständlicher Form informieren über

1. die Tatsache, dass es selbst Anbieter oder Emittent der Finanzinstrumente ist,
2. das Bestehen einer engen Verbindung oder einer sonstigen wirtschaftlichen Verflechtung zum Anbieter oder Emittenten sowie
3. das Bestehen eines eigenen Gewinninteresses oder des Interesses eines mit ihm verbundenen oder wirtschaftlich verflochtenen Emittenten oder Anbieters an dem Geschäftsabschluss.

[2]Ein Wertpapierdienstleistungsunternehmen darf einen auf seiner Unabhängigen Honorar-Anlageberatung beruhenden Geschäftsabschluss nicht als Geschäft mit dem Kunden zu einem festen oder bestimmbaren Preis für eigene Rechnung (Festpreisgeschäft) ausführen. [3]Ausgenommen sind Festpreisgeschäfte in Finanzinstrumenten, deren Anbieter oder Emittent das Wertpapierdienstleistungsunternehmen selbst ist.

(7) [1]Ein Wertpapierdienstleistungsunternehmen, das Finanzportfolioverwaltung erbringt, darf im Zusammenhang mit der Finanzportfolioverwaltung keine Zuwendungen von Dritten oder für Dritte handelnder Personen annehmen und behalten. [2]Abweichend von Satz 1 dürfen nichtmonetäre Vorteile nur angenommen werden, wenn es sich um geringfügige nichtmonetäre Vorteile handelt,

1. die geeignet sind, die Qualität der für den Kunden erbrachten Wertpapierdienstleistung und Wertpapiernebendienstleistungen zu verbessern und
2. die hinsichtlich ihres Umfangs, wobei die Gesamthöhe der von einem einzelnen Unternehmen oder einer einzelnen Unternehmensgruppe gewährten Vorteile zu berücksichtigen ist, und ihrer Art vertretbar und verhältnismäßig sind und daher nicht vermuten lassen, dass sie die Pflicht des Wertpapierdienstleistungsunternehmens, im bestmöglichen Interesse ihrer Kunden zu handeln, beeinträchtigen,

wenn diese Zuwendungen dem Kunden unmissverständlich offengelegt werden, bevor die betreffende Wertpapierdienstleistung oder Wertpapiernebendienstleistung für die Kunden erbracht wird. [3]Die Offenlegung kann in Form einer generischen Beschreibung erfolgen. [4]Monetäre Zuwendungen, die im Zusammenhang mit der Finanzportfolioverwaltung angenommen werden, sind so schnell wie nach vernünftigem Ermessen möglich nach Erhalt und in vollem Umfang an den Kunden auszukehren. [5]Vorschriften über die Entrichtung von Steuern und Abgaben bleiben davon unberührt. [6]Das Wertpapierdienstleistungsunternehmen muss den Kunden über die ausgekehrten monetären Zuwendungen unterrichten.

(7a) [1]Erbringt ein Wertpapierdienstleistungsunternehmen Finanzportfolioverwaltung, muss es den Kunden zusätzlich zu den Informationen nach § 63 Absatz 7 rechtzeitig und in verständlicher Form Informationen nach Artikel 6 Absatz 1 und den Artikeln 7 bis 9 der Verordnung (EU) 2019/2088 und nach den Artikeln 5 bis 7 der Verordnung (EU) 2020/852 zur Verfügung stellen. [2]§ 63 Absatz 7 Satz 2 und Absatz 8 gilt entsprechend.

(8) [1]Erbringt ein Wertpapierdienstleistungsunternehmen Finanzportfolioverwaltung oder hat es den Kunden nach Absatz 1 Satz 1 Nummer 3 darüber informiert, dass es die Geeignetheit der empfohlenen Finanzinstrumente regelmäßig beurteilt, so müssen die regelmäßigen Berichte gegenüber Privatkunden nach § 63 Absatz 12 insbesondere eine Erklärung darüber enthalten, wie die Anlage den Präferenzen, den Anlagezielen und den sonstigen Merkmalen des Kunden entspricht. [2]Erbringt ein Wertpapierdienstleistungsunternehmen Finanzportfolioverwaltung, müssen die regelmäßigen Berichte nach § 63 Absatz 12 auch die Erläuterungen und Informationen nach Artikel 11 Absatz 1 der Verordnung (EU) 2019/2088 und nach den Artikeln 5 bis 7 der Verordnung (EU) 2020/852 enthalten.

(9) Nähere Bestimmungen zu den Absätzen 1, 3, 5 und 8 ergeben sich aus der Delegierten Verordnung (EU) 2017/565, insbesondere zu

1. Art, Inhalt, Gestaltung und Zeitpunkt der nach den Absätzen 1 und 5, auch in Verbindung mit § 63 Absatz 7, notwendigen Informationen für die Kunden aus den Artikeln 52 und 53,
2. der Geeignetheit nach Absatz 3, den im Zusammenhang mit der Beurteilung der Geeignetheit geltenden Pflichten sowie zu Art, Umfang und Kriterien der nach Absatz 3 von den Kunden einzuholenden Informationen aus den Artikeln 54 und 55,
3. der Erklärung nach Absatz 4 aus Artikel 54 Absatz 12,
4. der Anlageberatung nach Absatz 5 aus Artikel 53,
5. Art, Inhalt und Zeitpunkt der Berichtspflichten nach Absatz 8, auch in Verbindung mit § 63 Absatz 12, aus den Artikeln 60 und 62.

(10) [1]Das Bundesministerium der Finanzen kann durch Rechtsverordnung, die nicht der Zustimmung des Bundesrates bedarf, nähere Bestimmungen erlassen

1. im Einvernehmen mit dem Bundesministerium der Justiz und für Verbraucherschutz zu Inhalt und Aufbau sowie zu Art und Weise der Zurverfügungstellung der Informationsblätter im Sinne des Absatzes 2 Satz 1 und zu Inhalt und Aufbau sowie Art und Weise der Zurverfügungstellung des standardisierten Informationsblattes im Sinne des Absatzes 2 Satz 3,
2. zu Art, inhaltlicher Gestaltung, Zeitpunkt und Datenträger der nach Absatz 6 notwendigen Informationen für die Kunden,
3. zu Kriterien dazu, wann geringfügige nichtmonetäre Vorteile im Sinne des Absatzes 7 vorliegen.

[2]Das Bundesministerium der Finanzen kann die Ermächtigung durch Rechtsverordnung auf die Bundesanstalt übertragen.

§ 64a Form der Kundenkommunikation

[1]Wertpapierdienstleistungsunternehmen stellen ihren Kunden oder potenziellen Kunden alle gemäß diesem Abschnitt zur Verfügung zu stellenden Informationen in elektronischer Form bereit, es sei denn, der Kunde oder potenzielle Kunde ist ein Privatkunde oder potenzieller Privatkunde, der darum gebeten hat, die Informationen in schriftlicher Form zu erhalten. [2]In diesem Fall werden die Informationen kostenlos in schriftlicher Form bereitgestellt. [3]Wertpapierdienstleistungsunternehmen setzen Privatkunden oder potenzielle Privatkunden darüber in Kenntnis, dass sie die Möglichkeit haben, die Informationen in schriftlicher Form zu erhalten.

§ 65 Selbstauskunft bei der Vermittlung des Vertragsschlusses über eine Vermögensanlage im Sinne des § 2a des Vermögensanlagengesetzes

(1) [1]Ein Wertpapierdienstleistungsunternehmen hat vor der Vermittlung des Vertragsschlusses über eine Vermögensanlage im Sinne des § 2a des Vermögensanlagengesetzes von dem Kunden insoweit eine Selbstauskunft über dessen Vermögen oder dessen Einkommen einzuholen, wie dies erforderlich ist, um prüfen zu können, ob der Gesamtbetrag der Vermögensanlagen desselben Emittenten, die von dem Kunden erworben werden, folgende Beträge nicht übersteigt:

1. 10 000 Euro, sofern der jeweilige Anleger nach seiner Selbstauskunft über ein frei verfügbares Vermögen in Form von Bankguthaben und Finanzinstrumenten von mindestens 100 000 Euro verfügt, oder
2. den zweifachen Betrag des durchschnittlichen monatlichen Nettoeinkommens des jeweiligen Anlegers, höchstens jedoch 25 000 Euro.

[2]Satz 1 gilt nicht, wenn der Gesamtbetrag der Vermögensanlagen desselben Emittenten, die von dem Kunden erworben werden, 1 000 Euro nicht überschreitet. [3]Ein Wertpapierdienstleistungsunternehmen darf einen Vertragsschluss über eine Vermögensanlage im Sinne des § 2a des Vermögensanlagengesetzes nur vermitteln, wenn es geprüft hat, dass der Gesamtbetrag der Vermögensanlagen desselben Emittenten, die von dem Kunden erworben werden, 1 000 Euro oder die in Satz 1 Nummer 1 und 2 genannten Beträge nicht übersteigt. [4]Die Sätze 1 und 3 gelten nicht, wenn der Anleger eine Kapitalgesellschaft ist oder eine GmbH & Co. KG, deren Kommanditisten gleichzeitig Gesellschafter der GmbH oder an der Entscheidungsfindung der GmbH beteiligt sind, sofern die GmbH & Co. KG kein Investmentvermögen und keine Verwaltungsgesellschaft nach dem Kapitalanlagegesetzbuch ist.

(2) Soweit die in Absatz 1 genannten Informationen auf Angaben des Kunden beruhen, hat das Wertpapierdienstleistungsunternehmen die Fehlerhaftigkeit oder Unvollständigkeit der Angaben seines Kunden nicht zu vertreten, es sei denn, die Unvollständigkeit oder Unrichtigkeit der Kundenangaben ist ihm bekannt oder infolge grober Fahrlässigkeit unbekannt.

§ 65a Selbstauskunft bei der Vermittlung des Vertragsschlusses über Wertpapiere im Sinne des § 6 des Wertpapierprospektgesetzes

(1) [1]Ein Wertpapierdienstleistungsunternehmen hat vor der Vermittlung des Vertragsschlusses über Wertpapiere im Sinne des § 6 des Wertpapierprospektgesetzes von dem nicht qualifizierten Anleger eine Selbstauskunft über dessen Vermögen oder dessen Einkommen in dem Umfang einzuholen, wie dies erforderlich ist, um prüfen zu können, ob der Gesamtbetrag der Wertpapiere, die von dem nicht qualifizierten Anleger erworben werden, folgende Beträge nicht übersteigt:

1. 10 000 Euro, sofern der jeweilige nicht qualifizierte Anleger nach seiner Selbstauskunft über ein frei verfügbares Vermögen in Form von Bankguthaben und Finanzinstrumenten von mindestens 100 000 Euro verfügt, oder
2. den zweifachen Betrag des durchschnittlichen monatlichen Nettoeinkommens des jeweiligen nicht qualifizierten Anlegers, höchstens jedoch 25 000 Euro.

[2]Satz 1 gilt nicht, wenn der Gesamtbetrag der Wertpapiere, die von dem nicht qualifizierten Anleger erworben werden, 1 000 Euro nicht überschreitet. [3]Ein Wertpapierdienstleistungsunternehmen darf einen Vertragsschluss über Wertpapiere im Sinne des § 6 des Wertpapierprospektgesetzes nur vermitteln, wenn es geprüft hat, dass der Gesamtbetrag der Wertpapiere, die von dem nicht qualifizierten Anleger erworben werden, 1 000 Euro oder die in Satz 1 genannten Beträge nicht übersteigt.

(2) Soweit die in Absatz 1 genannten Informationen auf Angaben des nicht qualifizierten Anlegers beruhen, hat das Wertpapierdienstleistungsunternehmen die Fehlerhaftigkeit oder Unvollständigkeit der Angaben seines nicht qualifizierten Anlegers nicht zu vertreten, es sei denn, die Unvollständigkeit oder Unrichtigkeit der Angaben des nicht qualifizierten Anlegers ist ihm bekannt oder infolge grober Fahrlässigkeit unbekannt.

§ 65b Veräußerung nachrangiger berücksichtigungsfähiger Verbindlichkeiten und relevanter Kapitalinstrumente an Privatkunden

[1]Unbeschadet der Vorschriften dieses Abschnitts dürfen nachrangige berücksichtigungsfähige Verbindlichkeiten nach § 2 Absatz 3 Nummer 40a des Sanierungs- und Abwicklungsgesetzes sowie relevante Kapitalinstrumente nach § 2 Absatz 2 des Sanierungs- und Abwicklungsgesetzes an Privatkunden nach § 67 Absatz 3 nur mit einer Mindeststückelung von 50 000 Euro veräußert werden. [2]Für relevante Kapitalinstrumente nach § 2 Absatz 2 des Sanierungs- und Abwicklungsgesetzes von kleinen und nicht komplexen Instituten im Sinne des Artikels 4 Absatz 1 Nummer 145 der Verordnung (EU) Nr. 575/2013 gilt Satz 1 mit der Maßgabe, dass diese an Privatkunden nach § 67 Absatz 3 nur mit einer Mindeststückelung von 25 000 Euro veräußert werden dürfen. [3]Die Sätze 1 und 2 gelten nicht für Verbindlichkeiten und relevante Kapitalinstrumente im Sinne dieser Vorschrift, die vor dem 28. Dezember 2020 begeben wurden.

§ 66 Ausnahmen für Immobiliar-Verbraucherdarlehensverträge

§ 63 Absatz 10 und 12 sowie § 64 Absatz 3, 4 und 8 gelten nicht für Immobiliar-Verbraucherdarlehensverträge, die an die Vorbedingung geknüpft sind, dass dem Verbraucher eine Wertpapierdienstleistung in Bezug auf gedeckte Schuldverschreibungen, die zur Besicherung der Finanzierung des Kredits begeben worden sind und denen dieselben Konditionen wie dem Immobiliar-Verbraucherdarlehensvertrag zugrunde liegen, erbracht wird, und wenn damit das Darlehen ausgezahlt, refinanziert oder abgelöst werden kann.

§ 67 Kunden; Verordnungsermächtigung

(1) Kunden im Sinne dieses Gesetzes sind alle natürlichen oder juristischen Personen, für die Wertpapierdienstleistungsunternehmen Wertpapierdienstleistungen oder Wertpapiernebendienstleistungen erbringen oder anbahnen.

(2) [1]Professionelle Kunden im Sinne dieses Gesetzes sind Kunden, die über ausreichende Erfahrungen, Kenntnisse und Sachverstand verfügen, um ihre Anlageentscheidungen zu treffen und die damit verbundenen Risiken angemessen beurteilen zu können. [2]Professionelle Kunden im Sinne des Satzes 1 sind

1. Unternehmen, die als
   a) Wertpapierdienstleistungsunternehmen,
   b) sonstige zugelassene oder beaufsichtigte Finanzinstitute,
   c) Versicherungsunternehmen,
   d) Organismen für gemeinsame Anlagen und ihre Verwaltungsgesellschaften,
   e) Pensionsfonds und ihre Verwaltungsgesellschaften,
   f) Börsenhändler und Warenderivatehändler,
   g) sonstige institutionelle Anleger, deren Haupttätigkeit nicht von den Buchstaben a bis f erfasst wird,

   im Inland oder Ausland zulassungs- oder aufsichtspflichtig sind, um auf den Finanzmärkten tätig werden zu können;
2. nicht im Sinne der Nummer 1 zulassungs- oder aufsichtspflichtige Unternehmen, die mindestens zwei der drei nachfolgenden Merkmale überschreiten:
   a) 20 000 000 Euro Bilanzsumme,
   b) 40 000 000 Euro Umsatzerlöse,
   c) 2 000 000 Euro Eigenmittel;
3. nationale und regionale Regierungen sowie Stellen der öffentlichen Schuldenverwaltung auf nationaler oder regionaler Ebene;
4. Zentralbanken, internationale und überstaatliche Einrichtungen wie die Weltbank, der Internationale Währungsfonds, die Europäische Zentralbank, die Europäische Investmentbank und andere vergleichbare internationale Organisationen;
5. andere nicht im Sinne der Nummer 1 zulassungs- oder aufsichtspflichtige institutionelle Anleger, deren Haupttätigkeit in der Investition in Finanzinstrumente besteht, und Einrichtungen, die die Verbriefung von Vermögenswerten und andere Finanzierungsgeschäfte betreiben.

[3]Sie werden in Bezug auf alle Finanzinstrumente, Wertpapierdienstleistungen und Wertpapiernebendienstleistungen als professionelle Kunden angesehen.

(3) Privatkunden im Sinne dieses Gesetzes sind Kunden, die keine professionellen Kunden sind.

(4) [1]Geeignete Gegenparteien sind Unternehmen im Sinne des Absatzes 2 Satz 2 Nummer 1 Buchstabe a bis e sowie Einrichtungen nach Absatz 2 Nummer 3 und 4. [2]Den geeigneten Gegenparteien stehen gleich

1. Unternehmen im Sinne des Absatzes 2 Nummer 2 mit Sitz im In- oder Ausland,
2. Unternehmen mit Sitz in einem anderen Mitgliedstaat der Europäischen Union oder einem anderen Vertragsstaat des Abkommens über den Europäischen Wirtschaftsraum, die nach dem Recht des

Herkunftsmitgliedstaates als geeignete Gegenparteien im Sinne des Artikels 30 Absatz 3 Satz 1 der Richtlinie 2014/65/EU anzusehen sind,

wenn diese zugestimmt haben, für alle oder einzelne Geschäfte als geeignete Gegenpartei behandelt zu werden.

(5) [1]Ein professioneller Kunde kann mit dem Wertpapierdienstleistungsunternehmen eine Einstufung als Privatkunde vereinbaren. [2]Die Vereinbarung über die Änderung der Einstufung bedarf der Schriftform. [3]Soll die Änderung nicht alle Wertpapierdienstleistungen, Wertpapiernebendienstleistungen und Finanzinstrumente betreffen, ist dies ausdrücklich festzulegen. [4]Ein Wertpapierdienstleistungsunternehmen muss professionelle Kunden im Sinne des Absatzes 2 Satz 2 Nummer 2 und des Absatzes 6 am Anfang einer Geschäftsbeziehung darauf hinweisen, dass sie als professionelle Kunden eingestuft sind und die Möglichkeit einer Änderung der Einstufung nach Satz 1 besteht. [5]Hat ein Wertpapierdienstleistungsunternehmen Kunden vor dem 1. November 2007 auf der Grundlage eines Bewertungsverfahrens, das auf den Sachverstand, die Erfahrungen und Kenntnisse der Kunden abstellt, im Sinne des Absatzes 2 Satz 1 eingestuft, hat die Einstufung nach dem 1. November 2007 Bestand. [6]Diese Kunden sind über die Voraussetzungen der Einstufung nach den Absätzen 2 und 5 und die Möglichkeit der Änderung der Einstufung nach Absatz 5 Satz 4 zu informieren.

(6) [1]Ein Privatkunde kann auf Antrag oder durch Festlegung des Wertpapierdienstleistungsunternehmens als professioneller Kunde eingestuft werden. [2]Der Änderung der Einstufung hat eine Bewertung durch das Wertpapierdienstleistungsunternehmen vorauszugehen, ob der Kunde aufgrund seiner Erfahrungen, Kenntnisse und seines Sachverstandes in der Lage ist, generell oder für eine bestimmte Art von Geschäften eine Anlageentscheidung zu treffen und die damit verbundenen Risiken angemessen zu beurteilen. [3]Eine Änderung der Einstufung kommt nur in Betracht, wenn der Privatkunde mindestens zwei der drei folgenden Kriterien erfüllt:

1. der Kunde hat an dem Markt, an dem die Finanzinstrumente gehandelt werden, für die er als professioneller Kunde eingestuft werden soll, während des letzten Jahres durchschnittlich zehn Geschäfte von erheblichem Umfang im Quartal getätigt;
2. der Kunde verfügt über Bankguthaben und Finanzinstrumente im Wert von mehr als 500 000 Euro;
3. der Kunde hat mindestens für ein Jahr einen Beruf am Kapitalmarkt ausgeübt, der Kenntnisse über die in Betracht kommenden Geschäfte, Wertpapierdienstleistungen und Wertpapiernebendienstleistungen voraussetzt.

[4]Das Wertpapierdienstleistungsunternehmen muss den Privatkunden schriftlich darauf hinweisen, dass mit der Änderung der Einstufung die Schutzvorschriften dieses Gesetzes für Privatkunden nicht mehr gelten. [5]Der Kunde muss schriftlich bestätigen, dass er diesen Hinweis zur Kenntnis genommen hat. [6]Informiert ein professioneller Kunde im Sinne des Satzes 1 oder des Absatzes 2 Satz 2 Nr. 2 das Wertpapierdienstleistungsunternehmen nicht über alle Änderungen, die seine Einstufung als professioneller Kunde beeinflussen können, begründet eine darauf beruhende fehlerhafte Einstufung keinen Pflichtverstoß des Wertpapierdienstleistungsunternehmens.

(7) [1]Das Bundesministerium der Finanzen kann durch Rechtsverordnung, die nicht der Zustimmung des Bundesrates bedarf, nähere Bestimmungen erlassen zu den Vorgaben an eine Einstufung gemäß Absatz 2 Satz 2 Nummer 2 und zu den Kriterien, dem Verfahren und den organisatorischen Vorkehrungen bei einer Änderung oder Beibehaltung der Einstufung nach den Absätzen 5 und 6. [2]Das Bundesministerium der Finanzen kann die Ermächtigung durch Rechtsverordnung auf die Bundesanstalt übertragen.

§ 68 Geschäfte mit geeigneten Gegenparteien; Verordnungsermächtigung

(1) [1]Wertpapierdienstleistungsunternehmen, die das Finanzkommissionsgeschäft, die Anlage- und Abschlussvermittlung und den Eigenhandel sowie damit in direktem Zusammenhang stehende Wertpapiernebendienstleistungen gegenüber geeigneten Gegenparteien erbringen, sind nicht an die Vorgaben von § 63 Absatz 1, 3 bis 10, 12 Satz 1 und 2, § 64 Absatz 1 Satz 1, Absatz 3 bis 8, § 69 Absatz 1, der §§ 70, 82, 83 Absatz 2 und § 87 Absatz 1 und 2 gebunden. [2]Satz 1 ist nicht anwendbar, sofern die geeignete Gegenpartei mit dem Wertpapierdienstleistungsunternehmen für alle oder für einzelne Geschäfte vereinbart hat, als professioneller Kunde oder als Privatkunde behandelt zu werden. [3]Wertpapierdienstleistungsunternehmen müssen in ihrer Beziehung mit geeigneten Gegenparteien auf eine Art und Weise kommunizieren, die redlich, eindeutig und nicht irreführend ist und müssen dabei der Form der geeigneten Gegenpartei und deren Geschäftstätigkeit Rechnung tragen.

(2) Nähere Bestimmungen zu Absatz 1, insbesondere zu der Form und dem Inhalt einer Vereinbarung nach Absatz 1 Satz 2 und zur Art und Weise der Zustimmung nach § 67 Absatz 4 Satz 2 ergeben sich aus Artikel 71 der Delegierten Verordnung (EU) 2017/565.

§ 69 Bearbeitung von Kundenaufträgen; Verordnungsermächtigung

(1) Ein Wertpapierdienstleistungsunternehmen muss geeignete Vorkehrungen treffen, um

1. Kundenaufträge unverzüglich und redlich im Verhältnis zu anderen Kundenaufträgen und den Handelsinteressen des Wertpapierdienstleistungsunternehmens auszuführen oder an Dritte weiterzuleiten und
2. vergleichbare Kundenaufträge der Reihenfolge ihres Eingangs nach auszuführen oder an Dritte zum Zwecke der Ausführung weiterzuleiten.

(2) [1]Können limitierte Kundenaufträge in Bezug auf Aktien, die zum Handel an einem organisierten Markt zugelassen sind oder die an einem Handelsplatz gehandelt werden, aufgrund der Marktbedingungen nicht unverzüglich ausgeführt werden, muss das Wertpapierdienstleistungsunternehmen diese Aufträge unverzüglich so bekannt machen, dass sie anderen Marktteilnehmern leicht zugänglich sind, soweit der Kunde keine andere Weisung erteilt. [2]Die Verpflichtung nach Satz 1 gilt als erfüllt, wenn die Aufträge an einen Handelsplatz weitergeleitet worden sind oder werden, der den Vorgaben des Artikels 70 Absatz 1 der Delegierten Verordnung (EU) 2017/565 entspricht. [3]Die Bundesanstalt kann die Pflicht nach Satz 1 in Bezug auf solche Aufträge, die den marktüblichen Geschäftsumfang erheblich überschreiten, aufheben.

(3) Nähere Bestimmungen zu den Verpflichtungen nach den Absätzen 1 und 2 ergeben sich aus den Artikeln 67 bis 70 der Delegierten Verordnung (EU) 2017/565.

(4) [1]Das Bundesministerium der Finanzen kann durch Rechtsverordnung, die nicht der Zustimmung des Bundesrates bedarf, nähere Bestimmungen zu den Voraussetzungen erlassen, unter denen die Bundesanstalt nach Absatz 2 Satz 3 die Pflicht nach Absatz 2 Satz 1 aufheben kann. [2]Das Bundesministerium der Finanzen kann die Ermächtigung durch Rechtsverordnung auf die Bundesanstalt übertragen.

§ 70 Zuwendungen und Gebühren; Verordnungsermächtigung

(1) [1]Ein Wertpapierdienstleistungsunternehmen darf im Zusammenhang mit der Erbringung von Wertpapierdienstleistungen oder Wertpapiernebendienstleistungen keine Zuwendungen von Dritten annehmen oder an Dritte gewähren, die nicht Kunden dieser Dienstleistung sind oder nicht im Auftrag des Kunden tätig werden, es sei denn,

1. die Zuwendung ist darauf ausgelegt, die Qualität der für den Kunden erbrachten Dienstleistung zu verbessern und steht der ordnungsgemäßen Erbringung der Dienstleistung im bestmöglichen Interesse des Kunden im Sinne des § 63 Absatz 1 nicht entgegen und
2. Existenz, Art und Umfang der Zuwendung oder, soweit sich der Umfang noch nicht bestimmen lässt, die Art und Weise seiner Berechnung, wird dem Kunden vor der Erbringung der Wertpapierdienstleistung oder Wertpapiernebendienstleistung in umfassender, zutreffender und verständlicher Weise unmissverständlich offen gelegt.

[2]Wertpapierdienstleistungsunternehmen müssen nachweisen können, dass jegliche von ihnen erhaltenen oder gewährten Zuwendungen dazu bestimmt sind, die Qualität der jeweiligen Dienstleistung für den Kunden zu verbessern. [3]Konnte ein Wertpapierdienstleistungsunternehmen den Umfang der Zuwendung noch nicht bestimmen und hat es dem Kunden statt dessen die Art und Weise der Berechnung offengelegt, so muss es den Kunden nachträglich auch über den genauen Betrag der Zuwendung, die es erhalten oder gewährt hat, unterrichten. [4]Solange das Wertpapierdienstleistungsunternehmen im Zusammenhang mit den für die betreffenden Kunden erbrachten Wertpapierdienstleistungen fortlaufend Zuwendungen erhält, muss es seine Kunden mindestens einmal jährlich individuell über die tatsächliche Höhe der angenommenen oder gewährten Zuwendungen unterrichten.

(2) [1]Zuwendungen im Sinne dieser Vorschrift sind Provisionen, Gebühren oder sonstige Geldleistungen sowie alle nichtmonetären Vorteile. [2]Die Bereitstellung von Analysen durch Dritte an das Wertpapierdienstleistungsunternehmen stellt keine Zuwendung dar, wenn sie die Gegenleistung ist für

1. eine direkte Zahlung des Wertpapierdienstleistungsunternehmens aus seinen eigenen Mitteln oder
2. Zahlungen von einem durch das Wertpapierdienstleistungsunternehmen kontrollierten separaten Analysekonto, wenn
   a) auf diesem vom Kunden entrichtete spezielle Analysegebühren verbucht werden,
   b) das Wertpapierdienstleistungsunternehmen ein Analysebudget als Bestandteil der Einrichtung eines Analysekontos festlegt und dieses einer regelmäßigen Bewertung unterzieht,
   c) das Wertpapierdienstleistungsunternehmen für das Analysekonto haftbar ist und
   d) das Wertpapierdienstleistungsunternehmen die Analysen regelmäßig anhand belastbarer Qualitätskriterien und dahingehend bewertet, ob sie zu besseren Anlageentscheidungen beitragen können.

[3]Die Bereitstellung von Analysen nach Satz 2 stellt auch dann keine Zuwendung dar, wenn die Voraussetzungen gemäß des Absatzes 6a Satz 1 Nummer 1 bis 3 erfüllt sind. [4]Hat ein Wertpapierdienstleis-

tungsunternehmen ein Analysekonto eingerichtet, muss es den jeweiligen Kunden vor der Erbringung einer Wertpapierdienstleistung Informationen über die für Analysen veranschlagten Mittel und die Höhe der geschätzten Gebühren sowie jährlich Informationen über die Gesamtkosten, die auf jeden Kunden für die Analysen Dritter entfallen, übermitteln. [5]Für die Bewertung nach Satz 2 Nummer 2 Buchstabe d müssen Wertpapierdienstleistungsunternehmen über alle erforderlichen Bestandteile schriftliche Grundsätze aufstellen und diese ihren Kunden übermitteln.

(3) Führt ein Wertpapierdienstleistungsunternehmen ein Analysekonto, ist es verpflichtet, auf Verlangen des Kunden oder der Bundesanstalt eine Zusammenstellung vorzulegen, die Folgendes beinhaltet:

1. die von einem Analysekonto im Sinne des Absatzes 2 Satz 2 Nummer 2 vergüteten Anbieter,
2. den an die Anbieter von Analysen in einem bestimmten Zeitraum gezahlten Gesamtbetrag,
3. die von dem Wertpapierdienstleistungsunternehmen erhaltenen Vorteile und Dienstleistungen und
4. eine Gegenüberstellung des von dem Analysekonto gezahlten Gesamtbetrages mit dem von dem Unternehmen für diesen Zeitraum veranschlagten Analysebudget,

wobei jede Rückerstattung oder jeder Übertrag, falls Mittel auf dem Konto verbleiben, auszuweisen ist.

(4) [1]Die Offenlegung nach Absatz 1 Satz 1 Nummer 2 und Satz 4 kann im Falle geringfügiger nichtmonetärer Vorteile in Form einer generischen Beschreibung erfolgen. [2]Andere nichtmonetäre Vorteile, die das Wertpapierdienstleistungsunternehmen im Zusammenhang mit der für einen Kunden erbrachten Wertpapierdienstleistung oder Wertpapiernebendienstleistung annimmt oder gewährt, sind der Höhe nach anzugeben und separat offenzulegen. [3]Nähere Einzelheiten zu den Anforderungen nach diesem Absatz sowie nach Absatz 1 Satz 1 Nummer 2 und Satz 3 und 4 ergeben sich aus Artikel 50 der Delegierten Verordnung (EU) 2017/565; darüber hinaus haben Wertpapierdienstleistungsunternehmen den Vorgaben des § 63 Absatz 7 Satz 3 Nummer 2 Rechnung zu tragen.

(5) Ist ein Wertpapierdienstleistungsunternehmen dazu verpflichtet, Zuwendungen, die es im Zusammenhang mit der Erbringung von Wertpapierdienstleistungen oder Wertpapiernebendienstleistungen erhält, an den Kunden auszukehren, muss es ihn über die diesbezüglichen Verfahren informieren.

(6) [1]Ein Wertpapierdienstleistungsunternehmen muss für jede Wertpapierdienstleistung, durch die Aufträge von Kunden ausgeführt werden, separate Gebühren ausweisen, die nur den Kosten für die Ausführung des Geschäfts entsprechen. [2]Die Gewährung jedes anderen Vorteils oder die Erbringung jeder anderen Dienstleistung durch dasselbe Wertpapierdienstleistungsunternehmen für ein anderes Wertpapierdienstleistungsunternehmen, das seinen Sitz in der Europäischen Union hat, wird mit einer separat erkennbaren Gebühr ausgewiesen. [3]Die Gewährung eines anderen Vorteils oder die Erbringung einer anderen Dienstleistung nach Satz 2 und die dafür verlangten Gebühren dürfen nicht beeinflusst sein oder abhängig gemacht werden von der Höhe der Zahlungen für Wertpapierdienstleistungen, durch die Aufträge von Kunden ausgeführt werden.

(6a) [1]Abweichend von Absatz 6 Satz 1 und 2 ist eine Bereitstellung von Analysen durch Dritte an Wertpapierdienstleistungsunternehmen auch ohne Ausweis einer separaten Gebühr für Analysen und jede Wertpapierdienstleistung, durch die Aufträge von Kunden ausgeführt werden, zulässig, wenn

1. vor der Erbringung der Ausführungs- oder Analysedienstleistungen eine Vereinbarung zwischen dem Wertpapierdienstleistungsunternehmen und dem Analyseanbieter getroffen wurde, in der festgelegt ist, welcher Teil der kombinierten Gebühren oder gemeinsamen Zahlungen für Ausführungs- und Analysedienstleistungen auf Analysedienstleistungen entfallen,
2. die Analysen annehmende Wertpapierdienstleistungsunternehmen seine Kunden über die gemeinsamen Zahlungen für Ausführungs- und Analysedienstleistungen informiert, die an die Drittanbieter von Analysen geleistet werden, und
3. die Analysen, für welche die kombinierten Gebühren geleistet werden oder die gemeinsame Zahlung erfolgt, Emittenten betreffen, die in den 36 Monaten vor der Bereitstellung der Analysen eine Marktkapitalisierung von 1 Milliarde Euro nicht überschritten haben, ausgedrückt durch die Notierungen am Ende der Jahre, in denen sie an einem Handelsplatz notiert sind oder waren, oder durch das Eigenkapital für die Geschäftsjahre, in denen sie nicht an einem Handelsplatz notiert waren.

[2]Analysen im Sinne dieses Absatzes sind Analysematerial und Analysedienstleistungen in Bezug auf ein oder mehrere Finanzinstrumente oder sonstige Vermögenswerte oder in Bezug auf die Emittenten oder potenziellen Emittenten von Finanzinstrumenten oder Analysematerial oder -dienstleistungen, die in engem Zusammenhang mit einem bestimmten Wirtschaftszweig oder Markt stehen, sodass die Analysen die Grundlage für die Einschätzung von Finanzinstrumenten, Vermögenswerten oder Emittenten des Wirtschaftszweigs oder des Marktes liefern. [3]Zu Analysen gehören auch Material oder Dienstleistungen, mit denen eine Anlagestrategie empfohlen oder nahegelegt und eine fundierte Stellungnahme zum aktuellen oder künftigen Wert oder Preis solcher Instrumente oder Vermögenswerte abgegeben oder anderweitig eine Analyse und neuartige Erkenntnisse vermittelt werden und auf der Grundlage neuer oder

bereits vorhandener Informationen Schlussfolgerungen gezogen werden, die genutzt werden könnten, um eine Anlagestrategie zu begründen, und die für die Entscheidungen, die das Wertpapierinstitut für die die Analysegebühr entrichtenden Kunden trifft, relevant und von Nutzen sein könnten.

(7) Gebühren und Entgelte, die die Erbringung von Wertpapierdienstleistungen erst ermöglichen oder dafür notwendig sind, und die ihrer Art nach nicht geeignet sind, die Erfüllung der Pflicht nach § 63 Absatz 1 zu gefährden, sind von dem Verbot nach Absatz 1 ausgenommen.

(8) Nähere Bestimmungen betreffend die Annahme von Zuwendungen nach Absatz 1 ergeben sich aus Artikel 40 der Delegierten Verordnung (EU) 2017/565.

(9) [1]Das Bundesministerium der Finanzen kann durch Rechtsverordnung, die nicht der Zustimmung des Bundesrates bedarf, nähere Bestimmungen erlassen zu

1. Kriterien für die Art und Bestimmung einer Verbesserung der Qualität im Sinne des Absatzes 1 Satz 1 Nummer 1,
2. Art und Inhalt des Nachweises nach Absatz 1 Satz 2,
3. Art, Inhalt und Verfahren zur Erhebung einer Analysegebühr sowie der Festlegung, Verwaltung und Verwendung des Analysebudgets nach Absatz 2 Satz 2 Nummer 2 Buchstabe a und b,
4. Art, Inhalt und Verfahren betreffend die Verwaltung und Verwendung des von Wertpapierdienstleistungsunternehmen geführten Analysekontos nach Absatz 2 Nummer 2,
5. Art und Inhalt der schriftlichen Grundsätze nach Absatz 2 Satz 4.

[2]Das Bundesministerium der Finanzen kann die Ermächtigung durch Rechtsverordnung auf die Bundesanstalt übertragen.

§ 71 Erbringung von Wertpapierdienstleistungen und Wertpapiernebendienstleistungen über ein anderes Wertpapierdienstleistungsunternehmen

Erhält ein Wertpapierdienstleistungsunternehmen über ein anderes Wertpapierdienstleistungsunternehmen einen Auftrag, Wertpapierdienstleistungen oder Wertpapiernebendienstleistungen für einen Kunden zu erbringen, ist das entgegennehmende Unternehmen mit folgenden Maßgaben verantwortlich für die Durchführung der Wertpapierdienstleistung oder Wertpapiernebendienstleistung im Einklang mit den Bestimmungen dieses Abschnitts:

1. das entgegennehmende Wertpapierdienstleistungsunternehmen ist nicht verpflichtet, Kundenangaben und Kundenanweisungen, die ihm von dem anderen Wertpapierdienstleistungsunternehmen übermittelt werden, auf ihre Vollständigkeit und Richtigkeit zu überprüfen,
2. das entgegennehmende Wertpapierdienstleistungsunternehmen darf sich darauf verlassen, dass Empfehlungen in Bezug auf die Wertpapierdienstleistung oder Wertpapiernebendienstleistung dem Kunden von dem anderen Wertpapierdienstleistungsunternehmen im Einklang mit den gesetzlichen Vorschriften gegeben wurden.

§ 72 Betrieb eines multilateralen Handelssystems oder eines organisierten Handelssystems

(1) [1]Der Betreiber eines multilateralen oder organisierten Handelssystems ist dazu verpflichtet,

1. nichtdiskriminierende Regelungen für den Zugang zu dem multilateralen oder organisierten Handelssystem festzulegen, die kein Ermessen des Betreibers vorsehen;
2. Regelungen für die Einbeziehung von Finanzinstrumenten in den Handel, für die ordnungsgemäße Durchführung des Handels und der Preisermittlung, für die Verwendung von einbezogenen Referenzpreisen und für die vertragsgemäße Abwicklung der abgeschlossenen Geschäfte festzulegen;
3. über angemessene Verfahren zur Überwachung der Einhaltung der Regelungen nach Nummer 2 und der Verordnung (EU) Nr. 596/2014 zu verfügen;
4. alle Informationen zu veröffentlichen, die unter Berücksichtigung der Art der Nutzer und der gehandelten Finanzinstrumente für die Nutzung des multilateralen oder organisierten Handelssystems erforderlich und zweckdienlich sind;
5. separate Entgelte zu verlangen für die übermäßige Nutzung des multilateralen oder organisierten Handelssystems, insbesondere durch unverhältnismäßig viele Auftragseingaben, -änderungen und -löschungen; die Höhe dieser Entgelte ist so zu bemessen, dass einer übermäßigen Nutzung und den damit verbundenen negativen Auswirkungen auf die Systemstabilität oder die Marktintegrität wirksam begegnet wird;
6. geeignete Vorkehrungen zu treffen, um auch bei erheblichen Preisschwankungen eine ordnungsgemäße Preisermittlung sicherzustellen; geeignete Vorkehrungen sind insbesondere kurzfristige Änderungen des Marktmodells, kurzzeitige Volatilitätsunterbrechungen unter Berücksichtigung statischer oder dynamischer Preiskorridore und Limitsysteme der mit der Preisfeststellung betrauten Handelsteilnehmer, wobei es dem Betreiber in Ausnahmefällen möglich sein muss, jedes Geschäft aufzuheben, zu ändern oder zu berichtigen; die Parameter für solche Volatilitätsunterbrechungen

müssen der Liquidität der einzelnen Kategorien und Teilkategorien der betreffenden Finanzinstrumente, der Art des Marktmodells und der Art der Nutzer Rechnung tragen und ermöglichen, dass wesentliche Störungen eines ordnungsgemäßen Handels unterbunden werden; der Betreiber hat der Bundesanstalt diese Parameter mitzuteilen;

7. sicherzustellen, dass ein angemessenes Verhältnis zwischen Auftragseingaben, -änderungen und -löschungen und den tatsächlich ausgeführten Geschäften (Order-Transaktions-Verhältnis) besteht, um Risiken für den ordnungsgemäßen Handel im multilateralen oder organisierten Handelssystem zu vermeiden; das Order-Transaktions-Verhältnis ist dabei jeweils für ein Finanzinstrument und anhand des zahlenmäßigen Volumens der Aufträge und Geschäfte innerhalb eines Tages zu bestimmen; ein Order-Transaktions-Verhältnis ist insbesondere angemessen, wenn es auf Grund der Liquidität des betroffenen Finanzinstruments, der konkreten Marktlage oder der Funktion des Handelsteilnehmers wirtschaftlich nachvollziehbar ist;
8. eine angemessene Größe der kleinstmöglichen Preisänderung bei den gehandelten Aktien, Aktienzertifikaten, Exchange Traded Funds, Zertifikaten und anderen vergleichbaren Finanzinstrumenten sowie allen anderen Finanzinstrumenten, die von dem auf der Grundlage von Artikel 49 Absatz 4 der Richtlinie 2014/65/EU erlassenen delegierten Rechtsakt der Europäischen Kommission erfasst werden, festzulegen, um negative Auswirkungen auf die Marktintegrität und -liquidität zu verringern; dabei ist insbesondere zu berücksichtigen, dass diese den Preisfindungsmechanismus und das Ziel eines angemessenen Order-Transaktions-Verhältnisses nicht beeinträchtigt; wegen der einzelnen Anforderungen an die Festlegung der Mindestpreisänderungsgröße wird auf die Delegierte Verordnung (EU) 2017/588 der Kommission vom 14. Juli 2016 zur Ergänzung der Richtlinie 2014/65/EU des Europäischen Parlaments und des Rates durch technische Regulierungsstandards für das Tick-Größen-System für Aktien, Aktienzertifikate und börsengehandelte Fonds (ABl. L 87 vom 31.3.2017, S. 411), in der jeweils geltenden Fassung, verwiesen;
9. angemessene Risikokontrollen und Schwellen für den Handel über den direkten elektronischen Zugang festzulegen, insbesondere Regelungen festzulegen über
   a) die Kennzeichnung von Aufträgen, die über einen direkten elektronischen Zugang erteilt werden, und
   b) die Möglichkeit einer jederzeitigen Sperrung oder Beendigung eines direkten elektronischen Zugangs bei Verstößen des Inhabers des direkten Zugangs gegen geltende Rechtsvorschriften;
10. Regelungen festzulegen für die Kennzeichnung aller Aufträge, die durch den algorithmischen Handel im Sinne des § 80 Absatz 2 Satz 1 erzeugt werden, durch die Handelsteilnehmer und für die Offenlegung der hierfür jeweils verwendeten Handelsalgorithmen sowie der Personen, die diese Aufträge initiiert haben;
11. eine zuverlässige Verwaltung der technischen Abläufe des Handelssystems sicherzustellen, insbesondere
   a) wirksame Notfallmaßnahmen bei einem Systemausfall oder bei Störungen in seinen Handelssystemen vorzusehen, um die Kontinuität des Geschäftsbetriebs gewährleisten zu können,
   b) sicherzustellen, dass die Handelssysteme belastbar sind und über ausreichende Kapazitäten für Spitzenvolumina an Aufträgen und Mitteilungen verfügen und
   c) sicherzustellen, dass die Systeme in der Lage sind, auch unter extremen Stressbedingungen auf den Märkten einen ordnungsgemäßen Handel zu gewährleisten, und dass sie für diese Zwecke vollständig geprüft sind;
12. Vorkehrungen zu treffen, mit denen sich mögliche nachteilige Auswirkungen von Interessenkonflikten zwischen dem multilateralen oder organisierten Handelssystem und seinem Eigentümer oder Betreiber einerseits und dem einwandfreien Funktionieren des multilateralen oder organisierten Handelssystems andererseits auf dessen Betrieb oder auf seine Handelsteilnehmer klar erkennen und regeln lassen;
13. sicherzustellen, dass das multilaterale oder organisierte Handelssystem über mindestens drei aktive Mitglieder oder Nutzer verfügt, denen es jeweils möglich ist, mit allen übrigen Mitgliedern und Nutzern zum Zwecke der Preisbildung zu interagieren.

[2]§ 5 Absatz 4a, die §§ 22a, 26c und 26d des Börsengesetzes gelten entsprechend.

(2) [1]Die Gebührenstrukturen, einschließlich der Ausführungsgebühren, Nebengebühren und möglichen Rabatte, müssen transparent und diskriminierungsfrei ausgestaltet sein. [2]Die Gebühren dürfen keine Anreize schaffen, Aufträge so zu platzieren, zu ändern oder zu stornieren oder Geschäfte so zu tätigen, dass dies zu marktstörenden Handelsbedingungen oder Marktmissbrauch beiträgt. [3]Insbesondere dürfen Rabatte in Bezug auf einzelne Aktien oder Aktienportfolios nur als Gegenleistung für die Übernahme von Market-Making-Pflichten gewährt werden.

(3) [1]Der Betreiber eines multilateralen oder organisierten Handelssystems hat der Bundesanstalt eine ausführliche Beschreibung der Funktionsweise des Handelssystems vorzulegen. [2]Diese hat auch etwaige Verbindungen des Handelssystems zu Börsen, anderen multilateralen oder organisierten Handelssystemen oder systematischen Internalisierern, deren Träger oder Betreiber im Eigentum des Betreibers des Handelssystems stehen, sowie eine Liste der Mitglieder, Teilnehmer und Nutzer des Handelssystems zu umfassen. [3]Die Bundesanstalt stellt diese Informationen auf Verlangen der Europäischen Wertpapier- und Marktaufsichtsbehörde zur Verfügung. [4]Sie hat der Europäischen Wertpapier- und Marktaufsichtsbehörde jede Erteilung einer Erlaubnis zum Betrieb eines multilateralen oder organisierten Handelssystems mitzuteilen.

(4) Emittenten, deren Finanzinstrumente ohne ihre Zustimmung in den Handel in einem multilateralen oder organisierten Handelssystem einbezogen worden sind, können nicht dazu verpflichtet werden, Informationen in Bezug auf diese Finanzinstrumente für dieses multilaterale oder organisierte Handelssystem zu veröffentlichen.

(5) Der Betreiber eines multilateralen oder organisierten Handelssystems kann von einem Emittenten die Übermittlung von Referenzdaten in Bezug auf dessen Finanzinstrumente verlangen, soweit dies zur Erfüllung der Anforderungen aus Artikel 4 der Verordnung (EU) Nr. 596/2014 erforderlich ist.

(6) [1]Der Betreiber eines multilateralen oder organisierten Handelssystems hat der Bundesanstalt schwerwiegende Verstöße gegen die Handelsregeln, Störungen der Marktintegrität und Anhaltspunkte für einen Verstoß gegen die Vorschriften der Verordnung (EU) Nr. 596/2014 unverzüglich mitzuteilen und diese bei ihren Untersuchungen umfassend zu unterstützen. [2]Die Bundesanstalt hat die Informationen nach Satz 1 der Europäischen Wertpapier- und Marktaufsichtsbehörde und den zuständigen Behörden der anderen Mitgliedstaaten und der Vertragsstaaten des Abkommens über den Europäischen Wirtschaftsraum zu übermitteln. [3]Im Falle von Anhaltspunkten für Verstöße gegen die Vorschriften der Verordnung (EU) Nr. 596/2014 übermittelt die Bundesanstalt Informationen erst dann, wenn sie von einem Verstoß überzeugt ist.

(7) Darüber hinaus hat der Betreiber eines multilateralen oder organisierten Handelssystems der Bundesanstalt unverzüglich mitzuteilen, wenn bei einem an seinem Handelssystem gehandelten Finanzinstrument ein signifikanter Kursverfall im Sinne des Artikels 23 der Verordnung (EU) Nr. 236/2012 eintritt.

(8) [1]Der Betreiber eines multilateralen oder organisierten Handelssystems hat die Bundesanstalt über den Eingang von Anträgen auf Zugang nach den Artikeln 7 und 8 der Verordnung (EU) Nr. 648/2012 unverzüglich schriftlich zu unterrichten. [2]Die Bundesanstalt kann

1. unter den in Artikel 7 Absatz 4 der Verordnung (EU) Nr. 648/2012 genannten Voraussetzungen dem Betreiber eines multilateralen oder organisierten Handelssystems den Zugang zu einer zentralen Gegenpartei im Sinne der genannten Verordnung untersagen sowie
2. unter den in Artikel 8 Absatz 4 der Verordnung (EU) Nr. 648/2012 genannten Voraussetzungen dem Betreiber eines multilateralen oder organisierten Handelssystems untersagen, einer zentralen Gegenpartei im Sinne der genannten Verordnung Zugang zu gewähren.

§ 73 Aussetzung des Handels und Ausschluss von Finanzinstrumenten

(1) [1]Der Betreiber eines multilateralen oder organisierten Handelssystems kann den Handel mit einem Finanzinstrument aussetzen oder dieses Instrument vom Handel ausschließen, wenn dies zur Sicherung eines ordnungsgemäßen Handels oder zum Schutz des Publikums geboten erscheint, insbesondere, wenn

1. das Finanzinstrument den Regeln des Handelssystems nicht mehr entspricht,
2. der Verdacht eines Marktmissbrauchs im Sinne des Artikels 1 der Verordnung (EU) Nr. 596/2014 oder einer Nichtveröffentlichung von Insiderinformationen entgegen Artikel 17 der Verordnung (EU) Nr. 596/2014 in Bezug auf das Finanzinstrument besteht oder
3. ein Übernahmeangebot in Bezug auf den Emittenten des Finanzinstruments veröffentlicht wurde.

[2]Im Falle einer Maßnahme nach Satz 1 setzt der Betreiber auch den Handel mit Derivaten, die mit diesem Finanzinstrument verbunden sind oder sich auf dieses beziehen, aus oder stellt den Handel mit diesen Finanzinstrumenten ein, wenn dies zur Verwirklichung der Ziele der Maßnahme nach Satz 1 erforderlich ist. [3]Eine Maßnahme nach Satz 1 oder Satz 2 unterbleibt, wenn sie die Interessen der betroffenen Anleger oder das ordnungsgemäße Funktionieren des Marktes erheblich beeinträchtigen könnte. [4]Der Betreiber veröffentlicht Entscheidungen nach den Sätzen 1 und 2 und teilt sie unverzüglich der Bundesanstalt mit.

(2) [1]Wird ein Finanzinstrument, das in den in Absatz 1 Satz 1 Nummer 2 oder Nummer 3 genannten Fällen Gegenstand einer Maßnahme nach Absatz 1 Satz 1 oder Satz 2 ist, oder ein Derivat, das mit einem solchen Finanzinstrument verbunden ist oder sich auf dieses bezieht, auch an einem anderen inländischen multilateralen oder organisierten Handelssystem oder durch einen systematischen Internalisierer gehandelt, so

ordnet die Bundesanstalt ebenfalls Maßnahmen nach Absatz 1 Satz 1 oder Satz 2 an. [2]Absatz 1 Satz 3 gilt entsprechend.

(3) [1]Die Bundesanstalt veröffentlicht Maßnahmen nach den Absätzen 1 und 2 unverzüglich und übermittelt diese der Europäischen Wertpapier- und Marktaufsichtsbehörde sowie den zuständigen Behörden der anderen Mitgliedstaaten der Europäischen Union und der Vertragsstaaten des Abkommens über den Europäischen Wirtschaftsraum. [2]Erhält die Bundesanstalt ihrerseits eine solche Mitteilung von einer zuständigen Behörde eines anderen Mitgliedstaats der Europäischen Union oder eines Vertragsstaats des Abkommens über den Europäischen Wirtschaftsraum, teilt sie dies den Geschäftsführungen der Börsen, an denen die betreffenden Finanzinstrumente gehandelt werden, und der jeweiligen Börsenaufsichtsbehörde mit. [3]Sie ordnet gegenüber den Betreibern inländischer multilateraler und organisierter Handelssysteme sowie gegenüber systematischen Internalisierern, die die betreffenden Finanzinstrumente handeln, ebenfalls Maßnahmen nach Absatz 1 Satz 1 oder Satz 2 an. [4]Absatz 1 Satz 3 gilt entsprechend. [5]Die Bundesanstalt informiert die Europäische Wertpapier- und Marktaufsichtsbehörde und die zuständigen Behörden der anderen Mitgliedstaaten der Europäischen Union und der Vertragsstaaten des Abkommens über den Europäischen Wirtschaftsraum über Maßnahmen, die sie nach Satz 3 angeordnet hat, einschließlich einer Erläuterung, falls keine Handelsaussetzung oder Handelseinstellung erfolgt ist. [6]Die Sätze 1 bis 5 gelten entsprechend für die Aufhebung einer Handelsaussetzung.

§ 74 Besondere Anforderungen an multilaterale Handelssysteme

(1) Die Regeln für den Zugang zu einem multilateralen Handelssystem müssen mindestens den Anforderungen nach § 19 Absatz 2 und 4 Satz 1 und 2 des Börsengesetzes entsprechen.

(2) Die Regeln für den Handel und die Preisermittlung dürfen dem Betreiber eines multilateralen Handelssystems keinen Ermessensspielraum einräumen; dabei müssen die Preise im multilateralen Handelssystem entsprechend den Regelungen des § 24 Absatz 2 des Börsengesetzes zustande kommen.

(3) Der Betreiber eines multilateralen Handelssystems hat Vorkehrungen zu treffen, um

1. die Risiken, denen das System ausgesetzt ist, angemessen steuern zu können, insbesondere alle für den Betrieb des Handelssystems wesentlichen Risiken ermitteln und wirksam begrenzen zu können, und
2. einen reibungslosen und rechtzeitigen Abschluss der innerhalb seiner Systeme ausgeführten Geschäfte zu erleichtern.

(4) Der Betreiber eines multilateralen Handelssystems muss fortlaufend über ausreichende Finanzmittel verfügen, um ein ordnungsgemäßes Funktionieren des Systems sicherzustellen, wobei der Art und dem Umfang der an dem Handelssystem abgeschlossenen Geschäfte sowie der Art und der Höhe der Risiken, denen es ausgesetzt ist, Rechnung zu tragen ist.

(5) Dem Betreiber eines multilateralen Handelssystems ist es nicht gestattet, an einem multilateralen Handelssystem Kundenaufträge unter Einsatz seines eigenen Kapitals auszuführen oder auf die Zusammenführung sich deckender Kundenaufträge im Sinne von § 2 Absatz 29 zurückzugreifen.

§ 75 Besondere Anforderungen an organisierte Handelssysteme

(1) Der Betreiber eines organisierten Handelssystems hat geeignete Vorkehrungen zu treffen, durch die die Ausführung von Kundenaufträgen in dem organisierten Handelssystem unter Einsatz des eigenen Kapitals des Betreibers oder eines Mitglieds derselben Unternehmensgruppe verhindert wird.

(2) [1]Der Betreiber eines organisierten Handelssystems darf auf die Zusammenführung sich deckender Kundenaufträge im Sinne von § 2 Absatz 29 für Schuldverschreibungen, strukturierte Finanzprodukte, Emissionszertifikate und bestimmte Derivate zurückgreifen, wenn der Kunde dem zugestimmt hat. [2]Er darf auf die Zusammenführung sich deckender Kundenaufträge über Derivate nicht zurückgreifen, wenn diese der Verpflichtung zum Clearing nach Artikel 4 der Verordnung (EU) Nr. 648/2012 unterliegen.

(3) Der Handel für eigene Rechnung ist einem Betreiber eines organisierten Handelssystems nur gestattet, soweit es sich nicht um die Zusammenführung sich deckender Kundenaufträge im Sinne von § 2 Absatz 29 handelt und nur in Bezug auf öffentliche Schuldtitel, für die kein liquider Markt besteht.

(4) [1]Ein organisiertes Handelssystem darf nicht innerhalb derselben rechtlichen Einheit mit einer systematischen Internalisierung betrieben werden. [2]Ein organisiertes Handelssystem darf keine Verbindung zu einem systematischen Internalisierer oder einem anderen organisierten Handelssystem in einer Weise herstellen, die eine Interaktion von Aufträgen in dem organisierten Handelssystem mit den Aufträgen oder Angeboten des systematischen Internalisierers oder in dem organisierten Handelssystem ermöglicht.

(5) [1]Der Betreiber eines organisierten Handelssystems kann ein anderes Wertpapierdienstleistungsunternehmen beauftragen, unabhängig von dem Betreiber an dem organisierten Handelssystem Market-Making zu betreiben. [2]Ein unabhängiges Betreiben liegt nur dann vor, wenn keine enge Verbindung des Wertpapierdienstleistungsunternehmens zu dem Betreiber des organisierten Handelssystems besteht.

(6) [1]Der Betreiber eines organisierten Handelssystems hat die Entscheidung über die Ausführung eines Auftrags in dem organisierten Handelssystem nach Ermessen zu treffen, wenn er darüber entscheidet,

1. einen Auftrag zu platzieren oder zurückzunehmen oder
2. einen bestimmten Kundenauftrag nicht mit anderen zu einem bestimmten Zeitpunkt im System vorhandenen Aufträgen zusammenzuführen.

[2]Im Falle des Satzes 1 Nummer 2 darf eine Zusammenführung nur dann unterbleiben, wenn dies mit etwaigen Anweisungen des Kunden sowie der Verpflichtung zur bestmöglichen Ausführung von Kundenaufträgen im Sinne von § 82 vereinbar ist. [3]Bei einem System, bei dem gegenläufige Kundenaufträge eingehen, kann der Betreiber entscheiden, ob, wann und in welchem Umfang er zwei oder mehr Aufträge innerhalb des Systems zusammenführt. [4]Im Einklang mit den Absätzen 1, 2, 4 und 5 und unbeschadet des Absatzes 3 kann der Betreiber bei einem System, über das Geschäfte mit Nichteigenkapitalinstrumenten in die Wege geleitet werden, die Verhandlungen zwischen den Kunden erleichtern, um so zwei oder mehr möglicherweise kompatible Handelsinteressen in einem Geschäft zusammenzuführen. [5]Diese Verpflichtung gilt unbeschadet der §§ 72 und 82 dieses Gesetzes.

(7) [1]Die Bundesanstalt kann von dem Betreiber eines organisierten Handelssystems jederzeit, insbesondere bei Antrag auf Zulassung des Betriebs, eine ausführliche Erklärung darüber verlangen, warum das organisierte Handelssystem keinem regulierten Markt, multilateralen Handelssystem oder systematischen Internalisierer entspricht und nicht in dieser Form betrieben werden kann. [2]Die Erklärung hat eine ausführliche Beschreibung zu enthalten, wie der Ermessensspielraum genutzt wird, insbesondere, wann ein Auftrag im organisierten Handelssystem zurückgezogen werden kann und wann und wie zwei oder mehr sich deckende Kundenaufträge innerhalb des organisierten Handelssystems zusammengeführt werden. [3]Außerdem hat der Betreiber eines organisierten Handelssystems der Bundesanstalt Informationen zur Verfügung zu stellen, mit denen der Rückgriff auf die Zusammenführung sich deckender Kundenaufträge erklärt wird.

(8) Die Bundesanstalt überwacht den Handel durch Zusammenführung sich deckender Aufträge durch den Betreiber des organisierten Handelssystems, damit sichergestellt ist, dass dieser die hierfür geltenden Anforderungen einhält und dass der von ihm betriebene Handel durch Zusammenführung sich deckender Aufträge nicht zu Interessenkonflikten zwischen dem Betreiber und seinen Kunden führt.

(9) § 63 Absatz 1, 3 bis 7 und 9, § 64 Absatz 1 sowie die §§ 69, 70 und 82 gelten entsprechend für Geschäfte, die über ein organisiertes Handelssystem abgeschlossen wurden.

§ 76 KMU-Wachstumsmärkte; Verordnungsermächtigung

(1) [1]Der Betreiber eines multilateralen Handelssystems kann dieses bei der Bundesanstalt als Wachstumsmarkt für kleine und mittlere Unternehmen (KMU-Wachstumsmarkt) registrieren lassen, sofern folgende Anforderungen erfüllt sind:

1. bei mindestens 50 Prozent der Emittenten, deren Finanzinstrumente zum Handel auf dem multilateralen Handelssystem zugelassen sind, handelt es sich um kleine und mittlere Unternehmen;
2. der Betreiber hat geeignete Kriterien für die Zulassung der Finanzinstrumente zum Handel an dem Markt festgelegt;
3. der Betreiber macht die Zulassung von Finanzinstrumenten zum Handel an dem Markt davon abhängig, dass bei der Zulassung ausreichende Informationen veröffentlicht werden, um dem Publikum eine zutreffende Beurteilung des Emittenten und der Finanzinstrumente zu ermöglichen; bei diesen Informationen handelt es sich entweder um ein Zulassungsdokument oder einen Prospekt, falls auf Basis der Verordnung (EU) 2017/1129 festgelegte Anforderungen im Hinblick auf ein öffentliches Angebot im Zusammenhang mit der ursprünglichen Zulassung des Finanzinstruments zum Handel auf dem multilateralen Handelssystem Anwendung finden;
4. der Betreiber stellt sicher, dass eine geeignete regelmäßige Finanzberichterstattung durch den Emittenten am Markt stattfindet, dessen Finanzinstrumente zum Handel an dem multilateralen Handelssystem zugelassen sind, insbesondere durch geprüfte Jahresberichte;
5. die in Artikel 3 Absatz 1 Nummer 21 der Verordnung (EU) Nr. 596/2014 definierten Emittenten und die in Artikel 3 Absatz 1 Nummer 25 der Verordnung (EU) Nr. 596/2014 definierten Personen, die bei einem Emittenten Führungsaufgaben wahrnehmen, sowie die in Artikel 3 Absatz 1 Nummer 26 der Verordnung (EU) Nr. 596/2014 definierten Personen, die in enger Beziehung zu diesen stehen, erfüllen die jeweiligen Anforderungen, die für sie gemäß der Verordnung (EU) Nr. 596/2014 gelten;
6. der Betreiber erfasst Informationen, die von einem Emittenten auf Grund einer rechtlichen Verpflichtung veröffentlicht wurden, und stellt diese öffentlich zur Verfügung und

7. der Betreiber richtet wirksame Systeme und Kontrollen ein, die geeignet sind, einen Marktmissbrauch an dem betreffenden Markt gemäß der Verordnung (EU) Nr. 596/2014 zu erkennen und zu verhindern.

[2]Die Möglichkeit des Betreibers, zusätzliche Anforderungen festzulegen, bleibt unberührt.

(2) [1]Die Bundesanstalt hebt die Registrierung eines KMU-Wachstumsmarktes auf, wenn dessen Betreiber dies beantragt oder wenn die Voraussetzungen für eine Registrierung nach Absatz 1 nicht mehr vorliegen. [2]Die Bundesanstalt unterrichtet die Europäische Wertpapier- und Marktaufsichtsbehörde unverzüglich über die Registrierung eines KMU-Wachstumsmarktes und über deren Aufhebung.

(3) [1]Ein Finanzinstrument, das zum Handel an einem KMU-Wachstumsmarkt zugelassen ist, kann nur dann in einem anderen KMU-Wachstumsmarkt gehandelt werden, wenn der Emittent des Finanzinstruments hierüber unterrichtet wurde und dem nicht widersprochen hat. [2]In einem solchen Fall entstehen dem Emittenten im Hinblick auf diesen anderen KMU-Wachstumsmarkt keine Verpflichtungen in Bezug auf die Unternehmensführung und -kontrolle oder erstmalige, laufende oder punktuelle Veröffentlichungspflichten.

(4) [1]Das Bundesministerium der Finanzen kann durch Rechtsverordnung, die nicht der Zustimmung des Bundesrates bedarf, nähere Bestimmungen treffen

1. zur Art der Kriterien nach Absatz 1 Nummer 2,
2. zu Inhalt, Art, Umfang und Form der bei Zulassung zu veröffentlichenden Informationen nach Absatz 1 Nummer 3 und
3. zu Inhalt, Art, Umfang und Form der Berichterstattung nach Absatz 1 Nummer 4.

[2]Das Bundesministerium der Finanzen kann die Ermächtigung durch Rechtsverordnung auf die Bundesanstalt übertragen.

§ 77 Direkter elektronischer Zugang

(1) Ein Wertpapierdienstleistungsunternehmen, das einen direkten elektronischen Zugang zu einem Handelsplatz anbietet, muss

1. die Eignung der Kunden, die diesen Dienst nutzen, vor Gewährung des Zugangs beurteilen und regelmäßig überprüfen,
2. die im Zusammenhang mit diesem Dienst bestehenden Rechte und Pflichten des Kunden und des Wertpapierdienstleistungsunternehmens in einem schriftlichen Vertrag festlegen, wobei die Verantwortlichkeit des Wertpapierdienstleistungsunternehmens nach diesem Gesetz nicht auf den Kunden übertragen werden darf,
3. angemessene Handels- und Kreditschwellen für den Handel dieser Kunden festlegen,
4. den Handel dieser Kunden überwachen, um
   a) sicherzustellen, dass die Kunden die nach Nummer 3 festgelegten Schwellen nicht überschreiten,
   b) sicherzustellen, dass der Handel den Anforderungen der Verordnung (EU) Nr. 596/2014, dieses Gesetzes sowie der Vorschriften des Handelsplatzes entspricht,
   c) marktstörende Handelsbedingungen oder auf Marktmissbrauch hindeutende Verhaltensweisen, die an die zuständige Behörde zu melden sind, erkennen zu können und
   d) sicherzustellen, dass durch den Handel keine Risiken für das Wertpapierdienstleistungsunternehmen selbst entstehen.

(2) [1]Ein Wertpapierdienstleistungsunternehmen, das einen direkten elektronischen Zugang zu einem Handelsplatz anbietet, teilt dies der Bundesanstalt und den zuständigen Behörden des Handelsplatzes, an dem sie den direkten elektronischen Zugang anbietet, mit. [2]Die Bundesanstalt kann dem Wertpapierdienstleistungsunternehmen vorschreiben, regelmäßig oder jederzeit auf Anforderung eine Beschreibung der in Absatz 1 genannten Systeme und Kontrollen sowie Nachweise für ihre Anwendung vorzulegen. [3]Auf Ersuchen einer zuständigen Behörde des Handelsplatzes, zu dem ein Wertpapierdienstleistungsunternehmen direkten elektronischen Zugang bietet, leitet die Bundesanstalt diese Informationen unverzüglich an diese Behörde weiter.

(3) Das Wertpapierdienstleistungsunternehmen sorgt dafür, dass Aufzeichnungen zu den in diesem Paragrafen genannten Angelegenheiten mindestens für fünf Jahre aufbewahrt werden, und stellt sicher, dass diese ausreichend sind, um der Bundesanstalt zu ermöglichen, die Einhaltung der Anforderungen dieses Gesetzes zu überprüfen.

§ 78 Handeln als General-Clearing-Mitglied

[1]Ein Wertpapierdienstleistungsunternehmen, das als General-Clearing-Mitglied für andere Personen handelt, muss über wirksame Systeme und Kontrollen verfügen, um sicherzustellen, dass die Clearing-Dienste nur für solche Personen erbracht werden, die dafür geeignet sind und die von dem Wertpapierdienstleistungsunternehmen vorher festgelegte eindeutige Kriterien erfüllen. [2]Es muss diesen Personen geeignete

Anforderungen auferlegen, die dafür sorgen, dass die Risiken für das Wertpapierdienstleistungsunternehmen und den Markt verringert werden. [3]Es muss ein schriftlicher Vertrag zwischen dem Wertpapierdienstleistungsunternehmen und der jeweiligen Person bestehen, der die im Zusammenhang mit diesem Dienst bestehenden Rechte und Pflichten regelt.

§ 79 Mitteilungspflicht von systematischen Internalisierern

[1]Wertpapierdienstleistungsunternehmen, die als systematischer Internalisierer tätig sind, haben dies der Bundesanstalt unverzüglich mitzuteilen. [2]Die Bundesanstalt übermittelt diese Information an die Europäische Wertpapier- und Marktaufsichtsbehörde.

§ 80 Organisationspflichten; Verordnungsermächtigung

(1) [1]Ein Wertpapierdienstleistungsunternehmen muss die organisatorischen Pflichten nach § 25a Absatz 1 und § 25e des Kreditwesengesetzes oder, sofern es sich um ein Wertpapierinstitut handelt, nach § 28 Absatz 1 und 2 und § 41 des Wertpapierinstitutsgesetzes einhalten. [2]Darüber hinaus muss es

1. angemessene Vorkehrungen treffen, um die Kontinuität und Regelmäßigkeit der Wertpapierdienstleistungen und Wertpapiernebendienstleistungen zu gewährleisten;
2. auf Dauer wirksame Vorkehrungen für angemessene Maßnahmen treffen, um Interessenkonflikte bei der Erbringung von Wertpapierdienstleistungen und Wertpapiernebendienstleistungen oder einer Kombination davon zwischen einerseits ihm selbst einschließlich seiner Geschäftsleitung, seiner Mitarbeiter, seiner vertraglich gebundenen Vermittler und der mit ihm direkt oder indirekt durch Kontrolle im Sinne des Artikels 4 Absatz 1 Nummer 37 der Verordnung (EU) Nr. 575/2013 verbundenen Personen und Unternehmen und andererseits seinen Kunden oder zwischen seinen Kunden untereinander zu erkennen und zu vermeiden oder zu regeln; dies umfasst auch solche Interessenkonflikte, die durch die Annahme von Zuwendungen Dritter sowie durch die eigene Vergütungsstruktur oder sonstige Anreizstrukturen des Wertpapierdienstleistungsunternehmens verursacht werden;
3. im Rahmen der Vorkehrungen nach Nummer 2 Grundsätze oder Ziele, die den Umsatz, das Volumen oder den Ertrag der im Rahmen der Anlageberatung empfohlenen Geschäfte unmittelbar oder mittelbar betreffen (Vertriebsvorgaben), derart ausgestalten, umsetzen und überwachen, dass Kundeninteressen nicht beeinträchtigt werden;
4. über solide Sicherheitsmechanismen verfügen, die die Sicherheit und Authentifizierung der Informationsübermittlungswege gewährleisten, das Risiko der Datenverfälschung und des unberechtigten Zugriffs minimieren und verhindern, dass Informationen bekannt werden, so dass die Vertraulichkeit der Daten jederzeit gewährleistet ist.

[3]Nähere Bestimmungen zur Organisation der Wertpapierdienstleistungsunternehmen enthalten die Artikel 21 bis 26 der Delegierten Verordnung (EU) 2017/565.

(2) [1]Ein Wertpapierdienstleistungsunternehmen muss zusätzlich die in diesem Absatz genannten Bestimmungen einhalten, wenn es in der Weise Handel mit Finanzinstrumenten betreibt, dass ein Computeralgorithmus die einzelnen Auftragsparameter automatisch bestimmt, ohne dass es sich um ein System handelt, das nur zur Weiterleitung von Aufträgen zu einem oder mehreren Handelsplätzen, zur Bearbeitung von Aufträgen ohne die Bestimmung von Auftragsparametern, zur Bestätigung von Aufträgen oder zur Nachhandelsbearbeitung ausgeführter Aufträge verwendet wird (algorithmischer Handel). [2]Auftragsparameter im Sinne des Satzes 1 sind insbesondere Entscheidungen, ob der Auftrag eingeleitet werden soll, über Zeitpunkt, Preis oder Quantität des Auftrags oder wie der Auftrag nach seiner Einreichung mit eingeschränkter oder überhaupt keiner menschlichen Beteiligung bearbeitet wird. [3]Ein Wertpapierdienstleistungsunternehmen, das algorithmischen Handel betreibt, muss über Systeme und Risikokontrollen verfügen, die sicherstellen, dass

1. seine Handelssysteme belastbar sind, über ausreichende Kapazitäten verfügen und angemessenen Handelsschwellen und Handelsobergrenzen unterliegen;
2. die Übermittlung von fehlerhaften Aufträgen oder eine Funktionsweise des Systems vermieden wird, durch die Störungen auf dem Markt verursacht oder ein Beitrag zu diesen geleistet werden könnten;
3. seine Handelssysteme nicht für einen Zweck verwendet werden können, der gegen die europäischen und nationalen Vorschriften gegen Marktmissbrauch oder die Vorschriften des Handelsplatzes verstößt, mit dem es verbunden ist.

[4]Ein Wertpapierdienstleistungsunternehmen, das algorithmischen Handel betreibt, muss ferner über wirksame Notfallvorkehrungen verfügen, um mit unvorgesehenen Störungen in seinen Handelssystemen umzugehen, und sicherstellen, dass seine Systeme vollständig geprüft sind und ordnungsgemäß überwacht werden. [5]Das Wertpapierdienstleistungsunternehmen zeigt der Bundesanstalt und den zuständigen Be-

hörden des Handelsplatzes, dessen Mitglied oder Teilnehmer es ist, an, dass es algorithmischen Handel betreibt.

(3) [1]Ein Wertpapierdienstleistungsunternehmen, das algorithmischen Handel im Sinne des Artikels 18 der Delegierten Verordnung (EU) 2017/565 betreibt, hat ausreichende Aufzeichnungen zu den in Absatz 2 genannten Angelegenheiten für mindestens fünf Jahre aufzubewahren. [2]Nutzt das Wertpapierdienstleistungsunternehmen eine hochfrequente algorithmische Handelstechnik, müssen diese Aufzeichnungen insbesondere alle von ihm platzierten Aufträge einschließlich Auftragsstornierungen, ausgeführten Aufträge und Kursnotierungen an Handelsplätzen umfassen und chronologisch geordnet aufbewahrt werden. [3]Auf Verlangen der Bundesanstalt sind diese Aufzeichnungen herauszugeben.

(4) Betreibt ein Wertpapierdienstleistungsunternehmen algorithmischen Handel im Sinne des Absatzes 2 unter Verfolgung einer Market-Making-Strategie, hat es unter Berücksichtigung der Liquidität, des Umfangs und der Art des konkreten Marktes und der konkreten Merkmale des gehandelten Instruments

1. dieses Market-Making während eines festgelegten Teils der Handelszeiten des Handelsplatzes kontinuierlich zu betreiben, abgesehen von außergewöhnlichen Umständen, so dass der Handelsplatz regelmäßig und verlässlich mit Liquidität versorgt wird,
2. einen schriftlichen Vertrag mit dem Handelsplatz zu schließen, in dem zumindest die Verpflichtungen nach Nummer 1 festgelegt werden, sofern es nicht den Vorschriften des § 26c des Börsengesetzes unterliegt, und
3. über wirksame Systeme und Kontrollen zu verfügen, durch die gewährleistet wird, dass es jederzeit diesen Verpflichtungen nachkommt.

(5) Ein Wertpapierdienstleistungsunternehmen, das algorithmischen Handel betreibt, verfolgt eine Market-Making-Strategie im Sinne des Absatzes 4, wenn es Mitglied oder Teilnehmer eines oder mehrerer Handelsplätze ist und seine Strategie beim Handel auf eigene Rechnung beinhaltet, dass es in Bezug auf ein oder mehrere Finanzinstrumente an einem einzelnen Handelsplatz oder an verschiedenen Handelsplätzen feste, zeitgleiche Geld- und Briefkurse vergleichbarer Höhe zu wettbewerbsfähigen Preisen stellt.

(6) [1]Ein Wertpapierdienstleistungsunternehmen muss bei einer Auslagerung von Aktivitäten und Prozessen sowie von Finanzdienstleistungen die Anforderungen nach § 24 Absatz 1 Nummer 19, auch in Verbindung mit einer Rechtsverordnung nach Absatz 4, und nach § 25b des Kreditwesengesetzes oder, sofern es sich um ein Wertpapierinstitut handelt, nach den §§ 40 und 64 Absatz 1 Nummer 13 des Wertpapierinstitutsgesetzes einhalten. [2]Die Auslagerung darf nicht die Rechtsverhältnisse des Unternehmens zu seinen Kunden und seine Pflichten, die nach diesem Abschnitt gegenüber den Kunden bestehen, verändern. [3]Die Auslagerung darf die Voraussetzungen, unter denen dem Wertpapierdienstleistungsunternehmen eine Erlaubnis nach § 32 des Kreditwesengesetzes oder nach § 15 des Wertpapierinstitutsgesetzes erteilt worden ist, nicht verändern. [4]Nähere Bestimmungen zu den Anforderungen an die Auslagerung ergeben sich aus den Artikeln 30 bis 32 der Delegierten Verordnung (EU) 2017/565.

(7) [1]Ein Wertpapierdienstleistungsunternehmen darf die Anlageberatung nur dann als Unabhängige Honorar-Anlageberatung erbringen, wenn es ausschließlich Unabhängige Honorar-Anlageberatung erbringt oder wenn es die Unabhängige Honorar-Anlageberatung organisatorisch, funktional und personell von der übrigen Anlageberatung trennt. [2]Wertpapierdienstleistungsunternehmen müssen Vertriebsvorgaben im Sinne des Absatzes 1 Nummer 3 für die Unabhängige Honorar-Anlageberatung so ausgestalten, dass in keinem Falle Interessenkonflikte mit Kundeninteressen entstehen können. [3]Ein Wertpapierdienstleistungsunternehmen, das Unabhängige Honorar-Anlageberatung erbringt, muss auf seiner Internetseite angeben, ob die Unabhängige Honorar-Anlageberatung in der Hauptniederlassung und in welchen inländischen Zweigniederlassungen angeboten wird.

(8) Ein Wertpapierdienstleistungsunternehmen, das Finanzportfolioverwaltung oder Unabhängige Honorar-Anlageberatung erbringt, muss durch entsprechende Grundsätze sicherstellen, dass alle monetären Zuwendungen, die im Zusammenhang mit der Finanzportfolioverwaltung oder Unabhängigen Honorar-Anlageberatung von Dritten oder von für Dritte handelnden Personen angenommen werden, dem jeweiligen Kunden zugewiesen und an diesen weitergegeben werden.

(9) [1]Ein Wertpapierdienstleistungsunternehmen, das Finanzinstrumente zum Verkauf konzipiert, hat ein Verfahren für die Freigabe jedes einzelnen Finanzinstruments und jeder wesentlichen Anpassung bestehender Finanzinstrumente zu unterhalten, zu betreiben und zu überprüfen, bevor das Finanzinstrument an Kunden vermarktet oder vertrieben wird (Produktfreigabeverfahren). [2]Das Verfahren muss sicherstellen, dass für jedes Finanzinstrument für Endkunden innerhalb der jeweiligen Kundengattung ein bestimmter Zielmarkt festgelegt wird. [3]Dabei sind alle einschlägigen Risiken für den Zielmarkt zu bewerten. [4]Darüber hinaus ist sicherzustellen, dass die beabsichtigte Vertriebsstrategie dem nach Satz 2 bestimmten Zielmarkt entspricht.

(10) [1]Ein Wertpapierdienstleistungsunternehmen hat von ihm angebotene oder vermarktete Finanzinstrumente regelmäßig zu überprüfen und dabei alle Ereignisse zu berücksichtigen, die wesentlichen Einfluss auf das potentielle Risiko für den bestimmten Zielmarkt haben könnten. [2]Zumindest ist regelmäßig zu beurteilen, ob das Finanzinstrument den Bedürfnissen des nach Absatz 9 Satz 2 bestimmten Zielmarkts weiterhin entspricht und ob die beabsichtigte Vertriebsstrategie zur Erreichung dieses Zielmarkts weiterhin geeignet ist.

(11) [1]Ein Wertpapierdienstleistungsunternehmen, das Finanzinstrumente konzipiert, hat allen Vertriebsunternehmen sämtliche erforderlichen und sachdienlichen Informationen zu dem Finanzinstrument und dem Produktfreigabeverfahren nach Absatz 9 Satz 1, einschließlich des nach Absatz 9 Satz 2 bestimmten Zielmarkts, zur Verfügung zu stellen. [2]Vertreibt ein Wertpapierdienstleistungsunternehmen Finanzinstrumente oder empfiehlt es diese, ohne sie zu konzipieren, muss es über angemessene Vorkehrungen verfügen, um sich die in Satz 1 genannten Informationen vom konzipierenden Wertpapierdienstleistungsunternehmen oder vom Emittenten zu verschaffen und die Merkmale sowie den Zielmarkt des Finanzinstruments zu verstehen.

(12) [1]Ein Wertpapierdienstleistungsunternehmen, das Finanzinstrumente anzubieten oder zu empfehlen beabsichtigt und das von einem anderen Wertpapierdienstleistungsunternehmen konzipierte Finanzinstrumente vertreibt, hat geeignete Verfahren aufrechtzuerhalten und Maßnahmen zu treffen, um sicherzustellen, dass die Anforderungen nach diesem Gesetz eingehalten werden. [2]Dies umfasst auch solche Anforderungen, die für die Offenlegung, für die Bewertung der Eignung und der Angemessenheit, für Anreize und für den ordnungsgemäßen Umgang mit Interessenkonflikten gelten. [3]Das Wertpapierdienstleistungsunternehmen ist zu besonderer Sorgfalt verpflichtet, wenn es als Vertriebsunternehmen ein neues Finanzprodukt anzubieten oder zu empfehlen beabsichtigt oder wenn sich die Dienstleistungen ändern, die es als Vertriebsunternehmen anzubieten oder zu empfehlen beabsichtigt.

(13) [1]Das Wertpapierdienstleistungsunternehmen hat seine Produktfreigabevorkehrungen regelmäßig zu überprüfen, um sicherzustellen, dass diese belastbar und zweckmäßig sind und zur Umsetzung erforderlicher Änderungen geeignete Maßnahmen zu treffen. [2]Es hat sicherzustellen, dass seine gemäß Artikel 22 Absatz 2 der Delegierten Verordnung (EU) 2017/565 eingerichtete Compliance-Funktion die Entwicklung und regelmäßige Überprüfung der Produktfreigabevorkehrungen überwacht und etwaige Risiken, dass Anforderungen an den Produktüberwachungsprozess nicht erfüllt werden, frühzeitig erkennt.

(13a) Die Absätze 9 bis 12 gelten nicht für Wertpapierdienstleistungsunternehmen, sofern sich ihre Wertpapierdienstleistung auf Anleihen mit einer Make-Whole-Klausel bezieht, die über keine anderen eingebetteten Derivate als eine Make-Whole-Klausel verfügen, oder wenn die Finanzinstrumente ausschließlich an geeignete Gegenparteien vermarktet oder vertrieben werden.

(14) [1]Das Bundesministerium der Finanzen kann durch Rechtsverordnung, die nicht der Zustimmung des Bundesrates bedarf, nähere Bestimmungen zur Anwendung der Delegierten Verordnung (EU) 2017/565 sowie zur Umsetzung der Delegierten Richtlinie (EU) 2017/593 der Kommission vom 7. April 2016 zur Ergänzung der Richtlinie 2014/65/EU des Europäischen Parlaments und des Rates im Hinblick auf den Schutz der Finanzinstrumente und Gelder von Kunden, Produktüberwachungspflichten und Vorschriften für die Entrichtung beziehungsweise Gewährung oder Entgegennahme von Gebühren, Provisionen oder anderen monetären oder nicht-monetären Vorteilen (ABl. L 87 vom 31.3.2017, S. 500), in der jeweils geltenden Fassung, und den organisatorischen Anforderungen nach Absatz 1 Satz 2 und Absatz 7, den Anforderungen an das Produktfreigabeverfahren und den Produktvertrieb nach Absatz 9 und das Überprüfungsverfahren nach Absatz 10 sowie den nach Absatz 11 zur Verfügung zu stellenden Informationen und damit zusammenhängenden Pflichten der Wertpapierdienstleistungsunternehmen erlassen. [2]Das Bundesministerium der Finanzen kann die Ermächtigung durch Rechtsverordnung auf die Bundesanstalt übertragen.

§ 81 Geschäftsleiter

(1) [1]Die Geschäftsleiter eines Wertpapierdienstleistungsunternehmens haben im Rahmen der Pflichten aus § 25c Absatz 3 des Kreditwesengesetzes oder aus § 41 des Wertpapierinstitutsgesetzes ihre Aufgaben in einer Art und Weise wahrzunehmen, die die Integrität des Marktes wahrt und durch die die Interessen der Kunden gefördert werden. [2]Insbesondere müssen die Geschäftsleiter Folgendes festlegen, umsetzen und überwachen:

1. unter Berücksichtigung von Art, Umfang und Komplexität der Geschäftstätigkeit des Wertpapierdienstleistungsunternehmens sowie aller von dem Wertpapierdienstleistungsunternehmen einzuhaltenden Anforderungen

a) die Organisation zur Erbringung von Wertpapierdienstleistungen und Wertpapiernebendienstleistungen, einschließlich der hierfür erforderlichen Mittel, und organisatorischen Regelungen sowie
b) ob das Personal über die erforderlichen Fähigkeiten, Kenntnisse und Erfahrungen verfügt,
2. die Geschäftspolitik hinsichtlich
a) der angebotenen oder erbrachten Wertpapierdienstleistungen und Wertpapiernebendienstleistungen und
b) der angebotenen oder vertriebenen Produkte,
die in Einklang stehen muss mit der Risikotoleranz des Wertpapierdienstleistungsunternehmens und etwaigen Besonderheiten und Bedürfnissen seiner Kunden, wobei erforderlichenfalls geeignete Stresstests durchzuführen sind, sowie
3. die Vergütungsregelungen für Personen, die an der Erbringung von Wertpapierdienstleistungen oder Wertpapiernebendienstleistungen für Kunden beteiligt sind, und die ausgerichtet sein müssen auf
a) eine verantwortungsvolle Unternehmensführung,
b) die faire Behandlung der Kunden und
c) die Vermeidung von Interessenkonflikten im Verhältnis zu den Kunden.

(2) [1]Die Geschäftsleiter eines Wertpapierdienstleistungsunternehmens müssen regelmäßig Folgendes überwachen und überprüfen:
1. die Eignung und die Umsetzung der strategischen Ziele des Wertpapierdienstleistungsunternehmens bei der Erbringung von Wertpapierdienstleistungen und Wertpapiernebendienstleistungen,
2. die Wirksamkeit der Unternehmensführungsregelungen des Wertpapierdienstleistungsunternehmens und
3. die Angemessenheit der Unternehmensstrategie hinsichtlich der Erbringung von Wertpapierdienstleistungen und Wertpapiernebendienstleistungen an die Kunden.

[2]Bestehen Mängel, müssen die Geschäftsleiter unverzüglich die erforderlichen Schritte unternehmen, um diese zu beseitigen.

(3) Das Wertpapierdienstleistungsunternehmen hat sicherzustellen, dass die Geschäftsleiter einen angemessenen Zugang zu den Informationen und Dokumenten haben, die für die Beaufsichtigung und Überwachung erforderlich sind.

(4) [1]Die Geschäftsleiter haben den Produktfreigabeprozess wirksam zu überwachen. [2]Sie haben sicherzustellen, dass die Compliance-Berichte an die Geschäftsleiter systematisch Informationen über die von dem Wertpapierdienstleistungsunternehmen konzipierten und empfohlenen Finanzinstrumente enthalten, insbesondere über die jeweilige Vertriebsstrategie. [3]Auf Verlangen sind die Compliance-Berichte der Bundesanstalt zur Verfügung zu stellen.

(5) [1]Das Wertpapierdienstleistungsunternehmen hat einen Beauftragten zu ernennen, der die Verantwortung dafür trägt, dass das Wertpapierdienstleistungsunternehmen seine Verpflichtungen in Bezug auf den Schutz von Finanzinstrumenten und Geldern von Kunden einhält. [2]Der Beauftragte kann daneben auch weitere Aufgaben wahrnehmen.

§ 82 Bestmögliche Ausführung von Kundenaufträgen

(1) Ein Wertpapierdienstleistungsunternehmen, das Aufträge seiner Kunden für den Kauf oder Verkauf von Finanzinstrumenten im Sinne des § 2 Absatz 8 Satz 1 Nummer 1 bis 3 ausführt, muss
1. alle hinreichenden Vorkehrungen treffen, insbesondere Grundsätze zur Auftragsausführung festlegen und regelmäßig, insbesondere unter Berücksichtigung der nach den Absätzen 9 bis 12 und § 26e des Börsengesetzes veröffentlichten Informationen, überprüfen, um das bestmögliche Ergebnis für seine Kunden zu erreichen und
2. sicherstellen, dass die Ausführung jedes einzelnen Kundenauftrags nach Maßgabe dieser Grundsätze vorgenommen wird.

(2) Das Wertpapierdienstleistungsunternehmen muss bei der Aufstellung der Ausführungsgrundsätze alle relevanten Kriterien zur Erzielung des bestmöglichen Ergebnisses, insbesondere die Preise der Finanzinstrumente, die mit der Auftragsausführung verbundenen Kosten, die Geschwindigkeit, die Wahrscheinlichkeit der Ausführung und die Abwicklung des Auftrags sowie den Umfang und die Art des Auftrags berücksichtigen und die Kriterien unter Berücksichtigung der Merkmale des Kunden, des Kundenauftrags, des Finanzinstrumentes und des Ausführungsplatzes gewichten.

(3) [1]Führt das Wertpapierdienstleistungsunternehmen Aufträge von Privatkunden aus, müssen die Ausführungsgrundsätze Vorkehrungen dafür enthalten, dass sich das bestmögliche Ergebnis am Gesamtentgelt orientiert. [2]Das Gesamtentgelt ergibt sich aus dem Preis für das Finanzinstrument und sämtlichen mit der Auftragsausführung verbundenen Kosten. [3]Kann ein Auftrag über ein Finanzinstrument nach Maß-

gabe der Ausführungsgrundsätze des Wertpapierdienstleistungsunternehmens an mehreren konkurrierenden Plätzen ausgeführt werden, zählen zu den Kosten auch die eigenen Provisionen oder Gebühren, die das Wertpapierdienstleistungsunternehmen dem Kunden für eine Wertpapierdienstleistung in Rechnung stellt. [4]Zu den bei der Berechnung des Gesamtentgelts zu berücksichtigenden Kosten zählen Gebühren und Entgelte des Ausführungsplatzes, an dem das Geschäft ausgeführt wird, Kosten für Clearing und Abwicklung und alle sonstigen Entgelte, die an Dritte gezahlt werden, die an der Auftragsausführung beteiligt sind.

(4) Führt das Wertpapierdienstleistungsunternehmen einen Auftrag gemäß einer ausdrücklichen Kundenweisung aus, gilt die Pflicht zur Erzielung des bestmöglichen Ergebnisses entsprechend dem Umfang der Weisung als erfüllt.

(5) [1]Die Grundsätze zur Auftragsausführung müssen

1. Angaben zu den verschiedenen Ausführungsplätzen in Bezug auf jede Gattung von Finanzinstrumenten und die ausschlaggebenden Faktoren für die Auswahl eines Ausführungsplatzes,
2. mindestens die Ausführungsplätze, an denen das Wertpapierdienstleistungsunternehmen gleichbleibend die bestmöglichen Ergebnisse bei der Ausführung von Kundenaufträgen erzielen kann,

enthalten. [2]Lassen die Ausführungsgrundsätze im Sinne des Absatzes 1 Nummer 1 auch eine Auftragsausführung außerhalb von Handelsplätzen im Sinne von § 2 Absatz 22 zu, muss das Wertpapierdienstleistungsunternehmen seine Kunden auf diesen Umstand gesondert hinweisen und deren ausdrückliche Einwilligung generell oder in Bezug auf jedes Geschäft einholen, bevor die Kundenaufträge an diesen Ausführungsplätzen ausgeführt werden.

(6) [1]Das Wertpapierdienstleistungsunternehmen muss

1. seine Kunden vor der erstmaligen Erbringung von Wertpapierdienstleistungen über seine Ausführungsgrundsätze informieren und ihre Zustimmung zu diesen Grundsätzen einholen, und
2. seinen Kunden wesentliche Änderungen der Vorkehrungen nach Absatz 1 Nummer 1 unverzüglich mitteilen.

[2]Die Informationen über die Ausführungsgrundsätze müssen klar, ausführlich und auf eine für den Kunden verständliche Weise erläutern, wie das Wertpapierdienstleistungsunternehmen die Kundenaufträge ausführt.

(7) Das Wertpapierdienstleistungsunternehmen muss in der Lage sein, einem Kunden auf Anfrage darzulegen, dass sein Auftrag entsprechend den Ausführungsgrundsätzen ausgeführt wurde.

(8) Ein Wertpapierdienstleistungsunternehmen darf sowohl für die Ausführung von Kundenaufträgen an einem bestimmten Handelsplatz oder Ausführungsplatz als auch für die Weiterleitung von Kundenaufträgen an einen bestimmten Handelsplatz oder Ausführungsplatz weder eine Vergütung noch einen Rabatt oder einen nichtmonetären Vorteil annehmen, wenn dies einen Verstoß gegen die Anforderungen nach § 63 Absatz 1 bis 7 und 9, § 64 Absatz 1 und 5, den §§ 70, 80 Absatz 1 Satz 2 Nummer 2, Absatz 9 bis 11 oder die Absätze 1 bis 4 darstellen würde.

(9) Das Wertpapierdienstleistungsunternehmen muss einmal jährlich für jede Gattung von Finanzinstrumenten die fünf Ausführungsplätze, die ausgehend vom Handelsvolumen am wichtigsten sind, auf denen es Kundenaufträge im Vorjahr ausgeführt hat, und Informationen über die erreichte Ausführungsqualität zusammenfassen und nach den Vorgaben der Delegierten Verordnung (EU) 2017/576 der Kommission vom 8. Juni 2016 zur Ergänzung der Richtlinie 2014/65/EU des Europäischen Parlaments und des Rates durch technische Regulierungsstandards für die jährliche Veröffentlichung von Informationen durch Wertpapierfirmen zur Identität von Handelsplätzen und zur Qualität der Ausführung (ABl. L 87 vom 31.3.2017, S. 166), in der jeweils geltenden Fassung, veröffentlichen.

(10) Vorbehaltlich des § 26e des Börsengesetzes müssen Handelsplätze und systematische Internalisierer für jedes Finanzinstrument, das der Handelspflicht nach Artikel 23 oder Artikel 28 der Verordnung (EU) Nr. 600/2014 unterliegt, mindestens einmal jährlich gebührenfrei Informationen über die Ausführungsqualität von Aufträgen veröffentlichen.

(11) Vorbehaltlich des § 26e des Börsengesetzes müssen Ausführungsplätze für jedes Finanzinstrument, das nicht von Absatz 10 erfasst wird, mindestens einmal jährlich gebührenfrei Informationen über die Ausführungsqualität von Aufträgen veröffentlichen.

(12) [1]Die Veröffentlichungen nach den Absätzen 10 und 11 müssen ausführliche Angaben zum Preis, zu den mit einer Auftragsausführung verbundenen Kosten, der Geschwindigkeit und der Wahrscheinlichkeit der Ausführung sowie der Abwicklung eines Auftrags in den einzelnen Finanzinstrumenten enthalten. [2]Das Nähere regelt die Delegierte Verordnung (EU) 2017/575 der Kommission vom 8. Juni 2016 zur Ergänzung der Richtlinie 2014/65/EU des Europäischen Parlaments und des Rates über Märkte für Finanzinstrumente durch technische Regulierungsstandards bezüglich der Daten, die Ausführungsplätze zur

Qualität der Ausführung von Geschäften veröffentlichen müssen (ABl. L 87 vom 31.3.2017, S. 152), in der jeweils geltenden Fassung.

(13) Nähere Bestimmungen ergeben sich aus der Delegierten Verordnung (EU) 2017/565, insbesondere zu

1. der Aufstellung der Ausführungsgrundsätze nach den Absätzen 1 bis 5 aus Artikel 64,
2. der Überprüfung der Vorkehrungen nach Absatz 1 aus Artikel 66,
3. Art, Umfang und Datenträger der Informationen über die Ausführungsgrundsätze nach Absatz 6 aus Artikel 66 und
4. den Pflichten von Wertpapierdienstleistungsunternehmen, die Aufträge ihrer Kunden an Dritte zur Ausführung weiterleiten oder die Finanzportfolioverwaltung betreiben, ohne die Aufträge oder Entscheidungen selbst auszuführen, im bestmöglichen Interesse ihrer Kunden zu handeln, aus Artikel 65.

§ 83 Aufzeichnungs- und Aufbewahrungspflicht

(1) Ein Wertpapierdienstleistungsunternehmen muss, unbeschadet der Aufzeichnungspflichten nach den Artikeln 74 und 75 der Delegierten Verordnung (EU) 2017/565, über die von ihm erbrachten Wertpapierdienstleistungen und Wertpapiernebendienstleistungen sowie die von ihm getätigten Geschäfte Aufzeichnungen erstellen, die es der Bundesanstalt ermöglichen, die Einhaltung der in diesem Abschnitt, in der Verordnung (EU) Nr. 600/2014 und der Verordnung (EU) Nr. 596/2014 geregelten Pflichten zu prüfen und durchzusetzen.

(2) [1]Das Wertpapierdienstleistungsunternehmen hat Aufzeichnungen zu erstellen über Vereinbarungen mit Kunden, die die Rechte und Pflichten der Vertragsparteien sowie die sonstigen Bedingungen festlegen, zu denen das Wertpapierdienstleistungsunternehmen Wertpapierdienstleistungen oder Wertpapiernebendienstleistungen für den Kunden erbringt. [2]Hierzu zählen insbesondere Aufzeichnungen über die Kundenmitteilungen nach § 63 Absatz 12 Satz 6 und die Vereinbarungen nach § 64 Absatz 3 Satz 7 und Absatz 4 Satz 6. [3]In anderen Dokumenten oder Rechtstexten normierte oder vereinbarte Rechte und Pflichten können durch Verweis in die Vereinbarungen einbezogen werden. [4]Nähere Bestimmungen zur Aufzeichnungspflicht nach Satz 1 ergeben sich aus Artikel 58 der Delegierten Verordnung (EU) 2017/565.

(3) [1]Hinsichtlich der beim Handel für eigene Rechnung getätigten Geschäfte und der Erbringung von Dienstleistungen, die sich auf die Annahme, Übermittlung und Ausführung von Kundenaufträgen beziehen, hat das Wertpapierdienstleistungsunternehmen für Zwecke der Beweissicherung die Inhalte der Telefongespräche und der elektronischen Kommunikation aufzuzeichnen. [2]Die Aufzeichnung hat insbesondere diejenigen Teile der Telefongespräche und der elektronischen Kommunikation zu beinhalten, in welchen die Risiken, die Ertragschancen oder die Ausgestaltung von Finanzinstrumenten oder Wertpapierdienstleistungen erörtert werden. [3]Hierzu darf das Wertpapierdienstleistungsunternehmen personenbezogene Daten verarbeiten. [4]Dies gilt auch, wenn das Telefongespräch oder die elektronische Kommunikation nicht zum Abschluss eines solchen Geschäftes oder zur Erbringung einer solchen Dienstleistung führt.

(4) [1]Das Wertpapierdienstleistungsunternehmen hat alle angemessenen Maßnahmen zu ergreifen, um einschlägige Telefongespräche und elektronische Kommunikation aufzuzeichnen, die über Geräte erstellt oder von Geräten gesendet oder empfangen werden, die das Wertpapierdienstleistungsunternehmen seinen Mitarbeitern oder beauftragten Personen zur Verfügung stellt oder deren Nutzung das Wertpapierdienstleistungsunternehmen billigt oder gestattet. [2]Telefongespräche und elektronische Kommunikation, die nach Absatz 3 Satz 1 aufzuzeichnen sind, dürfen über private Geräte oder private elektronische Kommunikation der Mitarbeiter nur geführt werden, wenn das Wertpapierdienstleistungsunternehmen diese mit Zustimmung der Mitarbeiter aufzeichnen oder nach Abschluss des Gesprächs auf einen eigenen Datenspeicher kopieren kann.

(5) [1]Das Wertpapierdienstleistungsunternehmen hat Neu- und Altkunden sowie seine Mitarbeiter und beauftragten Personen vorab in geeigneter Weise über die Aufzeichnung von Telefongesprächen nach Absatz 3 Satz 1 zu informieren. [2]Hat ein Wertpapierdienstleistungsunternehmen seine Kunden nicht vorab über die Aufzeichnung der Telefongespräche oder der elektronischen Kommunikation informiert oder hat der Kunde einer Aufzeichnung widersprochen, darf das Wertpapierdienstleistungsunternehmen für den Kunden keine telefonisch oder mittels elektronischer Kommunikation veranlassten Wertpapierdienstleistungen erbringen, wenn sich diese auf die Annahme, Übermittlung und Ausführung von Kundenaufträgen beziehen. [3]Näheres regelt Artikel 76 der Delegierten Verordnung (EU) 2017/565.

(6) [1]Erteilt der Kunde dem Wertpapierdienstleistungsunternehmen seinen Auftrag im Rahmen eines persönlichen Gesprächs, hat das Wertpapierdienstleistungsunternehmen die Erteilung des Auftrags mittels eines dauerhaften Datenträgers zu dokumentieren. [2]Zu diesem Zweck dürfen auch schriftliche Protokolle

oder Vermerke über den Inhalt des persönlichen Gesprächs angefertigt werden. [3]Erteilt der Kunde seinen Auftrag auf andere Art und Weise, müssen solche Mitteilungen auf einem dauerhaften Datenträger erfolgen. [4]Näheres regelt Artikel 76 Absatz 9 der Delegierten Verordnung (EU) 2017/565.

(7) Der Kunde kann von dem Wertpapierdienstleistungsunternehmen bis zur Löschung oder Vernichtung nach Absatz 8 jederzeit verlangen, dass ihm die Aufzeichnungen nach Absatz 3 Satz 1 und der Dokumentation nach Absatz 6 Satz 1 oder eine Kopie zur Verfügung gestellt werden.

(8) [1]Die Aufzeichnungen nach den Absätzen 3 und 6 sind für fünf Jahre aufzubewahren, soweit sie für die dort genannten Zwecke erforderlich sind. [2]Sie sind nach Ablauf der in Satz 1 genannten Frist zu löschen oder zu vernichten. [3]Die Löschung oder Vernichtung ist zu dokumentieren. [4]Erhält die Bundesanstalt vor Ablauf der in Satz 1 genannten Frist Kenntnis von Umständen, die eine über die in Satz 1 genannte Höchstfrist hinausgehende Speicherung der Aufzeichnung insbesondere zur Beweissicherung erfordern, kann die Bundesanstalt die in Satz 1 genannte Höchstfrist zur Speicherung der Aufzeichnung um zwei Jahre verlängern.

(9) [1]Die nach den Absätzen 3 und 6 erstellten Aufzeichnungen sind gegen nachträgliche Verfälschung und unbefugte Verwendung zu sichern und dürfen nicht für andere Zwecke genutzt werden, insbesondere nicht zur Überwachung der Mitarbeiter durch das Wertpapierdienstleistungsunternehmen. [2]Sie dürfen nur unter bestimmten Voraussetzungen, insbesondere zur Erfüllung eines Kundenauftrags, der Anforderung durch die Bundesanstalt oder eine andere Aufsichts- oder eine Strafverfolgungsbehörde und nur durch einen oder mehrere vom Wertpapierdienstleistungsunternehmen gesondert zu benennende Mitarbeiter ausgewertet werden.

(10) [1]Das Bundesministerium der Finanzen kann durch Rechtsverordnung, die nicht der Zustimmung des Bundesrates bedarf, nähere Bestimmungen zu den Aufzeichnungspflichten und zu der Geeignetheit von Datenträgern nach den Absätzen 1 bis 7 erlassen. [2]Das Bundesministerium der Finanzen kann die Ermächtigung durch Rechtsverordnung auf die Bundesanstalt übertragen.

(11) Die Bundesanstalt veröffentlicht auf ihrer Internetseite ein Verzeichnis der Mindestaufzeichnungen, die die Wertpapierdienstleistungsunternehmen nach diesem Gesetz in Verbindung mit einer Rechtsverordnung nach Absatz 10 vorzunehmen haben.

(12) Absatz 2 gilt nicht für Immobiliar-Verbraucherdarlehensverträge nach § 491 Absatz 3 des Bürgerlichen Gesetzbuchs, die an die Vorbedingung geknüpft sind, dass dem Verbraucher eine Wertpapierdienstleistung in Bezug auf gedeckte Schuldverschreibungen, die zur Besicherung der Finanzierung des Kredits begeben worden sind und denen dieselben Konditionen wie dem Immobiliar-Verbraucherdarlehensvertrag zugrunde liegen, erbracht wird, und wenn damit das Darlehen ausgezahlt, refinanziert oder abgelöst werden kann.

§ 84 Vermögensverwahrung und Finanzsicherheiten; Verordnungsermächtigung

(1) Ein Wertpapierdienstleistungsunternehmen, das nicht über eine Erlaubnis für das Einlagengeschäft nach § 1 Absatz 1 Satz 2 Nummer 1 des Kreditwesengesetzes verfügt und das Gelder von Kunden hält, hat geeignete Vorkehrungen zu treffen, um die Rechte der Kunden zu schützen und zu verhindern, dass die Gelder des Kunden ohne dessen ausdrückliche Zustimmung für eigene Rechnung oder für Rechnung einer anderen Person verwendet werden.

(2) [1]Ein Wertpapierdienstleistungsunternehmen, das über keine Erlaubnis für das Einlagengeschäft im Sinne des § 1 Abs. 1 Satz 2 Nr. 1 des Kreditwesengesetzes verfügt, hat Kundengelder, die es im Zusammenhang mit einer Wertpapierdienstleistung oder einer Wertpapiernebendienstleistung entgegennimmt, unverzüglich getrennt von den Geldern des Unternehmens und von anderen Kundengeldern auf Treuhandkonten bei solchen Kreditinstituten, Unternehmen im Sinne des § 53b Abs. 1 Satz 1 des Kreditwesengesetzes oder vergleichbaren Instituten mit Sitz in einem Drittstaat, welche zum Betreiben des Einlagengeschäftes befugt sind, einer Zentralbank oder einem qualifizierten Geldmarktfonds zu verwahren, bis die Gelder zum vereinbarten Zweck verwendet werden. [2]Der Kunde kann im Wege individueller Vertragsabrede hinsichtlich der Trennung der Kundengelder voneinander anderweitige Weisung erteilen, wenn er über den mit der Trennung der Kundengelder verfolgten Schutzzweck informiert wurde. [3]Zur Verwahrung bei einem qualifizierten Geldmarktfonds hat das Wertpapierdienstleistungsunternehmen die vorherige Zustimmung des Kunden einzuholen. [4]Die Zustimmung ist nur dann wirksam, wenn das Wertpapierdienstleistungsunternehmen den Kunden vor Erteilung der Zustimmung darüber unterrichtet hat, dass die bei dem qualifizierten Geldmarktfonds verwahrten Gelder nicht entsprechend den Schutzstandards dieses Gesetzes und nicht entsprechend der Verordnung zur Konkretisierung der Verhaltensregeln und Organisationsanforderungen für Wertpapierdienstleistungsunternehmen gehalten werden. [5]Das Wertpapierdienstleistungsunternehmen hat dem verwahrenden Institut vor der Verwahrung offen zu legen, dass die Gelder treuhänderisch eingelegt werden. [6]Es hat den Kunden unverzüglich darüber zu un-

terrichten, bei welchem Institut und auf welchem Konto die Kundengelder verwahrt werden und ob das Institut, bei dem die Kundengelder verwahrt werden, einer Einrichtung zur Sicherung der Ansprüche von Einlegern und Anlegern angehört und in welchem Umfang die Kundengelder durch diese Einrichtung gesichert sind.

(3) [1]Werden die Kundengelder bei einem Kreditinstitut, einem vergleichbaren Institut mit Sitz in einem Drittstaat oder einem Geldmarktfonds, die zur Unternehmensgruppe des Wertpapierdienstleistungsunternehmens gehören, gehalten, dürfen die bei einem solchen Unternehmen oder einer Gemeinschaft von solchen Unternehmen verwahrten Gelder 20 Prozent aller Kundengelder des Wertpapierdienstleistungsunternehmens nicht übersteigen. [2]Die Bundesanstalt kann dem Wertpapierdienstleistungsunternehmen auf Antrag erlauben, die Obergrenze nach Satz 1 zu überschreiten, wenn es nachweist, dass die gemäß Satz 1 geltende Anforderung angesichts der Art, des Umfangs und der Komplexität seiner Tätigkeit sowie angesichts der Sicherheit, die die Verwahrstellen nach Satz 1 bieten sowie angesichts des geringen Saldos an Kundengeldern, das das Wertpapierdienstleistungsunternehmen hält, unverhältnismäßig ist. [3]Das Wertpapierdienstleistungsunternehmen überprüft die nach Satz 2 durchgeführte Bewertung jährlich und leitet der Bundesanstalt seine Ausgangsbewertung sowie die überprüften Bewertungen zur Prüfung zu.

(4) [1]Ein Wertpapierdienstleistungsunternehmen, das Finanzinstrumente von Kunden hält, hat geeignete Vorkehrungen zu treffen, um die Eigentumsrechte der Kunden an diesen Finanzinstrumenten zu schützen. [2]Dies gilt insbesondere für den Fall der Insolvenz des Wertpapierdienstleistungsunternehmens. [3]Das Wertpapierdienstleistungsunternehmen hat durch geeignete Vorkehrungen zu verhindern, dass die Finanzinstrumente eines Kunden ohne dessen ausdrückliche Zustimmung für eigene Rechnung oder für Rechnung einer anderen Person verwendet werden.

(5) [1]Ein Wertpapierdienstleistungsunternehmen ohne eine Erlaubnis zum Betreiben des Depotgeschäftes im Sinne des § 1 Absatz 1 Satz 2 Nummer 5 des Kreditwesengesetzes oder ohne die Erlaubnis zur Verwahrung und Verwaltung von Finanzinstrumenten für andere gemäß § 2 Absatz 3 Nummer 1 des Wertpapierinstitutsgesetzes hat Wertpapiere, die es im Zusammenhang mit einer Wertpapierdienstleistung oder einer Wertpapiernebendienstleistung entgegennimmt, unverzüglich einem Kreditinstitut, das im Inland zum Betreiben des Depotgeschäftes befugt ist, einem Wertpapierinstitut, das im Inland zur Verwahrung und Verwaltung von Finanzinstrumenten gemäß § 2 Absatz 3 Nummer 1 des Wertpapierinstitutsgesetzes befugt ist, oder einem Institut mit Sitz im Ausland, das zum Betreiben des Depotgeschäftes befugt ist und bei welchem dem Kunden eine Rechtsstellung eingeräumt wird, die derjenigen nach dem Depotgesetz gleichwertig ist, zur Verwahrung weiterzuleiten. [2]Absatz 2 Satz 6 gilt entsprechend.

(6) [1]Das Wertpapierdienstleistungsunternehmen darf die Finanzinstrumente eines Kunden nur unter genau festgelegten Bedingungen für eigene Rechnung oder für Rechnung einer anderen Person verwenden und hat geeignete Vorkehrungen zu treffen, um die unbefugte Verwendung der Finanzinstrumente des Kunden für eigene Rechnung oder für Rechnung einer anderen Person zu verhindern. [2]Der Kunde muss den Bedingungen im Voraus ausdrücklich zugestimmt haben und seine Zustimmung muss durch seine Unterschrift oder eine gleichwertige schriftliche Bestätigung eindeutig dokumentiert sein. [3]Werden die Finanzinstrumente auf Sammeldepots bei einem Dritten verwahrt, sind für eine Verwendung nach Satz 1 zusätzlich die ausdrückliche Zustimmung aller anderen Kunden des Sammeldepots oder Systeme und Kontrolleinrichtungen erforderlich, mit denen die Beschränkung der Verwendung auf Finanzinstrumente gewährleistet ist, für die eine Zustimmung nach Satz 2 vorliegt. [4]In den Fällen des Satzes 3 muss das Wertpapierdienstleistungsunternehmen über Kunden, auf deren Weisung hin eine Nutzung der Finanzinstrumente erfolgt, und über die Zahl der von jedem einzelnen Kunden mit dessen Zustimmung verwendeten Finanzinstrumente Aufzeichnungen führen, die eine eindeutige und zutreffende Zuordnung der im Rahmen der Verwendung eingetretenen Verluste ermöglichen.

(7) Ein Wertpapierdienstleistungsunternehmen darf sich von Privatkunden zur Besicherung oder Deckung von Verpflichtungen der Kunden, auch soweit diese noch nicht bestehen, keine Finanzsicherheiten in Form von Vollrechtsübertragungen im Sinne des Artikels 2 Absatz 1 Buchstabe b der Richtlinie 2002/47/EG des Europäischen Parlaments und des Rates vom 6. Juni 2002 über Finanzsicherheiten (ABl. L 168 vom 27.6.2002, S. 43), die zuletzt durch die Richtlinie 2014/59/EU (ABl. L 173 vom 12.6.2014, S. 190) geändert worden ist, in der jeweils geltenden Fassung, gewähren lassen.

(8) [1]Soweit eine Vollrechtsübertragung zulässig ist, hat das Wertpapierdienstleistungsunternehmen die Angemessenheit der Verwendung eines Finanzinstruments als Finanzsicherheit ordnungsgemäß vor dem Hintergrund der Vertragsbeziehung des Kunden mit dem Wertpapierdienstleistungsunternehmen und den Vermögensgegenständen des Kunden zu prüfen und diese Prüfung zu dokumentieren. [2]Professionelle Kunden und geeignete Gegenparteien sind auf die Risiken und die Folgen der Stellung einer Finanzsicherheit in Form der Vollrechtsübertragung hinzuweisen.

(9) [1]Ein Wertpapierdienstleistungsunternehmen hat im Rahmen von Wertpapierleihgeschäften mit Dritten, die Finanzinstrumente von Kunden zum Gegenstand haben, durch entsprechende Vereinbarungen sicherzustellen, dass der Entleiher der Kundenfinanzinstrumente angemessene Sicherheiten stellt. [2]Das Wertpapierdienstleistungsunternehmen hat die Angemessenheit der gestellten Sicherheiten durch geeignete Vorkehrungen sicherzustellen sowie fortlaufend zu überwachen und das Gleichgewicht zwischen dem Wert der Sicherheit und dem Wert des Finanzinstruments des Kunden aufrechtzuerhalten.

(10) [1]Das Bundesministerium der Finanzen kann durch Rechtsverordnung, die nicht der Zustimmung des Bundesrates bedarf, zum Schutz der einem Wertpapierdienstleistungsunternehmen anvertrauten Gelder oder Wertpapiere der Kunden nähere Bestimmungen über den Umfang der Verpflichtungen nach den Absätzen 1 bis 9 sowie zu den Anforderungen an qualifizierte Geldmarktfonds im Sinne des Absatzes 2 erlassen. [2]Das Bundesministerium der Finanzen kann die Ermächtigung durch Rechtsverordnung auf die Bundesanstalt übertragen.

§ 85 Anlagestrategieempfehlungen und Anlageempfehlungen; Verordnungsermächtigung

(1) [1]Unternehmen, die Anlagestrategieempfehlungen im Sinne des Artikels 3 Absatz 1 Nummer 34 der Verordnung (EU) Nr. 596/2014 oder Anlageempfehlungen im Sinne des Artikels 3 Absatz 1 Nummer 35 der Verordnung (EU) Nr. 596/2014 erstellen oder verbreiten, müssen so organisiert sein, dass Interessenkonflikte im Sinne des Artikels 20 Absatz 1 der Verordnung (EU) Nr. 596/2014 möglichst gering sind. [2]Sie müssen insbesondere über angemessene Kontrollverfahren verfügen, die geeignet sind, Verstößen gegen die Verpflichtungen nach Artikel 20 Absatz 1 der Verordnung (EU) Nr. 596/2014 entgegenzuwirken.

(2) Die Befugnisse der Bundesanstalt nach § 88 gelten hinsichtlich der Einhaltung der in Absatz 1 genannten Pflichten und der Pflichten, die sich aus Artikel 20 Absatz 1 der Verordnung (EU) Nr. 596/2014 in Verbindung mit einem auf der Grundlage von Artikel 20 Absatz 3 der Verordnung (EU) Nr. 596/2014 erlassenen delegierten Rechtsakt ergeben, entsprechend.

(3) [1]Das Bundesministerium der Finanzen kann durch Rechtsverordnung, die nicht der Zustimmung des Bundesrates bedarf, nähere Bestimmungen über die angemessene Organisation nach Absatz 1 Satz 1 erlassen. [2]Das Bundesministerium der Finanzen kann die Ermächtigung durch Rechtsverordnung auf die Bundesanstalt übertragen.

§ 86 Anzeigepflicht

(1) [1]Andere Personen als Wertpapierdienstleistungsunternehmen, Kapitalverwaltungsgesellschaften, EU-Verwaltungsgesellschaften oder Investmentgesellschaften, die in Ausübung ihres Berufes oder im Rahmen ihrer Geschäftstätigkeit für die Erstellung von Anlagestrategieempfehlungen im Sinne des Artikels 3 Absatz 1 Nummer 34 der Verordnung (EU) Nr. 596/2014 oder von Anlageempfehlungen im Sinne des Artikels 3 Absatz 1 Nummer 35 der Verordnung (EU) Nr. 596/2014 oder deren Weitergabe verantwortlich sind, haben dies der Bundesanstalt vor Erstellung oder Weitergabe der Empfehlungen anzuzeigen. [2]Die Anzeige muss folgende Angaben enthalten:

1. bei einer natürlichen Person Name, Geburtsort, Geburtsdatum, Wohn- und Geschäftsanschrift sowie telefonische und elektronische Kontaktdaten,
2. bei einer juristischen Person oder einer Personenvereinigung Firma, Name oder Bezeichnung, Rechtsform, Registernummer wenn vorhanden, Anschrift des Sitzes oder der Hauptniederlassung, Namen der Mitglieder des Vertretungsorgans oder der gesetzlichen Vertreter und telefonische und elektronische Kontaktdaten; ist ein Mitglied des Vertretungsorgans oder der gesetzliche Vertreter eine juristische Person, so sind deren Firma, Name oder Bezeichnung, Rechtsform, Registernummer wenn vorhanden und Anschrift des Sitzes oder der Hauptniederlassung ebenfalls anzugeben.

[3]Die Angaben nach Satz 2 sind glaubhaft zu machen. [4]Beabsichtigt der Anzeigepflichtige die Verbreitung der Empfehlungen, muss die Anzeige auch eine detaillierte Beschreibung der beabsichtigten Verbreitungswege enthalten. [5]Der Anzeigepflichtige hat weiterhin anzuzeigen, inwiefern bei mit ihm verbundenen Unternehmen Tatsachen vorliegen, die Interessenkonflikte begründen können. [6]Veränderungen der angezeigten Daten und Sachverhalte sowie die Einstellung der in Satz 1 genannten Tätigkeiten sind der Bundesanstalt innerhalb von vier Wochen anzuzeigen.

(2) Die Bundesanstalt veröffentlicht auf ihrer Internetseite den Namen, die Firma oder die Bezeichnung der nach Absatz 1 Satz 2 Nummer 2 ordnungsgemäß angezeigten Personen und Personenvereinigungen sowie den Ort und das Land der Wohn- und Geschäftsanschrift oder des Sitzes oder der Hauptniederlassung.

§ 87 Einsatz von Mitarbeitern in der Anlageberatung, als Vertriebsbeauftragte, in der Finanzportfolioverwaltung oder als Compliance-Beauftragte; Verordnungsermächtigung

(1) [1]Ein Wertpapierdienstleistungsunternehmen darf einen Mitarbeiter nur dann mit der Anlageberatung betrauen, wenn dieser sachkundig ist und über die für die Tätigkeit erforderliche Zuverlässigkeit verfügt. [2]Das Wertpapierdienstleistungsunternehmen muss der Bundesanstalt

1. den Mitarbeiter und,
2. sofern das Wertpapierdienstleistungsunternehmen über Vertriebsbeauftragte im Sinne des Absatzes 4 verfügt, den auf Grund der Organisation des Wertpapierdienstleistungsunternehmens für den Mitarbeiter unmittelbar zuständigen Vertriebsbeauftragten

anzeigen, bevor der Mitarbeiter die Tätigkeit nach Satz 1 aufnimmt. [3]Ändern sich die von dem Wertpapierdienstleistungsunternehmen nach Satz 2 angezeigten Verhältnisse, sind die neuen Verhältnisse unverzüglich der Bundesanstalt anzuzeigen. [4]Ferner sind der Bundesanstalt, wenn auf Grund der Tätigkeit des Mitarbeiters eine oder mehrere Beschwerden im Sinne des Artikels 26 der Delegierten Verordnung (EU) 2017/565 durch Privatkunden gegenüber dem Wertpapierdienstleistungsunternehmen erhoben werden,

1. jede Beschwerde,
2. der Name des Mitarbeiters, auf Grund dessen Tätigkeit die Beschwerde erhoben wird, sowie,
3. sofern das Wertpapierdienstleistungsunternehmen mehrere Zweigstellen, Zweigniederlassungen oder sonstige Organisationseinheiten hat, die Zweigstelle, Zweigniederlassung oder Organisationseinheit, welcher der Mitarbeiter zugeordnet ist oder für welche er überwiegend oder in der Regel die nach Satz 1 anzuzeigende Tätigkeit ausübt,

anzuzeigen.

(2) Ein Wertpapierdienstleistungsunternehmen darf einen Mitarbeiter nur dann damit betrauen, Kunden über Finanzinstrumente, strukturierte Einlagen, Wertpapierdienstleistungen oder Wertpapiernebendienstleistungen zu informieren (Vertriebsmitarbeiter), wenn dieser sachkundig ist und über die für die Tätigkeit erforderliche Zuverlässigkeit verfügt.

(3) Ein Wertpapierdienstleistungsunternehmen darf einen Mitarbeiter nur dann mit der Finanzportfolioverwaltung betrauen, wenn dieser sachkundig ist und über die für die Tätigkeit erforderliche Zuverlässigkeit verfügt.

(4) [1]Ein Wertpapierdienstleistungsunternehmen darf einen Mitarbeiter mit der Ausgestaltung, Umsetzung oder Überwachung von Vertriebsvorgaben im Sinne des § 80 Absatz 1 Satz 2 Nummer 3 nur dann betrauen (Vertriebsbeauftragter), wenn dieser sachkundig ist und über die für die Tätigkeit erforderliche Zuverlässigkeit verfügt. [2]Das Wertpapierdienstleistungsunternehmen muss der Bundesanstalt den Mitarbeiter anzeigen, bevor dieser die Tätigkeit nach Satz 1 aufnimmt. [3]Ändern sich die von dem Wertpapierdienstleistungsunternehmen nach Satz 2 angezeigten Verhältnisse, sind die neuen Verhältnisse unverzüglich der Bundesanstalt anzuzeigen.

(5) [1]Ein Wertpapierdienstleistungsunternehmen darf einen Mitarbeiter nur dann mit der Verantwortlichkeit für die Compliance-Funktion im Sinne des Artikels 22 Absatz 2 der Delegierten Verordnung (EU) 2017/565 und für die Berichte an die Geschäftsleitung nach Artikel 25 Absatz 2 der Delegierten Verordnung (EU) 2017/565 betrauen (Compliance-Beauftragter), wenn dieser sachkundig ist und über die für die Tätigkeit erforderliche Zuverlässigkeit verfügt. [2]Das Wertpapierdienstleistungsunternehmen muss der Bundesanstalt den Mitarbeiter anzeigen, bevor der Mitarbeiter die Tätigkeit nach Satz 1 aufnimmt. [3]Ändern sich die von dem Wertpapierdienstleistungsunternehmen nach Satz 2 angezeigten Verhältnisse, sind die neuen Verhältnisse unverzüglich der Bundesanstalt anzuzeigen.

(6) [1]Liegen Tatsachen vor, aus denen sich ergibt, dass ein Mitarbeiter

1. nicht oder nicht mehr die Anforderungen nach Absatz 1 Satz 1, Absatz 2, 3, 4 Satz 1, jeweils auch in Verbindung mit § 96, oder Absatz 5 Satz 1 erfüllt, kann die Bundesanstalt unbeschadet ihrer Befugnisse nach § 6 dem Wertpapierdienstleistungsunternehmen untersagen, den Mitarbeiter in der angezeigten Tätigkeit einzusetzen, solange dieser die gesetzlichen Anforderungen nicht erfüllt, oder
2. gegen Bestimmungen dieses Abschnittes verstoßen hat, deren Einhaltung bei der Durchführung seiner Tätigkeit zu beachten sind, kann die Bundesanstalt unbeschadet ihrer Befugnisse nach § 6
   a) das Wertpapierdienstleistungsunternehmen und den Mitarbeiter verwarnen oder
   b) dem Wertpapierdienstleistungsunternehmen für eine Dauer von bis zu zwei Jahren untersagen, den Mitarbeiter in der angezeigten Tätigkeit einzusetzen.

[2]Die Bundesanstalt kann unanfechtbar gewordene Anordnungen im Sinne des Satzes 1 auf ihrer Internetseite öffentlich bekannt machen, es sei denn, diese Veröffentlichung wäre geeignet, den berechtigten Interessen des Unternehmens zu schaden. [3]Die öffentliche Bekanntmachung nach Satz 2 hat ohne Nen-

nung des Namens des betroffenen Mitarbeiters zu erfolgen. [4]Widerspruch und Anfechtungsklage gegen Maßnahmen nach Satz 1 haben keine aufschiebende Wirkung.

(7) Die Bundesanstalt führt über die nach den Absätzen 1, 4 und 5 anzuzeigenden Mitarbeiter sowie die ihnen zugeordneten Beschwerdeanzeigen nach Absatz 1 und die ihre Tätigkeit betreffenden Anordnungen nach Absatz 6 eine interne Datenbank.

(8) Die Absätze 1 bis 7 sind nicht anzuwenden auf diejenigen Mitarbeiter eines Wertpapierdienstleistungsunternehmens, die ausschließlich in einer Zweigniederlassung im Sinne des § 24a des Kreditwesengesetzes oder in mehreren solcher Zweigniederlassungen tätig sind.

(9) [1]Das Bundesministerium der Finanzen kann durch Rechtsverordnung, die nicht der Zustimmung des Bundesrates bedarf, die näheren Anforderungen an

1. den Inhalt, die Art, die Sprache, den Umfang und die Form der Anzeigen nach den Absätzen 1, 4 oder 5,
2. die Sachkunde und die Zuverlässigkeit nach Absatz 1 Satz 1, den Absätzen 2, 3, 4 Satz 1, jeweils auch in Verbindung mit § 96, sowie Absatz 5 Satz 1 sowie
3. den Inhalt der Datenbank nach Absatz 7 und die Dauer der Speicherung der Einträge

einschließlich des jeweiligen Verfahrens regeln. [2]In der Rechtsverordnung nach Satz 1 kann insbesondere bestimmt werden, dass dem jeweiligen Wertpapierdienstleistungsunternehmen ein schreibender Zugriff auf die für das Unternehmen einzurichtenden Einträge in die Datenbank nach Absatz 7 eingeräumt und ihm die Verantwortlichkeit für die Richtigkeit und Aktualität dieser Einträge übertragen wird. [3]Das Bundesministerium der Finanzen kann die Ermächtigung durch Rechtsverordnung ohne Zustimmung des Bundesrates auf die Bundesanstalt übertragen.

(10) Die Absätze 1 bis 3 gelten nicht für Immobiliar-Verbraucherdarlehensverträge, die an die Vorbedingung geknüpft sind, dass dem Verbraucher eine Wertpapierdienstleistung in Bezug auf gedeckte Schuldverschreibungen, die zur Besicherung der Finanzierung des Kredits begeben worden sind und denen dieselben Konditionen wie dem Immobiliar-Verbraucherdarlehensvertrag zugrunde liegen, erbracht wird, und wenn damit das Darlehen ausgezahlt, refinanziert oder abgelöst werden kann.

§ 88 Überwachung der Meldepflichten und Verhaltensregeln

(1) Die Bundesanstalt kann zur Überwachung der Einhaltung

1. der Meldepflichten nach Artikel 26 der Verordnung (EU) Nr. 600/2014, auch in Verbindung mit gemäß den diesen Artikeln erlassenen technischen Regulierungsstandards,
2. der Verpflichtung zu Positionsmeldungen nach § 57 Absatz 1 bis 4,
3. der Anzeigepflichten nach § 23,
4. der in diesem Abschnitt geregelten Pflichten, auch in Verbindung mit technischen Regulierungsstandards, die gemäß Artikel 17 Absatz 7, Artikel 27 Absatz 10 und Artikel 32 Absatz 2 der Richtlinie 2014/65/EU erlassen wurden, sowie
5. der Pflichten aus
   a) den Artikeln 4, 16 und 20 der Verordnung (EU) Nr. 596/2014, auch in Verbindung mit gemäß diesen Artikeln erlassenen technischen Regulierungsstandards,
   b) den Artikeln 3 bis 15, 17, 18, 20 bis 23, 25, 27 und 31 der Verordnung (EU) Nr. 600/2014, auch in Verbindung mit gemäß diesen Artikeln erlassenen technischen Regulierungsstandards,
   c) der Delegierten Verordnung (EU) 2017/565,
   d) der Delegierten Verordnung (EU) 2017/567,
   e) § 29 Absatz 2 in Verbindung mit Artikel 4 Absatz 1 Unterabsatz 1 sowie Artikel 5a Absatz 1 der Verordnung (EG) Nr. 1060/2009,
   f) den Artikeln 3 bis 13 der Verordnung (EU) 2019/2088,
   g) den Artikeln 5 bis 7 der Verordnung (EU) 2020/852

in der jeweils geltenden Fassung, auch ohne besonderen Anlass Prüfungen vornehmen bei den Wertpapierdienstleistungsunternehmen, den mit diesen verbundenen Unternehmen, den Zweigniederlassungen im Sinne des § 53b des Kreditwesengesetzes, den Unternehmen, mit denen eine Auslagerungsvereinbarung im Sinne des § 25b des Kreditwesengesetzes besteht oder bestand, und sonstigen zur Durchführung eingeschalteten dritten Personen oder Unternehmen.

(2) Die Bundesanstalt kann zur Überwachung der Einhaltung der in diesem Abschnitt geregelten Pflichten Auskünfte und die Vorlage von Unterlagen auch von Unternehmen mit Sitz in einem Drittstaat verlangen, die Wertpapierdienstleistungen gegenüber Kunden erbringen, die ihren gewöhnlichen Aufenthalt oder ihre Geschäftsleitung im Inland haben, sofern nicht die Wertpapierdienstleistung einschließlich der damit im Zusammenhang stehenden Wertpapiernebendienstleistungen ausschließlich in einem Drittstaat erbracht wird.

(2a) Die Bundesanstalt kann auch Anordnungen, die geeignet und erforderlich sind, um im Einzelfall die Ordnungsmäßigkeit der Tätigkeit nach diesem Gesetz, insbesondere die Einhaltung der Pflichten nach diesem Gesetz, zu gewährleisten unmittelbar treffen gegenüber

1. Unternehmen, mit denen eine Auslagerungsvereinbarung im Sinne des § 25b des Kreditwesengesetzes besteht oder bestanden hat, und
2. sonstigen zur Durchführung eingeschalteten dritten Personen oder Unternehmen.

(3) Widerspruch und Anfechtungsklage gegen Maßnahmen nach den Absätzen 1 bis 2a haben keine aufschiebende Wirkung.

(4) [1]Die Bundesanstalt kann Richtlinien aufstellen, nach denen sie nach Maßgabe der Richtlinie 2014/65/EU und der Delegierten Richtlinie (EU) 2017/593 für den Regelfall beurteilt, ob die Anforderungen dieses Abschnitts erfüllt sind. [2]Die Deutsche Bundesbank sowie die Spitzenverbände der betroffenen Wirtschaftskreise sind vor dem Erlass der Richtlinien anzuhören. [3]Die Richtlinien sind im Bundesanzeiger zu veröffentlichen.

§ 89 Prüfung der Meldepflichten und Verhaltensregeln; Verordnungsermächtigung

(1) [1]Unbeschadet des § 88 ist einmal jährlich durch einen geeigneten Prüfer zu prüfen, ob die folgenden Pflichten eingehalten werden:

1. die Meldepflichten nach Artikel 26 der Verordnung (EU) Nr. 600/2014, auch in Verbindung mit den gemäß diesen Artikeln erlassenen technischen Regulierungsstandards,
2. die Verpflichtung zu Positionsmeldungen nach § 57 Absatz 1 bis 4,
3. die Anzeigepflichten nach § 23,
4. die in diesem Abschnitt geregelten Pflichten, auch in Verbindung mit technischen Regulierungsstandards, die gemäß Artikel 17 Absatz 7, Artikel 27 Absatz 10 und Artikel 32 Absatz 2 der Richtlinie 2014/65/EU erlassen wurden, sowie
5. die Pflichten aus
   a) den Artikeln 4, 16 und 20 der Verordnung (EU) Nr. 596/2014, auch in Verbindung mit den gemäß diesen Artikeln erlassenen technischen Regulierungsstandards,
   b) den Artikeln 3 bis 15, 17, 18, 20 bis 23, 25, 27 und 31 der Verordnung (EU) Nr. 600/2014, auch in Verbindung mit den gemäß diesen Artikeln erlassenen technischen Regulierungsstandards,
   c) der Delegierten Verordnung (EU) 2017/565,
   d) der Delegierten Verordnung (EU) 2017/567,
   e) § 29 Absatz 2 in Verbindung mit Artikel 4 Absatz 1 Unterabsatz 1 sowie Artikel 5a Absatz 1 der Verordnung (EG) Nr. 1060/2009,
   f) den Artikeln 3 bis 13 der Verordnung (EU) 2019/2088,
   g) den Artikeln 5 bis 7 der Verordnung (EU) 2020/852

in der jeweils geltenden Fassung. [2]Bei Kreditinstituten, die das Depotgeschäft im Sinne von § 1 Absatz 1 Satz 2 Nummer 5 des Kreditwesengesetzes betreiben, bei Wertpapierinstituten, die das eingeschränkte Verwahrgeschäft im Sinne des § 2 Absatz 4 Nummer 1 des Wertpapierinstitutsgesetzes betreiben, und bei Finanzdienstleistungsinstituten, die das eingeschränkte Verwahrgeschäft im Sinne des § 1 Absatz 1a Satz 2 Nummer 12 des Kreditwesengesetzes erbringen, hat der Prüfer auch diese Geschäfte besonders zu prüfen; diese Prüfung hat sich auch auf die Einhaltung des § 67a Absatz 3 und des § 67b, jeweils auch in Verbindung mit § 125 Absatz 1, 2 und 5 des Aktiengesetzes über Mitteilungspflichten und des § 135 des Aktiengesetzes über die Ausübung des Stimmrechts zu erstrecken. [3]Die Bundesanstalt kann auf Antrag von der jährlichen Prüfung, mit Ausnahme der Prüfung der Einhaltung der Anforderungen nach § 84, auch in Verbindung mit einer Rechtsverordnung nach § 84 Absatz 10, ganz oder teilweise absehen, soweit dies aus besonderen Gründen, insbesondere wegen der Art und des Umfangs der betriebenen Geschäfte angezeigt ist. [4]Das Wertpapierdienstleistungsunternehmen hat den Prüfer jeweils spätestens zum Ablauf des Geschäftsjahres zu bestellen, auf das sich die Prüfung erstreckt. [5]Bei Kreditinstituten, die einem genossenschaftlichen Prüfungsverband angehören oder durch die Prüfungsstelle eines Sparkassen- und Giroverbandes geprüft werden, wird die Prüfung durch den zuständigen Prüfungsverband oder die zuständige Prüfungsstelle, soweit hinsichtlich letzterer das Landesrecht dies vorsieht, vorgenommen. [6]Geeignete Prüfer sind darüber hinaus Wirtschaftsprüfer, vereidigte Buchprüfer sowie Wirtschaftsprüfungs- und Buchprüfungsgesellschaften, die hinsichtlich des Prüfungsgegenstandes über ausreichende Kenntnisse verfügen.

(2) [1]Der Prüfer oder die Prüfungsverbände oder Prüfungsstellen, soweit Prüfungen nach Absatz 1 Satz 5 von genossenschaftlichen Prüfungsverbänden oder Prüfungsstellen von Sparkassen- und Giroverbänden durchgeführt werden, haben über die Prüfung nach Absatz 1 einen Prüfungsbericht zu erstellen und auf Anforderung der Bundesanstalt oder der Deutschen Bundesbank der Bundesanstalt und der Deutschen

Bundesbank einzureichen. [2]Die wesentlichen Prüfungsergebnisse sind in einem Fragebogen zusammenzufassen, der dem Prüfungsbericht beizufügen ist. [3]Der Fragebogen ist auch dann bei der Bundesanstalt und der zuständigen Hauptverwaltung der Deutschen Bundesbank einzureichen, wenn ein Prüfungsbericht nach Satz 1 nicht angefordert wird. [4]Der Prüfer hat den Fragebogen unverzüglich nach Beendigung der Prüfung einzureichen.

(3) [1]Das Wertpapierdienstleistungsunternehmen hat vor Erteilung des Prüfungsauftrags der Bundesanstalt den Prüfer anzuzeigen. [2]Die Bundesanstalt kann innerhalb eines Monats nach Zugang der Anzeige die Bestellung eines anderen Prüfers verlangen, wenn dies zur Erreichung des Prüfungszweckes geboten ist; Widerspruch und Anfechtungsklage hiergegen haben keine aufschiebende Wirkung. [3]Die Sätze 1 und 2 gelten nicht für Kreditinstitute, die einem genossenschaftlichen Prüfungsverband angehören oder durch die Prüfungsstelle eines Sparkassen- und Giroverbandes geprüft werden.

(4) [1]Die Bundesanstalt kann gegenüber dem Wertpapierdienstleistungsunternehmen Bestimmungen über den Inhalt der Prüfung treffen, die vom Prüfer zu berücksichtigen sind. [2]Sie kann insbesondere Schwerpunkte für die Prüfungen festlegen. [3]Bei schwerwiegenden Verstößen gegen die Pflichten, deren Einhaltung nach Absatz 1 Satz 1 zu prüfen ist, hat der Prüfer die Bundesanstalt unverzüglich zu unterrichten. [4]Die Bundesanstalt kann an den Prüfungen teilnehmen. [5]Hierfür ist der Bundesanstalt der Beginn der Prüfung rechtzeitig mitzuteilen.

(5) [1]Die Bundesanstalt kann die Prüfung nach Absatz 1 auch ohne besonderen Anlass anstelle des Prüfers selbst oder durch Beauftragte durchführen. [2]Das Wertpapierdienstleistungsunternehmen ist hierüber rechtzeitig zu informieren.

(6) [1]Das Bundesministerium der Finanzen kann durch Rechtsverordnung, die nicht der Zustimmung des Bundesrates bedarf, nähere Bestimmungen über Aufbau, Inhalt und Art und Weise der Einreichung der Prüfungsberichte nach Absatz 2 sowie nähere Bestimmungen über Art, Umfang und Zeitpunkt der Prüfung nach den Absätzen 1 und 2 erlassen, soweit dies zur Erfüllung der Aufgaben der Bundesanstalt erforderlich ist, insbesondere, um Missständen im Handel mit Finanzinstrumenten entgegenzuwirken, um auf die Einhaltung der der Prüfung nach Absatz 1 Satz 1 unterliegenden Pflichten hinzuwirken und um zu diesem Zweck einheitliche Unterlagen zu erhalten. [2]Das Bundesministerium der Finanzen kann die Ermächtigung durch Rechtsverordnung auf die Bundesanstalt übertragen.

§ 90 Unternehmen, organisierte Märkte und multilaterale Handelssysteme mit Sitz in einem anderen Mitgliedstaat der Europäischen Union oder in einem anderen Vertragsstaat des Abkommens über den Europäischen Wirtschaftsraum

(1) [1]Die in diesem Abschnitt und den Artikeln 14 bis 26 der Verordnung (EU) Nr. 600/2014 geregelten Rechte und Pflichten sind mit Ausnahme von § 63 Absatz 2, den §§ 72 bis 78, 80 Absatz 1 bis 6 und 9 bis 13, den §§ 81, 84 bis § 87 Absatz 1 Satz 2 bis 4 und Absatz 3 bis 8 entsprechend anzuwenden auf Zweigniederlassungen und vertraglich gebundene Vermittler mit Sitz oder gewöhnlichem Aufenthalt im Inland im Sinne des § 53b des Kreditwesengesetzes, die Wertpapierdienstleistungen erbringen. [2]Ein Unternehmen mit Sitz in einem anderen Mitgliedstaat der Europäischen Union oder in einem anderen Vertragsstaat des Abkommens über den Europäischen Wirtschaftsraum, das Wertpapierdienstleistungen allein oder zusammen mit Wertpapiernebendienstleistungen erbringt und das beabsichtigt, im Inland eine Zweigniederlassung im Sinne des § 53b des Kreditwesengesetzes zu errichten, ist von der Bundesanstalt innerhalb der in § 53b Absatz 2 Satz 1 des Kreditwesengesetzes bestimmten Frist auf die Meldepflichten nach § 22 und die nach Satz 1 für die Zweigniederlassung geltenden Rechte und Pflichten hinzuweisen.

(2) [1]Die Bundesanstalt kann von der Zweigniederlassung Änderungen der getroffenen Vorkehrungen zur Einhaltung der für sie geltenden Pflichten verlangen, soweit die Änderungen notwendig und verhältnismäßig sind, um der Bundesanstalt die Prüfung der Einhaltung der Pflichten zu ermöglichen. [2]Stellt die Bundesanstalt fest, dass das Unternehmen die nach Absatz 1 Satz 1 für seine Zweigniederlassung geltenden Pflichten nicht beachtet, fordert es das Unternehmen auf, seine Verpflichtungen innerhalb einer von der Bundesanstalt zu bestimmenden Frist zu erfüllen. [3]Kommt das Unternehmen der Aufforderung nicht nach, trifft die Bundesanstalt alle geeigneten Maßnahmen, um die Erfüllung der Verpflichtungen sicherzustellen und unterrichtet die zuständigen Behörden des Herkunftsmitgliedstaates über die Art der getroffenen Maßnahmen. [4]Falls das betroffene Unternehmen den Mangel nicht behebt, kann die Bundesanstalt nach Unterrichtung der zuständigen Behörde des Herkunftsmitgliedstaates alle Maßnahmen ergreifen, um weitere Verstöße zu verhindern oder zu ahnden. [5]Soweit erforderlich, kann die Bundesanstalt dem betroffenen Unternehmen die Durchführung neuer Geschäfte im Inland untersagen. [6]Die Bundesanstalt unterrichtet die Europäische Kommission und die Europäische Wertpapier- und Marktaufsichtsbehörde unverzüglich von Maßnahmen nach den Sätzen 4 und 5.

(3) [1]Stellt die Bundesanstalt fest, dass ein Unternehmen im Sinne des Absatzes 1 Satz 2, das im Inland eine Zweigniederlassung errichtet hat, gegen andere als die in Absatz 1 Satz 1 genannten Bestimmungen dieses Gesetzes oder entsprechende ausländische Vorschriften verstößt, so teilt sie dies der zuständigen Stelle des Herkunftsmitgliedstaates nach Maßgabe des § 18 Absatz 8 Satz 1 mit. [2]Sind die daraufhin getroffenen Maßnahmen der zuständigen Behörde des Herkunftsmitgliedstaates unzureichend oder verstößt das Unternehmen aus anderen Gründen weiter gegen die sonstigen Bestimmungen dieses Abschnitts und sind dadurch Anlegerinteressen oder die ordnungsgemäße Funktion des Marktes gefährdet, ergreift die Bundesanstalt nach vorheriger Unterrichtung der zuständigen Behörde des Herkunftsmitgliedstaates alle erforderlichen Maßnahmen, um den Anlegerschutz und die ordnungsgemäße Funktion der Märkte zu gewährleisten. [3]Absatz 2 Satz 4 bis 6 gilt entsprechend.

(4) Absatz 3 gilt entsprechend für ein Unternehmen mit Sitz in einem anderen Mitgliedstaat der Europäischen Union oder in einem anderen Vertragsstaat des Abkommens über den Europäischen Wirtschaftsraum, das Wertpapierdienstleistungen oder Wertpapiernebendienstleistungen im Wege des grenzüberschreitenden Dienstleistungsverkehrs gegenüber Kunden erbringt, die ihren gewöhnlichen Aufenthalt oder ihre Geschäftsleitung im Inland haben, wenn das Unternehmen gegen Bestimmungen dieses Abschnitts oder entsprechende ausländische Vorschriften verstößt.

(5) Absatz 3 gilt für Betreiber organisierter Märkte, multilateraler Handelssysteme und organisierter Handelssysteme entsprechend mit der Maßgabe, dass für Maßnahmen der Bundesanstalt gegenüber einem solchen Betreiber Verstöße gegen Bestimmungen dieses Abschnitts, des Börsengesetzes oder gegen entsprechende ausländische Vorschriften vorliegen müssen und dass zu den Maßnahmen nach Absatz 3 Satz 2 insbesondere auch gehören kann, dem Betreiber des organisierten Marktes, des multilateralen Handelssystems oder des organisierten Handelssystems zu untersagen, sein System Mitgliedern im Inland zugänglich zu machen.

(6) Die Bundesanstalt unterrichtet die betroffenen Unternehmen oder Märkte von den jeweils nach den Absätzen 2 bis 5 getroffenen Maßnahmen unter Nennung der Gründe.

(7) Die Bundesanstalt kann in den Fällen des Absatzes 2 Satz 2, des Absatzes 3 Satz 1 und des Absatzes 5 die Europäische Wertpapier- und Marktaufsichtsbehörde nach Maßgabe des Artikels 19 der Verordnung (EU) Nr. 1095/2010 um Hilfe ersuchen.

§ 91 Unternehmen mit Sitz in einem Drittstaat

[1]Vorbehaltlich der Regelungen in Titel VIII der Verordnung (EU) Nr. 600/2014 kann die Bundesanstalt im Einzelfall bestimmen, dass auf ein Unternehmen mit Sitz in einem Drittstaat, das im Inland im Wege des grenzüberschreitenden Dienstleistungsverkehrs gewerbsmäßig oder in einem Umfang, der einen in kaufmännischer Weise eingerichteten Geschäftsbetrieb erfordert, Wertpapierdienstleistungen erbringen will, § 63 Absatz 2, die §§ 72 bis 78, 80 Absatz 1 bis 6 sowie 9 bis 13, die §§ 81, 84 bis 87 Absatz 1 Satz 2 bis 4 und Absatz 3 bis 8 dieses Gesetzes nicht anzuwenden sind, solange das Unternehmen im Hinblick auf seine im Inland betriebenen Wertpapierdienstleistungen wegen seiner Aufsicht durch die zuständige Herkunftsstaatsbehörde insoweit nicht zusätzlich der Aufsicht durch die Bundesanstalt bedarf. [2]Die Befreiung kann mit Auflagen verbunden werden, insbesondere mit der Auflage, dass das Unternehmen eine Überwachung und Prüfung der Einhaltung der Vorschriften ermöglicht, die den §§ 6 bis 15, 88 und 89 gleichwertig ist.

§ 92 Werbung der Wertpapierdienstleistungsunternehmen

(1) [1]Um Mißständen bei der Werbung für Wertpapierdienstleistungen und Wertpapiernebendienstleistungen zu begegnen, kann die Bundesanstalt den Wertpapierdienstleistungsunternehmen bestimmte Arten der Werbung untersagen. [2]Ein Missstand liegt insbesondere vor, wenn das Wertpapierdienstleistungsunternehmen

1. nicht oder nicht ausreichend auf die mit der von ihm erbrachten Wertpapierdienstleistung verbundenen Risiken hinweist,
2. mit der Sicherheit einer Anlage wirbt, obwohl die Rückzahlung der Anlage nicht oder nicht vollständig gesichert ist,
3. die Werbung mit Angaben insbesondere zu Kosten und Ertrag sowie zur Abhängigkeit vom Verhalten Dritter versieht, durch die in irreführender Weise der Anschein eines besonders günstigen Angebots entsteht,
4. die Werbung mit irreführenden Angaben über die Befugnisse der Bundesanstalt nach diesem Gesetz oder über die Befugnisse der für die Aufsicht zuständigen Stellen in anderen Mitgliedstaaten des Europäischen Wirtschaftsraums oder Drittstaaten versieht.

(2) Vor allgemeinen Maßnahmen nach Absatz 1 sind die Spitzenverbände der betroffenen Wirtschaftskreise und des Verbraucherschutzes anzuhören.

§ 93 Register Unabhängiger Honorar-Anlageberater; Verordnungsermächtigung

(1) Die Bundesanstalt führt auf ihrer Internetseite ein öffentliches Register Unabhängiger Honorar-Anlageberater über alle Wertpapierdienstleistungsunternehmen, die die Unabhängige Anlageberatung erbringen wollen.

(2) [1]Die Bundesanstalt hat ein Wertpapierdienstleistungsunternehmen auf Antrag in das Register Unabhängiger Honorar-Anlageberater einzutragen, wenn es

1. eine Erlaubnis nach § 32 des Kreditwesengesetzes besitzt oder Zweigniederlassung eines Unternehmens nach § 53b Absatz 1 Satz 1 und 2 oder Absatz 7 des Kreditwesengesetzes ist,
2. die Anlageberatung im Sinne des § 2 Absatz 8 Satz 1 Nummer 10 erbringen darf und
3. der Bundesanstalt durch Bescheinigung eines geeigneten Prüfers nachweist, dass es in der Lage ist, die Anforderungen nach § 80 Absatz 7 zu erfüllen.

[2]Die Prüfung nach Absatz 2 Nummer 3 wird bei Kreditinstituten, die einem genossenschaftlichen Prüfungsverband angehören oder durch die Prüfungsstelle eines Sparkassen- und Giroverbandes geprüft werden, durch den zuständigen Prüfungsverband oder die zuständige Prüfungsstelle, soweit hinsichtlich Letzterer das Landesrecht dies vorsieht, vorgenommen. [3]Geeignete Prüfer sind darüber hinaus Wirtschaftsprüfer, vereidigte Buchprüfer sowie Wirtschaftsprüfungs- und Buchprüfungsgesellschaften, die hinsichtlich des Prüfungsgegenstandes über ausreichende Kenntnisse verfügen.

(3) Die Bundesanstalt hat die Eintragung im Register Unabhängiger Honorar-Anlageberater zu löschen, wenn

1. das Wertpapierdienstleistungsunternehmen gegenüber der Bundesanstalt auf die Eintragung verzichtet oder
2. die Erlaubnis eines Wertpapierdienstleistungsunternehmens nach § 32 des Kreditwesengesetzes insgesamt oder die Erlaubnis zum Erbringen der Anlageberatung erlischt oder aufgehoben wird.

(4) Ein Wertpapierdienstleistungsunternehmen, das die Unabhängige Honorar-Anlageberatung nicht mehr erbringen will, muss dies der Bundesanstalt anzeigen.

(5) Das Bundesministerium der Finanzen wird ermächtigt, durch Rechtsverordnung, die nicht der Zustimmung des Bundesrates bedarf, nähere Bestimmungen zu erlassen

1. zum Inhalt des Registers Unabhängiger Honorar-Anlageberater,
2. zu den Mitwirkungspflichten der Institute bei der Führung des Registers Unabhängiger Honorar-Anlageberater und
3. zum Nachweis nach Absatz 2 Satz 1 Nummer 3.

(6) Das Bundesministerium der Finanzen kann die Ermächtigung durch Rechtsverordnung auf die Bundesanstalt übertragen.

§ 94 Bezeichnungen zur Unabhängigen Honorar-Anlageberatung

(1) Die Bezeichnungen „Unabhängiger Honorar-Anlageberater“, „Unabhängige Honorar-Anlageberaterin“, „Unabhängige Honorar-Anlageberatung“ oder „Unabhängiger Honoraranlageberater“, „Unabhängige Honoraranlageberaterin“, „Unabhängige Honoraranlageberatung“ auch in abweichender Schreibweise oder eine Bezeichnung, in der diese Wörter enthalten sind, dürfen, soweit durch Gesetz nichts anderes bestimmt ist, in der Firma, als Zusatz zur Firma, zur Bezeichnung des Geschäftszwecks oder zu Werbezwecken nur Wertpapierdienstleistungsunternehmen führen, die im Register Unabhängiger Anlageberater nach § 93 eingetragen sind.

(2) [1]Absatz 1 gilt nicht für Unternehmen, die die dort genannten Bezeichnungen in einem Zusammenhang führen, der den Anschein ausschließt, dass sie Wertpapierdienstleistungen erbringen. [2]Wertpapierdienstleistungsunternehmen mit Sitz im Ausland dürfen bei ihrer Tätigkeit im Inland die in Absatz 1 genannten Bezeichnungen in der Firma, als Zusatz zur Firma, zur Bezeichnung des Geschäftszwecks oder zu Werbezwecken führen, wenn sie zur Führung dieser Bezeichnung in ihrem Sitzstaat berechtigt sind und sie die Bezeichnung um einen auf ihren Sitzstaat hinweisenden Zusatz ergänzen.

(3) [1]Die Bundesanstalt entscheidet in Zweifelsfällen, ob ein Wertpapierdienstleistungsunternehmen zur Führung der in Absatz 1 genannten Bezeichnungen befugt ist. [2]Sie hat ihre Entscheidungen dem Registergericht mitzuteilen.

(4) Die Vorschrift des § 43 des Kreditwesengesetzes ist entsprechend anzuwenden mit der Maßgabe, dass an die Stelle der Erlaubnis nach § 32 des Kreditwesengesetzes die Eintragung in das Register Unabhängiger Honorar-Anlageberater nach § 93 tritt.

§ 95 Ausnahmen

[1]§ 63 Absatz 1 und 3 bis 7 und 9, § 56 Absatz 1 sowie der §§ 69, 70 und 82 gelten nicht für Geschäfte, die an organisierten Märkten oder in multilateralen Handelssystemen zwischen Wertpapierdienstleistungsunternehmen oder zwischen diesen und sonstigen Mitgliedern oder Teilnehmern dieser Märkte oder

Systeme geschlossen werden. [2]Wird ein Geschäft im Sinne des Satzes 1 in Ausführung eines Kundenauftrags abgeschlossen, muss das Wertpapierdienstleistungsunternehmen jedoch den Verpflichtungen des § 63 Absatz 1 und 3 bis 7 und 9, § 56 Absatz 1 sowie der §§ 69, 70 und 82 gegenüber dem Kunden nachkommen.

§ 96 Strukturierte Einlagen

Die §§ 63 und 64, mit Ausnahme von § 64 Absatz 2, § 67 Absatz 4, die §§ 68 bis 71, 80 Absatz 1 Satz 2 Nummer 2 und 3 und Absatz 7 bis 13, § 81 Absatz 1 bis 4, § 83 Absatz 1 und 2, § 87 Absatz 1 Satz 1, Absatz 2, 3, 4 Satz 1 und Absatz 6 sind auf Wertpapierdienstleistungsunternehmen und Kreditinstitute entsprechend anzuwenden, wenn sie strukturierte Einlagen verkaufen oder über diese beraten.

Abschnitt 12

Haftung für falsche und unterlassene Kapitalmarktinformationen

§ 97 Schadenersatz wegen unterlassener unverzüglicher Veröffentlichung von Insiderinformationen

(1) Unterlässt es ein Emittent, der für seine Finanzinstrumente die Zulassung zum Handel an einem inländischen Handelsplatz genehmigt oder an einem inländischen regulierten Markt oder multilateralen Handelssystem beantragt hat, unverzüglich eine Insiderinformation, die ihn unmittelbar betrifft, nach Artikel 17 der Verordnung (EU) Nr. 596/2014 zu veröffentlichen, ist er einem Dritten zum Ersatz des durch die Unterlassung entstandenen Schadens verpflichtet, wenn der Dritte

1. die Finanzinstrumente nach der Unterlassung erwirbt und er bei Bekanntwerden der Insiderinformation noch Inhaber der Finanzinstrumente ist oder
2. die Finanzinstrumente vor dem Entstehen der Insiderinformation erwirbt und nach der Unterlassung veräußert.

(2) Nach Absatz 1 kann nicht in Anspruch genommen werden, wer nachweist, dass die Unterlassung nicht auf Vorsatz oder grober Fahrlässigkeit beruht.

(3) Der Anspruch nach Absatz 1 besteht nicht, wenn der Dritte die Insiderinformation im Falle des Absatzes 1 Nr. 1 bei dem Erwerb oder im Falle des Absatzes 1 Nr. 2 bei der Veräußerung kannte.

(4) Weitergehende Ansprüche, die nach Vorschriften des bürgerlichen Rechts auf Grund von Verträgen oder vorsätzlichen unerlaubten Handlungen erhoben werden können, bleiben unberührt.

(5) Eine Vereinbarung, durch die Ansprüche des Emittenten gegen Vorstandsmitglieder wegen der Inanspruchnahme des Emittenten nach Absatz 1 im Voraus ermäßigt oder erlassen werden, ist unwirksam.

§ 98 Schadenersatz wegen Veröffentlichung unwahrer Insiderinformationen

(1) Veröffentlicht ein Emittent, der für seine Finanzinstrumente die Zulassung zum Handel an einem inländischen Handelsplatz genehmigt oder an einem inländischen regulierten Markt oder multilateralen Handelssystem beantragt hat, in einer Mitteilung nach Artikel 17 der Verordnung (EU) Nr. 596/2014 eine unwahre Insiderinformation, die ihn unmittelbar betrifft, ist er einem Dritten zum Ersatz des Schadens verpflichtet, der dadurch entsteht, dass der Dritte auf die Richtigkeit der Insiderinformation vertraut, wenn der Dritte

1. die Finanzinstrumente nach der Veröffentlichung erwirbt und er bei dem Bekanntwerden der Unrichtigkeit der Insiderinformation noch Inhaber der Finanzinstrumente ist oder
2. die Finanzinstrumente vor der Veröffentlichung erwirbt und vor dem Bekanntwerden der Unrichtigkeit der Insiderinformation veräußert.

(2) Nach Absatz 1 kann nicht in Anspruch genommen werden, wer nachweist, dass er die Unrichtigkeit der Insiderinformation nicht gekannt hat und die Unkenntnis nicht auf grober Fahrlässigkeit beruht.

(3) Der Anspruch nach Absatz 1 besteht nicht, wenn der Dritte die Unrichtigkeit der Insiderinformation im Falle des Absatzes 1 Nr. 1 bei dem Erwerb oder im Falle des Absatzes 1 Nr. 2 bei der Veräußerung kannte.

(4) Weitergehende Ansprüche, die nach Vorschriften des bürgerlichen Rechts auf Grund von Verträgen oder vorsätzlichen unerlaubten Handlungen erhoben werden können, bleiben unberührt.

(5) Eine Vereinbarung, durch die Ansprüche des Emittenten gegen Vorstandsmitglieder wegen der Inanspruchnahme des Emittenten nach Absatz 1 im Voraus ermäßigt oder erlassen werden, ist unwirksam.

Abschnitt 13

Finanztermingeschäfte

§ 99 Ausschluss des Einwands nach § 762 des Bürgerlichen Gesetzbuchs

[1]Gegen Ansprüche aus Finanztermingeschäften, bei denen mindestens ein Vertragsteil ein Unternehmen ist, das gewerbsmäßig oder in einem Umfang, der einen in kaufmännischer Weise eingerichteten Geschäftsbetrieb erfordert, Finanztermingeschäfte abschließt oder deren Abschluss vermittelt oder die Anschaffung, Veräußerung oder Vermittlung von Finanztermingeschäften betreibt, kann der Einwand des §762 des Bürgerlichen Gesetzbuchs nicht erhoben werden. [2]Finanztermingeschäfte im Sinne des Satzes 1 und der §§ 100 und 101 sind die derivativen Geschäfte im Sinne des § 2 Absatz 3 und Optionsscheine.

§ 100 Verbotene Finanztermingeschäfte

(1) Unbeschadet der Befugnisse der Bundesanstalt nach § 15 kann das Bundesministerium der Finanzen durch Rechtsverordnung Finanztermingeschäfte verbieten oder beschränken, soweit dies zum Schutz der Anleger erforderlich ist.

(2) [1]Ein Finanztermingeschäft, das einer Rechtsverordnung nach Absatz 1 widerspricht (verbotenes Finanztermingeschäft), ist nichtig. [2]Satz 1 gilt entsprechend für

1. die Bestellung einer Sicherheit für ein verbotenes Finanztermingeschäft,
2. eine Vereinbarung, durch die der eine Teil zum Zwecke der Erfüllung einer Schuld aus einem verbotenen Finanztermingeschäft dem anderen Teil gegenüber eine Verbindlichkeit eingeht, insbesondere für ein Schuldanerkenntnis,
3. die Erteilung und Übernahme von Aufträgen zum Zwecke des Abschlusses von verbotenen Finanztermingeschäften,
4. Vereinigungen zum Zwecke des Abschlusses von verbotenen Finanztermingeschäften.

Abschnitt 14

Schiedsvereinbarungen

§ 101 Schiedsvereinbarungen

Schiedsvereinbarungen über künftige Rechtsstreitigkeiten aus Wertpapierdienstleistungen, Wertpapiernebendienstleistungen oder Finanztermingeschäften sind nur verbindlich, wenn beide Vertragsteile Kaufleute oder juristische Personen des öffentlichen Rechts sind.

Abschnitt 15

Märkte für Finanzinstrumente mit Sitz außerhalb der Europäischen Union

§ 102 Erlaubnis; Verordnungsermächtigung

(1) [1]Vorbehaltlich der Regelungen in Titel VIII der Verordnung (EU) Nr. 600/2014 sowie von Beschlüssen der Europäischen Kommission gemäß Artikel 25 Absatz 4 Unterabsatz 3 der Richtlinie 2014/65/EU und Artikel 28 Absatz 4 Unterabsatz 1 der Verordnung (EU) Nr. 600/2014 bedürfen Märkte für Finanzinstrumente mit Sitz im Ausland, die keine Handelsplätze im Sinne dieses Gesetzes sind, oder ihre Betreiber der Erlaubnis der Bundesanstalt, wenn sie Handelsteilnehmern mit Sitz im Inland über ein elektronisches Handelssystem einen unmittelbaren Marktzugang gewähren und sie diesbezüglich nicht einer Erlaubnispflicht nach dem Kreditwesengesetz unterliegen. [2]Der Erlaubnisantrag muss enthalten:

1. Name und Anschrift der Geschäftsleitung des Marktes oder des Betreibers,
2. Angaben, die für die Beurteilung der Zuverlässigkeit der Geschäftsleitung erforderlich sind,
3. einen Geschäftsplan, aus dem die Art des geplanten Marktzugangs für die Handelsteilnehmer, der organisatorische Aufbau und die internen Kontrollverfahren des Marktes hervorgehen,
4. Name und Anschrift eines Zustellungsbevollmächtigten im Inland,
5. die Angabe der für die Überwachung des Marktes und seiner Handelsteilnehmer zuständigen Stellen des Herkunftsstaates und deren Überwachungs- und Eingriffskompetenzen,
6. die Angabe der Art der Finanzinstrumente, die von den Handelsteilnehmern über den unmittelbaren Marktzugang gehandelt werden sollen, sowie
7. Namen und Anschrift der Handelsteilnehmer mit Sitz im Inland, denen der unmittelbare Marktzugang gewährt werden soll.

[3]Das Nähere über die nach Satz 2 erforderlichen Angaben und vorzulegenden Unterlagen bestimmt das Bundesministerium der Finanzen durch Rechtsverordnung, die nicht der Zustimmung des Bundesrates bedarf. [4]Das Bundesministerium der Finanzen kann die Ermächtigung durch Rechtsverordnung auf die Bundesanstalt für Finanzdienstleistungsaufsicht übertragen.

(2) [1]Die Bundesanstalt kann die Erlaubnis unter Auflagen erteilen, die sich im Rahmen des mit diesem Gesetz verfolgten Zweckes halten müssen. [2]Vor Erteilung der Erlaubnis gibt die Bundesanstalt den Börsenaufsichtsbehörden der Länder Gelegenheit, innerhalb von vier Wochen zum Antrag Stellung zu nehmen.

(3) Die Bundesanstalt hat die Erlaubnis im Bundesanzeiger bekannt zu machen.

(4) [1]Wird der Austritt des Vereinigten Königreichs Großbritannien und Nordirland aus der Europäischen Union wirksam, ohne dass bis zu diesem Zeitpunkt ein Austrittsabkommen im Sinne von Artikel 50 Absatz 2 Satz 2 des Vertrages über die Europäische Union in Kraft getreten ist, so kann die Bundesanstalt zur Vermeidung von Nachteilen für die Funktionsfähigkeit oder die Stabilität der Finanzmärkte anordnen, dass Märkte für Finanzinstrumente mit Sitz im Vereinigten Königreich Großbritannien und Nordirland, die zum Zeitpunkt des Austritts des Vereinigten Königreichs Großbritannien und Nordirland aus der Europäischen Union als Handelsplätze im Register der Europäischen Wertpapier- und Marktaufsichtsbehörde verzeichnet sind, für einen Übergangszeitraum nach dem Austritt als Handelsplätze im Sinne dieses Gesetzes gelten. [2]Der im Zeitpunkt des Austritts beginnende Übergangszeitraum darf eine Dauer von 21 Monaten nicht überschreiten. [3]Die Anordnung kann auch durch Allgemeinverfügung ohne vorherige Anhörung getroffen und öffentlich bekannt gegeben werden.

§ 103 Versagung der Erlaubnis

Die Erlaubnis ist zu versagen, wenn

1. Tatsachen vorliegen, aus denen sich ergibt, dass die Geschäftsleitung nicht zuverlässig ist,
2. Handelsteilnehmern mit Sitz im Inland der unmittelbare Marktzugang gewährt werden soll, die nicht die Voraussetzungen des § 19 Abs. 2 des Börsengesetzes erfüllen,
3. die Überwachung des Marktes oder der Anlegerschutz im Herkunftsstaat nicht dem deutschen Recht gleichwertig ist oder
4. der Informationsaustausch mit den für die Überwachung des Marktes zuständigen Stellen des Herkunftsstaates nicht gewährleistet erscheint.

§ 104 Aufhebung der Erlaubnis

(1) Die Bundesanstalt kann die Erlaubnis außer nach den Vorschriften des Verwaltungsverfahrensgesetzes aufheben, wenn

1. ihr Tatsachen bekannt werden, welche die Versagung der Erlaubnis nach § 103 rechtfertigen würden, oder
2. der Markt oder sein Betreiber nachhaltig gegen Bestimmungen dieses Gesetzes, der auf Grund dieses Gesetzes erlassenen Rechtsverordnungen, der in § 1 Absatz 1 Nummer 8 aufgeführten europäischen Verordnungen einschließlich der hierzu erlassenen delegierten Rechtsakte und Durchführungsrechtsakte sowie auf Grund dieser Rechtsvorschriften erlassenen Anordnungen verstoßen hat.

(2) Die Bundesanstalt hat die Aufhebung der Erlaubnis im Bundesanzeiger bekannt zu machen.

§ 105 Untersagung

Die Bundesanstalt kann Handelsteilnehmern mit Sitz im Inland, die Wertpapierdienstleistungen im Inland erbringen, untersagen, Aufträge für Kunden über ein elektronisches Handelssystem eines ausländischen Marktes auszuführen, wenn diese Märkte oder ihre Betreiber Handelsteilnehmern im Inland einen unmittelbaren Marktzugang über dieses elektronische Handelssystem ohne Erlaubnis gewähren.

Abschnitt 16

Überwachung von Unternehmensabschlüssen, Veröffentlichung von Finanzberichten

Unterabschnitt 1

Überwachung von Unternehmensabschlüssen

§ 106 Prüfung von Unternehmensabschlüssen und -berichten

Die Bundesanstalt hat die Aufgabe, nach den Vorschriften dieses Abschnitts zu prüfen, ob folgende Abschlüsse und Berichte, jeweils einschließlich der zugrunde liegenden Buchführung, von Unternehmen, für die als Emittenten von zugelassenen Wertpapieren die Bundesrepublik Deutschland der Herkunftsstaat ist, den gesetzlichen Vorschriften einschließlich der Grundsätze ordnungsmäßiger Buchführung oder den sonstigen durch Gesetz zugelassenen Rechnungslegungsstandards entsprechen:

1. festgestellte Jahresabschlüsse und zugehörige Lageberichte, offengelegte Jahresabschlüsse und zugehörige Lageberichte, offengelegte Einzelabschlüsse nach § 325 Absatz 2a des Handelsgesetzbuchs und zugehörige Lageberichte, gebilligte Konzernabschlüsse und zugehörige Konzernlageberichte oder offengelegte Konzernabschlüsse und zugehörige Konzernlageberichte,

2. veröffentlichte verkürzte Abschlüsse und zugehörige Zwischenlageberichte sowie
3. veröffentlichte Zahlungs- oder Konzernzahlungsberichte.

§ 107 Anordnung einer Prüfung der Rechnungslegung und Ermittlungsbefugnisse der Bundesanstalt

(1) [1]Die Bundesanstalt ordnet eine Prüfung der Rechnungslegung an, soweit konkrete Anhaltspunkte für einen Verstoß gegen Rechnungslegungsvorschriften vorliegen; die Anordnung unterbleibt, wenn ein öffentliches Interesse an der Klärung offensichtlich nicht besteht. [2]Die Bundesanstalt kann eine Prüfung der Rechnungslegung auch dann anordnen, wenn sie eine Prüfung nach § 44 Absatz 1 Satz 2 des Kreditwesengesetzes, nach § 14 Satz 2 des Kapitalanlagegesetzbuchs oder nach § 306 Absatz 1 Nummer 1 des Versicherungsaufsichtsgesetzes durchführt oder durchgeführt hat und die Prüfungen denselben Gegenstand betreffen. [3]Die Bundesanstalt kann eine Prüfung der Rechnungslegung auch ohne besonderen Anlass anordnen (stichprobenartige Prüfung). [4]Der Umfang der einzelnen Prüfung soll in der Prüfungsanordnung festgelegt werden. [5]Geprüft werden nur folgende Abschlüsse und Berichte:

1. der zuletzt festgestellte Jahresabschluss und der zugehörige Lagebericht,
2. der zuletzt offengelegte Jahresabschluss und der zugehörige Lagebericht,
3. der zuletzt offengelegte Einzelabschluss nach § 325 Absatz 2a des Handelsgesetzbuchs und der zugehörige Lagebericht,
4. der zuletzt gebilligte Konzernabschluss und der zugehörige Konzernlagebericht,
5. der zuletzt offengelegte Konzernabschluss und der zugehörige Konzernlagebericht,
6. der zuletzt veröffentlichte verkürzte Abschluss und der zugehörige Zwischenlagebericht sowie
7. der zuletzt veröffentlichte Zahlungsbericht oder Konzernzahlungsbericht.

[6]Ordnet die Bundesanstalt eine Prüfung der Rechnungslegung an, so kann sie ihre Anordnung unter Nennung des betroffenen Unternehmens und den Grund für die Anordnung auf ihrer Internetseite bekannt machen, soweit hieran ein öffentliches Interesse besteht. [7]Die Bekanntmachung des Grunds für die Anordnung darf keine personenbezogenen Daten enthalten. [8]Auf die Prüfung des verkürzten Abschlusses und des zugehörigen Zwischenlageberichts sowie des Zahlungsberichts und Konzernzahlungsberichts ist Satz 2 nicht anzuwenden. [9]Die Prüfung kann trotz Wegfalls der Zulassung der Wertpapiere zum Handel im organisierten Markt fortgesetzt werden, insbesondere dann, wenn Gegenstand der Prüfung ein Fehler ist, an dessen Bekanntmachung ein öffentliches Interesse besteht. [10]Die Bekanntmachung nach Satz 6 ist außerdem unverzüglich der das Unternehmensregister führenden Stelle zur Einstellung in das Unternehmensregister zu übermitteln.

(2) Prüfungsgegenstand können auch die Abschlüsse und Berichte sein, die die beiden Geschäftsjahre zum Gegenstand haben, die dem Geschäftsjahr vorausgehen, auf das Absatz 1 Satz 5 Bezug nimmt; eine stichprobenartige Prüfung ist hierbei nicht zulässig.

(3) [1]Eine Prüfung des Jahresabschlusses und des zugehörigen Lageberichts durch die Bundesanstalt findet nicht statt, solange eine Klage auf Nichtigkeit gemäß § 256 Abs. 7 des Aktiengesetzes anhängig ist. [2]Wenn nach § 142 Abs. 1 oder Abs. 2 oder § 258 Abs. 1 des Aktiengesetzes ein Sonderprüfer bestellt worden ist, findet eine Prüfung ebenfalls nicht statt, soweit der Gegenstand der Sonderprüfung, der Prüfungsbericht oder eine gerichtliche Entscheidung über die abschließenden Feststellungen der Sonderprüfer nach § 260 des Aktiengesetzes reichen.

(4) [1]Bei der Durchführung der Prüfung kann sich die Bundesanstalt anderer Einrichtungen und Personen bedienen. [2]Die Bundesanstalt darf anderen Einrichtungen und Personen, derer sie sich nach Satz 1 bedient, Informationen übermitteln, auch wenn diese unter gesetzliche Verschwiegenheitspflichten fallen, soweit die Einrichtungen oder Personen die Informationen zur Durchführung der ihnen nach Satz 1 im Rahmen einer Prüfung übertragenen Aufgaben benötigen. [3]Vor Übermittlung der Informationen anonymisiert die Bundesanstalt darin enthaltene personenbezogene Daten, soweit sie für die Durchführung der übertragenen Aufgaben nicht zwingend erforderlich sind. [4]Die Einrichtungen oder Personen haben ihnen übermittelte personenbezogene Daten spätestens nach Abschluss ihrer übertragenen Aufgaben zu löschen.

(5) [1]Soweit dies zur Wahrnehmung der Aufgaben nach § 106 erforderlich ist, können die Bundesanstalt und die Personen, derer sich die Bundesanstalt bei der Durchführung ihrer Aufgaben bedient, von dem geprüften Unternehmen, von den Mitgliedern seiner Organe, von seinen Beschäftigten sowie von seinen Abschlussprüfern Auskünfte, die Vorlage von Unterlagen oder sonstigen Daten und die Überlassung von Kopien verlangen. [2]Auf Verlangen der Bundesanstalt sind die Informationen nach Satz 1 elektronisch zu übermitteln. [3]Die Bundesanstalt kann die Übermittlung zudem in einem von ihr bestimmten Kommunikationsverfahren und in einem von ihr bestimmten Format verlangen. [4]Die Bundesanstalt kann die nach Satz 1 Verpflichteten laden und vernehmen. [5]Die Sätze 1 bis 4 gelten auch für die nach den Vorschriften des Handelsgesetzbuchs in den Konzernabschluss einzubeziehenden Tochterunternehmen. [6]Die Befug-

nisse nach den Sätzen 1 und 4 gelten gegenüber jedermann, wenn die Voraussetzungen des Absatzes 1 Satz 1 vorliegen. [7]Soweit im Rahmen von Auskunfts- oder Vorlageverlangen nach Satz 1, auch in Verbindung mit Satz 5 oder Satz 6, oder im Rahmen von Vernehmungen nach Satz 4, auch in Verbindung mit Satz 5 oder Satz 6, erforderlich, haben die ersuchten Unternehmen oder Personen auch personenbezogene Daten gegenüber der Bundesanstalt oder den Personen offenzulegen, derer sich die Bundesanstalt bei der Durchführung ihrer Aufgaben bedient. [8]Die Auskunftspflicht der Abschlussprüfer beschränkt sich auf Tatsachen, die ihnen im Rahmen der Abschlussprüfung bekannt geworden sind. [9]Für das Recht zur Auskunftsverweigerung oder Aussageverweigerung sowie die Belehrungspflicht gilt § 6 Absatz 15 entsprechend.

(6) [1]Die zur Auskunft und Vorlage von Unterlagen nach Absatz 5 Verpflichteten haben den Bediensteten der Bundesanstalt oder den von ihr beauftragten Personen, soweit dies zur Wahrnehmung ihrer Aufgaben erforderlich ist, während der üblichen Arbeitszeit das Betreten ihrer Grundstücke und Geschäftsräume zu gestatten. [2]§ 6 Absatz 11 Satz 2 gilt entsprechend. [3]Das Grundrecht der Unverletzlichkeit der Wohnung (Artikel 13 des Grundgesetzes) wird insoweit eingeschränkt.

(7) [1]Bedienstete der Bundesanstalt dürfen Geschäfts- und Wohnräume durchsuchen, wenn dies zur Wahrnehmung der Aufgaben nach § 106 erforderlich ist und konkrete Anhaltspunkte für einen erheblichen Verstoß gegen Rechnungslegungsvorschriften vorliegen. [2]Das Grundrecht des Artikels 13 des Grundgesetzes wird insoweit eingeschränkt. [3]§ 105 Absatz 2 der Strafprozessordnung gilt entsprechend. [4]Im Rahmen der Durchsuchung dürfen Bedienstete der Bundesanstalt Gegenstände sicherstellen, die als Beweismittel für die Ermittlung des Sachverhalts von Bedeutung sein können. [5]Befinden sich die Gegenstände im Gewahrsam einer Person und werden sie nicht freiwillig herausgegeben, können Bedienstete der Bundesanstalt die Gegenstände beschlagnahmen. [6]Durchsuchungen und Beschlagnahmen sind, außer bei Gefahr im Verzug, durch einen Richter anzuordnen. [7]Zuständig ist das Amtsgericht Frankfurt am Main. [8]Gegen die richterliche Entscheidung ist die Beschwerde zulässig. [9]Die §§ 306 bis 310 und 311a der Strafprozessordnung gelten entsprechend. [10]Bei Beschlagnahmen ohne gerichtliche Anordnung gilt § 98 Absatz 2 der Strafprozessordnung entsprechend. [11]Zuständiges Gericht für die nachträglich eingeholte gerichtliche Entscheidung ist das Amtsgericht Frankfurt am Main. [12]Über die Durchsuchung ist eine Niederschrift zu fertigen. [13]Sie muss die verantwortliche Dienststelle, Grund, Zeit und Ort der Durchsuchung und ihr Ergebnis enthalten.

(8) [1]Die Bundesanstalt kann auf ihrer Internetseite wesentliche Verfahrensschritte und im Laufe des Verfahrens gewonnene Erkenntnisse im Zusammenhang mit der Rechnungslegung unter Nennung des betroffenen Unternehmens bekannt machen, soweit hieran ein öffentliches Interesse besteht. [2]Die Bekanntmachung der Verfahrensschritte und Erkenntnisse darf keine personenbezogenen Daten enthalten.

(9) Die Bundesanstalt löscht die nach Absatz 1 Satz 6 und Absatz 8 auf ihrer Internetseite bekannt gemachten Informationen zehn Jahre nach der Bekanntmachung.

§ 108 *[aufgehoben]*

§ 109 Ergebnis der Prüfung der Bundesanstalt

(1) [1]Ergibt die Prüfung durch die Bundesanstalt, dass die Rechnungslegung fehlerhaft ist, so stellt die Bundesanstalt den Fehler fest. [2]Die Bundesanstalt kann darüber hinaus feststellen, wie sich die Rechnungslegung ohne den Fehler dargestellt hätte.

(2) [1]Die Bundesanstalt macht den festgestellten Fehler samt einer Feststellung nach Absatz 1 Satz 2 unter Nennung des betroffenen Unternehmens samt den wesentlichen Teilen der Begründung unverzüglich bekannt

1. auf ihrer Internetseite sowie
2. in einem überregionalen Börsenpflichtblatt oder über ein elektronisch betriebenes Informationsverbreitungssystem, das weit verbreitet ist bei Kreditinstituten, bei nach § 53 Absatz 1 Satz 1 des Kreditwesengesetzes tätigen Unternehmen, bei anderen Unternehmen, die ihren Sitz im Inland haben und die an einer inländischen Börse zur Teilnahme am Handel zugelassen sind, und bei Versicherungsunternehmen.

[2]Die Bekanntmachung der Begründung darf keine personenbezogenen Daten enthalten. [3]Die Bundesanstalt sieht von einer Bekanntmachung ab, wenn hieran kein öffentliches Interesse besteht. [4]Die Bundesanstalt kann im Einklang mit den materiellen Rechnungslegungsvorschriften anordnen, dass der Fehler unter Berücksichtigung der Rechtsauffassung der Bundesanstalt unter Neuaufstellung des Abschlusses oder Berichts für das geprüfte Geschäftsjahr oder im nächsten Abschluss oder Bericht zu berichtigen ist. [5]Behebt das Unternehmen den nach Satz 1 bekannt gemachten Fehler, macht die Bundesanstalt dies auf die dort genannte Weise ebenfalls bekannt. [6]Bekanntmachungen nach den Sätzen 1 und 5 sind außerdem

unverzüglich der das Unternehmensregister führenden Stelle zur Einstellung in das Unternehmensregister zu übermitteln.

(3) [1]Ergibt die Prüfung durch die Bundesanstalt keine Beanstandungen, so teilt die Bundesanstalt dies dem Unternehmen mit. [2]Die Bundesanstalt macht das Prüfungsergebnis gemäß Absatz 2 Satz 1 bekannt, wenn sie zuvor die Prüfung bekannt gemacht hat. [3]Die Bekanntmachung nach Satz 2 ist außerdem unverzüglich der das Unternehmensregister führenden Stelle zur Einstellung in das Unternehmensregister zu übermitteln.

(4) Die Bundesanstalt löscht die nach Absatz 2 Satz 1 und 5 sowie nach Absatz 3 Satz 2 auf ihrer Internetseite bekannt gemachten Informationen zehn Jahre nach ihrer Bekanntmachung.

§ 109a Informationsaustausch, Befreiung von Verschwiegenheitspflichten

(1) [1]Soweit

1. der Bundesanstalt,
2. der Abschlussprüferaufsichtsstelle beim Bundesamt für Wirtschafts- und Ausfuhrkontrolle,
3. dem Bundesministerium der Finanzen,
4. dem Bundesministerium der Justiz und für Verbraucherschutz oder
5. dem Bundesministerium für Wirtschaft und Energie

im Rahmen der Wahrnehmung ihrer gesetzlichen Aufgaben Informationen, Tatsachen oder Bewertungen bekannt werden, die von der Bundesanstalt durchgeführte Prüfungen oder die Rechnungslegung von nach § 106 zu prüfenden Unternehmen betreffen, dürfen die genannten Behörden und Stellen diese Informationen untereinander austauschen und im dazu erforderlichen Umfang auch personenbezogene Daten untereinander offenlegen. [2]Die empfangende Behörde oder Stelle darf ihr nach Satz 1 übermittelte personenbezogene Daten speichern und verwenden, soweit dies zur Erfüllung ihrer gesetzlichen Aufgaben erforderlich ist.

(2) Im Rahmen eines Informationsaustauschs nach Absatz 1 unterliegen die austauschenden Stellen untereinander keinen gesetzlichen Verschwiegenheits- oder Geheimhaltungspflichten.

§ 110 Mitteilungen an andere Stellen

(1) [1]Die Bundesanstalt hat Tatsachen, die den Verdacht einer Straftat im Zusammenhang mit der Rechnungslegung eines Unternehmens begründen, der für die Verfolgung zuständigen Behörde anzuzeigen. [2]Sie darf diesen Behörden personenbezogene Daten der betroffenen Personen, gegen die sich der Verdacht richtet oder die als Zeugen in Betracht kommen, übermitteln. [3]Die Befugnisse der Bundesanstalt nach § 107 bleiben von Maßnahmen der zuständigen Strafverfolgungsbehörden unberührt, soweit dies zur Prüfung der Rechnungslegung erforderlich ist und soweit eine Gefährdung des Untersuchungszwecks von Ermittlungen der Strafverfolgungsbehörden oder der für Strafsachen zuständigen Gerichte nicht zu besorgen ist. [4]Vor Ausübung der Befugnisse nach § 107 setzt die Bundesanstalt die zuständige Strafverfolgungsbehörde in Kenntnis und stellt Einvernehmen über das Vorliegen der Voraussetzungen nach Satz 3 her.

(2) [1]Tatsachen, die auf das Vorliegen einer Berufspflichtverletzung durch den Abschlussprüfer schließen lassen oder konkrete Anhaltspunkte für einen Verstoß gegen Rechnungslegungsvorschriften begründen, übermittelt die Bundesanstalt der Abschlussprüferaufsichtsstelle beim Bundesamt für Wirtschaft und Ausfuhrkontrolle. [2]Tatsachen, die auf das Vorliegen eines Verstoßes des Unternehmens gegen börsenrechtliche Vorschriften schließen lassen, übermittelt sie der zuständigen Börsenaufsichtsbehörde. [3]Absatz 1 Satz 2 gilt entsprechend.

§ 111 Internationale Zusammenarbeit

(1) [1]Der Bundesanstalt obliegt die Zusammenarbeit mit den Stellen im Ausland, die zuständig sind für die Untersuchung möglicher Verstöße gegen Rechnungslegungsvorschriften durch Unternehmen, deren Wertpapiere zum Handel an einem organisierten Markt zugelassen sind. [2]Dazu kann sie diesen Stellen auch den Wortlaut von Entscheidungen zur Verfügung stellen, die sie in Einzelfällen getroffen hat. [3]Der Wortlaut der Entscheidungen darf den zuständigen Stellen auch zur Veröffentlichung zur Verfügung gestellt werden. [4]§ 107 Absatz 5 und 6 findet mit der Maßgabe entsprechende Anwendung, dass die dort geregelten Befugnisse sich auf alle Unternehmen, die von der Zusammenarbeit nach Satz 1 umfasst sind, sowie auf alle Unternehmen, die in den Konzernabschluss eines solchen Unternehmens einbezogen sind, erstrecken.

(2) [1]Die Bundesanstalt kann mit den zuständigen Stellen von Mitgliedstaaten der Europäischen Union oder von Vertragsstaaten des Abkommens über den Europäischen Wirtschaftsraum zusammenarbeiten, um eine einheitliche Durchsetzung internationaler Rechnungslegungsvorschriften grenzüberschreitend gewährleisten zu können. [2]Dazu kann sie diesen Stellen auch den Wortlaut von Entscheidungen zur Ver-

fügung stellen, die sie oder die Prüfstelle in Einzelfällen getroffen haben. [3]Der Wortlaut der Entscheidungen darf nur in anonymisierter Form zur Verfügung gestellt werden.

§ 112 Widerspruchsverfahren

(1) [1]Vor Einlegung der Beschwerde sind Rechtmäßigkeit und Zweckmäßigkeit der Verfügungen, welche die Bundesanstalt nach den Vorschriften dieses Abschnitts erlässt, in einem Widerspruchsverfahren nachzuprüfen. [2]Einer solchen Nachprüfung bedarf es nicht, wenn der Abhilfebescheid oder der Widerspruchsbescheid erstmalig eine Beschwer enthält. [3]Für das Widerspruchsverfahren gelten die §§ 68 bis 73 und 80 Abs. 1 der Verwaltungsgerichtsordnung entsprechend, soweit in diesem Abschnitt nichts Abweichendes geregelt ist.
(2) Der Widerspruch gegen Maßnahmen der Bundesanstalt nach § 107 Absatz 1 Satz 1, 2 und 6 sowie Absatz 5 bis 8 sowie § 109 Absatz 1 und 2 Satz 1 und 4 einschließlich der Androhung und der Festsetzung von Zwangsmitteln hat keine aufschiebende Wirkung.

§ 113 Beschwerde

(1) [1]Gegen Verfügungen der Bundesanstalt nach diesem Abschnitt ist die Beschwerde statthaft. [2]Die Beschwerde hat keine aufschiebende Wirkung.
(2) Die §§ 43 und 48 Abs. 2 bis 4, § 50 Abs. 3 bis 5 sowie die §§ 51 bis 58 des Wertpapiererwerbs- und Übernahmegesetzes gelten entsprechend.

§ 113a Evaluierung

Das Bundesministerium der Finanzen berichtet den gesetzgebenden Körperschaften zum 1. Januar 2027 über die Erfahrungen mit den Regelungen von Abschnitt 16 Unterabschnitt 1 in der am 1. Januar 2022 in Kraft getretenen Fassung.

Unterabschnitt 2
Veröffentlichung und Übermittlung von Finanzberichten an das Unternehmensregister

§ 114 Jahresfinanzbericht; Verordnungsermächtigung

(1) [1]Ein Unternehmen, das als Inlandsemittent Wertpapiere begibt, hat für den Schluss eines jeden Geschäftsjahrs einen Jahresfinanzbericht nach Maßgabe der Delegierten Verordnung (EU) 2019/815 der Kommission vom 17. Dezember 2018 zur Ergänzung der Richtlinie 2004/109/EG des Europäischen Parlaments und des Rates im Hinblick auf technische Regulierungsstandards für die Spezifikation eines einheitlichen elektronischen Berichtsformats (ABl. L 143 vom 29.5.2019, S. 1; L 145 vom 4.6.2019, S. 85) in der jeweils geltenden Fassung zu erstellen und spätestens vier Monate nach Ablauf eines jeden Geschäftsjahrs der Öffentlichkeit zur Verfügung zu stellen, wenn es nicht nach den handelsrechtlichen Vorschriften zur Offenlegung der in Absatz 2 Nummer 1 bis 3 genannten Rechnungslegungsunterlagen verpflichtet ist. [2]Außerdem muss jedes Unternehmen, das als Inlandsemittent Wertpapiere begibt, spätestens vier Monate nach Ablauf eines jeden Geschäftsjahres und vor dem Zeitpunkt, zu dem die in Absatz 2 genannten Rechnungslegungsunterlagen erstmals der Öffentlichkeit zur Verfügung stehen, eine Bekanntmachung darüber veröffentlichen, ab welchem Zeitpunkt und unter welcher Internetadresse die in Absatz 2 genannten Rechnungslegungsunterlagen zusätzlich zu ihrer Verfügbarkeit im Unternehmensregister öffentlich zugänglich sind. [3]Das Unternehmen teilt die Bekanntmachung gleichzeitig mit ihrer Veröffentlichung der Bundesanstalt mit und übermittelt sie unverzüglich, jedoch nicht vor ihrer Veröffentlichung der das Unternehmensregister führenden Stelle zur Einstellung in das Unternehmensregister. [4]Ein Unternehmen, das als Inlandsemittent Wertpapiere begibt und der Verpflichtung nach Satz 1 unterliegt, hat außerdem unverzüglich, jedoch nicht vor Veröffentlichung der Bekanntmachung nach Satz 2, den Jahresfinanzbericht an die das Unternehmensregister führende Stelle zur Einstellung in das Unternehmensregister zu übermitteln.
(2) Der Jahresfinanzbericht hat mindestens zu enthalten
1. den Jahresabschluss, der
   a) im Falle eines Unternehmens, das seinen Sitz in einem Mitgliedstaat der Europäischen Union oder einem Vertragsstaat des Abkommens über den Europäischen Wirtschaftsraum hat, gemäß dem nationalen Recht des Sitzstaats des Unternehmens aufgestellt und geprüft wurde oder
   b) im Falle eines Unternehmens, das seinen Sitz in einem Drittstaat hat, nach den Vorgaben des Handelsgesetzbuchs aufgestellt und geprüft wurde und mit dem Bestätigungsvermerk oder dem Vermerk über dessen Versagung versehen ist,
2. den Lagebericht, der

a) im Falle eines Unternehmens, das seinen Sitz in einem Mitgliedstaat der Europäischen Union oder einem Vertragsstaat des Abkommens über den Europäischen Wirtschaftsraum hat, gemäß dem nationalen Recht des Sitzstaats des Unternehmens aufgestellt und geprüft wurde oder
b) im Falle eines Unternehmens, das seinen Sitz in einem Drittstaat hat, nach den Vorgaben des Handelsgesetzbuchs aufgestellt und geprüft wurde,
3. eine den Vorgaben von § 264 Absatz 2 Satz 3, § 289 Absatz 1 Satz 5 des Handelsgesetzbuchs entsprechende Erklärung und
4. eine Bescheinigung der Wirtschaftsprüferkammer gemäß § 134 Absatz 2a der Wirtschaftsprüferordnung über die Eintragung des Abschlussprüfers oder eine Bestätigung der Wirtschaftsprüferkammer gemäß § 134 Absatz 4 Satz 8 der Wirtschaftsprüferordnung über die Befreiung von der Eintragungspflicht.

(3) Das Bundesministerium der Finanzen kann im Einvernehmen mit dem Bundesministerium der Justiz und für Verbraucherschutz durch Rechtsverordnung, die nicht der Zustimmung des Bundesrates bedarf, nähere Bestimmungen erlassen über
1. den Mindestinhalt, die Art, die Sprache, den Umfang und die Form der Veröffentlichung nach Absatz 1 Satz 2,
2. den Mindestinhalt, die Art, die Sprache, den Umfang und die Form der Mitteilung nach Absatz 1 Satz 3,
3. die Sprache, in der die Informationen nach Absatz 2 abzufassen sind, sowie den Zeitraum, für den diese Informationen im Unternehmensregister allgemein zugänglich bleiben müssen und den Zeitpunkt, zu dem diese Informationen zu löschen sind.

§ 115 Halbjahresfinanzbericht; Verordnungsermächtigung

(1) [1]Ein Unternehmen, das als Inlandsemittent Aktien oder Schuldtitel im Sinne des § 2 Absatz 1 begibt, hat für die ersten sechs Monate eines jeden Geschäftsjahrs einen Halbjahresfinanzbericht zu erstellen und diesen unverzüglich, spätestens drei Monate nach Ablauf des Berichtszeitraums der Öffentlichkeit zur Verfügung zu stellen, es sei denn, es handelt sich bei den zugelassenen Wertpapieren um Schuldtitel, die unter § 2 Absatz 1 Nummer 2 fallen oder die ein zumindest bedingtes Recht auf den Erwerb von Wertpapieren nach § 2 Absatz 1 Nummer 1 oder Nummer 2 begründen. [2]Außerdem muss das Unternehmen spätestens drei Monate nach Ablauf des Berichtszeitraums und vor dem Zeitpunkt, zu dem der Halbjahresfinanzbericht erstmals der Öffentlichkeit zur Verfügung steht, eine Bekanntmachung darüber veröffentlichen, ab welchem Zeitpunkt und unter welcher Internetadresse der Bericht zusätzlich zu seiner Verfügbarkeit im Unternehmensregister öffentlich zugänglich ist. [3]Das Unternehmen teilt die Bekanntmachung gleichzeitig mit ihrer Veröffentlichung der Bundesanstalt mit und übermittelt sie unverzüglich, jedoch nicht vor ihrer Veröffentlichung der das Unternehmensregister führenden Stelle zur Einstellung in das Unternehmensregister. [4]Es hat außerdem unverzüglich, jedoch nicht vor Veröffentlichung der Bekanntmachung nach Satz 2 den Halbjahresfinanzbericht an die das Unternehmensregister führende Stelle zur Einstellung in das Unternehmensregister zu übermitteln.

(2) Der Halbjahresfinanzbericht hat mindestens
1. einen verkürzten Abschluss,
2. einen Zwischenlagebericht und
3. eine den Vorgaben des § 264 Abs. 2 Satz 3, § 289 Abs. 1 Satz 5 des Handelsgesetzbuchs entsprechende Erklärung

zu enthalten.

(3) [1]Der verkürzte Abschluss hat mindestens eine verkürzte Bilanz, eine verkürzte Gewinn- und Verlustrechnung und einen Anhang zu enthalten. [2]Auf den verkürzten Abschluss sind die für den Jahresabschluss geltenden Rechnungslegungsgrundsätze anzuwenden. [3]Tritt bei der Offenlegung an die Stelle des Jahresabschlusses ein Einzelabschluss im Sinne des § 325 Abs. 2a des Handelsgesetzbuchs, sind auf den verkürzten Abschluss die in § 315e Absatz 1 des Handelsgesetzbuchs bezeichneten internationalen Rechnungslegungsstandards und Vorschriften anzuwenden.

(4) [1]Im Zwischenlagebericht sind mindestens die wichtigen Ereignisse des Berichtszeitraums im Unternehmen des Emittenten und ihre Auswirkungen auf den verkürzten Abschluss anzugeben sowie die wesentlichen Chancen und Risiken für die dem Berichtszeitraum folgenden sechs Monate des Geschäftsjahrs zu beschreiben. [2]Ferner sind bei einem Unternehmen, das als Inlandsemittent Aktien begibt, die wesentlichen Geschäfte des Emittenten mit nahe stehenden Personen anzugeben; die Angaben können stattdessen im Anhang des Halbjahresfinanzberichts gemacht werden.

(5) [1]Der verkürzte Abschluss und der Zwischenlagebericht kann einer prüferischen Durchsicht durch einen Abschlussprüfer unterzogen werden. [2]Die Vorschriften über die Bestellung des Abschlussprüfers

sind auf die prüferische Durchsicht entsprechend anzuwenden. [3]Die prüferische Durchsicht ist so anzulegen, dass bei gewissenhafter Berufsausübung ausgeschlossen werden kann, dass der verkürzte Abschluss und der Zwischenlagebericht in wesentlichen Belangen den anzuwendenden Rechnungslegungsgrundsätzen widersprechen. [4]Der Abschlussprüfer hat das Ergebnis der prüferischen Durchsicht in einer Bescheinigung zum Halbjahresfinanzbericht zusammenzufassen, die mit dem Halbjahresfinanzbericht zu veröffentlichen ist. [5]Sind der verkürzte Abschluss und der Zwischenlagebericht entsprechend § 317 des Handelsgesetzbuchs geprüft worden, ist der Bestätigungsvermerk oder der Vermerk über seine Versagung vollständig wiederzugeben und mit dem Halbjahresfinanzbericht zu veröffentlichen. [6]Sind der verkürzte Abschluss und der Zwischenlagebericht weder einer prüferischen Durchsicht unterzogen noch entsprechend § 317 des Handelsgesetzbuchs geprüft worden, ist dies im Halbjahresfinanzbericht anzugeben. [7]§ 320 und § 323 des Handelsgesetzbuchs gelten entsprechend.

(6) Das Bundesministerium der Finanzen kann im Einvernehmen mit dem Bundesministerium der Justiz und für Verbraucherschutz durch Rechtsverordnung, die nicht der Zustimmung des Bundesrates bedarf, nähere Bestimmungen erlassen über

1. den Inhalt und die prüferische Durchsicht des Halbjahresfinanzberichts,
2. den Mindestinhalt, die Art, die Sprache, den Umfang und die Form der Veröffentlichung nach Absatz 1 Satz 2,
3. den Mindestinhalt, die Art, die Sprache, den Umfang und die Form der Mitteilung nach Absatz 1 Satz 3 und
4. die Sprache, in der der Halbjahresfinanzbericht abzufassen ist, sowie den Zeitraum, für den der Halbjahresfinanzbericht im Unternehmensregister allgemein zugänglich bleiben muss, und den Zeitpunkt, zu dem er zu löschen ist.

(7) Erstellt und veröffentlicht ein Unternehmen zusätzliche unterjährige Finanzinformationen, die den Vorgaben des Absatzes 2 Nummer 1 und 2 und der Absätze 3 und 4 entsprechen, gilt für die Prüfung oder prüferische Durchsicht dieser Finanzinformationen durch einen Abschlussprüfer Absatz 5 entsprechend.

§ 116 Zahlungsbericht; Verordnungsermächtigung

(1) [1]Ein Unternehmen, das als Inlandsemittent Wertpapiere begibt, hat unter entsprechender Anwendung der §§ 341r bis 341v des Handelsgesetzbuchs einen Zahlungsbericht beziehungsweise Konzernzahlungsbericht zu erstellen und diesen spätestens sechs Monate nach Ablauf des Berichtszeitraums der Öffentlichkeit zur Verfügung zu stellen, wenn

1. das Unternehmen oder eines seiner Tochterunternehmen im Sinne des § 341r Nummer 1 des Handelsgesetzbuchs in der mineralgewinnenden Industrie tätig ist oder Holzeinschlag in Primärwäldern im Sinne des § 341r Nummer 2 des Handelsgesetzbuchs betreibt und
2. auf das Unternehmen § 341q des Handelsgesetzbuchs nicht anzuwenden ist.

[2]Im Falle eines Unternehmens im Sinne des Satzes 1 mit Sitz in einem anderen Mitgliedstaat der Europäischen Union oder in einem anderen Vertragsstaat des Abkommens über den Europäischen Wirtschaftsraum treten anstelle der entsprechenden Anwendung der §§ 341s bis 341v des Handelsgesetzbuchs die in Umsetzung von Kapitel 10 der Richtlinie 2013/34/EU des Europäischen Parlaments und des Rates vom 26. Juni 2013 über den Jahresabschluss, den konsolidierten Abschluss und damit verbundene Berichte von Unternehmen bestimmter Rechtsformen und zur Änderung der Richtlinie 2006/43/EG des Europäischen Parlaments und des Rates und zur Aufhebung der Richtlinien 78/660/EWG und 83/349/EWG des Rates (ABl. L 182 vom 29.6.2013, S. 19) erlassenen nationalen Rechtsvorschriften des Sitzstaats.

(2) [1]Außerdem muss jedes Unternehmen im Sinne des Absatzes 1 Satz 1 Nummer 1 spätestens sechs Monate nach Ablauf des Berichtszeitraums und vor dem Zeitpunkt, zu dem der Zahlungsbericht oder Konzernzahlungsbericht erstmals der Öffentlichkeit zur Verfügung steht, eine Bekanntmachung darüber veröffentlichen, ab welchem Zeitpunkt und unter welcher Internetadresse der Zahlungsbericht oder Konzernzahlungsbericht zusätzlich zu seiner Verfügbarkeit im Unternehmensregister öffentlich zugänglich ist. [2]Das Unternehmen teilt die Bekanntmachung gleichzeitig mit ihrer Veröffentlichung der Bundesanstalt mit und übermittelt sie unverzüglich, jedoch nicht vor ihrer Veröffentlichung der das Unternehmensregister führenden Stelle zur Einstellung in das Unternehmensregister. [3]Ein Unternehmen im Sinne von Satz 1 hat außerdem unverzüglich, jedoch nicht vor Veröffentlichung der Bekanntmachung nach Satz 2 den Zahlungsbericht oder Konzernzahlungsbericht an die das Unternehmensregister führende Stelle zur Einstellung in das Unternehmensregister zu übermitteln, es sei denn, die Übermittlung erfolgt nach § 8b Absatz 2 Nummer 4 in Verbindung mit Absatz 3 Satz 1 Nummer 1 des Handelsgesetzbuchs.

(3) [1]Die Bundesanstalt kann ein Unternehmen zur Erklärung auffordern, ob es im Sinne des § 341r des Handelsgesetzbuchs in der mineralgewinnenden Industrie tätig ist oder Holzeinschlag in Primärwäldern betreibt, und eine angemessene Frist setzen. [2]Die Aufforderung ist zu begründen. [3]Gibt das Unternehmen

innerhalb der Frist keine Erklärung ab, so wird vermutet, dass das Unternehmen in den Anwendungsbereich des Absatzes 1 Satz 1 Nummer 1 fällt. [4]Die Sätze 1 und 2 sind entsprechend anzuwenden, wenn die Bundesanstalt Anlass zur Annahme hat, dass ein Tochterunternehmen des Unternehmens in der mineralgewinnenden Industrie tätig ist oder Holzeinschlag in Primärwäldern betreibt.

(4) Das Bundesministerium der Finanzen kann im Einvernehmen mit dem Bundesministerium der Justiz und für Verbraucherschutz durch Rechtsverordnung, die nicht der Zustimmung des Bundesrates bedarf, nähere Bestimmungen erlassen über

1. den Mindestinhalt, die Art, die Sprache, den Umfang und die Form der Veröffentlichung nach Absatz 2 Satz 1,
2. den Mindestinhalt, die Art, die Sprache, den Umfang und die Form der Bekanntmachung nach Absatz 2 Satz 2,
3. die Sprache, in der der Zahlungsbericht oder Konzernzahlungsbericht abzufassen ist, sowie den Zeitraum, für den der Zahlungsbericht oder Konzernzahlungsbericht im Unternehmensregister allgemein zugänglich bleiben muss, und den Zeitpunkt, zu dem er zu löschen ist.

§ 117 Konzernabschluss

Ist ein Mutterunternehmen verpflichtet, einen Konzernabschluss und einen Konzernlagebericht aufzustellen, gelten die §§ 114 und 115 mit der folgenden Maßgabe:

1. Der Jahresfinanzbericht hat auch den geprüften, im Einklang mit der Verordnung (EG) Nr. 1606/2002 des Europäischen Parlaments und des Rates vom 19. Juli 2002 betreffend die Anwendung internationaler Rechnungslegungsstandards (ABl. EG Nr. L 243 S. 1) aufgestellten Konzernabschluss, den Konzernlagebericht, eine den Vorgaben des § 297 Absatz 2 Satz 4, § 315 Absatz 1 Satz 5 des Handelsgesetzbuchs entsprechende Erklärung und eine Bescheinigung der Wirtschaftsprüferkammer gemäß § 134 Abs. 2a der Wirtschaftsprüferordnung über die Eintragung des Abschlussprüfers oder eine Bestätigung der Wirtschaftsprüferkammer gemäß § 134 Abs. 4 Satz 8 der Wirtschaftsprüferordnung über die Befreiung von der Eintragungspflicht zu enthalten.
2. Das Mutterunternehmen hat den Halbjahresfinanzbericht für das Mutterunternehmen und die Gesamtheit der einzubeziehenden Tochterunternehmen zu erstellen und zu veröffentlichen. § 115 Absatz 3 gilt entsprechend, wenn das Mutterunternehmen verpflichtet ist, den Konzernabschluss nach den in § 315e Absatz 1 des Handelsgesetzbuchs bezeichneten internationalen Rechnungslegungsstandards und Vorschriften aufzustellen.

§ 118 Ausnahmen; Verordnungsermächtigung

(1) [1]Die §§ 114, 115 und 117 sind nicht anzuwenden auf Unternehmen, die ausschließlich

1. zum Handel an einem organisierten Markt zugelassene Schuldtitel mit einer Mindeststückelung von 100 000 Euro oder dem am Ausgabetag entsprechenden Gegenwert einer anderen Währung begeben oder
2. noch ausstehende bereits vor dem 31. Dezember 2010 zum Handel an einem organisierten Markt im Inland oder in einem anderen Mitgliedstaat der Europäischen Union oder einem anderen Vertragsstaat des Abkommens über den Europäischen Wirtschaftsraum zugelassene Schuldtitel mit einer Mindeststückelung von 50 000 Euro oder dem am Ausgabetag entsprechenden Gegenwert einer anderen Währung begeben haben.

[2]Die Ausnahmen nach Satz 1 sind auf Emittenten von Wertpapieren im Sinne des § 2 Absatz 1 Nummer 2 nicht anzuwenden.

(2) § 115 findet keine Anwendung auf Kreditinstitute, die als Inlandsemittenten Wertpapiere begeben, wenn ihre Aktien nicht an einem organisierten Markt zugelassen sind und sie dauernd oder wiederholt ausschließlich Schuldtitel begeben haben, deren Gesamtnennbetrag 100 Millionen Euro nicht erreicht und für die kein Prospekt nach der Verordnung (EU) 2017/1129 veröffentlicht wurde.

(3) § 115 findet ebenfalls keine Anwendung auf Unternehmen, die als Inlandsemittenten Wertpapiere begeben, wenn sie zum 31. Dezember 2003 bereits existiert haben und ausschließlich zum Handel an einem organisierten Markt zugelassene Schuldtitel begeben, die vom Bund, von einem Land oder von einer seiner Gebietskörperschaften unbedingt und unwiderruflich garantiert werden.

(4) [1]Die Bundesanstalt kann ein Unternehmen mit Sitz in einem Drittstaat, das als Inlandsemittent Wertpapiere begibt, von den Anforderungen der §§ 114, 115 und 117, auch in Verbindung mit einer Rechtsverordnung nach § 114 Absatz 3 oder § 115 Absatz 6, ausnehmen, soweit diese Emittenten gleichwertigen Regeln eines Drittstaates unterliegen oder sich solchen Regeln unterwerfen. [2]Die Bundesanstalt unterrichtet die Europäische Wertpapier- und Marktaufsichtsbehörde über die erteilte Freistellung. [3]Die nach den Vorschriften des Drittstaates zu erstellenden Informationen sind jedoch in der in § 114 Absatz 1 Satz 1 und 2 und § 115 Absatz 1 Satz 1 und 2, jeweils auch in Verbindung mit einer Rechtsverordnung nach

§ 114 Absatz 3 oder § 115 Absatz 6, geregelten Weise der Öffentlichkeit zur Verfügung zu stellen, zu veröffentlichen und gleichzeitig der Bundesanstalt mitzuteilen. [4]Die Informationen sind außerdem unverzüglich, jedoch nicht vor ihrer Veröffentlichung der das Unternehmensregister führenden Stelle zur Einstellung in das Unternehmensregister zu übermitteln. [5]Das Bundesministerium der Finanzen kann durch Rechtsverordnung, die nicht der Zustimmung des Bundesrates bedarf, nähere Bestimmungen über die Gleichwertigkeit von Regeln eines Drittstaates und die Freistellung von Unternehmen nach Satz 1 erlassen.

Abschnitt 17

Straf- und Bußgeldvorschriften

§ 119 Strafvorschriften.

(1) Mit Freiheitsstrafe bis zu fünf Jahren oder mit Geldstrafe wird bestraft, wer eine in § 120 Absatz 2 Nummer 3 oder Absatz 15 Nummer 2 bezeichnete vorsätzliche Handlung begeht und dadurch einwirkt auf

1. den inländischen Börsen- oder Marktpreis eines Finanzinstruments, eines damit verbundenen Waren-Spot-Kontrakts, einer Ware im Sinne des § 2 Absatz 5 oder eines ausländischen Zahlungsmittels im Sinne des § 51 des Börsengesetzes,
2. den Preis eines Finanzinstruments oder eines damit verbundenen Waren-Spot-Kontrakts an einem organisierten Markt, einem multilateralen oder organisierten Handelssystem in einem anderen Mitgliedstaat oder in einem anderen Vertragsstaat des Abkommens über den Europäischen Wirtschaftsraum,
3. den Preis einer Ware im Sinne des § 2 Absatz 5 oder eines ausländischen Zahlungsmittels im Sinne des § 51 des Börsengesetzes an einem mit einer inländischen Börse vergleichbaren Markt in einem anderen Mitgliedstaat oder in einem anderen Vertragsstaat des Abkommens über den Europäischen Wirtschaftsraum oder
4. die Berechnung eines Referenzwertes im Inland oder in einem anderen Mitgliedstaat oder in einem anderen Vertragsstaat des Abkommens über den Europäischen Wirtschaftsraum.

(2) Ebenso wird bestraft, wer gegen die Verordnung (EU) Nr. 1031/2010 der Kommission vom 12. November 2010 über den zeitlichen und administrativen Ablauf sowie sonstige Aspekte der Versteigerung von Treibhausgasemissionszertifikaten gemäß der Richtlinie 2003/87/EG des Europäischen Parlaments und des Rates über ein System für den Handel mit Treibhausgasemissionszertifikaten in der Gemeinschaft (ABl. L 302 vom 18.11.2010, S. 1), die zuletzt durch die Verordnung (EU) Nr. 176/2014 (ABl. L 56 vom 26.2.2014, S. 11) geändert worden ist, verstößt, indem er

1. entgegen Artikel 38 Absatz 1 Unterabsatz 1, auch in Verbindung mit Absatz 2 oder Artikel 40, ein Gebot einstellt, ändert oder zurückzieht oder
2. als Person nach Artikel 38 Absatz 1 Unterabsatz 2, auch in Verbindung mit Absatz 2,
   a) entgegen Artikel 39 Buchstabe a eine Insiderinformation weitergibt oder
   b) entgegen Artikel 39 Buchstabe b die Einstellung, Änderung oder Zurückziehung eines Gebotes empfiehlt oder eine andere Person hierzu verleitet.

(3) Ebenso wird bestraft, wer gegen die Verordnung (EU) Nr. 596/2014 des Europäischen Parlaments und des Rates vom 16. April 2014 über Marktmissbrauch (Marktmissbrauchsverordnung) und zur Aufhebung der Richtlinie 2003/6/EG des Europäischen Parlaments und des Rates und der Richtlinien 2003/124/EG, 2003/125/EG und 2004/72/EG der Kommission (ABl. L 173 vom 12.6.2014, S. 1; L 287 vom 21.10.2016, S. 320; L 306 vom 15.11.2016, S. 43; L 348 vom 21.12.2016, S. 83), die zuletzt durch die Verordnung (EU) 2016/1033 (ABl. L 175 vom 30.6.2016, S. 1) geändert worden ist, verstößt, indem er

1. entgegen Artikel 14 Buchstabe a ein Insidergeschäft tätigt,
2. entgegen Artikel 14 Buchstabe b einem Dritten empfiehlt, ein Insidergeschäft zu tätigen, oder einen Dritten dazu verleitet oder
3. entgegen Artikel 14 Buchstabe c eine Insiderinformation offenlegt.

(4) Der Versuch ist strafbar.

(5) Mit Freiheitsstrafe von einem Jahr bis zu zehn Jahren wird bestraft, wer in den Fällen des Absatzes 1

1. gewerbsmäßig oder als Mitglied einer Bande, die sich zur fortgesetzten Begehung solcher Taten verbunden hat, handelt oder
2. in Ausübung seiner Tätigkeit für eine inländische Finanzaufsichtsbehörde, ein Wertpapierdienstleistungsunternehmen, eine Börse oder einen Betreiber eines Handelsplatzes handelt.

(6) In minder schweren Fällen des Absatzes 5 Nummer 2 ist die Strafe Freiheitsstrafe von sechs Monaten bis zu fünf Jahren.

(7) Handelt der Täter in den Fällen des Absatzes 2 Nummer 1 leichtfertig, so ist die Strafe Freiheitsstrafe bis zu einem Jahr oder Geldstrafe.

§ 119a Strafvorschriften

(1) Mit Freiheitsstrafe bis zu fünf Jahren oder mit Geldstrafe wird bestraft, wer

1. entgegen § 114 Absatz 2 Nummer 3 oder § 115 Absatz 2 Nummer 3, jeweils in Verbindung mit § 264 Absatz 2 Satz 3 oder § 289 Absatz 1 Satz 5 des Handelsgesetzbuchs, oder
2. entgegen § 117 Nummer 1 in Verbindung mit § 297 Absatz 2 Satz 4 oder § 315 Absatz 1 Satz 5 des Handelsgesetzbuchs

eine unrichtige Versicherung abgibt.

(2) Handelt der Täter leichtfertig, so ist die Strafe Freiheitsstrafe bis zu zwei Jahren oder Geldstrafe.

§ 120 Bußgeldvorschriften; Verordnungsermächtigung

(1) Ordnungswidrig handelt, wer

1. einer vollziehbaren Anordnung nach § 8 Absatz 2 Satz 1 oder Satz 2 zuwiderhandelt,
2. eine Information entgegen § 26 Absatz 1 oder Absatz 2 nicht oder nicht rechtzeitig übermittelt,
3. eine Mitteilung entgegen § 26 Absatz 1 nicht, nicht richtig, nicht vollständig oder nicht rechtzeitig macht,
4. eine Mitteilung entgegen § 26 Absatz 2 nicht oder nicht rechtzeitig macht oder
5. entgegen § 30 Absatz 3 Clearing-Dienste nutzt.

(2) Ordnungswidrig handelt, wer vorsätzlich oder leichtfertig

1. eine Information entgegen § 5 Absatz 1 Satz 2 nicht oder nicht rechtzeitig übermittelt,
2. entgegen
   a) § 5 Absatz 1 Satz 2,
   b) § 22 Absatz 3,
   c) § 23 Absatz 1 Satz 1, auch in Verbindung mit einer Rechtsverordnung nach Absatz 4 Satz 1,
   d) § 33 Absatz 1 Satz 1 oder 2 oder Absatz 2, jeweils auch in Verbindung mit einer Rechtsverordnung nach § 33 Absatz 5,
   e) § 38 Absatz 1 Satz 1, auch in Verbindung mit einer Rechtsverordnung nach § 38 Absatz 5, oder § 39 Absatz 1, auch in Verbindung mit einer Rechtsverordnung nach § 39 Absatz 2,
   f) § 40 Absatz 2, auch in Verbindung mit einer Rechtsverordnung nach § 40 Absatz 3 Nummer 2,
   g) § 41 Absatz 1 Satz 2, auch in Verbindung mit § 41 Absatz 2,
   h) § 46 Absatz 2 Satz 1,
   i) § 50 Absatz 1 Satz 1, auch in Verbindung mit einer Rechtsverordnung nach § 50 Absatz 2,
   j) § 51 Absatz 2,
   k) § 114 Absatz 1 Satz 3, auch in Verbindung mit § 117, jeweils auch in Verbindung mit einer Rechtsverordnung nach § 114 Absatz 3 Nummer 2,
   l) § 115 Absatz 1 Satz 3, auch in Verbindung mit § 117, jeweils auch in Verbindung mit einer Rechtsverordnung nach § 115 Absatz 6 Nummer 3,
   m) § 116 Absatz 2 Satz 2, auch in Verbindung mit einer Rechtsverordnung nach § 116 Absatz 4 Nummer 2 oder
   n) § 118 Absatz 4 Satz 3

   eine Mitteilung nicht, nicht richtig, nicht vollständig, nicht in der vorgeschriebenen Weise oder nicht rechtzeitig macht,

2a. entgegen § 12 oder § 23 Absatz 1 Satz 2 eine Person über eine Anzeige, eine eingeleitete Untersuchung oder eine Maßnahme in Kenntnis setzt,

2b. einer vollziehbaren Anordnung nach § 15 Absatz 1 zuwiderhandelt,

3. entgegen § 25 in Verbindung mit Artikel 15 der Verordnung (EU) Nr. 596/2014 eine Marktmanipulation begeht,
4. a) § 40 Absatz 1 Satz 1, auch in Verbindung mit einer Rechtsverordnung nach § 40 Absatz 3 Nummer 1, oder entgegen § 41 Absatz 1 Satz 1, auch in Verbindung mit § 41 Absatz 2, oder § 46 Absatz 2 Satz 1,
   b) § 40 Absatz 1 Satz 2, in Verbindung mit § 40 Absatz 1 Satz 1, auch in Verbindung mit einer Rechtsverordnung nach § 40 Absatz 3,
   c) § 49 Absatz 1 oder 2,
   d) § 50 Absatz 1 Satz 1 in Verbindung mit einer Rechtsverordnung nach § 50 Absatz 2 oder entgegen § 51 Absatz 2,
   e) § 114 Absatz 1 Satz 2 in Verbindung mit einer Rechtsverordnung nach § 114 Absatz 3 Nummer 1, jeweils auch in Verbindung mit § 117, oder entgegen § 118 Absatz 4 Satz 3,

f) § 115 Absatz 1 Satz 2 in Verbindung mit einer Rechtsverordnung nach § 115 Absatz 6 Nummer 2, jeweils auch in Verbindung mit § 117, oder
g) § 116 Absatz 2 Satz 1 in Verbindung mit einer Rechtsverordnung nach § 116 Absatz 4 Nummer 1

eine Veröffentlichung nicht, nicht richtig, nicht vollständig, nicht in der vorgeschriebenen Weise oder nicht rechtzeitig vornimmt oder nicht oder nicht rechtzeitig nachholt,

5. entgegen § 27 Satz 1 eine Aufzeichnung nicht, nicht richtig, nicht vollständig oder nicht rechtzeitig erstellt,
6. entgegen § 29 Absatz 5 Satz 1 der Stellung eines Billigungsantrags nicht eine dort genannte Erklärung beifügt,
7. *[aufgehoben]*
8. entgegen § 32 Absatz 1 Satz 1 die dort genannten Tatsachen nicht oder nicht rechtzeitig prüfen und bescheinigen lässt,
9. entgegen § 32 Absatz 4 Satz 1 eine Bescheinigung nicht oder nicht rechtzeitig übermittelt,
10. entgegen § 40 Absatz 1 Satz 1, § 41 Absatz 1 Satz 3, § 46 Absatz 2 Satz 2, § 50 Absatz 1 Satz 2, § 51 Absatz 2, § 114 Absatz 1 Satz 3, § 115 Absatz 1 Satz 3, § 116 Absatz 2 Satz 2 oder § 118 Absatz 4 Satz 3 eine Information oder eine Bekanntmachung nicht oder nicht rechtzeitig übermittelt,
11. entgegen § 48 Absatz 1 Nummer 2, auch in Verbindung mit § 48 Absatz 3, nicht sicherstellt, dass Einrichtungen und Informationen im Inland öffentlich zur Verfügung stehen,
12. entgegen § 48 Absatz 1 Nummer 3, auch in Verbindung mit § 48 Absatz 3, nicht sicherstellt, dass Daten vor der Kenntnisnahme durch Unbefugte geschützt sind,
13. entgegen § 48 Absatz 1 Nummer 4, auch in Verbindung mit § 48 Absatz 3, nicht sicherstellt, dass eine dort genannte Stelle bestimmt ist,
14. entgegen § 86 Absatz 1 Satz 1, 5 oder 6 eine Anzeige nicht, nicht richtig, nicht vollständig oder nicht rechtzeitig erstattet,

14a. einer vollziehbaren Anordnung nach § 107 Absatz 5 Satz 1 oder § 109 Absatz 2 Satz 4 zuwiderhandelt,

15. entgegen § 114 Absatz 1 Satz 4, § 115 Absatz 1 Satz 4, jeweils auch in Verbindung mit § 117, einen Jahresfinanzbericht einschließlich der Erklärung gemäß § 114 Absatz 2 Nummer 3 und der Eintragungsbescheinigung oder Bestätigung gemäß § 114 Absatz 2 Nummer 4 oder einen Halbjahresfinanzbericht einschließlich der Erklärung gemäß § 115 Absatz 2 Nummer 3 oder entgegen § 116 Absatz 2 Satz 3 einen Zahlungs- oder Konzernzahlungsbericht nicht, nicht in der vorgeschriebenen Weise oder nicht rechtzeitig übermittelt oder
16. einer unmittelbar geltenden Vorschrift in delegierten Rechtsakten der Europäischen Union, die die Verordnung (EG) Nr. 1060/2009 des Europäischen Parlaments und des Rates vom 16. September 2009 über Ratingagenturen (ABl. L 302 vom 17.11.2009, S. 1, L 350 vom 29.12.2009, S. 59, L 145 vom 31.5.2011, S. 57, L 267 vom 6.9.2014, S. 30), die zuletzt durch die Richtlinie 2014/51/EU (ABl. L 153 vom 22.5.2014, S. 1) geändert worden ist, ergänzen, im Anwendungsbereich dieses Gesetzes zuwiderhandelt, soweit eine Rechtsverordnung nach Absatz 28 für einen bestimmten Tatbestand auf diese Bußgeldvorschrift verweist.

(3) Ordnungswidrig handelt, wer vorsätzlich oder leichtfertig entgegen Artikel 74 oder Artikel 75 der Delegierten Verordnung (EU) 2017/565 der Kommission vom 25. April 2016 zur Ergänzung der Richtlinie 2014/65/EU des Europäischen Parlaments und des Rates in Bezug auf die organisatorischen Anforderungen an Wertpapierfirmen und die Bedingungen für die Ausübung ihrer Tätigkeit sowie in Bezug auf die Definition bestimmter Begriffe für die Zwecke der genannten Richtlinie (ABl. L 87 vom 31.3.2017, S. 1) eine Aufzeichnung nicht, nicht richtig, nicht vollständig oder nicht rechtzeitig erstellt.

(4) Ordnungswidrig handelt, wer als Person, die für ein Wertpapierdienstleistungsunternehmen handelt, gegen die Verordnung (EG) Nr. 1060/2009 verstößt, indem er vorsätzlich oder leichtfertig

1. entgegen Artikel 4 Absatz 1 Unterabsatz 1 ein Rating verwendet,
2. entgegen Artikel 5a Absatz 1 nicht dafür Sorge trägt, dass das Wertpapierdienstleistungsunternehmen eigene Kreditrisikobewertungen vornimmt,
3. entgegen Artikel 8c Absatz 1 einen Auftrag nicht richtig erteilt,
4. entgegen Artikel 8c Absatz 2 nicht dafür Sorge trägt, dass die beauftragten Ratingagenturen die dort genannten Voraussetzungen erfüllen oder
5. entgegen Artikel 8d Absatz 1 Satz 2 eine dort genannte Dokumentation nicht richtig vornimmt.

(5) Ordnungswidrig handelt, wer gegen die Verordnung (EU) Nr. 1031/2010 verstößt, indem er vorsätzlich oder leichtfertig

1. als Person nach Artikel 40
   a) entgegen Artikel 39 Buchstabe a eine Insiderinformation weitergibt oder
   b) entgegen Artikel 39 Buchstabe b die Einstellung, Änderung oder Zurückziehung eines Gebotes empfiehlt oder eine andere Person hierzu verleitet,
2. entgegen Artikel 42 Absatz 1 Satz 2 oder Satz 3 das Verzeichnis nicht, nicht richtig, nicht vollständig oder nicht rechtzeitig übermittelt,
3. entgegen Artikel 42 Absatz 2 eine Unterrichtung nicht, nicht richtig oder nicht innerhalb von fünf Werktagen vornimmt oder
4. entgegen Artikel 42 Absatz 5 die Behörde nicht, nicht richtig, nicht vollständig oder nicht rechtzeitig informiert.

(6) Ordnungswidrig handelt, wer gegen die Verordnung (EU) Nr. 236/2012 des Europäischen Parlaments und des Rates vom 14. März 2012 über Leerverkäufe und bestimmte Aspekte von Credit Default Swaps (ABl. L 86 vom 24.3.2012, S. 1), die durch die Verordnung (EU) Nr. 909/2014 (ABl. L 257 vom 28.8.2014, S. 1) geändert worden ist, verstößt, indem er vorsätzlich oder leichtfertig

1. entgegen Artikel 5 Absatz 1, Artikel 7 Absatz 1 oder Artikel 8 Absatz 1, jeweils auch in Verbindung mit Artikel 9 Absatz 1 Unterabsatz 1 oder Artikel 10, eine Meldung nicht, nicht richtig, nicht vollständig oder nicht rechtzeitig macht,
2. entgegen Artikel 6 Absatz 1, auch in Verbindung mit Artikel 9 Absatz 1 Unterabsatz 1 oder Artikel 10, eine Einzelheit nicht, nicht richtig, nicht vollständig oder nicht rechtzeitig offenlegt,
3. entgegen Artikel 12 Absatz 1 oder Artikel 13 Absatz 1 eine Aktie oder einen öffentlichen Schuldtitel leer verkauft,
4. entgegen Artikel 14 Absatz 1 eine Transaktion vornimmt oder
5. entgegen Artikel 15 Absatz 1 nicht sicherstellt, dass er über ein dort genanntes Verfahren verfügt.

(7) Ordnungswidrig handelt, wer gegen die Verordnung (EU) Nr. 648/2012 des Europäischen Parlaments und des Rates vom 4. Juli 2012 über OTC-Derivate, zentrale Gegenparteien und Transaktionsregister (ABl. L 201 vom 27.7.2012, S. 1; L 321 vom 30.11.2013, S. 6), die zuletzt durch die Verordnung (EU) 2019/834 (ABl. L 141 vom 28.5.2019, S. 42) geändert worden ist, verstößt, indem er vorsätzlich oder leichtfertig

1. entgegen Artikel 4 Absatz 1 und 3 einen OTC-Derivatekontrakt nicht oder nicht in der vorgeschriebenen Weise cleart,

1a. entgegen Artikel 4a Absatz 1 Unterabsatz 2 Buchstabe a eine Unterrichtung nicht oder nicht rechtzeitig vornimmt,

2. als Betreiber eines multilateralen Handelssystems im Sinne des § 72 Absatz 1 entgegen Artikel 8 Absatz 1 in Verbindung mit Absatz 4 Unterabsatz 1 Handelsdaten nicht, nicht richtig, nicht vollständig, nicht in der vorgeschriebenen Weise oder nicht rechtzeitig zur Verfügung stellt,
3. entgegen Artikel 9 Absatz 1 Satz 2 eine Meldung nicht, nicht richtig, nicht vollständig oder nicht rechtzeitig macht,
4. entgegen Artikel 9 Absatz 2 eine Aufzeichnung nicht oder nicht mindestens fünf Jahre aufbewahrt,
5. entgegen Artikel 10 Absatz 1 Unterabsatz 2 Buchstabe a eine Unterrichtung nicht oder nicht rechtzeitig vornimmt,
6. entgegen Artikel 11 Absatz 1 nicht gewährleistet, dass ein dort genanntes Verfahren oder eine dort genannte Vorkehrung besteht,
7. entgegen Artikel 11 Absatz 2 Satz 1 den Wert ausstehender Kontrakte nicht, nicht richtig oder nicht rechtzeitig ermittelt,
8. entgegen Artikel 11 Absatz 3 kein dort beschriebenes Risikomanagement betreibt,
9. entgegen Artikel 11 Absatz 4 nicht gewährleistet, dass zur Abdeckung der dort genannten Risiken eine geeignete und angemessene Eigenkapitalausstattung vorgehalten wird, oder
10. entgegen Artikel 11 Absatz 11 Satz 1 die Information über eine Befreiung von den Anforderungen des Artikels 11 Absatz 3 nicht oder nicht richtig veröffentlicht.

(8) Ordnungswidrig handelt, wer vorsätzlich oder leichtfertig

1. im Zusammenhang mit einer Untersuchung betreffend die Einhaltung der Pflichten nach den Abschnitten 9 bis 11 einer vollziehbaren Anordnung der Bundesanstalt nach den §§ 6 bis 9 zuwiderhandelt,
2. einer vollziehbaren Anordnung der Bundesanstalt nach § 9 Absatz 2 zuwiderhandelt, auch wenn im Ausland gehandelt wird,
3. als Betreiber eines inländischen Handelsplatzes, der im Namen eines Wertpapierdienstleistungsunternehmens Meldungen nach Artikel 26 Absatz 1 der Verordnung (EU) Nr. 600/2014 des Europäischen Parlaments und des Rates vom 15. Mai 2014 über Märkte für Finanzinstrumente und zur

Änderung der Verordnung (EU) Nr. 648/2012 (ABl. L 173 vom 12.6.2014, S. 84; L 6 vom 10.1.2015, S. 6; L 270 vom 15.10.2015, S. 4), die zuletzt durch die Verordnung (EU) 2016/1033 (ABl. L 175 vom 30.6.2016, S. 1) geändert worden ist, vornimmt,

a) entgegen § 22 Absatz 2 Satz 1 dort genannte Sicherheitsmaßnahmen nicht einrichtet oder
b) entgegen § 22 Absatz 2 Satz 2 dort genannte Mittel nicht vorhält oder dort genannte Notfallsysteme nicht einrichtet,

4. ein von der Bundesanstalt für ein Warenderivat gemäß § 54 Absatz 1, 3, 5 festgelegtes Positionslimit überschreitet,
5. ein von einer ausländischen zuständigen Behörde eines Mitgliedstaates für ein Warenderivat festgelegtes Positionslimit überschreitet,
6. entgegen § 54 Absatz 6 Satz 1 nicht über angemessene Kontrollverfahren zur Überwachung des Positionsmanagements verfügt,
7. entgegen § 54 Absatz 6 Satz 4 eine Unterrichtung nicht, nicht richtig oder nicht vollständig vornimmt,
8. entgegen § 57 Absatz 2, 3 und 4 eine Übermittlung nicht, nicht richtig oder nicht vollständig vornimmt,
9. entgegen § 57 Absatz 1 eine Meldung nicht, nicht richtig, nicht vollständig oder nicht rechtzeitig vornimmt,

10.–26. *[aufgehoben]*

27. entgegen § 63 Absatz 2 Satz 1 in Verbindung mit Satz 2, auch in Verbindung mit dem auf Grundlage von Artikel 23 Absatz 4 in Verbindung mit Artikel 89 der Richtlinie 2014/65/EU des Europäischen Parlaments und des Rates vom 15. Mai 2014 über Märkte für Finanzinstrumente sowie zur Änderung der Richtlinien 2002/92/EG und 2011/61/EU (ABl. L 173 vom 12.6.2014, S. 349; L 74 vom 18.3.2015, S. 38; L 188 vom 13.7.2016, S. 28; L 273 vom 8.10.2016, S. 35; L 64 vom 10.3.2017, S. 116), die zuletzt durch die Richtlinie (EU) 2016/1034 (ABl. L 175 vom 30.6.2016, S. 8) geändert worden ist, erlassenen delegierten Rechtsakt der Europäischen Kommission, eine Darlegung nicht, nicht richtig, nicht vollständig, nicht in der vorgeschriebenen Weise oder nicht rechtzeitig vornimmt,
28. als Wertpapierdienstleistungsunternehmen entgegen § 63 Absatz 3 Satz 1, auch in Verbindung mit dem auf Grundlage von Artikel 24 Absatz 13 in Verbindung mit Artikel 89 der Richtlinie 2014/65/EU erlassenen delegierten Rechtsakt der Europäischen Kommission, keine Sicherstellung trifft,
29. als Wertpapierdienstleistungsunternehmen entgegen § 63 Absatz 3 Satz 2, auch in Verbindung mit dem auf Grundlage von Artikel 24 Absatz 13 in Verbindung mit Artikel 89 der Richtlinie 2014/65/EU erlassenen delegierten Rechtsakt der Europäischen Kommission, einen Anreiz setzt,
30. als Wertpapierdienstleistungsunternehmen ein Finanzinstrument vertreibt, das nicht gemäß den Anforderungen des § 63 Absatz 4, auch in Verbindung mit einer Rechtsverordnung nach § 80 Absatz 14 sowie dem auf Grundlage von Artikel 24 Absatz 13 in Verbindung mit Artikel 89 der Richtlinie 2014/65/EU erlassenen delegierten Rechtsakt der Europäischen Kommission, konzipiert wurde,
31. als Wertpapierdienstleistungsunternehmen entgegen § 63 Absatz 6 Satz 1, auch in Verbindung mit dem auf Grundlage von Artikel 24 Absatz 13 in Verbindung mit Artikel 89 der Richtlinie 2014/65/EU erlassenen delegierten Rechtsakt der Europäischen Kommission, Informationen zugänglich macht, die nicht redlich, nicht eindeutig oder irreführend sind,
32. als Wertpapierdienstleistungsunternehmen einer anderen Person eine Marketingmitteilung zugänglich macht, die entgegen § 63 Absatz 6 Satz 2 nicht eindeutig als solche erkennbar ist,
33. entgegen § 63 Absatz 7 Satz 1 in Verbindung mit den Sätzen 3 und 4, auch in Verbindung mit Satz 11, auch in Verbindung mit einer Rechtsverordnung nach Absatz 14 und auch in Verbindung mit dem auf Grundlage von Artikel 24 Absatz 13 in Verbindung mit Artikel 89 der Richtlinie 2014/65/EU erlassenen delegierten Rechtsakt der Europäischen Kommission, Informationen nicht, nicht richtig, nicht vollständig, nicht in der vorgeschriebenen Weise oder nicht rechtzeitig zur Verfügung stellt,
34. entgegen § 63 Absatz 7 Satz 5, auch in Verbindung mit dem auf Grundlage von Artikel 24 Absatz 13 in Verbindung mit Artikel 89 der Richtlinie 2014/65/EU erlassenen delegierten Rechtsakt der Europäischen Kommission, eine Aufstellung nicht, nicht richtig oder nicht vollständig zur Verfügung stellt,

34a. entgegen § 63 Absatz 7 Satz 13 eine dort genannte Möglichkeit nicht oder nicht rechtzeitig einräumt,

35. entgegen § 64 Absatz 1, auch in Verbindung mit dem auf Grundlage von Artikel 24 Absatz 3 in Verbindung mit Artikel 89 der Richtlinie 2014/65/EU erlassenen delegierten Rechtsakt der Euro-

päischen Kommission, einen Kunden nicht, nicht richtig, nicht vollständig, nicht in der vorgeschriebenen Weise oder nicht rechtzeitig informiert,

36. entgegen § 63 Absatz 9 Satz 1, auch in Verbindung mit dem auf Grundlage von Artikel 24 Absatz 3 in Verbindung mit Artikel 89 der Richtlinie 2014/65/EU erlassenen delegierten Rechtsakt der Europäischen Kommission, einen Kunden nicht oder nicht richtig informiert oder ihm nicht für jeden Bestandteil getrennt Kosten und Gebühren nachweist,

37. entgegen § 63 Absatz 9 Satz 2, auch in Verbindung mit dem auf Grundlage von Artikel 24 Absatz 3 in Verbindung mit Artikel 89 der Richtlinie 2014/65/EU erlassenen delegierten Rechtsakt der Europäischen Kommission, einen Privatkunden nicht oder nicht in angemessener Weise informiert,

38. entgegen § 64 Absatz 2 Satz 1 in Verbindung mit einer Rechtsverordnung nach § 64 Absatz 10 Satz 1 Nummer 1 ein dort genanntes Dokument nicht, nicht richtig, nicht vollständig oder nicht rechtzeitig zur Verfügung stellt,

39. entgegen § 64 Absatz 3 Satz 1, auch in Verbindung mit dem auf Grundlage von Artikel 25 Absatz 8 in Verbindung mit Artikel 89 der Richtlinie 2014/65/EU erlassenen delegierten Rechtsakt der Europäischen Kommission, die dort genannten Informationen nicht oder nicht vollständig einholt,

40. entgegen § 64 Absatz 3 Satz 2 bis 4 ein Finanzinstrument oder eine Wertpapierdienstleistung empfiehlt oder ein Geschäft tätigt,

41. entgegen § 64 Absatz 4 Satz 1 in Verbindung mit Satz 2, auch in Verbindung mit dem auf Grundlage von Artikel 25 Absatz 8 in Verbindung mit Artikel 89 der Richtlinie 2014/65/EU erlassenen delegierten Rechtsakt der Europäischen Kommission, eine Geeignetheitserklärung nicht, nicht richtig, nicht vollständig, nicht in der vorgeschriebenen Weise oder nicht rechtzeitig zur Verfügung stellt,

41a. entgegen § 64 Absatz 4 Satz 5 oder § 142 Absatz 1 Satz 1, 2 oder 3 eine Information nicht, nicht richtig, nicht vollständig oder nicht rechtzeitig gibt,

42. als Wertpapierdienstleistungsunternehmen, das einem Kunden im Verlauf einer Anlageberatung mitgeteilt hat, dass eine Unabhängige Honorar-Anlageberatung erbracht wird, dem Kunden gegenüber eine Empfehlung eines Finanzinstruments ausspricht, der nicht eine im Sinne von § 64 Absatz 5 Nummer 1, auch in Verbindung mit dem auf Grundlage von Artikel 24 Absatz 3 in Verbindung mit Artikel 89 der Richtlinie 2014/65/EU erlassenen delegierten Rechtsakt der Europäischen Kommission, ausreichende Palette von Finanzinstrumenten zugrunde liegt,

43. entgegen § 64 Absatz 6 Satz 1, auch in Verbindung mit einer Rechtsverordnung nach § 64 Absatz 10 Nummer 2, eine Information nicht, nicht richtig oder nicht vollständig oder nicht rechtzeitig gibt,

44. entgegen § 64 Absatz 6 Satz 2 einen Vertragsschluss als Festpreisgeschäft ausführt,

45. entgegen § 64 Absatz 7, auch in Verbindung mit einer Rechtsverordnung nach § 64 Absatz 10 Nummer 3, eine Zuwendung annimmt oder behält,

45a. entgegen § 65 Absatz 1 Satz 3 oder § 65a Absatz 1 Satz 3 einen Vertragsschluss vermittelt,

46. entgegen § 63 Absatz 10 Satz 1, auch in Verbindung mit Satz 2, jeweils auch in Verbindung mit dem auf Grundlage von Artikel 25 Absatz 8 in Verbindung mit Artikel 89 der Richtlinie 2014/65/EU erlassenen delegierten Rechtsakt der Europäischen Kommission, die dort genannten Informationen nicht oder nicht vollständig einholt,

47. entgegen § 63 Absatz 10 Satz 3 oder 4, auch in Verbindung mit dem auf Grundlage von Artikel 25 Absatz 8 in Verbindung mit Artikel 89 der Richtlinie 2014/65/EU erlassenen delegierten Rechtsakt der Europäischen Kommission, einen Hinweis oder eine Information nicht oder nicht rechtzeitig gibt,

48. entgegen § 63 Absatz 12 Satz 1 in Verbindung mit Satz 2, auch in Verbindung mit § 64 Absatz 8, jeweils auch in Verbindung mit dem auf Grundlage von Artikel 25 Absatz 8 in Verbindung mit Artikel 89 der Richtlinie 2014/65/EU erlassenen delegierten Rechtsakt der Europäischen Kommission, einem Kunden nicht regelmäßig berichtet oder nicht den Ausführungsort eines Auftrags mitteilt,

49. entgegen § 68 Absatz 1 Satz 2 mit einer geeigneten Gegenpartei nicht in der dort beschriebenen Weise kommuniziert,

50. entgegen § 69 Absatz 1 Nummer 1 oder Nummer 2, auch in Verbindung mit dem auf Grundlage von Artikel 28 Absatz 3 in Verbindung mit Artikel 89 der Richtlinie 2014/65/EU erlassenen delegierten Rechtsakt der Europäischen Kommission, keine geeigneten Vorkehrungen in Bezug auf die Ausführung und Weiterleitung von Kundenaufträgen trifft,

51. entgegen § 69 Absatz 2 Satz 1, auch in Verbindung mit dem auf Grundlage von Artikel 28 Absatz 3 in Verbindung mit Artikel 89 der Richtlinie 2014/65/EU erlassenen delegierten Rechtsakt der Eu-

ropäischen Kommission, einen Auftrag nicht, nicht in der vorgeschriebenen Weise oder nicht rechtzeitig bekannt macht,

52. entgegen § 70 Absatz 1 Satz 1, auch in Verbindung mit einer Rechtsverordnung nach § 70 Absatz 9 Nummer 1, eine Zuwendung annimmt oder gewährt,
53. entgegen § 70 Absatz 5, auch in Verbindung mit dem auf Grundlage von Artikel 24 Absatz 13 in Verbindung mit Artikel 89 der Richtlinie 2014/65/EU erlassenen delegierten Rechtsakt der Europäischen Kommission, einen Kunden nicht über Verfahren betreffend die Auskehrung von Zuwendungen an Kunden informiert,
54. entgegen § 72 Absatz 1 Nummer 1 die dort genannten Regelungen nicht oder nicht im vorgeschriebenen Umfang festlegt,
55. entgegen § 72 Absatz 1 Nummer 2 die dort genannten Regelungen nicht oder nicht im vorgeschriebenen Umfang festlegt,
56. entgegen § 72 Absatz 1 Nummer 3 nicht über angemessene Verfahren verfügt,
57. entgegen § 72 Absatz 1 Nummer 4 eine Veröffentlichung nicht, nicht richtig oder nicht vollständig vornimmt,
58. entgegen § 72 Absatz 1 Nummer 5 Entgelte nicht oder nicht im vorgeschriebenen Umfang verlangt,
59. entgegen § 72 Absatz 1 Nummer 6 die dort benannten Vorkehrungen nicht oder nicht im vorgeschriebenen Umfang trifft,
60. entgegen § 72 Absatz 1 Nummer 7 kein angemessenes Order-Transaktions-Verhältnis sicherstellt,
61. entgegen § 72 Absatz 1 Nummer 8 keine Festlegung über die angemessene Größe der kleinstmöglichen Preisänderung trifft,
62. entgegen § 72 Absatz 1 Nummer 9 die dort genannten Risikokontrollen, Schwellen und Regelungen nicht festlegt,
63. entgegen § 72 Absatz 1 Nummer 10 die dort genannten Regelungen nicht festlegt,
64. entgegen § 72 Absatz 1 Nummer 11 keine zuverlässige Verwaltung der technischen Abläufe des Handelssystems sicherstellt,
65. entgegen § 72 Absatz 1 Nummer 12 die dort genannten Vorkehrungen nicht trifft,
66. entgegen § 72 Absatz 1 Nummer 13 ein multilaterales oder organisiertes Handelssystem betreibt, ohne über mindestens drei Nutzer zu verfügen, die mit allen übrigen Nutzern zum Zwecke der Preisbildung in Verbindung treten können,
67. ein multilaterales oder organisiertes Handelssystem betreibt, ohne über die Systeme im Sinne von § 5 Absatz 4a des Börsengesetzes in Verbindung mit § 72 Absatz 1 zu verfügen,
68. als Betreiber eines multilateralen oder eines organisierten Handelssystems entgegen § 26c Absatz 2 Satz 1 des Börsengesetzes in Verbindung mit § 72 Absatz 1 nicht eine ausreichende Teilnehmerzahl sicherstellt,
69. als Betreiber eines multilateralen oder organisierten Handelssystems einen Vertrag im Sinne des § 26c Absatz 1 des Börsengesetzes in Verbindung mit § 72 Absatz 1 schließt, der nicht sämtliche in § 26c Absatz 3 des Börsengesetzes genannten Bestandteile enthält,
70. entgegen § 72 Absatz 2 Gebührenstrukturen nicht gemäß den dort genannten Anforderungen gestaltet,
71. entgegen § 72 Absatz 3 eine Beschreibung nicht, nicht richtig oder nicht vollständig vorlegt,
72. entgegen § 72 Absatz 6 Satz 1 eine Mitteilung an die Bundesanstalt über schwerwiegende Verstöße gegen Handelsregeln, über Störungen der Marktintegrität und über Anhaltspunkte für einen Verstoß gegen die Vorschriften der Verordnung (EU) Nr. 596/2014 nicht oder nicht rechtzeitig macht,
73. entgegen § 73 Absatz 1 Satz 2 den Handel mit einem Finanzinstrument nicht aussetzt oder einstellt,
74. entgegen § 73 Absatz 1 Satz 4 eine Entscheidung nicht oder nicht richtig veröffentlicht oder die Bundesanstalt über eine Veröffentlichung nicht oder nicht rechtzeitig informiert,

74a. einer vollziehbaren Anordnung nach § 73 Absatz 2 Satz 1 oder Absatz 3 Satz 3 zuwiderhandelt,

75. entgegen § 74 Absatz 1 und 2 als Betreiber eines multilateralen Systems nicht dort genannte Regeln vorhält,
76. entgegen § 74 Absatz 3 die dort genannten Vorkehrungen nicht oder nicht im vorgeschriebenen Umfang trifft,
77. entgegen § 74 Absatz 5 einen Kundenauftrag unter Einsatz des Eigenkapitals ausführt,
78. entgegen § 75 Absatz 1 die dort genannten Vorkehrungen nicht trifft,
79. entgegen § 75 Absatz 2 Satz 1 ohne Zustimmung des Kunden auf die Zusammenführung sich deckender Kundenaufträge zurückgreift,
80. entgegen § 75 Absatz 2 Satz 2 Kundenaufträge zusammenführt,
81. entgegen § 75 Absatz 2 Satz 3 bei der Ausführung eines Geschäfts nicht sicherstellt, dass

a) er während der gesamten Ausführung eines Geschäfts zu keiner Zeit einem Marktrisiko ausgesetzt ist,
b) beide Vorgänge gleichzeitig ausgeführt werden oder
c) das Geschäft zu einem Preis abgeschlossen wird, bei dem er, abgesehen von einer vorab offengelegten Provision, Gebühr oder sonstigen Vergütung, weder Gewinn noch Verlust macht,

82. entgegen § 75 Absatz 3 als Betreiber eines organisierten Handelssystems bei dessen Betrieb ein Geschäft für eigene Rechnung abschließt, das nicht in der Zusammenführung von Kundenaufträgen besteht und das ein Finanzinstrument zum Gegenstand hat, bei dem es sich nicht um einen öffentlichen Schuldtitel handelt, für den es keinen liquiden Markt gibt,
83. entgegen § 75 Absatz 4 Satz 1 innerhalb derselben rechtlichen Einheit ein organisiertes Handelssystem und die systematische Internalisierung betreibt,
84. entgegen § 75 Absatz 4 Satz 2 ein organisiertes Handelssystem betreibt, das eine Verbindung zu einem systematischen Internalisierer in einer Weise herstellt, dass die Interaktion von Aufträgen in dem organisierten Handelssystem und Aufträgen oder Offerten in dem systematischen Internalisierer ermöglicht wird,
85. als Betreiber eines organisierten Handelssystems beim Umgang mit Aufträgen in anderen als den in § 75 Absatz 6 Satz 2 genannten Fällen ein Ermessen ausübt,
86. einem vollziehbaren Erklärungsverlangen nach § 75 Absatz 7 Satz 1 zuwiderhandelt,
87. entgegen § 75 Absatz 7 Satz 3 die dort genannten Informationen nicht, nicht richtig oder nicht vollständig zur Verfügung stellt,
88. entgegen § 77 Absatz 1 einen direkten elektronischen Zugang zu einem Handelsplatz anbietet, ohne über die dort genannten Systeme und Kontrollen zu verfügen,
89. entgegen § 77 Absatz 1 nicht sicherstellt, dass seine Kunden die dort genannten Anforderungen erfüllen oder die dort genannten Vorschriften einhalten,
90. entgegen § 77 Absatz 1 Nummer 4 Buchstabe c Geschäfte nicht überwacht, um Verstöße gegen die Regeln des Handelsplatzes, marktstörende Handelsbedingungen oder auf Marktmissbrauch hindeutende Verhaltensweisen zu erkennen,
91. als Wertpapierdienstleistungsunternehmen einem Kunden einen direkten elektronischen Zugang zu einem Handelsplatz anbietet, ohne zuvor einen schriftlichen Vertrag mit dem Kunden geschlossen zu haben, der den inhaltlichen Anforderungen des § 77 Absatz 1 Nummer 2 entspricht,
92. entgegen § 77 Absatz 2 Satz 1 eine Mitteilung nicht oder nicht richtig macht,
93. einer vollziehbaren Anordnung nach § 77 Absatz 2 Satz 2 zuwiderhandelt,
94. entgegen § 77 Absatz 3 nicht für die Aufbewahrung von Aufzeichnungen sorgt oder nicht sicherstellt, dass die Aufzeichnungen ausreichend sind,
95. als Wertpapierdienstleistungsunternehmen als allgemeines Clearing-Mitglied für andere Personen handelt, ohne über die in § 78 Satz 1 genannten Systeme und Kontrollen zu verfügen,
96. als Wertpapierdienstleistungsunternehmen als allgemeines Clearing-Mitglied für eine andere Person handelt, ohne zuvor mit dieser Person eine nach § 78 Satz 3 erforderliche schriftliche Vereinbarung hinsichtlich der wesentlichen Rechte und Pflichten geschlossen zu haben,
97. entgegen § 80 Absatz 1 Satz 2 Nummer 1, auch in Verbindung mit dem auf Grundlage von Artikel 23 Absatz 4 in Verbindung mit Artikel 89 der Richtlinie 2014/65/EU erlassenen delegierten Rechtsakt der Europäischen Kommission, keine Vorkehrungen trifft,
98. als Wertpapierdienstleistungsunternehmen algorithmischen Handel betreibt, ohne über die in § 80 Absatz 2 Satz 3 genannten Systeme und Risikokontrollen zu verfügen,
99. als Wertpapierdienstleistungsunternehmen algorithmischen Handel betreibt, ohne über die in § 80 Absatz 2 Satz 4 genannten Notfallvorkehrungen zu verfügen,
100. entgegen § 80 Absatz 2 Satz 5 eine Anzeige nicht macht,
101. einer vollziehbaren Anordnung nach § 80 Absatz 3 Satz 3 zuwiderhandelt,
102. entgegen § 80 Absatz 3 Satz 1 in Verbindung mit Satz 2 eine Aufzeichnung nicht, nicht richtig, nicht vollständig oder nicht in der vorgeschriebenen Weise macht oder nicht für die Dauer von fünf Jahren aufbewahrt,
103. entgegen § 80 Absatz 4 Nummer 1 das Market-Making nicht im dort vorgeschriebenen Umfang betreibt,
104. als Wertpapierdienstleistungsunternehmen algorithmischen Handel unter Verfolgung einer Market-Making-Strategie im Sinne des § 80 Absatz 5 betreibt, ohne zuvor einen schriftlichen Vertrag mit dem Handelsplatz geschlossen zu haben, der zumindest die Verpflichtungen im Sinne des § 80 Absatz 4 Nummer 1 beinhaltet,

105. als Wertpapierdienstleistungsunternehmen algorithmischen Handel unter Verfolgung einer Market-Making-Strategie im Sinne des § 80 Absatz 5 betreibt, ohne über die in § 80 Absatz 4 Nummer 3 genannten Systeme und Kontrollen zu verfügen,
106. entgegen § 80 Absatz 9 Satz 1, auch in Verbindung mit einer Rechtsverordnung nach § 80 Absatz 14 Satz 1, ein Produktfreigabeverfahren nicht oder nicht in der vorgeschriebenen Weise unterhält oder betreibt oder nicht regelmäßig überprüft,
107. entgegen § 80 Absatz 10 Satz 1, auch in Verbindung mit einer Rechtsverordnung nach § 80 Absatz 14 Satz 1, die Festlegung eines Zielmarkts nicht regelmäßig überprüft,
108. entgegen § 80 Absatz 11 Satz 1, auch in Verbindung mit einer Rechtsverordnung nach § 80 Absatz 14 Satz 1, die dort genannten Informationen nicht, nicht richtig, nicht vollständig oder nicht in der vorgeschriebenen Weise zur Verfügung stellt,
109. entgegen § 80 Absatz 11 Satz 2, auch in Verbindung mit einer Rechtsverordnung nach § 80 Absatz 14 Satz 1, nicht über angemessene Vorkehrungen verfügt, um sich die in § 80 Absatz 11 Satz 1 genannten Informationen vom konzipierenden Wertpapierdienstleistungsunternehmen oder vom Emittenten zu verschaffen und die Merkmale und den Zielmarkt des Finanzinstruments zu verstehen,
110. entgegen § 81 Absatz 1 nicht die Organisation, Eignung des Personals, Mittel und Regelungen zur Erbringung von Wertpapierdienstleistungen und Wertpapiernebendienstleistungen, die Firmenpolitik und die Vergütungspolitik festlegt, umsetzt und überwacht,
111. entgegen § 81 Absatz 2 nicht die Eignung und die Umsetzung der strategischen Ziele des Wertpapierdienstleistungsunternehmens, die Wirksamkeit der Unternehmensführungsregelungen und die Angemessenheit der Firmenpolitik überwacht und überprüft oder nicht unverzüglich Schritte einleitet, um bestehende Mängel zu beseitigen,
112. entgegen § 81 Absatz 3 keinen angemessenen Zugang sicherstellt,
113. entgegen § 82 Absatz 1, auch in Verbindung mit dem auf Grundlage von Artikel 27 Absatz 9 in Verbindung mit Artikel 89 der Richtlinie 2014/65/EU erlassenen delegierten Rechtsakt der Europäischen Kommission, nicht sicherstellt, dass ein Kundenauftrag nach den dort benannten Grundsätzen ausgeführt wird,
114. entgegen § 82 Absatz 1 Nummer 1, auch in Verbindung mit dem auf Grundlage von Artikel 27 Absatz 9 in Verbindung mit Artikel 89 der Richtlinie 2014/65/EU erlassenen delegierten Rechtsakt der Europäischen Kommission, keine regelmäßige Überprüfung vornimmt,
115. entgegen § 82 Absatz 5 Satz 2, auch in Verbindung mit dem auf Grundlage von Artikel 27 Absatz 9 in Verbindung mit Artikel 89 der Richtlinie 2014/65/EU erlassenen delegierten Rechtsakt der Europäischen Kommission, einen dort genannten Hinweis nicht oder nicht rechtzeitig gibt oder eine dort genannte Einwilligung nicht oder nicht rechtzeitig einholt,
116. entgegen § 82 Absatz 6 Nummer 1, auch in Verbindung mit dem auf Grundlage von Artikel 27 Absatz 9 in Verbindung mit Artikel 89 der Richtlinie 2014/65/EU erlassenen delegierten Rechtsakt der Europäischen Kommission, einen Kunden nicht, nicht richtig, nicht in der vorgeschriebenen Weise oder nicht rechtzeitig informiert,
117. entgegen § 82 Absatz 6 Nummer 1 eine dort genannte Zustimmung nicht oder nicht rechtzeitig einholt,
118. entgegen § 82 Absatz 6 Nummer 2, auch in Verbindung mit dem auf Grundlage von Artikel 27 Absatz 9 in Verbindung mit Artikel 89 der Richtlinie 2014/65/EU erlassenen delegierten Rechtsakt der Europäischen Kommission, eine dort genannte Mitteilung nicht, nicht richtig, nicht in der vorgeschriebenen Weise oder nicht rechtzeitig macht,
119. entgegen § 82 Absatz 8 eine Vergütung, einen Rabatt oder einen nicht monetären Vorteil annimmt,
120. entgegen § 82 Absatz 9, auch in Verbindung mit einem technischen Regulierungsstandard nach Artikel 27 Absatz 10 Buchstabe b der Richtlinie 2014/65/EU, eine dort genannte Veröffentlichung nicht mindestens einmal jährlich vornimmt,
121. als Betreiber eines Handelsplatzes oder als systematischer Internalisierer, vorbehaltlich der Regelung zu § 26e des Börsengesetzes, entgegen § 82 Absatz 10, auch in Verbindung mit einer delegierten Verordnung nach Artikel 27 Absatz 9 sowie einem technischen Regulierungsstandard nach Artikel 27 Absatz 10 Buchstabe a der Richtlinie 2014/65/EU, eine dort genannte Veröffentlichung nicht mindestens einmal jährlich vornimmt,
122. als Betreiber eines Ausführungsplatzes, vorbehaltlich der Regelung zu § 26e des Börsengesetzes, entgegen § 82 Absatz 11, auch in Verbindung mit einer delegierten Verordnung nach Artikel 27 Absatz 9 sowie einem technischen Regulierungsstandard nach Artikel 27 Absatz 10 Buchstabe a der Richtlinie 2014/65/EU, eine Veröffentlichung nicht mindestens einmal jährlich vornimmt,

123. entgegen § 83 Absatz 1 oder Absatz 2 Satz 1, auch in Verbindung mit einer Rechtsverordnung nach § 83 Absatz 10 Satz 1 und den Artikeln 58 sowie 72 bis 74 der Delegierten Verordnung (EU) 2017/565, eine dort genannte Aufzeichnung nicht, nicht richtig oder nicht vollständig erstellt,
124. entgegen § 83 Absatz 3 Satz 1, auch in Verbindung mit einer Rechtsverordnung nach § 83 Absatz 10 Satz 1 und Artikel 76 der Delegierten Verordnung (EU) 2017/565, ein Telefongespräch oder eine elektronische Kommunikation nicht, nicht richtig, nicht vollständig oder nicht in der vorgeschriebenen Weise aufzeichnet,
125. entgegen § 83 Absatz 4 Satz 1, auch in Verbindung mit einer Rechtsverordnung nach § 83 Absatz 10 Satz 1, nicht alle angemessenen Maßnahmen ergreift, um einschlägige Telefongespräche und elektronische Kommunikation aufzuzeichnen,
126. entgegen § 83 Absatz 5, auch in Verbindung mit einer Rechtsverordnung nach § 83 Absatz 10 Satz 1 und Artikel 76 Absatz 8 der Delegierten Verordnung (EU) 2017/565, einen Kunden nicht oder nicht rechtzeitig vorab in geeigneter Weise über die Aufzeichnung von Telefongesprächen nach § 83 Absatz 3 Satz 1 informiert,
127. entgegen § 84 Absatz 1 Satz 1 oder Absatz 4 Satz 1 keine geeigneten Vorkehrungen trifft, um die Rechte der Kunden an ihnen gehörenden Finanzinstrumenten oder Geldern zu schützen und zu verhindern, dass diese ohne ausdrückliche Zustimmung für eigene Rechnung verwendet werden,
128. entgegen § 84 Absatz 2 Satz 3 die Zustimmung des Kunden zur Verwahrung seiner Vermögensgegenstände bei einem qualifizierten Geldmarktfonds nicht oder nicht rechtzeitig einholt,
129. entgegen § 84 Absatz 2 Satz 5 eine treuhänderische Einlage nicht offenlegt,
130. entgegen § 84 Absatz 2 Satz 6 den Kunden nicht, nicht richtig oder nicht rechtzeitig darüber unterrichtet, bei welchem Institut und auf welchem Konto seine Gelder verwahrt werden,
131. entgegen § 84 Absatz 5 Satz 1 ein Wertpapier nicht oder nicht rechtzeitig zur Verwahrung weiterleitet,
132. entgegen § 84 Absatz 7 mit einem Privatkunden eine Finanzsicherheit in Form einer Vollrechtsübertragung nach Artikel 2 Absatz 1 Buchstabe b der Richtlinie 2002/47/EG abschließt,
133. entgegen § 84 Absatz 6 Satz 1, auch in Verbindung mit § 84 Absatz 6 Satz 2, ein Wertpapier für eigene Rechnung oder für Rechnung eines anderen Kunden nutzt,
134. entgegen § 87 Absatz 1 Satz 1, Absatz 2, 3, 4 Satz 1 oder Absatz 5 Satz 1, jeweils auch in Verbindung mit einer Rechtsverordnung nach § 87 Absatz 9 Satz 1 Nummer 2, einen Mitarbeiter mit einer dort genannten Tätigkeit betraut,
135. entgegen
   a) § 87 Absatz 1 Satz 2 oder Satz 3, Absatz 4 Satz 2 oder Satz 3 oder Absatz 5 Satz 2 oder Satz 3, jeweils auch in Verbindung mit einer Rechtsverordnung nach § 87 Absatz 9 Satz 1 Nummer 1, oder
   b) § 87 Absatz 1 Satz 4 in Verbindung mit einer Rechtsverordnung nach § 87 Absatz 9 Satz 1 Nummer 1

   eine Anzeige nicht, nicht richtig, nicht vollständig oder nicht rechtzeitig erstattet oder
136. entgegen § 94 Absatz 1 eine dort genannte Bezeichnung führt.

(9) Ordnungswidrig handelt, wer gegen die Verordnung (EU) Nr. 600/2014 des Europäischen Parlaments und des Rates vom 15. Mai 2014 über Märkte für Finanzinstrumente und zur Änderung der Verordnung (EU) Nr. 648/2012 (ABl. L 173 vom 12.6.2014, S. 84; L 6 vom 10.1.2015, S. 6; L 270 vom 15.10.2015, S. 4; L 278 vom 27.10.2017, S. 54), die zuletzt durch die Verordnung (EU) 2019/2175 (ABl. L 334 vom 27.12.2019, S. 1) geändert worden ist, verstößt, indem er vorsätzlich oder leichtfertig

1. als Wertpapierdienstleistungsunternehmen im Sinne dieses Gesetzes entgegen
   a) Artikel 3 Absatz 1,
   b) Artikel 6 Absatz 1,
   c) Artikel 8 Absatz 1 Satz 2,
   d) Artikel 8 Absatz 4 Satz 2,
   e) Artikel 10 Absatz 1,
   f) Artikel 11 Absatz 3 Unterabsatz 3 in Verbindung mit Artikel 10 Absatz 1,
   g) Artikel 31 Absatz 2

   eine Veröffentlichung nicht, nicht richtig, nicht vollständig, nicht in der vorgeschriebenen Weise oder nicht rechtzeitig vornimmt,
2. als Wertpapierdienstleistungsunternehmen im Sinne dieses Gesetzes entgegen
   a) Artikel 3 Absatz 3,
   b) Artikel 6 Absatz 2

   nicht in der dort beschriebenen Weise Zugang zu den betreffenden Systemen gewährt,

3. als Wertpapierdienstleistungsunternehmen im Sinne dieses Gesetzes entgegen
   a) Artikel 8 Absatz 3,
   b) Artikel 10 Absatz 2

   nicht in der dort beschriebenen Weise Zugang zu den betreffenden Einrichtungen gewährt,
4. als Wertpapierdienstleistungsunternehmen im Sinne dieses Gesetzes entgegen
   a) Artikel 7 Absatz 1 Unterabsatz 3 Satz 1 eine Genehmigung nicht rechtzeitig einholt oder auf geplante Regelungen für eine Veröffentlichung nicht, nicht richtig, nicht vollständig, nicht in der vorgeschriebenen Weise oder nicht rechtzeitig hinweist,
   b) Artikel 11 Absatz 1 Unterabsatz 3 Satz 1 auf geplante Regelungen für eine Veröffentlichung nicht, nicht richtig, nicht vollständig, nicht in der vorgeschriebenen Weise oder nicht rechtzeitig hinweist,
   c) Artikel 12 Absatz 1 eine Information nicht, nicht richtig, nicht vollständig, nicht in der vorgeschriebenen Weise oder nicht rechtzeitig offenlegt,
   d) Artikel 13 Absatz 1 Satz 1 in Verbindung mit Satz 2 eine Angabe oder Information nicht, nicht richtig, nicht in der vorgeschriebenen Weise oder nicht rechtzeitig offenlegt oder bereitstellt oder keinen diskriminierungsfreien Zugang zu den Informationen sicherstellt,
   e) Artikel 14 Absatz 1 Unterabsatz 1 in Verbindung mit Artikel 14 Absatz 3, 4, 5 und Artikel 15 Absatz 1 Unterabsatz 1 eine Kursofferte nicht, nicht vollständig, nicht in der vorgeschriebenen Weise, nicht rechtzeitig oder nicht im vorgeschriebenen Umfang offenlegt,
   f) Artikel 25 Absatz 2 Satz 1 die betreffenden Daten eines Auftrags nicht, nicht richtig, nicht vollständig oder nicht in der vorgeschriebenen Weise aufzeichnet oder die aufgezeichneten Daten nicht für mindestens fünf Jahre zur Verfügung der zuständigen Behörde hält,
   g) Artikel 26 Absatz 5 eine Meldung nicht, nicht richtig, nicht vollständig, nicht in der vorgeschriebenen Weise oder nicht rechtzeitig vornimmt,
   h) Artikel 31 Absatz 3 Satz 1 eine Aufzeichnung nicht, nicht richtig, nicht vollständig oder nicht in der vorgeschriebenen Weise führt,
   i) Artikel 31 Absatz 3 Satz 2 der Europäischen Wertpapier- und Marktaufsichtsbehörde eine Aufzeichnung nicht, nicht vollständig oder nicht rechtzeitig zur Verfügung stellt,
   j) Artikel 35 Absatz 1 Unterabsatz 1 Satz 1 das Clearen nicht oder nicht auf nichtdiskriminierender und transparenter Basis übernimmt,
   k) Artikel 35 Absatz 2 Satz 1 einen Antrag nicht in der vorgeschriebenen Form übermittelt,
   l) Artikel 35 Absatz 3 Satz 1 dem Handelsplatz nicht, nicht in der vorgeschriebenen Weise oder nicht rechtzeitig antwortet,
   m) Artikel 35 Absatz 3 Satz 2 einen Antrag ablehnt,
   n) Artikel 35 Absatz 3 Satz 3, auch in Verbindung mit Satz 4, eine Untersagung nicht ausführlich begründet oder eine Unterrichtung oder Mitteilung nicht oder nicht in der vorgeschriebenen Weise vornimmt,
   o) Artikel 35 Absatz 3 Satz 5 einen Zugang nicht oder nicht rechtzeitig ermöglicht,
   p) Artikel 36 Absatz 1 Unterabsatz 1 Satz 1 Handelsdaten nicht auf nichtdiskriminierender und transparenter Basis bereitstellt,
   q) Artikel 36 Absatz 3 Satz 1 einer zentralen Gegenpartei nicht, nicht in der vorgeschriebenen Weise oder nicht rechtzeitig antwortet,
   r) Artikel 36 Absatz 3 Satz 2 einen Zugang verweigert, ohne dass die dort genannten Voraussetzungen für eine Zugangsverweigerung vorliegen,
   s) Artikel 36 Absatz 3 Satz 5 einen Zugang nicht oder nicht rechtzeitig ermöglicht,
5. als Wertpapierdienstleistungsunternehmen im Sinne dieses Gesetzes im Zuge des Betriebs eines multilateralen Handelssystems oder eines organisierten Handelssystems ein System zur Formalisierung ausgehandelter Geschäfte betreibt, das nicht oder nicht vollständig den in Artikel 4 Absatz 3 Unterabsatz 1 beschriebenen Anforderungen entspricht,
6. entgegen Artikel 14 Absatz 1 Unterabsatz 2 in Verbindung mit Artikel 14 Absatz 3, 4 und 5 eine Kursofferte nicht, nicht vollständig, nicht in der vorgeschriebenen Weise oder nicht im vorgeschriebenen Umfang macht,
7. entgegen Artikel 15 Absatz 4 Satz 2 einen Auftrag nicht in der vorgeschriebenen Weise ausführt,
8. als systematischer Internalisierer entgegen Artikel 17 Absatz 1 Satz 2 in Verbindung mit Artikel 17 Absatz 1 Satz 1 nicht über eindeutige Standards für den Zugang zu Kursofferten verfügt,
9. entgegen Artikel 18 Absatz 1 in Verbindung mit Artikel 18 Absatz 9 eine dort genannte Kursofferte nicht veröffentlicht,

10. entgegen Artikel 18 Absatz 2 Satz 1 in Verbindung mit Artikel 18 Absatz 9 keine Kursofferte macht,
11. entgegen Artikel 18 Absatz 5 Satz 1 eine Kursofferte nicht zugänglich macht,
12. entgegen Artikel 18 Absatz 6 Unterabsatz 1 nicht eine Verpflichtung zum Abschluss eines Geschäfts mit einem anderen Kunden eingeht,
13. als systematischer Internalisierer entgegen Artikel 18 Absatz 8 die dort vorgeschriebene Bekanntmachung nicht oder nicht in der dort vorgeschriebenen Weise vornimmt,
14. entgegen
    a) Artikel 20 Absatz 1 Satz 1 in Verbindung mit Artikel 20 Absatz 1 Satz 2 und Absatz 2,
    b) Artikel 21 Absatz 1 Satz 1 in Verbindung mit Artikel 21 Absatz 1 Satz 2, Absatz 2, 3 und Artikel 10

    eine dort vorgeschriebene Veröffentlichung nicht, nicht richtig, nicht vollständig, nicht rechtzeitig oder nicht in der vorgeschriebenen Weise vornimmt,
15. als Wertpapierdienstleistungsunternehmen, als genehmigtes Veröffentlichungssystem oder als Bereitsteller konsolidierter Datenträger entgegen Artikel 22 Absatz 2 erforderliche Daten nicht während eines ausreichenden Zeitraums speichert,
16. entgegen Artikel 23 Absatz 1 ein Handelsgeschäft außerhalb der dort genannten Handelssysteme tätigt,
17. entgegen Artikel 25 Absatz 1 Satz 1 die betreffenden Daten eines Auftrags oder eines Geschäfts nicht, nicht richtig, nicht vollständig oder nicht in der vorgeschriebenen Weise aufzeichnet oder aufgezeichnete Daten nicht für mindestens fünf Jahre zur Verfügung der zuständigen Behörde hält,
18. entgegen Artikel 26 Absatz 1 Unterabsatz 1, auch in Verbindung mit Artikel 26 Absatz 4 Satz 2, eine Meldung nicht, nicht richtig, nicht vollständig, nicht in der vorgeschriebenen Weise oder nicht rechtzeitig vornimmt,
19. entgegen Artikel 26 Absatz 4 Satz 1 einem übermittelten Auftrag nicht sämtliche Einzelheiten beifügt,
20. als genehmigter Meldemechanismus oder als Betreiber eines Handelsplatzes entgegen Artikel 26 Absatz 7 Unterabsatz 1 eine Meldung nicht, nicht richtig oder nicht vollständig übermittelt,
21. als Betreiber eines Handelsplatzes im Sinne des Artikels 4 Absatz 1 Nummer 24 entgegen Artikel 26 Absatz 5 eine Meldung nicht, nicht richtig, nicht vollständig, nicht in der vorgeschriebenen Weise oder nicht rechtzeitig vornimmt,
22. als Wertpapierdienstleistungsunternehmen, systematischer Internalisierer oder Betreiber eines Handelsplatzes entgegen Artikel 27 Absatz 1 Unterabsatz 1, 2 oder 3 Satz 2 identifizierende Referenzdaten in Bezug auf ein Finanzinstrument nicht, nicht richtig, nicht vollständig, nicht in der vorgeschriebenen Weise oder nicht rechtzeitig zur Verfügung stellt oder aktualisiert,

22a. entgegen Artikel 27g Absatz 1 Satz 2 eine Information nicht, nicht richtig, nicht vollständig oder nicht rechtzeitig zur Verfügung stellt,

22b. entgegen Artikel 27g Absatz 3 Satz 2 oder Artikel 27i Absatz 2 Satz 2 eine Information nicht richtig behandelt,

23. entgegen Artikel 28 Absatz 1, auch in Verbindung mit Artikel 28 Absatz 2 Unterabsatz 1, ein Geschäft an einem anderen als den dort bezeichneten Plätzen abschließt,
24. als zentrale Gegenpartei im Sinne des Artikels 2 Absatz 1 der Verordnung (EU) Nr. 648/2012 oder als Wertpapierdienstleistungsunternehmen im Sinne dieses Gesetzes entgegen Artikel 29 Absatz 2 Unterabsatz 1 nicht über die dort bezeichneten Systeme, Verfahren und Vorkehrungen verfügt,
25. entgegen Artikel 36 Absatz 2 einen Antrag nicht oder nicht in der vorgeschriebenen Weise übermittelt,
26. entgegen Artikel 37 Absatz 1 einen Zugang nicht, nicht in der vorgeschriebenen Weise oder nicht rechtzeitig gewährt,
27. als zentrale Gegenpartei im Sinne des Artikels 2 Absatz 1 der Verordnung (EU) Nr. 648/2012 oder als Wertpapierdienstleistungsunternehmen im Sinne dieses Gesetzes oder als mit einem der beiden Erstgenannten verbundenes Unternehmen entgegen Artikel 37 Absatz 3 eine dort genannte Vereinbarung trifft,
28. einem vollziehbaren Beschluss der Europäischen Wertpapier- und Marktaufsichtsbehörde nach Artikel 40 Absatz 1 zuwiderhandelt,
29. einem vollziehbaren Beschluss der Europäischen Bankenaufsichtsbehörde nach Artikel 41 Absatz 1 zuwiderhandelt oder
30. einer vollziehbaren Anordnung der Bundesanstalt nach Artikel 42 Absatz 1 zuwiderhandelt.

(9a) Ordnungswidrig handelt, wer vorsätzlich oder leichtfertig als Person nach Artikel 2 Absatz 1 Nummer 34 der Verordnung (EU) Nr. 600/2014
1. nicht dafür sorgt, dass sie über Grundsätze und Vorkehrungen nach Artikel 27g Absatz 1 Satz 1 der Verordnung (EU) Nr. 600/2014 verfügt,
2. nicht über die in Artikel 27g Absatz 4 Satz 2 oder Artikel 27i Absatz 3 Satz 2 der Verordnung (EU) Nr. 600/2014 genannten Mittel und Notfallsysteme verfügt,
3. nicht in der Lage ist, Informationen in der in Artikel 27g Absatz 1 Satz 3 der Verordnung (EU) Nr. 600/2014 vorgeschriebenen Weise zu verbreiten,
4. nicht die in Artikel 27g Absatz 3 Satz 1 der Verordnung (EU) Nr. 600/2014 genannten Vorkehrungen trifft und beibehält,
5. nicht die in Artikel 27g Absatz 4 Satz 1 oder Artikel 27i Absatz 3 Satz 1 der Verordnung (EU) Nr. 600/2014 genannten Mechanismen einrichtet,
6. nicht über die in Artikel 27g Absatz 4 Satz 2 oder Artikel 27i Absatz 3 Satz 2 der Verordnung (EU) Nr. 600/2014 genannten Ressourcen und Notfallsysteme verfügt,
7. nicht über die in Artikel 27g Absatz 5 der Verordnung (EU) Nr. 600/2014 genannten Systeme verfügt,
8. nicht über die in Artikel 27i Absatz 1 der Verordnung (EU) Nr. 600/2014 genannten Grundsätze und Vorkehrungen zu deren Einhaltung verfügt,
9. nicht die in Artikel 27i Absatz 2 der Verordnung (EU) Nr. 600/2014 genannten Vorkehrungen trifft oder nicht über die in Artikel 27i Absatz 4 genannten Systeme verfügt.

(10) Ordnungswidrig handelt, wer gegen die Verordnung (EU) 2015/2365 des Europäischen Parlaments und des Rates vom 25. November 2015 über die Transparenz von Wertpapierfinanzierungsgeschäften und der Weiterverwendung sowie zur Änderung der Verordnung (EU) Nr. 648/2012 (ABl. L 337 vom 23.12.2015, S. 1) verstößt, indem er vorsätzlich oder leichtfertig
1. entgegen Artikel 4 Absatz 1 eine Meldung nicht, nicht richtig, nicht vollständig, nicht in der vorgeschriebenen Weise oder nicht rechtzeitig vornimmt,
2. entgegen Artikel 4 Absatz 4 Aufzeichnungen nicht, nicht vollständig oder nicht mindestens für die vorgeschriebene Dauer aufbewahrt,
3. entgegen Artikel 15 Absatz 1 Finanzinstrumente weiterverwendet, ohne dass die dort genannten Voraussetzungen erfüllt sind oder
4. entgegen Artikel 15 Absatz 2 ein Recht auf Weiterverwendung ausübt, ohne dass die dort genannten Voraussetzungen erfüllt sind.

(11) Ordnungswidrig handelt, wer gegen die Verordnung (EU) 2016/1011 des Europäischen Parlaments und des Rates vom 8. Juni 2016 über Indizes, die bei Finanzinstrumenten und Finanzkontrakten als Referenzwert oder zur Messung der Wertentwicklung eines Investmentfonds verwendet werden, und zur Änderung der Richtlinien 2008/48/EG und 2014/17/EU sowie der Verordnung (EU) Nr. 596/2014 (ABl. L 171 vom 29.6.2016, S. 1) verstößt, indem er vorsätzlich oder leichtfertig
1. als Administrator entgegen Artikel 4 Absatz 1 Unterabsatz 1 über keine Regelungen für die Unternehmensführung verfügt oder nur über solche, die nicht den dort genannten Anforderungen entsprechen,
2. als Administrator entgegen Artikel 4 Absatz 1 Unterabsatz 2 keine angemessenen Schritte unternimmt, um Interessenkonflikte zu erkennen, zu vermeiden oder zu regeln,
3. als Administrator entgegen Artikel 4 Absatz 1 Unterabsatz 2 nicht dafür sorgt, dass Beurteilungs- oder Ermessensspielräume unabhängig und redlich ausgeübt werden,
4. als Administrator einen Referenzwert entgegen Artikel 4 Absatz 2 nicht organisatorisch getrennt von den übrigen Geschäftsbereichen bereitstellt,
5. als Administrator einer vollziehbaren Anordnung der Bundesanstalt nach Artikel 4 Absatz 3 oder Absatz 4 zuwiderhandelt,
6. als Administrator Interessenkonflikte entgegen Artikel 4 Absatz 5 nicht, nicht richtig, nicht vollständig oder nicht unverzüglich veröffentlicht oder offenlegt, nachdem er von deren Bestehen Kenntnis erlangt hat,
7. als Administrator entgegen Artikel 4 Absatz 6 die dort genannten Maßnahmen nicht festlegt, nicht anwendet oder nicht regelmäßig überprüft oder aktualisiert,
8. als Administrator entgegen Artikel 4 Absatz 7 nicht dafür sorgt, dass Mitarbeiter und die dort genannten anderen natürlichen Personen die in Artikel 4 Absatz 7 Buchstabe a bis e genannten Anforderungen erfüllen,
9. als Administrator entgegen Artikel 4 Absatz 8 keine spezifischen Verfahren der internen Kontrolle zur Sicherstellung der Integrität und Zuverlässigkeit der Mitarbeiter oder Personen, die den Refe-

renzwert bestimmen, festlegt oder den Referenzwert vor seiner Verbreitung nicht durch die Geschäftsleitung abzeichnen lässt,

10. als Administrator entgegen Artikel 5 Absatz 1 keine ständige und wirksame Aufsichtsfunktion schafft und unterhält,
11. als Administrator entgegen Artikel 5 Absatz 2 keine soliden Verfahren zur Sicherung der Aufsichtsfunktion entwickelt und unterhält oder diese der Bundesanstalt nicht, nicht richtig, nicht vollständig oder nicht unverzüglich nach Fertigstellung der Entwicklung zur Verfügung stellt,
12. als Administrator die Aufsichtsfunktion entgegen Artikel 5 Absatz 3 nicht mit den dort genannten Zuständigkeiten ausstattet oder diese nicht an die Komplexität, Verwendung und Anfälligkeit des Referenzwerts anpasst,
13. als Administrator entgegen Artikel 5 Absatz 4 die Aufsichtsfunktion nicht einem gesonderten Ausschuss überträgt oder durch andere geeignete Regelungen zur Unternehmensführung die Integrität der Funktion sicherstellt und das Auftreten von Interessenkonflikten verhindert,
14. als Administrator entgegen Artikel 6 Absatz 1, 2 oder 3 keinen oder keinen den dort genannten Anforderungen genügenden Kontrollrahmen vorhält,
15. als Administrator entgegen Artikel 6 Absatz 4 die dort genannten Maßnahmen nicht, nicht vollständig oder nicht wirksam trifft,
16. als Administrator entgegen Artikel 6 Absatz 5 den Kontrollrahmen nicht oder nicht vollständig dokumentiert, überprüft oder aktualisiert oder der Bundesanstalt oder seinen Nutzern nicht, nicht richtig, nicht vollständig oder nicht rechtzeitig zur Verfügung stellt,
17. als Administrator entgegen Artikel 7 Absatz 1 nicht über einen den dort genannten Anforderungen genügenden Rahmen für die Rechenschaftslegung verfügt,
18. als Administrator entgegen Artikel 7 Absatz 2 keine interne Stelle benennt, die ausreichend befähigt ist, die Einhaltung der Referenzwert-Methodik und dieser Verordnung durch den Administrator zu überprüfen und darüber Bericht zu erstatten,
19. als Administrator entgegen Artikel 7 Absatz 3 keinen unabhängigen externen Prüfer benennt,
20. als Administrator entgegen Artikel 7 Absatz 4 die dort bestimmten Informationen nicht, nicht richtig, nicht vollständig oder nicht rechtzeitig zur Verfügung stellt oder veröffentlicht,
21. als Administrator entgegen Artikel 8 Absatz 1 eine dort genannte Aufzeichnung nicht oder nicht vollständig führt,
22. als Administrator entgegen Artikel 8 Absatz 2 Satz 1 eine dort genannte Aufzeichnung nicht, nicht vollständig oder nicht mindestens für die Dauer von fünf Jahren aufbewahrt,
23. als Administrator entgegen Artikel 8 Absatz 2 Satz 2 eine dort genannte Aufzeichnung nicht, nicht richtig, nicht vollständig oder nicht rechtzeitig zur Verfügung stellt oder nicht mindestens für die Dauer von drei Jahren aufbewahrt,
24. als Administrator entgegen Artikel 9 Absatz 1 keine geeigneten Beschwerdeverfahren unterhält und diese nicht unverzüglich nach ihrer Bereitstellung veröffentlicht,
25. als Administrator entgegen Artikel 10 Absatz 1 Aufgaben in einer Weise auslagert, die seine Kontrolle über die Bereitstellung des Referenzwertes oder die Möglichkeit der zuständigen Behörde zur Beaufsichtigung des Referenzwertes wesentlich beeinträchtigt,
26. als Administrator entgegen Artikel 10 Absatz 3 Aufgaben auslagert, ohne dafür zu sorgen, dass die in Artikel 10 Absatz 3 Buchstabe a bis h genannten Bedingungen erfüllt sind,
27. als Administrator entgegen Artikel 11 Absatz 1 einen Referenzwert bereitstellt, ohne dass die in Artikel 11 Absatz 1 Buchstabe a bis c und e genannten Anforderungen erfüllt sind,
28. als Administrator entgegen Artikel 11 Absatz 1 einen Referenzwert bereitstellt, ohne dass die in Artikel 11 Absatz 1 Buchstabe d genannten Anforderungen erfüllt sind,
29. als Administrator entgegen Artikel 11 Absatz 2 nicht für Kontrollen im dort genannten Umfang sorgt,
30. als Administrator entgegen Artikel 11 Absatz 3 nicht auch aus anderen Quellen Daten einholt oder die Einrichtung von Aufsichts- und Verifizierungsverfahren bei den Kontributoren nicht sicherstellt,
31. als Administrator entgegen Artikel 11 Absatz 4 nicht die nach seiner Ansicht erforderlichen Änderungen der Eingabedaten oder der Methoden zur Abbildung des Marktes oder der wirtschaftlichen Realität vornimmt oder die Bereitstellung des Referenzwertes nicht einstellt,
32. als Administrator bei der Bestimmung eines Referenzwertes entgegen Artikel 12 Absatz 1 eine Methodik anwendet, die die dort genannten Anforderungen nicht erfüllt,
33. als Administrator bei der Entwicklung einer Referenzwert-Methodik entgegen Artikel 12 Absatz 2 die dort genannten Anforderungen nicht erfüllt,

34. als Administrator entgegen Artikel 12 Absatz 3 nicht über eindeutige, veröffentlichte Regelungen verfügt, die festlegen, wann Menge oder Qualität der Eingabedaten nicht mehr den festgelegten Standards entspricht und keine zuverlässige Bestimmung des Referenzwertes mehr zulässt,
35. als Administrator entgegen Artikel 13 Absatz 1 Satz 2 oder Absatz 2 die dort genannten Informationen zur Entwicklung, Verwendung, Verwaltung und Änderung des Referenzwertes und der Referenzwert-Methodik nicht, nicht richtig, nicht vollständig oder nicht rechtzeitig veröffentlicht oder zur Verfügung stellt,
36. als Administrator entgegen Artikel 14 Absatz 1 keine angemessenen Systeme und wirksamen Kontrollen zur Sicherstellung der Integrität der Eingabedaten schafft,
37. als Administrator Eingabedaten und Kontributoren entgegen Artikel 14 Absatz 2 Unterabsatz 1 nicht oder nicht wirksam überwacht, damit er die zuständige Behörde benachrichtigen und ihr alle relevanten Informationen mitteilen kann,
38. als Administrator der Bundesanstalt entgegen Artikel 14 Absatz 2 Unterabsatz 1 die dort genannten Informationen nicht, nicht richtig, nicht vollständig oder nicht unverzüglich nach dem Auftreten eines Manipulationsverdachts mitteilt,
39. als Administrator entgegen Artikel 14 Absatz 3 nicht über Verfahren verfügt, um Verstöße seiner Führungskräfte, Mitarbeiter sowie aller anderen natürlichen Personen, von denen er Leistungen in Anspruch nehmen kann, gegen die Verordnung (EU) 2016/1011 intern zu melden,
40. als Administrator einen Verhaltenskodex für auf Eingabedaten von Kontributoren beruhende Referenzwerte entgegen Artikel 15 Absatz 1 Satz 1 in Verbindung mit Absatz 2 nicht oder nicht den dort genannten Anforderungen genügend ausarbeitet,
41. als Administrator die Einhaltung eines Verhaltenskodex entgegen Artikel 15 Absatz 1 Satz 2 nicht oder nicht ausreichend überprüft,
42. als Administrator einen Verhaltenskodex entgegen Artikel 15 Absatz 4 Satz 2 oder Absatz 5 Satz 3 in Verbindung mit Absatz 4 nicht rechtzeitig anpasst,
43. als Administrator die Bundesanstalt entgegen Artikel 15 Absatz 5 Satz 1 nicht, nicht richtig, nicht vollständig oder nicht rechtzeitig von dem Verhaltenskodex in Kenntnis setzt,
44. als beaufsichtigter Kontributor entgegen Artikel 16 Absatz 1 die dort genannten Anforderungen an die Unternehmensführung und Kontrolle nicht erfüllt,
45. als beaufsichtigter Kontributor entgegen Artikel 16 Absatz 2 oder Absatz 3 nicht über wirksame Systeme, Kontrollen und Strategien zur Wahrung der Integrität und Zuverlässigkeit aller Beiträge von Eingabedaten oder Expertenschätzungen nach Absatz 3 für den Administrator verfügt,
46. als beaufsichtigter Kontributor entgegen Artikel 16 Absatz 3 Satz 1 Aufzeichnungen nicht, nicht richtig, nicht vollständig oder nicht für die vorgeschriebene Dauer aufbewahrt,
47. als beaufsichtigter Kontributor entgegen Artikel 16 Absatz 4 bei der Prüfung und Beaufsichtigung der Bereitstellung eines Referenzwertes Informationen oder Aufzeichnungen nicht, nicht richtig oder nicht vollständig zur Verfügung stellt oder nicht uneingeschränkt mit dem Administrator und der Bundesanstalt zusammenarbeitet,
48. als Administrator die Bundesanstalt entgegen Artikel 21 Absatz 1 Unterabsatz 1 Buchstabe a nicht oder nicht rechtzeitig über die Absicht der Einstellung eines kritischen Referenzwertes benachrichtigt oder nicht oder nicht rechtzeitig eine in Buchstabe b genannte Einschätzung vorlegt,
49. als Administrator entgegen Artikel 21 Absatz 1 Unterabsatz 2 in dem dort genannten Zeitraum die Bereitstellung des Referenzwertes einstellt,
50. als Administrator einer vollziehbaren Anordnung der Bundesanstalt nach Artikel 21 Absatz 3 zuwiderhandelt,
51. als Administrator entgegen Artikel 23 Absatz 2 eine Einschätzung nicht, nicht richtig, nicht in der vorgeschriebenen Weise oder nicht rechtzeitig bei der Bundesanstalt einreicht,
52. als beaufsichtigter Kontributor dem Administrator eine Benachrichtigung entgegen Artikel 23 Absatz 3 Satz 1 nicht, nicht richtig, nicht in der vorgeschriebenen Weise oder nicht rechtzeitig mitteilt,
53. als Administrator die Bundesanstalt entgegen Artikel 23 Absatz 3 Satz 1 nicht oder nicht rechtzeitig unterrichtet,
54. als Administrator der Bundesanstalt entgegen Artikel 23 Absatz 3 Satz 3 eine dort bestimmte Einschätzung nicht oder nicht rechtzeitig unterbreitet,
55. als Kontributor einer vollziehbaren Anordnung der Bundesanstalt nach Artikel 23 Absatz 5, als beaufsichtigtes Unternehmen nach Artikel 23 Absatz 6 oder als beaufsichtigter Kontributor nach Artikel 23 Absatz 10 zuwiderhandelt,
56. als Kontributor eine Benachrichtigung entgegen Artikel 23 Absatz 11 nicht oder nicht rechtzeitig vornimmt,

57. als Administrator eine Benachrichtigung entgegen Artikel 24 Absatz 3 nicht oder nicht rechtzeitig vornimmt,
58. als Administrator der Bundesanstalt entgegen Artikel 25 Absatz 2 eine Entscheidung oder Informationen nicht, nicht richtig, nicht vollständig oder nicht rechtzeitig mitteilt,
59. als Administrator einer vollziehbaren Anordnung der Bundesanstalt nach Artikel 25 Absatz 3 Satz 1 zuwiderhandelt,
60. als Administrator eine Konformitätserklärung entgegen Artikel 25 Absatz 7 nicht, nicht richtig, nicht vollständig, nicht in der vorgeschriebenen Weise oder nicht rechtzeitig veröffentlicht oder diese nicht aktualisiert,
61. als Administrator entgegen Artikel 26 Absatz 2 Satz 1 die Bundesanstalt nicht, nicht richtig, nicht vollständig oder nicht rechtzeitig von der Überschreitung des in Artikel 24 Absatz 1 Buchstabe a genannten Schwellenwertes unterrichtet oder die in Satz 2 genannte Frist nicht einhält,
62. als Administrator eine Konformitätserklärung entgegen Artikel 26 Absatz 3
    a) nach der Entscheidung, eine oder mehrere in Artikel 26 Absatz 1 genannte Bestimmungen nicht anzuwenden, nicht, nicht richtig, nicht vollständig oder nicht unverzüglich veröffentlicht oder
    b) nach der Entscheidung, eine oder mehrere in Artikel 26 Absatz 1 genannte Bestimmungen nicht anzuwenden, der Bundesanstalt nicht, nicht vollständig oder nicht unverzüglich vorlegt oder diese nicht aktualisiert,
63. als Administrator einer vollziehbaren Anordnung der Bundesanstalt nach Artikel 26 Absatz 4 zuwiderhandelt,
64. als Administrator eine Referenzwert-Erklärung entgegen Artikel 27 Absatz 1 nicht, nicht richtig, nicht vollständig, nicht in der vorgeschriebenen Weise oder nicht rechtzeitig veröffentlicht,
65. als Administrator eine Referenzwert-Erklärung entgegen Artikel 27 Absatz 1 Unterabsatz 3 nicht oder nicht rechtzeitig überprüft und aktualisiert,
66. als Administrator entgegen Artikel 28 Absatz 1 dort genannte Maßnahmen nicht, nicht richtig, nicht vollständig, nicht in der vorgeschriebenen Weise oder nicht rechtzeitig veröffentlicht oder nicht oder nicht rechtzeitig aktualisiert,
67. als beaufsichtigtes Unternehmen entgegen Artikel 28 Absatz 2 einen den dort genannten Anforderungen genügenden Plan nicht, nicht richtig, nicht vollständig oder nicht in der vorgeschriebenen Weise aufstellt, nicht aktualisiert, ihn der Bundesanstalt nicht, nicht vollständig oder nicht rechtzeitig vorlegt oder sich daran nicht orientiert,
68. als beaufsichtigtes Unternehmen entgegen Artikel 29 Absatz 1 einen Referenzwert verwendet, der die dort genannten Anforderungen nicht erfüllt,
69. als Emittent, Anbieter oder Person, die die Zulassung eines Wertpapiers zum Handel an einem geregelten Markt beantragt, entgegen Artikel 29 Absatz 2 nicht sicherstellt, dass ein Prospekt Informationen enthält, aus denen hervorgeht, ob der Referenzwert von einem in das Register nach Artikel 36 eingetragenen Administrator bereitgestellt wird,
70. als Administrator entgegen Artikel 34 Absatz 1 tätig wird, ohne zuvor eine Zulassung oder Registrierung nach Absatz 6 erhalten zu haben,
71. als Administrator entgegen Artikel 34 Absatz 2 weiterhin tätig ist, obwohl die Zulassungsvoraussetzungen der Verordnung (EU) 2016/1011 nicht mehr erfüllt sind,
72. als Administrator der Bundesanstalt entgegen Artikel 34 Absatz 2 wesentliche Änderungen nicht, nicht richtig, nicht vollständig oder nicht unverzüglich nach ihrem Auftreten mitteilt,
73. einen Antrag entgegen Artikel 34 Absatz 3 nicht oder nicht rechtzeitig stellt,
74. entgegen Artikel 34 Absatz 4 unrichtige Angaben zu den zum Nachweis der Einhaltung der Anforderungen der Verordnung (EU) 2016/1011 erforderlichen Informationen macht oder
75. im Zusammenhang mit einer Untersuchung hinsichtlich der Einhaltung der Pflichten nach der Verordnung (EU) 2016/1011 einer vollziehbaren Anordnung der Bundesanstalt nach den §§ 6 bis 10 zuwiderhandelt.

(12) Ordnungswidrig handelt, wer vorsätzlich oder fahrlässig
1. einer vollziehbaren Anordnung nach
    a) § 6 Absatz 2a oder 2b,
    b) § 6 Absatz 3 Satz 1,
    c) § 87 Absatz 6 Satz 1 Nummer 1 oder Nummer 2 Buchstabe b,
    d) § 92 Absatz 1

    zuwiderhandelt,
2. entgegen § 6 Absatz 11 Satz 1 oder 2 oder § 107 Absatz 6 Satz 1 ein Betreten nicht gestattet oder nicht duldet,

3. entgegen § 89 Absatz 1 Satz 4 einen Prüfer nicht oder nicht rechtzeitig bestellt,
4. entgegen § 89 Absatz 3 Satz 1 eine Anzeige nicht, nicht richtig, nicht vollständig oder nicht rechtzeitig erstattet oder
5. entgegen § 114 Absatz 1 Satz 1, § 115 Absatz 1 Satz 1, jeweils auch in Verbindung mit § 117, einen Jahresfinanzbericht, einen Halbjahresfinanzbericht oder entgegen § 116 Absatz 1 in Verbindung mit § 341w des Handelsgesetzbuchs einen Zahlungs- oder Konzernzahlungsbericht nicht, nicht in der vorgeschriebenen Weise oder nicht rechtzeitig zur Verfügung stellt.

(13) Ordnungswidrig handelt, wer gegen die Verordnung (EU) Nr. 236/2012 des Europäischen Parlaments und des Rates vom 14. März 2012 über Leerverkäufe und bestimmte Aspekte von Credit Default Swaps (ABl. L 86 vom 24.3.2012, S. 1), die zuletzt durch die Verordnung (EU) Nr. 909/2014 des Europäischen Parlaments und des Rates vom 23. Juli 2014 zur Verbesserung der Wertpapierlieferungen und -abrechnungen in der Europäischen Union und über Zentralverwahrer sowie zur Änderung der Richtlinien 98/26/EG und 2014/65/EU und der Verordnung (EU) Nr. 236/2012 (ABl. L 257 vom 28.8.2014, S. 1) geändert worden ist, verstößt, indem er vorsätzlich oder fahrlässig einer vollziehbaren Anordnung nach Artikel 18 Absatz 2 Satz 2 oder Satz 3, Artikel 19 Absatz 2, Artikel 20 Absatz 2 oder Artikel 21 Absatz 1 oder Artikel 23 Absatz 1 zuwiderhandelt.

(14) Ordnungswidrig handelt, wer eine in § 119 Absatz 3 Nummer 1 bis 3 bezeichnete Handlung leichtfertig begeht.

(15) Ordnungswidrig handelt, wer gegen die Verordnung (EU) Nr. 596/2014 verstößt, indem er vorsätzlich oder leichtfertig

1. als Handelsplatzbetreiber entgegen Artikel 4 identifizierende Referenzdaten in Bezug auf ein Finanzinstrument nicht, nicht richtig, nicht vollständig, nicht in der vorgeschriebenen Weise oder nicht rechtzeitig zur Verfügung stellt oder aktualisiert,
2. entgegen Artikel 15 eine Marktmanipulation begeht,
3. entgegen Artikel 16 Absatz 1 Unterabsatz 1 oder Absatz 2 Satz 1 wirksame Regelungen, Systeme und Verfahren nicht schafft oder nicht aufrechterhält,
4. entgegen Artikel 16 Absatz 1 Unterabsatz 2 eine Meldung nicht, nicht richtig, nicht vollständig, nicht in der vorgeschriebenen Weise oder nicht rechtzeitig vornimmt,
5. entgegen Artikel 16 Absatz 2 Satz 2 eine Unterrichtung nicht, nicht richtig, nicht vollständig, nicht in der vorgeschriebenen Weise oder nicht rechtzeitig vornimmt,
6. entgegen Artikel 17 Absatz 1 Unterabsatz 1 oder Artikel 17 Absatz 2 Unterabsatz 1 Satz 1 eine Insiderinformation nicht, nicht richtig, nicht vollständig, nicht in der vorgeschriebenen Weise oder nicht rechtzeitig bekannt gibt,
7. entgegen Artikel 17 Absatz 1 Unterabsatz 2 Satz 1 eine Veröffentlichung nicht sicherstellt,
8. entgegen Artikel 17 Absatz 1 Unterabsatz 2 Satz 2 die Veröffentlichung einer Insiderinformation mit einer Vermarktung seiner Tätigkeiten verbindet,
9. entgegen Artikel 17 Absatz 1 Unterabsatz 2 Satz 3 eine Insiderinformation nicht, nicht richtig, nicht vollständig, nicht in der vorgeschriebenen Weise oder nicht rechtzeitig veröffentlicht oder nicht mindestens fünf Jahre lang auf der betreffenden Website anzeigt,
10. entgegen Artikel 17 Absatz 4 Unterabsatz 3 Satz 1 die zuständige Behörde nicht, nicht richtig, nicht vollständig, nicht in der vorgeschriebenen Weise oder nicht rechtzeitig über den Aufschub einer Offenlegung informiert oder den Aufschub einer Offenlegung nicht, nicht richtig, nicht vollständig, nicht in der vorgeschriebenen Weise oder nicht rechtzeitig erläutert,
11. entgegen Artikel 17 Absatz 8 Satz 1 eine Insiderinformation nicht, nicht richtig, nicht vollständig, nicht in der vorgeschriebenen Weise oder nicht rechtzeitig veröffentlicht,
12. entgegen Artikel 18 Absatz 1 Buchstabe a eine Liste nicht, nicht richtig, nicht vollständig, nicht in der vorgeschriebenen Weise oder nicht rechtzeitig aufstellt,
13. entgegen Artikel 18 Absatz 1 Buchstabe b in Verbindung mit Artikel 18 Absatz 4 eine Insiderliste nicht, nicht richtig, nicht vollständig, nicht in der vorgeschriebenen Weise oder nicht rechtzeitig aktualisiert,
14. entgegen Artikel 18 Absatz 1 Buchstabe c eine Insiderliste nicht, nicht richtig, nicht vollständig, nicht in der vorgeschriebenen Weise oder nicht rechtzeitig zur Verfügung stellt,
15. entgegen Artikel 18 Absatz 2 Unterabsatz 1 nicht die dort genannten Vorkehrungen trifft,
16. entgegen Artikel 18 Absatz 5 eine Insiderliste nach einer Erstellung oder Aktualisierung nicht oder nicht mindestens fünf Jahre aufbewahrt,
17. entgegen Artikel 19 Absatz 1 Unterabsatz 1, auch in Verbindung mit Artikel 19 Absatz 7 Unterabsatz 1, jeweils auch in Verbindung mit einem technischen Durchführungsstandard nach Artikel 19

Absatz 15, eine Meldung nicht, nicht richtig, nicht vollständig, nicht in der vorgeschriebenen Weise oder nicht rechtzeitig vornimmt,

18. entgegen Artikel 19 Absatz 3 Unterabsatz 1 in Verbindung mit Artikel 19 Absatz 4, auch in Verbindung mit einem technischen Durchführungsstandard nach Artikel 19 Absatz 15, eine Veröffentlichung nicht, nicht richtig, nicht vollständig, nicht in der vorgeschriebenen Weise oder nicht rechtzeitig sicherstellt,
19. entgegen Artikel 19 Absatz 5 Unterabsatz 1 Satz 1 oder Unterabsatz 2 eine dort genannte Person nicht, nicht richtig, nicht vollständig oder nicht in der vorgeschriebenen Weise in Kenntnis setzt,
20. entgegen Artikel 19 Absatz 5 Unterabsatz 1 Satz 2 eine Liste nicht, nicht richtig oder nicht vollständig erstellt,
21. entgegen Artikel 19 Absatz 5 Unterabsatz 2 eine Kopie nicht oder nicht mindestens fünf Jahre aufbewahrt,
22. entgegen Artikel 19 Absatz 11 ein Eigengeschäft oder ein Geschäft für Dritte tätigt oder
23. entgegen Artikel 20 Absatz 1, auch in Verbindung mit einem technischen Regulierungsstandard nach Artikel 20 Absatz 3, nicht oder nicht in der vorgeschriebenen Weise dafür Sorge trägt, dass Informationen objektiv dargestellt oder Interessen oder Interessenkonflikte offengelegt werden.

(15a) Ordnungswidrig handelt, wer vorsätzlich oder leichtfertig entgegen Artikel 5 Absatz 5 der Delegierten Verordnung (EU) 2016/957 der Kommission vom 9. März 2016 zur Ergänzung der Verordnung (EU) Nr. 596/2014 des Europäischen Parlaments und des Rates im Hinblick auf technische Regulierungsstandards für die geeigneten Regelungen, Systeme und Verfahren sowie Mitteilungsmuster zur Vorbeugung, Aufdeckung und Meldung von Missbrauchspraktiken oder verdächtigen Aufträgen oder Geschäften (ABl. L 160 vom 17.6.2016, S. 1) eine Verdachtsmeldung nicht richtig ausfüllt.

(16) Ordnungswidrig handelt, wer gegen die Verordnung (EU) Nr. 1286/2014 des Europäischen Parlaments und des Rates vom 26. November 2014 über Basisinformationsblätter für verpackte Anlageprodukte für Kleinanleger und Versicherungsanlageprodukte (PRIIP) (ABl. L 352 vom 9.12.2014, S. 1; L 358 vom 13.12.2014, S. 50) verstößt, indem er vorsätzlich oder leichtfertig

1. entgegen
   a) Artikel 5 Absatz 1,
   b) Artikel 5 Absatz 1 in Verbindung mit Artikel 6,
   c) Artikel 5 Absatz 1 in Verbindung mit Artikel 7 Absatz 2,
   d) Artikel 5 Absatz 1 in Verbindung mit Artikel 8 Absatz 1 bis 3

   ein Basisinformationsblatt nicht, nicht richtig, nicht vollständig, nicht rechtzeitig oder nicht in der vorgeschriebenen Weise abfasst oder veröffentlicht,
2. entgegen Artikel 5 Absatz 1 in Verbindung mit Artikel 7 Absatz 1 ein Basisinformationsblatt nicht in der vorgeschriebenen Weise abfasst oder übersetzt,
3. entgegen Artikel 10 Absatz 1 Satz 1 ein Basisinformationsblatt nicht oder nicht rechtzeitig überprüft,
4. entgegen Artikel 10 Absatz 1 Satz 1 ein Basisinformationsblatt nicht oder nicht vollständig überarbeitet,
5. entgegen Artikel 10 Absatz 1 Satz 2 ein Basisinformationsblatt nicht oder nicht rechtzeitig zur Verfügung stellt,
6. entgegen Artikel 9 Satz 1 in Werbematerialien Aussagen trifft, die im Widerspruch zu den Informationen des Basisinformationsblattes stehen oder dessen Bedeutung herabstufen,
7. entgegen Artikel 9 Satz 2 die erforderlichen Hinweise in Werbematerialien nicht, nicht richtig oder nicht vollständig aufnimmt,
8. entgegen
   a) Artikel 13 Absatz 1, 3 und 4 oder
   b) Artikel 14

   ein Basisinformationsblatt nicht oder nicht rechtzeitig oder nicht in der vorgeschriebenen Weise zur Verfügung stellt,
9. entgegen Artikel 19 Buchstabe a und b nicht oder nicht in der vorgeschriebenen Weise geeignete Verfahren und Vorkehrungen zur Einreichung und Beantwortung von Beschwerden vorsieht oder
10. entgegen Artikel 19 Buchstabe c nicht oder nicht in der vorgeschriebenen Weise geeignete Verfahren und Vorkehrungen vorsieht, durch die gewährleistet wird, dass Kleinanlegern wirksame Beschwerdeverfahren im Falle von grenzüberschreitenden Streitigkeiten zur Verfügung stehen.

(17) [1]Die Ordnungswidrigkeit kann in den Fällen des Absatzes 2 Nummer 2 Buchstabe d und e, Nummer 4 Buchstabe a, b und e bis g und des Absatzes 12 Nummer 5 mit einer Geldbuße bis zu zwei Millionen Euro geahndet werden. [2]Gegenüber einer juristischen Person oder Personenvereinigung kann über Satz 1 hinaus

eine höhere Geldbuße verhängt werden; die Geldbuße darf den höheren der folgenden Beträge nicht übersteigen:

1. zehn Millionen Euro oder
2. 5 Prozent des Gesamtumsatzes, den die juristische Person oder Personenvereinigung im der Behördenentscheidung vorangegangenen Geschäftsjahr erzielt hat.

[3]Über die in den Sätzen 1 und 2 genannten Beträge hinaus kann die Ordnungswidrigkeit mit einer Geldbuße bis zum Zweifachen des aus dem Verstoß gezogenen wirtschaftlichen Vorteils geahndet werden. [4]Der wirtschaftliche Vorteil umfasst erzielte Gewinne und vermiedene Verluste und kann geschätzt werden.

(18) [1]Die Ordnungswidrigkeit kann in den Fällen der Absätze 14 und 15 Nummer 2 mit einer Geldbuße bis zu fünf Millionen Euro, in den Fällen des Absatzes 2 Nummer 3, des Absatzes 15 Nummer 3 bis 11 sowie des Absatzes 15a mit einer Geldbuße bis zu einer Million Euro und in den Fällen des Absatzes 15 Nummer 1 und 12 bis 23 mit einer Geldbuße bis zu fünfhunderttausend Euro geahndet werden. [2]Gegenüber einer juristischen Person oder Personenvereinigung kann über Satz 1 hinaus eine höhere Geldbuße verhängt werden; diese darf

1. in den Fällen der Absätze 14 und 15 Nummer 2 den höheren der Beträge von fünfzehn Millionen Euro und 15 Prozent des Gesamtumsatzes, den die juristische Person oder Personenvereinigung im der Behördenentscheidung vorangegangenen Geschäftsjahr erzielt hat,
2. in den Fällen des Absatzes 15 Nummer 3 bis 11 und des Absatzes 15a den höheren der Beträge von zweieinhalb Millionen Euro und 2 Prozent des Gesamtumsatzes, den die juristische Person oder Personenvereinigung im der Behördenentscheidung vorangegangenen Geschäftsjahr erzielt hat und
3. in den Fällen des Absatzes 15 Nummer 1 und 12 bis 23 eine Million Euro

nicht überschreiten. [3]Über die in den Sätzen 1 und 2 genannten Beträge hinaus kann die Ordnungswidrigkeit mit einer Geldbuße bis zum Dreifachen des aus dem Verstoß gezogenen wirtschaftlichen Vorteils geahndet werden. [4]Der wirtschaftliche Vorteil umfasst erzielte Gewinne und vermiedene Verluste und kann geschätzt werden.

(19) [1]Die Ordnungswidrigkeit kann in den Fällen des Absatzes 16 mit einer Geldbuße von bis zu siebenhunderttausend Euro geahndet werden. [2]Gegenüber einer juristischen Person oder einer Personenvereinigung kann über Satz 1 hinaus eine höhere Geldbuße verhängt werden; diese darf den höheren der Beträge von fünf Millionen Euro und 3 Prozent des Gesamtumsatzes, den die juristische Person oder Personenvereinigung im der Behördenentscheidung vorangegangenen Geschäftsjahr erzielt hat, nicht überschreiten. [3]Über die in den Sätzen 1 und 2 genannten Beträge hinaus kann die Ordnungswidrigkeit mit einer Geldbuße bis zum Zweifachen des aus dem Verstoß gezogenen wirtschaftlichen Vorteils geahndet werden. [4]Der wirtschaftliche Vorteil umfasst erzielte Gewinne und vermiedene Verluste und kann geschätzt werden.

(20) [1]Die Ordnungswidrigkeit kann in den Fällen der Absätze 8 bis 9a mit einer Geldbuße bis zu fünf Millionen Euro geahndet werden. [2]Gegenüber einer juristischen Person oder Personenvereinigung kann über Satz 1 hinaus eine höhere Geldbuße in Höhe von bis zu 10 Prozent des Gesamtumsatzes, den die juristische Person oder Personenvereinigung im der Behördenentscheidung vorangegangenen Geschäftsjahr erzielt hat, verhängt werden. [3]Über die in den Sätzen 1 und 2 genannten Beträge hinaus kann die Ordnungswidrigkeit mit einer Geldbuße bis zum Zweifachen des aus dem Verstoß gezogenen wirtschaftlichen Vorteils geahndet werden. [4]Der wirtschaftliche Vorteil umfasst erzielte Gewinne und vermiedene Verluste und kann geschätzt werden.

(21) [1]Die Ordnungswidrigkeit kann in den Fällen des Absatzes 10 mit einer Geldbuße bis zu fünf Millionen Euro geahndet werden. [2]Gegenüber einer juristischen Person oder Personenvereinigung kann über Satz 1 hinaus eine höhere Geldbuße verhängt werden; diese darf

1. in den Fällen des Absatzes 10 Satz 1 Nummer 1 und 2 den höheren der Beträge von fünf Millionen Euro und 10 Prozent des Gesamtumsatzes, den die juristische Person oder Personenvereinigung im der Behördenentscheidung vorangegangenen Geschäftsjahr erzielt hat,
2. in den Fällen des Absatzes 10 Satz 1 Nummer 3 und 4 den höheren der Beträge von fünfzehn Millionen Euro und 10 Prozent des Gesamtumsatzes, den die juristische Person oder Personenvereinigung im der Behördenentscheidung vorangegangenen Geschäftsjahr erzielt hat,

nicht überschreiten. [3]Über die in den Sätzen 1 und 2 genannten Beträge hinaus kann die Ordnungswidrigkeit mit einer Geldbuße bis zum Dreifachen des aus dem Verstoß gezogenen wirtschaftlichen Vorteils geahndet werden. [4]Der wirtschaftliche Vorteil umfasst erzielte Gewinne und vermiedene Verluste und kann geschätzt werden.

(22) [1]Die Ordnungswidrigkeit kann in den Fällen des Absatzes 11 Satz 1 Nummer 1 bis 27, 29, 30 und 32 bis 74 mit einer Geldbuße bis zu fünfhunderttausend Euro und in den Fällen des Absatzes 11 Satz 1

Nummer 28, 31 und 75 mit einer Geldbuße bis zu einhunderttausend Euro geahndet werden. [2]Gegenüber einer juristischen Person oder Personenvereinigung kann über Satz 1 hinaus eine höhere Geldbuße verhängt werden; diese darf

1. in den Fällen des Absatzes 11 Satz 1 Nummer 27, 29, 30 und 32 bis 74 den höheren der Beträge von einer Million Euro und 10 Prozent des Gesamtumsatzes, den die juristische Person oder Personenvereinigung im der Behördenentscheidung vorangegangenen Geschäftsjahr erzielt hat,
2. in den Fällen des Absatzes 11 Satz 1 Nummer 28, 31 und 75 den höheren der Beträge von zweihundertfünfzigtausend Euro und 2 Prozent des Gesamtumsatzes, den die juristische Person oder Personenvereinigung im der Behördenentscheidung vorangegangenen Geschäftsjahr erzielt hat,

nicht überschreiten. [3]Über die in den Sätzen 1 und 2 genannten Beträge hinaus kann die Ordnungswidrigkeit mit einer Geldbuße bis zum Dreifachen des aus dem Verstoß gezogenen wirtschaftlichen Vorteils geahndet werden. [4]Der wirtschaftliche Vorteil umfasst erzielte Gewinne und vermiedene Verluste und kann geschätzt werden. [5]Die Sätze 1 bis 4 gelten für sonstige Vereinigungen entsprechend mit der Maßgabe, dass der maßgebliche Gesamtumsatz 10 Prozent des aggregierten Umsatzes der Anteilseigner beträgt, wenn es sich bei der sonstigen Vereinigung um ein Mutterunternehmen oder ein Tochterunternehmen handelt.

(22a) [1]Die Ordnungswidrigkeit kann in den Fällen des Absatzes 12 Nummer 1 Buchstabe a mit einer Geldbuße bis zu siebenhunderttausend Euro geahndet werden. [2]Gegenüber einer juristischen Person oder Personenvereinigung kann über Satz 1 hinaus eine höhere Geldbuße verhängt werden; diese darf den höheren der Beträge von fünf Millionen Euro und 3 Prozent des Gesamtumsatzes, den die juristische Person oder Personenvereinigung im der Behördenentscheidung vorangegangenen Geschäftsjahr erzielt hat, nicht überschreiten. [3]Über die in den Sätzen 1 und 2 genannten Beträge hinaus kann die Ordnungswidrigkeit mit einer Geldbuße bis zum Zweifachen des aus dem Verstoß gezogenen wirtschaftlichen Vorteils geahndet werden. [4]Der wirtschaftliche Vorteil umfasst erzielte Gewinne und vermiedene Verluste und kann geschätzt werden.

(23) [1]Gesamtumsatz im Sinne des Absatzes 17 Satz 2 Nummer 2, des Absatzes 18 Satz 2 Nummer 1 und 2, des Absatzes 19 Satz 2, des Absatzes 20 Satz 2, des Absatzes 21 Satz 2, des Absatzes 22 Satz 2 und des Absatzes 22a Satz 2 ist

1. im Falle von Kreditinstituten, Zahlungsinstituten, Finanzdienstleistungsinstituten und Wertpapierinstituten im Sinne des § 340 des Handelsgesetzbuchs der sich aus dem auf das Institut anwendbaren nationalen Recht im Einklang mit Artikel 27 Nummer 1, 3, 4, 6 und 7 oder Artikel 28 Nummer B1, B2, B3, B4 und B7 der Richtlinie 86/635/EWG des Rates vom 8. Dezember 1986 über den Jahresabschluss und den konsolidierten Abschluss von Banken und anderen Finanzinstituten (ABl. L 372 vom 31.12.1986, S. 1) ergebende Gesamtbetrag, abzüglich der Umsatzsteuer und sonstiger direkt auf diese Erträge erhobener Steuern,
2. im Falle von Versicherungsunternehmen der sich aus dem auf das Versicherungsunternehmen anwendbaren nationalen Recht im Einklang mit Artikel 63 der Richtlinie 91/674/EWG des Rates vom 19. Dezember 1991 über den Jahresabschluss und den konsolidierten Abschluss von Versicherungsunternehmen (ABl. L 374 vom 31.12.1991, S. 7) ergebende Gesamtbetrag, abzüglich der Umsatzsteuer und sonstiger direkt auf diese Erträge erhobener Steuern,
3. im Übrigen der Betrag der Nettoumsatzerlöse nach Maßgabe des auf das Unternehmen anwendbaren nationalen Rechts im Einklang mit Artikel 2 Nummer 5 der Richtlinie 2013/34/EU.

[2]Handelt es sich bei der juristischen Person oder Personenvereinigung um ein Mutterunternehmen oder um eine Tochtergesellschaft, so ist anstelle des Gesamtumsatzes der juristischen Person oder Personenvereinigung der jeweilige Gesamtbetrag in dem Konzernabschluss des Mutterunternehmens maßgeblich, der für den größten Kreis von Unternehmen aufgestellt wird. [3]Wird der Konzernabschluss für den größten Kreis von Unternehmen nicht nach den in Satz 1 genannten Vorschriften aufgestellt, ist der Gesamtumsatz nach Maßgabe der den in Satz 1 Nummer 1 bis 3 vergleichbaren Posten des Konzernabschlusses zu ermitteln. [4]Ist ein Jahresabschluss oder Konzernabschluss für das maßgebliche Geschäftsjahr nicht verfügbar, ist der Jahres- oder Konzernabschluss für das unmittelbar vorausgehende Geschäftsjahr maßgeblich; ist auch dieser nicht verfügbar, kann der Gesamtumsatz geschätzt werden.

(24) Die Ordnungswidrigkeit kann in den Fällen des Absatzes 2 Nummer 2 Buchstabe f bis h, Nummer 2b und 4 Buchstabe c, Nummer 10 und 15 sowie des Absatzes 6 Nummer 3 bis 5 sowie des Absatzes 7 Nummer 5, 8 und 9 mit einer Geldbuße bis zu fünfhunderttausend Euro, in den Fällen des Absatzes 1 Nummer 2 und 3, des Absatzes 2 Nummer 1, 2 Buchstabe a, b und k bis n, Nummer 2a, 14a und 16, des Absatzes 4 Nummer 5, des Absatzes 6 Nummer 1 und 2, des Absatzes 7 Nummer 1, 3 und 4 und des Absatzes 12 Nummer 1 Buchstabe b mit einer Geldbuße bis zu zweihunderttausend Euro, in den Fällen des Absatzes 1 Nummer 4, des Absatzes 2 Nummer 6 bis 8, 11 bis 13, des Absatzes 7 Nummer 2, 6 und

7 und des Absatzes 12 Nummer 1 Buchstabe c mit einer Geldbuße bis zu hunderttausend Euro, in den übrigen Fällen mit einer Geldbuße bis zu fünfzigtausend Euro geahndet werden.

(25) [1]§ 17 Absatz 2 des Gesetzes über Ordnungswidrigkeiten ist nicht anzuwenden bei Verstößen gegen Gebote und Verbote, die in den Absätzen 17 bis 22 in Bezug genommen werden. [2]Dies gilt nicht für Ordnungswidrigkeiten nach Absatz 2 Nummer 4 Buchstabe a, Absatz 8 Nummer 43 und 44, 134 bis 137 und Absatz 15 Nummer 1. [3]§ 30 des Gesetzes über Ordnungswidrigkeiten gilt auch für juristische Personen oder Personenvereinigungen, die über eine Zweigniederlassung oder im Wege des grenzüberschreitenden Dienstleistungsverkehrs im Inland tätig sind.

(26) Die Verfolgung der Ordnungswidrigkeiten nach den Absätzen 17 bis 22 verjährt in drei Jahren.

(27) [1]Absatz 2 Nummer 5 und 14, Absatz 3 sowie Absatz 12 Nummer 1 Buchstabe c, Nummer 3 und 4, jeweils in Verbindung mit Absatz 24, gelten auch für die erlaubnispflichtige Anlageverwaltung im Sinne des § 2 Absatz 13 Satz 3. [2]Absatz 8 Nummer 27 bis 37, 39 bis 53, 97 bis 100, 103 bis 112 und 123, jeweils in Verbindung mit Absatz 20, gilt auch für Wertpapierdienstleistungsunternehmen und Kreditinstitute, wenn sie im Sinne des § 96 strukturierte Einlagen verkaufen oder über diese beraten. [3]Absatz 8 Nummer 88 bis 96 und 98 bis 102, jeweils in Verbindung mit Absatz 20, gilt auch für Unternehmen im Sinne des § 3 Satz 1. [4]Absatz 8 Nummer 2, 27 bis 126 und 134 bis 136, jeweils in Verbindung mit Absatz 20, gilt auch für Unternehmen im Sinne des § 3 Absatz 3 Satz 1 und 2.

(28) Das Bundesministerium der Finanzen wird ermächtigt, soweit dies zur Durchsetzung der Rechtsakte der Europäischen Union erforderlich ist, durch Rechtsverordnung ohne Zustimmung des Bundesrates die Tatbestände zu bezeichnen, die als Ordnungswidrigkeit nach Absatz 2 Nummer 16 geahndet werden können.

§ 120a Bußgeldvorschriften zur Verordnung (EU) 2019/1238

(1) Ordnungswidrig handelt, wer gegen die Verordnung (EU) 2019/1238 des Europäischen Parlaments und des Rates vom 20. Juni 2019 über ein Paneuropäisches Privates Pensionsprodukt (PEPP) (ABl. L 198 vom 25.7.2019, S. 1) verstößt, indem er vorsätzlich oder leichtfertig

1. entgegen Artikel 5 Absatz 1 ein PEPP anbietet oder vertreibt,
2. entgegen Artikel 6 Absatz 6 Unterabsatz 2 Satz 1 eine Anzeige nicht, nicht richtig, nicht vollständig oder nicht rechtzeitig erstattet,
3. entgegen Artikel 18 Absatz 1 in Verbindung mit Absatz 3 einen Mitnahmeservice nicht oder nicht rechtzeitig bereitstellt,
4. entgegen Artikel 20 Absatz 1 Unterabsatz 1 einen PEPP-Sparer nicht, nicht richtig, nicht vollständig oder nicht rechtzeitig informiert,
5. entgegen Artikel 20 Absatz 1 Unterabsatz 3 den PEPP-Sparer nicht, nicht richtig, nicht vollständig oder nicht unverzüglich nach der Kenntnisnahme von der fehlenden Verfügbarkeit des neuen Unterkontos unterrichtet,
6. entgegen Artikel 21 Absatz 6 Satz 1 eine Mitteilung nicht, nicht richtig, nicht vollständig oder nicht rechtzeitig macht,
7. entgegen Artikel 25 Absatz 1 Unterabsatz 1 in Verbindung mit Unterabsatz 3 ein Produktgenehmigungsverfahren nicht oder nicht richtig unterhält oder nicht oder nicht richtig betreibt,
8. entgegen Artikel 25 Absatz 1 Unterabsatz 5 eine dort genannte Information nicht oder nicht unverzüglich nach Eingang einer diesbezüglichen Anfrage eines PEPP-Vertreibers zur Verfügung stellt,
9. entgegen Artikel 25 Absatz 1 Unterabsatz 6 eine dort genannte Maßnahme nicht oder nicht vor Beginn des Vertriebs eines PEPP trifft,
10. entgegen Artikel 26 Absatz 1 das PEPP-Basisinformationsblatt nicht, nicht richtig, nicht vollständig, nicht in der vorgeschriebenen Weise oder nicht rechtzeitig veröffentlicht,
11. entgegen Artikel 26 Absatz 8 einen Hinweis nicht oder nicht vor dem Abschluss eines PEPP-Vertrags gibt oder nicht dafür sorgt, dass ein potenzieller PEPP-Sparer auf einen dort genannten Bericht zugreifen kann,
12. entgegen Artikel 30 Absatz 1 Satz 1 das PEPP-Basisinformationsblatt nicht oder nicht rechtzeitig überprüft oder nicht oder nicht rechtzeitig überarbeitet,
13. entgegen Artikel 34 Absatz 1 Unterabsatz 1 eine Information nicht oder nicht rechtzeitig erteilt,
14. entgegen Artikel 34 Absatz 2 Unterabsatz 1 eine dort genannte Empfehlung nicht, nicht richtig oder nicht rechtzeitig übermittelt,
15. entgegen Artikel 34 Absatz 2 Unterabsatz 2 Satz 1 eine dort genannte Prognose nicht oder nicht vor dem Abschluss eines PEPP-Vertrags vorlegt oder einen Hinweis nicht oder nicht vor dem Abschluss eines PEPP-Vertrags gibt,

16. entgegen Artikel 34 Absatz 3 Satz 2 eine dort genannte Erläuterung nicht, nicht richtig oder nicht in der vorgeschriebenen Weise oder nicht vor Abschluss eines in Artikel 34 Absatz 3 Satz 1 genannten Vertrags übermittelt,
17. entgegen Artikel 34 Absatz 6 Satz 1 nicht dafür sorgt, dass eine dort genannte Person über die dort genannten Kenntnisse und Fähigkeiten verfügt, oder einen Nachweis nicht oder nicht rechtzeitig erbringt,
18. entgegen Artikel 35 Absatz 4, auch in Verbindung mit Artikel 38 Absatz 2 Unterabsatz 2, oder entgegen Artikel 40 Absatz 5 Satz 1 eine dort genannte Information nicht, nicht richtig, nicht vollständig oder nicht rechtzeitig übermittelt,
19. entgegen Artikel 35 Absatz 6 einen PEPP-Sparer nicht, nicht richtig, nicht vollständig oder nicht rechtzeitig in Kenntnis setzt,
20. entgegen Artikel 38 Absatz 1 eine dort genannte Information nicht, nicht richtig, nicht vollständig oder nicht rechtzeitig bereitstellt,
21. entgegen Artikel 38 Absatz 2 Unterabsatz 1 eine Auskunft nicht, nicht richtig, nicht vollständig oder nicht rechtzeitig erteilt,
22. entgegen Artikel 39 eine dort genannte Auskunft oder Information nicht, nicht richtig, nicht vollständig oder nicht rechtzeitig zur Verfügung stellt,
23. entgegen Artikel 52 Absatz 1 Unterabsatz 2 Satz 1 eine dort genannte Information nicht, nicht richtig, nicht vollständig oder nicht unverzüglich nach Erhalt der Anweisung des PEPP-Kunden überträgt,
24. entgegen Artikel 53 Absatz 3 den übertragenden PEPP-Anbieter nicht oder nicht rechtzeitig zur Durchführung auffordert,
25. entgegen Artikel 53 Absatz 4 Buchstabe a oder b eine Information oder eine Liste nicht, nicht richtig, nicht vollständig oder nicht rechtzeitig übermittelt,
26. entgegen Artikel 53 Absatz 4 Buchstabe c einen Zahlungseingang annimmt,
27. entgegen Artikel 53 Absatz 4 Buchstabe d einen Betrag oder eine Sacheinlage nicht, nicht vollständig oder nicht rechtzeitig überträgt,
28. entgegen Artikel 53 Absatz 5 eine dort genannte Vorkehrung nicht, nicht vollständig oder nicht rechtzeitig trifft,
29. entgegen Artikel 54 Absatz 3 Unterabsatz 3 eine Gebühr oder ein Entgelt in Rechnung stellt,
30. entgegen Artikel 54 Absatz 4 Kosten in Rechnung stellt oder
31. einer vollziehbaren Anordnung nach Artikel 63 Absatz 1 Satz 1 oder 2 oder Artikel 65 Absatz 2 Unterabsatz 1 zuwiderhandelt.

(2) Ordnungswidrig handelt, wer vorsätzlich oder leichtfertig in einem Antrag nach Artikel 6 Absatz 2 Satz 1 der Verordnung (EU) 2019/1238 eine Angabe nicht richtig oder nicht vollständig macht.

(3) [1]Die Ordnungswidrigkeit kann mit einer Geldbuße bis zu siebenhunderttausend Euro geahndet werden. [2]In den Fällen des Absatzes 1 oder 2, jeweils in Verbindung mit § 30 Absatz 1 des Gesetzes über Ordnungswidrigkeiten kann die Ordnungswidrigkeit mit einer Geldbuße bis zu fünf Millionen Euro geahndet werden.

(4) Bei einer juristischen Person oder Personenvereinigung mit einem jährlichen Gesamtumsatz von mehr als 50 Millionen Euro kann die Ordnungswidrigkeit abweichend von Absatz 3 Satz 2 mit einer Geldbuße bis zu 10 Prozent des jährlichen Gesamtumsatzes geahndet werden, der im jüngsten verfügbaren vom Leitungs-, Aufsichts- oder Verwaltungsorgan gebilligten Abschluss ausgewiesen ist.

(5) Die Ordnungswidrigkeit kann

1. bei einer natürlichen Person über Absatz 3 Satz 1 hinaus und
2. bei einer juristischen Person über Absatz 3 Satz 2 oder Absatz 4 hinaus

mit einer Geldbuße bis zum Zweifachen des aus der Zuwiderhandlung gezogenen Vorteils geahndet werden, sofern sich dieser beziffern lässt.

(6) § 120 Absatz 23 und 26 gilt entsprechend.

§ 120b Bußgeldvorschriften zur Verordnung (EU) 2020/1503

(1) Ordnungswidrig handelt, wer vorsätzlich oder leichtfertig entgegen Artikel 18 Absatz 1 der Verordnung (EU) 2020/1503 des Europäischen Parlaments und des Rates vom 7. Oktober 2020 über Europäische Schwarmfinanzierungsdienstleister für Unternehmen und zur Änderung der Verordnung (EU) 2017/1129 und der Richtlinie (EU) 2019/1937 (ABl. L 347 vom 20.10.2020, S. 1) eine Angabe nicht richtig übermittelt.

(2) Ordnungswidrig handelt, wer gegen die Verordnung (EU) 2020/1503 verstößt, indem er vorsätzlich oder fahrlässig

1. entgegen Artikel 3 Absatz 3 eine Vergütung, einen Rabatt oder einen nichtmonetären Vorteil gewährt oder erhält,
2. entgegen Artikel 4 Absatz 1 oder 2 Unterabsatz 1 die Umsetzung einer dort genannten Regelung, eines dort genannten Verfahrens, eines dort genannten Systems oder einer dort genannten Kontrolle nicht überwacht,
3. entgegen Artikel 4 Absatz 2 Unterabsatz 2 nicht dafür Sorge trägt, dass er über ein dort genanntes System oder eine dort genannte Kontrolle verfügt,
4. entgegen Artikel 4 Absatz 3 eine Überprüfung nicht, nicht richtig, nicht vollständig oder nicht rechtzeitig vornimmt,
5. entgegen Artikel 4 Absatz 4 Buchstabe a eine dort genannte Bewertung nicht, nicht richtig, nicht vollständig oder nicht rechtzeitig durchführt,
6. entgegen Artikel 5 Absatz 1 in Verbindung mit Absatz 2 Buchstabe b für eine dort genannte Prüfung nicht sorgt,
7. entgegen Artikel 6 Absatz 3 eine Aufzeichnung nicht, nicht richtig oder nicht mindestens drei Jahre führt,
8. entgegen Artikel 6 Absatz 4 eine dort genannte Information nicht, nicht richtig, nicht vollständig oder nicht auf Anfrage des Anlegers zur Verfügung stellt,
9. entgegen Artikel 6 Absatz 6 eine dort genannte Information nicht, nicht richtig, nicht vollständig oder nicht rechtzeitig zur Verfügung stellt,
10. entgegen Artikel 7 Absatz 2 nicht dafür sorgt, dass ein Kunde unentgeltlich Beschwerde einreichen kann,
11. entgegen Artikel 7 Absatz 3 eine Aufzeichnung nicht, nicht richtig oder nicht vollständig führt,
12. entgegen Artikel 8 Absatz 1 eine Beteiligung hält,
13. entgegen Artikel 8 Absatz 2 Unterabsatz 1 eine dort genannte Person als Projektträger zulässt,
14. entgegen Artikel 8 Absatz 2 Unterabsatz 2 eine dort genannte Tatsache nicht, nicht richtig, nicht vollständig, nicht in der vorgeschriebenen Weise oder nicht unverzüglich nach der Zulassung der Person als Anleger offenlegt oder nicht sicherstellt, dass eine Person eine Vorzugsbehandlung nicht erhält,
15. entgegen Artikel 15 Absatz 3 eine Unterrichtung nicht, nicht richtig, nicht vollständig oder nicht rechtzeitig vornimmt oder eine Information nicht, nicht richtig, nicht vollständig oder nicht rechtzeitig vorlegt,
16. entgegen Artikel 16 Absatz 1 eine dort genannte Liste nicht, nicht richtig, nicht vollständig oder nicht rechtzeitig übermittelt,
17. als Schwarmfinanzierungsdienstleister entgegen Artikel 19 Absatz 4 eine Mitteilung nicht, nicht richtig, nicht vollständig oder nicht rechtzeitig macht,
18. entgegen Artikel 20 Absatz 1 Buchstabe a in Verbindung mit Absatz 2 eine Ausfallquote nicht, nicht richtig, nicht vollständig, nicht in der vorgeschriebenen Weise oder nicht rechtzeitig offenlegt,
19. entgegen Artikel 20 Absatz 1 Buchstabe b eine Erklärung nicht, nicht richtig, nicht vollständig oder nicht rechtzeitig veröffentlicht,
20. entgegen Artikel 21 Absatz 1 in Verbindung mit Artikel 21 Absatz 5 eine dort genannte Bewertung nicht, nicht richtig, nicht vollständig oder nicht rechtzeitig vornimmt,
21. entgegen Artikel 21 Absatz 3 eine dort genannte Bewertung nicht, nicht richtig, nicht vollständig oder nicht rechtzeitig überprüft,
22. entgegen Artikel 21 Absatz 6 Unterabsatz 1 eine dort genannte Simulation nicht oder nicht rechtzeitig überprüft,
23. einer Vorschrift des Artikels 21 Absatz 7 Unterabsatz 1 über die Sicherstellung einer dort genannten Pflicht zuwiderhandelt,
24. entgegen Artikel 22 Absatz 2 in Verbindung mit Absatz 3 eine vorvertragliche Bedenkzeit nicht vorsieht,
25. entgegen Artikel 22 Absatz 4 eine Aufzeichnung nicht, nicht richtig oder nicht vollständig führt,
26. entgegen Artikel 22 Absatz 6 Buchstabe a oder b, Artikel 23 Absatz 8 Satz 2 oder Absatz 12 Unterabsatz 3 oder Artikel 24 Absatz 2 Satz 2 einen Anleger nicht, nicht richtig, nicht vollständig oder nicht rechtzeitig unterrichtet,
27. entgegen Artikel 23 Absatz 12 Unterabsatz 1 einen Hinweis nicht, nicht richtig oder nicht rechtzeitig gibt oder eine Information nicht oder nicht rechtzeitig korrigiert,
28. einer vollziehbaren Anordnung nach Artikel 23 Absatz 14 zuwiderhandelt,

29. entgegen Artikel 24 Absatz 2 Satz 1 ein Anlagebasisinformationsblatt nicht auf dem neuesten Stand hält,
30. entgegen Artikel 25 Absatz 2 Satz 1 ein dort genanntes Forum nutzt,
31. entgegen Artikel 25 Absatz 3 Buchstabe d nicht sicherstellt, dass ein Kunde eine dort genannte Information erhält,
32. entgegen Artikel 26 Buchstabe b nicht sicherstellt, dass ein Kunde Zugang zu dort genannten Aufzeichnungen hat,
33. entgegen Artikel 27 Absatz 1 nicht sicherstellt, dass eine Marketingmitteilung als solche erkennbar ist, oder
34. entgegen Artikel 27 Absatz 3 eine dort genannte Sprache nicht verwendet.

(3) Die Ordnungswidrigkeit kann mit einer Geldbuße bis zu fünfhunderttausend Euro geahndet werden.

(4) Bei einer juristischen Person oder einer Personenvereinigung mit einem jährlichen Gesamtumsatz von mehr als 10 Millionen Euro kann die Ordnungswidrigkeit abweichend von Absatz 3 mit einer Geldbuße bis zu 5 Prozent des jährlichen Gesamtumsatzes geahndet werden, der im letzten verfügbaren vom Leitungsorgan gebilligten Abschluss ausgewiesen ist.

(5) Bei einer juristischen Person oder Personenvereinigung kann über Absatz 3 oder 4 hinaus die Ordnungswidrigkeit mit einer Geldbuße bis zum Zweifachen des aus dem Verstoß gezogenen Nutzens geahndet werden, soweit sich dieser beziffern lässt.

(6) § 120 Absatz 23 und 26 gilt entsprechend.

§ 121 Zuständige Verwaltungsbehörde

Verwaltungsbehörde im Sinne des § 36 Abs. 1 Nr. 1 des Gesetzes über Ordnungswidrigkeiten ist die Bundesanstalt.

§ 122 Beteiligung der Bundesanstalt und Mitteilungen in Strafsachen

(1) [1]Die Staatsanwaltschaft informiert die Bundesanstalt über die Einleitung eines Ermittlungsverfahrens, welches Straftaten nach § 119 betrifft. [2]Werden im Ermittlungsverfahren Sachverständige benötigt, können fachkundige Angehörige der Bundesanstalt herangezogen werden. [3]Der Bundesanstalt sind die Anklageschrift, der Antrag auf Erlass eines Strafbefehls und die Einstellung des Verfahrens mitzuteilen. [4]Erwägt die Staatsanwaltschaft, das Verfahren einzustellen, so hat sie die Bundesanstalt zuvor anzuhören.

(2) Das Gericht teilt der Bundesanstalt in einem Verfahren, welches Straftaten nach § 119 betrifft, den Termin der Hauptverhandlung und die Entscheidung, mit der das Verfahren abgeschlossen wird, mit.

(3) Der Bundesanstalt ist auf Antrag Akteneinsicht zu gewähren, sofern nicht schutzwürdige Interessen des Betroffenen entgegenstehen oder der Untersuchungserfolg der Ermittlungen gefährdet wird.

(4) [1]In Strafverfahren gegen Inhaber oder Geschäftsleiter von Wertpapierdienstleistungsunternehmen oder deren gesetzliche Vertreter oder persönlich haftende Gesellschafter wegen Straftaten zum Nachteil von Kunden bei oder im Zusammenhang mit dem Betrieb des Wertpapierdienstleistungsunternehmens, ferner in Strafverfahren, die Straftaten nach § 119 zum Gegenstand haben, sind im Falle der Erhebung der öffentlichen Klage der Bundesanstalt
1. die Anklageschrift oder eine an ihre Stelle tretende Antragsschrift,
2. der Antrag auf Erlass eines Strafbefehls und
3. die das Verfahren abschließende Entscheidung mit Begründung

zu übermitteln; ist gegen die Entscheidung ein Rechtsmittel eingelegt worden, ist die Entscheidung unter Hinweis auf das eingelegte Rechtsmittel zu übermitteln. [2]In Verfahren wegen fahrlässig begangener Straftaten werden die in den Nummern 1 und 2 bestimmten Übermittlungen nur vorgenommen, wenn aus der Sicht der übermittelnden Stelle unverzüglich Entscheidungen oder andere Maßnahmen der Bundesanstalt geboten sind.

(5) [1]Werden sonst in einem Strafverfahren Tatsachen bekannt, die auf Missstände in dem Geschäftsbetrieb eines Wertpapierdienstleistungsunternehmens hindeuten, soll das Gericht, die Strafverfolgungs- oder die Strafvollstreckungsbehörde diese Tatsachen ebenfalls mitteilen, soweit nicht für die übermittelnde Stelle erkennbar ist, dass schutzwürdige Interessen des Betroffenen überwiegen. [2]Dabei ist zu berücksichtigen, wie gesichert die zu übermittelnden Erkenntnisse sind.

§ 123 Bekanntmachung von Maßnahmen

(1) [1]Die Bundesanstalt kann unanfechtbare Maßnahmen, die sie wegen Verstößen gegen Verbote oder Gebote dieses Gesetzes getroffen hat, auf ihrer Internetseite öffentlich bekannt machen, soweit dies zur Beseitigung oder Verhinderung von Missständen nach § 6 Absatz 1 Satz 2 geeignet und erforderlich ist, es sei denn, diese Veröffentlichung würde die Finanzmärkte erheblich gefährden oder zu einem unver-

hältnismäßigen Schaden bei den Beteiligten führen. [2]Anordnungen nach § 6 Absatz 2 Satz 4 hat die Bundesanstalt unverzüglich auf ihrer Internetseite zu veröffentlichen.

(2) Zeitgleich mit der Veröffentlichung nach Absatz 1 Satz 1 oder Satz 2 hat die Bundesanstalt die Europäische Wertpapier- und Marktaufsichtsbehörde über die Veröffentlichung zu unterrichten.

(3) Die Bundesanstalt hat unanfechtbare Maßnahmen, die sie wegen Verstößen gegen Artikel 4 Absatz 1 der Verordnung (EG) Nr. 1060/2009 getroffen hat, unverzüglich auf ihrer Internetseite öffentlich bekannt zu machen, es sei denn, diese Veröffentlichung würde die Finanzmärkte erheblich gefährden oder zu einem unverhältnismäßigen Schaden bei den Beteiligten führen.

(4) [1]Die Bundesanstalt hat jede unanfechtbar gewordene Bußgeldentscheidung nach § 120 Absatz 7 unverzüglich auf ihrer Internetseite öffentlich bekannt zu machen, es sei denn, diese Veröffentlichung würde die Finanzmärkte erheblich gefährden oder zu einem unverhältnismäßigen Schaden bei den Beteiligten führen. [2]Die Bekanntmachung darf keine personenbezogenen Daten enthalten.

(5) [1]Eine Bekanntmachung nach den Absätzen 1, 3 und 4 ist fünf Jahre nach ihrer Veröffentlichung zu löschen. [2]Abweichend von Satz 1 sind personenbezogene Daten zu löschen, sobald ihre Bekanntmachung nicht mehr erforderlich ist.

§ 124 Bekanntmachung von Maßnahmen und Sanktionen wegen Verstößen gegen Transparenzpflichten

(1) Die Bundesanstalt macht Entscheidungen über Maßnahmen und Sanktionen, die wegen Verstößen gegen Verbote oder Gebote nach den Abschnitten 6, 7 und 16 Unterabschnitt 2 dieses Gesetzes erlassen oder der Bundesanstalt gemäß § 335 Absatz 1d des Handelsgesetzbuchs mitgeteilt wurden, auf ihrer Internetseite unverzüglich bekannt.

(2) [1]In der Bekanntmachung benennt die Bundesanstalt die Vorschrift, gegen die verstoßen wurde, und die für den Verstoß verantwortliche natürliche oder juristische Person oder Personenvereinigung. [2]Bei nicht bestands- oder nicht rechtskräftigen Entscheidungen fügt sie einen Hinweis darauf, dass die Entscheidung noch nicht bestandskräftig oder nicht rechtskräftig ist, hinzu. [3]Die Bundesanstalt ergänzt die Bekanntmachung unverzüglich um einen Hinweis auf die Einlegung eines Rechtsbehelfes gegen die Maßnahme oder Sanktion sowie auf das Ergebnis des Rechtsbehelfsverfahrens.

(3) Die Bundesanstalt macht die Entscheidung ohne Nennung personenbezogener Daten bekannt oder schiebt die Bekanntmachung der Entscheidung auf, wenn

1. die Bekanntmachung der personenbezogenen Daten unverhältnismäßig wäre,
2. die Bekanntmachung die Stabilität des Finanzsystems ernsthaft gefährden würde,
3. die Bekanntmachung eine laufende Ermittlung ernsthaft gefährden würde oder
4. die Bekanntmachung den Beteiligten einen unverhältnismäßigen Schaden zufügen würde.

(4) [1]Eine Bekanntmachung nach Absatz 1 ist fünf Jahre nach ihrer Veröffentlichung zu löschen. [2]Abweichend von Satz 1 sind personenbezogene Daten zu löschen, sobald ihre Bekanntmachung nicht mehr erforderlich ist.

§ 125 Bekanntmachung von Maßnahmen und Sanktionen wegen Verstößen gegen die Verordnung (EU) Nr. 596/2014, die Verordnung (EU) 2015/2365 und die Verordnung (EU) 2016/1011

(1) [1]Die Bundesanstalt macht Entscheidungen über Maßnahmen und Sanktionen, die wegen Verstößen nach den Artikeln 14, 15, 16 Absatz 1 und 2, Artikel 17 Absatz 1, 2, 4, 5 und 8, Artikel 18 Absatz 1 bis 6, Artikel 19 Absatz 1, 2, 3, 5, 6, 7 und 11 und Artikel 20 Absatz 1 der Verordnung (EU) Nr. 596/2014 sowie den Artikeln 4 und 15 der Verordnung (EU) 2015/2365 erlassen wurden, unverzüglich nach Unterrichtung der natürlichen oder juristischen Person, gegen die die Maßnahme oder Sanktion verhängt wurde, auf ihrer Internetseite bekannt. [2]Dies gilt nicht für Entscheidungen über Ermittlungsmaßnahmen.

(2) In der Bekanntmachung benennt die Bundesanstalt die Vorschrift, gegen die verstoßen wurde, und die für den Verstoß verantwortliche natürliche oder juristische Person oder Personenvereinigung.

(3) [1]Ist die Bekanntmachung der Identität einer von der Entscheidung betroffenen juristischen Person oder der personenbezogenen Daten einer natürlichen Person unverhältnismäßig oder würde die Bekanntmachung laufende Ermittlungen oder die Stabilität der Finanzmärkte gefährden, so

1. schiebt die Bundesanstalt die Bekanntmachung der Entscheidung auf, bis die Gründe für das Aufschieben weggefallen sind,
2. macht die Bundesanstalt die Entscheidung ohne Nennung der Identität oder der personenbezogenen Daten bekannt, wenn hierdurch ein wirksamer Schutz der Identität oder der betreffenden personenbezogenen Daten gewährleistet ist oder
3. macht die Bundesanstalt die Entscheidung nicht bekannt, wenn eine Bekanntmachung gemäß den Nummern 1 und 2 nicht ausreichend wäre, um sicherzustellen, dass

a) die Stabilität der Finanzmärkte nicht gefährdet wird oder
b) die Verhältnismäßigkeit der Bekanntmachung gewahrt bleibt.

[2]Im Falle des Satzes 1 Nummer 2 kann die Bundesanstalt die Bekanntmachung der Identität oder der personenbezogenen Daten nachholen, wenn die Gründe für die anonymisierte Bekanntmachung entfallen sind.

(4) [1]Bei nicht bestands- oder nicht rechtskräftigen Entscheidungen fügt die Bundesanstalt einen entsprechenden Hinweis hinzu. [2]Wird gegen die bekanntzumachende Entscheidung ein Rechtsbehelf eingelegt, so ergänzt die Bundesanstalt die Bekanntmachung unverzüglich um einen Hinweis auf den Rechtsbehelf sowie um alle weiteren Informationen über das Ergebnis des Rechtsbehelfsverfahrens.

(5) [1]Eine Bekanntmachung nach Absatz 1 ist fünf Jahre nach ihrer Bekanntmachung zu löschen. [2]Abweichend von Satz 1 sind personenbezogene Daten zu löschen, sobald ihre Bekanntmachung nicht mehr erforderlich ist.

(6) Bei Entscheidungen über Maßnahmen und Sanktionen, die erlassen wurden wegen eines Verstoßes gegen die Artikel 4 bis 16, 21, 23 bis 29 und 34 der Verordnung (EU) 2016/1011 oder wegen eines Verstoßes gegen eine vollziehbare Anordnung, die die Bundesanstalt im Zusammenhang mit einer Untersuchung betreffend die Pflichten nach dieser Verordnung gemäß § 6 Absatz 3 Satz 4 und Absatz 6, 8, 11 bis 13, § 7 Absatz 2, § 10 Absatz 2 Satz 2 Nummer 1 oder 2 erlassen hat, gelten die Absätze 1 bis 5 entsprechend mit der Maßgabe, dass die Aufhebung einer Entscheidung auch dann veröffentlicht wird, wenn sie nicht auf Grund eines Rechtsbehelfs erfolgt ist.

§ 126 Bekanntmachung von Maßnahmen und Sanktionen wegen Verstößen gegen Vorschriften der Abschnitte 9 bis 11 und gegen die Verordnung (EU) Nr. 600/2014

(1) [1]Die Bundesanstalt macht Entscheidungen über Maßnahmen und Sanktionen, die erlassen wurden wegen Verstößen gegen

1. die Verbote oder Gebote der Abschnitte 9 bis 11 dieses Gesetzes,
2. die Rechtsverordnungen, die zur Durchführung dieser Vorschriften erlassen wurden, oder
3. die Verbote oder Gebote der in den Titeln II bis VI enthaltenen Artikel der Verordnung (EU) Nr. 600/2014

auf ihrer Internetseite unverzüglich nach Unterrichtung der natürlichen oder juristischen Person, gegen die die Maßnahme oder Sanktion verhängt wurde, bekannt. [2]Dies gilt nicht für

1. Entscheidungen über Maßnahmen und Sanktionen, die wegen Verstößen gegen § 64 Absatz 6, die §§ 86, 87, 89 oder § 94 verhängt wurden,
2. Entscheidungen, mit denen Maßnahmen mit Ermittlungscharakter verhängt werden sowie
3. Entscheidungen, die gemäß § 50a des Börsengesetzes von den Börsenaufsichtsbehörden bekannt zu machen sind.

(2) Die Bundesanstalt hat in der Bekanntmachung die Vorschrift, gegen die verstoßen wurde, und die für den Verstoß verantwortliche natürliche oder juristische Person oder Personenvereinigung zu benennen.

(3) [1]Ist die Bekanntmachung der Identität der juristischen Person oder der personenbezogenen Daten der natürlichen Person unverhältnismäßig oder gefährdet die Bekanntmachung die Stabilität der Finanzmärkte oder laufende Ermittlungen, so kann die Bundesanstalt

1. die Entscheidung, mit der die Maßnahme oder Sanktion verhängt wird, erst dann bekannt machen, wenn die Gründe für einen Verzicht auf ihre Bekanntmachung nicht mehr bestehen, oder
2. die Entscheidung, mit der die Maßnahme oder Sanktion verhängt wird, ohne Nennung personenbezogener Daten bekannt machen, wenn eine anonymisierte Bekanntmachung einen wirksamen Schutz der betreffenden personenbezogenen Daten gewährleistet, oder
3. gänzlich von der Bekanntmachung der Entscheidung, mit der die Maßnahme oder Sanktion verhängt wird, absehen, wenn die in den Nummern 1 und 2 genannten Möglichkeiten nicht ausreichend gewährleisten, dass
   a) die Stabilität der Finanzmärkte nicht gefährdet wird,
   b) die Bekanntmachung von Entscheidungen über Maßnahmen oder Sanktionen, die als geringfügiger eingestuft werden, verhältnismäßig ist.

[2]Liegen die Voraussetzungen vor, unter denen eine Bekanntmachung nur auf anonymisierter Basis zulässig wäre, kann die Bundesanstalt die Bekanntmachung der einschlägigen Daten auch um einen angemessenen Zeitraum aufschieben, wenn vorhersehbar ist, dass die Gründe für die anonyme Bekanntmachung innerhalb dieses Zeitraums wegfallen werden.

(4) [1]Wird gegen die Entscheidung, mit der die Maßnahme oder Sanktion verhängt wird, ein Rechtsbehelf eingelegt, so macht die Bundesanstalt auch diesen Sachverhalt und alle weiteren Informationen über das Ergebnis des Rechtsbehelfsverfahrens umgehend auf ihrer Internetseite bekannt. [2]Ferner wird jede Ent-

scheidung, mit der eine frühere Entscheidung über die Verhängung einer Sanktion oder Maßnahme aufgehoben oder geändert wird, ebenfalls bekannt gemacht.

(5) [1]Eine Bekanntmachung nach Absatz 1 ist fünf Jahre nach ihrer Veröffentlichung zu löschen. [2]Abweichend von Satz 1 sind personenbezogene Daten zu löschen, sobald ihre Bekanntmachung nicht mehr erforderlich ist.

(6) [1]Die Bundesanstalt unterrichtet die Europäische Wertpapier- und Marktaufsichtsbehörde über alle Maßnahmen und Sanktionen, die nach Absatz 3 Satz 1 Nummer 3 nicht bekannt gemacht wurden, sowie über alle Rechtsbehelfsmittel in Verbindung mit diesen Maßnahmen und Sanktionen und über die Ergebnisse der Rechtsmittelverfahren. [2]Hat die Bundesanstalt eine Maßnahme oder Sanktion bekannt gemacht, so unterrichtet sie die Europäische Wertpapier- und Marktaufsichtsbehörde gleichzeitig darüber.

Abschnitt 18
Übergangsbestimmungen

§ 127 Erstmalige Mitteilungs- und Veröffentlichungspflichten

(1) Ein Unternehmen im Sinne des § 9 Absatz 1 Satz 1 in der Fassung dieses Gesetzes vom 26. Juli 1994 (BGBl. I S. 1749), das am 1. August 1997 besteht und nicht bereits vor diesem Zeitpunkt der Meldepflicht nach § 9 Absatz 1 in der Fassung dieses Gesetzes vom 26. Juli 1994 (BGBl. I S. 1749) unterlag, muss Mitteilungen nach § 9 Absatz 1 in der Fassung dieses Gesetzes vom 22. Oktober 1997 (BGBl. I S. 2518) erstmals am 1. Februar 1998 abgeben.

(2) [1]Wem am 1. April 2002 unter Berücksichtigung des § 22 Absatz 1 und 2 in der Fassung dieses Gesetzes vom 20. Dezember 2001 (BGBl. I S. 3822) 5 Prozent oder mehr der Stimmrechte einer börsennotierten Gesellschaft zustehen, hat der Gesellschaft und der Bundesanstalt unverzüglich, spätestens innerhalb von sieben Kalendertagen, die Höhe seines Stimmrechtsanteils unter Angabe seiner Anschrift schriftlich mitzuteilen; in der Mitteilung sind die zuzurechnenden Stimmrechte für jeden Zurechnungstatbestand getrennt anzugeben. [2]Eine Verpflichtung nach Satz 1 besteht nicht, sofern nach dem 1. Januar 2002 und vor dem 1. April 2002 bereits eine Mitteilung gemäß § 21 Absatz 1 oder 1a in der Fassung dieses Gesetzes vom 24. März 1998 (BGBl. I S. 529) abgegeben worden ist.

(3) Die Gesellschaft hat Mitteilungen nach Absatz 2 innerhalb von einem Monat nach Zugang nach Maßgabe des § 25 Absatz 1 Satz 1 in der Fassung dieses Gesetzes vom 24. März 1998 (BGBl. I S. 529) und Satz 2 in der Fassung dieses Gesetzes vom 22. Oktober 1997 (BGBl. I S. 2518) sowie Absatz 2 in der Fassung dieses Gesetzes vom 20. Dezember 2001 (BGBl. I S. 3822) zu veröffentlichen und der Bundesanstalt unverzüglich einen Beleg über die Veröffentlichung zu übersenden.

(4) Auf die Pflichten nach den Absätzen 2 und 3 sind die §§ 23 und 24 in der Fassung dieses Gesetzes vom 24. März 1998 (BGBl. I S. 529), § 25 Absatz 3 Satz 2 und Absatz 4 in der Fassung dieses Gesetzes vom 26. Juli 1994 (BGBl. I S. 1749), § 27 in der Fassung dieses Gesetzes vom 24. März 1998 (BGBl. I S. 529) und § 28 in der Fassung dieses Gesetzes vom 20. Dezember 2001 (BGBl. I S. 3822) sowie die §§ 29 und 30 in der Fassung dieses Gesetzes vom 26. Juli 1994 (BGBl. I S. 1749) entsprechend anzuwenden.

(5) [1]Wer am 20. Januar 2007, auch unter Berücksichtigung des § 22 in der Fassung dieses Gesetzes vom 5. Januar 2007 (BGBl. I S. 10), einen mit Aktien verbundenen Stimmrechtsanteil hält, der die Schwelle von 15, 20 oder 30 Prozent erreicht, überschreitet oder unterschreitet, hat dem Emittenten, für den die Bundesrepublik Deutschland der Herkunftsstaat ist, spätestens am 20. März 2007 seinen Stimmrechtsanteil mitzuteilen. [2]Das gilt nicht, wenn er bereits vor dem 20. Januar 2007 eine Mitteilung mit gleichwertigen Informationen an diesen Emittenten gerichtet hat; der Inhalt der Mitteilung richtet sich nach § 21 Absatz 1 in der Fassung dieses Gesetzes vom 5. Januar 2007 (BGBl. I S. 10), auch in Verbindung mit einer Rechtsverordnung nach § 21 Absatz 2. [3]Wem am 20. Januar 2007 auf Grund einer Zurechnung nach § 22 Absatz 1 Satz 1 Nummer 6 in der Fassung dieses Gesetzes vom 5. Januar 2007 (BGBl. I S. 10) ein Stimmrechtsanteil an einem Emittenten, für den die Bundesrepublik Deutschland der Herkunftsstaat ist, von 5 Prozent oder mehr zusteht, muss diesen dem Emittenten spätestens am 20. März 2007 mitteilen. [4]Dies gilt nicht, wenn er bereits vor dem 20. Januar 2007 eine Mitteilung mit gleichwertigen Informationen an diesen Emittenten gerichtet hat und ihm die Stimmrechtsanteile nicht bereits nach § 22 Absatz 1 Satz 1 Nummer 6 in der Fassung dieses Gesetzes vom 20. Dezember 2001 (BGBl. I S. 3822) zugerechnet werden konnten; der Inhalt der Mitteilung richtet sich nach § 21 Absatz 1 in der Fassung dieses Gesetzes vom 5. Januar 2007 (BGBl. I S. 10), auch in Verbindung mit einer Rechtsverordnung nach § 21 Absatz 2. [5]Wer am 20. Januar 2007 Finanzinstrumente im Sinne des § 25 in der Fassung dieses Gesetzes vom 5. Januar 2007 (BGBl. I S. 10) hält, muss dem Emittenten, für den die Bundesrepublik Deutschland der Herkunftsstaat ist, spätestens am 20. März 2007 mitteilen, wie hoch sein Stimmrechtsanteil wäre, wenn er statt der

Finanzinstrumente die Aktien hielte, die auf Grund der rechtlich bindenden Vereinbarung erworben werden können, es sei denn, sein Stimmrechtsanteil läge unter 5 Prozent. [6]Dies gilt nicht, wenn er bereits vor dem 20. Januar 2007 eine Mitteilung mit gleichwertigen Informationen an diesen Emittenten gerichtet hat; der Inhalt der Mitteilung richtet sich nach § 25 Absatz 1 in der Fassung dieses Gesetzes vom 5. Januar 2007 (BGBl. I S. 10), auch in Verbindung mit den §§ 17 und 18 der Wertpapierhandelsanzeige- und Insiderverzeichnisverordnung in der Fassung vom 5. Januar 2007 (BGBl. I S. 10). [7]Erhält ein Inlandsemittent eine Mitteilung nach Satz 1, 3 oder 5, so muss er diese bis spätestens zum 20. April 2007 nach § 26 Absatz 1 Satz 1 in der Fassung dieses Gesetzes vom 5. Januar 2007 (BGBl. I S. 10), auch in Verbindung mit einer Rechtsverordnung nach § 26 Absatz 3, veröffentlichen. [8]Er übermittelt die Information außerdem unverzüglich, jedoch nicht vor ihrer Veröffentlichung dem Unternehmensregister im Sinne des § 8b des Handelsgesetzbuchs zur Speicherung. [9]Er hat gleichzeitig mit der Veröffentlichung nach Satz 7 diese der Bundesanstalt nach § 26 Absatz 2 in der Fassung dieses Gesetzes vom 5. Januar 2007 (BGBl. I S. 10), auch in Verbindung mit einer Rechtsverordnung nach § 26 Absatz 3 Nummer 2, mitzuteilen. [10]Auf die Pflichten nach den Sätzen 1 bis 9 sind § 23 in der Fassung dieses Gesetzes vom 5. Januar 2007 (BGBl. I S. 10), § 24 in der Fassung dieses Gesetzes vom 24. März 1998 (BGBl. I S. 529), § 27 in der Fassung dieses Gesetzes vom 5. Januar 2007 (BGBl. I S. 10), § 28 in der Fassung dieses Gesetzes vom 20. Dezember 2001 (BGBl. I S. 3822), § 29 in der Fassung dieses Gesetzes vom 28. Oktober 2004 (BGBl. I S. 2630) und § 29a Absatz 3 in der Fassung dieses Gesetzes vom 5. Januar 2007 (BGBl. I S. 10) entsprechend anzuwenden. [11]Auf die Pflichten nach Satz 4 ist § 29a Absatz 1 und 2 in der Fassung dieses Gesetzes vom 5. Januar 2007 (BGBl. I S. 10) entsprechend anzuwenden.

(6) [1]Wer, auch unter Berücksichtigung des § 22 in der Fassung dieses Gesetzes vom 12. August 2008 (BGBl. I S. 1666), einen mit Aktien verbundenen Stimmrechtsanteil sowie Finanzinstrumente im Sinne des § 25 in der Fassung dieses Gesetzes vom 12. August 2008 (BGBl. I S. 1666) hält, muss das Erreichen oder Überschreiten der für § 25 in der Fassung dieses Gesetzes vom 12. August 2008 (BGBl. I S. 1666) geltenden Schwellen, die er am 1. März 2009 ausschließlich auf Grund der Änderung des § 25 in der Fassung dieses Gesetzes vom 12. August 2008 (BGBl. I S. 1666) mit Wirkung vom 1. März 2009 durch Zusammenrechnung nach § 25 Absatz 1 Satz 3 in der Fassung dieses Gesetzes vom 12. August 2008 (BGBl. I S. 1666) erreicht oder überschreitet, nicht mitteilen. [2]Eine solche Mitteilung ist erst dann abzugeben, wenn erneut eine der für § 25 in der Fassung dieses Gesetzes vom 12. August 2008 (BGBl. I S. 1666) geltenden Schwellen erreicht, überschritten oder unterschritten wird. [3]Mitteilungspflichten nach § 25 in der Fassung dieses Gesetzes vom 5. Januar 2007 (BGBl. I S. 10), die nicht, nicht richtig, nicht vollständig oder nicht in der vorgeschriebenen Weise erfüllt wurden, sind unter Berücksichtigung von § 25 Absatz 1 Satz 3 in der Fassung dieses Gesetzes vom 12. August 2008 (BGBl. I S. 1666) zu erfüllen.

(7) [1]Wer, auch unter Berücksichtigung des § 22 in der Fassung dieses Gesetzes vom 12. August 2008 (BGBl. I S. 1666), einen mit Aktien verbundenen Stimmrechtsanteil hält, muss das Erreichen oder Überschreiten der für § 21 in der Fassung dieses Gesetzes vom 21. Dezember 2007 (BGBl. I S. 3089) geltenden Schwellen, die er am 19. August 2008 ausschließlich durch Zurechnung von Stimmrechten auf Grund der Neufassung des § 22 Absatz 2 in der Fassung dieses Gesetzes vom 12. August 2008 (BGBl. I S. 1666) mit Wirkung vom 19. August 2008 erreicht oder überschreitet, nicht mitteilen. [2]Eine solche Mitteilung ist erst dann abzugeben, wenn erneut eine der für § 21 in der Fassung dieses Gesetzes vom 21. Dezember 2007 (BGBl. I S. 3089) geltenden Schwellen erreicht, überschritten oder unterschritten wird. [3]Die Sätze 1 und 2 gelten für die Mitteilungspflicht nach § 25 in der Fassung dieses Gesetzes vom 12. August 2008 (BGBl. I S. 1666) entsprechend mit der Maßgabe, dass die für § 25 in der Fassung dieses Gesetzes vom 12. August 2008 (BGBl. I S. 1666) geltenden Schwellen maßgebend sind.

(8) [1]Wer am 1. Februar 2012 Finanzinstrumente oder sonstige Instrumente im Sinne des § 25a Absatz 1 in der Fassung dieses Gesetzes vom 5. April 2011 (BGBl. I S. 538) hält, die es ihrem Inhaber auf Grund ihrer Ausgestaltung ermöglichen, 5 Prozent oder mehr der mit Stimmrechten verbundenen und bereits ausgegebenen Aktien eines Emittenten, für den die Bundesrepublik Deutschland der Herkunftsstaat ist, zu erwerben, hat dem Emittenten und gleichzeitig der Bundesanstalt unverzüglich, spätestens jedoch innerhalb von 30 Handelstagen, die Höhe seines Stimmrechtsanteils nach § 25a Absatz 2 entsprechend § 25a Absatz 1, auch in Verbindung mit einer Rechtsverordnung nach § 25a Absatz 4, jeweils in der Fassung dieses Gesetzes vom 5. April 2011 (BGBl. I S. 538), mitzuteilen. [2]§ 24 in der Fassung dieses Gesetzes vom 24. März 1998 (BGBl. I S. 529) gilt entsprechend. [3]Eine Zusammenrechnung mit den Beteiligungen nach § 21 in der Fassung dieses Gesetzes vom 21. Dezember 2007 (BGBl. I S. 3089), § 22 in der Fassung dieses Gesetzes vom 12. August 2008 (BGBl. I S. 1666) und § 25 in der Fassung dieses Gesetzes vom 5. April 2011 (BGBl. I S. 538) findet statt.

(9) [1]Der Inlandsemittent hat die Informationen nach Absatz 8 unverzüglich, spätestens jedoch drei Handelstage nach ihrem Zugang gemäß § 26 Absatz 1 Satz 1 Halbsatz 1 in der Fassung dieses Gesetzes vom

5. April 2011 (BGBl. I S. 538) zu veröffentlichen und dem Unternehmensregister im Sinne des § 8b des Handelsgesetzbuchs unverzüglich, jedoch nicht vor ihrer Veröffentlichung zur Speicherung zu übermitteln. [2]Gleichzeitig mit der Veröffentlichung hat der Inlandsemittent diese der Bundesanstalt mitzuteilen.

(10) [1]Wer, auch unter Berücksichtigung des § 22 in der Fassung dieses Gesetzes vom 20. November 2015 (BGBl. I S. 2029), am 26. November 2015 Stimmrechte im Sinne des § 21 in der Fassung dieses Gesetzes vom 20. November 2015 (BGBl. I S. 2029) hält und ausschließlich auf Grund der Änderung des § 21 mit Wirkung zum 26. November 2015 an einem Emittenten, für den die Bundesrepublik Deutschland der Herkunftsstaat ist, eine der für § 21 in der Fassung dieses Gesetzes vom 20. November 2015 (BGBl. I S. 2029) geltenden Schwellen erreicht, überschreitet oder unterschreitet, hat dies bis zum 15. Januar 2016 nach Maßgabe des § 21 in der Fassung dieses Gesetzes vom 20. November 2015 (BGBl. I S. 2029) mitzuteilen. [2]Wer am 26. November 2015 Instrumente im Sinne des § 25 in der Fassung dieses Gesetzes vom 20. November 2015 (BGBl. I S. 2029) hält, die sich nach Maßgabe des § 25 Absatz 3 und 4 in der Fassung dieses Gesetzes vom 20. November 2015 (BGBl. I S. 2029) auf mindestens 5 Prozent der Stimmrechte an einem Emittenten, für den die Bundesrepublik Deutschland der Herkunftsstaat ist, beziehen, hat dies bis zum 15. Januar 2016 nach Maßgabe des § 25 in der Fassung dieses Gesetzes vom 20. November 2015 (BGBl. I S. 2029) mitzuteilen. [3]Wer eine der für § 25a in der Fassung dieses Gesetzes vom 20. November 2015 (BGBl. I S. 2029) geltenden Schwellen ausschließlich auf Grund der Änderung des § 25a mit Wirkung zum 26. November 2015 erreicht, überschreitet oder unterschreitet, hat dies bis zum 15. Januar 2016 nach Maßgabe des § 25a in der Fassung dieses Gesetzes vom 20. November 2015 (BGBl. I S. 2029) mitzuteilen. [4]Absatz 9 gilt entsprechend.

(11) [1]Wer an einem Emittenten, für den die Bundesrepublik Deutschland der Herkunftsstaat ist, eine der für die §§ 21, 25 oder 25a, jeweils in der Fassung dieses Gesetzes vom 20. November 2015 (BGBl. I S. 2029), geltenden Schwellen ausschließlich auf Grund der Änderung des § 1 Absatz 3 mit Wirkung zum 2. Juli 2016 erreicht, überschreitet oder unterschreitet, hat dies bis zum 23. Juli 2016 nach Maßgabe der §§ 21, 25 und 25a, jeweils in der Fassung dieses Gesetzes vom 20. November 2015 (BGBl. I S. 2029), mitzuteilen. [2]Absatz 10 gilt entsprechend.

(12) Ordnungswidrig handelt, wer vorsätzlich oder leichtfertig

1. entgegen Absatz 5 Satz 7 eine Veröffentlichung nicht, nicht richtig, nicht vollständig, nicht in der vorgeschriebenen Weise oder nicht rechtzeitig vornimmt,
2. entgegen Absatz 5 Satz 8 eine Information nicht oder nicht rechtzeitig übermittelt,
3. entgegen Absatz 5 Satz 1, 3, 5 oder 9, Absatz 8 Satz 1 oder Absatz 10 Satz 1, 2 oder Satz 3 eine Mitteilung nicht, nicht richtig, nicht vollständig, nicht in der vorgeschriebenen Weise oder nicht rechtzeitig macht,
4. entgegen Absatz 9 Satz 1 eine Veröffentlichung nicht, nicht richtig, nicht vollständig, nicht in der vorgeschriebenen Weise oder nicht rechtzeitig vornimmt.

(13) Die Ordnungswidrigkeit kann in den Fällen des Absatzes 12 mit einer Geldbuße bis zu zweihunderttausend Euro geahndet werden.

§ 128 Übergangsregelung für die Mitteilungs- und Veröffentlichungspflichten zur Wahl des Herkunftsstaats

Auf einen Emittenten im Sinne des § 2 Absatz 11 Satz 1 Nummer 1 Buchstabe b oder Nummer 2, für den die Bundesrepublik Deutschland am 27. November 2015 Herkunftsstaat ist und der seine Wahl der Bundesanstalt mitgeteilt hat, ist § 5 nicht anzuwenden.

§ 129 *[aufgehoben]*

§ 130 Übergangsregelung für die Mitteilungs- und Veröffentlichungspflichten für Inhaber von Netto-Leerverkaufspositionen nach § 30i in der Fassung dieses Gesetzes vom 6. Dezember 2011 (BGBl. I S. 2481)

(1) [1]Wer am 26. März 2012 Inhaber einer Netto-Leerverkaufsposition nach § 30i Absatz 1 Satz 1 in der Fassung dieses Gesetzes vom 6. Dezember 2011 (BGBl. I S. 2481) in Höhe von 0,2 Prozent oder mehr ist, hat diese zum Ablauf des nächsten Handelstages der Bundesanstalt nach § 30i Absatz 3 der vorgenannten Fassung dieses Gesetzes, auch in Verbindung mit einer Rechtsverordnung nach § 30i Absatz 5 der vorgenannten Fassung dieses Gesetzes, mitzuteilen. [2]Der Inhaber einer Netto-Leerverkaufsposition nach § 30i Absatz 1 Satz 2 der vorgenannten Fassung dieses Gesetzes in Höhe von 0,5 Prozent oder mehr hat diese zusätzlich zu ihrer Mitteilung nach Satz 1 innerhalb der Frist des Satzes 1 nach § 30i Absatz 3 der vorgenannten Fassung dieses Gesetzes, auch in Verbindung mit einer Rechtsverordnung nach § 30i Absatz 5 der vorgenannten Fassung dieses Gesetzes, im Bundesanzeiger zu veröffentlichen; eine solche

Verpflichtung besteht nicht, sofern vor dem 26. März 2012 bereits eine gleichartige Mitteilung abgegeben worden ist.

(2) Ordnungswidrig handelt, wer vorsätzlich oder leichtfertig

1. entgegen Absatz 1 Satz 1 eine Mitteilung nicht, nicht richtig, nicht vollständig, nicht in der vorgeschriebenen Weise oder nicht rechtzeitig macht oder
2. entgegen Absatz 1 Satz 2 erster Halbsatz eine Veröffentlichung nicht, nicht richtig, nicht vollständig, nicht in der vorgeschriebenen Weise oder nicht rechtzeitig vornimmt.

(3) Die Ordnungswidrigkeit kann in den Fällen des Absatzes 2 mit einer Geldbuße bis zu zweihunderttausend Euro geahndet werden.

§ 131 Übergangsregelung für die Verjährung von Ersatzansprüchen nach § 37a der bis zum 4. August 2009 gültigen Fassung dieses Gesetzes

§ 37a in der bis zum 4. August 2009 geltenden Fassung ist auf Ansprüche anzuwenden, die in der Zeit vom 1. April 1998 bis zum Ablauf des 4. August 2009 entstanden sind.

§ 132 Anwendungsbestimmung für das Transparenzrichtlinie-Umsetzungsgesetz

(1) § 37n und § 37o Abs. 1 Satz 4 sowie die Bestimmungen des Abschnitts 11 Unterabschnitt 2 in der Fassung des Gesetzes vom 5. Januar 2007 (BGBl. I S. 10) finden erstmals auf Finanzberichte des Geschäftsjahrs Anwendung, das nach dem 31. Dezember 2006 beginnt.

(2) Auf Emittenten, von denen lediglich Schuldtitel zum Handel an einem organisierten Markt im Sinne des Artikels 4 Abs. 1 Nr. 14 der Richtlinie 2004/39/EG des Europäischen Parlaments und des Rates vom 21. April 2004 über Märkte für Finanzinstrumente (ABl. EU Nr. L 145 S. 1) in einem Mitgliedstaat der Europäischen Union oder in einem anderen Vertragsstaat des Abkommens über den Europäischen Wirtschaftsraum zugelassen sind, sowie auf Emittenten, deren Wertpapiere zum Handel in einem Drittstaat zugelassen sind und die zu diesem Zweck seit dem Geschäftsjahr, das vor dem 11. September 2002 begann, international anerkannte Rechnungslegungsstandards anwenden, finden § 37w Abs. 3 Satz 2 und § 37y Nr. 2 in der Fassung des Gesetzes vom 5. Januar 2007 (BGBl. I S. 10) mit der Maßgabe Anwendung, dass der Emittent für vor dem 31. Dezember 2007 beginnende Geschäftsjahre die Rechnungslegungsgrundsätze des jeweiligen Vorjahresabschlusses anwenden kann.

(3) § 30b Abs. 3 Nr. 1 Buchstabe a in der Fassung des Gesetzes vom 5. Januar 2007 (BGBl. I S. 10) findet erstmals auf Informationen Anwendung, die nach dem 31. Dezember 2007 übermittelt werden.

§ 133 Anwendungsbestimmung für § 34 der bis zum 2. Januar 2018 gültigen Fassung dieses Gesetzes

Auf Ansprüche auf Herausgabe einer Ausfertigung des Protokolls nach § 34 Absatz 2a der bis zum 2. Januar 2018 gültigen Fassung dieses Gesetzes, die bis zum Ablauf des 2. Januar 2018 entstanden sind, findet § 34 Absatz 2b in der bis zum 2. Januar 2018 gültigen Fassung dieses Gesetzes weiterhin Anwendung.

§ 134 Anwendungsbestimmung für das Gesetz zur Umsetzung der Transparenzrichtlinie-Änderungsrichtlinie

(1) Die §§ 37n, 37o und 37p in der Fassung des Gesetzes vom 20. November 2015 (BGBl. I S. 2029) sind ab dem 1. Januar 2016 anzuwenden.

(2) § 37x in der Fassung des Gesetzes vom 20. November 2015 (BGBl. I S. 2029) ist erstmals auf Zahlungsberichte und Konzernzahlungsberichte für ein nach dem 26. November 2015 beginnendes Geschäftsjahr anzuwenden.

§ 135 Übergangsvorschriften zur Verordnung (EU) Nr. 596/2014

[1]§ 39 Absatz 3d Nummer 1 in der Fassung dieses Gesetzes vom 30. Juni 2016 (BGBl. I S. 1514) ist bis zu dem Tag, ab dem die Richtlinie 2014/65/EU des Europäischen Parlaments und des Rates vom 15. Mai 2014 über Märkte für Finanzinstrumente sowie zur Änderung der Richtlinien 2002/92/EG und 2011/61/EU (ABl. L 173 vom 12.6.2014, S. 349, L 74 vom 18.3.2015, S. 38), die durch die Verordnung (EU) Nr. 909/2014 (ABl. L 257 vom 28.8.2014, S. 1) geändert worden ist, nach ihrem Artikel 93 angewendet wird, nicht anzuwenden. [2]Bis zum Ablauf des 2. Januar 2018 ist für die Vorschriften dieses Gesetzes die Verordnung (EU) Nr. 596/2014 mit folgender Maßgabe anwendbar:

1. Handelsplatz im Sinne des Artikels 3 Absatz 1 Nummer 10 dieser Verordnung ist ein geregelter Markt im Sinne des Artikels 4 Absatz 1 Nummer 14 der Richtlinie 2004/39/EG sowie ein multilaterales Handelssystem im Sinne des Artikels 4 Absatz 1 Nummer 15 der Richtlinie 2004/39/EG;
2. algorithmischer Handel im Sinne des Artikels 3 Absatz 1 Nummer 18 dieser Verordnung ist der Handel mit Finanzinstrumenten in der Weise, dass ein Computeralgorithmus die einzelnen Auf-

tragsparameter automatisch bestimmt, ohne dass es sich um ein System handelt, das nur zur Weiterleitung von Aufträgen zu einem oder mehreren Handelsplätzen oder zur Bestätigung von Aufträgen verwendet wird;

3. Hochfrequenzhandel im Sinne des Artikels 3 Absatz 1 Nummer 33 dieser Verordnung ist eine hochfrequente algorithmische Handelstechnik, die gekennzeichnet ist durch die Nutzung von Infrastrukturen, die darauf abzielen, Latenzzeiten zu minimieren, durch die Entscheidung des Systems über die Einleitung, das Erzeugen, das Weiterleiten oder die Ausführung eines Auftrags ohne menschliche Intervention für einzelne Geschäfte oder Aufträge und durch ein hohes untertägiges Mitteilungsaufkommen in Form von Aufträgen, Quotes oder Stornierungen.

§ 136 Übergangsregelung zum CSR-Richtlinie-Umsetzungsgesetz

[1]Die §§ 37w und 37y in der Fassung des CSR-Richtlinie-Umsetzungsgesetzes vom 11. April 2017 (BGBl. I S. 802) sind erstmals auf Lageberichte und Konzernlageberichte anzuwenden, die sich auf ein nach dem 31. Dezember 2016 beginnendes Geschäftsjahr beziehen. [2]Auf Lage- und Konzernlageberichte, die sich auf vor dem 1. Januar 2017 beginnende Geschäftsjahre beziehen, bleiben die §§ 37w und 37y in der bis zum 18. April 2017 geltenden Fassung anwendbar.

§ 137 Übergangsvorschrift für Verstöße gegen die §§ 38 und 39 in der bis zum Ablauf des 1. Juli 2016 geltenden Fassung dieses Gesetzes

(1) Straftaten nach § 119 in der bis zum Ablauf des 1. Juli 2016 geltenden Fassung werden abweichend von § 2 Absatz 3 des Strafgesetzbuches nach den zum Zeitpunkt der Tat geltenden Bestimmungen geahndet.

(2) Ordnungswidrigkeiten nach § 120 in der bis zum Ablauf des 1. Juli 2016 geltenden Fassung können abweichend von § 4 Absatz 3 des Gesetzes über Ordnungswidrigkeiten nach den zum Zeitpunkt der Tat geltenden Bestimmungen geahndet werden.

§ 138 Übergangsvorschrift zur Richtlinie 2014/65/EU über Märkte für Finanzinstrumente

(1) C.6-Energiederivatkontrakte, die von einer nichtfinanziellen Gegenpartei im Sinne von Artikel 10 Absatz 1 der Verordnung (EU) Nr. 648/2012 oder von nichtfinanziellen Gegenparteien, die nach dem 3. Januar 2018 erstmals als Wertpapierdienstleistungsunternehmen zugelassen worden sind, eingegangen werden, unterliegen bis zum 3. Januar 2021 weder der Clearing-Pflicht nach Artikel 4 der Verordnung (EU) Nr. 648/2012 noch den Risikominderungstechniken nach Artikel 11 Absatz 3 der vorgenannten Verordnung.

(2) C.6-Energiederivatkontrakte gelten bis zum 3. Januar 2021 nicht als OTC-Derivatkontrakte für die Zwecke des Clearing-Schwellenwerts nach Artikel 10 Absatz 1 der Verordnung (EU) Nr. 648/2012.

(3) C.6-Energiederivatkontrakte unterliegen allen übrigen Anforderungen der Verordnung (EU) Nr. 648/2012.

(4) C.6-Energiederivatkontrakt im Sinne dieser Vorschrift ist eine Option, ein Terminkontrakt (Future), ein Swap oder ein anderer in Anhang I Abschnitt C Nummer 6 der Richtlinie 2014/65/EU, in der jeweils geltenden Fassung, genannter Derivatkontrakt in Bezug auf Kohle oder Öl, der an einem organisierten Handelssystem gehandelt werden und effektiv geliefert werden muss.

(5) [1]Die Ausnahmen nach den Absätzen 1 und 2 sind bei der Bundesanstalt zu beantragen. [2]Die Bundesanstalt teilt der Europäischen Wertpapier- und Marktaufsichtsbehörde mit, für welche C.6-Energiederivatkontrakte Ausnahmen nach den Absätzen 1 und 2 gewährt worden sind.

§ 139 Übergangsvorschriften zum Gesetz zur weiteren Ausführung der EU-Prospektverordnung und zur Änderung von Finanzmarktgesetzen

(1) § 76 Absatz 1 Satz 1 Nummer 3 in der bis zum 20. Juli 2019 geltenden Fassung findet weiterhin Anwendung für den Fall eines Prospekts, der nach dem Wertpapierprospektgesetz in der bis zum 20. Juli 2019 geltenden Fassung gebilligt wurde, solange dieser Prospekt Gültigkeit hat.

(2) Hat ein Kreditinstitut vor dem 21. Juli 2019 Schuldtitel begeben, bei denen es nach dem Wertpapierprospektgesetz in der bis zum 20. Juli 2019 geltenden Fassung nicht zur Veröffentlichung eines Prospekts verpflichtet war, findet insoweit § 118 Absatz 2 in der bis zum 20. Juli 2019 geltenden Fassung weiterhin Anwendung.

§ 140 Übergangsvorschrift zum Gesetz zur weiteren Umsetzung der Transparenzrichtlinie-Änderungsrichtlinie im Hinblick auf ein einheitliches elektronisches Format für Jahresfinanzberichte

[1]Die §§ 106, 107, 114 und 120 in der ab dem 19. August 2020 geltenden Fassung sind erstmals auf Jahres-, Einzel- und Konzernabschlüsse sowie Jahresfinanzberichte mit Abschlüssen für das nach dem

31. Dezember 2019 beginnende Geschäftsjahr anzuwenden. [2]Die in Satz 1 bezeichneten Vorschriften in der bis einschließlich 18. August 2020 geltenden Fassung sind letztmals anzuwenden auf Jahres-, Einzel- und Konzernabschlüsse sowie Jahresfinanzberichte mit Abschlüssen für das vor dem 1. Januar 2020 beginnende Geschäftsjahr.

§ 141 Übergangsvorschrift zum Finanzmarktintegritätsstärkungsgesetz

(1) Bis zum Ablauf des 31. Dezember 2021 nicht abgeschlossene Prüfungen nach § 342b Absatz 2 Satz 3 des Handelsgesetzbuchs in der bis einschließlich 31. Dezember 2021 geltenden Fassung, die bei einer nach § 342b Absatz 1 des Handelsgesetzbuchs in der bis einschließlich 31. Dezember 2021 geltenden Fassung anerkannten Prüfstelle anhängig sind, werden von der Bundesanstalt fortgeführt.

(2) [1]Die nach § 342b Absatz 1 des Handelsgesetzbuchs in der bis einschließlich 31. Dezember 2021 geltenden Fassung als Prüfstelle anerkannte Einrichtung hat sämtliche ihr zu einer Prüfung nach Absatz 1 vorliegenden Unterlagen unverzüglich nach Ablauf des 31. Dezember 2021 der Bundesanstalt zu übermitteln. [2]Die Bundesanstalt ist befugt, diese Informationen zur Fortführung der jeweiligen Prüfung zu erheben. [3]Auf eine fortgeführte Prüfung nach Absatz 1 sind die §§ 106 bis 113 anzuwenden.

(3) [1]Die nach § 342b Absatz 1 des Handelsgesetzbuchs in der bis einschließlich 31. Dezember 2021 geltenden Fassung als Prüfstelle anerkannte Einrichtung gewährt der Bundesanstalt auf Verlangen Einsicht in bei ihr vorhandene Unterlagen zu Prüfungen, die spätestens bis zum 31. Dezember 2021 abgeschlossen sind, und übermittelt der Bundesanstalt eine physische oder elektronische Ausfertigung von Unterlagen, deren Vernichtung oder Löschung sie beabsichtigt. [2]Die Absicht ist der Bundesanstalt anzuzeigen. [3]Die Bundesanstalt hat die Rechte nach Satz 1 nur, wenn das Unternehmen, auf das sich die Unterlagen beziehen, zustimmt oder ein überwiegendes öffentliches Interesse an der Einsichtnahme oder Übermittlung besteht.

§ 142 Übergangsvorschriften für das Schwarmfinanzierung-Begleitgesetz

(1) [1]Wertpapierdienstleistungsunternehmen haben ihre Kunden (Bestandskunden), die die gemäß Abschnitt 11 zur Verfügung zu stellenden Informationen in schriftlicher Form erhalten haben, spätestens acht Wochen vor dem Versenden der Informationen in elektronischer Form darüber zu informieren, dass sie diese in elektronischer Form gemäß § 64a erhalten werden. [2]Soweit es sich bei den Bestandskunden um Privatkunden handelt, haben Wertpapierdienstleistungsunternehmen diese darüber zu informieren, dass sie die Wahl haben, die Informationen entweder weiterhin in schriftlicher Form oder künftig in elektronischer Form zu erhalten. [3]Wertpapierdienstleistungsunternehmen haben diese Kunden zudem darüber zu informieren, dass ein automatischer Wechsel zur elektronischen Form stattfinden wird, wenn diese innerhalb der Frist von acht Wochen nicht mitteilen, dass sie die Informationen weiterhin in schriftlicher Form erhalten möchten. [4]Bestandskunden, die die gemäß diesem Abschnitt zur Verfügung zu stellenden Informationen bereits in elektronischer Form erhalten, müssen nicht informiert werden.

(2) § 82 Absatz 10 bis 12 findet bis zum 27. Februar 2023 keine Anwendung.

§ 143 Übergangsvorschrift zum Zukunftsfinanzierungsgesetz

Auf die Haftung für fehlerhafte Anlagebasisinformationsblätter sind die §§ 32c bis 32e in der bis einschließlich 14. Dezember 2023 geltenden Fassung weiter anzuwenden, wenn der Vertrag über die Gewährung des Kredits oder den Erwerb des Wertpapiers oder des für Schwarmfinanzierungszwecke verwendeten Instruments oder über die individuelle Kreditportfolioverwaltung vor dem 15. Dezember 2023 zustande gekommen ist.

Handelsgesetzbuch[1)2)]

Vom 10. Mai 1897[3)] Reichsgesetzbl. S. 219[4)]
(BGBl. III/FNA 4100-1)

zuletzt geändert durch Art. 2 Zweites G zur Änd. des DWD-G sowie zur Änd. handelsrechtlicher Vorschriften vom 11. April 2024 (BGBl. 2024 I Nr. 120)

– Auszug –

Erstes Buch
Handelsstand

Sechster Unterabschnitt
Straf- und Bußgeldvorschriften. Ordnungsgelder

Erster Titel
Straf- und Bußgeldvorschriften

§ 331 Unrichtige Darstellung

(1) Mit Freiheitsstrafe bis zu drei Jahren oder mit Geldstrafe wird bestraft, wer

1. als Mitglied des vertretungsberechtigten Organs oder des Aufsichtsrats einer Kapitalgesellschaft die Verhältnisse der Kapitalgesellschaft in der Eröffnungsbilanz, im Jahresabschluß, im Lagebericht einschließlich der nichtfinanziellen Erklärung, im gesonderten nichtfinanziellen Bericht oder im Zwischenabschluß nach § 340a Abs. 3 unrichtig wiedergibt oder verschleiert,

1a. als Mitglied des vertretungsberechtigten Organs einer Kapitalgesellschaft zum Zwecke der Befreiung nach § 325 Abs. 2a Satz 1, Abs. 2b einen Einzelabschluss nach den in § 315e Absatz 1 genannten internationalen Rechnungslegungsstandards, in dem die Verhältnisse der Kapitalgesellschaft unrichtig wiedergegeben oder verschleiert worden sind, offen legt,

2. als Mitglied des vertretungsberechtigten Organs oder des Aufsichtsrats einer Kapitalgesellschaft die Verhältnisse des Konzerns im Konzernabschluß, im Konzernlagebericht einschließlich der nichtfinanziellen Konzernerklärung, im gesonderten nichtfinanziellen Konzernbericht oder im Konzernzwischenabschluß nach § 340i Abs. 4 unrichtig wiedergibt oder verschleiert,

3. als Mitglied des vertretungsberechtigten Organs einer Kapitalgesellschaft zum Zwecke der Befreiung nach § 291 Abs. 1 und 2 oder nach § 292 einen Konzernabschluß oder Konzernlagebericht, in dem die Verhältnisse des Konzerns unrichtig wiedergegeben oder verschleiert worden sind, offenlegt oder

4. als Mitglied des vertretungsberechtigten Organs einer Kapitalgesellschaft oder als Mitglied des vertretungsberechtigten Organs oder als vertretungsberechtigter Gesellschafter eines ihrer Tochterunternehmen (§ 290 Abs. 1, 2) in Aufklärungen oder Nachweisen, die nach § 320 einem Abschlußprüfer der Kapitalgesellschaft, eines verbundenen Unternehmens oder des Konzerns zu geben sind, unrichtige Angaben macht oder die Verhältnisse der Kapitalgesellschaft, eines Tochterunternehmens oder des Konzerns unrichtig wiedergibt oder verschleiert.

(2) Handelt der Täter in den Fällen des Absatzes 1 Nummer 1a oder 3 leichtfertig, so ist die Strafe Freiheitsstrafe bis zu einem Jahr oder Geldstrafe.

§ 331a Unrichtige Versicherung

(1) Mit Freiheitsstrafe bis zu fünf Jahren oder mit Geldstrafe wird bestraft, wer entgegen § 264 Absatz 2 Satz 3, auch in Verbindung mit § 325 Absatz 2a Satz 3, entgegen § 289 Absatz 1 Satz 5, auch in Verbindung

---

1) Die Änderungen durch G v. 20.4.2013 (BGBl. I S. 831) treten teilweise erst an dem Tag in Kraft, an dem das Internationale Abkommen vom 25.8.1924 zur Vereinheitlichung von Regeln über Konnossemente (RGBl. 1939 II S. 1049) für die Bundesrepublik Deutschland außer Kraft tritt; sie sind insoweit im Text noch nicht berücksichtigt.

2) Die Änderungen durch G v. 16.7.2021 (BGBl. I S. 3079) treten an dem Tag in Kraft, an dem das HNS-Übereinkommen 2010 v. 30.4.2010 (BGBl. 2021 II S. 670, 671) nach seinem Artikel 46 für die Bundesrepublik Deutschland in Kraft tritt; sie sind im Text noch nicht berücksichtigt.

3) **[Amtl. Anm. im BGBl. III:]** Datum: In Kraft getreten am 1.1.1900 gem. Art. 1 Abs. 1 EGHGB 4101-1 u. Art. 1 EGBGB 400-1; §§ 59 bis 64 u. 66 bis 83 in Kraft getreten am 1.1.1898 gem. Art. 1 Abs. 2 EGHGB 4101-1

4) Maßgebliche amtliche Quelle ist das BGBl. III.
Die im BGBl. III abgedruckten amtlichen Änderungsnachweise und Verweise auf die Gliederungsnummern anderer Vorschriften sind nur in der online-Version wiedergegeben.

mit § 325 Absatz 2a Satz 4, oder entgegen § 297 Absatz 2 Satz 4 oder § 315 Absatz 1 Satz 5, jeweils auch in Verbindung mit § 315e Absatz 1, eine unrichtige Versicherung abgibt.
(2) Handelt der Täter leichtfertig, so ist die Strafe Freiheitsstrafe bis zu zwei Jahren oder Geldstrafe.

§ 332 Verletzung der Berichtspflicht

(1) Mit Freiheitsstrafe bis zu drei Jahren oder mit Geldstrafe wird bestraft, wer als Abschlußprüfer oder Gehilfe eines Abschlußprüfers über das Ergebnis der Prüfung eines Jahresabschlusses, eines Einzelabschlusses nach § 325 Abs. 2a, eines Lageberichts, eines Konzernabschlusses, eines Konzernlageberichts einer Kapitalgesellschaft oder eines Zwischenabschlusses nach § 340a Abs. 3 oder eines Konzernzwischenabschlusses gemäß § 340i Abs. 4 unrichtig berichtet, im Prüfungsbericht (§ 321) erhebliche Umstände verschweigt oder einen inhaltlich unrichtigen Bestätigungsvermerk (§ 322) erteilt.
(2) [1]Handelt der Täter gegen Entgelt oder in der Absicht, sich oder einen anderen zu bereichern oder einen anderen zu schädigen, so ist die Strafe Freiheitsstrafe bis zu fünf Jahren oder Geldstrafe. [2]Ebenso wird bestraft, wer einen inhaltlich unrichtigen Bestätigungsvermerk erteilt zu dem Jahresabschluss, zu dem Einzelabschluss nach § 325 Absatz 2a oder zu dem Konzernabschluss einer Kapitalgesellschaft, die ein Unternehmen von öffentlichem Interesse nach § 316a Satz 2 ist.
(3) Handelt der Täter in den Fällen des Absatzes 2 Satz 2 leichtfertig, so ist die Strafe Freiheitsstrafe bis zu zwei Jahren oder Geldstrafe.

§ 333 Verletzung der Geheimhaltungspflicht

(1) Mit Freiheitsstrafe bis zu einem Jahr oder mit Geldstrafe wird bestraft, wer ein Geheimnis der Kapitalgesellschaft, eines Tochterunternehmens (§ 290 Abs. 1, 2), eines gemeinsam geführten Unternehmens (§ 310) oder eines assoziierten Unternehmens (§ 311), namentlich ein Betriebs- oder Geschäftsgeheimnis, das ihm in seiner Eigenschaft als Abschlußprüfer oder Gehilfe eines Abschlußprüfers bei Prüfung des Jahresabschlusses, eines Einzelabschlusses nach § 325 Abs. 2a oder des Konzernabschlusses bekannt geworden ist, unbefugt offenbart.
(2) [1]Handelt der Täter gegen Entgelt oder in der Absicht, sich oder einen anderen zu bereichern oder einen anderen zu schädigen, so ist die Strafe Freiheitsstrafe bis zu zwei Jahren oder Geldstrafe. [2]Ebenso wird bestraft, wer ein Geheimnis der in Absatz 1 bezeichneten Art, namentlich ein Betriebs- oder Geschäftsgeheimnis, das ihm unter den Voraussetzungen des Absatzes 1 bekannt geworden ist, unbefugt verwertet.
(3) Die Tat wird nur auf Antrag der Kapitalgesellschaft verfolgt.

Dritter Titel

Gemeinsame Vorschriften für Straf-, Bußgeld- und Ordnungsgeldverfahren

§ 335b Anwendung der Straf- und Bußgeld- sowie der Ordnungsgeldvorschriften auf bestimmte offene Handelsgesellschaften und Kommanditgesellschaften

[1]Die Strafvorschriften der §§ 331 bis 333a, die Bußgeldvorschrift des § 334 sowie die Ordnungsgeldvorschrift des § 335 gelten auch für offene Handelsgesellschaften und Kommanditgesellschaften im Sinn des § 264a Abs. 1. [2]Das Verfahren nach § 335 ist in diesem Fall gegen die persönlich haftenden Gesellschafter oder gegen die Mitglieder der vertretungsberechtigten Organe der persönlich haftenden Gesellschafter zu richten. [3]Es kann auch gegen die offene Handelsgesellschaft oder gegen die Kommanditgesellschaft gerichtet werden. [4]§ 335a ist entsprechend anzuwenden.

Aktiengesetz

Vom 6. September 1965 (BGBl. I S. 1089)
(FNA 4121-1)

zuletzt geändert durch Art. 13 ZukunftsfinanzierungsG vom 11. Dezember 2023
(BGBl. 2023 I Nr. 354)

– Auszug –

Viertes Buch

Sonder-, Straf- und Schlußvorschriften

Dritter Teil

Straf- und Bußgeldvorschriften. Schlußvorschriften

§ 399 Falsche Angaben

(1) Mit Freiheitsstrafe bis zu drei Jahren oder mit Geldstrafe wird bestraft, wer

1. als Gründer oder als Mitglied des Vorstands oder des Aufsichtsrats zum Zweck der Eintragung der Gesellschaft oder eines Vertrags nach § 52 Absatz 1 Satz 1 über die Übernahme der Aktien, die Einzahlung auf Aktien, die Verwendung eingezahlter Beträge, den Ausgabebetrag der Aktien, über Sondervorteile, Gründungsaufwand, Sacheinlagen und Sachübernahmen oder in der nach § 37a Absatz 2, auch in Verbindung mit § 52 Absatz 6 Satz 3, abzugebenden Versicherung,
2. als Gründer oder als Mitglied des Vorstands oder des Aufsichtsrats im Gründungsbericht, im Nachgründungsbericht oder im Prüfungsbericht,
3. in der öffentlichen Ankündigung nach § 47 Nr. 3,
4. als Mitglied des Vorstands oder des Aufsichtsrats zum Zweck der Eintragung einer Erhöhung des Grundkapitals (§§ 182 bis 206) über die Einbringung des bisherigen, die Zeichnung oder Einbringung des neuen Kapitals, den Ausgabebetrag der Aktien, die Ausgabe der Bezugsaktien, über Sacheinlagen, in der Bekanntmachung nach § 183a Abs. 2 Satz 1 in Verbindung mit § 37a Abs. 2 oder in der nach § 184 Abs. 1 Satz 3 abzugebenden Versicherung,
5. als Abwickler zum Zweck der Eintragung der Fortsetzung der Gesellschaft in dem nach § 274 Abs. 3 zu führenden Nachweis oder
6. als Mitglied des Vorstands einer Aktiengesellschaft oder des Leitungsorgans einer ausländischen juristischen Person in der nach § 37 Abs. 2 Satz 1 oder § 81 Abs. 3 Satz 1 abzugebenden Versicherung oder als Abwickler in der nach § 266 Abs. 3 Satz 1 abzugebenden Versicherung

falsche Angaben macht oder erhebliche Umstände verschweigt.

(2) Ebenso wird bestraft, wer als Mitglied des Vorstands oder des Aufsichtsrats zum Zweck der Eintragung einer Erhöhung des Grundkapitals die in § 210 Abs. 1 Satz 2 vorgeschriebene Erklärung der Wahrheit zuwider abgibt.

§ 400 Unrichtige Darstellung

(1) Mit Freiheitsstrafe bis zu drei Jahren oder mit Geldstrafe wird bestraft, wer als Mitglied des Vorstands oder des Aufsichtsrats oder als Abwickler

1. die Verhältnisse der Gesellschaft einschließlich ihrer Beziehungen zu verbundenen Unternehmen im Vergütungsbericht nach § 162 Absatz 1 oder 2, in Darstellungen oder Übersichten über den Vermögensstand oder in Vorträgen oder Auskünften in der Hauptversammlung unrichtig wiedergibt oder verschleiert, wenn die Tat nicht in § 331 Nr. 1 oder 1a des Handelsgesetzbuchs mit Strafe bedroht ist, oder
2. in Aufklärungen oder Nachweisen, die nach den Vorschriften dieses Gesetzes einem Prüfer der Gesellschaft oder eines verbundenen Unternehmens zu geben sind, falsche Angaben macht oder die Verhältnisse der Gesellschaft unrichtig wiedergibt oder verschleiert, wenn die Tat nicht in § 331 Nr. 4 des Handelsgesetzbuchs mit Strafe bedroht ist.

(2) Ebenso wird bestraft, wer als Gründer oder Aktionär in Aufklärungen oder Nachweisen, die nach den Vorschriften dieses Gesetzes einem Gründungsprüfer oder sonstigen Prüfer zu geben sind, falsche Angaben macht oder erhebliche Umstände verschweigt.

§ 401 Pflichtverletzung bei Verlust, Überschuldung oder Zahlungsunfähigkeit

(1) Mit Freiheitsstrafe bis zu drei Jahren oder mit Geldstrafe wird bestraft, wer es als Mitglied des Vorstands entgegen § 92 Abs. 1 unterläßt, bei einem Verlust in Höhe der Hälfte des Grundkapitals die Hauptversammlung einzuberufen und ihr dies anzuzeigen.

(2) Handelt der Täter fahrlässig, so ist die Strafe Freiheitsstrafe bis zu einem Jahr oder Geldstrafe.

§ 402 Falsche Ausstellung von Berechtigungsnachweisen

(1) Wer Bescheinigungen, die zum Nachweis des Stimmrechts in einer Hauptversammlung oder in einer gesonderten Versammlung dienen sollen, falsch ausstellt oder verfälscht, wird mit Freiheitsstrafe bis zu drei Jahren oder mit Geldstrafe bestraft, wenn die Tat nicht in anderen Vorschriften über Urkundenstraftaten mit schwererer Strafe bedroht ist.

(2) Ebenso wird bestraft, wer von einer falschen oder verfälschten Bescheinigung der in Absatz 1 bezeichneten Art zur Ausübung des Stimmrechts Gebrauch macht.

(3) Der Versuch ist strafbar.

§ 403 Verletzung der Berichtspflicht

(1) Mit Freiheitsstrafe bis zu drei Jahren oder mit Geldstrafe wird bestraft, wer als Prüfer oder als Gehilfe eines Prüfers über das Ergebnis der Prüfung falsch berichtet oder erhebliche Umstände im Bericht verschweigt.

(2) Handelt der Täter gegen Entgelt oder in der Absicht, sich oder einen anderen zu bereichern oder einen anderen zu schädigen, so ist die Strafe Freiheitsstrafe bis zu fünf Jahren oder Geldstrafe.

§ 404 Verletzung der Geheimhaltungspflicht

(1) Mit Freiheitsstrafe bis zu einem Jahr, bei börsennotierten Gesellschaften bis zu zwei Jahren, oder mit Geldstrafe wird bestraft, wer ein Geheimnis der Gesellschaft, namentlich ein Betriebs- oder Geschäftsgeheimnis, das ihm in seiner Eigenschaft als

1. Mitglied des Vorstands oder des Aufsichtsrats oder Abwickler,
2. Prüfer oder Gehilfe eines Prüfers

bekanntgeworden ist, unbefugt offenbart; im Falle der Nummer 2 jedoch nur, wenn die Tat nicht in § 333 des Handelsgesetzbuchs mit Strafe bedroht ist.

(2) [1]Handelt der Täter gegen Entgelt oder in der Absicht, sich oder einen anderen zu bereichern oder einen anderen zu schädigen, so ist die Strafe Freiheitsstrafe bis zu zwei Jahren, bei börsennotierten Gesellschaften bis zu drei Jahren, oder Geldstrafe. [2]Ebenso wird bestraft, wer ein Geheimnis der in Absatz 1 bezeichneten Art, namentlich ein Betriebs- oder Geschäftsgeheimnis, das ihm unter den Voraussetzungen des Absatzes 1 bekanntgeworden ist, unbefugt verwertet.

(3) [1]Die Tat wird nur auf Antrag der Gesellschaft verfolgt. [2]Hat ein Mitglied des Vorstands oder ein Abwickler die Tat begangen, so ist der Aufsichtsrat, hat ein Mitglied des Aufsichtsrats die Tat begangen, so sind der Vorstand oder die Abwickler antragsberechtigt.

Gesetz betreffend die Gesellschaften mit beschränkter Haftung (GmbHG)

In der Fassung der Bekanntmachung vom 20. Mai 1898[1)] (RGBl. S. 846)
(BGBl. III/FNA 4123-1)

zuletzt geändert durch Art. 9 G zur Umsetzung der UmwandlungsRL und zur Änd. weiterer Gesetze vom 22. Februar 2023 (BGBl. 2023 I Nr. 51)

– Auszug –

Abschnitt 7

Ordnungs-, Straf- und Bußgeldvorschriften

§ 82 Falsche Angaben

(1) Mit Freiheitsstrafe bis zu drei Jahren oder mit Geldstrafe wird bestraft, wer

1. als Gesellschafter oder als Geschäftsführer zum Zweck der Eintragung der Gesellschaft über die Übernahme der Geschäftsanteile, die Leistung der Einlagen, die Verwendung eingezahlter Beträge, über Sondervorteile, Gründungsaufwand und Sacheinlagen,
2. als Gesellschafter im Sachgründungsbericht,
3. als Geschäftsführer zum Zweck der Eintragung einer Erhöhung des Stammkapitals über die Zeichnung oder Einbringung des neuen Kapitals oder über Sacheinlagen,
4. als Geschäftsführer in der in § 57i Abs. 1 Satz 2 vorgeschriebenen Erklärung oder
5. als Geschäftsführer einer Gesellschaft mit beschränkter Haftung oder als Geschäftsleiter einer ausländischen juristischen Person in der nach § 8 Abs. 3 Satz 1 oder § 39 Abs. 3 Satz 1 abzugebenden Versicherung oder als Liquidator in der nach § 67 Abs. 3 Satz 1 abzugebenden Versicherung

falsche Angaben macht.

(2) Ebenso wird bestraft, wer

1. als Geschäftsführer zum Zweck der Herabsetzung des Stammkapitals über die Befriedigung oder Sicherstellung der Gläubiger eine unwahre Versicherung abgibt oder
2. als Geschäftsführer, Liquidator, Mitglied eines Aufsichtsrats oder ähnlichen Organs in einer öffentlichen Mitteilung die Vermögenslage der Gesellschaft unwahr darstellt oder verschleiert, wenn die Tat nicht in § 331 Nr. 1 oder Nr. 1a des Handelsgesetzbuchs mit Strafe bedroht ist.

§ 83 (weggefallen)

§ 84 Verletzung der Verlustanzeigepflicht

(1) Mit Freiheitsstrafe bis zu drei Jahren oder mit Geldstrafe wird bestraft, wer es als Geschäftsführer unterläßt, den Gesellschaftern einen Verlust in Höhe der Hälfte des Stammkapitals anzuzeigen.

(2) Handelt der Täter fahrlässig, so ist die Strafe Freiheitsstrafe bis zu einem Jahr oder Geldstrafe.

§ 85 Verletzung der Geheimhaltungspflicht

(1) Mit Freiheitsstrafe bis zu einem Jahr oder mit Geldstrafe wird bestraft, wer ein Geheimnis der Gesellschaft, namentlich ein Betriebs- oder Geschäftsgeheimnis, das ihm in seiner Eigenschaft als Geschäftsführer, Mitglied des Aufsichtsrats oder Liquidator bekanntgeworden ist, unbefugt offenbart.

(2) [1]Handelt der Täter gegen Entgelt oder in der Absicht, sich oder einen anderen zu bereichern oder einen anderen zu schädigen, so ist die Strafe Freiheitsstrafe bis zu zwei Jahren oder Geldstrafe. [2]Ebenso wird bestraft, wer ein Geheimnis der in Absatz 1 bezeichneten Art, namentlich ein Betriebs- oder Geschäftsgeheimnis, das ihm unter den Voraussetzungen des Absatzes 1 bekanntgeworden ist, unbefugt verwertet.

(3) [1]Die Tat wird nur auf Antrag der Gesellschaft verfolgt. [2]Hat ein Geschäftsführer oder ein Liquidator die Tat begangen, so sind der Aufsichtsrat und, wenn kein Aufsichtsrat vorhanden ist, von den Gesellschaftern bestellte besondere Vertreter antragsberechtigt. [3]Hat ein Mitglied des Aufsichtsrats die Tat begangen, so sind die Geschäftsführer oder die Liquidatoren antragsberechtigt.

§ 86 Verletzung der Pflichten bei Abschlussprüfungen

Mit Freiheitsstrafe bis zu einem Jahr oder mit Geldstrafe wird bestraft, wer als Mitglied eines Aufsichtsrats oder als Mitglied eines Prüfungsausschusses einer Gesellschaft, die ein Unternehmen von öffentlichem Interesse nach § 316a Satz 2 Nummer 1 oder 2 des Handelsgesetzbuchs ist,

1) Neubekanntmachung des GmbHG v. 20.4.1892 (RGBl. S. 477) in der ab 1.1.1900 geltenden Fassung.

1. eine in § 87 Absatz 1, 2 oder 3 bezeichnete Handlung begeht und dafür einen Vermögensvorteil erhält oder sich versprechen lässt oder
2. eine in § 87 Absatz 1, 2 oder 3 bezeichnete Handlung beharrlich wiederholt.

§ 87 Bußgeldvorschriften

(1) Ordnungswidrig handelt, wer als Mitglied eines Aufsichtsrats oder als Mitglied eines Prüfungsausschusses einer Gesellschaft, die ein Unternehmen von öffentlichem Interesse nach § 316a Satz 2 Nummer 1 oder 2 des Handelsgesetzbuchs ist,

1. die Unabhängigkeit des Abschlussprüfers oder der Prüfungsgesellschaft nicht nach Maßgabe des Artikels 4 Absatz 3 Unterabsatz 2, des Artikels 5 Absatz 4 Unterabsatz 1 Satz 1 oder des Artikels 6 Absatz 2 der Verordnung (EU) Nr. 537/2014 des Europäischen Parlaments und des Rates vom 16. April 2014 über spezifische Anforderungen an die Abschlussprüfung bei Unternehmen von öffentlichem Interesse und zur Aufhebung des Beschlusses 2005/909/EG der Kommission (ABl. L 158 vom 27.5.2014, S. 77, L 170 vom 11.6.2014, S. 66) überwacht oder
2. eine Empfehlung für die Bestellung eines Abschlussprüfers oder einer Prüfungsgesellschaft vorlegt, die den Anforderungen nach Artikel 16 Absatz 2 Unterabsatz 2 oder 3 der Verordnung (EU) Nr. 537/2014 nicht entspricht oder der ein Auswahlverfahren nach Artikel 16 Absatz 3 Unterabsatz 1 der Verordnung (EU) Nr. 537/2014 nicht vorangegangen ist.

(2) Ordnungswidrig handelt, wer als Mitglied eines Aufsichtsrats, der einen Prüfungsausschuss nicht bestellt hat, einer Gesellschaft, die ein Unternehmen von öffentlichem Interesse nach § 316a Satz 2 Nummer 1 oder 2 des Handelsgesetzbuchs ist, den Gesellschaftern einen Vorschlag für die Bestellung eines Abschlussprüfers oder einer Prüfungsgesellschaft vorlegt, der den Anforderungen nach Artikel 16 Absatz 5 Unterabsatz 1 der Verordnung (EU) Nr. 537/2014 nicht entspricht.

(3) Ordnungswidrig handelt, wer als Mitglied eines Aufsichtsrats, der einen Prüfungsausschuss bestellt hat, einer in Absatz 2 genannten Gesellschaft den Gesellschaftern einen Vorschlag für die Bestellung eines Abschlussprüfers oder einer Prüfungsgesellschaft vorlegt, der den Anforderungen nach Artikel 16 Absatz 5 Unterabsatz 1 oder Unterabsatz 2 Satz 1 oder Satz 2 der Verordnung (EU) Nr. 537/2014 nicht entspricht.

(4) Die Ordnungswidrigkeit kann mit einer Geldbuße bis zu fünfhunderttausend Euro geahndet werden.

(5) Verwaltungsbehörde im Sinne des § 36 Absatz 1 Nummer 1 des Gesetzes über Ordnungswidrigkeiten ist bei einer Gesellschaft, die ein Unternehmen von öffentlichem Interesse nach § 316a Satz 2 Nummer 2 des Handelsgesetzbuchs ist, die Bundesanstalt für Finanzdienstleistungsaufsicht, im Übrigen das Bundesamt für Justiz.

§ 88 Mitteilungen an die Abschlussprüferaufsichtsstelle

(1) Die nach § 87 Absatz 5 zuständige Verwaltungsbehörde übermittelt der Abschlussprüferaufsichtsstelle beim Bundesamt für Wirtschaft und Ausfuhrkontrolle alle Bußgeldentscheidungen nach § 87 Absatz 1 bis 3.

(2) [1]In Strafverfahren, die eine Straftat nach § 86 zum Gegenstand haben, übermittelt die Staatsanwaltschaft im Falle der Erhebung der öffentlichen Klage der Abschlussprüferaufsichtsstelle die das Verfahren abschließende Entscheidung. [2]Ist gegen die Entscheidung ein Rechtsmittel eingelegt worden, ist die Entscheidung unter Hinweis auf das eingelegte Rechtsmittel zu übermitteln.

Gesetz gegen Wettbewerbsbeschränkungen (GWB)

In der Fassung der Bekanntmachung vom 26. Juni 2013[1] (BGBl. I S. 1750, ber. S. 3245)
(FNA 703-5)

zuletzt geändert durch Art. 25 PostrechtsmodernisierungsG vom 15. Juli 2024 (BGBl. 2024 I Nr. 236)
– Auszug –

Kapitel 2
Bußgeldsachen

Abschnitt 1
Bußgeldvorschriften

§ 81 Bußgeldtatbestände

(1) Ordnungswidrig handelt, wer gegen den Vertrag über die Arbeitsweise der Europäischen Union in der Fassung der Bekanntmachung vom 9. Mai 2008 (ABl. C 115 vom 9.5.2008, S. 47) verstößt, indem er vorsätzlich oder fahrlässig

1. entgegen Artikel 101 Absatz 1 eine Vereinbarung trifft, einen Beschluss fasst oder Verhaltensweisen aufeinander abstimmt oder
2. entgegen Artikel 102 Satz 1 eine beherrschende Stellung missbräuchlich ausnutzt.

(2) Ordnungswidrig handelt, wer vorsätzlich oder fahrlässig

1. einer Vorschrift der §§ 1, 19, 20 Absatz 1 bis 3 Satz 1, Absatz 3a oder Absatz 5, des § 21 Absatz 3 oder 4, des § 29 Satz 1 oder des § 41 Absatz 1 Satz 1 über das Verbot einer dort genannten Vereinbarung, eines dort genannten Beschlusses, einer aufeinander abgestimmten Verhaltensweise, des Missbrauchs einer marktbeherrschenden Stellung, des Missbrauchs einer Marktstellung oder einer überlegenen Marktmacht, einer unbilligen Behinderung oder unterschiedlichen Behandlung, der Ablehnung der Aufnahme eines Unternehmens, der Ausübung eines Zwangs, der Zufügung eines wirtschaftlichen Nachteils oder des Vollzugs eines Zusammenschlusses zuwiderhandelt,
2. einer vollziehbaren Anordnung nach
   a) § 19a Absatz 2, § 30 Absatz 3, § 31b Absatz 3 Nummer 1 und 3, § 32 Absatz 1, § 32a Absatz 1, § 32b Absatz 1 Satz 1, § 32f Absatz 3 Satz 6 oder Absatz 4 Satz 1, § 41 Absatz 4 Nummer 2, auch in Verbindung mit § 40 Absatz 3a Satz 2, auch in Verbindung mit § 41 Absatz 2 Satz 3 oder § 42 Absatz 2 Satz 2, oder § 60 oder
   b) § 39 Absatz 5 oder
   c) § 47d Absatz 1 Satz 2 in Verbindung mit einer Rechtsverordnung nach § 47f Nummer 1 oder
   d) § 47d Absatz 1 Satz 5 erster Halbsatz in Verbindung mit einer Rechtsverordnung nach § 47f Nummer 2 zuwiderhandelt,
3. entgegen § 39 Absatz 1 einen Zusammenschluss nicht richtig oder nicht vollständig anmeldet,
4. entgegen § 39 Absatz 6 eine Anzeige nicht, nicht richtig, nicht vollständig oder nicht rechtzeitig erstattet,
5. einer vollziehbaren Auflage nach § 40 Absatz 3 Satz 1 oder § 42 Absatz 2 Satz 1 zuwiderhandelt,

5a. einer Rechtsverordnung nach § 47f Nummer 3 Buchstabe a, b oder c oder einer vollziehbaren Anordnung aufgrund einer solchen Rechtsverordnung zuwiderhandelt, soweit die Rechtsverordnung für einen bestimmten Tatbestand auf diese Bußgeldvorschrift verweist,

5b. entgegen § 47k Absatz 2 Satz 1, auch in Verbindung mit Satz 2, jeweils in Verbindung mit einer Rechtsverordnung nach § 47k Absatz 8 Satz 1 Nummer 1 oder Nummer 2, eine dort genannte Änderung oder Mengenangabe nicht, nicht richtig, nicht vollständig oder nicht rechtzeitig übermittelt,

6. entgegen § 59 Absatz 2 oder Absatz 4, auch in Verbindung mit § 47d Absatz 1 Satz 1, § 47k Absatz 7 oder § 82b Absatz 1, ein Auskunftsverlangen nicht, nicht richtig, nicht vollständig oder nicht rechtzeitig beantwortet oder Unterlagen nicht, nicht vollständig oder nicht rechtzeitig herausgibt,

---

1) Neubekanntmachung des GWB idF der Bek. v. 15.7.2005 (BGBl. I S. 2114, ber. 2009 S. 3850) in der ab 30.6.2013 geltenden Fassung.

7. entgegen § 59 Absatz 1 Satz 6, auch in Verbindung mit § 82b Absatz 1, nicht zu einer Befragung erscheint,
8. entgegen § 59a Absatz 2, auch in Verbindung mit § 47d Absatz 1 Satz 1 und § 47k Absatz 7, geschäftliche Unterlagen nicht, nicht vollständig oder nicht rechtzeitig zur Einsichtnahme und Prüfung vorlegt oder die Prüfung von geschäftlichen Unterlagen sowie das Betreten von Geschäftsräumen und -grundstücken nicht duldet,
9. entgegen § 59b Absatz 5 Satz 2, auch in Verbindung mit § 82b Absatz 1, eine Durchsuchung von Geschäftsräumen oder geschäftlich genutzten Grundstücken oder Sachen nicht duldet,
10. ein Siegel bricht, das von den Bediensteten der Kartellbehörde oder von einer von diesen Bediensteten ermächtigten oder benannten Person gemäß § 59b Absatz 3 Satz 1 Nummer 2, auch in Verbindung mit § 82b Absatz 1, angebracht worden ist, oder
11. ein Verlangen nach § 59b Absatz 3 Satz 1 Nummer 3, auch in Verbindung mit § 82b Absatz 1, nicht, nicht richtig, nicht vollständig oder nicht rechtzeitig beantwortet.

(3) Ordnungswidrig handelt, wer
1. entgegen § 21 Absatz 1 zu einer Liefersperre oder Bezugssperre auffordert,
2. entgegen § 21 Absatz 2 einen Nachteil androht oder zufügt oder einen Vorteil verspricht oder gewährt oder
3. entgegen § 24 Absatz 4 Satz 3 oder § 39 Absatz 3 Satz 5 eine Angabe macht oder benutzt.

§ 81a Geldbußen gegen Unternehmen

(1) Hat jemand als Leitungsperson im Sinne des § 30 Absatz 1 Nummer 1 bis 5 des Gesetzes über Ordnungswidrigkeiten eine Ordnungswidrigkeit nach § 81 begangen, durch die Pflichten, welche das Unternehmen treffen, verletzt worden sind oder das Unternehmen bereichert worden ist oder werden sollte, so kann auch gegen weitere juristische Personen oder Personenvereinigungen, die das Unternehmen zum Zeitpunkt der Begehung der Ordnungswidrigkeit gebildet haben und die auf die juristische Person oder Personenvereinigung, deren Leitungsperson die Ordnungswidrigkeit begangen hat, unmittelbar oder mittelbar einen bestimmenden Einfluss ausgeübt haben, eine Geldbuße festgesetzt werden.

(2) [1]Im Fall einer Gesamtrechtsnachfolge oder einer partiellen Gesamtrechtsnachfolge durch Aufspaltung (§ 123 Absatz 1 des Umwandlungsgesetzes) kann die Geldbuße nach Absatz 1 auch gegen den oder die Rechtsnachfolger festgesetzt werden. [2]Im Bußgeldverfahren tritt der Rechtsnachfolger oder treten die Rechtsnachfolger in die Verfahrensstellung ein, in der sich der Rechtsvorgänger zum Zeitpunkt des Wirksamwerdens der Rechtsnachfolge befunden hat. [3]§ 30 Absatz 2a Satz 2 des Gesetzes über Ordnungswidrigkeiten findet insoweit keine Anwendung. [4]Satz 3 gilt auch für die Rechtsnachfolge nach § 30 Absatz 2a Satz 1 des Gesetzes über Ordnungswidrigkeiten, soweit eine Ordnungswidrigkeit nach § 81 zugrunde liegt.

(3) [1]Die Geldbuße nach § 30 Absatz 1 und 2 des Gesetzes über Ordnungswidrigkeiten sowie nach Absatz 1 kann auch gegen die juristischen Personen oder Personenvereinigungen festgesetzt werden, die das Unternehmen in wirtschaftlicher Kontinuität fortführen (wirtschaftliche Nachfolge). [2]Für das Verfahren gilt Absatz 2 Satz 2 entsprechend.

(4) [1]In den Fällen der Absätze 1 bis 3 bestimmen sich das Höchstmaß der Geldbuße und die Verjährung nach dem für die Ordnungswidrigkeit geltenden Recht. [2]Die Geldbuße nach Absatz 1 kann selbstständig festgesetzt werden.

(5) Soweit in den Fällen der Absätze 1 bis 3 gegen mehrere juristische Personen oder Personenvereinigungen wegen derselben Ordnungswidrigkeit Geldbußen festgesetzt werden, finden die Vorschriften zur Gesamtschuld entsprechende Anwendung.

§ 81b Geldbußen gegen Unternehmensvereinigungen

(1) Wird gegen eine Unternehmensvereinigung als juristische Person oder Personenvereinigung im Sinne des § 30 des Gesetzes gegen Ordnungswidrigkeiten eine Geldbuße nach § 81c Absatz 4 festgesetzt und ist die Unternehmensvereinigung selbst nicht zahlungsfähig, so setzt die Kartellbehörde eine angemessene Frist, binnen derer die Unternehmensvereinigung von ihren Mitgliedern Beiträge zur Zahlung der Geldbuße verlangt.

(2) Sind die Beiträge zur Zahlung der Geldbuße innerhalb der nach Absatz 1 gesetzten Frist nicht in voller Höhe entrichtet worden, so kann die Kartellbehörde die Zahlung des ausstehenden Betrags der Geldbuße direkt von jedem Unternehmen verlangen, dessen Vertreter den Entscheidungsgremien der Unternehmensvereinigung zum Zeitpunkt der Begehung der Ordnungswidrigkeit angehört haben.

(3) Soweit dies nach einem Verlangen nach Absatz 2 zur vollständigen Zahlung der Geldbuße notwendig ist, kann die Kartellbehörde die Zahlung des ausstehenden Betrags der Geldbuße auch von jedem Mitglied

der Unternehmensvereinigung verlangen, das auf dem von der Ordnungswidrigkeit betroffenen Markt tätig war.

(4) Eine Zahlung nach den Absätzen 2 und 3 kann nicht von Unternehmen verlangt werden, die darlegen, dass sie

1. entweder von der Existenz dieses Beschlusses keine Kenntnis hatten oder sich vor Einleitung des Verfahrens der Kartellbehörde aktiv davon distanziert haben und
2. den die Geldbuße nach § 81 begründenden Beschluss der Unternehmensvereinigung nicht umgesetzt haben.

(5) Das Verlangen nach Zahlung des ausstehenden Betrags der Geldbuße darf für ein einzelnes Unternehmen 10 Prozent des in dem der Behördenentscheidung vorausgegangenen Geschäftsjahr erzielten Gesamtumsatzes des jeweiligen Unternehmens nicht übersteigen.

(6) Die Absätze 1 bis 5 finden keine Anwendung in Bezug auf Mitglieder der Unternehmensvereinigung,

1. gegen die im Zusammenhang mit der Ordnungswidrigkeit eine Geldbuße festgesetzt wurde oder
2. denen nach § 81k ein Erlass der Geldbuße gewährt wurde.

§ 81c Höhe der Geldbuße

(1) [1]Die Ordnungswidrigkeit kann in den Fällen des § 81 Absatz 1, 2 Nummer 1, 2 Buchstabe a und Nummer 5 und Absatz 3 mit einer Geldbuße bis zu einer Million Euro geahndet werden. [2]In den übrigen Fällen des § 81 kann die Ordnungswidrigkeit mit einer Geldbuße bis zu einhunderttausend Euro geahndet werden.

(2) [1]Im Fall eines Unternehmens oder einer Unternehmensvereinigung kann bei Verstößen nach § 81 Absatz 1, 2 Nummer 1, 2 Buchstabe a und Nummer 5 sowie Absatz 3 über Absatz 1 hinaus eine höhere Geldbuße verhängt werden. [2]Die Geldbuße darf 10 Prozent des in dem der Behördenentscheidung vorausgegangenen Geschäftsjahr erzielten Gesamtumsatzes des Unternehmens oder der Unternehmensvereinigung nicht übersteigen.

(3) [1]Im Fall eines Unternehmens oder einer Unternehmensvereinigung kann bei Verstößen nach § 81 Absatz 2 Nummer 2 Buchstabe b, Nummer 3 sowie 6 bis 11 über Absatz 1 hinaus eine höhere Geldbuße verhängt werden. [2]Die Geldbuße darf 1 Prozent des in dem der Behördenentscheidung vorausgegangenen Geschäftsjahr erzielten Gesamtumsatzes des Unternehmens oder der Unternehmensvereinigung nicht übersteigen.

(4) [1]Wird gegen eine Unternehmensvereinigung eine Geldbuße wegen einer Ordnungswidrigkeit gemäß § 81 Absatz 1 festgesetzt, die mit den Tätigkeiten ihrer Mitglieder im Zusammenhang steht, so darf diese abweichend von Absatz 2 Satz 2 10 Prozent der Summe des in dem der Behördenentscheidung vorausgegangenen Geschäftsjahr erzielten Gesamtumsatzes derjenigen Mitglieder, die auf dem von der Ordnungswidrigkeit betroffenen Markt tätig waren, nicht übersteigen. [2]Dabei bleiben die Umsätze von solchen Mitgliedern unberücksichtigt, gegen die im Zusammenhang mit der Ordnungswidrigkeit bereits eine Geldbuße festgesetzt wurde oder denen nach § 81k ein Erlass der Geldbuße gewährt wurde.

(5) [1]Bei der Ermittlung des Gesamtumsatzes ist der weltweite Umsatz aller natürlichen und juristischen Personen sowie Personenvereinigungen zugrunde zu legen, die als wirtschaftliche Einheit operieren. [2]Die Höhe des Gesamtumsatzes kann geschätzt werden.

§ 81d Zumessung der Geldbuße

(1) [1]Bei der Festsetzung der Höhe der Geldbuße ist sowohl die Schwere der Zuwiderhandlung als auch deren Dauer zu berücksichtigen. [2]Bei Geldbußen, die gegen Unternehmen oder Unternehmensvereinigungen wegen wettbewerbsbeschränkender Vereinbarungen, Beschlüssen oder abgestimmter Verhaltensweisen nach § 1 dieses Gesetzes oder Artikel 101 des Vertrages über die Arbeitsweise der Europäischen Union oder wegen verbotener Verhaltensweisen nach den §§ 19, 20 oder 21 oder nach Artikel 102 des Vertrages über die Arbeitsweise der Europäischen Union festgesetzt werden, kommen als abzuwägende Umstände insbesondere in Betracht:

1. die Art und das Ausmaß der Zuwiderhandlung, insbesondere die Größenordnung der mit der Zuwiderhandlung in unmittelbarem oder mittelbarem Zusammenhang stehenden Umsätze,
2. die Bedeutung der von der Zuwiderhandlung betroffenen Produkte und Dienstleistungen,
3. die Art der Ausführung der Zuwiderhandlung,
4. vorausgegangene Zuwiderhandlungen des Unternehmens sowie vor der Zuwiderhandlung getroffene, angemessene und wirksame Vorkehrungen zur Vermeidung und Aufdeckung von Zuwiderhandlungen und
5. das Bemühen des Unternehmens, die Zuwiderhandlung aufzudecken und den Schaden wiedergutzumachen sowie nach der Zuwiderhandlung getroffene Vorkehrungen zur Vermeidung und Aufdeckung von Zuwiderhandlungen.

[3]Bei der Berücksichtigung des Ausmaßes, der Größenordnung und der Bedeutung im Sinne des Satzes 2 Nummer 1 und 2 können Schätzungen zugrunde gelegt werden.

(2) [1]Bei der Zumessung der Geldbuße sind die wirtschaftlichen Verhältnisse des Unternehmens oder der Unternehmensvereinigung maßgeblich. [2]Haben sich diese während oder nach der Tat infolge des Erwerbs durch einen Dritten verändert, so ist eine geringere Höhe der gegenüber dem Unternehmen oder der Unternehmensvereinigung zuvor angemessenen Geldbuße zu berücksichtigen.

(3) [1]§ 17 Absatz 4 des Gesetzes über Ordnungswidrigkeiten findet mit der Maßgabe Anwendung, dass der wirtschaftliche Vorteil, der aus der Ordnungswidrigkeit gezogen wurde, durch die Geldbuße nach § 81c abgeschöpft werden kann. [2]Dient die Geldbuße allein der Ahndung, ist dies bei der Zumessung entsprechend zu berücksichtigen.

(4) Das Bundeskartellamt kann allgemeine Verwaltungsgrundsätze über die Ausübung seines Ermessens bei der Bemessung der Geldbuße, insbesondere für die Feststellung der Bußgeldhöhe und für die Zusammenarbeit mit ausländischen Wettbewerbsbehörden, festlegen.

§ 81e Ausfallhaftung im Übergangszeitraum

(1) Erlischt die nach § 30 des Gesetzes über Ordnungswidrigkeiten verantwortliche juristische Person oder Personenvereinigung nach der Bekanntgabe der Einleitung des Bußgeldverfahrens oder wird Vermögen verschoben mit der Folge, dass ihr oder ihrem Rechtsnachfolger gegenüber eine nach den §§ 81c und 81d in Bezug auf das Unternehmen angemessene Geldbuße nicht festgesetzt oder voraussichtlich nicht vollstreckt werden kann, so kann gegen juristische Personen oder Personenvereinigungen, die zum Zeitpunkt der Bekanntgabe der Einleitung des Bußgeldverfahrens das Unternehmen gebildet und auf die verantwortliche juristische Person oder Personenvereinigung oder ihren Rechtsnachfolger unmittelbar oder mittelbar einen bestimmenden Einfluss ausgeübt haben oder die nach der Bekanntgabe der Einleitung des Bußgeldverfahrens Rechtsnachfolger im Sinne des § 81a Absatz 2 oder wirtschaftlicher Nachfolger im Sinne des § 81a Absatz 3 werden, ein Haftungsbetrag in Höhe der nach den §§ 81c und 81d in Bezug auf das Unternehmen angemessenen Geldbuße festgesetzt werden.

(2) § 81a Absatz 2 und 3 gilt für die Haftung nach Absatz 1 entsprechend.

(3) [1]Für das Verfahren zur Festsetzung und Vollstreckung des Haftungsbetrages gelten die Vorschriften über die Festsetzung und Vollstreckung einer Geldbuße entsprechend. [2]Für die Verjährungsfrist gilt das für die Ordnungswidrigkeit geltende Recht entsprechend. [3]§ 31 Absatz 3 des Gesetzes über Ordnungswidrigkeiten gilt mit der Maßgabe entsprechend, dass die Verjährung mit Eintritt der Voraussetzungen nach Absatz 1 beginnt.

(4) Sofern gegen mehrere juristische Personen oder Personenvereinigungen eines Unternehmens wegen derselben Ordnungswidrigkeit Geldbußen und Haftungsbeträge festgesetzt werden, darf im Vollstreckungsverfahren diesen gegenüber insgesamt nur eine Beitreibung bis zur Erreichung des höchsten festgesetzten Einzelbetrages erfolgen.

§ 81f Verzinsung der Geldbuße

[1]Im Bußgeldbescheid festgesetzte Geldbußen gegen juristische Personen und Personenvereinigungen sind zu verzinsen; die Verzinsung beginnt vier Wochen nach Zustellung des Bußgeldbescheides. [2]§ 288 Absatz 1 Satz 2 und § 289 Satz 1 des Bürgerlichen Gesetzbuchs sind entsprechend anzuwenden. [3]Die Verjährungsfrist beträgt drei Jahre und beginnt mit dem Ablauf des Kalenderjahres, in dem die festgesetzte Geldbuße vollständig gezahlt oder beigetrieben wurde.

§ 81g Verjährung der Geldbuße

(1) [1]Die Verjährung der Verfolgung von Ordnungswidrigkeiten nach § 81 bestimmt sich nach den Vorschriften des Gesetzes über Ordnungswidrigkeiten auch dann, wenn die Tat durch Verbreiten von Druckschriften begangen wird. [2]Die Verfolgung der Ordnungswidrigkeiten nach § 81 Absatz 1, 2 Nummer 1 und Absatz 3 verjährt in fünf Jahren.

(2) Eine Unterbrechung der Verjährung nach § 33 Absatz 1 Nummer 1 des Gesetzes über Ordnungswidrigkeiten wird auch durch den Erlass des ersten an den Betroffenen gerichteten Auskunftsverlangens nach § 82b Absatz 1 in Verbindung mit § 59 bewirkt, sofern es binnen zwei Wochen zugestellt wird, ansonsten durch dessen Zustellung.

(3) [1]Die Verjährung ruht, solange die Europäische Kommission oder die Wettbewerbsbehörde eines anderen Mitgliedstaates der Europäischen Union aufgrund einer Beschwerde oder von Amts wegen mit einem Verfahren wegen eines Verstoßes gegen Artikel 101 oder 102 des Vertrages über die Arbeitsweise der Europäischen Union gegen dieselbe Vereinbarung, denselben Beschluss oder dieselbe Verhaltensweise wie die Kartellbehörde befasst ist. [2]Das Ruhen der Verjährung beginnt mit den § 33 Absatz 1 des Gesetzes über Ordnungswidrigkeiten sowie Absatz 2 entsprechenden Handlungen dieser Wettbewerbs-

behörden. [3]Das Ruhen der Verjährung dauert fort bis zu dem Tag, an dem die andere Wettbewerbsbehörde ihr Verfahren vollständig beendet, indem sie eine abschließende Entscheidung erlässt oder zu dem Schluss gelangt, dass zu weiteren Maßnahmen ihrerseits kein Anlass besteht. [4]Das Ruhen der Verjährung wirkt gegenüber allen Unternehmen oder Unternehmensvereinigungen, die an der Zuwiderhandlung beteiligt waren.

(4) [1]Die Verjährung tritt spätestens mit dem Tag ein, an dem die doppelte Verjährungsfrist verstrichen ist. [2]Diese Frist verlängert sich abweichend von § 33 Absatz 3 Satz 2 des Gesetzes über Ordnungswidrigkeiten um den Zeitraum, in dem die Bußgeldentscheidung Gegenstand eines Verfahrens ist, das bei einer gerichtlichen Instanz anhängig ist.

Abschnitt 2

Kronzeugenprogramm

§ 81h Ziel und Anwendungsbereich

(1) Die Kartellbehörde kann an Kartellen beteiligten natürlichen Personen, Unternehmen und Unternehmensvereinigungen (Kartellbeteiligte), die durch ihre Kooperation mit der Kartellbehörde dazu beitragen, ein Kartell aufzudecken, die Geldbuße erlassen oder reduzieren (Kronzeugenbehandlung).

(2) Die Regelungen dieses Abschnitts gelten für Bußgeldverfahren der Kartellbehörden zur Ahndung von Kartellen in Anwendung des § 81 Absatz 1 Nummer 1 dieses Gesetzes in Verbindung mit Artikel 101 des Vertrages über die Arbeitsweise der Europäischen Union und § 81 Absatz 2 Nummer 1 in Verbindung mit § 1 dieses Gesetzes.

(3) [1]Das Bundeskartellamt kann allgemeine Verwaltungsgrundsätze über die Ausübung seines Ermessens bei der Anwendung des Kronzeugenprogramms sowie der Gestaltung des Verfahrens festlegen. [2]Die Verwaltungsgrundsätze sind im Bundesanzeiger zu veröffentlichen.

§ 81i Antrag auf Kronzeugenbehandlung

(1) [1]Eine Kronzeugenbehandlung ist nur auf Antrag möglich. [2]Kartellbeteiligte können wegen einer verfolgbaren Tat einen Antrag auf Kronzeugenbehandlung bei der zuständigen Kartellbehörde stellen. [3]Der Antrag muss detaillierte Informationen zu allen in § 81m Absatz 1 Satz 2 aufgelisteten Angaben enthalten und zusammen mit den entsprechenden Beweismitteln eingereicht werden.

(2) [1]Ein Antrag auf Kronzeugenbehandlung, der für ein Unternehmen abgegeben wird, gilt, soweit nicht ausdrücklich etwas anderes erklärt wird, für alle juristischen Personen oder Personenvereinigungen, die im Zeitpunkt der Antragstellung das Unternehmen bilden. [2]Er gilt auch für deren derzeitige sowie frühere Mitglieder von Aufsichts- und Leitungsorganen und Mitarbeiter.

(3) [1]Der Antrag kann schriftlich oder nach § 32a der Strafprozessordnung elektronisch in deutscher, in englischer Sprache oder, nach Absprache zwischen der Kartellbehörde und dem Antragsteller, in einer anderen Sprache der Europäischen Union gestellt werden. [2]Nimmt die Kartellbehörde einen Antrag in einer anderen als der deutschen Sprache entgegen, so kann sie vom Antragsteller verlangen, unverzüglich eine deutsche Übersetzung beizubringen. [3]In Absprache mit der Kartellbehörde kann ein Antrag auch in Textform oder mündlich gestellt werden.

(4) Auf Ersuchen des Antragstellers bestätigt die Kartellbehörde den Eingang des Antrags mit Datum und Uhrzeit.

§ 81j Allgemeine Voraussetzungen für die Kronzeugenbehandlung

(1) Die Kronzeugenbehandlung kann nur gewährt werden, wenn der Antragsteller

1. seine Kenntnis von dem Kartell und seine Beteiligung daran in dem Antrag auf Kronzeugenbehandlung gegenüber der Kartellbehörde offenlegt oder ein Kartellbeteiligter im Fall eines zu seinen Gunsten geltenden Antrags umfassend an der Aufklärung des Sachverhalts mitwirkt;
2. seine Beteiligung an dem Kartell unmittelbar nach Stellung des Antrags auf Kronzeugenbehandlung beendet, soweit nicht einzelne Handlungen nach Auffassung der Kartellbehörde möglicherweise erforderlich sind, um die Integrität ihrer Untersuchung zu wahren;
3. ab dem Zeitpunkt der Stellung des Antrags auf Kronzeugenbehandlung bis zur Beendigung des kartellbehördlichen Verfahrens gegenüber allen Kartellbeteiligten der Pflicht zur ernsthaften, fortgesetzten und zügigen Kooperation genügt; diese beinhaltet insbesondere, dass er
   a) unverzüglich alle ihm zugänglichen Informationen über und Beweise für das Kartell zur Verfügung stellt,
   b) jede Anfrage beantwortet, die zur Feststellung des Sachverhalts beitragen kann,

c) dafür sorgt, dass Mitglieder der Aufsichts- und Leitungsorgane sowie sonstige Mitarbeiter für Befragungen zur Verfügung stehen; bei früheren Mitgliedern der Aufsichts- und Leitungsorgane sowie sonstigen früheren Mitarbeitern genügt es, hierauf hinzuwirken,
d) Informationen über und Beweise für das Kartell nicht vernichtet, verfälscht oder unterdrückt und
e) weder die Tatsache der Stellung eines Antrags auf Kronzeugenbehandlung noch dessen Inhalt offenlegt, bis die Kartellbehörde ihn von dieser Pflicht entbindet;

4. während er die Stellung des Antrags auf Kronzeugenbehandlung erwogen hat;
a) Informationen über oder Beweise für das Kartell weder vernichtet, noch verfälscht oder unterdrückt und
b) weder die beabsichtigte Stellung des Antrags auf Kronzeugenbehandlung noch dessen beabsichtigten Inhalt offengelegt hat; dies gilt mit Ausnahme der Offenlegung gegenüber anderen Wettbewerbsbehörden.

(2) Die Voraussetzungen des Absatzes 1 finden entsprechend Anwendung auf diejenigen Kartellbeteiligten, zu deren Gunsten der Antrag auf Kronzeugenbehandlung gemäß § 81i Absatz 2 gestellt ist.

§ 81k Erlass der Geldbuße

(1) Die Kartellbehörde sieht von der Verhängung einer Geldbuße gegenüber einem Kartellbeteiligten ab, wenn er

1. die in § 81j genannten Voraussetzungen erfüllt und
2. als Erster Beweismittel vorlegt, die die Kartellbehörde zu dem Zeitpunkt, zu dem sie den Antrag auf Kronzeugenbehandlung erhält, erstmals in die Lage versetzen, einen Durchsuchungsbeschluss zu erwirken.

(2) Von der Verhängung einer Geldbuße gegenüber einem Kartellbeteiligten ist in der Regel abzusehen, wenn er

1. die in § 81j genannten Voraussetzungen erfüllt und
2. als Erster Beweismittel vorlegt, die, wenn die Kartellbehörde bereits in der Lage ist, einen Durchsuchungsbeschluss zu erwirken, erstmals den Nachweis der Tat ermöglichen und kein anderer Kartellbeteiligter bereits die Voraussetzungen für einen Erlass nach Absatz 1 erfüllt hat.

(3) Ein Erlass der Geldbuße kommt nicht in Betracht, wenn der Kartellbeteiligte Schritte unternommen hat, um andere Kartellbeteiligte zur Beteiligung am oder zum Verbleib im Kartell zu zwingen.

§ 81l Ermäßigung der Geldbuße

(1) Die Kartellbehörde kann gegenüber einem Kartellbeteiligten die Geldbuße ermäßigen, wenn er

1. die in § 81j genannten Voraussetzungen erfüllt und
2. Beweismittel für das Kartell vorlegt, die im Hinblick auf den Nachweis der Tat gegenüber den Informationen und Beweismitteln, die der Kartellbehörde bereits vorliegen, einen erheblichen Mehrwert aufweisen.

(2) Der Umfang der Ermäßigung richtet sich insbesondere nach dem Nutzen der Informationen und Beweismittel sowie nach dem Zeitpunkt der Anträge auf Kronzeugenbehandlung.

(3) Übermittelt ein Antragsteller als Erster stichhaltige Beweise, die die Kartellbehörde zur Feststellung zusätzlicher Tatsachen heranzieht und zur Festsetzung höherer Geldbußen gegenüber anderen Kartellbeteiligten verwendet, oder wirkt ein Kartellbeteiligter im Fall eines Antrags zu seinen Gunsten an deren erstmaliger Übermittlung umfassend mit, so werden diese Tatsachen bei der Festsetzung der Geldbuße gegen den Antragsteller beziehungsweise gegen den begünstigten Kartellbeteiligten nicht berücksichtigt.

§ 81m Marker

(1) [1]Ein Kartellbeteiligter kann sich an die Kartellbehörde wenden, um zunächst die Bereitschaft zur Zusammenarbeit zu erklären (Marker), um einen Rang in der Reihenfolge des Eingangs der Anträge auf Kronzeugenbehandlung zu erhalten. [2]Ein Marker soll mindestens die folgenden Angaben in Kurzform enthalten:

1. den Namen und die Anschrift des Antragstellers,
2. die Namen der übrigen Kartellbeteiligten,
3. die betroffenen Produkte und Gebiete,
4. die Dauer und die Art der Tat, insbesondere auch betreffend die eigene Beteiligung, und
5. Informationen über alle bisherigen oder über etwaige künftige Anträge auf Kronzeugenbehandlung im Zusammenhang mit dem Kartell bei anderen Kartellbehörden, anderen europäischen Wettbewerbsbehörden oder sonstigen ausländischen Wettbewerbsbehörden.

(2) [1]Ein Marker kann mündlich oder in Textform erklärt werden. [2]§ 81i Absatz 2, 3 Satz 1 und 2 und Absatz 4 gilt entsprechend.

(3) [1]Die Kartellbehörde setzt eine angemessene Frist, vor deren Ablauf der Antragsteller einen Antrag auf Kronzeugenbehandlung, einschließlich detaillierter Informationen zu allen in Absatz 1 Satz 2 aufgelisteten Angaben zusammen mit den entsprechenden Beweismitteln, einzureichen hat. [2]Für den Rang des ausgearbeiteten Antrags auf Kronzeugenbehandlung nach Satz 1 ist der Zeitpunkt des Markers nach Absatz 1 maßgeblich, soweit der Antragsteller die ihm obliegenden Pflichten fortwährend erfüllt. [3]In diesem Fall gelten alle ordnungsgemäß bis zum Ablauf der nach Satz 1 gesetzten Frist beigebrachten Informationen und Beweismittel als zum Zeitpunkt des Markers vorgelegt.

§ 81n Kurzantrag

(1) [1]Die Kartellbehörde nimmt von Kartellbeteiligten, die bei der Europäischen Kommission in Bezug auf dasselbe Kartell einen Antrag auf Kronzeugenbehandlung stellen, einen Kurzantrag an. [2]Dies gilt nur, wenn sich der Antrag auf mehr als drei Mitgliedstaaten als von dem Kartell betroffene Gebiete bezieht.

(2) [1]Für Kurzanträge gilt § 81m Absatz 1 Satz 2, Absatz 2 und 3 Satz 3 und 4 entsprechend. [2]Zusätzlich sind Angaben über die Mitgliedstaaten zu machen, in denen sich die Beweismittel für das Kartell wahrscheinlich befinden.

(3) Die Kartellbehörde verlangt die Vorlage eines vollständigen Antrags auf Kronzeugenbehandlung, sobald ihr die Europäische Kommission mitgeteilt hat, dass sie den Fall weder insgesamt noch in Teilen weiterverfolgt, oder wenn weitere Angaben für die Abgrenzung oder die Zuweisung des Falles notwendig sind.

(4) Reicht der Antragsteller den vollständigen Antrag auf Kronzeugenbehandlung innerhalb der von der Kartellbehörde festgesetzten Frist ein, gilt der vollständige Antrag als zum Zeitpunkt des Eingangs des Kurzantrags vorgelegt, soweit der Kurzantrag dieselbe Tat, dieselben betroffenen Produkte, Gebiete und Kartellbeteiligten sowie dieselbe Dauer des Kartells erfasst wie der bei der Europäischen Kommission gestellte Antrag auf Kronzeugenbehandlung.

Abschnitt 3
Bußgeldverfahren

§ 82 Zuständigkeiten in Kartellbußgeldsachen

(1) Verwaltungsbehörden im Sinne des § 36 Absatz 1 Nummer 1 des Gesetzes über Ordnungswidrigkeiten sind

1. die Bundesnetzagentur als Markttransparenzstelle für Strom und Gas bei Ordnungswidrigkeiten nach § 81 Absatz 2 Nummer 2 Buchstabe c und d, Nummer 5a, 6, soweit ein Verstoß gegen § 47d Absatz 1 Satz 1 in Verbindung mit § 59 Absatz 2 oder Absatz 4 vorliegt, und Nummer 8, soweit ein Verstoß gegen § 47d Absatz 1 Satz 1 in Verbindung mit § 59a Absatz 2 vorliegt,
2. das Bundeskartellamt als Markttransparenzstelle für Kraftstoffe bei Ordnungswidrigkeiten nach § 81 Absatz 2 Nummer 5b, 6, soweit ein Verstoß gegen § 47k Absatz 7 in Verbindung mit § 59 Absatz 2 oder Absatz 4 vorliegt, und Nummer 8, soweit ein Verstoß gegen § 47k Absatz 7 in Verbindung mit § 59a Absatz 2 vorliegt, und
3. in den übrigen Fällen von § 81 das Bundeskartellamt und die nach Landesrecht zuständige oberste Landesbehörde jeweils für ihren Geschäftsbereich.

(2) [1]Die Kartellbehörde ist für Verfahren wegen der Festsetzung einer Geldbuße gegen eine juristische Person oder Personenvereinigung nach § 30 des Gesetzes über Ordnungswidrigkeiten in Fällen ausschließlich zuständig, denen

1. eine Straftat, die auch den Tatbestand des § 81 Absatz 1, 2 Nummer 1 und Absatz 3 verwirklicht, oder
2. eine vorsätzliche oder fahrlässige Ordnungswidrigkeit nach § 130 des Gesetzes über Ordnungswidrigkeiten, bei der eine mit Strafe bedrohte Pflichtverletzung auch den Tatbestand des § 81 Absatz 1, 2 Nummer 1 und Absatz 3 verwirklicht,

zugrunde liegt. [2]Dies gilt nicht, wenn die Behörde das § 30 des Gesetzes über Ordnungswidrigkeiten betreffende Verfahren an die Staatsanwaltschaft abgibt. [3]In den Fällen des Satzes 1 sollen sich die Staatsanwaltschaft und die Kartellbehörde gegenseitig frühzeitig über geplante Ermittlungsschritte mit Außenwirkung, insbesondere über Durchsuchungen, unterrichten.

§ 82a Befugnisse und Zuständigkeiten im Verfahren nach Einspruchseinlegung

(1) [1]Im Verfahren nach Einspruch gegen eine Bußgeldentscheidung ist § 69 Absatz 4 und 5 Satz 1 zweiter Halbsatz des Gesetzes über Ordnungswidrigkeiten nicht anzuwenden. [2]Die Staatsanwaltschaft hat die Akten an das nach § 83 zuständige Gericht zu übersenden. [3]Im gerichtlichen Bußgeldverfahren verfügt

die Kartellbehörde über dieselben Rechte wie die Staatsanwaltschaft; im Verfahren vor dem Bundesgerichtshof vertritt allein der Generalbundesanwalt das öffentliche Interesse. [4]§ 76 des Gesetzes über Ordnungswidrigkeiten ist nicht anzuwenden.

(2) [1]Sofern das Bundeskartellamt als Verwaltungsbehörde des Vorverfahrens tätig war, erfolgt die Vollstreckung der Geldbuße und des Geldbetrages, dessen Einziehung nach § 29a des Gesetzes über Ordnungswidrigkeiten angeordnet wurde, durch das Bundeskartellamt als Vollstreckungsbehörde aufgrund einer von dem Urkundsbeamten der Geschäftsstelle des Gerichts zu erteilenden, mit der Bescheinigung der Vollstreckbarkeit versehenen beglaubigten Abschrift der Urteilsformel entsprechend den Vorschriften über die Vollstreckung von Bußgeldbescheiden. [2]Die Geldbußen und die Geldbeträge, deren Einziehung nach § 29a des Gesetzes über Ordnungswidrigkeiten angeordnet wurde, fließen der Bundeskasse zu, die auch die der Staatskasse auferlegten Kosten trägt.

§ 82b Besondere Ermittlungsbefugnisse

(1) [1]In Verfahren zur Festsetzung einer Geldbuße nach § 81 oder zur Festsetzung eines Haftungsbetrages nach § 81e sind über § 46 Absatz 2 des Gesetzes über Ordnungswidrigkeiten hinaus § 59 Absatz 1, 2, 3 Satz 1 und 2, Absatz 4 und 5 und im Rahmen von Durchsuchungen § 59b Absatz 3 Satz 1 und Absatz 5 Satz 2 und 3 entsprechend anzuwenden. [2]§ 59 Absatz 4 Satz 2 ist bei Auskunftsverlangen und Herausgabeverlangen nach § 59 Absatz 1 und 2 oder Verlangen nach § 59b Absatz 3 Satz 1 Nummer 3 in Bezug auf natürliche Personen entsprechend anzuwenden.

(2) Absatz 1 Satz 2 und § 59 Absatz 1, 2, 3 Satz 1 und 2, Absatz 4 und 5 gelten für die Erteilung einer Auskunft oder die Herausgabe von Unterlagen an das Gericht entsprechend.

(3) [1]Schriftliche oder protokollierte Auskünfte, die aufgrund von Auskunftsverlangen nach Absatz 1 in Verbindung mit § 59 erteilt wurden, sowie Protokolle nach Absatz 1 in Verbindung mit § 59b Absatz 3 Satz 1 Nummer 3 können als Urkunden in das gerichtliche Verfahren eingebracht werden. [2]§ 250 der Strafprozessordnung ist insoweit nicht anzuwenden.

§ 83 Zuständigkeit des Oberlandesgerichts im gerichtlichen Verfahren

(1) [1]Im gerichtlichen Verfahren wegen einer Ordnungswidrigkeit nach § 81 entscheidet das Oberlandesgericht, in dessen Bezirk die zuständige Kartellbehörde ihren Sitz hat; es entscheidet auch über einen Antrag auf gerichtliche Entscheidung (§ 62 des Gesetzes über Ordnungswidrigkeiten) in den Fällen des § 52 Absatz 2 Satz 3 und des § 69 Absatz 1 Satz 2 des Gesetzes über Ordnungswidrigkeiten sowie gegen Maßnahmen, die die Kartellbehörde während des gerichtlichen Bußgeldverfahrens getroffen hat. [2]§ 140 Absatz 1 Nummer 1 der Strafprozessordnung in Verbindung mit § 46 Absatz 1 des Gesetzes über Ordnungswidrigkeiten findet keine Anwendung.

(2) Das Oberlandesgericht entscheidet in der Besetzung von drei Mitgliedern mit Einschluss des vorsitzenden Mitglieds.

§ 84 Rechtsbeschwerde zum Bundesgerichtshof

[1]Über die Rechtsbeschwerde (§ 79 des Gesetzes über Ordnungswidrigkeiten) entscheidet der Bundesgerichtshof. [2]Hebt er die angefochtene Entscheidung auf, ohne in der Sache selbst zu entscheiden, so verweist er die Sache an das Oberlandesgericht, dessen Entscheidung aufgehoben wird, zurück.

§ 85 Wiederaufnahmeverfahren gegen Bußgeldbescheid

Im Wiederaufnahmeverfahren gegen den Bußgeldbescheid der Kartellbehörde (§ 85 Absatz 4 des Gesetzes über Ordnungswidrigkeiten) entscheidet das nach § 83 zuständige Gericht.

§ 86 Gerichtliche Entscheidungen bei der Vollstreckung

Die bei der Vollstreckung notwendig werdenden gerichtlichen Entscheidungen (§ 104 des Gesetzes über Ordnungswidrigkeiten) werden von dem nach § 83 zuständigen Gericht erlassen.

Außenwirtschaftsgesetz (AWG)[1)]

Vom 6. Juni 2013 (BGBl. I S. 1482)
(FNA 7400-4)
zuletzt geändert durch Art. 2 G zur Änd. des AusführungsG zum Chemiewaffenübereinkommen sowie außenwirtschaftlicher Vorschriften vom 27. Februar 2024 (BGBl. 2024 I Nr. 71)

– Auszug –

Teil 3
Straf-, Bußgeld- und Überwachungsvorschriften

§ 17 Strafvorschriften

(1) Mit Freiheitsstrafe von einem Jahr bis zu zehn Jahren wird bestraft, wer einer Rechtsverordnung nach § 4 Absatz 1, die der Durchführung

1. einer vom Sicherheitsrat der Vereinten Nationen nach Kapitel VII der Charta der Vereinten Nationen oder
2. einer vom Rat der Europäischen Union im Bereich der Gemeinsamen Außen- und Sicherheitspolitik

beschlossenen wirtschaftlichen Sanktionsmaßnahme dient, oder einer vollziehbaren Anordnung auf Grund einer solchen Rechtsverordnung zuwiderhandelt, soweit die Rechtsverordnung sich auf Güter des Teils I Abschnitt A der Ausfuhrliste bezieht und für einen bestimmten Tatbestand auf diese Strafvorschrift verweist.

(2) Mit Freiheitsstrafe nicht unter einem Jahr wird bestraft, wer in den Fällen des Absatzes 1

1. für den Geheimdienst einer fremden Macht handelt oder
2. gewerbsmäßig oder als Mitglied einer Bande handelt, die sich zur fortgesetzten Begehung solcher Taten verbunden hat.

(3) Mit Freiheitsstrafe nicht unter zwei Jahren wird bestraft, wer in den Fällen des Absatzes 1 als Mitglied einer Bande, die sich zur fortgesetzten Begehung solcher Taten verbunden hat, gewerbsmäßig handelt.

(4) In minder schweren Fällen des Absatzes 1 ist die Strafe Freiheitsstrafe von drei Monaten bis zu fünf Jahren.

(5) Handelt der Täter in den Fällen des Absatzes 1 leichtfertig, so ist die Strafe Freiheitsstrafe bis zu drei Jahren oder Geldstrafe.

(6) In den Fällen des Absatzes 1 steht einem Handeln ohne Genehmigung ein Handeln auf Grund einer durch Drohung, Bestechung oder Kollusion erwirkten oder durch unrichtige oder unvollständige Angaben erschlichenen Genehmigung gleich.

(7) Die Absätze 1 bis 6 gelten, unabhängig vom Recht des Tatorts, auch für Taten, die im Ausland begangen werden, wenn der Täter Deutscher ist.

§ 18 Strafvorschriften

(1) Mit Freiheitsstrafe von drei Monaten bis zu fünf Jahren wird bestraft, wer

1. einem
   a) Ausfuhr-, Einfuhr-, Durchfuhr-, Verbringungs-, Verkaufs-, Erwerbs-, Liefer-, Bereitstellungs-, Weitergabe- oder Investitionsverbot oder
   b) Sende-, Übertragungs-, Verbreitungs- oder sonstigen Dienstleistungsverbot oder
   c) Verfügungsverbot über eingefrorene Gelder und wirtschaftliche Ressourcen

   eines im Amtsblatt der Europäischen Gemeinschaften oder der Europäischen Union veröffentlichten unmittelbar geltenden Rechtsaktes der Europäischen Gemeinschaften oder der Europäischen Union zuwiderhandelt, der der Durchführung einer vom Rat der Europäischen Union im Bereich der Gemeinsamen Außen- und Sicherheitspolitik beschlossenen wirtschaftlichen Sanktionsmaßnahme dient oder
2. gegen eine Genehmigungspflicht für
   a) die Ausfuhr, Einfuhr, Durchfuhr, Verbringung, einen Verkauf, einen Erwerb, eine Lieferung, Bereitstellung, Weitergabe oder Investition,
   b) eine Sendung, Übertragung, Verbreitung oder sonstige Dienstleistung oder
   c) die Verfügung über eingefrorene Gelder oder wirtschaftliche Ressourcen

---

1) Verkündet als Art. 1 G zur Modernisierung des Außenwirtschaftsrechts v. 6.6.2013 (BGBl. I S. 1482); Inkrafttreten ist gem. Art. 3 Abs. 1 des G am 1.9.2013, bis auf die §§ 4, 5 und 11, die bereits am 14.6.2013 in Kraft getreten sind, gem. Art. 3 Abs. 2 des G.

eines im Amtsblatt der Europäischen Gemeinschaften oder der Europäischen Union veröffentlichten unmittelbar geltenden Rechtsaktes der Europäischen Gemeinschaften oder der Europäischen Union verstößt, der der Durchführung einer vom Rat der Europäischen Union im Bereich der Gemeinsamen Außen- und Sicherheitspolitik beschlossenen wirtschaftlichen Sanktionsmaßnahme dient.

(1a) Ebenso wird bestraft, wer einer vollziehbaren Anordnung nach § 6 Absatz 1 Satz 2 zuwiderhandelt.

(1b) Mit Freiheitsstrafe bis zu fünf Jahren oder mit Geldstrafe wird bestraft, wer
1. entgegen § 15 Absatz 4 Satz 1 Nummer 1 ein Stimmrecht ausübt,
2. entgegen § 15 Absatz 4 Satz 1 Nummer 3 oder 4 eine dort genannte Information überlässt oder offenlegt oder
3. einer Rechtsverordnung nach § 15 Absatz 5 Satz 1 Nummer 2 oder Satz 2 Nummer 1 oder 2 oder einer vollziehbaren Anordnung auf Grund einer solchen Rechtsverordnung zuwiderhandelt, soweit die Rechtsverordnung für einen bestimmten Tatbestand auf diese Strafvorschrift verweist.

(2) Ebenso wird bestraft, wer gegen die Außenwirtschaftsverordnung verstößt, indem er
1. ohne Genehmigung nach § 8 Absatz 1, § 9 Absatz 1 oder § 78 dort genannte Güter ausführt,
2. entgegen § 9 Absatz 2 Satz 3 dort genannte Güter ausführt,
3. ohne Genehmigung nach § 11 Absatz 1 Satz 1 dort genannte Güter verbringt,
4. ohne Genehmigung nach § 46 Absatz 1, auch in Verbindung mit § 47 Absatz 1, oder ohne Genehmigung nach § 47 Absatz 2 ein Handels- und Vermittlungsgeschäft vornimmt,
5. entgegen § 47 Absatz 3 Satz 3 ein Handels- und Vermittlungsgeschäft vornimmt,
6. ohne Genehmigung nach § 49 Absatz 1, § 50 Absatz 1, § 51 Absatz 1 oder Absatz 2 oder § 52 Absatz 1 technische Unterstützung erbringt,
7. entgegen § 49 Absatz 2 Satz 3, § 50 Absatz 2 Satz 3, § 51 Absatz 3 Satz 3 oder § 52 Absatz 2 Satz 3 technische Unterstützung erbringt oder
8. einer vollziehbaren Anordnung nach § 59 Absatz 1 Satz 1 oder Absatz 3 Nummer 1 oder § 62 Absatz 1 zuwiderhandelt.

(3) Ebenso wird bestraft, wer gegen die Verordnung (EG) Nr. 2368/2002 des Rates vom 20. Dezember 2002 zur Umsetzung des Zertifikationssystems des Kimberley-Prozesses für den internationalen Handel mit Rohdiamanten (ABl. L 358 vom 31.12.2002, S. 28), die zuletzt durch die Durchführungsverordnung (EU) 2020/2149 vom 9. Dezember 2020 (ABl. L 428 vom 18.12.2020, S. 38) geändert worden ist, verstößt, indem er
1. entgegen Artikel 3 Rohdiamanten einführt oder
2. entgegen Artikel 11 Rohdiamanten ausführt.

(4) [1]Ebenso wird bestraft, wer gegen die Verordnung (EU) 2019/125 des Europäischen Parlaments und des Rates vom 16. Januar 2019 über den Handel mit bestimmten Gütern, die zur Vollstreckung der Todesstrafe, zu Folter oder zu anderer grausamer, unmenschlicher oder erniedrigender Behandlung oder Strafe verwendet werden könnten (ABl. L 30 vom 31.1.2019, S. 1), die zuletzt durch die Delegierte Verordnung (EU) 2021/139 vom 4. Dezember 2020 (ABl. L 43 vom 8.2.2021, S. 5) geändert worden ist, verstößt, indem er
1. entgegen Artikel 3 Absatz 1 Satz 1 dort genannte Güter ausführt,
2. entgegen Artikel 3 Absatz 1 Satz 3 technische Hilfe erbringt,
3. entgegen Artikel 4 Absatz 1 Satz 1 dort genannte Güter einführt,
4. entgegen Artikel 4 Absatz 1 Satz 2 technische Hilfe annimmt,
5. entgegen Artikel 5, Artikel 13 oder Artikel 18 dort genannte Güter durchführt,
6. entgegen Artikel 6 eine Vermittlungstätigkeit erbringt,
7. entgegen Artikel 7 eine Ausbildungsmaßnahme erbringt oder anbietet,
8. ohne Genehmigung nach Artikel 11 Absatz 1 Satz 1 oder Artikel 16 Absatz 1 Satz 1 dort genannte Güter ausführt,
9. ohne Genehmigung nach Artikel 15 Absatz 1 Buchstabe a oder Artikel 19 Absatz 1 Buchstabe a technische Hilfe erbringt oder
10. ohne Genehmigung nach Artikel 15 Absatz 1 Buchstabe b oder Artikel 19 Absatz 1 Buchstabe b eine Vermittlungstätigkeit erbringt.

[2]Soweit die in Satz 1 genannten Vorschriften auf die Anhänge II, III oder IV zur Verordnung (EU) Nr. 2019/125 verweisen, finden diese Anhänge in der jeweils geltenden Fassung Anwendung.

(5) [1]Ebenso wird bestraft, wer gegen die Verordnung (EU) 2021/821 des Europäischen Parlaments und des Rates vom 20. Mai 2021 über eine Unionsregelung für die Kontrolle der Ausfuhr, der Vermittlung, der technischen Unterstützung der Durchfuhr und der Verbringung betreffend Güter mit doppeltem Verwendungszweck (ABl. L 206 vom 11.6.2021, S. 1) verstößt, indem er

1. ohne Genehmigung nach Artikel 3 Absatz 1, Artikel 4 Absatz 1, Artikel 5 Absatz 1 oder Artikel 10 Absatz 1 Güter mit doppeltem Verwendungszweck oder Güter für digitale Überwachung ausführt,
2. entgegen Artikel 4 Absatz 2 Satz 2 oder Artikel 5 Absatz 2 Satz 2, auch in Verbindung mit § 9 Absatz 4 der Außenwirtschaftsverordnung, Güter ohne Entscheidung der zuständigen Behörde über die Genehmigungspflicht oder ohne Genehmigung der zuständigen Behörde ausführt,
3. ohne Genehmigung nach Artikel 6 Absatz 1 oder Artikel 8 Absatz 1 eine Vermittlungstätigkeit oder technische Unterstützung erbringt oder
4. entgegen Artikel 6 Absatz 2 Satz 2 oder Artikel 8 Absatz 2 Satz 2 eine Vermittlungstätigkeit oder technische Unterstützung ohne Entscheidung der zuständigen Behörde über die Genehmigungspflicht oder ohne Genehmigung der zuständigen Behörde erbringt.

[2]Soweit die in Satz 1 genannten Vorschriften auf Anhang I der Verordnung (EU) 2021/821 verweisen, findet dieser Anhang in der jeweils geltenden Fassung Anwendung. [3]In den Fällen des Satzes 1

1. Nummer 2 steht dem Ausführer eine Person gleich, die die Ausfuhr durch einen anderen begeht, wenn der Person bekannt ist, dass die Güter mit doppeltem Verwendungszweck oder für digitale Überwachung ganz oder teilweise für eine Verwendung im Sinne des Artikels 4 Absatz 1 oder Artikel 5 Absatz 1 der Verordnung (EU) 2021/821;
2. Nummer 4 steht dem Vermittler oder dem Erbringer technischer Unterstützung eine Person gleich, die die Vermittlung oder die Erbringung technischer Unterstützung durch einen anderen begeht, wenn der Person bekannt ist, dass die Güter ganz oder teilweise für eine Verwendung im Sinne des Artikels 4 Absatz 1 der Verordnung (EU) 2021/821.

bestimmt sind.

(5a) Mit Freiheitsstrafe bis zu einem Jahr oder mit Geldstrafe wird bestraft, wer entgegen Artikel 9 Absatz 2 Buchstabe a der Verordnung (EU) Nr. 269/2014 des Rates vom 17. März 2014 über restriktive Maßnahmen angesichts von Handlungen, die die territoriale Unversehrtheit, Souveränität und Unabhängigkeit der Ukraine untergraben oder bedrohen (ABl. L 78 vom 17.3.2014, S. 6), die zuletzt durch die Durchführungsverordnung (EU) 2022/1529 (ABl. L 239 vom 15.9.2022, S. 1) geändert worden ist, eine Meldung nicht, nicht richtig, nicht vollständig oder nicht rechtzeitig macht.

(5b) [1]Ebenso wird bestraft, wer gegen die Verordnung (EU) 2019/125 verstößt, indem er

1. entgegen Artikel 8 dort genannte Güter ausstellt oder zum Verkauf anbietet oder
2. entgegen Artikel 9 eine Werbefläche oder Werbezeit verkauft oder erwirbt.

[2]Soweit die in Satz 1 genannten Vorschriften auf den Anhang II zur Verordnung (EU) 2019/125 verweisen, findet dieser Anhang in der jeweils geltenden Fassung Anwendung.

(6) Der Versuch ist in den Fällen der Absätze 1 bis 5 oder 5b strafbar.

(7) Mit Freiheitsstrafe nicht unter einem Jahr wird bestraft, wer

1. in den Fällen der Absätze 1 oder 1a für den Geheimdienst einer fremden Macht handelt,
2. in den Fällen der Absätze 1, 1a und 2 bis 4 oder des Absatzes 5 gewerbsmäßig oder als Mitglied einer Bande handelt, die sich zur fortgesetzten Begehung solcher Taten verbunden hat, oder
3. eine in den Absätzen 1 oder 1a bezeichnete Handlung begeht, die sich auf die Entwicklung, Herstellung, Wartung oder Lagerung von Flugkörpern für chemische, biologische oder Atomwaffen bezieht.

(8) Mit Freiheitsstrafe nicht unter zwei Jahren wird bestraft, wer in den Fällen der Absätze 1, 1a und 2 bis 4 oder des Absatzes 5 als Mitglied einer Bande, die sich zur fortgesetzten Begehung solcher Taten verbunden hat, gewerbsmäßig handelt.

(9) In den Fällen des Absatzes 1 Nummer 2, des Absatzes 1a, des Absatzes 2 Nummer 1, 3, 4 oder Nummer 6, des Absatzes 4 Satz 1 Nummer 5 oder des Absatzes 5 Satz 1 steht einem Handeln ohne Genehmigung ein Handeln auf Grund einer durch Drohung, Bestechung oder Kollusion erwirkten oder durch unrichtige oder unvollständige Angaben erschlichenen Genehmigung gleich.

(10) Die Absätze 1 bis 9 gelten, unabhängig vom Recht des Tatorts, auch für Taten, die im Ausland begangen werden, wenn der Täter Deutscher ist.

(11) Nach Absatz 1, jeweils auch in Verbindung mit Absatz 6, 7, 8 oder Absatz 10, wird nicht bestraft, wer

1. bis zum Ablauf des zweiten Werktages handelt, der auf die Veröffentlichung des Rechtsaktes im Amtsblatt der Europäischen Union folgt, und
2. von einem Verbot oder von einem Genehmigungserfordernis, das in dem Rechtsakt nach Nummer 1 angeordnet wird, zum Zeitpunkt der Tat keine Kenntnis hat.

(12) Nach Absatz 1a, jeweils auch in Verbindung mit den Absätzen 6, 7, 8, 9 oder 10, wird nicht bestraft, wer

1. einer öffentlich bekannt gemachten Anordnung bis zum Ablauf des zweiten Werktages, der auf die Veröffentlichung folgt, zuwiderhandelt und
2. von einer dadurch angeordneten Beschränkung zum Zeitpunkt der Tat keine Kenntnis hat.

(13) Nach Absatz 5a wird nicht bestraft, wer eine dort genannte Meldung freiwillig und vollständig nachholt, wenn nicht die Tat zu diesem Zeitpunkt bereits ganz oder zum Teil entdeckt war und der Täter dies wusste oder bei verständiger Würdigung der Sachlage damit rechnen musste.

§ 19 Bußgeldvorschriften

(1) Ordnungswidrig handelt, wer eine in

1. § 18 Absatz 1, 1a, 2 Nummer 1 bis 7, Absatz 3 bis 5 oder Absatz 5a oder
2. § 18 Absatz 1b oder 2 Nummer 8

bezeichnete Handlung fahrlässig begeht.

(2) Ordnungswidrig handelt, wer entgegen § 8 Absatz 5, auch in Verbindung mit § 9 Satz 2, eine Angabe nicht richtig oder nicht vollständig macht oder nicht richtig oder nicht vollständig benutzt.

(3) Ordnungswidrig handelt, wer vorsätzlich oder fahrlässig

1. einer Rechtsverordnung nach
   a) § 4 Absatz 1 oder
   b) § 11 Absatz 1 bis 3 oder Absatz 4 oder

   einer vollziehbaren Anordnung auf Grund einer solchen Rechtsverordnung zuwiderhandelt, soweit die Rechtsverordnung für einen bestimmten Tatbestand auf diese Bußgeldvorschrift verweist und die Tat nicht in § 17 Absatz 1 bis 4 oder Absatz 5 oder § 18 Absatz 2 mit Strafe bedroht ist,
2. einer vollziehbaren Anordnung nach § 7 Absatz 1, 3 oder Absatz 4 oder § 23 Absatz 1 oder Absatz 4 Satz 2 zuwiderhandelt,
3. entgegen § 27 Absatz 1 Satz 1 Waren nicht, nicht richtig, nicht vollständig oder nicht rechtzeitig vorzeigt,
4. entgegen § 27 Absatz 3 eine Erklärung nicht, nicht richtig, nicht vollständig oder nicht rechtzeitig abgibt oder
5. entgegen § 27 Absatz 4 Satz 1 eine Sendung nicht, nicht richtig, nicht vollständig oder nicht rechtzeitig gestellt.

(4)[1] [1]Ordnungswidrig handelt, wer vorsätzlich oder fahrlässig einer unmittelbar geltenden Vorschrift in Rechtsakten der Europäischen Gemeinschaften oder der Europäischen Union über die Beschränkung des Außenwirtschaftsverkehrs zuwiderhandelt, die inhaltlich einer Regelung entspricht, zu der die in

1. Absatz 3 Nummer 1 Buchstabe a oder
2. Absatz 3 Nummer 1 Buchstabe b

genannten Vorschriften ermächtigen, soweit eine Rechtsverordnung nach Satz 2 für einen bestimmten Tatbestand auf diese Bußgeldvorschrift verweist und die Tat nicht in § 18 Absatz 1, 3 bis 5, 7 oder Absatz 8 mit Strafe bedroht ist. [2]Das Bundesministerium für Wirtschaft und Energie wird ermächtigt, soweit dies zur Durchführung der Rechtsakte der Europäischen Gemeinschaften oder der Europäischen Union erforderlich ist, durch Rechtsverordnung ohne Zustimmung des Bundesrates die Tatbestände zu bezeichnen, die als Ordnungswidrigkeit nach Satz 1 geahndet werden können.

(5) Ordnungswidrig handelt, wer vorsätzlich oder fahrlässig einem im Amtsblatt der Europäischen Gemeinschaften oder der Europäischen Union veröffentlichten unmittelbar geltenden Rechtsakt der Europäischen Gemeinschaften oder der Europäischen Union, der der Durchführung einer vom Rat der Europäischen Union im Bereich der Gemeinsamen Außen- und Sicherheitspolitik beschlossenen wirtschaftlichen Sanktionsmaßnahme dient, zuwiderhandelt, indem er

1. eine Information nicht, nicht richtig, nicht vollständig oder nicht rechtzeitig übermittelt,
2. eine Vorabanmeldung nicht, nicht richtig, nicht vollständig, nicht in der vorgeschriebenen Weise oder nicht rechtzeitig abgibt,
3. eine Aufzeichnung von Transaktionen nicht oder nicht für die vorgeschriebene Dauer aufbewahrt oder nicht oder nicht rechtzeitig zur Verfügung stellt oder
4. eine zuständige Stelle oder Behörde nicht oder nicht rechtzeitig unterrichtet.

(6) Die Ordnungswidrigkeit kann in den Fällen der Absätze 1, 3 Nummer 1 Buchstabe a und des Absatzes 4 Satz 1 Nummer 1 mit einer Geldbuße bis zu fünfhunderttausend Euro, in den übrigen Fällen mit einer Geldbuße bis zu dreißigtausend Euro geahndet werden.

---

1) § 19 Abs. 4 Satz 2 ist bereits am 1.8.2013 in Kraft getreten, vgl. Art. 27 Abs. 4 des Gesetzes zur Neuregelung des gesetzlichen Messwesens v. 25.7.2013 (BGBl. I S. 2722).

§ 20 Einziehung

(1) Ist eine Straftat nach § 17 oder § 18 oder eine Ordnungswidrigkeit nach § 19 begangen worden, so können folgende Gegenstände eingezogen werden:

1. Gegenstände, auf die sich die Straftat oder die Ordnungswidrigkeit bezieht, und
2. Gegenstände, die zu ihrer Begehung oder Vorbereitung gebraucht worden oder bestimmt gewesen sind.

(2) § 74a des Strafgesetzbuches und § 23 des Gesetzes über Ordnungswidrigkeiten sind anzuwenden.

§ 21 Aufgaben und Befugnisse der Zollbehörden

(1) [1]Die Staatsanwaltschaft kann bei Straftaten und Ordnungswidrigkeiten nach den §§ 17 und 18, mit Ausnahme von § 18 Absatz 1b und 2 Nummer 8, sowie nach § 19, mit Ausnahme von § 19 Absatz 1 Nummer 2, dieses Gesetzes oder nach § 19 Absatz 1 bis 3, § 20 Absatz 1 und 2, § 20a Absatz 1 bis 3, jeweils auch in Verbindung mit § 21, oder nach § 22a Absatz 1 Nummer 4, 5 und 7 des Gesetzes über die Kontrolle von Kriegswaffen Ermittlungen nach § 161 Absatz 1 Satz 1 der Strafprozessordnung auch durch die Hauptzollämter oder die Zollfahndungsämter vornehmen lassen. [2]Die Verwaltungsbehörde im Sinne des § 22 Absatz 3 Satz 1 kann in den Fällen des Satzes 1 Ermittlungen auch durch ein anderes Hauptzollamt oder die Zollfahndungsämter vornehmen lassen.

(1a) Führt der Generalbundesanwalt die Ermittlungen durch, gilt Absatz 1 Satz 1 mit der Maßgabe, dass die dort genannten Ausnahmen nicht anzuwenden sind.

(2) [1]Die Hauptzollämter und die Zollfahndungsämter sowie deren Beamte haben auch ohne Ersuchen der Staatsanwaltschaft oder der Verwaltungsbehörde Straftaten und Ordnungswidrigkeiten der in Absatz 1 bezeichneten Art zu erforschen und zu verfolgen, wenn diese die Ausfuhr, Einfuhr, Verbringung oder Durchfuhr von Waren betreffen. [2]Dasselbe gilt, soweit Gefahr im Verzug ist. [3]§ 163 der Strafprozessordnung und § 53 des Gesetzes über Ordnungswidrigkeiten bleiben unberührt.

(3) [1]In den Fällen der Absätze 1 und 2 haben die Beamten der Hauptzollämter und der Zollfahndungsämter die Rechte und Pflichten der Polizeibeamten nach den Bestimmungen der Strafprozessordnung und des Gesetzes über Ordnungswidrigkeiten. [2]Sie sind insoweit Ermittlungspersonen der Staatsanwaltschaft.

(4) [1]In den Fällen der Absätze 1 und 2 können die Hauptzollämter und Zollfahndungsämter sowie deren Beamte im Bußgeldverfahren Beschlagnahmen, Durchsuchungen und Untersuchungen vornehmen sowie sonstige Maßnahmen nach den für Ermittlungspersonen der Staatsanwaltschaft geltenden Vorschriften der Strafprozessordnung ergreifen. [2]Unter den Voraussetzungen des § 111p Absatz 2 Satz 2 der Strafprozessordnung können auch die Hauptzollämter die Notveräußerung anordnen.

§ 22 Straf- und Bußgeldverfahren

(1) [1]Soweit für Straftaten nach den §§ 17 und 18 das Amtsgericht sachlich zuständig ist, liegt die örtliche Zuständigkeit bei dem Amtsgericht, in dessen Bezirk das örtlich zuständige Landgericht seinen Sitz hat. [2]Die Landesregierung kann durch Rechtsverordnung die örtliche Zuständigkeit des Amtsgerichts abweichend regeln, soweit dies mit Rücksicht auf die Wirtschafts- oder Verkehrsverhältnisse, den Aufbau der Verwaltung oder andere örtliche Bedürfnisse zweckmäßig erscheint. [3]Die Landesregierung kann diese Ermächtigung auf die Landesjustizverwaltung übertragen.

(2) Im Strafverfahren gelten die §§ 49, 63 Absatz 2 und 3 Satz 1 sowie § 76 Absatz 1 und 4 des Gesetzes über Ordnungswidrigkeiten über die Beteiligung der Verwaltungsbehörde im Verfahren der Staatsanwaltschaft und im gerichtlichen Verfahren entsprechend.

(3) [1]Verwaltungsbehörde im Sinne dieses Gesetzes und des § 36 Absatz 1 Nummer 1 des Gesetzes über Ordnungswidrigkeiten ist das Hauptzollamt. [2]Das Bundesministerium der Finanzen kann durch Rechtsverordnung, die nicht der Zustimmung des Bundesrates bedarf, die örtliche Zuständigkeit des Hauptzollamts als Verwaltungsbehörde gemäß Satz 1 abweichend regeln, soweit dies mit Rücksicht auf die Wirtschafts- oder Verkehrsverhältnisse, den Aufbau der Verwaltung oder andere örtliche Bedürfnisse zweckmäßig erscheint. [3]Abweichend von Satz 1 ist in den Fällen des § 19 Absatz 1 Nummer 2 und des § 36 Absatz 1 Nummer 1 des Gesetzes über Ordnungswidrigkeiten das Bundesministerium für Wirtschaft und Energie Verwaltungsbehörde im Sinne dieses Gesetzes.

(4) [1]Die Verfolgung als Ordnungswidrigkeit unterbleibt in den Fällen der fahrlässigen Begehung eines Verstoßes im Sinne des § 19 Absatz 3 bis 5, wenn der Verstoß im Wege der Eigenkontrolle aufgedeckt und der zuständigen Behörde angezeigt wurde sowie angemessene Maßnahmen zur Verhinderung eines Verstoßes aus gleichem Grund getroffen werden. [2]Eine Anzeige nach Satz 1 gilt als freiwillig, wenn die zuständige Behörde hinsichtlich des Verstoßes noch keine Ermittlungen aufgenommen hat. [3]Im Übrigen bleibt § 47 des Gesetzes über Ordnungswidrigkeiten unberührt.

§ 23 Allgemeine Auskunftspflicht

(1) [1]Das Hauptzollamt, die Deutsche Bundesbank, das Bundesamt für Wirtschaft und Ausfuhrkontrolle (BAFA) und die Bundesanstalt für Landwirtschaft und Ernährung können Auskünfte verlangen, die erforderlich sind, um die Einhaltung dieses Gesetzes und der auf Grund dieses Gesetzes erlassenen Rechtsverordnungen und Anordnungen sowie von Rechtsakten des Rates oder der Kommission der Europäischen Union im Bereich des Außenwirtschaftsrechts zu überwachen. [2]Zu diesem Zweck können sie verlangen, dass ihnen die geschäftlichen Unterlagen vorgelegt werden.

(2) [1]Das Hauptzollamt und die Deutsche Bundesbank können zu dem in Absatz 1 genannten Zweck auch Prüfungen bei den Auskunftspflichtigen vornehmen; das Bundesamt für Wirtschaft und Ausfuhrkontrolle (BAFA) und die Bundesanstalt für Landwirtschaft und Ernährung können zu den Prüfungen Beauftragte entsenden. [2]Zur Vornahme der Prüfungen dürfen die Bediensteten dieser Stellen und deren Beauftragte die Geschäftsräume der Auskunftspflichtigen betreten. [3]Das Grundrecht des Artikels 13 des Grundgesetzes wird insoweit eingeschränkt.

(3) [1]Die Bediensteten des Bundesamtes für Wirtschaft und Ausfuhrkontrolle (BAFA) dürfen die Geschäftsräume der Auskunftspflichtigen betreten, um die Voraussetzungen für die Erteilung von Genehmigungen nach § 8 Absatz 2 oder für die Erteilung von Zertifikaten nach § 9 zu überprüfen. [2]Das Grundrecht des Artikels 13 des Grundgesetzes wird insoweit eingeschränkt.

(4) [1]Sind die Unterlagen nach Absatz 1 unter Einsatz eines Datenverarbeitungssystems erstellt worden, so dürfen die Verwaltungsbehörde und die Deutsche Bundesbank im Rahmen einer Prüfung Einsicht in die gespeicherten Daten nehmen und das Datenverarbeitungssystem zur Prüfung dieser Unterlagen nutzen. [2]Sie können im Rahmen einer Prüfung auch verlangen, dass die Daten nach ihren Vorgaben automatisiert ausgewertet oder ihnen die gespeicherten Unterlagen auf einem maschinell verwertbaren Datenträger zur Verfügung gestellt werden. [3]Dazu ist sicherzustellen, dass die gespeicherten Daten während der Dauer der gesetzlichen Aufbewahrungsfristen verfügbar sind sowie dass sie unverzüglich lesbar gemacht und unverzüglich automatisiert ausgewertet werden können. [4]Die Auskunftspflichtigen haben die Verwaltungsbehörde und die Deutsche Bundesbank bei der Ausübung der Befugnisse nach den Sätzen 1 und 2 zu unterstützen und die Kosten zu tragen.

(5) Auskunftspflichtig ist, wer unmittelbar oder mittelbar am Außenwirtschaftsverkehr teilnimmt; dies schließt Stellen ein, an die ein Auskunftspflichtiger Aufgaben auslagert oder derer er sich in sonstiger Weise in unmittelbarem oder mittelbarem Zusammenhang mit der Teilnahme am Außenwirtschaftsverkehr bedient.

(6) Der Auskunftspflichtige kann die Auskunft auf solche Fragen verweigern, deren Beantwortung ihn selbst oder einen der in § 383 Absatz 1 Nummer 1 bis 3 der Zivilprozessordnung bezeichneten Angehörigen der Gefahr aussetzen würde, wegen einer Straftat oder Ordnungswidrigkeit verfolgt zu werden.

(6a) [1]Die Befugnisse nach den Absätzen 1 und 2, jeweils auch in Verbindung mit Absatz 4, stehen auch dem Bundesministerium für Wirtschaft und Energie zu, soweit dies erforderlich ist, um die Einhaltung von Beschränkungen oder Handlungspflichten auf Grund von Rechtsverordnungen nach § 4 Absatz 1 Nummer 1 in Verbindung mit § 5 Absatz 3 sowie auf Grund von Rechtsverordnungen nach § 4 Absatz 1 Nummer 4 und 4a, jeweils in Verbindung mit § 5 Absatz 2, zu überwachen. [2]Zum Zweck des Satzes 1 dürfen Bedienstete des Bundesministeriums für Wirtschaft und Energie die Geschäftsräume der Verpflichteten betreten. [3]Das Grundrecht des Artikels 13 des Grundgesetzes wird insoweit eingeschränkt.

(6b) [1]Zur Erfüllung der in Absatz 6a genannten Aufgaben kann sich das Bundesministerium für Wirtschaft und Energie der Dienste des Bundesamtes für Wirtschaft und Ausfuhrkontrolle (BAFA) oder beauftragter Dritter bedienen, denen insoweit auch die in Absatz 6a genannten Befugnisse zustehen. [2]Die näheren Einzelheiten, insbesondere hinsichtlich der an die zu beauftragenden Dritten zu stellenden Anforderungen und deren Aufgabenwahrnehmung, können in Rechtsverordnungen nach § 4 Absatz 1 Nummer 1 in Verbindung mit § 5 Absatz 3 und § 4 Absatz 1 Nummer 4 und 4a in Verbindung mit § 5 Absatz 2 geregelt werden.

(7) Das Hauptzollamt, das den Verwaltungsakt erlassen hat, ist auch für die Entscheidung über den Widerspruch zuständig.

(8) Das Bundesministerium der Finanzen und die Deutsche Bundesbank können die Zuständigkeit für die Wahrnehmung der Befugnisse der Deutschen Bundesbank und der Hauptzollämter nach dieser Vorschrift im Rahmen einer Verwaltungsvereinbarung näher regeln.

§ 23a ***[aufgehoben]***

§ 24 Übermittlung von Informationen

(1) Das Bundesministerium für Wirtschaft und Klimaschutz und das Bundesamt für Wirtschaft und Ausfuhrkontrolle (BAFA) dürfen jeweils die Informationen, einschließlich personenbezogener Daten, die ihnen bei der Erfüllung ihrer Aufgaben

1. nach diesem Gesetz oder
2. nach Rechtsakten der Europäischen Union im Bereich des Außenwirtschaftsrechts

bekannt geworden sind, an andere öffentliche Stellen des Bundes oder der Länder übermitteln, soweit dies zur Verfolgung der Zwecke des § 4 Absatz 1 und 2, zur Zollabfertigung oder zur Verfolgung von Straftaten oder Ordnungswidrigkeiten nach diesem Gesetz, einer auf Grund dieses Gesetzes erlassenen Rechtsverordnung, nach dem Gesetz über die Kontrolle von Kriegswaffen oder einer auf Grund des Gesetzes über die Kontrolle von Kriegswaffen erlassenen Rechtsverordnung erforderlich ist.

(2) Informationen über die Versagung von Genehmigungen dürfen abweichend von Absatz 1 nur übermittelt werden, soweit dies zur Verfolgung der Zwecke des § 4 Absatz 1 und 2 oder zur Verfolgung von Straftaten oder Ordnungswidrigkeiten nach diesem Gesetz, einer auf Grund dieses Gesetzes erlassenen Rechtsverordnung, nach dem Gesetz über die Kontrolle von Kriegswaffen oder einer auf Grund des Gesetzes über die Kontrolle von Kriegswaffen erlassenen Rechtsverordnung erforderlich ist.

(3) Die Empfänger dürfen die nach den Absätzen 1 und 2 übermittelten Informationen, einschließlich personenbezogener Daten, nur für die Zwecke verwenden, für die sie übermittelt wurden oder soweit dies zur Verfolgung von Straftaten oder Ordnungswidrigkeiten nach diesem Gesetz, einer auf Grund dieses Gesetzes erlassenen Rechtsverordnung, nach dem Gesetz über die Kontrolle von Kriegswaffen oder einer auf Grund des Gesetzes über die Kontrolle von Kriegswaffen erlassenen Rechtsverordnung erforderlich ist.

(4) [1]Die nach § 13 zuständigen Behörden dürfen Informationen im Zusammenhang mit einem im Amtsblatt der Europäischen Gemeinschaften oder der Europäischen Union veröffentlichten unmittelbar geltenden Rechtsakt der Europäischen Gemeinschaften oder der Europäischen Union, der der Durchführung einer vom Rat der Europäischen Union im Bereich der Gemeinsamen Außen- und Sicherheitspolitik beschlossenen wirtschaftlichen Sanktionsmaßnahme dient, einschließlich personenbezogener Daten, an andere Behörden übermitteln, soweit dies erforderlich ist

1. zur Erfüllung ihrer Aufgaben nach diesem Gesetz,
2. für Zwecke der Strafverfolgung,
3. für Zwecke der Gefahrenabwehr oder
4. zur Erfüllung einer gesetzlich zugewiesenen Aufgabe des Empfängers, die der Durchführung von Sanktionsmaßnahmen dient.

[2]Die nach § 13 zuständigen Behörden tragen die Verantwortung für die Zulässigkeit der Übermittlung. [3]Erfolgt die Übermittlung auf Ersuchen der empfangenden Stelle, trägt die empfangende Stelle die Verantwortung. [4]Der Empfänger darf die übermittelten personenbezogenen Daten nur zu dem Zweck verarbeiten, für den sie ihm übermittelt worden sind. [5]Eine Verarbeitung für andere Zwecke ist nur zulässig, soweit die Daten auch dafür hätten übermittelt werden dürfen. [6]Regelungen zur statistischen Geheimhaltung bleiben unberührt.

(5) Die Deutsche Bundesbank übermittelt Informationen, einschließlich personenbezogener Daten, nach Maßgabe des Absatzes 4 auch an die Bundesanstalt für Finanzdienstleistungsaufsicht und die Zentralstelle für Finanztransaktionsuntersuchungen, soweit dies zur Erfüllung der Aufgaben der genannten Behörden oder Stellen erforderlich ist.

(6) Die Deutsche Bundesbank und das Bundesamt für Wirtschaft und Ausfuhrkontrolle (BAFA) unterrichten die Zentralstelle für Sanktionsdurchsetzung unverzüglich nach Eingang einer Meldung über Gelder oder wirtschaftliche Ressourcen, die ihnen gegenüber in Erfüllung einer Meldepflicht, die sich nach § 10 des Sanktionsdurchsetzungsgesetzes ergibt, abgegeben worden ist.

§ 25 Automatisiertes Abrufverfahren

(1) Das Zollkriminalamt ist berechtigt, Informationen, einschließlich personenbezogener Daten, die nach § 24 Absatz 1 und 2 übermittelt werden dürfen, im Einzelfall in einem automatisierten Verfahren abzurufen, soweit dies für die Zwecke des § 24 Absatz 1 oder zur Verhütung von Straftaten oder zur Verfolgung von Straftaten oder Ordnungswidrigkeiten erforderlich ist.

(2) Das Zollkriminalamt und das Bundesamt für Wirtschaft und Ausfuhrkontrolle (BAFA) legen bei der Einrichtung des Abrufverfahrens Anlass und Zweck des Abrufverfahrens sowie die Art der zu übermittelnden Daten und die nach den datenschutzrechtlichen Vorschriften erforderlichen technischen und organisatorischen Maßnahmen schriftlich oder elektronisch fest.

(3) [1]Die Einrichtung des Abrufverfahrens bedarf der Zustimmung des Bundesministeriums der Finanzen und des Bundesministeriums für Wirtschaft und Energie. [2]Über die Einrichtung des Abrufverfahrens ist der Bundesbeauftragte für den Datenschutz und die Informationsfreiheit unter Mitteilung der Festlegungen nach Absatz 2 zu unterrichten.

(4) [1]Die Verantwortung für die Zulässigkeit des einzelnen Abrufs trägt das Zollkriminalamt. [2]Abrufe im automatisierten Verfahren dürfen nur von Bediensteten vorgenommen werden, die von der Leitung des Zollkriminalamtes hierzu besonders ermächtigt sind.

(5) [1]Das Bundesamt für Wirtschaft und Ausfuhrkontrolle (BAFA) prüft die Zulässigkeit der Abrufe nur, wenn dazu Anlass besteht. [2]Es hat zu gewährleisten, dass die Übermittlung personenbezogener Daten zumindest durch geeignete Stichprobenverfahren festgestellt und überprüft werden kann.

§ 26 Übermittlung personenbezogener Daten aus Strafverfahren

(1) In Strafverfahren wegen Verstoßes gegen dieses Gesetz oder gegen eine Rechtsverordnung auf Grund dieses Gesetzes oder gegen das Gesetz über die Kontrolle von Kriegswaffen dürfen Gerichte und Staatsanwaltschaften obersten Bundesbehörden personenbezogene Daten zur Verfolgung der Zwecke des § 4 Absatz 1 und 2 übermitteln.

(2) Die nach Absatz 1 erlangten Daten dürfen nur zu den dort genannten Zwecken verwendet werden.

(3) Der Empfänger darf die Daten an eine nicht in Absatz 1 genannte öffentliche Stelle nur weiterübermitteln, wenn

1. das Interesse an der Verwendung der übermittelten Daten das Interesse des Betroffenen an der Geheimhaltung erheblich überwiegt und
2. der Untersuchungszweck des Strafverfahrens nicht gefährdet werden kann.

Abgabenordnung (AO)[1]

In der Fassung der Bekanntmachung vom 1. Oktober 2002 (BGBl. I S. 3866; 2003 I S. 61)
(FNA 610-1-3)

zuletzt geändert durch Art. 8a Gesetz zur Änderung des Onlinezugangsgesetzes sowie weiterer Vorschriften zur Digitalisierung der Verwaltung (OZG-Änderungsgesetz – OZGÄndG) vom 19. Juli 2024 (BGBl. 2024 I Nr. 245)

– Auszug –

Erster Teil

Einleitende Vorschriften

Vierter Abschnitt

Verarbeitung geschützter Daten und Steuergeheimnis

§ 30 Steuergeheimnis

(1) Amtsträger haben das Steuergeheimnis zu wahren.

(2) Ein Amtsträger verletzt das Steuergeheimnis, wenn er

1. personenbezogene Daten eines anderen, die ihm
   a) in einem Verwaltungsverfahren, einem Rechnungsprüfungsverfahren oder einem gerichtlichen Verfahren in Steuersachen,
   b) in einem Strafverfahren wegen einer Steuerstraftat oder einem Bußgeldverfahren wegen einer Steuerordnungswidrigkeit,
   c) im Rahmen einer Weiterverarbeitung nach § 29c Absatz 1 Satz 1 Nummer 4, 5 oder 6 oder aus anderem dienstlichen Anlass, insbesondere durch Mitteilung einer Finanzbehörde oder durch die gesetzlich vorgeschriebene Vorlage eines Steuerbescheids oder einer Bescheinigung über die bei der Besteuerung getroffenen Feststellungen,

   bekannt geworden sind, oder
2. ein fremdes Betriebs- oder Geschäftsgeheimnis, das ihm in einem der in Nummer 1 genannten Verfahren bekannt geworden ist,

(geschützte Daten) unbefugt offenbart oder verwertet oder

3. geschützte Daten im automatisierten Verfahren unbefugt abruft, wenn sie für eines der in Nummer 1 genannten Verfahren in einem automationsgestützten Dateisystem gespeichert sind.

(3) Den Amtsträgern stehen gleich

1. die für den öffentlichen Dienst besonders Verpflichteten (§ 11 Abs. 1 Nr. 4 des Strafgesetzbuchs),

1a. die in § 193 Absatz 3 des Gerichtsverfassungsgesetzes genannten Personen,

2. amtlich zugezogene Sachverständige,

3. die Träger von Ämtern der Kirchen und anderen Religionsgemeinschaften, die Körperschaften des öffentlichen Rechts sind.

(4) Die Offenbarung oder Verwertung geschützter Daten ist zulässig, soweit

1. sie der Durchführung eines Verfahrens im Sinne des Absatzes 2 Nr. 1 Buchstaben a und b dient,

1a. sie einer Verarbeitung durch Finanzbehörden nach Maßgabe des § 29c Absatz 1 Satz 1 Nummer 4 oder 6 dient,

1b. sie der Durchführung eines Bußgeldverfahrens nach Artikel 83 der Verordnung (EU) 2016/679 im Anwendungsbereich dieses Gesetzes dient,

2. sie durch Bundesgesetz ausdrücklich zugelassen ist,

2a. sie durch Recht der Europäischen Union vorgeschrieben oder zugelassen ist,

2b. sie der Erfüllung der gesetzlichen Aufgaben des Statistischen Bundesamtes oder für die Erfüllung von Bundesgesetzen durch die Statistischen Landesämter dient,

2c. sie der Gesetzesfolgenabschätzung dient und die Voraussetzungen für eine Weiterverarbeitung nach § 29c Absatz 1 Satz 1 Nummer 5 vorliegen,

2d. sie der Sicherung, Nutzung und wissenschaftlichen Verwertung von Archivgut der Finanzbehörden durch das Bundesarchiv nach Maßgabe des Bundesarchivgesetzes oder durch das zuständige Landes- oder Kommunalarchiv nach Maßgabe des einschlägigen Landesgesetzes oder der einschlägigen

1) Die Änderungen durch G v. 27.3.2024 (BGBl. 2024 I Nr. 108) treten teilweise erst **mWv 1.1.2027** in Kraft und sind insoweit im Text noch nicht berücksichtigt.

kommunalen Satzung dient, sofern die Beachtung der Vorgaben der §§ 6 und 10 bis 14 des Bundesarchivgesetzes im Landesrecht oder in der kommunalen Satzung sichergestellt ist,

3. die betroffene Person zustimmt,
4. sie der Durchführung eines Strafverfahrens wegen einer Tat dient, die keine Steuerstraftat ist, und die Kenntnisse
   a) in einem Verfahren wegen einer Steuerstraftat oder Steuerordnungswidrigkeit erlangt worden sind; dies gilt jedoch nicht für solche Tatsachen, die der Steuerpflichtige in Unkenntnis der Einleitung des Strafverfahrens oder des Bußgeldverfahrens offenbart hat oder die bereits vor Einleitung des Strafverfahrens oder des Bußgeldverfahrens im Besteuerungsverfahren bekannt geworden sind, oder
   b) ohne Bestehen einer steuerlichen Verpflichtung oder unter Verzicht auf ein Auskunftsverweigerungsrecht erlangt worden sind,
5. für sie ein zwingendes öffentliches Interesse besteht; ein zwingendes öffentliches Interesse ist namentlich gegeben, wenn
   a) die Offenbarung erforderlich ist zur Abwehr erheblicher Nachteile für das Gemeinwohl oder einer Gefahr für die öffentliche Sicherheit, die Verteidigung oder die nationale Sicherheit oder zur Verhütung oder Verfolgung von Verbrechen und vorsätzlichen schweren Vergehen gegen Leib und Leben oder gegen den Staat und seine Einrichtungen,
   b) Wirtschaftsstraftaten verfolgt werden oder verfolgt werden sollen, die nach ihrer Begehungsweise oder wegen des Umfangs des durch sie verursachten Schadens geeignet sind, die wirtschaftliche Ordnung erheblich zu stören oder das Vertrauen der Allgemeinheit auf die Redlichkeit des geschäftlichen Verkehrs oder auf die ordnungsgemäße Arbeit der Behörden und der öffentlichen Einrichtungen erheblich zu erschüttern, oder
   c) die Offenbarung erforderlich ist zur Richtigstellung in der Öffentlichkeit verbreiteter unwahrer Tatsachen, die geeignet sind, das Vertrauen in die Verwaltung erheblich zu erschüttern; die Entscheidung trifft die zuständige oberste Finanzbehörde im Einvernehmen mit dem Bundesministerium der Finanzen; vor der Richtigstellung soll der Steuerpflichtige gehört werden.

(5) Vorsätzlich falsche Angaben der betroffenen Person dürfen den Strafverfolgungsbehörden gegenüber offenbart werden.

(6) [1]Der Abruf geschützter Daten, die für eines der in Absatz 2 Nummer 1 genannten Verfahren in einem automationsgestützten Dateisystem gespeichert sind, ist nur zulässig, soweit er der Durchführung eines Verfahrens im Sinne des Absatzes 2 Nummer 1 Buchstabe a und b oder der zulässigen Übermittlung geschützter Daten durch eine Finanzbehörde an die betroffene Person oder Dritte dient. [2]Zur Wahrung des Steuergeheimnisses kann das Bundesministerium der Finanzen durch Rechtsverordnung mit Zustimmung des Bundesrates bestimmen, welche technischen und organisatorischen Maßnahmen gegen den unbefugten Abruf von Daten zu treffen sind. [3]Insbesondere kann es nähere Regelungen treffen über die Art der Daten, deren Abruf zulässig ist, sowie über den Kreis der Amtsträger, die zum Abruf solcher Daten berechtigt sind. [4]Die Rechtsverordnung bedarf nicht der Zustimmung des Bundesrates, soweit sie die Kraftfahrzeugsteuer, die Luftverkehrsteuer, die Versicherungsteuer sowie Einfuhr- und Ausfuhrabgaben und Verbrauchsteuern, mit Ausnahme der Biersteuer, betrifft.

(7) Werden dem Steuergeheimnis unterliegende Daten durch einen Amtsträger oder diesem nach Absatz 3 gleichgestellte Personen nach Maßgabe des § 87a Absatz 4 oder 7 über De-Mail-Dienste im Sinne des § 1 des De-Mail-Gesetzes versendet, liegt keine unbefugte Offenbarung, Verwertung und kein unbefugter Abruf von dem Steuergeheimnis unterliegenden Daten vor, wenn beim Versenden eine kurzzeitige automatisierte Entschlüsselung durch den akkreditierten Diensteanbieter zum Zweck der Überprüfung auf Schadsoftware und zum Zweck der Weiterleitung an den Adressaten der De-Mail-Nachricht stattfindet.

(8) Die Einrichtung eines automatisierten Verfahrens, das den Abgleich geschützter Daten innerhalb einer Finanzbehörde oder zwischen verschiedenen Finanzbehörden ermöglicht, ist zulässig, soweit die Weiterverarbeitung oder Offenbarung dieser Daten zulässig und dieses Verfahren unter Berücksichtigung der schutzwürdigen Interessen der betroffenen Person und der Aufgaben der beteiligten Finanzbehörden angemessen ist.

(9) Die Finanzbehörden dürfen sich bei der Verarbeitung geschützter Daten nur dann eines Auftragsverarbeiters im Sinne von Artikel 4 Nummer 8 der Verordnung (EU) 2016/679 bedienen, wenn diese Daten ausschließlich durch Personen verarbeitet werden, die zur Wahrung des Steuergeheimnisses verpflichtet sind.

(10) Die Offenbarung besonderer Kategorien personenbezogener Daten im Sinne des Artikels 9 Absatz 1 der Verordnung (EU) 2016/679 durch Finanzbehörden an öffentliche oder nicht-öffentliche Stellen ist

zulässig, wenn die Voraussetzungen der Absätze 4 oder 5 und ein Ausnahmetatbestand nach Artikel 9 Absatz 2 der Verordnung (EU) 2016/679 oder nach § 31c vorliegen.

(11) [1]Wurden geschützte Daten

1. einer Person, die nicht zur Wahrung des Steuergeheimnisses verpflichtet ist,
2. einer öffentlichen Stelle, die keine Finanzbehörde ist, oder
3. einer nicht-öffentlichen Stelle

nach den Absätzen 4 oder 5 offenbart, darf der Empfänger diese Daten nur zu dem Zweck speichern, verändern, nutzen oder übermitteln, zu dem sie ihm offenbart worden sind. [2]Die Pflicht eines Amtsträgers oder einer ihm nach Absatz 3 gleichgestellten Person, dem oder der die geschützten Daten durch die Offenbarung bekannt geworden sind, zur Wahrung des Steuergeheimnisses bleibt unberührt.

§ 30a *[aufgehoben]*

Achter Teil
Straf- und Bußgeldvorschriften, Straf- und Bußgeldverfahren

Erster Abschnitt
Strafvorschriften

§ 369 Steuerstraftaten

(1) Steuerstraftaten (Zollstraftaten) sind:

1. Taten, die nach den Steuergesetzen strafbar sind,
2. der Bannbruch,
3. die Wertzeichenfälschung und deren Vorbereitung, soweit die Tat Steuerzeichen betrifft,
4. die Begünstigung einer Person, die eine Tat nach den Nummern 1 bis 3 begangen hat.

(2) Für Steuerstraftaten gelten die allgemeinen Gesetze über das Strafrecht, soweit die Strafvorschriften der Steuergesetze nichts anderes bestimmen.

§ 370 Steuerhinterziehung

(1) Mit Freiheitsstrafe bis zu fünf Jahren oder mit Geldstrafe wird bestraft, wer

1. den Finanzbehörden oder anderen Behörden über steuerlich erhebliche Tatsachen unrichtige oder unvollständige Angaben macht,
2. die Finanzbehörden pflichtwidrig über steuerlich erhebliche Tatsachen in Unkenntnis lässt oder
3. pflichtwidrig die Verwendung von Steuerzeichen oder Steuerstemplern unterlässt

und dadurch Steuern verkürzt oder für sich oder einen anderen nicht gerechtfertigte Steuervorteile erlangt.

(2) Der Versuch ist strafbar.

(3) [1]In besonders schweren Fällen ist die Strafe Freiheitsstrafe von sechs Monaten bis zu zehn Jahren. [2]Ein besonders schwerer Fall liegt in der Regel vor, wenn der Täter

1. in großem Ausmaß Steuern verkürzt oder nicht gerechtfertigte Steuervorteile erlangt,
2. seine Befugnisse oder seine Stellung als Amtsträger oder Europäischer Amtsträger (§ 11 Absatz 1 Nummer 2a des Strafgesetzbuchs) missbraucht,
3. die Mithilfe eines Amtsträgers oder Europäischen Amtsträgers (§ 11 Absatz 1 Nummer 2a des Strafgesetzbuchs) ausnutzt, der seine Befugnisse oder seine Stellung missbraucht,
4. unter Verwendung nachgemachter oder verfälschter Belege fortgesetzt Steuern verkürzt oder nicht gerechtfertigte Steuervorteile erlangt,
5. als Mitglied einer Bande, die sich zur fortgesetzten Begehung von Taten nach Absatz 1 verbunden hat, Umsatz- oder Verbrauchssteuern verkürzt oder nicht gerechtfertigte Umsatz- oder Verbrauchssteuervorteile erlangt oder .
6. eine Drittstaat-Gesellschaft im Sinne des § 138 Absatz 3, auf die er alleine oder zusammen mit nahestehenden Personen im Sinne des § 1 Absatz 2 des Außensteuergesetzes unmittelbar oder mittelbar einen beherrschenden oder bestimmenden Einfluss ausüben kann, zur Verschleierung steuerlich erheblicher Tatsachen nutzt und auf diese Weise fortgesetzt Steuern verkürzt oder nicht gerechtfertigte Steuervorteile erlangt.

(4) [1]Steuern sind namentlich dann verkürzt, wenn sie nicht, nicht in voller Höhe oder nicht rechtzeitig festgesetzt werden; dies gilt auch dann, wenn die Steuer vorläufig oder unter Vorbehalt der Nachprüfung festgesetzt wird oder eine Steueranmeldung einer Steuerfestsetzung unter Vorbehalt der Nachprüfung gleichsteht. [2]Steuervorteile sind auch Steuervergütungen; nicht gerechtfertigte Steuervorteile sind erlangt, soweit sie zu Unrecht gewährt oder belassen werden. [3]Die Voraussetzungen der Sätze 1 und 2 sind auch

dann erfüllt, wenn die Steuer, auf die sich die Tat bezieht, aus anderen Gründen hätte ermäßigt oder der Steuervorteil aus anderen Gründen hätte beansprucht werden können.

(5) Die Tat kann auch hinsichtlich solcher Waren begangen werden, deren Einfuhr, Ausfuhr oder Durchfuhr verboten ist.

(6) [1]Die Absätze 1 bis 5 gelten auch dann, wenn sich die Tat auf Einfuhr- oder Ausfuhrabgaben bezieht, die von einem anderen Mitgliedstaat der Europäischen Union verwaltet werden oder die einem Mitgliedstaat der Europäischen Freihandelsassoziation oder einem mit dieser assoziierten Staat zustehen. [2]Das Gleiche gilt, wenn sich die Tat auf Umsatzsteuern oder auf die in Artikel 1 Absatz 1 der Richtlinie 2008/118/EG des Rates vom 16. Dezember 2008 über das allgemeine Verbrauchsteuersystem und zur Aufhebung der Richtlinie 92/12/EWG (ABl. L 9 vom 14.1.2009, S. 12) genannten harmonisierten Verbrauchsteuern bezieht, die von einem anderen Mitgliedstaat der Europäischen Union verwaltet werden.

(7) Die Absätze 1 bis 6 gelten unabhängig von dem Recht des Tatortes auch für Taten, die außerhalb des Geltungsbereiches dieses Gesetzes begangen werden.

§ 370a *[aufgehoben]*

§ 371 Selbstanzeige bei Steuerhinterziehung

(1) [1]Wer gegenüber der Finanzbehörde zu allen Steuerstraftaten einer Steuerart in vollem Umfang die unrichtigen Angaben berichtigt, die unvollständigen Angaben ergänzt oder die unterlassenen Angaben nachholt, wird wegen dieser Steuerstraftaten nicht nach § 370 bestraft. [2]Die Angaben müssen zu allen unverjährten Steuerstraftaten einer Steuerart, mindestens aber zu allen Steuerstraftaten einer Steuerart innerhalb der letzten zehn Kalenderjahre erfolgen.

(2) [1]Straffreiheit tritt nicht ein, wenn

1. bei einer der zur Selbstanzeige gebrachten unverjährten Steuerstraftaten vor der Berichtigung, Ergänzung oder Nachholung
   a) dem an der Tat Beteiligten, seinem Vertreter, dem Begünstigten im Sinne des § 370 Absatz 1 oder dessen Vertreter eine Prüfungsanordnung nach § 196 bekannt gegeben worden ist, beschränkt auf den sachlichen und zeitlichen Umfang der angekündigten Außenprüfung, oder
   b) dem an der Tat Beteiligten oder seinem Vertreter die Einleitung des Straf- oder Bußgeldverfahrens bekannt gegeben worden ist oder
   c) ein Amtsträger der Finanzbehörde zur steuerlichen Prüfung erschienen ist, beschränkt auf den sachlichen und zeitlichen Umfang der Außenprüfung, oder
   d) ein Amtsträger zur Ermittlung einer Steuerstraftat oder einer Steuerordnungswidrigkeit erschienen ist oder
   e) ein Amtsträger der Finanzbehörde zu einer Umsatzsteuer-Nachschau nach § 27b des Umsatzsteuergesetzes, einer Lohnsteuer-Nachschau nach § 42g des Einkommensteuergesetzes oder einer Nachschau nach anderen steuerrechtlichen Vorschriften erschienen ist und sich ausgewiesen hat oder
2. eine der Steuerstraftaten im Zeitpunkt der Berichtigung, Ergänzung oder Nachholung ganz oder zum Teil bereits entdeckt war und der Täter dies wusste oder bei verständiger Würdigung der Sachlage damit rechnen musste,
3. die nach § 370 Absatz 1 verkürzte Steuer oder der für sich oder einen anderen erlangte nicht gerechtfertigte Steuervorteil einen Betrag von 25 000 Euro je Tat übersteigt, oder
4. ein in § 370 Absatz 3 Satz 2 Nummer 2 bis 6 genannter besonders schwerer Fall vorliegt.

[2]Der Ausschluss der Straffreiheit nach Satz 1 Nummer 1 Buchstabe a und c hindert nicht die Abgabe einer Berichtigung nach Absatz 1 für die nicht unter Satz 1 Nummer 1 Buchstabe a und c fallenden Steuerstraftaten einer Steuerart.

(2a) [1]Soweit die Steuerhinterziehung durch Verletzung der Pflicht zur rechtzeitigen Abgabe einer vollständigen und richtigen Umsatzsteuervoranmeldung oder Lohnsteueranmeldung begangen worden ist, tritt Straffreiheit abweichend von den Absätzen 1 und 2 Satz 1 Nummer 3 bei Selbstanzeigen in dem Umfang ein, in dem der Täter gegenüber der zuständigen Finanzbehörde die unrichtigen Angaben berichtigt, die unvollständigen Angaben ergänzt oder die unterlassenen Angaben nachholt. [2]Absatz 2 Satz 1 Nummer 2 gilt nicht, wenn die Entdeckung der Tat darauf beruht, dass eine Umsatzsteuervoranmeldung oder Lohnsteueranmeldung nachgeholt oder berichtigt wurde. [3]Die Sätze 1 und 2 gelten nicht für Steueranmeldungen, die sich auf das Kalenderjahr beziehen. [4]Für die Vollständigkeit der Selbstanzeige hinsichtlich einer auf das Kalenderjahr bezogenen Steueranmeldung ist die Berichtigung, Ergänzung oder Nachholung der Voranmeldungen, die dem Kalenderjahr nachfolgende Zeiträume betreffen, nicht erforderlich.

(3) [1]Sind Steuerverkürzungen bereits eingetreten oder Steuervorteile erlangt, so tritt für den an der Tat Beteiligten Straffreiheit nur ein, wenn er die aus der Tat zu seinen Gunsten hinterzogenen Steuern, die Hinterziehungszinsen nach § 235 und die Zinsen nach § 233a, soweit sie auf die Hinterziehungszinsen nach § 235 Absatz 4 angerechnet werden, sowie die Verzugszinsen nach Artikel 114 des Zollkodex der Union innerhalb der ihm bestimmten angemessenen Frist entrichtet. [2]In den Fällen des Absatzes 2a Satz 1 gilt Satz 1 mit der Maßgabe, dass die fristgerechte Entrichtung von Zinsen nach § 233a oder § 235 unerheblich ist.

(4) [1]Wird die in § 153 vorgesehene Anzeige rechtzeitig und ordnungsmäßig erstattet, so wird ein Dritter, der die in § 153 bezeichneten Erklärungen abzugeben unterlassen oder unrichtig oder unvollständig abgegeben hat, strafrechtlich nicht verfolgt, es sei denn, dass ihm oder seinem Vertreter vorher die Einleitung eines Straf- oder Bußgeldverfahrens wegen der Tat bekannt gegeben worden ist. [2]Hat der Dritte zum eigenen Vorteil gehandelt, so gilt Absatz 3 entsprechend.

§ 372 Bannbruch

(1) Bannbruch begeht, wer Gegenstände entgegen einem Verbot einführt, ausführt oder durchführt.

(2) Der Täter wird nach § 370 Abs. 1, 2 bestraft, wenn die Tat nicht in anderen Vorschriften als Zuwiderhandlung gegen ein Einfuhr-, Ausfuhr- oder Durchfuhrverbot mit Strafe oder mit Geldbuße bedroht ist.

§ 373 Gewerbsmäßiger, gewaltsamer und bandenmäßiger Schmuggel

(1) [1]Wer gewerbsmäßig Einfuhr- oder Ausfuhrabgaben hinterzieht oder gewerbsmäßig durch Zuwiderhandlungen gegen Monopolvorschriften Bannbruch begeht, wird mit Freiheitsstrafe von sechs Monaten bis zu zehn Jahren bestraft. [2]In minder schweren Fällen ist die Strafe Freiheitsstrafe bis zu fünf Jahren oder Geldstrafe.

(2) Ebenso wird bestraft, wer

1. eine Hinterziehung von Einfuhr- oder Ausfuhrabgaben oder einen Bannbruch begeht, bei denen er oder ein anderer Beteiligter eine Schusswaffe bei sich führt,
2. eine Hinterziehung von Einfuhr- oder Ausfuhrabgaben oder einen Bannbruch begeht, bei denen er oder ein anderer Beteiligter eine Waffe oder sonst ein Werkzeug oder Mittel bei sich führt, um den Widerstand eines anderen durch Gewalt oder Drohung mit Gewalt zu verhindern oder zu überwinden, oder
3. als Mitglied einer Bande, die sich zur fortgesetzten Begehung der Hinterziehung von Einfuhr- oder Ausfuhrabgaben oder des Bannbruchs verbunden hat, eine solche Tat begeht.

(3) Der Versuch ist strafbar.

(4) § 370 Abs. 6 Satz 1 und Abs. 7 gilt entsprechend.

§ 374 Steuerhehlerei

(1) Wer Erzeugnisse oder Waren, hinsichtlich deren Verbrauchsteuern oder Einfuhr- und Ausfuhrabgaben nach Artikel 5 Nummer 20 und 21 des Zollkodex der Union hinterzogen oder Bannbruch nach § 372 Abs. 2, § 373 begangen worden ist, ankauft oder sonst sich oder einem Dritten verschafft, sie absetzt oder abzusetzen hilft, um sich oder einen Dritten zu bereichern, wird mit Freiheitsstrafe bis zu fünf Jahren oder mit Geldstrafe bestraft.

(2) [1]Handelt der Täter gewerbsmäßig oder als Mitglied einer Bande, die sich zur fortgesetzten Begehung von Straftaten nach Absatz 1 verbunden hat, so ist die Strafe Freiheitsstrafe von sechs Monaten bis zu zehn Jahren. [2]In minder schweren Fällen ist die Strafe Freiheitsstrafe bis zu fünf Jahren oder Geldstrafe.

(3) Der Versuch ist strafbar.

(4) § 370 Absatz 6 und 7 gilt entsprechend.

§ 375 Nebenfolgen

(1) Neben einer Freiheitsstrafe von mindestens einem Jahr wegen

1. Steuerhinterziehung,
2. Bannbruchs nach § 372 Abs. 2, § 373,
3. Steuerhehlerei oder
4. Begünstigung einer Person, die eine Tat nach den Nummern 1 bis 3 begangen hat,

kann das Gericht die Fähigkeit, öffentliche Ämter zu bekleiden, und die Fähigkeit, Rechte aus öffentlichen Wahlen zu erlangen, aberkennen (§ 45 Abs. 2 des Strafgesetzbuchs).

(2) [1]Ist eine Steuerhinterziehung, ein Bannbruch nach § 372 Abs. 2, § 373 oder eine Steuerhehlerei begangen worden, so können

1. die Erzeugnisse, Waren und andere Sachen, auf die sich die Hinterziehung von Verbrauchsteuer oder Einfuhr- und Ausfuhrabgaben nach Artikel 5 Nummer 20 und 21 des Zollkodex der Union, der Bannbruch oder die Steuerhehlerei bezieht, und
2. die Beförderungsmittel, die zur Tat benutzt worden sind,

eingezogen werden. [2]§ 74a des Strafgesetzbuchs ist anzuwenden.

§ 375a ***[aufgehoben]***

§ 376 Verfolgungsverjährung

(1) In den in § 370 Absatz 3 Satz 2 Nummer 1 bis 6 genannten Fällen besonders schwerer Steuerhinterziehung beträgt die Verjährungsfrist 15 Jahre; § 78b Absatz 4 des Strafgesetzbuches gilt entsprechend.

(2) Die Verjährung der Verfolgung einer Steuerstraftat wird auch dadurch unterbrochen, dass dem Beschuldigten die Einleitung des Bußgeldverfahrens bekannt gegeben oder diese Bekanntgabe angeordnet wird.

(3) Abweichend von § 78c Absatz 3 Satz 2 des Strafgesetzbuches verjährt in den in § 370 Absatz 3 Satz 2 Nummer 1 bis 6 genannten Fällen besonders schwerer Steuerhinterziehung die Verfolgung spätestens, wenn seit dem in § 78a des Strafgesetzbuches bezeichneten Zeitpunkt das Zweieinhalbfache der gesetzlichen Verjährungsfrist verstrichen ist.

Zweiter Abschnitt

Bußgeldvorschriften

§ 377 Steuerordnungswidrigkeiten

(1) Steuerordnungswidrigkeiten (Zollordnungswidrigkeiten) sind Zuwiderhandlungen, die nach diesem Gesetz oder den Steuergesetzen mit Geldbuße geahndet werden können.

(2) Für Steuerordnungswidrigkeiten gelten die Vorschriften des Ersten Teils des Gesetzes über Ordnungswidrigkeiten, soweit die Bußgeldvorschriften dieses Gesetzes oder der Steuergesetze nichts anderes bestimmen.

§ 378 Leichtfertige Steuerverkürzung

(1) [1]Ordnungswidrig handelt, wer als Steuerpflichtiger oder bei Wahrnehmung der Angelegenheiten eines Steuerpflichtigen eine der in § 370 Abs. 1 bezeichneten Taten leichtfertig begeht. [2]§ 370 Abs. 4 bis 7 gilt entsprechend.

(2) Die Ordnungswidrigkeit kann mit einer Geldbuße bis zu fünfzigtausend Euro geahndet werden.

(3) [1]Eine Geldbuße wird nicht festgesetzt, soweit der Täter gegenüber der Finanzbehörde die unrichtigen Angaben berichtigt, die unvollständigen Angaben ergänzt oder die unterlassenen Angaben nachholt, bevor ihm oder seinem Vertreter die Einleitung eines Straf- oder Bußgeldverfahrens wegen der Tat bekannt gegeben worden ist. [2]Sind Steuerverkürzungen bereits eingetreten oder Steuervorteile erlangt, so wird eine Geldbuße nicht festgesetzt, wenn der Täter die aus der Tat zu seinen Gunsten verkürzten Steuern innerhalb der ihm bestimmten angemessenen Frist entrichtet. [3]§ 371 Absatz 4 gilt entsprechend.

§ 379 Steuergefährdung

(1) [1]Ordnungswidrig handelt, wer vorsätzlich oder leichtfertig

1. Belege ausstellt, die in tatsächlicher Hinsicht unrichtig sind,
2. Belege gegen Entgelt in den Verkehr bringt,
3. nach Gesetz buchungs- oder aufzeichnungspflichtige Geschäftsvorfälle oder Betriebsvorgänge nicht oder in tatsächlicher Hinsicht unrichtig aufzeichnet oder aufzeichnen lässt, verbucht oder verbuchen lässt,
4. entgegen § 146a Absatz 1 Satz 1 ein dort genanntes System nicht oder nicht richtig verwendet,
5. entgegen § 146a Absatz 1 Satz 2 ein dort genanntes System nicht oder nicht richtig schützt,
6. entgegen § 146a Absatz 1 Satz 5 gewerbsmäßig ein dort genanntes System oder eine dort genannte Software bewirbt oder in den Verkehr bringt,
7. entgegen § 147 Absatz 1 Nummer 1 bis 3 oder 4 eine Unterlage nicht oder nicht für die vorgeschriebene Dauer aufbewahrt oder
8. entgegen § 147a Absatz 1 Satz 1 oder Absatz 2 Satz 1 eine Aufzeichnung oder eine Unterlage nicht oder nicht mindestens sechs Jahre aufbewahrt

und dadurch ermöglicht, Steuern zu verkürzen oder nicht gerechtfertigte Steuervorteile zu erlangen. [2]Satz 1 Nr. 1 gilt auch dann, wenn Einfuhr- und Ausfuhrabgaben verkürzt werden können, die von einem anderen Mitgliedstaat der Europäischen Union verwaltet werden oder die einem Staat zustehen, der für Waren aus der Europäischen Union auf Grund eines Assoziations- oder Präferenzabkommens eine Vorzugsbehandlung gewährt; § 370 Abs. 7 gilt entsprechend. [3]Das Gleiche gilt, wenn sich die Tat auf Umsatzsteuern bezieht, die von einem anderen Mitgliedstaat der Europäischen Union verwaltet werden.

(2) Ordnungswidrig handelt, wer vorsätzlich oder leichtfertig

1. der Mitteilungspflicht nach § 138 Absatz 2 Satz 1 nicht, nicht vollständig oder nicht rechtzeitig nachkommt,
1a. entgegen § 144 Absatz 1 oder Absatz 2 Satz 1, jeweils auch in Verbindung mit Absatz 5, eine Aufzeichnung nicht, nicht richtig oder nicht vollständig erstellt,
1b. einer Rechtsverordnung nach § 117c Absatz 1 oder einer vollziehbaren Anordnung auf Grund einer solchen Rechtsverordnung zuwiderhandelt, soweit die Rechtsverordnung für einen bestimmten Tatbestand auf diese Bußgeldvorschrift verweist,
1c. entgegen § 138a Absatz 1, 3 oder 4 eine Übermittlung des länderbezogenen Berichts oder entgegen § 138a Absatz 4 Satz 3 eine Mitteilung nicht, nicht vollständig oder nicht rechtzeitig (§ 138a Absatz 6) macht,
1d. der Mitteilungspflicht nach § 138b Absatz 1 bis 3 nicht, nicht vollständig oder nicht rechtzeitig nachkommt,
1e. entgegen § 138d Absatz 1 in Verbindung mit § 138f Absatz 1, 2, 3 Satz 1 Nummer 1 bis 7 sowie 9 und 10 oder § 138h Absatz 2, jeweils auch in Verbindung mit § 138f Absatz 6 Satz 1 und 2 oder § 138g Absatz 1 Satz 1, eine Mitteilung über eine grenzüberschreitende Steuergestaltung nicht oder nicht rechtzeitig macht oder zur Verfügung stehende Angaben nicht vollständig mitteilt,
1f. *[aufgehoben]*
1g. entgegen § 138k Satz 1 in der Steuererklärung die Angabe der von ihm verwirklichten grenzüberschreitenden Steuergestaltung nicht, nicht richtig, nicht vollständig oder nicht rechtzeitig macht,
1h. einer vollziehbaren Anordnung nach § 147 Absatz 6 Satz 1 zuwiderhandelt,
1i. entgegen § 147 Absatz 6 Satz 2 Nummer 1 Einsicht nicht, nicht richtig oder nicht vollständig gewährt oder
2. die Pflichten nach § 154 Absatz 1 bis 2c verletzt.

(3) Ordnungswidrig handelt, wer vorsätzlich oder fahrlässig einer Auflage nach § 120 Abs. 2 Nr. 4 zuwiderhandelt, die einem Verwaltungsakt für Zwecke der besonderen Steueraufsicht (§§ 209 bis 217) beigefügt worden ist.

(4) Die Ordnungswidrigkeit nach Absatz 1 Satz 1 Nummer 1, 2 und 8, Absatz 2 Nummer 1a, 1b und 2 sowie Absatz 3 kann mit einer Geldbuße bis zu 5000 Euro geahndet werden, wenn die Handlung nicht nach § 378 geahndet werden kann.

(5) Die Ordnungswidrigkeit nach Absatz 2 Nummer 1c kann mit einer Geldbuße bis zu 10 000 Euro geahndet werden, wenn die Handlung nicht nach § 378 geahndet werden kann.

(6) Die Ordnungswidrigkeit nach Absatz 1 Satz 1 Nummer 3 bis 7 und Absatz 2 Nummer 1h und 1i kann mit einer Geldbuße bis zu 25 000 Euro geahndet werden, wenn die Handlung nicht nach § 378 geahndet werden kann.

(7) Die Ordnungswidrigkeit nach Absatz 2 Nummer 1, 1d, 1e und 1g kann mit einer Geldbuße bis zu 25 000 Euro geahndet werden, wenn die Handlung nicht nach § 378 geahndet werden kann.

§ 380 Gefährdung der Abzugsteuern

(1) Ordnungswidrig handelt, wer vorsätzlich oder leichtfertig seiner Verpflichtung, Steuerabzugsbeträge einzubehalten und abzuführen, nicht, nicht vollständig oder nicht rechtzeitig nachkommt.

(2) Die Ordnungswidrigkeit kann mit einer Geldbuße bis zu fünfundzwanzigtausend Euro geahndet werden, wenn die Handlung nicht nach § 378 geahndet werden kann.

§ 381 Verbrauchsteuergefährdung

(1) Ordnungswidrig handelt, wer vorsätzlich oder leichtfertig Vorschriften der Verbrauchsteuergesetze oder der dazu erlassenen Rechtsverordnungen

1. über die zur Vorbereitung, Sicherung oder Nachprüfung der Besteuerung auferlegten Pflichten,
2. über Verpackung und Kennzeichnung verbrauchsteuerpflichtiger Erzeugnisse oder Waren, die solche Erzeugnisse enthalten, oder über Verkehrs- oder Verwendungsbeschränkungen für solche Erzeugnisse oder Waren oder
3. über den Verbrauch unversteuerter Waren in den Freihäfen

zuwiderhandelt, soweit die Verbrauchsteuergesetze oder die dazu erlassenen Rechtsverordnungen für einen bestimmten Tatbestand auf diese Bußgeldvorschrift verweisen.

(2) Die Ordnungswidrigkeit kann mit einer Geldbuße bis zu fünftausend Euro geahndet werden, wenn die Handlung nicht nach § 378 geahndet werden kann.

§ 382 Gefährdung der Einfuhr- und Ausfuhrabgaben

(1) Ordnungswidrig handelt, wer als Pflichtiger oder bei der Wahrnehmung der Angelegenheiten eines Pflichtigen vorsätzlich oder fahrlässig Zollvorschriften, den dazu erlassenen Rechtsverordnungen oder den Verordnungen des Rates der Europäischen Union oder der Europäischen Kommission zuwiderhandelt, die

1. für die zollamtliche Erfassung des Warenverkehrs über die Grenze des Zollgebiets der Europäischen Union sowie über die Freizonengrenzen,
2. für die Überführung von Waren in ein Zollverfahren und dessen Durchführung oder für die Erlangung einer sonstigen zollrechtlichen Bestimmung von Waren,
3. für die Freizonen, den grenznahen Raum sowie die darüber hinaus der Grenzaufsicht unterworfenen Gebiete

gelten, soweit die Zollvorschriften, die dazu oder die auf Grund von Absatz 4 erlassenen Rechtsverordnungen für einen bestimmten Tatbestand auf diese Bußgeldvorschrift verweisen.

(2) Absatz 1 ist auch anzuwenden, soweit die Zollvorschriften und die dazu erlassenen Rechtsverordnungen für Verbrauchsteuern sinngemäß gelten.

(3) Die Ordnungswidrigkeit kann mit einer Geldbuße bis zu fünftausend Euro geahndet werden, wenn die Handlung nicht nach § 378 geahndet werden kann.

(4) Das Bundesministerium der Finanzen kann durch Rechtsverordnungen die Tatbestände der Verordnungen des Rates der Europäischen Union oder der Europäischen Kommission, die nach den Absätzen 1 bis 3 als Ordnungswidrigkeiten mit Geldbuße geahndet werden können, bezeichnen, soweit dies zur Durchführung dieser Rechtsvorschriften erforderlich ist und die Tatbestände Pflichten zur Gestellung, Vorführung, Lagerung oder Behandlung von Waren, zur Abgabe von Erklärungen oder Anzeigen, zur Aufnahme von Niederschriften sowie zur Ausfüllung oder Vorlage von Zolldokumenten oder zur Aufnahme von Vermerken in solchen Dokumenten betreffen.

§ 383 Unzulässiger Erwerb von Steuererstattungs- und Vergütungsansprüchen

(1) Ordnungswidrig handelt, wer entgegen § 46 Abs. 4 Satz 1 Erstattungs- oder Vergütungsansprüche erwirbt.

(2) Die Ordnungswidrigkeit kann mit einer Geldbuße bis zu fünfzigtausend Euro geahndet werden.

§ 383a ***[aufgehoben]***

§ 383b Pflichtverletzung bei Übermittlung von Vollmachtsdaten

(1) Ordnungswidrig handelt, wer den Finanzbehörden vorsätzlich oder leichtfertig

1. entgegen § 80a Absatz 1 Satz 3 unzutreffende Vollmachtsdaten übermittelt oder
2. entgegen § 80a Absatz 1 Satz 4 den Widerruf oder die Veränderung einer nach § 80a Absatz 1 übermittelten Vollmacht durch den Vollmachtgeber nicht unverzüglich mitteilt.

(2) Die Ordnungswidrigkeit kann mit einer Geldbuße bis zu zehntausend Euro geahndet werden.

§ 384 Verfolgungsverjährung

Die Verfolgung von Steuerordnungswidrigkeiten nach den §§ 378 bis 380 verjährt in fünf Jahren.

§ 384a Verstöße nach Artikel 83 Absatz 4 bis 6 der Verordnung (EU) 2016/679

(1) Vorschriften dieses Gesetzes und der Steuergesetze über Steuerordnungswidrigkeiten finden keine Anwendung, soweit für eine Zuwiderhandlung zugleich Artikel 83 der Verordnung (EU) 2016/679 unmittelbar oder nach § 2a Absatz 5 entsprechend gilt.

(2) Für Verstöße nach Artikel 83 Absatz 4 bis 6 der Verordnung (EU) 2016/679 im Anwendungsbereich dieses Gesetzes gilt § 41 des Bundesdatenschutzgesetzes entsprechend.

(3) Eine Meldung nach Artikel 33 der Verordnung (EU) 2016/679 und eine Benachrichtigung nach Artikel 34 Absatz 1 der Verordnung (EU) 2016/679 dürfen in einem Straf- oder Bußgeldverfahren gegen die meldepflichtige Person oder einen ihrer in § 52 Absatz 1 der Strafprozessordnung bezeichneten Angehörigen nur mit Zustimmung der meldepflichtigen Person verwertet werden.

(4) Gegen Finanzbehörden und andere öffentliche Stellen werden im Anwendungsbereich dieses Gesetzes keine Geldbußen nach Artikel 83 Absatz 4 bis 6 der Verordnung (EU) 2016/679 verhängt.

Dritter Abschnitt
Strafverfahren

1. Unterabschnitt
Allgemeine Vorschriften

§ 385 Geltung von Verfahrensvorschriften

(1) Für das Strafverfahren wegen Steuerstraftaten gelten, soweit die folgenden Vorschriften nichts anderes bestimmen, die allgemeinen Gesetze über das Strafverfahren, namentlich die Strafprozessordnung, das Gerichtsverfassungsgesetz und das Jugendgerichtsgesetz.

(2) Die für Steuerstraftaten geltenden Vorschriften dieses Abschnitts, mit Ausnahme des § 386 Abs. 2 sowie der §§ 399 bis 401, sind bei dem Verdacht einer Straftat, die unter Vorspiegelung eines steuerlich erheblichen Sachverhalts gegenüber der Finanzbehörde oder einer anderen Behörde auf die Erlangung von Vermögensvorteilen gerichtet ist und kein Steuerstrafgesetz verletzt, entsprechend anzuwenden.

§ 386 Zuständigkeit der Finanzbehörde bei Steuerstraftaten

(1) [1]Bei dem Verdacht einer Steuerstraftat ermittelt die Finanzbehörde den Sachverhalt. [2]Finanzbehörde im Sinne dieses Abschnitts sind das Hauptzollamt, das Finanzamt, das Bundeszentralamt für Steuern und die Familienkasse.

(2) Die Finanzbehörde führt das Ermittlungsverfahren in den Grenzen des § 399 Abs. 1 und der §§ 400, 401 selbständig durch, wenn die Tat

1. ausschließlich eine Steuerstraftat darstellt oder
2. zugleich andere Strafgesetze verletzt und deren Verletzung Kirchensteuern oder andere öffentlich-rechtliche Abgaben betrifft, die an Besteuerungsgrundlagen, Steuermessbeträge oder Steuerbeträge anknüpfen.

(3) Absatz 2 gilt nicht, sobald gegen einen Beschuldigten wegen der Tat ein Haftbefehl oder ein Unterbringungsbefehl erlassen ist.

(4) [1]Die Finanzbehörde kann die Strafsache jederzeit an die Staatsanwaltschaft abgeben. [2]Die Staatsanwaltschaft kann die Strafsache jederzeit an sich ziehen. [3]In beiden Fällen kann die Staatsanwaltschaft im Einvernehmen mit der Finanzbehörde die Strafsache wieder an die Finanzbehörde abgeben.

§ 387 Sachlich zuständige Finanzbehörde

(1) Sachlich zuständig ist die Finanzbehörde, welche die betroffene Steuer verwaltet.

(2) [1]Die Zuständigkeit nach Absatz 1 kann durch Rechtsverordnung einer Finanzbehörde für den Bereich mehrerer Finanzbehörden übertragen werden, soweit dies mit Rücksicht auf die Wirtschafts- oder Verkehrsverhältnisse, den Aufbau der Verwaltungsbehörden oder andere örtliche Bedürfnisse zweckmäßig erscheint. [2]Die Rechtsverordnung erlässt, soweit die Finanzbehörde eine Landesbehörde ist, die Landesregierung, im Übrigen das Bundesministerium der Finanzen. [3]Die Rechtsverordnung des Bundesministeriums der Finanzen bedarf nicht der Zustimmung des Bundesrates. [4]Das Bundesministerium der Finanzen kann die Ermächtigung nach Satz 1 durch Rechtsverordnung, die nicht der Zustimmung des Bundesrates bedarf, auf eine Bundesoberbehörde übertragen. [5]Die Landesregierung kann die Ermächtigung auf die für die Finanzverwaltung zuständige oberste Landesbehörde übertragen.

§ 388 Örtlich zuständige Finanzbehörde

(1) Örtlich zuständig ist die Finanzbehörde,

1. in deren Bezirk die Steuerstraftat begangen oder entdeckt worden ist,
2. die zur Zeit der Einleitung des Strafverfahrens für die Abgabenangelegenheiten zuständig ist oder
3. in deren Bezirk der Beschuldigte zur Zeit der Einleitung des Strafverfahrens seinen Wohnsitz hat.

(2) [1]Ändert sich der Wohnsitz des Beschuldigten nach Einleitung des Strafverfahrens, so ist auch die Finanzbehörde örtlich zuständig, in deren Bezirk der neue Wohnsitz liegt. [2]Entsprechendes gilt, wenn sich die Zuständigkeit der Finanzbehörde für die Abgabenangelegenheit ändert.

(3) Hat der Beschuldigte im räumlichen Geltungsbereich dieses Gesetzes keinen Wohnsitz, so wird die Zuständigkeit auch durch den gewöhnlichen Aufenthaltsort bestimmt.

§ 389 Zusammenhängende Strafsachen

[1]Für zusammenhängende Strafsachen, die einzeln nach § 388 zur Zuständigkeit verschiedener Finanzbehörden gehören würden, ist jede dieser Finanzbehörden zuständig. [2]§ 3 der Strafprozessordnung gilt entsprechend.

§ 390 Mehrfache Zuständigkeit

(1) Sind nach den §§ 387 bis 389 mehrere Finanzbehörden zuständig, so gebührt der Vorzug der Finanzbehörde, die wegen der Tat zuerst ein Strafverfahren eingeleitet hat.

(2) [1]Auf Ersuchen dieser Finanzbehörde hat eine andere zuständige Finanzbehörde die Strafsache zu übernehmen, wenn dies für die Ermittlungen sachdienlich erscheint. [2]In Zweifelsfällen entscheidet die Behörde, der die ersuchte Finanzbehörde untersteht.

§ 391 Zuständiges Gericht

(1) [1]Ist das Amtsgericht sachlich zuständig, so ist örtlich zuständig das Amtsgericht, in dessen Bezirk das Landgericht seinen Sitz hat. [2]Im vorbereitenden Verfahren gilt dies, unbeschadet einer weitergehenden Regelung nach § 58 Abs. 1 des Gerichtsverfassungsgesetzes, nur für die Zustimmung des Gerichts nach § 153 Abs. 1 und § 153a Abs. 1 der Strafprozessordnung.

(2) [1]Die Landesregierung kann durch Rechtsverordnung die Zuständigkeit abweichend von Absatz 1 Satz 1 regeln, soweit dies mit Rücksicht auf die Wirtschafts- oder Verkehrsverhältnisse, den Aufbau der Verwaltungsbehörden oder andere örtliche Bedürfnisse zweckmäßig erscheint. [2]Die Landesregierung kann diese Ermächtigung auf die Landesjustizverwaltung übertragen.

(3) Strafsachen wegen Steuerstraftaten sollen beim Amtsgericht einer bestimmten Abteilung zugewiesen werden.

(4) Die Absätze 1 bis 3 gelten auch, wenn das Verfahren nicht nur Steuerstraftaten zum Gegenstand hat; sie gelten jedoch nicht, wenn dieselbe Handlung eine Straftat nach dem Betäubungsmittelgesetz darstellt, und nicht für Steuerstraftaten, welche die Kraftfahrzeugsteuer betreffen.

§ 392 Verteidigung

(1) Abweichend von § 138 Abs. 1 der Strafprozessordnung können auch Steuerberater, Steuerbevollmächtigte, Wirtschaftsprüfer und vereidigte Buchprüfer zu Verteidigern gewählt werden, soweit die Finanzbehörde das Strafverfahren selbständig durchführt; im Übrigen können sie die Verteidigung nur in Gemeinschaft mit einem Rechtsanwalt oder einem Rechtslehrer an einer deutschen Hochschule im Sinne des Hochschulrahmengesetzes mit Befähigung zum Richteramt führen.

(2) § 138 Abs. 2 der Strafprozessordnung bleibt unberührt.

§ 393 Verhältnis des Strafverfahrens zum Besteuerungsverfahren

(1) [1]Die Rechte und Pflichten der Steuerpflichtigen und der Finanzbehörde im Besteuerungsverfahren und im Strafverfahren richten sich nach den für das jeweilige Verfahren geltenden Vorschriften. [2]Im Besteuerungsverfahren sind jedoch Zwangsmittel (§ 328) gegen den Steuerpflichtigen unzulässig, wenn er dadurch gezwungen würde, sich selbst wegen einer von ihm begangenen Steuerstraftat oder Steuerordnungswidrigkeit zu belasten. [3]Dies gilt stets, soweit gegen ihn wegen einer solchen Tat das Strafverfahren eingeleitet worden ist. [4]Der Steuerpflichtige ist hierüber zu belehren, soweit dazu Anlass besteht.

(2) [1]Soweit der Staatsanwaltschaft oder dem Gericht in einem Strafverfahren aus den Steuerakten Tatsachen oder Beweismittel bekannt werden, die der Steuerpflichtige der Finanzbehörde vor Einleitung des Strafverfahrens oder in Unkenntnis der Einleitung des Strafverfahrens in Erfüllung steuerrechtlicher Pflichten offenbart hat, dürfen diese Kenntnisse gegen ihn nicht für die Verfolgung einer Tat verwendet werden, die keine Steuerstraftat ist. [2]Dies gilt nicht für Straftaten, an deren Verfolgung ein zwingendes öffentliches Interesse (§ 30 Abs. 4 Nr. 5) besteht.

(3) [1]Erkenntnisse, die die Finanzbehörde oder die Staatsanwaltschaft rechtmäßig im Rahmen strafrechtlicher Ermittlungen gewonnen hat, dürfen im Besteuerungsverfahren verwendet werden. [2]Dies gilt auch für Erkenntnisse, die dem Brief-, Post- und Fernmeldegeheimnis unterliegen, soweit die Finanzbehörde diese rechtmäßig im Rahmen eigener strafrechtlicher Ermittlungen gewonnen hat oder soweit nach den Vorschriften der Strafprozessordnung Auskunft an die Finanzbehörden erteilt werden darf.

§ 394 Übergang des Eigentums

[1]Hat ein Unbekannter, der bei einer Steuerstraftat auf frischer Tat betroffen wurde, aber entkommen ist, Sachen zurückgelassen und sind diese Sachen beschlagnahmt oder sonst sichergestellt worden, weil sie eingezogen werden können, so gehen sie nach Ablauf eines Jahres in das Eigentum des Staates über, wenn der Eigentümer der Sachen unbekannt ist und die Finanzbehörde durch eine öffentliche Bekanntmachung auf den drohenden Verlust des Eigentums hingewiesen hat. [2]§ 10 Abs. 2 Satz 1 des Verwaltungszustellungsgesetzes ist mit der Maßgabe anzuwenden, dass anstelle einer Benachrichtigung der Hinweis nach Satz 1 bekannt gemacht oder veröffentlicht wird. [3]Die Frist beginnt mit dem Aushang der Bekanntmachung.

§ 395 Akteneinsicht der Finanzbehörde

[1]Die Finanzbehörde ist befugt, die Akten, die dem Gericht vorliegen oder im Fall der Erhebung der Anklage vorzulegen wären, einzusehen sowie beschlagnahmte oder sonst sichergestellte Gegenstände zu besichtigen. [2]Die Akten werden der Finanzbehörde auf Antrag zur Einsichtnahme übersandt.

§ 396 Aussetzung des Verfahrens

(1) Hängt die Beurteilung der Tat als Steuerhinterziehung davon ab, ob ein Steueranspruch besteht, ob Steuern verkürzt oder ob nicht gerechtfertigte Steuervorteile erlangt sind, so kann das Strafverfahren ausgesetzt werden, bis das Besteuerungsverfahren rechtskräftig abgeschlossen ist.

(2) Über die Aussetzung entscheidet im Ermittlungsverfahren die Staatsanwaltschaft, im Verfahren nach Erhebung der öffentlichen Klage das Gericht, das mit der Sache befasst ist.

(3) Während der Aussetzung des Verfahrens ruht die Verjährung.

2. Unterabschnitt

Ermittlungsverfahren

I.

Allgemeines

§ 397 Einleitung des Strafverfahrens

(1) Das Strafverfahren ist eingeleitet, sobald die Finanzbehörde, die Polizei, die Staatsanwaltschaft, eine ihrer Ermittlungspersonen oder der Strafrichter eine Maßnahme trifft, die erkennbar darauf abzielt, gegen jemanden wegen einer Steuerstraftat strafrechtlich vorzugehen.

(2) Die Maßnahme ist unter Angabe des Zeitpunkts unverzüglich in den Akten zu vermerken.

(3) Die Einleitung des Strafverfahrens ist dem Beschuldigten spätestens mitzuteilen, wenn er dazu aufgefordert wird, Tatsachen darzulegen oder Unterlagen vorzulegen, die im Zusammenhang mit der Straftat stehen, derer er verdächtig ist.

§ 398 Einstellung wegen Geringfügigkeit

[1]Die Staatsanwaltschaft kann von der Verfolgung einer Steuerhinterziehung, bei der nur eine geringwertige Steuerverkürzung eingetreten ist oder nur geringwertige Steuervorteile erlangt sind, auch ohne Zustimmung des für die Eröffnung des Hauptverfahrens zuständigen Gerichts absehen, wenn die Schuld des Täters als gering anzusehen wäre und kein öffentliches Interesse an der Verfolgung besteht. [2]Dies gilt für das Verfahren wegen einer Steuerhehlerei nach § 374 und einer Begünstigung einer Person, die eine der in § 375 Abs. 1 Nr. 1 bis 3 genannten Taten begangen hat, entsprechend.

§ 398a Absehen von Verfolgung in besonderen Fällen

(1) In Fällen, in denen Straffreiheit nur wegen § 371 Absatz 2 Satz 1 Nummer 3 oder 4 nicht eintritt, wird von der Verfolgung einer Steuerstraftat abgesehen, wenn der an der Tat Beteiligte innerhalb einer ihm bestimmten angemessenen Frist

1. die aus der Tat zu seinen Gunsten hinterzogenen Steuern, die Hinterziehungszinsen nach § 235 und die Zinsen nach § 233a, soweit sie auf die Hinterziehungszinsen nach § 235 Absatz 4 angerechnet werden, sowie die Verzugszinsen nach Artikel 114 des Zollkodex der Union entrichtet und
2. einen Geldbetrag in folgender Höhe zugunsten der Staatskasse zahlt:
   a) 10 Prozent der hinterzogenen Steuer, wenn der Hinterziehungsbetrag 100 000 Euro nicht übersteigt,
   b) 15 Prozent der hinterzogenen Steuer, wenn der Hinterziehungsbetrag 100 000 Euro übersteigt und 1 000 000 Euro nicht übersteigt,
   c) 20 Prozent der hinterzogenen Steuer, wenn der Hinterziehungsbetrag 1 000 000 Euro übersteigt.

(2) Die Bemessung des Hinterziehungsbetrags richtet sich nach den Grundsätzen in § 370 Absatz 4.

(3) Die Wiederaufnahme eines nach Absatz 1 abgeschlossenen Verfahrens ist zulässig, wenn die Finanzbehörde erkennt, dass die Angaben im Rahmen einer Selbstanzeige unvollständig oder unrichtig waren.

(4) [1]Der nach Absatz 1 Nummer 2 gezahlte Geldbetrag wird nicht erstattet, wenn die Rechtsfolge des Absatzes 1 nicht eintritt. [2]Das Gericht kann diesen Betrag jedoch auf eine wegen Steuerhinterziehung verhängte Geldstrafe anrechnen.

II.
Verfahren der Finanzbehörde bei Steuerstraftaten

§ 399 Rechte und Pflichten der Finanzbehörde

(1) Führt die Finanzbehörde das Ermittlungsverfahren auf Grund des § 386 Abs. 2 selbständig durch, so nimmt sie die Rechte und Pflichten wahr, die der Staatsanwaltschaft im Ermittlungsverfahren zustehen.

(2) [1]Ist einer Finanzbehörde nach § 387 Abs. 2 die Zuständigkeit für den Bereich mehrerer Finanzbehörden übertragen, so bleiben das Recht und die Pflicht dieser Finanzbehörden unberührt, bei dem Verdacht einer Steuerstraftat den Sachverhalt zu erforschen und alle unaufschiebbaren Anordnungen zu treffen, um die Verdunkelung der Sache zu verhüten. [2]Sie können Beschlagnahmen, Notveräußerungen, Durchsuchungen, Untersuchungen und sonstige Maßnahmen nach den für Ermittlungspersonen der Staatsanwaltschaft geltenden Vorschriften der Strafprozessordnung anordnen.

§ 400 Antrag auf Erlass eines Strafbefehls

Bieten die Ermittlungen genügenden Anlass zur Erhebung der öffentlichen Klage, so beantragt die Finanzbehörde beim Richter den Erlass eines Strafbefehls, wenn die Strafsache zur Behandlung im Strafbefehlsverfahren geeignet erscheint; ist dies nicht der Fall, so legt die Finanzbehörde die Akten der Staatsanwaltschaft vor.

§ 401 Antrag auf Anordnung von Nebenfolgen im selbständigen Verfahren

Die Finanzbehörde kann den Antrag stellen, die Einziehung selbständig anzuordnen oder eine Geldbuße gegen eine juristische Person oder eine Personenvereinigung selbständig festzusetzen (§§ 435, 444 Abs. 3 der Strafprozessordnung).

III.
Stellung der Finanzbehörde im Verfahren der Staatsanwaltschaft

§ 402 Allgemeine Rechte und Pflichten der Finanzbehörde

(1) Führt die Staatsanwaltschaft das Ermittlungsverfahren durch, so hat die sonst zuständige Finanzbehörde dieselben Rechte und Pflichten wie die Behörden des Polizeidienstes nach der Strafprozessordnung sowie die Befugnisse nach § 399 Abs. 2 Satz 2.

(2) Ist einer Finanzbehörde nach § 387 Abs. 2 die Zuständigkeit für den Bereich mehrerer Finanzbehörden übertragen, so gilt Absatz 1 für jede dieser Finanzbehörden.

§ 403 Beteiligung der Finanzbehörde

(1) [1]Führt die Staatsanwaltschaft oder die Polizei Ermittlungen durch, die Steuerstraftaten betreffen, so ist die sonst zuständige Finanzbehörde befugt, daran teilzunehmen. [2]Ort und Zeit der Ermittlungshandlungen sollen ihr rechtzeitig mitgeteilt werden. [3]Dem Vertreter der Finanzbehörde ist zu gestatten, Fragen an Beschuldigte, Zeugen und Sachverständige zu stellen.

(2) Absatz 1 gilt sinngemäß für solche richterlichen Verhandlungen, bei denen auch der Staatsanwaltschaft die Anwesenheit gestattet ist.

(3) Der sonst zuständigen Finanzbehörde sind die Anklageschrift und der Antrag auf Erlass eines Strafbefehls mitzuteilen.

(4) Erwägt die Staatsanwaltschaft, das Verfahren einzustellen, so hat sie die sonst zuständige Finanzbehörde zu hören.

IV.
Steuer- und Zollfahndung

§ 404 Steuer- und Zollfahndung

[1]Die Behörden des Zollfahndungsdienstes und die mit der Steuerfahndung betrauten Dienststellen der Landesfinanzbehörden sowie ihre Beamten haben im Strafverfahren wegen Steuerstraftaten dieselben Rechte und Pflichten wie die Behörden und Beamten des Polizeidienstes nach den Vorschriften der Strafprozessordnung. [2]Die in Satz 1 bezeichneten Stellen haben die Befugnisse nach § 399 Abs. 2 Satz 2 sowie die Befugnis zur Durchsicht der Papiere des von der Durchsuchung Betroffenen (§ 110 Abs. 1 der Strafprozessordnung); ihre Beamten sind Ermittlungspersonen der Staatsanwaltschaft.

V.

Entschädigung der Zeugen und der Sachverständigen

§ 405 Entschädigung der Zeugen und der Sachverständigen

[1]Werden Zeugen und Sachverständige von der Finanzbehörde zu Beweiszwecken herangezogen, so erhalten sie eine Entschädigung oder Vergütung nach dem Justizvergütungs- und -entschädigungsgesetz. [2]Dies gilt auch in den Fällen des § 404.

3. Unterabschnitt

Gerichtliches Verfahren

§ 406 Mitwirkung der Finanzbehörde im Strafbefehlsverfahren und im selbständigen Verfahren

(1) Hat die Finanzbehörde den Erlass eines Strafbefehls beantragt, so nimmt sie die Rechte und Pflichten der Staatsanwaltschaft wahr, solange nicht nach § 408 Abs. 3 Satz 2 der Strafprozessordnung Hauptverhandlung anberaumt oder Einspruch gegen den Strafbefehl erhoben wird.

(2) Hat die Finanzbehörde den Antrag gestellt, die Einziehung selbständig anzuordnen oder eine Geldbuße gegen eine juristische Person oder eine Personenvereinigung selbständig festzusetzen (§ 401), so nimmt sie die Rechte und Pflichten der Staatsanwaltschaft wahr, solange nicht mündliche Verhandlung beantragt oder vom Gericht angeordnet wird.

§ 407 Beteiligung der Finanzbehörde in sonstigen Fällen

(1) [1]Das Gericht gibt der Finanzbehörde Gelegenheit, die Gesichtspunkte vorzubringen, die von ihrem Standpunkt für die Entscheidung von Bedeutung sind. [2]Dies gilt auch, wenn das Gericht erwägt, das Verfahren einzustellen. [3]Der Termin zur Hauptverhandlung und der Termin zur Vernehmung durch einen beauftragten oder ersuchten Richter (§§ 223, 233 der Strafprozessordnung) werden der Finanzbehörde mitgeteilt. [4]Ihr Vertreter erhält in der Hauptverhandlung auf Verlangen das Wort. [5]Ihm ist zu gestatten, Fragen an Angeklagte, Zeugen und Sachverständige zu richten.

(2) Das Urteil und andere das Verfahren abschließende Entscheidungen sind der Finanzbehörde mitzuteilen.

4. Unterabschnitt

Kosten des Verfahrens

§ 408 Kosten des Verfahrens

[1]Notwendige Auslagen eines Beteiligten im Sinne des § 464a Abs. 2 Nr. 2 der Strafprozessordnung sind im Strafverfahren wegen einer Steuerstraftat auch die gesetzlichen Gebühren und Auslagen eines Steuerberaters, Steuerbevollmächtigten, Wirtschaftsprüfers oder vereidigten Buchprüfers. [2]Sind Gebühren und Auslagen gesetzlich nicht geregelt, so können sie bis zur Höhe der gesetzlichen Gebühren und Auslagen eines Rechtsanwalts erstattet werden.

Vierter Abschnitt

Bußgeldverfahren

§ 409 Zuständige Verwaltungsbehörde

[1]Bei Steuerordnungswidrigkeiten ist zuständige Verwaltungsbehörde im Sinne des § 36 Abs. 1 Nr. 1 des Gesetzes über Ordnungswidrigkeiten die nach § 387 Abs. 1 sachlich zuständige Finanzbehörde. [2]§ 387 Abs. 2 gilt entsprechend.

§ 410 Ergänzende Vorschriften für das Bußgeldverfahren

(1) Für das Bußgeldverfahren gelten außer den verfahrensrechtlichen Vorschriften des Gesetzes über Ordnungswidrigkeiten entsprechend:

1. die §§ 388 bis 390 über die Zuständigkeit der Finanzbehörde,
2. § 391 über die Zuständigkeit des Gerichts,
3. § 392 über die Verteidigung,
4. § 393 über das Verhältnis des Strafverfahrens zum Besteuerungsverfahren,
5. § 396 über die Aussetzung des Verfahrens,
6. § 397 über die Einleitung des Strafverfahrens,
7. § 399 Abs. 2 über die Rechte und Pflichten der Finanzbehörde,
8. die §§ 402, 403 Abs. 1, 3 und 4 über die Stellung der Finanzbehörde im Verfahren der Staatsanwaltschaft,

9. § 404 Satz 1 und Satz 2 erster Halbsatz über die Steuer- und Zollfahndung,
10. § 405 über die Entschädigung der Zeugen und der Sachverständigen,
11. § 407 über die Beteiligung der Finanzbehörde und
12. § 408 über die Kosten des Verfahrens.

(2) Verfolgt die Finanzbehörde eine Steuerstraftat, die mit einer Steuerordnungswidrigkeit zusammenhängt (§ 42 Abs. 1 Satz 2 des Gesetzes über Ordnungswidrigkeiten), so kann sie in den Fällen des § 400 beantragen, den Strafbefehl auf die Steuerordnungswidrigkeit zu erstrecken.

§ 411 Bußgeldverfahren gegen Rechtsanwälte, Steuerberater, Steuerbevollmächtigte, Wirtschaftsprüfer oder vereidigte Buchprüfer

Bevor gegen einen Rechtsanwalt, Steuerberater, Steuerbevollmächtigten, Wirtschaftsprüfer oder vereidigten Buchprüfer wegen einer Steuerordnungswidrigkeit, die er in Ausübung seines Berufs bei der Beratung in Steuersachen begangen hat, ein Bußgeldbescheid erlassen wird, gibt die Finanzbehörde der zuständigen Berufskammer Gelegenheit, die Gesichtspunkte vorzubringen, die von ihrem Standpunkt für die Entscheidung von Bedeutung sind.

§ 412 Zustellung, Vollstreckung, Kosten

(1) [1]Für das Zustellungsverfahren gelten abweichend von § 51 Abs. 1 Satz 1 des Gesetzes über Ordnungswidrigkeiten die Vorschriften des Verwaltungszustellungsgesetzes auch dann, wenn eine Landesfinanzbehörde den Bescheid erlassen hat. [2]§ 51 Abs. 1 Satz 2 und Absatz 2 bis 5 des Gesetzes über Ordnungswidrigkeiten bleibt unberührt.

(2) [1]Für die Vollstreckung von Bescheiden der Finanzbehörden in Bußgeldverfahren gelten abweichend von § 90 Abs. 1 und 4, § 108 Abs. 2 des Gesetzes über Ordnungswidrigkeiten die Vorschriften des Sechsten Teils dieses Gesetzes. [2]Die übrigen Vorschriften des Neunten Abschnitts des Zweiten Teils des Gesetzes über Ordnungswidrigkeiten bleiben unberührt.

(3) Für die Kosten des Bußgeldverfahrens gilt § 107 Absatz 4 des Gesetzes über Ordnungswidrigkeiten auch dann, wenn eine Landesfinanzbehörde den Bußgeldbescheid erlassen hat; an Stelle des § 19 des Verwaltungskostengesetzes in der bis zum 14. August 2013 geltenden Fassung gelten § 227 und § 261 dieses Gesetzes.

Vertrag über die Arbeitsweise der Europäischen Union[1)2)3)]

In der Fassung der Bekanntmachung vom 9. Mai 2008[4)] (ABl. Nr. C 115 S. 47)
(Celex-Nr. 1 1957 E)

zuletzt geändert durch Art. 2 ÄndBeschl. 2012/419/EU vom 11. Juli 2012 (ABl. Nr. L 204 S. 131)

– Auszug –

Titel VII

Gemeinsame Regeln betreffend Wettbewerb, Steuerfragen und Angleichung der Rechtsvorschriften

Kapitel 1

Wettbewerbsregeln

Abschnitt 1

Vorschriften für Unternehmen

Artikel 101 [Kartellverbot]

(1) Mit dem Binnenmarkt unvereinbar und verboten sind alle Vereinbarungen zwischen Unternehmen, Beschlüsse von Unternehmensvereinigungen und aufeinander abgestimmte Verhaltensweisen, welche den Handel zwischen Mitgliedstaaten zu beeinträchtigen geeignet sind und eine Verhinderung, Einschränkung oder Verfälschung des Wettbewerbs innerhalb des Binnenmarkts bezwecken oder bewirken, insbesondere

a) die unmittelbare oder mittelbare Festsetzung der An- oder Verkaufspreise oder sonstiger Geschäftsbedingungen;
b) die Einschränkung oder Kontrolle der Erzeugung, des Absatzes der technischen Entwicklung oder der Investitionen;
c) die Aufteilung der Märkte oder Versorgungsquellen;
d) die Anwendung unterschiedlicher Bedingungen bei gleichwertigen Leistungen gegenüber Handelspartnern, wodurch diese im Wettbewerb benachteiligt werden;
e) die an den Abschluss von Verträgen geknüpfte Bedingung, dass die Vertragspartner zusätzliche Leistungen annehmen, die weder sachlich noch nach Handelsbrauch in Beziehung zum Vertragsgegenstand stehen.

(2) Die nach diesem Artikel verbotenen Vereinbarungen oder Beschlüsse sind nichtig.

(3) Die Bestimmungen des Absatzes 1 können für nicht anwendbar erklärt werden auf

– Vereinbarungen oder Gruppen von Vereinbarungen zwischen Unternehmen,
– Beschlüsse oder Gruppen von Beschlüssen von Unternehmensvereinigungen,
– aufeinander abgestimmte Verhaltensweisen oder Gruppen von solchen,

die unter angemessener Beteiligung der Verbraucher an dem entstehenden Gewinn zur Verbesserung der Warenerzeugung oder -verteilung oder zur Förderung des technischen oder wirtschaftlichen Fortschritts beitragen, ohne dass den beteiligten Unternehmen

a) Beschränkungen auferlegt werden, die für die Verwirklichung dieser Ziele nicht unerlässlich sind, oder
b) Möglichkeiten eröffnet werden, für einen wesentlichen Teil der betreffenden Waren den Wettbewerb auszuschalten.

---

1) Vertragsparteien sind Belgien, Bulgarien, Dänemark, Deutschland, Estland, Finnland, Frankreich, Griechenland, Großbritannien, Irland, Italien, Lettland, Litauen, Luxemburg, Malta, die Niederlande, Österreich, Polen, Portugal, Rumänien, Schweden, Slowakei, Slowenien, Spanien, Tschechien, Ungarn und Zypern.

2) Die Artikelfolge und Verweise/Bezugnahmen auf Vorschriften des EUV sind gemäß Art. 5 des Vertrags von Lissabon iVm den Übereinstimmungstabellen zum EUV bzw. AEUV an die neue Nummerierung angepasst worden.

3) Zu den Assoziationsregelungen und sonstigen Vereinbarungen und Vorschriften, die sich auf den EU-Arbeitsweisevertrag beziehen, vgl. den jährlich zum 31. 12. abgeschlossenen Fundstellennachweis B der geltenden völkerrechtlichen Vereinbarungen der Bundesrepublik Deutschland unter dem Datum 25. 3. 1957.

4) Konsolidierte Fassung des Vertrags zur Gründung der Europäischen Gemeinschaft v. 25. 3. 1957 (BGBl. II S. 766). Die Bundesrepublik Deutschland hat dem Vertrag von Lissabon mit G. v. 8. 10. 2008 (BGBl. II S. 1038) zugestimmt; Inkrafttreten am **1. 12. 2009**, siehe Bek. v. 13. 11. 2009 (BGBl. II S. 1223).

Artikel 102 [Missbrauch einer marktbeherrschenden Stellung]

Mit dem Binnenmarkt unvereinbar und verboten ist die missbräuchliche Ausnutzung einer beherrschenden Stellung auf dem Binnenmarkt oder auf einem wesentlichen Teil desselben durch ein oder mehrere Unternehmen, soweit dies dazu führen kann, den Handel zwischen Mitgliedstaaten zu beeinträchtigen.
Dieser Missbrauch kann insbesondere in Folgendem bestehen:

a) der unmittelbaren oder mittelbaren Erzwingung von unangemessenen Einkaufs- oder Verkaufspreisen oder sonstigen Geschäftsbedingungen;
b) der Einschränkung der Erzeugung, des Absatzes oder der technischen Entwicklung zum Schaden der Verbraucher;
c) der Anwendung unterschiedlicher Bedingungen bei gleichwertigen Leistungen gegenüber Handelspartnern, wodurch diese im Wettbewerb benachteiligt werden;
d) der an den Abschluss von Verträgen geknüpften Bedingung, dass die Vertragspartner zusätzliche Leistungen annehmen, die weder sachlich noch nach Handelsbrauch in Beziehung zum Vertragsgegenstand stehen.

Artikel 103 [Erlass von Verordnungen und Richtlinien]

(1) Die zweckdienlichen Verordnungen oder Richtlinien zur Verwirklichung der in den Artikeln 101 und 102 niedergelegten Grundsätze werden vom Rat auf Vorschlag der Kommission und nach Anhörung des Europäischen Parlaments beschlossen.
(2) Die in Absatz 1 vorgesehenen Vorschriften bezwecken insbesondere,

a) die Beachtung der in Artikel 101 Absatz 1 und Artikel 102 genannten Verbote durch die Einführung von Geldbußen und Zwangsgeldern zu gewährleisten;
b) die Einzelheiten der Anwendung des Artikels 101 Absatz 3 festzulegen; dabei ist dem Erfordernis einer wirksamen Überwachung bei möglichst einfacher Verwaltungskontrolle Rechnung zu tragen;
c) gegebenenfalls den Anwendungsbereich der Artikel 101 und 102 für die einzelnen Wirtschaftszweige näher zu bestimmen;
d) die Aufgaben der Kommission und des Gerichtshofs der Europäischen Union bei der Anwendung der in diesem Absatz vorgesehenen Vorschriften gegeneinander abzugrenzen;
e) das Verhältnis zwischen den innerstaatlichen Rechtsvorschriften einerseits und den in diesem Abschnitt enthaltenen oder aufgrund dieses Artikels getroffenen Bestimmungen andererseits festzulegen.

Kapitel 6
Betrugsbekämpfung

Artikel 325 [Schutz der finanziellen Interessen der Union]

(1) Die Union und die Mitgliedstaaten bekämpfen Betrügereien und sonstige gegen die finanziellen Interessen der Union gerichtete rechtswidrige Handlungen mit Maßnahmen nach diesem Artikel, die abschreckend sind und in den Mitgliedstaaten sowie in den Organen, Einrichtungen und sonstigen Stellen der Union einen effektiven Schutz bewirken.
(2) Zur Bekämpfung von Betrügereien, die sich gegen die finanziellen Interessen der Union richten, ergreifen die Mitgliedstaaten die gleichen Maßnahmen, die sie auch zur Bekämpfung von Betrügereien ergreifen, die sich gegen ihre eigenen finanziellen Interessen richten.
(3) [1]Die Mitgliedstaaten koordinieren unbeschadet der sonstigen Bestimmungen der Verträge ihre Tätigkeit zum Schutz der finanziellen Interessen der Union vor Betrügereien. [2]Sie sorgen zu diesem Zweck zusammen mit der Kommission für eine enge, regelmäßige Zusammenarbeit zwischen den zuständigen Behörden.
(4) Zur Gewährleistung eines effektiven und gleichwertigen Schutzes in den Mitgliedstaaten sowie in den Organen, Einrichtungen und sonstigen Stellen der Union beschließen das Europäische Parlament und der Rat gemäß dem ordentlichen Gesetzgebungsverfahren nach Anhörung des Rechnungshofs die erforderlichen Maßnahmen zur Verhütung und Bekämpfung von Betrügereien, die sich gegen die finanziellen Interessen der Union richten.
(5) Die Kommission legt in Zusammenarbeit mit den Mitgliedstaaten dem Europäischen Parlament und dem Rat jährlich einen Bericht über die Maßnahmen vor, die zur Durchführung dieses Artikels getroffen wurden.

Übereinkommen zur Durchführung des Übereinkommens von Schengen vom 14. Juni 1985 zwischen den Regierungen der Staaten der Benelux-Wirtschaftsunion, der Bundesrepublik Deutschland und der Französischen Republik betreffend den schrittweisen Abbau der Kontrollen an den gemeinsamen Grenzen

(ABl. 2000 Nr. L 239 S. 19)
(EU-Dok.-Nr. 4 2000 A 0922 (02)
zuletzt geändert durch Art. 4 VO (EU) 2023/2667 vom 22. November 2023 (ABl. 2023 L 2667 S. 1)
– Auszug –

Kapitel 3
Verbot der Doppelbestrafung

Artikel 54 [1)2)]
Wer durch eine Vertragspartei rechtskräftig abgeurteilt worden ist, darf durch eine andere Vertragspartei wegen derselben Tat nicht verfolgt werden, vorausgesetzt, dass im Fall einer Verurteilung die Sanktion bereits vollstreckt worden ist, gerade vollstreckt wird oder nach dem Recht des Urteilsstaats nicht mehr vollstreckt werden kann.

Artikel 55
(1) Eine Vertragspartei kann bei der Ratifikation, der Annahme oder der Genehmigung dieses Übereinkommens erklären, dass sie in einem oder mehreren der folgenden Fälle nicht durch Artikel 54 gebunden[1)] ist:
a) wenn die Tat, die dem ausländischen Urteil zugrunde lag, ganz oder teilweise in ihrem Hoheitsgebiet begangen wurde; im letzteren Fall gilt diese Ausnahme jedoch nicht, wenn diese Tat teilweise im Hoheitsgebiet der Vertragspartei begangen wurde, in dem das Urteil ergangen ist;
b) wenn die Tat, die dem ausländischen Urteil zugrunde lag, eine gegen die Sicherheit des Staates oder andere gleichermaßen wesentliche Interessen dieser Vertragspartei gerichtete Straftat darstellt;
c) wenn die Tat, die dem ausländischen Urteil zugrunde lag, von einem Bediensteten dieser Vertragspartei unter Verletzung seiner Amtspflichten begangen wurde.
(2) Eine Vertragspartei, die eine solche Erklärung betreffend eine der in Absatz 1 Buchstabe b) genannten Ausnahmen abgibt, bezeichnet die Arten von Straftaten, auf die solche Ausnahmen Anwendung finden können.
(3) Eine Vertragspartei kann eine solche Erklärung betreffend eine oder mehrere der in Absatz 1 genannten Ausnahmen jederzeit zurücknehmen.
(4) Ausnahmen, die Gegenstand einer Erklärung nach Absatz 1 waren, finden keine Anwendung, wenn die betreffende Vertragspartei die andere Vertragspartei wegen derselben Tat um Verfolgung ersucht oder die Auslieferung des Betroffenen bewilligt hat.

Artikel 56
[1]Wird durch eine Vertragspartei eine erneute Verfolgung gegen eine Person eingeleitet, die bereits durch eine andere Vertragspartei wegen derselben Tat rechtskräftig abgeurteilt wurde, so wird jede in dem Hoheitsgebiet der zuletzt genannten Vertragspartei wegen dieser Tat erlittene Freiheitsentziehung auf eine etwa zu verhängende Sanktion angerechnet. [2]Soweit das nationale Recht dies erlaubt, werden andere als freiheitsentziehende Sanktionen ebenfalls berücksichtigt, sofern sie bereits vollstreckt wurden.

---

1) Zum Vorbehalt der Bundesrepublik Deutschland siehe Bek.
2) Siehe hierzu Art. 51 EU-Grundrechte-Charta vom 14. Dezember 2007 (ABl. Nr. C 303 S. 1):
„Artikel 51 Anwendungsbereich
(1) Diese Charta gilt für die Organe, Einrichtungen und sonstigen Stellen der Union unter Wahrung des Subsidiaritätsprinzips und für die Mitgliedstaaten ausschließlich bei der Durchführung des Rechts der Union. Dementsprechend achten sie die Rechte, halten sie sich an die Grundsätze und fördern sie deren Anwendung entsprechend ihren jeweiligen Zuständigkeiten und unter Achtung der Grenzen der Zuständigkeiten, die der Union in den Verträgen übertragen werden.
(2) Diese Charta dehnt den Geltungsbereich des Unionsrechts nicht über die Zuständigkeiten der Union hinaus aus und begründet weder neue Zuständigkeiten noch neue Aufgaben für die Union, noch ändert sie die in den Verträgen festgelegten Zuständigkeiten und Aufgaben.“

Artikel 57

(1) Ist eine Person im Hoheitsgebiet einer Vertragspartei wegen einer Straftat angeschuldigt und haben die zuständigen Behörden dieser Vertragspartei Grund zu der Annahme, dass die Anschuldigung dieselbe Tat betrifft, derentwegen der Betreffende im Hoheitsgebiet einer anderen Vertragspartei bereits rechtskräftig abgeurteilt wurde, so ersuchen sie, sofern sie es für erforderlich halten, die zuständigen Behörden der Vertragspartei, in deren Hoheitsgebiet die Entscheidung ergangen ist, um sachdienliche Auskünfte.

(2) Die erbetenen Auskünfte werden sobald wie möglich erteilt und sind bei der Entscheidung über eine Fortsetzung des Verfahrens zu berücksichtigen.

(3) Jede Vertragspartei gibt bei der Ratifikation, der Annahme oder der Genehmigung dieses Übereinkommens die Behörden an, die befugt sind, um Auskünfte nach diesem Artikel zu ersuchen und solche entgegenzunehmen.

Artikel 58

Die vorstehenden Bestimmungen stehen der Anwendung weitergehender Bestimmungen des nationalen Rechts über die Geltung des Verbots der Doppelbestrafung in Bezug auf ausländische Justizentscheidungen nicht entgegen.

...

Gesetz zur Durchführung der Gemeinsamen Marktorganisationen und der Direktzahlungen (Marktorganisationsgesetz – MOG)

In der Fassung der Bekanntmachung vom 7. November 2017[1] (BGBl. I S. 3746)
(FNA 7847-11)

zuletzt geändert durch Art. 2 Abs. 23 G zur Modernisierung des Verkündungs- und Bekanntmachungswesens vom 20. Dezember 2022 (BGBl. I S. 2752)

– Auszug –

Abschnitt 7

Straf- und Bußgeldvorschriften

§ 35 Geltungsbereich der Straf- und Bußgeldvorschriften der Abgabenordnung

Die nach § 12 Absatz 1 Satz 1 anzuwendenden Straf- und Bußgeldvorschriften der Abgabenordnung sowie die auf Zölle für Marktordnungswaren und Ausfuhrabgaben anzuwendenden Straf- und Bußgeldvorschriften der Abgabenordnung gelten, unabhängig von dem Recht des Tatortes, auch für Taten, die außerhalb des Geltungsbereichs dieses Gesetzes begangen werden.

§ 36 Bußgeldvorschriften

(1) Ordnungswidrig handelt, wer vorsätzlich oder leichtfertig unrichtige oder unvollständige Angaben tatsächlicher Art macht oder benutzt, um für sich oder einen anderen eine Lizenz, Erlaubnis, Genehmigung, Zulassung, Anerkennung, Bewilligung oder Bescheinigung zu erlangen, die nach Regelungen im Sinne des § 1 Absatz 2 hinsichtlich Marktordnungswaren oder Direktzahlungen oder nach Rechtsverordnungen auf Grund dieses Gesetzes erforderlich sind.

(2) Ordnungswidrig handelt auch, wer vorsätzlich oder fahrlässig

1. Marktordnungswaren entgegen einer Vorschrift in Regelungen im Sinne des § 1 Absatz 2 Nummer 1, 2 oder 3 oder in Rechtsverordnungen auf Grund dieses Gesetzes ohne die in § 18 bezeichneten Bescheide oder ohne Vorlage dieser Bescheide in den oder aus dem Geltungsbereich dieses Gesetzes verbringt oder einführt oder ausführt oder verbringen, einführen oder ausführen lässt oder
2. Marktordnungswaren in den oder aus dem Geltungsbereich dieses Gesetzes verbringt oder einführt oder ausführt oder verbringen, einführen oder ausführen lässt, ohne die Waren zu einem zollrechtlich beschränkten Verkehr abfertigen zu lassen, obwohl die Einfuhr oder Ausfuhr nach Regelungen im Sinne des § 1 Absatz 2 Nummer 1, 2 oder 3 oder nach Rechtsverordnungen auf Grund des § 27 Absatz 1 Nummer 2 Buchstabe b ausgesetzt ist.

(3) Ordnungswidrig handelt ferner, wer

1. vorsätzlich oder leichtfertig entgegen einer Vorschrift in Regelungen im Sinne des § 1 Absatz 2 hinsichtlich Marktordnungswaren oder Direktzahlungen oder in Rechtsverordnungen auf Grund dieses Gesetzes oder entgegen § 33
   a) einer Melde-, Aufzeichnungs- oder Aufbewahrungspflicht zuwiderhandelt,
   b) eine Auskunft nicht, nicht richtig, nicht vollständig oder nicht fristgemäß erteilt,
   c) Geschäftsunterlagen nicht, nicht vollständig oder nicht fristgemäß vorlegt oder die Einsichtnahme in Geschäftspapiere oder sonstige Unterlagen nicht gestattet oder
   d) die Besichtigung von Grundstücken oder Räumen oder eine amtliche Überwachung der zweck- oder fristgerechten Verwendung nicht gestattet,
2. die Nachprüfung (§ 33) von Umständen, die nach Regelungen im Sinne des § 1 Absatz 2 hinsichtlich Marktordnungswaren oder Direktzahlungen, nach diesem Gesetz oder nach Rechtsverordnungen auf Grund dieses Gesetzes erheblich sind, dadurch verhindert oder erschwert, dass er Bücher oder Aufzeichnungen, deren Führung oder Aufbewahrung ihm nach handels- oder steuerrechtlichen Vorschriften oder nach einer auf Grund dieses Gesetzes erlassenen Rechtsverordnung obliegt, nicht oder nicht ordentlich führt, nicht aufbewahrt oder verheimlicht,
3. vorsätzlich oder leichtfertig einer Rechtsverordnung nach

---

1) Neubekanntmachung des MOG idF der Bek. v. 20.9.1995 (BGBl. I S. 1146, ber. 2003 I S. 178) in der ab 1.7.2017 geltenden Fassung.

a) § 6 Absatz 1, auch in Verbindung mit § 9 Absatz 2, § 9b Absatz 2 oder § 9d Absatz 1,
b) § 6 Absatz 2, auch in Verbindung mit § 7 Absatz 3 Satz 2, § 9 Absatz 2, § 9b Absatz 2 oder § 9d Absatz 1,
c) § 6a Absatz 1, § 8 Absatz 1 Satz 1, § 9 Absatz 1 Satz 1, § 9a Satz 1 oder § 12 Absatz 3 Satz 1, jeweils auch in Verbindung mit § 9b Absatz 2 oder § 9d Absatz 1,
d) § 9b Absatz 1, auch in Verbindung mit § 9d Absatz 1,
e) § 9d Absatz 2 Satz 1, § 21 Satz 1 Nummer 3 oder § 24 Absatz 1 oder
f) § 15 Satz 1, auch in Verbindung mit § 16, oder § 21 Satz 1 Nummer 4

oder einer vollziehbaren Anordnung auf Grund einer solchen Rechtsverordnung zuwiderhandelt, soweit die Rechtsverordnung für einen bestimmten Tatbestand auf diese Bußgeldvorschrift verweist, oder

4. entgegen § 23 Absatz 2 Satz 1 Waren nicht anmeldet.

(4) [1]Ordnungswidrig handelt auch, wer vorsätzlich oder fahrlässig Geboten, Verboten oder Beschränkungen hinsichtlich der Erzeugung, des Anbaus, der Verwendung oder der Vermarktung von Marktordnungswaren, die in Regelungen im Sinne des § 1 Absatz 2 enthalten sind, zuwiderhandelt oder Erzeugnisse, die entgegen solchen Verboten oder Beschränkungen gewonnen worden sind, gewerbsmäßig in den Verkehr bringt, soweit eine Rechtsverordnung nach Satz 2 für einen bestimmten Tatbestand auf diese Bußgeldvorschrift verweist. [2]Das Bundesministerium wird ermächtigt, durch Rechtsverordnung mit Zustimmung des Bundesrates die einzelnen Tatbestände der Regelungen im Sinne des § 1 Absatz 2, die nach Satz 1 als Ordnungswidrigkeiten mit Geldbuße geahndet werden können, zu bezeichnen, soweit dies zur Durchführung dieser Regelungen erforderlich ist.

(5) Der Versuch einer Ordnungswidrigkeit nach Absatz 2 kann geahndet werden.

(6) Eine Ordnungswidrigkeit

1. nach den Absätzen 1, 2, 3 Nummer 3 Buchstabe a bis e und Absatz 4 kann mit einer Geldbuße bis zu fünfzigtausend Euro,
2. nach Absatz 3 Nummer 1, 2, 3 Buchstabe f und Nummer 4 kann mit einer Geldbuße bis zu fünftausend Euro

geahndet werden.

(7) Gegenstände, auf die sich die Ordnungswidrigkeit bezieht, können eingezogen werden.

Völkerstrafgesetzbuch (VStGB)

Vom 26. Juni 2002 (BGBl. I S. 2254)
(FNA 453-21)
zuletzt geändert durch Art. 1 G zur Fortentwicklung des Völkerstrafrechts vom 30. Juli 2024 (BGBl. 2024 I Nr. 255)

Nichtamtliche Inhaltsübersicht

Teil 1
Allgemeine Regelungen

§ 1 Anwendungsbereich

[1]Dieses Gesetz gilt für alle in ihm bezeichneten Straftaten gegen das Völkerrecht, für Taten nach den §§ 6 bis 12 auch dann, wenn die Tat im Ausland begangen wurde und keinen Bezug zum Inland aufweist. [2]Für Taten nach § 13, die im Ausland begangen wurden, gilt dieses Gesetz unabhängig vom Recht des Tatorts, wenn der Täter Deutscher ist oder die Tat sich gegen die Bundesrepublik Deutschland richtet.

§ 2 Anwendung des allgemeinen Rechts

Auf Taten nach diesem Gesetz findet das allgemeine Strafrecht Anwendung, soweit dieses Gesetz nicht in den §§ 1, 3 bis 5 und 13 Absatz 4 besondere Bestimmungen trifft.

§ 3 Handeln auf Befehl oder Anordnung

Ohne Schuld handelt, wer eine Tat nach den §§ 8 bis 15 in Ausführung eines militärischen Befehls oder einer Anordnung von vergleichbarer tatsächlicher Bindungswirkung begeht, sofern der Täter nicht erkennt, dass der Befehl oder die Anordnung rechtswidrig ist und deren Rechtswidrigkeit auch nicht offensichtlich ist.

§ 4 Verantwortlichkeit militärischer Befehlshaber und anderer Vorgesetzter

(1) [1]Ein militärischer Befehlshaber oder ziviler Vorgesetzter, der es unterlässt, seinen Untergebenen daran zu hindern, eine Tat nach diesem Gesetz zu begehen, wird wie ein Täter der von dem Untergebenen begangenen Tat bestraft. [2]§ 13 Abs. 2 des Strafgesetzbuches findet in diesem Fall keine Anwendung.
(2) [1]Einem militärischen Befehlshaber steht eine Person gleich, die in einer Truppe tatsächliche Befehls- oder Führungsgewalt und Kontrolle ausübt. [2]Einem zivilen Vorgesetzten steht eine Person gleich, die in einer zivilen Organisation oder einem Unternehmen tatsächliche Führungsgewalt und Kontrolle ausübt.

§ 5 Unverjährbarkeit

Die Verfolgung von Verbrechen nach diesem Gesetz und die Vollstreckung der wegen ihnen verhängten Strafen verjähren nicht.

Teil 2
Straftaten gegen das Völkerrecht

Abschnitt 1
Völkermord und Verbrechen gegen die Menschlichkeit

§ 6 Völkermord

(1) Wer in der Absicht, eine nationale, rassische, religiöse oder ethnische Gruppe als solche ganz oder teilweise zu zerstören,
1. ein Mitglied der Gruppe tötet,
2. einem Mitglied der Gruppe schwere körperliche oder seelische Schäden, insbesondere der in § 226 des Strafgesetzbuches bezeichneten Art, zufügt,
3. die Gruppe unter Lebensbedingungen stellt, die geeignet sind, ihre körperliche Zerstörung ganz oder teilweise herbeizuführen,
4. Maßregeln verhängt, die Geburten innerhalb der Gruppe verhindern sollen,
5. ein Kind der Gruppe gewaltsam in eine andere Gruppe überführt,

wird mit lebenslanger Freiheitsstrafe bestraft.

(2) In minder schweren Fällen des Absatzes 1 Nr. 2 bis 5 ist die Strafe Freiheitsstrafe nicht unter fünf Jahren.

§ 7 Verbrechen gegen die Menschlichkeit

(1) Wer im Rahmen eines ausgedehnten oder systematischen Angriffs gegen eine Zivilbevölkerung
1. einen Menschen tötet,
2. in der Absicht, eine Bevölkerung ganz oder teilweise zu zerstören, diese oder Teile hiervon unter Lebensbedingungen stellt, die geeignet sind, deren Zerstörung ganz oder teilweise herbeizuführen,
3. Menschenhandel betreibt, insbesondere mit einer Frau oder einem Kind, oder wer auf andere Weise einen Menschen versklavt und sich dabei ein Eigentumsrecht an ihm anmaßt,
4. einen Menschen, der sich rechtmäßig in einem Gebiet aufhält, vertreibt oder zwangsweise überführt, indem er ihn unter Verstoß gegen eine allgemeine Regel des Völkerrechts durch Ausweisung oder andere Zwangsmaßnahmen in einen anderen Staat oder in ein anderes Gebiet verbringt,
5. einen Menschen, der sich in seinem Gewahrsam oder in sonstiger Weise unter seiner Kontrolle befindet, foltert, indem er ihm erhebliche körperliche oder seelische Schäden oder Leiden zufügt, die nicht lediglich Folge völkerrechtlich zulässiger Sanktionen sind,
6. einen sexuellen Übergriff auf einen anderen Menschen begeht, ihn sexuell nötigt oder vergewaltigt, ihn zur Prostitution nötigt, ihn sexuell versklavt, ihn der Fortpflanzungsfähigkeit beraubt, einen unter Anwendung von Zwang geschwängerten Menschen in der Absicht, die ethnische Zusammensetzung einer Bevölkerung zu beeinflussen oder Taten nach den §§ 6 bis 13 zu begehen, gefangen hält oder eine Schwangerschaft gegen oder ohne den Willen des schwangeren Menschen abbricht,
7. einen Menschen dadurch zwangsweise verschwinden lässt, dass er in der Absicht, ihn nicht nur kurzzeitig dem Schutz des Gesetzes zu entziehen,
   a) ihn im Auftrag oder mit Billigung eines Staates oder einer politischen Organisation entführt oder sonst in schwerwiegender Weise der körperlichen Freiheit beraubt, ohne dass im Weiteren unverzüglich wahrheitsgemäß Auskunft über sein Schicksal und seinen Verbleib erteilt wird, oder
   b) sich im Auftrag des Staates oder der politischen Organisation oder entgegen einer Rechtspflicht weigert, unverzüglich Auskunft über das Schicksal und den Verbleib des Menschen zu erteilen, der unter den Voraussetzungen des Buchstaben a seiner körperlichen Freiheit beraubt wurde, oder eine falsche Auskunft dazu erteilt,
8. einem anderen Menschen schwere körperliche oder seelische Schäden, insbesondere der in § 226 des Strafgesetzbuches bezeichneten Art, zufügt,
9. einen Menschen unter Verstoß gegen eine allgemeine Regel des Völkerrechts in schwerwiegender Weise der körperlichen Freiheit beraubt oder
10. eine identifizierbare Gruppe oder Gemeinschaft verfolgt, indem er ihr aus politischen, rassischen, nationalen, ethnischen, kulturellen oder religiösen Gründen, aus Gründen des Geschlechts, der sexuellen Orientierung oder aus anderen nach den allgemeinen Regeln des Völkerrechts als unzulässig anerkannten Gründen grundlegende Menschenrechte entzieht oder diese wesentlich einschränkt,

wird in den Fällen der Nummern 1 und 2 mit lebenslanger Freiheitsstrafe, in den Fällen der Nummern 3 bis 7 mit Freiheitsstrafe nicht unter fünf Jahren und in den Fällen der Nummern 8 bis 10 mit Freiheitsstrafe nicht unter drei Jahren bestraft.

(2) In minder schweren Fällen des Absatzes 1 Nr. 2 ist die Strafe Freiheitsstrafe nicht unter fünf Jahren, in minder schweren Fällen des Absatzes 1 Nr. 3 bis 7 Freiheitsstrafe nicht unter zwei Jahren und in minder schweren Fällen des Absatzes 1 Nr. 8 und 9 Freiheitsstrafe nicht unter einem Jahr.

(3) Verursacht der Täter durch eine Tat nach Absatz 1 Nr. 3 bis 10 den Tod eines Menschen, so ist die Strafe in den Fällen des Absatzes 1 Nr. 3 bis 7 lebenslange Freiheitsstrafe oder Freiheitsstrafe nicht unter zehn Jahren und in den Fällen des Absatzes 1 Nr. 8 bis 10 Freiheitsstrafe nicht unter fünf Jahren.

(4) In minder schweren Fällen des Absatzes 3 ist die Strafe bei einer Tat nach Absatz 1 Nr. 3 bis 7 Freiheitsstrafe nicht unter fünf Jahren und bei einer Tat nach Absatz 1 Nr. 8 bis 10 Freiheitsstrafe nicht unter drei Jahren.

(5) [1]Wer ein Verbrechen nach Absatz 1 in der Absicht begeht, ein institutionalisiertes Regime der systematischen Unterdrückung und Beherrschung einer rassischen Gruppe durch eine andere aufrechtzuerhalten, wird mit Freiheitsstrafe nicht unter fünf Jahren bestraft, soweit nicht die Tat nach Absatz 1 oder Absatz 3 mit schwererer Strafe bedroht ist. [2]In minder schweren Fällen ist die Strafe Freiheitsstrafe nicht unter drei Jahren, soweit nicht die Tat nach Absatz 2 oder Absatz 4 mit schwererer Strafe bedroht ist.

Abschnitt 2

Kriegsverbrechen

§ 8 Kriegsverbrechen gegen Personen

(1) Wer im Zusammenhang mit einem internationalen oder nichtinternationalen bewaffneten Konflikt

1. eine nach dem humanitären Völkerrecht zu schützende Person tötet,
2. eine nach dem humanitären Völkerrecht zu schützende Person als Geisel nimmt,
3. eine nach dem humanitären Völkerrecht zu schützende Person grausam oder unmenschlich behandelt, indem er ihr erhebliche körperliche oder seelische Schäden oder Leiden zufügt, insbesondere sie foltert oder verstümmelt,
4. einen sexuellen Übergriff auf eine nach dem humanitären Völkerrecht zu schützende Person begeht, sie sexuell nötigt oder vergewaltigt, sie zur Prostitution nötigt, sie sexuell versklavt, sie der Fortpflanzungsfähigkeit beraubt, eine nach dem humanitären Völkerrecht zu schützende und unter Anwendung von Zwang geschwängerte Person in der Absicht, die ethnische Zusammensetzung einer Bevölkerung zu beeinflussen oder Taten nach den §§ 6 bis 13 zu begehen, gefangen hält oder eine Schwangerschaft gegen oder ohne den Willen der schwangeren[1)], nach dem humanitären Völkerrecht zu schützenden Person abbricht,
5. Kinder unter 15 Jahren für Streitkräfte zwangsverpflichtet oder in Streitkräfte oder bewaffnete Gruppen eingliedert oder sie zur aktiven Teilnahme an Feindseligkeiten verwendet,
6. eine nach dem humanitären Völkerrecht zu schützende Person, die sich rechtmäßig in einem Gebiet aufhält, vertreibt oder zwangsweise überführt, indem er sie unter Verstoß gegen eine allgemeine Regel des Völkerrechts durch Ausweisung oder andere Zwangsmaßnahmen in einen anderen Staat oder in ein anderes Gebiet verbringt,
7. gegen eine nach dem humanitären Völkerrecht zu schützende Person eine erhebliche Strafe, insbesondere die Todesstrafe oder eine Freiheitsstrafe verhängt oder vollstreckt, ohne dass diese Person in einem unparteiischen ordentlichen Gerichtsverfahren, das die völkerrechtlich erforderlichen Rechtsgarantien bietet, abgeurteilt worden ist,
8. eine nach dem humanitären Völkerrecht zu schützende Person in die Gefahr des Todes oder einer schweren Gesundheitsschädigung bringt, indem er
   a) an einer solchen Person Versuche vornimmt, in die sie nicht zuvor freiwillig und ausdrücklich eingewilligt hat oder die weder medizinisch notwendig sind noch in ihrem Interesse durchgeführt werden,
   b) einer solchen Person Gewebe oder Organe für Übertragungszwecke entnimmt, sofern es sich nicht um die Entnahme von Blut oder Haut zu therapeutischen Zwecken im Einklang mit den allgemein anerkannten medizinischen Grundsätzen handelt und die Person zuvor nicht freiwillig und ausdrücklich eingewilligt hat, oder

---

1) Kleinschreibung amtlich.

c) bei einer solchen Person medizinisch nicht anerkannte Behandlungsmethoden anwendet, ohne dass dies medizinisch notwendig ist und die Person zuvor freiwillig und ausdrücklich eingewilligt hat, oder

9. eine nach dem humanitären Völkerrecht zu schützende Person in schwerwiegender Weise entwürdigend oder erniedrigend behandelt,

wird in den Fällen der Nummer 1 mit lebenslanger Freiheitsstrafe, in den Fällen der Nummer 2 mit Freiheitsstrafe nicht unter fünf Jahren, in den Fällen der Nummern 3 bis 5 mit Freiheitsstrafe nicht unter drei Jahren, in den Fällen der Nummern 6 bis 8 mit Freiheitsstrafe nicht unter zwei Jahren und in den Fällen der Nummer 9 mit Freiheitsstrafe nicht unter einem Jahr bestraft.

(2) Wer im Zusammenhang mit einem internationalen oder nichtinternationalen bewaffneten Konflikt einen Angehörigen der gegnerischen Streitkräfte oder einen Kämpfer der gegnerischen Partei verwundet, nachdem dieser sich bedingungslos ergeben hat oder sonst außer Gefecht ist, wird mit Freiheitsstrafe nicht unter drei Jahren bestraft.

(3) Wer im Zusammenhang mit einem internationalen bewaffneten Konflikt

1. eine geschützte Person im Sinne des Absatzes 6 Nr. 1 rechtswidrig gefangen hält oder ihre Heimschaffung ungerechtfertigt verzögert,
2. als Angehöriger einer Besatzungsmacht einen Teil der eigenen Zivilbevölkerung in das besetzte Gebiet überführt,
3. eine geschützte Person im Sinne des Absatzes 6 Nr. 1 mit Gewalt oder durch Drohung mit einem empfindlichen Übel zum Dienst in den Streitkräften einer feindlichen Macht nötigt oder
4. einen Angehörigen der gegnerischen Partei mit Gewalt oder durch Drohung mit einem empfindlichen Übel nötigt, an Kriegshandlungen gegen sein eigenes Land teilzunehmen,

wird mit Freiheitsstrafe nicht unter zwei Jahren bestraft.

(4) [1]Verursacht der Täter durch eine Tat nach Absatz 1 Nr. 2 bis 6 den Tod des Opfers, so ist in den Fällen des Absatzes 1 Nr. 2 die Strafe lebenslange Freiheitsstrafe oder Freiheitsstrafe nicht unter zehn Jahren, in den Fällen des Absatzes 1 Nr. 3 bis 5 Freiheitsstrafe nicht unter fünf Jahren, in den Fällen des Absatzes 1 Nr. 6 Freiheitsstrafe nicht unter drei Jahren. [2]Führt eine Handlung nach Absatz 1 Nr. 8 zum Tod oder zu einer schweren Gesundheitsschädigung, so ist die Strafe Freiheitsstrafe nicht unter drei Jahren.

(5) In minder schweren Fällen des Absatzes 1 Nr. 2 ist die Strafe Freiheitsstrafe nicht unter zwei Jahren, in minder schweren Fällen des Absatzes 1 Nr. 3 und 4 und des Absatzes 2 Freiheitsstrafe nicht unter einem Jahr, in minder schweren Fällen des Absatzes 1 Nr. 6 und des Absatzes 3 Nr. 1 Freiheitsstrafe von sechs Monaten bis zu fünf Jahren.

(6) Nach dem humanitären Völkerrecht zu schützende Personen sind

1. im internationalen bewaffneten Konflikt: geschützte Personen im Sinne der Genfer Abkommen und des Zusatzprotokolls I (Anlage zu diesem Gesetz), namentlich Verwundete, Kranke, Schiffbrüchige, Kriegsgefangene und Zivilpersonen;
2. im nichtinternationalen bewaffneten Konflikt: Verwundete, Kranke, Schiffbrüchige sowie Personen, die nicht unmittelbar an den Feindseligkeiten teilnehmen und sich in der Gewalt der gegnerischen Partei befinden;
3. im internationalen und im nichtinternationalen bewaffneten Konflikt: Angehörige der Streitkräfte und Kämpfer der gegnerischen Partei, welche die Waffen gestreckt haben oder in sonstiger Weise wehrlos sind.

§ 9 Kriegsverbrechen gegen Eigentum und sonstige Rechte

(1) Wer im Zusammenhang mit einem internationalen oder nichtinternationalen bewaffneten Konflikt plündert oder, ohne dass dies durch die Erfordernisse des bewaffneten Konflikts geboten ist, sonst in erheblichem Umfang völkerrechtswidrig Sachen der gegnerischen Partei, die der Gewalt der eigenen Partei unterliegen, zerstört, sich aneignet oder beschlagnahmt, wird mit Freiheitsstrafe von einem Jahr bis zu zehn Jahren bestraft.

(2) Wer im Zusammenhang mit einem internationalen bewaffneten Konflikt völkerrechtswidrig anordnet, dass Rechte und Forderungen aller oder eines wesentlichen Teils der Angehörigen der gegnerischen Partei aufgehoben oder ausgesetzt werden oder vor Gericht nicht einklagbar sind, wird mit Freiheitsstrafe von einem Jahr bis zu zehn Jahren bestraft.

§ 10 Kriegsverbrechen gegen humanitäre Operationen und Embleme

(1) [1]Wer im Zusammenhang mit einem internationalen oder nichtinternationalen bewaffneten Konflikt

1. einen Angriff gegen Personen, Einrichtungen, Material, Einheiten oder Fahrzeuge richtet, die an einer humanitären Hilfsmission oder an einer friedenserhaltenden Mission in Übereinstimmung mit der

Charta der Vereinten Nationen beteiligt sind, solange sie Anspruch auf den Schutz haben, der Zivilpersonen oder zivilen Objekten nach dem humanitären Völkerrecht gewährt wird, oder

2. einen Angriff gegen Personen, Gebäude, Material, Sanitätseinheiten oder Sanitätstransportmittel richtet, die in Übereinstimmung mit dem humanitären Völkerrecht mit den Schutzzeichen der Genfer Abkommen gekennzeichnet sind,

wird mit Freiheitsstrafe nicht unter drei Jahren bestraft. [2]In minder schweren Fällen, insbesondere wenn der Angriff nicht mit militärischen Mitteln erfolgt, ist die Strafe Freiheitsstrafe nicht unter einem Jahr.

(2) Wer im Zusammenhang mit einem internationalen oder nichtinternationalen bewaffneten Konflikt die Schutzzeichen der Genfer Abkommen, die Parlamentärflagge oder die Flagge, die militärischen Abzeichen oder die Uniform des Feindes oder der Vereinten Nationen missbraucht und dadurch den Tod oder die schwere Verletzung eines Menschen (§ 226 des Strafgesetzbuches) verursacht, wird mit Freiheitsstrafe nicht unter fünf Jahren bestraft.

§ 11 Kriegsverbrechen des Einsatzes verbotener Methoden der Kriegsführung

(1) [1]Wer im Zusammenhang mit einem internationalen oder nichtinternationalen bewaffneten Konflikt

1. mit militärischen Mitteln einen Angriff gegen die Zivilbevölkerung als solche oder gegen einzelne Zivilpersonen richtet, die an den Feindseligkeiten nicht unmittelbar teilnehmen,
2. mit militärischen Mitteln einen Angriff gegen zivile Objekte richtet, solange sie durch das humanitäre Völkerrecht als solche geschützt sind, namentlich Gebäude, die dem Gottesdienst, der Erziehung, der Kunst, der Wissenschaft oder der Wohltätigkeit gewidmet sind, geschichtliche Denkmäler, Krankenhäuser und Sammelplätze für Kranke und Verwundete, unverteidigte Städte, Dörfer, Wohnstätten oder Gebäude oder entmilitarisierte Zonen sowie Anlagen und Einrichtungen, die gefährliche Kräfte enthalten,
3. mit militärischen Mitteln einen Angriff durchführt und dabei als sicher erwartet, dass der Angriff die Tötung oder Verletzung von Zivilpersonen oder die Beschädigung ziviler Objekte in einem Ausmaß verursachen wird, das außer Verhältnis zu dem insgesamt erwarteten konkreten und unmittelbaren militärischen Vorteil steht,
4. eine nach dem humanitären Völkerrecht zu schützende Person als Schutzschild einsetzt, um den Gegner von Kriegshandlungen gegen bestimmte Ziele abzuhalten,
5. das Aushungern von Zivilpersonen als Methode der Kriegsführung einsetzt, indem er ihnen die für sie lebensnotwendigen Gegenstände vorenthält oder Hilfslieferungen unter Verstoß gegen das humanitäre Völkerrecht behindert,
6. als Befehlshaber anordnet oder androht, dass kein Pardon gegeben wird,
7. einen Angehörigen der gegnerischen Streitkräfte oder einen Kämpfer der gegnerischen Partei meuchlerisch tötet oder verwundet, oder
8. mit militärischen Mitteln einen Angriff durchführt und dabei als sicher erwartet, dass der Angriff weitreichende, langfristige und schwere Schäden an der natürlichen Umwelt verursachen wird, die außer Verhältnis zu dem insgesamt erwarteten konkreten und unmittelbaren militärischen Vorteil stehen,

wird mit Freiheitsstrafe nicht unter drei Jahren bestraft. [2]In minder schweren Fällen der Nummer 2 ist die Strafe Freiheitsstrafe nicht unter einem Jahr.

(2) [1]Verursacht der Täter durch eine Tat nach Absatz 1 Nr. 1 bis 6 den Tod oder die schwere Verletzung einer Zivilperson (§ 226 des Strafgesetzbuches) oder einer nach dem humanitären Völkerrecht zu schützenden Person, wird er mit Freiheitsstrafe nicht unter fünf Jahren bestraft. [2]Führt der Täter den Tod vorsätzlich herbei, ist die Strafe lebenslange Freiheitsstrafe oder Freiheitsstrafe nicht unter zehn Jahren.

§ 12 Kriegsverbrechen des Einsatzes verbotener Mittel der Kriegsführung

(1) Wer im Zusammenhang mit einem internationalen oder nichtinternationalen bewaffneten Konflikt

1. Gift oder vergiftete Waffen verwendet,
2. biologische oder chemische Waffen verwendet,
3. Geschosse verwendet, die sich leicht im Körper des Menschen ausdehnen oder flachdrücken, insbesondere Geschosse mit einem harten Mantel, der den Kern nicht ganz umschließt oder mit Einschnitten versehen ist,
4. Waffen verwendet, deren Hauptwirkung darin besteht, durch Splitter zu verletzen, die im menschlichen Körper durch Röntgenstrahlen nicht entdeckt werden können, oder
5. Laserwaffen verwendet, die eigens dazu entworfen sind, die dauerhafte Erblindung des unbewehrten Auges zu verursachen,

wird mit Freiheitsstrafe nicht unter drei Jahren bestraft.

(2) [1]Verursacht der Täter durch eine Tat nach Absatz 1 den Tod oder die schwere Verletzung einer Zivilperson (§ 226 des Strafgesetzbuches) oder einer nach dem humanitären Völkerrecht zu schützenden Person, wird er mit Freiheitsstrafe nicht unter fünf Jahren bestraft. [2]Führt der Täter den Tod vorsätzlich herbei, ist die Strafe lebenslange Freiheitsstrafe oder Freiheitsstrafe nicht unter zehn Jahren.

Abschnitt 3
Verbrechen der Aggression

§ 13 Verbrechen der Aggression

(1) Wer einen Angriffskrieg führt oder eine sonstige Angriffshandlung begeht, die ihrer Art, ihrer Schwere und ihrem Umfang nach eine offenkundige Verletzung der Charta der Vereinten Nationen darstellt, wird mit lebenslanger Freiheitsstrafe bestraft.

(2) [1]Wer einen Angriffskrieg oder eine sonstige Angriffshandlung im Sinne des Absatzes 1 plant, vorbereitet oder einleitet, wird mit lebenslanger Freiheitsstrafe oder mit Freiheitsstrafe nicht unter zehn Jahren bestraft. [2]Die Tat nach Satz 1 ist nur dann strafbar, wenn
1. der Angriffskrieg geführt oder die sonstige Angriffshandlung begangen worden ist oder
2. durch sie die Gefahr eines Angriffskrieges oder einer sonstigen Angriffshandlung für die Bundesrepublik Deutschland herbeigeführt wird.

(3) Eine Angriffshandlung ist die gegen die Souveränität, die territoriale Unversehrtheit oder die politische Unabhängigkeit eines Staates gerichtete oder sonst mit der Charta der Vereinten Nationen unvereinbare Anwendung von Waffengewalt durch einen Staat.

(4) Beteiligter einer Tat nach den Absätzen 1 und 2 kann nur sein, wer tatsächlich in der Lage ist, das politische oder militärische Handeln eines Staates zu kontrollieren oder zu lenken.

(5) In minder schweren Fällen des Absatzes 2 ist die Strafe Freiheitsstrafe nicht unter fünf Jahren.

Abschnitt 4
Sonstige Straftaten

§ 14 Verletzung der Aufsichtspflicht

(1) Ein militärischer Befehlshaber, der es vorsätzlich oder fahrlässig unterlässt, einen Untergebenen, der seiner Befehlsgewalt oder seiner tatsächlichen Kontrolle untersteht, gehörig zu beaufsichtigen, wird wegen Verletzung der Aufsichtspflicht bestraft, wenn der Untergebene eine Tat nach diesem Gesetz begeht, deren Bevorstehen dem Befehlshaber erkennbar war und die er hätte verhindern können.

(2) Ein ziviler Vorgesetzter, der es vorsätzlich oder fahrlässig unterlässt, einen Untergebenen, der seiner Anordnungsgewalt oder seiner tatsächlichen Kontrolle untersteht, gehörig zu beaufsichtigen, wird wegen Verletzung der Aufsichtspflicht bestraft, wenn der Untergebene eine Tat nach diesem Gesetz begeht, deren Bevorstehen dem Vorgesetzten ohne weiteres erkennbar war und die er hätte verhindern können.

(3) § 4 Abs. 2 gilt entsprechend.

(4) Die vorsätzliche Verletzung der Aufsichtspflicht wird mit Freiheitsstrafe bis zu fünf Jahren, die fahrlässige Verletzung der Aufsichtspflicht wird mit Freiheitsstrafe bis zu drei Jahren bestraft.

§ 15 Unterlassen der Meldung einer Straftat

(1) Ein militärischer Befehlshaber oder ein ziviler Vorgesetzter, der es unterlässt, eine Tat nach diesem Gesetz, die ein Untergebener begangen hat, unverzüglich der für die Untersuchung oder Verfolgung solcher Taten zuständigen Stelle zur Kenntnis zu bringen, wird mit Freiheitsstrafe bis zu fünf Jahren bestraft.

(2) § 4 Abs. 2 gilt entsprechend.

Anlage
(zu § 8 Abs. 6 Nr. 1)

Die Genfer Abkommen im Sinne des Gesetzes sind:

– I. Genfer Abkommen	vom 12. August 1949 zur Verbesserung des Loses der Verwundeten und Kranken der Streitkräfte im Felde (BGBl. 1954 II S. 781, 783),
– II. Genfer Abkommen	vom 12. August 1949 zur Verbesserung des Loses der Verwundeten, Kranken und Schiffbrüchigen der Streitkräfte zur See (BGBl. 1954 II S. 781, 813),
– III. Genfer Abkommen	vom 12. August 1949 über die Behandlung der Kriegsgefangenen (BGBl. 1954 II S. 781, 838) und
– IV. Genfer Abkommen	vom 12. August 1949 zum Schutze von Zivilpersonen in Kriegszeiten (BGBl. 1954 II S. 781, 917).

Das Zusatzprotokoll I im Sinne des Gesetzes ist:
Zusatzprotokoll zu den Genfer Abkommen vom 12. August 1949 über den Schutz der Opfer internationaler bewaffneter Konflikte (Protokoll I) vom 8. Juni 1977 (BGBl. 1990 II S. 1550, 1551).

Gesetz zur Ausführung der EU-Verordnung zur Errichtung der Europäischen Staatsanwaltschaft (Europäische-Staatsanwaltschaft-Gesetz – EUStAG)[1)]

Vom 10. Juli 2020 (BGBl. I S. 1648)
(FNA 319-120)

Nichtamtliche Inhaltsübersicht

§ 1 Anwendungsbereich

(1) Dieses Gesetz dient der Ausführung der Verordnung (EU) 2017/1939 des Rates vom 12. Oktober 2017 zur Durchführung einer Verstärkten Zusammenarbeit zur Errichtung der Europäischen Staatsanwaltschaft (EUStA) (ABl. L 283 vom 31.10.2017, S. 1).

(2) [1]Dieses Gesetz gilt für Strafverfahren, in welchen das Amt der Staatsanwaltschaft gemäß § 142b Absatz 1 des Gerichtsverfassungsgesetzes von den deutschen Delegierten Europäischen Staatsanwälten oder dem deutschen Europäischen Staatsanwalt ausgeübt wird. [2]Bestimmungen dieses Gesetzes, die auf Delegierte Europäische Staatsanwälte Bezug nehmen, gelten entsprechend auch für den deutschen Europäischen Staatsanwalt, wenn dieser gemäß Artikel 28 Absatz 4 der Verordnung (EU) 2017/1939 das Verfahren selbst führt.

(3) Die Vorschriften dieses Gesetzes sind nicht anzuwenden, soweit das Recht der Europäischen Union, im Besonderen die Verordnung (EU) 2017/1939 in der jeweils geltenden Fassung, unmittelbar gilt.

§ 2 Verfahrensvorschriften

Ist die Europäische Staatsanwaltschaft nach den Artikeln 22 und 23 der Verordnung (EU) 2017/1939 zuständig und hat sie gemäß Artikel 25 dieser Verordnung die Verfolgung übernommen, sind die Vorschriften über das strafrechtliche Verfahren, insbesondere die Strafprozessordnung, das Gerichtsverfassungsgesetz, das Jugendgerichtsgesetz und die Abgabenordnung, anzuwenden, soweit nicht in der Verordnung (EU) 2017/1939 in der jeweils geltenden Fassung oder in diesem Gesetz etwas anderes bestimmt ist.

§ 3 Anwendbarkeit von Vorschriften der Strafprozessordnung über das Ermittlungsverfahren

(1) Wenn die Europäische Staatsanwaltschaft nach den Artikeln 22 und 23 der Verordnung (EU) 2017/1939 zuständig ist und gemäß Artikel 25 dieser Verordnung die Verfolgung übernommen hat, sind die §§ 153c, 160 Absatz 1 und § 170 Absatz 2 Satz 1 der Strafprozessordnung nicht anzuwenden.

(2) Soweit die Vorschriften der Strafprozessordnung hinsichtlich einer Ermittlungsmaßnahme eine gerichtliche Anordnung oder Bestätigung vorsehen, ist bei grenzüberschreitenden Maßnahmen, die gemäß Artikel 31 Absatz 3 der Verordnung (EU) 2017/1939 in einem anderen an der Errichtung der Europäischen Staatsanwaltschaft beteiligten Mitgliedstaat durchgeführt werden sollen, eine solche gerichtliche Anordnung oder Bestätigung bei einem deutschen Gericht nur einzuholen, wenn nach dem Recht des anderen Mitgliedstaates eine solche gerichtliche Anordnung oder Bestätigung nicht erforderlich ist.

(3) [1]Soweit nach den Vorschriften der Strafprozessordnung die gerichtliche Zuständigkeit an den Sitz der zuständigen Staatsanwaltschaft anknüpft, gilt als Sitz der Europäischen Staatsanwaltschaft der Dienstort des gemäß Artikel 13 Absatz 1 der Verordnung (EU) 2017/1939 mit den Ermittlungen betrauten Dele-

1) Verkündet als Art. 1 G v. 10.7.2020 (BGBl. I S. 1648); Inkrafttreten gem. Art. 7 dieses G am 17.7.2020.

gierten Europäischen Staatsanwalts oder des gemäß Artikel 31 Absatz 1 Satz 2 der Verordnung (EU) 2017/1939 unterstützend tätig werdenden Delegierten Europäischen Staatsanwalts. [2]Dies gilt auch dann, wenn der Europäische Staatsanwalt im Einklang mit Artikel 28 Absatz 4 der Verordnung (EU) 2017/1939 entschieden hat, die Leitung des Verfahrens selbst zu übernehmen.

(4) § 171 Satz 2 der Strafprozessordnung ist mit der Maßgabe anzuwenden, dass der Antragsteller, der zugleich Verletzter ist, über die Möglichkeiten der Anfechtung gemäß § 172 Absatz 2 der Strafprozessordnung und gemäß Artikel 42 Absatz 3 der Verordnung (EU) 2017/1939 sowie die dafür jeweils vorgesehenen Fristen zu belehren ist.

(5) [1]Die §§ 172 bis 177 der Strafprozessordnung sind nicht anzuwenden, soweit dem Verletzten gemäß Artikel 42 Absatz 3 der Verordnung (EU) 2017/1939 der Rechtsweg zum Europäischen Gerichtshof eröffnet ist. [2]Soweit nach Artikel 42 Absatz 1 in Verbindung mit Absatz 3 der Verordnung (EU) 2017/1939 der Rechtsweg gegen eine Entscheidung nach Artikel 39 Absatz 1 der Verordnung (EU) 2017/1939 zu den Gerichten der Mitgliedstaaten eröffnet ist, ist § 172 Absatz 1 der Strafprozessordnung nicht anzuwenden. [3]Im Fall des Satzes 2 ist § 172 Absatz 2 Satz 1 der Strafprozessordnung mit der Maßgabe anzuwenden, dass der Antragsteller, der zugleich Verletzter ist, binnen eines Monats nach Bekanntgabe des Bescheides nach § 171 der Strafprozessordnung die gerichtliche Entscheidung gegen den Einstellungsbescheid der Europäischen Staatsanwaltschaft beantragen kann.

§ 4 Anwendbarkeit datenschutzrechtlicher Bestimmungen

(1) § 161 Absatz 2 und die §§ 483 bis 491 der Strafprozessordnung sind auf die Verarbeitung personenbezogener Daten durch die Europäische Staatsanwaltschaft nicht anzuwenden.

(2) § 479 Absatz 5 Satz 2 und 3 der Strafprozessordnung ist nicht anzuwenden in Fällen, in denen die Europäische Staatsanwaltschaft Empfänger der übermittelten personenbezogenen Daten ist.

(3) Die §§ 496 bis 499 der Strafprozessordnung sind nur anzuwenden, soweit die Delegierten Europäischen Staatsanwälte gemäß Artikel 45 der Verordnung (EU) 2017/1939 elektronische Akten in Datenverarbeitungsanlagen einer Bundes- oder Landesbehörde führen.

(4) [1]Die §§ 12 bis 14 und 16 bis 20 des Einführungsgesetzes zum Gerichtsverfassungsgesetz sind anzuwenden, soweit die Europäische Staatsanwaltschaft nach Maßgabe der Verordnung (EU) 2017/1939 befugt ist, die zuständigen innerstaatlichen Behörden unter Übermittlung personenbezogener Daten zu unterrichten. [2]Die §§ 21 und 22 des Einführungsgesetzes zum Gerichtsverfassungsgesetz sind nicht anzuwenden.

§ 5 Anwendbarkeit des Gerichtsverfassungsgesetzes

(1) [1]Die Delegierten Europäischen Staatsanwälte sind in dieser Eigenschaft ausschließlich den Weisungen und der Aufsicht nach Maßgabe der Verordnung (EU) 2017/1939 unterstellt. [2]Die §§ 144 bis 147 des Gerichtsverfassungsgesetzes sind insoweit nicht anzuwenden.

(2) Die §§ 198 bis 201 des Gerichtsverfassungsgesetzes sind mit der Maßgabe anzuwenden, dass ein Anspruch auf Entschädigung ausgeschlossen ist, soweit der erlittene Nachteil von der Europäischen Staatsanwaltschaft oder ihrem Personal in Ausübung ihres Amtes verursacht worden und diesen zuzurechnen ist.

§ 6 Anwendbarkeit des Gesetzes über die internationale Rechtshilfe in Strafsachen

(1) [1]Das Gesetz über die internationale Rechtshilfe in Strafsachen ist auf grenzüberschreitende Ermittlungen gemäß Artikel 31 der Verordnung (EU) 2017/1939 nur bei Maßnahmen nach Artikel 31 Absatz 6 dieser Verordnung anzuwenden. [2]Auf die Stellung von Rechtshilfeersuchen durch einen Delegierten Europäischen Staatsanwalt nach Maßgabe des Artikels 31 Absatz 6 der Verordnung (EU) 2017/1939 ist § 74 Absatz 1 und 2 des Gesetzes über die internationale Rechtshilfe in Strafsachen nicht anzuwenden. [3]Sofern die ersuchte ausländische Stelle die Rechtshilfe an Bedingungen knüpft oder von Zusicherungen abhängig macht, entscheidet der mit den Ermittlungen betraute Delegierte Europäische Staatsanwalt über die Annahme der Bedingungen oder die Abgabe von Zusicherungen im Einvernehmen mit den deutschen Justizbehörden, die für die Erfüllung der Bedingungen oder die Einhaltung der Zusicherungen zuständig sind. [4]Satz 2 gilt entsprechend für Entscheidungen eines Delegierten Europäischen Staatsanwalts über eingehende Ersuchen eines Delegierten Europäischen Staatsanwalts eines anderen teilnehmenden Mitgliedstaates gemäß Artikel 31 Absatz 6 der Verordnung (EU) 2017/1939, sofern die Europäische Staatsanwaltschaft für die Leistung der Rechtshilfe zuständig ist.

(2) [1]Auf den Erlass eines Europäischen Haftbefehls durch einen Delegierten Europäischen Staatsanwalt gemäß Artikel 33 Absatz 2 oder Artikel 105 Absatz 3 der Verordnung (EU) 2017/1939 sind § 74 Absatz 1 und 2 und § 83i des Gesetzes über die internationale Rechtshilfe in Strafsachen nicht anzuwenden. [2]Über den Erlass des Europäischen Haftbefehls entscheidet der mit den Ermittlungen betraute Delegierte Europäische Staatsanwalt. [3]Sofern der betroffene andere Mitgliedstaat die Überstellung der verfolgten Per-

son an Bedingungen knüpft oder von Zusicherungen abhängig macht, entscheidet der Delegierte Europäische Staatsanwalt über die Annahme der Bedingungen oder die Abgabe von Zusicherungen im Einvernehmen mit den deutschen Justizbehörden, die für die Erfüllung der Bedingungen oder die Einhaltung der Zusicherungen zuständig sind.

(3) [1]Soweit Delegierte Europäische Staatsanwälte gemäß Artikel 104 Absatz 4 der Verordnung (EU) 2017/1939 befugt sind, nach Maßgabe einer völkerrechtlichen Vereinbarung gemäß § 1 Absatz 3 des Gesetzes über die internationale Rechtshilfe in Strafsachen, die unmittelbar anwendbares innerstaatliches Recht geworden ist, Ersuchen um sonstige Rechtshilfe an eine ausländische Stelle zu richten, ist § 74 Absatz 1 und 2 des Gesetzes über die internationale Rechtshilfe in Strafsachen nicht anzuwenden. [2]Sofern die ersuchte ausländische Stelle die Rechtshilfe an Bedingungen knüpft oder von Zusicherungen abhängig macht, entscheidet der mit den Ermittlungen betraute Delegierte Europäische Staatsanwalt über die Annahme der Bedingungen oder die Abgabe von Zusicherungen im Einvernehmen mit den deutschen Justizbehörden, die für die Erfüllung der Bedingungen oder die Einhaltung der Zusicherungen zuständig sind. [3]Für eingehende Rechtshilfeersuchen einer ausländischen Stelle, über die ein Delegierter Europäischer Staatsanwalt nach Artikel 104 Absatz 6 der Verordnung (EU) 2017/1939 zu entscheiden hat, gilt Satz 1 entsprechend.

(4) Absatz 3 gilt entsprechend für die Stellung von Rechtshilfeersuchen nach Maßgabe des Artikels 105 Absatz 3 der Verordnung (EU) 2017/1939 an die Behörden eines nicht an der Errichtung der Europäischen Staatsanwaltschaft beteiligten Mitgliedstaates der Europäischen Union sowie für die Entscheidung über eingehende Rechtshilfeersuchen, sofern das Ersuchen auf die Übermittlung von Auskünften aus Akten der Europäischen Staatsanwaltschaft oder die Herausgabe von Gegenständen gerichtet ist, über die die Europäische Staatsanwaltschaft im Rahmen eines von ihr geführten Ermittlungsverfahrens verfügt.

§ 7 Anwendbarkeit der Abgabenordnung

(1) [1]§ 386 Absatz 2 und 4 Satz 3 der Abgabenordnung ist nicht anzuwenden, wenn die Europäische Staatsanwaltschaft gemäß den Artikeln 22 und 23 der Verordnung (EU) 2017/1939 zuständig ist und gemäß Artikel 25 dieser Verordnung die Verfolgung übernommen hat. [2]§ 386 Absatz 4 Satz 1 und 2 der Abgabenordnung ist mit der Maßgabe anzuwenden, dass die Finanzbehörde unter den Voraussetzungen des Artikels 24 Absatz 2, 3 und 5 der Verordnung (EU) 2017/1939 die Europäische Staatsanwaltschaft von der Einleitung eines Ermittlungsverfahrens zu unterrichten hat und die Europäische Staatsanwaltschaft gemäß Artikel 27 der Verordnung (EU) 2017/1939 das Verfahren an sich ziehen kann.

(2) § 395 der Abgabenordnung ist mit der Maßgabe anzuwenden, dass im vorbereitenden Verfahren der mit dem Ermittlungsverfahren betraute Delegierte Europäische Staatsanwalt über die Gewährung der Akteneinsicht und die Besichtigung der beschlagnahmten oder sonst sichergestellten Gegenstände entscheidet.

(3) § 397 Absatz 1 der Abgabenordnung ist nicht anzuwenden auf die Entscheidung eines Delegierten Europäischen Staatsanwalts, ein Verfahren gemäß Artikel 26 Absatz 1 der Verordnung (EU) 2017/1939 einzuleiten.

§ 8 Anwendbarkeit des Gesetzes über die Entschädigung für Strafverfolgungsmaßnahmen

[1]Das Gesetz über die Entschädigung für Strafverfolgungsmaßnahmen ist nicht anzuwenden, wenn die Strafverfolgungsmaßnahme auf einer Anordnung der Europäischen Staatsanwaltschaft beruht und ihr der dadurch entstandene Schaden zuzurechnen ist. [2]Für Strafverfolgungsmaßnahmen, die durch eine deutsche Strafverfolgungsbehörde oder ein deutsches Gericht angeordnet wurden, bleibt das Gesetz über die Entschädigung für Strafverfolgungsmaßnahmen anwendbar.

§ 9 Anwendbarkeit des Rechtspflegergesetzes

[1]§ 31 Absatz 1 des Rechtspflegergesetzes ist nicht anzuwenden. [2]Der mit den Ermittlungen betraute Delegierte Europäische Staatsanwalt kann dem Rechtspfleger die in § 31 Absatz 1 des Rechtspflegergesetzes genannten Geschäfte im Einzelfall übertragen.

§ 10 Strafvollstreckung

(1) Aufgaben der Staatsanwaltschaft im Vollstreckungsverfahren nimmt abweichend von § 142b Absatz 1 des Gerichtsverfassungsgesetzes die Staatsanwaltschaft am Sitz des Gerichts des ersten Rechtszuges wahr.

(2) Im Rahmen der Anhörung gemäß § 453 Absatz 1 Satz 2, § 454 Absatz 1 Satz 2 und Absatz 2 Satz 3 sowie § 462 Absatz 2 Satz 1 der Strafprozessordnung und gemäß § 57 Absatz 1 Satz 2, § 58 Absatz 1 Satz 2, § 65 Absatz 1 Satz 1, § 87 Absatz 3 Satz 4 und § 88 Absatz 4 Satz 1 des Jugendgerichtsgesetzes soll die nach Absatz 1 zuständige Staatsanwaltschaft dem mit den Ermittlungen betrauten Delegierten Europäischen Staatsanwalt Gelegenheit zur Stellungnahme geben.

§ 11 Anwendbarkeit des Gesetzes über Ordnungswidrigkeiten

(1) [1]Die Europäische Staatsanwaltschaft ist auch für die Verfolgung der Tat unter dem rechtlichen Gesichtspunkt einer Ordnungswidrigkeit gemäß § 40 des Gesetzes über Ordnungswidrigkeiten zuständig, soweit die Ordnungswidrigkeit im Sinne des Artikels 22 Absatz 3 der Verordnung (EU) 2017/1939 untrennbar mit einer unter Artikel 22 Absatz 1 der Verordnung fallenden strafbaren Handlung verbunden ist. [2]§ 43 Absatz 1 und § 63 Absatz 3 des Gesetzes über Ordnungswidrigkeiten gelten entsprechend.

(2) § 30 des Gesetzes über Ordnungswidrigkeiten ist mit der Maßgabe anwendbar, dass die Europäische Staatsanwaltschaft auch für das Verfahren in Bezug auf die juristische Person oder Personenvereinigung zuständig ist, sofern die Europäische Staatsanwaltschaft ein Ermittlungsverfahren gegen eine in § 30 Absatz 1 des Gesetzes über Ordnungswidrigkeiten bezeichnete Leitungsperson wegen einer Straftat führt, für die die Europäische Staatsanwaltschaft nach den Artikeln 22 und 23 der Verordnung (EU) 2017/1939 zuständig ist.

(3) Für die Vollstreckung gerichtlicher Entscheidungen gemäß § 91 des Gesetzes über Ordnungswidrigkeiten gilt § 10 Absatz 1 entsprechend.

§ 12 Mitteilungspflichten des Delegierten Europäischen Staatsanwalts

(1) Hat die Europäische Staatsanwaltschaft gemäß Artikel 26 Absatz 1 der Verordnung (EU) 2017/1939 ein Ermittlungsverfahren eingeleitet oder gemäß Artikel 27 Absatz 1 dieser Verordnung ihr Evokationsrecht ausgeübt, übermittelt der Delegierte Europäische Staatsanwalt die gemäß § 492 Absatz 2 Satz 1 der Strafprozessordnung in das staatsanwaltschaftliche Verfahrensregister einzutragenden Daten an das beim Bundesamt für Justiz geführte Register.

(2) Der Delegierte Europäische Staatsanwalt teilt die Einleitung des Ermittlungsverfahrens gemäß Artikel 26 Absatz 1 der Verordnung (EU) 2017/1939 der Staatsanwaltschaft mit, die nach § 142 in Verbindung mit § 143 des Gerichtsverfassungsgesetzes für die Verfolgung von Straftaten gemäß Artikel 22 der Verordnung (EU) 2017/1939 zuständig ist, wenn die Europäische Staatsanwaltschaft nicht die Verfolgung übernimmt.

§ 13 Amtshilfe

Soweit erforderlich, können die Delegierten Europäischen Staatsanwälte die in § 142 Absatz 1 Nummer 2 und 3 des Gerichtsverfassungsgesetzes genannten Staatsanwaltschaften um Amtshilfe bei der Durchführung einzelner Ermittlungsmaßnahmen und anderer Maßnahmen nach Artikel 30 der Verordnung (EU) 2017/1939 ersuchen.

§ 14 Gleichstellung mit Amtsträgern

Für die Anwendung des Strafgesetzbuches stehen die Delegierten Europäischen Staatsanwälte und der deutsche Europäische Staatsanwalt Amtsträgern gleich, sofern sie nicht bereits als Europäische Amtsträger erfasst sind.

§ 15 Einschränkung von Grundrechten

Durch dieses Gesetz werden die Grundrechte der körperlichen Unversehrtheit (Artikel 2 Absatz 2 Satz 1 des Grundgesetzes), der Freiheit der Person (Artikel 2 Absatz 2 Satz 2 des Grundgesetzes), des Brief-, Post- und Fernmeldegeheimnisses (Artikel 10 Absatz 1 des Grundgesetzes) und der Unverletzlichkeit der Wohnung (Artikel 13 des Grundgesetzes) eingeschränkt.

Straßenverkehrsgesetz (StVG)

In der Fassung der Bekanntmachung vom 5. März 2003[1)] (BGBl. I S. 310, ber. S. 919)
(FNA 9231-1)

zuletzt geändert durch Art. 1 Sechstes G zur Änd. des StraßenverkehrsG und weiterer straßenverkehrsrechtlicher Vorschriften vom 16. August 2024 (BGBl. 2024 I Nr. 266)

Nichtamtliche Inhaltsübersicht

1) Neubekanntmachung des StVG v. 19.12.1952 (BGBl. I S. 837) in der ab 18.9.2002 geltenden Fassung.

I.
Verkehrsvorschriften

§ 1 Zulassung

(1) [1]Kraftfahrzeuge und ihre Anhänger, die auf öffentlichen Straßen in Betrieb gesetzt werden sollen, müssen von der zuständigen Behörde (Zulassungsbehörde) zum Verkehr zugelassen sein. [2]Die Zulassung erfolgt auf Antrag des Verfügungsberechtigten des Fahrzeugs bei Vorliegen einer Betriebserlaubnis, Einzelgenehmigung oder EG-Typgenehmigung durch Zuteilung eines amtlichen Kennzeichens.

(2) Als Kraftfahrzeuge im Sinne dieses Gesetzes gelten Landfahrzeuge, die durch Maschinenkraft bewegt werden, ohne an Bahngleise gebunden zu sein.

(3) [1]Keine Kraftfahrzeuge im Sinne dieses Gesetzes sind Landfahrzeuge, die durch Muskelkraft fortbewegt werden und mit einem elektromotorischen Hilfsantrieb mit einer Nenndauerleistung von höchstens 0,25 kW ausgestattet sind, dessen Unterstützung sich mit zunehmender Fahrzeuggeschwindigkeit progressiv verringert und
1. beim Erreichen einer Geschwindigkeit von 25 km/h oder früher,
2. wenn der Fahrer im Treten einhält,

unterbrochen wird. [2]Satz 1 gilt auch dann, soweit die in Satz 1 bezeichneten Fahrzeuge zusätzlich über eine elektromotorische Anfahr- oder Schiebehilfe verfügen, die eine Beschleunigung des Fahrzeuges auf eine Geschwindigkeit von bis zu 6 km/h, auch ohne gleichzeitiges Treten des Fahrers, ermöglicht. [3]Für Fahrzeuge im Sinne der Sätze 1 und 2 sind die Vorschriften über Fahrräder anzuwenden.

§ 1a Kraftfahrzeuge mit hoch- oder vollautomatisierter Fahrfunktion

(1) Der Betrieb eines Kraftfahrzeugs mittels hoch- oder vollautomatisierter Fahrfunktion ist zulässig, wenn die Funktion bestimmungsgemäß verwendet wird.

(2) [1]Kraftfahrzeuge mit hoch- oder vollautomatisierter Fahrfunktion im Sinne dieses Gesetzes sind solche, die über eine technische Ausrüstung verfügen,
1. die zur Bewältigung der Fahraufgabe – einschließlich Längs- und Querführung – das jeweilige Kraftfahrzeug nach Aktivierung steuern (Fahrzeugsteuerung) kann,
2. die in der Lage ist, während der hoch- oder vollautomatisierten Fahrzeugsteuerung den an die Fahrzeugführung gerichteten Verkehrsvorschriften zu entsprechen,
3. die jederzeit durch den Fahrzeugführer manuell übersteuerbar oder deaktivierbar ist,
4. die die Erforderlichkeit der eigenhändigen Fahrzeugsteuerung durch den Fahrzeugführer erkennen kann,
5. die dem Fahrzeugführer das Erfordernis der eigenhändigen Fahrzeugsteuerung mit ausreichender Zeitreserve vor der Abgabe der Fahrzeugsteuerung an den Fahrzeugführer optisch, akustisch, taktil oder sonst wahrnehmbar anzeigen kann und
6. die auf eine der Systembeschreibung zuwiderlaufende Verwendung hinweist.

[2]Der Hersteller eines solchen Kraftfahrzeugs hat in der Systembeschreibung verbindlich zu erklären, dass das Fahrzeug den Voraussetzungen des Satzes 1 entspricht.

(3) Die vorstehenden Absätze sind nur auf solche Fahrzeuge anzuwenden, die nach § 1 Absatz 1 zugelassen sind, den in Absatz 2 Satz 1 enthaltenen Vorgaben entsprechen und deren hoch- oder vollautomatisierte Fahrfunktionen
1. in internationalen, im Geltungsbereich dieses Gesetzes anzuwendenden Vorschriften beschrieben sind und diesen entsprechen oder
2. eine Typgenehmigung gemäß Artikel 20 der Richtlinie 2007/46/EG des Europäischen Parlaments und des Rates vom 5. September 2007 zur Schaffung eines Rahmens für die Genehmigung von Kraftfahrzeugen und Kraftfahrzeuganhängern sowie von Systemen, Bauteilen und selbstständigen technischen Einheiten für diese Fahrzeuge (Rahmenrichtlinie) (ABl. L 263 vom 9.10.2007, S. 1) erteilt bekommen haben.

(4) Fahrzeugführer ist auch derjenige, der eine hoch- oder vollautomatisierte Fahrfunktion im Sinne des Absatzes 2 aktiviert und zur Fahrzeugsteuerung verwendet, auch wenn er im Rahmen der bestimmungsgemäßen Verwendung dieser Funktion das Fahrzeug nicht eigenhändig steuert.

§ 1b Rechte und Pflichten des Fahrzeugführers bei Nutzung hoch- oder vollautomatisierter Fahrfunktionen

(1) Der Fahrzeugführer darf sich während der Fahrzeugführung mittels hoch- oder vollautomatisierter Fahrfunktionen gemäß § 1a vom Verkehrsgeschehen und der Fahrzeugsteuerung abwenden; dabei muss er derart wahrnehmungsbereit bleiben, dass er seiner Pflicht nach Absatz 2 jederzeit nachkommen kann.

(2) Der Fahrzeugführer ist verpflichtet, die Fahrzeugsteuerung unverzüglich wieder zu übernehmen,
1. wenn das hoch- oder vollautomatisierte System ihn dazu auffordert oder
2. wenn er erkennt oder auf Grund offensichtlicher Umstände erkennen muss, dass die Voraussetzungen für eine bestimmungsgemäße Verwendung der hoch- oder vollautomatisierten Fahrfunktionen nicht mehr vorliegen.

§ 1c Evaluierung

[1]Das Bundesministerium für Digitales und Verkehr wird die Anwendung der Regelungen in Artikel 1 des Gesetzes vom 16. Juni 2017 (BGBl. I S. 1648) nach Ablauf des Jahres 2019 auf wissenschaftlicher Grundlage evaluieren. [2]Die Bundesregierung unterrichtet den Deutschen Bundestag über die Ergebnisse der Evaluierung.

§ 1d Kraftfahrzeuge mit autonomer Fahrfunktion in festgelegten Betriebsbereichen

(1) Ein Kraftfahrzeug mit autonomer Fahrfunktion im Sinne dieses Gesetzes ist ein Kraftfahrzeug, das
1. die Fahraufgabe ohne eine fahrzeugführende Person selbstständig in einem festgelegten Betriebsbereich erfüllen kann und
2. über eine technische Ausrüstung gemäß § 1e Absatz 2 verfügt.

(2) Ein festgelegter Betriebsbereich im Sinne dieses Gesetzes bezeichnet den örtlich und räumlich bestimmten öffentlichen Straßenraum, in dem ein Kraftfahrzeug mit autonomer Fahrfunktion bei Vorliegen der Voraussetzungen gemäß § 1e Absatz 1 betrieben werden darf.

(3) Technische Aufsicht eines Kraftfahrzeugs mit autonomer Fahrfunktion im Sinne dieses Gesetzes ist diejenige natürliche Person, die dieses Kraftfahrzeug während des Betriebs gemäß § 1e Absatz 2 Nummer 8 deaktivieren und für dieses Kraftfahrzeug gemäß § 1e Absatz 2 Nummer 4 und Absatz 3 Fahrmanöver freigeben kann.

(4) Risikominimaler Zustand im Sinne dieses Gesetzes ist ein Zustand, in dem sich das Kraftfahrzeug mit autonomer Fahrfunktion auf eigene Veranlassung oder auf Veranlassung der Technischen Aufsicht an einer möglichst sicheren Stelle in den Stillstand versetzt und die Warnblinkanlage aktiviert, um unter angemessener Beachtung der Verkehrssituation die größtmögliche Sicherheit für die Fahrzeuginsassen, andere Verkehrsteilnehmende und Dritte zu gewährleisten.

§ 1e Betrieb von Kraftfahrzeugen mit autonomer Fahrfunktion; Widerspruch und Anfechtungsklage

(1) [1]Der Betrieb eines Kraftfahrzeugs mittels autonomer Fahrfunktion ist zulässig, wenn
1. das Kraftfahrzeug den technischen Voraussetzungen gemäß Absatz 2 entspricht,
2. für das Kraftfahrzeug eine Betriebserlaubnis nach Absatz 4 erteilt worden ist,
3. das Kraftfahrzeug in einem von der nach Bundes- oder Landesrecht zuständigen Behörde oder auf Bundesfernstraßen, soweit dem Bund die Verwaltung zusteht, von der Gesellschaft privaten Rechts im Sinne des Infrastrukturgesellschaftserrichtungsgesetzes genehmigten, festgelegten Betriebsbereich eingesetzt wird und
4. das Kraftfahrzeug zur Teilnahme am öffentlichen Straßenverkehr gemäß § 1 Absatz 1 zugelassen ist.

[2]Ein Betrieb eines Kraftfahrzeugs gemäß § 1h und die Zulassung im Übrigen gemäß § 1 Absatz 1 bleiben hiervon unberührt.

(2) Kraftfahrzeuge mit autonomer Fahrfunktion müssen über eine technische Ausrüstung verfügen, die in der Lage ist,
1. die Fahraufgabe innerhalb des jeweiligen festgelegten Betriebsbereichs selbstständig zu bewältigen, ohne dass eine fahrzeugführende Person in die Steuerung eingreift oder die Fahrt des Kraftfahrzeugs permanent von der Technischen Aufsicht überwacht wird,
2. selbstständig den an die Fahrzeugführung gerichteten Verkehrsvorschriften zu entsprechen und die über ein System der Unfallvermeidung verfügt, das
   a) auf Schadensvermeidung und Schadensreduzierung ausgelegt ist,
   b) bei einer unvermeidbaren alternativen Schädigung unterschiedlicher Rechtsgüter die Bedeutung der Rechtsgüter berücksichtigt, wobei der Schutz menschlichen Lebens die höchste Priorität besitzt, und
   c) für den Fall einer unvermeidbaren alternativen Gefährdung von Menschenleben keine weitere Gewichtung anhand persönlicher Merkmale vorsieht,
3. das Kraftfahrzeug selbstständig in einen risikominimalen Zustand zu versetzen, wenn die Fortsetzung der Fahrt nur durch eine Verletzung des Straßenverkehrsrechts möglich wäre,
4. im Fall der Nummer 3 der Technischen Aufsicht selbstständig

a) mögliche Fahrmanöver zur Fortsetzung der Fahrt vorzuschlagen sowie
b) Daten zur Beurteilung der Situation zu liefern, damit die Technische Aufsicht über eine Freigabe des vorgeschlagenen Fahrmanövers entscheiden kann,

5. ein von der Technischen Aufsicht vorgegebenes Fahrmanöver zu überprüfen und dieses nicht auszuführen, sondern das Kraftfahrzeug selbstständig in einen risikominimalen Zustand zu versetzen, wenn das Fahrmanöver am Verkehr teilnehmende oder unbeteiligte Personen gefährden würde,
6. eine Beeinträchtigung ihrer Funktionalität der Technischen Aufsicht unverzüglich anzuzeigen,
7. ihre Systemgrenzen zu erkennen und beim Erreichen einer Systemgrenze, beim Auftreten einer technischen Störung, die die Ausübung der autonomen Fahrfunktion beeinträchtigt, oder beim Erreichen der Grenzen des festgelegten Betriebsbereichs das Kraftfahrzeug selbstständig in einen risikominimalen Zustand zu versetzen,
8. jederzeit durch die Technische Aufsicht oder durch Fahrzeuginsassen deaktiviert zu werden und im Falle einer Deaktivierung das Kraftfahrzeug selbstständig in den risikominimalen Zustand zu versetzen,
9. der Technischen Aufsicht das Erfordernis der Freischaltung eines alternativen Fahrmanövers, der Deaktivierung mit ausreichender Zeitreserve sowie Signale zum eigenen Funktionsstatus optisch, akustisch oder sonst wahrnehmbar anzuzeigen und
10. ausreichend stabile und vor unautorisierten Eingriffen geschützte Funkverbindungen, insbesondere zur Technischen Aufsicht, sicherzustellen und das Kraftfahrzeug selbstständig in einen risikominimalen Zustand zu versetzen, wenn diese Funkverbindung abbricht oder darauf unerlaubt zugegriffen wird.

(3) Zur Erfüllung der Anforderungen nach Absatz 2 Nummer 1 bis 4 ist es im Falle sonstiger Beeinträchtigungen, die dazu führen, dass die technische Ausrüstung die Fahraufgabe nicht selbstständig bewältigen kann, auch ausreichend, wenn

1. die technische Ausrüstung in der Lage ist sicherzustellen, dass alternative Fahrmanöver durch die Technische Aufsicht vorgegeben werden können,
2. die alternativen Fahrmanöver gemäß Nummer 1 durch die technische Ausrüstung selbstständig ausgeführt werden und
3. die technische Ausrüstung in der Lage ist, die Technische Aufsicht mit ausreichender Zeitreserve optisch, akustisch oder sonst wahrnehmbar zur Vorgabe eines Fahrmanövers aufzufordern.

(4) [1]Liegen die technischen Voraussetzungen gemäß Absatz 2 und die Erklärung des Herstellers nach § 1f Absatz 3 Nummer 4 vor, erteilt das Kraftfahrt-Bundesamt auf Antrag des Herstellers eine Betriebserlaubnis für ein Kraftfahrzeug mit autonomer Fahrfunktion. [2]Laufende Genehmigungsverfahren, die sachlich unter § 1d bis § 1g fallen und in denen der Antrag auf Erteilung einer Betriebserlaubnis inklusive einer Ausnahmegenehmigung bereits gestellt worden ist, bleiben unberührt.

(5) Widerspruch und Anfechtungsklage gegen den Widerruf oder die Rücknahme einer Betriebserlaubnis für ein Kraftfahrzeug mit autonomer Fahrfunktion haben keine aufschiebende Wirkung.

(6) Widerspruch und Anfechtungsklage gegen den Widerruf oder die Rücknahme einer Genehmigung eines festgelegten Betriebsbereichs haben keine aufschiebende Wirkung.

§ 1f Pflichten der Beteiligten beim Betrieb von Kraftfahrzeugen mit autonomer Fahrfunktion

(1) [1]Der Halter eines Kraftfahrzeugs mit autonomer Fahrfunktion ist zur Erhaltung der Verkehrssicherheit und der Umweltverträglichkeit des Kraftfahrzeugs verpflichtet und hat die hierfür erforderlichen Vorkehrungen zu treffen. [2]Er hat

1. die regelmäßige Wartung der für die autonome Fahrfunktion erforderlichen Systeme sicherzustellen,
2. Vorkehrungen zu treffen, dass die sonstigen, nicht an die Fahrzeugführung gerichteten Verkehrsvorschriften eingehalten werden und
3. zu gewährleisten, dass die Aufgaben der Technischen Aufsicht erfüllt werden.

(2) Die Technische Aufsicht über ein Kraftfahrzeug mit autonomer Fahrfunktion ist verpflichtet,

1. ein alternatives Fahrmanöver nach § 1e Absatz 2 Nummer 4 und Absatz 3 zu bewerten und das Kraftfahrzeug hierfür freizuschalten, sobald ihr ein solches optisch, akustisch oder sonst wahrnehmbar durch das Fahrzeugsystem angezeigt wird, die vom Fahrzeugsystem bereitgestellten Daten ihr eine Beurteilung der Situation ermöglichen und die Durchführung des alternativen Fahrmanövers nicht die Verkehrssicherheit gefährdet,
2. die autonome Fahrfunktion unverzüglich zu deaktivieren, sobald dies optisch, akustisch oder sonst wahrnehmbar durch das Fahrzeugsystem angezeigt wird,
3. Signale der technischen Ausrüstung zum eigenen Funktionsstatus zu bewerten und gegebenenfalls erforderliche Maßnahmen zur Verkehrssicherung einzuleiten und

4. unverzüglich Kontakt mit den Insassen des Kraftfahrzeugs herzustellen und die zur Verkehrssicherung notwendigen Maßnahmen einzuleiten, wenn das Kraftfahrzeug in den risikominimalen Zustand versetzt wird.

(3) Der Hersteller eines Kraftfahrzeugs mit autonomer Fahrfunktion hat

1. über den gesamten Entwicklungs- und Betriebszeitraum des Kraftfahrzeugs gegenüber dem Kraftfahrt-Bundesamt und der zuständigen Behörde nachzuweisen, dass die elektronische und elektrische Architektur des Kraftfahrzeugs und die mit dem Kraftfahrzeug in Verbindung stehende elektronische und elektrische Architektur vor Angriffen gesichert ist,
2. eine Risikobeurteilung für das Kraftfahrzeug vorzunehmen und gegenüber dem Kraftfahrt- Bundesamt und der zuständigen Behörde nachzuweisen, wie die Risikobeurteilung durchgeführt wurde und dass kritische Elemente des Kraftfahrzeugs gegen Gefahren, die im Rahmen der Risikobeurteilung festgestellt wurden, geschützt werden,
3. eine für das autonome Fahren ausreichend sichere Funkverbindung nachzuweisen,
4. für jedes Kraftfahrzeug eine Systembeschreibung vorzunehmen, ein Betriebshandbuch zu erstellen und gegenüber dem Kraftfahrt-Bundesamt und im Betriebshandbuch verbindlich zu erklären, dass das Kraftfahrzeug die Voraussetzungen nach § 1e Absatz 2, auch in Verbindung mit Absatz 3, erfüllt,
5. für das Kraftfahrzeug eine Schulung für die am Betrieb beteiligten Personen anzubieten, in der die technische Funktionsweise insbesondere im Hinblick auf die Fahrfunktionen und die Aufgabenwahrnehmung der Technischen Aufsicht vermittelt werden, und
6. sobald er Manipulationen am Kraftfahrzeug oder an dessen elektronischer oder elektrischer Architektur oder an der mit dem Kraftfahrzeug in Verbindung stehenden elektronischen oder elektrischen Architektur erkennt, insbesondere bei einem unerlaubten Zugriff auf die Funkverbindungen des Kraftfahrzeugs, diese unverzüglich dem Kraftfahrt-Bundesamt und der nach Bundes- oder Landesrecht zuständigen Behörde oder auf Bundesfernstraßen, soweit dem Bund die Verwaltung zusteht, der Gesellschaft privaten Rechts im Sinne des Infrastrukturgesellschaftserrichtungsgesetzes mitzuteilen und erforderliche Maßnahmen einzuleiten.

§ 1g Datenverarbeitung

(1) [1]Der Halter eines Kraftfahrzeugs mit autonomer Fahrfunktion ist verpflichtet, folgende Daten beim Betrieb des Kraftfahrzeugs zu speichern:

1. Fahrzeugidentifizierungsnummer,
2. Positionsdaten,
3. Anzahl und Zeiten der Nutzung sowie der Aktivierung und der Deaktivierung der autonomen Fahrfunktion,
4. Anzahl und Zeiten der Freigabe von alternativen Fahrmanövern,
5. Systemüberwachungsdaten einschließlich Daten zum Softwarestand,
6. Umwelt- und Wetterbedingungen,
7. Vernetzungsparameter wie beispielsweise Übertragungslatenz und verfügbare Bandbreite,
8. Name der aktivierten und deaktivierten passiven und aktiven Sicherheitssysteme, Daten zum Zustand dieser Sicherheitssysteme sowie die Instanz, die das Sicherheitssystem ausgelöst hat,
9. Fahrzeugbeschleunigung in Längs- und Querrichtung,
10. Geschwindigkeit,
11. Status der lichttechnischen Einrichtungen,
12. Spannungsversorgung des Kraftfahrzeugs mit autonomer Fahrfunktion,
13. von extern an das Kraftfahrzeug gesendete Befehle und Informationen.

[2]Der Halter ist verpflichtet, dem Kraftfahrt-Bundesamt und der nach Bundes- oder Landesrecht zuständigen Behörde oder auf Bundesfernstraßen, soweit dem Bund die Verwaltung zusteht, der Gesellschaft privaten Rechts im Sinne des Infrastrukturgesellschaftserrichtungsgesetzes auf Verlangen die Daten nach Satz 1 zu übermitteln, soweit dies erforderlich ist

1. bezüglich des Kraftfahrt-Bundesamts für dessen Aufgabenerfüllung nach den Absätzen 4 und 5 und
2. bezüglich der nach Bundes- oder Landesrecht zuständigen Behörde oder auf Bundesfernstraßen, soweit dem Bund die Verwaltung zusteht, der Gesellschaft privaten Rechts im Sinne des Infrastrukturgesellschaftserrichtungsgesetzes für deren Aufgabenerfüllung nach Absatz 6

(2) Die Daten gemäß Absatz 1 sind bei den folgenden Anlässen zu speichern:

1. bei Eingriffen durch die Technische Aufsicht,
2. bei Konfliktszenarien, insbesondere bei Unfällen und Fast-Unfall-Szenarien,
3. bei nicht planmäßigem Spurwechsel oder Ausweichen,
4. bei Störungen im Betriebsablauf.

(3) [1]Der Hersteller eines Kraftfahrzeugs mit autonomer Fahrfunktion hat das Fahrzeug so auszustatten, dass die Speicherung der Daten gemäß Absatz 1 und 2 dem Halter tatsächlich möglich ist. [2]Der Hersteller muss den Halter präzise, klar und in leichter Sprache über die Einstellungsmöglichkeiten zur Privatsphäre und zur Verarbeitung der Daten, die beim Betrieb des Kraftfahrzeugs in der autonomen Fahrfunktion verarbeitet werden, informieren. [3]Die diesbezügliche Software des Kraftfahrzeugs muss Wahlmöglichkeiten zur Art und Weise der Speicherung und der Übermittlung der in der autonomen Fahrfunktion verarbeiteten Daten vorsehen und dem Halter entsprechende Einstellungen ermöglichen.

(4) [1]Das Kraftfahrt-Bundesamt ist berechtigt, folgende Daten beim Halter zu erheben, zu speichern und zu verwenden, soweit dies für die Überwachung des sicheren Betriebs des Kraftfahrzeugs mit autonomer Fahrfunktion erforderlich ist:

1. Daten nach Absatz 1 und
2. Vor- und Nachname der als Technische Aufsicht eingesetzten Person sowie Nachweise über ihre fachliche Qualifikation.

[2]Setzt der Halter seinerseits Beschäftigte gemäß § 26 des Bundesdatenschutzgesetzes als Technische Aufsicht ein, findet § 26 des Bundesdatenschutzgesetzes Anwendung. [3]Das Kraftfahrt-Bundesamt hat die Daten unverzüglich zu löschen, sobald sie für die Zwecke nach Satz 1 nicht mehr erforderlich sind, spätestens nach Ablauf von drei Jahren nach Einstellung des Betriebs des entsprechenden Kraftfahrzeugs.

(5) [1]Sofern es sich nicht um ein Kraftfahrzeug im Sinne des § 1k handelt, ist das Kraftfahrt-Bundesamt berechtigt, die nach Absatz 4 Nummer 1 in Verbindung mit Absatz 1 beim Halter erhobenen nicht personenbezogenen Daten für verkehrsbezogene Gemeinwohlzwecke, insbesondere zum Zweck der wissenschaftlichen Forschung im Bereich der Digitalisierung, Automatisierung und Vernetzung sowie zum Zweck der Unfallforschung im Straßenverkehr, folgenden Stellen zugänglich zu machen:

1. Hochschulen und Universitäten,
2. außeruniversitäre Forschungseinrichtungen,
3. Bundes-, Landes- und Kommunalbehörden mit Forschungs-, Entwicklungs-, Verkehrsplanungs- oder Stadtplanungsaufgaben.

[2]Die in Satz 1 genannten Stellen dürfen die Daten ausschließlich für die in Satz 1 genannten Zwecke verwenden. [3]Absatz 4 Satz 2 gilt entsprechend. [4]Allgemeine Übermittlungsvorschriften bleiben unberührt.

(6) [1]Die für die Genehmigung von festgelegten Betriebsbereichen nach Bundes- oder Landesrecht zuständigen Behörden oder auf Bundesfernstraßen, soweit dem Bund die Verwaltung zusteht, die Gesellschaft privaten Rechts im Sinne des Infrastrukturgesellschaftserrichtungsgesetzes sind berechtigt, folgende Daten beim Halter zu erheben, zu speichern und zu verwenden, soweit dies für die Prüfung und Überwachung erforderlich ist, ob der festgelegte Betriebsbereich für den Betrieb des Kraftfahrzeugs mit autonomer Fahrfunktion geeignet ist, insbesondere für die Überprüfung und Überwachung, ob die Voraussetzungen der jeweiligen Genehmigung vorliegen und die damit verbundenen Auflagen eingehalten werden:

1. Daten nach Absatz 1 und
2. Vor- und Nachname der als Technische Aufsicht eingesetzten Person sowie Nachweise über ihre fachliche Qualifikation.

[2]Die für die Genehmigung von festgelegten Betriebsbereichen nach Bundes- oder Landesrecht zuständigen Behörden oder auf Bundesfernstraßen, soweit dem Bund die Verwaltung zusteht, die Gesellschaft privaten Rechts im Sinne des Infrastrukturgesellschaftserrichtungsgesetzes haben diese Daten unverzüglich zu löschen, sobald sie für die Zwecke nach Satz 1 nicht mehr erforderlich sind, spätestens nach Ablauf von drei Jahren nach Einstellung des Betriebs des entsprechenden Kraftfahrzeugs.

(7) [1]Unbeschadet der Absätze 1 bis 6 können Dritte vom Halter Auskunft über die gemäß Absatz 1 und 2 gespeicherten Daten verlangen, soweit diese Daten zur Geltendmachung, Befriedigung oder Abwehr von Rechtsansprüchen im Zusammenhang mit einem in § 7 Absatz 1 geregelten Ereignis erforderlich sind und das entsprechende Kraftfahrzeug mit autonomer Fahrfunktion an diesem Ereignis beteiligt war. [2]Die Dritten haben die Daten unverzüglich zu löschen, sobald sie zur Geltendmachung von Rechtsansprüchen nicht mehr erforderlich sind, spätestens mit Verjährung der Ansprüche, für deren Geltendmachung, Befriedigung oder Abwehr die Daten erhoben wurden. [3]Eine Verwendung dieser Daten durch die Dritten ist nur zu den in Satz 1 genannten Zwecken zulässig.

§ 1h Nachträgliche Aktivierung von automatisierten und autonomen Fahrfunktionen

(1) Ist in einem Kraftfahrzeug eine automatisierte oder autonome Fahrfunktion verbaut, die in internationalen, im Geltungsbereich dieses Gesetzes anzuwendenden Vorschriften nicht beschrieben ist, so ist die Erteilung einer Genehmigung für den Betrieb dieses Kraftfahrzeugs nach den einschlägigen Genehmigungsvorschriften unter Außerachtlassung der automatisierten oder autonomen Fahrfunktion nur zu-

lässig, wenn bei Deaktivierung der automatisierten oder autonomen Fahrfunktion die Einflussnahme dieser Fahrfunktionen auf die genehmigten Systeme ausgeschlossen ist.

(2) [1]Die Aktivierung einer automatisierten oder autonomen Fahrfunktion im Sinne des Absatzes 1 in einem zugelassenen Kraftfahrzeug für den Betrieb dieser Funktionen im öffentlichen Straßenverkehr im Geltungsbereich dieses Gesetzes darf nur auf der Grundlage einer besonderen durch das Kraftfahrt- Bundesamt erteilten Genehmigung erfolgen. [2]Diese Genehmigung darf nur erteilt werden, sofern die Fahrfunktion genehmigungsfähig gemäß § 1a Absatz 3, § 1e Absatz 2 oder anderer einschlägiger Genehmigungsvorschriften ist. [3]Das Kraftfahrt-Bundesamt veröffentlicht die insofern zu beachtenden technischen Anforderungen.

§ 1i Erprobung von automatisierten und autonomen Fahrfunktionen

(1) Kraftfahrzeuge, die zur Erprobung von Entwicklungsstufen für die Entwicklung automatisierter oder autonomer Fahrfunktionen dienen, dürfen auf öffentlichen Straßen nur betrieben werden, wenn

1. für das Kraftfahrzeug eine Erprobungsgenehmigung durch das Kraftfahrt-Bundesamt nach Absatz 2 erteilt worden ist,
2. das Kraftfahrzeug nach § 1 Absatz 1 zugelassen ist,
3. das Kraftfahrzeug ausschließlich zur Erprobung betrieben wird und
4. das Kraftfahrzeug im Betrieb wie folgt permanent überwacht wird:
   a) bei automatisierten Fahrfunktionen erfolgt die Überwachung durch einen in Bezug auf technische Entwicklungen für den Kraftfahrzeugverkehr zuverlässigen Fahrzeugführer,
   b) bei autonomen Fahrfunktionen erfolgt die Überwachung durch eine vor Ort anwesende, in Bezug auf technische Entwicklungen für den Kraftfahrzeugverkehr zuverlässige Technische Aufsicht.

(2) [1]Eine Erprobungsgenehmigung gemäß Absatz 1 Nummer 1 wird vom Kraftfahrt-Bundesamt auf Antrag des Halters erteilt. [2]Das Kraftfahrt-Bundesamt kann die Erprobungsgenehmigung jederzeit mit Nebenbestimmungen versehen, die den sicheren Betrieb des Fahrzeugs sicherstellen. [3]Zu Nebenbestimmungen, die den Betrieb auf einen bestimmten Betriebsbereich beschränken, ist die nach Landesrecht zuständige Behörde des örtlich betroffenen Landes anzuhören. [4]Die Gesellschaft privaten Rechts im Sinne des Infrastrukturgesellschaftserrichtungsgesetzes ist anzuhören, soweit der Betriebsbereich Bundesautobahnen oder Bundesstraßen in Bundesverwaltung umfasst oder dies vorgesehen ist.

(3) Das Kraftfahrt-Bundesamt beteiligt das Bundesamt für Sicherheit in der Informationstechnik zu Fragen der Sicherheit in der Informationstechnik bei der Erstellung, Umsetzung und bei der Weiterentwicklung und Bewertung technischer Anforderungen.

(4) Bis sechs Monate nach Inkrafttreten der Regelungen in der auf Grundlage von § 1j Absatz 1 Nummer 7 erlassenen Verordnung gelten die bisherigen straßenverkehrsrechtlichen Vorschriften zur Erprobung, auch für Entwicklungsstufen automatisierter oder autonomer Fahrfunktionen, unverändert fort, sofern nicht bereits von den Regelungen in der auf Grundlage von § 1j Absatz 1 Nummer 7 erlassenen Verordnung Gebrauch gemacht wird.

§ 1j Verordnungsermächtigung

(1) Das Bundesministerium für Digitales und Verkehr wird ermächtigt, durch Rechtsverordnung mit Zustimmung des Bundesrates Einzelheiten der Zulassung und des Betriebs von Kraftfahrzeugen mit autonomer Fahrfunktion auf öffentlichen Straßen nach den §§ 1d bis 1i zu regeln betreffend

1. die technischen Anforderungen und das Verfahren zur Erteilung einer Betriebserlaubnis gemäß § 1e Absatz 2 bis 4 durch das Kraftfahrt-Bundesamt, einschließlich
   a) der vom Hersteller zu beachtenden technischen Anforderungen an den Bau, die Beschaffenheit und die technische Ausrüstung des Kraftfahrzeugs, der vom Hersteller zu beachtenden Anforderungen an die Datenspeicherung, die Sicherheit der eingesetzten Informationstechnik und die funktionale Sicherheit des Kraftfahrzeugs, der vom Hersteller zu beachtenden Anforderungen an die Erklärung gemäß § 1f Absatz 3 Nummer 4 sowie der vom Hersteller zu beachtenden Dokumentationspflichten,
   b) der Anforderungen an die Prüfung und Validierung des Kraftfahrzeugs durch das Kraftfahrt-Bundesamt,
   c) der Anforderungen an den Betrieb des Kraftfahrzeugs,
   d) der Anforderungen an die Begutachtung des Kraftfahrzeugs durch das Kraftfahrt-Bundesamt,
   e) der Marktüberwachung einschließlich Vorgaben zur Beteiligung weiterer Behörden bei der Bewertung der informationstechnischen Sicherheit von Kraftfahrzeugen und Fahrzeugteilen sowie der Regelung von Mitwirkungspflichten für Hersteller und Halter von Kraftfahrzeugen mit autonomer Fahrfunktion und

f) der Anerkennung und Bewertung der Wirkungsgleichheit von Erlaubnissen und Genehmigungen von automatisierten und autonomen Kraftfahrzeugen, die in einem anderen Mitgliedstaat der Europäischen Union auf Grundlage der jeweils geltenden nationalen Bestimmungen erteilt worden sind,

2. die Eignung von Betriebsbereichen und das Verfahren für die Bewertung und die Genehmigung von festgelegten Betriebsbereichen durch die nach Bundes- oder Landesrecht zuständigen Behörden oder auf Bundesfernstraßen, soweit dem Bund die Verwaltung zusteht, die Gesellschaft privaten Rechts im Sinne des Infrastrukturgesellschaftserrichtungsgesetzes
3. Besonderheiten des Verfahrens der Zulassung, einschließlich der Kennzeichnung der Kraftfahrzeuge und Fahrzeugteile, um deren Betriebsweisen kenntlich zu machen und um die Verkehrssicherheit zu gewährleisten,
4. Anforderungen an und Pflichten für Hersteller, Halter und die Technische Aufsicht zur Gewährleistung der Verkehrssicherheit und eines sicheren Betriebs, einschließlich von
   a) Anforderungen zur Freigabe von Fahrmanövern und zur Deaktivierung eines Kraftfahrzeugs durch die Technische Aufsicht gemäß § 1f Absatz 2 Nummer 1 und 2,
   b) technischen und organisatorischen Anforderungen an den Halter und
   c) Anforderungen an die fachliche Qualifikation und die Zuverlässigkeit der am Betrieb eines Kraftfahrzeugs mit autonomer Fahrfunktion beteiligten Personen einschließlich der hierfür erforderlichen Nachweise,
5. die technischen Einzelheiten der Speicherung der beim Betrieb des Kraftfahrzeugs mittels der autonomen Fahrfunktion erzeugten Daten nach § 1g Absatz 1, insbesondere über die genauen Zeitpunkte der Datenspeicherungen, die Parameter der Datenkategorien und die Datenformate,
6. das Verfahren zur Erteilung einer Genehmigung bei der nachträglichen Aktivierung von automatisierten und autonomen Fahrfunktionen nach § 1h einschließlich technischer Anforderungen an die Erteilung einer Betriebserlaubnis,
7. die Anforderungen und das Verfahren zur Erteilung einer Erprobungsgenehmigung nach § 1i Absatz 2 durch das Kraftfahrt-Bundesamt, einschließlich weiterer Pflichten des Halters, Ausnahmen von Anforderungen nach diesem Gesetz zu Erprobungszwecken sowie die Befugnis des Kraftfahrt-Bundesamts, Daten, die zur Schaffung einer Datenbasis zur Beurteilung der Sicherheit im Straßenverkehr und des technischen Fortschritts sowie zur evidenzbasierten Entwicklung der Regulierung von Entwicklungsstufen automatisierter oder autonomer Fahrfunktionen erforderlich sind, in anonymisierter Form zu erheben, zu speichern und zu verwenden,
8. Abweichungen von den §§ 1d bis 1i in Bezug auf Kraftfahrzeuge der Bundeswehr, der Bundespolizei, des Bundeskriminalamts, des Bundesnachrichtendienstes, des Zollkriminalamts, des Bundesamts für Verfassungsschutz, der Gesellschaft privaten Rechts im Sinne des Infrastrukturgesellschaftserrichtungsgesetzes, der Landespolizei, der Landeskriminalämter, der Landesämter für Verfassungsschutz, des Zivil- und Katastrophenschutzes, der Feuerwehren, der Rettungsdienste und der Straßenbauverwaltungen.

(2) [1]Das Bundesministerium für Digitales und Verkehr wird ermächtigt, durch Rechtsverordnung ohne Zustimmung des Bundesrates Ausnahmen von den auf Grundlage des Absatzes 1 erlassenen Rechtsverordnungen zur Erprobung neuartiger Fahrzeugsteuerungseinrichtungen zu regeln. [2]Es wird ermächtigt, durch Rechtsverordnung ohne Zustimmung des Bundesrates diese Ermächtigung auf das Kraftfahrt-Bundesamt zu übertragen.

§ 1k Ausnahmen

(1) Für Kraftfahrzeuge mit autonomer Fahrfunktion gemäß § 1d Absatz 1, die für militärische, nachrichtendienstliche oder polizeiliche Zwecke, für Zwecke der Zollfahndung, des Zivil- oder Katastrophenschutzes, der Brandbekämpfung, der Straßenbauverwaltung oder der Rettungsdienste bestimmt sind, können das Bundesministerium der Finanzen, das Bundesministerium des Innern und für Heimat, das Bundesministerium der Verteidigung, das Bundesministerium für Digitales und Verkehr, das Bundeskanzleramt und die nach Landesrecht zuständigen Behörden Dienststellen in ihren jeweiligen Geschäftsbereichen, das Bundesministerium der Verteidigung Dienststellen der Bundeswehr bestimmen, die die Aufgaben des Kraftfahrt-Bundesamts an dessen Stelle für den jeweiligen Geschäftsbereich wahrnehmen.

(2) [1]Kraftfahrzeuge mit autonomer Fahrfunktion, die in der Bundeswehr, in der Bundespolizei, im Bundeskriminalamt, im Bundesnachrichtendienst, im Bundesamt für Verfassungsschutz, im Zollkriminalamt, in der Gesellschaft privaten Rechts im Sinne des Infrastrukturgesellschaftserrichtungsgesetzes, in der Landespolizei, in den Landeskriminalämtern, in den Landesämtern für Verfassungsschutz, im Zivil- und Katastrophenschutz, in den Feuerwehren, in den Rettungsdiensten oder in den Straßenbauverwaltungen eingesetzt werden, dürfen von den technischen Vorgaben, von Regelungen zur Festlegung von Betriebs-

bereichen und von Betriebsvorschriften sowie von den gemäß § 1j Absatz 1 erlassenen Verordnungen abweichen, wenn die Kraftfahrzeuge zur Erfüllung hoheitlicher Aufgaben bestimmt, für diese Zwecke gebaut oder ausgerüstet sind und wenn gewährleistet ist, dass die Kraftfahrzeuge unter gebührender Berücksichtigung der öffentlichen Sicherheit eingesetzt werden. [2]Technische Voraussetzungen, Regelungen zur Festlegung von Betriebsbereichen und Betriebsvorschriften sind dabei sinngemäß anzuwenden, sofern es der jeweilige Zweck nach Absatz 1 zulässt; Abweichungen sind auf das zwingend erforderliche Maß zu beschränken.

§ 1l Evaluierung

[1]Das Bundesministerium für Digitales und Verkehr wird die Anwendung der Regelungen des Gesetzes vom 12. Juli 2021 (BGBl. I S. 3108) nach Ablauf des Jahres 2023 insbesondere im Hinblick auf die Auswirkungen auf die Entwicklung des autonomen Fahrens, die Vereinbarkeit mit Datenschutzvorschriften sowie die aufgrund von Erprobungsgenehmigungen im Sinne des § 1i Absatz 2 gewonnenen Erkenntnisse auf wissenschaftlicher Grundlage in nicht personenbezogener Form evaluieren und den Deutschen Bundestag über die Ergebnisse der Evaluierung unterrichten. [2]Sofern erforderlich, soll das Bundesministerium für Digitales und Verkehr die Evaluierung zu einem von ihm festzulegenden Zeitpunkt bis zum Jahr 2030 erneut durchführen.

§ 2 Fahrerlaubnis und Führerschein

(1) [1]Wer auf öffentlichen Straßen ein Kraftfahrzeug führt, bedarf der Erlaubnis (Fahrerlaubnis) der zuständigen Behörde (Fahrerlaubnisbehörde). [2]Die Fahrerlaubnis wird in bestimmten Klassen erteilt. [3]Sie ist durch eine amtliche Bescheinigung (Führerschein) nachzuweisen. [4]Nach näherer Bestimmung durch Rechtsverordnung auf Grund des § 6 Absatz 1 Satz 1 Nummer 1 Buchstabe a und Absatz 3 Nummer 2 kann die Gültigkeitsdauer der Führerscheine festgelegt werden.

(2) [1]Die Fahrerlaubnis ist für die jeweilige Klasse zu erteilen, wenn der Bewerber

1. seinen ordentlichen Wohnsitz im Sinne des Artikels 12 der Richtlinie 2006/126/EG des Europäischen Parlaments und des Rates vom 20. Dezember 2006 über den Führerschein (ABl. L 403 vom 30.12.2006, S. 26) im Inland hat,
2. das erforderliche Mindestalter erreicht hat,
3. zum Führen von Kraftfahrzeugen geeignet ist,
4. zum Führen von Kraftfahrzeugen nach dem Fahrlehrergesetz und den auf ihm beruhenden Rechtsvorschriften ausgebildet worden ist,
5. die Befähigung zum Führen von Kraftfahrzeugen in einer theoretischen und praktischen Prüfung nachgewiesen hat,
6. Erste Hilfe leisten kann und
7. keine in einem Mitgliedstaat der Europäischen Union oder einem anderen Vertragsstaat des Abkommens über den Europäischen Wirtschaftsraum erteilte Fahrerlaubnis dieser Klasse besitzt.

[2]Nach näherer Bestimmung durch Rechtsverordnung gemäß § 6 Absatz 1 Satz 1 Nummer 1 Buchstabe b können als weitere Voraussetzungen der Vorbesitz anderer Klassen oder Fahrpraxis in einer anderen Klasse festgelegt werden. [3]Die Fahrerlaubnis kann für die Klassen C und D sowie ihre Unterklassen und Anhängerklassen befristet erteilt werden. [4]Sie ist auf Antrag zu verlängern, wenn der Bewerber zum Führen von Kraftfahrzeugen geeignet ist und kein Anlass zur Annahme besteht, dass eine der aus den Sätzen 1 und 2 ersichtlichen sonstigen Voraussetzungen fehlt.

(3) [1]Nach näherer Bestimmung durch Rechtsverordnung gemäß § 6 Absatz 1 Satz 1 Nummer 1 Buchstabe a und b kann für die Personenbeförderung in anderen Fahrzeugen als Kraftomnibussen zusätzlich zur Fahrerlaubnis nach Absatz 1 eine besondere Erlaubnis verlangt werden. [2]Die Erlaubnis wird befristet erteilt. [3]Für die Erteilung und Verlängerung können dieselben Voraussetzungen bestimmt werden, die für die Fahrerlaubnis zum Führen von Kraftomnibussen gelten. [4]Außerdem kann ein Fachkundenachweis verlangt werden. [5]Im Übrigen gelten die Bestimmungen für Fahrerlaubnisse entsprechend, soweit gesetzlich nichts anderes bestimmt ist.

(4) [1]Geeignet zum Führen von Kraftfahrzeugen ist, wer die notwendigen körperlichen und geistigen Anforderungen erfüllt und nicht erheblich oder nicht wiederholt gegen verkehrsrechtliche Vorschriften oder gegen Strafgesetze verstoßen hat. [2]Ist der Bewerber auf Grund körperlicher oder geistiger Mängel nur bedingt zum Führen von Kraftfahrzeugen geeignet, so erteilt die Fahrerlaubnisbehörde die Fahrerlaubnis mit Beschränkungen oder unter Auflagen, wenn dadurch das sichere Führen von Kraftfahrzeugen gewährleistet ist.

(5) Befähigt zum Führen von Kraftfahrzeugen ist, wer

1. ausreichende Kenntnisse der für das Führen von Kraftfahrzeugen maßgebenden gesetzlichen Vorschriften hat,
2. mit den Gefahren des Straßenverkehrs und den zu ihrer Abwehr erforderlichen Verhaltensweisen vertraut ist,
3. die zum sicheren Führen eines Kraftfahrzeugs, gegebenenfalls mit Anhänger, erforderlichen technischen Kenntnisse besitzt und zu ihrer praktischen Anwendung in der Lage ist und
4. über ausreichende Kenntnisse einer umweltbewussten und energiesparenden Fahrweise verfügt und zu ihrer praktischen Anwendung in der Lage ist.

(6) [1]Wer die Erteilung, Erweiterung, Verlängerung oder Änderung einer Fahrerlaubnis oder einer besonderen Erlaubnis nach Absatz 3, die Aufhebung einer Beschränkung oder Auflage oder die Ausfertigung oder Änderung eines Führerscheins beantragt, hat der Fahrerlaubnisbehörde nach näherer Bestimmung durch Rechtsverordnung gemäß § 6 Absatz 1 Satz 1 Nummer 1 und Absatz 3 Nummer 1 mitzuteilen und nachzuweisen

1. Familiennamen, Geburtsnamen, sonstige frühere Namen, Vornamen, Ordens- oder Künstlernamen, Doktorgrad, Geschlecht, Tag und Ort der Geburt, Anschrift, Staatsangehörigkeit, Art des Ausweisdokumentes und
2. das Vorliegen der Voraussetzungen nach Absatz 2 Satz 1 Nr. 1 bis 6 und Satz 2 und Absatz 3

sowie ein Lichtbild abzugeben. [2]Außerdem hat der Antragsteller eine Erklärung darüber abzugeben, ob er bereits eine in- oder ausländische Fahrerlaubnis der beantragten Klasse oder einen entsprechenden Führerschein besitzt.

(7) [1]Die Fahrerlaubnisbehörde hat zu ermitteln, ob der Antragsteller zum Führen von Kraftfahrzeugen, gegebenenfalls mit Anhänger, geeignet und befähigt ist, und ob er bereits eine in- oder ausländische Fahrerlaubnis oder einen entsprechenden Führerschein besitzt. [2]Sie hat dazu Auskünfte aus dem Fahreignungsregister und dem Zentralen Fahrerlaubnisregister nach den Vorschriften dieses Gesetzes einzuholen. [3]Sie kann außerdem insbesondere entsprechende Auskünfte aus ausländischen Registern oder von ausländischen Stellen einholen sowie die Beibringung eines Führungszeugnisses zur Vorlage bei der Verwaltungsbehörde nach den Vorschriften des Bundeszentralregistergesetzes verlangen.

(8) [1]Werden Tatsachen bekannt, die Bedenken gegen die Eignung oder Befähigung des Bewerbers begründen, so kann die Fahrerlaubnisbehörde anordnen, dass der Antragsteller ein Gutachten oder Zeugnis eines Facharztes oder Amtsarztes, ein Gutachten einer amtlich anerkannten Begutachtungsstelle für Fahreignung oder eines amtlich anerkannten Sachverständigen oder Prüfers für den Kraftfahrzeugverkehr innerhalb einer angemessenen Frist beibringt. [2]Anstelle eines erneuten Gutachtens einer amtlich anerkannten Begutachtungsstelle für Fahreignung genügt zum Nachweis der Wiederherstellung der Eignung in der Regel die Vorlage einer Bescheinigung über die Teilnahme an einem amtlich anerkannten Kurs zur Wiederherstellung der Kraftfahreignung, wenn

1. auf Grund eines Gutachtens einer amtlich anerkannten Begutachtungsstelle für Fahreignung die Teilnahme des Betroffenen an dieser Art von Kursen als geeignete Maßnahme angesehen wird, bestehende Eignungsmängel zu beseitigen,
2. der Betroffene nicht Inhaber einer Fahrerlaubnis ist und
3. die Fahrerlaubnisbehörde der Kursteilnahme zugestimmt hat.

[3]Satz 2 gilt nicht, wenn die Beibringung eines Gutachtens einer amtlich anerkannten Begutachtungsstelle für Fahreignung nach § 4 Absatz 10 Satz 4 oder wegen erheblichen oder wiederholten Verstoßes gegen verkehrsrechtliche Vorschriften oder gegen Strafgesetze angeordnet wird.

(9) [1]Die Registerauskünfte, Führungszeugnisse, Gutachten und Gesundheitszeugnisse dürfen nur zur Feststellung oder Überprüfung der Eignung oder Befähigung verwendet werden. [2]Sie sind nach spätestens zehn Jahren zu vernichten, es sei denn, mit ihnen im Zusammenhang stehende Eintragungen im Fahreignungsregister oder im Zentralen Fahrerlaubnisregister sind nach den Bestimmungen für diese Register zu einem früheren oder späteren Zeitpunkt zu tilgen oder zu löschen. [3]In diesem Fall ist für die Vernichtung oder Löschung der frühere oder spätere Zeitpunkt maßgeblich. [4]Die Zehnjahresfrist nach Satz 2 beginnt mit der rechts- oder bestandskräftigen Entscheidung oder mit der Rücknahme des Antrags durch den Antragsteller. [5]Die Sätze 1 bis 4 gelten auch für entsprechende Unterlagen, die der Antragsteller nach Absatz 6 Satz 1 Nr. 2 beibringt. [6]Anstelle einer Vernichtung der Unterlagen ist die Verarbeitung der darin enthaltenen Daten einzuschränken, wenn die Vernichtung wegen der besonderen Art der Führung der Akten nicht oder nur mit unverhältnismäßigem Aufwand möglich ist.

(10) [1]Bundeswehr, Bundespolizei und Polizei können durch ihre Dienststellen Fahrerlaubnisse für das Führen von Dienstfahrzeugen erteilen (Dienstfahrerlaubnisse). [2]Diese Dienststellen nehmen die Aufgaben der Fahrerlaubnisbehörde wahr. [3]Für Dienstfahrerlaubnisse gelten die Bestimmungen dieses Gesetzes und

der auf ihm beruhenden Rechtsvorschriften, soweit gesetzlich nichts anderes bestimmt ist. [4]Mit Dienstfahrerlaubnissen dürfen nur Dienstfahrzeuge geführt werden.

(10a) [1]Die nach Landesrecht zuständige Behörde kann Angehörigen der Freiwilligen Feuerwehren, der nach Landesrecht anerkannten Rettungsdienste, des Technischen Hilfswerks und sonstiger Einheiten des Katastrophenschutzes, die ihre Tätigkeit ehrenamtlich ausüben, Fahrberechtigungen zum Führen von Einsatzfahrzeugen auf öffentlichen Straßen bis zu einer zulässigen Gesamtmasse von 4,75 t – auch mit Anhängern, sofern die zulässige Gesamtmasse der Kombination 4,75 t nicht übersteigt – erteilen. [2]Der Bewerber um die Fahrberechtigung muss

1. mindestens seit zwei Jahren eine Fahrerlaubnis der Klasse B besitzen,
2. in das Führen von Einsatzfahrzeugen bis zu einer zulässigen Gesamtmasse von 4,75 t eingewiesen worden sein und
3. in einer praktischen Prüfung seine Befähigung nachgewiesen haben.

[3]Die Fahrberechtigung gilt im gesamten Hoheitsgebiet der Bundesrepublik Deutschland zur Aufgabenerfüllung der in Satz 1 genannten Organisationen oder Einrichtungen. [4]Die Sätze 1 bis 3 gelten entsprechend für den Erwerb der Fahrberechtigung zum Führen von Einsatzfahrzeugen bis zu einer zulässigen Gesamtmasse von 7,5 t – auch mit Anhängern, sofern die zulässige Gesamtmasse der Kombination 7,5 t nicht übersteigt.

(11) Nach näherer Bestimmung durch Rechtsverordnung gemäß § 6 Absatz 1 Satz 1 Nummer 1 in Verbindung mit Absatz 3 Nummer 1 und 2 berechtigen auch ausländische Fahrerlaubnisse zum Führen von Kraftfahrzeugen im Inland.

(12) [1]Die Polizei hat Informationen über Tatsachen, die auf nicht nur vorübergehende Mängel hinsichtlich der Eignung oder auf Mängel hinsichtlich der Befähigung einer Person zum Führen von Kraftfahrzeugen schließen lassen, den Fahrerlaubnisbehörden zu übermitteln, soweit dies für die Überprüfung der Eignung oder Befähigung aus der Sicht der übermittelnden Stelle erforderlich ist. [2]Soweit die mitgeteilten Informationen für die Beurteilung der Eignung oder Befähigung nicht erforderlich sind, sind die Unterlagen unverzüglich zu vernichten.

(13) [1]Stellen oder Personen, die die Eignung oder Befähigung zur Teilnahme am Straßenverkehr oder Fachkundenachweise zwecks Vorbereitung einer verwaltungsbehördlichen Entscheidung beurteilen oder prüfen oder die in Erster Hilfe (§ 2 Abs. 2 Satz 1 Nr. 6) ausbilden, müssen für diese Aufgaben gesetzlich oder amtlich anerkannt oder beauftragt sein. [2]Personen, die die Befähigung zum Führen von Kraftfahrzeugen nach § 2 Abs. 5 prüfen, müssen darüber hinaus einer Technischen Prüfstelle für den Kraftfahrzeugverkehr nach § 10 des Kraftfahrsachverständigengesetzes angehören. [3]Voraussetzungen, Inhalt, Umfang und Verfahren für die Anerkennung oder Beauftragung und die Aufsicht werden – soweit nicht bereits im Kraftfahrsachverständigengesetz oder in auf ihm beruhenden Rechtsvorschriften geregelt – durch Rechtsverordnung gemäß § 6 Absatz 1 Satz 1 Nummer 1 Buchstabe c und d in Verbindung mit Absatz 3 Nummer 3 näher bestimmt. [4]Abweichend von den Sätzen 1 bis 3 sind Personen, die die Voraussetzungen des Absatzes 16 für die Begleitung erfüllen, berechtigt, die Befähigung zum Führen von Einsatzfahrzeugen der in Absatz 10a Satz 1 genannten Organisationen oder Einrichtungen zu prüfen.

(14) [1]Die Fahrerlaubnisbehörden dürfen den in Absatz 13 Satz 1 genannten Stellen und Personen die Daten übermitteln, die diese zur Erfüllung ihrer Aufgaben benötigen. [2]Die betreffenden Stellen und Personen dürfen diese Daten und nach näherer Bestimmung durch Rechtsverordnung gemäß § 6 Absatz 1 Satz 1 Nummer 1 Buchstabe c und d in Verbindung mit Absatz 3 Nummer 3 die bei der Erfüllung ihrer Aufgaben anfallenden Daten verarbeiten.

(15) [1]Wer zur Ausbildung, zur Ablegung der Prüfung oder zur Begutachtung der Eignung oder Befähigung ein Kraftfahrzeug auf öffentlichen Straßen führt, muss dabei von einem Fahrlehrer oder einem Fahrlehreranwärter im Sinne des Fahrlehrergesetzes begleitet werden. [2]Bei den Fahrten nach Satz 1 sowie bei der Hin- und Rückfahrt zu oder von einer Prüfung oder einer Begutachtung gilt im Sinne dieses Gesetzes der Fahrlehrer oder der Fahrlehreranwärter als Führer des Kraftfahrzeugs, wenn der Kraftfahrzeugführer keine entsprechende Fahrerlaubnis besitzt.

(16) [1]Wer zur Einweisung oder zur Ablegung der Prüfung nach Absatz 10a ein entsprechendes Einsatzfahrzeug auf öffentlichen Straßen führt, muss von einem Fahrlehrer im Sinne des Fahrlehrergesetzes oder abweichend von Absatz 15 Satz 1 von einem Angehörigen der in Absatz 10a Satz 1 genannten Organisationen oder Einrichtungen, der

1. das 30. Lebensjahr vollendet hat,
2. mindestens seit fünf Jahren eine gültige Fahrerlaubnis der Klasse C1 besitzt und
3. zum Zeitpunkt der Einweisungs- und Prüfungsfahrten im Fahreignungsregister mit nicht mehr als zwei Punkten belastet ist,

begleitet werden. ²Absatz 15 Satz 2 gilt entsprechend. ³Die nach Landesrecht zuständige Behörde kann überprüfen, ob die Voraussetzungen des Satzes 1 erfüllt sind; sie kann die Auskunft nach Satz 1 Nummer 3 beim Fahreignungsregister einholen. ⁴Die Fahrerlaubnis nach Satz 1 Nummer 2 ist durch einen gültigen Führerschein nachzuweisen, der während der Einweisungs- und Prüfungsfahrten mitzuführen und zur Überwachung des Straßenverkehrs berechtigten Personen auszuhändigen ist.

§ 2a Fahrerlaubnis auf Probe

(1) ¹Bei erstmaligem Erwerb einer Fahrerlaubnis wird diese auf Probe erteilt; die Probezeit dauert zwei Jahre vom Zeitpunkt der Erteilung an. ²Bei Erteilung einer Fahrerlaubnis an den Inhaber einer im Ausland erteilten Fahrerlaubnis ist die Zeit seit deren Erwerb auf die Probezeit anzurechnen. ³Die Regelungen über die Fahrerlaubnis auf Probe finden auch Anwendung auf Inhaber einer gültigen Fahrerlaubnis aus einem Mitgliedstaat der Europäischen Union oder einem anderen Vertragsstaat des Abkommens über den Europäischen Wirtschaftsraum, die ihren ordentlichen Wohnsitz in das Inland verlegt haben. ⁴Die Zeit seit dem Erwerb der Fahrerlaubnis ist auf die Probezeit anzurechnen. ⁵Die Beschlagnahme, Sicherstellung oder Verwahrung von Führerscheinen nach § 94 der Strafprozessordnung, die vorläufige Entziehung nach § 111a der Strafprozessordnung und die sofort vollziehbare Entziehung durch die Fahrerlaubnisbehörde hemmen den Ablauf der Probezeit. ⁶Die Probezeit endet vorzeitig, wenn die Fahrerlaubnis entzogen wird oder der Inhaber auf sie verzichtet. ⁷In diesem Fall beginnt mit der Erteilung einer neuen Fahrerlaubnis eine neue Probezeit, jedoch nur im Umfang der Restdauer der vorherigen Probezeit.

(2) ¹Ist gegen den Inhaber einer Fahrerlaubnis wegen einer innerhalb der Probezeit begangenen Straftat oder Ordnungswidrigkeit eine rechtskräftige Entscheidung ergangen, die nach § 28 Absatz 3 Nummer 1 oder 3 Buchstabe a oder c in das Fahreignungsregister einzutragen ist, so hat, auch wenn die Probezeit zwischenzeitlich abgelaufen oder die Fahrerlaubnis nach § 6e Absatz 2 widerrufen worden ist, die Fahrerlaubnisbehörde

1. seine Teilnahme an einem Aufbauseminar anzuordnen und hierfür eine Frist zu setzen, wenn er eine schwerwiegende oder zwei weniger schwerwiegende Zuwiderhandlungen begangen hat,
2. ihn schriftlich zu verwarnen und ihm nahezulegen, innerhalb von zwei Monaten an einer verkehrspsychologischen Beratung nach Absatz 7 teilzunehmen, wenn er nach Teilnahme an einem Aufbauseminar innerhalb der Probezeit eine weitere schwerwiegende oder zwei weitere weniger schwerwiegende Zuwiderhandlungen begangen hat,
3. ihm die Fahrerlaubnis zu entziehen, wenn er nach Ablauf der in Nummer 2 genannten Frist innerhalb der Probezeit eine weitere schwerwiegende oder zwei weitere weniger schwerwiegende Zuwiderhandlungen begangen hat.

²Die Fahrerlaubnisbehörde ist bei den Maßnahmen nach den Nummern 1 bis 3 an die rechtskräftige Entscheidung über die Straftat oder Ordnungswidrigkeit gebunden.

(2a) ¹Die Probezeit verlängert sich um zwei Jahre, wenn die Teilnahme an einem Aufbauseminar nach Absatz 2 Satz 1 Nr. 1 angeordnet worden ist. ²Die Probezeit verlängert sich außerdem um zwei Jahre, wenn die Anordnung nur deshalb nicht erfolgt ist, weil die Fahrerlaubnis entzogen worden ist oder der Inhaber der Fahrerlaubnis auf sie verzichtet hat.

(3) Ist der Inhaber einer Fahrerlaubnis einer vollziehbaren Anordnung der zuständigen Behörde nach Absatz 2 Satz 1 Nr. 1 in der festgesetzten Frist nicht nachgekommen, so ist die Fahrerlaubnis zu entziehen.

(4) ¹Die Entziehung der Fahrerlaubnis nach § 3 bleibt unberührt; die zuständige Behörde kann insbesondere auch die Beibringung eines Gutachtens einer amtlich anerkannten Begutachtungsstelle für Fahreignung anordnen, wenn der Inhaber einer Fahrerlaubnis innerhalb der Probezeit Zuwiderhandlungen begangen hat, die nach den Umständen des Einzelfalls bereits Anlass zu der Annahme geben, dass er zum Führen von Kraftfahrzeugen ungeeignet ist. ²Hält die Behörde auf Grund des Gutachtens seine Nichteignung nicht für erwiesen, so hat sie die Teilnahme an einem Aufbauseminar anzuordnen, wenn der Inhaber der Fahrerlaubnis an einem solchen Kurs nicht bereits teilgenommen hatte. ³Absatz 3 gilt entsprechend.

(5) ¹Ist eine Fahrerlaubnis entzogen worden

1. nach § 3 oder nach § 4 Absatz 5 Satz 1 Nummer 3 dieses Gesetzes, weil innerhalb der Probezeit Zuwiderhandlungen begangen wurden, oder nach § 69 oder § 69b des Strafgesetzbuches,
2. nach Absatz 3, weil einer Anordnung zur Teilnahme an einem Aufbauseminar nicht nachgekommen wurde,

oder wurde die Fahrerlaubnis nach § 6e Absatz 2 widerrufen, so darf eine neue Fahrerlaubnis unbeschadet der übrigen Voraussetzungen nur erteilt werden, wenn der Antragsteller nachweist, dass er an einem Aufbauseminar teilgenommen hat. ²Das Gleiche gilt, wenn der Antragsteller nur deshalb nicht an einem angeordneten Aufbauseminar teilgenommen hat oder die Anordnung nur deshalb nicht erfolgt ist, weil die Fahrerlaubnis aus anderen Gründen entzogen worden ist oder er zwischenzeitlich auf die Fahrerlaubnis verzichtet hat. [3]Ist die Fahrerlaubnis nach Absatz 2 Satz 1 Nr. 3 entzogen worden, darf eine neue Fahrerlaubnis frühestens drei Monate nach Wirksamkeit der Entziehung erteilt werden; die Frist beginnt mit der Ablieferung des Führerscheins. [4]Auf eine mit der Erteilung einer Fahrerlaubnis nach vorangegangener Entziehung gemäß Absatz 1 Satz 7 beginnende neue Probezeit ist Absatz 2 nicht anzuwenden. [5]Die zuständige Behörde hat in diesem Fall in der Regel die Beibringung eines Gutachtens einer amtlich anerkannten Begutachtungsstelle für Fahreignung anzuordnen, sobald der Inhaber einer Fahrerlaubnis innerhalb der neuen Probezeit erneut eine schwerwiegende oder zwei weniger schwerwiegende Zuwiderhandlungen begangen hat.

(6) Widerspruch und Anfechtungsklage gegen die Anordnung des Aufbauseminars nach Absatz 2 Satz 1 Nr. 1 und Absatz 4 Satz 2 sowie die Entziehung der Fahrerlaubnis nach Absatz 2 Satz 1 Nr. 3 und Absatz 3 haben keine aufschiebende Wirkung.

(7) [1]In der verkehrspsychologischen Beratung soll der Inhaber einer Fahrerlaubnis auf Probe veranlasst werden, Mängel in seiner Einstellung zum Straßenverkehr und im verkehrssicheren Verhalten zu erkennen und die Bereitschaft zu entwickeln, diese Mängel abzubauen. [2]Die Beratung findet in Form eines Einzelgesprächs statt. [3]Sie kann durch eine Fahrprobe ergänzt werden, wenn der Berater dies für erforderlich hält. [4]Der Berater soll die Ursachen der Mängel aufklären und Wege zu ihrer Beseitigung aufzeigen. [5]Erkenntnisse aus der Beratung sind nur für den Inhaber einer Fahrerlaubnis auf Probe bestimmt und nur diesem mitzuteilen. [6]Der Inhaber einer Fahrerlaubnis auf Probe erhält jedoch eine Bescheinigung über die Teilnahme zur Vorlage bei der nach Landesrecht zuständigen Behörde. [7]Die Beratung darf nur von einer Person durchgeführt werden, die hierfür amtlich anerkannt ist. [8]Die amtliche Anerkennung ist zu erteilen, wenn der Bewerber

1. persönlich zuverlässig ist,
2. über den Abschluss eines Hochschulstudiums als Diplom-Psychologe oder eines gleichwertigen Masterabschlusses in Psychologie verfügt und
3. eine Ausbildung und Erfahrungen in der Verkehrspsychologie nach näherer Bestimmung durch Rechtsverordnung nach § 6 Absatz 1 Satz 1 Nummer 1 Buchstabe a und c in Verbindung mit Absatz 3 Nummer 3 nachweist.

§ 2b Aufbauseminar bei Zuwiderhandlungen innerhalb der Probezeit

(1) [1]Die Teilnehmer an Aufbauseminaren sollen durch Mitwirkung an Gruppengesprächen und an einer Fahrprobe veranlasst werden, eine risikobewusstere Einstellung im Straßenverkehr zu entwickeln und sich dort sicher und rücksichtsvoll zu verhalten. [2]Auf Antrag kann die anordnende Behörde der betroffenen Person die Teilnahme an einem Einzelseminar gestatten.

(2) [1]Die Aufbauseminare dürfen nur von Fahrlehrern durchgeführt werden, die Inhaber einer entsprechenden Erlaubnis nach dem Fahrlehrergesetz sind. [2]Besondere Aufbauseminare für Inhaber einer Fahrerlaubnis auf Probe, die unter dem Einfluss von Alkohol oder anderer berauschender Mittel am Verkehr teilgenommen haben, werden nach näherer Bestimmung durch Rechtsverordnung gemäß § 6 Absatz 1 Satz 1 Nummer 1 Buchstabe a und c und Absatz 3 Nummer 3 von hierfür amtlich anerkannten anderen Seminarleitern durchgeführt.

(3) Ist der Teilnehmer an einem Aufbauseminar nicht Inhaber einer Fahrerlaubnis oder unterliegt er einem rechtskräftig angeordneten Fahrverbot, so gilt hinsichtlich der Fahrprobe § 2 Abs. 15 entsprechend.

§ 2c Unterrichtung der Fahrerlaubnisbehörden durch das Kraftfahrt-Bundesamt

[1]Das Kraftfahrt-Bundesamt hat die zuständige Behörde zu unterrichten, wenn über den Inhaber einer Fahrerlaubnis Entscheidungen in das Fahreignungsregister eingetragen werden, die zu Anordnungen nach § 2a Abs. 2, 4 und 5 führen können. [2]Hierzu übermittelt es die notwendigen Daten aus dem Zentralen Fahrerlaubnisregister sowie den Inhalt der Eintragungen im Fahreignungsregister über die innerhalb der Probezeit begangenen Straftaten und Ordnungswidrigkeiten. [3]Hat bereits eine Unterrichtung nach Satz 1 stattgefunden, so hat das Kraftfahrt-Bundesamt bei weiteren Unterrichtungen auch hierauf hinzuweisen.

§ 3 Entziehung der Fahrerlaubnis

(1) [1]Erweist sich jemand als ungeeignet oder nicht befähigt zum Führen von Kraftfahrzeugen, so hat ihm die Fahrerlaubnisbehörde die Fahrerlaubnis zu entziehen. [2]Bei einer ausländischen Fahrerlaubnis hat die Entziehung – auch wenn sie nach anderen Vorschriften erfolgt – die Wirkung einer Aberkennung des Rechts, von der Fahrerlaubnis im Inland Gebrauch zu machen. [3]§ 2 Abs. 7 und 8 gilt entsprechend.

(2) [1]Mit der Entziehung erlischt die Fahrerlaubnis. [2]Bei einer ausländischen Fahrerlaubnis erlischt das Recht zum Führen von Kraftfahrzeugen im Inland. [3]Nach der Entziehung ist der Führerschein der Fahrerlaubnisbehörde abzuliefern oder zur Eintragung der Entscheidung vorzulegen. [4]Die Sätze 1 bis 3 gelten auch, wenn die Fahrerlaubnisbehörde die Fahrerlaubnis auf Grund anderer Vorschriften entzieht.

(3) [1]Solange gegen den Inhaber der Fahrerlaubnis ein Strafverfahren anhängig ist, in dem die Entziehung der Fahrerlaubnis nach § 69 des Strafgesetzbuchs in Betracht kommt, darf die Fahrerlaubnisbehörde den Sachverhalt, der Gegenstand des Strafverfahrens ist, in einem Entziehungsverfahren nicht berücksichtigen. [2]Dies gilt nicht, wenn die Fahrerlaubnis von einer Dienststelle der Bundeswehr, der Bundespolizei oder der Polizei für Dienstfahrzeuge erteilt worden ist.

(4) [1]Will die Fahrerlaubnisbehörde in einem Entziehungsverfahren einen Sachverhalt berücksichtigen, der Gegenstand der Urteilsfindung in einem Strafverfahren gegen den Inhaber der Fahrerlaubnis gewesen ist, so kann sie zu dessen Nachteil vom Inhalt des Urteils insoweit nicht abweichen, als es sich auf die Feststellung des Sachverhalts oder die Beurteilung der Schuldfrage oder der Eignung zum Führen von Kraftfahrzeugen bezieht. [2]Der Strafbefehl und die gerichtliche Entscheidung, durch welche die Eröffnung des Hauptverfahrens oder der Antrag auf Erlass eines Strafbefehls abgelehnt wird, stehen einem Urteil gleich; dies gilt auch für Bußgeldentscheidungen, soweit sie sich auf die Feststellung des Sachverhalts und die Beurteilung der Schuldfrage beziehen.

(5) Die Fahrerlaubnisbehörde darf der Polizei die verwaltungsbehördliche oder gerichtliche Entziehung der Fahrerlaubnis oder das Bestehen eines Fahrverbots übermitteln, soweit dies im Einzelfall für die polizeiliche Überwachung im Straßenverkehr erforderlich ist.

(6) Für die Erteilung des Rechts, nach vorangegangener Entziehung oder vorangegangenem Verzicht von einer ausländischen Fahrerlaubnis im Inland wieder Gebrauch zu machen, an Personen mit ordentlichem Wohnsitz im Ausland gelten die Vorschriften über die Neuerteilung einer Fahrerlaubnis nach vorangegangener Entziehung oder vorangegangenem Verzicht entsprechend.

(7) Durch Rechtsverordnung auf Grund des § 6 Absatz 1 Satz 1 Nummer 1 können Fristen und Voraussetzungen

1. für die Erteilung einer neuen Fahrerlaubnis nach vorangegangener Entziehung oder nach vorangegangenem Verzicht oder
2. für die Erteilung des Rechts, nach vorangegangener Entziehung oder vorangegangenem Verzicht von einer ausländischen Fahrerlaubnis im Inland wieder Gebrauch zu machen, an Personen mit ordentlichem Wohnsitz im Ausland

bestimmt werden.

§ 4 Fahreignungs-Bewertungssystem

(1) [1]Zum Schutz vor Gefahren, die von Inhabern einer Fahrerlaubnis ausgehen, die wiederholt gegen die die Sicherheit des Straßenverkehrs betreffenden straßenverkehrsrechtlichen oder gefahrgutbeförderungsrechtlichen Vorschriften verstoßen, hat die nach Landesrecht zuständige Behörde die in Absatz 5 genannten Maßnahmen (Fahreignungs-Bewertungssystem) zu ergreifen. [2]Den in Satz 1 genannten Vorschriften stehen jeweils Vorschriften gleich, die dem Schutz

1. von Maßnahmen zur Rettung aus Gefahren für Leib und Leben von Menschen oder
2. zivilrechtlicher Ansprüche Unfallbeteiligter

dienen. [3]Das Fahreignungs-Bewertungssystem ist nicht anzuwenden, wenn sich die Notwendigkeit früherer oder anderer die Fahreignung betreffender Maßnahmen nach den Vorschriften über die Entziehung der Fahrerlaubnis nach § 3 Absatz 1 oder einer auf Grund § 6 Absatz 1 Satz 1 Nummer 1 erlassenen Rechtsverordnung ergibt. [4]Das Fahreignungs-Bewertungssystem und die Regelungen über die Fahrerlaubnis auf Probe sind nebeneinander anzuwenden.

(2) [1]Für die Anwendung des Fahreignungs-Bewertungssystems sind die in einer Rechtsverordnung nach § 6 Absatz 1 Satz 1 Nummer 4 Buchstabe b bezeichneten Straftaten und Ordnungswidrigkeiten maßgeblich. [2]Sie werden nach Maßgabe der in Satz 1 genannten Rechtsverordnung wie folgt bewertet:

1. Straftaten mit Bezug auf die Verkehrssicherheit oder gleichgestellte Straftaten, sofern in der Entscheidung über die Straftat die Entziehung der Fahrerlaubnis nach den §§ 69 und 69b des Strafgesetzbuches oder eine Sperre nach § 69a Absatz 1 Satz 3 des Strafgesetzbuches angeordnet worden ist, mit drei Punkten,
2. Straftaten mit Bezug auf die Verkehrssicherheit oder gleichgestellte Straftaten, sofern sie nicht von Nummer 1 erfasst sind, und besonders verkehrssicherheitsbeeinträchtigende oder gleichgestellte Ordnungswidrigkeiten jeweils mit zwei Punkten und
3. verkehrssicherheitsbeeinträchtigende oder gleichgestellte Ordnungswidrigkeiten mit einem Punkt.

[3]Punkte ergeben sich mit der Begehung der Straftat oder Ordnungswidrigkeit, sofern sie rechtskräftig geahndet wird. [4]Soweit in Entscheidungen über Straftaten oder Ordnungswidrigkeiten auf Tateinheit entschieden worden ist, wird nur die Zuwiderhandlung mit der höchsten Punktzahl berücksichtigt.

(3) [1]Wird eine Fahrerlaubnis erteilt, dürfen Punkte für vor der Erteilung rechtskräftig gewordene Entscheidungen über Zuwiderhandlungen nicht mehr berücksichtigt werden. [2]Diese Punkte werden gelöscht. [3]Die Sätze 1 und 2 gelten auch, wenn
1. die Fahrerlaubnis entzogen,
2. eine Sperre nach § 69a Absatz 1 Satz 3 des Strafgesetzbuches angeordnet oder
3. auf die Fahrerlaubnis verzichtet

worden ist und die Fahrerlaubnis danach neu erteilt wird. [4]Die Sätze 1 und 2 gelten nicht bei
1. Entziehung der Fahrerlaubnis nach § 2a Absatz 3,
2. Verlängerung einer Fahrerlaubnis,
3. Erteilung nach Erlöschen einer befristet erteilten Fahrerlaubnis,
4. Erweiterung einer Fahrerlaubnis oder
5. vereinfachter Erteilung einer Fahrerlaubnis an Inhaber einer Dienstfahrerlaubnis oder Inhaber einer ausländischen Fahrerlaubnis.

(4) Inhaber einer Fahrerlaubnis mit einem Punktestand von einem Punkt bis zu drei Punkten sind mit der Speicherung der zugrunde liegenden Entscheidungen nach § 28 Absatz 3 Nummer 1 oder 3 Buchstabe a oder c für die Zwecke des Fahreignungs-Bewertungssystems vorgemerkt.

(5) [1]Die nach Landesrecht zuständige Behörde hat gegenüber den Inhabern einer Fahrerlaubnis folgende Maßnahmen stufenweise zu ergreifen, sobald sich in der Summe folgende Punktestände ergeben:
1. Ergeben sich vier oder fünf Punkte, ist der Inhaber einer Fahrerlaubnis beim Erreichen eines dieser Punktestände schriftlich zu ermahnen;
2. ergeben sich sechs oder sieben Punkte, ist der Inhaber einer Fahrerlaubnis beim Erreichen eines dieser Punktestände schriftlich zu verwarnen;
3. ergeben sich acht oder mehr Punkte, gilt der Inhaber einer Fahrerlaubnis als ungeeignet zum Führen von Kraftfahrzeugen und die Fahrerlaubnis ist zu entziehen.

[2]Die Ermahnung nach Satz 1 Nummer 1 und die Verwarnung nach Satz 1 Nummer 2 enthalten daneben den Hinweis, dass ein Fahreignungsseminar nach § 4a freiwillig besucht werden kann, um das Verkehrsverhalten zu verbessern; im Fall der Verwarnung erfolgt zusätzlich der Hinweis, dass hierfür kein Punktabzug gewährt wird. [3]In der Verwarnung nach Satz 1 Nummer 2 ist darüber zu unterrichten, dass bei Erreichen von acht Punkten die Fahrerlaubnis entzogen wird. [4]Die nach Landesrecht zuständige Behörde ist bei den Maßnahmen nach Satz 1 an die rechtskräftige Entscheidung über die Straftat oder die Ordnungswidrigkeit gebunden. [5]Sie hat für das Ergreifen der Maßnahmen nach Satz 1 auf den Punktestand abzustellen, der sich zum Zeitpunkt der Begehung der letzten zur Ergreifung der Maßnahme führenden Straftat oder Ordnungswidrigkeit ergeben hat. [6]Bei der Berechnung des Punktestandes werden Zuwiderhandlungen
1. unabhängig davon berücksichtigt, ob nach deren Begehung bereits Maßnahmen ergriffen worden sind,
2. nur dann berücksichtigt, wenn deren Tilgungsfrist zu dem in Satz 5 genannten Zeitpunkt noch nicht abgelaufen war.

[7]Spätere Verringerungen des Punktestandes auf Grund von Tilgungen bleiben unberücksichtigt.

(6) [1]Die nach Landesrecht zuständige Behörde darf eine Maßnahme nach Absatz 5 Satz 1 Nummer 2 oder 3 erst ergreifen, wenn die Maßnahme der jeweils davor liegenden Stufe nach Absatz 5 Satz 1 Nummer 1 oder 2 bereits ergriffen worden ist. [2]Sofern die Maßnahme der davor liegenden Stufe noch nicht ergriffen worden ist, ist diese zu ergreifen. [3]Im Fall des Satzes 2 verringert sich der Punktestand mit Wirkung vom Tag des Ausstellens der ergriffenen
1. Ermahnung auf fünf Punkte,
2. Verwarnung auf sieben Punkte,

wenn der Punktestand zu diesem Zeitpunkt nicht bereits durch Tilgungen oder Punktabzüge niedriger ist. [4]Punkte für Zuwiderhandlungen, die vor der Verringerung nach Satz 3 begangen worden sind und von denen die nach Landesrecht zuständige Behörde erst nach der Verringerung Kenntnis erhält, erhöhen den sich nach Satz 3 ergebenden Punktestand. [5]Späteren Tilgungen oder Punktabzügen wird der sich nach Anwendung der Sätze 3 und 4 ergebende Punktestand zugrunde gelegt.

(7) [1]Nehmen Inhaber einer Fahrerlaubnis freiwillig an einem Fahreignungsseminar teil und legen sie hierüber der nach Landesrecht zuständigen Behörde innerhalb von zwei Wochen nach Beendigung des Seminars eine Teilnahmebescheinigung vor, wird ihnen bei einem Punktestand von ein bis fünf Punkten ein Punkt abgezogen; maßgeblich ist der Punktestand zum Zeitpunkt der Ausstellung der Teilnahmebescheinigung. [2]Der Besuch eines Fahreignungsseminars führt jeweils nur einmal innerhalb von fünf Jahren zu einem Punktabzug. [3]Für den zu verringernden Punktestand und die Berechnung der Fünfjahresfrist ist jeweils das Ausstellungsdatum der Teilnahmebescheinigung maßgeblich.

(8) [1]Zur Vorbereitung der Maßnahmen nach Absatz 5 hat das Kraftfahrt-Bundesamt bei Erreichen der jeweiligen Punktestände nach Absatz 5, auch in Verbindung mit den Absätzen 6 und 7, der nach Landesrecht zuständigen Behörde die vorhandenen Eintragungen aus dem Fahreignungsregister zu übermitteln. [2]Unabhängig von Satz 1 hat das Kraftfahrt-Bundesamt bei jeder Entscheidung, die wegen einer Zuwiderhandlung nach

1. § 315c Absatz 1 Nummer 1 Buchstabe a des Strafgesetzbuches,
2. den §§ 316 oder 323a des Strafgesetzbuches oder
3. den §§ 24a oder 24c

ergangen ist, der nach Landesrecht zuständigen Behörde die vorhandenen Eintragungen aus dem Fahreignungsregister zu übermitteln.

(9) Widerspruch und Anfechtungsklage gegen die Entziehung nach Absatz 5 Satz 1 Nummer 3 haben keine aufschiebende Wirkung.

(10) [1]Ist die Fahrerlaubnis nach Absatz 5 Satz 1 Nummer 3 entzogen worden, darf eine neue Fahrerlaubnis frühestens sechs Monate nach Wirksamkeit der Entziehung erteilt werden. [2]Das gilt auch bei einem Verzicht auf die Fahrerlaubnis, wenn zum Zeitpunkt der Wirksamkeit des Verzichtes mindestens zwei Entscheidungen nach § 28 Absatz 3 Nummer 1 oder 3 Buchstabe a oder c gespeichert waren. [3]Die Frist nach Satz 1, auch in Verbindung mit Satz 2, beginnt mit der Ablieferung des Führerscheins nach § 3 Absatz 2 Satz 3 in Verbindung mit dessen Satz 4. [4]In den Fällen des Satzes 1, auch in Verbindung mit Satz 2, hat die nach Landesrecht zuständige Behörde unbeschadet der Erfüllung der sonstigen Voraussetzungen für die Erteilung der Fahrerlaubnis zum Nachweis, dass die Eignung zum Führen von Kraftfahrzeugen wiederhergestellt ist, in der Regel die Beibringung eines Gutachtens einer amtlich anerkannten Begutachtungsstelle für Fahreignung anzuordnen.

§ 4a Fahreignungsseminar

(1) [1]Mit dem Fahreignungsseminar soll erreicht werden, dass die Teilnehmer sicherheitsrelevante Mängel in ihrem Verkehrsverhalten und insbesondere in ihrem Fahrverhalten erkennen und abbauen. [2]Hierzu sollen die Teilnehmer durch die Vermittlung von Kenntnissen zum Straßenverkehrsrecht, zu Gefahrenpotenzialen und zu verkehrssicherem Verhalten im Straßenverkehr, durch Analyse und Korrektur verkehrssicherheitsgefährdender Verhaltensweisen sowie durch Aufzeigen der Bedingungen und Zusammenhänge des regelwidrigen Verkehrsverhaltens veranlasst werden.

(2) [1]Das Fahreignungsseminar besteht aus einer verkehrspädagogischen und aus einer verkehrspsychologischen Teilmaßnahme, die aufeinander abzustimmen sind. [2]Zur Durchführung sind berechtigt

1. für die verkehrspädagogische Teilmaßnahme Fahrlehrer, die über eine Seminarerlaubnis Verkehrspädagogik nach § 46 des Fahrlehrergesetzes und
2. für die verkehrspsychologische Teilmaßnahme Personen, die über eine Seminarerlaubnis Verkehrspsychologie nach Absatz 3

verfügen.

(3) [1]Wer die verkehrspsychologische Teilmaßnahme des Fahreignungsseminars im Sinne des Absatzes 2 Satz 2 Nummer 2 durchführt, bedarf der Erlaubnis (Seminarerlaubnis Verkehrspsychologie). [2]Die Seminarerlaubnis Verkehrspsychologie wird durch die nach Landesrecht zuständige Behörde erteilt. [3]Die nach Landesrecht zuständige Behörde kann nachträglich Auflagen anordnen, soweit dies erforderlich ist, um die Einhaltung der Anforderungen an Fahreignungsseminare und deren ordnungsgemäße Durchführung sicherzustellen. [4]§ 13 des Fahrlehrergesetzes gilt entsprechend.

(4) [1]Die Seminarerlaubnis Verkehrspsychologie wird auf Antrag erteilt, wenn der Bewerber

1. über einen Abschluss eines Hochschulstudiums als Diplom-Psychologe oder einen gleichwertigen Master-Abschluss in Psychologie verfügt,
2. eine verkehrspsychologische Ausbildung an einer Universität oder gleichgestellten Hochschule oder Stelle, die sich mit der Begutachtung oder Wiederherstellung der Kraftfahreignung befasst, oder eine fachpsychologische Qualifikation nach dem Stand der Wissenschaft durchlaufen hat,
3. über Erfahrungen in der Verkehrspsychologie
   a) durch eine mindestens dreijährige Begutachtung von Kraftfahrern an einer Begutachtungsstelle für Fahreignung oder eine mindestens dreijährige Durchführung von besonderen Aufbauseminaren oder von Kursen zur Wiederherstellung der Kraftfahreignung,
   b) durch eine mindestens fünfjährige freiberufliche verkehrspsychologische Tätigkeit, deren Nachweis durch Bestätigungen von Behörden oder Begutachtungsstellen für Fahreignung oder durch die Dokumentation von zehn Therapiemaßnahmen für verkehrsauffällige Kraftfahrer, die mit einer positiven Begutachtung abgeschlossen wurden, erbracht werden kann, oder

c) durch eine mindestens dreijährige freiberufliche verkehrspsychologische Tätigkeit nach vorherigem Erwerb einer Qualifikation als klinischer Psychologe oder Psychotherapeut nach dem Stand der Wissenschaft

verfügt,

4. im Fahreignungsregister mit nicht mehr als zwei Punkten belastet ist und
5. eine zur Durchführung der verkehrspsychologischen Teilmaßnahme geeignete räumliche und sachliche Ausstattung nachweist.

[2]Die Erlaubnis ist zu versagen, wenn Tatsachen vorliegen, die Bedenken gegen die Zuverlässigkeit des Antragstellers begründen.

(5) [1]Die Seminarerlaubnis Verkehrspsychologie ist zurückzunehmen, wenn bei ihrer Erteilung eine der Voraussetzungen des Absatzes 4 nicht vorgelegen hat. [2]Die nach Landesrecht zuständige Behörde kann von der Rücknahme absehen, wenn der Mangel nicht mehr besteht. [3]Die Seminarerlaubnis Verkehrspsychologie ist zu widerrufen, wenn nachträglich eine der in Absatz 4 genannten Voraussetzungen weggefallen ist. [4]Bedenken gegen die Zuverlässigkeit bestehen insbesondere dann, wenn der Seminarleiter wiederholt die Pflichten grob verletzt hat, die ihm nach diesem Gesetz oder den auf ihm beruhenden Rechtsverordnungen obliegen.

(6) [1]Der Inhaber einer Seminarerlaubnis Verkehrspsychologie hat die personenbezogenen Daten, die ihm als Seminarleiter der verkehrspsychologischen Teilmaßnahme bekannt geworden sind, zu speichern und fünf Jahre nach der Ausstellung einer vorgeschriebenen Teilnahmebescheinigung unverzüglich zu löschen. [2]Die Daten nach Satz 1 dürfen

1. vom Inhaber der Seminarerlaubnis Verkehrspsychologie längstens neun Monate nach der Ausstellung der Teilnahmebescheinigung für die Durchführung des jeweiligen Fahreignungsseminars verwendet werden,
2. vom Inhaber der Seminarerlaubnis Verkehrspsychologie der Bundesanstalt für Straßenwesen übermittelt und von dieser zur Evaluierung nach § 4b verwendet werden,
3. von der Bundesanstalt für Straßenwesen oder in ihrem Auftrag an Dritte, die die Evaluierung nach § 4b im Auftrag der Bundesanstalt für Straßenwesen durchführen oder an ihr beteiligt sind, übermittelt und von den Dritten für die Evaluierung verwendet werden,
4. vom Inhaber der Seminarerlaubnis Verkehrspsychologie ausschließlich in Gestalt von Name, Vorname, Geburtsdatum und Anschrift des Seminarteilnehmers sowie dessen Unterschrift zur Teilnahmebestätigung
   a) der nach Landesrecht zuständigen Behörde übermittelt und von dieser zur Überwachung nach Absatz 8 verwendet werden,
   b) an Dritte, die ein von der zuständigen Behörde genehmigtes Qualitätssicherungssystem nach Absatz 8 Satz 6 betreiben und an dem der Inhaber der Seminarerlaubnis Verkehrspsychologie teilnimmt, übermittelt und im Rahmen dieses Qualitätssicherungssystems verwendet werden.

[3]Die Empfänger nach Satz 2 haben die Daten unverzüglich zu löschen, wenn sie nicht mehr für die in Satz 2 jeweils genannten Zwecke benötigt werden, spätestens jedoch fünf Jahre nach der Ausstellung der Teilnahmebescheinigung nach Satz 1.

(7) Jeder Inhaber einer Seminarerlaubnis Verkehrspsychologie hat alle zwei Jahre an einer insbesondere die Fahreignung betreffenden verkehrspsychologischen Fortbildung von mindestens sechs Stunden teilzunehmen.

(8) [1]Die Durchführung der verkehrspsychologischen Teilmaßnahme des Fahreignungsseminars unterliegt der Überwachung der nach Landesrecht zuständigen Behörde. [2]Die nach Landesrecht zuständige Behörde kann sich bei der Überwachung geeigneter Personen oder Stellen nach Landesrecht bedienen. [3]Die nach Landesrecht zuständige Behörde hat mindestens alle zwei Jahre an Ort und Stelle zu prüfen, ob die gesetzlichen Anforderungen an die Durchführung der verkehrspsychologischen Teilmaßnahme eingehalten werden. [4]Der Inhaber der Seminarerlaubnis Verkehrspsychologie hat die Prüfung zu ermöglichen. [5]Die in Satz 3 genannte Frist kann von der nach Landesrecht zuständigen Behörde auf vier Jahre verlängert werden, wenn in zwei aufeinanderfolgenden Überprüfungen keine oder nur geringfügige Mängel festgestellt worden sind. [6]Die nach Landesrecht zuständige Behörde kann von der wiederkehrenden Überwachung nach den Sätzen 1 bis 5 absehen, wenn der Inhaber einer Seminarerlaubnis Verkehrspsychologie sich einem von der nach Landesrecht zuständigen Behörde anerkannten Qualitätssicherungssystem angeschlossen hat. [7]Im Fall des Satzes 6 bleibt die Befugnis der nach Landesrecht zuständigen Behörde zur Überwachung im Sinne der Sätze 1 bis 5 unberührt. [8]Das Bundesministerium für Digitales und Verkehr soll durch Rechtsverordnung mit Zustimmung des Bundesrates Anforderung an Qualitätssicherungssysteme und Regeln für die Durchführung der Qualitätssicherung bestimmen.

§ 4b Evaluierung

[1]Das Fahreignungsseminar, die Vorschriften hierzu und der Vollzug werden von der Bundesanstalt für Straßenwesen wissenschaftlich begleitet und evaluiert. [2]Die Evaluierung hat insbesondere zu untersuchen, ob das Fahreignungsseminar eine verhaltensverbessernde Wirkung im Hinblick auf die Verkehrssicherheit hat. [3]Die Bundesanstalt für Straßenwesen legt das Ergebnis der Evaluierung bis zum 1. Mai 2019 dem Bundesministerium für Digitales und Verkehr in einem Bericht zur Weiterleitung an den Deutschen Bundestag vor.

§ 5 Verlust von Dokumenten und Kennzeichen

[1]Besteht eine Verpflichtung zur Ablieferung oder Vorlage eines Führerscheins, Fahrzeugscheins, Anhängerverzeichnisses, Fahrzeugbriefs, Nachweises über die Zuteilung des amtlichen Kennzeichens oder über die Betriebserlaubnis oder EG-Typgenehmigung, eines ausländischen Führerscheins oder Zulassungsscheins oder eines internationalen Führerscheins oder Zulassungsscheins oder amtlicher Kennzeichen oder Versicherungskennzeichen und behauptet der Verpflichtete, der Ablieferungs- oder Vorlagepflicht deshalb nicht nachkommen zu können, weil ihm der Schein, das Verzeichnis, der Brief, der Nachweis oder die Kennzeichen verloren gegangen oder sonst abhanden gekommen sind, so hat er auf Verlangen der Verwaltungsbehörde eine Versicherung an Eides statt über den Verbleib des Scheins, Verzeichnisses, Briefs, Nachweises oder der Kennzeichen abzugeben. [2]Dies gilt auch, wenn jemand für einen verloren gegangenen oder sonst abhanden gekommenen Schein, Brief oder Nachweis oder ein verloren gegangenes oder sonst abhanden gekommenes Anhängerverzeichnis oder Kennzeichen eine neue Ausfertigung oder ein neues Kennzeichen beantragt.

§ 5a (weggefallen)

§ 5b Unterhaltung der Verkehrszeichen

(1) [1]Die Kosten der Beschaffung, Anbringung, Entfernung, Unterhaltung und des Betriebs der amtlichen Verkehrszeichen und -einrichtungen sowie der sonstigen vom Bundesministerium für Digitales und Verkehr zugelassenen Verkehrszeichen und -einrichtungen trägt der Träger der Straßenbaulast für diejenige Straße, in deren Verlauf sie angebracht werden oder angebracht worden sind, bei geteilter Straßenbaulast der für die durchgehende Fahrbahn zuständige Träger der Straßenbaulast. [2]Ist ein Träger der Straßenbaulast nicht vorhanden, so trägt der Eigentümer der Straße die Kosten.

(2) Diese Kosten tragen abweichend vom Absatz 1

a) die Unternehmer der Schienenbahnen für Andreaskreuze, Schranken, Blinklichter mit oder ohne Halbschranken;
b) die Unternehmer im Sinne des Personenbeförderungsgesetzes für Haltestellenzeichen;
c) die Gemeinden in der Ortsdurchfahrt für Parkuhren und andere Vorrichtungen oder Einrichtungen zur Überwachung der Parkzeit, Straßenschilder, Geländer, Wegweiser zu innerörtlichen Zielen und Verkehrszeichen für Laternen, die nicht die ganze Nacht brennen;
d) die Bauunternehmer und die sonstigen Unternehmer von Arbeiten auf und neben der Straße für Verkehrszeichen und -einrichtungen, die durch diese Arbeiten erforderlich werden;
e) die Unternehmer von Werkstätten, Tankstellen sowie sonstigen Anlagen und Veranstaltungen für die entsprechenden amtlichen oder zugelassenen Hinweiszeichen;
f) die Träger der Straßenbaulast der Straßen, von denen der Verkehr umgeleitet werden soll, für Wegweiser für Bedarfsumleitungen.

(3) Das Bundesministerium für Digitales und Verkehr wird ermächtigt, durch Rechtsverordnung mit Zustimmung des Bundesrates bei der Einführung neuer amtlicher Verkehrszeichen und -einrichtungen zu bestimmen, dass abweichend von Absatz 1 die Kosten entsprechend den Regelungen des Absatzes 2 ein anderer zu tragen hat.

(4) Kostenregelungen auf Grund kreuzungsrechtlicher Vorschriften nach Bundes- und Landesrecht bleiben unberührt.

(5) Diese Kostenregelung umfasst auch die Kosten für Verkehrszählungen, Lärmmessungen, Lärmberechnungen und Abgasmessungen.

(6) [1]Können Verkehrszeichen oder Verkehrseinrichtungen aus technischen Gründen oder wegen der Sicherheit und Leichtigkeit des Straßenverkehrs nicht auf der Straße angebracht werden, haben die Eigentümer der Anliegergrundstücke das Anbringen zu dulden. [2]Schäden, die durch das Anbringen oder Entfernen der Verkehrszeichen oder Verkehrseinrichtungen entstehen, sind zu beseitigen. [3]Wird die Benutzung eines Grundstücks oder sein Wert durch die Verkehrszeichen oder Verkehrseinrichtungen nicht unerheblich beeinträchtigt oder können Schäden, die durch das Anbringen oder Entfernen der Verkehrszeichen oder Verkehrseinrichtungen entstanden sind, nicht beseitigt werden, so ist eine angemessene

Entschädigung in Geld zu leisten. [4]Zur Schadensbeseitigung und zur Entschädigungsleistung ist derjenige verpflichtet, der die Kosten für die Verkehrszeichen und Verkehrseinrichtungen zu tragen hat. [5]Kommt eine Einigung nicht zustande, so entscheidet die höhere Verwaltungsbehörde. [6]Vor der Entscheidung sind die Beteiligten zu hören. [7]Die Landesregierungen werden ermächtigt, durch Rechtsverordnung die zuständige Behörde abweichend von Satz 5 zu bestimmen. [8]Sie können diese Ermächtigung auf oberste Landesbehörden übertragen.

§ 6 Verordnungsermächtigungen

(1) [1]Das Bundesministerium für Digitales und Verkehr wird ermächtigt, soweit es zur Abwehr von Gefahren für die Sicherheit oder Leichtigkeit des Verkehrs auf öffentlichen Straßen erforderlich ist, Rechtsverordnungen mit Zustimmung des Bundesrates über Folgendes zu erlassen:

1. die Zulassung von Personen zum Straßenverkehr, insbesondere über
   a) den Inhalt und die Gültigkeitsdauer von Fahrerlaubnissen, insbesondere unterschieden nach Fahrerlaubnisklassen, über die Probezeit sowie über Auflagen und Beschränkungen zu Fahrerlaubnissen,
   b) die erforderliche Befähigung und Eignung von Personen für ihre Teilnahme am Straßenverkehr, das Mindestalter und die sonstigen Anforderungen und Voraussetzungen zur Teilnahme am Straßenverkehr,
   c) die Ausbildung und die Fortbildung von Personen zur Herstellung und zum Erhalt der Voraussetzungen nach Buchstabe b und die sonstigen Maßnahmen, um die sichere Teilnahme von Personen am Straßenverkehr zu gewährleisten, insbesondere hinsichtlich Personen, die nur bedingt geeignet oder ungeeignet oder nicht befähigt zur Teilnahme am Straßenverkehr sind,
   d) die Prüfung und Beurteilung des Erfüllens der Voraussetzungen nach den Buchstaben b und c,
   e) Ausnahmen von einzelnen Anforderungen und Inhalten der Zulassung von Personen, insbesondere von der Fahrerlaubnispflicht und von einzelnen Erteilungsvoraussetzungen,
2. das Verhalten im Verkehr, auch im ruhenden Verkehr,
3. das Verhalten der Beteiligten nach einem Verkehrsunfall, das geboten ist, um
   a) den Verkehr zu sichern und Verletzten zu helfen,
   b) Feststellungen zu ermöglichen, die zur Geltendmachung oder Abwehr von zivilrechtlichen Schadensersatzansprüchen erforderlich sind, insbesondere Feststellungen zur Person der Beteiligten, zur Art ihrer Beteiligung, zum Unfallhergang und zum Versicherer der unfallbeteiligten Fahrzeuge,
4. die Bezeichnung von im Fahreignungsregister zu speichernden Straftaten und Ordnungswidrigkeiten
   a) für die Maßnahmen nach den Regelungen der Fahrerlaubnis auf Probe nebst der Bewertung dieser Straftaten und Ordnungswidrigkeiten als schwerwiegend oder weniger schwerwiegend,
   b) für die Maßnahmen des Fahreignungsbewertungssystems, wobei
      aa) bei der Bezeichnung von Straftaten deren Bedeutung für die Sicherheit im Straßenverkehr zugrunde zu legen ist,
      bb) Ordnungswidrigkeiten mit Punkten bewertet werden und bei der Bezeichnung und Bewertung von Ordnungswidrigkeiten deren jeweilige Bedeutung für die Sicherheit des Straßenverkehrs und die Höhe des angedrohten Regelsatzes der Geldbuße oder eines Regelfahrverbotes zugrunde zu legen sind,
5. die Anforderungen an
   a) Bau, Einrichtung, Ausrüstung, Beschaffenheit, Prüfung und Betrieb von Fahrzeugen,
   b) die in oder auf Fahrzeugen einzubauenden oder zu verwendenden Fahrzeugteile, insbesondere Anlagen, Bauteile, Instrumente, Geräte und sonstige Ausrüstungsgegenstände, einschließlich deren Prüfung,
6. die Zulassung von Fahrzeugen zum Straßenverkehr, insbesondere über
   a) die Voraussetzungen für die Zulassung, die Vorgaben für das Inbetriebsetzen zulassungspflichtiger und zulassungsfreier Fahrzeuge, die regelmäßige Untersuchung der Fahrzeuge sowie über die Verantwortung, die Pflichten und die Rechte der Halter,
   b) Ausnahmen von der Pflicht zur Zulassung sowie Ausnahmen von einzelnen Anforderungen nach Buchstabe a,
7. die Einrichtung einer zentralen Stelle zur Erarbeitung und Evaluierung von verbindlichen Prüfvorgaben bei regelmäßigen Fahrzeuguntersuchungen,

8. die zur Verhütung von Belästigungen anderer, zur Verhütung von schädlichen Umwelteinwirkungen im Sinne des Bundes-Immissionsschutzgesetzes oder zur Unterstützung einer geordneten städtebaulichen Entwicklung erforderlichen Maßnahmen,
9. die Maßnahmen
   a) über den Straßenverkehr, die zur Erhaltung der öffentlichen Sicherheit oder zu Verteidigungszwecken erforderlich sind,
   b) zur Durchführung von Großraum- und Schwertransporten,
   c) im Übrigen, die zur Erhaltung der Sicherheit und Ordnung auf öffentlichen Straßen oder zur Verhütung einer über das verkehrsübliche Maß hinausgehenden Abnutzung der Straßen erforderlich sind, insbesondere bei Großveranstaltungen,
10. das Anbieten zum Verkauf, das Veräußern, das Verwenden, das Erwerben oder das sonstige Inverkehrbringen von Fahrzeugen und Fahrzeugteilen,
11. die Kennzeichnung und die Anforderungen an die Kennzeichnung von Fahrzeugen und Fahrzeugteilen,
12. den Nachweis über die Entsorgung oder den sonstigen Verbleib von Fahrzeugen und Fahrzeugteilen, auch nach ihrer Außerbetriebsetzung,
13. die Ermittlung, das Auffinden und die Sicherstellung von gestohlenen, verlorengegangenen oder sonst abhanden gekommenen Fahrzeugen, Fahrzeugkennzeichen sowie Führerscheinen und Fahrzeugpapieren einschließlich ihrer Vordrucke, soweit nicht die Strafverfolgungsbehörden hierfür zuständig sind,
14. die Überwachung der gewerbsmäßigen Vermietung von Kraftfahrzeugen und Anhängern an Selbstfahrer,
15. die Beschränkung des Straßenverkehrs einschließlich des ruhenden Verkehrs
   a) zugunsten schwerbehinderter Menschen mit außergewöhnlicher Gehbehinderung, mit beidseitiger Amelie oder Phokomelie oder vergleichbaren Funktionseinschränkungen sowie zugunsten blinder Menschen,
   b) zugunsten der Bewohner städtischer Quartiere mit erheblichem Parkraummangel, der nachweislich besteht oder auf Grund konkretisierter städtebaulich-verkehrsplanerischer Erwägungen zu erwarten ist,
   c) zur Erforschung des Unfallgeschehens, des Verkehrsverhaltens, der Verkehrsabläufe oder zur Erprobung geplanter verkehrssichernder oder verkehrsregelnder Maßnahmen,
16. die Einrichtung von Sonderfahrspuren für Linienomnibusse und Taxen sowie zur Erprobung neuer Mobilitätsformen oder der Verringerung der Anzahl von Fahrten,
17. die Einrichtung und Nutzung von fahrzeugführerlosen Parksystemen im niedrigen Geschwindigkeitsbereich auf Parkflächen,
18. allgemeine Ausnahmen von den Verkehrsvorschriften nach Abschnitt I oder von auf Grund dieser Verkehrsvorschriften erlassener Rechtsverordnungen zur Durchführung von Versuchen, die eine Weiterentwicklung dieser Rechtsnormen zum Gegenstand haben.

[2]Rechtsverordnungen nach Satz 1 Nummer 18 über allgemeine Ausnahmen von Verkehrsvorschriften nach diesem Gesetz sind für die Dauer von längstens fünf Jahren zu befristen; eine einmalige Verlängerung der Geltungsdauer um längstens fünf Jahre ist zulässig. [3]Rechtsverordnungen können nicht nach Satz 1 erlassen werden über solche Regelungsgegenstände, über die Rechtsverordnungen nach Absatz 2 erlassen werden dürfen. [4]Die Abwehr von Gefahren für die Sicherheit oder Leichtigkeit des Verkehrs auf öffentlichen Straßen nach Satz 1 umfasst auch den straßenverkehrsrechtlichen Schutz von Maßnahmen zur Rettung aus Gefahren für Leib und Leben von Menschen oder den Schutz zivilrechtlicher Schadensersatzansprüche Unfallbeteiligter.

(2) Das Bundesministerium für Digitales und Verkehr wird ermächtigt, soweit es zur Abwehr von Gefahren für die Sicherheit oder Leichtigkeit des Verkehrs auf öffentlichen Straßen erforderlich ist, Rechtsverordnungen ohne Zustimmung des Bundesrates über Folgendes zu erlassen:

1. die Typgenehmigung von Fahrzeugen, Systemen, Bauteilen und selbstständigen technischen Einheiten für diese Fahrzeuge, sofern sie unionsrechtlichen Vorgaben unterliegt, über die Fahrzeugeinzelgenehmigung, sofern ihr nach Unionrecht eine Geltung in allen Mitgliedstaaten der Europäischen Union zukommt, sowie über das Anbieten zum Verkauf, das Inverkehrbringen, die Inbetriebnahme, das Veräußern oder die Einfuhr von derart genehmigten oder genehmigungspflichtigen Fahrzeugen, Systemen, Bauteilen und selbstständigen technischen Einheiten für diese Fahrzeuge, insbesondere über

a) die Systematisierung von Fahrzeugen,
b) die technischen und baulichen Anforderungen an Fahrzeuge, Systeme, Bauteile und selbstständige technische Einheiten, einschließlich der durchzuführenden Prüfverfahren zur Feststellung der Konformität,
c) die Sicherstellung der Übereinstimmung von Fahrzeugen, Systemen, Bauteilen und selbstständigen technischen Einheiten für diese Fahrzeuge mit einem genehmigten Typ bei ihrer Herstellung,
d) den Zugang zu technischen Informationen sowie zu Reparatur- und Wartungsinformationen,
e) die Bewertung, Benennung und Überwachung von technischen Diensten,
f) die Kennzeichnung und Verpackung von Systemen, Bauteilen und selbstständigen technischen Einheiten für Fahrzeuge oder
g) die Zulassung von Teilen und Ausrüstungen, von denen eine ernste Gefahr für das einwandfreie Funktionieren wesentlicher Systeme von Fahrzeugen ausgehen kann,

2. die Marktüberwachung von Fahrzeugen, Systemen, Bauteilen und selbstständigen technischen Einheiten für diese Fahrzeuge,
3. die Pflichten der Hersteller und ihrer Bevollmächtigten, der Einführer sowie der Händler im Rahmen
   a) des Typgenehmigungsverfahrens im Sinne der Nummer 1,
   b) des Fahrzeugeinzelgenehmigungsverfahrens im Sinne der Nummer 1 oder
   c) des Anbietens zum Verkauf, des Inverkehrbringens, der Inbetriebnahme, des Veräußerns, der Einfuhr sowie der Marktüberwachung von Fahrzeugen, Systemen, Bauteilen und selbstständigen technischen Einheiten für diese Fahrzeuge oder
4. die Technologien, Strategien und andere Mittel, für die festgestellt ist, dass
   a) sie die Leistungen der Fahrzeuge, Systeme, Bauteile oder selbstständigen technischen Einheiten für Fahrzeuge bei Prüfverfahren unter ordnungsgemäßen Betriebsbedingungen verfälschen oder
   b) ihre Verwendung im Rahmen des Typgenehmigungsverfahrens oder des Fahrzeugeinzelgenehmigungsverfahrens im Sinne der Nummer 1 aus anderen Gründen nicht zulässig ist.

(3) In Rechtsverordnungen nach Absatz 1 oder Absatz 2 können hinsichtlich der dort genannten Gegenstände jeweils auch geregelt werden:

1. die Erteilung, Beschränkung oder Entziehung von Rechten, die sonstigen Maßnahmen zur Anordnung oder Umsetzung, die Anerkennung ausländischer Berechtigungen oder Maßnahmen, die Verwaltungsverfahren einschließlich der erforderlichen Nachweise sowie die Zuständigkeiten und die Ausnahmebefugnisse der vollziehenden Behörden im Einzelfall,
2. Art, Inhalt, Herstellung, Gestaltung, Lieferung, Ausfertigung, Beschaffenheit und Gültigkeit von Kennzeichen, Plaketten, Urkunden, insbesondere von Führerscheinen, und sonstigen Bescheinigungen,
3. die Anerkennung, Zulassung, Registrierung, Akkreditierung, Begutachtung, Beaufsichtigung oder Überwachung von natürlichen oder juristischen Personen des Privatrechts oder von sonstigen Einrichtungen im Hinblick auf ihre Tätigkeiten
   a) der Prüfung, Untersuchung, Beurteilung und Begutachtung von Personen, Fahrzeugen oder Fahrzeugteilen sowie der Herstellung und Lieferung nach Nummer 2,
   b) des Anbietens von Maßnahmen zur Herstellung oder zum Erhalt der Voraussetzungen nach Absatz 1 Satz 1 Nummer 1 Buchstabe b oder
   c) der Prüfung und Zertifizierung von Qualitätssicherungssystemen,

   einschließlich der jeweiligen Voraussetzungen, insbesondere der Anforderungen an die natürlichen oder juristischen Personen des Privatrechts oder an die Einrichtungen, an ihre Träger und an ihre verantwortlichen oder ausführenden Personen, einschließlich der Vorgabe eines Erfahrungsaustausches sowie einschließlich der Verarbeitung von personenbezogenen Daten über die die Tätigkeiten ausführenden oder hieran teilnehmenden Personen durch die zuständigen Behörden, durch die natürlichen oder juristischen Personen des Privatrechts oder durch die Einrichtungen in dem Umfang, der für ihre jeweilige Tätigkeit und deren Qualitätssicherung erforderlich ist,
4. Emissionsgrenzwerte unter Berücksichtigung der technischen Entwicklung zum Zeitpunkt des Erlasses der jeweiligen Rechtsverordnung,
5. die Mitwirkung natürlicher oder juristischer Personen des Privatrechts bei der Aufgabenwahrnehmung in Form ihrer Beauftragung, bei der Durchführung von bestimmten Aufgaben zu helfen (Verwaltungshilfe), oder in Form der Übertragung bestimmter Aufgaben nach Absatz 1 Satz 1 Nummer 1, 5, 6, 7 oder 9 Buchstabe b oder Absatz 2 auf diese Personen (Beleihung), insbesondere

a) die Bestimmung der Aufgaben und die Art und Weise der Aufgabenerledigung,
b) die Anforderungen an diese Personen und ihre Überwachung einschließlich des Verfahrens und des Zusammenwirkens der zuständigen Behörden bei der Überwachung oder
c) die Verarbeitung von personenbezogenen Daten durch diese Personen, insbesondere die Übermittlung solcher Daten an die zuständige Behörde,

6. die Übertragung der Wahrnehmung von einzelnen Aufgaben auf die Bundesanstalt für Straßenwesen oder das Kraftfahrt-Bundesamt oder
7. die notwendige Versicherung der natürlichen oder juristischen Personen des Privatrechts oder der sonstigen Einrichtungen in den Fällen der Nummer 3 oder Nummer 5 zur Deckung aller im Zusammenhang mit den dort genannten Tätigkeiten entstehenden Ansprüche sowie die Freistellung der für die Anerkennung, Zulassung, Registrierung, Akkreditierung, Begutachtung, Beaufsichtigung, Überwachung, Beauftragung oder Aufgabenübertragung zuständigen Bundes- oder Landesbehörde von Ansprüchen Dritter wegen Schäden, die diese Personen oder Einrichtungen verursachen.

(4) [1]Rechtsverordnungen nach Absatz 1 Satz 1 Nummer 1, 2, 5 und 8 oder Absatz 2, jeweils auch in Verbindung mit Absatz 3, können auch erlassen werden

1. zur Abwehr von Gefahren, die vom Verkehr auf öffentlichen Straßen ausgehen,
2. zum Schutz vor schädlichen Umwelteinwirkungen, die von Fahrzeugen ausgehen, oder
3. zum Schutz der Verbraucher.

[2]Rechtsverordnungen nach Absatz 1 Satz 1 Nummer 1, 2, 5 und 8, auch in Verbindung mit Absatz 3, können auch erlassen werden

1. zum Schutz der Bevölkerung in Fußgängerbereichen oder verkehrsberuhigten Bereichen, der Wohnbevölkerung oder der Erholungssuchenden vor Emissionen, die vom Verkehr auf öffentlichen Straßen ausgehen, insbesondere zum Schutz vor Lärm oder vor Abgasen,
2. für Sonderregelungen an Sonn- und Feiertagen oder
3. für Sonderregelungen über das Parken in der Zeit von 22 Uhr bis 6 Uhr.

(4a) [1]Rechtsverordnungen nach Absatz 1 Satz 1 Nummer 2, 8, 15 Buchstabe b oder c, Nummer 16 oder 18 können auch erlassen werden zur Verbesserung des Schutzes der Umwelt, darunter des Klimaschutzes, zum Schutz der Gesundheit oder zur Unterstützung der städtebaulichen Entwicklung, soweit sie nicht bereits nach Absatz 4 erlassen werden können. [2]Diese Rechtsverordnungen sollen insbesondere vorsehen, dass Gemeinden bei den nach Landesrecht für die Ausführung der Rechtsverordnungen bestimmten Behörden den Erlass von Anordnungen zur Gewährleistung der Sicherheit und Leichtigkeit des Verkehrs, zur Verbesserung des Schutzes der Umwelt, zum Schutz der Gesundheit oder zur Unterstützung der städtebaulichen Entwicklung beantragen können. [3]Die nach Satz 1 erlassenen Rechtsverordnungen und auf ihnen beruhenden Anordnungen müssen neben der Verbesserung des Schutzes der Umwelt, des Schutzes der Gesundheit oder der Unterstützung der städtebaulichen Entwicklung die Leichtigkeit des Verkehrs berücksichtigen und dürfen die Sicherheit des Verkehrs nicht beeinträchtigen.

(5) Rechtsverordnungen nach Absatz 1 oder 2 können auch zur Durchführung von Rechtsakten der Europäischen Gemeinschaft oder der Europäischen Union und zur Durchführung von zwischenstaatlichen Vereinbarungen im Anwendungsbereich dieses Gesetzes erlassen werden.

(6) [1]Rechtsverordnungen nach Absatz 1 Satz 1 Nummer 1, 5 oder 8 oder nach Absatz 2, sofern sie jeweils in Verbindung mit Absatz 4 Satz 1 Nummer 2 oder Satz 2 Nummer 1 erlassen werden, oder Rechtsverordnungen nach Absatz 1 Satz 1 Nummer 12 werden vom Bundesministerium für Digitales und Verkehr und vom Bundesministerium für Umwelt, Naturschutz, nukleare Sicherheit und Verbraucherschutz gemeinsam erlassen. [2]Rechtsverordnungen nach Absatz 1 Satz 1 Nummer 11, 13 oder 14 oder nach Absatz 3 Nummer 2 in Verbindung mit Absatz 1 Nummer 1 oder 6 können auch zum Zweck der Bekämpfung von Straftaten erlassen werden. [3]Im Fall des Satzes 2 werden diese Rechtsverordnungen vom Bundesministerium für Digitales und Verkehr und vom Bundesministerium des Innern und für Heimat gemeinsam erlassen. [4]Rechtsverordnungen nach Absatz 1 Satz 1 Nummer 1, 2, 5 oder 8 oder nach Absatz 2, sofern sie jeweils in Verbindung mit Absatz 4 Satz 1 Nummer 3 erlassen werden, werden vom Bundesministerium für Digitales und Verkehr und vom Bundesministerium für Umwelt, Naturschutz, nukleare Sicherheit und Verbraucherschutz gemeinsam erlassen. [5]Rechtsverordnungen nach Absatz 1 Satz 1 Nummer 2, 8, 15 Buchstabe b oder c, Nummer 16 oder 18, sofern sie jeweils in Verbindung mit Absatz 4a erlassen werden, werden vom Bundesministerium für Digitales und Verkehr, vom Bundesministerium für Umwelt, Naturschutz, nukleare Sicherheit und Verbraucherschutz und vom Bundesministerium für Wirtschaft und Klimaschutz gemeinsam erlassen.

(7) [1]Keiner Zustimmung des Bundesrates bedürfen Rechtsverordnungen
1. zur Durchführung der Vorschriften nach Absatz 1 Satz 1 Nummer 5 in Verbindung mit Absatz 3 oder
2. über allgemeine Ausnahmen nach Absatz 1 Satz 1 Nummer 18, auch in Verbindung mit den Absätzen 3 bis 6.

[2]Vor ihrem Erlass sind die zuständigen obersten Landesbehörden zu hören.

(8) Das Bundesministerium für Digitales und Verkehr wird ermächtigt, durch Rechtsverordnung ohne Zustimmung des Bundesrates, jedoch unbeschadet des Absatzes 6,
1. sofern Verordnungen nach diesem Gesetz geändert oder abgelöst werden, Verweisungen in Gesetzen und Rechtsverordnungen auf diese geänderten oder abgelösten Vorschriften durch Verweisungen auf die jeweils inhaltsgleichen neuen Vorschriften zu ersetzen,
2. in den auf Grund des Absatzes 1 oder 2, jeweils auch in Verbindung mit den Absätzen 3 bis 7 erlassenen Rechtsverordnungen enthaltene Verweisungen auf Vorschriften in Rechtsakten der Europäischen Gemeinschaft oder der Europäischen Union zu ändern, soweit es zur Anpassung an Änderungen jener Vorschriften erforderlich ist, oder
3. Vorschriften der auf Grund des Absatzes 1 oder 2, jeweils auch in Verbindung mit den Absätzen 3 bis 7 erlassenen Rechtsverordnungen zu streichen oder in ihrem Wortlaut einem verbleibenden Anwendungsbereich anzupassen, sofern diese Vorschriften durch den Erlass entsprechender Vorschriften in unmittelbar im Anwendungsbereich dieses Gesetzes geltenden Rechtsakten der Europäischen Gemeinschaft oder der Europäischen Union unanwendbar geworden oder in ihrem Anwendungsbereich beschränkt worden sind.

(9) [1]In den Rechtsverordnungen nach Absatz 1, jeweils auch in Verbindung mit den Absätzen 3 bis 6, kann mit Zustimmung des Bundesrates die jeweilige Ermächtigung ganz oder teilweise auf die Landesregierungen übertragen werden, um besonderen regionalen Bedürfnissen angemessen Rechnung zu tragen. [2]Soweit eine nach Satz 1 erlassene Rechtsverordnung die Landesregierungen zum Erlass von Rechtsverordnungen ermächtigt, sind diese befugt, die Ermächtigung durch Rechtsverordnung ganz oder teilweise auf andere Landesbehörden zu übertragen.

§ 6a Gebühren

(1) Kosten (Gebühren und Auslagen) werden erhoben
1. für Amtshandlungen, einschließlich Prüfungen und Überprüfungen im Rahmen der Qualitätssicherung, Abnahmen, Begutachtungen, Untersuchungen, Verwarnungen – ausgenommen Verwarnungen im Sinne des Gesetzes über Ordnungwidrigkeiten –, Informationserteilungen und Registerauskünften
   a) nach diesem Gesetz und nach den auf diesem Gesetz beruhenden Rechtsvorschriften,
   b) nach dem Gesetz zu dem Übereinkommen vom 20. März 1958 über die Annahme einheitlicher Bedingungen für die Genehmigung der Ausrüstungsgegenstände und Teile von Kraftfahrzeugen und über die gegenseitige Anerkennung der Genehmigung vom 12. Juni 1965 (BGBl. 1965 II S. 857) in der Fassung des Gesetzes vom 20. Dezember 1968 (BGBl. 1968 II S. 1224) und nach den auf diesem Gesetz beruhenden Rechtsvorschriften,
   c) nach dem Gesetz zu dem Europäischen Übereinkommen vom 30. September 1957 über die internationale Beförderung gefährlicher Güter auf der Straße (ADR) vom 18. August 1969 (BGBl. 1969 II S. 1489) und nach den auf diesem Gesetz beruhenden Rechtsvorschriften,
   d) nach dem Fahrpersonalgesetz und den darauf beruhenden Rechtsverordnungen, soweit die Amtshandlungen vom Kraftfahrt-Bundesamt vorgenommen werden,
   e) nach dem Berufskraftfahrerqualifikationsgesetz und den darauf beruhenden Rechtsverordnungen,
2. für Untersuchungen von Fahrzeugen nach dem Personenbeförderungsgesetz in der im Bundesgesetzblatt Teil III, Gliederungsnummer 9240–1, veröffentlichten bereinigten Fassung, zuletzt geändert durch Artikel 7 des Gesetzes über die unentgeltliche Beförderung Schwerbehinderter im öffentlichen Personenverkehr vom 9. Juli 1979 (BGBl. I S. 989), und nach den auf diesem Gesetz beruhenden Rechtsvorschriften,
3. für Maßnahmen im Zusammenhang mit der Außerbetriebsetzung von Kraftfahrzeugen und Kraftfahrzeuganhängern.

(2) [1]Das Bundesministerium für Digitales und Verkehr wird ermächtigt, die gebührenpflichtigen Amtshandlungen sowie die Gebührensätze für die einzelnen Amtshandlungen, einschließlich Prüfungen und Überprüfungen im Rahmen der Qualitätssicherung, Abnahmen, Begutachtungen, Untersuchungen, Verwarnungen – ausgenommen Verwarnungen im Sinne des Gesetzes über Ordnungswidrigkeiten –, Informationserteilungen und Registerauskünften im Sinne des Absatzes 1 durch Rechtsverordnung zu bestimmen und dabei feste Sätze, auch in Form von Zeitgebühren, oder Rahmensätze vorzusehen. [2]Die Gebüh-

rensätze sind so zu bemessen, dass der mit den Amtshandlungen, einschließlich Prüfungen, Abnahmen, Begutachtungen, Untersuchungen, Verwarnungen – ausgenommen Verwarnungen im Sinne des Gesetzes über Ordnungswidrigkeiten –, Informationserteilungen und Registerauskünften verbundene Personal- und Sachaufwand gedeckt wird; der Sachaufwand kann den Aufwand für eine externe Begutachtung umfassen; bei begünstigenden Amtshandlungen kann daneben die Bedeutung, der wirtschaftliche Wert oder der sonstige Nutzen für den Gebührenschuldner angemessen berücksichtigt werden. [3]Im Bereich der Gebühren der Landesbehörden übt das Bundesministerium für Digitales und Verkehr die Ermächtigung auf der Grundlage eines Antrags oder einer Stellungnahme von mindestens fünf Ländern beim Bundesministerium für Digitales und Verkehr aus. [4]Der Antrag oder die Stellungnahme sind mit einer Schätzung des Personal- und Sachaufwands zu begründen. [5]Das Bundesministerium für Digitales und Verkehr kann die übrigen Länder ebenfalls zur Beibringung einer Schätzung des Personal- und Sachaufwands auffordern.

(3) [1]Im Übrigen findet das Verwaltungskostengesetz in der bis zum 14. August 2013 geltenden Fassung Anwendung. [2]In den Rechtsverordnungen nach Absatz 2 können jedoch die Kostenbefreiung, die Kostengläubigerschaft, die Kostenschuldnerschaft, der Umfang der zu erstattenden Auslagen und die Kostenerhebung abweichend von den Vorschriften des Verwaltungskostengesetzes geregelt werden.

(4) In den Rechtsverordnungen nach Absatz 2 kann bestimmt werden, dass die für die einzelnen Amtshandlungen, einschließlich Prüfungen, Abnahmen, Begutachtungen und Untersuchungen, zulässigen Gebühren auch erhoben werden dürfen, wenn die Amtshandlungen aus Gründen, die nicht von der Stelle, die die Amtshandlungen hätte durchführen sollen, zu vertreten sind, und ohne ausreichende Entschuldigung des Bewerbers oder Antragstellers am festgesetzten Termin nicht stattfinden konnten oder abgebrochen werden mussten.

(5) Rechtsverordnungen über Kosten, deren Gläubiger der Bund ist, bedürfen nicht der Zustimmung des Bundesrates.

(5a) [1]Für das Ausstellen von Parkausweisen für Bewohner städtischer Quartiere mit erheblichem Parkraummangel können die nach Landesrecht zuständigen Behörden Gebühren erheben. [2]Für die Festsetzung der Gebühren werden die Landesregierungen ermächtigt, Gebührenordnungen zu erlassen. [3]In den Gebührenordnungen können auch die Bedeutung der Parkmöglichkeiten, deren wirtschaftlicher Wert oder der sonstige Nutzen der Parkmöglichkeiten für die Bewohner angemessen berücksichtigt werden. [4]In den Gebührenordnungen kann auch ein Höchstsatz festgelegt werden. [5]Die Ermächtigung kann durch Rechtsverordnung weiter übertragen werden.

(6) [1]Für das Parken auf öffentlichen Wegen und Plätzen können in Ortsdurchfahrten die Gemeinden, im Übrigen die Träger der Straßenbaulast, Gebühren erheben. [2]Für die Festsetzung der Gebühren werden die Landesregierungen ermächtigt, Gebührenordnungen zu erlassen. [3]In diesen kann auch ein Höchstsatz festgelegt werden. [4]Die Ermächtigung kann durch Rechtsverordnung weiter übertragen werden.

(7) Die Regelung des Absatzes 6 Satz 2 bis 4 ist auf die Erhebung von Gebühren für die Benutzung von bei Großveranstaltungen im Interesse der Ordnung und Sicherheit des Verkehrs eingerichteter gebührenpflichtiger Parkplätze entsprechend anzuwenden.

(8) [1]Die Zulassung eines Fahrzeugs oder die Zuteilung eines Kennzeichens für ein zulassungsfreies Fahrzeug kann durch Rechtsvorschriften davon abhängig gemacht werden, dass die nach Absatz 1 in Verbindung mit einer Rechtsverordnung nach Absatz 2 für die Zulassung des Fahrzeugs oder Zuteilung des Kennzeichens vorgesehenen Gebühren und Auslagen, einschließlich rückständiger Gebühren und Auslagen aus vorausgegangenen Zulassungsvorgängen, entrichtet sind. [2]Eine solche Regelung darf

1. für den Fall eines in bundesrechtlichen Vorschriften geregelten internetbasierten Zulassungsverfahrens vom Bundesministerium für Digitales und Verkehr durch Rechtsverordnung mit Zustimmung des Bundesrates,
2. von den Ländern in den übrigen Fällen sowie im Fall der Nummer 1, solange und soweit das Bundesministerium für Digitales und Verkehr von seiner Ermächtigung nach Nummer 1 nicht Gebrauch gemacht hat,

getroffen werden.

§ 6b Herstellung, Vertrieb und Ausgabe von Kennzeichen

(1) Wer Kennzeichen für Fahrzeuge herstellen, vertreiben oder ausgeben will, hat dies der Zulassungsbehörde vorher anzuzeigen.

(2) (weggefallen)

(3) Über die Herstellung, den Vertrieb und die Ausgabe von Kennzeichen sind nach näherer Bestimmung (§ 6 Absatz 1 Satz 1 Nummer 6 in Verbindung mit Absatz 3 Nummer 2) Einzelnachweise zu führen, aufzubewahren und zuständigen Personen auf Verlangen zur Prüfung auszuhändigen.

(4) Die Herstellung, der Vertrieb oder die Ausgabe von Kennzeichen ist zu untersagen, wenn diese ohne die vorherige Anzeige hergestellt, vertrieben oder ausgegeben werden.

(5) Die Herstellung, der Vertrieb oder die Ausgabe von Kennzeichen kann untersagt werden, wenn

1. Tatsachen vorliegen, aus denen sich die Unzuverlässigkeit des Verantwortlichen oder der von ihm mit Herstellung, Vertrieb oder Ausgabe von Kennzeichen beauftragten Personen ergibt, oder
2. gegen die Vorschriften über die Führung, Aufbewahrung oder Aushändigung von Nachweisen über die Herstellung, den Vertrieb oder die Ausgabe von Kennzeichen verstoßen wird.

§ 6c Herstellung, Vertrieb und Ausgabe von Kennzeichenvorprodukten

§ 6b Abs. 1, 3, 4 Nr. 1 sowie Abs. 5 gilt entsprechend für die Herstellung, den Vertrieb oder die Ausgabe von bestimmten – nach näherer Bestimmung durch das Bundesministerium für Digitales und Verkehr festzulegenden (§ 6 Absatz 1 Satz 1 Nummer 6 in Verbindung mit Absatz 3 Nummer 2) – Kennzeichenvorprodukten, bei denen nur noch die Beschriftung fehlt.

§ 6d Auskunft und Prüfung

(1) Die mit der Herstellung, dem Vertrieb oder der Ausgabe von Kennzeichen befassten Personen haben den zuständigen Behörden oder den von ihnen beauftragten Personen über die Beachtung der in § 6b Abs. 1 bis 3 bezeichneten Pflichten die erforderlichen Auskünfte unverzüglich zu erteilen.

(2) Die mit der Herstellung, dem Vertrieb oder der Ausgabe von Kennzeichenvorprodukten im Sinne des § 6c befassten Personen haben den zuständigen Behörden oder den von ihnen beauftragten Personen über die Beachtung der in § 6b Abs. 1 und 3 bezeichneten Pflichten die erforderlichen Auskünfte unverzüglich zu erteilen.

(3) Die von der zuständigen Behörde beauftragten Personen dürfen im Rahmen der Absätze 1 und 2 Grundstücke, Geschäftsräume, Betriebsräume und Transportmittel der Auskunftspflichtigen während der Betriebs- oder Geschäftszeit zum Zwecke der Prüfung und Besichtigung betreten.

§ 6e Führen von Kraftfahrzeugen in Begleitung

(1) Das Bundesministerium für Digitales und Verkehr wird ermächtigt, durch Rechtsverordnung mit Zustimmung des Bundesrates zur Senkung des Unfallrisikos junger Fahranfänger die erforderlichen Vorschriften zu erlassen, insbesondere über

1. das Herabsetzen des allgemein vorgeschriebenen Mindestalters zum Führen von Kraftfahrzeugen mit einer Fahrerlaubnis der Klassen B und BE,
2. die zur Erhaltung der Sicherheit und Ordnung auf den öffentlichen Straßen notwendigen Auflagen, insbesondere dass der Fahrerlaubnisinhaber während des Führens eines Kraftfahrzeuges von mindestens einer namentlich benannten Person begleitet sein muss,
3. die Aufgaben und Befugnisse der begleitenden Person nach Nummer 2, insbesondere über die Möglichkeit, dem Fahrerlaubnisinhaber als Ansprechpartner beratend zur Verfügung zu stehen,
4. die Anforderungen an die begleitende Person nach Nummer 2, insbesondere über
   a) das Lebensalter,
   b) den Besitz einer Fahrerlaubnis sowie über deren Mitführen und Aushändigung an zur Überwachung zuständige Personen,
   c) ihre Belastung mit Eintragungen im Fahreignungsregister sowie
   d) über Beschränkungen oder das Verbot des Genusses alkoholischer Getränke und berauschender Mittel,
5. die Ausstellung einer Prüfungsbescheinigung, die abweichend von § 2 Abs. 1 Satz 3 ausschließlich im Inland längstens bis drei Monate nach Erreichen des allgemein vorgeschriebenen Mindestalters zum Nachweis der Fahrberechtigung dient, sowie über deren Mitführen und Aushändigung an zur Überwachung des Straßenverkehrs berechtigte Personen,
6. die Kosten in entsprechender Anwendung des § 6a Abs. 2 in Verbindung mit Abs. 4 und
7. das Verfahren.

(2) [1]Eine auf der Grundlage der Rechtsverordnung nach Absatz 1 erteilte Fahrerlaubnis der Klassen B und BE ist zu widerrufen, wenn der Fahrerlaubnisinhaber entgegen einer vollziehbaren Auflage nach Absatz 1 Nummer 2 ein Kraftfahrzeug ohne Begleitung durch eine namentlich benannte Person führt. [2]Die Erteilung einer neuen Fahrerlaubnis erfolgt unbeschadet der übrigen Voraussetzungen nach den Vorschriften des § 2a.

(3) [1]Im Übrigen gelten die allgemeinen Vorschriften über die Fahrerlaubnispflicht, die Erteilung, die Entziehung oder die Neuerteilung der Fahrerlaubnis, die Regelungen für die Fahrerlaubnis auf Probe, das Fahrerlaubnisregister und die Zulassung von Personen zum Straßenverkehr. [2]Für die Prüfungsbescheinigung nach Absatz 1 Nr. 5 gelten im Übrigen die Vorschriften über den Führerschein entsprechend.

§ 6f Entgelte für Begutachtungsstellen für Fahreignung

[1]Das Bundesministerium für Digitales und Verkehr kann durch Rechtsverordnung mit Zustimmung des Bundesrates die Entgelte der Begutachtungsstellen für Fahreignung festsetzen, soweit

1. die Begutachtungsstellen aus Anlass von Verwaltungsverfahren nach straßenverkehrsrechtlichen Vorschriften medizinisch-psychologische Untersuchungen durchführen und
2. die Festsetzung erforderlich ist, um die Qualität der Begutachtung zu fördern.

[2]Bei der Festsetzung der Entgelte ist den berechtigten Interessen der Leistungsbringer und der zur Zahlung der Entgelte Verpflichteten Rechnung zu tragen. [3]Soweit der Leistungsumfang nicht einheitlich geregelt ist, sind dabei Mindest- und Höchstsätze festzusetzen.

§ 6g Internetbasierte Zulassungsverfahren bei Kraftfahrzeugen

(1) [1]In Ergänzung der allgemeinen Vorschriften über die Zulassung von Fahrzeugen zum Straßenverkehr, die Zuteilung von Kennzeichen für zulassungsfreie Fahrzeuge und die Außerbetriebsetzung von Fahrzeugen können diese Verwaltungsverfahren nach Maßgabe der nachstehenden Vorschriften internetbasiert durchgeführt werden (internetbasierte Zulassung). [2]Für dieses Verwaltungsverfahren ist das Verwaltungsverfahrensgesetz anzuwenden.

(2) [1]Ein Verwaltungsakt kann nach näherer Bestimmung einer Rechtsverordnung nach Absatz 4 Satz 1 Nummer 1 vollständig durch automatische Einrichtungen erlassen werden, wenn

1. die maschinelle Prüfung der Entscheidungsvoraussetzungen auf der Grundlage eines automatisierten Prüfprogrammes erfolgt, das bei der zuständigen Behörde eingerichtet ist und ausschließlich von ihr betrieben wird, und
2. sichergestellt ist, dass das Ergebnis der Prüfung nur die antragsgemäße Bescheidung oder die Ablehnung des Antrages sein kann.

[2]Ein nach Satz 1 erlassener Verwaltungsakt steht einen Monat, beginnend mit dem Tag, an dem der Verwaltungsakt wirksam wird, unter dem Vorbehalt der Nachprüfung. [3]Solange der Vorbehalt wirksam ist, kann der Verwaltungsakt jederzeit aufgehoben oder geändert werden.

(3) [1]Nach näherer Bestimmung einer Rechtsverordnung nach Absatz 4 Satz 1 Nummer 3 bis 5 können

1. natürlichen oder juristischen Personen des Privatrechts bestimmte Aufgaben eines internetbasierten Zulassungsverfahrens, ausgenommen die Entscheidung über den Antrag, oder bei der Inbetriebnahme derart zugelassener Fahrzeuge übertragen werden (Beleihung) oder
2. natürliche oder juristische Personen des Privatrechts beauftragt werden, an der Durchführung von Aufgaben im Sinne der Nummer 1 mitzuwirken (Verwaltungshilfe).

[2]Personen im Sinne des Satzes 1 müssen fachlich geeignet, zuverlässig, auch hinsichtlich ihrer Finanzen, und unabhängig von den Interessen der sonstigen Beteiligten sein.

(4) [1]Das Bundesministerium für Digitales und Verkehr wird ermächtigt, durch Rechtsverordnung mit Zustimmung des Bundesrates

1. die Einzelheiten des Erlasses und der Aufhebung eines Verwaltungsaktes im Sinne des Absatzes 2 zu regeln, insbesondere
   a) die Anforderungen an das Prüfprogramm,
   b) besondere Bestimmungen zur Bekanntgabe, zur Wirksamkeit sowie zur Rücknahme und zum Widerruf des Verwaltungsaktes,
2. das für die Identifizierung von Antragstellern zu wahrende Vertrauensniveau zu regeln,
3. die Aufgaben im Sinne des Absatzes 3 zu bestimmen,
   a) mit denen Personen beliehen oder
   b) an deren Durchführung Verwaltungshelfer beteiligt

   werden können, sowie die Art und Weise der Aufgabenerledigung,
4. die näheren Anforderungen an Personen im Sinne des Absatzes 3 zu bestimmen, einschließlich deren Überwachung, des Verfahrens und des Zusammenwirkens der zuständigen Behörden bei der Überwachung,
5. die notwendige Haftpflichtversicherung der beliehenen oder beauftragten Person zur Deckung aller im Zusammenhang mit der Wahrnehmung der übertragenen Aufgabe oder der Hilfe zur Erfüllung der Aufgabe entstandenen Schäden sowie die Freistellung der für Übertragung oder Beauftragung und Aufsicht zuständigen Bundesbehörde oder Landesbehörde von Ansprüchen Dritter wegen etwaiger Schäden, die die beliehene oder beauftragte Person verursacht, zu regeln,
6. bestimmte Aufgaben eines internetbasierten Zulassungsverfahrens dem Kraftfahrt-Bundesamt zu übertragen, soweit die Aufgaben eine bundeseinheitliche Durchführung erfordern, und das Zusammenwirken mit den für die Zulassung zuständigen Behörden zu regeln,

7. besondere Anforderungen an die Inbetriebnahme von Fahrzeugen, die internetbasiert zugelassen sind, zu regeln, insbesondere hinsichtlich
   a) des Verwendens befristet gültiger Kennzeichenschilder einschließlich deren Herstellung, Ausstellung, Anbringung und Gültigkeitsdauer,
   b) des Versandes von Zulassungsunterlagen und der endgültigen Kennzeichenschilder
8. die Ausstellung befristet gültiger elektronischer Fahrzeugdokumente, insbesondere zum Nachweis der Zulassung, und deren Umwandlung in körperliche Dokumente zu regeln, insbesondere
   a) die Art und Weise der Erstellung, der Verwendung und der Speicherung solcher Dokumente,
   b) die Speicherung der Dokumente in einem Dateisystem, das beim Kraftfahrt-Bundesamt errichtet und von diesem betrieben wird,
9. die Errichtung und den Betrieb eines zentralen Dateisystems beim Kraftfahrt-Bundesamt
   a) mit fahrzeugbezogenen Daten, die für die Prüfung der Zulassungsfähigkeit der Fahrzeuge erforderlich sind, insbesondere mit den Daten der unionsrechtlich vorgeschriebenen Übereinstimmungsbescheinigungen einschließlich der Fahrzeug-Identifizierungsnummer,
   b) mit den Daten der Fahrzeuge, die Auskunft über nach oder auf Grund von Unionsrecht einzuhaltende Fahrzeugeigenschaften geben,

   sowie die Pflicht zur Übermittlung dieser Daten durch die Hersteller oder Einführer der Fahrzeuge zu regeln,
10. die Durchführung anderer als straßenverkehrsrechtlicher Rechtsvorschriften bei einer internetbasierten Zulassung zu regeln.

[2]Das in Satz 1 Nummer 9 vorgesehene Dateisystem darf weder mit dem Zentralen Fahrzeugregister des Kraftfahrt-Bundesamtes noch mit den örtlichen Fahrzeugregistern der Zulassungsbehörden verknüpft werden.

(5) [1]Für Vorschriften des Verwaltungsverfahrens in den Absätzen 1 bis 3 und in Rechtsverordnungen auf Grund des Absatzes 4 kann durch Rechtsverordnung des Bundesministeriums für Digitales und Verkehr mit Zustimmung des Bundesrates vorgeschrieben werden, dass von diesen Vorschriften durch Landesrecht nicht abgewichen werden kann. [2]Die Vorschriften, von denen durch Landesrecht nicht abgewichen werden kann, sind dabei zu nennen.

II. Haftpflicht

§ 7 Haftung des Halters, Schwarzfahrt

(1) Wird bei dem Betrieb eines Kraftfahrzeugs ein Mensch getötet, der Körper oder die Gesundheit eines Menschen verletzt oder eine Sache beschädigt, so ist der Halter verpflichtet, dem Verletzten den daraus entstehenden Schaden zu ersetzen.

(2) Die Ersatzpflicht ist ausgeschlossen, wenn der Unfall durch höhere Gewalt verursacht wird.

(3) [1]Benutzt jemand das Kraftfahrzeug ohne Wissen und Willen des Fahrzeughalters, so ist er anstelle des Halters zum Ersatz des Schadens verpflichtet; daneben bleibt der Halter zum Ersatz des Schadens verpflichtet, wenn die Benutzung des Kraftfahrzeugs durch sein Verschulden ermöglicht worden ist. [2]Satz 1 findet keine Anwendung, wenn der Benutzer vom Fahrzeughalter für den Betrieb des Kraftfahrzeugs angestellt ist oder wenn ihm das Kraftfahrzeug vom Halter überlassen worden ist.

§ 8 Ausnahmen

Die Vorschriften des § 7 gelten nicht,

1. wenn der Unfall durch ein Kraftfahrzeug verursacht wurde, das auf ebener Bahn mit keiner höheren Geschwindigkeit als 20 Kilometer in der Stunde fahren kann, es sei denn, es handelt sich um ein Kraftfahrzeug mit autonomer Fahrfunktion im Sinne des § 1d Absatz 1 und 2, das sich im autonomen Betrieb befindet,
2. wenn der Verletzte bei dem Betrieb des Kraftfahrzeugs tätig war oder
3. wenn eine Sache beschädigt worden ist, die durch das Kraftfahrzeug befördert worden ist, es sei denn, dass eine beförderte Person die Sache an sich trägt oder mit sich führt.

§ 8a Entgeltliche Personenbeförderung, Verbot des Haftungsausschlusses

[1]Im Fall einer entgeltlichen, geschäftsmäßigen Personenbeförderung darf die Verpflichtung des Halters, wegen Tötung oder Verletzung beförderter Personen Schadensersatz nach § 7 zu leisten, weder ausgeschlossen noch beschränkt werden. [2]Die Geschäftsmäßigkeit einer Personenbeförderung wird nicht dadurch ausgeschlossen, dass die Beförderung von einer Körperschaft oder Anstalt des öffentlichen Rechts betrieben wird.

§ 9 Mitverschulden

Hat bei der Entstehung des Schadens ein Verschulden des Verletzten mitgewirkt, so finden die Vorschriften des § 254 des Bürgerlichen Gesetzbuchs mit der Maßgabe Anwendung, dass im Fall der Beschädigung einer Sache das Verschulden desjenigen, welcher die tatsächliche Gewalt über die Sache ausübt, dem Verschulden des Verletzten gleichsteht.

§ 10 Umfang der Ersatzpflicht bei Tötung

(1) [1]Im Fall der Tötung ist der Schadensersatz durch Ersatz der Kosten einer versuchten Heilung sowie des Vermögensnachteils zu leisten, den der Getötete dadurch erlitten hat, dass während der Krankheit seine Erwerbsfähigkeit aufgehoben oder gemindert oder eine Vermehrung seiner Bedürfnisse eingetreten war. [2]Der Ersatzpflichtige hat außerdem die Kosten der Beerdigung demjenigen zu ersetzen, dem die Verpflichtung obliegt, diese Kosten zu tragen.

(2) [1]Stand der Getötete zur Zeit der Verletzung zu einem Dritten in einem Verhältnis, vermöge dessen er diesem gegenüber kraft Gesetzes unterhaltspflichtig war oder unterhaltspflichtig werden konnte, und ist dem Dritten infolge der Tötung das Recht auf Unterhalt entzogen, so hat der Ersatzpflichtige dem Dritten insoweit Schadensersatz zu leisten, als der Getötete während der mutmaßlichen Dauer seines Lebens zur Gewährung des Unterhalts verpflichtet gewesen sein würde. [2]Die Ersatzpflicht tritt auch dann ein, wenn der Dritte zur Zeit der Verletzung gezeugt, aber noch nicht geboren war.

(3) [1]Der Ersatzpflichtige hat dem Hinterbliebenen, der zur Zeit der Verletzung zu dem Getöteten in einem besonderen persönlichen Näheverhältnis stand, für das dem Hinterbliebenen zugefügte seelische Leid eine angemessene Entschädigung in Geld zu leisten. [2]Ein besonderes persönliches Näheverhältnis wird vermutet, wenn der Hinterbliebene der Ehegatte, der Lebenspartner, ein Elternteil oder ein Kind des Getöteten war.

§ 11 Umfang der Ersatzpflicht bei Körperverletzung

[1]Im Fall der Verletzung des Körpers oder der Gesundheit ist der Schadensersatz durch Ersatz der Kosten der Heilung sowie des Vermögensnachteils zu leisten, den der Verletzte dadurch erleidet, dass infolge der Verletzung zeitweise oder dauernd seine Erwerbsfähigkeit aufgehoben oder gemindert oder eine Vermehrung seiner Bedürfnisse eingetreten ist. [2]Wegen des Schadens, der nicht Vermögensschaden ist, kann auch eine billige Entschädigung in Geld gefordert werden.

§ 12 Höchstbeträge

(1) [1]Der Ersatzpflichtige haftet

1. im Fall der Tötung oder Verletzung eines oder mehrerer Menschen durch dasselbe Ereignis nur bis zu einem Betrag von insgesamt fünf Millionen Euro, bei Verursachung des Schadens auf Grund der Verwendung einer hoch- oder vollautomatisierten Fahrfunktion gemäß § 1a oder beim Betrieb einer autonomen Fahrfunktion gemäß § 1e nur bis zu einem Betrag von insgesamt zehn Millionen Euro; im Fall einer entgeltlichen, geschäftsmäßigen Personenbeförderung erhöht sich für den ersatzpflichtigen Halter des befördernden Kraftfahrzeugs bei der Tötung oder Verletzung von mehr als acht beförderten Personen dieser Betrag um 600 000 Euro für jede weitere getötete oder verletzte beförderte Person;
2. im Fall der Sachbeschädigung, auch wenn durch dasselbe Ereignis mehrere Sachen beschädigt werden, nur bis zu einem Betrag von insgesamt einer Million Euro, bei Verursachung des Schadens auf Grund der Verwendung einer hoch- oder vollautomatisierten Fahrfunktion gemäß § 1a oder beim Betrieb einer autonomen Fahrfunktion gemäß § 1e, nur bis zu einem Betrag von insgesamt zwei Millionen Euro.

[2]Die Höchstbeträge nach Satz 1 Nr. 1 gelten auch für den Kapitalwert einer als Schadensersatz zu leistenden Rente.

(2) Übersteigen die Entschädigungen, die mehreren auf Grund desselben Ereignisses zu leisten sind, insgesamt die in Absatz 1 bezeichneten Höchstbeträge, so verringern sich die einzelnen Entschädigungen in dem Verhältnis, in welchem ihr Gesamtbetrag zu dem Höchstbetrag steht.

§ 12a Höchstbeträge bei Beförderung gefährlicher Güter

(1) [1]Werden gefährliche Güter befördert, haftet der Ersatzpflichtige

1. im Fall der Tötung oder Verletzung eines oder mehrerer Menschen durch dasselbe Ereignis nur bis zu einem Betrag von insgesamt zehn Millionen Euro,
2. im Fall der Sachbeschädigung an unbeweglichen Sachen, auch wenn durch dasselbe Ereignis mehrere Sachen beschädigt werden, nur bis zu einem Betrag von insgesamt zehn Millionen Euro,

sofern der Schaden durch die die Gefährlichkeit der beförderten Güter begründenden Eigenschaften verursacht wird. [2]Im Übrigen bleibt § 12 Abs. 1 unberührt.

(2) Gefährliche Güter im Sinne dieses Gesetzes sind Stoffe und Gegenstände, deren Beförderung auf der Straße nach den Anlagen A und B zu dem Europäischen Übereinkommen vom 30. September 1957 über die internationale Beförderung gefährlicher Güter auf der Straße (ADR) (BGBl. 1969 II S. 1489) in der jeweils geltenden Fassung verboten oder nur unter bestimmten Bedingungen gestattet ist.
(3) Absatz 1 ist nicht anzuwenden, wenn es sich um freigestellte Beförderungen gefährlicher Güter oder um Beförderungen in begrenzten Mengen unterhalb der im Unterabschnitt 1.1.3.6. zu dem in Absatz 2 genannten Übereinkommen festgelegten Grenzen handelt.
(4) Absatz 1 ist nicht anzuwenden, wenn der Schaden bei der Beförderung innerhalb eines Betriebs entstanden ist, in dem gefährliche Güter hergestellt, bearbeitet, verarbeitet, gelagert, verwendet oder vernichtet werden, soweit die Beförderung auf einem abgeschlossenen Gelände stattfindet.
(5) § 12 Abs. 2 gilt entsprechend.

§ 12b Nichtanwendbarkeit der Höchstbeträge

Die §§ 12 und 12a sind nicht anzuwenden, wenn ein Schaden bei dem Betrieb eines gepanzerten Gleiskettenfahrzeugs verursacht wird.

§ 13 Geldrente

(1) Der Schadensersatz wegen Aufhebung oder Minderung der Erwerbsfähigkeit und wegen Vermehrung der Bedürfnisse des Verletzten sowie der nach § 10 Abs. 2 einem Dritten zu gewährende Schadensersatz ist für die Zukunft durch Entrichtung einer Geldrente zu leisten.
(2) Die Vorschriften des § 843 Abs. 2 bis 4 des Bürgerlichen Gesetzbuchs finden entsprechende Anwendung.
(3) Ist bei der Verurteilung des Verpflichteten zur Entrichtung einer Geldrente nicht auf Sicherheitsleistung erkannt worden, so kann der Berechtigte gleichwohl Sicherheitsleistung verlangen, wenn die Vermögensverhältnisse des Verpflichteten sich erheblich verschlechtert haben; unter der gleichen Voraussetzung kann er eine Erhöhung der in dem Urteil bestimmten Sicherheit verlangen.

§ 14 Verjährung

Auf die Verjährung finden die für unerlaubte Handlungen geltenden Verjährungsvorschriften des Bürgerlichen Gesetzbuchs entsprechende Anwendung.

§ 15 Verwirkung

[1]Der Ersatzberechtigte verliert die ihm auf Grund der Vorschriften dieses Gesetzes zustehenden Rechte, wenn er nicht spätestens innerhalb zweier Monate, nachdem er von dem Schaden und der Person des Ersatzpflichtigen Kenntnis erhalten hat, dem Ersatzpflichtigen den Unfall anzeigt. [2]Der Rechtsverlust tritt nicht ein, wenn die Anzeige infolge eines von dem Ersatzberechtigten nicht zu vertretenden Umstands unterblieben ist oder der Ersatzpflichtige innerhalb der bezeichneten Frist auf andere Weise von dem Unfall Kenntnis erhalten hat.

§ 16 Sonstige Gesetze

Unberührt bleiben die bundesrechtlichen Vorschriften, nach welchen der Fahrzeughalter für den durch das Fahrzeug verursachten Schaden in weiterem Umfang als nach den Vorschriften dieses Gesetzes haftet oder nach welchen ein anderer für den Schaden verantwortlich ist.

§ 17 Schadensverursachung durch mehrere Kraftfahrzeuge

(1) Wird ein Schaden durch mehrere Kraftfahrzeuge verursacht und sind die beteiligten Fahrzeughalter einem Dritten kraft Gesetzes zum Ersatz des Schadens verpflichtet, so hängt im Verhältnis der Fahrzeughalter zueinander die Verpflichtung zum Ersatz sowie der Umfang des zu leistenden Ersatzes von den Umständen, insbesondere davon ab, inwieweit der Schaden vorwiegend von dem einen oder dem anderen Teil verursacht worden ist.
(2) Wenn der Schaden einem der beteiligten Fahrzeughalter entstanden ist, gilt Absatz 1 auch für die Haftung der Fahrzeughalter untereinander.
(3) [1]Die Verpflichtung zum Ersatz nach den Absätzen 1 und 2 ist ausgeschlossen, wenn der Unfall durch ein unabwendbares Ereignis verursacht wird, das weder auf einem Fehler in der Beschaffenheit des Kraftfahrzeugs noch auf einem Versagen seiner Vorrichtungen beruht. [2]Als unabwendbar gilt ein Ereignis nur dann, wenn sowohl der Halter als auch der Führer des Kraftfahrzeugs jede nach den Umständen des Falles gebotene Sorgfalt beobachtet hat. [3]Der Ausschluss gilt auch für die Ersatzpflicht gegenüber dem Eigentümer eines Kraftfahrzeugs, der nicht Halter ist.
(4) Die Vorschriften der Absätze 1 bis 3 sind entsprechend anzuwenden, wenn der Schaden durch ein Kraftfahrzeug und ein Tier oder durch ein Kraftfahrzeug und eine Eisenbahn verursacht wird.

§ 18 Ersatzpflicht des Fahrzeugführers

(1) [1]In den Fällen des § 7 Abs. 1 ist auch der Führer des Kraftfahrzeugs zum Ersatz des Schadens nach den Vorschriften der §§ 8 bis 15 verpflichtet. [2]Die Ersatzpflicht ist ausgeschlossen, wenn der Schaden nicht durch ein Verschulden des Führers verursacht ist.

(2) Die Vorschrift des § 16 findet entsprechende Anwendung.

(3) Ist in den Fällen des § 17 auch der Führer eines Kraftfahrzeugs zum Ersatz des Schadens verpflichtet, so sind auf diese Verpflichtung in seinem Verhältnis zu den Haltern und Führern der anderen beteiligten Kraftfahrzeuge, zu dem Tierhalter oder Eisenbahnunternehmer die Vorschriften des § 17 entsprechend anzuwenden.

§ 19 Haftung des Halters bei Unfällen mit Anhängern und Gespannen

(1) [1]Wird bei dem Betrieb eines Anhängers, der dazu bestimmt ist, von einem Kraftfahrzeug (Zugfahrzeug) gezogen zu werden, ein Mensch getötet, der Körper oder die Gesundheit eines Menschen verletzt oder eine Sache beschädigt, ist der Halter des Anhängers verpflichtet, dem Verletzten den daraus entstehenden Schaden zu ersetzen. [2]Die Regelungen zur Haftung des Halters eines Kraftfahrzeugs nach § 7 Absatz 2 und 3, § 8 Nummer 2 und 3 sowie den §§ 8a bis 16 gelten entsprechend. [3]Die Sätze 1 und 2 gelten nicht, wenn der Unfall durch einen Anhänger verursacht wurde, der im Unfallzeitpunkt mit einem Kraftfahrzeug verbunden war, das auf ebener Bahn mit keiner höheren Geschwindigkeit als 20 Kilometer in der Stunde fahren kann, es sei denn, es handelt sich um ein Kraftfahrzeug mit autonomer Fahrfunktion im Sinne des § 1d Absatz 1 und 2, das sich im autonomen Betrieb befindet.

(2) [1]Wird der Schaden eines anderen durch ein Zugfahrzeug mit Anhänger (Gespann) verursacht, haftet der Halter jedes dieser Fahrzeuge dem anderen für die Betriebsgefahr des gesamten Gespanns als Gesamtschuldner. [2]Die Ersatzpflicht des gesamtschuldnerisch haftenden Halters ist auf die Höchstbeträge der §§ 12 und 12a beschränkt.

(3) Wird ein Schaden durch ein Gespann und ein weiteres Kraftfahrzeug verursacht und sind die beteiligten Fahrzeughalter einem Dritten kraft Gesetzes zum Ersatz des Schadens verpflichtet oder ist der Schaden einem der beteiligten Fahrzeughalter entstanden, gilt für die Ersatzpflichten im Verhältnis der Halter von Zugfahrzeug und Anhänger zu dem Halter des weiteren beteiligten Kraftfahrzeugs § 17 Absatz 1 bis 3 entsprechend.

(4) [1]Ist in den Fällen der Absätze 2 und 3 der Halter des Zugfahrzeugs oder des Anhängers zum Ersatz des Schadens verpflichtet, kann er nach § 426 des Bürgerlichen Gesetzbuchs von dem Halter des zu dem Gespann verbundenen anderen Fahrzeugs Ausgleich verlangen. [2]Im Verhältnis dieser Halter zueinander ist nur der Halter des Zugfahrzeugs verpflichtet. [3]Satz 2 gilt nicht, soweit sich durch den Anhänger eine höhere Gefahr verwirklicht hat als durch das Zugfahrzeug allein; in diesem Fall hängt die Verpflichtung zum Ausgleich davon ab, inwieweit der Schaden vorwiegend von dem Zugfahrzeug oder dem Anhänger verursacht worden ist. [4]Das Ziehen des Anhängers allein verwirklicht im Regelfall keine höhere Gefahr. [5]Der Ersatz für Schäden der Halter des Zugfahrzeugs und des Anhängers richtet sich im Verhältnis zueinander nach den allgemeinen Vorschriften.

(5) Die Absätze 3 und 4 sind entsprechend anzuwenden, wenn der Schaden durch ein Gespann und ein Tier oder durch ein Gespann und eine Eisenbahn verursacht wird.

(6) Wird ein Schaden eines Dritten oder eines beteiligten Kraftfahrzeughalters durch einen Anhänger verursacht, der im Unfallzeitpunkt nicht mit einem Zugfahrzeug verbunden war, oder ist der Schaden an einem solchen Anhänger entstanden, ist § 17 entsprechend anzuwenden.

§ 19a Ersatzpflicht des Führers von Anhängern und Gespannen

(1) [1]Der Führer eines Gespanns haftet wie der Führer eines Kraftfahrzeugs. [2]§ 18 Absatz 1 und 2 ist entsprechend anzuwenden.

(2) [1]Ist in den Fällen des § 19 Absatz 3 und 5 auch der Führer des Gespanns zum Ersatz des Schadens verpflichtet, ist im Verhältnis zu den Haltern und Führern der weiteren beteiligten Kraftfahrzeuge, zu dem Tierhalter oder zu dem Eisenbahnunternehmer § 17 entsprechend anzuwenden. [2]Ist der Führer des Gespanns in den Fällen des § 19 Absatz 2, 3 und 5 zum Ersatz des Schadens verpflichtet, kann er von den Haltern des Zugfahrzeugs und des Anhängers nach § 426 des Bürgerlichen Gesetzbuchs Ausgleich verlangen. [3]Der Ersatz für Schäden des Führers des Gespanns richtet sich im Verhältnis zu den Haltern des Zugfahrzeugs und des Anhängers nach den allgemeinen Vorschriften.

(3) Im Fall des § 19 Absatz 6 haftet der Führer eines Anhängers wie der Führer eines Kraftfahrzeugs.

§ 20 Örtliche Zuständigkeit

Für Klagen, die auf Grund dieses Gesetzes erhoben werden, ist auch das Gericht zuständig, in dessen Bezirk das schädigende Ereignis stattgefunden hat.

III.

Straf- und Bußgeldvorschriften

§ 21 Fahren ohne Fahrerlaubnis

(1) Mit Freiheitsstrafe bis zu einem Jahr oder mit Geldstrafe wird bestraft, wer

1. ein Kraftfahrzeug führt, obwohl er die dazu erforderliche Fahrerlaubnis nicht hat oder ihm das Führen des Fahrzeugs nach § 44 des Strafgesetzbuchs oder nach § 25 dieses Gesetzes verboten ist, oder
2. als Halter eines Kraftfahrzeugs anordnet oder zulässt, dass jemand das Fahrzeug führt, der die dazu erforderliche Fahrerlaubnis nicht hat oder dem das Führen des Fahrzeugs nach § 44 des Strafgesetzbuchs oder nach § 25 dieses Gesetzes verboten ist.

(2) Mit Freiheitsstrafe bis zu sechs Monaten oder mit Geldstrafe bis zu 180 Tagessätzen wird bestraft, wer

1. eine Tat nach Absatz 1 fahrlässig begeht,
2. vorsätzlich oder fahrlässig ein Kraftfahrzeug führt, obwohl der vorgeschriebene Führerschein nach § 94 der Strafprozessordnung in Verwahrung genommen, sichergestellt oder beschlagnahmt ist, oder
3. vorsätzlich oder fahrlässig als Halter eines Kraftfahrzeugs anordnet oder zulässt, dass jemand das Fahrzeug führt, obwohl der vorgeschriebene Führerschein nach § 94 der Strafprozessordnung in Verwahrung genommen, sichergestellt oder beschlagnahmt ist.

(3) In den Fällen des Absatzes 1 kann das Kraftfahrzeug, auf das sich die Tat bezieht, eingezogen werden, wenn der Täter

1. das Fahrzeug geführt hat, obwohl ihm die Fahrerlaubnis entzogen oder das Führen des Fahrzeugs nach § 44 des Strafgesetzbuchs oder nach § 25 dieses Gesetzes verboten war oder obwohl eine Sperre nach § 69a Abs. 1 Satz 3 des Strafgesetzbuchs gegen ihn angeordnet war,
2. als Halter des Fahrzeugs angeordnet oder zugelassen hat, dass jemand das Fahrzeug führte, dem die Fahrerlaubnis entzogen oder das Führen des Fahrzeugs nach § 44 des Strafgesetzbuchs oder nach § 25 dieses Gesetzes verboten war oder gegen den eine Sperre nach § 69a Abs. 1 Satz 3 des Strafgesetzbuchs angeordnet war, oder
3. in den letzten drei Jahren vor der Tat schon einmal wegen einer Tat nach Absatz 1 verurteilt worden ist.

§ 22 Kennzeichenmissbrauch

(1) Wer in rechtswidriger Absicht

1. ein Kraftfahrzeug oder einen Kraftfahrzeuganhänger, für die ein amtliches Kennzeichen nicht ausgegeben oder zugelassen worden ist, mit einem Zeichen versieht, das geeignet ist, den Anschein amtlicher Kennzeichnung hervorzurufen,
2. ein Kraftfahrzeug oder einen Kraftfahrzeuganhänger mit einer anderen als der amtlich für das Fahrzeug ausgegebenen oder zugelassenen Kennzeichnung versieht,
3. das an einem Kraftfahrzeug oder einem Kraftfahrzeuganhänger angebrachte amtliche Kennzeichen verändert, beseitigt, verdeckt oder sonst in seiner Erkennbarkeit beeinträchtigt,

wird, wenn die Tat nicht in anderen Vorschriften mit schwererer Strafe bedroht ist, mit Freiheitsstrafe bis zu einem Jahr oder mit Geldstrafe bestraft.

(2) Die gleiche Strafe trifft Personen, welche auf öffentlichen Wegen oder Plätzen von einem Kraftfahrzeug oder einem Kraftfahrzeuganhänger Gebrauch machen, von denen sie wissen, dass die Kennzeichnung in der in Absatz 1 Nr. 1 bis 3 bezeichneten Art gefälscht, verfälscht oder unterdrückt worden ist.

§ 22a Missbräuchliches Herstellen, Vertreiben oder Ausgeben von Kennzeichen

(1) Mit Freiheitsstrafe bis zu einem Jahr oder mit Geldstrafe wird bestraft, wer

1. Kennzeichen ohne vorherige Anzeige bei der zuständigen Behörde herstellt, vertreibt oder ausgibt oder
2. (weggefallen)
3. Kennzeichen in der Absicht nachmacht, dass sie als amtlich zugelassene Kennzeichen verwendet oder in Verkehr gebracht werden oder dass ein solches Verwenden oder Inverkehrbringen ermöglicht werde, oder Kennzeichen in dieser Absicht so verfälscht, dass der Anschein der Echtheit hervorgerufen wird, oder
4. nachgemachte oder verfälschte Kennzeichen feilhält oder in den Verkehr bringt.

(2) [1]Nachgemachte oder verfälschte Kennzeichen, auf die sich eine Straftat nach Absatz 1 bezieht, können eingezogen werden. [2]§ 74a des Strafgesetzbuchs ist anzuwenden.

§ 22b Missbrauch von Wegstreckenzählern und Geschwindigkeitsbegrenzern

(1) Mit Freiheitsstrafe bis zu einem Jahr oder mit Geldstrafe wird bestraft, wer
1. die Messung eines Wegstreckenzählers, mit dem ein Kraftfahrzeug ausgerüstet ist, dadurch verfälscht, dass er durch Einwirkung auf das Gerät oder den Messvorgang das Ergebnis der Messung beeinflusst,
2. die bestimmungsgemäße Funktion eines Geschwindigkeitsbegrenzers, mit dem ein Kraftfahrzeug ausgerüstet ist, durch Einwirkung auf diese Einrichtung aufhebt oder beeinträchtigt oder
3. eine Straftat nach Nummer 1 oder 2 vorbereitet, indem er Computerprogramme, deren Zweck die Begehung einer solchen Tat ist, herstellt, sich oder einem anderen verschafft, feilhält oder einem anderen überlässt.

(2) In den Fällen des Absatzes 1 Nr. 3 gilt § 149 Abs. 2 und 3 des Strafgesetzbuches entsprechend.

(3) [1]Gegenstände, auf die sich die Straftat nach Absatz 1 bezieht, können eingezogen werden. [2]§ 74a des Strafgesetzbuches ist anzuwenden.

§ 23 ***[aufgehoben]***

§ 24 Bußgeldvorschriften

(1) Ordnungswidrig handelt, wer vorsätzlich oder fahrlässig einer Rechtsverordnung nach § 1j Absatz 1 Nummer 1, 2, 4, 5 oder 6, § 6 Absatz 1 Satz 1 Nummer 1 Buchstabe a bis c oder d, Nummer 2, 3, 5, 6 Buchstabe a, Nummer 8 bis 16 oder 17, jeweils auch in Verbindung mit § 6 Absatz 3 Nummer 1 bis 5 oder 7, nach § 6e Absatz 1 Nummer 1 bis 5 oder 7 oder nach § 6g Absatz 4 Satz 1 Nummer 3, 5, 7 oder 9 oder einer vollziehbaren Anordnung auf Grund einer solchen Rechtsverordnung zuwiderhandelt, soweit die Rechtsverordnung für einen bestimmten Tatbestand auf diese Bußgeldvorschrift verweist.

(2) [1]Ordnungswidrig handelt, wer vorsätzlich oder fahrlässig
1. einer Rechtsverordnung nach § 6 Absatz 2
   a) Nummer 1 Buchstabe a bis e oder g,
   b) Nummer 1 Buchstabe f, Nummer 2 oder 3 Buchstabe b,
   c) Nummer 3 Buchstabe a oder c oder
   d) Nummer 4,

   jeweils auch in Verbindung mit § 6 Absatz 3 Nummer 1, 2, 3 Buchstabe a oder c, Nummer 4, 5 oder 7 oder einer vollziehbaren Anordnung auf Grund einer solchen Rechtsverordnung zuwiderhandelt, soweit die Rechtsverordnung für einen bestimmten Tatbestand auf diese Bußgeldvorschrift verweist, oder
2. einer unmittelbar geltenden Vorschrift in Rechtsakten der Europäischen Gemeinschaft oder der Europäischen Union zuwiderhandelt, die inhaltlich einer Regelung entspricht, zu der die in Nummer 1
   a) Buchstabe a,
   b) Buchstabe b,
   c) Buchstabe c oder
   d) Buchstabe d

   genannten Vorschriften ermächtigen, soweit eine Rechtsverordnung nach Satz 2 für einen bestimmten Tatbestand auf diese Bußgeldvorschrift verweist.

[2]Das Bundesministerium für Digitales und Verkehr wird ermächtigt, soweit dies zur Durchsetzung der Rechtsakte der Europäischen Gemeinschaft oder der Europäischen Union erforderlich ist, durch Rechtsverordnung ohne Zustimmung des Bundesrates die Tatbestände zu bezeichnen, die als Ordnungswidrigkeit nach Satz 1 Nummer 2 geahndet werden können.

(3) Die Ordnungswidrigkeit kann in den Fällen
1. des Absatzes 2 Satz 1 Nummer 1 Buchstabe d und Nummer 2 Buchstabe d mit einer Geldbuße bis zu fünfhunderttausend Euro,
2. des Absatzes 2 Satz 1 Nummer 1 Buchstabe c und Nummer 2 Buchstabe c mit einer Geldbuße bis zu dreihunderttausend Euro,
3. des Absatzes 2 Satz 1 Nummer 1 Buchstabe a und Nummer 2 Buchstabe a mit einer Geldbuße bis zu hunderttausend Euro,
4. des Absatzes 2 Satz 1 Nummer 1 Buchstabe b und Nummer 2 Buchstabe b mit einer Geldbuße bis zu fünfzigtausend Euro,
5. des Absatzes 1 mit einer Geldbuße bis zu zweitausend Euro

geahndet werden.

(4) In den Fällen des Absatzes 3 Nummer 1 und 2 ist § 30 Absatz 2 Satz 3 des Gesetzes über Ordnungswidrigkeiten anzuwenden.

(5) Fahrzeuge, Fahrzeugteile und Ausrüstungen, auf die sich eine Ordnungswidrigkeit nach Absatz 1 in Verbindung mit § 6 Absatz 1 Satz 1 Nummer 5 oder 10 oder eine Ordnungswidrigkeit nach Absatz 2 Satz 1 bezieht, können eingezogen werden.

§ 24a 0,5 Promille-Grenze, Tetrahydrocannabinol-Grenzwert

(1) Ordnungswidrig handelt, wer vorsätzlich oder fahrlässig im Straßenverkehr ein Kraftfahrzeug führt, obwohl er 0,25 mg/l oder mehr Alkohol in der Atemluft oder 0,5 Promille oder mehr Alkohol im Blut oder eine Alkoholmenge im Körper hat, die zu einer solchen Atem- oder Blutalkoholkonzentration führt.

(1a) Ordnungswidrig handelt, wer vorsätzlich oder fahrlässig im Straßenverkehr ein Kraftfahrzeug führt, obwohl er 3,5 ng/ml oder mehr Tetrahydrocannabinol im Blutserum hat.

(2) [1]Ordnungswidrig handelt, wer vorsätzlich oder fahrlässig unter der Wirkung eines in der Anlage zu dieser Vorschrift genannten berauschenden Mittels im Straßenverkehr ein Kraftfahrzeug führt. [2]Eine solche Wirkung liegt vor, wenn eine in dieser Anlage genannte Substanz im Blutserum nachgewiesen wird.

(2a) Ordnungswidrig handelt, wer vorsätzlich oder fahrlässig eine in Absatz 1a genannte Handlung begeht und

1. ein alkoholisches Getränk zu sich nimmt oder
2. die Fahrt antritt, obwohl er unter der Wirkung eines alkoholischen Getränks steht.

(3) Die Ordnungswidrigkeit kann in den Fällen der Absätze 1, 1a und 2 Satz 1 mit einer Geldbuße bis zu dreitausend Euro und in den Fällen des Absatzes 2a mit einer Geldbuße bis zu fünftausend Euro geahndet werden.

(4) Die Absätze 1a, 2 Satz 1 und Absatz 2a sind nicht anzuwenden, wenn eine dort oder in der Anlage zu dieser Vorschrift genannte Substanz aus der bestimmungsgemäßen Einnahme eines für einen konkreten Krankheitsfall verschriebenen Arzneimittels herrührt.

(5) Das Bundesministerium für Digitales und Verkehr wird ermächtigt, durch Rechtsverordnung im Einvernehmen mit dem Bundesministerium für Gesundheit und Soziale Sicherung und dem Bundesministerium der Justiz mit Zustimmung des Bundesrates die Liste der berauschenden Mittel und Substanzen in der Anlage zu dieser Vorschrift zu ändern oder zu ergänzen, wenn dies nach wissenschaftlicher Erkenntnis im Hinblick auf die Sicherheit des Straßenverkehrs erforderlich ist.

§ 24b ***[aufgehoben]***

§ 24c Alkohol- und Cannabisverbot für Fahranfänger und Fahranfängerinnen

(1) Ordnungswidrig handelt, wer vorsätzlich oder fahrlässig in der Probezeit nach § 2a oder vor Vollendung des 21. Lebensjahres als Führer eines Kraftfahrzeugs im Straßenverkehr

1. ein alkoholisches Getränk oder die Substanz Tetrahydrocannabinol zu sich nimmt oder
2. die Fahrt antritt, obwohl er unter der Wirkung eines alkoholischen Getränks oder der Substanz Tetrahydrocannabinol steht.

(2) Die Ordnungswidrigkeit kann mit einer Geldbuße geahndet werden.

(3) Absatz 1 ist nicht anzuwenden, wenn die Substanz Tetrahydrocannabinol aus der bestimmungsgemäßen Einnahme eines für einen konkreten Krankheitsfall verschriebenen Arzneimittels herrührt.

§ 25 Fahrverbot

(1) [1]Wird gegen die betroffene Person wegen einer Ordnungswidrigkeit nach § 24 Absatz 1, die sie unter grober oder beharrlicher Verletzung der Pflichten eines Kraftfahrzeugführers begangen hat, eine Geldbuße festgesetzt, so kann ihr die Verwaltungsbehörde oder das Gericht in der Bußgeldentscheidung für die Dauer von einem Monat bis zu drei Monaten verbieten, im Straßenverkehr Kraftfahrzeuge jeder oder einer bestimmten Art zu führen. [2]Wird gegen die betroffene Person wegen einer Ordnungswidrigkeit nach § 24 Absatz 1 bis 2a eine Geldbuße festgesetzt, so ist in der Regel auch ein Fahrverbot anzuordnen.

(2) [1]Das Fahrverbot wird mit der Rechtskraft der Bußgeldentscheidung wirksam. [2]Für seine Dauer werden von einer deutschen Behörde ausgestellte nationale und internationale Führerscheine amtlich verwahrt. [3]Dies gilt auch, wenn der Führerschein von einer Behörde eines Mitgliedstaates der Europäischen Union oder eines anderen Vertragsstaates des Abkommens über den Europäischen Wirtschaftsraum ausgestellt worden ist, sofern der Inhaber seinen ordentlichen Wohnsitz im Inland hat. [4]Wird er nicht freiwillig herausgegeben, so ist er zu beschlagnahmen.

(2a) Ist in den zwei Jahren vor der Ordnungswidrigkeit ein Fahrverbot gegen die betroffene Person nicht verhängt worden und wird auch bis zur Bußgeldentscheidung ein Fahrverbot nicht verhängt, so bestimmt die Verwaltungsbehörde oder das Gericht abweichend von Absatz 2 Satz 1, dass das Fahrverbot erst wirksam wird, wenn der Führerschein nach Rechtskraft der Bußgeldentscheidung in amtliche Verwahrung gelangt, spätestens jedoch mit Ablauf von vier Monaten seit Eintritt der Rechtskraft.

(2b) [1]Werden gegen die betroffene Person mehrere Fahrverbote rechtskräftig verhängt, so sind die Verbotsfristen nacheinander zu berechnen. [2]Die Verbotsfrist auf Grund des früher wirksam gewordenen Fahrverbots läuft zuerst. [3]Werden Fahrverbote gleichzeitig wirksam, so läuft die Verbotsfrist auf Grund des früher angeordneten Fahrverbots zuerst, bei gleichzeitiger Anordnung ist die frühere Tat maßgebend.

(3) [1]In anderen als in Absatz 2 Satz 3 genannten ausländischen Führerscheinen wird das Fahrverbot vermerkt. [2]Zu diesem Zweck kann der Führerschein beschlagnahmt werden.

(4) [1]Wird der Führerschein in den Fällen des Absatzes 2 Satz 4 oder des Absatzes 3 Satz 2 bei der betroffenen Person nicht vorgefunden, so hat sie auf Antrag der Vollstreckungsbehörde (§ 92 des Gesetzes über Ordnungswidrigkeiten) bei dem Amtsgericht eine eidesstattliche Versicherung über den Verbleib des Führerscheins abzugeben. [2]§ 883 Abs. 2 und 3 der Zivilprozessordnung gilt entsprechend.

(5) [1]Ist ein Führerschein amtlich zu verwahren oder das Fahrverbot in einem ausländischen Führerschein zu vermerken, so wird die Verbotsfrist erst von dem Tag an gerechnet, an dem dies geschieht. [2]In die Verbotsfrist wird die Zeit nicht eingerechnet, in welcher der Täter auf behördliche Anordnung in einer Anstalt verwahrt wird.

(6) [1]Die Dauer einer vorläufigen Entziehung der Fahrerlaubnis (§ 111a der Strafprozessordnung) wird auf das Fahrverbot angerechnet. [2]Es kann jedoch angeordnet werden, dass die Anrechnung ganz oder zum Teil unterbleibt, wenn sie im Hinblick auf das Verhalten der betroffenen Person nach Begehung der Ordnungswidrigkeit nicht gerechtfertigt ist. [3]Der vorläufigen Entziehung der Fahrerlaubnis steht die Verwahrung, Sicherstellung oder Beschlagnahme des Führerscheins (§ 94 der Strafprozessordnung) gleich.

(7) [1]Wird das Fahrverbot nach Absatz 1 im Strafverfahren angeordnet (§ 82 des Gesetzes über Ordnungswidrigkeiten), so kann die Rückgabe eines in Verwahrung genommenen, sichergestellten oder beschlagnahmten Führerscheins aufgeschoben werden, wenn die betroffene Person nicht widerspricht. [2]In diesem Fall ist die Zeit nach dem Urteil unverkürzt auf das Fahrverbot anzurechnen.

(8) Über den Zeitpunkt der Wirksamkeit des Fahrverbots nach Absatz 2 oder 2a Satz 1 und über den Beginn der Verbotsfrist nach Absatz 5 Satz 1 ist die betroffene Person bei der Zustellung der Bußgeldentscheidung oder im Anschluss an deren Verkündung zu belehren.

§ 25a Kostentragungspflicht des Halters

(1) [1]Kann in einem Bußgeldverfahren wegen eines Halt- oder Parkverstoßes der Führer des Kraftfahrzeugs, der den Verstoß begangen hat, nicht vor Eintritt der Verfolgungsverjährung ermittelt werden oder würde seine Ermittlung einen unangemessenen Aufwand erfordern, so werden dem Halter des Kraftfahrzeugs oder seinem Beauftragten die Kosten des Verfahrens auferlegt; er hat dann auch seine Auslagen zu tragen. [2]Entsprechendes gilt für den Halter eines Kraftfahrzeuganhängers, wenn mit diesem Kraftfahrzeuganhänger, ohne dass dieser an ein Kraftfahrzeug angehängt ist, ein Halt- oder Parkverstoß begangen wurde und derjenige, der den Verstoß begangen hat, nicht vor Eintritt der Verfolgungsverjährung ermittelt werden kann oder seine Ermittlung einen unangemessenen Aufwand erfordern würde. [3]Von einer Entscheidung nach Satz 1 oder 2 wird abgesehen, wenn es unbillig wäre, den Halter oder seinen Beauftragten mit den Kosten zu belasten.

(2) Die Kostenentscheidung ergeht mit der Entscheidung, die das Verfahren abschließt; vor der Entscheidung ist derjenige zu hören, dem die Kosten auferlegt werden sollen.

(3) [1]Gegen die Kostenentscheidung der Verwaltungsbehörde und der Staatsanwaltschaft kann innerhalb von zwei Wochen nach Zustellung gerichtliche Entscheidung beantragt werden. [2]§ 62 Abs. 2 des Gesetzes über Ordnungswidrigkeiten gilt entsprechend; für die Kostenentscheidung der Staatsanwaltschaft gelten auch § 50 Abs. 2 und § 52 des Gesetzes über Ordnungswidrigkeiten entsprechend. [3]Die Kostenentscheidung des Gerichts ist nicht anfechtbar.

§ 26 Zuständige Verwaltungsbehörde; Verjährung

(1) [1]Bei Ordnungswidrigkeiten nach den § 24 Absatz 1, § 24a Absatz 1 bis 2a und § 24c Absatz 1 ist Verwaltungsbehörde im Sinne des § 36 Abs. 1 Nr. 1 des Gesetzes über Ordnungswidrigkeiten die Behörde oder Dienststelle der Polizei, die von der Landesregierung durch Rechtsverordnung näher bestimmt wird. [2]Die Landesregierung kann die Ermächtigung auf die zuständige oberste Landesbehörde übertragen.

(2) Verwaltungsbehörde im Sinne des § 36 Absatz 1 Nummer 1 des Gesetzes über Ordnungswidrigkeiten ist das Kraftfahrt-Bundesamt

1. abweichend von Absatz 1 bei Ordnungswidrigkeiten nach § 24 Absatz 1, soweit es für den Vollzug der bewehrten Vorschriften zuständig ist, oder
2. bei Ordnungswidrigkeiten nach § 24 Absatz 2 Satz 1.

(3) [1]Die Frist der Verfolgungsverjährung beträgt bei Ordnungswidrigkeiten nach § 24 Absatz 1 drei Monate, solange wegen der Handlung weder ein Bußgeldbescheid ergangen ist noch öffentliche Klage erhoben worden ist, danach sechs Monate. [2]Abweichend von Satz 1 beträgt die Frist der Verfolgungsver-

jährung bei Ordnungswidrigkeiten nach § 24 Absatz 1 in Verbindung mit § 6 Absatz 1 Satz 1 Nummer 5 oder 10 zwei Jahre, soweit diese Ordnungswidrigkeiten Zuwiderhandlungen gegen Vorschriften mit Anforderungen an Fahrzeuge oder Fahrzeugteile betreffen, die der Genehmigung ihrer Bauart bedürfen. [3]Die Frist der Verfolgungsverjährung beträgt bei Ordnungswidrigkeiten nach § 24 Absatz 2 Satz 1 Nummer 1 Buchstabe c und d und Nummer 2 Buchstabe c und d fünf Jahre.

§ 26a Bußgeldkatalog

(1) Das Bundesministerium für Digitales und Verkehr wird ermächtigt, durch Rechtsverordnung mit Zustimmung des Bundesrates Vorschriften zu erlassen über

1. die Erteilung einer Verwarnung (§ 56 des Gesetzes über Ordnungswidrigkeiten) wegen einer Ordnungswidrigkeit nach § 24 Absatz 1,
2. Regelsätze für Geldbußen wegen einer Ordnungswidrigkeit nach den § 24 Absatz 1, § 24a Absatz 1 bis 2a und § 24c Absatz 1,
3. die Anordnung des Fahrverbots nach § 25.

(2) Die Vorschriften nach Absatz 1 bestimmen unter Berücksichtigung der Bedeutung der Ordnungswidrigkeit, in welchen Fällen, unter welchen Voraussetzungen und in welcher Höhe das Verwarnungsgeld erhoben, die Geldbuße festgesetzt und für welche Dauer das Fahrverbot angeordnet werden soll.

§ 27 Informationsschreiben

(1) [1]Hat die Verwaltungsbehörde in einem Bußgeldverfahren den Halter oder Eigentümer eines Kraftfahrzeugs auf Grund einer Abfrage im Sinne des Artikels 4 der Richtlinie (EU) 2015/413 des Europäischen Parlaments und des Rates vom 11. März 2015 zur Erleichterung des grenzüberschreitenden Austauschs von Informationen über die Straßenverkehrssicherheit gefährdende Verkehrsdelikte (ABl. L 68 vom 13.3.2015, S. 9) ermittelt, übersendet sie der ermittelten Person ein Informationsschreiben. [2]In diesem Schreiben werden die Art des Verstoßes, Zeit und Ort seiner Begehung, das gegebenenfalls verwendete Überwachungsgerät, die anwendbaren Bußgeldvorschriften sowie die für einen solchen Verstoß vorgesehene Sanktion angegeben. [3]Das Informationsschreiben ist in der Sprache des Zulassungsdokuments des Kraftfahrzeugs oder in einer der Amtssprachen des Mitgliedstaates zu übermitteln, in dem das Kraftfahrzeug zugelassen ist.

(2) Absatz 1 gilt nicht, wenn die ermittelte Person ihren ordentlichen Wohnsitz im Inland hat.

IV.
Fahreignungsregister

§ 28 Führung und Inhalt des Fahreignungsregisters

(1) Das Kraftfahrt-Bundesamt führt das Fahreignungsregister nach den Vorschriften dieses Abschnitts.

(2) Das Fahreignungsregister wird geführt zur Speicherung von Daten, die erforderlich sind

1. für die Beurteilung der Eignung und der Befähigung von Personen zum Führen von Kraftfahrzeugen oder zum Begleiten eines Kraftfahrzeugführers entsprechend einer nach § 6e Abs. 1 erlassenen Rechtsverordnung,
2. für die Prüfung der Berechtigung zum Führen von Fahrzeugen,
3. für die Ahndung der Verstöße von Personen, die wiederholt Straftaten oder Ordnungswidrigkeiten, die im Zusammenhang mit dem Straßenverkehr stehen, begehen oder
4. für die Beurteilung von Personen im Hinblick auf ihre Zuverlässigkeit bei der Wahrnehmung der ihnen durch Gesetz, Satzung oder Vertrag übertragenen Verantwortung für die Einhaltung der zur Sicherheit im Straßenverkehr bestehenden Vorschriften.

(3) Im Fahreignungsregister werden Daten gespeichert über

1. rechtskräftige Entscheidungen der Strafgerichte wegen einer Straftat, die in der Rechtsverordnung nach § 6 Absatz 1 Satz 1 Nummer 4 bezeichnet ist, soweit sie auf Strafe, Verwarnung mit Strafvorbehalt erkennen oder einen Schuldspruch enthalten,
2. rechtskräftige Entscheidungen der Strafgerichte, die die Entziehung der Fahrerlaubnis, eine isolierte Sperre oder ein Fahrverbot anordnen, sofern sie nicht von Nummer 1 erfasst sind, sowie Entscheidungen der Strafgerichte, die die vorläufige Entziehung der Fahrerlaubnis anordnen,
3. rechtskräftige Entscheidungen wegen einer Ordnungswidrigkeit
   a) nach den § 24 Absatz 1, § 24a oder § 24c, soweit sie in der Rechtsverordnung nach § 6 Absatz 1 Satz 1 Nummer 4 bezeichnet ist und gegen die betroffene Person
      aa) ein Fahrverbot nach § 25 angeordnet worden ist oder
      bb) eine Geldbuße von mindestens sechzig Euro festgesetzt worden ist und § 28a nichts anderes bestimmt,

   b) nach den § 24 Absatz 1, § 24a oder § 24c, soweit kein Fall des Buchstaben a vorliegt und ein Fahrverbot angeordnet worden ist,
   c) nach § 10 des Gefahrgutbeförderungsgesetzes, soweit sie in der Rechtsverordnung nach § 6 Absatz 1 Satz 1 Nummer 4 bezeichnet ist,
4. unanfechtbare oder sofort vollziehbare Verbote oder Beschränkungen, ein fahrerlaubnisfreies Fahrzeug zu führen,
5. unanfechtbare Versagungen einer Fahrerlaubnis,
6. unanfechtbare oder sofort vollziehbare
   a) Entziehungen, Widerrufe oder Rücknahmen einer Fahrerlaubnis,
   b) Feststellungen über die fehlende Berechtigung, von einer ausländischen Fahrerlaubnis im Inland Gebrauch zu machen,
7. Verzichte auf die Fahrerlaubnis,
8. unanfechtbare Ablehnungen eines Antrags auf Verlängerung der Geltungsdauer einer Fahrerlaubnis,
9. die Beschlagnahme, Sicherstellung oder Verwahrung von Führerscheinen nach § 94 der Strafprozessordnung,
10. *[aufgehoben]*
11. Maßnahmen der Fahrerlaubnisbehörde nach § 2a Abs. 2 Satz 1 Nr. 1 und 2 und § 4 Absatz 5 Satz 1 Nr. 1 und 2,
12. die Teilnahme an einem Aufbauseminar, an einem besonderen Aufbauseminar und an einer verkehrspsychologischen Beratung, soweit dies für die Anwendung der Regelungen der Fahrerlaubnis auf Probe (§ 2a) erforderlich ist,
13. die Teilnahme an einem Fahreignungsseminar, soweit dies für die Anwendung der Regelungen des Fahreignungs-Bewertungssystems (§ 4) erforderlich ist,
14. Entscheidungen oder Änderungen, die sich auf eine der in den Nummern 1 bis 13 genannten Eintragungen beziehen.

(4) [1]Die Gerichte, Staatsanwaltschaften und anderen Behörden teilen dem Kraftfahrt-Bundesamt unverzüglich die nach Absatz 3 zu speichernden oder zu einer Änderung oder Löschung einer Eintragung führenden Daten mit. [2]Die Datenübermittlung nach Satz 1 kann auch im Wege der Datenfernübertragung durch Direkteinstellung unter Beachtung des § 30a Absatz 2 bis 4 erfolgen.

(5) [1]Bei Zweifeln an der Identität einer eingetragenen Person mit der Person, auf die sich eine Mitteilung nach Absatz 4 bezieht, dürfen die Datenbestände des Zentralen Fahrerlaubnisregisters und des Zentralen Fahrzeugregisters zur Identifizierung dieser Personen verwendet werden. [2]Ist die Feststellung der Identität der betreffenden Personen auf diese Weise nicht möglich, dürfen die auf Anfrage aus den Melderegistern übermittelten Daten zur Behebung der Zweifel verwendet werden. [3]Die Zulässigkeit der Übermittlung durch die Meldebehörden richtet sich nach den Meldegesetzen der Länder. [4]Können die Zweifel an der Identität der betreffenden Personen nicht ausgeräumt werden, werden die Eintragungen über beide Personen mit einem Hinweis auf die Zweifel an deren Identität versehen.

(6) Die regelmäßige Verwendung der auf Grund des § 50 Abs. 1 im Zentralen Fahrerlaubnisregister gespeicherten Daten ist zulässig, um Fehler und Abweichungen bei den Personendaten sowie den Daten über Fahrerlaubnisse und Führerscheine der betreffenden Person im Fahreignungsregister festzustellen und zu beseitigen und um das Fahreignungsregister zu vervollständigen.

§ 28a Eintragung beim Abweichen vom Bußgeldkatalog

[1]Wird die Geldbuße wegen einer Ordnungswidrigkeit nach den § 24 Absatz 1, § 24a und § 24c lediglich mit Rücksicht auf die wirtschaftlichen Verhältnisse der betroffenen Person abweichend von dem Regelsatz der Geldbuße festgesetzt, der für die zugrunde liegende Ordnungswidrigkeit im Bußgeldkatalog (§ 26a) vorgesehen ist, so ist in der Entscheidung dieser Paragraph bei den angewendeten Bußgeldvorschriften aufzuführen, wenn der Regelsatz der Geldbuße

1. sechzig Euro oder mehr beträgt und eine geringere Geldbuße festgesetzt wird oder
2. weniger als sechzig Euro beträgt und eine Geldbuße von sechzig Euro oder mehr festgesetzt wird.

[2]In diesen Fällen ist für die Eintragung in das Fahreignungsregister der im Bußgeldkatalog vorgesehene Regelsatz maßgebend.

§ 28b (weggefallen)

§ 29 Tilgung der Eintragungen

(1) [1]Die im Register gespeicherten Eintragungen werden nach Ablauf der in Satz 2 bestimmten Fristen getilgt. [2]Die Tilgungsfristen betragen

1. zwei Jahre und sechs Monate

bei Entscheidungen über eine Ordnungswidrigkeit,
a) die in der Rechtsverordnung nach § 6 Absatz 1 Satz 1 Nummer 4 Buchstabe b als verkehrssicherheitsbeeinträchtigende oder gleichgestellte Ordnungswidrigkeit mit einem Punkt bewertet ist oder
b) soweit weder ein Fall des Buchstaben a noch der Nummer 2 Buchstabe b vorliegt und in der Entscheidung ein Fahrverbot angeordnet worden ist,

2. fünf Jahre
a) bei Entscheidungen über eine Straftat, vorbehaltlich der Nummer 3 Buchstabe a,
b) bei Entscheidungen über eine Ordnungswidrigkeit, die in der Rechtsverordnung nach § 6 Absatz 1 Satz 1 Nummer 4 Buchstabe b als besonders verkehrssicherheitsbeeinträchtigende oder gleichgestellte Ordnungswidrigkeit mit zwei Punkten bewertet ist,
c) bei von der nach Landesrecht zuständigen Behörde verhängten Verboten oder Beschränkungen, ein fahrerlaubnisfreies Fahrzeug zu führen,
d) bei Mitteilungen über die Teilnahme an einem Fahreignungsseminar, einem Aufbauseminar, einem besonderen Aufbauseminar oder einer verkehrspsychologischen Beratung,

3. zehn Jahre
a) bei Entscheidungen über eine Straftat, in denen die Fahrerlaubnis entzogen oder eine isolierte Sperre angeordnet worden ist,
b) bei Entscheidungen über Maßnahmen oder Verzichte nach § 28 Absatz 3 Nummer 5 bis 8.

[3]Eintragungen über Maßnahmen der nach Landesrecht zuständigen Behörde nach § 2a Absatz 2 Satz 1 Nummer 1 und 2 und § 4 Absatz 5 Satz 1 Nummer 1 und 2 werden getilgt, wenn dem Inhaber einer Fahrerlaubnis die Fahrerlaubnis entzogen wird. [4]Sonst erfolgt eine Tilgung bei den Maßnahmen nach § 2a Absatz 2 Satz 1 Nummer 1 und 2 ein Jahr nach Ablauf der Probezeit und bei Maßnahmen nach § 4 Absatz 5 Satz 1 Nummer 1 und 2 dann, wenn die letzte Eintragung wegen einer Straftat oder Ordnungswidrigkeit getilgt ist. [5]Verkürzungen der Tilgungsfristen nach Absatz 1 können durch Rechtsverordnung gemäß § 30c Abs. 1 Nr. 2 zugelassen werden, wenn die eingetragene Entscheidung auf körperlichen oder geistigen Mängeln oder fehlender Befähigung beruht.

(2) Die Tilgungsfristen gelten nicht, wenn die Erteilung einer Fahrerlaubnis oder die Erteilung des Rechts, von einer ausländischen Fahrerlaubnis wieder Gebrauch zu machen, für immer untersagt ist.

(3) Ohne Rücksicht auf den Lauf der Fristen nach Absatz 1 und das Tilgungsverbot nach Absatz 2 werden getilgt

1. Eintragungen über Entscheidungen, wenn ihre Tilgung im Bundeszentralregister angeordnet oder wenn die Entscheidung im Wiederaufnahmeverfahren oder nach den §§ 86, 102 Abs. 2 des Gesetzes über Ordnungswidrigkeiten rechtskräftig aufgehoben wird,
2. Eintragungen, die in das Bundeszentralregister nicht aufzunehmen sind, wenn ihre Tilgung durch die nach Landesrecht zuständige Behörde angeordnet wird, wobei die Anordnung nur ergehen darf, wenn dies zur Vermeidung ungerechtfertigter Härten erforderlich ist und öffentliche Interessen nicht gefährdet werden,
3. Eintragungen, bei denen die zugrunde liegende Entscheidung aufgehoben wird oder bei denen nach näherer Bestimmung durch Rechtsverordnung gemäß § 30c Abs. 1 Nr. 2 eine Änderung der zugrunde liegenden Entscheidung Anlass gibt,
4. sämtliche Eintragungen, wenn eine amtliche Mitteilung über den Tod der betroffenen Person eingeht.

(4) Die Tilgungsfrist (Absatz 1) beginnt

1. bei strafgerichtlichen Verurteilungen und bei Strafbefehlen mit dem Tag der Rechtskraft, wobei dieser Tag auch dann maßgebend bleibt, wenn eine Gesamtstrafe oder eine einheitliche Jugendstrafe gebildet oder nach § 30 Abs. 1 des Jugendgerichtsgesetzes auf Jugendstrafe erkannt wird oder eine Entscheidung im Wiederaufnahmeverfahren ergeht, die eine registerpflichtige Verurteilung enthält,
2. bei Entscheidungen der Gerichte nach den §§ 59, 60 des Strafgesetzbuchs und § 27 des Jugendgerichtsgesetzes mit dem Tag der Rechtskraft,
3. bei gerichtlichen und verwaltungsbehördlichen Bußgeldentscheidungen sowie bei anderen Verwaltungsentscheidungen mit dem Tag der Rechtskraft oder Unanfechtbarkeit der beschwerenden Entscheidung,
4. bei Aufbauseminaren nach § 2a Absatz 2 Satz 1 Nummer 1, verkehrspsychologischen Beratungen nach § 2a Absatz 2 Satz 1 Nummer 2 und Fahreignungsseminaren nach § 4 Absatz 7 mit dem Tag der Ausstellung der Teilnahmebescheinigung.

(5) [1]Bei der Versagung oder Entziehung der Fahrerlaubnis wegen mangelnder Eignung, der Anordnung einer Sperre nach § 69a Abs. 1 Satz 3 des Strafgesetzbuchs oder bei einem Verzicht auf die Fahrerlaubnis beginnt die Tilgungsfrist erst mit der Erteilung oder Neuerteilung der Fahrerlaubnis, spätestens jedoch

fünf Jahre nach der Rechtskraft der beschwerenden Entscheidung oder dem Tag des Zugangs der Verzichtserklärung bei der zuständigen Behörde. [2]Bei von der nach Landesrecht zuständigen Behörde verhängten Verboten oder Beschränkungen, ein fahrerlaubnisfreies Fahrzeug zu führen, beginnt die Tilgungsfrist fünf Jahre nach Ablauf oder Aufhebung des Verbots oder der Beschränkung.

(6) [1]Nach Eintritt der Tilgungsreife wird eine Eintragung vorbehaltlich der Sätze 2 und 4 gelöscht. [2]Eine Eintragung nach § 28 Absatz 3 Nummer 1 oder 3 Buchstabe a oder c wird nach Eintritt der Tilgungsreife erst nach einer Überliegefrist von einem Jahr gelöscht. [3]Während dieser Überliegefrist darf der Inhalt dieser Eintragung nur noch zu folgenden Zwecken übermittelt, verwendet oder über ihn eine Auskunft erteilt werden:

1. zur Übermittlung an die nach Landesrecht zuständige Behörde zur dortigen Verwendung zur Anordnung von Maßnahmen im Rahmen der Fahrerlaubnis auf Probe nach § 2a,
2. zur Übermittlung an die nach Landesrecht zuständige Behörde zur dortigen Verwendung zum Ergreifen von Maßnahmen nach dem Fahreignungs-Bewertungssystem nach § 4 Absatz 5,
3. zur Auskunftserteilung an die betroffene Person nach § 30 Absatz 8,
4. zur Verwendung für die Durchführung anderer als der in den Nummern 1 oder 2 genannten Verfahren zur Erteilung oder Entziehung einer Fahrerlaubnis, wenn die Tat als Grundlage in einer noch gespeicherten Maßnahme nach § 28 Absatz 3 Nummer 5, 6 oder 8 genannt ist.

[4]Die Löschung einer Eintragung nach § 28 Absatz 3 Nummer 3 Buchstabe a oder c unterbleibt in jedem Fall so lange, wie die betroffene Person im Zentralen Fahrerlaubnisregister als Inhaber einer Fahrerlaubnis auf Probe gespeichert ist; während dieser Zeit gilt Satz 3 Nummer 1, 3 und 4 nach Ablauf der Überliegefrist entsprechend.

(7) [1]Ist eine Eintragung im Fahreignungsregister gelöscht, dürfen die Tat und die Entscheidung der betroffenen Person für die Zwecke des § 28 Absatz 2 nicht mehr vorgehalten und nicht zu ihrem Nachteil verwertet werden. [2]Abweichend von Satz 1 darf eine Tat und die hierauf bezogene Entscheidung trotz ihrer Löschung aus dem Fahreignungsregister für die Durchführung anderer als der in Absatz 6 Satz 3 Nummer 4 genannten Verfahren zur Erteilung oder Entziehung einer Fahrerlaubnis verwendet werden, solange die Tat als Grundlage in einer noch gespeicherten Maßnahme nach § 28 Absatz 3 Nummer 5, 6 oder 8 genannt ist. [3]Unterliegt eine Eintragung im Fahreignungsregister über eine gerichtliche Entscheidung nach Absatz 1 Satz 2 Nummer 3 Buchstabe a einer zehnjährigen Tilgungsfrist, darf sie nach Ablauf eines Zeitraums, der einer fünfjährigen Tilgungsfrist nach den vorstehenden Vorschriften entspricht, nur noch für folgende Zwecke an die nach Landesrecht zuständige Behörde übermittelt und dort verwendet werden:

1. zur Durchführung von Verfahren, die eine Erteilung oder Entziehung einer Fahrerlaubnis zum Gegenstand haben,
2. zum Ergreifen von Maßnahmen nach dem Fahreignungs-Bewertungssystem nach § 4 Absatz 5.

[4]Außerdem dürfen für die Prüfung der Berechtigung zum Führen von Kraftfahrzeugen Entscheidungen der Gerichte nach den §§ 69 bis 69b des Strafgesetzbuches an die nach Landesrecht zuständige Behörde übermittelt und dort verwendet werden. [5]Die Sätze 1 bis 3 gelten nicht für Eintragungen wegen strafgerichtlicher Entscheidungen, die für die Ahndung von Straftaten herangezogen werden. [6]Insoweit gelten die Regelungen des Bundeszentralregistergesetzes.

§ 30 Übermittlung

(1) Die Eintragungen im Fahreignungsregister dürfen an die Stellen, die

1. für die Verfolgung von Straftaten, zur Vollstreckung oder zum Vollzug von Strafen,
2. für die Verfolgung von Ordnungswidrigkeiten und die Vollstreckung von Bußgeldbescheiden und ihren Nebenfolgen nach diesem Gesetz und dem Gesetz über das Fahrpersonal im Straßenverkehr oder
3. für Verwaltungsmaßnahmen auf Grund dieses Gesetzes oder der auf ihm beruhenden Rechtsvorschriften

zuständig sind, übermittelt werden, soweit dies für die Erfüllung der diesen Stellen obliegenden Aufgaben zu den in § 28 Abs. 2 genannten Zwecken jeweils erforderlich ist.

(2) Die Eintragungen im Fahreignungsregister dürfen an die Stellen, die für Verwaltungsmaßnahmen auf Grund des Gesetzes über die Beförderung gefährlicher Güter, des Kraftfahrsachverständigengesetzes, des Fahrlehrergesetzes, des Personenbeförderungsgesetzes, der gesetzlichen Bestimmungen über die Notfallrettung und den Krankentransport, des Güterkraftverkehrsgesetzes einschließlich der Verordnung (EWG) Nr. 881/92 des Rates vom 26. März 1992 über den Zugang zum Güterkraftverkehrsmarkt in der Gemeinschaft für Beförderungen aus oder nach einem Mitgliedstaat oder durch einen oder mehrere Mitgliedstaaten (ABl. EG Nr. L 95 S. 1), des Gesetzes über das Fahrpersonal im Straßenverkehr oder der auf

Grund dieser Gesetze erlassenen Rechtsvorschriften zuständig sind, übermittelt werden, soweit dies für die Erfüllung der diesen Stellen obliegenden Aufgaben zu den in § 28 Abs. 2 Nr. 2 und 4 genannten Zwecken jeweils erforderlich ist.

(3) Die Eintragungen im Fahreignungsregister dürfen an die für Verkehrs- und Grenzkontrollen zuständigen Stellen übermittelt werden, soweit dies zu dem in § 28 Abs. 2 Nr. 2 genannten Zweck erforderlich ist.

(4) Die Eintragungen im Fahreignungsregister dürfen außerdem für die Erteilung, Verlängerung, Erneuerung, Rücknahme oder den Widerruf einer Erlaubnis für Luftfahrer oder sonstiges Luftfahrpersonal nach den Vorschriften des Luftverkehrsgesetzes oder der auf Grund dieses Gesetzes erlassenen Rechtsvorschriften an die hierfür zuständigen Stellen übermittelt werden, soweit dies für die genannten Maßnahmen erforderlich ist.

(4a) Die Eintragungen im Fahreignungsregister dürfen außerdem an die hierfür zuständigen Stellen übermittelt werden für die Erteilung, den Entzug oder das Anordnen des Ruhens von Befähigungszeugnissen und Erlaubnissen für Kapitäne, Schiffsoffiziere oder sonstige Seeleute nach den Vorschriften des Seeaufgabengesetzes und für Schiffs- und Sportbootführer und sonstige Besatzungsmitglieder nach dem Seeaufgabengesetz oder dem Binnenschifffahrtsaufgabengesetz oder der aufgrund dieser Gesetze erlassenen Rechtsvorschriften, soweit dies für die genannten Maßnahmen erforderlich ist.

(4b) Die Eintragungen im Fahreignungsregister dürfen außerdem für die Erteilung, Aussetzung, Einschränkung und Entziehung des Triebfahrzeugführerscheins auf Grund des Allgemeinen Eisenbahngesetzes oder der auf Grund dieses Gesetzes erlassenen Rechtsvorschriften an die hierfür zuständigen Stellen übermittelt werden, soweit die Eintragungen für die dortige Prüfung der Voraussetzungen für die Erteilung, Aussetzung, Einschränkung und Entziehung des Triebfahrzeugführerscheins erforderlich sind.

(5) [1]Die Eintragungen im Fahreignungsregister dürfen für die wissenschaftliche Forschung entsprechend § 38 und für statistische Zwecke entsprechend § 38a übermittelt und verwendet werden. [2]Zur Vorbereitung von Rechts- und allgemeinen Verwaltungsvorschriften auf dem Gebiet des Straßenverkehrs dürfen die Eintragungen entsprechend § 38b übermittelt und verwendet werden.

(6) [1]Der Empfänger darf die übermittelten Daten nur zu dem Zweck verarbeiten, zu dessen Erfüllung sie ihm übermittelt worden sind. [2]Der Empfänger darf die übermittelten Daten auch für andere Zwecke verarbeiten, soweit sie ihm auch für diese Zwecke hätten übermittelt werden dürfen. [3]Ist der Empfänger eine nichtöffentliche Stelle, hat die übermittelnde Stelle ihn darauf hinzuweisen. [4]Eine Verarbeitung für andere Zwecke durch nichtöffentliche Stellen bedarf der Zustimmung der übermittelnden Stelle.

(7) [1]Die Eintragungen im Fahreignungsregister dürfen an die zuständigen Stellen anderer Staaten übermittelt werden, soweit dies

1. für Verwaltungsmaßnahmen auf dem Gebiet des Straßenverkehrs,
2. zur Verfolgung von Zuwiderhandlungen gegen Rechtsvorschriften auf dem Gebiet des Straßenverkehrs oder
3. zur Verfolgung von Straftaten, die im Zusammenhang mit dem Straßenverkehr oder sonst mit Kraftfahrzeugen, Anhängern oder Fahrzeugpapieren, Fahrerlaubnissen oder Führerscheinen stehen,

erforderlich ist. [2]Der Empfänger ist darauf hinzuweisen, dass die übermittelten Daten nur zu dem Zweck verarbeitet werden dürfen, zu dessen Erfüllung sie ihm übermittelt werden. [3]Die Übermittlung unterbleibt, wenn durch sie schutzwürdige Interessen der betroffenen Person beeinträchtigt würden, insbesondere wenn im Empfängerland ein angemessener Datenschutzstandard nicht gewährleistet ist.

(8) [1]Der betroffenen Person wird auf Antrag schriftlich über den sie betreffenden Inhalt des Fahreignungsregisters und über die Anzahl der Punkte unentgeltlich Auskunft erteilt. [2]Der Antragsteller hat dem Antrag einen Identitätsnachweis beizufügen und den Antrag, wenn er schriftlich gestellt wird, eigenhändig zu unterschreiben. [3]Die Auskunft kann elektronisch erteilt werden, wenn der Antrag unter Nutzung des elektronischen Identitätsnachweises nach § 18 des Personalausweisgesetzes, nach § 12 des eID-Karte-Gesetzes oder nach § 78 Absatz 5 des Aufenthaltsgesetzes gestellt wird. [4]Hinsichtlich der Protokollierung gilt § 30a Absatz 3 entsprechend.

(9) [1]Übermittlungen von Daten aus dem Fahreignungsregister sind nur auf Ersuchen zulässig, es sei denn, auf Grund besonderer Rechtsvorschrift wird bestimmt, dass die Registerbehörde bestimmte Daten von Amts wegen zu übermitteln hat. [2]Die Verantwortung für die Zulässigkeit der Übermittlung trägt die übermittelnde Stelle. [3]Erfolgt die Übermittlung auf Ersuchen des Empfängers, trägt dieser die Verantwortung. [4]In diesem Fall prüft die übermittelnde Stelle nur, ob das Übermittlungsersuchen im Rahmen der Aufgaben des Empfängers liegt, es sei denn, dass besonderer Anlass zur Prüfung der Zulässigkeit der Übermittlung besteht. [5]Begründet sich der besondere Anlass nach Satz 4 in Zweifeln an der Identität einer Person, auf die sich ein Ersuchen auf Datenübermittlung bezieht, gilt § 28 Absatz 5 Satz 1 bis 3 entsprechend.

(10) [1]Die Eintragungen über rechtskräftige oder unanfechtbare Entscheidungen nach § 28 Absatz 3 Nummer 1 bis 3 und 6, in denen Inhabern ausländischer Fahrerlaubnisse die Fahrerlaubnis entzogen oder ein

Fahrverbot angeordnet wird oder die fehlende Berechtigung von der Fahrerlaubnis im Inland Gebrauch zu machen festgestellt wird, werden vom Kraftfahrt-Bundesamt an die zuständigen Stellen der Mitgliedstaaten der Europäischen Union übermittelt, um ihnen die Einleitung eigener Maßnahmen zu ermöglichen. [2]Der Umfang der zu übermittelnden Daten wird durch Rechtsverordnung bestimmt (§ 30c Absatz 1 Nummer 3).

§ 30a Direkteinstellung und Abruf im automatisierten Verfahren

(1) Den Stellen, denen die Aufgaben nach § 30 Absatz 1 bis 4b obliegen, dürfen die für die Erfüllung dieser Aufgaben jeweils erforderlichen Daten aus dem Fahreignungsregister durch Abruf im automatisierten Verfahren übermittelt werden.

(2) Die Einrichtung von Anlagen zur Datenfernübertragung durch Direkteinstellung oder zum Abruf im automatisierten Verfahren ist nur zulässig, wenn nach näherer Bestimmung durch Rechtsverordnung (§ 30c Absatz 1 Nummer 5) gewährleistet ist, dass

1. die erforderlichen technischen und organisatorischen Maßnahmen nach den Artikeln 24, 25 und 32 der Verordnung (EU) 2016/679 des Europäischen Parlaments und des Rates vom 27. April 2016 zum Schutz natürlicher Personen bei der Verarbeitung personenbezogener Daten, zum freien Datenverkehr und zur Aufhebung der Richtlinie 95/46/EG (Datenschutz-Grundverordnung) (ABl. L 119 vom 4.5.2016, S. 1; L 314 vom 22.11.2016, S. 72; L 127 vom 23.5.2018, S. 2) in der jeweils geltenden Fassung zur Sicherstellung des Datenschutzes und der Datensicherheit getroffen werden und
2. die Zulässigkeit der Direkteinstellungen oder der Abrufe nach Maßgabe des Absatzes 3 kontrolliert werden kann.

(2a) (weggefallen)

(3) [1]Das Kraftfahrt-Bundesamt fertigt über die Direkteinstellungen und die Abrufe Aufzeichnungen an, die die bei der Durchführung der Direkteinstellungen oder Abrufe verwendeten Daten, den Tag und die Uhrzeit der Direkteinstellungen oder Abrufe, die Kennung der einstellenden oder abrufenden Dienststelle und die eingestellten oder abgerufenen Daten enthalten müssen. [2]Die Zulässigkeit der Direkteinstellungen und Abrufe personenbezogener Daten wird durch Stichproben durch das Kraftfahrt-Bundesamt festgestellt und überprüft. [3]Die Protokolldaten nach Satz 1 dürfen nur für Zwecke der Datenschutzkontrolle, der Datensicherung oder zur Sicherstellung eines ordnungsgemäßen Betriebs der Datenverarbeitungsanlage verwendet werden. [4]Liegen Anhaltspunkte dafür vor, dass ohne ihre Verwendung die Verhinderung oder Verfolgung einer schwerwiegenden Straftat gegen Leib, Leben oder Freiheit einer Person aussichtslos oder wesentlich erschwert wäre, dürfen die Protokolldaten auch für diesen Zweck verwendet werden, sofern das Ersuchen der Strafverfolgungsbehörde unter Verwendung von Personendaten einer bestimmten Person gestellt wird. [5]Die Protokolldaten sind durch geeignete Vorkehrungen gegen zweckfremde Verwendung und gegen sonstigen Missbrauch zu schützen und nach sechs Monaten zu löschen.

(4) Das Kraftfahrt-Bundesamt fertigt weitere Aufzeichnungen, die sich auf den Anlass der Direkteinstellung oder des Abrufs erstrecken und die Feststellung der für die Direkteinstellung oder den Abruf verantwortlichen Person ermöglichen. [2]Das Nähere wird durch Rechtsverordnung (§ 30c Absatz 1 Nummer 5) bestimmt.

(5) [1]Durch Abruf im automatisierten Verfahren dürfen aus dem Fahreignungsregister für die in § 30 Abs. 7 genannten Maßnahmen an die hierfür zuständigen öffentlichen Stellen in einem Mitgliedstaat der Europäischen Union oder einem anderen Vertragsstaat des Abkommens über den Europäischen Wirtschaftsraum übermittelt werden:

1. die Tatsache folgender Entscheidungen der Verwaltungsbehörden:
   a) die unanfechtbare Versagung einer Fahrerlaubnis, einschließlich der Ablehnung der Verlängerung einer befristeten Fahrerlaubnis,
   b) die unanfechtbaren oder sofort vollziehbaren Entziehungen, Widerrufe oder Rücknahmen einer Fahrerlaubnis oder Feststellungen über die fehlende Berechtigung, von einer ausländischen Fahrerlaubnis im Inland Gebrauch zu machen,
   c) die rechtskräftige Anordnung eines Fahrverbots,
2. die Tatsache folgender Entscheidungen der Gerichte:
   a) die rechtskräftige oder vorläufige Entziehung einer Fahrerlaubnis,
   b) die rechtskräftige Anordnung einer Fahrerlaubnissperre,
   c) die rechtskräftige Anordnung eines Fahrverbots,
3. die Tatsache der Beschlagnahme, Sicherstellung oder Verwahrung des Führerscheins nach § 94 der Strafprozessordnung,
4. die Tatsache des Verzichts auf eine Fahrerlaubnis und

5. zusätzlich
   a) Klasse, Art und etwaige Beschränkungen der Fahrerlaubnis, die Gegenstand der Entscheidung nach Nummer 1 oder Nummer 2 oder des Verzichts nach Nummer 4 ist, und
   b) Familiennamen, Geburtsnamen, sonstige frühere Namen, Vornamen, Ordens- oder Künstlernamen, Tag und Ort der Geburt der Person, zu der eine Eintragung nach den Nummern 1 bis 3 vorliegt.

[2]Der Abruf ist nur zulässig, wenn
1. diese Form der Datenübermittlung unter Berücksichtigung der schutzwürdigen Interessen der betroffenen Personen wegen der Vielzahl der Übermittlungen oder wegen ihrer besonderen Eilbedürftigkeit angemessen ist und
2. der Empfängerstaat die Verordnung (EU) 2016/679 anwendet.

[3]Die Absätze 2 und 3 sowie Absatz 4 wegen des Anlasses der Abrufe sind entsprechend anzuwenden.

§ 30b Automatisiertes Anfrage- und Auskunftsverfahren beim Kraftfahrt-Bundesamt

(1) [1]Die Übermittlung von Daten aus dem Fahreignungsregister nach § 30 Abs. 1 bis 4b und 7 darf nach näherer Bestimmung durch Rechtsverordnung gemäß § 30c Abs. 1 Nr. 6 in einem automatisierten Anfrage- und Auskunftsverfahren erfolgen. [2]Die anfragende Stelle hat die Zwecke anzugeben, für die die zu übermittelnden Daten benötigt werden.

(2) Solche Verfahren dürfen nur eingerichtet werden, wenn gewährleistet ist, dass
1. die zur Sicherung gegen Missbrauch erforderlichen technischen und organisatorischen Maßnahmen ergriffen werden und
2. die Zulässigkeit der Übermittlung nach Maßgabe des Absatzes 3 kontrolliert werden kann.

(3) [1]Das Kraftfahrt-Bundesamt als übermittelnde Behörde hat Aufzeichnungen zu führen, die die übermittelten Daten, den Zeitpunkt der Übermittlung, den Empfänger der Daten und den vom Empfänger angegebenen Zweck enthalten. [2]§ 30a Absatz 3 Satz 3 und 4 gilt entsprechend.

§ 30c Verordnungsermächtigungen, Ausführungsvorschriften

[1]Das Bundesministerium für Digitales und Verkehr wird ermächtigt, Rechtsverordnungen mit Zustimmung des Bundesrates zu erlassen über
1. den Inhalt der Eintragungen einschließlich der Personendaten nach § 28 Abs. 3,
2. Verkürzungen der Tilgungsfristen nach § 29 Abs. 1 Satz 5 und über Tilgungen ohne Rücksicht auf den Lauf der Fristen nach § 29 Abs. 3 Nr. 3,
3. die Art und den Umfang der zu übermittelnden Daten nach § 30 Absatz 1 bis 4b, 7 und 10 sowie die Bestimmung der Empfänger und den Geschäftsweg bei Übermittlungen nach § 30 Abs. 7 und 10,
4. den Identitätsnachweis bei Auskünften nach § 30 Abs. 8,
5. die Art und den Umfang der zu übermittelnden Daten nach § 28 Absatz 4 Satz 2 und § 30a Abs. 1, die Maßnahmen zur Sicherung gegen Missbrauch nach § 30a Abs. 2, die weiteren Aufzeichnungen nach § 30a Abs. 4 beim Abruf im automatisierten Verfahren und die Bestimmung der Empfänger bei Übermittlungen nach § 30a Abs. 5,
6. die Art und den Umfang der zu übermittelnden Daten nach § 30b Abs. 1 und die Maßnahmen zur Sicherung gegen Missbrauch nach § 30b Abs. 2 Nr. 1,
7. die Art und Weise der Durchführung von Datenübermittlungen,
8. die Zusammenarbeit zwischen Bundeszentralregister und Fahreignungsregister.

[2]Die Rechtsverordnungen nach Satz 1 Nummer 7, soweit Justizbehörden betroffen sind, und nach Satz 1 Nummer 8 werden im Einvernehmen mit dem Bundesministerium der Justiz erlassen.

V.
Fahrzeugregister

§ 31 Registerführung und Registerbehörden

(1) Die Zulassungsbehörden führen ein Register über die Fahrzeuge, für die ein Kennzeichen ihres Bezirks zugeteilt oder ausgegeben wurde (örtliches Fahrzeugregister der Zulassungsbehörden).

(2) Das Kraftfahrt-Bundesamt führt ein Register über die Fahrzeuge, für die im Geltungsbereich dieses Gesetzes ein Kennzeichen zugeteilt oder ausgegeben wurde oder die nach Maßgabe von Vorschriften auf Grund des § 6 Absatz 1 Satz 1 Nummer 6 regelmäßig untersucht oder geprüft wurden (Zentrales Fahrzeugregister des Kraftfahrt-Bundesamtes).

(3) [1]Soweit die Dienststellen der Bundeswehr, der Polizeien des Bundes und der Länder, der Wasserstraßen- und Schifffahrtsverwaltung des Bundes eigene Register für die jeweils von ihnen zugelassenen

Fahrzeuge führen, finden die Vorschriften dieses Abschnitts keine Anwendung. [2]Satz 1 gilt entsprechend für Fahrzeuge, die von den Nachfolgeunternehmen der Deutschen Bundespost zugelassen sind.

§ 32 Zweckbestimmung der Fahrzeugregister

(1) Die Fahrzeugregister werden geführt zur Speicherung von Daten
1. für die Zulassung und Überwachung von Fahrzeugen nach diesem Gesetz oder den darauf beruhenden Rechtsvorschriften,
2. für Maßnahmen zur Gewährleistung des Versicherungsschutzes im Rahmen der Kraftfahrzeughaftpflichtversicherung,
3. für Maßnahmen zur Durchführung des Kraftfahrzeugsteuerrechts,
4. für Maßnahmen nach dem Bundesleistungsgesetz, dem Verkehrssicherstellungsgesetz, dem Verkehrsleistungsgesetz oder den darauf beruhenden Rechtsvorschriften,
5. für Maßnahmen des Katastrophenschutzes nach den hierzu erlassenen Gesetzen der Länder oder den darauf beruhenden Rechtsvorschriften,
6. für Maßnahmen zur Durchführung des Altfahrzeugrechts,
7. *[aufgehoben]*
8. für Maßnahmen zur Durchführung der Datenverarbeitung bei Kraftfahrzeugen mit hoch- oder vollautomatisierter Fahrfunktion nach diesem Gesetz oder nach den auf diesem Gesetz beruhenden Rechtsvorschriften und
9. für Maßnahmen nach oder zur Umsetzung von unionsrechtlichen Vorschriften, soweit diese die Verwendung von in den Fahrzeugregistern gespeicherten Daten erfordern.

(2) Die Fahrzeugregister werden außerdem geführt zur Speicherung von Daten für die Erteilung von Auskünften, um
1. Personen in ihrer Eigenschaft als Halter von Fahrzeugen,
2. Fahrzeuge eines Halters oder
3. Fahrzeugdaten

festzustellen oder zu bestimmen.

(3) [1]Das Zentrale Fahrzeugregister wird außerdem geführt zur Verwendung und Übermittlung der nach § 33 Absatz 1 gespeicherten Daten, um im Einzelfall Halter von Fahrzeugen zu informieren über fahrzeugbezogene Maßnahmen,
1. die für ihre Fahrzeuge in Betracht kommen und
2. die dem Schutz der Verkehrssicherheit, der Gesundheit von Personen oder der Umwelt dienen.

[2]Fahrzeugbezogene Maßnahmen können insbesondere auf die Verbesserung von Fahrzeugeigenschaften, insbesondere auf die Verbesserung des Abgasverhaltens, des Geräuschverhaltens, des Kraftstoffverbrauchs oder des Fahrverhaltens abzielen.

§ 33 Inhalt der Fahrzeugregister

(1) [1]Im örtlichen und im Zentralen Fahrzeugregister werden, soweit dies zur Erfüllung der in § 32 genannten Aufgaben jeweils erforderlich ist, gespeichert
1. nach näherer Bestimmung durch Rechtsverordnung (§ 47 Nummer 1 und 1a) Daten über Beschaffenheit, Ausrüstung, Identifizierungsmerkmale, Zulassungsmerkmale, Prüfung und Untersuchung einschließlich der durchführenden Stelle und einer Kennung für die Feststellung des für die Durchführung der Prüfung oder Untersuchung Verantwortlichen, Kennzeichnung und Papiere des Fahrzeugs sowie über tatsächliche und rechtliche Verhältnisse in Bezug auf das Fahrzeug, insbesondere auch über die Haftpflichtversicherung, die Kraftfahrzeugbesteuerung des Fahrzeugs und die Verwertung oder Nichtentsorgung des Fahrzeugs als Abfall im Inland (Fahrzeugdaten), sowie
2. Daten über denjenigen, dem ein Kennzeichen für das Fahrzeug zugeteilt oder ausgegeben wird (Halterdaten), und zwar
   a) bei natürlichen Personen:
      Familienname, Geburtsname, Vornamen, vom Halter für die Zuteilung oder die Ausgabe des Kennzeichens angegebener Ordens- oder Künstlername, Tag sowie Staat und Ort der Geburt, Geschlecht, Anschrift; bei Fahrzeugen mit Versicherungskennzeichen entfällt die Speicherung von Geburtsnamen, Ort der Geburt und Geschlecht des Halters,
   b) bei juristischen Personen und Behörden:
      Name oder Bezeichnung und Anschrift und
   c) bei Vereinigungen:
      benannter Vertreter mit den Angaben nach Buchstabe a oder b und gegebenenfalls Name der Vereinigung.

[2]Im örtlichen und im Zentralen Fahrzeugregister werden zur Erfüllung der in § 32 genannten Aufgaben außerdem Daten über denjenigen gespeichert, an den ein Fahrzeug mit einem amtlichen Kennzeichen veräußert wurde (Halterdaten), und zwar

a) bei natürlichen Personen:
   Familienname, Vornamen und Anschrift,
b) bei juristischen Personen und Behörden:
   Name oder Bezeichnung und Anschrift und
c) bei Vereinigungen:
   benannter Vertreter mit den Angaben nach Buchstabe a oder b und gegebenenfalls Name der Vereinigung.

(2) Im örtlichen und im Zentralen Fahrzeugregister werden über beruflich Selbständige, denen ein amtliches Kennzeichen für ein Fahrzeug zugeteilt wird, für die Aufgaben nach § 32 Abs. 1 Nr. 4 und 5 Berufsdaten gespeichert, und zwar

1. bei natürlichen Personen der Beruf oder das Gewerbe (Wirtschaftszweig) und
2. bei juristischen Personen und Vereinigungen gegebenenfalls das Gewerbe (Wirtschaftszweig).

(3) Im örtlichen und im Zentralen Fahrzeugregister darf die Anordnung einer Fahrtenbuchauflage wegen Zuwiderhandlungen gegen Verkehrsvorschriften gespeichert werden.

(4) Ferner werden für Daten, die nicht übermittelt werden dürfen (§ 41), in den Fahrzeugregistern Übermittlungssperren gespeichert.

§ 34 Erhebung der Daten

(1) [1]Wer die Zuteilung oder die Ausgabe eines Kennzeichens für ein Fahrzeug beantragt, hat der hierfür zuständigen Stelle

1. von den nach § 33 Abs. 1 Satz 1 Nr. 1 zu speichernden Fahrzeugdaten bestimmte Daten nach näherer Regelung durch Rechtsverordnung (§ 47 Nummer 1) und
2. die nach § 33 Abs. 1 Satz 1 Nr. 2 zu speichernden Halterdaten

mitzuteilen und auf Verlangen nachzuweisen. [2]Zur Mitteilung und zum Nachweis der Daten über die Haftpflichtversicherung ist gegenüber der Zulassungsbehörde auch der jeweilige Versicherer befugt. [3]Die Zulassungsbehörde kann durch Einholung von Auskünften aus dem Melderegister die Richtigkeit und Vollständigkeit der vom Antragsteller mitgeteilten Daten überprüfen.

(2) Wer die Zuteilung eines amtlichen Kennzeichens für ein Fahrzeug beantragt, hat der Zulassungsbehörde außerdem die Daten über Beruf oder Gewerbe (Wirtschaftszweig) mitzuteilen, soweit sie nach § 33 Abs. 2 zu speichern sind.

(3) [1]Wird ein Fahrzeug veräußert, für das ein amtliches Kennzeichen zugeteilt ist, so hat der Veräußerer der Zulassungsbehörde, die dieses Kennzeichen zugeteilt hat, die in § 33 Abs. 1 Satz 2 aufgeführten Daten des Erwerbers (Halterdaten) mitzuteilen. [2]Die Mitteilung ist nicht erforderlich, wenn der neue Eigentümer bereits seiner Meldepflicht nach Absatz 4 nachgekommen ist.

(4) Der Halter und der Eigentümer, wenn dieser nicht zugleich Halter ist, haben der Zulassungsbehörde jede Änderung der Daten mitzuteilen, die nach Absatz 1 erhoben wurden; dies gilt nicht für die Fahrzeuge, die ein Versicherungskennzeichen führen müssen.

(5) [1]Die Versicherer dürfen der zuständigen Zulassungsbehörde Folgendes mitteilen:

1. das Nichtbestehen oder die Beendigung des Versicherungsverhältnisses über die vorgeschriebene Haftpflichtversicherung für das betreffende Fahrzeug oder
2. die Halterdaten, sofern die Zulassungsbehörde dem Versicherer gegenüber dargelegt hat, dass sie die Mitteilung dieser Daten zur Erfüllung ihrer gesetzlichen Aufgaben für erforderlich hält.

[2]Die Versicherer haben dem Kraftfahrt-Bundesamt im Rahmen der Zulassung von Fahrzeugen mit Versicherungskennzeichen die erforderlichen Fahrzeugdaten nach näherer Bestimmung durch Rechtsverordnung (§ 47 Nummer 2) und die Halterdaten nach § 33 Absatz 1 Satz 1 Nummer 2 sowie jede Änderung dieser Daten mitzuteilen.

(6) [1]Die Technischen Prüfstellen, amtlich anerkannten Überwachungsorganisationen und anerkannten Kraftfahrzeugwerkstätten, soweit diese Werkstätten Sicherheitsprüfungen durchführen, haben dem Kraftfahrt-Bundesamt nach näherer Bestimmung durch Rechtsverordnung auf Grund des § 47 Nummer 1a die nach § 33 Absatz 1 Satz 1 Nummer 1 zu speichernden oder zu einer Änderung oder Löschung einer Eintragung führenden Daten über Prüfungen und Untersuchungen einschließlich der durchführenden Stellen und Kennungen zur Feststellung der für die Durchführung der Prüfung oder Untersuchung Verantwortlichen zu übermitteln. [2]Im Fall der anerkannten Kraftfahrzeugwerkstätten erfolgt die Übermittlung über Kopfstellen; im Fall der Technischen Prüfstellen und anerkannten Überwachungsorganisationen kann die Übermittlung über Kopfstellen erfolgen. [3]Eine Speicherung der nach Satz 2 zur Übermittlung

an das Kraftfahrt-Bundesamt erhaltenen Daten bei den Kopfstellen erfolgt ausschließlich zu diesem Zweck. [4]Nach erfolgter Übermittlung haben die Kopfstellen die nach Satz 3 gespeicherten Daten unverzüglich, bei elektronischer Speicherung automatisiert, zu löschen.

§ 35 Übermittlung von Fahrzeugdaten und Halterdaten

(1) Die nach § 33 Absatz 1 gespeicherten Fahrzeugdaten und Halterdaten dürfen an Behörden und sonstige öffentliche Stellen im Geltungsbereich dieses Gesetzes sowie im Rahmen einer internetbasierten Zulassung an Personen im Sinne des § 6g Absatz 3 zur Erfüllung der Aufgaben der Zulassungsbehörde, des Kraftfahrt-Bundesamtes oder der Aufgaben des Empfängers nur übermittelt werden, wenn dies für die Zwecke nach § 32 Absatz 2 jeweils erforderlich ist

1. zur Durchführung der in § 32 Abs. 1 angeführten Aufgaben,
2. zur Verfolgung von Straftaten, zur Vollstreckung oder zum Vollzug von Strafen, von Maßnahmen im Sinne des § 11 Abs. 1 Nr. 8 des Strafgesetzbuchs oder von Erziehungsmaßregeln oder Zuchtmitteln im Sinne des Jugendgerichtsgesetzes,
3. zur Verfolgung von Ordnungswidrigkeiten,
4. zur Abwehr von Gefahren für die öffentliche Sicherheit oder Ordnung,
5. zur Erfüllung der den Verfassungsschutzbehörden, dem Militärischen Abschirmdienst und dem Bundesnachrichtendienst durch Gesetz übertragenen Aufgaben,
6. für Maßnahmen nach dem Abfallbeseitigungsgesetz oder den darauf beruhenden Rechtsvorschriften,
7. für Maßnahmen nach dem Wirtschaftssicherstellungsgesetz oder den darauf beruhenden Rechtsvorschriften,
8. für Maßnahmen nach dem Energiesicherungsgesetz 1975 oder den darauf beruhenden Rechtsvorschriften,
9. für die Erfüllung der gesetzlichen Mitteilungspflichten zur Sicherung des Steueraufkommens nach § 93 der Abgabenordnung,
10. zur Feststellung der Maut für die Benutzung mautpflichtiger Straßen im Sinne des § 1 des Bundesfernstraßenmautgesetzes und zur Verfolgung von Ansprüchen nach diesem Gesetz,
11. zur Ermittlung der Mautgebühr für die Benutzung von Bundesfernstraßen und zur Verfolgung von Ansprüchen nach dem Fernstraßenbauprivatfinanzierungsgesetz vom 30. August 1994 (BGBl. I S. 2243) in der jeweils geltenden Fassung,
12. zur Ermittlung der Mautgebühr für die Benutzung von Straßen nach Landesrecht und zur Verfolgung von Ansprüchen nach den Gesetzen der Länder über den gebührenfinanzierten Neu- und Ausbau von Straßen,
13. zur Überprüfung von Personen, die Sozialhilfe, Leistungen der Grundsicherung für Arbeitsuchende oder Leistungen nach dem Asylbewerberleistungsgesetz beziehen, zur Vermeidung rechtswidriger Inanspruchnahme solcher Leistungen,
14. für die in § 17 des Auslandsunterhaltsgesetzes genannten Zwecke,
15. für die in § 802l der Zivilprozessordnung genannten Zwecke soweit kein Grund zu der Annahme besteht, dass dadurch schutzwürdige Interessen des Betroffenen beeinträchtigt werden,
16. zur Erfüllung der den Behörden der Zollverwaltung in § 2 Absatz 1 des Schwarzarbeitsbekämpfungsgesetzes übertragenen Prüfungsaufgaben,
17. zur Durchführung eines Vollstreckungsverfahrens an die für die Vollstreckung nach dem Verwaltungs-Vollstreckungsgesetz oder nach den Verwaltungsvollstreckungsgesetzen der Länder zuständige Behörde, wenn der Vollstreckungsschuldner als Halter des Fahrzeugs eingetragen ist, kein Grund zu der Annahme besteht, dass dadurch schutzwürdige Interessen des Betroffenen beeinträchtigt werden, und
    a) die Ladung zu dem Termin zur Abgabe der Vermögensauskunft an den Vollstreckungsschuldner nicht zustellbar ist und
        aa) die Anschrift, unter der die Zustellung ausgeführt werden sollte, mit der Anschrift übereinstimmt, die von einer der in § 755 Absatz 1 und 2 der Zivilprozessordnung genannten Stellen innerhalb von drei Monaten vor oder nach dem Zustellungsversuch mitgeteilt wurde, oder
        bb) die Meldebehörde nach dem Zustellungsversuch die Auskunft erteilt, dass ihr keine derzeitige Anschrift des Vollstreckungsschuldners bekannt ist, oder
        cc) die Meldebehörde innerhalb von drei Monaten vor Erlass der Vollstreckungsanordnung die Auskunft erteilt hat, dass ihr keine derzeitige Anschrift des Vollstreckungsschuldners bekannt ist;

b) der Vollstreckungsschuldner seiner Pflicht zur Abgabe der Vermögensauskunft in dem dem Ersuchen zugrundeliegenden Vollstreckungsverfahren nicht nachkommt oder
c) bei einer Vollstreckung in die in der Vermögensauskunft aufgeführten Vermögensgegenstände eine vollständige Befriedigung der Forderung nicht zu erwarten ist,

18. zur Überprüfung der Einhaltung von Verkehrsbeschränkungen und Verkehrsverboten, die aufgrund des § 40 des Bundes-Immissionsschutzgesetzes nach Maßgabe der straßenverkehrsrechtlichen Vorschriften angeordnet worden oder aufgrund straßenverkehrsrechtlicher Vorschriften zum Schutz der Wohnbevölkerung oder der Bevölkerung vor Abgasen ergangen sind,
19. zur Überprüfung und Ergänzung der Angaben in Anträgen und Verwendungsnachweisen zu einer Förderung hinsichtlich der Einhaltung der Regelungen über die Förderung des Absatzes von elektrisch betriebenen Fahrzeugen (Umweltbonus),[1)]
20. für die in § 98 Absatz 1a Satz 1 der Insolvenzordnung genannten Zwecke, soweit kein Grund zu der Annahme besteht, dass dadurch schutzwürdige Interessen des Betroffenen beeinträchtigt werden oder
21. für Maßnahmen nach dem Außenwirtschaftsgesetz, dem Sanktionsdurchsetzungsgesetz oder den jeweils auf den genannten Gesetzen beruhenden Rechtsvorschriften.

(1a) Die nach § 33 Absatz 1 Nummer 1 gespeicherten Daten über Beschaffenheit, Ausrüstung und Identifizierungsmerkmale von Fahrzeugen dürfen den Zentralen Leitstellen für Brandschutz, Katastrophenschutz und Rettungsdienst, wenn dies für Zwecke nach § 32 Absatz 2 Nummer 3 erforderlich ist, zur Rettung von Unfallopfern übermittelt werden.

(2) [1]Die nach § 33 Absatz 1 gespeicherten Fahrzeugdaten und Halterdaten dürfen, soweit dies jeweils erforderlich ist, übermittelt werden

1. für die Zwecke des § 32 Absatz 1 Nummer 1 an Inhaber von Betriebserlaubnissen für Fahrzeuge, an Fahrzeughersteller oder an für den Mangel verantwortliche Teilehersteller, Werkstätten oder sonstige Produktverantwortliche, um Folgendes zu ermöglichen:
   a) Rückrufmaßnahmen zur Beseitigung von sicherheitsgefährdenden Mängeln an bereits ausgelieferten Fahrzeugen,
   b) Rückrufmaßnahmen zur Beseitigung von für die Umwelt erheblichen Mängeln an bereits ausgelieferten Fahrzeugen oder
   c) Rückrufmaßnahmen, die die Typgenehmigungsbehörde oder die Marktüberwachungsbehörde zur Beseitigung von sonstigen Unvorschriftsmäßigkeiten an bereits ausgelieferten Fahrzeugen für erforderlich erachtet,
2. für die Zwecke des § 32 Absatz 1 Nummer 6 an Fahrzeughersteller und Importeure von Fahrzeugen sowie an deren Rechtsnachfolger zur Überprüfung der Angaben über die Verwertung des Fahrzeugs nach dem Altfahrzeugrecht,
3. für die Zwecke des § 32 Absatz 1 Nummer 2 an Versicherer zur Gewährleistung des vorgeschriebenen Versicherungsschutzes oder
4. für die Zwecke des § 32 Absatz 1 Nummer 1 unmittelbar oder über Kopfstellen an Technische Prüfstellen und amtlich anerkannte Überwachungsorganisationen sowie über Kopfstellen an anerkannte Kraftfahrzeugwerkstätten, soweit diese Werkstätten Sicherheitsprüfungen durchführen, für die Durchführung der regelmäßigen Untersuchungen und Prüfungen, um die Verkehrssicherheit der Fahrzeuge und den Schutz der Verkehrsteilnehmer zu gewährleisten; § 34 Absatz 6 Satz 3 und 4 gilt entsprechend.

[2]Bei Übermittlungen nach Satz 1 Nummer 3 erfolgt eine Speicherung der Daten bei den Kopfstellen ausschließlich zum Zweck der Übermittlung an Technische Prüfstellen, amtlich anerkannte Überwachungsorganisationen und anerkannte Kraftfahrzeugwerkstätten, soweit diese Werkstätten Sicherheitsprüfungen durchführen. [3]Nach erfolgter Übermittlung haben die Kopfstellen die nach Satz 2 gespeicherten Daten unverzüglich, bei elektronischer Speicherung automatisiert, zu löschen.

(2a) Die nach § 33 Absatz 3 gespeicherten Daten über die Fahrtenbuchauflagen dürfen

1. den Zulassungsbehörden in entsprechender Anwendung des Absatzes 5 Nummer 1 zur Überwachung der Fahrtenbuchauflage,
2. dem Kraftfahrt-Bundesamt in entsprechender Anwendung des Absatzes 5 Nummer 1 für die Unterstützung der Zulassungsbehörden im Rahmen der Überwachung der Fahrtenbuchauflage oder
3. den hierfür zuständigen Behörden oder Gerichten zur Verfolgung von Straftaten oder von Ordnungswidrigkeiten nach § 24 Absatz 1, § 24a oder § 24c

jeweils im Einzelfall übermittelt werden.

---

1) Komma fehlt im BGBl. I.

(3) [1]Die Übermittlung von Fahrzeugdaten und Halterdaten zu anderen Zwecken als der Feststellung oder Bestimmung von Haltern oder Fahrzeugen (§ 32 Abs. 2) ist, unbeschadet der Absätze 4, 4a bis 4c, unzulässig, es sei denn, die Daten sind

1. unerlässlich zur
   a) Verfolgung von Straftaten oder zur Vollstreckung oder zum Vollzug von Strafen,
   b) Abwehr einer im Einzelfall bestehenden Gefahr für die öffentliche Sicherheit,
   c) Erfüllung der den Verfassungsschutzbehörden, dem Militärischen Abschirmdienst und dem Bundesnachrichtendienst durch Gesetz übertragenen Aufgaben,
   d) Erfüllung der gesetzlichen Mitteilungspflichten zur Sicherung des Steueraufkommens nach § 93 der Abgabenordnung, soweit diese Vorschrift unmittelbar anwendbar ist, oder
   e) Erfüllung gesetzlicher Mitteilungspflichten nach § 118 Abs. 4 Satz 4 Nr. 6 des Zwölften Buches Sozialgesetzbuch

   und
2. auf andere Weise nicht oder nicht rechtzeitig oder nur mit unverhältnismäßigem Aufwand zu erlangen.

[2]Die ersuchende Behörde hat Aufzeichnungen über das Ersuchen mit einem Hinweis auf dessen Anlass zu führen. [3]Die Aufzeichnungen sind gesondert aufzubewahren, durch technische und organisatorische Maßnahmen zu sichern und am Ende des Kalenderjahres, das dem Jahr der Erstellung der Aufzeichnung folgt, zu vernichten. [4]Die Aufzeichnungen dürfen nur zur Kontrolle der Zulässigkeit der Übermittlungen verwertet werden, es sei denn, es liegen Anhaltspunkte dafür vor, dass ihre Verwertung zur Aufklärung oder Verhütung einer schwerwiegenden Straftat gegen Leib, Leben oder Freiheit einer Person führen kann und die Aufklärung oder Verhütung ohne diese Maßnahme aussichtslos oder wesentlich erschwert wäre.

(4) [1]Auf Ersuchen des Bundeskriminalamtes kann das Kraftfahrt-Bundesamt die im Zentralen Fahrzeugregister gespeicherten Halterdaten mit dem polizeilichen Fahndungsbestand der mit Haftbefehl gesuchten Personen abgleichen. [2]Die dabei ermittelten Daten gesuchter Personen dürfen dem Bundeskriminalamt übermittelt werden. [3]Das Ersuchen des Bundeskriminalamtes erfolgt durch Übersendung eines Datenträgers.

(4a) Auf Ersuchen der Auskunftsstelle nach § 8a des Pflichtversicherungsgesetzes übermitteln die Zulassungsbehörden und das Kraftfahrt-Bundesamt die nach § 33 Abs. 1 gespeicherten Fahrzeugdaten und Halterdaten zu den in § 8a Abs. 1 des Pflichtversicherungsgesetzes genannten Zwecken.

(4b) Zu den in § 7 Absatz 2 des Internationalen Familienrechtsverfahrensgesetzes, § 4 Abs. 3 Satz 2 des Erwachsenenschutzübereinkommens-Ausführungsgesetzes vom 17. März 2007 (BGBl. I S. 314) und den in den §§ 16 und 17 des Auslandsunterhaltsgesetzes vom 23. Mai 2011 (BGBl. I S. 898) bezeichneten Zwecken übermittelt das Kraftfahrt-Bundesamt der in diesen Vorschriften bezeichneten Zentralen Behörde auf Ersuchen die nach § 33 Abs. 1 Satz 1 Nr. 2 gespeicherten Halterdaten.

(4c) Auf Ersuchen übermittelt das Kraftfahrt-Bundesamt

1. dem Gerichtsvollzieher zu den in § 755 der Zivilprozessordnung genannten Zwecken und
2. der für die Vollstreckung nach dem Verwaltungs-Vollstreckungsgesetz oder nach den Verwaltungsvollstreckungsgesetzen der Länder zuständigen Behörde, soweit diese die Angaben nicht durch Anfrage bei der Meldebehörde ermitteln kann, zur Durchführung eines Vollstreckungsverfahrens

die nach § 33 Absatz 1 Satz 1 Nummer 2 gespeicherten Halterdaten, soweit kein Grund zu der Annahme besteht, dass dadurch schutzwürdige Interessen des Betroffenen beeinträchtigt werden.

(5) Die nach § 33 Absatz 1 oder 3 gespeicherten Fahrzeugdaten und Halterdaten dürfen nach näherer Bestimmung durch Rechtsverordnung (§ 47 Nummer 3) regelmäßig übermittelt werden

1. von den Zulassungsbehörden an das Kraftfahrt-Bundesamt für das Zentrale Fahrzeugregister und vom Kraftfahrt-Bundesamt an die Zulassungsbehörden für die örtlichen Fahrzeugregister,
2. von den Zulassungsbehörden an andere Zulassungsbehörden, wenn diese mit dem betreffenden Fahrzeug befasst sind oder befasst waren,
3. von den Zulassungsbehörden an die Versicherer zur Gewährleistung des vorgeschriebenen Versicherungsschutzes (§ 32 Abs. 1 Nr. 2),
4. von den Zulassungsbehörden an die für die Ausübung der Verwaltung der Kraftfahrzeugsteuer zuständigen Behörden zur Durchführung des Kraftfahrzeugsteuerrechts (§ 32 Abs. 1 Nr. 3),
5. von den Zulassungsbehörden und vom Kraftfahrt-Bundesamt für Maßnahmen nach dem Bundesleistungsgesetz, dem Verkehrssicherstellungsgesetz, dem Verkehrsleistungsgesetz oder des Katastrophenschutzes nach den hierzu erlassenen Gesetzen der Länder oder den darauf beruhenden Rechtsvorschriften an die hierfür zuständigen Behörden (§ 32 Abs. 1 Nr. 4 und 5),
6. von den Zulassungsbehörden für Prüfungen nach § 118 Abs. 4 Satz 4 Nr. 6 des Zwölften Buches Sozialgesetzbuch an die Träger der Sozialhilfe nach dem Zwölften Buch Sozialgesetzbuch.

(6) [1]Das Kraftfahrt-Bundesamt als übermittelnde Behörde hat Aufzeichnungen zu führen, die die übermittelten Daten, den Zeitpunkt der Übermittlung, den Empfänger der Daten und den vom Empfänger angegebenen Zweck enthalten. [2]Die Aufzeichnungen dürfen nur zur Kontrolle der Zulässigkeit der Übermittlungen verwertet werden, sind durch technische und organisatorische Maßnahmen gegen Missbrauch zu sichern und am Ende des Kalenderhalbjahres, das dem Halbjahr der Übermittlung folgt, zu löschen oder zu vernichten. [3]Bei Übermittlung nach Absatz 5 sind besondere Aufzeichnungen entbehrlich, wenn die Angaben nach Satz 1 aus dem Register oder anderen Unterlagen entnommen werden können. [4]Die Sätze 1 und 2 gelten auch für die Übermittlungen durch das Kraftfahrt-Bundesamt nach den §§ 37 bis 40.

§ 36 Abruf im automatisierten Verfahren

(1) Die Übermittlung nach § 35 Absatz 1 Nummer 1, soweit es sich um Aufgaben nach § 32 Absatz 1 Nummer 1 handelt, aus dem Zentralen Fahrzeugregister
1. an die Zulassungsbehörden oder
2. im Rahmen einer internetbasierten Zulassung an Personen im Sinne des § 6g Absatz 3

darf durch Abruf im automatisierten Verfahren erfolgen.

(2) [1]Die Übermittlung nach § 35 Abs. 1 Nr. 1 bis 5 aus dem Zentralen Fahrzeugregister darf durch Abruf im automatisierten Verfahren erfolgen
1. an die Polizeien des Bundes und der Länder sowie an Dienststellen der Zollverwaltung, soweit sie Befugnisse nach § 10 des Zollverwaltungsgesetzes ausüben oder grenzpolizeiliche Aufgaben wahrnehmen,
   a) zur Kontrolle, ob die Fahrzeuge einschließlich ihrer Ladung und die Fahrzeugpapiere vorschriftsmäßig sind,
   b) zur Verfolgung von Ordnungswidrigkeiten nach § 24 Absatz 1, § 24a oder § 24c,
   c) zur Verfolgung von Straftaten oder zur Vollstreckung oder zum Vollzug von Strafen oder
   d) zur Abwehr von Gefahren für die öffentliche Sicherheit,

1a. an die Verwaltungsbehörden im Sinne des § 26 Abs. 1 für die Verfolgung von Ordnungswidrigkeiten nach §§ 24, 24a oder § 24c,

2. an die Zollfahndungsdienststellen zur Verhütung oder Verfolgung von Steuer- und Wirtschaftsstraftaten sowie an die mit der Steuerfahndung betrauten Dienststellen der Landesfinanzbehörden zur Verhütung oder Verfolgung von Steuerstraftaten,

2a. an die Behörden der Zollverwaltung zur Verfolgung von Straftaten, die mit einem der in § 2 Absatz 1 des Schwarzarbeitsbekämpfungsgesetzes genannten Prüfgegenstände unmittelbar zusammenhängen, und

3. an die Verfassungsschutzbehörden, den Militärischen Abschirmdienst und den Bundesnachrichtendienst zur Erfüllung ihrer durch Gesetz übertragenen Aufgaben und

4. an die Zentralstelle für Finanztransaktionsuntersuchungen zur Erfüllung ihrer Aufgaben nach dem Geldwäschegesetz.

[2]Satz 1 gilt entsprechend für den Abruf der örtlich zuständigen Polizeidienststellen der Länder und Verwaltungsbehörden im Sinne des § 26 Abs. 1 aus den jeweiligen örtlichen Fahrzeugregistern.

(2a) Die Übermittlung nach § 35 Absatz 1 Nummer 9 aus dem Zentralen Fahrzeugregister darf durch Abruf im automatisierten Verfahren erfolgen
1. an die mit der Kontrolle und Erhebung der Umsatzsteuer betrauten Dienststellen der Finanzbehörden, soweit ein Abruf im Einzelfall zur Verhinderung einer missbräuchlichen Anwendung der Vorschriften des Umsatzsteuergesetzes beim Handel, Erwerb oder bei der Übertragung von Fahrzeugen erforderlich ist,
2. an die mit der Durchführung einer Außenprüfung nach § 193 der Abgabenordnung betrauten Dienststellen der Finanzbehörden, soweit ein Abruf für die Ermittlung der steuerlichen Verhältnisse im Rahmen einer Außenprüfung erforderlich ist und
3. an die mit der Vollstreckung betrauten Dienststellen der Finanzbehörden nach § 249 der Abgabenordnung, soweit ein Abruf für die Vollstreckung von Ansprüchen aus dem Steuerschuldverhältnis erforderlich ist.

(2b) Die Übermittlung nach § 35 Abs. 1 Nr. 11 und 12 aus dem Zentralen Fahrzeugregister darf durch Abruf im automatisierten Verfahren an den Privaten, der mit der Erhebung der Mautgebühr beliehen worden ist, erfolgen.

(2c) Die Übermittlung nach § 35 Abs. 1 Nr. 10 aus dem Zentralen Fahrzeugregister darf durch Abruf im automatisierten Verfahren an das Bundesamt für Logistik und Mobilität und an eine sonstige öffentliche Stelle, die mit der Erhebung der Maut nach dem Bundesfernstraßenmautgesetz beauftragt ist, erfolgen.

(2d) Die Übermittlung nach § 35 Absatz 1 Nummer 14 aus dem Zentralen Fahrzeugregister darf durch Abruf im automatisierten Verfahren an die zentrale Behörde (§ 4 des Auslandsunterhaltsgesetzes) erfolgen.

(2e) Die Übermittlung nach § 35 Absatz 1 Nr. 15 aus dem Zentralen Fahrzeugregister darf durch Abruf im automatisierten Verfahren an den Gerichtsvollzieher erfolgen.

(2f) Die Übermittlung aus dem Zentralen Fahrzeugregister nach § 35 Absatz 2 Satz 1 Nummer 4 darf durch Abruf im automatisierten Verfahren erfolgen.

(2g) Die Übermittlung nach § 35 Absatz 2a darf durch Abruf im automatisierten Verfahren erfolgen.

(2h) Die Übermittlung nach § 35 Absatz 1 Nummer 16 darf durch Abruf im automatisierten Verfahren an die Behörden der Zollverwaltung zur Erfüllung der ihnen in § 2 Absatz 1 des Schwarzarbeitsbekämpfungsgesetzes übertragenen Prüfungsaufgaben erfolgen.

(2i) [1]In einem solchen Verfahren darf auch die Übermittlung nach § 35 Absatz 1 Nummer 18 aus dem Zentralen Fahrzeugregister an die nach Landesrecht für die Überprüfung der Einhaltung dieser Verkehrsbeschränkungen und Verkehrsverbote zuständigen Behörden erfolgen. [2]Die Einrichtung von Anlagen zum Abruf nach Satz 1 ist für den Abruf der nach § 33 Absatz 1 Satz 1 Nummer 1 gespeicherten und für die Überprüfung der Einhaltung der jeweiligen Verkehrsbeschränkungen und Verkehrsverbote erforderlichen Fahrzeugdaten aus dem Zentralen Fahrzeugregister durch die Behörden nach Satz 1 zulässig; einer Rechtsverordnung nach Absatz 5 bedarf es nicht; die Maßgaben nach Absatz 5 Nummer 2 und 3 gelten unmittelbar.

(2j) Die Übermittlung nach § 35 Absatz 1 Nummer 19 darf durch Abruf im automatisierten Verfahren an das Bundesamt für Wirtschaft und Ausfuhrkontrolle erfolgen.

(2k) Die Übermittlung nach § 35 Absatz 1 Nummer 20 aus dem Zentralen Fahrzeugregister darf durch Abruf im automatisierten Verfahren an das Insolvenzgericht erfolgen.

(2l) Die Übermittlung nach § 35 Absatz 1 Nummer 21 darf durch Abruf im automatisierten Verfahren an die nach dem Außenwirtschaftsgesetz zuständigen Behörden und an die Zentralstelle zur Sanktionsdurchsetzung erfolgen.

(3) Die Übermittlung nach § 35 Abs. 3 Satz 1 aus dem Zentralen Fahrzeugregister darf ferner durch Abruf im automatisierten Verfahren an die Polizeien des Bundes und der Länder zur Verfolgung von Straftaten oder zur Vollstreckung oder zum Vollzug von Strafen oder zur Abwehr einer im Einzelfall bestehenden Gefahr für die öffentliche Sicherheit, an die Zollfahndungsdienststellen zur Verhütung oder Verfolgung von Steuer- und Wirtschaftsstraftaten, an die mit der Steuerfahndung betrauten Dienststellen der Landesfinanzbehörden zur Verhütung oder Verfolgung von Steuerstraftaten sowie an die Verfassungsschutzbehörden, den Militärischen Abschirmdienst und den Bundesnachrichtendienst zur Erfüllung ihrer durch Gesetz übertragenen Aufgaben vorgenommen werden.

(3a) Die Übermittlung aus dem Zentralen Fahrzeugregister nach § 35 Abs. 4a darf durch Abruf im automatisierten Verfahren an die Auskunftsstelle nach § 8a des Pflichtversicherungsgesetzes erfolgen.

(3b) [1]Die Übermittlung aus dem Zentralen Fahrzeugregister nach § 35 Absatz 1 Nummer 1 an die für die Ausübung der Verwaltung der Kraftfahrzeugsteuer zuständigen Behörden darf durch Abruf im automatisierten Verfahren erfolgen. [2]Der Abruf ist nur zulässig, wenn die von den Zulassungsbehörden nach § 35 Absatz 5 Nummer 4 übermittelten Datenbestände unrichtig oder unvollständig sind.

(3c) Die Übermittlung aus dem Zentralen Fahrzeugregister nach § 35 Absatz 1a darf an die Zentralen Leitstellen für Brandschutz, Katastrophenschutz und Rettungsdienst zur Vorbereitung der Rettung von Personen aus Fahrzeugen durch Abruf im automatisierten Verfahren erfolgen.

(4) Der Abruf darf sich nur auf ein bestimmtes Fahrzeug oder einen bestimmten Halter richten und in den Fällen der Absätze 1 und 2 Satz 1 Nr. 1 Buchstabe a und b nur unter Verwendung von Fahrzeugdaten durchgeführt werden.

(5) Die Einrichtung von Anlagen zum Abruf im automatisierten Verfahren ist nur zulässig, wenn nach näherer Bestimmung durch Rechtsverordnung (§ 47 Nummer 4) gewährleistet ist, dass

1. die zum Abruf bereitgehaltenen Daten ihrer Art nach für den Empfänger erforderlich sind und ihre Übermittlung durch automatisierten Abruf unter Berücksichtigung der schutzwürdigen Interessen der betroffenen Person und der Aufgabe des Empfängers angemessen ist,
2. die erforderlichen technischen und organisatorischen Maßnahmen nach den Artikeln 24, 25 und 32 der Verordnung (EU) 2016/679 zur Sicherstellung des Datenschutzes und der Datensicherheit getroffen werden und
3. die Zulässigkeit der Abrufe nach Maßgabe des Absatzes 6 kontrolliert werden kann.

(5a) (weggefallen)

(6) [1]Das Kraftfahrt-Bundesamt oder die Zulassungsbehörde als übermittelnde Stelle hat über die Abrufe Aufzeichnungen zu fertigen, die die bei der Durchführung der Abrufe verwendeten Daten, den Tag und die Uhrzeit der Abrufe, die Kennung der abrufenden Dienststelle und die abgerufenen Daten enthalten müssen. [2]Die protokollierten Daten dürfen nur für Zwecke der Datenschutzkontrolle, der Datensicherung oder zur Sicherstellung eines ordnungsgemäßen Betriebs der Datenverarbeitungsanlage verwendet werden. [3]Die nach Satz 1 protokollierten Daten dürfen auch dazu verwendet werden, der betroffenen Person darüber Auskunft zu erteilen, welche ihrer in Anhang I, Abschnitt I und II der Richtlinie (EU) 2015/413 enthaltenen personenbezogenen Daten an Stellen in anderen Mitgliedstaaten der Europäischen Union zum Zweck der dortigen Verfolgung der in Artikel 2 der Richtlinie (EU) 2015/413 aufgeführten, die Straßenverkehrssicherheit gefährdenden Delikte übermittelt wurden. [4]Das Datum des Ersuchens und die zuständige Stelle nach Satz 1, an die die Übermittlung erfolgte, sind der betroffenen Person ebenfalls mitzuteilen. [5]§ 36a gilt für das Verfahren nach den Sätzen 3 und 4 entsprechend. [6]Liegen Anhaltspunkte dafür vor, dass ohne ihre Verwendung die Verhinderung oder Verfolgung einer schwerwiegenden Straftat gegen Leib, Leben oder Freiheit einer Person aussichtslos oder wesentlich erschwert wäre, dürfen die Daten auch für diesen Zweck verwendet werden, sofern das Ersuchen der Strafverfolgungsbehörde unter Verwendung von Halterdaten einer bestimmten Person oder von Fahrzeugdaten eines bestimmten Fahrzeugs gestellt wird. [7]Die Protokolldaten sind durch geeignete Vorkehrungen gegen zweckfremde Verwendung und gegen sonstigen Missbrauch zu schützen und nach sechs Monaten zu löschen.
(7) [1]Bei Abrufen aus dem Zentralen Fahrzeugregister sind vom Kraftfahrt-Bundesamt weitere Aufzeichnungen zu fertigen, die sich auf den Anlass des Abrufs erstrecken und die Feststellung der für den Abruf verantwortlichen Personen ermöglichen. [2]Das Nähere wird durch Rechtsverordnung (§ 47 Nummer 5) bestimmt. [3]Dies gilt entsprechend für Abrufe aus den örtlichen Fahrzeugregistern.
(8) [1]Soweit örtliche Fahrzeugregister nicht im automatisierten Verfahren geführt werden, ist die Übermittlung der nach § 33 Abs. 1 gespeicherten Fahrzeugdaten und Halterdaten durch Einsichtnahme in das örtliche Fahrzeugregister außerhalb der üblichen Dienstzeiten an die für den betreffenden Zulassungsbezirk zuständige Polizeidienststelle zulässig, wenn

1. dies für die Erfüllung der in Absatz 2 Satz 1 Nr. 1 bezeichneten Aufgaben erforderlich ist und
2. ohne die sofortige Einsichtnahme die Erfüllung dieser Aufgaben gefährdet wäre.

[2]Die Polizeidienststelle hat die Tatsache der Einsichtnahme, deren Datum und Anlass sowie den Namen des Einsichtnehmenden aufzuzeichnen; die Aufzeichnungen sind für die Dauer eines Jahres aufzubewahren und nach Ablauf des betreffenden Kalenderjahres zu vernichten. [3]Die Sätze 1 und 2 finden entsprechende Anwendung auf die Einsichtnahme durch die Zollfahndungsämter zur Erfüllung der in Absatz 2 Satz 1 Nr. 2 bezeichneten Aufgaben.

§ 36a Automatisiertes Anfrage- und Auskunftsverfahren beim Kraftfahrt-Bundesamt

[1]Die Übermittlung der Daten aus dem Zentralen Fahrzeugregister nach den §§ 35 und 37 darf nach näherer Bestimmung durch Rechtsverordnung nach § 47 Nummer 4a auch in einem automatisierten Anfrage- und Auskunftsverfahren erfolgen. [2]Für die Einrichtung und Durchführung des Verfahrens gilt § 30b Abs. 1 Satz 2, Abs. 2 und 3 entsprechend.

§ 36b Abgleich mit den Sachfahndungsdaten des Bundeskriminalamtes

(1) [1]Das Bundeskriminalamt übermittelt regelmäßig dem Kraftfahrt-Bundesamt die im Polizeilichen Informationssystem gespeicherten Daten von Fahrzeugen, Kennzeichen, Fahrzeugpapieren und Führerscheinen, die zur Beweissicherung, Einziehung, Beschlagnahme, Sicherstellung, Eigentumssicherung und Eigentümer- oder Besitzerermittlung ausgeschrieben sind. [2]Die Daten dienen zum Abgleich mit den im Zentralen Fahrzeugregister erfassten Fahrzeugen und Fahrzeugpapieren sowie mit den im Zentralen Fahrerlaubnisregister erfassten Führerscheinen.
(2) Die Übermittlung der Daten nach Absatz 1 darf auch im automatisierten Verfahren erfolgen.

§ 37 Übermittlung von Fahrzeugdaten und Halterdaten an Stellen außerhalb des Geltungsbereiches dieses Gesetzes

(1) Die nach § 33 Absatz 1 gespeicherten Fahrzeugdaten und Halterdaten dürfen vom Kraftfahrt-Bundesamt an die zuständigen Stellen anderer Staaten übermittelt werden, soweit dies nach unionsrechtlichen Vorschriften vorgeschrieben ist oder soweit dies

1. für Verwaltungsmaßnahmen auf dem Gebiet des Straßenverkehrs,
2. zur Überwachung des Versicherungsschutzes im Rahmen der Kraftfahrzeughaftpflichtversicherung,
3. zur Verfolgung von Zuwiderhandlungen gegen Rechtsvorschriften auf dem Gebiet des Straßenverkehrs oder

4. zur Verfolgung von Straftaten, die im Zusammenhang mit dem Straßenverkehr oder sonst mit Kraftfahrzeugen, Anhängern, Kennzeichen oder Fahrzeugpapieren, Fahrerlaubnissen oder Führerscheinen stehen,

erforderlich ist und keine Anhaltspunkte für Zweifel an der Gegenseitigkeit einer solchen Auskunftserteilung hinsichtlich des jeweiligen Anfragegrundes nach den Nummern 1 bis 4 und hinsichtlich der den Anfragegrund begründenden Sachverhalte durch den anderen Staat gegeben sind.

(1a) Nach Maßgabe völkerrechtlicher Verträge zwischen Mitgliedstaaten der Europäischen Union oder mit den anderen Vertragsstaaten des Abkommens über den Europäischen Wirtschaftsraum, die der Mitwirkung der gesetzgebenden Körperschaften nach Artikel 59 Absatz 2 des Grundgesetzes bedürfen, sowie nach Artikel 12 des Beschlusses des Rates 2008/615/JI vom 23. Juni 2008 (ABl. L 210 vom 6.8.2008, S. 1) dürfen die nach § 33 Absatz 1 gespeicherten Fahrzeugdaten und Halterdaten vom Kraftfahrt-Bundesamt an die zuständigen Stellen dieser Staaten auch übermittelt werden, soweit dies erforderlich ist

1. zur Verfolgung von Ordnungswidrigkeiten, die nicht von Absatz 1 Nummer 3 erfasst werden,
2. zur Verfolgung von Straftaten, die nicht von Absatz 1 Nummer 4 erfasst werden, oder
3. zur Abwehr von Gefahren für die öffentliche Sicherheit.

(2) Der Empfänger ist darauf hinzuweisen, dass die übermittelten Daten nur zu dem Zweck verwendet werden dürfen, zu dessen Erfüllung sie ihm übermittelt werden.

(3) Die Übermittlung unterbleibt, wenn durch sie schutzwürdige Interessen der betroffenen Person beeinträchtigt würden, insbesondere, wenn im Empfängerland ein angemessener Datenschutzstandard nicht gewährleistet ist.

(4) [1]Die Übermittlung unterbleibt, wenn die Übermittlung bei entsprechender Anfrage auf Grund von § 37a erfolgen könnte. [2]Die Übermittlung kann ferner unterbleiben, wenn das Kraftfahrt-Bundesamt den Aufwand für die Bearbeitung der Anfragen als nicht vertretbar beurteilt.

§ 37a Abruf im automatisierten Verfahren durch Stellen außerhalb des Geltungsbereiches dieses Gesetzes

(1) [1]Durch Abruf im automatisierten Verfahren dürfen aus dem Zentralen Fahrzeugregister für die in § 37 Abs. 1 und 1a genannten Maßnahmen an die hierfür zuständigen öffentlichen Stellen in einem Mitgliedstaat der Europäischen Union oder einem anderen Vertragsstaat des Abkommens über den Europäischen Wirtschaftsraum die zu deren Aufgabenerfüllung erforderlichen Daten nach näherer Bestimmung durch Rechtsverordnung nach § 47 Nummer 5b und 5c durch das Kraftfahrt-Bundesamt übermittelt werden. [2]Dieses automatisierte Verfahren setzt jedoch voraus, dass das Europäische Fahrzeug- und Führerschein-Informationssystem oder ein anderes informationstechnisches Verfahren genutzt wird, das vom Kraftfahrt-Bundesamt als mit vertretbarem Aufwand betreibbar beurteilt wird.

(2) [1]Der Abruf darf nur unter Verwendung von Fahrzeugdaten, bei Abrufen für die in § 37 Abs. 1a genannten Zwecke nur unter Verwendung der vollständigen Fahrzeug-Identifizierungsnummer oder des vollständigen Kennzeichens, erfolgen und sich nur auf ein bestimmtes Fahrzeug oder einen bestimmten Halter richten. [2]Ein unionsrechtlich vorgeschriebener Abruf darf ergänzend zu Satz 1

1. auch unter Verwendung von Halterdaten erfolgen oder
2. sich auf mehrere Fahrzeuge eines bestimmten Halters oder auf alle aktuellen oder früheren Halter eines bestimmten Fahrzeugs richten,

soweit dies unionsrechtlich vorgesehen ist.

(3) [1]Der Abruf ist nur zulässig, wenn

1. diese Form der Datenübermittlung unter Berücksichtigung der schutzwürdigen Interessen der betroffenen Personen wegen der Vielzahl der Übermittlungen oder wegen ihrer besonderen Eilbedürftigkeit angemessen ist,
2. der Empfängerstaat die Verordnung (EU) 2016/679 anwendet und
3. die Gegenseitigkeit der Auskunftserteilung im Sinne von § 37 Absatz 1 durch geeignete Mittel sichergestellt ist.

[2]§ 36 Abs. 5 und 6 sowie Abs. 7 wegen des Anlasses der Abrufe ist entsprechend anzuwenden.

§ 37b Übermittlung von Fahrzeug- und Halterdaten nach der Richtlinie (EU) 2015/413

(1) Das Kraftfahrt-Bundesamt unterstützt nach Absatz 2 die in Artikel 4 Absatz 3 der Richtlinie (EU) 2015/413 genannten nationalen Kontaktstellen der anderen Mitgliedstaaten der Europäischen Union bei den Ermittlungen in Bezug auf folgende in den jeweiligen Mitgliedstaaten begangenen, die Straßenverkehrssicherheit gefährdenden Verkehrsdelikte:

1. Geschwindigkeitsübertretungen,
2. Nicht-Anlegen des Sicherheitsgurtes,
3. Überfahren eines roten Lichtzeichens,

4. Trunkenheit im Straßenverkehr,
5. Fahren unter Einfluss von berauschenden Mitteln,
6. Nicht-Tragen eines Schutzhelmes,
7. unbefugte Benutzung eines Fahrstreifens,
8. rechtswidrige Benutzung eines Mobiltelefons oder anderer Kommunikationsgeräte beim Fahren.

(2) Auf Anfrage teilt das Kraftfahrt-Bundesamt der nationalen Kontaktstelle eines anderen Mitgliedstaates der Europäischen Union folgende nach § 33 gespeicherten Daten zu Fahrzeug und Halter mit:
1. amtliches Kennzeichen,
2. Fahrzeug-Identifizierungsnummer,
3. Land der Zulassung,
4. Marke des Fahrzeugs,
5. Handelsbezeichnung,
6. EU-Fahrzeugklasse,
7. Name des Halters,
8. Vorname des Halters,
9. Anschrift des Halters,
10. Geschlecht,
11. Geburtsdatum,
12. Rechtsperson,
13. Geburtsort,

wenn dies im Einzelfall für die Erfüllung einer Aufgabe der nationalen Kontaktstelle des anfragenden Mitgliedstaates der Europäischen Union oder der zuständigen Behörde des anfragenden Mitgliedstaates der Europäischen Union erforderlich ist.

§ 37c Übermittlung von Fahrzeugdaten und Halterdaten an die Europäische Kommission

Das Kraftfahrt-Bundesamt übermittelt zur Erfüllung der Berichtspflicht nach Artikel 5 Absatz 1 Unterabsatz 4 der Richtlinie 2009/103/EG des Europäischen Parlaments und des Rates vom 16. September 2009 über die Kraftfahrzeug-Haftpflichtversicherung und die Kontrolle der entsprechenden Versicherungspflicht (ABl. L 263 vom 7.10.2009, S. 11) bis zum 31. März eines jeden Jahres an die Europäische Kommission die nach § 33 Absatz 1 gespeicherten Namen oder Bezeichnungen und Anschriften der Fahrzeughalter, die nach § 2 Absatz 1 Nummer 1 bis 5 des Pflichtversicherungsgesetzes von der Versicherungspflicht befreit sind.

§ 38 Übermittlung an und Verwendung durch den Empfänger für wissenschaftliche Zwecke

(1) Die nach § 33 Abs. 1 gespeicherten Fahrzeugdaten und Halterdaten dürfen an Hochschulen, andere Einrichtungen, die wissenschaftliche Forschung betreiben, und öffentliche Stellen übermittelt werden, soweit
1. dies für die Durchführung bestimmter wissenschaftlicher Forschungsarbeiten erforderlich ist,
2. eine Nutzung anonymisierter Daten zu diesem Zweck nicht möglich ist und
3. das öffentliche Interesse an der Forschungsarbeit das schutzwürdige Interesse der betroffenen Person an dem Ausschluss der Übermittlung erheblich überwiegt.

(2) Die Übermittlung der Daten erfolgt durch Erteilung von Auskünften, wenn hierdurch der Zweck der Forschungsarbeit erreicht werden kann und die Erteilung keinen unverhältnismäßigen Aufwand erfordert.

(3) [1]Personenbezogene Daten werden nur an solche Personen übermittelt, die Amtsträger oder für den öffentlichen Dienst besonders Verpflichtete sind oder die zur Geheimhaltung verpflichtet worden sind. [2]§ 1 Abs. 2, 3 und 4 Nr. 2 des Verpflichtungsgesetzes findet auf die Verpflichtung zur Geheimhaltung entsprechende Anwendung.

(4) [1]Die personenbezogenen Daten dürfen nur für die Forschungsarbeit verwendet werden, für die sie übermittelt worden sind. [2]Die Verwendung für andere Forschungsarbeiten oder die Übermittlung richtet sich nach den Absätzen 1 und 2 und bedarf der Zustimmung der Stelle, die die Daten übermittelt hat.

(5) [1]Die Daten sind gegen unbefugte Kenntnisnahme durch Dritte zu schützen. [2]Die wissenschaftliche Forschung betreibende Stelle hat dafür zu sorgen, dass die Verwendung der personenbezogenen Daten räumlich und organisatorisch getrennt von der Erfüllung solcher Verwaltungsaufgaben oder Geschäftszwecke erfolgt, für die diese Daten gleichfalls von Bedeutung sein können.

(6) [1]Sobald der Forschungszweck es erlaubt, sind die personenbezogenen Daten zu anonymisieren. [2]Solange dies noch nicht möglich ist, sind die Merkmale gesondert aufzubewahren, mit denen Einzelangaben über persönliche oder sachliche Verhältnisse einer bestimmten oder bestimmbaren Person zugeordnet werden können. [3]Sie dürfen mit den Einzelangaben nur zusammengeführt werden, soweit der Forschungszweck dies erfordert.

(7) Wer nach den Absätzen 1 und 2 personenbezogene Daten erhalten hat, darf diese nur veröffentlichen, wenn dies für die Darstellung von Forschungsergebnissen über Ereignisse der Zeitgeschichte unerlässlich ist.

§ 38a Übermittlung an und Verwendung durch den Empfänger für statistische Zwecke

(1) Die nach § 33 Abs. 1 gespeicherten Fahrzeug- und Halterdaten dürfen zur Vorbereitung und Durchführung von Statistiken, soweit sie durch Rechtsvorschriften angeordnet sind, übermittelt werden, wenn die Vorbereitung und Durchführung des Vorhabens allein mit anonymisierten Daten (§ 45) nicht möglich ist.

(2) Für die Verwendung der Daten nach Absatz 1 finden die Vorschriften des Bundesstatistikgesetzes und der Statistikgesetze der Länder Anwendung.

§ 38b Übermittlung an und Verwendung durch den Empfänger für planerische Zwecke

(1) Die nach § 33 Abs. 1 gespeicherten Fahrzeug- und Halterdaten dürfen für im öffentlichen Interesse liegende Verkehrsplanungen an öffentliche Stellen übermittelt werden, wenn die Durchführung des Vorhabens allein mit anonymisierten Daten (§ 45) nicht oder nur mit unverhältnismäßigem Aufwand möglich ist und die betroffene Person eingewilligt hat oder schutzwürdige Interessen der betroffenen Person nicht beeinträchtigt werden.

(2) Der Empfänger der Daten hat sicherzustellen, dass

1. die Kontrolle zur Sicherstellung schutzwürdiger Interessen der betroffenen Person jederzeit gewährleistet wird,
2. die Daten nur für das betreffende Vorhaben verwendet werden,
3. zu den Daten nur die Personen Zugang haben, die mit dem betreffenden Vorhaben befasst sind,
4. diese Personen verpflichtet werden, die Daten gegenüber Unbefugten nicht zu offenbaren, und
5. die Daten anonymisiert oder gelöscht werden, sobald der Zweck des Vorhabens dies gestattet.

§ 39 Übermittlung von Fahrzeugdaten und Halterdaten zur Verfolgung von Rechtsansprüchen

(1) Von den nach § 33 Abs. 1 gespeicherten Fahrzeugdaten und Halterdaten sind

1. Familienname (bei juristischen Personen, Behörden oder Vereinigungen: Name oder Bezeichnung),
2. Vornamen,
3. Ordens- und Künstlername,
4. Anschrift,
5. Art, Hersteller und Typ des Fahrzeugs,
6. Name und Anschrift des Versicherers,
7. Nummer des Versicherungsscheins, oder, falls diese noch nicht gespeichert ist, Nummer der Versicherungsbestätigung,
8. gegebenenfalls Zeitpunkt der Beendigung des Versicherungsverhältnisses,
9. gegebenenfalls Befreiung von der gesetzlichen Versicherungspflicht,
10. Zeitpunkt der Zuteilung oder Ausgabe des Kennzeichens für den Halter sowie
11. Kraftfahrzeugkennzeichen

durch die Zulassungsbehörde oder durch das Kraftfahrt-Bundesamt zu übermitteln, wenn der Empfänger unter Angabe des betreffenden Kennzeichens oder der betreffenden Fahrzeug-Identifizierungsnummer darlegt, dass er die Daten zur Geltendmachung, Sicherung oder Vollstreckung oder zur Befriedigung oder Abwehr von Rechtsansprüchen im Zusammenhang mit der Teilnahme am Straßenverkehr oder zur Erhebung einer Privatklage wegen im Straßenverkehr begangener Verstöße benötigt (einfache Registerauskunft).

(2) Weitere Fahrzeugdaten und Halterdaten als die nach Absatz 1 zulässigen sind zu übermitteln, wenn der Empfänger unter Angabe von Fahrzeugdaten oder Personalien des Halters glaubhaft macht, dass er

1. die Daten zur Geltendmachung, Sicherung oder Vollstreckung, zur Befriedigung oder Abwehr von Rechtsansprüchen im Zusammenhang mit der Teilnahme am Straßenverkehr, dem Diebstahl, dem sonstigen Abhandenkommen des Fahrzeugs oder zur Erhebung einer Privatklage wegen im Straßenverkehr begangener Verstöße benötigt und
2. *[aufgehoben]*
3. die Daten auf andere Weise entweder nicht oder nur mit unverhältnismäßigem Aufwand erlangen könnte.

(3) [1]Die in Absatz 1 Nr. 1 bis 5 und 11 angeführten Halterdaten und Fahrzeugdaten dürfen übermittelt werden, wenn der Empfänger unter Angabe von Fahrzeugdaten oder Personalien des Halters glaubhaft macht, dass er

1. die Daten zur Geltendmachung, Sicherung oder Vollstreckung

a) von nicht mit der Teilnahme am Straßenverkehr im Zusammenhang stehenden öffentlich-rechtlichen Ansprüchen oder
b) von gemäß § 7 des Unterhaltsvorschussgesetzes, § 33 des Zweiten Buches Sozialgesetzbuch oder § 94 des Zwölften Buches Sozialgesetzbuch übergegangenen Ansprüchen

in Höhe von jeweils mindestens 500 Euro benötigt,

2. ohne Kenntnis der Daten zur Geltendmachung, Sicherung oder Vollstreckung des Rechtsanspruchs nicht in der Lage wäre und
3. die Daten auf andere Weise entweder nicht oder nur mit unverhältnismäßigem Aufwand erlangen könnte.

[2]§ 35 Abs. 3 Satz 2 und 3 gilt entsprechend. [3]Die Aufzeichnungen dürfen nur zur Kontrolle der Zulässigkeit der Übermittlungen verwendet werden.

(4) Ist der Empfänger eine öffentlich-rechtliche Stelle mit Sitz im Ausland oder handelt er im Namen oder im Auftrag einer solchen Stelle, ist für den Antrag und die Auskunft nur das Kraftfahrt-Bundesamt zuständig.

§ 39a Auskunft über Daten

(1) [1]Einer Person wird auf Antrag schriftlich über die zu ihrer Person im örtlichen oder im Zentralen Fahrzeugregister gespeicherten Daten und über die zu ihr als Halter gespeicherten Fahrzeugdaten unentgeltlich Auskunft erteilt. [2]Die Auskunft kann elektronisch erteilt werden, wenn der Antrag unter Nutzung des elektronischen Identitätsnachweises nach § 18 des Personalausweisgesetzes, nach § 12 des eID-Karte-Gesetzes oder nach § 78 Absatz 5 des Aufenthaltsgesetzes gestellt wird; in diesen Fällen gilt abweichend von § 35 Absatz 6 Satz 4 hinsichtlich der Protokollierung § 36 Absatz 6 entsprechend.

(2) [1]Einer Person darf auf Antrag schriftlich über die zu einem Dritten als Halter im örtlichen oder im Zentralen Fahrzeugregister gespeicherten Fahrzeugdaten unentgeltlich Auskunft erteilt werden, wenn

1. der Antragsteller
   a) nachweist, dass die Verfügungsbefugnis des Halters über dessen Fahrzeuge gesetzlich oder in Folge gerichtlicher Anordnung auf den Antragsteller übergegangen ist oder auch vom Antragsteller ausgeübt werden kann, und
   b) glaubhaft macht, dass er die Daten zur Wahrnehmung straßenverkehrsrechtlicher Angelegenheiten des Halters benötigt,
2. der Antragsteller die Daten auf andere Weise entweder nicht oder nur mit unverhältnismäßigem Aufwand erlangen könnte und
3. kein Grund zu der Annahme besteht, dass durch die Auskunft schutzwürdige Interessen des Halters beeinträchtigt werden.

[2]Für die sichere Identifizierung bei der Antragstellung und für die elektronische Auskunftserteilung gilt § 30 Absatz 8 Satz 2 und 3 entsprechend; abweichend von § 35 Absatz 6 Satz 4 gilt hinsichtlich der Protokollierung § 36 Absatz 6 entsprechend.

§ 40 Übermittlung sonstiger Daten

[1]Die nach § 33 Abs. 2 gespeicherten Daten über Beruf und Gewerbe (Wirtschaftszweig) dürfen nur für die Zwecke nach § 32 Abs. 1 Nr. 4 und 5 an die hierfür zuständigen Behörden übermittelt werden. [2]Außerdem dürfen diese Daten für Zwecke der Statistik (§ 38a Abs. 1) übermittelt werden; die Zulässigkeit und die Durchführung von statistischen Vorhaben richten sich nach § 38a.

§ 41 Übermittlungssperren

(1) Die Anordnung von Übermittlungssperren in den Fahrzeugregistern ist zulässig, wenn erhebliche öffentliche Interessen gegen die Offenbarung der Halterdaten bestehen.

(2) Außerdem sind Übermittlungssperren auf Antrag der betroffenen Person anzuordnen, wenn sie glaubhaft macht, dass durch die Übermittlung ihre schutzwürdigen Interessen beeinträchtigt würden.

(3) [1]Die Übermittlung trotz bestehender Sperre ist im Einzelfall zulässig, wenn an der Kenntnis der gesperrten Daten ein überwiegendes öffentliches Interesse, insbesondere an der Verfolgung von Straftaten besteht. [2]Vor der Übermittlung ist der betroffenen Person Gelegenheit zur Stellungnahme zu geben, es sei denn, die Anhörung würde dem Zweck der Übermittlung zuwiderlaufen.

(4) [1]Die Übermittlung trotz bestehender Sperre ist im Einzelfall außerdem zulässig, wenn die Geltendmachung, Sicherung oder Vollstreckung oder die Befriedigung oder Abwehr von Rechtsansprüchen im Sinne des § 39 Abs. 1 und 2 sonst nicht möglich wäre. [2]Vor der Übermittlung ist der betroffenen Person Gelegenheit zur Stellungnahme zu geben.

(5) [1]Über die Aufhebung im Einzelfall nach den Absätzen 3 und 4 entscheidet die für die Anordnung der Sperre zuständige Behörde (sperrende Behörde). [2]Will diese an der Sperre festhalten, weil sie das die

Sperre begründende öffentliche Interesse im Sinne des Absatzes 1 für überwiegend hält oder weil sie die Beeinträchtigung schutzwürdiger Interessen der betroffenen Person im Sinne des Absatzes 2 als vorrangig ansieht, führt sie die Entscheidung der nach Landesrecht hierfür zuständigen Behörde oder, wenn eine solche Regelung nicht getroffen ist, der obersten Landesbehörde herbei. [3]Im Fall der Aufhebung im Einzelfall wird die Übermittlung der für das Ersuchen erforderlichen Fahrzeug- und Halterdaten durch die sperrende Behörde vorgenommen. [4]Hierfür dürfen der sperrenden Behörde bei von ihr festgestellter Erforderlichkeit auf ihr Verlangen die Fahrzeug- und Halterdaten von den Registerbehörden übermittelt werden. [5]Die sperrende Behörde hat diese übermittelten Daten nach Abschluss des Verfahrens unverzüglich zu löschen.

§ 42 Datenabgleich zur Beseitigung von Fehlern

(1) [1]Bei Zweifeln an der Identität eines eingetragenen Halters mit dem Halter, auf den sich eine neue Mitteilung bezieht, dürfen die Datenbestände des Fahreignungsregisters und des Zentralen Fahrerlaubnisregisters zur Identifizierung dieser Halter verwendet werden. [2]Ist die Feststellung der Identität der betreffenden Halter auf diese Weise nicht möglich, dürfen die auf Anfrage aus den Melderegistern übermittelten Daten zur Behebung der Zweifel verwendet werden. [3]Die Zulässigkeit der Übermittlung durch die Meldebehörden richtet sich nach den Meldegesetzen der Länder. [4]Können die Zweifel an der Identität der betreffenden Halter nicht ausgeräumt werden, werden die Eintragungen über beide Halter mit einem Hinweis auf die Zweifel an deren Identität versehen.

(2) [1]Die nach § 33 im Zentralen Fahrzeugregister gespeicherten Daten dürfen den Zulassungsbehörden übermittelt werden, soweit dies erforderlich ist, um Fehler und Abweichungen in deren Register festzustellen und zu beseitigen und um diese örtlichen Register zu vervollständigen. [2]Die nach § 33 im örtlichen Fahrzeugregister gespeicherten Daten dürfen dem Kraftfahrt-Bundesamt übermittelt werden, soweit dies erforderlich ist, um Fehler und Abweichungen im Zentralen Fahrzeugregister festzustellen und zu beseitigen sowie das Zentrale Fahrzeugregister zu vervollständigen. [3]Die nach § 33 im örtlichen oder im Zentralen Fahrzeugregister gespeicherten Daten dürfen an die Versicherer im Sinne des § 34 Absatz 5 übermittelt werden, soweit dies erforderlich ist, um Fehler und Abweichungen im örtlichen oder im Zentralen Fahrzeugregister festzustellen und zu beseitigen sowie um diese Register zu vervollständigen. [4]Die nach § 33 im Zentralen Fahrzeugregister gespeicherten Daten dürfen an die Technischen Prüfstellen, die amtlich anerkannten Überwachungsorganisationen und die anerkannten Kraftfahrzeugwerkstätten, soweit diese Werkstätten Sicherheitsprüfungen durchführen, sowie an ihre jeweiligen Kopfstellen im Sinne des § 34 Absatz 6 übermittelt werden, soweit dies erforderlich ist, um Fehler und Abweichungen im Zentralen Fahrzeugregister festzustellen und zu beseitigen sowie um dieses Register zu vervollständigen. [5]Die Übermittlung nach den Sätzen 1 bis 4 ist nur zulässig, wenn Anlass zu der Annahme besteht, dass die Register unrichtig oder unvollständig sind.

(3) [1]Die nach § 33 im Zentralen Fahrzeugregister oder im zuständigen örtlichen Fahrzeugregister gespeicherten Halter- und Fahrzeugdaten dürfen der für die Ausübung der Verwaltung der Kraftfahrzeugsteuer zuständigen Behörde übermittelt werden, soweit dies für Maßnahmen zur Durchführung des Kraftfahrzeugsteuerrechts erforderlich ist, um Fehler und Abweichungen in den Datenbeständen der für die Ausübung der Verwaltung der Kraftfahrzeugsteuer zuständigen Behörden festzustellen und zu beseitigen und um diese Datenbestände zu vervollständigen. [2]Die Übermittlung nach Satz 1 ist nur zulässig, wenn Anlass zu der Annahme besteht, dass die Datenbestände unrichtig oder unvollständig sind.

§ 43 Allgemeine Vorschriften für die Datenübermittlung an und die Verarbeitung der Daten durch den Empfänger

(1) [1]Übermittlungen von Daten aus den Fahrzeugregistern sind nur auf Ersuchen zulässig, es sei denn, auf Grund besonderer Rechtsvorschrift wird bestimmt, dass die Registerbehörde bestimmte Daten von Amts wegen zu übermitteln hat. [2]Die Verantwortung für die Zulässigkeit der Übermittlung trägt die übermittelnde Stelle. [3]Erfolgt die Übermittlung auf Ersuchen des Empfängers, trägt dieser die Verantwortung. [4]In diesem Fall prüft die übermittelnde Stelle nur, ob das Übermittlungsersuchen im Rahmen der Aufgaben des Empfängers liegt, es sei denn, dass besonderer Anlass zur Prüfung der Zulässigkeit der Übermittlung besteht. [5]Begründet sich der besondere Anlass nach Satz 4 in Zweifeln an der Identität einer Person, auf die sich ein Ersuchen auf Datenübermittlung bezieht, gilt § 42 Absatz 1 Satz 1 bis 3 entsprechend.

(2) [1]Der Empfänger darf die übermittelten Daten nur zu dem Zweck verarbeiten, zu dessen Erfüllung sie ihm übermittelt worden sind. [2]Der Empfänger darf die übermittelten Daten auch für andere Zwecke verarbeiten, soweit sie ihm auch für diese Zwecke hätten übermittelt werden dürfen. [3]Ist der Empfänger eine nichtöffentliche Stelle, hat die übermittelnde Stelle ihn darauf hinzuweisen. [4]Eine Verarbeitung für andere Zwecke durch nichtöffentliche Stellen bedarf der Zustimmung der übermittelnden Stelle.

§ 44 Löschung der Daten in den Fahrzeugregistern

(1) Die nach § 33 Abs. 1 und 2 gespeicherten Daten sind in den Fahrzeugregistern spätestens zu löschen, wenn sie für die Aufgaben nach § 32 nicht mehr benötigt werden.

(2) Die Daten über Fahrtenbuchauflagen (§ 33 Abs. 3) sind nach Wegfall der Auflage zu löschen.

§ 45 Anonymisierte Daten

[1]Auf die Verarbeitung von Daten, die keinen Bezug zu einer bestimmten oder bestimmbaren Person ermöglichen, finden die Vorschriften dieses Abschnitts keine Anwendung. [2]Zu den Daten, die einen Bezug zu einer bestimmten oder bestimmbaren Person ermöglichen, gehören auch das Kennzeichen eines Fahrzeugs, die Fahrzeug-Identifizierungsnummer und die Fahrzeugbriefnummer.

§ 46 (weggefallen)

§ 47 Verordnungsermächtigungen, Ausführungsvorschriften

Das Bundesministerium für Digitales und Verkehr wird ermächtigt, Rechtsverordnung mit Zustimmung des Bundesrates zu erlassen

1. darüber,
   a) welche im Einzelnen zu bestimmenden Fahrzeugdaten (§ 33 Abs. 1 Satz 1 Nr. 1) und
   b) welche Halterdaten nach § 33 Abs. 1 Satz 1 Nr. 2 in welchen Fällen der Zuteilung oder Ausgabe des Kennzeichens unter Berücksichtigung der in § 32 genannten Aufgaben

   im örtlichen und im Zentralen Fahrzeugregister jeweils gespeichert (§ 33 Abs. 1) und zur Speicherung erhoben (§ 34 Abs. 1) werden,

1a. darüber, welche im Einzelnen zu bestimmenden Fahrzeugdaten und Daten über Prüfungen und Untersuchungen einschließlich der durchführenden Stellen und Kennungen zur Feststellung der für die Durchführung der Prüfung oder Untersuchung Verantwortlichen die Technischen Prüfstellen, amtlich anerkannten Überwachungsorganisationen und anerkannten Kraftfahrzeugwerkstätten, soweit diese Werkstätten Sicherheitsprüfungen durchführen, zur Speicherung im Zentralen Fahrzeugregister nach § 34 Absatz 6 mitzuteilen haben, und über die Einzelheiten des Mitteilungs- sowie des Auskunftsverfahrens,

2. darüber, welche im Einzelnen zu bestimmenden Fahrzeugdaten die Versicherer zur Speicherung im Zentralen Fahrzeugregister nach § 34 Abs. 5 Satz 2 mitzuteilen haben,

3. über die regelmäßige Übermittlung der Daten nach § 35 Abs. 5, insbesondere über die Art der Übermittlung sowie die Art und den Umfang der zu übermittelnden Daten,

4. über die Art und den Umfang der zu übermittelnden Daten und die Maßnahmen zur Sicherung gegen Missbrauch beim Abruf im automatisierten Verfahren nach § 36 Abs. 5,

4a. über die Art und den Umfang der zu übermittelnden Daten und die Maßnahmen zur Sicherung gegen Mißbrauch nach § 36a,

5. über Einzelheiten des Verfahrens nach § 36 Abs. 7 Satz 2,

5a. über die Art und den Umfang der zu übermittelnden Daten, die Bestimmung der Empfänger und den Geschäftsweg bei Übermittlungen nach § 37 Abs. 1 und 1a,

5b. darüber, welche Daten nach § 37a Abs. 1 durch Abruf im automatisierten Verfahren übermittelt werden dürfen,

5c. über die Bestimmung, welche ausländischen öffentlichen Stellen zum Abruf im automatisierten Verfahren nach § 37a Abs. 1 befugt sind,

6. über das Verfahren bei Übermittlungssperren sowie über die Speicherung, Änderung und die Aufhebung der Sperren nach § 33 Abs. 4 und § 41 und

7. über die Löschung der Daten nach § 44, insbesondere über die Voraussetzungen und Fristen für die Löschung.

VI.
Fahrerlaubnisregister

§ 48 Registerführung und Registerbehörden

(1) [1]Die Fahrerlaubnisbehörden (§ 2 Abs. 1) führen im Rahmen ihrer örtlichen Zuständigkeit ein Register (örtliche Fahrerlaubnisregister) über

1. von ihnen erteilte Fahrerlaubnisse sowie die entsprechenden Führerscheine,
2. Entscheidungen, die Bestand, Art und Umfang von Fahrerlaubnissen oder sonstige Berechtigungen, ein Fahrzeug zu führen, betreffen.

[2]Abweichend von Satz 1 Nr. 2 darf die zur Erteilung einer Prüfbescheinigung zuständige Stelle Aufzeichnungen über von ihr ausgegebene Bescheinigungen für die Berechtigung zum Führen fahrerlaub-

nisfreier Fahrzeuge führen. [3]Sobald ein örtliches Fahrerlaubnisregister nach Maßgabe des § 65 Absatz 2 Satz 1 nicht mehr geführt werden darf, gilt Satz 1 in Verbindung mit Satz 2 nur noch für die in § 65 Absatz 2a bezeichneten Daten.

(2) Das Kraftfahrt-Bundesamt führt ein Register über Fahrerlaubnisse und die entsprechenden Führerscheine (Zentrales Fahrerlaubnisregister), die von den nach Landesrecht für den Vollzug des Fahrerlaubnisrechtes zuständigen Behörden (Fahrerlaubnisbehörden) erteilt sind.

(3) [1]Bei einer zentralen Herstellung der Führscheine übermittelt die Fahrerlaubnisbehörde dem Hersteller die hierfür notwendigen Daten. [2]Der Hersteller darf ausschließlich zum Nachweis des Verbleibs der Führerscheine alle Führerscheinnummern der hergestellten Führerscheine speichern. [3]Die Speicherung der übrigen im Führerschein enthaltenen Angaben beim Hersteller ist unzulässig, soweit sie nicht ausschließlich und vorübergehend der Herstellung des Führerscheins dient; die Angaben sind anschließend zu löschen. [4]Die Daten nach den Sätzen 1 und 2 dürfen nach näherer Bestimmung durch Rechtsverordnung gemäß § 63 Nummer 1 an das Kraftfahrt-Bundesamt zur Speicherung im Zentralen Fahrerlaubnisregister übermittelt werden; sie sind dort spätestens nach Ablauf von zwölf Monaten zu löschen, sofern dem Amt die Erteilung oder Änderung der Fahrerlaubnis innerhalb dieser Frist nicht mitgeteilt wird; beim Hersteller sind die Daten nach der Übermittlung zu löschen. [5]Vor Eingang der Mitteilung beim Kraftfahrt-Bundesamt über die Erteilung oder Änderung der Fahrerlaubnis darf das Amt über die Daten keine Auskunft erteilen.

§ 49 Zweckbestimmung der Register

(1) Die örtlichen Fahrerlaubnisregister und das Zentrale Fahrerlaubnisregister werden geführt zur Speicherung von Daten, die erforderlich sind, um feststellen zu können, welche Fahrerlaubnisse und welche Führerscheine eine Person besitzt oder für welche sie die Neuerteilung beantragen kann.

(2) Die örtlichen Fahrerlaubnisregister werden außerdem geführt zur Speicherung von Daten, die erforderlich sind

1. für die Beurteilung der Eignung und Befähigung von Personen zum Führen von Kraftfahrzeugen und
2. für die Prüfung der Berechtigung zum Führen von Fahrzeugen.

§ 50 Inhalt der Fahrerlaubnisregister

(1) In den örtlichen Fahrerlaubnisregistern und im Zentralen Fahrerlaubnisregister werden gespeichert

1. Familiennamen, Geburtsnamen, sonstige frühere Namen, Vornamen, Ordens- oder Künstlername, Doktorgrad, Geschlecht, Tag und Ort der Geburt,
2. nach näherer Bestimmung durch Rechtsverordnung gemäß § 63 Nummer 2 Daten über Erteilung und Registrierung (einschließlich des Umtausches oder der Registrierung einer deutschen Fahrerlaubnis im Ausland), Bestand, Art, Umfang, Gültigkeitsdauer, Verlängerung und Änderung der Fahrerlaubnis, Datum des Beginns und des Ablaufs der Probezeit, Nebenbestimmungen zur Fahrerlaubnis, über Führerscheine und deren Geltung einschließlich der Ausschreibung zur Sachfahndung, sonstige Berechtigungen, ein Kraftfahrzeug zu führen, sowie Hinweise auf Eintragungen im Fahreignungsregister, die die Berechtigung zum Führen von Kraftfahrzeugen berühren.

(2) In den örtlichen Fahrerlaubnisregistern dürfen außerdem gespeichert werden

1. die Anschrift und die E-Mail-Adresse, soweit vom Antragsteller angegeben, der betroffenen Person, Staatsangehörigkeit, Art des Ausweisdokuments sowie
2. nach näherer Bestimmung durch Rechtsverordnung gemäß § 63 Nummer 2 Daten über
   a) Versagung, Entziehung, Widerruf und Rücknahme der Fahrerlaubnis, Verzicht auf die Fahrerlaubnis, isolierte Sperren, Fahrverbote sowie die Beschlagnahme, Sicherstellung und Verwahrung von Führerscheinen sowie Maßnahmen nach § 2a Abs. 2 und § 4 Absatz 5,
   b) Verbote oder Beschränkungen, ein Fahrzeug zu führen.

(3) Im Zentralen Fahrerlaubnisregister dürfen zusätzlich zu Absatz 1 der Grund des Erlöschens der Fahrerlaubnis oder einer Fahrerlaubnisklasse, die Dauer der Probezeit einschließlich der Restdauer nach vorzeitiger Beendigung der Probezeit, Beginn und Ende einer Hemmung der Probezeit und die Behörde, die die Unterlagen im Zusammenhang mit dem Erteilen, dem Entziehen oder dem Erlöschen einer Fahrerlaubnis oder Fahrerlaubnisklasse (Fahrerlaubnisakte) führt, gespeichert werden.

(4) Sobald ein örtliches Fahrerlaubnisregister nach Maßgabe des § 65 Absatz 2 Satz 1 nicht mehr geführt werden darf, gelten die Absätze 1 und 2 im Hinblick auf die örtlichen Fahrerlaubnisregister nur noch für die in § 65 Absatz 2a bezeichneten Daten.

§ 51 Mitteilung an das Zentrale Fahrerlaubnisregister

Die Fahrerlaubnisbehörden teilen dem Kraftfahrt-Bundesamt zur Speicherung im Zentralen Fahrerlaubnisregister unverzüglich die auf Grund des § 50 Abs. 1 zu speichernden oder zu einer Änderung oder Löschung einer Eintragung führenden Daten mit.

§ 52 Übermittlung

(1) Die in den Fahrerlaubnisregistern gespeicherten Daten dürfen an die Stellen, die

1. für die Verfolgung von Straftaten, zur Vollstreckung oder zum Vollzug von Strafen,
2. für die Verfolgung von Ordnungswidrigkeiten und die Vollstreckung von Bußgeldbescheiden und ihren Nebenfolgen nach diesem Gesetz oder
3. für Verwaltungsmaßnahmen auf Grund dieses Gesetzes oder der auf ihm beruhenden Rechtsvorschriften, soweit es um Fahrerlaubnisse, Führerscheine oder sonstige Berechtigungen, ein Fahrzeug zu führen, geht,

zuständig sind, übermittelt werden, soweit dies zur Erfüllung der diesen Stellen obliegenden Aufgaben zu den in § 49 genannten Zwecken jeweils erforderlich ist.

(2) Die in den Fahrerlaubnisregistern gespeicherten Daten dürfen zu den in § 49 Abs. 1 und 2 Nr. 2 genannten Zwecken an die für Verkehrs- und Grenzkontrollen zuständigen Stellen sowie an die für Straßenkontrollen zuständigen Stellen übermittelt werden, soweit dies zur Erfüllung ihrer Aufgaben erforderlich ist.

(3) Das Kraftfahrt-Bundesamt hat entsprechend § 35 Abs. 6 Satz 1 und 2 Aufzeichnungen über die Übermittlungen nach den Absätzen 1 und 2 zu führen.

§ 53 Direkteinstellung und Abruf im automatisierten Verfahren

(1) Den Stellen, denen die Aufgaben nach § 52 obliegen, dürfen die hierfür jeweils erforderlichen Daten aus dem Zentralen Fahrerlaubnisregister und den örtlichen Fahrerlaubnisregistern zu den in § 49 genannten Zwecken durch Abruf im automatisierten Verfahren übermittelt werden.

(1a) Die Fahrerlaubnisbehörden dürfen die Daten, die sie nach § 51 dem Kraftfahrt-Bundesamt mitzuteilen haben, im Wege der Datenfernübertragung durch Direkteinstellung übermitteln.

(2) Die Einrichtung von Anlagen zur Direkteinstellung oder zum Abruf im automatisierten Verfahren ist nur zulässig, wenn nach näherer Bestimmung durch Rechtsverordnung gemäß § 63 Nummer 4 gewährleistet ist, dass

1. die erforderlichen technischen und organisatorischen Maßnahmen nach den Artikeln 24, 25 und 32 der Verordnung (EU) 2016/679 zur Sicherstellung des Datenschutzes und der Datensicherheit getroffen werden und
2. die Zulässigkeit der Direkteinstellung oder der Abrufe nach Maßgabe des Absatzes 3 kontrolliert werden kann.

(3) [1]Das Kraftfahrt-Bundesamt oder die Fahrerlaubnisbehörde als übermittelnde Stellen haben über die Direkteinstellungen und die Abrufe Aufzeichnungen zu fertigen, die die bei der Durchführung der Direkteinstellungen oder der Abrufe verwendeten Daten, den Tag und die Uhrzeit der Direkteinstellungen oder der Abrufe, die Kennung der einstellenden oder abrufenden Dienststelle und die eingestellten oder abgerufenen Daten enthalten müssen. [2]Die protokollierten Daten dürfen nur für Zwecke der Datenschutzkontrolle, der Datensicherung oder zur Sicherstellung eines ordnungsgemäßen Betriebs der Datenverarbeitungsanlage verwendet werden, es sei denn, es liegen Anhaltspunkte dafür vor, dass ohne ihre Verwendung die Verhinderung oder Verfolgung einer schwerwiegenden Straftat gegen Leib, Leben oder Freiheit einer Person aussichtslos oder wesentlich erschwert wäre. [3]Die Protokolldaten sind durch geeignete Vorkehrungen gegen zweckfremde Verwendung und gegen sonstigen Missbrauch zu schützen und beim Abruf nach sechs Monaten und bei der Direkteinstellung mit Vollendung des 110. Lebensjahres der betroffenen Person zu löschen.

(4) [1]Bei Direkteinstellungen in das und bei Abrufen aus dem Zentralen Fahrerlaubnisregister sind vom Kraftfahrt-Bundesamt weitere Aufzeichnungen zu fertigen, die sich auf den Anlass der Direkteinstellung oder des Abrufs erstrecken und die Feststellung der für die Direkteinstellung oder den Abruf verantwortlichen Person ermöglichen. [2]Das Nähere wird durch Rechtsverordnung (§ 63 Nummer 4) bestimmt. [3]Dies gilt entsprechend für Abrufe aus den örtlichen Fahrerlaubnisregistern.

(5) [1]Aus den örtlichen Fahrerlaubnisregistern ist die Übermittlung der Daten durch Einsichtnahme in das Register außerhalb der üblichen Dienstzeiten an die für den betreffenden Bezirk zuständige Polizeidienststelle zulässig, wenn

1. dies im Rahmen der in § 49 Abs. 1 und 2 Nr. 2 genannten Zwecke für die Erfüllung der Polizei obliegenden Aufgaben erforderlich ist und
2. ohne die sofortige Einsichtnahme die Erfüllung dieser Aufgaben gefährdet wäre.

[2]Die Polizeidienststelle hat die Tatsache der Einsichtnahme, deren Datum und Anlass sowie den Namen des Einsichtnehmenden aufzuzeichnen; die Aufzeichnungen sind für die Dauer eines Jahres aufzubewahren und nach Ablauf des betreffenden Kalenderjahres zu vernichten.

§ 54 Automatisiertes Mitteilungs-, Anfrage- und Auskunftsverfahren beim Kraftfahrt-Bundesamt

[1]Die Übermittlung der Daten an das Zentrale Fahrerlaubnisregister und aus dem Zentralen Fahrerlaubnisregister nach den §§ 51, 52 und 55 darf nach näherer Bestimmung durch Rechtsverordnung gemäß § 63 Nummer 5 auch in einem automatisierten Mitteilungs-, Anfrage- und Auskunftsverfahren erfolgen. [2]Für die Einrichtung und Durchführung des Verfahrens gilt § 30b Abs. 1 Satz 2, Abs. 2 und 3 entsprechend [3]Die Protokolldaten der Mitteilungen sind mit Vollendung des 110. Lebensjahres der betroffenen Person zu löschen.

§ 55 Übermittlung von Daten an Stellen außerhalb des Geltungsbereiches dieses Gesetzes

(1) Die auf Grund des § 50 gespeicherten Daten dürfen von den Registerbehörden an die hierfür zuständigen Stellen anderer Staaten übermittelt werden, soweit dies

1. für Verwaltungsmaßnahmen auf dem Gebiet des Straßenverkehrs,
2. zur Verfolgung von Zuwiderhandlungen gegen Rechtsvorschriften auf dem Gebiet des Straßenverkehrs oder
3. zur Verfolgung von Straftaten, die im Zusammenhang mit dem Straßenverkehr oder sonst mit Kraftfahrzeugen oder Anhängern oder Fahrzeugpapieren, Fahrerlaubnissen oder Führerscheinen stehen,

erforderlich ist.

(2) Der Empfänger ist darauf hinzuweisen, dass die übermittelten Daten nur zu dem Zweck verarbeitet werden dürfen, zu dessen Erfüllung sie ihm übermittelt werden.

(3) Die Übermittlung unterbleibt, wenn durch sie schutzwürdige Interessen der betroffenen Person beeinträchtigt würden, insbesondere wenn im Empfängerland ein angemessener Datenschutzstandard nicht gewährleistet ist.

§ 56 Abruf im automatisierten Verfahren durch Stellen außerhalb des Geltungsbereiches dieses Gesetzes

(1) Durch Abruf im automatisierten Verfahren dürfen aus dem Zentralen Fahrerlaubnisregister für die in § 55 Abs. 1 genannten Maßnahmen an die hierfür zuständigen öffentlichen Stellen in einem Mitgliedstaat der Europäischen Union oder einem anderen Vertragsstaat des Abkommens über den Europäischen Wirtschaftsraum die zu deren Aufgabenerfüllung erforderlichen Daten nach näherer Bestimmung durch Rechtsverordnung gemäß § 63 Nummer 6 übermittelt werden.

(2) [1]Der Abruf ist nur zulässig, wenn

1. diese Form der Datenübermittlung unter Berücksichtigung der schutzwürdigen Interessen der betroffenen Personen wegen der Vielzahl der Übermittlungen oder wegen ihrer besonderen Eilbedürftigkeit angemessen ist und
2. der Empfängerstaat die Verordnung (EU) 2016/679 anwendet.

[2]§ 53 Abs. 2 und 3 sowie Abs. 4 wegen des Anlasses der Abrufe ist entsprechend anzuwenden.

§ 57 Übermittlung an und Verwendung durch den Empfänger für wissenschaftliche, statistische und gesetzgeberische Zwecke

Für die Übermittlung und Verwendung der nach § 50 gespeicherten Daten für wissenschaftliche Zwecke gilt § 38, für statistische Zwecke § 38a und für gesetzgeberische Zwecke § 38b jeweils entsprechend.

§ 58 Auskunft über eigene Daten aus den Registern

[1]Einer Privatperson wird auf Antrag schriftlich über den sie betreffenden Inhalt des örtlichen oder des Zentralen Fahrerlaubnisregisters unentgeltlich Auskunft erteilt. [2]Der Antragsteller hat dem Antrag einen Identitätsnachweis beizufügen und den Antrag, wenn er schriftlich gestellt wird, eigenhändig zu unterschreiben. [3]Die Auskunft kann elektronisch erteilt werden, wenn der Antrag unter Nutzung des elektronischen Identitätsnachweises nach § 18 des Personalausweisgesetzes, nach § 12 des eID-Karte-Gesetzes oder nach § 78 Absatz 5 des Aufenthaltsgesetzes gestellt wird. [4]Hinsichtlich der Protokollierung gilt § 53 Absatz 3 entsprechend.

§ 59 Datenabgleich zur Beseitigung von Fehlern

(1) Bei Zweifeln an der Identität einer eingetragenen Person mit der Person, auf die sich eine Mitteilung nach § 51 bezieht, dürfen die Datenbestände des Fahreignungsregisters und des Zentralen Fahrzeugregisters zur Identifizierung dieser Personen verwendet werden. [2]Ist die Feststellung der Identität der betreffenden Personen auf diese Weise nicht möglich, dürfen die auf Anfrage aus den Melderegistern übermittelten Daten zur Behebung der Zweifel verwendet werden. [3]Die Zulässigkeit der Übermittlung durch

die Meldebehörden richtet sich nach den Meldegesetzen der Länder. [4]Können die Zweifel an der Identität der betreffenden Personen nicht ausgeräumt werden, werden die Eintragungen über beide Personen mit einem Hinweis auf die Zweifel an deren Identität versehen.

(2) Die regelmäßige Verwendung der auf Grund des § 28 Abs. 3 im Fahreignungsregister gespeicherten Daten ist zulässig, um Fehler und Abweichungen bei den Personendaten sowie den Daten über Fahrerlaubnisse und Führerscheine der betreffenden Person im Zentralen Fahrerlaubnisregister festzustellen und zu beseitigen und um dieses Register zu vervollständigen.

(3) [1]Die nach § 50 Abs. 1 im Zentralen Fahrerlaubnisregister gespeicherten Daten dürfen den Fahrerlaubnisbehörden übermittelt werden, soweit dies erforderlich ist, um Fehler und Abweichungen in deren Registern festzustellen und zu beseitigen und um diese örtlichen Register zu vervollständigen. [2]Die nach § 50 Abs. 1 im örtlichen Fahrerlaubnisregister gespeicherten Daten dürfen dem Kraftfahrt-Bundesamt übermittelt werden, soweit dies erforderlich ist, um Fehler und Abweichungen im Zentralen Fahrerlaubnisregister festzustellen und zu beseitigen und um dieses Register zu vervollständigen. [3]Die Übermittlungen nach den Sätzen 1 und 2 sind nur zulässig, wenn Anlass zu der Annahme besteht, dass die Register unrichtig oder unvollständig sind.

§ 60 Allgemeine Vorschriften für die Datenübermittlung an und die Verarbeitung der Daten durch den Empfänger

(1) [1]Übermittlungen von Daten aus den Fahrerlaubnisregistern sind nur auf Ersuchen zulässig, es sei denn, auf Grund besonderer Rechtsvorschrift wird bestimmt, dass die Registerbehörde bestimmte Daten von Amts wegen zu übermitteln hat. [2]Die Verantwortung für die Zulässigkeit der Übermittlung trägt die übermittelnde Stelle. [3]Erfolgt die Übermittlung auf Ersuchen des Empfängers, trägt dieser die Verantwortung. [4]In diesem Fall prüft die übermittelnde Stelle nur, ob das Übermittlungsersuchen im Rahmen der Aufgaben des Empfängers liegt, es sei denn, dass besonderer Anlass zur Prüfung der Zulässigkeit der Übermittlung besteht. [5]Begründet sich der besondere Anlass nach Satz 4 in Zweifeln an der Identität einer Person, auf die sich ein Ersuchen auf Datenübermittlung bezieht, gilt § 59 Absatz 1 Satz 1 bis 3 entsprechend.

(2) Für die Verarbeitung der Daten durch den Empfänger gilt § 43 Abs. 2.

§ 61 Löschung der Daten

(1) [1]Die auf Grund des § 50 im Zentralen Fahrerlaubnisregister gespeicherten Daten sind zu löschen, soweit

1. die zugrunde liegende Fahrerlaubnis vollständig oder hinsichtlich einzelner Fahrerlaubnisklassen erloschen ist oder
2. eine amtliche Mitteilung über den Tod der betroffenen Person eingeht.

[2]Die Angaben zur Probezeit werden ein Jahr nach deren Ablauf gelöscht. [3]Satz 1 Nummer 1 gilt nicht für die nach § 50 Absatz 1 Nummer 1 gespeicherten Daten, eine erloschene Fahrerlaubnis oder Fahrerlaubnisklasse, das Datum der jeweiligen Erteilung, das Datum des jeweiligen Erlöschens, den Grund des Erlöschens einer Fahrerlaubnis oder einer Fahrerlaubnisklasse, den Beginn und das Ende der Probezeit, die Dauer der Probezeit einschließlich der Restdauer nach einer vorzeitigen Beendigung, den Beginn und das Ende der Hemmung der Probezeit, die Beschränkungen und Auflagen zur Fahrerlaubnis oder Fahrerlaubnisklasse, die Fahrerlaubnisnummer und die Behörde, die die Fahrerlaubnisakte führt.

(2) Über die in Absatz 1 Satz 1 Nummer 1 genannten Daten darf nach dem Erlöschen der Fahrerlaubnis nur

1. den betroffenen Personen und
2. den Fahrerlaubnisbehörden zur Überprüfung im Verfahren zur Neuerteilung oder Erweiterung einer Fahrerlaubnis

Auskunft erteilt werden.

(3) [1]Soweit die örtlichen Fahrerlaubnisregister Entscheidungen enthalten, die auch im Fahreignungsregister einzutragen sind, gilt für die Löschung § 29 entsprechend. [2]Für die Löschung der übrigen Daten gilt Absatz 1.

(4) Unbeschadet der Absätze 1 bis 3 sind die im Zentralen Fahrerlaubnisregister und den örtlichen Fahrerlaubnisregistern gespeicherten Daten mit Vollendung des 110. Lebensjahres der betroffenen Person zu löschen.

§ 62 Register über die Dienstfahrerlaubnisse der Bundeswehr

(1) [1]Die durch das Bundesministerium der Verteidigung bestimmte Dienststelle führt ein zentrales Register über die von den Dienststellen der Bundeswehr erteilten Dienstfahrerlaubnisse und ausgestellten Dienstführerscheine. [2]In dem Register dürfen auch die Daten gespeichert werden, die in den örtlichen Fahrerlaubnisregistern gespeichert werden dürfen.

(2) Im Zentralen Fahrerlaubnisregister beim Kraftfahrt-Bundesamt werden nur die in § 50 Abs. 1 Nr. 1 genannten Daten, die Tatsache des Bestehens einer Dienstfahrerlaubnis mit der jeweiligen Klasse und das Datum von Beginn und Ablauf einer Probezeit sowie die Fahrerlaubnisnummer gespeichert.

(3) Die im zentralen Register gemäß Absatz 1 und die gemäß Absatz 2 im zentralen Fahrerlaubnisregister beim Kraftfahrt-Bundesamt gespeicherten Daten sind nach Ablauf eines Jahres seit Ende der Möglichkeit zur Dienstleistung der betroffenen Person (§ 4 des Reservistinnen- und Reservistengesetzes), bei Grundwehrdienst Leistenden nach Ablauf eines Jahres seit Ende der Wehrpflicht der betroffenen Person (§ 3 Absatz 3 und 4 des Wehrpflichtgesetzes) zu löschen.

(4) [1]Im Übrigen finden die Vorschriften dieses Abschnitts mit Ausnahme der §§ 53 und 56 sinngemäß Anwendung. [2]Durch Rechtsverordnung gemäß § 63 Nummer 9 können Abweichungen von den Vorschriften dieses Abschnitts zugelassen werden, soweit dies zur Erfüllung der hoheitlichen Aufgaben erforderlich ist.

§ 63 Verordnungsermächtigungen, Ausführungsvorschriften

Das Bundesministerium für Digitales und Verkehr wird ermächtigt, Rechtsverordnungen mit Zustimmung des Bundesrates zu erlassen

1. über die Übermittlung der Daten durch den Hersteller von Führerscheinen an das Kraftfahrt-Bundesamt und die dortige Speicherung nach § 48 Abs. 3 Satz 4,
2. darüber, welche Daten nach § 50 Abs. 1 Nr. 2 und Abs. 2 Nr. 2 im örtlichen und im Zentralen Fahrerlaubnisregister jeweils gespeichert werden dürfen,
3. über die Art und den Umfang der zu übermittelnden Daten nach den §§ 52 und 55 sowie die Bestimmung der Empfänger und den Geschäftsweg bei Übermittlungen nach § 55,
4. über die Art und den Umfang der zu übermittelnden Daten, die Maßnahmen zur Sicherung gegen Missbrauch und die weiteren Aufzeichnungen beim Abruf im automatisierten Verfahren nach § 53,
5. über die Art und den Umfang der zu übermittelnden Daten und die Maßnahmen zur Sicherung gegen Missbrauch nach § 54,
6. darüber, welche Daten durch Abruf im automatisierten Verfahren nach § 56 übermittelt werden dürfen,
7. über die Bestimmung, welche ausländischen öffentlichen Stellen zum Abruf im automatisierten Verfahren nach § 56 befugt sind,
8. über den Identitätsnachweis bei Auskünften nach § 58 und
9. über Sonderbestimmungen für die Fahrerlaubnisregister der Bundeswehr nach § 62 Abs. 4 Satz 2.

VIa.

Datenverarbeitung

§ 63a Datenverarbeitung bei Kraftfahrzeugen mit hoch- oder vollautomatisierter Fahrfunktion

(1) [1]Kraftfahrzeuge gemäß § 1a speichern die durch ein Satellitennavigationssystem ermittelten Positions- und Zeitangaben, wenn ein Wechsel der Fahrzeugsteuerung zwischen Fahrzeugführer und dem hoch- oder vollautomatisierten System erfolgt. [2]Eine derartige Speicherung erfolgt auch, wenn der Fahrzeugführer durch das System aufgefordert wird, die Fahrzeugsteuerung zu übernehmen oder eine technische Störung des Systems auftritt.

(2) [1]Die gemäß Absatz 1 gespeicherten Daten dürfen den nach Landesrecht für die Ahndung von Verkehrsverstößen zuständigen Behörden auf deren Verlangen übermittelt werden. [2]Die übermittelten Daten dürfen durch diese gespeichert und verwendet werden. [3]Der Umfang der Datenübermittlung ist auf das Maß zu beschränken, das für den Zweck der Feststellung des Absatzes 1 im Zusammenhang mit dem durch diese Behörden geführten Verfahren der eingeleiteten Kontrolle notwendig ist. [4]Davon unberührt bleiben die allgemeinen Regelungen zur Verarbeitung personenbezogener Daten.

(3) Der Fahrzeughalter hat die Übermittlung der gemäß Absatz 1 gespeicherten Daten an Dritte zu veranlassen, wenn

1. die Daten zur Geltendmachung, Befriedigung oder Abwehr von Rechtsansprüchen im Zusammenhang mit einem in § 7 Absatz 1 geregelten Ereignis erforderlich sind und
2. das entsprechende Kraftfahrzeug mit automatisierter Fahrfunktion an diesem Ereignis beteiligt war. Absatz 2 Satz 3 findet entsprechend Anwendung.

(4) Die gemäß Absatz 1 gespeicherten Daten sind nach sechs Monaten zu löschen, es sei denn, das Kraftfahrzeug war an einem in § 7 Absatz 1 geregelten Ereignis beteiligt; in diesem Fall sind die Daten nach drei Jahren zu löschen.

(5) Im Zusammenhang mit einem in § 7 Absatz 1 geregelten Ereignis können die gemäß Absatz 1 gespeicherten Daten in anonymisierter Form zu Zwecken der Unfallforschung an Dritte übermittelt werden.

§ 63b Verordnungsermächtigungen

[1]Das Bundesministerium für Digitales und Verkehr wird ermächtigt, im Benehmen mit der Beauftragten für den Datenschutz und die Informationsfreiheit, zur Durchführung von § 63a Rechtsverordnungen zu erlassen über

1. die technische Ausgestaltung und den Ort des Speichermediums sowie die Art und Weise der Speicherung gemäß § 63a Absatz 1,
2. den Adressaten der Speicherpflicht nach § 63a Absatz 1,
3. Maßnahmen zur Sicherung der gespeicherten Daten gegen unbefugten Zugriff bei Verkauf des Kraftfahrzeugs.

[2]Rechtsverordnungen nach Satz 1 sind vor Verkündung dem Deutschen Bundestag zur Kenntnis zuzuleiten.

§ 63c Datenverarbeitung im Rahmen der Überprüfung der Einhaltung von Verkehrsbeschränkungen und Verkehrsverboten aufgrund immissionsschutzrechtlicher Vorschriften oder aufgrund straßenverkehrsrechtlicher Vorschriften zum Schutz vor Abgasen

(1) [1]Zur Überprüfung der Einhaltung von Verkehrsbeschränkungen und Verkehrsverboten, die aufgrund des § 40 des Bundes-Immissionsschutzgesetzes nach Maßgabe der straßenverkehrsrechtlichen Vorschriften angeordnet worden sind oder aufgrund straßenverkehrsrechtlicher Vorschriften zum Schutz der Wohnbevölkerung oder der Bevölkerung vor Abgasen zur Abwehr von immissionsbedingten Gefahren ergangen sind, darf die nach Landesrecht zuständige Behörde im Rahmen von stichprobenartigen Überprüfungen mit mobilen Geräten folgende Daten, auch durch selbsttätiges Wirken des von ihr verwendeten Gerätes, erheben, speichern und verwenden:

1. das Kennzeichen des Fahrzeugs oder der Fahrzeugkombination, die in einem Gebiet mit Verkehrsbeschränkungen oder Verkehrsverboten am Verkehr teilnehmen,
2. die für die Berechtigung zur Teilnahme am Verkehr in Gebieten mit Verkehrsbeschränkungen oder Verkehrsverboten erforderlichen Merkmale des Fahrzeugs oder der Fahrzeugkombination,
3. das durch eine Einzelaufnahme hergestellte Bild des Fahrzeugs und des Fahrers,
4. den Ort und die Zeit der Teilnahme am Verkehr im Gebiet mit Verkehrsbeschränkungen oder Verkehrsverboten.

[2]Eine verdeckte Datenerhebung ist unzulässig.

(2) [1]Die nach Landesrecht zuständige Behörde darf anhand der Daten nach Absatz 1 Satz 1 Nummer 1 beim Zentralen Fahrzeugregister die nach § 33 Absatz 1 Satz 1 Nummer 1 für das jeweilige Fahrzeug gespeicherten und für die Überprüfung der Einhaltung der jeweiligen Verkehrsbeschränkungen und Verkehrsverbote erforderlichen Fahrzeugdaten in dem in § 36 Absatz 2i vorgesehenen Verfahren abrufen, um festzustellen, ob für das Fahrzeug eine Verkehrsbeschränkung oder ein Verkehrsverbot gilt. [2]Der Abruf und die Feststellung haben unverzüglich zu erfolgen.

(3) [1]Die Daten nach Absatz 1 Satz 1 Nummer 1 bis 4 und Absatz 2 dürfen ausschließlich zum Zweck der Verfolgung von diesbezüglichen Ordnungswidrigkeiten an die hierfür zuständige Verwaltungsbehörde übermittelt werden. [2]Diese Datenübermittlung hat unverzüglich nach Abschluss der Prüfung nach Absatz 2 zu erfolgen.

(4) [1]Die Daten nach Absatz 1 Satz 1 Nummer 1 bis 4 und Absatz 2 sind von der in Absatz 1 genannten Behörde unverzüglich zu löschen,

1. sobald die nach Absatz 2 vorzunehmende Prüfung ergibt, dass das Fahrzeug berechtigt ist, am Verkehr im Gebiet mit Verkehrsbeschränkungen oder Verkehrsverboten teilzunehmen, oder
2. nach der Übermittlung an die in Absatz 3 genannte, für die Verfolgung von diesbezüglichen Ordnungswidrigkeiten zuständige Verwaltungsbehörde, wenn die nach Absatz 2 vorzunehmende Prüfung ergibt, dass das Fahrzeug nicht berechtigt ist, am Verkehr im Gebiet mit Verkehrsbeschränkungen oder Verkehrsverboten teilzunehmen.

[2]Alle Daten sind von der in Absatz 1 genannten Behörde, sofern sie nach den vorgenannten Vorschriften nicht vorher zu löschen sind, spätestens zwei Wochen nach ihrer erstmaligen Erhebung zu löschen.

(5) Für die Löschung der Daten nach Absatz 1 Satz 1 Nummer 1 bis 4 und Absatz 2 durch die für die Verfolgung von diesbezüglichen Ordnungswidrigkeiten zuständige Verwaltungsbehörde gelten die Vorschriften für das Bußgeldverfahren.

(6) Sonstige Regelungen über die Überprüfung der Einhaltung des Straßenverkehrsrechts, insbesondere des Landesrechts, bleiben unberührt.

§ 63d Informationen an die Halter

[1]Das Kraftfahrt-Bundesamt darf die nach § 33 Absatz 1 gespeicherten Fahrzeugdaten und Halterdaten im Einvernehmen mit dem Bundesministerium für Digitales und Verkehr zu den in § 32 Absatz 3 genannten Zwecken verwenden und im Einzelfall schriftliche Informationen an die Fahrzeughalter übermitteln, um sie über Maßnahmen im Sinne des § 32 Absatz 3 zu informieren. [2]Das Bundesministerium für Digitales und Verkehr erteilt sein Einvernehmen nach Satz 1, wenn es die jeweilige Maßnahme für geeignet hält, die in § 32 Absatz 3 Nummer 2 genannten Zwecke unter Berücksichtigung der Umstände des Einzelfalls und unter Abwägung dieser Zwecke mit den Interessen der betroffenen Fahrzeughalter angemessen zu fördern. [3]Die Eignung der angemessenen Zweckförderung wird bei staatlich geförderten Maßnahmen vermutet, so dass das Einvernehmen ohne nähere Prüfung erteilt werden darf.

§ 63e Datenerhebung, Datenspeicherung und Datenverwendung für das Verkehrsmanagement

(1) Der jeweils zuständige Straßenbaulastträger oder die abweichend hiervon nach Landesrecht für das Verkehrsmanagement zuständige Behörde darf folgende Daten, soweit sie von Kraftfahrzeugen regelmäßig oder ereignisbezogen auf elektronischem Weg erhoben werden und soweit sie aus diesen Fahrzeugen an andere Kraftfahrzeuge oder an die informationstechnische Straßeninfrastruktur automatisiert *versenden*[1] werden, zum Zweck des Verkehrsmanagements erheben, speichern und verwenden:

1. Position des Fahrzeugs,
2. Zeitangabe,
3. Fahrtrichtung,
4. Geschwindigkeit,
5. Beschleunigung oder Verzögerung,
6. Lenkwinkel,
7. Lenkradwinkel,
8. Fahrzeugbreite,
9. Fahrzeuglänge,
10. Status der Fahrzeugbeleuchtungseinrichtungen und der Scheibenwischer,
11. Drehbewegung um die Fahrzeughochachse,
12. Fahrzeugcharakteristik: Pkw, Lkw, Krad, öffentliches Verkehrsmittel, Fahrzeug mit Sonderrechten oder Fahrzeug des öffentlichen Personennahverkehrs,
13. plötzlich eintretende Ereignisse mit Sicherheitsrelevanz, auf Grund derer ereignisbasierte Fahrzeugmeldungen generiert werden: Stauende, Notbremsung, vorübergehend rutschige Fahrbahn, Tiere, Personen, Hindernisse, Gegenstände auf der Fahrbahn, ungesicherte Unfallstellen, Kurzzeitbaustellen, eingeschränkte Sicht, Falschfahrer, nicht ausgeschilderte Straßenblockierungen oder außergewöhnliche Witterungsbedingungen, sowie
14. ZertifikatsID der in den Nummern 1 bis 13 genannten Daten.

(2) [1]Verkehrsmanagement im Sinne dieser Vorschrift ist

1. die Erfassung der Verkehrsstärke und der sonstigen Verkehrssituation einschließlich sicherheitsrelevanter Umfeldsituationen anhand
   a) der Anzahl der Fahrzeuge,
   b) der Fahrzeuggeschwindigkeit,
   c) der Art und Maße des Fahrzeugs,
   d) der Lenkung, des Beleuchtungs- und des Scheibenwischerstatus des Fahrzeugs,
   e) der zum Durchfahren eines bestimmten Abschnitts erforderlichen Zeit (Reisezeit),
   f) abrupter Fahrzeugverzögerungen und
   g) des Liegenbleibens von Fahrzeugen auf der Fahrbahn sowie
2. die unverzügliche statistische Auswertung der erfassten Daten zum Zwecke der Verkehrslenkung sowie der Verbesserung des Verkehrsflusses und der Verkehrssicherheit.

[2]Die Verarbeitung der Daten zu anderen Zwecken ist unzulässig.

(3) Der jeweils für das Verkehrsmanagement zuständige Straßenbaulastträger oder die abweichend hiervon nach Landesrecht für das Verkehrsmanagement zuständige Behörde hat die in Absatz 1 genannten Daten zu dem in Absatz 2 genannten Zweck

1) Richtig wohl: „versendet“.

1. unverzüglich hinsichtlich Vollständigkeit und Mehrfachempfang zu prüfen und unbrauchbar unvollständige Datensätze oder mehr als einmal empfangene Datensätze bis auf den zuerst empfangenen Datensatz vor Beginn der Auswertung automatisiert zu löschen,
2. vor Beginn der Auswertung durch unverzügliche Löschung des Datums nach Absatz 1 Nummer 14 zu anonymisieren, dies gilt nicht im Fall der Auswertung von Reisezeiten zur Optimierung der Netzsteuerung, und
3. nach vollzogener Anonymisierung gemäß Nummer 2 unverzüglich auszuwerten.

(4) [1]Nach der Auswertung sind die in Absatz 1 genannten Daten unverzüglich zu löschen. [2]Das Erstellen von Verkehrsstatistiken gilt als Auswertung.

§ 63f Verkehrsunfallforschung, Verordnungsermächtigung

(1) Die Bundesanstalt für Straßenwesen darf zum Zweck der Verkehrsunfallforschung die folgenden personenbezogenen Daten der Unfallbeteiligten, der Mitfahrer zum Unfallzeitpunkt und der sonstigen Verletzten nach Maßgabe der Absätze 2 und 3 sowie nach näherer Bestimmung durch Rechtsverordnung nach Absatz 4 Nummer 2 erheben, übermitteln, speichern und verwenden:
1. Vornamen, Name, Anschrift, Telefonnummern, Geburtsdatum, Erreichbarkeit in einer medizinischen Versorgungseinrichtung,
2. Geschlecht, Familienstand, Nationalität,
3. folgende Gesundheitsdaten der Verletzten, soweit sie unfallrelevant sind: Körpergröße, Körpergewicht, Statur und Medikation zum Unfallzeitpunkt, Vorerkrankungen, Art und Schwere der erlittenen Einzelverletzungen und deren Folgen, Art und Durchführung der Behandlung,
4. Einfluss von Medikamenten, Alkohol und anderen berauschenden Mitteln auf Unfallbeteiligte zum Unfallzeitpunkt,
5. Art der Verkehrsbeteiligung, Position im oder auf dem Fahrzeug, Bekleidung, Körpergröße, Körpergewicht und Statur zum Unfallzeitpunkt,
6. amtliches Kennzeichen und Fahrzeugidentifikationsnummer der beteiligten Fahrzeuge,
7. polizeiliche Verkehrsunfallanzeigen, Unfallgutachten von Sachverständigen.

(2) [1]Eine Erhebung, Übermittlung, Speicherung und Verwendung personenbezogener Straßenverkehrs- und Unfalldaten nach Absatz 1 ist nur zulässig,
1. soweit dies zur Erfüllung des in Absatz 1 genannten Zwecks erforderlich ist und
2. soweit eine Einwilligung der betroffenen Person gemäß Artikel 4 Nummer 11 der Verordnung (EU) 2016/679 vorliegt.

[2]Die Bundesanstalt für Straßenwesen darf die personenbezogenen Daten nach Absatz 1 Nummer 1 der jeweils betroffenen Person und die amtlichen Kennzeichen der beteiligten Fahrzeuge zunächst ohne Einwilligung bei der Stelle, die den Unfall aufgenommen hat, erheben sowie die erhobenen Daten speichern und verwenden, um die Einwilligung nach Satz 1 Nummer 2 einzuholen. [3]Wird die Einwilligung nicht innerhalb von drei Monaten erteilt oder wird die Einwilligung verweigert, so hat die Bundesanstalt für Straßenwesen die personenbezogenen Daten der betroffenen Person unverzüglich zu löschen.

(3) [1]Die personenbezogenen Daten nach Absatz 1 dürfen von der Bundesanstalt für Straßenwesen ausschließlich für den in Absatz 1 genannten Zweck verarbeitet werden und nur zum Zweck der Erhebung weiterer Daten nach Absatz 1 übermittelt werden. [2]Sie sind unverzüglich nach Erreichen des Erhebungsumfangs in der Unfallakte oder nach sonstiger Beendigung der Erhebung zu anonymisieren. [3]Eine Verarbeitung der personenbezogenen Daten durch Dritte zu anderen Zwecken oder eine Beschlagnahme dieser Daten bei der Bundesanstalt für Straßenwesen nach anderen Rechtsvorschriften ist unzulässig.

(4) Das Bundesministerium für Digitales und Verkehr wird ermächtigt, Rechtsverordnungen zu erlassen über die Verarbeitung von Straßenverkehrs- und Unfalldaten durch die Bundesanstalt für Straßenwesen zum Zweck der Verkehrsunfallforschung, insbesondere über
1. die Art und den Umfang der zu verarbeitenden nichtpersonenbezogenen Daten und
2. die näheren technischen Bestimmungen der Art und Weise der Erhebung und der sonstigen Verarbeitung der personenbezogenen Daten nach Absatz 1.

VII.

Gemeinsame Vorschriften, Übergangsbestimmungen

§ 64 Gemeinsame Vorschriften

(1) [1]Die Meldebehörden haben dem Kraftfahrt-Bundesamt bei der Änderung des Geburtsnamens oder des Vornamens einer Person, die das 14. Lebensjahr vollendet hat, für den in Satz 2 genannten Zweck neben dem bisherigen Namen folgende weitere Daten zu übermitteln:

1. Geburtsname,
2. Familienname,
3. Vornamen,
4. Tag der Geburt,
5. Geburtsort,
6. Geschlecht,
7. Bezeichnung der Behörde, die die Namensänderung im Melderegister veranlasst hat, sowie
8. Datum und Aktenzeichen des zugrunde liegenden Rechtsakts.

[2]Enthält das Fahreignungsregister oder das Zentrale Fahrerlaubnisregister eine Eintragung über diese Person, so ist der neue Name bei der Eintragung zu vermerken. [3]Eine Mitteilung nach Satz 1 darf nur für den in Satz 2 genannten Zweck verwendet werden. [4]Enthalten die Register keine Eintragung über diese Person, ist die Mitteilung vom Kraftfahrt-Bundesamt unverzüglich zu vernichten.

(2) Unbeschadet anderer landesrechtlicher Regelungen können durch Landesrecht Aufgaben der Zulassung von Kraftfahrzeugen auf die für das Meldewesen zuständigen Behörden übertragen werden, sofern kein neues Kennzeichen erteilt werden muss oder sich die technischen Daten des Fahrzeugs nicht ändern.

(3) Die Vorschriften der Abschnitte IV bis VI sind für den Zugang zu amtlichen Informationen abschließend

§ 65 Übergangsbestimmungen

(1) [1]Registerauskünfte, Führungszeugnisse, Gutachten und Gesundheitszeugnisse, die sich am 1. Januar 1999 bereits in den Akten befinden, brauchen abweichend von § 2 Abs. 9 Satz 2 bis 4 erst dann vernichtet zu werden, wenn sich die Fahrerlaubnisbehörde aus anderem Anlass mit dem Vorgang befasst. [2]Eine Überprüfung der Akten muss jedoch spätestens bis zum 1. Januar 2014 durchgeführt werden. [3]Anstelle einer Vernichtung der Unterlagen sind die darin enthaltenen Daten zu sperren, wenn die Vernichtung wegen der besonderen Art der Führung der Akten nicht oder nur mit unverhältnismäßigem Aufwand möglich ist.

(2) [1]Ein örtliches Fahrerlaubnisregister (§ 48 Abs. 1) darf nicht mehr geführt werden, sobald
1. sein Datenbestand mit den in § 50 Abs. 1 genannten Daten in das Zentrale Fahrerlaubnisregister übernommen worden ist,
2. die getroffenen Maßnahmen der Fahrerlaubnisbehörde nach § 2a Abs. 2 und § 4 Absatz 5 in das Fahreignungsregister übernommen worden sind und
3. der Fahrerlaubnisbehörde die Daten, die ihr nach § 30 Abs. 1 Nr. 3 und § 52 Abs. 1 Nr. 3 aus den zentralen Registern mitgeteilt werden dürfen, durch Abruf im automatisierten Verfahren mitgeteilt werden können.

[2]Die Fahrerlaubnisbehörden löschen aus ihrem örtlichen Fahrerlaubnisregister spätestens bis zum 31. Dezember 2014 die im Zentralen Fahrerlaubnisregister gespeicherten Daten, nachdem sie sich von der Vollständigkeit und Richtigkeit der in das Zentrale Fahrerlaubnisregister übernommenen Einträge überzeugt haben. [3]Die noch nicht im Zentralen Fahrerlaubnisregister gespeicherten Daten der Fahrerlaubnisbehörden werden bis zur jeweiligen Übernahme im örtlichen Register gespeichert. [4]Maßnahmen der Fahrerlaubnisbehörde nach § 2a Abs. 2 Satz 1 Nr. 1 und 2 und § 4 Absatz 5 Satz 1 Nr. 1 und 2 werden erst dann im Fahreignungsregister gespeichert, wenn eine Speicherung im örtlichen Fahrerlaubnisregister nicht mehr vorgenommen wird.

(2a) Absatz 2 ist nicht auf die Daten anzuwenden, die vor dem 1. Januar 1999 in örtlichen Fahrerlaubnisregistern gespeichert worden sind.

(3) Die Regelungen über das Verkehrszentralregister und das Punktsystem werden in die Regelungen über das Fahreignungsregister und das Fahreignungs-Bewertungssystem nach folgenden Maßgaben überführt:
1. Entscheidungen, die nach § 28 Absatz 3 in der bis zum Ablauf des 30. April 2014 anwendbaren Fassung im Verkehrszentralregister gespeichert worden sind und nach § 28 Absatz 3 in der ab dem 1. Mai 2014 anwendbaren Fassung nicht mehr zu speichern wären, werden am 1. Mai 2014 gelöscht. Für die Feststellung nach Satz 1, ob eine Entscheidung nach § 28 Absatz 3 in der ab dem 1. Mai 2014 anwendbaren Fassung nicht mehr zu speichern wäre, bleibt die Höhe der festgesetzten Geldbuße außer Betracht.
2. Entscheidungen, die nach § 28 Absatz 3 in der bis zum Ablauf des 30. April 2014 anwendbaren Fassung im Verkehrszentralregister gespeichert worden und nicht von Nummer 1 erfasst sind, werden bis zum Ablauf des 30. April 2019 nach den Bestimmungen des § 29 in der bis zum Ablauf des 30. April 2014 anwendbaren Fassung getilgt und gelöscht. Dabei kann eine Ablaufhemmung nach § 29 Absatz 6 Satz 2 in der bis zum Ablauf des 30. April 2014 anwendbaren Fassung nicht durch Entscheidungen, die erst ab dem 1. Mai 2014 im Fahreignungsregister gespeichert werden, ausgelöst

werden. Für Entscheidungen wegen Ordnungswidrigkeiten nach § 24a gilt Satz 1 mit der Maßgabe, dass sie spätestens fünf Jahre nach Rechtskraft der Entscheidung getilgt werden. Ab dem 1. Mai 2019 gilt

a) für die Berechnung der Tilgungsfrist § 29 Absatz 1 bis 5 in der ab dem 1. Mai 2014 anwendbaren Fassung mit der Maßgabe, dass die nach Satz 1 bisher abgelaufene Tilgungsfrist angerechnet wird,

b) für die Löschung § 29 Absatz 6 in der ab dem 1. Mai 2014 anwendbaren Fassung.

3. Auf Entscheidungen, die bis zum Ablauf des 30. April 2014 begangene Zuwiderhandlungen ahnden und erst ab dem 1. Mai 2014 im Fahreignungsregister gespeichert werden, sind dieses Gesetz und die auf Grund des § 6 Absatz 1 Nummer 1 Buchstabe s in der bis zum 27. Juli 2021 geltenden Fassung erlassenen Rechtsverordnungen in der ab dem 1. Mai 2014 geltenden Fassung anzuwenden. Dabei sind § 28 Absatz 3 Nummer 3 Buchstabe a Doppelbuchstabe bb und § 28a in der ab dem 1. Mai 2014 geltenden Fassung mit der Maßgabe anzuwenden, dass jeweils anstelle der dortigen Grenze von sechzig Euro die Grenze von vierzig Euro gilt.

4. Personen, zu denen bis zum Ablauf des 30. April 2014 im Verkehrszentralregister eine oder mehrere Entscheidungen nach § 28 Absatz 3 Satz 1 Nummer 1 bis 3 in der bis zum Ablauf des 30. April 2014 anwendbaren Fassung gespeichert worden sind, sind wie folgt in das Fahreignungs-Bewertungssystem einzuordnen:

Punktestand vor dem 1. Mai 2014	Fahreignungs-Bewertungssystem ab dem 1. Mai 2014	
	Punktestand	Stufe
1 – 3	1	Vormerkung (§ 4 Absatz 4)
4 – 5	2	
6 – 7	3	
8 – 10	4	**1**: Ermahnung (§ 4 Absatz 5 Satz 1 Nummer 1)
11 – 13	5	
14 – 15	6	**2**: Verwarnung (§ 4 Absatz 5 Satz 1 Nummer 2)
16 – 17	7	
> = 18	8	**3**: Entzug (§ 4 Absatz 5 Satz 1 Nummer 3)

Die am 1. Mai 2014 erreichte Stufe wird für Maßnahmen nach dem Fahreignungs-Bewertungssystem zugrunde gelegt. Die Einordnung nach Satz 1 führt allein nicht zu einer Maßnahme nach dem Fahreignungs-Bewertungssystem.

5. Die Regelungen über Punkteabzüge und Aufbauseminare werden wie folgt überführt:

a) Punkteabzüge nach § 4 Absatz 4 Satz 1 und 2 in der bis zum Ablauf des 30. April 2014 anwendbaren Fassung sind vorzunehmen, wenn die Bescheinigung über die Teilnahme an einem Aufbauseminar oder einer verkehrspsychologischen Beratung bis zum Ablauf des 30. April 2014 der nach Landesrecht zuständigen Behörde vorgelegt worden ist. Punkteabzüge nach § 4 Absatz 4 Satz 1 und 2 in der bis zum Ablauf des 30. April 2014 anwendbaren Fassung bleiben bis zur Tilgung der letzten Eintragung wegen einer Straftat oder einer Ordnungswidrigkeit nach § 28 Absatz 3 Nummer 1 bis 3 in der bis zum Ablauf des 30. April 2014 anwendbaren Fassung, längstens aber zehn Jahre ab dem 1. Mai 2014 im Fahreignungsregister gespeichert.

b) Bei der Berechnung der Fünfjahresfrist nach § 4 Absatz 7 Satz 2 und 3 sind auch Punkteabzüge zu berücksichtigen, die nach § 4 Absatz 4 Satz 1 und 2 in der bis zum Ablauf des 30. April 2014 anwendbaren Fassung vorgenommen worden sind.

c) Aufbauseminare, die bis zum Ablauf des 30. April 2014 nach § 4 Absatz 3 Satz 1 Nummer 2 in der bis zum Ablauf des 30. April 2014 anwendbaren Fassung angeordnet, aber bis zum Ablauf des 30. April 2014 nicht abgeschlossen worden sind, sind bis zum Ablauf des 30. November 2014 nach dem bis zum Ablauf des 30. April 2014 anwendbaren Recht durchzuführen.

d) Abweichend von Buchstabe c kann anstelle von Aufbauseminaren, die bis zum Ablauf des 30. April 2014 nach § 4 Absatz 3 Satz 1 Nummer 2 in der bis zum Ablauf des 30. April 2014 anwendbaren Fassung angeordnet, aber bis zum Ablauf des 30. April 2014 noch nicht begonnen worden sind, die verkehrspädagogische Teilmaßnahme des Fahreignungsseminars absolviert werden.

e) Die nach Landesrecht zuständige Behörde hat dem Kraftfahrt-Bundesamt unverzüglich die Teilnahme an einem Aufbauseminar oder einer verkehrspsychologischen Beratung mitzuteilen.

6. Nachträgliche Veränderungen des Punktestandes nach den Nummern 2 oder 5 führen zu einer Aktualisierung der nach der Tabelle zu Nummer 4 erreichten Stufe im Fahreignungs-Bewertungssystem.
7. Sofern eine Fahrerlaubnis nach § 4 Absatz 7 in der bis zum 30. April 2014 anwendbaren Fassung entzogen worden ist, ist § 4 Absatz 3 Satz 1 bis 3 auf die Erteilung einer neuen Fahrerlaubnis nicht anwendbar.

(4) *[aufgehoben]*

(5) [1]Bis zum Erlass einer Rechtsverordnung nach § 6f Absatz 2, längstens bis zum Ablauf des 31. Juli 2018, gelten die in den Gebührennummern 451 bis 455 der Anlage der Gebührenordnung für Maßnahmen im Straßenverkehr vom 25. Januar 2011 (BGBl. I S. 98), die zuletzt durch Artikel 3 der Verordnung vom 15. September 2015 (BGBl. I S. 1573) geändert worden ist, in der am 6. Dezember 2016 geltenden Fassung festgesetzten Gebühren als Entgelte im Sinne des § 6f Absatz 1. [2]Die Gebührennummern 403 und 451 bis 455 der Anlage der Gebührenordnung für Maßnahmen im Straßenverkehr sind nicht mehr anzuwenden.

(6) Die durch das Gesetz zur Haftung bei Unfällen mit Anhängern und Gespannen im Straßenverkehr vom 10. Juli 2020 (BGBl. I S. 1653) geänderten Vorschriften des Straßenverkehrsgesetzes sind nicht anzuwenden, sofern der Unfall vor dem 17. Juli 2020 eingetreten ist.

(7) Ordnungswidrigkeiten nach § 23 in der bis zum Ablauf des 27. Juli 2021 geltenden Fassung können abweichend von § 4 Absatz 3 des Gesetzes über Ordnungswidrigkeiten nach den zum Zeitpunkt der Tat geltenden Bestimmungen geahndet werden.

§ 66 *[aufgehoben]*

Anlage
(zu § 24a)

§ 24a Liste der berauschenden Mittel und Substanzen

Berauschende Mittel	Substanzen
Heroin	Morphin
Morphin	Morphin
Cocain	Cocain
Cocain	Benzoylecgonin
Amfetamin	Amfetamin
Designer-Amfetamin	Methylendioxyamfetamin (MDA)
Designer-Amfetamin	Methylendioxyethylamfetamin (MDE)
Designer-Amfetamin	Methylendioxymetamfetamin (MDMA)
Metamfetamin	Metamfetamin

Straßenverkehrs-Ordnung (StVO)[1)2)3)]

Vom 6. März 2013 (BGBl. I S. 367)
(FNA 9233-2)

zuletzt geändert durch Art. 38 Postrechtsmodernisierungsgesetz vom 15. Juli 2024
(BGBl. 2024 I Nr. 236)

Nichtamtliche Inhaltsübersicht

---

1) Verkündet durch VO zur Neufassung der Straßenverkehrs-Ordnung (StVO) v. 6.3.2013 (BGBl. I S. 367).

2) Die StVO wurde erlassen auf Grund des § 5b Absatz 3 sowie § 6 Absatz 1 des Straßenverkehrsgesetzes idF der Bek. v. 5.3.2003 (BGBl. I S. 310, ber. S. 919).

3) Bei der Angabe der Ermächtigungsgrundlagen in der Eingangsformel der 54. VO zur Änd. straßenverkehrsrechtlicher Vorschriften v. 20.4.2020 (BGBl. I S. 814) wurde § 26a Abs. 1 Nr. 3 StVG als Grundlage für die Anordnung von Fahrverboten nicht aufgeführt.

Laut Antwort auf eine Kleine Anfrage (BT.-Drs. 19/23215 v. 8.10.2020, S. 5) führt dieser Verstoß gegen das Zitiergebot des Art. 80 Abs. 1 Satz 3 GG nach Einschätzung des BMVI und des BMI zur Nichtigkeit von Art. 3 der genannten VO, der die Änderungen der BußgeldkatalogVO enthält. Das BMVI habe sich mit den Ländern auf eine Nichtanwendung der Änderungen der BKatV verständigt.

Ob ein Verstoß gegen das Zitiergebot zur Nichtigkeit der gesamten Verordnung oder nur zur Nichtigkeit der von den angegebenen Rechtsgrundlagen nicht gedeckten Einzelbestimmungen führt, ist umstritten; die meisten Änderungen der BKatV betreffen keine Fahrverbote und sind von den angegebenen Ermächtigungsgrundlagen umfasst. Bis zu einer verbindlichen Klärung wird die von den zuständigen Ministerien mit Zustimmung des Bundesrates erlassene und im BGBl. I verkündete Änderungsverordnung im Wortlaut der geänderten Vorschriften weiterhin berücksichtigt. Bei den von den in der ÄndVO genannten Ermächtigungsgrundlagen nicht gedeckten Fahrverbots-Anordnungen erfolgt ein Hinweis auf die Problematik.

I.
Allgemeine Verkehrsregeln

§ 1 Grundregeln

(1) Die Teilnahme am Straßenverkehr erfordert ständige Vorsicht und gegenseitige Rücksicht.

(2) Wer am Verkehr teilnimmt hat sich so zu verhalten, dass kein Anderer geschädigt, gefährdet oder mehr, als nach den Umständen unvermeidbar, behindert oder belästigt wird.

§ 2 Straßenbenutzung durch Fahrzeuge

(1) [1]Fahrzeuge müssen die Fahrbahnen benutzen, von zwei Fahrbahnen die rechte. [2]Seitenstreifen sind nicht Bestandteil der Fahrbahn.

(2) Es ist möglichst weit rechts zu fahren, nicht nur bei Gegenverkehr, beim Überholtwerden, an Kuppen, in Kurven oder bei Unübersichtlichkeit.

(3) Fahrzeuge, die in der Längsrichtung einer Schienenbahn verkehren, müssen diese, soweit möglich, durchfahren lassen.

(3a) [1]Der Führer eines Kraftfahrzeuges darf dies bei Glatteis, Schneeglätte, Schneematsch, Eisglätte oder Reifglätte nur fahren, wenn alle Räder mit Reifen ausgerüstet sind, die unbeschadet der allgemeinen Anforderungen an die Bereifung den Anforderungen des § 36 Absatz 4 der Straßenverkehrs-Zulassungs-Ordnung genügen. [2]Satz 1 gilt nicht für

1. Nutzfahrzeuge der Land- und Forstwirtschaft,
2. einspurige Kraftfahrzeuge,
3. Stapler im Sinne des § 2 Nummer 18 der Fahrzeug-Zulassungsverordnung,
4. motorisierte Krankenfahrstühle im Sinne des § 2 Nummer 13 der Fahrzeug-Zulassungsverordnung,
5. Einsatzfahrzeuge der in § 35 Absatz 1 genannten Organisationen, soweit für diese Fahrzeuge bauartbedingt keine Reifen verfügbar sind, die den Anforderungen des § 36 Absatz 4 der Straßenverkehrs-Zulassungs-Ordnung genügen und
6. Spezialfahrzeuge, für die bauartbedingt keine Reifen der Kategorien C1, C2 oder C3 verfügbar sind.

[3]Kraftfahrzeuge der Klassen M2, M3, N2, N3 dürfen bei solchen Wetterbedingungen auch gefahren werden, wenn mindestens die Räder

1. der permanent angetriebenen Achsen und
2. der vorderen Lenkachsen

mit Reifen ausgerüstet sind, die unbeschadet der allgemeinen Anforderungen an die Bereifung den Anforderungen des § 36 Absatz 4 der Straßenverkehrs-Zulassungs-Ordnung genügen. [4]Soweit ein Kraftfahrzeug während einer der in Satz 1 bezeichneten Witterungslagen ohne eine den Anforderungen des § 36 Absatz 4 der Straßenverkehrs-Zulassungs-Ordnung genügende Bereifung geführt werden darf, hat der Führer des Kraftfahrzeuges über seine allgemeinen Verpflichtungen hinaus

1. vor Antritt jeder Fahrt zu prüfen, ob es erforderlich ist, die Fahrt durchzuführen, da das Ziel mit anderen Verkehrsmitteln nicht erreichbar ist,
2. während der Fahrt
   a) einen Abstand in Metern zu einem vorausfahrenden Fahrzeug von mindestens der Hälfte des auf dem Geschwindigkeitsmesser in km/h angezeigten Zahlenwertes der gefahrenen Geschwindigkeit einzuhalten,
   b) nicht schneller als 50 km/h zu fahren, wenn nicht eine geringere Geschwindigkeit geboten ist.

[5]Wer ein kennzeichnungspflichtiges Fahrzeug mit gefährlichen Gütern führt, muss bei einer Sichtweite unter 50 m, bei Schneeglätte oder Glatteis jede Gefährdung Anderer ausschließen und wenn nötig den nächsten geeigneten Platz zum Parken aufsuchen.

(4) [1]Mit Fahrrädern darf nebeneinander gefahren werden, wenn dadurch der Verkehr nicht behindert wird; anderenfalls muss einzeln hintereinander gefahren werden. [2]Eine Pflicht, Radwege in der jeweiligen Fahrtrichtung zu benutzen, besteht nur, wenn dies durch Zeichen 237, 240 oder 241 angeordnet ist. [3]Rechte Radwege ohne die Zeichen 237, 240 oder 241 dürfen benutzt werden. [4]Linke Radwege ohne die Zeichen 237, 240 oder 241 dürfen nur benutzt werden, wenn dies durch das allein stehende Zusatzzeichen „Rad-

verkehr frei" angezeigt ist. [5]Wer mit dem Rad fährt, darf ferner rechte Seitenstreifen benutzen, wenn keine Radwege vorhanden sind und zu Fuß Gehende nicht behindert werden. [6]Außerhalb geschlossener Ortschaften darf man mit Mofas und E-Bikes Radwege benutzen.

(5) [1]Kinder bis zum vollendeten achten Lebensjahr müssen, Kinder bis zum vollendeten zehnten Lebensjahr dürfen mit Fahrrädern Gehwege benutzen. [2]Ist ein baulich von der Fahrbahn getrennter Radweg vorhanden, so dürfen abweichend von Satz 1 Kinder bis zum vollendeten achten Lebensjahr auch diesen Radweg benutzen. [3]Soweit ein Kind bis zum vollendeten achten Lebensjahr von einer geeigneten Aufsichtsperson begleitet wird, darf diese Aufsichtsperson für die Dauer der Begleitung den Gehweg ebenfalls mit dem Fahrrad benutzen; eine Aufsichtsperson ist insbesondere geeignet, wenn diese mindestens 16 Jahre alt ist. [4]Auf zu Fuß Gehende ist besondere Rücksicht zu nehmen. [5]Der Fußgängerverkehr darf weder gefährdet noch behindert werden. [6]Soweit erforderlich, muss die Geschwindigkeit an den Fußgängerverkehr angepasst werden. [7]Wird vor dem Überqueren einer Fahrbahn ein Gehweg benutzt, müssen die Kinder und die diese begleitende Aufsichtsperson absteigen.

§ 3 Geschwindigkeit

(1) [1]Wer ein Fahrzeug führt, darf nur so schnell fahren, dass das Fahrzeug ständig beherrscht wird. [2]Die Geschwindigkeit ist insbesondere den Straßen-, Verkehrs-, Sicht- und Wetterverhältnissen sowie den persönlichen Fähigkeiten und den Eigenschaften von Fahrzeug und Ladung anzupassen. [3]Beträgt die Sichtweite durch Nebel, Schneefall oder Regen weniger als 50 m, darf nicht schneller als 50 km/h gefahren werden, wenn nicht eine geringere Geschwindigkeit geboten ist. [4]Es darf nur so schnell gefahren werden, dass innerhalb der übersehbaren Strecke gehalten werden kann. [5]Auf Fahrbahnen, die so schmal sind, dass dort entgegenkommende Fahrzeuge gefährdet werden könnten, muss jedoch so langsam gefahren werden, dass mindestens innerhalb der Hälfte der übersehbaren Strecke gehalten werden kann.

(2) Ohne triftigen Grund dürfen Kraftfahrzeuge nicht so langsam fahren, dass sie den Verkehrsfluss behindern.

(2a) Wer ein Fahrzeug führt, muss sich gegenüber Kindern, hilfsbedürftigen und älteren Menschen, insbesondere durch Verminderung der Fahrgeschwindigkeit und durch Bremsbereitschaft, so verhalten, dass eine Gefährdung dieser Verkehrsteilnehmer ausgeschlossen ist.

(3) Die zulässige Höchstgeschwindigkeit beträgt auch unter günstigsten Umständen

1. innerhalb geschlossener Ortschaften für alle Kraftfahrzeuge 50 km/h,
2. außerhalb geschlossener Ortschaften
   a) für
      aa) Kraftfahrzeuge mit einer zulässigen Gesamtmasse über 3,5 t bis 7,5 t, ausgenommen Personenkraftwagen,
      bb) Personenkraftwagen mit Anhänger,
      cc) Lastkraftwagen und Wohnmobile jeweils bis zu einer zulässigen Gesamtmasse von 3,5 t mit Anhänger sowie
      dd) Kraftomnibusse, auch mit Gepäckanhänger,

      80 km/h,
   b) für
      aa) Kraftfahrzeuge mit einer zulässigen Gesamtmasse über 7,5 t,
      bb) alle Kraftfahrzeuge mit Anhänger, ausgenommen Personenkraftwagen, Lastkraftwagen und Wohnmobile jeweils bis zu einer zulässigen Gesamtmasse von 3,5 t, sowie
      cc) Kraftomnibusse mit Fahrgästen, für die keine Sitzplätze mehr zur Verfügung stehen,

      60 km/h,
   c) für Personenkraftwagen sowie für andere Kraftfahrzeuge mit einer zulässigen Gesamtmasse bis 3,5 t

      100 km/h.

      Diese Geschwindigkeitsbeschränkung gilt nicht auf Autobahnen (Zeichen 330.1) sowie auf anderen Straßen mit Fahrbahnen für eine Richtung, die durch Mittelstreifen oder sonstige bauliche Einrichtungen getrennt sind. Sie gilt ferner nicht auf Straßen, die mindestens zwei durch Fahrstreifenbegrenzung (Zeichen 295) oder durch Leitlinien (Zeichen 340) markierte Fahrstreifen für jede Richtung haben.

(4) Die zulässige Höchstgeschwindigkeit beträgt für Kraftfahrzeuge mit Schneeketten auch unter günstigsten Umständen 50 km/h.

§ 4 Abstand

(1) [1]Der Abstand zu einem vorausfahrenden Fahrzeug muss in der Regel so groß sein, dass auch dann hinter diesem gehalten werden kann, wenn es plötzlich gebremst wird. [2]Wer vorausfährt, darf nicht ohne zwingenden Grund stark bremsen.

(2) [1]Wer ein Kraftfahrzeug führt, für das eine besondere Geschwindigkeitsbeschränkung gilt, sowie einen Zug führt, der länger als 7 m ist, muss außerhalb geschlossener Ortschaften ständig so großen Abstand von dem vorausfahrenden Kraftfahrzeug halten, dass ein überholendes Kraftfahrzeug einscheren kann. [2]Das gilt nicht,

1. wenn zum Überholen ausgeschert wird und dies angekündigt wurde,
2. wenn in der Fahrtrichtung mehr als ein Fahrstreifen vorhanden ist oder
3. auf Strecken, auf denen das Überholen verboten ist.

(3) Wer einen Lastkraftwagen mit einer zulässigen Gesamtmasse über 3,5 t oder einen Kraftomnibus führt, muss auf Autobahnen, wenn die Geschwindigkeit mehr als 50 km/h beträgt, zu vorausfahrenden Fahrzeugen einen Mindestabstand von 50 m einhalten.

§ 5 Überholen

(1) Es ist links zu überholen.

(2) [1]Überholen darf nur, wer übersehen kann, dass während des ganzen Überholvorgangs jede Behinderung des Gegenverkehrs ausgeschlossen ist. [2]Überholen darf ferner nur, wer mit wesentlich höherer Geschwindigkeit als der zu Überholende fährt.

(3) Das Überholen ist unzulässig:

1. bei unklarer Verkehrslage oder
2. wenn es durch ein angeordnetes Verkehrszeichen (Zeichen 276, 277) untersagt ist.

(3a) Wer ein Kraftfahrzeug mit einer zulässigen Gesamtmasse über 7,5 t führt, darf unbeschadet sonstiger Überholverbote nicht überholen, wenn die Sichtweite durch Nebel, Schneefall oder Regen weniger als 50 m beträgt.

(4) [1]Wer zum Überholen ausscheren will, muss sich so verhalten, dass eine Gefährdung des nachfolgenden Verkehrs ausgeschlossen ist. [2]Beim Überholen muss ein ausreichender Seitenabstand zu den anderen Verkehrsteilnehmern eingehalten werden. [3]Beim Überholen mit Kraftfahrzeugen von zu Fuß Gehenden, Rad Fahrenden und Elektrokleinstfahrzeug Führenden beträgt der ausreichende Seitenabstand innerorts mindestens 1,5 m und außerorts mindestens 2 m. [4]An Kreuzungen und Einmündungen kommt Satz 3 nicht zur Anwendung, sofern Rad Fahrende dort wartende Kraftfahrzeuge nach Absatz 8 rechts überholt haben oder neben ihnen zum Stillstand gekommen sind. [5]Wer überholt, muss sich so bald wie möglich wieder nach rechts einordnen. [6]Wer überholt, darf dabei denjenigen, der überholt wird, nicht behindern.

(4a) Das Ausscheren zum Überholen und das Wiedereinordnen sind rechtzeitig und deutlich anzukündigen; dabei sind die Fahrtrichtungsanzeiger zu benutzen.

(5) [1]Außerhalb geschlossener Ortschaften darf das Überholen durch kurze Schall- oder Leuchtzeichen angekündigt werden. [2]Wird mit Fernlicht geblinkt, dürfen entgegenkommende Fahrzeugführende nicht geblendet werden.

(6) [1]Wer überholt wird, darf seine Geschwindigkeit nicht erhöhen. [2]Wer ein langsameres Fahrzeug führt, muss die Geschwindigkeit an geeigneter Stelle ermäßigen, notfalls warten, wenn nur so mehreren unmittelbar folgenden Fahrzeugen das Überholen möglich ist. [3]Hierzu können auch geeignete Seitenstreifen in Anspruch genommen werden; das gilt nicht auf Autobahnen.

(7) [1]Wer seine Absicht, nach links abzubiegen, ankündigt und sich eingeordnet hat, ist rechts zu überholen. [2]Schienenfahrzeuge sind rechts zu überholen. [3]Nur wer das nicht kann, weil die Schienen zu weit rechts liegen, darf links überholen. [4]Auf Fahrbahnen für eine Richtung dürfen Schienenfahrzeuge auch links überholt werden.

(8) Ist ausreichender Raum vorhanden, dürfen Rad Fahrende und Mofa Fahrende die Fahrzeuge, die auf dem rechten Fahrstreifen warten, mit mäßiger Geschwindigkeit und besonderer Vorsicht rechts überholen.

§ 6 Vorbeifahren

[1]Wer an einer Fahrbahnverengung, einem Hindernis auf der Fahrbahn oder einem haltenden Fahrzeug links vorbeifahren will, muss entgegenkommende Fahrzeuge durchfahren lassen. [2]Satz 1 gilt nicht, wenn der Vorrang durch Verkehrszeichen (Zeichen 208, 308) anders geregelt ist. [3]Muss ausgeschert werden, ist auf den nachfolgenden Verkehr zu achten und das Ausscheren sowie das Wiedereinordnen – wie beim Überholen – anzukündigen.

§ 7 Benutzung von Fahrstreifen durch Kraftfahrzeuge

(1) [1]Auf Fahrbahnen mit mehreren Fahrstreifen für eine Richtung dürfen Kraftfahrzeuge von dem Gebot möglichst weit rechts zu fahren (§ 2 Absatz 2) abweichen, wenn die Verkehrsdichte das rechtfertigt. [2]Fahrstreifen ist der Teil einer Fahrbahn, den ein mehrspuriges Fahrzeug zum ungehinderten Fahren im Verlauf der Fahrbahn benötigt.

(2) Ist der Verkehr so dicht, dass sich auf den Fahrstreifen für eine Richtung Fahrzeugschlangen gebildet haben, darf rechts schneller als links gefahren werden.

(2a) Wenn auf der Fahrbahn für eine Richtung eine Fahrzeugschlange auf dem jeweils linken Fahrstreifen steht oder langsam fährt, dürfen Fahrzeuge diese mit geringfügig höherer Geschwindigkeit und mit äußerster Vorsicht rechts überholen.

(3) [1]Innerhalb geschlossener Ortschaften – ausgenommen auf Autobahnen (Zeichen 330.1) – dürfen Kraftfahrzeuge mit einer zulässigen Gesamtmasse bis zu 3,5 t auf Fahrbahnen mit mehreren markierten Fahrstreifen für eine Richtung (Zeichen 296 oder 340) den Fahrstreifen frei wählen, auch wenn die Voraussetzungen des Absatzes 1 Satz 1 nicht vorliegen. [2]Dann darf rechts schneller als links gefahren werden.

(3a) [1]Sind auf einer Fahrbahn für beide Richtungen insgesamt drei Fahrstreifen durch Leitlinien (Zeichen 340) markiert, dann dürfen der linke, dem Gegenverkehr vorbehaltene, und der mittlere Fahrstreifen nicht zum Überholen benutzt werden. [2]Dasselbe gilt für Fahrbahnen, wenn insgesamt fünf Fahrstreifen für beide Richtungen durch Leitlinien (Zeichen 340) markiert sind, für die zwei linken, dem Gegenverkehr vorbehaltenen, und den mittleren Fahrstreifen. [3]Wer nach links abbiegen will, darf sich bei insgesamt drei oder fünf Fahrstreifen für beide Richtungen auf dem jeweils mittleren Fahrstreifen in Fahrtrichtung einordnen.

(3b) [1]Auf Fahrbahnen für beide Richtungen mit vier durch Leitlinien (Zeichen 340) markierten Fahrstreifen sind die beiden in Fahrtrichtung linken Fahrstreifen ausschließlich dem Gegenverkehr vorbehalten; sie dürfen nicht zum Überholen benutzt werden. [2]Dasselbe gilt auf sechsstreifigen Fahrbahnen für die drei in Fahrtrichtung linken Fahrstreifen.

(3c) [1]Sind außerhalb geschlossener Ortschaften für eine Richtung drei Fahrstreifen mit Zeichen 340 gekennzeichnet, dürfen Kraftfahrzeuge, abweichend von dem Gebot möglichst weit rechts zu fahren, den mittleren Fahrstreifen dort durchgängig befahren, wo – auch nur hin und wieder – rechts davon ein Fahrzeug hält oder fährt. [2]Dasselbe gilt auf Fahrbahnen mit mehr als drei so markierten Fahrstreifen für eine Richtung für den zweiten Fahrstreifen von rechts. [3]Den linken Fahrstreifen dürfen außerhalb geschlossener Ortschaften Lastkraftwagen mit einer zulässigen Gesamtmasse von mehr als 3,5 t sowie alle Kraftfahrzeuge mit Anhänger nur benutzen, wenn sie sich dort zum Zwecke des Linksabbiegens einordnen.

(4) Ist auf Straßen mit mehreren Fahrstreifen für eine Richtung das durchgehende Befahren eines Fahrstreifens nicht möglich oder endet ein Fahrstreifen, ist den am Weiterfahren gehinderten Fahrzeugen der Übergang auf den benachbarten Fahrstreifen in der Weise zu ermöglichen, dass sich diese Fahrzeuge unmittelbar vor Beginn der Verengung jeweils im Wechsel nach einem auf dem durchgehenden Fahrstreifen fahrenden Fahrzeug einordnen können (Reißverschlussverfahren).

(5) [1]In allen Fällen darf ein Fahrstreifen nur gewechselt werden, wenn eine Gefährdung anderer Verkehrsteilnehmer ausgeschlossen ist. [2]Jeder Fahrstreifenwechsel ist rechtzeitig und deutlich anzukündigen; dabei sind die Fahrtrichtungsanzeiger zu benutzen.

§ 7a Abgehende Fahrstreifen, Einfädelungs- und Ausfädelungsstreifen

(1) Gehen Fahrstreifen, insbesondere auf Autobahnen und Kraftfahrstraßen, von der durchgehenden Fahrbahn ab, darf beim Abbiegen vom Beginn einer breiten Leitlinie (Zeichen 340) rechts von dieser schneller als auf der durchgehenden Fahrbahn gefahren werden.

(2) Auf Autobahnen und anderen Straßen außerhalb geschlossener Ortschaften darf auf Einfädelungsstreifen schneller gefahren werden als auf den durchgehenden Fahrstreifen.

(3) [1]Auf Ausfädelungsstreifen darf nicht schneller gefahren werden als auf den durchgehenden Fahrstreifen. [2]Stockt oder steht der Verkehr auf den durchgehenden Fahrstreifen, darf auf dem Ausfädelungsstreifen mit mäßiger Geschwindigkeit und besonderer Vorsicht überholt werden.

§ 8 Vorfahrt

(1) [1]An Kreuzungen und Einmündungen hat die Vorfahrt, wer von rechts kommt. [2]Das gilt nicht,

1. wenn die Vorfahrt durch Verkehrszeichen besonders geregelt ist (Zeichen 205, 206, 301, 306) oder
2. für Fahrzeuge, die aus einem Feld- oder Waldweg auf eine andere Straße kommen.

(1a) [1]Ist an der Einmündung in einen Kreisverkehr Zeichen 215 (Kreisverkehr) unter dem Zeichen 205 (Vorfahrt gewähren) angeordnet, hat der Verkehr auf der Kreisfahrbahn Vorfahrt. [2]Bei der Einfahrt in einen solchen Kreisverkehr ist die Benutzung des Fahrtrichtungsanzeigers unzulässig.

(2) [1]Wer die Vorfahrt zu beachten hat, muss rechtzeitig durch sein Fahrverhalten, insbesondere durch mäßige Geschwindigkeit, erkennen lassen, dass gewartet wird. [2]Es darf nur weitergefahren werden, wenn übersehen werden kann, dass wer die Vorfahrt hat, weder gefährdet noch wesentlich behindert wird. [3]Kann das nicht übersehen werden, weil die Straßenstelle unübersichtlich ist, so darf sich vorsichtig in die Kreuzung oder Einmündung hineingetastet werden, bis die Übersicht gegeben ist. [4]Wer die Vorfahrt hat, darf auch beim Abbiegen in die andere Straße nicht wesentlich durch den Wartepflichtigen behindert werden.

§ 9 Abbiegen, Wenden und Rückwärtsfahren

(1) [1]Wer abbiegen will, muss dies rechtzeitig und deutlich ankündigen; dabei sind die Fahrtrichtungsanzeiger zu benutzen. [2]Wer nach rechts abbiegen will, hat sein Fahrzeug möglichst weit rechts, wer nach links abbiegen will, bis zur Mitte, auf Fahrbahnen für eine Richtung möglichst weit links, einzuordnen, und zwar rechtzeitig. [3]Wer nach links abbiegen will, darf sich auf längs verlegten Schienen nur einordnen, wenn kein Schienenfahrzeug behindert wird. [4]Vor dem Einordnen und nochmals vor dem Abbiegen ist auf den nachfolgenden Verkehr zu achten; vor dem Abbiegen ist es dann nicht nötig, wenn eine Gefährdung nachfolgenden Verkehrs ausgeschlossen ist.
(2) [1]Wer mit dem Fahrrad nach links abbiegen will, braucht sich nicht einzuordnen, wenn die Fahrbahn hinter der Kreuzung oder Einmündung vom rechten Fahrbahnrand aus überquert werden soll. [2]Beim Überqueren ist der Fahrzeugverkehr aus beiden Richtungen zu beachten. [3]Wer über eine Radverkehrsführung abbiegt, muss dieser im Kreuzungs- oder Einmündungsbereich folgen.
(3) [1]Wer abbiegen will, muss entgegenkommende Fahrzeuge durchfahren lassen, Schienenfahrzeuge, Fahrräder mit Hilfsmotor, Fahrräder und Elektrokleinstfahrzeuge auch dann, wenn sie auf oder neben der Fahrbahn in der gleichen Richtung fahren. [2]Dies gilt auch gegenüber Linienomnibussen und sonstigen Fahrzeugen, die gekennzeichnete Sonderfahrstreifen benutzen. [3]Auf zu Fuß Gehende ist besondere Rücksicht zu nehmen; wenn nötig, ist zu warten.
(4) [1]Wer nach links abbiegen will, muss entgegenkommende Fahrzeuge, die ihrerseits nach rechts abbiegen wollen, durchfahren lassen. [2]Einander entgegenkommende Fahrzeuge, die jeweils nach links abbiegen wollen, müssen voreinander abbiegen, es sei denn, die Verkehrslage oder die Gestaltung der Kreuzung erfordern, erst dann abzubiegen, wenn die Fahrzeuge aneinander vorbeigefahren sind.
(5) Wer ein Fahrzeug führt, muss sich beim Abbiegen in ein Grundstück, beim Wenden und beim Rückwärtsfahren darüber hinaus so verhalten, dass eine Gefährdung anderer Verkehrsteilnehmer ausgeschlossen ist; erforderlichenfalls muss man sich einweisen lassen.
(6) Wer ein Kraftfahrzeug mit einer zulässigen Gesamtmasse über 3,5 t innerorts führt, muss beim Rechtsabbiegen mit Schrittgeschwindigkeit fahren, wenn auf oder neben der Fahrbahn mit geradeaus fahrendem Radverkehr oder im unmittelbaren Bereich des Einbiegens mit die Fahrbahn überquerendem Fußgängerverkehr zu rechnen ist.

§ 10 Einfahren und Anfahren

[1]Wer aus einem Grundstück, aus einer Fußgängerzone (Zeichen 242.1 und 242.2), aus einem verkehrsberuhigten Bereich (Zeichen 325.1 und 325.2) auf die Straße oder von anderen Straßenteilen oder über einen abgesenkten Bordstein hinweg auf die Fahrbahn einfahren oder vom Fahrbahnrand anfahren will, hat sich dabei so zu verhalten, dass eine Gefährdung anderer Verkehrsteilnehmer ausgeschlossen ist; erforderlichenfalls muss man sich einweisen lassen. [2]Die Absicht einzufahren oder anzufahren ist rechtzeitig und deutlich anzukündigen; dabei sind die Fahrtrichtungsanzeiger zu benutzen. [3]Dort, wo eine Klarstellung notwendig ist, kann Zeichen 205 stehen.

§ 11 Besondere Verkehrslagen

(1) Stockt der Verkehr, darf trotz Vorfahrt oder grünem Lichtzeichen nicht in die Kreuzung oder Einmündung eingefahren werden, wenn auf ihr gewartet werden müsste.
(2) Sobald Fahrzeuge auf Autobahnen sowie auf Außerortsstraßen mit mindestens zwei Fahrstreifen für eine Richtung mit Schrittgeschwindigkeit fahren oder sich die Fahrzeuge im Stillstand befinden, müssen diese Fahrzeuge für die Durchfahrt von Polizei- und Hilfsfahrzeugen zwischen dem äußerst linken und dem unmittelbar rechts daneben liegenden Fahrstreifen für eine Richtung eine freie Gasse bilden.
(3) Auch wer sonst nach den Verkehrsregeln weiterfahren darf oder anderweitig Vorrang hat, muss darauf verzichten, wenn die Verkehrslage es erfordert; auf einen Verzicht darf man nur vertrauen, wenn man sich mit dem oder der Verzichtenden verständigt hat.

§ 12 Halten und Parken

(1) Das Halten ist unzulässig
1. an engen und an unübersichtlichen Straßenstellen,
2. im Bereich von scharfen Kurven,
3. auf Einfädelungs- und auf Ausfädelungsstreifen,
4. auf Bahnübergängen,
5. vor und in amtlich gekennzeichneten Feuerwehrzufahrten.

(2) Wer sein Fahrzeug verlässt oder länger als drei Minuten hält, der parkt.

(3) Das Parken ist unzulässig
1. vor und hinter Kreuzungen und Einmündungen bis zu je 5 m von den Schnittpunkten der Fahrbahnkanten, soweit in Fahrtrichtung rechts neben der Fahrbahn ein Radweg baulich angelegt ist, vor Kreuzungen und Einmündungen bis zu je 8 m von den Schnittpunkten der Fahrbahnkanten,
2. wenn es die Benutzung gekennzeichneter Parkflächen verhindert,
3. vor Grundstücksein- und -ausfahrten, auf schmalen Fahrbahnen auch ihnen gegenüber,
4. über Schachtdeckeln und anderen Verschlüssen, wo durch Zeichen 315 oder eine Parkflächenmarkierung (Anlage 2 Nummer 74) das Parken auf Gehwegen erlaubt ist,
5. vor Bordsteinabsenkungen.

(3a) [1]Mit Kraftfahrzeugen mit einer zulässigen Gesamtmasse über 7,5 t sowie mit Kraftfahrzeuganhängern über 2 t zulässiger Gesamtmasse ist innerhalb geschlossener Ortschaften
1. in reinen und allgemeinen Wohngebieten,
2. in Sondergebieten, die der Erholung dienen,
3. in Kurgebieten und
4. in Klinikgebieten

das regelmäßige Parken in der Zeit von 22.00 bis 06.00 Uhr sowie an Sonn- und Feiertagen unzulässig. [2]Das gilt nicht auf entsprechend gekennzeichneten Parkplätzen sowie für das Parken von Linienomnibussen an Endhaltestellen.

(3b) [1]Mit Kraftfahrzeuganhängern ohne Zugfahrzeug darf nicht länger als zwei Wochen geparkt werden. [2]Das gilt nicht auf entsprechend gekennzeichneten Parkplätzen.

(4) [1]Zum Parken ist der rechte Seitenstreifen, dazu gehören auch entlang der Fahrbahn angelegte Parkstreifen, zu benutzen, wenn er dazu ausreichend befestigt ist, sonst ist an den rechten Fahrbahnrand heranzufahren. [2]Das gilt in der Regel auch, wenn man nur halten will; jedenfalls muss man auch dazu auf der rechten Fahrbahnseite rechts bleiben. [3]Taxen dürfen, wenn die Verkehrslage es zulässt, neben anderen Fahrzeugen, die auf dem Seitenstreifen oder am rechten Fahrbahnrand halten oder parken, Fahrgäste ein- oder aussteigen lassen. [4]Soweit auf der rechten Seite Schienen liegen sowie in Einbahnstraßen (Zeichen 220) darf links gehalten und geparkt werden. [5]Im Fahrraum von Schienenfahrzeugen darf nicht gehalten werden.

(4a) Ist das Parken auf dem Gehweg erlaubt, ist hierzu nur der rechte Gehweg, in Einbahnstraßen der rechte oder linke Gehweg, zu benutzen.

(5) [1]An einer Parklücke hat Vorrang, wer sie zuerst unmittelbar erreicht; der Vorrang bleibt erhalten, wenn der Berechtigte an der Parklücke vorbeifährt, um rückwärts einzuparken oder wenn sonst zusätzliche Fahrbewegungen ausgeführt werden, um in die Parklücke einzufahren. [2]Satz 1 gilt entsprechend, wenn an einer frei werdenden Parklücke gewartet wird.

(6) Es ist platzsparend zu parken; das gilt in der Regel auch für das Halten.

§ 13 Einrichtungen zur Überwachung der Parkzeit

(1) [1]An Parkuhren darf nur während des Laufens der Uhr, an Parkscheinautomaten nur mit einem Parkschein, der am oder im Fahrzeug von außen gut lesbar angebracht sein muss, für die Dauer der zulässigen Parkzeit gehalten werden. [2]Ist eine Parkuhr oder ein Parkscheinautomat nicht funktionsfähig, darf nur bis zur angegebenen Höchstparkdauer geparkt werden. [3]In diesem Fall ist die Parkscheibe zu verwenden (Absatz 2 Satz 1 Nummer 2). [4]Die Parkzeitregelungen können auf bestimmte Stunden oder Tage beschränkt sein.

(2) [1]Wird im Bereich eines eingeschränkten Haltverbots für eine Zone (Zeichen 290.1 und 290.2) oder einer Parkraumbewirtschaftungszone (Zeichen 314.1 und 314.2) oder bei den Zeichen 314 oder 315 durch ein Zusatzzeichen die Benutzung einer Parkscheibe (Bild 318) vorgeschrieben, ist das Halten und Parken nur erlaubt
1. für die Zeit, die auf dem Zusatzzeichen angegeben ist, und,
2. soweit das Fahrzeug eine von außen gut lesbare Parkscheibe hat und der Zeiger der Scheibe auf den Strich der halben Stunde eingestellt ist, die dem Zeitpunkt des Anhaltens folgt.

[2]Sind in einem eingeschränkten Haltverbot für eine Zone oder einer Parkraumbewirtschaftungszone Parkuhren oder Parkscheinautomaten aufgestellt, gelten deren Anordnungen. [3]Im Übrigen bleiben die Vorschriften über die Halt- und Parkverbote unberührt.

(3) [1]Die in den Absätzen 1 und 2 genannten Einrichtungen zur Überwachung der Parkzeit müssen nicht betätigt werden, soweit die Entrichtung der Parkgebühren und die Überwachung der Parkzeit auch durch elektronische Einrichtungen oder Vorrichtungen, insbesondere Taschenparkuhren oder Mobiltelefone, sichergestellt werden kann. [2]Satz 1 gilt nicht, soweit eine dort genannte elektronische Einrichtung oder Vorrichtung nicht funktionsfähig ist.

(4) Einrichtungen und Vorrichtungen zur Überwachung der Parkzeit brauchen nicht betätigt zu werden
1. beim Ein- oder Aussteigen sowie
2. zum Be- oder Entladen.

(5) [1]Wer ein elektrisch betriebenes Fahrzeug im Sinne des Elektromobilitätsgesetzes oder ein Carsharingfahrzeug im Sinne des Carsharinggesetzes und der entsprechenden Länderregelungen führt, muss Einrichtungen und Vorrichtungen zur Überwachung der Parkzeit nicht betätigen, soweit dies durch bevorrechtigende Zusatzzeichen zu Zeichen 290.1, 314, 314.1 oder 315 angeordnet ist. [2]Sind im Geltungsbereich einer Anordnung im Sinne des Satzes 1 Parkuhren oder Parkscheinautomaten aufgestellt, gelten deren Anordnungen. [3]Im Übrigen bleiben die Vorschriften über die Halt- und Parkverbote unberührt.

§ 14 Sorgfaltspflichten beim Ein- und Aussteigen

(1) Wer ein- oder aussteigt, muss sich so verhalten, dass eine Gefährdung anderer am Verkehr Teilnehmenden ausgeschlossen ist.

(2) [1]Wer ein Fahrzeug führt, muss die nötigen Maßnahmen treffen, um Unfälle oder Verkehrsstörungen zu vermeiden, wenn das Fahrzeug verlassen wird. [2]Kraftfahrzeuge sind auch gegen unbefugte Benutzung zu sichern.

§ 15 Liegenbleiben von Fahrzeugen

[1]Bleibt ein mehrspuriges Fahrzeug an einer Stelle liegen, an der es nicht rechtzeitig als stehendes Hindernis erkannt werden kann, ist sofort Warnblinklicht einzuschalten. [2]Danach ist mindestens ein auffällig warnendes Zeichen gut sichtbar in ausreichender Entfernung aufzustellen, und zwar bei schnellem Verkehr in etwa 100 m Entfernung; vorgeschriebene Sicherungsmittel, wie Warndreiecke, sind zu verwenden. [3]Darüber hinaus gelten die Vorschriften über die Beleuchtung haltender Fahrzeuge.

§ 15a Abschleppen von Fahrzeugen

(1) Beim Abschleppen eines auf der Autobahn liegen gebliebenen Fahrzeugs ist die Autobahn (Zeichen 330.1) bei der nächsten Ausfahrt zu verlassen.

(2) Beim Abschleppen eines außerhalb der Autobahn liegen gebliebenen Fahrzeugs darf nicht in die Autobahn (Zeichen 330.1) eingefahren werden.

(3) Während des Abschleppens haben beide Fahrzeuge Warnblinklicht einzuschalten.

(4) Krafträder dürfen nicht abgeschleppt werden.

§ 16 Warnzeichen

(1) Schall- und Leuchtzeichen darf nur geben,
1. wer außerhalb geschlossener Ortschaften überholt (§ 5 Absatz 5) oder
2. wer sich oder Andere gefährdet sieht.

(2) [1]Wer einen Omnibus des Linienverkehrs oder einen gekennzeichneten Schulbus führt, muss Warnblinklicht einschalten, wenn er sich einer Haltestelle nähert und solange Fahrgäste ein- oder aussteigen, soweit die für den Straßenverkehr nach Landesrecht zuständige Behörde (Straßenverkehrsbehörde) für bestimmte Haltestellen ein solches Verhalten angeordnet hat. [2]Im Übrigen darf außer beim Liegenbleiben (§ 15) und beim Abschleppen von Fahrzeugen (§ 15a) Warnblinklicht nur einschalten, wer Andere durch sein Fahrzeug gefährdet oder Andere vor Gefahren warnen will, zum Beispiel bei Annäherung an einen Stau oder bei besonders langsamer Fahrgeschwindigkeit auf Autobahnen und anderen schnell befahrenen Straßen.

(3) Schallzeichen dürfen nicht aus einer Folge verschieden hoher Töne bestehen.

(4) Keine Schallzeichen im Sinne der Absätze 1 und 3 sind akustische Fahrzeugwarnsysteme im Sinne der Artikel 3 Satz 2 Nummer 22, Artikel 8 und Anhang VIII der Verordnung (EU) Nr. 540/2014 des Europäischen Parlaments und des Rates vom 16. April 2014 über den Geräuschpegel von Kraftfahrzeugen und von Austauschschalldämpferanlagen sowie zur Änderung der Richtlinie 2007/46/EG und zur Aufhebung der Richtlinie 70/157/EWG (ABl. L 158 vom 27.5.2014, S. 131) in der jeweils geltenden Fassung.

§ 17 Beleuchtung

(1) [1]Während der Dämmerung, bei Dunkelheit oder wenn die Sichtverhältnisse es sonst erfordern, sind die vorgeschriebenen Beleuchtungseinrichtungen zu benutzen. [2]Die Beleuchtungseinrichtungen dürfen nicht verdeckt oder verschmutzt sein.

(2) [1]Mit Begrenzungsleuchten (Standlicht) allein darf nicht gefahren werden. [2]Auf Straßen mit durchgehender, ausreichender Beleuchtung darf auch nicht mit Fernlicht gefahren werden. [3]Es ist rechtzeitig abzublenden, wenn ein Fahrzeug entgegenkommt oder mit geringem Abstand vorausfährt oder wenn es sonst die Sicherheit des Verkehrs auf oder neben der Straße erfordert. [4]Wenn nötig ist entsprechend langsamer zu fahren.

(2a) [1]Wer ein Kraftrad führt, muss auch am Tag mit Abblendlicht oder eingeschalteten Tagfahrleuchten fahren. [2]Während der Dämmerung, bei Dunkelheit oder wenn die Sichtverhältnisse es sonst erfordern, ist Abblendlicht einzuschalten.

(3) [1]Behindert Nebel, Schneefall oder Regen die Sicht erheblich, dann ist auch am Tage mit Abblendlicht zu fahren. [2]Nur bei solcher Witterung dürfen Nebelscheinwerfer eingeschaltet sein. [3]Bei zwei Nebelscheinwerfern genügt statt des Abblendlichts die zusätzliche Benutzung der Begrenzungsleuchten. [4]An Krafträdern ohne Beiwagen braucht nur der Nebelscheinwerfer benutzt zu werden. [5]Nebelschlussleuchten dürfen nur dann benutzt werden, wenn durch Nebel die Sichtweite weniger als 50 m beträgt.

(4) [1]Haltende Fahrzeuge sind außerhalb geschlossener Ortschaften mit eigener Lichtquelle zu beleuchten. [2]Innerhalb geschlossener Ortschaften genügt es, nur die der Fahrbahn zugewandte Fahrzeugseite durch Parkleuchten oder auf andere zugelassene Weise kenntlich zu machen; eigene Beleuchtung ist entbehrlich, wenn die Straßenbeleuchtung das Fahrzeug auf ausreichende Entfernung deutlich sichtbar macht. [3]Auf der Fahrbahn haltende Fahrzeuge, ausgenommen Personenkraftwagen, mit einer zulässigen Gesamtmasse von mehr als 3,5 t und Anhänger sind innerhalb geschlossener Ortschaften stets mit eigener Lichtquelle zu beleuchten oder durch andere zugelassene lichttechnische Einrichtungen kenntlich zu machen. [4]Fahrzeuge, die ohne Schwierigkeiten von der Fahrbahn entfernt werden können, wie Krafträder, Fahrräder mit Hilfsmotor, Fahrräder, Krankenfahrstühle, einachsige Zugmaschinen, einachsige Anhänger, Handfahrzeuge oder unbespannte Fuhrwerke, dürfen bei Dunkelheit dort nicht unbeleuchtet stehen gelassen werden.

(4a) [1]Soweit bei Militärfahrzeugen von den allgemeinen Beleuchtungsvorschriften abgewichen wird, sind gelb-rote retroreflektierende Warntafeln oder gleichwertige Absicherungsmittel zu verwenden. [2]Im Übrigen können sie an diesen Fahrzeugen zusätzlich verwendet werden.

(5) Wer zu Fuß geht und einachsige Zug- oder Arbeitsmaschinen an Holmen oder Handfahrzeuge mitführt, hat mindestens eine nach vorn und hinten gut sichtbare, nicht blendende Leuchte mit weißem Licht auf der linken Seite anzubringen oder zu tragen.

(6) Suchscheinwerfer dürfen nur kurz und nicht zum Beleuchten der Fahrbahn benutzt werden.

§ 18 Autobahnen und Kraftfahrstraßen

(1) [1]Autobahnen (Zeichen 330.1) und Kraftfahrstraßen (Zeichen 331.1) dürfen nur mit Kraftfahrzeugen benutzt werden, deren durch die Bauart bestimmte Höchstgeschwindigkeit mehr als 60 km/h beträgt; werden Anhänger mitgeführt, gilt das Gleiche auch für diese. [2]Fahrzeug und Ladung dürfen zusammen nicht höher als 4 m und nicht breiter als 2,55 m sein. [3]Kühlfahrzeuge dürfen nicht breiter als 2,60 m sein.

(2) Auf Autobahnen darf nur an gekennzeichneten Anschlussstellen (Zeichen 330.1) eingefahren werden, auf Kraftfahrstraßen nur an Kreuzungen oder Einmündungen.

(3) Der Verkehr auf der durchgehenden Fahrbahn hat die Vorfahrt.

(4) (weggefallen)

(5) [1]Auf Autobahnen darf innerhalb geschlossener Ortschaften schneller als 50 km/h gefahren werden. [2]Auf ihnen sowie außerhalb geschlossener Ortschaften auf Kraftfahrstraßen mit Fahrbahnen für eine Richtung, die durch Mittelstreifen oder sonstige bauliche Einrichtungen getrennt sind, beträgt die zulässige Höchstgeschwindigkeit auch unter günstigsten Umständen

1. für
   a) Kraftfahrzeuge mit einer zulässigen Gesamtmasse von mehr als 3,5 t, ausgenommen Personenkraftwagen,
   b) Personenkraftwagen mit Anhänger, Lastkraftwagen mit Anhänger, Wohnmobile mit Anhänger und Zugmaschinen mit Anhänger sowie
   c) Kraftomnibusse ohne Anhänger oder mit Gepäckanhänger

   80 km/h,

2. für
   a) Krafträder mit Anhänger und selbstfahrende Arbeitsmaschinen mit Anhänger,
   b) Zugmaschinen mit zwei Anhängern sowie
   c) Kraftomnibusse mit Anhänger oder mit Fahrgästen, für die keine Sitzplätze mehr zur Verfügung stehen,

   60 km/h,
3. für Kraftomnibusse ohne Anhänger, die
   a) nach Eintragung in der Zulassungsbescheinigung Teil I für eine Höchstgeschwindigkeit von 100 km/h zugelassen sind,
   b) hauptsächlich für die Beförderung von sitzenden Fahrgästen gebaut und die Fahrgastsitze als Reisebestuhlung ausgeführt sind,
   c) auf allen Sitzen sowie auf Rollstuhlplätzen, wenn auf ihnen Rollstuhlfahrer befördert werden, mit Sicherheitsgurten ausgerüstet sind,
   d) mit einem Geschwindigkeitsbegrenzer ausgerüstet sind, der auf eine Höchstgeschwindigkeit von maximal 100 km/h (Vset) eingestellt ist,
   e) den Vorschriften der Richtlinie 2001/85/EG des Europäischen Parlaments und des Rates vom 20. November 2001 über besondere Vorschriften für Fahrzeuge zur Personenbeförderung mit mehr als acht Sitzplätzen außer dem Fahrersitz und zur Änderung der Richtlinien 70/156/EWG und 97/27/EG (ABl. L 42 vom 13.2.2002, S. 1) in der jeweils zum Zeitpunkt der Erstzulassung des jeweiligen Kraftomnibusses geltenden Fassung entsprechen und
   f) auf der vorderen Lenkachse nicht mit nachgeschnittenen Reifen ausgerüstet sind, oder
   g) für nicht in Mitgliedstaaten der Europäischen Union oder in Vertragsstaaten des Abkommens über den Europäischen Wirtschaftsraum zugelassene Kraftomnibusse, wenn jeweils eine behördliche Bestätigung des Zulassungsstaates in deutscher Sprache über die Übereinstimmung mit den vorgenannten Bestimmungen und über jährlich stattgefundene Untersuchungen mindestens im Umfang der Richtlinie 96/96/EG des Rates vom 20. Dezember 1996 zur Angleichung der Rechtsvorschriften der Mitgliedstaaten über die technische Überwachung der Kraftfahrzeuge und Kraftfahrzeuganhänger (ABl. L 46 vom 17.2.1997, S. 1) in der jeweils geltenden Fassung vorgelegt werden kann,

   100 km/h.

(6) Wer auf der Autobahn mit Abblendlicht fährt, braucht seine Geschwindigkeit nicht der Reichweite des Abblendlichts anzupassen, wenn
1. die Schlussleuchten des vorausfahrenden Kraftfahrzeugs klar erkennbar sind und ein ausreichender Abstand von ihm eingehalten wird oder
2. der Verlauf der Fahrbahn durch Leiteinrichtungen mit Rückstrahlern und, zusammen mit fremdem Licht, Hindernisse rechtzeitig erkennbar sind.

(7) Wenden und Rückwärtsfahren sind verboten.

(8) Halten, auch auf Seitenstreifen, ist verboten.

(9) [1]Zu Fuß Gehende dürfen Autobahnen nicht betreten. [2]Kraftfahrstraßen dürfen sie nur an Kreuzungen, Einmündungen oder sonstigen dafür vorgesehenen Stellen überschreiten; sonst ist jedes Betreten verboten.

(10) [1]Die Ausfahrt von Autobahnen ist nur an Stellen erlaubt, die durch die Ausfahrttafel (Zeichen 332) und durch das Pfeilzeichen (Zeichen 333) oder durch eins dieser Zeichen gekennzeichnet sind. [2]Die Ausfahrt von Kraftfahrstraßen ist nur an Kreuzungen oder Einmündungen erlaubt.

(11) Lastkraftwagen mit einer zulässigen Gesamtmasse über 7,5 t, einschließlich ihrer Anhänger, sowie Zugmaschinen dürfen, wenn die Sichtweite durch erheblichen Schneefall oder Regen auf 50 m oder weniger eingeschränkt ist, sowie bei Schneeglätte oder Glatteis den äußerst linken Fahrstreifen nicht benutzen.

§ 19 Bahnübergänge

(1) [1]Schienenfahrzeuge haben Vorrang
1. auf Bahnübergängen mit Andreaskreuz (Zeichen 201),
2. auf Bahnübergängen über Fuß-, Feld-, Wald- oder Radwege und
3. in Hafen- und Industriegebieten, wenn an den Einfahrten das Andreaskreuz mit dem Zusatzzeichen „Hafengebiet, Schienenfahrzeuge haben Vorrang“ oder „Industriegebiet, Schienenfahrzeuge haben Vorrang“ steht.

[2]Der Straßenverkehr darf sich solchen Bahnübergängen nur mit mäßiger Geschwindigkeit nähern. [3]Wer ein Fahrzeug führt, darf an Bahnübergängen vom Zeichen 151, 156 an bis einschließlich des Kreuzungsbereichs von Schiene und Straße Kraftfahrzeuge nicht überholen.

(2) [1]Fahrzeuge haben vor dem Andreaskreuz, zu Fuß Gehende in sicherer Entfernung vor dem Bahnübergang zu warten, wenn
1. sich ein Schienenfahrzeug nähert,
2. rotes Blinklicht oder gelbe oder rote Lichtzeichen gegeben werden,
3. die Schranken sich senken oder geschlossen sind,
4. ein Bahnbediensteter Halt gebietet oder
5. ein hörbares Signal, wie ein Pfeifsignal des herannahenden Zuges, ertönt.

[2]Hat das rote Blinklicht oder das rote Lichtzeichen die Form eines Pfeils, hat nur zu warten, wer in die Richtung des Pfeils fahren will. [3]Das Senken der Schranken kann durch Glockenzeichen angekündigt werden.

(3) Kann der Bahnübergang wegen des Straßenverkehrs nicht zügig und ohne Aufenthalt überquert werden, ist vor dem Andreaskreuz zu warten.

(4) Wer einen Fuß-, Feld-, Wald- oder Radweg benutzt, muss sich an Bahnübergängen ohne Andreaskreuz entsprechend verhalten.

(5) [1]Vor Bahnübergängen ohne Vorrang der Schienenfahrzeuge ist in sicherer Entfernung zu warten, wenn ein Bahnbediensteter mit einer weiß-rot-weißen Fahne oder einer roten Leuchte Halt gebietet. [2]Werden gelbe oder rote Lichtzeichen gegeben, gilt § 37 Absatz 2 Nummer 1 entsprechend.

(6) Die Scheinwerfer wartender Kraftfahrzeuge dürfen niemanden blenden.

§ 20 Öffentliche Verkehrsmittel und Schulbusse

(1) An Omnibussen des Linienverkehrs, an Straßenbahnen und an gekennzeichneten Schulbussen, die an Haltestellen (Zeichen 224) halten, darf, auch im Gegenverkehr, nur vorsichtig vorbeigefahren werden.

(2) [1]Wenn Fahrgäste ein- oder aussteigen, darf rechts nur mit Schrittgeschwindigkeit und nur in einem solchen Abstand vorbeigefahren werden, dass eine Gefährdung von Fahrgästen ausgeschlossen ist. [2]Sie dürfen auch nicht behindert werden. [3]Wenn nötig, muss, wer ein Fahrzeug führt, warten.

(3) Omnibusse des Linienverkehrs und gekennzeichnete Schulbusse, die sich einer Haltestelle (Zeichen 224) nähern und Warnblinklicht eingeschaltet haben, dürfen nicht überholt werden.

(4) [1]An Omnibussen des Linienverkehrs und an gekennzeichneten Schulbussen, die an Haltestellen (Zeichen 224) halten und Warnblinklicht eingeschaltet haben, darf nur mit Schrittgeschwindigkeit und nur in einem solchen Abstand vorbeigefahren werden, dass eine Gefährdung von Fahrgästen ausgeschlossen ist. [2]Die Schrittgeschwindigkeit gilt auch für den Gegenverkehr auf derselben Fahrbahn. [3]Die Fahrgäste dürfen auch nicht behindert werden. [4]Wenn nötig, muss, wer ein Fahrzeug führt, warten.

(5) [1]Omnibussen des Linienverkehrs und Schulbussen ist das Abfahren von gekennzeichneten Haltestellen zu ermöglichen. [2]Wenn nötig, müssen andere Fahrzeuge warten.

(6) Personen, die öffentliche Verkehrsmittel benutzen wollen, müssen sie auf den Gehwegen, den Seitenstreifen oder einer Haltestelleninsel, sonst am Rand der Fahrbahn erwarten.

§ 21 Personenbeförderung

(1) [1]In Kraftfahrzeugen dürfen nicht mehr Personen befördert werden, als mit Sicherheitsgurten ausgerüstete Sitzplätze vorhanden sind. [2]Abweichend von Satz 1 dürfen in Kraftfahrzeugen, für die Sicherheitsgurte nicht für alle Sitzplätze vorgeschrieben sind, so viele Personen befördert werden, wie Sitzplätze vorhanden sind. [3]Die Sätze 1 und 2 gelten nicht in Kraftomnibussen, bei denen die Beförderung stehender Fahrgäste zugelassen ist. [4]Es ist verboten, Personen mitzunehmen
1. auf Krafträdern ohne besonderen Sitz,
2. auf Zugmaschinen ohne geeignete Sitzgelegenheit oder
3. in Wohnanhängern hinter Kraftfahrzeugen.

(1a) [1]Kinder bis zum vollendeten 12. Lebensjahr, die kleiner als 150 cm sind, dürfen in Kraftfahrzeugen auf Sitzen, für die Sicherheitsgurte vorgeschrieben sind, nur mitgenommen werden, wenn Rückhalteeinrichtungen für Kinder benutzt werden, die den in Artikel 2 Absatz 1 Buchstabe c der Richtlinie 91/671/EWG des Rates vom 16. Dezember 1991 über die Gurtanlegepflicht und die Pflicht zur Benutzung von Kinderrückhalteeinrichtungen in Kraftfahrzeugen (ABl. L 373 vom 31.12.1991, S. 26), der zuletzt durch Artikel 1 Absatz 2 der Durchführungsrichtlinie 2014/37/EU vom 27. Februar 2014 (ABl. L 59 vom 28.2.2014, S. 32) neu gefasst worden ist, genannten Anforderungen genügen und für das Kind geeignet sind. [2]Abweichend von Satz 1
1. ist in Kraftomnibussen mit einer zulässigen Gesamtmasse von mehr als 3,5 t Satz 1 nicht anzuwenden,
2. dürfen Kinder ab dem vollendeten dritten Lebensjahr auf Rücksitzen mit den vorgeschriebenen Sicherheitsgurten gesichert werden, soweit wegen der Sicherung anderer Kinder mit Kinderrückhal-

teeinrichtungen für die Befestigung weiterer Rückhalteeinrichtungen für Kinder keine Möglichkeit besteht,
3. ist
a) beim Verkehr mit Taxen und
b) bei sonstigen Verkehren mit Personenkraftwagen, wenn eine Beförderungspflicht im Sinne des § 22 des Personenbeförderungsgesetzes besteht,

auf Rücksitzen die Verpflichtung zur Sicherung von Kindern mit amtlich genehmigten und geeigneten Rückhalteeinrichtungen auf zwei Kinder mit einem Gewicht ab 9 kg beschränkt, wobei wenigstens für ein Kind mit einem Gewicht zwischen 9 und 18 kg eine Sicherung möglich sein muss; diese Ausnahmeregelung gilt nicht, wenn eine regelmäßige Beförderung von Kindern gegeben ist.

(1b) [1]In Fahrzeugen, die nicht mit Sicherheitsgurten ausgerüstet sind, dürfen Kinder unter drei Jahren nicht befördert werden. [2]Kinder ab dem vollendeten dritten Lebensjahr, die kleiner als 150 cm sind, müssen in solchen Fahrzeugen auf dem Rücksitz befördert werden. [3]Die Sätze 1 und 2 gelten nicht für Kraftomnibusse.

(2) [1]Die Mitnahme von Personen auf der Ladefläche oder in Laderäumen von Kraftfahrzeugen ist verboten. [2]Dies gilt nicht, soweit auf der Ladefläche oder in Laderäumen mitgenommene Personen dort notwendige Arbeiten auszuführen haben. [3]Das Verbot gilt ferner nicht für die Beförderung von Baustellenpersonal innerhalb von Baustellen. [4]Auf der Ladefläche oder in Laderäumen von Anhängern darf niemand mitgenommen werden. [5]Jedoch dürfen auf Anhängern, wenn diese für land- oder forstwirtschaftliche Zwecke eingesetzt werden, Personen auf geeigneten Sitzgelegenheiten mitgenommen werden. [6]Das Stehen während der Fahrt ist verboten, soweit es nicht zur Begleitung der Ladung oder zur Arbeit auf der Ladefläche erforderlich ist.

(3) [1]Auf Fahrrädern dürfen Personen von mindestens 16 Jahre alten Personen nur mitgenommen werden, wenn die Fahrräder auch zur Personenbeförderung gebaut und eingerichtet sind. [2]Kinder bis zum vollendeten siebten Lebensjahr dürfen auf Fahrrädern von mindestens 16 Jahre alten Personen mitgenommen werden, wenn für die Kinder besondere Sitze vorhanden sind und durch Radverkleidungen oder gleich wirksame Vorrichtungen dafür gesorgt ist, dass die Füße der Kinder nicht in die Speichen geraten können. [3]Hinter Fahrrädern dürfen in Anhängern, die zur Beförderung von Kindern eingerichtet sind, bis zu zwei Kinder bis zum vollendeten siebten Lebensjahr von mindestens 16 Jahre alten Personen mitgenommen werden. [4]Die Begrenzung auf das vollendete siebte Lebensjahr gilt nicht für die Beförderung eines behinderten Kindes.

§ 21a Sicherheitsgurte, Rollstuhl-Rückhaltesysteme, Rollstuhlnutzer-Rückhaltesysteme, Schutzhelme

(1) [1]Vorgeschriebene Sicherheitsgurte müssen während der Fahrt angelegt sein; dies gilt ebenfalls für vorgeschriebene Rollstuhl-Rückhaltesysteme und vorgeschriebene Rollstuhlnutzer-Rückhaltesysteme. [2]Das gilt nicht für

1. *[aufgehoben]*
2. Personen beim Haus-zu-Haus-Verkehr, wenn sie im jeweiligen Leistungs- oder Auslieferungsbezirk regelmäßig in kurzen Zeitabständen ihr Fahrzeug verlassen müssen,
3. Fahrten mit Schrittgeschwindigkeit wie Rückwärtsfahren, Fahrten auf Parkplätzen,
4. Fahrten in Kraftomnibussen, bei denen die Beförderung stehender Fahrgäste zugelassen ist,
5. das Betriebspersonal in Kraftomnibussen und das Begleitpersonal von besonders betreuungsbedürftigen Personengruppen während der Dienstleistungen, die ein Verlassen des Sitzplatzes erfordern,
6. Fahrgäste in Kraftomnibussen mit einer zulässigen Gesamtmasse von mehr als 3,5 t beim kurzzeitigen Verlassen des Sitzplatzes.

(2) Wer Krafträder oder offene drei- oder mehrrädrige Kraftfahrzeuge mit einer bauartbedingten Höchstgeschwindigkeit von über 20 km/h führt sowie auf oder in ihnen mitfährt, muss während der Fahrt einen geeigneten Schutzhelm tragen. [2]Dies gilt nicht, wenn vorgeschriebene Sicherheitsgurte angelegt sind.

§ 22 Ladung

(1) [1]Die Ladung einschließlich Geräte zur Ladungssicherung sowie Ladeeinrichtungen sind so zu verstauen und zu sichern, dass sie selbst bei Vollbremsung oder plötzlicher Ausweichbewegung nicht verrutschen, umfallen, hin- und herrollen, herabfallen oder vermeidbaren Lärm erzeugen können. [2]Dabei sind die anerkannten Regeln der Technik zu beachten.

(2) [1]Fahrzeug und Ladung dürfen zusammen nicht breiter als 2,55 m und nicht höher als 4 m sein. [2]Fahrzeuge, die für land- oder forstwirtschaftliche Zwecke eingesetzt werden, dürfen, wenn sie mit land- oder forstwirtschaftlichen Erzeugnissen oder Arbeitsgeräten beladen sind, samt Ladung nicht breiter als

3 m sein. [3]Sind sie mit land- oder forstwirtschaftlichen Erzeugnissen beladen, dürfen sie samt Ladung höher als 4 m sein. [4]Kühlfahrzeuge dürfen nicht breiter als 2,60 m sein.

(3) [1]Die Ladung darf bis zu einer Höhe von 2,50 m nicht nach vorn über das Fahrzeug, bei Zügen über das ziehende Fahrzeug hinausragen. [2]Im Übrigen darf der Ladungsüberstand nach vorn bis zu 50 cm über das Fahrzeug, bei Zügen bis zu 50 cm über das ziehende Fahrzeug betragen.

(4) [1]Nach hinten darf die Ladung bis zu 1,50 m hinausragen, jedoch bei Beförderung über eine Wegstrecke bis zu einer Entfernung von 100 km bis zu 3 m; die außerhalb des Geltungsbereichs dieser Verordnung zurückgelegten Wegstrecken werden nicht berücksichtigt. [2]Fahrzeug oder Zug samt Ladung darf nicht länger als 20,75 m sein. [3]Ragt das äußerste Ende der Ladung mehr als 1 m über die Rückstrahler des Fahrzeugs nach hinten hinaus, so ist es kenntlich zu machen durch mindestens

1. eine hellrote, nicht unter 30 x 30 cm große, durch eine Querstange auseinandergehaltene Fahne,
2. ein gleich großes, hellrotes, quer zur Fahrtrichtung pendelnd aufgehängtes Schild oder
3. einen senkrecht angebrachten zylindrischen Körper gleicher Farbe und Höhe mit einem Durchmesser von mindestens 35 cm.

[4]Diese Sicherungsmittel dürfen nicht höher als 1,50 m über der Fahrbahn angebracht werden. [5]Wenn nötig (§ 17 Absatz 1), ist mindestens eine Leuchte mit rotem Licht an gleicher Stelle anzubringen, außerdem ein roter Rückstrahler nicht höher als 90 cm.

(5) [1]Ragt die Ladung seitlich mehr als 40 cm über die Fahrzeugleuchten, bei Kraftfahrzeugen über den äußeren Rand der Lichtaustrittsflächen der Begrenzungs- oder Schlussleuchten hinaus, so ist sie, wenn nötig (§ 17 Absatz 1), kenntlich zu machen, und zwar seitlich höchstens 40 cm von ihrem Rand und höchstens 1,50 m über der Fahrbahn nach vorn durch eine Leuchte mit weißem, nach hinten durch eine mit rotem Licht. [2]Einzelne Stangen oder Pfähle, waagerecht liegende Platten und andere schlecht erkennbare Gegenstände dürfen seitlich nicht herausragen.

§ 23 Sonstige Pflichten von Fahrzeugführenden

(1) [1]Wer ein Fahrzeug führt, ist dafür verantwortlich, dass seine Sicht und das Gehör nicht durch die Besetzung, Tiere, die Ladung, Geräte oder den Zustand des Fahrzeugs beeinträchtigt werden. [2]Wer ein Fahrzeug führt, hat zudem dafür zu sorgen, dass das Fahrzeug, der Zug, das Gespann sowie die Ladung und die Besetzung vorschriftsmäßig sind und dass die Verkehrssicherheit des Fahrzeugs durch die Ladung oder die Besetzung nicht leidet. [3]Ferner ist dafür zu sorgen, dass die vorgeschriebenen Kennzeichen stets gut lesbar sind. [4]Vorgeschriebene Beleuchtungseinrichtungen müssen an Kraftfahrzeugen und ihren Anhängern auch am Tage vorhanden und betriebsbereit sein.

(1a) [1]Wer ein Fahrzeug führt, darf ein elektronisches Gerät, das der Kommunikation, Information oder Organisation dient oder zu dienen bestimmt ist, nur benutzen, wenn

1. hierfür das Gerät weder aufgenommen noch gehalten wird und
2. entweder
   a) nur eine Sprachsteuerung und Vorlesefunktion genutzt wird oder
   b) zur Bedienung und Nutzung des Gerätes nur eine kurze, den Straßen-, Verkehrs-, Sicht- und Wetterverhältnissen angepasste Blickzuwendung zum Gerät bei gleichzeitig entsprechender Blickabwendung vom Verkehrsgeschehen erfolgt oder erforderlich ist.

[2]Geräte im Sinne des Satzes 1 sind auch Geräte der Unterhaltungselektronik oder Geräte zur Ortsbestimmung, insbesondere Mobiltelefone oder Autotelefone, Berührungsbildschirme, tragbare Flachrechner, Navigationsgeräte, Fernseher oder Abspielgeräte mit Videofunktion oder Audiorekorder. [3]Handelt es sich bei dem Gerät im Sinne des Satzes 1, auch in Verbindung mit Satz 2, um ein auf dem Kopf getragenes visuelles Ausgabegerät, insbesondere eine Videobrille, darf dieses nicht benutzt werden. [4]Verfügt das Gerät im Sinne des Satzes 1, auch in Verbindung mit Satz 2, über eine Sichtfeldprojektion, darf diese für fahrzeugbezogene, verkehrszeichenbezogene, fahrtbezogene oder fahrtbegleitende Informationen benutzt werden. [5]Absatz 1c und § 1b des Straßenverkehrsgesetzes bleiben unberührt.

(1b) [1]Absatz 1a Satz 1 bis 3 gilt nicht für

1. ein stehendes Fahrzeug, im Falle eines Kraftfahrzeuges vorbehaltlich der Nummer 3 nur, wenn der Motor vollständig ausgeschaltet ist,
2. den bestimmungsgemäßen Betrieb einer atemalkoholgesteuerten Wegfahrsperre, soweit ein für den Betrieb bestimmtes Handteil aufgenommen und gehalten werden muss,
3. stehende Straßenbahnen oder Linienbusse an Haltestellen (Zeichen 224).

[2]Das fahrzeugseitige automatische Abschalten des Motors im Verbrennungsbetrieb oder das Ruhen des elektrischen Antriebes ist kein Ausschalten des Motors in diesem Sinne. [3]Absatz 1a Satz 1 Nummer 2 Buchstabe b gilt nicht für

1. die Benutzung eines Bildschirms oder einer Sichtfeldprojektion zur Bewältigung der Fahraufgabe des Rückwärtsfahrens oder Einparkens, soweit das Fahrzeug nur mit Schrittgeschwindigkeit bewegt wird, oder
2. die Benutzung elektronischer Geräte, die vorgeschriebene Spiegel ersetzen oder ergänzen.

(1c) [1]Wer ein Fahrzeug führt, darf ein technisches Gerät nicht betreiben oder betriebsbereit mitführen, das dafür bestimmt ist, Verkehrsüberwachungsmaßnahmen anzuzeigen oder zu stören. [2]Das gilt insbesondere für Geräte zur Störung oder Anzeige von Geschwindigkeitsmessungen (Radarwarn- oder Laserstörgeräte). [3]Bei anderen technischen Geräten, die neben anderen Nutzungszwecken auch zur Anzeige oder Störung von Verkehrsüberwachungsmaßnahmen verwendet werden können, dürfen die entsprechenden Gerätefunktionen nicht verwendet werden.

(2) Wer ein Fahrzeug führt, muss das Fahrzeug, den Zug oder das Gespann auf dem kürzesten Weg aus dem Verkehr ziehen, falls unterwegs auftretende Mängel, welche die Verkehrssicherheit wesentlich beeinträchtigen, nicht alsbald beseitigt werden; dagegen dürfen Krafträder und Fahrräder dann geschoben werden.

(3) [1]Wer ein Fahrrad oder ein Kraftrad fährt, darf sich nicht an Fahrzeuge anhängen. [2]Es darf nicht freihändig gefahren werden. [3]Die Füße dürfen nur dann von den Pedalen oder den Fußrasten genommen werden, wenn der Straßenzustand das erfordert.

(4) [1]Wer ein Kraftfahrzeug führt, darf sein Gesicht nicht so verhüllen oder verdecken, dass er nicht mehr erkennbar ist. [2]Dies gilt nicht in Fällen des § 21a Absatz 2 Satz 1.

§ 24 Besondere Fortbewegungsmittel

(1) [1]Schiebe- und Greifreifenrollstühle, Rodelschlitten, Kinderwagen, Roller, Kinderfahrräder, Inline-Skates, Rollschuhe und ähnliche nicht motorbetriebene Fortbewegungsmittel sind nicht Fahrzeuge im Sinne der Verordnung. [2]Für den Verkehr mit diesen Fortbewegungsmitteln gelten die Vorschriften für den Fußgängerverkehr entsprechend.

(2) Mit Krankenfahrstühlen oder mit anderen als in Absatz 1 genannten Rollstühlen darf dort, wo Fußgängerverkehr zulässig ist, gefahren werden, jedoch nur mit Schrittgeschwindigkeit.

§ 25 Fußgänger

(1) [1]Wer zu Fuß geht, muss die Gehwege benutzen. [2]Auf der Fahrbahn darf nur gegangen werden, wenn die Straße weder einen Gehweg noch einen Seitenstreifen hat. [3]Wird die Fahrbahn benutzt, muss innerhalb geschlossener Ortschaften am rechten oder linken Fahrbahnrand gegangen werden; außerhalb geschlossener Ortschaften muss am linken Fahrbahnrand gegangen werden, wenn das zumutbar ist. [4]Bei Dunkelheit, bei schlechter Sicht oder wenn die Verkehrslage es erfordert, muss einzeln hintereinander gegangen werden.

(2) [1]Wer zu Fuß geht und Fahrzeuge oder sperrige Gegenstände mitführt, muss die Fahrbahn benutzen, wenn auf dem Gehweg oder auf dem Seitenstreifen andere zu Fuß Gehende erheblich behindert würden. [2]Benutzen zu Fuß Gehende, die Fahrzeuge mitführen, die Fahrbahn, müssen sie am rechten Fahrbahnrand gehen; vor dem Abbiegen nach links dürfen sie sich nicht links einordnen.

(3) [1]Wer zu Fuß geht, hat Fahrbahnen unter Beachtung des Fahrzeugverkehrs zügig auf dem kürzesten Weg quer zur Fahrtrichtung zu überschreiten. [2]Wenn die Verkehrsdichte, Fahrgeschwindigkeit, Sichtverhältnisse oder der Verkehrsablauf es erfordern, ist eine Fahrbahn nur an Kreuzungen oder Einmündungen, an Lichtzeichenanlagen innerhalb von Markierungen, an Fußgängerquerungshilfen oder auf Fußgängerüberwegen (Zeichen 293) zu überschreiten. [3]Wird die Fahrbahn an Kreuzungen oder Einmündungen überschritten, sind dort vorhandene Fußgängerüberwege oder Markierungen an Lichtzeichenanlagen stets zu benutzen.

(4) [1]Wer zu Fuß geht, darf Absperrungen, wie Stangen- oder Kettengeländer, nicht überschreiten. [2]Absperrschranken (Zeichen 600) verbieten das Betreten der abgesperrten Straßenfläche.

(5) Gleisanlagen, die nicht zugleich dem sonstigen öffentlichen Straßenverkehr dienen, dürfen nur an den dafür vorgesehenen Stellen betreten werden.

§ 26 Fußgängerüberwege

(1) [1]An Fußgängerüberwegen haben Fahrzeuge mit Ausnahme von Schienenfahrzeugen den zu Fuß Gehenden sowie Fahrenden von Krankenfahrstühlen oder Rollstühlen, welche den Überweg erkennbar benutzen wollen, das Überqueren der Fahrbahn zu ermöglichen. [2]Dann dürfen sie nur mit mäßiger Geschwindigkeit heranfahren; wenn nötig, müssen sie warten.

(2) Stockt der Verkehr, dürfen Fahrzeuge nicht auf den Überweg fahren, wenn sie auf ihm warten müssten.

(3) An Überwegen darf nicht überholt werden.

(4) Führt die Markierung über einen Radweg oder einen anderen Straßenteil, gelten diese Vorschriften entsprechend.

§ 27 Verbände

(1) [1]Für geschlossene Verbände gelten die für den gesamten Fahrverkehr einheitlich bestehenden Verkehrsregeln und Anordnungen sinngemäß. [2]Mehr als 15 Rad Fahrende dürfen einen geschlossenen Verband bilden. [3]Dann dürfen sie zu zweit nebeneinander auf der Fahrbahn fahren. [4]Kinder- und Jugendgruppen zu Fuß müssen, soweit möglich, die Gehwege benutzen.

(2) Geschlossene Verbände, Leichenzüge und Prozessionen müssen, wenn ihre Länge dies erfordert, in angemessenen Abständen Zwischenräume für den übrigen Verkehr frei lassen; an anderen Stellen darf dieser sie nicht unterbrechen.

(3) [1]Geschlossen ist ein Verband, wenn er für andere am Verkehr Teilnehmende als solcher deutlich erkennbar ist. [2]Bei Kraftfahrzeugverbänden muss dazu jedes einzelne Fahrzeug als zum Verband gehörig gekennzeichnet sein.

(4) [1]Die seitliche Begrenzung geschlossen reitender oder zu Fuß marschierender Verbände muss, wenn nötig (§ 17 Absatz 1), mindestens nach vorn durch nicht blendende Leuchten mit weißem Licht, nach hinten durch Leuchten mit rotem Licht oder gelbem Blinklicht kenntlich gemacht werden. [2]Gliedert sich ein solcher Verband in mehrere deutlich voneinander getrennte Abteilungen, dann ist jede auf diese Weise zu sichern. [3]Eigene Beleuchtung brauchen die Verbände nicht, wenn sie sonst ausreichend beleuchtet sind.

(5) Wer einen Verband führt, hat dafür zu sorgen, dass die für geschlossene Verbände geltenden Vorschriften befolgt werden.

(6) Auf Brücken darf nicht im Gleichschritt marschiert werden.

§ 28 Tiere

(1) [1]Haus- und Stalltiere, die den Verkehr gefährden können, sind von der Straße fernzuhalten. [2]Sie sind dort nur zugelassen, wenn sie von geeigneten Personen begleitet sind, die ausreichend auf sie einwirken können. [3]Es ist verboten, Tiere von Kraftfahrzeugen aus zu führen. [4]Von Fahrrädern aus dürfen nur Hunde geführt werden.

(2) [1]Wer reitet, Pferde oder Vieh führt oder Vieh treibt, unterliegt sinngemäß den für den gesamten Fahrverkehr einheitlich bestehenden Verkehrsregeln und Anordnungen. [2]Zur Beleuchtung müssen mindestens verwendet werden:

1. beim Treiben von Vieh vorn eine nicht blendende Leuchte mit weißem Licht und am Ende eine Leuchte mit rotem Licht,
2. beim Führen auch nur eines Großtieres oder von Vieh eine nicht blendende Leuchte mit weißem Licht, die auf der linken Seite nach vorn und hinten gut sichtbar mitzuführen ist.

§ 29 Übermäßige Straßenbenutzung

(1) *[aufgehoben]*

(2) [1]Veranstaltungen, für die Straßen mehr als verkehrsüblich in Anspruch genommen werden, insbesondere Kraftfahrzeugrennen, bedürfen der Erlaubnis. [2]Das ist der Fall, wenn die Benutzung der Straße für den Verkehr wegen der Zahl oder des Verhaltens der Teilnehmenden oder der Fahrweise der beteiligten Fahrzeuge eingeschränkt wird; Kraftfahrzeuge in geschlossenem Verband nehmen die Straße stets mehr als verkehrsüblich in Anspruch. [3]Veranstaltende haben dafür zu sorgen, dass die Verkehrsvorschriften sowie etwaige Bedingungen und Auflagen befolgt werden.

(3) [1]Einer Erlaubnis bedarf der Verkehr mit Fahrzeugen und Zügen, deren Abmessungen, Achslasten oder Gesamtmassen die gesetzlich allgemein zugelassenen Grenzen tatsächlich überschreiten. [2]Das gilt auch für den Verkehr mit Fahrzeugen, deren Bauart den Fahrzeugführenden kein ausreichendes Sichtfeld lässt.

§ 30 Umweltschutz, Sonn- und Feiertagsfahrverbot

(1) [1]Bei der Benutzung von Fahrzeugen sind unnötiger Lärm und vermeidbare Abgasbelästigungen verboten. [2]Es ist insbesondere verboten, Fahrzeugmotoren unnötig laufen zu lassen und Fahrzeugtüren übermäßig laut zu schließen. [3]Unnützes Hin- und Herfahren ist innerhalb geschlossener Ortschaften verboten, wenn Andere dadurch belästigt werden.

(2) Veranstaltungen mit Kraftfahrzeugen bedürfen der Erlaubnis, wenn sie die Nachtruhe stören können.

(3) [1]An Sonntagen und Feiertagen dürfen in der Zeit von 0.00 bis 22.00 Uhr zur geschäftsmäßigen oder entgeltlichen Beförderung von Gütern einschließlich damit verbundener Leerfahrten Lastkraftwagen mit einer zulässigen Gesamtmasse über 7,5 t sowie Anhänger hinter Lastkraftwagen nicht geführt werden. [2]Das Verbot gilt nicht für

1. kombinierten Güterverkehr Schiene-Straße vom Versender bis zum nächstgelegenen geeigneten Verladebahnhof oder vom nächstgelegenen geeigneten Entladebahnhof bis zum Empfänger, jedoch nur bis zu einer Entfernung von 200 km,

1a. kombinierten Güterverkehr Hafen-Straße zwischen Belade- oder Entladestelle und einem innerhalb eines Umkreises von höchstens 150 Kilometern gelegenen Hafen (An- oder Abfuhr),

2. die Beförderung von
   a) frischer Milch und frischen Milcherzeugnissen,
   b) frischem Fleisch und frischen Fleischerzeugnissen,
   c) frischen Fischen, lebenden Fischen und frischen Fischerzeugnissen,
   d) leicht verderblichem Obst und Gemüse,

3. die Beförderung von Material der Kategorie 1 nach Artikel 8 und Material der Kategorie 2 nach Artikel 9 Buchstabe f Ziffer i der Verordnung (EG) Nr. 1069/2009 des Europäischen Parlaments und des Rates vom 21. Oktober 2009 mit Hygienevorschriften für nicht für den menschlichen Verzehr bestimmte tierische Nebenprodukte und zur Aufhebung der Verordnung (EG) Nr. 1774/2002 (Verordnung über tierische Nebenprodukte) (ABl. L 300 vom 14.11.2009, S. 1; L 348 vom 4.12.2014, S. 31),

4. den Einsatz von Bergungs-, Abschlepp- und Pannenhilfsfahrzeugen im Falle eines Unfalles oder eines sonstigen Notfalles,

5. den Transport von lebenden Bienen,

6. Leerfahrten, die im Zusammenhang mit Fahrten nach den Nummern 2 bis 5 stehen,

7. Fahrten mit Fahrzeugen, die nach dem Bundesleistungsgesetz herangezogen werden. Dabei ist der Leistungsbescheid mitzuführen und auf Verlangen zuständigen Personen zur Prüfung auszuhändigen.

(4) Feiertage im Sinne des Absatzes 3 sind
Neujahr;
Karfreitag;
Ostermontag;
Tag der Arbeit (1. Mai);
Christi Himmelfahrt;
Pfingstmontag;
Fronleichnam, jedoch nur in Baden-Württemberg, Bayern, Hessen, Nordrhein-Westfalen, Rheinland-Pfalz und im Saarland;
Tag der deutschen Einheit (3. Oktober);
Reformationstag (31. Oktober) in Brandenburg, Bremen, Hamburg, Mecklenburg-Vorpommern, Niedersachsen, Sachsen, Sachsen-Anhalt, Schleswig-Holstein und Thüringen;
Allerheiligen (1. November), jedoch nur in Baden-Württemberg, Bayern, Nordrhein-Westfalen, Rheinland-Pfalz und im Saarland;
1. und 2. Weihnachtstag.

§ 31 Sport und Spiel

(1) [1]Sport und Spiel auf der Fahrbahn, den Seitenstreifen und auf Radwegen sind nicht erlaubt. [2]Satz 1 gilt nicht, soweit dies durch ein die zugelassene Sportart oder Spielart kennzeichnendes Zusatzzeichen angezeigt ist.

(2) Durch das Zusatzzeichen

wird das Inline-Skaten und Rollschuhfahren zugelassen. [2]Das Zusatzzeichen kann auch allein angeordnet sein. [3]Wer sich dort mit Inline-Skates oder Rollschuhen fortbewegt, hat sich mit äußerster Vorsicht und unter besonderer Rücksichtnahme auf den übrigen Verkehr am rechten Rand in Fahrtrichtung zu bewegen und Fahrzeugen das Überholen zu ermöglichen.

§ 32 Verkehrshindernisse

(1) [1]Es ist verboten, die Straße zu beschmutzen oder zu benetzen oder Gegenstände auf Straßen zu bringen oder dort liegen zu lassen, wenn dadurch der Verkehr gefährdet oder erschwert werden kann. [2]Wer für solche verkehrswidrigen Zustände verantwortlich ist, hat diese unverzüglich zu beseitigen und diese bis dahin ausreichend kenntlich zu machen. [3]Verkehrshindernisse sind, wenn nötig (§ 17 Absatz 1), mit eigener Lichtquelle zu beleuchten oder durch andere zugelassene lichttechnische Einrichtungen kenntlich zu machen.

(2) Sensen, Mähmesser oder ähnlich gefährliche Geräte sind wirksam zu verkleiden.

§ 33 Verkehrsbeeinträchtigungen

(1) [1]Verboten ist

1. der Betrieb von Lautsprechern,
2. das Anbieten von Waren und Leistungen aller Art auf der Straße,
3. außerhalb geschlossener Ortschaften jede Werbung und Propaganda durch Bild, Schrift, Licht oder Ton,

wenn dadurch am Verkehr Teilnehmende in einer den Verkehr gefährdenden oder erschwerenden Weise abgelenkt oder belästigt werden können. [2]Auch durch innerörtliche Werbung und Propaganda darf der Verkehr außerhalb geschlossener Ortschaften nicht in solcher Weise gestört werden.

(2) [1]Einrichtungen, die Zeichen oder Verkehrseinrichtungen (§§ 36 bis 43 in Verbindung mit den Anlagen 1 bis 4) gleichen, mit ihnen verwechselt werden können oder deren Wirkung beeinträchtigen können, dürfen dort nicht angebracht oder sonst verwendet werden, wo sie sich auf den Verkehr auswirken können. [2]Werbung und Propaganda in Verbindung mit Verkehrszeichen und Verkehrseinrichtungen sind unzulässig.

(3) Ausgenommen von den Verboten des Absatzes 1 Satz 1 Nummer 3 und des Absatzes 2 Satz 2 sind in der Hinweisbeschilderung für Nebenbetriebe an den Bundesautobahnen und für Autohöfe die Hinweise auf Dienstleistungen, die unmittelbar den Belangen der am Verkehr Teilnehmenden auf den Bundesautobahnen dienen.

§ 34 Unfall

(1) Nach einem Verkehrsunfall hat, wer daran beteiligt ist,

1. unverzüglich zu halten,
2. den Verkehr zu sichern und bei geringfügigem Schaden unverzüglich beiseite zu fahren,
3. sich über die Unfallfolgen zu vergewissern,
4. Verletzten zu helfen (§ 323c des Strafgesetzbuchs),
5. anderen am Unfallort anwesenden Beteiligten und Geschädigten
   a) anzugeben, dass man am Unfall beteiligt war und
   b) auf Verlangen den eigenen Namen und die eigene Anschrift anzugeben sowie den eigenen Führerschein und den Fahrzeugschein vorzuweisen und nach bestem Wissen Angaben über die Haftpflichtversicherung zu machen,
6. a) so lange am Unfallort zu bleiben, bis zugunsten der anderen Beteiligten und Geschädigten die Feststellung der Person, des Fahrzeugs und der Art der Beteiligung durch eigene Anwesenheit ermöglicht wurde oder
   b) eine nach den Umständen angemessene Zeit zu warten und am Unfallort den eigenen Namen und die eigene Anschrift zu hinterlassen, wenn niemand bereit war, die Feststellung zu treffen,
7. unverzüglich die Feststellungen nachträglich zu ermöglichen, wenn man sich berechtigt, entschuldigt oder nach Ablauf der Wartefrist (Nummer 6 Buchstabe b) vom Unfallort entfernt hat. Dazu ist mindestens den Berechtigten (Nummer 6 Buchstabe a) oder einer nahe gelegenen Polizeidienststelle mitzuteilen, dass man am Unfall beteiligt gewesen ist, und die eigene Anschrift, den Aufenthalt sowie das Kennzeichen und den Standort des beteiligten Fahrzeugs anzugeben und dieses zu unverzüglichen Feststellungen für eine zumutbare Zeit zur Verfügung zu halten.

(2) Beteiligt an einem Verkehrsunfall ist jede Person, deren Verhalten nach den Umständen zum Unfall beigetragen haben kann.

(3) Unfallspuren dürfen nicht beseitigt werden, bevor die notwendigen Feststellungen getroffen worden sind.

§ 35 Sonderrechte

(1) Von den Vorschriften dieser Verordnung sind die Bundeswehr, die Bundespolizei, die Feuerwehr, der Katastrophenschutz, die Polizei und der Zolldienst befreit, soweit das zur Erfüllung hoheitlicher Aufgaben dringend geboten ist.

(1a) Absatz 1 gilt entsprechend für ausländische Beamte, die auf Grund völkerrechtlicher Vereinbarungen zur Nacheile oder Observation im Inland berechtigt sind.

(2) Dagegen bedürfen diese Organisationen auch unter den Voraussetzungen des Absatzes 1 der Erlaubnis,

1. wenn sie mehr als 30 Kraftfahrzeuge im geschlossenen Verband (§ 27) fahren lassen wollen,
2. im Übrigen bei jeder sonstigen übermäßigen Straßenbenutzung mit Ausnahme der nach § 29 Absatz 3 Satz 2.

(3) Die Bundeswehr ist über Absatz 2 hinaus auch zu übermäßiger Straßenbenutzung befugt, soweit Vereinbarungen getroffen sind.

(4) Die Beschränkungen der Sonderrechte durch die Absätze 2 und 3 gelten nicht bei Einsätzen anlässlich von Unglücksfällen, Katastrophen und Störungen der öffentlichen Sicherheit oder Ordnung sowie in den Fällen der Artikel 91 und 87a Absatz 4 des Grundgesetzes sowie im Verteidigungsfall und im Spannungsfall.

(5) Die Truppen der nichtdeutschen Vertragsstaaten des Nordatlantikpaktes sowie der Mitgliedstaaten der Europäischen Union ausgenommen Deutschland sind im Falle dringender militärischer Erfordernisse von den Vorschriften dieser Verordnung befreit, von den Vorschriften des § 29 allerdings nur, soweit für diese Truppen Sonderregelungen oder Vereinbarungen bestehen.

(5a) Fahrzeuge des Rettungsdienstes sind von den Vorschriften dieser Verordnung befreit, wenn höchste Eile geboten ist, um Menschenleben zu retten oder schwere gesundheitliche Schäden abzuwenden.

(6) [1]Fahrzeuge, die dem Bau, der Unterhaltung oder Reinigung der Straßen und Anlagen im Straßenraum oder der Müllabfuhr dienen und durch weiß-rot-weiße Warneinrichtungen gekennzeichnet sind, dürfen auf allen Straßen und Straßenteilen und auf jeder Straßenseite in jeder Richtung zu allen Zeiten fahren und halten, soweit ihr Einsatz dies erfordert, zur Reinigung der Gehwege jedoch nur, wenn die zulässige Gesamtmasse bis zu 2,8 t beträgt. [2]Dasselbe gilt auch für Fahrzeuge zur Reinigung der Gehwege, deren zulässige Gesamtmasse 3,5 t nicht übersteigt und deren Reifeninnendruck nicht mehr als 3 bar beträgt. [3]Dabei ist sicherzustellen, dass keine Beschädigung der Gehwege und der darunter liegenden Versorgungsleitungen erfolgen kann. [4]Personen, die hierbei eingesetzt sind oder Straßen oder in deren Raum befindliche Anlagen zu beaufsichtigen haben, müssen bei ihrer Arbeit außerhalb von Gehwegen und Absperrungen auffällige Warnkleidung tragen.

(7) Messfahrzeuge der Bundesnetzagentur für Elektrizität, Gas, Telekommunikation, Post und Eisenbahn (§ 1 des Gesetzes über die Bundesnetzagentur) dürfen auf allen Straßen und Straßenteilen zu allen Zeiten fahren und halten, soweit ihr hoheitlicher Einsatz dies erfordert.

(7a) [1]Fahrzeuge von Unternehmen, die Universaldienstleistungen nach § 17 Absatz 1 des Postgesetzes erbringen oder Fahrzeuge von Unternehmen, die in deren Auftrag diese Universaldienstleistungen erbringen (Subunternehmer), dürfen abweichend von Anlage 2 Nummer 21 (Zeichen 242.1) Fußgängerzonen auch außerhalb der durch Zusatzzeichen angeordneten Zeiten für Anlieger- und Anlieferverkehr benutzen, soweit dies zur zeitgerechten Leerung von Briefkästen oder zur Abholung von Briefen in Universaldienstfilialen nach § 17 Absatz 1 des Postgesetzes oder diese ersetzende Stationen nach § 17 Absatz 2 des Postgesetzes erforderlich ist. [2]Ferner dürfen die in Satz 1 genannten Fahrzeuge abweichend von § 12 Absatz 4 Satz 1 und Anlage 2 Nummer 62 (Zeichen 283), Nummer 63 (Zeichen 286) und Nummer 64 (Zeichen 290.1) in einem Bereich von 10 m vor oder hinter einem Briefkasten auf der Fahrbahn auch in zweiter Reihe kurzfristig parken, soweit dies mangels geeigneter anderweitiger Parkmöglichkeiten in diesem Bereich zum Zwecke der Leerung von Briefkästen erforderlich ist. [3]Die Sätze 1 und 2 gelten nur, soweit ein Nachweis zum Erbringen der Universaldienstleistung oder zusätzlich ein Nachweis über die Beauftragung als Subunternehmer im Fahrzeug jederzeit gut sichtbar ausgelegt oder angebracht ist. [4]§ 2 Absatz 3 in Verbindung mit Anhang 3 Nummer 7 der Verordnung zur Kennzeichnung der Kraftfahrzeuge mit geringem Beitrag zur Schadstoffbelastung vom 10. Oktober 2006 (BGBl. I S. 2218), die durch Artikel 1 der Verordnung vom 5. Dezember 2007 (BGBl. I S. 2793) geändert worden ist, ist für die in Satz 1 genannten Fahrzeuge nicht anzuwenden.

(8) Die Sonderrechte dürfen nur unter gebührender Berücksichtigung der öffentlichen Sicherheit und Ordnung ausgeübt werden.

(9) Wer ohne Beifahrer ein Einsatzfahrzeug der Behörden und Organisationen mit Sicherheitsaufgaben (BOS) führt und zur Nutzung des BOS-Funks berechtigt ist, darf unbeschadet der Absätze 1 und 5a abweichend von § 23 Absatz 1a ein Funkgerät oder das Handteil eines Funkgerätes aufnehmen und halten.

II.

Zeichen und Verkehrseinrichtungen

§ 36 Zeichen und Weisungen der Polizeibeamten

(1) [1]Die Zeichen und Weisungen der Polizeibeamten sind zu befolgen. [2]Sie gehen allen anderen Anordnungen und sonstigen Regeln vor, entbinden den Verkehrsteilnehmer jedoch nicht von seiner Sorgfaltspflicht.

(2) An Kreuzungen ordnet an:

1. Seitliches Ausstrecken eines Armes oder beider Arme quer zur Fahrtrichtung: „Halt vor der Kreuzung".
   Der Querverkehr ist freigegeben.
   Wird dieses Zeichen gegeben, gilt es fort, solange in der gleichen Richtung gewinkt oder nur die Grundstellung beibehalten wird. Der freigegebene Verkehr kann nach den Regeln des § 9 abbiegen, nach links jedoch nur, wenn er Schienenfahrzeuge dadurch nicht behindert.
2. Hochheben eines Arms:
   „Vor der Kreuzung auf das nächste Zeichen warten",
   für Verkehrsteilnehmer in der Kreuzung: „Kreuzung räumen".

(3) Diese Zeichen können durch Weisungen ergänzt oder geändert werden.

(4) An anderen Straßenstellen, wie an Einmündungen und an Fußgängerüberwegen, haben die Zeichen entsprechende Bedeutung.

(5) [1]Polizeibeamte dürfen Verkehrsteilnehmer zur Verkehrskontrolle einschließlich der Kontrolle der Verkehrstüchtigkeit und zu Verkehrserhebungen anhalten. [2]Das Zeichen zum Anhalten kann auch durch geeignete technische Einrichtungen am Einsatzfahrzeug, eine Winkerkelle oder eine rote Leuchte gegeben werden. [3]Mit diesen Zeichen kann auch ein vorausfahrender Verkehrsteilnehmer angehalten werden. [4]Die Verkehrsteilnehmer haben die Anweisungen der Polizeibeamten zu befolgen.

§ 36a Zeichen und Weisungen bei Transportbegleitung mit Anordnungsbefugnis

[1]Die Zeichen und Weisungen eines Transportbegleiters nach § 3 Absatz 1 Nummer 2 der Straßenverkehr-Transportbegleitungsverordnung, die dieser in entsprechender Anwendung des § 36 Absatz 1 bis 4 gibt, sind zu befolgen. [2]Zeichen und Weisungen der Polizei gehen den Zeichen und Weisungen eines Transportbegleiters vor.

§ 37 Wechsellichtzeichen, Dauerlichtzeichen und Grünpfeil

(1) [1]Lichtzeichen gehen Vorrangregeln und Vorrang regelnden Verkehrszeichen vor. [2]Wer ein Fahrzeug führt, darf bis zu 10 m vor einem Lichtzeichen nicht halten, wenn es dadurch verdeckt wird.

(2) [1]Wechsellichtzeichen haben die Farbfolge Grün – Gelb – Rot – Rot und Gelb (gleichzeitig) – Grün. [2]Rot ist oben, Gelb in der Mitte und Grün unten.

1. An Kreuzungen bedeuten:
   Grün: „Der Verkehr ist freigegeben".
   Er kann nach den Regeln des § 9 abbiegen, nach links jedoch nur, wenn er Schienenfahrzeuge dadurch nicht behindert.
   Grüner Pfeil: „Nur in Richtung des Pfeils ist der Verkehr freigegeben".
   Ein grüner Pfeil links hinter der Kreuzung zeigt an, dass der Gegenverkehr durch Rotlicht angehalten ist und dass, wer links abbiegt, die Kreuzung in Richtung des grünen Pfeils ungehindert befahren und räumen kann.
   Gelb ordnet an: „Vor der Kreuzung auf das nächste Zeichen warten".
   Keines dieser Zeichen entbindet von der Sorgfaltspflicht.
   Rot ordnet an: „Halt vor der Kreuzung".
   Nach dem Anhalten ist das Abbiegen nach rechts auch bei Rot erlaubt, wenn rechts neben dem Lichtzeichen Rot ein Schild mit grünem Pfeil auf schwarzem Grund (Grünpfeil) angebracht ist. Durch das Zeichen

wird der Grünpfeil auf den Radverkehr beschränkt. Wer ein Fahrzeug führt, darf nur aus dem rechten Fahrstreifen abbiegen. Soweit der Radverkehr die Lichtzeichen für den Fahrverkehr zu beachten hat, dürfen Rad Fahrende auch aus einem am rechten Fahrbahnrand befindlichen Radfahrstreifen oder aus straßenbegleitenden, nicht abgesetzten, baulich angelegten Radwegen abbiegen. Dabei muss man sich so verhalten, dass eine Behinderung oder Gefährdung anderer Verkehrsteilnehmer, insbesondere des Fußgänger- und Fahrzeugverkehrs der freigegebenen Verkehrsrichtung, ausgeschlossen ist.
Schwarzer Pfeil auf Rot ordnet das Halten, schwarzer Pfeil auf Gelb das Warten nur für die angegebene Richtung an.
Ein einfeldiger Signalgeber mit Grünpfeil zeigt an, dass bei Rot für die Geradeaus-Richtung nach rechts abgebogen werden darf.

2. An anderen Straßenstellen, wie an Einmündungen und an Markierungen für den Fußgängerverkehr, haben die Lichtzeichen entsprechende Bedeutung.
3. Lichtzeichenanlagen können auf die Farbfolge Gelb – Rot beschränkt sein.
4. Für jeden von mehreren markierten Fahrstreifen (Zeichen 295, 296 oder 340) kann ein eigenes Lichtzeichen gegeben werden. Für Schienenbahnen können besondere Zeichen, auch in abweichenden Phasen, gegeben werden; das gilt auch für Omnibusse des Linienverkehrs und nach dem Personenbeförderungsrecht mit dem Schulbus-Zeichen zu kennzeichnende Fahrzeuge des Schüler- und Behindertenverkehrs, wenn diese einen vom übrigen Verkehr freigehaltenen Verkehrsraum benutzen; dies gilt zudem für Krankenfahrzeuge, Fahrräder, Taxen und Busse im Gelegenheitsverkehr, soweit diese durch Zusatzzeichen dort ebenfalls zugelassen sind.
5. Gelten die Lichtzeichen nur für zu Fuß Gehende oder nur für Rad Fahrende, wird das durch das Sinnbild „Fußgänger“ oder „Radverkehr“ angezeigt. Für zu Fuß Gehende ist die Farbfolge Grün – Rot – Grün; für Rad Fahrende kann sie so sein. Wechselt Grün auf Rot, während zu Fuß Gehende die Fahrbahn überschreiten, haben sie ihren Weg zügig fortzusetzen.
6. Wer ein Rad fährt, hat die Lichtzeichen für den Fahrverkehr zu beachten. Davon abweichend sind auf Radverkehrsführungen die besonderen Lichtzeichen für den Radverkehr zu beachten. An Lichtzeichenanlagen mit Radverkehrsführungen ohne besondere Lichtzeichen für Rad Fahrende müssen Rad Fahrende bis zum 31. Dezember 2016 weiterhin die Lichtzeichen für zu Fuß Gehende beachten, soweit eine Radfahrerfurt an eine Fußgängerfurt grenzt.

(3) [1]Dauerlichtzeichen über einem Fahrstreifen sperren ihn oder geben ihn zum Befahren frei. [2]Rote gekreuzte Schrägbalken ordnen an:„Der Fahrstreifen darf nicht benutzt werden“. [3]Ein grüner, nach unten gerichteter Pfeil bedeutet:„Der Verkehr auf dem Fahrstreifen ist freigegeben“. [4]Ein gelb blinkender, schräg nach unten gerichteter Pfeil ordnet an:„Fahrstreifen in Pfeilrichtung wechseln“.

(4) Wo Lichtzeichen den Verkehr regeln, darf nebeneinander gefahren werden, auch wenn die Verkehrsdichte das nicht rechtfertigt.

(5) Wer ein Fahrzeug führt, darf auf Fahrstreifen mit Dauerlichtzeichen nicht halten.

§ 38 Blaues Blinklicht und gelbes Blinklicht

(1) [1]Blaues Blinklicht zusammen mit dem Einsatzhorn darf nur verwendet werden, wenn höchste Eile geboten ist, um Menschenleben zu retten oder schwere gesundheitliche Schäden abzuwenden, eine Gefahr für die öffentliche Sicherheit oder Ordnung abzuwenden, flüchtige Personen zu verfolgen oder bedeutende Sachwerte zu erhalten. [2]Es ordnet an:„Alle übrigen Verkehrsteilnehmer haben sofort freie Bahn zu schaffen“.

(2) Blaues Blinklicht allein darf nur von den damit ausgerüsteten Fahrzeugen und nur zur Warnung an Unfall- oder sonstigen Einsatzstellen, bei Einsatzfahrten oder bei der Begleitung von Fahrzeugen oder von geschlossenen Verbänden verwendet werden.

(3) [1]Gelbes Blinklicht warnt vor Gefahren. [2]Es kann ortsfest oder von Fahrzeugen aus verwendet werden. [3]Die Verwendung von Fahrzeugen aus ist nur zulässig, um vor Arbeits- oder Unfallstellen, vor ungewöhnlich langsam fahrenden Fahrzeugen oder vor Fahrzeugen mit ungewöhnlicher Breite oder Länge oder mit ungewöhnlich breiter oder langer Ladung zu warnen.

§ 39 Verkehrszeichen

(1) Angesichts der allen Verkehrsteilnehmern obliegenden Verpflichtung, die allgemeinen und besonderen Verhaltensvorschriften dieser Verordnung eigenverantwortlich zu beachten, werden örtliche Anordnungen durch Verkehrszeichen nur dort getroffen, wo dies auf Grund der besonderen Umstände zwingend geboten ist.

(1a) Innerhalb geschlossener Ortschaften ist abseits der Vorfahrtstraßen (Zeichen 306) mit der Anordnung von Tempo 30-Zonen (Zeichen 274.1) zu rechnen.

(1b) Innerhalb geschlossener Ortschaften ist abseits der Vorfahrtstraßen (Zeichen 306) mit der Anordnung von Fahrradzonen (Zeichen 244.3) zu rechnen.

(2) [1]Regelungen durch Verkehrszeichen gehen den allgemeinen Verkehrsregeln vor. [2]Verkehrszeichen sind Gefahrzeichen, Vorschriftzeichen und Richtzeichen. [3]Als Schilder stehen sie regelmäßig rechts. [4]Gelten sie nur für einzelne markierte Fahrstreifen, sind sie in der Regel über diesen angebracht.

(3) [1]Auch Zusatzzeichen sind Verkehrszeichen. [2]Zusatzzeichen zeigen auf weißem Grund mit schwarzem Rand schwarze Sinnbilder, Zeichnungen oder Aufschriften, soweit nichts anderes bestimmt ist. [3]Sie sind unmittelbar, in der Regel unter dem Verkehrszeichen, auf das sie sich beziehen, angebracht.

(4) [1]Verkehrszeichen können auf einer weißen Trägertafel aufgebracht sein. [2]Abweichend von den abgebildeten Verkehrszeichen können in Wechselverkehrszeichen die weißen Flächen schwarz und die schwarzen Sinnbilder und der schwarze Rand weiß sein, wenn diese Zeichen nur durch Leuchten erzeugt werden.

(5) [1]Auch Markierungen und Radverkehrsführungsmarkierungen sind Verkehrszeichen. [2]Sie sind grundsätzlich weiß. [3]Nur als vorübergehend gültige Markierungen sind sie gelb; dann heben sie die weißen Markierungen auf. [4]Gelbe Markierungen können auch in Form von Markierungsknopfreihen, Markierungsleuchtknopfreihen oder als Leitschwellen oder Leitborde ausgeführt sein. [5]Leuchtknopfreihen gelten nur, wenn sie eingeschaltet sind. [6]Alle Linien können durch gleichmäßig dichte Markierungsknopfreihen ersetzt werden. [7]In verkehrsberuhigten Geschäftsbereichen (§ 45 Absatz 1d) können Fahrbahnbegrenzungen auch mit anderen Mitteln, insbesondere durch Pflasterlinien, ausgeführt sein. [8]Schriftzeichen und die Wiedergabe von Verkehrszeichen auf der Fahrbahn dienen dem Hinweis auf ein angebrachtes Verkehrszeichen.

(6) [1]Verkehrszeichen können an einem Fahrzeug angebracht sein. [2]Sie gelten auch während das Fahrzeug sich bewegt. [3]Sie gehen den Anordnungen der ortsfest angebrachten Verkehrszeichen vor.

(7) Werden Sinnbilder auf anderen Verkehrszeichen als den in den Anlagen 1 bis 3 zu den §§ 40 bis 42 dargestellten gezeigt, so bedeuten die Sinnbilder:

Kraftwagen und sonstige mehrspurige Kraftfahrzeuge

Kraftfahrzeuge mit einer zulässigen Gesamtmasse über 3,5 t, einschließlich ihrer Anhänger, und Zugmaschinen, ausgenommen Personenkraftwagen und Kraftomnibusse

Radverkehr

Fahrrad zum Transport von Gütern oder Personen – Lastenfahrrad

Fußgänger

Reiter

Viehtrieb

Straßenbahn

Kraftomnibus

Personenkraftwagen

Personenkraftwagen oder Krafträder mit Beiwagen, die mit mindestens drei Personen besetzt sind – mehrfachbesetzte Personenkraftwagen

Personenkraftwagen mit Anhänger

Lastkraftwagen mit Anhänger

Wohnmobil

Kraftfahrzeuge und Züge, die nicht schneller als 25 km/h fahren können oder dürfen

Krafträder, auch mit Beiwagen, Kleinkrafträder und Mofas

Mofas

Einsitzige zweirädrige Kleinkrafträder mit elektrischem Antrieb, der sich auf eine bauartbedingte Geschwindigkeit von nicht mehr als 25 km/h selbsttätig abregelt – E-Bikes –

Elektrokleinstfahrzeug im Sinne der Elektrokleinstfahrzeuge-Verordnung (eKFV)

Gespannfuhrwerke

(8) Bei besonderen Gefahrenlagen können als Gefahrzeichen nach Anlage 1 auch die Sinnbilder „Viehtrieb“ und „Reiter“ und Sinnbilder mit folgender Bedeutung angeordnet sein:

Schnee- oder Eisglätte

Steinschlag

Splitt, Schotter

Bewegliche Brücke

Ufer

Fußgängerüberweg

Amphibienwanderung

Unzureichendes Lichtraumprofil

Flugbetrieb

(9) [1]Die in den Anlagen 1 bis 4 abgebildeten Verkehrszeichen und Verkehrseinrichtungen können auch mit den im Verkehrszeichenkatalog dargestellten Varianten angeordnet sein. [2]Der Verkehrszeichenkatalog wird vom Bundesministerium für Verkehr und digitale Infrastruktur im Verkehrsblatt veröffentlicht.

(10) [1]Zur Bevorrechtigung elektrisch betriebener Fahrzeuge kann das Sinnbild

als Inhalt eines Zusatzzeichens angeordnet sein. [2]Zur Unterstützung einer Parkflächenvorhaltung für elektrisch betriebene Fahrzeuge kann das Sinnbild zusätzlich auf der Parkfläche aufgebracht sein. [3]Elektrisch betriebene Fahrzeuge sind die nach § 11 Absatz 2 und 4, jeweils auch in Verbindung mit Absatz 5, der Fahrzeug-Zulassungsverordnung gekennzeichneten Fahrzeuge.

(11) [1]Zur Parkbevorrechtigung von Carsharingfahrzeugen kann das Sinnbild

Carsharing

als Inhalt eines Zusatzzeichens zu Zeichen 314 oder 315 angeordnet sein. [2]Carsharingfahrzeuge sind Fahrzeuge im Sinne des § 2 Nummer 1 und des § 4 Absatz 1 und 2 des Carsharinggesetzes, in denen die Plakette

deutlich sichtbar auf der Innenseite der Windschutzscheibe anzubringen ist.

§ 40 Gefahrzeichen

(1) Gefahrzeichen mahnen zu erhöhter Aufmerksamkeit, insbesondere zur Verringerung der Geschwindigkeit im Hinblick auf eine Gefahrsituation (§ 3 Absatz 1).

(2) [1]Außerhalb geschlossener Ortschaften stehen sie im Allgemeinen 150 bis 250 m vor den Gefahrstellen. [2]Ist die Entfernung erheblich geringer, kann sie auf einem Zusatzzeichen angegeben sein, wie

(3) Innerhalb geschlossener Ortschaften stehen sie im Allgemeinen kurz vor der Gefahrstelle.

(4) Ein Zusatzzeichen wie

kann die Länge der Gefahrstrecke angeben.

(5) Steht ein Gefahrzeichen vor einer Einmündung, weist auf einem Zusatzzeichen ein schwarzer Pfeil in die Richtung der Gefahrstelle, falls diese in der anderen Straße liegt.

(6) Allgemeine Gefahrzeichen ergeben sich aus der Anlage 1 Abschnitt 1.

(7) Besondere Gefahrzeichen vor Übergängen von Schienenbahnen mit Vorrang ergeben sich aus der Anlage 1 Abschnitt 2.

§ 41 Vorschriftzeichen

(1) Wer am Verkehr teilnimmt, hat die durch Vorschriftzeichen nach Anlage 2 angeordneten Ge- oder Verbote zu befolgen.

(2) [1]Vorschriftzeichen stehen vorbehaltlich des Satzes 2 dort, wo oder von wo an die Anordnung zu befolgen ist. [2]Soweit die Zeichen aus Gründen der Leichtigkeit oder der Sicherheit des Verkehrs in einer bestimmten Entfernung zum Beginn der Befolgungspflicht stehen, ist die Entfernung zu dem maßgeblichen Ort auf einem Zusatzzeichen angegeben. [3]Andere Zusatzzeichen enthalten nur allgemeine Beschränkungen der Gebote oder Verbote oder allgemeine Ausnahmen von ihnen. [4]Die besonderen Zusatzzeichen zu den Zeichen 283, 286, 277, 290.1 und 290.2 können etwas anderes bestimmen, zum Beispiel den Geltungsbereich erweitern.

§ 42 Richtzeichen

(1) [1]Richtzeichen geben besondere Hinweise zur Erleichterung des Verkehrs. [2]Sie können auch Ge- oder Verbote enthalten.

(2) Wer am Verkehr teilnimmt, hat die durch Richtzeichen nach Anlage 3 angeordneten Ge- oder Verbote zu befolgen.

(3) [1]Richtzeichen stehen vorbehaltlich des Satzes 2 dort, wo oder von wo an die Anordnung zu befolgen ist. [2]Soweit die Zeichen aus Gründen der Leichtigkeit oder der Sicherheit des Verkehrs in einer bestimmten Entfernung zum Beginn der Befolgungspflicht stehen, ist die Entfernung zu dem maßgeblichen Ort auf einem Zusatzzeichen angegeben.

§ 43 Verkehrseinrichtungen

(1) Verkehrseinrichtungen sind Schranken, Sperrpfosten, Absperrgeräte sowie Leiteinrichtungen, die bis auf Leitpfosten, Leitschwellen und Leitborde rot-weiß gestreift sind. [2]Leitschwellen und Leitborde haben die Funktion einer vorübergehend gültigen Markierung und sind gelb. [3]Verkehrseinrichtungen sind außerdem Absperrgeländer, Parkuhren, Parkscheinautomaten, Blinklicht- und Lichtzeichenanlagen sowie Verkehrsbeeinflussungsanlagen. [4]§ 39 Absatz 1 gilt entsprechend.

(2) Regelungen durch Verkehrseinrichtungen gehen den allgemeinen Verkehrsregeln vor.

(3) [1]Verkehrseinrichtungen nach Absatz 1 Satz 1 ergeben sich aus Anlage 4. [2]Die durch Verkehrseinrichtungen (Anlage 4 Nummer 1 bis 7) gekennzeichneten Straßenflächen darf der Verkehrsteilnehmer nicht befahren.

(4) Zur Kennzeichnung nach § 17 Absatz 4 Satz 2 und 3 von Fahrzeugen und Anhängern, die innerhalb geschlossener Ortschaften auf der Fahrbahn halten, können amtlich geprüfte Park-Warntafeln verwendet werden.

III.
Durchführungs-, Bußgeld- und Schlussvorschriften

§ 44 Sachliche Zuständigkeit

(1) [1]Zuständig zur Ausführung dieser Verordnung sind, soweit nichts anderes bestimmt ist, die Straßenverkehrsbehörden. [2]Nach Maßgabe des Landesrechts kann die Zuständigkeit der obersten Landesbehörden und der höheren Verwaltungsbehörden im Einzelfall oder allgemein auf eine andere Stelle übertragen werden.

(2) [1]Die Polizei ist befugt, den Verkehr durch Zeichen und Weisungen (§ 36) und durch Bedienung von Lichtzeichenanlagen zu regeln. [2]Bei Gefahr im Verzug kann zur Aufrechterhaltung der Sicherheit oder Ordnung des Straßenverkehrs die Polizei an Stelle der an sich zuständigen Behörden tätig werden und vorläufige Maßnahmen treffen; sie bestimmt dann die Mittel zur Sicherung und Lenkung des Verkehrs.

(2a) Transportbegleiter nach § 1 Nummer 6 der Straßenverkehr-Transportbegleitungsverordnung sind befugt, den Verkehr nach Maßgabe des § 3 der Straßenverkehr-Transportbegleitungsverordnung zu regeln.

(3) [1]Die Erlaubnis nach § 29 Absatz 2 und nach § 30 Absatz 2 erteilt die Straßenverkehrsbehörde, dagegen die höhere Verwaltungsbehörde, wenn die Veranstaltung über den Bezirk einer Straßenverkehrsbehörde hinausgeht, und die oberste Landesbehörde, wenn die Veranstaltung sich über den Verwaltungsbezirk einer höheren Verwaltungsbehörde hinaus erstreckt. [2]Berührt die Veranstaltung mehrere Länder, ist diejenige oberste Landesbehörde zuständig, in deren Land die Veranstaltung beginnt. [3]Nach Maßgabe des Landesrechts kann die Zuständigkeit der obersten Landesbehörden und der höheren Verwaltungsbehörden im Einzelfall oder allgemein auf eine andere Stelle übertragen werden.

(3a) [1]Die Erlaubnis nach § 29 Absatz 3 erteilt die Straßenverkehrsbehörde, dagegen die höhere Verwaltungsbehörde, welche Abweichungen von den Abmessungen, den Achslasten, den zulässigen Gesamtmassen und dem Sichtfeld des Fahrzeugs über eine Ausnahme zulässt, sofern kein Anhörverfahren stattfindet; sie ist dann auch zuständig für Ausnahmen nach § 46 Absatz 1 Nummer 2 und 5 im Rahmen einer solchen Erlaubnis. [2]Dasselbe gilt, wenn eine andere Behörde diese Aufgaben der höheren Verwaltungsbehörde wahrnimmt.

(4) Vereinbarungen über die Benutzung von Straßen durch den Militärverkehr werden von der Bundeswehr oder den Truppen der nichtdeutschen Vertragsstaaten des Nordatlantikpaktes oder der Mitgliedstaaten der Europäischen Union ausgenommen Deutschland mit der obersten Landesbehörde oder der von ihr bestimmten Stelle abgeschlossen.

(5) Soweit keine Vereinbarungen oder keine Sonderregelungen für ausländische Streitkräfte bestehen, erteilen die höheren Verwaltungsbehörden oder die nach Landesrecht bestimmten Stellen die Erlaubnis für übermäßige Benutzung der Straße durch die Bundeswehr oder durch die Truppen der nichtdeutschen Vertragsstaaten des Nordatlantikpaktes oder der Mitgliedstaaten der Europäischen Union ausgenommen Deutschland; sie erteilen auch die Erlaubnis für die übermäßige Benutzung der Straße durch die Bundespolizei, die Polizei und den Katastrophenschutz.

§ 44a Besondere sachliche Zuständigkeit des Fernstraßen-Bundesamtes

(1) [1]Zuständig für den Erlass von verkehrsrechtlichen Anordnungen nach dieser Verordnung für die mit Zeichen 330.1 und 330.2 gekennzeichneten Autobahnen in der Baulast des Bundes ist das Fernstraßen-Bundesamt. [2]Die Zuständigkeit der Polizei bleibt unberührt. [3]Abweichend von § 44 Absatz 3 erteilt das Fernstraßen-Bundesamt die Erlaubnis nach § 29 Absatz 2, wenn die Veranstaltung ausschließlich auf den mit Zeichen 330.1 und 330.2 gekennzeichneten Autobahnen in der Baulast des Bundes stattfindet. [4]§ 46 Absatz 2a bleibt unberührt. [5]Das Fernstraßen-Bundesamt ist Straßenverkehrsbehörde ausschließlich im Rahmen seiner Zuständigkeit nach dieser Verordnung.

(2) Soweit mit den Zeichen 330.1 und 330.2 gekennzeichnete Autobahnen in der Baulast des Bundes betroffen sind, werden abweichend von § 44 Absatz 4 die dort genannten Vereinbarungen mit dem Fernstraßen-Bundesamt abgeschlossen.

(3) [1]Das Fernstraßen-Bundesamt kann nach § 4 Absatz 2 des Fernstraßen-Bundesamt-Errichtungsgesetzes seine Aufgaben der aufgrund des Infrastrukturgesellschaftserrichtungsgesetzes beliehenen Gesellschaft privaten Rechts ganz oder teilweise übertragen. [2]Soweit das Fernstraßen-Bundesamt von dieser Möglichkeit Gebrauch macht, gelten die Regelungen dieser Verordnung in Bezug auf das Fernstraßen-Bundesamt für die aufgrund des Infrastrukturgesellschaftserrichtungsgesetzes beliehene Gesellschaft privaten Rechts in dem Umfang der erfolgten Aufgabenübertragung. [3]Die Aufgabenübertragung ist im Bundesanzeiger bekannt zu geben.

§ 45 Verkehrszeichen und Verkehrseinrichtungen

(1) [1]Die Straßenverkehrsbehörden können die Benutzung bestimmter Straßen oder Straßenstrecken aus Gründen der Sicherheit oder Ordnung des Verkehrs beschränken oder verbieten und den Verkehr umleiten. [2]Das gleiche Recht haben sie

1. zur Durchführung von Arbeiten im Straßenraum,
2. zur Verhütung außerordentlicher Schäden an der Straße,
3. zum Schutz der Wohnbevölkerung vor Lärm und Abgasen,
4. zum Schutz der Gewässer und Heilquellen,
5. hinsichtlich der zur Erhaltung der öffentlichen Sicherheit erforderlichen Maßnahmen sowie

6. zur Erforschung des Unfallgeschehens, des Verkehrsverhaltens, der Verkehrsabläufe sowie zur Erprobung geplanter verkehrssichernder oder verkehrsregelnder Maßnahmen.

(1a) Das gleiche Recht haben sie ferner
1. in Bade- und heilklimatischen Kurorten,
2. in Luftkurorten,
3. in Erholungsorten von besonderer Bedeutung,
4. in Landschaftsgebieten und Ortsteilen, die überwiegend der Erholung dienen,
4a. hinsichtlich örtlich begrenzter Maßnahmen aus Gründen des Arten- oder Biotopschutzes,
4b. hinsichtlich örtlich und zeitlich begrenzter Maßnahmen zum Schutz kultureller Veranstaltungen, die außerhalb des Straßenraums stattfinden und durch den Straßenverkehr, insbesondere durch den von diesem ausgehenden Lärm, erheblich beeinträchtigt werden,
5. in der Nähe von Krankenhäusern und Pflegeanstalten sowie
6. in unmittelbarer Nähe von Erholungsstätten außerhalb geschlossener Ortschaften,

wenn dadurch anders nicht vermeidbare Belästigungen durch den Fahrzeugverkehr verhütet werden können.

(1b) [1]Die Straßenverkehrsbehörden treffen auch die notwendigen Anordnungen
1. im Zusammenhang mit der Einrichtung von gebührenpflichtigen Parkplätzen für Großveranstaltungen,
2. im Zusammenhang mit der Kennzeichnung von Parkmöglichkeiten für schwerbehinderte Menschen mit außergewöhnlicher Gehbehinderung, beidseitiger Amelie oder Phokomelie oder mit vergleichbaren Funktionseinschränkungen sowie für blinde Menschen,
2a. im Zusammenhang mit der Kennzeichnung von Parkmöglichkeiten für Bewohner städtischer Quartiere mit erheblichem Parkraummangel durch vollständige oder zeitlich beschränkte Reservierung des Parkraums für die Berechtigten oder durch Anordnung der Freistellung von angeordneten Parkraumbewirtschaftungsmaßnahmen,
3. zur Kennzeichnung von Fußgängerbereichen und verkehrsberuhigten Bereichen,
4. zur Erhaltung der Sicherheit oder Ordnung in diesen Bereichen sowie
5. zum Schutz der Bevölkerung vor Lärm und Abgasen oder zur Unterstützung einer geordneten städtebaulichen Entwicklung.

[2]Die Straßenverkehrsbehörden ordnen die Parkmöglichkeiten für Bewohner, die Kennzeichnung von Fußgängerbereichen, verkehrsberuhigten Bereichen und Maßnahmen zum Schutze der Bevölkerung vor Lärm und Abgasen oder zur Unterstützung einer geordneten städtebaulichen Entwicklung im Einvernehmen mit der Gemeinde an.

(1c) [1]Die Straßenverkehrsbehörden ordnen ferner innerhalb geschlossener Ortschaften, insbesondere in Wohngebieten und Gebieten mit hoher Fußgänger- und Fahrradverkehrsdichte sowie hohem Querungsbedarf, Tempo 30-Zonen im Einvernehmen mit der Gemeinde an. [2]Die Zonen-Anordnung darf sich weder auf Straßen des überörtlichen Verkehrs (Bundes-, Landes- und Kreisstraßen) noch auf weitere Vorfahrtstraßen (Zeichen 306) erstrecken. [3]Sie darf nur Straßen ohne Lichtzeichen geregelte Kreuzungen oder Einmündungen, Fahrstreifenbegrenzungen (Zeichen 295), Leitlinien (Zeichen 340) und benutzungspflichtige Radwege (Zeichen 237, 240, 241 oder Zeichen 295 in Verbindung mit Zeichen 237) umfassen. [4]An Kreuzungen und Einmündungen innerhalb der Zone muss grundsätzlich die Vorfahrtregel nach § 8 Absatz 1 Satz 1 („rechts vor links") gelten. [5]Abweichend von Satz 3 bleiben vor dem 1. November 2000 angeordnete Tempo 30-Zonen mit Lichtzeichenanlagen zum Schutz der Fußgänger zulässig.

(1d) In zentralen städtischen Bereichen mit hohem Fußgängeraufkommen und überwiegender Aufenthaltsfunktion (verkehrsberuhigte Geschäftsbereiche) können auch Zonen-Geschwindigkeitsbeschränkungen von weniger als 30 km/h angeordnet werden.

(1e) [1]Die Straßenverkehrsbehörden ordnen die für den Betrieb von mautgebührenpflichtigen Strecken erforderlichen Verkehrszeichen und Verkehrseinrichtungen auf der Grundlage des vom Konzessionsnehmer vorgelegten Verkehrszeichenplans an. [2]Die erforderlichen Anordnungen sind spätestens drei Monate nach Eingang des Verkehrszeichenplans zu treffen.

(1f) Zur Kennzeichnung der in einem Luftreinhalteplan oder einem Plan für kurzfristig zu ergreifende Maßnahmen nach § 47 Absatz 1 oder 2 des Bundes-Immissionsschutzgesetzes festgesetzten Umweltzonen ordnet die Straßenverkehrsbehörde die dafür erforderlichen Verkehrsverbote mittels der Zeichen 270.1 und 270.2 in Verbindung mit dem dazu vorgesehenen Zusatzzeichen an.

(1g) Zur Bevorrechtigung elektrisch betriebener Fahrzeuge ordnet die Straßenverkehrsbehörde unter Beachtung der Anforderungen des § 3 Absatz 1 des Elektromobilitätsgesetzes die dafür erforderlichen Zeichen 314, 314.1 und 315 in Verbindung mit dem dazu vorgesehenen Zusatzzeichen an.

(1h) [1]Zur Parkbevorrechtigung von Carsharingfahrzeugen ordnet die Straßenverkehrsbehörde unter Beachtung der Anforderungen der §§ 2 und 3 des Carsharinggesetzes die dafür erforderlichen Zeichen 314, 314.1 und 315 in Verbindung mit dem dazu vorgesehenen Zusatzzeichen mit dem Carsharingsinnbild nach § 39 Absatz 11 an. [2]Soll die Parkfläche nur für ein bestimmtes Carsharingunternehmen vorgehalten werden, ist auf einem weiteren Zusatzzeichen unterhalb dieses Zusatzzeichens die Firmenbezeichnung des Carsharingunternehmens namentlich in schwarzer Schrift auf weißem Grund anzuordnen.

(1i) [1]Die Straßenverkehrsbehörden ordnen ferner innerhalb geschlossener Ortschaften, insbesondere in Gebieten mit hoher Fahrradverkehrsdichte, Fahrradzonen im Einvernehmen mit der Gemeinde an. [2]Die Zonen-Anordnung darf sich weder auf Straßen des überörtlichen Verkehrs (Bundes-, Landes- und Kreisstraßen) noch auf weitere Vorfahrtstraßen (Zeichen 306) erstrecken. [3]Sie darf nur Straßen ohne Lichtzeichen geregelte Kreuzungen oder Einmündungen, Fahrstreifenbegrenzungen (Zeichen 295), Leitlinien (Zeichen 340) und benutzungspflichtige Radwege (Zeichen 237, 240, 241 oder Zeichen 295 in Verbindung mit Zeichen 237) umfassen. [4]An Kreuzungen und Einmündungen innerhalb der Zone muss grundsätzlich die Vorfahrtregel nach § 8 Absatz 1 Satz 1 („rechts vor links") gelten. [5]Die Anordnung einer Fahrradzone darf sich nicht mit der Anordnung einer Tempo 30-Zone überschneiden. [6]Innerhalb der Fahrradzone ist in regelmäßigen Abständen das Zeichen 244.3 als Sinnbild auf der Fahrbahn aufzubringen.

(2) [1]Zur Durchführung von Straßenbauarbeiten und zur Verhütung von außerordentlichen Schäden an der Straße, die durch deren baulichen Zustand bedingt sind, können die nach Landesrecht für den Straßenbau bestimmten Behörden (Straßenbaubehörde) – vorbehaltlich anderer Maßnahmen der Straßenverkehrsbehörden – Verkehrsverbote und -beschränkungen anordnen, den Verkehr umleiten und ihn durch Markierungen und Leiteinrichtungen lenken. [2]Für Bahnübergänge von Eisenbahnen des öffentlichen Verkehrs können nur die Bahnunternehmen durch Blinklicht- oder Lichtzeichenanlagen, durch rot-weiß gestreifte Schranken oder durch Aufstellung des Andreaskreuzes ein bestimmtes Verhalten der Verkehrsteilnehmer vorschreiben. [3]Für Bahnübergänge von Straßenbahnen auf unabhängigem Bahnkörper gilt Satz 2 mit der Maßgabe entsprechend, dass die Befugnis zur Anordnung der Maßnahmen der nach personenbeförderungsrechtlichen Vorschriften zuständigen Technischen Aufsichtsbehörde des Straßenbahnunternehmens obliegt. [4]Alle Gebote und Verbote sind durch Zeichen und Verkehrseinrichtungen nach dieser Verordnung anzuordnen.

(3) [1]Im Übrigen bestimmen die Straßenverkehrsbehörden, wo und welche Verkehrszeichen und Verkehrseinrichtungen anzubringen und zu entfernen sind, bei Straßennamensschildern nur darüber, wo diese so anzubringen sind, wie Zeichen 437 zeigt. [2]Die Straßenbaubehörden legen – vorbehaltlich anderer Anordnungen der Straßenverkehrsbehörden – die Art der Anbringung und der Ausgestaltung, wie Übergröße, Beleuchtung fest; ob Leitpfosten anzubringen sind, bestimmen sie allein. [3]Sie können auch – vorbehaltlich anderer Maßnahmen der Straßenverkehrsbehörden – Gefahrzeichen anbringen, wenn die Sicherheit des Verkehrs durch den Zustand der Straße gefährdet wird.

(4) Die genannten Behörden dürfen den Verkehr nur durch Verkehrszeichen und Verkehrseinrichtungen regeln und lenken; in dem Fall des Absatzes 1 Satz 2 Nummer 5 jedoch auch durch Anordnungen, die durch Rundfunk, Fernsehen, Tageszeitungen oder auf andere Weise bekannt gegeben werden, sofern die Aufstellung von Verkehrszeichen und -einrichtungen nach den gegebenen Umständen nicht möglich ist.

(5) [1]Zur Beschaffung, Anbringung, Unterhaltung und Entfernung der Verkehrszeichen und Verkehrseinrichtungen und zu deren Betrieb einschließlich ihrer Beleuchtung ist der Baulastträger verpflichtet, sonst der Eigentümer der Straße. [2]Das gilt auch für die von der Straßenverkehrsbehörde angeordnete Beleuchtung von Fußgängerüberwegen.

(6) [1]Vor dem Beginn von Arbeiten, die sich auf den Straßenverkehr auswirken, müssen die Unternehmer – die Bauunternehmer unter Vorlage eines Verkehrszeichenplans – von der zuständigen Behörde Anordnungen nach den Absätzen 1 bis 3 darüber einholen, wie ihre Arbeitsstellen abzusperren und zu kennzeichnen sind, ob und wie der Verkehr, auch bei teilweiser Straßensperrung, zu beschränken, zu leiten und zu regeln ist, ferner ob und wie sie gesperrte Straßen und Umleitungen zu kennzeichnen haben. [2]Sie haben diese Anordnungen zu befolgen und Lichtzeichenanlagen zu bedienen.

(7) [1]Sind Straßen als Vorfahrtstraßen oder als Verkehrsumleitungen gekennzeichnet, bedürfen Baumaßnahmen, durch welche die Fahrbahn eingeengt wird, der Zustimmung der Straßenverkehrsbehörde; ausgenommen sind die laufende Straßenunterhaltung sowie Notmaßnahmen. [2]Die Zustimmung gilt als erteilt, wenn sich die Behörde nicht innerhalb einer Woche nach Eingang des Antrags zu der Maßnahme geäußert hat.

(7a) Die Besatzung von Fahrzeugen, die im Pannenhilfsdienst, bei Bergungsarbeiten und bei der Vorbereitung von Abschleppmaßnahmen eingesetzt wird, darf bei Gefahr im Verzug zur Eigensicherung, zur Absicherung des havarierten Fahrzeugs und zur Sicherung des übrigen Verkehrs an der Pannenstelle Leitkegel (Zeichen 610) aufstellen.

(8) [1]Die Straßenverkehrsbehörden können innerhalb geschlossener Ortschaften die zulässige Höchstgeschwindigkeit auf bestimmten Straßen durch Zeichen 274 erhöhen. [2]Außerhalb geschlossener Ortschaften können sie mit Zustimmung der zuständigen obersten Landesbehörden die nach § 3 Absatz 3 Nummer 2 Buchstabe c zulässige Höchstgeschwindigkeit durch Zeichen 274 auf 120 km/h anheben.

(9) [1]Verkehrszeichen und Verkehrseinrichtungen sind nur dort anzuordnen, wo dies auf Grund der besonderen Umstände zwingend erforderlich ist. [2]Dabei dürfen Gefahrzeichen nur dort angeordnet werden, wo es für die Sicherheit des Verkehrs erforderlich ist, weil auch ein aufmerksamer Verkehrsteilnehmer die Gefahr nicht oder nicht rechtzeitig erkennen kann und auch nicht mit ihr rechnen muss. [3]Insbesondere Beschränkungen und Verbote des fließenden Verkehrs dürfen nur angeordnet werden, wenn auf Grund der besonderen örtlichen Verhältnisse eine Gefahrenlage besteht, die das allgemeine Risiko einer Beeinträchtigung der in den vorstehenden Absätzen genannten Rechtsgüter erheblich übersteigt. [4]Satz 3 gilt nicht für die Anordnung von

1. Schutzstreifen für den Radverkehr (Zeichen 340),
2. Fahrradstraßen (Zeichen 244.1),
3. Sonderwegen außerhalb geschlossener Ortschaften (Zeichen 237, Zeichen 240, Zeichen 241) oder Radfahrstreifen innerhalb geschlossener Ortschaften (Zeichen 237 in Verbindung mit Zeichen 295),
4. Tempo 30-Zonen nach Absatz 1c,
5. verkehrsberuhigten Geschäftsbereichen nach Absatz 1d,
6. innerörtlichen streckenbezogenen Geschwindigkeitsbeschränkungen von 30 km/h (Zeichen 274) nach Absatz 1 Satz 1 auf Straßen des überörtlichen Verkehrs (Bundes-, Landes- und Kreisstraßen) oder auf weiteren Vorfahrtstraßen (Zeichen 306) im unmittelbaren Bereich von an diesen Straßen gelegenen Kindergärten, Kindertagesstätten, allgemeinbildenden Schulen, Förderschulen, Alten- und Pflegeheimen oder Krankenhäusern,
7. Erprobungsmaßnahmen nach Absatz 1 Satz 2 Nummer 6 zweiter Halbsatz,
8. Fahrradzonen nach Absatz 1i.

[5]Satz 3 gilt ferner nicht für Beschränkungen oder Verbote des fließenden Verkehrs nach Absatz 1 Satz 1 oder 2 Nummer 3 zur Beseitigung oder Abmilderung von erheblichen Auswirkungen veränderter Verkehrsverhältnisse, die durch die Erhebung der Maut nach dem Bundesfernstraßenmautgesetz hervorgerufen worden sind. [6]Satz 3 gilt zudem nicht zur Kennzeichnung der in einem Luftreinhalteplan oder einem Plan für kurzfristig zu ergreifende Maßnahmen nach § 47 Absatz 1 oder 2 des Bundes-Immissionsschutzgesetzes festgesetzten Umweltzonen nach Absatz 1f.

(10) Absatz 9 gilt nicht, soweit Verkehrszeichen angeordnet werden, die zur Förderung der Elektromobilität nach dem Elektromobilitätsgesetz oder zur Förderung des Carsharing nach dem Carsharinggesetz getroffen werden dürfen.

(11) [1]Absatz 1 Satz 1 und 2 Nummer 1 bis 3, 5 und 6, Absatz 1a, 1f, 2 Satz 1 und 4, Absatz 3, 4, 5 Satz 2 in Verbindung mit Satz 1, Absatz 7 sowie Absatz 9 Satz 1 bis 3, 4 Nummer 7 und Satz 6 gelten entsprechend für mit den Zeichen 330.1 und 330.2 gekennzeichnete Autobahnen in der Baulast des Bundes für das Fernstraßen-Bundesamt. [2]Absatz 2 Satz 1 und 4 sowie Absatz 3, 4 und 7 gelten entsprechend für Bundesstraßen in Bundesverwaltung für das Fernstraßen-Bundesamt.

§ 46 Ausnahmegenehmigung und Erlaubnis

(1) [1]Die Straßenverkehrsbehörden können in bestimmten Einzelfällen oder allgemein für bestimmte Antragsteller Ausnahmen genehmigen

1. von den Vorschriften über die Straßenbenutzung (§ 2);
2. vorbehaltlich Absatz 2a Satz 1 Nummer 3 vom Verbot, eine Autobahn oder eine Kraftfahrstraße zu betreten oder mit dort nicht zugelassenen Fahrzeugen zu benutzen (§ 18 Absatz 1 und 9);
3. von den Halt- und Parkverboten (§ 12 Absatz 4);
4. vom Verbot des Parkens vor oder gegenüber von Grundstücksein- und -ausfahrten (§ 12 Absatz 3 Nummer 3);

4a. von der Vorschrift, an Parkuhren nur während des Laufens der Uhr, an Parkscheinautomaten nur mit einem Parkschein zu halten (§ 13 Absatz 1);

4b. von der Vorschrift, im Bereich eines Zonenhaltverbots (Zeichen 290.1 und 290.2) nur während der dort vorgeschriebenen Zeit zu parken (§ 13 Absatz 2);

4c. von den Vorschriften über das Abschleppen von Fahrzeugen (§ 15a);

5. von den Vorschriften über Höhe, Länge und Breite von Fahrzeug und Ladung (§ 18 Absatz 1 Satz 2, § 22 Absatz 2 bis 4);

5a. von dem Verbot der unzulässigen Mitnahme von Personen (§ 21);

5b. von den Vorschriften über das Anlegen von Sicherheitsgurten und das Tragen von Schutzhelmen (§ 21a);
6. vom Verbot, Tiere von Kraftfahrzeugen und andere Tiere als Hunde von Fahrrädern aus zu führen (§ 28 Absatz 1 Satz 3 und 4);
7. vom Sonn- und Feiertagsfahrverbot (§ 30 Absatz 3);
8. vom Verbot, Hindernisse auf die Straße zu bringen (§ 32 Absatz 1);
9. von den Verboten, Lautsprecher zu betreiben, Waren oder Leistungen auf der Straße anzubieten (§ 33 Absatz 1 Nummer 1 und 2);
10. vom Verbot der Werbung und Propaganda in Verbindung mit Verkehrszeichen (§ 33 Absatz 2 Satz 2) nur für die Flächen von Leuchtsäulen, an denen Haltestellenschilder öffentlicher Verkehrsmittel angebracht sind;
11. von den Verboten oder Beschränkungen, die durch Vorschriftzeichen (Anlage 2), Richtzeichen (Anlage 3), Verkehrseinrichtungen (Anlage 4) oder Anordnungen (§ 45 Absatz 4) erlassen sind;
12. von dem Nacht- und Sonntagsparkverbot (§ 12 Absatz 3a).

[2]Vom Verbot, Personen auf der Ladefläche oder in Laderäumen mitzunehmen (§ 21 Absatz 2), können für die Dienstbereiche der Bundeswehr, der auf Grund des Nordatlantik-Vertrages errichteten internationalen Hauptquartiere, der Bundespolizei und der Polizei deren Dienststellen, für den Katastrophenschutz die zuständigen Landesbehörden, Ausnahmen genehmigen. [3]Dasselbe gilt für die Vorschrift, dass vorgeschriebene Sicherheitsgurte angelegt sein oder Schutzhelme getragen werden müssen (§ 21a).

(1a) [1]Die Straßenverkehrsbehörden können zur Bevorrechtigung elektrisch betriebener Fahrzeuge allgemein durch Zusatzzeichen Ausnahmen von Verkehrsbeschränkungen, Verkehrsverboten oder Verkehrsumleitungen nach § 45 Absatz 1 Nummer 3, Absatz 1a und 1b Nummer 5 erste Alternative zulassen. [2]Das gleiche Recht haben sie für die Benutzung von Busspuren durch elektrisch betriebene Fahrzeuge. [3]Die Anforderungen des § 3 Absatz 1 des Elektromobilitätsgesetzes sind zu beachten.

(2) [1]Die zuständigen obersten Landesbehörden oder die nach Landesrecht bestimmten Stellen können von allen Vorschriften dieser Verordnung Ausnahmen für bestimmte Einzelfälle oder allgemein für bestimmte Antragsteller genehmigen. [2]Vom Sonn- und Feiertagsfahrverbot (§ 30 Absatz 3) können sie darüber hinaus für bestimmte Straßen oder Straßenstrecken Ausnahmen zulassen, soweit diese im Rahmen unterschiedlicher Feiertagsregelung in den Ländern (§ 30 Absatz 4) notwendig werden. [3]Erstrecken sich die Auswirkungen der Ausnahme über ein Land hinaus und ist eine einheitliche Entscheidung notwendig, ist das Bundesministerium für Verkehr und digitale Infrastruktur zuständig; die Ausnahme erlässt dieses Bundesministerium durch Verordnung.

(2a) [1]Abweichend von Absatz 1 und 2 Satz 1 kann für mit Zeichen 330.1 und 330.2 gekennzeichnete Autobahnen in der Baulast des Bundes das Fernstraßen-Bundesamt in bestimmten Einzelfällen oder allgemein für bestimmte Antragsteller folgende Ausnahmen genehmigen:
1. Ausnahmen vom Verbot, an nicht gekennzeichneten Anschlussstellen ein- oder auszufahren (§ 18 Absatz 2 und 10 Satz 1), im Benehmen mit der nach Landesrecht zuständigen Straßenverkehrsbehörde;
2. Ausnahmen vom Verbot zu halten (§ 18 Absatz 8);
3. Ausnahmen vom Verbot, eine Autobahn zu betreten oder mit dort nicht zugelassenen Fahrzeugen zu benutzen (§ 18 Absatz 1 und 9);
4. Ausnahmen vom Verbot, Werbung und Propaganda durch Bild, Schrift, Licht oder Ton zu betreiben (§ 33 Absatz 1 Satz 1 Nummer 3 und Satz 2);
5. Ausnahmen von der Regelung, dass ein Autohof nur einmal angekündigt werden darf (Zeichen 448.1);
6. Ausnahmen von den Verboten oder Beschränkungen, die durch Vorschriftzeichen (Anlage 2), Richtzeichen (Anlage 3), Verkehrseinrichtungen (Anlage 4) oder Anordnungen (§ 45 Absatz 4) erlassen sind (Absatz 1 Satz 1 Nummer 11).

[2]Wird neben einer Ausnahmegenehmigung nach Satz 1 Nummer 3 auch eine Erlaubnis nach § 29 Absatz 3 oder eine Ausnahmegenehmigung nach Absatz 1 Satz 1 Nummer 5 beantragt, ist die Verwaltungsbehörde zuständig, die die Erlaubnis nach § 29 Absatz 3 oder die Ausnahmegenehmigung nach Absatz 1 Satz 1 Nummer 5 erlässt. [3]Werden Anlagen nach Satz 1 Nummer 4 mit Wirkung auf den mit Zeichen 330.1 und 330.2 gekennzeichneten Autobahnen in der Baulast des Bundes im Widerspruch zum Verbot, Werbung und Propaganda durch Bild, Schrift, Licht oder Ton zu betreiben (§ 33 Absatz 1 Satz 1 Nummer 3 und Satz 2), errichtet oder geändert, wird über deren Zulässigkeit
1. von der Baugenehmigungsbehörde, wenn ein Land hierfür ein bauaufsichtliches Verfahren vorsieht, oder
2. von der zuständigen Genehmigungsbehörde, wenn ein Land hierfür ein anderes Verfahren vorsieht,

im Benehmen mit dem Fernstraßen-Bundesamt entschieden. [4]Das Fernstraßen-Bundesamt kann verlangen, dass ein Antrag auf Erteilung einer Ausnahmegenehmigung gestellt wird. [5]Sieht ein Land kein eigenes Genehmigungsverfahren für die Zulässigkeit nach Satz 3 vor, entscheidet das Fernstraßen-Bundesamt.

(3) [1]Ausnahmegenehmigung und Erlaubnis können unter dem Vorbehalt des Widerrufs erteilt werden und mit Nebenbestimmungen (Bedingungen, Befristungen, Auflagen) versehen werden. [2]Erforderlichenfalls kann die zuständige Behörde die Beibringung eines Sachverständigengutachtens auf Kosten des Antragstellers verlangen. [3]Die Bescheide sind mitzuführen und auf Verlangen zuständigen Personen auszuhändigen. [4]Bei Erlaubnissen nach § 29 Absatz 3 und Ausnahmegenehmigungen nach § 46 Absatz 1 Nummer 5 genügt das Mitführen fernkopierter Bescheide oder von Ausdrucken elektronisch erteilter und signierter Bescheide sowie deren digitalisierte Form auf einem Speichermedium, wenn diese derart mitgeführt wird, dass sie bei einer Kontrolle auf Verlangen zuständigen Personen lesbar gemacht werden kann

(4) Ausnahmegenehmigungen und Erlaubnisse der zuständigen Behörde sind für den Geltungsbereich dieser Verordnung wirksam, sofern sie nicht einen anderen Geltungsbereich nennen.

§ 47 Örtliche Zuständigkeit

(1) [1]Die Erlaubnisse nach § 29 Absatz 2 und nach § 30 Absatz 2 erteilt für eine Veranstaltung, die im Ausland beginnt, die nach § 44 Absatz 3 sachlich zuständige Behörde, in deren Gebiet die Grenzübergangsstelle liegt. [2]Diese Behörde ist auch zuständig, wenn sonst erlaubnis- und genehmigungspflichtiger Verkehr im Ausland beginnt. [3]Die Erlaubnis nach § 29 Absatz 3 erteilt die Straßenverkehrsbehörde, in deren Bezirk der erlaubnispflichtige Verkehr beginnt, oder die Straßenverkehrsbehörde, in deren Bezirk das den Transport durchführende Unternehmen seinen Sitz oder eine Zweigniederlassung, bei der eine Pflicht zur Eintragung in das Handels-, Genossenschafts- oder Partnerschaftsregister besteht, hat. [4]Befindet sich der Sitz im Ausland, so ist die Behörde zuständig, in deren Bezirk erstmalig von der Erlaubnis Gebrauch gemacht wird.

(2) Zuständig sind für die Erteilung von Ausnahmegenehmigungen

1. nach § 46 Absatz 1 Nummer 2 für eine Ausnahme von § 18 Absatz 1 die Straßenverkehrsbehörde, in deren Bezirk auf die Autobahn oder Kraftfahrstraße eingefahren werden soll. Wird jedoch eine Erlaubnis nach § 29 Absatz 3 oder eine Ausnahmegenehmigung nach § 46 Absatz 1 Nummer 5 erteilt, ist die Verwaltungsbehörde zuständig, die diese Verfügung erlässt;
2. nach § 46 Absatz 1 Nummer 4a für kleinwüchsige Menschen sowie nach § 46 Absatz 1 Nummer 4a und 4b für Ohnhänder die Straßenverkehrsbehörde, in deren Bezirk der Antragsteller seinen Wohnort hat, auch für die Bereiche, die außerhalb ihres Bezirks liegen;
3. nach § 46 Absatz 1 Nummer 4c die Straßenverkehrsbehörde, in deren Bezirk der Antragsteller seinen Wohnort, seinen Sitz oder eine Zweigniederlassung hat;
4. nach § 46 Absatz 1 Nummer 5 die Straßenverkehrsbehörde, in deren Bezirk der zu genehmigende Verkehr beginnt, oder die Straßenverkehrsbehörde, in deren Bezirk das den Transport durchführende Unternehmen seinen Sitz oder eine Zweigniederlassung, bei der eine Pflicht zur Eintragung in das Handels-, Genossenschafts- oder Partnerschaftsregister besteht, hat. Befindet sich der Sitz im Ausland, so ist die Behörde zuständig, in deren Bezirk erstmalig von der Genehmigung Gebrauch gemacht wird;
5. nach § 46 Absatz 1 Nummer 5b die Straßenverkehrsbehörde, in deren Bezirk der Antragsteller seinen Wohnort hat, auch für die Bereiche, die außerhalb ihres Bezirks liegen;
6. nach § 46 Absatz 1 Nummer 7 die Straßenverkehrsbehörde, in deren Bezirk die Ladung aufgenommen wird, im Falle einer flächendeckenden Ausnahmegenehmigung die Straßenverkehrsbehörde, in deren Bezirk die den Transport durchführende Person ihren Wohnort oder Sitz oder das den Transport durchführende Unternehmen seinen Sitz oder eine Zweigniederlassung, bei der eine Pflicht zur Eintragung in das Handels-, Genossenschafts- oder Partnerschaftsregister besteht, hat. Die Behörde ist dann auch für die Genehmigung der Leerfahrt zum Beladungsort zuständig, ferner, wenn in ihrem Land von der Ausnahmegenehmigung kein Gebrauch gemacht wird oder wenn dort kein Fahrverbot besteht. Befindet sich der Wohnort oder der Sitz im Ausland, so ist die Behörde zuständig, in deren Bezirk erstmalig von der Genehmigung Gebrauch gemacht wird;
7. nach § 46 Absatz 1 Nummer 11 die Straßenverkehrsbehörde, in deren Bezirk die Verbote, Beschränkungen und Anordnungen erlassen sind, für schwerbehinderte Menschen jedoch jede Straßenverkehrsbehörde auch für solche Maßnahmen, die außerhalb ihres Bezirks angeordnet sind;
8. in allen übrigen Fällen die Straßenverkehrsbehörde, in deren Bezirk von der Ausnahmegenehmigung Gebrauch gemacht werden soll.

(3) Die Erlaubnisse für die übermäßige Benutzung der Straße durch die Bundeswehr, die in § 35 Absatz 5 genannten Truppen, die Bundespolizei, die Polizei und den Katastrophenschutz erteilen die höhere Verwaltungsbehörde oder die nach Landesrecht bestimmte Stelle, in deren Bezirk der erlaubnispflichtige Verkehr beginnt.

§ 48 Verkehrsunterricht

Wer Verkehrsvorschriften nicht beachtet, ist auf Vorladung der Straßenverkehrsbehörde oder der von ihr beauftragten Beamten verpflichtet, an einem Unterricht über das Verhalten im Straßenverkehr teilzunehmen.

§ 49 Ordnungswidrigkeiten

(1) Ordnungswidrig im Sinne des § 24 Absatz 1 des Straßenverkehrsgesetzes handelt, wer vorsätzlich oder fahrlässig gegen eine Vorschrift über

1. das allgemeine Verhalten im Straßenverkehr nach § 1 Absatz 2,
2. die Straßenbenutzung durch Fahrzeuge nach § 2 Absatz 1 bis 3a, Absatz 4 Satz 1, 4, 5 oder 6 oder Absatz 5,
3. die Geschwindigkeit nach § 3,
4. den Abstand nach § 4,
5. das Überholen nach § 5 Absatz 1 oder 2, Absatz 3 Nummer 1, Absatz 3a bis 4a, Absatz 5 Satz 2, Absatz 6 oder 7,
6. das Vorbeifahren nach § 6,
7. das Benutzen linker Fahrstreifen nach § 7 Absatz 3a Satz 1, auch in Verbindung mit Satz 2, Absatz 3b, Absatz 3c Satz 3 oder den Fahrstreifenwechsel nach § 7 Absatz 5,

7a. das Verhalten auf Ausfädelungsstreifen nach § 7a Absatz 3,

8. die Vorfahrt nach § 8,
9. das Abbiegen, Wenden oder Rückwärtsfahren nach § 9 Absatz 1, Absatz 2 Satz 2 oder 3, Absatz 3 bis 6,
10. das Einfahren oder Anfahren nach § 10 Satz 1 oder Satz 2,
11. das Verhalten bei besonderen Verkehrslagen nach § 11 Absatz 1 oder 2,
12. das Halten oder Parken nach § 12 Absatz 1, 3, 3a Satz 1, Absatz 3b Satz 1, Absatz 4 Satz 1, 2 zweiter Halbsatz, Satz 3 oder 5 oder Absatz 4a bis 6,
13. Parkuhren, Parkscheine oder Parkscheiben nach § 13 Absatz 1 oder 2,
14. die Sorgfaltspflichten beim Ein- oder Aussteigen nach § 14,
15. das Liegenbleiben von Fahrzeugen nach § 15,

15a. das Abschleppen nach § 15a,

16. die Abgabe von Warnzeichen nach § 16,
17. die Beleuchtung und das Stehenlassen unbeleuchteter Fahrzeuge nach § 17 Absatz 1 bis 4, Absatz 4a Satz 1, Absatz 5 oder 6,
18. die Benutzung von Autobahnen und Kraftfahrstraßen nach § 18 Absatz 1 bis 3, Absatz 5 Satz 2 oder Absatz 6 bis 11,
19. das Verhalten
    a) an Bahnübergängen nach § 19 Absatz 1 Satz 1 Nummer 2 oder 3, Satz 2, Satz 3 oder Absatz 2 Satz 1, auch in Verbindung mit Satz 2 oder Absatz 3 bis 6 oder
    b) an und vor Haltestellen von öffentlichen Verkehrsmitteln und Schulbussen nach § 20,
20. die Personenbeförderung nach § 21 Absatz 1 Satz 1 oder 4, Absatz 1a Satz 1, auch in Verbindung mit Satz 2 Nummer 2, Absatz 2 Satz 1, 4 oder 6 oder Absatz 3 Satz 1 bis 3,

20a. das Anlegen von Sicherheitsgurten, Rollstuhl-Rückhaltesystemen oder Rollstuhlnutzer-Rückhaltesystemen nach § 21a Absatz 1 Satz 1 oder das Tragen von Schutzhelmen nach § 21a Absatz 2 Satz 1,

21. die Ladung nach § 22,
22. sonstige Pflichten des Fahrzeugführers nach § 23 Absatz 1, Absatz 1a Satz 1, auch in Verbindung mit den Sätzen 2 bis 4, Absatz 1c, Absatz 2 erster Halbsatz, Absatz 3 oder Absatz 4 Satz 1,
23. das Fahren mit Krankenfahrstühlen oder anderen als in § 24 Absatz 1 genannten Rollstühlen nach § 24 Absatz 2,
24. das Verhalten
    a) als zu Fuß Gehender nach § 25 Absatz 1 bis 4,
    b) an Fußgängerüberwegen nach § 26 oder
    c) auf Brücken nach § 27 Absatz 6,

25. den Umweltschutz nach § 30 Absatz 1 oder 2 oder das Sonn- und Feiertagsfahrverbot nach § 30 Absatz 3 Satz 1 oder 2 Nummer 7 Satz 2,
26. das Sporttreiben oder Spielen nach § 31 Absatz 1 Satz 1, Absatz 2 Satz 3,
27. das Bereiten, Beseitigen oder Kenntlichmachen von verkehrswidrigen Zuständen oder die wirksame Verkleidung gefährlicher Geräte nach § 32,
28. Verkehrsbeeinträchtigungen nach § 33 Absatz 1 oder 2 oder
29. das Verhalten nach einem Verkehrsunfall nach § 34 Absatz 1 Nummer 1, Nummer 2, Nummer 5 oder Nummer 6 Buchstabe b – sofern in diesem letzten Fall zwar eine nach den Umständen angemessene Frist gewartet, aber nicht Name und Anschrift am Unfallort hinterlassen wird – oder nach § 34 Absatz 3,

verstößt.

(2) Ordnungswidrig im Sinne des § 24 Absatz 1 des Straßenverkehrsgesetzes handelt auch, wer vorsätzlich oder fahrlässig

1. als Führer eines geschlossenen Verbandes entgegen § 27 Absatz 5 nicht dafür sorgt, dass die für geschlossene Verbände geltenden Vorschriften befolgt werden,
1a. entgegen § 27 Absatz 2 einen geschlossenen Verband unterbricht,
2. als Führer einer Kinder- oder Jugendgruppe entgegen § 27 Absatz 1 Satz 4 diese nicht den Gehweg benutzen lässt,
3. als Tierhalter oder sonst für die Tiere Verantwortlicher einer Vorschrift nach § 28 Absatz 1 oder Absatz 2 Satz 2 zuwiderhandelt,
4. als Reiter, Führer von Pferden, Treiber oder Führer von Vieh entgegen § 28 Absatz 2 einer für den gesamten Fahrverkehr einheitlich bestehenden Verkehrsregel oder Anordnung zuwiderhandelt,
5. *[aufgehoben]*
6. entgegen § 29 Absatz 2 Satz 1 eine Veranstaltung durchführt oder als Veranstaltender entgegen § 29 Absatz 2 Satz 3 nicht dafür sorgt, dass die in Betracht kommenden Verkehrsvorschriften oder Auflagen befolgt werden, oder
7. entgegen § 29 Absatz 3 ein dort genanntes Fahrzeug oder einen Zug führt.

(3) Ordnungswidrig im Sinne des § 24 Absatz 1 des Straßenverkehrsgesetzes handelt ferner, wer vorsätzlich oder fahrlässig

1. entgegen § 36 Absatz 1 Satz 1, auch in Verbindung mit Absatz 3 oder Absatz 4, oder entgegen § 36 Absatz 5 Satz 4 oder § 36a Satz 1 ein Zeichen, eine Weisung oder eine Anweisung nicht befolgt,
2. einer Vorschrift des § 37 über das Verhalten an Wechsellichtzeichen, Dauerlichtzeichen oder beim Rechtsabbiegen mit Grünpfeil zuwiderhandelt,
3. entgegen § 38 Absatz 1, 2 oder 3 Satz 3 blaues Blinklicht zusammen mit dem Einsatzhorn oder allein oder gelbes Blinklicht verwendet oder entgegen § 38 Absatz 1 Satz 2 nicht sofort freie Bahn schafft,
4. entgegen § 41 Absatz 1 ein durch Vorschriftzeichen angeordnetes Ge- oder Verbot der Anlage 2 Spalte 3 nicht befolgt,
5. entgegen § 42 Absatz 2 ein durch Richtzeichen angeordnetes Ge- oder Verbot der Anlage 3 Spalte 3 nicht befolgt,
6. entgegen § 43 Absatz 3 Satz 2 eine abgesperrte Straßenfläche befährt oder
7. einer den Verkehr verbietenden oder beschränkenden Anordnung, die nach § 45 Absatz 4 zweiter Halbsatz bekannt gegeben worden ist, zuwiderhandelt.

(4) Ordnungswidrig im Sinne des § 24 Absatz 1 des Straßenverkehrsgesetzes handelt schließlich, wer vorsätzlich oder fahrlässig

1. dem Verbot des § 35 Absatz 6 Satz 1, 2 oder 3 über die Reinigung von Gehwegen zuwiderhandelt,
1a. entgegen § 35 Absatz 6 Satz 4 keine auffällige Warnkleidung trägt,
2. entgegen § 35 Absatz 8 Sonderrechte ausübt, ohne die öffentliche Sicherheit und Ordnung gebührend zu berücksichtigen,
3. entgegen § 45 Absatz 6 mit Arbeiten beginnt, ohne zuvor Anordnungen eingeholt zu haben, diese Anordnungen nicht befolgt oder Lichtzeichenanlagen nicht bedient,
4. entgegen § 46 Absatz 3 Satz 1 eine vollziehbare Auflage der Ausnahmegenehmigung oder Erlaubnis nicht befolgt,
5. entgegen § 46 Absatz 3 Satz 3, auch in Verbindung mit Satz 4, die Bescheide, Ausdrucke oder deren digitalisierte Form nicht mitführt oder auf Verlangen nicht aushändigt oder sichtbar macht,
6. entgegen § 48 einer Vorladung zum Verkehrsunterricht nicht folgt oder
7. entgegen § 50 auf der Insel Helgoland ein Kraftfahrzeug führt oder mit einem Fahrrad fährt.

§ 50 Sonderregelung für die Insel Helgoland

Auf der Insel Helgoland sind der Verkehr mit Kraftfahrzeugen und das Radfahren verboten.

§ 51 Besondere Kostenregelung

Die Kosten der Zeichen 386.1, 386.2 und 386.3 trägt abweichend von § 5b Absatz 1 des Straßenverkehrsgesetzes derjenige, der die Aufstellung dieses Zeichens beantragt.

§ 51a Überleitung

[1]Der Bund, vertreten durch das Bundesministerium für Verkehr und digitale Infrastruktur und das Fernstraßen-Bundesamt, tritt im Rahmen seiner Zuständigkeit nach dieser Verordnung in vor dem 1. Januar 2021 eingeleitete Verwaltungsverfahren ein. [2]Er tritt mit Wirkung zum 1. Januar 2021 im Rahmen seiner Zuständigkeit nach dieser Verordnung in die Rechte und Pflichten aus den zu diesem Zeitpunkt bestehenden verkehrsrechtlichen Anordnungen ein, die von den zuständigen Straßenverkehrsbehörden der Länder bis zum 31. Dezember 2020 im eigenen Namen im Rahmen der Wahrnehmung von straßenverkehrsrechtlichen Aufgaben erlassen wurden. [3]Gleiches gilt für Vereinbarungen oder Stellungnahmen zum künftigen Handeln, wenn die straßenverkehrsrechtlichen Vorschriften beachtet wurden.

§ 52 Übergangs- und Anwendungsbestimmungen

(1) Mit Ablauf des 31. Dezember 2026 sind nicht mehr anzuwenden:

1. § 39 Absatz 10,
2. § 45 Absatz 1g,
3. § 46 Absatz 1a,
4. Anlage 2 Nummer 25 Spalte 3 Nummer 4 sowie Nummer 25.1, 27.1, 63.5 und 64.1,
5. Anlage 3 Nummer 7 Spalte 3 Nummer 3, Nummer 8 Spalte 3 Nummer 4, Nummer 10 Spalte 3 Nummer 3 und Nummer 11 Spalte 3.

(2) [1]Abweichend von § 2 Absatz 3a Satz 1 darf der Führer eines Kraftfahrzeuges dieses bis zum Ablauf des 30. September 2024 bei Glatteis, Schneeglätte, Schneematsch, Eisglätte oder Reifglätte auch fahren, wenn alle Räder mit Reifen ausgerüstet sind, die unbeschadet der allgemeinen Anforderungen an die Bereifung

1. die in Anhang II Nummer 2.2 der Richtlinie 92/23/EWG des Rates vom 31. März 1992 über Reifen von Kraftfahrzeugen und Kraftfahrzeuganhängern und über ihre Montage (ABl. L 129 vom 14.5.1992, S. 95), die zuletzt durch die Richtlinie 2005/11/EG (ABl. L 46 vom 17.2.2005, S. 42) geändert worden ist, beschriebenen Eigenschaften erfüllen (M+S Reifen) und
2. nicht nach dem 31. Dezember 2017 hergestellt worden sind.

[2]Im Falle des Satzes 1 Nummer 2 maßgeblich ist das am Reifen angegebene Herstellungsdatum.

(3) § 2 Absatz 3a Satz 3 Nummer 2 ist erstmals am ersten Tag des sechsten Monats, der auf den Monat folgt, in dem das Bundesministerium für Verkehr und digitale Infrastruktur dem Bundesrat einen Bericht über eine Felduntersuchung der Bundesanstalt für Straßenwesen über die Eignung der Anforderung des § 2 Absatz 3a Satz 3 Nummer 2 vorlegt, spätestens jedoch ab dem 1. Juli 2020, anzuwenden.

(4) § 23 Absatz 1a ist im Falle der Verwendung eines Funkgerätes erst ab dem 1. Juli 2021 anzuwenden.

(5) § 44a sowie die Änderungen des § 45 Absatz 11, § 46 Absatz 1 Satz 1 Nummer 2 und Absatz 2a durch die Verordnung zur Änderung der Straßenverkehrs-Ordnung und der Vierundfünfzigsten Verordnung zur Änderung straßenverkehrsrechtlicher Vorschriften vom 18. Dezember 2020 (BGBl. I S. 3047) sind erst ab dem 1. Januar 2021 anzuwenden.

§ 53 Inkrafttreten, Außerkrafttreten

(1) Diese Verordnung tritt am 1. April 2013 in Kraft.

(2) Die Straßenverkehrs-Ordnung vom 16. November 1970 (BGBl. I S. 1565; 1971 I S. 38), die zuletzt durch Artikel 1 der Verordnung vom 1. Dezember 2010 (BGBl. I S. 1737) geändert worden ist, tritt mit folgenden Maßgaben an dem in Absatz 1 bezeichneten Tag außer Kraft:

1. Verkehrszeichen in der Gestaltung nach der bis zum 1. Juli 1992 geltenden Fassung behalten weiterhin ihre Gültigkeit.
2. Für Kraftomnibusse, die vor dem 8. Dezember 2007 erstmals in den Verkehr gekommen sind, ist § 18 Absatz 5 Nummer 3 in der vor dem 8. Dezember 2007 geltenden Fassung weiter anzuwenden.
3. Zusatzzeichen zu Zeichen 220, durch die nach den bis zum 1. April 2013 geltenden Vorschriften der Fahrradverkehr in der Gegenrichtung zugelassen werden konnte, soweit in einer Einbahnstraße mit geringer Verkehrsbelastung die zulässige Höchstgeschwindigkeit durch Verkehrszeichen auf 30 km/h oder weniger beschränkt ist, bleiben bis zum 1. April 2017 gültig.
4. Die bis zum 1. April 2013 angeordneten Zeichen 150, 153, 353, 380, 381, 388 und 389 bleiben bis zum 31. Oktober 2022 gültig.

5. Bereits angeordnete Zeichen 311, die im oberen Teil weiß sind, wenn die Ortschaft, auf die hingewiesen wird, zu derselben Gemeinde wie die zuvor durchfahrene Ortschaft gehört, bleiben weiterhin gültig.

Der Bundesrat hat zugestimmt.

Anlage 1
(zu § 40 Absatz 6 und 7)

Allgemeine und Besondere Gefahrzeichen

1	2	3
lfd. Nr.	Zeichen	Erläuterungen
Abschnitt 1 Allgemeine Gefahrzeichen (zu § 40 Absatz 6)		
1	Zeichen 101  Gefahrstelle	Ein Zusatzzeichen kann die Gefahr näher bezeichnen.
2	Zeichen 102  Kreuzung oder Einmündung	Kreuzung oder Einmündung mit Vorfahrt von rechts
3	Zeichen 103  Kurve	
4	Zeichen 105  Doppelkurve	
5	Zeichen 108  Gefälle	

1	2	3
lfd. Nr.	Zeichen	Erläuterungen
6	Zeichen 110  Steigung	
7	Zeichen 112  Unebene Fahrbahn	
8	Zeichen 114  Schleuder- oder Rutschgefahr	Schleuder- oder Rutschgefahr bei Nässe oder Schmutz
9	Zeichen 117  Seitenwind	
10	Zeichen 120  Verengte Fahrbahn	

1	2	3
lfd. Nr.	Zeichen	Erläuterungen
11	Zeichen 121  Einseitig verengte Fahrbahn	
12	Zeichen 123  Arbeitsstelle	
13	Zeichen 124  Stau	
14	Zeichen 125  Gegenverkehr	
15	Zeichen 131  Lichtzeichenanlage	

1	2	3
lfd. Nr.	Zeichen	Erläuterungen
16	Zeichen 133  Fußgänger	
17	Zeichen 136  Kinder	
18	Zeichen 138  Radverkehr	
19	Zeichen 142  Wildwechsel	

1	2	3
lfd. Nr.	Zeichen	Erläuterungen
Abschnitt 2 Besondere Gefahrzeichen vor Übergängen von Schienenbahnen mit Vorrang (zu § 40 Absatz 7)		
20	Zeichen 151  Bahnübergang	
21	Zeichen 156  Bahnübergang mit dreistreifiger Bake	Bahnübergang mit dreistreifiger Bake etwa 240 m vor dem Bahnübergang. Die Angabe erheblich abweichender Abstände kann an der dreistreifigen, zweistreifigen und einstreifigen Bake oberhalb der Schrägstreifen in schwarzen Ziffern erfolgen.
22	Zeichen 159  Zweistreifige Bake	Zweistreifige Bake etwa 160 m vor dem Bahnübergang
23	Zeichen 162  Einstreifige Bake	Einstreifige Bake etwa 80 m vor dem Bahnübergang

Anlage 2
(zu § 41 Absatz 1)

Vorschriftzeichen

1	2	3
lfd. Nr.	Zeichen und Zusatzzeichen	Ge- oder Verbote Erläuterungen
Abschnitt 1 Wartegebote und Haltgebote		
1	Zeichen 201 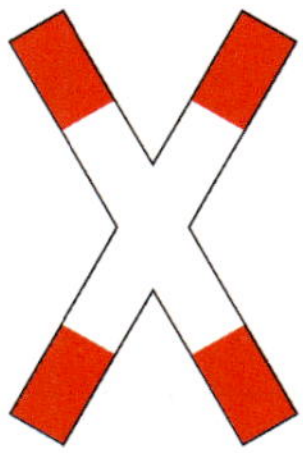 Andreaskreuz	**Ge- oder Verbot** 1. Wer ein Fahrzeug führt, muss dem Schienenverkehr Vorrang gewähren. 2. Wer ein Fahrzeug führt, darf bis zu 10 m vor diesem Zeichen nicht halten, wenn es dadurch verdeckt wird. 3. Wer ein Fahrzeug führt, darf vor und hinter diesem Zeichen a) innerhalb geschlossener Ortschaften (Zeichen 310 und 311) bis zu je 5 m, b) außerhalb geschlossener Ortschaften bis zu je 50 m nicht parken. 4. Ein Zusatzzeichen mit schwarzem Pfeil zeigt an, dass das Andreaskreuz nur für den Straßenverkehr in Richtung dieses Pfeils gilt. **Erläuterung** Das Zeichen (auch liegend) befindet sich vor dem Bahnübergang, in der Regel unmittelbar davor. Ein Blitzpfeil in der Mitte des Andreaskreuzes zeigt an, dass die Bahnstrecke eine Spannung führende Fahrleitung hat.
2	Zeichen 205  Vorfahrt gewähren.	**Ge- oder Verbot** 1. Wer ein Fahrzeug führt, muss Vorfahrt gewähren. 2. Wer ein Fahrzeug führt, darf bis zu 10 m vor diesem Zeichen nicht halten, wenn es dadurch verdeckt wird. **Erläuterung** Das Zeichen steht unmittelbar vor der Kreuzung oder Einmündung. Es kann durch dasselbe Zeichen mit Zusatzzeichen, das die Entfernung angibt, angekündigt sein.
2.1		**Ge- oder Verbot** Ist das Zusatzzeichen zusammen mit dem Zeichen 205 angeordnet, bedeutet es: Wer ein Fahrzeug führt, muss Vorfahrt gewähren und dabei auf Radverkehr und Elektrokleinstfahrzeuge im Sinne der eKFV von links und rechts achten. **Erläuterung** Das Zusatzzeichen steht über dem Zeichen 205.
2.2		**Ge- oder Verbot** Ist das Zusatzzeichen zusammen mit dem Zeichen 205 angeordnet, bedeutet es: Wer ein Fahrzeug führt, muss der Straßenbahn Vorfahrt gewähren. **Erläuterung** Das Zusatzzeichen steht über dem Zeichen 205.

1	2	3
lfd. Nr.	Zeichen und Zusatzzeichen	Ge- oder Verbote Erläuterungen
3	Zeichen 206  Halt. Vorfahrt gewähren.	**Ge- oder Verbot** 1. Wer ein Fahrzeug führt, muss anhalten und Vorfahrt gewähren. 2. Wer ein Fahrzeug führt, darf bis zu 10 m vor diesem Zeichen nicht halten, wenn es dadurch verdeckt wird. 3. Ist keine Haltlinie (Zeichen 294) vorhanden, ist dort anzuhalten, wo die andere Straße zu übersehen ist.
3.1		**Erläuterung** Das Zusatzzeichen kündigt zusammen mit dem Zeichen 205 das Haltgebot in der angegebenen Entfernung an.
3.2		**Ge- oder Verbot** Ist das Zusatzzeichen zusammen mit dem Zeichen 206 angeordnet, bedeutet es: Wer ein Fahrzeug führt, muss anhalten und Vorfahrt gewähren und dabei auf Radverkehr und Elektrokleinstfahrzeuge im Sinne der eKFV von links und rechts achten. **Erläuterung** Das Zusatzzeichen steht über dem Zeichen 206.
Zu 2 und 3		**Erläuterung** Das Zusatzzeichen gibt zusammen mit den Zeichen 205 oder 206 den Verlauf der Vorfahrtstraße (abknickende Vorfahrt) bekannt.
4	Zeichen 208  Vorrang des Gegenverkehrs	**Ge- oder Verbot** Wer ein Fahrzeug führt, hat dem Gegenverkehr Vorrang zu gewähren.
Abschnitt 2 Vorgeschriebene Fahrtrichtungen		
zu 5 bis 7		**Ge- oder Verbot** Wer ein Fahrzeug führt, muss der vorgeschriebenen Fahrtrichtung folgen. **Erläuterung** Andere als die dargestellten Fahrtrichtungen werden entsprechend vorgeschrieben. Auf Anlage 2 laufende Nummer 70 wird hingewiesen.

1	2	3
lfd. Nr.	Zeichen und Zusatzzeichen	Ge- oder Verbote Erläuterungen
5	Zeichen 209  Rechts	
6	Zeichen 211  Hier rechts	
7	Zeichen 214  Geradeaus oder rechts	
8	Zeichen 215  Kreisverkehr	**Ge- oder Verbot** 1. Wer ein Fahrzeug führt, muss der vorgeschriebenen Fahrtrichtung im Kreisverkehr rechts folgen. 2. Wer ein Fahrzeug führt, darf die Mittelinsel des Kreisverkehrs nicht überfahren. Ausgenommen von diesem Verbot sind nur Fahrzeuge, denen wegen ihrer Abmessungen das Befahren sonst nicht möglich wäre. Mit ihnen darf die Mittelinsel und Fahrbahnbegrenzung überfahren werden, wenn eine Gefährdung anderer am Verkehr Teilnehmenden ausgeschlossen ist. 3. Es darf innerhalb des Kreisverkehrs auf der Fahrbahn nicht gehalten werden.
9	Zeichen 220  Einbahnstraße	**Ge- oder Verbot** Wer ein Fahrzeug führt, darf die Einbahnstraße nur in Richtung des Pfeils befahren. **Erläuterung** Das Zeichen schreibt für den Fahrzeugverkehr auf der Fahrbahn die Fahrtrichtung vor.

1	2	3
lfd. Nr.	Zeichen und Zusatzzeichen	Ge- oder Verbote Erläuterungen
9.1		**Ge- oder Verbot** Ist Zeichen 220 mit diesem Zusatzzeichen angeordnet, bedeutet dies: Wer ein Fahrzeug führt, muss beim Einbiegen und im Verlauf einer Einbahnstraße auf Radverkehr und Elektrokleinstfahrzeuge im Sinne der eKFV entgegen der Fahrtrichtung achten. **Erläuterung** Das Zusatzzeichen zeigt an, dass Radverkehr in der Gegenrichtung zugelassen ist. Beim Vorbeifahren an einer für den gegenläufigen Radverkehr freigegebenen Einbahnstraße bleibt gegenüber dem ausfahrenden Radfahrer der Grundsatz, dass Vorfahrt hat, wer von rechts kommt (§ 8 Absatz 1 Satz 1) unberührt. Dies gilt auch für den ausfahrenden Radverkehr. Mündet eine Einbahnstraße für den gegenläufig zugelassenen Radverkehr in eine Vorfahrtstraße, steht für den aus der Einbahnstraße ausfahrenden Radverkehr das Zeichen 205.
Abschnitt 3 Vorgeschriebene Vorbeifahrt		
10	Zeichen 222  Rechts vorbei	**Ge- oder Verbot** Wer ein Fahrzeug führt, muss der vorgeschriebenen Vorbeifahrt folgen. **Erläuterung** „Links vorbei" wird entsprechend vorgeschrieben.
Abschnitt 4 Seitenstreifen als Fahrstreifen, Haltestellen und Taxenstände		
Zu 11 bis 13		**Erläuterung** Wird das Zeichen 223.1, 223.2 oder 223.3 für eine Fahrbahn mit mehr als zwei Fahrstreifen angeordnet, zeigen die Zeichen die entsprechende Anzahl der Pfeile.
11	Zeichen 223.1  Seitenstreifen befahren	**Ge- oder Verbot** Das Zeichen gibt den Seitenstreifen als Fahrstreifen frei; dieser ist wie ein rechter Fahrstreifen zu befahren.
11.1	Ende in .... m	**Erläuterung** Das Zeichen 223.1 mit dem Zusatzzeichen kündigt die Aufhebung der Anordnung an.

1	2	3
lfd. Nr.	Zeichen und Zusatzzeichen	Ge- oder Verbote Erläuterungen
12	Zeichen 223.2  Seitenstreifen nicht mehr befahren	**Ge- oder Verbot** Das Zeichen hebt die Freigabe des Seitenstreifens als Fahrstreifen auf.
13	Zeichen 223.3  Seitenstreifen räumen	**Ge- oder Verbot** Das Zeichen ordnet die Räumung des Seitenstreifens an.
14	Zeichen 224  Haltestelle	**Ge- oder Verbot** Wer ein Fahrzeug führt, darf bis zu 15 m vor und hinter dem Zeichen nicht parken. **Erläuterung** Das Zeichen kennzeichnet eine Haltestelle des Linienverkehrs und für Schulbusse. Das Zeichen mit dem Zusatzzeichen „Schulbus" (Angabe der tageszeitlichen Benutzung) auf einer gemeinsamen weißen Trägerfläche kennzeichnet eine Haltestelle nur für Schulbusse.
15	Zeichen 229  Taxenstand	**Ge- oder Verbot** Wer ein Fahrzeug führt, darf an Taxenständen nicht halten, ausgenommen sind für die Fahrgastbeförderung bereitgehaltene Taxen. **Erläuterung** Die Länge des Taxenstandes wird durch die Angabe der Zahl der vorgesehenen Taxen oder das am Anfang der Strecke aufgestellte Zeichen mit einem zur Fahrbahn weisenden waagerechten weißen Pfeil und durch ein am Ende aufgestelltes Zeichen mit einem solchen von der Fahrbahn wegweisenden Pfeil oder durch eine Grenzmarkierung für Halt- und Parkverbote (Zeichen 299) gekennzeichnet.

1	2	3
lfd. Nr.	Zeichen und Zusatzzeichen	Ge- oder Verbote Erläuterungen
Abschnitt 5 Sonderwege		
16	Zeichen 237  Radweg	**Ge- oder Verbot** 1. Der Radverkehr darf nicht die Fahrbahn, sondern muss den Radweg benutzen (Radwegbenutzungspflicht). 2. Anderer Verkehr darf ihn nicht benutzen. 3. Ist durch Zusatzzeichen die Benutzung eines Radwegs für eine andere Verkehrsart erlaubt, muss diese auf den Radverkehr Rücksicht nehmen und der andere Fahrzeugverkehr muss erforderlichenfalls die Geschwindigkeit an den Radverkehr anpassen. 4. § 2 Absatz 4 Satz 6 bleibt unberührt.
17	Zeichen 238  Reitweg	**Ge- oder Verbot** 1. Wer reitet, darf nicht die Fahrbahn, sondern muss den Reitweg benutzen. Dies gilt auch für das Führen von Pferden (Reitwegbenutzungspflicht). 2. Anderer Verkehr darf ihn nicht benutzen. 3. Ist durch Zusatzzeichen die Benutzung eines Reitwegs für eine andere Verkehrsart erlaubt, muss diese auf den Reitverkehr Rücksicht nehmen und der Fahrzeugverkehr muss erforderlichenfalls die Geschwindigkeit an den Reitverkehr anpassen.
18	Zeichen 239  Gehweg	**Ge- oder Verbot** 1. Anderer als Fußgängerverkehr darf den Gehweg nicht nutzen. 2. Ist durch Zusatzzeichen die Benutzung eines Gehwegs für eine andere Verkehrsart erlaubt, muss diese auf den Fußgängerverkehr Rücksicht nehmen. Der Fußgängerverkehr darf weder gefährdet noch behindert werden. Wenn nötig, muss der Fahrverkehr warten; er darf nur mit Schrittgeschwindigkeit fahren. **Erläuterung** Das Zeichen kennzeichnet einen Gehweg (§ 25 Absatz 1 Satz 1), wo eine Klarstellung notwendig ist.
19	Zeichen 240  Gemeinsamer Geh- und Radweg	**Ge- oder Verbot** 1. Der Radverkehr darf nicht die Fahrbahn, sondern muss den gemeinsamen Geh- und Radweg benutzen (Radwegbenutzungspflicht). 2. Anderer Verkehr darf ihn nicht benutzen. 3. Ist durch Zusatzzeichen die Benutzung eines gemeinsamen Geh- und Radwegs für eine andere Verkehrsart erlaubt, muss diese auf den Fußgänger- und Radverkehr Rücksicht nehmen. Erforderlichenfalls muss der Fahrverkehr die Geschwindigkeit an den Fußgängerverkehr anpassen. 4. § 2 Absatz 4 Satz 6 bleibt unberührt. **Erläuterung** Das Zeichen kennzeichnet auch den Gehweg (§ 25 Absatz 1 Satz 1).

1	2	3
lfd. Nr.	Zeichen und Zusatzzeichen	Ge- oder Verbote Erläuterungen
20	Zeichen 241  Getrennter Rad- und Gehweg	**Ge- oder Verbot** 1. Der Radverkehr darf nicht die Fahrbahn, sondern muss den Radweg des getrennten Rad- und Gehwegs benutzen (Radwegbenutzungspflicht). 2. Anderer Verkehr darf ihn nicht benutzen. 3. Ist durch Zusatzzeichen die Benutzung eines getrennten Geh- und Radwegs für eine andere Verkehrsart erlaubt, darf diese nur den für den Radverkehr bestimmten Teil des getrennten Geh- und Radwegs befahren. 4. Die andere Verkehrsart muss auf den Radverkehr Rücksicht nehmen. Erforderlichenfalls muss anderer Fahrzeugverkehr die Geschwindigkeit an den Radverkehr anpassen. 5. § 2 Absatz 4 Satz 6 bleibt unberührt. **Erläuterung** Das Zeichen kennzeichnet auch den Gehweg (§ 25 Absatz 1 Satz 1).
21	Zeichen 242.1  Beginn einer Fußgängerzone	**Ge- oder Verbot** 1. Anderer als Fußgängerverkehr darf die Fußgängerzone nicht benutzen. 2. Ist durch Zusatzzeichen die Benutzung einer Fußgängerzone für eine andere Verkehrsart erlaubt, dann gilt für den Fahrverkehr Nummer 2 zu Zeichen 239 entsprechend.
22	Zeichen 242.2  Ende einer Fußgängerzone	
23	Zeichen 244.1  Beginn einer Fahrradstraße	**Ge- oder Verbot** 1. Anderer Fahrzeugverkehr als Radverkehr sowie Elektrokleinstfahrzeuge im Sinne der eKFV darf Fahrradstraßen nicht benutzen, es sei denn, dies ist durch Zusatzzeichen erlaubt. Die freigegebenen Verkehrsarten können auch gemeinsam auf einem Zusatzzeichen abgebildet sein. Das Überqueren einer Fahrradstraße durch anderen Fahrzeugverkehr an einer Kreuzung zum Erreichen der weiterführenden Straße ist gestattet. 2. Für den Fahrverkehr gilt eine Höchstgeschwindigkeit von 30 km/h. Der Radverkehr darf weder gefährdet noch behindert werden. Wenn nötig, muss der Kraftfahrzeugverkehr die Geschwindigkeit weiter verringern. 3. Das Nebeneinanderfahren mit Fahrrädern ist erlaubt 4. Im Übrigen gelten die Vorschriften über die Fahrbahnbenutzung und über die Vorfahrt.

1	2	3
lfd. Nr.	Zeichen und Zusatzzeichen	Ge- oder Verbote Erläuterungen
24	Zeichen 244.2  Ende einer Fahrradstraße	
24.1	Zeichen 244.3  Beginn einer Fahrradzone	**Ge- oder Verbot** 1. Anderer Fahrzeugverkehr als Radverkehr sowie Elektrokleinstfahrzeuge im Sinne der eKFV darf Fahrradzonen nicht benutzen, es sei denn, dies ist durch Zusatzzeichen erlaubt. Die freigegebenen Verkehrsarten können auch gemeinsam auf einem Zusatzzeichen abgebildet sein. 2. Für den Fahrverkehr gilt eine Höchstgeschwindigkeit von 30 km/h. Der Radverkehr darf weder gefährdet noch behindert werden. Wenn nötig, muss der Kraftfahrzeugverkehr die Geschwindigkeit weiter verringern. 3. Das Nebeneinanderfahren mit Fahrrädern und Elektrokleinstfahrzeugen im Sinne der eKFV ist erlaubt. 4. Im Übrigen gelten die Vorschriften über die Fahrbahnbenutzung und über die Vorfahrt.
24.2	Zeichen 244.4  Ende einer Fahrradzone	
25	Zeichen 245  Bussonderfahrstreifen	**Ge- oder Verbot** 1. Anderer Fahrverkehr als Omnibusse des Linienverkehrs sowie nach dem Personenbeförderungsrecht mit dem Schulbus-Schild zu kennzeichnende Fahrzeuge des Schüler- und Behindertenverkehrs dürfen Bussonderfahrstreifen nicht benutzen. 2. Mit Krankenfahrzeugen, Taxen, Fahrrädern und Bussen im Gelegenheitsverkehr darf der Sonderfahrstreifen nur benutzt werden, wenn dies durch Zusatzzeichen angezeigt ist. 3. Taxen dürfen an Bushaltestellen (Zeichen 224) zum sofortigen Ein- und Aussteigen von Fahrgästen halten. 4. [1] Mit elektrisch betriebenen Fahrzeugen darf der Bussonderfahrstreifen nur benutzt werden, wenn dies durch Zusatzzeichen angezeigt ist.

1) Siehe hierzu die Übergangsbestimmungen in § 52.

1	2	3
lfd. Nr.	Zeichen und Zusatzzeichen	Ge- oder Verbote Erläuterungen
25.1[1]		**Ge- oder Verbot** Mit diesem Zusatzzeichen sind elektrisch betriebene Fahrzeuge auf dem Bussonderfahrstreifen zugelassen.
Abschnitt 6 Verkehrsverbote		
26		**Ge- oder Verbot** Die nachfolgenden Zeichen 250 bis 261 (Verkehrsverbote) untersagen die Verkehrsteilnahme ganz oder teilweise mit dem angegebenen Inhalt. **Erläuterung** Für die Zeichen 250 bis 259 gilt: 1. Durch Verkehrszeichen gleicher Art mit Sinnbildern nach § 39 Absatz 7 können andere Verkehrsarten verboten werden. 2. Zwei der nachstehenden Verbote können auf einem Schild vereinigt sein.
27	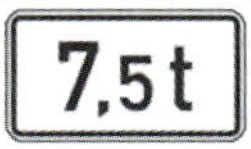	**Ge- oder Verbot** Ist auf einem Zusatzzeichen eine Masse, wie „7,5 t", angegeben, gilt das Verbot nur, soweit die zulässige Gesamtmasse dieser Verkehrsmittel einschließlich ihrer Anhänger die angegebene Grenze überschreitet.
27.1[1]		**Ge- oder Verbot** Mit diesem Zusatzzeichen sind elektrisch betriebene Fahrzeuge von Verkehrsverboten (Zeichen 250, 251, 253, 255, 260) ausgenommen.
28	Zeichen 250  Verbot für Fahrzeuge aller Art	**Ge- oder Verbot** 1. Verbot für Fahrzeuge aller Art. Das Zeichen gilt nicht für Handfahrzeuge, abweichend von § 28 Absatz 2 auch nicht für Reiter, Führer von Pferden sowie Treiber und Führer von Vieh. 2. Krafträder und Fahrräder dürfen geschoben werden.
29	Zeichen 251  Verbot für Kraftwagen	**Ge- oder Verbot** Verbot für Kraftwagen und sonstige mehrspurige Kraftfahrzeuge

1) Siehe hierzu die Übergangsbestimmungen in § 52.

1	2	3
lfd. Nr.	Zeichen und Zusatzzeichen	Ge- oder Verbote Erläuterungen
30	Zeichen 253  Verbot für Kraftfahrzeuge über 3,5 t	**Ge- oder Verbot** Verbot für Kraftfahrzeuge mit einer zulässigen Gesamtmasse über 3,5 t, einschließlich ihrer Anhänger, und für Zugmaschinen. Ausgenommen sind Personenkraftwagen und Kraftomnibusse. **Erläuterung** Das Zeichen kann in einer Überleitungstafel oder in einer Verschwenkungstafel oder in einer Fahrstreifentafel integriert sein. Dann bezieht sich das Verbot nur auf den jeweiligen Fahrstreifen, für den das Verbot angeordnet ist.
30.1	 	**Ge- oder Verbot** Wird Zeichen 253 mit diesen Zusatzzeichen angeordnet, bedeutet dies: 1. Das Verbot ist auf den Durchgangsverkehr mit Nutzfahrzeugen, einschließlich ihrer Anhänger, mit einer zulässigen Gesamtmasse ab 7,5 t beschränkt. 2. Durchgangsverkehr liegt nicht vor, soweit die jeweilige Fahrt a) dazu dient, ein Grundstück an der vom Verkehrsverbot betroffenen Straße oder an einer Straße, die durch die vom Verkehrsverbot betroffene Straße erschlossen wird, zu erreichen oder zu verlassen, b) dem Güterverkehr im Sinne des § 1 Absatz 1 des Güterkraftverkehrsgesetzes in einem Gebiet innerhalb eines Umkreises von 75 km, gerechnet in der Luftlinie vom Mittelpunkt des zu Beginn einer Fahrt ersten Beladeorts des jeweiligen Fahrzeugs (Ortsmittelpunkt), dient; dabei gehören alle Gemeinden, deren Ortsmittelpunkt innerhalb des Gebietes liegt, zu dem Gebiet, oder c) mit im Bundesfernstraßenmautgesetz bezeichneten Fahrzeugen, die nicht der Mautpflicht unterliegen, durchgeführt wird. 3. Ausgenommen von dem Verkehrsverbot ist eine Fahrt, die auf ausgewiesenen Umleitungsstrecken (Zeichen 421, 442, 454 bis 457.2 oder Zeichen 460 und 466) durchgeführt wird, um besonderen Verkehrslagen Rechnung zu tragen. **Erläuterung** Diese Kombination ist nur mit Zeichen 253 zulässig.
31	Zeichen 254  Verbot für Radverkehr	**Ge- oder Verbot** Verbot für den Radverkehr und den Verkehr mit Elektrokleinstfahrzeugen im Sinne der eKFV

1	2	3
lfd. Nr.	Zeichen und Zusatzzeichen	Ge- oder Verbote Erläuterungen
32	Zeichen 255  Verbot für Krafträder	**Ge- oder Verbot** Verbot für Krafträder, auch mit Beiwagen, Kleinkrafträder und Mofas
33	Zeichen 259  Verbot für Fußgänger	**Ge- oder Verbot** Verbot für den Fußgängerverkehr
34	Zeichen 260  Verbot für Kraftfahrzeuge	**Ge- oder Verbot** Verbot für Krafträder, auch mit Beiwagen, Kleinkrafträder und Mofas sowie für Kraftwagen und sonstige mehrspurige Kraftfahrzeuge
35	Zeichen 261  Verbot für kennzeichnungspflichtige Kraftfahrzeuge mit gefährlichen Gütern	**Ge- oder Verbot** Verbot für kennzeichnungspflichtige Kraftfahrzeuge mit gefährlichen Gütern
zu 36 bis 40		**Ge- oder Verbot** Die nachfolgenden Zeichen 262 bis 266 verbieten die Verkehrsteilnahme für Fahrzeuge, deren Maße oder Massen, einschließlich Ladung, eine auf dem jeweiligen Zeichen angegebene tatsächliche Grenze überschreiten. **Erläuterung** Die angegebenen Grenzen stellen nur Beispiele dar.

1	2	3
lfd. Nr.	Zeichen und Zusatzzeichen	Ge- oder Verbote Erläuterungen
36	Zeichen 262  Tatsächliche Masse	**Ge- oder Verbot** Die Beschränkung durch Zeichen 262 gilt bei Fahrzeugkombinationen für das einzelne Fahrzeug, bei Sattelkraftfahrzeugen gesondert für die Sattelzugmaschine einschließlich Sattellast und für die tatsächlich vorhandenen Achslasten des Sattelanhängers. **Erläuterung** Das Zeichen kann in einer Überleitungstafel oder in einer Verschwenkungstafel oder in einer Fahrstreifentafel integriert sein. Dann bezieht sich das Verbot nur auf den jeweiligen Fahrstreifen, für den das Verbot angeordnet ist.
37	Zeichen 263  Tatsächliche Achslast	**Erläuterung** Das Zeichen kann in einer Überleitungstafel oder in einer Verschwenkungstafel oder in einer Fahrstreifentafel integriert sein. Dann bezieht sich das Verbot nur auf den jeweiligen Fahrstreifen, für den das Verbot angeordnet ist.
38	Zeichen 264  Tatsächliche Breite	**Erläuterung** Die tatsächliche Breite gibt das Maß einschließlich der Fahrzeugaußenspiegel an. Das Zeichen kann in einer Überleitungstafel oder in einer Verschwenkungstafel oder in einer Fahrstreifentafel integriert sein. Dann bezieht sich das Verbot nur auf den jeweiligen Fahrstreifen, für den das Verbot angeordnet ist.
39	Zeichen 265  Tatsächliche Höhe	**Erläuterung** Das Zeichen kann in einer Überleitungstafel oder in einer Verschwenkungstafel oder in einer Fahrstreifentafel integriert sein. Dann bezieht sich das Verbot nur auf den jeweiligen Fahrstreifen, für den das Verbot angeordnet ist.
40	Zeichen 266  Tatsächliche Länge	**Ge- oder Verbot** Das Verbot gilt bei Fahrzeugkombinationen für die Gesamtlänge.

1	2	3
lfd. Nr.	Zeichen und Zusatzzeichen	Ge- oder Verbote Erläuterungen
41	Zeichen 267  Verbot der Einfahrt	**Ge- oder Verbot** Wer ein Fahrzeug führt, darf nicht in die Fahrbahn einfahren, für die das Zeichen angeordnet ist. **Erläuterung** Das Zeichen steht auf der rechten Seite der Fahrbahn, für die es gilt, oder auf beiden Seiten dieser Fahrbahn.
41.1		**Ge- oder Verbot** Durch das Zusatzzeichen zu dem Zeichen 267 ist die Einfahrt für den Radverkehr und Elektrokleinstfahrzeuge im Sinne der eKFV zugelassen.
42	Zeichen 268  Schneeketten vorgeschrieben	**Ge- oder Verbot** Wer ein Fahrzeug führt, darf die Straße nur mit Schneeketten befahren.
43	Zeichen 269  Verbot für Fahrzeuge mit wassergefährdender Ladung	**Ge- oder Verbot** Wer ein Fahrzeug führt, darf die Straße mit mehr als 20 l wassergefährdender Ladung nicht benutzen.

1	2	3
lfd. Nr.	Zeichen und Zusatzzeichen	Ge- oder Verbote Erläuterungen
44	Zeichen 270.1  Beginn einer Verkehrsverbotszone zur Verminderung schädlicher Luftverunreinigungen in einer Zone	**Ge- oder Verbot** 1. Die Teilnahme am Verkehr mit einem Kraftfahrzeug innerhalb einer so gekennzeichneten Zone ist verboten. 2. § 1 Absatz 2 sowie § 2 Absatz 3 in Verbindung mit Anhang 3 der Verordnung zur Kennzeichnung der Kraftfahrzeuge mit geringem Beitrag zur Schadstoffbelastung vom 10. Oktober 2006 (BGBl. I S. 2218), die durch Artikel 1 der Verordnung vom 5. Dezember 2007 (BGBl. I S. 2793) geändert worden ist, bleiben unberührt. Die Ausnahmen können im Einzelfall oder allgemein durch Zusatzzeichen oder Allgemeinverfügung zugelassen sein. 3. Von dem Verbot der Verkehrsteilnahme sind zudem Kraftfahrzeuge zur Beförderung schwerbehinderter Menschen mit außergewöhnlicher Gehbehinderung, beidseitiger Amelie oder Phokomelie oder mit vergleichbaren Funktionseinschränkungen sowie blinde Menschen ausgenommen. **Erläuterung** Die Umweltzone ist zur Vermeidung von schädlichen Umwelteinwirkungen durch Luftverunreinigungen in einem Luftreinhalteplan oder einem Plan für kurzfristig zu ergreifende Maßnahmen nach § 47 Absatz 1 oder 2 des Bundes-Immissionsschutzgesetzes festgesetzt und auf Grund des § 40 Absatz 1 des Bundes-Immissionsschutzgesetzes angeordnet. Die Kennzeichnung der Umweltzone erfolgt auf Grund von § 45 Absatz 1f.
45	Zeichen 270.2  Ende einer Verkehrsverbotszone zur Verminderung schädlicher Luftverunreinigungen in einer Zone	
46	 Freistellung vom Verkehrsverbot nach § 40 Absatz 1 des Bundes-Immissionsschutzgesetzes	**Ge- oder Verbot** Das Zusatzzeichen zum Zeichen 270.1 nimmt Kraftfahrzeuge vom Verkehrsverbot aus, die mit einer auf dem Zusatzzeichen in der jeweiligen Farbe angezeigten Plakette nach § 3 der Verordnung zur Kennzeichnung der Kraftfahrzeuge mit geringem Beitrag zur Schadstoffbelastung ausgestattet sind.

1	2	3
lfd. Nr.	Zeichen und Zusatzzeichen	Ge- oder Verbote Erläuterungen
47	Zeichen 272  Verbot des Wendens	**Ge- oder Verbot** Wer ein Fahrzeug führt, darf hier nicht wenden.
48	Zeichen 273  Verbot des Unterschreitens des angegebenen Mindestabstandes	**Ge- oder Verbot** Wer ein Kraftfahrzeug mit einer zulässigen Gesamtmasse über 3,5 t oder eine Zugmaschine führt, darf den angegebenen Mindestabstand zu einem vorausfahrenden Kraftfahrzeug gleicher Art nicht unterschreiten. Personenkraftwagen und Kraftomnibusse sind ausgenommen.
Abschnitt 7 Geschwindigkeitsbeschränkungen und Überholverbote		
49	Zeichen 274  Zulässige Höchstgeschwindigkeit	**Ge- oder Verbot** 1. Wer ein Fahrzeug führt, darf nicht schneller als mit der jeweils angegebenen Höchstgeschwindigkeit fahren. 2. Sind durch das Zeichen innerhalb geschlossener Ortschaften bestimmte Geschwindigkeiten über 50 km/h zugelassen, gilt das für Fahrzeuge aller Art. 3. Außerhalb geschlossener Ortschaften bleiben die für bestimmte Fahrzeugarten geltenden Höchstgeschwindigkeiten (§ 3 Absatz 3 Nummer 2 Buchstabe a und b und § 18 Absatz 5) unberührt, wenn durch das Zeichen eine höhere Geschwindigkeit zugelassen ist. **Erläuterung** Das Zeichen kann in einer Fahrstreifentafel oder einer Einengungstafel oder einer Aufweitungstafel integriert sein. Dann bezieht sich die zulässige Höchstgeschwindigkeit nur auf den jeweiligen Fahrstreifen, für den die Höchstgeschwindigkeit angeordnet ist.
49.1		**Ge- oder Verbot** Das Zusatzzeichen zu dem Zeichen 274 verbietet Fahrzeugführenden, bei nasser Fahrbahn die angegebene Geschwindigkeit zu überschreiten.

1	2	3
lfd. Nr.	Zeichen und Zusatzzeichen	Ge- oder Verbote Erläuterungen
50	Zeichen 274.1  Beginn einer Tempo 30-Zone	**Ge- oder Verbot** Wer ein Fahrzeug führt, darf innerhalb dieser Zone nicht schneller als mit der angegebenen Höchstgeschwindigkeit fahren. **Erläuterung** Mit dem Zeichen können in verkehrsberuhigten Geschäftsbereichen auch Zonengeschwindigkeitsbeschränkungen von weniger als 30 km/h angeordnet sein.
51	Zeichen 274.2  Ende einer Tempo 30-Zone	
52	Zeichen 275  Vorgeschriebene Mindestgeschwindigkeit	**Ge- oder Verbot** Wer ein Fahrzeug führt, darf nicht langsamer als mit der angegebenen Mindestgeschwindigkeit fahren, sofern nicht Straßen-, Verkehrs-, Sicht- oder Wetterverhältnisse dazu verpflichten. Es verbietet, mit Fahrzeugen, die nicht so schnell fahren können oder dürfen, einen so gekennzeichneten Fahrstreifen zu benutzen. **Erläuterung** Das Zeichen kann in einer Fahrstreifentafel oder einer Aufweitungstafel integriert sein. Dann bezieht sich die vorgeschriebene Mindestgeschwindigkeit nur auf den jeweiligen Fahrstreifen, für den die Mindestgeschwindigkeit angeordnet ist.
Zu 53, 54 und 54.4		**Ge- oder Verbot** Die nachfolgenden Zeichen 276 und 277 verbieten Kraftfahrzeugen das Überholen von mehrspurigen Kraftfahrzeugen und Krafträdern mit Beiwagen. Ist auf einem Zusatzzeichen eine Masse, wie „7,5 t" angegeben, gilt das Verbot nur, soweit die zulässige Gesamtmasse dieser Kraftfahrzeuge, einschließlich ihrer Anhänger, die angegebene Grenze überschreitet. Soll mehrspurigen Kraftfahrzeugen und Krafträdern mit Beiwagen das Überholen von einspurigen Fahrzeugen verboten werden, ist Zeichen 277.1 angeordnet.
53	Zeichen 276  Überholverbot für Kraftfahrzeuge aller Art	

1	2	3
lfd. Nr.	Zeichen und Zusatzzeichen	Ge- oder Verbote Erläuterungen
54	Zeichen 277  Überholverbot für Kraftfahrzeuge über 3,5 t	**Ge- oder Verbot** Überholverbot für Kraftfahrzeuge mit einer zulässigen Gesamtmasse über 3,5 t, einschließlich ihrer Anhänger, und für Zugmaschinen. Ausgenommen sind Personenkraftwagen und Kraftomnibusse.
54.1		**Ge- oder Verbot** Mit dem Zusatzzeichen gilt das durch Zeichen 277 angeordnete Überholverbot auch für Kraftfahrzeuge über 2,8 t, einschließlich ihrer Anhänger.
54.2		**Ge- oder Verbot** Mit dem Zusatzzeichen gilt das durch Zeichen 277 angeordnete Überholverbot auch für Kraftomnibusse und Personenkraftwagen mit Anhänger.
54.3		**Erläuterung** Das Zusatzzeichen zu dem Zeichen 274, 276, 277 oder 277.1 gibt die Länge einer Geschwindigkeitsbeschränkung oder eines Überholverbots an.
54.4	Zeichen 277.1  Verbot des Überholens von einspurigen Fahrzeugen für mehrspurige Kraftfahrzeuge und Krafträder mit Beiwagen	**Ge- oder Verbot** Wer ein mehrspuriges Kraftfahrzeug führt, darf ein- und mehrspurige Fahrzeuge nicht überholen.
55		**Erläuterung** Das Ende einer streckenbezogenen Geschwindigkeitsbeschränkung oder eines Überholverbots ist nicht gekennzeichnet, wenn das Verbot nur für eine kurze Strecke gilt und auf einem Zusatzzeichen die Länge des Verbots angegeben ist. Es ist auch nicht gekennzeichnet, wenn das Verbotszeichen zusammen mit einem Gefahrzeichen angebracht ist und sich aus der Örtlichkeit zweifelsfrei ergibt, von wo an die angezeigte Gefahr nicht mehr besteht. Sonst ist es gekennzeichnet durch die Zeichen 278 bis 282.

1	2	3
lfd. Nr.	Zeichen und Zusatzzeichen	Ge- oder Verbote Erläuterungen
56	Zeichen 278  Ende der zulässigen Höchstgeschwindigkeit	**Erläuterung** Das Zeichen kann in einer Fahrstreifentafel oder einer Einengungstafel oder Aufweitungstafel integriert sein. Dann bezieht sich das Zeichen nur auf den jeweiligen Fahrstreifen, für den die zulässige Höchstgeschwindigkeit vorher angeordnet worden war.
57	Zeichen 279  Ende der vorgeschriebenen Mindestgeschwindigkeit	**Erläuterung** Das Zeichen kann in einer Fahrstreifentafel oder einer Einengungstafel integriert sein. Dann bezieht sich das Zeichen nur auf den jeweiligen Fahrstreifen, für den die vorgeschriebene Mindestgeschwindigkeit vorher angeordnet worden war.
58	Zeichen 280  Ende des Überholverbots für Kraftfahrzeuge aller Art	
59	Zeichen 281  Ende des Überholverbots für Kraftfahrzeuge über 3,5 t	

1	2	3
lfd. Nr.	Zeichen und Zusatzzeichen	Ge- oder Verbote Erläuterungen
59.1	Zeichen 281.1  Ende des Verbots des Überholens von einspurigen Fahrzeugen für mehrspurige Kraftfahrzeuge und Krafträder mit Beiwagen	
60	Zeichen 282  Ende sämtlicher streckenbezogener Geschwindigkeitsbeschränkungen und Überholverbote	**Erläuterung** Das Zeichen kann in einer Fahrstreifentafel oder einer Aufweitungstafel integriert sein. Dann bezieht sich das Zeichen nur auf den jeweiligen Fahrstreifen, für den die streckenbezogenen Geschwindigkeitsbeschränkungen und Überholverbote vorher angeordnet worden waren.
Abschnitt 8 Halt- und Parkverbote		
61		**Ge- oder Verbot** 1. Die durch die nachfolgenden Zeichen 283 und 286 angeordneten Haltverbote gelten nur auf der Straßenseite, auf der die Zeichen angebracht sind. Sie gelten bis zur nächsten Kreuzung oder Einmündung auf der gleichen Straßenseite oder bis durch Verkehrszeichen für den ruhenden Verkehr eine andere Regelung vorgegeben wird. 2. Mobile, vorübergehend angeordnete Haltverbote durch Zeichen 283 und 286 heben Verkehrszeichen auf, die das Parken erlauben. **Erläuterung** Der Anfang der Verbotsstrecke kann durch einen zur Fahrbahn weisenden waagerechten weißen Pfeil im Zeichen, das Ende durch einen solchen von der Fahrbahn wegweisenden Pfeil gekennzeichnet sein. Bei in der Verbotsstrecke wiederholten Zeichen weist eine Pfeilspitze zur Fahrbahn, die zweite Pfeilspitze von ihr weg.

1	2	3
lfd. Nr.	Zeichen und Zusatzzeichen	Ge- oder Verbote Erläuterungen
62	Zeichen 283  Absolutes Haltverbot	**Ge- oder Verbot** Das Halten auf der Fahrbahn ist verboten.
62.1		**Ge- oder Verbot** Das mit dem Zeichen 283 angeordnete Zusatzzeichen verbietet das Halten von Fahrzeugen auch auf dem Seitenstreifen.
62.2		**Ge- oder Verbot** Das mit dem Zeichen 283 angeordnete Zusatzzeichen verbietet das Halten von Fahrzeugen nur auf dem Seitenstreifen.
63	Zeichen 286  Eingeschränktes Haltverbot	**Ge- oder Verbot** 1. Wer ein Fahrzeug führt, darf nicht länger als drei Minuten auf der Fahrbahn halten, ausgenommen zum Ein- oder Aussteigen oder zum Be- oder Entladen. 2. Ladegeschäfte müssen ohne Verzögerung durchgeführt werden.
63.1		**Ge- oder Verbot** Mit dem Zusatzzeichen zu Zeichen 286 darf auch auf dem Seitenstreifen nicht länger als drei Minuten gehalten werden, ausgenommen zum Ein- oder Aussteigen oder zum Be- oder Entladen.
63.2		**Ge- oder Verbot** Mit dem Zusatzzeichen zu Zeichen 286 darf nur auf dem Seitenstreifen nicht länger als drei Minuten gehalten werden, ausgenommen zum Ein- oder Aussteigen oder zum Be- oder Entladen.
63.3		**Ge- oder Verbot** 1. Das Zusatzzeichen zu Zeichen 286 nimmt schwerbehinderte Menschen mit außergewöhnlicher Gehbehinderung, beidseitiger Amelie oder Phokomelie oder mit vergleichbaren Funktionseinschränkungen sowie blinde Menschen, jeweils mit besonderem Parkausweis Nummer …, vom Haltverbot aus. 2. Die Ausnahme gilt nur, soweit der Parkausweis gut lesbar ausgelegt oder angebracht ist.
63.4		**Ge- oder Verbot** 1. Das Zusatzzeichen zu Zeichen 286 nimmt Bewohner mit besonderem Parkausweis vom Haltverbot aus. 2. Die Ausnahme gilt nur, soweit der Parkausweis gut lesbar ausgelegt oder angebracht ist.

1	2	3
lfd. Nr.	Zeichen und Zusatzzeichen	Ge- oder Verbote Erläuterungen
63.5[1]		**Ge- oder Verbot** Durch das Zusatzzeichen zu Zeichen 286 wird das Parken für elektrisch betriebene Fahrzeuge innerhalb der gekennzeichneten Flächen erlaubt.
63.6		**Ge- oder Verbot** Durch das Zusatzzeichen zu Zeichen 286 wird das Parken für Carsharingfahrzeuge (§ 39 Absatz 11) innerhalb der gekennzeichneten Flächen erlaubt.
64	Zeichen 290.1  Beginn eines Eingeschränkten Haltverbots für eine Zone	**Ge- oder Verbot** 1. Wer ein Fahrzeug führt, darf innerhalb der gekennzeichneten Zone nicht länger als drei Minuten halten, ausgenommen zum Ein- oder Aussteigen oder zum Be- oder Entladen. 2. Innerhalb der gekennzeichneten Zone gilt das eingeschränkte Haltverbot auf allen öffentlichen Verkehrsflächen, sofern nicht abweichende Regelungen durch Verkehrszeichen oder Verkehrseinrichtungen getroffen sind. 3. Durch Zusatzzeichen kann das Parken für Bewohner mit Parkausweis oder mit Parkschein oder Parkscheibe (Bild 318) innerhalb gekennzeichneter Flächen erlaubt sein. 4. Durch Zusatzzeichen kann das Parken mit Parkschein oder Parkscheibe (Bild 318) innerhalb gekennzeichneter Flächen erlaubt sein. Dabei ist der Parkausweis, der Parkschein oder die Parkscheibe gut lesbar auszulegen oder anzubringen.
64.1[1]		**Ge- oder Verbot** Durch das Zusatzzeichen zu Zeichen 290.1 wird das Parken für elektrisch betriebene Fahrzeuge innerhalb der gekennzeichneten Flächen erlaubt.
64.2		**Ge- oder Verbot** Durch das Zusatzzeichen zu Zeichen 290.1 wird das Parken für Carsharingfahrzeuge (§ 39 Absatz 11) innerhalb der gekennzeichneten Flächen erlaubt.
65	Zeichen 290.2  Ende eines eingeschränkten Haltverbots für eine Zone	

1) Siehe hierzu die Übergangsbestimmungen in § 52.

1	2	3
lfd. Nr.	Zeichen und Zusatzzeichen	Ge- oder Verbote Erläuterungen
Abschnitt 9 Markierungen		
66	Zeichen 293  Fußgängerüberweg	**Ge- oder Verbot** Wer ein Fahrzeug führt, darf auf Fußgängerüberwegen sowie bis zu 5 m davor nicht halten.
67	Zeichen 294 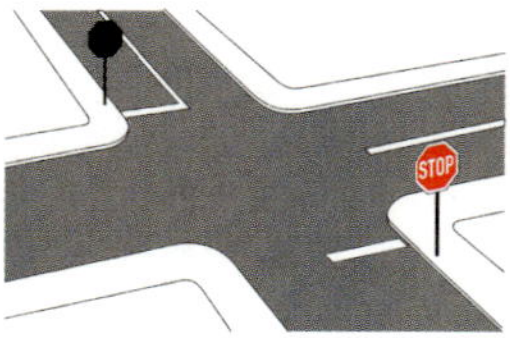 Haltlinie	**Ge- oder Verbot** Ergänzend zu Halt- oder Wartegeboten, die durch Zeichen 206, durch Polizeibeamte, Lichtzeichen oder Schranken gegeben werden, ordnet sie an: Wer ein Fahrzeug führt, muss hier anhalten. Erforderlichenfalls ist an der Stelle, wo die Straße eingesehen werden kann, in die eingefahren werden soll (Sichtlinie), erneut anzuhalten.
68	Zeichen 295  Fahrstreifenbegrenzung, Begrenzung von Fahrbahnen und Sonderwegen	**Ge- oder Verbot** 1. a) Wer ein Fahrzeug führt, darf die durchgehende Linie auch nicht teilweise überfahren. b) Trennt die durchgehende Linie den Teil der Fahrbahn oder des Sonderwegs für den Gegenverkehr ab, ist rechts von ihr zu fahren. c) Grenzt sie einen befestigten Seitenstreifen ab, müssen außerorts landwirtschaftliche Zug- und Arbeitsmaschinen, Fuhrwerke und ähnlich langsame Fahrzeuge möglichst rechts von ihr fahren. d) Wer ein Fahrzeug führt, darf auf der Fahrbahn nicht parken, wenn zwischen dem abgestellten Fahrzeug und der Fahrstreifenbegrenzungslinie kein Fahrstreifen von mindestens 3 m mehr verbleibt. 2. a) Wer ein Fahrzeug führt, darf links von der durchgehenden Fahrbahnbegrenzungslinie nicht halten, wenn rechts ein Seitenstreifen oder Sonderweg vorhanden ist. b) Wer ein Fahrzeug führt, darf die Fahrbahnbegrenzung der Mittelinsel des Kreisverkehrs nicht überfahren. c) Ausgenommen von dem Verbot zum Überfahren der Fahrbahnbegrenzung der Mittelinsel des Kreisverkehrs sind nur Fahrzeuge, denen wegen ihrer Abmessungen das Befahren sonst nicht möglich wäre. Mit ihnen darf die Mittelinsel überfahren werden, wenn eine Gefährdung anderer am Verkehr Teilnehmenden ausgeschlossen ist. 3. a) Wird durch Zeichen 223.1 das Befahren eines Seitenstreifens angeordnet, darf die Fahrbahnbegrenzung wie eine Leitlinie zur Markierung von Fahrstreifen einer durchgehenden Fahrbahn (Zeichen 340) überfahren werden. b) Grenzt sie einen Sonderweg ab, darf sie nur überfahren werden, wenn dahinter anders nicht erreichbare Parkstände angelegt sind oder sich Grundstückszufahrten befinden und das Benutzen von Sonderwegen weder gefährdet noch behindert wird.

1	2	3
lfd. Nr.	Zeichen und Zusatzzeichen	Ge- oder Verbote Erläuterungen
		c) Die Linie zur Begrenzung von Fahrbahnen oder Sonderwegen darf überfahren werden, wenn sich dahinter eine nicht anders erreichbare Grundstückszufahrt befindet. **Erläuterung** 1. Als Fahrstreifenbegrenzung trennt das Zeichen den für den Gegenverkehr bestimmten Teil der Fahrbahn oder mehrere Fahrstreifen für den gleichgerichteten Verkehr voneinander ab. Die Fahrstreifenbegrenzung kann zur Abtrennung des Gegenverkehrs aus einer Doppellinie bestehen. Die Doppellinie kann voneinander abgesetzt aufgebracht sein, dann kann der verbleibende Zwischenraum in grüner Farbe ausgefüllt sein, was weder einen Mittelstreifen noch eine bauliche Trennung darstellt. 2. Als Fahrbahnbegrenzung kann die durchgehende Linie auch einen Seitenstreifen oder Sonderweg abgrenzen. 3. Als Begrenzung eines Sonderwegs kennzeichnet sie den Verlauf des für den Radverkehr bestimmten Teils des Sonderwegs.
69	Zeichen 296  Fahrstreifen B Fahrstreifen A Einseitige Fahrstreifenbegrenzung	**Ge- oder Verbot** 1. Wer ein Fahrzeug führt, darf die durchgehende Linie nicht überfahren oder auf ihr fahren. 2. Wer ein Fahrzeug führt, darf nicht auf der Fahrbahn parken, wenn zwischen dem parkenden Fahrzeug und der durchgehenden Fahrstreifenbegrenzungslinie kein Fahrstreifen von mindestens 3 m mehr verbleibt. 3. Für Fahrzeuge auf dem Fahrstreifen B ordnet die Markierung an: Fahrzeuge auf dem Fahrstreifen B dürfen die Markierung überfahren, wenn der Verkehr dadurch nicht gefährdet wird.
70	Zeichen 297  Pfeilmarkierungen	**Ge- oder Verbot** 1. Wer ein Fahrzeug führt, muss der Fahrtrichtung auf der folgenden Kreuzung oder Einmündung folgen, wenn zwischen den Pfeilen Leitlinien (Zeichen 340) oder Fahrstreifenbegrenzungen (Zeichen 295) markiert sind. 2. Wer ein Fahrzeug führt, darf auf der mit Pfeilen markierten Strecke der Fahrbahn nicht halten (§ 12 Absatz 1). **Erläuterung** Pfeile empfehlen, sich rechtzeitig einzuordnen und in Fahrstreifen nebeneinander zu fahren. Fahrzeuge, die sich eingeordnet haben, dürfen auch rechts überholt werden.

1	2	3
lfd. Nr.	Zeichen und Zusatzzeichen	Ge- oder Verbote Erläuterungen
71	Zeichen 297.1 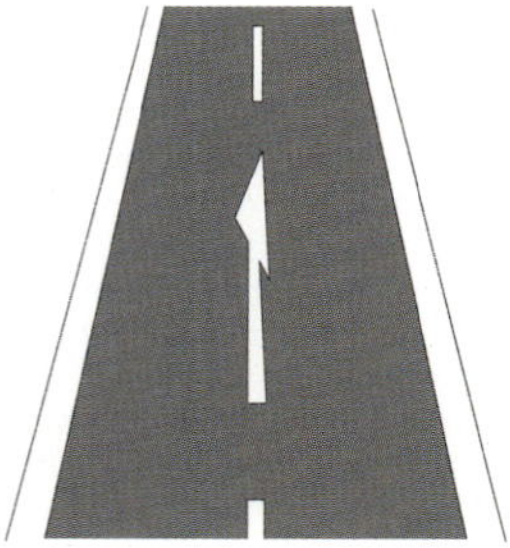 Vorankündigungspfeil	**Erläuterung** Mit dem Vorankündigungspfeil wird eine Fahrstreifenbegrenzung angekündigt oder das Ende eines Fahrstreifens angezeigt. Die Ausführung des Pfeils kann von der gezeigten abweichen.
72	Zeichen 298 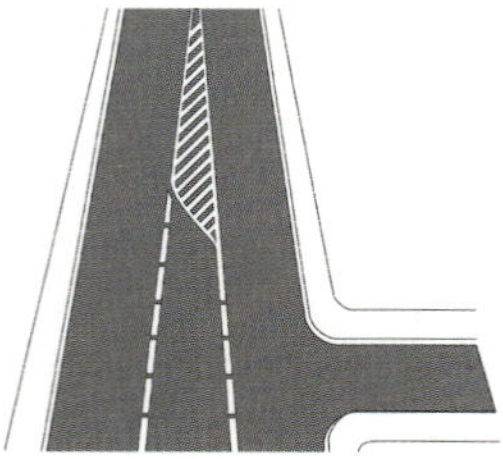 Sperrfläche	**Ge- oder Verbot** Wer ein Fahrzeug führt, darf Sperrflächen nicht benutzen.
73	Zeichen 299 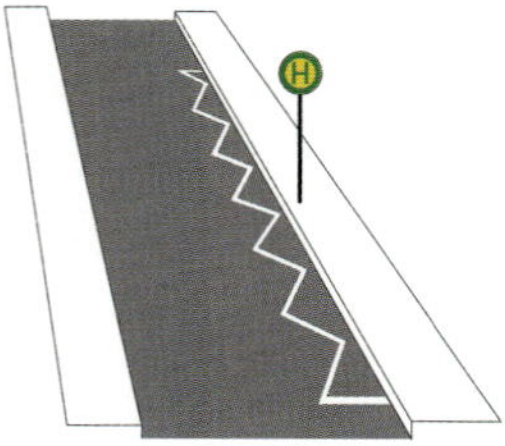 Grenzmarkierung für Halt- oder Parkverbote	**Ge- oder Verbot** Wer ein Fahrzeug führt, darf innerhalb einer Grenzmarkierung für Halt- oder Parkverbote nicht halten oder parken. **Erläuterung** Grenzmarkierungen bezeichnen, verlängern oder verkürzen ein an anderer Stelle vorgeschriebenes Halt- oder Parkverbot.
74	Parkflächenmarkierung	**Ge- oder Verbot** Eine Parkflächenmarkierung erlaubt das Parken; auf Gehwegen aber nur Fahrzeugen mit einer zulässigen Gesamtmasse bis zu 2,8 t. Die durch die Parkflächenmarkierung angeordnete Aufstellung ist einzuhalten. Wo sie mit durchgehenden Linien markiert ist, darf diese überfahren werden. **Erläuterung** Sind Parkflächen auf Straßen erkennbar abgegrenzt, wird damit angeordnet, wie Fahrzeuge aufzustellen sind.

Anlage 3
(zu § 42 Absatz 2)

Richtzeichen

1	2	3
lfd. Nr.	Zeichen und Zusatzzeichen	Ge- oder Verbote Erläuterungen
Abschnitt 1 Vorrangzeichen		
1	Zeichen 301  Vorfahrt	**Ge- oder Verbot** Das Zeichen zeigt an, dass an der nächsten Kreuzung oder Einmündung Vorfahrt besteht.
2	Zeichen 306  Vorfahrtstraße	**Ge- oder Verbot** Wer ein Fahrzeug führt, darf außerhalb geschlossener Ortschaften auf Fahrbahnen von Vorfahrtstraßen nicht parken. Das Zeichen zeigt an, dass Vorfahrt besteht bis zum nächsten Zeichen 205 „Vorfahrt gewähren.“, 206 „Halt. Vorfahrt gewähren.“ oder 307 „Ende der Vorfahrtstraße“.
2.1		**Ge- oder Verbot** 1. Wer ein Fahrzeug führt und dem Verlauf der abknickenden Vorfahrtstraße folgen will, muss dies rechtzeitig und deutlich ankündigen; dabei sind die Fahrtrichtungsanzeiger zu benutzen. 2. Auf den Fußgängerverkehr ist besondere Rücksicht zu nehmen. Wenn nötig, muss gewartet werden. **Erläuterung** Das Zusatzzeichen zum Zeichen 306 zeigt den Verlauf der Vorfahrtstraße an.
3	Zeichen 307  Ende der Vorfahrtstraße	

1	2	3
lfd. Nr.	Zeichen und Zusatzzeichen	Ge- oder Verbote Erläuterungen
4	Zeichen 308  Vorrang vor dem Gegenverkehr	**Ge- oder Verbot** Wer ein Fahrzeug führt, hat Vorrang vor dem Gegenverkehr.
Abschnitt 2 Ortstafel		
zu 5 und 6		**Erläuterung** Ab der Ortstafel gelten jeweils die für den Verkehr innerhalb oder außerhalb geschlossener Ortschaften bestehenden Vorschriften.
5	Zeichen 310  Ortstafel Vorderseite	Die Ortstafel bestimmt: Hier beginnt eine geschlossene Ortschaft.
6	Zeichen 311  Ortstafel Rückseite	Die Ortstafel bestimmt: Hier endet eine geschlossene Ortschaft.
Abschnitt 3 Parken		
7	Zeichen 314  Parken	**Ge- oder Verbot** 1. Wer ein Fahrzeug führt, darf hier parken. 2. a) Durch ein Zusatzzeichen kann die Parkerlaubnis insbesondere nach der Dauer, nach Fahrzeugarten, zugunsten der mit besonderem Parkausweis versehenen Bewohner oder auf das Parken mit Parkschein oder Parkscheibe beschränkt sein. b) Ein Zusatzzeichen mit Bild 318 (Parkscheibe) und Angabe der Stundenzahl schreibt das Parken mit Parkscheibe und dessen zulässige Höchstdauer vor. c) Durch Zusatzzeichen können Bewohner mit Parkausweis von der Verpflichtung zum Parken mit Parkschein oder Parkscheibe freigestellt sein. d) Durch ein Zusatzzeichen mit Rollstuhlfahrersinnbild kann die Parkerlaubnis beschränkt sein auf schwerbehinderte Menschen mit außergewöhnlicher Gehbehinderung, beidseitiger Amelie oder Phokomelie oder mit vergleichbaren Funktionseinschränkungen sowie auf blinde Menschen.

1	2	3
lfd. Nr.	Zeichen und Zusatzzeichen	Ge- oder Verbote Erläuterungen
		e) Die Parkerlaubnis gilt nur, wenn der Parkschein, die Parkscheibe oder der Parkausweis gut lesbar ausgelegt oder angebracht ist. f) Durch Zusatzzeichen kann ein Parkplatz als gebührenpflichtig ausgewiesen sein. 3. a) Durch Zusatzzeichen kann die Parkerlaubnis zugunsten elektrisch betriebener Fahrzeuge beschränkt sein. b) Durch Zusatzzeichen können elektrisch betriebene Fahrzeuge von der Verpflichtung zum Parken mit Parkschein oder Parkscheibe freigestellt sein. Sind Parkscheinautomaten aufgestellt, kann die Freistellung auch allein am Automaten angegeben sein. c) Durch Zusatzzeichen kann die Parkerlaubnis für elektrisch betriebene Fahrzeuge nach der Dauer beschränkt sein. Der Nachweis zur Einhaltung der zeitlichen Dauer erfolgt durch Auslegen der Parkscheibe. Die Parkerlaubnis gilt nur, wenn die Parkscheibe gut lesbar ausgelegt oder angebracht ist. 4. a) Durch Zusatzzeichen kann die Parkerlaubnis zugunsten von mit einem Carsharingausweis versehenen Carsharingfahrzeugen beschränkt sein. Eine Beschränkung auf Fahrzeuge nur eines Carsharingunternehmens oder auf bestimmte Carsharingunternehmen ist nach Maßgabe des Carsharinggesetzes zulässig. Die Beschränkung erfolgt durch die Angabe der entsprechenden Firmenbezeichnung in schwarzer Schrift auf weißem Grund auf einem weiteren Zusatzzeichen. Die Parkerlaubnis gilt nur, wenn der Carsharingausweis im Fahrzeug gut lesbar ausgelegt oder angebracht ist. b) Durch Zusatzzeichen können Carsharingfahrzeuge von der Verpflichtung zum Parken mit Parkschein oder Parkscheibe freigestellt sein. Sind Parkscheinautomaten aufgestellt, kann die Freistellung auch allein am Automaten angegeben sein. **Erläuterung** 1. Der Anfang des erlaubten Parkens kann durch einen zur Fahrbahn weisenden waagerechten weißen Pfeil im Zeichen, das Ende durch einen solchen von der Fahrbahn wegweisenden Pfeil gekennzeichnet sein. Bei in der Strecke wiederholten Zeichen weist eine Pfeilspitze zur Fahrbahn, die zweite Pfeilspitze von ihr weg. 2. Das Zeichen mit einem Zusatzzeichen mit schwarzem Pfeil weist auf die Zufahrt zu größeren Parkplätzen oder Parkhäusern hin. Das Zeichen kann auch durch Hinweise ergänzt werden, ob es sich um ein Parkhaus handelt.

1	2	3
lfd. Nr.	Zeichen und Zusatzzeichen	Ge- oder Verbote Erläuterungen
8	Zeichen 314.1  Beginn einer Parkraumbewirtschaftungszone	**Ge- oder Verbot** 1. Wer ein Fahrzeug führt, darf innerhalb der Parkraumbewirtschaftungszone nur mit Parkschein oder mit Parkscheibe (Bild 318) parken, soweit das Halten und Parken nicht gesetzlich oder durch Verkehrszeichen verboten ist. 2. Durch Zusatzzeichen können Bewohner mit Parkausweis von der Verpflichtung zum Parken mit Parkschein oder Parkscheibe freigestellt sein. 3. Die Parkerlaubnis gilt nur, wenn der Parkschein, die Parkscheibe oder der Parkausweis gut lesbar ausgelegt oder angebracht ist. 4. [1] a) Durch Zusatzzeichen kann die Parkerlaubnis zugunsten elektrisch betriebener Fahrzeuge beschränkt sein. b) Durch Zusatzzeichen können elektrisch betriebene Fahrzeuge von der Verpflichtung zum Parken mit Parkschein oder Parkscheibe freigestellt sein. Sind Parkscheinautomaten aufgestellt, kann die Freistellung auch allein am Automaten angegeben sein. c) Durch Zusatzzeichen kann die Parkerlaubnis für elektrisch betriebene Fahrzeuge nach der Dauer beschränkt sein. Der Nachweis zur Einhaltung der zeitlichen Dauer erfolgt durch Auslegen der Parkscheibe. Die Parkerlaubnis gilt nur, wenn die Parkscheibe gut lesbar ausgelegt oder angebracht ist. 5. a) Durch Zusatzzeichen kann die Parkerlaubnis zugunsten von mit einem Carsharingausweis versehenen Carsharingfahrzeugen beschränkt sein. Eine Beschränkung auf Fahrzeuge nur eines Carsharingunternehmens oder auf bestimmte Carsharingunternehmen ist nach Maßgabe des Carsharinggesetzes zulässig. Die Beschränkung erfolgt durch eine zusätzliche Angabe der entsprechenden Firmenbezeichnung in schwarzer Schrift auf weißem Grund auf einem weiteren Zusatzzeichen. Die Parkerlaubnis gilt nur, wenn der Carsharingausweis gut lesbar im Fahrzeug ausgelegt oder angebracht ist. b) Durch Zusatzzeichen können Carsharingfahrzeuge von der Verpflichtung zum Parken mit Parkschein oder Parkscheibe freigestellt sein. Sind Parkscheinautomaten aufgestellt, kann die Freistellung auch allein am Automaten angegeben sein. **Erläuterung** Die Art der Parkbeschränkung wird durch Zusatzzeichen angezeigt.

1) Siehe hierzu die Übergangsbestimmungen in § 52.

1	2	3
lfd. Nr.	Zeichen und Zusatzzeichen	Ge- oder Verbote Erläuterungen
9	Zeichen 314.2  Ende einer Parkraumbewirtschaftungszone	
10	Zeichen 315  Parken auf Gehwegen	**Ge- oder Verbot** 1. Wer ein Fahrzeug führt, darf auf Gehwegen mit Fahrzeugen mit einer zulässigen Gesamtmasse über 2,8 t nicht parken. Dann darf auch nicht entgegen der angeordneten Aufstellungsart des Zeichens oder entgegen Beschränkungen durch Zusatzzeichen geparkt werden. 2. a) Durch ein Zusatzzeichen kann die Parkerlaubnis insbesondere nach der Dauer, nach Fahrzeugarten, zugunsten der mit besonderem Parkausweis versehenen Bewohner oder auf das Parken mit Parkschein oder Parkscheibe beschränkt sein. b) Ein Zusatzzeichen mit Bild 318 (Parkscheibe) und Angabe der Stundenzahl schreibt das Parken mit Parkscheibe und dessen zulässige Höchstdauer vor. c) Durch Zusatzzeichen können Bewohner mit Parkausweis von der Verpflichtung zum Parken mit Parkschein oder Parkscheibe freigestellt sein. d) Durch ein Zusatzzeichen mit Rollstuhlfahrersinnbild kann die Parkerlaubnis beschränkt sein für schwerbehinderte Menschen mit außergewöhnlicher Gehbehinderung, beidseitiger Amelie oder Phokomelie oder mit vergleichbaren Funktionseinschränkungen sowie für blinde Menschen. e) Die Parkerlaubnis gilt nur, wenn der Parkschein, die Parkscheibe oder der Parkausweis gut lesbar ausgelegt oder angebracht ist. 3. [1] a) Durch Zusatzzeichen kann die Parkerlaubnis zugunsten elektrisch betriebener Fahrzeuge beschränkt sein. b) Durch Zusatzzeichen können elektrisch betriebene Fahrzeuge von der Verpflichtung zum Parken mit Parkschein oder Parkscheibe freigestellt sein. Sind Parkscheinautomaten aufgestellt, kann die Freistellung auch allein am Automaten angegeben sein. c) Durch Zusatzzeichen kann die Parkerlaubnis für elektrisch betriebene Fahrzeuge nach der Dauer beschränkt sein. Der Nachweis zur Einhaltung der zeitlichen Dauer erfolgt durch Auslegen der Parkscheibe. Die Parkerlaubnis gilt nur, wenn die Parkscheibe gut lesbar ausgelegt oder angebracht ist. 4. a) Durch Zusatzzeichen kann die Parkerlaubnis zugunsten von mit einem Carsharingausweis versehenen Carsharingfahrzeugen beschränkt sein. Eine Be-

1) Siehe hierzu die Übergangsbestimmungen in § 52.

1	2	3
lfd. Nr.	Zeichen und Zusatzzeichen	Ge- oder Verbote Erläuterungen
		schränkung auf Fahrzeuge nur eines Carsharingunternehmens oder auf bestimmte Carsharingunternehmen ist nach Maßgabe des Carsharinggesetzes zulässig. Die Beschränkung erfolgt durch eine zusätzliche Angabe der entsprechenden Firmenbezeichnung in schwarzer Schrift auf weißem Grund auf einem weiteren Zusatzzeichen. Die Parkerlaubnis gilt nur, wenn der Carsharingausweis gut lesbar im Fahrzeug ausgelegt oder angebracht ist. b) Durch Zusatzzeichen können Carsharingfahrzeuge von der Verpflichtung zum Parken mit Parkschein oder Parkscheibe freigestellt sein. Sind Parkscheinautomaten aufgestellt, kann die Freistellung auch allein am Automaten angegeben sein. **Erläuterung** 1. Der Anfang des erlaubten Parkens kann durch einen zur Fahrbahn weisenden waagerechten weißen Pfeil im Zeichen, das Ende durch einen solchen von der Fahrbahn wegweisenden Pfeil gekennzeichnet sein. Bei in der Strecke wiederholten Zeichen weist eine Pfeilspitze zur Fahrbahn, die zweite Pfeilspitze von ihr weg. 2. Im Zeichen ist bildlich dargestellt, wie die Fahrzeuge aufzustellen sind.
11	Bild 318  Parkscheibe	**Ge- oder Verbot**[1)] Ist die Parkzeit bei elektrisch betriebenen Fahrzeugen beschränkt, so ist der Nachweis durch Auslegen der Parkscheibe zu erbringen.
Abschnitt 4 Verkehrsberuhigter Bereich		
12	Zeichen 325.1  Beginn eines verkehrsberuhigten Bereichs	**Ge- oder Verbot** 1. Wer ein Fahrzeug führt, muss mit Schrittgeschwindigkeit fahren. 2. Wer ein Fahrzeug führt, darf den Fußgängerverkehr weder gefährden noch behindern; wenn nötig, muss gewartet werden. 3. Wer zu Fuß geht, darf den Fahrverkehr nicht unnötig behindern. 4. Wer ein Fahrzeug führt, darf außerhalb der dafür gekennzeichneten Flächen nicht parken, ausgenommen zum Ein- oder Aussteigen und zum Be- oder Entladen. 5. Wer zu Fuß geht, darf die Straße in ihrer ganzen Breite benutzen; Kinderspiele sind überall erlaubt.

1) Siehe hierzu die Übergangsbestimmungen in § 52.

1	2	3
lfd. Nr.	Zeichen und Zusatzzeichen	Ge- oder Verbote Erläuterungen
13	Zeichen 325.2  Ende eines verkehrsberuhigten Bereichs	**Erläuterung** Beim Ausfahren ist § 10 zu beachten.
Abschnitt 5 Tunnel		
14	Zeichen 327  Tunnel	**Ge- oder Verbote** 1. Wer ein Fahrzeug führt, muss beim Durchfahren des Tunnels Abblendlicht benutzen und darf im Tunnel nicht wenden. 2. Im Falle eines Notfalls oder einer Panne sollen nur vorhandene Nothalte- und Pannenbuchten genutzt werden.
Abschnitt 6 Nothalte- und Pannenbucht		
15	Zeichen 328 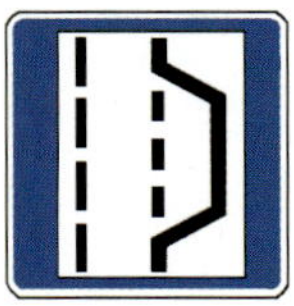 Nothalte- und Pannenbucht	**Ge- oder Verbot** Wer ein Fahrzeug führt, darf nur im Notfall oder bei einer Panne in einer Nothalte- und Pannenbucht halten.
Abschnitt 7 Autobahnen und Kraftfahrstraßen		
16	Zeichen 330.1  Autobahn	**Erläuterung** Ab diesem Zeichen gelten die Regeln für den Verkehr auf Autobahnen.

1	2	3
lfd. Nr.	Zeichen und Zusatzzeichen	Ge- oder Verbote Erläuterungen
17	Zeichen 330.2  Ende der Autobahn	
18	Zeichen 331.1  Kraftfahrstraße	**Erläuterung** Ab diesem Zeichen gelten die Regeln für den Verkehr auf Kraftfahrstraßen.
19	Zeichen 331.2  Ende der Kraftfahrstraße	
20	Zeichen 333  Ausfahrt von der Autobahn	**Erläuterung** Auf Kraftfahrstraßen oder autobahnähnlich ausgebauten Straßen weist das entsprechende Zeichen mit schwarzer Schrift auf gelbem Grund auf die Ausfahrt hin. Das Zeichen kann auch auf weißem Grund ausgeführt sein.
21	Zeichen 450  Ankündigungsbake	**Erläuterung** Das Zeichen steht 300 m, 200 m (wie abgebildet) und 100 m vor einem Autobahnknotenpunkt (Autobahnanschlussstelle, Autobahnkreuz oder Autobahndreieck). Es steht auch vor einer bewirtschafteten Rastanlage. Vor einem Knotenpunkt kann auf der 300 m-Bake die Nummer des Knotenpunktes angezeigt sein.

1	2	3
lfd. Nr.	Zeichen und Zusatzzeichen	Ge- oder Verbote Erläuterungen
Abschnitt 8 Markierungen		
22	Zeichen 340 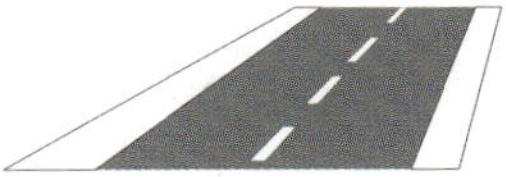 Leitlinie	**Ge- oder Verbot** 1. Wer ein Fahrzeug führt, darf Leitlinien nicht überfahren, wenn dadurch der Verkehr gefährdet wird. 2. Wer ein Fahrzeug führt, darf auf der Fahrbahn durch Leitlinien markierte Schutzstreifen für den Radverkehr nur bei Bedarf überfahren, insbesondere um dem Gegenverkehr auszuweichen. Der Radverkehr darf dabei nicht gefährdet werden. 3. Auf durch Leitlinien markierten Schutzstreifen für den Radverkehr darf nicht gehalten werden. Satz 1 gilt nicht für Fahrräder und Elektrokleinstfahrzeuge im Sinne der eKFV. **Erläuterung** Der Schutzstreifen für den Radverkehr ist in regelmäßigen Abständen mit dem Sinnbild „Radverkehr“ auf der Fahrbahn gekennzeichnet.
23	Zeichen 341 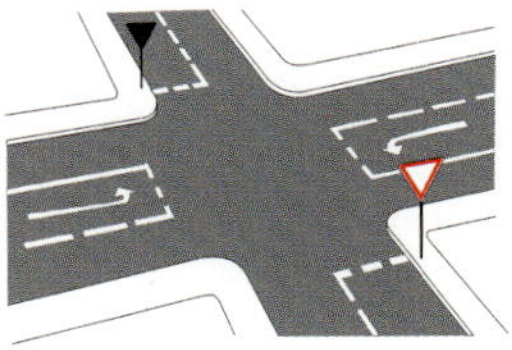 Wartelinie	**Erläuterung** Die Wartelinie empfiehlt dem Wartepflichtigen, an dieser Stelle zu warten.
23.1	Zeichen 342  Haifischzähne	**Erläuterung** Die Markierung hebt eine Wartepflicht infolge einer bestehenden Rechts-vor-links-Regelung abseits der Bundes-, Landes- und Kreisstraßen sowie weiterer Hauptverkehrsstraßen und eine durch Zeichen 205 oder 206 angeordnete Vorfahrtberechtigung des Radverkehrs im Zuge von Kreuzungen oder Einmündungen von Radschnellwegen hervor. Im Fall dieser Vorfahrtberechtigung des Radverkehrs sind die Markierungen auf beiden Seiten entlang der Fahrbahnkanten des Radschnellwegs mit den Spitzen in Richtung des wartepflichtigen Verkehrs anzuordnen.
Abschnitt 9 Hinweise		
24	Zeichen 350  Fußgängerüberweg	

1	2	3
lfd. Nr.	Zeichen und Zusatzzeichen	Ge- oder Verbote Erläuterungen
24.1	Zeichen 350.1  Radschnellweg	**Erläuterung** Das Zeichen steht an Radschnellwegen. Es dient der Unterrichtung über den Beginn von Radschnellwegen und der Führung von Radschnellwegen an Knotenpunkten.
24.2	Zeichen 350.2  Ende des Radschnellwegs	
25	Zeichen 354  Wasserschutzgebiet	
26	Zeichen 356  Verkehrshelfer	
27	Zeichen 357  Sackgasse	**Erläuterung** Im oberen Teil des Verkehrszeichens kann die Durchlässigkeit der Sackgasse für den Radverkehr und/oder Fußgängerverkehr durch Piktogramme angezeigt sein.

1	2	3
lfd. Nr.	Zeichen und Zusatzzeichen	Ge- oder Verbote Erläuterungen
zu 28 und 29		**Erläuterung** 1. Durch solche Zeichen mit entsprechenden Sinnbildern können auch andere Hinweise gegeben werden, wie auf Fußgängerunter- oder -überführung, Fernsprecher, Notrufsäule, Pannenhilfe, Tankstellen, Zelt- und Wohnwagenplätze, Autobahnhotel, Autobahngasthaus, Autobahnkiosk. 2. Auf Hotels, Gasthäuser und Kioske wird nur auf Autobahnen und nur dann hingewiesen, wenn es sich um Autobahnanlagen oder Autohöfe handelt.
28	Zeichen 358  Erste Hilfe	
29	Zeichen 363  Polizei	
30	Zeichen 385  Ortshinweistafel	
zu 31 und 32		**Erläuterung** Die Zeichen stehen außerhalb von Autobahnen. Sie dienen dem Hinweis auf touristisch bedeutsame Ziele und der Kennzeichnung des Verlaufs touristischer Routen. Sie können auch als Wegweiser ausgeführt sein.
31	Zeichen 386.1  Touristischer Hinweis	

1	2	3
lfd. Nr.	Zeichen und Zusatzzeichen	Ge- oder Verbote Erläuterungen
32	Zeichen 386.2  Touristische Route	
33	Zeichen 386.3  Touristische Unterrichtungstafel	**Erläuterung** Das Zeichen steht an der Autobahn. Es dient der Unterrichtung über touristisch bedeutsame Ziele.
34	Zeichen 390  Mautpflicht nach dem Bundesfernstraßenmautgesetz	
35	Zeichen 391  Mautpflichtige Strecke	
36	Zeichen 392  Zollstelle	

1	2	3
lfd. Nr.	Zeichen und Zusatzzeichen	Ge- oder Verbote Erläuterungen
37	Zeichen 393  Informationstafel an Grenzübergangsstellen	
38	Zeichen 394  Laternenring	**Erläuterung** Das Zeichen kennzeichnet innerhalb geschlossener Ortschaften Laternen, die nicht die ganze Nacht leuchten. In dem roten Feld kann in weißer Schrift angegeben sein, wann die Laterne erlischt.
Abschnitt 10 Wegweisung		
		1. Nummernschilder
39	Zeichen 401  Bundesstraßen	
40	Zeichen 405  Autobahnen	
41	Zeichen 406  Knotenpunkte der Autobahnen	**Erläuterung** So sind Knotenpunkte der Autobahnen (Autobahnausfahrten, Autobahnkreuze und Autobahndreiecke) beziffert.
42	Zeichen 410  Europastraßen	

<table>
<tr><td>1</td><td>2</td><td>3</td></tr>
<tr><td>lfd.
Nr.</td><td>Zeichen und
Zusatzzeichen</td><td>Ge- oder Verbote
Erläuterungen</td></tr>
<tr><td></td><td></td><td>2. Wegweiser außerhalb von Autobahnen</td></tr>
<tr><td></td><td></td><td>a) Vorwegweiser</td></tr>
<tr><td>43</td><td>Zeichen 438

</td><td></td></tr>
<tr><td>44</td><td>Zeichen 439
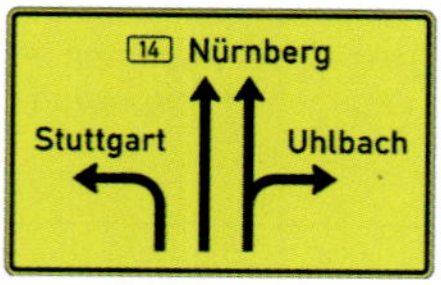
</td><td></td></tr>
<tr><td>45</td><td>Zeichen 440

</td><td></td></tr>
<tr><td>46</td><td>Zeichen 441

</td><td></td></tr>
<tr><td></td><td></td><td>b) Pfeilwegweiser</td></tr>
<tr><td>zu 47
bis
49</td><td></td><td>Erläuterung
Das Zusatzzeichen „Nebenstrecke“ oder der Zusatz „Nebenstrecke“ im Wegweiser weist auf eine Straßenverbindung von untergeordneter Bedeutung hin.</td></tr>
<tr><td>47</td><td>Zeichen 415

</td><td>Erläuterung
Pfeilwegweiser auf Bundesstraßen</td></tr>
</table>

1	2	3
lfd. Nr.	Zeichen und Zusatzzeichen	Ge- oder Verbote Erläuterungen
48	Zeichen 418 	**Erläuterung** Pfeilwegweiser auf sonstigen Straßen
49	Zeichen 419 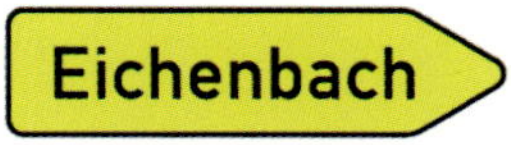	**Erläuterung** Pfeilwegweiser auf sonstigen Straßen mit geringerer Verkehrsbedeutung
50	Zeichen 430 	**Erläuterung** Pfeilwegweiser zur Autobahn
51	Zeichen 432 	**Erläuterung** Pfeilwegweiser zu Zielen mit erheblicher Verkehrsbedeutung.
		c) Tabellenwegweiser
52	Zeichen 434 	**Erläuterung** Der Tabellenwegweiser kann auch auf einer Tafel zusammengefasst sein. Die Zielangaben in einer Richtung können auch auf separaten Tafeln gezeigt werden.
		d) Ausfahrttafel
53	Zeichen 332.1 	**Erläuterung** Ausfahrt von der Kraftfahrstraße oder einer autobahnähnlich ausgebauten Straße. Das Zeichen kann innerhalb geschlossener Ortschaften auch mit weißem Grund ausgeführt sein.

1	2	3
lfd. Nr.	Zeichen und Zusatzzeichen	Ge- oder Verbote Erläuterungen
		e) Straßennamensschilder
54	Zeichen 437 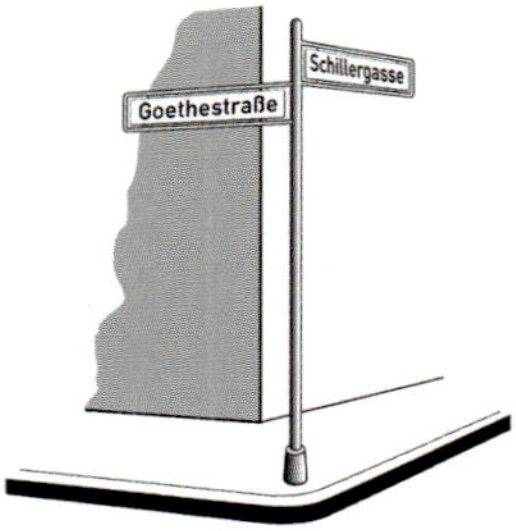	**Erläuterung** Das Zeichen hat entweder weiße Schrift auf dunklem Grund oder schwarze Schrift auf hellem Grund. Es kann auch an Bauwerken angebracht sein.
		3. Wegweiser auf Autobahnen
		a) Ankündigungstafeln
zu 55 und 58		**Erläuterung** Die Nummer (Zeichen 406) ist die laufende Nummer der Autobahnausfahrten, Autobahnkreuze und Autobahndreiecke der gerade befahrenen Autobahn. Sie dient der besseren Orientierung.
55	Zeichen 448 	**Erläuterung** Das Zeichen weist auf eine Autobahnausfahrt, ein Autobahnkreuz oder Autobahndreieck hin. Es schließt Zeichen 406 ein.
56		**Erläuterung** Das Sinnbild weist auf eine Ausfahrt hin.
57		**Erläuterung** Das Sinnbild weist auf ein Autobahnkreuz oder Autobahndreieck hin; es weist auch auf Kreuze und Dreiecke von Autobahnen mit autobahnähnlich ausgebauten Straßen des nachgeordneten Netzes hin.
58	Zeichen 448.1 	**Erläuterung** 1. Mit dem Zeichen wird ein Autohof in unmittelbarer Nähe einer Autobahnausfahrt angekündigt. 2. Der Autohof wird einmal am rechten Fahrbahnrand 500 bis 1 000 m vor dem Zeichen 448 angekündigt. Auf einem Zusatzzeichen wird durch grafische Symbole der Leistungsumfang des Autohofs dargestellt.

1	2	3
lfd. Nr.	Zeichen und Zusatzzeichen	Ge- oder Verbote Erläuterungen
		b) Vorwegweiser
59	Zeichen 449 	
		c) Ausfahrttafel
60	Zeichen 332 	
		d) Entfernungstafel
61	Zeichen 453 	**Erläuterung** Die Entfernungstafel gibt Fernziele und die Entfernung zur jeweiligen Ortsmitte an. Ziele, die über eine andere als die gerade befahrene Autobahn zu erreichen sind, werden unterhalb des waagerechten Striches angegeben.
Abschnitt 11 Umleitungsbeschilderung		
		1. Umleitung außerhalb von Autobahnen
		a) Umleitungen für bestimmte Verkehrsarten
62	Zeichen 442  Vorwegweiser	**Erläuterung** Vorwegweiser für bestimmte Verkehrsarten

1	2	3
lfd. Nr.	Zeichen und Zusatzzeichen	Ge- oder Verbote Erläuterungen
63	Zeichen 421 	**Erläuterung** Pfeilwegweiser für bestimmte Verkehrsarten
64	Zeichen 422 	**Erläuterung** Wegweiser für bestimmte Verkehrsarten
		b) Temporäre Umleitungen (z.B. infolge von Baumaßnahmen)
65		**Erläuterung** Der Verlauf der Umleitungsstrecke kann gekennzeichnet werden durch
66	Zeichen 454 	**Erläuterung** Umleitungswegweiser oder
67	Zeichen 455.1 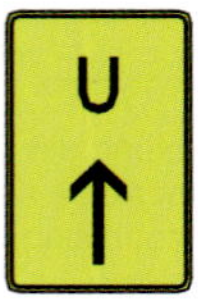	**Erläuterung** Fortsetzung der Umleitung
zu 66 und 67		**Erläuterung** Die Zeichen 454 und 455.1 können durch eine Zielangabe auf einem Schild über den Zeichen ergänzt sein. Werden nur bestimmte Verkehrsarten umgeleitet, sind diese auf einem Zusatzzeichen über dem Zeichen angegeben.
68		**Erläuterung** Die temporäre Umleitung kann angekündigt sein durch Zeichen 455.1 oder
69	Zeichen 457.1 	**Erläuterung** Umleitungsankündigung
70		**Erläuterung** jedoch nur mit Entfernungsangabe auf einem Zusatzzeichen und bei Bedarf mit Zielangabe auf einem zusätzlichen Schild über dem Zeichen. Soll die Ankündigung nur für bestimmte Verkehrsarten gelten, sind diese auf einem Zusatzzeichen über dem Zeichen angegeben.

1	2	3
lfd. Nr.	Zeichen und Zusatzzeichen	Ge- oder Verbote Erläuterungen
71		**Erläuterung** Die Ankündigung kann auch erfolgen durch
72	Zeichen 458 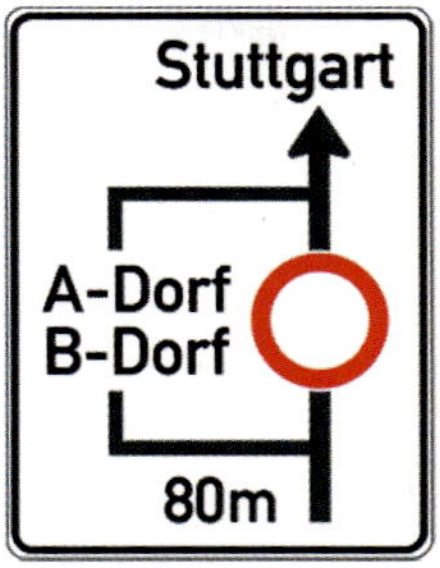	**Erläuterung** eine Planskizze
73		**Erläuterung** Das Ende der Umleitung kann angezeigt werden durch
74	Zeichen 457.2 	**Erläuterung** Ende der Umleitung oder
75	Zeichen 455.2 	**Erläuterung** Ende der Umleitung
		2. Bedarfsumleitung für den Autobahnverkehr
76	Zeichen 460  Bedarfsumleitung	**Erläuterung** Das Zeichen kennzeichnet eine alternative Streckenführung im nachgeordneten Straßennetz zwischen Autobahnanschlussstellen.

1	2	3
lfd. Nr.	Zeichen und Zusatzzeichen	Ge- oder Verbote Erläuterungen
77	Zeichen 466 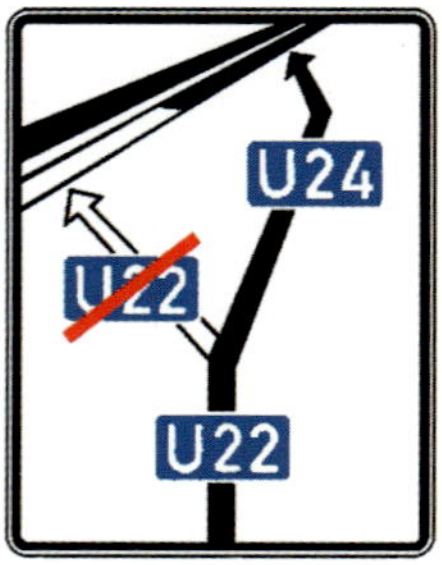 Weiterführende Bedarfsumleitung	**Erläuterung** Kann der umgeleitete Verkehr an der nach Zeichen 460 vorgesehenen Anschlussstelle noch nicht auf die Autobahn zurückgeleitet werden, wird er durch dieses Zeichen über die nächste Bedarfsumleitung weitergeführt.
Abschnitt 12 Sonstige Verkehrsführung		
		1. Umlenkungspfeil
78	Zeichen 467.1 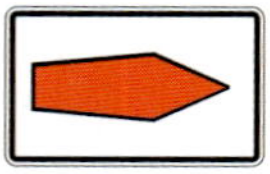 Umlenkungspfeil	**Erläuterung** Das Zeichen kennzeichnet Alternativstrecken auf Autobahnen, deren Benutzung im Bedarfsfall empfohlen wird (Streckenempfehlung).
79	Zeichen 467.2 	**Erläuterung** Das Zeichen kennzeichnet das Ende einer Streckenempfehlung.
		2. Verkehrslenkungstafeln
80		**Erläuterung** Verkehrslenkungstafeln geben den Verlauf und die Anzahl der Fahrstreifen an, wie beispielsweise:
81	Zeichen 501  Überleitungstafel	**Erläuterung** Das Zeichen kündigt die Überleitung des Verkehrs auf die Gegenfahrbahn an.

1	2	3
lfd. Nr.	Zeichen und Zusatzzeichen	Ge- oder Verbote Erläuterungen
82	Zeichen 531  Einengungstafel	
82.1	 	**Erläuterung** Bei Einengungstafeln wird mit dem Zusatzzeichen der Ort angekündigt, an dem der Fahrstreifenwechsel nach dem Reißverschlussverfahren (§ 7 Absatz 4) erfolgen soll.
		3. Blockumfahrung
83	Zeichen 590  Blockumfahrung	**Erläuterung** Das Zeichen kündigt eine durch die Zeichen „Vorgeschriebene Fahrtrichtung“ (Zeichen 209 bis 214) vorgegebene Verkehrsführung an.

Anlage 4
(zu § 43 Absatz 3)

Verkehrseinrichtungen

1	2	3
lfd. Nr.	Zeichen	Ge- oder Verbot Erläuterungen
Abschnitt 1 Einrichtungen zur Kennzeichnung von Arbeits- und Unfallstellen oder sonstigen vorübergehenden Hindernissen		
1	Zeichen 600  Absperrschranke	
2	Zeichen 605   Leitbake Pfeilbake Schraffenbake	
3	Zeichen 628   Leitschwelle mit Pfeilbake mit Schraffenbake	
4	Zeichen 629   Leitbord mit Pfeilbake mit Schraffenbake	

1	2	3
lfd. Nr.	Zeichen	Ge- oder Verbot Erläuterungen
5	Zeichen 610  Leitkegel	
6	Zeichen 615  Fahrbare Absperrtafel	
7	Zeichen 616  Fahrbare Absperrtafel mit Blinkpfeil	
zu 1 bis 7		**Ge- oder Verbot** Die Einrichtungen verbieten das Befahren der so gekennzeichneten Straßenfläche und leiten den Verkehr an dieser Fläche vorbei. **Erläuterung** 1. Warnleuchten an diesen Einrichtungen zeigen rotes Licht, wenn die ganze Fahrbahn gesperrt ist, sonst gelbes Licht oder gelbes Blinklicht. 2. Zusammen mit der Absperrtafel können überfahrbare Warnschwellen verwendet sein, die quer zur Fahrtrichtung vor der Absperrtafel ausgelegt sind.

1	2	3
lfd. Nr.	Zeichen	Ge- oder Verbot Erläuterungen
Abschnitt 2 Einrichtungen zur Kennzeichnung von dauerhaften Hindernissen oder sonstigen gefährlichen Stellen		
8	Zeichen 625  Richtungstafel in Kurven	Die Richtungstafel in Kurven kann auch in aufgelöster Form angebracht sein.
9	Zeichen 626  Leitplatte	
10	Zeichen 627  Leitmal	Leitmale kennzeichnen in der Regel den Verkehr einschränkende Gegenstände. Ihre Ausführung richtet sich nach der senkrechten, waagerechten oder gewölbten Anbringung beispielsweise an Bauwerken, Bauteilen und Gerüsten.
Abschnitt 3 Einrichtung zur Kennzeichnung des Straßenverlaufs		
11	Zeichen 620  	Um den Verlauf der Straße kenntlich zu machen, können an den Straßenseiten Leitpfosten in der Regel im Abstand von 50 m und in Kurven verdichtet stehen.
	Leitpfosten	
	(links) (rechts)	
Abschnitt 4 Warntafel zur Kennzeichnung von Fahrzeugen und Anhängern bei Dunkelheit		
12	Zeichen 630  Parkwarntafel	

Straßenverkehrs-Zulassungs-Ordnung (StVZO)[1)]

Vom 26. April 2012 (BGBl. I S. 679)
(FNA 9232-16)

zuletzt geändert durch Art. 1 56. VO zur Änd. straßenverkehrsrechtlicher Vorschriften vom 10. Juni 2024 (BGBl. 2024 I Nr. 191)

– Auszug –

Inhaltsübersicht

1) Verkündet als Art. 1 VO v. 26.4.2012 (BGBl. I S. 679); Inkrafttreten gem. Art. 2 Satz 1 dieser VO am 5.5.2012.
2) Hier Anpassung (29b statt 29a) nichtamtlich.

A.
Personen(weggefallen)

§§ 1 bis 15l (weggefallen)

B.
Fahrzeuge

I.
Zulassung von Fahrzeugen im Allgemeinen

§ 16 Grundregel der Zulassung

(1) Zum Verkehr auf öffentlichen Straßen sind alle Fahrzeuge zugelassen, die den Vorschriften dieser Verordnung und der Straßenverkehrs-Ordnung entsprechen, soweit nicht für die Zulassung einzelner Fahrzeugarten ein Erlaubnisverfahren vorgeschrieben ist.

(2) Schiebe- und Greifreifenrollstühle, Rodelschlitten, Kinderwagen, Roller, Kinderfahrräder und ähnliche nicht motorbetriebene oder mit einem Hilfsantrieb ausgerüstete ähnliche Fortbewegungsmittel mit einer bauartbedingten Höchstgeschwindigkeit von nicht mehr als 6 km/h sind nicht Fahrzeuge im Sinne dieser Verordnung.

§ 17 Einschränkung und Entziehung der Zulassung

(1) Erweist sich ein Fahrzeug, das nicht in den Anwendungsbereich der Fahrzeug-Zulassungsverordnung fällt, als nicht vorschriftsmäßig, so kann die Verwaltungsbehörde dem Eigentümer oder Halter eine angemessene Frist zur Behebung der Mängel setzen und nötigenfalls den Betrieb des Fahrzeugs im öffentlichen Verkehr untersagen oder beschränken; der Betroffene hat das Verbot oder die Beschränkung zu beachten.

(2) (weggefallen)

(3) Besteht Anlass zur Annahme, dass das Fahrzeug den Vorschriften dieser Verordnung nicht entspricht, so kann die Verwaltungsbehörde zur Vorbereitung einer Entscheidung nach Absatz 1 je nach den Umständen

1. die Beibringung eines Sachverständigengutachtens darüber, ob das Fahrzeug den Vorschriften dieser Verordnung entspricht, oder
2. die Vorführung des Fahrzeugs

anordnen und wenn nötig mehrere solcher Anordnungen treffen.

II.
Betriebserlaubnis und Bauartgenehmigung

§ 18 (weggefallen)

§ 19 Erteilung und Wirksamkeit der Betriebserlaubnis

(1) [1]Die Betriebserlaubnis ist zu erteilen, wenn das Fahrzeug den Vorschriften der Verordnung (EU) Nr. 165/2014 des Europäischen Parlaments und des Rates vom 4. Februar 2014 über Fahrtenschreiber im Straßenverkehr, zur Aufhebung der Verordnung (EWG) Nr. 3821/85 des Rates über das Kontrollgerät im Straßenverkehr und zur Änderung der Verordnung (EG) Nr. 561/2006 des Europäischen Parlaments und des Rates zur Harmonisierung bestimmter Sozialvorschriften im Straßenverkehr (ABl. L 60 vom 28.2.2014, S. 1; L 93 vom 9.4.2015, S. 103; L 246 vom 23.9.2015, S. 11), die durch die Verordnung (EU) 2020/1054 (ABl. L 249 vom 31.7.2020, S. 1) geändert worden ist, entspricht und das Fahrzeug die Anforderungen der Einzelrechtsakte und Einzelregelungen erfüllt, die in

1. Anhang II der Verordnung (EU) 2018/858 des Europäischen Parlaments und des Rates vom 30. Mai 2018 über die Genehmigung und die Marktüberwachung von Kraftfahrzeugen und Kraftfahrzeuganhängern sowie von Systemen, Bauteilen und selbstständigen technischen Einheiten für diese Fahrzeuge, zur Änderung der Verordnungen (EG) Nr. 715/2007 und (EG) Nr. 595/2009 und zur Aufhebung der Richtlinie 2007/46/EG (ABl. L 151 vom 14.6.2018, S. 1; L 210 vom 11.8.2022, S. 19), die zuletzt durch die Delegierte Verordnung (EU) 2022/2236 (ABl. L 296 vom 16.11.2022, S. 1) geändert worden ist,
2. Anhang I der Verordnung (EU) Nr. 167/2013 des Europäischen Parlaments und des Rates vom 5. Februar 2013 über die Genehmigung und Marktüberwachung von land- und forstwirtschaftlichen

Fahrzeugen (ABl. L 60 vom 2.3.2013, S. 1), die zuletzt durch die Verordnung (EU) 2019/519 (ABl. L 91 vom 29.3.2019, S. 42) geändert worden ist, oder

3. Anhang II der Verordnung (EU) Nr. 168/2013 des Europäischen Parlaments und des Rates vom 15. Januar 2013 über die Genehmigung und Marktüberwachung von zwei- oder dreirädrigen und vierrädrigen Fahrzeugen (ABl. L 60 vom 2.3.2013, S. 52; L 77 vom 23.3.2016, S. 65; L 64 vom 10.3.2017, S. 116; L 398 vom 11.11.2021, S. 54), die zuletzt durch die Verordnung (EU) 2020/1694 (ABl. L 381 vom 13.11.2020, S. 4) geändert worden ist,

genannt sind

. [2]Die Betriebserlaubnis nach den Vorschriften dieser Verordnung ist nur zu erteilen, wenn die Einzelrechtsakte und Einzelregelungen, die in den in Satz 1 Nummer 1, 2 oder 3 genannten Vorschriften angegeben sind, nicht anwendbar sind. [3]Die Einzelrechtsakte und Einzelregelungen, die in den in Satz 1 Nummer 1 bis 3 genannten Vorschriften angegeben sind, sind jeweils ab dem Zeitpunkt anzuwenden, zu dem sie in Kraft treten. [4]Soweit in einem Einzelrechtsakt die verbindliche Anwendung vorgeschrieben ist, ist nur dieser Einzelrechtsakt maßgeblich. [5]Gehört ein solches Fahrzeug zu einem genehmigten Typ oder liegt eine Einzelbetriebserlaubnis nach dieser Verordnung oder eine Einzelgenehmigung nach § 13 der EG-Fahrzeuggenehmigungsverordnung vor, ist die Erteilung einer neuen Betriebserlaubnis nur zulässig, wenn die Betriebserlaubnis nach Absatz 2 Satz 2 erloschen ist.

(2) [1]Die Betriebserlaubnis des Fahrzeugs bleibt, wenn sie nicht ausdrücklich entzogen wird, bis zu seiner endgültigen Außerbetriebsetzung wirksam. [2]Sie erlischt, wenn Änderungen vorgenommen werden, durch die

1. die in der Betriebserlaubnis genehmigte Fahrzeugart geändert wird,
2. eine Gefährdung von Verkehrsteilnehmern zu erwarten ist oder
3. das Abgas- oder Geräuschverhalten verschlechtert wird.

[3]Fahrzeughersteller, Importeure oder Gewerbetreibende dürfen keine Änderungen vornehmen oder vornehmen lassen, die nach Satz 2 zum Erlöschen der Betriebserlaubnis führen. [4]Satz 3 gilt nicht, wenn unverzüglich eine Betriebserlaubnis nach § 21 für das Gesamtfahrzeug eingeholt wird. [5]Sie erlischt ferner für Fahrzeuge der Bundeswehr, für die § 20 Absatz 3b oder § 21 Absatz 6 angewendet worden ist, sobald die Fahrzeuge nicht mehr für die Bundeswehr zugelassen sind. [6]Für die Erteilung einer neuen Betriebserlaubnis gilt § 21 entsprechend. [7]Besteht Anlass zur Annahme, dass die Betriebserlaubnis erloschen ist, kann die Verwaltungsbehörde zur Vorbereitung einer Entscheidung

1. die Beibringung eines Gutachtens eines amtlich anerkannten Sachverständigen, Prüfers für den Kraftfahrzeugverkehr oder eines Prüfingenieurs darüber, ob das Fahrzeug den Vorschriften dieser Verordnung entspricht, oder
2. die Vorführung des Fahrzeugs

anordnen und wenn nötig mehrere solcher Anordnungen treffen; auch darf eine Prüfplakette nach Anlage IX nicht zugeteilt werden. [8]Für Softwareänderungen von im Verkehr befindlichen Fahrzeugen sind zusätzlich die hierzu amtlich bekannt gemachten Vorschriften zur Durchführung sowie der Stand der Technik zu beachten. [9]Softwareänderungen nicht genehmigungspflichtiger Erweiterungen sind hiervon nicht betroffen.

(2a) [1]Die Betriebserlaubnis für Fahrzeuge, die nach ihrer Bauart speziell für militärische oder polizeiliche Zwecke sowie für Zwecke des Brandschutzes, des Katastrophenschutzes oder des Rettungsdienstes bestimmt sind, bleibt nur so lange wirksam, wie die Fahrzeuge für die Bundeswehr, die Bundespolizei, die Polizeien der Länder, die Feuerwehr oder Einrichtungen des Katastrophenschutzes oder des Rettungsdienstes zugelassen oder eingesetzt werden. [2]Für Fahrzeuge nach Satz 1 darf eine Betriebserlaubnis nach § 21 nur der Bundeswehr, der Bundespolizei, den Polizeien der Länder, der Feuerwehr oder Einrichtungen des Katastrophenschutzes oder des Rettungsdienstes erteilt werden; dies gilt auch, wenn die für die militärischen oder die polizeilichen Zwecke sowie die Zwecke des Brandschutzes, des Katastrophenschutzes und des Rettungsdienstes vorhandene Ausstattung oder Ausrüstung entfernt, verändert oder unwirksam gemacht worden ist. [3]Ausnahmen von Satz 2 für bestimmte Einsatzzwecke können nach § 70 genehmigt werden.

(3) [1]Abweichend von Absatz 2 Satz 2 erlischt die Betriebserlaubnis des Fahrzeugs jedoch nicht, wenn bei Änderungen durch Ein- oder Anbau von Teilen

1. für diese Teile
   a) eine Betriebserlaubnis nach § 22 oder eine Bauartgenehmigung nach § 22a erteilt worden ist oder
   b) der nachträgliche Ein- oder Anbau im Rahmen einer Betriebserlaubnis oder eines Nachtrags dazu für das Fahrzeug nach § 20 oder § 21 genehmigt worden ist

   und die Wirksamkeit der Betriebserlaubnis, der Bauartgenehmigung oder der Genehmigung nicht von der Abnahme des Ein- oder Anbaus abhängig gemacht worden ist oder

2. für diese Teile
   a) eine EWG-Betriebserlaubnis, eine EWG-Bauartgenehmigung oder eine EG-Typgenehmigung nach Europäischem Gemeinschaftsrecht oder
   b) eine Genehmigung nach Regelungen in der jeweiligen Fassung entsprechend dem Übereinkommen vom 20. März 1958 über die Annahme einheitlicher Bedingungen für die Genehmigung der Ausrüstungsgegenstände und Teile von Kraftfahrzeugen und über die gegenseitige Anerkennung der Genehmigung (BGBl. 1965 II S. 857, 858), soweit diese von der Bundesrepublik Deutschland angewendet werden,

   erteilt worden ist und eventuelle Einschränkungen oder Einbauanweisungen beachtet sind oder
3. die Wirksamkeit der Betriebserlaubnis, der Bauartgenehmigung oder der Genehmigung dieser Teile nach Nummer 1 Buchstabe a oder b von einer Abnahme des Ein- oder Anbaus abhängig gemacht ist und die Abnahme unverzüglich durchgeführt und nach § 22 Absatz 1 Satz 5, auch in Verbindung mit § 22a Absatz 1a, bestätigt worden ist oder[1)]

[2]Werden bei Teilen nach Nummer 1 oder 2 in der Betriebserlaubnis, der Bauartgenehmigung oder der Genehmigung aufgeführte Einschränkungen oder Einbauanweisungen nicht eingehalten, erlischt die Betriebserlaubnis des Fahrzeugs.

(4) [1]Der Führer des Fahrzeugs hat in den Fällen
1. des Absatzes 3 Satz 1 Nummer 1 den Abdruck oder die Ablichtung der betreffenden Betriebserlaubnis, Bauartgenehmigung, Genehmigung im Rahmen der Betriebserlaubnis oder eines Auszugs dieser Erlaubnis oder Genehmigung, der die für die Verwendung wesentlichen Angaben enthält,
2. des Absatzes 3 Satz 1 Nummer 3 einen Nachweis nach einem vom Bundesministerium für Digitales und Verkehr im Verkehrsblatt bekannt gemachten Muster über die Erlaubnis oder die Genehmigung mit der Bestätigung des ordnungsgemäßen Ein- oder Anbaus sowie den zu beachtenden Beschränkungen oder Auflagen,

mitzuführen und zuständigen Personen auf Verlangen vorzulegen. [2]Satz 1 gilt nicht, wenn die Zulassungsbescheinigung Teil I, das Anhängerverzeichnis nach § 13 Absatz 2 Satz 1 der Fahrzeug-Zulassungsverordnung oder ein nach § 4 Absatz 5 der Fahrzeug-Zulassungsverordnung mitzuführender oder aufzubewahrender Nachweis einen entsprechenden Eintrag einschließlich zu beachtender Beschränkungen oder Auflagen enthält; anstelle der zu beachtenden Beschränkungen oder Auflagen kann auch ein Vermerk enthalten sein, dass diese in einer mitzuführenden Erlaubnis, Genehmigung oder einem mitzuführenden Nachweis aufgeführt sind. [3]Die Pflicht zur Mitteilung von Änderungen nach § 15 der Fahrzeug-Zulassungsverordnung bleibt unberührt.

(5) [1]Ist die Betriebserlaubnis nach Absatz 2 Satz 2 oder Absatz 3 Satz 2 erloschen, so darf das Fahrzeug nicht auf öffentlichen Straßen in Betrieb genommen werden oder dessen Inbetriebnahme durch den Halter angeordnet oder zugelassen werden. [2]Ausnahmen von Satz 1 sind nur nach Maßgabe der Sätze 3 bis 6 zulässig. [3]Ist die Betriebserlaubnis nach Absatz 2 Satz 2 erloschen, dürfen nur solche Fahrten durchgeführt werden, die in unmittelbarem Zusammenhang mit der Erlangung einer neuen Betriebserlaubnis stehen. [4]Am Fahrzeug sind die bisherigen Kennzeichen oder rote Kennzeichen zu führen. [5]Die Sätze 3 und 4 gelten auch für Fahrten, die der amtlich anerkannte Sachverständige für den Kraftfahrzeugverkehr oder der Ersteller des Gutachtens des nach § 30 der EG-Fahrzeuggenehmigungsverordnung zur Prüfung von Gesamtfahrzeugen benannten Technischen Dienstes im Rahmen der Erstellung des Gutachtens durchführt. [6]Kurzzeitkennzeichen dürfen nur nach Maßgabe des § 42 Absatz 6 der Fahrzeug-Zulassungsverordnung verwendet werden.

(6) [1]Werden an Fahrzeugen von Fahrzeugherstellern, die Inhaber einer Betriebserlaubnis oder einer EU-Genehmigung für Typen sind, im Sinne des Absatzes 2 Teile verändert, so bleibt die Betriebserlaubnis wirksam, solange die Fahrzeuge ausschließlich zur Erprobung verwendet werden; insoweit ist auch keine Mitteilung an die Zulassungsbehörde erforderlich. [2]Satz 1 gilt nur, wenn die Zulassungsbehörde im Fahrzeugschein bestätigt hat, dass ihr das Fahrzeug als Erprobungsfahrzeug gemeldet worden ist. [3]Sofern für die Verwendung als Erprobungsfahrzeug die Genehmigung einer Ausnahme nach § 70 von den Bau- und Betriebsvorschriften der §§ 30 bis 62 erforderlich ist, ist diese einzuholen und der Hinweis hierauf in die Zulassungsbescheinigung einzutragen. [4]Die Sätze 1 bis 3 gelten auch für Fahrzeuge, die von Herstellern von Fahrzeugteilen oder Fahrzeugsystemen zur Erprobung verwendet werden, sofern diese selbst Genehmigungsinhaber für Fahrzeugteile oder Fahrzeugsysteme sind oder sie die Anfangsbewertung nach Anhang IV Nummer 2 der in Absatz 1 Satz 1 Nummer 1 genannten Verordnung zur Zufriedenheit der Genehmigungsbehörde abgeschlossen haben.

---

1) Wortlaut wurde an dieser Stelle amtlich nicht geändert, Nr. 4 aufgeh durch VO v. 10.6.2024 (BGBl. 2024 I Nr. 191).

(7) Die Absätze 2 bis 6 gelten entsprechend für die EG-Typgenehmigung, die EG-Genehmigung oder die EU- Einzelgenehmigung.

§ 20 Allgemeine Betriebserlaubnis für Typen

(1) [1]Für reihenweise zu fertigende oder gefertigte Fahrzeuge kann die Betriebserlaubnis dem Hersteller nach einer auf seine Kosten vorgenommenen Prüfung allgemein erteilt werden (Allgemeine Betriebserlaubnis), wenn er die Gewähr für zuverlässige Ausübung der dadurch verliehenen Befugnisse bietet. [2]Bei Herstellung eines Fahrzeugtyps durch mehrere Beteiligte kann die Allgemeine Betriebserlaubnis diesen gemeinsam erteilt werden. [3]Für die Fahrzeuge, die außerhalb des Geltungsbereichs dieser Verordnung hergestellt worden sind, kann die Allgemeine Betriebserlaubnis erteilt werden

1. dem Hersteller oder seinem Beauftragten, wenn die Fahrzeuge in einem Staat hergestellt worden sind, in dem der Vertrag zur Gründung der Europäischen Wirtschaftsgemeinschaft oder das Abkommen über den Europäischen Wirtschaftsraum gilt,
2. dem Beauftragten des Herstellers, wenn die Fahrzeuge zwar in einem Staat hergestellt worden sind, in dem der Vertrag zur Gründung der Europäischen Wirtschaftsgemeinschaft oder das Abkommen über den Europäischen Wirtschaftsraum nicht gilt, sie aber in den Geltungsbereich dieser Verordnung aus einem Staat eingeführt worden sind, in dem der Vertrag zur Gründung der Europäischen Wirtschaftsgemeinschaft oder das Abkommen über den Europäischen Wirtschaftsraum gilt,
3. in den anderen Fällen dem Händler, der seine Berechtigung zum alleinigen Vertrieb der Fahrzeuge im Geltungsbereich dieser Verordnung nachweist.

[4]In den Fällen des Satzes 3 Nummer 2 muss der Beauftragte des Herstellers in einem Staat ansässig sein, in dem der Vertrag zur Gründung der Europäischen Wirtschaftsgemeinschaft oder das Abkommen über den Europäischen Wirtschaftsraum gilt. [5]In den Fällen des Satzes 3 Nummer 3 muss der Händler im Geltungsbereich dieser Verordnung ansässig sein.

(2) [1]Über den Antrag auf Erteilung der Allgemeinen Betriebserlaubnis entscheidet das Kraftfahrt-Bundesamt. [2]Das Kraftfahrt-Bundesamt kann einen amtlich anerkannten Sachverständigen für den Kraftfahrzeugverkehr oder eine andere Stelle mit der Begutachtung beauftragen. [3]Es bestimmt, welche Unterlagen für den Antrag beizubringen sind.

(2a) Umfasst der Antrag auf Erteilung einer Allgemeinen Betriebserlaubnis auch die Genehmigung für eine wahlweise Ausrüstung, so kann das Kraftfahrt-Bundesamt auf Antrag in die Allgemeine Betriebserlaubnis aufnehmen, welche Teile auch nachträglich an- oder eingebaut werden dürfen (§ 19 Absatz 3 Nummer 1 Buchstabe b und Nummer 3); § 22 Absatz 3 ist anzuwenden.

(3) [1]Der Inhaber einer Allgemeinen Betriebserlaubnis für Fahrzeuge hat für jedes dem Typ entsprechende, zulassungspflichtige Fahrzeug einen Fahrzeugbrief auszufüllen. [2]Die Vordrucke für die Briefe werden vom Kraftfahrt-Bundesamt ausgegeben. [3]In dem Brief sind die Angaben über das Fahrzeug von dem Inhaber der Allgemeinen Betriebserlaubnis für das Fahrzeug einzutragen oder, wenn mehrere Hersteller beteiligt sind, von jedem Beteiligten für die von ihm hergestellten Teile, sofern nicht ein Beteiligter die Ausfüllung des Briefs übernimmt; war die Erteilung der Betriebserlaubnis von der Genehmigung einer Ausnahme abhängig, so müssen die Ausnahme und die genehmigende Behörde im Brief bezeichnet werden. [4]Der Brief ist von dem Inhaber der Allgemeinen Betriebserlaubnis unter Angabe der Firmenbezeichnung und des Datums mit seiner Unterschrift zu versehen; eine Nachbildung der eigenhändigen Unterschrift durch Druck oder Stempel ist zulässig.

(3a) [1]Der Inhaber einer Allgemeinen Betriebserlaubnis für Fahrzeuge ist verpflichtet, für jedes dem Typ entsprechende zulassungspflichtige Fahrzeug eine Datenbestätigung nach Muster 2d auszufüllen. [2]In die Datenbestätigung sind vom Inhaber der Allgemeinen Betriebserlaubnis die Angaben über die Beschaffenheit des Fahrzeugs einzutragen oder, wenn mehrere Hersteller beteiligt sind, von jedem Beteiligten die Angaben für die von ihm hergestellten Teile, sofern nicht ein Beteiligter die Ausfüllung der Datenbestätigung übernimmt. [3]Die Richtigkeit der Angaben über die Beschaffenheit des Fahrzeugs und über dessen Übereinstimmung mit dem genehmigten Typ hat der für die Ausfüllung der Datenbestätigung jeweils Verantwortliche unter Angabe des Datums zu bescheinigen. [4]Gehört das Fahrzeug zu einer in Anlage XXIX benannten EG-Fahrzeugklasse, kann zusätzlich die Bezeichnung der Fahrzeugklasse eingetragen werden. [5]Die Datenbestätigung ist für die Zulassung dem Fahrzeug mitzugeben. [6]Hat der Inhaber einer Allgemeinen Betriebserlaubnis auch einen Fahrzeugbrief nach Absatz 3 Satz 1 ausgefüllt, ist dieser der Datenbestätigung beizufügen. [7]Die Datenbestätigung nach Satz 1 ist entbehrlich, wenn

1. das Kraftfahrt-Bundesamt für den Fahrzeugtyp Typdaten zur Verfügung gestellt hat und
2. der Inhaber einer Allgemeinen Betriebserlaubnis durch Eintragung der vom Kraftfahrt-Bundesamt für den Abruf der Typdaten zugeteilten Typ- sowie Varianten-/Versionsschlüsselnummer im Fahr-

zeugbrief bestätigt hat, dass das im Fahrzeugbrief genannte Fahrzeug mit den Typdaten, die dieser Schlüsselnummer entsprechen, übereinstimmt.

(3b) Für Fahrzeuge, die für die Bundeswehr zugelassen werden sollen, braucht die Datenbestätigung abweichend von Absatz 3a Satz 1 nur für eine Fahrzeugserie ausgestellt zu werden, wenn der Inhaber der Allgemeinen Betriebserlaubnis die Fahrzeug-Identifizierungsnummer jedes einzelnen Fahrzeugs der Fahrzeugserie der Zentralen Militärkraftfahrtstelle mitteilt.

(4) Abweichungen von den technischen Angaben, die das Kraftfahrt-Bundesamt bei Erteilung der Allgemeinen Betriebserlaubnis durch schriftlichen oder elektronischen Bescheid für den genehmigten Typ festgelegt hat, sind dem Inhaber der Allgemeinen Betriebserlaubnis nur gestattet, wenn diese durch einen entsprechenden Nachtrag ergänzt worden ist oder wenn das Kraftfahrt-Bundesamt auf Anfrage erklärt hat, dass für die vorgesehene Änderung eine Nachtragserlaubnis nicht erforderlich ist.

(5) [1]Die Allgemeine Betriebserlaubnis erlischt nach Ablauf einer etwa festgesetzten Frist, bei Widerruf durch das Kraftfahrt-Bundesamt und wenn der genehmigte Typ den Rechtsvorschriften nicht mehr entspricht. [2]Der Widerruf kann ausgesprochen werden, wenn der Inhaber der Allgemeinen Betriebserlaubnis gegen die mit dieser verbundenen Pflichten verstößt oder sich als unzuverlässig erweist oder wenn sich herausstellt, dass der genehmigte Fahrzeugtyp den Erfordernissen der Verkehrssicherheit nicht entspricht.

(6) [1]Das Kraftfahrt-Bundesamt kann jederzeit bei Herstellern oder deren Beauftragten oder bei Händlern die Erfüllung der mit der Allgemeinen Betriebserlaubnis verbundenen Pflichten nachprüfen oder nachprüfen lassen. [2]In den Fällen des Absatzes 1 Satz 3 Nummer 1 und 2 kann das Kraftfahrt-Bundesamt die Erteilung der Allgemeinen Betriebserlaubnis davon abhängig machen, dass der Hersteller oder sein Beauftragter sich verpflichtet, die zur Nachprüfung nach Satz 1 notwendigen Maßnahmen zu ermöglichen. [3]Die Kosten der Nachprüfung trägt der Inhaber der Allgemeinen Betriebserlaubnis, wenn ihm ein Verstoß gegen die mit der Erlaubnis verbundenen Pflichten nachgewiesen wird.

§ 21 Betriebserlaubnis für Einzelfahrzeuge

(1) [1]Gehört ein Fahrzeug nicht zu einem genehmigten Typ, so hat der Verfügungsberechtigte die Betriebserlaubnis bei der nach Landesrecht zuständigen Behörde zu beantragen. [2]Mit dem Antrag auf Erteilung der Betriebserlaubnis ist der nach Landesrecht zuständigen Behörde das Gutachten eines amtlich anerkannten Sachverständigen für den Kraftfahrzeugverkehr oder eines nach § 30 der EG-Fahrzeuggenehmigungsverordnung zur Prüfung von Gesamtfahrzeugen der jeweiligen Fahrzeugklasse benannten Technischen Dienstes vorzulegen. [3]Das Gutachten muss die technische Beschreibung des Fahrzeugs in dem Umfang enthalten, der für die Ausfertigung der Zulassungsbescheinigung Teil I und Teil II erforderlich ist. [4]Dem Gutachten ist eine Anlage beizufügen, in der die technischen Vorschriften angegeben sind, auf deren Grundlage dem Fahrzeug eine Betriebserlaubnis erteilt werden kann. [5]In den Fällen des § 19 Absatz 2 sind in dieser Anlage zusätzlich die Änderungen darzustellen, die zum Erlöschen der früheren Betriebserlaubnis geführt haben. [6]In dem Gutachten bescheinigt die oder der amtlich anerkannte Sachverständige für den Kraftfahrzeugverkehr oder der nach § 30 der EG-Fahrzeuggenehmigungsverordnung zur Prüfung von Gesamtfahrzeugen der jeweiligen Fahrzeugklasse benannte Technische Dienst, dass sie oder er das Fahrzeug im Gutachten richtig beschrieben hat und dass das Fahrzeug gemäß § 19 Absatz 1 vorschriftsmäßig ist; die Angaben aus dem Gutachten überträgt die Genehmigungsbehörde in die Zulassungsbescheinigung Teil I und, soweit vorgesehen, in die Zulassungsbescheinigung Teil II.

(1a) Gehört ein Fahrzeug zu einem genehmigten Typ oder liegt eine Einzelbetriebserlaubnis nach dieser Verordnung oder eine Einzelgenehmigung nach § 13 der EG-Fahrzeuggenehmigungsverordnung vor, ist eine Begutachtung nur zulässig, wenn die Betriebserlaubnis nach § 19 Absatz 2 erloschen ist.

(2) [1]Für die im Gutachten zusammengefassten Ergebnisse müssen Prüfprotokolle vorliegen, aus denen hervorgeht, dass die notwendigen Prüfungen durchgeführt und die geforderten Ergebnisse erreicht wurden. [2]Auf Anforderung sind die Prüfprotokolle der Genehmigungs- oder der zuständigen Aufsichtsbehörde vorzulegen. [3]Die Aufbewahrungsfrist für die Gutachten und Prüfprotokolle beträgt zehn Jahre.

(3) [1]Der Leiter der Technischen Prüfstelle ist für die Sicherstellung der gleichmäßigen Qualität aller Tätigkeiten des befugten Personenkreises verantwortlich. [2]Er hat der zuständigen Aufsichtsbehörde jährlich sowie zusätzlich auf konkrete Anforderung hin einen Qualitätssicherungsbericht vorzulegen. [3]Der Bericht muss in transparenter Form Aufschluss über die durchgeführten Qualitätskontrollen und die eingeleiteten Qualitätsmaßnahmen geben, sofern diese aufgrund eines Verstoßes erforderlich waren. [4]Der Leiter der Technischen Prüfstelle hat sicherzustellen, dass fehlerhafte Begutachtungen aufgrund derer ein Fahrzeug in Verkehr gebracht wurde oder werden soll, von dem ein erhebliches Risiko für die Verkehrssicherheit, die öffentliche Gesundheit oder die Umwelt ausgeht, nach Feststellung unverzüglich der zuständigen Genehmigungsbehörde und der zuständigen Aufsichtsbehörde gemeldet werden.

(4) [1]Bei zulassungspflichtigen Fahrzeugen ist der Behörde mit dem Antrag eine Zulassungsbescheinigung Teil II vorzulegen. [2]Wenn diese noch nicht vorhanden ist, ist nach § 14 der Fahrzeug-Zulassungsverordnung zu beantragen, dass diese ausgefertigt wird.

(5) Ist für die Erteilung einer Genehmigung für Fahrzeuge zusätzlich die Erteilung einer Ausnahmegenehmigung nach § 70 erforderlich, hat die begutachtende Stelle diese im Gutachten zu benennen und stichhaltig zu begründen.

(6) Abweichend von Absatz 4 Satz 1 bedarf es für Fahrzeuge, die für die Bundeswehr zugelassen werden, nicht der Vorlage einer Zulassungsbescheinigung Teil II, wenn ein amtlich anerkannter Sachverständiger für den Kraftfahrzeugverkehr oder ein nach § 30 der EG-Fahrzeuggenehmigungsverordnung zur Prüfung von Gesamtfahrzeugen der jeweiligen Fahrzeugklasse benannter Technischer Dienst eine Datenbestätigung entsprechend Muster 2d ausgestellt hat.

§ 21a Anerkennung von Genehmigungen und Prüfzeichen auf Grund internationaler Vereinbarungen und von Rechtsakten der Europäischen Gemeinschaften

(1) [1]Im Verfahren auf Erteilung der Betriebserlaubnis werden Genehmigungen und Prüfzeichen anerkannt, die ein ausländischer Staat für Ausrüstungsgegenstände oder Fahrzeugteile oder in Bezug auf solche Gegenstände oder Teile für bestimmte Fahrzeugtypen unter Beachtung der mit der Bundesrepublik Deutschland vereinbarten Bedingungen erteilt hat. [2]Dasselbe gilt für Genehmigungen und Prüfzeichen, die das Kraftfahrt-Bundesamt für solche Gegenstände oder Teile oder in Bezug auf diese für bestimmte Fahrzeugtypen erteilt, wenn das Genehmigungsverfahren unter Beachtung der von der Bundesrepublik Deutschland mit ausländischen Staaten vereinbarten Bedingungen durchgeführt worden ist. [3]§ 22a bleibt unberührt.

(1a) Absatz 1 gilt entsprechend für Genehmigungen und Prüfzeichen, die auf Grund von Rechtsakten der Europäischen Gemeinschaften erteilt werden oder anzuerkennen sind.

(2) [1]Das Prüfzeichen nach Absatz 1 besteht aus einem Kreis, in dessen Innerem sich der Buchstabe „E“ und die Kennzahl des Staates befinden, der die Genehmigung erteilt hat, sowie aus der Genehmigungsnummer in der Nähe dieses Kreises, gegebenenfalls aus der Nummer der internationalen Vereinbarung mit dem Buchstaben „R“ und gegebenenfalls aus zusätzlichen Zeichen. [2]Das Prüfzeichen nach Absatz 1a besteht aus einem Rechteck, in dessen Innerem sich der Buchstabe „e“ und die Kennzahl oder die Kennbuchstaben des Staates befinden, der die Genehmigung erteilt hat, aus der Bauartgenehmigungsnummer in der Nähe dieses Rechtecks sowie gegebenenfalls aus zusätzlichen Zeichen. [3]Die Kennzahl für die Bundesrepublik Deutschland ist in allen Fällen „1“.

(3) [1]Mit einem Prüfzeichen der in den Absätzen 1 bis 2 erwähnten Art darf ein Ausrüstungsgegenstand oder ein Fahrzeugteil nur gekennzeichnet sein, wenn er der Genehmigung in jeder Hinsicht entspricht. [2]Zeichen, die zu Verwechslungen mit einem solchen Prüfzeichen Anlass geben können, dürfen an Ausrüstungsgegenständen oder Fahrzeugteilen nicht angebracht sein.

§ 21b Anerkennung von Prüfungen auf Grund von Rechtsakten der Europäischen Gemeinschaften

Im Verfahren auf Erteilung der Betriebserlaubnis werden Prüfungen anerkannt, die auf Grund harmonisierter Vorschriften nach § 19 Absatz 1 Satz 2 durchgeführt und bescheinigt worden sind.

§ 21c (weggefallen)

§ 22 Betriebserlaubnis für Fahrzeugteile

(1) [1]Die Betriebserlaubnis kann – auch als nationale Teiletypgenehmigung – gesondert für Teile von Fahrzeugen erteilt werden, wenn der Teil eine technische Einheit bildet, die im Erlaubnisverfahren selbstständig behandelt werden kann. [2]Dürfen die Teile nur an Fahrzeugen bestimmter Art, eines bestimmten Typs oder nur bei einer bestimmten Art des Ein- oder Anbaus verwendet werden, ist die Betriebserlaubnis dahingehend zu beschränken. [3]Die Wirksamkeit der Betriebserlaubnis kann davon abhängig gemacht werden, dass der Ein- oder Anbau abgenommen worden ist. [4]Die Abnahme ist von einem amtlich anerkannten Sachverständigen oder Prüfer für den Kraftfahrzeugverkehr oder von einem Kraftfahrzeugsachverständigen oder Angestellten nach Nummer 4 der Anlage VIIIb durchführen zu lassen. [5]In den Fällen des Satzes 3 ist durch die abnehmende Stelle nach Satz 4 auf dem Nachweis (§ 19 Absatz 4 Satz 1) darüber der ordnungsgemäße Ein- oder Anbau unter Angabe des Fahrzeugherstellers und -typs sowie der Fahrzeug-Identifizierungsnummer zu bestätigen.

(2) [1]Für das Verfahren gelten die Vorschriften über die Erteilung der Betriebserlaubnis für Fahrzeuge entsprechend. [2]Bei reihenweise zu fertigenden oder gefertigten Teilen ist sinngemäß nach § 20 zu verfahren; der Inhaber einer Allgemeinen Betriebserlaubnis für Fahrzeugteile hat durch Anbringung des ihm vorgeschriebenen Typzeichens auf jedem dem Typ entsprechenden Teil dessen Übereinstimmung mit

dem genehmigten Typ zu bestätigen. [3]Außerdem hat er jedem gefertigten Teil einen Abdruck oder eine Ablichtung der Betriebserlaubnis oder den Auszug davon und gegebenenfalls den Nachweis darüber (§ 19 Absatz 4 Satz 1) beizufügen. [4]Bei Fahrzeugteilen, die nicht zu einem genehmigten Typ gehören, ist nach § 21 zu verfahren; das Gutachten des amtlich anerkannten Sachverständigen für den Kraftfahrzeugverkehr ist, falls es sich nicht gegen die Erteilung der Betriebserlaubnis ausspricht, in den Fahrzeugschein einzutragen, wenn der Teil an einem bestimmten zulassungspflichtigen Fahrzeug an- oder eingebaut werden soll. [5]Unter dem Gutachten hat die Zulassungsbehörde gegebenenfalls einzutragen:

„Betriebserlaubnis erteilt“.

[6]Der gleiche Vermerk ist unter kurzer Bezeichnung des genehmigten Teils in dem nach § 4 Absatz 5 der Fahrzeug-Zulassungsverordnung mitzuführenden oder aufzubewahrenden Nachweis und in dem Anhängerverzeichnis, sofern ein solches ausgestellt worden ist, einzutragen.

(3) [1]Anstelle einer Betriebserlaubnis nach Absatz 1 können auch Teile zum nachträglichen An- oder Einbau (§ 19 Absatz 3 Nummer 1 Buchstabe b oder Nummer 3) im Rahmen einer Allgemeinen Betriebserlaubnis für ein Fahrzeug oder eines Nachtrags dazu (§ 20) genehmigt werden; die Absätze 1, 2 Satz 2 und 3 gelten entsprechend. [2]Der Nachtrag kann sich insoweit auch auf Fahrzeuge erstrecken, die vor Genehmigung des Nachtrags hergestellt worden sind.

§ 22a Bauartgenehmigung für Fahrzeugteile

(1) Die nachstehend aufgeführten Einrichtungen, gleichgültig ob sie an zulassungspflichtigen oder an zulassungsfreien Fahrzeugen verwendet werden, müssen in einer amtlich genehmigten Bauart ausgeführt sein:

1. Heizungen in Kraftfahrzeugen, ausgenommen elektrische Heizungen sowie Warmwasserheizungen, bei denen als Wärmequelle das Kühlwasser des Motors verwendet wird (§ 35c Absatz 1);
1a. Luftreifen (§ 36 Absatz 2);
2. Gleitschutzeinrichtungen (§ 37 Absatz 1 Satz 2);
3. Scheiben aus Sicherheitsglas (§ 40) und Folien für Scheiben aus Sicherheitsglas;
4. Frontschutzsysteme (§ 30c Absatz 4);
5. Auflaufbremsen (§ 41 Absatz 10), ausgenommen ihre Übertragungseinrichtungen und Auflaufbremsen, die nach den im Anhang zu § 41 Absatz 18 genannten Bestimmungen über Bremsanlagen geprüft sind und deren Übereinstimmung in der vorgesehenen Form bescheinigt ist;
6. Einrichtungen zur Verbindung von Fahrzeugen (§ 43 Absatz 1), mit Ausnahme von
   a) Einrichtungen, die aus technischen Gründen nicht selbstständig im Genehmigungsverfahren behandelt werden können (zum Beispiel Deichseln an einachsigen Anhängern, wenn sie Teil des Rahmens und nicht verstellbar sind),
   b) Ackerschienen (Anhängeschienen), ihrer Befestigungseinrichtung und dem Dreipunktanbau an land- oder forstwirtschaftlichen Zug- oder Arbeitsmaschinen,
   c) Zugeinrichtungen an land- oder forstwirtschaftlichen Arbeitsgeräten, die hinter Kraftfahrzeugen mitgeführt werden und nur im Fahren eine ihrem Zweck entsprechende Arbeit leisten können, wenn sie zur Verbindung mit den unter Buchstabe b genannten Einrichtungen bestimmt sind,
   d) Abschlepp- und Rangiereinrichtungen einschließlich Abschleppstangen und Abschleppseilen,
   e) Langbäumen,
   f) Verbindungseinrichtungen an Anbaugeräten, die an land- oder forstwirtschaftlichen Zugmaschinen angebracht werden;
7. Scheinwerfer für Fernlicht und für Abblendlicht sowie für Fern- und Abblendlicht (§ 50);
8. Begrenzungsleuchten (§ 51 Absatz 1 und 2, § 53b Absatz 1);
8a. Spurhalteleuchten (§ 51 Absatz 4);
8b. Seitenmarkierungsleuchten (§ 51a Absatz 6);
9. Parkleuchten, Park-Warntafeln (§ 51c);
9a. Umrissleuchten (§ 51b);
10. Nebelscheinwerfer (§ 52 Absatz 1);
11. Warnleuchten für blaues Blinklicht (§ 52 Absatz 3);
11a. nach vorn wirkende Warnleuchten für rotes Blinklicht mit nur einer Hauptausstrahlrichtung (Anhaltesignal) (§ 52 Absatz 3a);
12. Warnleuchten für gelbes Blinklicht (§ 52 Absatz 4);
12a. Rückfahrscheinwerfer (§ 52a);
13. Schlussleuchten (§ 53 Absatz 1 und 6, § 53b);
14. Bremsleuchten (§ 53 Absatz 2);

15. Rückstrahler (§ 51 Absatz 2, § 51a Absatz 1, § 53 Absatz 4, 6 und 7, § 53b, § 66a Absatz 4 dieser Verordnung, § 22 Absatz 4 der Straßenverkehrs-Ordnung);
16. Warndreiecke und Warnleuchten (§ 53a Absatz 1 und 3);
16a. Nebelschlussleuchten (§ 53d);
17. Fahrtrichtungsanzeiger (Blinkleuchten) (§ 53b Absatz 5, § 54);
17a. Tragbare Blinkleuchten und rot-weiße Warnmarkierungen für Hubladebühnen (§ 53b Absatz 5);
18. Lichtquellen für bauartgenehmigungspflichtige lichttechnische Einrichtungen, soweit die Lichtquellen nicht fester Bestandteil der Einrichtungen sind (§ 49a Absatz 6, § 67 Absatz 6 dieser Verordnung, § 22 Absatz 4 und 5 der Straßenverkehrs-Ordnung);
19. Warneinrichtungen mit einer Folge von Klängen verschiedener Grundfrequenz – Einsatzhorn – (§ 55 Absatz 3);
19a. Warneinrichtungen mit einer Folge von Klängen verschiedener Grundfrequenz (Anhaltehorn) (§ 55 Absatz 3a);
20. Fahrtschreiber (§ 57a);
21. Beleuchtungseinrichtungen für Kennzeichen (§ 12 der Fahrzeug-Zulassungsverordnung);
21a. Beleuchtungseinrichtungen für transparente amtliche Kennzeichen (§ 12 Fahrzeug-Zulassungsverordnung);
22. Lichtmaschinen, Systeme zur automatischen Scheinwerferausrichtung, Scheinwerfer für Abblendlicht, auch mit Fernlichtfunktion oder auch mit Tagfahrlichtfunktion oder auch mit Standlichtfunktion, Schlussleuchten, auch mit Bremslichtfunktion oder auch mit Standlichtfunktion, Leuchten für weißes Licht, Leuchten für rotes Licht, Fahrtrichtungsanzeiger, rote, gelbe und weiße Rückstrahler, Pedalrückstrahler und retroreflektierende Streifen an Reifen, Felgen oder in den Speichen, weiß retroreflektierende Speichen oder Speichenhülsen für Fahrräder und Fahrradanhänger (§ 67 Absatz 1 bis 6, § 67a Absatz 1 bis 4);
23. (weggefallen)
24. (weggefallen)
25. Sicherheitsgurte und andere Rückhaltesysteme in Kraftfahrzeugen;
26. Leuchten zur Sicherung hinausragender Ladung (§ 22 Absatz 4 und 5 der Straßenverkehrs-Ordnung);
27. Rückhalteeinrichtungen für Kinder in Kraftfahrzeugen (§ 35a Absatz 12 dieser Verordnung sowie § 21 Absatz 1a der Straßenverkehrs-Ordnung).

(1a) § 22 Absatz 1 Satz 2 bis 5 ist entsprechend anzuwenden.

(2) [1]Fahrzeugteile, die in einer amtlich genehmigten Bauart ausgeführt sein müssen, dürfen zur Verwendung im Geltungsbereich dieser Verordnung nur feilgeboten, veräußert, erworben oder verwendet werden, wenn sie mit einem amtlich vorgeschriebenen und zugeteilten Prüfzeichen gekennzeichnet sind. [2]Die Ausgestaltung der Prüfzeichen und das Verfahren bestimmt das Bundesministerium für Verkehr und digitale Infrastruktur; insoweit gilt die Fahrzeugteileverordnung vom 12. August 1998 (BGBl. I S. 2142).

(3) Die Absätze 1 und 2 sind nicht anzuwenden auf

1. Einrichtungen, die zur Erprobung im Straßenverkehr verwendet werden, wenn der Führer des Fahrzeugs eine entsprechende amtliche Bescheinigung mit sich führt und zuständigen Personen auf Verlangen zur Prüfung aushändigt,
2. Einrichtungen – ausgenommen lichttechnische Einrichtungen für Fahrräder und Lichtquellen für Scheinwerfer –, die in den Geltungsbereich dieser Verordnung verbracht worden sind, an Fahrzeugen verwendet werden, die außerhalb des Geltungsbereichs dieser Verordnung gebaut worden sind, und in ihrer Wirkung etwa den nach Absatz 1 geprüften Einrichtungen gleicher Art entsprechen und als solche erkennbar sind,
3. Einrichtungen, die an Fahrzeugen verwendet werden, deren Zulassung auf Grund eines Verwaltungsverfahrens erfolgt, in welchem ein Mitgliedstaat der Europäischen Union bestätigt, dass der Typ eines Fahrzeugs, eines Systems, eines Bauteils oder einer selbstständigen technischen Einheit die einschlägigen technischen Anforderungen der Richtlinie 70/156/EWG des Rates vom 6. Februar 1970 zur Angleichung der Rechtsvorschriften der Mitgliedstaaten über die Betriebserlaubnis für Kraftfahrzeuge und Kraftfahrzeuganhänger (ABl. L 42 vom 23.2.1970, S. 1), die zuletzt durch die Richtlinie 2004/104/EG (ABl. L 337 vom 13.11.2004, S. 13) geändert worden ist, der Richtlinie 92/61/EWG des Rates vom 30. Juni 1992 über die Betriebserlaubnis für zweirädrige oder dreirädrige Kraftfahrzeuge (ABl. L 225 vom 10.8.1992, S. 72), die durch die Richtlinie 2000/7/EG (ABl. L 106 vom 3.5.2000, S. 1) geändert worden ist, oder der Richtlinie 2007/46/EG oder der Richtlinie 2002/24/EG oder der Richtlinie 2003/37/EG oder der Verordnung (EU) Nr. 167/2013 oder der Verordnung

(EU) Nr. 168/2013 oder der Verordnung (EU) 2018/858 in ihrer jeweils geltenden Fassung oder eines Einzelrechtsaktes oder einer Einzelregelung erfüllt.

(4) [1]Absatz 2 ist nicht anzuwenden auf Einrichtungen, für die eine Einzelgenehmigung im Sinne der Fahrzeugteileverordnung erteilt worden ist. [2]Werden solche Einrichtungen im Verkehr verwendet, so ist die Urkunde über die Genehmigung mitzuführen und zuständigen Personen auf Verlangen zur Prüfung auszuhändigen; dies gilt nicht, wenn die Genehmigung aus dem Fahrzeugschein, aus dem Nachweis nach § 4 Absatz 5 der Fahrzeug-Zulassungsverordnung oder aus dem statt der Zulassungsbescheinigung Teil II mitgeführten Anhängerverzeichnis hervorgeht.

(5) [1]Mit einem amtlich zugeteilten Prüfzeichen der in Absatz 2 erwähnten Art darf ein Fahrzeugteil nur gekennzeichnet sein, wenn es der Bauartgenehmigung in jeder Hinsicht entspricht. [2]Zeichen, die zu Verwechslungen mit einem amtlich zugeteilten Prüfzeichen Anlass geben können, dürfen an den Fahrzeugteilen nicht angebracht sein.

(6) Die Absätze 2 und 5 gelten entsprechend für Einrichtungen, die einer EWG-Bauartgenehmigung bedürfen.

§ 23 Gutachten für die Einstufung eines Fahrzeugs als Oldtimer

[1]Zur Einstufung eines Fahrzeugs als Oldtimer im Sinne des § 2 Nummer 22 der Fahrzeug-Zulassungsverordnung ist ein Gutachten eines amtlich anerkannten Sachverständigen oder Prüfers oder Prüfingenieurs erforderlich. [2]Die Begutachtung ist nach einer im Verkehrsblatt nach Zustimmung der zuständigen obersten Landesbehörden bekannt gemachten Richtlinie durchzuführen und das Gutachten nach einem in der Richtlinie festgelegten Muster auszufertigen. [3]Im Rahmen der Begutachtung ist auch eine Untersuchung im Umfang einer Hauptuntersuchung nach § 29 durchzuführen, es sei denn, dass mit der Begutachtung gleichzeitig ein Gutachten nach § 21 erstellt wird. [4]Für das Erteilen der Prüfplakette gilt § 29 Absatz 3.

§§ 24 bis 28 (weggefallen)

§ 29 Untersuchung der Kraftfahrzeuge und Anhänger

(1) [1]Die Halter von zulassungspflichtigen Fahrzeugen im Sinne des § 3 Absatz 1 der Fahrzeug-Zulassungsverordnung und kennzeichenpflichtigen Fahrzeugen nach § 4 Absatz 2 und 3 Satz 2 der Fahrzeug-Zulassungsverordnung haben ihre Fahrzeuge auf ihre Kosten nach Maßgabe der Anlage VIII in Verbindung mit Anlage VIIIa in regelmäßigen Zeitabständen untersuchen zu lassen. [2]Ausgenommen sind

1. Fahrzeuge mit rotem Kennzeichen nach den §§ 41 und 43 der Fahrzeug-Zulassungsverordnung,
2. Fahrzeuge der Bundeswehr und der Bundespolizei.

[3]Über die Untersuchung der Fahrzeuge der Feuerwehren und des Katastrophenschutzes entscheiden die zuständigen obersten Landesbehörden im Einzelfall oder allgemein.

(2) [1]Der Halter hat den Monat, in dem das Fahrzeug spätestens zur

1. Hauptuntersuchung vorgeführt werden muss, durch eine Prüfplakette nach Anlage IX auf dem Kennzeichen nachzuweisen, es sei denn, es handelt sich um ein Kurzzeitkennzeichen oder Ausfuhrkennzeichen,
2. Sicherheitsprüfung vorgeführt werden muss, durch eine Prüfmarke in Verbindung mit einem SP-Schild nach Anlage IXb nachzuweisen.

[2]Prüfplaketten sind von der nach Landesrecht zuständigen Behörde oder den zur Durchführung von Hauptuntersuchungen berechtigten Personen zuzuteilen und auf dem hinteren amtlichen Kennzeichen dauerhaft und gegen Missbrauch gesichert anzubringen. [3]Prüfplaketten in Verbindung mit Plakettenträgern sind von der nach Landesrecht zuständigen Behörde zuzuteilen und von dem Halter oder seinem Beauftragten auf dem hinteren amtlichen Kennzeichen dauerhaft und gegen Missbrauch gesichert anzubringen. [4]Abgelaufene Prüfplaketten sowie gegebenenfalls vorhandene Plakettenträger sind vor Anbringung neuer Prüfplaketten oder neuer Prüfplaketten in Verbindung mit Plakettenträgern zu entfernen. [5]Prüfmarken sind von der nach Landesrecht zuständigen Behörde zuzuteilen und von dem Halter oder seinem Beauftragten auf dem SP-Schild nach den Vorschriften der Anlage IXb anzubringen oder von den zur Durchführung von Hauptuntersuchungen oder Sicherheitsprüfungen berechtigten Personen zuzuteilen und von diesen nach den Vorschriften der Anlage IXb auf dem SP-Schild anzubringen. [6]SP-Schilder dürfen von der nach Landesrecht zuständigen Behörde, von den zur Durchführung von Hauptuntersuchungen berechtigten Personen, dem Fahrzeughersteller, dem Halter oder seinem Beauftragten nach den Vorschriften der Anlage IXb angebracht werden.

(3) [1]Eine Prüfplakette darf nur dann zugeteilt und angebracht werden, wenn die Vorschriften der Anlage VIII eingehalten sind. [2]Durch die nach durchgeführter Hauptuntersuchung zugeteilte und angebrachte Prüfplakette wird bescheinigt, dass das Fahrzeug zum Zeitpunkt dieser Untersuchung vorschriftsmäßig

nach Nummer 1.2 der Anlage VIII ist. [3]Weist das Fahrzeug lediglich geringe Mängel auf, so kann abweichend von Satz 1 die Prüfplakette zugeteilt und angebracht werden, wenn die unverzügliche Beseitigung der Mängel zu erwarten ist.

(4) [1]Eine Prüfmarke darf zugeteilt und angebracht werden, wenn das Fahrzeug nach Abschluss der Sicherheitsprüfung nach Maßgabe der Nummer 1.3 der Anlage VIII keine Mängel aufweist. [2]Die Vorschriften von Nummer 2.6 der Anlage VIII bleiben unberührt.

(5) Der Halter hat dafür zu sorgen, dass sich die nach Absatz 3 angebrachte Prüfplakette und die nach Absatz 4 angebrachte Prüfmarke und das SP-Schild in ordnungsgemäßem Zustand befinden; sie dürfen weder verdeckt noch verschmutzt sein.

(6) Monat und Jahr des Ablaufs der Frist für die nächste

1. Hauptuntersuchung müssen von demjenigen, der die Prüfplakette zugeteilt und angebracht hat,
   a) bei den im üblichen Zulassungsverfahren behandelten Fahrzeugen in der Zulassungsbescheinigung Teil I oder
   b) bei anderen Fahrzeugen auf dem nach § 4 Absatz 5 der Fahrzeug-Zulassungsverordnung mitzuführenden oder aufzubewahrenden Nachweis in Verbindung mit dem Prüfstempel der untersuchenden Stelle oder dem HU-Code und der Kennnummer der untersuchenden Person oder Stelle,
2. Sicherheitsprüfung müssen von demjenigen, der die Prüfmarke zugeteilt hat, im Prüfprotokoll vermerkt werden.

(7) [1]Die Prüfplakette und die Prüfmarke werden mit Ablauf des jeweils angegebenen Monats ungültig. [2]Ihre Gültigkeit verlängert sich um einen Monat, wenn bei der Durchführung der Hauptuntersuchung oder Sicherheitsprüfung Mängel festgestellt werden, die vor der Zuteilung einer neuen Prüfplakette oder Prüfmarke zu beheben sind. [3]Satz 2 gilt auch, wenn bei geringen Mängeln keine Prüfplakette nach Absatz 3 Satz 3 zugeteilt wird, und für Prüfmarken in den Fällen der Anlage VIII Nummer 2.4 Satz 6. [4]Befindet sich an einem Fahrzeug, das mit einer Prüfplakette oder einer Prüfmarke in Verbindung mit einem SP-Schild versehen sein muss, keine gültige Prüfplakette oder keine gültige Prüfmarke, so kann die nach Landesrecht zuständige Behörde für die Zeit bis zur Anbringung der vorgenannten Nachweise den Betrieb des Fahrzeugs im öffentlichen Verkehr untersagen oder beschränken. [5]Die betroffene Person hat das Verbot oder die Beschränkung zu beachten.

(8) Einrichtungen aller Art, die zu Verwechslungen mit der in Anlage IX beschriebenen Prüfplakette oder der in Anlage IXb beschriebenen Prüfmarke in Verbindung mit dem SP-Schild Anlass geben können, dürfen an Kraftfahrzeugen und ihren Anhängern nicht angebracht sein.

(9) Der für die Durchführung von Hauptuntersuchungen oder Sicherheitsprüfungen Verantwortliche hat für Hauptuntersuchungen einen Untersuchungsbericht und für Sicherheitsprüfungen ein Prüfprotokoll nach Maßgabe der Anlage VIII zu erstellen und dem Fahrzeughalter oder seinem Beauftragten auszuhändigen.

(10) [1]Der Halter hat den Untersuchungsbericht mindestens bis zur nächsten Hauptuntersuchung und das Prüfprotokoll mindestens bis zur nächsten Sicherheitsprüfung aufzubewahren. [2]Der Halter oder sein Beauftragter hat den Untersuchungsbericht, bei Fahrzeugen, bei denen nach Nummer 2.1 Anlage VIII eine Sicherheitsprüfung durchzuführen ist, zusammen mit dem Prüfprotokoll, zuständigen Personen und der nach Landesrecht zuständigen Behörde auf deren Anforderung hin, auszuhändigen. [3]Kann der letzte Untersuchungsbericht oder das letzte Prüfprotokoll nicht ausgehändigt werden, hat der Halter auf seine Kosten Zweitschriften von den prüfenden Stellen zu beschaffen oder eine Hauptuntersuchung oder eine Sicherheitsprüfung durchführen zu lassen. [4]Die Sätze 2 und 3 gelten nicht für den Hauptuntersuchungsbericht bei der Fahrzeugzulassung, wenn die Fälligkeit der nächsten Hauptuntersuchung für die Zulassungsbehörde aus einem anderen amtlichen Dokument ersichtlich ist.

§ 29a Datenübermittlung

[1]Die zur Durchführung von Hauptuntersuchungen oder Sicherheitsprüfungen nach § 29 berechtigten Personen sind verpflichtet, nach Abschluss einer Hauptuntersuchung oder einer Sicherheitsprüfung die in § 61 Absatz 1 der Fahrzeug-Zulassungsverordnung genannten Daten an das Kraftfahrt-Bundesamt zur Speicherung im Zentralen Fahrzeugregister zu übermitteln. [2]Darüber hinaus müssen die zur Durchführung von Hauptuntersuchungen nach § 29 berechtigten Personen nach Abschluss einer Hauptuntersuchung die in § 61 Absatz 2 der Fahrzeug-Zulassungsverordnung genannten Daten an das Kraftfahrt-Bundesamt zur Speicherung im Zentralen Fahrzeugregister übermitteln. [3]Die jeweilige Übermittlung hat

1. bei verkehrsunsicheren Fahrzeugen nach Anlage VIII Nummer 3.1.4.4 oder 3.2.3.3 am selben Tag,
2. sonst unverzüglich, spätestens aber innerhalb von zwei Wochen nach Abschluss der Hauptuntersuchung oder Sicherheitsprüfung

zu erfolgen.

IIa.
Pflichtversicherung(weggefallen)

§§ 29b bis 29h (weggefallen)[1)]

III.
Bau- und Betriebsvorschriften

1.
Allgemeine Vorschriften

§ 30 Beschaffenheit der Fahrzeuge

(1) Fahrzeuge müssen so gebaut und ausgerüstet sein, dass
1. ihr verkehrsüblicher Betrieb niemanden schädigt oder mehr als unvermeidbar gefährdet, behindert oder belästigt,
2. die Insassen insbesondere bei Unfällen vor Verletzungen möglichst geschützt sind und das Ausmaß und die Folgen von Verletzungen möglichst gering bleiben.

(2) Fahrzeuge müssen in straßenschonender Bauweise hergestellt sein und in dieser erhalten werden.

(3) Für die Verkehrs- oder Betriebssicherheit wichtige Fahrzeugteile, die besonders leicht abgenutzt oder beschädigt werden können, müssen einfach zu überprüfen und leicht auswechselbar sein.

(4) [1]Anstelle der Vorschriften dieser Verordnung können die Einzelrechtsakte und Einzelregelungen in ihrer jeweils geltenden Fassung angewendet werden, die
1. in Anhang IV der Richtlinie 2007/46/EG oder in Anhang II der Verordnung (EU) 2018/858 oder
2. in Anhang I der Verordnung (EU) Nr. 167/2013 oder
3. in Anhang II der Verordnung (EU) Nr. 168/2013

in ihrer jeweils geltenden Fassung genannt sind. [2]Die in Satz 1 genannten Einzelrechtsakte und Einzelregelungen sind jeweils ab dem Zeitpunkt anzuwenden, zu dem sie in Kraft treten.

§ 30a Durch die Bauart bestimmte Höchstgeschwindigkeit sowie maximales Drehmoment und maximale Nutzleistung des Motors

(1) [1]Kraftfahrzeuge müssen entsprechend dem Stand der Technik so gebaut und ausgerüstet sein, dass technische Veränderungen, die zu einer Änderung der durch die Bauart bestimmten Höchstgeschwindigkeit (Geschwindigkeit, die von einem Kraftfahrzeug nach seiner vom Hersteller konstruktiv vorgegebenen Bauart oder infolge der Wirksamkeit zusätzlicher technischer Maßnahmen auf ebener Bahn bei bestimmungsgemäßer Benutzung nicht überschritten werden kann) führen, wesentlich erschwert sind. [2]Sofern dies nicht möglich ist, müssen Veränderungen leicht erkennbar gemacht werden.

(1a) Zweirädrige Kleinkrafträder und Krafträder müssen hinsichtlich der Maßnahmen gegen unbefugte Eingriffe den Vorschriften von Kapitel 7 der Richtlinie 97/24/EG des Europäischen Parlaments und des Rates vom 17. Juni 1997 über bestimmte Bauteile und Merkmale von zweirädrigen oder dreirädrigen Kraftfahrzeugen (ABl. L 226 vom 18.8.1997, S. 1), die zuletzt durch die Richtlinie 2009/108/EG (ABl. L 213 vom 18.8.2009, S. 10) geändert worden ist, jeweils in der aus dem Anhang zu dieser Vorschrift ersichtlichen Fassung, entsprechen.

(2) [1]Anhänger müssen für eine Geschwindigkeit von mindestens 100 km/h gebaut und ausgerüstet sein. [2]Sind sie für eine niedrigere Geschwindigkeit gebaut oder ausgerüstet, müssen sie entsprechend § 58 für diese Geschwindigkeit gekennzeichnet sein.

(3) Bei Kraftfahrzeugen nach Artikel 1 der Richtlinie 2002/24/EG sind zur Ermittlung der durch die Bauart bestimmten Höchstgeschwindigkeit sowie zur Ermittlung des maximalen Drehmoments und der maximalen Nutzleistung des Motors die im Anhang zu dieser Vorschrift genannten Bestimmungen anzuwenden.

---

1) Hier Anpassung (§ 29b statt § 29a) nichtamtlich.

§ 30b Berechnung des Hubraums

Der Hubraum ist wie folgt zu berechnen:

1. Für pi wird der Wert von 3,1416 eingesetzt.
2. Die Werte für Bohrung und Hub werden in Millimeter eingesetzt, wobei auf die erste Dezimalstelle hinter dem Komma auf- oder abzurunden ist.
3. Der Hubraum ist auf volle Kubikzentimeter auf- oder abzurunden.
4. Folgt der zu rundenden Stelle eine der Ziffern 0 bis 4, so ist abzurunden, folgt eine der Ziffern 5 bis 9, so ist aufzurunden.

§ 30c Vorstehende Außenkanten, Frontschutzsysteme

(1) Am Umriss der Fahrzeuge dürfen keine Teile so hervorragen, dass sie den Verkehr mehr als unvermeidbar gefährden.

(2) Vorstehende Außenkanten von Personenkraftwagen müssen den im Anhang zu dieser Vorschrift genannten Bestimmungen entsprechen.

(3) Vorstehende Außenkanten von zweirädrigen oder dreirädrigen Kraftfahrzeugen nach § 30a Absatz 3 müssen den im Anhang zu dieser Vorschrift genannten Bestimmungen entsprechen.

(4) An Personenkraftwagen, Lastkraftwagen, Zugmaschinen und Sattelzugmaschinen mit mindestens vier Rädern, einer durch die Bauart bestimmten Höchstgeschwindigkeit von mehr als 25 km/h und einer zulässigen Gesamtmasse von nicht mehr als 3,5 t angebrachte Frontschutzsysteme müssen den im Anhang zu dieser Vorschrift genannten Bestimmungen entsprechen.

§ 30d Kraftomnibusse

(1) Kraftomnibusse sind Kraftfahrzeuge zur Personenbeförderung mit mehr als acht Sitzplätzen außer dem Fahrersitz.

(2) Kraftomnibusaufbauten, die als selbstständige technische Einheiten die gesamte innere und äußere Spezialausrüstung dieser Kraftfahrzeugart umfassen, gelten als Kraftomnibusse nach Absatz 1.

(3) Kraftomnibusse müssen den im Anhang zu dieser Vorschrift genannten Bestimmungen entsprechen.

(4) [1]Kraftomnibusse mit Stehplätzen, die die Beförderung von Fahrgästen auf Strecken mit zahlreichen Haltestellen ermöglichen und mehr als 22 Fahrgastplätze haben, müssen zusätzlich den Vorschriften über technische Einrichtungen für die Beförderung von Personen mit eingeschränkter Mobilität nach den im Anhang zu dieser Vorschrift genannten Bestimmungen entsprechen. [2]Dies gilt für andere Kraftomnibusse, die mit technischen Einrichtungen für die Beförderung von Personen mit eingeschränkter Mobilität ausgestattet sind, entsprechend.

§ 31 Verantwortung für den Betrieb der Fahrzeuge

(1) Wer ein Fahrzeug oder einen Zug miteinander verbundener Fahrzeuge führt, muss zur selbstständigen Leitung geeignet sein.

(2) Der Halter darf die Inbetriebnahme nicht anordnen oder zulassen, wenn ihm bekannt ist oder bekannt sein muss, dass der Führer nicht zur selbstständigen Leitung geeignet oder das Fahrzeug, der Zug, das Gespann, die Ladung oder die Besetzung nicht vorschriftsmäßig ist oder dass die Verkehrssicherheit des Fahrzeugs durch die Ladung oder die Besetzung leidet.

§ 31a Fahrtenbuch

(1) [1]Die nach Landesrecht zuständige Behörde kann gegenüber einem Fahrzeughalter für ein oder mehrere auf ihn zugelassene oder künftig zuzulassende Fahrzeuge die Führung eines Fahrtenbuchs anordnen, wenn die Feststellung eines Fahrzeugführers nach einer Zuwiderhandlung gegen Verkehrsvorschriften nicht möglich war. [2]Die Verwaltungsbehörde kann ein oder mehrere Ersatzfahrzeuge bestimmen.

(2) Der Fahrzeughalter oder sein Beauftragter hat in dem Fahrtenbuch für ein bestimmtes Fahrzeug und für jede einzelne Fahrt

1. vor deren Beginn
   a) Name, Vorname und Anschrift des Fahrzeugführers,
   b) amtliches Kennzeichen des Fahrzeugs,
   c) Datum und Uhrzeit des Beginns der Fahrt und
2. nach deren Beendigung unverzüglich Datum und Uhrzeit mit Unterschrift einzutragen.

(3) Der Fahrzeughalter hat

a) der das Fahrtenbuch anordnenden oder der von ihr bestimmten Stelle oder
b) sonst zuständigen Personen

das Fahrtenbuch auf Verlangen jederzeit an dem von der anordnenden Stelle festgelegten Ort zur Prüfung auszuhändigen und es sechs Monate nach Ablauf der Zeit, für die es geführt werden muss, aufzubewahren.

§ 31b Überprüfung mitzuführender Gegenstände

Führer von Fahrzeugen sind verpflichtet, zuständigen Personen auf Verlangen folgende mitzuführende Gegenstände vorzuzeigen und zur Prüfung des vorschriftsmäßigen Zustands auszuhändigen:

1. Feuerlöscher (§ 35g Absatz 1),
2. Erste-Hilfe-Material (§ 35h Absatz 1, 3 und 4),
3. Unterlegkeile (§ 41 Absatz 14),
4. Warndreiecke und Warnleuchten (§ 53a Absatz 2),

4a. Warnweste (§ 53a Absatz 2),

5. tragbare Blinkleuchten (§ 53b Absatz 5) und windsichere Handlampen (§ 54b),
6. Leuchten und Rückstrahler (§ 53b Absatz 1 Satz 4 Halbsatz 2 und Absatz 2 Satz 4 Halbsatz 2).

§ 31c Überprüfung von Fahrzeuggewichten

[1]Kann der Führer eines Fahrzeugs auf Verlangen einer zuständigen Person die Einhaltung der für das Fahrzeug zugelassenen Achslasten und Gesamtgewichte nicht glaubhaft machen, so ist er verpflichtet, sie nach Weisung dieser Person auf einer Waage oder einem Achslastmesser (Radlastmesser) feststellen zu lassen. [2]Nach der Wägung ist dem Führer eine Bescheinigung über das Ergebnis der Wägung zu erteilen. [3]Die Kosten der Wägung fallen dem Halter des Fahrzeugs zur Last, wenn ein zu beanstandendes Übergewicht festgestellt wird. [4]Die prüfende Person kann von dem Führer des Fahrzeugs eine der Überlastung entsprechende Um- oder Entladung fordern; dieser Auflage hat der Fahrzeugführer nachzukommen; die Kosten hierfür hat der Halter zu tragen.

§ 31d Gewichte, Abmessungen und Beschaffenheit ausländischer Fahrzeuge

(1) Ausländische Kraftfahrzeuge und ihre Anhänger müssen in Gewicht und Abmessungen den §§ 32 und 34 entsprechen.

(2) Ausländische Kraftfahrzeuge müssen an Sitzen, für die das Recht des Zulassungsstaates Sicherheitsgurte vorschreibt, über diese Sicherheitsgurte verfügen.

(3) [1]Ausländische Kraftfahrzeuge, deren Zulassungsbescheinigung oder Internationaler Zulassungsschein von einem Mitgliedstaat der Europäischen Union oder von einem anderen Vertragsstaat des Abkommens über den Europäischen Wirtschaftsraum ausgestellt worden ist und die in der Richtlinie 92/6/EWG des Rates vom 10. Februar 1992 über Einbau und Benutzung von Geschwindigkeitsbegrenzern für bestimmte Kraftfahrzeugklassen in der Gemeinschaft (ABl. L 57 vom 2.3.1992, S. 27), die durch die Richtlinie 2002/85/EG (ABl. L 327 vom 4.12.2002, S. 8) geändert worden ist, genannt sind, müssen mit Geschwindigkeitsbegrenzern nach Maßgabe des Rechts des Zulassungsstaates ausgestattet sein. [2]Die Geschwindigkeitsbegrenzer müssen benutzt werden.

(4) Die Luftreifen ausländischer Kraftfahrzeuge und Anhänger, deren Zulassungsbescheinigung oder Internationaler Zulassungsschein von einem Mitgliedstaat der Europäischen Union oder von einem anderen Vertragsstaat des Abkommens über den Europäischen Wirtschaftsraum ausgestellt worden ist und die in der Richtlinie 89/459/EWG des Rates vom 18. Juli 1989 zur Angleichung der Rechtsvorschriften der Mitgliedstaaten über die Profiltiefe der Reifen an bestimmten Klassen von Kraftfahrzeugen und deren Anhängern (ABl. L 226 vom 3.8.1989, S. 4) genannt sind, müssen beim Hauptprofil der Lauffläche eine Profiltiefe von mindestens 1,6 Millimeter aufweisen; als Hauptprofil gelten dabei die breiten Profilrillen im mittleren Bereich der Lauffläche, der etwa drei Viertel der Laufflächenbreite einnimmt.

§ 31e Geräuscharme ausländische Kraftfahrzeuge

[1]Ausländische Kraftfahrzeuge, die zur Geräuschklasse G 1 im Sinne der Nummer 3.2.1 der Anlage XIV gehören, gelten als geräuscharm; sie dürfen mit dem Zeichen „Geräuscharmes Kraftfahrzeug" gemäß Anlage XV gekennzeichnet sein. [2]Für andere ausländische Fahrzeuge gilt § 49 Absatz 3 Satz 2 und 3 entsprechend.

2. Kraftfahrzeuge und ihre Anhänger

§ 32 Abmessungen von Fahrzeugen und Fahrzeugkombinationen

(1) [1]Bei Kraftfahrzeugen und Anhängern einschließlich mitgeführter austauschbarer Ladungsträger (§ 42 Absatz 3) darf die höchstzulässige Breite über alles – ausgenommen bei Schneeräumgeräten und Winterdienstfahrzeugen – folgende Maße nicht überschreiten:

1. allgemein 2,55 m,
2. bei land- oder forstwirtschaftlichen Arbeitsgeräten, bei selbstfahrenden land- oder forstwirtschaftlichen Arbeitsmaschinen und bei Zugmaschinen und Sonderfahrzeugen mit auswechselbaren land- oder forstwirtschaftlichen Anbaugeräten, wenn sie für land- oder forstwirtschaftliche Zwecke gemäß § 6 Absatz 5 der Fahrerlaubnis-Verordnung eingesetzt werden 3,00 m,
3. bei Anhängern hinter Krafträdern 1,00 m,
4. bei festen oder abnehmbaren Aufbauten von klimatisierten Fahrzeugen, die für die Beförderung von Gütern in temperaturgeführtem Zustand ausgerüstet sind und deren Seitenwände einschließlich Wärmedämmung mindestens 45 mm dick sind 2,60 m,
5. bei Personenkraftwagen 2,50 m,
6. bei Fahrzeugen mit angebauten Geräten für die Straßenunterhaltung 3,00 m.

[2]Die Fahrzeugbreite ist nach der ISO-Norm 612-1978, Definition Nummer 6.2 zu ermitteln. [3]Abweichend von dieser Norm sind bei der Messung der Fahrzeugbreite die folgenden Einrichtungen nicht zu berücksichtigen:

1. Einrichtungen für indirekte Sicht,
2. der am Aufstandspunkt auf der Fahrbahnoberfläche liegende Teil der Ausbauchung der Reifenwände,
3. Reifenschadensanzeiger,
4. Reifendruckanzeiger,
5. lichttechnische Einrichtungen,
6. von Fahrzeugen beförderte klimatisierte Container oder Wechselaufbauten in einem Bereich von bis zu 5 cm über der nach Absatz 1 Satz 1 Nummer 1 allgemein zulässigen Breite von 2,55 m,
7. Ladebrücken, Hubladebühnen und vergleichbare Einrichtungen in nicht betriebsbereitem Zustand, die höchstens 10 mm seitlich des Fahrzeugs hervorragen und deren nach vorne oder nach hinten liegende Ecken mit einem Radius von mindestens 5 mm und deren Kanten mit einem Radius von mindestens 2,5 mm abgerundet sind,
8. einziehbare Spurführungseinrichtungen, die für die Verwendung in Spurbussystemen gedacht sind, in nicht eingezogener Stellung,
9. einziehbare Stufen, sofern betriebsbereit und bei Fahrzeugstillstand,
10. Sichthilfen und Ortungseinrichtungen einschließlich Radargeräten,
11. aerodynamische Luftleiteinrichtungen und Ausrüstungen, die gemäß Verordnung (EU) Nr. 1230/2012 der Kommission vom 12. Dezember 2012 zur Durchführung der Verordnung (EG) Nr. 661/2009 des Europäischen Parlaments und des Rates hinsichtlich der Anforderungen an die Typgenehmigung von Kraftfahrzeugen und Kraftfahrzeuganhängern bezüglich ihrer Massen und Abmessungen und zur Änderung der Richtlinie 2007/46/EG des Europäischen Parlaments und des Rates (ABl. L 353 vom 21.12.2012, S. 31; L 130 vom 15.5.2013, S. 60; L 28 vom 4.2.2016, S. 18), die zuletzt durch die Verordnung (EU) 2019/1892 vom 31. Oktober 2019 (ABl. L 291 vom 12.11.2019, S. 17) geändert worden ist, typgenehmigt sind, sofern die Fahrzeugbreite inklusive eines klimatisierten Aufbaus mit isolierten Wänden einschließlich der gemessenen vorstehenden Teile höchstens 2 600 mm beträgt, wobei die Einrichtungen und Ausrüstungen sowohl in der eingezogenen beziehungsweise eingeklappten Stellung als auch in der Gebrauchsstellung arretiert sein müssen,
12. Befestigungs- und Schutzeinrichtungen für Zollplomben,
13. Einrichtungen zur Sicherung der Plane und Schutzvorrichtungen hierfür, die bei einer Höhe von höchstens 2,0 m über dem Boden höchstens 20 mm und bei einer Höhe von mehr als 2,0 m über dem Boden höchstens 50 mm hervorragen dürfen und deren Kanten mit einem Radius von mindestens 2,5 mm abgerundet sind,
14. vorstehende flexible Teile eines Spritzschutzsystems gemäß Verordnung (EU) Nr. 109/2011 der Kommission vom 27. Januar 2011 zur Durchführung der Verordnung (EG) Nr. 661/2009 des Europäischen Parlaments und des Rates über die Typgenehmigung bestimmter Klassen von Kraftfahrzeugen und ihrer Anhänger hinsichtlich der Spritzschutzsysteme (ABl. L 34 vom 9.2.2011, S. 2; L 234 vom 10.9.2012, S. 48), die durch die Verordnung (EU) Nr. 519/2013 (ABl. L 158 vom 10.6.2013, S. 74) geändert worden ist,
15. flexible Radabdeckungen, die nicht unter Nummer 14 fallen,
16. Schneeketten,

17. Sicherheitsgeländer auf Fahrzeugtransportern, die für den Transport von mindestens zwei Fahrzeugen ausgelegt und gebaut sind und deren Sicherheitsgeländer sich mindestens 2,0 m und höchstens 3,70 m über dem Boden befinden und höchstens 50 mm vom äußersten Punkt der Fahrzeugseite hinausragen und wenn die Fahrzeugbreite höchstens 2 650 mm beträgt,
18. Antennen für die Kommunikation zwischen Fahrzeugen beziehungsweise zwischen Fahrzeugen und Infrastrukturen und
19. Schläuche der Reifendrucküberwachungssysteme, sofern sie an den beiden Seiten des Fahrzeugs höchstens 70 mm über die größte Breite des Fahrzeugs hinausragen.

[4]Gemessen wird bei geschlossenen Türen und Fenstern und bei Geradeausstellung der Räder.

(2) [1]Bei Kraftfahrzeugen, Fahrzeugkombinationen und Anhängern einschließlich mitgeführter austauschbarer Ladungsträger (§ 42 Absatz 3) darf die höchstzulässige Höhe über alles folgendes Maß nicht überschreiten: 4,00 m. [2]Die Fahrzeughöhe ist nach der ISO-Norm 612-1978, Definition Nummer 6.3 zu ermitteln. [3]Abweichend von dieser Norm sind bei der Messung der Fahrzeughöhe die folgenden Einrichtungen nicht zu berücksichtigen:

1. Antennen für Rundfunk, Navigation, die Kommunikation zwischen Fahrzeugen beziehungsweise zwischen Fahrzeugen und Infrastrukturen und
2. Scheren- oder Stangenstromabnehmer in gehobener Stellung.

[4]Bei Fahrzeugen mit Achshubeinrichtung ist die Auswirkung dieser Einrichtung zu berücksichtigen.

(3) [1]Bei Kraftfahrzeugen und Anhängern einschließlich mitgeführter austauschbarer Ladungsträger und aller im Betrieb mitgeführter Ausrüstungsteile (§ 42 Absatz 3) darf die höchstzulässige Länge über alles folgende Maße nicht überschreiten:

1.	bei Kraftfahrzeugen und Anhängern – ausgenommen Kraftomnibusse und Sattelanhänger –	12,00 m,
2.	bei zweiachsigen Kraftomnibussen – einschließlich abnehmbarer Zubehörteile –	13,50 m,
3.	bei Kraftomnibussen mit mehr als zwei Achsen – einschließlich abnehmbarer Zubehörteile –	15,00 m,
4.	bei Kraftomnibussen, die als Gelenkfahrzeug ausgebildet sind (Kraftfahrzeuge, deren Nutzfläche durch ein Gelenk unterteilt ist, bei denen der angelenkte Teil jedoch kein selbstständiges Fahrzeug darstellt)	18,75 m.

[2]Abweichend von Satz 1 Nummer 1 darf die höchstzulässige Länge von 12,00 m überschritten werden, wenn die Überschreitung ausschließlich durch das verlängerte Führerhaus gemäß Verordnung (EU) Nr 1230/2012 erfolgt.

(4) Bei Fahrzeugkombinationen einschließlich mitgeführter austauschbarer Ladungsträger und aller im Betrieb mitgeführter Ausrüstungsteile (§ 42 Absatz 3) darf die höchstzulässige Länge, unter Beachtung der Vorschriften in Absatz 3 Nummer 1, folgende Maße nicht überschreiten:

1.	bei Sattelkraftfahrzeugen (Sattelzugmaschine mit Sattelanhänger) und Fahrzeugkombinationen (Zügen) nach Art eines Sattelkraftfahrzeugs – ausgenommen Sattelkraftfahrzeugen nach Nummer 2 –	15,50 m,
2.[1)]	bei Sattelkraftfahrzeugen (Sattelzugmaschine mit Sattelanhänger), wenn die höchstzulässigen Teillängen des Sattelanhängers a) Achse Zugsattelzapfen bis zur hinteren Begrenzung 12,00 m und b) vorderer Überhangradius 2,04 m nicht überschritten werden,	16,50 m,
3	bei Zügen, ausgenommen Züge nach Nummer 4:	
	a) Kraftfahrzeuge außer Zugmaschinen mit Anhängern	18,00 m,
	b) Zugmaschinen mit Anhängern	18,75 m,

1) Siehe hierzu § 1 Abs. 1 der 55. Ausnahmeverordnung zur StVZO:
[1]Abweichend von § 32 Absatz 4 Nummer 2 der Straßenverkehrs-Zulassungs-Ordnung darf die höchstzulässige Länge bei Sattelkraftfahrzeugen (Sattelzugmaschine mit Sattelanhänger) 16,65 m nicht überschreiten, wenn diese gemäß der Artikel 2 und 10c der Richtlinie 96/53/EG des Rates vom 25. Juli 1996 zur Festlegung der höchstzulässigen Abmessungen für bestimmte Straßenfahrzeuge im innerstaatlichen und grenzüberschreitenden Verkehr in der Gemeinschaft sowie zur Festlegung der höchstzulässigen Gewichte im grenzüberschreitenden Verkehr (ABl. L 235 vom 17.9.1996, S. 59), die zuletzt durch die Richtlinie (EU) 2015/719 (ABl. L 115 vom 6.5.2015, S. 1) geändert worden ist, einen Container oder Wechselaufbau von 45 Fuß Länge im Rahmen eines intermodalen Beförderungsvorgangs befördern. [2]Der vordere Überhangradius des Sattelanhängers darf in diesem Fall 2,04 m nicht überschreiten.

4. bei Zügen, die aus einem Lastkraftwagen und einem Anhänger zur Güterbeförderung bestehen, 18,75 m.
Dabei dürfen die höchstzulässigen Teillängen folgende Maße nicht überschreiten:
a) größter Abstand zwischen dem vordersten äußeren Punkt der Ladefläche hinter dem Führerhaus des Lastkraftwagens und dem hintersten äußeren Punkt der Ladefläche des Anhängers der Fahrzeugkombination, abzüglich des Abstands zwischen der hinteren Begrenzung des Kraftfahrzeugs und der vorderen Begrenzung des Anhängers 15,65 m
und
b) größter Abstand zwischen dem vordersten äußeren Punkt der Ladefläche hinter dem Führerhaus des Lastkraftwagens und dem hintersten äußeren Punkt der Ladefläche des Anhängers der Fahrzeugkombination 16,40 m.
Bei Fahrzeugen mit Aufbau – bei Lastkraftwagen jedoch ohne Führerhaus – gelten die Teillängen einschließlich Aufbau.

(4a) Bei Fahrzeugkombinationen, die aus einem Kraftomnibus und einem Anhänger bestehen, beträgt die höchstzulässige Länge, unter Beachtung der Vorschriften in Absatz 3 Nummer 1 bis 3 18,75 m.

(4b) Abweichend von Absatz 4 darf die höchstzulässige Länge von Fahrzeugkombinationen überschritten werden, wenn die Überschreitung ausschließlich durch das verlängerte Führerhaus bei Kraftfahrzeugen nach Absatz 3 Satz 2 erfolgt.

(4c) Bei Sattelkraftfahrzeugen nach § 34 Absatz 6 Nummer 6 mit einer höchstzulässigen Teillänge nach Absatz 4 Nummer 2 Buchstabe b darf die höchstzulässige Länge der Fahrzeugkombination und die höchstzulässige Teillänge nach Absatz 4 Nummer 2 Buchstabe a beim Transport eines Containers oder Wechselaufbaus von 45 Fuß Länge um 15 cm überschritten werden.

(5) [1]Die Länge oder Teillänge eines Einzelfahrzeugs oder einer Fahrzeugkombination – mit Ausnahme der in Absatz 7 genannten Fahrzeugkombinationen und deren Einzelfahrzeuge – ist die Länge, die bei voll nach vorn oder hinten ausgezogenen, ausgeschobenen oder ausgeklappten Ladestützen, Ladepritschen, Aufbauwänden oder Teilen davon einschließlich aller im Betrieb mitgeführter Ausrüstungsteile (§ 42 Absatz 3) gemessen wird; dabei müssen bei Fahrzeugkombinationen die Längsmittellinien des Kraftfahrzeugs und seines Anhängers bzw. seiner Anhänger eine gerade Linie bilden. [2]Bei Fahrzeugkombinationen mit nicht selbsttätig längenveränderlichen Zugeinrichtungen ist dabei die Position zugrunde zu legen, in der § 32d (Kurvenlaufeigenschaften) ohne weiteres Tätigwerden des Fahrzeugführers oder anderer Personen erfüllt ist. [3]Soweit selbsttätig längenveränderliche Zugeinrichtungen verwendet werden, müssen diese nach Beendigung der Kurvenfahrt die Ausgangslänge ohne Zeitverzug wiederherstellen.

(6) [1]Die Längen und Teillängen eines Einzelfahrzeugs oder einer Fahrzeugkombination sind nach der ISO-Norm 612-1978, Definition Nummer 6.1 zu ermitteln. [2]Abweichend von dieser Norm sind bei der Messung der Länge oder Teillänge die folgenden Einrichtungen nicht zu berücksichtigen:
1. Einrichtungen für indirekte Sicht,
2. Wischer- und Wascheinrichtungen,
3. äußere Sonnenblenden,
4. Frontschutzsysteme, die gemäß Verordnung (EG) Nr. 78/2009 des Europäischen Parlaments und des Rates vom 14. Januar 2009 über die Typgenehmigung von Kraftfahrzeugen im Hinblick auf den Schutz von Fußgängern und anderen ungeschützten Verkehrsteilnehmern, zur Änderung der Richtlinie 2007/46/EG und zur Aufhebung der Richtlinien 2003/102/EG und 2005/66/EG (ABl. L 35 vom 4.2.2009, S. 1), die durch die Verordnung (EU) Nr. 517/2013 (ABl. L 158 vom 10.6.2013, S. 1) geändert worden ist, typgenehmigt sind,
5. Trittstufen und Handgriffe,
6. mechanische Verbindungseinrichtungen an Kraftfahrzeugen,
7. zusätzliche abnehmbare Verbindungseinrichtung an der Hinterseite eines Anhängers,
8. abnehmbare oder einklappbare Fahrradträger,
9. Hubladebühnen, Ladebrücken und vergleichbare Einrichtungen in nicht betriebsbereitem Zustand, die höchstens 300 mm hervorragen und die Ladekapazität des Fahrzeugs nicht erhöhen,
10. Sichthilfen und Ortungseinrichtungen einschließlich Radargeräten,
11. elastische Stoßdämpfer und vergleichbare Einrichtungen,
12. Befestigungs- und Schutzeinrichtungen für Zollplomben,
13. Einrichtungen zur Sicherung der Plane und Schutzvorrichtungen hierfür,

14. Längsanschläge für Wechselaufbauten,
15. Stangenstromabnehmer von Elektrofahrzeugen,
16. vordere oder hintere Kennzeichenschilder,
17. zulässige Leuchten gemäß der Begriffsbestimmung von Nummer 2 der Regelung Nr. 48 der Wirtschaftskommission der Vereinten Nationen für Europa (UNECE) – Einheitliche Bedingungen für die Genehmigung von Fahrzeugen hinsichtlich des Anbaus der Beleuchtungs- und Lichtsignaleinrichtungen (ABl. L 135 vom 23.5.2008, S. 1),
18. aerodynamische Luftleiteinrichtungen und Ausrüstungen, die gemäß Verordnung (EU) Nr. 1230/2012 typgenehmigt sind,
19. Antennen für die Kommunikation zwischen Fahrzeugen beziehungsweise zwischen Fahrzeugen und Infrastrukturen,
20. Luftansaugleitungen,
21. Stoßfängergummis und ähnliche Vorrichtungen und
22. bei anderen Fahrzeugen als Sattelkraftfahrzeugen Kühl- und andere Nebenaggregate, die sich vor der Ladefläche befinden.

[3]Dies gilt jedoch nur, wenn durch die genannten Einrichtungen die Ladefläche weder direkt noch indirekt verlängert wird. [4]Einrichtungen, die bei Fahrzeugkombinationen hinten am Zugfahrzeug oder vorn am Anhänger angebracht sind, sind dagegen bei den Längen oder Teillängen von Fahrzeugkombinationen mit zu berücksichtigen; sie dürfen diesen Längen nicht zugeschlagen werden.

(7) [1]Bei Fahrzeugkombinationen nach Art von Zügen zum Transport von Fahrzeugen gelten hinsichtlich der Länge die Vorschriften des Absatzes 4 Nummer 4, bei Sattelkraftfahrzeugen zum Transport von Fahrzeugen gelten die Vorschriften des Absatzes 4 Nummer 2. [2]Längenüberschreitungen durch Ladestützen zur zusätzlichen Sicherung und Stabilisierung des zulässigen Überhangs von Ladungen bleiben bei diesen Fahrzeugkombinationen und Sattelkraftfahrzeugen unberücksichtigt, sofern die Ladung auch über die Ladestützen hinausragt. [3]Bei der Ermittlung der Teillängen bleiben Überfahrbrücken zwischen Lastkraftwagen und Anhänger in Fahrtstellung unberücksichtigt.

(8) Auf die in den Absätzen 1 bis 4 genannten Maße dürfen keine Toleranzen gewährt werden.

(9) Abweichend von den Absätzen 1 bis 8 dürfen Kraftfahrzeuge nach § 30a Absatz 3 folgende Maße nicht überschreiten:

1. Breite:
   a) bei Krafträdern sowie dreirädrigen und vierrädrigen Kraftfahrzeugen 2,00 m,
   b) bei zweirädrigen Kleinkrafträdern und Fahrrädern mit Hilfsmotor jedoch 1,00 m,
2. Höhe: 2,50 m,
3. Länge: 4,00 m.

§ 32a Mitführen von Anhängern

[1]Hinter Kraftfahrzeugen darf nur ein Anhänger, jedoch nicht zur Personenbeförderung (Omnibusanhänger), mitgeführt werden. [2]Es dürfen jedoch hinter Zugmaschinen zwei Anhänger mitgeführt werden, wenn die für Züge mit einem Anhänger zulässige Länge nicht überschritten wird. [3]Hinter Sattelkraftfahrzeugen darf kein Anhänger mitgeführt werden. [4]Hinter Kraftomnibussen darf nur ein lediglich für die Gepäckbeförderung bestimmter Anhänger mitgeführt werden. [5]Hinter selbstfahrenden Arbeitsmaschinen dürfen keine Anhänger zum Zwecke der Güter- oder Personenbeförderung mitgeführt werden, mit Ausnahme von Beförderungen, die ausschließlich der Zweckbestimmung der selbstfahrenden Arbeitsmaschine dienen.

§ 32b Unterfahrschutz

(1) Kraftfahrzeuge, Anhänger und Fahrzeuge mit austauschbaren Ladungsträgern mit einer durch die Bauart bestimmten Höchstgeschwindigkeit von mehr als 25 km/h, bei denen der Abstand von der hinteren Begrenzung bis zur letzten Hinterachse mehr als 1 000 mm beträgt und bei denen in unbeladenem Zustand entweder das hintere Fahrgestell in seiner ganzen Breite oder die Hauptteile der Karosserie eine lichte Höhe von mehr als 550 mm über der Fahrbahn haben, müssen mit einem hinteren Unterfahrschutz ausgerüstet sein.

(2) Der hintere Unterfahrschutz muss der Richtlinie 70/221/EWG des Rates vom 20. März 1970 zur Angleichung der Rechtsvorschriften der Mitgliedstaaten über die Behälter für flüssigen Kraftstoff und den Unterfahrschutz von Kraftfahrzeugen und Kraftfahrzeuganhängern (ABl. L 76 vom 6.4.1970, S. 23), die zuletzt durch die Richtlinie 2006/96/EG (ABl. L 363 vom 20.12.2006, S. 81) geändert worden ist, in der nach § 30 Absatz 4 Satz 3 jeweils anzuwendenden Fassung entsprechen.

(3) Die Absätze 1 und 2 gelten nicht für
1. land- oder forstwirtschaftliche Zugmaschinen,
2. Arbeitsmaschinen und Stapler,
3. Sattelzugmaschinen,
4. zweirädrige Anhänger, die zum Transport von Langmaterial bestimmt sind,
5. Fahrzeuge, bei denen das Vorhandensein eines hinteren Unterfahrschutzes mit dem Verwendungszweck des Fahrzeugs unvereinbar ist.

(4) Kraftfahrzeuge zur Güterbeförderung mit mindestens vier Rädern und mit einer durch die Bauart bestimmten Höchstgeschwindigkeit von mehr als 25 km/h und einer zulässigen Gesamtmasse von mehr als 3,5 t müssen mit einem vorderen Unterfahrschutz ausgerüstet sein, der den im Anhang zu dieser Vorschrift genannten Bestimmungen entspricht.

(5) Absatz 4 gilt nicht für
1. Geländefahrzeuge,
2. Fahrzeuge, deren Verwendungszweck mit den Bestimmungen für den vorderen Unterfahrschutz nicht vereinbar ist.

§ 32c Seitliche Schutzvorrichtungen

(1) Seitliche Schutzvorrichtungen sind Einrichtungen, die verhindern sollen, dass Fußgänger, Rad- oder Kraftradfahrer seitlich unter das Fahrzeug geraten und dann von den Rädern überrollt werden können.

(2) Lastkraftwagen, Zugmaschinen und Kraftfahrzeuge, die hinsichtlich der Baumerkmale ihres Fahrgestells den Lastkraftwagen oder Zugmaschinen gleichzusetzen sind, mit einer durch die Bauart bestimmten Höchstgeschwindigkeit von mehr als 25 km/h und ihre Anhänger müssen, wenn ihr zulässiges Gesamtgewicht jeweils mehr als 3,5 t beträgt, an beiden Längsseiten mit seitlichen Schutzvorrichtungen ausgerüstet sein.

(3) Absatz 2 gilt nicht für
1. land- oder forstwirtschaftliche Zugmaschinen und ihre Anhänger,
2. Sattelzugmaschinen,
3. Anhänger, die besonders für den Transport sehr langer Ladungen, die sich nicht in der Länge teilen lassen, gebaut sind,
4. Fahrzeuge, die für Sonderzwecke gebaut und bei denen seitliche Schutzvorrichtungen mit dem Verwendungszweck des Fahrzeugs unvereinbar sind.

(4) Die seitlichen Schutzvorrichtungen müssen den im Anhang zu dieser Vorschrift genannten Bestimmungen entsprechen.

§ 32d Kurvenlaufeigenschaften

(1) [1]Kraftfahrzeuge und Fahrzeugkombinationen müssen so gebaut und eingerichtet sein, dass einschließlich mitgeführter austauschbarer Ladungsträger (§ 42 Absatz 3) die bei einer Kreisfahrt von 360 Grad überstrichene Ringfläche mit einem äußeren Radius von 12,50 m keine größere Breite als 7,20 m hat. [2]Dabei muss die vordere – bei hinterradgelenkten Fahrzeugen die hintere – äußerste Begrenzung des Kraftfahrzeugs auf dem Kreis von 12,50 m Radius geführt werden.

(2) [1]Beim Einfahren aus der tangierenden Geraden in den Kreis nach Absatz 1 darf kein Teil des Kraftfahrzeugs oder der Fahrzeugkombination diese Gerade um mehr als 0,8 m nach außen überschneiden. [2]Abweichend davon dürfen selbstfahrende Mähdrescher beim Einfahren aus der tangierenden Geraden in den Kreis diese Gerade um bis zu 1,60 m nach außen überschreiten.

(3) [1]Bei Kraftomnibussen ist bei stehendem Fahrzeug auf dem Boden eine Linie entlang der senkrechten Ebene zu ziehen, die die zur Außenseite des Kreises gerichtete Fahrzeugseite tangiert. [2]Bei Kraftomnibussen, die als Gelenkfahrzeug ausgebildet sind, müssen die zwei starren Teile parallel zu dieser Ebene ausgerichtet sein. [3]Fährt das Fahrzeug aus einer Geradeausbewegung in die in Absatz 1 beschriebene Kreisringfläche ein, so darf kein Teil mehr als 0,60 m über die senkrechte Ebene hinausragen.

§ 32e Schutzstrukturen an land- oder forstwirtschaftlichen Zugmaschinen

(1) Land- oder forstwirtschaftliche Zugmaschinen müssen mit Überrollschutzstrukturen ausgerüstet sein, die den im Anhang zu dieser Vorschrift genannten Bestimmungen entsprechen, wenn sie hinsichtlich ihrer Merkmale den Fahrzeugen folgender Klassen gemäß Anlage XXIX entsprechen
1. T1, T4.2,
2. T2, T3 mit einer Leermasse größer als 400 kg,
3. T4.3 mit einer Leermasse größer als 400 kg,
4. C1, C2, C3, C4.1, C4.2 und C4.3 mit einer Leermasse größer als 600 kg.

(2) Land- oder forstwirtschaftliche Zugmaschinen, die hinsichtlich ihrer Merkmale den Fahrzeugen der Klassen T1, T2, T3, T4.1, T4.2, T4.3, C1, C2, C3, C4.1, C4.2 und C4.3 gemäß Anlage XXIX entsprechen, können mit Schutzaufbauten gegen herabfallende Gegenstände ausgerüstet sein, die den im Anhang zu dieser Vorschrift genannten Bestimmungen entsprechen.

(3) [1]Zum Nachweis der Erfüllung der in Absatz 1 und 2 genannten Anforderungen werden Prüfberichte nach Artikel 9 der Durchführungsverordnung (EU) 2015/504 der Kommission vom 11. März 2015 zur Durchführung der Verordnung (EU) Nr. 167/2013 des Europäischen Parlaments und des Rates hinsichtlich der Verwaltungsvorschriften für die Genehmigung und Marktüberwachung von land- und forstwirtschaftlichen Fahrzeugen (ABl. L 85 vom 28.3.2015, S. 1; L 300 vom 8.11.2016, S. 26), die zuletzt durch die Durchführungsverordnung (EU) 2018/986 (ABl. L 182 vom 18.7.2018, S. 16) geändert worden ist, anerkannt. [2]Alternativ werden auch Prüfberichte nach Maßgabe von Anhang II der Delegierten Verordnung (EU) Nr. 1322/2014 der Kommission vom 19. September 2014 zur Ergänzung und Änderung der Verordnung (EU) Nr. 167/2013 des Europäischen Parlaments und des Rates hinsichtlich der Anforderungen an die Bauweise von Fahrzeugen und der allgemeinen Anforderungen im Zusammenhang mit der Typgenehmigung von land- und forstwirtschaftlichen Fahrzeugen (ABl. L 364 vom 18.12.2014, S. 1; L 300 vom 8.11.2016, S. 29; L 209 vom 12.8.2017, S. 59; L 13 vom 18.1.2018, S. 27), die zuletzt durch die Delegierte Verordnung (EU) 2018/830 (ABl. L 140 vom 6.6.2018, S. 15) geändert worden ist, anerkannt.

§ 33 Schleppen von Fahrzeugen

Fahrzeuge, die nach ihrer Bauart zum Betrieb als Kraftfahrzeug bestimmt sind, dürfen nicht als Anhänger betrieben werden.

§ 34 Achslast und Gesamtgewicht

(1) Die Achslast ist die Gesamtlast, die von den Rädern einer Achse oder einer Achsgruppe auf die Fahrbahn übertragen wird.

(2) [1]Die technisch zulässige Achslast ist die Achslast, die unter Berücksichtigung der Werkstoffbeanspruchung und nachstehender Vorschriften nicht überschritten werden darf:

§ 36	(Bereifung und Laufflächen);
§ 41 Absatz 11	(Bremsen an einachsigen Anhängern und zweiachsigen Anhängern mit einem Achsabstand von weniger als 1,0 m).

[2]Das technisch zulässige Gesamtgewicht ist das Gewicht, das unter Berücksichtigung der Werkstoffbeanspruchung und nachstehender Vorschriften nicht überschritten werden darf:

§ 35	(Motorleistung);
§ 41 Absatz 10 und 18	(Auflaufbremse);
§ 41 Absatz 15 und 18	(Dauerbremse).

(3) [1]Die zulässige Achslast ist die Achslast, die unter Berücksichtigung der Bestimmungen des Absatzes 2 Satz 1 und des Absatzes 4 nicht überschritten werden darf. [2]Das zulässige Gesamtgewicht ist das Gewicht, das unter Berücksichtigung der Bestimmungen des Absatzes 2 Satz 2 und der Absätze 5 und 6 nicht überschritten werden darf. [3]Die zulässige Achslast und das zulässige Gesamtgewicht sind beim Betrieb des Fahrzeugs und der Fahrzeugkombination einzuhalten.

(4) [1]Bei Kraftfahrzeugen und Anhängern mit Luftreifen oder den in § 36 Absatz 8 für zulässig erklärten Gummireifen – ausgenommen Straßenwalzen – darf die zulässige Achslast folgende Werte nicht übersteigen:

1. Einzelachslast
   a) Einzelachsen — 10,00 t
   b) Einzelachsen (angetrieben) — 11,50 t;
2. Doppelachslast von Kraftfahrzeugen unter Beachtung der Vorschriften für die Einzelachslast
   a) Achsabstand weniger als 1,0 m — 11,50 t
   b) Achsabstand 1,0 m bis weniger als 1,3 m — 16,00 t
   c) Achsabstand 1,3 m bis weniger als 1,8 m — 18,00 t
   d) Achsabstand 1,3 m bis weniger als 1,8 m, wenn die Antriebsachse mit Doppelbereifung und Luftfederung oder einer als gleichwertig anerkannten Federung nach Anlage XII ausgerüstet ist oder jede Antriebsachse mit Doppelbereifung ausgerüstet ist und dabei die höchstzulässige Achslast von 9,50 t je Achse nicht überschritten wird, — 19,00 t;

3. Doppelachslast von Anhängern unter Beachtung der Vorschriften für die Einzelachslast
   a) Achsabstand weniger als 1,0 m 11,00 t
   b) Achsabstand 1,0 m bis weniger als 1,3 m 16,00 t
   c) Achsabstand 1,3 m bis weniger als 1,8 m 18,00 t
   d) Achsabstand 1,8 m oder mehr 20,00 t;
4. Dreifachachslast unter Beachtung der Vorschriften für die Doppelachslast
   a) Achsabstände nicht mehr als 1,3 m 21,00 t
   b) Achsabstände mehr als 1,3 m und nicht mehr als 1,4 m 24,00 t.

[2]Sind Fahrzeuge mit anderen Reifen als den in Satz 1 genannten versehen, so darf die Achslast höchstens 4,00 t betragen.

(5)[1)] Bei Kraftfahrzeugen und Anhängern – ausgenommen Sattelanhänger und Starrdeichselanhänger (einschließlich Zentralachsanhänger) – mit Luftreifen oder den in § 36 Absatz 8 für zulässig erklärten Gummireifen darf das zulässige Gesamtgewicht unter Beachtung der Vorschriften für die Achslasten folgende Werte nicht übersteigen:

1. Fahrzeuge mit nicht mehr als zwei Achsen
   a) Kraftfahrzeuge – ausgenommen Kraftomnibusse – und Anhänger jeweils 18,00 t
   b) Kraftomnibusse 19,50 t;
2. Fahrzeuge mit mehr als zwei Achsen – ausgenommen Kraftfahrzeuge nach Nummern 3 und 4 –
   a) Kraftfahrzeuge 25,00 t
   b) Kraftfahrzeuge mit einer Doppelachslast nach Absatz 4 Nummer 2 Buchstabe d 26,00 t
   c) Anhänger 24,00 t
   d) Kraftomnibusse, die als Gelenkfahrzeuge gebaut sind 28,00 t;
3. Kraftfahrzeuge mit mehr als drei Achsen – ausgenommen Kraftfahrzeuge nach Nummer 4 –
   a) Kraftfahrzeuge mit zwei Doppelachsen, deren Mitten mindestens 4,0 m voneinander entfernt sind 32,00 t
   b) Kraftfahrzeuge mit zwei gelenkten Achsen und mit einer Doppelachslast nach Absatz 4 Nummer 2 Buchstabe d und deren höchstzulässige Belastung, bezogen auf den Abstand zwischen den Mitten der vordersten und der hintersten Achse, 5,00 t je Meter nicht übersteigen darf, nicht mehr als 32,00 t;
4. Kraftfahrzeuge mit mehr als vier Achsen unter Beachtung der Vorschriften in Nummer 3 32,00 t.

(5a) Abweichend von Absatz 5 gelten für die zulässigen Gewichte von Kraftfahrzeugen nach § 30a Absatz 3 die im Anhang zu dieser Vorschrift genannten Bestimmungen.

(5b) [1]Abweichend von Absatz 5 Nummer 1 Buchstabe a sowie Nummer 2 Buchstabe a, b und d darf das zulässige Gesamtgewicht des jeweiligen Kraftfahrzeugs unter Beachtung der Achslasten um bis zu 1,00 t überschritten werden, wenn es sich um ein Kraftfahrzeug mit alternativem Antrieb im Sinne der Artikel 1 und 2 der Richtlinie 96/53/EG des Rates vom 25. Juli 1996 zur Festlegung der höchstzulässigen Abmessungen für bestimmte Straßenfahrzeuge im innerstaatlichen und grenzüberschreitenden Verkehr in der Gemeinschaft sowie zur Festlegung der höchstzulässigen Gewichte im grenzüberschreitenden Verkehr (ABl. L 235 vom 17.9.1996, S. 59), die zuletzt durch die Verordnung (EU) 2019/1242 (ABl. L 198 vom 25.7.2019, S. 202) geändert worden ist, handelt und wenn das Mehrgewicht durch den alternativen Antrieb begründet ist. [2]Abweichend von Absatz 5 Nummer 1 Buchstabe a sowie Nummer 2 Buchstabe a, b und d darf das zulässige Gesamtgewicht des jeweiligen Kraftfahrzeugs unter Beachtung der Achslasten um bis zu 2,00 t überschritten werden, wenn es sich um ein emissionsfreies Fahrzeug im Sinne der Artikel 1 und 2 der Richtlinie 96/53/EG handelt und wenn das Mehrgewicht durch die emissionsfreie Technologie begründet ist.

---

1) Siehe hierzu § 1 Abs. 2 der 55. Ausnahmeverordnung zur StVZO:
Abweichend von § 34 Absatz 5 Nummer 1 Buchstabe a sowie Nummer 2 Buchstabe a, b und d der Straßenverkehrs-Zulassungs-Ordnung darf das zulässige Gesamtgewicht des jeweiligen Kraftfahrzeugs unter Beachtung der Vorschriften für die Achslasten das für das jeweilige Kraftfahrzeug in § 34 Absatz 5 Nummer 1 Buchstabe a sowie Nummer 2 Buchstabe a, b und d der Straßenverkehrs-Zulassungs-Ordnung genannte höchstzulässige Gesamtgewicht jeweils um bis zu 1,00 t übersteigen, wenn es sich um ein Kraftfahrzeug mit alternativem Antrieb im Sinne der Artikel 1 und 2 Absatz 1 der Richtlinie 96/53/EG handelt und wenn das Mehrgewicht durch den alternativen Antrieb begründet ist.

(6) [1]Bei Fahrzeugkombinationen (Züge und Sattelkraftfahrzeuge) darf das zulässige Gesamtgewicht unter Beachtung der Vorschriften für Achslasten, Anhängelasten und Einzelfahrzeuge folgende Werte nicht übersteigen:

1. Fahrzeugkombinationen mit weniger als vier Achsen 28,00 t;
2. Züge mit vier Achsen
   zweiachsiges Kraftfahrzeug mit zweiachsigem Anhänger 36,00 t;
3. zweiachsige Sattelzugmaschine mit zweiachsigem Sattelanhänger
   a) bei einem Achsabstand des Sattelanhängers von 1,3 m und mehr 36,00 t
   b) bei einem Achsabstand des Sattelanhängers von mehr als 1,8 m, wenn die Antriebsachse mit Doppelbereifung und Luftfederung oder einer als gleichwertig anerkannten Federung nach Anlage XII ausgerüstet ist, 38,00 t;
4. andere Fahrzeugkombinationen mit vier Achsen
   a) mit Kraftfahrzeug nach Absatz 5 Nummer 2 Buchstabe a 35,00 t
   b) mit Kraftfahrzeug nach Absatz 5 Nummer 2 Buchstabe b 36,00 t;
5. Fahrzeugkombinationen mit mehr als vier Achsen oder mit Gleiskettenfahrzeugen 40,00 t;
6. Sattelkraftfahrzeug im Rahmen intermodaler Beförderungsvorgänge im Sinne des Artikels 2 der Richtlinie 96/53/EG, bestehend aus
   a) zweiachsigem Kraftfahrzeug mit dreiachsigem Sattelanhänger, das einen oder mehrere Container oder Wechselaufbauten mit einer maximalen Gesamtlänge von bis zu 45 Fuß befördert 42,00 t,
   b) dreiachsigem Kraftfahrzeug mit zwei- oder dreiachsigem Sattelanhänger, das einen oder mehrere Container oder Wechselaufbauten mit einer maximalen Gesamtlänge von bis zu 45 Fuß befördert 44,00 t.

[2]Bei intermodalen Beförderungsvorgängen mit Nutzung des Schiffsverkehrs gilt Satz 1 Nummer 6 nur, sofern die Streckenlänge des Vor- oder Nachlaufs auf der Straße nicht 150 km im Gebiet der Europäischen Union überschreitet.

(6a) [1]Abweichend von Absatz 6 darf das zulässige Gesamtgewicht der jeweiligen Fahrzeugkombinationen unter Beachtung der Achslasten um bis zu 1,00 t überschritten werden, wenn die Fahrzeugkombination ein Kraftfahrzeug gemäß Absatz 5b Satz 1 umfasst und wenn das Mehrgewicht durch den alternativen Antrieb begründet ist. [2]Abweichend von Absatz 6 darf das zulässige Gesamtgewicht der jeweiligen Fahrzeugkombinationen unter Beachtung der Achslasten um bis zu 2,00 t überschritten werden, wenn die Fahrzeugkombination ein Kraftfahrzeug gemäß Absatz 5b Satz 2 umfasst und wenn das Mehrgewicht durch die emissionsfreie Technologie begründet ist.

(7) [1]Das nach Absatz 6 zulässige Gesamtgewicht errechnet sich

1. bei Zügen aus der Summe der zulässigen Gesamtgewichte des ziehenden Fahrzeugs und des Anhängers,
2. bei Zügen mit Starrdeichselanhängern (einschließlich Zentralachsanhängern) aus der Summe der zulässigen Gesamtgewichte des ziehenden Fahrzeugs und des Starrdeichselanhängers, vermindert um den jeweils höheren Wert
   a) der zulässigen Stützlast des ziehenden Fahrzeugs oder
   b) der zulässigen Stützlast des Starrdeichselanhängers,

   bei gleichen Werten um diesen Wert,
3. bei Sattelkraftfahrzeugen aus der Summe der zulässigen Gesamtgewichte der Sattelzugmaschine und des Sattelanhängers, vermindert um den jeweils höheren Wert
   a) der zulässigen Sattellast der Sattelzugmaschine oder
   b) der zulässigen Aufliegelast des Sattelanhängers,

   bei gleichen Werten um diesen Wert.

[2]Ergibt sich danach ein höherer Wert als

28,00 t (Absatz 6 Nummer 1),
36,00 t (Absatz 6 Nummer 2 und 3 Buchstabe a und Nummer 4 Buchstabe b),
38,00 t (Absatz 6 Nummer 3 Buchstabe b),
35,00 t (Absatz 6 Nummer 4 Buchstabe a),
40,00 t (Absatz 6 Nummer 5) oder

44,00 t (Absatz 6 Nummer 6),

so gelten als zulässiges Gesamtgewicht 28,00 t, 36,00 t, 38,00 t, 35,00 t, 40,00 t bzw. 44,00 t.

(8) Bei Lastkraftwagen, Sattelkraftfahrzeugen und Lastkraftwagenzügen darf das Gewicht auf der oder den Antriebsachsen im grenzüberschreitenden Verkehr nicht weniger als 25 Prozent des Gesamtgewichts des Fahrzeugs oder der Fahrzeugkombination betragen.

(9) [1]Der Abstand zwischen dem Mittelpunkt der letzten Achse eines Kraftfahrzeugs und dem Mittelpunkt der ersten Achse seines Anhängers muss mindestens 3,0 m, bei Sattelkraftfahrzeugen und bei land- und forstwirtschaftlichen Zügen sowie bei Zügen, die aus einem Zugfahrzeug und Anhänger-Arbeitsmaschinen bestehen, mindestens 2,5 m betragen. [2]Dies gilt nicht für Züge, bei denen das zulässige Gesamtgewicht des Zugfahrzeugs nicht mehr als 7,50 t oder das des Anhängers nicht mehr als 3,50 t beträgt.

(10) *[aufgehoben]*

(11) Für Hubachsen oder Lastverlagerungsachsen sind die im Anhang zu dieser Vorschrift genannten Bestimmungen anzuwenden.

§ 34a Besetzung, Beladung und Kennzeichnung von Kraftomnibussen

(1) In Kraftomnibussen dürfen nicht mehr Personen und Gepäck befördert werden, als in der Zulassungsbescheinigung Teil I Sitz- und Stehplätze eingetragen sind und die jeweilige Summe der im Fahrzeug angeschriebenen Fahrgastplätze sowie die Angaben für die Höchstmasse des Gepäcks ausweisen.

(2) [1]Auf Antrag des Verfügungsberechtigten oder auf Grund anderer Vorschriften können abweichend von den nach Absatz 1 jeweils zulässigen Platzzahlen auf die Einsatzart der Kraftomnibusse abgestimmte verminderte Platzzahlen festgelegt werden. [2]Die verminderten Platzzahlen sind in der Zulassungsbescheinigung Teil I einzutragen und im Fahrzeug an gut sichtbarer Stelle in gut sichtbarer Schrift anzuschreiben.

§ 34b Laufrollenlast und Gesamtgewicht von Gleiskettenfahrzeugen

(1) [1]Bei Fahrzeugen, die ganz oder teilweise auf endlosen Ketten oder Bändern laufen (Gleiskettenfahrzeuge), darf die Last einer Laufrolle auf ebener Fahrbahn 2,00 t nicht übersteigen. [2]Gefederte Laufrollen müssen bei Fahrzeugen mit einem Gesamtgewicht von mehr als 8 t so angebracht sein, dass die Last einer um 60 mm angehobenen Laufrolle bei stehendem Fahrzeug nicht mehr als doppelt so groß ist wie die auf ebener Fahrbahn zulässige Laufrollenlast. [3]Bei Fahrzeugen mit ungefederten Laufrollen und Gleisketten, die außen vollständig aus Gummiband bestehen, darf der Druck der Auflagefläche der Gleiskette auf die ebene Fahrbahn 0,8 N/mm^2 nicht übersteigen. [4]Als Auflagefläche gilt nur derjenige Teil einer Gleiskette, der tatsächlich auf einer ebenen Fahrbahn aufliegt. [5]Die Laufrollen von Gleiskettenfahrzeugen können sowohl einzeln als auch über das gesamte Laufwerk abgefedert werden. [6]Das Gesamtgewicht von Gleiskettenfahrzeugen darf 32,00 t nicht übersteigen.

(2) Gleiskettenfahrzeuge dürfen die Fahrbahn zwischen der ersten und letzten Laufrolle höchstens mit 9,00 t je Meter belasten.

§ 35 Motorleistung

Bei Lastkraftwagen sowie Kraftomnibussen einschließlich Gepäckanhänger, bei Sattelkraftfahrzeugen und Lastkraftwagenzügen muss eine Motorleistung von mindestens 5,0 kW, bei Zugmaschinen und Zugmaschinenzügen – ausgenommen für land- oder forstwirtschaftliche Zwecke – von mindestens 2,2 kW je Tonne des zulässigen Gesamtgewichts des Kraftfahrzeugs und der jeweiligen Anhängelast vorhanden sein; dies gilt nicht für die mit elektrischer Energie angetriebenen Fahrzeuge sowie für Kraftfahrzeuge – auch mit Anhänger – mit einer durch die Bauart bestimmten Höchstgeschwindigkeit von nicht mehr als 25 km/h.

§ 35a Sitze, Sicherheitsgurte, Rückhaltesysteme, Rückhalteeinrichtungen für Kinder, Rollstuhlnutzer und Rollstühle

(1) Der Sitz des Fahrzeugführers und sein Betätigungsraum sowie die Einrichtungen zum Führen des Fahrzeugs müssen so angeordnet und beschaffen sein, dass das Fahrzeug – auch bei angelegtem Sicherheitsgurt oder Verwendung eines anderen Rückhaltesystems – sicher geführt werden kann.

(2) Personenkraftwagen, Kraftomnibusse und zur Güterbeförderung bestimmte Kraftfahrzeuge mit einer durch die Bauart bestimmten Höchstgeschwindigkeit von mehr als 25 km/h müssen entsprechend den im Anhang zu dieser Vorschrift genannten Bestimmungen mit Sitzverankerungen, Sitzen und, soweit ihre zulässige Gesamtmasse nicht mehr als 3,5 t beträgt, an den vorderen Außensitzen zusätzlich mit Kopfstützen ausgerüstet sein.

(3) Die in Absatz 2 genannten Kraftfahrzeuge müssen mit Verankerungen zum Anbringen von Sicherheitsgurten ausgerüstet sein, die den im Anhang zu dieser Vorschrift genannten Bestimmungen entsprechen.

(4) Außerdem müssen die in Absatz 2 genannten Kraftfahrzeuge mit Sicherheitsgurten oder Rückhaltesystemen ausgerüstet sein, die den im Anhang zu dieser Vorschrift genannten Bestimmungen entsprechen.

(4a) [1]Personenkraftwagen, in denen Rollstuhlnutzer in einem Rollstuhl sitzend befördert werden, müssen mit Rollstuhlstellplätzen ausgerüstet sein. [2]Jeder Rollstuhlstellplatz muss mit einem Rollstuhl-Rückhaltesystem und einem Rollstuhlnutzer-Rückhaltesystem ausgerüstet sein. [3]Rollstuhl-Rückhaltesysteme und Rollstuhlnutzer-Rückhaltesysteme, ihre Verankerungen und Sicherheitsgurte müssen den im Anhang zu dieser Vorschrift genannten Bestimmungen entsprechen. [4]Werden vorgeschriebene Rollstuhl-Rückhaltesysteme und Rollstuhlnutzer-Rückhaltesysteme beim Betrieb des Fahrzeugs genutzt, sind diese in der vom Hersteller des Rollstuhl-Rückhaltesystems, Rollstuhlnutzer-Rückhaltesystems sowie des Rollstuhls vorgesehenen Weise zu betreiben. [5]Die im Anhang genannten Bestimmungen gelten nur für diejenigen Rollstuhlstellplätze, die nicht anstelle des Sitzplatzes für den Fahrzeugführer angeordnet sind. [6]Ist wahlweise anstelle des Rollstuhlstellplatzes der Einbau eines oder mehrerer Sitze vorgesehen, gelten die Anforderungen der Absätze 1 bis 4 und 5 bis 10 für diese Sitze unverändert. [7]Für Rollstuhl-Rückhaltesysteme und Rollstuhlnutzer-Rückhaltesysteme kann die DIN-Norm 75078-2:2015-04 als Alternative zu den im Anhang zu dieser Vorschrift genannten Bestimmungen angewendet werden.

(4b) [1]Der Fahrzeughalter hat der Zulassungsbehörde unverzüglich über den vorschriftsgemäßen Einbau oder die vorschriftsgemäße Änderung eines Rollstuhlstellplatzes, Rollstuhl-Rückhaltesystems, Rollstuhlnutzer-Rückhaltesystems sowie deren Verankerungen und Sicherheitsgurte ein Gutachten gemäß § 19 Absatz 2 Satz 5 Nummer 1 in Verbindung mit § 21 Absatz 1 oder einen Nachweis gemäß § 19 Absatz 3 Nummer 1 bis 4 vorzulegen. [2]Auf der Grundlage des Gutachtens oder des Nachweises vermerkt die Zulassungsbehörde in der Zulassungsbescheinigung Teil I das Datum des Einbaus oder der letzten Änderung.

(5) [1]Die Absätze 2 bis 4 gelten für Kraftfahrzeuge, ausgenommen land- oder forstwirtschaftliche Zugmaschinen, mit einer durch die Bauart bestimmten Höchstgeschwindigkeit von mehr als 25 km/h, die hinsichtlich des Insassenraumes und des Fahrgestells den Baumerkmalen der in Absatz 2 genannten Kraftfahrzeuge gleichzusetzen sind, entsprechend. [2]Bei Wohnmobilen mit einer zulässigen Gesamtmasse von mehr als 2,5 t genügt für die hinteren Sitze die Ausrüstung mit Verankerungen zur Anbringung von Beckengurten und mit Beckengurten.

(5a) [1]Die Absätze 2 bis 4 gelten nur für diejenigen Sitze, die zum üblichen Gebrauch während der Fahrt bestimmt sind. [2]Sitze, die nicht benutzt werden dürfen, während das Fahrzeug im öffentlichen Straßenverkehr betrieben wird, sind durch ein Bilderschriftzeichen oder ein Schild mit entsprechendem Text zu kennzeichnen.

(6) [1]Die Absätze 3 und 4 gelten nicht für Kraftomnibusse, die sowohl für den Einsatz im Nahverkehr als auch für stehende Fahrgäste gebaut sind. [2]Dies sind Kraftomnibusse ohne besonderen Gepäckraum sowie Kraftomnibusse mit zugelassenen Stehplätzen im Gang und auf einer Fläche, die größer oder gleich der Fläche für zwei Doppelsitze ist.

(7) Sicherheitsgurte und Rückhaltesysteme müssen so eingebaut sein, dass ihr einwandfreies Funktionieren bei vorschriftsmäßigem Gebrauch und auch bei Benutzung aller ausgewiesenen Sitzplätze gewährleistet ist und sie die Gefahr von Verletzungen bei Unfällen verringern.

(8) [1]Auf Beifahrerplätzen, vor denen ein betriebsbereiter Airbag eingebaut ist, dürfen nach hinten gerichtete Rückhalteeinrichtungen für Kinder nicht angebracht sein. [2]Diese Beifahrerplätze müssen mit einem Warnhinweis vor der Verwendung einer nach hinten gerichteten Rückhalteeinrichtung für Kinder auf diesem Platz versehen sein. [3]Der Warnhinweis in Form eines Piktogramms kann auch einen erläuternden Text enthalten. [4]Er muss dauerhaft angebracht und so angeordnet sein, dass er für eine Person, die eine nach hinten gerichtete Rückhalteeinrichtung für Kinder einbauen will, deutlich sichtbar ist. [5]Anlage XXVIII zeigt ein Beispiel für ein Piktogramm. [6]Falls der Warnhinweis bei geschlossener Tür nicht sichtbar ist, soll ein dauerhafter Hinweis auf das Vorhandensein eines Beifahrerairbags vom Beifahrerplatz aus gut zu sehen sein.

(9) [1]Krafträder, auf denen ein Beifahrer befördert wird, müssen mit einem Sitz für den Beifahrer ausgerüstet sein. [2]Dies gilt nicht bei der Mitnahme eines Kindes unter sieben Jahren, wenn für das Kind ein besonderer Sitz vorhanden und durch Radverkleidungen oder gleich wirksame Einrichtungen dafür gesorgt ist, dass die Füße des Kindes nicht in die Speichen geraten können.

(10) [1]Sitze, ihre Lehnen und ihre Befestigungen in und an Fahrzeugen, ausgenommen land- oder forstwirtschaftliche Zugmaschinen, die nicht unter die Vorschriften der Absätze 2 und 5 fallen, müssen sicheren Halt bieten und allen im Betrieb auftretenden Beanspruchungen standhalten. [2]Klappbare Sitze und Rückenlehnen, hinter denen sich weitere Sitze befinden und die auch hinten nicht durch eine Wand von anderen Sitzen getrennt sind, müssen sich in normaler Fahr- oder Gebrauchsstellung selbsttätig verriegeln. [3]Die Entriegelungseinrichtung muss von dem dahinterliegenden Sitz aus leicht zugänglich und bei ge-

öffneter Tür auch von außen einfach zu betätigen sein. [4]Rückenlehnen müssen so beschaffen sein, dass für die Insassen Verletzungen nicht zu erwarten sind.

(11) Abweichend von den Absätzen 2 bis 5 gelten für Verankerungen der Sicherheitsgurte und Sicherheitsgurte von dreirädrigen oder vierrädrigen Kraftfahrzeugen nach § 30a Absatz 3 die im Anhang zu dieser Vorschrift genannten Bestimmungen.

(12) In Kraftfahrzeugen integrierte Rückhalteeinrichtungen für Kinder müssen den im Anhang zu dieser Vorschrift genannten Bestimmungen entsprechen.

(13) Rückhalteeinrichtungen für Kinder bis zu einem Lebensalter von 15 Monaten, die der im Anhang zu dieser Vorschrift genannten Bestimmung entsprechen, dürfen entsprechend ihrem Verwendungszweck nur nach hinten oder seitlich gerichtet angebracht sein.

(14) Land- oder forstwirtschaftliche Zugmaschinen, die gemäß § 32e Absatz 1 mit Überrollschutzstrukturen ausgerüstet sind, müssen entsprechend den im Anhang zu dieser Vorschrift genannten Bestimmungen mit Verankerungen zum Anbringen von Sicherheitsgurten und Sicherheitsgurten ausgerüstet sein.

(15) [1] Land- oder forstwirtschaftliche Zugmaschinen müssen mit einem Fahrersitz entsprechend den im Anhang zu dieser Vorschrift genannten Bestimmungen ausgerüstet sein. [2]Sind ein oder mehrere Beifahrersitze vorhanden, so müssen diese den im Anhang zu dieser Vorschrift genannten Bestimmungen entsprechen.

(16) [1]Zum Nachweis der Erfüllung der in Absatz 1 genannten Anforderungen werden Prüfberichte nach Artikel 9 der Durchführungsverordnung (EU) 2015/504 anerkannt. [2]Alternativ werden auch Prüfberichte nach Maßgabe von Anhang II der Delegierten Verordnung (EU) Nr. 1322/2014 anerkannt.

§ 35b Einrichtungen zum sicheren Führen der Fahrzeuge

(1) Die Einrichtungen zum Führen der Fahrzeuge müssen leicht und sicher zu bedienen sein.

(2) Für den Fahrzeugführer muss ein ausreichendes Sichtfeld unter allen Betriebs- und Witterungsverhältnissen gewährleistet sein.

§ 35c Heizung und Lüftung

(1) Geschlossene Führerräume in Kraftfahrzeugen mit einer durch die Bauart bestimmten Höchstgeschwindigkeit von mehr als 25 km/h müssen ausreichend beheizt und belüftet werden können.

(2) Für Heizanlagen in Fahrzeugen der Klassen M, N und O und ihren Einbau gelten die im Anhang zu dieser Vorschrift genannten Bestimmungen.

(3) Während der Fahrt dürfen mit Flüssiggas (LPG) betriebene Heizanlagen in Kraftfahrzeugen und Anhängern, deren Verbrennungsheizgeräte und Gasversorgungssysteme ausschließlich für den Betrieb bei stillstehendem Fahrzeug bestimmt sind, nicht in Betrieb sein und die Ventile der Flüssiggasflaschen müssen geschlossen sein.

§ 35d Einrichtungen zum Auf- und Absteigen an Fahrzeugen und Betätigungsraum

(1) Die Beschaffenheit der Fahrzeuge muss sicheres Auf- und Absteigen ermöglichen.

(2) Der Betätigungsraum und der Zugang zum Fahrerplatz bei land- oder forstwirtschaftlichen Zugmaschinen muss den im Anhang zu dieser Vorschrift genannten Bestimmungen entsprechen.

§ 35e Türen

(1) Türen und Türverschlüsse müssen so beschaffen sein, dass beim Schließen störende Geräusche vermeidbar sind.

(2) Türverschlüsse müssen so beschaffen sein, dass ein unbeabsichtigtes Öffnen der Türen nicht zu erwarten ist.

(3) [1]Die Türbänder (Scharniere) von Drehtüren – ausgenommen Falttüren – an den Längsseiten von Kraftfahrzeugen mit einer durch die Bauart bestimmten Höchstgeschwindigkeit von mehr als 25 km/h müssen auf der in der Fahrtrichtung vorn liegenden Seite der Türen angebracht sein. [2]Dies gilt bei Doppeltüren für den Türflügel, der zuerst geöffnet wird; der andere Türflügel muss für sich verriegelt werden können. [3]Türen müssen bei Gefahr von jedem erwachsenen Fahrgast geöffnet werden können.

(4) Türen müssen während der Fahrt geschlossen sein.

§ 35f Notausstiege in Kraftomnibussen

[1]Notausstiege in Kraftomnibussen sind innen und außen am Fahrzeug zu kennzeichnen. [2]Notausstiege und hand- oder fremdkraftbetätigte Betriebstüren müssen sich in Notfällen bei stillstehendem oder mit einer Geschwindigkeit von maximal 5 km/h fahrendem Kraftomnibus jederzeit öffnen lassen; ihre Zugänglichkeit ist beim Betrieb der Fahrzeuge sicherzustellen. [3]Besondere Einrichtungen zum Öffnen der Notausstiege und der Betriebstüren in Notfällen (Notbetätigungseinrichtungen) müssen als solche ge-

kennzeichnet und ständig betriebsbereit sein; an diesen Einrichtungen oder in ihrer Nähe sind eindeutige Bedienungsanweisungen anzubringen.

§ 35g Feuerlöscher in Kraftomnibussen

(1) [1]In Kraftomnibussen muss mindestens ein Feuerlöscher, in Doppeldeckfahrzeugen müssen mindestens zwei Feuerlöscher mit einer Füllmasse von jeweils 6 kg in betriebsfertigem Zustand mitgeführt werden. [2]Zulässig sind nur Feuerlöscher, die mindestens für die Brandklassen

A: Brennbare feste Stoffe (flammen- und glutbildend),

B: Brennbare flüssige Stoffe (flammenbildend) und

C: Brennbare gasförmige Stoffe (flammenbildend)

amtlich zugelassen sind.

(2) Ein Feuerlöscher ist in unmittelbarer Nähe des Fahrersitzes und in Doppeldeckfahrzeugen der zweite Feuerlöscher auf der oberen Fahrgastebene unterzubringen.

(3) Das Fahrpersonal muss mit der Handhabung der Löscher vertraut sein; hierfür ist neben dem Fahrpersonal auch der Halter des Fahrzeugs verantwortlich.

(4) [1]Die Fahrzeughalter müssen die Feuerlöscher durch fachkundige Prüfer mindestens einmal innerhalb von zwölf Monaten auf Gebrauchsfähigkeit prüfen lassen. [2]Beim Prüfen, Nachfüllen und bei Instandsetzung der Feuerlöscher müssen die Leistungswerte und technischen Merkmale, die dem jeweiligen Typ zugrunde liegen, gewährleistet bleiben. [3]Auf einem am Feuerlöscher befestigten Schild müssen der Name des Prüfers und der Tag der Prüfung angegeben sein.

§ 35h Erste-Hilfe-Material in Kraftfahrzeugen

(1) In Kraftomnibussen sind Verbandkästen, die selbst und deren Inhalt an Erste-Hilfe-Material dem Normblatt DIN 13 164, Ausgabe Januar 1998 oder Ausgabe Januar 2014 entsprechen, mitzuführen, und zwar mindestens

1. ein Verbandkasten in Kraftomnibussen mit nicht mehr als 22 Fahrgastplätzen,
2. zwei Verbandkästen in anderen Kraftomnibussen.

(2) Verbandkästen in Kraftomnibussen müssen an den dafür vorgesehenen Stellen untergebracht sein; die Unterbringungsstellen sind deutlich zu kennzeichnen.

(3) [1]In anderen als den in Absatz 1 genannten Kraftfahrzeugen mit einer durch die Bauart bestimmten Höchstgeschwindigkeit von mehr als 6 km/h mit Ausnahme von Krankenfahrstühlen, Krafträdern, Zug- oder Arbeitsmaschinen in land- oder forstwirtschaftlichen Betrieben sowie anderen Zug- oder Arbeitsmaschinen, wenn sie einachsig sind, ist Erste-Hilfe-Material mitzuführen, das nach Art, Menge und Beschaffenheit mindestens dem Normblatt DIN 13 164, Ausgabe Januar 1998 oder Ausgabe Januar 2014 entspricht. [2]Das Erste-Hilfe-Material ist in einem Behältnis verpackt zu halten, das so beschaffen sein muss, dass es den Inhalt vor Staub und Feuchtigkeit sowie vor Kraft- und Schmierstoffen ausreichend schützt.

(4) Abweichend von den Absätzen 1 und 3 darf auch anderes Erste-Hilfe-Material mitgeführt werden, das bei gleicher Art, Menge und Beschaffenheit mindestens denselben Zweck zur Erste-Hilfe-Leistung erfüllt.

§ 35i Gänge, Anordnung von Fahrgastsitzen und Beförderung von Fahrgästen in Kraftomnibussen

(1) [1]In Kraftomnibussen müssen die Fahrgastsitze so angeordnet sein, dass der Gang in Längsrichtung frei bleibt. [2]Im Übrigen müssen die Anordnung der Fahrgastsitze und ihre Mindestabmessungen sowie die Mindestabmessungen der für Fahrgäste zugänglichen Bereiche der Anlage X entsprechen.

(2) [1]In Kraftomnibussen dürfen Fahrgäste nicht liegend befördert werden. [2]Dies gilt nicht für Kinder in Kinderwagen.

§ 35j Brennverhalten der Innenausstattung bestimmter Kraftomnibusse

Die Innenausstattung von Kraftomnibussen, die weder für Stehplätze ausgelegt noch für die Benutzung im städtischen Verkehr bestimmt und mit mehr als 22 Sitzplätzen ausgestattet sind, muss den im Anhang zu dieser Vorschrift genannten Bestimmungen über das Brennverhalten entsprechen.

§ 36 Bereifung und Laufflächen

(1) [1]Maße und Bauart der Reifen von Fahrzeugen müssen den Betriebsbedingungen, besonders der Belastung und der durch die Bauart bestimmten Höchstgeschwindigkeit des Fahrzeugs, entsprechen. [2]Sind land- oder forstwirtschaftliche Kraftfahrzeuge und Kraftfahrzeuge des Straßenunterhaltungsdienstes mit Reifen ausgerüstet, die nur eine niedrigere Höchstgeschwindigkeit zulassen, müssen diese Fahrzeuge entsprechend § 58 für diese Geschwindigkeit gekennzeichnet sein. [3]Reifen oder andere Laufflächen dür-

fen keine Unebenheiten haben, die eine feste Fahrbahn beschädigen können. [4]Eiserne Reifen müssen abgerundete Kanten haben und daran verwendete Nägel müssen eingelassen sein.

(2) Luftreifen, auf die sich die im Anhang zu dieser Vorschrift genannten Bestimmungen beziehen, müssen diesen Bestimmungen entsprechen.

(3) [1]Die Räder der Kraftfahrzeuge und Anhänger müssen mit Luftreifen versehen sein, soweit nicht nachstehend andere Bereifungen zugelassen sind. [2]Als Luftreifen gelten Reifen, deren Arbeitsvermögen überwiegend durch den Überdruck des eingeschlossenen Luftinhalts bestimmt wird. [3]Luftreifen an Kraftfahrzeugen und Anhängern müssen am ganzen Umfang und auf der ganzen Breite der Lauffläche mit Profilrillen oder Einschnitten versehen sein. [4]Das Hauptprofil muss am ganzen Umfang eine Profiltiefe von mindestens 1,6 mm aufweisen; als Hauptprofil gelten dabei die breiten Profilrillen im mittleren Bereich der Lauffläche, der etwa 3/4 der Laufflächenbreite einnimmt. [5]Jedoch genügt bei Fahrrädern mit Hilfsmotor, Kleinkrafträdern und Leichtkrafträdern eine Profiltiefe von mindestens 1 mm.

(4) Reifen für winterliche Wetterverhältnisse sind Luftreifen im Sinne des Absatzes 2,

1. durch deren Laufflächenprofil, Laufflächenmischung oder Bauart vor allem die Fahreigenschaften bei Schnee gegenüber normalen Reifen hinsichtlich ihrer Eigenschaft beim Anfahren, bei der Stabilisierung der Fahrzeugbewegung und beim Abbremsen des Fahrzeugs verbessert werden, und
2. die mit dem Alpine-Symbol

(Bergpiktogramm mit Schneeflocke) nach der Regelung Nr. 117 der Wirtschaftskommission der Vereinten Nationen für Europa (UNECE) – Einheitliche Bedingungen für die Genehmigung der Reifen hinsichtlich der Rollgeräuschemissionen und der Haftung auf nassen Oberflächen und/oder des Rollwiderstandes (ABl. L 218 vom 12.8.2016, S. 1) gekennzeichnet sind.

(5) Bei Verwendung von Reifen im Sinne des Absatzes 4 oder Geländereifen für den gewerblichen Einsatz mit der Kennzeichnung „POR", deren zulässige Höchstgeschwindigkeit unter der durch die Bauart bestimmten Höchstgeschwindigkeit des Fahrzeugs liegt, ist die Anforderung des Absatzes 1 Satz 1 hinsichtlich der Höchstgeschwindigkeit erfüllt, wenn

1. die für die Reifen zulässige Höchstgeschwindigkeit
   a) für die Dauer der Verwendung der Reifen an dem Fahrzeug durch ein Schild oder einen Aufkleber oder
   b) durch eine Anzeige im Fahrzeug, zumindest rechtzeitig vor Erreichen der für die verwendeten Reifen zulässigen Höchstgeschwindigkeit,

   im Blickfeld des Fahrzeugführers angegeben oder angezeigt wird und
2. diese Geschwindigkeit im Betrieb nicht überschritten wird.

(6) [1]An Kraftfahrzeugen – ausgenommen Personenkraftwagen – mit einem zulässigen Gesamtgewicht von mehr als 3,5 t und einer durch die Bauart bestimmten Höchstgeschwindigkeit von mehr als 40 km/h und an ihren Anhängern dürfen die Räder einer Achse entweder nur mit Diagonal- oder nur mit Radialreifen ausgerüstet sein. [2]Personenkraftwagen sowie andere Kraftfahrzeuge mit einem zulässigen Gesamtgewicht von nicht mehr als 3,5 t und einer durch die Bauart bestimmten Höchstgeschwindigkeit von mehr als 40 km/h und ihre Anhänger dürfen entweder nur mit Diagonal- oder nur mit Radialreifen ausgerüstet sein; im Zug gilt dies nur für das jeweilige Einzelfahrzeug. [3]Die Sätze 1 und 2 gelten nicht für die nach § 58 für eine Höchstgeschwindigkeit von nicht mehr als 25 km/h gekennzeichneten Anhänger hinter Kraftfahrzeugen, die mit einer Geschwindigkeit von nicht mehr als 25 km/h gefahren werden (Betriebsvorschrift). [4]Satz 2 gilt nicht für Krafträder – ausgenommen Leichtkrafträder, Kleinkrafträder und Fahrräder mit Hilfsmotor.

(7) [1]Reifenhersteller und Reifenerneuerer müssen Luftreifen für Fahrzeuge mit einer durch die Bauart bestimmten Höchstgeschwindigkeit von mehr als 40 km/h mit ihrer Fabrik- oder Handelsmarke sowie mit Angaben kennzeichnen, aus denen Reifengröße, Reifenbauart, Tragfähigkeit, Geschwindigkeitskategorie, Herstellungs- bzw. Reifenerneuerungsdatum hervorgehen. [2]Die Art und Weise der Angaben werden im Verkehrsblatt bekannt gegeben.

(8) [1]Statt Luftreifen sind für Fahrzeuge mit Geschwindigkeiten von nicht mehr als 25 km/h (für Kraftfahrzeuge ohne gefederte Triebachse jedoch nur bei Höchstgeschwindigkeiten von nicht mehr als 16 km/h) Gummireifen zulässig, die folgenden Anforderungen genügen: Auf beiden Seiten des Reifens muss eine 10 mm breite, hervorstehende und deutlich erkennbare Rippe die Grenze angeben, bis zu welcher der Reifen abgefahren werden darf; die Rippe darf nur durch Angaben über den Hersteller, die Größe und dergleichen sowie durch Aussparungen des Reifens unterbrochen sein. [2]Der Reifen muss an der Abfahr-

grenze noch ein Arbeitsvermögen von mindestens 60 J haben. [3]Die Flächenpressung des Reifens darf unter der höchstzulässigen statischen Belastung 0,8 N/qmm nicht übersteigen. [4]Der Reifen muss zwischen Rippe und Stahlband beiderseits die Aufschrift tragen: „60 J“. [5]Das Arbeitsvermögen von 60 J ist noch vorhanden, wenn die Eindrückung der Gummibereifung eines Rades mit Einzel- oder Doppelreifen beim Aufbringen einer Mehrlast von 1 000 kg auf die bereits mit der höchstzulässigen statischen Belastung beschwerte Bereifung um einen Mindestbetrag zunimmt, der sich nach folgender Formel errechnet:

$$f = \frac{6\,000}{P + 500};$$

dabei bedeutet f den Mindestbetrag der Zunahme des Eindrucks in Millimetern und P die höchstzulässige statische Belastung in Kilogramm. [6]Die höchstzulässige statische Belastung darf 100 N/mm der Grundflächenbreite des Reifens nicht übersteigen; sie darf jedoch 125 N/mm betragen, wenn die Fahrzeuge eine Höchstgeschwindigkeit von 8 km/h nicht überschreiten und entsprechende Geschwindigkeitsschilder (§ 58) angebracht sind. [7]Die Flächenpressung ist unter der höchstzulässigen statischen Belastung ohne Berücksichtigung der Aussparung auf der Lauffläche zu ermitteln. [8]Die Vorschriften über das Arbeitsvermögen gelten nicht für Gummireifen an Elektrokarren mit gefederter Triebachse und einer durch die Bauart bestimmten Höchstgeschwindigkeit von nicht mehr als 20 km/h sowie deren Anhänger.

(9) Eiserne Reifen mit einem Auflagedruck von nicht mehr als 125 N/mm Reifenbreite sind zulässig

1. für Zugmaschinen in land- oder forstwirtschaftlichen Betrieben, deren zulässiges Gesamtgewicht 4 t und deren durch die Bauart bestimmte Höchstgeschwindigkeit 8 km/h nicht übersteigt,
2. für Arbeitsmaschinen und Stapler (§ 3 Absatz 3 Satz 1 Nummer 1 Buchstabe a der Fahrzeug-Zulassungsverordnung), deren durch die Bauart bestimmte Höchstgeschwindigkeit 8 km/h nicht übersteigt, und für Fahrzeuge, die von ihnen mitgeführt werden,
3. hinter Zugmaschinen mit einer Geschwindigkeit von nicht mehr als 8 km/h (Betriebsvorschrift)
   a) für Möbelwagen,
   b) für Wohn- und Schaustellerwagen, wenn sie nur zwischen dem Festplatz oder Abstellplatz und dem nächstgelegenen Bahnhof oder zwischen dem Festplatz und einem in der Nähe gelegenen Abstellplatz befördert werden,
   c) für Unterkunftswagen der Bauarbeiter, wenn sie von oder nach einer Baustelle befördert werden und nicht gleichzeitig zu einem erheblichen Teil der Beförderung von Gütern dienen,
   d) für die beim Wegebau und bei der Wegeunterhaltung verwendeten fahrbaren Geräte und Maschinen bei der Beförderung von oder nach einer Baustelle,
   e) für land- oder forstwirtschaftliche Arbeitsgeräte und für Fahrzeuge zur Beförderung von land- oder forstwirtschaftlichen Bedarfsgütern, Arbeitsgeräten oder Erzeugnissen.

(10) [1]Bei Gleiskettenfahrzeugen (§ 34b Absatz 1 Satz 1) darf die Kette oder das Band (Gleiskette) keine schädlichen Kratzbewegungen gegen die Fahrbahn ausführen. [2]Die Kanten der Bodenplatten und ihrer Rippen müssen rund sein. [3]Die Rundungen metallischer Bodenplatten und Rippen müssen an den Längsseiten der Gleisketten einen Halbmesser von mindestens 60 mm haben. [4]Der Druck der durch gefederte Laufrollen belasteten Auflagefläche von Gleisketten auf die ebene Fahrbahn darf 1,5 N/qmm, bei Fahrzeugen mit ungefederten Laufrollen und Gleisketten, die außen vollständig aus Gummiband bestehen, 0,8 N/qmm nicht übersteigen. [5]Als Auflagefläche gilt nur derjenige Teil einer Gleiskette, der tatsächlich auf einer ebenen Fahrbahn aufliegt. [6]Im Hinblick auf die Beschaffenheit der Laufflächen und der Federung wird für Gleiskettenfahrzeuge und Züge, in denen Gleiskettenfahrzeuge mitgeführt werden,

1. allgemein die Geschwindigkeit auf 8 km/h,
2. wenn die Laufrollen der Gleisketten mit 40 mm hohen Gummireifen versehen sind oder die Auflageflächen der Gleisketten ein Gummipolster haben, die Geschwindigkeit auf 16 km/h,
3. wenn die Laufrollen ungefedert sind und die Gleisketten außen vollständig aus Gummiband bestehen, die Geschwindigkeit auf 30 km/h

beschränkt; sind die Laufflächen von Gleisketten gummigepolstert oder bestehen die Gleisketten außen vollständig aus Gummiband und sind die Laufrollen mit 40 mm hohen Gummireifen versehen oder besonders abgefedert, so ist die Geschwindigkeit nicht beschränkt.

(11) Absatz 5 gilt entsprechend für solche Luftreifen, die die in Nummer 2.29 der Regelung Nummer 75 der Wirtschaftskommission der Vereinten Nationen für Europa (UNECE) – Einheitliche Bedingungen für die Genehmigung der Luftreifen für Krafträder und Mopeds (ABl. L 84 vom 30.3.2011, S. 46) beschriebenen Eigenschaften erfüllen (M+S Reifen), sofern diese Luftreifen an Fahrzeugen der Klasse L verwendet werden.

§ 36a Radabdeckungen, Ersatzräder

(1) Die Räder von Kraftfahrzeugen und ihren Anhängern müssen mit hinreichend wirkenden Abdeckungen (Kotflügel, Schmutzfänger oder Radeinbauten) versehen sein.

(2) Absatz 1 gilt nicht für

1. Kraftfahrzeuge mit einer durch die Bauart bestimmten Höchstgeschwindigkeit von nicht mehr als 25 km/h,
2. die Hinterräder von Sattelzugmaschinen, wenn ein Sattelanhänger mitgeführt wird, dessen Aufbau die Räder überdeckt und die Anbringung einer vollen Radabdeckung nicht zulässt; in diesem Falle genügen Abdeckungen vor und hinter dem Rad, die bis zur Höhe der Radoberkante reichen,
3. eisenbereifte Fahrzeuge,
4. Anhänger zur Beförderung von Eisenbahnwagen auf der Straße (Straßenroller),
5. Anhänger, die in der durch § 58 vorgeschriebenen Weise für eine Höchstgeschwindigkeit von nicht mehr als 25 km/h gekennzeichnet sind,
6. land- oder forstwirtschaftliche Arbeitsgeräte,
7. die hinter land- oder forstwirtschaftlichen einachsigen Zug- oder Arbeitsmaschinen mitgeführten Sitzkarren,
8. die Vorderräder von mehrachsigen Anhängern für die Beförderung von Langholz.

(3) [1]Für außen an Fahrzeugen mitgeführte Ersatzräder müssen Halterungen vorhanden sein, die die Ersatzräder sicher aufnehmen und allen betriebsüblichen Beanspruchungen standhalten können. [2]Die Ersatzräder müssen gegen Verlieren durch zwei voneinander unabhängige Einrichtungen gesichert sein. [3]Die Einrichtungen müssen so beschaffen sein, dass eine von ihnen wirksam bleibt, wenn die andere – insbesondere durch Bruch, Versagen oder Bedienungsfehler – ausfällt.

§ 37 Gleitschutzeinrichtungen und Schneeketten

(1) [1]Einrichtungen, die die Greifwirkung der Räder bei Fahrten außerhalb befestigter Straßen erhöhen sollen (so genannte Bodengreifer und ähnliche Einrichtungen), müssen beim Befahren befestigter Straßen abgenommen werden, sofern nicht durch Auflegen von Schutzreifen oder durch Umklappen der Greifer oder durch Anwendung anderer Mittel nachteilige Wirkungen auf die Fahrbahn vermieden werden. [2]Satz 1 gilt nicht, wenn zum Befahren befestigter Straßen Gleitschutzeinrichtungen verwendet werden, die so beschaffen und angebracht sind, dass sie die Fahrbahn nicht beschädigen können; die Verwendung kann durch die Bauartgenehmigung (§ 22a) auf Straßen mit bestimmten Decken und auf bestimmte Zeiten beschränkt werden.

(2) [1]Einrichtungen, die das sichere Fahren auf schneebedeckter oder vereister Fahrbahn ermöglichen sollen (Schneeketten), müssen so beschaffen und angebracht sein, dass sie die Fahrbahn nicht beschädigen können. [2]Schneeketten aus Metall dürfen nur bei elastischer Bereifung (§ 36 Absatz 3 und 8) verwendet werden. [3]Schneeketten müssen die Lauffläche des Reifens so umspannen, dass bei jeder Stellung des Rades ein Teil der Kette die ebene Fahrbahn berührt. [4]Die die Fahrbahn berührenden Teile der Ketten müssen kurze Glieder haben, deren Teilung etwa das Drei- bis Vierfache der Drahtstärke betragen muss. [5]Schneeketten müssen sich leicht auflegen und abnehmen lassen und leicht nachgespannt werden können.

§ 38 Lenkeinrichtung

(1) [1]Die Lenkeinrichtung muss leichtes und sicheres Lenken des Fahrzeugs gewährleisten; sie ist, wenn nötig, mit einer Lenkhilfe zu versehen. [2]Bei Versagen der Lenkhilfe muss die Lenkbarkeit des Fahrzeugs erhalten bleiben.

(2) Personenkraftwagen, Kraftomnibusse, Lastkraftwagen und Sattelzugmaschinen, mit mindestens vier Rädern und einer durch die Bauart bestimmten Höchstgeschwindigkeit von mehr als 25 km/h, sowie ihre Anhänger müssen den im Anhang zu dieser Vorschrift genannten Bestimmungen entsprechen.

(3) [1]Land- oder forstwirtschaftliche Zugmaschinen auf Rädern mit einer durch die Bauart bestimmten Höchstgeschwindigkeit von nicht mehr als 40 km/h dürfen abweichend von Absatz 1 den im Anhang zu dieser Vorschrift genannten Bestimmungen entsprechen. [2]Land- oder forstwirtschaftliche Zugmaschinen mit einer durch die Bauart bestimmten Höchstgeschwindigkeit von mehr als 40 km/h dürfen abweichend von Absatz 1 den Vorschriften über Lenkanlagen entsprechen, die nach Absatz 2 für Lastkraftwagen anzuwenden sind.

(4) [1]Selbstfahrende Arbeitsmaschinen und Stapler mit einer durch die Bauart bestimmten Höchstgeschwindigkeit von nicht mehr als 40 km/h dürfen abweichend von Absatz 1 entsprechend den Baumerkmalen ihres Fahrgestells entweder den Vorschriften, die nach Absatz 2 für Lastkraftwagen oder nach Absatz 3 Satz 1 für land- oder forstwirtschaftliche Zugmaschinen angewendet werden dürfen, entsprechen. [2]Selbstfahrende Arbeitsmaschinen und Stapler mit einer durch die Bauart bestimmten Höchstge-

schwindigkeit von mehr als 40 km/h dürfen abweichend von Absatz 1 den Vorschriften, die nach Absatz 2 für Lastkraftwagen anzuwenden sind, entsprechen.

§ 38a Sicherungseinrichtungen gegen unbefugte Benutzung von Kraftfahrzeugen

(1) [1]Personenkraftwagen sowie Lastkraftwagen, Zugmaschinen und Sattelzugmaschinen mit einem zulässigen Gesamtgewicht von nicht mehr als 3,5 t – ausgenommen land- oder forstwirtschaftliche Zugmaschinen und Dreirad-Kraftfahrzeuge – müssen mit einer Sicherungseinrichtung gegen unbefugte Benutzung, Personenkraftwagen zusätzlich mit einer Wegfahrsperre ausgerüstet sein. [2]Die Sicherungseinrichtung gegen unbefugte Benutzung und die Wegfahrsperre müssen den im Anhang zu dieser Vorschrift genannten Bestimmungen entsprechen.

(2) Krafträder und Dreirad-Kraftfahrzeuge mit einem Hubraum von mehr als 50 ccm oder einer durch die Bauart bestimmten Höchstgeschwindigkeit von mehr als 45 km/h, ausgenommen Kleinkrafträder und Fahrräder mit Hilfsmotor (§ 3 Absatz 2 Satz 1 Nummer 1 Buchstabe d der Fahrzeug-Zulassungsverordnung), müssen mit einer Sicherungseinrichtung gegen unbefugte Benutzung ausgerüstet sein, die den im Anhang zu dieser Vorschrift genannten Bestimmungen entspricht.

(3) Sicherungseinrichtungen gegen unbefugte Benutzung und Wegfahrsperren an Kraftfahrzeugen, für die sie nicht vorgeschrieben sind, müssen den vorstehenden Vorschriften entsprechen.

§ 38b Fahrzeug-Alarmsysteme

[1]In Personenkraftwagen sowie in Lastkraftwagen, Zugmaschinen und Sattelzugmaschinen mit einem zulässigen Gesamtgewicht von nicht mehr als 2,00 t eingebaute Fahrzeug-Alarmsysteme müssen den im Anhang zu dieser Vorschrift genannten Bestimmungen entsprechen. [2]Fahrzeug-Alarmsysteme in anderen Kraftfahrzeugen müssen sinngemäß den vorstehenden Vorschriften entsprechen.

§ 39 Rückwärtsgang

Kraftfahrzeuge – ausgenommen einachsige Zug- oder Arbeitsmaschinen mit einem zulässigen Gesamtgewicht von nicht mehr als 400 kg sowie Krafträder mit oder ohne Beiwagen – müssen vom Führersitz aus zum Rückwärtsfahren gebracht werden können.

§ 39a Betätigungseinrichtungen, Kontrollleuchten und Anzeiger

(1) Die in Personenkraftwagen und Kraftomnibussen sowie Lastkraftwagen, Zugmaschinen und Sattelzugmaschinen – ausgenommen land- oder forstwirtschaftliche Zugmaschinen – eingebauten Betätigungseinrichtungen, Kontrollleuchten und Anzeiger müssen eine Kennzeichnung haben, die den im Anhang zu dieser Vorschrift genannten Bestimmungen entspricht.

(2) Die in Kraftfahrzeuge nach § 30a Absatz 3 eingebauten Betätigungseinrichtungen, Kontrollleuchten und Anzeiger müssen eine Kennzeichnung haben, die den im Anhang zu dieser Vorschrift genannten Bestimmungen entspricht.

(3) Land- oder forstwirtschaftliche Zugmaschinen müssen Betätigungseinrichtungen haben, deren Einbau, Position, Funktionsweise und Kennzeichnung den im Anhang zu dieser Vorschrift genannten Bestimmungen entspricht.

§ 40 Scheiben, Scheibenwischer, Scheibenwascher, Entfrostungs- und Trocknungsanlagen für Scheiben

(1) [1]Sämtliche Scheiben – ausgenommen Spiegel sowie Abdeckscheiben von lichttechnischen Einrichtungen und Instrumenten – müssen aus Sicherheitsglas bestehen. [2]Als Sicherheitsglas gilt Glas oder ein glasähnlicher Stoff, deren Bruchstücke keine ernstlichen Verletzungen verursachen können. [3]Scheiben aus Sicherheitsglas, die für die Sicht des Fahrzeugführers von Bedeutung sind, müssen klar, lichtdurchlässig und verzerrungsfrei sein.

(2) [1]Windschutzscheiben müssen mit selbsttätig wirkenden Scheibenwischern versehen sein. [2]Der Wirkungsbereich der Scheibenwischer ist so zu bemessen, dass ein ausreichendes Blickfeld für den Führer des Fahrzeugs geschaffen wird.

(3) Dreirädrige Kleinkrafträder und dreirädrige oder vierrädrige Kraftfahrzeuge mit Führerhaus nach § 30a Absatz 3 müssen mit Scheiben, Scheibenwischer, Scheibenwascher, Entfrostungs- und Trocknungsanlagen ausgerüstet sein, die den im Anhang zu dieser Vorschrift genannten Bestimmungen entsprechen.

§ 41 Bremsen und Unterlegkeile

(1) [1]Kraftfahrzeuge müssen zwei voneinander unabhängige Bremsanlagen haben oder eine Bremsanlage mit zwei voneinander unabhängigen Bedienungseinrichtungen, von denen jede auch dann wirken kann, wenn die andere versagt. [2]Die voneinander unabhängigen Bedienungseinrichtungen müssen durch getrennte Übertragungsmittel auf verschiedene Bremsflächen wirken, die jedoch in oder auf derselben

Bremstrommel liegen können. [3]Können mehr als zwei Räder gebremst werden, so dürfen gemeinsame Bremsflächen und (ganz oder teilweise) gemeinsame mechanische Übertragungseinrichtungen benutzt werden; diese müssen jedoch so gebaut sein, dass beim Bruch eines Teils noch mindestens zwei Räder, die nicht auf derselben Seite liegen, gebremst werden können. [4]Alle Bremsflächen müssen auf zwangsläufig mit den Rädern verbundene, nicht auskuppelbare Teile wirken. [5]Ein Teil der Bremsflächen muss unmittelbar auf die Räder wirken oder auf Bestandteile, die mit den Rädern ohne Zwischenschaltung von Ketten oder Getriebeteilen verbunden sind. [6]Dies gilt nicht, wenn die Getriebeteile (nicht Ketten) so beschaffen sind, dass ihr Versagen nicht anzunehmen und für jedes in Frage kommende Rad eine besondere Bremsfläche vorhanden ist. [7]Die Bremsen müssen leicht nachstellbar sein oder eine selbsttätige Nachstelleinrichtung haben.

(1a) Absatz 1 Satz 2 bis 6 gilt nicht für Bremsanlagen von Kraftfahrzeugen, bei denen die Bremswirkung ganz oder teilweise durch die Druckdifferenz im hydrostatischen Kreislauf (hydrostatische Bremswirkung) erzeugt wird.

(2) [1]Bei einachsigen Zug- oder Arbeitsmaschinen genügt eine Bremse (Betriebsbremse), die so beschaffen sein muss, dass beim Bruch eines Teils der Bremsanlage noch mindestens ein Rad gebremst werden kann. [2]Beträgt das zulässige Gesamtgewicht nicht mehr als 250 kg und wird das Fahrzeug von Fußgängern an Holmen geführt, so ist keine Bremsanlage erforderlich; werden solche Fahrzeuge mit einer weiteren Achse verbunden und vom Sitz aus gefahren, so genügt eine an der Zug- oder Arbeitsmaschine oder an dem einachsigen Anhänger befindliche Bremse nach § 65, sofern die durch die Bauart bestimmte Höchstgeschwindigkeit 20 km/h nicht übersteigt.

(3) [1]Bei Gleiskettenfahrzeugen, bei denen nur die beiden Antriebsräder der Laufketten gebremst werden, dürfen gemeinsame Bremsflächen für die Betriebsbremse und für die Feststellbremse benutzt werden, wenn mindestens 70 Prozent des Gesamtgewichts des Fahrzeugs auf dem Kettenlaufwerk ruht und die Bremsen so beschaffen sind, dass der Zustand der Bremsbeläge von außen leicht überprüft werden kann. [2]Hierbei dürfen auch die Bremsnocken, die Nockenwellen mit Hebel oder ähnliche Übertragungsteile für beide Bremsen gemeinsam benutzt werden.

(4) Bei Kraftfahrzeugen – ausgenommen Krafträder – muss mit der einen Bremse (Betriebsbremse) eine mittlere Vollverzögerung von mindestens 5,0 m/s^2 erreicht werden; bei Kraftfahrzeugen mit einer durch die Bauart bestimmten Höchstgeschwindigkeit von nicht mehr als 25 km/h genügt jedoch eine mittlere Vollverzögerung von 3,5 m/s^2.

(4a) Bei Kraftfahrzeugen – ausgenommen Kraftfahrzeuge nach § 30a Absatz 3 – muss es bei Ausfall eines Teils der Bremsanlage möglich sein, mit dem verbleibenden funktionsfähigen Teil der Bremsanlage oder mit der anderen Bremsanlage des Kraftfahrzeugs nach Absatz 1 Satz 1 mindestens 44 Prozent der in Absatz 4 vorgeschriebenen Bremswirkung zu erreichen, ohne dass das Kraftfahrzeug seine Spur verlässt.

(5) [1]Bei Kraftfahrzeugen – ausgenommen Krafträder – muss die Bedienungseinrichtung einer der beiden Bremsanlagen feststellbar sein; bei Krankenfahrstühlen und bei Fahrzeugen, die die Baumerkmale von Krankenfahrstühlen aufweisen, deren Geschwindigkeit aber 30 km/h übersteigt, darf jedoch die Betriebsbremse anstatt der anderen Bremse feststellbar sein. [2]Die festgestellte Bremse muss ausschließlich durch mechanische Mittel und ohne Zuhilfenahme der Bremswirkung des Motors das Fahrzeug auf der größten von ihm befahrbaren Steigung am Abrollen verhindern können. [3]Mit der Feststellbremse muss eine mittlere Verzögerung von mindestens 1,5 m/s^2 erreicht werden.

(6) (weggefallen)

(7) Bei Kraftfahrzeugen, die mit gespeicherter elektrischer Energie angetrieben werden, kann eine der beiden Bremsanlagen eine elektrische Widerstands- oder Kurzschlussbremse sein; in diesem Fall findet Absatz 1 Satz 5 keine Anwendung.

(8) [1]Betriebsfußbremsen an Zugmaschinen – ausgenommen an Gleiskettenfahrzeugen –, die zur Unterstützung des Lenkens als Einzelradbremsen ausgebildet sind, müssen auf öffentlichen Straßen so gekoppelt sein, dass eine gleichmäßige Bremswirkung gewährleistet ist, sofern sie nicht mit einem besonderen Bremshebel gemeinsam betätigt werden können. [2]Eine unterschiedliche Abnutzung der Bremsen muss durch eine leicht bedienbare Nachstelleinrichtung ausgleichbar sein oder sich selbsttätig ausgleichen.

(9) [1]Zwei- oder mehrachsige Anhänger – ausgenommen zweiachsige Anhänger mit einem Achsabstand von weniger als 1,0 m – müssen eine ausreichende, leicht nachstellbare oder sich selbsttätig nachstellende Bremsanlage haben; mit ihr muss eine mittlere Vollverzögerung von mindestens 5,0 m/s^2 – bei Sattelanhängern von mindestens 4,5 m/s^2 – erreicht werden. [2]Bei Anhängern hinter Kraftfahrzeugen mit einer Geschwindigkeit von nicht mehr als 25 km/h (Betriebsvorschrift) genügt eine eigene mittlere Vollverzögerung von 3,5 m/s^2, wenn die Anhänger für eine Höchstgeschwindigkeit von nicht mehr als 25 km/h gekennzeichnet sind (§ 58). [3]Die Bremse muss feststellbar sein. [4]Die festgestellte Bremse muss ausschließlich durch mechanische Mittel den vollbelasteten Anhänger auch bei einer Steigung von 18 Prozent

und in einem Gefälle von 18 Prozent auf trockener Straße am Abrollen verhindern können. [5]Die Betriebsbremsanlagen von Kraftfahrzeug und Anhänger müssen vom Führersitz aus mit einer einzigen Betätigungseinrichtung abstufbar bedient werden können oder die Betriebsbremsanlage des Anhängers muss selbsttätig wirken; die Bremsanlage des Anhängers muss diesen, wenn dieser sich vom ziehenden Fahrzeug trennt, auch bei einer Steigung von 18 Prozent und in einem Gefälle von 18 Prozent selbsttätig zum Stehen bringen. [6]Anhänger hinter Kraftfahrzeugen mit einer durch die Bauart bestimmten Höchstgeschwindigkeit von mehr als 25 km/h müssen eine auf alle Räder wirkende Bremsanlage haben; dies gilt nicht für die nach § 58 für eine Höchstgeschwindigkeit von nicht mehr als 25 km/h gekennzeichneten Anhänger hinter Fahrzeugen, die mit einer Geschwindigkeit von nicht mehr als 25 km/h gefahren werden.

(10) [1]Auflaufbremsen sind nur bei Anhängern zulässig mit einem zulässigen Gesamtgewicht von nicht mehr als

1. 8,00 t und einer durch die Bauart bestimmten Höchstgeschwindigkeit von nicht mehr als 25 km/h,
2. 8,00 t und einer durch die Bauart bestimmten Höchstgeschwindigkeit von nicht mehr als 40 km/h, wenn die Bremse auf alle Räder wirkt,
3. 3,50 t, wenn die Bremse auf alle Räder wirkt.

[2]Bei Sattelanhängern sind Auflaufbremsen nicht zulässig. [3]In einem Zug darf nur ein Anhänger mit Auflaufbremse mitgeführt werden; jedoch sind hinter Zugmaschinen zwei Anhänger mit Auflaufbremse zulässig, wenn

1. beide Anhänger mit Geschwindigkeitsschildern nach § 58 für eine Höchstgeschwindigkeit von nicht mehr als 25 km/h gekennzeichnet sind,
2. der Zug mit einer Geschwindigkeit von nicht mehr als 25 km/h gefahren wird,
3. nicht das Mitführen von mehr als einem Anhänger durch andere Vorschriften untersagt ist.

(11) [1]An einachsigen Anhängern und zweiachsigen Anhängern mit einem Achsabstand von weniger als 1,0 m ist eine eigene Bremse nicht erforderlich, wenn der Zug die für das ziehende Fahrzeug vorgeschriebene Bremsverzögerung erreicht und die Achslast des Anhängers die Hälfte des Leergewichts des ziehenden Fahrzeugs, jedoch 0,75 t nicht übersteigt. [2]Beträgt jedoch bei diesen Anhängern die durch die Bauart bestimmte Höchstgeschwindigkeit nicht mehr als 30 km/h, so darf unter den in Satz 1 festgelegten Bedingungen die Achslast mehr als 0,75 t, aber nicht mehr als 3,0 t betragen. [3]Soweit Anhänger nach Satz 1 mit einer eigenen Bremse ausgerüstet sein müssen, gelten die Vorschriften des Absatzes 9 entsprechend; bei Sattelanhängern muss die Wirkung der Betriebsbremse dem von der Achse oder der Achsgruppe (§ 34 Absatz 1) getragenen Anteil des zulässigen Gesamtgewichts des Sattelanhängers entsprechen.

(12) [1]Die vorgeschriebenen Bremsverzögerungen müssen auf ebener, trockener Straße mit gewöhnlichem Kraftaufwand bei voll belastetem Fahrzeug, erwärmten Bremstrommeln und, außer bei der im Absatz 5 vorgeschriebenen Bremse, auch bei Höchstgeschwindigkeit erreicht werden, ohne dass das Fahrzeug seine Spur verlässt. [2]Die in den Absätzen 4, 6 und 7 vorgeschriebenen Verzögerungen müssen auch beim Mitführen von Anhängern erreicht werden. [3]Die mittlere Vollverzögerung wird entweder

1. nach Abschnitt 1.1.2 des Anhangs II der Richtlinie 71/320/EWG des Rates vom 26. Juli 1971 zur Angleichung der Rechtsvorschriften der Mitgliedstaaten über die Bremsanlagen bestimmter Klassen von Kraftfahrzeugen und deren Anhängern (ABl. L 202 vom 6.9.1971, S. 37), die zuletzt durch die Richtlinie 2006/96/EG (ABl. L 363 vom 20.12.2006, S. 81) geändert worden ist, oder
2. aus der Geschwindigkeit v_1 und dem Bremsweg s_1 ermittelt, wobei v_1 die Geschwindigkeit ist, die das Fahrzeug bei der Abbremsung nach einer Ansprech- und Schwellzeit von höchstens 0,6 s hat, und s_1 der Weg ist, den das Fahrzeug ab der Geschwindigkeit v_1 bis zum Stillstand des Fahrzeugs zurücklegt.

[4]Von dem in den Sätzen 1 bis 3 vorgeschriebenen Verfahren kann, insbesondere bei Nachprüfungen nach § 29, abgewichen werden, wenn Zustand und Wirkung der Bremsanlage auf andere Weise feststellbar sind. [5]Bei der Prüfung neu zuzulassender Fahrzeuge muss eine dem betriebsüblichen Nachlassen der Bremswirkung entsprechend höhere Verzögerung erreicht werden; außerdem muss eine ausreichende, dem jeweiligen Stand der Technik entsprechende Dauerleistung der Bremsen für längere Talfahrten gewährleistet sein.

(13) [1]Von den vorstehenden Vorschriften über Bremsen sind befreit

1. Zugmaschinen in land- oder forstwirtschaftlichen Betrieben, wenn ihr zulässiges Gesamtgewicht nicht mehr als 4 t und ihre durch die Bauart bestimmte Höchstgeschwindigkeit nicht mehr als 8 km/h beträgt,
2. selbstfahrende Arbeitsmaschinen und Stapler mit einer durch die Bauart bestimmten Höchstgeschwindigkeit von nicht mehr als 8 km/h und von ihnen mitgeführte Fahrzeuge,

3. hinter Zugmaschinen, die mit einer Geschwindigkeit von nicht mehr als 8 km/h gefahren werden, mitgeführte
   a) Möbelwagen,
   b) Wohn- und Schaustellerwagen, wenn sie nur zwischen dem Festplatz oder Abstellplatz und dem nächstgelegenen Bahnhof oder zwischen dem Festplatz und einem in der Nähe gelegenen Abstellplatz befördert werden,
   c) Unterkunftswagen der Bauarbeiter, wenn sie von oder nach einer Baustelle befördert werden und nicht gleichzeitig zu einem erheblichen Teil der Beförderung von Gütern dienen,
   d) beim Wegebau und bei der Wegeunterhaltung verwendete fahrbare Geräte und Maschinen bei der Beförderung von oder nach einer Baustelle,
   e) land- oder forstwirtschaftliche Arbeitsgeräte,
   f) Fahrzeuge zur Beförderung von land- oder forstwirtschaftlichen Bedarfsgütern, Geräten oder Erzeugnissen, wenn die Fahrzeuge eisenbereift oder in der durch § 58 vorgeschriebenen Weise für eine Geschwindigkeit von nicht mehr als 8 km/h gekennzeichnet sind,
4. motorisierte Krankenfahrstühle.

[2]Die Fahrzeuge müssen jedoch eine ausreichende Bremse haben, die während der Fahrt leicht bedient werden kann und feststellbar ist. [3]Ungefederte land- oder forstwirtschaftliche Arbeitsmaschinen, deren Leergewicht das Leergewicht des ziehenden Fahrzeugs nicht übersteigt, jedoch höchstens 3 t erreicht, brauchen keine eigene Bremse zu haben.

(14) [1]Die nachstehend genannten Kraftfahrzeuge und Anhänger müssen mit Unterlegkeilen ausgerüstet sein. [2]Erforderlich sind mindestens
1. ein Unterlegkeil bei
   a) Kraftfahrzeugen – ausgenommen Gleiskettenfahrzeuge – mit einem zulässigen Gesamtgewicht von mehr als 4 t,
   b) zweiachsigen Anhängern – ausgenommen Sattel- und Starrdeichselanhänger (einschließlich Zentralachsanhänger) – mit einem zulässigen Gesamtgewicht von mehr als 750 kg,
2. zwei Unterlegkeile bei
   a) drei- und mehrachsigen Fahrzeugen,
   b) Sattelanhängern,
   c) Starrdeichselanhängern (einschließlich Zentralachsanhängern) mit einem zulässigen Gesamtgewicht von mehr als 750 kg.

[3]Unterlegkeile müssen sicher zu handhaben und ausreichend wirksam sein. [4]Sie müssen im oder am Fahrzeug leicht zugänglich mit Halterungen angebracht sein, die ein Verlieren und Klappern ausschließen. [5]Haken oder Ketten dürfen als Halterungen nicht verwendet werden.

(15) [1]Kraftomnibusse mit einem zulässigen Gesamtgewicht von mehr als 5,5 t sowie andere Kraftfahrzeuge mit einem zulässigen Gesamtgewicht von mehr als 9 t müssen außer mit den Bremsen nach den vorstehenden Vorschriften mit einer Dauerbremse ausgerüstet sein. [2]Als Dauerbremsen gelten Motorbremsen oder in der Bremswirkung gleichartige Einrichtungen. [3]Die Dauerbremse muss mindestens eine Leistung aufweisen, die der Bremsbeanspruchung beim Befahren eines Gefälles von 7 Prozent und 6 km Länge durch das voll beladene Fahrzeug mit einer Geschwindigkeit von 30 km/h entspricht. [4]Bei Anhängern mit einem zulässigen Gesamtgewicht von mehr als 9 t muss die Betriebsbremse den Anforderungen des Satzes 3 entsprechen, bei Sattelanhängern nur dann, wenn das um die zulässige Aufliegelast verringerte zulässige Gesamtgewicht mehr als 9 t beträgt. [5]Die Sätze 1 bis 4 gelten nicht für
1. Fahrzeuge mit einer durch die Bauart bestimmten Höchstgeschwindigkeit von nicht mehr als 25 km/h und
2. Fahrzeuge, die nach § 58 für eine Höchstgeschwindigkeit von nicht mehr als 25 km/h gekennzeichnet sind und die mit einer Geschwindigkeit von nicht mehr als 25 km/h betrieben werden.

(16) [1]Druckluftbremsen und hydraulische Bremsen von Kraftomnibussen müssen auch bei Undichtigkeit an einer Stelle mindestens zwei Räder bremsen können, die nicht auf derselben Seite liegen. [2]Bei Druckluftbremsen von Kraftomnibussen muss das unzulässige Absinken des Drucks im Druckluftbehälter dem Führer durch eine optisch oder akustisch wirkende Warneinrichtung deutlich angezeigt werden.

(17) Beim Mitführen von Anhängern mit Druckluftbremsanlage müssen die Vorratsbehälter des Anhängers auch während der Betätigung der Betriebsbremsanlage nachgefüllt werden können (Zweileitungsbremsanlage mit Steuerung durch Druckanstieg), wenn die durch die Bauart bestimmte Höchstgeschwindigkeit mehr als 25 km/h beträgt.

(18) [1]Abweichend von den Absätzen 1 bis 11, 12 Satz 1, 2, 3 und 5, den Absätzen 13 und 15 bis 17 müssen Personenkraftwagen, Kraftomnibusse, Lastkraftwagen, Zugmaschinen – ausgenommen land- oder forstwirtschaftliche Zugmaschinen – und Sattelzugmaschinen mit mindestens vier Rädern und einer

durch die Bauart bestimmten Höchstgeschwindigkeit von mehr als 25 km/h sowie ihre Anhänger – ausgenommen Anhänger nach Absatz 10 Satz 1 Nummer 1 und 2 oder Absatz 11 Satz 2, Muldenkipper, Stapler, Elektrokarren, Autoschütter – den im Anhang zu dieser Vorschrift genannten Bestimmungen über Bremsanlagen entsprechen. [2]Andere Fahrzeuge, die hinsichtlich ihrer Baumerkmale des Fahrgestells den vorgenannten Fahrzeugen gleichzusetzen sind, müssen den im Anhang zu dieser Vorschrift genannten Bestimmungen über Bremsanlagen entsprechen. [3]Austauschbremsbeläge für die in den Sätzen 1 und 2 genannten Fahrzeuge mit einem zulässigen Gesamtgewicht von nicht mehr als 3,5 t müssen den im Anhang zu dieser Vorschrift genannten Bestimmungen entsprechen.

(19) Abweichend von den Absätzen 1 bis 11, 12 Satz 1, 2, 3 und 5, den Absätzen 13, 17 und 18 müssen Kraftfahrzeuge nach § 30a Absatz 3 den im Anhang zu dieser Vorschrift genannten Bestimmungen über Bremsanlagen entsprechen.

(20) [1]Abweichend von den Absätzen 1 bis 11, 12 Satz 1, 2, 3 und 5, den Absätzen 13, 17 bis 19 müssen land- oder forstwirtschaftliche Zugmaschinen mit einer durch die Bauart bestimmten Höchstgeschwindigkeit von nicht mehr als 40 km/h den im Anhang zu dieser Vorschrift genannten Bestimmungen über Bremsanlagen entsprechen. [2]Selbstfahrende Arbeitsmaschinen und Stapler mit einer durch die Bauart bestimmten Höchstgeschwindigkeit von nicht mehr als 40 km/h dürfen den Vorschriften über Bremsanlagen nach Satz 1 entsprechen.

§ 41a Druckgasanlagen und Druckbehälter

(1) Kraftfahrzeugtypen, die mit speziellen Ausrüstungen oder Bauteilen für die Verwendung von
1. verflüssigtem Gas (LPG) oder
2. komprimiertem Erdgas (CNG) oder
3. Flüssigerdgas (LNG) oder
4. Wasserstoff

in ihrem Antriebssystem ausgestattet sind, müssen hinsichtlich des Einbaus dieser Ausrüstungen oder Bauteile nach den im Anhang zu dieser Vorschrift genannten Bestimmungen genehmigt sein.

(2) Spezielle Nachrüstsysteme für die Verwendung von
1. verflüssigtem Gas (LPG) oder
2. komprimiertem Erdgas (CNG) oder
3. Flüssigerdgas (LNG) oder
4. Wasserstoff

im Antriebssystem eines Kraftfahrzeugs müssen hinsichtlich ihrer Ausführung nach der im Anhang zu dieser Vorschrift genannten Bestimmung genehmigt sein.

(3) [1]Spezielle Bauteile für die Verwendung von
1. verflüssigtem Gas (LPG) oder
2. komprimiertem Erdgas (CNG) oder
3. Flüssigerdgas (LNG) oder
4 Wasserstoff

im Antriebssystem eines Kraftfahrzeugs müssen hinsichtlich ihrer Ausführung nach der im Anhang zu dieser Vorschrift genannten Bestimmung genehmigt sein. [2]Ferner müssen für den Einbau die Bedingungen der im Anhang zu dieser Vorschrift genannten Bestimmung erfüllt werden.

(4) [1]Hersteller von Bauteilen für Ausrüstungen nach Absatz 1 oder Nachrüstsysteme nach Absatz 2 oder von speziellen Bauteilen nach Absatz 3 müssen diesen die notwendigen Informationsunterlagen, entsprechend den im Anhang zu dieser Vorschrift genannten Bestimmungen, für den Einbau, die sichere Verwendung während der vorgesehenen Betriebsdauer und die empfohlenen Wartungen beifügen. [2]Den für den Einbau, den Betrieb und die Prüfungen verantwortlichen Personen sind diese Unterlagen bei Bedarf zur Verfügung zu stellen.

(5) [1]Halter, deren Kraftfahrzeuge mit Ausrüstungen nach Absatz 2 oder Absatz 3 ausgestattet worden sind, haben nach dem Einbau eine Gasanlagenprüfung (Gassystemeinbauprüfung) nach Anlage XVII durchführen zu lassen. [2]Gassystemeinbauprüfungen dürfen nur durchgeführt werden von
1. verantwortlichen Personen in hierfür anerkannten Kraftfahrzeugwerkstätten, sofern das Gassystem in der jeweiligen Kraftfahrzeugwerkstatt eingebaut wurde,
2. amtlich anerkannten Sachverständigen oder Prüfern für den Kraftfahrzeugverkehr,
3. Prüfingenieuren im Sinne der Anlage VIIIb Nummer 3.9.

[3]Nach der Gassystemeinbauprüfung haben Halter von Kraftfahrzeugen mit Ausrüstungen nach Absatz 3 eine Begutachtung nach § 21 zur Erlangung einer neuen Betriebserlaubnis durchführen zu lassen.

(6) [1]Halter, deren Kraftfahrzeuge mit Ausrüstungen nach den Absätzen 1 bis 3 ausgestattet sind, haben bei jeder Reparatur der Gasanlage im Niederdruckbereich eine Dichtigkeits- und Funktionsprüfung

durchzuführen. 2Bei umfangreicheren Reparaturen an der Gasanlage sowie bei deren Beeinträchtigung durch einen Brand oder einen Unfall ist eine Gasanlagenprüfung nach Anlage XVII durchzuführen. 3Die Gasanlagenprüfungen sowie Dichtigkeits- und Funktionsprüfungen dürfen nur durchgeführt werden von

1. verantwortlichen Personen in hierfür anerkannten Kraftfahrzeugwerkstätten oder Fachkräften unter deren Aufsicht,
2. amtlich anerkannten Sachverständigen oder Prüfern für den Kraftfahrzeugverkehr,
3. Prüfingenieuren im Sinne der Anlage VIIIb Nummer 3.9.

(7) 1Die Anerkennung der Kraftfahrzeugwerkstätten für die Durchführung der Gassystemeinbauprüfungen nach Absatz 5, der Gasanlagenprüfungen nach Absatz 6 und der Untersuchungen nach Anlage VIII Nummer 3.1.1.2 hat nach Anlage XVIIa zu erfolgen. 2Die Schulung der in Absatz 5 Satz 2 Nummer 2 und 3 sowie Absatz 6 Satz 3 Nummer 2 und 3 genannten Personen hat in entsprechender Anwendung der Nummern 2.5, 7.3 und 7.4 der Anlage XVIIa zu erfolgen, wobei der Umfang der erstmaligen Schulung dem einer Wiederholungsschulung entsprechen kann.

(8) 1Druckbehälter für Druckluftbremsanlagen und Nebenaggregate müssen die im Anhang zu dieser Vorschrift genannten Bestimmungen erfüllen. 2Sie dürfen auch aus anderen Werkstoffen als Stahl und Aluminium hergestellt werden, wenn sie den im Anhang zu dieser Vorschrift genannten Bestimmungen entsprechen und für sie die gleiche Sicherheit und Gebrauchstüchtigkeit nachgewiesen ist. 3Druckbehälter sind entsprechend des Anhangs zu kennzeichnen.

§ 41b Automatischer Blockierverhinderer

(1) Ein automatischer Blockierverhinderer ist der Teil einer Betriebsbremsanlage, der selbsttätig den Schlupf in der Drehrichtung des Rads an einem oder mehreren Rädern des Fahrzeugs während der Bremsung regelt.

(2) 1Folgende Fahrzeuge mit einer durch die Bauart bestimmten Höchstgeschwindigkeit von mehr als 60 km/h müssen mit einem automatischen Blockierverhinderer ausgerüstet sein:

1. Lastkraftwagen und Sattelzugmaschinen mit einem zulässigen Gesamtgewicht von mehr als 3,5 t,
2. Anhänger mit einem zulässigen Gesamtgewicht von mehr als 3,5 t; dies gilt für Sattelanhänger nur dann, wenn das um die Aufliegelast verringerte zulässige Gesamtgewicht 3,5 t übersteigt,
3. Kraftomnibusse,
4. Zugmaschinen mit einem zulässigen Gesamtgewicht von mehr als 3,5 t.

2Andere Fahrzeuge, die hinsichtlich ihrer Baumerkmale des Fahrgestells den in den Nummern 1 bis 4 genannten Fahrzeugen gleichzusetzen sind, müssen ebenfalls mit einem automatischen Blockierverhinderer ausgerüstet sein.

(3) Fahrzeuge mit einem automatischen Blockierverhinderer müssen den im Anhang zu dieser Vorschrift genannten Bestimmungen entsprechen.

(4) Anhänger mit einem automatischen Blockierverhinderer, aber ohne automatisch-lastabhängige Bremskraftregeleinrichtung dürfen nur mit Kraftfahrzeugen verbunden werden, die die Funktion des automatischen Blockierverhinderers im Anhänger sicherstellen.

(5) Absatz 2 gilt nicht für Anhänger mit Auflaufbremse sowie für Kraftfahrzeuge mit mehr als vier Achsen.

§ 42 Anhängelast hinter Kraftfahrzeugen und Leergewicht

(1) 1Die gezogene Anhängelast darf bei

1. Personenkraftwagen, ausgenommen solcher nach Nummer 2, und Lastkraftwagen, ausgenommen solcher nach Nummer 3, weder das zulässige Gesamtgewicht,
2. Personenkraftwagen, die gemäß der Definition in Anhang II der Richtlinie 70/156/EWG Geländefahrzeuge sind, weder das 1,5fache des zulässigen Gesamtgewichts,
3. Lastkraftwagen in Zügen mit durchgehender Bremsanlage weder das 1,5fache des zulässigen Gesamtgewichts

des ziehenden Fahrzeugs noch den etwa vom Hersteller des ziehenden Fahrzeugs angegebenen oder amtlich als zulässig erklärten Wert übersteigen. 2Bei Personenkraftwagen nach Nummer 1 oder 2 darf das tatsächliche Gesamtgewicht des Anhängers (Achslast zuzüglich Stützlast) jedoch in keinem Fall mehr als 3 500 kg betragen. 3Die Anhängelast bei Kraftfahrzeugen nach § 30a Absatz 3 und bei motorisierten Krankenfahrstühlen darf höchstens 50 Prozent der Leermasse des Fahrzeugs betragen.

(2) 1Hinter Krafträdern und Personenkraftwagen dürfen Anhänger ohne ausreichende eigene Bremse nur mitgeführt werden, wenn das ziehende Fahrzeug Allradbremse und der Anhänger nur eine Achse hat; Krafträder gelten trotz getrennter Bedienungseinrichtungen für die Vorderrad- und Hinterradbremse als Fahrzeuge mit Allradbremse, Krafträder mit Beiwagen jedoch nur dann, wenn auch das Beiwagenrad eine Bremse hat. 2Werden einachsige Anhänger ohne bauartbedingt ausreichende eigene Bremse mitgeführt,

so darf die Anhängelast höchstens die Hälfte des um 75 kg erhöhten Leergewichts des ziehenden Fahrzeugs, aber nicht mehr als 750 kg betragen.

(2a) Die Absätze 1 und 2 gelten nicht für das Abschleppen von betriebsunfähigen Fahrzeugen.

(3) [1]Das Leergewicht ist das Gewicht des betriebsfertigen Fahrzeugs ohne austauschbare Ladungsträger (Behälter, die dazu bestimmt und geeignet sind, Ladungen aufzunehmen und auf oder an verschiedenen Trägerfahrzeugen verwendet zu werden, wie Container, Wechselbehälter), aber mit zu 90 Prozent gefüllten eingebauten Kraftstoffbehältern und zu 100 Prozent gefüllten Systemen für andere Flüssigkeiten (ausgenommen Systeme für gebrauchtes Wasser) einschließlich des Gewichts aller im Betrieb mitgeführten Ausrüstungsteile (zum Beispiel Ersatzräder und -bereifung, Ersatzteile, Werkzeug, Wagenheber, Feuerlöscher, Aufsteckwände, Planengestell mit Planenbügeln und Planenlatten oder Planenstangen, Plane, Gleitschutzeinrichtungen, Belastungsgewichte), bei anderen Kraftfahrzeugen als Kraftfahrzeugen nach § 30a Absatz 3 zuzüglich 75 kg als Fahrergewicht. [2]Austauschbare Ladungsträger, die Fahrzeuge miteinander verbinden oder Zugkräfte übertragen, sind Fahrzeugteile.

§ 43 Einrichtungen zur Verbindung von Fahrzeugen

(1) [1]Einrichtungen zur Verbindung von Fahrzeugen müssen so ausgebildet und befestigt sein, dass die nach dem Stand der Technik erreichbare Sicherheit – auch bei der Bedienung der Kupplung – gewährleistet ist. [2]Die Zuggabel von Mehrachsanhängern muss bodenfrei sein. [3]Die Zugöse dieser Anhänger muss jeweils in Höhe des Kupplungsmauls einstellbar sein; dies gilt bei anderen Kupplungsarten sinngemäß. [4]Die Sätze 2 und 3 gelten nicht für Anhänger hinter Elektrokarren mit einer durch die Bauart bestimmten Höchstgeschwindigkeit von nicht mehr als 25 km/h, wenn das zulässige Gesamtgewicht des Anhängers nicht mehr als 2 t beträgt.

(2) [1]Mehrspurige Kraftfahrzeuge mit mehr als einer Achse müssen vorn, Personenkraftwagen – ausgenommen solche, für die nach der Betriebserlaubnis eine Anhängelast nicht zulässig ist – auch hinten, eine ausreichend bemessene und leicht zugängliche Einrichtung zum Befestigen einer Abschleppstange oder eines Abschleppseils haben. [2]An selbstfahrenden Arbeitsmaschinen und Staplern darf diese Einrichtung hinten angeordnet sein.

(3) [1]Bei Verwendung von Abschleppstangen oder Abschleppseilen darf der lichte Abstand vom ziehenden zum gezogenen Fahrzeug nicht mehr als 5 m betragen. [2]Abschleppstangen und Abschleppseile sind ausreichend erkennbar zu machen, zum Beispiel durch einen roten Lappen.

(4) [1]Anhängekupplungen müssen selbsttätig wirken. [2]Nicht selbsttätige Anhängekupplungen sind jedoch zulässig,

1. an Zugmaschinen und an selbstfahrenden Arbeitsmaschinen und Staplern, wenn der Führer den Kupplungsvorgang von seinem Sitz aus beobachten kann,
2. an Krafträdern und Personenkraftwagen,
3. an Anhängern hinter Zugmaschinen in land- oder forstwirtschaftlichen Betrieben,
4. zur Verbindung von anderen Kraftfahrzeugen mit einachsigen Anhängern oder zweiachsigen Anhängern mit einem Achsabstand von weniger als 1,0 m mit einem zulässigen Gesamtgewicht von nicht mehr als 3,5 t.

[3]In jedem Fall muss die Herstellung einer betriebssicheren Verbindung leicht und gefahrlos möglich sein.

(5) Einrichtungen zur Verbindung von Fahrzeugen an zweirädrigen oder dreirädrigen Kraftfahrzeugen nach § 30a Absatz 3 und ihre Anbringung an diesen Kraftfahrzeugen müssen den im Anhang zu dieser Vorschrift genannten Bestimmungen entsprechen.

§ 44 Stützeinrichtung und Stützlast

(1) [1]An Sattelanhängern muss eine Stützeinrichtung vorhanden sein oder angebracht werden können. [2]Wenn Sattelanhänger so ausgerüstet sind, dass die Verbindung der Kupplungsteile sowie der elektrischen Anschlüsse und der Bremsanschlüsse selbsttätig erfolgen kann, müssen die Anhänger eine Stützeinrichtung haben, die sich nach dem Ankuppeln des Anhängers selbsttätig vom Boden abhebt.

(2) [1]Starrdeichselanhänger (einschließlich Zentralachsanhänger) müssen eine der Höhe nach einstellbare Stützeinrichtung haben, wenn die Stützlast bei gleichmäßiger Lastverteilung mehr als 50 kg beträgt. [2]Dies gilt jedoch nicht für Starrdeichselanhänger hinter Kraftfahrzeugen mit einem zum Anheben der Deichsel geeigneten Kraftheber. [3]Stützeinrichtungen müssen unverlierbar untergebracht sein.

(3) [1]Bei Starrdeichselanhängern (einschließlich Zentralachsanhängern) mit einem zulässigen Gesamtgewicht von nicht mehr als 3,5 t darf die vom ziehenden Fahrzeug aufzunehmende Mindeststützlast nicht weniger als 4 Prozent des tatsächlichen Gesamtgewichts des Anhängers betragen; sie braucht jedoch nicht mehr als 25 kg zu betragen. [2]Die technisch zulässige Stützlast des Zugfahrzeugs ist vom Hersteller festzulegen; sie darf – ausgenommen bei Krafträdern – nicht geringer als 25 kg sein. [3]Bei Starrdeichselanhängern (einschließlich Zentralachsanhängern) mit einem zulässigen Gesamtgewicht von mehr als 3,5 t

darf die vom ziehenden Fahrzeug aufzunehmende Mindeststützlast nicht weniger als 4 Prozent des tatsächlichen Gesamtgewichts des Anhängers betragen, sie braucht jedoch nicht mehr als 500 kg zu betragen. [4]Die maximal zulässige Stützlast darf bei diesen Anhängern – ausgenommen bei Starrdeichselanhängern (einschließlich Zentralachsanhängern), die für eine Höchstgeschwindigkeit von nicht mehr als 40 km/h gekennzeichnet sind (§ 58) und land- oder forstwirtschaftlichen Arbeitsgeräten – höchstens 15 Prozent des tatsächlichen Gesamtgewichts des Starrdeichselanhängers (einschließlich Zentralachsanhängers), aber nicht mehr als 2,00 t betragen. [5]Bei allen Starrdeichselanhängern (einschließlich Zentralachsanhängern) darf weder die für die Anhängekupplung oder die Zugeinrichtung noch die vom Hersteller des ziehenden Fahrzeugs angegebene Stützlast überschritten werden.

§ 45 Kraftstoffbehälter

(1) [1]Kraftstoffbehälter müssen korrosionsfest sein. [2]Sie müssen bei doppeltem Betriebsüberdruck, mindestens aber bei einem Überdruck von 0,3 bar, dicht sein. [3]Weichgelötete Behälter müssen auch nach dem Ausschmelzen des Lotes zusammenhalten. [4]Auftretender Überdruck oder den Betriebsdruck übersteigender Druck muss sich durch geeignete Einrichtungen (Öffnungen, Sicherheitsventile und dergleichen) selbsttätig ausgleichen. [5]Entlüftungsöffnungen sind gegen Hindurchschlagen von Flammen zu sichern. [6]Am Behälter weich angelötete Teile müssen zugleich vernietet, angeschraubt oder in anderer Weise sicher befestigt sein. [7]Kraftstoff darf aus dem Füllverschluss oder den zum Ausgleich von Überdruck bestimmten Einrichtungen auch bei Schräglage, Kurvenfahrt oder Stößen nicht ausfließen.

(1a) Für den Einbau von Kraftstoffbehältern in Kraftfahrzeugen, ausgenommen solche nach § 30a Absatz 3, sind die im Anhang zu dieser Vorschrift genannten Bestimmungen anzuwenden.

(2) [1]Kraftstoffbehälter für Vergaserkraftstoff dürfen nicht unmittelbar hinter der Frontverkleidung des Fahrzeugs liegen; sie müssen so vom Motor getrennt sein, dass auch bei Unfällen eine Entzündung des Kraftstoffs nicht zu erwarten ist. [2]Dies gilt nicht für Krafträder und für Zugmaschinen mit offenem Führersitz.

(3) [1]Bei Kraftomnibussen dürfen Kraftstoffbehälter nicht im Fahrgast- oder Führerraum liegen. [2]Sie müssen so angebracht sein, dass bei einem Brand die Ausstiege nicht unmittelbar gefährdet sind. [3]Bei Kraftomnibussen müssen Behälter für Vergaserkraftstoff hinten oder seitlich unter dem Fußboden in einem Abstand von mindestens 500 mm von den Türöffnungen untergebracht sein. [4]Kann dieses Maß nicht eingehalten werden, so ist ein entsprechender Teil des Behälters mit Ausnahme der Unterseite durch eine Blechwand abzuschirmen.

(4) Für Kraftstoffbehälter in Kraftfahrzeugen nach § 30a Absatz 3 und deren Einbau sowie für den Einbau der Kraftstoffzufuhrleitungen in diesen Kraftfahrzeugen gelten die im Anhang zu dieser Vorschrift genannten Bestimmungen.

§ 46 Kraftstoffleitungen

(1) Kraftstoffleitungen sind so auszuführen, dass Verwindungen des Fahrzeugs, Bewegungen des Motors und dergleichen keinen nachteiligen Einfluss auf die Haltbarkeit ausüben.

(2) [1]Rohrverbindungen sind durch Verschraubung ohne Lötung oder mit hart aufgelötetem Nippel herzustellen. [2]In die Kraftstoffleitung muss eine vom Führersitz aus während der Fahrt leicht zu bedienende Absperreinrichtung eingebaut sein; sie kann fehlen, wenn die Fördereinrichtung für den Kraftstoff den Zufluss zu dem Vergaser oder zur Einspritzpumpe bei stehendem Motor unterbricht oder wenn das Fahrzeug ausschließlich mit Dieselkraftstoff betrieben wird. [3]Als Kraftstoffleitungen können fugenlose, elastische Metallschläuche oder kraftstofffeste andere Schläuche aus schwer brennbaren Stoffen eingebaut werden; sie müssen gegen mechanische Beschädigungen geschützt sein.

(3) Kraftstoffleitungen, Vergaser und alle anderen kraftstoffführenden Teile sind gegen betriebstörende Wärme zu schützen und so anzuordnen, dass abtropfender oder verdunstender Kraftstoff sich weder ansammeln noch an heißen Teilen oder an elektrischen Geräten entzünden kann.

(4) [1]Bei Kraftomnibussen dürfen Kraftstoffleitungen nicht im Fahrgast- oder Führerraum liegen. [2]Bei diesen Fahrzeugen darf der Kraftstoff nicht durch Schwerkraft gefördert werden.

§ 47 Abgase

(1) Kraftfahrzeuge mit Fremdzündungsmotor oder Selbstzündungsmotor mit mindestens vier Rädern, einer zulässigen Gesamtmasse von mindestens 400 kg und einer bauartbedingten Höchstgeschwindigkeit von mindestens 50 km/h – mit Ausnahme von land- oder forstwirtschaftlichen Zug- und Arbeitsmaschinen sowie anderen Arbeitsmaschinen und Staplern –, soweit sie in den Anwendungsbereich der Richtlinie 70/220/EWG des Rates vom 20. März 1970 zur Angleichung der Rechtsvorschriften der Mitgliedstaaten über Maßnahmen gegen die Verunreinigung der Luft durch Emissionen von Kraftfahrzeugmotoren (ABl. L 76 vom 6.4.1970, S. 1), die zuletzt durch die Richtlinie 2006/96//EG (ABl. L 363 vom

20.12.2006, S. 81) geändert worden ist, fallen, müssen hinsichtlich ihres Abgasverhaltens und der Anforderungen in Bezug auf die Kraftstoffe den Vorschriften dieser Richtlinie entsprechen.

(1a) Kraftfahrzeuge im Sinne des Artikels 2 Absatz 1 der Verordnung (EG) Nr. 715/2007 in der aus dem Anhang zu dieser Vorschrift ersichtlichen Fassung müssen hinsichtlich ihres Abgasverhaltens den Vorschriften der Verordnung (EG) Nr. 715/2007 in Verbindung mit der Verordnung (EU) 2017/1151, jeweils in der aus dem Anhang zu dieser Vorschrift ersichtlichen Fassung, entsprechen.

(2) [1]Kraftfahrzeuge mit Selbstzündungsmotor mit oder ohne Aufbau, mit mindestens vier Rädern und einer bauartbedingten Höchstgeschwindigkeit von mehr als 25 km/h – mit Ausnahme von landwirtschaftlichen Zug- und Arbeitsmaschinen sowie anderen Arbeitsmaschinen und Staplern – soweit sie in den Anwendungsbereich der Richtlinie 72/306/EWG des Rates vom 2. August 1972 zur Angleichung der Rechtsvorschriften der Mitgliedstaaten über Maßnahmen gegen die Emission verunreinigender Stoffe aus Dieselmotoren zum Antrieb von Fahrzeugen (ABl. L 190 vom 20.8.1972, S. 1), die zuletzt durch die Richtlinie 2005/21/EG (ABl. L 61 vom 8.3.2005, S. 25) geändert worden ist, fallen, müssen hinsichtlich der Emission verunreinigender Stoffe dieser Richtlinie entsprechen. [2]Kraftfahrzeuge mit Selbstzündungsmotor, auf die sich die Anlage XVI bezieht, müssen hinsichtlich der Emission verunreinigender Stoffe (feste Bestandteile – Dieselrauch) im Abgas der Anlage XVI oder der Richtlinie 72/306/EWG entsprechen.

(3) Personenkraftwagen sowie Wohnmobile mit Fremd- oder Selbstzündungsmotoren, die den Vorschriften

1. der Anlage XXIII oder
2. des Anhangs III A der Richtlinie 70/220/EWG in der Fassung der Richtlinie 88/76/EWG (ABl. L 36 vom 9.2.1988, S. 1) oder späteren Änderungen dieses Anhangs in der Richtlinie 88/436/EWG (ABl. L 214 vom 6.8.1988, S. 1), berichtigt durch die Berichtigung der Richtlinie 88/436/EWG (ABl. L 303 vom 8.11.1988, S. 36), oder der Richtlinie 89/491/EWG (ABl. L 238 vom 15.8.1989, S. 43) oder
3. der Richtlinie 70/220/EWG in der Fassung der Richtlinie 91/441/EWG (ABl. L 242 vom 30.8.1991, S. 1) – ausgenommen die Fahrzeuge, die die Übergangsbestimmungen des Anhangs I Nummer 8.1 oder 8.3 in Anspruch nehmen – oder
4. der Richtlinie 70/220/EWG in der Fassung der Richtlinie 93/59/EWG (ABl. L 186 vom 28.7.1993, S. 21) – ausgenommen die Fahrzeuge, die die weniger strengen Grenzwertanforderungen der Klasse II oder III des Anhangs I in den Nummern 5.3.1.4 und 7.1.1.1 oder die Übergangsbestimmungen des Anhangs I Nummer 8.3 in Anspruch nehmen – oder
5. der Richtlinie 70/220/EWG in der Fassung der Richtlinie 94/12/EG (ABl. L 100 vom 19.4.1994, S. 42) – und die Grenzwerte der Fahrzeugklasse M in Anhang I Nummer 5.3.1.4 einhalten – oder
6. der Richtlinie 96/69/EG des Europäischen Parlaments und des Rates vom 8. Oktober 1996 zur Änderung der Richtlinie 70/220/EWG zur Angleichung der Rechtsvorschriften der Mitgliedstaaten über Maßnahmen gegen die Verunreinigung der Luft durch Emissionen von Kraftfahrzeugen (ABl. L 282 vom 1.11.1996, S. 64) oder
7. der Richtlinie 98/77/EG der Kommission vom 2. Oktober 1998 zur Anpassung der Richtlinie 70/220/EWG des Rates zur Angleichung der Rechtsvorschriften der Mitgliedstaaten über Maßnahmen gegen die Verunreinigung der Luft durch Emissionen von Kraftfahrzeugen an den technischen Fortschritt (ABl. L 286 vom 23.10.1998, S. 34) oder
8. der Richtlinie 98/69/EG des Europäischen Parlaments und des Rates vom 13. Oktober 1998 über Maßnahmen gegen die Verunreinigung der Luft durch Emissionen von Kraftfahrzeugen und zur Änderung der Richtlinie 70/220/EWG des Rates (ABl. L 350 vom 28.12.1998, S. 1) oder
9. der Richtlinie 1999/102/EG der Kommission vom 15. Dezember 1999 zur Anpassung der Richtlinie 70/220/EWG des Rates über Maßnahmen gegen die Verunreinigung der Luft durch Emissionen von Kraftfahrzeugen an den technischen Fortschritt (ABl. L 334 vom 28.12.1999, S. 43) oder
10. der Richtlinie 2001/1/EG des Europäischen Parlaments und des Rates vom 22. Januar 2001 zur Änderung der Richtlinie 70/220/EWG des Rates über Maßnahmen gegen die Verunreinigung der Luft durch Emissionen von Kraftfahrzeugen (ABl. L 35 vom 6.2.2001, S. 34) oder
11. der Richtlinie 2001/100/EG des Europäischen Parlaments und des Rates vom 7. Dezember 2001 zur Änderung der Richtlinie 70/220/EWG des Rates zur Angleichung der Rechtsvorschriften der Mitgliedstaaten gegen die Verunreinigung der Luft durch Emissionen von Kraftfahrzeugen (ABl. L 16 vom 18.1.2002, S. 32) oder
12. der Richtlinie 2002/80/EG der Kommission vom 3. Oktober 2002 zur Anpassung der Richtlinie 70/220/EWG des Rates über Maßnahmen gegen die Verunreinigung der Luft durch Emissionen von Kraftfahrzeugen an den technischen Fortschritt (ABl. L 291 vom 28.10.2002, S. 20) oder

13. der Richtlinie 2003/76/EG der Kommission vom 11. August 2003 zur Änderung der Richtlinie 70/220/EWG des Rates über Maßnahmen gegen die Verunreinigung der Luft durch Emissionen von Kraftfahrzeugen (ABl. L 206 vom 15.8.2003, S. 29) oder
14. der Verordnung (EG) Nr. 715/2007 in Verbindung mit der Verordnung (EG) Nr. 692/2008 und mit der Verordnung (EU) 2017/1151, jeweils in der aus dem Anhang zu dieser Vorschrift ersichtlichen Fassung,

entsprechen, gelten als schadstoffarm.

(3a) Personenkraftwagen und Wohnmobile mit Selbstzündungsmotor gelten als besonders partikelreduziert, wenn sie den Anforderungen einer der in Anlage XXVI Nummer 2 festgelegten Minderungsstufen oder den Anforderungen der Verordnung (EG) Nr. 715/2007 in Verbindung mit der Verordnung (EG) Nr. 692/2008 oder der Verordnung (EU) 2017/1151, jeweils in der aus dem Anhang zu dieser Vorschrift ersichtlichen Fassung, entsprechen.

(3b) Kraftfahrzeuge mit Selbstzündungsmotor mit einer technisch zulässigen Gesamtmasse bis 2 800 Kilogramm der Klasse N1 sowie Kraftfahrzeuge mit Selbstzündungsmotor ohne Begrenzung der zulässigen Gesamtmasse der Klassen M1 und M2 der Emissionsklasse „Euro 4", die jeweils genehmigt sind entsprechend Zeile B der Grenzwerttabelle in Anhang I Abschnitt 5.3.1.4 der Richtlinie 98/69/EG des Europäischen Parlaments und des Rates vom 13. Oktober 1998 über Maßnahmen gegen die Verunreinigung der Luft durch Emissionen von Kraftfahrzeugen und zur Änderung der Richtlinie 70/220/EWG des Rates (ABl. L 350 vom 28.12.1998, S. 1), die zuletzt durch die Richtlinie 2006/96/EG des Rates vom 20. November 2006 zur Anpassung bestimmter Richtlinien im Bereich freier Warenverkehr anlässlich des Beitritts Bulgariens und Rumäniens (ABl. L 363 vom 20.12.2006, S. 81) geändert worden ist und durch die Verordnung (EG) Nr. 715/2007 des Europäischen Parlaments und des Rates vom 20. Juni 2007 über die Typgenehmigung von Kraftfahrzeugen hinsichtlich der Emissionen von leichten Personenkraftwagen und Nutzfahrzeugen (Euro 5 und Euro 6) und über den Zugang zu Reparatur- und Wartungsinformationen für Fahrzeuge (ABl. L 171 vom 29.6.2007, S. 1) aufgehoben worden ist, stoßen im praktischen Fahrbetrieb weniger als 270 Milligramm Stickoxid pro Kilometer aus, wenn sie über ein Stickoxid-Minderungssystem mit hoher Minderungsleistung verfügen, das die in der Anlage XXII festgelegten Anforderungen erfüllt.

(3c) Kraftfahrzeuge mit Selbstzündungsmotor mit einer technisch zulässigen Gesamtmasse bis 2 800 Kilogramm der Klasse N1 sowie Kraftfahrzeuge mit Selbstzündungsmotor ohne Begrenzung der zulässigen Gesamtmasse der Klassen M1 und M2 der Emissionsklasse „Euro 5", die genehmigt sind entsprechend

1. der Verordnung (EG) Nr. 715/2007 des Europäischen Parlaments und des Rates vom 20. Juni 2007 über die Typgenehmigung von Kraftfahrzeugen hinsichtlich der Emissionen von leichten Personenkraftwagen und Nutzfahrzeugen (Euro 5 und Euro 6) und über den Zugang zu Reparatur- und Wartungsinformationen für Fahrzeuge (ABl. L 171 vom 29.6.2007, S. 1), die zuletzt durch die Verordnung (EU) Nr. 459/2012 der Kommission vom 29. Mai 2012 zur Änderung der Verordnung (EG) Nr. 715/2007 des Europäischen Parlaments und des Rates und der Verordnung (EG) Nr. 692/2008 der Kommission hinsichtlich der Emissionen von leichten Personenkraftwagen und Nutzfahrzeugen (Euro 6) (ABl. L 142 vom 1.6.2012, S. 16) geändert worden ist, und
2. der Verordnung (EG) Nr. 692/2008 der Kommission vom 18. Juli 2008 zur Durchführung und Änderung der Verordnung (EG) Nr. 715/2007 des Europäischen Parlaments und des Rates über die Typgenehmigung von Kraftfahrzeugen hinsichtlich der Emissionen von leichten Personenkraftwagen und Nutzfahrzeugen (Euro 5 und Euro 6) und über den Zugang zu Reparatur- und Wartungsinformationen für Fahrzeuge (ABl. L 199 vom 28.7.2008, S. 1), die zuletzt durch die Verordnung (EU) 2018/1832 der Kommission vom 5. November 2018 zur Änderung der Richtlinie 2007/46/EG des Europäischen Parlaments und des Rates, der Verordnung (EG) Nr. 692/2008 der Kommission und der Verordnung (EU) 2017/1151 der Kommission im Hinblick auf die Verbesserung der emissionsbezogenen Typgenehmigungsprüfungen und -verfahren für leichte Personenkraftwagen und Nutzfahrzeuge, unter anderem in Bezug auf die Übereinstimmung in Betrieb befindlicher Fahrzeuge und auf Emissionen im praktischen Fahrbetrieb und zur Einführung von Einrichtungen zur Überwachung des Kraftstoff- und des Stromverbrauchs (ABl. L 301 vom 27.11.2018, S. 1) geändert worden ist,

stoßen im praktischen Fahrbetrieb weniger als 270 Milligramm Stickoxid pro Kilometer aus, wenn sie über ein Stickoxid-Minderungssystem mit hoher Minderungsleistung verfügen, das die in der Anlage XXII festgelegten Anforderungen erfüllt.

(4), (5) *[aufgehoben]*

(6) Fahrzeuge oder Motoren für Fahrzeuge, die in den Anwendungsbereich der Richtlinie 88/77/EWG des Rates vom 3. Dezember 1987 zur Angleichung der Rechtsvorschriften der Mitgliedstaaten über Maßnahmen gegen die Emission gasförmiger Schadstoffe und luftverunreinigender Partikel aus Selbstzün-

dungsmotoren zum Antrieb von Fahrzeugen und die Emission gasförmiger Schadstoffe aus mit Erdgas oder Flüssiggas betriebenen Fremdzündungsmotoren zum Antrieb von Fahrzeugen (ABl. L 36 vom 9.2.1988, S. 33), die zuletzt durch die Richtlinie 2001/27/EG (ABl. L 107 vom 18.4.2001, S. 10) geändert worden ist, fallen, müssen hinsichtlich ihres Abgasverhaltens den Vorschriften dieser Richtlinie entsprechen.

(6a) Fahrzeuge oder Motoren für Fahrzeuge, die in den Anwendungsbereich der Richtlinie 2005/55/EG des Europäischen Parlaments und des Rates vom 28. September 2005 zur Angleichung der Rechtsvorschriften der Mitgliedstaaten über Maßnahmen gegen die Emission gasförmiger Schadstoffe und luftverunreinigender Partikel aus Selbstzündungsmotoren zum Antrieb von Fahrzeugen und die Emission gasförmiger Schadstoffe aus mit Flüssiggas oder Erdgas betriebenen Fremdzündungsmotoren zum Antrieb von Fahrzeugen (ABl. L 275 vom 20.10.2005, S. 1) fallen, müssen hinsichtlich ihres Abgasverhaltens den Vorschriften dieser Richtlinie und der Richtlinie 2005/78/EG der Kommission vom 14. November 2005 zur Durchführung der Richtlinie 2005/55/EG des Europäischen Parlaments und des Rates zur Angleichung der Rechtsvorschriften der Mitgliedstaaten über Maßnahmen gegen die Emission gasförmiger Schadstoffe und luftverunreinigender Partikel aus Selbstzündungsmotoren zum Antrieb von Fahrzeugen und die Emission gasförmiger Schadstoffe aus mit Flüssiggas oder Erdgas betriebenen Fremdzündungsmotoren zum Antrieb von Fahrzeugen und zur Änderung ihrer Anhänge I, II, III, IV und VI (ABl. L 313 vom 29.11.2005, S. 1), geändert durch die im Anhang zu dieser Vorschrift genannten Bestimmungen, entsprechen.

(6b) Kraftfahrzeuge im Sinne des Artikels 2 Absatz 1 Satz 1 der Verordnung (EG) Nr. 595/2009 in der aus dem Anhang zu dieser Vorschrift ersichtlichen Fassung und Kraftfahrzeuge, die hinsichtlich der Baumerkmale ihres Fahrgestells diesen Kraftfahrzeugen gleichzusetzen sind, müssen hinsichtlich ihres Abgasverhaltens den Vorschriften der Verordnung (EG) Nr. 595/2009 in Verbindung mit der Verordnung (EU) Nr. 582/2011, jeweils in der aus dem Anhang zu dieser Vorschrift ersichtlichen Fassung, entsprechen.

(7) Krafträder, auf die sich die Regelung Nummer 40 – Einheitliche Vorschriften für die Genehmigung der Krafträder hinsichtlich der Emission luftverunreinigender Gase aus Motoren mit Fremdzündung – des Übereinkommens über die Annahme einheitlicher Bedingungen für die Genehmigung der Ausrüstungsgegenstände und Teile von Kraftfahrzeugen und über die gegenseitige Anerkennung der Genehmigung, in Kraft gesetzt durch die Verordnung vom 14. September 1983 (BGBl. 1983 II S. 584), bezieht, müssen hinsichtlich ihres Abgasverhaltens den Vorschriften der Regelung Nr. 40, zuletzt geändert durch Verordnung zur Änderung 1 und zum Korrigendum 3 der ECE-Regelung Nr. 40 über einheitliche Vorschriften für die Genehmigung der Krafträder hinsichtlich der Emission luftverunreinigender Gase aus Motoren mit Fremdzündung vom 29. Dezember 1992 (BGBl. 1993 II S. 110), entsprechen; dies gilt auch für Krafträder mit einer Leermasse von mehr als 400 kg.

(8) Andere Krafträder als die in Absatz 7 genannten müssen hinsichtlich ihres Abgasverhaltens von Vorschriften der Regelung Nummer 47 – Einheitliche Vorschriften für die Genehmigung der Fahrräder mit Hilfsmotor hinsichtlich der Emission luftverunreinigender Gase aus Motoren mit Fremdzündung – des Übereinkommens über die Annahme einheitlicher Bedingungen für die Genehmigung der Ausrüstungsgegenstände und Teile von Kraftfahrzeugen und über die gegenseitige Anerkennung der Genehmigung, in Kraft gesetzt durch die Verordnung vom 26. Oktober 1981 (BGBl. 1981 II S. 930), entsprechen.

(8a) Kraftfahrzeuge, die in den Anwendungsbereich der Richtlinie 97/24/EG fallen, müssen hinsichtlich ihres Abgasverhaltens den Vorschriften dieser Richtlinie entsprechen.

(8b) Kraftfahrzeuge im Sinne des Artikels 2 Absatz 1 der Verordnung (EU) Nr. 168/2013 in der aus dem Anhang zu dieser Vorschrift ersichtlichen Fassung müssen hinsichtlich ihres Abgasverhaltens den Anforderungen entsprechen, die in der Verordnung (EU) Nr. 168/2013 in Verbindung mit der Verordnung (EU) Nr. 134/2014, jeweils in der aus dem Anhang zu dieser Vorschrift ersichtlichen Fassung, genannt sind.

(8c) Kraftfahrzeuge, deren Motoren in den Anwendungsbereich der Verordnung (EU) 2016/1628 in der aus dem Anhang zu dieser Vorschrift ersichtlichen Fassung fallen, müssen mit Motoren ausgerüstet sein, die hinsichtlich ihres Abgasverhaltens den Anforderungen der genannten Verordnung entsprechen.

(8d) Kraftfahrzeuge, die in den Anwendungsbereich der Achtundzwanzigsten Verordnung zur Durchführung des Bundes-Immissionsschutzgesetzes vom 11. November 1998 (BGBl. I S. 3411) fallen, müssen mit Motoren ausgerüstet sein, die hinsichtlich ihres Abgasverhaltens den Vorschriften der Achtundzwanzigsten Verordnung zur Durchführung des Bundes-Immissionsschutzgesetzes vom 11. November 1998 entsprechen.

(8e) Zugmaschinen oder Motoren für Zugmaschinen, die in den Anwendungsbereich der Richtlinie 2000/25/EG in der aus dem Anhang zu dieser Vorschrift ersichtlichen Fassung fallen und vor dem 20.

Juni 2024 erstmals in den Verkehr gebracht worden sind, müssen hinsichtlich ihres Abgasverhaltens den Anforderungen dieser Richtlinie zu dem Zeitpunkt entsprechen, zu dem die Zugmaschinen oder die Motoren für Zugmaschinen jeweils erstmals in den Verkehr gebracht worden sind.

(8f) Zugmaschinen oder Motoren für Zugmaschinen im Sinne des Artikels 2 Absatz 1 und 3 der Verordnung (EU) Nr. 167/2013 in der aus dem Anhang zu dieser Vorschrift ersichtlichen Fassung müssen hinsichtlich ihres Abgasverhaltens den in den folgenden Vorschriften genannten Anforderungen entsprechen:

1. Artikel 19 Absatz 2 Buchstabe a und Absatz 3 der vorgenannten Verordnung und
2. Artikel 3 der Verordnung (EU) 2018/985 in der aus dem Anhang zu dieser Vorschrift ersichtlichen Fassung.

(9) [1]Technischer Dienst und Prüfstelle im Sinne der genannten Regelwerke ist die Abgasprüfstelle der TÜV-Nord Mobilität GmbH & Co. KG, Adlerstraße 7, 45307 Essen. [2]Es können auch andere Technische Prüfstellen für den Kraftfahrzeugverkehr oder von der obersten Landesbehörde anerkannte Stellen prüfen, sofern diese über die erforderlichen eigenen Mess- und Prüfeinrichtungen verfügen. [3]Der Technische Dienst ist über alle Prüfungen zu unterrichten. [4]In Zweifelsfällen ist er zu beteiligen; bei allen Fragen der Anwendung ist er federführend. [5]Die Prüfstellen haben die verwendeten Mess- und Prüfeinrichtungen hinsichtlich der Messergebnisse und der Messgenauigkeit mit dem Technischen Dienst regelmäßig abzugleichen.

§ 47a *[aufgehoben]*

§ 47b (weggefallen)

§ 47c Ableitung von Abgasen

[1]Die Mündungen von Auspuffrohren dürfen nur nach oben, nach hinten, nach hinten unten oder nach hinten links bis zu einem Winkel von 45 Grad zur Fahrzeuglängsachse gerichtet sein; sie müssen so angebracht sein, dass das Eindringen von Abgasen in das Fahrzeuginnere nicht zu erwarten ist. [2]Auspuffrohre dürfen weder über die seitliche noch über die hintere Begrenzung der Fahrzeuge hinausragen.

§ 47d Kohlendioxidemissionen, Kraftstoffverbrauch, Reichweite, Stromverbrauch

(1) Für Kraftfahrzeuge, die in den Anwendungsbereich der Verordnung (EG) Nr. 715/2007 in Verbindung mit der Verordnung (EU) 2017/1151, jeweils in der aus dem Anhang zu dieser Vorschrift ersichtlichen Fassung, fallen, sind die Werte für die Kohlendioxidemissionen, den Kraftstoffverbrauch, die Reichweite und den Stromverbrauch nach den Vorgaben der genannten Verordnungen zu ermitteln.

(2) Für Fahrzeuge, die in den Anwendungsbereich der Verordnung (EG) Nr. 595/2009 in Verbindung mit der Verordnung (EU) 2017/2400 oder in Verbindung mit der Durchführungsverordnung (EU) 2022/1362, jeweils in der aus dem Anhang zu dieser Vorschrift ersichtlichen Fassung, fallen, sind die Werte für die Kohlendioxidemissionen und den Kraftstoffverbrauch nach den Vorgaben der genannten Verordnungen zu ermitteln.

(3) Bei Nichtvorliegen einer EG-Übereinstimmungsbescheinigung nach Anhang IX der Richtlinie 2007/46/EG oder nach Anhang VIII der Durchführungsverordnung (EU) 2020/683, jeweils in der aus dem Anhang zu dieser Vorschrift ersichtlichen Fassung, sind die nach dieser Richtlinie ermittelten Werte in einer Bescheinigung anzugeben, die dem Fahrzeughalter beim Kauf des Fahrzeugs zu übergeben ist.

§ 47e Genehmigung, Nachrüstung und Nachfüllen von Klimaanlagen

Kraftfahrzeuge mit Klimaanlage, die in den Anwendungsbereich der Richtlinie 2006/40/EG des Europäischen Parlaments und des Rates vom 17. Mai 2006 über Emissionen aus Klimaanlagen in Kraftfahrzeugen und zur Änderung der Richtlinie 70/156/EWG (ABl. L 161 vom 14.6.2006, S. 12) und der Verordnung (EG) Nr. 706/2007 der Kommission vom 21. Juni 2007 zur Festlegung von Verwaltungsvorschriften für die EG-Typgenehmigung von Kraftfahrzeugen und eines harmonisierten Verfahrens für die Messung von Leckagen aus bestimmten Klimaanlagen nach der Richtlinie 2006/40/EG des Europäischen Parlaments und des Rates (ABl. L 161 vom 22.6.2007, S. 33) fallen, haben mit Wirkung vom 1. Juni 2012 den Vorschriften dieser Verordnung zu entsprechen.

§ 47f Kraftstoffe, emissionsbedeutsame Betriebsstoffe und Systeme zur Verringerung der Stickoxid-Emissionen

(1) [1]Ein Kraftfahrzeug darf nur mit den vom Hersteller in der Betriebsanleitung oder in anderen für den Fahrzeughalter bestimmten Unterlagen angegebenen Qualitäten von flüssigen, gasförmigen oder festen Kraftstoffen betrieben werden. [2]Abweichend von Satz 1 darf ein Kraftfahrzeug mit anderen Qualitäten von flüssigen, gasförmigen oder festen Kraftstoffen nur betrieben werden, sofern die Einhaltung der Anforderungen des § 38 Absatz 1 des Bundes-Immissionsschutzgesetzes an das Fahrzeug sichergestellt ist.

(2) [1]Absatz 1 gilt auch für ergänzende Betriebsstoffe, die zur Einhaltung von Emissionsvorschriften erforderlich sind. [2]Die Manipulation eines Systems zur Verringerung der Stickoxid-Emissionen und der Betrieb eines Kraftfahrzeugs und seiner Komponenten ohne ein sich verbrauchendes Reagens oder mit einem ungeeigneten sich verbrauchenden Reagens ist verboten, sofern das Fahrzeug über ein Emissionsminderungssystem verfügt, das die Nutzung eines sich verbrauchenden Reagens erfordert.

§ 48 Emissionsklassen für Kraftfahrzeuge

(1) Kraftfahrzeuge, für die nachgewiesen wird, dass die Emissionen gasförmiger Schadstoffe und luftverunreinigender Partikel oder die Geräuschemissionen den Anforderungen der in der Anlage XIV genannten Emissionsklassen entsprechen, werden nach Maßgabe der Anlage XIV in Emissionsklassen eingestuft.

(2) Partikelminderungssysteme, die für eine Nachrüstung von mit Selbstzündungsmotor angetriebenen Nutzfahrzeugen oder mobilen Maschinen und Geräten vorgesehen sind, müssen den Anforderungen der Anlage XXVI oder XXVII entsprechen und nach Maßgabe der jeweiligen Anlage geprüft, genehmigt und eingebaut werden.

§ 49 Geräuschentwicklung und Schalldämpferanlage

(1) Kraftfahrzeuge und ihre Anhänger müssen so beschaffen sein, dass die Geräuschentwicklung das nach dem jeweiligen Stand der Technik unvermeidbare Maß nicht übersteigt.

(2) [1]Kraftfahrzeuge nach Anlage XXIX und deren Austauschschalldämpferanlagen sowie von Kraftfahrzeugen nach Anlage XXIX abgeleitete Kraftfahrzeuge müssen den folgenden Vorschriften über den zulässigen Geräuschpegel und die Schalldämpferanlage, jeweils in der aus dem Anhang zu dieser Vorschrift ersichtlichen Fassung, entsprechen:

1. der Verordnung (EU) Nr. 540/2014,
2. der Delegierten Verordnung (EU) 2018/985 in Verbindung mit den in Artikel 19 Absatz 4 der Verordnung (EU) Nr. 167/2013 genannten Geräuschgrenzwerten und
3. der Delegierten Verordnung (EU) Nr. 134/2014 in Verbindung mit den in Anhang VI Abschnitt D der Verordnung (EU) Nr. 168/2013 genannten Geräuschgrenzwerten und mit den in Anhang IV Nummer 1.9 Tabellenspalte „Bestehende Fahrzeugtypen verbindlich“ der Verordnung (EU) Nr. 168/2013 genannten maßgeblichen Zeitpunkten hinsichtlich der erstmaligen Zulassung.

[2]Selbstfahrende Arbeitsmaschinen und Stapler entsprechen der Vorschrift des Absatzes 1 auch dann, wenn sie den Vorschriften nach Satz 1 Nummer 2 entsprechen. [3]Kraftfahrzeuge, die den Vorschriften nach Satz 1 Nummer 2 entsprechen müssen, genügen den Anforderungen auch dann, wenn sie den Vorschriften nach Satz 1 Nummer 1 entsprechen.

(2a) [1]Schalldämpferanlagen für Kraftfahrzeuge im Sinne des Artikels 2 Absatz 1 der Verordnung (EU) Nr. 168/2013 in der aus dem Anhang zu dieser Vorschrift ersichtlichen Fassung sowie deren Austauschschalldämpferanlagen und Einzelteile dieser Anlagen als unabhängige technische Einheit für diese Kraftfahrzeuge dürfen im Geltungsbereich dieser Verordnung nur verwendet werden oder zur Verwendung feilgeboten oder veräußert werden, wenn sie folgendermaßen gekennzeichnet sind:

1. mit dem EWG-Betriebserlaubniszeichen nach Anhang II Nummer 3.1.3 der Richtlinie 78/1015/EWG des Rates vom 23. November 1978 zur Angleichung der Rechtsvorschriften der Mitgliedstaaten über den zulässigen Geräuschpegel und die Auspuffanlage von Krafträdern (ABl. L 349 vom 13.12.1978, S. 21), die zuletzt durch die Richtlinie 89/235/EWG (ABl. L 98 vom 11.4.1989, S. 1) geändert worden ist,
2. mit dem Genehmigungszeichen nach Kapitel 9 Anhang VI Nummer 1.3 der Richtlinie 97/24/EG des Europäischen Parlaments und des Rates vom 17. Juni 1997 über bestimmte Bauteile und Merkmale von zweirädrigen oder dreirädrigen Kraftfahrzeugen (ABl. L 226 vom 18.8.1997, S. 1; L 65 vom 5.3.1998, S. 35; L 244 vom 3.9.1998, S. 20; L 67 vom 11.3.2008, S. 22), die zuletzt durch die Richtlinie 2013/60/EU (ABl. L 329 vom 10.12.2013, S. 15) geändert worden ist,
3. mit dem Markenzeichen „e“ und dem Kennzeichen des Landes, das die Bauartgenehmigung erteilt hat, nach Kapitel 9 Anhang III Nummer 2.3.2.2 der Richtlinie 97/24/EG in der in Nummer 2 genannten Fassung oder
4. mit dem nach Artikel 39 Absatz 2 und 3 der Verordnung (EU) Nr. 168/2013 in Verbindung mit Anhang IX der Delegierten Verordnung (EU) Nr. 134/2014 jeweils in der aus dem Anhang zu dieser Vorschrift ersichtlichen Fassung oder den darin genannten einschlägigen UNECE-Regelungen vorgeschriebenen Typgenehmigungszeichen.

[2]Satz 1 gilt nicht für Schalldämpferanlagen und Austauschschalldämpferanlagen, die ausschließlich im Rennsport verwendet werden.

(3) [1]Kraftfahrzeuge, die gemäß Anlage XIV zur Geräuschklasse G 1 gehören, gelten als geräuscharm; sie dürfen mit dem Zeichen „Geräuscharmes Kraftfahrzeug" gemäß Anlage XV gekennzeichnet sein. [2]Andere Fahrzeuge dürfen mit diesem Zeichen nicht gekennzeichnet werden. [3]An Fahrzeugen dürfen keine Zeichen angebracht werden, die mit dem Zeichen nach Satz 1 verwechselt werden können.

(4) [1]Besteht Anlass zu der Annahme, dass ein Fahrzeug den Anforderungen der Absätze 1 bis 2 nicht entspricht, so ist der Führer des Fahrzeugs auf Weisung einer zuständigen Person verpflichtet, den Schallpegel im Nahfeld feststellen zu lassen. [2]Liegt die Messstelle nicht in der Fahrtrichtung des Fahrzeugs, so besteht die Verpflichtung nur, wenn der zurückzulegende Umweg nicht mehr als 6 km beträgt. [3]Nach der Messung ist dem Führer eine Bescheinigung über das Ergebnis der Messung zu erteilen. [4]Die Kosten der Messung fallen dem Halter des Fahrzeugs zur Last, wenn eine zu beanstandende Überschreitung des für das Fahrzeug zulässigen Geräuschpegels festgestellt wird.

(5) [1]Technischer Dienst und Prüfstelle im Sinne der in den Absätzen 2 und 3 genannten Regelwerke ist das Institut für Fahrzeugtechnik beim Technischen Überwachungs-Verein Bayern Sachsen e.V., Westendstr. 199, 80686 München. [2]Es können auch andere Technische Prüfstellen für den Kraftfahrzeugverkehr oder von der obersten Landesbehörde anerkannte Stellen prüfen. [3]Der Technische Dienst ist über alle Prüfungen zu unterrichten. [4]In Zweifelsfällen ist er zu beteiligen; bei allen Fragen der Anwendung ist er federführend.

§ 49a Lichttechnische Einrichtungen, allgemeine Grundsätze

(1) [1]An Kraftfahrzeugen und ihren Anhängern dürfen nur die vorgeschriebenen und die für zulässig erklärten lichttechnischen Einrichtungen angebracht sein. [2]Als lichttechnische Einrichtungen gelten auch Leuchtstoffe und rückstrahlende Mittel sowie außenwirksame Anlagen zur variablen oder dynamischen optischen Anzeige, wenn diese selbst leuchten oder von hinten beleuchtet sind. [3]Die lichttechnischen Einrichtungen müssen vorschriftsmäßig und fest angebracht sowie ständig betriebsfertig sein. [4]Lichttechnische Einrichtungen an Kraftfahrzeugen und Anhängern im Anwendungsbereich der Regelung Nummer 48 der Wirtschaftskommission der Vereinten Nationen für Europa (UNECE) (ABl. L 14 vom 16.1.2019, S. 42) müssen hinsichtlich des Anbaus und der Genehmigung lichttechnischer Einrichtungen der Regelung in der jeweils geltenden Fassung entsprechen.

(2) Scheinwerfer dürfen abdeckbar oder versenkbar sein, wenn ihre ständige Betriebsfertigkeit dadurch nicht beeinträchtigt wird.

(3) Lichttechnische Einrichtungen müssen so beschaffen und angebracht sein, dass sie sich gegenseitig in ihrer Wirkung nicht mehr als unvermeidbar beeinträchtigen, auch wenn sie in einem Gerät vereinigt sind.

(4) [1]Sind lichttechnische Einrichtungen gleicher Art paarweise angebracht, so müssen sie in gleicher Höhe über der Fahrbahn und symmetrisch zur Längsmittelebene des Fahrzeugs angebracht sein (bestimmt durch die äußere geometrische Form und nicht durch den Rand ihrer leuchtenden Fläche), ausgenommen bei Fahrzeugen mit unsymmetrischer äußerer Form und bei Krafträdern mit Beiwagen. [2]Sie müssen gleichfarbig sein, gleich stark und – mit Ausnahme der Parkleuchten und der Fahrtrichtungsanzeiger – gleichzeitig leuchten. [3]Die Vorschriften über die Anbringungshöhe der lichttechnischen Einrichtungen über der Fahrbahn gelten für das unbeladene Fahrzeug.

(5) [1]Alle nach vorn wirkenden lichttechnischen Einrichtungen dürfen nur zusammen mit den Schlussleuchten und der Beleuchtungseinrichtung für amtliche Kennzeichen oder transparente amtliche Kennzeichen einschaltbar sein. [2]Dies gilt nicht für

1. Parkleuchten,
2. Fahrtrichtungsanzeiger,
3. die Abgabe von Leuchtzeichen (§ 16 Absatz 1 der Straßenverkehrs-Ordnung),
4. Arbeitsscheinwerfer an
   a) land- oder forstwirtschaftlichen Zugmaschinen,
   b) land- oder forstwirtschaftlichen Arbeitsmaschinen sowie
   c) Kraftfahrzeugen der Militärpolizei, der Polizei des Bundes und der Länder, des Bundeskriminalamtes und des Zollfahndungsdienstes,
5. Tagfahrleuchten, die den im Anhang zu dieser Vorschrift genannten Bestimmungen entsprechen.

(6) In den Scheinwerfern und Leuchten dürfen nur die nach ihrer Bauart dafür bestimmten Lichtquellen verwendet werden.

(7) Für vorgeschriebene oder für zulässig erklärte Warnanstriche, Warnschilder und dergleichen an Kraftfahrzeugen und Anhängern dürfen Leuchtstoffe und rückstrahlende Mittel verwendet werden.

(8) Für alle am Kraftfahrzeug oder Zug angebrachten Scheinwerfer und Signalleuchten muss eine ausreichende elektrische Energieversorgung unter allen üblichen Betriebsbedingungen ständig sichergestellt sein.

(9) [1]Schlussleuchten, Nebelschlussleuchten, Spurhalteleuchten, Umrissleuchten, Bremsleuchten, hintere Fahrtrichtungsanzeiger, hintere nach der Seite wirkende gelbe nicht dreieckige Rückstrahler und reflektierende Mittel, hintere Seitenmarkierungsleuchten, Rückfahrscheinwerfer und Kennzeichen mit Beleuchtungseinrichtungen sowie zwei zusätzliche dreieckige Rückstrahler – für Anhänger nach § 53 Absatz 7 zwei zusätzliche Rückstrahler, wie sie für Kraftfahrzeuge vorgeschrieben sind – dürfen auf einem abnehmbaren Schild oder Gestell (Leuchtenträger) angebracht sein bei

1. Anhängern in land- oder forstwirtschaftlichen Betrieben,
2. Anhängern zur Beförderung von Eisenbahnwagen auf der Straße (Straßenroller),
3. Anhängern zur Beförderung von Booten,
4. Turmdrehkränen,
5. Förderbändern und Lastenaufzügen,
6. Abschleppachsen,
7. abgeschleppten Fahrzeugen,
8. Fahrgestellen, die zur Anbringung des Aufbaus überführt werden,
9. fahrbaren Baubuden,
10. Wohnwagen und Packwagen im Schaustellergewerbe nach § 3 Absatz 3 Satz 1 Nummer 2 Buchstabe b der Fahrzeug-Zulassungsverordnung,
11. angehängten Arbeitsgeräten für die Straßenunterhaltung,
12. Nachläufern zum Transport von Langmaterial.

[2]Der Leuchtenträger muss rechtwinklig zur Fahrbahn und zur Längsmittelebene des Fahrzeugs angebracht sein; er darf nicht pendeln können.

(9a) [1]Zusätzliche Rückfahrscheinwerfer (§ 52a Absatz 2), Schlussleuchten (§ 53 Absatz 1), Bremsleuchten (§ 53 Absatz 2), Rückstrahler (§ 53 Absatz 4), Nebelschlussleuchten (§ 53d Absatz 2) und Fahrtrichtungsanzeiger (§ 54 Absatz 1) sind an Fahrzeugen oder Ladungsträgern nach Anzahl und Art wie die entsprechenden vorgeschriebenen lichttechnischen Einrichtungen fest anzubringen, wenn Ladungsträger oder mitgeführte Ladung auch nur teilweise in die in Absatz 1 Satz 4 geforderten Winkel der vorhandenen vorgeschriebenen Leuchten am Kraftfahrzeug oder Anhänger hineinragen. [2]Die elektrische Schaltung der Nebelschlussleuchten ist so auszuführen, dass am Fahrzeug vorhandene Nebelschlussleuchten abgeschaltet werden. [3]Die jeweilige Ab- und Wiedereinschaltung der Nebelschlussleuchten muss selbsttätig durch Aufstecken oder Abziehen des Steckers für die zusätzlichen Nebelschlussleuchten erfolgen.

(10) [1]Bei den in Absatz 9 Nummer 1 und § 53 Absatz 7 genannten Anhängern sowie den in § 53b Absatz 4 genannten Anbaugeräten darf der Leuchtenträger aus zwei oder – in den Fällen des § 53 Absatz 5 – aus drei Einheiten bestehen, wenn diese Einheiten und die Halterungen an den Fahrzeugen so beschaffen sind, dass eine unsachgemäße Anbringung nicht möglich ist. [2]An diesen Einheiten dürfen auch nach vorn wirkende Begrenzungsleuchten angebracht sein.

(11) Für die Bestimmung der „leuchtenden Fläche“, der „Lichtaustrittsfläche“ und der „Winkel der geometrischen Sichtbarkeit“ gelten die Begriffsbestimmungen in Anhang I der Richtlinie 76/756/EWG.

§ 50 Scheinwerfer für Fern- und Abblendlicht

(1) Für die Beleuchtung der Fahrbahn darf nur weißes Licht verwendet werden.

(2) [1]Kraftfahrzeuge müssen mit zwei nach vorn wirkenden Scheinwerfern ausgerüstet sein, Krafträder – auch mit Beiwagen – mit einem Scheinwerfer. [2]An mehrspurigen Kraftfahrzeugen, deren Breite 1 000 mm nicht übersteigt, sowie an Krankenfahrstühlen und an Fahrzeugen, die die Baumerkmale von Krankenfahrstühlen haben, deren Geschwindigkeit aber 30 km/h übersteigt, genügt ein Scheinwerfer. [3]Bei Kraftfahrzeugen mit einer durch die Bauart bestimmten Höchstgeschwindigkeit von nicht mehr als 8 km/h genügen Leuchten ohne Scheinwerferwirkung. [4]Für einachsige Zug- oder Arbeitsmaschinen, die von Fußgängern an Holmen geführt werden, gilt § 17 Absatz 5 der Straßenverkehrs-Ordnung. [5]Bei einachsigen Zugmaschinen, hinter denen ein einachsiger Anhänger mitgeführt wird, dürfen die Scheinwerfer statt an der Zugmaschine am Anhänger angebracht sein. [6]Kraftfahrzeuge des Straßendienstes, die von den öffentlichen Verwaltungen oder in deren Auftrag verwendet werden und deren zeitweise vorgebaute Arbeitsgeräte die vorschriftsmäßig angebrachten Scheinwerfer verdecken, dürfen mit zwei zusätzlichen Scheinwerfern für Fern- und Abblendlicht oder zusätzlich mit Scheinwerfern nach Absatz 4 ausgerüstet sein, die höher als 1 000 mm (Absatz 3) über der Fahrbahn angebracht sein dürfen; es darf jeweils nur ein Scheinwerferpaar einschaltbar sein. [7]Die höher angebrachten Scheinwerfer dürfen nur dann eingeschaltet werden, wenn die unteren Scheinwerfer verdeckt sind.

(3) [1]Scheinwerfer müssen einstellbar und so befestigt sein, dass sie sich nicht unbeabsichtigt verstellen können. [2]Bei Scheinwerfern für Abblendlicht darf der niedrigste Punkt der Spiegelkante nicht unter 500 mm und der höchste Punkt der leuchtenden Fläche nicht höher als 1 200 mm über der Fahrbahn liegen. [3]Satz 2 gilt nicht für

1. Fahrzeuge des Straßendienstes, die von den öffentlichen Verwaltungen oder in deren Auftrag verwendet werden,
2. selbstfahrende Arbeitsmaschinen, Stapler und land- oder forstwirtschaftliche Zugmaschinen, deren Bauart eine vorschriftsmäßige Anbringung der Scheinwerfer nicht zulässt. Ist der höchste Punkt der leuchtenden Fläche jedoch höher als 1 500 mm über der Fahrbahn, dann dürfen sie bei eingeschalteten Scheinwerfern nur mit einer Geschwindigkeit von nicht mehr als 30 km/h gefahren werden.

(4) Für das Fernlicht und für das Abblendlicht dürfen besondere Scheinwerfer vorhanden sein; sie dürfen so geschaltet sein, dass bei Fernlicht die Abblendscheinwerfer mitbrennen.

(5) [1]Die Scheinwerfer müssen bei Dunkelheit die Fahrbahn so beleuchten (Fernlicht), dass die Beleuchtungsstärke in einer Entfernung von 100 m in der Längsachse des Fahrzeugs in Höhe der Scheinwerfermitten mindestens beträgt

1. 0,25 lx bei Krafträdern mit einem Hubraum von nicht mehr als 100 cm^3,
2. 0,50 lx bei Krafträdern mit einem Hubraum über 100 cm^3,
3. 1,00 lx bei anderen Kraftfahrzeugen.

[2]Die Einschaltung des Fernlichts muss durch eine blau leuchtende Lampe im Blickfeld des Fahrzeugführers angezeigt werden; bei Krafträdern und Zugmaschinen mit offenem Führersitz kann die Einschaltung des Fernlichts durch die Stellung des Schalthebels angezeigt werden. [3]Kraftfahrzeuge mit einer durch die Bauart bestimmten Höchstgeschwindigkeit von nicht mehr als 30 km/h brauchen nur mit Scheinwerfern ausgerüstet zu sein, die den Vorschriften des Absatzes 6 Satz 2 und 3 entsprechen.

(6) [1]Paarweise verwendete Scheinwerfer für Fern- und Abblendlicht müssen so eingerichtet sein, dass sie nur gleichzeitig und gleichmäßig abgeblendet werden können. [2]Die Blendung gilt als behoben (Abblendlicht), wenn die Beleuchtungsstärke in einer Entfernung von 25 m vor jedem einzelnen Scheinwerfer auf einer Ebene senkrecht zur Fahrbahn in Höhe der Scheinwerfermitte und darüber nicht mehr als 1 lx beträgt. [3]Liegt der höchste Punkt der leuchtenden Fläche der Scheinwerfer (Absatz 3 Satz 2) mehr als 1 200 mm über der Fahrbahn, so darf die Beleuchtungsstärke unter den gleichen Bedingungen oberhalb einer Höhe von 1 000 mm 1 lx nicht übersteigen. [4]Bei Scheinwerfern, deren Anbringungshöhe 1 400 mm übersteigt, darf die Hell-Dunkel-Grenze 15 m vor dem Scheinwerfer nur halb so hoch liegen wie die Scheinwerfermitte. [5]Bei Scheinwerfern für asymmetrisches Abblendlicht darf die 1-Lux-Grenze von dem der Scheinwerfermitte entsprechenden Punkt unter einem Winkel von 15 Grad nach rechts ansteigen, sofern nicht in internationalen Vereinbarungen oder Rechtsakten nach § 21a etwas anderes bestimmt ist. [6]Die Scheinwerfer müssen die Fahrbahn so beleuchten, dass die Beleuchtungsstärke in einer Entfernung von 25 m vor den Scheinwerfern senkrecht zum auffallenden Licht in 150 mm Höhe über der Fahrbahn mindestens die in Absatz 5 angegebenen Werte erreicht.

(6a) [1]Die Absätze 2 bis 6 gelten nicht für Mofas. [2]Diese Fahrzeuge müssen mit einem Scheinwerfer für Dauerabblendlicht ausgerüstet sein, dessen Beleuchtungsstärke in einer Entfernung von 25 m vor dem Scheinwerfer auf einer Ebene senkrecht zur Fahrbahn in Höhe der Scheinwerfermitte und darüber nicht mehr als 1 lx beträgt. [3]Der Scheinwerfer muss am Fahrzeug einstellbar und so befestigt sein, dass er sich nicht unbeabsichtigt verstellen kann. [4]Die Nennleistung der Glühlampe im Scheinwerfer muss 15 W betragen. [5]Die Sätze 1 bis 3 gelten auch für Kleinkrafträder und andere Fahrräder mit Hilfsmotor, wenn eine ausreichende elektrische Energieversorgung der Beleuchtungs- und Lichtsignaleinrichtungen nur bei Verwendung von Scheinwerfern für Dauerabblendlicht nach den Sätzen 2 und 4 sichergestellt ist.

(7) Die Beleuchtungsstärke ist bei stehendem Motor, vollgeladener Batterie und bei richtig eingestellten Scheinwerfern zu messen.

(8) Mehrspurige Kraftfahrzeuge, ausgenommen land- oder forstwirtschaftliche Zugmaschinen, Arbeitsmaschinen und Stapler, müssen so beschaffen sein, dass die Ausrichtung des Abblendlichtbündels von Scheinwerfern, die nicht höher als 1 200 mm über der Fahrbahn (Absatz 3) angebracht sind, den im Anhang zu dieser Vorschrift genannten Bestimmungen entspricht.

(9) Scheinwerfer für Fernlicht dürfen nur gleichzeitig oder paarweise einschaltbar sein; beim Abblenden müssen alle gleichzeitig erlöschen.

(10) Kraftfahrzeuge mit Scheinwerfern für Fern- und Abblendlicht, die mit Gasentladungslampen ausgestattet sind, müssen mit

1. einer automatischen Leuchtweiteregelung im Sinne des Absatzes 8,
2. einer Scheinwerferreinigungsanlage und
3. einem System, das das ständige Eingeschaltetsein des Abblendlichtes auch bei Fernlicht sicherstellt,

ausgerüstet sein.

§ 51 Begrenzungsleuchten, vordere Rückstrahler, Spurhalteleuchten

(1) [1]Kraftfahrzeuge – ausgenommen Krafträder ohne Beiwagen und Kraftfahrzeuge mit einer Breite von weniger als 1 000 mm – müssen zur Kenntlichmachung ihrer seitlichen Begrenzung nach vorn mit zwei Begrenzungsleuchten ausgerüstet sein, bei denen der äußerste Punkt der leuchtenden Fläche nicht mehr als 400 mm von der breitesten Stelle des Fahrzeugumrisses entfernt sein darf. [2]Zulässig sind zwei zusätzliche Begrenzungsleuchten, die Bestandteil der Scheinwerfer sein müssen. [3]Beträgt der Abstand des äußersten Punktes der leuchtenden Fläche der Scheinwerfer von den breitesten Stellen des Fahrzeugumrisses nicht mehr als 400 mm, so genügen in die Scheinwerfer eingebaute Begrenzungsleuchten. [4]Das Licht der Begrenzungsleuchten muss weiß sein; es darf nicht blenden. [5]Die Begrenzungsleuchten müssen auch bei Fernlicht und Abblendlicht ständig leuchten. [6]Bei Krafträdern mit Beiwagen muss eine Begrenzungsleuchte auf der äußeren Seite des Beiwagens angebracht sein. [7]Krafträder ohne Beiwagen dürfen im Scheinwerfer eine Leuchte nach Art der Begrenzungsleuchten führen; Satz 5 ist nicht anzuwenden. [8]Begrenzungsleuchten an einachsigen Zug- oder Arbeitsmaschinen sind nicht erforderlich, wenn sie von Fußgängern an Holmen geführt werden oder ihre durch die Bauart bestimmte Höchstgeschwindigkeit 30 km/h nicht übersteigt und der Abstand des äußersten Punktes der leuchtenden Fläche der Scheinwerfer von der breitesten Stelle des Fahrzeugumrisses nicht mehr als 400 mm beträgt.

(2) [1]Anhänger, deren äußerster Punkt des Fahrzeugumrisses mehr als 400 mm über den äußersten Punkt der leuchtenden Fläche der Begrenzungsleuchten des Zugfahrzeugs hinausragt, müssen an der Vorderseite durch zwei Begrenzungsleuchten kenntlich gemacht werden. [2]Andere Anhänger dürfen an der Vorderseite mit zwei Begrenzungsleuchten ausgerüstet sein. [3]An allen Anhängern dürfen an der Vorderseite zwei nicht dreieckige weiße Rückstrahler angebracht sein. [4]Der äußerste Punkt der leuchtenden Fläche der Begrenzungsleuchten und der äußerste Punkt der leuchtenden Fläche der Rückstrahler dürfen nicht mehr als 150 mm, bei land- oder forstwirtschaftlichen Anhängern nicht mehr als 400 mm, vom äußersten Punkt des Fahrzeugumrisses des Anhängers entfernt sein.

(3) [1]Der niedrigste Punkt der leuchtenden Fläche der Begrenzungsleuchten darf nicht weniger als 350 mm und ihr höchster Punkt der leuchtenden Fläche nicht mehr als 1 500 mm über der Fahrbahn liegen. [2]Lässt die Bauart des Fahrzeugs eine solche Anbringung nicht zu, so dürfen die Begrenzungsleuchten höher angebracht sein, jedoch nicht höher als 2 100 mm. [3]Bei den vorderen Rückstrahlern darf der niedrigste Punkt der leuchtenden Fläche nicht weniger als 350 mm und ihr höchster Punkt der leuchtenden Fläche nicht mehr als 900 mm über der Fahrbahn liegen. [4]Lässt die Bauart des Fahrzeugs eine solche Anbringung nicht zu, so dürfen die Rückstrahler höher angebracht sein, jedoch nicht höher als 1 500 mm.

(4) An Anhängern darf am hinteren Ende der beiden Längsseiten je eine nach vorn wirkende Leuchte für weißes Licht (Spurhalteleuchte) angebracht sein.

§ 51a Seitliche Kenntlichmachung

(1) [1]Kraftfahrzeuge – ausgenommen Personenkraftwagen – mit einer Länge von mehr als 6 m sowie Anhänger müssen an den Längsseiten mit nach der Seite wirkenden gelben, nicht dreieckigen Rückstrahlern ausgerüstet sein. [2]Mindestens je einer dieser Rückstrahler muss im mittleren Drittel des Fahrzeugs angeordnet sein; der am weitesten vorn angebrachte Rückstrahler darf nicht mehr als 3 m vom vordersten Punkt des Fahrzeugs, bei Anhängern vom vordersten Punkt der Zugeinrichtung entfernt sein. [3]Zwischen zwei aufeinanderfolgenden Rückstrahlern darf der Abstand nicht mehr als 3 m betragen. [4]Der am weitesten hinten angebrachte Rückstrahler darf nicht mehr als 1 m vom hintersten Punkt des Fahrzeugs entfernt sein. [5]Die Höhe über der Fahrbahn (höchster Punkt der leuchtenden Fläche) darf nicht mehr als 900 mm betragen. [6]Lässt die Bauart des Fahrzeugs das nicht zu, so dürfen die Rückstrahler höher angebracht sein, jedoch nicht höher als 1 500 mm. [7]Krankenfahrstühle müssen an den Längsseiten mit mindestens je einem gelben Rückstrahler ausgerüstet sein, der nicht höher als 600 mm, jedoch so tief wie möglich angebracht sein muss. [8]Diese Rückstrahler dürfen auch an den Speichen der Räder angebracht sein.

(2) Die nach Absatz 1 anzubringenden Rückstrahler dürfen abnehmbar sein

1. an Fahrzeugen, deren Bauart eine dauernde feste Anbringung nicht zulässt,
2. an land- oder forstwirtschaftlichen Bodenbearbeitungsgeräten, die hinter Kraftfahrzeugen mitgeführt werden und
3. an Fahrgestellen, die zur Vervollständigung überführt werden.

(3) [1]Die seitliche Kenntlichmachung von Fahrzeugen, für die sie nicht vorgeschrieben ist, muss Absatz 1 entsprechen. [2]Jedoch genügt je ein Rückstrahler im vorderen und im hinteren Drittel.

(4) [1]Retroreflektierende gelbe waagerechte Streifen, die unterbrochen sein können, an den Längsseiten von Fahrzeugen sind zulässig. [2]Sie dürfen nicht die Form von Schriftzügen oder Emblemen haben. [3]§ 53 Absatz 10 Nummer 3 ist anzuwenden.

(5) Ringförmig zusammenhängende retroreflektierende weiße Streifen an den Reifen von Krafträdern und Krankenfahrstühlen sind zulässig.

(6) [1]Fahrzeuge mit einer Länge von mehr als 6,0 m – ausgenommen Fahrgestelle mit Führerhaus, land- oder forstwirtschaftliche Zug- und Arbeitsmaschinen und deren Anhänger sowie Arbeitsmaschinen und Stapler, die hinsichtlich der Baumerkmale ihres Fahrgestells nicht den Lastkraftwagen und Zugmaschinen gleichzusetzen sind, – müssen an den Längsseiten mit nach der Seite wirkenden gelben Seitenmarkierungsleuchten nach der Richtlinie 76/756/EWG ausgerüstet sein. [2]Für andere Fahrzeuge ist die entsprechende Anbringung von Seitenmarkierungsleuchten zulässig. [3]Ist die hintere Seitenmarkierungsleuchte mit der Schlussleuchte, Umrissleuchte, Nebelschlussleuchte oder Bremsleuchte zusammengebaut, kombiniert oder ineinandergebaut oder bildet sie den Teil einer gemeinsam leuchtenden Fläche mit dem Rückstrahler, so darf sie auch rot sein.

(7) [1]Zusätzlich zu den nach Absatz 1 vorgeschriebenen Einrichtungen sind Fahrzeugkombinationen mit Nachläufern zum Transport von Langmaterial über ihre gesamte Länge (einschließlich Ladung) durch gelbes retroreflektierendes Material, das mindestens dem Typ 2 des Normblattes DIN 67 520 Teil 2, Ausgabe Juni 1994, entsprechen muss, seitlich kenntlich zu machen in Form von Streifen, Bändern, Schlauch- oder Kabelumhüllungen oder in ähnlicher Ausführung. [2]Kurze Unterbrechungen, die durch die Art der Ladung oder die Konstruktion der Fahrzeuge bedingt sind, sind zulässig. [3]Die Einrichtungen sind so tief anzubringen, wie es die konstruktive Beschaffenheit der Fahrzeuge und der Ladung zulässt. [4]Abweichend von Absatz 6 sind an Nachläufern von Fahrzeugkombinationen zum Transport von Langmaterial an den Längsseiten soweit wie möglich vorne und hinten jeweils eine Seitenmarkierungsleuchte anzubringen.

§ 51b Umrissleuchten

(1) [1]Umrissleuchten sind Leuchten, die die Breite über alles eines Fahrzeugs deutlich anzeigen. [2]Sie sollen bei bestimmten Fahrzeugen die Begrenzungs- und Schlussleuchten ergänzen und die Aufmerksamkeit auf besondere Fahrzeugumrisse lenken.

(2) [1]Fahrzeuge mit einer Breite von mehr als 2,10 m müssen und Fahrzeuge mit einer Breite von mehr als 1,80 m aber nicht mehr als 2,10 m dürfen auf jeder Seite mit einer nach vorn wirkenden weißen und einer nach hinten wirkenden roten Umrissleuchte ausgerüstet sein. [2]Die Leuchten einer Fahrzeugseite dürfen zu einer Leuchte zusammengefasst sein. [3]In allen Fällen muss der Abstand zwischen den leuchtenden Flächen dieser Leuchten und der Begrenzungsleuchte oder Schlussleuchte auf der gleichen Fahrzeugseite mehr als 200 mm betragen.

(3) [1]Umrissleuchten müssen entsprechend den im Anhang zu dieser Vorschrift genannten Bestimmungen an den Fahrzeugen angebracht sein. [2]Für Arbeitsmaschinen und Stapler gelten die Anbauvorschriften für Anhänger und Sattelanhänger.

(4) Umrissleuchten sind nicht erforderlich an
1. land- oder forstwirtschaftlichen Zug- und Arbeitsmaschinen und ihren Anhängern und
2. allen Anbaugeräten und Anhängegeräten hinter land- oder forstwirtschaftlichen Zugmaschinen.

(5) Werden Umrissleuchten an Fahrzeugen angebracht, für die sie nicht vorgeschrieben sind, müssen sie den Vorschriften der Absätze 1 bis 3 entsprechen.

(6) Umrissleuchten dürfen nicht an Fahrzeugen und Anbaugeräten angebracht werden, deren Breite über alles nicht mehr als 1,80 m beträgt.

§ 51c Parkleuchten, Park-Warntafeln

(1) Parkleuchten und Park-Warntafeln zeigen die seitliche Begrenzung eines geparkten Fahrzeugs an.

(2) [1]An Kraftfahrzeugen, Anhängern und Zügen dürfen angebracht sein:
1. eine nach vorn wirkende Parkleuchte für weißes Licht und eine nach hinten wirkende Parkleuchte für rotes Licht für jede Fahrzeugseite oder
2. eine Begrenzungsleuchte und eine Schlussleuchte oder
3. eine abnehmbare Parkleuchte für weißes Licht für die Vorderseite und eine abnehmbare Parkleuchte für rotes Licht für die Rückseite oder
4. je eine Park-Warntafel für die Vorderseite und die Rückseite des Fahrzeugs oder Zuges mit je 100 mm breiten unter 45 Grad nach außen und unten verlaufenden roten und weißen Streifen.

[2]An Fahrzeugen, die nicht breiter als 2 000 mm und nicht länger als 6 000 mm sind, dürfen sowohl die Parkleuchten nach Nummer 1 einer jeden Fahrzeugseite als auch die nach Nummer 3 zu einem Gerät vereinigt sein.

(3) [1]Die Leuchten nach Absatz 2 Satz 1 Nummer 1 und 3 und Satz 2 müssen so am Fahrzeug angebracht sein, dass der unterste Punkt der leuchtenden Fläche mehr als 350 mm und der höchste Punkt der leuchtenden Fläche nicht mehr als 1 500 mm von der Fahrbahn entfernt sind. [2]Der äußerste Punkt der leuchtenden Fläche der Leuchten darf vom äußersten Punkt des Fahrzeugumrisses nicht mehr als 400 mm entfernt sein.

(4) Die Leuchten nach Absatz 2 Satz 1 Nummer 3 müssen während des Betriebs am Bordnetz anschließbar oder mit aufladbaren Stromquellen ausgerüstet sein, die im Fahrbetrieb ständig am Bordnetz angeschlossen sein müssen.

(5) [1]Park-Warntafeln, deren wirksame Teile nur bei parkenden Fahrzeugen sichtbar sein dürfen, müssen auf der dem Verkehr zugewandten Seite des Fahrzeugs oder Zuges möglichst niedrig und nicht höher als 1 000 mm (höchster Punkt der leuchtenden Fläche) so angebracht sein, dass sie mit dem Umriss des Fahrzeugs, Zuges oder der Ladung abschließen. [2]Abweichungen von nicht mehr als 100 mm nach innen sind zulässig. [3]Rückstrahler und amtliche Kennzeichen dürfen durch Park-Warntafeln nicht verdeckt werden.

§ 52 Zusätzliche Scheinwerfer und Leuchten

(1) [1]Außer mit den in § 50 vorgeschriebenen Scheinwerfern zur Beleuchtung der Fahrbahn dürfen mehrspurige Kraftfahrzeuge mit zwei Nebelscheinwerfern für weißes oder hellgelbes Licht ausgerüstet sein, Krafträder, auch mit Beiwagen, mit nur einem Nebelscheinwerfer. [2]Sie dürfen nicht höher als die am Fahrzeug befindlichen Scheinwerfer für Abblendlicht angebracht sein. [3]Sind mehrspurige Kraftfahrzeuge mit Nebelscheinwerfern ausgerüstet, bei denen der äußere Rand der Lichtaustrittsfläche mehr als 400 mm von der breitesten Stelle des Fahrzeugumrisses entfernt ist, so müssen die Nebelscheinwerfer so geschaltet sein, dass sie nur zusammen mit dem Abblendlicht brennen können. [4]Nebelscheinwerfer müssen einstellbar und an dafür geeigneten Teilen der Fahrzeuge so befestigt sein, dass sie sich nicht unbeabsichtigt verstellen können. [5]Sie müssen so eingestellt sein, dass eine Blendung anderer Verkehrsteilnehmer nicht zu erwarten ist. [6]Die Blendung gilt als behoben, wenn die Beleuchtungsstärke in einer Entfernung von 25 m vor jedem einzelnen Nebelscheinwerfer auf einer Ebene senkrecht zur Fahrbahn in Höhe der Scheinwerfermitte und darüber bei Nennspannung an den Klemmen der Scheinwerferlampe nicht mehr als 1 lx beträgt.

(2) [1]Ein Suchscheinwerfer für weißes Licht ist zulässig. [2]Die Leistungsaufnahme darf nicht mehr als 35 W betragen. [3]Er darf nur zugleich mit den Schlussleuchten und der Kennzeichenbeleuchtung einschaltbar sein.

(3) [1]Mit einer oder, wenn die horizontale und vertikale Sichtbarkeit (geometrische Sichtbarkeit) es für die Rundumwirkung erfordert, mehreren Warnleuchten für blaues Blinklicht dürfen ausgerüstet sein:

1. Kraftfahrzeuge sowie Anhänger, die dem Vollzugsdienst der Polizei, der Militärpolizei, der Bundespolizei, des Zolldienstes, des Bundesamtes für Logistik und Mobilität oder der Bundesstelle für Flugunfalluntersuchung dienen, insbesondere Kommando-, Streifen-, Mannschaftstransport-, Verkehrsunfall-, Mordkommissionsfahrzeuge,
2. Einsatz- und Kommando-Kraftfahrzeuge sowie Anhänger der Feuerwehren und der anderen Einheiten und Einrichtungen des Zivil- und Katastrophenschutzes und des Rettungsdienstes, falls sie als solche außen deutlich sichtbar gekennzeichnet sind,
3. Kraftfahrzeuge, die nach dem Fahrzeugschein als Unfallhilfswagen öffentlicher Verkehrsbetriebe mit spurgeführten Fahrzeugen, einschließlich Oberleitungsomnibussen, anerkannt sind, falls sie als solche außen deutlich sichtbar gekennzeichnet sind,
4. Kraftfahrzeuge des Rettungsdienstes, die für Krankentransport oder Notfallrettung besonders eingerichtet und nach dem Fahrzeugschein als Krankenkraftwagen anerkannt sind, falls sie als solche außen deutlich sichtbar gekennzeichnet sind.

[2]Je ein Paar Warnleuchten für blaues Blinklicht mit einer Hauptabstrahlrichtung nach vorne oder nach hinten sind an Kraftfahrzeugen nach Satz 1 zulässig, jedoch bei mehrspurigen Fahrzeugen nur in Verbindung mit Warnleuchten für blaues Blinklicht.

(3a) [1]Kraftfahrzeuge des Vollzugsdienstes der Militärpolizei, der Polizeien des Bundes und der Länder sowie des Zollfahndungsdienstes dürfen folgende Warnleuchten und Signalgeber haben:

1. Anhaltesignal,
2. nach vorn wirkende Signalgeber für rote Lichtschrift sowie
3. nach hinten wirkende Signalgeber für rote oder gelbe Lichtschrift.

[2]Kraftfahrzeuge des Vollzugsdienstes des Bundesamtes für Logistik und Mobilität dürfen mit einem nach hinten wirkenden Signalgeber für rote Lichtschrift ausgerüstet sein. [3]Die Warnleuchten für rotes Blinklicht

und blaues Blinklicht dürfen nicht gemeinsam betrieben werden können. [4]Ergänzend zu den Signalgebern dürfen fluoreszierende oder retroreflektierende Folien verwendet werden.

(4) Mit einer oder, wenn die horizontale und vertikale Sichtbarkeit es erfordert, mehreren Warnleuchten für gelbes Blinklicht – Rundumlicht – dürfen ausgerüstet sein:

1. Fahrzeuge, die dem Bau, der Unterhaltung oder Reinigung von Straßen oder von Anlagen im Straßenraum oder die der Müllabfuhr dienen und durch rot-weiße Warnmarkierungen (Sicherheitskennzeichnung), die dem Normblatt DIN 30 710, Ausgabe März 1990, entsprechen müssen, gekennzeichnet sind,
2. Kraftfahrzeuge, die nach ihrer Bauart oder Einrichtung zur Pannenhilfe geeignet und nach dem Fahrzeugschein als Pannenhilfsfahrzeug anerkannt sind. Die Zulassungsbehörde kann zur Vorbereitung ihrer Entscheidung die Beibringung des Gutachtens eines amtlich anerkannten Sachverständigen oder Prüfers für den Kraftfahrzeugverkehr darüber anordnen, ob das Kraftfahrzeug nach seiner Bauart oder Einrichtung zur Pannenhilfe geeignet ist. Die Anerkennung ist nur zulässig für Fahrzeuge von Betrieben, die gewerblich oder innerbetrieblich Pannenhilfe leisten, von Automobilclubs und von Verbänden des Verkehrsgewerbes und der Autoversicherer,
3. Fahrzeuge mit ungewöhnlicher Breite oder Länge oder mit ungewöhnlich breiter oder langer Ladung, sofern die genehmigende Behörde die Führung der Warnleuchten vorgeschrieben hat,
4. Fahrzeuge, die aufgrund ihrer Ausrüstung als Schwer- oder Großraumtransport-Begleitfahrzeuge ausgerüstet und nach dem Fahrzeugschein anerkannt sind. Andere Begleitfahrzeuge dürfen mit abnehmbaren Kennleuchten ausgerüstet sein, sofern die genehmigende Behörde die Führung der Warnleuchten vorgeschrieben hat,
5. Fahrzeuge der Bodendienste von Flugplätzen oder der behördlichen Luftaufsicht.

(5) [1]Krankenkraftwagen (Absatz 3 Nummer 4) dürfen mit einer nur nach vorn wirkenden besonderen Beleuchtungseinrichtung (zum Beispiel Rot-Kreuz-Leuchte) ausgerüstet sein, um den Verwendungszweck des Fahrzeugs kenntlich zu machen. [2]Die Beleuchtungseinrichtung darf keine Scheinwerferwirkung haben.

(6) [1]An Kraftfahrzeugen, in denen ein Arzt zur Hilfeleistung in Notfällen unterwegs ist, darf während des Einsatzes ein nach vorn und nach hinten wirkendes Schild mit der in schwarzer Farbe auf gelbem Grund versehenen Aufschrift „Arzt Notfalleinsatz“ auf dem Dach angebracht sein, das gelbes Blinklicht ausstrahlt; dies gilt nur, wenn der Arzt zum Führen des Schildes berechtigt ist. [2]Die Berechtigung zum Führen des Schildes erteilt auf Antrag die Zulassungsbehörde; sie entscheidet nach Anhörung der zuständigen Ärztekammer. [3]Der Berechtigte erhält hierüber eine Bescheinigung, die während der Einsatzfahrt mitzuführen und zuständigen Personen auf Verlangen zur Prüfung auszuhändigen ist.

(7) [1]Mehrspurige Fahrzeuge dürfen mit einer oder mehreren Leuchten zur Beleuchtung von Arbeitsgeräten und Arbeitsstellen (Arbeitsscheinwerfer) ausgerüstet sein. [2]Arbeitsscheinwerfer dürfen nicht während der Fahrt benutzt werden. [3]An Fahrzeugen, die dem Bau, der Unterhaltung oder der Reinigung von Straßen oder Anlagen im Straßenraum oder der Müllabfuhr dienen, dürfen Arbeitsscheinwerfer abweichend von Satz 2 auch während der Fahrt eingeschaltet sein, wenn die Fahrt zum Arbeitsvorgang gehört. [4]Arbeitsscheinwerfer dürfen nur dann eingeschaltet werden, wenn sie andere Verkehrsteilnehmer nicht blenden.

(8) Türsicherungsleuchten für rotes Licht, die beim Öffnen der Fahrzeugtüren nach rückwärts leuchten, sind zulässig; für den gleichen Zweck dürfen auch rote rückstrahlende Mittel verwendet werden.

(9) [1]Vorzeltleuchten an Wohnwagen und Wohnmobilen sind zulässig. [2]Sie dürfen nicht während der Fahrt benutzt und nur dann eingeschaltet werden, wenn nicht zu erwarten ist, dass sie Verkehrsteilnehmer auf öffentlichen Straßen blenden.

(10) Kraftfahrzeuge nach Absatz 3 Nummer 4 dürfen mit horizontal umlaufenden Streifen in leuchtrot nach DIN 6164, Teil 1, Ausgabe Februar 1980, ausgerüstet sein.

(11) [1]Kraftfahrzeuge nach Absatz 3 Satz 1 Nummer 1, 2 und 4 dürfen zusätzlich zu Kennleuchten für blaues Blinklicht – Rundumlicht – und Warnleuchten für blaues Blinklicht mit einer Hauptabstrahlrichtung nach vorne mit einem Heckwarnsystem bestehend aus höchstens drei Paar horizontal nach hinten wirkenden Leuchten für gelbes Blinklicht ausgerüstet sein. [2]Die Warnleuchten für gelbes Blinklicht mit einer Hauptabstrahlrichtung müssen

1. nach der Kategorie X der Nummer 1.1.2 der ECE-Regelung Nr. 65 über einheitliche Bedingungen für die Genehmigung von Kennleuchten für Blinklicht für Kraftfahrzeuge und ihre Anhänger (BGBl. 1994 II S. 108) bauartgenehmigt sein,
2. synchron blinken und
3. im oberen Bereich des Fahrzeughecks symmetrisch zur Fahrzeuglängsachse angebracht werden. Die Bezugsachse der Leuchten muss parallel zur Standfläche des Fahrzeugs auf der Fahrbahn verlaufen.

[3]Das Heckwarnsystem muss unabhängig von der übrigen Fahrzeugbeleuchtung eingeschaltet werden können und darf nur im Stand oder bei Schrittgeschwindigkeit betrieben werden. [4]Der Betrieb des Heckwarnsystems ist durch eine Kontrollleuchte im Fahrerhaus anzuzeigen. [5]Es ist ein deutlich sichtbarer Hinweis anzubringen, dass das Heckwarnsystem nur zur Absicherung der Einsatzstelle verwendet werden und das Einschalten nur im Stand oder bei Schrittgeschwindigkeit erfolgen darf.

§ 52a Rückfahrscheinwerfer

(1) Der Rückfahrscheinwerfer ist eine Leuchte, die die Fahrbahn hinter und gegebenenfalls neben dem Fahrzeug ausleuchtet und anderen Verkehrsteilnehmern anzeigt, dass das Fahrzeug rückwärts fährt oder zu fahren beginnt.

(2) [1]Kraftfahrzeuge müssen hinten mit einem oder zwei Rückfahrscheinwerfern für weißes Licht ausgerüstet sein. [2]An Anhängern sind hinten ein oder zwei Rückfahrscheinwerfer zulässig. [3]Der niedrigste Punkt der leuchtenden Fläche darf nicht weniger als 250 mm und der höchste Punkt der leuchtenden Fläche nicht mehr als 1 200 mm über der Fahrbahn liegen.

(3) [1]An mehrspurigen Kraftfahrzeugen mit einem zulässigen Gesamtgewicht von mehr als 3,5 t darf auf jeder Längsseite ein Rückfahrscheinwerfer angebaut sein. [2]Der höchste Punkt der leuchtenden Fläche darf nicht mehr als 1 200 mm über der Fahrbahn liegen. [3]Diese Rückfahrscheinwerfer dürfen seitlich nicht mehr als 50 mm über den Fahrzeugumriss hinausragen.

(4) Rückfahrscheinwerfer dürfen nur bei eingelegtem Rückwärtsgang leuchten können, wenn die Einrichtung zum Anlassen oder Stillsetzen des Motors sich in der Stellung befindet, in der der Motor arbeiten kann. [2]Ist eine der beiden Voraussetzungen nicht gegeben, so dürfen sie nicht eingeschaltet werden können oder eingeschaltet bleiben.

(5) Rückfahrscheinwerfer müssen, soweit nicht über eine Bauartgenehmigung eine andere Ausrichtung vorgeschrieben ist, so geneigt sein, dass sie die Fahrbahn auf nicht mehr als 10 m hinter der Leuchte beleuchten.

(6) Rückfahrscheinwerfer sind nicht erforderlich an
1. Krafträdern,
2. land- oder forstwirtschaftlichen Zug- oder Arbeitsmaschinen,
3. einachsigen Zugmaschinen,
4. Arbeitsmaschinen und Staplern,
5. Krankenfahrstühlen.

(7) Werden Rückfahrscheinwerfer an Fahrzeugen angebracht, für die sie nicht vorgeschrieben sind, müssen sie den Vorschriften der Absätze 2, 4 und 5 entsprechen.

§ 53 Schlussleuchten, Bremsleuchten, Rückstrahler

(1) [1]Kraftfahrzeuge und ihre Anhänger müssen hinten mit zwei ausreichend wirkenden Schlussleuchten für rotes Licht ausgerüstet sein. [2]Krafträder ohne Beiwagen brauchen nur eine Schlussleuchte zu haben. [3]Der niedrigste Punkt der leuchtenden Fläche der Schlussleuchten darf nicht tiefer als 350 mm, bei Krafträdern nicht tiefer als 250 mm, und der höchste Punkt der leuchtenden Fläche nicht höher als 1 500 mm, bei Arbeitsmaschinen, Staplern und land- oder forstwirtschaftlichen Zugmaschinen nicht höher als 1 900 mm über der Fahrbahn liegen. [4]Wenn die Form des Aufbaus die Einhaltung dieser Maße nicht zulässt, darf der höchste Punkt der leuchtenden Fläche nicht höher als 2 100 mm über der Fahrbahn liegen. [5]Die Schlussleuchten müssen möglichst weit voneinander angebracht, der äußerste Punkt der leuchtenden Fläche darf nicht mehr als 400 mm von der breitesten Stelle des Fahrzeugumrisses entfernt sein. [6]Mehrspurige Kraftfahrzeuge und ihre Anhänger dürfen mit zwei zusätzlichen Schlussleuchten ausgerüstet sein. [7]Vorgeschriebene Schlussleuchten dürfen an einer gemeinsamen Sicherung nicht angeschlossen sein.

(2) [1]Kraftfahrzeuge und ihre Anhänger müssen hinten mit zwei ausreichend wirkenden Bremsleuchten für rotes Licht ausgerüstet sein, die nach rückwärts die Betätigung der Betriebsbremse, bei Fahrzeugen nach § 41 Absatz 7 der mechanischen Bremse, anzeigen. [2]Die Bremsleuchten dürfen auch bei Betätigen eines Retarders oder einer ähnlichen Einrichtung aufleuchten. [3]Bremsleuchten, die in der Nähe der Schlussleuchten angebracht oder damit zusammengebaut sind, müssen stärker als diese leuchten. [4]Bremsleuchten sind nicht erforderlich an:
1. Krafträdern mit oder ohne Beiwagen mit einer durch die Bauart bestimmten Höchstgeschwindigkeit von nicht mehr als 50 km/h,
2. Krankenfahrstühlen,
3. Anhängern hinter Fahrzeugen nach den Nummern 1 und 2 und
4. Fahrzeugen mit hydrostatischem Fahrantrieb, der als Betriebsbremse anerkannt ist.

[5]Bremsleuchten an Fahrzeugen, für die sie nicht vorgeschrieben sind, müssen den Vorschriften dieses Absatzes entsprechen. [6]An Krafträdern ohne Beiwagen ist nur eine Bremsleuchte zulässig. [7]Der niedrigste

Punkt der leuchtenden Fläche der Bremsleuchten darf nicht tiefer als 350 mm und der höchste Punkt der leuchtenden Fläche nicht höher als 1 500 mm über der Fahrbahn liegen. [8]An Fahrzeugen des Straßendienstes, die von öffentlichen Verwaltungen oder in deren Auftrag verwendet werden, darf der höchste Punkt der leuchtenden Fläche der Bremsleuchten höher als 1 500 mm über der Fahrbahn liegen. [9]An Arbeitsmaschinen, Staplern und land- oder forstwirtschaftlichen Zugmaschinen darf der höchste Punkt der leuchtenden Fläche nicht höher als 1 900 mm und, wenn die Form des Aufbaus die Einhaltung dieses Maßes nicht zulässt, nicht höher als 2 100 mm über der Fahrbahn liegen. [10]Mehrspurige Kraftfahrzeuge und ihre Anhänger dürfen mit zwei zusätzlichen, höher als 1 000 mm über der Fahrbahn liegenden, innen oder außen am Fahrzeug fest angebrachten Bremsleuchten ausgerüstet sein, die abweichend von Satz 6 auch höher als 1 500 mm über der Fahrbahn angebracht sein dürfen. [11]Sie müssen so weit wie möglich voneinander entfernt angebracht sein.

(3) (weggefallen)

(4) [1]Kraftfahrzeuge müssen an der Rückseite mit zwei roten Rückstrahlern ausgerüstet sein. [2]Anhänger müssen mit zwei dreieckigen roten Rückstrahlern ausgerüstet sein; die Seitenlänge solcher Rückstrahler muss mindestens 150 mm betragen, die Spitze des Dreiecks muss nach oben zeigen. [3]Der äußerste Punkt der leuchtenden Fläche der Rückstrahler darf nicht mehr als 400 mm vom äußersten Punkt des Fahrzeugumrisses und ihr höchster Punkt der leuchtenden Fläche nicht mehr als 900 mm von der Fahrbahn entfernt sein. [4]Ist wegen der Bauart des Fahrzeugs eine solche Anbringung der Rückstrahler nicht möglich, so sind zwei zusätzliche Rückstrahler erforderlich, wobei ein Paar Rückstrahler so niedrig wie möglich und nicht mehr als 400 mm von der breitesten Stelle des Fahrzeugumrisses entfernt und das andere Paar möglichst weit auseinander und höchstens 900 mm über der Fahrbahn angebracht sein muss. [5]Krafträder ohne Beiwagen brauchen nur mit einem Rückstrahler ausgerüstet zu sein. [6]An den hinter Kraftfahrzeugen mitgeführten Schneeräumgeräten mit einer Breite von mehr als 3 m muss in der Mitte zwischen den beiden anderen Rückstrahlern ein zusätzlicher dreieckiger Rückstrahler angebracht sein. [7]Fahrräder mit Hilfsmotor dürfen mit Pedalrückstrahlern (§ 67 Absatz 6) ausgerüstet sein. [8]Dreieckige Rückstrahler sind an Kraftfahrzeugen nicht zulässig.

(5) [1]Vorgeschriebene Schlussleuchten, Bremsleuchten und Rückstrahler müssen am äußersten Ende des Fahrzeugs angebracht sein. [2]Ist dies wegen der Bauart des Fahrzeugs nicht möglich, und beträgt der Abstand des äußersten Endes des Fahrzeugs von den zur Längsachse des Fahrzeugs senkrecht liegenden Ebenen, an denen sich die Schlussleuchten, die Bremsleuchten oder die Rückstrahler befinden, mehr als 1 000 mm, so muss je eine der genannten Einrichtungen zusätzlich möglichst weit hinten und möglichst in der nach den Absätzen 1, 2 und 4 vorgeschriebenen Höhe etwa in der Mittellinie der Fahrzeugspur angebracht sein. [3]Nach hinten hinausragende fahrbare Anhängeleitern, Förderbänder und Kräne sind außerdem am Tage wie eine Ladung nach § 22 Absatz 4 der Straßenverkehrs-Ordnung kenntlich zu machen.

(6) [1]Die Absätze 1 und 2 gelten nicht für einachsige Zug- oder Arbeitsmaschinen. [2]Sind einachsige Zug- oder Arbeitsmaschinen mit einem Anhänger verbunden, so müssen an der Rückseite des Anhängers die für Kraftfahrzeuge vorgeschriebenen Schlussleuchten angebracht sein. [3]An einspurigen Anhängern hinter einachsigen Zug- oder Arbeitsmaschinen und hinter Krafträdern – auch mit Beiwagen – genügen für die rückwärtige Sicherung eine Schlussleuchte und ein dreieckiger Rückstrahler.

(7) Abweichend von Absatz 4 Satz 2 dürfen

1. land- oder forstwirtschaftliche Arbeitsgeräte, die hinter Kraftfahrzeugen mitgeführt werden und nur im Fahren eine ihrem Zweck entsprechende Arbeit leisten können,
2. eisenbereifte Anhänger, die nur für land- oder forstwirtschaftliche Zwecke verwendet werden,

mit Rückstrahlern ausgerüstet sein, wie sie nach Absatz 4 Satz 1 und 8 für Kraftfahrzeuge vorgeschrieben sind.

(7a) Anhänger, die nur für land- oder forstwirtschaftliche Zwecke eingesetzt werden, können neben den Rückstrahlern nach Absatz 4 Satz 2 auch Rückstrahler führen, wie sie für Kraftfahrzeuge vorgeschrieben sind.

(7b) Rückstrahler an hinter Kraftfahrzeugen mitgeführten land- oder forstwirtschaftlichen Bodenbearbeitungsgeräten dürfen abnehmbar sein.

(8) [1]Mit Abschleppwagen oder Abschleppachsen abgeschleppte Fahrzeuge müssen Schlussleuchten, Bremsleuchten, Rückstrahler und Fahrtrichtungsanzeiger haben. [2]Diese Beleuchtungseinrichtungen dürfen auf einem Leuchtenträger (§ 49a Absatz 9) angebracht sein; sie müssen vom abschleppenden Fahrzeug aus betätigt werden können.

(9) [1]Schlussleuchten, Bremsleuchten und rote Rückstrahler – ausgenommen zusätzliche Bremsleuchten und zusätzliche Schlussleuchten – dürfen nicht an beweglichen Fahrzeugteilen angebracht werden. [2]Das gilt nicht für lichttechnische Einrichtungen, die nach § 49a Absatz 9 und 10 abnehmbar sein dürfen.

(10) [1]Die Kennzeichnung von
1. Kraftfahrzeugen, deren durch die Bauart bestimmte Höchstgeschwindigkeit nicht mehr als 30 km/h beträgt, und ihren Anhängern mit einer dreieckigen Tafel mit abgeflachten Ecken, die der im Anhang zu dieser Vorschrift genannten Bestimmung entspricht,
2. schweren und langen Kraftfahrzeugen und Anhängern mit rechteckigen Tafeln, die der im Anhang zu dieser Vorschrift genannten Bestimmung entsprechen,
3. Fahrzeugen der Klassen M_2, M_3, O_2 und Fahrgestellen mit Fahrerhaus, unvollständigen Fahrzeugen, Sattelzugmaschinen und Fahrzeuge der Klasse N_2 mit einer Höchstmasse von nicht mehr als 7,5 t sowie Fahrzeuge der Klassen N, O_3 und O_4 mit einer Breite von nicht mehr als 2 100 mm oder mit einer Länge von nicht mehr als 6 000 mm mit weißen oder gelben auffälligen Markierungen an der Seite, mit roten oder gelben auffälligen Markierungen hinten, die den im Anhang zu dieser Vorschrift genannten Bestimmungen entsprechen, und
4. Kraftfahrzeugen, die nach § 52 Absatz 3 mit Warnleuchten für blaues Blinklicht in Form eines Rundumlichts ausgerüstet sind, mit retroreflektierenden Materialien, die den im Anhang zu dieser Vorschrift genannten Bestimmungen entsprechen,

ist zulässig. [2]An Fahrzeugen der Klassen N_2, N_3, O_3 und O_4, die in Satz 1 Nummer 3 nicht genannt sind, müssen seitlich weiße oder gelbe, hinten rote oder gelbe auffällige Markierungen, die den im Anhang zu dieser Vorschrift genannten Bestimmungen entsprechen, angebracht werden. [3]Bei den in Satz 1 Nummer 3 und Satz 2 genannten Fahrzeugen ist in Verbindung mit der Konturmarkierung Werbung auch aus andersfarbigen retroreflektierenden Materialien auf den Seitenflächen der Fahrzeuge zulässig, die den im Anhang zu dieser Vorschrift genannten Bestimmungen entspricht.

§ 53a Warndreieck, Warnleuchte, Warnblinkanlage, Warnweste

(1) [1]Warndreiecke und Warnleuchten müssen tragbar, standsicher und so beschaffen sein, dass sie bei Gebrauch auf ausreichende Entfernung erkennbar sind. [2]Warndreiecke müssen rückstrahlend sein; Warnleuchten müssen gelbes Blinklicht abstrahlen, von der Lichtanlage des Fahrzeugs unabhängig sein und eine ausreichende Brenndauer haben. [3]Warnwesten müssen der Norm DIN EN 471:2003+A1:2007, Ausgabe März 2008 oder der Norm EN ISO 20471:2013 entsprechen. [4]Die Warneinrichtungen müssen in betriebsfertigem Zustand sein.

(2) In Kraftfahrzeugen mit Ausnahme von Krankenfahrstühlen, Krafträdern und einachsigen Zug- oder Arbeitsmaschinen müssen mindestens folgende Warneinrichtungen mitgeführt werden:
1. in Personenkraftwagen, land- oder forstwirtschaftlichen Zug- oder Arbeitsmaschinen sowie in anderen Kraftfahrzeugen mit einem zulässigen Gesamtgewicht von nicht mehr als 3,5 t:
   ein Warndreieck;
2. in Kraftfahrzeugen mit einem zulässigen Gesamtgewicht von mehr als 3,5 t:
   ein Warndreieck und getrennt davon eine Warnleuchte. Als Warnleuchte darf auch eine tragbare Blinkleuchte nach § 53b Absatz 5 Satz 7 mitgeführt werden;
3. in Personenkraftwagen, Lastkraftwagen, Zug- und Sattelzugmaschinen sowie Kraftomnibussen:
   eine Warnweste.

(3) [1]Warnleuchten, die mitgeführt werden, ohne dass sie nach Absatz 2 vorgeschrieben sind, dürfen abweichend von Absatz 1 von der Lichtanlage des Fahrzeugs abhängig, im Fahrzeug fest angebracht oder so beschaffen sein, dass sie bei Bedarf innen oder außen am Fahrzeug angebracht werden können. [2]Sie müssen der Nummer 20 der Technischen Anforderungen an Fahrzeugteile bei der Bauartprüfung nach § 22a der Straßenverkehrs-Zulassungs-Ordnung (Verkehrsblatt 1973 S. 558) entsprechen.

(4) [1]Fahrzeuge (ausgenommen Kraftfahrzeuge nach § 30a Absatz 3 mit Ausnahme von dreirädrigen Kraftfahrzeugen), die mit Fahrtrichtungsanzeigern ausgerüstet sein müssen, müssen zusätzlich eine Warnblinkanlage haben. [2]Sie muss wie folgt beschaffen sein:
1. Für die Schaltung muss im Kraftfahrzeug ein besonderer Schalter vorhanden sein.
2. Nach dem Einschalten müssen alle am Fahrzeug oder Zug vorhandenen Blinkleuchten gleichzeitig mit einer Frequenz von 1,5 Hz ± 0,5 Hz (90 Impulse ± 30 Impulse in der Minute) gelbes Blinklicht abstrahlen.
3. Dem Fahrzeugführer muss durch eine auffällige Kontrolleuchte nach § 39a angezeigt werden, dass das Warnblinklicht eingeschaltet ist.

(5) Warnblinkanlagen an Fahrzeugen, für die sie nicht vorgeschrieben sind, müssen den Vorschriften des Absatzes 4 entsprechen.

§ 53b Ausrüstung und Kenntlichmachung von Anbaugeräten und Hubladebühnen

(1) [1]Anbaugeräte, die seitlich mehr als 400 mm über den äußersten Punkt der leuchtenden Flächen der Begrenzungs- oder der Schlussleuchten des Fahrzeugs hinausragen, müssen mit Begrenzungsleuchten

(§ 51 Absatz 1), Schlussleuchten (§ 53 Absatz 1) und Rückstrahlern (§ 53 Absatz 4) ausgerüstet sein. [2]Die Leuchten müssen so angebracht sein, dass der äußerste Punkt ihrer leuchtenden Fläche nicht mehr als 400 mm von der äußersten Begrenzung des Anbaugeräts und der höchste Punkt der leuchtenden Fläche nicht mehr als 1 500 mm von der Fahrbahn entfernt sind. [3]Der äußerste Punkt der leuchtenden Fläche der Rückstrahler darf nicht mehr als 400 mm von der äußersten Begrenzung des Anbaugeräts, der höchste Punkt der leuchtenden Fläche nicht mehr als 900 mm von der Fahrbahn entfernt sein. [4]Die Leuchten und die Rückstrahler dürfen außerhalb der Zeit, in der Beleuchtung nötig ist (§ 17 Absatz 1 der Straßenverkehrs-Ordnung), abgenommen sein; sie müssen im oder am Fahrzeug mitgeführt werden.

(2) [1]Anbaugeräte, deren äußerstes Ende mehr als 1 000 mm über die Schlussleuchten des Fahrzeugs nach hinten hinausragt, müssen mit einer Schlussleuchte (§ 53 Absatz 1) und einem Rückstrahler (§ 53 Absatz 4) ausgerüstet sein. [2]Schlussleuchte und Rückstrahler müssen möglichst am äußersten Ende des Anbaugeräts und möglichst in der Fahrzeuglängsmittelebene angebracht sein. [3]Der höchste Punkt der leuchtenden Fläche der Schlussleuchte darf nicht mehr als 1 500 mm und der des Rückstrahlers nicht mehr als 900 mm von der Fahrbahn entfernt sein. [4]Schlussleuchte und Rückstrahler dürfen außerhalb der Zeit, in der Beleuchtung nötig ist (§ 17 Absatz 1 der Straßenverkehrs-Ordnung), abgenommen sein; sie müssen im oder am Fahrzeug mitgeführt werden.

(3) [1]Anbaugeräte nach Absatz 1 müssen ständig nach vorn und hinten, Anbaugeräte nach Absatz 2 müssen ständig nach hinten durch Park-Warntafeln nach § 51c oder durch Folien oder Tafeln nach DIN 11 030, Ausgabe September 1994, kenntlich gemacht werden. [2]Diese Tafeln, deren Streifen nach außen und nach unten verlaufen müssen, brauchen nicht fest am Anbaugerät angebracht zu sein.

(4) Ist beim Mitführen von Anbaugeräten eine Beeinträchtigung der Wirkung lichttechnischer Einrichtungen nicht vermeidbar, so müssen während der Dauer der Beeinträchtigung zusätzlich angebrachte lichttechnische Einrichtungen (zum Beispiel auf einem Leuchtenträger nach § 49a Absatz 9 oder 10) gleicher Art ihre Funktion übernehmen.

(5) [1]Hubladebühnen und ähnliche Einrichtungen, außer solchen an Kraftomnibussen, müssen während ihres Betriebs durch zwei Blinkleuchten für gelbes Licht mit einer Lichtstärke von nicht weniger als 50 cd und nicht mehr als 500 cd und mit gut sichtbaren rot-weißen Warnmarkierungen kenntlich gemacht werden. [2]Die Blinkleuchten und die Warnmarkierungen müssen – bezogen auf die Arbeitsstellung der Einrichtung – möglichst am hinteren Ende und soweit außen wie möglich angebracht sein. [3]Die Blinkleuchten müssen in Arbeitsstellung der Einrichtung mindestens in den Winkelbereichen nach oben, hinten und zur Seite sichtbar sein, die für hinten an Fahrzeugen angeordnete Fahrtrichtungsanzeiger in § 49a Absatz 1 Satz 4 gefordert werden. [4]Die Blinkleuchten müssen eine flache Abböschung haben. [5]Die Blinkleuchten müssen während des Betriebs der Einrichtung selbsttätig und unabhängig von der übrigen Fahrzeugbeleuchtung Warnblinklicht abstrahlen. [6]Die rot-weißen Warnmarkierungen müssen retroreflektierend sein und brauchen nur nach hinten zu wirken. [7]Bei Fahrzeugen, bei denen fest angebaute Blinkleuchten mit dem Verwendungszweck oder der Bauweise der Hubladebühne unvereinbar sind und bei Fahrzeugen, bei denen eine Nachrüstung mit zumutbarem Aufwand nicht möglich ist, muss mindestens eine tragbare Blinkleuchte als Sicherungseinrichtung von Hubladebühnen oder ähnlichen Einrichtungen mitgeführt, aufgestellt und zweckentsprechend betrieben werden.

§ 53c Tarnleuchten

(1) Fahrzeuge der Bundeswehr, der Bundespolizei, der Polizei und des Katastrophenschutzes dürfen zusätzlich mit den zum Tarnlichtkreis gehörenden Leuchten – Tarnscheinwerfer, Tarnschlussleuchten, Abstandsleuchten und Tarnbremsleuchten – versehen sein.

(2) Die Tarnleuchten dürfen nur einschaltbar sein, wenn die übrige Fahrzeugbeleuchtung abgeschaltet ist.

§ 53d Nebelschlussleuchten

(1) Die Nebelschlussleuchte ist eine Leuchte, die rotes Licht abstrahlt und das Fahrzeug bei dichtem Nebel von hinten besser erkennbar macht.

(2) Mehrspurige Kraftfahrzeuge, deren durch die Bauart bestimmte Höchstgeschwindigkeit mehr als 60 km/h beträgt, und ihre Anhänger müssen hinten mit einer oder zwei, andere Kraftfahrzeuge und Anhänger dürfen hinten mit einer Nebelschlussleuchte, ausgerüstet sein.

(3) [1]Der niedrigste Punkt der leuchtenden Fläche darf nicht weniger als 250 mm und der höchste Punkt nicht mehr als 1 000 mm über der Fahrbahn liegen. [2]In allen Fällen muss der Abstand zwischen den leuchtenden Flächen der Nebelschlussleuchte und der Bremsleuchte mehr als 100 mm betragen. [3]Ist nur eine Nebelschlussleuchte angebracht, so muss sie in der Mitte oder links davon angeordnet sein.

(4) [1]Nebelschlussleuchten müssen so geschaltet sein, dass sie nur dann leuchten können, wenn die Scheinwerfer für Fernlicht, für Abblendlicht oder die Nebelscheinwerfer oder eine Kombination dieser Scheinwerfer eingeschaltet sind. [2]Sind Nebelscheinwerfer vorhanden, so müssen die Nebelschlussleuchten un-

abhängig von diesen ausgeschaltet werden können. [3]Sind die Nebelschlussleuchten eingeschaltet, darf die Betätigung des Schalters für Fernlicht oder Abblendlicht die Nebelschlussleuchten nicht ausschalten.

(5) Eingeschaltete Nebelschlussleuchten müssen dem Fahrzeugführer durch eine Kontrollleuchte für gelbes Licht, die in seinem Blickfeld gut sichtbar angeordnet sein muss, angezeigt werden.

(6) [1]In einem Zug brauchen nur die Nebelschlussleuchten am letzten Anhänger zu leuchten. [2]Die Abschaltung der Nebelschlussleuchten am Zugfahrzeug oder am ersten Anhänger ist aber nur dann zulässig, wenn die jeweilige Ab- bzw. Wiedereinschaltung selbsttätig durch Aufstecken bzw. Abziehen des Steckers für die Anhängerbeleuchtung erfolgt.

§ 54 Fahrtrichtungsanzeiger

(1) [1]Kraftfahrzeuge und ihre Anhänger müssen mit Fahrtrichtungsanzeigern ausgerüstet sein. [2]Die Fahrtrichtungsanzeiger müssen nach dem Einschalten mit einer Frequenz von 1,5 Hz ± 0,5 Hz (90 Impulse ± 30 Impulse in der Minute) zwischen hell und dunkel sowie auf derselben Fahrzeugseite – ausgenommen an Krafträdern mit Wechselstromlichtanlage – in gleicher Phase blinken. [3]Sie müssen so angebracht und beschaffen sein, dass die Anzeige der beabsichtigten Richtungsänderung unter allen Beleuchtungs- und Betriebsverhältnissen von anderen Verkehrsteilnehmern, für die ihre Erkennbarkeit von Bedeutung ist, deutlich wahrgenommen werden kann. [4]Fahrtrichtungsanzeiger brauchen ihre Funktion nicht zu erfüllen, solange sie Warnblinklicht abstrahlen.

(1a) [1]Die nach hinten wirkenden Fahrtrichtungsanzeiger dürfen nicht an beweglichen Fahrzeugteilen angebracht werden. [2]Die nach vorn wirkenden Fahrtrichtungsanzeiger und die zusätzlichen seitlichen Fahrtrichtungsanzeiger dürfen an beweglichen Fahrzeugteilen angebaut sein, wenn diese Teile nur eine Normallage (Betriebsstellung) haben. [3]Die Sätze 1 und 2 gelten nicht für Fahrtrichtungsanzeiger, die nach § 49a Absatz 9 und 10 abnehmbar sein dürfen.

(2) [1]Sind Fahrtrichtungsanzeiger nicht im Blickfeld des Führers angebracht, so muss ihre Wirksamkeit dem Führer sinnfällig angezeigt werden; dies gilt nicht für Fahrtrichtungsanzeiger an Krafträdern und für seitliche Zusatzblinkleuchten. [2]Fahrtrichtungsanzeiger dürfen die Sicht des Fahrzeugführers nicht behindern.

(3) Als Fahrtrichtungsanzeiger sind nur Blinkleuchten für gelbes Licht zulässig.

(4) Erforderlich als Fahrtrichtungsanzeiger sind

1. an mehrspurigen Kraftfahrzeugen
   paarweise angebrachte Blinkleuchten an der Vorderseite und an der Rückseite. Statt der Blinkleuchten an der Vorderseite dürfen Fahrtrichtungsanzeiger am vorderen Teil der beiden Längsseiten angebracht sein. An Fahrzeugen mit einer Länge von nicht mehr als 4 m und einer Breite von nicht mehr als 1,60 m genügen Fahrtrichtungsanzeiger an den beiden Längsseiten. An Fahrzeugen, bei denen der Abstand zwischen den einander zugekehrten äußeren Rändern der Lichtaustrittsflächen der Blinkleuchten an der Vorderseite und an der Rückseite mehr als 6 m beträgt, müssen zusätzliche Fahrtrichtungsanzeiger an den beiden Längsseiten angebracht sein,
2. an Krafträdern
   paarweise angebrachte Blinkleuchten an der Vorderseite und an der Rückseite. Der Abstand des inneren Randes der Lichtaustrittsfläche der Blinkleuchten muss von der durch die Längsachse des Kraftrades verlaufenden senkrechten Ebene bei den an der Rückseite angebrachten Blinkleuchten mindestens 120 mm, bei den an der Vorderseite angebrachten Blinkleuchten mindestens 170 mm und vom Rand der Lichtaustrittsfläche des Scheinwerfers mindestens 100 mm betragen. Der untere Rand der Lichtaustrittsfläche von Blinkleuchten an Krafträdern muss mindestens 350 mm über der Fahrbahn liegen. Wird ein Beiwagen mitgeführt, so müssen die für die betreffende Seite vorgesehenen Blinkleuchten an der Außenseite des Beiwagens angebracht sein,
3. an Anhängern
   paarweise angebrachte Blinkleuchten an der Rückseite. Beim Mitführen von zwei Anhängern genügen Blinkleuchten am letzten Anhänger, wenn die Anhänger hinter einer Zugmaschine mit einer durch die Bauart bestimmten Höchstgeschwindigkeit von nicht mehr als 25 km/h mitgeführt werden oder wenn sie für eine Höchstgeschwindigkeit von nicht mehr als 25 km/h in der durch § 58 vorgeschriebenen Weise gekennzeichnet sind,
4. an Kraftomnibussen, die für die Schülerbeförderung besonders eingesetzt sind,
   an der Rückseite zwei zusätzliche Blinkleuchten, die so hoch und so weit außen wie möglich angeordnet sein müssen,
5. an mehrspurigen Kraftfahrzeugen und Sattelanhängern – ausgenommen Arbeitsmaschinen, Stapler und land- oder forstwirtschaftliche Zugmaschinen und deren Anhänger – mit einem zulässigen Gesamtgewicht von mehr als 3,5 t an den Längsseiten im vorderen Drittel zusätzliche Blinkleuchten,

deren Lichtstärke nach hinten mindestens 50 cd und höchstens 200 cd beträgt. Für diese Fahrzeuge ist die Anbringung zusätzlicher Fahrtrichtungsanzeiger nach Nummer 1 nicht erforderlich.

(5) Fahrtrichtungsanzeiger sind nicht erforderlich an

1. einachsigen Zugmaschinen,
2. einachsigen Arbeitsmaschinen,
3. offenen Krankenfahrstühlen,
4. Leichtkrafträdern, Kleinkrafträdern und Fahrrädern mit Hilfsmotor,
5. folgenden Arten von Anhängern:
   a) eisenbereiften Anhängern, die nur für land- oder forstwirtschaftliche Zwecke verwendet werden;
   b) angehängten land- oder forstwirtschaftlichen Arbeitsgeräten, soweit sie die Blinkleuchten des ziehenden Fahrzeugs nicht verdecken;
   c) einachsigen Anhängern hinter Krafträdern;
   d) Sitzkarren (§ 3 Absatz 3 Satz 1 Nummer 2 Buchstabe i der Fahrzeug-Zulassungsverordnung).

(6) Fahrtrichtungsanzeiger an Fahrzeugen, für die sie nicht vorgeschrieben sind, müssen den vorstehenden Vorschriften entsprechen.

§ 54a Innenbeleuchtung in Kraftomnibussen

(1) Kraftomnibusse müssen eine Innenbeleuchtung haben; diese darf die Sicht des Fahrzeugführers nicht beeinträchtigen.

(2) Die für Fahrgäste bestimmten Ein- und Ausstiege müssen ausreichend ausgeleuchtet sein, solange die jeweilige Fahrgasttür nicht geschlossen ist.

§ 54b Windsichere Handlampe

In Kraftomnibussen muss außer den nach § 53a Absatz 1 erforderlichen Warneinrichtungen eine von der Lichtanlage des Fahrzeugs unabhängige windsichere Handlampe mitgeführt werden.

§ 55 Einrichtungen für Schallzeichen

(1) [1]Kraftfahrzeuge müssen mindestens eine Einrichtung für Schallzeichen haben, deren Klang gefährdete Verkehrsteilnehmer auf das Herannahen eines Kraftfahrzeugs aufmerksam macht, ohne sie zu erschrecken und andere mehr als unvermeidbar zu belästigen. [2]Ist mehr als eine Einrichtung für Schallzeichen angebracht, so muss sichergestellt sein, dass jeweils nur eine Einrichtung betätigt werden kann. [3]Die Umschaltung auf die eine oder andere Einrichtung darf die Abgabe einer Folge von Klängen verschiedener Grundfrequenzen nicht ermöglichen.

(2) [1]Als Einrichtungen für Schallzeichen dürfen Hupen und Hörner angebracht sein, die einen Klang mit gleichbleibenden Grundfrequenzen (auch harmonischen Akkord) erzeugen, der frei von Nebengeräuschen ist. [2]Die Lautstärke darf in 7 m Entfernung von dem Anbringungsort der Schallquelle am Fahrzeug und in einem Höhenbereich von 500 mm bis 1 500 mm über der Fahrbahn an keiner Stelle 105 dB(A) übersteigen. [3]Die Messungen sind auf einem freien Platz mit möglichst glatter Oberfläche bei Windstille durchzuführen; Hindernisse (Bäume, Sträucher u.a.), die durch Widerhall oder Dämpfung stören können, müssen von der Schallquelle mindestens doppelt so weit entfernt sein wie der Schallempfänger.

(2a) Abweichend von den Absätzen 1 und 2 müssen Kraftfahrzeuge nach § 30a Absatz 3 Einrichtungen für Schallzeichen haben, die den im Anhang zu dieser Vorschrift genannten Bestimmungen entsprechen.

(3) [1]Kraftfahrzeuge, die auf Grund des § 52 Absatz 3 Warnleuchten für blaues Blinklicht führen, müssen mit mindestens einer Warneinrichtung mit einer Folge von Klängen verschiedener Grundfrequenz (Einsatzhorn) ausgerüstet sein. [2]Ist mehr als ein Einsatzhorn angebracht, so muss sichergestellt sein, dass jeweils nur eines betätigt werden kann.

(3a) [1]Kraftfahrzeuge, die auf Grund des § 52 Absatz 3a mit Anhaltesignal und mit Signalgebern für rote Lichtschrift ausgerüstet sind, dürfen neben der in Absatz 3 vorgeschriebenen Warneinrichtung, dem Einsatzhorn, mit einer zusätzlichen Warneinrichtung, dem Anhaltehorn, ausgerüstet sein. [2]Es muss sichergestellt sein, dass das Anhaltehorn nur in Verbindung mit dem Anhaltesignal und dem Signalgeber für rote Lichtschrift aktiviert werden kann. [3]Es darf nicht möglich sein, die Warneinrichtungen gemeinsam zu betreiben.

(3b) Kraftfahrzeuge im Anwendungsbereich der Verordnung (EU) Nr. 540/2014 des Europäischen Parlaments und des Rates vom 16. April 2014 über den Geräuschpegel von Kraftfahrzeugen und von Austauschschalldämpferanlagen sowie zur Änderung der Richtlinie 2007/46/EG und zur Aufhebung der Richtlinie 70/157/EWG (ABl. L 158 vom 27.5.2014, S. 131; L 360, S. 111), die zuletzt durch die Delegierte Verordnung (EU) 2019/839 (ABl. L 138 vom 24.5.2019, S. 70) geändert worden ist, die über ein akustisches Fahrzeug-Warnsystem (Acoustic Vehicle Alerting System – AVAS) verfügen dürfen, das den im Anhang zu dieser Vorschrift genannten Bestimmungen entspricht, gelten auch im Falle einer Nachrüstung als übereinstimmend mit diesem Paragraphen.

(4) [1]Ausschließlich die in den Absätzen 1 bis 3a beschriebenen Einrichtungen für Schallzeichen sowie Sirenen dürfen an Kraftfahrzeugen, mit Ausnahme von Kraftfahrzeugen nach Absatz 3b Satz 1, angebracht sein. [2]Nur die in Satz 1 der Absätze 3 und 3a genannten Kraftfahrzeuge dürfen mit dem Einsatzhorn oder zusätzlich mit dem Anhaltehorn ausgerüstet sein.

(5) Absatz 1 gilt nicht für eisenbereifte Kraftfahrzeuge mit einer durch die Bauart bestimmten Höchstgeschwindigkeit von nicht mehr als 8 km/h und für einachsige Zug- oder Arbeitsmaschinen, die von Fußgängern an Holmen geführt werden.

(6) [1]Mofas müssen mit mindestens einer helltönenden Glocke ausgerüstet sein. [2]Radlaufglocken und andere Einrichtungen für Schallzeichen sind nicht zulässig.

§ 55a Elektromagnetische Verträglichkeit

(1) [1]Personenkraftwagen, Kraftomnibusse, Lastkraftwagen, Zugmaschinen und Sattelzugmaschinen mit mindestens vier Rädern und einer durch die Bauart bestimmten Höchstgeschwindigkeit von mehr als 25 km/h – ausgenommen land- oder forstwirtschaftliche Zugmaschinen, Muldenkipper, Flurförderzeuge, Elektrokarren und Autoschütter – sowie ihre Anhänger müssen den im Anhang zu dieser Vorschrift genannten Bestimmungen über die elektromagnetische Verträglichkeit entsprechen. [2]Satz 1 gilt entsprechend für andere Fahrzeuge, die hinsichtlich ihrer Baumerkmale des Fahrgestells und ihrer elektrischen Ausrüstung den genannten Fahrzeugen gleichzusetzen sind, sowie für Bauteile und selbstständige technische Einheiten, die zum Einbau in den genannten Fahrzeugen bestimmt sind.

(2) Kraftfahrzeuge nach § 30a Absatz 3 sowie zum Einbau in diese Fahrzeuge bestimmte selbstständige technische Einheiten müssen den im Anhang zu dieser Vorschrift genannten Bestimmungen über die elektromagnetische Verträglichkeit entsprechen.

§ 56 Spiegel und andere Einrichtungen für indirekte Sicht

(1) Kraftfahrzeuge müssen nach Maßgabe der Absätze 2 bis 3 Spiegel oder andere Einrichtungen für indirekte Sicht haben, die so beschaffen und angebracht sind, dass der Fahrzeugführer nach rückwärts, zur Seite und unmittelbar vor dem Fahrzeug – auch beim Mitführen von Anhängern – alle für ihn wesentlichen Verkehrsvorgänge beobachten kann.

(2) Es sind erforderlich

1. bei Personenkraftwagen sowie Lastkraftwagen, Zugmaschinen und Sattelzugmaschinen mit einer zulässigen Gesamtmasse von nicht mehr als 3,5 t Spiegel oder andere Einrichtungen für indirekte Sicht, die in den im Anhang zu dieser Vorschrift genannten Bestimmungen für diese Fahrzeuge als vorgeschrieben bezeichnet sind; die vorgeschriebenen sowie vorhandene gemäß Anhang III Nummer 2.1.1 der im Anhang zu dieser Vorschrift genannten Richtlinie zulässige Spiegel oder andere Einrichtungen für indirekte Sicht müssen den im Anhang zu dieser Vorschrift genannten Bestimmungen entsprechen;
2. bei Lastkraftwagen, Zugmaschinen, Sattelzugmaschinen und Fahrzeugen mit besonderer Zweckbestimmung nach Anhang II Buchstabe A Nummer 5.6 und 5.7 der Richtlinie 70/156/EWG mit einer zulässigen Gesamtmasse von mehr als 3,5 t sowie bei Kraftomnibussen Spiegel oder andere Einrichtungen für indirekte Sicht, die in den im Anhang zu dieser Vorschrift genannten Bestimmungen für diese Fahrzeuge als vorgeschrieben bezeichnet sind;

die vorgeschriebenen sowie vorhandenen gemäß Anhang III Nummer 2.1.1 der im Anhang zu dieser Vorschrift genannten Richtlinie zulässigen Spiegel oder andere Einrichtungen für indirekte Sicht müssen den im Anhang zu dieser Vorschrift genannten Bestimmungen entsprechen;

3. bei Lastkraftwagen, Zugmaschinen, Sattelzugmaschinen, selbstfahrenden Arbeitsmaschinen, die den Baumerkmalen von Lastkraftwagen hinsichtlich des Fahrgestells entsprechen, und Fahrzeugen mit besonderer Zweckbestimmung nach Anhang II Buchstabe A Nummer 5.7 und 5.8 der Richtlinie 2007/46/EG mit einer zulässigen Gesamtmasse von mehr als 3,5 t, die ab dem 1. Januar 2000 bis zum 25. Januar 2007 erstmals in den Verkehr gekommen sind, Spiegel oder andere Einrichtungen für indirekte Sicht, die in den im Anhang zu dieser Vorschrift genannten Bestimmungen für diese Fahrzeuge als vorgeschrieben bezeichnet sind; diese Spiegel oder andere Einrichtungen für indirekte Sicht müssen den im Anhang zu dieser Vorschrift oder im Anhang zu den Nummern 1 und 2 genannten Bestimmungen entsprechen;
4. bei land- oder forstwirtschaftlichen Zugmaschinen mit einer durch die Bauart bestimmten Höchstgeschwindigkeit von nicht mehr als 40 km/h Spiegel, die den im Anhang zu dieser Vorschrift genannten Bestimmungen entsprechen müssen,

5. bei Kraftfahrzeugen nach Artikel 1 der Richtlinie 2002/24/EG Spiegel, die den im Anhang zu dieser Vorschrift genannten Bestimmungen entsprechen müssen.

(2a) Bei land- oder forstwirtschaftlichen Zugmaschinen mit einer durch die Bauart bestimmten Höchstgeschwindigkeit von mehr als 40 km/h sowie bei Arbeitsmaschinen und Staplern ist § 56 Absatz 2 in der am 29. März 2005 geltenden Fassung anzuwenden.

(3) Nicht erforderlich sind Spiegel bei einachsigen Zugmaschinen, einachsigen Arbeitsmaschinen, offenen Elektrokarren mit einer durch die Bauart bestimmten Höchstgeschwindigkeit von nicht mehr als 25 km/h sowie mehrspurigen Kraftfahrzeugen mit einer durch die Bauart bestimmten Höchstgeschwindigkeit von nicht mehr als 25 km/h und mit offenem Führerplatz, der auch beim Mitführen von unbeladenen oder beladenen Anhängern nach rückwärts Sicht bietet.

§ 57 Geschwindigkeitsmessgerät und Wegstreckenzähler

(1) [1]Kraftfahrzeuge müssen mit einem im unmittelbaren Sichtfeld des Fahrzeugführers liegenden Geschwindigkeitsmessgerät ausgerüstet sein. [2]Dies gilt nicht für

1. mehrspurige Kraftfahrzeuge mit einer durch die Bauart bestimmten Höchstgeschwindigkeit von nicht mehr als 30 km/h sowie
2. mit Fahrtschreiber oder Kontrollgerät (§ 57a) ausgerüstete Kraftfahrzeuge, wenn die Geschwindigkeitsanzeige im unmittelbaren Sichtfeld des Fahrzeugführers liegt.

(2) [1]Bei Geschwindigkeitsmessgeräten muss die Geschwindigkeit in Kilometer je Stunde angezeigt werden. [2]Das Geschwindigkeitsmessgerät muss den im Anhang zu dieser Vorschrift genannten Bestimmungen entsprechen.

(3) [1]Das Geschwindigkeitsmessgerät darf mit einem Wegstreckenzähler verbunden sein, der die zurückgelegte Strecke in Kilometern anzeigt. [2]Die vom Wegstreckenzähler angezeigte Wegstrecke darf von der tatsächlich zurückgelegten Wegstrecke ± 4 Prozent abweichen.

§ 57a Fahrtschreiber und Kontrollgerät

(1) *[aufgehoben]*

(1a) Der Fahrtschreiber sowie alle lösbaren Verbindungen der Übertragungseinrichtungen müssen plombiert sein.

(2) [1]Der Fahrtschreiber muss vom Beginn bis zum Ende jeder Fahrt ununterbrochen in Betrieb sein und auch die Haltezeiten aufzeichnen. [2]Die Schaublätter – bei mehreren miteinander verbundenen Schaublättern (Schaublattbündel) das erste Blatt – sind vor Antritt der Fahrt mit dem Namen der Führer sowie dem Ausgangspunkt und Datum der ersten Fahrt zu bezeichnen; ferner ist der Stand des Wegstreckenzählers am Beginn und am Ende der Fahrt oder beim Einlegen und bei der Entnahme des Schaublatts vom Kraftfahrzeughalter oder dessen Beauftragten einzutragen; andere, durch Rechtsvorschriften weder geforderte noch erlaubte Vermerke auf der Vorderseite des Schaublatts sind unzulässig. [3]Es dürfen nur Schaublätter mit Prüfzeichen verwendet werden, die für den verwendeten Fahrtschreibertyp zugeteilt sind. [4]Die Schaublätter sind zuständigen Personen auf Verlangen jederzeit vorzulegen; der Kraftfahrzeughalter hat sie ein Jahr lang aufzubewahren. [5]Auf jeder Fahrt muss mindestens ein Ersatzschaublatt mitgeführt werden.

(3) [1]Die Absätze 1 bis 2 gelten nicht, wenn das Fahrzeug an Stelle eines vorgeschriebenen Fahrtschreibers mit einem Kontrollgerät im Sinne des Anhangs I oder des Anhangs I B der Verordnung (EWG) Nr. 3821/85 ausgerüstet ist. [2]In diesem Fall ist das Kontrollgerät nach Maßgabe des Absatzes 2 zu betreiben; bei Verwendung eines Kontrollgerätes nach Anhang I B der Verordnung (EWG) Nr. 3821/85 muss die Fahrerkarte nicht gesteckt werden. [3]Im Falle des Einsatzes von Kraftomnibussen im Linienverkehr bis 50 Kilometer kann anstelle des Namens der Führer das amtliche Kennzeichen oder die Betriebsnummer des jeweiligen Fahrzeugs auf den Ausdrucken und Schaublättern eingetragen werden. [4]Die Daten des Massespeichers sind vom Kraftfahrzeughalter alle drei Monate herunterzuladen; § 2 Absatz 5 der Fahrpersonalverordnung gilt entsprechend. [5]Wird bei Fahrzeugen zur Güterbeförderung mit einer zulässigen Gesamtmasse von mindestens 12 t oder bei Fahrzeugen zur Personenbeförderung mit mehr als acht Sitzplätzen außer dem Fahrersitz und einer zulässigen Gesamtmasse von mehr als 10 t, die ab dem 1. Januar 1996 erstmals zum Verkehr zugelassen wurden und bei denen die Übermittlung der Signale an das Kontrollgerät ausschließlich elektrisch erfolgt, das Kontrollgerät ausgetauscht, so muss dieses durch ein Gerät nach Anhang I B der Verordnung (EWG) Nr. 3821/85 ersetzt werden. [6]Ein Austausch des Kontrollgerätes im Sinne des Satzes 5 liegt nur dann vor, wenn das gesamte System bestehend aus Registriereinheit und Geschwindigkeitsgeber getauscht wird.

(4) Weitergehende Anforderungen in Sondervorschriften bleiben unberührt.

§ 57b Prüfung der Fahrtenschreiber und Kontrollgeräte

(1) [1]Halter, deren Kraftfahrzeuge nach der Verordnung (EU) Nr. 165/2014 in der aus dem Anhang zu dieser Vorschrift ersichtlichen Fassung mit einem Fahrtenschreiber ausgerüstet sein müssen, haben auf ihre Kosten die Fahrtenschreiber nach Maßgabe des Absatzes 2 und der Anlagen XVIII und XVIIIa darauf prüfen zu lassen, dass Einbau, Zustand, Messgenauigkeit und Arbeitsweise vorschriftsmäßig sind. [2]Bestehen keine Bedenken gegen die Vorschriftsmäßigkeit, so hat der Hersteller oder die Werkstatt auf oder neben dem Fahrtenschreiber oder an der B-Säule der Fahrerseite gut sichtbar und dauerhaft ein Einbauschild anzubringen. [3]Bei Fahrzeugen ohne B-Säule ist, sofern möglich, das Einbauschild am Türrahmen der Fahrerseite des Fahrzeugs gut sichtbar und dauerhaft anzubringen und muss in jedem Fall deutlich sichtbar sein. [4]Das Einbauschild muss plombiert sein, es sei denn, dass es sich nicht ohne Vernichtung der Angaben entfernen lässt. [5]Der Halter hat dafür zu sorgen, dass das Einbauschild die vorgeschriebenen Angaben enthält, plombiert sowie vorschriftsmäßig angebracht und weder verdeckt noch verschmutzt ist.

(1a) Im Sinne dieser Verordnung ist

1. ein Fahrtenschreiber ein Gerät im Sinne des Artikels 2 Absatz 2 Buchstabe a der Verordnung (EU) Nr. 165/2014 in der aus dem Anhang zu dieser Vorschrift ersichtlichen Fassung,
2. ein analoger Fahrtenschreiber ein Gerät im Sinne des Artikels 2 Absatz 2 Buchstabe g der Verordnung (EU) Nr. 165/2014 in der aus dem Anhang zu dieser Vorschrift ersichtlichen Fassung,
3. ein digitaler Fahrtenschreiber ein Gerät im Sinne des Artikels 2 Absatz 2 Buchstabe h der Verordnung (EU) Nr. 165/2014 in der aus dem Anhang zu dieser Vorschrift ersichtlichen Fassung,
4. ein digitaler Fahrtenschreiber der ersten Generation ein Gerät im Sinne des Artikels 2 Satz 2 Nummer 1 der Durchführungsverordnung (EU) 2016/799 in der aus dem Anhang zu dieser Vorschrift ersichtlichen Fassung,
5. ein digitaler Fahrtenschreiber der zweiten Generation ein Gerät im Sinne des Artikels 2 Satz 2 Nummer 7 der Durchführungsverordnung (EU) 2016/799 in der aus dem Anhang zu dieser Vorschrift ersichtlichen Fassung.

(2) [1]Nach jedem Einbau eines Fahrtenschreibers ist eine Einbauprüfung durchzuführen. [2]Eine Nachprüfung ist durchzuführen

1. unverzüglich nach jeder Reparatur der Fahrtenschreiberanlage,
2. unverzüglich nach jeder Änderung der Wegdrehzahl oder Wegimpulszahl,
3. unverzüglich nach jeder Änderung des wirksamen Reifenumfanges des Kraftfahrzeugs, die sich aus einer Änderung der Reifengröße ergibt,
4. bei jedem Ersetzen einer Plombierung nach Artikel 22 der Verordnung (EU) Nr. 165/2014 in der aus dem Anhang zu dieser Vorschrift ersichtlichen Fassung,
5. mindestens einmal innerhalb von 24 Monaten seit der letzten Einbauprüfung oder Nachprüfung.

[3]Bei digitalen Fahrtenschreibern ist die Nachprüfung auch dann unverzüglich durchzuführen, wenn

1. die am Fahrtenschreiber als koordinierte Weltzeit eingestellte Uhrzeit von der koordinierten Weltzeit um mehr als 20 Minuten abweicht oder
2. sich das amtliche Kennzeichen des Kraftfahrzeugs geändert hat.

(3) [1]Die Einbauprüfungen und Nachprüfungen dürfen nur durchgeführt werden durch

1. einen nach Maßgabe der Anlage XVIIIc hierfür amtlich anerkannten Fahrtenschreiberhersteller,
2. von diesen nach Maßgabe der Anlage XVIIId beauftragten Kraftfahrzeugwerkstätten oder
3. die in den gemäß Artikel 24 Absatz 5 der Verordnung (EU) Nr. 165/2014 von der Kommission veröffentlichten Verzeichnissen aufgeführten zugelassenen Einbaubetrieben und Werkstätten.

[2]Einbauprüfungen und Nachprüfungen dürfen nur an einer Prüfstelle durchgeführt werden, die den in Anlage XVIIIb festgelegten Anforderungen entspricht.

(4) [1]Wird der Fahrtenschreiber vom Fahrzeughersteller eingebaut, so kann dieser, sofern er hierfür nach Anlage XVIIIc amtlich anerkannt ist, die Einbauprüfung nach Maßgabe der Anlagen XVIII und XVIIIa durchführen und das Gerät kalibrieren. [2]Die Einbauprüfung und Kalibrierung kann abweichend von Satz 1 auch durch einen nach Maßgabe der Anlage XVIII hierfür anerkannten Fahrzeugimporteur durchgeführt werden. [3]Die Einbauprüfung darf nur an einer Prüfstelle durchgeführt werden, die den in Anlage XVIIIb festgelegten Anforderungen entspricht. [4]Absatz 1 Satz 2 bis 5 gilt entsprechend.

§ 57c Ausrüstung von Kraftfahrzeugen mit Geschwindigkeitsbegrenzern und ihre Benutzung

(1) Geschwindigkeitsbegrenzer sind Einrichtungen, die im Kraftfahrzeug in erster Linie durch die Steuerung der Kraftstoffzufuhr zum Motor die Fahrzeughöchstgeschwindigkeit auf den eingestellten Wert beschränken.

(2) [1]Alle Kraftomnibusse sowie Lastkraftwagen, Zugmaschinen und Sattelzugmaschinen mit einer zulässigen Gesamtmasse von jeweils mehr als 3,5 t müssen mit einem Geschwindigkeitsbegrenzer ausgerüstet sein. [2]Der Geschwindigkeitsbegrenzer ist bei

1. Kraftomnibussen auf eine Höchstgeschwindigkeit einschließlich aller Toleranzen von 100 km/h (V_{set} + Toleranzen ≤ 100 km/h),
2. Lastkraftwagen, Zugmaschinen und Sattelzugmaschinen auf eine Höchstgeschwindigkeit – einschließlich aller Toleranzen – von 90 km/h (v_{set} + Toleranzen ≤ 90 km/h) einzustellen.

(3) Mit einem Geschwindigkeitsbegrenzer brauchen nicht ausgerüstet zu sein:

1. Kraftfahrzeuge, deren durch die Bauart bestimmte tatsächliche Höchstgeschwindigkeit nicht höher als die jeweils in Absatz 2 Satz 2 in Verbindung mit Absatz 4 genannte Geschwindigkeit ist,
2. Kraftfahrzeuge der Bundeswehr, der Bundespolizei, der Einheiten und Einrichtungen des Katastrophenschutzes, der Feuerwehren, der Rettungsdienste und der Polizei,
3. Kraftfahrzeuge, die für wissenschaftliche Versuchszwecke auf der Straße oder zur Erprobung im Sinne des § 19 Absatz 6 eingesetzt werden, und
4. Kraftfahrzeuge, die ausschließlich für öffentliche Dienstleistungen innerhalb geschlossener Ortschaften eingesetzt werden oder die überführt werden (zum Beispiel vom Aufbauhersteller zum Betrieb oder für Wartungs- und Reparaturarbeiten).

(4) Die Geschwindigkeitsbegrenzer müssen den im Anhang zu dieser Vorschrift genannten Bestimmungen über Geschwindigkeitsbegrenzer entsprechen.

(5) Der Geschwindigkeitsbegrenzer muss so beschaffen sein, dass er nicht ausgeschaltet werden kann.

§ 57d Einbau und Prüfung von Geschwindigkeitsbegrenzern

(1) Geschwindigkeitsbegrenzer dürfen in Kraftfahrzeuge nur eingebaut und geprüft werden von hierfür amtlich anerkannten

1. Fahrzeugherstellern,
2. Herstellern von Geschwindigkeitsbegrenzern oder
3. Beauftragten der Hersteller nach Nummer 1 oder 2.

(1a) [1]Ferner dürfen Geschwindigkeitsbegrenzer von den in § 57b Absatz 3 Satz 1 genannten Stellen nach Maßgabe der Anlage XVIIIc geprüft werden. [2]Das Beauftragen von Kraftfahrzeugwerkstätten für diese Prüfung bestimmt sich nach Anlage XVIIId. [3]Die Prüfung darf nur an einer Prüfstelle durchgeführt werden, die den in Anlage XVIIIb festgelegten Anforderungen entspricht.

(2) [1]Halter, deren Kraftfahrzeuge mit einem Geschwindigkeitsbegrenzer nach § 57c Absatz 2 ausgerüstet sind, haben auf ihre Kosten die Geschwindigkeitsbegrenzer vor der Erstinbetriebnahme, nach jedem Einbau, jeder Reparatur, jeder Änderung der Wegdrehzahl oder des wirksamen Reifenumfanges des Kraftfahrzeuges, die sich aus einer Änderung der Reifengröße ergibt, sowie bei für die Begrenzung wesentlichen Änderungen an der Kraftstoff-Zuführungseinrichtung durch einen Berechtigten nach Absatz 1 oder 1a prüfen zu lassen, ob Einbau, Zustand und Arbeitsweise vorschriftsmäßig sind. [2]Bei Vorliegen der Vorschriftsmäßigkeit hat der Berechtigte nach Absatz 1 oder 1a an der B-Säule der Fahrerseite gut sichtbar und dauerhaft ein Einbauschild anzubringen. [3]Bei Fahrzeugen ohne B-Säule ist das Einbauschild gut sichtbar und dauerhaft am Türrahmen der Fahrerseite des Fahrzeuges anzubringen. [4]Das Einbauschild muss plombiert sein. [5]Der Halter hat sicherzustellen, dass das Einbauschild die in Satz 7 genannten Angaben enthält, plombiert, vorschriftsmäßig angebracht und weder verdeckt noch verschmutzt ist. [6]Abweichend von Satz 4 muss das Einbauschild nicht plombiert sein, wenn es sich nur durch Zerstörung der Angaben entfernen lässt. [7]Das Einbauschild muss mindestens folgende Angaben enthalten:

1. Name, Anschrift oder Firmenzeichen der Berechtigten nach Absatz 1,
2. die eingestellte Geschwindigkeit v_{set},
3. Wegdrehzahl oder Wegimpulszahl des Kraftfahrzeugs,
4. wirksamer Reifenumfang des Kraftfahrzeugs und Reifengröße,
5. Datum der Prüfung und
6. die letzten acht Zeichen der Fahrzeug-Identifizierungsnummer des Kraftfahrzeuges.

[8]Dieses Einbauschild kann mit dem Einbauschild nach § 57b kombiniert werden.

(3) Wird der Geschwindigkeitsbegrenzer von einem Fahrzeughersteller eingebaut, der Inhaber einer EU-Typgenehmigung oder einer Allgemeinen Betriebserlaubnis nach § 20 ist, kann dieser das nach Absatz 2 erforderliche Einbauschild ausstellen.

(4) Für die Anerkennung der Fahrzeughersteller, der Hersteller von Geschwindigkeitsbegrenzern, der Beauftragten der Fahrzeughersteller und der Beauftragten der Hersteller von Geschwindigkeitsbegrenzern für den Einbau und für die Prüfung von Geschwindigkeitsbegrenzern ist das Kraftfahrt-Bundesamt zuständig.

(5) Die Anerkennung wird erteilt, wenn

1. der Antragsteller, bei juristischen Personen die nach Gesetz oder Satzung zur Vertretung berufenen Personen, die Gewähr für zuverlässige Ausübung der dadurch verliehenen Befugnisse bietet,
2. der Antragsteller, falls er die Prüfungen selbst vornimmt, nachweist, dass er über die erforderlichen Fachkräfte sowie über die notwendigen, dem Stand der Technik entsprechenden Prüfgeräte und sonstigen Einrichtungen und Ausstattungen verfügt.

(6) Die Anerkennung ist nicht übertragbar; sie kann mit Nebenbestimmungen verbunden werden, die sicherstellen, dass der Einbau und die Prüfungen ordnungsgemäß durchgeführt werden.

(7) [1]Das Kraftfahrt-Bundesamt übt die Aufsicht über die Inhaber der Anerkennung aus. [2]Die Aufsichtsbehörde kann selbst prüfen oder durch von ihr bestimmte Sachverständige prüfen lassen, ob insbesondere die Voraussetzungen für die Anerkennung gegeben sind, ob der Einbau und die Prüfungen ordnungsgemäß durchgeführt und ob die sich sonst aus der Anerkennung oder den Nebenbestimmungen ergebenden Pflichten erfüllt werden.

§ 58 Geschwindigkeitsschilder

(1) Ein Geschwindigkeitsschild gibt die zulässige Höchstgeschwindigkeit des betreffenden Fahrzeugs in Kilometer je Stunde an.

(2) [1]Das Schild muss kreisrund mit einem Durchmesser von 200 mm sein und einen schwarzen Rand haben. [2]Die Ziffern sind auf weißem Grund in schwarzer fetter Engschrift entsprechend Anlage V Seite 4 in einer Schriftgröße von 120 mm auszuführen.

(2a) [1]Geschwindigkeitsschilder dürfen retroreflektierend sein. [2]Retroreflektierende Geschwindigkeitsschilder müssen dem Normblatt DIN 74069, Ausgabe Mai 1989, entsprechen, sowie auf der Vorderseite das DIN-Prüf- und Überwachungszeichen mit der zugehörigen Registernummer tragen.

(3) Mit Geschwindigkeitsschildern müssen gekennzeichnet sein

1. mehrspurige Kraftfahrzeuge mit einer durch die Bauart bestimmten Höchstgeschwindigkeit von nicht mehr als 60 km/h,
2. Anhänger mit einer durch die Bauart bestimmten Höchstgeschwindigkeit von weniger als 100 km/h,
3. Anhänger mit einer eigenen mittleren Bremsverzögerung von weniger als 2,5 m/s^2.

(4) [1]Absatz 3 gilt nicht für

1. die in § 36 Absatz 10 Satz 6 zweiter Halbsatz bezeichneten Gleiskettenfahrzeuge,
2. land- oder forstwirtschaftliche Zugmaschinen mit einer durch die Bauart bestimmten Höchstgeschwindigkeit von nicht mehr als 32 km/h,
3. land- oder forstwirtschaftliche Arbeitsgeräte, die hinter Kraftfahrzeugen mitgeführt werden.

[2]Die Vorschrift des § 36 Absatz 1 Satz 2 bleibt unberührt.

(5) [1]Die Geschwindigkeitsschilder müssen an beiden Längsseiten und an der Rückseite des Fahrzeugs angebracht werden. [2]An land- oder forstwirtschaftlichen Zugmaschinen und ihren Anhängern genügt ein Geschwindigkeitsschild an der Fahrzeugrückseite; wird es wegen der Art des Fahrzeugs oder seiner Verwendung zeitweise verdeckt oder abgenommen, so muss ein Geschwindigkeitsschild an der rechten Längsseite vorhanden sein.

§ 59 Fabrikschilder, sonstige Schilder, Fahrzeug-Identifizierungsnummer

(1) [1]An allen Kraftfahrzeugen und Anhängern muss an zugänglicher Stelle am vorderen Teil der rechten Seite gut lesbar und dauerhaft ein Fabrikschild mit folgenden Angaben angebracht sein:

1. Hersteller des Fahrzeugs;
2. Fahrzeugtyp;
3. Baujahr (nicht bei zulassungspflichtigen Fahrzeugen);
4. Fahrzeug-Identifizierungsnummer;
5. zulässiges Gesamtgewicht;
6. zulässige Achslasten (nicht bei Krafträdern).

[2]Dies gilt nicht für die in § 53 Absatz 7 bezeichneten Anhänger.

(1a) Abweichend von Absatz 1 ist an Personenkraftwagen, Kraftomnibussen, Lastkraftwagen und Sattelzugmaschinen mit mindestens vier Rädern und einer durch die Bauart bestimmten Höchstgeschwindigkeit von mehr als 25 km/h sowie ihren Anhängern zur Güterbeförderung ein Schild gemäß den im Anhang zu dieser Vorschrift genannten Bestimmungen anzubringen; an anderen Fahrzeugen – ausgenommen Kraftfahrzeuge nach § 30a Absatz 3 – darf das Schild angebracht sein.

(1b) Abweichend von Absatz 1 ist an zweirädrigen oder dreirädrigen Kraftfahrzeugen nach § 30a Absatz 3 ein Schild entsprechend den im Anhang zu dieser Vorschrift genannten Bestimmungen anzubringen.

(2) [1]Die Fahrzeug-Identifizierungsnummer nach der Norm DIN ISO 3779, Ausgabe Februar 1977, oder nach der Richtlinie 76/114/EWG des Rates vom 18. Dezember 1975 zur Angleichung der Rechtsvorschriften der Mitgliedstaaten über Schilder, vorgeschriebene Angaben, deren Lage und Anbringungsart an Kraftfahrzeugen und Kraftfahrzeuganhängern (ABl. L 24 vom 30.1.1976, S. 1), die zuletzt durch die Richtlinie 2006/96/EG (ABl. L 363 vom 20.12.2006, S. 81) geändert worden ist, muss 17 Stellen haben; andere Fahrzeug-Identifizierungsnummern dürfen nicht mehr als 14 Stellen haben. [2]Sie muss unbeschadet des Absatzes 1 an zugänglicher Stelle am vorderen Teil der rechten Seite des Fahrzeugs gut lesbar am Rahmen oder an einem ihn ersetzenden Teil eingeschlagen oder eingeprägt sein. [3]Wird nach dem Austausch des Rahmens oder des ihn ersetzenden Teils der ausgebaute Rahmen oder Teil wieder verwendet, so ist

1. die eingeschlagene oder eingeprägte Fahrzeug-Identifizierungsnummer dauerhaft so zu durchkreuzen, dass sie lesbar bleibt,
2. die Fahrzeug-Identifizierungsnummer des Fahrzeugs, an dem der Rahmen oder Teil wieder verwendet wird, neben der durchkreuzten Nummer einzuschlagen oder einzuprägen und
3. die durchkreuzte Nummer der Zulassungsbehörde zum Vermerk auf dem Brief und der Karteikarte des Fahrzeugs zu melden, an dem der Rahmen oder Teil wieder verwendet wird.

[4]Satz 3 Nummer 3 ist entsprechend anzuwenden, wenn nach dem Austausch die Fahrzeug-Identifizierungsnummer in einen Rahmen oder einen ihn ersetzenden Teil eingeschlagen oder eingeprägt wird, der noch keine Fahrzeug-Identifizierungsnummer trägt.

(3) [1]Ist eine Fahrzeug-Identifizierungsnummer nicht vorhanden oder lässt sie sich nicht mit Sicherheit feststellen, so kann die Zulassungsbehörde eine Nummer zuteilen. [2]Absatz 2 gilt für diese Nummer entsprechend.

§ 59a Nachweis der Übereinstimmung mit der Richtlinie 96/53/EG

(1) [1]Fahrzeuge, die in Artikel 1 der Richtlinie 96/53/EG des Rates vom 25. Juli 1996 zur Festlegung der höchstzulässigen Abmessungen für bestimmte Straßenfahrzeuge im innerstaatlichen und grenzüberschreitenden Verkehr in der Gemeinschaft sowie zur Festlegung der höchstzulässigen Gewichte im grenzüberschreitenden Verkehr (ABl. L 235 vom 17.9.1996, S. 59), die durch die Richtlinie 2002/7/EG (ABl. L 67 vom 9.3.2002, S. 47) geändert worden ist, genannt sind und mit dieser Richtlinie übereinstimmen, müssen mit einem Nachweis dieser Übereinstimmung versehen sein. [2]Der Nachweis muss den im Anhang zu dieser Vorschrift genannten Bestimmungen entsprechen.

(2) Die auf dem Nachweis der Übereinstimmung angeführten Werte müssen mit den am einzelnen Fahrzeug tatsächlich gemessenen übereinstimmen.

§ 60 Flüssiggasanlagen in Fahrzeugen

(1) [1]Die Halter von zulassungspflichtigen Fahrzeugen im Sinne des § 3 Absatz 1 Satz 1 der Fahrzeug-Zulassungsverordnung und kennzeichenpflichtigen Fahrzeugen nach § 4 Absatz 2 Satz 1 und Absatz 3 Satz 2 der Fahrzeug-Zulassungsverordnung haben die Flüssiggasanlagen ihrer Fahrzeuge mit einem Höchstverbrauch von 1,5 kg/h, die nicht zum Antrieb dieser Fahrzeuge dienen, auf ihre Kosten nach Maßgabe der Technischen Regel Arbeitsblatt DVGW G 607 (A) „Flüssiggasanlagen mit einem Höchstverbrauch von 1,5 kg/h in Freizeitfahrzeugen, Mobilheimen und zu Wohnzwecken in anderen Fahrzeugen; Betrieb und Prüfung" (ISSN 0176-3490, DVGW, Bonn, August 2022) des Vereins „Deutscher Verein des Gas- und Wasserfaches e.V." Josef-Wirmer-Straße 1–3, 53123 Bonn prüfen zu lassen

1. vor ihrer erstmaligen Inbetriebnahme,
2. vor einer Wiederinbetriebnahme nach prüfpflichtigen Änderungen sowie
3. danach wiederkehrend im Abstand von jeweils 24 Monaten zur vorausgegangenen Prüfung (Wiederholungsprüfung).

[2]Die Frist für die Durchführung einer Wiederholungsprüfung endet mit Ablauf des vierundzwanzigsten Monats. [3]Ausgenommen von der Pflicht nach Satz 1 sind

1. Fahrzeuge mit rotem Kennzeichen nach den §§ 41 und 43 der Fahrzeug-Zulassungsverordnung sowie Kurzzeitkennzeichen nach § 42 Absatz 3 der Fahrzeug-Zulassungsverordnung,
2. Fahrzeuge der Bundeswehr und
3. Fahrzeuge nach § 52 Absatz 3 Satz 1 Nummer 1, 2 und 4.

(2) [1]Abweichend von Absatz 1 Satz 1 haben die Halter von gewerblich genutzten Fahrzeugen mit Flüssiggasanlagen zu Brennzwecken die Flüssiggasanlagen, die im Sinne des § 2 Absatz 1 der Betriebssicherheitsverordnung vom 3. Februar 2015 (BGBl. I S. 49), die zuletzt durch Artikel 7 des Gesetzes vom 27. Juli 2021 geändert worden ist, als Arbeitsmittel verwendet werden, auf ihre Kosten nach Maßgabe des § 14 Absatz 4 in Verbindung mit Anhang 3 Abschnitt 2 der Betriebssicherheitsverordnung, zu den dort genannten Zeitpunkten prüfen zu lassen. [2]Die Ergebnisse der Prüfung sind unter Verwendung der

Vorlagen des Anhanges des Grundsatzes 310-003 „Prüfaufzeichnung über die Prüfung von Flüssiggasanlagen zu Brennzwecken in oder an Fahrzeugen" der Deutschen Gesetzlichen Unfallversicherung e.V.[1)], Ausgabe Juni 2023 und nach Maßgabe des § 14 Absatz 7 in Verbindung mit Anhang 3 Abschnitt 2 Nummer 4.2 der Betriebssicherheitsverordnung aufzuzeichnen und aufzubewahren.

(3) [1]Die Halter von gewerblich genutzten Fahrzeugen mit Flüssiggas-Verbrennungsmotoren zu Antriebszwecken haben die Flüssiggasanlagen, die im Sinne des § 2 Absatz 1 der Betriebssicherheitsverordnung als Arbeitsmittel verwendet werden und die nicht der wiederkehrenden Prüfung nach § 41a Absatz 6 unterliegen, auf ihre Kosten nach Maßgabe des § 14 Absatz 4 in Verbindung mit Anhang 3 Abschnitt 2 der Betriebssicherheitsverordnung zu den dort genannten Zeitpunkten prüfen zu lassen. [2]Die Ergebnisse der Prüfung sind unter Verwendung der Vorlage des Anhanges des Grundsatzes 310-004 „Prüfaufzeichnung über die Prüfung von Flurförderzeugen und anderen mobilen Arbeitsmitteln mit Flüssiggas-Verbrennungsmotoren" der Deutschen Gesetzlichen Unfallversicherung e.V.[2)], Ausgabe 2023, und nach Maßgabe des § 14 Absatz 7 in Verbindung mit Anhang 3 Abschnitt 2 Nummer 4.2 der Betriebssicherheitsverordnung aufzuzeichnen und aufzubewahren.

§ 60a (weggefallen)

§ 61 Halteeinrichtungen für Beifahrer sowie Fußstützen und Ständer von zweirädrigen Kraftfahrzeugen

(1) Zweirädrige Kraftfahrzeuge, auf denen ein Beifahrer befördert werden darf, müssen mit einem Haltesystem für den Beifahrer ausgerüstet sein, das den im Anhang zu dieser Vorschrift genannten Bestimmungen entspricht.

(2) Zweirädrige Kraftfahrzeuge müssen für den Fahrer und den Beifahrer beiderseits mit Fußstützen ausgerüstet sein.

(3) Jedes zweirädrige Kraftfahrzeug muss mindestens mit einem Ständer ausgerüstet sein, der den im Anhang zu dieser Vorschrift genannten Bestimmungen entspricht.

§ 61a Besondere Vorschriften für Anhänger hinter Fahrrädern mit Hilfsmotor

[1]Anhänger hinter Fahrrädern mit Hilfsmotor werden bei Anwendung der Bau- und Betriebsvorschriften wie Anhänger hinter Fahrrädern behandelt, wenn

1. die durch die Bauart bestimmte Höchstgeschwindigkeit des ziehenden Fahrzeugs 25 km/h nicht überschreitet oder
2. die Anhänger vor dem 1. April 1961 erstmals in den Verkehr gekommen sind.

[2]Auf andere Anhänger hinter Fahrrädern mit Hilfsmotor sind die Vorschriften über Anhänger hinter Kleinkrafträdern anzuwenden.

§ 62 Elektrische Einrichtungen von elektrisch angetriebenen Kraftfahrzeugen

Elektrische Einrichtungen von elektrisch angetriebenen Kraftfahrzeugen müssen so beschaffen sein, dass bei verkehrsüblichem Betrieb der Fahrzeuge durch elektrische Einwirkung weder Personen verletzt noch Sachen beschädigt werden können.

3. Andere Straßenfahrzeuge

§ 63 Anwendung der für Kraftfahrzeuge geltenden Vorschriften

[1]Die Vorschriften über Abmessungen, Achslast, Gesamtgewicht und Bereifung von Kraftfahrzeugen und ihren Anhängern (§§ 32, 34, 36 Absatz 1) gelten für andere Straßenfahrzeuge entsprechend. [2]Für die Nachprüfung der Achslasten gilt § 31c mit der Abweichung, dass der Umweg zur Waage nicht mehr als 2 km betragen darf.

§ 63a Fahrräder und Fahrradanhänger

(1) Ein Fahrrad ist ein Fahrzeug mit mindestens zwei Rädern, das ausschließlich durch die Muskelkraft auf ihm befindlicher Personen mit Hilfe von Pedalen oder Handkurbeln angetrieben wird.

(2) [1]Als Fahrrad gilt auch ein Fahrzeug im Sinne des Absatzes 1, das mit einer elektrischen Trethilfe ausgerüstet ist, die mit einem elektromotorischen Hilfsantrieb mit einer größten Nenndauerleistung von 0,25 kW ausgestattet ist, dessen Unterstützung sich mit zunehmender Fahrzeuggeschwindigkeit progressiv verringert und beim Erreichen einer Geschwindigkeit von 25 km/h oder wenn der Fahrer mit dem Treten oder Kurbeln einhält, unterbrochen wird. [2]Die Anforderungen des Satzes 1 sind auch dann erfüllt,

---

1) **Amtl. Anm.:** Amtlicher Hinweis: Veröffentlichung und Bezug: www.dguv.de/publikationen > Webcode: p310003

2) **Amtl. Anm.:** Amtlicher Hinweis: Veröffentlichung und Bezug: www.dguv.de/publikationen > Webcode: p310004

wenn das Fahrrad über einen Hilfsantrieb im Sinne des Satzes 1 verfügt, der eine Beschleunigung des Fahrzeugs auf eine Geschwindigkeit von bis zu 6 km/h, auch ohne gleichzeitiges Treten oder Kurbeln des Fahrers, ermöglicht (Anfahr- oder Schiebehilfe).

(3) Fahrräder und Fahrradanhänger dürfen nur dann im öffentlichen Straßenverkehr in Betrieb genommen werden, wenn sie den Vorschriften dieser Verordnung, den zu ihrer Ausführung amtlich veröffentlichten Bekanntmachungen sowie dem Stand der Technik zum Zeitpunkt der Herstellung entsprechen.

§ 64 Lenkeinrichtung, sonstige Ausrüstung und Bespannung

(1) [1]Fahrzeuge müssen leicht lenkbar sein. [2]§ 35a Absatz 1, Absatz 10 Satz 1 und 4 und § 35d Absatz 1 sind entsprechend anzuwenden, soweit nicht die Beschaffenheit der zu befördernden Güter eine derartige Ausrüstung der Fahrzeuge ausschließt.

(2) [1]Die Bespannung zweispänniger Fuhrwerke, die (nur) eine Deichsel (in der Mitte) haben, mit nur einem Zugtier ist unzulässig, wenn die sichere und schnelle Einwirkung des Gespannführers auf die Lenkung des Fuhrwerks nicht gewährleistet ist; dies kann durch Anspannung mit Kumtgeschirr oder mit Sielen mit Schwanzriemen oder Hinterzeug, durch Straffung der Steuerkette und ähnliche Mittel erreicht werden. [2]Unzulässig ist die Anspannung an den Enden der beiden Ortscheite (Schwengel) der Bracke (Waage) oder nur an einem Ortscheit der Bracke, wenn diese nicht mit einer Kette oder dergleichen festgelegt ist. [3]Bei Pferden ist die Verwendung sogenannter Zupfleinen (Stoßzügel) unzulässig.

§ 64a Einrichtungen für Schallzeichen

[1]Fahrräder und Schlitten müssen mit mindestens einer helltönenden Glocke ausgerüstet sein; ausgenommen sind Handschlitten. [2]Andere Einrichtungen für Schallzeichen dürfen an diesen Fahrzeugen nicht angebracht sein. [3]An Fahrrädern sind auch Radlaufglocken nicht zulässig.

§ 64b Kennzeichnung

An jedem Gespannfahrzeug – ausgenommen Kutschwagen, Personenschlitten und fahrbare land- oder forstwirtschaftliche Arbeitsgeräte – müssen auf der linken Seite Vorname, Zuname und Wohnort (Firma und Sitz) des Besitzers in unverwischbarer Schrift deutlich angegeben sein.

§ 65 Bremsen

(1) [1]Alle Fahrzeuge müssen eine ausreichende Bremse haben, die während der Fahrt leicht bedient werden kann und ihre Wirkung erreicht, ohne die Fahrbahn zu beschädigen. [2]Fahrräder müssen zwei voneinander unabhängige Bremsen haben. [3]Bei Handwagen und Schlitten sowie bei land- oder forstwirtschaftlichen Arbeitsmaschinen, die nur im Fahren Arbeit leisten können (zum Beispiel Pflüge, Drillmaschinen, Mähmaschinen), ist eine Bremse nicht erforderlich.

(2) Als ausreichende Bremse gilt jede am Fahrzeug fest angebrachte Einrichtung, welche die Geschwindigkeit des Fahrzeugs zu vermindern und das Fahrzeug festzustellen vermag.

(3) Sperrhölzer, Hemmschuhe und Ketten dürfen nur als zusätzliche Hilfsmittel und nur dann verwendet werden, wenn das Fahrzeug mit einer gewöhnlichen Bremse nicht ausreichend gebremst werden kann.

§ 66 Rückspiegel

[1]Lastfahrzeuge müssen einen Spiegel für die Beobachtung der Fahrbahn nach rückwärts haben. [2]Dies gilt nicht, wenn eine zweckentsprechende Anbringung des Rückspiegels an einem Fahrzeug technisch nicht möglich ist, ferner nicht für land- oder forstwirtschaftliche Maschinen.

§ 66a Lichttechnische Einrichtungen

(1) [1]Während der Dämmerung, der Dunkelheit oder wenn die Sichtverhältnisse es sonst erfordern, müssen die Fahrzeuge

1. nach vorn mindestens eine Leuchte mit weißem Licht,
2. nach hinten mindestens eine Leuchte mit rotem Licht in nicht mehr als 1 500 mm Höhe über der Fahrbahn

führen; an Krankenfahrstühlen müssen diese Leuchten zu jeder Zeit fest angebracht sein. [2]Beim Mitführen von Anhängern genügt es, wenn der Zug wie ein Fahrzeug beleuchtet wird; jedoch muss die seitliche Begrenzung von Anhängern, die mehr als 400 mm über die Leuchten des vorderen Fahrzeugs hinausragen, durch mindestens eine Leuchte mit weißem Licht kenntlich gemacht werden. [3]Für Handfahrzeuge gilt § 17 Absatz 5 der Straßenverkehrs-Ordnung.

(2) [1]Die Leuchten müssen möglichst weit links und dürfen nicht mehr als 400 mm von der breitesten Stelle des Fahrzeugumrisses entfernt angebracht sein. [2]Paarweise verwendete Leuchten müssen gleich stark leuchten, nicht mehr als 400 mm von der breitesten Stelle des Fahrzeugumrisses entfernt und in gleicher Höhe angebracht sein.

(3) Bei bespannten land- oder forstwirtschaftlichen Fahrzeugen, die mit Heu, Stroh oder anderen leicht brennbaren Gütern beladen sind, genügt eine nach vorn und hinten gut sichtbare Leuchte mit weißem Licht, die auf der linken Seite anzubringen oder von Hand mitzuführen ist.

(4) [1]Alle Fahrzeuge müssen an der Rückseite mit zwei roten Rückstrahlern ausgerüstet sein. [2]Diese dürfen nicht mehr als 400 mm (äußerster Punkt der leuchtenden Fläche) von der breitesten Stelle des Fahrzeugumrisses entfernt sowie höchstens 900 mm (höchster Punkt der leuchtenden Fläche) über der Fahrbahn in gleicher Höhe angebracht sein. [3]Die Längsseiten der Fahrzeuge müssen mit mindestens je einem gelben Rückstrahler ausgerüstet sein, die nicht höher als 600 mm, jedoch so tief wie möglich angebracht sein müssen.

(5) Zusätzliche nach der Seite wirkende gelbe rückstrahlende Mittel sind zulässig.

(6) Leuchten und Rückstrahler dürfen nicht verdeckt oder verschmutzt sein; die Leuchten dürfen nicht blenden.

§ 67 Lichttechnische Einrichtungen an Fahrrädern

(1) [1]Fahrräder dürfen nur dann im öffentlichen Straßenverkehr in Betrieb genommen werden, wenn sie mit den vorgeschriebenen und bauartgenehmigten lichttechnischen Einrichtungen ausgerüstet sind. [2]Für abnehmbare Scheinwerfer und Leuchten gilt Absatz 2 Satz 4. [3]Fahrräder müssen für den Betrieb des Scheinwerfers und der Schlussleuchte mit einer Lichtmaschine, einer Batterie oder einem wieder aufladbaren Energiespeicher oder einer Kombination daraus als Energiequelle ausgerüstet sein. [4]Alle lichttechnischen Einrichtungen, mit Ausnahme von Batterien und wieder aufladbaren Energiespeichern, müssen den Anforderungen des § 22a genügen. [5]Die Nennspannung der Energiequelle muss verträglich mit der Spannung der verwendeten aktiven lichttechnischen Einrichtungen sein.

(2) [1]Als lichttechnische Einrichtungen gelten auch Leuchtstoffe und rückstrahlende Mittel. [2]Die lichttechnischen Einrichtungen müssen vorschriftsmäßig im Sinne dieser Verordnung und während ihres Betriebs fest angebracht, gegen unabsichtliches Verstellen unter normalen Betriebsbedingungen gesichert sowie ständig einsatzbereit sein. [3]Lichttechnische Einrichtungen dürfen nicht verdeckt sein. [4]Scheinwerfer, Leuchten und deren Energiequelle dürfen abnehmbar sein, müssen jedoch während der Dämmerung, bei Dunkelheit oder wenn die Sichtverhältnisse es sonst erfordern, angebracht werden. [5]Lichttechnische Einrichtungen dürfen zusammengebaut, ineinander gebaut oder kombiniert sein, mit Ausnahme von Fahrtrichtungsanzeigern. [6]Lichttechnische Einrichtungen dürfen sich in ihrer Wirkung gegenseitig nicht beeinflussen. [7]Fahrräder mit einer Breite über 1 000 mm müssen nach vorne und hinten gerichtete, paarweise horizontal angebrachte Rückstrahler sowie mindestens zwei weiße Scheinwerfer und zwei rote Schlussleuchten aufweisen, die mit einem seitlichen Abstand von maximal 200 mm paarweise zur Außenkante angebracht sein müssen. [8]Abweichend davon müssen Fahrräder, die breiter als 1 800 mm sind, den Anbauvorschriften der Regelung Nr. 48 der Wirtschaftskommission der Vereinten Nationen für Europa über einheitliche Bedingungen für die Genehmigung von Fahrzeugen hinsichtlich des Anbaus der Beleuchtungs- und Lichtsignaleinrichtungen (ABl. L 265 vom 30.9.2016, S. 125) für Personenkraftwagen entsprechen.

(3) [1]Fahrräder müssen mit einem oder zwei nach vorn wirkenden Scheinwerfern für weißes Abblendlicht ausgerüstet sein. [2]Der Scheinwerfer muss so eingestellt sein, dass er andere Verkehrsteilnehmer nicht blendet. [3]Blinkende Scheinwerfer sind unzulässig. [4]Fahrräder müssen mit mindestens einem nach vorn wirkenden weißen Rückstrahler ausgerüstet sein. [5]Scheinwerfer dürfen zusätzlich mit Tagfahrlicht- und Fernlichtfunktion für weißes Licht mit einer maximalen Lichtstärke und Lichtverteilung der Tagfahrlichtfunktion nach der Regelung Nr. 87 der Wirtschaftskommission der Vereinten Nationen für Europa (UN/ECE) – Einheitliche Bedingungen für die Genehmigung von Leuchten für Tagfahrlicht für Kraftfahrzeuge (ABl. L 164 vom 30.6.2010, S. 46) ausgerüstet sein. [6]Die Umschaltung zwischen den Lichtfunktionen muss automatisch erfolgen oder von Hand mit Bedienteilen entsprechend der Lageanordnung nach der Regelung Nr. 60 der Wirtschaftskommission der Vereinten Nationen für Europa (UNECE) – Einheitliche Vorschriften für die Genehmigung zweirädriger Krafträder und Fahrräder mit Hilfsmotor hinsichtlich der vom Fahrzeugführer betätigten Bedienteile und der Kennzeichnung von Bedienteilen, Kontrollleuchten und Anzeigevorrichtungen (ABl. L 297 vom 15.10.2014, S. 23).

(4) [1]Fahrräder müssen an der Rückseite mit mindestens

1. einer Schlussleuchte für rotes Licht,
2. einem roten nicht dreieckigen Rückstrahler der Kategorie „Z“ ausgerüstet sein.

[2]Schlussleuchte und Rückstrahler dürfen in einem Gerät verbaut sein. [3]Schlussleuchten dürfen zusätzlich mit einer Bremslichtfunktion für rotes Licht mit einer Lichtstärke und Lichtverteilung der Bremslichtfunktion entsprechend der Regelung Nr. 50 der Wirtschaftskommission der Vereinten Nationen für Europa (UNECE) – Einheitliche Bedingungen für die Genehmigung von Begrenzungsleuchten, Schluss-

leuchten, Bremsleuchten, Fahrtrichtungsanzeigern und Beleuchtungseinrichtungen für das hintere Kennzeichenschild für Fahrzeuge der Klasse L (ABl. L 97 vom 29.3.2014, S. 1) ausgerüstet sein. [4]Blinkende Schlussleuchten sind unzulässig.

(5) [1]Fahrradpedale müssen mit nach vorn und nach hinten wirkenden gelben Rückstrahlern ausgerüstet sein. [2]Die Längsseiten eines Fahrrades müssen nach jeder Seite mit

1. ringförmig zusammenhängenden retroreflektierenden weißen Streifen an den Reifen oder Felgen oder in den Speichen des Vorderrades und des Hinterrades oder
2. Speichen an jedem Rad, alle Speichen entweder vollständig weiß retroreflektierend oder mit Speichenhülsen an jeder Speiche, oder
3. mindestens zwei um 180 Grad versetzt angebrachten, nach der Seite wirkenden gelben Speichenrückstrahlern an den Speichen des Vorderrades und des Hinterrades

kenntlich gemacht sein. [3]Zusätzlich zu der Mindestausrüstung mit einer der Absicherungsarten dürfen Sicherungsmittel aus den anderen Absicherungsarten angebracht sein. [4]Werden mehr als zwei Speichenrückstrahler an einem Rad angebracht, so sind sie am Radumfang gleichmäßig zu verteilen. [5]Zusätzliche nach der Seite wirkende bauartgenehmigte gelbe rückstrahlende Mittel sind zulässig. [6]Nach vorne und nach hinten wirkende Fahrtrichtungsanzeiger, genehmigt nach der Regelung Nr. 50 der Wirtschaftskommission der Vereinten Nationen für Europa (UNECE) – Einheitliche Bedingungen für die Genehmigung von Begrenzungsleuchten, Schlussleuchten, Bremsleuchten, Fahrtrichtungsanzeigern und Beleuchtungseinrichtungen für das hintere Kennzeichenschild für Fahrzeuge der Klasse L (ABl. L 97 vom 29.3.2014, S. 1) oder genehmigt nach der UN-Regelung Nr. 148 – Einheitliche Bedingungen für die Genehmigung von Lichtsignaleinrichtungen (Leuchten) für Kraftfahrzeuge und ihre Anhänger [2021/1719] (ABl. L 347 vom 30.9.2021, S. 123) und angebaut nach der Regelung Nr. 74 der Wirtschaftskommission der Vereinten Nationen für Europa (UN/ECE) – Einheitliche Bedingungen für die Genehmigung von Fahrzeugen der Klasse L 1 hinsichtlich des Anbaus der Beleuchtungs- und Lichtsignaleinrichtungen (ABl. L 166 vom 18.6.2013, S. 88) sowie Anordnung der Bedienteile nach der Regelung Nr. 60 der Wirtschaftskommission der Vereinten Nationen für Europa (UNECE) – Einheitliche Vorschriften für die Genehmigung zweirädriger Krafträder und Fahrräder mit Hilfsmotor hinsichtlich der vom Fahrzeugführer betätigten Bedienteile und der Kennzeichnung von Bedienteilen, Kontrollleuchten und Anzeigevorrichtungen (ABl. L 297 vom 15.10.2014, S. 23), sind zulässig.

(6) [1]Schlussleuchte und Scheinwerfer dürfen nur gemeinsam einzuschalten sein, wenn sie mit Hilfe einer Lichtmaschine betrieben werden. [2]Bei eingeschalteter Standlichtfunktion darf auch die Schlussleuchte allein leuchten. [3]In den Scheinwerfern und Leuchten dürfen nur die nach ihrer Bauart dafür bestimmten Leuchtmittel verwendet werden.

(7) [1]Bei Fahrrädern mit elektrischer Tretunterstützung kann die Versorgung der Beleuchtungsanlage über eine Kopplung an den Energiespeicher für den Antrieb erfolgen, wenn

1. nach entladungsbedingter Abschaltung des Unterstützungsantriebs noch eine ununterbrochene Stromversorgung der Beleuchtungsanlage über mindestens zwei Stunden gewährleistet ist oder
2. der Antriebsmotor als Lichtmaschine übergangsweise benutzt werden kann, um auch weiterhin die Lichtanlage mit Strom zu versorgen.

[2]Satz 1 gilt nicht für Fahrräder mit elektrischer Tretunterstützung, die vor dem 1. Januar 2019 in Verkehr gebracht werden.

(8) Für lichttechnische Einrichtungen am Fahrrad gelten folgende Anbauhöhen

Lichttechnische Einrichtung	Minimale Höhe [mm]	Maximale Höhe [mm]
Scheinwerfer für Abblendlicht	400	1 200
Rückstrahler vorne	400	1 200
Hinten: Schlussleuchte, Rückstrahler	250	1 200

§ 67a Lichttechnische Einrichtungen an Fahrradanhängern

(1) [1]An Fahrradanhängern dürfen nur die vorgeschriebenen und bauartgenehmigten lichttechnischen Einrichtungen angebracht sein. [2]Lichttechnische Einrichtungen dürfen nicht verdeckt sein.

(2) Fahrradanhänger müssen mindestens mit folgenden lichttechnischen Einrichtungen ausgerüstet sein:

1. nach vorn wirkend:
   a) bei einer Breite des Anhängers von mehr als 600 mm mit zwei paarweise angebauten weißen Rückstrahlern mit einem maximalen Abstand von 200 mm zur Außenkante,

   b) bei einer Breite des Anhängers von mehr als 1 000 mm zusätzlich mit einer Leuchte für weißes Licht auf der linken Seite,
2. nach hinten wirkend:
   a) mit einer Schlussleuchte für rotes Licht auf der linken Seite, falls mehr als 50 Prozent der sichtbaren leuchtenden Fläche der Schlussleuchte des Fahrrads durch den Anhänger verdeckt wird oder falls der Anhänger mehr als 600 mm breit ist und
   b) mit zwei roten Rückstrahlern der Kategorie „Z" mit einem maximalen Abstand von 200 mm zur Außenkante,
3. nach beiden Seiten wirkend:
   a) mit ringförmig zusammenhängenden retroreflektierenden weißen Streifen an Reifen oder Felgen oder Rädern oder
   b) mit weiß retroreflektierenden Speichen (jede Speiche) oder Speichenhülsen (an jeder Speiche) an jedem Rad oder
   c) mit mindestens zwei um 180 Grad versetzt angebrachten, nach der Seite wirkenden gelben Speichenrückstrahlern an den Speichen jedes Rades.

(3) Anhänger, die nicht breiter als 1 000 mm sind, dürfen mit einer Leuchte für weißes Licht nach vorne ausgerüstet werden.

(4) Unabhängig von der Breite dürfen Anhänger mit
1. einer weiteren Leuchte für rotes Licht nach hinten auf der rechten Seite oder
2. Fahrtrichtungsanzeigern, genehmigt nach der Regelung Nr. 50 der Wirtschaftskommission der Vereinten Nationen für Europa (UNECE) – Einheitliche Bedingungen für die Genehmigung von Begrenzungsleuchten, Schlussleuchten, Bremsleuchten, Fahrtrichtungsanzeigern und Beleuchtungseinrichtungen für das hintere Kennzeichenschild für Fahrzeuge der Klasse L (ABl. L 97 vom 29.3.2014, S. 1) oder genehmigt nach der UN-Regelung Nr. 148 – Einheitliche Bedingungen für die Genehmigung von Lichtsignaleinrichtungen (Leuchten) für Kraftfahrzeuge und ihre Anhänger [2021/1719] (ABl. L 347 vom 30.9.2021, S. 123) und angebaut nach der Regelung Nr. 74 der Wirtschaftskommission der Vereinten Nationen für Europa (UN/ECE) – Einheitliche Bedingungen für die Genehmigung von Fahrzeugen der Klasse L 1 hinsichtlich des Anbaus der Beleuchtungs- und Lichtsignaleinrichtungen (ABl. L 166 vom 18.6.2013, S. 88), oder
3. zwei weiteren zusätzlichen roten nicht dreieckigen Rückstrahlern nach hinten wirkend mit einem maximalen Abstand von 200 mm zur Außenkante

ausgerüstet werden.

(5) Lichttechnische Einrichtungen dürfen zusammengebaut, ineinander gebaut oder kombiniert sein, mit Ausnahme von Fahrtrichtungsanzeigern.

(6) Absatz 2 gilt nicht für Fahrradanhänger, die vor dem 1. Januar 2018 in Verkehr gebracht werden.

C.
Durchführungs-, Bußgeld- und Schlussvorschriften

§ 68 Zuständigkeiten

(1) Diese Verordnung wird von den nach Landesrecht zuständigen Behörden ausgeführt.

(2) [1]Örtlich zuständig ist, soweit nichts anderes vorgeschrieben ist, die Behörde des Wohnorts, mangels eines solchen des Aufenthaltsorts des Antragstellers oder Betroffenen, bei juristischen Personen, Handelsunternehmen oder Behörden die Behörde des Sitzes oder des Orts der beteiligten Niederlassung oder Dienststelle. [2]Anträge können mit Zustimmung der örtlich zuständigen Behörde von einer gleichgeordneten auswärtigen Behörde behandelt und erledigt werden. [3]Die Verfügungen der Behörde (Sätze 1 und 2) sind im Inland wirksam. [4]Verlangt die Verkehrssicherheit ein sofortiges Eingreifen, so kann anstelle der örtlich zuständigen Behörde jede ihr gleichgeordnete Behörde mit derselben Wirkung Maßnahmen auf Grund dieser Verordnung vorläufig treffen.

(3) [1]Die Zuständigkeiten der Verwaltungsbehörden und höheren Verwaltungsbehörden auf Grund dieser Verordnung werden für die Dienstbereiche der Bundeswehr, der Bundespolizei, der Bundesanstalt Technisches Hilfswerk und der Polizei durch deren Dienststellen nach Bestimmung der Fachminister wahrgenommen. [2]Für den Dienstbereich der Polizei kann die Zulassung von Kraftfahrzeugen und ihrer Anhänger nach Bestimmung der Fachminister durch die nach Absatz 1 zuständigen Behörden vorgenommen werden.

§ 69 (weggefallen)

§ 69a Ordnungswidrigkeiten

(1) Ordnungswidrig im Sinne des § 62 Absatz 1 Nummer 7 des Bundes-Immissionsschutzgesetzes handelt, wer vorsätzlich oder fahrlässig entgegen § 47f Absatz 1, auch in Verbindung mit Absatz 2 Satz 1, oder entgegen § 47f Absatz 2 Satz 2 ein Kraftfahrzeug betreibt.

(2) Ordnungswidrig im Sinne des § 24 Absatz 1 des Straßenverkehrsgesetzes handelt, wer vorsätzlich oder fahrlässig

1. entgegen § 17 Absatz 1 einem Verbot, ein Fahrzeug in Betrieb zu setzen, zuwiderhandelt oder Beschränkungen nicht beachtet,
1a. entgegen § 19 Absatz 2 Satz 3 eine Änderung vornimmt oder vornehmen lässt,
1b. entgegen § 19 Absatz 5 Satz 1 ein Fahrzeug in Betrieb nimmt oder als Halter dessen Inbetriebnahme anordnet oder zulässt,
2. einer vollziehbaren Anordnung oder Auflage nach § 29 Absatz 7 Satz 5 in Verbindung mit Satz 4 zuwiderhandelt,
3. bis 6. (weggefallen)
7. entgegen § 22a Absatz 2 Satz 1 oder Absatz 6 ein Fahrzeugteil ohne amtlich vorgeschriebenes und zugeteiltes Prüfzeichen zur Verwendung feilbietet, veräußert, erwirbt oder verwendet,
8. gegen eine Vorschrift des § 21a Absatz 3 Satz 1 oder § 22a Absatz 5 Satz 1 oder Absatz 6 über die Kennzeichnung von Ausrüstungsgegenständen oder Fahrzeugteilen mit Prüfzeichen oder gegen ein Verbot nach § 21a Absatz 3 Satz 2 oder § 22a Absatz 5 Satz 2 oder Absatz 6 über die Anbringung von verwechslungsfähigen Zeichen verstößt,
9. gegen eine Vorschrift über Mitführung und Aushändigung
   a) bis f) (weggefallen)
   g) eines Abdrucks oder einer Ablichtung einer Erlaubnis, Genehmigung, eines Auszugs einer Erlaubnis oder Genehmigung, eines Teilegutachtens oder eines Nachweises nach § 19 Absatz 4 Satz 1,
   h) (weggefallen)
   i) der Urkunde über die Einzelgenehmigung nach § 22a Absatz 4 Satz 2

   verstößt,
10. bis 13b. (weggefallen)
14. einer Vorschrift des § 29 Absatz 1 Satz 1 in Verbindung mit den Nummern 2.1, 2.2, 2.6, 2.7 Satz 2 oder 3, den Nummern 3.1.1, 3.1.2 oder 3.2.2 der Anlage VIII über Hauptuntersuchungen oder Sicherheitsprüfungen zuwiderhandelt,
15. einer Vorschrift des § 29 Absatz 2 Satz 1 über Prüfplaketten oder Prüfmarken in Verbindung mit einem SP-Schild, des § 29 Absatz 5 über den ordnungsgemäßen Zustand der Prüfplaketten oder der Prüfmarken in Verbindung mit einem SP-Schild, des § 29 Absatz 7 Satz 5 über das Betriebsverbot oder die Betriebsbeschränkung oder des § 29 Absatz 8 über das Verbot des Anbringens verwechslungsfähiger Zeichen zuwiderhandelt,
16. einer Vorschrift des § 29 Absatz 10 Satz 1 oder 2 über die Aufbewahrungs- und Aushändigungspflicht für Untersuchungsberichte oder Prüfprotokolle zuwiderhandelt,
17. *[aufgehoben]*
18. einer Vorschrift des § 29 Absatz 1 Satz 1 in Verbindung mit Nummer 3.1.4.2 Satz 2 Halbsatz 2 der Anlage VIII über die Behebung der geringen Mängel oder Nummer 3.1.4.3 Satz 2 Halbsatz 2 über die Behebung der erheblichen Mängel oder die Wiedervorführung zur Nachprüfung der Mängelbeseitigung zuwiderhandelt,
19. entgegen § 29 Absatz 1 Satz 1 in Verbindung mit Nummer 4.3 Satz 5 der Anlage VIII, Nummer 8.1.1 Satz 2 oder Nummer 8.2.1 Satz 2 der Anlage VIIIc die Maßnahmen nicht duldet oder die vorgeschriebenen Aufzeichnungen nicht vorlegt oder
20. entgegen § 60 Absatz 1 Satz 1, Absatz 2 Satz 1 oder Absatz 3 Satz 1 eine Flüssiggasanlage nicht, nicht richtig, nicht in der vorgeschriebenen Weise oder nicht rechtzeitig prüfen lässt.

(3) Ordnungswidrig im Sinne des § 24 Absatz 1 des Straßenverkehrsgesetzes handelt ferner, wer vorsätzlich oder fahrlässig ein Kraftfahrzeug oder ein Kraftfahrzeug mit Anhänger (Fahrzeugkombination) unter Verstoß gegen eine der folgenden Vorschriften in Betrieb nimmt:

1. des § 30 über allgemeine Beschaffenheit von Fahrzeugen;
1a. des § 30c Absatz 1 und 4 über vorstehende Außenkanten, Frontschutzsysteme;
1b. des § 30d Absatz 3 über die Bestimmungen für Kraftomnibusse oder des § 30d Absatz 4 über die technischen Einrichtungen für die Beförderung von Personen mit eingeschränkter Mobilität in Kraftomnibussen;

1c. des § 31d Absatz 2 über die Ausrüstung ausländischer Kraftfahrzeuge mit Sicherheitsgurten, des § 31d Absatz 3 über die Ausrüstung ausländischer Kraftfahrzeuge mit Geschwindigkeitsbegrenzern oder deren Benutzung oder des § 31d Absatz 4 Satz 1 über die Profiltiefe der Reifen ausländischer Kraftfahrzeuge;

2. des § 32 Absatz 1 bis 4 oder 9, auch in Verbindung mit § 31d Absatz 1, über Abmessungen von Fahrzeugen und Fahrzeugkombinationen;

3. der §§ 32a, 42 Absatz 2 Satz 1 über das Mitführen von Anhängern, des § 33 über das Schleppen von Fahrzeugen, des § 43 Absatz 1 Satz 1 bis 3, Absatz 2 Satz 1, Absatz 3, 4 Satz 1 oder 3 über Einrichtungen zur Verbindung von Fahrzeugen oder des § 44 Absatz 1, 2 Satz 1 oder Absatz 3 über Stützeinrichtungen und Stützlast von Fahrzeugen;

3a. des § 32b Absatz 1, 2 oder 4 über Unterfahrschutz;

3b. des § 32c Absatz 2 über seitliche Schutzvorrichtungen;

3c. des § 32d Absatz 1 oder 2 Satz 1 über Kurvenlaufeigenschaften;

4. des § 34 Absatz 3 Satz 3 über die zulässige Achslast oder das zulässige Gesamtgewicht bei Fahrzeugen oder Fahrzeugkombinationen, des § 34 Absatz 8 über das Gewicht auf einer oder mehreren Antriebsachsen, des § 34 Absatz 9 Satz 1 über den Achsabstand, des § 34 Absatz 11 über Hubachsen oder Lastverlagerungsachsen, jeweils auch in Verbindung mit § 31d Absatz 1, des § 34b über die Laufrollenlast oder das Gesamtgewicht von Gleiskettenfahrzeugen oder des § 42 Absatz 1 oder Absatz 2 Satz 2 über die zulässige Anhängelast;

5. des § 34a Absatz 1 über die Besetzung, Beladung und Kennzeichnung von Kraftomnibussen;

6. des § 35 über die Motorleistung;

7. des § 35a Absatz 1 über Anordnung oder Beschaffenheit des Sitzes des Fahrzeugführers, des Betätigungsraums oder der Einrichtungen zum Führen des Fahrzeugs für den Fahrer, der Absätze 2, 3, 4, 5 Satz 1 oder Absatz 7 über Sitze und deren Verankerungen, Kopfstützen, Sicherheitsgurte und deren Verankerungen oder über Rückhaltesysteme, des Absatzes 4a über Rollstuhlstellplätze, Rollstuhl-Rückhaltesysteme, Rollstuhlnutzer-Rückhaltesysteme, Verankerungen und Sicherheitsgurte, des Absatzes 8 Satz 1 über die Anbringung von nach hinten gerichteten Rückhalteeinrichtungen für Kinder auf Beifahrersitzen, vor denen ein betriebsbereiter Airbag eingebaut ist, oder Satz 2 oder 4 über die Warnung vor der Verwendung von nach hinten gerichteten Rückhalteeinrichtungen für Kinder auf Beifahrersitzen mit Airbag, des Absatzes 9 Satz 1 über einen Sitz für den Beifahrer auf Krafträdern oder des Absatzes 10 über die Beschaffenheit von Sitzen, ihrer Lehnen und ihrer Befestigungen sowie der selbsttätigen Verriegelung von klappbaren Sitzen und Rückenlehnen und der Zugänglichkeit der Entriegelungseinrichtung oder des Absatzes 11 über Verankerungen der Sicherheitsgurte und Sicherheitsgurte von dreirädrigen oder vierrädrigen Kraftfahrzeugen oder des Absatzes 13 über die Pflicht zur nach hinten oder seitlich gerichteten Anbringung von Rückhalteeinrichtungen für Kinder bis zu einem Alter von 15 Monaten;

7a. des § 35b Absatz 1 über die Beschaffenheit der Einrichtungen zum Führen von Fahrzeugen oder des § 35b Absatz 2 über das Sichtfeld des Fahrzeugführers;

7b. des § 35c über Heizung und Belüftung, des § 35d über Einrichtungen zum Auf- und Absteigen an Fahrzeugen, des § 35e Absatz 1 bis 3 über Türen oder des § 35f über Notausstiege in Kraftomnibussen;

7c. des § 35g Absatz 1 oder 2 über Feuerlöscher in Kraftomnibussen oder des § 35h Absatz 1 bis 3 über Erste-Hilfe-Material in Kraftfahrzeugen;

7d. des § 35i Absatz 1 Satz 1 oder 2, dieser in Verbindung mit Nummer 2 Satz 2, 4, 8 oder 9, Nummer 3.1 Satz 1, Nummer 3.2 Satz 1 oder 2, Nummer 3.3, 3.4 Satz 1 oder 2 oder Nummer 3.5 Satz 2, 3 oder 4 der Anlage X, über Gänge oder die Anordnung von Fahrgastsitzen in Kraftomnibussen oder des § 35i Absatz 2 Satz 1 über die Beförderung liegender Fahrgäste ohne geeignete Rückhalteeinrichtungen;

8. des § 36 Absatz 1 Satz 1 oder 3 bis 4, Absatz 3 Satz 1 oder 3 bis 5, Absatz 5 Satz 1 oder Absatz 6 Satz 1 oder 2 über Bereifung, des § 36 Absatz 10 Satz 1 bis 4 über Gleisketten von Gleiskettenfahrzeugen oder Satz 6 über deren zulässige Höchstgeschwindigkeit, des § 36a Absatz 1 über Radabdeckungen oder Absatz 3 über die Sicherung von außen am Fahrzeug mitgeführten Ersatzrädern oder des § 37 Absatz 1 Satz 1 über Gleitschutzeinrichtungen oder Absatz 2 über Schneeketten;

9. des § 38 über Lenkeinrichtungen;

10. des § 38a über die Sicherung von Kraftfahrzeugen gegen unbefugte Benutzung;

10a. des § 38b über Fahrzeug-Alarmsysteme;

11. des § 39 über Einrichtungen zum Rückwärtsfahren;

11a. des § 39a über Betätigungseinrichtungen, Kontrollleuchten und Anzeiger;
12. des § 40 Absatz 1 über die Beschaffenheit von Scheiben, des § 40 Absatz 2 über Anordnung und Beschaffenheit von Scheibenwischern oder des § 40 Absatz 3 über Scheiben, Scheibenwischer, Scheibenwascher, Entfrostungs- und Trocknungsanlagen von dreirädrigen Kleinkrafträdern und dreirädrigen und vierrädrigen Kraftfahrzeugen mit Führerhaus;
13. des § 41 Absatz 1 bis 13, 15 Satz 1, 3 oder 4, Absatz 16 oder 17 über Bremsen oder des § 41 Absatz 14 über Ausrüstung mit Unterlegkeilen, ihre Beschaffenheit und Anbringung;
13a. des § 41a Absatz 8 über die Sicherheit und Kennzeichnung von Druckbehältern;
13b. des § 41b Absatz 2 über die Ausrüstung mit automatischen Blockierverhinderern oder des § 41b Absatz 4 über die Verbindung von Anhängern mit einem automatischen Blockierverhinderer mit Kraftfahrzeugen;
14. des § 45 Absatz 1 oder 2 Satz 1 über Kraftstoffbehälter oder des § 46 über Kraftstoffleitungen;
15. des § 47c über die Ableitung von Abgasen;
16. (weggefallen)
17. des § 49 Absatz 1 über die Geräuschentwicklung;
18. des § 49a Absatz 1 bis 4, 5 Satz 1, Absatz 6, 8, 9 Satz 2, Absatz 9a oder 10 Satz 1 über die allgemeinen Bestimmungen für lichttechnische Einrichtungen;
18a. des § 50 Absatz 1, 2 Satz 1, 6 Halbsatz 2 oder Satz 7, Absatz 3 Satz 1 oder 2, Absatz 5, 6 Satz 1, 3, 4 oder 6, Absatz 6a Satz 2 bis 5 oder Absatz 9 über Scheinwerfer für Fern- oder Abblendlicht oder Absatz 10 über Schweinwerfer mit Gasentladungslampen;
18b. des § 51 Absatz 1 Satz 1, 4 bis 6, Absatz 2 Satz 1, 4 oder Absatz 3 über Begrenzungsleuchten oder vordere Rückstrahler;
18c. des § 51a Absatz 1 Satz 1 bis 7, Absatz 3 Satz 1, Absatz 4 Satz 2, Absatz 6 Satz 1 oder Absatz 7 Satz 1 oder 3 über die seitliche Kenntlichmachung von Fahrzeugen oder des § 51b Absatz 2 Satz 1 oder 3, Absatz 5 oder 6 über Umrissleuchten;
18d. des § 51c Absatz 3 bis 5 Satz 1 oder 3 über Parkleuchten oder Park-Warntafeln;
18e. des § 52 Absatz 1 Satz 2 bis 5 über Nebelscheinwerfer, des § 52 Absatz 2 Satz 2 oder 3 über Suchscheinwerfer, des § 52 Absatz 5 Satz 2 über besondere Beleuchtungseinrichtungen an Krankenkraftwagen, des § 52 Absatz 7 Satz 2 oder 4 über Arbeitsscheinwerfer oder des § 52 Absatz 9 Satz 2 über Vorzeltleuchten an Wohnwagen oder Wohnmobilen;
18f. des § 52a Absatz 2 Satz 1 oder 3, Absatz 4, 5 oder 7 über Rückfahrscheinwerfer;
18g. des § 53 Absatz 1 Satz 1, 3 bis 5 oder 7 über Schlussleuchten, des § 53 Absatz 2 Satz 1, 5 oder 6 über Bremsleuchten, des § 53 Absatz 4 Satz 1 bis 4 oder 6 über Rückstrahler, des § 53 Absatz 5 Satz 1 oder 2 über die Anbringung von Schlussleuchten, Bremsleuchten und Rückstrahlern, des § 53 Absatz 5 Satz 3 über die Kenntlichmachung von nach hinten hinausragenden Geräten, des § 53 Absatz 6 Satz 2 über Schlussleuchten an Anhängern hinter einachsigen Zug- oder Arbeitsmaschinen, des § 53 Absatz 8 über Schlussleuchten, Bremsleuchten, Rückstrahler und Fahrtrichtungsanzeiger an abgeschleppten betriebsunfähigen Fahrzeugen oder des § 53 Absatz 9 Satz 1 über das Verbot der Anbringung von Schlussleuchten, Bremsleuchten oder Rückstrahlern an beweglichen Fahrzeugteilen;
19. des § 53a Absatz 1, 2 Satz 1, Absatz 3 Satz 2, Absatz 4 oder 5 über Warndreiecke, Warnleuchten, Warnblinkanlagen und Warnwesten oder des § 54b über die zusätzliche Mitführung einer Handlampe in Kraftomnibussen;
19a. des § 53b Absatz 1 Satz 1 bis 3, 4 Halbsatz 2, Absatz 2 Satz 1 bis 3, 4 Halbsatz 2, Absatz 3 Satz 1, Absatz 4 oder 5 über die Ausrüstung oder Kenntlichmachung von Anbaugeräten oder Hubladebühnen;
19b. des § 53c Absatz 2 über Tarnleuchten;
19c. des § 53d Absatz 2 bis 5 über Nebelschlussleuchten;
20. des § 54 Absatz 1 Satz 1 bis 3, Absatz 1a Satz 1, Absatz 2, 3, 4 Nummer 1 Satz 1, 4, Nummer 2, 3 Satz 1, Nummer 4 oder Absatz 6 über Fahrtrichtungsanzeiger;
21. des § 54a über die Innenbeleuchtung in Kraftomnibussen;
22. des § 55 Absatz 1 bis 4 über Einrichtungen für Schallzeichen;
23. des § 55a über die Elektromagnetische Verträglichkeit;
24. des § 56 Absatz 1 in Verbindung mit Absatz 2 über Spiegel oder andere Einrichtungen für indirekte Sicht;
25. des § 57 Absatz 1 Satz 1 oder Absatz 2 Satz 1 über das Geschwindigkeitsmessgerät, des § 57a Absatz 1 Satz 1, Absatz 1a oder 2 Satz 1 über Fahrtschreiber;
25a. des § 57a Absatz 3 Satz 2 über das Betreiben des Kontrollgeräts;

25b. des § 57c Absatz 2 oder 5 über die Ausrüstung oder Benutzung der Geschwindigkeitsbegrenzer;
26. des § 58 Absatz 2 oder 5 Satz 1, jeweils auch in Verbindung mit § 36 Absatz 1 Satz 2, oder Absatz 3 oder 5 Satz 2 Halbsatz 2 über Geschwindigkeitsschilder an Kraftfahrzeugen oder Anhängern oder des § 59 Absatz 1 Satz 1, Absatz 1a, 1b, 2 oder 3 Satz 2 über Fabrikschilder oder Fahrzeug-Identifizierungsnummern;
26a. des § 59a über den Nachweis der Übereinstimmung mit der Richtlinie 96/53/EG;
27. des § 61 Absatz 1 über Halteeinrichtungen für Beifahrer oder Absatz 3 über Ständer von zweirädrigen Kraftfahrzeugen;
27a. des § 61a über Anhänger hinter Fahrrädern mit Hilfsmotor oder
28. des § 62 über die Beschaffenheit von elektrischen Einrichtungen der elektrisch angetriebenen Kraftfahrzeuge.

(4) Ordnungswidrig im Sinne des § 24 Absatz 1 des Straßenverkehrsgesetzes handelt ferner, wer vorsätzlich oder fahrlässig ein anderes Straßenfahrzeug als ein Kraftfahrzeug oder einen Kraftfahrzeuganhänger oder wer vorsätzlich oder fahrlässig eine Kombination solcher Fahrzeuge unter Verstoß gegen eine der folgenden Vorschriften in Betrieb nimmt:
1. des § 30 über allgemeine Beschaffenheit von Fahrzeugen;
2. des § 63 über Abmessungen, Achslast, Gesamtgewicht und Bereifung sowie die Wiegepflicht;
3. des § 64 Absatz 1 über Lenkeinrichtungen, Anordnung und Beschaffenheit der Sitze, Einrichtungen zum Auf- und Absteigen oder des § 64 Absatz 2 über die Bespannung von Fuhrwerken;
4. des § 64a über Schallzeichen an Fahrrädern oder Schlitten;
5. des § 64b über die Kennzeichnung von Gespannfahrzeugen;
6. des § 65 Absatz 1 über Bremsen oder des § 65 Absatz 3 über Bremshilfsmittel;
7. des § 66 über Rückspiegel;
7a des § 66a über lichttechnische Einrichtungen;
8. des § 67 über lichttechnische Einrichtungen an Fahrrädern oder
9. des § 67a über lichttechnische Einrichtungen an Fahrradanhängern.

(5) Ordnungswidrig im Sinne des § 24 Absatz 1 des Straßenverkehrsgesetzes handelt schließlich, wer vorsätzlich oder fahrlässig
1. als Inhaber einer Allgemeinen Betriebserlaubnis für Fahrzeuge gegen eine Vorschrift des § 20 Absatz 3 Satz 3 über die Ausfüllung von Fahrzeugbriefen verstößt,
2. entgegen § 31 Absatz 1 ein Fahrzeug oder einen Zug miteinander verbundener Fahrzeuge führt, ohne zur selbstständigen Leitung geeignet zu sein,
3. entgegen § 31 Absatz 2 als Halter eines Fahrzeugs die Inbetriebnahme anordnet oder zulässt, obwohl ihm bekannt ist oder bekannt sein muss, dass der Führer nicht zur selbstständigen Leitung geeignet oder das Fahrzeug, der Zug, das Gespann, die Ladung oder die Besetzung nicht vorschriftsmäßig ist oder dass die Verkehrssicherheit des Fahrzeugs durch die Ladung oder die Besetzung leidet,
4. entgegen § 31a Absatz 2 als Halter oder dessen Beauftragter im Fahrtenbuch nicht vor Beginn der betreffenden Fahrt die erforderlichen Angaben einträgt oder nicht unverzüglich nach Beendigung der betreffenden Fahrt Datum und Uhrzeit der Beendigung mit seiner Unterschrift einträgt,
4a. entgegen § 31a Absatz 3 ein Fahrtenbuch nicht aushändigt oder nicht aufbewahrt,
4b. entgegen § 31b mitzuführende Gegenstände nicht vorzeigt oder zur Prüfung nicht aushändigt,
4c. gegen eine Vorschrift des § 31c Satz 1 oder 4 Halbsatz 2 über Pflichten zur Feststellung der zugelassenen Achslasten oder über das Um- oder Entladen bei Überlastung verstößt,
4d. als Fahrpersonal oder Halter gegen eine Vorschrift des § 35g Absatz 3 über das Vertrautsein mit der Handhabung von Feuerlöschern oder als Halter gegen eine Vorschrift des § 35g Absatz 4 über die Prüfung von Feuerlöschern verstößt,
5. entgegen § 36 Absatz 7 Satz 1 einen Luftreifen nicht, nicht vollständig oder nicht in der vorgeschriebenen Weise kennzeichnet,
5a. entgegen § 41a Absatz 5 Satz 1 eine Gassystemeinbauprüfung, entgegen Absatz 5 Satz 3 eine Begutachtung oder entgegen Absatz 6 Satz 2 eine Gasanlagenprüfung nicht durchführen lässt,
5b. *[aufgehoben]*
5c. (weggefallen)
5d. entgegen § 49 Absatz 2a Satz 1 Auspuffanlagen, Austauschauspuffanlagen oder Einzelteile dieser Austauschauspuffanlagen als unabhängige technische Einheiten für Krafträder verwendet oder zur Verwendung feilbietet oder veräußert oder entgegen § 49 Absatz 4 Satz 1 den Schallpegel im Nahfeld nicht feststellen lässt,

5e. entgegen § 49 Absatz 3 Satz 2, auch in Verbindung mit § 31e Satz 2, ein Fahrzeug kennzeichnet oder entgegen § 49 Absatz 3 Satz 3, auch in Verbindung mit § 31e Satz 2, ein Zeichen anbringt,
5f. entgegen § 52 Absatz 6 Satz 3 die Bescheinigung nicht mitführt oder zur Prüfung nicht aushändigt,
6. als Halter oder dessen Beauftragter gegen eine Vorschrift des § 57a Absatz 2 Satz 2 Halbsatz 2 oder 3 oder Satz 3 über die Ausfüllung und Verwendung von Schaublättern oder als Halter gegen eine Vorschrift des § 57a Absatz 2 Satz 4 über die Vorlage und Aufbewahrung von Schaublättern verstößt,
6a. als Halter gegen eine Vorschrift des § 57a Absatz 3 Satz 2 in Verbindung mit Artikel 14 der Verordnung (EWG) Nr. 3821/85 über die Aushändigung, Aufbewahrung oder Vorlage von Schaublättern verstößt,
6b. als Halter gegen eine Vorschrift des § 57b Absatz 1 Satz 1 über die Pflicht, Fahrtschreiber oder Kontrollgeräte prüfen zu lassen, oder des § 57b Absatz 1 Satz 4 über die Pflichten bezüglich des Einbauschildes verstößt,
6c. als Kraftfahrzeugführer entgegen § 57a Absatz 2 Satz 2 Halbsatz 1 Schaublätter vor Antritt der Fahrt nicht bezeichnet oder entgegen Halbsatz 3 mit Vermerken versieht, entgegen Satz 3 andere Schaublätter verwendet, entgegen Satz 4 Halbsatz 1 Schaublätter nicht vorlegt oder entgegen Satz 5 ein Ersatzschaublatt nicht mitführt,
6d. als Halter entgegen § 57d Absatz 2 Satz 1 den Geschwindigkeitsbegrenzer nicht prüfen lässt,
6e. als Fahrzeugführer entgegen § 57d Absatz 2 Satz 3 eine Bescheinigung über die Prüfung des Geschwindigkeitsbegrenzers nicht mitführt oder nicht aushändigt,
7. gegen die Vorschrift des § 70 Absatz 3a über die Mitführung oder Aufbewahrung sowie die Aushändigung von Urkunden über Ausnahmegenehmigungen verstößt oder
8. entgegen § 71 vollziehbaren Auflagen nicht nachkommt, unter denen eine Ausnahmegenehmigung erteilt worden ist.

§ 69b (weggefallen)

§ 70 Ausnahmen

(1) Ausnahmen können genehmigen

1. die höheren Verwaltungsbehörden in bestimmten Einzelfällen oder allgemein für bestimmte einzelne Antragsteller von den Vorschriften der §§ 32, 32d, 33, 34 und 36, auch in Verbindung mit § 63, ferner der §§ 52 und 65, bei Elektrokarren und ihren Anhängern auch von den Vorschriften des § 41 Absatz 9 und der §§ 53, 58 und 59,
2. die zuständigen obersten Landesbehörden oder die von ihnen bestimmten oder nach Landesrecht zuständigen Stellen von allen Vorschriften dieser Verordnung in bestimmten Einzelfällen oder allgemein für bestimmte einzelne Antragsteller; sofern die Ausnahmen erhebliche Auswirkungen auf das Gebiet anderer Länder haben, ergeht die Entscheidung im Einvernehmen mit den zuständigen Behörden dieser Länder,
3. das Bundesministerium für Verkehr und digitale Infrastruktur von allen Vorschriften dieser Verordnung, sofern nicht die Landesbehörden nach den Nummern 1 und 2 zuständig sind – allgemeine Ausnahmen ordnet es durch Rechtsverordnung ohne Zustimmung des Bundesrates nach Anhören der zuständigen obersten Landesbehörden an –,
4. das Kraftfahrt-Bundesamt mit Ermächtigung des Bundesministeriums für Verkehr und digitale Infrastruktur bei Erteilung oder in Ergänzung einer Allgemeinen Betriebserlaubnis oder Bauartgenehmigung,
5. das Kraftfahrt-Bundesamt für solche Lagerfahrzeuge, für die durch Inkrafttreten neuer oder geänderter Vorschriften die Allgemeine Betriebserlaubnis nicht mehr gilt. In diesem Fall hat der Inhaber der Allgemeinen Betriebserlaubnis beim Kraftfahrt-Bundesamt einen Antrag unter Beifügung folgender Angaben zu stellen:
   a) Nummer der Allgemeinen Betriebserlaubnis mit Angabe des Typs und der betroffenen Ausführung(en),
   b) genaue Beschreibung der Abweichungen von den neuen oder geänderten Vorschriften,
   c) Gründe, aus denen ersichtlich ist, warum die Lagerfahrzeuge die neuen oder geänderten Vorschriften nicht erfüllen können,
   d) Anzahl der betroffenen Fahrzeuge mit Angabe der Fahrzeugidentifizierungs-Nummern oder -Bereiche, gegebenenfalls mit Nennung der Typ- und/oder Ausführungs-Schlüsselnummern,
   e) Bestätigung, dass die Lagerfahrzeuge die bis zum Inkrafttreten der neuen oder geänderten Vorschriften geltenden Vorschriften vollständig erfüllen,

f) Bestätigung, dass die unter Buchstabe d aufgeführten Fahrzeuge sich in Deutschland oder in einem dem Kraftfahrt-Bundesamt im Rahmen des Typgenehmigungsverfahrens benannten Lager befinden.

(1a) Genehmigen die zuständigen obersten Landesbehörden oder die von ihnen bestimmten Stellen Ausnahmen von den Vorschriften der §§ 32, 32d Absatz 1 oder § 34 für Fahrzeuge oder Fahrzeugkombinationen, die auf neuen Technologien oder Konzepten beruhen und während eines Versuchszeitraums in bestimmten örtlichen Bereichen eingesetzt werden, so unterrichten diese Stellen das Bundesministerium für Verkehr und digitale Infrastruktur im Hinblick auf Artikel 4 Absatz 5 Satz 2 der Richtlinie 96/53/EG mit einer Abschrift der Ausnahmegenehmigung.

(2) Vor der Genehmigung einer Ausnahme von den §§ 32, 32d, 33, 34, 34b und 36 und einer allgemeinen Ausnahme von § 65 sind die obersten Straßenbaubehörden der Länder und, wo noch nötig, die Träger der Straßenbaulast zu hören.

(3) Der örtliche Geltungsbereich jeder Ausnahme ist festzulegen.

(3a) [1]Durch Verwaltungsakt für ein Fahrzeug genehmigte Ausnahmen von den Bau- oder Betriebsvorschriften sind vom Fahrzeugführer durch eine Urkunde nachzuweisen, die bei Fahrten mitzuführen und zuständigen Personen auf Verlangen zur Prüfung auszuhändigen ist. [2]Bei einachsigen Zugmaschinen und Anhängern in land- oder forstwirtschaftlichen Betrieben sowie land- oder forstwirtschaftlichen Arbeitsgeräten und hinter land- oder forstwirtschaftlichen einachsigen Zug- oder Arbeitsmaschinen mitgeführten Sitzkarren, wenn sie nur für land- oder forstwirtschaftliche Zwecke verwendet werden, und von der Zulassungspflicht befreiten Elektrokarren genügt es, dass der Halter eine solche Urkunde aufbewahrt; er hat sie zuständigen Personen auf Verlangen zur Prüfung auszuhändigen.

(4) [1]Die Bundeswehr, die Polizei, die Bundespolizei, die Feuerwehr und die anderen Einheiten und Einrichtungen des Katastrophenschutzes sowie der Zolldienst sind von den Vorschriften dieser Verordnung befreit, soweit dies zur Erfüllung hoheitlicher Aufgaben unter gebührender Berücksichtigung der öffentlichen Sicherheit und Ordnung dringend geboten ist. [2]Abweichungen von den Vorschriften über die Ausrüstung mit Warnleuchten, über Warneinrichtungen mit einer Folge von Klängen verschiedener Grundfrequenz (Einsatzhorn) und über Sirenen sind nicht zulässig.

(5) [1]Die Landesregierungen werden ermächtigt, durch Rechtsverordnung zu bestimmen, dass abweichend von Absatz 1 Nummer 1 anstelle der höheren Verwaltungsbehörden und abweichend von Absatz 2 anstelle der obersten Straßenbaubehörden andere Behörden zuständig sind. [2]Sie können diese Ermächtigung auf oberste Landesbehörden übertragen.

§ 71 Auflagen bei Ausnahmegenehmigungen

Die Genehmigung von Ausnahmen von den Vorschriften dieser Verordnung kann mit Auflagen verbunden werden; der Betroffene hat den Auflagen nachzukommen.

§ 72 Übergangsbestimmungen

(1) Für Fahrzeuge sowie für Systeme, Bauteile und selbstständige technische Einheiten für diese Fahrzeuge, die vor dem 20. Juni 2024 erstmals in den Verkehr gebracht worden sind, sind die zum Zeitpunkt des jeweiligen Inverkehrbringens geltenden Vorschriften über den Bau der Fahrzeuge, der Systeme, der Bauteile und der selbstständigen technischen Einheiten für diese Fahrzeuge einschließlich der für solche Fahrzeuge erlassenen Nachrüstvorschriften anzuwenden, soweit sich aus den nachfolgenden Absätzen nicht etwas anderes ergibt.

(1a) § 19 Absatz 1 kann bis zum 31. Oktober 2024 auch in der bis zum 19. Juni 2024 geltenden Fassung angewendet werden.

(2) Teilegutachten im Sinne des § 19 Absatz 3 Satz 1 Nummer 4 Buchstabe a in Verbindung mit Anlage XIX in der am 19. Juni 2024 geltenden Fassung dürfen

1. bis einschließlich 19. Juni 2025 erweitert oder neu erstellt werden;
2. nur bis einschließlich 19. Juni 2028 für die Zwecke des Einbaus oder des Anbaus von Teilen verwendet werden.

(3) [1]§ 22a Absatz 1 Nummer 22 ist für Fahrradanhänger anzuwenden, die ab dem 19. Juni 2025 erstmals in den Verkehr gebracht werden. [2]Für Fahrradanhänger, die vor dem 19. Juni 2025 erstmals in den Verkehr gebracht werden, ist § 22a Absatz 1 Nummer 22 in der am 19. Juni 2024 geltenden Fassung anzuwenden.

(4) [1]§ 47 Absatz 1a ist für Fahrzeuge anzuwenden, die ab dem 19. Dezember 2024 erstmals in den Verkehr gebracht werden. [2]Für Fahrzeuge, die vor dem 19. Dezember 2024 erstmals in den Verkehr gebracht werden, ist § 47 Absatz 1a in der am 19. Juni 2024 geltenden Fassung anzuwenden.

(5) [1]§ 47 Absatz 6b ist für Fahrzeuge anzuwenden, die ab dem 19. Dezember 2024 erstmals in den Verkehr gebracht werden. [2]Für Fahrzeuge, die vor dem 19. Dezember 2024 erstmals in den Verkehr gebracht werden, ist § 47 Absatz 6b in der am 19. Juni 2024 geltenden Fassung anzuwenden.

(6) § 47 Absatz 8b ist für Fahrzeuge anzuwenden, die ab dem 19. Dezember 2024 erstmals in den Verkehr gebracht werden.

(7) § 47 Absatz 8c ist für Fahrzeuge anzuwenden, die ab dem 19. Dezember 2024 erstmals in den Verkehr gebracht werden.

(8) [1]§ 47 Absatz 8f ist für Zugmaschinen oder Motoren für Zugmaschinen anzuwenden, die ab dem 19. Dezember 2024 erstmals in den Verkehr gebracht werden. [2]Für Zugmaschinen oder Motoren für Zugmaschinen, die nach dem 19. Juni 2024 und vor dem 19. Dezember 2024 erstmals in den Verkehr gebracht werden, ist § 47 Absatz 8e entsprechend anzuwenden.

(9) [1]§ 47d Absatz 1 ist für Fahrzeuge mit einer Einzelgenehmigung anzuwenden, die ab dem 19. Dezember 2024 erstmals in den Verkehr gebracht werden. [2]Für Fahrzeuge mit einer Einzelgenehmigung, die vor dem 19. Dezember 2024 erstmals in den Verkehr gebracht werden, ist § 47d Absatz 1 in der am 19. Juni 2024 geltenden Fassung anzuwenden.

(10) § 49 Absatz 2 Satz 1 Nummer 1 ist hinsichtlich der Geräuschgrenzwerte, die in Anhang III der Verordnung (EU) Nr. 540/2014 in der aus dem Anhang zu dieser Vorschrift ersichtlichen Fassung genannt sind, abweichend von den in Anhang III der vorgenannten Verordnung genannten Zeitpunkten anzuwenden

1. im Fall der Phase 2 für erstmalig zugelassene Fahrzeuge ab dem 1. Januar 2024,
2. im Fall der Phase 3 für erstmalig zugelassene Fahrzeuge ab dem 1. Januar 2028.

(11) § 49 Absatz 2 Satz 1 Nummer 2 ist für Fahrzeuge mit einer Einzelgenehmigung anzuwenden, die ab dem 19. Dezember 2025 erstmals in den Verkehr gebracht werden.

(12) Abweichend von § 22a, § 50 Absatz 2 und § 53 Absatz 1 dürfen an Krafträdern mit einer Erstzulassung vor dem 1. Januar 1938 alternativ oder zusätzlich zu den vorgeschriebenen lichttechnischen Einrichtungen, abnehmbare bauartgenehmigte LED-Fahrradscheinwerfer mit einer Mindestlichtstärke von 50 Lux und einer Mindestreichweite von 50 Metern, bei Bedarf auch in Verbindung mit festen oder abnehmbaren bauartgenehmigten LED-Fahrradschlussleuchten mit Fahrradrückstrahlern, verwendet werden.

(13) Abweichend von § 57 Absatz 1 und 2 dürfen an Krafträdern mit einer Erstzulassung vor dem 1. Januar 1961 abnehmbare Geschwindigkeitsmessgeräte und Wegstreckenzähler verwendet werden, wenn

1. diese während der Fahrt sicher angebracht sind,
2. der Anbau im Sichtbereich erfolgt, ohne das Sichtfeld des Fahrers einzuschränken,
3. die zulässige Abweichung der angezeigten Geschwindigkeit in den letzten Dritteln des Anzeigebereichs höchstens plus 7 Prozent des Skalenendwertes beträgt und
4. die angezeigte Geschwindigkeit nicht unter der tatsächlichen Geschwindigkeit des Fahrzeugs liegt.

(14) [1]Abweichend von Anlage VIII dürfen Fahrzeughalter, die vor dem 1. Juni 1998 nach Anlage VIII Nummer 4.1 in Verbindung mit Nummer 6 in der am 31. Mai 1998 geltenden Fassung von der Pflicht zur Vorführung ihrer Fahrzeuge zu

1. Hauptuntersuchungen bei einem Sachverständigen oder Prüfer befreit waren und deren Anerkennung für die Durchführung der Hauptuntersuchung ihrer Fahrzeuge im eigenen Betrieb fortbesteht, auch weiterhin Hauptuntersuchungen an ihren Fahrzeugen im eigenen Betrieb jeweils bis zum Ablauf des durch die Prüfplakette nachgewiesenen Monats durchführen,
2. Zwischen- und Bremsensonderuntersuchungen bei einem Sachverständigen oder Prüfer befreit waren und deren Genehmigung für die Durchführung der Zwischen- und Bremsensonderuntersuchungen ihrer Fahrzeuge im eigenen Betrieb fortbesteht, Sicherheitsprüfungen an ihren Fahrzeugen im eigenen Betrieb jeweils bis zum Ablauf des durch die Prüfmarke nachgewiesenen Monats durchführen.

[2]Die Hauptuntersuchungen nach Satz 1 Nummer 1 und die Sicherheitsprüfungen nach Satz 1 Nummer 2

1. sind mit der Maßgabe durchzuführen, dass Nummer 1.4 der Anlage VIIIc nicht anzuwenden ist und für die fortbestehenden Anerkennungen und Genehmigungen und die Aufsicht nach Anlage VIII Nummer 6 in der am 31. Mai 1998 geltenden Fassung anzuwenden ist,
2. dürfen ab dem 1. Oktober 2024 nur anerkannte Fahrzeughalter durchführen, die Aufgaben der öffentlichen Verwaltung wahrnehmen.

(15) § 60 ist ab dem 19. Juni 2025 anzuwenden.

(16) [1]Bei einem Fahrzeug im Sinne des § 60 Absatz 1 Satz 1, das bis zum Ablauf des 19. Juni 2025 in den Verkehr gebracht worden ist, ist die Flüssiggasanlage

1. für den Fall, dass die Flüssiggasanlage bereits nach Maßgabe der Technischen Regel Arbeitsblatt DVGW G 607 (A) „Flüssiggasanlagen mit einem Höchstverbrauch von 1,5 kg/h in Freizeitfahrzeugen, Mobilheimen und zu Wohnzwecken in anderen Fahrzeugen; Betrieb und Prüfung“ (ISSN 0176-3490, DVGW, Bonn, August 2022) des Vereins „Deutscher Verein des Gas- und Wasserfaches e.V.“ Josef- Wirmer-Straße 1–3, 53123 Bonn geprüft worden ist, im Abstand von 24 Monaten zu

dieser Prüfung einer ersten Wiederholungsprüfung im Sinne des § 60 Absatz 1 Satz 1 Nummer 3 zu unterziehen,

2. für den Fall, dass die Flüssiggasanlage noch nicht nach Maßgabe der in Nummer 1 bezeichneten Technischen Regel geprüft worden ist, bis zum 19. Juni 2025 einer erstmaligen Prüfung nach Maßgabe der in Nummer 1 bezeichneten Technischen Regel zu unterziehen.

[2]Für eine Prüfung im Sinne des Satzes 2 Nummer 1 oder 2 gilt § 60 Absatz 1 Satz 1 Nummer 3 und Satz 2.

§ 73 Technische Festlegungen

[1]Soweit in dieser Verordnung auf DIN- oder ISO-Normen Bezug genommen wird, sind diese im Beuth Verlag GmbH, Saatwinkler Damm 42/43, 13627 Berlin, VDE-Bestimmungen auch im VDE-Verlag GmbH, Bismarckstraße 33, 10625 Berlin, erschienen. [2]Sie sind beim Deutschen Patent- und Markenamt, Zweibrückenstraße 12, 80331 München archivmäßig gesichert niedergelegt.

Verordnung über die Erteilung einer Verwarnung, Regelsätze für Geldbußen und die Anordnung eines Fahrverbotes wegen Ordnungswidrigkeiten im Straßenverkehr (Bußgeldkatalog-Verordnung – BKatV)

Vom 14. März 2013 (BGBl. I S. 498)
(FNA 9231-1-21)
zuletzt geändert durch Art. 3 Sechstes G zur Änd. des StraßenverkehrsG und weiterer straßenverkehrsrechtlicher Vorschriften vom 16. August 2024 (BGBl. 2024 I Nr. 266)

Auf Grund des § 26a des Straßenverkehrsgesetzes in der Fassung der Bekanntmachung vom 5. März 2003 (BGBl. I S. 310, 919), der zuletzt durch Artikel 1 Nummer 3 des Gesetzes vom 19. Juli 2007 (BGBl. I S. 1460) geändert worden ist, verordnet das Bundesministerium für Verkehr, Bau und Stadtentwicklung:

§ 1 Bußgeldkatalog

(1) [1]Bei Ordnungswidrigkeiten nach § 24 Absatz 1, § 24a Absatz 1 bis 2a und § 24c Absatz 1 und 2 des Straßenverkehrsgesetzes, die in der Anlage zu dieser Verordnung (Bußgeldkatalog – BKat) aufgeführt sind, ist eine Geldbuße nach den dort bestimmten Beträgen festzusetzen. [2]Bei Ordnungswidrigkeiten nach § 24 Absatz 1 des Straßenverkehrsgesetzes, bei denen im Bußgeldkatalog ein Regelsatz von bis zu 55 Euro bestimmt ist, ist ein entsprechendes Verwarnungsgeld zu erheben.

(2) [1]Die im Bußgeldkatalog bestimmten Beträge sind Regelsätze. [2]Sie gehen von gewöhnlichen Tatumständen sowie in Abschnitt I des Bußgeldkatalogs von fahrlässiger und in Abschnitt II des Bußgeldkatalogs von vorsätzlicher Begehung aus.

§ 2 Verwarnung

(1) Die Verwarnung muss mit einem Hinweis auf die Verkehrszuwiderhandlung verbunden sein.

(2) Bei unbedeutenden Ordnungswidrigkeiten nach § 24 Absatz 1 des Straßenverkehrsgesetzes kommt eine Verwarnung ohne Verwarnungsgeld in Betracht.

(3) Das Verwarnungsgeld wird in Höhe von 5, 10, 15, 20, 25, 30, 35, 40, 45, 50 und 55 Euro erhoben.

(4) Bei Fußgängern soll das Verwarnungsgeld in der Regel 5 Euro, bei Radfahrern in der Regel 15 Euro betragen, sofern der Bußgeldkatalog nichts anderes bestimmt.

(5) Ist im Bußgeldkatalog ein Regelsatz für das Verwarnungsgeld von mehr als 20 Euro vorgesehen, so kann er bei offenkundig außergewöhnlich schlechten wirtschaftlichen Verhältnissen des Betroffenen bis auf 20 Euro ermäßigt werden.

(6) Hat der Betroffene durch dieselbe Handlung mehrere geringfügige Ordnungswidrigkeiten begangen, für die jeweils eine Verwarnung mit Verwarnungsgeld in Betracht kommt, so wird nur ein Verwarnungsgeld, und zwar das höchste der in Betracht kommenden Verwarnungsgelder, erhoben.

(7) Hat der Betroffene durch mehrere Handlungen geringfügige Ordnungswidrigkeiten begangen oder gegen dieselbe Vorschrift mehrfach verstoßen, so sind die einzelnen Verstöße getrennt zu verwarnen.

(8) In den Fällen der Absätze 6 und 7 ist jedoch zu prüfen, ob die Handlung oder die Handlungen insgesamt noch geringfügig sind.

§ 3 Bußgeldregelsätze

(1) Etwaige Eintragungen des Betroffenen im Fahreignungsregister sind im Bußgeldkatalog nicht berücksichtigt, soweit nicht in den Nummern 152.1, 241.1, 241.2, 242.1, 242.2, 243.1, 243.2, 243a.1 und 243a.2 des Bußgeldkatalogs etwas anderes bestimmt ist.

(2) Wird ein Tatbestand der Nummer 119, der Nummer 198.1 in Verbindung mit Tabelle 3 des Anhangs oder der Nummern 212, 214.1, 214.2 oder 223 des Bußgeldkatalogs, für den ein Regelsatz von mehr als 55 Euro vorgesehen ist, vom Halter eines Kraftfahrzeugs verwirklicht, so ist derjenige Regelsatz anzuwenden, der in diesen Fällen für das Anordnen oder Zulassen der Inbetriebnahme eines Kraftfahrzeugs durch den Halter vorgesehen ist.

(3) Die Regelsätze, die einen Betrag von mehr als 55 Euro vorsehen, erhöhen sich bei Vorliegen einer Gefährdung oder Sachbeschädigung nach Tabelle 4 des Anhangs, soweit diese Merkmale oder eines dieser Merkmale nicht bereits im Tatbestand des Bußgeldkatalogs enthalten sind.

(4) [1]Wird von dem Führer eines kennzeichnungspflichtigen Kraftfahrzeugs mit gefährlichen Gütern oder eines Kraftomnibusses mit Fahrgästen ein Tatbestand

1. der Nummern 8.1, 8.2, 15, 19, 19.1, 19.1.1, 19.1.2, 21, 21.1, 21.2, 212, 214.1, 214.2, 223,
2. der Nummern 12.5, 12.6 oder 12.7, jeweils in Verbindung mit Tabelle 2 des Anhangs, oder
3. der Nummern 198.1 oder 198.2, jeweils in Verbindung mit Tabelle 3 des Anhangs,

des Bußgeldkatalogs verwirklicht, so erhöht sich der dort genannte Regelsatz, sofern dieser einen Betrag von mehr als 55 Euro vorsieht, auch in den Fällen des Absatzes 3, jeweils um die Hälfte. [2]Der nach Satz 1 erhöhte Regelsatz ist auch anzuwenden, wenn der Halter die Inbetriebnahme eines kennzeichnungspflichtigen Kraftfahrzeugs mit gefährlichen Gütern oder eines Kraftomnibusses mit Fahrgästen in den Fällen

1. der Nummern 189.1.1, 189.1.2, 189.2.1, 189.2.2, 189.3.1, 189.3.2, 213 oder
2. der Nummern 199.1, 199.2, jeweils in Verbindung mit der Tabelle 3 des Anhangs, oder 224

des Bußgeldkatalogs anordnet oder zulässt.

(4a) [1]Wird ein Tatbestand des Abschnitts I des Bußgeldkatalogs vorsätzlich verwirklicht, für den ein Regelsatz von mehr als 55 Euro vorgesehen ist, so ist der dort genannte Regelsatz zu verdoppeln, auch in den Fällen, in denen eine Erhöhung nach den Absätzen 2, 3 oder 4 vorgenommen worden ist. [2]Der ermittelte Betrag wird auf den nächsten vollen Euro-Betrag abgerundet.

(5) Werden durch eine Handlung mehrere Tatbestände des Bußgeldkatalogs verwirklicht, die jeweils einen Bußgeldregelsatz von mehr als 55 Euro vorsehen, so ist nur ein Regelsatz anzuwenden; bei unterschiedlichen Regelsätzen ist der höchste anzuwenden. [2]Der Regelsatz kann angemessen erhöht werden.

(6) [1]Bei Ordnungswidrigkeiten nach § 24 Absatz 1 des Straßenverkehrsgesetzes, die von nicht motorisierten Verkehrsteilnehmern begangen werden, ist, sofern der Bußgeldregelsatz mehr als 55 Euro beträgt und der Bußgeldkatalog nicht besondere Tatbestände für diese Verkehrsteilnehmer enthält, der Regelsatz um die Hälfte zu ermäßigen. [2]Beträgt der nach Satz 1 ermäßigte Regelsatz weniger als 60 Euro, so soll eine Geldbuße nur festgesetzt werden, wenn eine Verwarnung mit Verwarnungsgeld nicht erteilt werden kann.

§ 4 Regelfahrverbot

(1) [1]Bei Ordnungswidrigkeiten nach § 24 Absatz 1 des Straßenverkehrsgesetzes kommt die Anordnung eines Fahrverbots (§ 25 Absatz 1 Satz 1 des Straßenverkehrsgesetzes) wegen grober Verletzung der Pflichten eines Kraftfahrzeugführers in der Regel in Betracht, wenn ein Tatbestand

1. der Nummern 9.1 bis 9.3, der Nummern 11.1 bis 11.3, jeweils in Verbindung mit Tabelle 1 des Anhangs,
2. der Nummern 12.6.3, 12.6.4, 12.6.5, 12.7.3, 12.7.4 oder 12.7.5 der Tabelle 2 des Anhangs,
3. der Nummern 19.1.1, 19.1.2, 21.1, 21.2, 39.1, 41, 50, 50.1, 50.2, 50.3, 50a, 50a.1, 50a.2, 50a.3, 83.3, 89b.2, 132.1, 132.2, 132.3, 132.3.1, 132.3.2, 135, 135.1, 135.2, 152.1 oder
4. der Nummern 244, 246.2, 246.3 oder 250a

des Bußgeldkatalogs verwirklicht wird. [2]Wird in diesen Fällen ein Fahrverbot angeordnet, so ist in der Regel die dort bestimmte Dauer festzusetzen.

(2) [1]Wird ein Fahrverbot wegen beharrlicher Verletzung der Pflichten eines Kraftfahrzeugführers zum ersten Mal angeordnet, so ist seine Dauer in der Regel auf einen Monat festzusetzen. [2]Ein Fahrverbot kommt in der Regel in Betracht, wenn gegen den Führer eines Kraftfahrzeugs wegen einer Geschwindigkeitsüberschreitung von mindestens 26 km/h bereits eine Geldbuße rechtskräftig festgesetzt worden ist und er innerhalb eines Jahres seit Rechtskraft der Entscheidung eine weitere Geschwindigkeitsüberschreitung von mindestens 26 km/h begeht.

(3) Bei Ordnungswidrigkeiten nach § 24a des Straßenverkehrsgesetzes ist ein Fahrverbot (§ 25 Absatz 1 Satz 2 des Straßenverkehrsgesetzes) in der Regel mit der in den Nummern 241, 241.1, 241.2, 242, 242.1, 242.2, 243, 243.1, 243.2, 243a, 243a.1 und 243a.2 des Bußgeldkatalogs vorgesehenen Dauer anzuordnen.

(4) Wird von der Anordnung eines Fahrverbots ausnahmsweise abgesehen, so soll das für den betreffenden Tatbestand als Regelsatz vorgesehene Bußgeld angemessen erhöht werden.

§ 5 Inkrafttreten, Außerkrafttreten

[1]Diese Verordnung tritt am 1. April 2013 in Kraft. [2]Gleichzeitig tritt die Bußgeldkatalog-Verordnung vom 13. November 2001 (BGBl. I S. 3033), die zuletzt durch Artikel 3 der Verordnung vom 19. Oktober 2012 (BGBl. I S. 2232) geändert worden ist, außer Kraft.

Anlage
(zu § 1 Absatz 1)

Bußgeldkatalog (BKat)

Abschnitt I Fahrlässig begangene Ordnungswidrigkeiten

Lfd. Nr.	Tatbestand	Straßenverkehrs-Ordnung (StVO)	Regelsatz in Euro (€), Fahrverbot in Monaten
	A. Zuwiderhandlungen gegen § 24 Absatz 1 StVG		
	a) Straßenverkehrs-Ordnung		
	Grundregeln		
1	Durch Außer-Acht-Lassen der im Verkehr erforderlichen Sorgfalt	§ 1 Absatz 2 § 49 Absatz 1 Nummer 1	
1.1	einen Anderen mehr als nach den Umständen unvermeidbar belästigt		10 €
1.2	einen Anderen mehr als nach den Umständen unvermeidbar behindert		20 €
1.3	einen Anderen gefährdet		30 €
1.4	einen Anderen geschädigt, soweit im Folgenden nichts anderes bestimmt ist		35 €
1.5	Beim Fahren in eine oder aus einer Parklücke stehendes Fahrzeug beschädigt	§ 1 Absatz 2 § 49 Absatz 1 Nummer 1	30 €
	Straßenbenutzung durch Fahrzeuge		
2	Vorschriftswidrig Gehweg, linksseitig angelegten Radweg, Seitenstreifen (außer auf Autobahnen oder Kraftfahrstraßen), Verkehrsinsel oder Grünanlage benutzt	§ 2 Absatz 1 § 49 Absatz 1 Nummer 2	55 €
2.1	– mit Behinderung	§ 2 Absatz 1 § 1 Absatz 2 § 49 Absatz 1 Nummer 1, 2	70 €
2.2	– mit Gefährdung		80 €
2.3	– mit Sachbeschädigung		100 €
3	Gegen das Rechtsfahrgebot verstoßen durch Nichtbenutzen		
3.1	der rechten Fahrbahnseite	§ 2 Absatz 2 § 49 Absatz 1 Nummer 2	15 €
3.1.1	– mit Behinderung	§ 2 Absatz 2 § 1 Absatz 2 § 49 Absatz 1 Nummer 1, 2	25 €
3.2	des rechten Fahrstreifens (außer auf Autobahnen oder Kraftfahrstraßen) und dadurch einen Anderen behindert	§ 2 Absatz 2 § 1 Absatz 2 § 49 Absatz 1 Nummer 1, 2	20 €
3.3	der rechten Fahrbahn bei zwei getrennten Fahrbahnen	§ 2 Absatz 1 § 49 Absatz 1 Nummer 2	25 €
3.3.1	– mit Gefährdung	§ 2 Absatz 1 § 1 Absatz 2 § 49 Absatz 1 Nummer 1, 2	35 €
3.3.2	– mit Sachbeschädigung	§ 2 Absatz 1 § 1 Absatz 2 § 49 Absatz 1 Nummer 1, 2	40 €
3.4	eines markierten Schutzstreifens als Radfahrer	§ 2 Absatz 2 § 49 Absatz 1 Nummer 2	15 €
3.4.1	– mit Behinderung	§ 2 Absatz 2	20 €

Lfd. Nr.	Tatbestand	Straßenverkehrs-Ordnung (StVO)	Regelsatz in Euro (€), Fahrverbot in Monaten
		§ 1 Absatz 2 § 49 Absatz 1 Nummer 1, 2	
3.4.2	– mit Gefährdung		25 €
3.4.3	– mit Sachbeschädigung		30 €
4	Gegen das Rechtsfahrgebot verstoßen	§ 2 Absatz 2 § 1 Absatz 2 § 49 Absatz 1 Nummer 1, 2	
4.1	bei Gegenverkehr, beim Überholtwerden, an Kuppen, in Kurven oder bei Unübersichtlichkeit und dadurch einen Anderen gefährdet		80 €
4.2	auf Autobahnen oder Kraftfahrstraßen und dadurch einen Anderen behindert		80 €
5	Schienenbahn nicht durchfahren lassen	§ 2 Absatz 3 § 49 Absatz 1 Nummer 2	5 €
5a	Fahren bei Glatteis, Schneeglätte, Schneematsch, Eis- oder Reifglätte ohne Bereifung, welche die in § 36 Absatz 4 StVZO beschriebenen Eigenschaften erfüllt	§ 2 Absatz 3a Satz 1 § 49 Absatz 1 Nummer 2	60 €
5a.1	– mit Behinderung	§ 2 Absatz 3a Satz 1 § 1 Absatz 2 § 49 Absatz 1 Nummer 1, 2	80 €
6	Beim Führen eines kennzeichnungspflichtigen Kraftfahrzeugs mit gefährlichen Gütern bei Sichtweite unter 50 m, bei Schneeglätte oder Glatteis sich nicht so verhalten, dass die Gefährdung eines anderen ausgeschlossen war, insbesondere, obwohl nötig, nicht den nächsten geeigneten Platz zum Parken aufgesucht	§ 2 Absatz 3a Satz 4 § 49 Absatz 1 Nummer 2	140 €
7	Beim Radfahren oder Mofafahren, soweit dies durch Treten fortbewegt wird		
7.1	Radweg (Zeichen 237, 240, 241) nicht benutzt	§ 41 Absatz 1 i.V.m. Anlage 2 lfd. Nr. 16, 19, 20 (Zeichen 237, 240, 241) Spalte 3 Nummer 1 auch i.V.m. § 2 Absatz 4 Satz 6 § 49 Absatz 3 Nummer 4 auch i.V.m Absatz 1 Nummer 2	20 €
7.1.1	– mit Behinderung	§ 41 Absatz 1 i.V.m. Anlage 2 lfd. Nr. 16, 19, 20 (Zeichen 237, 240, 241) Spalte 3 Nummer 1 auch i.V.m. § 2 Absatz 4 Satz 6 § 1 Absatz 2 § 49 Absatz 1 Nummer 1, Absatz 3 Nummer 4 auch i.V.m. Absatz 1 Nummer 2	25 €
7.1.2	– mit Gefährdung		30 €
7.1.3	– mit Sachbeschädigung		35 €

Lfd. Nr.	Tatbestand	Straßenverkehrs-Ordnung (StVO)	Regelsatz in Euro (€), Fahrverbot in Monaten
7.2	Fahrbahn, Radweg oder Seitenstreifen nicht vorschriftsmäßig benutzt		
7.2.1	– mit Behinderung	§ 2 Absatz 4 Satz 1, 5 § 1 Absatz 2 § 49 Absatz 1 Nummer 1, 2	20 €
7.2.2	– mit Gefährdung		25 €
7.2.3	– mit Sachbeschädigung		30 €
7.3	Radweg nicht in zulässiger Richtung befahren, obwohl Radweg oder Seitenstreifen in zulässiger Richtung vorhanden	§ 2 Absatz 4 Satz 4 § 49 Absatz 1 Nummer 2	20 €
7.3.1	– mit Behinderung	§ 2 Absatz 4 Satz 4 § 1 Absatz 2 § 49 Absatz 1 Nummer 1, 2	25 €
7.3.2	– mit Gefährdung		30 €
7.3.3	– mit Sachbeschädigung		35 €
	Geschwindigkeit		
8	Mit nicht angepasster Geschwindigkeit gefahren		
8.1	trotz angekündigter Gefahrenstelle, bei Unübersichtlichkeit, an Straßenkreuzungen, Straßeneinmündungen, Bahnübergängen oder bei schlechten Sicht- oder Wetterverhältnissen (z.B. Nebel, Glatteis)	§ 3 Absatz 1 Satz 1, 2, 4, 5 § 19 Absatz 1 Satz 2 § 49 Absatz 1 Nummer 3, 19 Buchstabe a	100 €
8.2	in anderen als in Nummer 8.1 genannten Fällen mit Sachbeschädigung	§ 3 Absatz 1 Satz 1, 2, 4, 5 § 1 Absatz 2 § 49 Absatz 1 Nummer 1, 3	35 €
9	Festgesetzte Höchstgeschwindigkeit bei Sichtweite unter 50 m durch Nebel, Schneefall oder Regen überschritten	§ 3 Absatz 1 Satz 3 § 49 Absatz 1 Nummer 3	80 €
9.1	bis 15 km/h für mehr als 5 Minuten Dauer, bis 15 km/h in mehr als zwei Fällen nach Fahrtantritt oder um mehr als 15 km/h, mit einem Kraftfahrzeug der in § 3 Absatz 3 Nummer 2 Buchstabe a oder b StVO genannten Art		Tabelle 1 Buchstabe a
9.2	um mehr als 10 km/h innerorts, um mehr als 15 km/h außerorts, bis 15 km/h innerorts oder außerorts jeweils für mehr als 5 Minuten Dauer oder bis 15 km/h innerorts oder außerorts jeweils in mehr als zwei Fällen nach Fahrtantritt mit kennzeichnungspflichtigen Kraftfahrzeugen der in Nummer 9.1 genannten Art mit gefährlichen Gütern oder Kraftomnibussen mit Fahrgästen		Tabelle 1 Buchstabe b
9.3	um mehr als 20 km/h mit anderen als den in Nummer 9.1 oder 9.2 genannten Kraftfahrzeugen		Tabelle 1 Buchstabe c
10	Beim Führen eines Fahrzeugs ein Kind, einen Hilfsbedürftigen oder älteren Menschen gefährdet, insbesondere durch nicht ausreichend verminderte Geschwin-	§ 3 Absatz 2a § 49 Absatz 1 Nummer 3	80 €

Lfd. Nr.	Tatbestand	Straßenverkehrs-Ordnung (StVO)	Regelsatz in Euro (€), Fahrverbot in Monaten
	digkeit, mangelnde Bremsbereitschaft oder unzureichenden Seitenabstand beim Vorbeifahren oder Überholen		
11	Zulässige Höchstgeschwindigkeit überschritten mit	§ 3 Absatz 3 Satz 1, Absatz 4 § 49 Absatz 1 Nummer 3 § 18 Absatz 5 Satz 2 § 49 Absatz 1 Nummer 18 § 20 Absatz 2 Satz 1, Absatz 4 Satz 1, 2 § 49 Absatz 1 Nummer 19 Buchstabe b § 41 Absatz 1 i.V.m. Anlage 2 lfd. Nr. 16, 17 (Zeichen 237, 238) Spalte 3 Nummer 3, lfd. Nr. 18 (Zeichen 239) Spalte 3 Nummer 2, lfd. Nr. 19 (Zeichen 240) Spalte 3 Nummer 3, lfd. Nr. 20 (Zeichen 241) Spalte 3 Nummer 4, lfd. Nr. 21 (Zeichen 239 oder 242.1 mit Zusatzzeichen, das den Fahrzeugverkehr zulässt) Spalte 3 Nummer 2, lfd. Nr. 23 (Zeichen 244.1 mit Zusatzzeichen, das den Fahrzeugverkehr zulässt) Spalte 3 Nummer 2, lfd. Nr. 24.1 (Zeichen 244.3 mit Zusatzzeichen, das den Fahrzeugverkehr zulässt) Spalte 3 Nummer 2, lfd. Nr. 49 (Zeichen 274), lfd. Nr. 50 (Zeichen 274.1, 274.2) § 49 Absatz 3 Nummer 4 § 42 Absatz 2 i.V.m. Anlage 3 lfd. Nr. 12 (Zeichen 325.1) Spalte 3 Nummer 1 § 49 Absatz 3 Nummer 5	
11.1	Kraftfahrzeugen der in § 3 Absatz 3 Nummer 2 Buchstabe a oder b StVO genannten Art		Tabelle 1 Buchstabe a
11.2	kennzeichnungspflichtigen Kraftfahrzeugen der in Nummer 11.1 genannten Art mit gefährlichen Gütern oder Kraftomnibussen mit Fahrgästen		Tabelle 1 Buchstabe b
11.3	anderen als den in Nummer 11.1 oder 11.2 genannten Kraftfahrzeugen		Tabelle 1 Buchstabe c
	Abstand		
12	Erforderlichen Abstand von einem vorausfahrenden Fahrzeug nicht eingehalten	§ 4 Absatz 1 Satz 1 § 49 Absatz 1 Nummer 4	
12.1	bei einer Geschwindigkeit bis 80 km/h		25 €
12.2	– mit Gefährdung	§ 4 Absatz 1 Satz 1	30 €

Lfd. Nr.	Tatbestand	Straßenverkehrs-Ordnung (StVO)	Regelsatz in Euro (€), Fahrverbot in Monaten
		§ 1 Absatz 2 § 49 Absatz 1 Nummer 1, 4	
12.3	– mit Sachbeschädigung		35 €
12.4	bei einer Geschwindigkeit von mehr als 80 km/h, sofern der Abstand in Metern nicht weniger als ein Viertel des Tachowertes betrug	§ 4 Absatz 1 Satz 1 § 49 Absatz 1 Nummer 4	35 €
12.5	bei einer Geschwindigkeit von mehr als 80 km/h, sofern der Abstand in Metern weniger als ein Viertel des Tachowertes betrug		Tabelle 2 Buchstabe a
12.6	bei einer Geschwindigkeit von mehr als 100 km/h, sofern der Abstand in Metern weniger als ein Viertel des Tachowertes betrug		Tabelle 2 Buchstabe b
12.7	bei einer Geschwindigkeit von mehr als 130 km/h, sofern der Abstand in Metern weniger als ein Viertel des Tachowertes betrug		Tabelle 2 Buchstabe c
13	Vorausgefahren und ohne zwingenden Grund stark gebremst		
13.1	– mit Gefährdung	§ 4 Absatz 1 Satz 2 § 1 Absatz 2 § 49 Absatz 1 Nummer 1, 4	20 €
13.2	– mit Sachbeschädigung		30 €
14	Den zum Einscheren erforderlichen Abstand von dem vorausfahrenden Fahrzeug außerhalb geschlossener Ortschaften nicht eingehalten	§ 4 Absatz 2 Satz 1 § 49 Absatz 1 Nummer 4	25 €
15	Mit Lastkraftwagen (zulässige Gesamtmasse über 3,5 t) oder Kraftomnibus bei einer Geschwindigkeit von mehr als 50 km/h auf einer Autobahn Mindestabstand von 50 m von einem vorausfahrenden Fahrzeug nicht eingehalten	§ 4 Absatz 3 § 49 Absatz 1 Nummer 4	80 €
	Überholen		
16	Innerhalb geschlossener Ortschaften rechts überholt	§ 5 Absatz 1 § 49 Absatz 1 Nummer 5	30 €
16.1	– mit Sachbeschädigung	§ 5 Absatz 1 § 1 Absatz 2 § 49 Absatz 1 Nummer 1, 5	35 €
17	Außerhalb geschlossener Ortschaften rechts überholt	§ 5 Absatz 1 § 49 Absatz 1 Nummer 5	100 €
18	Mit nicht wesentlich höherer Geschwindigkeit als der zu Überholende überholt	§ 5 Absatz 2 Satz 2 § 49 Absatz 1 Nummer 5	80 €
19	Überholt, obwohl nicht übersehen werden konnte, dass während des ganzen Überholvorgangs jede Behinderung des Gegenverkehrs ausgeschlossen war, oder bei unklarer Verkehrslage	§ 5 Absatz 2 Satz 1, Absatz 3 Nummer 1 § 49 Absatz 1 Nummer 5	100 €
19.1	und dabei ein Überholverbot (§ 19 Absatz 1 Satz 3 StVO, Zeichen 276, 277, 277.1) nicht beachtet oder Fahrstreifenbegrenzung (Zeichen 295, 296) über-	§ 5 Absatz 2 Satz 1, Absatz 3 Nummer 1 § 19 Absatz 1 Satz 3 § 49 Absatz 1 Nummer 5, 19a	150 €

Lfd. Nr.	Tatbestand	Straßenverkehrs-Ordnung (StVO)	Regelsatz in Euro (€), Fahrverbot in Monaten
	quert oder überfahren oder der durch Pfeile vorgeschriebenen Fahrtrichtung (Zeichen 297) nicht gefolgt	§ 41 Absatz 1 i.V.m. Anlage 2 zu lfd. Nr. 53, 54 und 54.4 (Zeichen 276, 277, 277.1) Spalte 3, lfd. Nr. 68 (Zeichen 295) Spalte 3 Nummer 1a, lfd. Nr. 69, 70 (Zeichen 296, 297) Spalte 3 Nummer 1 § 49 Absatz 3 Nummer 4	
19.1.1	– mit Gefährdung	§ 5 Absatz 2 Satz 1, Absatz 3 Nummer 1 § 19 Absatz 1 Satz 3 § 49 Absatz 1 Nummer 5, 19a § 41 Absatz 1 i.V.m. Anlage 2 zu lfd. Nr. 53, 54 und 54.4 (Zeichen 276, 277, 277.1) Spalte 3, lfd. Nr. 68 (Zeichen 295) Spalte 3 Nummer 1a, lfd. Nr. 69, 70 (Zeichen 296, 297) Spalte 3 Nummer 1 § 49 Absatz 3 Nummer 4 § 1 Absatz 2 § 49 Absatz 1 Nummer 1	**250 €** **Fahrverbot 1 Monat**
19.1.2	– mit Sachbeschädigung		250 € **Fahrverbot 1 Monat**
(20)	(aufgehoben)		
21	Mit einem Kraftfahrzeug mit einer zulässigen Gesamtmasse über 7,5 t überholt, obwohl die Sichtweite durch Nebel, Schneefall oder Regen weniger als 50 m betrug	§ 5 Absatz 3a § 49 Absatz 1 Nummer 5	120 €
21.1	– mit Gefährdung	§ 5 Absatz 3a § 1 Absatz 2 § 49 Absatz 1 Nummer 1, 5	200 € **Fahrverbot 1 Monat**
21.2	– mit Sachbeschädigung		240 € **Fahrverbot 1 Monat**
22	Zum Überholen ausgeschert und dadurch nachfolgenden Verkehr gefährdet	§ 5 Absatz 4 Satz 1 § 49 Absatz 1 Nummer 5	80 €
23	Beim Überholen ausreichenden Seitenabstand zu anderen Verkehrsteilnehmern nicht eingehalten	§ 5 Absatz 4 Satz 2, 3 § 49 Absatz 1 Nummer 5	30 €
23.1	– mit Sachbeschädigung	§ 5 Absatz 4 Satz 2, 3 § 1 Absatz 2 § 49 Absatz 1 Nummer 1, 5	35 €
24	Nach dem Überholen nicht so bald wie möglich wieder nach rechts eingeordnet	§ 5 Absatz 4 Satz 5 § 49 Absatz 1 Nummer 5	10 €
25	Nach dem Überholen beim Einordnen, denjenigen, der überholt wurde, behindert	§ 5 Absatz 4 Satz 6 § 49 Absatz 1 Nummer 5	20 €
26	Beim Überholtwerden Geschwindigkeit erhöht	§ 5 Absatz 6 Satz 1 § 49 Absatz 1 Nummer 5	30 €
27	Ein langsameres Fahrzeug geführt und die Geschwindigkeit nicht ermäßigt oder nicht gewartet, um mehreren unmittelbar	§ 5 Absatz 6 Satz 2 § 49 Absatz 1 Nummer 5	10 €

Lfd. Nr.	Tatbestand	Straßenverkehrs-Ordnung (StVO)	Regelsatz in Euro (€), Fahrverbot in Monaten
	folgenden Fahrzeugen das Überholen zu ermöglichen		
28	Vorschriftswidrig links überholt, obwohl der Fahrer des vorausfahrenden Fahrzeugs die Absicht, nach links abzubiegen, angekündigt und sich eingeordnet hatte	§ 5 Absatz 7 Satz 1 § 49 Absatz 1 Nummer 5	25 €
28.1	– mit Sachbeschädigung	§ 5 Absatz 7 Satz 1 § 1 Absatz 2 § 49 Absatz 1 Nummer 1, 5	30 €
	Fahrtrichtungsanzeiger		
29	Fahrtrichtungsanzeiger nicht wie vorgeschrieben benutzt	§ 5 Absatz 4a § 49 Absatz 1 Nummer 5 § 6 Satz 3 § 49 Absatz 1 Nummer 6 § 7 Absatz 5 Satz 2 § 49 Absatz 1 Nummer 7 § 9 Absatz 1 Satz 1 § 49 Absatz 1 Nummer 9 § 10 Satz 2 § 49 Absatz 1 Nummer 10 § 42 Absatz 2 i.V.m. Anlage 3 lfd. Nr. 2.1 (Zusatzzeichen zu Zeichen 306) Spalte 3 Nummer 1 § 49 Absatz 3 Nummer 5	10 €
	Vorbeifahren		
30	An einer Fahrbahnverengung, einem Hindernis auf der Fahrbahn oder einem haltenden Fahrzeug auf der Fahrbahn links vorbeigefahren, ohne ein entgegenkommendes Fahrzeug durchfahren zu lassen	§ 6 Satz 1 § 49 Absatz 1 Nummer 6	20 €
30.1	– mit Gefährdung	§ 6 Absatz 1 § 1 Absatz 2 § 49 Absatz 1 Nummer 1, 6	30 €
30.2	– mit Sachbeschädigung		35 €
	Benutzung von Fahrstreifen durch Kraftfahrzeuge		
31	Fahrstreifen gewechselt und dadurch einen anderen Verkehrsteilnehmer gefährdet	§ 7 Absatz 5 Satz 1 § 49 Absatz 1 Nummer 7	30 €
31.1	– mit Sachbeschädigung	§ 7 Absatz 5 Satz 1 § 1 Absatz 2 § 49 Absatz 1 Nummer 1, 7	35 €
31a	Auf einer Fahrbahn für beide Richtungen den mittleren oder linken von mehreren durch Leitlinien (Zeichen 340) markierten Fahrstreifen zum Überholen benutzt	§ 7 Absatz 3a Satz 1, 2, Absatz 3b § 49 Absatz 1 Nummer 7	30 €
31a.1	– mit Gefährdung	§ 7 Absatz 3a Satz 1, 2, Absatz 3b § 1 Absatz 2 § 49 Absatz 1 Nummer 1, 7	40 €
31b	Außerhalb geschlossener Ortschaften linken Fahrstreifen mit einem Lastkraftwagen mit einer zulässigen Gesamtmasse	§ 7 Absatz 3c Satz 3 § 49 Absatz 1 Nummer 7	15 €

Lfd Nr.	Tatbestand	Straßenverkehrs-Ordnung (StVO)	Regelsatz in Euro (€), Fahrverbot in Monaten
	von mehr als 3,5 t oder einem Kraftfahrzeug mit Anhänger zu einem anderen Zweck als dem des Linksabbiegens benutzt		
31b.1	– mit Behinderung	§ 7 Absatz 3c Satz 3 § 1 Absatz 2 § 49 Absatz 1 Nummer 1, 7	20 €
	Vorfahrt		
32	Nicht mit mäßiger Geschwindigkeit an eine bevorrechtigte Straße herangefahren	§ 8 Absatz 2 Satz 1 § 49 Absatz 1 Nummer 8	10 €
33	Vorfahrt nicht beachtet und dadurch eine vorfahrtberechtigte Person wesentlich behindert	§ 8 Absatz 2 Satz 2 § 49 Absatz 1 Nummer 8	25 €
34	Vorfahrt nicht beachtet und dadurch eine vorfahrtberechtigte Person gefährdet	§ 8 Absatz 2 Satz 2 § 49 Absatz 1 Nummer 8	100 €
	Abbiegen, Wenden, Rückwärtsfahren		
35	Abgebogen, ohne sich ordnungsgemäß oder rechtzeitig eingeordnet oder ohne vor dem Einordnen oder Abbiegen auf den nachfolgenden Verkehr geachtet zu haben	§ 9 Absatz 1 Satz 2, 4 § 49 Absatz 1 Nummer 9	10 €
35.1	– mit Gefährdung	§ 9 Absatz 1 Satz 2, 4 § 1 Absatz 2 § 49 Absatz 1 Nummer 1, 9	30 €
35.2	– mit Sachbeschädigung		35 €
36	Beim Linksabbiegen auf längs verlegten Schienen eingeordnet und dadurch ein Schienenfahrzeug behindert	§ 9 Absatz 1 Satz 3 § 49 Absatz 1 Nummer 9	5 €
(37 bis 37.3)	(aufgehoben)		
38	Beim Linksabbiegen mit dem Fahrrad nach einer Kreuzung oder Einmündung die Fahrbahn überquert und dabei den Fahrzeugverkehr nicht beachtet oder einer Radverkehrsführung im Kreuzungs- oder Einmündungsbereich nicht gefolgt	§ 9 Absatz 2 Satz 2, 3 § 49 Absatz 1 Nummer 9	15 €
38.1	– mit Behinderung	§ 9 Absatz 2 Satz 2, 3 § 1 Absatz 2 § 49 Absatz 1 Nummer 1, 9	20 €
38.2	– mit Gefährdung		25 €
38.3	– mit Sachbeschädigung		30 €
39	Abgebogen, ohne Fahrzeug durchfahren zu lassen	§ 9 Absatz 3 Satz 1, 2, Absatz 4 Satz 1 § 49 Absatz 1 Nummer 9	40 €
39.1	– mit Gefährdung	§ 9 Absatz 3 Satz 1, 2, Absatz 4 Satz 1 § 1 Absatz 2 § 49 Absatz 1 Nummer 1, 9	140 € **Fahrverbot 1 Monat**
(40)	(aufgehoben)		
41	Beim Abbiegen auf zu Fuß Gehende keine besondere Rücksicht genommen und diese dadurch gefährdet	§ 9 Absatz 3 Satz 3 § 1 Absatz 2 § 49 Absatz 1 Nummer 1, 9	140 € **Fahrverbot 1 Monat**

Lfd. Nr.	Tatbestand	Straßenverkehrs-Ordnung (StVO)	Regelsatz in Euro (€), Fahrverbot in Monaten
42	Beim Linksabbiegen nicht voreinander abgebogen	§ 9 Absatz 4 Satz 2 § 49 Absatz 1 Nummer 9	10 €
42.1	– mit Gefährdung	§ 9 Absatz 4 Satz 2 § 1 Absatz 2 § 49 Absatz 1 Nummer 1, 9	70 €
(43)	(aufgehoben)		
44	Beim Abbiegen in ein Grundstück, beim Wenden oder Rückwärtsfahren einen anderen Verkehrsteilnehmer gefährdet	§ 9 Absatz 5 § 49 Absatz 1 Nummer 9	80 €
45	Mit einem Kraftfahrzeug mit einer zulässigen Gesamtmasse über 3,5 t innerorts beim Rechtsabbiegen nicht mit Schrittgeschwindigkeit gefahren	§ 9 Absatz 6 § 49 Absatz 1 Nummer 9	70 €
(46)	(aufgehoben)		
	Einfahren und Anfahren		
47	Aus einem Grundstück, einem Fußgängerbereich (Zeichen 242.1, 242.2), einem verkehrsberuhigten Bereich (Zeichen 325.1, 325.2) auf die Straße oder von einem anderen Straßenteil oder über einen abgesenkten Bordstein hinweg auf die Fahrbahn eingefahren oder vom Fahrbahnrand angefahren und dadurch einen anderen Verkehrsteilnehmer gefährdet	§ 10 Satz 1 § 49 Absatz 1 Nummer 10	30 €
47.1	– mit Sachbeschädigung	§ 10 Satz 1 § 1 Absatz 2 § 49 Absatz 1 Nummer 1, 10	35 €
(48)	(aufgehoben)		
	Besondere Verkehrslagen		
49	Trotz stockenden Verkehrs in eine Kreuzung oder Einmündung eingefahren und dadurch einen Anderen behindert	§ 11 Absatz 1 § 1 Absatz 2 § 49 Absatz 1 Nummer 1, 11	20 €
50	Bei stockendem Verkehr auf einer Autobahn oder Außerortsstraße für die Durchfahrt von Polizei- oder Hilfsfahrzeugen keine vorschriftsmäßige Gasse gebildet	§ 11 Absatz 2 § 49 Absatz 1 Nummer 11	200 € **Fahrverbot 1 Monat**
50.1	– mit Behinderung	§ 11 Absatz 2 § 1 Absatz 2 § 49 Absatz 1 Nummer 1, 11	240 € **Fahrverbot 1 Monat**
50.2	– mit Gefährdung		280 € **Fahrverbot 1 Monat**
50.3	– mit Sachbeschädigung		320 € **Fahrverbot 1 Monat**
50a	Unberechtigt mit einem Fahrzeug auf einer Autobahn oder Außerortsstraße eine freie Gasse für die Durchfahrt von Polizei- oder Hilfsfahrzeugen benutzt	§ 11 Absatz 2 § 49 Absatz 1 Nummer 11	240 € **Fahrverbot 1 Monat**
50a.1	– mit Behinderung	§ 11 Absatz 2 § 1 Absatz 2 § 49 Absatz 1 Nummer 1, 11	280 € **Fahrverbot 1 Monat**
50a.2	– mit Gefährdung		300 €

Lfd. Nr.	Tatbestand	Straßenverkehrs-Ordnung (StVO)	Regelsatz in Euro (€), Fahrverbot in Monaten
			Fahrverbot 1 Monat
50a.3	– mit Sachbeschädigung		320 € **Fahrverbot 1 Monat**
	Halten und Parken		
51	Unzulässig gehalten	§ 12 Absatz 1 § 49 Absatz 1 Nummer 12 § 37 Absatz 1 Satz 2, Absatz 5 § 49 Absatz 3 Nummer 2 § 41 Absatz 1 i.V.m. Anlage 2 lfd. Nr. 1, 2, 3 (Zeichen 201, 205, 206) Spalte 3 Nummer 2, lfd. Nr. 8 (Zeichen 215) Spalte 3 Nummer 3, lfd. Nr. 15 (Zeichen 229) Spalte 3 Satz 1, lfd. Nr. 62 (Zeichen 283) Spalte 3, lfd. Nr. 63, 64 (Zeichen 286, 290.1) Spalte 3 Nummer 1, lfd. Nr. 66 (Zeichen 293) Spalte 3, lfd. Nr. 68 (Zeichen 295) Spalte 3 Nummer 2a, lfd. Nr. 70 (Zeichen 297) Spalte 3 Nummer 2, lfd. Nr. 73 (Zeichen 299) Spalte 3 Satz 1 § 49 Absatz 3 Nummer 4	20 €
51.1	– mit Behinderung	§ 12 Absatz 1 § 1 Absatz 2 § 49 Absatz 1 Nummer 1,12 § 37 Absatz 1 Satz 2, Absatz 5 § 1 Absatz 2 § 49 Absatz 1 Nummer 1, Absatz 3 Nummer 2 § 41 Absatz 1 i.V.m. Anlage 2 lfd. Nr. 1, 2, 3 (Zeichen 201, 205, 206) Spalte 3 Nummer 2, lfd. Nr. 8 (Zeichen 215) Spalte 3 Nummer 3, lfd. Nr. 15 (Zeichen 229) Spalte 3 Satz 1, lfd. Nr. 62 (Zeichen 283) Spalte 3, lfd. Nr. 63, 64 (Zeichen 286, 290.1) Spalte 3 Nummer 1, lfd. Nr. 66 (Zeichen 293) Spalte 3, lfd. Nr. 68 (Zeichen 295) Spalte 3 Nummer 2a, lfd. Nr. 70 (Zeichen 297) Spalte 3 Nummer 2, lfd. Nr. 73 (Zeichen 299) Spalte 3 Satz 1 § 1 Absatz 2 § 49 Absatz 1 Nummer 1, Absatz 3 Nummer 4	35 €

Lfd. Nr.	Tatbestand	Straßenverkehrs-Ordnung (StVO)	Regelsatz in Euro (€), Fahrverbot in Monaten
51a	Unzulässig in „zweiter Reihe“ gehalten	§ 12 Absatz 4 Satz 1, 2 Halbsatz 2 § 49 Absatz 1 Nummer 12	55 €
51a.1	– mit Behinderung	§ 12 Absatz 4 Satz 1, 2 Halbsatz 2 § 1 Absatz 2 § 49 Absatz 1 Nummer 1, 12	70 €
51a.2	– mit Gefährdung		80 €
51a.3	– mit Sachbeschädigung		100 €
51b	An einer engen oder unübersichtlichen Straßenstelle oder im Bereich einer scharfen Kurve geparkt (§ 12 Absatz 2 StVO)	§ 12 Absatz 1 Nummer 1, 2 § 49 Absatz 1 Nummer 12	35 €
51b.1	– mit Behinderung	§ 12 Absatz 1 Nummer 1, 2 § 1 Absatz 2 § 49 Absatz 1 Nummer 1, 12	55 €
51b.2	länger als 1 Stunde	§ 12 Absatz 1 Nummer 1, 2 § 49 Absatz 1 Nummer 12	55 €
51b.2.1	– mit Behinderung	§ 12 Absatz 1 Nummer 1, 2 § 1 Absatz 2 § 49 Absatz 1 Nummer 1, 12	55 €
51b.3	wenn ein Rettungsfahrzeug im Einsatz behindert worden ist	§ 12 Absatz 1 Nummer 1, 2 § 1 Absatz 2 § 49 Absatz 1 Nummer 1, 12	100 €
52	Unzulässig geparkt (§ 12 Absatz 2 StVO) in den Fällen, in denen das Halten verboten ist	§ 12 Absatz 1 Nummer 3, 4 § 49 Absatz 1 Nummer 12 § 37 Absatz 1 Satz 2, Absatz 5 § 49 Absatz 3 Nummer 2 § 41 Absatz 1 i.V.m. Anlage 2 lfd. Nr. 1, 2, 3 (Zeichen 201, 205, 206) Spalte 3 Nummer 2, lfd. Nr. 8 (Zeichen 215) Spalte 3 Nummer 3, lfd. Nr. 15 (Zeichen 229) Spalte 3 Satz 1, lfd. Nr. 17 (Zeichen 238) Spalte 3 Nummer 2, lfd. Nr. 62 (Zeichen 283) Spalte 3, lfd. Nr. 63, 64 (Zeichen 286, 290.1) Spalte 3 Nummer 1, lfd. Nr. 66 (Zeichen 293) Spalte 3, lfd. Nr. 68 (Zeichen 295) Spalte 3 Nummer 2a, lfd. Nr. 70 (Zeichen 297) Spalte 3 Nummer 2, lfd. Nr. 73 (Zeichen 299) Spalte 3 Satz 1 § 49 Absatz 3 Nummer 4	25 €
52.1	– mit Behinderung	§ 12 Absatz 1 Nummer 3, 4 § 1 Absatz 2 § 49 Absatz 1 Nummer 1, 12 § 41 Absatz 1 i.V.m. Anlage 2 lfd. Nr. 1, 2, 3 (Zeichen 201, 205, 206) Spalte 3 Nummer 2, lfd. Nr. 8 (Zeichen 215) Spalte 3 Nummer 3, lfd.	40 €

Lfd. Nr.	Tatbestand	Straßenverkehrs-Ordnung (StVO)	Regelsatz in Euro (€), Fahrverbot in Monaten
		Nr. 15 (Zeichen 229) Spalte 3 Satz 1, lfd. Nr. 17 (Zeichen 238) Spalte 3 Nummer 2, lfd. Nr. 62 (Zeichen 283) Spalte 3, lfd. Nr. 63, 64 (Zeichen 286, 290.1) Spalte 3 Nummer 1, lfd. Nr. 66 (Zeichen 293) Spalte 3, lfd. Nr. 68 (Zeichen 295) Spalte 3 Nummer 2a, lfd. Nr. 70 (Zeichen 297) Spalte 3 Nummer 2, lfd. Nr. 73 (Zeichen 299) Spalte 3 Satz 1 § 1 Absatz 2 § 49 Absatz 1 Nummer 1, Absatz 3 Nummer 4	
52.2	länger als 1 Stunde	§ 12 Absatz 1 Nummer 3, 4 § 49 Absatz 1 Nummer 12 § 41 Absatz 1 i.V.m. Anlage 2 lfd. Nr. 1, 2, 3 (Zeichen 201, 205, 206) Spalte 3 Nummer 2, lfd. Nr. 8 (Zeichen 215) Spalte 3 Nummer 3, lfd. Nr. 15 (Zeichen 229) Spalte 3 Satz 1, lfd. Nr. 17 (Zeichen 238) Spalte 3 Nummer 2, lfd. Nr. 62 (Zeichen 283) Spalte 3, lfd. Nr. 63, 64 (Zeichen 286, 290.1) Spalte 3 Nummer 1, lfd. Nr. 66 (Zeichen 293) Spalte 3, lfd. Nr. 68 (Zeichen 295) Spalte 3 Nummer 2a, lfd. Nr. 70 (Zeichen 297) Spalte 3 Nummer 2, lfd. Nr. 73 (Zeichen 299) Spalte 3 Satz 1 § 49 Absatz 3 Nummer 4	40 €
52.2.1	– mit Behinderung	§ 12 Absatz 1 Nummer 3, 4 § 1 Absatz 2 § 49 Absatz 1 Nummer 1, 12 § 41 Absatz 1 i.V.m. Anlage 2 lfd. Nr. 1, 2, 3 (Zeichen 201, 205, 206) Spalte 3 Nummer 2, lfd. Nr. 8 (Zeichen 215) Spalte 3 Nummer 3, lfd. Nr. 15 (Zeichen 229) Spalte 3 Satz 1, lfd. Nr. 17 (Zeichen 238) Spalte 3 Nummer 2, lfd. Nr. 62 (Zeichen 283) Spalte 3, lfd. Nr. 63, 64 (Zeichen 286, 290.1) Spalte 3 Nummer 1, lfd. Nr. 66 (Zeichen 293) Spalte 3, lfd. Nr. 68 (Zeichen 295) Spalte 3 Nummer 2a, lfd. Nr. 70 (Zeichen 297) Spalte 3 Nummer 2, lfd.	50 €

Lfd. Nr.	Tatbestand	Straßenverkehrs-Ordnung (StVO)	Regelsatz in Euro (€), Fahrverbot in Monaten
		Nr. 73 (Zeichen 299) Spalte 3 Satz 1 § 1 Absatz 2 § 49 Absatz 1 Nummer 1, Absatz 3 Nummer 4	
52a	Unzulässig auf Geh- und Radwegen geparkt (§ 12 Absatz 2 StVO)	§ 12 Absatz 4 Satz 1, Absatz 4a § 49 Absatz 1 Nummer 12 § 41 Absatz 1 i.V.m. Anlage 2 lfd. Nr. 16, 19, 20 (Zeichen 237, 240, 241) Spalte 3 Nummer 2 § 49 Absatz 3 Nummer 4	55 €
52a.1	– mit Behinderung	§ 12 Absatz 4 Satz 1, Absatz 4a § 1 Absatz 2 § 49 Absatz 1 Nummer 1, 12 § 41 Absatz 1 i.V.m. Anlage 2 lfd. Nr. 16, 19, 20 (Zeichen 237, 240, 241) Spalte 3 Nummer 2 § 1 Absatz 2 § 49 Absatz 1 Nummer 1, Absatz 3 Nummer 4	70 €
52a.2	länger als 1 Stunde	§ 12 Absatz 4 Satz 1, Absatz 4a § 49 Absatz 1 Nummer 12 § 41 Absatz 1 i.V.m. Anlage 2 lfd. Nr. 16, 19, 20 (Zeichen 237, 240, 241) Spalte 3 Nummer 2 § 49 Absatz 3 Nummer 4	70 €
52a.2.1	– mit Behinderung	§ 12 Absatz 4 Satz 1, Absatz 4a § 1 Absatz 2 § 49 Absatz 1 Nummer 1, 12 § 41 Absatz 1 i.V.m. Anlage 2 lfd. Nr. 16, 19, 20 (Zeichen 237, 240, 241) Spalte 3 Nummer 2 § 1 Absatz 2 § 49 Absatz 1 Nummer 1, Absatz 3 Nummer 4	80 €
52a.3	– mit Gefährdung		80 €
52a.4	– mit Sachbeschädigung		100 €
53	Vor oder in amtlich gekennzeichneten Feuerwehrzufahrten geparkt (§ 12 Absatz 2 StVO)	§ 12 Absatz 1 Nummer 5 § 49 Absatz 1 Nummer 12	55 €
53.1	und dadurch ein Rettungsfahrzeug im Einsatz behindert	§ 12 Absatz 1 Nummer 5 § 1 Absatz 2 § 49 Absatz 1 Nummer 1, 12	100 €
54	Unzulässig geparkt (§ 12 Absatz 2 StVO) in den in § 12 Absatz 3 Nummer 1 bis 5 genannten Fällen oder in den Fällen der	§ 12 Absatz 3 Nummer 1 bis 5 § 49 Absatz 1 Nummer 12	10 €

Lfd. Nr.	Tatbestand	Straßenverkehrs-Ordnung (StVO)	Regelsatz in Euro (€), Fahrverbot in Monaten
	Zeichen 201, 295, 296, 306, 314 mit Zusatzzeichen und 315 StVO	§ 41 Absatz 1 i.V.m. Anlage 2 lfd. Nr. 1 (Zeichen 201) Spalte 3 Nummer 3, lfd. Nr. 68 (Zeichen 295) Spalte 3 Nummer 1d, lfd. Nr. 69 (Zeichen 296) Spalte 3 Nummer 2 § 49 Absatz 3 Nummer 4 § 42 Absatz 2 i.V.m. Anlage 3 lfd. Nr. 2 (Zeichen 306) Spalte 3 Satz 1, lfd. Nr. 7 (Zeichen 314 mit Zusatzzeichen) Spalte 3 Nummer 1, 2, lfd. Nr. 10 (Zeichen 315) Spalte 3 Nummer 1, 2 § 49 Absatz 3 Nummer 5	
54.1	– mit Behinderung	§ 12 Absatz 3 Nummer 1 bis 5 § 1 Absatz 2 § 49 Absatz 1 Nummer 1, 12 § 41 Absatz 1 i.V.m. Anlage 2 lfd. Nr. 1 (Zeichen 201) Spalte 3 Nummer 3, lfd. Nr. 68 (Zeichen 295) Spalte 3 Nummer 1d, lfd. Nr. 69 (Zeichen 296) Spalte 3 Nummer 2 § 1 Absatz 2 § 49 Absatz 1 Nummer 1, Absatz 3 Nummer 4 § 42 Absatz 2 i.V.m. Anlage 3 lfd. Nr. 2 (Zeichen 306) Spalte 3 Satz 1, lfd. Nr. 7 (Zeichen 314 mit Zusatzzeichen) Spalte 3 Nummer 1, 2, lfd. Nr. 10 (Zeichen 315) Spalte 3 Nummer 1, 2 § 1 Absatz 2 § 49 Absatz 1 Nummer 1, Absatz 3 Nummer 5	15 €
54.2	länger als 3 Stunden	§ 12 Absatz 3 Nummer 1 bis 5 § 49 Absatz 1 Nummer 12 § 41 Absatz 1 i.V.m. Anlage 2 lfd. Nr. 1 (Zeichen 201) Spalte 3 Nummer 3, lfd. Nr. 68 (Zeichen 295) Spalte 3 Nummer 1d, lfd. Nr. 69 (Zeichen 296) Spalte 3 Nummer 2 § 49 Absatz 3 Nummer 4 § 42 Absatz 2 i.V.m. Anlage 3 lfd. Nr. 2 (Zeichen 306) Spalte 3 Satz 1, lfd. Nr. 7 (Zeichen 314 mit Zusatzzeichen) Spalte 3 Nummer 1, 2, lfd. Nr. 10 (Zeichen 315) Spalte 3 Nummer 1, 2 § 49 Absatz 3 Nummer 5	20 €

Lfd. Nr.	Tatbestand	Straßenverkehrs-Ordnung (StVO)	Regelsatz in Euro (€), Fahrverbot in Monaten
54.2.1	– mit Behinderung	§ 12 Absatz 3 Nummer 1 bis 5 § 1 Absatz 2 § 49 Absatz 1 Nummer 1, 12 § 41 Absatz 1 i.V.m. Anlage 2 lfd. Nr. 1 (Zeichen 201) Spalte 3 Nummer 3, lfd. Nr. 68 (Zeichen 295) Spalte 3 Nummer 1d, lfd. Nr. 69 (Zeichen 296) Spalte 3 Nummer 2 § 1 Absatz 2 § 49 Absatz 1 Nummer 1, Absatz 3 Nummer 4 § 42 Absatz 2 i.V.m. Anlage 3 lfd. Nr. 2 (Zeichen 306) Spalte 3 Satz 1, lfd. Nr. 7 (Zeichen 314 mit Zusatzzeichen) Spalte 3 Nummer 1, 2, lfd. Nr. 10 (Zeichen 315) Spalte 3 Nummer 1, 2 § 1 Absatz 2 § 49 Absatz 1 Nummer 1, Absatz 3 Nummer 5	55 €
54.3	Unzulässig gehalten in den Fällen des Zeichens 245 auch in Verbindung mit dem Zeichen 299	§ 41 Absatz 1 i.V.m. Anlage 2 lfd. Nr. 25 (Zeichen 245) Spalte 3 Nummer 1 auch i.V.m. lfd. Nr. 73 (Zeichen 299) Spalte 3 Satz 1 § 49 Absatz 3 Nummer 4	55 €
54.3.1	– mit Behinderung	§ 41 Absatz 1 i.V.m. Anlage 2 lfd. Nr. 25 (Zeichen 245) Spalte 3 Nummer 1 auch i.V.m. lfd. Nr. 73 (Zeichen 299) Spalte 3 Satz 1 § 1 Absatz 2 § 49 Absatz 1 Nummer 1, Absatz 3 Nummer 4	70 €
54.3.2	– mit Gefährdung		80 €
54.3.3	– mit Sachbeschädigung		100 €
54.4	Unzulässig geparkt in den Fällen der Zeichen 224, 245 jeweils auch in Verbindung mit dem Zeichen 299	§ 41 Absatz 1 i.V.m. Anlage 2 lfd. Nr. 14 (Zeichen 224) Spalte 3 Satz 1, lfd. Nr. 25 (Zeichen 245), Spalte 3 Nummer 1 auch i.V.m. lfd. 73 (Zeichen 299) Spalte 3 Satz 1 § 49 Absatz 3 Nummer 4	55 €
54.4.1	– mit Behinderung	§ 41 Absatz 1 i.V.m. Anlage 2 lfd. Nr. 14 (Zeichen 224) Spalte 3 Satz 1, lfd. Nr. 25 (Zeichen 245) Spalte 3 Nummer 1 auch i.V.m. lfd. Nr. 73 (Zeichen 299) Spalte 3 Satz 1 § 1 Absatz 2	70 €

Lfd. Nr.	Tatbestand	Straßenverkehrs-Ordnung (StVO)	Regelsatz in Euro (€), Fahrverbot in Monaten
		§ 49 Absatz 3 Nummer 4	
54.4.2	– mit Gefährdung		80 €
54.4.3	– mit Sachbeschädigung		100 €
54.4.4	länger als 3 Stunden	§ 41 Absatz 1 i.V.m. Anlage 2 lfd. Nr. 14 (Zeichen 224) Spalte 3 Satz 1, lfd. Nr. 25 (Zeichen 245) Spalte 3 Nummer 1 auch i.V.m. lfd. Nr. 73 (Zeichen 299) Spalte 3 Satz 1 § 49 Absatz 3 Nummer 4	70 €
54.4 4.1	– mit Behinderung	§ 41 Absatz 1 i.V.m. Anlage 2 lfd. Nr. 14 (Zeichen 224) Spalte 3 Satz 1, lfd. Nr. 25 (Zeichen 245) Spalte 3 Nummer 1 auch i.V.m. lfd. Nr. 73 (Zeichen 299) Spalte 3 Satz 1 § 1 Absatz 2 § 49 Absatz 1 Nummer 1, Absatz 3 Nummer 4	80 €
54.4.4.2	– mit Gefährdung		80 €
54.4.4.3	– mit Sachbeschädigung		100 €
54a	Unzulässig auf Schutzstreifen für den Radverkehr (Zeichen 340) gehalten	§ 42 Absatz 2 i.V.m. Anlage 3 lfd. Nr. 22 (Zeichen 340) Spalte 3 Nummer 3 § 49 Absatz 3 Nummer 5	55 €
54a.1	– mit Behinderung	§ 42 Absatz 2 i.V.m. Anlage 3 lfd. Nr. 22 (Zeichen 340) Spalte 3 Nummer 3 § 1 Absatz 2 § 49 Absatz 1 Nummer 1, Absatz 3 Nummer 5	70 €
54a.2	– mit Gefährdung		80 €
54a.3	– mit Sachbeschädigung		100 €
55	Unberechtigt auf Schwerbehinderten-Parkplatz geparkt (§ 12 Absatz 2 StVO)	§ 42 Absatz 2 i.V.m. Anlage 3 lfd. Nr. 7 (Zeichen 314) Spalte 3 Nummer 1, 2d, lfd. Nr. 10 (Zeichen 315) Spalte 3 Nummer 1 Satz 2, Nummer 2d § 49 Absatz 3 Nummer 5	55 €
55a	Unberechtigt auf einem Parkplatz für elektrisch betriebene Fahrzeuge geparkt (§ 12 Absatz 2 StVO; Zeichen 314, 315)	§ 42 Absatz 2 i.V.m. Anlage 3 lfd. Nr. 7 (Zeichen 314 mit Zusatzzeichen 1010-66) Spalte 3 Nummer 1, 3a, lfd. Nr. 10 (Zeichen 315 mit Zusatzzeichen 1010-66) Spalte 3 Nummer 1 Satz 2, Nummer 3a § 49 Absatz 3 Nummer 5	55 €
55b	Unberechtigt auf einem Parkplatz für Carsharingfahrzeuge geparkt (§ 12 Absatz 2 StVO; Zeichen 314, 315)	§ 42 Absatz 2 i.V.m. Anlage 3 lfd. Nr. 7 (Zeichen 314 mit Zu-	55 €

Lfd. Nr.	Tatbestand	Straßenverkehrs-Ordnung (StVO)	Regelsatz in Euro (€), Fahrverbot in Monaten
		satzzeichen 1010-70) Spalte 3 Nummer 1, 4a, lfd. Nr. 10 (Zeichen 315 mit Zusatzzeichen 1010-70) Spalte 3 Nummer 1 Satz 2, Nummer 4a § 49 Absatz 3 Nummer 5	
56	In einem nach § 12 Absatz 3a Satz 1 StVO geschützten Bereich während nicht zugelassener Zeiten mit einem Kraftfahrzeug über 7,5 t zulässiger Gesamtmasse oder einem Kraftfahrzeuganhänger über 2 t zulässiger Gesamtmasse regelmäßig geparkt (§ 12 Absatz 2 StVO)	§ 12 Absatz 3a Satz 1 § 49 Absatz 1 Nummer 12	30 €
57	Mit Kraftfahrzeuganhänger ohne Zugfahrzeug länger als zwei Wochen geparkt (§ 12 Absatz 2 StVO)	§ 12 Absatz 3b Satz 1 § 49 Absatz 1 Nummer 12	20 €
58	In „zweiter Reihe" geparkt (§ 12 Absatz 2 StVO)	§ 12 Absatz 4 Satz 1 § 49 Absatz 1 Nummer 12	55 €
58.1	– mit Behinderung	§ 12 Absatz 4 Satz 1 § 1 Absatz 2 § 49 Absatz 1 Nummer 1, 12	80 €
58.1.1	– mit Gefährdung		90 €
58.1.2	– mit Sachbeschädigung		110 €
58.2	länger als 15 Minuten	§ 12 Absatz 4 Satz 1 § 49 Absatz 1 Nummer 12	85 €
58.2.1	– mit Behinderung	§ 12 Absatz 4 Satz 1 § 1 Absatz 2 § 49 Absatz 1 Nummer 1, 12	90 €
59	Im Fahrraum von Schienenfahrzeugen gehalten	§ 12 Absatz 4 Satz 5 § 49 Absatz 1 Nummer 12	20 €
59.1	– mit Behinderung	§ 12 Absatz 4 Satz 5 § 1 Absatz 2 § 49 Absatz 1 Nummer 1, 12	30 €
60	Im Fahrraum von Schienenfahrzeugen geparkt (§ 12 Absatz 2 StVO)	§ 12 Absatz 4 Satz 5 § 49 Absatz 1 Nummer 12	55 €
60.1	– mit Behinderung	§ 12 Absatz 4 Satz 5 § 1 Absatz 2 § 49 Absatz 1 Nummer 1, 12	70 €
61	Vorrang des Berechtigten beim Einparken in eine Parklücke nicht beachtet	§ 12 Absatz 5 § 49 Absatz 1 Nummer 12	10 €
62	Nicht Platz sparend gehalten oder geparkt (§ 12 Absatz 2 StVO)	§ 12 Absatz 6 § 49 Absatz 1 Nummer 12	10 €
	Einrichtungen zur Überwachung der Parkzeit		
63	An einer abgelaufenen Parkuhr, ohne vorgeschriebene Parkscheibe, ohne Parkschein oder unter Überschreiten der erlaubten Höchstparkdauer geparkt (§ 12 Absatz 2 StVO)	§ 13 Absatz 1, 2 § 49 Absatz 1 Nummer 13	20 €
63.1	bis zu 30 Minuten		20 €
63.2	bis zu 1 Stunde		25 €
63.3	bis zu 2 Stunden		30 €

Lfd. Nr.	Tatbestand	Straßenverkehrs-Ordnung (StVO)	Regelsatz in Euro (€), Fahrverbot in Monaten
63.4	bis zu 3 Stunden		35 €
63.5	länger als 3 Stunden		40 €
	Sorgfaltspflichten beim Ein- und Aussteigen		
64	Beim Ein- oder Aussteigen einen anderen Verkehrsteilnehmer gefährdet	§ 14 Absatz 1 § 49 Absatz 1 Nummer 14	40 €
64.1	– mit Sachbeschädigung	§ 14 Absatz 1 § 1 Absatz 2 § 49 Absatz 1 Nummer 1, 14	50 €
65	Fahrzeug verlassen, ohne die nötigen Maßnahmen getroffen zu haben, um Unfälle oder Verkehrsstörungen zu vermeiden	§ 14 Absatz 2 Satz 1 § 49 Absatz 1 Nummer 14	15 €
65.1	– mit Sachbeschädigung	§ 14 Absatz 2 Satz 1 § 1 Absatz 2 § 49 Absatz 1 Nummer 1, 14	25 €
	Liegenbleiben von Fahrzeugen		
66	Liegen gebliebenes mehrspuriges Fahrzeug nicht oder nicht wie vorgeschrieben abgesichert, beleuchtet oder kenntlich gemacht und dadurch einen Anderen gefährdet	§ 15, auch i.V.m. § 17 Absatz 4 Satz 1, 3 § 1 Absatz 2 § 49 Absatz 1 Nummer 1, 15	60 €
	Abschleppen von Fahrzeugen		
67	Beim Abschleppen eines auf der Autobahn liegen gebliebenen Fahrzeugs die Autobahn nicht bei der nächsten Ausfahrt verlassen oder mit einem außerhalb der Autobahn liegen gebliebenen Fahrzeug in die Autobahn eingefahren	§ 15a Absatz 1, 2 § 49 Absatz 1 Nummer 15a	20 €
68	Während des Abschleppens Warnblinklicht nicht eingeschaltet	§ 15a Absatz 3 § 49 Absatz 1 Nummer 15a	5 €
69	Kraftrad abgeschleppt	§ 15a Absatz 4 § 49 Absatz 1 Nummer 15a	10 €
	Warnzeichen		
70	Missbräuchlich Schall- oder Leuchtzeichen gegeben und dadurch einen Anderen belästigt oder Schallzeichen gegeben, die aus einer Folge verschieden hoher Töne bestehen	§ 16 Absatz 1, 3 § 1 Absatz 2 § 49 Absatz 1 Nummer 1, 16	10 €
71	Einen Omnibus des Linienverkehrs oder einen gekennzeichneten Schulbus geführt und Warnblinklicht bei Annäherung an eine Haltestelle oder für die Dauer des Ein- und Aussteigens der Fahrgäste entgegen der straßenverkehrsbehördlichen Anordnung nicht eingeschaltet	§ 16 Absatz 2 Satz 1 § 49 Absatz 1 Nummer 16	10 €
72	Warnblinklicht missbräuchlich eingeschaltet	§ 16 Absatz 2 Satz 2 § 49 Absatz 1 Nummer 16	5 €
	Beleuchtung		
73	Vorgeschriebene Beleuchtungseinrichtungen nicht oder nicht vorschriftsmäßig benutzt, obwohl die Sichtverhältnisse es erforderten, oder nicht rechtzeitig abge-	§ 17 Absatz 1, 2 Satz 3, Absatz 3 Satz 2, 5, Absatz 6 § 49 Absatz 1 Nummer 17	20 €

Lfd. Nr.	Tatbestand	Straßenverkehrs-Ordnung (StVO)	Regelsatz in Euro (€), Fahrverbot in Monaten
	blendet oder Beleuchtungseinrichtungen in verdecktem oder beschmutztem Zustand benutzt		
73.1	– mit Gefährdung	§ 17 Absatz 1, 2 Satz 3, Absatz 3 Satz 2, 5, Absatz 6 § 1 Absatz 2 § 49 Absatz 1 Nummer 1, 17	25 €
73.2	– mit Sachbeschädigung		35 €
74	Nur mit Standlicht oder auf einer Straße mit durchgehender, ausreichender Beleuchtung mit Fernlicht gefahren oder mit einem Kraftrad am Tage nicht mit Abblendlicht oder eingeschalteten Tagfahrleuchten gefahren	§ 17 Absatz 2 Satz 1, 2, Absatz 2a § 49 Absatz 1 Nummer 17	10 €
74.1	– mit Gefährdung	§ 17 Absatz 2 Satz 1, 2, Absatz 2a § 1 Absatz 2 § 49 Absatz 1 Nummer 1, 17	15 €
74.2	– mit Sachbeschädigung		35 €
75	Bei erheblicher Sichtbehinderung durch Nebel, Schneefall oder Regen innerhalb geschlossener Ortschaften am Tage nicht mit Abblendlicht gefahren	§ 17 Absatz 3 Satz 1 § 49 Absatz 1 Nummer 17	25 €
75.1	– mit Sachbeschädigung	§ 17 Absatz 3 Satz 1 § 1 Absatz 2 § 49 Absatz 1 Nummer 1, 17	35 €
76	Bei erheblicher Sichtbehinderung durch Nebel, Schneefall oder Regen außerhalb geschlossener Ortschaften am Tage nicht mit Abblendlicht gefahren	§ 17 Absatz 3 Satz 1 § 49 Absatz 1 Nummer 17	60 €
77	Haltendes mehrspuriges Fahrzeug nicht oder nicht wie vorgeschrieben beleuchtet oder kenntlich gemacht	§ 17 Absatz 4 Satz 1, 3 § 49 Absatz 1 Nummer 17	20 €
77.1	– mit Sachbeschädigung	§ 17 Absatz 4 Satz 1, 3 § 1 Absatz 2 § 49 Absatz 1 Nummer 1, 17	35 €
	Autobahnen und Kraftfahrstraßen		
78	Autobahn oder Kraftfahrstraße mit einem Fahrzeug benutzt, dessen durch die Bauart bestimmte Höchstgeschwindigkeit weniger als 60 km/h betrug oder dessen zulässige Höchstabmessungen zusammen mit der Ladung überschritten waren, soweit die Gesamthöhe nicht mehr als 4,20 m betrug	§ 18 Absatz 1 § 49 Absatz 1 Nummer 18	20 €
79	Autobahn oder Kraftfahrstraße mit einem Fahrzeug benutzt, dessen Höhe zusammen mit der Ladung mehr als 4,20 m betrug	§ 18 Absatz 1 Satz 2 § 49 Absatz 1 Nummer 18	70 €
80	An dafür nicht vorgesehener Stelle eingefahren	§ 18 Absatz 2 § 49 Absatz 1 Nummer 18	25 €
80.1	– mit Gefährdung	§ 18 Absatz 2 § 1 Absatz 2 § 49 Absatz 1 Nummer 1, 18	75 €

Lfd. Nr.	Tatbestand	Straßenverkehrs-Ordnung (StVO)	Regelsatz in Euro (€), Fahrverbot in Monaten
(81)	(aufgehoben)		
82	Beim Einfahren Vorfahrt auf der durchgehenden Fahrbahn nicht beachtet	§ 18 Absatz 3 § 49 Absatz 1 Nummer 18	75 €
83	Gewendet, rückwärts oder entgegen der Fahrtrichtung gefahren	§ 18 Absatz 7 § 2 Absatz 1 § 49 Absatz 1 Nummer 2, 18	
83.1	in einer Ein- oder Ausfahrt		75 €
83.2	auf der Nebenfahrbahn oder dem Seitenstreifen		130 €
83.3	auf der durchgehenden Fahrbahn		200 € **Fahrverbot 1 Monat**
84	Auf einer Autobahn oder Kraftfahrstraße gehalten	§ 18 Absatz 8 § 49 Absatz 1 Nummer 18	30 €
85	Auf einer Autobahn oder Kraftfahrstraße geparkt (§ 12 Absatz 2 StVO)	§ 18 Absatz 8 § 49 Absatz 1 Nummer 18	70 €
86	Als zu Fuß Gehender Autobahn betreten oder Kraftfahrstraße an dafür nicht vorgesehener Stelle betreten	§ 18 Absatz 9 § 49 Absatz 1 Nummer 18	10 €
87	An dafür nicht vorgesehener Stelle ausgefahren	§ 18 Absatz 10 § 49 Absatz 1 Nummer 18	25 €
87a	Mit einem Lastkraftwagen über 7,5 t zulässiger Gesamtmasse, einschließlich Anhänger, oder einer Zugmaschine den äußerst linken Fahrstreifen bei Schneeglätte oder Glatteis oder, obwohl die Sichtweite durch erheblichen Schneefall oder Regen auf 50 m oder weniger eingeschränkt ist, benutzt	§ 18 Absatz 11 § 49 Absatz 1 Nummer 18	80 €
88	Seitenstreifen zum Zweck des schnelleren Vorwärtskommens benutzt	§ 2 Absatz 1 § 49 Absatz 1 Nummer 2	75 €
	Bahnübergänge		
89	Mit einem Fahrzeug den Vorrang eines Schienenfahrzeugs nicht beachtet	§ 19 Absatz 1 Satz 1 § 49 Absatz 1 Nummer 19 Buchstabe a	80 €
89a	Kraftfahrzeug an einem Bahnübergang (Zeichen 151, 156 bis einschließlich Kreuzungsbereich von Schiene und Straße) unzulässig überholt	§ 19 Absatz 1 Satz 3 § 49 Absatz 1 Nummer 19 Buchstabe a	70 €
89b	Bahnübergang unter Verstoß gegen die Wartepflicht nach § 19 Absatz 2 StVO überquert		
89b.1	in den Fällen des § 19 Absatz 2 Satz 1 Nummer 1 StVO	§ 19 Absatz 2 Satz 1 Nummer 1 § 49 Absatz 1 Nummer 19 Buchstabe a	80 €
89b.2	in den Fällen des § 19 Absatz 2 Satz 1 Nummer 2 bis 5 StVO (außer bei geschlossener Schranke)	§ 19 Absatz 2 Satz 1 Nummer 2 bis 5 § 49 Absatz 1 Nummer 19 Buchstabe a	240 € **Fahrverbot 1 Monat**
90	Vor einem Bahnübergang Wartepflichten verletzt	§ 19 Absatz 2 bis 5 § 49 Absatz 1 Nummer 19 Buchstabe a	10 €

Lfd. Nr.	Tatbestand	Straßenverkehrs-Ordnung (StVO)	Regelsatz in Euro (€), Fahrverbot in Monaten
	Öffentliche Verkehrsmittel und Schulbusse		
91	An einem Omnibus des Linienverkehrs, einer Straßenbahn oder einem gekennzeichneten Schulbus nicht mit Schrittgeschwindigkeit rechts vorbeigefahren, obwohl diese an einer Haltestelle (Zeichen 224) hielten und Fahrgäste ein- oder ausstiegen (soweit nicht von Nummer 11 erfasst)	§ 20 Absatz 2 Satz 1 § 49 Absatz 1 Nummer 19 Buchstabe b	15 €
92	An einer Haltestelle (Zeichen 224) an einem haltenden Omnibus des Linienverkehrs, einer haltenden Straßenbahn oder einem haltenden gekennzeichneten Schulbus nicht mit Schrittgeschwindigkeit oder ohne ausreichenden Abstand rechts vorbeigefahren oder nicht gewartet, obwohl dies nötig war und Fahrgäste ein- oder ausstiegen, und dadurch einen Fahrgast		
92.1	behindert	§ 20 Absatz 2 § 49 Absatz 1 Nummer 19 Buchstabe b	60 €, soweit sich nicht aus Nummer 11 ein höherer Regelsatz ergibt
92.2	gefährdet	§ 20 Absatz 2 Satz 1, 3 § 1 Absatz 2 § 49 Absatz 1 Nummer 1, 19 Buchstabe b	70 €, soweit sich nicht aus Nummer 11, auch i.V.m. Tabelle 4, ein höherer Regelsatz ergibt
93	Omnibus des Linienverkehrs oder gekennzeichneten Schulbus, der sich mit eingeschaltetem Warnblinklicht einer Haltestelle (Zeichen 224) nähert, überholt	§ 20 Absatz 3 § 49 Absatz 1 Nummer 19 Buchstabe b	60 €
94	An einem Omnibus des Linienverkehrs oder einem gekennzeichneten Schulbus nicht mit Schrittgeschwindigkeit vorbeigefahren, obwohl dieser an einer Haltestelle (Zeichen 224) hielt und Warnblinklicht eingeschaltet hatte (soweit nicht von Nummer 11 erfasst)	§ 20 Absatz 4 Satz 1, 2 § 49 Absatz 1 Nummer 19 Buchstabe b	15 €
95	An einem Omnibus des Linienverkehrs oder einem gekennzeichneten Schulbus, die an einer Haltestelle (Zeichen 224) hielten und Warnblinklicht eingeschaltet hatten, nicht mit Schrittgeschwindigkeit oder ohne ausreichendem Abstand vorbeigefahren oder nicht gewartet, obwohl dies nötig war, und dadurch einen Fahrgast		
95.1	behindert	§ 20 Absatz 4 § 49 Absatz 1 Nummer 19 Buchstabe b	60 €, soweit sich nicht aus Nummer 11 ein höherer Regelsatz ergibt

Lfd. Nr.	Tatbestand	Straßenverkehrs-Ordnung (StVO)	Regelsatz in Euro (€), Fahrverbot in Monaten
95.2	gefährdet	§ 20 Absatz 4 Satz 1, 2, 4 § 1 Absatz 2 § 49 Absatz 1 Nummer 1, 19 Buchstabe b	70 €, soweit sich nicht aus Nummer 11, auch i.V.m. Tabelle 4, ein höherer Regelsatz ergibt
96	Einem Omnibus des Linienverkehrs oder einem Schulbus das Abfahren von einer gekennzeichneten Haltestelle nicht ermöglicht	§ 20 Absatz 5 § 49 Absatz 1 Nummer 19 Buchstabe b	5 €
96.1	– mit Gefährdung	§ 20 Absatz 5 § 1 Absatz 2 § 49 Absatz 1 Nummer 1, 19 Buchstabe b	20 €
96.2	– mit Sachbeschädigung		30 €
	Personenbeförderung, Sicherungspflichten		
97	Gegen eine Vorschrift über die Mitnahme von Personen auf oder in Fahrzeugen verstoßen	§ 21 Absatz 1, 2, 3 § 49 Absatz 1 Nummer 20	5 €
98	Ein Kind mitgenommen, ohne für die vorschriftsmäßige Sicherung zu sorgen (außer in KOM über 3,5 t zulässige Gesamtmasse)	§ 21 Absatz 1a Satz 1 § 21a Absatz 1 Satz 1 § 49 Absatz 1 Nummer 20, 20a	
98.1	bei einem Kind		30 €
98.2	bei mehreren Kindern		35 €
99	Ein Kind ohne Sicherung mitgenommen oder nicht für eine Sicherung eines Kindes in einem Kfz gesorgt (außer in Kraftomnibus über 3,5 t zulässige Gesamtmasse) oder beim Führen eines Kraftrades ein Kind befördert, obwohl es keinen Schutzhelm trug	§ 21 Absatz 1a Satz 1 § 21a Absatz 1 Satz 1, Absatz 2 § 49 Absatz 1 Nummer 20, 20a	
99.1	bei einem Kind		60 €
99.2	bei mehreren Kindern		70 €
100	Vorgeschriebenen Sicherheitsgurt während der Fahrt nicht angelegt	§ 21a Absatz 1 Satz 1 § 49 Absatz 1 Nummer 20a	30 €
100.1	Vorgeschriebenes Rollstuhl-Rückhaltesystem oder Rollstuhlnutzer-Rückhaltesystem während der Fahrt nicht angelegt	§ 21a Absatz 1 Satz 1 § 49 Absatz 1 Nummer 20a	30 €
101	Während der Fahrt keinen geeigneten Schutzhelm getragen	§ 21a Absatz 2 Satz 1 § 49 Absatz 1 Nummer 20a	15 €
	Ladung		
102	Ladung oder Ladeeinrichtung nicht so verstaut oder gesichert, dass sie selbst bei Vollbremsung oder plötzlicher Ausweichbewegung nicht verrutschen, umfallen, hin- und herrollen oder herabfallen können		
102.1	bei Lastkraftwagen oder Kraftomnibussen bzw. ihren Anhängern	§ 22 Absatz 1 § 49 Absatz 1 Nummer 21	60 €
102.1.1	– mit Gefährdung	§ 22 Absatz 1 § 1 Absatz 2	75 €

Lfd. Nr.	Tatbestand	Straßenverkehrs-Ordnung (StVO)	Regelsatz in Euro (€), Fahrverbot in Monaten
		§ 49 Absatz 1 Nummer 1, 21	
102.2	bei anderen als in Nummer 102.1 genannten Kraftfahrzeugen bzw. ihren Anhängern	§ 22 Absatz 1 § 49 Absatz 1 Nummer 21	35 €
102.2.1	– mit Gefährdung	§ 22 Absatz 1 § 1 Absatz 2 § 49 Absatz 1 Nummer 1, 21	60 €
103	Ladung oder Ladeeinrichtung nicht so verstaut oder gesichert, dass sie keinen vermeidbaren Lärm erzeugen können	§ 22 Absatz 1 § 49 Absatz 1 Nummer 21	10 €
104	Fahrzeug geführt, dessen Höhe zusammen mit der Ladung mehr als 4,20 m betrug	§ 22 Absatz 2 Satz 1 § 49 Absatz 1 Nummer 21	60 €
105	Fahrzeug geführt, das zusammen mit der Ladung eine der höchstzulässigen Abmessungen überschritt, soweit die Gesamthöhe nicht mehr als 4,20 m betrug, oder dessen Ladung unzulässig über das Fahrzeug hinausragte	§ 22 Absatz 2, 3, 4 Satz 1, 2, Absatz 5 Satz 2 § 49 Absatz 1 Nummer 21	20 €
106	Vorgeschriebene Sicherungsmittel nicht oder nicht ordnungsgemäß angebracht	§ 22 Absatz 4 Satz 3 bis 5, Absatz 5 Satz 1 § 49 Absatz 1 Nummer 21	25 €
	Sonstige Pflichten von Fahrzeugführenden		
107	Beim Führen eines Fahrzeugs nicht dafür gesorgt, dass		
107.1	seine Sicht oder das Gehör durch die Besetzung, Tiere, die Ladung, ein Gerät oder den Zustand des Fahrzeugs nicht beeinträchtigt waren	§ 23 Absatz 1 Satz 1 § 49 Absatz 1 Nummer 22	10 €
107.2	das Fahrzeug, der Zug, das Gespann, die Ladung oder die Besetzung vorschriftsmäßig waren oder die Verkehrssicherheit des Fahrzeugs durch die Ladung oder die Besetzung nicht litt	§ 23 Absatz 1 Satz 2 § 49 Absatz 1 Nummer 22	25 €
107.3	die vorgeschriebenen Kennzeichen stets gut lesbar waren	§ 23 Absatz 1 Satz 3 § 49 Absatz 1 Nummer 22	5 €
107.4	an einem Kraftfahrzeug, an dessen Anhänger oder an einem Fahrrad die vorgeschriebene Beleuchtungseinrichtung auch am Tage vorhanden oder betriebsbereit war	§ 23 Absatz 1 Satz 4 § 49 Absatz 1 Nummer 22	20 €
107.4.1	– mit Gefährdung	§ 23 Absatz 1 Satz 4 § 1 Absatz 2 § 49 Absatz 1 Nummer 1, 22	25 €
107.4.2	– mit Sachbeschädigung		35 €
108	Beim Führen eines Fahrzeugs nicht dafür gesorgt, dass das Fahrzeug, der Zug, das Gespann, die Ladung oder die Besetzung vorschriftsmäßig waren, wenn dadurch die Verkehrssicherheit wesentlich beeinträchtigt war oder die Verkehrssicherheit des Fahrzeugs durch die Ladung oder die Besetzung wesentlich litt	§ 23 Absatz 1 Satz 2 § 49 Absatz 1 Nummer 22	80 €

Lfd. Nr.	Tatbestand	Straßenverkehrs-Ordnung (StVO)	Regelsatz in Euro (€), Fahrverbot in Monaten
(109)	(aufgehoben)		
(109a)	(aufgehoben)		
110	Fahrzeug, Zug oder Gespann nicht auf dem kürzesten Weg aus dem Verkehr gezogen, obwohl unterwegs die Verkehrssicherheit wesentlich beeinträchtigende Mängel aufgetreten waren, die nicht alsbald beseitigt werden konnten	§ 23 Absatz 2 Halbsatz 1 § 49 Absatz 1 Nummer 22	10 €
	Fußgänger		
111	Trotz vorhandenen Gehwegs oder Seitenstreifens auf der Fahrbahn oder außerhalb geschlossener Ortschaften nicht am linken Fahrbahnrand gegangen	§ 25 Absatz 1 Satz 2, 3 Halbsatz 2 § 49 Absatz 1 Nummer 24 Buchstabe a	5 €
112	Fahrbahn ohne Beachtung des Fahrzeugverkehrs oder nicht zügig auf dem kürzesten Weg quer zur Fahrtrichtung oder an nicht vorgesehener Stelle überschritten	§ 25 Absatz 3 Satz 1 § 49 Absatz 1 Nummer 24 Buchstabe a	
112.1	– mit Gefährdung	§ 25 Absatz 3 Satz 1 § 1 Absatz 2 § 49 Absatz 1 Nummer 1, 24 Buchstabe a	5 €
112.2	– mit Sachbeschädigung		10 €
	Fußgängerüberweg		
113	An einem Fußgängerüberweg, den zu Fuß Gehende oder Fahrende von Krankenfahrstühlen oder Rollstühlen erkennbar benutzen wollten, das Überqueren der Fahrbahn nicht ermöglicht oder nicht mit mäßiger Geschwindigkeit herangefahren oder an einem Fußgängerüberweg überholt	§ 26 Absatz 1, 3 § 49 Absatz 1 Nummer 24 Buchstabe b	80 €
114	Bei stockendem Verkehr auf einen Fußgängerüberweg gefahren	§ 26 Absatz 2 § 49 Absatz 1 Nummer 24 Buchstabe b	5 €
	Übermäßige Straßenbenutzung		
115	Als Veranstalter erlaubnispflichtige Veranstaltung ohne Erlaubnis durchgeführt	§ 29 Absatz 2 Satz 1 § 49 Absatz 2 Nummer 6	40 €
116	Ohne Erlaubnis ein Fahrzeug oder einen Zug geführt, dessen Abmessungen, Achslasten oder Gesamtmasse die gesetzlich allgemein zugelassenen Grenzen tatsächlich überschritten oder dessen Bauart dem Fahrzeugführenden kein ausreichendes Sichtfeld ließ	§ 29 Absatz 3 § 49 Absatz 2 Nummer 7	60 €
	Umweltschutz		
117	Bei Benutzung eines Fahrzeugs unnötigen Lärm oder vermeidbare Abgasbelästigungen verursacht	§ 30 Absatz 1 Satz 1, 2 § 49 Absatz 1 Nummer 25	80 €
118	Innerhalb einer geschlossenen Ortschaft unnütz hin- und hergefahren und dadurch Andere belästigt	§ 30 Absatz 1 Satz 3 § 49 Absatz 1 Nummer 25	100 €
	Sonn- und Feiertagsfahrverbot		
119	Verbotswidrig an einem Sonntag oder Feiertag gefahren	§ 30 Absatz 3 Satz 1 § 49 Absatz 1 Nummer 25	120 €

Lfd. Nr.	Tatbestand	Straßenverkehrs-Ordnung (StVO)	Regelsatz in Euro (€), Fahrverbot in Monaten
120	Als Halter das verbotswidrige Fahren an einem Sonntag oder Feiertag angeordnet oder zugelassen	§ 30 Absatz 3 Satz 1 § 49 Absatz 1 Nummer 25	570 €
	Inline-Skaten und Rollschuhfahren		
120a	Beim Inline-Skaten oder Rollschuhfahren Fahrbahn, Seitenstreifen oder Radweg unzulässig benutzt oder bei durch Zusatzzeichen erlaubtem Inline-Skaten und Rollschuhfahren sich nicht mit äußerster Vorsicht und unter besonderer Rücksichtnahme auf den übrigen Verkehr am rechten Rand in Fahrtrichtung bewegt oder Fahrzeugen das Überholen nicht ermöglicht	§ 31 Absatz 1 Satz 1, Absatz 2 Satz 3 § 49 Absatz 1 Nummer 26	10 €
120a.1	– mit Behinderung	§ 31 Absatz 1 Satz 1, Absatz 2 Satz 3 § 1 Absatz 2 § 49 Absatz 1 Nummer 1, 26	15 €
120a.2	– mit Gefährdung		20 €
	Verkehrshindernisse		
121	Straße beschmutzt oder benetzt, obwohl dadurch der Verkehr gefährdet oder erschwert werden konnte	§ 32 Absatz 1 Satz 1 § 49 Absatz 1 Nummer 27	10 €
122	Verkehrswidrigen Zustand nicht oder nicht rechtzeitig beseitigt oder nicht ausreichend kenntlich gemacht	§ 32 Absatz 1 Satz 2 § 49 Absatz 1 Nummer 27	10 €
123	Gegenstand auf eine Straße gebracht oder dort liegen gelassen, obwohl dadurch der Verkehr gefährdet oder erschwert werden konnte	§ 32 Absatz 1 Satz 1 § 49 Absatz 1 Nummer 27	60 €
124	Gefährliches Gerät nicht wirksam verkleidet	§ 32 Absatz 2 § 49 Absatz 1 Nummer 27	5 €
	Unfall		
125	Als an einem Unfall beteiligte Person den Verkehr nicht gesichert oder bei geringfügigem Schaden nicht unverzüglich beiseite gefahren	§ 34 Absatz 1 Nummer 2 § 49 Absatz 1 Nummer 29	30 €
125.1	– mit Sachbeschädigung	§ 34 Absatz 1 Nummer 2 § 1 Absatz 2 § 49 Absatz 1 Nummer 1, 29	35 €
126	Unfallspuren beseitigt, bevor die notwendigen Feststellungen getroffen worden waren	§ 34 Absatz 3 § 49 Absatz 1 Nummer 29	30 €
	Warnkleidung		
127	Bei Arbeiten außerhalb von Gehwegen oder Absperrungen keine auffällige Warnkleidung getragen	§ 35 Absatz 6 Satz 4 § 49 Absatz 4 Nummer 1a	5 €
	Zeichen und Weisungen der Polizeibeamten		
128	Weisung eines Polizeibeamten nicht befolgt	§ 36 Absatz 1 Satz 1, Absatz 3, Absatz 5 Satz 4 § 49 Absatz 3 Nummer 1	20 €

Lfd. Nr.	Tatbestand	Straßenverkehrs-Ordnung (StVO)	Regelsatz in Euro (€), Fahrverbot in Monaten
128a	Weisung eines Transportbegleiters bei einem Großraum- oder Schwertransport nicht befolgt	§ 36a Satz 1, § 49 Absatz 3 Nummer 1	20 €
129	Zeichen oder Haltgebot eines Polizeibeamten nicht befolgt	§ 36 Absatz 1 Satz 1, Absatz 2, Absatz 4, Absatz 5 Satz 4 § 49 Absatz 3 Nummer 1	70 €
129a	Zeichen eines Transportbegleiters bei einem Großraum- oder Schwertransport nicht befolgt	§ 36a Satz 1, § 49 Absatz 3 Nummer 1	70 €
	Wechsellichtzeichen, Dauerlichtzeichen und Grünpfeil		
130	Beim zu Fuß gehen rotes Wechsellichtzeichen nicht befolgt oder den Weg beim Überschreiten der Fahrbahn beim Wechsel von Grün auf Rot nicht zügig fortgesetzt	§ 37 Absatz 2 Nummer 1 Satz 7, Nummer 2, 5 Satz 3 § 49 Absatz 3 Nummer 2	5 €
130.1	– mit Gefährdung	§ 37 Absatz 2 Nummer 1 Satz 7, Nummer 2, 5 Satz 3 § 1 Absatz 2 § 49 Absatz 1 Nummer 1, Absatz 3 Nummer 2	5 €
130.2	– mit Sachbeschädigung		10 €
131	Beim Rechtsabbiegen mit Grünpfeil		
131.1	aus einem anderen als dem rechten Fahrstreifen abgebogen	§ 37 Absatz 2 Nummer 1 Satz 9 § 49 Absatz 3 Nummer 2	15 €
131.2	den Fahrzeugverkehr der freigegebenen Verkehrsrichtungen, ausgenommen den Fahrradverkehr auf Radwegfurten, behindert	§ 37 Absatz 2 Nummer 1 Satz 12 § 49 Absatz 3 Nummer 2	35 €
132	Als Kfz-Führer in anderen als den Fällen des Rechtsabbiegens mit Grünpfeil rotes Wechsellichtzeichen oder rotes Dauerlichtzeichen nicht befolgt	§ 37 Absatz 2 Nummer 1 Satz 7, 13, Nummer 2, Absatz 3 Satz 1, 2 § 49 Absatz 3 Nummer 2	90 €
132.1	– mit Gefährdung	§ 37 Absatz 2 Nummer 1 Satz 7, 13, Nummer 2, Absatz 3 Satz 1, 2 § 1 Absatz 2 § 49 Absatz 1 Nummer 1, Absatz 3 Nummer 2	200 € **Fahrverbot 1 Monat**
132.2	– mit Sachbeschädigung		240 € **Fahrverbot 1 Monat**
132.3	bei schon länger als 1 Sekunde andauernder Rotphase eines Wechsellichtzeichens	§ 37 Absatz 2 Nummer 1 Satz 7, 13, Nummer 2 § 49 Absatz 3 Nummer 2	200 € **Fahrverbot 1 Monat**
132.3.1	– mit Gefährdung	§ 37 Absatz 2 Nummer 1 Satz 7, 13, Nummer 2 § 1 Absatz 2 § 49 Absatz 1 Nummer 1, Absatz 3 Nummer 2	320 € **Fahrverbot 1 Monat**
132.3.2	– mit Sachbeschädigung		360 €

Lfd. Nr.	Tatbestand	Straßenverkehrs-Ordnung (StVO)	Regelsatz in Euro (€), Fahrverbot in Monaten
			Fahrverbot 1 Monat
132a	Als Radfahrer oder Fahrer eines Elektrokleinstfahrzeugs in anderen als den Fällen des Rechtsabbiegens mit Grünpfeil rotes Wechsellichtzeichen oder rotes Dauerlichtzeichen nicht befolgt	§ 37 Absatz 2 Nummer 1 Satz 7, 13, Nummer 2, Absatz 3 Satz 1, 2 § 49 Absatz 3 Nummer 2	60 €
132a.1	– mit Gefährdung	§ 37 Absatz 2 Nummer 1 Satz 7, 13, Nummer 2, Absatz 3 Satz 1, 2	100 €
132a.2	– mit Sachbeschädigung	§ 1 Absatz 2 § 49 Absatz 1 Nummer 1, Absatz 3 Nummer 2	120 €
132a.3	bei schon länger als 1 Sekunde andauernder Rotphase eines Wechsellichtzeichens	§ 37 Absatz 2 Nummer 1 Satz 7, 13, Nummer 2 § 49 Absatz 3 Nummer 2	100 €
132a.3.1	– mit Gefährdung	§ 37 Absatz 2 Nummer 1 Satz 7, 13, Nummer 2 § 1 Absatz 2	160 €
132a.3.2	– mit Sachbeschädigung	§ 49 Absatz 1 Nummer 1, Absatz 3 Nummer 2	180 €
133	Beim Rechtsabbiegen mit Grünpfeil		
133.1	vor dem Rechtsabbiegen nicht angehalten	§ 37 Absatz 2 Nummer 1 Satz 7 § 49 Absatz 3 Nummer 2	70 €
133.2	den Fahrzeugverkehr der freigegebenen Verkehrsrichtungen, ausgenommen den Fahrradverkehr auf Radwegfurten, gefährdet	§ 37 Absatz 2 Nummer 1 Satz 12 § 49.Absatz 3 Nummer 2	100 €
133.3	den Fußgängerverkehr oder den Fahrradverkehr auf Radwegfurten der freigegebenen Verkehrsrichtungen	§ 37 Absatz 2 Nummer 1 Satz 12 § 49 Absatz 3 Nummer 2	
133.3.1	behindert		100 €
133.3.2	gefährdet		150 €
	Blaues und gelbes Blinklicht		
134	Blaues Blinklicht zusammen mit dem Einsatzhorn oder allein oder gelbes Blinklicht missbräuchlich verwendet	§ 38 Absatz 1 Satz 1, Absatz 2, Absatz 3 Satz 3 § 49 Absatz 3 Nummer 3	20 €
135	Einem Einsatzfahrzeug, das blaues Blinklicht zusammen mit dem Einsatzhorn verwendet hatte, nicht sofort freie Bahn geschaffen	§ 38 Absatz 1 Satz 2 § 49 Absatz 3 Nummer 3	240 € **Fahrverbot 1 Monat**
135.1	– mit Gefährdung	§ 38 Absatz 1 Satz 2 § 1 Absatz 2 § 49 Absatz 1 Nummer 1, Absatz 3 Nummer 3	280 € **Fahrverbot 1 Monat**
135.2	– mit Sachbeschädigung		320 € **Fahrverbot 1 Monat**
	Vorschriftzeichen		
136	Dem Schienenverkehr nicht Vorrang gewährt (Zeichen 201)	§ 41 Absatz 1 i.V.m. Anlage 2 lfd. Nr. 1 (Zeichen 201) Spalte 3 Nummer 1	80 €

Lfd. Nr.	Tatbestand	Straßenverkehrs-Ordnung (StVO)	Regelsatz in Euro (€), Fahrverbot in Monaten
		§ 49 Absatz 3 Nummer 4	
136.	Zeichen 206 (Halt. Vorfahrt gewähren.) nicht befolgt	§ 41 Absatz 1 i.V.m. Anlage 2 lfd. Nr. 3 (Zeichen 206) Spalte 3 Nummer 1, 3 § 49 Absatz 3 Nummer 4	10 €
137	Bei verengter Fahrbahn (Zeichen 208) dem Gegenverkehr keinen Vorrang gewährt	§ 41 Absatz 1 i.V.m. Anlage 2 lfd. Nr. 4 (Zeichen 208) Spalte 3 § 49 Absatz 3 Nummer 4	5 €
137.1	– mit Gefährdung	§ 41 Absatz 1 i.V.m. Anlage 2 lfd. Nr. 4 (Zeichen 208) Spalte 3 § 1 Absatz 2 § 49 Absatz 1 Nummer 1, Absatz 3 Nummer 4	10 €
137.2	– mit Sachbeschädigung		20 €
138	Die durch Vorschriftzeichen (Zeichen 209, 211, 214, 222) vorgeschriebene Fahrtrichtung oder Vorbeifahrt nicht befolgt	§ 41 Absatz 1 i.V.m. Anlage 2 lfd. Nr. 5, 6, 7, 10 (Zeichen 209, 211, 214, 222) Spalte 3 Satz 1 § 49 Absatz 3 Nummer 4	10 €
138.1	– mit Gefährdung	§ 41 Absatz 1 i.V.m. Anlage 2 lfd. Nr. 5, 6, 7, 10 (Zeichen 209, 211, 214, 222) Spalte 3 Satz 1 § 1 Absatz 2 § 49 Absatz 1 Nummer 1, Absatz 3 Nummer 4	15 €
138.2	– mit Sachbeschädigung		25 €
139	Die durch Zeichen 215 (Kreisverkehr) oder Zeichen 220 (Einbahnstraße) vorgeschriebene Fahrtrichtung nicht befolgt	§ 41 Absatz 1 i.V.m. Anlage 2 lfd. Nr. 8 (Zeichen 215) Spalte 3 Nummer 1, lfd. Nr. 9 (Zeichen 220) Spalte 3 Satz 1 § 49 Absatz 3 Nummer 4	
139.1	als Kfz-Führer		25 €
139.2	als Radfahrer		20 €
139.2.1	– mit Behinderung	§ 41 Absatz 1 i.V.m. Anlage 2 lfd. Nr. 8 (Zeichen 215) Spalte 3 Nummer 1, lfd. Nr. 9 (Zeichen 220) Spalte 3 Satz 1 § 1 Absatz 2 § 49 Absatz 1 Nummer 1, Absatz 3 Nummer 4	25 €
139.2.2	– mit Gefährdung		30 €
139.2.3	– mit Sachbeschädigung		35 €
139a	Beim berechtigten Überfahren der Mittelinsel eines Kreisverkehrs einen anderen Verkehrsteilnehmer gefährdet	§ 41 Absatz 1 i.V.m. Anlage 2 lfd. Nr. 8 (Zeichen 215) Spalte 3 Nummer 2 § 49 Absatz 3 Nummer 4	35 €
140	Vorschriftswidrig einen Radweg (Zeichen 237), einen sonstigen Sonderweg (Zeichen 238, 240, 241) benutzt oder mit einem Fahrzeug eine Fahrradstraße (Zei-	§ 41 Absatz 1 i.V.m. Anlage 2 lfd. Nr. 16, 17, 19, 20 (Zeichen 237, 238, 240, 241) Spalte 3 Nummer 2,	15 €

Lfd. Nr.	Tatbestand	Straßenverkehrs-Ordnung (StVO)	Regelsatz in Euro (€), Fahrverbot in Monaten
	chen 244.1) oder Fahrradzone (Zeichen 244.3) benutzt	lfd. Nr. 23 (Zeichen 244.1) Spalte 3 Nummer 1, lfd. Nr. 24.1 (Zeichen 244.3) Spalte 3 Nummer 1 § 49 Absatz 3 Nummer 4	
140.1	– mit Behinderung	§ 41 Absatz 1 i.V.m. Anlage 2 lfd. Nr. 16, 17, 19, 20 (Zeichen 237, 238, 240, 241) Spalte 3 Nummer 2, lfd. Nr. 23 (Zeichen 244.1) Spalte 3 Nummer 1, lfd. Nr. 24.1 (Zeichen 244.3) Spalte 3 Nummer 1 § 1 Absatz 2 § 49 Absatz 1 Nummer 1, Absatz 3 Nummer 4	20 €
140.2	– mit Gefährdung		25 €
140.3	– mit Sachbeschädigung		30 €
141	Vorschriftswidrig einen Gehweg (Zeichen 239), einen gemeinsamen Geh- und Radweg (Zeichen 240), einen Gehweg des getrennten Rad- und Gehwegs (Zeichen 241) oder den Bereich einer Fußgängerzone (Zeichen 242.1) befahren, dort gehalten oder ein Verkehrsverbot (Zeichen 250, 251, 253, 254, 255, 260) nicht beachtet	§ 41 Absatz 1 i.V.m. Anlage 2 lfd. Nr. 18 (Zeichen 239) Spalte 3 Nummer 1, lfd. Nr. 19 (Zeichen 240) Spalte 3 Nummer 2, lfd. Nr. 20 (Zeichen 241) Spalte 3 Nummer 2, lfd. Nr. 21 (Zeichen 242.1) Spalte 3 Nummer 1, lfd. Nr. 26 Spalte 3 Satz 1 i.V.m. lfd. Nr. 28, 29, 30, 31, 32, 34 (Zeichen 250, 251, 253, 254, 255, 260) Spalte 3 § 49 Absatz 3 Nummer 4	
141.1	mit Kraftfahrzeugen über 3,5 t zulässiger Gesamtmasse, ausgenommen Personenkraftwagen und Kraftomnibusse		100 €
141.2	mit den übrigen Kraftfahrzeugen der in § 3 Absatz 3 Nummer 2 Buchstabe a oder b StVO genannten Art		55 €
141.3	mit anderen als in den Nummern 141.1 und 141.2 genannten Kraftfahrzeugen		50 €
141.4	als Radfahrer		25 €
141.4.1	– mit Behinderung	§ 41 Absatz 1 i.V.m. Anlage 2 lfd. Nr. 18 (Zeichen 239) Spalte 3 Nummer 1, lfd. Nr. 19 (Zeichen 240) Spalte 3 Nummer 2, lfd. Nr. 20 (Zeichen 241) Spalte 3 Nummer 2, lfd. Nr. 21 (Zeichen 242.1) Spalte 3 Nummer 1, lfd. Nr. 26 Spalte 3 Satz 1 i.V.m. lfd. Nr. 28, 31 (Zeichen 250, 254) § 1 Absatz 2	30 €

Lfd. Nr.	Tatbestand	Straßenverkehrs-Ordnung (StVO)	Regelsatz in Euro (€), Fahrverbot in Monaten
		§ 49 Absatz 1 Nummer 1, Absatz 3 Nummer 4	
141.4.2	– mit Gefährdung		35 €
141.4.3	– mit Sachbeschädigung		40 €
142	Verkehrsverbot (Zeichen 262 bis 266) nicht beachtet	§ 41 Absatz 1 i.V.m. Anlage 2 lfd. Nr. 36 bis 40 (Zeichen 262 bis 266) Spalte 3 § 49 Absatz 3 Nummer 4	40 €
142a	Verbot des Einfahrens (Zeichen 267) nicht beachtet	§ 41 Absatz 1 i.V.m. Anlage 2 lfd. Nr. 41 (Zeichen 267) Spalte 3 § 49 Absatz 3 Nummer 4	50 €
143	Beim Radfahren Verbot des Einfahrens (Zeichen 267) nicht beachtet	§ 41 Absatz 1 i.V.m. Anlage 2 lfd. Nr. 41 (Zeichen 267) Spalte 3 § 49 Absatz 3 Nummer 4	20 €
143.1	– mit Behinderung	§ 41 Absatz 1 i.V.m. Anlage 2 lfd. Nr. 41 (Zeichen 267) Spalte 3 § 1 Absatz 2 § 49 Absatz 1 Nummer 1, Absatz 3 Nummer 4	25 €
143.2	– mit Gefährdung		30 €
143.3	– mit Sachbeschädigung		35 €
144	Vorschriftswidrig auf einem Gehweg (Zeichen 239), auf einem gemeinsamen Geh- und Radweg (Zeichen 240), auf einem Gehweg des getrennten Rad- und Gehwegs (Zeichen 241), im Bereich einer Fußgängerzone (Zeichen 242.1) oder trotz eines Verkehrsverbotes (Zeichen 250, 251, 253, 254, 255, 260) geparkt	§ 41 Absatz 1 i.V.m. Anlage 2 lfd. Nr. 18 (Zeichen 239) Spalte 3 Nummer 1, lfd. Nr. 19 (Zeichen 240) Spalte 3 Nummer 2, lfd. Nr. 20 (Zeichen 241) Spalte 3 Nummer 2, lfd. Nr. 21 (Zeichen 242.1) Spalte 3 Nummer 1, lfd. Nr. 26 Spalte 3 Satz 1 i.V.m. lfd. Nr. 28, 29, 30, 31, 32, 34 (Zeichen 250, 251, 253, 254, 255, 260) Spalte 3 § 49 Absatz 3 Nummer 4	55 €
144.1	– mit Behinderung	§ 41 Absatz 1 i.V.m. Anlage 2 lfd. Nr. 18 (Zeichen 239) Spalte 3 Nummer 1, lfd. Nr. 19 (Zeichen 240) Spalte 3 Nummer 2, lfd. Nr. 20 (Zeichen 241) Spalte 3 Nummer 2, lfd. Nr. 21 (Zeichen 242.1) Spalte 3 Nummer 1, lfd. Nr. 26 Spalte 3 Satz 1 i.V.m. lfd. Nr. 28, 29, 30, 31, 32, 34 (Zeichen 250, 251, 253, 254, 255, 260) Spalte 3 § 1 Absatz 2 § 49 Absatz 1 Nummer 1, Absatz 3 Nummer 4	70 €

Lfd. Nr.	Tatbestand	Straßenverkehrs-Ordnung (StVO)	Regelsatz in Euro (€), Fahrverbot in Monaten
144.2	länger als 3 Stunden	§ 41 Absatz 1 i.V.m. Anlage 2 lfd. Nr. 18 (Zeichen 239) Spalte 3 Nummer 1, lfd. Nr. 19 (Zeichen 240) Spalte 3 Nummer 2, lfd. Nr. 20 (Zeichen 241) Spalte 3 Nummer 2, lfd. Nr. 21 (Zeichen 242.1) Spalte 3 Nummer 1, lfd. Nr. 26 Spalte 3 Satz 1 i.V.m. lfd. Nr. 28, 29, 30, 31, 32, 34 (Zeichen 250, 251, 253, 254, 255, 260) Spalte 3 § 49 Absatz 3 Nummer 4	70 €
(145 bis 145.3)	(aufgehoben)		
146	Bei zugelassenem Fahrzeugverkehr auf einem Gehweg (Zeichen 239) oder in einem Fußgängerbereich (Zeichen 242.1, 242.2) nicht mit Schrittgeschwindigkeit gefahren (soweit nicht von Nummer 11 erfasst)	§ 41 Absatz 1 i.V.m. Anlage 2 lfd. Nr. 18 (Zeichen 239) Spalte 3 Nummer 2 Satz 3 Halbsatz 2, lfd. Nr. 21 (Zeichen 242.1) Spalte 3 Nummer 2 § 49 Absatz 3 Nummer 4	15 €
146a	Bei zugelassenem Fahrzeugverkehr auf einem Radweg (Zeichen 237), einem gemeinsamen Geh- und Radweg (Zeichen 240), einem getrennten Rad- und Gehweg (Zeichen 241) die Geschwindigkeit nicht angepasst (soweit nicht von lfd. Nr. 11 erfasst)	§ 41 Absatz 1 i.V.m. Anlage 2 lfd. Nr. 16 (Zeichen 237) Spalte 3 Nummer 3, lfd. Nr. 19 (Zeichen 240) Spalte 3 Nummer 3 Satz 2, lfd. Nr. 20 (Zeichen 241) Spalte 3 Nummer 4 Satz 2 § 49 Absatz 3 Nummer 4	15 €
147	Unberechtigt mit einem Fahrzeug einen Bussonderfahrstreifen (Zeichen 245) benutzt	§ 41 Absatz 1 i.V.m. Anlage 2 lfd. Nr. 25 (Zeichen 245) Spalte 3 Nummer 1 und 2 § 49 Absatz 3 Nummer 4	15 €
147.1	– mit Behinderung	§ 41 Absatz 1 i.V.m. Anlage 2 lfd. Nr. 25 (Zeichen 245) Spalte 3 Nummer 1 und 2 § 1 Absatz 2 § 49 Absatz 1 Nummer 1, Absatz 3 Nummer 4	35 €
148	Wendeverbot (Zeichen 272) nicht beachtet	§ 41 Absatz 1 i.V.m. Anlage 2 lfd. Nr. 47 (Zeichen 272) Spalte 3 § 49 Absatz 3 Nummer 4	20 €
149	Vorgeschriebenen Mindestabstand (Zeichen 273) zu einem vorausfahrenden Fahrzeug unterschritten	§ 41 Absatz 1 i.V.m. Anlage 2 lfd. Nr. 48 (Zeichen 273) Spalte 3 Satz 1 § 49 Absatz 3 Nummer 4	25 €
150	Zeichen 206 (Halt. Vorfahrt gewähren.) nicht befolgt oder trotz Rotlicht nicht an der Haltlinie (Zeichen 294) gehalten und dadurch einen Anderen gefährdet	§ 41 Absatz 1 i.V.m. Anlage 2 lfd. Nr. 3 (Zeichen 206) Spalte 3 Nummer 1, lfd. Nr. 67 (Zeichen 294) Spalte 3 § 1 Absatz 2	70 €

Lfd. Nr.	Tatbestand	Straßenverkehrs-Ordnung (StVO)	Regelsatz in Euro (€), Fahrverbot in Monaten
		§ 49 Absatz 1 Nummer 1, Absatz 3 Nummer 4	
151	Beim Führen eines Fahrzeugs in einem Fußgängerbereich (Zeichen 239, 242.1, 242.2) einen Fußgänger gefährdet		
151.1	bei zugelassenem Fahrzeugverkehr (Zeichen 239, 242.1 mit Zusatzzeichen)	§ 41 Absatz 1 i.V.m. Anlage 2 lfd. Nr. 18, 21 (Zeichen 239, 242.1 mit Zusatzzeichen) Spalte 3 Nummer 2 § 49 Absatz 3 Nummer 4	60 €
151.2	bei nicht zugelassenem Fahrzeugverkehr	§ 41 Absatz 1 i.V.m. Anlage 2 lfd. Nr. 18, 21 (Zeichen 239, 242.1) Spalte 3 Nummer 2, § 49 Absatz 3 Nummer 4	70 €
152	Eine für kennzeichnungspflichtige Kraftfahrzeuge mit gefährlichen Gütern (Zeichen 261) oder für Kraftfahrzeuge mit wassergefährdender Ladung (Zeichen 269) gesperrte Straße befahren	§ 41 Absatz 1 i.V.m. Anlage 2 lfd. Nr. 35, 43 (Zeichen 261, 269) Spalte 3 § 49 Absatz 3 Nummer 4	100 €
152.1	bei Eintragung von bereits einer Entscheidung wegen Verstoßes gegen Zeichen 261 oder 269 im Fahreignungsregister		250 € **Fahrverbot 1 Monat**
153	Mit einem Kraftfahrzeug trotz Verkehrsverbotes zur Verminderung schädlicher Luftverunreinigungen (Zeichen 270.1, 270.2) am Verkehr teilgenommen	§ 41 Absatz 1 i.V.m. Anlage 2 lfd. Nr. 44, 45 (Zeichen 270.1, 270.2) Spalte 3 § 49 Absatz 3 Nummer 4	100 €
153a	Überholverbot (Zeichen 276, 277, 277.1) nicht beachtet	§ 41 Absatz 1 i.V.m. Anlage 2 zu lfd. Nr. 53, 54 und 54.4 und lfd. Nr. 53, 54, 54.4 (Zeichen 276, 277, 277.1) Spalte 3 § 49 Absatz 3 Nummer 4	70 €
154	An der Haltlinie (Zeichen 294) nicht gehalten	§ 41 Absatz 1 i.V.m. Anlage 2 lfd. Nr. 67 (Zeichen 294) Spalte 3 § 49 Absatz 3 Nummer 4	10 €
155	Fahrstreifenbegrenzung (Zeichen 295, 296) überfahren oder durch Pfeile vorgeschriebener Fahrtrichtung (Zeichen 297) nicht gefolgt oder Sperrfläche (Zeichen 298) benutzt (außer Parken)	§ 41 Absatz 1 i.V.m. Anlage 2 lfd. Nr. 68 (Zeichen 295) Spalte 3 Nummer 1a, lfd. Nr. 69 (Zeichen 296) Spalte 3 Nummer 1, lfd. Nr. 70 (Zeichen 297) Spalte 3 Nummer 1, lfd. Nr. 72 (Zeichen 298) Spalte 3 § 49 Absatz 3 Nummer 4	10 €
155.1	– mit Sachbeschädigung	§ 41 Absatz 1 i.V.m. Anlage 2 lfd. Nr. 68 (Zeichen 295) Spalte 3 Nummer 1a, lfd. Nr. 69 (Zeichen 296) Spalte 3 Nummer 1, lfd. Nr. 70 (Zeichen 297) Spalte 3 Nummer 1, lfd. Nr. 72 (Zeichen 298) Spalte 3 § 1 Absatz 2	35 €

Lfd. Nr.	Tatbestand	Straßenverkehrs-Ordnung (StVO)	Regelsatz in Euro (€), Fahrverbot in Monaten
		§ 49 Absatz 1 Nummer 1, Absatz 3 Nummer 4	
155.2	und dabei überholt	§ 41 Absatz 1 i.V.m. Anlage 2 lfd. Nr. 68 (Zeichen 295) Spalte 3 Nummer 1a, lfd. Nr. 69 (Zeichen 296) Spalte 3 Nummer 1, lfd. Nr. 70 (Zeichen 297) Spalte 3 Nummer 1, lfd. Nr. 72 (Zeichen 298) Spalte 3 § 49 Absatz 3 Nummer 4	30 €
155.3	und dabei nach links abgebogen oder gewendet	§ 41 Absatz 1 i.V.m. Anlage 2 lfd. Nr. 68 (Zeichen 295) Spalte 3 Nummer 1a, lfd. Nr. 69 (Zeichen 296) Spalte 3 Nummer 1, lfd. Nr. 70 (Zeichen 297) Spalte 3 Nummer 1, lfd. Nr. 72 (Zeichen 298) Spalte 3 § 49 Absatz 3 Nummer 4	30 €
155.3.1	– mit Gefährdung	§ 41 Absatz 1 i.V.m. Anlage 2 lfd. Nr. 68 (Zeichen 295) Spalte 3 Nummer 1a, lfd. Nr. 69 (Zeichen 296) Spalte 3 Nummer 1, lfd. Nr. 70 (Zeichen 297) Spalte 3 Nummer 1, lfd. Nr. 72 (Zeichen 298) Spalte 3 § 1 Absatz 2 § 49 Absatz 1 Nummer 1, Absatz 3 Nummer 4	35 €
156	Sperrfläche (Zeichen 298) zum Parken benutzt	§ 41 Absatz 1 i.V.m. Anlage 2 lfd. Nr. 72 (Zeichen 298) Spalte 3 § 49 Absatz 3 Nummer 4	25 €
	Richtzeichen		
157	Beim Führen eines Fahrzeugs in einem verkehrsberuhigten Bereich (Zeichen 325.1, 325.2)		
157.1	– Schrittgeschwindigkeit nicht eingehalten (soweit nicht von Nummer 11 erfasst)	§ 42 Absatz 2 i.V.m. Anlage 3 lfd. Nr. 12 (Zeichen 325.1) Spalte 3 Nummer 1 § 49 Absatz 3 Nummer 5	15 €
157.2	– Fußgängerverkehr behindert	§ 42 Absatz 2 i.V.m. Anlage 3 lfd. Nr. 12 (Zeichen 325.1) Spalte 3 Nummer 2 § 49 Absatz 3 Nummer 5	15 €
157.3	– Fußgängerverkehr gefährdet		60 €
(158)	(aufgehoben)		
159	In einem verkehrsberuhigten Bereich (Zeichen 325.1, 325.2) außerhalb der zum Parken gekennzeichneten Flächen geparkt (§ 12 Absatz 2 StVO)	§ 42 Absatz 2 i.V.m. Anlage 3 lfd. Nr. 12 (Zeichen 325.1) Spalte 3 Nummer 4 § 49 Absatz 3 Nummer 5	10 €

Lfd. Nr.	Tatbestand	Straßenverkehrs-Ordnung (StVO)	Regelsatz in Euro (€), Fahrverbot in Monaten
159.1	– mit Behinderung	§ 42 Absatz 2 i.V.m. Anlage 3 lfd. Nr. 12 (Zeichen 325.1) Spalte 3 Nummer 4 § 1 Absatz 2 § 49 Absatz 1 Nummer 1, Absatz 3 Nummer 5	15 €
159.2	länger als 3 Stunden	§ 42 Absatz 2 i.V.m. Anlage 3 lfd. Nr. 12 (Zeichen 325.1) Spalte 3 Nummer 4 § 49 Absatz 3 Nummer 5	20 €
159.2.1	– mit Behinderung	§ 42 Absatz 2 i.V.m. Anlage 3 lfd. Nr. 12 (Zeichen 325.1) Spalte 3 Nummer 4 § 1 Absatz 2 § 49 Absatz 1 Nummer 1, Absatz 3 Nummer 5	30 €
159a	In einem Tunnel (Zeichen 327) Abblendlicht nicht benutzt	§ 42 Absatz 2 i.V.m. Anlage 3 lfd. Nr. 14 (Zeichen 327) Spalte 3 Nummer 1 § 49 Absatz 3 Nummer 5	10 €
159a.1	– mit Gefährdung	§ 42 Absatz 2 i.V.m. Anlage 3 lfd. Nr. 14 (Zeichen 327) Spalte 3 Nummer 1 § 1 Absatz 2 § 49 Absatz 1 Nummer 1, Absatz 3 Nummer 5	15 €
159a.2	– mit Sachbeschädigung		35 €
159b	In einem Tunnel (Zeichen 327) gewendet	§ 42 Absatz 2 i.V.m. Anlage 3 lfd. Nr. 14 (Zeichen 327) Spalte 3 Nummer 1 § 49 Absatz 3 Nummer 5	60 €
159c	In einer Nothalte- und Pannenbucht (Zeichen 328) unberechtigt	§ 42 Absatz 2 i.V.m. Anlage 3 lfd. Nr. 15 (Zeichen 328) Spalte 3 § 49 Absatz 3 Nummer 5	
159c.1	– gehalten		20 €
159c.2	– geparkt		25 €
(160 bis 162)	(aufgehoben)		
	Verkehrseinrichtungen		
163	Durch Verkehrseinrichtungen abgesperrte Straßenfläche befahren	§ 43 Absatz 3 Satz 2 i.V.m. Anlage 4 lfd. Nr. 1 bis 7 (Zeichen 600, 605, 628, 629, 610, 615, 616) Spalte 3 § 49 Absatz 3 Nummer 6	5 €
	Andere verkehrsrechtliche Anordnungen		
164	Einer den Verkehr verbietenden oder beschränkenden Anordnung, die öffentlich bekannt gemacht wurde, zuwidergehandelt	§ 45 Absatz 4 Halbsatz 2 § 49 Absatz 3 Nummer 7	60 €
165	Mit Arbeiten begonnen, ohne zuvor Anordnungen eingeholt zu haben, diese Anordnungen nicht befolgt oder Lichtzeichenanlagen nicht bedient	§ 45 Absatz 6 § 49 Absatz 4 Nummer 3	75 €

Lfd. Nr.	Tatbestand	Straßenverkehrs-Ordnung (StVO)	Regelsatz in Euro (€), Fahrverbot in Monaten
	Ausnahmegenehmigung und Erlaubnis		
166	Vollziehbare Auflage einer Ausnahmegenehmigung oder Erlaubnis nicht befolgt	§ 46 Absatz 3 Satz 1 § 49 Absatz 4 Nummer 4	60 €
167	Genehmigungs- oder Erlaubnisbescheid nicht mitgeführt	§ 46 Absatz 3 Satz 3 § 49 Absatz 4 Nummer 5	10 €

Lfd. Nr.	Tatbestand	Fahrerlaubnis-Verordnung (FeV)	Regelsatz in Euro (€), Fahrverbot in Monaten
	b) Fahrerlaubnis-Verordnung		
	Mitführen von Führ erscheinen und Bescheinigungen		
168	Führerschein oder Bescheinigung oder die Übersetzung des ausländischen Führerscheins nicht mitgeführt	§ 75 Nummer 4 i.V.m. den dort genannten Vorschriften	10 €
168a	Führerscheinverlust nicht unverzüglich angezeigt und sich kein Ersatzdokument ausstellen lassen	§ 75 Nummer 4	10 €
	Einschränkung der Fahrerlaubnis		
169	Einer vollziehbaren Auflage nicht nachgekommen	§ 10 Absatz 2 Satz 4 § 23 Absatz 2 Satz 1 § 28 Absatz 1 Satz 2 § 46 Absatz 2 § 74 Absatz 3 § 75 Nummer 9, 14, 15	25 €
	Ablieferung und Vorlage des Führerscheins		
170	Einer Pflicht zur Ablieferung oder zur Vorlage eines Führerscheins nicht oder nicht rechtzeitig nachgekommen	§ 75 Nummer 10 i.V.m. den dort genannten Vorschriften	25 €
	Fahrerlaubnis zur Fahrgastbeförderung		
171	Ohne erforderliche Fahrerlaubnis zur Fahrgastbeförderung einen oder mehrere Fahrgäste in einem in § 48 Absatz 1 FeV genannten Fahrzeug befördert	§ 48 Absatz 1 § 75 Nummer 12	75 €
172	Als Halter die Fahrgastbeförderung in einem in § 48 Absatz 1 FeV genannten Fahrzeug angeordnet oder zugelassen, obwohl der Fahrzeugführer die erforderliche Fahrerlaubnis zur Fahrgastbeförderung nicht besaß	§ 48 Absatz 8 § 75 Nummer 12	75 €
	Ortskenntnisse bei Fahrgastbeförderung		
173	Als Halter die Fahrgastbeförderung in einem in § 48 Absatz 1 i.V.m. § 48 Absatz 4 Nummer 7 FeV genannten Fahrzeug angeordnet oder zugelassen, obwohl der Fahrzeugführer die erforderlichen Ortskenntnisse nicht nachgewiesen hat	§ 48 Absatz 8 § 75 Nummer 12	35 €

Lfd. Nr.	Tatbestand	Fahrzeug-Zulassungs-verordnung (FZV)	Regelsatz in Euro (€), Fahrverbot in Monaten
	c) Fahrzeug-Zulassungsverordnung		
	Mitführen von Fahrzeugpapieren		
174	Die Zulassungsbescheinigung Teil I oder sonstige Bescheinigung nicht mitgeführt	§ 4 Absatz 5 Satz 1 § 13 Absatz 6 Satz 1 § 31 Satz 3 § 52 Absatz 1 Satz 6 § 77 Nummer 4	10 €
	Zulassung		
175	Kraftfahrzeug oder Kraftfahrzeuganhänger ohne die erforderliche EU-Typgenehmigung, Einzelgenehmigung oder Zulassung auf einer öffentlichen Straße in Betrieb gesetzt	§ 3 Absatz 1 Satz 1 § 4 Absatz 1 § 77 Nummer 1	70 €
175a	Kraftfahrzeug oder Kraftfahrzeuganhänger außerhalb des auf dem Saisonkennzeichen angegebenen Betriebszeitraums oder nach dem auf dem Kurzzeitkennzeichen oder nach dem auf dem Ausfuhrkennzeichen angegebenen Ablaufdatum oder Fahrzeug mit Wechselkennzeichen ohne oder mit einem unvollständigen Wechselkennzeichen auf einer öffentlichen Straße in Betrieb gesetzt	§ 9 Absatz 2 Satz 6 Nummer 1 § 10 Absatz 3 Satz 6 Nummer 1 § 42 Absatz 4 Satz 3 § 45 Abs. 2 Satz 5 § 77 Nummer 1	50 €
176	Das vorgeschriebene Kennzeichen an einem von der Zulassungspflicht ausgenommenen Fahrzeug nicht geführt	§ 4 Absatz 2 Satz 1, Absatz 3 Satz 1, 2 § 77 Nummer 1	40 €
177	Fahrzeug außerhalb des auf dem Saisonkennzeichen angegebenen Betriebszeitraums oder mit Wechselkennzeichen ohne oder mit einem unvollständigen Wechselkennzeichen auf einer öffentlichen Straße abgestellt	§ 9 Absatz 2 Satz 6 Nummer 2 § 10 Absatz 3 Satz 6 Nummer 2 § 77 Nummer 10	40 €
	Betriebsverbot und -beschränkungen		
(178)	(aufgehoben)		
178a	Betriebsverbot wegen Verstoßes gegen Mitteilungspflichten oder gegen die Pflichten beim Erwerb des Fahrzeugs nicht beachtet	§ 15 Absatz 1 Satz 5, auch i.V.m. Absatz 4 Satz 2, Absatz 5 Satz 8 § 77 Nummer 6	40 €
179	Ein Fahrzeug in Betrieb gesetzt, dessen Kennzeichen nicht wie vorgeschrieben ausgestaltet oder angebracht ist; ausgenommen ist das Fehlen des vorgeschriebenen Kennzeichens	§ 12 Absatz 13 Satz 1 i.V.m. § 12 Absatz 1, 2 Satz 2 und 3, Absatz 6, 7, 8, 9 Satz 1, Absatz 10 Satz 1 auch i.V.m. § 41 Absatz 6 Satz 3 § 42 Absatz 3 Satz 4 § 43 Absatz 2 Satz 5 § 45 Absatz 2 Satz 5 § 77 Nummer 1	10 €
179a	Fahrzeug in Betrieb gesetzt, obwohl das vorgeschriebene Kennzeichen fehlt	§ 12 Absatz 13 Satz 1 i.V.m. § 12 Absatz 5 Satz 1, Absatz 9 § 77 Nummer 1	60 €
179b	Fahrzeug in Betrieb gesetzt, dessen Kennzeichen mit Glas, Folien oder ähnlichen Abdeckungen versehen ist	§ 12 Absatz 13 Satz 1 i.V.m. § 12 Absatz 2 Satz 1, Absatz 9 § 77 Nummer 1	65 €
179c	Fahrzeug mit CC- oder CD-Zeichen auf öffentlichen Straßen in Betrieb gesetzt, ohne dass hierzu eine Berechtigung besteht und diese in	§ 12 Absatz 12 Satz 3 § 77 Nummer 9	10 €

Lfd. Nr.	Tatbestand	Fahrzeug-Zulassungs-verordnung (FZV)	Regelsatz in Euro (€), Fahrverbot in Monaten
	der Zulassungsbescheinigung Teil I eingetragen ist		
	Mitteilungs-, Anzeige- und Vorlagepflichten, Zurückziehen aus dem Verkehr, Verwertungsnachweis		
180	Gegen die Mitteilungspflicht bei Änderungen der tatsächlichen Verhältnisse, Wohnsitz- oder Sitzänderung des Halters, Standortverlegung des Fahrzeugs, Veräußerung oder Erwerb verstoßen	§ 15 Absatz 1 Satz 1 bis 3, Absatz 4 Satz 1, Absatz 5 Satz 1 § 77 Nummer 13 und Nummer 14	15 €
180a	Als Halter ein Fahrzeug nicht oder nicht ordnungsgemäß außer Betrieb setzen lassen	§ 17 Absatz 1 Satz 1, Absatz 2 Satz 1 § 77 Nummer 7	15 €
	Internetbasierte Zulassung		
180b	Als Halter einen Plakettenträger nicht, nicht rechtzeitig oder nicht ordnungsgemäß (ausgenommen auf einem anderen als dem zugehörigen zugeteilten Kennzeichen) angebracht	§ 26 Absatz 5 Satz 1 § 77 Nummer 20	40 €
180c	Als Halter einen Plakettenträger auf einem Kennzeichenschild mit einem anderen als dem zugehörigen zugeteilten Kennzeichen angebracht	§ 26 Absatz 5 Satz 2 § 77 Nummer 21	65 €
180d	Fahrzeug ohne die dafür übersandten Plakettenträger oder mit einem anderen als den angebrachten Plakettenträgern zugehörigen zugeteilten Kennzeichen in Betrieb gesetzt	§ 26 Absatz 5 Satz 3 § 77 Nummer 1	70 €
180e	Als Halter die Inbetriebsetzung eines Fahrzeuges ohne die dafür übersandten Plakettenträger oder mit einem anderen als den angebrachten Plakettenträgern zugehörigen zugeteilten Kennzeichen zugelassen oder angeordnet	§ 26 Absatz 5 Satz 4 § 77 Nummer 2	70 €
	Rote Kennzeichen, Kurzzeitkennzeichen		
181	Gegen die Pflicht zur Eintragung in Fahrzeugscheinhefte verstoßen oder das rote Kennzeichen oder das Fahrzeugscheinheft nicht zurückgegeben	§ 41 Absatz 3 Satz 1, 6 § 77 Nummern 23 und 25	10 €
181a	(aufgehoben)		
181b	(aufgehoben)		
182	Kurzzeitkennzeichen oder Oldtimerkennzeichen für unzulässige Fahrten oder an einem anderen Fahrzeug verwendet	§ 42 Absatz 3 Satz 1 § 43 Absatz 2 Satz 1 § 77 Nummer 26	50 €
183	Gegen die Pflicht zum Fertigen, Aufbewahren oder Aushändigen von Aufzeichnungen über die Fahrten mit rotem Kennzeichen verstoßen	§ 41 Absatz 3 Satz 3, 4 und 5 § 77 Nummer 5, 24	25 €
183a	Fahrzeugscheinheft für Fahrzeuge mit rotem Kennzeichen oder Fahrzeugscheinheft für Oldtimerfahrzeuge mit rotem Kennzeichen nicht mitgeführt	§ 41 Absatz 3 Satz 2 § 43 Absatz 2 Satz 2 § 77 Nummer 4	10 €
183b	Fahrzeugschein für Fahrzeuge mit Kurzzeitkennzeichen nicht mitgeführt	§ 42 Absatz 5 Satz 3 § 77 Nummer 4	20 €
	Versicherungskennzeichen und -plaketten		

Lfd. Nr.	Tatbestand	Fahrzeug-Zulassungsverordnung (FZV)	Regelsatz in Euro (€), Fahrverbot in Monaten
184	Fahrzeug in Betrieb gesetzt, dessen Versicherungskennzeichen oder -plakette nicht wie vorgeschrieben ausgestaltet ist, ausgenommen ist das Fehlen des vorgeschriebenen Versicherungskennzeichens oder der vorgeschriebenen Versicherungsplakette	§ 53 Absatz 7 § 56 Absatz 4 § 77 Nummer 1	10 €
	Ausländische Kraftfahrzeuge		
185	Zulassungsbescheinigung oder die Übersetzung des ausländischen Zulassungsscheins nicht mitgeführt oder nicht ausgehändigt	§ 46 Absatz 6 § 77 Nummer 4	10 €
185a	An einem ausländischen Kraftfahrzeug oder ausländischen Kraftfahrzeuganhänger das heimische Kennzeichen oder das Unterscheidungszeichen unter Verstoß gegen eine Vorschrift über deren Anbringung geführt	§ 47 Absatz 1 Satz 1, Absatz 2 Satz 1 § 77 Nummer 27	10 €
185b	An einem ausländischen Kraftfahrzeug oder ausländischen Kraftfahrzeuganhänger das vorgeschriebene heimische Kennzeichen nicht geführt	§ 47 Absatz 1 Satz 1 § 77 Nummer 27	40 €
185c	An einem ausländischen Kraftfahrzeug oder ausländischen Kraftfahrzeuganhänger das Unterscheidungszeichen nicht geführt	§ 47 Absatz 2 Satz 1 § 77 Nummer 27	15 €

Lfd. Nr.	Tatbestand	Straßenverkehrs-Zulassungs-Ordnung (StVZO)	Regelsatz in Euro (€), Fahrverbot in Monaten
	d) Straßenverkehrs-Zulassungs-Ordnung		
	Untersuchung der Kraftfahrzeuge und Anhänger		
186	Als Halter Fahrzeug zur Hauptuntersuchung oder zur Sicherheitsprüfung nicht vorgeführt	§ 29 Absatz 1 Satz 1 i.V.m. Nummer 2.1, 2.2, 2.6, 2.7 Satz 2, 3, Nummer 3.1.1, 3.1.2, 3.2.2 der Anlage VIII § 69a Absatz 2 Nummer 14	
186.1	bei Fahrzeugen, die nach Nummer 2.1 der Anlage VIII zu § 29 StVZO in bestimmten Zeitabständen einer Sicherheitsprüfung zu unterziehen sind, wenn der Vorführtermin überschritten worden ist um		
186.1.1	bis zu 2 Monate		15 €
186.1.2	mehr als 2 bis zu 4 Monate		25 €
186.1.3	mehr als 4 bis zu 8 Monate		60 €
186.1.4	mehr als 8 Monate		75 €
186.2	bei anderen als in Nummer 186.1 genannten Fahrzeugen, wenn der Vorführtermin überschritten worden ist um		
186.2.1	mehr als 2 bis zu 4 Monate		15 €
186.2.2	mehr als 4 bis zu 8 Monate		25 €
186.2.3	mehr als 8 Monate		60 €

Lfd. Nr.	Tatbestand	Straßenverkehrs-Zulassungs-Ordnung (StVZO)	Regelsatz in Euro (€), Fahrverbot in Monaten
187	Fahrzeug zur Nachprüfung der Mängelbeseitigung nicht rechtzeitig vorgeführt	§ 29 Absatz 1 Satz 1 i.V.m. Nummer 3.1.4.3 Satz 2 Halbsatz 2 der Anlage VIII § 69a Absatz 2 Nummer 18	15 €
187a	Betriebsverbot oder -beschränkung wegen Fehlens einer gültigen Prüfplakette oder Prüfmarke in Verbindung mit einem SP-Schild nicht beachtet	§ 29 Absatz 7 Satz 5 § 69a Absatz 2 Nummer 15	60 €
	Vorstehende Außenkanten		
188	Fahrzeug oder Fahrzeugkombination in Betrieb genommen, obwohl Teile, die den Verkehr mehr als unvermeidbar gefährdeten, an dessen Umriss hervorragten	§ 30c Absatz 1 § 69a Absatz 3 Nummer 1a	20 €
	Verantwortung für den Betrieb der Fahrzeuge		
189	Als Halter die Inbetriebnahme eines Fahrzeugs oder Zuges angeordnet oder zugelassen, obwohl	§ 31 Absatz 2 § 69a Absatz 5 Nummer 3	
189.1	der Führer zur selbstständigen Leitung nicht geeignet war		
189.1.1	bei Lastkraftwagen oder Kraftomnibussen		180 €
189.1.2	bei anderen als in Nummer 189.1.1 genannten Fahrzeugen		90 €
189.2	das Fahrzeug oder der Zug nicht vorschriftsmäßig war und dadurch die Verkehrssicherheit wesentlich beeinträchtigt war, insbesondere unter Verstoß gegen eine Vorschrift über Lenkeinrichtungen, Bremsen, Einrichtungen zur Verbindung von Fahrzeugen	§ 31 Absatz 2 § 69a Absatz 5 Nummer 3 § 31 Absatz 2, jeweils i.V.m. § 38 § 41 Absatz 1 bis 12, 15 bis 17 § 43 Absatz 1 Satz 1 bis 3, Absatz 4 Satz 1, 3 § 69a Absatz 5 Nummer 3	
189.2.1	bei Lastkraftwagen oder Kraftomnibussen bzw. ihren Anhängern		270 €
189.2.2	bei anderen als in Nummer 189.2.1 genannten Fahrzeugen		135 €
189.3	die Verkehrssicherheit des Fahrzeugs oder des Zuges durch die Ladung oder die Besetzung wesentlich litt	§ 31 Absatz 2 § 69a Absatz 5 Nummer 3	
189.3.1	bei Lastkraftwagen oder Kraftomnibussen bzw. ihren Anhängern		270 €
189.3.2	bei anderen als in Nummer 189.3.1 genannten Fahrzeugen		135 €
189a	Als Halter die Inbetriebnahme eines Fahrzeugs angeordnet oder zugelassen, obwohl die Betriebserlaubnis erloschen war, und dadurch die Verkehrssicherheit wesentlich beeinträchtigt	§ 19 Absatz 5 Satz 1 § 69a Absatz 2 Nummer 1b	
189a.1	bei Lastkraftwagen oder Kraftomnibussen		270 €

Lfd. Nr.	Tatbestand	Straßenverkehrs-Zulassungs-Ordnung (StVZO)	Regelsatz in Euro (€), Fahrverbot in Monaten
189a.2	bei anderen als in Nummer 189a.1 genannten Fahrzeugen		135 €
189b	Als Halter die Inbetriebnahme eines Fahrzeugs angeordnet oder zugelassen, obwohl die Betriebserlaubnis erloschen war, und dadurch die Umwelt wesentlich beeinträchtigt	§ 19 Absatz 5 Satz 1 § 69a Absatz 2 Nummer 1b	
189b.1	bei Lastkraftwagen oder Kraftomnibussen		270 €
189b.2	bei anderen als in Nummer 189b.1 genannten Fahrzeugen		135 €
	Führung eines Fahrtenbuches		
190	Fahrtenbuch nicht ordnungsgemäß geführt, auf Verlangen nicht ausgehändigt oder nicht für die vorgeschriebene Dauer aufbewahrt	§ 31a Absatz 2, 3 § 69a Absatz 5 Nummer 4, 4a	100 €
	Überprüfung mitzuführender Gegenstände		
191	Mitzuführende Gegenstände auf Verlangen nicht vorgezeigt oder zur Prüfung nicht ausgehändigt	§ 31b § 69a Absatz 5 Nummer 4b	5 €
	Abmessungen von Fahrzeugen und Fahrzeugkombinationen		
192	Kraftfahrzeug, Anhänger oder Fahrzeugkombination in Betrieb genommen, obwohl die höchstzulässige Breite, Höhe oder Länge überschritten war	§ 32 Absatz 1 bis 4, 9 § 69a Absatz 3 Nummer 2	60 €
193	Als Halter die Inbetriebnahme eines Kraftfahrzeugs, Anhängers oder einer Fahrzeugkombination angeordnet oder zugelassen, obwohl die höchstzulässige Breite, Höhe oder Länge überschritten war	§ 31 Absatz 2 i.V.m. § 32 Absatz 1 bis 4, 9 § 69a Absatz 5 Nummer 3	75 €
	Unterfahrschutz		
194	Kraftfahrzeug, Anhänger oder Fahrzeug mit austauschbarem Ladungsträger ohne vorgeschriebenen Unterfahrschutz in Betrieb genommen	§ 32b Absatz 1, 2, 4 § 69a Absatz 3 Nummer 3a	25 €
	Kurvenlaufeigenschaften		
195	Kraftfahrzeug oder Fahrzeugkombination in Betrieb genommen, obwohl die vorgeschriebenen Kurvenlaufeigenschaften nicht eingehalten waren	§ 32d Absatz 1, 2 Satz 1 § 69a Absatz 3 Nummer 3c	60 €
196	Als Halter die Inbetriebnahme eines Kraftfahrzeugs oder einer Fahrzeugkombination angeordnet oder zugelassen, obwohl die vorgeschriebenen Kurvenlaufeigenschaften nicht eingehalten waren	§ 31 Absatz 2 i.V.m. § 32d Absatz 1, 2 Satz 1 § 69a Absatz 5 Nummer 3	75 €
	Schleppen von Fahrzeugen		
197	Fahrzeug unter Verstoß gegen eine Vorschrift über das Schleppen von Fahrzeugen in Betrieb genommen	§ 33 Absatz 1 Satz 1, Absatz 2 Nummer 1, 6 § 69a Absatz 3 Nummer 3	25 €
	Achslast, Gesamtgewicht, Anhängelast hinter Kraftfahrzeugen		
198	Kraftfahrzeug, Anhänger oder Fahrzeugkombination in Betrieb genommen, obwohl die zulässige Achslast, das zulässige Gesamtgewicht	§ 34 Absatz 3 Satz 3 § 31d Absatz 1 § 42 Absatz 1, 2 Satz 2	

Lfd. Nr.	Tatbestand	Straßenverkehrs-Zulassungs-Ordnung (StVZO)	Regelsatz in Euro (€), Fahrverbot in Monaten
	oder die zulässige Anhängelast hinter einem Kraftfahrzeug überschritten war	§ 69a Absatz 3 Nummer 4	
198.1	bei Kraftfahrzeugen mit einem zulässigen Gesamtgewicht über 7,5 t oder Kraftfahrzeugen mit Anhängern, deren zulässiges Gesamtgewicht 2 t übersteigt		Tabelle 3 Buchstabe a
198.2	bei anderen Kraftfahrzeugen bis 7,5 t zulässiges Gesamtgewicht		Tabelle 3 Buchstabe b
199	Als Halter die Inbetriebnahme eines Kraftfahrzeugs, eines Anhängers oder einer Fahrzeugkombination angeordnet oder zugelassen, obwohl die zulässige Achslast, das zulässige Gesamtgewicht oder die zulässige Anhängelast hinter einem Kraftfahrzeug überschritten war	§ 31 Absatz 2 i.V.m. § 34 Absatz 3 Satz 3 § 42 Absatz 1, 2 Satz 2 § 31d Absatz 1 § 69a Absatz 5 Nummer 3	
199.1	bei Kraftfahrzeugen mit einem zulässigen Gesamtgewicht über 7,5 t oder Kraftfahrzeugen mit Anhängern, deren zulässiges Gesamtgewicht 2 t übersteigt		Tabelle 3 Buchstabe a
199.2	bei anderen Kraftfahrzeugen bis 7,5 t zulässiges Gesamtgewicht		Tabelle 3 Buchstabe b
	Prüfung von Flüssiggasanlagen		
200	Als Halter eine Flüssiggasanlage nicht, nicht richtig, nicht in der vorgeschriebenen Weise oder nicht rechtzeitig prüfen lässt um	§ 60 Absatz 1 Satz 1, Absatz 2 Satz 1 oder Absatz 3 Satz 1, § 69a Absatz 2 Nummer 20	
200.1	mehr als 2 bis zu 4 Monate		15 €
200.2	mehr als 4 bis zu 8 Monate		25 €
200.3	mehr als 8 Monate		60 €
	Besetzung von Kraftomnibussen		
201	Kraftomnibus in Betrieb genommen und dabei mehr Personen oder Gepäck befördert, als in der Zulassungsbescheinigung Teil I Sitz- und Stehplätze eingetragen sind, und die Summe der im Fahrzeug angeschriebenen Fahrgastplätze sowie die Angaben für die Höchstmasse des Gepäcks ausweisen	§ 34a Absatz 1 § 69a Absatz 3 Nummer 5	60 €
202	Als Halter die Inbetriebnahme eines Kraftomnibusses angeordnet oder zugelassen, obwohl mehr Personen befördert wurden, als in der Zulassungsbescheinigung Teil I Plätze ausgewiesen waren	§ 31 Absatz 2 i.V.m. § 34a Absatz 1 § 69a Absatz 5 Nummer 3	75 €
	Kindersitze		
203	Kraftfahrzeug in Betrieb genommen unter Verstoß gegen		
203.1	das Verbot der Anbringung von nach hinten gerichteten Kinderrückhalteeinrichtungen auf Beifahrerplätzen mit Airbag	§ 35a Absatz 8 Satz 1 § 69a Absatz 3 Nummer 7	25 €
203.2	die Pflicht zur Anbringung des Warnhinweises zur Verwendung von Kinderrückhalteeinrichtungen auf Beifahrerplätzen mit Airbag	§ 35a Absatz 8 Satz 2, 4 § 69a Absatz 3 Nummer 7	5 €

Lfd. Nr.	Tatbestand	Straßenverkehrs-Zulassungs-Ordnung (StVZO)	Regelsatz in Euro (€), Fahrverbot in Monaten
203.3	die Pflicht zur rückwärts oder seitlich gerichteten Anbringung von Rückhalteeinrichtungen für Kinder bis zu einem Alter von 15 Monaten	§ 35a Absatz 13 § 69a Absatz 3 Nummer 7	25 €
	Rollstuhlplätze und Rückhaltesysteme		
203a	Als Halter die Inbetriebnahme eines Personenkraftwagens, in dem ein Rollstuhlnutzer befördert wurde, angeordnet oder zugelassen, obwohl er nicht mit dem vorgeschriebenen Rollstuhlstellplatz ausgerüstet war	§ 35a Absatz 4a Satz 1 § 31 Absatz 2 § 69a Absatz 5 Nummer 3	35 €
203b	Personenkraftwagen, in dem ein Rollstuhlnutzer befördert wurde, in Betrieb genommen, obwohl er nicht mit dem vorgeschriebenen Rollstuhlstellplatz ausgerüstet war	§ 35a Absatz 4a Satz 1 § 69a Absatz 3 Nummer 7	35 €
203c	Als Halter die Inbetriebnahme eines Personenkraftwagens, in dem ein Rollstuhlnutzer befördert wurde, angeordnet oder zugelassen, obwohl der Rollstuhlstellplatz nicht mit dem vorgeschriebenen Rollstuhl-Rückhaltesystem oder Rollstuhlnutzer-Rückhaltesystem ausgerüstet war	§ 35a Absatz 4a Satz 2, 3 § 31 Absatz 2, § 69a Absatz 5 Nummer 3	30 €
203d	Einen Personenkraftwagen, in dem ein Rollstuhlnutzer befördert wurde, in Betrieb genommen, obwohl der Rollstuhlstellplatz nicht mit dem vorgeschriebenen Rollstuhl-Rückhaltesystem oder Rollstuhlnutzer-Rückhaltesystem ausgerüstet war	§ 35a Absatz 4a Satz 2, 3 § 69a Absatz 3 Nummer 7	30 €
203e	Als Fahrer nicht sichergestellt, dass das Rollstuhl-Rückhaltesystem oder Rollstuhlnutzer-Rückhaltesystem in der vom Hersteller des jeweiligen Systems vorgesehenen Weise während der Fahrt betrieben wurde	§ 35a Absatz 4a Satz 4 § 69a Absatz 3 Nummer 7	30 €
203f	Als Halter nicht sichergestellt, dass das Rollstuhl-Rückhaltesystem oder Rollstuhlnutzer-Rückhaltesystem in der vom Hersteller des jeweiligen Systems vorgesehenen Weise während der Fahrt betrieben wurde	§ 35a Absatz 4a Satz 4 § 31 Absatz 2 § 69a Absatz 5 Nummer 3	30 €
	Feuerlöscher in Kraftomnibussen		
204	Kraftomnibus unter Verstoß gegen eine Vorschrift über mitzuführende Feuerlöscher in Betrieb genommen	§ 35g Absatz 1, 2 § 69a Absatz 3 Nummer 7c	15 €
205	Als Halter die Inbetriebnahme eines Kraftomnibusses unter Verstoß gegen eine Vorschrift über mitzuführende Feuerlöscher angeordnet oder zugelassen	§ 31 Absatz 2 i.V.m. § 35g Absatz 1, 2 § 69a Absatz 5 Nummer 3	20 €
	Erste-Hilfe-Material in Kraftfahrzeugen		
206	Unter Verstoß gegen eine Vorschrift über mitzuführendes Erste-Hilfe-Material		
206.1	einen Kraftomnibus	§ 35h Absatz 1, 2 § 69a Absatz 3 Nummer 7c	15 €
206.2	ein anderes Kraftfahrzeug	§ 35h Absatz 3 § 69a Absatz 3 Nummer 7c	5 €
	in Betrieb genommen		

Lfd. Nr.	Tatbestand	Straßenverkehrs-Zulassungs-Ordnung (StVZO)	Regelsatz in Euro (€), Fahrverbot in Monaten
207	Als Halter die Inbetriebnahme unter Verstoß gegen eine Vorschrift über mitzuführendes Erste-Hilfe-Material		
207.1	eines Kraftomnibusses	§ 31 Absatz 2 i.V.m. § 35h Absatz 1, 2 § 69a Absatz 5 Nummer 3	25 €
207.2	eines anderen Kraftfahrzeugs	§ 31 Absatz 2 i.V.m. § 35h Absatz 3 § 69a Absatz 5 Nummer 3	10 €
	angeordnet oder zugelassen		
	Bereifung und Laufflächen		
208	Kraftfahrzeug oder Anhänger, die unzulässig mit Diagonal- und mit Radialreifen ausgerüstet waren, in Betrieb genommen	§ 36 Absatz 6 Satz 1, 2 § 69a Absatz 3 Nummer 8	15 €
209	Als Halter die Inbetriebnahme eines Kraftfahrzeugs oder Anhängers, die unzulässig mit Diagonal- und mit Radialreifen ausgerüstet waren, angeordnet oder zugelassen	§ 31 Absatz 2 i.V.m. § 36 Absatz 6 Satz 1, 2 § 69a Absatz 5 Nummer 3	30 €
210	Mofa in Betrieb genommen, dessen Reifen keine ausreichenden Profilrillen oder Einschnitte oder keine ausreichende Profil- oder Einschnitttiefe besaß	§ 36 Absatz 3 Satz 5 § 31d Absatz 4 Satz 1 § 69a Absatz 3 Nummer 1c, 8	25 €
211	Als Halter die Inbetriebnahme eines Mofas angeordnet oder zugelassen, dessen Reifen keine ausreichenden Profilrillen oder Einschnitte oder keine ausreichende Profil- oder Einschnitttiefe besaß	§ 31 Absatz 2 i.V.m. § 36 Absatz 3 Satz 5 § 31d Absatz 4 Satz 1 § 69a Absatz 5 Nummer 3	35 €
212	Kraftfahrzeug (außer Mofa) oder Anhänger in Betrieb genommen, dessen Reifen keine ausreichenden Profilrillen oder Einschnitte oder keine ausreichende Profil- oder Einschnitttiefe besaß	§ 36 Absatz 3 Satz 3 bis 5 § 31d Absatz 4 Satz 1 § 69a Absatz 3 Nummer 1c, 8	60 €
213	Als Halter die Inbetriebnahme eines Kraftfahrzeugs (außer Mofa) oder Anhängers angeordnet oder zugelassen, dessen Reifen keine ausreichenden Profilrillen oder Einschnitte oder keine ausreichende Profil- oder Einschnitttiefe besaß	§ 31 Absatz 2 i.V.m. § 36 Absatz 3 Satz 3 bis 5 § 31d Absatz 4 Satz 1 § 69a Absatz 5 Nummer 3	75 €
213a	Als Halter die Inbetriebnahme eines Kraftfahrzeugs bei Glatteis, Schneeglätte, Schneematsch, Eis- oder Reifglätte angeordnet oder zugelassen, dessen Bereifung, die in § 36 Absatz 4 oder Absatz 4a StVZO beschriebenen Eigenschaften nicht erfüllt, wenn das Kraftfahrzeug gemäß § 2 Absatz 3a StVO bei Glatteis, Schneeglätte, Schneematsch, Eis- oder Reifglätte nur mit solchen Reifen gefahren werden darf, die die in § 36 Absatz 4 StVZO beschriebenen Eigenschaften erfüllen	§ 31 Absatz 2 i.V.m. § 36 Absatz 4 und 4a § 69a Absatz 5 Nummer 3	75 €
	Sonstige Pflichten für den verkehrssicheren Zustand des Fahrzeugs		

Lfd. Nr.	Tatbestand	Straßenverkehrs-Zulassungs-Ordnung (StVZO)	Regelsatz in Euro (€), Fahrverbot in Monaten
214	Kraftfahrzeug oder Kraftfahrzeug mit Anhänger in Betrieb genommen, das sich in einem Zustand befand, der die Verkehrssicherheit wesentlich beeinträchtigt	§ 30 Absatz 1 § 69a Absatz 3 Nummer 1	
	insbesondere unter Verstoß gegen eine Vorschrift über Lenkeinrichtungen, Bremsen, Einrichtungen zur Verbindung von Fahrzeugen	§ 38 § 41 Absatz 1 bis 12, 15 Satz 1, 3, 4, Absatz 16, 17 § 43 Absatz 1 Satz 1 bis 3, Absatz 4 Satz 1, 3 § 69a Absatz 3 Nummer 3, 9, 13	
214.1	bei Lastkraftwagen oder Kraftomnibussen bzw. ihren Anhängern		180 €
214.2	bei anderen als in Nummer 214.1 genannten Fahrzeugen		90 €
	Erlöschen der Betriebserlaubnis		
214a	Fahrzeug trotz erloschener Betriebserlaubnis in Betrieb genommen und dadurch die Verkehrssicherheit wesentlich beeinträchtigt	§ 19 Absatz 5 Satz 1 § 69a Absatz 2 Nummer 1b	
214a.1	bei Lastkraftwagen oder Kraftomnibussen		180 €
214a.2	bei anderen als in Nummer 214a.1 genannten Fahrzeugen		90 €
214b	Fahrzeug trotz erloschener Betriebserlaubnis in Betrieb genommen und dadurch die Umwelt wesentlich beeinträchtigt	§ 19 Absatz 5 Satz 1 § 69a Absatz 2 Nummer 1b	
214b.1	bei Lastkraftwagen oder Kraftomnibussen		180 €
214b.2	bei anderen als in Nummer 214b.1 genannten Fahrzeugen		90 €
	Mitführen von Anhängern hinter Kraftrad oder Personenkraftwagen		
215	Kraftrad oder Personenkraftwagen unter Verstoß gegen eine Vorschrift über das Mitführen von Anhängern in Betrieb genommen	§ 42 Absatz 2 Satz 1 § 69a Absatz 3 Nummer 3	25 €
	Einrichtungen zur Verbindung von Fahrzeugen		
216	Abschleppstange oder Abschleppseil nicht ausreichend erkennbar gemacht	§ 43 Absatz 3 Satz 2 § 69a Absatz 3 Nummer 3	5 €
	Stützlast		
217	Kraftfahrzeug mit einem einachsigen Anhänger in Betrieb genommen, dessen zulässige Stützlast um mehr als 50 % über- oder unterschritten wurde	§ 44 Absatz 3 Satz 1 § 69a Absatz 3 Nummer 3	60 €
(218)	(aufgehoben)		
	Geräuschentwicklung und Schalldämpferanlage		
219	Kraftfahrzeug, dessen Schalldämpferanlage defekt war, in Betrieb genommen	§ 49 Absatz 1 § 69a Absatz 3 Nummer 17	20 €
220	Weisung, den Schallpegel im Nahfeld feststellen zu lassen, nicht befolgt	§ 49 Absatz 4 Satz 1 § 69a Absatz 5 Nummer 5d	10 €

Lfd. Nr.	Tatbestand	Straßenverkehrs-Zulassungs-Ordnung (StVZO)	Regelsatz in Euro (€), Fahrverbot in Monaten
	Lichttechnische Einrichtungen		
221	Kraftfahrzeug oder Anhänger in Betrieb genommen		
221.1	unter Verstoß gegen eine allgemeine Vorschrift über lichttechnische Einrichtungen	§ 49a Absatz 1 bis 4, 5 Satz 1, Absatz 6, 8, 9 Satz 2, Absatz 9a, 10 Satz 1 § 69a Absatz 3 Nummer 18	5 €
221.2	unter Verstoß gegen das Verbot zum Anbringen anderer als vorgeschriebener oder für zulässig erklärter lichttechnischer Einrichtungen	§ 49a Absatz 1 Satz 1 § 69a Absatz 3 Nummer 18	20 €
222	Kraftfahrzeug oder Anhänger in Betrieb genommen unter Verstoß gegen eine Vorschrift über		
222.1	Scheinwerfer für Fern- oder Abblendlicht	§ 50 Absatz 1, 2 Satz 1, 6 Halbsatz 2, Satz 7, Absatz 3 Satz 1, 2, Absatz 5, 6 Satz 1, 3, 4, 6, Absatz 6a Satz 2 bis 5, Absatz 9 § 69a Absatz 3 Nummer 18a	15 €
222.2	Begrenzungsleuchten oder vordere Rückstrahler	§ 51 Absatz 1 Satz 1, 4 bis 6, Absatz 2 Satz 1, 4, Absatz 3 § 69a Absatz 3 Nummer 18b	15 €
222.3	seitliche Kenntlichmachung oder Umrissleuchten	§ 51a Absatz 1 Satz 1 bis 7, Absatz 3 Satz 1, Absatz 4 Satz 2, Absatz 6 Satz 1, Absatz 7 Satz 1, 3 § 51b Absatz 2 Satz 1, 3, Absatz 5, 6 § 69a Absatz 3 Nummer 18c	15 €
222.4	zusätzliche Scheinwerfer oder Leuchten	§ 52 Absatz 1 Satz 2 bis 5, Absatz 2 Satz 2, 3, Absatz 5 Satz 2, Absatz 7 Satz 2, 4, Absatz 9 Satz 2 § 69a Absatz 3 Nummer 18e	15 €
222.5	Schluss-, Nebelschluss-, Bremsleuchten oder Rückstrahler	§ 53 Absatz 1 Satz 1, 3 bis 5, 7, Absatz 2 Satz 1, 2, 4 bis 6, Absatz 4 Satz 1 bis 4, 6, Absatz 5 Satz 1 bis 3, Absatz 6 Satz 2, Absatz 8, 9 Satz 1, § 53d Absatz 2, 3 § 69a Absatz 3 Nummer 18g, 19c	15 €

Lfd. Nr.	Tatbestand	Straßenverkehrs-Zulassungs-Ordnung (StVZO)	Regelsatz in Euro (€), Fahrverbot in Monaten
222.6	Warndreieck, Warnleuchte oder Warnblinkanlage	§ 53a Absatz 1, 2 Satz 1, Absatz 3 Satz 2, Absatz 4, 5 § 69a Absatz 3 Nummer 19	15 €
222.7	Ausrüstung oder Kenntlichmachung von Anbaugeräten oder Hubladebühnen	§ 53b Absatz 1 Satz 1 bis 3, 4 Halbsatz 2, Absatz 2 Satz 1 bis 3, 4 Halbsatz 2, Absatz 3 Satz 1, Absatz 4, 5 § 69a Absatz 3 Nummer 19a	15 €
	Arztschild		
222a	Bescheinigung zur Berechtigung der Führung des Schildes „Arzt Notfalleinsatz" nicht mitgeführt oder zur Prüfung nicht ausgehändigt	§ 52 Absatz 6 Satz 3 § 69a Absatz 5 Nummer 5f	10 €
	Geschwindigkeitsbegrenzer		
223	Kraftfahrzeug in Betrieb genommen, das nicht mit dem vorgeschriebenen Geschwindigkeitsbegrenzer ausgerüstet war, oder den Geschwindigkeitsbegrenzer auf unzulässige Geschwindigkeit eingestellt oder nicht benutzt, auch wenn es sich um ein ausländisches Kfz handelt	§ 57c Absatz 2, 5 § 31d Absatz 3 § 69a Absatz 3 Nummer 1c, 25b	100 €
224	Als Halter die Inbetriebnahme eines Kraftfahrzeugs angeordnet oder zugelassen, das nicht mit dem vorgeschriebenen Geschwindigkeitsbegrenzer ausgerüstet war oder dessen Geschwindigkeitsbegrenzer auf eine unzulässige Geschwindigkeit eingestellt war oder nicht benutzt wurde	§ 31 Absatz 2 i.V.m. § 57c Absatz 2, 5 § 31d Absatz 3 § 69a Absatz 5 Nummer 3	150 €
225	Als Halter den Geschwindigkeitsbegrenzer in den vorgeschriebenen Fällen nicht prüfen lassen, wenn seit fällig gewordener Prüfung		
225.1	nicht mehr als ein Monat	§ 57d Absatz 2 Satz 1 § 69a Absatz 5 Nummer 6d	25 €
225.2	mehr als ein Monat	§ 57d Absatz 2 Satz 1 § 69a Absatz 5 Nummer 6d	40 €
	vergangen ist		
226	Bescheinigung über die Prüfung des Geschwindigkeitsbegrenzers nicht mitgeführt oder auf Verlangen nicht ausgehändigt	§ 57d Absatz 2 Satz 3 § 69a Absatz 5 Nummer 6e	10 €
(227)	(aufgehoben)		
(228)	(aufgehoben)		
	Einrichtungen an Fahrrädern		
229	Fahrrad unter Verstoß gegen eine Vorschrift über die Einrichtungen für Schallzeichen in Betrieb genommen	§ 64a § 69a Absatz 4 Nummer 4	15 €
230	Fahrrad oder Fahrradanhänger oder Fahrrad mit Beiwagen unter Verstoß gegen eine Vorschrift über lichttechnische Einrichtungen im öffentlichen Straßenverkehr in Betrieb genommen	§ 67 § 67a § 69a Absatz 4 Nummer 8, 9	20 €

Lfd. Nr.	Tatbestand	Straßenverkehrs-Zulassungs-Ordnung (StVZO)	Regelsatz in Euro (€), Fahrverbot in Monaten
	Ausnahmen		
231	Urkunde über eine Ausnahmegenehmigung nicht mitgeführt	§ 70 Absatz 3a Satz 1 § 69a Absatz 5 Nummer 7	10 €
	Auflagen bei Ausnahmegenehmigungen		
232	Als Fahrzeugführer, ohne Halter zu sein, einer vollziehbaren Auflage einer Ausnahmegenehmigung nicht nachgekommen	§ 71 § 69a Absatz 5 Nummer 8	15 €
233	Als Halter einer vollziehbaren Auflage einer Ausnahmegenehmigung nicht nachgekommen	§ 71 § 69a Absatz 5 Nummer 8	70 €

Lfd. Nr.	Tatbestand	Elektrokleinstfahrzeuge-Verordnung (eKFV)	Regelsatz in Euro (€), Fahrverbot in Monaten
	e) Elektrokleinstfahrzeuge-Verordnung (eKFV)		
	Betriebsbeschränkungen		
234	Elektrokleinstfahrzeug ohne die erforderliche Allgemeine Betriebserlaubnis oder Einzelbetriebserlaubnis auf öffentlichen Straßen in Betrieb gesetzt	§ 2 Absatz 1 Satz 1 Nummer 1 § 14 Nummer 1	70 €
234a	Die Inbetriebnahme eines Elektrokleinstfahrzeugs ohne die erforderliche Allgemeine Betriebserlaubnis oder Einzelbetriebserlaubnis auf öffentlichen Straßen angeordnet oder zugelassen	§ 2 Absatz 4 i.V.m. Absatz 1 Satz 1 Nummer 1 § 14 Nummer 3	70 €
235	Elektrokleinstfahrzeug ohne gültige Versicherungsplakette auf öffentlichen Straßen in Betrieb gesetzt	§ 2 Absatz 1 Satz 1 Nummer 2 § 14 Nummer 1	40 €
235a	Die Inbetriebnahme eines Elektrokleinstfahrzeugs auf öffentlichen Straßen ohne die erforderliche Versicherungsplakette angeordnet oder zugelassen	§ 2 Absatz 4 i.V.m. Absatz 1 Satz 1 Nummer 2 § 14 Nummer 3	40 €
236	Elektrokleinstfahrzeug trotz erloschener Betriebserlaubnis auf öffentlichen Straßen in Betrieb gesetzt und dadurch die Verkehrssicherheit wesentlich beeinträchtigt	§ 2 Absatz 3 Satz 2 i.V.m. Absatz 4 § 14 Nummer 1	30 €
236a	Die Inbetriebnahme eines Elektrokleinstfahrzeugs auf öffentlichen Straßen trotz erloschener Betriebserlaubnis angeordnet oder zugelassen	§ 2 Absatz 4 § 14 Nummer 3	30 €
237	Elektrokleinstfahrzeug unter Verstoß gegen die Vorschriften über die Anforderungen an die lichttechnischen Einrichtungen im öffentlichen Straßenverkehr in Betrieb gesetzt	§ 2 Absatz 1 Nummer 4 Buchstabe b § 14 Nummer 1	20 €
237a	Elektrokleinstfahrzeug unter Verstoß gegen die Vorschriften über die Anforderungen an die Schalleinrichtung im öffentlichen Straßenverkehr in Betrieb gesetzt	§ 2 Absatz 1 Nummer 4 Buchstabe c § 14 Nummer 1	15 €
237b	Elektrokleinstfahrzeug unter Verstoß gegen die Vorschriften über die Anforderungen an die sonstigen Sicherheitsanforderungen im	§ 2 Absatz 1 Nummer 4 Buchstabe d § 14 Nummer 1	25 €

Lfd. Nr.	Tatbestand	Elektrokleinstfahrzeuge-Verordnung (eKFV)	Regelsatz in Euro (€), Fahrverbot in Monaten
	öffentlichen Straßenverkehr in Betrieb gesetzt		
	Verhaltensrechtliche Anforderungen		
238	Mit einem Elektrokleinstfahrzeug eine nicht zulässige Verkehrsfläche befahren	§ 10 Absatz 1 Satz 1, Absatz 2 Satz 1 § 14 Nummer 5	15 €
238.1	– mit Behinderung	§ 10 Absatz 1 Satz 1, Absatz 2 Satz 1 § 14 Nummer 5 § 1 Absatz 2 StVO § 49 Absatz 1 Nummer 1 StVO	20 €
238.2	– mit Gefährdung		25 €
238.3	– mit Sachbeschädigung		30 €
238a	Mit einem Elektrokleinstfahrzeug nebeneinander gefahren	§ 11 Absatz 1 § 14 Nummer 6	15 €
238a.1	– mit Behinderung	§ 11 Absatz 1 § 14 Nummer 6 § 1 Absatz 2 StVO § 49 Absatz 1 Nummer 1 StVO	20 €
238a.2	– mit Gefährdung		25 €
238a.3	– mit Sachbeschädigung		30€

Lfd. Nr.	Tatbestand	Ferienreise-Verordnung	Regelsatz in Euro (€), Fahrverbot in Monaten
	f) Ferienreise-Verordnung		
239	Kraftfahrzeug trotz eines Verkehrsverbots innerhalb der Verbotszeiten länger als 15 Minuten geführt	§ 1 § 5 Nummer 1	60 €
240	Als Halter das Führen eines Kraftfahrzeugs trotz eines Verkehrsverbots innerhalb der Verbotszeiten länger als 15 Minuten zugelassen	§ 1 § 5 Nummer 1	150 €

Lfd. Nr.	Tatbestand	Straßenverkehrsgesetz (StVG)	Regelsatz in Euro (€), Fahrverbot in Monaten
	B. Zuwiderhandlungen gegen §§ 24a, 24c StVG		
	0,5-Promille-Grenze		
241	Kraftfahrzeug geführt mit einer Atemalkoholkonzentration von 0,25 mg/l oder mehr oder mit einer Blutalkoholkonzentration von 0,5 Promille oder mehr oder mit einer Alkoholmenge im Körper, die zu einer solchen Atem- oder Blutalkoholkonzentration führt	§ 24a Absatz 1	500 € **Fahrverbot 1 Monat**
241.1	bei Eintragung von bereits einer Entscheidung nach § 24a StVG, § 316 oder § 315c Absatz 1 Nummer 1 Buchstabe a StGB im Fahreignungsregister		1 000 € **Fahrverbot 3 Monate**
241.2	bei Eintragung von bereits mehreren Entscheidungen nach § 24a StVG, § 316 oder § 315c Absatz 1 Nummer 1 Buchstabe a StGB im Fahreignungsregister		1 500 € **Fahrverbot 3 Monate**

Lfd. Nr.	Tatbestand	Straßenverkehrsgesetz (StVG)	Regelsatz in Euro (€), Fahrverbot in Monaten
	3,5-ng/ml-Tetrahydrocannabinol- Grenze		
242	Kraftfahrzeug geführt mit 3,5 ng/ml oder mehr Tetrahydrocannabinol im Blutserum	§ 24a Absatz 1a	500 € **Fahrverbot 1 Monat**
242.1	bei Eintragung von bereits einer Entscheidung nach § 24a StVG, § 316 oder § 315c Absatz 1 Nummer 1 Buchstabe a StGB im Fahreignungsregister		1 000 € **Fahrverbot 3 Monate**
242.2	bei Eintragung von bereits mehreren Entscheidungen nach § 24a StVG, § 316 oder § 315c Absatz 1 Nummer 1 Buchstabe a StGB im Fahreignungsregister		1 500 € **Fahrverbot 3 Monate**
	Berauschende Mittel		
243	Kraftfahrzeug unter Wirkung eines in der Anlage zu § 24a Absatz 2 StVG genannten berauschenden Mittels geführt	§ 24a Absatz 2 Satz 1	500 € **Fahrverbot 1 Monat**
243.1	bei Eintragung von bereits einer Entscheidung nach § 24a StVG, § 316 oder § 315c Absatz 1 Nummer 1 Buchstabe a StGB im Fahreignungsregister		1 000 € **Fahrverbot 3 Monate**
243.2	bei Eintragung von bereits mehreren Entscheidungen nach § 24a StVG, § 316 oder § 315c Absatz 1 Nummer 1 Buchstabe a StGB im Fahreignungsregister		1 500 € **Fahrverbot 3 Monate**
	Alkoholverbot für Cannabiskonsumenten und Cannabiskonsumentinnen		
243a	Als Führer eines Kraftfahrzeugs im Straßenverkehr 3,5 ng/ml oder mehr Tetrahydrocannabinol im Blutserum und 1. ein alkoholisches Getränk zu sich genommen oder 2. die Fahrt unter der Wirkung eines alkoholischen Getränks angetreten	§ 24a Absatz 2a	1 000 € **Fahrverbot 1 Monat**
243a.1	bei Eintragung von bereits einer Entscheidung nach § 24a StVG, § 316 oder § 315c Absatz 1 Nummer 1 Buchstabe a StGB im Fahreignungsregister		1 500 € **Fahrverbot 3 Monate**
243a.2	bei Eintragung von bereits einer Entscheidung nach § 24a StVG, § 316 oder § 315c Absatz 1 Nummer 1 Buchstabe a StGB im Fahreignungsregister		2 000 € **Fahrverbot 3 Monate**
	Alkohol- und Cannabisverbot für Fahranfänger und Fahranfängerinnen		
243b	In der Probezeit nach § 2a StVG oder vor Vollendung des 21. Lebensjahres als Führer eines Kraftfahrzeugs im Straßenverkehr ein alkoholisches Getränk oder die Substanz Tetrahydrocannabinol zu sich genommen oder die Fahrt unter der Wirkung eines alkoholischen Getränks oder der Substanz Tetrahydrocannabinol angetreten	§ 24c Absatz 1	250 €

Abschnitt II Vorsätzlich begangene Ordnungswidrigkeiten

Lfd. Nr.	Tatbestand	StVO	Regelsatz in Euro (€), Fahrverbot in Monaten
	Zuwiderhandlungen gegen § 24 Absatz 1 StVG **a) Straßenverkehrs-Ordnung** Bahnübergänge		
244	Beim Führen eines Kraftfahrzeugs Bahnübergang trotz geschlossener Schranke oder Halbschranke überquert	§ 19 Absatz 2 Satz 1 Nummer 3 § 49 Absatz 1 Nummer 19 Buchstabe a	700 € **Fahrverbot 3 Monate**
245	Beim zu Fuß gehen, Rad fahren oder als andere nichtmotorisierte am Verkehr teilnehmende Person Bahnübergang trotz geschlossener Schranke oder Halbschranke überquert	§ 19 Absatz 2 Satz 1 Nummer 3 § 49 Absatz 1 Nummer 19 Buchstabe a	350 €
	Sonstige Pflichten von Fahrzeugführenden		
246	Elektronisches Gerät rechtswidrig benutzt	§ 23 Absatz 1a § 49 Absatz 1 Nummer 22	
246.1	beim Führen eines Fahrzeugs		100 €
246.2	– mit Gefährdung	§ 23 Absatz 1a Satz 1, § 1 Absatz 2 § 49 Absatz 1 Nummer 1, 22	150 € **Fahrverbot 1 Monat**
246.3	– mit Sachbeschädigung		200 € **Fahrverbot 1 Monat**
246.4	beim Radfahren	§ 23 Absatz 1a Satz 1 § 49 Absatz 1 Nummer 22	55 €
247	Beim Führen eines Kraftfahrzeugs verbotswidrig ein technisches Gerät zur Feststellung von Verkehrsüberwachungsmaßnahmen betrieben oder betriebsbereit mitgeführt	§ 23 Absatz 1c § 49 Absatz 1 Nummer 22	75 €
247a	Beim Führen eines Kraftfahrzeugs Gesicht verdeckt oder verhüllt	§ 23 Absatz 4 Satz 1 § 49 Absatz 1 Nummer 22	60 €
248	*[aufgehoben]*		
249	*[aufgehoben]*		
	Genehmigungs- oder Erlaubnisbescheid		
250	Genehmigungs- oder Erlaubnisbescheid auf Verlangen nicht ausgehändigt	§ 46 Absatz 3 Satz 3 § 49 Absatz 4 Nummer 5	10 €
	Verkehrseinrichtigungen zum Schutz der Infrastruktur		
250a	Vorschriftswidrig ein Verbot für Kraftwagen mit einem die Gesamtmasse beschränkenden Zusatzzeichen (Zeichen 251 mit Zusatzzeichen 1053-33) oder eine tatsächliche Höhenbeschränkung (Zeichen 265) nicht beachtet, wobei die Straßenfläche zusätzlich durch Verkehrseinrichtungen (Anlage 4 lfd. Nr. 1 bis 4 zu § 43 Absatz 3 StVO) gekennzeichnet ist.	§ 41 Absatz 1 i. V. m. Anlage 2 lfd. Nr. 27 Spalte 3, lfd. Nr. 29 (Zeichen 251) Spalte 3, lfd. Nr. zu 36 bis 40, lfd. Nr. 39 (Zeichen 265) § 43 Absatz 3 Satz 2	500 € **Fahrverbot 2 Monate**

Lfd. Nr.	Tatbestand	StVO	Regelsatz in Euro (€), Fahrverbot in Monaten
		§ 49 Absatz 3 Nummer 4, 6	
	b) Fahrerlaubnis-Verordnung		
	Aushändigen von Führerscheinen und Bescheinigungen		
251	Führerschein, Bescheinigung oder die Übersetzung des ausländischen Führerscheins auf Verlangen nicht ausgehändigt	§ 4 Absatz 2 Satz 2, 3 § 5 Absatz 4 Satz 2, 3 § 48 Absatz 3 Satz 2 § 48a Absatz 3 Satz 2 § 74 Absatz 4 Satz 5 § 75 Nummer 4 § 75 Nummer 13	10 €
251a	Beim begleiteten Fahren ab 17 Jahren ein Kraftfahrzeug der Klasse B oder BE ohne Begleitung geführt	§ 48a Absatz 2 Satz 1 § 75 Nummer 9	70 €
	c) Fahrzeug-Zulassungsverordnung		
	Aushändigen von Fahrzeugpapieren		
252	Die Zulassungsbescheinigung Teil I oder sonstige Bescheinigung auf Verlangen nicht ausgehändigt	§ 4 Absatz 5 Satz 1 § 13 Absatz 6 Satz 1 § 28 Satz 2 § 31 Satz 3 § 52 Absatz 1 Satz 6 § 77 Nummer 4	10 €
	Betriebsverbot und Beschränkungen		
253	Einem Verbot, ein Fahrzeug in Betrieb zu setzen, zuwidergehandelt oder Beschränkung nicht beachtet	§ 5 Absatz 1 Satz 1 § 77 Nummer 6	70 €
	d) Straßenverkehrs-Zulassungs-Ordnung		
	Erlöschen der Betriebserlaubnis		
253a	Änderungen am Fahrzeug vorgenommen oder vornehmen lassen, die zum Erlöschen der Betriebserlaubnis führen	§ 19 Absatz 2 Satz 3 § 69a Absatz 2 Nummer 1a	
253a.1	– als Hersteller oder Importeur		800 €
253a.2	– als Gewerbetreibender		400 €
	Achslast, Gesamtgewicht, Anhängelast hinter Kraftfahrzeugen		
254	Gegen die Pflicht zur Feststellung der zugelassenen Achslasten oder Gesamtgewichte oder gegen Vorschriften über das Um- oder Entladen bei Überlastung verstoßen	§ 31c Satz 1, 4 Halbsatz 2 § 69a Absatz 5 Nummer 4c	50 €
	Ausnahmen		
255	Urkunde über eine Ausnahmegenehmigung auf Verlangen nicht ausgehändigt	§ 70 Absatz 3a Satz 1 § 69a Absatz 5 Nummer 7	10 €

Anhang
(zu Nummer 11 der Anlage)

Tabelle 1 Geschwindigkeitsüberschreitungen

a) **Kraftfahrzeuge der in § 3 Absatz 3 Nummer 2 Buchstaben a oder b StVO genannten Art**

Lfd. Nr.	Überschreitung in km/h	Regelsatz in Euro bei Begehung innerhalb geschlossener Ortschaften (außer bei Überschreitung für mehr als 5 Minuten Dauer oder in mehr als zwei Fällen nach Fahrtantritt)	Regelsatz in Euro bei Begehung außerhalb geschlossener Ortschaften (außer bei Überschreitung für mehr als 5 Minuten Dauer oder in mehr als zwei Fällen nach Fahrtantritt)
11.1.1	bis 10	40	30
11.1.2	11 – 15	60	50

Die nachfolgenden Regelsätze und Fahrverbote gelten auch für die Überschreitung der festgesetzten Höchstgeschwindigkeit bei Sichtweite unter 50 m durch Nebel, Schneefall oder Regen nach Nummer 9.1 der Anlage.

Lfd. Nr.	Überschreitung in km/h	Regelsatz in Euro bei Begehung		Fahrverbote in Monaten bei Begehung	
		innerhalb	außerhalb	innerhalb	außerhalb
		geschlossener Ortschaften		geschlossener Ortschaften	
11.1.3	bis 15 für mehr als 5 Minuten Dauer oder in mehr als zwei Fällen nach Fahrtantritt	160	140	–	–
11.1.4	16 – 20	160	140	–	–
11.1.5	21 – 25	175	150	–	–
11.1.6	26 – 30	235	175	1 Monat	–
11.1.7	31 – 40	340	255	1 Monat	1 Monat
11.1.8	41 – 50	560	480	2 Monate	1 Monat
11.1.9	51 – 60	700	600	3 Monate	2 Monate
11.1.10	über 60	800	700	3 Monate	3 Monate

b) **kennzeichnungspflichtige Kraftfahrzeuge der in Buchstabe a genannten Art mit gefährlichen Gütern oder Kraftomnibusse mit Fahrgästen**

Lfd. Nr.	Überschreitung in km/h	Regelsatz in Euro bei Begehung innerhalb geschlossener Ortschaften (außer bei Überschreitung für mehr als 5 Minuten Dauer oder in mehr als zwei Fällen nach Fahrtantritt)	Regelsatz in Euro bei Begehung außerhalb geschlossener Ortschaften (außer bei Überschreitung für mehr als 5 Minuten Dauer oder in mehr als zwei Fällen nach Fahrtantritt)
11.2.1	bis 10	70	60

Die nachfolgenden Regelsätze und Fahrverbote gelten auch für die Überschreitung der festgesetzten Höchstgeschwindigkeit bei Sichtweite unter 50 m durch Nebel, Schneefall oder Regen nach Nummer 9.2 der Anlage.

Lfd. Nr.	Überschreitung in km/h	Regelsatz in Euro bei Begehung innerhalb geschlossener Ortschaften (außer bei Überschreitung für mehr als 5 Minuten Dauer oder in mehr als zwei Fällen nach Fahrtantritt)	Regelsatz in Euro bei Begehung außerhalb geschlossener Ortschaften (außer bei Überschreitung für mehr als 5 Minuten Dauer oder in mehr als zwei Fällen nach Fahrtantritt)
11.2.2	11 – 15	120	70

Lfd. Nr.	Überschreitung in km/h	Regelsatz in Euro bei Begehung		Fahrverbote in Monaten bei Begehung	
		innerhalb	außerhalb	innerhalb	außerhalb
		geschlossener Ortschaften		geschlossener Ortschaften	
11.2.3	bis 15 für mehr als 5 Minuten Dauer oder in mehr als zwei Fällen nach Fahrtantritt	320	240	–	–
11.2.4	16 – 20	320	240	–	–
11.2.5	21 – 25	360	280	1 Monat	–
11.2.6	26 – 30	480	400	1 Monat	1 Monat
11.2.7	31 – 40	640	560	2 Monate	1 Monat
11.2.8	41 – 50	800	700	3 Monate	2 Monate
11.2.9	51 – 60	900	800	3 Monate	3 Monate
11.2.10	über 60	950	900	3 Monate	3 Monate

c) **andere als die in Buchstabe a oder b genannten Kraftfahrzeuge**

Lfd. Nr.	Überschreitung in km/h	Regelsatz in Euro bei Begehung	
		innerhalb	außerhalb
		geschlossener Ortschaften	
11.3.1	bis 10	30	20
11.3.2	11 – 15	50	40
11.3.3	16 – 20	70	60

Die nachfolgenden Regelsätze und Fahrverbote gelten auch für die Überschreitung der festgesetzten Höchstgeschwindigkeit bei Sichtweite unter 50 m durch Nebel, Schneefall oder Regen nach Nummer 9.3 der Anlage.

Lfd. Nr.	Überschreitung in km/h	Regelsatz in Euro bei Begehung		Fahrverbote in Monaten bei Begehung	
		innerhalb	außerhalb	innerhalb	außerhalb
		geschlossener Ortschaften		geschlossener Ortschaften	
11.3.4	21 – 25	115	100	–	–
11.3.5	26 – 30	180	150	–	–
11.3.6	31 – 40	260	200	1 Monat	–
11.3.7	41 – 50	400	320	1 Monat	1 Monat
11.3.8	51 – 60	560	480	2 Monate	1 Monat
11.3.9	61 – 70	700	600	3 Monate	2 Monate
11.3.10	über 70	800	700	3 Monate	3 Monate

Anhang
(zu Nummer 12 der Anlage)

Tabelle 2 Nichteinhalten des Abstandes von einem vorausfahrenden Fahrzeug

Lfd. Nr.			Regelsatz in Euro	Fahrverbot
	Der Abstand von einem vorausfahrenden Fahrzeug betrug in Metern			
12.5	a)	bei einer Geschwindigkeit von mehr als 80 km/h		
12.5.1		weniger als $^5/_{10}$ des halben Tachowertes	75	
12.5.2		weniger als $^4/_{10}$ des halben Tachowertes	100	
12.5.3		weniger als $^3/_{10}$ des halben Tachowertes	160	
12.5.4		weniger als $^2/_{10}$ des halben Tachowertes	240	
12.5.5		weniger als $^1/_{10}$ des halben Tachowertes	320	
12.6	b)	bei einer Geschwindigkeit von mehr als 100 km/h		
12.6.1		weniger als $^5/_{10}$ des halben Tachowertes	75	
12.6.2		weniger als $^4/_{10}$ des halben Tachowertes	100	
12.6.3		weniger als $^3/_{10}$ des halben Tachowertes	160	**Fahrverbot 1 Monat**
12.6.4		weniger als $^2/_{10}$ des halben Tachowertes	240	**Fahrverbot 2 Monate**
12.6.5		weniger als $^1/_{10}$ des halben Tachowertes	320	**Fahrverbot 3 Monate**
12.7	c)	bei einer Geschwindigkeit von mehr als 130 km/h		
12.7.1		weniger als $^5/_{10}$ des halben Tachowertes	100	
12.7.2		weniger als $^4/_{10}$ des halben Tachowertes	180	
12.7.3		weniger als $^3/_{10}$ des halben Tachowertes	240	**Fahrverbot 1 Monat**
12.7.4		weniger als $^2/_{10}$ des halben Tachowertes	320	**Fahrverbot 2 Monate**
12.7.5		weniger als $^1/_{10}$ des halben Tachowertes	400	**Fahrverbot 3 Monate**

Anhang
(zu den Nummern 198 und 199 der Anlage)

Tabelle 3 Überschreiten der zulässigen Achslast oder des zulässigen Gesamtgewichts von Kraftfahrzeugen, Anhängern, Fahrzeugkombinationen sowie der Anhängelast hinter Kraftfahrzeugen

a) **bei Kraftfahrzeugen mit einem zulässigen Gesamtgewicht über 7,5 t sowie Kraftfahrzeugen mit Anhängern, deren zulässiges Gesamtgewicht 2 t übersteigt**

Lfd. Nr.	Überschreitung in v.H.	Regelsatz in Euro
198.1	**für Inbetriebnahme**	
198.1.1	2 bis 5	30
198.1.2	mehr als 5	80
198.1.3	mehr als 10	110
198.1.4	mehr als 15	140
198.1.5	mehr als 20	190
198.1.6	mehr als 25	285
198.1.7	mehr als 30	380
199.1	**für Anordnen oder Zulassen der Inbetriebnahme**	
199.1.1	2 bis 5	35
199.1.2	mehr als 5	140
199.1.3	mehr als 10	235
199.1.4	mehr als 15	285

Lfd. Nr.	Überschreitung in v.H.	Regelsatz in Euro
199.1.5	mehr als 20	380
199.1.6	mehr als 25	425

b) **bei anderen Kraftfahrzeugen bis 7,5 t für Inbetriebnahme, Anordnen oder Zulassen der Inbetriebnahme**

Lfd. Nr.	Überschreitung in v.H.	Regelsatz in Euro
198.2.1 oder 199.2.1	mehr als 5 bis 10	10
198.2.2 oder 199.2.2	mehr als 10 bis 15	30
198.2.3 oder 199.2.3	mehr als 15 bis 20	35
198.2.4 oder 199.2.4	mehr als 20	95
198.2.5 oder 199.2.5	mehr als 25	140
198.2.6 oder 199.2.6	mehr als 30	235

Anhang
(zu § 3 Absatz 3)

Tabelle 4 Erhöhung der Regelsätze bei Hinzutreten einer Gefährdung oder Sachbeschädigung

Die im Bußgeldkatalog bestimmten Regelsätze, die einen Betrag von mehr als 55 Euro vorsehen, erhöhen sich beim Hinzutreten einer Gefährdung oder Sachbeschädigung, soweit diese Merkmale nicht bereits im Grundtatbestand enthalten sind, wie folgt:

Bei einem Regelsatz für den Grundtatbestand von Euro	mit Gefährdung auf Euro	mit Sachbeschädigung auf Euro
60	75	90
70	85	105
75	90	110
80	100	120
90	110	135
95	115	140
100	120	145
110	135	165
120	145	175
130	160	195
135	165	200
140	170	205
150	180	220
160	195	235
165	200	240
180	220	265
190	230	280
200	240	290
210	255	310
235	285	345
240	290	350
250	300	360
270	325	390
280	340	410
285	345	415
290	350	420
320	385	465
350	420	505
360	435	525

Bei einem Regelsatz für den Grundtatbestand von Euro	mit Gefährdung auf Euro	mit Sachbeschädigung auf Euro
380	460	555
400	480	580
405	490	590
425	510	615
440	530	640
480	580	700
500	600	720
560	675	810
570	685	825
600	720	865
635	765	920
680	820	985
700	840	1 000
760	915	1 000

Enthält der Grundtatbestand bereits eine Gefährdung, führt Sachbeschädigung zu folgender Erhöhung:

Bei einem Regelsatz für den Grundtatbestand von Euro	mit Sachbeschädigung auf Euro
60	75
70	85
75	90
80	100
100	120
150	180

Verordnung über die Zulassung von Personen zum Straßenverkehr (Fahrerlaubnis-Verordnung – FeV)[1)]

Vom 13. Dezember 2010 (BGBl. I S. 1980)
(FNA 9231-1-19)

zuletzt geändert durch Art. 2 Sechstes G zur Änd. des StraßenverkehrsG und weiterer straßenverkehrsrechtlicher Vorschriften vom 16. August 2024 (BGBl. 2024 I Nr. 266)

– Auszug –

Das Bundesministerium für Verkehr, Bau und Stadtentwicklung verordnet auf Grund des

– § 6 Absatz 1 Nummer 1, Nummer 3 Buchstabe c und Nummer 7, § 6e Absatz 1, § 30c Absatz 1 sowie § 63 des Straßenverkehrsgesetzes in der Fassung der Bekanntmachung vom 5. März 2003 (BGBl. I S. 310, 919), von denen § 6 Absatz 1 Nummer 1 zuletzt durch Artikel 1 Nummer 2 des Gesetzes vom 17. Juli 2009 (BGBl. I S. 2021), § 6e und § 30c durch Artikel 2 Nummer 4 des Gesetzes vom 14. August 2006 (BGBl. I S. 1958) und § 63 durch Artikel 2 Nummer 3 des Gesetzes vom 14. August 2006 (BGBl. I S. 1958) geändert worden ist,
– § 6 Absatz 1 Nummer 1 Buchstabe f in Verbindung mit Absatz 2a des Straßenverkehrsgesetzes in der Fassung der Bekanntmachung vom 5. März 2003 (BGBl. I S. 310, 919), von denen § 6 Absatz 2a durch Artikel 2 Nummer 4 des Gesetzes vom 14. August 2006 (BGBl. I S. 1958) geändert worden ist, gemeinsam mit dem Bundesministerium für Umwelt, Naturschutz und Reaktorsicherheit:

Inhaltsübersicht

---

1) Bei der Angabe der Ermächtigungsgrundlagen in der Eingangsformel der 54. VO zur Änd. straßenverkehrsrechtlicher Vorschriften v. 20.4.2020 (BGBl. I S. 814) wurde § 26a Abs. 1 Nr. 3 StVG als Grundlage für die Anordnung von Fahrverboten nicht aufgeführt.
Laut Antwort auf eine Kleine Anfrage (BT.-Drs. 19/23215 v. 8.10.2020, S. 5) führt dieser Verstoß gegen das Zitiergebot des Art. 80 Abs. 1 Satz 3 GG nach Einschätzung des BMVI und des BMI zur Nichtigkeit von Art. 3 der genannten VO, der die Änderungen der BußgeldkatalogVO enthält. Das BMVI habe sich mit den Ländern auf eine Nichtanwendung der Änderungen der BKatV verständigt.
Ob ein Verstoß gegen das Zitiergebot zur Nichtigkeit der gesamten Verordnung oder nur zur Nichtigkeit der von den angegebenen Rechtsgrundlagen nicht gedeckten Einzelbestimmungen führt, ist umstritten; die meisten Änderungen der BKatV betreffen keine Fahrverbote und sind von den angegebenen Ermächtigungsgrundlagen umfasst. Bis zu einer verbindlichen Klärung wird die von den zuständigen Ministerien mit Zustimmung des Bundesrates erlassene und im BGBl. I verkündete Änderungsverordnung im Wortlaut der geänderten Vorschriften weiterhin berücksichtigt. Bei den von den in der ÄndVO genannten Ermächtigungsgrundlagen nicht gedeckten Fahrverbots-Anordnungen erfolgt ein Hinweis auf die Problematik.

I.
Allgemeine Regelungen für die Teilnahme am Straßenverkehr

§ 1 Grundregel der Zulassung

Zum Verkehr auf öffentlichen Straßen ist jeder zugelassen, soweit nicht für die Zulassung zu einzelnen Verkehrsarten eine Erlaubnis vorgeschrieben ist.

§ 2 Eingeschränkte Zulassung

(1) [1]Wer sich infolge körperlicher oder geistiger Beeinträchtigungen nicht sicher im Verkehr bewegen kann, darf am Verkehr nur teilnehmen, wenn Vorsorge getroffen ist, dass er andere nicht gefährdet. [2]Die Pflicht zur Vorsorge, namentlich durch das Anbringen geeigneter Einrichtungen an Fahrzeugen, durch den Ersatz fehlender Gliedmaßen mittels künstlicher Glieder, durch Begleitung oder durch das Tragen von Abzeichen oder Kennzeichen, obliegt dem Verkehrsteilnehmer selbst oder einem für ihn Verantwortlichen.

(2) [1]Körperlich Behinderte können ihre Behinderung durch gelbe Armbinden an beiden Armen oder andere geeignete, deutlich sichtbare, gelbe Abzeichen mit drei schwarzen Punkten kenntlich machen. [2]Die Abzeichen dürfen nicht an Fahrzeugen angebracht werden. [3]Wesentlich sehbehinderte Fußgänger können ihre Behinderung durch einen weißen Blindenstock, die Begleitung durch einen Blindenhund im weißen Führgeschirr und gelbe Abzeichen nach Satz 1 kenntlich machen.

(3) Andere Verkehrsteilnehmer dürfen die in Absatz 2 genannten Kennzeichen im Straßenverkehr nicht verwenden.

§ 3 Einschränkung und Entziehung der Zulassung

(1) [1]Erweist sich jemand als ungeeignet oder nur noch bedingt geeignet zum Führen von Fahrzeugen oder Tieren, hat die Fahrerlaubnisbehörde ihm das Führen zu untersagen, zu beschränken oder die erforderlichen Auflagen anzuordnen. [2]Nach der Untersagung, auf öffentlichen Straßen ein Mofa nach § 4 Absatz 1 Satz 2 Nummer 1 oder ein Kraftfahrzeug nach § 4 Absatz 1 Satz 2 Nummer 1b zu führen, ist die Prüfbescheinigung nach § 5 Absatz 4 Satz 1 unverzüglich der entscheidenden Behörde abzuliefern oder bei Beschränkungen oder Auflagen zur Eintragung vorzulegen. [3]Die Verpflichtung zur Ablieferung oder Vorlage der Prüfbescheinigung besteht auch, wenn die Entscheidung angefochten worden ist, die zuständige Behörde jedoch die sofortige Vollziehung ihrer Verfügung angeordnet hat.

(2) Rechtfertigen Tatsachen die Annahme, dass der Führer eines Fahrzeugs oder Tieres zum Führen ungeeignet oder nur noch bedingt geeignet ist, finden die Vorschriften der §§ 11 bis 14 entsprechend Anwendung.

II.

Führen von Kraftfahrzeugen

1.

Allgemeine Regelungen

§ 4 Erlaubnispflicht und Ausweispflicht für das Führen von Kraftfahrzeugen

(1) [1]Wer auf öffentlichen Straßen ein Kraftfahrzeug führt, bedarf der Fahrerlaubnis. [2]Ausgenommen sind

1. einspurige Fahrräder mit Hilfsmotor – auch ohne Tretkurbeln –, wenn ihre Bauart Gewähr dafür bietet, dass die Höchstgeschwindigkeit auf ebener Bahn nicht mehr als 25 km/h beträgt (Mofas); besondere Sitze für die Mitnahme von Kindern unter sieben Jahren dürfen jedoch angebracht sein,

1a. Elektrokleinstfahrzeuge nach § 1 Absatz 1 der Elektrokleinstfahrzeuge-Verordnung,

1b. zweirädrige Kraftfahrzeuge der Klasse L1e-B und dreirädrige Kraftfahrzeuge der Klassen L2e-P und L2e-U nach Artikel 4 Absatz 2 Buchstabe a und b der Verordnung (EU) Nr. 168/2013 des Europäischen Parlaments und des Rates vom 15. Januar 2013 über die Genehmigung und Marktüberwachung von zwei- oder dreirädrigen und vierrädrigen Fahrzeugen (ABl. L 60 vom 2.3.2013, S. 52) oder nicht EU-typgenehmigte Fahrzeuge mit den jeweils gleichen technischen Eigenschaften, wenn ihre Bauart Gewähr dafür bietet, dass die Höchstgeschwindigkeit auf ebener Bahn auf höchstens 25 km/h beschränkt ist,

2. motorisierte Krankenfahrstühle (einsitzige, nach der Bauart zum Gebrauch durch körperlich behinderte Personen bestimmte Kraftfahrzeuge mit Elektroantrieb, einer Leermasse von nicht mehr als 300 kg einschließlich Batterien jedoch ohne Fahrer, einer zulässigen Gesamtmasse von nicht mehr als 500 kg, einer bauartbedingten Höchstgeschwindigkeit von nicht mehr als 15 km/h und einer Breite über alles von maximal 110 cm),

3. Zugmaschinen, die nach ihrer Bauart für die Verwendung land- oder forstwirtschaftlicher Zwecke bestimmt sind, selbstfahrende Arbeitsmaschinen, Stapler und andere Flurförderzeuge jeweils mit einer durch die Bauart bestimmten Höchstgeschwindigkeit von nicht mehr als 6 km/h sowie einachsige Zug- und Arbeitsmaschinen, die von Fußgängern an Holmen geführt werden.

(2) Die Fahrerlaubnis ist durch eine gültige amtliche Bescheinigung (Führerschein) nachzuweisen. [2]Beim Führen eines Kraftfahrzeuges ist ein dafür gültiger Führerschein mitzuführen und zuständigen Personen auf Verlangen zur Prüfung auszuhändigen. [3]Der Internationale Führerschein oder der nationale ausländische Führerschein und eine mit diesem nach § 29 Absatz 2 Satz 2 verbundene Übersetzung ist mitzuführen und zuständigen Personen auf Verlangen zur Prüfung auszuhändigen.

(3) [1]Abweichend von Absatz 2 Satz 1 kann die Fahrerlaubnis auch durch eine andere Bescheinigung als den Führerschein nachgewiesen werden, soweit dies ausdrücklich bestimmt oder zugelassen ist. [2]Absatz 2 Satz 2 gilt für eine Bescheinigung im Sinne des Satzes 1 entsprechend.

§ 5 Sonderbestimmungen für das Führen von Mofas und geschwindigkeitsbeschränkten Kraftfahrzeugen

(1) [1]Wer auf öffentlichen Straßen ein Mofa (§ 4 Absatz 1 Satz 2 Nummer 1) oder ein Kraftfahrzeug, das den Bestimmungen des § 4 Absatz 1 Satz 2 Nummer 1b entspricht, führt, muss in einer Prüfung nachgewiesen haben, dass er

1. ausreichende Kenntnisse der für das Führen eines Kraftfahrzeugs maßgebenden gesetzlichen Vorschriften hat und

2. mit den Gefahren des Straßenverkehrs und den zu ihrer Abwehr erforderlichen Verhaltensweisen vertraut ist.

[2]Die Prüfung muss nicht ablegen, wer eine Fahrerlaubnis nach § 4 oder eine zum Führen von Kraftfahrzeugen im Inland berechtigende ausländische Erlaubnis besitzt. [3]Die zuständige oberste Landesbehörde oder die von ihr bestimmte oder nach Landesrecht zuständige Stelle bestimmt die prüfende Stelle.

(2) [1]Der Bewerber wird zur Prüfung zugelassen, wenn er von einem zur Ausbildung berechtigten Fahrlehrer entsprechend den Mindestanforderungen der Anlage 1 ausgebildet worden ist und hierüber der prüfenden Stelle eine Bescheinigung nach dem Muster in Anlage 2 vorlegt. [2]Ein Fahrlehrer ist zu der Ausbildung berechtigt, wenn er die Fahrlehrerlaubnis der Klasse A besitzt. [3]§ 1 Absatz 4 Satz 1 des Fahrlehrergesetzes gilt entsprechend. [4]Der Fahrlehrer darf die Ausbildungsbescheinigung nur ausstellen, wenn er eine Ausbildung durchgeführt hat, die den Mindestanforderungen der Anlage 1 entspricht.

(3) [1]Die zuständige oberste Landesbehörde oder die von ihr bestimmte oder nach Landesrecht zuständige Stelle kann als Träger der Ausbildung im Sinne des Absatzes 2 Satz 1 öffentliche Schulen oder private Ersatzschulen anerkennen. [2]In diesem Fall hat der Bewerber der prüfenden Stelle eine Ausbildungsbescheinigung einer nach Satz 1 anerkannten Schule vorzulegen, aus der hervorgeht, dass er an einem anerkannten Ausbildungskurs in der Schule teilgenommen hat.

(4) [1]Die prüfende Stelle hat über die bestandene Prüfung eine Prüfbescheinigung zum Führen von Mofas und zwei- und dreirädriger Kraftfahrzeuge bis 25 km/h nach Anlage 2 auszufertigen. [2]Die Bescheinigung ist beim Führen eines Mofas nach § 4 Absatz 1 Satz 2 Nummer 1 oder eines Kraftfahrzeugs nach § 4 Absatz 1 Satz 2 Nummer 1b mitzuführen und zuständigen Personen auf Verlangen zur Prüfung auszuhändigen. [3]Für die Inhaber einer Fahrerlaubnis gilt § 4 Absatz 2 Satz 2 entsprechend.

(5) Wer die Prüfung noch nicht abgelegt hat, darf ein Mofa nach § 4 Absatz 1 Satz 2 Nummer 1 oder ein Kraftfahrzeug nach § 4 Absatz 1 Satz 2 Nummer 1b auf öffentlichen Straßen führen, wenn er von einem zur Ausbildung berechtigten Fahrlehrer beaufsichtigt wird; der Fahrlehrer gilt als Führer des Fahrzeugs.

§ 6 Einteilung der Fahrerlaubnisklassen

(1) [1]Die Fahrerlaubnis wird in folgenden Klassen erteilt:

Klasse AM:
- leichte zweirädrige Kraftfahrzeuge der Klasse L1e-B nach Artikel 4 Absatz 2 Buchstabe a der Verordnung (EU) Nr. 168/2013 des Europäischen Parlaments und des Rates vom 15. Januar 2013 über die Genehmigung und Marktüberwachung von zwei- oder dreirädrigen und vierrädrigen Fahrzeugen (ABl. L 60 vom 2.3.2013, S. 52),
- dreirädrige Kleinkrafträder der Klasse L2e nach Artikel 4 Absatz 2 Buchstabe b der Verordnung (EU) Nr. 168/2013 des Europäischen Parlaments und des Rates vom 15. Januar 2013 über die Genehmigung und Marktüberwachung von zwei- oder dreirädrigen und vierrädrigen Fahrzeugen (ABl. L 60 vom 2.3.2013, S. 52),*
- leichte vierrädrige Kraftfahrzeuge der Klasse L6e nach Artikel 4 Absatz 2 Buchstabe f der Verordnung (EU) Nr. 168/2013 des Europäischen Parlaments und des Rates vom 15. Januar 2013 über die Genehmigung und Marktüberwachung von zwei- oder dreirädrigen und vierrädrigen Fahrzeugen (ABl. L 60 vom 2.3.2013, S. 52).

Klasse A1:
- Krafträder (auch mit Beiwagen) mit einem Hubraum von bis zu 125 cm^3, einer Motorleistung von nicht mehr als 11 kW, bei denen das Verhältnis der Leistung zum Gewicht 0,1 kW/ kg nicht übersteigt,
- dreirädrige Kraftfahrzeuge mit symmetrisch angeordneten Rädern und einem Hubraum von mehr als 50 cm^3 bei Verbrennungsmotoren oder einer bauartbedingten Höchstgeschwindigkeit von mehr als 45 km/h und mit einer Leistung von bis zu 15 kW.

Klasse A2: Krafträder (auch mit Beiwagen) mit
a) einer Motorleistung von nicht mehr als 35 kW und
b) einem Verhältnis der Leistung zum Gewicht von nicht mehr als 0,2 kW/kg,
die nicht von einem Kraftrad mit einer Leistung von über 70 kW Motorleistung abgeleitet sind.

Klasse A:
- Krafträder (auch mit Beiwagen) mit einem Hubraum von mehr als 50 cm^3 oder mit einer durch die Bauart bestimmten Höchstgeschwindigkeit von mehr als 45 km/h und
- dreirädrige Kraftfahrzeuge mit einer Leistung von mehr als 15 kW und dreirädrige Kraftfahrzeuge mit symmetrisch angeordneten Rädern und einem Hubraum von mehr als 50 cm^3 bei Verbrennungsmotoren oder einer bauartbedingten Höchstgeschwindigkeit von mehr als 45 km/h und mit einer Leistung von mehr als 15 kW.

Klasse B: Kraftfahrzeuge – ausgenommen Kraftfahrzeuge der Klassen AM, A1, A2 und A – mit einer zulässigen Gesamtmasse von nicht mehr als 3 500 kg, die zur Beförderung von nicht mehr als acht Personen außer dem Fahrzeugführer ausgelegt und gebaut sind (auch mit Anhänger mit einer zulässigen Gesamtmasse von nicht mehr als 750 kg oder mit Anhänger über 750 kg zulässiger Gesamtmasse, sofern 3 500 kg zulässige Gesamtmasse der Kombination nicht überschritten wird).

Klasse BE: Fahrzeugkombinationen, die aus einem Zugfahrzeug der Klasse B und einem Anhänger oder Sattelanhänger bestehen, sofern die zulässige Gesamtmasse des Anhängers oder Sattelanhängers 3 500 kg nicht übersteigt.

Klasse C1: Kraftfahrzeuge, ausgenommen Kraftfahrzeuge der Klassen AM, A1, A2, A, D1 und D, mit einer zulässigen Gesamtmasse von mehr als 3 500 kg, aber nicht mehr als 7 500 kg, und die zur Beförderung von nicht mehr als acht Personen außer dem Fahrzeugführer ausgelegt und gebaut sind (auch mit Anhänger mit einer zulässigen Gesamtmasse von nicht mehr als 750 kg).

Klasse C1E: Fahrzeugkombinationen, die aus einem Zugfahrzeug

- der Klasse C1 und einem Anhänger oder Sattelanhänger mit einer zulässigen Gesamtmasse von mehr als 750 kg bestehen, sofern die zulässige Gesamtmasse der Fahrzeugkombination 12 000 kg nicht übersteigt,
- der Klasse B und einem Anhänger oder Sattelanhänger mit einer zulässigen Masse von mehr als 3 500 kg bestehen, sofern die zulässige Masse der Fahrzeugkombination 12 000 kg nicht übersteigt.

Klasse C: Kraftfahrzeuge, ausgenommen Kraftfahrzeuge der Klassen AM, A1, A2, A, D1 und D, mit einer zulässigen Gesamtmasse von mehr als 3 500 kg, die zur Beförderung von nicht mehr als acht Personen außer dem Fahrzeugführer ausgelegt und gebaut sind (auch mit Anhänger mit einer zulässigen Gesamtmasse von nicht mehr als 750 kg).

Klasse CE: Fahrzeugkombinationen, die aus einem Zugfahrzeug der Klasse C und Anhängern oder einem Sattelanhänger mit einer zulässigen Gesamtmasse von mehr als 750 kg bestehen.

Klasse D1: Kraftfahrzeuge, ausgenommen Kraftfahrzeuge der Klassen AM, A1, A2, A, die zur Beförderung von nicht mehr als 16 Personen außer dem Fahrzeugführer ausgelegt und gebaut sind und deren Länge nicht mehr als 8 m beträgt (auch mit Anhänger mit einer zulässigen Gesamtmasse von nicht mehr als 750 kg).

Klasse D1E: Fahrzeugkombinationen, die aus einem Zugfahrzeug der Klasse D1 und einem Anhänger mit einer zulässigen Gesamtmasse von mehr als 750 kg bestehen.

Klasse D: Kraftfahrzeuge, ausgenommen Kraftfahrzeuge der Klassen AM, A1, A2, A, die zur Beförderung von mehr als acht Personen außer dem Fahrzeugführer ausgelegt und gebaut sind (auch mit Anhänger mit einer zulässigen Gesamtmasse von nicht mehr als 750 kg).

Klasse DE: Fahrzeugkombinationen, die aus einem Zugfahrzeug der Klasse D und einem Anhänger mit einer zulässigen Gesamtmasse von mehr als 750 kg bestehen.

Klasse T: Zugmaschinen mit einer durch die Bauart bestimmten Höchstgeschwindigkeit von nicht mehr als 60 km/h und selbstfahrende Arbeitsmaschinen oder selbstfahrende Futtermischwagen mit einer durch die Bauart bestimmten Höchstgeschwindigkeit von nicht mehr als 40 km/h, die jeweils nach ihrer Bauart zur Verwendung für land- oder forstwirtschaftliche Zwecke bestimmt sind und für solche Zwecke eingesetzt werden (jeweils auch mit Anhängern).

Klasse L: Zugmaschinen, die nach ihrer Bauart zur Verwendung für land- oder forstwirtschaftliche Zwecke bestimmt sind und für solche Zwecke eingesetzt werden, mit einer durch die Bauart bestimmten Höchstgeschwindigkeit von nicht mehr als 40 km/h und Kombinationen aus diesen Fahrzeugen und Anhängern, wenn sie mit einer Geschwindigkeit von nicht mehr als 25 km/h geführt werden, sowie selbstfahrende Arbeitsmaschinen, selbstfahrende Futtermischwagen, Stapler und andere Flurförderzeuge jeweils mit einer durch die Bauart bestimmten Höchstgeschwindigkeit von nicht mehr als 25 km/h und Kombinationen aus diesen Fahrzeugen und Anhängern.

[2]Die zulässige Gesamtmasse einer Fahrzeugkombination errechnet sich aus der Summe der zulässigen Gesamtmasse der Einzelfahrzeuge ohne Berücksichtigung von Stütz- und Aufliegelasten. [3]Die Erlaubnis

kann auf einzelne Fahrzeugarten dieser Klassen beschränkt werden. [4]Beim Abschleppen eines Kraftfahrzeugs genügt die Fahrerlaubnis für die Klasse des abschleppenden Fahrzeugs.

(2) Zugmaschinen der Klasse T mit einer durch die Bauart bestimmten Höchstgeschwindigkeit von mehr als 40 km/h dürfen nur von Inhabern einer Fahrerlaubnis der Klasse T geführt werden, die das 18. Lebensjahr vollendet haben; dies gilt nicht bei der Rückfahrt von der praktischen Befähigungsprüfung, sofern der Inhaber der Fahrerlaubnis dabei von einem Fahrlehrer begleitet wird, sowie bei Fahrproben nach § 42 im Rahmen von Aufbauseminaren und auf Grund von Anordnungen nach § 46.

(3) [1]Außerdem berechtigt

1. die Fahrerlaubnis der Klasse A zum Führen von Fahrzeugen der Klassen AM, A1 und A2,
2. die Fahrerlaubnis der Klasse A2 zum Führen von Fahrzeugen der Klassen A1 und AM,
3. die Fahrerlaubnis der Klasse A1 zum Führen von Fahrzeugen der Klasse AM,[1)]
4. die Fahrerlaubnis der Klasse B zum Führen von Fahrzeugen der Klassen AM und L,
5. die Fahrerlaubnis der Klasse C zum Führen von Fahrzeugen der Klasse C1,
6. die Fahrerlaubnis der Klasse CE zum Führen von Fahrzeugen der Klassen C1E, BE und T sowie DE, sofern er zum Führen von Fahrzeugen der Klasse D berechtigt ist,
7. die Fahrerlaubnis der Klasse C1E zum Führen von Fahrzeugen der Klassen BE sowie D1E, sofern der Inhaber zum Führen von Fahrzeugen der Klasse D1 berechtigt ist,
8. die Fahrerlaubnis der Klasse D zum Führen von Fahrzeugen der Klasse D1,
9. die Fahrerlaubnis der Klasse D1E zum Führen von Fahrzeugen der Klasse BE,
10. die Fahrerlaubnis der Klasse DE zum Führen von Fahrzeugen der Klassen D1E und BE,
11. die Fahrerlaubnis der Klasse T zum Führen von Fahrzeugen der Klassen AM und L.

[2]Satz 1 Nummer 1 gilt nicht für eine Fahrerlaubnis der Klasse A, die unter Verwendung der Schlüsselzahl 79.03 oder 79.04 erteilt worden ist.

(3a) Die Fahrerlaubnis der Klasse B berechtigt auch zum Führen von dreirädrigen Kraftfahrzeugen im Inland, im Falle eines Kraftfahrzeugs mit einer Motorleistung von mehr als 15 kW jedoch nur, soweit der Inhaber der Fahrerlaubnis mindestens 21 Jahre alt ist.

(3b) Die Fahrerlaubnis der Klasse B berechtigt im Inland, sofern der Inhaber diese seit mindestens zwei Jahren besitzt, auch zum Führen von Fahrzeugen

- die ganz oder teilweise mit
  a) Strom,
  b) Wasserstoff,
  c) Erdgas, einschließlich Biomethan, gasförmig (komprimiertes Erdgas – CNG) und flüssig (Flüssigerdgas – LNG),
  d) Flüssiggas (LPG),
  e) mechanischer Energie aus bordeigenen Speichern/bordeigenen Quellen, einschließlich Abwärme,

alternativ angetrieben werden,

- mit einer Gesamtmasse von mehr als 3 500 kg, jedoch nicht mehr als 4 250 kg,
- für die Güterbeförderung und
- ohne Anhänger,

sofern

- die 3 500 kg überschreitende Masse ausschließlich dem zusätzlichen Gewicht des Antriebssystems gegenüber dem Antriebssystem eines Fahrzeugs mit denselben Abmessungen, das mit einem herkömmlichen Verbrennungsmotor mit Fremd- oder Selbstzündung ausgestattet ist, geschuldet ist und
- die Ladekapazität gegenüber diesem Fahrzeug nicht erhöht ist.

(4) Fahrerlaubnisse der Klassen C, C1, CE oder C1E berechtigen im Inland auch zum Führen von Kraftomnibussen – gegebenenfalls mit Anhänger – mit einer entsprechenden zulässigen Gesamtmasse und ohne Fahrgäste, wenn die Fahrten lediglich zur Überprüfung des technischen Zustands des Fahrzeugs dienen.

(4a) [1]Eine Fahrerlaubnis der Klasse C1 berechtigt auch zum Führen von Fahrzeugen mit einer zulässigen Gesamtmasse von mehr als 3 500 kg, aber nicht mehr als 7 500 kg, und die zur Beförderung von nicht mehr als acht Personen außer dem Fahrzeugführer ausgelegt und gebaut sind mit insbesondere folgender, für die Genehmigung der Fahrzeugtypen maßgeblicher, besonderer Zweckbestimmung:

1. Einsatzfahrzeuge der Feuerwehr,
2. Einsatzfahrzeuge der Polizei,
3. Einsatzfahrzeuge der nach Landesrecht anerkannten Rettungsdienste,

1) Zeichensetzung nichtamtlich ergänzt.

4. Einsatzfahrzeuge des Technischen Hilfswerks,
5. Einsatzfahrzeuge sonstiger Einheiten des Katastrophenschutzes,
6. Krankenkraftwagen,
7. Notarzteinsatz- und Sanitätsfahrzeuge,
8. Beschussgeschützte Fahrzeuge,
9. Post-, Funk- und Fernmeldefahrzeuge,
10. Spezialisierte Verkaufswagen,
11. Rollstuhlgerechte Fahrzeuge,
12. Leichenwagen und
13. Wohnmobile.

[2]Satz 1 gilt für die Fahrerlaubnis der Klassen C1E, C und CE entsprechend.

(5) Unter land- oder forstwirtschaftliche Zwecke im Rahmen der Fahrerlaubnis der Klassen T und L fallen

1. Betrieb von Landwirtschaft, Forstwirtschaft, Weinbau, Gartenbau, Obstbau, Gemüsebau, Baumschulen, Tierzucht, Tierhaltung, Fischzucht, Teichwirtschaft, Fischerei, Imkerei, Jagd sowie den Zielen des Natur- und Umweltschutzes dienende Landschaftspflege,
2. Park-, Garten-, Böschungs- und Friedhofspflege,
3. landwirtschaftliche Nebenerwerbstätigkeit und Nachbarschaftshilfe von Landwirten,
4. Betrieb von land- und forstwirtschaftlichen Lohnunternehmen und andere überbetriebliche Maschinenverwendung,
5. Betrieb von Unternehmen, die unmittelbar der Sicherung, Überwachung und Förderung der Landwirtschaft überwiegend dienen,
6. Betrieb von Werkstätten zur Reparatur, Wartung und Prüfung von Fahrzeugen sowie Probefahrten der Hersteller von Fahrzeugen, die jeweils im Rahmen der Nummern 1 bis 5 eingesetzt werden, und
7. Winterdienst.

(6) [1]Fahrerlaubnisse, die bis zum Ablauf des 15. Juli 2019 erteilt worden sind (Fahrerlaubnisse alten Rechts) bleiben im Umfang der bisherigen Berechtigungen, wie er sich aus der Anlage 3 ergibt, bestehen und erstrecken sich vorbehaltlich der Bestimmungen in § 76 auf den Umfang der ab dem 16. Juli 2019 geltenden Fahrerlaubnisse nach Absatz 1. [2]Auf Antrag wird Inhabern von Fahrerlaubnissen alten Rechts ein neuer Führerschein mit Umstellung auf die neuen Fahrerlaubnisklassen entsprechend Satz 1 ausgefertigt.

§ 6a Fahrerlaubnis der Klasse B mit der Schlüsselzahl 96

(1) [1]Die Fahrerlaubnis der Klasse B kann mit der Schlüsselzahl 96 erteilt werden für Fahrzeugkombinationen bestehend aus einem Kraftfahrzeug der Klasse B und einem Anhänger mit einer zulässigen Gesamtmasse von mehr als 750 kg, sofern die zulässige Gesamtmasse der Fahrzeugkombination 3 500 kg überschreitet, aber 4 250 kg nicht übersteigt. [2]Die Schlüsselzahl 96 darf nur zugeteilt werden, wenn der Bewerber bereits die Fahrerlaubnis der Klasse B besitzt oder die Voraussetzungen für deren Erteilung erfüllt hat; in diesem Fall darf die Schlüsselzahl 96 frühestens mit der Fahrerlaubnis für die Klasse B zugeteilt werden.

(2) Das Mindestalter für die Erteilung der Fahrerlaubnis der Klasse B mit der Schlüsselzahl 96 beträgt 18 Jahre, im Fall des Begleiteten Fahrens ab 17 Jahre nach § 48a 17 Jahre.

(3) [1]Für die Eintragung der Schlüsselzahl 96 in die Fahrerlaubnis der Klasse B bedarf es einer Fahrerschulung. [2]Die Inhalte der Fahrerschulung ergeben sich aus Anlage 7a.

(4) Beim Antrag auf Eintragung der Schlüsselzahl 96 in die Klasse B ist vor deren Eintragung der Nachweis einer Fahrerschulung nach dem Muster nach Anlage 7a beizubringen.

§ 6b Fahrerlaubnis der Klasse B mit der Schlüsselzahl 196

(1) [1]Die Fahrerlaubnis der Klasse B kann mit der Schlüsselzahl 196 erteilt werden für Krafträder (auch mit Beiwagen) mit einem Hubraum von bis zu 125 cm^3, einer Motorleistung von nicht mehr als 11 kW, bei denen das Verhältnis der Leistung zum Gewicht 0,1 kW/kg nicht übersteigt. [2]Die Schlüsselzahl 196 darf nur zugeteilt werden, wenn der Teilnehmer bereits seit mindestens fünf Jahren die Fahrerlaubnis der Klasse B besitzt. [3]Die Regelungen der Anlage 3 bleiben unberührt. [4]Die Berechtigung nach Satz 1 gilt nur im Inland.

(2) Das Mindestalter für die Erteilung der Fahrerlaubnis der Klasse B mit der Schlüsselzahl 196 beträgt 25 Jahre.

(3) [1]Für die Eintragung der Schlüsselzahl 196 in die Fahrerlaubnis der Klasse B bedarf es einer Fahrerschulung. [2]Die Inhalte der Fahrerschulung ergeben sich aus der Anlage 7b.

(4) Beim Antrag auf Eintragung der Schlüsselzahl 196 in die Klasse B ist vor deren Eintragung der Nachweis einer Fahrerschulung nach dem Muster nach Anlage 7b beizubringen.

(5) Der Zeitraum zwischen dem Abschluss der Fahrerschulung und der Eintragung der Schlüsselzahl 196 darf ein Jahr nicht überschreiten.

(6) [1]Die Auswirkungen der Absätze 1 bis 5 werden von der Bundesanstalt für Straßenwesen evaluiert. [2]Mit der Evaluierung wird insbesondere die Wirkung im Hinblick auf die Verkehrssicherheit untersucht. [3]Die Bundesanstalt für Straßenwesen legt das Ergebnis der Evaluierung bis zum 1. Juli 2022 dem Bundesministerium für Verkehr und digitale Infrastruktur vor. [4]Für Zwecke der Evaluation dürfen personenbezogene Daten der Teilnehmer nach Maßgabe des Bundesdatenschutzgesetzes erhoben und verwendet werden. [5]Die Daten sind spätestens am 31. Dezember 2023 zu löschen oder so zu anonymisieren oder zu pseudonymisieren, dass ein Personenbezug nicht mehr hergestellt werden kann.

§ 6c Sonderbestimmungen für das Führen von Einsatzfahrzeugen der Freiwilligen Feuerwehren, der nach Landesrecht anerkannten Rettungsdienste, des Technischen Hilfswerks und des Katastrophenschutzes

[1]Die Landesregierungen werden ermächtigt, durch Rechtsverordnung besondere Bestimmungen zu erlassen über

1. die Erteilung der Berechtigung zum Führen von Einsatzfahrzeugen der Freiwilligen Feuerwehren, der nach Landesrecht anerkannten Rettungsdienste, des Technischen Hilfswerks oder des Katastrophenschutzes auf öffentlichen Straßen nach § 2 Absatz 10a des Straßenverkehrsgesetzes,
2. die Prüfung zur Erlangung dieser Berechtigung und
3. die Einweisung in das Führen solcher Einsatzfahrzeuge.

[2]Bei der näheren Ausgestaltung sind die Besonderheiten der unterschiedlichen Gewichtsklassen der Fahrberechtigung nach § 2 Absatz 10a Satz 1 und 4 des Straßenverkehrsgesetzes zu berücksichtigen.

2.

Voraussetzungen für die Erteilung einer Fahrerlaubnis

§ 7 Ordentlicher Wohnsitz im Inland

(1) [1]Eine Fahrerlaubnis darf nur erteilt werden, wenn der Bewerber seinen ordentlichen Wohnsitz in der Bundesrepublik Deutschland hat. [2]Dies wird angenommen, wenn der Bewerber wegen persönlicher und beruflicher Bindungen oder – bei fehlenden beruflichen Bindungen – wegen persönlicher Bindungen, die enge Beziehungen zwischen ihm und dem Wohnort erkennen lassen, gewöhnlich, das heißt während mindestens 185 Tagen im Jahr, im Inland wohnt. [3]Ein Bewerber, dessen persönliche Bindungen im Inland liegen, der sich aber aus beruflichen Gründen in einem oder mehreren anderen Staaten aufhält, hat seinen ordentlichen Wohnsitz im Sinne dieser Vorschrift im Inland, sofern er regelmäßig hierhin zurückkehrt. [4]Die Voraussetzung entfällt, wenn sich der Bewerber zur Ausführung eines Auftrags von bestimmter Dauer in einem solchen Staat aufhält.

(2) Bewerber, die bislang ihren ordentlichen Wohnsitz im Inland hatten und die sich ausschließlich zum Zwecke des Besuchs einer Hochschule oder Schule in einem anderen Mitgliedstaat der Europäischen Union oder einem anderen Vertragsstaat des Abkommens über den Europäischen Wirtschaftsraum aufhalten, behalten ihren ordentlichen Wohnsitz im Inland.

(3) [1]Bewerber, die bislang ihren ordentlichen Wohnsitz in einem anderen Mitgliedstaat der Europäischen Union oder einem anderen Vertragsstaat des Abkommens über den Europäischen Wirtschaftsraum hatten und die sich ausschließlich wegen des Besuchs einer Hochschule oder Schule im Inland aufhalten, begründen keinen ordentlichen Wohnsitz im Inland. [2]Ihnen wird die Fahrerlaubnis erteilt, wenn die Dauer des Aufenthalts mindestens sechs Monate beträgt.

§ 8 Ausschluss des Vorbesitzes einer Fahrerlaubnis der beantragten Klasse

Eine Fahrerlaubnis der beantragten Klasse darf nur erteilt werden, wenn der Bewerber keine in einem Mitgliedstaat der Europäischen Union oder einem anderen Vertragsstaat des Abkommens über den Europäischen Wirtschaftsraum erteilte Fahrerlaubnis (EU- oder EWR-Fahrerlaubnis) dieser Klasse besitzt.

§ 9 Voraussetzung des Vorbesitzes einer Fahrerlaubnis anderer Klassen

(1) Eine Fahrerlaubnis der Klassen C1, C, D1 oder D darf nur erteilt werden, wenn der Bewerber bereits die Fahrerlaubnis der Klasse B besitzt oder die Voraussetzungen für deren Erteilung erfüllt hat; in diesem Fall darf die Fahrerlaubnis für die höhere Klasse frühestens mit der Fahrerlaubnis der Klasse B erteilt werden.

(2) Eine Fahrerlaubnis der Klasse BE, C1E, CE, D1E oder DE darf nur erteilt werden, wenn der Bewerber bereits die Fahrerlaubnis für das ziehende Fahrzeug besitzt oder die Voraussetzungen für deren Erteilung

erfüllt hat; in diesem Fall darf die Fahrerlaubnis der Klasse BE, C1E, CE, D1E oder DE frühestens mit der Fahrerlaubnis für das ziehende Fahrzeug erteilt werden.

(3) Absatz 1 gilt auch im Fall des § 69a Absatz 2 des Strafgesetzbuches.

§ 10 Mindestalter

(1) [1]Das für die Erteilung einer Fahrerlaubnis maßgebliche Mindestalter bestimmt sich nach der folgenden Tabelle:

lfd. Nr.	Klasse	Mindestalter	Auflagen
1	AM	15 Jahre	Bis zur Vollendung des 16. Lebensjahres ist die Fahrerlaubnis mit der Auflage zu versehen, dass von ihr nur bei Fahrten im Inland Gebrauch gemacht werden darf. Die Auflage entfällt, wenn der Fahrerlaubnisinhaber das 16. Lebensjahr vollendet hat.
2	A1	16 Jahre	
3	A2	18 Jahre	
4	A	a) 24 Jahre für Krafträder bei direktem Zugang, b) 21 Jahre für dreirädrige Kraftfahrzeuge mit einer Leistung von mehr als 15 kW oder c) 20 Jahre für Krafträder bei einem Vorbesitz der Klasse A2 von mindestens zwei Jahren.	
5	B, BE	a) 18 Jahre b) 17 Jahre aa) bei der Teilnahme am Begleiteten Fahren ab 17 nach § 48a, bb) bei Erteilung der Fahrerlaubnis während oder nach Abschluss einer Berufsausbildung in aaa) dem staatlich anerkannten Ausbildungsberuf „Berufskraftfahrer / Berufskraftfahrerin“, bbb) dem staatlich anerkannten Ausbildungsberuf „Fachkraft im Fahrbetrieb“ oder ccc) einem staatlich anerkannten Ausbildungsberuf, in dem vergleichbare Fertigkeiten und Kenntnisse zum Führen von Kraftfahrzeugen auf öffentlichen Straßen vermittelt werden.	Bis zum Erreichen des nach Buchstabe a vorgeschriebenen Mindestalters ist die Fahrerlaubnis mit den Auflagen zu versehen, dass von ihr nur bei Fahrten im Inland und im Fall des Buchstaben b Doppelbuchstabe bb darüber hinaus nur im Rahmen des Ausbildungsverhältnisses Gebrauch gemacht werden darf. Die Auflagen entfallen, wenn der Fahrerlaubnisinhaber das Mindestalter nach Buchstabe a erreicht hat.
6	C1, C1E	18 Jahre	
7	C, CE	a) 21 Jahre, b) 18 Jahre nach aa) erfolgter Grundqualifikation nach § 2 Absatz 1 Nummer 1 des Berufskraftfahrerqualifikationsgesetzes vom 26. November	Im Falle des Buchstaben b Doppelbuchstabe bb ist die Fahrerlaubnis mit den Auflagen zu versehen, dass von ihr nur bei Fahrten im Inland und im Rahmen des Ausbildungsverhältnisses Gebrauch gemacht werden darf. Die Auflagen entfallen, wenn der Inhaber der Fahrerlaubnis

lfd. Nr.	Klasse	Mindestalter	Auflagen
		2020 (BGBl. I S. 2575) in der jeweils geltenden Fassung, bb) für Personen während oder nach Abschluss einer Berufsausbildung nach aaa) dem staatlich anerkannten Ausbildungsberuf „Berufskraftfahrer / Berufskraftfahrerin“, bbb) dem staatlich anerkannten Ausbildungsberuf „Fachkraft im Fahrbetrieb“ oder ccc) einem staatlich anerkannten Ausbildungsberuf, in dem vergleichbare Fertigkeiten und Kenntnisse zum Führen von Kraftfahrzeugen auf öffentlichen Straßen vermittelt werden.	das 21. Lebensjahr vollendet oder die Berufsausbildung nach Buchstabe b Doppelbuchstabe bb vor Vollendung des 21. Lebensjahres erfolgreich abgeschlossen hat.
8	D1, D1E	a) 21 Jahre, b) 18 Jahre für Personen während oder nach Abschluss einer Berufsausbildung nach aa) dem staatlich anerkannten Ausbildungsberuf „Berufskraftfahrer/Berufskraftfahrerin“, bb) dem staatlich anerkannten Ausbildungsberuf „Fachkraft im Fahrbetrieb“ oder cc) einem staatlich anerkannten Ausbildungsberuf, in dem vergleichbare Fertigkeiten und Kenntnisse zur Durchführung von Fahrten mit Kraftfahrzeugen auf öffentlichen Straßen vermittelt werden.	Bis zum Erreichen des nach Buchstabe a vorgeschriebenen Mindestalters ist die Fahrerlaubnis mit den Auflagen zu versehen, dass von ihr nur 1. bei Fahrten im Inland und 2. im Rahmen des Ausbildungsverhältnisses Gebrauch gemacht werden darf. Die Auflage nach Nummer 1 entfällt, wenn der Fahrerlaubnisinhaber das Mindestalter nach Buchstabe a erreicht hat. Die Auflage nach Nummer 2 entfällt, wenn der Fahrerlaubnisinhaber das Mindestalter nach Buchstabe a erreicht oder die Ausbildung nach Buchstabe b abgeschlossen hat.
9	D, DE	a) 24 Jahre, b) 23 Jahre nach beschleunigter Grundqualifikation durch Ausbildung und Prüfung nach § 2 Absatz 2 des Berufskraftfahrerqualifikationsgesetzes, c) 21 Jahre aa) nach erfolgter Grundqualifikation nach § 2 Absatz 1 Nummer 1 des Berufskraftfahrerqualifikationsgesetzes oder bb) nach beschleunigter Grundqualifikation durch Ausbildung und Prüfung nach § 2 Absatz 2 des Berufskraftfahrerqualifikationsgesetzes im Linienverkehr bis 50 km,	1. Im Falle des Buchstaben c Doppelbuchstabe bb ist die Fahrerlaubnis mit der Auflage zu versehen, dass von ihr nur bei Fahrten zur Personenbeförderung im Linienverkehr im Sinne der §§ 42, 43 und 44 des Personenbeförderungsgesetzes Gebrauch gemacht werden darf, sofern die Länge der jeweiligen Linie nicht mehr als 50 Kilometer beträgt. Die Auflage entfällt, wenn der Inhaber der Fahrerlaubnis das 23. Lebensjahr vollendet hat. 2. In den Fällen der Buchstaben d bis f ist die Fahrerlaubnis mit den Auflagen zu versehen, dass von ihr nur 2.1 bei Fahrten im Inland, 2.2 im Rahmen des Ausbildungsverhältnisses und

lfd. Nr.	Klasse	Mindestalter	Auflagen
		d) 20 Jahre für Personen während oder nach Abschluss einer Berufsausbildung nach aa) dem staatlich anerkannten Ausbildungsberuf „Berufskraftfahrer/Berufskraftfahrerin“, bb) dem staatlich anerkannten Ausbildungsberuf „Fachkraft im Fahrbetrieb“ oder cc) einem staatlich anerkannten Ausbildungsberuf, in dem vergleichbare Fertigkeiten und Kenntnisse zur Durchführung von Fahrten mit Kraftfahrzeugen auf öffentlichen Straßen vermittelt werden, e) 18 Jahre für Personen während oder nach Abschluss einer Berufsausbildung nach Buchstabe d im Linienverkehr bis 50 km, f) 18 Jahre für Personen während oder nach Abschluss einer Berufsausbildung nach Buchstabe d bei Fahrten ohne Fahrgäste.	2.3 bei Fahrten zur Personenbeförderung im Sinne der §§ 42, 43 und § 44 des Personenbeförderungsgesetzes, soweit die Länge der jeweiligen Linie nicht mehr als 50 Kilometer beträgt oder bei Fahrten ohne Fahrgäste, Gebrauch gemacht werden darf. Die Auflage nach Nummer 2.1 entfällt, wenn der Fahrerlaubnisinhaber entweder das 24. Lebensjahr vollendet oder die Berufsausbildung abgeschlossen und das 21. Lebensjahr vollendet hat. Die Auflage nach Nummer 2.2 entfällt, wenn der Fahrerlaubnisinhaber entweder das 24. Lebensjahr vollendet oder die Berufsausbildung abgeschlossen hat. Die Auflage nach Nummer 2.3 entfällt, wenn der Fahrerlaubnisinhaber das 20. Lebensjahr vollendet hat.
10	T	16 Jahre	
11	L	16 Jahre	

[2]Abweichend von den Nummern 7 und 9 der Tabelle in Satz 1 beträgt im Inland das Mindestalter für das Führen von Fahrzeugen der Klasse C 18 Jahre und der Klasse D 21 Jahre im Falle

1. von Einsatzfahrzeugen der Feuerwehr, der Polizei, der nach Landesrecht anerkannten Rettungsdienste, des Technischen Hilfswerks und sonstiger Einheiten des Katastrophenschutzes, sofern diese Fahrzeuge für Einsatzfahrten oder vom Vorgesetzten angeordnete Übungsfahrten sowie Schulungsfahrten eingesetzt werden, und
2. von Fahrzeugen, die zu Reparatur- oder Wartungszwecken in gewerbliche Fahrzeugwerkstätten verbracht und dort auf Anweisung eines Vorgesetzten Prüfungen auf der Straße unterzogen werden.

(2) Die erforderliche körperliche und geistige Eignung ist vor erstmaliger Erteilung einer Fahrerlaubnis, die nach Absatz 1 Nummer 5 Buchstabe b Doppelbuchstabe bb, Nummer 7 Buchstabe b, Nummer 8 Buchstabe b, Nummer 9 Buchstabe b, c, d, e oder f, auch in Verbindung mit Absatz 1 Satz 2 Nummer 2 erworben wird, durch Vorlage eines medizinisch-psychologischen Gutachtens nachzuweisen.

(3) [1]Das Mindestalter für das Führen eines Kraftfahrzeugs, für das eine Fahrerlaubnis nicht erforderlich ist, beträgt 15 Jahre. [2]Dies gilt nicht für das Führen

a) eines Elektrokleinstfahrzeugs nach § 4 Absatz 1 Satz 2 Nummer 1a,
b) eines motorisierten Krankenfahrstuhls nach § 4 Absatz 1 Satz 2 Nummer 2 mit einer durch die Bauart bestimmten Höchstgeschwindigkeit von nicht mehr als 10 km/h durch behinderte Menschen.

(4) Wird ein Kind unter sieben Jahren auf einem Mofa nach § 4 Absatz 1 Satz 2 Nummer 1 oder auf einem Kleinkraftrad nach § 4 Absatz 1 Satz 2 Nummer 1b mitgenommen, muss der Fahrzeugführer mindestens 16 Jahre alt sein.

§ 11 Eignung

(1) [1]Bewerber um eine Fahrerlaubnis müssen die hierfür notwendigen körperlichen und geistigen Anforderungen erfüllen. [2]Die Anforderungen sind insbesondere nicht erfüllt, wenn eine Erkrankung oder ein Mangel nach Anlage 4 oder 5 vorliegt, wodurch die Eignung oder die bedingte Eignung zum Führen von Kraftfahrzeugen ausgeschlossen wird. [3]Außerdem dürfen die Bewerber nicht erheblich oder nicht wiederholt gegen verkehrsrechtliche Vorschriften oder Strafgesetze verstoßen haben, sodass dadurch die Eignung ausgeschlossen wird. [4]Bewerber um die Fahrerlaubnis der Klasse D oder D1 und der Fahrerlaubnis zur Fahrgastbeförderung gemäß § 48 müssen auch die Gewähr dafür bieten, dass sie der beson-

deren Verantwortung bei der Beförderung von Fahrgästen gerecht werden. [5]Der Bewerber hat diese durch die Vorlage eines Führungszeugnisses nach § 30 Absatz 5 Satz 1 des Bundeszentralregistergesetzes nachzuweisen.

(2) [1]Werden Tatsachen bekannt, die Bedenken gegen die körperliche oder geistige Eignung des Fahrerlaubnisbewerbers begründen, kann die Fahrerlaubnisbehörde zur Vorbereitung von Entscheidungen über die Erteilung oder Verlängerung der Fahrerlaubnis oder über die Anordnung von Beschränkungen oder Auflagen die Beibringung eines ärztlichen Gutachtens durch den Bewerber anordnen. [2]Bedenken gegen die körperliche oder geistige Eignung bestehen insbesondere, wenn Tatsachen bekannt werden, die auf eine Erkrankung oder einen Mangel nach Anlage 4 oder 5 hinweisen. [3]Die Behörde bestimmt in der Anordnung auch, ob das Gutachten von einem

1. für die Fragestellung (Absatz 6 Satz 1) zuständigen Facharzt mit verkehrsmedizinischer Qualifikation,
2. Arzt des Gesundheitsamtes oder einem anderen Arzt der öffentlichen Verwaltung,
3. Arzt mit der Gebietsbezeichnung „Arbeitsmedizin“ oder der Zusatzbezeichnung „Betriebsmedizin“,
4. Arzt mit der Gebietsbezeichnung „Facharzt für Rechtsmedizin“ oder
5. Arzt in einer Begutachtungsstelle für Fahreignung, der die Anforderungen nach Anlage 14 erfüllt,

erstellt werden soll. [4]Die Behörde kann auch mehrere solcher Anordnungen treffen. [5]Der Facharzt nach Satz 3 Nummer 1 soll nicht zugleich der den Betroffenen behandelnde Arzt sein.

(3) [1]Die Beibringung eines Gutachtens einer amtlich anerkannten Begutachtungsstelle für Fahreignung (medizinisch-psychologisches Gutachten) kann zur Klärung von Eignungszweifeln für die Zwecke nach Absatz 1 und 2 angeordnet werden,

1. wenn nach Würdigung der Gutachten gemäß Absatz 2 oder Absatz 4 ein medizinisch-psychologisches Gutachten zusätzlich erforderlich ist,
2. zur Vorbereitung einer Entscheidung über die Befreiung von den Vorschriften über das Mindestalter,
3. bei erheblichen Auffälligkeiten, die im Rahmen einer Fahrerlaubnisprüfung nach § 18 Absatz 3 mitgeteilt worden sind,
4. bei einem erheblichen Verstoß oder wiederholten Verstößen gegen verkehrsrechtliche Vorschriften,
5. bei einer erheblichen Straftat, die im Zusammenhang mit dem Straßenverkehr steht, oder bei Straftaten, die im Zusammenhang mit dem Straßenverkehr stehen,
6. bei einer erheblichen Straftat, die im Zusammenhang mit der Kraftfahreignung steht, insbesondere wenn Anhaltspunkte für ein hohes Aggressionspotenzial bestehen oder die erhebliche Straftat unter Nutzung eines Fahrzeugs begangen wurde,
7. bei Straftaten, die im Zusammenhang mit der Kraftfahreignung stehen, insbesondere wenn Anhaltspunkte für ein hohes Aggressionspotenzial bestehen,
8. wenn die besondere Verantwortung bei der Beförderung von Fahrgästen nach Absatz 1 zu überprüfen ist oder
9. bei der Neuerteilung der Fahrerlaubnis, wenn
   a) die Fahrerlaubnis wiederholt entzogen war oder
   b) der Entzug der Fahrerlaubnis auf einem Grund nach den Nummern 4 bis 7 beruhte.

[2]Unberührt bleiben medizinisch-psychologische Begutachtungen nach § 2a Absatz 4 und 5 und § 4 Absatz 10 Satz 4 des Straßenverkehrsgesetzes sowie § 10 Absatz 2 und den §§ 13 und 14 in Verbindung mit den Anlagen 4 und 5 dieser Verordnung.

(4) Die Beibringung eines Gutachtens eines amtlich anerkannten Sachverständigen oder Prüfers für den Kraftfahrzeugverkehr kann zur Klärung von Eignungszweifeln für die Zwecke nach Absatz 2 angeordnet werden,

1. wenn nach Würdigung der Gutachten gemäß Absatz 2 oder Absatz 3 ein Gutachten eines amtlich anerkannten Sachverständigen oder Prüfers zusätzlich erforderlich ist oder
2. bei Behinderungen des Bewegungsapparates, um festzustellen, ob der Behinderte das Fahrzeug mit den erforderlichen besonderen technischen Hilfsmitteln sicher führen kann.

(5) Für die Durchführung der ärztlichen und der medizinisch-psychologischen Untersuchung sowie für die Erstellung der entsprechenden Gutachten gelten die in der Anlage 4a genannten Grundsätze.

(6) [1]Die Fahrerlaubnisbehörde legt unter Berücksichtigung der Besonderheiten des Einzelfalls und unter Beachtung der Anlagen 4 und 5 in der Anordnung zur Beibringung des Gutachtens fest, welche Fragen im Hinblick auf die Eignung des Betroffenen zum Führen von Kraftfahrzeugen zu klären sind. [2]Die Behörde teilt dem Betroffenen unter Darlegung der Gründe für die Zweifel an seiner Eignung und unter Angabe der für die Untersuchung in Betracht kommenden Stelle oder Stellen mit, dass er sich innerhalb einer von ihr festgelegten Frist auf seine Kosten der Untersuchung zu unterziehen und das Gutachten beizubringen hat; sie teilt ihm außerdem mit, dass er die zu übersendenden Unterlagen einsehen kann.

[3]Der Betroffene hat die Fahrerlaubnisbehörde darüber zu unterrichten, welche Stelle er mit der Untersuchung beauftragt hat. [4]Die Fahrerlaubnisbehörde teilt der untersuchenden Stelle mit, welche Fragen im Hinblick auf die Eignung des Betroffenen zum Führen von Kraftfahrzeugen zu klären sind und übersendet ihr die vollständigen Unterlagen, soweit sie unter Beachtung der gesetzlichen Verwertungsverbote verwendet werden dürfen. [5]Die Untersuchung erfolgt auf Grund eines Auftrags durch den Betroffenen.

(7) Steht die Nichteignung des Betroffenen zur Überzeugung der Fahrerlaubnisbehörde fest, unterbleibt die Anordnung zur Beibringung des Gutachtens.

(8) [1]Weigert sich der Betroffene, sich untersuchen zu lassen, oder bringt er der Fahrerlaubnisbehörde das von ihr geforderte Gutachten nicht fristgerecht bei, darf sie bei ihrer Entscheidung auf die Nichteignung des Betroffenen schließen. [2]Der Betroffene ist hierauf bei der Anordnung nach Absatz 6 hinzuweisen.

(9) Unbeschadet der Absätze 1 bis 8 haben die Bewerber um die Erteilung oder Verlängerung einer Fahrerlaubnis der Klassen C, C1, CE, C1E, D, D1, DE oder D1E zur Feststellung ihrer Eignung der Fahrerlaubnisbehörde einen Nachweis nach Maßgabe der Anlage 5 vorzulegen.

(10) [1]Hat der Betroffene an einem Kurs teilgenommen, um festgestellte Eignungsmängel zu beheben, genügt in der Regel zum Nachweis der Wiederherstellung der Eignung statt eines erneuten medizinisch-psychologischen Gutachtens eine Teilnahmebescheinigung, wenn

1. der betreffende Kurs nach § 70 anerkannt ist,
2. auf Grund eines medizinisch-psychologischen Gutachtens einer Begutachtungsstelle für Fahreignung die Teilnahme des Betroffenen an dieser Art von Kursen als geeignete Maßnahme angesehen wird, seine Eignungsmängel zu beheben,
3. der Betroffene nicht Inhaber einer Fahrerlaubnis ist und
4. die Fahrerlaubnisbehörde der Kursteilnahme nach Nummer 2 vor Kursbeginn zugestimmt hat.

[2]Wurde die Beibringung eines Gutachtens einer amtlich anerkannten Begutachtungsstelle für Fahreignung nach § 4 Absatz 10 Satz 4 des Straßenverkehrsgesetzes oder nach § 11 Absatz 3 Nummer 4 bis 7 angeordnet, findet Satz 1 keine Anwendung.

(11) [1]Die Teilnahmebescheinigung muss

1. den Familiennamen und Vornamen, den Tag und Ort der Geburt und die Anschrift des Seminarteilnehmers,
2. die Bezeichnung des Seminarmodells und
3. Angaben über Umfang und Dauer des Seminars

enthalten. [2]Sie ist vom Seminarleiter und vom Seminarteilnehmer unter Angabe des Ausstellungsdatums zu unterschreiben. [3]Die Ausstellung der Teilnahmebescheinigung ist vom Kursleiter zu verweigern, wenn der Teilnehmer nicht an allen Sitzungen des Kurses teilgenommen oder die Anfertigung von Kursaufgaben verweigert hat.

§ 12 Sehvermögen

(1) Zum Führen von Kraftfahrzeugen sind die in der Anlage 6 genannten Anforderungen an das Sehvermögen zu erfüllen.

(2) [1]Bewerber um eine Fahrerlaubnis der Klassen AM, A1, A2, A, B, BE, L oder T haben sich einem Sehtest zu unterziehen. [2]Der Sehtest wird von einer amtlich anerkannten Sehteststelle unter Einhaltung der DIN 58220 Teil 6, Ausgabe September 2013, durchgeführt. [3]Die Sehteststelle hat sich vor der Durchführung des Sehtests von der Identität des Antragstellers durch Einsicht in den Personalausweis oder Reisepass oder in ein sonstiges Ausweisdokument zu überzeugen. [4]Der Sehtest ist bestanden, wenn die zentrale Tagessehschärfe mit oder ohne Sehhilfe mindestens den in Anlage 6 Nummer 1.1 genannten Wert erreicht. [5]Ergibt der Sehtest eine geringere Sehleistung, darf der Antragsteller den Sehtest mit Sehhilfen oder mit verbesserten Sehhilfen wiederholen.

(3) [1]Die Sehteststelle stellt dem Antragsteller eine Sehtestbescheinigung nach Anlage 6 Nummer 1.1 aus. [2]In ihr ist anzugeben, ob der Sehtest bestanden und ob er mit Sehhilfen durchgeführt worden ist. [3]Sind bei der Durchführung des Sehtests sonst Zweifel an ausreichendem Sehvermögen für das Führen von Kraftfahrzeugen aufgetreten, hat die Sehteststelle sie auf der Sehtestbescheinigung zu vermerken.

(4) Ein Sehtest ist nicht erforderlich, wenn ein Zeugnis oder ein Gutachten eines Augenarztes vorgelegt wird und sich daraus ergibt, dass der Antragsteller die Anforderungen nach Anlage 6 Nummer 1.1 erfüllt.

(5) Besteht der Bewerber den Sehtest nicht, hat er sich einer augenärztlichen Untersuchung des Sehvermögens nach Anlage 6 Nummer 1.2 zu unterziehen und hierüber der Fahrerlaubnisbehörde ein Zeugnis des Augenarztes einzureichen.

(6) Bewerber um die Erteilung oder Verlängerung einer Fahrerlaubnis der Klassen C, C1, CE, C1E, D, D1, DE oder D1E haben sich einer Untersuchung des Sehvermögens nach Anlage 6 Nummer 2 zu un-

terziehen und hierüber der Fahrerlaubnisbehörde eine Bescheinigung des Arztes nach Anlage 6 Nummer 2.1 oder ein Zeugnis des Augenarztes nach Anlage 6 Nummer 2.2 einzureichen.

(7) Sehtestbescheinigung, Zeugnis oder Gutachten dürfen bei Antragstellung nicht älter als zwei Jahre sein.

(8) [1]Werden Tatsachen bekannt, die Bedenken begründen, dass der Fahrerlaubnisbewerber die Anforderungen an das Sehvermögen nach Anlage 6 nicht erfüllt oder dass andere Beeinträchtigungen des Sehvermögens bestehen, die die Eignung zum Führen von Kraftfahrzeugen beeinträchtigen, kann die Fahrerlaubnisbehörde zur Vorbereitung der Entscheidung über die Erteilung oder Verlängerung der Fahrerlaubnis oder über die Anordnung von Beschränkungen oder Auflagen die Beibringung eines augenärztlichen Gutachtens anordnen. [2]§ 11 Absatz 5 bis 8 gilt entsprechend, § 11 Absatz 6 Satz 4 jedoch mit der Maßgabe, dass nur solche Unterlagen übersandt werden dürfen, die für die Beurteilung, ob Beeinträchtigungen des Sehvermögens bestehen, die die Eignung zum Führen von Kraftfahrzeugen beeinträchtigen, erforderlich sind.

§ 13 Klärung von Eignungszweifeln bei Alkoholproblematik

[1]Zur Vorbereitung von Entscheidungen über die Erteilung oder Verlängerung der Fahrerlaubnis oder über die Anordnung von Beschränkungen oder Auflagen ordnet die Fahrerlaubnisbehörde an, dass

1. ein ärztliches Gutachten (§ 11 Absatz 2 Satz 3) beizubringen ist, wenn Tatsachen die Annahme von Alkoholabhängigkeit begründen, oder
2. ein medizinisch-psychologisches Gutachten beizubringen ist, wenn
   a) nach dem ärztlichen Gutachten zwar keine Alkoholabhängigkeit, jedoch Anzeichen für Alkoholmissbrauch vorliegen oder sonst Tatsachen die Annahme von Alkoholmissbrauch begründen,
   b) wiederholt Zuwiderhandlungen im Straßenverkehr unter Alkoholeinfluss begangen wurden,
   c) ein Fahrzeug im Straßenverkehr bei einer Blutalkoholkonzentration von 1,6 Promille oder mehr oder einer Atemalkoholkonzentration von 0,8 mg/l oder mehr geführt wurde,
   d) die Fahrerlaubnis aus einem der unter den Buchstaben a bis c genannten Gründe entzogen war oder
   e) sonst zu klären ist, ob Alkoholmissbrauch oder Alkoholabhängigkeit nicht mehr besteht.

[2]Im Falle des Satzes 1 Nummer 2 Buchstabe b sind Zuwiderhandlungen, die ausschließlich gegen § 24c des Straßenverkehrsgesetzes begangen worden sind, nicht zu berücksichtigen.

§ 13a Klärung von Eignungszweifeln bei Cannabisproblematik

[1]Zur Vorbereitung von Entscheidungen über die Erteilung oder Verlängerung der Fahrerlaubnis oder über die Anordnung von Beschränkungen oder Auflagen ordnet die Fahrerlaubnisbehörde an, dass

1. ein ärztliches Gutachten (§ 11 Absatz 2 Satz 3) beizubringen ist, wenn Tatsachen die Annahme von Cannabisabhängigkeit begründen, oder
2. ein medizinisch-psychologisches Gutachten beizubringen ist, wenn
   a) nach dem ärztlichen Gutachten zwar keine Cannabisabhängigkeit, jedoch Anzeichen für Cannabismissbrauch vorliegen oder sonst Tatsachen die Annahme von Cannabismissbrauch begründen,
   b) wiederholt Zuwiderhandlungen im Straßenverkehr unter Cannabiseinfluss begangen wurden,
   c) die Fahrerlaubnis aus einem der unter den Buchstaben a und b genannten Gründen entzogen war oder
   d) sonst zu klären ist, ob Cannabismissbrauch oder Cannabisabhängigkeit nicht mehr besteht.

[2]Im Falle des Satzes 1 Nummer 2 Buchstabe b sind Zuwiderhandlungen, die ausschließlich gegen § 24c des Straßenverkehrsgesetzes begangen worden sind, nicht zu berücksichtigen.

§ 14 Klärung von Eignungszweifeln im Hinblick auf Betäubungsmittel und Arzneimittel

(1) [1]Zur Vorbereitung von Entscheidungen über die Erteilung oder die Verlängerung der Fahrerlaubnis oder über die Anordnung von Beschränkungen oder Auflagen ordnet die Fahrerlaubnisbehörde an, dass ein ärztliches Gutachten (§ 11 Absatz 2 Satz 3) beizubringen ist, wenn Tatsachen die Annahme begründen, dass

1. Abhängigkeit von Betäubungsmitteln im Sinne des Betäubungsmittelgesetzes in der Fassung der Bekanntmachung vom 1. März 1994 (BGBl. I S. 358), das zuletzt durch Artikel 1 der Verordnung vom 11. Mai 2011 (BGBl. I S. 821) geändert worden ist, in der jeweils geltenden Fassung oder von anderen psychoaktiv wirkenden Stoffen,
2. Einnahme von Betäubungsmitteln im Sinne des Betäubungsmittelgesetzes oder
3. missbräuchliche Einnahme von psychoaktiv wirkenden Arzneimitteln oder anderen psychoaktiv wirkenden Stoffen

vorliegt. [2]Die Beibringung eines ärztlichen Gutachtens kann angeordnet werden, wenn der Betroffene Betäubungsmittel im Sinne des Betäubungsmittelgesetzes widerrechtlich besitzt oder besessen hat.

(2) [1]Die Beibringung eines medizinisch-psychologischen Gutachtens ist für die Zwecke nach Absatz 1 anzuordnen, wenn

1. die Fahrerlaubnis aus einem der in Absatz 1 genannten Gründe durch die Fahrerlaubnisbehörde oder ein Gericht entzogen war,
2. zu klären ist, ob der Betroffene noch abhängig ist oder – ohne abhängig zu sein – weiterhin die in Absatz 1 genannten Mittel oder Stoffe einnimmt, oder
3. wiederholt Zuwiderhandlungen im Straßenverkehr nach § 24a des Straßenverkehrsgesetzes begangen wurden..

[2]Im Falle des Satzes 1 Nummer 3 bleiben § 13 Satz 1 Nummer 2 Buchstabe b und § 13a Satz 1 Nummer 2 Buchstabe b unberührt.

§ 15 Fahrerlaubnisprüfung

(1) Der Bewerber um eine Fahrerlaubnis hat seine Befähigung in einer theoretischen und einer praktischen Prüfung nachzuweisen.

(2) Beim Erwerb einer Fahrerlaubnis der Klasse L bedarf es nur einer theoretischen, bei der Erweiterung der Klasse B auf die Klasse BE, der Klasse C1 auf die Klasse C1E, der Klasse D auf die Klasse DE und der Klasse D1 auf die Klasse D1E bedarf es jeweils nur einer praktischen Prüfung.

(3) [1]Bei der Erweiterung der Klasse A1 auf Klasse A2 oder der Klasse A2 auf Klasse A bedarf es jeweils nur einer praktischen Prüfung, soweit der Bewerber zum Zeitpunkt der Erteilung der jeweiligen Fahrerlaubnis für

1. die Fahrerlaubnis der Klasse A2 seit mindestens zwei Jahren Inhaber der Fahrerlaubnis der Klasse A1 und
2. die Fahrerlaubnis der Klasse A seit mindestens zwei Jahren Inhaber einer Fahrerlaubnis der Klasse A2

ist (Aufstieg). [2]Die Vorschriften über die Ausbildung sind nicht anzuwenden. [3]Satz 1 gilt nicht für eine Fahrerlaubnis der Klasse A1, die unter Verwendung der Schlüsselzahl 79.03 oder 79.04 erteilt worden ist.

(4) [1]Bewerber um eine Fahrerlaubnis der Klasse A2, die nach Maßgabe des § 6 Absatz 6 in Verbindung mit Anlage 3 Inhaber einer Fahrerlaubnis der Klasse A1 sind, wird die Fahrerlaubnis der Klasse A2 unter der Voraussetzung erteilt, dass sie ihre Befähigung in einer praktischen Prüfung nachgewiesen haben (Aufstieg). [2]Die Vorschriften über die Ausbildung sind nicht anzuwenden. [3]Satz 1 gilt nicht für eine Fahrerlaubnis der Klasse A1, die unter Verwendung der Schlüsselzahl 79.03 oder 79.04 erteilt worden ist.

(5) Die Prüfungen werden von einem amtlich anerkannten Sachverständigen oder Prüfer für den Kraftfahrzeugverkehr abgenommen.

§ 16 Theoretische Prüfung

(1) In der theoretischen Prüfung hat der Bewerber nachzuweisen, dass er

1. ausreichende Kenntnisse der für das Führen von Kraftfahrzeugen maßgebenden gesetzlichen Vorschriften sowie der umweltbewussten und energiesparenden Fahrweise hat und
2. mit den Gefahren des Straßenverkehrs und den zu ihrer Abwehr erforderlichen Verhaltensweisen vertraut ist und
3. grundlegende mechanische und technische Zusammenhänge, die für die Straßenverkehrssicherheit von Bedeutung sind, kennt.

(2) [1]Die Prüfung erfolgt anhand von Fragen, die in unterschiedlicher Form und mit Hilfe unterschiedlicher Medien gestellt werden können. [2]Der Prüfungsstoff, die Form der Prüfung, der Umfang der Prüfung, die Zusammenstellung der Fragen, die Durchführung und die Bewertung der Prüfung ergeben sich aus Anlage 7 Teil 1. [3]Bei Änderung eines bereits erteilten Prüfauftrages für die Klassen A1, A2 oder A durch die nach Landesrecht zuständige Behörde wird eine bereits fristgerecht abgelegte und bestandene theoretische Prüfung in einer der genannten Klassen anerkannt.

(3) [1]Der Sachverständige oder Prüfer bestimmt die Zeit und den Ort der theoretischen Prüfung. [2]Sie darf frühestens drei Monate vor Erreichen des Mindestalters abgenommen werden. [3]Der Sachverständige oder Prüfer hat sich vor der Prüfung durch Einsicht in den Personalausweis oder Reisepass oder in ein sonstiges Ausweisdokument von der Identität des Bewerbers zu überzeugen. [4]Bestehen Zweifel an der Identität, darf die Prüfung nicht durchgeführt werden. [5]Der Fahrerlaubnisbehörde ist davon Mitteilung zu machen. [6]Der Bewerber hat dem amtlich anerkannten Sachverständigen oder Prüfer für den Kraftfahrzeugverkehr vor der Prüfung in geeigneter Form eine Bestätigung des Inhabers der Fahrschule oder der zur Leitung

des Ausbildungsbetriebes bestellten Person zu erbringen, aus der ersichtlich ist, dass die nach § 4 Absatz 1a Satz 1 in Verbindung mit § 3 Absatz 1 Satz 1 bis 3 der Fahrschüler-Ausbildungsordnung erforderlichen Ausbildungsinhalte der zu prüfenden Klassen absolviert wurden und der Abschluss der theoretischen Ausbildung gemäß § 6 Absatz 2 Satz 1 der Fahrschüler- Ausbildungsordnung festgestellt ist. [7]Der Abschluss der Ausbildung darf nicht länger als zwei Jahre zurückliegen. [8]Liegt die Bestätigung nicht vor oder ergibt sich aus der Bestätigung nicht, dass der Abschluss der Ausbildung nicht länger als zwei Jahre zurückliegt, darf die Prüfung nicht durchgeführt werden.

§ 17 Praktische Prüfung

(1) [1]In der praktischen Prüfung hat der Bewerber nachzuweisen, dass er über die zur sicheren Führung eines Kraftfahrzeugs, gegebenenfalls mit Anhänger, im Verkehr erforderlichen technischen Kenntnisse und über ausreichende Kenntnisse einer umweltbewussten und energiesparenden Fahrweise verfügt sowie zu ihrer praktischen Anwendung fähig ist. [2]Bewerber um eine Fahrerlaubnis der Klassen D, D1, DE oder D1E müssen darüber hinaus ausreichende Fahrfertigkeiten nachweisen. [3]Der Bewerber hat ein der Anlage 7 entsprechendes Prüfungsfahrzeug für die Klasse bereitzustellen, für die er seine Befähigung nachweisen will. [4]Darüber hinaus hat er die für die Durchführung der Prüfung notwendigen Materialien bereitzustellen. [5]Die praktische Prüfung darf erst nach Bestehen der theoretischen Prüfung und frühestens einen Monat vor Erreichen des Mindestalters abgenommen werden. [6]Die praktische Prüfung für die Erweiterung der Klasse A1 auf die Klasse A2 oder der Klasse A2 auf die Klasse A darf frühestens einen Monat vor Ablauf der Frist von zwei Jahren nach Erteilung der Fahrerlaubnis der Klasse A1 oder A2 oder bei Erreichen des in § 10 Absatz 1 genannten Mindestalters abgenommen werden.

(2) Der Prüfungsstoff, die Prüfungsfahrzeuge, die Prüfungsdauer, die Durchführung der Prüfung und ihre Bewertung richten sich nach Anlage 7 Teil 2.

(3) [1]Der Bewerber hat die praktische Prüfung am Ort seiner Hauptwohnung oder am Ort seiner schulischen oder beruflichen Ausbildung, seines Studiums oder seiner Arbeitsstelle abzulegen. [2]Sind diese Orte nicht Prüforte, ist die Prüfung nach Bestimmung durch die Fahrerlaubnisbehörde an einem nahe gelegenen Prüfort abzulegen. [3]Die Fahrerlaubnisbehörde kann auch zulassen, dass der Bewerber die Prüfung an einem anderen Prüfort ablegt.

(4) [1]Die Prüfung findet grundsätzlich innerhalb und außerhalb geschlossener Ortschaften statt. [2]Das Nähere regelt Anlage 7. [3]Der innerörtliche Teil der praktischen Prüfung ist in geschlossenen Ortschaften (Zeichen 310 der Straßenverkehrs-Ordnung) durchzuführen, die auf Grund des Straßennetzes, der vorhandenen Verkehrszeichen und -einrichtungen sowie der Verkehrsdichte und -struktur die Prüfung der wesentlichen Verkehrsvorgänge ermöglichen (Prüfort). [4]Die Prüforte werden von der zuständigen obersten Landesbehörde, der von ihr bestimmten oder der nach Landesrecht zuständigen Stelle festgelegt. [5]Der außerörtliche Teil der praktischen Prüfung ist außerhalb geschlossener Ortschaften in der Umgebung des Prüfortes möglichst unter Einschluss von Autobahnen durchzuführen und muss die Prüfung aller wesentlichen Verkehrsvorgänge auch bei höheren Geschwindigkeiten ermöglichen.

(5) [1]Der Sachverständige oder Prüfer bestimmt die Zeit, den Ausgangspunkt und den Verlauf der praktischen Prüfung im Prüfort und seiner Umgebung. [2]Der Sachverständige oder Prüfer hat sich vor der Prüfung durch Einsicht in den Personalausweis oder Reisepass oder in ein sonstiges Ausweisdokument von der Identität des Bewerbers zu überzeugen. [3]Bestehen Zweifel an der Identität, darf die Prüfung nicht durchgeführt werden. [4]Der Fahrerlaubnisbehörde ist davon Mitteilung zu machen. [5]Der Bewerber hat dem amtlich anerkannten Sachverständigen oder Prüfer für den Kraftfahrzeugverkehr vor der Prüfung in geeigneter Form eine Bestätigung des Inhabers der Fahrschule oder der zur Leitung des Ausbildungsbetriebes bestellten Person zu erbringen aus der ersichtlich ist, dass alle vorgeschriebenen Ausbildungsinhalte der zu prüfenden Klasse gemäß § 5 Absatz 1 der Fahrschüler-Ausbildungsordnung absolviert wurden und der Abschluss der praktischen Ausbildung gemäß § 6 Absatz 2 Satz 1 der Fahrschüler-Ausbildungsordnung festgestellt ist. [6]§ 16 Absatz 3 Satz 7 und 8 findet entsprechende Anwendung.

§ 17a Beschränkung auf Fahrzeuge mit Automatikgetriebe

(1) [1]Wird die Prüfungsfahrt auf einem Kraftfahrzeug mit Automatikgetriebe durchgeführt, ist die Fahrerlaubnis auf das Führen von Kraftfahrzeugen mit Automatikgetriebe zu beschränken. [2]Satz 1 gilt nicht für den Erwerb einer Fahrerlaubnis der Klassen BE, C1, C1E, C, CE, D1, D1E, D oder DE, wenn der Bewerber bereits Inhaber einer auf einem Kraftfahrzeug mit Schaltgetriebe erworbenen Fahrerlaubnis der Klasse B, BE, C1, C1E, C, CE, D1, D1E, D oder DE ist. [3]Satz 1 ist nicht anzuwenden auf den Erwerb einer Fahrerlaubnis der Klassen AM oder T.

(2) [1]Die Beschränkung im Sinne des Absatzes 1 Satz 1 ist auf Antrag aufzuheben, wenn der Inhaber der Fahrerlaubnis dem amtlich anerkannten Sachverständigen oder Prüfer für den Kraftfahrzeugverkehr in einer praktischen Prüfung nachweist, dass er zur sicheren, verantwortungsvollen, umweltbewussten und

energiesparenden Führung eines Kraftfahrzeuges mit Schaltgetriebe der Fahrerlaubnisklasse befähigt ist. [2]Die Beschränkung auf das Führen von Kraftfahrzeugen mit Automatikgetriebe der Fahrerlaubnis der Klassen B, BE, C1, C1E, C, CE, D1, D1E, D oder DE ist auch aufzuheben, wenn der Inhaber der Fahrerlaubnis dem amtlich anerkannten Sachverständigen oder Prüfer für den Kraftfahrzeugverkehr in einer praktischen Prüfung nachweist, dass er zur sicheren, verantwortungsvollen, umweltbewussten und energiesparenden Führung eines Kraftfahrzeuges mit Schaltgetriebe der Fahrerlaubnis der Klassen BE, C1, C1E, C, CE, D1, D1E, D oder DE befähigt ist. [3]Die Vorschriften über die Ausbildung nach der Fahrschüler- Ausbildungsordnung sind in diesem Fall nicht anzuwenden. [4]Die Beschränkung auf das Führen von Kraftfahrzeugen mit Automatikgetriebe der Fahrerlaubnis der Klasse B ist auf Antrag auch aufzuheben, wenn der Inhaber einer Fahrerlaubnis der Klasse B der nach Landesrecht zuständigen Behörde durch Vorlage einer Bescheinigung nach Anlage 7 der Fahrschüler-Ausbildungsordnung nachweist, dass er zur sicheren, verantwortungsvollen, umweltbewussten und energiesparenden Führung eines Kraftfahrzeuges der Klasse B mit Schaltgetriebe befähigt ist. [5]Satz 4 findet keine Anwendung, wenn die Beschränkung im Sinne des Absatzes 1 Satz 1 aufgrund von Eignungsmängeln für das Führen von Kraftfahrzeugen mit Schaltgetriebe erfolgt ist.

(3) [1]Abweichend von Absatz 1 Satz 1 entfällt die Beschränkung auf das Führen von Kraftfahrzeugen mit Automatikgetriebe der Fahrerlaubnis der Klasse B, wenn der Bewerber durch Vorlage einer Bescheinigung nach Anlage 7 der Fahrschüler-Ausbildungsordnung dem amtlich anerkannten Sachverständigen oder Prüfer für den Kraftfahrzeugverkehr oder der nach Landesrecht zuständigen Behörde nachweist, dass er zur sicheren, verantwortungsvollen und umweltbewussten Führung eines Kraftfahrzeuges mit Schaltgetriebe der Klasse B befähigt ist. [2]Gegenüber der Technischen Prüfstelle kann der Nachweis ersatzweise auch elektronisch unter Angabe des Datums der Aushändigung des in Satz 1 genannten Nachweises über die praktische Ausbildung zum Führen von Fahrzeugen mit Schaltgetriebe der Klasse B durch den Inhaber der Fahrschule oder die zur Leitung des Ausbildungsbetriebes bestellte Person erfolgen.

(4) [1]Der Nachweis über die Befähigung zur sicheren, verantwortungsvollen und umweltbewussten Führung eines Kraftfahrzeuges mit Schaltgetriebe der Klasse B erfolgt durch die Schlüsselzahl 197 in Spalte 12 der die Klasse B betreffenden Zeile des Führerscheins. [2]Der Eintrag der Schlüsselzahl 197 muss binnen eines Jahres nach dem Abschluss der Ausbildung erfolgt sein. [3]Die Schlüsselzahl 197 ist auf Antrag auszutragen, wenn der Inhaber der Fahrerlaubnis dem amtlich anerkannten Sachverständigen oder Prüfer für den Kraftfahrzeugverkehr in einer praktischen Prüfung nachweist, dass er zur sicheren, verantwortungsvollen und umweltbewussten Führung eines Kraftfahrzeuges mit Schaltgetriebe der Fahrerlaubnis der Klassen B, BE, C1, C1E, C, CE, D1, D1E, D oder DE befähigt ist.

(5) [1]Als Kraftfahrzeug mit Automatikgetriebe gilt ein Kraftfahrzeug, das ohne Schaltgetriebe ausgestattet ist. [2]Als Kraftfahrzeug mit Schaltgetriebe gilt ein Kraftfahrzeug, das

1. über ein Kupplungspedal verfügt, das der Fahrer jeweils beim Anfahren oder beim Anhalten des Fahrzeuges sowie beim Gangwechsel bedienen muss, oder
2. im Fall der Klassen A1, A2 und A über einen von Hand zu bedienenden Kupplungshebel verfügt, den der Fahrer jeweils beim Anfahren oder beim Anhalten des Fahrzeuges sowie beim Gangwechsel bedienen muss.

§ 18 Gemeinsame Vorschriften für die theoretische und die praktische Prüfung

(1) [1]Bei Täuschungshandlungen gilt die Prüfung als nicht bestanden. [2]Eine nicht bestandene Prüfung darf nicht vor Ablauf eines angemessenen Zeitraums, in der Regel mindestens zwei Wochen, wiederholt werden. [3]In den Fällen des Satzes 1 kann die Frist für die Wiederholung der Prüfung auf bis zu neun Monate festgelegt werden.

(2) [1]Die praktische Prüfung muss innerhalb von zwölf Monaten nach Bestehen der theoretischen Prüfung abgelegt werden. [2]Andernfalls verliert die theoretische Prüfung ihre Gültigkeit. [3]Der Zeitraum zwischen Abschluss der praktischen Prüfung oder – wenn keine praktische Prüfung erforderlich ist – zwischen Abschluss der theoretischen Prüfung und der Aushändigung des Führerscheins darf zwei Jahre nicht überschreiten. [4]Andernfalls verliert die gesamte Prüfung ihre Gültigkeit.

(3) Stellt der Sachverständige oder Prüfer Tatsachen fest, die bei ihm Zweifel über die körperliche oder geistige Eignung des Bewerbers begründen, hat er der Fahrerlaubnisbehörde Mitteilung zu machen und den Bewerber hierüber zu unterrichten.

§ 19 Schulung in Erster Hilfe

(1) [1]Bewerber um eine Fahrerlaubnis müssen an einer Schulung in Erster Hilfe teilnehmen, die mindestens neun Unterrichtseinheiten zu je 45 Minuten umfasst. [2]Die Schulung soll dem Antragsteller durch theoretischen Unterricht und durch praktische Übungen gründliches Wissen und praktisches Können in der Ersten Hilfe vermitteln. [3]Gegenstand der Schulung ist auch die Vermittlung von Grundwissen zur Organ-

und Gewebespende einschließlich der Möglichkeiten, die Entscheidung über die persönliche Spendenbereitschaft zu dokumentieren.

(2) [1]Der Nachweis über die Teilnahme an einer Schulung in Erster Hilfe wird durch die Bescheinigung einer für solche Schulungen amtlich anerkannten Stelle oder eines Trägers der öffentlichen Verwaltung, insbesondere der Bundeswehr, der Polizei oder der Bundespolizei, geführt. [2]Im Falle der Erweiterung oder der Neuerteilung einer Fahrerlaubnis ist auf einen Nachweis zu verzichten, wenn der Bewerber zuvor bereits an einer Schulung in Erster Hilfe im Sinne des Absatzes 1 teilgenommen hat.

(3) Des Nachweises über die Teilnahme an einer Schulung in Erster Hilfe im Sinne des Absatzes 1 bedarf insbesondere nicht, wer

1. ein Zeugnis über die bestandene ärztliche oder zahnärztliche Staatsprüfung oder den Nachweis über eine im Ausland erworbene abgeschlossene ärztliche oder zahnärztliche Ausbildung,
2. ein Zeugnis über eine abgeschlossene Ausbildung in einem bundesrechtlich geregelten Gesundheitsfachberuf im Sinne des Artikels 74 Absatz 1 Nummer 19 des Grundgesetzes, in einem der auf Grund des Berufsbildungsgesetzes staatlich anerkannten Ausbildungsberufe Medizinischer, Zahnmedizinischer, Tiermedizinischer oder Pharmazeutisch-kaufmännischer Fachangestellter/Medizinische, Zahnmedizinische, Tiermedizinische oder Pharmazeutisch-kaufmännische[1)] Fachangestellte oder in einem landesrechtlich geregelten Helferberuf des Gesundheits- und Sozialwesens oder
3. eine Bescheinigung über die Ausbildung als Schwesternhelferin, Pflegediensthelfer, über eine Sanitätsausbildung oder rettungsdienstliche Ausbildung oder die Ausbildung als Rettungsschwimmer mit der Befähigung für das Deutsche Rettungsschwimmer-Abzeichen in Silber oder Gold

vorlegt.

§ 20 Neuerteilung einer Fahrerlaubnis

(1) [1]Für die Neuerteilung einer Fahrerlaubnis nach vorangegangener Entziehung oder nach vorangegangenem Verzicht gelten die Vorschriften für die Ersterteilung. [2]§ 15 findet vorbehaltlich des Absatzes 2 keine Anwendung.

(2) Die Fahrerlaubnisbehörde ordnet eine Fahrerlaubnisprüfung an, wenn Tatsachen vorliegen, die die Annahme rechtfertigen, dass der Bewerber die nach § 16 Absatz 1 und § 17 Absatz 1 erforderlichen Kenntnisse und Fähigkeiten nicht mehr besitzt.

(3) Unberührt bleibt die Anordnung einer medizinisch-psychologischen Untersuchung nach § 11 Absatz 3 Satz 1 Nummer 9.

(4) Die Neuerteilung einer Fahrerlaubnis nach vorangegangener Entziehung kann frühestens sechs Monate vor Ablauf einer Sperre

1. nach § 2a Absatz 5 Satz 3 oder § 4 Absatz 10 Satz 1 des Straßenverkehrsgesetzes oder
2. nach § 69 Absatz 1 Satz 1 in Verbindung mit § 69a Absatz 1 Satz 1 oder § 69a Absatz 1 Satz 3 in Verbindung mit Satz 1 des Strafgesetzbuches

bei der nach Landesrecht zuständigen Behörde beantragt werden.

3.
Verfahren bei der Erteilung einer Fahrerlaubnis

§ 21 Antrag auf Erteilung einer Fahrerlaubnis

(1) [1]Der Antrag auf Erteilung einer Fahrerlaubnis ist bei der nach Landesrecht zuständigen Behörde oder Stelle oder der Fahrerlaubnisbehörde schriftlich oder in elektronischer Form zu stellen. [2]Der Bewerber hat auf Verlangen dieser Behörden oder Stellen persönlich zu erscheinen. [3]Der Bewerber hat folgende Daten mitzuteilen und auf Verlangen nachzuweisen:

1. die in § 2 Absatz 6 des Straßenverkehrsgesetzes bezeichneten Personendaten sowie die Daten über den ordentlichen Wohnsitz im Inland einschließlich der Anschrift, Staatsangehörigkeit und Art des Ausweisdokumentes und
2. die ausbildende Fahrschule.

(2) [1]Der Bewerber hat weiter anzugeben, ob er bereits eine Fahrerlaubnis aus einem anderen Staat besitzt oder besessen hat oder ob er sie bei einer anderen Behörde eines solchen Staates beantragt hat. [2]Beantragt der Inhaber einer Fahrerlaubnis aus einem solchen Staat eine Erweiterung der Fahrerlaubnis auf eine andere Klasse, ist dieser Antrag hinsichtlich der vorhandenen Klassen als Antrag auf Erteilung der deutschen Fahrerlaubnis gemäß den §§ 30 und 31 zu werten. [3]Der Bewerber hat in jedem Fall eine Erklärung abzugeben, dass er mit der Erteilung der beantragten Fahrerlaubnis auf eine möglicherweise bereits vorhandene Fahrerlaubnis dieser Klasse aus einem solchen Staat verzichtet.

---

1) Zeichensetzung nichtamtlich ergänzt.

(3) [1]Dem Antrag sind folgende Unterlagen beizufügen:
1. ein amtlicher Nachweis über Ort und Tag der Geburt,
2. ein Lichtbild, das den Bestimmungen der Passverordnung vom 19. Oktober 2007 (BGBl. I S. 2386), die zuletzt durch Artikel 2 der Verordnung vom 20. August 2021 (BGBl. I S. 3682) geändert worden ist, entspricht,
3. bei einem Antrag auf Erteilung einer Fahrerlaubnis der Klassen AM, A1, A2, A, B, BE,,[1)] L oder T eine Sehtestbescheinigung nach § 12 Absatz 3 oder ein Zeugnis oder ein Gutachten nach § 12 Absatz 4 oder ein Zeugnis nach § 12 Absatz 5,
4. bei einem Antrag auf Erteilung einer Fahrerlaubnis der Klassen C, C1, CE, C1E, D, D1, DE oder D1E ein Zeugnis oder Gutachten über die körperliche und geistige Eignung nach § 11 Absatz 9 und eine Bescheinigung oder ein Zeugnis über das Sehvermögen nach § 12 Absatz 6,
5. ein Nachweis über die Schulung in Erster Hilfe,
6. bei einem Antrag auf Erteilung einer Fahrerlaubnis der Klassen D, D1, DE und D1E ein Führungszeugnis nach § 30 Absatz 5 Satz 1 des Bundeszentralregistergesetzes.

[2]Die Fahrerlaubnisbehörde kann Ausnahmen von der in Satz 1 Nummer 2 vorgeschriebenen Gestaltung des Lichtbildes zulassen.

(4) Die Erteilung einer Fahrerlaubnis kann frühestens sechs Monate vor Erreichen des für die jeweilige Fahrerlaubnisklasse nach § 10 vorgeschriebenen Mindestalters bei der nach Landesrecht zuständigen Behörde beantragt werden.

§ 22 Verfahren bei der Behörde und der Technischen Prüfstelle

(1) Die nach Landesrecht zuständige Behörde oder Stelle und die Fahrerlaubnisbehörde können durch Einholung von Auskünften aus dem Melderegister die Richtigkeit und Vollständigkeit der vom Bewerber mitgeteilten Daten überprüfen.

(2) [1]Die Fahrerlaubnisbehörde hat zu ermitteln, ob Bedenken gegen die Eignung des Bewerbers zum Führen von Kraftfahrzeugen bestehen und er bereits im Besitz einer Fahrerlaubnis ist oder war. [2]Sie hat dazu auf seine Kosten eine Auskunft aus dem Fahreignungsregister und dem Zentralen Fahrerlaubnisregister einzuholen. [3]Sie kann außerdem auf seine Kosten – in der Regel über das Kraftfahrt-Bundesamt – eine Auskunft aus den entsprechenden ausländischen Registern einholen und verlangen, dass der Bewerber die Erteilung eines Führungszeugnisses zur Vorlage bei der Fahrerlaubnisbehörde nach den Vorschriften des Bundeszentralregistergesetzes beantragt. [4]Bestehen Anhaltspunkte, dass die Angaben über den Vorbesitz einer ausländischen Fahrerlaubnis nicht zutreffen, kann die Behörde abweichend von Satz 3 einen ausländischen Registerauszug durch den Bewerber auf dessen Kosten beibringen lassen. [5]Werden Tatsachen bekannt, die Bedenken gegen die Eignung des Bewerbers begründen, verfährt die Fahrerlaubnisbehörde nach den §§ 11 bis 14.

(2a) [1]Eine Fahrerlaubnis ist nicht zu erteilen, wenn dem Bewerber zuvor in einem anderen Staat eine Fahrerlaubnis vorläufig oder rechtskräftig von einem Gericht oder sofort vollziehbar oder bestandskräftig von einer Verwaltungsbehörde entzogen worden ist. [2]Satz 1 gilt nicht, soweit die Gründe für die Entziehung nicht mehr bestehen.

(2b) [1]Zum Nachweis, dass die Gründe für die Entziehung nach Absatz 2a nicht mehr bestehen, hat der Bewerber eine Bescheinigung der Stelle, welche die frühere Fahrerlaubnis im betreffenden Staat erteilt hatte, bei der nach Landesrecht zuständigen Behörde vorzulegen. [2]Absatz 2 bleibt unberührt.

(3) Liegen alle Voraussetzungen für die Erteilung der Fahrerlaubnis vor, hat die Fahrerlaubnisbehörde den Führerschein ausfertigen zu lassen und auszuhändigen.

(4) [1]Muss der Bewerber noch die nach § 15 erforderliche Prüfung ablegen, hat die Fahrerlaubnisbehörde die zuständige Technische Prüfstelle für den Kraftfahrzeugverkehr mit der Prüfung zu beauftragen und ihr den vorbereiteten Führerschein (§ 25) ohne Angabe des Datums der Erteilung der beantragten Klasse unmittelbar zu übersenden. [2]Der Sachverständige oder Prüfer prüft, ob der Bewerber zum Führen von Kraftfahrzeugen, gegebenenfalls mit Anhänger, der beantragten Klasse befähigt ist. [3]Der Sachverständige oder Prüfer oder sonst die Fahrerlaubnisbehörde händigt, wenn die Prüfung bestanden ist, den Führerschein nach dem Einsetzen des Aushändigungsdatums aus. [4]Er darf nur ausgehändigt werden, wenn die Identität des Bewerbers zweifelsfrei feststeht. [5]Hat der Sachverständige oder Prüfer den Führerschein ausgehändigt, teilt er dies der Fahrerlaubnisbehörde unter Angabe des Aushändigungsdatums mit. [6]Die Fahrerlaubnis wird durch die Aushändigung des Führerscheins oder, wenn der Führerschein nicht vorliegt, ersatzweise durch eine nur im Inland als Nachweis der Fahrerlaubnis geltende befristete Prüfungsbescheinigung nach Anlage 8a erteilt.

1) Zeichensetzung amtlich.

(5) Die Technische Prüfstelle soll den Prüfauftrag an die Fahrerlaubnisbehörde zurückgeben, wenn
1. die theoretische Prüfung nicht innerhalb von zwölf Monaten nach Eingang des Prüfauftrags bestanden ist,
2. die praktische Prüfung nicht innerhalb von zwölf Monaten nach Bestehen der theoretischen Prüfung bestanden ist oder
3. in den Fällen, in denen keine theoretische Prüfung erforderlich ist, die praktische Prüfung nicht innerhalb von zwölf Monaten nach Eingang des Prüfauftrags bestanden ist.

§ 22a Abweichendes Verfahren bei Elektronischem Prüfauftrag und Vorläufigem Nachweis der Fahrerlaubnis

(1) [1]Abweichend von § 22 Absatz 4 Satz 1 kann die Fahrerlaubnisbehörde mit Zustimmung der zuständigen obersten Landesbehörde von dem Übersenden eines vorbereiteten Führerscheines an die zuständige Technische Prüfstelle für den Kraftfahrzeugverkehr nach Maßgabe der folgenden Vorschriften absehen. [2]Soweit nachstehend nichts anderes bestimmt ist, bleiben die allgemeinen Vorschriften unberührt.

(2) Die Fahrerlaubnisbehörde übermittelt der zuständigen Technischen Prüfstelle für den Kraftfahrzeugverkehr zur Durchführung der Prüfung folgende Daten in Bezug auf den Bewerber:
1. Prüfauftragsnummer,
2. Ausstellungsdatum des Prüfauftrages,
3. Name, Vorname, Geburtsdatum, Anschrift, Geburtsort, Geschlecht, Staatsangehörigkeit, Art des Ausweisdokumentes sowie, soweit angegeben, die E-Mail-Adresse,
4. eine digitale Kopie des Lichtbildes für den Führerschein,
5. Angaben zum Vorbesitz von Fahrerlaubnisklassen,
6. Prüfauftragsart (Ersterteilung, Erweiterung, Umschreibung, Neuerteilung),
7. beantragte Fahrerlaubnisklassen,
8. Auflagen und Beschränkungen zu den beantragten Fahrerlaubnisklassen,
9. Mindestalter,
10. Angaben zur theoretischen Prüfung,
11. Angaben zur praktischen Prüfung,
12. Angabe, ob der Bewerber auf das Ausstellen eines Vorläufigen Nachweises der Fahrerlaubnis verzichtet hat.

(3) [1]Der Sachverständige oder Prüfer hat im Falle einer bestandenen Prüfung abweichend von § 22 Absatz 4 Satz 3 dem Bewerber einen Vorläufigen Nachweis der Fahrerlaubnis nach Anlage 8a unter Einsetzen des Aushändigungsdatums auszuhändigen. [2]§ 22 Absatz 4 Satz 4 und 5 ist mit der Maßgabe anzuwenden, dass das Ergebnis der Prüfung, die jeweils erteilte Fahrerlaubnisklasse und das Ausgabedatum des Vorläufigen Nachweises der Fahrerlaubnis der Fahrerlaubnisbehörde unter Angabe der Daten nach Absatz 2 Nummer 1 und 3 elektronisch übermittelt wird.

(4) [1]Ist der Bewerber bereits im Besitz eines Führerscheines oder eines Vorläufigen Nachweises der Fahrerlaubnis und soll die Fahrerlaubnis auf weitere Klassen erweitert werden, darf nach bestandener Prüfung der Vorläufige Nachweis der Fahrerlaubnis nur ausgehändigt werden, wenn der Bewerber dem Sachverständigen oder Prüfer seinen bisherigen Führerschein oder den ihm zuvor erteilten Vorläufigen Nachweis der Fahrerlaubnis zur Weiterleitung an die Fahrerlaubnisbehörde übergibt. [2]Die Fahrerlaubnisbehörde hat den neuen Führerschein mit den erteilten Klassen dem Bewerber alsbald auszuhändigen, zu übersenden oder übersenden zu lassen.

(5) [1]Der Bewerber kann in seinem Antrag nach § 21 erklären, dass er für alle beantragten Fahrerlaubnisklassen auf das Ausstellen eines Vorläufigen Nachweises der Fahrerlaubnis verzichtet. [2]Im Falle eines Verzichtes hat der Sachverständige oder Prüfer lediglich das Ergebnis der Prüfung der Fahrerlaubnisbehörde zu übermitteln und dem Bewerber eine Bestätigung darüber auszuhändigen. [3]Ist der Bewerber bereits im Besitz eines Führerscheines oder eines Vorläufigen Nachweises der Fahrerlaubnis, erhält er den Führerschein mit den zusätzlich erteilten Fahrerlaubnisklassen nur gegen Rückgabe des bisherigen Führerscheines oder des Vorläufigen Nachweises der Fahrerlaubnis durch die Fahrerlaubnisbehörde ausgehändigt.

(6) [1]Der Bewerber kann in seinem Antrag nach § 21 erklären, dass er den Führerschein unmittelbar nach der bestandenen Prüfung benötigt. [2]Die Fahrerlaubnisbehörde hat im Falle einer Erklärung nach Satz 1 den Führerschein bereits mit der Erteilung des Prüfauftrages an die Technische Prüfstelle herstellen zu lassen und diesen dem Bewerber, soweit alle übrigen Voraussetzungen für die Erteilung der Fahrerlaubnis vorliegen, auszuhändigen, zu übersenden oder übersenden zu lassen. [3]Absatz 5 Satz 2 und 3 gilt entsprechend.

(7) Der Vorläufige Nachweis der Fahrerlaubnis gilt als Nachweis im Sinne des § 4 Absatz 3 Satz 1 und nur im Inland; er ist bis zur Aushändigung des Führerscheines, längstens für drei Monate ab dem Tag seiner Aushändigung, gültig.

§ 23 Geltungsdauer der Fahrerlaubnis, Beschränkungen und Auflagen

(1) [1]Die Fahrerlaubnis der Klassen AM, A1, A2, A, B, BE,[1)], L und T wird unbefristet erteilt. [2]Die Fahrerlaubnis der Klassen C1, C1E, C, CE, D1, D1E, D und DE wird längstens für fünf Jahre erteilt. [3]Grundlage für die Bemessung der Geltungsdauer ist das Datum des Tages, an dem die Fahrerlaubnisbehörde den Auftrag zur Herstellung des Führerscheins erteilt.

(2) [1]Ist der Bewerber nur bedingt zum Führen von Kraftfahrzeugen geeignet, kann die Fahrerlaubnisbehörde die Fahrerlaubnis soweit wie notwendig beschränken oder unter den erforderlichen Auflagen erteilen. [2]Die Beschränkung kann sich insbesondere auf eine bestimmte Fahrzeugart oder ein bestimmtes Fahrzeug mit besonderen Einrichtungen erstrecken.

§ 24 Verlängerung von Fahrerlaubnissen

(1) [1]Die Geltungsdauer der Fahrerlaubnis der Klassen C, C1, CE, C1E, D, D1, DE und D1E wird auf Antrag des Inhabers jeweils um die in § 23 Absatz 1 Satz 2 angegebenen Zeiträume verlängert, wenn

1. der Inhaber seine Eignung nach Maßgabe der Anlage 5 und die Erfüllung der Anforderungen an das Sehvermögen nach Anlage 6 nachweist und
2. keine Tatsachen vorliegen, die die Annahme rechtfertigen, dass eine der sonstigen aus den §§ 7 bis 19 ersichtlichen Voraussetzungen für die Erteilung der Fahrerlaubnis fehlt.

[2]Grundlage der Bemessung der Geltungsdauer der verlängerten Fahrerlaubnis ist das Datum des Tages, an dem die zu verlängernde Fahrerlaubnis endet. [3]Die Verlängerung der Klassen D, D1, DE und D1E kann nur dann über die Vollendung des 50. Lebensjahres hinaus erfolgen, wenn der Antragsteller zusätzlich seine Eignung nach Maßgabe der Anlage 5 Nummer 2 nachweist.

(2) Absatz 1 Satz 1 und 3 und § 23 Absatz 1 Satz 3 sind auch bei der Erteilung einer Fahrerlaubnis der entsprechenden Klasse anzuwenden, wenn die Geltungsdauer der vorherigen Fahrerlaubnis dieser Klasse bei Antragstellung abgelaufen ist.

(3) Die Absätze 1 und 2 sind auch anzuwenden, wenn der Inhaber der Fahrerlaubnis seinen ordentlichen Wohnsitz in einen nicht zur Europäischen Union oder zum Abkommen über den Europäischen Wirtschaftsraum gehörenden Staat verlegt hat.

(4) Die Verlängerung einer Fahrerlaubnis kann frühestens sechs Monate vor Ablauf ihrer Geltungsdauer bei der nach Landesrecht zuständigen Behörde beantragt werden.

§ 24a Gültigkeit von Führerscheinen

(1) [1]Die Gültigkeit der ab dem 19. Januar 2013 ausgestellten Führerscheine ist auf 15 Jahre befristet. [2]Die Vorschriften des § 23 Absatz 1 bleiben unberührt.

(2) [1]Ein Führerschein, der vor dem 19. Januar 2013 ausgestellt worden ist, ist bis zu dem Zeitpunkt umzutauschen, der sich aus der Anlage 8e ergibt. [2]Nach Ablauf der sich aus Satz 1 in Verbindung mit der Anlage 8e ergebenden Frist verliert der Führerschein seine Gültigkeit.

(3) [1]Bei der erstmaligen Befristung eines Führerscheins ist Grundlage für die Bemessung der Gültigkeit das Datum des Tages, an dem die Fahrerlaubnisbehörde den Auftrag zur Herstellung des Führerscheins erteilt. [2]Grundlage der Bemessung der Gültigkeit eines bereits verlängerten Führerscheins ist das Datum des Tages, an dem die vorangegangene Befristung endet. [3]Satz 2 gilt auch, wenn die Gültigkeit des Führerscheins bei Antragstellung noch gegeben oder bereits abgelaufen ist. [4]Abweichend von den Sätzen 2 und 3 ist bei der Ausstellung eines Ersatzdokuments und bei der Ausfertigung eines neuen Führerscheins wegen Erweiterung oder Verlängerung der Fahrerlaubnis oder wegen Änderung der Angaben auf dem Führerschein Satz 1 anzuwenden.

(4) [1]Die Gültigkeit eines Führerscheins, der ab dem 1. Januar 1999 als Kartenführerschein ausgestellt worden ist, kann durch die nach Landesrecht zuständige Behörde durch die Anbringung eines mit einer bestimmten Frist versehenen Gültigkeitsaufklebers mit Sicherheitsdesign der Bundesdruckerei nachträglich befristet werden, soweit der Antragsteller dies zusammen mit der Erteilung eines neuen Führerscheins beantragt und zum Zeitpunkt der Antragstellung keine Gründe gegen die sofortige Ausstellung eines neuen Führerscheins bestehen. [2]Ein nach Satz 1 befristeter Führerschein dient nur im Inland als Nachweis der Fahrberechtigung. [3]Er verliert seine Gültigkeit mit Zustellung des neuen Führerscheins, Ablauf der Frist oder wenn der Gültigkeitsaufkleber entfernt oder beschädigt wurde.

1) Zeichensetzung amtlich.

§ 25 Ausfertigung des Führerscheins

(1) [1]Der Führerschein wird nach Muster 1 der Anlage 8 ausgefertigt. [2]Er darf nur ausgestellt werden, wenn der Antragsteller

1. seinen ordentlichen Wohnsitz im Sinne des § 7 Absatz 1 oder 2 in der Bundesrepublik Deutschland hat,
2. zu dem in § 7 Absatz 3 genannten Personenkreis gehört oder
3. seinen ordentlichen Wohnsitz in einem Staat hat, der nicht Mitgliedstaat der Europäischen Union oder Vertragsstaat des Abkommens über den Europäischen Wirtschaftsraum ist und im Besitz einer deutschen Fahrerlaubnis ist.

(2) [1]Bei einer Erweiterung oder Verlängerung der Fahrerlaubnis oder Änderungen der Angaben auf dem Führerschein ist ein neuer Führerschein auszufertigen. [2]Bei einer Erweiterung der Fahrerlaubnis auf eine andere Klasse ist auf dem Führerschein der Tag zu vermerken, an dem die EU- oder EWR-Fahrerlaubnis für die bisher vorhandenen Klassen erteilt worden ist.

(3) Bei Eintragungen auf dem Führerschein, die nicht bereits im Muster vorgesehen sind, insbesondere auf Grund von Beschränkungen und Auflagen, sind die in Anlage 9 festgelegten Schlüsselzahlen zu verwenden.

(3a) [1]Ist die Gültigkeit des Führerscheins abgelaufen, hat der Inhaber einen neuen Führerschein zu beantragen, es sei denn, er verzichtet auf die Fahrerlaubnis. [2]Absatz 4 Satz 2 gilt entsprechend.

(4) [1]Ist ein Führerschein abhandengekommen oder vernichtet worden, hat der bisherige Inhaber den Verlust unverzüglich anzuzeigen und sich ein Ersatzdokument ausstellen zu lassen, sofern er nicht auf die Fahrerlaubnis verzichtet. [2]Wird ein Ersatzführerschein für einen abhandengekommenen ausgestellt, hat sich die Fahrerlaubnisbehörde auf Kosten des Antragstellers durch die Einholung einer Auskunft aus dem Zentralen Fahrerlaubnisregister und aus dem Fahreignungsregister zu vergewissern, dass der Antragsteller die entsprechende Fahrerlaubnis besitzt. [3]Sie kann außerdem – in der Regel über das Kraftfahrt-Bundesamt – auf seine Kosten eine Auskunft aus den entsprechenden ausländischen Registern einholen.

(5) [1]Bei der Aushändigung eines neuen Führerscheins ist der bisherige Führerschein einzuziehen oder ungültig zu machen. [2]Auf Wunsch des Inhabers der Fahrerlaubnis kann dieser den bisherigen Führerschein behalten. [3]Hierzu ist der Führerschein durch die nach Landesrecht zuständige Behörde sichtbar und dauerhaft zu entwerten. [4]Im Falle der Vorlage eines nach dem 1. Januar 1999 als Kartenführerschein ausgestellten Führerscheins ist der Führerschein durch eine Lochung in der unteren rechten Ecke der Vorderseite zu entwerten. [5]Er verliert mit Aushändigung des neuen Führerscheins seine Gültigkeit. [6]Wird der bisherige Führerschein nach Aushändigung des neuen wieder aufgefunden, ist er unverzüglich der zuständigen Fahrerlaubnisbehörde abzuliefern.

§ 25a Antrag auf Ausstellung eines Internationalen Führerscheins

(1) [1]Kraftfahrzeugführer erhalten auf Antrag den Internationalen Führerschein, wenn sie das 18. Lebensjahr vollendet haben und die nach § 6 Absatz 1 für das Führen des Fahrzeugs erforderliche EU- oder EWR-Fahrerlaubnis nach einem ab dem 1. Januar 1999 zu verwendenden Muster oder eine ausländische Erlaubnis zum Führen von Kraftfahrzeugen gemäß § 29 nachweisen. [2]§ 29 Absatz 2 Satz 2 ist entsprechend anzuwenden. [3]Ein internationaler Führerschein nach § 25b Absatz 3 darf nur ausgestellt werden, wenn der Inhaber seinen ordentlichen Wohnsitz im Inland oder in einem Staat hat, der keine Vertragspartei des Übereinkommens über den Straßenverkehr vom 8. November 1968 ist.

(2) Dem Antrag sind ein Lichtbild, das den Bestimmungen der Passverordnung entspricht, und der Führerschein beizufügen.

§ 25b Ausstellung des Internationalen Führerscheins

(1) Internationale Führerscheine müssen nach den Anlagen 8c und 8d in deutscher Sprache mit lateinischen Druck- oder Schriftzeichen ausgestellt werden.

(2) Beim Internationalen Führerschein nach Artikel 7 und Anlage E des Internationalen Abkommens über Kraftfahrzeugverkehr vom 24. April 1926 (RGBl. 1930 II S. 1233) ergeben sich die entsprechenden Fahrerlaubnisklassen und deren Beschränkungen aus Nummer 5 der Vorbemerkungen zu Anlage 8c.

(2a) [1]Erfolgt die Ausstellung des Internationalen Führerscheins nach Anlage 8b auf Grund eines Führerscheins, der zwischen dem 1. Januar 1999 und dem 18. Januar 2013 ausgefertigt wurde, ergeben sich die entsprechenden Fahrerlaubnisklassen und deren Beschränkungen aus Nummer 6 der Vorbemerkungen zu Anlage 8c. [2]Weitere Beschränkungen der Fahrerlaubnis sind zu übernehmen.

(3) [1]Beim Internationalen Führerschein nach Artikel 41 und Anhang 7 des Übereinkommens über den Straßenverkehr vom 8. November 1968 (BGBl. 1977 II S. 809) ergeben sich die entsprechenden Fahrerlaubnisklassen und deren Beschränkungen aus Nummer 5 der Vorbemerkungen zu Anlage 8d. [2]Weitere Beschränkungen der Fahrerlaubnis sind zu übernehmen.

(3a) [1]Erfolgt die Ausstellung des Internationalen Führerscheins nach Anlage 8d auf Grund eines Führerscheins, der zwischen dem 1. Januar 1999 und dem 18. Januar 2013 ausgefertigt wurde, ergeben sich die entsprechenden Fahrerlaubnisklassen und deren Beschränkungen aus Nummer 6 der Vorbemerkungen zu Anlage 8d. [2]Weitere Beschränkungen der Fahrerlaubnis sind zu übernehmen.

(4) [1]Die Gültigkeitsdauer Internationaler Führerscheine nach Anlage 8c beträgt ein Jahr, solcher nach Anlage 8d drei Jahre, jeweils vom Zeitpunkt ihrer Ausstellung. [2]Die Gültigkeitsdauer darf nicht über die Gültigkeitsdauer des nationalen Führerscheins hinausgehen; dessen Nummer muss auf dem Internationalen Führerschein vermerkt sein.

4.
Sonderbestimmungen für das Führen von Dienstfahrzeugen

§ 26 Dienstfahrerlaubnis

(1) [1]Die von den Dienststellen der Bundeswehr, der Bundespolizei und der Polizei (§ 73 Absatz 4) erteilten Fahrerlaubnisse berechtigen nur zum Führen von Dienstfahrzeugen (Dienstfahrerlaubnisse). [2]Bei Erteilung der Dienstfahrerlaubnis darf auf die Vorlage des Führungszeugnisses nach § 11 Absatz 1 Satz 5 verzichtet werden. [3]Über die Dienstfahrerlaubnis der Bundeswehr wird ein Führerschein nach Muster 2 der Anlage 8, über die der Bundespolizei und der Polizei ein Führerschein nach Muster 3 der Anlage 8 ausgefertigt (Dienstführerschein). [4]Die Dienstfahrerlaubnis der Bundeswehr wird in den aus Muster 2 der Anlage 8 ersichtlichen Klassen erteilt. [5]Der Umfang der Berechtigung zum Führen von Dienstfahrzeugen der Bundeswehr ergibt sich aus Anlage 10, wenn die Dienstfahrerlaubnis der Bundeswehr bis zum Ablauf des 18. Januar 2013 erteilt worden ist. [6]Wenn die Dienstfahrerlaubnis der Bundeswehr ab dem 19. Januar 2013 erteilt worden ist, ergibt sich der Umfang der Berechtigung zum Führen von Dienstfahrzeugen der Bundeswehr aus § 6. [7]Der Dienstführerschein der Bundeswehr ist nur in Verbindung mit dem Dienstausweis gültig.

(2) [1]Der Inhaber der Dienstfahrerlaubnis darf von ihr nur während der Dauer des Dienstverhältnisses Gebrauch machen. [2]Bei Beendigung des Dienstverhältnisses ist der Dienstführerschein einzuziehen. [3]Wird das Dienstverhältnis wieder begründet, darf ein Dienstführerschein ausgehändigt werden, sofern die Dienstfahrerlaubnis noch gültig ist. [4]Ist sie nicht mehr gültig, kann die Dienstfahrerlaubnis unter den Voraussetzungen des § 24 Absatz 1 neu erteilt werden.

(3) Bei der erstmaligen Beendigung des Dienstverhältnisses nach der Erteilung oder Neuerteilung der betreffenden Klasse der Dienstfahrerlaubnis ist dem Inhaber auf Antrag zu bescheinigen, für welche Klasse von Kraftfahrzeugen ihm die Erlaubnis erteilt war.

§ 27 Verhältnis von allgemeiner Fahrerlaubnis und Dienstfahrerlaubnis

(1) [1]Beantragt der Inhaber einer Dienstfahrerlaubnis während der Dauer des Dienstverhältnisses die Erteilung einer allgemeinen Fahrerlaubnis, sind folgende Vorschriften nicht anzuwenden:

1. § 11 Absatz 9 über die ärztliche Untersuchung und § 12 Absatz 6 über die Untersuchung des Sehvermögens, es sei denn, dass in entsprechender Anwendung der Regelungen in den §§ 23 und 24 eine Untersuchung erforderlich ist,
2. § 12 Absatz 2 über den Sehtest,
3. § 15 über die Befähigungsprüfung,
4. § 19 über die Schulung in Erster Hilfe,
5. die Vorschriften über die Ausbildung.

[2]Dasselbe gilt bei Vorlage einer Bescheinigung nach § 26 Absatz 3. [3]Die Klasse der auf Grund einer bis zum Ablauf des 18. Januar 2013 erteilten Dienstfahrerlaubnis der Bundeswehr zu erteilenden allgemeinen Fahrerlaubnis ergibt sich aus Anlage 10. [4]Die Klasse der aufgrund einer ab dem 19. Januar 2013 erteilten Dienstfahrerlaubnis der Bundeswehr zu erteilenden allgemeinen Fahrerlaubnis ergibt sich aus § 6. [5]Auf dem Führerschein ist in Feld 10 der Tag zu vermerken, an dem die Dienstfahrerlaubnis für die betreffende Klasse erteilt worden ist. [6]Wenn die Geltungsdauer der betreffenden Klasse der Dienstfahrerlaubnis befristet ist, wird die im Dienstführerschein vermerkte Geltungsdauer in Feld 11 der betreffenden Klassen eingetragen.

(1a) Abweichend von Absatz 1 Satz 1 Nummer 3 ordnet die Fahrerlaubnisbehörde in dem Fall des § 26 Absatz 3 eine Fahrerlaubnisprüfung an, wenn Tatsachen vorliegen, die die Annahme rechtfertigen, dass der Bewerber die nach § 16 Absatz 1 und § 17 Absatz 1 erforderlichen Kenntnisse und Fähigkeiten nicht mehr besitzt.

(2) [1]Wird dem Inhaber einer allgemeinen Fahrerlaubnis eine Dienstfahrerlaubnis derselben oder einer entsprechenden Klasse erteilt, kann die Dienstfahrerlaubnisbehörde Absatz 1 Satz 1 entsprechend an-

wenden. [2]Dies gilt auch bei der Erteilung einer Dienstfahrerlaubnis der Bundeswehr in einer von § 6 Absatz 1 abweichenden Klasse, soweit die in Absatz 1 Satz 1 genannten Voraussetzungen auch Voraussetzungen für die Erteilung der Dienstfahrerlaubnis sind.

(3) [1]Die Fahrerlaubnisbehörde teilt der Dienststelle, die die Dienstfahrerlaubnis erteilt hat, die unanfechtbare Versagung der allgemeinen Fahrerlaubnis sowie deren unanfechtbare oder vorläufig wirksame Entziehung einschließlich der Gründe der Entscheidung unverzüglich mit. [2]Die Dienststelle teilt der zuständigen Fahrerlaubnisbehörde die unanfechtbare Versagung der Dienstfahrerlaubnis sowie deren unanfechtbare oder vorläufig wirksame Entziehung einschließlich der Gründe der Entscheidung unverzüglich mit, sofern die Versagung oder die Entziehung auf den Vorschriften des Straßenverkehrsgesetzes beruhen. [3]Für die Wahrnehmung der Aufgaben nach diesem Absatz können an Stelle der genannten Dienststellen auch andere Stellen bestimmt werden. [4]Für den Bereich der Bundeswehr nimmt die Zentrale Militärkraftfahrtstelle die Aufgaben wahr.

(4) Die Dienstfahrerlaubnis erlischt mit der Entziehung der allgemeinen Fahrerlaubnis.

5.
Sonderbestimmungen für Inhaber ausländischer Fahrerlaubnisse

§ 28 Anerkennung von Fahrerlaubnissen aus Mitgliedstaaten der Europäischen Union oder einem anderen Vertragsstaat des Abkommens über den Europäischen Wirtschaftsraum

(1) [1]Inhaber einer gültigen EU- oder EWR-Fahrerlaubnis, die ihren ordentlichen Wohnsitz im Sinne des § 7 Absatz 1 oder 2 in der Bundesrepublik Deutschland haben, dürfen – vorbehaltlich der Einschränkungen nach den Absätzen 2 bis 4 – im Umfang ihrer Berechtigung Kraftfahrzeuge im Inland führen. [2]Auflagen zur ausländischen Fahrerlaubnis sind auch im Inland zu beachten. [3]Auf die Fahrerlaubnisse finden die Vorschriften dieser Verordnung Anwendung, soweit nichts anderes bestimmt ist.

(2) [1]Der Umfang der Berechtigung der jeweiligen Fahrerlaubnisklassen ergibt sich aus dem Beschluss (EU) 2016/1945 der Kommission vom 14. Oktober 2016 über Äquivalenzen zwischen Führerscheinklassen (ABl. L 302 vom 9.11.2016, S. 62). [2]Die Berechtigung nach Absatz 1 gilt nicht für Fahrerlaubnisklassen, für die die Entscheidung der Kommission keine entsprechenden Klassen ausweist. [3]Für die Berechtigung zum Führen von Fahrzeugen der Klassen L und T gilt § 6 Absatz 3 entsprechend.

(3) [1]Die Vorschriften über die Geltungsdauer von Fahrerlaubnissen der Klassen C, C1, CE, C1E, D, D1, DE und D1E in § 23 Absatz 1 gelten auch für die entsprechenden EU- und EWR-Fahrerlaubnisse. [2]Grundlage für die Berechnung der Geltungsdauer ist das Datum der Erteilung der ausländischen Fahrerlaubnis. [3]Wäre danach eine solche Fahrerlaubnis ab dem Zeitpunkt der Verlegung des ordentlichen Wohnsitzes in die Bundesrepublik Deutschland nicht mehr gültig, weil seit der Erteilung mehr als fünf Jahre verstrichen sind, besteht die Berechtigung nach Absatz 1 Satz 1 noch sechs Monate, gerechnet von der Begründung des ordentlichen Wohnsitzes im Inland an. [4]Für die Erteilung einer deutschen Fahrerlaubnis ist § 30 in Verbindung mit § 24 Absatz 1 entsprechend anzuwenden.

(4) [1]Die Berechtigung nach Absatz 1 gilt nicht für Inhaber einer EU- oder EWR-Fahrerlaubnis,

1. die lediglich im Besitz eines Lernführerscheins oder eines anderen vorläufig ausgestellten Führerscheins sind,
2. die ausweislich des Führerscheins oder vom Ausstellungsmitgliedstaat herrührender unbestreitbarer Informationen zum Zeitpunkt der Erteilung ihren ordentlichen Wohnsitz im Inland hatten, es sei denn, dass sie als Studierende oder Schüler im Sinne des § 7 Absatz 2 die Fahrerlaubnis während eines mindestens sechsmonatigen Aufenthalts erworben haben,
3. denen die Fahrerlaubnis im Inland vorläufig oder rechtskräftig von einem Gericht oder sofort vollziehbar oder bestandskräftig von einer Verwaltungsbehörde entzogen worden ist, denen die Fahrerlaubnis bestandskräftig versagt worden ist oder denen die Fahrerlaubnis nur deshalb nicht entzogen worden ist, weil sie zwischenzeitlich auf die Fahrerlaubnis verzichtet haben,
4. denen auf Grund einer rechtskräftigen gerichtlichen Entscheidung keine Fahrerlaubnis erteilt werden darf,
5. solange sie im Inland, in dem Staat, der die Fahrerlaubnis erteilt hatte, oder in dem Staat, in dem sie ihren ordentlichen Wohnsitz haben, einem Fahrverbot unterliegen oder der Führerschein nach § 94 der Strafprozessordnung beschlagnahmt, sichergestellt oder in Verwahrung genommen ist,
6. die zum Zeitpunkt des Erwerbs der ausländischen EU- oder EWR-Fahrerlaubnis Inhaber einer deutschen Fahrerlaubnis waren,
7. deren Fahrerlaubnis aufgrund einer Fahrerlaubnis eines Drittstaates, der nicht in der Anlage 11 aufgeführt ist, prüfungsfrei umgetauscht worden ist, oder deren Fahrerlaubnis aufgrund eines gefälschten Führerscheins eines Drittstaates erteilt wurde,

8. die zum Zeitpunkt der Erteilung einer Fahrerlaubnis eines Drittstaates, die in eine ausländische EU- oder EWR-Fahrerlaubnis umgetauscht worden ist, oder zum Zeitpunkt der Erteilung der EU- oder EWR-Fahrerlaubnis auf Grund einer Fahrerlaubnis eines Drittstaates ihren Wohnsitz im Inland hatten, es sei denn, dass sie die ausländische Erlaubnis zum Führen eines Kraftfahrzeuges als Studierende oder Schüler im Sinne des § 7 Absatz 2 in eine ausländische EU- oder EWR-Fahrerlaubnis während eines mindestens sechsmonatigen Aufenthalts umgetauscht haben, oder
9. die den Vorbesitz einer anderen Klasse voraussetzt, wenn die Fahrerlaubnis dieser Klasse nach den Nummern 1 bis 8 im Inland nicht zum Führen von Kraftfahrzeugen berechtigt.

[2]In den Fällen des Satzes 1 kann die Behörde einen feststellenden Verwaltungsakt über die fehlende Berechtigung erlassen. [3]Satz 1 Nummer 3 und 4 ist nur anzuwenden, wenn die dort genannten Maßnahmen im Fahreignungsregister eingetragen und nicht nach § 29 des Straßenverkehrsgesetzes getilgt sind. [4]Satz 1 Nummer 9 gilt auch, wenn sich das Fehlen der Berechtigung nicht unmittelbar aus dem Führerschein ergibt.

(5) [1]Das Recht, von einer EU- oder EWR-Fahrerlaubnis nach einer der in Absatz 4 Nummer 3 und 4 genannten Entscheidungen im Inland Gebrauch zu machen, wird auf Antrag erteilt, wenn die Gründe für die Entziehung oder die Sperre nicht mehr bestehen. [2]Absatz 4 Satz 3 sowie § 20 Absatz 1 und 3 gelten entsprechend.

§ 29 Ausländische Fahrerlaubnisse

(1) [1]Inhaber einer ausländischen Fahrerlaubnis dürfen im Umfang ihrer Berechtigung im Inland Kraftfahrzeuge führen, wenn sie hier keinen ordentlichen Wohnsitz nach § 7 haben. [2]Für die Berechtigung zum Führen von Fahrzeugen der Klassen AM, L und T gilt § 6 Absatz 3 entsprechend. [3]Begründet der Inhaber einer in einem anderen Mitgliedstaat der Europäischen Union oder einem anderen Vertragsstaat des Abkommens über den Europäischen Wirtschaftsraum erteilten Fahrerlaubnis einen ordentlichen Wohnsitz im Inland, richtet sich seine weitere Berechtigung zum Führen von Kraftfahrzeugen nach § 28. [4]Begründet der Inhaber einer in einem anderen Staat erteilten Fahrerlaubnis einen ordentlichen Wohnsitz im Inland, besteht die Berechtigung noch sechs Monate. [5]Die Fahrerlaubnisbehörde kann die Frist auf Antrag bis zu sechs Monate verlängern, wenn der Antragsteller glaubhaft macht, dass er seinen ordentlichen Wohnsitz nicht länger als zwölf Monate im Inland haben wird. [6]Auflagen zur ausländischen Fahrerlaubnis sind auch im Inland zu beachten.

(2) [1]Die Fahrerlaubnis ist durch einen gültigen nationalen oder Internationalen Führerschein nach Artikel 7 und Anlage E des Internationalen Abkommens über Kraftfahrzeugverkehr vom 24. April 1926, Artikel 24 und Anlage 10 des Übereinkommens über den Straßenverkehr vom 19. September 1949 (Vertragstexte der Vereinten Nationen 1552 S. 22) oder nach Artikel 41 und Anhang 7 des Übereinkommens über den Straßenverkehr vom 8. November 1968 in Verbindung mit dem zugrunde liegenden nationalen Führerschein nachzuweisen. [2]Ausländische nationale Führerscheine, die nicht in deutscher Sprache abgefasst sind, die nicht in einem anderen Mitgliedstaat der Europäischen Union oder einem anderen Vertragsstaat des Abkommens über den Europäischen Wirtschaftsraum oder der Schweiz ausgestellt worden sind oder die nicht dem Anhang 6 des Übereinkommens über den Straßenverkehr vom 8. November 1968 entsprechen, müssen mit einer Übersetzung verbunden sein, es sei denn, die Bundesrepublik Deutschland hat auf das Mitführen der Übersetzung verzichtet. [3]Die Übersetzung muss von einem international anerkannten Automobilklub des Ausstellungsstaates oder einer vom Bundesministerium für Verkehr und digitale Infrastruktur bestimmten Stelle gefertigt sein.

(3) [1]Die Berechtigung nach Absatz 1 gilt nicht für Inhaber ausländischer Fahrerlaubnisse,

1. die lediglich im Besitz eines Lernführerscheins oder eines anderen vorläufig ausgestellten Führerscheins sind,

1a. die das nach § 10 Absatz 1 für die Erteilung einer Fahrerlaubnis vorgeschriebene Mindestalter noch nicht erreicht haben und deren Fahrerlaubnis nicht von einem anderen Mitgliedstaat der Europäischen Union oder einem anderen Vertragsstaat des Abkommens über den Europäischen Wirtschaftsraum erteilt worden ist,

2. die zum Zeitpunkt der Erteilung der ausländischen Erlaubnis zum Führen von Kraftfahrzeugen eines Staates, der nicht ein Mitgliedstaat der Europäischen Union oder ein anderer Vertragsstaat des Abkommens über den Europäischen Wirtschaftsraum ist, ihren ordentlichen Wohnsitz im Inland hatten,

2a. die ausweislich des EU- oder EWR-Führerscheins oder vom Ausstellungsmitgliedstaat der Europäischen Union oder des Vertragsstaates des Europäischen Wirtschaftsraums herrührender unbestreitbarer Informationen zum Zeitpunkt der Erteilung ihren ordentlichen Wohnsitz im Inland hatten, es sei denn, dass sie als Studierende oder Schüler im Sinne des § 7 Absatz 2 die Fahrerlaubnis während eines mindestens sechsmonatigen Aufenthalts erworben haben,

3. denen die Fahrerlaubnis im Inland vorläufig oder rechtskräftig von einem Gericht oder sofort vollziehbar oder bestandskräftig von einer Verwaltungsbehörde entzogen worden ist, denen die Fahrerlaubnis bestandskräftig versagt worden ist oder denen die Fahrerlaubnis nur deshalb nicht entzogen worden ist, weil sie zwischenzeitlich auf die Fahrerlaubnis verzichtet haben,
4. denen auf Grund einer rechtskräftigen gerichtlichen Entscheidung keine Fahrerlaubnis erteilt werden darf oder
5. solange sie im Inland, in dem Staat, der die Fahrerlaubnis erteilt hatte oder in dem Staat, in dem sie ihren ordentlichen Wohnsitz haben, einem Fahrverbot unterliegen oder der Führerschein nach § 94 der Strafprozessordnung beschlagnahmt, sichergestellt oder in Verwahrung genommen worden ist.

[2]In den Fällen des Satzes 1 kann die Behörde einen feststellenden Verwaltungsakt über die fehlende Berechtigung erlassen. [3]Satz 1 Nummer 3 und 4 ist auf eine EU- oder EWR-Fahrerlaubnis nur anzuwenden, wenn die dort genannten Maßnahmen im Fahreignungsregister eingetragen und nicht nach § 29 des Straßenverkehrsgesetzes getilgt sind.

(4) Das Recht, von einer ausländischen Fahrerlaubnis nach einer der in Absatz 3 Nummer 3 und 4 genannten Entscheidungen im Inland Gebrauch zu machen, wird auf Antrag erteilt, wenn die Gründe für die Entziehung nicht mehr bestehen.

§ 29a Fahrerlaubnisse von in Deutschland stationierten Angehörigen der Streitkräfte der Vereinigten Staaten von Amerika und Kanadas

[1]In Deutschland stationierte Mitglieder der Streitkräfte der Vereinigten Staaten von Amerika oder Kanadas oder des zivilen Gefolges dieser Streitkräfte und deren jeweilige Angehörige sind berechtigt, mit einem im Entsendestaat ausgestellten Führerschein zum Führen privater Kraftfahrzeuge in dem Entsendestaat solche Fahrzeuge im Bundesgebiet zu führen, wenn sie

1. eine gültige Bescheinigung nach Artikel 9 Absatz 2 des Zusatzabkommens zu dem Abkommen zwischen den Parteien des Nordatlantikvertrages über die Rechtsstellung ihrer Truppen hinsichtlich der in der Bundesrepublik Deutschland stationierten ausländischen Truppen innehaben und
2. zum Zeitpunkt der Erteilung der Bescheinigung nach Nummer 1 berechtigt waren, im Entsendestaat private Kraftfahrzeuge zu führen.

[2]Die Bescheinigung ist beim Führen von Kraftfahrzeugen mitzuführen und zuständigen Personen auf Verlangen zur Prüfung auszuhändigen. [3]Eine Verlängerung der Bescheinigung durch die Truppenbehörden bleibt unberührt.

§ 30 Erteilung einer Fahrerlaubnis an Inhaber einer Fahrerlaubnis aus einem Mitgliedstaat der Europäischen Union oder einem anderen Vertragsstaat des Abkommens über den Europäischen Wirtschaftsraum

(1) [1]Beantragt der Inhaber einer EU- oder EWR-Fahrerlaubnis, die zum Führen von Kraftfahrzeugen im Inland berechtigt oder berechtigt hat, die Erteilung einer Fahrerlaubnis für die entsprechende Klasse von Kraftfahrzeugen, sind folgende Vorschriften nicht anzuwenden:

1. § 11 Absatz 9 über die ärztliche Untersuchung und § 12 Absatz 6 über die Untersuchung des Sehvermögens, es sei denn, dass in entsprechender Anwendung der Regelungen in den §§ 23 und 24 eine Untersuchung erforderlich ist,
2. § 12 Absatz 2 über den Sehtest,
3. § 15 über die Befähigungsprüfung,
4. § 19 über die Schulung in Erster Hilfe,
5. die Vorschriften über die Ausbildung.

[2]Für die Berechtigung zum Führen von Fahrzeugen der Klassen AM, L und T gilt § 6 Absatz 3 entsprechend. [3]Ist die ausländische Fahrerlaubnis auf das Führen von Kraftfahrzeugen ohne Kupplungspedal oder im Falle von Fahrzeugen der Klassen A, A1 oder A2 ohne Schalthebel beschränkt, ist die Fahrerlaubnis auf das Führen derartiger Fahrzeuge zu beschränken. [4]§ 17a Absatz 1 und 2 ist entsprechend anzuwenden.

(2) [1]Läuft die Geltungsdauer einer EU- oder EWR-Fahrerlaubnis der Klassen AM, A1, A2, A, B, BE oder B1, die zum Führen von Kraftfahrzeugen im Inland berechtigt hat, nach Begründung des ordentlichen Wohnsitzes in der Bundesrepublik Deutschland ab, findet Absatz 1 entsprechend Anwendung; handelt es sich um eine Fahrerlaubnis der Klassen C oder D oder einer Unter- oder Anhängerklasse, wird die deutsche Fahrerlaubnis in entsprechender Anwendung von § 24 Absatz 2 erteilt. [2]Satz 1 findet auch Anwendung, wenn die Geltungsdauer bereits vor Begründung des ordentlichen Wohnsitzes abgelaufen ist. [3]In diesem Fall hat die Fahrerlaubnisbehörde jedoch eine Auskunft nach § 22 Absatz 2 Satz 3 einzuholen,

die sich auch darauf erstreckt, warum die Fahrerlaubnis nicht vor der Verlegung des ordentlichen Wohnsitzes in die Bundesrepublik Deutschland verlängert worden ist.

(3) [1]Der Führerschein ist nur gegen Abgabe des ausländischen Führerscheins auszuhändigen. [2]Außerdem hat der Antragsteller sämtliche weitere Führerscheine abzuliefern, soweit sie sich auf die EU- oder EWR-Fahrerlaubnis beziehen, die Grundlage der Erteilung der entsprechenden deutschen Fahrerlaubnis ist. [3]Die Fahrerlaubnisbehörde sendet die Führerscheine unter Angabe der Gründe über das Kraftfahrt-Bundesamt an die Behörde zurück, die sie jeweils ausgestellt hatte.

(4) [1]Auf dem Führerschein ist in Feld 10 der Tag zu vermerken, an dem die ausländische Fahrerlaubnis für die betreffende Klasse erteilt worden war. [2]Auf dem Führerschein ist zu vermerken, dass der Erteilung der Fahrerlaubnis eine Fahrerlaubnis zugrunde gelegen hat, die in einem Mitgliedstaat der Europäischen Union oder einem anderen Vertragsstaat des Abkommens über den Europäischen Wirtschaftsraum ausgestellt worden war.

(5) Absatz 3 gilt nicht für entsandte Mitglieder fremder diplomatischer Missionen im Sinne des Artikels 1 Buchstabe b des Wiener Übereinkommens vom 18. April 1961 über diplomatische Beziehungen (BGBl. 1964 II S. 957) in der jeweils geltenden Fassung und entsandte Mitglieder berufskonsularischer Vertretungen im Sinne des Artikels 1 Absatz 1 Buchstabe g des Wiener Übereinkommens vom 24. April 1963 über konsularische Beziehungen (BGBl. 1969 II S. 1585) in der jeweils geltenden Fassung sowie die zu ihrem Haushalt gehörenden Familienmitglieder.

§ 30a Weitergeltung einer deutschen Fahrerlaubnis und Rücktausch von Führerscheinen

(1) [1]Wird ein auf Grund einer deutschen Fahrerlaubnis ausgestellter Führerschein in einen Führerschein eines anderen Staates umgetauscht, bleibt die Fahrerlaubnis unverändert bestehen. [2]Bei einem Rücktausch in einen deutschen Führerschein sind in diesem die noch gültigen Fahrerlaubnisklassen unverändert zu dokumentieren.

(2) [1]Der Führerschein ist nur gegen Abgabe des ausländischen Führerscheins auszuhändigen. [2]Die nach Landesrecht zuständige Behörde (Fahrerlaubnisbehörde) sendet den Führerschein unter Angabe der Gründe über das Kraftfahrt-Bundesamt an die Behörde zurück, die sie jeweils ausgestellt hatte, sofern es sich um einen EU- oder EWR-Führerschein handelt oder wenn mit dem betreffenden Staat eine entsprechende Vereinbarung besteht. [3]In den anderen Fällen nimmt sie den Führerschein in Verwahrung. [4]Er darf nur gegen Abgabe des auf seiner Grundlage ausgestellten inländischen Führerscheins wieder ausgehändigt werden. [5]In begründeten Fällen kann die Fahrerlaubnisbehörde davon absehen, den ausländischen Führerschein in Verwahrung zu nehmen oder ihn an die ausländische Stelle zurückzuschicken. [6]Verwahrte Führerscheine können nach drei Jahren vernichtet werden.

§ 31 Erteilung einer Fahrerlaubnis an Inhaber einer Fahrerlaubnis aus einem Staat außerhalb des Abkommens über den Europäischen Wirtschaftsraum

(1) [1]Beantragt der Inhaber einer Fahrerlaubnis, die in einem in Anlage 11 aufgeführten Staat und in einer in der Anlage 11 aufgeführten Klasse erteilt worden ist und die zum Führen von Kraftfahrzeugen im Inland berechtigt oder dazu berechtigt hat, die Erteilung einer Fahrerlaubnis für die entsprechende Klasse von Kraftfahrzeugen, sind folgende Vorschriften nicht anzuwenden:

1. § 11 Absatz 9 über die ärztliche Untersuchung und § 12 Absatz 6 über die Untersuchung des Sehvermögens, es sei denn, dass in entsprechender Anwendung der Regelungen in den §§ 23 und 24 eine Untersuchung erforderlich ist,
2. § 12 Absatz 2 über den Sehtest,
3. § 15 über die Befähigungsprüfung nach Maßgabe der Anlage 11,
4. § 19 über die Schulung in Erster Hilfe,
5. die Vorschriften über die Ausbildung.

[2]Für die Berechtigung zum Führen von Fahrzeugen der Klassen AM, L und T gilt § 6 Absatz 3 entsprechend. [3]Dies gilt auch, wenn die Berechtigung nur auf Grund von § 29 Absatz 3 Nummer 1a nicht bestanden hat. [4]Ist die ausländische Fahrerlaubnis auf das Führen von Kraftfahrzeugen ohne Kupplungspedal (oder Schalthebel bei Fahrzeugen der Klassen A, A1 oder A2) beschränkt, ist die Fahrerlaubnis auf das Führen von Kraftfahrzeugen ohne Kupplungspedal (oder Schalthebel bei Fahrzeugen der Klassen A, A1 oder A2) zu beschränken. [5]§ 17a Absatz 1 und 2 ist entsprechend anzuwenden. [6]Beantragt der Inhaber einer Fahrerlaubnis, die in einem in Anlage 11 aufgeführten Staat, aber in einer in Anlage 11 nicht aufgeführten Klasse erteilt worden ist und die zum Führen von Kraftfahrzeugen im Inland berechtigt oder dazu berechtigt hat, die Erteilung einer Fahrerlaubnis für die entsprechende Klasse von Kraftfahrzeugen, ist Absatz 2 entsprechend anzuwenden.

(1a) Abweichend von Absatz 1 Satz 1 Nummer 3 ordnet die Fahrerlaubnisbehörde eine Fahrerlaubnisprüfung an, wenn Tatsachen vorliegen, die die Annahme rechtfertigen, dass der Bewerber die nach § 16 Absatz 1 und § 17 Absatz 1 erforderlichen Kenntnisse und Fähigkeiten nicht mehr besitzt.

(2) Beantragt der Inhaber einer Fahrerlaubnis aus einem nicht in Anlage 11 aufgeführten Staat unter den Voraussetzungen des Absatzes 1 Satz 1 und 2 die Erteilung einer Fahrerlaubnis für die entsprechende Klasse von Kraftfahrzeugen, sind die Vorschriften über die Ausbildung nicht anzuwenden.

(3) [1]Der Antragsteller hat den Besitz der ausländischen Fahrerlaubnis durch den nationalen Führerschein nachzuweisen. [2]Außerdem hat er seinem Antrag auf Erteilung einer inländischen Fahrerlaubnis eine Erklärung des Inhalts beizugeben, dass seine ausländische Fahrerlaubnis noch gültig ist. [3]Die Fahrerlaubnisbehörde ist berechtigt, die Richtigkeit der Erklärung zu überprüfen.

(4) [1]Auf einem auf Grund des Absatzes 1 Satz 1 ausgestellten Führerschein ist zu vermerken, dass der Erteilung der Fahrerlaubnis eine Fahrerlaubnis zugrunde gelegen hat, die nicht in einem Mitgliedstaat der Europäischen Union oder einem anderen Vertragsstaat des Abkommens über den Europäischen Wirtschaftsraum ausgestellt worden war. [2]Der auf Grund des Absatzes 1 oder 2 ausgestellte Führerschein ist nur gegen Abgabe des ausländischen Führerscheins auszuhändigen. [3]Die Fahrerlaubnisbehörde sendet ihn über das Kraftfahrt-Bundesamt an die Stelle zurück, die ihn ausgestellt hat, wenn mit dem betreffenden Staat eine entsprechende Vereinbarung besteht. [4]In den anderen Fällen nimmt sie den Führerschein in Verwahrung. [5]Er darf nur gegen Abgabe des auf seiner Grundlage ausgestellten inländischen Führerscheins wieder ausgehändigt werden. [6]In begründeten Fällen kann die Fahrerlaubnisbehörde davon absehen, den ausländischen Führerschein in Verwahrung zu nehmen oder ihn an die ausländische Stelle zurückzuschicken. [7]Verwahrte Führerscheine können nach drei Jahren vernichtet werden.

(5) [1]Absatz 1 gilt auch für den in § 30 Absatz 5 genannten Personenkreis, sofern Gegenseitigkeit besteht. [2]Der Vermerk nach Absatz 4 Satz 1 ist einzutragen. [3]Absatz 4 Satz 2 bis 7 findet keine Anwendung.

6.

Fahrerlaubnis auf Probe

§ 32 Ausnahmen von der Probezeit

[1]Ausgenommen von den Regelungen über die Probezeit nach § 2a des Straßenverkehrsgesetzes sind Fahrerlaubnisse der Klassen AM, L und T. [2]Bei erstmaliger Erweiterung einer Fahrerlaubnis der Klassen AM, L oder T auf eine der anderen Klassen ist die Fahrerlaubnis der Klasse, auf die erweitert wird, auf Probe zu erteilen.

§ 33 Berechnung der Probezeit bei Inhabern von Dienstfahrerlaubnissen und Fahrerlaubnissen aus Staaten außerhalb des Abkommens über den Europäischen Wirtschaftsraum

(1) [1]Bei erstmaliger Erteilung einer allgemeinen Fahrerlaubnis an den Inhaber einer Dienstfahrerlaubnis ist die Zeit seit deren Erwerb auf die Probezeit anzurechnen. [2]Hatte die Dienststelle vor Ablauf der Probezeit den Dienstführerschein nach § 26 Absatz 2 eingezogen, beginnt mit der Erteilung einer allgemeinen Fahrerlaubnis eine neue Probezeit, jedoch nur im Umfang der Restdauer der vorherigen Probezeit.

(2) Begründet der Inhaber einer Fahrerlaubnis aus einem Staat außerhalb des Europäischen Wirtschaftsraums seinen ordentlichen Wohnsitz im Inland und wird ihm die deutsche Fahrerlaubnis nach § 31 erteilt, wird bei der Berechnung der Probezeit der Zeitraum nicht berücksichtigt, in welchem er im Inland zum Führen von Kraftfahrzeugen nicht berechtigt war.

§ 34 Bewertung der Straftaten und Ordnungswidrigkeiten im Rahmen der Fahrerlaubnis auf Probe und Anordnung des Aufbauseminars

(1) Die Bewertung der Straftaten und Ordnungswidrigkeiten im Rahmen der Fahrerlaubnis auf Probe erfolgt nach Anlage 12.

(2) [1]Die Anordnung der Teilnahme an einem Aufbauseminar nach § 2a Absatz 2 des Straßenverkehrsgesetzes erfolgt schriftlich unter Angabe der Verkehrszuwiderhandlungen, die zu der Anordnung geführt haben; dabei ist eine angemessene Frist zu setzen. [2]Die schriftliche Anordnung ist bei der Anmeldung zu einem Aufbauseminar dem Kursleiter vorzulegen.

§ 35 Aufbauseminare

(1) [1]Das Aufbauseminar ist in Gruppen mit mindestens sechs und höchstens zwölf Teilnehmern durchzuführen. [2]Es besteht aus einem Kurs mit vier Sitzungen von jeweils 135 Minuten Dauer in einem Zeitraum von zwei bis vier Wochen; jedoch darf an einem Tag nicht mehr als eine Sitzung stattfinden. [3]Zusätzlich ist zwischen der ersten und der zweiten Sitzung eine Fahrprobe durchzuführen, die der Beobachtung des Fahrverhaltens des Seminarteilnehmers dient. [4]Die Fahrprobe soll in Gruppen mit drei Teilnehmern

durchgeführt werden, wobei die reine Fahrzeit jedes Teilnehmers 30 Minuten nicht unterschreiten darf. [5]Dabei ist ein Fahrzeug zu verwenden, das – mit Ausnahme der Anzahl der Türen – den Anforderungen des Abschnitts 2.2 der Anlage 7 entspricht. [6]Jeder Teilnehmer an der Fahrprobe soll möglichst ein Fahrzeug der Klasse führen, mit dem vor allem die zur Anordnung der Teilnahme an dem Aufbauseminar führenden Verkehrszuwiderhandlungen begangen worden sind.

(2) [1]In den Kursen sind die Verkehrszuwiderhandlungen, die bei den Teilnehmern zur Anordnung der Teilnahme an dem Aufbauseminar geführt haben, und die Ursachen dafür zu diskutieren und daraus ableitend allgemein die Probleme und Schwierigkeiten von Fahranfängern zu erörtern. [2]Durch Gruppengespräche, Verhaltensbeobachtung in der Fahrprobe, Analyse problematischer Verkehrssituationen und durch weitere Informationsvermittlung soll ein sicheres und rücksichtsvolles Fahrverhalten erreicht werden. [3]Dabei soll insbesondere die Einstellung zum Verhalten im Straßenverkehr geändert, das Risikobewusstsein gefördert und die Gefahrenerkennung verbessert werden.

(3) Für die Durchführung von Einzelseminaren nach § 2b Absatz 1 des Straßenverkehrsgesetzes gelten die Absätze 1 und 2 mit der Maßgabe, dass die Gespräche in vier Sitzungen von jeweils 60 Minuten Dauer durchzuführen sind.

§ 36 Besondere Aufbauseminare nach § 2b Absatz 2 Satz 2 des Straßenverkehrsgesetzes

(1) Inhaber von Fahrerlaubnissen auf Probe, die wegen Zuwiderhandlungen nach § 315c Absatz 1 Nummer 1 Buchstabe a, den §§ 316, 323a des Strafgesetzbuches oder den §§ 24a, 24c des Straßenverkehrsgesetzes an einem Aufbauseminar teilzunehmen haben, sind, auch wenn sie noch andere Verkehrszuwiderhandlungen begangen haben, einem besonderen Aufbauseminar zuzuweisen.

(2) Ist die Fahrerlaubnis wegen einer innerhalb der Probezeit begangenen Zuwiderhandlung nach § 315c Absatz 1 Nummer 1 Buchstabe a, den §§ 316, 323a des Strafgesetzbuches oder den §§ 24a, 24c des Straßenverkehrsgesetzes entzogen worden, darf eine neue Fahrerlaubnis unbeschadet der übrigen Voraussetzungen nur erteilt werden, wenn der Antragsteller nachweist, dass er an einem besonderen Aufbauseminar teilgenommen hat.

(3) [1]Das besondere Aufbauseminar ist in Gruppen mit mindestens zwei und höchstens zwölf Teilnehmern durchzuführen. [2]Es besteht aus einem Kurs mit einem Vorgespräch und drei Sitzungen von jeweils 180 Minuten Dauer in einem Zeitraum von zwei bis vier Wochen sowie der Anfertigung von Kursaufgaben zwischen den Sitzungen. [3]An einem Tag darf nicht mehr als eine Sitzung stattfinden.

(4) [1]In den Kursen sind die Ursachen, die bei den Teilnehmern zur Anordnung der Teilnahme an einem Aufbauseminar geführt haben, zu diskutieren und Möglichkeiten für ihre Beseitigung zu erörtern. [2]Wissenslücken der Kursteilnehmer über die Wirkung des Alkohols und anderer berauschender Mittel auf die Verkehrsteilnehmer sollen geschlossen und individuell angepasste Verhaltensweisen entwickelt und erprobt werden, um insbesondere Trinkgewohnheiten zu ändern sowie Trinken und Fahren künftig zuverlässig zu trennen. [3]Durch die Entwicklung geeigneter Verhaltensmuster sollen die Kursteilnehmer in die Lage versetzt werden, einen Rückfall und weitere Verkehrszuwiderhandlungen unter Alkoholeinfluss oder dem Einfluss anderer berauschender Mittel zu vermeiden. [4]Zusätzlich ist auf die Problematik der wiederholten Verkehrszuwiderhandlungen einzugehen.

(5) Für die Durchführung von Einzelseminaren nach § 2b Absatz 1 des Straßenverkehrsgesetzes gelten die Absätze 3 und 4 mit der Maßgabe, dass die Gespräche in drei Sitzungen von jeweils 90 Minuten Dauer durchzuführen sind.

(6) [1]Die besonderen Aufbauseminare dürfen nur von Kursleitern durchgeführt werden, die von der zuständigen obersten Landesbehörde oder der von ihr bestimmten oder der nach Landesrecht zuständigen Stelle oder von dem für die in § 26 genannten Dienstbereiche jeweils zuständigen Fachminister oder von ihm bestimmten Stellen anerkannt worden sind. [2]Die amtliche Anerkennung als Kursleiter darf nur erteilt werden, wenn der Bewerber folgende Voraussetzungen erfüllt:

1. Abschluss eines Hochschulstudiums als Diplom-Psychologe oder eines gleichwertigen Master-Abschlusses in Psychologie,
2. Nachweis einer verkehrspsychologischen Ausbildung an einer Universität oder gleichgestellten Hochschule oder bei einer Stelle, die sich mit der Begutachtung oder Wiederherstellung der Kraftfahreignung befasst,
3. Kenntnisse und Erfahrungen in der Untersuchung und Begutachtung der Eignung von Kraftfahrern, die Zuwiderhandlungen gegen Vorschriften über das Führen von Kraftfahrzeugen unter Einfluss von Alkohol oder anderen berauschenden Mitteln begangen haben,
4. Ausbildung und Erfahrung als Kursleiter in Kursen für Kraftfahrer, die Zuwiderhandlungen gegen Vorschriften über das Führen von Kraftfahrzeugen unter Einfluss von Alkohol oder anderen berauschenden Mitteln begangen haben,

5. Vorlage eines sachgerechten, auf wissenschaftlicher Grundlage entwickelten Seminarkonzepts und
6. Nachweis geeigneter Räumlichkeiten sowie einer sachgerechten Ausstattung.

[3]Außerdem dürfen keine Tatsachen vorliegen, die Bedenken gegen die Zuverlässigkeit des Kursleiters begründen. [4]Die Anerkennung kann mit Auflagen, insbesondere hinsichtlich der Aufsicht über die Durchführung der Aufbauseminare sowie der Teilnahme an Fortbildungsmaßnahmen, verbunden werden.

(7) Die Aufsicht obliegt den nach Absatz 6 Satz 1 für die Anerkennung zuständigen Behörden oder Stellen; diese können sich hierbei geeigneter Personen oder Stellen bedienen.

§ 37 Teilnahmebescheinigung

(1) [1]Über die Teilnahme an einem Aufbauseminar nach § 35 oder § 36 ist vom Seminarleiter eine Bescheinigung zur Vorlage bei der Fahrerlaubnisbehörde auszustellen. [2]Die Bescheinigung muss

1. den Familiennamen und Vornamen, den Tag der Geburt und die Anschrift des Seminarteilnehmers,
2. die Bezeichnung des Seminarmodells und
3. Angaben über Umfang und Dauer des Seminars

enthalten. [3]Sie ist vom Seminarleiter und vom Seminarteilnehmer unter Angabe des Ausstellungsdatums zu unterschreiben.

(2) Die Ausstellung einer Teilnahmebescheinigung ist vom Kursleiter zu verweigern, wenn der Seminarteilnehmer nicht an allen Sitzungen des Kurses und an der Fahrprobe teilgenommen oder bei einem besonderen Aufbauseminar nach § 36 die Anfertigung von Kursaufgaben verweigert hat.

(3) [1]Die für die Durchführung von Aufbauseminaren erhobenen personenbezogenen Daten dürfen nur für diesen Zweck verarbeitet und genutzt werden und sind sechs Monate nach Abschluss der jeweiligen Seminare mit Ausnahme der Daten zu löschen, die für Maßnahmen der Qualitätssicherung oder Aufsicht erforderlich sind. [2]Diese Daten sind zu sperren und spätestens bis zum Ablauf des fünften des auf den Abschluss der jeweiligen Seminare folgenden Jahres zu löschen.

§ 38 Verkehrspsychologische Beratung

[1]In der verkehrspsychologischen Beratung soll der Inhaber der Fahrerlaubnis veranlasst werden, Mängel in seiner Einstellung zum Straßenverkehr und im verkehrssicheren Verhalten zu erkennen und die Bereitschaft zu entwickeln, diese Mängel abzubauen. [2]Die Beratung findet in Form eines Einzelgesprächs statt; sie kann durch eine Fahrprobe ergänzt werden, wenn der Berater dies für erforderlich hält. [3]Der Berater soll die Ursachen der Mängel aufklären und Wege zu ihrer Beseitigung aufzeigen. [4]Das Ergebnis der Beratung ist nur für den Betroffenen bestimmt und nur diesem mitzuteilen. [5]Der Betroffene erhält jedoch eine Bescheinigung über die Teilnahme zur Vorlage bei der Fahrerlaubnisbehörde; diese Bescheinigung muss eine Bezugnahme auf die Bestätigung nach § 71 Absatz 2 enthalten.

§ 39 Anordnung der Teilnahme an einem Aufbauseminar und weiterer Maßnahmen bei Inhabern einer Dienstfahrerlaubnis

[1]Bei Inhabern von Dienstfahrerlaubnissen, die keine allgemeine Fahrerlaubnis besitzen, sind für die Anordnung von Maßnahmen nach § 2a Absatz 2, 3 bis 5 des Straßenverkehrsgesetzes innerhalb der Probezeit die in § 26 Absatz 1 genannten Dienststellen zuständig. [2]Die Zuständigkeit bestimmt der zuständige Fachminister, soweit sie nicht landesrechtlich geregelt wird. [3]Besitzen die Betroffenen daneben eine allgemeine Fahrerlaubnis, ausgenommen die Klassen AM, L und T, treffen die Anordnungen ausschließlich die nach Landesrecht zuständigen Verwaltungsbehörden.

7.
Fahreignungs-Bewertungssystem

§ 40 Bezeichnung und Bewertung nach dem Fahreignungs-Bewertungssystem

Dem Fahreignungs-Bewertungssystem sind die in Anlage 13 bezeichneten Zuwiderhandlungen mit der dort jeweils festgelegten Bewertung zu Grunde zu legen.

§ 41 Maßnahmen der nach Landesrecht zuständigen Behörde

(1) Die Ermahnung des Inhabers einer Fahrerlaubnis nach § 4 Absatz 5 Satz 1 Nummer 1 des Straßenverkehrsgesetzes, seine Verwarnung nach § 4 Absatz 5 Satz 1 Nummer 2 des Straßenverkehrsgesetzes und der jeweils gleichzeitige Hinweis auf die freiwillige Teilnahme an einem Fahreignungsseminar erfolgen schriftlich unter Angabe der begangenen Verkehrszuwiderhandlungen.

(2) Die Anordnung eines Verkehrsunterrichts nach § 48 der Straßenverkehrs-Ordnung bleibt unberührt.

§ 42 Fahreignungsseminar

(1) [1]Das Fahreignungsseminar besteht aus einer verkehrspädagogischen und aus einer verkehrspsychologischen Teilmaßnahme. [2]Die Teilmaßnahmen sind durch gegenseitige Information der jeweiligen Seminarleiter aufeinander abzustimmen.

(2) [1]Die verkehrspädagogische Teilmaßnahme zielt auf die Vermittlung von Kenntnissen zum Risikoverhalten, die Verbesserung der Gefahrenkognition, die Anregung zur Selbstreflexion und die Entwicklung von Verhaltensvarianten ab. [2]Sie umfasst zwei Module zu je 90 Minuten entsprechend der Anlage 16. [3]Neben den dort genannten Lehr- und Lernmethoden und Medien dürfen auch Methoden und Medien eingesetzt werden, die den gleichen Lernerfolg gewährleisten. [4]Über die Geeignetheit der Methoden und Medien entscheidet die nach Landesrecht zuständige Behörde, die zur Bewertung ein unabhängiges wissenschaftliches Gutachten einer für die Bewertung geeigneten Stelle einholen kann. [5]Die verkehrspädagogische Teilmaßnahme kann als Einzelmaßnahme oder in Gruppen mit bis zu sechs Teilnehmern durchgeführt werden.

(3) Modul 1 der verkehrspädagogischen Teilmaßnahme umfasst folgende Bausteine:

1. Einzelbaustein „Seminarüberblick“,
2. teilnehmerbezogene Darstellung der individuellen Fahrerkarriere und Sicherheitsverantwortung,
3. teilnehmerbezogene Darstellung der individuellen Mobilitätsbedeutung,
4. Darstellung der individuellen Mobilitätsbedeutung als Hausaufgabe,
5. Einzelbaustein „Erläuterung des Fahreignungs-Bewertungssystems“,
6. tatbezogene Bausteine zu Verkehrsregeln und Rechtsfolgen bei Zuwiderhandlungen mit folgenden Varianten:
   a) Geschwindigkeit,
   b) Abstand,
   c) Vorfahrt und Abbiegen,
   d) Überholen,
   e) Ladung,
   f) Telefonieren im Fahrzeug,
   g) Alkohol und andere berauschende Mittel,
   h) Straftaten,
7. Festigungsbaustein „Übung zur Klärung der individuellen Mobilitätssituation“ und
8. Hausaufgabenbaustein „Übung zur Selbstbeobachtung“.

(4) Modul 2 der verkehrspädagogischen Teilmaßnahme umfasst folgende Bausteine:

1. Auswertung der Hausaufgaben,
2. tatbezogene Bausteine zu Risikoverhalten und Unfallfolgen und
3. Festigungsbaustein „individuelle Sicherheitsverantwortung“.

(5) [1]Die Auswahl der tatbezogenen Bausteine nach den Absätzen 3 und 4 wird vom Seminarleiter in Abhängigkeit von den in den individuellen Fahrerkarrieren dargestellten Verkehrszuwiderhandlungen vorgenommen. [2]Modul 2 der verkehrspädagogischen Teilmaßnahme darf frühestens nach Ablauf von einer Woche nach Abschluss des Moduls 1 begonnen werden.

(6) [1]Die verkehrspsychologische Teilmaßnahme zielt darauf ab, dem Teilnehmer Zusammenhänge zwischen auslösenden und aufrechterhaltenden Bedingungen des regelwidrigen Verkehrsverhaltens aufzuzeigen. [2]Sie soll beim Teilnehmer Reflexionsbereitschaft erzeugen und Veränderungsbereitschaft schaffen. [3]Sie umfasst zwei Sitzungen zu je 75 Minuten und ist als Einzelmaßnahme durchzuführen.

(7) [1]Sitzung 1 der verkehrspsychologischen Teilmaßnahme dient der Verhaltensanalyse, der Entwicklung eines funktionalen Bedingungsmodells und der Erarbeitung von Lösungsstrategien. [2]Sie umfasst

1. die Erarbeitung der auslösenden und aufrechterhaltenden inneren und äußeren Bedingungen der Verkehrszuwiderhandlungen als Verhaltensanalyse,
2. die Erarbeitung der Funktionalität des Fehlverhaltens in Form einer Mittel-Zweck-Relation,
3. die Aktivierung persönlicher Stärken und Unterstützungsmöglichkeiten sowie Motivationsarbeit,
4. die Ausarbeitung schriftlicher Zielvereinbarungen, diese umfassen
   a) die Spezifikation des Zielverhaltens in Form von Lösungsstrategien,
   b) die Festlegung der Verstärker, Belohnungen und positiven Konsequenzen und
   c) die Festlegung der zu erreichenden Schritte und
5. die Hausaufgaben „Selbstbeobachtung des Verhaltens in kritischen Situationen“ und „Erprobung des neuen Zielverhaltens“.

(8) [1]Sitzung 2 der verkehrspsychologischen Teilmaßnahme dient der Festigung der Lösungsstrategien. [2]Sie umfasst
1. die Besprechung der Erfahrungen aus der Selbstbeobachtung,
2. die Besprechung der Einhaltung der Zielvereinbarungen,
3. die Erarbeitung und Weiterentwicklung von Verhaltensstrategien und
4. die Aktivierung persönlicher Stärken und Unterstützungsmöglichkeiten sowie Motivationsarbeit.

(9) Mit Sitzung 2 der verkehrspsychologischen Teilmaßnahme darf frühestens nach Ablauf von drei Wochen nach Abschluss von Sitzung 1 begonnen werden.

§ 43 Überwachung der Fahreignungsseminare nach § 42 und der Einweisungslehrgänge nach § 46 Absatz 2 Satz 1 Nummer 4 des Fahrlehrergesetzes

(1) [1]Die nach Landesrecht zuständige Behörde hat die Durchführung der Fahreignungsseminare auf die Einhaltung von folgenden Kriterien zu prüfen:
1. das Vorliegen der Voraussetzungen für die Seminarerlaubnis
   a) Verkehrspädagogik nach § 46 Absatz 2 des Fahrlehrergesetzes oder
   b) Verkehrspsychologie nach § 4a Absatz 4 des Straßenverkehrsgesetzes,
2. das Vorliegen des Nachweises der Fortbildung nach § 4a Absatz 7 des Straßenverkehrsgesetzes oder § 53 Absatz 2 des Fahrlehrergesetzes,
3. die räumliche und sachliche Ausstattung,
4. die Aufzeichnungen über die Seminarteilnehmer in Gestalt von Name, Vorname, Geburtsdatum und Anschrift sowie deren Unterschriften auf der Teilnehmerliste je Modul oder Sitzung und
5. die anonymisierte Dokumentation der durchgeführten Seminare, die Folgendes umfasst:
   a) für die verkehrspädagogische Teilmaßnahme
      aa) das Datum, die Dauer und den Ort der durchgeführten Module,
      bb) die Anzahl der Teilnehmer,
      cc) die Kurzdarstellungen der Fahrerkarrieren,
      dd) die eingesetzten Bausteine und Medien,
      ee) die Hausaufgaben und
      ff) die Seminarverträge,
   b) für die verkehrspsychologische Teilmaßnahme
      aa) das Datum, die Dauer und den Ort der durchgeführten Sitzungen,
      bb) die auslösenden und aufrechterhaltenden Bedingungen der Verkehrszuwiderhandlungen,
      cc) die Funktionalität des Problemverhaltens,
      dd) die erarbeiteten Lösungsstrategien,
      ee) die persönlichen Stärken des Teilnehmers,
      ff) die Zielvereinbarungen und
      gg) den Seminarvertrag.

[2]Die nach Landesrecht zuständige Behörde kann die Einhaltung weiterer gesetzlicher Bestimmungen in die Überwachung einbeziehen.

(2) [1]Die nach Landesrecht zuständige Behörde hat die Durchführung der Einweisungslehrgänge nach § 46 Absatz 2 Satz 1 Nummer 4 des Fahrlehrergesetzes auf die Einhaltung von folgenden Kriterien zu prüfen:
1. das Vorliegen der Voraussetzungen für die Anerkennung von Einweisungslehrgängen nach § 47 Absatz 1 des Fahrlehrergesetzes,
2. die Einhaltung des Ausbildungsprogramms nach § 47b Absatz 1 Satz 2 Nummer 1 des Fahrlehrergesetzes,
3. die Dokumentation der durchgeführten Einweisungslehrgänge, die Folgendes umfasst:
   a) die Vornamen und Familiennamen des Lehrgangsleiters und der eingesetzten Lehrkräfte,
   b) die Vornamen und Familiennamen und die Geburtsdaten der Teilnehmer,
   c) die Kurzdarstellung des Verlaufs des Lehrgangs einschließlich der Inhalte und eingesetzten Methoden,
   d) das Datum, die Dauer und den Ort der durchgeführten Kurse und
   e) die Anwesenheit der Teilnehmer bei allen Kursen.

[2]Die nach Landesrecht zuständige Behörde kann die Einhaltung weiterer gesetzlicher Bestimmungen in die Überwachung einbeziehen.

§ 43a Anforderungen an Qualitätssicherungssysteme für das Fahreignungsseminar

Macht die nach Landesrecht zuständige Behörde von der Möglichkeit der Qualitätssicherungssysteme nach § 4a Absatz 8 Satz 6 des Straßenverkehrsgesetzes oder § 51 Absatz 6 des Fahrlehrergesetzes[1] Gebrauch, hat sie ein Qualitätssicherungssystem für die verkehrspsychologische Teilmaßnahme anzuerkennen oder ein Qualitätssicherungssystem für die verkehrspädagogische Teilmaßnahme zu genehmigen, wenn

1. der Antragsteller oder bei juristischen Personen die vertretungsberechtigten Personen über die für den Betrieb des Qualitätssicherungssystems erforderliche Zuverlässigkeit verfügen,
2. die finanzielle und organisatorische Leistungsfähigkeit des Trägers des Qualitätssicherungssystems gewährleistet ist,
3. Verfahren zur Qualitätssicherung vorgesehen und dokumentiert sind, die sicherstellen, dass
   a) wenigstens alle zwei Jahre eine Prüfung der Erfüllung der Anforderungen nach Anlage 17 bei dem Anbieter von Fahreignungsseminaren oder von Einweisungslehrgängen vor Ort durchgeführt wird,
   b) das zur Prüfung nach Buchstabe a eingesetzte Personal über die erforderliche Fachkunde, Unabhängigkeit und Zuverlässigkeit verfügt, um sachgerecht beurteilen zu können, ob die Anforderungen nach Anlage 17 erfüllt werden,
   c) der Anbieter von Fahreignungsseminaren oder von Einweisungslehrgängen aus dem Qualitätssicherungssystem ausgeschlossen wird, wenn er die gesetzlichen Anforderungen für die Durchführung von Fahreignungsseminaren oder Einweisungslehrgängen nicht mehr erfüllt und der Mangel nicht unverzüglich beseitigt wird,
   d) der Antragsteller der nach Landesrecht zuständigen Behörde die Aufnahme eines Anbieters von Fahreignungsseminaren oder von Einweisungslehrgängen in das Qualitätssicherungssystem und dessen Ausschluss oder Ausscheiden aus dem Qualitätssicherungssystem nebst der dafür wesentlichen Gründe unverzüglich mitteilt,
   e) bei der Durchführung der Qualitätssicherung die geltenden Datenschutzbestimmungen nach den Landesdatenschutzgesetzen sowie landesrechtliche, bereichsspezifische Datenschutzvorschriften und, soweit der Datenschutz nicht durch Landesrecht geregelt ist, nach dem Bundesdatenschutzgesetz sowie bundesrechtliche, bereichsspezifische Datenschutzvorschriften eingehalten werden,
   f) eine Dokumentation der Durchführung der Qualitätssicherung erfolgt und
   g) die nach Landesrecht zuständige Behörde jederzeit Einsicht in die Dokumentation über die Durchführung der Qualitätssicherung nehmen kann,

   und
4. mindestens eine der folgenden Maßnahmen vorgesehen und dokumentiert ist, die der Erhaltung des Qualitätsniveaus des Fahreignungsseminars dienen:
   a) ergänzende Fortbildungen,
   b) Auswertungen der Seminardurchführungen,
   c) institutionalisierter fachlicher Austausch oder
   d) eine der den vorgenannten Maßnahmen gleichwertige Maßnahme.

§ 44 Teilnahmebescheinigung

(1) [1]Nach Abschluss des Fahreignungsseminars ist vom Seminarleiter der abschließenden Teilmaßnahme eine Bescheinigung nach dem Muster der Anlage 18 zur Vorlage bei der nach Landesrecht zuständigen Behörde auszustellen. [2]Die Bescheinigung ist von den Seminarleitern beider Teilmaßnahmen und vom Seminarteilnehmer unter Angabe des Ausstellungsdatums zu unterschreiben.

(2) Die Ausstellung einer Teilnahmebescheinigung ist vom Seminarleiter zu verweigern, wenn der Seminarteilnehmer

1. nicht an allen Sitzungen des Seminars teilgenommen hat,
2. eine offene Ablehnung gegenüber den Zielen der Maßnahme zeigt oder
3. den Lehrstoff und Lernstoff nicht aktiv mitgestaltet.

§ 45 ***[aufgehoben]***

---

1) Richtig wohl: „§ 51 Absatz 7 des Fahrlehrergesetzes“.

8.

Entziehung oder Beschränkung der Fahrerlaubnis, Anordnung von Auflagen

§ 46 Entziehung, Beschränkung, Auflagen

(1) [1]Erweist sich der Inhaber einer Fahrerlaubnis als ungeeignet zum Führen von Kraftfahrzeugen, hat ihm die Fahrerlaubnisbehörde die Fahrerlaubnis zu entziehen. [2]Dies gilt insbesondere, wenn Erkrankungen oder Mängel nach den Anlagen 4, 5 oder 6 vorliegen oder erheblich oder wiederholt gegen verkehrsrechtliche Vorschriften oder Strafgesetze verstoßen wurde und dadurch die Eignung zum Führen von Kraftfahrzeugen ausgeschlossen ist.

(2) [1]Erweist sich der Inhaber einer Fahrerlaubnis noch als bedingt geeignet zum Führen von Kraftfahrzeugen, schränkt die Fahrerlaubnisbehörde die Fahrerlaubnis so weit wie notwendig ein oder ordnet die erforderlichen Auflagen an. [2]Bei Inhabern ausländischer Fahrerlaubnisse schränkt die Fahrerlaubnisbehörde das Recht, von der ausländischen Fahrerlaubnis im Inland Gebrauch zu machen, so weit wie notwendig ein oder ordnet die erforderlichen Auflagen an. [3]Die Anlagen 4, 5 und 6 sind zu berücksichtigen.

(3) Werden Tatsachen bekannt, die Bedenken begründen, dass der Inhaber einer Fahrerlaubnis zum Führen eines Kraftfahrzeugs ungeeignet oder bedingt geeignet ist, finden die §§ 11 bis 14 entsprechend Anwendung.

(4) [1]Die Fahrerlaubnis ist auch zu entziehen, wenn der Inhaber sich als nicht befähigt zum Führen von Kraftfahrzeugen erweist. [2]Rechtfertigen Tatsachen eine solche Annahme, kann die Fahrerlaubnisbehörde zur Vorbereitung der Entscheidung über die Entziehung die Beibringung eines Gutachtens eines amtlich anerkannten Sachverständigen oder Prüfers für den Kraftfahrzeugverkehr anordnen. [3]§ 11 Absatz 6 bis 8 ist entsprechend anzuwenden.

(5) Bei einer ausländischen Fahrerlaubnis hat die Entziehung die Wirkung einer Aberkennung des Rechts, von der Fahrerlaubnis im Inland Gebrauch zu machen.

(6) [1]Mit der Entziehung erlischt die Fahrerlaubnis. [2]Bei einer ausländischen Fahrerlaubnis erlischt das Recht zum Führen von Kraftfahrzeugen im Inland.

§ 47 Verfahrensregelungen

(1) [1]Nach der Entziehung sind von einer deutschen Behörde ausgestellte nationale und internationale Führerscheine unverzüglich der entscheidenden Behörde abzuliefern oder bei Beschränkungen oder Auflagen zur Eintragung vorzulegen. [2]Die Verpflichtung zur Ablieferung oder Vorlage des Führerscheins besteht auch, wenn die Entscheidung angefochten worden ist, die zuständige Behörde jedoch die sofortige Vollziehung ihrer Verfügung angeordnet hat.

(2) [1]Nach der Entziehung oder der Feststellung der fehlenden Fahrberechtigung oder bei Beschränkungen oder Auflagen sind ausländische und im Ausland ausgestellte internationale Führerscheine unverzüglich der entscheidenden Behörde vorzulegen; Absatz 1 Satz 2 gilt entsprechend. [2]Nach einer Entziehung oder der Feststellung der fehlenden Fahrberechtigung wird auf dem Führerschein vermerkt, dass von der Fahrerlaubnis im Inland kein Gebrauch gemacht werden darf. [3]Dies soll in der Regel durch die Anbringung eines roten, schräg durchgestrichenen „D“ auf einem dafür geeigneten Feld des Führerscheins, im Falle eines EU-Kartenführerscheins im Feld 13, und bei internationalen Führerscheinen durch Ausfüllung des dafür vorgesehenen Vordrucks erfolgen. [4]Im Falle von Beschränkungen oder Auflagen werden diese in den Führerschein eingetragen. [5]Die entscheidende Behörde teilt die Aberkennung der Fahrberechtigung oder der Feststellung der fehlenden Fahrberechtigung in Deutschland der Behörde, die den Führerschein ausgestellt hat, über das Kraftfahrt-Bundesamt mit. [6]Erfolgt die Entziehung durch die erteilende oder eine sonstige zuständige ausländische Behörde, sind ausländische und im Ausland ausgestellte internationale Führerscheine unverzüglich der Fahrerlaubnisbehörde vorzulegen und dort in Verwahrung zu nehmen. [7]Die Fahrerlaubnisbehörde sendet die Führerscheine über das Kraftfahrt- Bundesamt an die entziehende Stelle zurück.

(3) [1]Ist dem Betroffenen nach § 31 eine deutsche Fahrerlaubnis erteilt worden, ist er aber noch im Besitz des ausländischen Führerscheins, ist auf diesem die Entziehung oder die Feststellung der fehlenden Fahrberechtigung zu vermerken. [2]Der Betroffene ist verpflichtet, der Fahrerlaubnisbehörde den Führerschein zur Eintragung vorzulegen.

9.
Sonderbestimmungen für das Führen von Taxen, Mietwagen und Krankenkraftwagen sowie von Personenkraftwagen im Linienverkehr und bei gewerbsmäßigen Ausflugsfahrten und Ferienziel-Reisen

§ 48 Fahrerlaubnis zur Fahrgastbeförderung

(1) Einer zusätzlichen Erlaubnis (Fahrerlaubnis zur Fahrgastbeförderung) bedarf, wer einen Krankenkraftwagen führt, wenn in dem Fahrzeug entgeltlich oder geschäftsmäßig Fahrgäste befördert werden, oder wer ein Kraftfahrzeug führt, wenn in dem Fahrzeug Fahrgäste befördert werden und für diese Beförderung eine Genehmigung nach dem Personenbeförderungsgesetz erforderlich ist.

(2) Der Fahrerlaubnis zur Fahrgastbeförderung bedarf es nicht für

1. Krankenkraftwagen der Bundeswehr, der Bundespolizei, der Polizei sowie der Truppe und des zivilen Gefolges der anderen Vertragsstaaten des Nordatlantikpaktes,
2. Krankenkraftwagen des Katastrophenschutzes, wenn sie für dessen Zweck verwendet werden,
3. Krankenkraftwagen der Feuerwehren und der nach Landesrecht anerkannten Rettungsdienste,
4. Kraftfahrzeuge, mit Ausnahme von Taxen, Mietwagen und für den gebündelten Bedarfsverkehr im Sinne des § 50 Absatz 1 Satz 1 des Personenbeförderungsgesetzes, wenn der Kraftfahrzeugführer im Besitz der Klasse D oder D1 ist.

(3) [1]Die Erlaubnis ist durch einen Führerschein nach Muster 4 der Anlage 8 nachzuweisen (Führerschein zur Fahrgastbeförderung). [2]Er ist bei der Fahrgastbeförderung neben der nach einem ab dem 1. Januar 1999 aufgrund der Fahrerlaubnis-Verordnung in der jeweils geltenden Fassung zu verwendenden Muster ausgestellten EU- oder EWR-Fahrerlaubnis mitzuführen und zuständigen Personen auf Verlangen zur Prüfung auszuhändigen.

(4) Die Fahrerlaubnis zur Fahrgastbeförderung ist zu erteilen, wenn der Bewerber

1. die nach § 6 für das Führen des Fahrzeugs erforderliche EU- oder EWR-Fahrerlaubnis besitzt,
2. das 21. Lebensjahr – bei Beschränkung der Fahrerlaubnis auf Krankenkraftwagen das 19. Lebensjahr – vollendet hat,
2a. durch Vorlage eines nach Maßgabe des § 30 Absatz 5 Satz 1 des Bundeszentralregistergesetzes ausgestellten Führungszeugnisses und durch eine auf Kosten des Antragstellers eingeholte aktuelle Auskunft aus dem Fahreignungsregister nachweist, dass er die Gewähr dafür bietet, dass er der besonderen Verantwortung bei der Beförderung von Fahrgästen gerecht wird,
3. seine geistige und körperliche Eignung gemäß § 11 Absatz 9 in Verbindung mit Anlage 5 nachweist,
4. nachweist, dass er die Anforderungen an das Sehvermögen gemäß § 12 Absatz 6 in Verbindung mit Anlage 6 Nummer 2 erfüllt,
5. nachweist, dass er eine EU- oder EWR-Fahrerlaubnis der Klasse B oder eine entsprechende Fahrerlaubnis aus einem in Anlage 11 aufgeführten Staat seit mindestens zwei Jahren – bei Beschränkung der Fahrerlaubnis auf Krankenkraftwagen seit mindestens einem Jahr – besitzt oder innerhalb der letzten fünf Jahre besessen hat,
6. – falls die Erlaubnis für Krankenkraftwagen gelten soll – einen Nachweis über die Teilnahme an einer Schulung in Erster Hilfe nach § 19 beibringt und
7. – falls die Erlaubnis für Taxen, Mietwagen und den gebündelten Bedarfsverkehr gelten soll – einen Nachweis der Fachkunde vorlegt. Der Nachweis kann durch eine Bescheinigung einer geeigneten Stelle geführt werden. Die geeignete Stelle wird durch die für das Personenbeförderungsgesetz zuständige oberste Landesbehörde oder die nach Landesrecht bestimmten Stellen bestimmt.

(5) [1]Die Fahrerlaubnis zur Fahrgastbeförderung wird für eine Dauer von nicht mehr als fünf Jahren erteilt. [2]Sie wird auf Antrag des Inhabers jeweils bis zu fünf Jahren verlängert, wenn

1. er seine geistige und körperliche Eignung gemäß § 11 Absatz 9 in Verbindung mit Anlage 5 nachweist,
2. er nachweist, dass er die Anforderungen an das Sehvermögen gemäß § 12 Absatz 6 in Verbindung mit Anlage 6 Nummer 2 erfüllt und
3. er durch Vorlage der Unterlagen nach Absatz 4 Nummer 2a nachweist, dass er die Gewähr dafür bietet, dass er der besonderen Verantwortung bei der Beförderung von Fahrgästen gerecht wird.

(6) [1]Die §§ 21, 22 und 24 Absatz 1 Satz 1, Absatz 2 und 3 sind entsprechend anzuwenden. [2]Die Verlängerung der Fahrerlaubnis zur Fahrgastbeförderung kann nur dann über die Vollendung des 60. Lebensjahres hinaus erfolgen, wenn der Antragsteller zusätzlich seine Eignung nach Maßgabe der Anlage 5 Nummer 2 nachweist.

(7) Der Halter eines Fahrzeugs darf die Fahrgastbeförderung nicht anordnen oder zulassen, wenn der Führer des Fahrzeugs die erforderliche Erlaubnis zur Fahrgastbeförderung nicht besitzt oder die erforderliche Fachkunde nicht nachgewiesen hat.

(8) [1]Begründen Tatsachen Zweifel an der körperlichen und geistigen Eignung des Fahrerlaubnisinhabers oder an der Gewähr der besonderen Verantwortung bei der Beförderung von Fahrgästen des Inhabers einer Fahrerlaubnis zur Fahrgastbeförderung, finden die §§ 11 bis 14 entsprechende Anwendung. [2]Auf Verlangen der Fahrerlaubnisbehörde hat der Inhaber der Erlaubnis seine Fachkunde erneut nachzuweisen, wenn Tatsachen Zweifel begründen, ob er diese Kenntnisse noch besitzt. [3]Bestehen Bedenken an der Gewähr für die besondere Verantwortung bei der Beförderung von Fahrgästen, kann von der Fahrerlaubnisbehörde ein medizinisch-psychologisches Gutachten einer amtlich anerkannten Begutachtungsstelle für Fahreignung angeordnet werden.

(9) [1]Die Erlaubnis ist von der Fahrerlaubnisbehörde zu entziehen, wenn eine der aus Absatz 4 ersichtlichen Voraussetzungen fehlt. [2]Die Erlaubnis erlischt mit der Entziehung sowie mit der Entziehung der in Absatz 4 Nummer 1 genannten Fahrerlaubnis. [3]§ 47 Absatz 1 ist entsprechend anzuwenden.

10.
Begleitetes Fahren ab 17 Jahre

§ 48a Voraussetzungen

(1) [1]Im Falle des § 10 Absatz 1 laufende Nummer 5 Buchstabe b Doppelbuchstabe aa findet § 11 Absatz 3 Satz 1 Nummer 2 keine Anwendung. [2]§ 74 Absatz 2 findet entsprechend Anwendung.

(2) [1]Die Fahrerlaubnis ist für die Fahrerlaubnisklassen B und BE mit der Auflage zu versehen, dass von ihr nur dann Gebrauch gemacht werden darf, wenn der Fahrerlaubnisinhaber während des Führens des Kraftfahrzeugs von mindestens einer namentlich benannten Person, die den Anforderungen der Absätze 5 und 6 genügt, begleitet wird (begleitende Person). [2]Die Auflage entfällt, wenn der Fahrerlaubnisinhaber das Mindestalter nach § 10 Absatz 1 Nummer 5 Buchst. a erreicht hat.

(3) [1]Für das Verfahren bei der Erteilung einer Fahrerlaubnis für das Führen von Kraftfahrzeugen in Begleitung gelten die §§ 22 und 22a mit folgenden Maßgaben:

1. Über die Fahrerlaubnis ist eine Prüfungsbescheinigung nach dem Muster der Anlage 8b auszustellen, die bis drei Monate nach Vollendung des 18. Lebensjahres im Inland zum Nachweis im Sinne des § 4 Absatz 3 Satz 1 dient.
2. Die Prüfungsbescheinigung tritt an die Stelle des Führerscheines oder des Vorläufigen Nachweises der Fahrerlaubnis.
3. In der Prüfungsbescheinigung sind die zur Begleitung vorgesehenen Personen namentlich aufzuführen. Auf Antrag können weitere begleitende Personen namentlich auf der Prüfungsbescheinigung nachträglich durch die Fahrerlaubnisbehörde eingetragen werden.
4. Im Falle des § 22a Absatz 1 Satz 1 ist auf das Übersenden einer vorbereiteten Prüfungsbescheinigung zu verzichten.
5. Zusätzlich zu den nach § 22a Absatz 2 zu übermittelnden Daten übermittelt die Fahrerlaubnisbehörde die in die Prüfungsbescheinigung aufzunehmenden Angaben zu den Begleitpersonen.
6. Ist der Bewerber bereits im Besitz einer Fahrerlaubnis der Klasse AM, der Klasse A1, der Klasse L oder der Klasse T, ist abweichend von § 22a Absatz 4 der Führerschein nicht bei Aushändigung der Prüfungsbescheinigung zurückzugeben. In die Prüfungsbescheinigung sind die Klasse AM und die Klasse L nicht aufzunehmen.
7. Ist der Bewerber noch nicht im Besitz einer Fahrerlaubnis der Klasse AM oder der Klasse L, kann er in seinem Antrag nach § 21 erklären, dass er für die genannten Fahrerlaubnisklassen einen Führerschein erhalten möchte. In der Prüfungsbescheinigung sind diese Klassen nicht aufzunehmen.

[2]Die Prüfungsbescheinigung ist im Fahrzeug mitzuführen und zur Überwachung des Straßenverkehrs berechtigten Personen auf Verlangen auszuhändigen.

(4) [1]Die begleitende Person soll dem Fahrerlaubnisinhaber

1. vor Antritt einer Fahrt und
2. während des Führens des Fahrzeugs, soweit die Umstände der jeweiligen Fahrsituation es zulassen,

ausschließlich als Ansprechpartner zur Verfügung stehen, um ihm Sicherheit beim Führen des Kraftfahrzeugs zu vermitteln. [2]Zur Erfüllung ihrer Aufgabe soll die begleitende Person Rat erteilen oder kurze Hinweise geben.

(5) [1]Die begleitende Person
1. muss das 30. Lebensjahr vollendet haben,
2. muss mindestens seit fünf Jahren Inhaber einer gültigen Fahrerlaubnis der Klasse B oder einer entsprechenden deutschen, einer EU/EWR- oder schweizerischen Fahrerlaubnis sein; die Fahrerlaubnis ist durch einen gültigen Führerschein nachzuweisen, der während des Begleitens mitzuführen und zur Überwachung des Straßenverkehrs berechtigten Personen auf Verlangen auszuhändigen ist,
3. darf zum Zeitpunkt der Beantragung der Fahrerlaubnis im Fahreignungsregister mit nicht mehr als einem Punkt belastet sein.

[2]Die Fahrerlaubnisbehörde hat bei Beantragung der Fahrerlaubnis oder bei Beantragung der Eintragung weiterer zur Begleitung vorgesehener Personen zu prüfen, ob diese Voraussetzungen vorliegen; sie hat die Auskunft nach Nummer 3 beim Fahreignungsregister einzuholen.

(6) [1]Die begleitende Person darf den Inhaber einer Prüfungsbescheinigung nach Absatz 3 nicht begleiten, wenn sie
1. 0,25 mg/l oder mehr Alkohol in der Atemluft oder 0,5 Promille oder mehr Alkohol im Blut oder eine Alkoholmenge im Körper hat, die zu einer solchen Atem- oder Blutalkoholkonzentration führt,
1a. 3,5 ng/ml oder mehr Tetrahydrocannabinol im Blutserum hat,
2. unter der Wirkung eines in der Anlage zu § 24a des Straßenverkehrsgesetzes genannten berauschenden Mittels steht.

[2]Eine Wirkung im Sinne des Satzes 1 Nummer 2 liegt vor, wenn eine in der Anlage zu § 24a des Straßenverkehrsgesetzes genannte Substanz im Blut nachgewiesen wird. [3]Satz 1 Nummer 2 gilt nicht, wenn die Substanz aus der bestimmungsgemäßen Einnahme eines für einen konkreten Krankheitsfall verschriebenen Arzneimittels herrührt.

(7) Mit Erreichen des Mindestalters nach § 10 Absatz 1 Nummer 5 Buchstabe a händigt die Fahrerlaubnisbehörde dem Fahrerlaubnisinhaber auf Antrag einen Führerschein nach Muster 1 der Anlage 8 aus.

§ 48b Evaluation

Die für Zwecke der Evaluation erhobenen personenbezogenen Daten der teilnehmenden Fahranfänger und Begleiter sind spätestens am 31. Dezember 2015 zu löschen oder so zu anonymisieren oder zu pseudonymisieren, dass ein Personenbezug nicht mehr hergestellt werden kann.

III.
Register

1.
Zentrales Fahrerlaubnisregister und örtliche Fahrerlaubnisregister

§ 49 Speicherung der Daten im Zentralen Fahrerlaubnisregister

(1) Im Zentralen Fahrerlaubnisregister sind nach § 50 Absatz 1 des Straßenverkehrsgesetzes folgende Daten zu speichern:
1. Familiennamen, Geburtsnamen, sonstige frühere Namen, soweit dazu eine Eintragung vorliegt, Vornamen, Ordens- oder Künstlernamen, Doktorgrad, Geschlecht, Tag und Ort der Geburt und Hinweise auf Zweifel an der Identität nach § 59 Absatz 1 Satz 5 des Straßenverkehrsgesetzes,
2. die erteilten Fahrerlaubnisklassen,
3. der Tag der Erteilung und des Erlöschens der jeweiligen Fahrerlaubnisklasse und die zuständige Behörde,
4. der Grund des Erlöschens einer Fahrerlaubnis oder Fahrerlaubnisklasse,
5. der Tag des Beginns und des Ablaufs der Probezeit nach § 2a des Straßenverkehrsgesetzes,
6. die Dauer der Probezeit einschließlich der Restdauer nach vorzeitiger Beendigung der Probezeit und den Beginn und das Ende einer Hemmung der Probezeit,
7. der Tag des Ablaufs der Gültigkeit befristet erteilter Fahrerlaubnisse, der Tag der Verlängerung einer Fahrerlaubnis und die Behörde, die die Fahrerlaubnis verlängert hat,
8. Auflagen, Beschränkungen und Zusatzangaben zur Fahrerlaubnis oder einzelnen Klassen nach Anlage 9,
9. die Nummer der Fahrerlaubnis, bestehend aus dem vom Kraftfahrt-Bundesamt zugeteilten Behördenschlüssel der Fahrerlaubnisbehörde und einer fortlaufenden Nummer für die Erteilung einer Fahrerlaubnis durch diese Behörde und einer Prüfnummer (Fahrerlaubnisnummer),
10. die Nummer des Führerscheins, bestehend aus der Fahrerlaubnisnummer und der fortlaufenden Nummer des über die Fahrerlaubnis ausgestellten Führerscheins (Führerscheinnummer), oder die

Nummer des Vorläufigen Nachweises der Fahrerlaubnis oder der befristeten Prüfungsbescheinigung, bestehend aus der Fahrerlaubnisnummer und einer angefügten Null,

11. die Behörde, die den Führerschein, den Ersatzführerschein,[1] den Vorläufigen Nachweis der Fahrerlaubnis oder die befristete Prüfungsbescheinigung ausgestellt hat,
12. die Führerscheinnummer oder die Nummer des Vorläufigen Nachweises der Fahrerlaubnis oder der befristeten Prüfungsbescheinigung, der Verbleib bisheriger Führerscheine, sofern die Führerscheine nicht amtlich eingezogen oder vernichtet wurden, und ein Hinweis, ob der Führerschein zur Einziehung, Beschlagnahme oder Sicherstellung ausgeschrieben ist,
13. der Tag des Beginns und des Ablaufs der Gültigkeit des Führerscheins,
14. die Bezeichnung des Staates, in dem der Inhaber einer deutschen Fahrerlaubnis seinen Wohnsitz genommen hat und in dem diese Fahrerlaubnis umgetauscht wurde unter Angabe des Tages des Umtausches,
15. die Nummer und der Tag der Ausstellung eines internationalen Führerscheins, die Geltungsdauer und die Behörde, die diesen Führerschein ausgestellt hat,
16. der Tag der Erteilung einer Fahrerlaubnis zur Fahrgastbeförderung, die Art der Berechtigung, der Tag des Ablaufs der Geltungsdauer, die Nummer des Führerscheins zur Fahrgastbeförderung, die Behörde, die diese Fahrerlaubnis erteilt hat, und der Tag der Verlängerung,
17. der Hinweis auf eine Eintragung im Fahreignungsregister über eine bestehende Einschränkung des Rechts, von der Fahrerlaubnis Gebrauch zu machen, sowie
18. die Behörde, die die Fahrerlaubnisakte führt.

(2) Bei Dienstfahrerlaubnissen der Bundeswehr werden nur die in Absatz 1 Nummer 1 genannten Daten, die Klasse der erteilten Fahrerlaubnis, der Tag des Beginns und Ablaufs der Probezeit und die Fahrerlaubnisnummer gespeichert.

§ 50 Übermittlung der Daten vom Kraftfahrt-Bundesamt an die Fahrerlaubnisbehörden nach § 2c des Straßenverkehrsgesetzes

[1]Das Kraftfahrt-Bundesamt unterrichtet die zuständige Fahrerlaubnisbehörde von Amts wegen, wenn über den Inhaber einer Fahrerlaubnis auf Probe Entscheidungen in das Fahreignungsregister eingetragen werden, die zu Anordnungen nach § 2a Absatz 2, 4 und 5 des Straßenverkehrsgesetzes führen können. [2]Hierzu übermittelt es folgende Daten:

1. aus dem Zentralen Fahrerlaubnisregister
   a) die in § 49 Absatz 1 Nummer 1 bezeichneten Personendaten,
   b) den Tag des Beginns und des Ablaufs der Probezeit,
   c) die erteilende Fahrerlaubnisbehörde,
   d) die Fahrerlaubnisnummer,
   e) den Hinweis, dass es sich bei der Probezeit um die Restdauer einer vorherigen Probezeit handelt unter Angabe der Gründe,
   f) die Gültigkeit des Führerscheins,
2. aus dem Fahreignungsregister den Inhalt der Eintragungen über die innerhalb der Probezeit begangenen Straftaten und Ordnungswidrigkeiten.

§ 51 Übermittlung von Daten aus dem Zentralen Fahrerlaubnisregister nach den §§ 52 und 55 des Straßenverkehrsgesetzes

(1) Übermittelt werden dürfen

1. im Rahmen des § 52 Absatz 1 Nummer 1 bis 2 des Straßenverkehrsgesetzes für Maßnahmen wegen Straftaten oder Ordnungswidrigkeiten nur
   a) Familiennamen, Geburtsnamen, sonstige frühere Namen, soweit dazu eine Eintragung vorliegt, Vornamen, Ordens- oder Künstlernamen, Doktorgrad, Geschlecht, Tag und Ort der Geburt und Hinweise auf Zweifel an der Identität nach § 59 Absatz 1 Satz 5 des Straßenverkehrsgesetzes,
   b) die erteilten Fahrerlaubnisklassen,
   c) der Tag der Erteilung und des Erlöschens der jeweiligen Fahrerlaubnisklasse und die zuständige Behörde,
   d) der Tag des Beginns und des Ablaufs der Probezeit nach § 2a des Straßenverkehrsgesetzes,
   e) der Tag des Ablaufs der Gültigkeit befristet erteilter Fahrerlaubnisse, der Tag der Verlängerung der Fahrerlaubnis und die Behörde, die die Fahrerlaubnis verlängert hat,
   f) Auflagen, Beschränkungen und Zusatzangaben zur Fahrerlaubnis oder einzelnen Fahrerlaubnisklassen nach Anlage 9,

1) Zeichensetzung nichtamtlich ergänzt.

g) die Nummer der Fahrerlaubnis, bestehend aus dem vom Kraftfahrt-Bundesamt zugeteilten Behördenschlüssel der Fahrerlaubnisbehörde und einer fortlaufenden Nummer für die Erteilung einer Fahrerlaubnis durch diese Behörde und einer Prüfnummer (Fahrerlaubnisnummer),
h) die Nummer des Führerscheins oder die Nummer des Vorläufigen Nachweises der Fahrerlaubnis oder der befristeten Prüfungsbescheinigung, bestehend aus der Fahrerlaubnisnummer und der fortlaufenden Nummer des über die Fahrerlaubnis ausgestellten Führerscheins (Führerscheinnummer), oder die Nummer der befristeten Prüfungsbescheinigung, bestehend aus der Fahrerlaubnisnummer und einer angefügten Null,
i) die Behörde, die den Führerschein, den Ersatzführerschein,[1] den Vorläufigen Nachweis der Fahrerlaubnis oder die befristete Prüfungsbescheinigung ausgestellt hat,
j) die Führerscheinnummer oder die Nummer des Vorläufigen Nachweises der Fahrerlaubnis oder der befristeten Prüfungsbescheinigung, der Verbleib bisheriger Führerscheine, sofern die Führerscheine nicht amtlich eingezogen oder vernichtet wurden, und ein Hinweis, ob der Führerschein zur Einziehung, Beschlagnahme oder Sicherstellung ausgeschrieben ist,
k) Tag des Beginns und des Ablaufs der Gültigkeit des Führerscheins,
l) die Bezeichnung des Staates, in dem der Inhaber einer deutschen Fahrerlaubnis seinen Wohnsitz genommen hat und in dem diese Fahrerlaubnis registriert oder umgetauscht wurde unter Angabe des Tages der Registrierung oder des Umtausches,
m) die Nummer und der Tag der Ausstellung eines internationalen Führerscheins, die Geltungsdauer und die Behörde, die diesen Führerschein ausgestellt hat,
n) der Tag der Erteilung einer Fahrerlaubnis zur Fahrgastbeförderung, die Art der Berechtigung, der Tag des Ablaufs der Geltungsdauer, die Nummer des Führerscheins zur Fahrgastbeförderung, die Behörde, die diese Fahrerlaubnis erteilt hat, und der Tag der Verlängerung,
o) der Hinweis auf eine Eintragung im Fahreignungsregister über eine bestehende Einschränkung des Rechts, von der Fahrerlaubnis Gebrauch zu machen,
p) bei Dienstfahrerlaubnissen der Bundeswehr nur
   aa) Familiennamen, Geburtsnamen, sonstige frühere Namen, soweit dazu eine Eintragung vorliegt, Vornamen, Ordens- oder Künstlernamen, Doktorgrad, Geschlecht, Tag und Ort der Geburt und Hinweise auf Zweifel an der Identität nach § 59 Absatz 1 Satz 5 des Straßenverkehrsgesetzes,
   bb) die erteilten Fahrerlaubnisklassen,
   cc) der Tag des Beginns und Ablaufs der Probezeit,
   dd) die Fahrerlaubnisnummer,
2. im Rahmen des § 52 Absatz 1 Nummer 3 des Straßenverkehrsgesetzes für Verwaltungsmaßnahmen die nach Nummer 1 zu übermittelnden Daten sowie
   a) der Grund des Erlöschens einer Fahrerlaubnis oder Fahrerlaubnisklasse,
   b) die Dauer der Probezeit einschließlich der Restdauer nach vorzeitiger Beendigung der Probezeit und den Beginn und das Ende einer Hemmung der Probezeit,
   c) die Behörde, die die Fahrerlaubnisakte im Sinne des § 61 Absatz 1 Satz 3 des Straßenverkehrsgesetzes führt,
3. im Rahmen des § 52 Absatz 2 des Straßenverkehrsgesetzes für Verkehrs- und Grenzkontrollen und für Straßenkontrollen nur die nach Nummer 1 Buchstabe a, b, c, e, f, g, h, i, j, k, m, n und o zu übermittelnden Daten,
4. im Rahmen des § 55 Absatz 1 Nummer 1 bis 3 des Straßenverkehrsgesetzes für Maßnahmen ausländischer Behörden nur die nach Nummer 1 Buchstabe a bis o zu übermittelnden Daten.

(2) Die Daten dürfen gemäß Absatz 1 Nummer 4 in das Ausland für Verwaltungsmaßnahmen auf dem Gebiet des Straßenverkehrs den Straßenverkehrsbehörden, für die Verfolgung von Zuwiderhandlungen gegen Rechtsvorschriften auf dem Gebiet des Straßenverkehrs oder für die Verfolgung von Straftaten den Polizei- und Justizbehörden unmittelbar übermittelt werden, wenn nicht der Empfängerstaat mitgeteilt hat, dass andere Behörden zuständig sind.

§ 52 Abruf im automatisierten Verfahren aus dem Zentralen Fahrerlaubnisregister durch Stellen im Inland nach § 53 des Straßenverkehrsgesetzes

(1) Zur Übermittlung aus dem Zentralen Fahrerlaubnisregister dürfen durch Abruf im automatisierten Verfahren
1. im Rahmen des § 52 Absatz 1 Nummer 1 bis 2 des Straßenverkehrsgesetzes für Maßnahmen wegen Straftaten oder Ordnungswidrigkeiten nur

1) Zeichensetzung nichtamtlich ergänzt.

a) Familiennamen, Geburtsnamen, sonstige frühere Namen, soweit dazu eine Eintragung vorliegt, Vornamen, Ordens- oder Künstlernamen, Doktorgrad, Geschlecht, Tag und Ort der Geburt und Hinweise auf Zweifel an der Identität nach § 59 Absatz 1 Satz 5 des Straßenverkehrsgesetzes,
b) die erteilten Fahrerlaubnisklassen,
c) der Tag der Erteilung und des Erlöschens der jeweiligen Fahrerlaubnisklasse und die zuständige Behörde,
d) der Tag des Beginns und des Ablaufs der Probezeit nach § 2a des Straßenverkehrsgesetzes,
e) der Tag des Ablaufs der Gültigkeit befristet erteilter Fahrerlaubnisse, der Tag der Verlängerung und die Behörde, die die Fahrerlaubnis verlängert hat,
f) Auflagen, Beschränkungen und Zusatzangaben zur Fahrerlaubnis oder einzelnen Klassen nach Anlage 9,
g) die Nummer der Fahrerlaubnis, bestehend aus dem vom Kraftfahrt-Bundesamt zugeteilten Behördenschlüssel der Fahrerlaubnisbehörde und einer fortlaufenden Nummer für die Erteilung einer Fahrerlaubnis durch diese Behörde und einer Prüfnummer (Fahrerlaubnisnummer),
h) die Nummer des Führerscheins, bestehend aus der Fahrerlaubnisnummer und der fortlaufenden Nummer des über die Fahrerlaubnis ausgestellten Führerscheins (Führerscheinnummer), oder die Nummer des Vorläufigen Nachweises der Fahrerlaubnis oder der befristeten Prüfungsbescheinigung, bestehend aus der Fahrerlaubnisnummer und einer angefügten Null,
i) die Behörde, die den Führerschein, den Ersatzführerschein,[1] den Vorläufigen Nachweis der Fahrerlaubnis oder die befristete Prüfungsbescheinigung ausgestellt hat,
j) die Führerscheinnummer oder die Nummer des Vorläufigen Nachweises der Fahrerlaubnis oder der befristeten Prüfungsbescheinigung, der Verbleib bisheriger Führerscheine, sofern die Führerscheine nicht amtlich eingezogen oder vernichtet wurden, und ein Hinweis, ob der Führerschein zur Einziehung, Beschlagnahme oder Sicherstellung ausgeschrieben ist,
k) Tag des Beginns und des Ablaufs der Gültigkeit des Führerscheins,
l) die Nummer und der Tag der Ausstellung eines internationalen Führerscheins, die Geltungsdauer und die Behörde, die diesen Führerschein ausgestellt hat,
m) der Tag der Erteilung einer Fahrerlaubnis zur Fahrgastbeförderung, die Art der Berechtigung, der Tag des Ablaufs der Geltungsdauer, die Nummer des Führerscheins zur Fahrgastbeförderung, die Behörde, die diese Fahrerlaubnis erteilt hat, und der Tag der Verlängerung,
n) der Hinweis auf eine Eintragung im Fahreignungsregister über eine bestehende Einschränkung des Rechts, von der Fahrerlaubnis Gebrauch zu machen,

2. im Rahmen des § 52 Absatz 1 Nummer 3 des Straßenverkehrsgesetzes für Verwaltungsmaßnahmen nur die nach Nummer 1 zu übermittelnden Daten sowie
   a) der Grund des Erlöschens einer Fahrerlaubnis oder Fahrerlaubnisklasse,
   b) die Dauer der Probezeit einschließlich der Restdauer nach vorzeitiger Beendigung der Probezeit und den Beginn und das Ende einer Hemmung der Probezeit,
   c) die Bezeichnung des Staates, in dem der Inhaber einer deutschen Fahrerlaubnis seinen Wohnsitz genommen hat und in dem diese Fahrerlaubnis registriert oder umgetauscht wurde unter Angabe des Tages der Registrierung oder des Umtausches,
   d) die Behörde, die die Fahrerlaubnisakte im Sinne des § 50 Absatz 3 des Straßenverkehrsgesetzes führt,
   e) bei Dienstfahrerlaubnissen der Bundeswehr nur
      aa) Familiennamen, Geburtsnamen, sonstige frühere Namen, soweit dazu eine Eintragung vorliegt, Vornamen, Ordens- oder Künstlernamen, Doktorgrad, Geschlecht, Tag und Ort der Geburt und Hinweise auf Zweifel an der Identität nach § 59 Absatz 1 Satz 5 des Straßenverkehrsgesetzes,
      bb) die Klasse der erteilten Fahrerlaubnis,
      cc) der Tag des Beginns und Ablaufs der Probezeit,
      dd) die Fahrerlaubnisnummer,
3. im Rahmen des § 52 Absatz 2 des Straßenverkehrsgesetzes für Verkehrs- und Grenzkontrollen und für Straßenkontrollen nur die nach Nummer 1 bereit zu haltenden Daten bereit gehalten werden.

(2) Der Abruf darf nur unter Verwendung der Angaben zur Person, der Fahrerlaubnisnummer oder der Führerscheinnummer erfolgen.

1) Zeichensetzung nichtamtlich ergänzt.

(3) Die Daten nach Absatz 1 Nummer 1 werden zum Abruf bereitgehalten für
1. die Bußgeldbehörden, die für die Verfolgung von Verkehrsordnungswidrigkeiten zuständig sind,
2. das Bundeskriminalamt und die Bundespolizei,
3. die mit den Aufgaben nach § 2 des Bundespolizeigesetzes betrauten Stellen der Zollverwaltung und die Zollfahndungsdienststellen,
4. die Polizeibehörden der Länder,
5. Gerichte und Staatsanwaltschaften.

(4) Die Daten nach Absatz 1 Nummer 2 werden zum Abruf für die Fahrerlaubnisbehörden bereitgehalten.

(5) Die Daten nach Absatz 1 Nummer 3 werden zum Abruf bereitgehalten für
1. die Bundespolizei,
2. die mit den Aufgaben nach § 2 des Bundespolizeigesetzes betrauten Stellen der Zollverwaltung und die Zollfahndungsdienststellen,
3. das Bundesamt für Logistik und Mobilität,
4. die Polizeibehörden der Länder.

§ 53 Automatisiertes Anfrage- und Auskunftsverfahren beim Zentralen Fahrerlaubnisregister nach § 54 des Straßenverkehrsgesetzes

(1) Übermittelt werden dürfen nur die Daten nach § 51 unter den dort genannten Voraussetzungen.

(2) [1]Die übermittelnde Stelle darf die Übermittlung nur zulassen, wenn deren Durchführung unter Verwendung einer Kennung der zum Empfang der übermittelten Daten berechtigten Behörde erfolgt. [2]Der Empfänger hat sicherzustellen, dass die übermittelten Daten nur bei den zum Empfang bestimmten Endgeräten empfangen werden.

(3) [1]Die übermittelnde Stelle hat durch ein selbsttätiges Verfahren zu gewährleisten, dass eine Übermittlung nicht erfolgt, wenn die Kennung nicht oder unrichtig angegeben wurde. [2]Sie hat versuchte Anfragen ohne Angabe der richtigen Kennung sowie die Angabe einer fehlerhaften Kennung zu protokollieren. [3]Sie hat ferner im Zusammenwirken mit der anfragenden Stelle jedem Fehlversuch nachzugehen und die Maßnahmen zu ergreifen, die zur Sicherung des ordnungsgemäßen Verfahrens notwendig sind.

(4) Die übermittelnde Stelle hat sicherzustellen, dass die Aufzeichnungen nach § 54 Satz 2 des Straßenverkehrsgesetzes selbsttätig vorgenommen werden und die Übermittlung bei nicht ordnungsgemäßer Aufzeichnung unterbrochen wird.

§ 54 Sicherung gegen Missbrauch

(1) [1]Die übermittelnde Stelle darf den Abruf im automatisierten Verfahren aus dem Zentralen Fahrerlaubnisregister nach § 53 des Straßenverkehrsgesetzes nur zulassen, wenn dessen Durchführung unter Verwendung
1. einer Kennung des zum Abruf berechtigten Nutzers und
2. eines Passwortes

erfolgt. [2]Nutzer im Sinne des Satzes 1 Nummer 1 kann eine natürliche Person oder eine Dienststelle sein. [3]Bei Abruf über ein sicheres, geschlossenes Netz kann die Kennung nach Satz 1 Nummer 1 auf Antrag des Netzbetreibers als einheitliche Kennung für die an dieses Netz angeschlossenen Nutzer erteilt werden, sofern der Netzbetreiber selbst abrufberechtigt ist. [4]Die Verantwortung für die Sicherheit des Netzes und die Zulassung ausschließlich berechtigter Nutzer trägt bei Anwendung des Satzes 3 der Netzbetreiber. [5]Ist der Nutzer im Sinne des Satzes 1 Nummer 1 keine natürliche Person, so hat er sicherzustellen, dass zu jedem Abruf die jeweils abrufende natürliche Person festgestellt werden kann. [6]Der Nutzer oder die abrufende Person haben vor dem ersten Abruf ein eigenes Passwort zu wählen und dieses jeweils spätestens nach einem von der übermittelnden Stelle vorgegebenen Zeitraum zu ändern.

(2) [1]Die übermittelnde Stelle hat durch ein selbsttätiges Verfahren zu gewährleisten, dass keine Abrufe erfolgen können, sobald die Kennung nach Absatz 1 Satz 1 Nummer 1 oder das Passwort mehr als zweimal hintereinander unrichtig übermittelt wurde. [2]Die abrufende Stelle hat Maßnahmen zum Schutz gegen unberechtigte Nutzungen des Abrufsystems zu treffen.

(3) [1]Die übermittelnde Stelle hat sicherzustellen, dass die Aufzeichnungen nach § 53 Absatz 3 des Straßenverkehrsgesetzes über die Abrufe selbsttätig vorgenommen werden und dass der Abruf bei nicht ordnungsgemäßer Aufzeichnung unterbrochen wird. [2]Der Aufzeichnung unterliegen auch versuchte Abrufe, die unter Verwendung von fehlerhaften Kennungen mehr als einmal vorgenommen wurden. [3]Satz 1 gilt entsprechend für die weiteren Aufzeichnungen nach § 53 Absatz 4 des Straßenverkehrsgesetzes.

§ 55 Aufzeichnung der Abrufe

(1) [1]Der Anlass des Abrufs ist unter Verwendung folgender Schlüsselzeichen zu übermitteln:

A. Überwachung des Straßenverkehrs
B. Grenzkontrollen
C. Verwaltungsmaßnahmen auf dem Gebiet des Straßenverkehrs, soweit sie die Berechtigung zum Führen von Kraftfahrzeugen betreffen
D. Ermittlungsverfahren wegen Straftaten
E. Ermittlungsverfahren wegen Verkehrsordnungswidrigkeiten
F. Sonstige Anlässe.

[2]Bei Verwendung der Schlüsselzeichen D, E und F ist ein auf den bestimmten Anlass bezogenes Aktenzeichen oder eine Tagebuchnummer zusätzlich zu übermitteln, falls dies beim Abruf angegeben werden kann. [3]Ansonsten ist jeweils in Kurzform bei der Verwendung des Schlüsselzeichens D oder E die Art der Straftat oder der Verkehrsordnungswidrigkeit oder bei Verwendung des Schlüsselzeichens F die Art der Maßnahme oder des Ereignisses zu bezeichnen.

(2) [1]Zur Feststellung der für den Abruf verantwortlichen Person sind der übermittelnden Stelle die Dienstnummer, die Nummer des Dienstausweises, ein Namenskurzzeichen unter Angabe der Organisationseinheit oder andere Hinweise mitzuteilen, die unter Hinzuziehung von Unterlagen bei der abrufenden Stelle diese Feststellung ermöglichen. [2]Als Hinweise im Sinne von Satz 1 gelten insbesondere:

1. das nach Absatz 1 übermittelte Aktenzeichen oder die Tagebuchnummer, sofern die Tatsache des Abrufs unter Bezeichnung der hierfür verantwortlichen Person aktenkundig gemacht wird,
2. der Funkrufname, sofern dieser zur nachträglichen Feststellung der für den Abruf verantwortlichen Person geeignet ist.

(3) Für die nach § 53 Absatz 4 des Straßenverkehrsgesetzes vorgeschriebenen weiteren Aufzeichnungen ist § 53 Absatz 3 Satz 2 und 3 des Straßenverkehrsgesetzes entsprechend anzuwenden.

§ 56 Abruf im automatisierten Verfahren aus dem Zentralen Fahrerlaubnisregister durch Stellen im Ausland nach § 56 des Straßenverkehrsgesetzes

(1) Zur Übermittlung aus dem Zentralen Fahrerlaubnisregister dürfen durch Abruf im automatisierten Verfahren

1. im Rahmen des § 55 Absatz 1 Nummer 1 des Straßenverkehrsgesetzes für Verwaltungsmaßnahmen nur die nach § 49 Absatz 1 Nummer 1 bis 3, 5 bis 11 und 12 bis 15 gespeicherten Daten,
2. im Rahmen des § 55 Absatz 1 Nummer 2 und 3 des Straßenverkehrsgesetzes für Maßnahmen wegen Straftaten oder Zuwiderhandlungen nur die nach § 49 Absatz 1 Nummer 1 bis 3, 5 bis 11 und 13 und 15 gespeicherten Daten

bereitgehalten werden.

(2) § 51 Absatz 2 (Empfänger der Daten), § 52 Absatz 2 (für den Abruf zu verwendende Daten), § 54 (Sicherung gegen Missbrauch) und § 55 (Aufzeichnung der Abrufe) sind entsprechend anzuwenden.

§ 57 Speicherung der Daten in den örtlichen Fahrerlaubnisregistern

Über Fahrerlaubnisinhaber sowie über Personen, denen ein Verbot erteilt wurde, ein Fahrzeug zu führen, sind im örtlichen Fahrerlaubnisregister nach § 50 des Straßenverkehrsgesetzes folgende Daten zu speichern:

1. Familiennamen, Geburtsnamen, sonstige frühere Namen, Vornamen, Ordens- oder Künstlernamen, Doktorgrad, Tag und Ort der Geburt, Anschrift, Geschlecht, Staatsangehörigkeit und Art des Ausweisdokumentes sowie, soweit angegeben, die E-Mail-Adresse,
2. die Klassen der erteilten Fahrerlaubnis,
3. der Tag der Erteilung der jeweiligen Fahrerlaubnisklasse sowie die erteilende Behörde,
4. der Tag des Beginns und des Ablaufs der Probezeit gemäß § 2a des Straßenverkehrsgesetzes,
5. der Tag des Ablaufs der Gültigkeit befristet erteilter Fahrerlaubnisse sowie der Tag der Verlängerung,
6. Auflagen, Beschränkungen und Zusatzangaben zur Fahrerlaubnis oder einzelnen Klassen gemäß Anlage 9,
7. die Fahrerlaubnisnummer oder bei nach bisherigem Recht erteilten Fahrerlaubnissen die Listennummer,
8. die Führerscheinnummer,
9. der Tag der Ausstellung des Führerscheins oder eines Ersatzführerscheins sowie die Behörde, die den Führerschein oder den Ersatzführerschein ausgestellt hat,

10. die Führerscheinnummer, der Tag der Ausstellung und der Verbleib bisheriger Führerscheine, sofern die Führerscheine nicht amtlich eingezogen oder vernichtet wurden, sowie ein Hinweis, ob der Führerschein zur Einziehung, Beschlagnahme oder Sicherstellung ausgeschrieben ist,
11. (weggefallen)
12. die Bezeichnung des Staates, in dem der Inhaber einer deutschen Fahrerlaubnis seinen Wohnsitz genommen hat und in dem diese Fahrerlaubnis registriert oder umgetauscht wurde unter Angabe des Tages der Registrierung oder des Umtausches,
13. die Nummer und der Tag der Ausstellung eines internationalen Führerscheins, die Geltungsdauer sowie die Behörde, die diesen Führerschein ausgestellt hat,
14. der Tag der Erteilung einer Fahrerlaubnis zur Fahrgastbeförderung, die Art der Berechtigung, der Tag des Ablaufs der Geltungsdauer, die Nummer des Führerscheins zur Fahrgastbeförderung sowie der Tag der Verlängerung,
15. Hinweise zum Verbleib ausländischer Führerscheine, auf Grund derer die deutsche Fahrerlaubnis erteilt wurde,
16. der Tag der unanfechtbaren Versagung der Fahrerlaubnis, der Tag der Bestandskraft der Entscheidung, die entscheidende Stelle, der Grund der Entscheidung und das Aktenzeichen,
17. der Tag der vorläufigen, sofort vollziehbaren sowie der rechts- oder bestandskräftigen Entziehung der Fahrerlaubnis, der Tag der Rechts- oder Bestandskraft der Entscheidung, die entscheidende Stelle, der Grund der Entscheidung und der Tag des Ablaufs einer etwaigen Sperre,
18. der Tag der vorläufigen, sofort vollziehbaren sowie der rechts- und bestandskräftigen Aberkennung des Rechts, von einer ausländischen Fahrerlaubnis Gebrauch zu machen, der Tag der Rechts- oder Bestandskraft, die entscheidende Stelle, der Grund der Entscheidung und der Tag des Ablaufs einer etwaigen Sperre,
19. der Tag des Zugangs der Erklärung über den Verzicht auf die Fahrerlaubnis bei der Fahrerlaubnisbehörde und dem Erklärungsempfänger,
20. der Tag der Neuerteilung einer Fahrerlaubnis oder der Erteilung des Rechts, von einer ausländischen Fahrerlaubnis wieder Gebrauch zu machen, nach vorangegangener Entziehung oder Aberkennung oder vorangegangenem Verzicht, sowie die erteilende Behörde,
21. der Tag der Rechtskraft der Anordnung einer Sperre nach § 69a Absatz 1 Satz 3 des Strafgesetzbuches, die anordnende Stelle und der Tag des Ablaufs,
22. der Tag des Verbots, ein Fahrzeug zu führen, die entscheidende Stelle, der Tag der Rechts- oder Bestandskraft der Entscheidung sowie der Tag der Wiederzulassung,
23. der Tag des Widerrufs oder der Rücknahme der Fahrerlaubnis, die entscheidende Stelle sowie der Tag der Rechts- oder Bestandskraft der Entscheidung,
24. der Tag der Beschlagnahme, Sicherstellung und Verwahrung des Führerscheins nach § 94 der Strafprozessordnung, die anordnende Stelle sowie der Tag der Aufhebung dieser Maßnahmen und der Rückgabe des Führerscheins,
25. der Tag und die Art von Maßnahmen nach dem Fahreignungs-Bewertungssystem, die Teilnahme an einem Fahreignungsseminar und der Tag der Beendigung des Fahreignungsseminars sowie der Tag der Ausstellung der Teilnahmebescheinigung,
26. der Tag und die Art von Maßnahmen bei Inhabern einer Fahrerlaubnis auf Probe, die gesetzte Frist, die Teilnahme an einem Aufbauseminar, die Art des Seminars, der Tag seiner Beendigung, der Tag der Ausstellung der Teilnahmebescheinigung sowie die Teilnahme an einer verkehrspsychologischen Beratung und der Tag der Ausstellung der Teilnahmebescheinigung.

§ 58 Übermittlung von Daten aus den örtlichen Fahrerlaubnisregistern

(1) Für die Verfolgung von Straftaten, zur Vollstreckung und zum Vollzug von Strafen dürfen im Rahmen des § 52 Absatz 1 Nummer 1 des Straßenverkehrsgesetzes nur die nach § 57 Nummer 1 bis 10 und 12 bis 15 gespeicherten Daten übermittelt werden.

(2) Für die Verfolgung von Ordnungswidrigkeiten und die Vollstreckung von Bußgeldbescheiden und ihren Nebenfolgen dürfen im Rahmen des § 52 Absatz 1 Nummer 2 des Straßenverkehrsgesetzes nur die nach § 57 Nummer 1 bis 10 und 12 bis 15 gespeicherten Daten übermittelt werden.

(3) Für

1. die Erteilung, Verlängerung, Entziehung oder Beschränkung einer Fahrerlaubnis,
2. die Aberkennung oder Einschränkung des Rechts, von einer ausländischen Fahrerlaubnis Gebrauch zu machen,
3. das Verbot, ein Fahrzeug zu führen,
4. die Anordnung von Auflagen zu einer Fahrerlaubnis

dürfen die Fahrerlaubnisbehörden einander im Rahmen des § 52 Absatz 1 Nummer 3 des Straßenverkehrsgesetzes nur die nach § 57 Nummer 1 bis 10 und 12 bis 15 gespeicherten Daten übermitteln.

(4) Für Verkehrs- und Grenzkontrollen dürfen im Rahmen des § 52 Absatz 2 des Straßenverkehrsgesetzes nur die nach § 57 Nummer 1, 2, 4 bis 10 und 12 gespeicherten Daten übermittelt werden.

(5) [1]Die Daten nach den Absätzen 1, 2 und 4 dürfen für die dort genannten Zwecke aus dem örtlichen Fahrerlaubnisregister im automatisierten Verfahren abgerufen werden. [2]§ 52 Absatz 2, 3 und 5, §§ 53, 54 und 55 Absatz 1 bis 3 sind entsprechend anzuwenden.

2.
Fahreignungsregister

§ 59 Speicherung von Daten im Fahreignungsregister

(1) Im Fahreignungsregister sind im Rahmen von § 28 Absatz 3 des Straßenverkehrsgesetzes folgende Daten zu speichern:

1. Familiennamen, Geburtsnamen, sonstige frühere Namen, soweit hierzu Eintragungen vorliegen, Vornamen, Ordens- oder Künstlernamen, Doktorgrad, Geschlecht, Tag und Ort der Geburt, Anschrift des Betroffenen, Staatsangehörigkeit sowie Hinweise auf Zweifel an der Identität gemäß § 28 Absatz 5 des Straßenverkehrsgesetzes,
2. die entscheidende Stelle, der Tag der Entscheidung, die Geschäftsnummer oder das Aktenzeichen, die mitteilende Stelle und der Tag der Mitteilung,
3. Ort, Tag und Zeit der Tat, die Angabe, ob die Tat in Zusammenhang mit einem Verkehrsunfall steht, die Art der Verkehrsteilnahme sowie die Fahrzeugart,
4. der Tag des ersten Urteils oder bei einem Strafbefehl der Tag der Unterzeichnung durch den Richter sowie der Tag der Rechtskraft oder Unanfechtbarkeit, der Tag der Maßnahme nach den §§ 94 und 111a der Strafprozessordnung,
5. bei Entscheidungen wegen einer Straftat oder einer Ordnungswidrigkeit die rechtliche Bezeichnung der Tat unter Angabe der angewendeten Vorschriften, bei sonstigen Entscheidungen die Art, die Rechtsgrundlagen sowie bei verwaltungsbehördlichen Entscheidungen nach § 28 Absatz 3 Nummer 4, 5, 6, und 8 des Straßenverkehrsgesetzes der Grund der Entscheidung,
6. die Haupt- und Nebenstrafen, die nach § 59 des Strafgesetzbuches vorbehaltene Strafe, das Absehen von Strafe, die Maßregeln der Besserung und Sicherung, die Erziehungsmaßregeln, die Zuchtmittel oder die Jugendstrafe, die Geldbuße und das Fahrverbot, auch bei Gesamtstrafenbildung für die einbezogene Entscheidung,
7. die vorgeschriebene Einstufung als
   a) Straftat mit Entziehung der Fahrerlaubnis oder mit isolierter Sperre mit drei Punkten,
   b) Straftat ohne Entziehung der Fahrerlaubnis und ohne isolierte Sperre oder als besonders verkehrssicherheitsbeeinträchtigende Ordnungswidrigkeit mit zwei Punkten oder
   c) verkehrssicherheitsbeeinträchtigende Ordnungswidrigkeit mit einem Punkt

   und die entsprechende Kennziffer,
8. die Fahrerlaubnisdaten unter Angabe der Fahrerlaubnisnummer, der Art der Fahrerlaubnis, der Fahrerlaubnisklassen, der erteilenden Behörde und des Tages der Erteilung, soweit sie im Rahmen von Entscheidungen wegen Straftaten oder Ordnungswidrigkeiten dem Fahreignungsregister mitgeteilt sind,
9. bei einer Versagung, Entziehung oder Aberkennung des Rechts, von der Fahrerlaubnis im Inland Gebrauch zu machen, oder einer Feststellung über die fehlende Fahrberechtigung durch eine Fahrerlaubnisbehörde der Grund der Entscheidung und die entsprechende Kennziffer sowie den Tag des Ablaufs der Sperrfrist,
10. bei einem Verzicht auf die Fahrerlaubnis der Tag des Zugangs der Verzichtserklärung bei der zuständigen Behörde sowie der Tag des Ablaufs der Sperrfrist,
11. bei einem Fahrverbot der Hinweis auf § 25 Absatz 2a Satz 1 des Straßenverkehrsgesetzes und der Tag des Fristablaufs sowie bei einem Verbot oder einer Beschränkung, ein fahrerlaubnisfreies Fahrzeug zu führen, der Tag des Ablaufs oder der Aufhebung der Maßnahme,
12. bei der Teilnahme an einem Fahreignungsseminar, einem Aufbauseminar, einem besonderen Aufbauseminar oder einer verkehrspsychologischen Beratung die rechtliche Grundlage, der Tag der Beendigung des Seminars, der Tag der Ausstellung der Teilnahmebescheinigung und der Tag, an dem die Bescheinigung der zuständigen Behörde vorgelegt wurde,
13. der Punktabzug auf Grund der freiwilligen Teilnahme an einem Fahreignungsseminar,

14. bei Maßnahmen nach § 2a Absatz 2 Satz 1 Nummer 1 und 2 und § 4 Absatz 5 Satz 1 Nummer 1 und 2 des Straßenverkehrsgesetzes die Behörde, der Tag und die Art der Maßnahme sowie die gesetzte Frist, die Geschäftsnummer oder das Aktenzeichen.

(2) Über Entscheidungen und Erklärungen im Rahmen des § 59 Absatz 2 des Fahrlehrergesetzes werden gespeichert:

1. die Angaben zur Person nach Absatz 1 Nummer 1 mit Ausnahme des Hinweises auf Zweifel an der Identität,
2. die Angaben zur Entscheidung nach Absatz 1 Nummer 2,
3. Ort und Tag der Tat,
4. der Tag der Unanfechtbarkeit, sofortigen Vollziehbarkeit oder Rechtskraft der Entscheidung, des Ruhens oder des Erlöschens der Fahrlehrerlaubnis oder der Tag der Abgabe der Erklärung,
5. die Angaben zur Entscheidung nach Absatz 1 Nummer 5,
6. die Höhe der Geldbuße,
7. die Angaben zur Fahrlehrerlaubnis in entsprechender Anwendung des Absatzes 1 Nummer 8,
8. bei einer Versagung der Fahrlehrerlaubnis der Grund der Entscheidung,
9. der Hinweis aus dem Zentralen Fahrerlaubnisregister bei Erteilung einer Fahrlehrerlaubnis nach vorangegangener Versagung, Rücknahme und vorangegangenem Widerruf.

(3) [1]Enthält eine strafgerichtliche Entscheidung sowohl registerpflichtige als auch nicht registerpflichtige Teile, werden in Fällen der Tateinheit (§ 52 des Strafgesetzbuches) nur die registerpflichtigen Taten sowie die Folgen mit dem Hinweis aufgenommen, dass diese sich auch auf nicht registerpflichtige Taten beziehen. [2]In Fällen der Tatmehrheit (§ 53 des Strafgesetzbuches und § 460 der Strafprozessordnung) sind die registerpflichtigen Taten mit ihren Einzelstrafen und einem Hinweis einzutragen, dass diese in einer Gesamtstrafe aufgegangen sind; ist auf eine einheitliche Jugendstrafe (§ 31 des Jugendgerichtsgesetzes) erkannt worden, wird nur die Verurteilung wegen der registerpflichtigen Straftaten, nicht aber die Höhe der Jugendstrafe eingetragen. [3]Die Eintragung sonstiger Folgen bleibt unberührt.

(4) [1]Enthält eine Entscheidung wegen einer Ordnungswidrigkeit sowohl registerpflichtige als auch nicht registerpflichtige Teile, werden in Fällen der Tateinheit (§ 19 des Gesetzes über Ordnungswidrigkeiten) nur die registerpflichtigen Taten sowie die Folgen mit dem Hinweis eingetragen, dass sich die Geldbuße auch auf nicht registerpflichtige Taten bezieht. [2]In Fällen der Tatmehrheit (§ 20 des Gesetzes über Ordnungswidrigkeiten) sind nur die registerpflichtigen Teile einzutragen.

§ 60 Übermittlung von Daten nach § 30 des Straßenverkehrsgesetzes

(1) Für Maßnahmen wegen Straftaten oder Ordnungswidrigkeiten werden gemäß § 30 Absatz 1 Nummer 1 und 2 des Straßenverkehrsgesetzes die auf Grund des § 28 Absatz 3 Nummer 1 bis 3 des Straßenverkehrsgesetzes nach § 59 Absatz 1 dieser Verordnung gespeicherten Daten und – soweit Kenntnis über den Besitz von Fahrerlaubnissen und Führerscheinen sowie über die Berechtigung zum Führen von Kraftfahrzeugen erforderlich ist – die auf Grund des § 28 Absatz 3 Nummer 1 bis 9 des Straßenverkehrsgesetzes nach § 59 Absatz 1 dieser Verordnung gespeicherten Daten übermittelt.

(2) [1]Für Verwaltungsmaßnahmen nach dem Straßenverkehrsgesetz oder dieser Verordnung werden gemäß § 30 Absatz 1 Nummer 3 des Straßenverkehrsgesetzes die auf Grund des § 28 Absatz 3 des Straßenverkehrsgesetzes nach § 59 Absatz 1 dieser Verordnung gespeicherten Daten übermittelt. [2]Für Verwaltungsmaßnahmen nach der Straßenverkehrs-Zulassungs-Ordnung wegen der Zustimmung der zuständigen Behörden zur Betrauung mit der Durchführung der Untersuchungen nach § 29 der Straßenverkehrs-Zulassungs-Ordnung (Nummer 3.7 der Anlage VIIIb der Straßenverkehrs-Zulassungs-Ordnung) werden gemäß § 30 Absatz 1 Nummer 3 des Straßenverkehrsgesetzes die auf Grund des § 28 Absatz 3 Nummer 1 bis 9 des Straßenverkehrsgesetzes nach § 59 Absatz 1 dieser Verordnung gespeicherten Daten übermittelt. [3]Für Verwaltungsmaßnahmen nach der Straßenverkehrs-Zulassungs-Ordnung wegen

1. der Anerkennung von Kraftfahrzeugwerkstätten zur Durchführung von Sicherheitsprüfungen nach Anlage VIIIc der Straßenverkehrs-Zulassungs-Ordnung,
2. der Anerkennung von Überwachungsorganisationen nach Anlage VIIIb der Straßenverkehrs-Zulassungs-Ordnung,
3. der Anerkennung von Kraftfahrzeugwerkstätten zur Durchführung von Abgasuntersuchungen nach Anlage VIIIc der Straßenverkehrs-Zulassungs-Ordnung und für die Zuteilung von roten Kennzeichen nach § 41 Absatz 4 oder § 43 der Fahrzeug-Zulassungsverordnung

werden gemäß § 30 Absatz 1 Nummer 3 des Straßenverkehrsgesetzes die auf Grund des § 28 Absatz 3 Nummer 1 bis 3 des Straßenverkehrsgesetzes nach § 59 Absatz 1 dieser Verordnung gespeicherten Daten übermittelt.

(3) [1]Für Verwaltungsmaßnahmen
1. nach dem Fahrlehrergesetz oder den auf Grund dieses Gesetzes erlassenen Rechtsvorschriften,
2. nach dem Kraftfahrsachverständigengesetz oder den auf Grund dieses Gesetzes erlassenen Rechtsvorschriften,
3. nach dem Gesetz über das Fahrpersonal im Straßenverkehr oder den auf Grund dieses Gesetzes erlassenen Rechtsvorschriften

werden gemäß § 30 Absatz 2 des Straßenverkehrsgesetzes die auf Grund des § 28 Absatz 3 Nummer 1 bis 9 des Straßenverkehrsgesetzes nach § 59 Absatz 1 – für Verwaltungsmaßnahmen nach Nummer 1 zusätzlich nach § 59 Absatz 2 – dieser Verordnung gespeicherten Daten übermittelt. [2]Für Verwaltungsmaßnahmen
1. auf Grund der gesetzlichen Bestimmungen über die Notfallrettung und den Krankentransport,
2. nach dem Personenbeförderungsgesetz oder den auf Grund dieses Gesetzes erlassenen Rechtsvorschriften,
3. nach dem Güterkraftverkehrsgesetz oder den auf Grund dieses Gesetzes erlassenen Rechtsvorschriften,
4. nach dem Gesetz über die Beförderung gefährlicher Güter oder den auf Grund dieses Gesetzes erlassenen Rechtsvorschriften

werden gemäß § 30 Absatz 2 des Straßenverkehrsgesetzes die auf Grund des § 28 Absatz 3 Nummer 1 bis 3 des Straßenverkehrsgesetzes nach § 59 Absatz 1 dieser Verordnung gespeicherten Daten übermittelt.

(4) Für Verkehrs- und Grenzkontrollen gemäß § 30 Absatz 3 des Straßenverkehrsgesetzes werden die auf Grund des § 28 Absatz 3 Nummer 1, sofern die Entziehung der Fahrerlaubnis, eine isolierte Sperre oder ein Fahrverbot angeordnet wurde, Nummer 2, 3 Buchstabe a Doppelbuchstabe aa, Buchstabe b und Nummer 4 bis 9 des Straßenverkehrsgesetzes nach § 59 Absatz 1 dieser Verordnung gespeicherten Daten übermittelt.

(5) Für luftverkehrsrechtliche Maßnahmen nach § 30 Absatz 4 des Straßenverkehrsgesetzes, schiffsverkehrsrechtliche Maßnahmen nach § 30 Absatz 4a des Straßenverkehrsgesetzes und eisenbahnverkehrsrechtliche Maßnahmen nach § 30 Absatz 4b des Straßenverkehrsgesetzes werden die auf Grund des § 28 Absatz 3 Nummer 1 bis 9 des Straßenverkehrsgesetzes nach § 59 Absatz 1 dieser Verordnung gespeicherten Daten übermittelt.

(6) Im Rahmen des § 30 Absatz 7 des Straßenverkehrsgesetzes werden die auf Grund des § 28 Absatz 3 Nummer 1 bis 9 des Straßenverkehrsgesetzes nach § 59 Absatz 1 dieser Verordnung gespeicherten Daten
1. für Verwaltungsmaßnahmen auf dem Gebiet des Straßenverkehrs den Straßenverkehrsbehörden und
2. für die Verfolgung von Zuwiderhandlungen gegen Rechtsvorschriften auf dem Gebiet des Straßenverkehrs oder für die Verfolgung von Straftaten den Polizei- und Justizbehörden

unmittelbar übermittelt, wenn nicht der Empfängerstaat mitgeteilt hat, dass andere Behörden zuständig sind.

§ 61 Abruf im automatisierten Verfahren nach § 30a des Straßenverkehrsgesetzes

(1) Zur Übermittlung nach § 30a Absatz 1 und 3 des Straßenverkehrsgesetzes durch Abruf im automatisierten Verfahren dürfen folgende Daten bereitgehalten werden:
1. Familiennamen, Geburtsnamen, sonstige frühere Namen, soweit hierzu Eintragungen vorliegen, Vornamen, Ordens- oder Künstlernamen, Doktorgrad, Geschlecht, Tag und Ort der Geburt, Anschrift des Betroffenen, Staatsangehörigkeit sowie Hinweise auf Zweifel an der Identität gemäß § 28 Absatz 5 des Straßenverkehrsgesetzes,
2. die Tatsache, ob über die betreffende Person Eintragungen vorhanden sind,
3. die Eintragungen über Ordnungswidrigkeiten mit den Angaben über
   a) die entscheidende Stelle, den Tag der Entscheidung und die Geschäftsnummer oder das Aktenzeichen, die mitteilende Stelle und den Tag der Mitteilung, den Tag der Rechtskraft,
   b) Ort, Tag und Zeit der Tat, die Angabe, ob die Tat im Zusammenhang mit einem Verkehrsunfall steht, die Art der Verkehrsteilnahme sowie die Fahrzeugart,
   c) die rechtliche Bezeichnung der Tat unter Angabe der anzuwendenden Vorschriften, die Höhe der Geldbuße und das Fahrverbot,
   d) bei einem Fahrverbot den Hinweis auf § 25 Absatz 2a Satz 1 des Straßenverkehrsgesetzes und den Tag des Fristablaufs,
   e) die Fahrerlaubnis nach § 59 Absatz 1 Nummer 8,

f) die vorgeschriebene Einstufung als besonders verkehrssicherheitsbeeinträchtigende Ordnungswidrigkeit mit zwei Punkten oder als verkehrssicherheitsbeeinträchtigende Ordnungswidrigkeit mit einem Punkt und die entsprechende Kennziffer,

4. die Angaben über die Fahrerlaubnis (Klasse, Art und etwaige Beschränkungen) sowie
   a) die unanfechtbare Versagung einer Fahrerlaubnis, einschließlich der Ablehnung der Verlängerung einer befristeten Fahrerlaubnis,
   b) die rechtskräftige Anordnung einer Fahrerlaubnissperre und der Tag des Ablaufs der Sperrfrist,
   c) die rechtskräftige oder vorläufige Entziehung einer Fahrerlaubnis und der Tag des Ablaufs der Sperrfrist,
   d) die unanfechtbare oder sofort vollziehbare Entziehung oder Rücknahme sowie der unanfechtbare oder sofort vollziehbare Widerruf einer Fahrerlaubnis,
   e) das Bestehen eines rechtskräftigen Fahrverbots unter Angabe des Tages des Ablaufs des Verbots,
   f) die rechtskräftige Aberkennung des Rechts, von einer ausländischen Fahrerlaubnis Gebrauch zu machen, und der Tag des Ablaufs der Sperrfrist sowie die Feststellung über die fehlende Fahrberechtigung,
   g) die Beschlagnahme, Sicherstellung oder Verwahrung des Führerscheins nach § 94 der Strafprozessordnung und
   h) der Verzicht auf eine Fahrerlaubnis,

   jeweils mit den Angaben über die Geschäftsnummer oder das Aktenzeichen, die mitteilende Stelle und den Tag der Mitteilung, die Rechtsgrundlagen sowie den Angaben über die Fahrerlaubnis nach § 59 Absatz 1 Nummer 8 und darüber hinaus bei Buchstaben a bis g die entscheidende Stelle, den Tag der Entscheidung sowie den Grund der Maßnahme oder bei Buchstabe h den Tag des Zugangs des Verzichts bei der zuständigen Behörde,

5. die Eintragungen nach § 28 Absatz 3 Nummer 1 und 2 des Straßenverkehrsgesetzes über Entscheidungen der Strafgerichte mit den Angaben über
   a) die entscheidende Stelle, den Tag des ersten Urteils oder bei Strafbefehlen den Tag der Unterzeichnung durch den Richter, die Geschäftsnummer oder das Aktenzeichen, die mitteilende Stelle und den Tag der Mitteilung, den Tag der Rechtskraft,
   b) Ort, Tag und Zeit der Tat, die Angaben, ob die Tat im Zusammenhang mit einem Verkehrsunfall steht, die Art der Verkehrsteilnahme sowie die Fahrzeugart,
   c) die rechtliche Bezeichnung der Tat unter Angabe der angewendeten Vorschriften, die Haupt- und Nebenstrafe, die nach § 59 des Strafgesetzbuches vorbehaltene Strafe, das Absehen von Strafe, die Maßregeln der Besserung und Sicherung, die Erziehungsmaßregeln, die Zuchtmittel und die Jugendstrafe, die Geldstrafe, die rechtskräftige oder vorläufige Entziehung der Fahrerlaubnis und den Tag des Ablaufs der Sperrfrist, die Anordnung einer Fahrerlaubnissperre und den Tag des Ablaufs der Sperrfrist, das Bestehen eines rechtskräftigen Fahrverbots unter Angabe des Ablaufs des Verbots sowie die vorgeschriebene Einstufung als Straftat mit Entziehung der Fahrerlaubnis oder mit isolierter Sperre mit drei Punkten oder als Straftat ohne Entziehung der Fahrerlaubnis und ohne isolierte Sperre mit zwei Punkten und die entsprechende Kennziffer,
   d) bei einem Fahrverbot den Hinweis auf § 25 Absatz 2a Satz 1 des Straßenverkehrsgesetzes oder § 44 Absatz 3 Satz 1 des Strafgesetzbuches und den Tag des Fristablaufs,
   e) die Angaben über die Fahrerlaubnis nach § 59 Absatz 1 Nummer 8,

6. die Eintragungen nach § 28 Absatz 3 Nummer 9 des Straßenverkehrsgesetzes über Entscheidungen der Justizbehörden bei Beschlagnahme, Sicherstellung oder Verwahrung des Führerscheins oder über die vorläufige Entziehung des Führerscheins nach § 94 oder § 111a der Strafprozessordnung mit den Angaben über die entscheidende Stelle, den Tag der Maßnahme und die Geschäftsnummer oder das Aktenzeichen, die mitteilende Stelle und den Tag der Mitteilung und Angaben über die Fahrerlaubnis nach § 59 Absatz 1 Nummer 8.

(2) Der Abruf darf nur unter Verwendung der Angaben zur Person erfolgen.

(3) § 60 Absatz 1 bis 5 findet entsprechende Anwendung.

(4) *[aufgehoben]*

(5) *[aufgehoben]*

(6) Wegen der Sicherung gegen Missbrauch ist § 54 und wegen der Aufzeichnungen der Abrufe § 55 anzuwenden.

(7) Im Rahmen von § 30 Absatz 7 des Straßenverkehrsgesetzes dürfen die in § 30a Absatz 5 des Straßenverkehrsgesetzes genannten Daten aus dem Fahreignungsregister durch Abruf im automatisierten Verfahren den in § 60 Absatz 6 genannten Stellen in einem Mitgliedstaat der Europäischen Union oder in

einem anderen Vertragsstaat des Abkommens über den Europäischen Wirtschaftsraum übermittelt werden.

§ 62 Automatisiertes Anfrage- und Auskunftsverfahren nach § 30b des Straßenverkehrsgesetzes

(1) Die Übermittlung der Daten nach § 60 ist auch in einem automatisierten Anfrage- und Auskunftsverfahren zulässig.

(2) § 53 ist anzuwenden.

§ 63 Vorzeitige Tilgung

(1) Wurde die Fahrerlaubnis durch eine Fahrerlaubnisbehörde ausschließlich wegen körperlicher oder geistiger Mängel oder wegen fehlender Befähigung entzogen oder aus den gleichen Gründen versagt, ist die Eintragung mit dem Tag der Erteilung der neuen Fahrerlaubnis zu tilgen.

(2) Eintragungen von gerichtlichen Entscheidungen über die vorläufige Entziehung der Fahrerlaubnis, von anfechtbaren Entscheidungen der Fahrerlaubnisbehörden sowie von Maßnahmen nach § 94 der Strafprozessordnung sind zu tilgen, wenn die betreffenden Entscheidungen aufgehoben wurden.

§ 64 Identitätsnachweis

(1) Als Identitätsnachweis bei Auskünften nach § 30 Absatz 8 oder § 58 des Straßenverkehrsgesetzes werden anerkannt

1. die amtliche Beglaubigung der Unterschrift,
2. die Ablichtung des Personalausweises oder des Passes,
3. bei persönlicher Antragstellung der Personalausweis, der Pass oder der behördliche Dienstausweis oder
4. bei elektronischer Antragstellung der elektronische Identitätsnachweis nach § 18 des Personalausweisgesetzes, § 12 des eID-Karte-Gesetzes oder nach § 78 Absatz 5 des Aufenthaltsgesetzes.

(2) Für die Auskunft an einen beauftragten Rechtsanwalt ist die Vorlage einer entsprechenden Vollmachtserklärung oder einer Fotokopie hiervon erforderlich.

IV.

Anerkennung und Begutachtung für bestimmte Aufgaben

§ 65 Ärztliche Gutachter

[1]Der Facharzt hat seine verkehrsmedizinische Qualifikation (§ 11 Absatz 2 Satz 3 Nummer 1), die sich aus den maßgeblichen landesrechtlichen Vorschriften ergibt, auf Verlangen der Fahrerlaubnisbehörde nachzuweisen. [2]Der Nachweis erfolgt durch die Vorlage eines Zeugnisses der zuständigen Ärztekammer. [3]Abweichend von Satz 1 und 2 reicht auch eine mindestens einjährige Zugehörigkeit zu einer Begutachtungsstelle für Fahreignung (Anlage 14) aus.

§ 66 Träger von Begutachtungsstellen für Fahreignung

(1) Träger von Begutachtungsstellen für Fahreignung und ihre Begutachtungsstellen bedürfen der amtlichen Anerkennung durch die nach Landesrecht zuständige Behörde.

(2) Die Anerkennung wird auf schriftlichen Antrag des Trägers für den Träger und seine Begutachtungsstellen erteilt, wenn die Voraussetzungen der Anlage 14 sowie der Richtlinie über die Anforderungen an Träger von Begutachtungsstellen für Fahreignung (§ 66 FeV) und deren Begutachtung durch die Bundesanstalt für Straßenwesen vom 27. Januar 2014 (VkBl. S. 110), die zuletzt durch Verlautbarung vom 11. März 2020 (VkBl. S. 217) geändert worden ist, vorliegen.

(3) Die Anerkennung kann mit Nebenbestimmungen, insbesondere mit Auflagen verbunden werden, um die ordnungsgemäße Tätigkeit des Trägers und seiner Begutachtungsstellen sicherzustellen.

(4) [1]Die Anerkennung ist auf längstens zehn Jahre zu befristen. [2]Sie wird auf Antrag für jeweils höchstens zehn Jahre verlängert. [3]Für eine Verlängerung sind die Voraussetzungen nach Absatz 2 vorbehaltlich der Bestimmungen der Anlage 14 Nummer 8 erneut nachzuweisen.

(5) Die Anerkennung ist zurückzunehmen, wenn bei ihrer Erteilung eine der Voraussetzungen nach Absatz 2 nicht vorgelegen hat und keine Ausnahme erteilt worden ist; davon kann abgesehen werden, wenn der Mangel nicht mehr besteht.

(6) Die Anerkennung ist zu widerrufen, wenn nachträglich eine der Voraussetzungen nach Absatz 2 weggefallen ist, die medizinisch-psychologische Begutachtung wiederholt nicht ordnungsgemäß durchgeführt wird oder wenn sonst ein grober Verstoß gegen die Pflichten aus der Anerkennung oder gegen Auflagen vorliegt.

(7) [1]Bei Zweifeln, ob die Voraussetzungen nach Absatz 2 vorliegen oder bei Verstößen gegen Auflagen nach Absatz 3, kann die nach Landesrecht zuständige Behörde eine Begutachtung aus besonderem Anlass

anordnen. [2]Der Träger ist verpflichtet, die hierdurch entstehenden Kosten zu tragen, wenn die nach Absatz 2 erforderlichen Voraussetzungen nicht oder nicht vollständig vorliegen. [3]Gleiches gilt, wenn sich ein Verdacht nicht bestätigt, der Träger aber durch unsachgemäßes Verhalten eine Maßnahme der Behörde veranlasst hat.

(8) Widerspruch und Anfechtungsklage gegen eine Anordnung nach Absatz 5 oder 6 haben keine aufschiebende Wirkung.

§ 67 Sehteststelle

(1) Sehteststellen bedürfen – unbeschadet der Absätze 4 und 5 – der amtlichen Anerkennung durch die zuständige oberste Landesbehörde oder durch die von ihr bestimmte oder nach Landesrecht zuständige Stelle.

(2) Die Anerkennung kann erteilt werden, wenn

1. der Antragsteller, bei juristischen Personen die nach Gesetz oder Satzung zur Vertretung berufenen Personen, zuverlässig sind und
2. der Antragsteller nachweist, dass er über die erforderlichen Fachkräfte und über die notwendigen der DIN 58220 Teil 6, Ausgabe September 2013, entsprechenden Sehtestgeräte verfügt und dass eine regelmäßige ärztliche Aufsicht über die Durchführung des Sehtests gewährleistet ist.

(3) [1]Die Anerkennung kann mit Nebenbestimmungen, insbesondere mit Auflagen verbunden werden, um sicherzustellen, dass die Sehtests ordnungsgemäß durchgeführt werden. [2]Sie ist zurückzunehmen, wenn bei ihrer Erteilung eine der Voraussetzungen nach Absatz 2 nicht vorgelegen hat; davon kann abgesehen werden, wenn der Mangel nicht mehr besteht. [3]Die Anerkennung ist zu widerrufen, wenn nachträglich eine der Voraussetzungen nach Absatz 2 weggefallen ist, wenn der Sehtest wiederholt nicht ordnungsgemäß durchgeführt oder wenn sonst gegen die Pflichten aus der Anerkennung oder gegen Auflagen grob verstoßen worden ist. [4]Die oberste Landesbehörde oder die von ihr bestimmte oder nach Landesrecht zuständige Stelle übt die Aufsicht über die Inhaber der Anerkennung aus. [5]Die die Aufsicht führende Stelle kann selbst prüfen oder durch einen von ihr bestimmten Sachverständigen prüfen lassen, ob die Voraussetzungen für die Anerkennung noch gegeben sind, ob die Sehtests ordnungsgemäß durchgeführt und ob die sich sonst aus der Anerkennung oder den Auflagen ergebenden Pflichten erfüllt werden. [6]Die Sehteststelle hat der die Aufsicht führenden Stelle auf Verlangen Angaben über Zahl und Ergebnis der durchgeführten Sehtests zu übermitteln.

(4) [1]Betriebe von Augenoptikern gelten als amtlich anerkannt; sie müssen gewährleisten, dass die Voraussetzungen des Absatzes 2, ausgenommen die ärztliche Aufsicht, gegeben sind. [2]Die Anerkennung kann durch die oberste Landesbehörde oder die von ihr bestimmte oder nach Landesrecht zuständige Stelle nachträglich mit Auflagen verbunden werden, um sicherzustellen, dass die Sehtests ordnungsgemäß durchgeführt werden. [3]Die Anerkennung ist im Einzelfall nach Maßgabe des Absatzes 3 Satz 3 zu widerrufen. [4]Hinsichtlich der Aufsicht ist Absatz 3 Satz 4 und 5 entsprechend anzuwenden. [5]Die oberste Landesbehörde kann die Befugnisse auf die örtlich zuständige Augenoptikerinnung oder deren Landesverbände nach Landesrecht übertragen.

(5) [1]Außerdem gelten

1. Begutachtungsstellen für Fahreignung (§ 66),
2. der Arzt des Gesundheitsamtes oder ein anderer Arzt der öffentlichen Verwaltung und
3. die Ärzte mit der Gebietsbezeichnung „Arbeitsmedizin" und die Ärzte mit der Zusatzbezeichnung „Betriebsmedizin"

als amtlich anerkannte Sehteststelle. [2]Absatz 4 ist anzuwenden.

§ 68 Stellen für die Schulung in Erster Hilfe

(1) [1]Stellen, die Schulungen in Erster Hilfe für den Erwerb einer Fahrerlaubnis durchführen, bedürfen der amtlichen Anerkennung durch die für das Fahrerlaubniswesen oder das Gesundheitswesen zuständige oberste Landesbehörde oder durch die von ihr bestimmte oder nach Landesrecht zuständige Stelle. [2]Einer Anerkennung nach Satz 1 bedarf es nicht für Stellen, die ein Unfallversicherungsträger nach einer von ihm nach § 15 Absatz 1, auch in Verbindung mit Absatz 1a, des Siebten Buches Sozialgesetzbuch erlassenen Unfallverhütungsvorschrift über Grundsätze der Prävention für die Ausbildung zur Ersten Hilfe ermächtigt hat und vom Unfallversicherungsträger öffentlich bekannt gemacht sind. [3]Schulungen einer der in Satz 2 genannten Ausbildungsstellen können für die Zwecke dieser Verordnung durch die oberste Landesbehörde oder die von ihr bestimmte oder nach Landesrecht zuständige Stelle für ihren jeweiligen Zuständigkeitsbereich untersagt werden, wenn die Ausbildungsstelle wiederholt die Pflichten aus der durch den Träger der Unfallversicherung erteilten Ermächtigung verletzt hat. [4]Die zuständige Behörde gibt die in Satz 1 genannten Stellen öffentlich bekannt.

(2) [1]Die Anerkennung ist zu erteilen, wenn

1. keine Tatsachen vorliegen, die den Antragsteller, bei juristischen Personen die nach dem Gesetz oder der Satzung zur Vertretung berechtigten Personen, und das Ausbildungspersonal für die Schulung in Erster Hilfe als unzuverlässig erscheinen lassen und
2. die Befähigung für das Ausbildungspersonal nachgewiesen ist sowie geeignete Ausbildungsräume und die notwendigen Lehrmittel für den theoretischen Unterricht und die praktischen Übungen zur Verfügung stehen.

[2]Die nach Absatz 1 zuständige oberste Landesbehörde oder die von ihr bestimmte oder nach Landesrecht zuständige Stelle kann zur Vorbereitung ihrer Entscheidung die Beibringung eines Gutachtens einer fachlich geeigneten Stelle oder Person darüber anordnen, ob die Voraussetzungen für die Anerkennung gegeben sind. [3]Die Anerkennung kann befristet und mit Auflagen, insbesondere hinsichtlich der Fortbildung der mit der Schulung befassten Personen, verbunden werden, um die ordnungsgemäßen Schulungen sicherzustellen. [4]Die Anerkennung ist zurückzunehmen, wenn bei ihrer Erteilung eine der Voraussetzungen nach Satz 1 nicht vorgelegen hat; davon kann abgesehen werden, wenn der Mangel nicht mehr besteht. [5]Die Anerkennung ist zu widerrufen, wenn nachträglich eine der Voraussetzungen nach Satz 1 weggefallen ist, wenn die Schulungen wiederholt nicht ordnungsgemäß durchgeführt worden sind oder wenn sonst gegen die Pflichten aus der Anerkennung oder gegen Auflagen gröblich verstoßen worden ist. [6]Die für das Fahrerlaubniswesen oder das Gesundheitswesen zuständige oberste Landesbehörde oder die von ihr bestimmte oder nach Landesrecht zuständige Stelle übt die Aufsicht über die Inhaber der Anerkennung aus. [7]Die die Aufsicht führende Stelle kann selbst prüfen oder durch von ihr bestimmte Sachverständige prüfen lassen, ob die Voraussetzungen für die Anerkennung noch gegeben sind, ob die Schulungen ordnungsgemäß durchgeführt und ob die sich sonst aus der Anerkennung oder den Auflagen ergebenden Pflichten erfüllt werden. [8]Satz 7 gilt auch für die Stellen nach Absatz 1 Satz 2.

(3) Die Unfallversicherungsträger und die nach Absatz 2 Satz 7 Aufsicht führenden Stellen unterrichten sich gegenseitig über Untersagungen nach Absatz 1 Satz 3 sowie Rücknahmen und Widerrufe nach Absatz 2 Satz 4 und 5.

§ 69 Stellen zur Durchführung der Fahrerlaubnisprüfung

(1) Die Durchführung der Fahrerlaubnisprüfung obliegt den amtlich anerkannten Sachverständigen oder Prüfern für den Kraftfahrzeugverkehr bei den Technischen Prüfstellen für den Kraftfahrzeugverkehr nach dem Kraftfahrsachverständigengesetz im Sinne der §§ 10 und 14 des Kraftfahrsachverständigengesetzes sowie den amtlich anerkannten Prüfern und Sachverständigen im Sinne des § 16 des Kraftfahrsachverständigengesetzes.

(2) Die Fahrerlaubnisprüfung ist nach Anlage 7 durchzuführen.

(3) Die für die Durchführung der Fahrerlaubnisprüfung erhobenen personenbezogenen Daten sind nach Ablauf des fünften Kalenderjahres nach Erledigung des Prüfauftrags zu löschen.

§ 70 Träger von Kursen zur Wiederherstellung der Kraftfahreignung

(1) [1]Träger, die Kurse zur Wiederherstellung der Kraftfahreignung von alkohol- oder drogenauffälligen Kraftfahrern durchführen, werden von der nach Landesrecht zuständigen Behörde für den Zweck des § 11 Absatz 10 anerkannt. [2]In die Kurse dürfen nur Personen aufgenommen werden, die den Anforderungen des § 11 Absatz 10 entsprechen und nicht Inhaber einer Fahrerlaubnis sind.

(2) Die Anerkennung wird auf schriftlichen Antrag des Trägers für seine Stellen, seine Kurse zur Wiederherstellung der Kraftfahreignung von alkohol- oder drogenauffälligen Kraftfahrern und seine Kursleiter erteilt, wenn die Voraussetzungen der Anlage 15 und der Richtlinie über die Anforderungen an Träger von Kursen zur Wiederherstellung der Kraftfahreignung (§ 70 FeV) und deren Begutachtung durch die Bundesanstalt für Straßenwesen vom 27. Januar 2014 (VkBl. S. 110), die zuletzt durch Verlautbarung vom 11. März 2020 (VkBl. S. 215) geändert worden ist, vorliegen.

(3) Die Anerkennung kann mit Nebenbestimmungen, insbesondere mit Auflagen verbunden werden, um den vorgeschriebenen Bestand und die ordnungsgemäße Tätigkeit des Trägers und seiner Stellen zu gewährleisten.

(4) [1]Die Anerkennung ist auf längstens zehn Jahre zu befristen. [2]Sie wird auf Antrag für jeweils höchstens zehn Jahre verlängert. [3]Für die Verlängerung sind die Voraussetzungen nach Absatz 2 vorbehaltlich der Bestimmungen der Anlage 15 Nummer 7 erneut nachzuweisen.

(5) Die Anerkennung ist zurückzunehmen, wenn bei ihrer Erteilung eine der Voraussetzungen nach Absatz 2 nicht vorgelegen hat und keine Ausnahme erteilt worden ist; davon kann abgesehen werden, wenn der Mangel nicht mehr besteht.

(6) Die Anerkennung ist zu widerrufen, wenn nachträglich eine der Voraussetzungen nach Absatz 2 weggefallen ist, wenn die Wirksamkeit der Kurse nach dem Ergebnis eines nach dem Stand der Wissenschaft

durchgeführten Bewertungsverfahrens (Evaluation) nicht nachgewiesen ist, die Kurse nicht ordnungsgemäß durchgeführt werden oder wenn sonst ein grober Verstoß gegen die Pflichten aus der Anerkennung oder gegen Auflagen vorliegt.

(7) § 66 Absatz 7 und 8 gilt entsprechend.

§ 71 Verkehrspsychologische Beratung

(1) Für die Durchführung der verkehrspsychologischen Beratung nach § 2a Absatz 7 des Straßenverkehrsgesetzes gelten die Personen im Sinne dieser Vorschrift als amtlich anerkannt, die eine Bestätigung nach Absatz 2 der Sektion Verkehrspsychologie im Berufsverband Deutscher Psychologinnen und Psychologen e.V. besitzen.

(2) Die Sektion Verkehrspsychologie im Berufsverband Deutscher Psychologinnen und Psychologen e.V. hat die Bestätigung auszustellen, wenn der Berater folgende Voraussetzungen nachweist:

1. Abschluss eines Hochschulstudiums als Diplom-Psychologe oder eines gleichwertigen Master-Abschlusses in Psychologie,
2. eine verkehrspsychologische Ausbildung an einer Universität oder gleichgestellten Hochschule oder einer Stelle, die sich mit der Begutachtung oder Wiederherstellung der Kraftfahreignung befasst, oder an einem Ausbildungsseminar, das vom Berufsverband Deutscher Psychologinnen und Psychologen e.V. veranstaltet wird,
3. Erfahrungen in der Verkehrspsychologie
   a) durch mindestens dreijährige Begutachtung von Kraftfahrern an einer Begutachtungsstelle für Fahreignung oder mindestens dreijährige Durchführung von Aufbauseminaren oder von Kursen zur Wiederherstellung der Kraftfahreignung oder
   b) im Rahmen einer mindestens fünfjährigen freiberuflichen verkehrspsychologischen Tätigkeit, welche durch Bestätigungen von Behörden oder Begutachtungsstellen für Fahreignung oder durch die Dokumentation von zehn Therapiemaßnahmen für verkehrsauffällige Kraftfahrer, die mit einer positiven Begutachtung abgeschlossen wurden, erbracht werden kann, oder
   c) im Rahmen einer dreijährigen freiberuflichen verkehrspsychologischen Tätigkeit mit Zertifizierung als klinischer Psychologe/Psychotherapeut entsprechend den Richtlinien des Berufsverbandes Deutscher Psychologinnen und Psychologen e.V. oder durch eine vergleichbare psychotherapeutische Tätigkeit und
4. Teilnahme an einem vom Berufsverband Deutscher Psychologinnen und Psychologen e.V. anerkannten Qualitätssicherungssystem, soweit der Berater nicht bereits in ein anderes, vergleichbares Qualitätssicherungssystem einbezogen ist. Erforderlich sind mindestens:
   a) Nachweis einer Teilnahme an einem Einführungsseminar über Verkehrsrecht von mindestens 16 Stunden,
   b) regelmäßiges Führen einer standardisierten Beratungsdokumentation über jede Beratungssitzung,
   c) regelmäßige Kontrollen und Auswertung der Beratungsdokumente und
   d) Nachweis der Teilnahme an einer Fortbildungsveranstaltung oder Praxisberatung von mindestens 16 Stunden innerhalb jeweils von zwei Jahren.

(3) [1]Der Berater hat der Sektion Verkehrspsychologie des Berufsverbandes Deutscher Psychologinnen und Psychologen e.V. alle zwei Jahre eine Bescheinigung über die erfolgreiche Teilnahme an der Qualitätssicherung vorzulegen. [2]Die Sektion hat der nach Absatz 5 zuständigen Behörde oder Stelle unverzüglich mitzuteilen, wenn die Bescheinigung innerhalb der vorgeschriebenen Frist nicht vorgelegt wird oder sonst die Voraussetzungen nach Absatz 2 nicht mehr vorliegen oder der Berater die Beratung nicht ordnungsgemäß durchgeführt oder sonst gegen die Pflichten aus der Anerkennung oder gegen Auflagen gröblich verstoßen hat.

(4) [1]Die Anerkennung ist zurückzunehmen, wenn eine der Voraussetzungen im Zeitpunkt ihrer Bestätigung nach Absatz 2 nicht vorgelegen hat; davon kann abgesehen werden, wenn der Mangel nicht mehr besteht. [2]Die Anerkennung ist zu widerrufen, wenn nachträglich eine der Voraussetzungen nach Absatz 2 weggefallen ist, die verkehrspsychologische Beratung nicht ordnungsgemäß durchgeführt wird oder wenn sonst gegen die Pflichten aus der Anerkennung oder gegen Auflagen gröblich verstoßen wird.

(4a) [1]Die Anerkennung ist außerdem zurückzunehmen, wenn die persönliche Zuverlässigkeit nach § 2a Absatz 7 Satz 8 Nummer 1 des Straßenverkehrsgesetzes, im Zeitpunkt der Bestätigung nach Absatz 2 nicht vorgelegen hat, insbesondere weil dem Berater die Fahrerlaubnis wegen wiederholter Verstöße gegen verkehrsrechtliche Vorschriften oder Straftaten entzogen wurde oder Straftaten im Zusammenhang mit der Tätigkeit begangen wurden; davon kann abgesehen werden, wenn der Mangel nicht mehr besteht.

[2]Die Anerkennung ist zu widerrufen, wenn nachträglich die persönliche Zuverlässigkeit (§ 2a Absatz 7 Satz 8 Nummer 1 des Straßenverkehrsgesetzes) weggefallen ist.

(5) [1]Zuständig für die Rücknahme und den Widerruf der Anerkennung der verkehrspsychologischen Berater ist die zuständige oberste Landesbehörde oder die von ihr bestimmte oder die nach Landesrecht zuständige Stelle. [2]Diese führt auch die Aufsicht über die verkehrspsychologischen Berater; sie kann sich hierbei geeigneter Personen oder Stellen bedienen.

§ 71a Träger von unabhängigen Stellen für die Bestätigung der Eignung von eingesetzten psychologischen Testverfahren und -geräten

(1) [1]Die Eignung von psychologischen Testverfahren und -geräten, die Träger von Begutachtungsstellen für die Feststellung der Fahreignung sowie Ärzte mit der Gebietsbezeichnung „Arbeitsmedizin" oder der Zusatzbezeichnung „Betriebsmedizin" zur Erstellung von Gutachten nach Anlage 5 einsetzen, muss von Trägern unabhängiger Stellen bestätigt werden. [2]Die Träger unabhängiger Stellen haben die Eignung der eingesetzten psychologischen Testverfahren und -geräte nach dem allgemein anerkannten Stand der Wissenschaft und nach Maßgabe der vom Bundesministerium für Verkehr und digitale Infrastruktur im Benehmen mit den zuständigen Obersten Landesbehörden erlassenen „Richtlinie zur Bestätigung der Eignung der Testverfahren und -geräte und der Eignung der Kurse zur Wiederherstellung der Kraftfahreignung" vom 31. März 2017 (VkBl. S. 227 ff.), die zuletzt durch Verlautbarung vom 10. Februar 2020 (VkBl. S. 164) geändert worden ist, zu prüfen.

(2) [1]Der Träger einer unabhängigen Stelle bedarf für seine Tätigkeit nach Absatz 1 der amtlichen Anerkennung durch die nach Landesrecht zuständigen Behörden in dem Bundesland, in dem er seinen Sitz hat. [2]Hat der Träger einer unabhängigen Stelle seinen Sitz außerhalb der Bundesrepublik Deutschland, kann er die amtliche Anerkennung in einem Bundesland seiner Wahl beantragen.

(3) [1]Der Träger der unabhängigen Stelle hat die amtliche Anerkennung schriftlich zu beantragen. [2]Die amtliche Anerkennung wird erteilt, wenn der Träger der unabhängigen Stelle die Voraussetzungen der Anlage 14a erfüllt und sich dies von der Bundesanstalt für Straßenwesen nach § 72 bestätigen lässt.

(4) Die amtliche Anerkennung kann mit Nebenbestimmungen, insbesondere mit Auflagen verbunden werden, um die ordnungsgemäße Tätigkeit des Trägers der unabhängigen Stelle sicherzustellen.

(5) [1]Die amtliche Anerkennung ist auf 15 Jahre zu befristen. [2]Sie wird auf Antrag um höchstens 15 Jahre verlängert. [3]Die Verlängerung kann mehrmals beantragt werden. [4]Für jede Verlängerung hat der Träger der unabhängigen Stelle die Voraussetzungen der Anlage 14a gesondert nachzuweisen.

(6) Die nach Landesrecht zuständige Behörde widerruft die amtliche Anerkennung, wenn
1. nachträglich eine Anerkennungsvoraussetzung weggefallen ist oder
2. der Träger gegen die Pflichten aus der anerkannten Tätigkeit oder gegen die erteilten Auflagen oder sonstige Nebenbestimmungen gröblich verstößt.

(7) Entstehen nach Erteilung der amtlichen Anerkennung der nach Landesrecht zuständigen Behörde ernsthafte Bedenken, ob der Träger der unabhängigen Stelle die Voraussetzungen nach Anlage 14a weiterhin erfüllt, kann die nach Landesrecht zuständige Behörde anordnen, dass der Träger der unabhängigen Stelle binnen einer angemessenen Frist ein Gutachten der Bundesanstalt für Straßenwesen beizubringen hat, dass er die Voraussetzungen nach Anlage 14a erfüllt.

(8) Der Träger der unabhängigen Stelle hat die Kosten zu tragen, die der nach Landesrecht zuständigen Behörde entstehen, wenn
1. die Anerkennungsvoraussetzungen nicht oder nicht vollständig vorliegen oder
2. er durch unsachgemäßes Verhalten eine Maßnahme der Behörde veranlasst hat.

(9) Widerspruch und Anfechtungsklage gegen eine Anordnung nach den Absätzen 6 oder 7 haben keine aufschiebende Wirkung.

§ 71b Träger von unabhängigen Stellen für die Bestätigung der Eignung von Kursen zur Wiederherstellung der Kraftfahreignung

[1]Die Eignung von Kursen, die Träger von Kursen zur Wiederherstellung der Kraftfahreignung durchführen, muss von Trägern unabhängiger Stellen bestätigt werden. [2]Für Träger von unabhängigen Stellen für die Bestätigung der Eignung von Kursen zur Wiederherstellung der Kraftfahreignung gelten die Vorschriften des § 71a entsprechend, die Absätze 3 und 5 jedoch mit der Maßgabe, dass sich die Voraussetzungen der Anerkennung nach Anlage 15a richten.

§ 72 Begutachtung

(1) [1]Die

1. Träger von Begutachtungsstellen für Fahreignung nach § 66,
2. Technischen Prüfstellen nach § 69 in Verbindung mit den §§ 10 und 14 des Kraftfahrsachverständigengesetzes,
3. Träger, die Kurse zur Wiederherstellung der Kraftfahreignung nach § 70 durchführen,
4. Träger unabhängiger Stellen für die Bestätigung der Eignung von eingesetzten psychologischen Testverfahren und -geräten nach § 71a,
5. Träger unabhängiger Stellen für die Bestätigung der Eignung von Kursen zur Wiederherstellung der Kraftfahreignung nach § 71b

müssen sich hinsichtlich der Erfüllung der jeweiligen für sie geltenden fachlichen Anforderungen von der Bundesanstalt für Straßenwesen (Bundesanstalt) begutachten lassen. [2]Die Begutachtung umfasst die Erstbegutachtung, die regelmäßige Begutachtung sowie die Begutachtung aus besonderem Anlass. [3]Bei Trägern von Begutachtungsstellen für Fahreignung umfasst dies auch die Gutachtenüberprüfung.

(2) Grundlagen für die Begutachtung nach Absatz 1 sind

1. die Richtlinie über die Anforderungen an Träger von Begutachtungsstellen für Fahreignung (§ 66 FeV) und deren Begutachtung durch die Bundesanstalt für Straßenwesen vom 27. Januar 2014 (VkBl. S. 110), die zuletzt durch Verlautbarung vom 11. März 2020 (VkBl. S. 217) geändert worden ist,
2. die Richtlinie über die Anforderungen an Technische Prüfstellen (§ 69 in Verbindung mit den §§ 10 und 14 des Kraftfahrsachverständigengesetzes) und deren Begutachtung durch die Bundesanstalt für Straßenwesen vom 27. Januar 2014 (VkBl. S. 110), die zuletzt durch Verlautbarung vom 28. Mai 2020 (VkBl. S. 326) geändert worden ist,
3. die Richtlinie über die Anforderungen an Träger von Kursen zur Wiederherstellung der Kraftfahreignung (§ 70 FeV) und deren Begutachtung durch die Bundesanstalt für Straßenwesen vom 27. Januar 2014 (VkBl. S. 110), die zuletzt durch Verlautbarung vom 11. März 2020 (VkBl. S. 215) geändert worden ist,
4. die in der Anlage 14a Absatz 2 festgelegten Anforderungen an die Träger unabhängiger Stellen für die Bestätigung der Eignung der eingesetzten psychologischen Testverfahren und -geräte nach § 71a,
5. die in der Anlage 15a Absatz 2 festgelegten Anforderungen an die Träger unabhängiger Stellen für die Bestätigung der Eignung der Kurse zur Wiederherstellung der Kraftfahreignung nach § 71b.

(3) Das unter Berücksichtigung der Stellungnahme einer der unter Absatz 1 genannten Stellen gefertigte Gutachten der Bundesanstalt für Straßenwesen mit den Ergebnissen der Begutachtungen wird diesen Stellen sowie den für die amtliche Anerkennung oder für die Aufsicht der nach Landesrecht zuständigen Behörden übersandt.

V.
Durchführungs-, Bußgeld-, Übergangs- und Schlussvorschriften

§ 73 Zuständigkeiten

(1) [1]Diese Verordnung wird, soweit nicht die obersten Landesbehörden oder die höheren Verwaltungsbehörden zuständig sind oder diese Verordnung etwas anderes bestimmt, von den nach Landesrecht zuständigen unteren Verwaltungsbehörden oder den Behörden, denen durch Landesrecht die Aufgaben der unteren Verwaltungsbehörde zugewiesen werden (Fahrerlaubnisbehörden), ausgeführt. [2]Die zuständigen obersten Landesbehörden und die höheren Verwaltungsbehörden können diesen Behörden Weisungen auch für den Einzelfall erteilen.

(2) [1]Örtlich zuständig ist, soweit nichts anderes vorgeschrieben ist, die Behörde des Ortes, in dem der Antragsteller oder Betroffene seine Wohnung, bei mehreren Wohnungen seine Hauptwohnung, hat (§ 12 Absatz 2 des Melderechtsrahmengesetzes in der Fassung der Bekanntmachung vom 19. April 2002 (BGBl. I S. 1342), das zuletzt durch Artikel 3 Absatz 1 des Gesetzes vom 18. Juni 2009 (BGBl. I S. 1346) geändert worden ist,[1)] in der jeweils geltenden Fassung), mangels eines solchen die Behörde des Aufenthaltsortes, bei juristischen Personen, Handelsunternehmen oder Behörden die Behörde des Sitzes oder des Ortes der beteiligten Niederlassung oder Dienststelle. [2]Anträge können mit Zustimmung der örtlich zuständigen Behörde von einer gleichgeordneten auswärtigen Behörde behandelt und erledigt werden.

---

1) Die Änderung durch G v. 3.5.2013 (BGBl. I S. 1084, geänd. durch G v. 20.11.2014, BGBl. I S. 1738) ist mangels Übereinstimmung des zu ersetzenden Textes mit dem Wortlaut der FeV nicht ausführbar. Ersetzt werden sollten wohl in Abs. 2 Satz 1 die Wörter „§ 12 Absatz 2 des Melderechtsrahmengesetzes in der Fassung der Bekanntmachung vom 19. April 2002 (BGBl. I S. 1342), das zuletzt durch Artikel 3 Absatz 1 des Gesetzes vom 18. Juni 2009 (BGBl. I S. 1346) geändert worden ist," durch die Wörter „§ 21 Absatz 2 des Bundesmeldegesetzes".

[3]Die Verfügungen der Behörde nach Satz 1 und 2 sind im gesamten Inland wirksam, es sei denn, der Geltungsbereich wird durch gesetzliche Regelung oder durch behördliche Verfügung eingeschränkt. [4]Verlangt die Verkehrssicherheit ein sofortiges Eingreifen, kann anstelle der örtlich zuständigen Behörde jede ihr gleichgeordnete Behörde mit derselben Wirkung Maßnahmen auf Grund dieser Verordnung vorläufig treffen.

(3) Hat der Betroffene keinen Wohn- oder Aufenthaltsort im Inland, ist für Maßnahmen, die das Recht zum Führen von Kraftfahrzeugen betreffen, jede untere Verwaltungsbehörde (Absatz 1) zuständig.

(4) Die Zuständigkeiten der Verwaltungsbehörden, der höheren Verwaltungsbehörden und der obersten Landesbehörden werden für die Dienstbereiche der Bundeswehr, der Bundespolizei und der Polizei durch deren Dienststellen nach Bestimmung der Fachministerien wahrgenommen.

§ 74 Ausnahmen

(1) Die nach Landesrecht zuständigen Behörden können in bestimmten Einzelfällen oder allgemein für bestimmte einzelne Antragsteller Ausnahmen von den Vorschriften dieser Verordnung genehmigen.

(2) Ausnahmen vom Mindestalter setzen die Zustimmung des gesetzlichen Vertreters voraus.

(3) Die Genehmigung von Ausnahmen von den Vorschriften dieser Verordnung kann mit Auflagen verbunden werden.

(4) [1]Über erteilte Ausnahmegenehmigungen oder angeordnete Auflagen stellt die entscheidende Verwaltungsbehörde eine Bescheinigung aus, sofern die Ausnahme oder Auflage nicht im Führerschein vermerkt wird. [2]Die Bescheinigung hat das Format DIN A5 und die Farbe rosa, der Umfang beträgt 1 Blatt, ein beidseitiger Druck ist möglich. [3]Das Trägermaterial besteht aus Sicherheitspapier mit einer Stärke von 90 g/m^2, ohne optische Aufheller, in das die folgenden fälschungserschwerenden Sicherheitsmerkmale eingearbeitet sind:

1. als Wasserzeichen das gesetzlich für die Bundesdruckerei geschützte Motiv: „Bundesadler",
2. nur unter UV-Licht sichtbar gelb und blau fluoreszierende Melierfasern,
3. chemische Reagenzien.

[4]Der Vordruck weist auf der Vorderseite eine fortlaufende Vordrucknummerierung auf. [5]Die Bescheinigung ist beim Führen von Kraftfahrzeugen mitzuführen und zuständigen Personen auf Verlangen zur Prüfung auszuhändigen.

(5) Die Bundeswehr, die Polizei, die Bundespolizei, die Feuerwehr und die anderen Einheiten und Einrichtungen des Katastrophenschutzes sowie der Zolldienst sind von den Vorschriften dieser Verordnung befreit, soweit dies zur Erfüllung hoheitlicher Aufgaben unter gebührender Berücksichtigung der öffentlichen Sicherheit und Ordnung dringend geboten ist.

§ 75 Ordnungswidrigkeiten

Ordnungswidrig im Sinne des § 24 Absatz 1 des Straßenverkehrsgesetzes handelt, wer vorsätzlich oder fahrlässig

1. entgegen § 2 Absatz 1 am Verkehr teilnimmt oder jemanden als für diesen Verantwortlicher am Verkehr teilnehmen lässt, ohne in geeigneter Weise Vorsorge getroffen zu haben, dass andere nicht gefährdet werden,
2. entgegen § 2 Absatz 3 ein Kennzeichen der in § 2 Absatz 2 genannten Art verwendet,
3. entgegen § 3 Absatz 1 ein Fahrzeug oder Tier führt oder einer vollziehbaren Anordnung oder Auflage zuwiderhandelt,
4. einer Vorschrift des § 4 Absatz 2 Satz 2 oder 3, § 5 Absatz 4 Satz 2 oder 3, § 25 Absatz 4 Satz 1, § 48 Absatz 3 Satz 2 oder § 74 Absatz 4 Satz 5 über die Mitführung, Aushändigung von Führerscheinen, deren Übersetzung sowie Bescheinigungen und der Verpflichtung zur Anzeige des Verlustes und Beantragung eines Ersatzdokuments zuwiderhandelt,
5. entgegen § 5 Absatz 1 Satz 1 ein Mofa nach § 4 Absatz 1 Satz 2 Nummer 1, ein Kraftfahrzeug nach § 4 Absatz 1 Satz 2 Nummer 1b oder einen motorisierten Krankenfahrstuhl führt, ohne die dazu erforderliche Prüfung abgelegt zu haben,
6. entgegen § 5 Absatz 2 Satz 2 oder 3 eine Ausbildung durchführt, ohne die dort genannte Fahrlehrerlaubnis zu besitzen oder entgegen § 5 Absatz 2 Satz 4 eine Ausbildungsbescheinigung ausstellt,
7. entgegen § 10 Absatz 3 ein Kraftfahrzeug, für dessen Führung eine Fahrerlaubnis nicht erforderlich ist, vor Vollendung des 15. Lebensjahres führt,
8. entgegen § 10 Absatz 4 ein Kind unter sieben Jahren auf einem Mofa (§ 4 Absatz 1 Satz 2 Nummer 1) mitnimmt, obwohl er noch nicht 16 Jahre alt ist,
9. einer vollziehbaren Auflage nach § 10 Absatz 1 Nummer 5, 7, 8 und 9, § 23 Absatz 2 Satz 1, § 28 Absatz 1 Satz 2, § 29 Absatz 1 Satz 6, § 46 Absatz 2, § 48a Absatz 2 Satz 1 oder § 74 Absatz 3 zuwiderhandelt,

10. einer Vorschrift des § 25 Absatz 5 Satz 6, des § 30 Absatz 3 Satz 2, des § 47 Absatz 1, auch in Verbindung mit Absatz 2 Satz 1 sowie Absatz 3 Satz 2, oder des § 48 Absatz 9 Satz 3 in Verbindung mit § 47 Absatz 1 über die Ablieferung oder die Vorlage eines Führerscheins zuwiderhandelt,
11. (weggefallen)
12. entgegen § 48 Absatz 1 ein dort genanntes Kraftfahrzeug ohne Erlaubnis führt oder entgegen § 48 Absatz 7 die Fahrgastbeförderung anordnet oder zulässt,
13. entgegen § 48a Absatz 3 Satz 2 die Prüfungsbescheinigung nicht mitführt oder aushändigt.

§ 76 Übergangsrecht

Zu den nachstehend bezeichneten Vorschriften gelten folgende Bestimmungen:

1. (weggefallen)
2. § 4 Absatz 1 Nummer 2 (Krankenfahrstühle)
Inhaber einer Prüfbescheinigung für Krankenfahrstühle nach § 5 Absatz 4 dieser Verordnung in der bis zum 1. September 2002 geltenden Fassung sind berechtigt, motorisierte Krankenfahrstühle mit einer durch die Bauart bestimmten Höchstgeschwindigkeit von mehr als 10 km/h nach § 4 Absatz 1 Satz 2 Nummer 2 dieser Verordnung in der bis zum 1. September 2002 geltenden Fassung und nach § 76 Nummer 2 dieser Verordnung in der bis zum 1. September 2002 geltenden Fassung zu führen. Wer einen motorisierten Krankenfahrstuhl mit einer durch die Bauart bestimmten Höchstgeschwindigkeit von nicht mehr als 10 km/h nach § 4 Absatz 1 Satz 2 Nummer 2 dieser Verordnung in der bis zum 1. September 2002 geltenden Fassung führt, der bis zum 1. September 2002 erstmals in den Verkehr gekommen ist, bedarf keiner Fahrerlaubnis oder Prüfbescheinigung nach § 5 Absatz 4 dieser Verordnung in der bis zum 1. September 2002 geltenden Fassung.
3. § 5 Absatz 1 (Prüfung für das Führen von Mofas nach § 4 Absatz 1 Satz 2 Nummer 1 oder eines Kraftfahrzeugs nach § 4 Absatz 1 Satz 2 Nummer 1b)
gilt nicht für Führer der in § 4 Absatz 1 Satz 2 Nummer 1 und 1b bezeichneten Fahrzeuge, die vor dem 1. April 1980 das 15. Lebensjahr vollendet haben.
4. § 5 Absatz 2 (Berechtigung eines Fahrlehrers zur Ausbildung für Kraftfahrzeuge nach § 4 Absatz 1 Satz 2 Nummer 1 und 1b)
Zur Ausbildung ist auch ein Fahrlehrer berechtigt, der eine Fahrlehrerlaubnis der bisherigen Klasse 3 oder eine ihr entsprechende Fahrlehrerlaubnis besitzt, diese vor dem 1. Oktober 1985 erworben und vor dem 1. Oktober 1987 an einem mindestens zweitägigen, vom Deutschen Verkehrssicherheitsrat durchgeführten Einführungslehrgang teilgenommen hat.
5. § 5 Absatz 4 und Anlagen 1 und 2 (Prüfbescheinigung für Mofas/Krankenfahrstühle)
Prüfbescheinigungen für Mofas und Krankenfahrstühle, die nach den bis zum 1. September 2002 vorgeschriebenen Mustern ausgefertigt worden sind, bleiben gültig. Prüfbescheinigungen für Mofas, die nach den bis zum 31. Dezember 2016 vorgeschriebenen Mustern ausgefertigt worden sind, bleiben gültig.
6. § 6 Absatz 1 zur Klasse A1
Als Krafträder der Klasse A1 gelten auch
   a) Krafträder mit einem Hubraum von nicht mehr als 50 cm³ und einer durch die Bauart bestimmten Höchstgeschwindigkeit von mehr als 40 km/h, wenn sie bis zum 31. Dezember 1983 erstmals in den Verkehr gekommen sind (Kleinkrafträder bisherigen Rechts) und
   b) Krafträder mit einem Hubraum von nicht mehr als 125 cm³ und einer Nennleistung von nicht mehr als 11 kW, wenn sie bis zum 18. Januar 2013 erstmals in den Verkehr gekommen sind.

6a. § 6 Absatz 1 zu Klasse A2
Inhaber einer ab dem 19. Januar 2013 bis zum Ablauf des 27. Dezember 2016 erteilten Berechtigung zum Führen von Krafträdern (auch mit Beiwagen) mit einer Motorleistung von nicht mehr als 35 kW, bei denen das Verhältnis der Leistung zum Gewicht 0,2 kW/kg nicht übersteigt, sind im Inland auch zum Führen von Krafträdern berechtigt, deren Leistung von über 70 kW Motorleistung abgeleitet ist.

7. § 6 Absatz 1 zu Klasse A
Inhaber einer Fahrerlaubnis der Klasse A (beschränkt) nach § 6 Absatz 2 dieser Verordnung in der bis zum 18. Januar 2013 geltenden Fassung dürfen
   a) Krafträder der Klasse A2 und
   b) nach Ablauf von zwei Jahren nach der Erteilung Kraftfahrzeuge der Klasse A

führen.

8. § 6 Absatz 1 zu Klasse AM

Als zweirädrige Kleinkrafträder und Fahrräder mit Hilfsmotor gelten auch

a) Krafträder mit einem Hubraum von nicht mehr als 50 cm^3 und einer durch die Bauart bestimmten Höchstgeschwindigkeit von mehr als 45 km/h und nicht mehr als 50 km/h, wenn sie bis zum 31. Dezember 2001 erstmals in den Verkehr gekommen sind,
b) Kleinkrafträder und Fahrräder mit Hilfsmotor im Sinne der Vorschriften der Deutschen Demokratischen Republik, wenn sie bis zum 28. Februar 1992 erstmals in den Verkehr gekommen sind.

Wie Fahrräder mit Hilfsmotor werden beim Vorliegen der sonstigen Voraussetzungen des § 6 Absatz 1 behandelt

a) Fahrzeuge mit einem Hubraum von mehr als 50 cm^3, wenn sie vor dem 1. September 1952 erstmals in den Verkehr gekommen sind und die durch die Bauart bestimmte Höchstleistung ihres Motors 0,7 kW (1 PS) nicht überschreitet,
b) Fahrzeuge mit einer durch die Bauart bestimmten Höchstgeschwindigkeit von mehr als 40 km/h, wenn sie vor dem 1. Januar 1957 erstmals in den Verkehr gekommen sind und das Gewicht des betriebsfähigen Fahrzeugs mit dem Hilfsmotor, jedoch ohne Werkzeug und ohne den Inhalt des Kraftstoffbehälters – bei Fahrzeugen, die für die Beförderung von Lasten eingerichtet sind, auch ohne Gepäckträger – 33 kg nicht übersteigt; diese Gewichtsgrenze gilt nicht bei zweisitzigen Fahrzeugen (Tandems) und Fahrzeugen mit drei Rädern.

8a. § 6 Absatz 1 zu Klasse AM:

Inhaber einer Fahrerlaubnis der Klasse AM, die bis zum Ablauf des 23. August 2017 erteilt wurde, sind auch berechtigt, vierrädrige Kraftfahrzeuge der Klasse L6e mit CI-Motor mit einem Hubraum von mehr als 500 cm^3 und dreirädrige Kleinkrafträder mit einer Leermasse von mehr als 270 kg und zweirädrige Kleinkrafträder mit Beiwagen zu führen.

8b. § 6 Absatz 1 zu Klasse C1:

Inhaber einer Fahrerlaubnis der Klasse C1, die bis zum Ablauf des 18. Januar 2013 erteilt wurde, sind auch berechtigt, Kraftfahrzeuge zu führen, die

a) eine zulässige Gesamtmasse von mehr als 3 500 kg, höchstens aber eine Gesamtmasse von 7 500 kg haben und
b) zur Beförderung von höchstens acht Personen, den Fahrzeugführer ausgenommen, ausgelegt und gebaut sind.

Hinter Kraftfahrzeugen dieser Klasse darf ein Anhänger mit einer zulässigen Gesamtmasse von höchstens 750 kg mitgeführt werden. Nicht gestattet ist das Führen von Kraftfahrzeugen der Klassen AM, A1, A2 und A.

Inhaber einer Fahrerlaubnis der Klasse C1, die ab dem 19. Januar 2013 und bis zum Ablauf des 27. Dezember 2016 erteilt wurde, sind auch berechtigt, im Inland Kraftfahrzeuge zu führen, die

a) eine zulässige Gesamtmasse von mehr als 3 500 kg, höchstens aber eine Gesamtmasse von 7 500 kg haben und
b) zur Beförderung von höchstens acht Personen, den Fahrzeugführer ausgenommen, ausgelegt und gebaut sind.

Hinter Kraftfahrzeugen dieser Klasse darf ein Anhänger mit einer zulässigen Gesamtmasse von höchstens 750 kg mitgeführt werden. Nicht gestattet ist das Führen von Kraftfahrzeugen der Klassen AM, A1, A2 und A.

8c. § 6 Absatz 1 zu Klasse C:

Inhaber einer Fahrerlaubnis der Klasse C, die bis zum Ablauf des 18. Januar 2013 erteilt wurde, sind auch berechtigt, Kraftfahrzeuge zu führen, die

a) eine zulässige Gesamtmasse von mehr als 3 500 kg haben und
b) zur Beförderung von nicht mehr als acht Personen, den Fahrzeugführer ausgenommen, ausgelegt und gebaut sind.

Hinter Kraftfahrzeugen dieser Klasse darf ein Anhänger mit einer zulässigen Gesamtmasse von höchstens 750 kg mitgeführt werden. Nicht gestattet ist das Führen von Kraftfahrzeugen der Klassen AM, A1, A2 und A.

Inhaber einer Fahrerlaubnis der Klasse C, die ab dem 19. Januar 2013 bis zum Ablauf des 27. Dezember 2016 erteilt wurde, sind auch berechtigt, im Inland Kraftfahrzeuge zu führen, die

a) eine zulässige Gesamtmasse von mehr als 3 500 kg haben und
b) die zur Beförderung von nicht mehr als acht Personen, den Fahrzeugführer ausgenommen, ausgelegt und gebaut sind.

Hinter Kraftfahrzeugen dieser Klasse darf ein Anhänger mit einer zulässigen Gesamtmasse von höchstens 750 kg mitgeführt werden. Nicht gestattet ist das Führen von Kraftfahrzeugen der Klassen AM, A1, A2 und A.

8d. § 6 Absatz 1 zu Klasse D1:
Inhaber einer Fahrerlaubnis der Klasse D1, die bis zum Ablauf des 18. Januar 2013 erteilt wurde, sind auch berechtigt, Kraftfahrzeuge zu führen, die zur Beförderung von mehr als acht, aber nicht mehr als 16 Personen, den Fahrzeugführer ausgenommen, ausgelegt und gebaut sind.
Hinter Kraftfahrzeugen dieser Klasse darf ein Anhänger mit einer zulässigen Gesamtmasse von höchstens 750 kg mitgeführt werden. Nicht gestattet ist das Führen von Kraftfahrzeugen der Klassen AM, A1, A2 und A.
Inhaber einer Fahrerlaubnis der Klasse D1, die ab dem 19. Januar 2013 bis zum Ablauf des 27. Dezember 2016 erteilt wurde, sind auch berechtigt, im Inland Kraftfahrzeuge, zu führen,

a) die zur Beförderung von mehr als 8, aber nicht mehr als 16 Personen, den Fahrzeugführer ausgenommen, ausgelegt und gebaut sind und
b) deren Länge nicht mehr als 8 m beträgt.

Hinter Kraftfahrzeugen dieser Klasse darf ein Anhänger mit einer zulässigen Gesamtmasse von höchstens 750 kg mitgeführt werden. Nicht gestattet ist das Führen von Kraftfahrzeugen der Klassen AM, A1, A2 und A.

8e. § 6 Absatz 3 zu Klasse CE:
Inhaber einer Fahrerlaubnis der Klasse CE, die bis zum Ablauf des 18. Januar 2013 erteilt wurde, sind auch berechtigt, Kraftfahrzeuge der Klasse D1E zu führen, sofern sie zum Führen von Kraftfahrzeugen der Klasse D1 berechtigt sind.
Inhaber einer Fahrerlaubnis der Klasse CE, die ab dem 19. Januar 2013 bis zum Ablauf des 27. Dezember 2016 erteilt wurde, sind auch berechtigt, im Inland Kraftfahrzeuge der Klasse D1E zu führen, sofern sie zum Führen von Kraftfahrzeugen der Klasse D1 berechtigt sind.

8f. § 6 Absatz 3 zu Klasse D1E:
Inhaber einer Fahrerlaubnis der Klasse D1E, die bis zum Ablauf des 18. Januar 2013 erteilt wurde, sind auch berechtigt, Kraftfahrzeuge der Klasse C1E zu führen, sofern sie zum Führen von Kraftfahrzeugen der Klasse C1 berechtigt sind.
Inhaber einer Fahrerlaubnis der Klasse D1E, die ab dem 19. Januar 2013 bis zum Ablauf des 27. Dezember 2016 erteilt wurde, sind auch berechtigt, im Inland Kraftfahrzeuge der Klasse C1E zu führen, sofern sie zum Führen von Kraftfahrzeugen der Klasse C1 berechtigt sind.

8g. § 6 Absatz 3 zu Klasse DE:
Inhaber einer Fahrerlaubnis der Klasse DE, die bis zum Ablauf des 18. Januar 2013 erteilt wurde, sind auch berechtigt, Kraftfahrzeuge der Klasse C1E zu führen, sofern sie zum Führen von Kraftfahrzeugen der Klasse C1 berechtigt sind.
Inhaber einer Fahrerlaubnis der Klasse DE, die ab dem 19. Januar 2013 bis zum Ablauf des 27. Dezember 2016 erteilt wurde, sind auch berechtigt, im Inland Kraftfahrzeuge der Klasse C1E zu führen, sofern sie zum Führen von Kraftfahrzeugen der Klasse C1 berechtigt sind.

9. § 11 Absatz 9, § 12 Absatz 6, §§ 23, 24, 48 und Anlage 5 und 6 (ärztliche Wiederholungsuntersuchungen und Sehvermögen bei Inhabern von Fahrerlaubnissen alten Rechts)
Inhaber einer Fahrerlaubnis der Klasse 3 oder einer ihr entsprechenden Fahrerlaubnis, die bis zum 31. Dezember 1998 erteilt worden ist, brauchen sich, soweit sie keine in Klasse CE fallenden Fahrzeugkombinationen führen, keinen ärztlichen Untersuchungen zu unterziehen. Bei einer Umstellung ihrer Fahrerlaubnis werden die Klassen C1 und C1E nicht befristet. Zusätzlich wird die Klasse CE mit Beschränkung auf bisher in Klasse 3 fallende Züge zugeteilt. Die Fahrerlaubnis dieser Klasse wird bis zu dem Tag befristet, an dem der Inhaber das 50. Lebensjahr vollendet. Für die Verlängerung der Fahrerlaubnis nach Ablauf der Geltungsdauer ist § 24 entsprechend anzuwenden. Fahrerlaubnisinhaber, die bis zum 31. Dezember 1998 das 50. Lebensjahr vollenden, müssen bei der Umstellung der Fahrerlaubnis für den Erhalt der beschränkten Klasse CE ihre Eignung nach Maßgabe von § 11 Absatz 9 und § 12 Absatz 6 in Verbindung mit den Anlagen 5 und 6 nachweisen. Wird die bis zum 31. Dezember 1998 erteilte Fahrerlaubnis nicht umgestellt, darf der Inhaber ab Vollendung des 50. Lebensjahres keine in Klasse CE fallende Fahrzeugkombinationen mehr führen. Für die Erteilung einer Fahrerlaubnis dieser Klasse ist anschließend § 24 Absatz 2 entsprechend anzuwenden. Für Fahrerlaubnisinhaber, die bis zum 31. Dezember 1999 das 50. Lebensjahr vollendet haben, tritt Satz 7 am 1. Januar 2001 in Kraft. Bei der Umstellung einer bis zum 31. Dezember 1998 erteilten Fahrerlaubnis der Klasse 2 oder einer entsprechenden Fahrerlaubnis wird die Fahrerlaubnis der Klassen C und CE bis zu dem Tag befristet, an dem der

Inhaber das 50. Lebensjahr vollendet. Für die Verlängerung der Fahrerlaubnis und die Erteilung nach Ablauf der Geltungsdauer ist § 24 entsprechend anzuwenden. Fahrerlaubnisinhaber, die bis zum 31. Dezember 1998 das 50. Lebensjahr vollenden, müssen bei der Umstellung der Fahrerlaubnis ihre Eignung nach Maßgabe von § 11 Absatz 9 und § 12 Absatz 6 in Verbindung mit den Anlagen 5 und 6 nachweisen. Wird die bis zum 31. Dezember 1998 erteilte Fahrerlaubnis nicht umgestellt, darf der Inhaber ab Vollendung des 50. Lebensjahres keine Fahrzeuge oder Fahrzeugkombinationen der Klassen C oder CE mehr führen, § 6 Absatz 3 Nummer 6 bleibt unberührt. Für die Erteilung einer Fahrerlaubnis dieser Klassen ist anschließend § 24 Absatz 2 entsprechend anzuwenden. Für Fahrerlaubnisinhaber, die bis zum 31. Dezember 1999 das 50. Lebensjahr vollendet haben, tritt Satz 13 am 1. Januar 2001 in Kraft. Bescheinigungen über die ärztliche Untersuchung oder Zeugnisse über die augenärztliche Untersuchung des Sehvermögens, die nach den bis zum Ablauf des 14. Juni 2007 vorgeschriebenen Mustern ausgefertigt worden sind, bleiben zwei Jahre gültig. Bescheinigungen über die ärztliche Untersuchung oder Zeugnisse über die augenärztliche Untersuchung des Sehvermögens, die den Mustern der Anlagen 5 und 6 in der bis zum Ablauf des 14. Juni 2007 geltenden Fassung entsprechen, dürfen bis zum 1. September 2007 weiter ausgefertigt werden.

10. §§ 15 bis 18 (Fahrerlaubnisprüfung)
Ab dem 19. Januar 2013 werden Fahrerlaubnisprüfungen nur noch nach den ab diesem Tag geltenden Vorschriften durchgeführt. Bewerbern, die den Antrag auf Erteilung der Fahrerlaubnis bis zum Ablauf des 18. Januar 2013 stellen und die bis zu diesem Tag das bis dahin geltende Mindestalter erreicht haben, wird die Fahrerlaubnis unter den bis zum Ablauf des 18. Januar 2013 geltenden Voraussetzungen erteilt. Wird die beantragte Fahrerlaubnis bis zum Ablauf des 18. Januar 2013 nicht erteilt, wird der Antrag wie folgt umgedeutet:

Antrag auf Klasse	in Antrag auf Klasse
M	AM
S	AM
A (beschränkt)	A2

Wird die beantragte Fahrerlaubnis nicht bis zum Ablauf des 18. Januar 2013 erteilt, gelten für eine ab dem 19. Januar 2013 erteilte Fahrerlaubnis die Mindestalterregelungen in der bis zum Ablauf des 18. Januar 2013 geltenden Fassung. Bewerbern, die den Antrag auf Erteilung der Fahrerlaubnis bis zum Ablauf des 18. Januar 2013 stellen, das bis dahin geltende Mindestalter jedoch erst nach diesem Zeitpunkt erreichen, wird die Fahrerlaubnis in den neuen Klassen erteilt, die den beantragten nach der Gegenüberstellung in der dem Satz 3 folgenden Tabelle entsprechen. Eine theoretische Prüfung, die der Bewerber bis zum Ablauf des 18. Januar 2013 für eine der Klassen alten Rechts abgelegt hat, bleibt ein Jahr auch für die in der dem Satz 3 folgenden Tabelle genannte entsprechende neue Klasse gültig.

11. § 17a Absatz 1 und 2 (Aufhebung der Beschränkung)
Auf Antrag wird eine bis zum Ablauf des 18. Januar 2013 erfolgte Beschränkung der Fahrerlaubnis der Klassen BE, C1, C1E, C, CE, D1, D1E, D und DE auf Fahrzeuge ohne Schaltgetriebe aufgehoben, sofern der Inhaber die Fahrerlaubnis der Klasse B auf einem Fahrzeug mit Schaltgetriebe erworben hat.

11a. § 19 (Weitergeltung von Bescheinigungen über Erste Hilfe)
Bescheinigungen über die Teilnahme an einer Ausbildung in Erster Hilfe gelten unbefristet bei einem Antrag auf Erteilung einer Fahrerlaubnis als Nachweis im Sinne des § 21 Absatz 3 Nummer 5.

11b. §§ 20 und 24 Absatz 2 (Neuerteilung der Fahrerlaubnis nach Entziehung einer oder Verzicht auf eine Fahrerlaubnis, erneute Erteilung einer auf Grund des Ablaufs der Geltungsdauer erloschenen Fahrerlaubnis)
Personen, denen eine Fahrerlaubnis entzogen worden ist oder die einen Verzicht auf ihre Fahrerlaubnis erklärt haben, wird im Rahmen der Neuerteilung nach § 20 vorbehaltlich der Bestimmungen des Satzes 4 sowie der Nummer 9 die Fahrerlaubnis im Umfang der Anlage 3 erteilt. Personen, deren Fahrerlaubnis auf Grund des Ablaufs der Geltungsdauer erloschen ist, wird im Rahmen der Neuerteilung nach § 24 Absatz 2 vorbehaltlich der Bestimmungen des Satzes 4 sowie der Nummer 9 die Fahrerlaubnis im Umfang der Anlage 3 erneut erteilt. Wurde vor dem 1. Januar 2015 eine Fahrerlaubnis neu erteilt, wird auf Antrag vorbehaltlich der Bestimmungen des Satzes 4 sowie der Nummer 9 die Fahrerlaubnis im Umfang der Anlage 3 erteilt. Die Fahrerlaubnisbehörde ordnet eine Fahrerlaubnisprüfung an, wenn Tatsachen vorliegen, die die Annahme rechtfertigen, dass der

Bewerber die nach § 16 Absatz 1 und § 17 Absatz 1 erforderlichen Kenntnisse und Fähigkeiten nicht mehr besitzt.

11c. § 22 (Verfahren bei der Behörde und der Technischen Prüfstelle)
Sofern Führerscheine bis zum Ablauf des 18. Januar 2013 ausgestellt worden sind, können diese auch ab dem 19. Januar 2013 ausgehändigt werden, sofern die Fahrerlaubnis bis zum Ablauf des 18. Januar 2013 erworben wurde.

12. § 22 Absatz 2, § 25 Absatz 4 (Einholung von Auskünften)
Sind die Daten des Betreffenden noch nicht im Zentralen Fahrerlaubnisregister gespeichert, können die Auskünfte nach § 22 Absatz 2 Satz 2 und § 25 Absatz 4 Satz 1 aus den örtlichen Fahrerlaubnisregistern eingeholt werden.

12a. § 22 Absatz 4 Satz 7 und Anlage 8a (Vorläufiger Nachweis der Fahrerlaubnis)
Ein Vorläufiger Nachweis der Fahrerlaubnis darf bis zum 1. April 2016 nach dem bis zum Ablauf des 20. Oktober 2015 geltenden Muster ausgestellt werden.

12b. § 22a Absatz 2 Nummer 4, auch in Verbindung mit § 48a Absatz 3, ist erst ab dem 1. April 2016 anzuwenden.

12c. § 23 Absatz 1 (Geltungsdauer der Fahrerlaubnis)
Die Geltungsdauer einer Fahrerlaubnis der Klassen C1 und C1E, die ab dem 1. Januar 1999 und bis zum Ablauf des 27. Dezember 2016 erteilt wurde, endet mit Vollendung des 50. Lebensjahres des Inhabers.

13. § 25 Absatz 1 und Anlage 8, § 26 Absatz 1 und Anlage 8, § 48 Absatz 3 und Anlage 8 (Führerscheine, Fahrerlaubnis zur Fahrgastbeförderung)
Führerscheine, die nach den bis zum 1. Mai 2015 vorgeschriebenen Mustern oder nach den Vorschriften der Deutschen Demokratischen Republik, auch solche der Nationalen Volksarmee, ausgefertigt worden sind, bleiben gültig. Bis zum 18. Januar 2013 erteilte Fahrerlaubnisse zur Fahrgastbeförderung in Kraftomnibussen, Taxen, Mietwagen, Krankenkraftwagen oder Personenkraftwagen, mit denen Ausflugsfahrten oder Ferienziel-Reisen (§ 48 Personenbeförderungsgesetz) durchgeführt werden und entsprechende Führerscheine bleiben bis zum Ablauf ihrer bisherigen Befristung gültig. Die Regelung in Nummer 9 bleibt unberührt.

13a. § 29 (Ausländische Fahrerlaubnisse)
Ein Internationaler Führerschein, der bis zum 31. Dezember 2010 nach Artikel 41 und Anhang 7 des Übereinkommens über den Straßenverkehr vom 8. November 1968 in der bis zum 31. Dezember 2010 geltenden Fassung im Ausland ausgestellt wurde, berechtigt im Rahmen seiner Gültigkeitsdauer zum Führen von Kraftfahrzeugen im Inland.

14. § 48 Absatz 3 (Weitergeltung der bisherigen Führerscheine zur Fahrgastbeförderung)
Führerscheine zur Fahrgastbeförderung, die nach den bis zum 1. September 2002 und bis zum 2. August 2021 vorgeschriebenen Mustern ausgefertigt sind, bleiben gültig. Führerscheine zur Fahrgastbeförderung, die dem Muster 4 der Anlage 8 in der bis zum 2. August 2021 geltenden Fassung entsprechen, dürfen bis zum 2. Dezember 2021 weiter ausgefertigt werden. Inhaber eines Führerscheins zur Fahrgastbeförderung, der vor dem 2. August 2021 ausgestellt wurde, sind auch berechtigt, Personenkraftwagen im gebündelten Bedarfsverkehr und im Linienbedarfsverkehr zu führen.

15. Anlage 8b (Prüfungsbescheinigung zum „Begleiteten Fahren ab 17 Jahre")
Eine Prüfungsbescheinigung zum „Begleiteten Fahren ab 17 Jahre" darf bis zum 1. April 2016 nach dem bis zum Ablauf des 20. Oktober 2015 geltenden Muster der Anlage 8a ausgestellt werden.

16. *[aufgehoben]*

17. §§ 66 und 70 (Anerkennung von Trägern von Begutachtungsstellen für Fahreignung und Trägern, die Kurse zur Wiederherstellung der Kraftfahreignung nach § 70 durchführen)
Die bestehenden Anerkennungen von Begutachtungsstellen für Fahreignung nach § 66 und Kursen zur Wiederherstellung der Kraftfahreignung nach § 70 müssen bis zum Ablauf des 31. Dezember 2018 den geänderten Vorschriften angepasst werden; davon ausgenommen sind die Regelungen nach Anlage 14 Absatz 2 Nummer 7 und Anlage 15 Absatz 2 Nummer 6. Bis zu diesem Zeitpunkt ist der Anerkennungsbehörde ein Gutachten der Bundesanstalt vorzulegen, dass die ab dem 1. Mai 2014 geltenden Anforderungen gemäß der Anlage 14 Absatz 2 Nummer 8 und der Anlage 15 Absatz 2 Nummer 7 erfüllt werden. Die Bestätigung durch eine unabhängige Stelle nach Anlage 14 Absatz 2 Nummer 7 ist spätestens bis zum 25. Juni 2021 nachzuweisen. Die Bestätigung durch eine unabhängige Stelle nach Anlage 15 Absatz 2 Nummer 6 ist spätestens drei Jahre, nachdem erstmals eine unabhängige Stelle nach § 71b Satz 2 in Verbindung mit § 71a Absatz 2 Satz 1 anerkannt worden ist, nachzuweisen. Das Bundesministerium für Verkehr und digitale Infrastruk-

tur gibt die erstmaligen Anerkennungen mit Datum im Verkehrsblatt bekannt. Die Bestätigung nach Anlage 5 Nummer 2 Satz 2 muss bis zum Ablauf der in Satz 3 genannten Frist vorliegen.

18. § 68 (Anerkennung von Stellen für die Unterweisung in lebensrettenden Sofortmaßnahmen und für die Schulung in Erster Hilfe)
Nach den bis zum Ablauf des 20. Oktober 2015 anerkannte Stellen für die Unterweisungen in lebensrettenden Sofortmaßnahmen können bis zum Ablauf des 31. Dezember 2015 Unterweisungen in lebensrettenden Sofortmaßnahmen durchführen.

19. § 74 Absatz 4 (Ausnahmegenehmigungen)
Ausnahmegenehmigungen dürfen bis zum Ablauf des 31. Dezember 2015 auf dem bis zum Ablauf des 20. Oktober 2015 zulässigen Trägermaterial ausgestellt werden.

20. Bescheinigungen, die nach § 1 Absatz 2 der Dritten Verordnung über Ausnahmen von den Vorschriften der Fahrerlaubnis-Verordnung vom 22. April 2013 (BGBl. I S. 940) ausgestellt worden sind, gelten noch bis zum Ablauf ihrer Geltungsdauer fort. Mit Erreichen des Mindestalters nach § 10 Absatz 1 Satz 1 Nummer 1 händigt die Fahrerlaubnisbehörde dem Fahrerlaubnisinhaber auf Antrag einen Führerschein nach Anlage 8 Muster 1 aus. In Ländern, die von der Ermächtigung nach § 6 Absatz 5a des Straßenverkehrsgesetzes in der bis zum 27. Juli 2021 geltenden Fassung Gebrauch gemacht haben, findet die Dritte Verordnung über Ausnahmen von den Vorschriften der Fahrerlaubnis-Verordnung keine Anwendung mehr.

21. Muster der Anlage 5 und Muster der Anlage 6 (Weitergeltung von Bescheinigungen und Zeugnissen über die ärztliche Untersuchung nach Anlage 5 und die ärztliche beziehungsweise augenärztliche Untersuchung nach Anlage 6)
Eine Bescheinigung über die ärztliche Untersuchung nach Anlage 5, eine Bescheinigung über die ärztliche Untersuchung nach Anlage 6 und ein Zeugnis über die augenärztliche Untersuchung nach Anlage 6 dürfen bis zum 30. September 2022 nach dem bis zum 31. Mai 2022 geltenden Muster ausgestellt werden. Bescheinigungen und Zeugnisse, die nach dem bis zum 31. Mai 2022 geltenden Muster der Anlage 5 oder der Anlage 6 ausgestellt worden sind, gelten bis zum Ablauf ihrer Geltungsdauer fort.

§ 77 Verweis auf technische Regelwerke

[1]Soweit in dieser Verordnung auf DIN-, EN- oder ISO/IEC-Normen Bezug genommen wird, sind diese im Beuth Verlag GmbH, 10772 Berlin, erschienen. [2]Sie sind beim Deutschen Patentamt archivmäßig gesichert niedergelegt.

§ 78 Inkrafttreten

[1]Diese Verordnung tritt am Tag nach der Verkündung[1)] in Kraft. [2]Gleichzeitig tritt die Fahrerlaubnis-Verordnung vom 18. August 1998 (BGBl. I S. 2214), die zuletzt durch Artikel 3 der Verordnung vom 5. August 2009 (BGBl. I S. 2631) geändert worden ist, außer Kraft.

1) Verkündet am 17.12.2010.

Anlagen 1 bis 12 (hier nicht wiedergegeben)

Anlage 13
(zu § 40)

Bezeichnung und Bewertung der im Rahmen des Fahreignungs-Bewertungssystems zu berücksichtigenden Straftaten und Ordnungswidrigkeiten

Im Fahreignungsregister sind nachfolgende Entscheidungen zu speichern und im Fahreignungs-Bewertungssystem wie folgt zu bewerten:

1.
mit drei Punkten folgende Straftaten, soweit die Entziehung der Fahrerlaubnis oder eine isolierte Sperre angeordnet worden ist:

laufende Nummer	Straftat	Vorschriften
1.1	Fahrlässige Tötung	§ 222 StGB
1.2	Fahrlässige Körperverletzung	§ 229 StGB
1.3	Nötigung	§ 240 StGB
1.3a	Gefährliche Eingriffe in den Bahn-, Schiffs- und Luftverkehr	§ 315 StGB
1.4	Gefährliche Eingriffe in den Straßenverkehr	§ 315b StGB
1.5	Gefährdung des Straßenverkehrs	§ 315c StGB
1.6	Verbotene Kraftfahrzeugrennen	§ 315d Absatz 1 Nummer 2 und 3, Absatz 2, 4 und 5 StGB
1.7	Unerlaubtes Entfernen vom Unfallort	§ 142 StGB
1.8	Trunkenheit im Verkehr	§ 316 StGB
1.9	Vollrausch	§ 323a StGB
1.10	Unterlassene Hilfeleistung	§ 323c StGB
1.11	Führen oder Anordnen oder Zulassen des Führens eines Kraftfahrzeugs ohne Fahrerlaubnis, trotz Fahrverbots oder trotz Verwahrung, Sicherstellung oder Beschlagnahme des Führerscheins	§ 21 StVG
1.12	Kennzeichenmissbrauch	§ 22 StVG

2.
mit zwei Punkten

2.1
folgende Straftaten, soweit sie nicht von Nummer 1 erfasst sind:

laufende Nummer	Straftat	Vorschriften
2.1.1	Fahrlässige Tötung, soweit ein Fahrverbot angeordnet worden ist und die Tat im Zusammenhang mit dem Führen eines Kraftfahrzeugs oder unter Verletzung der Pflichten eines Kraftfahrzeugführers begangen wurde	§ 222 StGB
2.1.2	Fahrlässige Körperverletzung, soweit ein Fahrverbot angeordnet worden ist und die Tat im Zusammenhang mit dem Führen eines Kraftfahrzeugs oder unter Verletzung der Pflichten eines Kraftfahrzeugführers begangen wurde	§ 229 StGB
2.1.3	Nötigung, soweit ein Fahrverbot angeordnet worden ist und die Tat im Zusammenhang mit dem Führen eines Kraftfahrzeugs oder unter Verletzung der Pflichten eines Kraftfahrzeugführers begangen wurde	§ 240 StGB

laufende Nummer	Straftat	Vorschriften
2.1.3a	Gefährliche Eingriffe in den Bahn-, Schiffs- und Luftverkehr, sofern ein Fahrverbot angeordnet worden ist und die Tat im Zusammenhang mit dem Führen eines Kraftfahrzeugs oder unter Verletzung der Pflichten eines Kraftfahrzeugführers begangen wurde	§ 315 StGB
2.1.4	Gefährliche Eingriffe in den Straßenverkehr	§ 315b StGB
2.1.5	Gefährdung des Straßenverkehrs	§ 315c StGB
2.1.6	Verbotene Kraftfahrzeugrennen	§ 315d Absatz 1 Nummer 2 und 3, Absatz 2, 4 und 5 StGB
2.1.7	Unerlaubtes Entfernen vom Unfallort	§ 142 StGB
2.1.8	Trunkenheit im Verkehr	§ 316 StGB
2.1.9	Vollrausch, soweit ein Fahrverbot angeordnet worden ist und die Tat im Zusammenhang mit dem Führen eines Kraftfahrzeugs oder unter Verletzung der Pflichten eines Kraftfahrzeugführers begangen wurde	§ 323a StGB
2.1.10	Unterlassene Hilfeleistung, soweit ein Fahrverbot angeordnet worden ist und die Tat im Zusammenhang mit dem Führen eines Kraftfahrzeugs oder unter Verletzung der Pflichten eines Kraftfahrzeugführers begangen wurde	§ 323c StGB
2.1.11	Führen oder Anordnen oder Zulassen des Führens eines Kraftfahrzeugs ohne Fahrerlaubnis, trotz Fahrverbots oder trotz Verwahrung, Sicherstellung oder Beschlagnahme des Führerscheins	§ 21 StVG
2.1.12	Kennzeichenmissbrauch, soweit ein Fahrverbot angeordnet worden ist und die Tat im Zusammenhang mit dem Führen eines Kraftfahrzeugs oder unter Verletzung der Pflichten eines Kraftfahrzeugführers begangen wurde	§ 22 StVG

2.2
folgende besonders verkehrssicherheitsbeeinträchtigende Ordnungswidrigkeiten:

laufende Nummer	Ordnungswidrigkeit	laufende Nummer der Anlage zur Bußgeldkatalog-Verordnung (BKat)[1]
2.2.1	Kraftfahrzeug geführt mit einer Atemalkoholkonzentration von 0,25 mg/l oder mehr oder mit einer Blutalkoholkonzentration von 0,5 Promille oder mehr oder mit einer Alkoholmenge im Körper, die zu einer solchen Atem- oder Blutalkoholkonzentration führt	241, 241.1, 241.2
2.2.1a	Kraftfahrzeug geführt mit 3,5 ng/ml oder mehr Tetrahydrocannabinol im Blutserum	242, 242.1, 242.2, 243a, 243a.1, 243a.2
2.2.2	Kraftfahrzeug unter der Wirkung eines in der Anlage zu § 24a Absatz 2 des Straßenverkehrsgesetzes genannten berauschenden Mittels geführt	243, 243.1, 243.2

1) **Amtl. Anm.:** Bußgeldkatalog

laufende Nummer	Ordnungswidrigkeit	laufende Nummer der Anlage zur Bußgeldkatalog-Verordnung (BKat)[1]
2.2.3	Zulässige Höchstgeschwindigkeit überschritten	9.1 bis 9.3, 11.1 bis 11.3 jeweils in Verbindung mit 11.1.6 bis 11.1.10 der Tabelle 1 des Anhangs (11.1.6 nur innerhalb geschlossener Ortschaften), 11.2.5 bis 11.2.10 der Tabelle 1 des Anhangs (11.2.5 nur innerhalb geschlossener Ortschaften) oder 11.3.6 bis 11.3.10 der Tabelle 1 des Anhangs (11.3.6 nur innerhalb geschlossener Ortschaften)
2.2.4	Erforderlichen Abstand von einem vorausfahrenden Fahrzeug nicht eingehalten	12.6 in Verbindung mit 12.6.3, 12.6.4 oder 12.6.5 der Tabelle 2 des Anhangs sowie 12.7 in Verbindung mit 12.7.3, 12.7.4 oder 12.7.5 der Tabelle 2 des Anhangs
2.2.5	Überholvorschriften nicht eingehalten	19.1.1, 19.1.2, 21.1, 21.2
2.2.5a	Bei stockendem Verkehr auf einer Autobahn oder Außerortsstraße für die Durchfahrt von Polizei- oder Hilfsfahrzeugen keine vorschriftsmäßige Gasse gebildet	50, 50.1, 50.2, 50.3
2.2.5b	Unberechtigt mit einem Fahrzeug auf einer Autobahn oder Außerortsstraße eine freie Gasse für die Durchfahrt von Polizei- oder Hilfsfahrzeugen (§ 11 Absatz 2 StVO) benutzt	50a, 50a.1, 50a.2, 50a.3
2.2.6	Auf der durchgehenden Fahrbahn von Autobahnen oder Kraftfahrstraßen gewendet, rückwärts oder entgegen der Fahrtrichtung gefahren	83.3
2.2.7	Als Fahrzeugführer Bahnübergang unter Verstoß gegen die Wartepflicht oder trotz geschlossener Schranke oder Halbschranke überquert	89b.2, 244
2.2.8	Als Kraftfahrzeugführer rotes Wechsellichtzeichen oder rotes Dauerlichtzeichen nicht befolgt bei Gefährdung, mit Sachbeschädigung oder bei schon länger als einer Sekunde andauernder Rotphase eines Wechsellichtzeichens	132.1, 132.2, 132.3, 132.3.1, 132.3.2
2.2.8a	Einem Einsatzfahrzeug, das blaues Blinklicht zusammen mit dem Einsatzhorn verwendet hatte, nicht sofort freie Bahn geschaffen	135, 135.1, 135.2
2.2.8b	Beim Führen eines Kraftfahrzeugs elektronisches Gerät rechtswidrig benutzt mit Gefährdung oder mit Sachbeschädigung	246.2, 246.3

1) **Amtl. Anm.:** Bußgeldkatalog

3.
mit einem Punkt folgende verkehrssicherheitsbeeinträchtigende Ordnungswidrigkeiten:

3.1
folgende Verstöße gegen die Vorschriften des Straßenverkehrsgesetzes:

laufende Nummer	Verstöße gegen die Vorschriften	laufende Nummer des BKat[1)]
3.1.1	des § 24c des Straßenverkehrsgesetzes	243b

3.2
folgende Verstöße gegen die Vorschriften der Straßenverkehrs-Ordnung:

laufende Nummer	Verstöße gegen die Vorschriften über	laufende Nummer des BKat[1)]
3.2.1	die Straßenbenutzung durch Fahrzeuge	4.1, 4.2, 5a, 5a.1, 6
3.2.2	die Geschwindigkeit	8.1, 9, 10, 11 in Verbindung mit 11.1.3, 11.1.4, 11.1.5, 11.1.6 der Tabelle 1 des Anhangs (11.1.6 nur außerhalb geschlossener Ortschaften), 11.2.2, 11.2.3, 11.2.4, 11.2.5 der Tabelle 1 des Anhangs (11.2.2 nur innerhalb, 11.2.5 nur außerhalb geschlossener Ortschaften), 11.3.4, 11.3.5, 11.3.6 der Tabelle 1 des Anhangs (11.3.6 nur außerhalb geschlossener Ortschaften)
3.2.3	den Abstand	12.5 in Verbindung mit 12.5.1, 12.5.2, 12.5.3, 12.5.4 oder 12.5.5 der Tabelle 2 des Anhangs, 12.6 in Verbindung mit 12.6.1 oder 12.6.2 der Tabelle 2 des Anhangs, 12.7 in Verbindung mit 12.7.1 oder 12.7.2 der Tabelle 2 des Anhangs, 15
3.2.4	das Überholen	17, 18, 19, 19.1, 153a, 21, 22
3.2.5	die Vorfahrt	34
3.2.6	das Abbiegen, Wenden und Rückwärtsfahren	39.1, 41, 42.1, 44, 45
3.2.7	Park- oder Halteverbote mit Behinderung von Rettungsfahrzeugen	51b.3, 53.1
3.2.7a	Unzulässiges Halten in „zweiter Reihe"	51a.1, 51a.2, 51a.3
3.2.7b	Unzulässiges Parken auf Geh- und Radwegen oder Radschnellwegen	52a.1, 52a.2, 52a.2.1, 52a.3, 52a.4
3.2.7c	Unzulässiges Halten auf Schutzstreifen für den Radverkehr	54a.1, 54a.2, 54a.3
3.2.7d	Unzulässiges Parken in „zweiter Reihe"	58.1, 58.1.1, 58.1.2, 58.2, 58.2.1
3.2.8	das Liegenbleiben von Fahrzeugen	66

1) **Amtl. Anm.:** Bußgeldkatalog

laufende Nummer	Verstöße gegen die Vorschriften über	laufende Nummer des BKat[1]
3.2.9	die Beleuchtung	76
3.2.10	die Benutzung von Autobahnen und Kraftfahrstraßen	79, 80.1, 82, 83.1, 83.2, 85, 87a, 88
3.2.11	das Verhalten an Bahnübergängen	89, 89a, 89b.1, 136, 245
3.2.12	das Verhalten an öffentlichen Verkehrsmitteln und Schulbussen	92.1, 92.2, 93, 95.1, 95.2
3.2.13	die Personenbeförderung, die Sicherungspflichten	99.1, 99.2
3.2.14	die Ladung	102.1, 102.1.1, 102.2.1, 104
3.2.15	die sonstigen Pflichten des Fahrzeugführers	108, 246.1, 247
3.2.16	das Verhalten am Fußgängerüberweg	113
3.2.17	die übermäßige Straßenbenutzung	116
3.2.18	Verkehrshindernisse	123
3.2.19	das Verhalten gegenüber Zeichen oder Haltgebot eines Polizeibeamten sowie an Wechsellichtzeichen, Dauerlichtzeichen und Grünpfeil	129, 132, 132a, 132a.1, 132a.2, 132a.3, 132a.3.1, 132a.3.2, 133.1, 133.2, 133.3.1, 133.3.2
3.2.20	Vorschriftzeichen	150, 151.1, 151.2, 152, 152.1
3.2.21	Richtzeichen	157.3, 159b
3.2.22	andere verkehrsrechtliche Anordnungen	164
3.2.23	Auflagen	166

3.3

folgende Verstöße gegen die Vorschriften der Fahrerlaubnis-Verordnung:

laufende Nummer	Verstöße gegen die Vorschriften über	laufende Nummer des BKat[2]
3.3.1	die Fahrerlaubnis zur Fahrgastbeförderung	171, 172
3.3.2	das Führen von Kraftfahrzeugen ohne Begleitung	251a

3.4

folgende Verstöße gegen die Vorschriften der Fahrzeug-Zulassungsverordnung:

laufende Nummer	Verstöße gegen die Vorschriften über	laufende Nummer des BKat[2]
3.4.1	die Zulassung	175
3.4.2	ein Betriebsverbot und Beschränkungen	253

3.5

folgende Verstöße gegen die Vorschriften der Straßenverkehrs-Zulassungs-Ordnung:

laufende Nummer	Verstöße gegen die Vorschriften über	laufende Nummer des BKat[1]
3.5.1	die Untersuchung der Kraftfahrzeuge und Anhänger	186.1.3, 186.1.4, 186.2.3, 187a
3.5.2	die Verantwortung für den Betrieb der Fahrzeuge	189.1.1, 189.1.2, 189.2.1, 189.2.2, 189.3.1, 189.3.2, 189a.1, 189a.2

1) **Amtl. Anm.:** Bußgeldkatalog

laufende Nummer	Verstöße gegen die Vorschriften über	laufende Nummer des BKat[1]
3.5.3	die Abmessungen von Fahrzeugen und Fahrzeugkombinationen	192, 193
3.5.4	die Kurvenlaufeigenschaften von Fahrzeugen	195, 196
3.5.5	die Achslast, das Gesamtgewicht, die Anhängelast hinter Kraftfahrzeugen	198 und 199 jeweils in Verbindung mit 198.1.2 bis 198.1.7, 199.1.2 bis 199.1.6, 198.2.4 oder 199.2.4, 198.2.5 oder 199.2.5, 198.2.6 oder 199.2.6 der Tabelle 3 des Anhangs
3.5.6	die Besetzung von Kraftomnibussen	201, 202
3.5.7	Bereifung und Laufflächen	212, 213, 213a
3.5.8	die sonstigen Pflichten für den verkehrssicheren Zustand des Fahrzeugs	214.1, 214.2, 214a.1, 214a.2
3.5.9	die Stützlast	217
3.5.10	den Geschwindigkeitsbegrenzer	223, 224
3.5.11	Auflagen	233

3.6

folgende Verstöße gegen die Vorschriften der Gefahrgutverordnung Straße, Eisenbahn und Binnenschifffahrt (GGVSEB):

laufende Nummer	Beschreibung der Zuwiderhandlung	gesetzliche Grundlage
3.6.1	Als tatsächlicher Verlader Versandstücke, die gefährliche Güter enthalten, und unverpackte gefährliche Gegenstände nicht durch geeignete Mittel gesichert, die in der Lage sind, die Güter im Fahrzeug oder Container zurückzuhalten, sowie, wenn gefährliche Güter zusammen mit anderen Gütern befördert werden, nicht alle Güter in den Fahrzeugen oder Containern so gesichert oder verpackt, dass das Austreten gefährlicher Güter verhindert wird.	Unterabschnitt 7.5.7.1 ADR i.V.m. § 37 Absatz 1 Nummer 21 Buchstabe a GGVSEB
3.6.2	Als Fahrzeugführer Versandstücke, die gefährliche Güter enthalten, und unverpackte gefährliche Gegenstände nicht durch geeignete Mittel gesichert, die in der Lage sind, die Güter im Fahrzeug oder Container zurückzuhalten, sowie, wenn gefährliche Güter zusammen mit anderen Gütern befördert werden, nicht alle Güter in den Fahrzeugen oder Containern so gesichert oder verpackt, dass das Austreten gefährlicher Güter verhindert wird.	Unterabschnitt 7.5.7.1 ADR i.V.m. § 37 Absatz 1 Nummer 21 Buchstabe a GGVSEB
3.6.3	Als Beförderer und in der Funktion als Halter des Fahrzeugs entgegen § 19 Absatz 2 Nummer 15 GGVSEB dem Fahrzeugführer die erforderliche Ausrüstung zur Durchführung der Ladungssicherung nicht übergeben[2]	Unterabschnitt 7.5.7.1 ADR i.V.m. § 37 Absatz 1 Nummer 6 Buchstabe o GGVSEB

Anlagen 14–18 (hier nicht wiedergegeben)

1) **Amtl. Anm.:** Bußgeldkatalog
2) Fehlende Zeichensetzung amtlich.

Gesetz über den Verkehr mit Betäubungsmitteln (Betäubungsmittelgesetz – BtMG)[1)]

In der Fassung der Bekanntmachung vom 1. März 1994[2)] (BGBl. I S. 358)
(FNA 2121-6-24)
zuletzt geändert durch Art. 3 CannabisG vom 27. März 2024 (BGBl. 2024 I Nr. 109)

Inhaltsübersicht

1) Zu Ausnahmen vom Betäubungsmittelgesetz siehe ua § 5 SARS-CoV-2-Arzneimittelversorgungsverordnung v. 20.4.2020 (BAnz AT 21.04.2020 V1).

2) Neubekanntmachung des BetäubungsmittelG v. 28.7.1981 (BGBl. I S. 681) in der ab 28.2.1994 geltenden Fassung.

Erster Abschnitt
Begriffsbestimmungen

§ 1 Betäubungsmittel

(1) Betäubungsmittel im Sinne dieses Gesetzes sind die in den Anlagen I bis III aufgeführten Stoffe und Zubereitungen.

(2) [1]Die Bundesregierung wird ermächtigt, nach Anhörung von Sachverständigen durch Rechtsverordnung mit Zustimmung des Bundesrates die Anlagen I bis III zu ändern oder zu ergänzen, wenn dies

1. nach wissenschaftlicher Erkenntnis wegen der Wirkungsweise eines Stoffes, vor allem im Hinblick auf das Hervorrufen einer Abhängigkeit,
2. wegen der Möglichkeit, aus einem Stoff oder unter Verwendung eines Stoffes Betäubungsmittel herstellen zu können, oder
3. zur Sicherheit oder zur Kontrolle des Verkehrs mit Betäubungsmitteln oder anderen Stoffen oder Zubereitungen wegen des Ausmaßes der mißbräuchlichen Verwendung und wegen der unmittelbaren oder mittelbaren Gefährdung der Gesundheit

erforderlich ist. [2]In der Rechtsverordnung nach Satz 1 können einzelne Stoffe oder Zubereitungen ganz oder teilweise von der Anwendung dieses Gesetzes oder einer auf Grund dieses Gesetzes erlassenen Rechtsverordnung ausgenommen werden, soweit die Sicherheit und die Kontrolle des Betäubungsmittelverkehrs gewährleistet bleiben.

(3) [1]Das Bundesministerium für Gesundheit wird ermächtigt, in dringenden Fällen zur Sicherheit oder zur Kontrolle des Betäubungsmittelverkehrs durch Rechtsverordnung ohne Zustimmung des Bundesrates Stoffe und Zubereitungen, die nicht Arzneimittel oder Tierarzneimittel sind, in die Anlagen I bis III aufzunehmen, wenn dies wegen des Ausmaßes der mißbräuchlichen Verwendung und wegen der unmittelbaren oder mittelbaren Gefährdung der Gesundheit erforderlich ist. [2]Eine auf der Grundlage dieser Vorschrift erlassene Verordnung tritt nach Ablauf eines Jahres außer Kraft.

(4) Das Bundesministerium für Gesundheit (Bundesministerium) wird ermächtigt, durch Rechtsverordnung ohne Zustimmung des Bundesrates die Anlagen I bis III oder die auf Grund dieses Gesetzes erlassenen Rechtsverordnungen zu ändern, soweit das auf Grund von Änderungen der Anhänge zu dem Einheits-Übereinkommen von 1961 über Suchtstoffe in der Fassung der Bekanntmachung vom 4. Februar 1977 (BGBl. II S. 111) und dem Übereinkommen von 1971 über psychotrope Stoffe (BGBl. 1976 II S. 1477) (Internationale Suchtstoffübereinkommen) in ihrer jeweils für die Bundesrepublik Deutschland verbindlichen Fassung oder auf Grund von Änderungen des Anhangs des Rahmenbeschlusses 2004/757/JI des Rates vom 25. Oktober 2004 zur Festlegung von Mindestvorschriften über die Tatbestandsmerkmale strafbarer Handlungen und die Strafen im Bereich des illegalen Drogenhandels (ABl. L 335 vom 11.11.2004, S. 8), der durch die Richtlinie (EU) 2017/2103 (ABl. L 305 vom 21.11.2017, S. 12) geändert worden ist, erforderlich ist.

§ 2 Sonstige Begriffe

(1) Im Sinne dieses Gesetzes ist

1. Stoff:
   a) chemische Elemente und chemische Verbindungen sowie deren natürlich vorkommende Gemische und Lösungen,
   b) Pflanzen, Algen, Pilze und Flechten sowie deren Teile und Bestandteile in bearbeitetem oder unbearbeitetem Zustand,
   c) Tierkörper, auch lebender Tiere, sowie Körperteile, -bestandteile und Stoffwechselprodukte von Mensch und Tier in bearbeitetem oder unbearbeitetem Zustand,
   d) Mikroorganismen einschließlich Viren sowie deren Bestandteile oder Stoffwechselprodukte;
2. Zubereitung:
   ohne Rücksicht auf ihren Aggregatzustand ein Stoffgemisch oder die Lösung eines oder mehrerer Stoffe außer den natürlich vorkommenden Gemischen und Lösungen;
3. ausgenommene Zubereitung:
   eine in den Anlagen I bis III bezeichnete Zubereitung, die von den betäubungsmittelrechtlichen Vorschriften ganz oder teilweise ausgenommen ist;
4. Herstellen:
   das Gewinnen, Anfertigen, Zubereiten, Be- oder Verarbeiten, Reinigen und Umwandeln.

(2) Der Einfuhr oder Ausfuhr eines Betäubungsmittels steht jedes sonstige Verbringen in den oder aus dem Geltungsbereich dieses Gesetzes gleich.

Zweiter Abschnitt

Erlaubnis und Erlaubnisverfahren

§ 3[1] Erlaubnis zum Verkehr mit Betäubungsmitteln

(1) Einer Erlaubnis des Bundesinstitutes für Arzneimittel und Medizinprodukte bedarf, wer

1. Betäubungsmittel anbauen, herstellen, mit ihnen Handel treiben, sie, ohne mit ihnen Handel zu treiben, einführen, ausführen, abgeben, veräußern, sonst in den Verkehr bringen, erwerben oder
2. ausgenommene Zubereitungen (§ 2 Abs. 1 Nr. 3) herstellen

will.

(2) Eine Erlaubnis für die in Anlage I bezeichneten Betäubungsmittel kann das Bundesinstitut für Arzneimittel und Medizinprodukte nur ausnahmsweise zu wissenschaftlichen oder anderen im öffentlichen Interesse liegenden Zwecken erteilen.

§ 4 Ausnahmen von der Erlaubnispflicht

(1) Einer Erlaubnis nach § 3 bedarf nicht, wer

1. im Rahmen des Betriebs einer öffentlichen Apotheke oder einer Krankenhausapotheke (Apotheke)
   a) in Anlage II oder III bezeichnete Betäubungsmittel oder dort ausgenommene Zubereitungen herstellt,
   b) in Anlage II oder III bezeichnete Betäubungsmittel erwirbt,
   c) in Anlage III bezeichnete Betäubungsmittel auf Grund ärztlicher, zahnärztlicher oder tierärztlicher Verschreibung abgibt,
   d) in Anlage II oder III bezeichnete Betäubungsmittel an Inhaber einer Erlaubnis zum Erwerb dieser Betäubungsmittel zurückgibt oder an den Nachfolger im Betrieb der Apotheke abgibt,
   e) in Anlage I, II oder III bezeichnete Betäubungsmittel zur Untersuchung, zur Weiterleitung an eine zur Untersuchung von Betäubungsmitteln berechtigte Stelle oder zur Vernichtung entgegennimmt oder
   f) in Anlage III bezeichnete Opioide in Form von Fertigarzneimitteln in transdermaler oder in transmucosaler Darreichungsform an eine Apotheke zur Deckung des nicht aufschiebbaren Betäubungsmittelbedarfs eines ambulant versorgten Palliativpatienten abgibt, wenn die empfangende Apotheke die Betäubungsmittel nicht vorrätig hat,
2. im Rahmen des Betriebs einer tierärztlichen Hausapotheke in Anlage III bezeichnete Betäubungsmittel in Form von Tierarzneimitteln
   a) für ein von ihm behandeltes Tier miteinander, mit anderen Tierarzneimitteln oder arzneilich nicht wirksamen Bestandteilen zum Zwecke der Anwendung durch ihn oder für die Immobilisation eines von ihm behandelten Zoo-, Wild- und Gehegetieres mischt,
   b) erwirbt,
   c) für ein von ihm behandeltes Tier oder Mischungen nach Buchstabe a für die Immobilisation eines von ihm behandelten Zoo-, Wild- und Gehegetieres abgibt oder
   d) an Inhaber der Erlaubnis zum Erwerb dieser Betäubungsmittel zurückgibt oder an den Nachfolger im Betrieb der tierärztlichen Hausapotheke abgibt,
3. in Anlage III bezeichnete Betäubungsmittel
   a) auf Grund ärztlicher, zahnärztlicher oder tierärztlicher Verschreibung,
   b) zur Anwendung an einem Tier von einer Person, die dieses Tier behandelt und eine tierärztliche Hausapotheke betreibt, oder
   c) von einem Arzt nach § 13 Absatz 1a Satz 1

   erwirbt,
4. in Anlage III bezeichnete Betäubungsmittel
   a) als Arzt, Zahnarzt oder Tierarzt im Rahmen des grenzüberschreitenden Dienstleistungsverkehrs oder
   b) auf Grund ärztlicher, zahnärztlicher oder tierärztlicher Verschreibung erworben hat und sie als Reisebedarf

   ausführt oder einführt,
5. gewerbsmäßig
   a) an der Beförderung von Betäubungsmitteln zwischen befugten Teilnehmern am Betäubungsmittelverkehr beteiligt ist oder die Lagerung und Aufbewahrung von Betäubungsmitteln im

---

1) Zu Ausnahmen vom Betäubungsmittelgesetz siehe ua § 5 SARS-CoV-2-Arzneimittelversorgungsverordnung v. 20.4.2020 (BAnz AT 21.04.2020 V1).

Zusammenhang mit einer solchen Beförderung oder für einen befugten Teilnehmer am Betäubungsmittelverkehr übernimmt oder

b) die Versendung von Betäubungsmitteln zwischen befugten Teilnehmern am Betäubungsmittelverkehr durch andere besorgt oder vermittelt oder

6. in Anlage I, II oder III bezeichnete Betäubungsmittel als Proband oder Patient im Rahmen einer klinischen Prüfung oder in Härtefällen nach § 21 Absatz 2 Nummer 3 des Arzneimittelgesetzes in Verbindung mit Artikel 83 der Verordnung (EG) Nr. 726/2004 des Europäischen Parlaments und des Rates vom 31. März 2004 zur Festlegung der Verfahren der Union für die Genehmigung und Überwachung von Humanarzneimitteln und zur Errichtung einer Europäischen Arzneimittel-Agentur (ABl. L 136 vom 30.4.2004, S. 1), die zuletzt durch die Verordnung (EU) 2019/5 (ABl. L 4 vom 7.1.2019, S. 24) geändert worden ist, erwirbt.

(2) Einer Erlaubnis nach § 3 bedürfen nicht Bundes- und Landesbehörden für den Bereich ihrer dienstlichen Tätigkeit sowie die von ihnen mit der Untersuchung von Betäubungsmitteln beauftragten Behörden.

(3) [1]Wer nach Absatz 1 Nr. 1 und 2 keiner Erlaubnis bedarf und am Betäubungsmittelverkehr teilnehmen will, hat dies dem Bundesinstitut für Arzneimittel und Medizinprodukte zuvor anzuzeigen. [2]Die Anzeige muß enthalten:

1. den Namen und die Anschriften des Anzeigenden sowie der Apotheke oder der tierärztlichen Hausapotheke,
2. das Ausstellungsdatum und die ausstellende Behörde der apothekenrechtlichen Erlaubnis oder der Approbation als Tierarzt und
3. das Datum des Beginns der Teilnahme am Betäubungsmittelverkehr.

[3]Das Bundesinstitut für Arzneimittel und Medizinprodukte unterrichtet die zuständige oberste Landesbehörde unverzüglich über den Inhalt der Anzeigen, soweit sie tierärztliche Hausapotheken betreffen.

§ 5 Versagung der Erlaubnis

(1) Die Erlaubnis nach § 3 ist zu versagen, wenn

1. nicht gewährleistet ist, daß in der Betriebsstätte und, sofern weitere Betriebsstätten in nicht benachbarten Gemeinden bestehen, in jeder dieser Betriebsstätten eine Person bestellt wird, die verantwortlich ist für die Einhaltung der betäubungsmittelrechtlichen Vorschriften und der Anordnungen der Überwachungsbehörden (Verantwortlicher); der Antragsteller kann selbst die Stelle eines Verantwortlichen einnehmen,
2. der vorgesehene Verantwortliche nicht die erforderliche Sachkenntnis hat oder die ihm obliegenden Verpflichtungen nicht ständig erfüllen kann,
3. Tatsachen vorliegen, aus denen sich Bedenken gegen die Zuverlässigkeit des Verantwortlichen, des Antragstellers, seines gesetzlichen Vertreters oder bei juristischen Personen oder sonstigen Personenvereinigungen der nach Gesetz, Satzung oder Gesellschaftsvertrag zur Vertretung oder Geschäftsführung Berechtigten ergeben,
4. geeignete Räume, Einrichtungen und Sicherungen für die Teilnahme am Betäubungsmittelverkehr oder die Herstellung ausgenommener Zubereitungen nicht vorhanden sind,
5. die Sicherheit oder Kontrolle des Betäubungsmittelverkehrs oder der Herstellung ausgenommener Zubereitungen aus anderen als den in den Nummern 1 bis 4 genannten Gründen nicht gewährleistet ist,
6. die Art und der Zweck des beantragten Verkehrs nicht mit dem Zweck dieses Gesetzes, die notwendige medizinische Versorgung der Bevölkerung sicherzustellen, daneben aber den Mißbrauch von Betäubungsmitteln oder die mißbräuchliche Herstellung ausgenommener Zubereitungen sowie das Entstehen oder Erhalten einer Betäubungsmittelabhängigkeit soweit wie möglich auszuschließen, vereinbar ist oder
7. bei Beanstandung der vorgelegten Antragsunterlagen einem Mangel nicht innerhalb der gesetzten Frist (§ 8 Abs. 2) abgeholfen wird.

(2) Die Erlaubnis kann versagt werden, wenn sie der Durchführung der internationalen Suchtstoffübereinkommen oder Beschlüssen, Anordnungen oder Empfehlungen zwischenstaatlicher Einrichtungen der Suchtstoffkontrolle entgegensteht oder dies wegen Rechtsakten der Organe der Europäischen Union geboten ist.

§ 6 Sachkenntnis

(1) Der Nachweis der erforderlichen Sachkenntnis (§ 5 Abs. 1 Nr. 2) wird erbracht

1. im Falle des Herstellens[1)] von Betäubungsmitteln oder ausgenommenen Zubereitungen, die Arzneimittel sind, durch den Nachweis der Sachkenntnis nach § 15 Absatz 1 des Arzneimittelgesetzes,

1a. im Falle des Herstellens von Betäubungsmitteln oder ausgenommenen Zubereitungen, die Tierarzneimittel sind, durch den Nachweis, dass die vorgesehene verantwortliche Person die Voraussetzungen an eine sachkundige Person nach Artikel 97 Absatz 2 und 3 der Verordnung (EU) 2019/6 des Europäischen Parlaments und des Rates vom 11. Dezember 2018 über Tierarzneimittel und zur Aufhebung der Richtlinie 2001/82/EG (ABl. L 4 vom 7.1.2019, S. 43; L 163 vom 20.6.2019, S. 112; L 326 vom 8.10.2020, S. 15; L 241 vom 8.7.2021, S. 17) erfüllt,

2. im Falle des Herstellens von Betäubungsmitteln, die keine Arzneimittel oder Tierarzneimittel sind, durch das Zeugnis über eine nach abgeschlossenem wissenschaftlichem Hochschulstudium der Biologie, der Chemie, der Pharmazie, der Human- oder der Veterinärmedizin abgelegte Prüfung und durch die Bestätigung einer mindestens einjährigen praktischen Tätigkeit in der Herstellung oder Prüfung von Betäubungsmitteln,

3. im Falle des Verwendens für wissenschaftliche Zwecke durch das Zeugnis über eine nach abgeschlossenem wissenschaftlichem Hochschulstudium der Biologie, der Chemie, der Pharmazie, der Human- oder der Veterinärmedizin abgelegte Prüfung und

4. in allen anderen Fällen durch das Zeugnis über eine abgeschlossene Berufsausbildung als Kaufmann im Groß- und Außenhandel in den Fachbereichen Chemie oder Pharma und durch die Bestätigung einer mindestens einjährigen praktischen Tätigkeit im Betäubungsmittelverkehr.

(2) Das Bundesinstitut für Arzneimittel und Medizinprodukte kann im Einzelfall von den im Absatz 1 genannten Anforderungen an die Sachkenntnis abweichen, wenn die Sicherheit und Kontrolle des Betäubungsmittelverkehrs oder der Herstellung ausgenommener Zubereitungen gewährleistet sind.

§ 7 Antrag

[1]Der Antrag auf Erteilung einer Erlaubnis nach § 3 ist beim Bundesinstitut für Arzneimittel und Medizinprodukte zu stellen. [2]Dem Antrag müssen folgende Angaben und Unterlagen beigefügt werden:

1. die Namen, Vornamen oder die Firma und die Anschriften des Antragstellers und der Verantwortlichen,
2. für die Verantwortlichen die Nachweise über die erforderliche Sachkenntnis und Erklärungen darüber, ob und auf Grund welcher Umstände sie die ihnen obliegenden Verpflichtungen ständig erfüllen können,
3. eine Beschreibung der Lage der Betriebsstätten nach Ort (gegebenenfalls Flurbezeichnung), Straße, Hausnummer, Gebäude und Gebäudeteil sowie der Bauweise des Gebäudes,
4. eine Beschreibung der vorhandenen Sicherungen gegen die Entnahme von Betäubungsmitteln durch unbefugte Personen,
5. die Art des Betäubungsmittelverkehrs (§ 3 Abs. 1),
6. die Art und die voraussichtliche Jahresmenge der herzustellenden oder benötigten Betäubungsmittel,
7. im Falle des Herstellens (§ 2 Abs. 1 Nr. 4) von Betäubungsmitteln oder ausgenommenen Zubereitungen eine kurzgefaßte Beschreibung des Herstellungsganges unter Angabe von Art und Menge der Ausgangsstoffe oder -zubereitungen, der Zwischen- und Endprodukte, auch wenn Ausgangsstoffe oder -zubereitungen, Zwischen- oder Endprodukte keine Betäubungsmittel sind; bei nicht abgeteilten Zubereitungen zusätzlich die Gewichtsvomhundertsätze, bei abgeteilten Zubereitungen die Gewichtsmengen der je abgeteilte Form enthaltenen Betäubungsmittel und
8. im Falle des Verwendens zu wissenschaftlichen oder anderen im öffentlichen Interesse liegenden Zwecken eine Erläuterung des verfolgten Zwecks unter Bezugnahme auf einschlägige wissenschaftliche Literatur.

§ 8 Entscheidung

(1) [1]Das Bundesinstitut für Arzneimittel und Medizinprodukte soll innerhalb von drei Monaten nach Eingang des Antrages über die Erteilung der Erlaubnis entscheiden. [2]Es unterrichtet die zuständige oberste Landesbehörde unverzüglich über die Entscheidung.

(2) [1]Gibt das Bundesinstitut für Arzneimittel und Medizinprodukte dem Antragsteller Gelegenheit, Mängeln des Antrages abzuhelfen, so wird die in Absatz 1 bezeichnete Frist bis zur Behebung der Mängel oder bis zum Ablauf der zur Behebung der Mängel gesetzten Frist gehemmt. [2]Die Hemmung beginnt mit dem Tage, an dem dem Antragsteller die Aufforderung zur Behebung der Mängel zugestellt wird.

---

1) Gem. G v. 28.7.1981 (BGBl. I S. 681); in der Neubekanntmachung v. 1.3.1994 (BGBl. I S. 358) stattdessen: „Herstellers“

(3) [1]Der Inhaber der Erlaubnis hat jede Änderung der in § 7 bezeichneten Angaben dem Bundesinstitut für Arzneimittel und Medizinprodukte unverzüglich mitzuteilen. [2]Bei einer Erweiterung hinsichtlich der Art der Betäubungsmittel oder des Betäubungsmittelverkehrs sowie bei Änderungen in der Person des Erlaubnisinhabers oder der Lage der Betriebsstätten, ausgenommen innerhalb eines Gebäudes, ist eine neue Erlaubnis zu beantragen. [3]In den anderen Fällen wird die Erlaubnis geändert. [4]Die zuständige oberste Landesbehörde wird über die Änderung der Erlaubnis unverzüglich unterrichtet.

§ 9 Beschränkungen, Befristung, Bedingungen und Auflagen

(1) [1]Die Erlaubnis ist zur Sicherheit und Kontrolle des Betäubungsmittelverkehrs oder der Herstellung ausgenommener Zubereitungen auf den jeweils notwendigen Umfang zu beschränken. [2]Sie muß insbesondere regeln:

1. die Art der Betäubungsmittel und des Betäubungsmittelverkehrs,
2. die voraussichtliche Jahresmenge und den Bestand an Betäubungsmitteln,
3. die Lage der Betriebsstätten und
4. den Herstellungsgang und die dabei anfallenden Ausgangs-, Zwischen- und Endprodukte, auch wenn sie keine Betäubungsmittel sind.

(2) Die Erlaubnis kann

1. befristet, mit Bedingungen erlassen oder mit Auflagen verbunden werden oder
2. nach ihrer Erteilung hinsichtlich des Absatzes 1 Satz 2 geändert oder mit sonstigen Beschränkungen oder Auflagen versehen werden,

wenn dies zur Sicherheit oder Kontrolle des Betäubungsmittelverkehrs oder der Herstellung ausgenommener Zubereitungen erforderlich ist oder die Erlaubnis der Durchführung der internationalen Suchtstoffübereinkommen oder von Beschlüssen, Anordnungen oder Empfehlungen zwischenstaatlicher Einrichtungen der Suchtstoffkontrolle entgegensteht oder dies wegen Rechtsakten der Organe der Europäischen Union geboten ist.

§ 10 Rücknahme und Widerruf

(1) [1]Die Erlaubnis kann auch widerrufen werden, wenn von ihr innerhalb eines Zeitraumes von zwei Kalenderjahren kein Gebrauch gemacht worden ist. [2]Die Frist kann verlängert werden, wenn ein berechtigtes Interesse glaubhaft gemacht wird.

(2) Die zuständige oberste Landesbehörde wird über die Rücknahme oder den Widerruf der Erlaubnis unverzüglich unterrichtet.

§ 10a Erlaubnis für den Betrieb von Drogenkonsumräumen

(1) [1]Einer Erlaubnis der zuständigen obersten Landesbehörde bedarf, wer eine Einrichtung betreiben will, in deren Räumlichkeiten Betäubungsmittelabhängigen eine Gelegenheit zum Verbrauch von mitgeführten, ärztlich nicht verschriebenen Betäubungsmitteln verschafft oder gewährt wird (Drogenkonsumraum). [2]Eine Erlaubnis kann nur erteilt werden, wenn die Landesregierung die Voraussetzungen für die Erteilung in einer Rechtsverordnung nach Maßgabe des Absatzes 2 geregelt hat.

(2) [1]Die Landesregierungen werden ermächtigt, durch Rechtsverordnung die Voraussetzungen für die Erteilung einer Erlaubnis nach Absatz 1 zu regeln. [2]Die Regelungen müssen insbesondere folgende Mindeststandards für die Sicherheit und Kontrolle beim Verbrauch von Betäubungsmitteln in Drogenkonsumräumen festlegen:

1. Zweckdienliche sachliche Ausstattung der Räumlichkeiten, die als Drogenkonsumraum dienen sollen;
2. Gewährleistung einer sofort einsatzfähigen medizinischen Notfallversorgung;
3. medizinische Beratung und Hilfe zum Zwecke der Risikominderung beim Verbrauch der von Abhängigen mitgeführten Betäubungsmittel;
4. Vermittlung von weiterführenden und ausstiegsorientierten Angeboten der Beratung und Therapie;
5. Maßnahmen zur Verhinderung von Straftaten nach diesem Gesetz in Drogenkonsumräumen, abgesehen vom Besitz von Betäubungsmitteln nach § 29 Abs. 1 Satz 1 Nr. 3 zum Eigenverbrauch in geringer Menge;
6. erforderliche Formen der Zusammenarbeit mit den für die öffentliche Sicherheit und Ordnung zuständigen örtlichen Behörden, um Straftaten im unmittelbaren Umfeld der Drogenkonsumräume soweit wie möglich zu verhindern;
7. genaue Festlegung des Kreises der berechtigten Benutzer von Drogenkonsumräumen, insbesondere im Hinblick auf deren Alter, die Art der mitgeführten Betäubungsmittel sowie die geduldeten Konsummuster; offenkundige Erst- oder Gelegenheitskonsumenten sind von der Benutzung auszuschließen;
8. eine Dokumentation und Evaluation der Arbeit in den Drogenkonsumräumen;

9. ständige Anwesenheit von persönlich zuverlässigem Personal in ausreichender Zahl, das für die Erfüllung der in den Nummern 1 bis 7 genannten Anforderungen fachlich ausgebildet ist;
10. Benennung einer sachkundigen Person, die für die Einhaltung der in den Nummern 1 bis 9 genannten Anforderungen, der Auflagen der Erlaubnisbehörde sowie der Anordnungen der Überwachungsbehörde verantwortlich ist (Verantwortlicher) und die ihm obliegenden Verpflichtungen ständig erfüllen kann.

(3) Für das Erlaubnisverfahren gelten § 7 Satz 1 und 2 Nr. 1 bis 4 und 8, §§ 8, 9 Abs. 2 und § 10 entsprechend; dabei tritt an die Stelle des Bundesinstituts für Arzneimittel und Medizinprodukte jeweils die zuständige oberste Landesbehörde, an die Stelle der obersten Landesbehörde jeweils das Bundesinstitut für Arzneimittel und Medizinprodukte.

§ 10b Erlaubnis für die Durchführung von Modellvorhaben zu Substanzanalysen

(1) Die zuständigen Landesbehörden können eine Erlaubnis für Modellvorhaben zur qualitativen und quantitativen chemischen Analyse von mitgeführten, nicht ärztlich, zahnärztlich oder tierärztlich verschriebenen Betäubungsmitteln erteilen, wenn mit der Analyse eine Risikobewertung und gesundheitliche Aufklärung über die Folgen des Konsums für die die Betäubungsmittel besitzende Person verbunden ist (Drug-Checking-Modellvorhaben).

(2) [1]Die Landesregierungen haben zur Verbesserung des Gesundheitsschutzes und einer besseren gesundheitlichen Aufklärung durch Rechtsverordnung Bestimmungen über die Erteilung einer in Absatz 1 genannten Erlaubnis einschließlich der hierfür geltenden Voraussetzungen zu erlassen. [2]In der Rechtsverordnung nach Satz 1 sind insbesondere folgende Anforderungen an die Durchführung von Drug-Checking-Modellvorhaben festzulegen:
1. Vorhandensein einer zweckdienlichen sachlichen Ausstattung;
2. Gewährleistung einer Aufklärung über die Risiken des Konsums von Betäubungsmitteln einschließlich einer Beratung zum Zweck der gesundheitlichen Risikominderung beim Konsum;
3. Gewährleistung einer Vermittlung in weiterführende Angebote der Suchthilfe bei Bedarf seitens der Konsumierenden;
4. Dokumentation der zur Untersuchung eingereichten Substanzen mit Untersuchungsergebnis und der angewandten Methode zur Ermöglichung der in Absatz 3 Satz 1 genannten gesundheitlichen Aufklärung und wissenschaftlichen Begleitung und zur Berücksichtigung der Untersuchungsergebnisse in öffentlichen substanzbezogenen Warnungen;
5. Vorgaben zur Sicherheit und Kontrolle des Betäubungsmittelverkehrs bei Verwahrung und Transport von zu untersuchenden Proben und zur Vernichtung der zu untersuchenden Proben nach der Substanzanalyse;
6. Festlegung erforderlicher Formen der Zusammenarbeit mit den für die öffentliche Sicherheit und Ordnung zuständigen örtlichen Behörden;
7. ständige Anwesenheit während der üblichen Geschäftszeiten des Modellvorhabens von persönlich zuverlässigem Personal in ausreichender Zahl, das für die Erfüllung der in den Nummern 1 bis 6 genannten Anforderungen fachlich qualifiziert ist;
8. Vorhandensein einer sachkundigen Person, die für die Einhaltung der in den Nummern 1 bis 7 genannten Anforderungen, der Auflagen der Erlaubnisbehörde sowie der Anordnungen der Überwachungsbehörde verantwortlich ist und die die ihr obliegenden Verpflichtungen ständig während der üblichen Geschäftszeiten des Modellvorhabens erfüllen kann und gegenüber der zuständigen Behörde vor Erteilung der in Absatz 1 genannten Erlaubnis zu benennen ist.

[3]In der Rechtsverordnung nach Satz 1 sind das Verfahren der Erteilung der in Absatz 1 genannten Erlaubnis und die hierfür jeweils zuständige Behörde zu bestimmen.

(3) [1]Die Länder stellen jeweils eine wissenschaftliche Begleitung und Auswertung der Modellvorhaben im Hinblick auf die Erreichung der Ziele einer besseren gesundheitlichen Aufklärung sowie eines verbesserten Gesundheitsschutzes sicher. [2]Die Länder übermitteln dem Bundesministerium für Gesundheit oder einem von ihm beauftragten Dritten auf Anforderung die Ergebnisse der Modellvorhaben.

Dritter Abschnitt

Pflichten im Betäubungsmittelverkehr

§ 11 Einfuhr, Ausfuhr und Durchfuhr

(1) [1]Wer Betäubungsmittel im Einzelfall einführen oder ausführen will, bedarf dazu neben der erforderlichen Erlaubnis nach § 3 einer Genehmigung des Bundesinstitutes für Arzneimittel und Medizinprodukte. [2]Betäubungsmittel dürfen durch den Geltungsbereich dieses Gesetzes nur unter zollamtlicher Überwachung ohne weiteren als den durch die Beförderung oder den Umschlag bedingten Aufenthalt und ohne

daß das Betäubungsmittel zu irgendeinem Zeitpunkt während des Verbringens dem Durchführenden oder einer dritten Person tatsächlich zur Verfügung steht, durchgeführt werden. [3]Ausgenommene Zubereitungen dürfen nicht in Länder ausgeführt werden, die die Einfuhr verboten haben.

(2) [1]Die Bundesregierung wird ermächtigt, durch Rechtsverordnung ohne Zustimmung des Bundesrates das Verfahren über die Erteilung der Genehmigung zu regeln und Vorschriften über die Einfuhr, Ausfuhr und Durchfuhr zu erlassen, soweit es zur Sicherheit oder Kontrolle des Betäubungsmittelverkehrs, zur Durchführung der internationalen Suchtstoffübereinkommen oder von Rechtsakten der Organe der Europäischen Union erforderlich ist. [2]Insbesondere können

1. die Einfuhr, Ausfuhr oder Durchfuhr auf bestimmte Betäubungsmittel und Mengen beschränkt sowie in oder durch bestimmte Länder oder aus bestimmten Ländern verboten,
2. Ausnahmen von Absatz 1 für den Reiseverkehr und die Versendung von Proben im Rahmen der internationalen Zusammenarbeit zugelassen,
3. Regelungen über das Mitführen von Betäubungsmitteln durch Ärzte, Zahnärzte und Tierärzte im Rahmen des grenzüberschreitenden Dienstleistungsverkehrs getroffen und
4. Form, Inhalt, Anfertigung, Ausgabe und Aufbewahrung der zu verwendenden amtlichen Formblätter festgelegt

werden.

§ 12 Abgabe und Erwerb

(1) Betäubungsmittel dürfen nur abgegeben werden an

1. Personen oder Personenvereinigungen, die im Besitz einer Erlaubnis nach § 3 zum Erwerb sind oder eine Apotheke oder tierärztliche Hausapotheke betreiben,
2. die in § 4 Abs. 2 oder § 26 genannten Behörden oder Einrichtungen.
3. (weggefallen)

(2) [1]Der Abgebende hat dem Bundesinstitut für Arzneimittel und Medizinprodukte außer in den Fällen des § 4 Abs. 1 Nr. 1 Buchstabe e unverzüglich jede einzelne Abgabe unter Angabe des Erwerbers und der Art und Menge des Betäubungsmittels zu melden. [2]Der Erwerber hat dem Abgebenden den Empfang der Betäubungsmittel zu bestätigen.

(3) Die Absätze 1 und 2 gelten nicht bei

1. Abgabe von in Anlage III bezeichneten Betäubungsmitteln
   a) auf Grund ärztlicher, zahnärztlicher oder tierärztlicher Verschreibung im Rahmen des Betriebes einer Apotheke,
   b) im Rahmen des Betriebes einer tierärztlichen Hausapotheke für ein vom Betreiber dieser Hausapotheke behandeltes Tier,
   c) durch den Arzt nach § 13 Absatz 1a Satz 1,
2. der Ausfuhr von Betäubungsmitteln und
3. Abgabe und Erwerb von Betäubungsmitteln zwischen den in § 4 Abs. 2 oder § 26 genannten Behörden oder Einrichtungen.

(4) [1]Das Bundesministerium für Gesundheit wird ermächtigt, durch Rechtsverordnung ohne Zustimmung des Bundesrates das Verfahren der Meldung und der Empfangsbestätigung zu regeln. [2]Es kann dabei insbesondere deren Form, Inhalt und Aufbewahrung sowie eine elektronische Übermittlung regeln.

§ 13 Verschreibung und Abgabe auf Verschreibung

(1) [1]Die in Anlage III bezeichneten Betäubungsmittel dürfen nur von Ärzten, Zahnärzten und Tierärzten und nur dann verschrieben oder im Rahmen einer ärztlichen, zahnärztlichen oder tierärztlichen Behandlung einschließlich der ärztlichen Behandlung einer Betäubungsmittelabhängigkeit verabreicht oder einem anderen zum unmittelbaren Verbrauch oder nach Absatz 1a Satz 1 überlassen werden, wenn ihre Anwendung am oder im menschlichen oder tierischen Körper begründet ist. [2]Die Anwendung ist insbesondere dann nicht begründet, wenn der beabsichtigte Zweck auf andere Weise erreicht werden kann. [3]Die in Anlagen I und II bezeichneten Betäubungsmittel dürfen nicht verschrieben, verabreicht oder einem anderen zum unmittelbaren Verbrauch oder nach Absatz 1a Satz 1 überlassen werden.

(1a) [1]Zur Deckung des nicht aufschiebbaren Betäubungsmittelbedarfs eines ambulant versorgten Palliativpatienten darf der Arzt diesem die hierfür erforderlichen, in Anlage III bezeichneten Betäubungsmittel in Form von Fertigarzneimitteln nur dann überlassen, soweit und solange der Bedarf des Patienten durch eine Verschreibung nicht rechtzeitig gedeckt werden kann; die Höchstüberlassungsmenge darf den Dreitagesbedarf nicht überschreiten. [2]Der Bedarf des Patienten kann durch eine Verschreibung nicht rechtzeitig gedeckt werden, wenn das erforderliche Betäubungsmittel

1. bei einer dienstbereiten Apotheke innerhalb desselben Kreises oder derselben kreisfreien Stadt oder in einander benachbarten Kreisen oder kreisfreien Städten nicht vorrätig ist oder nicht rechtzeitig zur Abgabe bereitsteht oder
2. obwohl es in einer Apotheke nach Nummer 1 vorrätig ist oder rechtzeitig zur Abgabe bereitstünde, von dem Patienten oder den Patienten versorgenden Personen nicht rechtzeitig beschafft werden kann, weil
   a) diese Personen den Patienten vor Ort versorgen müssen oder auf Grund ihrer eingeschränkten Leistungsfähigkeit nicht in der Lage sind, das Betäubungsmittel zu beschaffen, oder
   b) der Patient auf Grund der Art und des Ausmaßes seiner Erkrankung dazu nicht selbst in der Lage ist und keine Personen vorhanden sind, die den Patienten versorgen.

[3]Der Arzt muss unter Hinweis darauf, dass eine Situation nach Satz 1 vorliegt, bei einer dienstbereiten Apotheke nach Satz 2 Nummer 1 vor Überlassung anfragen, ob das erforderliche Betäubungsmittel dort vorrätig ist oder bis wann es zur Abgabe bereitsteht. [4]Über das Vorliegen der Voraussetzungen nach den Sätzen 1 und 2 und die Anfrage nach Satz 3 muss der Arzt mindestens folgende Aufzeichnungen führen und diese drei Jahre, vom Überlassen der Betäubungsmittel an gerechnet, aufbewahren:

1. den Namen des Patienten sowie den Ort, das Datum und die Uhrzeit der Behandlung,
2. den Namen der Apotheke und des kontaktierten Apothekers oder der zu seiner Vertretung berechtigten Person,
3. die Bezeichnung des angefragten Betäubungsmittels,
4. die Angabe der Apotheke, ob das Betäubungsmittel zum Zeitpunkt der Anfrage vorrätig ist oder bis wann es zur Abgabe bereitsteht,
5. die Angaben über diejenigen Tatsachen, aus denen sich das Vorliegen der Voraussetzungen nach den Sätzen 1 und 2 ergibt.

[5]Über die Anfrage eines nach Satz 1 behandelnden Arztes, ob ein bestimmtes Betäubungsmittel vorrätig ist oder bis wann es zur Abgabe bereitsteht, muss der Apotheker oder die zu seiner Vertretung berechtigte Person mindestens folgende Aufzeichnungen führen und diese drei Jahre, vom Tag der Anfrage an gerechnet, aufbewahren:

1. das Datum und die Uhrzeit der Anfrage,
2. den Namen des Arztes,
3. die Bezeichnung des angefragten Betäubungsmittels,
4. die Angabe gegenüber dem Arzt, ob das Betäubungsmittel zum Zeitpunkt der Anfrage vorrätig ist oder bis wann es zur Abgabe bereitsteht.

[6]Im Falle des Überlassens nach Satz 1 hat der Arzt den ambulant versorgten Palliativpatienten oder zu dessen Pflege anwesende Dritte über die ordnungsgemäße Anwendung der überlassenen Betäubungsmittel aufzuklären und eine schriftliche Gebrauchsanweisung mit Angaben zur Einzel- und Tagesgabe auszuhändigen.

(1b) [1]Abweichend von Absatz 1 dürfen die in Anlage III bezeichneten Betäubungsmittel durch Notfallsanitäter im Sinne des Notfallsanitätergesetzes ohne vorherige ärztliche Anordnung im Rahmen einer heilkundlichen Maßnahme verabreicht werden, wenn diese nach standardisierten ärztlichen Vorgaben handeln, ein Eintreffen eines Arztes nicht abgewartet werden kann und die Verabreichung zur Abwendung von Gefahren für die Gesundheit oder zur Beseitigung oder Linderung erheblicher Beschwerden erforderlich ist. [2]Die standardisierten ärztlichen Vorgaben müssen

1. den handelnden Notfallsanitätern in Textform vorliegen,
2. Regelungen zu Art und Weise der Verabreichung enthalten und
3. Festlegungen darüber treffen, in welchen Fällen das Eintreffen eines Arztes nicht abgewartet werden kann.

(2) [1]Die nach Absatz 1 verschriebenen Betäubungsmittel dürfen nur im Rahmen des Betriebs einer Apotheke und gegen Vorlage der Verschreibung abgegeben werden. [2]Diamorphin darf nur vom pharmazeutischen Unternehmer und nur an anerkannte Einrichtungen nach Absatz 3 Satz 2 Nummer 2a gegen Vorlage der Verschreibung abgegeben werden. [3]Im Rahmen des Betriebs einer tierärztlichen Hausapotheke dürfen nur die in Anlage III bezeichneten Betäubungsmittel und nur zur Anwendung bei einem vom Betreiber der Hausapotheke behandelten Tier abgegeben werden.

(3) [1]Die Bundesregierung wird ermächtigt, durch Rechtsverordnung mit Zustimmung des Bundesrates das Verschreiben von den in Anlage III bezeichneten Betäubungsmitteln, ihre Abgabe auf Grund einer Verschreibung und das Aufzeichnen ihres Verbleibs und des Bestandes bei Ärzten, Zahnärzten, Tierärzten, in Apotheken, tierärztlichen Hausapotheken, Krankenhäusern, Tierkliniken, Alten- und Pflegeheimen, Hospizen, Einrichtungen der spezialisierten ambulanten Palliativversorgung, Einrichtungen der Rettungsdienste, Einrichtungen, in denen eine Behandlung mit dem Substitutionsmittel Diamorphin statt-

findet, und auf Kauffahrteischiffen zu regeln, soweit es zur Sicherheit oder Kontrolle des Betäubungsmittelverkehrs erforderlich ist. [2]Insbesondere können

1. das Verschreiben auf bestimmte Zubereitungen, Bestimmungszwecke oder Mengen beschränkt,
2. das Verschreiben von Substitutionsmitteln für Drogenabhängige von der Erfüllung von Mindestanforderungen an die Qualifikation der verschreibenden Ärzte abhängig gemacht und die Festlegung der Mindestanforderungen den Ärztekammern übertragen,

2a. das Verschreiben von Diamorphin nur in Einrichtungen, denen eine Erlaubnis von der zuständigen Landesbehörde erteilt wurde, zugelassen,

2b. die Mindestanforderungen an die Ausstattung der Einrichtungen, in denen die Behandlung mit dem Substitutionsmittel Diamorphin stattfindet, festgelegt,

3. Meldungen
   a) der verschreibenden Ärzte an das Bundesinstitut für Arzneimittel und Medizinprodukte über das Verschreiben eines Substitutionsmittels für einen Patienten in anonymisierter Form,
   b) der Ärztekammern an das Bundesinstitut für Arzneimittel und Medizinprodukte über die Ärzte, die die Mindestanforderungen nach Nummer 2 erfüllen und

   Mitteilungen
   c) des Bundesinstituts für Arzneimittel und Medizinprodukte an die zuständigen Überwachungsbehörden und an die verschreibenden Ärzte über die Patienten, denen bereits ein anderer Arzt ein Substitutionsmittel verschrieben hat, in anonymisierter Form,
   d) des Bundesinstituts für Arzneimittel und Medizinprodukte an die zuständigen Überwachungsbehörden der Länder über die Ärzte, die die Mindestanforderungen nach Nummer 2 erfüllen,
   e) des Bundesinstituts für Arzneimittel und Medizinprodukte an die obersten Landesgesundheitsbehörden über die Anzahl der Patienten, denen ein Substitutionsmittel verschrieben wurde, die Anzahl der Ärzte, die zum Verschreiben eines Substitutionsmittels berechtigt sind, die Anzahl der Ärzte, die ein Substitutionsmittel verschrieben haben, die verschriebenen Substitutionsmittel und die Art der Verschreibung

   sowie Art der Anonymisierung, Form und Inhalt der Meldungen und Mitteilungen vorgeschrieben,
4. Form, Inhalt, Anfertigung, Ausgabe, Aufbewahrung und Rückgabe des zu verwendenden amtlichen Formblattes für die Verschreibung, das Verfahren für die Verschreibung in elektronischer Form sowie Form und Inhalt der Aufzeichnungen über den Verbleib und den Bestand der Betäubungsmittel festgelegt und
5. Ausnahmen von § 4 Abs. 1 Nr. 1 Buchstabe c für die Ausrüstung von Kauffahrteischiffen erlassen werden.

[3]Für das Verfahren zur Erteilung einer Erlaubnis nach Satz 2 Nummer 2a gelten § 7 Satz 2 Nummer 1 bis 4, § 8 Absatz 1 Satz 1, Absatz 2 und 3 Satz 1 bis 3, § 9 Absatz 2 und § 10 entsprechend. [4]Dabei tritt an die Stelle des Bundesinstitutes für Arzneimittel und Medizinprodukte jeweils die zuständige Landesbehörde, an die Stelle der zuständigen obersten Landesbehörde jeweils das Bundesinstitut für Arzneimittel und Medizinprodukte. [5]Die Empfänger nach Satz 2 Nr. 3 dürfen die übermittelten Daten nicht für einen anderen als den in Satz 1 genannten Zweck verwenden. [6]Das Bundesinstitut für Arzneimittel und Medizinprodukte handelt bei der Wahrnehmung der ihm durch Rechtsverordnung nach Satz 2 zugewiesenen Aufgaben als vom Bund entliehenes Organ des jeweils zuständigen Landes; Einzelheiten einschließlich der Kostenerstattung an den Bund werden durch Vereinbarung geregelt.

§ 14 Kennzeichnung und Werbung

(1) [1]Im Betäubungsmittelverkehr sind die Betäubungsmittel unter Verwendung der in den Anlagen aufgeführten Kurzbezeichnungen zu kennzeichnen. [2]Die Kennzeichnung hat in deutlich lesbarer Schrift, in deutscher Sprache und auf dauerhafte Weise zu erfolgen.

(2) Die Kennzeichnung muß außerdem enthalten

1. bei rohen, ungereinigten und nicht abgeteilten Betäubungsmitteln den Gewichtsvomhundertsatz und bei abgeteilten Betäubungsmitteln das Gewicht des enthaltenen reinen Stoffes,
2. auf Betäubungsmittelbehältnissen und – soweit verwendet – auf den äußeren Umhüllungen bei Stoffen und nicht abgeteilten Zubereitungen die enthaltene Gewichtsmenge, bei abgeteilten Zubereitungen die enthaltene Stückzahl; dies gilt nicht für Vorratsbehältnisse in wissenschaftlichen Laboratorien sowie für zur Abgabe bestimmte kleine Behältnisse und Ampullen.

(3) Die Absätze 1 und 2 gelten nicht für Vorratsbehältnisse in Apotheken und tierärztlichen Hausapotheken.

(4) Die Absätze 1 und 2 gelten sinngemäß auch für die Bezeichnung von Betäubungsmitteln in Katalogen, Preislisten, Werbeanzeigen oder ähnlichen Druckerzeugnissen, die für die am Betäubungsmittelverkehr beteiligten Fachkreise bestimmt sind.

(5) [1]Für in Anlage I bezeichnete Betäubungsmittel darf nicht geworben werden. [2]Für in den Anlagen II und III bezeichnete Betäubungsmittel darf nur in Fachkreisen der Industrie und des Handels sowie bei Personen und Personenvereinigungen, die eine Apotheke oder eine tierärztliche Hausapotheke betreiben, geworben werden, für in Anlage III bezeichnete Betäubungsmittel auch bei Ärzten, Zahnärzten und Tierärzten.

§ 15 Sicherungsmaßnahmen

[1]Wer am Betäubungsmittelverkehr teilnimmt, hat die Betäubungsmittel, die sich in seinem Besitz befinden, gesondert aufzubewahren und gegen unbefugte Entnahme zu sichern. [2]Das Bundesinstitut für Arzneimittel und Medizinprodukte kann Sicherungsmaßnahmen anordnen, soweit es nach Art oder Umfang des Betäubungsmittelverkehrs, dem Gefährdungsgrad oder der Menge der Betäubungsmittel erforderlich ist.

§ 16 Vernichtung

(1) [1]Der Eigentümer von nicht mehr verkehrsfähigen Betäubungsmitteln hat diese auf seine Kosten in Gegenwart von zwei Zeugen in einer Weise zu vernichten, die eine auch nur teilweise Wiedergewinnung der Betäubungsmittel ausschließt sowie den Schutz von Mensch und Umwelt vor schädlichen Einwirkungen sicherstellt. [2]Über die Vernichtung ist eine Niederschrift zu fertigen und diese drei Jahre aufzubewahren.

(2) [1]Das Bundesinstitut für Arzneimittel und Medizinprodukte, in den Fällen des § 19 Abs. 1 Satz 3 die zuständige Behörde des Landes, kann den Eigentümer auffordern, die Betäubungsmittel auf seine Kosten an diese Behörden zur Vernichtung einzusenden. [2]Ist ein Eigentümer der Betäubungsmittel nicht vorhanden oder nicht zu ermitteln, oder kommt der Eigentümer seiner Verpflichtung zur Vernichtung oder der Aufforderung zur Einsendung der Betäubungsmittel gemäß Satz 1 nicht innerhalb einer zuvor gesetzten Frist von drei Monaten nach, so treffen die in Satz 1 genannten Behörden die zur Vernichtung erforderlichen Maßnahmen. [3]Der Eigentümer oder Besitzer der Betäubungsmittel ist verpflichtet, die Betäubungsmittel den mit der Vernichtung beauftragten Personen herauszugeben oder die Wegnahme zu dulden.

(3) Absatz 1 und Absatz 2 Satz 1 und 3 gelten entsprechend, wenn der Eigentümer nicht mehr benötigte Betäubungsmittel beseitigen will.

§ 17 Aufzeichnungen

(1) [1]Der Inhaber einer Erlaubnis nach § 3 ist verpflichtet, getrennt für jede Betriebsstätte und jedes Betäubungsmittel fortlaufend folgende Aufzeichnungen über jeden Zugang und jeden Abgang zu führen:

1. das Datum,
2. den Namen oder die Firma und die Anschrift des Lieferers oder des Empfängers oder die sonstige Herkunft oder den sonstigen Verbleib,
3. die zugegangene oder abgegangene Menge und den sich daraus ergebenden Bestand,
4. im Falle des Anbaues zusätzlich die Anbaufläche nach Lage und Größe sowie das Datum der Aussaat,
5. im Falle des Herstellens zusätzlich die Angabe der eingesetzten oder hergestellten Betäubungsmittel, der nicht dem Gesetz unterliegenden Stoffe oder der ausgenommenen Zubereitungen nach Art und Menge und
6. im Falle der Abgabe ausgenommener Zubereitungen durch deren Hersteller zusätzlich den Namen oder die Firma und die Anschrift des Empfängers.

[2]Anstelle der in Nummer 6 bezeichneten Aufzeichnungen können die Durchschriften der Ausgangsrechnungen, in denen die ausgenommenen Zubereitungen kenntlich gemacht sind, fortlaufend nach dem Rechnungsdatum abgeheftet werden.

(2) Die in den Aufzeichnungen oder Rechnungen anzugebenden Mengen sind

1. bei Stoffen und nicht abgeteilten Zubereitungen die Gewichtsmenge und
2. bei abgeteilten Zubereitungen die Stückzahl.

(3) Die Aufzeichnungen oder Rechnungsdurchschriften sind drei Jahre, von der letzten Aufzeichnung oder vom letzten Rechnungsdatum an gerechnet, gesondert aufzubewahren.

§ 18 Meldungen

(1) Der Inhaber einer Erlaubnis nach § 3 ist verpflichtet, dem Bundesinstitut für Arzneimittel und Medizinprodukte getrennt für jede Betriebsstätte und für jedes Betäubungsmittel die jeweilige Menge zu melden, die

1. beim Anbau gewonnen wurde, unter Angabe der Anbaufläche nach Lage und Größe,
2. hergestellt wurde, aufgeschlüsselt nach Ausgangsstoffen,
3. zur Herstellung anderer Betäubungsmittel verwendet wurde, aufgeschlüsselt nach diesen Betäubungsmitteln,
4. zur Herstellung von nicht unter dieses Gesetz fallenden Stoffen verwendet wurde, aufgeschlüsselt nach diesen Stoffen,
5. zur Herstellung ausgenommener Zubereitungen verwendet wurde, aufgeschlüsselt nach diesen Zubereitungen,
6. eingeführt wurde, aufgeschlüsselt nach Ausfuhrländern,
7. ausgeführt wurde, aufgeschlüsselt nach Einfuhrländern,
8. erworben wurde,
9. abgegeben wurde,
10. vernichtet wurde,
11. zu anderen als den nach den Nummern 1 bis 10 angegebenen Zwecken verwendet wurde, aufgeschlüsselt nach den jeweiligen Verwendungszwecken und
12. am Ende des jeweiligen Kalenderhalbjahres als Bestand vorhanden war.

(2) Die in den Meldungen anzugebenden Mengen sind
1. bei Stoffen und nicht abgeteilten Zubereitungen die Gewichtsmenge und
2. bei abgeteilten Zubereitungen die Stückzahl.

(3) Die Meldungen nach Absatz 1 Nr. 2 bis 12 sind dem Bundesinstitut für Arzneimittel und Medizinprodukte jeweils bis zum 31. Januar und 31. Juli für das vergangene Kalenderhalbjahr und die Meldung nach Absatz 1 Nr. 1 bis zum 31. Januar für das vergangene Kalenderjahr einzusenden.
(4) Für die in Absatz 1 bezeichneten Meldungen sind die vom Bundesinstitut für Arzneimittel und Medizinprodukte herausgegebenen amtlichen Formblätter zu verwenden.

§ 18a *[aufgehoben]*

Vierter Abschnitt
Überwachung

§ 19 Durchführende Behörde

(1) [1]Der Betäubungsmittelverkehr sowie die Herstellung ausgenommener Zubereitungen unterliegt der Überwachung durch das Bundesinstitut für Arzneimittel und Medizinprodukte. [2]Diese Stelle ist auch zuständig für die Anfertigung und Ausgabe der zur Verschreibung von Betäubungsmitteln vorgeschriebenen amtlichen Formblätter, für die Bereitstellung eines Verfahrens zur Verschreibung von Betäubungsmitteln in elektronischer Form sowie für die Auswertung von Verschreibungen. [3]Der Betäubungsmittelverkehr bei Ärzten, Zahnärzten und Tierärzten, pharmazeutischen Unternehmern im Falle der Abgabe von Diamorphin und in Apotheken sowie im Falle von § 4 Absatz 1 Nummer 1 Buchstabe f zwischen Apotheken, tierärztlichen Hausapotheken, Krankenhäusern und Tierkliniken unterliegt der Überwachung durch die zuständigen Behörden der Länder. [4]Diese überwachen auch die Einhaltung der in § 10a Absatz 2 oder in § 10b Absatz 2 aufgeführten Mindeststandards oder Anforderungen; den mit der Überwachung beauftragten Personen stehen die in den §§ 22 und 24 geregelten Befugnisse zu.
(2) Das Bundesinstitut für Arzneimittel und Medizinprodukte ist zugleich die besondere Verwaltungsdienststelle im Sinne der internationalen Suchtstoffübereinkommen.

§ 20 Besondere Ermächtigung für den Spannungs- oder Verteidigungsfall

(1) [1]Die Bundesregierung wird ermächtigt, durch Rechtsverordnung ohne Zustimmung des Bundesrates dieses Gesetz oder die auf Grund dieses Gesetzes erlassenen Rechtsverordnungen für Verteidigungszwecke zu ändern, um die medizinische Versorgung der Bevölkerung mit Betäubungsmitteln sicherzustellen, wenn die Sicherheit und Kontrolle des Betäubungsmittelverkehrs oder der Herstellung ausgenommener Zubereitungen gewährleistet bleiben. [2]Insbesondere können
1. Aufgaben des Bundesinstitutes für Arzneimittel und Medizinprodukte nach diesem Gesetz und auf Grund dieses Gesetzes erlassenen Rechtsverordnungen auf das Bundesministerium übertragen,
2. der Betäubungsmittelverkehr und die Herstellung ausgenommener Zubereitungen an die in Satz 1 bezeichneten besonderen Anforderungen angepaßt und
3. Meldungen über Bestände an
   a) Betäubungsmitteln,
   b) ausgenommenen Zubereitungen und

c) zur Herstellung von Betäubungsmitteln erforderlichen Ausgangsstoffen oder Zubereitungen, auch wenn diese keine Betäubungsmittel sind,

angeordnet werden. [3]In der Rechtsverordnung kann ferner der über die in Satz 2 Nr. 3 bezeichneten Bestände Verfügungsberechtigte zu deren Abgabe an bestimmte Personen oder Stellen verpflichtet werden.

(2) Die Rechtsverordnung nach Absatz 1 darf nur nach Maßgabe des Artikels 80a Abs. 1 des Grundgesetzes angewandt werden.

(3) (weggefallen)

§ 21 Mitwirkung anderer Behörden

(1) Das Bundesministerium der Finanzen und die von ihm bestimmten Zollstellen wirken bei der Überwachung der Einfuhr, Ausfuhr und Durchfuhr von Betäubungsmitteln mit.

(2) [1]Das Bundesministerium der Finanzen kann im Einvernehmen mit dem Bundesministerium des Innern, für Bau und Heimat die Beamten der Bundespolizei, die mit Aufgaben des Grenzschutzes nach § 2 des Bundespolizeigesetzes betraut sind, und im Einvernehmen mit dem Bayerischen Staatsminister des Innern die Beamten der Bayerischen Grenzpolizei mit der Wahrnehmung von Aufgaben betrauen, die den Zolldienststellen nach Absatz 1 obliegen. [2]Nehmen die im Satz 1 bezeichneten Beamten diese Aufgaben wahr, gilt § 67 Abs. 2 des Bundespolizeigesetzes entsprechend.

(3) Bei Verdacht von Verstößen gegen Verbote und Beschränkungen dieses Gesetzes, die sich bei der Abfertigung ergeben, unterrichten die mitwirkenden Behörden das Bundesinstitut für Arzneimittel und Medizinprodukte unverzüglich.

§ 22 Überwachungsmaßnahmen

(1) Die mit der Überwachung beauftragten Personen sind befugt,

1. Unterlagen über den Betäubungsmittelverkehr oder die Herstellung oder das der Herstellung folgende Inverkehrbringen ausgenommener Zubereitungen einzusehen und hieraus Abschriften oder Ablichtungen anzufertigen, soweit sie für die Sicherheit oder Kontrolle des Betäubungsmittelverkehrs oder der Herstellung ausgenommener Zubereitungen von Bedeutung sein können,
2. von natürlichen und juristischen Personen und sonstigen Personenvereinigungen alle erforderlichen Auskünfte zu verlangen,
3. Grundstücke, Gebäude, Gebäudeteile, Einrichtungen und Beförderungsmittel, in denen der Betäubungsmittelverkehr oder die Herstellung ausgenommener Zubereitungen durchgeführt wird, zu betreten und zu besichtigen, wobei sich die beauftragten Personen davon zu überzeugen haben, daß die Vorschriften über den Betäubungsmittelverkehr oder die Herstellung ausgenommener Zubereitungen beachtet werden. Zur Verhütung dringender Gefahren für die öffentliche Sicherheit und Ordnung, insbesondere wenn eine Vereitelung der Kontrolle des Betäubungsmittelverkehrs oder der Herstellung ausgenommener Zubereitungen zu besorgen ist, dürfen diese Räumlichkeiten auch außerhalb der Betriebs- und Geschäftszeit sowie Wohnzwecken dienende Räume betreten werden; insoweit wird das Grundrecht auf Unverletzlichkeit der Wohnung (Artikel 13 des Grundgesetzes) eingeschränkt. Soweit es sich um industrielle Herstellungsbetriebe und Großhandelsbetriebe handelt, sind die Besichtigungen in der Regel alle zwei Jahre durchzuführen,
4. vorläufige Anordnungen zu treffen, soweit es zur Verhütung dringender Gefahren für die Sicherheit oder Kontrolle des Betäubungsmittelverkehrs oder der Herstellung ausgenommener Zubereitungen geboten ist. Zum gleichen Zweck dürfen sie auch die weitere Teilnahme am Betäubungsmittelverkehr oder die weitere Herstellung ausgenommener Zubereitungen ganz oder teilweise untersagen und die Betäubungsmittelbestände oder die Bestände ausgenommener Zubereitungen unter amtlichen Verschluß nehmen. Die zuständige Behörde (§ 19 Abs. 1) hat innerhalb von einem Monat nach Erlaß der vorläufigen Anordnungen über diese endgültig zu entscheiden.

(2) Die zuständige Behörde kann Maßnahmen gemäß Absatz 1 Nr. 1 und 2 auch auf schriftlichem Wege anordnen.

§ 23 Probenahme

(1) [1]Soweit es zur Durchführung der Vorschriften über den Betäubungsmittelverkehr oder die Herstellung ausgenommener Zubereitungen erforderlich ist, sind die mit der Überwachung beauftragten Personen befugt, gegen Empfangsbescheinigung Proben nach ihrer Auswahl zum Zwecke der Untersuchung zu fordern oder zu entnehmen. [2]Soweit nicht ausdrücklich darauf verzichtet wird, ist ein Teil der Probe oder, sofern die Probe nicht oder ohne Gefährdung des Untersuchungszwecks nicht in Teile von gleicher Qualität teilbar ist, ein zweites Stück der gleichen Art wie das als Probe entnommene zurückzulassen.

(2) [1]Zurückzulassende Proben sind amtlich zu verschließen oder zu versiegeln. [2]Sie sind mit dem Datum der Probenahme und dem Datum des Tages zu versehen, nach dessen Ablauf der Verschluß oder die Versiegelung als aufgehoben gelten.
(3) Für entnommene Proben ist eine angemessene Entschädigung zu leisten, soweit nicht ausdrücklich darauf verzichtet wird.

§ 24 Duldungs- und Mitwirkungspflicht

(1) Jeder Teilnehmer am Betäubungsmittelverkehr oder jeder Hersteller ausgenommener Zubereitungen ist verpflichtet, die Maßnahmen nach den §§ 22 und 23 zu dulden und die mit der Überwachung beauftragten Personen bei der Erfüllung ihrer Aufgaben zu unterstützen, insbesondere ihnen auf Verlangen die Stellen zu bezeichnen, in denen der Betäubungsmittelverkehr oder die Herstellung ausgenommener Zubereitungen stattfindet, umfriedete Grundstücke, Gebäude, Räume, Behälter und Behältnisse zu öffnen, Auskünfte zu erteilen sowie Einsicht in Unterlagen und die Entnahme der Proben zu ermöglichen.
(2) Der zur Auskunft Verpflichtete kann die Auskunft auf solche Fragen verweigern, deren Beantwortung ihn selbst oder einen seiner in § 383 Abs. 1 Nr. 1 bis 3 der Zivilprozeßordnung bezeichneten Angehörigen der Gefahr strafgerichtlicher Verfolgung oder eines Verfahrens nach dem Gesetz über Ordnungswidrigkeiten aussetzen würde.

§§ 24a, 25 *[aufgehoben]*

Fünfter Abschnitt
Vorschriften für Behörden

§ 26 Bundeswehr, Bundespolizei, Bereitschaftspolizei und Zivilschutz

(1) Dieses Gesetz findet mit Ausnahme der Vorschriften über die Erlaubnis nach § 3 auf Einrichtungen, die der Betäubungsmittelversorgung der Bundeswehr und der Bundespolizei dienen, sowie auf die Bevorratung mit in Anlage II oder III bezeichneten Betäubungsmitteln für den Zivilschutz entsprechende Anwendung.
(2) [1]In den Bereichen der Bundeswehr und der Bundespolizei obliegt der Vollzug dieses Gesetzes und die Überwachung des Betäubungsmittelverkehrs den jeweils zuständigen Stellen und Sachverständigen der Bundeswehr und der Bundespolizei. [2]Im Bereich des Zivilschutzes obliegt der Vollzug dieses Gesetzes den für die Sanitätsmaterialbevorratung zuständigen Bundes- und Landesbehörden.
(3) Das Bundesministerium der Verteidigung kann für seinen Geschäftsbereich im Einvernehmen mit dem Bundesministerium in Einzelfällen Ausnahmen von diesem Gesetz und den auf Grund dieses Gesetzes erlassenen Rechtsverordnungen zulassen, soweit die internationalen Suchtstoffübereinkommen dem nicht entgegenstehen und dies zwingende Gründe der Verteidigung erfordern.
(4) Dieses Gesetz findet mit Ausnahme der Vorschriften über die Erlaubnis nach § 3 auf Einrichtungen, die der Betäubungsmittelversorgung der Bereitschaftspolizeien der Länder dienen, entsprechende Anwendung.
(5) (weggefallen)

§ 27 Meldungen und Auskünfte

(1) [1]Das Bundeskriminalamt meldet dem Bundesinstitut für Arzneimittel und Medizinprodukte jährlich bis zum 31. März für das vergangene Kalenderjahr die ihm bekanntgewordenen Sicherstellungen von Betäubungsmitteln nach Art und Menge sowie gegebenenfalls die weitere Verwendung der Betäubungsmittel. [2]Im Falle der Verwertung sind der Name oder die Firma und die Anschrift des Erwerbers anzugeben.
(2) Die in § 26 bezeichneten Behörden haben dem Bundesinstitut für Arzneimittel und Medizinprodukte auf Verlangen über den Verkehr mit Betäubungsmitteln in ihren Bereichen Auskunft zu geben, soweit es zur Durchführung der internationalen Suchtstoffübereinkommen erforderlich ist.
(3) [1]In Strafverfahren, die Straftaten nach diesem Gesetz zum Gegenstand haben, sind zu übermitteln
1. zur Überwachung und Kontrolle des Verkehrs mit Betäubungsmitteln bei den in § 19 Abs. 1 Satz 3 genannten Personen und Einrichtungen der zuständigen Landesbehörde die rechtskräftige Entscheidung mit Begründung, wenn auf eine Strafe oder eine Maßregel der Besserung und Sicherung erkannt oder der Angeklagte wegen Schuldunfähigkeit freigesprochen worden ist,
2. zur Wahrnehmung der in § 19 Abs. 1 Satz 2 genannten Aufgaben dem Bundesinstitut für Arzneimittel und Medizinprodukte im Falle der Erhebung der öffentlichen Klage gegen Ärzte, Zahnärzte und Tierärzte

a) die Anklageschrift oder eine an ihre Stelle tretende Antragsschrift,
b) der Antrag auf Erlaß eines Strafbefehls und
c) die das Verfahren abschließende Entscheidung mit Begründung; ist mit dieser Entscheidung ein Rechtsmittel verworfen worden oder wird darin auf die angefochtene Entscheidung Bezug genommen, so ist auch diese zu übermitteln.

[2]Die Übermittlung veranlaßt die Strafvollstreckungs- oder die Strafverfolgungsbehörde.

(4) Die das Verfahren abschließende Entscheidung mit Begründung in sonstigen Strafsachen darf der zuständigen Landesbehörde übermittelt werden, wenn ein Zusammenhang der Straftat mit dem Betäubungsmittelverkehr besteht und die Kenntnis der Entscheidung aus der Sicht der übermittelnden Stelle für die Überwachung des Betäubungsmittelverkehrs erforderlich ist; Absatz 3 Satz 1 Nr. 2 Buchstabe c zweiter Halbsatz gilt entsprechend.

§ 28 Jahresbericht an die Vereinten Nationen

(1) [1]Die Bundesregierung erstattet jährlich bis zum 30. Juni für das vergangene Kalenderjahr dem Generalsekretär der Vereinten Nationen einen Jahresbericht über die Durchführung der internationalen Suchtstoffübereinkommen nach einem von der Suchtstoffkommission der Vereinten Nationen beschlossenen Formblatt. [2]Die zuständigen Behörden der Länder wirken bei der Erstellung des Berichtes mit und reichen ihre Beiträge bis zum 31. März für das vergangene Kalenderjahr dem Bundesinstitut für Arzneimittel und Medizinprodukte ein. [3]Soweit die im Formblatt geforderten Angaben nicht ermittelt werden können, sind sie zu schätzen.

(2) [1]Die Bundesregierung wird ermächtigt, durch Rechtsverordnung mit Zustimmung des Bundesrates zu bestimmen, welche Personen und welche Stellen Meldungen, nämlich statistische Aufstellungen, sonstige Angaben und Auskünfte, zu erstatten haben, die zur Durchführung der internationalen Suchtstoffübereinkommen erforderlich sind. [2]In der Verordnung können Bestimmungen über die Art und Weise, die Form, den Zeitpunkt und den Empfänger der Meldungen getroffen werden.

Sechster Abschnitt

Straftaten und Ordnungswidrigkeiten

§ 29 Straftaten

(1) [1]Mit Freiheitsstrafe bis zu fünf Jahren oder mit Geldstrafe wird bestraft, wer

1. Betäubungsmittel unerlaubt anbaut, herstellt, mit ihnen Handel treibt, sie, ohne Handel zu treiben, einführt, ausführt, veräußert, abgibt, sonst in den Verkehr bringt, erwirbt oder sich in sonstiger Weise verschafft,
2. eine ausgenommene Zubereitung (§ 2 Abs. 1 Nr. 3) ohne Erlaubnis nach § 3 Abs. 1 Nr. 2 herstellt,
3. Betäubungsmittel besitzt, ohne zugleich im Besitz einer schriftlichen Erlaubnis für den Erwerb zu sein,
4. (weggefallen)
5. entgegen § 11 Abs. 1 Satz 2 Betäubungsmittel durchführt,
6. entgegen § 13 Abs. 1 Betäubungsmittel
   a) verschreibt,
   b) verabreicht oder zum unmittelbaren Verbrauch überläßt,

6a. entgegen § 13 Absatz 1a Satz 1 und 2 ein dort genanntes Betäubungsmittel überlässt,
6b. entgegen § 13 Absatz 1b Satz 1 Betäubungsmittel verabreicht,
7. entgegen § 13 Absatz 2
   a) Betäubungsmittel in einer Apotheke oder tierärztlichen Hausapotheke,
   b) Diamorphin als pharmazeutischer Unternehmer

   abgibt,
8. entgegen § 14 Abs. 5 für Betäubungsmittel wirbt,
9. unrichtige oder unvollständige Angaben macht, um für sich oder einen anderen oder für ein Tier die Verschreibung eines Betäubungsmittels zu erlangen,
10. einem anderen eine Gelegenheit zum unbefugten Erwerb oder zur unbefugten Abgabe von Betäubungsmitteln verschafft oder gewährt, eine solche Gelegenheit öffentlich oder eigennützig mitteilt oder einen anderen zum unbefugten Verbrauch von Betäubungsmitteln verleitet,
11. ohne Erlaubnis nach § 10a einem anderen eine Gelegenheit zum unbefugten Verbrauch von Betäubungsmitteln verschafft oder gewährt, oder wer eine außerhalb einer Einrichtung nach § 10a bestehende Gelegenheit zu einem solchen Verbrauch eigennützig oder öffentlich mitteilt,

12. öffentlich, in einer Versammlung oder durch Verbreiten eines Inhalts (§ 11 Absatz 3 des Strafgesetzbuches) dazu auffordert, Betäubungsmittel zu verbrauchen, die nicht zulässigerweise verschrieben worden sind,
13. Geldmittel oder andere Vermögensgegenstände einem anderen für eine rechtswidrige Tat nach Nummern 1, 5, 6, 7, 10, 11 oder 12 bereitstellt,
14. einer Rechtsverordnung nach § 11 Abs. 2 Satz 2 Nr. 1 oder § 13 Abs. 3 Satz 2 Nr. 1, 2a oder 5 zuwiderhandelt, soweit sie für einen bestimmten Tatbestand auf diese Strafvorschrift verweist.

[2]Die Abgabe von sterilen Einmalspritzen an Betäubungsmittelabhängige und die öffentliche Information darüber sind kein Verschaffen und kein öffentliches Mitteilen einer Gelegenheit zum Verbrauch nach Satz 1 Nr. 11.

(2) In den Fällen des Absatzes 1 Satz 1 Nr. 1, 2, 5 oder 6 Buchstabe b ist der Versuch strafbar.

(3) [1]In besonders schweren Fällen ist die Strafe Freiheitsstrafe nicht unter einem Jahr. [2]Ein besonders schwerer Fall liegt in der Regel vor, wenn der Täter

1. in den Fällen des Absatzes 1 Satz 1 Nr. 1, 5, 6, 10, 11 oder 13 gewerbsmäßig handelt,
2. durch eine der in Absatz 1 Satz 1 Nr. 1, 6 oder 7 bezeichneten Handlungen die Gesundheit mehrerer Menschen gefährdet.

(4) Handelt der Täter in den Fällen des Absatzes 1 Satz 1 Nummer 1, 2, 5, 6 Buchstabe b, Nummer 6b, 10 oder 11 fahrlässig, so ist die Strafe Freiheitsstrafe bis zu einem Jahr oder Geldstrafe.

(5) Das Gericht kann von einer Bestrafung nach den Absätzen 1, 2 und 4 absehen, wenn der Täter die Betäubungsmittel lediglich zum Eigenverbrauch in geringer Menge anbaut, herstellt, einführt, ausführt, durchführt, erwirbt, sich in sonstiger Weise verschafft oder besitzt.

(6) Die Vorschriften des Absatzes 1 Satz 1 Nr. 1 sind, soweit sie das Handeltreiben, Abgeben oder Veräußern betreffen, auch anzuwenden, wenn sich die Handlung auf Stoffe oder Zubereitungen bezieht, die nicht Betäubungsmittel sind, aber als solche ausgegeben werden.

§ 29a Straftaten

(1) Mit Freiheitsstrafe nicht unter einem Jahr wird bestraft, wer

1. als Person über 21 Jahre Betäubungsmittel unerlaubt an eine Person unter 18 Jahren abgibt oder sie ihr entgegen § 13 Abs. 1 verabreicht oder zum unmittelbaren Verbrauch überläßt oder
2. mit Betäubungsmitteln in nicht geringer Menge unerlaubt Handel treibt, sie in nicht geringer Menge herstellt oder abgibt oder sie besitzt, ohne sie auf Grund einer Erlaubnis nach § 3 Abs. 1 erlangt zu haben.

(2) In minder schweren Fällen ist die Strafe Freiheitsstrafe von drei Monaten bis zu fünf Jahren.

§ 30 Straftaten

(1) Mit Freiheitsstrafe nicht unter zwei Jahren wird bestraft, wer

1. Betäubungsmittel unerlaubt anbaut, herstellt oder mit ihnen Handel treibt (§ 29 Abs. 1 Satz 1 Nr. 1) und dabei als Mitglied einer Bande handelt, die sich zur fortgesetzten Begehung solcher Taten verbunden hat,
2. im Falle des § 29a Abs. 1 Nr. 1 gewerbsmäßig handelt,
3. Betäubungsmittel abgibt, einem anderen verabreicht oder zum unmittelbaren Verbrauch überläßt und dadurch leichtfertig dessen Tod verursacht,
4. Betäubungsmittel in nicht geringer Menge unerlaubt einführt oder
5. eine in § 29a Absatz 1 Nummer 1 bezeichnete Handlung vorsätzlich begeht und dadurch wenigstens leichtfertig ein Kind oder eine jugendliche Person in der körperlichen, geistigen oder sittlichen Entwicklung schwer gefährdet.

(2) In minder schweren Fällen ist die Strafe Freiheitsstrafe von drei Monaten bis zu fünf Jahren.

§ 30a Straftaten

(1) Mit Freiheitsstrafe nicht unter fünf Jahren wird bestraft, wer Betäubungsmittel in nicht geringer Menge unerlaubt anbaut, herstellt, mit ihnen Handel treibt, sie ein- oder ausführt (§ 29 Abs. 1 Satz 1 Nr. 1) und dabei als Mitglied einer Bande handelt, die sich zur fortgesetzten Begehung solcher Taten verbunden hat.

(2) Ebenso wird bestraft, wer

1. als Person über 21 Jahre eine Person unter 18 Jahren bestimmt, mit Betäubungsmitteln unerlaubt Handel zu treiben, sie, ohne Handel zu treiben, einzuführen, auszuführen, zu veräußern, abzugeben oder sonst in den Verkehr zu bringen oder eine dieser Handlungen zu fördern, oder
2. mit Betäubungsmitteln in nicht geringer Menge unerlaubt Handel treibt oder sie, ohne Handel zu treiben, einführt, ausführt oder sich verschafft und dabei eine Schußwaffe oder sonstige Gegenstände mit sich führt, die ihrer Art nach zur Verletzung von Personen geeignet und bestimmt sind.

(3) In minder schweren Fällen ist die Strafe Freiheitsstrafe von sechs Monaten bis zu zehn Jahren.

§ 30b Straftaten

§ 129 des Strafgesetzbuches gilt auch dann, wenn eine Vereinigung, deren Zwecke oder deren Tätigkeit auf den unbefugten Vertrieb von Betäubungsmitteln im Sinne des § 6 Nr. 5 des Strafgesetzbuches gerichtet sind, nicht oder nicht nur im Inland besteht.

§ 30c *[aufgehoben]*

§ 31 Strafmilderung oder Absehen von Strafe

[1]Das Gericht kann die Strafe nach § 49 Abs. 1 des Strafgesetzbuches mildern oder, wenn der Täter keine Freiheitsstrafe von mehr als drei Jahren verwirkt hat, von Strafe absehen, wenn der Täter

1. durch freiwilliges Offenbaren seines Wissens wesentlich dazu beigetragen hat, daß eine Straftat nach den §§ 29 bis 30a, die mit seiner Tat im Zusammenhang steht, aufgedeckt werden konnte, oder
2. freiwillig sein Wissen so rechtzeitig einer Dienststelle offenbart, daß eine Straftat nach § 29 Abs. 3, § 29a Abs. 1, § 30 Abs. 1, § 30a Abs. 1, die mit seiner Tat im Zusammenhang steht und von deren Planung er weiß, noch verhindert werden kann.

[2]War der Täter an der Tat beteiligt, muss sich sein Beitrag zur Aufklärung nach Satz 1 Nummer 1 über den eigenen Tatbeitrag hinaus erstrecken. [3]§ 46b Abs. 2 und 3 des Strafgesetzbuches gilt entsprechend.

§ 31a Absehen von der Verfolgung

(1) [1]Hat das Verfahren ein Vergehen nach § 29 Abs. 1, 2 oder 4 zum Gegenstand, so kann die Staatsanwaltschaft von der Verfolgung absehen, wenn die Schuld des Täters als gering anzusehen wäre, kein öffentliches Interesse an der Strafverfolgung besteht und der Täter die Betäubungsmittel lediglich zum Eigenverbrauch in geringer Menge anbaut, herstellt, einführt, ausführt, durchführt, erwirbt, sich in sonstiger Weise verschafft oder besitzt. [2]Von der Verfolgung soll abgesehen werden, wenn der Täter in einem Drogenkonsumraum Betäubungsmittel lediglich zum Eigenverbrauch, der nach § 10a geduldet werden kann, in geringer Menge besitzt, ohne zugleich im Besitz einer schriftlichen Erlaubnis für den Erwerb zu sein. [3]Ebenfalls soll von der Verfolgung abgesehen werden, wenn der Täter, der Betäubungsmittel lediglich zum Eigenverbrauch in geringer Menge besitzt, ohne zugleich im Besitz einer schriftlichen Erlaubnis für den Erwerb zu sein, anlässlich der Nutzung eines in § 10b genannten Modellvorhabens angetroffen wird.

(2) [1]Ist die Klage bereits erhoben, so kann das Gericht in jeder Lage des Verfahrens unter den Voraussetzungen des Absatzes 1 mit Zustimmung der Staatsanwaltschaft und des Angeschuldigten das Verfahren einstellen. [2]Der Zustimmung des Angeschuldigten bedarf es nicht, wenn die Hauptverhandlung aus den in § 205 der Strafprozeßordnung angeführten Gründen nicht durchgeführt werden kann oder in den Fällen des § 231 Abs. 2 der Strafprozeßordnung und der §§ 232 und 233 der Strafprozeßordnung in seiner Abwesenheit durchgeführt wird. [3]Die Entscheidung ergeht durch Beschluß. [4]Der Beschluß ist nicht anfechtbar.

§ 32 Ordnungswidrigkeiten

(1) Ordnungswidrig handelt, wer vorsätzlich oder fahrlässig

1. entgegen § 4 Abs. 3 Satz 1 die Teilnahme am Betäubungsmittelverkehr nicht anzeigt,
2. in einem Antrag nach § 7, auch in Verbindung mit § 10a Abs. 3 oder § 13 Absatz 3 Satz 3, unrichtige Angaben macht oder unrichtige Unterlagen beifügt,
3. entgegen § 8 Abs. 3 Satz 1, auch in Verbindung mit § 10a Abs. 3, eine Änderung nicht richtig, nicht vollständig oder nicht unverzüglich mitteilt,
4. einer vollziehbaren Auflage nach § 9 Abs. 2, auch in Verbindung mit § 10a Abs. 3, zuwiderhandelt,
5. entgegen § 11 Abs. 1 Satz 1 Betäubungsmittel ohne Genehmigung ein- oder ausführt,
6. einer Rechtsverordnung nach § 11 Abs. 2 Satz 2 Nr. 2 bis 4, § 12 Abs. 4, § 13 Abs. 3 Satz 2 Nr. 2, 3 oder 4, § 20 Abs. 1 oder § 28 Abs. 2 zuwiderhandelt, soweit sie für einen bestimmten Tatbestand auf diese Bußgeldvorschrift verweist,
7. entgegen § 12 Abs. 1 Betäubungsmittel abgibt oder entgegen § 12 Abs. 2 die Abgabe oder den Erwerb nicht richtig, nicht vollständig oder nicht unverzüglich meldet oder den Empfang nicht bestätigt,

7a. entgegen § 13 Absatz 1a Satz 3 nicht, nicht richtig oder nicht rechtzeitig bei einer Apotheke anfragt,

7b. entgegen § 13 Absatz 1a Satz 4 oder 5 eine Aufzeichnung nicht, nicht richtig oder nicht vollständig führt oder eine Aufzeichnung nicht oder nicht mindestens drei Jahre aufbewahrt,

8. entgegen § 14 Abs. 1 bis 4 Betäubungsmittel nicht vorschriftsmäßig kennzeichnet,
9. einer vollziehbaren Anordnung nach § 15 Satz 2 zuwiderhandelt,

10. entgegen § 16 Abs. 1 Betäubungsmittel nicht vorschriftsmäßig vernichtet, eine Niederschrift nicht fertigt oder sie nicht aufbewahrt oder entgegen § 16 Abs. 2 Satz 1 Betäubungsmittel nicht zur Vernichtung einsendet, jeweils auch in Verbindung mit § 16 Abs. 3,
11. entgegen § 17 Abs. 1 oder 2 Aufzeichnungen nicht, nicht richtig oder nicht vollständig führt oder entgegen § 17 Abs. 3 Aufzeichnungen oder Rechnungsdurchschriften nicht aufbewahrt,
12. entgegen § 18 Abs. 1 bis 3 Meldungen nicht richtig, nicht vollständig oder nicht rechtzeitig erstattet,
13. entgegen § 24 Abs. 1 einer Duldungs- oder Mitwirkungspflicht nicht nachkommt oder
14. Betäubungsmittel in eine Postsendung einlegt, obwohl diese Versendung durch den Weltpostvertrag oder ein Abkommen des Weltpostvereins verboten ist; das Postgeheimnis gemäß Artikel 10 Abs. 1 des Grundgesetzes wird insoweit für die Verfolgung und Ahndung der Ordnungswidrigkeit eingeschränkt.

(2) Die Ordnungswidrigkeit kann mit einer Geldbuße bis zu fünfundzwanzigtausend Euro geahndet werden.

(3) Verwaltungsbehörde im Sinne des § 36 Abs. 1 Nr. 1 des Gesetzes über Ordnungswidrigkeiten ist das Bundesinstitut für Arzneimittel und Medizinprodukte, soweit das Gesetz von ihm ausgeführt wird.

§ 33 Einziehung

[1]Gegenstände, auf die sich eine Straftat nach den §§ 29 bis 30a oder eine Ordnungswidrigkeit nach § 32 bezieht, können eingezogen werden. [2]§ 74a des Strafgesetzbuches und § 23 des Gesetzes über Ordnungswidrigkeiten sind anzuwenden.

§ 34 Führungsaufsicht

In den Fällen des § 29 Abs. 3, der §§ 29a, 30 und 30a kann das Gericht Führungsaufsicht anordnen (§ 68 Abs. 1 des Strafgesetzbuches).

Siebenter Abschnitt
Betäubungsmittelabhängige Straftäter

§ 35 Zurückstellung der Strafvollstreckung

(1) [1]Ist jemand wegen einer Straftat zu einer Freiheitsstrafe von nicht mehr als zwei Jahren verurteilt worden und ergibt sich aus den Urteilsgründen oder steht sonst fest, daß er die Tat auf Grund einer Betäubungsmittelabhängigkeit begangen hat, so kann die Vollstreckungsbehörde mit Zustimmung des Gerichts des ersten Rechtszuges die Vollstreckung der Strafe, eines Strafrestes oder der Maßregel der Unterbringung in einer Entziehungsanstalt für längstens zwei Jahre zurückstellen, wenn der Verurteilte sich wegen seiner Abhängigkeit in einer seiner Rehabilitation dienenden Behandlung befindet oder zusagt, sich einer solchen zu unterziehen, und deren Beginn gewährleistet ist. [2]Als Behandlung gilt auch der Aufenthalt in einer staatlich anerkannten Einrichtung, die dazu dient, die Abhängigkeit zu beheben oder einer erneuten Abhängigkeit entgegenzuwirken.

(2) [1]Gegen die Verweigerung der Zustimmung durch das Gericht des ersten Rechtszuges steht der Vollstreckungsbehörde die Beschwerde nach dem Zweiten Abschnitt des Dritten Buches der Strafprozeßordnung zu. [2]Der Verurteilte kann die Verweigerung dieser Zustimmung nur zusammen mit der Ablehnung der Zurückstellung durch die Vollstreckungsbehörde nach den §§ 23 bis 30 des Einführungsgesetzes zum Gerichtsverfassungsgesetz anfechten. [3]Das Oberlandesgericht entscheidet in diesem Falle auch über die Verweigerung der Zustimmung; es kann die Zustimmung selbst erteilen.

(3) Absatz 1 gilt entsprechend, wenn
1. auf eine Gesamtfreiheitsstrafe von nicht mehr als zwei Jahren erkannt worden ist oder
2. auf eine Freiheitsstrafe oder Gesamtfreiheitsstrafe von mehr als zwei Jahren erkannt worden ist und ein zu vollstreckender Rest der Freiheitsstrafe oder der Gesamtfreiheitsstrafe zwei Jahre nicht übersteigt

und im übrigen die Voraussetzungen des Absatzes 1 für den ihrer Bedeutung nach überwiegenden Teil der abgeurteilten Straftaten erfüllt sind.

(4) Der Verurteilte ist verpflichtet, zu Zeitpunkten, die die Vollstreckungsbehörde festsetzt, den Nachweis über die Aufnahme und über die Fortführung der Behandlung zu erbringen; die behandelnden Personen oder Einrichtungen teilen der Vollstreckungsbehörde einen Abbruch der Behandlung mit.

(5) [1]Die Vollstreckungsbehörde widerruft die Zurückstellung der Vollstreckung, wenn die Behandlung nicht begonnen oder nicht fortgeführt wird und nicht zu erwarten ist, daß der Verurteilte eine Behandlung derselben Art alsbald beginnt oder wieder aufnimmt, oder wenn der Verurteilte den nach Absatz 4 geforderten Nachweis nicht erbringt. [2]Von dem Widerruf kann abgesehen werden, wenn der Verurteilte

nachträglich nachweist, daß er sich in Behandlung befindet. [3]Ein Widerruf nach Satz 1 steht einer erneuten Zurückstellung der Vollstreckung nicht entgegen.

(6) Die Zurückstellung der Vollstreckung wird auch widerrufen, wenn

1. bei nachträglicher Bildung einer Gesamtstrafe nicht auch deren Vollstreckung nach Absatz 1 in Verbindung mit Absatz 3 zurückgestellt wird oder
2. eine weitere gegen den Verurteilten erkannte Freiheitsstrafe oder freiheitsentziehende Maßregel der Besserung und Sicherung zu vollstrecken ist.

(7) [1]Hat die Vollstreckungsbehörde die Zurückstellung widerrufen, so ist sie befugt, zur Vollstreckung der Freiheitsstrafe oder der Unterbringung in einer Entziehungsanstalt einen Haftbefehl zu erlassen. [2]Gegen den Widerruf kann die Entscheidung des Gerichts des ersten Rechtszuges herbeigeführt werden. [3]Der Fortgang der Vollstreckung wird durch die Anrufung des Gerichts nicht gehemmt. [4]§ 462 der Strafprozeßordnung gilt entsprechend.

§ 36 Anrechnung und Strafaussetzung zur Bewährung

(1) [1]Ist die Vollstreckung zurückgestellt worden und hat sich der Verurteilte in einer staatlich anerkannten Einrichtung behandeln lassen, so wird die vom Verurteilten nachgewiesene Zeit seines Aufenthaltes in dieser Einrichtung auf die Strafe angerechnet, bis infolge der Anrechnung zwei Drittel der Strafe erledigt sind. [2]Die Entscheidung über die Anrechnungsfähigkeit trifft das Gericht zugleich mit der Zustimmung nach § 35 Abs. 1. [3]Sind durch die Anrechnung zwei Drittel der Strafe erledigt oder ist eine Behandlung in der Einrichtung zu einem früheren Zeitpunkt nicht mehr erforderlich, so setzt das Gericht die Vollstreckung des Restes der Strafe zur Bewährung aus, sobald dies unter Berücksichtigung des Sicherheitsinteresses der Allgemeinheit verantwortet werden kann.

(2) Ist die Vollstreckung zurückgestellt worden und hat sich der Verurteilte einer anderen als der in Absatz 1 bezeichneten Behandlung seiner Abhängigkeit unterzogen, so setzt das Gericht die Vollstreckung der Freiheitsstrafe oder des Strafrestes zur Bewährung aus, sobald dies unter Berücksichtigung des Sicherheitsinteresses der Allgemeinheit verantwortet werden kann.

(3) Hat sich der Verurteilte nach der Tat einer Behandlung seiner Abhängigkeit unterzogen, so kann das Gericht, wenn die Voraussetzungen des Absatzes 1 Satz 1 nicht vorliegen, anordnen, daß die Zeit der Behandlung ganz oder zum Teil auf die Strafe angerechnet wird, wenn dies unter Berücksichtigung der Anforderungen, welche die Behandlung an den Verurteilten gestellt hat, angezeigt ist.

(4) Die §§ 56a bis 56g und 57 Abs. 5 Satz 2 des Strafgesetzbuches gelten entsprechend.

(5) [1]Die Entscheidungen nach den Absätzen 1 bis 3 trifft das Gericht des ersten Rechtszuges ohne mündliche Verhandlung durch Beschluß. [2]Die Vollstreckungsbehörde, der Verurteilte und die behandelnden Personen oder Einrichtungen sind zu hören. [3]Gegen die Entscheidungen ist sofortige Beschwerde möglich. [4]Für die Entscheidungen nach Absatz 1 Satz 3 und nach Absatz 2 gilt § 454 Abs. 4 der Strafprozeßordnung entsprechend; die Belehrung über die Aussetzung des Strafrestes erteilt das Gericht.

§ 37 Absehen von der Erhebung der öffentlichen Klage

(1) [1]Steht ein Beschuldigter in Verdacht, eine Straftat auf Grund einer Betäubungsmittelabhängigkeit begangen zu haben, und ist keine höhere Strafe als eine Freiheitsstrafe bis zu zwei Jahren zu erwarten, so kann die Staatsanwaltschaft mit Zustimmung des für die Eröffnung des Hauptverfahrens zuständigen Gerichts vorläufig von der Erhebung der öffentlichen Klage absehen, wenn der Beschuldigte nachweist, daß er sich wegen seiner Abhängigkeit der in § 35 Abs. 1 bezeichneten Behandlung unterzieht, und seine Resozialisierung zu erwarten ist. [2]Die Staatsanwaltschaft setzt Zeitpunkte fest, zu denen der Beschuldigte die Fortdauer der Behandlung nachzuweisen hat. [3]Das Verfahren wird fortgesetzt, wenn

1. die Behandlung nicht bis zu ihrem vorgesehenen Abschluß fortgeführt wird,
2. der Beschuldigte den nach Satz 2 geforderten Nachweis nicht führt,
3. der Beschuldigte eine Straftat begeht und dadurch zeigt, daß die Erwartung, die dem Absehen von der Erhebung der öffentlichen Klage zugrunde lag, sich nicht erfüllt hat, oder
4. auf Grund neuer Tatsachen oder Beweismittel eine Freiheitsstrafe von mehr als zwei Jahren zu erwarten ist.

[4]In den Fällen des Satzes 3 Nr. 1, 2 kann von der Fortsetzung des Verfahrens abgesehen werden, wenn der Beschuldigte nachträglich nachweist, daß er sich weiter in Behandlung befindet. [5]Die Tat kann nicht mehr verfolgt werden, wenn das Verfahren nicht innerhalb von zwei Jahren fortgesetzt wird.

(2) [1]Ist die Klage bereits erhoben, so kann das Gericht mit Zustimmung der Staatsanwaltschaft das Verfahren bis zum Ende der Hauptverhandlung, in der die tatsächlichen Feststellungen letztmals geprüft werden können, vorläufig einstellen. [2]Die Entscheidung ergeht durch unanfechtbaren Beschluß. [3]Absatz 1 Satz 2 bis 5 gilt entsprechend. [4]Unanfechtbar ist auch eine Feststellung, daß das Verfahren nicht fortgesetzt wird (Abs. 1 Satz 5).

(3) Die in § 172 Abs. 2 Satz 3, § 396 Abs. 3 und § 467 Abs. 5 der Strafprozeßordnung zu § 153a der Strafprozeßordnung getroffenen Regelungen gelten entsprechend.

§ 38 Jugendliche und Heranwachsende

(1) [1]Bei Verurteilung zu Jugendstrafe gelten die §§ 35 und 36 sinngemäß. [2]Neben der Zusage des Jugendlichen nach § 35 Abs. 1 Satz 1 bedarf es auch der Einwilligung des Erziehungsberechtigten und des gesetzlichen Vertreters. [3]Im Falle des § 35 Abs. 7 Satz 2 findet § 83 Abs. 2 Nr. 1, Abs. 3 Satz 2 des Jugendgerichtsgesetzes sinngemäß Anwendung. [4]Abweichend von § 36 Abs. 4 gelten die §§ 22 bis 26a des Jugendgerichtsgesetzes entsprechend. [5]Für die Entscheidungen nach § 36 Abs. 1 Satz 3 und Abs. 2 sind neben § 454 Abs. 4 der Strafprozeßordnung die §§ 58, 59 Abs. 2 bis 4 und § 60 des Jugendgerichtsgesetzes ergänzend anzuwenden.

(2) § 37 gilt sinngemäß auch für Jugendliche und Heranwachsende.

Achter Abschnitt

Übergangs- und Schlußvorschriften

§ 39 Übergangsregelung

[1]Einrichtungen, in deren Räumlichkeiten der Verbrauch von mitgeführten, ärztlich nicht verschriebenen Betäubungsmitteln vor dem 1. Januar 1999 geduldet wurde, dürfen ohne eine Erlaubnis der zuständigen obersten Landesbehörde nur weiterbetrieben werden, wenn spätestens 24 Monate nach dem Inkrafttreten des Dritten BtMG-Änderungsgesetzes vom 28. März 2000 (BGBl. I S. 302) eine Rechtsverordnung nach § 10a Abs. 2 erlassen und ein Antrag auf Erlaubnis nach § 10a Abs. 1 gestellt wird. [2]Bis zur unanfechtbaren Entscheidung über einen Antrag können diese Einrichtungen nur weiterbetrieben werden, soweit die Anforderungen nach § 10a Abs. 2 oder einer nach dieser Vorschrift erlassenen Rechtsverordnung erfüllt werden. [3]§ 29 Abs. 1 Satz 1 Nr. 10 und 11 gilt auch für Einrichtungen nach Satz 1.

§ 39a Übergangsregelung aus Anlass des Gesetzes zur Änderung arzneimittelrechtlicher und anderer Vorschriften

Für eine Person, die die Sachkenntnis nach § 5 Absatz 1 Nummer 2 nicht hat, aber am 22. Juli 2009 die Voraussetzungen nach § 141 Absatz 3 des Arzneimittelgesetzes erfüllt, gilt der Nachweis der erforderlichen Sachkenntnis nach § 6 Absatz 1 Nummer 1 als erbracht.

§§ 40, 40a (gegenstandslos)

§ 41 (weggefallen)

Anlagen
(zu § 1 Abs. 1)

Spalte 1 enthält die International Nonproprietary Names (INN) der Weltgesundheitsorganisation. Bei der Bezeichnung eines Stoffes hat der INN Vorrang vor allen anderen Bezeichnungen.

Spalte 2 enthält andere nicht geschützte Stoffbezeichnungen (Kurzbezeichnungen oder Trivialnamen). Wenn für einen Stoff kein INN existiert, kann zu seiner eindeutigen Bezeichnung die in dieser Spalte fett gedruckte Bezeichnung verwendet werden. Alle anderen nicht fett gedruckten Bezeichnungen sind wissenschaftlich nicht eindeutig. Sie sind daher in Verbindung mit der Bezeichnung in Spalte 3 zu verwenden.

Spalte 3 enthält die chemische Stoffbezeichnung nach der Nomenklatur der International Union of Pure and Applied Chemistry (IUPAC). Wenn in Spalte 1 oder 2 keine Bezeichnung aufgeführt ist, ist die der Spalte 3 zu verwenden.

Anlage I

(nicht verkehrsfähige Betäubungsmittel)

INN	**andere nicht geschützte oder Trivialnamen**	**chemische Namen (IUPAC)**
Acetorphin	–	{4,5α-Epoxy-7α-[(*R*)-2-hydroxypentan-2-yl]-6-methoxy-17-methyl-6,14-ethenomorphinan-3-yl}acetat
–	Acetyldihydrocodein	(4,5α-Epoxy-3-methoxy-17-methylmorphinan-6α-yl)acetat
Acetylmethadol	–	(6-Dimethylamino-4,4-diphenylheptan-3-yl)acetat
–	Acetyl-α-methylfentanyl	*N*-Phenyl-*N*-[1-(1-phenylpropan-2-yl)-4-piperidyl]acetamid
–	–	4-Allyloxy-3,5-dimethoxyphenethylazan
Allylprodin	–	(3-Allyl-1-methyl-4-phenyl-4-piperidyl)propionat
Alphacetylmethadol	–	[(3*R*,6*R*)-6-Dimethylamino-4,4-diphenylheptan-3-yl]acetat
Alphameprodin	–	[(3*RS*,4*SR*)-3-Ethyl-1-methyl-4-phenyl-4-piperidyl]propionat
Alphamethadol	–	(3*R*,6*R*)-6-Dimethylamino-4,4-diphenylheptan-3-ol
Alphaprodin	–	[(3*RS*,4*SR*)-1,3-Dimethyl-4-phenyl-4-piperidyl]propionat
–	5-(2-Aminopropyl)indol (5-IT)	1-(1*H*-Indol-5-yl)propan-2-amin
Anileridin	–	Ethyl[1-(4-aminophenethyl)-4-phenylpiperidin-4-carboxylat]
–	BDB	1-(1,3-Benzodioxol-5-yl)butan-2-ylazan
Benzethidin	–	Ethyl{1-[2-(benzyloxy)ethyl]-4-phenylpiperidin-4-carboxylat}
Benzfetamin	Benzphetamin	(Benzyl)(methyl)(1-phenylpropan-2-yl)azan
–	Benzylfentanyl	*N*-(1-Benzyl-4-piperidyl)-*N*-phenylpropanamid
–	Benzylmorphin	3-Benzyloxy-4,5α-epoxy-17-methylmorphin-7-en-6α-ol
Betacetylmethadol	–	[(3*S*,6*R*)-6-Dimethylamino-4,4-diphenylheptan-3-yl]acetat
Betameprodin	–	[(3*RS*,4*RS*)-3-Ethyl-1-methyl-4-phenyl-4-piperidyl]propionat

INN	andere nicht geschützte oder Trivialnamen	chemische Namen (IUPAC)
Betamethadol	–	(3*S*,6*R*)-6-Dimethylamino-4,4-diphenylheptan-3-ol
Betaprodin	–	[(3*RS*,4*RS*)-1,3-Dimethyl-4-phenyl-4-piperidyl]propionat
Bezitramid	–	4-[4-(2-Oxo-3-propionyl-2,3-dihydrobenzimidazol-1-yl)piperidino]-2,2-diphenylbutannitril
–	25B-NBOMe (2C-B-NBOMe)	2-(4-Brom-2,5-dimethoxyphenyl)-*N*-[(2-methoxyphenyl)methyl]ethanamin
Brolamfetamin	Dimethoxybromamfetamin (DOB)	(*RS*)-1-(4-Brom-2,5-dimethoxyphenyl)propan-2-ylazan
–	Bromdimethoxyphenethylamin (BDMPEA, 2C-B)	4-Brom-2,5-dimethoxyphenethylazan
Carfentanil	–	Methyl[1-phenethyl-4-(*N*-phenylpropanamido)piperidin-4-carboxylat]
Cathinon	–	(*S*)-2-Amino-1-phenylpropan-1-on
–	2C-C	2-(4-Chlor-2,5-dimethoxyphenyl)ethanamin
–	2C-D (2C-M)	2-(2,5-Dimethoxy-4-methylphenyl)ethanamin
–	2C-E	2-(4-Ethyl-2,5-dimethoxyphenyl)ethanamin
–	2C-I	4-Iod-2,5-dimethoxyphenethylazan
–	Clephedron (4-CMC, 4-Chlormethcathinon)	1-(4-Chlorphenyl)-2-(methylamino)propan-1-on
–	6-Cl-MDMA	[1-(6-Chlor-1,3-benzodioxol-5-yl)propan-2-yl](methyl)azan
Clonitazen	–	{2-[2-(4-Chlorbenzyl)-5-nitrobenzimidazol-1-yl]ethyl}diethylazan
–	25C-NBOMe (2C-C-NBOMe)	2-(4-Chlor-2,5-dimethoxyphenyl)-*N*-[(2-methoxyphenyl)methyl]ethanamin
–	**Codein-*N*-oxid**	4,5α-Epoxy-3-methoxy-17-methylmorphin-7-en-6α-ol-17-oxid
Codoxim	–	(4,5α-Epoxy-3-methoxy-17-methylmorphinan-6-ylidenaminooxy)essigsäure
–	2C-P	2-(2,5-Dimethoxy-4-propylphenyl)ethanamin
–	2C-T-2	4-Ethylsulfanyl-2,5-dimethoxyphenethylazan
–	2C-T-7	2,5-Dimethoxy-4-(propylsulfanyl)phenethylazan
Desomorphin	Dihydrodesoxymorphin	4,5α-Epoxy-17-methylmorphinan-3-ol
Diampromid	–	*N*-{2-[(Methyl)(phenethyl)amino]propyl}-*N*-phenylpropanamid
–	Diethoxybromamfetamin	1-(4-Brom-2,5-diethoxyphenyl)propan-2-ylazan
Diethylthiambuten	–	Diethyl(1-methyl-3,3-di-2-thienylallyl)azan
–	*N,N*-Diethyltryptamin (Diethyltryptamin, DET)	Diethyl[2-(indol-3-yl)ethyl]azan
–	**Dihydroetorphin** (18,19-Dihydroetorphin)	(5*R*,6*R*,7*R*,14*R*)-4,5α-Epoxy-7α-[(*R*)-2-hydroxypentan-2-yl]-6-methoxy-17-methyl-6,14-ethanomorphinan-3-ol

INN	andere nicht geschützte oder Trivialnamen	chemische Namen (IUPAC)
Dimenoxadol	–	(2-Dimethylaminoethyl)[(ethoxy)(diphenyl)acetat]
Dimepheptanol	Methadol	6-Dimethylamino-4,4-diphenylheptan-3-ol
–	Dimethoxyamfetamin (DMA)	1-(2,5-Dimethoxyphenyl)propan-2-ylazan
–	Dimethoxyethylamfetamin (DOET)	1-(4-Ethyl-2,5-dimethoxyphenyl)propan-2-ylazan
–	Dimethoxymethamfetamin (DMMA)	1-(3,4-Dimethoxyphenyl)-*N*-methylpropan-2-amin
–	Dimethoxymethylamfetamin (DOM, STP)	(*RS*)-1-(2,5-Dimethoxy-4-methylphenyl)propan-2-ylazan
–	Dimethylheptyltetrahydrocannabinol (DMHP)	6,6,9-Trimethyl-3-(3-methyloctan-2-yl)-7,8,9,10-tetrahydro-6*H*-benzo[c]chromen-1-ol
Dimethylthiambuten	–	Dimethyl(1-methyl-3,3-di-2-thienylallyl)azan
–	*N,N*-Dimethyltryptamin (Dimethyltryptamin, DMT)	[2-(Indol-3-yl)ethyl]dimethylazan
Dioxaphetylbutyrat	–	Ethyl(4-morpholino-2,2-diphenylbutanoat)
Dipipanon	–	4,4-Diphenyl-6-piperidinoheptan-3-on
–	DOC	1-(4-Chlor-2,5-dimethoxyphenyl)propan-2-ylazan
Drotebanol	–	3,4-Dimethoxy-17-methylmorphinan-6*β*,14-diol
–	*N*-Ethylbuphedron (NEB)	2-(Ethylamino)-1-phenylbutan-1-on
–	4-Ethylmethcathinon (4-EMC)	1-(4-Ethylphenyl)-2-(methylamino)propan-1-on
Ethylmethylthiambuten	–	(Ethyl)(methyl)(1-methyl-3,3-di-2-thienylallyl)azan
–	Ethylon (bk-MDEA, MDEC)	1-(1,3-Benzodioxol-5-yl)-2-(ethylamino)propan-1-on
–	Ethylpiperidylbenzilat	(1-Ethyl-3-piperidyl)benzilat
Eticyclidin	PCE	(Ethyl)(1-phenylcyclohexyl)azan
Etonitazen	–	{2-[2-(4-Ethoxybenzyl)-5-nitrobenzimidazol-1-yl]ethyl}diethylazan
Etoxeridin	–	Ethyl{1-[2-(2-hydroxyethoxy)ethyl]-4-phenylpiperidin-4-carboxylat}
Etryptamin	α-Ethyltryptamin	1-(Indol-3-yl)butan-2-ylazan
–	FLEA	*N*-[1-(1,3-Benzodioxol-5-yl)propan-2-yl]-*N*-methylhydroxylamin
–	4-Fluoramfetamin (4-FA, 4-FMP)	(*RS*)-1-(4-Fluorphenyl)propan-2-amin
–	*p*-Fluorfentanyl	*N*-(4-Fluorphenyl)-*N*-(1-phenethyl-4-piperidyl)propanamid
–	2-Fluormethamfetamin (2-FMA)	1-(2-Fluorphenyl)-*N*-methylpropan-2-amin
–	3-Fluormethamfetamin (3-FMA)	1-(3-Fluorphenyl)-*N*-methylpropan-2-amin
Furethidin	–	Ethyl{4-phenyl-1-[2-(tetrahydrofurfuryloxy)ethyl]piperidin-4-carboxylat}

INN	andere nicht geschützte oder Trivialnamen	chemische Namen (IUPAC)
–	**Heroin** (Diacetylmorphin, Diamorphin) – ausgenommen Diamorphin zu den in den Anlagen II und III bezeichneten Zwecken –	[(5*R*,6*S*)-4,5-Epoxy-17-methylmorphin-7-en-3,6-diyl]diacetat
Hydromorphinol	14-Hydroxydihydromorphin	4,5α-Epoxy-17-methylmorphinan-3,6α,14-triol
–	*N*-Hydroxyamfetamin (NOHA)	*N*-(1-Phenylpropan-2-yl)hydroxylamin
–	*β*-Hydroxyfentanyl	*N*-[1-(2-Hydroxy-2-phenylethyl)-4-piperidyl]-*N*-phenylpropanamid
–	Hydroxymethylendioxyamfetamin (*N*-Hydroxy-MDA, MDOH)	*N*-[1-(1,3-Benzodioxol-5-yl)propan-2-yl]hydroxylamin
–	*β*-Hydroxy-3-methylfentanyl (Ohmefentanyl)	*N*-[1-(2-Hydroxy-2-phenylethyl)-3-methyl-4-piperidyl]-*N*-phenylpropanamid
Hydroxypethidin	–	Ethyl[4-(3-hydroxyphenyl)-1-methylpiperidin-4-carboxylat]
–	25I-NBOMe (2C-I-NBOMe)	2-(4-Iod-2,5-dimethoxyphenyl)-*N*-[(2-methoxyphenyl)methyl]ethanamin
Lefetamin	SPA	[(*R*)-1,2-Diphenylethyl]dimethylazan
Levomethorphan	–	(9*R*,13*R*,14*R*)-3-Methoxy-17-methylmorphinan
Levophenacylmorphan	–	2-[(9*R*,13*R*,14*R*)-3-Hydroxymorphinan-17-yl]-1-phenylethanon
Lofentanil	–	Methyl[(3*R*,4*S*)-3-methyl-1-phenethyl-4-(*N*-phenylpropanamido)piperidin-4-carboxylat]
Lysergid	*N,N*-Diethyl-D-lysergamid (LSD, LSD-25)	*N,N*-Diethyl-6-methyl-9,10-didehydroergolin-8*β*-carboxamid
–	MAL	3,5-Dimethoxy-4-(2-methylallyloxy)phenethylazan
–	MBDB	[1-(1,3-Benzodioxol-5-yl)butan-2-yl](methyl)azan
–	MDPPP	1-(1,3-Benzodioxol-5-yl)-2-(pyrrolidin-1-yl)propan-1-on
–	Mebroqualon	3-(2-Bromphenyl)-2-methylchinazolin-4(3*H*)-on
Mecloqualon	–	3-(2-Chlorphenyl)-2-methylchinazolin-4(3*H*)-on
–	4-MePPP	2-(Pyrrolidin-1-yl)-1-(*p*-tolyl)propan-1-on
–	**Mescalin**	3,4,5-Trimethoxyphenethylazan
Metazocin	–	3,6,11-Trimethyl-1,2,3,4,5,6-hexahydro-2,6-methano-3-benzazocin-8-ol
–	Methcathinon (Ephedron)	2-Methylamino-1-phenylpropan-1-on
–	Methiopropamin (MPA)	*N*-Methyl-1-(thiophen-2-yl)propan-2-amin
–	Methoxetamin (MXE)	2-(Ethylamino)-2-(3-methoxyphenyl)cyclohexanon
–	Methoxyamfetamin (PMA)	1-(4-Methoxyphenyl)propan-2-ylazan

INN	andere nicht geschützte oder Trivialnamen	chemische Namen (IUPAC)
–	5-Methoxy-*N,N*-diisopropyltryptamin (5-MeO-DIPT)	Diisopropyl[2-(5-methoxyindol-3-yl)-ethyl]azan
–	5-Methoxy-DMT (5-MeO-DMT)	[2-(5-Methoxyindol-3-yl)ethyl]dimethylazan
–	–	(2-Methoxyethyl)(1-phenylcyclohexyl)azan
–	Methoxymetamfetamin (PMMA)	[1-(4-Methoxyphenyl)propan-2-yl] (methyl)azan
–	Methoxymethylendioxyamfetamin (MMDA)	1-(7-Methoxy-1,3-benzodioxol-5-yl)propan-2-ylazan
–	–	(3-Methoxypropyl)(1-phenylcyclohexyl)azan
–	Methylaminorex (4-Methylaminorex)	4-Methyl-5-phenyl-4,5-dihydro-1,3-oxazol-2-ylazan
–	4-Methylbuphedron (4-MeMABP)	2-(Methylamino)-1-(4-methylphenyl)butan-1-on
Methyldesorphin	–	4,5α-Epoxy-6,17-dimethylmorphin-6-en-3-ol
Methyldihydromorphin	–	4,5α-Epoxy-6,17-dimethylmorphinan-3,6α-diol
–	Methylendioxyethylamfetamin (*N*-Ethyl-MDA, MDE, MDEA)	[1-(1,3-Benzodioxol-5-yl)propan-2-yl] (ethyl)azan
–	Methylendioxymetamfetamin (MDMA)	[1-(1,3-Benzodioxol-5-yl)propan-2-yl](methyl)azan
–	α-Methylfentanyl	*N*-Phenyl-*N*-[1-(1-phenylpropan-2-yl)-4-piperidyl]propanamid
–	3-Methylfentanyl (Mefentanyl)	*N*-(3-Methyl-1-phenethyl-4-piperidyl)-*N*-phenylpropanamid
–	Methylmethaqualon	3-(2,4-Dimethylphenyl)-2-methylchinazolin-4(3*H*)on
–	3-Methylmethcathinon (3-MMC)	2-(Methylamino)-1-(3-methylphenyl)propan-1-on
–	4-Methylmethcathinon (Mephedron)	1-(4-Methylphenyl)-2-methylaminopropan-1-on
–	Methylphenylpropionoxypiperidin (MPPP)	(1-Methyl-4-phenyl-4-piperidyl)propionat
–	Methyl-3-phenylpropylamin (1M-3PP)	(Methyl)(3-phenylpropyl)azan
–	Methylphenyltetrahydropyridin (MPTP)	1-Methyl-4-phenyl-1,2,3,6-tetrahydropyridin
–	Methylpiperidylbenzilat	(1-Methyl-3-piperidyl)benzilat
–	4-Methylthioamfetamin (4-MTA)	1-[4-(Methylsulfanyl)phenyl]propan-2-ylazan
–	α-Methylthiofentanyl	*N*-Phenyl-*N*-{1-[1-(2-thienyl)propan-2-yl]-4-piperidyl}propanamid
–	3-Methylthiofentanyl	*N*-{3-Methyl-1-[2-(2-thienyl)ethyl]-4-piperidyl}-*N*-phenylpropanamid
–	α-Methyltryptamin (α-MT, AMT)	1-(Indol-3-yl)propan-2-ylazan
Metopon	5-Methyldihydromorphinon	4,5α-Epoxy-3-hydroxy-5,17-dimethyl-morphinan-6-on

INN	andere nicht geschützte oder Trivialnamen	chemische Namen (IUPAC)
Morpheridin	–	Ethyl[1-(2-morpholinoethyl)-4-phenylpiperidin-4-carboxylat]
–	**Morphin-*N*-oxid**	(5*R*,6*S*)-4,5-Epoxy-3,6-dihydroxy-17-methylmorphin-7-en-17-oxid
Myrophin	Myristylbenzylmorphin	(3-Benzyloxy-4,5α-epoxy-17-methylmorphin-7-en-6-yl)tetradecanoat
Nicomorphin	3,6-Dinicotinoylmorphin	(4,5α-Epoxy-17-methylmorphin-7-en-3,6α-diyl)dinicotinat
–	25N-NBOMe (2C-N-NBOMe)	2-(2,5-Dimethoxy-4-nitrophenyl)-*N*-[(2-methoxyphenyl)methyl]ethanamin
Noracymethadol	–	(6-Methylamino-4,4-diphenylheptan-3-yl)acetat
Norcodein	*N*-Desmethylcodein	4,5α-Epoxy-3-methoxymorphin-7-en-6α-ol
Norlevorphanol	(−)-3-Hydroxymorphinan	(9*R*,13*R*,14*R*)-Morphinan-3-ol
Normorphin	Desmethylmorphin	4,5α-Epoxymorphin-7-en-3,6α-diol
Norpipanon	–	4,4-Diphenyl-6-piperidinohexan-3-on
–	Parahexyl	3-Hexyl-6,6,9-trimethyl-7,8,9,10-tetrahydro-6*H*-benzo[*c*]chromen-1-ol
–	PCPr	(1-Phenylcyclohexyl)(propyl)azan
–	Pentylon (bk-MBDP)	1-(1,3-Benzodioxol-5-yl)-2-(methylamino)pentan-1-on
Phenadoxon	–	6-Morpholino-4,4-diphenylheptan-3-on
Phenampromid	–	*N*-Phenyl-*N*-(1-piperidinopropan-2-yl)propanamid
Phenazocin	–	6,11-Dimethyl-3-phenethyl-1,2,3,4,5,6-hexahydro-2,6-methano-3-benzazocin-8-ol
Phencyclidin	PCP	1-(1-Phenylcyclohexyl)piperidin
–	Phenethylphenylacetoxypiperidin (PEPAP)	(1-Phenethyl-4-phenyl-4-piperidyl)acetat
–	Phenethylphenyltetrahydropyridin (PEPTP)	1-Phenethyl-4-phenyl-1,2,3,6-tetrahydropyridin
Phenpromethamin	1-Methylamino-2-phenylpropan (PPMA)	(Methyl)(2-phenylpropyl)azan
Phenomorphan	–	17-Phenethylmorphinan-3-ol
Phenoperidin	–	Ethyl[1-(3-hydroxy-3-phenylpropyl)-4-phenylpiperidin-4-carboxylat]
Piminodin	–	Ethyl[1-(3-anilinopropyl)-4-phenylpiperidin-4-carboxylat]
–	PPP	1-Phenyl-2-(pyrrolidin-1-yl)propan-1-on
Proheptazin	–	(1,3-Dimethyl-4-phenylazepan-4-yl)propionat
Properidin	–	Isopropyl(1-methyl-4-phenylpiperidin-4-carboxylat)
–	Psilocin (Psilotsin)	3-(2-Dimethylaminoethyl)indol-4-ol
–	Psilocin-(eth)(4-Hydroxy-*N,N*-diethyltryptamin, 4-HO-DET)	3-(2-Diethylaminoethyl)indol-4-ol
Psilocybin	–	[3-(2-Dimethylaminoethyl)indol-4-yl]dihydrogenphosphat
–	Psilocybin-(eth)	[3-(2-Diethylaminoethyl)indol-4-yl]dihydrogenphosphat

INN	**andere nicht geschützte oder Trivialnamen**	**chemische Namen (IUPAC)**
Racemethorphan	–	(9*RS*,13*RS*,14*RS*)-3-Methoxy-17-methylmorphinan
Rolicyclidin	PHP (PCPy)	1-(1-Phenylcyclohexyl)pyrrolidin
–	**Salvia divinorum** (Pflanzen und Pflanzenteile)	–
Tenamfetamin	Methylendioxyamfetamin (MDA)	(*RS*)-1-(1,3-Benzodioxol-5-yl)propan-2-ylazan
Tenocyclidin	TCP	1-[1-(2-Thienyl)cyclohexyl]piperidin
–	Tetrahydrocannabinole, folgende Isomeren und ihre stereochemischen Varianten:	
–	Δ6a(10a)-Tetrahydrocannabinol (Δ6a(10a)-THC)	6,6,9-Trimethyl-3-pentyl-7,8,9,10-tetrahydro- 6*H*-benzo[c]chromen-1-ol
–	Δ6a-Tetrahydrocannabinol (Δ6a-THC)	(9*R*,10a*R*)-6,6,9-Trimethyl-3-pentyl-8,9,10,10a-tetrahydro-6*H*-benzo[c]chromen- 1-ol
–	Δ7-Tetrahydrocannabinol (Δ7-THC)	(6aR,9R,10aR)-6,6,9-Trimethyl-3-pentyl-6a,9,10,10a-tetrahydro-6H-benzo[c]chromen-1-ol
–	Δ8-Tetrahydrocannabinol (Δ8-THC)	(6a*R*,10a*R*)-6,6,9-Trimethyl-3-pentyl-6a,7,10,10a-tetrahydro-6*H*-benzo[c]chromen-1-ol
–	Δ10-Tetrahydrocannabinol (Δ10-THC)	(6aR)-6,6,9-Trimethyl-3-pentyl-6a,7,8,9-tetrahydro-6H-benzo[c]chromen-1-ol
–	Δ9(11)-Tetrahydrocannabinol (Δ9(11)-THC)	(6a*R*,10a*R*)-6,6-Dimethyl-9-methylen-3-pentyl-6a,7,8,9,10,10a-hexahydro-6*H*-benzo[c]chromen-1-ol
– ausgenommen, a) wenn es sich um Cannabis zu medizinisch-wissenschaftlichen Zwecken im Sinne des Medizinal-Cannabisgesetzes handelt, oder b) wenn es sich um eine nichtsynthetische Form handelt, die zu nichtmedizinischen Zwecken im Verkehr ist.		
–	Thenylfentanyl	*N*-Phenyl-*N*-(1-thenyl-4-piperidyl)propanamid
–	Thienoamfetamin (Thiopropamin)	1-(Thiophen-2-yl)propan-2-amin
–	Thiofentanyl	*N*-Phenyl-*N*-{1-[2-(2-thienyl)ethyl]-4-piperidyl}propanamid
Trimeperidin	–	(1,2,5-Trimethyl-4-phenyl-4-piperidyl)propionat
–	Trimethoxyamfetamin (TMA)	1-(3,4,5-Trimethoxyphenyl)propan-2-ylazan
–	2,4,5-Trimethoxyamfetamin (TMA-2)	1-(2,4,5-Trimethoxyphenyl)propan-2-ylazan

- die Ester, Ether und Molekülverbindungen der in dieser Anlage aufgeführten Stoffe, wenn sie nicht in einer anderen Anlage verzeichnet sind und das Bestehen solcher Ester, Ether und Molekülverbindungen möglich ist;
- die Salze der in dieser Anlage aufgeführten Stoffe, wenn das Bestehen solcher Salze möglich ist;
- die Zubereitungen der in dieser Anlage aufgeführten Stoffe, wenn sie nicht
  a) ohne am oder im menschlichen oder tierischen Körper angewendet zu werden, ausschließlich diagnostischen oder analytischen Zwecken dienen und ihr Gehalt an einem oder mehreren Be-

täubungsmitteln jeweils 0,001 vom Hundert nicht übersteigt oder die Stoffe in den Zubereitungen isotopenmodifiziert oder

b) besonders ausgenommen sind;

– die Stereoisomere der in dieser oder einer anderen Anlage aufgeführten Stoffe, wenn sie als Betäubungsmittel missbräuchlich verwendet werden sollen;
– Stoffe nach § 2 Absatz 1 Nummer 1 Buchstabe b bis d mit in dieser oder einer anderen Anlage aufgeführten Stoffen sowie die zur Reproduktion oder Gewinnung von Stoffen nach § 2 Absatz 1 Nummer 1 Buchstabe b bis d geeigneten biologischen Materialien, wenn ein Missbrauch zu Rauschzwecken vorgesehen ist.

Anlage II

(verkehrsfähige, aber nicht verschreibungsfähige Betäubungsmittel)

INN	andere nicht geschützte oder Trivialnamen	chemische Namen (IUPAC)
–	AB-CHMINACA	*N*-(1-Amino-3-methyl-1-oxobutan-2-yl)-1-(cyclohexylmethyl)-1*H*-indazol-3-carboxamid
–	AB-FUBINACA	*N*-(1-Amino-3-methyl-1-oxobutan-2-yl)-1-[(4-fluorphenyl)methyl]-1*H*-indazol-3-carboxamid
–	AB-PINACA	*N*-(1-Amino-3-methyl-1-oxobutan-2-yl)-1-pentyl-1*H*-indazol-3-carboxamid
–	Acetylfentanyl (Desmethylfentanyl)	*N*-Phenyl-*N*-[1-(2-phenylethyl)piperidin-4-yl]acetamid
–	Acryloylfentanyl (Acrylfentanyl, ACF)	*N*-Phenyl-*N*-[1-(2-phenylethyl)piperidin-4-yl]prop-3-enamid
–	1-Adamantyl(1-pentyl-1H-indol-3-yl)methanon	(Adamantan-1-yl)(1-pentyl-1*H*-indol-3-yl)methanon
–	ADB-BINACA (ADB-BUTINACA, ADMB-BINACA)	*N*-(1-Amino-3,3-dimethyl-1-oxobutan-2-yl)-1-butyl-1*H*-indazol-3-carboxamid
–	ADB-CHMINACA (MAB-CHMINACA)	*N*-(1-Amino-3,3-dimethyl-1-oxobutan-2-yl)-1-(cyclohexylmethyl)-1*H*-indazol-3-carboxamid
–	ADB-FUBINACA	*N*-(1-Amino-3,3-dimethyl-1-oxobutan-2-yl)-1-[(4-fluorphenyl)methyl]-1*H*-indazol-3-carboxamid
–	AH-7921 (Doxylam)	3,4-Dichlor-*N*-{[1-(dimethylamino)cyclohexyl]methyl}benzamid
–	AKB-48 (APINACA)	*N*-(Adamantan-1-yl)-1-pentyl-1*H*-indazol-3-carboxamid
–	AKB-48F	*N*-(Adamantan-1-yl)-1-(5-fluorpentyl)-1*H*-indazol-3-carboxamid
–	Alpha-PVT (α-PVT, alpha-Pyrrolidinopentiothiophenon)	2-(Pyrrolidin-1-yl)-1-(thiophen-2-yl)pentan-1-on
–	AM-694	[1-(5-Fluorpentyl)-1*H*-indol-3-yl](2-iodphenyl)methanon
–	AM-1220	{1-[(1-Methylpiperidin-2-yl)methyl]-1*H*-indol-3-yl}(naphthalin-1-yl)methanon
–	AM-1220-Azepan	[1-(1-Methylazepan-3-yl)-1*H*-indol-3-yl](naphthalin-1-yl)methanon
–	AM-2201	[1-(5-Fluorpentyl)-1*H*-indol-3-yl](naphthalin-1-yl)methanon
–	AM-2232	5-[3-(Naphthalin-1-carbonyl)-1*H*-indol-1-yl]pentannitril
–	AM-2233	(2-Iodphenyl){1-[(1-methylpiperidin-2-yl)methyl]-1*H*-indol-3-yl}methanon

INN	andere nicht geschützte oder Trivialnamen	chemische Namen (IUPAC)
–	AMB-CHMICA (MMB-CHMICA)	Methyl{2-[1-(cyclohexylmethyl)-1*H*-indol-3-carboxamido]-3-methylbutanoat}
–	AMB-FUBINACA (FUB-AMB)	Methyl(2-{1-[(4-fluorphenyl)methyl]-1*H*-indazol-3-carboxamid}-3-methylbutanoat)
Amfetaminil	–	(Phenyl)[(1-phenylpropan-2-yl) amino]acetonitril
Amineptin	–	7-(10,11-Dihydro-5H-dibenzo[a,d][7]annulen-5-ylamino)heptansäure
Aminorex	–	5-Phenyl-4,5-dihydro-1,3-oxazol-2-ylazan
–	5-APB	1-(Benzofuran-5-yl)propan-2-amin
–	6-APB	1-(Benzofuran-6-yl)propan-2-amin
–	APICA (SDB-001, 2NE1)	*N*-(Adamantan-1-yl)-1-pentyl-1*H*-indol-3-carboxamid
–	BB-22 (QUCHIC)	Chinolin-8-yl[1-(cyclohexylmethyl)-1*H*-indol-3-carboxylat]
–	Benzylpiperazin (BZP)	1-Benzylpiperazin
–	Brorphin	1-{1-[1-(4-Bromphenyl)ethyl]piperidin-4-yl}-1,3-dihydro-2H-benzimidazol-2-on
–	Buphedron	2-(Methylamino)-1-phenylbutan-1-on
Butalbital	–	5-Allyl-5-isobutylbarbitursäure
–	**Butobarbital**	5-Butyl-5-ethylpyrimidin-2,4,6 (1*H*,3*H*,5*H*)-trion
–	Butylon	1-(Benzo[d][1,3]dioxol-5-yl)-2-(methylamino)butan-1-on
–	Butyrfentanyl (Butyrylfentanyl)	*N*-Phenyl-*N*-[1-(2-phenylethyl)piperidin-4-yl]butanamid
Cetobemidon	Ketobemidon	1-[4-(3-Hydroxyphenyl)-1-methyl-4-piperidyl]propan-1-on
–	3-Chlormethcathinon (3-CMC, Clophedron)	1-(3-Chlorphenyl)-2-methylaminopropan-1-on
–	5Cl-AKB-48 (5C-AKB-48, AKB-48Cl, 5Cl-APINACA, 5C-APINACA)	*N*-(Adamantan-1-yl)-1-(5-chlorpentyl)-1*H*-indazol-3-carboxamid
–	5Cl-JWH-018 (JWH-018 N-(5-Chlorpentyl)-Analogon)	[1-(5-Chlorpentyl)-1*H*-indol-3-yl](naphthalin-1-yl)methanon
–	Clonazolam (Clonitrazolam)	6-(2-Chlorphenyl)-1-methyl-8-nitro-4*H*-[1,2,4]triazolo[4,3-*a*][1,4]benzodiazepin
–	***d*-Cocain**	Methyl[3*β*-(benzoyloxy)tropan-2α-carboxylat]
–	CP 47,497 (*cis*-3-[4-(1,1-Dimethylheptyl)-2-hydroxyphenyl]-cyclohexanol)	5-(1,1-Dimethylheptyl)-2-[(1*RS*,3*SR*)-3-hydroxycyclohexyl]-phenol
–	CP 47,497-C6-Homolog (*cis*-3-[4-(1,1-Dimethylhexyl)-2-hydroxyphenyl]-cyclohexanol)	5-(1,1-Dimethylhexyl)-2-[(1*RS*,3*SR*)-3-hydroxycyclohexyl]-phenol
–	CP 47,497-C8-Homolog (*cis*-3-[4-(1,1-Dimethyloctyl)-2-hydroxyphenyl]-cyclohexanol)	5-(1,1-Dimethyloctyl)-2-[(1*RS*,3*SR*)-3-hydroxycyclohexyl]-phenol

INN	andere nicht geschützte oder Trivialnamen	chemische Namen (IUPAC)
–	CP 47,497-C9-Homolog (*cis*-3-[4-(1,1-Dimethylnonyl)-2-hydroxyphenyl]-cyclohexanol)	5-(1,1-Dimethylnonyl)-2-[(1*RS*,3*SR*)-3-hydroxycyclohexyl]-phenol
–	Crotonylfentanyl	(2E)-*N*-Phenyl-*N*-[1-(2-phenylethyl)piperidin-4-yl]but-2-enamid
–	CUMYL-4CN-BINACA[1)] (SGT-78)	1-(4-Cyanobutyl)-*N*-(2-phenylpropan-2-yl)-1*H*-indazol-3-carboxamid
–	CUMYL-5F-P7AICA (5-Fluor-CUMYL-P7AICA, SGT-263)	1-(5-Fluorpentyl)-*N*-(2-phenylpropan-2-yl)-1*H*-pyrrolo[2,3-*b*]pyridin-3-carboxamid
–	CUMYL-5F-PEGACLONE (5F-Cumyl-PeGaClone, 5F-SGT-151)	5-(5-Fluorpentyl)-2-(2-phenylpropan-2-yl)-2,5-dihydro-1*H*-pyrido[4,3-*b*]indol-1-on
–	CUMYL-PEGACLONE (SGT-151)	5-Pentyl-2-(2-phenylpropan-2-yl)-2,5-dihydro-1*H*-pyrido[4,3-*b*]indol-1-on
Cyclobarbital	–	5-(Cyclohex-1-en-1-yl)-5-ethylpyrimidin-2,4,6(1*H*,3*H*,5*H*)-trion
–	Cyclopropylfentanyl[1)]	*N*-Phenyl-*N*-[1-(2-phenylethyl)piperidin-4-yl]cyclopropancarboxamid
–	Desoxypipradrol (2-DPMP)	2-(Diphenylmethyl)piperidin
–	**Dextromethadon**	(*S*)-6-Dimethylamino-4,4-diphenylheptan-3-on
Dextromoramid	–	(*S*)-3-Methyl-4-morpholino-2,2-diphenyl-1-(pyrrolidin-1-yl)butan-1-on
Dextropropoxyphen	–	[(2*S*,3*R*)-4-Dimethylamino-3-methyl-1,2-diphenylbutan-2-yl]propionat
–	**Diamorphin**	[(5R,6S)-4,5-Epoxy-17- methylmorphin-7-en-3,6- diyl]diacetat
– sofern es zur Herstellung von Zubereitungen zu medizinischen Zwecken bestimmt ist –		
–	Diclazepam (2'-Chlordiazepam)	7-Chlor-5-(2-chlorphenyl)-1-methyl-1,3-dihydro-2*H*-1,4-benzodiazepin-2-on
Difenoxin	–	1-(3-Cyan-3,3-diphenylpropyl)-4-phenylpiperidin-4-carbonsäure
– ausgenommen in Zubereitungen, die ohne einen weiteren Stoff der Anlagen I bis III je abgeteilte Form bis zu 0,5 mg Difenoxin, berechnet als Base, und, bezogen auf diese Menge, mindestens 5 vom Hundert Atropinsulfat enthalten –		
–	**Dihydromorphin**	4,5α-Epoxy-17-methylmorphinan-3,6α-diol
–	Dihydrothebain	4,5α-Epoxy-3,6-dimethoxy-17-methylmorphin-6-en
–	Dimethocain (DMC, Larocain)	(3-Diethylamino-2,2-dimethylpropyl)-4-aminobenzoat
–	2,5-Dimethoxy-4-iodamfetamin (DOI)	1-(4-Iod-2,5-dimethoxyphenyl)propan-2-amin
–	3,4-Dimethylmethcathinon (3,4-DMMC)	1-(3,4-Dimethylphenyl)-2-(methylamino)propan-1-on

1) **Amtl. Anm.:** Durch die Aufnahme des Stoffes in die Anlage II des Betäubungsmittelgesetzes wird die Delegierte Richtlinie (EU) 2019/369 der Kommission vom 13. Dezember 2018 zur Änderung des Anhangs des Rahmenbeschlusses 2004/757/JI des Rates zur Aufnahme neuer psychoaktiver Substanzen in die Drogendefinition (ABl. L 66 vom 7.3.2019, S. 3) umgesetzt.

INN	andere nicht geschützte oder Trivialnamen	chemische Namen (IUPAC)
–	Diphenidin (1,2-DEP, DPD, DND, 1,2-Diphenylethylpiperidin)	1-(1,2-Diphenylethyl)piperidin
Diphenoxylat	–	Ethyl[1-(3-cyan-3,3-diphenylpropyl)-4-phenylpiperidin-4-carboxylat]
– ausgenommen in Zubereitungen, die ohne einen weiteren Stoff der Anlagen I bis III bis zu 0,25 vom Hundert oder je abgeteilte Form bis zu 2,5 mg Diphenoxylat, berechnet als Base, und, bezogen auf diese Mengen, mindestens 1 vom Hundert Atropinsulfat enthalten –		
–	4,4'-DMAR (para-Methyl-4-methylaminorex)	4-Methyl-5-(4-methylphenyl)-4,5-dihydro-1,3-oxazol-2-amin
–	EAM-2201 (5-Fluor-JWH-210)	(4-Ethylnaphthalin-1-yl)[1-(5-fluorpentyl)-1*H*-indol-3-yl]methanon
–	**Ecgonin**	3β-Hydroxytropan-2β-carbonsäure
–	**Erythroxylum coca** (Pflanzen und Pflanzenteile der zur Art Erythroxylum coca – einschließlich der Varietäten bolivianum, spruceanum und novogranatense – gehörenden Pflanzen)	–
–	Etazen (Etodesnitazen)	*N,N*-Diethyl-2-{2-[(4-ethoxyphenyl)methyl]-1*H*-benzimidazol-1-yl}ethan-1-amin
–	Ethcathinon	(*RS*)-2-(Ethylamino)-1-phenylpropan-1-on
Ethchlorvynol	–	1-Chlor-3-ethylpent-1-en-4-in-3-ol
Ethinamat	–	(1-Ethinylcyclohexyl)carbamat
–	*N*-Ethylhexedron (Ethyl-Hexedron, HexEn, Ethyl-Hex, NEH)	2-(Ethylamino)-1-phenylhexan-1-on
–	**3-*O*-Ethylmorphin** (Ethylmorphin)	4,5α-Epoxy-3-ethoxy-17-methylmorphin-7-en-6α-ol
– ausgenommen in Zubereitungen, die ohne einen weiteren Stoff der Anlagen I bis III bis zu 2,5 vom Hundert oder je abgeteilte Form bis zu 100 mg Ethylmorphin, berechnet als Base, enthalten –		
–	*N*-Ethylnorpentylon (Ephylon, bk-EBDP, bk-Ethyl-K)	1-(1,3-Benzodioxol-5-yl)-2-(ethylamino)pentan-1-on
–	Ethylphenidat	Ethyl[2-(phenyl)-2-(piperidin-2-yl)acetat]
Etilamfetamin	*N*-Ethylamphetamin	(Ethyl)(1-phenylpropan-2-yl)azan
–	Etonitazepyn (*N*-Pyrrolidino Etonitazen)	2-[(4-Ethoxyphenyl)methyl]-5-nitro-1-(2-pyrrolidin-1-ylethyl)-1*H*-benzimidazol
–	Eutylon (N-Ethylnorbutylon, bk-EBDB)	1-(1,3-Benzodioxol-5-yl)-2-(ethylamino)butan-1-on
–	5F-ABICA (5F-AMBICA, 5-Fluor-ABICA, 5-Fluor-AMBICA)	*N*-(1-Amino-3-methyl-1-oxobutan-2-yl)-1-(5-fluorpentyl)-1*H*-indol-3-carboxamid
–	5F-AB-PINACA (5-Fluor-AB-PINACA)	*N*-(1-Amino-3-methyl-1-oxobutan-2-yl)-1-(5-fluorpentyl)-1*H*-indazol-3-carboxamid
–	5F-ADB (5F-MDMB-PINACA)	Methyl{2-[1-(5-fluorpentyl)-1*H*-indazol-3-carboxamid]-3,3-dimethylbutanoat}
–	5F-AMB (5-Fluor-AMB)	Methyl{2-[1-(5-fluorpentyl)-1*H*-indazol-3-carboxamido]-3-methylbutanoat}
–	FDU-PB-22	Naphthalin-1-yl{1[(4-fluorphenyl)methyl]-1*H*-indol-3-carboxylat}
Fencamfamin	–	N-Ethyl-3-phenylbicyclo[2.2.1] heptan-2-amin

INN	andere nicht geschützte oder Trivialnamen	chemische Namen (IUPAC)
–	Flephedron (4-Fluormethcathinon, 4-FMC)	1-(4-Fluorphenyl)-2-(methylamino)propan-1-on
–	Flualprazolam (2-Fluor-Alprazolam, SCHEMBL7327360, Flu-Alp)	8-Chlor-6-(2-fluorphenyl)-1-methyl-4*H*-[1,2,4] triazolo[4,3-*a*] [1,4]benzodiazepin
–	Flubromazepam	7-Brom-5-(2-fluorphenyl)-1,3-dihydro-2*H*-1,4-benzodiazepin-2-on
–	Flubromazolam	8-Brom-6-(2-fluorphenyl)-1-methyl-4*H*-[1,2,4]triazolo[4,3-a][1,4]benzodiazepin
–	4-Fluorisobutyrfentanyl (4-Fluorisobutyrylfentanyl, 4F-iBF, p-FIBF)	*N*-(4-Fluorphenyl)-2-methyl-*N*-[1-(2-phenylethyl)piperidin-4-yl]propanamid
–	4-Fluormethamfetamin (4-FMA)	1-(4-Fluorphenyl)-N-methylpropan-2-amin
–	3-Fluormethcathinon (3-FMC)	1-(3-Fluorphenyl)-2-(methylamino)propan-1-on
–	5-Fluorpentyl-JWH-122 (MAM-2201)	[1-(5-Fluorpentyl)-1*H*-indol-3-yl](4-methylnaphthalin-1-yl)methanon
–	p-Fluorphenylpiperazin (p-FPP)	1-(4-Fluorphenyl)piperazin
–	4-Fluortropacocain	3-(4-Fluorbenzoyloxy)tropan
–	5-Fluor-UR-144 (XLR-11)	[1-(5-Fluorpentyl)-1*H*-indol-3-yl](2,2,3,3-tetramethylcyclopropyl)methanon
–	4F-MDMB-BICA (4F-MDMB-BUTICA, 4FBC, 4FBCA, MDMB-073-F, 4F-MDMB-2201)	Methyl{2-[1-(4-fluorbutyl)-1*H*-indol-3-carboxamido]-3,3-dimethylbutanoat}
–	4F-MDMB-BINACA (4F-MDMB-BUTINACA, 4F-ADB)	Methyl{2-[1-(4-fluorbutyl)-1*H*-indazol-3-carboxamido]-3,3-dimethylbutanoat}
–	5F-MDMB-PICA (5F-MDMB-2201)	Methyl{2-[1-(5-fluorpentyl)-1*H*-indol-3-carboxamido]-3,3-dimethylbutanoat}
–	5F-MN-18 (AM-2201 Indazolcarboxamid-Analogon)	1-(5-Fluorpentyl)-*N*-1-(naphthalin-1-yl)-1*H*-indazol-3-carboxamid
–	5F-PB-22 (5F-QUPIC)	Chinolin-8-yl[1-(5-fluorpentyl)indol-3-carboxylat]
–	5F-SDB-006	*N*-Benzyl-1-(5-fluorpentyl)-1*H*-indol-3-carboxamid
–	FUB-PB-22	Chinolin-8-yl{1-[(4-fluorphenyl)methyl]-1*H*-indol-3-carboxylat}
–	Furanylfentanyl (FU-F)	*N*-Phenyl-*N*-[1-(2-phenylethyl)piperidin-4-yl]furan-2-carboxamid
Glutethimid	–	3-Ethyl-3-phenylpiperidin-2,6-dion
–	**Isocodein**	4,5α-Epoxy-3-methoxy-17-methylmorphin-7-en-6β-ol
Isomethadon	–	6-Dimethylamino-5-methyl-4,4-diphenylhexan-3-on
–	Isotonitazen (Iso)	*N*,*N*-Diethyl-2-{[4-(1-methylethoxy)phenyl]methyl}-5-nitro-1*H*-benzimidazol-1-ethanamin
–	JWH-007	(2-Methyl-1-pentyl-1*H*-indol-3-yl)(naphthalin-1-yl)methanon

INN	andere nicht geschützte oder Trivialnamen	chemische Namen (IUPAC)
–	JWH-015	(2-Methyl-1-propyl-1*H*-indol-3-yl)(naphthalin-1-yl)methanon
–	JWH-018 (1-Pentyl-3-(1-naphthoyl)indol)	(Naphthalin-1-yl)(1-pentyl-1*H*-indol-3-yl)methanon
–	JWH-019 (1-Hexyl-3-(1-naphthoyl)indol)	(Naphthalin-1-yl)(1-hexyl-1*H*-indol-3-yl)methanon
–	JWH-073 (1-Butyl-3-(1-naphthoyl)indol)	(Naphthalin-1-yl)(1-butyl-1*H*-indol-3-yl)methanon
–	JWH-081	(4-Methoxynaphthalin-1-yl)(1-pentyl-1*H*-indol-3-yl)methanon
–	JWH-122	(4-Methylnaphthalin-1-yl)(1-pentyl-1*H*-indol-3-yl)methanon
–	JWH-200	[1-(2-Morpholinoethyl)-1*H*-indol-3-yl](naphthalin-1-yl)methanon
–	JWH-203	2-(2-Chlorphenyl)-1-(1-pentyl-1*H*-indol-3-yl)ethanon
–	JWH-210	(4-Ethylnaphthalin-1-yl)(1-pentyl-1*H*-indol-3-yl)methanon
–	JWH-250 (1-Pentyl-3-(2-methoxyphenylacetyl)indol)	2-(2-Methoxyphenyl)-1-(1-pentyl-1*H*-indol-3-yl)ethanon
–	JWH-251	2-(2-Methylphenyl)-1-(1-pentyl-1*H*-indol-3-yl)ethanon
–	JWH-307	[5-(2-Fluorphenyl)-1-pentyl-1*H*-pyrrol-3-yl](naphthalin-1-yl)methanon
Levamfetamin	Levamphetamin	(*R*)-1-Phenylpropan-2-ylazan
–	Levmetamfetamin (Levometamfetamin)	(*R*)-(Methyl)(1-phenylpropan-2-yl)azan
Levomoramid	–	(*R*)-3-Methyl-4-morpholino-2,2-diphenyl-1-(pyrrolidin-1-yl)butan-1-on
Levorphanol	–	(9*R*,13*R*,14*R*)-17-Methylmorphinan-3-ol
Mazindol	–	5-(4-Chlorphenyl)-2,5-dihydro-3*H*-imidazol[2,1-a]isoindol-5-ol
–	MDMB-CHMCZCA (EGMB-CHMINACA)	Methyl{2-[9-(cyclohexylmethyl)-9*H*-carbazol-3-carboxamido]-3,3-dimethylbutanoat}
–	MDMB-CHMICA	Methyl{2-[1-(cyclohexylmethyl)-1*H*-indol-3-carboxamido]-3,3-dimethylbutanoat}
–	MDMB-4en-PINACA	Methyl{2-[1-(pent-4-en-1-yl)-1*H*-indazol-3-carboxamido]-3,3-dimethylbutanoat}
Mefenorex	–	3-Chlor-N-(1-phenylpropan-2-yl) propan-1-amin
Meprobamat	–	(2-Methyl-2-propylpropan-1,3-diyl) dicarbamat
Mesocarb	–	(Phenylcarbamoyl)[3-(1-phenylpropan-2-yl)-1,2,3-oxadiazol-3-ium-5-yl]azanid
–	meta-Chlorphenylpiperazin (m-CPP)	1-(3-Chlorphenyl)piperazin
Metamfetamin	Methamphetamin	(2S)-*N*-Methyl-1-phenylpropan-2-amin
(*RS*)-Metamfetamin	Metamfetaminracemat	(*RS*)-(Methyl)(1-phenylpropan-2-yl)azan
–	Methadon-Zwischenprodukt (Premethadon)	4-Dimethylamino-2,2-diphenylpentannitril
Methaqualon	–	2-Methyl-3-(2-methylphenyl) chinazolin-4(3*H*)-on

INN	andere nicht geschützte oder Trivialnamen	chemische Namen (IUPAC)
–	Methedron (4-Methoxymethcathinon, PMMC)	1-(4-Methoxyphenyl)-2-(methylamino)propan-1-on
–	Methoxyacetylfentanyl[1]	2-Methoxy-*N*-phenyl-*N*-[1-(2-phenylethyl)piperidin-4-yl]acetamid
–	p-Methoxyethylamfetamin (PMEA)	N-Ethyl-1-(4-methoxyphenyl)propan-2-amin
–	3-Methoxyphencyclidin (3-MeO-PCP)	1-[1-(3-Methoxyphenyl)cyclohexyl]piperidin
–	4-Methylamfetamin	1-(4-Methylphenyl)propan-2-amin
–	2-Methyl-AP-237 (2-Methyl-Bucinnazin)	1-[2-Methyl-4-(3-phenylprop-2-en-1-yl)piperazin-1-yl]butan-1-on
–	Methylbenzylpiperazin (MBZP)	1-Benzyl-4-methylpiperazin
–	3,4-Methylendioxypyrovaleron (MDPV)	1-(Benzo[d][1,3]dioxol-5-yl)-2-(pyrrolidin-1-yl)pentan-1-on
–	4-Methylethcathinon (4-MEC)	2-(Ethylamino)-1-(4-methylphenyl)propan-1-on
–	Methylon (3,4-Methylendioxy-N-methcathinon, MDMC)	1-(Benzo[d][1,3]dioxol-5-yl)-2-(methylamino)propan-1-on
(*RS;SR*)-Methylphenidat	–	Methyl[(*RS;SR*)(phenyl)(2-piperidyl)acetat]
Methyprylon	–	3,3-Diethyl-5-methylpiperidin-2,4-dion
–	Metonitazen	N,N-Diethyl-2-{2-[(4-methoxyphenyl)methyl]-5-nitro-1H-benzimidazol-1-yl}ethan-1-amin
–	MMB-2201 (5F-AMB-PICA, 5F-MMB-PICA)	Methyl{2-[1-(5-fluorpentyl)-1*H*-indol-3-carboxamido]-3-methylbutanoat}
–	**Mohnstrohkonzentrat** (das bei der Verarbeitung von Pflanzen und Pflanzenteilen der Art Papaver somniferum zur Konzentrierung der Alkaloide anfallende Material)	–
–	Moramid-Zwischenprodukt (Premoramid)	3-Methyl-4-morpholino-2,2-diphenylbutansäure
–	MT-45	1-Cyclohexyl-4-(1,2-diphenylethyl)piperazin
–	Naphyron (Naphthylpyrovaleron)	1-(Naphthalin-2-yl)-2-(pyrrolidin-1-yl)pentan-1-on
–	NE-CHMIMO (JWH-018 N-(Cyclohexylmethyl)-Analogon)	[1-(Cyclohexylmethyl)-1*H*-indol-3-yl](naphthalin-1-yl)methanon
Nicocodin	6-Nicotinoylcodein	(4,5α-Epoxy-3-methoxy-17-methylmorphin-7-en-6α-yl)nicotinat
Nicodicodin	6-Nicotinoyldihydrocodein	(4,5α-Epoxy-3-methoxy-17-methylmorphinan-6α-yl)nicotinat

1) **Amtl. Anm.:** Durch die Aufnahme des Stoffes in die Anlage II des Betäubungsmittelgesetzes wird die Delegierte Richtlinie (EU) 2019/369 der Kommission vom 13. Dezember 2018 zur Änderung des Anhangs des Rahmenbeschlusses 2004/757/JI des Rates zur Aufnahme neuer psychoaktiver Substanzen in die Drogendefinition (ABl. L 66 vom 7.3.2019, S. 3) umgesetzt.

INN	andere nicht geschützte oder Trivialnamen	chemische Namen (IUPAC)
–	NM-2201 (CBL-2201)	Naphthalin-1-yl[1-(5-fluorpentyl)-1*H*-indol-3-carboxylat]
–	Ocfentanil (A-3217)	*N*-(2-Fluorphenyl)-2-methoxy-*N*-[1-(2-phenylethyl)piperidin-4-yl]acetamid
–	Oripavin	4,5α-Epoxy-6-methoxy-17-methylmorphina-6,8-dien-3-ol
–	Orthofluorfentanyl (2-Fluorfentanyl, 2F-F, 2-FF, o-FF)	*N*-(2-Fluorphenyl)-*N*-[1-(2-phenylethyl)piperidin-4-yl]propanamid
Oxymorphon	14-Hydroxydihydromorphinon	4,5α-Epoxy-3,14-dihydroxy-17-methylmorphinan-6-on
–	**Papaver bracteatum** (Pflanzen und Pflanzenteile, ausgenommen die Samen, der zur Art Papaver bracteatum gehörenden Pflanzen)	–
– ausgenommen zu Zierzwecken –		
–	Parafluorbutyrylfentanyl (Parafluorbutyrfentanyl, 4-Fluorbutyrfentanyl, 4F-BF, PFBF)	*N*-(4-Fluorphenyl)-*N*-[1-(2-phenylethyl)piperidin-4-yl]butanamid
–	PB-22 (QUPIC)	Chinolin-8-yl(1-pentylindol-3-carboxylat)
–	Pentedron	2-(Methylamino)-1-phenylpentan-1-on
–	Pethidin-Zwischenprodukt A (Prepethidin)	1-Methyl-4-phenylpiperidin-4-carbonitril
–	Pethidin-Zwischenprodukt B (Norpethidin)	Ethyl(4-phenylpiperidin-4-carboxylat)
–	Pethidin-Zwischenprodukt C (Pethidinsäure)	1-Methyl-4-phenylpiperidin-4-carbonsäure
Phendimetrazin	–	(2*S*,3*S*)-3,4-Dimethyl-2-phenylmorpholin
Phenmetrazin	–	3-Methyl-2-phenylmorpholin
Pholcodin	Morpholinylethylmorphin	4,5α-Epoxy-17-methyl-3-(2-morpholinoethoxy)morphin-7-en-6α-ol
– ausgenommen in Zubereitungen, die ohne einen weiteren Stoff der Anlagen I bis III als Lösung bis zu 0,15 vom Hundert, je Packungseinheit jedoch nicht mehr als 150 mg, oder je abgeteilte Form bis zu 20 mg Pholcodin, berechnet als Base, enthalten –		
Propiram	–	*N*-(1-Piperidinopropan-2-yl)-*N*-(2-pyridyl)propanamid
–	Protonitazen	*N,N*-Diethyl-2-{2-[(4-propoxyphenyl)methyl]-5-nitro-1*H*-benzimidazol-1-yl}ethan-1-amin
Pyrovaleron	–	2-(Pyrrolidin-1-yl)-1-(*p*-tolyl)pentan-1-on
–	α-Pyrrolidinohexanophenon (Alpha-PHP, α-PHP, PV-7)	1-Phenyl-2-(pyrrolidin-1-yl)hexan-1-on
–	α-Pyrrolidinoisohexanophenon (Alpha-PiHP, α-PiHP, 4-Methyl-α-PVP)	4-Methyl-1-phenyl-2-(pyrrolidin-1-yl)pentan-1-on
–	α-Pyrrolidinovalerophenon (α-PVP)	1-Phenyl-2-(pyrrolidin-1-yl)pentan-1-on
Racemoramid	–	(*RS*)-3-Methyl-4-morpholino-2,2-diphenyl-1-(pyrrolidin-1-yl)butan-1-on
Racemorphan	–	(9*RS*,13*RS*,14*RS*)-17-Methylmorphinan-3-ol

INN	andere nicht geschützte oder Trivialnamen	chemische Namen (IUPAC)
–	RCS-4	(4-Methoxyphenyl)(1-pentyl-1*H*-indol-3-yl)methanon
–	RCS-4 ortho-Isomer (o-RCS-4)	(2-Methoxyphenyl)(1-pentyl-1*H*-indol-3-yl)methanon
–	SDB-006	*N*-Benzyl-1-pentyl-1*H*-indol-3-carboxamid
Secbutabarbital	Butabarbital	5-(Butan-2-yl)-5-ethylpyrimidin-2,4,6(1*H*,3*H*,5*H*)-trion
–	STS-135 (5F-2NE1)	*N*-(Adamantan-1-yl)-1-(5-fluorpentyl)-1*H*-indol-3-carboxamid
–	Δ9-Tetrahydrocannabinol (Δ9-THC)	6,6,9-Trimethyl-3-pentyl-6a,7,8,10a-tetrahydro-6H-benzo[c]chromen-1-ol

– ausgenommen,

a) wenn es sich um Cannabis zu medizinischen Zwecken oder Cannabis zu medizinisch-wissenschaftlichen Zwecken im Sinne des Medizinal-Cannabisgesetzes handelt, oder

b) wenn es sich um eine nichtsynthetische Form handelt, die zu nichtmedizinischen Zwecken im Verkehr ist.

–	Tetrahydrofuranylfentanyl (THF-F)	*N*-Phenyl-*N*-[1-(2-phenylethyl)piperidin-4-yl]tetrahydrofuran-2-carboxamid
–	**Tetrahydrothebain**	4,5α-Epoxy-3,6-dimethoxy-17-methylmorphinan
Thebacon	Acetyldihydrocodeinon	(4,5α-Epoxy-3-methoxy-17-methylmorphin-6-en-6-yl)acetat
–	**Thebain**	4,5α-Epoxy-3,6-dimethoxy-17-methylmorphina-6,8-dien
–	THJ-018 (JWH-018 Indazol-Analogon)	(Naphthalin-1-yl)(1-pentyl-1*H*-indazol-3-yl)methanon
–	THJ-2201 (AM-2201 Indazol-Analogon)	[1-(5-Fluorpentyl)-1*H*-indazol-3-yl](naphthalin-1-yl)methanon
***cis*-Tilidin**	–	Ethyl[(1*RS*,2*RS*)-2-dimethylamino-1-phenylcyclohex-3-encarboxylat]
–	3-Trifluormethylphenylpiperazin (TFMPP)	1-[3-(Trifluormethyl)phenyl]piperazin
–	U-47700	3,4-Dichlor-*N*-[2-(dimethylamino)cyclohexyl]-*N*-methylbenzamid
–	U-48800	2-(2,4-Dichlorphenyl)-*N*-[2-(dimethylamino)cyclohexyl]-*N*-methylacetamid
–	UR-144	(1-Pentyl-1*H*-indol-3-yl)(2,2,3,3-tetramethylcyclopropyl)methanon
–	Valerylfentanyl	*N*-Phenyl-*N*-[1-(2-phenylethyl) piperidin-4-yl] pentanamid
Vinylbital	–	5-Ethenyl-5-(pentan-2-yl) pyrimidin-2,4,6(1*H*,3*H*,5*H*)-trion
Zipeprol	–	1-Methoxy-3-[4-(2-methoxy-2-phenylethyl)piperazin-1-yl]-1-phenylpropan-2-ol

– die Ester, Ether und Molekülverbindungen der in dieser Anlage sowie die Ester und Ether der in Anlage III aufgeführten Stoffe, ausgenommen γ-Hydroxybuttersäure (GHB), wenn sie nicht in einer anderen Anlage verzeichnet sind und das Bestehen solcher Ester, Ether und Molekülverbindungen möglich ist;

– die Salze der in dieser Anlage aufgeführten Stoffe, wenn das Bestehen solcher Salze möglich ist, sowie die Salze und Molekülverbindungen der in Anlage III aufgeführten Stoffe, wenn das Bestehen solcher Salze und Molekülverbindungen möglich ist und sie nicht ärztlich, zahnärztlich oder tierärztlich angewendet werden;

– die Zubereitungen der in dieser Anlage aufgeführten Stoffe, wenn sie nicht
  a) ohne am oder im menschlichen oder tierischen Körper angewendet zu werden, ausschließlich diagnostischen oder analytischen Zwecken dienen und ihr Gehalt an einem oder mehreren Betäubungsmitteln, bei Lyophilisaten und entsprechend zu verwendenden Stoffgemischen in der gebrauchsfertigen Lösung, jeweils 0,01 vom Hundert nicht übersteigt oder die Stoffe in den Zubereitungen isotopenmodifiziert oder
  b) besonders ausgenommen sind.

Anlage III[1)]

(verkehrsfähige und verschreibungsfähige Betäubungsmittel)

INN	**andere nicht geschützte oder Trivialnamen**	**chemische Namen (IUPAC)**
Alfentanil	–	*N*-{1-[2-(4-Ethyl-5-oxo-4,5-dihydro-1*H*-tetrazol-1-yl)ethyl]-4-methoxymethyl-4-piperidyl}-*N*-phenylpropanamid
Allobarbital	–	5,5-Diallylbarbitursäure
Alprazolam	–	8-Chlor-1-methyl-6-phenyl-4*H*-[1,2,4]triazolo[4,3-a][1,4]benzodiazepin
– ausgenommen in Zubereitungen, die ohne einen weiteren Stoff der Anlagen I bis III je abgeteilte Form bis zu 1 mg Alprazolam enthalten –		
Amfepramon	Diethylpropion	2-Diethylamino-1-phenylpropan-1-on
– ausgenommen in Zubereitungen ohne verzögerte Wirkstofffreigabe, die ohne einen weiteren Stoff der Anlagen I bis III je abgeteilte Form bis zu 22 mg, und in Zubereitungen mit verzögerter Wirkstofffreigabe, die ohne einen weiteren Stoff der Anlagen I bis III je abgeteilte Form bis zu 64 mg Amfepramon, berechnet als Base, enthalten –		
Amfetamin	Amphetamin	(*RS*)-1-Phenylpropan-2-ylazan
Amobarbital	–	5-Ethyl-5-isopentylbarbitursäure
Barbital	–	5,5-Diethylbarbitursäure
– ausgenommen in Zubereitungen, die a) ohne einen weiteren Stoff der Anlagen I bis III bis zu 10 vom Hundert oder b) ohne am oder im menschlichen oder tierischen Körper angewendet zu werden, ausschließlich diagnostischen oder analytischen Zwecken dienen und ohne einen weiteren Stoff der Anlagen I bis III je Packungseinheit nicht mehr als 25 g Barbital, berechnet als Säure, enthalten –		
Bromazepam	–	7-Brom-5-(2-pyridyl)-1,3-dihydro-2*H*-1,4-benzodiazepin-2-on
– ausgenommen in Zubereitungen, die ohne einen weiteren Stoff der Anlagen I bis III je abgeteilte Form bis zu 6 mg Bromazepam enthalten –		
Brotizolam	–	2-Brom-4-(2-chlorphenyl)-9-methyl-6*H*-thieno[3,2-*f*][1,2,4]triazolo[4,3-*a*][1,4]diazepin
– ausgenommen in Zubereitungen, die ohne einen weiteren Stoff der Anlagen I bis III bis zu 0,02 vom Hundert oder je abgeteilte Form bis zu 0,25 mg Brotizolam enthalten –		
Buprenorphin	–	(5*R*,6*R*,7*R*,14*S*)-17-Cyclopropylmethyl-4,5-epoxy-7-[(*S*)-2-hydroxy-3,3-dimethylbutan-2-yl]-6-methoxy-6,14-ethanomorphinan-3-ol
Camazepam	–	(7-Chlor-1-methyl-2-oxo-5-phenyl-2,3-dihydro-1*H*-1,4-benzodiazepin-3-yl)(dimethylcarbamat)
Cathin	(+)-Norpseudoephedrin (D-Norpseudoephedrin)	(1*S*,2*S*)-2-Amino-1-phenylpropan-1-ol
– ausgenommen in Zubereitungen, die ohne einen weiteren Stoff der Anlagen I bis III bis zu 5 vom Hundert als Lösung, jedoch nicht mehr als 1600 mg je Packungseinheit oder je abgeteilte Form bis zu 40 mg Cathin, berechnet als Base, enthalten –		

1) Zu Ausnahmen vom Betäubungsmittelgesetz siehe ua § 5 SARS-CoV-2-Arzneimittelversorgungsverordnung v. 20.4.2020 (BAnz AT 21.04.2020 V1).

INN	andere nicht geschützte oder Trivialnamen	chemische Namen (IUPAC)
Chlordiazepoxid	–	7-Chlor-2-methylamino-5-phenyl-3*H*-1,4-benzodiazepin-4-oxid
– ausgenommen in Zubereitungen, die ohne einen weiteren Stoff der Anlagen I bis III je abgeteilte Form bis zu 25 mg Chlordiazepoxid enthalten –		
Clobazam	–	7-Chlor-1-methyl-5-phenyl-1,3-dihydro-2*H*-1,5-benzodiazepin-2,4(5*H*)-dion
– ausgenommen in Zubereitungen, die ohne einen weiteren Stoff der Anlagen I bis III bis zu 0,2 Prozent als Suspension, jedoch nicht mehr als 300 mg je Packungseinheit, oder je abgeteilte Form bis zu 30 mg Clobazam enthalten –		
Clonazepam	–	5-(2-Chlorphenyl)-7-nitro-1,3-dihydro-2*H*-1,4-benzodiazepin-2-on
– ausgenommen in Zubereitungen, die ohne einen weiteren Stoff der Anlagen I bis III bis zu 0,25 vom Hundert als Tropflösung, jedoch nicht mehr als 250 mg je Packungseinheit oder je abgeteilte Form bis zu 2 mg Clonazepam enthalten –		
Clorazepat	–	(*RS*)-7-Chlor-2-oxo-5-phenyl-2,3-dihydro-1*H*-1,4-benzodiazepin-3-carbonsäure
– ausgenommen in Zubereitungen, die ohne einen weiteren Stoff der Anlagen I bis III je abgeteilte Form bis zu 50 mg, als Trockensubstanz nur zur parenteralen Anwendung bis zu 100 mg, Clorazepat als Dikaliumsalz enthalten –		
Clotiazepam	–	5-(2-Chlorphenyl)-7-ethyl-1-methyl-1,3-dihydro-2*H*-thieno[2,3-*e*][1,4]diazepin-2-on
– ausgenommen in Zubereitungen, die ohne einen weiteren Stoff der Anlagen I bis III je abgeteilte Form bis zu 20 mg Clotiazepam enthalten –		
Cloxazolam	–	10-Chlor-11b-(2-chlorphenyl)-2,3,7,11b-tetrahydro[1,3]oxazolo[3,2-*d*][1,4]benzodiazepin-6(5*H*)-on
–	**Cocain** (Benzoylecgoninmethylester)	Methyl[3β-(benzoyloxy)tropan-2β-carboxylat]
–	**Codein** (3-Methylmorphin)	4,5α-Epoxy-3-methoxy-17-methylmorphin-7-en-6α-ol
– ausgenommen in Zubereitungen, die ohne einen weiteren Stoff der Anlagen I bis III bis zu 2,5 vom Hundert oder je abgeteilte Form bis zu 100 mg Codein, berechnet als Base, enthalten. Für ausgenommene Zubereitungen, die für betäubungsmittel- oder alkoholabhängige Personen verschrieben werden, gelten jedoch die Vorschriften über das Verschreiben und die Abgabe von Betäubungsmitteln. –		
Dexamfetamin	Dexamphetamin	(*S*)-1-Phenylpropan-2-ylazan
Delorazepam	–	7-Chlor-5-(2-chlorphenyl)-1,3-dihydro-2*H*-1,4-benzodiazepin-2-on
Dexmethylphenidat	–	Methyl[(R,R)(phenyl)(2-piperidyl)acetat]
–	**Diamorphin**	[(5R,6S)-4,5-Epoxy-17- methylmorphin-7-en-3,6- diyl]diacetat
– nur in Zubereitungen, die zur Substitutionsbehandlung zugelassen sind –		
Diazepam	–	7-Chlor-1-methyl-5-phenyl-1,3-dihydro-2*H*-1,4-benzodiazepin-2-on
– ausgenommen in Zubereitungen, die ohne einen weiteren Stoff der Anlagen I bis III bis zu 1 vom Hundert als Sirup oder Tropflösung, jedoch nicht mehr als 250 mg je Packungseinheit, oder je abgeteilte Form bis zu 10 mg Diazepam enthalten –		
Dihydrocodein	–	4,5α-Epoxy-3-methoxy-17-methylmorphinan-6α-ol
– ausgenommen in Zubereitungen, die ohne einen weiteren Stoff der Anlagen I bis III bis zu 2,5 vom Hundert oder je abgeteilte Form bis zu 100 mg Dihydrocodein, berechnet als Base, enthalten. Für ausgenommene Zubereitungen, die für betäubungsmittel- oder alkoholabhängige Personen verschrieben werden, gelten jedoch die Vorschriften über das Verschreiben und die Abgabe von Betäubungsmitteln. –		

INN	andere nicht geschützte oder Trivialnamen	chemische Namen (IUPAC)
Estazolam	–	8-Chlor-6-phenyl-4*H*-[1,2,4]triazolo [4,3-*a*]benzodiazepin
– ausgenommen in Zubereitungen, die ohne einen weiteren Stoff der Anlagen I bis III je abgeteilte Form bis zu 2 mg Estazolam enthalten –		
Ethylloflazepat	–	4-(2-Chlorphenyl)-2-ethyl-9-methyl-6H-thieno[3,2-*f*][1,2,4]triazolo[4,3-*a*][1,4]diazepin
Etizolam	–	4-(2-Chlorphenyl)-2-ethyl-9-methyl-6*H*-thieno[3,2-*f*][1,2,4]triazolo[4,3-*a*][1,4]diazepin
Etorphin	–	(5*R*,6*R*,7*R*,14*R*)-4,5-Epoxy-7-[(*R*)-2-hydroxypentan-2-yl]-6-methoxy-17-methyl-6,14-ethenomorphinan-3-ol
Fenetyllin	–	1,3-Dimethyl-7-[2-(1-phenylpropan-2-ylamino)ethyl]-3,7-dihydro-2*H*-purin-2,6(1*H*)-dion
Fenproporex	–	(*RS*)-3-(1-Phenylpropan-2-ylamino)propannitril
– ausgenommen in Zubereitungen, die ohne einen weiteren Stoff der Anlagen I bis III je abgeteilte Form bis zu 11 mg Fenproporex, berechnet als Base, enthalten –		
Fentanyl	–	*N*-(1-Phenethyl-4-piperidyl)-*N*-phenylpropanamid
Fludiazepam	–	7-Chlor-5-(2-fluorphenyl)-1-methyl-1,3-dihydro-2*H*-1,4-benzodiazepin-2-on
Flunitrazepam	–	5-(2-Fluorphenyl)-1-methyl-7-nitro-1,3-dihydro-2*H*-1,4-benzodiazepin-2-on
Flurazepam	–	7-Chlor-1-(2-diethylaminoethyl)-5-(2-fluorphenyl)-1,3-dihydro-2*H*-1,4-benzodiazepin-2-on
– ausgenommen in Zubereitungen, die ohne einen weiteren Stoff der Anlagen I bis III je abgeteilte Form bis zu 30 mg Flurazepam enthalten –		
Halazepam	–	7-Chlor-5-phenyl-1-(2,2,2-trifluorethyl)-1,3-dihydro-2*H*-1,4-benzodiazepin-2-on
– ausgenommen in Zubereitungen, die ohne einen weiteren Stoff der Anlagen I bis III je abgeteilte Form bis zu 120 mg Halazepam enthalten –		
Haloxazolam	–	10-Brom-11b-(2-fluorphenyl)-2,3,7,11b-tetrahydro[1,3]oxazolo[3,2-*d*][1,4]benzodiazepin-6(5*H*)-on
Hydrocodon	Dihydrocodeinon	4,5α-Epoxy-3-methoxy-17-methylmorphinan-6-on
Hydromorphon	Dihydromorphinon	4,5α-Epoxy-3-hydroxy-17-methylmorphinan-6-on
–	γ-Hydroxybuttersäure (GHB)	4-Hydroxybutansäure
– ausgenommen in Zubereitungen zur Injektion, die ohne einen weiteren Stoff der Anlagen I bis III bis zu 20 vom Hundert und je abgeteilte Form bis zu 2 g γ-Hydroxybuttersäure, berechnet als Säure, enthalten –		
Ketazolam	–	11-Chlor-2,8-dimethyl-12b-phenyl-8,12b-dihydro-4*H*-[1,3]oxazino[3,2-*d*][1,4]benzodiazepin-4,7(6*H*)-dion
– ausgenommen in Zubereitungen, die ohne einen weiteren Stoff der Anlagen I bis III je abgeteilte Form bis zu 45 mg Ketazolam enthalten –		
Levacetylmethadol	Levomethadylacetat (LAAM)	[(3*S*,6*S*)-6-Dimethylamino-4,4-diphenylheptan-3-yl]acetat
Levomethadon	–	(*R*)-6-Dimethylamino-4,4-diphenylheptan-3-on

INN	andere nicht geschützte oder Trivialnamen	chemische Namen (IUPAC)
Lisdexamfetamin	–	(2*S*)-2,6-Diamino-*N*-[(2*S*)-1-phenylpropan-2-yl]hexanamid
Loprazolam	–	6-(2-Chlorphenyl)-2-[(*Z*)-4-methylpiperazin-1-ylmethylen]-8-nitro-2,4-dihydro-1*H*-imidazo[1,2-*a*][1,4]benzodiazepin-1-on
– ausgenommen in Zubereitungen, die ohne einen weiteren Stoff der Anlagen I bis III je abgeteilte Form bis zu 2,5 mg Loprazolam enthalten –		
Lorazepam	–	(*RS*)-7-Chlor-5-(2-chlorphenyl)-3-hydroxy-1,3-dihydro-2*H*-1,4-benzodiazepin-2-on
– ausgenommen in Zubereitungen, die ohne einen weiteren Stoff der Anlagen I bis III je abgeteilte Form bis zu 2,5 mg Lorazepam enthalten –		
Lormetazepam	–	7-Chlor-5-(2-chlorphenyl)-3-hydroxy-1-methyl-1,3-dihydro-2*H*-1,4-benzodiazepin-2-on
– ausgenommen in Zubereitungen, die ohne einen weiteren Stoff der Anlagen I bis III je abgeteilte Form bis zu 2 mg Lormetazepam enthalten –		
Medazepam	–	7-Chlor-1-methyl-5-phenyl-2,3-dihydro-1*H*-1,4-benzodiazepin
– ausgenommen in Zubereitungen, die ohne einen weiteren Stoff der Anlagen I bis III je abgeteilte Form bis zu 10 mg Medazepam enthalten –		
Methadon	–	(*RS*)-6-Dimethylamino-4,4-diphenylheptan-3-on
Methylphenidat	–	Methyl[(*RS*;*RS*)(phenyl)(2-piperidyl)acetat]
Methylphenobarbital	Mephobarbital	(*RS*)-5-Ethyl-1-methyl-5-phenylbarbitursäure
– ausgenommen in Zubereitungen, die ohne einen weiteren Stoff der Anlagen I bis III je abgeteilte Form bis zu 200 mg Methylphenobarbital, berechnet als Säure, enthalten –		
Midazolam	–	8-Chlor-6-(2-fluorphenyl)-1-methyl-4*H*-imidazo[1,5-*a*][1,4]benzodiazepin
– ausgenommen in Zubereitungen, die ohne einen weiteren Stoff der Anlagen I bis III bis zu 0,2 vom Hundert oder je abgeteilte Form bis zu 15 mg Midazolam enthalten –		
–	**Morphin**	(5*R*,6*S*)-4,5-Epoxy-17-methylmorphin-7-en-3,6-diol
Nabilon	–	(6a*RS*,10a*RS*)-1-Hydroxy-6,6-dimethyl-3-(2-methyloctan-2-yl)-6,6a,7,8,10,10a-hexahydro-9*H*-benzo[*c*]chromen-9-on
Nimetazepam	–	1-Methyl-7-nitro-5-phenyl-1,3-dihydro-2*H*-1,4-benzodiazepin-2-on
Nitrazepam	–	7-Nitro-5-phenyl-1,3-dihydro-2*H*-1,4-benzodiazepin-2-on
– ausgenommen in Zubereitungen, die ohne einen weiteren Stoff der Anlagen I bis III bis zu 0,5 vom Hundert als Tropflösung, jedoch nicht mehr als 250 mg je Packungseinheit, oder je abgeteilte Form bis zu 10 mg Nitrazepam enthalten –		
Nordazepam	–	7-Chlor-5-phenyl-1,3-dihydro-2*H*-1,4-benzodiazepin-2-on
– ausgenommen in Zubereitungen, die ohne einen weiteren Stoff der Anlagen I bis III bis zu 0,5 vom Hundert als Tropflösung, jedoch nicht mehr als 150 mg je Packungseinheit, oder je abgeteilte Form bis zu 15 mg Nordazepam enthalten –		
Normethadon	–	6-Dimethylamino-4,4-diphenylhexan-3-on
–	**Opium** (der geronnene Saft der zur Art Papaver somniferum gehörenden Pflanzen)	–

INN	andere nicht geschützte oder Trivialnamen	chemische Namen (IUPAC)
– ausgenommen in Zubereitungen, die nach einer im homöopathischen Teil des Arzneibuches beschriebenen Verfahrenstechnik hergestellt sind, wenn die Endkonzentration die sechste Dezimalpotenz nicht übersteigt –		
Oxazepam	–	7-Chlor-3-hydroxy-5-phenyl-1,3-dihydro-2*H*-1,4-benzodiazepin-2-on
– ausgenommen in Zubereitungen, die ohne einen weiteren Stoff der Anlagen I bis III je abgeteilte Form bis zu 50 mg Oxazepam enthalten –		
Oxazolam	–	(2*RS*,11b*SR*)-10-Chlor-2-methyl-11b-phenyl-2,3,7,11b-tetrahydro[1,3]oxazolo[3,2-*d*][1,4]benzodiazepin-6(5*H*)-on
– ausgenommen in Zubereitungen, die ohne einen weiteren Stoff der Anlagen I bis III je abgeteilte Form bis zu 20 mg Oxazolam enthalten –		
Oxycodon	14-Hydroxydihydrocodeinon	4,5α-Epoxy-14-hydroxy-3-methoxy-17-methylmorphinan-6-on
–	**Papaver somniferum** (Pflanzen und Pflanzenteile, ausgenommen die Samen, der zur Art Papaver somniferum (einschließlich der Unterart setigerum) gehörenden Pflanzen)	–
– ausgenommen, wenn der Verkehr mit ihnen (ausgenommen der Anbau) Zierzwecken dient und wenn im getrockneten Zustand ihr Gehalt an Morphin 0,02 vom Hundert nicht übersteigt; in diesem Fall finden die betäubungsmittelrechtlichen Vorschriften nur Anwendung auf die Einfuhr, Ausfuhr und Durchfuhr –		
– ausgenommen in Zubereitungen, die nach einer im homöopathischen Teil des Arzneibuches beschriebenen Verfahrenstechnik hergestellt sind, wenn die Endkonzentration die vierte Dezimalpotenz nicht übersteigt –		
– ausgenommen in Zubereitungen, die ohne einen weiteren Stoff der Anlagen I bis III bis zu 0,015 vom Hundert Morphin, berechnet als Base, enthalten und die aus einem oder mehreren sonstigen Bestandteilen in der Weise zusammengesetzt sind, dass das Betäubungsmittel nicht durch leicht anwendbare Verfahren oder in einem die öffentliche Gesundheit gefährdenden Ausmaß zurückgewonnen werden kann –		
Pemolin	–	2-Imino-5-phenyl-1,3-oxazolidin-4-on
– ausgenommen in Zubereitungen, die ohne einen weiteren Stoff der Anlagen I bis III je abgeteilte Form bis zu 20 mg Pemolin, berechnet als Base, enthalten –		
Pentazocin	–	(2*R*,6*R*,11*R*)-6,11-Dimethyl-3-(3-methylbut-2-en-1-yl)-1,2,3,4,5,6-hexahydro-2,6-methano-3-benzazocin-8-ol
Pentobarbital	–	(*RS*)-5-Ethyl-5-(pentan-2-yl)barbitursäure
Pethidin	–	Ethyl(1-methyl-4-phenylpiperidin-4-carboxylat)
–	Phenazepam	7-Brom-5-(2-chlorphenyl)-1,3-dihydro-2*H*-1,4-benzodiazepin-2-on
Phenobarbital	–	5-Ethyl-5-phenylbarbitursäure
– ausgenommen in Zubereitungen, die ohne einen weiteren Stoff der Anlagen I bis III bis zu 10 vom Hundert oder je abgeteilte Form bis zu 300 mg Phenobarbital, berechnet als Säure, enthalten –		
Phentermin	–	2-Benzylpropan-2-ylazan
– ausgenommen in Zubereitungen, die ohne einen weiteren Stoff der Anlagen I bis III je abgeteilte Form bis zu 15 mg Phentermin, berechnet als Base, enthalten –		
Pinazepam	–	7-Chlor-5-phenyl-1-(prop-2-in-1-yl)-1,3-dihydro-2*H*-1,4-benzodiazepin-2-on
Pipradrol	–	Diphenyl(2-piperidyl)methanol
Piritramid	–	1'-(3-Cyan-3,3-diphenylpropyl)[1,4'-bipiperidin]-4'-carboxamid

INN	andere nicht geschützte oder Trivialnamen	chemische Namen (IUPAC)
Prazepam	–	7-Chlor-1-cyclopropylmethyl-5-phenyl-1,3-dihydro-2*H*-1,4-benzodiazepin-2-on
– ausgenommen in Zubereitungen, die ohne einen weiteren Stoff der Anlagen I bis III je abgeteilte Form bis zu 20 mg Prazepam enthalten –		
Remifentanil	–	Methyl{3-[4-methoxycarbonyl-4-(*N*-phenylpropanamido)piperidino]propanoat}
Remimazolam	–	Methyl{3-[(4S)-8-brom-1-methyl-6-(pyridin-2-yl)-4*H*-imidazo[1,2-a] [1,4]benzodiazepin-4-yl]propanoat}
– ausgenommen in Zubereitungen, die ohne einen weiteren Stoff der Anlagen I bis III als Lyophilisat nur zur parenteralen Anwendung bis zu 20 mg Remimazolam, berechnet als Base, enthalten –		
Secobarbital	–	5-Allyl-5-(pentan-2-yl)barbitursäure
Sufentanil	–	*N*-{4-Methoxymethyl-1-[2-(2-thienyl)ethyl]-4-piperidyl}-*N*-phenylpropanamid
Tapentadol	–	3-[(2*R*,3*R*)-1-Dimethylamino-2-methylpentan-3-yl]phenol
Temazepam	–	(*RS*)-7-Chlor-3-hydroxy-1-methyl-5-phenyl-1,3-dihydro-2*H*-1,4-benzodiazepin-2-on
– ausgenommen in Zubereitungen, die ohne einen weiteren Stoff der Anlagen I bis III je abgeteilte Form bis zu 20 mg Temazepam enthalten –		
Tetrazepam	–	7-Chlor-5-(cyclohex-1-enyl)-1-methyl-1,3-dihydro-2*H*-1,4-benzodiazepin-2-on
– ausgenommen in Zubereitungen, die ohne einen weiteren Stoff der Anlagen I bis III je abgeteilte Form bis zu 100 mg Tetrazepam enthalten –		
Tilidin	*trans*-Tilidin	Ethyl[(1*RS*,2*SR*)-2-dimethylamino-1-phenylcyclohex-3-encarboxylat]
– ausgenommen in festen Zubereitungen mit verzögerter Wirkstofffreigabe, die ohne einen weiteren Stoff der Anlagen I bis III je abgeteilte Form bis zu 300 mg Tilidin, berechnet als Base, und, bezogen auf diese Menge, mindestens 7,5 vom Hundert Naloxonhydrochlorid enthalten –		
Triazolam	–	8-Chlor-6-(2-chlorphenyl)-1-methyl-4*H*-[1,2,4]triazolo[4,3-*a*][1,4]benzodiazepin
– ausgenommen in Zubereitungen, die ohne einen weiteren Stoff der Anlagen I bis III je abgeteilte Form bis zu 0,25 mg Triazolam enthalten –		
Zolpidem	–	*N*,*N*-Dimethyl-2-[6-methyl-2-(p-tolyl)imidazo[1,2-*a*]pyridin-3-yl]acetamid
– ausgenommen in Zubereitungen zur oralen Anwendung, die ohne einen weiteren Stoff der Anlagen I bis III je abgeteilte Form bis zu 8,5 mg Zolpidem, berechnet als Base, enthalten –		

– die Salze und Molekülverbindungen der in dieser Anlage aufgeführten Stoffe, wenn sie nach den Erkenntnissen der medizinischen Wissenschaft ärztlich, zahnärztlich oder tierärztlich angewendet werden;

– die Zubereitungen der in dieser Anlage aufgeführten Stoffe, wenn sie nicht

a) ohne am oder im menschlichen oder tierischen Körper angewendet zu werden, ausschließlich diagnostischen oder analytischen Zwecken dienen und ihr Gehalt an einem oder mehreren Betäubungsmitteln, bei Lyophilisaten und entsprechend zu verwendenden Stoffgemischen in der gebrauchsfertigen Lösung, jeweils 0,01 vom Hundert nicht übersteigt oder die Stoffe in den Zubereitungen isotopenmodifiziert oder

b) besonders ausgenommen sind. Für ausgenommene Zubereitungen – außer solchen mit Codein oder Dihydrocodein – gelten jedoch die betäubungsmittelrechtlichen Vorschriften über die Einfuhr, Ausfuhr und Durchfuhr. Nach Buchstabe b der Position Barbital ausgenommene Zubereitungen können jedoch ohne Genehmigung nach § 11 des Betäubungsmittelgesetzes ein-, aus- oder durchgeführt werden, wenn nach den Umständen eine missbräuchliche Verwendung nicht zu befürchten ist.

Wehrstrafgesetz (WStG)

In der Fassung der Bekanntmachung vom 24. Mai 1974[1)] (BGBl. I S. 1213)
(FNA 452-2)

zuletzt geändert durch Art. 3 G zur Überarbeitung des Sanktionenrechts – Ersatzfreiheitsstrafe, Strafzumessung, Auflagen und Weisungen sowie Unterbringung in einer Entziehungsanstalt vom 26. Juli 2023 (BGBl. 2023 I Nr. 203, geänd. durch G v. 16.8.2023, BGBl. 2023 I Nr. 218)

Inhaltsübersicht

Erster Teil
Allgemeine Bestimmungen

§ 1 Geltungsbereich

(1) Dieses Gesetz gilt für Straftaten, die Soldaten der Bundeswehr begehen.

(2) Es gilt auch für Straftaten, durch die militärische Vorgesetzte, die nicht Soldaten sind, ihre Pflichten verletzen (§§ 30 bis 41).

(3) Wegen Verletzung von Privatgeheimnissen (§ 203 Absatz 2, 5 und 6, §§ 204, 205 des Strafgesetzbuches), wegen Verletzung des Post- oder Fernmeldegeheimnisses (§ 206 Abs. 4 des Strafgesetzbuches) und

---

1) Neubekanntmachung des WStG idF der Bek. v. 30.3.1957 (BGBl. I S. 298) in der ab 1.1.1975 geltenden Fassung.

wegen Verletzung des Dienstgeheimnisses (§ 353b Abs. 1 des Strafgesetzbuches) sind nach Maßgabe des § 48 auch frühere Soldaten strafbar, soweit ihnen diese Geheimnisse während des Wehrdienstes anvertraut worden oder sonst bekanntgeworden sind.

(4) Wegen Anstiftung und Beihilfe zu militärischen Straftaten sowie wegen Versuchs der Beteiligung an solchen Straftaten ist nach diesem Gesetz auch strafbar, wer nicht Soldat ist.

§ 1a Auslandstaten

(1) Das deutsche Strafrecht gilt, unabhängig vom Recht des Tatorts, für Taten, die nach diesem Gesetz mit Strafe bedroht sind und im Ausland begangen werden, wenn der Täter

1. Soldat ist oder zu den in § 1 Abs. 2 bezeichneten Personen gehört oder
2. Deutscher ist und seine Lebensgrundlage im räumlichen Geltungsbereich dieses Gesetzes hat.

(2) Das deutsche Strafrecht gilt, unabhängig vom Recht des Tatorts, auch für Taten, die ein Soldat während eines dienstlichen Aufenthalts oder in Beziehung auf den Dienst im Ausland begeht.

§ 2 Begriffsbestimmungen

Im Sinne dieses Gesetzes ist

1. eine militärische Straftat eine Handlung, die der Zweite Teil dieses Gesetzes mit Strafe bedroht;
2. ein Befehl eine Anweisung zu einem bestimmten Verhalten, die ein militärischer Vorgesetzter (§ 1 Abs. 3 des Soldatengesetzes) einem Untergebenen schriftlich, mündlich oder in anderer Weise, allgemein oder für den Einzelfall und mit dem Anspruch auf Gehorsam erteilt;
3. eine schwerwiegende Folge eine Gefahr für die Sicherheit der Bundesrepublik Deutschland, die Schlagkraft der Truppe, Leib oder Leben eines Menschen oder Sachen von bedeutendem Wert, die dem Täter nicht gehören.

§ 3 Anwendung des allgemeinen Strafrechts

(1) Das allgemeine Strafrecht ist anzuwenden, soweit dieses Gesetz nichts anderes bestimmt.

(2) Für Straftaten von Soldaten, die Jugendliche oder Heranwachsende sind, gelten besondere Vorschriften des Jugendgerichtsgesetzes.

§ 4 Militärische Straftaten gegen verbündete Streitkräfte

(1) Die Vorschriften dieses Gesetzes sind auch dann anzuwenden, wenn ein Soldat der Bundeswehr eine militärische Straftat gegen Streitkräfte eines verbündeten Staates oder eines ihrer Mitglieder begeht.

(2) Das Gericht kann von Strafe absehen, wenn die Wahrung der Disziplin in der Bundeswehr eine Bestrafung nicht erfordert.

§ 5 Handeln auf Befehl

(1) Begeht ein Untergebener eine rechtswidrige Tat, die den Tatbestand eines Strafgesetzes verwirklicht, auf Befehl, so trifft ihn eine Schuld nur, wenn er erkennt, daß es sich um eine rechtswidrige Tat handelt oder dies nach den ihm bekannten Umständen offensichtlich ist.

(2) Ist die Schuld des Untergebenen mit Rücksicht auf die besondere Lage, in der er sich bei der Ausführung des Befehls befand, gering, so kann das Gericht die Strafe nach § 49 Abs. 1 des Strafgesetzbuches mildern, bei Vergehen auch von Strafe absehen.

§ 6 Furcht vor persönlicher Gefahr

Furcht vor persönlicher Gefahr entschuldigt eine Tat nicht, wenn die soldatische Pflicht verlangt, die Gefahr zu bestehen.

§ 7 Selbstverschuldete Trunkenheit

(1) Selbstverschuldete Trunkenheit führt nicht zu einer Milderung der angedrohten Strafe, wenn die Tat eine militärische Straftat ist, gegen das Kriegsvölkerrecht verstößt oder in Ausübung des Dienstes begangen wird.

(2) Der Trunkenheit steht ein Rausch anderer Art gleich.

§ 8 (weggefallen)

§ 9 Strafarrest

(1) Das Höchstmaß des Strafarrestes ist sechs Monate, das Mindestmaß zwei Wochen.

(2) [1]Der Strafarrest besteht in Freiheitsentziehung. [2]Im Vollzug soll der Soldat, soweit tunlich, in seiner Ausbildung gefördert werden.

(3) Die Vollstreckung des Strafarrestes verjährt in zwei Jahren.

§ 10 Geldstrafe bei Straftaten von Soldaten

Bei Straftaten von Soldaten darf Geldstrafe nicht verhängt werden, wenn besondere Umstände, die in der Tat oder der Persönlichkeit des Täters liegen, die Verhängung von Freiheitsstrafe zur Wahrung der Disziplin gebieten.

§ 11 Ersatzfreiheitsstrafe

[1]Ist wegen einer Tat, die ein Soldat während der Ausübung des Dienstes oder in Beziehung auf den Dienst begangen hat, eine Geldstrafe bis zu einhundertachtzig Tagessätzen verhängt, so ist die Ersatzfreiheitsstrafe Strafarrest. [2]Zwei Tagessätzen entspricht ein Tag Strafarrest.

§ 12 Strafarrest statt Freiheitsstrafe

Darf auf Geldstrafe nach § 10 nicht erkannt werden oder ist bei Straftaten von Soldaten die Verhängung einer Freiheitsstrafe, die nach § 47 des Strafgesetzbuches unerläßlich ist, auch zur Wahrung der Disziplin geboten, so ist, wenn eine Freiheitsstrafe von mehr als sechs Monaten nicht in Betracht kommt, auf Strafarrest zu erkennen.

§ 13 Zusammentreffen mehrerer Straftaten

(1) [1]Wäre nach den Vorschriften des Strafgesetzbuches eine Gesamtstrafe von mehr als sechs Monaten Strafarrest zu bilden, so wird statt auf Strafarrest auf Freiheitsstrafe erkannt. [2]Die Gesamtstrafe darf zwei Jahre nicht übersteigen.

(2) [1]Trifft zeitige Freiheitsstrafe mit Strafarrest zusammen, so ist die Gesamtstrafe durch Erhöhung der Freiheitsstrafe zu bilden. [2]Jedoch ist auf Freiheitsstrafe und Strafarrest gesondert zu erkennen, wenn die Voraussetzungen für die Aussetzung der Vollstreckung des Strafarrestes nicht vorliegen, die Vollstreckung der Gesamtstrafe aber zur Bewährung ausgesetzt werden müßte. [3]In diesem Fall sind beide Strafen so zu kürzen, daß ihre Summe die Dauer der sonst zu bildenden Gesamtstrafe nicht überschreitet.

(3) Die Absätze 1 und 2 sind auch anzuwenden, wenn nach den allgemeinen Vorschriften eine Gesamtstrafe nachträglich zu bilden ist.

§ 14 Strafaussetzung zur Bewährung bei Freiheitsstrafe

(1) Bei der Verurteilung zu Freiheitsstrafe von mindestens sechs Monaten wird die Vollstreckung nicht ausgesetzt, wenn die Wahrung der Disziplin sie gebietet.

(2) Bewährungsauflagen und Weisungen (§§ 56b bis 56d des Strafgesetzbuches) sollen die Besonderheiten des Wehrdienstes berücksichtigen.

(3) [1]Für die Dauer des Wehrdienstverhältnisses kann ein Soldat als ehrenamtlicher Bewährungshelfer (§ 56d des Strafgesetzbuches) bestellt werden. [2]Er untersteht bei der Überwachung des Verurteilten nicht den Anweisungen des Gerichts.

(4) [1]Von der Überwachung durch einen Bewährungshelfer, der nicht Soldat ist, sind für die Dauer des Wehrdienstverhältnisses Angelegenheiten ausgeschlossen, für welche die militärischen Vorgesetzten des Verurteilten zu sorgen haben. [2]Maßnahmen des Disziplinarvorgesetzten haben den Vorrang.

§ 14a Strafaussetzung zur Bewährung bei Strafarrest

(1) [1]Das Gericht setzt die Vollstreckung des Strafarrestes unter den Voraussetzungen des § 56 Abs. 1 Satz 1 des Strafgesetzbuches zur Bewährung aus, wenn nicht die Wahrung der Disziplin die Vollstreckung gebietet. [2]§ 56 Abs. 1 Satz 2, Abs. 4, die §§ 56a bis 56c, 56e bis 56g und 58 des Strafgesetzbuches gelten entsprechend.

(2) [1]Das Gericht kann die Vollstreckung des Restes eines Strafarrestes unter den Voraussetzungen des § 57 Abs. 1 Satz 1 des Strafgesetzbuches zur Bewährung aussetzen. [2]§ 57 Abs. 1 Satz 2, Abs. 4 und die §§ 56a bis 56c, 56e bis 56g des Strafgesetzbuches gelten entsprechend.

(3) Bewährungsauflagen und Weisungen (§§ 56b und 56c des Strafgesetzbuches) sollen die Besonderheiten des Wehrdienstes berücksichtigen.

Zweiter Teil

Militärische Straftaten

Erster Abschnitt

Straftaten gegen die Pflicht zur militärischen Dienstleistung

§ 15 Eigenmächtige Abwesenheit

(1) Wer eigenmächtig seine Truppe oder Dienststelle verläßt oder ihr fernbleibt und vorsätzlich oder fahrlässig länger als drei volle Kalendertage abwesend ist, wird mit Freiheitsstrafe bis zu drei Jahren bestraft.

(2) Ebenso wird bestraft, wer außerhalb des räumlichen Geltungsbereichs dieses Gesetzes von seiner Truppe oder Dienststelle abgekommen ist und es vorsätzlich oder fahrlässig unterläßt, sich bei ihr, einer anderen Truppe oder Dienststelle der Bundeswehr oder einer Behörde der Bundesrepublik Deutschland innerhalb von drei vollen Kalendertagen zu melden.

§ 16 Fahnenflucht

(1) Wer eigenmächtig seine Truppe oder Dienststelle verläßt oder ihr fernbleibt, um sich der Verpflichtung zum Wehrdienst dauernd oder für die Zeit eines bewaffneten Einsatzes zu entziehen oder die Beendigung des Wehrdienstverhältnisses zu erreichen, wird mit Freiheitsstrafe bis zu fünf Jahren bestraft.

(2) Der Versuch ist strafbar.

(3) Stellt sich der Täter innerhalb eines Monats und ist er bereit, der Verpflichtung zum Wehrdienst nachzukommen, so ist die Strafe Freiheitsstrafe bis zu drei Jahren.

(4) Die Vorschriften über den Versuch der Beteiligung nach § 30 Abs. 1 des Strafgesetzbuches gelten für Straftaten nach Absatz 1 entsprechend.

§ 17 Selbstverstümmelung

(1) [1]Wer sich oder einen anderen Soldaten mit dessen Einwilligung durch Verstümmelung oder auf andere Weise zum Wehrdienst untauglich macht oder machen läßt, wird mit Freiheitsstrafe bis zu fünf Jahren bestraft. [2]Dies gilt auch dann, wenn der Täter die Untauglichkeit nur für eine gewisse Zeit oder teilweise herbeiführt.

(2) Der Versuch ist strafbar.

§ 18 Dienstentziehung durch Täuschung

(1) Wer sich oder einen anderen Soldaten durch arglistige, auf Täuschung berechnete Machenschaften dem Wehrdienst dauernd oder für eine gewisse Zeit, ganz oder teilweise entzieht, wird mit Freiheitsstrafe bis zu fünf Jahren bestraft.

(2) Der Versuch ist strafbar.

Zweiter Abschnitt

Straftaten gegen die Pflichten der Untergebenen

§ 19 Ungehorsam

(1) Wer einen Befehl nicht befolgt und dadurch wenigstens fahrlässig eine schwerwiegende Folge (§ 2 Nr. 3) verursacht, wird mit Freiheitsstrafe bis zu drei Jahren bestraft.

(2) Der Versuch ist strafbar.

(3) [1]In besonders schweren Fällen ist die Strafe Freiheitsstrafe von sechs Monaten bis zu fünf Jahren. [2]Ein besonders schwerer Fall liegt in der Regel vor, wenn der Täter durch die Tat

1. wenigstens fahrlässig die Gefahr eines schweren Nachteils für die Sicherheit der Bundesrepublik Deutschland oder die Schlagkraft der Truppe oder
2. fahrlässig den Tod oder eine schwere Körperverletzung eines anderen (§ 226 des Strafgesetzbuches)

verursacht.

(4) Die Vorschriften über den Versuch der Beteiligung nach § 30 Abs. 1 des Strafgesetzbuches gelten für Straftaten nach Absatz 1 entsprechend.

§ 20 Gehorsamsverweigerung

(1) Mit Freiheitsstrafe bis zu drei Jahren wird bestraft,

1. wer die Befolgung eines Befehls dadurch verweigert, daß er sich mit Wort oder Tat gegen ihn auflehnt, oder
2. wer darauf beharrt, einen Befehl nicht zu befolgen, nachdem dieser wiederholt worden ist.

(2) Verweigert der Täter in den Fällen des Absatzes 1 Nr. 1 den Gehorsam gegenüber einem Befehl, der nicht sofort auszuführen ist, befolgt er ihn aber rechtzeitig und freiwillig, so kann das Gericht von Strafe absehen.

§ 21 Leichtfertiges Nichtbefolgen eines Befehls

Wer leichtfertig einen Befehl nicht befolgt und dadurch wenigstens fahrlässig eine schwerwiegende Folge (§ 2 Nr. 3) verursacht, wird mit Freiheitsstrafe bis zu zwei Jahren bestraft.

§ 22 Verbindlichkeit des Befehls; Irrtum

(1) [1]In den Fällen der §§ 19 bis 21 handelt der Untergebene nicht rechtswidrig, wenn der Befehl nicht verbindlich ist, insbesondere wenn er nicht zu dienstlichen Zwecken erteilt ist oder die Menschenwürde

verletzt oder wenn durch das Befolgen eine Straftat begangen würde. [2]Dies gilt auch, wenn der Untergebene irrig annimmt, der Befehl sei verbindlich.

(2) Befolgt ein Untergebener einen Befehl nicht, weil er irrig annimmt, daß durch die Ausführung eine Straftat begangen würde, so ist er nach den §§ 19 bis 21 nicht strafbar, wenn er den Irrtum nicht vermeiden konnte.

(3) Nimmt ein Untergebener irrig an, daß ein Befehl aus anderen Gründen nicht verbindlich ist, und befolgt er ihn deshalb nicht, so ist er nach den §§ 19 bis 21 nicht strafbar, wenn er den Irrtum nicht vermeiden konnte und ihm nach den ihm bekannten Umständen auch nicht zuzumuten war, sich mit Rechtsbehelfen gegen den vermeintlich nicht verbindlichen Befehl zu wehren; war ihm dies zuzumuten, so kann das Gericht von einer Bestrafung nach den §§ 19 bis 21 absehen.

§ 23 Bedrohung eines Vorgesetzten

Wer im Dienst oder in Beziehung auf eine Diensthandlung einen Vorgesetzten mit der Begehung einer Straftat bedroht, wird mit Freiheitsstrafe bis zu drei Jahren bestraft.

§ 24 Nötigung eines Vorgesetzten

(1) Wer es unternimmt, durch Gewalt oder Drohung einen Vorgesetzten zu nötigen, eine Diensthandlung vorzunehmen oder zu unterlassen, wird mit Freiheitsstrafe von drei Monaten bis zu drei Jahren bestraft.

(2) Ebenso wird bestraft, wer die Tat gegen einen Soldaten begeht, der zur Unterstützung des Vorgesetzten zugezogen worden ist.

(3) In minder schweren Fällen ist die Strafe Freiheitsstrafe bis zu zwei Jahren.

(4) [1]In besonders schweren Fällen ist die Strafe Freiheitsstrafe von sechs Monaten bis zu fünf Jahren. [2]Ein besonders schwerer Fall liegt in der Regel vor, wenn der Täter durch die Tat eine schwerwiegende Folge (§ 2 Nr. 3) herbeiführt.

§ 25 Tätlicher Angriff gegen einen Vorgesetzten

(1) Wer es unternimmt, gegen einen Vorgesetzten tätlich zu werden, wird mit Freiheitsstrafe von drei Monaten bis zu drei Jahren bestraft.

(2) In minder schweren Fällen ist die Strafe Freiheitsstrafe bis zu zwei Jahren.

(3) [1]In besonders schweren Fällen ist die Strafe Freiheitsstrafe von sechs Monaten bis zu fünf Jahren. [2]Ein besonders schwerer Fall liegt in der Regel vor, wenn der Täter durch die Tat eine schwerwiegende Folge (§ 2 Nr. 3) herbeiführt.

§ 26 (weggefallen)

§ 27 Meuterei

(1) Wenn Soldaten sich zusammenrotten und mit vereinten Kräften eine Gehorsamsverweigerung (§ 20), eine Bedrohung (§ 23), eine Nötigung (§ 24) oder einen tätlichen Angriff (§ 25) begehen, so wird jeder, der sich an der Zusammenrottung beteiligt, mit Freiheitsstrafe von sechs Monaten bis zu fünf Jahren bestraft.

(2) Der Versuch ist strafbar.

(3) [1]In besonders schweren Fällen ist die Strafe Freiheitsstrafe von einem Jahr bis zu zehn Jahren. [2]Ein besonders schwerer Fall liegt in der Regel vor, wenn der Täter Rädelsführer ist oder durch die Tat eine schwerwiegende Folge (§ 2 Nr. 3) herbeiführt.

(4) Wer sich nur an der Zusammenrottung beteiligt, jedoch freiwillig zur Ordnung zurückkehrt, bevor eine der in Absatz 1 bezeichneten Taten begangen wird, wird mit Freiheitsstrafe bis zu drei Jahren bestraft.

§ 28 Verabredung zur Unbotmäßigkeit

(1) [1]Verabreden Soldaten, gemeinschaftlich eine Gehorsamsverweigerung (§ 20), eine Bedrohung (§ 23), eine Nötigung (§ 24), einen tätlichen Angriff (§ 25) oder eine Meuterei (§ 27) zu begehen, so werden sie nach den Vorschriften bestraft, die für die Begehung der Tat gelten. [2]In den Fällen des § 27 kann die Strafe nach § 49 Abs. 1 des Strafgesetzbuches gemildert werden.

(2) [1]Nach Absatz 1 wird nicht bestraft, wer nach der Verabredung freiwillig die Tat verhindert. [2]Unterbleibt sie ohne sein Zutun oder wird sie unabhängig von seinem früheren Verhalten begangen, so genügt zu seiner Straflosigkeit sein freiwilliges und ernsthaftes Bemühen, die Tat zu verhindern.

§ 29 Taten gegen Soldaten mit höherem Dienstgrad

(1) Die §§ 23 bis 28 gelten entsprechend, wenn die Tat gegen einen Soldaten begangen wird, der zur Zeit der Tat nicht Vorgesetzter des Täters, aber

1. Offizier oder Unteroffizier ist und einen höheren Dienstgrad als der Täter hat oder
2. im Dienst dessen Vorgesetzter ist,

und der Täter oder der andere zur Zeit der Tat im Dienst ist oder die Tat sich auf eine Diensthandlung bezieht.

(2) In den Fällen des Absatzes 1 Nr. 1 ist § 4 nicht anzuwenden.

Dritter Abschnitt

Straftaten gegen die Pflichten der Vorgesetzten

§ 30 Mißhandlung

(1) Wer einen Untergebenen körperlich mißhandelt oder an der Gesundheit beschädigt, wird mit Freiheitsstrafe von drei Monaten bis zu fünf Jahren bestraft.

(2) Ebenso wird bestraft, wer es fördert oder pflichtwidrig duldet, daß ein Untergebener die Tat gegen einen anderen Soldaten begeht.

(3) In minder schweren Fällen ist die Strafe Freiheitsstrafe bis zu drei Jahren.

(4) [1]In besonders schweren Fällen ist die Strafe Freiheitsstrafe von sechs Monaten bis zu fünf Jahren. [2]Ein besonders schwerer Fall liegt in der Regel vor, wenn der Täter sein Verhalten beharrlich wiederholt.

§ 31 Entwürdigende Behandlung

(1) Wer einen Untergebenen entwürdigend behandelt oder ihm böswillig den Dienst erschwert, wird mit Freiheitsstrafe bis zu fünf Jahren bestraft.

(2) Ebenso wird bestraft, wer es fördert oder pflichtwidrig duldet, daß ein Untergebener die Tat gegen einen anderen Soldaten begeht.

(3) [1]In besonders schweren Fällen ist die Strafe Freiheitsstrafe von sechs Monaten bis zu fünf Jahren. [2]Ein besonders schwerer Fall liegt in der Regel vor, wenn der Täter sein Verhalten beharrlich wiederholt.

§ 32 Mißbrauch der Befehlsbefugnis zu unzulässigen Zwecken

Wer seine Befehlsbefugnis oder Dienststellung gegenüber einem Untergebenen zu Befehlen, Forderungen oder Zumutungen mißbraucht, die nicht in Beziehung zum Dienst stehen oder dienstlichen Zwecken zuwiderlaufen, wird mit Freiheitsstrafe bis zu zwei Jahren bestraft, wenn die Tat nicht in anderen Vorschriften mit schwererer Strafe bedroht ist.

§ 33 Verleiten zu einer rechtswidrigen Tat

[1]Wer durch Mißbrauch seiner Befehlsbefugnis oder Dienststellung einen Untergebenen zu einer von diesem begangenen rechtswidrigen Tat bestimmt hat, die den Tatbestand eines Strafgesetzes verwirklicht, wird nach den Vorschriften bestraft, die für die Begehung der Tat gelten. [2]Die Strafe kann bis auf das Doppelte der sonst zulässigen Höchststrafe, jedoch nicht über das gesetzliche Höchstmaß der angedrohten Strafe hinaus erhöht werden.

§ 34 Erfolgloses Verleiten zu einer rechtswidrigen Tat

(1) [1]Wer durch Mißbrauch seiner Befehlsbefugnis oder Dienststellung einen Untergebenen zu bestimmen versucht, eine rechtswidrige Tat, die den Tatbestand eines Strafgesetzes verwirklicht, zu begehen oder zu ihr anzustiften, wird nach den für die Begehung der Tat geltenden Vorschriften bestraft. [2]Jedoch kann die Strafe nach § 49 Abs. 1 des Strafgesetzbuches gemildert werden.

(2) [1]Nach Absatz 1 wird nicht bestraft, wer freiwillig den Versuch aufgibt, den Untergebenen zu bestimmen, und eine etwa bestehende Gefahr, daß der Untergebene die Tat begeht, abwendet. [2]Unterbleibt die Tat ohne Zutun des Zurücktretenden oder wird sie unabhängig von seinem früheren Verhalten begangen, so genügt zu seiner Straflosigkeit sein freiwilliges und ernsthaftes Bemühen, die Tat zu verhindern.

§ 35 Unterdrücken von Beschwerden

(1) Wer einen Untergebenen durch Befehle, Drohungen, Versprechungen, Geschenke oder sonst auf pflichtwidrige Weise davon abhält, Eingaben, Meldungen oder Beschwerden bei der Volksvertretung der Bundesrepublik Deutschland oder eines ihrer Länder, bei dem Wehrbeauftragten des Bundestages, bei einer Dienststelle oder bei einem Vorgesetzten anzubringen, Anzeige zu erstatten oder von einem Rechtsbehelf Gebrauch zu machen, wird mit Freiheitsstrafe bis zu drei Jahren bestraft.

(2) Ebenso wird bestraft, wer eine solche Erklärung, zu deren Prüfung oder Weitergabe er dienstlich verpflichtet ist, unterdrückt.

(3) Der Versuch ist strafbar.

§ 36 Taten von Soldaten mit höherem Dienstgrad

(1) Die §§ 30 bis 35 gelten entsprechend für Taten eines Soldaten, der zur Zeit der Tat nicht Vorgesetzter des anderen, aber

1. Offizier oder Unteroffizier ist und einen höheren Dienstgrad als der andere hat oder
2. im Dienst dessen Vorgesetzter ist

und der bei der Tat seine Dienststellung mißbraucht.

(2) In den Fällen des Absatzes 1 Nr. 1 ist § 4 nicht anzuwenden.

§ 37 Beeinflussung der Rechtspflege

Wer es unternimmt, durch Mißbrauch seiner Befehlsbefugnis oder Dienststellung unzulässigen Einfluß auf Soldaten zu nehmen, die als Organe der Rechtspflege tätig sind, wird mit Freiheitsstrafe bis zu fünf Jahren bestraft, wenn die Tat nicht in anderen Vorschriften mit schwererer Strafe bedroht ist.

§ 38 Anmaßen von Befehlsbefugnissen

Wer sich Befehlsbefugnis oder Disziplinarbefugnis anmaßt oder seine Befehlsbefugnis oder Disziplinarbefugnis überschreitet, wird mit Freiheitsstrafe bis zu zwei Jahren bestraft, wenn die Tat nicht in § 39 mit Strafe bedroht ist.

§ 39 Mißbrauch der Disziplinarbefugnis

Ein Disziplinarvorgesetzter, der absichtlich oder wissentlich

1. einen Untergebenen, der nach dem Gesetz nicht disziplinarrechtlich verfolgt werden darf, disziplinarrechtlich verfolgt oder auf eine solche Verfolgung hinwirkt,
2. zum Nachteil des Untergebenen eine Disziplinarmaßnahme verhängt, die nach Art oder Höhe im Gesetz nicht vorgesehen ist oder die er nicht verhängen darf, oder
3. ein Dienstvergehen mit unerlaubten Maßnahmen ahndet,

wird mit Freiheitsstrafe bis zu fünf Jahren bestraft.

§ 40 Unterlassene Mitwirkung bei Strafverfahren

Wer es seiner Pflicht als Vorgesetzter zuwider unterläßt,

1. den Verdacht zu melden oder zu untersuchen, daß ein Untergebener eine rechtswidrige Tat begangen hat, die den Tatbestand eines Strafgesetzes verwirklicht, oder
2. eine solche Sache an die Strafverfolgungsbehörde abzugeben,

um den Untergebenen der im Gesetz vorgesehenen Strafe oder Maßnahme (§ 11 Abs. 1 Nr. 8 des Strafgesetzbuches) zu entziehen, wird mit Freiheitsstrafe bis zu drei Jahren bestraft.

§ 41 Mangelhafte Dienstaufsicht

(1) Wer es unterläßt, Untergebene pflichtgemäß zu beaufsichtigen oder beaufsichtigen zu lassen, und dadurch wenigstens fahrlässig eine schwerwiegende Folge (§ 2 Nr. 3) verursacht, wird mit Freiheitsstrafe bis zu drei Jahren bestraft.

(2) Der Versuch ist strafbar.

(3) Wer die Aufsichtspflicht leichtfertig verletzt und dadurch wenigstens fahrlässig eine schwerwiegende Folge verursacht, wird mit Freiheitsstrafe bis zu sechs Monaten bestraft.

(4) Die Absätze 1 bis 3 sind nicht anzuwenden, wenn die Tat in anderen Vorschriften mit schwererer Strafe bedroht ist.

Vierter Abschnitt

Straftaten gegen andere militärische Pflichten

§ 42 Unwahre dienstliche Meldung

(1) Wer

1. in einer dienstlichen Meldung oder Erklärung unwahre Angaben über Tatsachen von dienstlicher Bedeutung macht,
2. eine solche Meldung weitergibt, ohne sie pflichtgemäß zu berichtigen, oder
3. eine dienstliche Meldung unrichtig übermittelt

und dadurch wenigstens fahrlässig eine schwerwiegende Folge (§ 2 Nr. 3) verursacht, wird mit Freiheitsstrafe bis zu drei Jahren bestraft.

(2) Der Versuch ist strafbar.

(3) Wer im Falle des Absatzes 1 leichtfertig handelt und die schwerwiegende Folge wenigstens fahrlässig verursacht, wird mit Freiheitsstrafe bis zu einem Jahr bestraft.

§ 43 Unterlassene Meldung

(1) Wer von dem Vorhaben oder der Ausführung einer Meuterei (§ 27) oder einer Sabotage (§ 109e Abs. 1 des Strafgesetzbuches) zu einer Zeit, zu der die Ausführung oder der Erfolg noch abgewendet

werden kann, glaubhaft erfährt und es unterläßt, unverzüglich Meldung zu machen, wird mit Freiheitsstrafe bis zu drei Jahren bestraft.

(2) § 139 des Strafgesetzbuches gilt entsprechend.

§ 44 Wachverfehlung

(1) Wer im Wachdienst

1. als Wachvorgesetzter es unterläßt, die Wache pflichtgemäß zu beaufsichtigen,
2. pflichtwidrig seinen Postenbereich oder Streifenweg verläßt oder
3. sich außerstande setzt, seinen Dienst zu versehen,

wird mit Freiheitsstrafe bis zu drei Jahren bestraft.

(2) Ebenso wird bestraft, wer im Wachdienst in anderen als den in Absatz 1 bezeichneten Fällen Befehle nicht befolgt, die für den Wachdienst gelten, und dadurch wenigstens fahrlässig eine schwerwiegende Folge (§ 2 Nr. 3) verursacht.

(3) Der Versuch ist strafbar.

(4) [1]In besonders schweren Fällen ist die Strafe Freiheitsstrafe von sechs Monaten bis zu fünf Jahren. [2]§ 19 Abs. 3 Satz 2 gilt entsprechend.

(5) Wer in den Fällen der Absätze 1 oder 2 fahrlässig handelt und dadurch wenigstens fahrlässig eine schwerwiegende Folge verursacht (§ 2 Nr. 3), wird mit Freiheitsstrafe bis zu zwei Jahren bestraft.

(6) Wird ein Befehl nicht befolgt (Absatz 2), so gelten § 22 sowie die Vorschriften über den Versuch der Beteiligung nach § 30 Abs. 1 des Strafgesetzbuches entsprechend.

§ 45 Pflichtverletzung bei Sonderaufträgen

Nach § 44 Abs. 1, 3 bis 6 wird auch bestraft, wer als Führer eines Kommandos oder einer Abteilung, der einen Sonderauftrag selbständig auszuführen hat und auf seine erhöhte Verantwortung hingewiesen worden ist,

1. sich außerstande setzt, den Auftrag pflichtgemäß zu erfüllen,
2. seinen Posten verläßt oder
3. Befehle nicht befolgt, die für die Ausführung des Auftrags gelten,

und dadurch wenigstens fahrlässig eine schwerwiegende Folge (§ 2 Nr. 3) verursacht.

§ 46 Rechtswidriger Waffengebrauch

Wer von der Waffe einen rechtswidrigen Gebrauch macht, wird mit Freiheitsstrafe bis zu einem Jahr bestraft, wenn die Tat nicht in anderen Vorschriften mit schwererer Strafe bedroht ist.

§ 47 (weggefallen)

§ 48 Verletzung anderer Dienstpflichten

(1) Für die Anwendung der Vorschriften des Strafgesetzbuches über
Gefangenenbefreiung (§ 120 Abs. 2),
Verletzung der Vertraulichkeit des Wortes (§ 201 Abs. 3),
Verletzung von Privatgeheimnissen (§ 203 Absatz 2, 5 und 6, §§ 204, 205),
Verletzung des Post- oder Fernmeldegeheimnisses (§ 206 Abs. 4),
Vorteilsannahme und Bestechlichkeit (§§ 331, 332, 335 Abs. 1 Nr. 1 Buchstabe a, Abs. 2, § 336),
Körperverletzung im Amt (§ 340),
Aussageerpressung (§ 343),
Vollstreckung gegen Unschuldige (§ 345),
Falschbeurkundung im Amt (§ 348) und
Verletzung des Dienstgeheimnisses (§ 353b Abs. 1)
stehen Offiziere und Unteroffiziere den Amtsträgern und ihr Wehrdienst dem Amte gleich.

(2) Für die Anwendung der Vorschriften des Strafgesetzbuches über Gefangenenbefreiung (§ 120 Abs. 2), Vorteilsannahme und Bestechlichkeit (§§ 331, 332, 335 Absatz 1 Nummer 1 Buchstabe a, Absatz 2, § 336), Falschbeurkundung im Amt (§ 348) und Verletzung des Dienstgeheimnisses (§ 353b Abs. 1) stehen auch Mannschaften den Amtsträgern und ihr Wehrdienst dem Amte gleich.

Waffengesetz (WaffG)[1)]

Vom 11. Oktober 2002 (BGBl. I S. 3970, ber. S. 4592 und 2003 I S. 1957)
(FNA 7133-4)
zuletzt geändert durch Art. 228 Elfte ZuständigkeitsanpassungsVO vom 19. Juni 2020 (BGBl. I S. 1328)

Inhaltsübersicht

1) Verkündet als Art. 1 Waffenrechts-NeuregelungsG v. 11.10.2002 (BGBl. I S. 3970); Inkrafttreten gem. Art. 19 Nr. 1 Satz 2 dieses G am 1.4.2003 mit Ausnahme der §§ 7 Abs. 2, 22 Abs. 2, 25 Abs. 1, 27 Abs. 7 Satz 2, 34 Abs. 6, 36 Abs. 5, 47, 48 Abs. 1, 50 Abs. 2 und 3, 55 Abs. 5 und 6 sowie des in Anl. 2 Abschnitt 1 Nr. 1.2.1 festgesetzten Verbots von Vorderschaftrepetierflinten, bei denen der Hinterschaft durch einen Pistolengriff ersetzt ist, die gem. Art. 19 Nr. 1 Satz 1 am 17.10.2002 in Kraft getreten sind.

Abschnitt 1

Allgemeine Bestimmungen

§ 1 Gegenstand und Zweck des Gesetzes, Begriffsbestimmungen

(1) Dieses Gesetz regelt den Umgang mit Waffen oder Munition unter Berücksichtigung der Belange der öffentlichen Sicherheit und Ordnung.

(2) Waffen sind

1. Schusswaffen oder ihnen gleichgestellte Gegenstände und
2. tragbare Gegenstände,
   a) die ihrem Wesen nach dazu bestimmt sind, die Angriffs- oder Abwehrfähigkeit von Menschen zu beseitigen oder herabzusetzen, insbesondere Hieb- und Stoßwaffen;
   b) die, ohne dazu bestimmt zu sein, insbesondere wegen ihrer Beschaffenheit, Handhabung oder Wirkungsweise geeignet sind, die Angriffs- oder Abwehrfähigkeit von Menschen zu beseitigen oder herabzusetzen, und die in diesem Gesetz genannt sind.

(3) [1]Umgang mit einer Waffe oder Munition hat, wer diese erwirbt, besitzt, überlässt, führt, verbringt, mitnimmt, damit schießt, herstellt, bearbeitet, instand setzt oder damit Handel treibt. [2]Umgang mit einer Schusswaffe hat auch, wer diese unbrauchbar macht.

(4) Die Begriffe der Waffen und Munition sowie die Einstufung von Gegenständen nach Absatz 2 Nr. 2 Buchstabe b als Waffen, die Begriffe der Arten des Umgangs und sonstige waffenrechtliche Begriffe sind in der Anlage 1 (Begriffsbestimmungen) zu diesem Gesetz näher geregelt.

§ 2 Grundsätze des Umgangs mit Waffen oder Munition, Waffenliste

(1) Der Umgang mit Waffen oder Munition ist nur Personen gestattet, die das 18. Lebensjahr vollendet haben.

(2) Der Umgang mit Waffen oder Munition, die in der Anlage 2 (Waffenliste) Abschnitt 2 zu diesem Gesetz genannt sind, bedarf der Erlaubnis.

(3) Der Umgang mit Waffen oder Munition, die in der Anlage 2 Abschnitt 1 zu diesem Gesetz genannt sind, ist verboten.

(4) [1]Waffen oder Munition, mit denen der Umgang ganz oder teilweise von der Erlaubnispflicht oder von einem Verbot ausgenommen ist, sind in der Anlage 2 Abschnitt 1 und 2 genannt. [2]Ferner sind in der Anlage 2 Abschnitt 3 die Waffen und Munition genannt, auf die dieses Gesetz ganz oder teilweise nicht anzuwenden ist.

(5) Bestehen Zweifel darüber, ob ein Gegenstand von diesem Gesetz erfasst wird oder wie er nach Maßgabe der Begriffsbestimmungen in Anlage 1 Abschnitt 1 und 3 und der Anlage 2 einzustufen ist, so entscheidet auf Antrag die zuständige Behörde. [2]Antragsberechtigt sind

1. Hersteller, Importeure, Erwerber oder Besitzer des Gegenstandes, soweit sie ein berechtigtes Interesse an der Entscheidung nach Satz 1 glaubhaft machen können,
2. die zuständigen Behörden des Bundes und der Länder.

[3]Die nach Landesrecht zuständigen Behörden sind vor der Entscheidung zu hören. [4]Die Entscheidung ist für den Geltungsbereich dieses Gesetzes allgemein verbindlich. [5]Sie ist im Bundesanzeiger bekannt zu machen.

§ 3 Umgang mit Waffen oder Munition durch Kinder und Jugendliche

(1) Jugendliche dürfen im Rahmen eines Ausbildungs- oder Arbeitsverhältnisses abweichend von § 2 Abs. 1 unter Aufsicht eines weisungsbefugten Waffenberechtigten mit Waffen oder Munition umgehen.

(2) Jugendliche dürfen abweichend von § 2 Abs. 1 Umgang mit geprüften Reizstoffsprühgeräten haben.

(3) Die zuständige Behörde kann für Kinder und Jugendliche allgemein oder für den Einzelfall Ausnahmen von Alterserfordernissen zulassen, wenn besondere Gründe vorliegen und öffentliche Interessen nicht entgegenstehen.

Abschnitt 2
Umgang mit Waffen oder Munition

Unterabschnitt 1
Allgemeine Voraussetzungen für Waffen- und Munitionserlaubnisse

§ 4 Voraussetzungen für eine Erlaubnis

(1) Eine Erlaubnis setzt voraus, dass der Antragsteller
1. das 18. Lebensjahr vollendet hat (§ 2 Abs. 1),
2. die erforderliche Zuverlässigkeit (§ 5) und persönliche Eignung (§ 6) besitzt,
3. die erforderliche Sachkunde nachgewiesen hat (§ 7),
4. ein Bedürfnis nachgewiesen hat (§ 8) und
5. bei der Beantragung eines Waffenscheins oder einer Schießerlaubnis eine Versicherung gegen Haftpflicht in Höhe von 1 Million Euro – pauschal für Personen- und Sachschäden – nachweist.

(2) Die Erlaubnis zum Erwerb, Besitz, Führen oder Schießen kann versagt werden, wenn der Antragsteller seinen gewöhnlichen Aufenthalt nicht seit mindestens fünf Jahren im Geltungsbereich dieses Gesetzes hat.

(3) Die zuständige Behörde hat die Inhaber von waffenrechtlichen Erlaubnissen in regelmäßigen Abständen, mindestens jedoch nach Ablauf von drei Jahren, erneut auf ihre Zuverlässigkeit und ihre persönliche Eignung zu prüfen sowie in den Fällen des Absatzes 1 Nr. 5 sich das Vorliegen einer Versicherung gegen Haftpflicht nachweisen zu lassen.

(4) Die zuständige Behörde hat das Fortbestehen des Bedürfnisses bei Inhabern einer waffenrechtlichen Erlaubnis alle fünf Jahre erneut zu überprüfen.

(5) Zur Erforschung des Sachverhalts kann die zuständige Behörde in begründeten Einzelfällen das persönliche Erscheinen des Antragstellers oder des Erlaubnisinhabers verlangen.

§ 5 Zuverlässigkeit

(1) Die erforderliche Zuverlässigkeit besitzen Personen nicht,
1. die rechtskräftig verurteilt worden sind
   a) wegen eines Verbrechens oder
   b) wegen sonstiger vorsätzlicher Straftaten zu einer Freiheitsstrafe von mindestens einem Jahr, wenn seit dem Eintritt der Rechtskraft der letzten Verurteilung zehn Jahre noch nicht verstrichen sind,
2. bei denen Tatsachen die Annahme rechtfertigen, dass sie
   a) Waffen oder Munition missbräuchlich oder leichtfertig verwenden werden,
   b) mit Waffen oder Munition nicht vorsichtig oder sachgemäß umgehen oder diese Gegenstände nicht sorgfältig verwahren werden,
   c) Waffen oder Munition Personen überlassen werden, die zur Ausübung der tatsächlichen Gewalt über diese Gegenstände nicht berechtigt sind.

(2) Die erforderliche Zuverlässigkeit besitzen in der Regel Personen nicht,
1. a) die wegen einer vorsätzlichen Straftat,
   b) die wegen einer fahrlässigen Straftat im Zusammenhang mit dem Umgang mit Waffen, Munition oder explosionsgefährlichen Stoffen oder wegen einer fahrlässigen gemeingefährlichen Straftat,
   c) die wegen einer Straftat nach dem Waffengesetz, dem Gesetz über die Kontrolle von Kriegswaffen, dem Sprengstoffgesetz oder dem Bundesjagdgesetz

   zu einer Freiheitsstrafe, Jugendstrafe, Geldstrafe von mindestens 60 Tagessätzen oder mindestens zweimal zu einer geringeren Geldstrafe rechtskräftig verurteilt worden sind oder bei denen die Verhängung von Jugendstrafe ausgesetzt worden ist, wenn seit dem Eintritt der Rechtskraft der letzten Verurteilung fünf Jahre noch nicht verstrichen sind,
2. die Mitglied
   a) in einem Verein, der nach dem Vereinsgesetz als Organisation unanfechtbar verboten wurde oder der einem unanfechtbaren Betätigungsverbot nach dem Vereinsgesetz unterliegt, oder
   b) in einer Partei, deren Verfassungswidrigkeit das Bundesverfassungsgericht nach § 46 des Bundesverfassungsgerichtsgesetzes festgestellt hat,

   waren, wenn seit der Beendigung der Mitgliedschaft zehn Jahre noch nicht verstrichen sind,
3. bei denen Tatsachen die Annahme rechtfertigen, dass sie in den letzten fünf Jahren
   a) Bestrebungen einzeln verfolgt haben, die

aa) gegen die verfassungsmäßige Ordnung gerichtet sind,
bb) gegen den Gedanken der Völkerverständigung, insbesondere gegen das friedliche Zusammenleben der Völker, gerichtet sind oder
cc) durch Anwendung von Gewalt oder darauf gerichtete Vorbereitungshandlungen auswärtige Belange der Bundesrepublik Deutschland gefährden,

b) Mitglied in einer Vereinigung waren, die solche Bestrebungen verfolgt oder verfolgt hat, oder
c) eine solche Vereinigung unterstützt haben,

4. die innerhalb der letzten fünf Jahre mehr als einmal wegen Gewalttätigkeit mit richterlicher Genehmigung in polizeilichem Präventivgewahrsam waren,
5. die wiederholt oder gröblich gegen die Vorschriften eines der in Nummer 1 Buchstabe c genannten Gesetze verstoßen haben.

(3) In die Frist nach Absatz 1 Nr. 1 oder Absatz 2 Nr. 1 nicht eingerechnet wird die Zeit, in welcher die betroffene Person auf behördliche oder richterliche Anordnung in einer Anstalt verwahrt worden ist.

(4) Ist ein Verfahren wegen Straftaten im Sinne des Absatzes 1 Nr. 1 oder des Absatzes 2 Nr. 1 noch nicht abgeschlossen, so kann die zuständige Behörde die Entscheidung über den Antrag auf Erteilung einer waffenrechtlichen Erlaubnis bis zum rechtskräftigen Abschluss des Verfahrens aussetzen.

(5) [1]Die zuständige Behörde hat im Rahmen der Zuverlässigkeitsprüfung folgende Erkundigungen einzuholen:

1. die unbeschränkte Auskunft aus dem Bundeszentralregister;
2. die Auskunft aus dem zentralen staatsanwaltschaftlichen Verfahrensregister hinsichtlich der in Absatz 2 Nummer 1 genannten Straftaten;
3. die Stellungnahme der örtlichen Polizeidienststelle, ob Tatsachen bekannt sind, die Bedenken gegen die Zuverlässigkeit begründen; die örtliche Polizeidienststelle schließt in ihre Stellungnahme das Ergebnis der von ihr vorzunehmenden Prüfung nach Absatz 2 Nummer 4 ein;
4. die Auskunft der für den Wohnsitz der betroffenen Person zuständigen Verfassungsschutzbehörde, ob Tatsachen bekannt sind, die Bedenken gegen die Zuverlässigkeit nach Absatz 2 Nummer 2 und 3 begründen; liegt der Wohnsitz der betroffenen Person außerhalb des Geltungsbereichs dieses Gesetzes, ist das Bundesamt für Verfassungsschutz für die Erteilung der Auskunft zuständig.

[2]Die nach Satz 1 Nummer 2 erhobenen personenbezogenen Daten dürfen nur für den Zweck der waffenrechtlichen Zuverlässigkeitsprüfung verwendet werden. [3]Erlangt die für die Auskunft nach Satz 1 Nummer 4 zuständige Verfassungsschutzbehörde im Nachhinein für die Beurteilung der Zuverlässigkeit nach Absatz 2 Nummer 2 und 3 bedeutsame Erkenntnisse, teilt sie dies der zuständigen Behörde unverzüglich mit (Nachbericht). [4]Zu diesem Zweck speichert sie Name, Vorname, Geburtsdatum, Geburtsname, Geburtsort, Wohnort und Staatsangehörigkeit der betroffenen Person sowie Aktenfundstelle in den gemeinsamen Dateien nach § 6 des Bundesverfassungsschutzgesetzes. [5]Lehnt die zuständige Behörde einen Antrag ab oder nimmt sie eine erteilte Erlaubnis zurück oder widerruft diese, so hat sie die zum Nachbericht verpflichtete Verfassungsschutzbehörde hiervon unverzüglich in Kenntnis zu setzen. [6]Die zum Nachbericht verpflichtete Verfassungsschutzbehörde hat in den Fällen des Satzes 5 die nach Satz 4 gespeicherten Daten unverzüglich zu löschen.

§ 6 Persönliche Eignung

(1) [1]Die erforderliche persönliche Eignung besitzen Personen nicht, wenn Tatsachen die Annahme rechtfertigen, dass sie

1. geschäftsunfähig sind,
2. abhängig von Alkohol oder anderen berauschenden Mitteln, psychisch krank oder debil sind oder
3. auf Grund in der Person liegender Umstände mit Waffen oder Munition nicht vorsichtig oder sachgemäß umgehen oder diese Gegenstände nicht sorgfältig verwahren können oder dass die konkrete Gefahr einer Fremd- oder Selbstgefährdung besteht.

[2]Die erforderliche persönliche Eignung besitzen in der Regel Personen nicht, wenn Tatsachen die Annahme rechtfertigen, dass sie in ihrer Geschäftsfähigkeit beschränkt sind. [3]Die zuständige Behörde soll die Stellungnahme der örtlichen Polizeidienststelle einholen. [4]Der persönlichen Eignung können auch im Erziehungsregister eingetragene Entscheidungen oder Anordnungen nach § 60 Abs. 1 Nr. 1 bis 7 des Bundeszentralregistergesetzes entgegenstehen.

(2) Sind Tatsachen bekannt, die Bedenken gegen die persönliche Eignung nach Absatz 1 begründen, oder bestehen begründete Zweifel an vom Antragsteller beigebrachten Bescheinigungen, so hat die zuständige Behörde der betroffenen Person auf Kosten der betroffenen Person die Vorlage eines amts- oder fachärztlichen oder fachpsychologischen Zeugnisses über die geistige oder körperliche Eignung aufzugeben.

(3) [1]Personen, die noch nicht das 25. Lebensjahr vollendet haben, haben für die erstmalige Erteilung einer Erlaubnis zum Erwerb und Besitz einer Schusswaffe auf eigene Kosten ein amts- oder fachärztliches oder fachpsychologisches Zeugnis über die geistige Eignung vorzulegen. [2]Satz 1 gilt nicht für den Erwerb und Besitz von Schusswaffen im Sinne von § 14 Abs. 1 Satz 2.

(4) Das Bundesministerium des Innern, für Bau und Heimat wird ermächtigt, durch Rechtsverordnung mit Zustimmung des Bundesrates Vorschriften über das Verfahren zur Erstellung, über die Vorlage und die Anerkennung der in den Absätzen 2 und 3 genannten Gutachten bei den zuständigen Behörden zu erlassen.

§ 7 Sachkunde

(1) Den Nachweis der Sachkunde hat erbracht, wer eine Prüfung vor der dafür bestimmten Stelle bestanden hat oder seine Sachkunde durch eine Tätigkeit oder Ausbildung nachweist.

(2) Das Bundesministerium des Innern, für Bau und Heimat wird ermächtigt, durch Rechtsverordnung mit Zustimmung des Bundesrates Vorschriften über die Anforderungen an die waffentechnischen und waffenrechtlichen Kenntnisse, über die Prüfung und das Prüfungsverfahren einschließlich der Errichtung von Prüfungsausschüssen sowie über den anderweitigen Nachweis der Sachkunde zu erlassen.

§ 8 Bedürfnis, allgemeine Grundsätze

Der Nachweis eines Bedürfnisses ist erbracht, wenn gegenüber den Belangen der öffentlichen Sicherheit oder Ordnung

1. besonders anzuerkennende persönliche oder wirtschaftliche Interessen, vor allem als Jäger, Sportschütze, Brauchtumsschütze, Waffen- oder Munitionssammler, Waffen- oder Munitionssachverständiger, gefährdete Person, als Waffenhersteller oder -händler oder als Bewachungsunternehmer, und
2. die Geeignetheit und Erforderlichkeit der Waffen oder Munition für den beantragten Zweck

glaubhaft gemacht sind.

§ 9 Inhaltliche Beschränkungen, Nebenbestimmungen und Anordnungen

(1) Eine Erlaubnis nach diesem Gesetz kann zur Abwehr von Gefahren für die öffentliche Sicherheit oder Ordnung inhaltlich beschränkt werden, insbesondere um Leben und Gesundheit von Menschen gegen die aus dem Umgang mit Schusswaffen oder Munition entstehenden Gefahren und erheblichen Nachteile zu schützen.

(2) [1]Zu den in Absatz 1 genannten Zwecken können Erlaubnisse befristet oder mit Auflagen verbunden werden. [2]Auflagen können nachträglich aufgenommen, geändert und ergänzt werden.

(3) Gegenüber Personen, die die Waffenherstellung oder den Waffenhandel nach Anlage 2 Abschnitt 2 Unterabschnitt 2 Nr. 4 bis 6 oder eine Schießstätte nach § 27 Abs. 2 ohne Erlaubnis betreiben dürfen, können Anordnungen zu den in Absatz 1 genannten Zwecken getroffen werden.

Unterabschnitt 2

Erlaubnisse für einzelne Arten des Umgangs mit Waffen oder Munition, Ausnahmen

§ 10 Erteilung von Erlaubnissen zum Erwerb, Besitz, Führen und Schießen

(1) [1]Die Erlaubnis zum Erwerb und Besitz von Waffen wird durch eine Waffenbesitzkarte oder durch Eintragung in eine bereits vorhandene Waffenbesitzkarte erteilt. [2]Für die Erteilung einer Erlaubnis für Schusswaffen sind Art, Anzahl und Kaliber der Schusswaffen anzugeben. [3]Die Erlaubnis zum Erwerb einer Waffe gilt für die Dauer eines Jahres, die Erlaubnis zum Besitz wird in der Regel unbefristet erteilt.

(2) [1]Eine Waffenbesitzkarte über Schusswaffen, die mehrere Personen besitzen, kann auf diese Personen ausgestellt werden. [2]Eine Waffenbesitzkarte kann auch einem schießsportlichen Verein oder einer jagdlichen Vereinigung als juristischer Person erteilt werden. [3]Sie ist mit der Auflage zu verbinden, dass der Verein der Behörde vor Inbesitznahme von Vereinswaffen unbeschadet des Vorliegens der Voraussetzung des § 4 Abs. 1 Nr. 5 eine verantwortliche Person zu benennen hat, für die die Voraussetzungen nach § 4 Abs. 1 Nr. 1 bis 3 nachgewiesen sind; diese benannte Person muss nicht vertretungsberechtigtes Organ des Vereins sein. [4]Scheidet die benannte verantwortliche Person aus dem Verein aus oder liegen in ihrer Person nicht mehr alle Voraussetzungen nach § 4 Abs. 1 Nr. 1 bis 3 vor, so ist der Verein verpflichtet, dies unverzüglich der zuständigen Behörde mitzuteilen. [5]Benennt der Verein nicht innerhalb von zwei Wochen eine neue verantwortliche Person, für die die Voraussetzungen nach § 4 Abs. 1 Nr. 1 bis 3 nachgewiesen werden, so ist die dem Verein erteilte Waffenbesitzerlaubnis zu widerrufen und die Waffenbesitzkarte zurückzugeben.

(3) [1]Die Erlaubnis zum Erwerb und Besitz von Munition wird durch Eintragung in eine Waffenbesitzkarte für die darin eingetragenen Schusswaffen erteilt. [2]In den übrigen Fällen wird die Erlaubnis durch einen

Munitionserwerbsschein für eine bestimmte Munitionsart erteilt; sie ist für den Erwerb der Munition auf die Dauer von sechs Jahren zu befristen und gilt für den Besitz der Munition unbefristet. [3]Die Erlaubnis zum nicht gewerblichen Laden von Munition im Sinne des Sprengstoffgesetzes gilt auch als Erlaubnis zum Erwerb und Besitz dieser Munition. [4]Nach Ablauf der Gültigkeit des Erlaubnisdokuments gilt die Erlaubnis für den Besitz dieser Munition für die Dauer von sechs Monaten fort.

(4) [1]Die Erlaubnis zum Führen einer Waffe wird durch einen Waffenschein erteilt. [2]Eine Erlaubnis nach Satz 1 zum Führen von Schusswaffen wird für bestimmte Schusswaffen auf höchstens drei Jahre erteilt; die Geltungsdauer kann zweimal um höchstens je drei Jahre verlängert werden, sie ist kürzer zu bemessen, wenn nur ein vorübergehendes Bedürfnis nachgewiesen wird. [3]Der Geltungsbereich des Waffenscheins ist auf bestimmte Anlässe oder Gebiete zu beschränken, wenn ein darüber hinausgehendes Bedürfnis nicht nachgewiesen wird. [4]Die Voraussetzungen für die Erteilung einer Erlaubnis zum Führen von Schreckschuss-, Reizstoff- und Signalwaffen sind in der Anlage 2 Abschnitt 2 Unterabschnitt 3 Nr. 2 und 2.1 genannt (Kleiner Waffenschein).

(5) Die Erlaubnis zum Schießen mit einer Schusswaffe wird durch einen Erlaubnisschein erteilt.

§ 11 Erwerb und Besitz von Schusswaffen oder Munition mit Bezug zu einem anderen Mitgliedstaat

(1) [1]Eine Erlaubnis zum Erwerb und Besitz einer Schusswaffe nach Anlage 1 Abschnitt 3 Nr. 1 bis 3 (Kategorien A bis C) oder von Munition für eine solche darf einer Person, die ihren gewöhnlichen Aufenthalt in einem anderen Mitgliedstaat hat, nur erteilt werden, wenn sie

1. die Schusswaffen oder die Munition in den Mitgliedstaat im Wege der Selbstvornahme verbringen wird oder
2. eine schriftliche oder elektronische Erklärung vorlegt, dass und aus welchen Gründen sie die Schusswaffen oder die Munition nur im Geltungsbereich dieses Gesetzes zu besitzen beabsichtigt.

[2]Die Erlaubnis zum Erwerb oder Besitz einer Schusswaffe nach Anlage 1 Abschnitt 3 Nr. 2 (Kategorie B) oder Munition für eine solche darf nur erteilt werden, wenn über die Voraussetzungen des Satzes 1 hinaus eine vorherige Zustimmung dieses Mitgliedstaates hierzu vorgelegt wird.

(2) Für eine Person mit gewöhnlichem Aufenthalt im Geltungsbereich dieses Gesetzes, die eine Schusswaffe nach Anlage 1 Abschnitt 3 Nr. 2 (Kategorie B) oder Munition für eine solche in einem anderen Mitgliedstaat mit einer Erlaubnis dieses Staates erwerben will, wird eine Erlaubnis erteilt, wenn die Voraussetzungen nach § 4 Abs. 1 Nr. 2 vorliegen.

§ 12 Ausnahmen von den Erlaubnispflichten

(1) Einer Erlaubnis zum Erwerb und Besitz einer Waffe bedarf nicht, wer diese

1. als Inhaber einer Waffenbesitzkarte von einem Berechtigten
   a) lediglich vorübergehend, höchstens aber für einen Monat für einen von seinem Bedürfnis umfassten Zweck oder im Zusammenhang damit, oder
   b) vorübergehend zum Zweck der sicheren Verwahrung oder der Beförderung

   erwirbt;
2. vorübergehend von einem Berechtigten zur gewerbsmäßigen Beförderung, zur gewerbsmäßigen Lagerung oder zur gewerbsmäßigen Ausführung von Verschönerungen oder ähnlicher Arbeiten an der Waffe erwirbt;
3. von einem oder für einen Berechtigten erwirbt, wenn und solange er
   a) auf Grund eines Arbeits- oder Ausbildungsverhältnisses,
   b) als Beauftragter oder Mitglied einer jagdlichen oder schießsportlichen Vereinigung, einer anderen sportlichen Vereinigung zur Abgabe von Startschüssen oder einer zur Brauchtumspflege Waffen tragenden Vereinigung,
   c) als Beauftragter einer in § 55 Abs. 1 Satz 1 bezeichneten Stelle,
   d) als Charterer von seegehenden Schiffen zur Abgabe von Seenotsignalen

   den Besitz über die Waffe nur nach den Weisungen des Berechtigten ausüben darf;
4. von einem anderen,
   a) dem er die Waffe vorübergehend überlassen hat, ohne dass es hierfür der Eintragung in die Erlaubnisurkunde bedurfte, oder
   b) nach dem Abhandenkommen

   wieder erwirbt;
5. auf einer Schießstätte (§ 27) lediglich vorübergehend zum Schießen auf dieser Schießstätte erwirbt;
6. auf einer Reise in den oder durch den Geltungsbereich des Gesetzes nach § 32 berechtigt mitnimmt.

(2) Einer Erlaubnis zum Erwerb und Besitz von Munition bedarf nicht, wer diese
1. unter den Voraussetzungen des Absatzes 1 Nr. 1 bis 4 erwirbt;
2. unter den Voraussetzungen des Absatzes 1 Nr. 5 zum sofortigen Verbrauch lediglich auf dieser Schießstätte (§ 27) erwirbt;
3. auf einer Reise in den oder durch den Geltungsbereich des Gesetzes nach § 32 berechtigt mitnimmt.

(3) Einer Erlaubnis zum Führen von Waffen bedarf nicht, wer
1. diese mit Zustimmung eines anderen in dessen Wohnung, Geschäftsräumen oder befriedetem Besitztum oder dessen Schießstätte zu einem von seinem Bedürfnis umfassten Zweck oder im Zusammenhang damit führt;
2. diese nicht schussbereit und nicht zugriffsbereit von einem Ort zu einem anderen Ort befördert, sofern der Transport der Waffe zu einem von seinem Bedürfnis umfassten Zweck oder im Zusammenhang damit erfolgt;
3. eine Langwaffe nicht schussbereit den Regeln entsprechend als Teilnehmer an genehmigten Sportwettkämpfen auf festgelegten Wegstrecken führt;
4. eine Signalwaffe beim Bergsteigen, als verantwortlicher Führer eines Wasserfahrzeugs auf diesem Fahrzeug oder bei Not- und Rettungsübungen führt;
5. eine Schreckschuss- oder eine Signalwaffe zur Abgabe von Start- oder Beendigungszeichen bei Sportveranstaltungen führt, wenn optische oder akustische Signalgebung erforderlich ist;
6. in Fällen der vorübergehenden Aufbewahrung von Waffen außerhalb der Wohnung diesen ein wesentliches Teil entnimmt und mit sich führt; mehrere mitgeführte wesentliche Teile dürfen nicht zu einer schussfähigen Waffe zusammengefügt werden können.

(4) [1]Einer Erlaubnis zum Schießen mit einer Schusswaffe bedarf nicht, wer auf einer Schießstätte (§ 27) schießt. [2]Das Schießen außerhalb von Schießstätten ist darüber hinaus ohne Schießerlaubnis nur zulässig
1. durch den Inhaber des Hausrechts oder mit dessen Zustimmung im befriedeten Besitztum
   a) mit Schusswaffen, deren Geschossen eine Bewegungsenergie von nicht mehr als 7,5 Joule (J) erteilt wird oder deren Bauart nach § 7 des Beschussgesetzes zugelassen ist, sofern die Geschosse das Besitztum nicht verlassen können,
   b) mit Schusswaffen, aus denen nur Kartuschenmunition verschossen werden kann,
2. durch Personen, die den Regeln entsprechend als Teilnehmer an genehmigten Sportwettkämpfen nach Absatz 3 Nr. 3 mit einer Langwaffe an Schießständen schießen,
3. mit Schusswaffen, aus denen nur Kartuschenmunition verschossen werden kann,
   a) durch Mitwirkende an Theateraufführungen und diesen gleich zu achtenden Vorführungen,
   b) zum Vertreiben von Vögeln in landwirtschaftlichen Betrieben,
4. mit Signalwaffen bei Not- und Rettungsübungen,
5. mit Schreckschuss- oder mit Signalwaffen zur Abgabe von Start- oder Beendigungszeichen im Auftrag der Veranstalter bei Sportveranstaltungen, wenn optische oder akustische Signalgebung erforderlich ist.

(5) Die zuständige Behörde kann im Einzelfall weitere Ausnahmen von den Erlaubnispflichten zulassen, wenn besondere Gründe vorliegen und Belange der öffentlichen Sicherheit und Ordnung nicht entgegenstehen.

Unterabschnitt 3

Besondere Erlaubnistatbestände für bestimmte Personengruppen

§ 13 Erwerb und Besitz von Schusswaffen und Munition durch Jäger, Führen und Schießen zu Jagdzwecken

(1) Ein Bedürfnis für den Erwerb und Besitz von Schusswaffen und der dafür bestimmten Munition wird bei Personen anerkannt, die Inhaber eines gültigen Jagdscheines im Sinne von § 15 Abs. 1 Satz 1 des Bundesjagdgesetzes sind (Jäger), wenn
1. glaubhaft gemacht wird, dass sie die Schusswaffen und die Munition zur Jagdausübung oder zum Training im jagdlichen Schießen einschließlich jagdlicher Schießwettkämpfe benötigen, und
2. die zu erwerbende Schusswaffe und Munition nach dem Bundesjagdgesetz in der zum Zeitpunkt des Erwerbs geltenden Fassung nicht verboten ist (Jagdwaffen und -munition).

(2) [1]Für Jäger gilt § 6 Abs. 3 Satz 1 nicht. [2]Bei Jägern, die Inhaber eines Jahresjagdscheines im Sinne von § 15 Abs. 2 in Verbindung mit Abs. 1 Satz 1 des Bundesjagdgesetzes sind, erfolgt keine Prüfung der Voraussetzungen des Absatzes 1 Nr. 1 sowie des § 4 Abs. 1 Nr. 4 für den Erwerb und Besitz von Langwaffen und zwei Kurzwaffen, sofern die Voraussetzungen des Absatzes 1 Nr. 2 vorliegen.

(3) [1]Inhaber eines gültigen Jahresjagdscheines im Sinne des § 15 Abs. 2 in Verbindung mit Abs. 1 Satz 1 des Bundesjagdgesetzes bedürfen zum Erwerb von Langwaffen nach Absatz 1 Nr. 2 keiner Erlaubnis. [2]Der Jagdscheininhaber nach Satz 1 hat binnen zwei Wochen nach Erwerb einer Langwaffe bei der zuständigen Behörde die Ausstellung einer Waffenbesitzkarte zu beantragen.
(4) Für den Erwerb und vorübergehenden Besitz gemäß § 12 Abs. 1 Nr. 1 von Langwaffen nach Absatz 1 Nr. 2 steht ein Jagdschein im Sinne von § 15 Abs. 1 Satz 1 des Bundesjagdgesetzes einer Waffenbesitzkarte gleich.
(5) Jäger bedürfen für den Erwerb und Besitz von Munition für Langwaffen nach Absatz 1 Nr. 2 keiner Erlaubnis, sofern sie nicht nach dem Bundesjagdgesetz in der jeweiligen Fassung verboten ist.
(6) [1]Ein Jäger darf Jagdwaffen zur befugten Jagdausübung einschließlich des Ein- und Anschießens im Revier, zur Ausbildung von Jagdhunden im Revier, zum Jagdschutz oder zum Forstschutz ohne Erlaubnis führen und mit ihnen schießen; er darf auch im Zusammenhang mit diesen Tätigkeiten die Jagdwaffen nicht schussbereit ohne Erlaubnis führen. [2]Der befugten Jagdausübung gleichgestellt ist der Abschuss von Tieren, die dem Naturschutzrecht unterliegen, wenn die naturschutzrechtliche Ausnahme oder Befreiung die Tötung durch einen Jagdscheininhaber vorsieht.
(7) [1]Inhabern eines Jugendjagdscheines im Sinne von § 16 des Bundesjagdgesetzes wird eine Erlaubnis zum Erwerb und Besitz von Schusswaffen und der dafür bestimmten Munition nicht erteilt. [2]Sie dürfen Schusswaffen und die dafür bestimmte Munition nur für die Dauer der Ausübung der Jagd oder des Trainings im jagdlichen Schießen einschließlich jagdlicher Schießwettkämpfe ohne Erlaubnis erwerben, besitzen, die Schusswaffen führen und damit schießen; sie dürfen auch im Zusammenhang mit diesen Tätigkeiten die Jagdwaffen nicht schussbereit ohne Erlaubnis führen.
(8) [1]Personen in der Ausbildung zum Jäger dürfen nicht schussbereite Jagdwaffen in der Ausbildung ohne Erlaubnis unter Aufsicht eines Ausbilders erwerben, besitzen und führen, wenn sie das 14. Lebensjahr vollendet haben und der Sorgeberechtigte und der Ausbildungsleiter ihr Einverständnis in einer schriftlichen oder elektronischen Berechtigungsbescheinigung erklärt haben. [2]Die Person hat in der Ausbildung die Berechtigungsbescheinigung mit sich zu führen.
(9) [1]Auf Schalldämpfer finden die Absätze 1 bis 4 und 6 bis 8 entsprechende Anwendung. [2]Die Schalldämpfer gemäß Satz 1 dürfen ausschließlich mit für die Jagd zugelassenen Langwaffen für Munition mit Zentralfeuerzündung im Rahmen der Jagd und des jagdlichen Übungsschießens verwendet werden.

§ 14 Erwerb und Besitz von Schusswaffen und Munition durch Sportschützen

(1) [1]Die Erlaubnis zum Erwerb und Besitz von Schusswaffen und Munition zum Zweck des sportlichen Schießens wird abweichend von § 4 Abs. 1 Nr. 1 nur erteilt, wenn der Antragsteller das 21. Lebensjahr vollendet hat. [2]Satz 1 gilt nicht für den Erwerb und Besitz von Schusswaffen bis zu einem Kaliber von 5,6 mm lfB (.22 l.r.) für Munition mit Randfeuerzündung, wenn die Mündungsenergie der Geschosse höchstens 200 Joule (J) beträgt, und Einzellader-Langwaffen mit glatten Läufen mit Kaliber 12 oder kleiner, sofern das sportliche Schießen mit solchen Waffen durch die genehmigte Sportordnung eines Schießsportverbandes zugelassen ist.
(2) Ein Bedürfnis für den Erwerb und Besitz von Schusswaffen und der dafür bestimmten Munition wird bei Mitgliedern eines Schießsportvereins anerkannt, der einem nach § 15 Abs. 1 anerkannten Schießsportverband angehört.
(3) [1]Für das Bedürfnis zum Erwerb von Schusswaffen und der dafür bestimmten Munition ist durch eine Bescheinigung des Schießsportverbandes oder eines ihm angegliederten Teilverbandes glaubhaft zu machen, dass

1. das Mitglied seit mindestens zwölf Monaten den Schießsport in einem Verein mit erlaubnispflichtigen Schusswaffen betreibt,
2. das Mitglied den Schießsport in einem Verein innerhalb der vergangenen zwölf Monate mindestens
   a) einmal in jedem ganzen Monat dieses Zeitraums ausgeübt hat, oder
   b) 18 Mal insgesamt innerhalb dieses Zeitraums ausgeübt hat,

   und
3. die zu erwerbende Waffe für eine Sportdisziplin nach der Sportordnung des Schießsportverbandes zugelassen und erforderlich ist.

[2]Innerhalb von sechs Monaten dürfen in der Regel nicht mehr als zwei Schusswaffen erworben werden.
(4) [1]Für das Bedürfnis zum Besitz von Schusswaffen und der dafür bestimmten Munition ist durch eine Bescheinigung des Schießsportverbandes oder eines ihm angegliederten Teilverbandes glaubhaft zu machen, dass das Mitglied in den letzten 24 Monaten vor Prüfung des Bedürfnisses den Schießsport in einem Verein mit einer eigenen erlaubnispflichtigen Waffe

1. mindestens einmal alle drei Monate in diesem Zeitraum betrieben hat oder
2. mindestens sechsmal innerhalb eines abgeschlossenen Zeitraums von jeweils zwölf Monaten betrieben hat.

[2]Besitzt das Mitglied sowohl Lang- als auch Kurzwaffen, so ist der Nachweis nach Satz 1 für Waffen beider Kategorien zu erbringen. [3]Sind seit der ersten Eintragung einer Schusswaffe in die Waffenbesitzkarte oder der erstmaligen Ausstellung einer Munitionserwerbserlaubnis zehn Jahre vergangen, genügt für das Fortbestehen des Bedürfnisses des Sportschützen die Mitgliedschaft in einem Schießsportverein nach Absatz 2; die Mitgliedschaft ist im Rahmen der Folgeprüfungen nach § 4 Absatz 4 durch eine Bescheinigung des Schießsportvereins nachzuweisen.

(5) Ein Bedürfnis von Sportschützen nach Absatz 2 für den Erwerb und Besitz von mehr als drei halbautomatischen Langwaffen und mehr als zwei mehrschüssigen Kurzwaffen für Patronenmunition sowie der hierfür erforderlichen Munition wird unter Beachtung des Absatzes 2 durch Vorlage einer Bescheinigung des Schießsportverbandes des Antragstellers glaubhaft gemacht, wonach die weitere Waffe
1. von ihm zur Ausübung weiterer Sportdisziplinen benötigt wird oder
2. zur Ausübung des Wettkampfsports erforderlich ist

und der Antragsteller regelmäßig an Schießsportwettkämpfen teilgenommen hat.

(6) Sportschützen, die dem Schießsport in einem Schießsportverband nach § 15 Absatz 1 als gemeldetes Mitglied nachgehen, wird abweichend von § 10 Absatz 1 Satz 3 unter Beachtung des Absatzes 3 Satz 1 Nummer 1 und 2 und Satz 2 eine unbefristete Erlaubnis erteilt, die zum Erwerb von insgesamt bis zu zehn Einzellader- Langwaffen mit glatten und gezogenen Läufen, Repetier-Langwaffen mit gezogenen Läufen sowie einläufigen Einzellader-Kurzwaffen für Patronenmunition und mehrschüssigen Kurzund Langwaffen mit Zündhütchenzündung (Perkussionswaffen) berechtigt.

§ 15 Schießsportverbände, schießsportliche Vereine

(1) Als Schießsportverband im Sinne dieses Gesetzes wird ein überörtlicher Zusammenschluss schießsportlicher Vereine anerkannt, der
1. wenigstens in jedem Land, in dem seine Sportschützen ansässig sind, in schießsportlichen Vereinen organisiert ist,
2. mindestens 10 000 Sportschützen, die mit Schusswaffen schießen, als Mitglieder insgesamt in seinen Vereinen hat,
3. den Schießsport als Breitensport und Leistungssport betreibt,
4. a) auf eine sachgerechte Ausbildung in den schießsportlichen Vereinen und
   b) zur Förderung des Nachwuchses auf die Durchführung eines altersgerechten Schießsports für Kinder oder Jugendliche in diesen Vereinen

   hinwirkt,
5. regelmäßig überregionale Wettbewerbe organisiert oder daran teilnimmt,
6. den sportlichen Betrieb in den Vereinen auf der Grundlage einer genehmigten Schießsportordnung organisiert und
7. im Rahmen eines festgelegten Verfahrens die ihm angehörenden schießsportlichen Vereine verpflichtet und regelmäßig darauf überprüft, dass diese
   a) die ihnen nach diesem Gesetz oder auf Grund dieses Gesetzes obliegenden Pflichten erfüllen,
   b) einen Nachweis über die Häufigkeit der schießsportlichen Aktivitäten jedes ihrer Mitglieder während der letzten 24 Monate vor Prüfung des Bedürfnisses nach § 4 Absatz 4 führen, sofern nicht ein Fall des § 14 Absatz 4 Satz 3 vorliegt, und
   c) über eigene Schießstätten für die nach der Schießsportordnung betriebenen Disziplinen verfügen oder geregelte Nutzungsmöglichkeiten für derartige Schießstätten nachweisen.

(2) [1]Von den Voraussetzungen des Absatzes 1 Nr. 1, 2 oder 4 Buchstabe b kann abgewichen werden, wenn die besondere Eigenart des Verbandes dies erfordert, öffentliche Interessen nicht entgegenstehen und der Verband die Gewähr dafür bietet, die sonstigen Anforderungen nach Absatz 1 an die geordnete Ausübung des Schießsports zu erfüllen. [2]Ein Abweichen von dem Erfordernis nach Absatz 1 Nr. 2 ist unter Beachtung des Satzes 1 nur bei Verbänden zulässig, die mindestens 2 000 Sportschützen, die mit Schusswaffen schießen, als Mitglieder in ihren Vereinen haben.

(3) Die Anerkennung nach Absatz 1 erfolgt durch das Bundesverwaltungsamt im Benehmen mit den nach § 48 Abs. 1 zuständigen Behörden des Landes, in dem der Schießsportverband seinen Sitz hat, und, soweit nicht der Schießsportverband nur auf dem Gebiet dieses Landes tätig ist, im Benehmen mit den nach § 48 Abs. 1 zuständigen Behörden der übrigen Länder.

(4) [1]Die zuständige Behörde hat das Recht, jederzeit den Nachweis über das Vorliegen der Voraussetzungen für die Anerkennung zu verlangen. [2]Die Anerkennung kann zurückgenommen werden, wenn die

Voraussetzungen nach Absatz 1 für ihre Erteilung nicht vorgelegen haben; sie ist zurückzunehmen, wenn die Voraussetzungen weiterhin nicht vorliegen. [3]Die Anerkennung ist zu widerrufen, wenn eine der Voraussetzungen für ihre Erteilung nachträglich entfallen ist. [4]Anerkennung, Rücknahme und Widerruf sind im Bundesanzeiger zu veröffentlichen. [5]Vom Zeitpunkt der Unanfechtbarkeit der Aufhebung der Anerkennung an sind die Bescheinigungen des betreffenden Verbandes nach § 14 Absatz 3, 4 und 5 nicht mehr als geeignete Mittel zur Glaubhaftmachung anzuerkennen. [6]Sofern der Grund für die Aufhebung der Anerkennung Zweifel an der inhaltlichen Richtigkeit von Bescheinigungen aufkommen lässt, können die Behörden bereits ab der Einleitung der Anhörung von der Anerkennung der Bescheinigungen absehen. [7]Die Anerkennungsbehörde unterrichtet die nach Absatz 3 an der Anerkennung beteiligten Stellen von der Einleitung und dem Abschluss des Verfahrens zur Aufhebung der Anerkennung.

(5) Der schießsportliche Verein ist verpflichtet, der zuständigen Behörde Sportschützen, die Inhaber einer Waffenbesitzkarte sind und die aus ihrem Verein ausgeschieden sind, unverzüglich zu benennen.

§ 15a Sportordnungen

(1) [1]Sportliches Schießen liegt dann vor, wenn nach festen Regeln einer genehmigten Sportordnung geschossen wird. [2]Schießübungen des kampfmäßigen Schießens, insbesondere die Verwendung von Zielen oder Scheiben, die Menschen darstellen oder symbolisieren, sind im Schießsport nicht zulässig.

(2) [1]Das Bundesverwaltungsamt entscheidet über die erstmalige Genehmigung und die Änderung der Teile der Sportordnungen von Verbänden und Vereinen, die für die Ausführung dieses Gesetzes und der auf seiner Grundlage erlassenen Rechtsverordnungen erheblich sind. [2]Die erstmalige Genehmigung oder die Genehmigung von Änderungen erfolgt, wenn die zu prüfenden Teile der Sportordnungen den Anforderungen dieses Gesetzes und der auf Grundlage von Absatz 4 erlassenen Rechtsverordnung genügen. [3]Eine Änderung gilt als genehmigt, wenn das Bundesverwaltungsamt nicht binnen drei Monaten nach Zugang aller erforderlichen Prüfunterlagen Änderungen verlangt oder dem Betroffenen mitteilt, dass die Prüfung aus anderen wichtigen Gründen nicht abgeschlossen werden kann.

(3) Die Genehmigung von Sportordnungen ohne gleichzeitige Anerkennung als Verband nach § 15 Absatz 1 erfolgt, wenn die Vorgaben des § 15 Absatz 1 Nummer 4 Buchstabe a und Nummer 7 sowie die Vorgaben des Absatzes 2 Satz 2 erfüllt sind.

(4) Das Bundesministerium des Innern, für Bau und Heimat wird ermächtigt, durch Rechtsverordnung mit Zustimmung des Bundesrates zur Abwehr von Gefahren für die öffentliche Sicherheit oder Ordnung unter Berücksichtigung der berechtigten Interessen des Schießsports Vorschriften über die Anforderungen und die Inhalte der Sportordnungen zum sportlichen Schießen zu erlassen und insbesondere zu bestimmen, dass vom Schießsport bestimmte Schusswaffen wegen ihrer Konstruktion, ihrer Handhabung oder Wirkungsweise ganz oder teilweise ausgeschlossen sind.

§ 15b Fachbeirat Schießsport

Das Bundesministerium des Innern, für Bau und Heimat wird ermächtigt, durch Rechtsverordnung mit Zustimmung des Bundesrates einen Ausschuss zu bilden, in den neben Vertretern der beteiligten Bundes- und Landesbehörden auch Vertreter des Sports zu berufen sind und der das Bundesverwaltungsamt in Fragen der Anerkennung eines Schießsportverbandes und der Genehmigung von Schießsportordnungen nach § 15a Abs. 2 und 3 unter Berücksichtigung waffentechnischer Fragen berät.

§ 16 Erwerb und Besitz von Schusswaffen und Munition durch Brauchtumsschützen, Führen von Waffen und Schießen zur Brauchtumspflege

(1) Ein Bedürfnis für den Erwerb und Besitz von Einzellader-Langwaffen und bis zu drei Repetier-Langwaffen sowie der dafür bestimmten Munition wird bei Mitgliedern einer zur Brauchtumspflege Waffen tragenden Vereinigung (Brauchtumsschützen) anerkannt, wenn sie durch eine Bescheinigung der Brauchtumsschützenvereinigung glaubhaft machen, dass sie diese Waffen zur Pflege des Brauchtums benötigen.

(2) Für Veranstaltungen, bei denen es Brauch ist, aus besonderem Anlass Waffen zu tragen, kann für die Dauer von fünf Jahren die Ausnahmebewilligung zum Führen von in Absatz 1 Satz 1 genannten Schusswaffen sowie von sonstigen zur Brauchtumspflege benötigten Waffen im Sinne des § 1 Abs. 2 Nr. 2 einem verantwortlichen Leiter der Brauchtumsschützenvereinigung unter den Voraussetzungen des § 42 Abs. 2 erteilt werden, wenn gewährleistet ist, dass die erforderliche Sorgfalt beachtet wird.

(3) [1]Die Erlaubnis zum Schießen mit den in Absatz 1 Satz 1 genannten Schusswaffen außerhalb von Schießstätten mit Kartuschenmunition bei Veranstaltungen nach Absatz 2 kann für die Dauer von fünf Jahren einem verantwortlichen Leiter der Brauchtumsschützenvereinigung erteilt werden. [2]Sie ist zu versagen, wenn

1. in dessen Person eine Voraussetzung nach § 4 Abs. 1 Nr. 1 bis 4 nicht vorliegt,
2. die Beachtung der erforderlichen Sorgfalt nicht gewährleistet ist,

3. Gefahren oder erhebliche Nachteile für Einzelne oder die Allgemeinheit zu befürchten sind und nicht durch Auflagen verhindert werden können oder
4. kein Haftpflichtversicherungsschutz gemäß § 4 Abs. 1 Nr. 5 nachgewiesen ist.

[3]Die Erlaubnis nach Satz 1 kann mit der Ausnahmebewilligung nach Absatz 2 verbunden werden.

(4) [1]Brauchtumsschützen dürfen in den Fällen der Absätze 2 und 3 oder bei Vorliegen einer Ausnahmebewilligung nach § 42 Abs. 2 die Schusswaffen ohne Erlaubnis führen und damit schießen. [2]Sie dürfen die zur Pflege des Brauchtums benötigten Schusswaffen auch im Zusammenhang mit Veranstaltungen, bei denen es Brauch ist, aus besonderem Anlass Waffen zu tragen, für die eine Erlaubnis nach Absatz 2 oder nach § 42 Abs. 2 erteilt wurde, ohne Erlaubnis führen.

§ 17 Erwerb und Besitz von Schusswaffen oder Munition durch Waffen- oder Munitionssammler

(1) Ein Bedürfnis zum Erwerb und Besitz von Schusswaffen oder Munition wird bei Personen anerkannt, die glaubhaft machen, dass sie Schusswaffen oder Munition für eine kulturhistorisch bedeutsame Sammlung (Waffensammler, Munitionssammler) benötigen; kulturhistorisch bedeutsam ist auch eine wissenschaftlich-technische Sammlung.

(2) [1]Die Erlaubnis zum Erwerb von Schusswaffen oder Munition wird in der Regel unbefristet erteilt. [2]Sie kann mit der Auflage verbunden werden, der Behörde in bestimmten Zeitabständen eine Aufstellung über den Bestand an Schusswaffen vorzulegen.

(3) Die Erlaubnis zum Erwerb und Besitz von Schusswaffen oder Munition wird auch einem Erben, Vermächtnisnehmer oder durch Auflage Begünstigten (Erwerber infolge eines Erbfalls) erteilt, der eine vorhandene Sammlung des Erblassers im Sinne des Absatzes 1 fortführt.

§ 18 Erwerb und Besitz von Schusswaffen oder Munition durch Waffen- oder Munitionssachverständige

(1) Ein Bedürfnis zum Erwerb und Besitz von Schusswaffen oder Munition wird bei Personen anerkannt, die glaubhaft machen, dass sie Schusswaffen oder Munition für wissenschaftliche oder technische Zwecke, zur Erprobung, Begutachtung, Untersuchung oder zu einem ähnlichen Zweck (Waffen-, Munitionssachverständige) benötigen.

(2) [1]Die Erlaubnis zum Erwerb von Schusswaffen oder Munition wird in der Regel
1. für Schusswaffen oder Munition jeder Art und
2. unbefristet

erteilt. [2]Sie kann mit der Auflage verbunden werden, der Behörde in bestimmten Zeitabständen eine Aufstellung über den Bestand an Schusswaffen vorzulegen.

§ 19 Erwerb und Besitz von Schusswaffen und Munition, Führen von Schusswaffen durch gefährdete Personen

(1) Ein Bedürfnis zum Erwerb und Besitz einer Schusswaffe und der dafür bestimmten Munition wird bei einer Person anerkannt, die glaubhaft macht,
1. wesentlich mehr als die Allgemeinheit durch Angriffe auf Leib oder Leben gefährdet zu sein und
2. dass der Erwerb der Schusswaffe und der Munition geeignet und erforderlich ist, diese Gefährdung zu mindern.

(2) Ein Bedürfnis zum Führen einer Schusswaffe wird anerkannt, wenn glaubhaft gemacht ist, dass die Voraussetzungen nach Absatz 1 auch außerhalb der eigenen Wohnung, Geschäftsräume oder des eigenen befriedeten Besitztums vorliegen.

§ 20 Erwerb und Besitz von Schusswaffen durch Erwerber infolge eines Erbfalls

(1) Der Erbe hat binnen eines Monats nach der Annahme der Erbschaft oder dem Ablauf der für die Ausschlagung der Erbschaft vorgeschriebenen Frist die Ausstellung einer Waffenbesitzkarte für die zum Nachlass gehörenden erlaubnispflichtigen Schusswaffen oder ihre Eintragung in eine bereits ausgestellte Waffenbesitzkarte zu beantragen; für den Vermächtnisnehmer oder durch Auflage Begünstigten beginnt diese Frist mit dem Erwerb der Schusswaffen.

(2) Dem Erwerber infolge eines Erbfalls ist die gemäß Absatz 1 beantragte Erlaubnis abweichend von § 4 Abs. 1 zu erteilen, wenn der Erblasser berechtigter Besitzer war und der Antragsteller zuverlässig und persönlich geeignet ist.

(3) [1]Für erlaubnispflichtige Schusswaffen und erlaubnispflichtige Munition, für die der Erwerber infolge eines Erbfalles ein Bedürfnis nach § 8 oder §§ 13 ff. geltend machen kann, sind die Vorschriften des § 4 Abs. 1 Nr. 1 bis 3 und des § 8 und der §§ 13 bis 18 anzuwenden. [2]Kann kein Bedürfnis geltend gemacht werden, sind Schusswaffen durch ein dem Stand der Technik entsprechendes Blockiersystem zu sichern und ist erlaubnispflichtige Munition binnen angemessener Frist unbrauchbar zu machen oder einem Berechtigten zu überlassen. [3]Einer Sicherung durch ein Blockiersystem bedarf es nicht, wenn der Erwerber

der Erbwaffe bereits auf Grund eines Bedürfnisses nach § 8 oder §§ 13 ff. berechtigter Besitzer einer erlaubnispflichtigen Schusswaffe ist. [4]Für den Transport der Schusswaffe im Zusammenhang mit dem Einbau des Blockiersystems gilt § 12 Abs. 3 Nr. 2 entsprechend.

(4) [1]Das Bundesministerium des Innern, für Bau und Heimat erstellt nach Anhörung eines Kreises von Vertretern der Wissenschaft, der betroffenen Personen, der beteiligten Wirtschaft und der für das Waffenrecht zuständigen obersten Landesbehörden dem Stand der Sicherheitstechnik entsprechende Regeln (Technische Richtlinie – Blockiersysteme für Erbwaffen) für ein Blockiersystem nach Absatz 3 Satz 2 sowie für dessen Zulassungsverfahren und veröffentlicht diese im Bundesanzeiger. [2]Die Prüfung der Konformität und die Zulassung neu entwickelter Blockiersysteme gemäß der Technischen Richtlinie erfolgt durch die Physikalisch-Technische Bundesanstalt.

(5) [1]Der Einbau und die Entsperrung von Blockiersystemen dürfen nur durch hierin eingewiesene Inhaber einer Waffenherstellungserlaubnis oder einer Waffenhandelserlaubnis nach § 21 Abs. 1 oder durch deren hierzu bevollmächtigten Mitarbeiter erfolgen. [2]Die vorübergehende Entsperrung aus besonderem Anlass ist möglich. [3]§ 39 Abs. 1 Satz 1 gilt entsprechend.

(6) [1]Die Waffenbehörde hat auf Antrag Ausnahmen von der Verpflichtung, alle Erbwaffen mit einem dem Stand der Sicherheitstechnik entsprechenden Blockiersystem zu sichern, zuzulassen, wenn oder so lange für eine oder mehrere Erbwaffen ein entsprechendes Blockiersystem noch nicht vorhanden ist. [2]Eine Ausnahme kann auch für Erbwaffen erteilt werden, die Bestandteil einer kulturhistorisch bedeutsamen Sammlung gemäß § 17 sind oder werden sollen.

Unterabschnitt 4

Besondere Erlaubnistatbestände für Waffenherstellung, Waffenhandel, Schießstätten, Bewachungsunternehmer

§ 21 Gewerbsmäßige Waffenherstellung, Waffenhandel

(1) [1]Die Erlaubnis zur gewerbsmäßig oder selbstständig im Rahmen einer wirtschaftlichen Unternehmung betriebenen Herstellung, Bearbeitung oder Instandsetzung von Schusswaffen oder Munition wird durch eine Waffenherstellungserlaubnis, die Erlaubnis zum entsprechend betriebenen Handel mit Schusswaffen oder Munition durch eine Waffenhandelserlaubnis erteilt. [2]Sie kann auf bestimmte Schusswaffen- und Munitionsarten beschränkt werden.

(2) [1]Die Waffenherstellungserlaubnis nach Absatz 1 Satz 1 schließt für Schusswaffen oder Munition, auf die sich die Erlaubnis erstreckt, die Erlaubnis zum vorläufigen oder endgültigen Überlassen an Inhaber einer Waffenherstellungs- oder Waffenhandelserlaubnis sowie zum Erwerb für Zwecke der Waffenherstellung ein. [2]Bei in die Handwerksrolle eingetragenen Büchsenmachern schließt die Waffenherstellungserlaubnis die Erlaubnis zum Waffenhandel ein.

(3) Die Erlaubnis ist zu versagen, wenn

1. der Antragsteller die erforderliche Zuverlässigkeit (§ 5) oder persönliche Eignung (§ 6) nicht besitzt,
2. der Antragsteller die für die erlaubnispflichtige Tätigkeit bei handwerksmäßiger Betriebsweise erforderlichen Voraussetzungen nach der Handwerksordnung nicht erfüllt, soweit eine Erlaubnis zu einer entsprechenden Waffenherstellung beantragt wird,
3. der Antragsteller nicht die erforderliche Fachkunde nachweist, soweit eine Erlaubnis zum Waffenhandel beantragt wird; dies gilt nicht, wenn der Antragsteller weder den Betrieb, eine Zweigniederlassung noch eine unselbstständige Zweigstelle selbst leitet.

(4) Die Erlaubnis kann versagt werden, wenn der Antragsteller

1. nicht Deutscher im Sinne des Artikels 116 des Grundgesetzes ist oder
2. weder seinen gewöhnlichen Aufenthalt noch eine gewerbliche Niederlassung im Geltungsbereich dieses Gesetzes hat.

(5) [1]Die Erlaubnis erlischt, wenn der Erlaubnisinhaber die Tätigkeit nicht innerhalb eines Jahres nach Erteilung der Erlaubnis begonnen oder ein Jahr lang nicht ausgeübt hat. [2]Die Fristen können aus besonderen Gründen verlängert werden.

(6) Der Inhaber einer Erlaubnis nach Absatz 1 hat die Aufnahme und Einstellung des Betriebs sowie die Eröffnung und Schließung einer Zweigniederlassung oder einer unselbstständigen Zweigstelle innerhalb von zwei Wochen der zuständigen Behörde anzuzeigen.

(7) Die zuständige Behörde unterrichtet das Bundesverwaltungsamt und das Bundesamt für Wirtschaft und Ausfuhrkontrolle über das Erlöschen einer Erlaubnis nach Absatz 5 Satz 1 und über die Rücknahme oder den Widerruf einer Erlaubnis nach Absatz 1.

§ 21a Stellvertretungserlaubnis

[1]Wer ein erlaubnisbedürftiges Waffengewerbe durch einen Stellvertreter betreiben will, bedarf einer Stellvertretererlaubnis; sie wird dem Erlaubnisinhaber für einen bestimmten Stellvertreter erteilt und kann befristet werden. [2]Dies gilt auch für die Beauftragung einer Person mit der Leitung einer Zweigniederlassung oder einer unselbstständigen Zweigstelle. [3]Die Vorschriften des § 21 gelten entsprechend.

§ 22 Fachkunde

(1) [1]Die Fachkunde ist durch eine Prüfung vor der zuständigen Behörde nachzuweisen. [2]Die Fachkunde braucht nicht nachzuweisen, wer die Voraussetzungen für die Eintragung eines Büchsenmacherbetriebes in die Handwerksrolle erfüllt.

(2) Das Bundesministerium des Innern, für Bau und Heimat wird ermächtigt, durch Rechtsverordnung mit Zustimmung des Bundesrates Vorschriften über

1. die notwendigen Anforderungen an die waffentechnischen und waffenrechtlichen Kenntnisse, auch beschränkt auf bestimmte Waffen- und Munitionsarten (Fachkunde),
2. die Prüfung und das Prüfungsverfahren einschließlich der Errichtung von Prüfungsausschüssen,
3. die Anforderungen an Art, Umfang und Nachweis der beruflichen Tätigkeit nach Absatz 1 Satz 2

zu erlassen.

§ 23 ***[aufgehoben]***

§ 24 Kennzeichnungspflicht, Markenanzeigepflicht

(1) [1]Wer Schusswaffen im Geltungsbereich dieses Gesetzes herstellt oder in diesen verbringt, hat unverzüglich auf den in einer Rechtsverordnung nach § 25 Nummer 2 festgelegten wesentlichen Teilen der Schusswaffe deutlich sichtbar und dauerhaft folgende Angaben anzubringen:

1. den Namen, die Firma oder eine eingetragene Marke des Herstellers der Schusswaffe,
2. für das Herstellungsland das zweistellige Landeskürzel nach ISO-Norm 3166-1[1)],
3. die Bezeichnung der Munition oder, wenn keine Munition verwendet wird, die Bezeichnung des Laufkalibers,
4. bei Schusswaffen, die aus einem Staat, der nicht Mitgliedstaat ist (Drittstaat) in den Geltungsbereich dieses Gesetzes verbracht werden, zusätzlich das Landeskürzel nach ISO-Norm 3166-1[1)] für den Drittstaat und das Jahr des Verbringens und
5. eine fortlaufende Nummer (Seriennummer).

[2]Die in Satz 1 Nummer 2, 4 und 5 genannten Angaben sind nicht anzubringen auf

1. Schusswaffen,
   a) deren Bauart nach den §§ 7 und 8 des Beschussgesetzes zugelassen ist oder
   b) die der Anzeigepflicht nach § 9 des Beschussgesetzes unterliegen,

   sowie
2. wesentlichen Teilen von erlaubnisfreien Schusswaffen.

[3]Satz 1 gilt nicht

1. für Schusswaffen, die Bestandteil einer kulturhistorisch bedeutsamen Sammlung im Sinne des § 17 sind oder werden sollen;
2. beim Verbringen unbrauchbar gemachter Schusswaffen in den Geltungsbereich dieses Gesetzes.

(2) Schusswaffen, deren Geschossen eine Bewegungsenergie von nicht mehr als 7,5 Joule erteilt wird, müssen eine Typenbezeichnung sowie das Kennzeichen nach Anlage 1 Abbildung 1 zur Ersten Verordnung zum Waffengesetz vom 24. Mai 1976 (BGBl. I S. 1285) in der zum Zeitpunkt des Inkrafttretens dieses Gesetzes geltenden Fassung oder ein durch Rechtsverordnung nach § 25 Nummer 1 bestimmtes Zeichen tragen.

(3) Auf Schusswaffen, die für die in § 55 Absatz 1 Satz 1 bezeichneten Stellen in den Geltungsbereich dieses Gesetzes verbracht werden oder im Geltungsbereich dieses Gesetzes hergestellt und den in § 55 Absatz 1 Satz 1 bezeichneten Stellen überlassen werden, sind neben den in Absatz 1 genannten Angaben zusätzlich Angaben anzubringen, aus denen die verfügungsberechtigte Stelle ersichtlich ist.

(4) [1]Wer gewerbsmäßig Munition im Geltungsbereich dieses Gesetzes herstellt oder in diesen verbringt, hat unverzüglich auf der kleinsten Verpackungseinheit Zeichen anzubringen, die den Hersteller, die Fertigungsserie (Fertigungszeichen), die Zulassung und die Bezeichnung der Munition erkennen lassen; das Herstellerzeichen und die Bezeichnung der Munition sind auch auf der Hülse anzubringen. [2]Munition, die wiedergeladen wird, ist außerdem mit einem besonderen Kennzeichen zu versehen. [3]Als Hersteller gilt, sofern er Inhaber der Zulassung nach § 11 des Beschussgesetzes ist, auch derjenige, unter dessen

---

1) **Amtl. Anm.:** Die ISO-Norm ist im Beuth Verlag GmbH, 10772 Berlin, erschienen. Sie ist beim Deutschen Patent- und Markenamt archivmäßig gesichert hinterlegt.

Namen, Firma oder Marke die Munition vertrieben oder anderen überlassen wird und der die Verantwortung dafür übernimmt, dass die Munition den Vorschriften dieses Gesetzes entspricht.

(5) Wer Waffenhandel betreibt, darf Schusswaffen oder Munition anderen gewerbsmäßig nur überlassen, wenn er festgestellt hat, dass die Schusswaffen gemäß Absatz 1 gekennzeichnet sind, oder wenn er auf Grund von Stichproben überzeugt ist, dass die Munition nach Absatz 4 mit dem Herstellerzeichen gekennzeichnet ist.

(6) [1]Wer gewerbsmäßig Schusswaffen, Munition oder Geschosse für Schussapparate herstellt, Munition wiederlädt oder im Geltungsbereich dieses Gesetzes mit diesen Gegenständen Handel treibt und eine Marke für diese Gegenstände benutzen will, hat dies der Physikalisch-Technischen Bundesanstalt unter Vorlage der Marke vorher schriftlich oder elektronisch anzuzeigen. [2]Verbringer, die die Marke eines Herstellers aus einem anderen Staat benutzen wollen, haben diese Marke anzuzeigen.

(7) Die Absätze 4 und 5 gelten nicht, sofern es sich um Munition handelt, die Teil einer Sammlung (§ 17 Abs. 1) oder für eine solche bestimmt ist.

§ 25 Verordnungsermächtigungen

Das Bundesministerium des Innern, für Bau und Heimat wird ermächtigt, durch Rechtsverordnung mit Zustimmung des Bundesrates zur Durchführung des § 24

1. Vorschriften zu erlassen über eine besondere Kennzeichnung bestimmter Waffen- und Munitionsarten sowie über die Art, Form und Aufbringung dieser Kennzeichnung,
2. zu bestimmen,
   a) auf welchen wesentlichen Teilen der Schusswaffe die Kennzeichen anzubringen sind und wie die Schusswaffen nach einem Austausch, einer Veränderung oder einer Umarbeitung wesentlicher Teile zu kennzeichnen sind,
   b) dass bestimmte Waffen- und Munitionsarten von der in § 24 vorgeschriebenen Kennzeichnung ganz oder teilweise befreit sind.

§ 25a Anordnungen zur Kennzeichnung

Sofern eine kennzeichnungspflichtige Schusswaffe nicht mit einer fortlaufenden Nummer (§ 24 Absatz 1 Satz 1 Nummer 5) gekennzeichnet ist, kann die zuständige Behörde auch nachträglich anordnen, dass der Besitzer an ihr ein bestimmtes Kennzeichen anbringen lässt.

§ 26 Nichtgewerbsmäßige Waffenherstellung

(1) [1]Die Erlaubnis zur nichtgewerbsmäßigen Herstellung, Bearbeitung oder Instandsetzung von Schusswaffen wird durch einen Erlaubnisschein erteilt. [2]Sie schließt den Erwerb von zu diesen Tätigkeiten benötigten wesentlichen Teilen von Schusswaffen sowie den Besitz dieser Gegenstände ein.

(2) [1]Die Erlaubnis ist auf höchstens drei Jahre zu befristen und auf eine bestimmte Zahl und Art von Schusswaffen und wesentlichen Teilen zu beschränken. [2]Personen, denen Schusswaffen zur Erprobung, Begutachtung, Untersuchung oder für ähnliche Zwecke, die insbesondere eine Bearbeitung oder Instandsetzung erforderlich machen können, überlassen werden, kann die Erlaubnis nach Absatz 1 ohne Beschränkung auf eine bestimmte Zahl und Art von Schusswaffen und wesentlichen Teilen erteilt werden.

§ 27 Schießstätten, Schießen durch Minderjährige auf Schießstätten

(1) [1]Wer
1. eine ortsfeste Anlage oder
2. eine ortsveränderliche Anlage,

die ausschließlich oder neben anderen Zwecken dem Schießsport oder sonstigen Schießsportübungen mit Schusswaffen, der Erprobung von Schusswaffen oder dem Schießen mit Schusswaffen zur Belustigung dient (Schießstätte), betreiben oder in ihrer Beschaffenheit oder in der Art ihrer Benutzung wesentlich ändern will, bedarf der Erlaubnis der zuständigen Behörde. [2]Die Erlaubnis darf nur erteilt werden, wenn der Antragsteller die erforderliche Zuverlässigkeit (§ 5) und persönliche Eignung (§ 6) besitzt und eine Versicherung gegen Haftpflicht für aus dem Betrieb der Schießstätte resultierende Schädigungen in Höhe von mindestens 1 Million Euro – pauschal für Personen- und Sachschäden – sowie gegen Unfall für aus dem Betrieb der Schießstätte resultierende Schädigungen von bei der Organisation des Schießbetriebs mitwirkenden Personen in Höhe von mindestens 10 000 Euro für den Todesfall und 100 000 Euro für den Invaliditätsfall bei einem im Geltungsbereich dieses Gesetzes zum Geschäftsbetrieb befugten Versicherungsunternehmen nachweist. [3]§ 10 Abs. 2 Satz 2 bis 5 gilt entsprechend. [4]Abweichend von Satz 2 richtet sich die Haftpflichtversicherung für Schießgeschäfte, die der Schaustellerhaftpflichtverordnung unterliegen, nach § 1 Abs. 2 Nr. 2 dieser Verordnung. [5]Bei ortsveränderlichen Schießstätten ist eine einmalige Erlaubnis vor der erstmaligen Aufstellung ausreichend. [6]Der Inhaber einer Erlaubnis nach Satz 5 hat

Aufnahme und Beendigung des Betriebs der Schießstätte der örtlich zuständigen Behörde zwei Wochen vorher schriftlich oder elektronisch anzuzeigen.

(2) [1]Absatz 1 Satz 1 ist nicht anzuwenden auf Schießstätten, bei denen in geschlossenen Räumen ausschließlich zur Erprobung von Schusswaffen oder Munition durch Waffen- oder Munitionshersteller, durch Waffen- oder Munitionssachverständige oder durch wissenschaftliche Einrichtungen geschossen wird. [2]Der Betreiber hat die Aufnahme und Beendigung des Betriebs der Schießstätte der zuständigen Behörde zwei Wochen vorher schriftlich oder elektronisch anzuzeigen.

(3) [1]Unter Obhut des zur Aufsichtsführung berechtigten Sorgeberechtigten oder verantwortlicher und zur Kinder- und Jugendarbeit für das Schießen geeigneter Aufsichtspersonen darf

1. Kindern, die das zwölfte Lebensjahr vollendet haben und noch nicht 14 Jahre alt sind, das Schießen in Schießstätten mit Druckluft-, Federdruckwaffen und Waffen, bei denen zum Antrieb der Geschosse kalte Treibgase verwendet werden (Anlage 2 Abschnitt 2 Unterabschnitt 2 Nr. 1.1 und 1.2),
2. Jugendlichen, die das 14. Lebensjahr vollendet haben und noch nicht 18 Jahre alt sind, auch das Schießen mit sonstigen Schusswaffen bis zu einem Kaliber von 5,6 mm lfB (.22 l.r.) für Munition mit Randfeuerzündung, wenn die Mündungsenergie höchstens 200 Joule (J) beträgt und Einzellader-Langwaffen mit glatten Läufen mit Kaliber 12 oder kleiner

gestattet werden, wenn der Sorgeberechtigte schriftlich oder elektronisch sein Einverständnis erklärt hat oder beim Schießen anwesend ist. [2]Die verantwortlichen Aufsichtspersonen haben die schriftlichen Einverständniserklärungen der Sorgeberechtigten vor der Aufnahme des Schießens entgegenzunehmen und während des Schießens aufzubewahren. [3]Sie sind der zuständigen Behörde oder deren Beauftragten auf Verlangen zur Prüfung auszuhändigen. [4]Die verantwortliche Aufsichtsperson hat die Geeignetheit zur Kinder- und Jugendarbeit glaubhaft zu machen. [5]Der in Satz 1 genannten besonderen Obhut bedarf es nicht beim Schießen durch Jugendliche mit Waffen nach Anlage 2 Abschnitt 2 Unterabschnitt 2 Nr. 1.1 und 1.2 und nicht beim Schießen mit sonstigen Schusswaffen durch Jugendliche, die das 16. Lebensjahr vollendet haben.

(4) [1]Die zuständige Behörde kann einem Kind zur Förderung des Leistungssports eine Ausnahme von dem Mindestalter des Absatzes 3 Satz 1 bewilligen. [2]Diese soll bewilligt werden, wenn durch eine ärztliche Bescheinigung die geistige und körperliche Eignung und durch eine Bescheinigung des Vereins die schießsportliche Begabung glaubhaft gemacht sind.

(5) [1]Personen in der Ausbildung zum Jäger dürfen in der Ausbildung ohne Erlaubnis mit Jagdwaffen schießen, wenn sie das 14. Lebensjahr vollendet haben und der Sorgeberechtigte und der Ausbildungsleiter ihr Einverständnis in einer schriftlichen oder elektronischen Berechtigungsbescheinigung erklärt haben. [2]Die Person hat in der Ausbildung die Berechtigungsbescheinigung mit sich zu führen.

(6) [1]An ortsveränderlichen Schießstätten, die dem Schießen zur Belustigung dienen, darf von einer verantwortlichen Aufsichtsperson Minderjährigen das Schießen mit Druckluft-, Federdruckwaffen und Waffen, bei denen zum Antrieb der Geschosse kalte Treibgase verwendet werden (Anlage 2 Abschnitt 2 Unterabschnitt 2 Nr. 1.1 und 1.2), gestattet werden. [2]Bei Kindern hat der Betreiber sicherzustellen, dass die verantwortliche Aufsichtsperson in jedem Fall nur einen Schützen bedient.

(7) [1]Das kampfmäßige Schießen auf Schießstätten ist nicht zulässig. [2]Das Bundesministerium des Innern, für Bau und Heimat wird ermächtigt, durch Rechtsverordnung mit Zustimmung des Bundesrates zur Abwehr von Gefahren für die öffentliche Sicherheit oder Ordnung sowie von sonstigen Gefahren oder erheblichen Nachteilen für die Benutzer einer Schießstätte, die Bewohner des Grundstücks, die Nachbarschaft oder die Allgemeinheit

1. die Benutzung von Schießstätten einschließlich der Aufsicht über das Schießen und der Anforderungen an das Aufsichtspersonal und dessen besondere Ausbildung für die Kinder- und Jugendarbeit zu regeln,
2. Vorschriften über den Umfang der Verpflichtungen zu erlassen, die bei Lehrgängen zur Ausbildung in der Verteidigung mit Schusswaffen und bei Schießübungen dieser Art einzuhalten sind; darin kann bestimmt werden,
   a) dass die Durchführung dieser Veranstaltungen einer Anzeige bedarf,
   b) dass und in welcher Weise der Veranstalter die Einstellung und das Ausscheiden der verantwortlichen Aufsichtsperson und der Ausbilder anzuzeigen hat,
   c) dass nur Personen an den Veranstaltungen teilnehmen dürfen, die aus Gründen persönlicher Gefährdung, aus dienstlichen oder beruflichen Gründen zum Besitz oder zum Führen von Schusswaffen einer Erlaubnis bedürfen,
   d) dass und in welcher Weise der Veranstalter Aufzeichnungen zu führen, aufzubewahren und der zuständigen Behörde vorzulegen hat,

e) dass die zuständige Behörde die Veranstaltungen untersagen darf, wenn der Veranstalter, die verantwortliche Aufsichtsperson oder ein Ausbilder die erforderliche Zuverlässigkeit, die persönliche Eignung oder Sachkunde nicht oder nicht mehr besitzt.

§ 27a Sicherheitstechnische Prüfung von Schießstätten; Verordnungsermächtigung

(1) [1]Schießstätten sind vor ihrer ersten Inbetriebnahme und bei wesentlichen Änderungen in der Beschaffenheit hinsichtlich der sicherheitstechnischen Anforderungen durch die zuständige Behörde unter Hinzuziehung eines anerkannten Schießstandsachverständigen zu überprüfen. [2]Schießstätten, auf denen mit erlaubnispflichtigen Schusswaffen geschossen wird, sind zusätzlich alle vier Jahre nach Satz 1 durch die zuständige Behörde zu überprüfen. [3]Ist das Schießen auf einer Schießstätte nur mit erlaubnisfreien Schusswaffen zulässig, so beträgt der Abstand zwischen den Überprüfungen nach Satz 2 höchstens sechs Jahre. [4]Falls Zweifel an dem ordnungsgemäßen Zustand oder den erforderlichen schießtechnischen Einrichtungen bestehen, kann die zuständige Behörde die Schießstätte in sicherheitstechnischer Hinsicht unter Hinzuziehung eines anerkannten Schießstandsachverständigen überprüfen oder von dem Erlaubnisinhaber die Vorlage eines Gutachtens eines anerkannten Schießstandsachverständigen verlangen. [5]Die Kosten für die Hinzuziehung eines anerkannten Schießstandsachverständigen bei den Überprüfungen nach den Sätzen 1 bis 4 hat der Betreiber der Schießstätte zu tragen.

(2) [1]Werden bei der Überprüfung Mängel festgestellt, die eine Gefährdung der Benutzer der Schießstätte oder Dritter befürchten lassen, kann die zuständige Behörde die weitere Benutzung der Schießstätte bis zur Beseitigung der Mängel untersagen. [2]Der weitere Betrieb oder die Benutzung der Schießstätte ist im Fall der Untersagung nach Satz 1 verboten.

(3) [1]Die sicherheitstechnischen Anforderungen, die an Schießstätten zu stellen sind, ergeben sich aus den „Richtlinien für die Errichtung, die Abnahme und das Betreiben von Schießständen“ (Schießstandrichtlinien). [2]Das Bundesministerium des Innern, für Bau und Heimat erstellt die Schießstandrichtlinien nach Anhörung von Vertretern der Wissenschaft, der Betroffenen und der für das Waffenrecht zuständigen obersten Landesbehörden als dem Stand der Sicherheitstechnik entsprechende Regeln. [3]Das Bundesministerium des Innern, für Bau und Heimat macht die Schießstandrichtlinien im Bundesanzeiger bekannt; anzugeben ist, ab wann die Schießstandrichtlinien zu nutzen sind. [4]Die Sätze 2 und 3 gelten entsprechend für Änderungen der Schießstandrichtlinien. [5]Die Schießstandrichtlinien sind in der jeweils aktuell geltenden Fassung anzuwenden.

(4) [1]Die Landesregierungen werden ermächtigt, durch Rechtsverordnung die Qualifikationsanforderungen für die Anerkennung als Schießstandsachverständiger nach Absatz 1 sowie das Verfahren der Anerkennung zu regeln. [2]Wird eine Rechtsverordnung nach Satz 1 erlassen, ist in ihr insbesondere vorzusehen, dass eine Anerkennung als Schießstandsachverständiger nur erfolgen darf, wenn der Betreffende durch eine Prüfung hinreichende Kenntnisse der in Absatz 3 genannten Schießstandrichtlinien nachgewiesen hat.

§ 28 Erwerb, Besitz und Führen von Schusswaffen und Munition durch Bewachungsunternehmer und ihr Bewachungspersonal

(1) [1]Ein Bedürfnis zum Erwerb, Besitz und Führen von Schusswaffen wird bei einem Bewachungsunternehmer (§ 34a der Gewerbeordnung) anerkannt, wenn er glaubhaft macht, dass Bewachungsaufträge wahrgenommen werden oder werden sollen, die aus Gründen der Sicherung einer gefährdeten Person im Sinne des § 19 oder eines gefährdeten Objektes Schusswaffen erfordern. [2]Satz 1 gilt entsprechend für Wachdienste als Teil wirtschaftlicher Unternehmungen. [3]Ein nach den Sätzen 1 und 2 glaubhaft gemachtes Bedürfnis umfasst auch den Erwerb und Besitz der für die dort genannten Schusswaffen bestimmten Munition.

(2) [1]Die Schusswaffe darf nur bei der tatsächlichen Durchführung eines konkreten Auftrages nach Absatz 1 geführt werden. [2]Der Unternehmer hat dies auch bei seinem Bewachungspersonal in geeigneter Weise sicherzustellen.

(3) [1]Wachpersonen, die auf Grund eines Arbeitsverhältnisses Schusswaffen des Erlaubnisinhabers nach dessen Weisung besitzen oder führen sollen, sind der zuständigen Behörde zur Prüfung zu benennen; der Unternehmer soll die betreffende Wachperson in geeigneter Weise vorher über die Benennung unter Hinweis auf die Erforderlichkeit der Verarbeitung personenbezogener Daten bei der Behörde unterrichten. [2]Die Überlassung von Schusswaffen oder Munition darf erst erfolgen, wenn die zuständige Behörde zugestimmt hat. [3]Die Zustimmung ist zu versagen, wenn die Wachperson nicht die Voraussetzungen des § 4 Abs. 1 Nr. 1 bis 3 erfüllt oder die Haftpflichtversicherung des Bewachungsunternehmers das Risiko des Umgangs mit Schusswaffen durch die Wachpersonen nicht umfasst.

(4) In einen Waffenschein nach § 10 Abs. 4 kann auch der Zusatz aufgenommen werden, dass die in Absatz 3 bezeichneten Personen die ihnen überlassenen Waffen nach Weisung des Erlaubnisinhabers führen dürfen.

§ 28a Erwerb, Besitz und Führen von Schusswaffen und Munition durch Bewachungsunternehmen und ihr Bewachungspersonal für Bewachungsaufgaben nach § 31 Absatz 1 der Gewerbeordnung

(1) [1]Für den Erwerb, Besitz und das Führen von Schusswaffen und Munition durch Bewachungsunternehmen und ihr Bewachungspersonal für Bewachungsaufgaben nach § 31 Absatz 1 der Gewerbeordnung auf Seeschiffen, die die Bundesflagge führen, ist § 28 entsprechend anzuwenden. [2]Abweichend von § 28 Absatz 1 wird ein Bedürfnis für derartige Bewachungsaufgaben bei Bewachungsunternehmen anerkannt, die eine Zulassung nach § 31 Absatz 1 der Gewerbeordnung besitzen. [3]Abweichend von § 28 Absatz 3 wird die Erlaubnis mit Auflagen erteilt, die die Unternehmer verpflichten,

1. als Bewachungspersonal nur Personen zu beschäftigen, welche die Voraussetzungen nach § 4 Absatz 1 Nummer 1 bis 3 erfüllen,
2. der zuständigen Behörde die eingesetzten Personen in einem von der Behörde bestimmten Zeitraum zu benennen und
3. auf Verlangen der zuständigen Behörde Nachweise vorzulegen, die belegen, dass die eingesetzten Personen die Anforderungen nach § 4 Absatz 1 Nummer 1 bis 3 erfüllen.

(2) [1]Die Erlaubnis ist auf die Dauer der Zulassung nach § 31 der Gewerbeordnung zu befristen. [2]Sie kann verlängert werden. [3]Die Verlängerung der Erlaubnis ist insbesondere zu versagen, wenn die Auflagen nach Absatz 1 Satz 3 nicht eingehalten wurden. [4]Im Übrigen gelten die allgemeinen Bestimmungen dieses Gesetzes. [5]Die Erlaubnis schließt die Erlaubnis zum Verbringen in den Geltungsbereich dieses Gesetzes an Bord des Seeschiffes nach § 29 Absatz 1 ein.

(3) [1]Die zuständige Behörde kann zur Prüfung der Zuverlässigkeit, Eignung und Sachkunde der im Bewachungsunternehmen verantwortlichen Geschäftsleitung sowie der mit der Leitung des Betriebes oder einer Zweigniederlassung beauftragten Personen und der im Zusammenhang mit der Bewachungsaufgabe tätigen Personen auf die Erkenntnisse und Bewertungen der für die Zulassung nach § 31 Absatz 2 Satz 1 der Gewerbeordnung zuständigen Behörde zurückgreifen. [2]Abweichend von § 7 Absatz 2 orientieren sich die Anforderungen an die Sachkunde an den auf der Grundlage von § 31 Absatz 4 Satz 1 Nummer 3 Buchstabe a der Gewerbeordnung in einer Rechtsverordnung festgelegten besonderen Anforderungen für den Einsatz auf Seeschiffen. [3]Die für das gewerberechtliche Verfahren zuständige Behörde sowie die Bundespolizei dürfen der zuständigen Behörde auch ohne Ersuchen Informationen einschließlich personenbezogener Daten übermitteln, soweit dies zur Erfüllung der waffenbehördlichen Aufgaben erforderlich ist. [4]Die Bundespolizei ist im Rahmen der Prüfung nach § 8 Nummer 2 zu beteiligen.

(4) Absatz 3 Satz 3 ist entsprechend anzuwenden auf die Übermittlung von Informationen einschließlich personenbezogener Daten durch die zuständige Behörde, soweit dies zur Erfüllung der Aufgaben nach § 31 Absatz 2 der Gewerbeordnung erforderlich ist.

(5) Hat das Bewachungsunternehmen seinen Sitz im Inland, so erfolgt die Erteilung der Erlaubnis durch die nach § 48 Absatz 1 Satz 2 bestimmte Behörde im Benehmen mit der für die gewerbliche Hauptniederlassung zuständigen Behörde.

(6) [1]Eine auf der Grundlage des § 28 erteilte Erlaubnis gilt befristet bis zum 31. Dezember 2013 für Aufträge nach § 31 der Gewerbeordnung mit der Maßgabe fort, dass der Inhaber der Erlaubnis der zuständigen Behörde unverzüglich anzuzeigen hat, dass er Aufträge im Sinne des § 31 der Gewerbeordnung wahrnimmt oder wahrnehmen möchte. [2]Die nach § 48 Absatz 1 Satz 1 zuständige Behörde übermittelt der nach § 48 Absatz 1 Satz 2 zuständigen Behörde die Anzeige einschließlich der für die Entscheidung erforderlichen Unterlagen. [3]Weist der in Satz 1 genannte Inhaber der Erlaubnis der nach § 48 Absatz 1 Satz 2 zuständigen Behörde bis zum 31. Dezember 2013 die Zulassung nach § 31 Absatz 1 der Gewerbeordnung und das Vorliegen der Voraussetzungen nach Absatz 1 nach, erteilt diese eine auf die Durchführung von Bewachungsaufgaben nach § 31 Absatz 1 der Gewerbeordnung beschränkte Erlaubnis. [4]Absatz 1 Satz 3, Absatz 2 Satz 1, 4 und 5 sowie Absatz 5 gelten für diese Erlaubnis entsprechend.

Unterabschnitt 5

Verbringen und Mitnahme von Waffen oder Munition in den, durch den oder aus dem Geltungsbereich des Gesetzes

§ 29 Verbringen von Waffen oder Munition in den, durch den oder aus dem Geltungsbereich dieses Gesetzes

(1) [1]Eine Erlaubnis zum Verbringen von Waffen oder Munition in den, durch den oder aus dem Geltungsbereich dieses Gesetzes kann erteilt werden, wenn der Antragsteller den sicheren Transport durch einen zum Erwerb oder Besitz dieser Waffen oder Munition Berechtigten gewährleistet. [2]Für eine Erlaubnis zum Verbringen von Waffen oder Munition in den Geltungsbereich dieses Gesetzes ist zusätzlich erforderlich, dass der Empfänger zum Erwerb und Besitz dieser Waffen oder Munition berechtigt ist.

(2) [1]Sollen Waffen oder Munition nach Anlage 1 Abschnitt 3 (Kategorien A 1.2 bis C) aus dem Geltungsbereich dieses Gesetzes in einen anderen Mitgliedstaat verbracht werden, wird die Erlaubnis nur erteilt, wenn der andere Mitgliedstaat das Verbringen erlaubt hat oder der Antragsteller glaubhaft gemacht hat, dass nach dem Recht des anderen Mitgliedstaates keine solche Erlaubnis erforderlich ist. [2]Satz 1 gilt entsprechend für das Verbringen aus einem Drittstaat durch den Geltungsbereich dieses Gesetzes in einen anderen Mitgliedstaat.

§ 30 Allgemeine Erlaubnis zum Verbringen von Waffen oder Munition aus dem Geltungsbereich dieses Gesetzes in andere Mitgliedstaaten

[1]Gewerbsmäßigen Waffenherstellern oder Waffenhändlern nach § 21 kann abweichend von § 29 allgemein die Erlaubnis zum Verbringen von Waffen oder Munition nach Anlage 1 Abschnitt 3 (Kategorien A 1.2 bis C) aus dem Geltungsbereich dieses Gesetzes zu Waffenhändlern in anderen Mitgliedstaaten für die Dauer von bis zu drei Jahren erteilt werden. [2]Die Erlaubnis kann auf bestimmte Arten von Waffen oder Munition und auf bestimmte Mitgliedstaaten beschränkt werden. [3]Der Inhaber einer Erlaubnis nach Satz 1 hat ein Verbringen auf Grund dieser Erlaubnis dem Bundesverwaltungsamt vorher schriftlich oder elektronisch anzuzeigen.

§ 31 ***[aufgehoben]***

§ 32 Mitnahme von Waffen oder Munition in den, durch den oder aus dem Geltungsbereich des Gesetzes, Europäischer Feuerwaffenpass

(1) [1]Die Erlaubnis zur Mitnahme von Waffen oder Munition in den oder durch den Geltungsbereich des Gesetzes kann erteilt werden, wenn die Voraussetzungen des § 4 Abs. 1 Nr. 1 bis 4 vorliegen. [2]Die Erlaubnis kann für die Dauer von bis zu einem Jahr für einen oder für mehrere Mitnahmevorgänge erteilt werden und kann mehrfach um jeweils ein Jahr verlängert werden. [3]Für Personen aus einem Drittstaat wird die Erlaubnis zur Mitnahme von Schusswaffen oder Munition nach Anlage 1 Abschnitt 3 (Kategorien A 1.2 bis C) durch den Geltungsbereich des Gesetzes in einen anderen Mitgliedstaat nur erteilt, wenn der andere Mitgliedstaat die Mitnahme erlaubt hat.

(1a) [1]Die Erlaubnis zur Mitnahme von Waffen oder Munition in einen anderen Mitgliedstaat kann erteilt werden, wenn der Antragsteller

1. zum Erwerb und Besitz der Waffen nach Maßgabe dieses Gesetzes berechtigt ist,
2. die nach dem Recht des anderen Mitgliedstaates erforderliche vorherige Zustimmung vorliegt und
3. der sichere Transport durch den Antragsteller gewährleistet ist.

[2]Absatz 1 Satz 2 gilt entsprechend.

(2) Eine Erlaubnis nach Absatz 1 darf Personen, die ihren gewöhnlichen Aufenthalt in einem anderen Mitgliedstaat haben und Schusswaffen nach Anlage 1 Abschnitt 3 (Kategorien A 1.2 bis C) und die dafür bestimmte Munition nach Absatz 1 mitnehmen wollen, nur erteilt werden, wenn sie Inhaber eines durch diesen Mitgliedstaat ausgestellten Europäischen Feuerwaffenpasses sind und die Waffen in den Europäischen Feuerwaffenpass eingetragen sind.

(3) Sofern sie den Grund der Mitnahme nachweisen können, Inhaber eines Europäischen Feuerwaffenpasses sind und die Waffen in den Europäischen Feuerwaffenpass eingetragen sind, bedarf es einer Erlaubnis nach Absatz 1 oder Absatz 1a nicht für

1. Jäger, die bis zu drei Langwaffen nach Anlage 1 Abschnitt 3 der Kategorie C und die dafür bestimmte Munition im Sinne des § 13 Absatz 1 Nummer 2, Absatz 5 zum Zweck der Jagd mitnehmen,
2. Sportschützen, die bis zu sechs Schusswaffen nach Anlage 1 Abschnitt 3 der Kategorien B oder C und die dafür bestimmte Munition zum Zweck des Schießsports mitnehmen,

3. Brauchtumsschützen, die bis zu drei Einzellader- oder Repetier-Langwaffen nach Anlage 1 Abschnitt 3 der Kategorie C und die dafür bestimmte Munition zur Teilnahme an einer Brauchtumsveranstaltung mitnehmen.

(4) Zu den in Absatz 3 Nr. 1 bis 3 beschriebenen Zwecken kann für die dort jeweils genannten Waffen und Munition Personen, die ihren gewöhnlichen Aufenthalt in einem Drittstaat haben, abweichend von Absatz 1 eine Erlaubnis erteilt werden, es sei denn, dass Tatsachen die Annahme rechtfertigen, dass die Voraussetzungen des § 4 Abs. 1 Nr. 2 nicht vorliegen.

(5) [1]Einer Erlaubnis zur Mitnahme von Waffen oder Munition in den oder durch den Geltungsbereich des Gesetzes bedarf es nicht

1. für Waffen oder Munition, die durch Inhaber einer Erlaubnis zum Erwerb oder Besitz für diese Waffen oder Munition mitgenommen werden,
2. für Signalwaffen und die dafür bestimmte Munition, die aus Gründen der Sicherheit an Bord von Schiffen mitgeführt werden, oder
3. für Waffen und Munition, die an Bord von Schiffen oder Luftfahrzeugen mitgeführt, während des Aufenthalts im Geltungsbereich dieses Gesetzes unter Verschluss gehalten, der zuständigen Überwachungsbehörde unter Angabe des Hersteller- oder Warenzeichens, der Modellbezeichnung und, wenn die Waffen eine Herstellungsnummer haben, auch dieser, unverzüglich gemeldet und spätestens innerhalb eines Monats wieder aus dem Geltungsbereich des Gesetzes befördert werden.

[2]Ein Jagdschein im Sinne von § 15 Absatz 1 Satz 1 des Bundesjagdgesetzes stellt keine Erlaubnis im Sinne des Satzes 1 Nummer 1 dar.

(6) Personen, die nach diesem Gesetz zum Besitz von Schusswaffen oder Munition nach Anlage 1 Abschnitt 3 (Kategorien A 1.2 bis C) berechtigt sind und diese Schusswaffen oder diese Munition in einen anderen Mitgliedstaat mitnehmen wollen, wird auf Antrag ein Europäischer Feuerwaffenpass ausgestellt.

§ 33 Anmelde- und Nachweispflichten, Befugnisse der Überwachungsbehörden beim Verbringen oder der Mitnahme von Waffen oder Munition in den, durch den oder aus dem Geltungsbereich dieses Gesetzes

(1) [1]Wer beabsichtigt, Waffen oder Munition, deren Verbringen oder Mitnahme einer Erlaubnis bedarf, aus einem Drittstaat in den oder durch den Geltungsbereich dieses Gesetzes zu verbringen oder mitzunehmen, ist verpflichtet,

1. diese Waffen oder diese Munition bei der nach Absatz 3 zuständigen Überwachungsbehörde beim Verbringen oder bei der Mitnahme anzumelden,
2. auf Verlangen der nach Absatz 3 zuständigen Überwachungsbehörde ihr diese Waffen oder diese Munition vorzuführen und
3. die Berechtigung zum Verbringen oder zur Mitnahme nachzuweisen.

[2]Auf Verlangen sind diese Nachweise den Überwachungsbehörden zur Prüfung auszuhändigen.

(2) [1]Die nach Absatz 3 zuständigen Überwachungsbehörden können Beförderungsmittel und -behälter sowie deren Lade- und Verpackungsmittel anhalten, um zu prüfen, ob die für das Verbringen oder die Mitnahme in den, durch den oder aus dem Geltungsbereich dieses Gesetzes geltenden Bestimmungen eingehalten sind. [2]Werden Verstöße gegen die in Satz 1 genannten Bestimmungen festgestellt, so können die zuständigen Überwachungsbehörden, soweit erforderlich, Vor-, Familien- und gegebenenfalls Geburtsname, Geburtsdatum und -ort, Wohnort und Staatsangehörigkeit der betroffenen Personen erheben und diese Daten sowie Feststellungen zum Sachverhalt den zuständigen Behörden zum Zweck der Ahndung übermitteln. [3]Für Postsendungen gilt dies nur, wenn zureichende tatsächliche Anhaltspunkte für eine Straftat vorliegen. [4]Das Brief- und Postgeheimnis nach Artikel 10 des Grundgesetzes wird nach Maßgabe der Sätze 2 und 3 eingeschränkt.

(3) [1]Das Bundesministerium der Finanzen bestimmt die Zolldienststellen, das Bundesministerium des Innern, für Bau und Heimat bestimmt die Behörden der Bundespolizei, die bei der Überwachung des Verbringens und der Mitnahme von Waffen oder Munition mitwirken. [2]Soweit der grenzpolizeiliche Einzeldienst von Kräften der Länder wahrgenommen wird (§ 2 Abs. 1 und 3 des Bundespolizeigesetzes), wirken diese bei der Überwachung mit.

Unterabschnitt 6

Obhutspflichten, Anzeige-, Hinweis- und Nachweispflichten

§ 34 Überlassen von Waffen oder Munition, Prüfung der Erwerbsberechtigung, Anzeigepflicht

(1) [1]Waffen oder Munition dürfen nur berechtigten Personen überlassen werden. [2]Die Berechtigung muss offensichtlich sein oder nachgewiesen werden. [3]Der Inhaber einer Erlaubnis nach § 21 Absatz 1 Satz 1

kann vor einer Überlassung zum Zweck der Prüfung der Erwerbsberechtigung des Erwerbers die Absicht zur Überlassung der zuständigen Behörde elektronisch anzeigen. [4]Die zuständige Behörde prüft die Gültigkeit des Erlaubnisdokuments und teilt dem Anzeigenden nach Satz 3 elektronisch mit, wenn das Erlaubnisdokument im Nationalen Waffenregister nicht oder als nicht gültig registriert ist; Satz 2 bleibt unberührt. [5]Für die Sätze 3 und 4 gilt § 9 des Waffenregistergesetzes.

(2) [1]Werden Waffen oder Munition zur gewerbsmäßigen Beförderung überlassen, so muss die ordnungsgemäße Beförderung sichergestellt sein und es müssen Vorkehrungen gegen ein Abhandenkommen getroffen sein. [2]Munition darf gewerbsmäßig nur in verschlossenen Packungen überlassen werden; dies gilt nicht beim Überlassen auf Schießstätten gemäß § 12 Absatz 2 Nummer 2 oder soweit einzelne Stücke von Munitionssammlern erworben werden. [3]Wer Waffen oder Munition einem anderen lediglich zur gewerbsmäßigen Beförderung gemäß § 12 Absatz 1 Nummer 2 oder Absatz 2 Nummer 1 an einen Dritten übergibt, überlässt sie dem Dritten.

(3) [1]Die Absätze 1 und 2 gelten nicht für denjenigen, der Schusswaffen oder Munition einem anderen, der sie außerhalb des Geltungsbereichs des Gesetzes erwirbt, insbesondere im Versandwege unter eigenem Namen überlässt. [2]Die Vorschriften der §§ 29 und 30 bleiben unberührt.

(4) Wer Personen, die ihren gewöhnlichen Aufenthalt in einem anderen Mitgliedstaat haben, eine Schusswaffe nach Anlage 1 Abschnitt 3 (Kategorien B und C) oder Munition für eine solche überlässt, hat dies unverzüglich dem Bundesverwaltungsamt schriftlich anzuzeigen; dies gilt nicht in den Fällen des § 12 Abs. 1 Nr. 1 und 5.

(5) [1]Wer erlaubnispflichtige Feuerwaffen nach Anlage 1 Abschnitt 1 Unterabschnitt 1 Nr. 2, ausgenommen Einzellader-Langwaffen mit nur glattem Lauf oder glatten Läufen, und deren wesentliche Teile, Schalldämpfer und tragbare Gegenstände nach Anlage 1 Abschnitt 1 Unterabschnitt 1 Nr. 1.2.1 einem anderen, der seinen gewöhnlichen Aufenthalt in einem Mitgliedstaat des Übereinkommens vom 28. Juni 1978 über die Kontrolle des Erwerbs und Besitzes von Schusswaffen durch Einzelpersonen (BGBl. 1980 II S. 953) hat, überlässt, dorthin versendet oder ohne Wechsel des Besitzers endgültig dorthin verbringt, hat dies unverzüglich dem Bundesverwaltungsamt schriftlich anzuzeigen. [2]Dies gilt nicht

1. für das Überlassen und Versenden der in Satz 1 bezeichneten Gegenstände an staatliche Stellen in einem dieser Staaten und in den Fällen, in denen Unternehmen Schusswaffen zur Durchführung von Kooperationsvereinbarungen zwischen Staaten oder staatlichen Stellen überlassen werden, sofern durch Vorlage einer Bescheinigung von Behörden des Empfangsstaates nachgewiesen wird, dass diesen Behörden der Erwerb bekannt ist, oder
2. soweit Anzeigepflichten nach Absatz 4 oder nach § 30 Satz 3 bestehen.

(6) Das Bundesministerium des Innern, für Bau und Heimat wird ermächtigt, durch Rechtsverordnung mit Zustimmung des Bundesrates zur Abwehr von Gefahren für Leben und Gesundheit von Menschen zu bestimmen, dass in den in den Absätzen 2, 4 und 5 bezeichneten Anzeigen weitere Angaben zu machen oder den Anzeigen weitere Unterlagen beizufügen sind.

§ 35 Werbung, Hinweispflichten, Handelsverbote

(1) [1]Wer Waffen oder Munition zum Kauf oder Tausch in Anzeigen oder Werbeschriften anbietet, hat bei den nachstehenden Waffenarten auf das Erfordernis der Erwerbsberechtigung jeweils wie folgt hinzuweisen

1. bei erlaubnispflichtigen Schusswaffen und erlaubnispflichtiger Munition: Abgabe nur an Inhaber einer Erwerbserlaubnis,
2. bei nicht erlaubnispflichtigen Schusswaffen und nicht erlaubnispflichtiger Munition sowie sonstigen Waffen: Abgabe nur an Personen mit vollendetem 18. Lebensjahr,
3. bei verbotenen Waffen: Abgabe nur an Inhaber einer Ausnahmegenehmigung,

sowie seinen Namen, seine Anschrift und gegebenenfalls seine eingetragene Marke bekannt zu geben. [2]Anzeigen und Werbeschriften nach Satz 1 dürfen nur veröffentlicht werden, wenn sie den Namen und die Anschrift des Anbieters sowie die von ihm je nach Waffenart mitzuteilenden Hinweise enthalten. [3]Satz 2 gilt nicht für die Bekanntgabe der Personalien des nicht gewerblichen Anbieters, wenn dieser der Bekanntgabe widerspricht. [4]Derjenige, der die Anzeige oder Werbeschrift veröffentlicht, ist im Fall des Satzes 3 gegenüber der zuständigen Behörde verpflichtet, die Urkunden über den Geschäftsvorgang ein Jahr lang aufzubewahren und dieser auf Verlangen Einsicht zu gewähren.

(2) [1]Dürfen Schusswaffen nur mit Erlaubnis geführt oder darf mit ihnen nur mit Erlaubnis geschossen werden, so hat der Inhaber einer Erlaubnis nach § 21 Abs. 1 bei ihrem Überlassen im Einzelhandel den Erwerber auf das Erfordernis des Waffenscheins oder der Schießerlaubnis hinzuweisen. [2]Beim Überlassen von Schreckschuss-, Reizstoff- oder Signalwaffen im Sinne des § 10 Abs. 4 Satz 4 hat der Inhaber einer

Erlaubnis nach § 21 Abs. 1 überdies auf die Strafbarkeit des Führens ohne Erlaubnis (Kleiner Waffenschein) hinzuweisen und die Erfüllung dieser sowie der Hinweispflicht nach Satz 1 zu protokollieren.

(3) [1]Der Vertrieb und das Überlassen von Schusswaffen, Munition, Hieb- oder Stoßwaffen ist verboten:

1. im Reisegewerbe, ausgenommen in den Fällen des § 55b Abs. 1 der Gewerbeordnung,
2. auf festgesetzten Veranstaltungen im Sinne des Titels IV der Gewerbeordnung (Messen, Ausstellungen, Märkte), ausgenommen die Entgegennahme von Bestellungen auf Messen und Ausstellungen,
3. auf Volksfesten, Schützenfesten, Märkten, Sammlertreffen oder ähnlichen öffentlichen Veranstaltungen, ausgenommen das Überlassen der benötigten Schusswaffen oder Munition in einer Schießstätte sowie von Munition, die Teil einer Sammlung (§ 17 Abs. 1) oder für eine solche bestimmt ist.

[2]Die zuständige Behörde kann Ausnahmen von den Verboten für ihren Bezirk zulassen, wenn öffentliche Interessen nicht entgegenstehen.

§ 36 Aufbewahrung von Waffen oder Munition

(1) Wer Waffen oder Munition besitzt, hat die erforderlichen Vorkehrungen zu treffen, um zu verhindern, dass diese Gegenstände abhanden kommen oder Dritte sie unbefugt an sich nehmen.

(2) *[aufgehoben]*

(3) [1]Wer erlaubnispflichtige Schusswaffen, Munition oder verbotene Waffen besitzt oder die Erteilung einer Erlaubnis zum Besitz beantragt hat, hat der zuständigen Behörde die zur sicheren Aufbewahrung getroffenen oder vorgesehenen Maßnahmen nachzuweisen. [2]Besitzer von erlaubnispflichtigen Schusswaffen, Munition oder verbotenen Waffen haben außerdem der Behörde zur Überprüfung der Pflichten aus Absatz 1 in Verbindung mit einer Rechtsverordnung nach Absatz 5 Zutritt zu den Räumen zu gestatten, in denen die Waffen und die Munition aufbewahrt werden. [3]Wohnräume dürfen gegen den Willen des Inhabers nur zur Verhütung dringender Gefahren für die öffentliche Sicherheit betreten werden; das Grundrecht der Unverletzlichkeit der Wohnung (Artikel 13 des Grundgesetzes) wird insoweit eingeschränkt.

(4) [1]Die in einer Rechtsverordnung nach Absatz 5 festgelegten Anforderungen an die Aufbewahrung von Schusswaffen und Munition gelten nicht bei Aufrechterhaltung der bis zum 6. Juli 2017 erfolgten Nutzung von Sicherheitsbehältnissen, die den Anforderungen des § 36 Absatz 2 Satz 1 zweiter Halbsatz und Satz 2 in der Fassung des Gesetzes vom 11. Oktober 2002 (BGBl. I S. 3970, 4592; 2003 I S. 1957), das zuletzt durch Artikel 6 Absatz 34 des Gesetzes vom 13. April 2017 (BGBl. I S. 872) geändert worden ist, entsprechen oder die von der zuständigen Behörde als gleichwertig anerkannt wurden. [2]Diese Sicherheitsbehältnisse können nach Maßgabe des § 36 Absatz 1 und 2 in der Fassung des Gesetzes vom 11. Oktober 2002 (BGBl. I S. 3970, 4592; 2003 I S. 1957), das zuletzt durch Artikel 6 Absatz 34 des Gesetzes vom 13. April 2017 (BGBl. I S. 872) geändert worden ist, sowie des § 13 der Allgemeinen Waffengesetz-Verordnung vom 27. Oktober 2003 (BGBl. I S. 2123), die zuletzt durch Artikel 108 des Gesetzes vom 29. März 2017 (BGBl. I S. 626) geändert worden ist,

1. vom bisherigen Besitzer weitergenutzt werden sowie
2. für die Dauer der gemeinschaftlichen Aufbewahrung auch von berechtigten Personen mitgenutzt werden, die mit dem bisherigen Besitzer nach Nummer 1 in häuslicher Gemeinschaft leben.

[3]Die Berechtigung zur Nutzung nach Satz 2 Nummer 2 bleibt über den Tod des bisherigen Besitzers hinaus für eine berechtigte Person nach Satz 2 Nummer 2 bestehen, wenn sie infolge des Erbfalls Eigentümer des Sicherheitsbehältnisses wird; die berechtigte Person wird in diesem Fall nicht bisheriger Besitzer im Sinne des Satzes 2 Nummer 1. [4]In den Fällen der Sätze 1 bis 3 finden § 53 Absatz 1 Nummer 19 und § 52a in der Fassung des Gesetzes vom 11. Oktober 2002 (BGBl. I S. 3970, 4592; 2003 I S. 1957), das zuletzt durch Artikel 6 Absatz 34 des Gesetzes vom 13. April 2017 (BGBl. I S. 872) geändert worden ist, und § 34 Nummer 12 der Allgemeinen Waffengesetz-Verordnung vom 27. Oktober 2003 (BGBl. I S. 2123), die zuletzt durch Artikel 108 des Gesetzes vom 29. März 2017 (BGBl. I S. 626) geändert worden ist, weiterhin Anwendung.

(5) [1]Das Bundesministerium des Innern, für Bau und Heimat wird ermächtigt, nach Anhörung der beteiligten Kreise durch Rechtsverordnung mit Zustimmung des Bundesrates unter Berücksichtigung des Standes der Technik, der Art und Zahl der Waffen, der Munition oder der Örtlichkeit die Anforderungen an die Aufbewahrung oder an die Sicherung der Waffe festzulegen. [2]Dabei können

1. Anforderungen an technische Sicherungssysteme zur Verhinderung einer unberechtigten Wegnahme oder Nutzung von Schusswaffen,
2. die Nachrüstung oder der Austausch vorhandener Sicherungssysteme,
3. die Ausstattung der Schusswaffe mit mechanischen, elektronischen oder biometrischen Sicherungssystemen

festgelegt werden.

(6) Ist im Einzelfall, insbesondere wegen der Art und Zahl der aufzubewahrenden Waffen oder Munition oder wegen des Ortes der Aufbewahrung, ein höherer Sicherheitsstandard erforderlich, hat die zuständige Behörde die notwendigen Ergänzungen anzuordnen und zu deren Umsetzung eine angemessene Frist zu setzen.

§ 37 Anzeigepflichten der gewerblichen Waffenhersteller und Waffenhändler

(1) [1]Der Inhaber einer Waffenherstellungserlaubnis oder Waffenhandelserlaubnis nach § 21 Absatz 1 Satz 1 hat der zuständigen Behörde den folgenden Umgang mit fertiggestellten Schusswaffen, deren Erwerb oder Besitz der Erlaubnis bedarf, unverzüglich elektronisch anzuzeigen:

1. die Herstellung, jedoch erst nach Fertigstellung,
2. die Überlassung,
3. den Erwerb,
4. die Bearbeitung durch
   a) Umbau oder
   b) Austausch eines wesentlichen Teils.

[2]Die Pflicht zur Anzeige besteht auch dann, wenn ein Blockiersystem eingebaut oder entsperrt wird.

(2) Für die elektronischen Anzeigen gilt § 9 des Waffenregistergesetzes.

§ 37a Anzeigepflichten der Inhaber einer Waffenbesitzkarte oder einer gleichgestellten anderen Erlaubnis zum Erwerb und Besitz und der Inhaber einer nichtgewerbsmäßigen Waffenherstellungserlaubnis

[1]Der Inhaber einer Erlaubnis zum Erwerb und Besitz von Waffen nach § 10 Absatz 1 Satz 1 oder einer gleichgestellten anderen Erlaubnis zum Erwerb und Besitz sowie der Inhaber einer Erlaubnis zur nichtgewerbsmäßigen Herstellung, Bearbeitung oder Instandsetzung von Schusswaffen nach § 26 Absatz 1 Satz 1 hat der zuständigen Behörde den folgenden Umgang mit fertiggestellten Schusswaffen, deren Erwerb oder Besitz der Erlaubnis bedarf, binnen zwei Wochen schriftlich oder elektronisch anzuzeigen:

1. die Überlassung,
2. den Erwerb,
3. die Bearbeitung durch
   a) Umbau oder
   b) Austausch eines wesentlichen Teils.

[2]Der Inhaber einer Erlaubnis zur nichtgewerbsmäßigen Herstellung, Bearbeitung oder Instandsetzung von Schusswaffen nach § 26 Absatz 1 Satz 1 hat auch die Herstellung, jedoch erst nach Fertigstellung, gemäß Satz 1 anzuzeigen. [3]Die Pflicht zur Anzeige nach Satz 1 besteht auch dann, wenn ein Blockiersystem eingebaut oder entsperrt wird.

§ 37b Anzeige der Vernichtung, der Unbrauchbarmachung und des Abhandenkommens

(1) [1]Der Besitzer einer Schusswaffe, deren Erwerb oder Besitz einer Erlaubnis bedarf, hat der zuständigen Behörde nach Satz 2 oder Satz 3 anzuzeigen, wenn die Schusswaffe vernichtet wird. [2]Inhaber einer Erlaubnis nach § 21 Absatz 1 Satz 1 haben die Anzeige unverzüglich vorzunehmen. [3]Im Übrigen hat die Anzeige innerhalb von zwei Wochen zu erfolgen. [4]Die zuständige Behörde kann einen Nachweis darüber verlangen, dass die Schusswaffe vernichtet wurde.

(2) [1]Der Besitzer einer Schusswaffe, deren Erwerb oder Besitz einer Erlaubnis bedarf, hat der zuständigen Behörde nach Satz 2 oder Satz 3 anzuzeigen, wenn die Schusswaffe unbrauchbar gemacht wird. [2]Inhaber einer Erlaubnis nach § 21 Absatz 1 Satz 1 haben die Anzeige unverzüglich vorzunehmen. [3]Im Übrigen hat die Anzeige innerhalb von zwei Wochen zu erfolgen. [4]Die zuständige Behörde kann einen Nachweis darüber verlangen, dass die Schusswaffe unbrauchbar gemacht wurde.

(3) Sind einer Person Waffen oder Munition, deren Erwerb oder Besitz der Erlaubnis bedarf, oder Erlaubnisurkunden abhandengekommen, so hat sie dies der zuständigen Behörde unverzüglich nach Feststellung des Abhandenkommens anzuzeigen.

(4) [1]Hat der Besitzer einer Schusswaffe keine Waffenherstellungserlaubnis oder Waffenhandelserlaubnis nach § 21 Absatz 1 Satz 1, so hat die Anzeige nach den Absätzen 1 und 2 schriftlich oder elektronisch zu erfolgen. [2]Hat der Besitzer eine Waffenherstellungserlaubnis oder Waffenhandelserlaubnis nach § 21 Absatz 1 Satz 1, so hat die Anzeige nach den Absätzen 1 bis 3 elektronisch zu erfolgen und es gilt hierfür § 9 des Waffenregistergesetzes.

(5) Ist bei der zuständigen Behörde eine Anzeige zum Abhandenkommen von Schusswaffen, von Munition oder Erlaubnisurkunden eingegangen, so unterrichtet sie die örtliche Polizeidienststelle über das Abhandenkommen.

§ 37c Anzeigepflichten bei Inbesitznahme

(1) Wer Waffen oder Munition, deren Erwerb der Erlaubnis bedarf, in Besitz nimmt
1. beim Tod eines Waffenbesitzers, als Finder oder in ähnlicher Weise,
2. als Insolvenzverwalter, Zwangsverwalter, Gerichtsvollzieher oder in ähnlicher Weise,

hat dies der zuständigen Behörde unverzüglich anzuzeigen.

(2) Die zuständige Behörde kann
1. die Waffen oder Munition sicherstellen oder
2. anordnen, dass die Waffen oder Munition innerhalb angemessener Frist
   a) unbrauchbar gemacht werden oder
   b) einem Berechtigten überlassen werden,
   c) und dies der zuständigen Behörde nachgewiesen wird.

(3) [1]Nach fruchtlosem Ablauf der Frist kann die zuständige Behörde die Waffen oder Munition einziehen. [2]Ein Erlös aus der Verwertung steht dem nach bürgerlichem Recht bisher Berechtigten zu.

§ 37d Anzeige von unbrauchbar gemachten Schusswaffen

(1) Wer eine nach Anlage 1 Abschnitt 1 Unterabschnitt 1 Nummer 1.4 unbrauchbar gemachte Schusswaffe
1. überlässt,
2. erwirbt oder
3. vernichtet,

hat dies der zuständigen Behörde anzuzeigen.

(2) Der Besitzer einer unbrauchbar gemachten Schusswaffe hat der zuständigen Behörde unverzüglich nach Feststellung des Abhandenkommens anzuzeigen, wenn die Waffe abhandengekommen ist.

(3) [1]Hat der Besitzer der unbrauchbar gemachten Schusswaffe keine Waffenherstellungserlaubnis oder Waffenhandelserlaubnis nach § 21 Absatz 1 Satz 1, hat die Anzeige nach Absatz 1 binnen zwei Wochen schriftlich oder elektronisch zu erfolgen. [2]Hat der Besitzer eine Waffenherstellungserlaubnis oder Waffenhandelserlaubnis nach § 21 Absatz 1 Satz 1, so hat die Anzeige nach Absatz 1 unverzüglich elektronisch zu erfolgen und es gilt hierfür § 9 des Waffenregistergesetzes.

(4) Hat der Besitzer eine Waffenherstellungserlaubnis oder Waffenhandelserlaubnis nach § 21 Absatz 1 Satz 1, so hat die Anzeige nach Absatz 2 elektronisch zu erfolgen und es gilt hierfür § 9 des Waffenregistergesetzes.

(5) Ist bei der zuständigen Behörde eine Anzeige zum Abhandenkommen von unbrauchbar gemachten Schusswaffen eingegangen, so unterrichtet sie die örtliche Polizeidienststelle über das Abhandenkommen.

§ 37e Ausnahmen von der Anzeigepflicht

(1) [1]Die Pflicht zur Anzeige einer Überlassung oder eines Erwerbs nach § 37 Absatz 1 Satz 1 Nummer 2 und 3 besteht nicht bei
1. Überlassung einzelner wesentlicher Teile zum Zweck der gewerbsmäßigen Ausführung von Verschönerungen oder ähnlichen Arbeiten an der Waffe, sofern eine Rücküberlassung an den Überlassenden erfolgen soll,
2. Überlassung im Rahmen eines Arbeits- oder Ausbildungsverhältnisses nach § 12 Absatz 1 Nummer 3 Buchstabe a,
3. vorübergehendem Überlassen zum Schießen auf einer Schießstätte nach § 12 Absatz 1 Nummer 5.

[2]Satz 1 gilt im Fall der Überlassung und des Erwerbs einer unbrauchbar gemachten Schusswaffe im Sinne von § 37d Absatz 1 Satz 1 Nummer 1 und 2 durch den Inhaber einer Erlaubnis nach § 21 Absatz 1 Satz 1 entsprechend.

(2) [1]Der Inhaber der Erlaubnis nach § 21 Absatz 1 Satz 1 kann von einer Anzeige des Erwerbs nach § 37 Absatz 1 Satz 1 Nummer 3 oder § 37d Absatz 1 Nummer 2 und bei der anschließenden Rücküberlassung an den Überlassenden von der Anzeige der Überlassung nach § 37 Absatz 1 Satz 1 Nummer 2 oder § 37d Absatz 1 Nummer 1 absehen, wenn der Inhaber der Erlaubnis nach § 21 Absatz 1 Satz 1 von einem Überlassenden erwirbt, der nicht Inhaber einer Erlaubnis nach § 21 Absatz 1 Satz 1 ist, und die Rücküberlassung innerhalb eines Monats nach dem Erwerb erfolgt. [2]Erfolgt die Rücküberlassung im Fall des Satzes 1 nicht innerhalb eines Monats nach dem Erwerb, hat der Inhaber der Erlaubnis nach § 21 Absatz 1 Satz 1 die Anzeige des Erwerbs gemäß § 37 Absatz 1 Satz 1 Nummer 3 oder § 37d Absatz 1 Nummer 2 unverzüglich nachzuholen sowie die Rücküberlassung gemäß § 37 Absatz 1 Satz 1 Nummer 2 oder § 37d Absatz 1 Nummer 1 unverzüglich anzuzeigen. [3]Im Fall des Satzes 1 sind Erwerb und Überlassung durch den Inhaber der Erlaubnis nach § 21 Absatz 1 Satz 1 schriftlich oder elektronisch zu dokumentieren (Ersatzdokumentation).

(2a) [1]Von der Anzeige einer Überlassung oder eines Erwerbs nach § 37 Absatz 1 Satz 1 Nummer 2 und 3 kann abgesehen werden, wenn

1. sowohl der Überlassende als auch der Erwerbende Inhaber der Erlaubnis nach § 21 Absatz 1 Satz 1 ist, und
2. die Rücküberlassung und der Rückerwerb zwischen diesen beiden innerhalb von 14 Tagen nach dem Erwerb erfolgt.

[2]Erfolgt die Rücküberlassung im Fall des Satzes 1 nicht innerhalb von 14 Tagen nach dem Erwerb, hat

1. der Erwerbende
   a) die Anzeige des Erwerbs gemäß § 37 Absatz 1 Satz 1 Nummer 3 und
   b) die Anzeige der Rücküberlassung gemäß § 37 Absatz 1 Satz 1 Nummer 2

   sowie
2. der Überlassende
   a) die Anzeige der Überlassung gemäß § 37 Absatz 1 Satz 1 Nummer 2 und
   b) die Anzeige des Rückerwerbs gemäß § 37 Absatz 1 Satz 1 Nummer 3

jeweils unverzüglich nachzuholen. [3]Im Fall des Satzes 1 sind Erwerb und Überlassung durch die Inhaber der Erlaubnis nach § 21 Absatz 1 Satz 1 in der Ersatzdokumentation festzuhalten. [4]Über die Nutzung der Ersatzdokumentation muss zwischen überlassendem und erwerbendem Inhaber der Erlaubnis nach § 21 Absatz 1 Satz 1 im Vorwege Einigung erzielt werden.

(3) Die Pflicht zur Anzeige einer Überlassung gemäß § 37a Satz 1 Nummer 1 besteht nicht in den Fällen des § 12 Absatz 1 sowie beim Überlassen an einen Erlaubnisinhaber nach § 21 Absatz 1 Satz 1 zum Zweck

1. der Verwahrung,
2. der Instandsetzung oder Vornahme geringfügiger Änderungen oder
3. des Kommissionsverkaufs.

(4) Die Pflicht zur Anzeige eines Erwerbs gemäß § 37a Satz 1 Nummer 2 besteht nicht

1. in den Fällen des § 12 Absatz 1 Nummer 1 bis 3, 4 Buchstabe a oder Nummer 5, außer es handelt sich um den Wiedererwerb nach einer Instandsetzung, die zum Umbau oder Austausch eines wesentlichen Teils geführt hat, oder
2. für einen Waffensachverständigen, der die Waffe auf Grund eines Bedürfnisses nach § 18 Absatz 1 erwirbt und sie höchstens drei Monate lang besitzt.

(5) Die Absätze 3 und 4 gelten im Fall der Überlassung und des Erwerbs einer unbrauchbar gemachten Schusswaffe im Sinne von § 37d Absatz 1 Satz 1 Nummer 1 und 2 durch Personen, die nicht Inhaber einer Erlaubnis nach § 21 Absatz 1 Satz 1 sind, entsprechend.

§ 37f Inhalt der Anzeigen

(1) Für die Anzeige nach den §§ 37 bis 37d hat der Anzeigende folgende Daten anzugeben:

1. die Art des in den §§ 37 bis 37d bezeichneten Sachverhalts, der der Anzeigepflicht zugrunde liegt;
2. das Datum, an dem der Sachverhalt eingetreten ist, bei Abhandenkommen das Datum der Feststellung des Abhandenkommens;
3. die folgenden Daten des Anzeigenden:
   a) Familienname,
   b) früherer Name,
   c) Geburtsname,
   d) Vorname,
   e) Doktorgrad,
   f) Geburtstag,
   g) Geburtsort,
   h) Geschlecht,
   i) jede Staatsangehörigkeit sowie
   j) Straße, Hausnummer, Postleitzahl und Ort, bei einer ausländischen Adresse auch den betreffenden Staat (Anschrift);
4. die folgenden Daten zu einem Kaufmann, einer juristischen Person oder einer Personenvereinigung:
   a) Namen oder Firma,
   b) frühere Namen,
   c) Anschrift und
   d) bei Handelsgesellschaften und Vereinen den Gegenstand des Unternehmens oder des Vereins;
5. die folgenden Daten der Waffe, die Gegenstand der Anzeige ist:
   a) Hersteller,
   b) Modellbezeichnung,

c) Kaliber- oder Munitionsbezeichnung,
d) Seriennummer,
e) Jahr der Fertigstellung,
f) Verbringen in den Geltungsbereich dieses Gesetzes,
g) Kategorie nach Anlage 1 Abschnitt 3,
h) Art der Waffe;
6. die folgenden Daten des Magazins, das Gegenstand der Anzeige ist:
a) Kapazität des Magazins,
b) kleinste verwendbare Munition und
c) dauerhafte Beschriftung des Magazins, sofern vorhanden;
7. Art und Gültigkeit der Erlaubnis, die zur Art des anzuzeigenden Sachverhalts berechtigt oder verpflichtet;
8. die Nummer der Erlaubnisurkunde und
9. die zuständige Behörde, die die Erlaubnisurkunde ausgestellt hat.

(2) Bei Überlassung und Erwerb sind zusätzlich anzuzeigen
1. folgende Daten des Erwerbers:
a) Familienname,
b) Vorname,
c) Geburtsdatum,
d) Geburtsort,
e) Anschrift;
2. bei Nachweis der Erwerbs- und Besitzberechtigung durch eine Waffenbesitzkarte:
a) die Nummer der Waffenbesitzkarte und
b) die ausstellende Behörde;
3. folgende Daten des Überlassenden:
a) Familienname,
b) früherer Name,
c) Geburtsname,
d) Vorname,
e) Doktorgrad,
f) Geburtsdatum,
g) Geburtsort,
h) Geschlecht,
i) jede Staatsangehörigkeit sowie
j) Anschrift.

(3) Ist der Erwerber oder der Überlassende vom Anwendungsbereich dieses Gesetzes nicht erfasst, so sind ausschließlich sein Name und seine Anschrift anzuzeigen.

(4) Anzuzeigen sind Änderungen der Daten der Waffe, die sich auf Grund einer der in § 37 Absatz 1 bezeichneten Umgangshandlungen ergeben.

§ 37g Eintragungen in die Waffenbesitzkarte

(1) Der Inhaber einer Erlaubnis zum Erwerb und Besitz von Waffen nach § 10 Absatz 1 Satz 1 oder einer gleichgestellten anderen Erlaubnis zum Erwerb und Besitz hat gleichzeitig mit der Anzeige nach § 37a oder § 37b Absatz 1 die Waffenbesitzkarte und, sofern die betreffende Waffe in den Europäischen Feuerwaffenpass des Erlaubnisinhabers eingetragen ist, auch diesen zur Eintragung oder Berichtigung bei der zuständigen Behörde vorzulegen.

(2) Bei Austausch eines wesentlichen Teils entfällt die Vorlagepflicht nach Absatz 1.

(3) Die zuständige Behörde trägt Anlass und Inhalt der Anzeige in die Waffenbesitzkarte oder den Europäischen Feuerwaffenpass ein.

§ 37h Ausstellung einer Anzeigebescheinigung

(1) [1]Über die Anzeige
1. der Unbrauchbarmachung nach § 37b Absatz 2 Satz 1,
2. des Umgangs mit einer unbrauchbar gemachten Schusswaffe nach § 37d Absatz 1 Nummer 1 und 2 sowie
3. des Besitzes eines Magazins oder Magazingehäuses nach § 58 Absatz 17 Satz 1

hat die zuständige Behörde dem Anzeigenden eine Anzeigebescheinigung auszustellen. [2]Satz 1 gilt nicht, wenn der Anzeigende Inhaber einer Erlaubnis nach § 21 Absatz 1 Satz 1 ist.

(2) Die Anzeigebescheinigung enthält
1. vom Anzeigenden die Daten nach § 37f Absatz 1 Nummer 3,
2. den Anlass der Anzeige nach § 37b Absatz 2 Satz 1, § 37d Absatz 1 Nummer 1 oder 2 oder § 58 Absatz 17 Satz 1,
3. den Zeitpunkt, an dem der zuständigen Behörde die Anzeige zugegangen ist, sowie
4. die Angaben nach § 37f Absatz 1 Nummer 5 und 6.

§ 37i Mitteilungspflicht bei Umzug ins Ausland und bei Umzug im Ausland
[1]Zieht der Inhaber einer waffenrechtlichen Erlaubnis oder Bescheinigung ins Ausland, so ist er verpflichtet, seine Anschrift im Ausland der Waffenbehörde mitzuteilen, die zuletzt für ihn zuständig gewesen ist. [2]Zieht der im Ausland lebende Inhaber einer waffenrechtlichen Erlaubnis oder Bescheinigung im Ausland um, so ist er verpflichtet, dem Bundesverwaltungsamt seine neue Anschrift im Ausland mitzuteilen.

§ 38 Ausweispflichten
(1) [1]Wer eine Waffe führt, muss folgende Dokumente mit sich führen:
1. seinen Personalausweis oder Pass und
   a) wenn es einer Erlaubnis zum Erwerb bedarf, die Waffenbesitzkarte oder, wenn es einer Erlaubnis zum Führen bedarf, den Waffenschein,
   b) im Fall des Verbringens einer Waffe oder von Munition gemäß § 29 den Erlaubnisschein,
   c) im Fall des Verbringens einer Waffe oder von Munition aus dem Geltungsbereich des Gesetzes gemäß § 30 den Erlaubnisschein oder eine Ablichtung hiervon sowie zusätzlich zum Erlaubnisschein oder der Ablichtung hiervon die Bestätigung der Anzeige durch das Bundesverwaltungsamt, bei elektronischer Anzeigebestätigung einen Ausdruck der Bestätigung des Bundesverwaltungsamts,
   d) im Fall der Mitnahme einer Waffe oder von Munition aus einem Drittstaat gemäß § 32 Absatz 1 den Erlaubnisschein, im Fall der Mitnahme auf Grund einer Erlaubnis nach § 32 Absatz 4 auch den Beleg für den Grund der Mitnahme,
   e) im Fall der Mitnahme einer Schusswaffe oder von Munition nach Anlage 1 Abschnitt 3 (Kategorien A 1.2 bis C)
      aa) aus einem anderen Mitgliedstaat gemäß § 32 Absatz 1 und 2 den Erlaubnisschein und den Europäischen Feuerwaffenpass,
      bb) aus dem Geltungsbereich dieses Gesetzes gemäß § 32 Absatz 1a den Erlaubnisschein,
      cc) aus einem anderen Mitgliedstaat oder aus dem Geltungsbereich dieses Gesetzes gemäß § 32 Absatz 3 den Europäischen Feuerwaffenpass und einen Beleg für den Grund der Mitnahme,
   f) im Fall der vorübergehenden Berechtigung zum Erwerb oder zum Führen auf Grund des § 12 Absatz 1 Nummer 1 und 2 oder § 28 Absatz 4 einen Beleg, aus dem der Name des Überlassers und des Besitzberechtigten sowie das Datum der Überlassung hervorgeht, oder
   g) im Fall des Schießens mit einer Schießerlaubnis nach § 10 Absatz 5 diese und
2. in den Fällen des § 13 Absatz 6 den Jagdschein.

[2]In den Fällen des § 13 Absatz 3 sowie im Fall des Führens einer Waffe, die auf Grund einer unbefristeten Erlaubnis gemäß § 14 Absatz 6 erworben wurde, genügt an Stelle der Waffenbesitzkarte ein schriftlicher Nachweis darüber, dass die Antragsfrist noch nicht verstrichen oder ein Antrag gestellt worden ist. [3]Satz 1 gilt nicht in Fällen des § 12 Absatz 3 Nummer 1.

(2) Die nach Absatz 1 Satz 1 und 2 mitzuführenden Dokumente sind Polizeibeamten oder sonst zur Personenkontrolle Befugten auf Verlangen zur Prüfung auszuhändigen.

§ 39 Auskunfts- und Vorzeigepflicht, Nachschau
(1) [1]Wer Waffenherstellung, Waffenhandel oder eine Schießstätte betreibt, eine Schießstätte benutzt oder in ihr die Aufsicht führt, ein Bewachungsunternehmen betreibt, Veranstaltungen zur Ausbildung im Verteidigungsschießen durchführt oder sonst den Besitz über Waffen oder Munition ausübt, hat der zuständigen Behörde auf Verlangen oder, sofern dieses Gesetz einen Zeitpunkt vorschreibt, zu diesem Zeitpunkt die für die Durchführung dieses Gesetzes erforderlichen Auskünfte zu erteilen; eine entsprechende Pflicht gilt ferner für Personen, gegenüber denen ein Verbot nach § 41 Abs. 1 oder 2 ausgesprochen wurde. [2]Sie können die Auskunft auf solche Fragen verweigern, deren Beantwortung sie selbst oder einen der in § 383 Abs. 1 Nr. 1 bis 3 der Zivilprozessordnung bezeichneten Angehörigen der Gefahr strafrechtlicher Verfolgung oder eines Verfahrens nach dem Gesetz über Ordnungswidrigkeiten aussetzen würde. [3]Darüber hinaus hat der Inhaber der Erlaubnis die Einhaltung von Auflagen nachzuweisen.

(2) [1]Betreibt der Auskunftspflichtige Waffenherstellung, Waffenhandel, eine Schießstätte oder ein Bewachungsunternehmen, so sind die von der zuständigen Behörde mit der Überwachung des Betriebs be-

auftragten Personen berechtigt, Betriebsgrundstücke und Geschäftsräume während der Betriebs- und Arbeitszeit zu betreten, um dort Prüfungen und Besichtigungen vorzunehmen, Proben zu entnehmen und Einsicht in die geschäftlichen Unterlagen zu nehmen; zur Abwehr dringender Gefahren für die öffentliche Sicherheit oder Ordnung dürfen diese Arbeitsstätten auch außerhalb dieser Zeit sowie die Wohnräume des Auskunftspflichtigen gegen dessen Willen besichtigt werden. [2]Das Grundrecht der Unverletzlichkeit der Wohnung (Artikel 13 des Grundgesetzes) wird insoweit eingeschränkt.

(3) Aus begründetem Anlass kann die zuständige Behörde anordnen, dass der Besitzer von
1. Waffen oder Munition, deren Erwerb der Erlaubnis bedarf, oder
2. in Anlage 2 Abschnitt 1 bezeichneten verbotenen Waffen

ihr diese sowie Erlaubnisscheine oder Ausnahmebescheinigungen binnen angemessener, von ihr zu bestimmender Frist zur Prüfung vorlegt.

§ 39a Verordnungsermächtigung für die Ersatzdokumentation

Das Bundesministerium des Innern, für Bau und Heimat wird ermächtigt, durch Rechtsverordnung mit Zustimmung des Bundesrates zur Durchführung des § 37e Absatz 2 Satz 3 und Absatz 2a Satz 3 Vorschriften über Inhalt, Führung, Aufbewahrung und Vorlage der Ersatzdokumentation zu erlassen.

Unterabschnitt 6a

Besondere Regelungen zum Umgang mit Salutwaffen und unbrauchbar gemachten Schusswaffen, zur Unbrauchbarmachung von Schusswaffen und zur Aufbewahrung von Salutwaffen

§ 39b Erwerb, Besitz und Aufbewahrung von Salutwaffen

(1) Ein Bedürfnis für den Erwerb und Besitz von Salutwaffen nach Anlage 1 Abschnitt 1 Unterabschnitt 1 Nummer 1.5 ist insbesondere anzuerkennen, wenn der Antragsteller die Salutwaffen für
1. Theateraufführungen,
2. Foto-, Film- oder Fernsehaufnahmen oder
3. für die Teilnahme an kulturellen Veranstaltungen oder Veranstaltungen der Brauchtumspflege

benötigt.

(2) Ein Nachweis der Sachkunde nach § 7 ist für die Erteilung der Erlaubnis nicht erforderlich.

(3) [1]§ 36 Absatz 3, 4 und 6 ist auf Salutwaffen nicht anzuwenden. [2]Sind Regelungen einer auf Grund von § 36 Absatz 5 erlassenen Rechtsverordnung anwendbar, sind Salutwaffen wie von der Erlaubnispflicht freigestellte Waffen zu behandeln.

§ 39c Unbrauchbarmachung von Schusswaffen und Umgang mit unbrauchbar gemachten Schusswaffen; Verordnungsermächtigung

(1) Das Bundesministerium des Innern, für Bau und Heimat wird ermächtigt, durch Rechtsverordnung, die nicht der Zustimmung des Bundesrates bedarf, nähere Regelungen zur Unbrauchbarmachung von Schusswaffen zu treffen; insbesondere kann es
1. auf die Unbrauchbarmachung bezogene Dokumentationen und Mitteilungen verlangen und
2. Regelungen in Bezug auf vor Inkrafttreten dieser Bestimmung unbrauchbar gemachte Schusswaffen treffen.

(2) [1]Das Bundesministerium des Innern, für Bau und Heimat wird ermächtigt, durch Rechtsverordnung, die nicht der Zustimmung des Bundesrates bedarf, die Anwendbarkeit von Vorschriften des Waffengesetzes auf unbrauchbar gemachte Schusswaffen zu regeln sowie den Umgang mit unbrauchbar gemachten Schusswaffen (Anlage 1 Abschnitt 1 Unterabschnitt 1 Nummer 1.4) zu verbieten oder zu beschränken oder mit bestimmten Verpflichtungen zu verbinden; insbesondere kann es
1. bestimmte Arten des Umgangs mit unbrauchbar gemachten Schusswaffen verbieten oder unter Genehmigungsvorbehalt stellen und
2. Anzeigen oder Begleitdokumente vorschreiben.

[2]Durch die Verordnung können diejenigen Teile der Anlage 2 zu diesem Gesetz, die unbrauchbar gemachte Schusswaffen betreffen, aufgehoben werden.

Unterabschnitt 7

Verbote

§ 40 Verbotene Waffen

(1) Das Verbot des Umgangs umfasst auch das Verbot, zur Herstellung der in Anlage 2 Abschnitt 1 Nr. 1.3.4 bezeichneten Gegenstände anzuleiten oder aufzufordern.

(2) Das Verbot des Umgangs mit Waffen oder Munition ist nicht anzuwenden, soweit jemand auf Grund eines gerichtlichen oder behördlichen Auftrags tätig wird.

(3) [1]Inhaber einer jagdrechtlichen Erlaubnis und Angehörige von Leder oder Pelz verarbeitenden Berufen dürfen abweichend von § 2 Abs. 3 Umgang mit Faustmessern nach Anlage 2 Abschnitt 1 Nr. 1.4.2 haben, sofern sie diese Messer zur Ausübung ihrer Tätigkeit benötigen. [2]Inhaber sprengstoffrechtlicher Erlaubnisse (§§ 7 und 27 des Sprengstoffgesetzes) und Befähigungsscheine (§ 20 des Sprengstoffgesetzes) sowie Teilnehmer staatlicher oder staatlich anerkannter Lehrgänge dürfen abweichend von § 2 Absatz 3 Umgang mit explosionsgefährlichen Stoffen oder Gegenständen nach Anlage 2 Abschnitt 1 Nummer 1.3.4 haben, soweit die durch die Erlaubnis oder den Befähigungsschein gestattete Tätigkeit oder die Ausbildung hierfür dies erfordern. [3]Dies gilt insbesondere für Sprengarbeiten sowie Tätigkeiten im Katastrophenschutz oder im Rahmen von Theatern, vergleichbaren Einrichtungen, Film- und Fernsehproduktionsstätten sowie die Ausbildung für derartige Tätigkeiten. [4]Inhaber eines gültigen Jagdscheins im Sinne von § 15 Absatz 2 Satz 1 des Bundesjagdgesetzes dürfen abweichend von § 2 Absatz 3 für jagdliche Zwecke Umgang mit Nachtsichtvorsätzen und Nachtsichtaufsätzen nach Anlage 2 Abschnitt 1 Nummer 1.2.4.2 haben. [5]Jagdrechtliche Verbote oder Beschränkungen der Nutzung von Nachtsichtvorsatzgeräten und Nachtsichtaufsätzen bleiben unberührt. [6]Satz 4 gilt entsprechend für Inhaber einer gültigen Erlaubnis nach § 21 Absatz 1 und 2.

(4) [1]Das Bundeskriminalamt kann auf Antrag von den Verboten der Anlage 2 Abschnitt 1 allgemein oder für den Einzelfall Ausnahmen zulassen, wenn die Interessen des Antragstellers auf Grund besonderer Umstände das öffentliche Interesse an der Durchsetzung des Verbots überwiegen. [2]Dies kann insbesondere angenommen werden, wenn die in der Anlage 2 Abschnitt 1 bezeichneten Waffen oder Munition zum Verbringen aus dem Geltungsbereich dieses Gesetzes, für wissenschaftliche oder Forschungszwecke oder zur Erweiterung einer kulturhistorisch bedeutsamen Sammlung bestimmt sind und eine erhebliche Gefahr für die öffentliche Sicherheit nicht zu befürchten ist.

(5) [1]Wer eine in Anlage 2 Abschnitt 1 bezeichnete Waffe als Erbe, Finder oder in ähnlicher Weise in Besitz nimmt, hat dies der zuständigen Behörde unverzüglich anzuzeigen. [2]Die zuständige Behörde kann die Waffen oder Munition sicherstellen oder anordnen, dass innerhalb einer angemessenen Frist die Waffen oder Munition unbrauchbar gemacht, von Verbotsmerkmalen befreit oder einem nach diesem Gesetz Berechtigten überlassen werden, oder dass der Erwerber einen Antrag nach Absatz 4 stellt. [3]Das Verbot des Umgangs mit Waffen oder Munition wird nicht wirksam, solange die Frist läuft oder eine ablehnende Entscheidung nach Absatz 4 dem Antragsteller noch nicht bekannt gegeben worden ist.

§ 41 Waffenverbote für den Einzelfall

(1) [1]Die zuständige Behörde kann jemandem den Besitz von Waffen oder Munition, deren Erwerb nicht der Erlaubnis bedarf, und den Erwerb solcher Waffen oder Munition untersagen,

1. soweit es zur Verhütung von Gefahren für die Sicherheit oder zur Kontrolle des Umgangs mit diesen Gegenständen geboten ist oder
2. wenn Tatsachen bekannt werden, die die Annahme rechtfertigen, dass der rechtmäßige Besitzer oder Erwerbswillige abhängig von Alkohol oder anderen berauschenden Mitteln, psychisch krank oder debil ist oder sonst die erforderliche persönliche Eignung nicht besitzt oder ihm die für den Erwerb oder Besitz solcher Waffen oder Munition erforderliche Zuverlässigkeit fehlt.

[2]Im Fall des Satzes 1 Nr. 2 ist die betroffene Person darauf hinzuweisen, dass sie die Annahme mangelnder persönlicher Eignung im Wege der Beibringung eines amts- oder fachärztlichen oder fachpsychologischen Zeugnisses über die geistige oder körperliche Eignung ausräumen kann; § 6 Abs. 2 findet entsprechende Anwendung.

(2) Die zuständige Behörde kann jemandem den Besitz von Waffen oder Munition, deren Erwerb der Erlaubnis bedarf, untersagen, soweit es zur Verhütung von Gefahren für die Sicherheit oder Kontrolle des Umgangs mit diesen Gegenständen geboten ist.

(3) Die zuständige Behörde unterrichtet die örtliche Polizeidienststelle über den Erlass eines Waffenbesitzverbotes.

§ 42 Verbot des Führens von Waffen bei öffentlichen Veranstaltungen; Verordnungsermächtigungen für Verbotszonen

(1) [1]Wer an öffentlichen Vergnügungen, Volksfesten, Sportveranstaltungen, Messen, Ausstellungen, Märkten oder ähnlichen öffentlichen Veranstaltungen teilnimmt, darf keine Waffen im Sinne des § 1 Abs. 2 führen. [2]Dies gilt auch, wenn für die Teilnahme ein Eintrittsgeld zu entrichten ist, sowie für Theater-, Kino-, und Diskothekenbesuche und für Tanzveranstaltungen.

(2) Die zuständige Behörde kann allgemein oder für den Einzelfall Ausnahmen von Absatz 1 zulassen, wenn
1. der Antragsteller die erforderliche Zuverlässigkeit (§ 5) und persönliche Eignung (§ 6) besitzt,
2. der Antragsteller nachgewiesen hat, dass er auf Waffen bei der öffentlichen Veranstaltung nicht verzichten kann, und
3. eine Gefahr für die öffentliche Sicherheit oder Ordnung nicht zu besorgen ist.

(3) Unbeschadet des § 38 muss der nach Absatz 2 Berechtigte auch den Ausnahmebescheid mit sich führen und auf Verlangen zur Prüfung aushändigen.

(4) Die Absätze 1 bis 3 sind nicht anzuwenden
1. auf die Mitwirkenden an Theateraufführungen und diesen gleich zu achtenden Vorführungen, wenn zu diesem Zweck ungeladene oder mit Kartuschenmunition geladene Schusswaffen oder Waffen im Sinne des § 1 Abs. 2 Nr. 2 geführt werden,
2. auf das Schießen in Schießstätten (§ 27),
3. soweit eine Schießerlaubnis nach § 10 Abs. 5 vorliegt,
4. auf das gewerbliche Ausstellen der in Absatz 1 genannten Waffen auf Messen und Ausstellungen.

(5) [1]Die Landesregierungen werden ermächtigt, durch Rechtsverordnung vorzusehen, dass das Führen von Waffen im Sinne des § 1 Abs. 2 auf bestimmten öffentlichen Straßen, Wegen oder Plätzen allgemein oder im Einzelfall verboten oder beschränkt werden kann, soweit an dem jeweiligen Ort wiederholt
1. Straftaten unter Einsatz von Waffen oder
2. Raubdelikte, Körperverletzungsdelikte, Bedrohungen, Nötigungen, Sexualdelikte, Freiheitsberaubungen oder Straftaten gegen das Leben

begangen worden sind und Tatsachen die Annahme rechtfertigen, dass auch künftig mit der Begehung solcher Straftaten zu rechnen ist. [2]In der Rechtsverordnung nach Satz 1 soll bestimmt werden, dass die zuständige Behörde allgemein oder für den Einzelfall Ausnahmen insbesondere für Inhaber waffenrechtlicher Erlaubnisse, Anwohner und Gewerbetreibende zulassen kann, soweit eine Gefährdung der öffentlichen Sicherheit nicht zu besorgen ist. [3]Im Falle des Satzes 2 gilt Absatz 3 entsprechend. [4]Die Landesregierungen können ihre Befugnis nach Satz 1 in Verbindung mit Satz 2 durch Rechtsverordnung auf die zuständige oberste Landesbehörde übertragen; diese kann die Befugnis durch Rechtsverordnung weiter übertragen.

(6) [1]Die Landesregierungen werden ermächtigt, durch Rechtsverordnung vorzusehen, dass das Führen von Waffen im Sinne des § 1 Absatz 2 oder von Messern mit feststehender oder feststellbarer Klinge mit einer Klingenlänge über vier Zentimeter an folgenden Orten verboten oder beschränkt werden kann, wenn Tatsachen die Annahme rechtfertigen, dass das Verbot oder die Beschränkung zur Abwehr von Gefahren für die öffentliche Sicherheit erforderlich ist:
1. auf bestimmten öffentlichen Straßen, Wegen oder Plätzen, auf denen Menschenansammlungen auftreten können,
2. in oder auf bestimmten Gebäuden oder Flächen mit öffentlichem Verkehr, in oder auf denen Menschenansammlungen auftreten können, und die einem Hausrecht unterliegen, insbesondere in Einrichtungen des öffentlichen Personenverkehrs, in Einkaufszentren sowie in Veranstaltungsorten,
3. in bestimmten Jugend- und Bildungseinrichtungen sowie
4. auf bestimmten öffentlichen Straßen, Wegen oder Plätzen, die an die in den Nummern 2 und 3 genannten Orte oder Einrichtungen angrenzen.

[2]In der Rechtsverordnung nach Satz 1 ist eine Ausnahme vom Verbot oder von der Beschränkung für Fälle vorzusehen, in denen für das Führen der Waffe oder des Messers ein berechtigtes Interesse vorliegt. [3]Ein berechtigtes Interesse liegt insbesondere vor bei
1. Inhabern waffenrechtlicher Erlaubnisse,
2. Anwohnern, Anliegern und dem Anlieferverkehr,
3. Gewerbetreibenden und bei ihren Beschäftigten oder bei von den Gewerbetreibenden Beauftragten, die Messer im Zusammenhang mit ihrer Berufsausübung führen,
4. Personen, die Messer im Zusammenhang mit der Brauchtumspflege oder der Ausübung des Sports führen,
5. Personen, die eine Waffe oder ein Messer nicht zugriffsbereit von einem Ort zum anderen befördern, und
6. Personen, die eine Waffe oder ein Messer mit Zustimmung eines anderen in dessen Hausrechtsbereich nach Satz 1 Nummer 2 führen, wenn das Führen dem Zweck des Aufenthalts in dem Hausrechtsbereich dient oder im Zusammenhang damit steht.

[4]Die Landesregierungen können ihre Befugnis nach Satz 1 in Verbindung mit Satz 2 durch Rechtsverordnung auf die zuständige oberste Landesbehörde übertragen; diese kann die Befugnis durch Rechtsverordnung weiter übertragen.

§ 42a Verbot des Führens von Anscheinswaffen und bestimmten tragbaren Gegenständen

(1) Es ist verboten
1. Anscheinswaffen,
2. Hieb- und Stoßwaffen nach Anlage 1 Abschnitt 1 Unterabschnitt 2 Nr. 1.1 oder
3. Messer mit einhändig feststellbarer Klinge (Einhandmesser) oder feststehende Messer mit einer Klingenlänge über 12 cm

zu führen.

(2) [1]Absatz 1 gilt nicht
1. für die Verwendung bei Foto-, Film- oder Fernsehaufnahmen oder Theateraufführungen,
2. für den Transport in einem verschlossenen Behältnis,
3. für das Führen der Gegenstände nach Absatz 1 Nr. 2 und 3, sofern ein berechtigtes Interesse vorliegt.

[2]Weitergehende Regelungen bleiben unberührt.

(3) Ein berechtigtes Interesse nach Absatz 2 Satz 1 Nr. 3 liegt insbesondere vor, wenn das Führen der Gegenstände im Zusammenhang mit der Berufsausübung erfolgt, der Brauchtumspflege, dem Sport oder einem allgemein anerkannten Zweck dient.

Abschnitt 3

Sonstige waffenrechtliche Vorschriften

§ 43 Erhebung und Übermittlung personenbezogener Daten

(1) [1]Die für die Ausführung dieses Gesetzes zuständigen Behörden dürfen personenbezogene Daten auch ohne Mitwirkung der betroffenen Person in den Fällen des § 5 Abs. 5 und des § 6 Abs. 1 Satz 3 und 4 erheben. [2]Sonstige Rechtsvorschriften des Bundes- oder Landesrechts, die eine Erhebung ohne Mitwirkung der betroffenen Person vorsehen oder zwingend voraussetzen, bleiben unberührt.

(2) Öffentliche Stellen im Geltungsbereich dieses Gesetzes sind auf Ersuchen der zuständigen Behörde verpflichtet, dieser im Rahmen datenschutzrechtlicher Übermittlungsbefugnisse personenbezogene Daten zu übermitteln, soweit die Daten nicht wegen überwiegender öffentlicher Interessen geheim gehalten werden müssen.

§ 43a *[aufgehoben]*

§ 44 Übermittlung an und von Meldebehörden

(1) Die zuständige Behörde teilt der Meldebehörde mit:
1. die erstmalige Erteilung einer waffenrechtlichen Erlaubnis,
2. den Verlust aller waffenrechtlichen Erlaubnisse einer Person,
3. den Erlass und den Wegfall eines Waffenbesitzverbotes.

(2) Die Meldebehörden teilen den Waffenerlaubnisbehörden Namensänderungen, Zuzug, Änderungen der derzeitigen Anschrift im Zuständigkeitsbereich der Meldebehörde, Wegzug und Tod des Einwohners mit, für den das Vorliegen einer waffenrechtlichen Erlaubnis oder eines Waffenbesitzverbotes gespeichert ist.

§ 44a Behördliche Aufbewahrungspflichten

[1]Die für die Ausführung dieses Gesetzes zuständigen Behörden haben alle Unterlagen, die für die Feststellung der gegenwärtigen und früheren Besitzverhältnisse sowie die Rückverfolgung von Verkaufswegen erforderlich sind, einschließlich der Aufzeichnungen zu Verbringungen 30 Jahre aufzubewahren. [2]Ferner haben die in Satz 1 genannten Behörden zehn Jahre alle Unterlagen aufzubewahren, aus denen sich die Versagung einer waffenrechtlichen Erlaubnis
1. wegen fehlender Zuverlässigkeit nach § 4 Absatz 1 Nummer 2 in Verbindung mit § 5 Absatz 1 Nummer 2 oder Absatz 2 Nummer 2, 3 oder Nummer 4 oder
2. wegen fehlender persönlicher Eignung nach § 4 Absatz 1 Nummer 2 in Verbindung mit § 6 Absatz 1 Satz 1 und 2,

einschließlich der Gründe hierfür, ergibt.

§ 45 Rücknahme und Widerruf

(1) Eine Erlaubnis nach diesem Gesetz ist zurückzunehmen, wenn nachträglich bekannt wird, dass die Erlaubnis hätte versagt werden müssen.

(2) [1]Eine Erlaubnis nach diesem Gesetz ist zu widerrufen, wenn nachträglich Tatsachen eintreten, die zur Versagung hätten führen müssen. [2]Eine Erlaubnis nach diesem Gesetz kann auch widerrufen werden, wenn inhaltliche Beschränkungen nicht beachtet werden.

(3) [1]Bei einer Erlaubnis kann abweichend von Absatz 2 Satz 1 im Fall eines vorübergehenden Wegfalls des Bedürfnisses, aus besonderen Gründen auch in Fällen des endgültigen Wegfalls des Bedürfnisses, von einem Widerruf abgesehen werden. [2]Satz 1 gilt nicht, sofern es sich um eine Erlaubnis zum Führen einer Waffe handelt.

(4) [1]Verweigert eine betroffene Person im Fall der Überprüfung des weiteren Vorliegens von in diesem Gesetz oder in einer auf Grund dieses Gesetzes erlassenen Rechtsverordnung vorgeschriebenen Tatbestandsvoraussetzungen, bei deren Wegfall ein Grund zur Rücknahme oder zum Widerruf einer Erlaubnis oder Ausnahmebewilligung gegeben wäre, ihre Mitwirkung, so kann die Behörde deren Wegfall vermuten. [2]Die betroffene Person ist hierauf hinzuweisen.

(5) Widerspruch und Anfechtungsklage gegen Maßnahmen nach Absatz 1 und Absatz 2 Satz 1 haben keine aufschiebende Wirkung, sofern die Erlaubnis wegen des Nichtvorliegens oder Entfallens der Voraussetzungen nach § 4 Abs. 1 Nr. 2 zurückgenommen oder widerrufen wird.

§ 46 Weitere Maßnahmen

(1) [1]Werden Erlaubnisse nach diesem Gesetz zurückgenommen oder widerrufen, so hat der Inhaber alle Ausfertigungen der Erlaubnisurkunde der zuständigen Behörde unverzüglich zurückzugeben. [2]Das Gleiche gilt, wenn die Erlaubnis erloschen ist.

(2) [1]Hat jemand auf Grund einer Erlaubnis, die zurückgenommen, widerrufen oder erloschen ist, Waffen oder Munition erworben oder befugt besessen, und besitzt er sie noch, so kann die zuständige Behörde anordnen, dass er binnen angemessener Frist die Waffen oder Munition dauerhaft unbrauchbar macht oder einem Berechtigten überlässt und den Nachweis darüber gegenüber der Behörde führt. [2]Nach fruchtlosem Ablauf der Frist kann die zuständige Behörde die Waffen oder Munition sicherstellen.

(3) [1]Besitzt jemand ohne die erforderliche Erlaubnis oder entgegen einem vollziehbaren Verbot nach § 41 Abs. 1 oder 2 eine Waffe oder Munition, so kann die zuständige Behörde anordnen, dass er binnen angemessener Frist

1. die Waffe oder Munition dauerhaft unbrauchbar macht oder einem Berechtigten überlässt oder
2. im Fall einer verbotenen Waffe oder Munition die Verbotsmerkmale beseitigt und
3. den Nachweis darüber gegenüber der Behörde führt.

[2]Nach fruchtlosem Ablauf der Frist kann die zuständige Behörde die Waffe oder Munition sicherstellen.

(4) [1]Die zuständige Behörde kann Erlaubnisurkunden sowie die in den Absätzen 2 und 3 bezeichneten Waffen oder Munition sofort sicherstellen

1. in Fällen eines vollziehbaren Verbots nach § 41 Abs. 1 oder 2 oder
2. soweit Tatsachen die Annahme rechtfertigen, dass die Waffen oder Munition missbräuchlich verwendet oder von einem Nichtberechtigten erworben werden sollen.

[2]Zu diesem Zweck sind die Beauftragten der zuständigen Behörde berechtigt, die Wohnung der betroffenen Person zu betreten und diese Wohnung nach Urkunden, Waffen oder Munition zu durchsuchen; Durchsuchungen dürfen nur durch den Richter, bei Gefahr im Verzug auch durch die zuständige Behörde angeordnet werden; das Grundrecht der Unverletzlichkeit der Wohnung (Artikel 13 des Grundgesetzes) wird insoweit eingeschränkt. [3]Widerspruch und Anfechtungsklage haben keine aufschiebende Wirkung.

(5) [1]Sofern der bisherige Inhaber nicht innerhalb eines Monats nach Sicherstellung einen empfangsbereiten Berechtigten benennt oder im Fall der Sicherstellung verbotener Waffen oder Munition nicht in dieser Frist eine Ausnahmezulassung nach § 40 Abs. 4 beantragt, kann die zuständige Behörde die sichergestellten Waffen oder Munition einziehen und verwerten oder vernichten. [2]Dieselben Befugnisse besitzt die zuständige Behörde im Fall der unanfechtbaren Versagung einer für verbotene Waffen oder Munition vor oder rechtzeitig nach der Sicherstellung beantragten Ausnahmezulassung nach § 40 Abs. 4. [3]Der Erlös aus einer Verwertung der Waffen oder Munition steht nach Abzug der Kosten der Sicherstellung, Verwahrung und Verwertung dem nach bürgerlichem Recht bisher Berechtigten zu.

§ 47 Verordnungen zur Erfüllung internationaler Vereinbarungen oder zur Angleichung an Gemeinschaftsrecht

Das Bundesministerium des Innern, für Bau und Heimat wird ermächtigt, mit Zustimmung des Bundesrates zur Erfüllung von Verpflichtungen aus internationalen Vereinbarungen oder zur Erfüllung bindender Beschlüsse der Europäischen Union, die Sachbereiche dieses Gesetzes betreffen, Rechtsverordnungen zu erlassen, die insbesondere

1. Anforderungen an das Überlassen und Verbringen von Waffen oder Munition an Personen, die ihren gewöhnlichen Aufenthalt außerhalb des Geltungsbereichs des Gesetzes haben, festlegen und

2. das Verbringen und die vorübergehende Mitnahme von Waffen oder Munition in den Geltungsbereich des Gesetzes sowie
3. die zu den Nummern 1 und 2 erforderlichen Bescheinigungen, Mitteilungspflichten und behördlichen Maßnahmen regeln.

§ 48 Sachliche Zuständigkeit

(1) [1]Die Landesregierungen oder die von ihnen durch Rechtsverordnung bestimmten Stellen können durch Rechtsverordnung die für die Ausführung dieses Gesetzes zuständigen Behörden bestimmen, soweit nicht Bundesbehörden zuständig sind. [2]Abweichend von Satz 1 ist für die Erteilung von Erlaubnissen an Bewachungsunternehmen für Bewachungsaufgaben nach § 28a Absatz 1 Satz 1 die für das Gebiet der Freien und Hansestadt Hamburg bestimmte Waffenbehörde zuständig.

(1a) Die Landesregierungen oder die von ihnen durch Rechtsverordnung bestimmten Stellen bestimmen durch Rechtsverordnung die nach Artikel 6 Absatz 5 Satz 2 der Verordnung (EU) Nr. 1214/2011 des Europäischen Parlaments und des Rates vom 16. November 2011 über den gewerbsmäßigen grenzüberschreitenden Straßentransport von Euro-Bargeld zwischen den Mitgliedstaaten des Euroraums (ABl. L 316 vom 29.11.2011, S. 1) zuständige Kontaktstelle.

(2) Das Bundesverwaltungsamt ist die zuständige Behörde für
1. ausländische Diplomaten, Konsularbeamte und gleichgestellte sonstige bevorrechtigte ausländische Personen,
2. ausländische Angehörige der in der Bundesrepublik Deutschland stationierten ausländischen Streitkräfte sowie deren Ehegatten und unterhaltsberechtigte Kinder,
3. Personen, die zum Schutze ausländischer Luftfahrzeuge und Seeschiffe eingesetzt sind,
4. Deutsche im Sinne des Artikels 116 des Grundgesetzes, die ihren gewöhnlichen Aufenthalt außerhalb des Geltungsbereichs dieses Gesetzes haben; dies gilt nicht für die in den §§ 21 und 28 genannten Personen, wenn sich der Sitz des Unternehmens im Geltungsbereich dieses Gesetzes befindet,
5. natürliche und juristische Personen, die im Geltungsbereich dieses Gesetzes im Sinne des § 21 Handel treiben, hier aber keinen Unternehmenssitz haben.

(3) Zuständig für die Entscheidungen nach § 2 Abs. 5 ist das Bundeskriminalamt.

(3a) Das Bundesamt für Wirtschaft und Ausfuhrkontrolle ist die zuständige Behörde zur Erteilung von Genehmigungen nach Artikel 4 der Verordnung (EU) Nr. 258/2012 des Europäischen Parlaments und des Rates vom 14. März 2012 zur Umsetzung des Artikels 10 des Protokolls der Vereinten Nationen gegen die unerlaubte Herstellung von Schusswaffen, dazugehörigen Teilen und Komponenten und Munition und gegen den unerlaubten Handel damit, in Ergänzung des Übereinkommens der Vereinten Nationen gegen die grenzüberschreitende organisierte Kriminalität (VN-Feuerwaffenprotokoll) und zur Einführung von Ausfuhrgenehmigungen für Feuerwaffen, deren Teile, Komponenten und Munition sowie von Maßnahmen betreffend deren Einfuhr und Durchfuhr (ABl. L 94 vom 30.3.2012, S. 1).

(4) Verwaltungsverfahren nach diesem Gesetz oder auf Grund dieses Gesetzes können über eine einheitliche Stelle nach den Vorschriften der Verwaltungsverfahrensgesetze abgewickelt werden.

§ 49 Örtliche Zuständigkeit

(1) Die Vorschriften der Verwaltungsverfahrensgesetze über die örtliche Zuständigkeit gelten mit der Maßgabe, dass örtlich zuständig ist
1. für einen Antragsteller oder Erlaubnisinhaber, der keinen gewöhnlichen Aufenthalt im Geltungsbereich dieses Gesetzes hat,
   a) die Behörde, in deren Bezirk er sich aufhält oder aufhalten will, oder,
   b) soweit sich ein solcher Aufenthaltswille nicht ermitteln lässt, die Behörde, in deren Bezirk der Grenzübertritt erfolgt,
2. für Antragsteller oder Inhaber einer Erlaubnis nach § 21 Abs. 1 sowie Bewachungsunternehmer die Behörde, in deren Bezirk sich die gewerbliche Hauptniederlassung befindet oder errichtet werden soll.

(2) Abweichend von Absatz 1 ist örtlich zuständig für
1. Schießerlaubnisse nach § 10 Abs. 5 die Behörde, in deren Bezirk geschossen werden soll, soweit nicht die Länder nach § 48 Abs. 1 eine abweichende Regelung getroffen haben,
2. Erlaubnisse nach § 27 Abs. 1 sowie für Maßnahmen auf Grund einer Rechtsverordnung nach § 27 Abs. 7 bei ortsfesten Schießstätten die Behörde, in deren Bezirk die ortsfeste Schießstätte betrieben wird oder betrieben oder geändert werden soll,
3. a) Erlaubnisse nach § 27 Abs. 1 sowie für Maßnahmen auf Grund einer Rechtsverordnung nach § 27 Abs. 7 bei ortsveränderlichen Schießstätten die Behörde, in deren Bezirk der Betreiber seinen gewöhnlichen Aufenthalt hat,

b) Auflagen bei den in Buchstabe a genannten Schießstätten die Behörde, in deren Bezirk die Schießstätte aufgestellt werden soll,
4. Ausnahmebewilligungen nach § 35 Abs. 3 Satz 2 die Behörde, in deren Bezirk die Tätigkeit ausgeübt werden soll,
5. Ausnahmebewilligungen nach § 42 Abs. 2 die Behörde, in deren Bezirk die Veranstaltung stattfinden soll oder, soweit Ausnahmebewilligungen für mehrere Veranstaltungen in verschiedenen Bezirken erteilt werden, die Behörde, in deren Bezirk die erste Veranstaltung stattfinden soll,
6. die Sicherstellung nach § 46 Abs. 2 Satz 2, Abs. 3 Satz 2 und Abs. 4 Satz 1 auch die Behörde, in deren Bezirk sich der Gegenstand befindet.

§ 50 *[aufgehoben]*

Abschnitt 4

Straf- und Bußgeldvorschriften

§ 51 Strafvorschriften

(1) Mit Freiheitsstrafe von einem Jahr bis zu fünf Jahren wird bestraft, wer entgegen § 2 Absatz 3 in Verbindung mit Anlage 2 Abschnitt 1 Nummer 1.2.1.1 oder 1.2.1.2 eine dort genannte Schusswaffe zum Verschießen von Patronenmunition nach Anlage 1 Abschnitt 1 Unterabschnitt 3 Nr. 1.1 erwirbt, besitzt, überlässt, führt, verbringt, mitnimmt, herstellt, bearbeitet, instand setzt oder damit Handel treibt.

(2) [1]In besonders schweren Fällen ist die Strafe Freiheitsstrafe von einem Jahr bis zu zehn Jahren. [2]Ein besonders schwerer Fall liegt in der Regel vor, wenn der Täter gewerbsmäßig oder als Mitglied einer Bande, die sich zur fortgesetzten Begehung solcher Straftaten verbunden hat, unter Mitwirkung eines anderen Bandenmitgliedes handelt.

(3) In minder schweren Fällen ist die Strafe Freiheitsstrafe bis zu drei Jahren oder Geldstrafe.

(4) Handelt der Täter fahrlässig, so ist die Strafe Freiheitsstrafe bis zu zwei Jahren oder Geldstrafe.

§ 52 Strafvorschriften

(1) Mit Freiheitsstrafe von sechs Monaten bis zu fünf Jahren wird bestraft, wer
1. entgegen § 2 Absatz 3 in Verbindung mit Anlage 2 Abschnitt 1 Nr. 1.1 oder 1.3.4 eine dort genannte Schusswaffe oder einen dort genannten Gegenstand erwirbt, besitzt, überlässt, führt, verbringt, mitnimmt, herstellt, bearbeitet, instand setzt oder damit Handel treibt,
2. ohne Erlaubnis nach
   a) § 2 Abs. 2 in Verbindung mit Anlage 2 Abschnitt 2 Unterabschnitt 1 Satz 1, eine Schusswaffe oder Munition erwirbt, um sie entgegen § 34 Abs. 1 Satz 1 einem Nichtberechtigten zu überlassen,
   b) § 2 Abs. 2 in Verbindung mit Anlage 2 Abschnitt 2 Unterabschnitt 1 Satz 1, eine halbautomatische Kurzwaffe zum Verschießen von Patronenmunition nach Anlage 1 Abschnitt 1 Unterabschnitt 3 Nr. 1.1 erwirbt, besitzt oder führt,
   c) § 2 Abs. 2 in Verbindung mit Anlage 2 Abschnitt 2 Unterabschnitt 1 Satz 1 in Verbindung mit § 21 Abs. 1 Satz 1 oder § 21a eine Schusswaffe oder Munition herstellt, bearbeitet, instand setzt oder damit Handel treibt,
   d) § 2 Abs. 2 in Verbindung mit Anlage 2 Abschnitt 2 Unterabschnitt 1 Satz 1 in Verbindung mit § 29 Absatz 1 Satz 1 oder § 32 Absatz 1 Satz 1 eine Schusswaffe oder Munition in den oder durch den Geltungsbereich dieses Gesetzes verbringt oder mitnimmt,
3. entgegen § 35 Abs. 3 Satz 1 eine Schusswaffe, Munition oder eine Hieb- oder Stoßwaffe im Reisegewerbe oder auf einer dort genannten Veranstaltung vertreibt oder anderen überlässt oder
4. entgegen § 40 Abs. 1 zur Herstellung eines dort genannten Gegenstandes anleitet oder auffordert.

(2) Der Versuch ist strafbar.

(3) Mit Freiheitsstrafe bis zu drei Jahren oder mit Geldstrafe wird bestraft, wer
1. entgegen § 2 Absatz 3 in Verbindung mit Anlage 2 Abschnitt 1 Nummer 1.2.2 bis 1.2.4.2, 1.2.5, 1.3.1 bis 1.3.3, 1.3.5 bis 1.3.8, 1.4.1 Satz 1, Nr. 1.4.2 bis 1.4.4 oder 1.5.3 bis 1.5.7 einen dort genannten Gegenstand erwirbt, besitzt, überlässt, führt, verbringt, mitnimmt, herstellt, bearbeitet, instand setzt oder damit Handel treibt,
2. ohne Erlaubnis nach § 2 Abs. 2 in Verbindung mit Anlage 2 Abschnitt 2 Unterabschnitt 1 Satz 1
   a) eine Schusswaffe erwirbt, besitzt, führt oder
   b) Munition erwirbt oder besitzt,

   wenn die Tat nicht in Absatz 1 Nr. 2 Buchstabe a oder b mit Strafe bedroht ist,

3. ohne Erlaubnis nach § 2 Abs. 2 in Verbindung mit Anlage 2 Abschnitt 2 Unterabschnitt 1 Satz 1 in Verbindung mit § 26 Abs. 1 Satz 1 eine Schusswaffe herstellt, bearbeitet oder instand setzt,
4. ohne Erlaubnis nach § 2 Absatz 2 in Verbindung mit Anlage 2 Abschnitt 2 Unterabschnitt 1 Satz 1 in Verbindung mit
   a) § 29 Absatz 1 Satz 1 eine dort genannte Schusswaffe oder Munition aus dem Geltungsbereich dieses Gesetzes in einen anderen Mitgliedstaat verbringt oder
   b) § 32 Absatz 1a Satz 1 eine dort genannte Schusswaffe oder Munition in einen anderen Mitgliedstaat mitnimmt,
5. entgegen § 28 Abs. 2 Satz 1 eine Schusswaffe führt,
6. entgegen § 28 Abs. 3 Satz 2 eine Schusswaffe oder Munition überlässt,
7. entgegen § 34 Abs. 1 Satz 1 eine erlaubnispflichtige Schusswaffe oder erlaubnispflichtige Munition einem Nichtberechtigten überlässt,
7a. entgegen § 36 Absatz 1 Satz 1 in Verbindung mit einer Rechtsverordnung nach § 36 Absatz 5 Satz 1 eine dort genannte Vorkehrung für eine Schusswaffe nicht, nicht richtig oder nicht rechtzeitig trifft und dadurch die Gefahr verursacht, dass eine Schusswaffe oder Munition abhandenkommt oder darauf unbefugt zugegriffen wird,
8. einer vollziehbaren Anordnung nach § 41 Abs. 1 Satz 1 oder Abs. 2 zuwiderhandelt,
9. entgegen § 42 Abs. 1 eine Waffe führt oder
10. entgegen § 57 Abs. 5 Satz 1 den Besitz über eine Schusswaffe oder Munition ausübt.

(4) Handelt der Täter in den Fällen des Absatzes 1 Nr. 1, 2 Buchstabe b, c oder d oder Nr. 3 oder des Absatzes 3 Nummer 1 bis 7, 8, 9 oder 10 fahrlässig, so ist die Strafe bei den bezeichneten Taten nach Absatz 1 Freiheitsstrafe bis zu zwei Jahren oder Geldstrafe, bei Taten nach Absatz 3 Freiheitsstrafe bis zu einem Jahr oder Geldstrafe.

(5) [1]In besonders schweren Fällen des Absatzes 1 Nr. 1 ist die Strafe Freiheitsstrafe von einem Jahr bis zu zehn Jahren. [2]Ein besonders schwerer Fall liegt in der Regel vor, wenn der Täter gewerbsmäßig oder als Mitglied einer Bande, die sich zur fortgesetzten Begehung solcher Straftaten verbunden hat, unter Mitwirkung eines anderen Bandenmitgliedes handelt.

(6) In minder schweren Fällen des Absatzes 1 ist die Strafe Freiheitsstrafe bis zu drei Jahren oder Geldstrafe.

§ 52a ***[aufgehoben]***

§ 53 Bußgeldvorschriften

(1) Ordnungswidrig handelt, wer vorsätzlich oder fahrlässig
1. entgegen § 2 Abs. 1 eine nicht erlaubnispflichtige Waffe oder nicht erlaubnispflichtige Munition erwirbt oder besitzt,
2. *[aufgehoben]*
3. ohne Erlaubnis nach § 2 Abs. 2 in Verbindung mit Abs. 4, dieser in Verbindung mit Anlage 2 Abschnitt 2 Unterabschnitt 1 Satz 1, mit einer Schusswaffe schießt,
4. einer vollziehbaren Auflage nach § 9 Abs. 2 Satz 1, § 10 Abs. 2 Satz 3, § 17 Abs. 2 Satz 2, § 18 Absatz 2 Satz 2 oder § 28a Absatz 1 Satz 3 oder einer vollziehbaren Anordnung nach § 9 Abs. 3, § 36 Abs. 3 Satz 1 oder Abs. 6, § 37c Absatz 2 Nummer 2, § 39 Abs. 3, § 40 Abs. 5 Satz 2 oder § 46 Abs. 2 Satz 1 oder Abs. 3 Satz 1 zuwiderhandelt,
5. *[aufgehoben]*
6. entgegen § 10 Absatz 2 Satz 4 oder § 37i eine Mitteilung nicht, nicht richtig, nicht vollständig oder nicht rechtzeitig macht,
7. entgegen § 13 Absatz 3 Satz 2 oder § 20 Absatz 1 die Ausstellung einer Waffenbesitzkarte oder die Eintragung in eine Waffenbesitzkarte nicht oder nicht rechtzeitig beantragt,
8. entgegen § 21 Absatz 6, § 24 Absatz 6, § 27 Absatz 1 Satz 6 oder Absatz 2 Satz 2, § 30 Satz 3, § 34 Absatz 4 oder 5 Satz 1, § 37 Absatz 1 Satz 1, auch in Verbindung mit Satz 2, entgegen § 37a Satz 1, auch in Verbindung mit Satz 3, entgegen § 37a Satz 2, § 37b Absatz 1 Satz 1, Absatz 2 Satz 1 oder Absatz 3, § 37c Absatz 1, § 37d Absatz 1 oder 2, § 40 Absatz 5 Satz 1 oder § 58 Absatz 19 Satz 1 eine Anzeige nicht, nicht richtig, nicht vollständig, nicht in der vorgeschriebenen Weise oder nicht rechtzeitig erstattet,
9. entgegen § 24 Abs. 1, auch in Verbindung mit einer Rechtsverordnung nach § 25 Nummer 1 oder Nr. 2 Buchstabe a, oder § 24 Absatz 4 Satz 1 und 2, auch in Verbindung mit einer Rechtsverordnung nach § 25 Nummer 1, eine Angabe, ein Zeichen oder die Bezeichnung der Munition auf der Schusswaffe nicht, nicht richtig, nicht vollständig, nicht in der vorgeschriebenen Weise oder nicht

rechtzeitig anbringt oder Munition nicht, nicht richtig, nicht vollständig, nicht in der vorgeschriebenen Weise oder nicht rechtzeitig mit einem besonderen Kennzeichen versieht,

10. entgegen § 24 Absatz 5 eine Schusswaffe oder Munition anderen gewerbsmäßig überlässt,
11. ohne Erlaubnis nach § 27 Abs. 1 Satz 1 eine Schießstätte betreibt oder ihre Beschaffenheit oder die Art ihrer Benutzung wesentlich ändert,
12. entgegen § 27 Abs. 3 Satz 1 Nr. 1 und 2 einem Kind oder Jugendlichen das Schießen gestattet oder entgegen § 27 Abs. 6 Satz 2 nicht sicherstellt, dass die Aufsichtsperson nur einen Schützen bedient,
13. entgegen § 27 Abs. 3 Satz 2 Unterlagen nicht aufbewahrt oder entgegen § 27 Abs. 3 Satz 3 diese nicht herausgibt,
14. entgegen § 27 Abs. 5 Satz 2 eine Bescheinigung nicht mitführt,
15. entgegen § 33 Abs. 1 Satz 1 eine Schusswaffe oder Munition nicht anmeldet oder nicht oder nicht rechtzeitig vorführt,
16. entgegen § 34 Abs. 1 Satz 1 eine nicht erlaubnispflichtige Waffe oder nicht erlaubnispflichtige Munition einem Nichtberechtigten überlässt,
17. entgegen § 35 Abs. 1 Satz 4 die Urkunden nicht aufbewahrt oder nicht, nicht vollständig oder nicht rechtzeitig Einsicht gewährt,
18. entgegen § 35 Abs. 2 einen Hinweis nicht, nicht richtig, nicht vollständig oder nicht rechtzeitig gibt oder die Erfüllung einer dort genannten Pflicht nicht, nicht richtig, nicht vollständig oder nicht rechtzeitig protokolliert,
19. entgegen § 37g Absatz 1 ein dort genanntes Dokument nicht oder nicht rechtzeitig vorlegt,
20. entgegen § 38 Absatz 1 Satz 1 oder Absatz 2 ein dort genanntes Dokument nicht mit sich führt oder nicht oder nicht rechtzeitig aushändigt,
21. entgegen § 39 Abs. 1 Satz 1 eine Auskunft nicht, nicht richtig, nicht vollständig oder nicht rechtzeitig erteilt,

21a. entgegen § 42a Abs. 1 eine Anscheinswaffe, eine dort genannte Hieb- oder Stoßwaffe oder ein dort genanntes Messer führt,

22. entgegen § 46 Abs. 1 Satz 1, auch in Verbindung mit Satz 2, eine Ausfertigung der Erlaubnisurkunde nicht oder nicht rechtzeitig zurückgibt oder
23. einer Rechtsverordnung nach § 15a Absatz 4, § 27 Absatz 7 Satz 2, § 36 Absatz 5, den §§ 39a, 39c Absatz 1 oder 2 Satz 1, § 42 Absatz 5 Satz 1 oder Absatz 6 Satz 1 oder § 47 oder einer vollziehbaren Anordnung auf Grund einer solchen Rechtsverordnung zuwiderhandelt, soweit die Rechtsverordnung für einen bestimmten Tatbestand auf diese Bußgeldvorschrift verweist.

(1a) Ordnungswidrig handelt, wer vorsätzlich oder fahrlässig ohne Genehmigung nach Artikel 4 Absatz 1 Satz 1 der Verordnung (EU) Nr. 258/2012 des Europäischen Parlaments und des Rates vom 14. März 2012 zur Umsetzung des Artikels 10 des Protokolls der Vereinten Nationen gegen die unerlaubte Herstellung von Schusswaffen, dazugehörigen Teilen und Komponenten und Munition und gegen den unerlaubten Handel damit, in Ergänzung des Übereinkommens der Vereinten Nationen gegen die grenzüberschreitende organisierte Kriminalität (VN-Feuerwaffenprotokoll) und zur Einführung von Ausfuhrgenehmigungen für Feuerwaffen, deren Teile, Komponenten und Munition sowie von Maßnahmen betreffend deren Einfuhr und Durchfuhr (ABl. L 94 vom 30.3.2012, S. 1) einen dort genannten Gegenstand ausführt.

(2) Die Ordnungswidrigkeit kann mit einer Geldbuße bis zu zehntausend Euro geahndet werden.

(3) Verwaltungsbehörden im Sinne des § 36 Absatz 1 Nummer 1 des Gesetzes über Ordnungswidrigkeiten sind

1. in den Fällen des Absatzes 1, soweit dieses Gesetz von der Physikalisch-Technischen Bundesanstalt, dem Bundesverwaltungsamt oder dem Bundeskriminalamt ausgeführt wird, die für die Erteilung von Erlaubnissen nach § 21 Absatz 1 zuständigen Behörden,
2. in den Fällen des Absatzes 1a die Hauptzollämter.

§ 54 Einziehung

(1) Ist eine Straftat nach den §§ 51, 52 Abs. 1, 2 oder 3 Nr. 1, 2 oder 3 oder Abs. 5 begangen worden, so werden Gegenstände,

1. auf die sich diese Straftat bezieht oder
2. die durch sie hervorgebracht oder zu ihrer Begehung oder Vorbereitung gebraucht worden oder bestimmt gewesen sind,

eingezogen.

(2) Ist eine sonstige Straftat nach § 52 oder eine Ordnungswidrigkeit nach § 53 begangen worden, so können in Absatz 1 bezeichnete Gegenstände eingezogen werden.

(3) § 74a des Strafgesetzbuches und § 23 des Gesetzes über Ordnungswidrigkeiten sind anzuwenden.
(4) Als Maßnahme im Sinne des § 74f Absatz 1 Satz 3 des Strafgesetzbuches kommt auch die Anweisung in Betracht, binnen einer angemessenen Frist eine Entscheidung der zuständigen Behörde über die Erteilung einer Erlaubnis nach § 10 vorzulegen oder die Gegenstände einem Berechtigten zu überlassen.

Abschnitt 5

Ausnahmen von der Anwendung des Gesetzes

§ 55 Ausnahmen für oberste Bundes- und Landesbehörden, Bundeswehr, Polizei und Zollverwaltung, erheblich gefährdete Hoheitsträger sowie Bedienstete anderer Staaten

(1) [1]Dieses Gesetz ist, wenn es nicht ausdrücklich etwas anderes bestimmt, nicht anzuwenden auf
1. die obersten Bundes- und Landesbehörden und die Deutsche Bundesbank,
2. die Bundeswehr und die in der Bundesrepublik Deutschland stationierten ausländischen Streitkräfte,
3. die Polizeien des Bundes und der Länder,
4. die Zollverwaltung

und deren Bedienstete, soweit sie dienstlich tätig werden. [2]Bei Polizeibediensteten und bei Bediensteten der Zollverwaltung mit Vollzugsaufgaben gilt dies, soweit sie durch Dienstvorschriften hierzu ermächtigt sind, auch für den Besitz über dienstlich zugelassene Waffen oder Munition und für das Führen dieser Waffen außerhalb des Dienstes.
(2) [1]Personen, die wegen der von ihnen wahrzunehmenden hoheitlichen Aufgaben des Bundes oder eines Landes erheblich gefährdet sind, wird an Stelle einer Waffenbesitzkarte, eines Waffenscheins oder einer Ausnahmebewilligung nach § 42 Abs. 2 eine Bescheinigung über die Berechtigung zum Erwerb und Besitz von Waffen oder Munition sowie eine Bescheinigung zum Führen dieser Waffen erteilt. [2]Die Bescheinigung ist auf die voraussichtliche Dauer der Gefährdung zu befristen. [3]Die Bescheinigung erteilt für Hoheitsträger des Bundes das Bundesministerium des Innern, für Bau und Heimat oder eine von ihm bestimmte Stelle.
(3) Dieses Gesetz ist nicht anzuwenden auf Bedienstete anderer Staaten, die dienstlich mit Waffen oder Munition ausgestattet sind, wenn die Bediensteten im Rahmen einer zwischenstaatlichen Vereinbarung oder auf Grund einer Anforderung oder einer allgemein oder für den Einzelfall erteilten Zustimmung einer zuständigen inländischen Behörde oder Dienststelle im Geltungsbereich dieses Gesetzes tätig werden und die zwischenstaatliche Vereinbarung, die Anforderung oder die Zustimmung nicht etwas anderes bestimmt.
(4) Auf Waffen oder Munition, die für die in Absatz 1 Satz 1 bezeichneten Stellen in den Geltungsbereich dieses Gesetzes verbracht oder hergestellt und ihnen überlassen werden, ist § 40 nicht anzuwenden.
(5) [1]Die Bundesregierung kann durch Rechtsverordnung, die nicht der Zustimmung des Bundesrates bedarf, eine dem Absatz 1 Satz 1 entsprechende Regelung für sonstige Behörden und Dienststellen des Bundes treffen. [2]Die Bundesregierung kann die Befugnis nach Satz 1 durch Rechtsverordnung, die nicht der Zustimmung des Bundesrates bedarf, auf eine andere Bundesbehörde übertragen.
(6) [1]Die Landesregierungen können durch Rechtsverordnung eine dem Absatz 5 Satz 1 entsprechende Regelung für sonstige Behörden und Dienststellen des Landes treffen. [2]Die Landesregierungen können die Befugnis nach Satz 1 durch Rechtsverordnung auf andere Landesbehörden übertragen.

§ 56 Sondervorschriften für Staatsgäste und andere Besucher

[1]Auf
1. Staatsgäste aus anderen Staaten,
2. sonstige erheblich gefährdete Personen des öffentlichen Lebens aus anderen Staaten, die sich besuchsweise im Geltungsbereich dieses Gesetzes aufhalten, und
3. Personen aus anderen Staaten, denen der Schutz der in den Nummern 1 und 2 genannten Personen obliegt,

sind § 10 und Abschnitt 2 Unterabschnitt 5 nicht anzuwenden, wenn ihnen das Bundesverwaltungsamt oder, soweit es sich nicht um Gäste des Bundes handelt, die nach § 48 Abs. 1 zuständige Behörde hierüber eine Bescheinigung erteilt hat. [2]Die Bescheinigung, zu deren Wirksamkeit es der Bekanntgabe an die betroffene Person nicht bedarf, ist zu erteilen, wenn dies im öffentlichen Interesse, insbesondere zur Wahrung der zwischenstaatlichen Gepflogenheiten bei solchen Besuchen, geboten ist. [3]Es muss gewährleistet sein, dass in den Geltungsbereich dieses Gesetzes verbrachte oder dort erworbene Schusswaffen oder Munition nach Beendigung des Besuches aus dem Geltungsbereich dieses Gesetzes verbracht oder einem Berechtigten überlassen werden. [4]Sofern das Bundesverwaltungsamt in den Fällen des Satzes 1 nicht rechtzeitig tätig werden kann, entscheidet über die Erteilung der Bescheinigung die nach § 48

Abs. 1 zuständige Behörde. [5]Das Bundesverwaltungsamt ist über die getroffene Entscheidung zu unterrichten.

§ 57 Kriegswaffen

(1) [1]Dieses Gesetz gilt nicht für Kriegswaffen im Sinne des Gesetzes über die Kontrolle von Kriegswaffen. [2]Auf tragbare Schusswaffen, für die eine Waffenbesitzkarte nach § 59 Abs. 4 Satz 2 des Waffengesetzes in der vor dem 1. Juli 1976 geltenden Fassung erteilt worden ist, sind unbeschadet der Vorschriften des Gesetzes über die Kontrolle von Kriegswaffen § 4 Abs. 3, § 45 Abs. 1 und 2 sowie § 36, die Vorschriften einer Rechtsverordnung nach § 36 Absatz 5 und § 52 Absatz 3 Nummer 7a anzuwenden. [3]Auf Verstöße gegen § 59 Abs. 2 des Waffengesetzes in der vor dem 1. Juli 1976 geltenden Fassung und gegen § 58 Abs. 1 des Waffengesetzes in der vor dem 1. April 2003 geltenden Fassung ist § 52 Abs. 3 Nr. 1 anzuwenden. [4]Zuständige Behörde für Maßnahmen nach Satz 2 ist das Bundesamt für Wirtschaft und Ausfuhrkontrolle.

(2) [1]Wird die Anlage zu dem Gesetz über die Kontrolle von Kriegswaffen (Kriegswaffenliste) geändert und verlieren deshalb tragbare Schusswaffen ihre Eigenschaft als Kriegswaffen, so hat derjenige, der seine Befugnis zum Besitz solcher Waffen durch eine Genehmigung oder Bestätigung der zuständigen Behörde nachweisen kann, diese Genehmigung oder Bestätigung der nach § 48 Abs. 1 zuständigen Behörde vorzulegen; diese stellt eine Waffenbesitzkarte aus oder ändert eine bereits erteilte Waffenbesitzkarte, wenn kein Versagungsgrund im Sinne des Absatzes 4 vorliegt. [2]Die übrigen Besitzer solcher Waffen können innerhalb einer Frist von sechs Monaten nach Inkrafttreten der Änderung der Kriegswaffenliste bei der nach § 48 Abs. 1 zuständigen Behörde die Ausstellung einer Waffenbesitzkarte beantragen, sofern nicht der Besitz der Waffen nach § 59 Abs. 2 des Waffengesetzes in der vor dem 1. Juli 1976 geltenden Fassung anzumelden oder ein Antrag nach § 58 Abs. 1 des Waffengesetzes in der vor dem 1. April 2003 geltenden Fassung zu stellen war und der Besitzer die Anmeldung oder den Antrag unterlassen hat.

(3) Wird die Anlage zu dem Gesetz über die Kontrolle von Kriegswaffen (Kriegswaffenliste) geändert und verliert deshalb Munition für tragbare Kriegswaffen ihre Eigenschaft als Kriegswaffe, so hat derjenige, der bei Inkrafttreten der Änderung der Kriegswaffenliste den Besitz über sie ausübt, innerhalb einer Frist von sechs Monaten einen Antrag auf Erteilung einer Erlaubnis nach § 10 Abs. 3 bei der nach § 48 Abs. 1 zuständigen Behörde zu stellen, es sei denn, dass er bereits eine Berechtigung zum Besitz dieser Munition besitzt.

(4) Die Waffenbesitzkarte nach Absatz 2 und die Erlaubnis zum Munitionsbesitz nach Absatz 3 dürfen nur versagt werden, wenn Tatsachen die Annahme rechtfertigen, dass der Antragsteller nicht die erforderliche Zuverlässigkeit oder persönliche Eignung besitzt.

(5) [1]Wird der Antrag nach Absatz 2 Satz 2 oder Absatz 3 nicht gestellt oder wird die Waffenbesitzkarte oder die Erlaubnis unanfechtbar versagt, so darf der Besitz über die Schusswaffen oder die Munition nach Ablauf der Antragsfrist oder nach der Versagung nicht mehr ausgeübt werden. [2]§ 46 Abs. 2 findet entsprechend Anwendung.

Abschnitt 6
Übergangsvorschriften, Verwaltungsvorschriften

§ 58 Altbesitz; Übergangsvorschriften

(1) [1]Soweit nicht nachfolgend Abweichendes bestimmt wird, gelten Erlaubnisse im Sinne des Waffengesetzes in der Fassung der Bekanntmachung vom 8. März 1976 (BGBl. I S. 432), zuletzt geändert durch das Gesetz vom 21. November 1996 (BGBl. I S. 1779), fort. [2]Erlaubnisse zum Erwerb von Munition berechtigen auch zu deren Besitz. [3]Hat jemand berechtigt Munition vor dem Inkrafttreten dieses Gesetzes erworben, für die auf Grund dieses Gesetzes eine Erlaubnis erforderlich ist, und übt er über diese bei Inkrafttreten dieses Gesetzes noch den Besitz aus, so hat er diese Munition bis 31. August 2003 der zuständigen Behörde schriftlich anzumelden. [4]Die Anmeldung muss die Personalien des Besitzers sowie die Munitionsarten enthalten. [5]Die nachgewiesene fristgerechte Anmeldung gilt als Erlaubnis zum Besitz.

(2) Eine auf Grund des Waffengesetzes in der Fassung der Bekanntmachung vom 8. März 1976 (BGBl. I S. 432) erteilte waffenrechtliche Erlaubnis für Kriegsschusswaffen tritt am ersten Tag des sechsten auf das Inkrafttreten dieses Gesetzes folgenden Monats außer Kraft.

(3) Ist über einen vor Inkrafttreten dieses Gesetzes gestellten Antrag auf Erteilung einer Erlaubnis nach § 7 des Waffengesetzes in der Fassung der Bekanntmachung vom 8. März 1976 (BGBl. I S. 432) noch nicht entschieden worden, findet für die Entscheidung über den Antrag § 21 dieses Gesetzes Anwendung.

(4) Bescheinigungen nach § 6 Abs. 2 des Waffengesetzes in der Fassung der Bekanntmachung vom 8. März 1976 (BGBl. I S. 432) gelten im bisherigen Umfang als Bescheinigungen nach § 55 Abs. 2 dieses Gesetzes.

(5) Ausnahmebewilligungen nach § 37 Abs. 3 und § 57 Abs. 7 des Waffengesetzes in der Fassung der Bekanntmachung vom 8. März 1976 (BGBl. I S. 432) gelten in dem bisherigen Umfang als Ausnahmebewilligungen nach § 40 Abs. 4 dieses Gesetzes.

(6) Die nach § 40 Abs. 1 des Waffengesetzes in der Fassung der Bekanntmachung vom 8. März 1976 (BGBl. I S. 432) ausgesprochenen Verbote gelten in dem bisherigen Umfang als Verbote nach § 41 dieses Gesetzes.

(7) [1]Besitzt eine Person am 6. Juli 2017 ein Geschoss, das nicht dem bis zum 5. Juli 2017 geltenden Verbot der Anlage 2 Abschnitt 1 Nummer 1.5.4 unterfiel, so wird das Verbot nach Anlage 2 Abschnitt 1 Nummer 1.5.4 gegenüber dieser Person nicht wirksam, wenn

1. sie bis zum 1. Juli 2018 einen Antrag nach § 40 Absatz 4 stellt und
2. ihr daraufhin eine Erlaubnis nach § 40 Absatz 4 erteilt wird.

[2]§ 46 Abs. 3 Satz 2 und Abs. 5 findet entsprechend Anwendung.

(8) [1]Wer eine am 6. Juli 2017 unerlaubt besessene Waffe oder unerlaubt besessene Munition bis zum 1. Juli 2018 der zuständigen Behörde oder einer Polizeidienststelle übergibt, wird nicht wegen unerlaubten Erwerbs, unerlaubten Besitzes, unerlaubten Führens auf dem direkten Weg zur Übergabe an die zuständige Behörde oder Polizeidienststelle oder wegen unerlaubten Verbringens bestraft. [2]Satz 1 gilt nicht, wenn

1. vor der Unbrauchbarmachung, Überlassung oder Übergabe dem bisherigen Besitzer der Waffe die Einleitung des Straf- oder Bußgeldverfahrens wegen der Tat bekannt gegeben worden ist oder
2. der Verstoß im Zeitpunkt der Unbrauchbarmachung, Überlassung oder Übergabe ganz oder zum Teil bereits entdeckt war und der bisherige Besitzer dies wusste oder bei verständiger Würdigung der Sachlage damit rechnen musste.

(9) [1]Besitzt eine Person, die noch nicht das 25. Lebensjahr vollendet hat, am 1. April 2003 mit einer Erlaubnis auf Grund des Waffengesetzes in der Fassung der Bekanntmachung vom 8. März 1976 (BGBl. I S. 432) eine Schusswaffe, so hat sie binnen eines Jahres auf eigene Kosten der zuständigen Behörde ein amts- oder fachärztliches oder fachpsychologisches Zeugnis über die geistige Eignung nach § 6 Abs. 3 vorzulegen. [2]Satz 1 gilt nicht für den Erwerb und Besitz von Schusswaffen im Sinne von § 14 Abs. 1 Satz 2 und in den Fällen des § 13 Abs. 2 Satz 1.

(10) Die Erlaubnispflicht für Schusswaffen im Sinne der Anlage 2 Abschnitt 2 Unterabschnitt 1 Satz 3 gilt für Schusswaffen, die vor dem 1. April 2008 erworben wurden, erst ab dem 1. Oktober 2008.

(11) [1]Hat jemand am 1. April 2008 eine bislang nicht nach Anlage 2 Abschnitt 1 Nr. 1.2.1.2 dieses Gesetzes verbotene Waffe besessen, so wird dieses Verbot nicht wirksam, wenn er bis zum 1. Oktober 2008 diese Waffe unbrauchbar macht, einem Berechtigten überlässt oder der zuständigen Behörde oder einer Polizeidienststelle überlässt oder einen Antrag nach § 40 Abs. 4 dieses Gesetzes stellt. [2]§ 46 Abs. 3 Satz 2 und Abs. 5 findet entsprechend Anwendung.

(12) Besitzt der Inhaber einer Waffenbesitzkarte am 1. April 2008 erlaubnisfrei erworbene Teile von Schusswaffen im Sinne der Anlage 2 Abschnitt 2 Unterabschnitt 2 Nr. 2, so sind diese Teile bis zum 1. Oktober 2008 in die Waffenbesitzkarte einzutragen.

(13) [1]Hat jemand am 1. September 2020 ein erlaubnispflichtiges wesentliches Teil im Sinne von Anlage 1 Abschnitt 1 Unterabschnitt 1 Nummer 1.3.1.2 oder 1.3.1.6 besessen, das er vor diesem Tag erworben hat, so hat er spätestens am 1. September 2021 eine Erlaubnis nach § 10 Absatz 1 Satz 1 oder eine gleichgestellte andere Erlaubnis zum Besitz zu beantragen oder das wesentliche Teil einem Berechtigten, der zuständigen Behörde oder einer Polizeidienststelle zu überlassen. [2]Für die Zeit bis zur Erteilung oder Versagung der Erlaubnis gilt der Besitz als erlaubt. [3]§ 46 Absatz 3 Satz 2 und Absatz 5 findet entsprechend Anwendung.

(14) [1]Hat jemand am 1. September 2020 ein nach Anlage 2 Abschnitt 1 Nummer 1.1, 1.2.1.1, 1.2.1.2, 1.2.2, 1.2.3 oder 1.2.5 verbotenes wesentliches Teil im Sinne von Anlage 1 Abschnitt 1 Unterabschnitt 1 Nummer 1.3.1.2 oder 1.3.1.6 besessen, das er vor diesem Tag erworben hat, so wird das Verbot ihm gegenüber in Bezug auf dieses wesentliche Teil nicht wirksam, wenn er spätestens am 1. September 2021 das wesentliche Teil einem Berechtigten, der zuständigen Behörde oder einer Polizeidienststelle überlässt oder einen Antrag nach § 40 Absatz 4 stellt. [2]§ 46 Absatz 3 Satz 2 und Absatz 5 findet entsprechend Anwendung.

(15) [1]Hat jemand am 1. September 2020 eine erlaubnispflichtige Salutwaffe im Sinne von Anlage 1 Abschnitt 1 Unterabschnitt 1 Nummer 1.5 besessen, die er vor diesem Tag erworben hat, so hat er spätestens am 1. September 2021 eine Erlaubnis nach § 10 Absatz 1 Satz 1 oder eine gleichgestellte andere

Erlaubnis zum Besitz zu beantragen oder die Waffe einem Berechtigten, der zuständigen Behörde oder einer Polizeidienststelle zu überlassen. [2]Für die Zeit bis zur Erteilung oder Versagung der Erlaubnis gilt der Besitz als erlaubt. [3]§ 46 Absatz 3 Satz 2 und Absatz 5 findet entsprechend Anwendung.

(16) [1]Hat jemand am 1. September 2020 eine nach Anlage 2 Abschnitt 1 Nummer 1.2.8 verbotene Salutwaffe besessen, die er vor diesem Tag erworben hat, so wird das Verbot ihm gegenüber in Bezug auf diese Waffe nicht wirksam, wenn er bis zum 1. September 2021 die Waffe einem Berechtigten, der zuständigen Behörde oder einer Polizeidienststelle überlässt oder einen Antrag nach § 40 Absatz 4 stellt. [2]§ 46 Absatz 3 Satz 2 und Absatz 5 findet entsprechend Anwendung.

(17) [1]Hat jemand am 13. Juni 2017 ein nach Anlage 2 Abschnitt 1 Nummer 1.2.4.3 oder 1.2.4.4 verbotenes Magazin oder ein nach Nummer 1.2.4.5 verbotenes Magazingehäuse besessen, das er vor diesem Tag erworben hat, so wird das Verbot ihm gegenüber in Bezug auf dieses Magazin oder Magazingehäuse nicht wirksam, wenn er den Besitz spätestens am 1. September 2021 bei der zuständigen Behörde anzeigt oder das Magazin oder Magazingehäuse einem Berechtigten, der zuständigen Behörde oder einer Polizeidienststelle überlässt. [2]Hat jemand am oder nach dem 13. Juni 2017, aber vor dem 1. September 2020 ein nach Anlage 2 Abschnitt 1 Nummer 1.2.4.3 oder 1.2.4.4 verbotenes Magazin oder ein nach Nummer 1.2.4.5 verbotenes Magazingehäuse besessen, das er am oder nach dem 13. Juni 2017 erworben hat, so wird das Verbot ihm gegenüber in Bezug auf dieses Magazin oder Magazingehäuse nicht wirksam, wenn er bis zum 1. September 2021 das Magazin oder Magazingehäuse einem Berechtigten, der zuständigen Behörde oder einer Polizeidienststelle überlässt oder einen Antrag nach § 40 Absatz 4 stellt. [3]§ 46 Absatz 3 Satz 2 und Absatz 5 findet in den Fällen der Sätze 1 und 2 entsprechend Anwendung.

(18) [1]Hat jemand am 13. Juni 2017 auf Grund einer Erlaubnis nach § 10 Absatz 1 Satz 1 oder einer gleichgestellten anderen Erlaubnis zum Besitz eine nach Anlage 2 Abschnitt 1 Nummer 1.2.6 oder 1.2.7 verbotene Schusswaffe besessen, die er vor diesem Tag erworben hat, so wird das Verbot ihm gegenüber in Bezug auf diese Schusswaffe nicht wirksam. [2]Hat jemand nach dem 13. Juni 2017, aber vor dem 1. September 2021 eine nach Anlage 2 Abschnitt 1 Nummer 1.2.6 oder 1.2.7 verbotene Schusswaffe besessen, die er am oder nach dem 13. Juni 2017 erworben hat, so wird das Verbot ihm gegenüber in Bezug auf diese Schusswaffe nicht wirksam, wenn er bis zum 1. September 2021 die Schusswaffe einem Berechtigten, der zuständigen Behörde oder einer Polizeidienststelle überlässt oder einen Antrag nach § 40 Absatz 4 stellt. [3]Im Fall des Satzes 2 findet § 46 Absatz 3 Satz 2 und Absatz 5 entsprechend Anwendung.

(19) [1]Der Inhaber einer Erlaubnis nach § 21 Absatz 1 Satz 1 hat in seinem Besitz befindliche fertiggestellte Schusswaffen, deren Erwerb oder Besitz der Erlaubnis bedarf und die er vor dem 1. September 2020 erworben hat, bis zum 1. März 2021 elektronisch gemäß § 37 Absatz 2 anzuzeigen. [2]Die wesentlichen Teile dieser Schusswaffen unterfallen dieser Anzeigepflicht nicht.

(20) [1]Hat jemand am 1. September 2020 ein nach Anlage 1 Abschnitt 1 Unterabschnitt 2 Nummer 1.2.3 den Schusswaffen gleichgestelltes Pfeilabschussgerät besessen, das er vor diesem Tag erworben hat, so hat er spätestens am 1. September 2021 eine Erlaubnis nach § 10 Absatz 1 Satz 1 oder eine gleichgestellte andere Erlaubnis zum Besitz zu beantragen oder das Pfeilabschussgerät einem Berechtigten, der zuständigen Behörde oder einer Polizeidienststelle zu überlassen. [2]Für die Zeit bis zur Erteilung oder Versagung der Erlaubnis gilt der Besitz als erlaubt. [3]§ 46 Absatz 3 Satz 2 und Absatz 5 findet entsprechende Anwendung.

(21) Bis zum Ablauf des 31. Dezember 2025 kann das Bedürfnis nach § 14 Absatz 4 Satz 1 auch durch eine Bescheinigung des dem Schießsportverband angehörenden Vereins glaubhaft gemacht werden.

(22) Besitzt jemand am 1. September 2020 auf Grund einer Erlaubnis nach § 14 Absatz 6 mehr als zehn Waffen, gilt die Erlaubnis abweichend von § 14 Absatz 6 Satz 1 für die eingetragene Anzahl, solange der Besitz besteht.

(23) Hat eine Landesregierung eine Rechtsverordnung nach § 27a Absatz 4 nicht erlassen, so gilt für das betreffende Land § 12 Absatz 4 bis 6 der Allgemeinen Waffengesetz-Verordnung in der am 19. Februar 2020 geltenden Fassung fort.

§ 59 Verwaltungsvorschriften

Das Bundesministerium des Innern, für Bau und Heimat erlässt allgemeine Verwaltungsvorschriften über den Erwerb und das Führen von Schusswaffen durch Behörden und Bedienstete seines Geschäftsbereichs sowie über das Führen von Schusswaffen durch erheblich gefährdete Hoheitsträger im Sinne von § 55 Abs. 2; die anderen obersten Bundesbehörden und die Deutsche Bundesbank erlassen die Verwaltungsvorschriften für ihren Geschäftsbereich im Einvernehmen mit dem Bundesministerium des Innern, für Bau und Heimat.

§ 60 *[aufgehoben]*

§ 60a Übergangsvorschrift zu den Waffenbüchern

(1) [1]Die Pflicht zur Führung von Waffenbüchern nach § 23 Absatz 1 oder Absatz 2 in der bis zum 19. Februar 2020 geltenden Fassung besteht bis zum Ablauf des 31. Dezember 2021 fort. [2]Nach Durchführung der letzten Eintragung sind die Waffenbücher mit Datum und Unterschrift der Person, die das Waffenbuch führen muss, so abzuschließen, dass nachträglich keine Eintragungen mehr vorgenommen werden können.

(2) [1]Die Person, die das Waffenbuch führen muss, hat das Waffenbuch mit den Belegen im Betrieb oder in dem Betriebsteil, in dem die Schusswaffen hergestellt oder vertrieben werden, bis zum Ablauf von zehn Jahren ab dem Tage der letzten Eintragung an aufzubewahren. [2]Will sie das Waffenbuch nach Ablauf der in Satz 1 genannten Frist nicht weiter aufbewahren, so hat sie es der zuständigen Behörde zur Aufbewahrung zu übergeben. [3]Gibt die Person, die das Waffenbuch führen muss, das Gewerbe auf, so hat sie das Buch ihrem Nachfolger zu übergeben oder der zuständigen Behörde zur Aufbewahrung auszuhändigen.

(3) Soweit in den Absätzen 1 und 2 nichts anderes bestimmt ist, finden auf die Führung der Waffenbücher bis zum Ablauf des 31. Dezember 2021 die Vorschriften des Abschnitts 6 Unterabschnitt 2 und § 34 Nummer 14 bis 17 der Allgemeinen Waffengesetz-Verordnung in der bis zum 19. Februar 2020 geltenden Fassung Anwendung.

(4) [1]Die für die Ausführung dieses Gesetzes zuständigen Behörden haben die nach Absatz 2 Satz 2 oder Satz 3 übernommenen Waffenbücher bis zum Ablauf von 30 Jahren nach dem Tage der Übernahme aufzubewahren. [2]Anschließend haben sie die Waffenbücher zu vernichten.

Anlage 1
(zu § 1 Abs. 4)

Begriffsbestimmungen

Abschnitt 1:
Waffen- und munitionstechnische Begriffe, Einstufung von Gegenständen

Unterabschnitt 1: Schusswaffen

1. Schusswaffen im Sinne des § 1 Abs. 2 Nr. 1

1.1. Schusswaffen
Schusswaffen sind Gegenstände, die zum Angriff oder zur Verteidigung, zur Signalgebung, zur Jagd, zur Distanzinjektion, zur Markierung, zum Sport oder zum Spiel bestimmt sind und bei denen Geschosse durch einen Lauf getrieben werden.

1.2. Gleichgestellte Gegenstände
Den Schusswaffen stehen gleich tragbare Gegenstände,

1.2.1.
die zum Abschießen von Munition für die in Nummer 1.1 genannten Zwecke bestimmt sind,

1.2.2.
die in Anhang IV Nummer 18 der Richtlinie 2006/42/EG des Europäischen Parlaments und des Rates vom 17. Mai 2006 über Maschinen und zur Änderung der Richtlinie 95/16/EG (Neufassung) (ABl. L 157 vom 9.6.2006, S. 24; L 76 vom 16.3.2007, S. 35), die zuletzt durch die Verordnung (EU) Nr. 167/2013 (ABl. L 60 vom 2.3.2013, S. 1) geändert worden ist, aufgeführt sind und zum Abschießen von Munition für andere als die in Nummer 1.1 genannten Zwecke (insbesondere Schlachtzwecke, technische und industrielle Zwecke) bestimmt sind (tragbare Befestigungsgeräte mit Treibladung und andere Schussgeräte), sofern

a) sie nicht die Anforderungen des § 7 des Beschussgesetzes erfüllen und zum Nachweis das Kennzeichen der in § 20 Absatz 3 Satz 1 des Beschussgesetzes bezeichneten Stelle oder ein anerkanntes Prüfzeichen eines Staates, mit dem die gegenseitige Anerkennung der Prüfzeichen vereinbart ist, tragen oder
b) bei ihnen nicht die Einhaltung der Anforderungen nach Anhang I Nummer 2.2.2.1 der Richtlinie 2006/42/EG durch Bescheinigung einer zuständigen Stelle eines Mitgliedstaates oder des Übereinkommens über den Europäischen Wirtschaftsraum nachgewiesen ist,

1.2.3
bei denen bestimmungsgemäß feste Körper gezielt verschossen werden, deren Antriebsenergie durch Muskelkraft oder eine andere Energiequelle eingebracht und durch eine Sperrvorrichtung gespeichert oder gehalten werden kann (zum Beispiel Armbrüste, Pfeilabschussgeräte). Dies gilt nicht für feste Kör-

per, die mit elastischen Geschossspitzen (zum Beispiel Saugnapf aus Gummi) versehen sind, bei denen eine maximale Bewegungsenergie der Geschossspitzen je Flächeneinheit von 0,16 J/cm^2 nicht überschritten wird;

1.3 Wesentliche Teile von Schusswaffen, Schalldämpfer

Wesentliche Teile von Schusswaffen und Schalldämpfer stehen, soweit in diesem Gesetz nichts anderes bestimmt ist, den Schusswaffen gleich, für die sie bestimmt sind. Dies gilt auch dann, wenn sie mit anderen Gegenständen verbunden sind und die Gebrauchsfähigkeit als Waffenteil nicht beeinträchtigt ist oder mit allgemein gebräuchlichen Werkzeugen wiederhergestellt werden kann. Teile von Kriegswaffen im Sinne des Gesetzes über die Kontrolle von Kriegswaffen, die nicht vom Gesetz über die Kontrolle von Kriegswaffen erfasst und nachstehend als wesentliche Teile aufgeführt sind sowie Schalldämpfer zu derartigen Waffen werden von diesem Gesetz erfasst;

1.3.1

Wesentliche Teile sind

1.3.1.1

der Lauf oder Gaslauf; der Lauf ist ein aus einem ausreichend festen Werkstoff bestehender rohrförmiger Gegenstand, der Geschossen, die hindurchgetrieben werden, ein gewisses Maß an Führung gibt, wobei dies in der Regel als gegeben anzusehen ist, wenn die Länge des Laufteils, der die Führung des Geschosses bestimmt, mindestens das Zweifache des Kalibers beträgt; der Gaslauf ist ein Lauf, der ausschließlich der Ableitung der Verbrennungsgase dient;

1.3.1.2

der Verschluss; der Verschluss ist die Baugruppe einer Schusswaffe, welche das Patronen- oder Kartuschenlager nach hinten abschließt; bei teilbaren Verschlüssen sind Verschlusskopf und Verschlussträger jeweils wesentliche Teile; der Verschlusskopf ist das unmittelbar das Patronen- oder Kartuschenlager oder den Lauf abschließende Teil; der Verschlussträger ist das Bauteil, welches das Verriegeln und Entriegeln des Verschlusskopfs steuert;

1.3.1.3

das Patronen- oder Kartuschenlager, wenn dieses nicht bereits Bestandteil des Laufes ist; das Patronen- oder Kartuschenlager ist ein Hohlkörper aus einem hinreichend festen Material, dessen Abmaße für die Aufnahme von Patronenmunition, Kartuschenmunition oder Ladungen mit oder ohne Geschoss eingerichtet sind und in dem die Munition oder Ladung gezündet wird;

1.3.1.4

bei Schusswaffen, bei denen zum Antrieb ein entzündbares flüssiges oder gasförmiges Gemisch verwendet wird, die Verbrennungskammer und die Einrichtung zur Erzeugung des Gemisches;

1.3.1.5

bei Schusswaffen mit anderem Antrieb die Antriebsvorrichtung, sofern diese fest mit der Schusswaffe verbunden ist;

1.3.1.6

das Gehäuse; das Gehäuse ist das Bauteil, welches den Lauf, die Abzugsmechanik und den Verschluss aufnimmt; setzt sich das Gehäuse aus einem Gehäuseober- und einem Gehäuseunterteil zusammen, sind beide Teile wesentliche Teile; das Gehäuseoberteil nimmt den Lauf und den Verschluss auf; das Gehäuseunterteil nimmt die Abzugsmechanik auf; bei Kurzwaffen wird das Gehäuseunterteil als Griffstück bezeichnet;

1.3.1.7

vorgearbeitete wesentliche Teile von Schusswaffen sowie Teile und Reststücke von Läufen und Laufrohlingen, wenn sie mit allgemein gebräuchlichen Werkzeugen fertiggestellt werden können.

1.3.2

Führendes wesentliches Teil ist das Gehäuse; wenn dieses aus Gehäuseober- und Gehäuseunterteil zusammengesetzt ist, das Gehäuseunterteil (Griffstück bei Kurzwaffen); wenn kein Gehäuse vorhanden ist, ist der Verschluss führendes wesentliches Teil; wenn kein Verschluss vorhanden ist, ist der Lauf führendes wesentliches Teil.

1.3.3

Schalldämpfer sind Vorrichtungen, die der wesentlichen Dämpfung des Mündungsknalls dienen und für Schusswaffen bestimmt sind.

1.4 Unbrauchbar gemachte Schusswaffen (Dekorationswaffen)
Schusswaffen sind unbrauchbar gemacht, wenn die zuständige Behörde eines Mitgliedstaates der Europäischen Union für diese Schusswaffen eine Bescheinigung nach Artikel 3 Absatz 4 der Durchführungsverordnung (EU) 2015/2403 der Kommission vom 15. Dezember 2015 zur Festlegung gemeinsamer Leitlinien über Deaktivierungsstandards und -techniken, die gewährleisten, dass Feuerwaffen bei der Deaktivierung endgültig unbrauchbar gemacht werden (ABl. L 333 vom 19.12.2015, S. 62), die zuletzt durch die Durchführungsverordnung (EU) 2018/337 (ABl. L 65 vom 8.3.2018, S. 1) geändert worden ist, ausgestellt hat und die zuständige Behörde die Schusswaffen gemäß Artikel 5 der Durchführungsverordnung (EU) 2015/2403 gekennzeichnet hat.

1.5 Salutwaffen
Salutwaffen sind

1.5.1
veränderte Langwaffen, die unter anderem für Theateraufführungen, Foto-, Film- oder Fernsehaufnahmen bestimmt sind, wenn sie die nachstehenden Anforderungen erfüllen:
a) das Patronenlager muss dauerhaft so verändert sein, dass keine Patronen- oder pyrotechnische Munition geladen werden kann,
b) der Lauf muss in dem dem Patronenlager zugekehrten Drittel mindestens sechs kalibergroße, offene Bohrungen oder andere gleichwertige Laufveränderungen aufweisen und vor diesen in Richtung der Laufmündung mit einem kalibergroßen gehärteten Stahlstift dauerhaft verschlossen sein,
c) der Lauf muss mit dem Gehäuse fest verbunden sein, sofern es sich um Waffen handelt, bei denen der Lauf ohne Anwendung von Werkzeugen ausgetauscht werden kann,
d) die Änderungen müssen so vorgenommen sein, dass sie nicht mit allgemein gebräuchlichen Werkzeugen rückgängig gemacht und die Gegenstände nicht so geändert werden können, dass aus ihnen Geschosse, Patronen- oder pyrotechnische Munition verschossen werden können, und
e) der Verschluss muss ein Kennzeichen nach Abbildung 11 der Anlage II zur Beschussverordnung tragen;

1.5.2
Schusswaffen, die vor dem 1. April 1976 entsprechend den Anforderungen des § 3 der Ersten Verordnung zum Waffengesetz vom 19. Dezember 1972 (BGBl. I S. 2522) verändert worden sind;

1.6. Anscheinswaffen
Anscheinswaffen sind

1.6.1.
Schusswaffen, die ihrer äußeren Form nach im Gesamterscheinungsbild den Anschein von Feuerwaffen (Anlage 1 Abschnitt 1 Unterabschnitt 1 Nr. 2.1) hervorrufen und bei denen zum Antrieb der Geschosse keine heißen Gase verwendet werden,

1.6.2.
Nachbildungen von Schusswaffen mit dem Aussehen von Schusswaffen nach Nummer 1.6.1 oder

1.6.3.
unbrauchbar gemachte Schusswaffen mit dem Aussehen von Schusswaffen nach Nummer 1.6.1.
Ausgenommen sind solche Gegenstände, die erkennbar nach ihrem Gesamterscheinungsbild zum Spiel oder für Brauchtumsveranstaltungen bestimmt sind oder die Teil einer kulturhistorisch bedeutsamen Sammlung im Sinne des § 17 sind oder werden sollen oder Schusswaffen, für die gemäß § 10 Abs. 4 eine Erlaubnis zum Führen erforderlich ist. Erkennbar nach ihrem Gesamterscheinungsbild zum Spiel bestimmt sind insbesondere Gegenstände, deren Größe die einer entsprechenden Feuerwaffe um 50 Prozent über- oder unterschreiten, neonfarbene Materialien enthalten oder keine Kennzeichnungen von Feuerwaffen aufweisen.

2. Arten von Schusswaffen

2.1.
Feuerwaffen; dies sind Schusswaffen nach Nummer 1.1, bei denen ein Geschoss mittels heißer Gase durch einen oder aus einem Lauf getrieben wird.

2.2.
Automatische Schusswaffen; dies sind Schusswaffen, die nach Abgabe eines Schusses selbsttätig erneut schussbereit werden und bei denen aus demselben Lauf durch einmalige Betätigung des Abzuges oder einer anderen Schussauslösevorrichtung mehrere Schüsse abgegeben werden können (Vollautomaten)

oder durch einmalige Betätigung des Abzuges oder einer anderen Schussauslösevorrichtung jeweils nur ein Schuss abgegeben werden kann (Halbautomaten). Als automatische Schusswaffen gelten auch Schusswaffen, die mit allgemein gebräuchlichen Werkzeugen in automatische Schusswaffen geändert werden können. Als Vollautomaten gelten auch in Halbautomaten geänderte Vollautomaten, die mit den in Satz 2 genannten Hilfsmitteln wieder in Vollautomaten zurückgeändert werden können. Double-Action-Revolver sind keine halbautomatischen Schusswaffen. Beim Double-Action-Revolver wird bei Betätigung des Abzuges durch den Schützen die Trommel weitergedreht, so dass das nächste Lager mit einer neuen Patrone vor den Lauf und den Schlagbolzen zu liegen kommt, und gleichzeitig die Feder gespannt. Beim weiteren Durchziehen des Abzuges schnellt der Hahn nach vorn und löst den Schuss aus.

2.3
Repetierwaffen; dies sind Schusswaffen, bei denen das Zuführen der Patrone aus einem Magazin, das Abfeuern und das Entfernen der Patrone oder Patronenhülse mit Hilfe eines nur von Hand zu betätigenden Mechanismus erfolgt.

2.4.
Einzelladerwaffen; dies sind Schusswaffen ohne Magazin mit einem oder mehreren Läufen, die vor jedem Schuss aus demselben Lauf von Hand geladen werden.

2.5.
Langwaffen; dies sind Schusswaffen, deren Lauf und Verschluss in geschlossener Stellung insgesamt länger als 30 cm sind und deren kürzeste bestimmungsgemäß verwendbare Gesamtlänge 60 cm überschreitet; Kurzwaffen sind alle anderen Schusswaffen.

2.6.
Schreckschusswaffen; dies sind Schusswaffen mit einem Kartuschenlager, die zum Abschießen von Kartuschenmunition bestimmt sind.

2.7.
Reizstoffwaffen; dies sind Schusswaffen mit einem Patronen- oder Kartuschenlager, die zum Verschießen von Reiz- oder anderen Wirkstoffen bestimmt sind.

2.8.
Signalwaffen; dies sind Schusswaffen mit einem Patronen- oder Kartuschenlager oder tragbare Gegenstände nach Nummer 1.2.1, die zum Verschießen pyrotechnischer Munition bestimmt sind.

2.9.
Druckluft- und Federdruckwaffen und Waffen, bei denen zum Antrieb der Geschosse kalte Treibgase verwendet werden; Federdruckwaffen sind Schusswaffen, bei denen entweder Federkraft direkt ein Geschoss antreibt (auch als Federkraftwaffen bezeichnet) oder ein federbelasteter Kolben in einem Zylinder bewegt wird und ein vom Kolben erzeugtes Luftpolster das Geschoss antreibt. Druckluftwaffen sind Schusswaffen, bei denen Luft in einen Druckbehälter vorkomprimiert und gespeichert sowie über ein Ventilsystem zum Geschossantrieb freigegeben wird. Waffen, bei denen zum Antrieb der Geschosse kalte Treibgase Verwendung finden, sind z.B. Druckgaswaffen.

3. Weitere Begriffe zu den wesentlichen Teilen

3.1.
Austauschläufe sind Läufe für ein bestimmtes Waffenmodell oder -system, die ohne Nacharbeit ausgetauscht werden können.

3.2.
Wechselläufe sind Läufe, die für eine bestimmte Waffe zum Austausch des vorhandenen Laufes vorgefertigt sind und die noch eingepasst werden müssen.

3.3.
Einsteckläufe sind Läufe ohne eigenen Verschluss, die in die Läufe von Waffen größeren Kalibers eingesteckt werden können.

3.4.
Wechseltrommeln sind Trommeln für ein bestimmtes Revolvermodell, die ohne Nacharbeit gewechselt werden können.

3.5
Wechselsysteme sind Austauschläufe einschließlich des für sie bestimmten Verschlusses sowie der für sie bestimmten Gehäuseteile, sofern diese Gehäuseteile technisch erforderlich sind und Austauschlauf, Verschluss und Gehäuseteile in ihrer Gesamtheit keine bestimmungsgemäß verwendbare Waffe ergeben.

3.6
Einstecksysteme sind Einsteckläufe einschließlich des für sie bestimmten Verschlusses sowie der für sie bestimmten Gehäuseteile, sofern diese Gehäuseteile technisch erforderlich sind und Einstecklauf, Verschluss und Gehäuseteile in ihrer Gesamtheit keine bestimmungsgemäß verwendbare Waffe ergeben.

3.7.
Einsätze sind Teile, die den Innenmaßen des Patronenlagers der Schusswaffe angepasst und zum Verschießen von Munition kleinerer Abmessungen bestimmt sind.

4. Sonstige Vorrichtungen für Schusswaffen

4.1.
Zielscheinwerfer sind für Schusswaffen bestimmte Vorrichtungen, die das Ziel beleuchten. Ein Ziel wird dann beleuchtet, wenn es mittels Lichtstrahlen bei ungünstigen Lichtverhältnissen oder Dunkelheit für den Schützen erkennbar dargestellt wird. Dabei ist es unerheblich, ob das Licht sichtbar oder unsichtbar (z.B. infrarot) ist und ob der Schütze weitere Hilfsmittel für die Zielerkennung benötigt.

4.2.
Laser oder Zielpunktprojektoren sind für Schusswaffen bestimmte Vorrichtungen, die das Ziel markieren. Ein Ziel wird markiert, wenn auf diesem für den Schützen erkennbar ein Zielpunkt projiziert wird.

4.3.
Nachtsichtgeräte oder Nachtzielgeräte sind für Schusswaffen bestimmte Vorrichtungen, die eine elektronische Verstärkung oder einen Bildwandler und eine Montageeinrichtung für Schusswaffen besitzen. Zu Nachtzielgeräten zählen auch Nachtsichtvorsätze und Nachtsichtaufsätze für Zielhilfsmittel (Zielfernrohre).

4.4
Magazine sind für die Verwendung in Schusswaffen bestimmte Munitionsbehältnisse, die der Aufbewahrung und Zuführung von Patronen im Rahmen des Ladevorgangs dienen.

4.4.1
Eingebaut sind Magazine, die während ihrer Befüllung bestimmungsgemäß mit der Schusswaffe verbunden bleiben.

4.4.2
Wechselmagazine sind Magazine, die während ihrer Befüllung bestimmungsgemäß von der Schusswaffe getrennt werden.

4.4.3
Magazingehäuse sind diejenigen Bestandteile von Wechselmagazinen, die dazu bestimmt sind, die Patronen aufzunehmen.

5.
Reizstoffe sind Stoffe, die bei ihrer bestimmungsgemäßen Anwendung auf den Menschen eine belästigende Wirkung durch Haut- und Schleimhautreizung, insbesondere durch einen Augenreiz ausüben und resorptiv nicht giftig wirken.

6.
Nachbildungen von Schusswaffen sind Gegenstände,
- die nicht als Schusswaffen hergestellt wurden,
- die die äußere Form einer Schusswaffe haben,
- aus denen nicht geschossen werden kann und
- die nicht mit allgemein gebräuchlichen Werkzeugen so umgebaut oder verändert werden können, dass aus ihnen Munition, Ladungen oder Geschosse verschossen werden können.

Unterabschnitt 2: Tragbare Gegenstände

1.
Tragbare Gegenstände nach § 1 Abs. 2 Nr. 2 Buchstabe a sind insbesondere

1.1
Hieb- und Stoßwaffen (Gegenstände, die ihrem Wesen nach dazu bestimmt sind, unter unmittelbarer Ausnutzung der Muskelkraft durch Hieb, Stoß, Stich, Schlag oder Wurf Verletzungen beizubringen),

1.2
Gegenstände,

1.2.1
die unter Ausnutzung einer anderen als mechanischen Energie Verletzungen beibringen (z.B. Elektroimpulsgeräte),

1.2.2
aus denen Reizstoffe versprüht oder ausgestoßen werden, die eine Reichweite bis zu 2 m haben (Reizstoffsprühgeräte),

1.2.3
bei denen in einer Entfernung von mehr als 2 m bei Menschen

a) eine angriffsunfähig machende Wirkung durch ein gezieltes Versprühen oder Ausstoßen von Reiz- oder anderen Wirkstoffen oder
b) eine gesundheitsschädliche Wirkung durch eine andere als kinetische Energie, insbesondere durch ein gezieltes Ausstrahlen einer elektromagnetischen Strahlung,

hervorgerufen werden kann,

1.2.4
bei denen gasförmige, flüssige oder feste Stoffe den Gegenstand gezielt und brennend mit einer Flamme von mehr als 20 cm Länge verlassen,

1.2.5
bei denen leicht entflammbare Stoffe so verteilt und entzündet werden, dass schlagartig ein Brand entstehen kann, oder in denen unter Verwendung explosionsgefährlicher oder explosionsfähiger Stoffe eine Explosion ausgelöst werden kann,

1.2.6
die nach ihrer Beschaffenheit und Handhabung dazu bestimmt sind, durch Drosseln die Gesundheit zu schädigen,

1.3
Schleudern, die zur Erreichung einer höchstmöglichen Bewegungsenergie eine Armstütze oder eine vergleichbare Vorrichtung besitzen oder für eine solche Vorrichtung eingerichtet sind (Präzisionsschleudern), sowie Armstützen und vergleichbare Vorrichtungen für die vorbezeichneten Gegenstände.

2.
Tragbare Gegenstände im Sinne des § 1 Abs. 2 Nr. 2 Buchstabe b sind

2.1
Messer,

2.1.1
deren Klingen auf Knopf- oder Hebeldruck hervorschnellen und hierdurch oder beim Loslassen der Sperrvorrichtung festgestellt werden können (Springmesser),

2.1.2
deren Klingen beim Lösen einer Sperrvorrichtung durch ihre Schwerkraft oder durch eine Schleuderbewegung aus dem Griff hervorschnellen und selbsttätig oder beim Loslassen der Sperrvorrichtung festgestellt werden (Fallmesser),

2.1.3
mit einem quer zur feststehenden oder feststellbaren Klinge verlaufenden Griff, die bestimmungsgemäß in der geschlossenen Faust geführt oder eingesetzt werden (Faustmesser),

2.1.4
Faltmesser mit zweigeteilten, schwenkbaren Griffen (Butterflymesser),

2.2
Gegenstände, die bestimmungsgemäß unter Ausnutzung einer anderen als mechanischen Energie Tieren Schmerzen beibringen (z.B. Elektroimpulsgeräte), mit Ausnahme der ihrer Bestimmung entsprechend

im Bereich der Tierhaltung oder bei der sachgerechten Hundeausbildung Verwendung findenden Gegenstände (z.B. Viehtreiber).

Unterabschnitt 3: Munition und Geschosse

1.
Munition ist zum Verschießen aus Schusswaffen bestimmte

1.1
Patronenmunition (Hülsen mit Ladungen, die ein Geschoss enthalten, und Geschosse mit Eigenantrieb),

1.2
Kartuschenmunition (Hülsen mit Ladungen, die ein Geschoss nicht enthalten),

1.3
hülsenlose Munition (Ladung mit oder ohne Geschoss, wobei die Ladung eine den Innenabmessungen einer Schusswaffe oder eines Gegenstandes nach Unterabschnitt 1 Nr. 1.2 angepasste Form hat),

1.4
pyrotechnische Munition (dies sind Gegenstände, die Geschosse mit explosionsgefährlichen Stoffen oder Stoffgemischen [pyrotechnische Sätze] enthalten, die Licht-, Schall-, Rauch-, Nebel-, Heiz-, Druck- oder Bewegungswirkungen erzeugen und keine zweckbestimmte Durchschlagskraft im Ziel entfalten); hierzu gehört

1.4.1
pyrotechnische Patronenmunition (Patronenmunition, bei der das Geschoss einen pyrotechnischen Satz enthält),

1.4.2
unpatronierte pyrotechnische Munition (Geschosse, die einen pyrotechnischen Satz enthalten),

1.4.3
mit der Antriebsvorrichtung fest verbundene pyrotechnische Munition.

2.
Ladungen sind die Hauptenergieträger, die in loser Schüttung in Munition oder als vorgefertigte Ladung oder in loser Form in Waffen nach Unterabschnitt 1 Nr. 1.1 oder Gegenstände nach Unterabschnitt 1 Nr. 1.2.1 eingegeben werden und
- zum Antrieb von Geschossen oder Wirkstoffen oder
- zur Erzeugung von Schall- oder Lichtimpulsen

bestimmt sind, sowie Anzündsätze, die direkt zum Antrieb von Geschossen dienen.

3.
Geschosse im Sinne dieses Gesetzes sind als Waffen oder für Schusswaffen bestimmte

3.1
feste Körper,

3.2
gasförmige, flüssige oder feste Stoffe in Umhüllungen.

Abschnitt 2:
Waffenrechtliche Begriffe

Im Sinne dieses Gesetzes

1.
erwirbt eine Waffe oder Munition, wer die tatsächliche Gewalt darüber erlangt,

2.
besitzt eine Waffe oder Munition, wer die tatsächliche Gewalt darüber ausübt,

3.
überlässt eine Waffe oder Munition, wer die tatsächliche Gewalt darüber einem anderen einräumt,

4.
führt eine Waffe, wer die tatsächliche Gewalt darüber außerhalb der eigenen Wohnung, Geschäftsräume, des eigenen befriedeten Besitztums oder einer Schießstätte ausübt,

5.
verbringt eine Waffe oder Munition, wer diese Waffe oder Munition über die Grenze zum dortigen Verbleib oder mit dem Ziel des Besitzwechsels in den, durch den oder aus dem Geltungsbereich des Gesetzes zu einer anderen Person oder zu sich selbst transportieren lässt oder selbst transportiert,

6.
nimmt eine Waffe oder Munition mit, wer diese Waffe oder Munition vorübergehend auf einer Reise ohne Aufgabe des Besitzes zur Verwendung über die Grenze in den, durch den oder aus dem Geltungsbereich des Gesetzes bringt,

7.
schießt, wer mit einer Schusswaffe Geschosse durch einen Lauf verschießt, Kartuschenmunition abschießt, mit Patronen- oder Kartuschenmunition Reiz- oder andere Wirkstoffe verschießt oder pyrotechnische Munition verschießt,

8.

8.1
werden Waffen oder Munition hergestellt, wenn aus Rohteilen oder Materialien ein Endprodukt oder wesentliche Teile eines Endproduktes erzeugt werden oder bei einer Waffe das führende wesentliche Teil durch ein Teil, das noch nicht in einer Waffe verbaut war, ersetzt wird; eine Schusswaffe ist hergestellt, wenn sie weißfertig im Sinne von § 2 Absatz 5 des Beschussgesetzes ist oder der Austausch des führenden wesentlichen Teils abgeschlossen ist; als Herstellen von Munition gilt auch das Wiederladen von Hülsen,

8.1a
ist eine Waffe fertiggestellt, sobald sie mit dem amtlichen Beschusszeichen nach § 6 des Beschussgesetzes versehen wurde oder, sofern die Waffe nicht der amtlichen Beschussprüfung unterliegt, sobald sie zum Inverkehrbringen bereitgehalten wird,

8.2
wird eine Schusswaffe bearbeitet, wenn

8.2.1
sie verkürzt, in der Schussfolge verändert oder so geändert wird, dass andere Munition oder Geschosse anderer Kaliber aus ihr verschossen werden können (Umbau),

8.2.2
wesentliche Teile, zu deren Einpassung eine Nacharbeit erforderlich ist, ausgetauscht werden, sofern nicht Nummer 8.1 zutrifft,

8.2.3
Arbeiten an der Schusswaffe durchgeführt werden, die eine Beschusspflicht gemäß § 3 Absatz 2 des Beschussgesetzes auslösen, wenn nicht die Nummern 8.1, 8.2.1 oder 8.2.2 zutreffen (Instandsetzung); eine Schusswaffe wird nicht bearbeitet, wenn lediglich geringfügige Änderungen, insbesondere am Schaft oder an der Zieleinrichtung, vorgenommen werden,

8.3
wird eine Schusswaffe unbrauchbar gemacht, wenn an ihr die Maßnahmen des Anhangs I Tabelle II bis III der Durchführungsverordnung (EU) 2015/2403 durchgeführt werden,

9.
treibt Waffenhandel, wer gewerbsmäßig oder selbstständig im Rahmen einer wirtschaftlichen Unternehmung Schusswaffen oder Munition ankauft, feilhält, Bestellungen entgegennimmt oder aufsucht, anderen überlässt oder den Erwerb, den Vertrieb oder das Überlassen vermittelt,

10.
sind Kinder Personen, die noch nicht 14 Jahre alt sind,

11.
sind Jugendliche Personen, die mindestens 14, aber noch nicht 18 Jahre alt sind;

12.
ist eine Waffe schussbereit, wenn sie geladen ist, das heißt, dass Munition oder Geschosse in der Trommel, im in die Waffe eingefügten Magazin oder im Patronen- oder Geschosslager sind, auch wenn sie nicht gespannt ist;

13.
ist eine Schusswaffe zugriffsbereit, wenn sie unmittelbar in Anschlag gebracht werden kann; sie ist nicht zugriffsbereit, wenn sie in einem verschlossenen Behältnis mitgeführt wird;

14.
sind Mitgliedstaaten die Mitgliedstaaten der Europäischen Union und gelten als Mitgliedstaaten auch die Vertragsstaaten des Schengener Übereinkommens.

Abschnitt 3:

Einteilung der Schusswaffen oder Munition in die Kategorien A bis C nach der Richtlinie 91/477/EWG des Rates vom 18. Juni 1991 über die Kontrolle des Erwerbs und des Besitzes von Waffen (ABl. L 256 vom 13.9.1991, S. 51), die zuletzt durch die Richtlinie (EU) 2017/853 des Europäischen Parlaments und des Rates vom 17. Mai 2017 (ABl. L 137 vom 24.5.2017, S. 22) geändert worden ist

1. Kategorie A

1.1
Kriegsschusswaffen der Nummern 29 und 30 der Kriegswaffenliste (Anlage zu § 1 Abs. 1 des Gesetzes über die Kontrolle von Kriegswaffen),

1.2
vollautomatische Schusswaffen,

1.3
als anderer Gegenstand getarnte Schusswaffen,

1.4
Pistolen- und Revolvermunition mit Expansivgeschossen sowie Geschosse für diese Munition mit Ausnahme solcher für Jagd- und Sportwaffen von Personen, die zur Benutzung dieser Waffen befugt sind,

1.5
panzerbrechende Munition, Munition mit Spreng- und Brandsätzen und Munition mit Leuchtspursätzen sowie Geschosse für diese Munition, soweit die Munition oder die Geschosse nicht von dem Gesetz über die Kontrolle von Kriegswaffen erfasst sind,

1.6
automatische Feuerwaffen, die zu halbautomatischen Feuerwaffen umgebaut wurden, unbeschadet des Artikels 7 Absatz 4a der Richtlinie 91/477/EWG des Rates vom 18. Juni 1991 über die Kontrolle des Erwerbs und des Besitzes von Waffen (ABl. L 256 vom 13.9.1991, S. 51), die zuletzt durch die Richtlinie (EU) 2017/853 des Europäischen Parlaments und des Rates vom 17. Mai 2017 (ABl. L 137 vom 24.5.2017, S. 22) geändert worden ist,

1.7
jede der folgenden halbautomatischen Zentralfeuerwaffen:

1.7.1
Kurz-Feuerwaffen, mit denen ohne Nachladen mehr als 21 Schüsse abgegeben werden können, sofern eine Ladevorrichtung mit einer Kapazität von mehr als 20 Patronen in diese Feuerwaffe eingebaut ist oder eine abnehmbare Ladevorrichtung mit einer Kapazität von mehr als 20 Patronen eingesetzt wird,

1.7.2
Lang-Feuerwaffen, mit denen ohne Nachladen mehr als elf Schüsse abgegeben werden können, sofern eine Ladevorrichtung mit einer Kapazität von mehr als zehn Patronen in diese Feuerwaffe eingebaut ist oder eine abnehmbare Ladevorrichtung mit einer Kapazität von mehr als zehn Patronen eingesetzt wird,

1.8
halbautomatische Lang-Feuerwaffen, die ursprünglich als Schulterwaffen vorgesehen sind und die ohne Funktionseinbuße mithilfe eines Klapp- oder Teleskopschafts oder eines ohne Verwendung eines Werkzeugs abnehmbaren Schafts auf eine Länge unter 60 cm gekürzt werden können,

1.9
sämtliche Feuerwaffen dieser Kategorie, die für das Abfeuern von Platzpatronen, Reizstoffen, sonstigen aktiven Substanzen oder pyrotechnischer Munition oder in Salutwaffen oder akustische Waffen umgebaut wurden.

2. Kategorie B

2.1
kurze Repetierfeuerwaffen,

2.2
kurze Einzellader-Feuerwaffen für Munition mit Zentralfeuerzündung,

2.3
kurze Einzellader-Feuerwaffen für Munition mit Randfeuerzündung mit einer Gesamtlänge von weniger als 28 cm,

2.4
halbautomatische Lang-Feuerwaffen, deren Ladevorrichtung und Patronenlager zusammen bei Randfeuerwaffen mehr als drei Patronen und bei Zentralfeuerwaffen mehr als drei aber weniger als zwölf Patronen aufnehmen können,

2.5
halbautomatische Kurz-Feuerwaffen, die nicht unter Nummer 1.7.1 aufgeführt sind,

2.6
halbautomatische Lang-Feuerwaffen, die unter Nummer 1.7.2 aufgeführt sind, deren Ladevorrichtung und Patronenlager zusammen nicht mehr als drei Patronen aufnehmen können, deren Ladevorrichtung auswechselbar ist oder bei denen nicht sichergestellt ist, dass sie mit allgemein gebräuchlichen Werkzeugen nicht zu Waffen, deren Ladevorrichtung und Patronenlager zusammen mehr als drei Patronen aufnehmen können, umgebaut werden können,

2.7
lange Repetier- und halbautomatische Lang-Feuerwaffen, jeweils mit glattem Lauf, deren Lauf nicht länger als 60 cm ist,

2.8
sämtliche Feuerwaffen dieser Kategorie, die für das Abfeuern von Platzpatronen, Reizstoffen, sonstigen aktiven Substanzen oder pyrotechnischer Munition oder in Salutwaffen oder akustische Waffen umgebaut wurden,

2.9
halbautomatische Feuerwaffen für den zivilen Gebrauch, die wie vollautomatische Waffen aussehen und die nicht unter den Nummern 1.6, 1.7 oder 1.8 aufgeführt sind.

3. Kategorie C

3.1
andere lange Repetier-Feuerwaffen als die, die unter Nummer 2.7 aufgeführt sind,

3.2
lange Einzellader-Feuerwaffen mit gezogenem Lauf/gezogenen Läufen,

3.3
andere halbautomatische Lang-Feuerwaffen als die, die unter Nummer 1 oder Nummer 2 aufgeführt sind,

3.4
kurze Einzellader-Feuerwaffen für Munition mit Randfeuerzündung, ab einer Gesamtlänge von 28 cm,

3.5
sämtliche Feuerwaffen dieser Kategorie, die für das Abfeuern von Platzpatronen, Reizstoffen, sonstigen aktiven Substanzen oder pyrotechnischer Munition oder in Salutwaffen oder akustische Waffen umgebaut wurden,

3.6
Feuerwaffen der Kategorien A oder B oder dieser Kategorie, die gemäß der Durchführungsverordnung (EU) 2015/2403 deaktiviert worden sind,

3.7
lange Einzellader-Feuerwaffen mit glattem Lauf oder glatten Läufen, die am oder nach dem 14. September 2018 in Verkehr gebracht wurden.

Anlage 2
(zu § 2 Abs. 2 bis 4)

Waffenliste

Abschnitt 1:
Verbotene Waffen

Der Umgang, mit Ausnahme der Unbrauchbarmachung, mit folgenden Waffen und Munition ist verboten:

1.1
Waffen (§ 1 Abs. 2), mit Ausnahme halbautomatischer tragbarer Schusswaffen, die in der Anlage zum Gesetz über die Kontrolle von Kriegswaffen (Kriegswaffenliste) in der Fassung der Bekanntmachung vom 22. November 1990 (BGBl. I S. 2506) oder deren Änderungen aufgeführt sind, nach Verlust der Kriegswaffeneigenschaft;

1.2
Schusswaffen im Sinne des § 1 Absatz 2 Nummer 1 nach den Nummern 1.2.1 bis 1.2.3 sowie 1.2.5 bis 1.2.8 und Zubehör für Schusswaffen nach Nummer 1.2.4, die

1.2.1

1.2.1.1
Vollautomaten im Sinne der Anlage 1 Abschnitt 1 Unterabschnitt 1 Nr. 2.2 sind oder

1.2.1.2
Vorderschaftrepetierflinten, bei denen anstelle des Hinterschaftes ein Kurzwaffengriff vorhanden ist oder die Waffengesamtlänge in der kürzest möglichen Verwendungsform weniger als 95 cm oder die Lauflänge weniger als 45 cm beträgt, sind;

1.2.2
ihrer Form nach geeignet sind, einen anderen Gegenstand vorzutäuschen oder die mit Gegenständen des täglichen Gebrauchs verkleidet sind (z.B. Koppelschlosspistolen, Schießkugelschreiber, Stockgewehre, Taschenlampenpistolen);

1.2.3
über den für Jagd- und Sportzwecke allgemein üblichen Umfang hinaus zusammengeklappt, zusammengeschoben, verkürzt oder schnell zerlegt werden können;

1.2.4
für Schusswaffen bestimmte

1.2.4.1
Vorrichtungen sind, die das Ziel beleuchten (z.B. Zielscheinwerfer) oder markieren (z.B. Laser oder Zielpunktprojektoren);

1.2.4.2
Nachtsichtgeräte und Nachtzielgeräte mit Montagevorrichtung für Schusswaffen sowie Nachtsichtvorsätze und Nachtsichtaufsätze für Zielhilfsmittel (z.B. Zielfernrohre) sind, sofern die Gegenstände einen Bildwandler oder eine elektronische Verstärkung besitzen;

1.2.4.3
Wechselmagazine für Kurzwaffen für Zentralfeuermunition sind, die mehr als 20 Patronen des kleinsten nach Herstellerangabe bestimmungsgemäß verwendbaren Kalibers aufnehmen können;

1.2.4.4
Wechselmagazine für Langwaffen für Zentralfeuermunition sind, die mehr als zehn Patronen des kleinsten nach Herstellerangabe bestimmungsgemäß verwendbaren Kalibers aufnehmen können; ein Wechselmagazin, das sowohl in Kurz- als auch in Langwaffen verwendbar ist, gilt als Magazin für Kurzwaffen, wenn nicht der Besitzer gleichzeitig über eine Erlaubnis zum Besitz einer Langwaffe verfügt, in der das Magazin verwendet werden kann;

1.2.4.5
Magazingehäuse für Wechselmagazine nach den Nummern 1.2.4.3 und 1.2.4.4 sind;

1.2.5
mehrschüssige Kurzwaffen sind, deren Baujahr nach dem 1. Januar 1970 liegt, für Zentralfeuermunition in Kalibern unter 6,3 mm, wenn der Antrieb der Geschosse nicht ausschließlich durch den Zündsatz erfolgt;

1.2.6
halbautomatische Kurzwaffen für Zentralfeuermunition sind, die über ein eingebautes Magazin mit einer Kapazität von mehr als 20 Patronen des kleinsten nach Herstellerangabe bestimmungsgemäß verwendbaren Kalibers verfügen;

1.2.7
halbautomatische Langwaffen für Zentralfeuermunition sind, die über ein eingebautes Magazin mit einer Kapazität von mehr als zehn Patronen des kleinsten nach Herstellerangabe bestimmungsgemäß verwendbaren Kalibers verfügen;

1.2.8
nach diesem Abschnitt verbotene Schusswaffen sind, die zu Salutwaffen im Sinne von Anlage 1 Abschnitt 1 Unterabschnitt 1 Nummer 1.5 umgebaut worden sind;

1.3
Tragbare Gegenstände im Sinne des § 1 Abs. 2 Nr. 2 Buchstabe a nach den Nummern 1.3.1 bis 1.3.8

1.3.1
Hieb- oder Stoßwaffen, die ihrer Form nach geeignet sind, einen anderen Gegenstand vorzutäuschen, oder die mit Gegenständen des täglichen Gebrauchs verkleidet sind;

1.3.2
Stahlruten, Totschläger oder Schlagringe;

1.3.3
sternförmige Scheiben, die nach ihrer Beschaffenheit und Handhabung zum Wurf auf ein Ziel bestimmt und geeignet sind, die Gesundheit zu beschädigen (Wurfsterne);

1.3.4
Gegenstände, bei denen leicht entflammbare Stoffe so verteilt und entzündet werden, dass schlagartig ein Brand entstehen kann oder in denen unter Verwendung explosionsgefährlicher oder explosionsfähiger Stoffe eine Explosion ausgelöst werden kann;

1.3.5
Gegenstände mit Reiz- oder anderen Wirkstoffen, es sei denn, dass die Stoffe als gesundheitlich unbedenklich amtlich zugelassen sind und die Gegenstände

– in der Reichweite und Sprühdauer begrenzt sind und
– zum Nachweis der gesundheitlichen Unbedenklichkeit, der Reichweiten- und der Sprühdauerbegrenzung ein amtliches Prüfzeichen tragen;

1.3.6
Gegenstände, die unter Ausnutzung einer anderen als mechanischen Energie Verletzungen beibringen (z.B. Elektroimpulsgeräte), sofern sie nicht als gesundheitlich unbedenklich amtlich zugelassen sind und ein amtliches Prüfzeichen tragen zum Nachweis der gesundheitlichen Unbedenklichkeit sowie Distanz-Elektroimpulsgeräte, die mit dem Abschuss- oder Auslösegerät durch einen leitungsfähigen Flüssigkeitsstrahl einen Elektroimpuls übertragen oder durch Leitung verbundene Elektroden zur Übertragung eines Elektroimpulses am Körper aufbringen;

1.3.7
Präzisionsschleudern nach Anlage 1 Abschnitt 1 Unterabschnitt 2 Nr. 1.3 sowie Armstützen und vergleichbare Vorrichtungen für die vorbezeichneten Gegenstände;

1.3.8
Gegenstände, die nach ihrer Beschaffenheit und Handhabung dazu bestimmt sind, durch Drosseln die Gesundheit zu schädigen (z.B. Nun-Chakus);

1.4
Tragbare Gegenstände im Sinne des § 1 Abs. 2 Nr. 2 Buchstabe b nach den Nummern 1.4.1 bis 1.4.4

1.4.1
Spring- und Fallmesser nach Anlage 1 Abschnitt 1 Unterabschnitt 2 Nr. 2.1.1 und 2.1.2. Hiervon ausgenommen sind Springmesser, wenn die Klinge seitlich aus dem Griff herausspringt und der aus dem Griff herausragende Teil der Klinge
- höchstens 8,5 cm lang ist und
- nicht zweiseitig geschliffen ist;

1.4.2
Faustmesser nach Anlage 1 Abschnitt 1 Unterabschnitt 2 Nr. 2.1.3,

1.4.3
Butterflymesser nach Anlage 1 Abschnitt 1 Unterabschnitt 2 Nr. 2.1.4,

1.4.4
Gegenstände, die unter Ausnutzung einer anderen als mechanischen Energie Tieren Verletzungen beibringen (z.B. Elektroimpulsgeräte), sofern sie nicht als gesundheitlich unbedenklich amtlich zugelassen sind und ein amtliches Prüfzeichen tragen zum Nachweis der gesundheitlichen Unbedenklichkeit oder bestimmungsgemäß in der Tierhaltung Verwendung finden;

1.5
Munition und Geschosse nach den Nummern 1.5.1 bis 1.5.7

1.5.1
Geschosse mit Betäubungsstoffen, die zu Angriffs- oder Verteidigungszwecken bestimmt sind;

1.5.2
Geschosse oder Kartuschenmunition mit Reizstoffen, die zu Angriffs- oder Verteidigungszwecken bestimmt sind ohne amtliches Prüfzeichen zum Nachweis der gesundheitlichen Unbedenklichkeit;

1.5.3
Patronenmunition für Schusswaffen mit gezogenen Läufen, deren Geschosse im Durchmesser kleiner sind als die Felddurchmesser der dazugehörigen Schusswaffen und die mit einer Treib- und Führungshülse umgeben sind, die sich nach Verlassen des Laufes vom Geschoss trennt;

1.5.4
Munition und Geschosse nach Anlage 1 Abschnitt 3 Nummer 1.5 sowie Munition mit Geschossen, die einen Hartkern (mindestens 400 HB 25 – Brinellhärte – bzw. 421 HV – Vickershärte –) enthalten, sowie entsprechende Geschosse, ausgenommen pyrotechnische Munition, die bestimmungsgemäß zur Signalgebung bei der Gefahrenabwehr dient;

1.5.5
Knallkartuschen, Reiz- und sonstige Wirkstoffmunition nach Tabelle 5 der Maßtafeln nach § 1 Abs. 3 Satz 3 der Dritten Verordnung zum Waffengesetz in der Fassung der Bekanntmachung vom 2. September 1991 (BGBl. I S. 1872), die zuletzt durch die Zweite Verordnung zur Änderung von waffenrechtlichen Verordnungen vom 24. Januar 2000 (BGBl. I S. 38) geändert wurde, in der jeweils geltenden Fassung (Maßtafeln), bei deren Verschießen in Entfernungen von mehr als 1,5 m vor der Mündung Verletzungen durch feste Bestandteile hervorgerufen werden können, ausgenommen Kartuschenmunition der Kaliber 16 und 12 mit einer Hülsenlänge von nicht mehr als 47 oder 49 mm;

1.5.6
Kleinschrotmunition, die in Lagern nach Tabelle 5 der Maßtafeln mit einem Durchmesser (P_1) bis 12,5 mm geladen werden kann;

1.5.7
Munition, die zur ausschließlichen Verwendung in Kriegswaffen oder durch die in § 55 Abs. 1 Satz 1 bezeichneten Stellen bestimmt ist, soweit die Munition nicht unter die Vorschriften des Gesetzes über die Kontrolle von Kriegswaffen oder des Sprengstoffgesetzes fällt.

Abschnitt 2:
Erlaubnispflichtige Waffen

Unterabschnitt 1: Erlaubnispflicht
Der Umgang, ausgenommen das Überlassen, mit Waffen im Sinne des § 1 Absatz 2 Nummer 1 (Anlage 1 Abschnitt 1 Unterabschnitt 1 Nummer 1 bis 4.3) und der dafür bestimmten Munition bedarf der Erlaubnis, soweit solche Waffen oder Munition nicht nach Unterabschnitt 2 für die dort bezeichneten Arten des

Umgangs von der Erlaubnispflicht freigestellt sind. In Unterabschnitt 3 sind die Schusswaffen oder Munition aufgeführt, bei denen die Erlaubnis unter erleichterten Voraussetzungen erteilt wird. Ist eine erlaubnispflichtige Feuerwaffe in eine Waffe umgearbeitet worden, deren Erwerb und Besitz unter erleichterten und wegfallenden Erlaubnisvoraussetzungen möglich wäre, so richtet sich die Erlaubnispflicht nach derjenigen für die ursprüngliche Waffe, soweit nicht etwas anderes bestimmt ist.

Unterabschnitt 2: Erlaubnisfreie Arten des Umgangs

1. Erlaubnisfreier Erwerb und Besitz

1.1
Druckluft-, Federdruckwaffen und Waffen, bei denen zum Antrieb der Geschosse kalte Treibgase Verwendung finden, wenn den Geschossen eine Bewegungsenergie von nicht mehr als 7,5 Joule erteilt wird und die das Kennzeichen nach Anlage 1 Abbildung 1 zur Ersten Verordnung zum Waffengesetz vom 24. Mai 1976 (BGBl. I S. 1285) in der zum Zeitpunkt des Inkrafttretens dieses Gesetzes geltenden Fassung oder ein durch Rechtsverordnung nach § 25 Nummer 1 bestimmtes Zeichen tragen;

1.2
Druckluft-, Federdruckwaffen und Waffen, bei denen zum Antrieb der Geschosse kalte Treibgase Verwendung finden, die vor dem 1. Januar 1970 oder in dem in Artikel 3 des Einigungsvertrages genannten Gebiet vor dem 2. April 1991 hergestellt und entsprechend den zu diesem Zeitpunkt geltenden Bestimmungen in den Handel gebracht worden sind;

1.3
Schreckschuss-, Reizstoff- und Signalwaffen,

a) die der zugelassenen Bauart nach § 8 des Beschussgesetzes entsprechen und das Zulassungszeichen nach Anlage 1 Abbildung 2 zur Ersten Verordnung zum Waffengesetz vom 24. Mai 1976 (BGBl. I S. 1285) in der zum Zeitpunkt des Inkrafttretens dieses Gesetzes geltenden Fassung oder ein durch Rechtsverordnung nach § 25 Nummer 1 bestimmtes Zeichen tragen oder
b) die den Rechtsvorschriften eines anderen Mitgliedstaates entsprechen, die dieser der Europäischen Kommission nach Artikel 4 Absatz 2 der Durchführungsrichtlinie (EU) 2019/69 der Kommission vom 16. Januar 2019 zur Festlegung technischer Spezifikationen für Schreckschuss- und Signalwaffen gemäß der Richtlinie 91/477/EWG des Rates über die Kontrolle des Erwerbs und des Besitzes von Waffen als Maßnahme zur Umsetzung dieser Durchführungsrichtlinie mitgeteilt hat;

1.4
Kartuschenmunition für die in Nummer 1.3 bezeichneten Schusswaffen;

1.5
einläufige Einzelladerwaffen mit Zündhütchenzündung (Perkussionswaffen), deren Modell vor dem 1. Januar 1871 entwickelt worden ist;

1.6
Schusswaffen mit Lunten- oder Funkenzündung, deren Modell vor dem 1. Januar 1871 entwickelt worden ist;

1.7
Schusswaffen mit Zündnadelzündung, deren Modell vor dem 1. Januar 1871 entwickelt worden ist;

1.8
Armbrüste;

1.9
Kartuschenmunition für die nach Anlage 1 Abschnitt 1 Unterabschnitt 1 Nummer 1.5 abgeänderten Schusswaffen sowie für Schussapparate nach § 7 des Beschussgesetzes;

1.10
pyrotechnische Munition, die das Zulassungszeichen nach Anlage II Abbildung 5 zur Dritten Verordnung zum Waffengesetz in der Fassung der Bekanntmachung vom 2. September 1991 (BGBl. I S. 1872) mit der Klassenbezeichnung PM I trägt.

2. Erlaubnisfreier Erwerb durch Inhaber einer Waffenbesitzkarte (unbeschadet der Anzeige- und Eintragungspflichten nach den §§ 37a und 37g)

2.1
Wechsel- und Austauschläufe gleichen oder geringeren Kalibers einschließlich der für diese Läufe erforderlichen auswechselbaren Verschlüsse (Wechselsysteme);

2.2
Wechseltrommeln, aus denen nur Munition verschossen werden kann, bei der gegenüber der für die Waffe bestimmten Munition Geschossdurchmesser und höchstzulässiger Gebrauchsgasdruck gleich oder geringer sind;
für Schusswaffen, die bereits in der Waffenbesitzkarte des Inhabers einer Erlaubnis eingetragen sind.

2a. Erlaubnisfreier Erwerb und Besitz durch Inhaber einer Waffenbesitzkarte
Einsteckläufe und dazugehörige Verschlüsse (Einstecksysteme) sowie Einsätze, die dazu bestimmt sind, Munition mit kleinerer Abmessung zu verschießen, und die keine Einsteckläufe sind;
für Schusswaffen, die bereits in der Waffenbesitzkarte des Inhabers einer Erlaubnis eingetragen sind.

2b.
Erlaubnisfreier Erwerb und Besitz und erlaubnisfreies Überlassen unbeschadet der Anzeigepflicht nach § 37d von unbrauchbar gemachten Schusswaffen.

3. Erlaubnisfreies Führen

3.1
Schusswaffen mit Lunten- oder Funkenzündung, deren Modell vor dem 1. Januar 1871 entwickelt worden ist;

3.2
Armbrüste;

3.3
unbrauchbar gemachte Schusswaffen.

4. Erlaubnisfreier Handel und erlaubnisfreie Herstellung

4.1
Schusswaffen mit Lunten- oder Funkenzündung, deren Modell vor dem 1. Januar 1871 entwickelt worden ist;

4.2
Armbrüste.

5. Erlaubnisfreier Handel

5.1
Einläufige Einzelladerwaffen mit Zündhütchenzündung (Perkussionswaffen), deren Modell vor dem 1. Januar 1871 entwickelt worden ist;

5.2
Schusswaffen mit Zündnadelzündung, deren Modell vor dem 1. Januar 1871 entwickelt worden ist;

5.3
unbrauchbar gemachte Schusswaffen.

6. Erlaubnisfreie nichtgewerbsmäßige Herstellung

6.1
Munition.

7. Erlaubnisfreies Verbringen und erlaubnisfreie Mitnahme in den, durch den oder aus dem Geltungsbereich des Gesetzes

7.1
Druckluft-, Federdruckwaffen und Waffen, bei denen zum Antrieb der Geschosse kalte Treibgase Verwendung finden, sofern sie den Voraussetzungen der Nummer 1.1 oder 1.2 entsprechen;

7.2
Schreckschuss-, Reizstoff- und Signalwaffen,
a) die der zugelassenen Bauart nach § 8 des Beschussgesetzes entsprechen und das Zulassungszeichen nach Anlage 1 Abbildung 2 zur Ersten Verordnung zum Waffengesetz vom 24. Mai 1976 (BGBl. I S. 1285) in der zum Zeitpunkt des Inkrafttretens dieses Gesetzes geltenden Fassung oder ein durch Rechtsverordnung nach § 25 Nummer 1 bestimmtes Zeichen tragen oder
b) die den Rechtsvorschriften eines anderen Mitgliedstaates entsprechen, die dieser der Europäischen Kommission nach Artikel 4 Absatz 2 der Durchführungsrichtlinie (EU) 2019/69 der Kommission vom 16. Januar 2019 zur Festlegung technischer Spezifikationen für Schreckschuss- und Signalwaffen gemäß der Richtlinie 91/477/EWG des Rates über die Kontrolle des Erwerbs und des Besitzes von Waffen als Maßnahme zur Umsetzung dieser Durchführungsrichtlinie mitgeteilt hat;

7.3
unbrauchbar gemachte Schusswaffen;

7.4
Munition für die in Nummer 7.2. bezeichneten Waffen;

7.5
einläufige Einzelladerwaffen mit Zündhütchenzündung (Perkussionswaffen), deren Modell vor dem 1. Januar 1871 entwickelt worden ist;

7.6
Schusswaffen mit Lunten- oder Funkenzündung oder mit Zündnadelzündung, deren Modell vor dem 1. Januar 1871 entwickelt worden ist;

7.7
Armbrüste;

7.8
pyrotechnische Munition, die das Zulassungszeichen nach Anlage II Abbildung 5 zur Dritten Verordnung zum Waffengesetz in der Fassung der Bekanntmachung vom 2. September 1991 (BGBl. I S. 1872) mit der Klassenbezeichnung PM I trägt;

7.9
Kartuschenmunition für Salutwaffen nach Anlage 1 Abschnitt 1 Unterabschnitt 1 Nummer 1.5.1 sowie für Schussapparate nach § 7 des Beschussgesetzes.

8.
Erlaubnisfreies Verbringen und erlaubnisfreie Mitnahme aus dem Geltungsbereich dieses Gesetzes in einen Staat, der nicht Mitgliedstaat ist (Drittstaat)

8.1
Sämtliche Waffen im Sinne des § 1 Absatz 2 und die hierfür bestimmte Munition. Außenwirtschaftsrechtliche Genehmigungspflichten, insbesondere nach der in § 48 Absatz 3a genannten Verordnung (EU) Nr. 258/2012, bleiben hiervon unberührt.

9. Erlaubnisfreies Verbringen aus dem Geltungsbereich des Gesetzes in andere Mitgliedstaaten
Sämtliche Waffen im Sinne des § 1 Absatz 2 Nummer 1 und der dafür bestimmten Munition mit Ausnahme von Waffen oder Munition gemäß Anlage 1 Abschnitt 3.

10. Erlaubnisfreie Unbrauchbarmachung unbeschadet der Anzeigepflicht nach § 37b Absatz 2
Sämtliche Schusswaffen im Sinne des § 1 Absatz 2 Nummer 1.

Unterabschnitt 3: Entbehrlichkeit einzelner Erlaubnisvoraussetzungen

1. Erwerb und Besitz ohne Bedürfnisnachweis (§ 4 Abs. 1 Nr. 4)

1.1
Feuerwaffen, deren Geschossen eine Bewegungsenergie von nicht mehr als 7,5 Joule erteilt wird und die das Kennzeichen nach Anlage 1 Abbildung 1 der Ersten Verordnung zum Waffengesetz vom 24. Mai 1976 (BGBl. I S. 1285) in der zum Zeitpunkt des Inkrafttretens dieses Gesetzes geltenden Fassung oder ein durch Rechtsverordnung nach § 25 Nummer 1 bestimmtes Zeichen tragen;

1.2
für Waffen nach Nummer 1.1 bestimmte Munition.

2. Führen ohne Sachkunde-, Bedürfnis- und Haftpflichtversicherungsnachweis (§ 4 Abs. 1 Nr. 3 bis 5) – Kleiner Waffenschein

2.1
Schreckschuss-, Reizstoff- und Signalwaffen nach Unterabschnitt 2 Nr. 1.3.

Abschnitt 3:
Vom Gesetz ganz oder teilweise ausgenommene Waffen

Unterabschnitt 1: Vom Gesetz mit Ausnahme von § 2 Abs. 1 und § 41 ausgenommene Waffen
Unterwassersportgeräte, bei denen zum Antrieb der Geschosse keine Munition verwendet wird (Harpunengeräte).

Unterabschnitt 2: Vom Gesetz mit Ausnahme des § 42a ausgenommene Waffen

1.
Schusswaffen (Anlage 1 Abschnitt 1 Unterabschnitt 1 Nummer 1.1, ausgenommen Blasrohre),
a) die zum Spiel bestimmt sind, wenn aus ihnen nur Geschosse verschossen werden können, denen eine Bewegungsenergie von nicht mehr als 0,5 Joule (J) erteilt wird, es sei denn, sie können mit allgemein gebräuchlichen Werkzeugen so geändert werden, dass die Bewegungsenergie der Geschosse über 0,5 Joule (J) steigt, oder
b) die Spielzeuge im Sinne von Artikel 2 Absatz 1 der Richtlinie 2009/48/EG des Europäischen Parlaments und des Rates vom 18. Juni 2009 über die Sicherheit von Spielzeug (ABl. L 170 vom 30.6.2009, S. 1) sind, wenn sie
    aa) die Anforderungen nach Artikel 10 in Verbindung mit Anhang II Abschnitt 1 Nummer 8 der Richtlinie 2009/48/EG in der jeweils geltenden Fassung erfüllen und
    bb) die nach Artikel 16 Absatz 1 der Richtlinie 2009/48/EG erforderliche Kennzeichnung aufweisen.

2.
Schusswaffen (Anlage 1 Abschnitt 1 Unterabschnitt 1 Nr. 1.1), bei denen feste Körper durch Muskelkraft ohne Möglichkeit der Speicherung der so eingebrachten Antriebsenergie durch eine Sperrvorrichtung angetrieben werden (z.B. Blasrohre).

3.
Gegenstände, die zum Spiel bestimmt sind, wenn mit ihnen nur Zündblättchen, -bänder, -ringe (Amorces) oder Knallkorken abgeschossen werden können, es sei denn, sie können mit allgemein gebräuchlichen Werkzeugen in eine Schusswaffe oder einen anderen einer Schusswaffe gleichstehenden Gegenstand umgearbeitet werden.

4.
Nachbildungen von Schusswaffen nach Anlage 1 Abschnitt 1 Unterabschnitt 1 Nr. 6.

Jugendschutzgesetz (JuSchG)

Vom 23. Juli 2002 (BGBl. I S. 2730; 2003 I S. 476)
(FNA 2161-6)

zuletzt geändert durch Art. 12 G zur Durchführung der VO (EU) 2022/2065 vom 6. Mai 2024 (BGBl. 2024 I Nr. 149)

Nichtamtliche Inhaltsübersicht

Der Bundestag hat mit Zustimmung des Bundesrates das folgende Gesetz beschlossen:

Abschnitt 1
Allgemeines

§ 1 Begriffsbestimmungen

(1) Im Sinne dieses Gesetzes
1. sind Kinder Personen, die noch nicht 14 Jahre alt sind,
2. sind Jugendliche Personen, die 14, aber noch nicht 18 Jahre alt sind,
3. ist personensorgeberechtigte Person, wem allein oder gemeinsam mit einer anderen Person nach den Vorschriften des Bürgerlichen Gesetzbuchs die Personensorge zusteht,
4. ist erziehungsbeauftragte Person, jede Person über 18 Jahren, soweit sie auf Dauer oder zeitweise aufgrund einer Vereinbarung mit der personensorgeberechtigten Person Erziehungsaufgaben wahr-

nimmt oder soweit sie ein Kind oder eine jugendliche Person im Rahmen der Ausbildung oder der Jugendhilfe betreut.

(1a) Medien im Sinne dieses Gesetzes sind Trägermedien und digitale Dienste sowie abgrenzbare Inhalte innerhalb eines digitalen Dienstes im Sinne einer Bewertungseinheit.

(2) [1]Trägermedien im Sinne dieses Gesetzes sind Medien mit Texten, Bildern oder Tönen auf gegenständlichen Trägern, die zur Weitergabe geeignet, zur unmittelbaren Wahrnehmung bestimmt oder in einem Vorführ- oder Spielgerät eingebaut sind. [2]Dem gegenständlichen Verbreiten, Überlassen, Anbieten oder Zugänglichmachen von Trägermedien steht das elektronische Verbreiten, Überlassen, Anbieten oder Zugänglichmachen gleich, soweit es sich nicht um Rundfunk im Sinne des § 2 des Rundfunkstaatsvertrages handelt.

(3) Digitale Dienste im Sinne dieses Gesetzes sind digitale Dienste nach § 1 Absatz 4 Nummer 1 des Digitale-Dienste-Gesetzes.

(4) Versandhandel im Sinne dieses Gesetzes ist jedes entgeltliche Geschäft, das im Wege der Bestellung und Übersendung einer Ware durch Postversand oder elektronischen Versand ohne persönlichen Kontakt zwischen Lieferant und Besteller oder ohne dass durch technische oder sonstige Vorkehrungen sichergestellt ist, dass kein Versand an Kinder und Jugendliche erfolgt, vollzogen wird.

(5) Die Vorschriften der §§ 2 bis 14 dieses Gesetzes gelten nicht für verheiratete Jugendliche.

(6) Diensteanbieter im Sinne dieses Gesetzes sind Diensteanbieter nach dem Digitale-Dienste-Gesetz in der jeweils geltenden Fassung.

§ 2 Prüfungs- und Nachweispflicht

(1) [1]Soweit es nach diesem Gesetz auf die Begleitung durch eine erziehungsbeauftragte Person ankommt, haben die in § 1 Abs. 1 Nr. 4 genannten Personen ihre Berechtigung auf Verlangen darzulegen. [2]Veranstalter und Gewerbetreibende haben in Zweifelsfällen die Berechtigung zu überprüfen.

(2) [1]Personen, bei denen nach diesem Gesetz Altersgrenzen zu beachten sind, haben ihr Lebensalter auf Verlangen in geeigneter Weise nachzuweisen. [2]Veranstalter und Gewerbetreibende haben in Zweifelsfällen das Lebensalter zu überprüfen.

§ 3 Bekanntmachung der Vorschriften

(1) Veranstalter und Gewerbetreibende haben die nach den §§ 4 bis 13 für ihre Betriebseinrichtungen und Veranstaltungen geltenden Vorschriften sowie bei öffentlichen Filmveranstaltungen die Alterseinstufung von Filmen oder die Anbieterkennzeichnung nach § 14 Abs. 7 durch deutlich sichtbaren und gut lesbaren Aushang bekannt zu machen.

(2) [1]Zur Bekanntmachung der Alterseinstufung von Filmen und von Spielprogrammen dürfen Veranstalter und Gewerbetreibende nur die in § 14 Abs. 2 genannten Kennzeichnungen verwenden. [2]Wer einen Film für öffentliche Filmveranstaltungen weitergibt, ist verpflichtet, den Veranstalter bei der Weitergabe auf die Alterseinstufung oder die Anbieterkennzeichnung nach § 14 Abs. 7 hinzuweisen. [3]Für Filme und Spielprogramme, die nach § 14 Abs. 2 von der obersten Landesbehörde oder einer Organisation der freiwilligen Selbstkontrolle im Rahmen des Verfahrens nach § 14 Abs. 6 gekennzeichnet sind, darf bei der Ankündigung oder Werbung weder auf jugendbeeinträchtigende Inhalte hingewiesen werden noch darf die Ankündigung oder Werbung in jugendbeeinträchtigender Weise erfolgen.

Abschnitt 2
Jugendschutz in der Öffentlichkeit

§ 4 Gaststätten

(1) [1]Der Aufenthalt in Gaststätten darf Kindern und Jugendlichen unter 16 Jahren nur gestattet werden, wenn eine personensorgeberechtigte oder erziehungsbeauftragte Person sie begleitet oder wenn sie in der Zeit zwischen 5 Uhr und 23 Uhr eine Mahlzeit oder ein Getränk einnehmen. [2]Jugendlichen ab 16 Jahren darf der Aufenthalt in Gaststätten ohne Begleitung einer personensorgeberechtigten oder erziehungsbeauftragten Person in der Zeit von 24 Uhr und 5 Uhr morgens nicht gestattet werden.

(2) Absatz 1 gilt nicht, wenn Kinder oder Jugendliche an einer Veranstaltung eines anerkannten Trägers der Jugendhilfe teilnehmen oder sich auf Reisen befinden.

(3) Der Aufenthalt in Gaststätten, die als Nachtbar oder Nachtclub geführt werden, und in vergleichbaren Vergnügungsbetrieben darf Kindern und Jugendlichen nicht gestattet werden.

(4) Die zuständige Behörde kann Ausnahmen von Absatz 1 genehmigen.

§ 5 Tanzveranstaltungen

(1) Die Anwesenheit bei öffentlichen Tanzveranstaltungen ohne Begleitung einer personensorgeberechtigten oder erziehungsbeauftragten Person darf Kindern und Jugendlichen unter 16 Jahren nicht und Jugendlichen ab 16 Jahren längstens bis 24 Uhr gestattet werden.

(2) Abweichend von Absatz 1 darf die Anwesenheit Kindern bis 22 Uhr und Jugendlichen unter 16 Jahren bis 24 Uhr gestattet werden, wenn die Tanzveranstaltung von einem anerkannten Träger der Jugendhilfe durchgeführt wird oder der künstlerischen Betätigung oder der Brauchtumspflege dient.

(3) Die zuständige Behörde kann Ausnahmen genehmigen.

§ 6 Spielhallen, Glücksspiele

(1) Die Anwesenheit in öffentlichen Spielhallen oder ähnlichen vorwiegend dem Spielbetrieb dienenden Räumen darf Kindern und Jugendlichen nicht gestattet werden.

(2) Die Teilnahme an Spielen mit Gewinnmöglichkeit in der Öffentlichkeit darf Kindern und Jugendlichen nur auf Volksfesten, Schützenfesten, Jahrmärkten, Spezialmärkten oder ähnlichen Veranstaltungen und nur unter der Voraussetzung gestattet werden, dass der Gewinn in Waren von geringem Wert besteht.

§ 7 Jugendgefährdende Veranstaltungen und Betriebe

[1]Geht von einer öffentlichen Veranstaltung oder einem Gewerbebetrieb eine Gefährdung für das körperliche, geistige oder seelische Wohl von Kindern oder Jugendlichen aus, so kann die zuständige Behörde anordnen, dass der Veranstalter oder Gewerbetreibende Kindern und Jugendlichen die Anwesenheit nicht gestatten darf. [2]Die Anordnung kann Altersbegrenzungen, Zeitbegrenzungen oder andere Auflagen enthalten, wenn dadurch die Gefährdung ausgeschlossen oder wesentlich gemindert wird.

§ 8 Jugendgefährdende Orte

[1]Hält sich ein Kind oder eine jugendliche Person an einem Ort auf, an dem ihm oder ihr eine unmittelbare Gefahr für das körperliche, geistige oder seelische Wohl droht, so hat die zuständige Behörde oder Stelle die zur Abwendung der Gefahr erforderlichen Maßnahmen zu treffen. [2]Wenn nötig, hat sie das Kind oder die jugendliche Person

1. zum Verlassen des Ortes anzuhalten,
2. der erziehungsberechtigten Person im Sinne des § 7 Abs. 1 Nr. 6 des Achten Buches Sozialgesetzbuch zuzuführen oder, wenn keine erziehungsberechtigte Person erreichbar ist, in die Obhut des Jugendamtes zu bringen.

[3]In schwierigen Fällen hat die zuständige Behörde oder Stelle das Jugendamt über den jugendgefährdenden Ort zu unterrichten.

§ 9 Alkoholische Getränke

(1) In Gaststätten, Verkaufsstellen oder sonst in der Öffentlichkeit dürfen

1. Bier, Wein, weinähnliche Getränke oder Schaumwein oder Mischungen von Bier, Wein, weinähnlichen Getränken oder Schaumwein mit nichtalkoholischen Getränken an Kinder und Jugendliche unter 16 Jahren,
2. andere alkoholische Getränke oder Lebensmittel, die andere alkoholische Getränke in nicht nur geringfügiger Menge enthalten, an Kinder und Jugendliche

weder abgegeben noch darf ihnen der Verzehr gestattet werden.

(2) [1]Absatz 1 Nummer 1 gilt nicht, wenn Jugendliche von einer personensorgeberechtigten Person begleitet werden.

(3) [1]In der Öffentlichkeit dürfen alkoholische Getränke nicht in Automaten angeboten werden. [2]Dies gilt nicht, wenn ein Automat

1. an einem für Kinder und Jugendliche unzugänglichen Ort aufgestellt ist oder
2. in einem gewerblich genutzten Raum aufgestellt und durch technische Vorrichtungen oder durch ständige Aufsicht sichergestellt ist, dass Kinder und Jugendliche alkoholische Getränke nicht entnehmen können.

[3]§ 20 Nr. 1 des Gaststättengesetzes bleibt unberührt.

(4) [1]Alkoholhaltige Süßgetränke im Sinne des § 1 Abs. 2 und 3 des Alkopopsteuergesetzes dürfen gewerbsmäßig nur mit dem Hinweis „Abgabe an Personen unter 18 Jahren verboten, § 9 Jugendschutzgesetz“ in den Verkehr gebracht werden. [2]Dieser Hinweis ist auf der Fertigpackung in der gleichen Schriftart und in der gleichen Größe und Farbe wie die Marken- oder Phantasienamen oder, soweit nicht vorhanden, wie die Verkehrsbezeichnung zu halten und bei Flaschen auf dem Frontetikett anzubringen.

§ 10 Rauchen in der Öffentlichkeit, Tabakwaren

(1) In Gaststätten, Verkaufsstellen oder sonst in der Öffentlichkeit dürfen Tabakwaren und andere nikotinhaltige Erzeugnisse und deren Behältnisse an Kinder oder Jugendliche weder abgegeben noch darf ihnen das Rauchen oder der Konsum nikotinhaltiger Produkte gestattet werden.

(2) [1]In der Öffentlichkeit dürfen Tabakwaren und andere nikotinhaltige Erzeugnisse und deren Behältnisse nicht in Automaten angeboten werden. [2]Dies gilt nicht, wenn ein Automat

1. an einem Kindern und Jugendlichen unzugänglichen Ort aufgestellt ist oder
2. durch technische Vorrichtungen oder durch ständige Aufsicht sichergestellt ist, dass Kinder und Jugendliche Tabakwaren und andere nikotinhaltige Erzeugnisse und deren Behältnisse nicht entnehmen können.

(3) Tabakwaren und andere nikotinhaltige Erzeugnisse und deren Behältnisse dürfen Kindern und Jugendlichen weder im Versandhandel angeboten noch an Kinder und Jugendliche im Wege des Versandhandels abgegeben werden.

(4) Die Absätze 1 bis 3 gelten auch für nikotinfreie Erzeugnisse, wie elektronische Zigaretten oder elektronische Shishas, in denen Flüssigkeit durch ein elektronisches Heizelement verdampft und die entstehenden Aerosole mit dem Mund eingeatmet werden, sowie für deren Behältnisse.

Abschnitt 3

Jugendschutz im Bereich der Medien

§ 10a Schutzziele des Kinder- und Jugendmedienschutzes

Zum Schutz im Bereich der Medien gehören

1. der Schutz vor Medien, die geeignet sind, die Entwicklung von Kindern oder Jugendlichen oder ihre Erziehung zu einer eigenverantwortlichen und gemeinschaftsfähigen Persönlichkeit zu beeinträchtigen (entwicklungsbeeinträchtigende Medien),
2. der Schutz vor Medien, die geeignet sind, die Entwicklung von Kindern oder Jugendlichen oder ihre Erziehung zu einer eigenverantwortlichen und gemeinschaftsfähigen Persönlichkeit zu gefährden (jugendgefährdende Medien),
3. der Schutz der persönlichen Integrität von Kindern und Jugendlichen bei der Mediennutzung und
4. die Förderung von Orientierung für Kinder, Jugendliche, personensorgeberechtigte Personen sowie pädagogische Fachkräfte bei der Mediennutzung und Medienerziehung; die Vorschriften des Achten Buches Sozialgesetzbuch bleiben unberührt.

§ 10b Entwicklungsbeeinträchtigende Medien

(1) Zu den entwicklungsbeeinträchtigenden Medien nach § 10a Nummer 1 zählen insbesondere übermäßig ängstigende, Gewalt befürwortende oder das sozialethische Wertebild beeinträchtigende Medien.

(2) Bei der Beurteilung der Entwicklungsbeeinträchtigung können auch außerhalb der medieninhaltlichen Wirkung liegende Umstände der jeweiligen Nutzung des Mediums berücksichtigt werden, wenn diese auf Dauer angelegter Bestandteil des Mediums sind und eine abweichende Gesamtbeurteilung über eine Kennzeichnung nach § 14 Absatz 2a hinaus rechtfertigen.

(3) [1]Insbesondere sind nach konkreter Gefahrenprognose als erheblich einzustufende Risiken für die persönliche Integrität von Kindern und Jugendlichen, die im Rahmen der Nutzung des Mediums auftreten können, unter Einbeziehung etwaiger Vorsorgemaßnahmen im Sinne des § 24a Absatz 1 und 2 angemessen zu berücksichtigen. [2]Hierzu zählen insbesondere Risiken durch Kommunikations- und Kontaktfunktionen, durch Kauffunktionen, durch glücksspielähnliche Mechanismen, durch Mechanismen zur Förderung eines exzessiven Mediennutzungsverhaltens, durch die Weitergabe von Bestands- und Nutzungsdaten ohne Einwilligung an Dritte sowie durch nicht altersgerechte Kaufappelle insbesondere durch werbende Verweise auf andere Medien.

§ 11 Filmveranstaltungen

(1) Die Anwesenheit bei öffentlichen Filmveranstaltungen darf Kindern und Jugendlichen nur gestattet werden, wenn die Filme von der obersten Landesbehörde oder einer Organisation der freiwilligen Selbstkontrolle im Rahmen des Verfahrens nach § 14 Abs. 6 zur Vorführung vor ihnen freigegeben worden sind oder wenn es sich um Informations-, Instruktions- und Lehrfilme handelt, die vom Anbieter mit „Infoprogramm“ oder „Lehrprogramm“ gekennzeichnet sind.

(2) Abweichend von Absatz 1 darf die Anwesenheit bei öffentlichen Filmveranstaltungen mit Filmen, die für Kinder und Jugendliche ab zwölf Jahren freigegeben und gekennzeichnet sind, auch Kindern ab sechs Jahren gestattet werden, wenn sie von einer personensorgeberechtigten oder erziehungsbeauftragten Person begleitet sind.

(3) Unbeschadet der Voraussetzungen des Absatzes 1 darf die Anwesenheit bei öffentlichen Filmveranstaltungen nur mit Begleitung einer personensorgeberechtigten oder erziehungsbeauftragten Person gestattet werden

1. Kindern unter sechs Jahren,
2. Kindern ab sechs Jahren, wenn die Vorführung nach 20 Uhr beendet ist,
3. Jugendlichen unter 16 Jahren, wenn die Vorführung nach 22 Uhr beendet ist,
4. Jugendlichen ab 16 Jahren, wenn die Vorführung nach 24 Uhr beendet ist.

(4) [1]Die Absätze 1 bis 3 gelten für die öffentliche Vorführung von Filmen unabhängig von der Art der Aufzeichnung und Wiedergabe. [2]Sie gelten auch für Werbevorspanne und Beiprogramme. [3]Sie gelten nicht für Filme, die zu nichtgewerblichen Zwecken hergestellt werden, solange die Filme nicht gewerblich genutzt werden.

(5) Werbefilme oder Werbeprogramme, die für alkoholische Getränke werben, dürfen unbeschadet der Voraussetzungen der Absätze 1 bis 4 nur nach 18 Uhr vorgeführt werden.

(6) Werbefilme oder Werbeprogramme, die für Tabakerzeugnisse, elektronische Zigaretten oder Nachfüllbehälter im Sinne des § 1 Absatz 1 Nummer 1 des Tabakerzeugnisgesetzes werben, dürfen nur im Zusammenhang mit Filmen vorgeführt werden, die

1. von der obersten Landesbehörde oder einer Organisation der freiwilligen Selbstkontrolle im Rahmen des Verfahrens nach § 14 Absatz 6 mit „Keine Jugendfreigabe“ nach § 14 Absatz 2 gekennzeichnet sind oder
2. nicht nach den Vorschriften dieses Gesetzes gekennzeichnet sind.

§ 12 Bildträger mit Filmen oder Spielen

(1) Zur Weitergabe geeignete, für die Wiedergabe auf oder das Spiel an Bildschirmgeräten mit Filmen oder Spielen programmierte Datenträger (Bildträger) dürfen einem Kind oder einer jugendlichen Person in der Öffentlichkeit nur zugänglich gemacht werden, wenn die Programme von der obersten Landesbehörde oder einer Organisation der freiwilligen Selbstkontrolle im Rahmen des Verfahrens nach § 14 Abs. 6 für ihre Altersstufe freigegeben und gekennzeichnet worden sind oder wenn es sich um Informations-, Instruktions- und Lehrprogramme handelt, die vom Anbieter mit „Infoprogramm“ oder „Lehrprogramm“ gekennzeichnet sind.

(2) [1]Auf die Kennzeichnungen nach Absatz 1 ist auf dem Bildträger und der Hülle mit einem deutlich sichtbaren Zeichen hinzuweisen. [2]Das Zeichen ist auf der Frontseite der Hülle links unten auf einer Fläche von mindestens 1 200 Quadratmillimetern und dem Bildträger auf einer Fläche von mindestens 250 Quadratmillimetern anzubringen. [3]Die oberste Landesbehörde kann

1. Näheres über Inhalt, Größe, Form, Farbe und Anbringung der Zeichen anordnen und
2. Ausnahmen für die Anbringung auf dem Bildträger oder der Hülle genehmigen.

[4]Anbieter von digitalen Diensten, die Filme und Spielprogramme verbreiten, müssen auf eine vorhandene Kennzeichnung in ihrem Angebot deutlich hinweisen.

(3) Bildträger, die nicht oder mit „Keine Jugendfreigabe“ nach § 14 Abs. 2 von der obersten Landesbehörde oder einer Organisation der freiwilligen Selbstkontrolle im Rahmen des Verfahrens nach § 14 Abs. 6 oder nach § 14 Abs. 7 vom Anbieter gekennzeichnet sind, dürfen

1. einem Kind oder einer jugendlichen Person nicht angeboten, überlassen oder sonst zugänglich gemacht werden,
2. nicht im Einzelhandel außerhalb von Geschäftsräumen, in Kiosken oder anderen Verkaufsstellen, die Kunden nicht zu betreten pflegen, oder im Versandhandel angeboten oder überlassen werden.

(4) Automaten zur Abgabe bespielter Bildträger dürfen

1. auf Kindern oder Jugendlichen zugänglichen öffentlichen Verkehrsflächen,
2. außerhalb von gewerblich oder in sonstiger Weise beruflich oder geschäftlich genutzten Räumen oder
3. in deren unbeaufsichtigten Zugängen, Vorräumen oder Fluren

nur aufgestellt werden, wenn ausschließlich nach § 14 Abs. 2 Nr. 1 bis 4 gekennzeichnete Bildträger angeboten werden und durch technische Vorkehrungen gesichert ist, dass sie von Kindern und Jugendlichen, für deren Altersgruppe ihre Programme nicht nach § 14 Abs. 2 Nr. 1 bis 4 freigegeben sind, nicht bedient werden können.

(5) [1]Bildträger, die Auszüge von Filme[1)] und Spielprogrammen enthalten, dürfen abweichend von den Absätzen 1 und 3 im Verbund mit periodischen Druckschriften nur vertrieben werden, wenn sie mit einem Hinweis des Anbieters versehen sind, der deutlich macht, dass eine Organisation der freiwilligen Selbstkontrolle festgestellt hat, dass diese Auszüge keine Jugendbeeinträchtigungen enthalten. [2]Der Hinweis ist

1) Richtig wohl: „Filmen“.

sowohl auf der periodischen Druckschrift als auch auf dem Bildträger vor dem Vertrieb mit einem deutlich sichtbaren Zeichen anzubringen. [3]Absatz 2 Satz 1 bis 3 gilt entsprechend. [4]Die Berechtigung nach Satz 1 kann die oberste Landesbehörde für einzelne Anbieter ausschließen.

§ 13 Bildschirmspielgeräte

(1) Das Spielen an elektronischen Bildschirmspielgeräten ohne Gewinnmöglichkeit, die öffentlich aufgestellt sind, darf Kindern und Jugendlichen ohne Begleitung einer personensorgeberechtigten oder erziehungsbeauftragten Person nur gestattet werden, wenn die Programme von der obersten Landesbehörde oder einer Organisation der freiwilligen Selbstkontrolle im Rahmen des Verfahrens nach § 14 Abs. 6 für ihre Altersstufe freigegeben und gekennzeichnet worden sind oder wenn es sich um Informations-, Instruktions- oder Lehrprogramme handelt, die vom Anbieter mit „Infoprogramm" oder „Lehrprogramm" gekennzeichnet sind.

(2) Elektronische Bildschirmspielgeräte dürfen

1. auf Kindern oder Jugendlichen zugänglichen öffentlichen Verkehrsflächen,
2. außerhalb von gewerblich oder in sonstiger Weise beruflich oder geschäftlich genutzten Räumen oder
3. in deren unbeaufsichtigten Zugängen, Vorräumen oder Fluren

nur aufgestellt werden, wenn ihre Programme für Kinder ab sechs Jahren freigegeben und gekennzeichnet oder nach § 14 Abs. 7 mit „Infoprogramm" oder „Lehrprogramm" gekennzeichnet sind.

(3) Auf das Anbringen der Kennzeichnungen auf Bildschirmspielgeräten findet § 12 Abs. 2 Satz 1 bis 3 entsprechende Anwendung.

§ 14 Kennzeichnung von Filmen und Spielprogrammen

(1) Filme und Spielprogramme dürfen nicht für Kinder und Jugendliche freigegeben werden, wenn sie für Kinder und Jugendliche in der jeweiligen Altersstufe entwicklungsbeeinträchtigend sind.

(2) Die oberste Landesbehörde oder eine Organisation der freiwilligen Selbstkontrolle im Rahmen des Verfahrens nach Absatz 6 kennzeichnet die Filme und Spielprogramme mit

1. „Freigegeben ohne Altersbeschränkung",
2. „Freigegeben ab sechs Jahren",
3. „Freigegeben ab zwölf Jahren",
4. „Freigegeben ab sechzehn Jahren",
5. „Keine Jugendfreigabe".

(2a) [1]Die oberste Landesbehörde oder eine Organisation der freiwilligen Selbstkontrolle soll im Rahmen des Verfahrens nach Absatz 6 über die Altersstufen des Absatzes 2 hinaus Filme und Spielprogramme mit Symbolen und weiteren Mitteln kennzeichnen, mit denen die wesentlichen Gründe für die Altersfreigabe des Mediums und dessen potenzielle Beeinträchtigung der persönlichen Integrität angegeben werden. [2]Die oberste Landesbehörde kann Näheres über die Ausgestaltung und Anbringung der Symbole und weiteren Mittel anordnen.

(3) [1]Hat ein Film oder ein Spielprogramm nach Einschätzung der obersten Landesbehörde oder einer Organisation der freiwilligen Selbstkontrolle im Rahmen des Verfahrens nach Absatz 6 einen der in § 15 Abs. 2 Nr. 1 bis 5 bezeichneten Inhalte oder ist es in die Liste nach § 18 aufgenommen, wird es nicht gekennzeichnet. [2]Die oberste Landesbehörde hat Tatsachen, die auf einen Verstoß gegen § 15 Abs. 1 schließen lassen, der zuständigen Strafverfolgungsbehörde mitzuteilen.

(4) [1]Ist ein Film oder ein Spielprogramm mit einem in die Liste nach § 18 aufgenommenen Medium ganz oder im Wesentlichen inhaltsgleich, ist die Kennzeichnung ausgeschlossen. [2]Über das Vorliegen einer Inhaltsgleichheit entscheidet die Prüfstelle für jugendgefährdende Medien. [3]Satz 1 gilt entsprechend, wenn die Voraussetzungen für eine Aufnahme in die Liste vorliegen. [4]In Zweifelsfällen führt die oberste Landesbehörde oder eine Organisation der freiwilligen Selbstkontrolle im Rahmen des Verfahrens nach Absatz 6 eine Entscheidung der Prüfstelle für jugendgefährdende Medien herbei.

(4a) Absatz 4 gilt nicht für Freigabeentscheidungen nach § 11 Absatz 1.

(5) [1]Die Kennzeichnungen von Filmen gelten auch für die Vorführung in öffentlichen Filmveranstaltungen von inhaltsgleichen Filmen, wenn und soweit die obersten Landesbehörden nicht in der Vereinbarung zum Verfahren nach Absatz 6 etwas Anderes bestimmen. [2]Die Kennzeichnung von Filmen für öffentliche Filmveranstaltungen können auf inhaltsgleiche Filme für Bildträger, Bildschirmspielgeräte und digitale Dienste übertragen werden; Absatz 4 gilt entsprechend.

(6) [1]Die obersten Landesbehörden können ein gemeinsames Verfahren für die Freigabe und Kennzeichnung der Filme sowie Spielprogramme auf der Grundlage der Ergebnisse der Prüfung durch von Verbänden der Wirtschaft getragene oder unterstützte Organisationen freiwilliger Selbstkontrolle vereinbaren. [2]Im Rahmen dieser Vereinbarung kann bestimmt werden, dass die Freigaben und Kennzeichnungen

durch eine Organisation der freiwilligen Selbstkontrolle Freigaben und Kennzeichnungen der obersten Landesbehörden aller Länder sind, soweit nicht eine oberste Landesbehörde für ihren Bereich eine abweichende Entscheidung trifft. [3]Nach den Bestimmungen des Jugendmedienschutz-Staatsvertrages anerkannte Einrichtungen der freiwilligen Selbstkontrolle können nach den Sätzen 1 und 2 eine Vereinbarung mit den obersten Landesbehörden schließen.

(6a) [1]Das gemeinsame Verfahren nach Absatz 6 soll vorsehen, dass von der zentralen Aufsichtsstelle der Länder für den Jugendmedienschutz bestätigte Altersbewertungen nach dem Jugendmedienschutz-Staatsvertrag oder Altersbewertungen der Veranstalter des öffentlich-rechtlichen Rundfunks als Freigaben im Sinne des Absatzes 6 Satz 2 wirken, sofern dies mit der Spruchpraxis der obersten Landesbehörden nicht unvereinbar ist. [2]Die Absätze 3 und 4 bleiben unberührt.

(7) [1]Filme und Spielprogramme zu Informations-, Instruktions- oder Lehrzwecken dürfen vom Anbieter mit „Infoprogramm" oder „Lehrprogramm" nur gekennzeichnet werden, wenn sie offensichtlich nicht die Entwicklung oder Erziehung von Kindern und Jugendlichen beeinträchtigen. [2]Die Absätze 1 bis 5 finden keine Anwendung. [3]Die oberste Landesbehörde kann das Recht zur Anbieterkennzeichnung für einzelne Anbieter oder für besondere Filme und Spielprogramme ausschließen und durch den Anbieter vorgenommene Kennzeichnungen aufheben.

(8) Enthalten Filme, Bildträger oder Bildschirmspielgeräte neben den zu kennzeichnenden Filmen oder Spielprogrammen Titel, Zusätze oder weitere Darstellungen in Texten, Bildern oder Tönen, bei denen in Betracht kommt, dass sie die Entwicklung oder Erziehung von Kindern oder Jugendlichen beeinträchtigen, so sind diese bei der Entscheidung über die Kennzeichnung mit zu berücksichtigen.

(9) Die Absätze 1 bis 6 und 8 gelten für die Kennzeichnung von zur Verbreitung in digitalen Diensten bestimmten und kennzeichnungsfähigen Filmen und Spielprogrammen entsprechend.

(10) Die oberste Landesbehörde kann Näheres über die Ausgestaltung und Anbringung der Kennzeichnung nach § 14a Absatz 1 mit den Einrichtungen der freiwilligen Selbstkontrolle vereinbaren.

§ 14a Kennzeichnung bei Film- und Spielplattformen

(1) [1]Film- und Spielplattformen sind Diensteanbieter, die Filme oder Spielprogramme in einem Gesamtangebot zusammenfassen und mit Gewinnerzielungsabsicht als eigene Inhalte zum individuellen Abruf zu einem von den Nutzerinnen und Nutzern gewählten Zeitpunkt bereithalten. [2]Film- und Spielplattformen nach Satz 1 dürfen einen Film oder ein Spielprogramm nur bereithalten, wenn sie gemäß den Altersstufen des § 14 Absatz 2 mit einer entsprechenden deutlich wahrnehmbaren Kennzeichnung versehen sind, die

1. im Rahmen des Verfahrens des § 14 Absatz 6 oder
2. durch eine nach § 19 des Jugendmedienschutz-Staatsvertrages anerkannte Einrichtung der freiwilligen Selbstkontrolle oder durch einen von einer Einrichtung der freiwilligen Selbstkontrolle zertifizierten Jugendschutzbeauftragten nach § 7 des Jugendmedienschutz-Staatsvertrages oder,
3. wenn keine Kennzeichnung im Sinne der Nummer 1 oder 2 gegeben ist, durch ein von den obersten Landesbehörden anerkanntes automatisiertes Bewertungssystem einer im Rahmen einer Vereinbarung nach § 14 Absatz 6 tätigen Einrichtung der freiwilligen Selbstkontrolle

vorgenommen wurde. [3]Die §§ 10b und 14 Absatz 2a gelten entsprechend.

(2) [1]Der Diensteanbieter ist von der Pflicht nach Absatz 1 Satz 2 befreit, wenn die Film- oder Spielplattform im Inland nachweislich weniger als eine Million Nutzerinnen und Nutzer hat. [2]Die Pflicht besteht zudem bei Filmen und Spielprogrammen nicht, bei denen sichergestellt ist, dass sie ausschließlich Erwachsenen zugänglich gemacht werden.

(3) [1]Die Vorschrift findet auch auf Diensteanbieter Anwendung, deren Sitzland nicht Deutschland ist. [2]Die §§ 2 und 3 des Digitale-Dienste-Gesetzes bleiben unberührt.

§ 15 Jugendgefährdende Medien

(1) Medien, deren Aufnahme in die Liste jugendgefährdender Medien nach § 24 Abs. 3 Satz 1 bekannt gemacht ist, dürfen als Trägermedien nicht

1. einem Kind oder einer jugendlichen Person angeboten, überlassen oder sonst zugänglich gemacht werden,
2. an einem Ort, der Kindern oder Jugendlichen zugänglich ist oder von ihnen eingesehen werden kann, ausgestellt, angeschlagen, vorgeführt oder sonst zugänglich gemacht werden,
3. im Einzelhandel außerhalb von Geschäftsräumen, in Kiosken oder anderen Verkaufsstellen, die Kunden nicht zu betreten pflegen, im Versandhandel oder in gewerblichen Leihbüchereien oder Lesezirkeln einer anderen Person angeboten oder überlassen werden,
4. im Wege gewerblicher Vermietung oder vergleichbarer gewerblicher Gewährung des Gebrauchs, ausgenommen in Ladengeschäften, die Kindern und Jugendlichen nicht zugänglich sind und von ihnen nicht eingesehen werden können, einer anderen Person angeboten oder überlassen werden,

5. im Wege des Versandhandels eingeführt werden,
6. öffentlich an einem Ort, der Kindern oder Jugendlichen zugänglich ist oder von ihnen eingesehen werden kann, oder durch Verbreiten von Trägermedien oder digitalen Diensten außerhalb des Geschäftsverkehrs mit dem einschlägigen Handel angeboten, angekündigt oder angepriesen werden,
7. hergestellt, bezogen, geliefert, vorrätig gehalten oder eingeführt werden, um sie oder aus ihnen gewonnene Stücke im Sinne der Nummern 1 bis 6 zu verwenden oder einer anderen Person eine solche Verwendung zu ermöglichen.

(1a) Medien, deren Aufnahme in die Liste jugendgefährdender Medien nach § 24 Absatz 3 Satz 1 bekannt gemacht ist, dürfen als Inhalte eines digitalen Dienstes nicht an einem Ort, der Kindern oder Jugendlichen zugänglich ist oder von ihnen eingesehen werden kann, vorgeführt werden.

(2) Den Beschränkungen des Absatzes 1 unterliegen, ohne dass es einer Aufnahme in die Liste und einer Bekanntmachung bedarf, schwer jugendgefährdende Trägermedien, die

1. einen der in § 86, § 130, § 130a, § 131, § 184, § 184a, § 184b oder § 184c des Strafgesetzbuches bezeichneten Inhalte haben,
2. den Krieg verherrlichen,
3. Menschen, die sterben oder schweren körperlichen oder seelischen Leiden ausgesetzt sind oder waren, in einer die Menschenwürde verletzenden Weise darstellen und ein tatsächliches Geschehen wiedergeben, ohne dass ein überwiegendes berechtigtes Interesse gerade an dieser Form der Berichterstattung vorliegt,

3a. besonders realistische, grausame und reißerische Darstellungen selbstzweckhafter Gewalt beinhalten, die das Geschehen beherrschen,

4. Kinder oder Jugendliche in unnatürlicher, geschlechtsbetonter Körperhaltung darstellen oder
5. offensichtlich geeignet sind, die Entwicklung von Kindern oder Jugendlichen oder ihre Erziehung zu einer eigenverantwortlichen und gemeinschaftsfähigen Persönlichkeit schwer zu gefährden.

(3) Den Beschränkungen des Absatzes 1 unterliegen auch, ohne dass es einer Aufnahme in die Liste und einer Bekanntmachung bedarf, Trägermedien, die mit einem Medium, dessen Aufnahme in die Liste bekannt gemacht ist, ganz oder im Wesentlichen inhaltsgleich sind.

(4) Die Liste der jugendgefährdenden Medien darf nicht zum Zweck der geschäftlichen Werbung abgedruckt oder veröffentlicht werden.

(5) Bei geschäftlicher Werbung für Trägermedien darf nicht darauf hingewiesen werden, dass ein Verfahren zur Aufnahme des Mediums oder eines inhaltsgleichen Mediums in die Liste anhängig ist oder gewesen ist.

(6) Soweit die Lieferung erfolgen darf, haben Gewerbetreibende vor Abgabe an den Handel die Händler auf die Vertriebsbeschränkungen des Absatzes 1 Nr. 1 bis 6 hinzuweisen.

§ 16 Landesrecht

[1]Die Länder können im Bereich der digitalen Dienste über dieses Gesetz hinausgehende Regelungen zum Jugendschutz treffen. [2]Die an die Inhalte von digitalen Diensten zu richtenden besonderen Anforderungen ergeben sich aus dem Jugendmedienschutz-Staatsvertrag.

Abschnitt 4
Bundeszentrale für Kinder- und Jugendmedienschutz

§ 17 Zuständige Bundesbehörde und Leitung

(1) Zuständig für die Durchführung der Aufgaben, die nach diesem Gesetz in bundeseigener Verwaltung ausgeführt werden, ist die Bundesprüfstelle für jugendgefährdende Medien als selbstständige Bundesoberbehörde; sie erhält die Bezeichnung „Bundeszentrale für Kinder- und Jugendmedienschutz" (Bundeszentrale) und untersteht dem Bundesministerium für Familie, Senioren, Frauen und Jugend.

(2) Die Bundeszentrale wird von einer Direktorin oder einem Direktor geleitet (Behördenleitung).

§ 17a Aufgaben

(1) Die Bundeszentrale unterhält eine Prüfstelle für jugendgefährdende Medien, die über die Aufnahme von Medien in die Liste jugendgefährdender Medien nach § 18 und über Streichungen aus dieser Liste entscheidet.

(2) [1]Die Bundeszentrale fördert durch geeignete Maßnahmen die Weiterentwicklung des Kinder- und Jugendmedienschutzes. [2]Hierzu gehören insbesondere

1. die Förderung einer gemeinsamen Verantwortungsübernahme von Staat, Wirtschaft und Zivilgesellschaft zur Koordinierung einer Gesamtstrategie zur Verwirklichung der Schutzziele des § 10a,

2. die Nutzbarmachung und Weiterentwicklung der aus der Gesamtheit der Spruchpraxis der Prüfstelle abzuleitenden Erkenntnisse hinsichtlich durch Medien verursachter sozialethischer Desorientierung von Kindern und Jugendlichen, insbesondere durch Orientierungshilfen für Kinder und Jugendliche, personensorgeberechtigte Personen, Fachkräfte und durch Förderung öffentlicher Diskurse sowie
3. ein regelmäßiger Informationsaustausch mit den im Bereich des Kinder- und Jugendmedienschutzes tätigen Institutionen hinsichtlich der jeweiligen Spruchpraxis.

(3) Die Bundeszentrale kann zur Erfüllung ihrer Aufgabe aus Absatz 2 Maßnahmen, die von überregionaler Bedeutung sind, fördern oder selbst durchführen.

§ 17b Beirat

[1]Die Bundeszentrale richtet einen Beirat ein, der sie bei der Erfüllung der Aufgaben nach § 17a Absatz 2 Satz 1 berät. [2]Dem Beirat gehören bis zu zwölf Personen an, die sich in besonderer Weise für die Verwirklichung der Rechte und den Schutz von Kindern und Jugendlichen einsetzen. [3]Vertretungen der Interessen von Kindern und Jugendlichen stehen drei Plätze zu. [4]Hiervon sind zwei Sitze mit Personen zu besetzen, die zum Zeitpunkt ihrer Berufung höchstens 17 Jahre alt sind und von auf Bundesebene tätigen Vertretungen der Interessen von Kindern und Jugendlichen vorgeschlagen wurden. [5]Die Berufung von Beiratsmitgliedern erfolgt durch die Bundeszentrale für eine Dauer von jeweils drei Jahren. [6]Das Nähere regelt eine Geschäftsordnung.

§ 18 Liste jugendgefährdender Medien

(1) [1]Medien, die geeignet sind, die Entwicklung von Kindern oder Jugendlichen oder ihre Erziehung zu einer eigenverantwortlichen und gemeinschaftsfähigen Persönlichkeit zu gefährden, sind von der Bundeszentrale nach Entscheidung der Prüfstelle für jugendgefährdende Medien in eine Liste (Liste jugendgefährdender Medien) aufzunehmen. [2]Dazu zählen vor allem unsittliche, verrohend wirkende, zu Gewalttätigkeit, Verbrechen oder Rassenhass anreizende Medien sowie Medien, in denen
1. Gewalthandlungen wie Mord- und Metzelszenen selbstzweckhaft und detailliert dargestellt werden oder
2. Selbstjustiz als einzig bewährtes Mittel zur Durchsetzung der vermeintlichen Gerechtigkeit nahe gelegt wird.

(2) *[aufgehoben]*

(3) Ein Medium darf nicht in die Liste aufgenommen werden
1. allein wegen seines politischen, sozialen, religiösen oder weltanschaulichen Inhalts,
2. wenn es der Kunst oder der Wissenschaft, der Forschung oder der Lehre dient,
3. wenn es im öffentlichen Interesse liegt, es sei denn, dass die Art der Darstellung zu beanstanden ist.

(4) In Fällen von geringer Bedeutung kann davon abgesehen werden, ein Medium in die Liste aufzunehmen.

(5) [1]Medien sind in die Liste aufzunehmen, wenn ein Gericht in einer rechtskräftigen Entscheidung festgestellt hat, dass das Medium einen der in § 86, § 130, § 130a, § 131, § 184, § 184a, § 184b oder § 184c des Strafgesetzbuches bezeichneten Inhalte hat. [2]§ 21 Absatz 5 Nummer 2 bleibt unberührt.

(5a) Erlangt die Prüfstelle für jugendgefährdende Medien davon Kenntnis, dass eine den Listeneintrag auslösende Entscheidung nach Absatz 5 Satz 1 aufgehoben wurde, hat sie unverzüglich von Amts wegen zu prüfen, ob die Voraussetzungen für den Verbleib des Mediums in der Liste weiterhin vorliegen.

(6) [1]Die Prüfstelle für jugendgefährdende Medien schätzt in ihren Entscheidungen ein, ob ein Medium einen der in den §§ 86, 130, 130a, 131, 184, 184a, 184b oder 184c des Strafgesetzbuches genannten Inhalte hat. [2]Im Bejahungsfall hat sie ihre auch insoweit begründete Entscheidung der zuständigen Strafverfolgungsbehörde zuzuleiten.

(7) [1]Medien sind aus der Liste zu streichen, wenn die Voraussetzungen für eine Aufnahme nicht mehr vorliegen. [2]Nach Ablauf von 25 Jahren verliert eine Aufnahme in die Liste ihre Wirkung.

(8) [1]Auf Filme und Spielprogramme, die nach § 14 Abs. 2 Nr. 1 bis 5, auch in Verbindung mit § 14 Absatz 9 gekennzeichnet sind, findet Absatz 1 keine Anwendung. [2]Absatz 1 ist außerdem nicht anzuwenden, wenn die zentrale Aufsichtsstelle der Länder für den Jugendmedienschutz über den digitalen Dienst zuvor eine Entscheidung dahin gehend getroffen hat, dass die Voraussetzungen für die Aufnahme in die Liste jugendgefährdender Medien nach Absatz 1 nicht vorliegen. [3]Hat eine anerkannte Einrichtung der Selbstkontrolle den digitalen Dienst zuvor bewertet, so findet Absatz 1 nur dann Anwendung, wenn die zentrale Aufsichtsstelle der Länder für den Jugendmedienschutz die Voraussetzungen für die Aufnahme in die Liste jugendgefährdender Medien nach Absatz 1 für gegeben hält oder eine Entscheidung der zentralen Aufsichtsstelle der Länder für den Jugendmedienschutz nicht vorliegt.

§ 19 Personelle Besetzung der Prüfstelle für jugendgefährdende Medien

(1) [1]Die Prüfstelle für jugendgefährdende Medien besteht aus

1. der oder dem Vorsitzenden,
2. je einer oder einem von jeder Landesregierung zu ernennenden Beisitzerin oder Beisitzer und
3. weiteren von dem Bundesministerium für Familie, Senioren, Frauen und Jugend zu ernennenden Beisitzerinnen oder Beisitzern.

[2]Die oder der Vorsitzende wird vom Bundesministerium für Familie, Senioren, Frauen und Jugend ernannt. [3]Die Behördenleitung schlägt hierfür eine bei der Bundeszentrale beschäftigte Person vor, die die Befähigung zum Richteramt nach dem Deutschen Richtergesetz besitzt. [4]Die Behördenleitung kann den Vorsitz auch selbst ausüben. [5]Für die Vorsitzende oder den Vorsitzenden und die Beisitzerinnen oder Beisitzer ist mindestens je eine Stellvertreterin oder ein Stellvertreter zu ernennen. [6]Die jeweilige Landesregierung kann ihr Ernennungsrecht nach Satz 1 Nummer 2 auf eine oberste Landesbehörde übertragen.

(2) [1]Die von dem Bundesministerium für Familie, Senioren, Frauen und Jugend zu ernennenden Beisitzerinnen und Beisitzer sind den Kreisen

1. der Kunst,
2. der Literatur,
3. des Buchhandels und der Verlegerschaft,
4. der Anbieter von Bildträgern und von digitalen Diensten,
5. der Träger der freien Jugendhilfe,
6. der Träger der öffentlichen Jugendhilfe,
7. der Lehrerschaft und
8. der Kirchen, der jüdischen Kultusgemeinden und anderer Religionsgemeinschaften, die Körperschaften des öffentlichen Rechts sind,

auf Vorschlag der genannten Gruppen zu entnehmen. [2]Dem Buchhandel und der Verlegerschaft sowie dem Anbieter von Bildträgern und von digitalen Diensten stehen diejenigen Kreise gleich, die eine vergleichbare Tätigkeit bei der Auswertung und beim Vertrieb der Medien unabhängig von der Art der Aufzeichnung und der Wiedergabe ausüben.

(3) [1]Die oder der Vorsitzende und die Beisitzerinnen oder Beisitzer werden auf die Dauer von drei Jahren bestimmt. [2]Sie können von der Stelle, die sie bestimmt hat, vorzeitig abberufen werden, wenn sie der Verpflichtung zur Mitarbeit in der Prüfstelle für jugendgefährdende Medien nicht nachkommen.

(4) Die Mitglieder der Prüfstelle für jugendgefährdende Medien sind bei ihren Entscheidungen an Weisungen nicht gebunden.

(5) [1]Die Prüfstelle für jugendgefährdende Medien entscheidet in der Besetzung von zwölf Mitgliedern, die aus der oder dem Vorsitzenden, drei Beisitzerinnen oder Beisitzern der Länder und je einer Beisitzerin oder einem Beisitzer aus den in Absatz 2 genannten Gruppen bestehen. [2]Erscheinen zur Sitzung einberufene Beisitzerinnen oder Beisitzer oder ihre Stellvertreterinnen oder Stellvertreter nicht, so ist die Prüfstelle für jugendgefährdende Medien auch in einer Besetzung von mindestens neun Mitgliedern beschlussfähig, von denen mindestens zwei den in Absatz 2 Nr. 1 bis 4 genannten Gruppen angehören müssen.

(6) [1]Zur Anordnung der Aufnahme in die Liste bedarf es einer Mehrheit von zwei Dritteln der an der Entscheidung mitwirkenden Mitglieder der Prüfstelle für jugendgefährdende Medien. [2]In der Besetzung des Absatzes 5 Satz 2 ist für die Listenaufnahme eine Mindestzahl von sieben Stimmen erforderlich.

§ 20 Vorschlagsberechtigte Verbände

(1) [1]Das Vorschlagsrecht nach § 19 Abs. 2 wird innerhalb der nachfolgenden Kreise durch folgende Organisationen für je eine Beisitzerin oder einen Beisitzer und eine Stellvertreterin oder einen Stellvertreter ausgeübt:

1. für die Kreise der Kunst durch
   Deutscher Kulturrat,
   Bund Deutscher Kunsterzieher e.V.,
   Künstlergilde e.V.,
   Bund Deutscher Grafik-Designer,
2. für die Kreise der Literatur durch
   Verband deutscher Schriftsteller,
   Freier Deutscher Autorenverband,
   Deutscher Autorenverband e.V.,
   PEN-Zentrum,

3. für die Kreise des Buchhandels und der Verlegerschaft durch
Börsenverein des Deutschen Buchhandels e.V.,
Verband Deutscher Bahnhofsbuchhändler,
Bundesverband Deutscher Buch-, Zeitungs- und Zeitschriftengrossisten e.V.,
Bundesverband Deutscher Zeitungsverleger e.V.,
Verband Deutscher Zeitschriftenverleger e.V.,
Börsenverein des Deutschen Buchhandels e.V. – Verlegerausschuss,
Arbeitsgemeinschaft der Zeitschriftenverlage (AGZV) im Börsenverein des Deutschen Buchhandels,
4. für die Kreise der Anbieter von Bildträgern und von digitalen Diensten durch
Bundesverband Video,
Verband der Unterhaltungssoftware Deutschland e.V.,
Spitzenorganisation der Filmwirtschaft e.V.,
Bundesverband Informationswirtschaft, Telekommunikation und neue Medien e.V.,
Deutscher Multimedia Verband e.V.,
Electronic Commerce Organisation e.V.,
Verband der Deutschen Automatenindustrie e.V.,
IVD Interessengemeinschaft der Videothekare Deutschlands e.V.,
5. für die Kreise der Träger der freien Jugendhilfe durch
Bundesarbeitsgemeinschaft der Freien Wohlfahrtspflege,
Deutscher Bundesjugendring,
Deutsche Sportjugend,
Bundesarbeitsgemeinschaft Kinder- und Jugendschutz (BAJ) e.V.,
6. für die Kreise der Träger der öffentlichen Jugendhilfe durch
Deutscher Landkreistag,
Deutscher Städtetag,
Deutscher Städte- und Gemeindebund,
7. für die Kreise der Lehrerschaft durch
Gewerkschaft Erziehung u. Wissenschaft im Deutschen Gewerkschaftsbund,
Deutscher Lehrerverband,
Verband Bildung und Erziehung,
Verein Katholischer deutscher Lehrerinnen und
8. für die Kreise der in § 19 Abs. 2 Nr. 8 genannten Körperschaften des öffentlichen Rechts durch
Bevollmächtigter des Rates der EKD am Sitz der Bundesrepublik Deutschland,
Kommissariat der deutschen Bischöfe – Katholisches Büro in Berlin,
Zentralrat der Juden in Deutschland.

[2]Für jede Organisation, die ihr Vorschlagsrecht ausübt, ist eine Beisitzerin oder ein Beisitzer und eine stellvertretende Beisitzerin oder ein stellvertretender Beisitzer zu ernennen. [3]Reicht eine der in Satz 1 genannten Organisationen mehrere Vorschläge ein, wählt das Bundesministerium für Familie, Senioren, Frauen und Jugend eine Beisitzerin oder einen Beisitzer aus.

(2) [1]Für die in § 19 Abs. 2 genannten Gruppen können Beisitzerinnen oder Beisitzer und stellvertretende Beisitzerinnen und Beisitzer auch durch namentlich nicht bestimmte Organisationen vorgeschlagen werden. [2]Das Bundesministerium für Familie, Senioren, Frauen und Jugend fordert im Januar jedes Jahres im Bundesanzeiger dazu auf, innerhalb von sechs Wochen derartige Vorschläge einzureichen. [3]Aus den fristgerecht eingegangenen Vorschlägen hat es je Gruppe je eine zusätzliche Beisitzerin oder einen zusätzlichen Beisitzer und eine stellvertretende Beisitzerin oder einen stellvertretenden Beisitzer zu ernennen. [4]Vorschläge von Organisationen, die kein eigenes verbandliches Gewicht besitzen oder eine dauerhafte Tätigkeit nicht erwarten lassen, sind nicht zu berücksichtigen. [5]Zwischen den Vorschlägen mehrerer Interessenten entscheidet das Los, sofern diese sich nicht auf einen Vorschlag einigen; Absatz 1 Satz 3 gilt entsprechend. [6]Sofern es unter Berücksichtigung der Geschäftsbelastung der Prüfstelle für jugendgefährdende Medien erforderlich erscheint und sofern die Vorschläge der innerhalb einer Gruppe namentlich bestimmten Organisationen zahlenmäßig nicht ausreichen, kann das Bundesministerium für Familie, Senioren, Frauen und Jugend auch mehrere Beisitzerinnen oder Beisitzer und stellvertretende Beisitzerinnen oder Beisitzer ernennen; Satz 5 gilt entsprechend.

§ 21 Verfahren der Prüfstelle für jugendgefährdende Medien

(1) Die Prüfstelle für jugendgefährdende Medien wird in der Regel auf Antrag tätig.

(2) Antragsberechtigt sind
1. das Bundesministerium für Familie, Senioren, Frauen und Jugend,
2. die obersten Landesjugendbehörden,
3. die zentrale Aufsichtsstelle der Länder für den Jugendmedienschutz,
4. die Landesjugendämter,
5. die Jugendämter,
6. die anerkannten Einrichtungen der freiwilligen Selbstkontrolle,
7. die aus Mitteln der Europäischen Union, des Bundes, der Länder oder der Landesmedienanstalten geförderten Internet-Beschwerdestellen sowie
8. für den Antrag auf Streichung aus der Liste und für den Antrag auf Feststellung, dass ein Medium nicht mit einem bereits in die Liste aufgenommenen Medium ganz oder im Wesentlichen inhaltsgleich ist, auch die in Absatz 7 genannten Personen.

(3) Kommt eine Listenaufnahme oder eine Streichung aus der Liste offensichtlich nicht in Betracht, so kann die oder der Vorsitzende das Verfahren einstellen.

(4) Die Prüfstelle für jugendgefährdende Medien wird von Amts wegen tätig, wenn eine in Absatz 2 nicht genannte Behörde oder ein anerkannter Träger der freien Jugendhilfe dies anregt und die oder der Vorsitzende der Prüfstelle für jugendgefährdende Medien die Durchführung des Verfahrens im Interesse des Jugendschutzes für geboten hält.

(4a) Anträge und Anregungen, die sich auf Medien beziehen, die bei Kindern und Jugendlichen besonders verbreitet sind oder durch die die Belange des Jugendschutzes in besonderem Maße betroffen scheinen, können vorrangig behandelt werden.

(5) Die Prüfstelle für jugendgefährdende Medien wird auf Veranlassung der oder des Vorsitzenden von Amts wegen tätig,
1. wenn zweifelhaft ist, ob ein Medium mit einem bereits in die Liste aufgenommenen Medium ganz oder im Wesentlichen inhaltsgleich ist,
2. wenn bekannt wird, dass die Voraussetzungen für die Aufnahme eines Mediums in die Liste nach § 18 Abs. 7 Satz 1 nicht mehr vorliegen, oder
3. wenn die Aufnahme in die Liste nach § 18 Abs. 7 Satz 2 wirkungslos wird und weiterhin die Voraussetzungen für die Aufnahme in die Liste vorliegen.

(6) [1]Vor der Entscheidung über die Aufnahme eines digitalen Dienstes oder eines abgrenzbaren Inhalts innerhalb eines digitalen Dienstes im Sinne einer Bewertungseinheit in die Liste hat die Prüfstelle für jugendgefährdende Medien der zentralen Aufsichtsstelle der Länder für den Jugendmedienschutz Gelegenheit zu geben, zu dem Telemedium unverzüglich Stellung zu nehmen. [2]Stellungnahmen und Anträge der zentralen Stelle der Länder für den Jugendmedienschutz hat die Prüfstelle für jugendgefährdende Medien bei ihren Entscheidungen maßgeblich zu berücksichtigen. [3]Soweit der Prüfstelle für jugendgefährdende Medien eine Stellungnahme der zentralen Aufsichtsstelle der Länder für den Jugendmedienschutz innerhalb von fünf Werktagen nach Aufforderung nicht vorliegt, kann sie ohne diese Stellungnahme entscheiden.

(7) Der Urheberin oder dem Urheber, der Inhaberin oder dem Inhaber der Nutzungsrechte sowie bei digitalen Diensten oder einem abgrenzbaren Inhalt innerhalb eines digitalen Dienstes im Sinne einer Bewertungseinheit dem Anbieter ist Gelegenheit zur Stellungnahme zu geben, soweit der Prüfstelle für jugendgefährdende Medien die Anschriften bekannt sind oder die Prüfstelle für jugendgefährdende Medien die Anschriften durch Angaben im Zusammenhang mit dem Medium unter zumutbarem Aufwand aus öffentlich zugänglichen Quellen ermitteln kann.

(8) [1]Die Entscheidungen sind
1. bei Trägermedien der Urheberin oder dem Urheber sowie der Inhaberin oder dem Inhaber der Nutzungsrechte,
2. bei digitalen Diensten oder einem abgrenzbaren Inhalt innerhalb eines digitalen Dienstes im Sinne einer Bewertungseinheit der Urheberin oder dem Urheber sowie dem Anbieter und
3. der antragstellenden Behörde

zuzustellen. [2]Sie hat die sich aus der Entscheidung ergebenden Verbreitungs- und Werbebeschränkungen im Einzelnen aufzuführen. [3]Die Begründung ist beizufügen oder innerhalb einer Woche durch Zustellung nachzureichen. [4]Die begründete Entscheidung ist zu übermitteln:
1. dem Bundesministerium für Familie, Senioren, Frauen und Jugend,
2. den obersten Landesjugendbehörden,
3. der zentralen Aufsichtsstelle der Länder für den Jugendmedienschutz,

4. den anerkannten Einrichtungen der freiwilligen Selbstkontrolle, den aus Mitteln der Europäischen Union, des Bundes, der Länder oder der Landesmedienanstalten geförderten Internet-Beschwerdestellen und
5. der das Verfahren anregenden Behörde oder Einrichtung oder dem das Verfahren nach Absatz 4 anregenden Träger.

(9) Die Prüfstelle für jugendgefährdende Medien soll mit der zentralen Aufsichtsstelle der Länder für den Jugendmedienschutz zusammenarbeiten und einen regelmäßigen Informationsaustausch pflegen.

§ 22 Aufnahme periodisch erscheinender Medien in die Liste jugendgefährdender Medien

[1]Periodisch erscheinende Medien können auf die Dauer von drei bis zwölf Monaten in die Liste jugendgefährdender Medien aufgenommen werden, wenn innerhalb von zwölf Monaten mehr als zwei ihrer Folgen in die Liste aufgenommen worden sind. [2]Dies gilt nicht für Tageszeitungen und politische Zeitschriften sowie für deren digitale Ausgaben.

§ 23 Vereinfachtes Verfahren

(1) [1]In einem vereinfachten Verfahren kann die Prüfstelle für jugendgefährdende Medien über die Aufnahme von Medien in die Liste jugendgefährdender Medien entscheiden, wenn

1. das Medium offensichtlich geeignet ist, die Entwicklung von Kindern oder Jugendlichen oder ihre Erziehung zu einer eigenverantwortlichen und gemeinschaftsfähigen Persönlichkeit zu gefährden oder
2. bei einem digitalen Dienst auf Antrag oder nach einer Stellungnahme der zentralen Aufsichtsstelle der Länder für den Jugendmedienschutz entschieden wird.

[2]Im vereinfachten Verfahren treffen die oder der Vorsitzende und zwei weitere Mitglieder der Prüfstelle für jugendgefährdende Medien, von denen ein Mitglied einer der in § 19 Absatz 2 Nummer 1 bis 4 genannten Gruppen angehören muss, die Entscheidung. [3]Die Entscheidung kann im vereinfachten Verfahren nur einstimmig getroffen werden. [4]Kommt eine einstimmige Entscheidung nicht zustande, entscheidet die Prüfstelle für jugendgefährdende Medien in voller Besetzung (§ 19 Absatz 5).

(2) Eine Aufnahme in die Liste nach § 22 ist im vereinfachten Verfahren nicht möglich.

(3) Gegen die Entscheidung können die Betroffenen (§ 21 Abs. 7) innerhalb eines Monats nach Zustellung Antrag auf Entscheidung durch die Prüfstelle für jugendgefährdende Medien in voller Besetzung stellen.

(4) Nach Ablauf von zehn Jahren seit Aufnahme eines Mediums in die Liste kann die Prüfstelle für jugendgefährdende Medien die Streichung aus der Liste unter der Voraussetzung des § 21 Abs. 5 Nr. 2 im vereinfachten Verfahren beschließen.

(5) [1]Wenn die Gefahr besteht, dass ein Medium kurzfristig in großem Umfange vertrieben, verbreitet oder zugänglich gemacht wird und die endgültige Listenaufnahme offensichtlich zu erwarten ist, kann die Aufnahme in die Liste im vereinfachten Verfahren vorläufig angeordnet werden. [2]Absatz 2 gilt entsprechend.

(6) [1]Die vorläufige Anordnung ist mit der abschließenden Entscheidung der Prüfstelle für jugendgefährdende Medien, jedoch spätestens nach Ablauf eines Monats, aus der Liste zu streichen. [2]Die Frist des Satzes 1 kann vor ihrem Ablauf um höchstens einen Monat verlängert werden. [3]Absatz 1 gilt entsprechend. [4]Soweit die vorläufige Anordnung im Bundesanzeiger bekannt zu machen ist, gilt dies auch für die Verlängerung.

§ 24 Führung der Liste jugendgefährdender Medien

(1) Die Bundeszentrale führt die Liste jugendgefährdender Medien nach § 17a Absatz 1.

(2) [1]Entscheidungen über die Aufnahme in die Liste oder über Streichungen aus der Liste sind unverzüglich auszuführen. [2]Die Liste ist unverzüglich zu korrigieren, wenn Entscheidungen der Prüfstelle für jugendgefährdende Medien aufgehoben werden oder außer Kraft treten.

(2a) [1]Die Liste jugendgefährdender Medien ist als öffentliche Liste zu führen. [2]Würde die Bekanntmachung eines Mediums in der öffentlichen Liste jedoch der Wahrung des Kinder- und Jugendschutzes schaden, so ist dieses Medium in einem nichtöffentlichen Teil der Liste zu führen. [3]Ein solcher Schaden ist insbesondere dann anzunehmen, wenn eine Bezeichnung des Mediums in der öffentlichen Liste nur in der Weise erfolgen kann, dass durch die Bezeichnung für Kinder und Jugendliche zugleich der unmittelbare Zugang möglich wird.

(3) Wird ein Medium in den öffentlichen Teil der Liste aufgenommen oder aus ihm gestrichen, so ist dies unter Hinweis auf die zugrunde liegende Entscheidung im Bundesanzeiger bekannt zu machen.

(4) [1]Die Bundeszentrale kann die Liste der zentralen Aufsichtsstelle der Länder für den Jugendmedienschutz, den im Bereich der digitalen Dienste anerkannten Einrichtungen der Selbstkontrolle und den aus Mitteln des Bundes, der Länder oder der Landesmedienanstalten geförderten Internet-Beschwerdestellen

in geeigneter Form mitteilen, damit der Listeninhalt zum Abgleich von Angeboten in digitalen Diensten mit in die Liste aufgenommenen Medien genutzt werden kann, um Kindern und Jugendlichen möglichst ungefährdeten Zugang zu Angeboten zu ermöglichen und die Bearbeitung von Hinweisen auf jugendgefährdende Inhalte zu vereinfachen. [2]Die Mitteilung umfasst einen Hinweis auf Einschätzungen nach § 18 Absatz 6.

(5) [1]In Bezug auf die vor Ablauf des 30. April 2021 in die Liste jugendgefährdender Medien aufgenommenen Trägermedien und digitalen Dienste gelten § 18 Absatz 2 und § 24 Absatz 2 in der bis zu diesem Tag geltenden Fassung fort. [2]Die Trägermedien, deren Aufnahme in die Liste jugendgefährdender Medien bis zum 30. April 2021 bekannt gemacht worden ist, können unter Benennung der Listenteile A oder B in eine gemeinsame Listenstruktur mit der ab diesem Tag zu führenden Liste überführt werden.

§ 24a Vorsorgemaßnahmen

(1) Die Bundeszentrale für Kinder- und Jugendmedienschutz ist gemäß § 12 Absatz 2 Satz 1 des Digitale-Dienste-Gesetzes zuständige Behörde für die Durchsetzung des Artikels 28 Absatz 1 der Verordnung (EU) 2022/2065 des Europäischen Parlaments und des Rates vom 19. Oktober 2022 über einen Binnenmarkt für digitale Dienste und zur Änderung der Richtlinie 2000/31/EG (Gesetz über digitale Dienste) (ABl. L 277 vom 27.10.2022, S. 1; L 310 vom 1.12.2022, S. 17), wonach Anbieter von Online-Plattformen, die für Minderjährige zugänglich sind, geeignete und verhältnismäßige Maßnahmen ergreifen müssen, um ein hohes Maß an Privatsphäre, Sicherheit und Schutz von Kindern und Jugendlichen innerhalb ihres Dienstes zu gewährleisten (Vorsorgemaßnahmen).

(2) Als Vorsorgemaßnahmen kommen insbesondere in Betracht:

1. die Bereitstellung eines Melde- und Abhilfeverfahrens mit einer für Kinder und Jugendliche geeigneten Benutzerführung, im Rahmen dessen insbesondere minderjährige Nutzer und Nutzerinnen Beeinträchtigungen ihrer persönlichen Integrität durch nutzergenerierte Informationen dem Diensteanbieter melden können;
2. die Bereitstellung eines Einstufungssystems für nutzergenerierte audiovisuelle Inhalte, mit dem Nutzerinnen und Nutzer im Zusammenhang mit der Generierung standardmäßig insbesondere dazu aufgefordert werden, die Eignung eines Inhalts entsprechend der Altersstufe „ab 18 Jahren" als nur für Erwachsene zu bewerten;
3. die Bereitstellung technischer Mittel zur Altersverifikation für nutzergenerierte audiovisuelle Inhalte, die die Nutzerin oder der Nutzer im Zusammenhang mit der Generierung entsprechend der Altersstufe „ab 18 Jahren" als nur für Erwachsene geeignet bewertet hat;
4. der leicht auffindbare Hinweis auf anbieterunabhängige Beratungsangebote, Hilfe- und Meldemöglichkeiten;
5. die Bereitstellung technischer Mittel zur Steuerung und Begleitung der Nutzung der Angebote durch personensorgeberechtigte Personen;
6. die Einrichtung von Voreinstellungen, die Nutzungsrisiken für Kinder und Jugendliche unter Berücksichtigung ihres Alters begrenzen, indem insbesondere ohne ausdrückliche anderslautende Einwilligung
   a) Nutzerprofile weder durch Suchdienste aufgefunden werden können noch für nicht angemeldete Personen einsehbar sind,
   b) Standort- und Kontaktdaten und die Kommunikation mit anderen Nutzerinnen und Nutzern nicht veröffentlicht werden,
   c) die Kommunikation mit anderen Nutzerinnen und Nutzern auf einen von den Nutzerinnen und Nutzern vorab selbst gewählten Kreis eingeschränkt ist und
   d) die Nutzung anonym oder unter Pseudonym erfolgt.

(3) § 24b Absatz 3 gilt entsprechend für die Durchsetzung des Artikels 14 Absatz 3 der Verordnung (EU) 2022/2065.

(4) Die §§ 2 und 3 des Digitale-Dienste-Gesetzes sowie die Bestimmungen der Verordnung (EU) 2016/679 des Europäischen Parlaments und des Rates vom 27. April 2016 zum Schutz natürlicher Personen bei der Verarbeitung personenbezogener Daten, zum freien Datenverkehr und zur Aufhebung der Richtlinie 95/46/EG (Datenschutz-Grundverordnung) (ABl. L 119 vom 4.5.2016, S. 1; L 314 vom 22.11.2016, S. 72; L 127 vom 23.5.2018, S. 2) bleiben unberührt.

§ 24b Befugnisse und Verfahren

(1) Im Rahmen ihrer Zuständigkeit nach § 12 Absatz 2 Satz 1 des Digitale-Dienste-Gesetzes verfügt die Bundeszentrale unter Berücksichtigung der ergänzenden Vorschriften des Digitale-Dienste-Gesetzes über die in der Verordnung (EU) 2022/2065 vorgesehenen Befugnisse.

(2) [1]Das gemeinsame Kompetenzzentrum von Bund und Ländern für den Jugendmedienschutz im Internet „jugendschutz.net“ nimmt erste Einschätzungen der von den Anbietern von Online-Plattformen getroffenen Vorsorgemaßnahmen vor und unterrichtet die Bundeszentrale über seine Einschätzung. [2]Im Rahmen ihrer Zuständigkeit nach § 12 Absatz 2 Satz 1 des Digitale-Dienste-Gesetzes berücksichtigt die Bundeszentrale die Stellungnahme der zentralen Aufsichtsstelle der Länder für den Jugendmedienschutz.
(3) [1]Stellt die Bundeszentrale fest, dass ein Anbieter keine oder nur unzureichende Vorsorgemaßnahmen nach Artikel 28 Absatz 1 der Verordnung (EU) 2022/2065 getroffen hat, gibt sie ihm Gelegenheit, Stellung zu nehmen und berät ihn über die erforderlichen Vorsorgemaßnahmen. [2]Trifft der Anbieter auch nach Abschluss der Beratung die erforderlichen Vorsorgemaßnahmen nicht, so fordert die Bundeszentrale den Anbieter unter angemessener Fristsetzung auf, die Vorsorgemaßnahmen zu treffen.
(4) [1]Kommt der Anbieter der Aufforderung nach Absatz 3 Satz 2 innerhalb der gesetzten Frist nicht oder nur unzureichend nach, kann die Bundeszentrale die erforderlichen Vorsorgemaßnahmen nach Artikel 28 Absatz 1 der Verordnung (EU) 2022/2065 unter erneuter angemessener Fristsetzung selbst anordnen. [2]Vor der Anordnung gibt die Bundeszentrale der zentralen Aufsichtsstelle der Länder für den Jugendmedienschutz Gelegenheit zur Stellungnahme.

§§ 24c, 24d ***[aufgehoben]***

§ 25 Rechtsweg
(1) Für Klagen gegen eine Entscheidung der Prüfstelle für jugendgefährdende Medien, ein Medium in die Liste jugendgefährdender Medien aufzunehmen oder einen Antrag auf Streichung aus der Liste abzulehnen, ist der Verwaltungsrechtsweg gegeben.
(2) Gegen eine Entscheidung der Prüfstelle für jugendgefährdende Medien, ein Medium nicht in die Liste jugendgefährdender Medien aufzunehmen, sowie gegen eine Einstellung des Verfahrens kann die antragstellende Behörde im Verwaltungsrechtsweg Klage erheben.
(3) Die Klage ist gegen den Bund, vertreten durch die Bundeszentrale für Kinder- und Jugendmedienschutz, zu richten.
(4) [1]Die Klage hat keine aufschiebende Wirkung. [2]Vor Erhebung der Klage bedarf es keiner Nachprüfung in einem Vorverfahren, bei einer Entscheidung im vereinfachten Verfahren nach § 23 ist jedoch zunächst eine Entscheidung der Prüfstelle für jugendgefährdende Medien in der Besetzung nach § 19 Abs. 5 herbeizuführen.

Abschnitt 5
Verordnungsermächtigung

§ 26 Verordnungsermächtigung
Die Bundesregierung wird ermächtigt, durch Rechtsverordnung mit Zustimmung des Bundesrates Näheres über den Sitz und das Verfahren der Prüfstelle für jugendgefährdende Medien und die Führung der Liste jugendgefährdender Medien zu regeln.

Abschnitt 6
Ahndung von Verstößen

§ 27 Strafvorschriften
(1) Mit Freiheitsstrafe bis zu einem Jahr oder mit Geldstrafe wird bestraft, wer
1. entgegen § 15 Abs. 1 Nr. 1 bis 5 oder 6, jeweils auch in Verbindung mit Abs. 2, oder entgegen § 15 Absatz 1a ein dort genanntes Medium anbietet, überlässt, zugänglich macht, ausstellt, anschlägt, vorführt, einführt, ankündigt oder anpreist,
2. entgegen § 15 Abs. 1 Nr. 7, auch in Verbindung mit Abs. 2, ein Trägermedium herstellt, bezieht, liefert, vorrätig hält oder einführt,
3. entgegen § 15 Abs. 4 die Liste der jugendgefährdenden Medien abdruckt oder veröffentlicht,
4. entgegen § 15 Abs. 5 bei geschäftlicher Werbung einen dort genannten Hinweis gibt oder
5. einer vollziehbaren Entscheidung nach § 21 Abs. 8 Satz 1 Nr. 1 zuwiderhandelt.

(2) Ebenso wird bestraft, wer als Veranstalter oder Gewerbetreibender
1. eine in § 28 Abs. 1 Nr. 4 bis 18 oder 19 bezeichnete vorsätzliche Handlung begeht und dadurch wenigstens leichtfertig ein Kind oder eine jugendliche Person in der körperlichen, geistigen oder sittlichen Entwicklung schwer gefährdet oder
2. eine in § 28 Abs. 1 Nr. 4 bis 18 oder 19 bezeichnete vorsätzliche Handlung aus Gewinnsucht begeht oder beharrlich wiederholt.

(3) Wird die Tat in den Fällen
1. des Absatzes 1 Nr. 1 oder
2. des Absatzes 1 Nr. 3, 4 oder 5
fahrlässig begangen, so ist die Strafe Freiheitsstrafe bis zu sechs Monaten oder Geldstrafe bis zu hundertachtzig Tagessätzen.

(4) [1]Absatz 1 Nummer 1 und 2 und Absatz 3 Nummer 1 sind nicht anzuwenden, wenn eine personensorgeberechtigte Person oder eine Person, die im Einverständnis mit einer personensorgeberechtigten Person handelt, das Medium einem Kind oder einer jugendlichen Person anbietet, überlässt, zugänglich macht oder vorführt. [2]Dies gilt nicht, wenn die personensorgeberechtigte Person durch das Erteilen des Einverständnisses, das Anbieten, Überlassen, Zugänglichmachen oder Vorführen ihre Erziehungspflicht gröblich verletzt.

§ 28 Bußgeldvorschriften

(1) Ordnungswidrig handelt, wer als Veranstalter oder Gewerbetreibender vorsätzlich oder fahrlässig
1. entgegen § 3 Abs. 1 die für seine Betriebseinrichtung oder Veranstaltung geltenden Vorschriften nicht, nicht richtig oder nicht in der vorgeschriebenen Weise bekannt macht,
2. entgegen § 3 Abs. 2 Satz 1 eine Kennzeichnung verwendet,
3. entgegen § 3 Abs. 2 Satz 2 einen Hinweis nicht, nicht richtig oder nicht rechtzeitig gibt,
4. entgegen § 3 Abs. 2 Satz 3 einen Hinweis gibt, einen Film oder ein Spielprogramm ankündigt oder für einen Film oder ein Spielprogramm wirbt,
5. entgegen § 4 Abs. 1 oder 3 einem Kind oder einer jugendlichen Person den Aufenthalt in einer Gaststätte gestattet,
6. entgegen § 5 Abs. 1 einem Kind oder einer jugendlichen Person die Anwesenheit bei einer öffentlichen Tanzveranstaltung gestattet,
7. entgegen § 6 Abs. 1 einem Kind oder einer jugendlichen Person die Anwesenheit in einer öffentlichen Spielhalle oder einem dort genannten Raum gestattet,
8. entgegen § 6 Abs. 2 einem Kind oder einer jugendlichen Person die Teilnahme an einem Spiel mit Gewinnmöglichkeit gestattet,
9. einer vollziehbaren Anordnung nach § 7 Satz 1 zuwiderhandelt,
10. entgegen § 9 Abs. 1 ein alkoholisches Getränk an ein Kind oder eine jugendliche Person abgibt oder ihm oder ihr den Verzehr gestattet,
11. entgegen § 9 Abs. 3 Satz 1 ein alkoholisches Getränk in einem Automaten anbietet,
11a. entgegen § 9 Abs. 4 alkoholhaltige Süßgetränke in den Verkehr bringt,
12. entgegen § 10 Absatz 1, auch in Verbindung mit Absatz 4, ein dort genanntes Produkt an ein Kind oder eine jugendliche Person abgibt oder einem Kind oder einer jugendlichen Person das Rauchen oder den Konsum gestattet,
13. entgegen § 10 Absatz 2 Satz 1 oder Absatz 3, jeweils auch in Verbindung mit Absatz 4, ein dort genanntes Produkt anbietet oder abgibt,
14. entgegen § 11 Abs. 1 oder 3, jeweils auch in Verbindung mit Abs. 4 Satz 2, einem Kind oder einer jugendlichen Person die Anwesenheit bei einer öffentlichen Filmveranstaltung, einem Werbevorspann oder einem Beiprogramm gestattet,
14a. entgegen § 11 Absatz 5 oder 6 einen Werbefilm oder ein Werbeprogramm vorführt,
15. entgegen § 12 Abs. 1 einem Kind oder einer jugendlichen Person einen Bildträger zugänglich macht,
16. entgegen § 12 Abs. 3 Nr. 2 einen Bildträger anbietet oder überlässt,
17. entgegen § 12 Abs. 4 oder § 13 Abs. 2 einen Automaten oder ein Bildschirmspielgerät aufstellt,
18. entgegen § 12 Abs. 5 Satz 1 einen Bildträger vertreibt,
19. entgegen § 13 Abs. 1 einem Kind oder einer jugendlichen Person das Spielen an Bildschirmspielgeräten gestattet oder
20. entgegen § 15 Abs. 6 einen Hinweis nicht, nicht richtig oder nicht rechtzeitig gibt.

(2) Ordnungswidrig handelt, wer als Anbieter vorsätzlich oder fahrlässig
1. entgegen § 12 Abs. 2 Satz 1 und 2, auch in Verbindung mit Abs. 5 Satz 3 oder § 13 Abs. 3, einen Hinweis nicht, nicht richtig oder nicht in der vorgeschriebenen Weise gibt,
2. einer vollziehbaren Anordnung nach § 12 Abs. 2 Satz 3 Nr. 1, auch in Verbindung mit Abs. 5 Satz 3 oder § 13 Abs. 3, oder nach § 14 Abs. 7 Satz 3 zuwiderhandelt,

3. entgegen § 12 Abs. 5 Satz 2 einen Hinweis nicht, nicht richtig, nicht in der vorgeschriebenen Weise oder nicht rechtzeitig anbringt oder
4. entgegen § 14 Abs. 7 Satz 1 einen Film oder ein Spielprogramm mit „Infoprogramm" oder „Lehrprogramm" kennzeichnet.

(3) Ordnungswidrig handelt, wer vorsätzlich oder fahrlässig
1. entgegen § 12 Abs. 2 Satz 4 einen Hinweis nicht, nicht richtig oder nicht in der vorgeschriebenen Weise gibt,
2. entgegen § 14a Absatz 1 Satz 2 einen Film oder ein Spielprogramm bereithält,
3. entgegen § 24 Abs. 5 Satz 2 eine Mitteilung verwendet oder
4. einer vollziehbaren Anordnung nach § 24b Absatz 4 Satz 1 zuwiderhandelt.

(4) [1]Ordnungswidrig handelt, wer als Person über 18 Jahren ein Verhalten eines Kindes oder einer jugendlichen Person herbeiführt oder fördert, das durch ein in Absatz 1 Nr. 5 bis 8, 10, 12, 14 bis 16 oder 19 oder in § 27 Abs. 1 Nr. 1 oder 2 bezeichnetes oder in § 12 Abs. 3 Nr. 1 enthaltenes Verbot oder durch eine vollziehbare Anordnung nach § 7 Satz 1 verhindert werden soll. [2]Hinsichtlich des Verbots in § 12 Abs. 3 Nr. 1 gilt dies nicht für die personensorgeberechtigte Person und für eine Person, die im Einverständnis mit der personensorgeberechtigten Person handelt.

(5) [1]Die Ordnungswidrigkeit kann in den Fällen des Absatzes 3 Nummer 4 mit einer Geldbuße bis zu fünf Millionen Euro und in den übrigen Fällen mit einer Geldbuße bis zu fünfzigtausend Euro geahndet werden. [2]§ 30 Absatz 2 Satz 3 des Gesetzes über Ordnungswidrigkeiten ist für die Fälle des Absatzes 3 Nummer 4 anzuwenden.

(6) In den Fällen des Absatzes 3 Nummer 2 und 4 kann die Ordnungswidrigkeit auch dann geahndet werden, wenn sie nicht im Geltungsbereich dieses Gesetzes begangen wird.

(7) Verwaltungsbehörde im Sinne des § 36 Absatz 1 Nummer 1 des Gesetzes über Ordnungswidrigkeiten ist in den Fällen des Absatzes 3 Nummer 2 und 4 die Bundeszentrale für Kinder- und Jugendmedienschutz.

Abschnitt 7
Schlussvorschriften

§ 29 Übergangsvorschriften

Auf die nach bisherigem Recht mit „Nicht freigegeben unter achtzehn Jahren" gekennzeichneten Filmprogramme für Bildträger findet § 18 Abs. 8 Satz 1 mit der Maßgabe Anwendung, dass an die Stelle der Angabe „§ 14 Abs. 2 Nr. 1 bis 5" die Angabe „§ 14 Abs. 2 Nr. 1 bis 4" tritt.

§ 29a Weitere Übergangsregelung

Beisitzerinnen und Beisitzer der Bundesprüfstelle für jugendgefährdende Medien und ihre Vertreterinnen und Vertreter, die sich am 1. Mai 2021 im Amt befinden, können unabhängig von ihrer bisherigen Mitgliedschaft in der Bundesprüfstelle noch höchstens zweimal als Beisitzerin oder Beisitzer oder als Vertreterin oder Vertreter berufen werden.

§ 29b Bericht und Evaluierung

[1]Dieses Gesetz wird fünf Jahre nach Inkrafttreten evaluiert, um zu untersuchen, inwiefern die in § 10a niedergelegten Schutzziele erreicht wurden. [2]Die Bundesregierung unterrichtet den Deutschen Bundestag über das Ergebnis der Evaluation. [3]In der Folge wird alle zwei Jahre dem Beirat Bericht erstattet über die weitere Entwicklung bei dem Erreichen der Schutzziele des § 10a. [4]Alle vier Jahre ist dieser Bericht von der Bundesregierung dem Deutschen Bundestag vorzulegen.

§ 30 Inkrafttreten, Außerkrafttreten

(1) [1]Dieses Gesetz tritt an dem Tag in Kraft, an dem der Staatsvertrag der Länder über den Schutz der Menschenwürde und den Jugendschutz in Rundfunk und Telemedien in Kraft tritt. [2]Gleichzeitig treten das Gesetz zum Schutze der Jugend in der Öffentlichkeit vom 25. Februar 1985 (BGBl. I S. 425), zuletzt geändert durch Artikel 8a des Gesetzes vom 15. Dezember 2001 (BGBl. I S. 3762) und das Gesetz über die Verbreitung jugendgefährdender Schriften und Medieninhalte in der Fassung der Bekanntmachung vom 12. Juli 1985 (BGBl. I S. 1502), zuletzt geändert durch Artikel 8b des Gesetzes vom 15. Dezember 2001 (BGBl. I S. 3762) außer Kraft. [3]Das Bundesministerium für Familie, Senioren, Frauen und Jugend gibt das Datum des Inkrafttretens dieses Gesetzes im Bundesgesetzblatt bekannt.

(2) Abweichend von Absatz 1 Satz 1 treten § 10 Abs. 2 und § 28 Abs. 1 Nr. 13 am 1. Januar 2007 in Kraft.

Gesetz über Versammlungen und Aufzüge (Versammlungsgesetz)

In der Fassung der Bekanntmachung vom 15. November 1978 (BGBl. I S. 1789)
(FNA 2180-4)

zuletzt geändert durch Art. 6 60. G zur Änd. des Strafgesetzbuches vom 30. November 2020 (BGBl. I S. 2600)

Nichtamtliche Inhaltsübersicht

Abschnitt I

Allgemeines

§ 1 [Versammlungsrecht]

(1) Jedermann hat das Recht, öffentliche Versammlungen und Aufzüge zu veranstalten und an solchen Veranstaltungen teilzunehmen.

(2) Dieses Recht hat nicht,

1. wer das Grundrecht der Versammlungsfreiheit gemäß Artikel 18 des Grundgesetzes verwirkt hat,
2. wer mit der Durchführung oder Teilnahme an einer solchen Veranstaltung die Ziele einer nach Artikel 21 Abs. 2 des Grundgesetzes durch das Bundesverfassungsgericht für verfassungswidrig erklärten Partei oder Teil- oder Ersatzorganisation einer Partei fördern will,

3. eine Partei, die nach Artikel 21 Abs. 2 des Grundgesetzes durch das Bundesverfassungsgericht für verfassungswidrig erklärt worden ist,
oder
4. eine Vereinigung, die nach Artikel 9 Abs. 2 des Grundgesetzes verboten ist.

§ 2 [Namensangabe des Veranstalters, Störungs- und Waffentragungsverbot]

(1) Wer zu einer öffentlichen Versammlung oder zu einem Aufzug öffentlich einlädt, muß als Veranstalter in der Einladung seinen Namen angeben.

(2) Bei öffentlichen Versammlungen und Aufzügen hat jedermann Störungen zu unterlassen, die bezwecken, die ordnungsmäßige Durchführung zu verhindern.

(3) [1]Niemand darf bei öffentlichen Versammlungen oder Aufzügen Waffen oder sonstige Gegenstände, die ihrer Art nach zur Verletzung von Personen oder zur Beschädigung von Sachen geeignet und bestimmt sind, mit sich führen, ohne dazu behördlich ermächtigt zu sein. [2]Ebenso ist es verboten, ohne behördliche Ermächtigung Waffen oder die in Satz 1 genannten Gegenstände auf dem Weg zu öffentlichen Versammlungen oder Aufzügen mit sich zu führen, zu derartigen Veranstaltungen hinzuschaffen oder sie zur Verwendung bei derartigen Veranstaltungen bereitzuhalten oder zu verteilen.

§ 3 [Uniformverbot]

(1) Es ist verboten, öffentlich oder in einer Versammlung Uniformen, Uniformteile oder gleichartige Kleidungsstücke als Ausdruck einer gemeinsamen politischen Gesinnung zu tragen.

(2) [1]Jugendverbänden, die sich vorwiegend der Jugendpflege widmen, ist auf Antrag für ihre Mitglieder eine Ausnahmegenehmigung von dem Verbot des Absatzes 1 zu erteilen. [2]Zuständig ist bei Jugendverbänden, deren erkennbare Organisation oder Tätigkeit sich über das Gebiet eines Landes hinaus erstreckt, das Bundesministerium des Innern, für Bau und Heimat, sonst die oberste Landesbehörde. [3]Die Entscheidung des Bundesministeriums des Innern, für Bau und Heimat ist im Bundesanzeiger und im Gemeinsamen Ministerialblatt, die der obersten Landesbehörden in ihren amtlichen Mitteilungsblättern bekanntzumachen.

§ 4 (weggefallen)

Abschnitt II

Öffentliche Versammlungen in geschlossenen Räumen

§ 5 [Verbot von Versammlungen in geschlossenen Räumen]

Die Abhaltung einer Versammlung kann nur im Einzelfall und nur dann verboten werden, wenn

1. der Veranstalter unter die Vorschriften des § 1 Abs. 2 Nr. 1 bis 4 fällt, und im Falle der Nummer 4 das Verbot durch die zuständige Verwaltungsbehörde festgestellt worden ist,
2. der Veranstalter oder Leiter der Versammlung Teilnehmern Zutritt gewährt, die Waffen oder sonstige Gegenstände im Sinne von § 2 Abs. 3 mit sich führen,
3. Tatsachen festgestellt sind, aus denen sich ergibt, daß der Veranstalter oder sein Anhang einen gewalttätigen oder aufrührerischen Verlauf der Versammlung anstreben,
4. Tatsachen festgestellt sind, aus denen sich ergibt, daß der Veranstalter oder sein Anhang Ansichten vertreten oder Äußerungen dulden werden, die ein Verbrechen oder ein von Amts wegen zu verfolgendes Vergehen zum Gegenstand haben.

§ 6 [Ausschlussrecht bestimmter Personen]

(1) Bestimmte Personen oder Personenkreise können in der Einladung von der Teilnahme an einer Versammlung ausgeschlossen werden.

(2) Pressevertreter können nicht ausgeschlossen werden; sie haben sich dem Leiter der Versammlung gegenüber durch ihren Presseausweis ordnungsgemäß auszuweisen.

§ 7 [Versammlungsleiter]

(1) Jede öffentliche Versammlung muß einen Leiter haben.

(2) [1]Leiter der Versammlung ist der Veranstalter. [2]Wird die Versammlung von einer Vereinigung veranstaltet, so ist ihr Vorsitzender der Leiter.

(3) Der Veranstalter kann die Leitung einer anderen Person übertragen.

(4) Der Leiter übt das Hausrecht aus.

§ 8 [Aufgaben des Versammlungsleiters]

[1]Der Leiter bestimmt den Ablauf der Versammlung. [2]Er hat während der Versammlung für Ordnung zu sorgen. [3]Er kann die Versammlung jederzeit unterbrechen oder schließen. [4]Er bestimmt, wann eine unterbrochene Versammlung fortgesetzt wird.

§ 9 [Ordner]

(1) [1]Der Leiter kann sich bei der Durchführung seiner Rechte aus § 8 der Hilfe einer angemessenen Zahl ehrenamtlicher Ordner bedienen. [2]Diese dürfen keine Waffen oder sonstigen Gegenstände im Sinne von § 2 Abs. 3 mit sich führen, müssen volljährig und ausschließlich durch weiße Armbinden, die nur die Bezeichnung „Ordner" tragen dürfen, kenntlich sein.

(2) [1]Der Leiter ist verpflichtet, die Zahl der von ihm bestellten Ordner der Polizei auf Anfordern mitzuteilen. [2]Die Polizei kann die Zahl der Ordner angemessen beschränken.

§ 10 [Folgepflicht der Versammlungsteilnehmer]

Alle Versammlungsteilnehmer sind verpflichtet, die zur Aufrechterhaltung der Ordnung getroffenen Anweisungen des Leiters oder der von ihm bestellten Ordner zu befolgen.

§ 11 [Ausschluss von Störern]

(1) Der Leiter kann Teilnehmer, welche die Ordnung gröblich stören, von der Versammlung ausschließen.

(2) Wer aus der Versammlung ausgeschlossen wird, hat sie sofort zu verlassen.

§ 12 [Polizeibeamte]

[1]Werden Polizeibeamte in eine öffentliche Versammlung entsandt, so haben sie sich dem Leiter zu erkennen zu geben. [2]Es muß ihnen ein angemessener Platz eingeräumt werden.

§ 12a [Bild- und Tonaufnahmen durch die Polizei]

(1) [1]Die Polizei darf Bild- und Tonaufnahmen von Teilnehmern bei oder im Zusammenhang mit öffentlichen Versammlungen nur anfertigen, wenn tatsächliche Anhaltspunkte die Annahme rechtfertigen, daß von ihnen erhebliche Gefahren für die öffentliche Sicherheit oder Ordnung ausgehen. [2]Die Maßnahmen dürfen auch durchgeführt werden, wenn Dritte unvermeidbar betroffen werden.

(2) [1]Die Unterlagen sind nach Beendigung der öffentlichen Versammlung oder zeitlich und sachlich damit unmittelbar im Zusammenhang stehender Ereignisse unverzüglich zu vernichten, soweit sie nicht benötigt werden

1. für die Verfolgung von Straftaten von Teilnehmern oder
2. im Einzelfall zur Gefahrenabwehr, weil die betroffene Person verdächtig ist, Straftaten bei oder im Zusammenhang mit der öffentlichen Versammlung vorbereitet oder begangen zu haben, und deshalb zu besorgen ist, daß von ihr erhebliche Gefahren für künftige öffentliche Versammlungen oder Aufzüge ausgehen.

[2]Unterlagen, die aus den in Satz 1 Nr. 2 aufgeführten Gründen nicht vernichtet wurden, sind in jedem Fall spätestens nach Ablauf von drei Jahren seit ihrer Entstehung zu vernichten, es sei denn, sie würden inzwischen zu dem in Satz 1 Nr. 1 aufgeführten Zweck benötigt.

(3) Die Befugnisse zur Erhebung personenbezogener Informationen nach Maßgabe der Strafprozeßordnung und des Gesetzes über Ordnungswidrigkeiten bleiben unberührt.

§ 13 [Polizeiliche Auflösung von Versammlungen]

(1) [1]Die Polizei (§ 12) kann die Versammlung nur dann und unter Angabe des Grundes auflösen, wenn

1. der Veranstalter unter die Vorschriften des § 1 Abs. 2 Nr. 1 bis 4 fällt, und im Falle der Nummer 4 das Verbot durch die zuständige Verwaltungsbehörde festgestellt worden ist,
2. die Versammlung einen gewalttätigen oder aufrührerischen Verlauf nimmt oder unmittelbare Gefahr für Leben und Gesundheit der Teilnehmer besteht,
3. der Leiter Personen, die Waffen oder sonstige Gegenstände im Sinne von § 2 Abs. 3 mit sich führen, nicht sofort ausschließt und für die Durchführung des Ausschlusses sorgt,
4. durch den Verlauf der Versammlung gegen Strafgesetze verstoßen wird, die ein Verbrechen oder von Amts wegen zu verfolgendes Vergehen zum Gegenstand haben, oder wenn in der Versammlung zu solchen Straftaten aufgefordert oder angereizt wird und der Leiter dies nicht unverzüglich unterbindet.

[2]In den Fällen der Nummern 2 bis 4 ist die Auflösung nur zulässig, wenn andere polizeiliche Maßnahmen, insbesondere eine Unterbrechung, nicht ausreichen.

(2) Sobald eine Versammlung für aufgelöst erklärt ist, haben alle Teilnehmer sich sofort zu entfernen.

Abschnitt III

Öffentliche Versammlungen unter freiem Himmel und Aufzüge

§ 14 [Anmeldungspflicht]

(1) Wer die Absicht hat, eine öffentliche Versammlung unter freiem Himmel oder einen Aufzug zu veranstalten, hat dies spätestens 48 Stunden vor der Bekanntgabe der zuständigen Behörde unter Angabe des Gegenstandes der Versammlung oder des Aufzuges anzumelden.

(2) In der Anmeldung ist anzugeben, welche Person für die Leitung der Versammlung oder des Aufzuges verantwortlich sein soll.

§ 15 [Verbot von Versammlungen im Freien, Auflagen, Auflösung]

(1) Die zuständige Behörde kann die Versammlung oder den Aufzug verbieten oder von bestimmten Auflagen abhängig machen, wenn nach den zur Zeit des Erlasses der Verfügung erkennbaren Umständen die öffentliche Sicherheit oder Ordnung bei Durchführung der Versammlung oder des Aufzuges unmittelbar gefährdet ist.

(2) [1]Eine Versammlung oder ein Aufzug kann insbesondere verboten oder von bestimmten Auflagen abhängig gemacht werden, wenn

1. die Versammlung oder der Aufzug an einem Ort stattfindet, der als Gedenkstätte von historisch herausragender, überregionaler Bedeutung an die Opfer der menschenunwürdigen Behandlung unter der nationalsozialistischen Gewalt- und Willkürherrschaft erinnert, und
2. nach den zur Zeit des Erlasses der Verfügung konkret feststellbaren Umständen zu besorgen ist, dass durch die Versammlung oder den Aufzug die Würde der Opfer beeinträchtigt wird.

[2]Das Denkmal für die ermordeten Juden Europas in Berlin ist ein Ort nach Satz 1 Nr. 1. [3]Seine Abgrenzung ergibt sich aus der Anlage zu diesem Gesetz. [4]Andere Orte nach Satz 1 Nr. 1 und deren Abgrenzung werden durch Landesgesetz bestimmt.

(3) Sie kann eine Versammlung oder einen Aufzug auflösen, wenn sie nicht angemeldet sind, wenn von den Angaben der Anmeldung abgewichen oder den Auflagen zuwidergehandelt wird oder wenn die Voraussetzungen zu einem Verbot nach Absatz 1 oder 2 gegeben sind.

(4) Eine verbotene Veranstaltung ist aufzulösen.

§ 16 [Bannkreise]

(1) [1]Öffentliche Versammlungen unter freiem Himmel und Aufzüge sind innerhalb des befriedeten Bannkreises der Gesetzgebungsorgane der Länder verboten. [2]Ebenso ist es verboten, zu öffentlichen Versammlungen unter freiem Himmel oder Aufzügen nach Satz 1 aufzufordern.

(2) Die befriedeten Bannkreise für die Gesetzgebungsorgane der Länder werden durch Landesgesetze bestimmt.

(3) Das Weitere regeln die Bannmeilengesetze der Länder.

§ 17 [Ausnahme für religiöse Feiern usw., Volksfeste]

Die §§ 14 bis 16 gelten nicht für Gottesdienste unter freiem Himmel, kirchliche Prozessionen, Bittgänge und Wallfahrten, gewöhnliche Leichenbegängnisse, Züge von Hochzeitsgesellschaften und hergebrachte Volksfeste.

§ 17a [Schutzwaffenverbot, Vermummungsverbot]

(1) Es ist verboten, bei öffentlichen Versammlungen unter freiem Himmel, Aufzügen oder sonstigen öffentlichen Veranstaltungen unter freiem Himmel oder auf dem Weg dorthin Schutzwaffen oder Gegenstände, die als Schutzwaffen geeignet und den Umständen nach dazu bestimmt sind, Vollstreckungsmaßnahmen eines Trägers von Hoheitsbefugnissen abzuwehren, mit sich zu führen.

(2) Es ist auch verboten,

1. an derartigen Veranstaltungen in einer Aufmachung, die geeignet und den Umständen nach darauf gerichtet ist, die Feststellung der Identität zu verhindern, teilzunehmen oder den Weg zu derartigen Veranstaltungen in einer solchen Aufmachung zurückzulegen,
2. bei derartigen Veranstaltungen oder auf dem Weg dorthin Gegenstände mit sich zu führen, die geeignet und den Umständen nach dazu bestimmt sind, die Feststellung der Identität zu verhindern.

(3) [1]Die Absätze 1 und 2 gelten nicht, wenn es sich um Veranstaltungen im Sinne des § 17 handelt. [2]Die zuständige Behörde kann weitere Ausnahmen von den Verboten der Absätze 1 und 2 zulassen, wenn eine Gefährdung der öffentlichen Sicherheit oder Ordnung nicht zu besorgen ist.

(4) [1]Die zuständige Behörde kann zur Durchsetzung der Verbote der Absätze 1 und 2 Anordnungen treffen. [2]Sie kann insbesondere Personen, die diesen Verboten zuwiderhandeln, von der Veranstaltung ausschließen.

§ 18 [Besondere Vorschriften für Versammlungen unter freiem Himmel]
(1) Für Versammlungen unter freiem Himmel sind § 7 Abs. 1, §§ 8, 9 Abs. 1, §§ 10, 11 Abs. 2, §§ 12 und 13 Abs. 2 entsprechend anzuwenden.
(2) [1]Die Verwendung von Ordnern bedarf polizeilicher Genehmigung. [2]Sie ist bei der Anmeldung zu beantragen.
(3) Die Polizei kann Teilnehmer, welche die Ordnung gröblich stören, von der Versammlung ausschließen.

§ 19 [Besondere Vorschriften für Aufzüge]
(1) [1]Der Leiter des Aufzuges hat für den ordnungsmäßigen Ablauf zu sorgen. [2]Er kann sich der Hilfe ehrenamtlicher Ordner bedienen, für welche § 9 Abs. 1 und § 18 gelten.
(2) Die Teilnehmer sind verpflichtet, die zur Aufrechterhaltung der Ordnung getroffenen Anordnungen des Leiters oder der von ihm bestellten Ordner zu befolgen.
(3) Vermag der Leiter sich nicht durchzusetzen, so ist er verpflichtet, den Aufzug für beendet zu erklären.
(4) Die Polizei kann Teilnehmer, welche die Ordnung gröblich stören, von dem Aufzug ausschließen.

§ 19a [Bild- und Tonaufnahmen durch die Polizei]
Für Bild- und Tonaufnahmen durch die Polizei bei Versammlungen unter freiem Himmel und Aufzügen gilt § 12a.

§ 20 [Einschränkung des Grundrechts der Versammlungsfreiheit]
Das Grundrecht des Artikels 8 des Grundgesetzes wird durch die Bestimmungen dieses Abschnitts eingeschränkt.

Abschnitt IV

Straf- und Bußgeldvorschriften

§ 21 [Störung von Versammlungen und Aufzügen]
Wer in der Absicht, nichtverbotene Versammlungen oder Aufzüge zu verhindern oder zu sprengen oder sonst ihre Durchführung zu vereiteln, Gewalttätigkeiten vornimmt oder androht oder grobe Störungen verursacht, wird mit Freiheitsstrafe bis zu drei Jahren oder mit Geldstrafe bestraft.

§ 22 [Beeinträchtigung und Bedrohung der Versammlungsleitung und Ordner]
Wer bei einer öffentlichen Versammlung oder einem Aufzug dem Leiter oder einem Ordner in der rechtmäßigen Ausübung seiner Ordnungsbefugnisse mit Gewalt oder Drohung mit Gewalt Widerstand leistet oder ihn während der rechtmäßigen Ausübung seiner Ordnungsbefugnisse tätlich angreift, wird mit Freiheitsstrafe bis zu einem Jahr oder mit Geldstrafe bestraft.

§ 23 [Öffentliche Aufforderung zur Teilnahme an verbotener Versammlung]
Wer öffentlich in einer Versammlung oder durch Verbreiten eines Inhalts (§ 11 Absatz 3 des Strafgesetzbuches) zur Teilnahme an einer öffentlichen Versammlung oder einem Aufzug auffordert, nachdem die Durchführung durch ein vollziehbares Verbot untersagt oder die Auflösung angeordnet worden ist, wird mit Freiheitsstrafe bis zu einem Jahr oder mit Geldstrafe bestraft.

§ 24 [Verwendung bewaffneter Ordner]
Wer als Leiter einer öffentlichen Versammlung oder eines Aufzuges Ordner verwendet, die Waffen oder sonstige Gegenstände, die ihrer Art nach zur Verletzung von Personen oder Beschädigung von Sachen geeignet und bestimmt sind, mit sich führen, wird mit Freiheitsstrafe bis zu einem Jahr oder mit Geldstrafe bestraft.

§ 25 [Abweichende Durchführung von Versammlungen und Aufzügen]
Wer als Leiter einer öffentlichen Versammlung unter freiem Himmel oder eines Aufzuges
1. die Versammlung oder den Aufzug wesentlich anders durchführt, als die Veranstalter bei der Anmeldung angegeben haben, oder
2. Auflagen nach § 15 Abs. 1 oder 2 nicht nachkommt,

wird mit Freiheitsstrafe bis zu sechs Monaten oder mit Geldstrafe bis zu einhundertachtzig Tagessätzen bestraft.

§ 26 [Abhaltung verbotener oder nicht angemeldeter Versammlungen und Aufzüge]
Wer als Veranstalter oder Leiter
1. eine öffentliche Versammlung oder einen Aufzug trotz vollziehbaren Verbots durchführt oder trotz Auflösung oder Unterbrechung durch die Polizei fortsetzt oder

2. eine öffentliche Versammlung unter freiem Himmel oder einen Aufzug ohne Anmeldung (§ 14) durchführt, wird mit Freiheitsstrafe bis zu einem Jahr oder mit Geldstrafe bestraft.

§ 27 [Führung von Waffen]

(1) [1]Wer bei öffentlichen Versammlungen oder Aufzügen Waffen oder sonstige Gegenstände, die ihrer Art nach zur Verletzung von Personen oder Beschädigung von Sachen geeignet und bestimmt sind, mit sich führt, ohne dazu behördlich ermächtigt zu sein, wird mit Freiheitsstrafe bis zu einem Jahr oder mit Geldstrafe bestraft. [2]Ebenso wird bestraft, wer ohne behördliche Ermächtigung Waffen oder sonstige Gegenstände im Sinne des Satzes 1 auf dem Weg zu öffentlichen Versammlungen oder Aufzügen mit sich führt, zu derartigen Veranstaltungen hinschafft oder sie zur Verwendung bei derartigen Veranstaltungen bereithält oder verteilt.

(2) Wer

1. entgegen § 17a Abs. 1 bei öffentlichen Versammlungen unter freiem Himmel, Aufzügen oder sonstigen öffentlichen Veranstaltungen unter freiem Himmel oder auf dem Weg dorthin Schutzwaffen oder Gegenstände, die als Schutzwaffen geeignet und den Umständen nach dazu bestimmt sind, Vollstreckungsmaßnahmen eines Trägers von Hoheitsbefugnissen abzuwehren, mit sich führt,
2. entgegen § 17a Abs. 2 Nr. 1 an derartigen Veranstaltungen in einer Aufmachung, die geeignet und den Umständen nach darauf gerichtet ist, die Feststellung der Identität zu verhindern, teilnimmt oder den Weg zu derartigen Veranstaltungen in einer solchen Aufmachung zurücklegt oder
3. sich im Anschluß an oder sonst im Zusammenhang mit derartigen Veranstaltungen mit anderen zusammenrottet und dabei
   a) Waffen oder sonstige Gegenstände, die ihrer Art nach zur Verletzung von Personen oder Beschädigung von Sachen geeignet und bestimmt sind, mit sich führt,
   b) Schutzwaffen oder sonstige in Nummer 1 bezeichnete Gegenstände mit sich führt oder
   c) in der in Nummer 2 bezeichneten Weise aufgemacht ist,

wird mit Freiheitsstrafe bis zu einem Jahr oder mit Geldstrafe bestraft.

§ 28 [Verstöße gegen Uniform- und politisches Kennzeichenverbot]

Wer der Vorschrift des § 3 zuwiderhandelt, wird mit Freiheitsstrafe bis zu zwei Jahren oder mit Geldstrafe bestraft.

§ 29 [Ordnungswidrigkeiten]

(1) Ordnungswidrig handelt, wer

1. an einer öffentlichen Versammlung oder einem Aufzug teilnimmt, deren Durchführung durch vollziehbares Verbot untersagt ist,

1a. entgegen § 17a Abs. 2 Nr. 2 bei einer öffentlichen Versammlung unter freiem Himmel, einem Aufzug oder einer sonstigen öffentlichen Veranstaltung unter freiem Himmel oder auf dem Weg dorthin Gegenstände, die geeignet und den Umständen nach dazu bestimmt sind, die Feststellung der Identität zu verhindern, mit sich führt,

1b. *[aufgehoben]*

2. sich trotz Auflösung einer öffentlichen Versammlung oder eines Aufzuges durch die zuständige Behörde nicht unverzüglich entfernt,
3. als Teilnehmer einer öffentlichen Versammlung unter freiem Himmel oder eines Aufzuges einer vollziehbaren Auflage nach § 15 Abs. 1 oder 2 nicht nachkommt,
4. trotz wiederholter Zurechtweisung durch den Leiter oder einen Ordner fortfährt, den Ablauf einer öffentlichen Versammlung oder eines Aufzuges zu stören,
5. sich nicht unverzüglich nach seiner Ausschließung aus einer öffentlichen Versammlung oder einem Aufzug entfernt,
6. der Aufforderung der Polizei, die Zahl der von ihm bestellten Ordner mitzuteilen, nicht nachkommt oder eine unrichtige Zahl mitteilt (§ 9 Abs. 2),
7. als Leiter oder Veranstalter einer öffentlichen Versammlung oder eines Aufzuges eine größere Zahl von Ordnern verwendet, als die Polizei zugelassen oder genehmigt hat (§ 9 Abs. 2, § 18 Abs. 2), oder Ordner verwendet, die anders gekennzeichnet sind, als es nach § 9 Abs. 1 zulässig ist, oder
8. als Leiter den in eine öffentliche Versammlung entsandten Polizeibeamten die Anwesenheit verweigert oder ihnen keinen angemessenen Platz einräumt.

(2) Die Ordnungswidrigkeit kann in den Fällen des Absatzes 1 Nr. 1 bis 5 mit einer Geldbuße bis tausend Deutsche Mark[1)] und in den Fällen des Absatzes 1 Nr. 6 bis 8 mit einer Geldbuße bis zu fünftausend Deutsche Mark[1)] geahndet werden.

§ 29a [Ordnungswidrigkeiten]

(1) Ordnungswidrig handelt, wer entgegen § 16 Abs. 1 an einer öffentlichen Versammlung unter freiem Himmel oder an einem Aufzug teilnimmt oder zu einer öffentlichen Versammlung unter freiem Himmel oder zu einem Aufzug auffordert.

(2) Die Ordnungswidrigkeit kann mit einer Geldbuße bis zu dreißigtausend Deutsche Mark[1)] geahndet werden.

§ 30 [Einziehung]

[1]Gegenstände, auf die sich eine Straftat nach § 27 oder § 28 oder eine Ordnungswidrigkeit nach § 29 Abs. 1 Nr. 1a oder 3 bezieht, können eingezogen werden. [2]§ 74a des Strafgesetzbuches und § 23 des Gesetzes über Ordnungswidrigkeiten sind anzuwenden.

Abschnitt V

Schlußbestimmungen

§ 31 (Aufhebungsvorschriften)

§ 32 *[gegenstandslos]*

§ 33 (Inkrafttreten)

Anlage

(zu § 15 Abs. 2)

Die Abgrenzung des Ortes nach § 15 Abs. 2 Satz 2 (Denkmal für die ermordeten Juden Europas) umfasst das Gebiet der Bundeshauptstadt Berlin, das umgrenzt wird durch die Ebertstraße, zwischen der Straße In den Ministergärten bzw. Lennéstraße und der Umfahrung Platz des 18. März, einschließlich des unbefestigten Grünflächenbereichs Ebertpromenade und des Bereichs der unbefestigten Grünfläche im Bereich des J.-W.-von-Goethe-Denkmals, die Behrenstraße, zwischen Ebertstraße und Wilhelmstraße, die Cora-Berliner-Straße, die Gertrud-Kolmar-Straße, nördlich der Einmündung der Straße In den Ministergärten, die Hannah-Arendt-Straße, einschließlich der Verlängerung zur Wilhelmstraße. Die genannten Umgrenzungslinien sind einschließlich der Fahrbahnen, Gehwege und aller sonstigen zum Betreten oder Befahren bestimmten öffentlichen Flächen Bestandteil des Gebiets.

1) Der Betrag wurde amtlich noch nicht auf Euro umgestellt; 1 Euro = 1,95583 DM.

Gesetz zur Beschränkung des Brief-, Post- und Fernmeldegeheimnisses (Artikel 10-Gesetz – G 10)[1)]

Vom 26. Juni 2001 (BGBl. I S. 1254, ber. S. 2298, 2017 S. 154)
(FNA 190-4)
zuletzt geändert durch Art. 4 G zum ersten Teil der Reform des Nachrichtendienstrechts vom 22. Dezember 2023 (BGBl. 2023 I Nr. 413)

Nichtamtliche Inhaltsübersicht

Der Bundestag hat das folgende Gesetz beschlossen:

Abschnitt 1
Allgemeine Bestimmungen

§ 1 Gegenstand des Gesetzes

(1) Es sind

1. die Verfassungsschutzbehörden des Bundes und der Länder, der Militärische Abschirmdienst und der Bundesnachrichtendienst zur Abwehr von drohenden Gefahren für die freiheitliche demokratische Grundordnung oder den Bestand oder die Sicherheit des Bundes oder eines Landes einschließlich der Sicherheit der in der Bundesrepublik Deutschland stationierten Truppen der nichtdeutschen Vertragsstaaten des Nordatlantikvertrages,
2. der Bundesnachrichtendienst im Rahmen seiner Aufgaben nach § 1 Abs. 2 des BND-Gesetzes auch zu den in § 5 Abs. 1 Satz 3 Nr. 2 bis 8 und § 8 Abs. 1 Satz 1 bestimmten Zwecken

berechtigt, die Telekommunikation zu überwachen und aufzuzeichnen, in den Fällen der Nummer 1 auch die dem Brief- oder Postgeheimnis unterliegenden Sendungen zu öffnen und einzusehen.

1) Verkündet als Art. 1 Artikel 10-NeuregelungsG v. 26.6.2001 (BGBl. I S. 1254, ber. S. 2298, 2017 S. 154); Inkrafttreten gem. Art. 5 Satz 1 dieses G am 29.6.2001.

(2) Soweit Maßnahmen nach Absatz 1 von Behörden des Bundes durchgeführt werden, unterliegen sie der Kontrolle durch das Parlamentarische Kontrollgremium und durch eine besondere Kommission (G 10-Kommission).

§ 2 Pflichten der Anbieter von Post- und Telekommunikationsdiensten; Verordnungsermächtigung

(1) [1]Wer geschäftsmäßig Postdienste erbringt oder an der Erbringung solcher Dienste mitwirkt, hat der berechtigten Stelle auf Anordnung Auskunft über die näheren Umstände des Postverkehrs zu erteilen und Sendungen, die ihm zum Einsammeln, Weiterleiten oder Ausliefern anvertraut sind, auszuhändigen. [2]Der nach Satz 1 Verpflichtete hat der berechtigten Stelle auf Verlangen die zur Vorbereitung einer Anordnung erforderlichen Auskünfte zu Postfächern zu erteilen, ohne dass es hierzu einer gesonderten Anordnung bedarf.

(1a) [1]Wer geschäftsmäßig Telekommunikationsdienste erbringt oder an der Erbringung solcher Dienste mitwirkt, hat der berechtigten Stelle auf Anordnung

1. Auskunft über die näheren Umstände der nach Wirksamwerden der Anordnung durchgeführten Telekommunikation zu erteilen,
2. Inhalte, die ihm zur Übermittlung auf dem Telekommunikationsweg anvertraut sind, auszuleiten,
3. die Überwachung und Aufzeichnung der Telekommunikation zu ermöglichen, auch durch Zugangsgewährung zu seinen Einrichtungen während seiner üblichen Geschäftszeiten, sowie
4. die Einbringung von technischen Mitteln zur Durchführung einer Maßnahme nach § 11 Absatz 1a durch Unterstützung bei der Umleitung von Telekommunikation durch die berechtigte Stelle zu ermöglichen
   a) durch Mitteilung der zur Erbringung in den umgeleiteten Datenstrom erforderlichen Informationen über die Strukturen der von ihm betriebenen Telekommunikationsnetze und Telekommunikationsanlagen sowie die von ihm erbrachten Telekommunikationsdienste;
   b) durch sonstige Unterstützung bei der Umleitung einschließlich der Gewährung des Zugangs zu seinen Einrichtungen während seiner üblichen Geschäftszeiten sowie der Ermöglichung der Aufstellung und des Betriebs von Geräten für die Durchführung der Maßnahme.

[2]Das Nähere zur technischen und organisatorischen Umsetzung der Mitwirkungspflichten nach Satz 1 Nummer 1 bis 3 bestimmt sich nach § 170 des Telekommunikationsgesetzes und der dazu erlassenen Rechtsverordnung. [3]In den Fällen des Satzes 1 Nummer 1 bleiben § 8a Absatz 1 Satz 1 Nummer 4 des Bundesverfassungsschutzgesetzes, § 4a des MAD-Gesetzes und § 3 des BND-Gesetzes unberührt. [4]Satz 1 Nummer 4 Buchstabe b gilt nur für denjenigen, der eine Telekommunikationsanlage betreibt, mit der öffentlich zugängliche Internetzugangsdienste oder öffentlich zugängliche Dienste, die ganz oder überwiegend in der Übertragung von Signalen bestehen, erbracht werden.

(1b) Das Bundesministerium des Innern, für Bau und Heimat wird ermächtigt, durch Rechtsverordnung im Einvernehmen mit dem Bundeskanzleramt, dem Bundesministerium für Wirtschaft und Energie, dem Bundesministerium für Verkehr und digitale Infrastruktur, dem Bundesministerium der Justiz und für Verbraucherschutz und dem Bundesministerium der Verteidigung mit Zustimmung des Bundesrates das Nähere zur technischen und organisatorischen Umsetzung der Mitwirkungspflichten nach Absatz 1a Satz 1 Nummer 4 zu bestimmen.

(2) [1]Der nach Absatz 1 oder Absatz 1a Verpflichtete hat vor Durchführung einer beabsichtigten Beschränkungsmaßnahme unverzüglich die Personen, die mit der Durchführung der Maßnahme betraut werden sollen,

1. auszuwählen,
2. einer einfachen Sicherheitsüberprüfung unterziehen zu lassen und
3. über Mitteilungsverbote nach § 17 sowie die Strafbarkeit eines Verstoßes nach § 18 zu belehren; die Belehrung ist aktenkundig zu machen.

[2]Mit der Durchführung einer Beschränkungsmaßnahme dürfen nur Personen betraut werden, die nach Maßgabe des Satzes 1 überprüft und belehrt worden sind. [3]Nach Zustimmung des Bundesministeriums des Innern, für Bau und Heimat, bei Beschränkungsmaßnahmen einer Landesbehörde des zuständigen Landesministeriums, kann der Behördenleiter der berechtigten Stelle oder dessen Stellvertreter die nach Absatz 1 oder Absatz 1a Verpflichteten schriftlich auffordern, die Beschränkungsmaßnahme bereits vor Abschluss der Sicherheitsüberprüfung durchzuführen. [4]Der nach Absatz 1 oder Absatz 1a Verpflichtete hat sicherzustellen, dass die Geheimschutzmaßnahmen zum Schutz als VS-NUR FÜR DEN DIENSTGEBRAUCH eingestufter Informationen gemäß der nach § 35 Absatz 1 des Sicherheitsüberprüfungsgesetzes zu erlassenden allgemeinen Verwaltungsvorschrift zum materiellen Geheimschutz in der jeweils geltenden Fassung getroffen werden.

(3) [1]Die Sicherheitsüberprüfung nach Absatz 2 Satz 1 Nr. 2 ist entsprechend dem Sicherheitsüberprüfungsgesetz durchzuführen. [2]Für Beschränkungsmaßnahmen einer Landesbehörde gilt dies nicht, soweit Rechtsvorschriften des Landes vergleichbare Bestimmungen enthalten; in diesem Fall sind die Rechtsvorschriften des Landes entsprechend anzuwenden. [3]Zuständig ist bei Beschränkungsmaßnahmen von Bundesbehörden das Bundesministerium des Innern, für Bau und Heimat; im Übrigen sind die nach Landesrecht bestimmten Behörden zuständig. [4]Soll mit der Durchführung einer Beschränkungsmaßnahme eine Person betraut werden, für die innerhalb der letzten fünf Jahre bereits eine gleich- oder höherwertige Sicherheitsüberprüfung nach Bundes- oder Landesrecht durchgeführt worden ist, soll von einer erneuten Sicherheitsüberprüfung abgesehen werden.

Abschnitt 2

Beschränkungen in Einzelfällen

§ 3 Voraussetzungen

(1) [1]Beschränkungen nach § 1 Abs. 1 Nr. 1 dürfen unter den dort bezeichneten Voraussetzungen angeordnet werden, wenn tatsächliche Anhaltspunkte für den Verdacht bestehen, dass jemand

1. Straftaten des Friedensverrats oder des Hochverrats (§§ 80a bis 83 des Strafgesetzbuches),
2. Straftaten der Gefährdung des demokratischen Rechtsstaates (§§ 84 bis 86, 87 bis 89b, 89c Absatz 1 bis 4 des Strafgesetzbuches, § 20 Abs. 1 Nr. 1 bis 4 des Vereinsgesetzes),
3. Straftaten des Landesverrats und der Gefährdung der äußeren Sicherheit (§§ 94 bis 96, 97a bis 100a des Strafgesetzbuches),
4. Straftaten gegen die Landesverteidigung (§§ 109e bis 109g des Strafgesetzbuches),
5. Straftaten gegen die Sicherheit der in der Bundesrepublik Deutschland stationierten Truppen der nichtdeutschen Vertragsstaaten des Nordatlantikvertrages (§§ 87, 89, 94 bis 96, 98 bis 100, 109e bis 109g des Strafgesetzbuches in Verbindung mit § 1 des NATO-Truppen-Schutzgesetzes),
6. Straftaten nach
   a) den §§ 129a bis 130 des Strafgesetzbuches sowie
   b) den §§ 211, 212, 239a, 239b, 306 bis 306c, 308 Abs. 1 bis 3, § 315 Abs. 3, § 316b Abs. 3 und § 316c Abs. 1 und 3 des Strafgesetzbuches, soweit diese sich gegen die freiheitliche demokratische Grundordnung, den Bestand oder die Sicherheit des Bundes oder eines Landes richten,
7. Straftaten nach § 95 Abs. 1 Nr. 8 des Aufenthaltsgesetzes,
8. Straftaten nach den §§ 202a, 202b und 303a, 303b des Strafgesetzbuches, soweit sich die Straftat gegen die innere oder äußere Sicherheit der Bundesrepublik Deutschland, insbesondere gegen sicherheitsempfindliche Stellen von lebenswichtigen Einrichtungen richtet, oder
9. Straftaten nach § 13 des Völkerstrafgesetzbuches

plant, begeht oder begangen hat. [2]Gleiches gilt, wenn tatsächliche Anhaltspunkte für den Verdacht bestehen, dass jemand Mitglied einer Vereinigung ist, deren Zwecke oder deren Tätigkeit darauf gerichtet sind, Straftaten zu begehen, die gegen die freiheitliche demokratische Grundordnung, den Bestand oder die Sicherheit des Bundes oder eines Landes gerichtet sind.

(1a) Beschränkungen nach § 1 Abs. 1 Nr. 1 dürfen unter den dort bezeichneten Voraussetzungen für den Bundesnachrichtendienst auch für Telekommunikationsanschlüsse, die sich an Bord deutscher Schiffe außerhalb deutscher Hoheitsgewässer befinden, angeordnet werden, wenn tatsächliche Anhaltspunkte bestehen, dass jemand eine der in § 72 Absatz 1 und 3 des Zollfahndungsdienstgesetzes genannten Straftaten plant, begeht oder begangen hat.

(2) [1]Die Anordnung ist nur zulässig, wenn die Erforschung des Sachverhalts auf andere Weise aussichtslos oder wesentlich erschwert wäre. [2]Sie darf sich nur gegen den Verdächtigen oder gegen Personen richten, von denen auf Grund bestimmter Tatsachen anzunehmen ist, dass sie für den Verdächtigen bestimmte oder von ihm herrührende Mitteilungen entgegennehmen oder weitergeben oder dass der Verdächtige ihren Anschluss benutzt. [3]Maßnahmen, die sich auf Sendungen beziehen, sind nur hinsichtlich solcher Sendungen zulässig, bei denen Tatsachen die Annahme rechtfertigen, dass sie von dem, gegen den sich die Anordnung richtet, herrühren oder für ihn bestimmt sind. [4]Abgeordnetenpost von Mitgliedern des Deutschen Bundestages und der Parlamente der Länder darf nicht in eine Maßnahme einbezogen werden, die sich gegen einen Dritten richtet.

§ 3a Schutz des Kernbereichs privater Lebensgestaltung

(1) [1]Beschränkungen nach § 1 Abs. 1 Nr. 1 sind unzulässig, soweit tatsächliche Anhaltspunkte für die Annahme vorliegen, dass durch sie allein Erkenntnisse aus dem Kernbereich privater Lebensgestaltung erfasst würden. [2]Soweit im Rahmen von Beschränkungen nach § 1 Abs. 1 Nr. 1 neben einer automatischen Aufzeichnung eine unmittelbare Kenntnisnahme erfolgt, ist die Maßnahme unverzüglich zu unterbrechen,

soweit sich während der Überwachung tatsächliche Anhaltspunkte dafür ergeben, dass Inhalte, die dem Kernbereich privater Lebensgestaltung zuzurechnen sind, erfasst werden. [3]Bestehen insoweit Zweifel, darf nur eine automatische Aufzeichnung fortgesetzt werden. [4]Automatische Aufzeichnungen nach Satz 3 sind unverzüglich einem bestimmten Mitglied der G10-Kommission oder seinem Stellvertreter zur Entscheidung über die Verwertbarkeit oder Löschung der Daten vorzulegen. [5]Das Nähere regelt die Geschäftsordnung. [6]Die Entscheidung des Mitglieds der Kommission, dass eine Verwertung erfolgen darf, ist unverzüglich durch die Kommission zu bestätigen. [7]Ist die Maßnahme nach Satz 2 unterbrochen worden, so darf sie für den Fall, dass sie nicht nach Satz 1 unzulässig ist, fortgeführt werden. [8]Erkenntnisse aus dem Kernbereich privater Lebensgestaltung, die durch eine Beschränkung nach § 1 Abs. 1 Nr. 1 erlangt worden sind, dürfen nicht verwertet werden. [9]Aufzeichnungen hierüber sind unverzüglich zu löschen. [10]Die Tatsachen der Erfassung der Daten und der Löschung sind zu dokumentieren. [11]Die Dokumentation darf ausschließlich für Zwecke der Datenschutzkontrolle verwendet werden. [12]Sie ist sechs Monate nach der Mitteilung nach § 12 Absatz 1 Satz 1 oder der Feststellung nach § 12 Absatz 1 Satz 5 zu löschen.

(2) [1]Bei Gefahr im Verzug können Aufzeichnungen nach Absatz 1 Satz 3 unter Aufsicht eines Bediensteten, der die Befähigung zum Richteramt hat, gesichtet werden. [2]Der Bedienstete entscheidet im Benehmen mit dem nach § 5 des Bundesdatenschutzgesetzes oder entsprechenden landesrechtlichen Vorschriften benannten Datenschutzbeauftragten oder einem von diesem beauftragten Beschäftigten, für den § 6 Absatz 3 des Bundesdatenschutzgesetzes insoweit entsprechend gilt, über eine vorläufige Nutzung.

§ 3b Schutz zeugnisverweigerungsberechtigter Personen

(1) [1]Maßnahmen nach § 1 Abs. 1 Nr. 1, die sich gegen eine in § 53 Absatz 1 Satz 1 Nummer 1, 2, 3 oder Nummer 4 der Strafprozessordnung genannte Person, im Falle von § 53 Absatz 1 Satz 1 Nummer 3 der Strafprozessordnung beschränkt auf Rechtsanwälte und Kammerrechtsbeistände, richten und voraussichtlich Erkenntnisse erbringen würden, über die diese Person das Zeugnis verweigern dürfte, sind unzulässig. [2]Dennoch erlangte Erkenntnisse dürfen nicht verwertet werden. [3]Aufzeichnungen hierüber sind unverzüglich zu löschen. [4]Die Tatsache ihrer Erlangung und Löschung ist zu dokumentieren. [5]Die Sätze 2 bis 3 gelten entsprechend, wenn durch eine Maßnahme, die sich nicht gegen eine in Satz 1 genannte Person richtet, von einer dort genannten Person Erkenntnisse erlangt werden, über die sie das Zeugnis verweigern dürfte.

(2) [1]Soweit durch eine Beschränkung eine in § 53 Abs. 1 Satz 1 Nr. 3 bis 3b oder Nr. 5 der Strafprozessordnung genannte Person, im Falle von § 53 Absatz 1 Satz 1 Nummer 3 der Strafprozessordnung mit Ausnahme von Rechtsanwälten und Kammerrechtsbeiständen, betroffen wäre und dadurch voraussichtlich Erkenntnisse erlangt würden, über die diese Person das Zeugnis verweigern dürfte, ist dies im Rahmen der Prüfung der Verhältnismäßigkeit unter Würdigung des öffentlichen Interesses an den von dieser Person wahrgenommenen Aufgaben und des Interesses an der Geheimhaltung der dieser Person anvertrauten oder bekannt gewordenen Tatsachen besonders zu berücksichtigen. [2]Soweit hiernach geboten, ist die Maßnahme zu unterlassen oder, soweit dies nach der Art der Maßnahme möglich ist, zu beschränken.

(3) Die Absätze 1 und 2 gelten entsprechend, soweit die in § 53a der Strafprozessordnung Genannten das Zeugnis verweigern dürften.

(4) Die Absätze 1 bis 3 gelten nicht, sofern die zeugnisverweigerungsberechtigte Person Verdächtiger im Sinne des § 3 Abs. 2 Satz 2 ist oder tatsächliche Anhaltspunkte den Verdacht begründen, dass sie dessen in § 3 Abs. 1 bezeichnete Bestrebungen durch Entgegennahme oder Weitergabe von Mitteilungen bewusst unterstützt.

§ 4 Prüf-, Kennzeichnungs- und Löschungspflichten, Übermittlungen, Zweckbindung

(1) [1]Die erhebende Stelle prüft unverzüglich und sodann in Abständen von höchstens sechs Monaten, ob die erhobenen personenbezogenen Daten im Rahmen ihrer Aufgaben allein oder zusammen mit bereits vorliegenden Daten für die in § 1 Abs. 1 Nr. 1 bestimmten Zwecke erforderlich sind. [2]Soweit die Daten für diese Zwecke nicht erforderlich sind und nicht für eine Übermittlung an andere Stellen benötigt werden, sind sie unverzüglich unter Aufsicht eines Bediensteten, der die Befähigung zum Richteramt hat, zu löschen. [3]Die Löschung ist zu protokollieren. [4]Die Protokolldaten dürfen ausschließlich zur Durchführung der Datenschutzkontrolle verwendet werden. [5]Die Protokolldaten sind am Ende des Kalenderjahres, das dem Jahr der Protokollierung folgt, zu löschen. [6]Die Löschung der Daten unterbleibt, soweit die Daten für eine Mitteilung nach § 12 Abs. 1 oder für eine gerichtliche Nachprüfung der Rechtmäßigkeit der Beschränkungsmaßnahme von Bedeutung sein können. [7]In diesem Fall ist die Verarbeitung der Daten einzuschränken; sie dürfen nur zu diesen Zwecken verwendet werden.

(2) [1]Die verbleibenden Daten sind zu kennzeichnen. [2]Nach einer Übermittlung ist die Kennzeichnung durch den Empfänger aufrechtzuerhalten. [3]Die Daten dürfen nur zu den in § 1 Abs. 1 Nr. 1 und den in Absatz 4 genannten Zwecken verwendet werden.

(3) [1]Der Behördenleiter oder sein Stellvertreter kann anordnen, dass bei der Übermittlung auf die Kennzeichnung verzichtet wird, wenn dies unerlässlich ist, um die Geheimhaltung einer Beschränkungsmaßnahme nicht zu gefährden, und die G 10-Kommission oder, soweit es sich um die Übermittlung durch eine Landesbehörde handelt, die nach Landesrecht zuständige Stelle zugestimmt hat. [2]Bei Gefahr im Verzuge kann die Anordnung bereits vor der Zustimmung getroffen werden. [3]Wird die Zustimmung versagt, ist die Kennzeichnung durch den Übermittlungsempfänger unverzüglich nachzuholen; die übermittelnde Behörde hat ihn hiervon zu unterrichten.

(4) Die Daten dürfen an andere als die nach § 1 Absatz 1 Nummer 1 berechtigten Stellen nur übermittelt werden

1. zur Verhinderung oder Aufklärung von Straftaten, wenn
   a) tatsächliche Anhaltspunkte für den Verdacht bestehen, dass jemand eine der in § 3 Abs. 1 und 1a genannten Straftaten plant oder begeht,
   b) bestimmte Tatsachen den Verdacht begründen, dass jemand eine sonstige in § 7 Absatz 2 genannte Straftat plant oder begeht,
2. zur Verfolgung von Straftaten, wenn bestimmte Tatsachen den Verdacht begründen, dass jemand eine in Nummer 1 bezeichnete Straftat begeht oder begangen hat, oder
3. zur Vorbereitung und Durchführung eines Verfahrens nach Artikel 21 Abs. 2 Satz 2 des Grundgesetzes oder einer Maßnahme nach § 3 Abs. 1 Satz 1 des Vereinsgesetzes,

soweit sie zur Erfüllung der Aufgaben des Empfängers erforderlich sind und in den Fällen der Nummern 1 und 2 daneben die Voraussetzungen der Vorschriften vorliegen, die Übermittlungen der übermittelnden Stelle für die Verhinderung, Aufklärung oder Verfolgung von Straftaten allgemein regeln.

(5) [1]Sind mit personenbezogenen Daten, die übermittelt werden dürfen, weitere Daten des Betroffenen oder eines Dritten in Akten so verbunden, dass eine Trennung nicht oder nur mit unvertretbarem Aufwand möglich ist, ist die Übermittlung auch dieser Daten zulässig; eine Verwendung dieser Daten ist unzulässig. [2]Über die Übermittlung entscheidet ein Bediensteter der übermittelnden Stelle, der die Befähigung zum Richteramt hat. [3]Die Übermittlung ist zu protokollieren.

(6) [1]Der Empfänger darf die übermittelten Daten nur für die Zwecke verwenden, zu deren Erfüllung sie ihm übermittelt worden sind. [2]Er prüft unverzüglich und sodann in Abständen von höchstens sechs Monaten, ob die übermittelten Daten für diese Zwecke erforderlich sind. [3]Absatz 1 Satz 2 und 3 gilt entsprechend. [4]Der Empfänger unterrichtet die übermittelnde Stelle unverzüglich über die erfolgte Löschung.

§ 4a Weiterverarbeitung von Verkehrsdaten durch den Bundesnachrichtendienst

(1) Der Bundesnachrichtendienst darf erhobene Verkehrsdaten, bei denen für einen Teilnehmer der Kommunikation eine Beschränkung nach § 3 angeordnet ist, zur Erfüllung seiner Aufgaben auch weiterverarbeiten, um

1. Personen zu erkennen, die einen Deutschlandbezug aufweisen und über die Informationen erlangt werden können, die für die Aufgabenerfüllung des Bundesnachrichtendienstes relevant sind, oder
2. geeignete Übertragungswege im Sinne des § 10 Absatz 4 Satz 2 zu bestimmen.

(2) [1]Spätestens drei Monate nach ihrer Erhebung sind die nach Absatz 1 gespeicherten Verkehrsdaten daraufhin zu prüfen, ob die weitere Speicherung zur Erfüllung der Aufgaben des Bundesnachrichtendienstes erforderlich ist. [2]Spätestens sechs Monate nach ihrer Erhebung sind diese Daten zu löschen, es sei denn, es wurde im Einzelfall festgestellt, dass eine weitere Speicherung für die Zwecke des Absatzes 1 erforderlich ist. [3]Ist im Einzelfall festgestellt worden, dass eine weitere Speicherung für die Zwecke nach Absatz 1 erforderlich ist, prüft der Bundesnachrichtendienst sodann regelmäßig in Abständen von höchstens sechs Monaten, ob die weitere Speicherung der Verkehrsdaten für diese Zwecke erforderlich ist.

(3) [1]Die Erfüllung der in den Absätzen 1 und 2 genannten Voraussetzungen wird regelmäßig stichprobenartig durch eine hierzu beauftragte Bedienstete oder einen hierzu beauftragten Bediensteten des Bundesnachrichtendienstes, die oder der die Befähigung zum Richteramt hat, überprüft. [2]Soweit die Überprüfung eine unzulässige Verarbeitung ergibt, sind die Daten unverzüglich unter Aufsicht einer Bediensteten oder eines Bediensteten des Bundesnachrichtendienstes, die oder der die Befähigung zum Richteramt hat, zu löschen. [3]§ 4 Absatz 1 Satz 3 bis 5 gilt entsprechend.

Abschnitt 3

Strategische Beschränkungen

§ 5 Voraussetzungen

(1) [1]Auf Antrag des Bundesnachrichtendienstes dürfen Beschränkungen nach § 1 für internationale Telekommunikationsbeziehungen, soweit eine gebündelte Übertragung erfolgt, angeordnet werden. [2]Die jeweiligen Telekommunikationsbeziehungen werden von dem nach § 10 Abs. 1 zuständigen Bundesministerium mit Zustimmung des Parlamentarischen Kontrollgremiums bestimmt. [3]Beschränkungen nach Satz 1 sind nur zulässig zur Sammlung von Informationen über Sachverhalte, deren Kenntnis notwendig ist, um die Gefahr

1. eines bewaffneten Angriffs auf die Bundesrepublik Deutschland,
2. der Begehung internationaler terroristischer Anschläge mit unmittelbarem Bezug zur Bundesrepublik Deutschland,
3. der internationalen Verbreitung von Kriegswaffen im Sinne des Gesetzes über die Kontrolle von Kriegswaffen sowie des unerlaubten Außenwirtschaftsverkehrs mit Waren, Datenverarbeitungsprogrammen und Technologien in Fällen von erheblicher Bedeutung,
4. der unbefugten gewerbs- oder bandenmäßig organisierten Verbringung von Betäubungsmitteln in das Gebiet der Europäischen Union in Fällen von erheblicher Bedeutung mit Bezug zur Bundesrepublik Deutschland,
5. der Beeinträchtigung der Geldwertstabilität im Euro-Währungsraum durch im Ausland begangene Geldfälschungen,
6. der international organisierten Geldwäsche in Fällen von erheblicher Bedeutung,
7. des gewerbs- oder bandenmäßig organisierten Einschleusens von ausländischen Personen in das Gebiet der Europäischen Union in Fällen von erheblicher Bedeutung mit Bezug zur Bundesrepublik Deutschland
   a) bei unmittelbarem Bezug zu den Gefahrenbereichen nach Nr. 1 bis 3 oder
   b) in Fällen, in denen eine erhebliche Anzahl geschleuster Personen betroffen ist, insbesondere wenn durch die Art der Schleusung von einer Gefahr für ihr Leib oder Leben auszugehen ist, oder
   c) in Fällen von unmittelbarer oder mittelbarer Unterstützung oder Duldung durch ausländische öffentliche Stellen oder
8. des internationalen kriminellen, terroristischen oder staatlichen Angriffs mittels Schadprogrammen oder vergleichbaren schädlich wirkenden informationstechnischen Mitteln auf die Vertraulichkeit, Integrität oder Verfügbarkeit von IT-Systemen in Fällen von erheblicher Bedeutung mit Bezug zur Bundesrepublik Deutschland

rechtzeitig zu erkennen und einer solchen Gefahr zu begegnen. [4]In den Fällen von Satz 3 Nr. 1 dürfen Beschränkungen auch für Postverkehrsbeziehungen angeordnet werden; Satz 2 gilt entsprechend.

(2) [1]Bei Beschränkungen von Telekommunikationsbeziehungen darf der Bundesnachrichtendienst nur Suchbegriffe verwenden, die zur Aufklärung von Sachverhalten über den in der Anordnung bezeichneten Gefahrenbereich bestimmt und geeignet sind. [2]Es dürfen keine Suchbegriffe verwendet werden, die

1. Identifizierungsmerkmale enthalten, die zu einer gezielten Erfassung bestimmter Telekommunikationsanschlüsse führen, oder
2. den Kernbereich der privaten Lebensgestaltung betreffen.

[3]Dies gilt nicht für Telekommunikationsanschlüsse im Ausland, sofern ausgeschlossen werden kann, dass Anschlüsse, deren Inhaber oder regelmäßige Nutzer deutsche Staatsangehörige sind, gezielt erfasst werden. [4]Die Durchführung ist zu protokollieren. [5]Die Protokolldaten dürfen ausschließlich zu Zwecken der Datenschutzkontrolle verwendet werden. [6]Sie sind am Ende des Kalenderjahres, das dem Jahr der Protokollierung folgt, zu löschen.

§ 5a Schutz des Kernbereichs privater Lebensgestaltung

[1]Durch Beschränkungen nach § 1 Abs. 1 Nr. 2 dürfen keine Kommunikationsinhalte aus dem Kernbereich privater Lebensgestaltung erfasst werden. [2]Sind durch eine Beschränkung nach § 1 Abs. 1 Nr. 2 Kommunikationsinhalte aus dem Kernbereich privater Lebensgestaltung erfasst worden, dürfen diese nicht verwertet werden. [3]Sie sind unverzüglich unter Aufsicht eines Bediensteten, der die Befähigung zum Richteramt hat, zu löschen. [4]§ 3a Absatz 1 Satz 2 bis 7 und Absatz 2 gilt entsprechend. [5]Die Tatsache der Erfassung der Daten und ihrer Löschung ist zu protokollieren. [6]Die Protokolldaten dürfen ausschließlich zum Zwecke der Durchführung der Datenschutzkontrolle verwendet werden. [7]Sie sind sechs Monate nach der Mitteilung oder der Feststellung nach § 12 Absatz 2 zu löschen.

§ 5b Schutz zeugnisverweigerungsberechtigter Personen

Für den Schutz zeugnisverweigerungsberechtigter Personen gilt § 3b entsprechend.

§ 6 Prüf-, Kennzeichnungs- und Löschungspflichten, Zweckbindung

(1) [1]Der Bundesnachrichtendienst prüft unverzüglich und sodann in Abständen von höchstens sechs Monaten, ob die erhobenen personenbezogenen Daten im Rahmen seiner Aufgaben allein oder zusammen mit bereits vorliegenden Daten für die in § 5 Abs. 1 Satz 3 bestimmten Zwecke erforderlich sind. [2]Soweit die Daten für diese Zwecke nicht erforderlich sind und nicht für eine Übermittlung an andere Stellen benötigt werden, sind sie unverzüglich unter Aufsicht eines Bediensteten, der die Befähigung zum Richteramt hat, zu löschen. [3]Die Löschung ist zu protokollieren. [4]Die Protokolldaten dürfen ausschließlich zur Durchführung von Kontrollen der Datenverarbeitung, einschließlich der Datenschutzkontrolle, verwendet werden. [5]Die Protokolldaten sind am Ende des Kalenderjahres zu löschen, das dem Jahr der Protokollierung folgt. [6]Außer in den Fällen der erstmaligen Prüfung nach Satz 1 unterbleibt die Löschung, soweit die Daten für eine Mitteilung nach § 12 Abs. 2 oder für eine gerichtliche Nachprüfung der Rechtmäßigkeit der Beschränkungsmaßnahme von Bedeutung sein können. [7]In diesem Fall ist die Verarbeitung der Daten einzuschränken; sie dürfen nur zu diesen Zwecken verwendet werden.

(2) [1]Die verbleibenden Daten sind zu kennzeichnen. [2]Nach einer Übermittlung ist die Kennzeichnung durch den Empfänger aufrechtzuerhalten. [3]Die Daten dürfen nur zu den in § 5 Abs. 1 Satz 3 genannten Zwecken und für Übermittlungen nach § 7 Abs. 1 bis 4a und § 7a verwendet werden.

(3) [1]Auf Antrag des Bundesnachrichtendienstes dürfen zur Prüfung der Relevanz erfasster Telekommunikationsverkehre auf Anordnung des nach § 10 Abs. 1 zuständigen Bundesministeriums die erhobenen Daten in einem automatisierten Verfahren mit bereits vorliegenden Rufnummern oder anderen Kennungen bestimmter Telekommunikationsanschlüsse abgeglichen werden, bei denen tatsächliche Anhaltspunkte dafür bestehen, dass sie in einem Zusammenhang mit dem Gefahrenbereich stehen, für den die Überwachungsmaßnahme angeordnet wurde. [2]Zu diesem Abgleich darf der Bundesnachrichtendienst auch Rufnummern oder andere Kennungen bestimmter Telekommunikationsanschlüsse im Inland verwenden. [3]Die zu diesem Abgleich genutzten Daten dürfen nicht als Suchbegriffe im Sinne des § 5 Abs. 2 Satz 1 verwendet werden. [4]Der Abgleich und die Gründe für die Verwendung der für den Abgleich genutzten Daten sind zu protokollieren. [5]Die Protokolldaten dürfen ausschließlich zur Durchführung von Kontrollen der Datenverarbeitung, einschließlich der Datenschutzkontrolle, verwendet werden. [6]Sie sind am Ende des Kalenderjahres, das dem Jahr der Protokollierung folgt, zu vernichten.

(4) [1]Unabhängig von Absatz 1 Satz 1 und 2 darf der Bundesnachrichtendienst auf den nach § 5 Absatz 1 in Verbindung mit § 10 Absatz 4 Satz 2 angeordneten Übertragungswegen zur Erfüllung seiner Aufgaben Verkehrsdaten erheben und unter den Voraussetzungen des Satzes 3 weiterverarbeiten, sofern diejenigen Verkehrsdaten, die eine Identifizierung von deutschen Staatsangehörigen, von inländischen juristischen Personen oder von sich im Bundesgebiet aufhaltenden Personen ermöglichen, im Falle ihrer Erhebung unverzüglich automatisiert unkenntlich gemacht werden. [2]Die automatisierte Unkenntlichmachung ist so durchzuführen, dass

1. die Eindeutigkeit der Daten erhalten bleibt und
2. eine rückwirkende Identifizierung der in Satz 1 genannten Personen unmöglich oder nur mit unvertretbar hohem Aufwand möglich ist.

[3]Der Bundesnachrichtendienst darf Verkehrsdaten, die nach den Sätzen 1 und 2 unkenntlich gemacht wurden, zur Erfüllung seiner Aufgaben weiterverarbeiten, um

1. Personen außerhalb des in Satz 1 genannten Personenkreises zu erkennen, die einen Deutschlandbezug aufweisen und über die Informationen erlangt werden können, die für die Aufgabenerfüllung des Bundesnachrichtendienstes relevant sind, sowie
2. geeignete Übertragungswege im Sinne des § 10 Absatz 4 Satz 2 zu bestimmen.

[4]Die in Satz 1 genannten Verkehrsdaten sind spätestens sechs Monate nach ihrer Erhebung zu löschen, es sei denn, es wurde im Einzelfall festgestellt, dass eine weitere Speicherung für die Zwecke nach Satz 3 erforderlich ist. [5]Ist im Einzelfall festgestellt worden, dass eine weitere Speicherung für die Zwecke nach Satz 3 erforderlich ist, prüft der Bundesnachrichtendienst bei der Einzelfallbearbeitung und nach festgesetzten Fristen, spätestens nach zehn Jahren, ob die unkenntlich gemachten Verkehrsdaten weiterhin für diese Zwecke erforderlich sind.

(5) [1]Unabhängig von Absatz 1 Satz 1 und 2 darf der Bundesnachrichtendienst erhobene Verkehrsdaten, die auf der Grundlage eines Suchbegriffs nach § 5 Absatz 2 erfasst worden sind, zur Erfüllung seiner Aufgaben weiterverarbeiten, um

1. Personen zu erkennen, die einen Deutschlandbezug aufweisen und über die Informationen erlangt werden können, die für die Aufgabenerfüllung des Bundesnachrichtendienstes relevant sind, sowie
2. geeignete Übertragungswege im Sinne des § 10 Absatz 4 Satz 2 zu identifizieren.

²Wird bei der Weiterverarbeitung nach Satz 1 erkannt, dass eine darüber hinausgehende Weiterverarbeitung der Verkehrsdaten durch den Bundesnachrichtendienst erforderlich ist, um Straftaten im Sinne des § 3 Absatz 1 oder Gefahren im Sinne des § 5 Absatz 1 Satz 3 oder des § 8 Absatz 1 zu erkennen und einer solchen Gefahr zu begegnen, darf der Bundesnachrichtendienst diese Daten auch zu diesen Zwecken weiterverarbeiten. ³Spätestens drei Monate nach ihrer Erhebung sind die in den Sätzen 1 und 2 genannten Verkehrsdaten daraufhin zu prüfen, ob die weitere Speicherung zur Erfüllung der Aufgaben des Bundesnachrichtendienstes erforderlich ist. ⁴Spätestens sechs Monate nach ihrer Erhebung sind die in den Sätzen 1 und 2 genannten Daten zu löschen, es sei denn, es wurde im Einzelfall festgestellt, dass eine weitere Speicherung für die Zwecke nach den Sätzen 1 und 2 erforderlich ist. ⁵Ist im Einzelfall festgestellt worden, dass eine weitere Speicherung für die Zwecke nach den Sätzen 1 und 2 erforderlich ist, prüft der Bundesnachrichtendienst sodann regelmäßig in Abständen von höchstens sechs Monaten, ob die weitere Speicherung der Verkehrsdaten für diese Zwecke nach den Sätzen 1 und 2 erforderlich ist.

(6) ¹Die Erfüllung der in Absatz 5 genannten Voraussetzungen wird regelmäßig stichprobenartig durch eine hierzu beauftragte Bedienstete oder einen hierzu beauftragten Bediensteten des Bundesnachrichtendienstes, die oder der die Befähigung zum Richteramt hat, überprüft. ²Soweit die Überprüfung eine unzulässige Verarbeitung ergibt, sind die Daten unverzüglich unter Aufsicht einer Bediensteten oder eines Bediensteten des Bundesnachrichtendienstes, die oder der die Befähigung zum Richteramt hat, zu löschen. ³Absatz 1 Satz 3 bis 5 gilt entsprechend.

§ 7 Übermittlungen durch den Bundesnachrichtendienst

(1) Durch Beschränkungen nach § 5 erhobene personenbezogene Daten dürfen an die Verfassungsschutzbehörden des Bundes und der Länder sowie an das Bundesamt für den Militärischen Abschirmdienst unter den Voraussetzungen des § 11 des BND-Gesetzes übermittelt werden.

(2) Durch Beschränkungen nach § 5 erhobene personenbezogene Daten dürfen an inländische Strafverfolgungsbehörden unter den Voraussetzungen des § 11a des BND-Gesetzes übermittelt werden.

(3) Durch Beschränkungen nach § 5 erhobene personenbezogene Daten dürfen an inländische öffentliche Stellen unter den Voraussetzungen des § 11b des BND-Gesetzes übermittelt werden.

(4) *[aufgehoben]*

(5) ¹Die Übermittlung ist nur zulässig, soweit sie zur Erfüllung der Aufgaben des Empfängers erforderlich ist. ²Sind mit personenbezogenen Daten, die übermittelt werden dürfen, weitere Daten des Betroffenen oder eines Dritten in Akten so verbunden, dass eine Trennung nicht oder nur mit unvertretbarem Aufwand möglich ist, ist die Übermittlung auch dieser Daten zulässig; eine Verwendung dieser Daten ist unzulässig. ³Über die Übermittlung entscheidet ein Bediensteter des Bundesnachrichtendienstes, der die Befähigung zum Richteramt hat. ⁴Die Übermittlung ist zu protokollieren.

(6) ¹Der Empfänger darf die Daten nur für die Zwecke verwenden, zu deren Erfüllung sie ihm übermittelt worden sind. ²Er prüft unverzüglich und sodann in Abständen von höchstens sechs Monaten, ob die übermittelten Daten für diese Zwecke erforderlich sind. ³§ 4 Abs. 6 Satz 4 und § 6 Abs. 1 Satz 2 und 3 gelten entsprechend.

§ 7a Übermittlungen durch den Bundesnachrichtendienst an ausländische öffentliche Stellen

(1) Der Bundesnachrichtendienst darf durch Beschränkungen nach § 5 Absatz 1 Satz 3 Nummer 2, 3, 7 und 8 erhobene personenbezogene Daten unter den Voraussetzungen des § 11e des BND-Gesetzes an die mit nachrichtendienstlichen Aufgaben betrauten ausländischen öffentlichen Stellen übermitteln.

(2) Die Übermittlung bedarf der Zustimmung des Bundeskanzleramtes.

(3) ¹Über die Übermittlung entscheidet ein Bediensteter des Bundesnachrichtendienstes, der die Befähigung zum Richteramt hat. ²Die Übermittlung ist zu protokollieren. ³Der Bundesnachrichtendienst führt einen Nachweis über den Zweck, die Veranlassung, die Aktenfundstelle und die Empfänger der Übermittlungen nach Absatz 1 und 2. ⁴Die Nachweise sind gesondert aufzubewahren, gegen unberechtigten Zugriff zu sichern und am Ende des Kalenderjahres, das dem Jahr ihrer Erstellung folgt, zu vernichten.

(4) Der Empfänger ist zu verpflichten,
1. die übermittelten Daten nur zu dem Zweck zu verwenden, zu dem sie ihm übermittelt wurden,
2. eine angebrachte Kennzeichnung beizubehalten und
3. dem Bundesnachrichtendienst auf Ersuchen Auskunft über die Verwendung zu erteilen.

(5) Das Bundeskanzleramt unterrichtet monatlich die G10-Kommission über Übermittlungen nach Absatz 1.

(6) Das Parlamentarische Kontrollgremium ist in Abständen von höchstens sechs Monaten über die vorgenommenen Übermittlungen nach Absatz 1 und 2 zu unterrichten.

§ 8 Gefahr für Leib oder Leben einer Person im Ausland

(1) Auf Antrag des Bundesnachrichtendienstes dürfen Beschränkungen nach § 1 für internationale Telekommunikationsbeziehungen im Sinne des § 5 Abs. 1 Satz 1 angeordnet werden, wenn dies erforderlich ist, um eine im Einzelfall bestehende Gefahr für Leib oder Leben einer Person im Ausland rechtzeitig zu erkennen oder ihr zu begegnen und dadurch Belange der Bundesrepublik Deutschland unmittelbar in besonderer Weise berührt sind.

(2) [1]Die jeweiligen Telekommunikationsbeziehungen werden von dem nach § 10 Abs. 1 zuständigen Bundesministerium mit Zustimmung des Parlamentarischen Kontrollgremiums bestimmt. [2]Die Zustimmung bedarf der Mehrheit von zwei Dritteln seiner Mitglieder. [3]Die Bestimmung tritt spätestens nach zwei Monaten außer Kraft. [4]Eine erneute Bestimmung ist zulässig, soweit ihre Voraussetzungen fortbestehen.

(3) [1]Die Anordnung ist nur zulässig, wenn die Erforschung des Sachverhalts auf andere Weise aussichtslos oder wesentlich erschwert wäre. [2]Der Bundesnachrichtendienst darf nur Suchbegriffe verwenden, die zur Erlangung von Informationen über die in der Anordnung bezeichnete Gefahr bestimmt und geeignet sind. [3]§ 5 Abs. 2 Satz 2 bis 6 gilt entsprechend. [4]Ist die Überwachungsmaßnahme erforderlich, um einer im Einzelfall bestehenden Gefahr für Leib oder Leben einer Person zu begegnen, dürfen die Suchbegriffe auch Identifizierungsmerkmale enthalten, die zu einer gezielten Erfassung der Rufnummer oder einer anderen Kennung des Telekommunikationsanschlusses dieser Person im Ausland führen.

(4) [1]Der Bundesnachrichtendienst prüft unverzüglich und sodann in Abständen von höchstens sechs Monaten, ob die erhobenen personenbezogenen Daten im Rahmen seiner Aufgaben allein oder zusammen mit bereits vorliegenden Daten zu dem in Absatz 1 bestimmten Zweck erforderlich sind. [2]Soweit die Daten für diesen Zweck nicht erforderlich sind, sind sie unverzüglich unter Aufsicht eines Bediensteten, der die Befähigung zum Richteramt hat, zu löschen. [3]Die Löschung ist zu protokollieren. [4]§ 6 Absatz 1 Satz 4 und 5, Absatz 2 Satz 1 und 2 und Absatz 5 und 6 gilt entsprechend mit der Maßgabe, dass die Weiterverarbeitung nach § 6 Absatz 5 Satz 2 nur zur Erkennung und Begegnung von Gefahren im Sinne des § 8 Absatz 1 zulässig ist. [5]Die Daten dürfen nur zu den in den Absätzen 1, 5 und 6 genannten Zwecken verwendet werden.

(5) Die erhobenen personenbezogenen Daten dürfen unter den Voraussetzungen der §§ 11 und 11b des BND-Gesetzes übermittelt werden, wenn zudem tatsächliche Anhaltspunkte den Verdacht begründen, dass jemand eine Straftat plant oder begeht, die geeignet ist, zu der Entstehung oder Aufrechterhaltung der in Absatz 1 bezeichneten Gefahr beizutragen.

(6) Die erhobenen personenbezogenen Daten dürfen an Strafverfolgungsbehörden unter den Voraussetzungen des § 11a des BND-Gesetzes übermittelt werden, wenn zudem bestimmte Tatsachen den Verdacht begründen, dass jemand eine in Absatz 5 bezeichnete Straftat begeht oder begangen hat.

(7) § 7 Absatz 5 und 6 sowie § 7a gelten entsprechend.

Abschnitt 4

Verfahren

§ 9 Antrag

(1) Beschränkungsmaßnahmen nach diesem Gesetz dürfen nur auf Antrag angeordnet werden.

(2) Antragsberechtigt sind im Rahmen ihres Geschäftsbereichs
1. das Bundesamt für Verfassungsschutz,
2. die Verfassungsschutzbehörden der Länder,
3. der Militärische Abschirmdienst und
4. der Bundesnachrichtendienst

durch den Behördenleiter oder seinen Stellvertreter.

(3) [1]Der Antrag ist schriftlich zu stellen und zu begründen. [2]Er muss alle für die Anordnung erforderlichen Angaben enthalten; im Falle der Durchführung nach § 11 Absatz 1a auch eine möglichst genaue Bezeichnung des informationstechnischen Systems, in das zur Datenerhebung eingegriffen werden soll. [3]In den Fällen der §§ 3 und 8 hat der Antragsteller darzulegen, dass die Erforschung des Sachverhalts auf andere Weise aussichtslos oder wesentlich erschwert wäre.

§ 10 Anordnung

(1) Zuständig für die Anordnung von Beschränkungsmaßnahmen ist bei Anträgen der Verfassungsschutzbehörden der Länder die zuständige oberste Landesbehörde, im Übrigen das Bundesministerium des Innern, für Bau und Heimat.

(2) [1]Die Anordnung ergeht schriftlich. [2]In ihr sind der Grund der Anordnung und die zur Überwachung berechtigte Stelle anzugeben sowie Art, Umfang und Dauer der Beschränkungsmaßnahme zu bestimmen.

(3) [1]In den Fällen des § 3 muss die Anordnung denjenigen bezeichnen, gegen den sich die Beschränkungsmaßnahme richtet. [2]Bei einer Überwachung der Telekommunikation ist auch die Rufnummer oder eine andere Kennung des Telekommunikationsanschlusses oder die Kennung des Endgerätes, wenn diese allein diesem Endgerät zuzuordnen ist, anzugeben.

(4) [1]In den Fällen der §§ 5 und 8 sind die Suchbegriffe in der Anordnung zu benennen. [2]Ferner sind das Gebiet, über das Informationen gesammelt werden sollen, und die Übertragungswege, die der Beschränkung unterliegen, zu bezeichnen. [3]Weiterhin ist festzulegen, welcher Anteil der auf diesen Übertragungswegen zur Verfügung stehenden Übertragungskapazität überwacht werden darf. [4]In den Fällen des § 5 darf dieser Anteil höchstens 20 vom Hundert betragen.

(5) [1]In den Fällen der §§ 3 und 5 ist die Anordnung auf höchstens drei Monate zu befristen. [2]Verlängerungen um jeweils nicht mehr als drei weitere Monate sind auf Antrag zulässig, soweit die Voraussetzungen der Anordnung fortbestehen.

(6) [1]Die Anordnung ist dem nach § 2 Absatz 1 Satz 1 oder Absatz 1a Verpflichteten insoweit mitzuteilen, als dies erforderlich ist, um ihm die Erfüllung seiner Verpflichtungen zu ermöglichen. [2]Die Mitteilung entfällt, wenn die Anordnung ohne seine Mitwirkung ausgeführt werden kann.

(7) [1]Das Bundesamt für Verfassungsschutz unterrichtet die jeweilige Landesbehörde für Verfassungsschutz über die in deren Bereich getroffenen Beschränkungsanordnungen. [2]Die Landesbehörden für Verfassungsschutz teilen dem Bundesamt für Verfassungsschutz die in ihrem Bereich getroffenen Beschränkungsanordnungen mit.

§ 11 Durchführung

(1) Die aus der Anordnung sich ergebenden Beschränkungsmaßnahmen sind unter Verantwortung der Behörde, auf deren Antrag die Anordnung ergangen ist, und unter Aufsicht eines Bediensteten vorzunehmen, der die Befähigung zum Richteramt hat.

(1a) [1]Die Überwachung und Aufzeichnung der laufenden Telekommunikation, die nach dem Zeitpunkt der Anordnung übertragen worden ist, darf auch in der Art und Weise erfolgen, dass in ein von dem Betroffenen genutztes informationstechnisches System eingegriffen wird, wenn dies notwendig ist, um die Überwachung und Aufzeichnung insbesondere in unverschlüsselter Form zu ermöglichen. [2]Auf dem informationstechnischen System des Betroffenen ab dem Zeitpunkt der Anordnung gespeicherte Inhalte und Umstände der Kommunikation dürfen überwacht und aufgezeichnet werden, wenn sie auch während des laufenden Übertragungsvorgangs im öffentlichen Telekommunikationsnetz in verschlüsselter Form hätten überwacht und aufgezeichnet werden können. [3]Bei den Maßnahmen nach den Sätzen 1 und 2 ist technisch sicherzustellen, dass

1. ausschließlich überwacht und aufgezeichnet werden können:
   a) die laufende Kommunikation (Satz 1) und
   b) Inhalte und Umstände der Kommunikation, die auch während des laufenden Kommunikationsvorgangs ab dem Zeitpunkt der Anordnung im öffentlichen Telekommunikationsnetz hätten überwacht und aufgezeichnet werden können (Satz 2),
2. an dem informationstechnischen System nur Veränderungen vorgenommen werden, die für die Datenerhebung unerlässlich sind,
3. die vorgenommenen Veränderungen bei Beendigung der Maßnahme, soweit technisch möglich, automatisiert rückgängig gemacht werden.

[4]Das eingesetzte Mittel ist nach dem Stand der Technik gegen unbefugte Nutzung zu schützen. [5]Kopierte Daten sind nach dem Stand der Technik gegen Veränderung, unbefugte Löschung und unbefugte Kenntnisnahme zu schützen. [6]Bei jedem Einsatz sind zu protokollieren:

1. die Bezeichnung des technischen Mittels und der Zeitpunkt seines Einsatzes,
2. die Angaben zur Identifizierung des informationstechnischen Systems und die daran vorgenommenen nicht nur flüchtigen Veränderungen,
3. die Angaben, die die Feststellung der erhobenen Daten ermöglichen, und
4. die Organisationseinheit, die die Maßnahme durchführt.

(1b) [1]Werden nach der Anordnung weitere Kennungen von Telekommunikationsanschlüssen der Person, gegen die sich die Anordnung richtet, bekannt, darf die Durchführung der Beschränkungsmaßnahme auch auf diese Kennungen erstreckt werden. [2]Satz 1 findet keine Anwendung auf weitere Kennungen von Telekommunikationsanschlüssen von Personen, gegen die sich die Anordnung richtet, weil auf Grund bestimmter Tatsachen anzunehmen ist, dass der Verdächtige ihren Anschluss benutzt (§ 3 Absatz 2 Satz 2 Variante 3).

(2) [1]Die Maßnahmen sind unverzüglich zu beenden, wenn sie nicht mehr erforderlich sind oder die Voraussetzungen der Anordnung nicht mehr vorliegen. [2]Die Beendigung ist der Stelle, die die Anordnung getroffen hat, und dem nach § 2 Absatz 1 Satz 1 oder Absatz 1a Verpflichteten, dem die Anordnung mitgeteilt worden ist, anzuzeigen. [3]Die Anzeige an den Verpflichteten entfällt, wenn die Anordnung ohne seine Mitwirkung ausgeführt wurde.

(3) [1]Postsendungen, die zur Öffnung und Einsichtnahme ausgehändigt worden sind, sind dem Postverkehr unverzüglich wieder zuzuführen. [2]Telegramme dürfen dem Postverkehr nicht entzogen werden. [3]Der zur Einsichtnahme berechtigten Stelle ist eine Abschrift des Telegramms zu übergeben.

§ 12 Mitteilungen an Betroffene

(1) [1]Beschränkungsmaßnahmen nach § 3 sind dem Betroffenen nach ihrer Einstellung mitzuteilen. [2]Die Mitteilung unterbleibt, solange eine Gefährdung des Zwecks der Beschränkung nicht ausgeschlossen werden kann oder solange der Eintritt übergreifender Nachteile für das Wohl des Bundes oder eines Landes absehbar ist. [3]Erfolgt die nach Satz 2 zurückgestellte Mitteilung nicht binnen zwölf Monaten nach Beendigung der Maßnahme, bedarf die weitere Zurückstellung der Zustimmung der G10-Kommission. [4]Die G10-Kommission bestimmt die Dauer der weiteren Zurückstellung. [5]Einer Mitteilung bedarf es nicht, wenn die G10-Kommission einstimmig festgestellt hat, dass

1. eine der Voraussetzungen in Satz 2 auch nach fünf Jahren nach Beendigung der Maßnahme noch vorliegt,
2. sie mit an Sicherheit grenzender Wahrscheinlichkeit auch in Zukunft vorliegt und
3. die Voraussetzungen für eine Löschung sowohl bei der erhebenden Stelle als auch beim Empfänger vorliegen.

(2) [1]Absatz 1 gilt entsprechend für Beschränkungsmaßnahmen nach den §§ 5 und 8, sofern die personenbezogenen Daten nicht unverzüglich gelöscht wurden. [2]Die Frist von fünf Jahren beginnt mit der Erhebung der personenbezogenen Daten.

(3) [1]Die Mitteilung obliegt der Behörde, auf deren Antrag die Anordnung ergangen ist. [2]Wurden personenbezogene Daten übermittelt, erfolgt die Mitteilung im Benehmen mit dem Empfänger.

§ 13 Rechtsweg

Gegen die Anordnung von Beschränkungsmaßnahmen nach den §§ 3 und 5 Abs. 1 Satz 3 Nr. 1 und ihren Vollzug ist der Rechtsweg vor der Mitteilung an den Betroffenen nicht zulässig.

Abschnitt 5
Kontrolle

§ 14 Parlamentarisches Kontrollgremium

(1) [1]Das nach § 10 Abs. 1 für die Anordnung von Beschränkungsmaßnahmen zuständige Bundesministerium unterrichtet in Abständen von höchstens sechs Monaten das Parlamentarische Kontrollgremium über die Durchführung dieses Gesetzes. [2]Dabei ist gesondert auf Anordnungen einzugehen, die nach § 11 Absatz 1a durchgeführt werden. [3]Das Gremium erstattet dem Deutschen Bundestag jährlich einen Bericht über Durchführung sowie Art und Umfang der Maßnahmen nach den §§ 3, 5, 7a und 8; dabei sind die Grundsätze des § 10 Absatz 1 des Kontrollgremiumgesetzes zu beachten.

(2) [1]Bei Gefahr im Verzug kann das zuständige Bundesministerium die Bestimmungen nach den §§ 5 und 8 vorläufig treffen und das Parlamentarische Kontrollgremium durch seinen Vorsitzenden und dessen Stellvertreter vorläufig zustimmen. [2]Die Zustimmung des Parlamentarischen Kontrollgremiums ist unverzüglich einzuholen. [3]Die Bestimmung tritt außer Kraft, wenn die vorläufige Zustimmung nicht binnen drei Werktagen und die Zustimmung nicht binnen zwei Wochen erfolgt.

§ 15 G 10-Kommission

(1) [1]Die G 10-Kommission besteht aus dem Vorsitzenden und vier Beisitzern sowie fünf stellvertretenden Mitgliedern, die an den Sitzungen mit Rede- und Fragerecht teilnehmen können. [2]Mindestens drei Mitglieder und drei stellvertretende Mitglieder müssen die Befähigung zum Richteramt besitzen. [3]Die Mitglieder der G 10-Kommission sind in ihrer Amtsführung unabhängig und Weisungen nicht unterworfen. [4]Sie nehmen ein öffentliches Ehrenamt wahr und werden von dem Parlamentarischen Kontrollgremium nach Anhörung der Bundesregierung für die Dauer einer Wahlperiode des Deutschen Bundestages mit der Maßgabe bestellt, dass ihre Amtszeit erst mit der Neubestimmung der Mitglieder der Kommission

endet. [5]Die oder der Ständige Bevollmächtigte des Parlamentarischen Kontrollgremiums nimmt regelmäßig an den Sitzungen der G 10-Kommission teil.

(2) [1]Die Beratungen der G 10-Kommission sind geheim. [2]Die Mitglieder der Kommission sind zur Geheimhaltung der Angelegenheiten verpflichtet, die ihnen bei ihrer Tätigkeit in der Kommission bekannt geworden sind. [3]Dies gilt auch für die Zeit nach ihrem Ausscheiden aus der Kommission.

(3) [1]Der G 10-Kommission ist die für die Erfüllung ihrer Aufgaben notwendige Personal- und Sachausstattung zur Verfügung zu stellen; sie ist im Einzelplan des Deutschen Bundestages gesondert im Kapitel für die parlamentarische Kontrolle der Nachrichtendienste auszuweisen. [2]Der Kommission sind Mitarbeiter mit technischem Sachverstand zur Verfügung zu stellen.

(4) [1]Die G 10-Kommission tritt mindestens einmal im Monat zusammen. [2]Sie gibt sich eine Geschäftsordnung, die der Zustimmung des Parlamentarischen Kontrollgremiums bedarf. [3]Vor der Zustimmung ist die Bundesregierung zu hören.

(5) [1]Die G 10-Kommission entscheidet von Amts wegen oder auf Grund von Beschwerden über die Zulässigkeit und Notwendigkeit von Beschränkungsmaßnahmen. [2]Die Kontrollbefugnis der Kommission erstreckt sich auf die gesamte Verarbeitung der nach diesem Gesetz erlangten personenbezogenen Daten durch Nachrichtendienste des Bundes einschließlich der Entscheidung über die Mitteilung an Betroffene. [3]Der Kommission und ihren Mitarbeitern ist dabei insbesondere

1. Auskunft zu ihren Fragen zu erteilen,
2. Einsicht in alle Unterlagen, insbesondere in die gespeicherten Daten und in die Datenverarbeitungsprogramme, zu gewähren, die im Zusammenhang mit der Beschränkungsmaßnahme stehen, und
3. jederzeit Zutritt in alle Diensträume zu gewähren.

[4]Nummer 2 schließt ein, während einer Kontrolle beim Nachrichtendienst des Bundes dort Daten aus automatisierten Dateien selbst abrufen zu können. [5]Die Kommission kann dem Bundesbeauftragten für den Datenschutz Gelegenheit zur Stellungnahme in Fragen des Datenschutzes geben.

(6) [1]Das zuständige Bundesministerium holt die Zustimmung der G 10-Kommission zu den von ihm angeordneten Beschränkungsmaßnahmen ein. [2]Die Anordnung darf erst vollzogen werden, wenn die G 10-Kommission der angeordneten Beschränkungsmaßnahme nach Prüfung der Zulässigkeit und Notwendigkeit zugestimmt hat. [3]Stimmt die G 10-Kommission der angeordneten Beschränkungsmaßnahme nicht zu, hat das zuständige Bundesministerium die Anordnung unverzüglich aufzuheben.

(7) [1]Das zuständige Bundesministerium unterrichtet monatlich die G 10-Kommission über Mitteilungen von Bundesbehörden nach § 12 Abs. 1 und 2 oder über die Gründe, die einer Mitteilung entgegenstehen. [2]Hält die Kommission eine Mitteilung für geboten, ist diese unverzüglich vorzunehmen. [3]§ 12 Abs. 3 Satz 2 bleibt unberührt, soweit das Benehmen einer Landesbehörde erforderlich ist.

(8) Die G 10-Kommission und das Parlamentarische Kontrollgremium tauschen sich regelmäßig unter Wahrung der jeweils geltenden Geheimhaltungsvorschriften über allgemeine Angelegenheiten ihrer Kontrolltätigkeit aus.

§ 15a Eilanordnung

(1) Das zuständige Bundesministerium kann bei Gefahr im Verzug in der Anordnung bestimmen, dass die Beschränkungsmaßnahme abweichend von § 15 Absatz 6 Satz 2 auch bereits vor der Zustimmung der G 10-Kommission vollzogen werden darf (Eilanordnung).

(2) [1]Wird die Eilanordnung nicht innerhalb von drei Werktagen vom Vorsitzenden der G 10-Kommission, von seinem Stellvertreter oder einem vom Vorsitzenden dazu bestimmten Mitglied bestätigt, so ist unverzüglich

1. der Vollzug der Eilanordnung auszusetzen und
2. die Eilanordnung durch das zuständige Bundesministerium aufzuheben.

[2]Die mit der Beschränkungsmaßnahme erhobenen Daten sind zudem unverzüglich unter Aufsicht eines Beamten, der die Befähigung zum Richteramt hat, zu löschen; § 4 Absatz 1 Satz 3 bis 7 gilt entsprechend. [3]Eine Bestätigung der Eilanordnung kann unter Auflagen erfolgen.

(3) [1]Wird die Eilanordnung bestätigt, so hat die G 10-Kommission die Zulässigkeit und die Notwendigkeit der durch die Eilanordnung angeordneten Beschränkungsmaßnahme unverzüglich zu prüfen. [2]Erteilt die G 10-Kommission nach Prüfung der Zulässigkeit und Notwendigkeit ihre Zustimmung nicht, so ist die Beschränkungsmaßnahme vom zuständigen Bundesministerium unverzüglich aufzuheben und die mit der Beschränkungsmaßnahme erhobenen Daten sind unverzüglich unter Aufsicht eines Beamten, der die Befähigung zum Richteramt hat, zu löschen; § 4 Absatz 1 Satz 3 bis 7 gilt entsprechend.

(4) [1]Bei Gefahr im Verzug ist am Tag der Beantragung der Anordnung der Beschränkungsmaßnahme bereits vor der Anordnung durch das zuständige Bundesministerium eine automatische Aufzeichnung der zu überwachenden Telekommunikation durch die den Antrag stellende Behörde zulässig. [2]Diese Auf-

zeichnung darf von der antragstellenden Behörde weiterverarbeitet werden, wenn eine Eilanordnung des zuständigen Bundesministeriums innerhalb von 24 Stunden nach Beantragung erfolgt. [3]Anderenfalls ist die technische Aufzeichnung unverzüglich automatisiert zu löschen; § 4 Absatz 1 Satz 3 bis 7 gilt entsprechend.

§ 16 Parlamentarische Kontrolle in den Ländern

[1]Durch den Landesgesetzgeber wird die parlamentarische Kontrolle der nach § 10 Abs. 1 für die Anordnung von Beschränkungsmaßnahmen zuständigen obersten Landesbehörden und die Überprüfung der von ihnen angeordneten Beschränkungsmaßnahmen geregelt. [2]Personenbezogene Daten dürfen nur dann an Landesbehörden übermittelt werden, wenn die Kontrolle ihrer Verarbeitung durch den Landesgesetzgeber geregelt ist.

Abschnitt 6

Straf- und Bußgeldvorschriften

§ 17 Mitteilungsverbote

(1) Wird die Telekommunikation nach diesem Gesetz oder nach den §§ 100a, 100e der Strafprozessordnung überwacht, darf diese Tatsache von Personen, die Telekommunikationsdienste erbringen oder an der Erbringung solcher Dienste mitwirken, anderen nicht mitgeteilt werden.

(2) Wird die Aushändigung von Sendungen nach § 2 Absatz 1 Satz 1 angeordnet, darf diese Tatsache von Personen, die zur Aushändigung verpflichtet oder mit der Sendungsübermittlung betraut sind oder hieran mitwirken, anderen nicht mitgeteilt werden.

(3) Erfolgt ein Auskunftsersuchen oder eine Auskunftserteilung nach § 2 Absatz 1 oder Absatz 1a Satz 1, darf diese Tatsache oder der Inhalt des Ersuchens oder der erteilten Auskunft von Personen, die zur Beantwortung verpflichtet oder mit der Beantwortung betraut sind oder hieran mitwirken, anderen nicht mitgeteilt werden.

§ 18 Straftaten

Mit Freiheitsstrafe bis zu zwei Jahren oder mit Geldstrafe wird bestraft, wer entgegen § 17 eine Mitteilung macht.

§ 19 Ordnungswidrigkeiten

(1) Ordnungswidrig handelt, wer

1. einer vollziehbaren Anordnung nach § 2 Abs. 1 Satz 1 oder Absatz 1a Satz 1 zuwiderhandelt,
2. entgegen § 2 Abs. 2 Satz 2 eine Person betraut oder
3. entgegen § 2 Abs. 2 Satz 3 nicht sicherstellt, dass eine Geheimschutzmaßnahme getroffen wird.

(2) Die Ordnungswidrigkeit kann mit einer Geldbuße bis zu fünfzehntausend Euro geahndet werden.

(3) Bußgeldbehörde im Sinne des § 36 Abs. 1 Nr. 1 des Gesetzes über Ordnungswidrigkeiten ist die nach § 10 Abs. 1 zuständige Stelle.

Abschnitt 7

Schlussvorschriften

§ 20 Entschädigung

[1]Die nach § 1 Abs. 1 berechtigten Stellen haben für die Leistungen nach § 2 Absatz 1 und 1a eine Entschädigung zu gewähren, deren Umfang sich nach § 23 des Justizvergütungs- und -entschädigungsgesetzes bemisst. [2]In den Fällen der §§ 5 und 8 ist eine Entschädigung zu vereinbaren, deren Höhe sich an den nachgewiesenen tatsächlichen Kosten orientiert.

§ 21 Einschränkung von Grundrechten

Das Grundrecht des Brief-, Post- und Fernmeldegeheimnisses (Artikel 10 des Grundgesetzes) wird durch dieses Gesetz eingeschränkt.

§ 22 Übergangsregelung

Bis zur Neubestellung der G 10-Kommission nach § 15 Absatz 1 Satz 4 ist

1. § 15 Absatz 1 Satz 1 und 2 und Absatz 6 in der bis zum 8. Juli 2021 geltenden Fassung weiter anzuwenden,
2. § 15a nicht anzuwenden.

Gesetz über Ordnungswidrigkeiten (OWiG)[1)2)3)]

In der Fassung der Bekanntmachung vom 19. Februar 1987[4)] (BGBl. I S. 602)
(FNA 454-1)

zuletzt geändert durch Art. 8, 9 und 10 G zur weiteren Digitalisierung der Justiz vom 12. Juli 2024 (BGBl. 2024 I Nr. 234)

Inhaltsübersicht

1) Beachte die Bek. v. 27.2.2024 (BGBl. 2024 I Nr. 69): „Die Richtlinie (EU) 2016/800 des Europäischen Parlaments und des Rates vom 11. Mai 2016 über Verfahrensgarantien in Strafverfahren für Kinder, die Verdächtige oder beschuldigte Personen in Strafverfahren sind (ABl. L 132 vom 21.5.2016, S. 1), wird ergänzend zu dem Gesetz zur Stärkung der Verfahrensrechte von Beschuldigten im Jugendstrafverfahren vom 9. Dezember 2019 (BGBl. I S. 2146) sowie dem Gesetz zur Neuregelung des Rechts der notwendigen Verteidigung vom 10. Dezember 2019 (BGBl. I S. 2128) umgesetzt durch

1. § 41 des Bundespolizeigesetzes vom 19. Oktober 1994 (BGBl. I S. 2978, 2979), das zuletzt durch Artikel 2 des Gesetzes vom 19. Dezember 2022 (BGBl. I S. 2632) geändert worden ist,
2. die §§ 147, 171b und 177 des Gerichtsverfassungsgesetzes in der Fassung der Bekanntmachung vom 9. Mai 1975 (BGBl. I S. 1077), das zuletzt durch Artikel 2 des Gesetzes vom 25. Oktober 2023 (BGBl. 2023 I Nr. 294) geändert worden ist,
3. die §§ 35a, 58 Absatz 2, die §§ 58a, 81a, 81b, 114b, 114e, 116, 117, 118, 118a, 118b, 121, 122, 126a, 136, 137, 140, 148, 161, 163, 163a, 168, 168a, 168b Absatz 3, § 168c Absatz 1, die §§ 201, 216, 217, 230 Absatz 1, die §§ 231 ff., 243 Absatz 5, die §§ 247, 257 Absatz 1, § 258 Absatz 1, § 275a Absatz 6, die §§ 285, 304 ff., 310 Absatz 1, die §§ 332, 333 ff., 338 Nummer 5 sowie § 464a der Strafprozessordnung in der Fassung der Bekanntmachung vom 7. April 1987 (BGBl. I S. 1074, 1319), die zuletzt durch Artikel 2 des Gesetzes vom 26. Juli 2023 (BGBl. 2023 I Nr. 203) geändert worden ist,
4. § 77 Absatz 1 und § 78 Absatz 1 des Gesetzes über die internationale Rechtshilfe in Strafsachen in der Fassung der Bekanntmachung vom 27. Juni 1994 (BGBl. I S. 1537), das zuletzt durch Artikel 6 des Gesetzes vom 19. Dezember 2022 (BGBl. I S. 2632) geändert worden ist,
5. § 1 des Gerichtskostengesetzes in der Fassung der Bekanntmachung vom 27. Februar 2014 (BGBl. I S. 154), das zuletzt durch Artikel 2 des Gesetzes vom 14. Dezember 2023 (BGBl. 2023 I Nr. 365) geändert worden ist, sowie dieNummern 9005, 9011 und 9015 der Anlage 1 (Kostenverzeichnis) zum Gerichtskostengesetz,
6. die §§ 823, 1004, 1626 Absatz 1, die §§ 1626a, 1630, 1671, 1773 Absatz 1 und § 1789 Absatz 2 des Bürgerlichen Gesetzbuches in der Fassung der Bekanntmachung vom 2. Januar 2002 (BGBl. I S. 42, 2909; 2003 I S. 738), das zuletzt durch Artikel 34 Absatz 3 des Gesetzes vom 22. Dezember 2023 (BGBl. 2023 I Nr. 411) geändert worden ist,
7. die §§ 22, 23, 33 und 48 des Gesetzes betreffend das Urheberrecht an Werken der bildenden Künste und der Photographie in der im Bundesgesetzblatt Teil III, Gliederungsnummer 440-3, veröffentlichten bereinigten Fassung, das zuletzt durch Artikel 3 § 31 des Gesetzes vom 16. Februar 2001 (BGBl. I S. 266) geändert worden ist,
8. die §§ 19, 203 und 353d des Strafgesetzbuches in der Fassung der Bekanntmachung vom 13. November 1998 (BGBl. I S. 3322), das zuletzt durch Artikel 1 des Gesetzes vom 26. Juli 2023 (BGBl. 2023 I Nr. 203) geändert worden ist,
9. die §§ 1, 2, 12, 33, 33a, 33b, 36, 37, 38, 43, 48, 50, 51, 67, 68, 70, 70b, 71, 72, 72a, 81a und 89c des Jugendgerichtsgesetzes in der Fassung der Bekanntmachung vom 11. Dezember 1974 (BGBl. I S. 3427), das zuletzt durch Artikel 21 des Gesetzes vom 25. Juni 2021 (BGBl. I S. 2099) geändert worden ist,
10. § 12 Absatz 1 und § 46 des Gesetzes über Ordnungswidrigkeiten in der Fassung der Bekanntmachung vom 19. Februar 1987 (BGBl. I S. 602), das zuletzt durch Artikel 5 des Gesetzes vom 14. März 2023 (BGBl. 2023 I Nr. 73) geändert worden ist, sowie
11. die §§ 1, 34, 45, 52, 62 und 72 des Achten Buches Sozialgesetzbuch – Kinder und Jugendhilfe – in der Fassung der Bekanntmachung vom 11. September 2012 (BGBl. I S. 2022), das zuletzt durch Artikel 1 des Gesetzes vom 21. Dezember 2022 (BGBl. I S. 2824; 2023 I Nr. 19) geändert worden ist.“

2) Die Änderungen durch G v. 5.7.2017 (BGBl. I S. 2208) treten teilweise erst **mWv 1.7.2025** und **mWv 1.1.2026** in Kraft und sind insoweit im Text noch nicht berücksichtigt.

3) Die Änderungen durch G v. 12.7.2024 (BGBl. 2024 I Nr. 234) treten teilweise erst **mWv 1.1.2026** und **mWv 1.1.2036** in Kraft und sind insoweit im Text noch nicht berücksichtigt.

4) Neubekanntmachung des OWiG v. 24.5.1968 (BGBl. I S. 481) in der ab 1.4.1987 geltenden Fassung.

Erster Teil
Allgemeine Vorschriften

Erster Abschnitt
Geltungsbereich

§ 1 Begriffsbestimmung

(1) Eine Ordnungswidrigkeit ist eine rechtswidrige und vorwerfbare Handlung, die den Tatbestand eines Gesetzes verwirklicht, das die Ahndung mit einer Geldbuße zuläßt.

(2) Eine mit Geldbuße bedrohte Handlung ist eine rechtswidrige Handlung, die den Tatbestand eines Gesetzes im Sinne des Absatzes 1 verwirklicht, auch wenn sie nicht vorwerfbar begangen ist.

§ 2 Sachliche Geltung

Dieses Gesetz gilt für Ordnungswidrigkeiten nach Bundesrecht und nach Landesrecht.

§ 3 Keine Ahndung ohne Gesetz

Eine Handlung kann als Ordnungswidrigkeit nur geahndet werden, wenn die Möglichkeit der Ahndung gesetzlich bestimmt war, bevor die Handlung begangen wurde.

§ 4 Zeitliche Geltung

(1) Die Geldbuße bestimmt sich nach dem Gesetz, das zur Zeit der Handlung gilt.

(2) Wird die Bußgelddrohung während der Begehung der Handlung geändert, so ist das Gesetz anzuwenden, das bei Beendigung der Handlung gilt.

(3) Wird das Gesetz, das bei Beendigung der Handlung gilt, vor der Entscheidung geändert, so ist das mildeste Gesetz anzuwenden.

(4) [1]Ein Gesetz, das nur für eine bestimmte Zeit gelten soll, ist auf Handlungen, die während seiner Geltung begangen sind, auch dann anzuwenden, wenn es außer Kraft getreten ist. [2]Dies gilt nicht, soweit ein Gesetz etwas anderes bestimmt.

(5) Für Nebenfolgen einer Ordnungswidrigkeit gelten die Absätze 1 bis 4 entsprechend.

§ 5 Räumliche Geltung

Wenn das Gesetz nichts anderes bestimmt, können nur Ordnungswidrigkeiten geahndet werden, die im räumlichen Geltungsbereich dieses Gesetzes oder außerhalb dieses Geltungsbereichs auf einem Schiff oder in einem Luftfahrzeug begangen werden, das berechtigt ist, die Bundesflagge oder das Staatszugehörigkeitszeichen der Bundesrepublik Deutschland zu führen.

§ 6 Zeit der Handlung

[1]Eine Handlung ist zu der Zeit begangen, zu welcher der Täter tätig geworden ist oder im Falle des Unterlassens hätte tätig werden müssen. [2]Wann der Erfolg eintritt, ist nicht maßgebend.

§ 7 Ort der Handlung

(1) Eine Handlung ist an jedem Ort begangen, an dem der Täter tätig geworden ist oder im Falle des Unterlassens hätte tätig werden müssen oder an dem der zum Tatbestand gehörende Erfolg eingetreten ist oder nach der Vorstellung des Täters eintreten sollte.

(2) Die Handlung eines Beteiligten ist auch an dem Ort begangen, an dem der Tatbestand des Gesetzes, das die Ahndung mit einer Geldbuße zuläßt, verwirklicht worden ist oder nach der Vorstellung des Beteiligten verwirklicht werden sollte.

Zweiter Abschnitt

Grundlagen der Ahndung

§ 8 Begehen durch Unterlassen

Wer es unterläßt, einen Erfolg abzuwenden, der zum Tatbestand einer Bußgeldvorschrift gehört, handelt nach dieser Vorschrift nur dann ordnungswidrig, wenn er rechtlich dafür einzustehen hat, daß der Erfolg nicht eintritt, und wenn das Unterlassen der Verwirklichung des gesetzlichen Tatbestandes durch ein Tun entspricht.

§ 9 Handeln für einen anderen

(1) Handelt jemand

1. als vertretungsberechtigtes Organ einer juristischen Person oder als Mitglied eines solchen Organs,
2. als vertretungsberechtigter Gesellschafter einer rechtsfähigen Personengesellschaft oder
3. als gesetzlicher Vertreter eines anderen,

so ist ein Gesetz, nach dem besondere persönliche Eigenschaften, Verhältnisse oder Umstände (besondere persönliche Merkmale) die Möglichkeit der Ahndung begründen, auch auf den Vertreter anzuwenden, wenn diese Merkmale zwar nicht bei ihm, aber bei dem Vertretenen vorliegen.

(2) [1]Ist jemand von dem Inhaber eines Betriebes oder einem sonst dazu Befugten

1. beauftragt, den Betrieb ganz oder zum Teil zu leiten, oder
2. ausdrücklich beauftragt, in eigener Verantwortung Aufgaben wahrzunehmen, die dem Inhaber des Betriebes obliegen,

und handelt er auf Grund dieses Auftrages, so ist ein Gesetz, nach dem besondere persönliche Merkmale die Möglichkeit der Ahndung begründen, auch auf den Beauftragten anzuwenden, wenn diese Merkmale zwar nicht bei ihm, aber bei dem Inhaber des Betriebes vorliegen. [2]Dem Betrieb im Sinne des Satzes 1 steht das Unternehmen gleich. [3]Handelt jemand auf Grund eines entsprechenden Auftrages für eine Stelle, die Aufgaben der öffentlichen Verwaltung wahrnimmt, so ist Satz 1 sinngemäß anzuwenden.

(3) Die Absätze 1 und 2 sind auch dann anzuwenden, wenn die Rechtshandlung, welche die Vertretungsbefugnis oder das Auftragsverhältnis begründen sollte, unwirksam ist.

§ 10 Vorsatz und Fahrlässigkeit

Als Ordnungswidrigkeit kann nur vorsätzliches Handeln geahndet werden, außer wenn das Gesetz fahrlässiges Handeln ausdrücklich mit Geldbuße bedroht.

§ 11 Irrtum

(1) [1]Wer bei Begehung einer Handlung einen Umstand nicht kennt, der zum gesetzlichen Tatbestand gehört, handelt nicht vorsätzlich. [2]Die Möglichkeit der Ahndung wegen fahrlässigen Handelns bleibt unberührt.

(2) Fehlt dem Täter bei Begehung der Handlung die Einsicht, etwas Unerlaubtes zu tun, namentlich weil er das Bestehen oder die Anwendbarkeit einer Rechtsvorschrift nicht kennt, so handelt er nicht vorwerfbar, wenn er diesen Irrtum nicht vermeiden konnte.

§ 12 Verantwortlichkeit

(1) [1]Nicht vorwerfbar handelt, wer bei Begehung einer Handlung noch nicht vierzehn Jahre alt ist. [2]Ein Jugendlicher handelt nur unter den Voraussetzungen des § 3 Satz 1 des Jugendgerichtsgesetzes vorwerfbar.

(2) Nicht vorwerfbar handelt, wer bei Begehung der Handlung wegen einer krankhaften seelischen Störung, wegen einer tiefgreifenden Bewußtseinsstörung oder wegen einer Intelligenzminderung oder einer schweren anderen seelischen Störung unfähig ist, das Unerlaubte der Handlung einzusehen oder nach dieser Einsicht zu handeln.

§ 13 Versuch

(1) Eine Ordnungswidrigkeit versucht, wer nach seiner Vorstellung von der Handlung zur Verwirklichung des Tatbestandes unmittelbar ansetzt.

(2) Der Versuch kann nur geahndet werden, wenn das Gesetz es ausdrücklich bestimmt.

(3) [1]Der Versuch wird nicht geahndet, wenn der Täter freiwillig die weitere Ausführung der Handlung aufgibt oder deren Vollendung verhindert. [2]Wird die Handlung ohne Zutun des Zurücktretenden nicht vollendet, so genügt sein freiwilliges und ernsthaftes Bemühen, die Vollendung zu verhindern.

(4) [1]Sind an der Handlung mehrere beteiligt, so wird der Versuch desjenigen nicht geahndet, der freiwillig die Vollendung verhindert. [2]Jedoch genügt sein freiwilliges und ernsthaftes Bemühen, die Vollendung der Handlung zu verhindern, wenn sie ohne sein Zutun nicht vollendet oder unabhängig von seiner früheren Beteiligung begangen wird.

§ 14 Beteiligung

(1) [1]Beteiligen sich mehrere an einer Ordnungswidrigkeit, so handelt jeder von ihnen ordnungswidrig. [2]Dies gilt auch dann, wenn besondere persönliche Merkmale (§ 9 Abs. 1), welche die Möglichkeit der Ahndung begründen, nur bei einem Beteiligten vorliegen.

(2) Die Beteiligung kann nur dann geahndet werden, wenn der Tatbestand eines Gesetzes, das die Ahndung mit einer Geldbuße zuläßt, rechtswidrig verwirklicht wird oder in Fällen, in denen auch der Versuch geahndet werden kann, dies wenigstens versucht wird.

(3) [1]Handelt einer der Beteiligten nicht vorwerfbar, so wird dadurch die Möglichkeit der Ahndung bei den anderen nicht ausgeschlossen. [2]Bestimmt das Gesetz, daß besondere persönliche Merkmale die Möglichkeit der Ahndung ausschließen, so gilt dies nur für den Beteiligten, bei dem sie vorliegen.

(4) Bestimmt das Gesetz, daß eine Handlung, die sonst eine Ordnungswidrigkeit wäre, bei besonderen persönlichen Merkmalen des Täters eine Straftat ist, so gilt dies nur für den Beteiligten, bei dem sie vorliegen.

§ 15 Notwehr

(1) Wer eine Handlung begeht, die durch Notwehr geboten ist, handelt nicht rechtswidrig.

(2) Notwehr ist die Verteidigung, die erforderlich ist, um einen gegenwärtigen rechtswidrigen Angriff von sich oder einem anderen abzuwenden.

(3) Überschreitet der Täter die Grenzen der Notwehr aus Verwirrung, Furcht oder Schrecken, so wird die Handlung nicht geahndet.

§ 16 Rechtfertigender Notstand

[1]Wer in einer gegenwärtigen, nicht anders abwendbaren Gefahr für Leben, Leib, Freiheit, Ehre, Eigentum oder ein anderes Rechtsgut eine Handlung begeht, um die Gefahr von sich oder einem anderen abzuwenden, handelt nicht rechtswidrig, wenn bei Abwägung der widerstreitenden Interessen, namentlich der betroffenen Rechtsgüter und des Grades der ihnen drohenden Gefahren, das geschützte Interesse das beeinträchtigte wesentlich überwiegt. [2]Dies gilt jedoch nur, soweit die Handlung ein angemessenes Mittel ist, die Gefahr abzuwenden.

Dritter Abschnitt

Geldbuße

§ 17 Höhe der Geldbuße

(1) Die Geldbuße beträgt mindestens fünf Euro und, wenn das Gesetz nichts anderes bestimmt, höchstens eintausend Euro.

(2) Droht das Gesetz für vorsätzliches und fahrlässiges Handeln Geldbuße an, ohne im Höchstmaß zu unterscheiden, so kann fahrlässiges Handeln im Höchstmaß nur mit der Hälfte des angedrohten Höchstbetrages der Geldbuße geahndet werden.

(3) [1]Grundlage für die Zumessung der Geldbuße sind die Bedeutung der Ordnungswidrigkeit und der Vorwurf, der den Täter trifft. [2]Auch die wirtschaftlichen Verhältnisse des Täters kommen in Betracht; bei geringfügigen Ordnungswidrigkeiten bleiben sie jedoch in der Regel unberücksichtigt.

(4) [1]Die Geldbuße soll den wirtschaftlichen Vorteil, den der Täter aus der Ordnungswidrigkeit gezogen hat, übersteigen. [2]Reicht das gesetzliche Höchstmaß hierzu nicht aus, so kann es überschritten werden.

§ 18 Zahlungserleichterungen

[1]Ist dem Betroffenen nach seinen wirtschaftlichen Verhältnissen nicht zuzumuten, die Geldbuße sofort zu zahlen, so wird ihm eine Zahlungsfrist bewilligt oder gestattet, die Geldbuße in bestimmten Teilbeträgen zu zahlen. [2]Dabei kann angeordnet werden, daß die Vergünstigung, die Geldbuße in bestimmten Teilbeträgen zu zahlen, entfällt, wenn der Betroffene einen Teilbetrag nicht rechtzeitig zahlt.

Vierter Abschnitt

Zusammentreffen mehrerer Gesetzesverletzungen

§ 19 Tateinheit

(1) Verletzt dieselbe Handlung mehrere Gesetze, nach denen sie als Ordnungswidrigkeit geahndet werden kann, oder ein solches Gesetz mehrmals, so wird nur eine einzige Geldbuße festgesetzt.

(2) [1]Sind mehrere Gesetze verletzt, so wird die Geldbuße nach dem Gesetz bestimmt, das die höchste Geldbuße androht. [2]Auf die in dem anderen Gesetz angedrohten Nebenfolgen kann erkannt werden.

§ 20 Tatmehrheit

Sind mehrere Geldbußen verwirkt, so wird jede gesondert festgesetzt.

§ 21 Zusammentreffen von Straftat und Ordnungswidrigkeit

(1) [1]Ist eine Handlung gleichzeitig Straftat und Ordnungswidrigkeit, so wird nur das Strafgesetz angewendet. [2]Auf die in dem anderen Gesetz angedrohten Nebenfolgen kann erkannt werden.

(2) Im Falle des Absatzes 1 kann die Handlung jedoch als Ordnungswidrigkeit geahndet werden, wenn eine Strafe nicht verhängt wird.

Fünfter Abschnitt

Einziehung von Gegenständen

§ 22 Einziehung von Gegenständen

(1) Als Nebenfolge einer Ordnungswidrigkeit dürfen Gegenstände nur eingezogen werden, soweit das Gesetz es ausdrücklich zuläßt.

(2) Die Einziehung ist nur zulässig, wenn

1. die Gegenstände zur Zeit der Entscheidung dem Täter gehören oder zustehen oder
2. die Gegenstände nach ihrer Art und den Umständen die Allgemeinheit gefährden oder die Gefahr besteht, daß sie der Begehung von Handlungen dienen werden, die mit Strafe oder mit Geldbuße bedroht sind.

(3) Unter den Voraussetzungen des Absatzes 2 Nr. 2 ist die Einziehung der Gegenstände auch zulässig, wenn der Täter nicht vorwerfbar gehandelt hat.

§ 23 Erweiterte Voraussetzungen der Einziehung

Verweist das Gesetz auf diese Vorschrift, so dürfen die Gegenstände abweichend von § 22 Abs. 2 Nr. 1 auch dann eingezogen werden, wenn derjenige, dem sie zur Zeit der Entscheidung gehören oder zustehen,

1. wenigstens leichtfertig dazu beigetragen hat, daß die Sache oder das Recht Mittel oder Gegenstand der Handlung oder ihrer Vorbereitung gewesen ist, oder
2. die Gegenstände in Kenntnis der Umstände, welche die Einziehung zugelassen hätten, in verwerflicher Weise erworben hat.

§ 24 Grundsatz der Verhältnismäßigkeit

(1) Die Einziehung darf in den Fällen des § 22 Abs. 2 Nr. 1 und des § 23 nicht angeordnet werden, wenn sie zur Bedeutung der begangenen Handlung und zum Vorwurf, der den von der Einziehung betroffenen Täter oder in den Fällen des § 23 den Dritten trifft, außer Verhältnis steht.

(2) [1]In den Fällen der §§ 22 und 23 wird angeordnet, daß die Einziehung vorbehalten bleibt, und eine weniger einschneidende Maßnahme getroffen, wenn der Zweck der Einziehung auch durch sie erreicht werden kann. [2]In Betracht kommt namentlich die Anweisung,

1. die Gegenstände unbrauchbar zu machen,
2. an den Gegenständen bestimmte Einrichtungen oder Kennzeichen zu beseitigen oder die Gegenstände sonst zu ändern oder
3. über die Gegenstände in bestimmter Weise zu verfügen.

[3]Wird die Anweisung befolgt, so wird der Vorbehalt der Einziehung aufgehoben; andernfalls wird die Einziehung nachträglich angeordnet.

(3) Die Einziehung kann auf einen Teil der Gegenstände beschränkt werden.

§ 25 Einziehung des Wertersatzes

(1) Hat der Täter den Gegenstand, der ihm zur Zeit der Handlung gehörte oder zustand und dessen Einziehung hätte angeordnet werden können, vor der Anordnung der Einziehung verwertet, namentlich veräußert oder verbraucht, oder hat er die Einziehung des Gegenstandes sonst vereitelt, so kann die Einziehung eines Geldbetrages gegen den Täter bis zu der Höhe angeordnet werden, die dem Wert des Gegenstandes entspricht.

(2) Eine solche Anordnung kann auch neben der Einziehung eines Gegenstandes oder an deren Stelle getroffen werden, wenn ihn der Täter vor der Anordnung der Einziehung mit dem Recht eines Dritten belastet hat, dessen Erlöschen ohne Entschädigung nicht angeordnet werden kann oder im Falle der Einziehung nicht angeordnet werden könnte (§ 26 Abs. 2, § 28); wird die Anordnung neben der Einziehung getroffen, so bemißt sich die Höhe des Wertersatzes nach dem Wert der Belastung des Gegenstandes.

(3) Der Wert des Gegenstandes und der Belastung kann geschätzt werden.

(4) Ist die Anordnung der Einziehung eines Gegenstandes nicht ausführbar oder unzureichend, weil nach der Anordnung eine der in den Absätzen 1 oder 2 bezeichneten Voraussetzungen eingetreten oder bekanntgeworden ist, so kann die Einziehung des Wertersatzes nachträglich angeordnet werden.

(5) Für die Bewilligung von Zahlungserleichterungen gilt § 18.

§ 26 Wirkung der Einziehung

(1) Wird ein Gegenstand eingezogen, so geht das Eigentum an der Sache oder das eingezogene Recht mit der Rechtskraft der Entscheidung auf den Staat oder, soweit das Gesetz dies bestimmt, auf die Körperschaft oder Anstalt des öffentlichen Rechts über, deren Organ oder Stelle die Einziehung angeordnet hat.

(2) [1]Rechte Dritter an dem Gegenstand bleiben bestehen. [2]Das Erlöschen dieser Rechte wird jedoch angeordnet, wenn die Einziehung darauf gestützt wird, daß die Voraussetzungen des § 22 Abs. 2 Nr. 2 vorliegen. [3]Das Erlöschen des Rechts eines Dritten kann auch dann angeordnet werden, wenn diesem eine Entschädigung nach § 28 Abs. 2 Nr. 1 oder 2 nicht zu gewähren ist.

(3) [1]Vor der Rechtskraft wirkt die Anordnung der Einziehung als Veräußerungsverbot im Sinne des § 136 des Bürgerlichen Gesetzbuches; das Verbot umfaßt auch andere Verfügungen als Veräußerungen. [2]Die gleiche Wirkung hat die Anordnung des Vorbehalts der Einziehung, auch wenn sie noch nicht rechtskräftig ist.

§ 27 Selbständige Anordnung

(1) Kann wegen der Ordnungswidrigkeit aus tatsächlichen Gründen keine bestimmte Person verfolgt oder eine Geldbuße gegen eine bestimmte Person nicht festgesetzt werden, so kann die Einziehung des Gegenstandes oder des Wertersatzes selbständig angeordnet werden, wenn die Voraussetzungen, unter denen die Maßnahme zugelassen ist, im übrigen vorliegen.

(2) [1]Unter den Voraussetzungen des § 22 Abs. 2 Nr. 2 oder Abs. 3 ist Absatz 1 auch dann anzuwenden, wenn

1. die Verfolgung der Ordnungswidrigkeit verjährt ist oder
2. sonst aus rechtlichen Gründen keine bestimmte Person verfolgt werden kann und das Gesetz nichts anderes bestimmt.

[2]Die Einziehung darf jedoch nicht angeordnet werden, wenn Antrag oder Ermächtigung fehlen.

(3) Absatz 1 ist auch anzuwenden, wenn nach § 47 die Verfolgungsbehörde von der Verfolgung der Ordnungswidrigkeit absieht oder das Gericht das Verfahren einstellt.

§ 28 Entschädigung

(1) [1]Stand das Eigentum an der Sache oder das eingezogene Recht zur Zeit der Rechtskraft der Entscheidung über die Einziehung einem Dritten zu oder war der Gegenstand mit dem Recht eines Dritten belastet, das durch die Entscheidung erloschen oder beeinträchtigt ist, so wird der Dritte unter Berücksichtigung des Verkehrswertes angemessen in Geld entschädigt. [2]Die Entschädigungspflicht trifft den Staat oder die Körperschaft oder Anstalt des öffentlichen Rechts, auf die das Eigentum an der Sache oder das eingezogene Recht übergegangen ist.

(2) Eine Entschädigung wird nicht gewährt, wenn

1. der Dritte wenigstens leichtfertig dazu beigetragen hat, daß die Sache oder das Recht Mittel oder Gegenstand der Handlung oder ihrer Vorbereitung gewesen ist,
2. der Dritte den Gegenstand oder das Recht an dem Gegenstand in Kenntnis der Umstände, welche die Einziehung zulassen, in verwerflicher Weise erworben hat oder
3. es nach den Umständen, welche die Einziehung begründet haben, auf Grund von Rechtsvorschriften außerhalb des Ordnungswidrigkeitenrechts zulässig wäre, den Gegenstand dem Dritten ohne Entschädigung dauernd zu entziehen.

(3) In den Fällen des Absatzes 2 kann eine Entschädigung gewährt werden, soweit es eine unbillige Härte wäre, sie zu versagen.

§ 29 Sondervorschrift für Organe und Vertreter

(1) Hat jemand
1. als vertretungsberechtigtes Organ einer juristischen Person oder als Mitglied eines solchen Organs,
2. als Vorstand eines nicht rechtsfähigen Vereins oder als Mitglied eines solchen Vorstandes,
3. als vertretungsberechtigter Gesellschafter einer rechtsfähigen Personengesellschaft,
4. als Generalbevollmächtigter oder in leitender Stellung als Prokurist oder Handlungsbevollmächtigter einer juristischen Person oder einer in Nummer 2 oder 3 genannten Personenvereinigung oder
5. als sonstige Person, die für die Leitung des Betriebs oder Unternehmens einer juristischen Person oder einer in Nummer 2 oder 3 genannten Personenvereinigung verantwortlich handelt, wozu auch die Überwachung der Geschäftsführung oder die sonstige Ausübung von Kontrollbefugnissen in leitender Stellung gehört,

eine Handlung vorgenommen, die ihm gegenüber unter den übrigen Voraussetzungen der §§ 22 bis 25 und 28 die Einziehung eines Gegenstandes oder des Wertersatzes zulassen oder den Ausschluß der Entschädigung begründen würde, so wird seine Handlung bei Anwendung dieser Vorschriften dem Vertretenen zugerechnet.

(2) § 9 Abs. 3 gilt entsprechend.

Sechster Abschnitt

Einziehung des Wertes von Taterträgen; Geldbuße gegen juristische Personen und Personenvereinigungen

§ 29a Einziehung des Wertes von Taterträgen

(1) Hat der Täter durch eine mit Geldbuße bedrohte Handlung oder für sie etwas erlangt und wird gegen ihn wegen der Handlung eine Geldbuße nicht festgesetzt, so kann gegen ihn die Einziehung eines Geldbetrages bis zu der Höhe angeordnet werden, die dem Wert des Erlangten entspricht.

(2) [1]Die Anordnung der Einziehung eines Geldbetrages bis zu der in Absatz 1 genannten Höhe kann sich gegen einen anderen, der nicht Täter ist, richten, wenn
1. er durch eine mit Geldbuße bedrohte Handlung etwas erlangt hat und der Täter für ihn gehandelt hat,
2. ihm das Erlangte
   a) unentgeltlich oder ohne rechtlichen Grund übertragen wurde oder
   b) übertragen wurde und er erkannt hat oder hätte erkennen müssen, dass das Erlangte aus einer mit Geldbuße bedrohten Handlung herrührt, oder
3. das Erlangte auf ihn
   a) als Erbe übergegangen ist oder
   b) als Pflichtteilsberechtigter oder Vermächtnisnehmer übertragen worden ist.

[2]Satz 1 Nummer 2 und 3 findet keine Anwendung, wenn das Erlangte zuvor einem Dritten, der nicht erkannt hat oder hätte erkennen müssen, dass das Erlangte aus einer mit Geldbuße bedrohten Handlung herrührt, entgeltlich und mit rechtlichem Grund übertragen wurde.

(3) [1]Bei der Bestimmung des Wertes des Erlangten sind die Aufwendungen des Täters oder des anderen abzuziehen. [2]Außer Betracht bleibt jedoch das, was für die Begehung der Tat oder für ihre Vorbereitung aufgewendet oder eingesetzt worden ist.

(4) [1]Umfang und Wert des Erlangten einschließlich der abzuziehenden Aufwendungen können geschätzt werden. [2]§ 18 gilt entsprechend.

(5) Wird gegen den Täter ein Bußgeldverfahren nicht eingeleitet oder wird es eingestellt, so kann die Einziehung selbständig angeordnet werden.

§ 30 Geldbuße gegen juristische Personen und Personenvereinigungen

(1) Hat jemand
1. als vertretungsberechtigtes Organ einer juristischen Person oder als Mitglied eines solchen Organs,
2. als Vorstand eines nicht rechtsfähigen Vereins oder als Mitglied eines solchen Vorstandes,
3. als vertretungsberechtigter Gesellschafter einer rechtsfähigen Personengesellschaft,
4. als Generalbevollmächtigter oder in leitender Stellung als Prokurist oder Handlungsbevollmächtigter einer juristischen Person oder einer in Nummer 2 oder 3 genannten Personenvereinigung oder
5. als sonstige Person, die für die Leitung des Betriebs oder Unternehmens einer juristischen Person oder einer in Nummer 2 oder 3 genannten Personenvereinigung verantwortlich handelt, wozu auch

die Überwachung der Geschäftsführung oder die sonstige Ausübung von Kontrollbefugnissen in leitender Stellung gehört,

eine Straftat oder Ordnungswidrigkeit begangen, durch die Pflichten, welche die juristische Person oder die Personenvereinigung treffen, verletzt worden sind oder die juristische Person oder die Personenvereinigung bereichert worden ist oder werden sollte, so kann gegen diese eine Geldbuße festgesetzt werden.

(2) [1]Die Geldbuße beträgt

1. im Falle einer vorsätzlichen Straftat bis zu zehn Millionen Euro,
2. im Falle einer fahrlässigen Straftat bis zu fünf Millionen Euro.

[2]Im Falle einer Ordnungswidrigkeit bestimmt sich das Höchstmaß der Geldbuße nach dem für die Ordnungswidrigkeit angedrohten Höchstmaß der Geldbuße. [3]Verweist das Gesetz auf diese Vorschrift, so verzehnfacht sich das Höchstmaß der Geldbuße nach Satz 2 für die im Gesetz bezeichneten Tatbestände. [4]Satz 2 gilt auch im Falle einer Tat, die gleichzeitig Straftat und Ordnungswidrigkeit ist, wenn das für die Ordnungswidrigkeit angedrohte Höchstmaß der Geldbuße das Höchstmaß nach Satz 1 übersteigt.

(2a) [1]Im Falle einer Gesamtrechtsnachfolge oder einer partiellen Gesamtrechtsnachfolge durch Aufspaltung (§ 123 Absatz 1 des Umwandlungsgesetzes) kann die Geldbuße nach Absatz 1 und 2 gegen den oder die Rechtsnachfolger festgesetzt werden. [2]Die Geldbuße darf in diesen Fällen den Wert des übernommenen Vermögens sowie die Höhe der gegenüber dem Rechtsvorgänger angemessenen Geldbuße nicht übersteigen. [3]Im Bußgeldverfahren tritt der Rechtsnachfolger oder treten die Rechtsnachfolger in die Verfahrensstellung ein, in der sich der Rechtsvorgänger zum Zeitpunkt des Wirksamwerdens der Rechtsnachfolge befunden hat.

(3) § 17 Abs. 4 und § 18 gelten entsprechend.

(4) [1]Wird wegen der Straftat oder Ordnungswidrigkeit ein Straf- oder Bußgeldverfahren nicht eingeleitet oder wird es eingestellt oder wird von Strafe abgesehen, so kann die Geldbuße selbständig festgesetzt werden. [2]Durch Gesetz kann bestimmt werden, daß die Geldbuße auch in weiteren Fällen selbständig festgesetzt werden kann. [3]Die selbständige Festsetzung einer Geldbuße gegen die juristische Person oder Personenvereinigung ist jedoch ausgeschlossen, wenn die Straftat oder Ordnungswidrigkeit aus rechtlichen Gründen nicht verfolgt werden kann; § 33 Abs. 1 Satz 2 bleibt unberührt.

(5) Die Festsetzung einer Geldbuße gegen die juristische Person oder Personenvereinigung schließt es aus, gegen sie wegen derselben Tat die Einziehung nach den §§ 73 oder 73c des Strafgesetzbuches oder nach § 29a anzuordnen.

(6) Bei Erlass eines Bußgeldbescheids ist zur Sicherung der Geldbuße § 111e Absatz 2 der Strafprozessordnung mit der Maßgabe anzuwenden, dass an die Stelle des Urteils der Bußgeldbescheid tritt.

Siebenter Abschnitt

Verjährung

§ 31 Verfolgungsverjährung

(1) [1]Durch die Verjährung werden die Verfolgung von Ordnungswidrigkeiten und die Anordnung von Nebenfolgen ausgeschlossen. [2]§ 27 Abs. 2 Satz 1 Nr. 1 bleibt unberührt.

(2) Die Verfolgung von Ordnungswidrigkeiten verjährt, wenn das Gesetz nichts anderes bestimmt,

1. in drei Jahren bei Ordnungswidrigkeiten, die mit Geldbuße im Höchstmaß von mehr als fünfzehntausend Euro bedroht sind,
2. in zwei Jahren bei Ordnungswidrigkeiten, die mit Geldbuße im Höchstmaß von mehr als zweitausendfünfhundert bis zu fünfzehntausend Euro bedroht sind,
3. in einem Jahr bei Ordnungswidrigkeiten, die mit Geldbuße im Höchstmaß von mehr als eintausend bis zu zweitausendfünfhundert Euro bedroht sind,
4. in sechs Monaten bei den übrigen Ordnungswidrigkeiten.

(3) [1]Die Verjährung beginnt, sobald die Handlung beendet ist. [2]Tritt ein zum Tatbestand gehörender Erfolg erst später ein, so beginnt die Verjährung mit diesem Zeitpunkt.

§ 32 Ruhen der Verfolgungsverjährung

(1) [1]Die Verjährung ruht, solange nach dem Gesetz die Verfolgung nicht begonnen oder nicht fortgesetzt werden kann. [2]Dies gilt nicht, wenn die Handlung nur deshalb nicht verfolgt werden kann, weil Antrag oder Ermächtigung fehlen.

(2) Ist vor Ablauf der Verjährungsfrist ein Urteil des ersten Rechtszuges oder ein Beschluß nach § 72 ergangen, so läuft die Verjährungsfrist nicht vor dem Zeitpunkt ab, in dem das Verfahren rechtskräftig abgeschlossen ist.

§ 33 Unterbrechung der Verfolgungsverjährung

(1) [1]Die Verjährung wird unterbrochen durch

1. die erste Vernehmung des Betroffenen, die Bekanntgabe, daß gegen ihn das Ermittlungsverfahren eingeleitet ist, oder die Anordnung dieser Vernehmung oder Bekanntgabe,
2. jede richterliche Vernehmung des Betroffenen oder eines Zeugen oder die Anordnung dieser Vernehmung,
3. jede Beauftragung eines Sachverständigen durch die Verfolgungsbehörde oder den Richter, wenn vorher der Betroffene vernommen oder ihm die Einleitung des Ermittlungsverfahrens bekanntgegeben worden ist,
4. jede Beschlagnahme- oder Durchsuchungsanordnung der Verfolgungsbehörde oder des Richters und richterliche Entscheidungen, welche diese aufrechterhalten,
5. die vorläufige Einstellung des Verfahrens wegen Abwesenheit des Betroffenen durch die Verfolgungsbehörde oder den Richter sowie jede Anordnung der Verfolgungsbehörde oder des Richters, die nach einer solchen Einstellung des Verfahrens zur Ermittlung des Aufenthalts des Betroffenen oder zur Sicherung von Beweisen ergeht,
6. jedes Ersuchen der Verfolgungsbehörde oder des Richters, eine Untersuchungshandlung im Ausland vorzunehmen,
7. die gesetzlich bestimmte Anhörung einer anderen Behörde durch die Verfolgungsbehörde vor Abschluß der Ermittlungen,
8. die Abgabe der Sache durch die Staatsanwaltschaft an die Verwaltungsbehörde nach § 43,
9. den Erlaß des Bußgeldbescheides, sofern er binnen zwei Wochen zugestellt wird, ansonsten durch die Zustellung,
10. den Eingang der Akten beim Amtsgericht gemäß § 69 Abs. 3 Satz 1 und Abs. 5 Satz 2 und die Zurückverweisung der Sache an die Verwaltungsbehörde nach § 69 Abs. 5 Satz 1,
11. jede Anberaumung einer Hauptverhandlung,
12. den Hinweis auf die Möglichkeit, ohne Hauptverhandlung zu entscheiden (§ 72 Abs. 1 Satz 2),
13. die Erhebung der öffentlichen Klage,
14. die Eröffnung des Hauptverfahrens,
15. den Strafbefehl oder eine andere dem Urteil entsprechende Entscheidung.

[2]Im selbständigen Verfahren wegen der Anordnung einer Nebenfolge oder der Festsetzung einer Geldbuße gegen eine juristische Person oder Personenvereinigung wird die Verjährung durch die dem Satz 1 entsprechenden Handlungen zur Durchführung des selbständigen Verfahrens unterbrochen.

(2) [1]Die Verjährung ist bei einer schriftlichen Anordnung oder Entscheidung in dem Zeitpunkt unterbrochen, in dem die Anordnung oder Entscheidung abgefasst wird. [2]Ist das Dokument nicht alsbald nach der Abfassung in den Geschäftsgang gelangt, so ist der Zeitpunkt maßgebend, in dem es tatsächlich in den Geschäftsgang gegeben worden ist.

(3) [1]Nach jeder Unterbrechung beginnt die Verjährung von neuem. [2]Die Verfolgung ist jedoch spätestens verjährt, wenn seit dem in § 31 Abs. 3 bezeichneten Zeitpunkt das Doppelte der gesetzlichen Verjährungsfrist, mindestens jedoch zwei Jahre verstrichen sind. [3]Wird jemandem in einem bei Gericht anhängigen Verfahren eine Handlung zur Last gelegt, die gleichzeitig Straftat und Ordnungswidrigkeit ist, so gilt als gesetzliche Verjährungsfrist im Sinne des Satzes 2 die Frist, die sich aus der Strafdrohung ergibt. [4]§ 32 bleibt unberührt.

(4) [1]Die Unterbrechung wirkt nur gegenüber demjenigen, auf den sich die Handlung bezieht. [2]Die Unterbrechung tritt in den Fällen des Absatzes 1 Satz 1 Nr. 1 bis 7, 11 und 13 bis 15 auch dann ein, wenn die Handlung auf die Verfolgung der Tat als Straftat gerichtet ist.

§ 34 Vollstreckungsverjährung

(1) Eine rechtskräftig festgesetzte Geldbuße darf nach Ablauf der Verjährungsfrist nicht mehr vollstreckt werden.

(2) Die Verjährungsfrist beträgt

1. fünf Jahre bei einer Geldbuße von mehr als eintausend Euro,
2. drei Jahre bei einer Geldbuße bis zu eintausend Euro.

(3) Die Verjährung beginnt mit der Rechtskraft der Entscheidung.

(4) Die Verjährung ruht, solange

1. nach dem Gesetz die Vollstreckung nicht begonnen oder nicht fortgesetzt werden kann,
2. die Vollstreckung ausgesetzt ist oder
3. eine Zahlungserleichterung bewilligt ist.

(5) [1]Die Absätze 1 bis 4 gelten entsprechend für Nebenfolgen, die zu einer Geldzahlung verpflichten. [2]Ist eine solche Nebenfolge neben einer Geldbuße angeordnet, so verjährt die Vollstreckung der einen Rechtsfolge nicht früher als die der anderen.

Zweiter Teil
Bußgeldverfahren

Erster Abschnitt
Zuständigkeit zur Verfolgung und Ahndung von Ordnungswidrigkeiten

§ 35 Verfolgung und Ahndung durch die Verwaltungsbehörde

(1) Für die Verfolgung von Ordnungswidrigkeiten ist die Verwaltungsbehörde zuständig, soweit nicht hierzu nach diesem Gesetz die Staatsanwaltschaft oder an ihrer Stelle für einzelne Verfolgungshandlungen der Richter berufen ist.

(2) Die Verwaltungsbehörde ist auch für die Ahndung von Ordnungswidrigkeiten zuständig, soweit nicht hierzu nach diesem Gesetz das Gericht berufen ist.

§ 36 Sachliche Zuständigkeit der Verwaltungsbehörde

(1) Sachlich zuständig ist

1. die Verwaltungsbehörde, die durch Gesetz bestimmt wird,
2. mangels einer solchen Bestimmung
   a) die fachlich zuständige oberste Landesbehörde oder
   b) das fachlich zuständige Bundesministerium, soweit das Gesetz von Bundesbehörden ausgeführt wird.

(2) [1]Die Landesregierung kann die Zuständigkeit nach Absatz 1 Nr. 2 Buchstabe a durch Rechtsverordnung auf eine andere Behörde oder sonstige Stelle übertragen. [2]Die Landesregierung kann die Ermächtigung auf die oberste Landesbehörde übertragen.

(3) Das nach Absatz 1 Nr. 2 Buchstabe b zuständige Bundesministerium kann seine Zuständigkeit durch Rechtsverordnung, die nicht der Zustimmung des Bundesrates bedarf, auf eine andere Behörde oder sonstige Stelle übertragen.

§ 37 Örtliche Zuständigkeit der Verwaltungsbehörde

(1) Örtlich zuständig ist die Verwaltungsbehörde, in deren Bezirk

1. die Ordnungswidrigkeit begangen oder entdeckt worden ist oder
2. der Betroffene zur Zeit der Einleitung des Bußgeldverfahrens seinen Wohnsitz hat.

(2) Ändert sich der Wohnsitz des Betroffenen nach Einleitung des Bußgeldverfahrens, so ist auch die Verwaltungsbehörde örtlich zuständig, in deren Bezirk der neue Wohnsitz liegt.

(3) Hat der Betroffene im räumlichen Geltungsbereich dieses Gesetzes keinen Wohnsitz, so wird die Zuständigkeit auch durch den gewöhnlichen Aufenthaltsort bestimmt.

(4) [1]Ist die Ordnungswidrigkeit auf einem Schiff, das berechtigt ist, die Bundesflagge zu führen, außerhalb des räumlichen Geltungsbereichs dieses Gesetzes begangen worden, so ist auch die Verwaltungsbehörde örtlich zuständig, in deren Bezirk der Heimathafen oder der Hafen im räumlichen Geltungsbereich dieses Gesetzes liegt, den das Schiff nach der Tat zuerst erreicht. [2]Satz 1 gilt entsprechend für Luftfahrzeuge, die berechtigt sind, das Staatszugehörigkeitszeichen der Bundesrepublik Deutschland zu führen.

§ 38 Zusammenhängende Ordnungswidrigkeiten

[1]Bei zusammenhängenden Ordnungswidrigkeiten, die einzeln nach § 37 zur Zuständigkeit verschiedener Verwaltungsbehörden gehören würden, ist jede dieser Verwaltungsbehörden zuständig. [2]Zwischen mehreren Ordnungswidrigkeiten besteht ein Zusammenhang, wenn jemand mehrerer Ordnungswidrigkeiten beschuldigt wird oder wenn hinsichtlich derselben Tat mehrere Personen einer Ordnungswidrigkeit beschuldigt werden.

§ 39 Mehrfache Zuständigkeit

(1) [1]Sind nach den §§ 36 bis 38 mehrere Verwaltungsbehörden zuständig, so gebührt der Vorzug der Verwaltungsbehörde, die wegen der Tat den Betroffenen zuerst vernommen hat, ihn durch die Polizei zuerst hat vernehmen lassen oder der die Akten von der Polizei nach der Vernehmung des Betroffenen zuerst übersandt worden sind. [2]Diese Verwaltungsbehörde kann in den Fällen des § 38 das Verfahren wegen der zusammenhängenden Tat wieder abtrennen.

(2) [1]In den Fällen des Absatzes 1 Satz 1 kann die Verfolgung und Ahndung jedoch einer anderen der zuständigen Verwaltungsbehörden durch eine Vereinbarung dieser Verwaltungsbehörden übertragen

werden, wenn dies zur Beschleunigung oder Vereinfachung des Verfahrens oder aus anderen Gründen sachdienlich erscheint. [2]Sind mehrere Verwaltungsbehörden sachlich zuständig, so soll die Verwaltungsbehörde, der nach Absatz 1 Satz 1 der Vorzug gebührt, die anderen sachlich zuständigen Verwaltungsbehörden spätestens vor dem Abschluß der Ermittlungen hören.

(3) Kommt eine Vereinbarung nach Absatz 2 Satz 1 nicht zustande, so entscheidet auf Antrag einer der beteiligten Verwaltungsbehörden

1. die gemeinsame nächsthöhere Verwaltungsbehörde,
2. wenn eine gemeinsame höhere Verwaltungsbehörde fehlt, das nach § 68 zuständige gemeinsame Gericht und,
3. wenn nach § 68 verschiedene Gerichte zuständig wären, das für diese Gerichte gemeinsame obere Gericht.

(4) In den Fällen der Absätze 2 und 3 kann die Übertragung in gleicher Weise wieder aufgehoben werden.

§ 40 Verfolgung durch die Staatsanwaltschaft

Im Strafverfahren ist die Staatsanwaltschaft für die Verfolgung der Tat auch unter dem rechtlichen Gesichtspunkt einer Ordnungswidrigkeit zuständig, soweit ein Gesetz nichts anderes bestimmt.

§ 41 Abgabe an die Staatsanwaltschaft

(1) Die Verwaltungsbehörde gibt die Sache an die Staatsanwaltschaft ab, wenn Anhaltspunkte dafür vorhanden sind, daß die Tat eine Straftat ist.

(2) Sieht die Staatsanwaltschaft davon ab, ein Strafverfahren einzuleiten, so gibt sie die Sache an die Verwaltungsbehörde zurück.

§ 42 Übernahme durch die Staatsanwaltschaft

(1) [1]Die Staatsanwaltschaft kann bis zum Erlaß des Bußgeldbescheides die Verfolgung der Ordnungswidrigkeit übernehmen, wenn sie eine Straftat verfolgt, die mit der Ordnungswidrigkeit zusammenhängt. [2]Zwischen einer Straftat und einer Ordnungswidrigkeit besteht ein Zusammenhang, wenn jemand sowohl einer Straftat als auch einer Ordnungswidrigkeit oder wenn hinsichtlich derselben Tat eine Person einer Straftat und eine andere einer Ordnungswidrigkeit beschuldigt wird.

(2) Die Staatsanwaltschaft soll die Verfolgung nur übernehmen, wenn dies zur Beschleunigung des Verfahrens oder wegen des Sachzusammenhangs oder aus anderen Gründen für die Ermittlungen oder die Entscheidung sachdienlich erscheint.

§ 43 Abgabe an die Verwaltungsbehörde

(1) Stellt die Staatsanwaltschaft in den Fällen des § 40 das Verfahren nur wegen der Straftat ein oder übernimmt sie in den Fällen des § 42 die Verfolgung nicht, sind aber Anhaltspunkte dafür vorhanden, daß die Tat als Ordnungswidrigkeit verfolgt werden kann, so gibt sie die Sache an die Verwaltungsbehörde ab.

(2) Hat die Staatsanwaltschaft die Verfolgung übernommen, so kann sie die Sache an die Verwaltungsbehörde abgeben, solange das Verfahren noch nicht bei Gericht anhängig ist; sie hat die Sache abzugeben, wenn sie das Verfahren nur wegen der zusammenhängenden Straftat einstellt.

§ 44 Bindung der Verwaltungsbehörde

Die Verwaltungsbehörde ist an die Entschließung der Staatsanwaltschaft gebunden, ob eine Tat als Straftat verfolgt wird oder nicht.

§ 45 Zuständigkeit des Gerichts

Verfolgt die Staatsanwaltschaft die Ordnungswidrigkeit mit einer zusammenhängenden Straftat, so ist für die Ahndung der Ordnungswidrigkeit das Gericht zuständig, das für die Strafsache zuständig ist.

Zweiter Abschnitt

Allgemeine Verfahrensvorschriften

§ 46 Anwendung der Vorschriften über das Strafverfahren

(1) Für das Bußgeldverfahren gelten, soweit dieses Gesetz nichts anderes bestimmt, sinngemäß die Vorschriften der allgemeinen Gesetze über das Strafverfahren, namentlich der Strafprozeßordnung, des Gerichtsverfassungsgesetzes und des Jugendgerichtsgesetzes.

(2) Die Verfolgungsbehörde hat, soweit dieses Gesetz nichts anderes bestimmt, im Bußgeldverfahren dieselben Rechte und Pflichten wie die Staatsanwaltschaft bei der Verfolgung von Straftaten.

(3) [1]Anstaltsunterbringung, Verhaftung und vorläufige Festnahme, Beschlagnahme von Postsendungen und Telegrammen sowie Auskunftsersuchen über Umstände, die dem Post- und Fernmeldegeheimnis

unterliegen, sind unzulässig. [2]§ 160 Abs. 3 Satz 2 der Strafprozeßordnung über die Gerichtshilfe ist nicht anzuwenden. [3]Ein Klageerzwingungsverfahren findet nicht statt. [4]Die Vorschriften über die Beteiligung des Verletzten am Verfahren und über das länderübergreifende staatsanwaltschaftliche Verfahrensregister sind nicht anzuwenden; dies gilt nicht für § 406e der Strafprozeßordnung.

(4) [1]§ 81a Abs. 1 Satz 2 der Strafprozeßordnung ist mit der Einschränkung anzuwenden, daß nur die Entnahme von Blutproben und andere geringfügige Eingriffe zulässig sind. [2]Die Entnahme einer Blutprobe bedarf abweichend von § 81a Absatz 2 Satz 1 der Strafprozessordnung keiner richterlichen Anordnung, wenn bestimmte Tatsachen den Verdacht begründen, dass eine Ordnungswidrigkeit begangen worden ist

1. nach den §§ 24a und 24c des Straßenverkehrsgesetzes oder
2. nach § 7 Absatz 1 des Binnenschifffahrtsaufgabengesetzes in Verbindung mit einer Vorschrift einer auf Grund des § 3 Absatz 1 Satz 1 Nummer 1 des Binnenschifffahrtsaufgabengesetzes erlassenen Rechtsverordnung, sofern diese Vorschrift das Verhalten im Verkehr im Sinne des § 3 Absatz 1 Satz 1 Nummer 1 Buchstabe a Doppelbuchstabe aa des Binnenschifffahrtsaufgabengesetzes regelt.

[3]In einem Strafverfahren entnommene Blutproben und sonstige Körperzellen, deren Entnahme im Bußgeldverfahren nach Satz 1 zulässig gewesen wäre, dürfen verwendet werden. [4]Die Verwendung von Blutproben und sonstigen Körperzellen zur Durchführung einer Untersuchung im Sinne des § 81e der Strafprozeßordnung ist unzulässig.

(4a) § 100j Absatz 1 Satz 1 Nummer 2 der Strafprozessordnung, auch in Verbindung mit § 100j Absatz 2 der Strafprozessordnung, ist mit der Einschränkung anzuwenden, dass die Erhebung von Bestandsdaten nur zur Verfolgung von Ordnungswidrigkeiten zulässig ist, die gegenüber natürlichen Personen mit Geldbußen im Höchstmaß von mehr als fünfzehntausend Euro bedroht sind.

(5) [1]Die Anordnung der Vorführung des Betroffenen und der Zeugen, die einer Ladung nicht nachkommen, bleibt dem Richter vorbehalten. [2]Die Haft zur Erzwingung des Zeugnisses (§ 70 Abs. 2 der Strafprozessordnung) darf sechs Wochen nicht überschreiten.

(6) Im Verfahren gegen Jugendliche und Heranwachsende kann von der Heranziehung der Jugendgerichtshilfe (§ 38 des Jugendgerichtsgesetzes) abgesehen werden, wenn ihre Mitwirkung für die sachgemäße Durchführung des Verfahrens entbehrlich ist.

(7) Im gerichtlichen Verfahren entscheiden beim Amtsgericht Abteilungen für Bußgeldsachen, beim Landgericht Kammern für Bußgeldsachen und beim Oberlandesgericht sowie beim Bundesgerichtshof Senate für Bußgeldsachen.

(8) Die Vorschriften zur Durchführung des § 191a Absatz 1 Satz 1 bis 4 des Gerichtsverfassungsgesetzes im Bußgeldverfahren sind in der Rechtsverordnung nach § 191a Abs. 2 des Gerichtsverfassungsgesetzes zu bestimmen.

§ 47 Verfolgung von Ordnungswidrigkeiten

(1) [1]Die Verfolgung von Ordnungswidrigkeiten liegt im pflichtgemäßen Ermessen der Verfolgungsbehörde. [2]Solange das Verfahren bei ihr anhängig ist, kann sie es einstellen.

(2) [1]Ist das Verfahren bei Gericht anhängig und hält dieses eine Ahndung nicht für geboten, so kann es das Verfahren mit Zustimmung der Staatsanwaltschaft in jeder Lage einstellen. [2]Die Zustimmung ist nicht erforderlich, wenn durch den Bußgeldbescheid eine Geldbuße bis zu einhundert Euro verhängt worden ist und die Staatsanwaltschaft erklärt hat, sie nehme an der Hauptverhandlung nicht teil. [3]Der Beschluß ist nicht anfechtbar.

(3) Die Einstellung des Verfahrens darf nicht von der Zahlung eines Geldbetrages an eine gemeinnützige Einrichtung oder sonstige Stelle abhängig gemacht oder damit in Zusammenhang gebracht werden.

§ 48 *[aufgehoben]*

§ 49 Akteneinsicht des Betroffenen und der Verwaltungsbehörde

(1) [1]Die Verwaltungsbehörde gewährt dem Betroffenen auf Antrag Einsicht in die Akten, soweit der Untersuchungszweck, auch in einem anderen Straf- oder Bußgeldverfahren, nicht gefährdet werden kann und nicht überwiegende schutzwürdige Interessen Dritter entgegenstehen. [2]Werden die Akten nicht elektronisch geführt, können an Stelle der Einsichtnahme in die Akten Kopien aus den Akten übermittelt werden.

(2) [1]Ist die Staatsanwaltschaft Verfolgungsbehörde, so ist die sonst zuständige Verwaltungsbehörde befugt, die Akten, die dem Gericht vorliegen oder im gerichtlichen Verfahren vorzulegen wären, einzusehen sowie sichergestellte und beschlagnahmte Gegenstände zu besichtigen. [2]Akten, die in Papierform geführt werden, werden der Verwaltungsbehörde auf Antrag zur Einsichtnahme übersandt.

§ 49a Verfahrensübergreifende Mitteilungen von Amts wegen

(1) [1]Von Amts wegen dürfen Gerichte, Staatsanwaltschaften und Verwaltungsbehörden personenbezogene Daten aus Bußgeldverfahren den zuständigen Behörden und Gerichten übermitteln, soweit dies aus Sicht der übermittelnden Stelle erforderlich ist für

1. die Verfolgung von Straftaten oder von anderen Ordnungswidrigkeiten,
2. Entscheidungen in anderen Bußgeldsachen einschließlich der Entscheidungen bei der Vollstreckung von Bußgeldentscheidungen oder in Gnadensachen oder
3. sonstige Entscheidungen oder Maßnahmen nach § 477 Absatz 2 der Strafprozessordnung;

Gleiches gilt für die Behörden des Polizeidienstes, soweit dies die entsprechende Anwendung von § 480 Absatz 1 der Strafprozessordnung gestattet. [2]Die §§ 478, 479 Absatz 1, 2 und 4 Satz 1 sowie Absatz 5 und § 480 Absatz 1 und 2 der Strafprozessordnung gelten sinngemäß.

(2) Die Übermittlung ist auch zulässig, wenn besondere Umstände des Einzelfalls die Übermittlung für die in § 14 Abs. 1 Nr. 4 bis 9 des Einführungsgesetzes zum Gerichtsverfassungsgesetz genannten Zwecke in Verbindung mit Absatz 2 Satz 2 und 4 jener Vorschrift in sinngemäßer Anwendung erfordern.

(3) Eine Übermittlung nach den Absätzen 1 und 2 unterbleibt, soweit für die übermittelnde Stelle offensichtlich ist, dass schutzwürdige Interessen des Betroffenen an dem Ausschluss der Übermittlung überwiegen.

(4) [1]Für die Übermittlung durch Verwaltungsbehörden sind zusätzlich sinngemäß anzuwenden

1. die §§ 12, 13, 16, 17 Nr. 2 bis 5 und §§ 18 bis 21 des Einführungsgesetzes zum Gerichtsverfassungsgesetz und
2. § 22 des Einführungsgesetzes zum Gerichtsverfassungsgesetz mit der Maßgabe, daß an die Stelle des Verfahrens nach den §§ 23 bis 30 dieses Gesetzes das Verfahren nach § 62 Abs. 1 Satz 1, Abs. 2 und an die Stelle des in § 25 des Einführungsgesetzes zum Gerichtsverfassungsgesetz bezeichneten Gerichts das in § 68 bezeichnete Gericht tritt.

[2]Die für das Bußgeldverfahren zuständige Behörde darf darüber hinaus die dieses Verfahren abschließende Entscheidung derjenigen Verwaltungsbehörde übermitteln, die das Bußgeldverfahren veranlaßt oder sonst an dem Verfahren mitgewirkt hat, wenn dies aus der Sicht der übermittelnden Stelle zur Erfüllung einer in der Zuständigkeit des Empfängers liegenden Aufgabe, die im Zusammenhang mit dem Gegenstand des Verfahrens steht, erforderlich ist; ist mit der Entscheidung ein Rechtsmittel verworfen worden, so darf auch die angefochtene Entscheidung übermittelt werden. [3]Das Bundesministerium, das für bundesrechtliche Bußgeldvorschriften in seinem Geschäftsbereich zuständig ist, kann insoweit mit Zustimmung des Bundesrates allgemeine Verwaltungsvorschriften im Sinne des § 12 Abs. 5 des Einführungsgesetzes zum Gerichtsverfassungsgesetz erlassen.

(5) [1]§ 481 der Strafprozessordnung ist sinngemäß anzuwenden. [2]Eine Übermittlung entsprechend § 481 Abs. 1 Satz 2 der Strafprozessordnung unterbleibt unter der Voraussetzung des Absatzes 3. [3]Von § 482 der Strafprozessordnung ist nur Absatz 1 sinngemäß anzuwenden, wobei die Mitteilung des Aktenzeichens auch an eine andere Verwaltungsbehörde, die das Bußgeldverfahren veranlasst oder sonst an dem Verfahren mitgewirkt hat, erfolgt.

§ 49b Verfahrensübergreifende Mitteilungen auf Ersuchen; sonstige Verwendung von Daten für verfahrensübergreifende Zwecke

Für die Erteilung von Auskünften und Gewährung von Akteneinsicht auf Ersuchen sowie die sonstige Verwendung von Daten aus Bußgeldverfahren für verfahrensübergreifende Zwecke gelten die §§ 474 bis 476, 478 bis 481 und 498 Absatz 2 der Strafprozessordnung sinngemäß, wobei

1. in § 474 Absatz 2 Satz 1 Nummer 1 der Strafprozessordnung an die Stelle der Straftat die Ordnungswidrigkeit tritt,
2. in § 474 Absatz 2 Satz 1 Nummer 2 und 3 und § 481 der Strafprozessordnung an die Stelle besonderer Vorschriften über die Übermittlung oder Verwendung personenbezogener Informationen aus Strafverfahren solche über die Übermittlung oder Verwendung personenbezogener Daten aus Bußgeldverfahren treten,
3. in § 479 Absatz 1 der Strafprozessordnung an die Stelle der Zwecke des Strafverfahrens die Zwecke des Bußgeldverfahrens treten,
4. in § 479 Absatz 3 Nummer 2 der Strafprozessordnung an die Stelle der Frist von zwei Jahren eine Frist von einem Jahr tritt und
5. § 480 Absatz 3 Satz 1 der Strafprozessordnung mit der Maßgabe anzuwenden ist, dass für die Übermittlung durch Verwaltungsbehörden über den Antrag auf gerichtliche Entscheidung das in § 68 bezeichnete Gericht im Verfahren nach § 62 Abs. 1 Satz 1, Abs. 2 entscheidet.

§ 49c Dateiregelungen

(1) Für die Verarbeitung und Nutzung personenbezogener Daten in Dateien gelten vorbehaltlich des § 496 Absatz 3 der Strafprozessordnung und besonderer Regelungen in anderen Gesetzen die Vorschriften des Zweiten Abschnitts des Achten Buches der Strafprozessordnung nach Maßgabe der folgenden Vorschriften sinngemäß.

(2) [1]Die Speicherung, Veränderung und Nutzung darf vorbehaltlich des Absatzes 3 nur bei Gerichten, Staatsanwaltschaften und Verwaltungsbehörden einschließlich Vollstreckungsbehörden sowie den Behörden des Polizeidienstes erfolgen, soweit dies entsprechend den §§ 483, 484 Abs. 1 und § 485 der Strafprozessordnung zulässig ist; dabei treten an die Stelle der Zwecke des Strafverfahrens die Zwecke des Bußgeldverfahrens. [2]Personenbezogene Daten aus Bußgeldverfahren dürfen auch verwendet werden, soweit es für Zwecke eines Strafverfahrens, Gnadenverfahrens oder der internationalen Rechts- und Amtshilfe in Straf- und Bußgeldsachen erforderlich ist. [3]Die Speicherung personenbezogener Daten von Personen, die zur Tatzeit nicht strafmündig waren, für Zwecke künftiger Bußgeldverfahren ist unzulässig.

(3) Die Errichtung einer gemeinsamen automatisierten Datei entsprechend § 486 der Strafprozessordnung für die in Absatz 2 genannten Stellen, die den Geschäftsbereichen verschiedener Bundes- oder Landesministerien angehören, ist nur zulässig, wenn sie zur ordnungsgemäßen Aufgabenerfüllung erforderlich und unter Berücksichtigung der schutzwürdigen Interessen der Betroffenen angemessen ist.

(4) [1]§ 487 Abs. 1 Satz 1 der Strafprozessordnung ist mit der Maßgabe anzuwenden, dass die nach den Absätzen 1 bis 3 gespeicherten Daten den zuständigen Stellen nur für die in Absatz 2 genannten Zwecke übermittelt werden dürfen; § 49a Abs. 3 gilt für Übermittlungen von Amts wegen entsprechend. [2]§ 487 Abs. 2 der Strafprozessordnung ist mit der Maßgabe anzuwenden, dass die Übermittlung erfolgen kann, soweit sie nach diesem Gesetz aus den Akten erfolgen könnte.

(5) Soweit personenbezogene Daten für Zwecke der künftigen Verfolgung von Ordnungswidrigkeiten gespeichert werden, darf die Frist im Sinne von § 489 Absatz 3 Satz 2 Nummer 1 der Strafprozessordnung bei einer Geldbuße von mehr als 250 Euro fünf Jahre, in allen übrigen Fällen des § 489 Absatz 3 Satz 2 Nummer 1 bis 3 der Strafprozessordnung zwei Jahre nicht übersteigen.

§ 49d Schutz personenbezogener Daten in einer elektronischen Akte

§ 496 Absatz 1 und 2 sowie die §§ 497 und 498 Absatz 1 der Strafprozessordnung gelten entsprechend, wobei in § 496 Absatz 1 und § 498 Absatz 1 der Strafprozessordnung an die Stelle des jeweiligen Strafverfahrens das jeweilige Bußgeldverfahren tritt.

§ 50 Bekanntmachung von Maßnahmen der Verwaltungsbehörde

(1) [1]Anordnungen, Verfügungen und sonstige Maßnahmen der Verwaltungsbehörde werden der Person, an die sich die Maßnahme richtet, formlos bekanntgemacht. [2]Ist gegen die Maßnahme ein befristeter Rechtsbehelf zulässig, so wird sie in einem Bescheid durch Zustellung bekanntgemacht.

(2) Bei der Bekanntmachung eines Bescheides der Verwaltungsbehörde, der durch einen befristeten Rechtsbehelf angefochten werden kann, ist die Person, an die sich die Maßnahme richtet, über die Möglichkeit der Anfechtung und die dafür vorgeschriebene Frist und Form zu belehren.

§ 51 Verfahren bei Zustellungen der Verwaltungsbehörde

(1) [1]Für das Zustellungsverfahren der Verwaltungsbehörde gelten die Vorschriften des Verwaltungszustellungsgesetzes, wenn eine Verwaltungsbehörde des Bundes das Verfahren durchführt, sonst die entsprechenden landesrechtlichen Vorschriften, soweit die Absätze 2 bis 5 nichts anderes bestimmen. [2]Wird ein Dokument mit Hilfe automatischer Einrichtungen erstellt, so wird das so hergestellte Dokument zugestellt.

(2) Ein Bescheid (§ 50 Abs. 1 Satz 2) wird dem Betroffenen zugestellt und, wenn er einen gesetzlichen Vertreter hat, diesem mitgeteilt.

(3) [1]Der gewählte Verteidiger, dessen Bevollmächtigung nachgewiesen ist, sowie der bestellte Verteidiger gelten als ermächtigt, Zustellungen und sonstige Mitteilungen für den Betroffenen in Empfang zu nehmen; für die Zustellung einer Ladung des Betroffenen gilt dies nur, wenn der Verteidiger in der Vollmacht ausdrücklich zur Empfangnahme von Ladungen ermächtigt ist. [2]Zum Nachweis der Bevollmächtigung genügt die Übermittlung einer Kopie der Vollmacht durch den Verteidiger. [3]Die Nachreichung der Vollmacht im Original kann verlangt werden; hierfür kann eine Frist bestimmt werden. [4]Wird ein Bescheid dem Verteidiger nach Satz 1 Halbsatz 1 zugestellt, so wird der Betroffene hiervon zugleich unterrichtet; dabei erhält er formlos eine Abschrift des Bescheides. [5]Wird ein Bescheid dem Betroffenen zugestellt, so wird der Verteidiger hiervon zugleich unterrichtet, auch wenn eine Vollmacht bei den Akten nicht vorliegt; dabei erhält er formlos eine Abschrift des Bescheides.

(4) Wird die für den Beteiligten bestimmte Zustellung an mehrere Empfangsberechtigte bewirkt, so richtet sich die Berechnung einer Frist nach der zuletzt bewirkten Zustellung.

(5) [1]§ 6 Abs. 1 des Verwaltungszustellungsgesetzes und die entsprechenden landesrechtlichen Vorschriften sind nicht anzuwenden. [2]Hat der Betroffene einen Verteidiger, so sind auch § 7 Abs. 1 Satz 1 und 2 und Abs. 2 des Verwaltungszustellungsgesetzes und die entsprechenden landesrechtlichen Vorschriften nicht anzuwenden.

§ 52 Wiedereinsetzung in den vorigen Stand

(1) Für den befristeten Rechtsbehelf gegen den Bescheid der Verwaltungsbehörde gelten die §§ 44, 45, 46 Abs. 2 und 3 und § 47 der Strafprozeßordnung über die Wiedereinsetzung in den vorigen Stand entsprechend, soweit Absatz 2 nichts anderes bestimmt.

(2) [1]Über die Gewährung der Wiedereinsetzung in den vorigen Stand und den Aufschub der Vollstreckung entscheidet die Verwaltungsbehörde. [2]Ist das Gericht, das bei rechtzeitigem Rechtsbehelf zur Entscheidung in der Sache selbst zuständig gewesen wäre, mit dem Rechtsbehelf befaßt, so entscheidet es auch über die Gewährung der Wiedereinsetzung in den vorigen Stand und den Aufschub der Vollstreckung. [3]Verwirft die Verwaltungsbehörde den Antrag auf Wiedereinsetzung in den vorigen Stand, so ist gegen den Bescheid innerhalb von zwei Wochen nach Zustellung der Antrag auf gerichtliche Entscheidung nach § 62 zulässig.

Dritter Abschnitt

Vorverfahren

I.

Allgemeine Vorschriften

§ 53 Aufgaben der Polizei

(1) [1]Die Behörden und Beamten des Polizeidienstes haben nach pflichtgemäßem Ermessen Ordnungswidrigkeiten zu erforschen und dabei alle unaufschiebbaren Anordnungen zu treffen, um die Verdunkelung der Sache zu verhüten. [2]Sie haben bei der Erforschung von Ordnungswidrigkeiten, soweit dieses Gesetz nichts anderes bestimmt, dieselben Rechte und Pflichten wie bei der Verfolgung von Straftaten. [3]Ihre Akten übersenden sie unverzüglich der Verwaltungsbehörde, in den Fällen des Zusammenhangs (§ 42) der Staatsanwaltschaft.

(2) Die Beamten des Polizeidienstes, die zu Ermittlungspersonen der Staatsanwaltschaft bestellt sind (§ 152 des Gerichtsverfassungsgesetzes), können nach den für sie geltenden Vorschriften der Strafprozeßordnung Beschlagnahmen, Durchsuchungen, Untersuchungen und sonstige Maßnahmen anordnen.

§ 54 (weggefallen)

§ 55 Anhörung des Betroffenen

(1) § 163a Abs. 1 der Strafprozeßordnung ist mit der Einschränkung anzuwenden, daß es genügt, wenn dem Betroffenen Gelegenheit gegeben wird, sich zu der Beschuldigung zu äußern.

(2) [1]Der Betroffene braucht nicht darauf hingewiesen zu werden, daß er auch schon vor seiner Vernehmung einen von ihm zu wählenden Verteidiger befragen kann. [2]§ 136 Absatz 1 Satz 3 bis 5 der Strafprozeßordnung ist nicht anzuwenden.

II.

Verwarnungsverfahren

§ 56 Verwarnung durch die Verwaltungsbehörde

(1) [1]Bei geringfügigen Ordnungswidrigkeiten kann die Verwaltungsbehörde den Betroffenen verwarnen und ein Verwarnungsgeld von fünf bis fünfundfünfzig Euro erheben. [2]Sie kann eine Verwarnung ohne Verwarnungsgeld erteilen.

(2) [1]Die Verwarnung nach Absatz 1 Satz 1 ist nur wirksam, wenn der Betroffene nach Belehrung über sein Weigerungsrecht mit ihr einverstanden ist und das Verwarnungsgeld entsprechend der Bestimmung der Verwaltungsbehörde entweder sofort zahlt oder innerhalb einer Frist, die eine Woche betragen soll, bei der hierfür bezeichneten Stelle oder bei der Post zur Überweisung an diese Stelle einzahlt. [2]Eine solche Frist soll bewilligt werden, wenn der Betroffene das Verwarnungsgeld nicht sofort zahlen kann oder wenn es höher ist als zehn Euro.

(3) [1]Über die Verwarnung nach Absatz 1 Satz 1, die Höhe des Verwarnungsgeldes und die Zahlung oder die etwa bestimmte Zahlungsfrist wird eine Bescheinigung erteilt. [2]Kosten (Gebühren und Auslagen) werden nicht erhoben.

(4) Ist die Verwarnung nach Absatz 1 Satz 1 wirksam, so kann die Tat nicht mehr unter den tatsächlichen und rechtlichen Gesichtspunkten verfolgt werden, unter denen die Verwarnung erteilt worden ist.

§ 57 Verwarnung durch Beamte des Außen- und Polizeidienstes

(1) Personen, die ermächtigt sind, die Befugnis nach § 56 für die Verwaltungsbehörde im Außendienst wahrzunehmen, haben sich entsprechend auszuweisen.

(2) Die Befugnis nach § 56 steht auch den hierzu ermächtigten Beamten des Polizeidienstes zu, die eine Ordnungswidrigkeit entdecken oder im ersten Zugriff verfolgen und sich durch ihre Dienstkleidung oder in anderer Weise ausweisen.

§ 58 Ermächtigung zur Erteilung der Verwarnung

(1) [1]Die Ermächtigung nach § 57 Abs. 2 erteilt die oberste Dienstbehörde des Beamten oder die von ihr bestimmte Stelle. [2]Die oberste Dienstbehörde soll sich wegen der Frage, bei welchen Ordnungswidrigkeiten Ermächtigungen erteilt werden sollen, mit der zuständigen Behörde ins Benehmen setzen. [3]Zuständig ist bei Ordnungswidrigkeiten, für deren Verfolgung und Ahndung eine Verwaltungsbehörde des Bundes zuständig ist, das fachlich zuständige Bundesministerium, sonst die fachlich zuständige oberste Landesbehörde.

(2) Soweit bei bestimmten Ordnungswidrigkeiten im Hinblick auf ihre Häufigkeit und Gleichartigkeit eine möglichst gleichmäßige Behandlung angezeigt ist, sollen allgemeine Ermächtigungen an Verwaltungsangehörige und Beamte des Polizeidienstes zur Erteilung einer Verwarnung nähere Bestimmungen darüber enthalten, in welchen Fällen und unter welchen Voraussetzungen die Verwarnung erteilt und in welcher Höhe das Verwarnungsgeld erhoben werden soll.

III.
Verfahren der Verwaltungsbehörde

§ 59 Vergütung von Sachverständigen, Dolmetschern und Übersetzern, Entschädigung von Zeugen und Dritten

Für die Vergütung von Sachverständigen, Dolmetschern und Übersetzern sowie die Entschädigung von Zeugen und Dritten (§ 23 des Justizvergütungs- und -entschädigungsgesetzes) ist das Justizvergütungs- und -entschädigungsgesetz anzuwenden.

§ 60 Verteidigung

[1]Ist die Mitwirkung eines Verteidigers im Verfahren der Verwaltungsbehörde geboten (§ 140 Absatz 2 der Strafprozeßordnung), so ist für dessen Bestellung die Verwaltungsbehörde zuständig. [2]Sie entscheidet auch über die Zulassung anderer Personen als Verteidiger und die Zurückweisung eines Verteidigers (§ 138 Abs. 2, § 146a Abs. 1 Satz 1, 2 der Strafprozeßordnung).

§ 61 Abschluß der Ermittlungen

Sobald die Verwaltungsbehörde die Ermittlungen abgeschlossen hat, vermerkt sie dies in den Akten, wenn sie die weitere Verfolgung der Ordnungswidrigkeit erwägt.

§ 62 Rechtsbehelf gegen Maßnahmen der Verwaltungsbehörde

(1) [1]Gegen Anordnungen, Verfügungen und sonstige Maßnahmen, die von der Verwaltungsbehörde im Bußgeldverfahren getroffen werden, können der Betroffene und andere Personen, gegen die sich die Maßnahme richtet, gerichtliche Entscheidung beantragen. [2]Dies gilt nicht für Maßnahmen, die nur zur Vorbereitung der Entscheidung, ob ein Bußgeldbescheid erlassen oder das Verfahren eingestellt wird, getroffen werden und keine selbständige Bedeutung haben.

(2) [1]Über den Antrag entscheidet das nach § 68 zuständige Gericht. [2]Die §§ 297 bis 300, 302, 306 bis 309 und 311a der Strafprozeßordnung sowie die Vorschriften der Strafprozeßordnung über die Auferlegung der Kosten des Beschwerdeverfahrens gelten sinngemäß. [3]Die Entscheidung des Gerichts ist nicht anfechtbar, soweit das Gesetz nichts anderes bestimmt.

IV.
Verfahren der Staatsanwaltschaft

§ 63 Beteiligung der Verwaltungsbehörde
(1) [1]Hat die Staatsanwaltschaft die Verfolgung der Ordnungswidrigkeit übernommen (§ 42), so haben die mit der Ermittlung von Ordnungswidrigkeiten betrauten Angehörigen der sonst zuständigen Verwaltungsbehörde dieselben Rechte und Pflichten wie die Beamten des Polizeidienstes im Bußgeldverfahren. [2]Die sonst zuständige Verwaltungsbehörde kann Beschlagnahmen, Notveräußerungen, Durchsuchungen und Untersuchungen nach den für Ermittlungspersonen der Staatsanwaltschaft geltenden Vorschriften der Strafprozeßordnung anordnen.
(2) Der sonst zuständigen Verwaltungsbehörde sind die Anklageschrift und der Antrag auf Erlaß eines Strafbefehls mitzuteilen, soweit sie sich auf eine Ordnungswidrigkeit beziehen.
(3) [1]Erwägt die Staatsanwaltschaft in den Fällen des § 40 oder § 42, das Verfahren wegen der Ordnungswidrigkeit einzustellen, so hat sie die sonst zuständige Verwaltungsbehörde zu hören. [2]Sie kann davon absehen, wenn für die Entschließung die besondere Sachkunde der Verwaltungsbehörde entbehrt werden kann.

§ 64 Erstreckung der öffentlichen Klage auf die Ordnungswidrigkeit
Erhebt die Staatsanwaltschaft in den Fällen des § 42 wegen der Straftat die öffentliche Klage, so erstreckt sie diese auf die Ordnungswidrigkeit, sofern die Ermittlungen hierfür genügenden Anlaß bieten.

Vierter Abschnitt
Bußgeldbescheid

§ 65 Allgemeines
Die Ordnungswidrigkeit wird, soweit dieses Gesetz nichts anderes bestimmt, durch Bußgeldbescheid geahndet.

§ 66 Inhalt des Bußgeldbescheides
(1) Der Bußgeldbescheid enthält
1. die Angaben zur Person des Betroffenen und etwaiger Nebenbeteiligter,
2. den Namen und die Anschrift des Verteidigers,
3. die Bezeichnung der Tat, die dem Betroffenen zur Last gelegt wird, Zeit und Ort ihrer Begehung, die gesetzlichen Merkmale der Ordnungswidrigkeit und die angewendeten Bußgeldvorschriften,
4. die Beweismittel,
5. die Geldbuße und die Nebenfolgen.

(2) Der Bußgeldbescheid enthält ferner
1. den Hinweis, daß
   a) der Bußgeldbescheid rechtskräftig und vollstreckbar wird, wenn kein Einspruch nach § 67 eingelegt wird,
   b) bei einem Einspruch auch eine für den Betroffenen nachteiligere Entscheidung getroffen werden kann,
2. die Aufforderung an den Betroffenen, spätestens zwei Wochen nach Rechtskraft oder einer etwa bestimmten späteren Fälligkeit (§ 18)
   a) die Geldbuße oder die bestimmten Teilbeträge an die zuständige Kasse zu zahlen oder
   b) im Falle der Zahlungsunfähigkeit der Vollstreckungsbehörde (§ 92) schriftlich oder zur Niederschrift darzutun, warum ihm die fristgemäße Zahlung nach seinen wirtschaftlichen Verhältnissen nicht zuzumuten ist, und
3. die Belehrung, daß Erzwingungshaft (§ 96) angeordnet werden kann, wenn der Betroffene seiner Pflicht nach Nummer 2 nicht genügt.

(3) Über die Angaben nach Absatz 1 Nr. 3 und 4 hinaus braucht der Bußgeldbescheid nicht begründet zu werden.

Fünfter Abschnitt
Einspruch und gerichtliches Verfahren

I.
Einspruch

§ 67 Form und Frist

(1) [1]Der Betroffene kann gegen den Bußgeldbescheid innerhalb von zwei Wochen nach Zustellung schriftlich oder zur Niederschrift bei der Verwaltungsbehörde, die den Bußgeldbescheid erlassen hat, Einspruch einlegen. [2]Die §§ 297 bis 300 und 302 der Strafprozeßordnung über Rechtsmittel gelten entsprechend.

(2) Der Einspruch kann auf bestimmte Beschwerdepunkte beschränkt werden.

§ 68 Zuständiges Gericht

(1) [1]Bei einem Einspruch gegen den Bußgeldbescheid entscheidet das Amtsgericht, in dessen Bezirk die Verwaltungsbehörde ihren Sitz hat. [2]Der Richter beim Amtsgericht entscheidet allein.

(2) Im Verfahren gegen Jugendliche und Heranwachsende ist der Jugendrichter zuständig.

(3) [1]Sind in dem Bezirk der Verwaltungsbehörde eines Landes mehrere Amtsgerichtsbezirke oder mehrere Teile solcher Bezirke vorhanden, so kann die Landesregierung durch Rechtsverordnung die Zuständigkeit des Amtsgerichts abweichend von Absatz 1 danach bestimmen, in welchem Bezirk

1. die Ordnungswidrigkeit oder eine der Ordnungswidrigkeiten begangen worden ist (Begehungsort) oder
2. der Betroffene seinen Wohnsitz hat (Wohnort),

soweit es mit Rücksicht auf die große Zahl von Verfahren oder die weite Entfernung zwischen Begehungs- oder Wohnort und dem Sitz des nach Absatz 1 zuständigen Amtsgerichts sachdienlich erscheint, die Verfahren auf mehrere Amtsgerichte aufzuteilen; § 37 Abs. 3 gilt entsprechend. [2]Der Bezirk, von dem die Zuständigkeit des Amtsgerichts nach Satz 1 abhängt, kann die Bezirke mehrerer Amtsgerichte umfassen. [3]Die Landesregierung kann die Ermächtigung auf die Landesjustizverwaltung übertragen.

§ 69 Zwischenverfahren

(1) [1]Ist der Einspruch nicht rechtzeitig, nicht in der vorgeschriebenen Form oder sonst nicht wirksam eingelegt, so verwirft ihn die Verwaltungsbehörde als unzulässig. [2]Gegen den Bescheid ist innerhalb von zwei Wochen nach Zustellung der Antrag auf gerichtliche Entscheidung nach § 62 zulässig.

(2) [1]Ist der Einspruch zulässig, so prüft die Verwaltungsbehörde, ob sie den Bußgeldbescheid aufrechterhält oder zurücknimmt. [2]Zu diesem Zweck kann sie

1. weitere Ermittlungen anordnen oder selbst vornehmen,
2. von Behörden und sonstigen Stellen die Abgabe von Erklärungen über dienstliche Wahrnehmungen, Untersuchungen und Erkenntnisse (§ 77a Abs. 2) verlangen.

[3]Die Verwaltungsbehörde kann auch dem Betroffenen Gelegenheit geben, sich innerhalb einer zu bestimmenden Frist dazu zu äußern, ob und welche Tatsachen und Beweismittel er im weiteren Verfahren zu seiner Entlastung vorbringen will; dabei ist er darauf hinzuweisen, daß es ihm nach dem Gesetz freistehe, sich zu der Beschuldigung zu äußern oder nicht zur Sache auszusagen.

(3) [1]Die Verwaltungsbehörde übersendet die Akten über die Staatsanwaltschaft an das Amtsgericht, wenn sie den Bußgeldbescheid nicht zurücknimmt und nicht nach Absatz 1 Satz 1 verfährt; sie vermerkt die Gründe dafür in den Akten, soweit dies nach der Sachlage angezeigt ist. [2]Die Entscheidung über einen Antrag auf Akteneinsicht und deren Gewährung (§ 49 Abs. 1 dieses Gesetzes, § 147 der Strafprozessordnung) erfolgen vor Übersendung der Akten.

(4) [1]Mit dem Eingang der Akten bei der Staatsanwaltschaft gehen die Aufgaben der Verfolgungsbehörde auf sie über. [2]Die Staatsanwaltschaft legt die Akten dem Richter beim Amtsgericht vor, wenn sie weder das Verfahren einstellt noch weitere Ermittlungen durchführt.

(5) [1]Bei offensichtlich ungenügender Aufklärung des Sachverhalts kann der Richter beim Amtsgericht die Sache unter Angabe der Gründe mit Zustimmung der Staatsanwaltschaft an die Verwaltungsbehörde zurückverweisen; diese wird mit dem Eingang der Akten wieder für die Verfolgung und Ahndung zuständig. [2]Verneint der Richter beim Amtsgericht bei erneuter Übersendung den hinreichenden Tatverdacht einer Ordnungswidrigkeit, so kann er die Sache durch Beschluß endgültig an die Verwaltungsbehörde zurückgeben. [3]Der Beschluß ist unanfechtbar.

§ 70 Entscheidung des Gerichts über die Zulässigkeit des Einspruchs

(1) Sind die Vorschriften über die Einlegung des Einspruchs nicht beachtet, so verwirft das Gericht den Einspruch als unzulässig.

(2) Gegen den Beschluß ist die sofortige Beschwerde zulässig.

II.

Hauptverfahren

§ 71 Hauptverhandlung

(1) Das Verfahren nach zulässigem Einspruch richtet sich, soweit dieses Gesetz nichts anderes bestimmt, nach den Vorschriften der Strafprozeßordnung, die nach zulässigem Einspruch gegen einen Strafbefehl gelten.

(2) [1]Zur besseren Aufklärung der Sache kann das Gericht

1. einzelne Beweiserhebungen anordnen,
2. von Behörden und sonstigen Stellen die Abgabe von Erklärungen über dienstliche Wahrnehmungen, Untersuchungen und Erkenntnisse (§ 77a Abs. 2) verlangen.

[2]Zur Vorbereitung der Hauptverhandlung kann das Gericht auch dem Betroffenen Gelegenheit geben, sich innerhalb einer zu bestimmenden Frist dazu zu äußern, ob und welche Tatsachen und Beweismittel er zu seiner Entlastung vorbringen will; § 69 Abs. 2 Satz 3 Halbsatz 2 ist anzuwenden.

§ 72 Entscheidung durch Beschluß

(1) [1]Hält das Gericht eine Hauptverhandlung nicht für erforderlich, so kann es durch Beschluß entscheiden, wenn der Betroffene und die Staatsanwaltschaft diesem Verfahren nicht widersprechen. [2]Das Gericht weist sie zuvor auf die Möglichkeit eines solchen Verfahrens und des Widerspruchs hin und gibt ihnen Gelegenheit, sich innerhalb von zwei Wochen nach Zustellung des Hinweises zu äußern; § 145a Abs. 1 und 3 der Strafprozeßordnung gilt entsprechend. [3]Das Gericht kann von einem Hinweis an den Betroffenen absehen und auch gegen seinen Widerspruch durch Beschluß entscheiden, wenn es den Betroffenen freispricht.

(2) [1]Geht der Widerspruch erst nach Ablauf der Frist ein, so ist er unbeachtlich. [2]In diesem Falle kann jedoch gegen den Beschluß innerhalb einer Woche nach Zustellung die Wiedereinsetzung in den vorigen Stand unter den gleichen Voraussetzungen wie gegen die Versäumung einer Frist beantragt werden; hierüber ist der Betroffene bei der Zustellung des Beschlusses zu belehren.

(3) [1]Das Gericht entscheidet darüber, ob der Betroffene freigesprochen, gegen ihn eine Geldbuße festgesetzt, eine Nebenfolge angeordnet oder das Verfahren eingestellt wird. [2]Das Gericht darf von der im Bußgeldbescheid getroffenen Entscheidung nicht zum Nachteil des Betroffenen abweichen.

(4) [1]Wird eine Geldbuße festgesetzt, so gibt der Beschluß die Ordnungswidrigkeit an; hat der Bußgeldtatbestand eine gesetzliche Überschrift, so soll diese zur Bezeichnung der Ordnungswidrigkeit verwendet werden. [2]§ 260 Abs. 5 Satz 1 der Strafprozeßordnung gilt entsprechend. [3]Die Begründung des Beschlusses enthält die für erwiesen erachteten Tatsachen, in denen das Gericht die gesetzlichen Merkmale der Ordnungswidrigkeit sieht. [4]Soweit der Beweis aus anderen Tatsachen gefolgert wird, sollen auch diese Tatsachen angegeben werden. [5]Ferner sind die Umstände anzuführen, die für die Zumessung der Geldbuße und die Anordnung einer Nebenfolge bestimmend sind.

(5) [1]Wird der Betroffene freigesprochen, so muß die Begründung ergeben, ob der Betroffene für nicht überführt oder ob und aus welchen Gründen die als erwiesen angenommene Tat nicht als Ordnungswidrigkeit angesehen worden ist. [2]Kann der Beschluß nicht mit der Rechtsbeschwerde angefochten werden, so braucht nur angegeben zu werden, ob die dem Betroffenen zur Last gelegte Ordnungswidrigkeit aus tatsächlichen oder rechtlichen Gründen nicht festgestellt worden ist.

(6) [1]Von einer Begründung kann abgesehen werden, wenn die am Verfahren Beteiligten hierauf verzichten. [2]In diesem Fall reicht der Hinweis auf den Inhalt des Bußgeldbescheides; das Gericht kann unter Berücksichtigung der Umstände des Einzelfalls nach seinem Ermessen zusätzliche Ausführungen machen. [3]Die vollständigen Gründe sind innerhalb von fünf Wochen zu den Akten zu bringen, wenn gegen den Beschluß Rechtsbeschwerde eingelegt wird.

§ 73 Anwesenheit des Betroffenen in der Hauptverhandlung

(1) Der Betroffene ist zum Erscheinen in der Hauptverhandlung verpflichtet.

(2) Das Gericht entbindet ihn auf seinen Antrag von dieser Verpflichtung, wenn er sich zur Sache geäußert oder erklärt hat, daß er sich in der Hauptverhandlung nicht zur Sache äußern werde, und seine Anwesenheit zur Aufklärung wesentlicher Gesichtspunkte des Sachverhalts nicht erforderlich ist.

(3) Hat das Gericht den Betroffenen von der Verpflichtung zum persönlichen Erscheinen entbunden, so kann er sich durch einen mit nachgewiesener Vollmacht versehenen Verteidiger vertreten lassen.

§ 74 Verfahren bei Abwesenheit

(1) [1]Die Hauptverhandlung wird in Abwesenheit des Betroffenen durchgeführt, wenn er nicht erschienen ist und von der Verpflichtung zum persönlichen Erscheinen entbunden war. [2]Frühere Vernehmungen des Betroffenen und seine protokollierten und sonstigen Erklärungen sind durch Mitteilung ihres wesentlichen Inhalts oder durch Verlesung in die Hauptverhandlung einzuführen. [3]Es genügt, wenn die nach § 265 Abs. 1 und 2 der Strafprozeßordnung erforderlichen Hinweise dem Verteidiger gegeben werden.

(2) Bleibt der Betroffene ohne genügende Entschuldigung aus, obwohl er von der Verpflichtung zum Erscheinen nicht entbunden war, hat das Gericht den Einspruch ohne Verhandlung zur Sache durch Urteil zu verwerfen.

(3) Der Betroffene ist in der Ladung über die Absätze 1 und 2 und die §§ 73 und 77b Abs. 1 Satz 1 und 3 zu belehren.

(4) [1]Hat die Hauptverhandlung nach Absatz 1 oder Absatz 2 ohne den Betroffenen stattgefunden, so kann er gegen das Urteil binnen einer Woche nach Zustellung die Wiedereinsetzung in den vorigen Stand unter den gleichen Voraussetzungen wie gegen die Versäumung einer Frist nachsuchen. [2]Hierüber ist er bei der Zustellung des Urteils zu belehren.

§ 75 Teilnahme der Staatsanwaltschaft an der Hauptverhandlung

(1) [1]Die Staatsanwaltschaft ist zur Teilnahme an der Hauptverhandlung nicht verpflichtet. [2]Das Gericht macht der Staatsanwaltschaft Mitteilung, wenn es ihre Mitwirkung für angemessen hält.

(2) Nimmt die Staatsanwaltschaft an der Hauptverhandlung nicht teil, so bedarf es ihrer Zustimmung zur Einstellung des Verfahrens (§ 47 Abs. 2) und zur Rücknahme des Einspruchs in der Hauptverhandlung nicht.

§ 76 Beteiligung der Verwaltungsbehörde

(1) [1]Das Gericht gibt der Verwaltungsbehörde Gelegenheit, die Gesichtspunkte vorzubringen, die von ihrem Standpunkt für die Entscheidung von Bedeutung sind. [2]Dies gilt auch, wenn das Gericht erwägt, das Verfahren nach § 47 Abs. 2 einzustellen. [3]Der Termin zur Hauptverhandlung wird der Verwaltungsbehörde mitgeteilt. [4]Ihr Vertreter erhält in der Hauptverhandlung auf Verlangen das Wort.

(2) Das Gericht kann davon absehen, die Verwaltungsbehörde nach Absatz 1 zu beteiligen, wenn ihre besondere Sachkunde für die Entscheidung entbehrt werden kann.

(3) Erwägt die Staatsanwaltschaft, die Klage zurückzunehmen, so gilt § 63 Abs. 3 entsprechend.

(4) Das Urteil und andere das Verfahren abschließende Entscheidungen sind der Verwaltungsbehörde mitzuteilen.

§ 77 Umfang der Beweisaufnahme

(1) [1]Das Gericht bestimmt, unbeschadet der Pflicht, die Wahrheit von Amts wegen zu erforschen, den Umfang der Beweisaufnahme. [2]Dabei berücksichtigt es auch die Bedeutung der Sache.

(2) Hält das Gericht den Sachverhalt nach dem bisherigen Ergebnis der Beweisaufnahme für geklärt, so kann es außer in den Fällen des § 244 Abs. 3 der Strafprozeßordnung einen Beweisantrag auch dann ablehnen, wenn

1. nach seinem pflichtgemäßen Ermessen die Beweiserhebung zur Erforschung der Wahrheit nicht erforderlich ist oder
2. nach seiner freien Würdigung das Beweismittel oder die zu beweisende Tatsache ohne verständigen Grund so spät vorgebracht wird, daß die Beweiserhebung zur Aussetzung der Hauptverhandlung führen würde.

(3) Die Begründung für die Ablehnung eines Beweisantrages nach Absatz 2 Nr. 1 kann in dem Gerichtsbeschluß (§ 244 Abs. 6 der Strafprozeßordnung) in der Regel darauf beschränkt werden, daß die Beweiserhebung zur Erforschung der Wahrheit nicht erforderlich ist.

§ 77a Vereinfachte Art der Beweisaufnahme

(1) Die Vernehmung eines Zeugen, Sachverständigen oder Mitbetroffenen darf durch Verlesung von Protokollen über eine frühere Vernehmung sowie von Urkunden, die eine von ihnen stammende Äußerung enthalten, ersetzt werden.

(2) Erklärungen von Behörden und sonstigen Stellen über ihre dienstlichen Wahrnehmungen, Untersuchungen und Erkenntnisse sowie über diejenigen ihrer Angehörigen dürfen auch dann verlesen werden, wenn die Voraussetzungen des § 256 der Strafprozeßordnung nicht vorliegen.

(3) [1]Das Gericht kann eine behördliche Erklärung (Absatz 2) auch fernmündlich einholen und deren wesentlichen Inhalt in der Hauptverhandlung bekanntgeben. [2]Der Inhalt der bekanntgegebenen Erklärung ist auf Antrag in das Protokoll aufzunehmen.

(4) [1]Das Verfahren nach den Absätzen 1 bis 3 bedarf der Zustimmung des Betroffenen, des Verteidigers und der Staatsanwaltschaft, soweit sie in der Hauptverhandlung anwesend sind. [2]§ 251 Absatz 1 Nummer 3 und 4, Abs. 2 Nr. 1 und 2, Abs. 3 und 4 sowie die §§ 252 und 253 der Strafprozeßordnung bleiben unberührt.

§ 77b Absehen von Urteilsgründen

(1) [1]Von einer schriftlichen Begründung des Urteils kann abgesehen werden, wenn alle zur Anfechtung Berechtigten auf die Einlegung der Rechtsbeschwerde verzichten oder wenn innerhalb der Frist Rechtsbeschwerde nicht eingelegt wird. [2]Hat die Staatsanwaltschaft an der Hauptverhandlung nicht teilgenommen, so ist ihre Verzichterklärung entbehrlich; eine schriftliche Begründung des Urteils ist jedoch erforderlich, wenn die Staatsanwaltschaft dies vor der Hauptverhandlung beantragt hat. [3]Die Verzichtserklärung des Betroffenen ist entbehrlich, wenn er von der Verpflichtung zum Erscheinen in der Hauptverhandlung entbunden worden ist, im Verlaufe der Hauptverhandlung von einem Verteidiger vertreten worden ist und im Urteil lediglich eine Geldbuße von nicht mehr als zweihundertfünfzig Euro festgesetzt worden ist.

(2) Die Urteilsgründe sind innerhalb der in § 275 Abs. 1 Satz 2 der Strafprozeßordnung vorgesehenen Frist zu den Akten zu bringen, wenn gegen die Versäumung der Frist für die Rechtsbeschwerde Wiedereinsetzung in den vorigen Stand gewährt, in den Fällen des Absatzes 1 Satz 2 erster Halbsatz von der Staatsanwaltschaft oder in den Fällen des Absatzes 1 Satz 3 von dem Betroffenen Rechtsbeschwerde eingelegt wird.

§ 78 Weitere Verfahrensvereinfachungen

(1) [1]Statt der Verlesung einer Urkunde kann das Gericht dessen wesentlichen Inhalt bekanntgeben; dies gilt jedoch nicht, soweit es auf den Wortlaut der Urkunde ankommt. [2]Haben der Betroffene, der Verteidiger und der in der Hauptverhandlung anwesende Vertreter der Staatsanwaltschaft von dem Wortlaut der Urkunde Kenntnis genommen oder dazu Gelegenheit gehabt, so genügt es, die Feststellung hierüber in das Protokoll aufzunehmen. [3]Soweit die Verlesung von Urkunden von der Zustimmung der Verfahrensbeteiligten abhängig ist, gilt dies auch für das Verfahren nach den Sätzen 1 und 2.

(2) § 243 Absatz 4 der Strafprozessordnung gilt nur, wenn eine Erörterung stattgefunden hat; § 273 Absatz 1a Satz 3 und Absatz 2 der Strafprozessordnung ist nicht anzuwenden.

(3) Im Verfahren gegen Jugendliche gilt § 78 Abs. 3 des Jugendgerichtsgesetzes entsprechend.

(4) Wird gegen einen Jugendlichen oder Heranwachsenden eine Geldbuße festgesetzt, so kann der Jugendrichter zugleich eine Vollstreckungsanordnung nach § 98 Abs. 1 treffen.

III.

Rechtsmittel

§ 79 Rechtsbeschwerde

(1) [1]Gegen das Urteil und den Beschluß nach § 72 ist Rechtsbeschwerde zulässig, wenn

1. gegen den Betroffenen eine Geldbuße von mehr als zweihundertfünfzig Euro festgesetzt worden ist,
2. eine Nebenfolge angeordnet worden ist, es sei denn, daß es sich um eine Nebenfolge vermögensrechtlicher Art handelt, deren Wert im Urteil oder im Beschluß nach § 72 auf nicht mehr als zweihundertfünfzig Euro festgesetzt worden ist,
3. der Betroffene wegen einer Ordnungswidrigkeit freigesprochen oder das Verfahren eingestellt oder von der Verhängung eines Fahrverbotes abgesehen worden ist und wegen der Tat im Bußgeldbescheid oder Strafbefehl eine Geldbuße von mehr als sechshundert Euro festgesetzt, ein Fahrverbot verhängt oder eine solche Geldbuße oder ein Fahrverbot von der Staatsanwaltschaft beantragt worden war
4. der Einspruch durch Urteil als unzulässig verworfen worden ist oder
5. durch Beschluß nach § 72 entschieden worden ist, obwohl der Beschwerdeführer diesem Verfahren rechtzeitig widersprochen hatte oder ihm in sonstiger Weise das rechtliche Gehör versagt wurde.

[2]Gegen das Urteil ist die Rechtsbeschwerde ferner zulässig, wenn sie zugelassen wird (§ 80).

(2) Hat das Urteil oder der Beschluß nach § 72 mehrere Taten zum Gegenstand und sind die Voraussetzungen des Absatzes 1 Satz 1 Nr. 1 bis 3 oder Satz 2 nur hinsichtlich einzelner Taten gegeben, so ist die Rechtsbeschwerde nur insoweit zulässig.

(3) [1]Für die Rechtsbeschwerde und das weitere Verfahren gelten, soweit dieses Gesetz nichts anderes bestimmt, die Vorschriften der Strafprozeßordnung und des Gerichtsverfassungsgesetzes über die Revision entsprechend. [2]§ 342 der Strafprozeßordnung gilt auch entsprechend für den Antrag auf Wiedereinsetzung in den vorigen Stand nach § 72 Abs. 2 Satz 2 Halbsatz 1.

(4) Die Frist für die Einlegung der Rechtsbeschwerde beginnt mit der Zustellung des Beschlusses nach § 72 oder des Urteils, wenn es in Abwesenheit des Beschwerdeführers verkündet und dieser dabei auch nicht nach § 73 Abs. 3 durch einen mit nachgewiesener Vollmacht versehenen Verteidiger vertreten worden ist.

(5) [1]Das Beschwerdegericht entscheidet durch Beschluß. [2]Richtet sich die Rechtsbeschwerde gegen ein Urteil, so kann das Beschwerdegericht auf Grund einer Hauptverhandlung durch Urteil entscheiden.

(6) Hebt das Beschwerdegericht die angefochtene Entscheidung auf, so kann es abweichend von § 354 der Strafprozeßordnung in der Sache selbst entscheiden oder sie an das Amtsgericht, dessen Entscheidung aufgehoben wird, oder an ein anderes Amtsgericht desselben Landes zurückverweisen.

§ 80 Zulassung der Rechtsbeschwerde

(1) Das Beschwerdegericht läßt die Rechtsbeschwerde nach § 79 Abs. 1 Satz 2 auf Antrag zu, wenn es geboten ist,

1. die Nachprüfung des Urteils zur Fortbildung des Rechts oder zur Sicherung einer einheitlichen Rechtsprechung zu ermöglichen, soweit Absatz 2 nichts anderes bestimmt, oder
2. das Urteil wegen Versagung des rechtlichen Gehörs aufzuheben.

(2) Die Rechtsbeschwerde wird wegen der Anwendung von Rechtsnormen über das Verfahren nicht und wegen der Anwendung von anderen Rechtsnormen nur zur Fortbildung des Rechts zugelassen, wenn

1. gegen den Betroffenen eine Geldbuße von nicht mehr als einhundert Euro festgesetzt oder eine Nebenfolge vermögensrechtlicher Art angeordnet worden ist, deren Wert im Urteil auf nicht mehr als einhundert Euro festgesetzt worden ist, oder
2. der Betroffene wegen einer Ordnungswidrigkeit freigesprochen oder das Verfahren eingestellt worden ist und wegen der Tat im Bußgeldbescheid oder im Strafbefehl eine Geldbuße von nicht mehr als einhundertfünfzig Euro festgesetzt oder eine solche Geldbuße von der Staatsanwaltschaft beantragt worden war.

(3) [1]Für den Zulassungsantrag gelten die Vorschriften über die Einlegung der Rechtsbeschwerde entsprechend. [2]Der Antrag gilt als vorsorglich eingelegte Rechtsbeschwerde. [3]Die Vorschriften über die Anbringung der Beschwerdeanträge und deren Begründung (§§ 344, 345 der Strafprozeßordnung) sind zu beachten. [4]Bei der Begründung der Beschwerdeanträge soll der Antragsteller zugleich angeben, aus welchen Gründen die in Absatz 1 bezeichneten Voraussetzungen vorliegen. [5]§ 35a der Strafprozeßordnung gilt entsprechend.

(4) [1]Das Beschwerdegericht entscheidet über den Antrag durch Beschluß. [2]Die §§ 346 bis 348 der Strafprozeßordnung gelten entsprechend. [3]Der Beschluß, durch den der Antrag verworfen wird, bedarf keiner Begründung. [4]Wird der Antrag verworfen, so gilt die Rechtsbeschwerde als zurückgenommen.

(5) Stellt sich vor der Entscheidung über den Zulassungsantrag heraus, daß ein Verfahrenshindernis besteht, so stellt das Beschwerdegericht das Verfahren nur dann ein, wenn das Verfahrenshindernis nach Erlaß des Urteils eingetreten ist.

§ 80a Besetzung der Bußgeldsenate der Oberlandesgerichte

(1) Die Bußgeldsenate der Oberlandesgerichte sind mit einem Richter besetzt, soweit nichts anderes bestimmt ist.

(2) [1]Die Bußgeldsenate der Oberlandesgerichte sind mit drei Richtern einschließlich des Vorsitzenden besetzt in Verfahren über Rechtsbeschwerden in den in § 79 Abs. 1 Satz 1 bezeichneten Fällen, wenn eine Geldbuße von mehr als fünftausend Euro oder eine Nebenfolge vermögensrechtlicher Art im Wert von mehr als fünftausend Euro festgesetzt oder beantragt worden ist. [2]Der Wert einer Geldbuße und der Wert einer vermögensrechtlichen Nebenfolge werden gegebenenfalls zusammengerechnet.

(3) [1]In den in Absatz 1 bezeichneten Fällen überträgt der Richter die Sache dem Bußgeldsenat in der Besetzung mit drei Richtern, wenn es geboten ist, das Urteil oder den Beschluss nach § 72 zur Fortbildung des Rechts oder zur Sicherung einer einheitlichen Rechtsprechung nachzuprüfen. [2]Dies gilt auch in Verfahren über eine zugelassene Rechtsbeschwerde, nicht aber in Verfahren über deren Zulassung.

Sechster Abschnitt
Bußgeld- und Strafverfahren

§ 81 Übergang vom Bußgeld- zum Strafverfahren
(1) [1]Das Gericht ist im Bußgeldverfahren an die Beurteilung der Tat als Ordnungswidrigkeit nicht gebunden. [2]Jedoch darf es auf Grund eines Strafgesetzes nur entscheiden, wenn der Betroffene zuvor auf die Veränderung des rechtlichen Gesichtspunktes hingewiesen und ihm Gelegenheit zur Verteidigung gegeben worden ist.
(2) [1]Der Betroffene wird auf die Veränderung des rechtlichen Gesichtspunktes auf Antrag der Staatsanwaltschaft oder von Amts wegen hingewiesen. [2]Mit diesem Hinweis erhält er die Rechtsstellung des Angeklagten. [3]Die Verhandlung wird unterbrochen, wenn das Gericht es für erforderlich hält oder wenn der Angeklagte es beantragt. [4]Über sein Recht, die Unterbrechung zu beantragen, wird der Angeklagte belehrt.
(3) [1]In dem weiteren Verfahren sind die besonderen Vorschriften dieses Gesetzes nicht mehr anzuwenden. [2]Jedoch kann die bisherige Beweisaufnahme, die in Anwesenheit des Betroffenen stattgefunden hat, auch dann verwertet werden, wenn sie nach diesen Vorschriften durchgeführt worden ist; dies gilt aber nicht für eine Beweisaufnahme nach den §§ 77a und 78 Abs. 1.

§ 82 Bußgelderkenntnis im Strafverfahren
(1) Im Strafverfahren beurteilt das Gericht die in der Anklage bezeichnete Tat zugleich unter dem rechtlichen Gesichtspunkt einer Ordnungswidrigkeit.
(2) Läßt das Gericht die Anklage zur Hauptverhandlung nur unter dem rechtlichen Gesichtspunkt einer Ordnungswidrigkeit zu, so sind in dem weiteren Verfahren die besonderen Vorschriften dieses Gesetzes anzuwenden.

§ 83 Verfahren bei Ordnungswidrigkeiten und Straftaten
(1) Hat das Verfahren Ordnungswidrigkeiten und Straftaten zum Gegenstand und werden einzelne Taten nur als Ordnungswidrigkeiten verfolgt, so gelten für das Verfahren wegen dieser Taten auch § 46 Abs. 3, 4, 5 Satz 2 und Abs. 7, die §§ 47, 49, 55, 76 bis 78, 79 Abs. 1 bis 3 sowie § 80.
(2) [1]Wird in den Fällen des Absatzes 1 gegen das Urteil, soweit es nur Ordnungswidrigkeiten betrifft, Rechtsbeschwerde und im übrigen Berufung eingelegt, so wird eine rechtzeitig und in der vorgeschriebenen Form eingelegte Rechtsbeschwerde, solange die Berufung nicht zurückgenommen oder als unzulässig verworfen ist, als Berufung behandelt. [2]Die Beschwerdeanträge und deren Begründung sind gleichwohl in der vorgeschriebenen Form anzubringen und dem Gegner zuzustellen (§§ 344 bis 347 der Strafprozeßordnung); einer Zulassung nach § 79 Abs. 1 Satz 2 bedarf es jedoch nicht. [3]Gegen das Berufungsurteil ist die Rechtsbeschwerde nach § 79 Abs. 1 und 2 sowie § 80 zulässig.
(3) Hebt das Beschwerdegericht das Urteil auf, soweit es nur Ordnungswidrigkeiten betrifft, so kann es in der Sache selbst entscheiden.

Siebenter Abschnitt
Rechtskraft und Wiederaufnahme des Verfahrens

§ 84 Wirkung der Rechtskraft
(1) Ist der Bußgeldbescheid rechtskräftig geworden oder hat das Gericht über die Tat als Ordnungswidrigkeit oder als Straftat rechtskräftig entschieden, so kann dieselbe Tat nicht mehr als Ordnungswidrigkeit verfolgt werden.
(2) [1]Das rechtskräftige Urteil über die Tat als Ordnungswidrigkeit steht auch ihrer Verfolgung als Straftat entgegen. [2]Dem rechtskräftigen Urteil stehen der Beschluß nach § 72 und der Beschluß des Beschwerdegerichts über die Tat als Ordnungswidrigkeit gleich.

§ 85 Wiederaufnahme des Verfahrens
(1) Für die Wiederaufnahme eines durch rechtskräftige Bußgeldentscheidung abgeschlossenen Verfahrens gelten die §§ 359 bis 373a der Strafprozeßordnung entsprechend, soweit die nachstehenden Vorschriften nichts anderes bestimmen.
(2) [1]Die Wiederaufnahme des Verfahrens zugunsten des Betroffenen, die auf neue Tatsachen oder Beweismittel gestützt wird (§ 359 Nr. 5 der Strafprozeßordnung), ist nicht zulässig, wenn
1. gegen den Betroffenen lediglich eine Geldbuße bis zu zweihundertfünfzig Euro festgesetzt ist oder
2. seit Rechtskraft der Bußgeldentscheidung drei Jahre verstrichen sind.

[2]Satz 1 Nr. 1 gilt entsprechend, wenn eine Nebenfolge vermögensrechtlicher Art angeordnet ist, deren Wert zweihundertfünfzig Euro nicht übersteigt.

(3) [1]Die Wiederaufnahme des Verfahrens zuungunsten des Betroffenen ist unter den Voraussetzungen des § 362 der Strafprozeßordnung nur zu dem Zweck zulässig, die Verurteilung nach einem Strafgesetz herbeizuführen. [2]Zu diesem Zweck ist sie auch zulässig, wenn neue Tatsachen oder Beweismittel beigebracht sind, die allein oder in Verbindung mit den früher erhobenen Beweisen geeignet sind, die Verurteilung des Betroffenen wegen eines Verbrechens zu begründen.

(4) [1]Im Wiederaufnahmeverfahren gegen den Bußgeldbescheid entscheidet das nach § 68 zuständige Gericht. [2]Wird ein solches Wiederaufnahmeverfahren von dem Betroffenen beantragt oder werden der Verwaltungsbehörde Umstände bekannt, die eine Wiederaufnahme des Verfahrens zulassen, so übersendet sie die Akten der Staatsanwaltschaft. [3]§ 69 Abs. 4 Satz 1 gilt entsprechend.

§ 86 Aufhebung des Bußgeldbescheides im Strafverfahren

(1) [1]Ist gegen den Betroffenen ein Bußgeldbescheid ergangen und wird er später wegen derselben Handlung in einem Strafverfahren verurteilt, so wird der Bußgeldbescheid insoweit aufgehoben. [2]Dasselbe gilt, wenn es im Strafverfahren nicht zu einer Verurteilung kommt, jedoch die Feststellungen, die das Gericht in der abschließenden Entscheidung trifft, dem Bußgeldbescheid entgegenstehen.

(2) Geldbeträge, die auf Grund des aufgehobenen Bußgeldbescheides gezahlt oder beigetrieben worden sind, werden zunächst auf eine erkannte Geldstrafe, dann auf angeordnete Nebenfolgen, die zu einer Geldzahlung verpflichten, und zuletzt auf die Kosten des Strafverfahrens angerechnet.

(3) Die Entscheidungen nach den Absätzen 1 und 2 werden in dem Urteil oder in der sonstigen abschließenden Entscheidung getroffen.

Achter Abschnitt

Verfahren bei Anordnung von Nebenfolgen oder der Festsetzung einer Geldbuße gegen eine juristische Person oder Personenvereinigung

§ 87 Anordnung der Einziehung

(1) Hat die Verwaltungsbehörde im Bußgeldverfahren über die Einziehung eines Gegenstandes zu entscheiden, so ist sie auch für die Anordnung der Verfahrensbeteiligung, die Beiordnung eines Rechtsanwalts oder einer anderen Person, die als Verteidiger bestellt werden darf, und die Entscheidung über die Entschädigung zuständig (§§ 424, 425, 428 Absatz 2, § 430 Absatz 3, § 438 Absatz 1 und 2 der Strafprozessordnung); § 60 Satz 2 gilt entsprechend.

(2) [1]Vom Erlaß des Bußgeldbescheides an hat der Einziehungsbeteiligte, soweit das Gesetz nichts anderes bestimmt, die Befugnisse, die einem Betroffenen zustehen. [2]Ihm wird der Bußgeldbescheid, in dem die Einziehung angeordnet wird, zugestellt. [3]Zugleich wird er darauf hingewiesen, daß über die Einziehung auch ihm gegenüber entschieden ist.

(3) [1]Im selbständigen Verfahren wird die Einziehung in einem selbständigen Einziehungsbescheid angeordnet; § 66 Abs. 1, 2 Nr. 1 Buchstabe a und Abs. 3 gilt entsprechend. [2]Der Einziehungsbescheid steht einem Bußgeldbescheid gleich. [3]Zuständig ist die Verwaltungsbehörde, die im Falle der Verfolgung einer bestimmten Person zuständig wäre; örtlich zuständig ist auch die Verwaltungsbehörde, in deren Bezirk der Gegenstand sichergestellt worden ist.

(4) [1]Das Nachverfahren (§ 433 der Strafprozessordnung) gegen einen Bußgeldbescheid ist bei der Verwaltungsbehörde zu beantragen, welche die Einziehung angeordnet hat. [2]Die Entscheidung trifft das nach § 68 zuständige Gericht. [3]Die Verwaltungsbehörde übersendet die Akten der Staatsanwaltschaft, die sie dem Gericht vorlegt; § 69 Abs. 4 Satz 1 gilt entsprechend.

(5) Die Entscheidung des Gerichts über die Einziehung eines Gegenstandes, dessen Wert zweihundertfünfzig Euro nicht übersteigt, ist nicht anfechtbar.

(6) Absatz 2 Satz 3, Absatz 3 Satz 3 zweiter Halbsatz und Absatz 4 gelten nicht im Verfahren bei Anordnung der Einziehung nach § 29a.

§ 88 Festsetzung der Geldbuße gegen juristische Personen und Personenvereinigungen

(1) Hat die Verwaltungsbehörde im Bußgeldverfahren über die Festsetzung einer Geldbuße gegen eine juristische Person oder eine Personenvereinigung zu entscheiden (§ 30), so ist sie auch für die Anordnung der Verfahrensbeteiligung und die Beiordnung eines Rechtsanwalts oder einer anderen Person, die als Verteidiger bestellt werden darf, zuständig (§ 444 Abs. 1, § 428 Absatz 2 der Strafprozessordnung); § 60 Satz 2 gilt entsprechend.

(2) [1]Im selbständigen Verfahren setzt die Verwaltungsbehörde die Geldbuße in einem selbständigen Bußgeldbescheid fest. [2]Zuständig ist die Verwaltungsbehörde, die im Falle der Verfolgung einer bestimmten Person zuständig wäre; örtlich zuständig ist auch die Verwaltungsbehörde, in deren Bezirk die juristische Person oder Personenvereinigung ihren Sitz oder eine Zweigniederlassung hat.

(3) § 87 Abs. 2 Satz 1 und 2 sowie Abs. 5 gilt entsprechend.

Neunter Abschnitt

Vollstreckung der Bußgeldentscheidungen

§ 89 Vollstreckbarkeit der Bußgeldentscheidungen

Bußgeldentscheidungen sind vollstreckbar, wenn sie rechtskräftig geworden sind.

§ 90 Vollstreckung des Bußgeldbescheides

(1) Der Bußgeldbescheid wird, soweit das Gesetz nichts anderes bestimmt, nach den Vorschriften des Verwaltungs-Vollstreckungsgesetzes vom 27. April 1953 (BGBl. I S. 157) in der jeweils geltenden Fassung vollstreckt, wenn eine Verwaltungsbehörde des Bundes den Bußgeldbescheid erlassen hat, sonst nach den entsprechenden landesrechtlichen Vorschriften.

(2) [1]Die Geldbußen fließen, soweit das Gesetz nichts anderes bestimmt, in die Bundeskasse, wenn eine Verwaltungsbehörde des Bundes den Bußgeldbescheid erlassen hat, sonst in die Landeskasse. [2]Satz 1 gilt für Nebenfolgen, die zu einer Geldzahlung verpflichten, entsprechend.

(3) [1]Ist die Einziehung eines Gegenstandes oder Unbrauchbarmachung einer Sache angeordnet worden, so wird die Anordnung dadurch vollstreckt, daß die Sache dem Betroffenen oder dem Einziehungsbeteiligten weggenommen wird. [2]Wird die Sache bei diesen Personen nicht vorgefunden, so haben sie auf Antrag der Verwaltungsbehörde bei dem Amtsgericht eine eidesstattliche Versicherung über den Verbleib der Sache abzugeben. [3]§ 883 Abs. 2 und 3 der Zivilprozeßordnung gilt entsprechend.

(4) Absatz 1 gilt für die Vollstreckung eines von der Verwaltungsbehörde festgesetzten Ordnungsgeldes entsprechend.

§ 91 Vollstreckung der gerichtlichen Bußgeldentscheidung

Für die Vollstreckung der gerichtlichen Bußgeldentscheidung gelten § 451 Abs. 1 und 2, die §§ 459 und 459g Abs. 1 sowie Abs. 2 in Verbindung mit § 459 der Strafprozeßordnung, im Verfahren gegen Jugendliche und Heranwachsende auch § 82 Abs. 1, § 83 Abs. 2 sowie die §§ 84 und 85 Abs. 5 des Jugendgerichtsgesetzes sinngemäß.

§ 92 Vollstreckungsbehörde

Vollstreckungsbehörde im Sinne der nachfolgenden Vorschriften dieses Abschnitts ist in den Fällen des § 90 die Verwaltungsbehörde, die den Bußgeldbescheid erlassen hat, sonst die Stelle, der nach § 91 die Vollstreckung obliegt.

§ 93 Zahlungserleichterungen

(1) Nach Rechtskraft der Bußgeldentscheidung entscheidet über die Bewilligung von Zahlungserleichterungen (§ 18) die Vollstreckungsbehörde.

(2) [1]Die Vollstreckungsbehörde kann eine Entscheidung über Zahlungserleichterungen nach Absatz 1 oder nach § 18 nachträglich ändern oder aufheben. [2]Dabei darf sie von einer vorausgegangenen Entscheidung zum Nachteil des Betroffenen nur auf Grund neuer Tatsachen oder Beweismittel abweichen.

(3) [1]Für Entscheidungen über Zahlungserleichterungen gilt § 66 Abs. 2 Nr. 2 und 3 sinngemäß. [2]Die Entscheidung erstreckt sich auch auf die Kosten des Verfahrens; sie kann auch allein hinsichtlich der Kosten getroffen werden.

(4) [1]Entfällt die Vergünstigung nach § 18 Satz 2, die Geldbuße in bestimmten Teilbeträgen zu zahlen, so wird dies in den Akten vermerkt. [2]Die Vollstreckungsbehörde kann dem Betroffenen erneut eine Zahlungserleichterung bewilligen.

§ 94 Verrechnung von Teilbeträgen

Teilbeträge werden, wenn der Betroffene bei der Zahlung keine Bestimmung trifft, zunächst auf die Geldbuße, dann auf die etwa angeordneten Nebenfolgen, die zu einer Geldzahlung verpflichten, und zuletzt auf die Kosten des Verfahrens angerechnet.

§ 95 Beitreibung der Geldbuße

(1) Die Geldbuße oder der Teilbetrag einer Geldbuße wird vor Ablauf von zwei Wochen nach Eintritt der Fälligkeit nur beigetrieben, wenn auf Grund bestimmter Tatsachen erkennbar ist, daß sich der Betroffene der Zahlung entziehen will.

(2) Ergibt sich, daß dem Betroffenen nach seinen wirtschaftlichen Verhältnissen die Zahlung in absehbarer Zeit nicht möglich ist, so kann die Vollstreckungsbehörde anordnen, daß die Vollstreckung unterbleibt.

§ 96 Anordnung von Erzwingungshaft

(1) Nach Ablauf der in § 95 Abs. 1 bestimmten Frist kann das Gericht auf Antrag der Vollstreckungsbehörde oder, wenn ihm selbst die Vollstreckung obliegt, von Amts wegen Erzwingungshaft anordnen, wenn
1. die Geldbuße oder der bestimmte Teilbetrag einer Geldbuße nicht gezahlt ist,
2. der Betroffene seine Zahlungsunfähigkeit nicht dargetan hat (§ 66 Abs. 2 Nr. 2 Buchstabe b),
3. er nach § 66 Abs. 2 Nr. 3 belehrt ist und
4. keine Umstände bekannt sind, welche seine Zahlungsunfähigkeit ergeben.

(2) [1]Ergibt sich, daß dem Betroffenen nach seinen wirtschaftlichen Verhältnissen nicht zuzumuten ist, den zu zahlenden Betrag der Geldbuße sofort zu entrichten, so bewilligt das Gericht eine Zahlungserleichterung oder überläßt die Entscheidung darüber der Vollstreckungsbehörde. [2]Eine bereits ergangene Anordnung der Erzwingungshaft wird aufgehoben.

(3) [1]Die Dauer der Erzwingungshaft wegen einer Geldbuße darf sechs Wochen, wegen mehrerer in einer Bußgeldentscheidung festgesetzter Geldbußen drei Monate nicht übersteigen. [2]Sie wird, auch unter Berücksichtigung des zu zahlenden Betrages der Geldbuße, nach Tagen bemessen und kann nachträglich nicht verlängert, jedoch abgekürzt werden. [3]Wegen desselben Betrages darf die Erzwingungshaft nicht wiederholt werden.

§ 97 Vollstreckung der Erzwingungshaft

(1) Für die Vollstreckung der Erzwingungshaft gilt § 451 Abs. 1 und 2 der Strafprozeßordnung, im Verfahren gegen Jugendliche und Heranwachsende gelten auch § 82 Abs. 1, § 83 Abs. 2 sowie die §§ 84 und 85 Abs. 5 des Jugendgerichtsgesetzes sinngemäß.

(2) Der Betroffene kann die Vollstreckung der Erzwingungshaft jederzeit dadurch abwenden, daß er den zu zahlenden Betrag der Geldbuße entrichtet.

(3) [1]Macht der Betroffene nach Anordnung der Erzwingungshaft geltend, daß ihm nach seinen wirtschaftlichen Verhältnissen nicht zuzumuten ist, den zu zahlenden Betrag der Geldbuße sofort zu entrichten, so wird dadurch die Vollziehung der Anordnung nicht gehemmt. [2]Das Gericht kann jedoch die Vollziehung aussetzen.

§ 98 Vollstreckung gegen Jugendliche und Heranwachsende

(1) [1]Wird die gegen einen Jugendlichen festgesetzte Geldbuße auch nach Ablauf der in § 95 Abs. 1 bestimmten Frist nicht gezahlt, so kann der Jugendrichter auf Antrag der Vollstreckungsbehörde oder, wenn ihm selbst die Vollstreckung obliegt, von Amts wegen dem Jugendlichen auferlegen, an Stelle der Geldbuße
1. Arbeitsleistungen zu erbringen,
2. nach Kräften den durch die Handlung verursachten Schaden wiedergutzumachen,
3. bei einer Verletzung von Verkehrsvorschriften an einem Verkehrsunterricht teilzunehmen,
4. sonst eine bestimmte Leistung zu erbringen,

wenn die Bewilligung einer Zahlungserleichterung, die Beitreibung der Geldbuße oder die Anordnung der Erzwingungshaft nicht möglich oder angebracht erscheint. [2]Der Jugendrichter kann die Anordnungen nach Satz 1 nebeneinander treffen und nachträglich ändern.

(2) [1]Kommt der Jugendliche einer Anordnung nach Absatz 1 schuldhaft nicht nach und zahlt er auch nicht die Geldbuße, so kann Jugendarrest (§ 16 Jugendgerichtsgesetz) gegen ihn verhängt werden, wenn er entsprechend belehrt worden ist. [2]Hiernach verhängter Jugendarrest darf bei einer Bußgeldentscheidung eine Woche nicht übersteigen. [3]Vor der Verhängung von Jugendarrest ist dem Jugendlichen Gelegenheit zur mündlichen Äußerung vor dem Richter zu geben.

(3) [1]Wegen desselben Betrags darf Jugendarrest nicht wiederholt angeordnet werden. [2]Der Richter sieht von der Vollstreckung des Jugendarrests ab, wenn der Jugendliche nach Verhängung der Weisung nachkommt oder die Geldbuße zahlt. [3]Ist Jugendarrest vollstreckt worden, so kann der Jugendrichter die Vollstreckung der Geldbuße ganz oder zum Teil für erledigt erklären.

(4) Die Absätze 1 bis 3 gelten auch für die Vollstreckung der gegen einen Heranwachsenden festgesetzten Geldbuße.

§ 99 Vollstreckung von Nebenfolgen, die zu einer Geldzahlung verpflichten

(1) Für die Vollstreckung von Nebenfolgen, die zu einer Geldzahlung verpflichten, gelten die §§ 93 und 95 entsprechend, für die Vollstreckung der Geldbuße gegen eine juristische Person oder eine Personenvereinigung gelten auch die §§ 94, 96 und 97.

(2) [1]Ist die Einziehung eines Geldbetrages (§ 29a) rechtskräftig angeordnet worden und legt der Betroffene oder der Einziehungsbeteiligte eine rechtskräftige Entscheidung vor, in der gegen ihn wegen der mit Geldbuße bedrohten Handlung ein dem Verletzten erwachsener Anspruch festgestellt ist, so ordnet die

Vollstreckungsbehörde an, daß die Anordnung der Einziehung insoweit nicht mehr vollstreckt wird. [2]Ist der eingezogene Geldbetrag bereits gezahlt oder beigetrieben worden und wird die Zahlung auf Grund der rechtskräftigen Entscheidung an den Verletzten nachgewiesen, so ordnet die Vollstreckungsbehörde insoweit die Rückerstattung an den Betroffenen oder den Einziehungsbeteiligten an.

§ 100 Nachträgliche Entscheidungen über die Einziehung

(1) Über die Aufhebung des Vorbehalts der Einziehung und die nachträgliche Anordnung der Einziehung eines Gegenstandes oder des Wertersatzes (§ 24 Abs. 2 Satz 3, § 25 Abs. 4) entscheidet

1. die Verwaltungsbehörde, die den Bußgeldbescheid erlassen hat,
2. bei einer gerichtlichen Bußgeldentscheidung das Gericht.

(2) [1]Gegen die nachträgliche Anordnung der Einziehung ist in den Fällen des Absatzes 1 Nr. 1 innerhalb von zwei Wochen nach Zustellung des Bescheides der Antrag auf gerichtliche Entscheidung nach § 62 zulässig. [2]Gegen die Entscheidung des Gerichts ist sofortige Beschwerde zulässig, wenn der Wert des Beschwerdegegenstandes zweihundertfünfzig Euro übersteigt.

§ 101 Vollstreckung in den Nachlaß

In den Nachlaß des Betroffenen darf eine Geldbuße nicht vollstreckt werden.

§ 102 Nachträgliches Strafverfahren

(1) Wird nach Rechtskraft des Bußgeldbescheides wegen derselben Handlung die öffentliche Klage erhoben, so soll die Vollstreckungsbehörde die Vollstreckung des Bußgeldbescheides insoweit aussetzen.

(2) Sind die Entscheidungen nach § 86 Abs. 1 und 2 im Strafverfahren unterblieben, so sind sie von dem Gericht nachträglich zu treffen.

§ 103 Gerichtliche Entscheidung

(1) Über Einwendungen gegen

1. die Zulässigkeit der Vollstreckung,
2. die von der Vollstreckungsbehörde nach den §§ 93, 99 Abs. 2 und § 102 Abs. 1 getroffenen Anordnungen,
3. die sonst bei der Vollstreckung eines Bußgeldbescheides getroffenen Maßnahmen

entscheidet das Gericht.

(2) [1]Durch Einwendungen nach Absatz 1 wird die Vollstreckung nicht gehemmt. [2]Das Gericht kann jedoch die Vollstreckung aussetzen.

§ 104 Verfahren bei gerichtlicher Entscheidung

(1) Die bei der Vollstreckung notwendig werdenden gerichtlichen Entscheidungen werden erlassen

1. von dem nach § 68 zuständigen Gericht, wenn ein Bußgeldbescheid zu vollstrecken ist,
2. von dem Gericht des ersten Rechtszuges, wenn eine gerichtliche Bußgeldentscheidung zu vollstrecken ist,
3. von dem Jugendrichter, dem die Vollstreckung einer gerichtlichen Bußgeldentscheidung obliegt, soweit nicht eine Entscheidung nach § 100 Abs. 1 Nr. 2 zu treffen ist,
4. von dem Gericht des ersten Rechtszuges im Strafverfahren, wenn eine Entscheidung nach § 102 Abs. 2 zu treffen ist.

(2) [1]Die Entscheidung ergeht ohne mündliche Verhandlung. [2]Vor der Entscheidung ist den Beteiligten Gelegenheit zu geben, Anträge zu stellen und zu begründen.

(3) [1]Die sofortige Beschwerde ist zulässig gegen die

1. Anordnung der Erzwingungshaft und die Verhängung des Jugendarrestes,
2. nachträgliche Entscheidung über die Einziehung (§ 100 Abs. 1 Nr. 2),
3. gerichtliche Entscheidung in den Fällen des § 103 Abs. 1 Nr. 2 in Verbindung mit § 99 Abs. 2;

dies gilt in den Fällen der Nummern 2 und 3 jedoch nur dann, wenn der Wert des Beschwerdegegenstandes zweihundertfünfzig Euro übersteigt. [2]In den übrigen Fällen ist die Entscheidung nicht anfechtbar.

Zehnter Abschnitt

Kosten

I.

Verfahren der Verwaltungsbehörde

§ 105 Kostenentscheidung

(1) Im Verfahren der Verwaltungsbehörde gelten § 464 Abs. 1 und 2, § 464a, § 464c, soweit die Kosten für Gebärdensprachdolmetscher betroffen sind, die §§ 464d, 465, 466, 467a Abs. 1 und 2, § 469 Abs. 1

und 2 sowie die §§ 470, 472b und 473 Abs. 7 der Strafprozeßordnung sinngemäß, im Verfahren gegen Jugendliche und Heranwachsende ferner § 74 des Jugendgerichtsgesetzes.

(2) Die notwendigen Auslagen, die nach Absatz 1 in Verbindung mit § 465 Abs. 2, § 467a Abs. 1 und 2 sowie den §§ 470 und 472b der Strafprozeßordnung die Staatskasse zu tragen hat, werden, soweit das Gesetz nichts anderes bestimmt, der Bundeskasse auferlegt, wenn eine Verwaltungsbehörde des Bundes das Verfahren durchführt, sonst der Landeskasse.

§ 106 Kostenfestsetzung

(1) [1]Die Höhe der Kosten und Auslagen, die ein Beteiligter einem anderen zu erstatten hat, wird auf Antrag durch die Verwaltungsbehörde festgesetzt. [2]Auf Antrag ist auszusprechen, daß die festgesetzten Kosten und Auslagen von der Anbringung des Festsetzungsantrages an entsprechend § 104 Abs. 1 Satz 2 der Zivilprozessordnung zu verzinsen sind. [3]Dem Festsetzungsantrag sind eine Berechnung der dem Antragsteller entstandenen Kosten, eine zur Mitteilung an den anderen Beteiligten bestimmte Abschrift und die Belege zur Rechtfertigung der einzelnen Ansätze beizufügen. [4]Zur Berücksichtigung eines Ansatzes genügt es, daß er glaubhaft gemacht ist. [5]Hinsichtlich der einem Rechtsanwalt erwachsenen Auslagen für Post- und Telekommunikationsdienstleistungen genügt die Versicherung des Rechtsanwalts, daß die Auslagen entstanden sind.

(2) [1]Für die Zwangsvollstreckung aus dem Kostenfestsetzungsbescheid gelten die Vorschriften der Zivilprozeßordnung über die Zwangsvollstreckung aus Kostenfestsetzungsbeschlüssen sinngemäß. [2]Die Zwangsvollstreckung ist erst zulässig, wenn der Kostenfestsetzungsbescheid unanfechtbar geworden ist. [3]Die vollstreckbare Ausfertigung wird vom Urkundsbeamten der Geschäftsstelle des nach § 68 zuständigen Gerichts erteilt.

§ 107 Gebühren und Auslagen

(1) [1]Im Verfahren der Verwaltungsbehörde bemißt sich die Gebühr nach der Geldbuße, die gegen den Betroffenen im Bußgeldbescheid festgesetzt ist. [2]Wird gegen eine juristische Person oder eine Personenvereinigung eine Geldbuße nach § 30 festgesetzt, so ist von der juristischen Person oder der Personenvereinigung eine Gebühr zu erheben, die sich nach der gegen sie festgesetzten Geldbuße bemißt. [3]Als Gebühr werden bei der Festsetzung einer Geldbuße fünf vom Hundert des Betrages der festgesetzten Geldbuße erhoben, jedoch mindestens 25 Euro und höchstens 7 500 Euro.

(2) Hat die Verwaltungsbehörde im Falle des § 25a des Straßenverkehrsgesetzes eine abschließende Entscheidung getroffen, so beträgt die Gebühr 20 Euro.

(3) Als Auslagen werden erhoben

1. Entgelte für Telegramme;
2. für jede Zustellung mit Zustellungsurkunde, Einschreiben gegen Rückschein oder durch Bedienstete der Verwaltungsbehörde pauschal 3,50 Euro;
3. *[aufgehoben]*
4. Auslagen für öffentliche Bekanntmachungen; Auslagen werden nicht erhoben für die Bekanntmachung in einem elektronischen Informations- und Kommunikationssystem, wenn das Entgelt nicht für den Einzelfall oder nicht für ein einzelnes Verfahren berechnet wird;
5. nach dem Justizvergütungs- und -entschädigungsgesetz zu zahlende Beträge, und zwar auch dann, wenn aus Gründen der Gegenseitigkeit, der Verwaltungsvereinfachung oder aus vergleichbaren Gründen keine Zahlungen zu leisten sind; ist aufgrund des § 1 Abs. 2 Satz 2 des Justizvergütungs- und -entschädigungsgesetzes keine Vergütung zu zahlen, ist der Betrag zu erheben, der ohne diese Vorschrift zu zahlen wäre; sind die Auslagen durch verschiedene Rechtssachen veranlasst, werden sie auf die einzelnen Rechtssachen angemessen verteilt; Auslagen für Übersetzer, die zur Erfüllung der Rechte blinder oder sehbehinderter Personen herangezogen werden (§ 191a Abs. 1 des Gerichtsverfassungsgesetzes), sowie für Sachverständige, die durch die Untersuchung eines Beschuldigten nach § 43 Absatz 2 des Jugendgerichtsgesetzes entstanden sind, werden nicht, Auslagen für Gebärdensprachdolmetscher werden nur entsprechend den §§ 464c, 467a Abs. 1 Satz 2 in Verbindung mit § 467 Abs. 2 Satz 1 der Strafprozessordnung erhoben;
6. bei Geschäften außerhalb der Dienststelle
   a) die den Bediensteten der Verwaltungsbehörde aufgrund gesetzlicher Vorschriften gewährte Vergütung (Reisekosten, Auslagenersatz),
   b) die Auslagen für die Bereitstellung von Räumen,
   c) für den Einsatz von Dienstkraftfahrzeugen für jeden gefahrenen Kilometer 0,30 Euro;

   sind die Auslagen durch verschiedene Rechtssachen veranlasst, werden sie auf die einzelnen Rechtssachen angemessen verteilt;
7. an Rechtsanwälte zu zahlende Beträge;

8. Auslagen für die Beförderung von Personen;
9. Beträge, die mittellosen Personen für die Reise zum Ort einer Verhandlung, Vernehmung oder Untersuchung und für die Rückreise gezahlt werden, bis zur Höhe der nach dem Justizvergütungs- und -entschädigungsgesetz an Zeugen zu zahlenden Beträge;
10. an Dritte zu zahlende Beträge für
   a) die Beförderung von Tieren und Sachen mit Ausnahme der für Postdienstleistungen zu zahlenden Entgelte, die Verwahrung von Tieren und Sachen sowie die Fütterung von Tieren,
   b) die Durchsuchung oder Untersuchung von Räumen und Sachen einschließlich der die Durchsuchung oder Untersuchung vorbereitenden Maßnahmen,
   c) die Bewachung von Schiffen und Luftfahrzeugen;
11. Kosten einer Erzwingungshaft;
12. nach § 12 des Bundesgebührengesetzes, dem 5. Abschnitt des Konsulargesetzes und der Besonderen Gebührenverordnung des Auswärtigen Amts nach § 22 Absatz 4 des Bundesgebührengesetzes im Rahmen der Amtshilfe zu zahlende Beträge;
13. Gebühren, die an deutsche Behörden für die Erfüllung von deren eigenen Aufgaben zu zahlen sind, und Beträge, die diesen Behörden, öffentlichen Einrichtungen oder deren Bediensteten als Ersatz für Auslagen der in den Nummern 1 bis 11 bezeichneten Art zustehen, und zwar auch dann, wenn aus Gründen der Gegenseitigkeit, der Verwaltungsvereinfachung oder aus vergleichbaren Gründen keine Zahlungen zu leisten sind; die Auslagen sind in ihrer Höhe durch die Höchstsätze für die bezeichneten Auslagen begrenzt;
14. Beträge, die ausländischen Behörden, Einrichtungen oder Personen im Ausland zustehen, sowie Kosten des Amts- und Rechtshilfeverkehrs mit dem Ausland, und zwar auch dann, wenn aus Gründen der Gegenseitigkeit, der Verwaltungsvereinfachung oder aus vergleichbaren Gründen keine Zahlungen zu leisten sind.

(4) Hat eine Verwaltungsbehörde des Bundes den Bußgeldbescheid erlassen, so sind für die Niederschlagung der Kosten bei unrichtiger Sachbehandlung sowie die Niederschlagung, den Erlaß, die Verjährung und die Erstattung von Kosten § 14 Abs. 2 sowie die §§ 19 bis 21 des Verwaltungskostengesetzes vom 23. Juni 1970 (BGBl. I S. 821) in der bis zum 14. August 2013 geltenden Fassung anzuwenden, sonst die entsprechenden landesrechtlichen Vorschriften.

(5) [1]Von demjenigen, der die Versendung von Akten beantragt, werden je durchgeführte Sendung einschließlich der Rücksendung durch Behörden pauschal 12 Euro als Auslagen erhoben. [2]Wird die Akte elektronisch geführt und erfolgt ihre Übermittlung elektronisch, wird eine Pauschale nicht erhoben.

§ 108 Rechtsbehelf und Vollstreckung

(1) [1]Im Verfahren der Verwaltungsbehörde ist gegen den
1. selbständigen Kostenbescheid,
2. Kostenfestsetzungsbescheid (§ 106) und
3. Ansatz der Gebühren und Auslagen

der Antrag auf gerichtliche Entscheidung nach § 62 zulässig. [2]In den Fällen der Nummern 1 und 2 ist der Antrag innerhalb von zwei Wochen nach Zustellung des Bescheides zu stellen; gegen die Entscheidung des Gerichts ist in den Fällen der Nummer 2 sofortige Beschwerde zulässig, wenn der Wert des Beschwerdegegenstandes zweihundert Euro übersteigt.

(2) Für die Vollstreckung der Kosten des Bußgeldverfahrens gelten die §§ 89 und 90 Abs. 1 entsprechend.

II.
Verfahren der Staatsanwaltschaft

§ 108a [Verfahren der Staatsanwaltschaft]

(1) Stellt die Staatsanwaltschaft nach Einspruch gegen den Bußgeldbescheid das Verfahren ein, bevor sie die Akten dem Gericht vorlegt, so trifft sie die Entscheidungen nach § 467a Abs. 1 und 2 der Strafprozeßordnung.

(2) Gegen die Entscheidung der Staatsanwaltschaft kann innerhalb von zwei Wochen nach Zustellung gerichtliche Entscheidung beantragt werden; § 50 Abs. 2 sowie die §§ 52 und 62 Abs. 2 gelten entsprechend.

(3) [1]Die Entscheidung über den Festsetzungsantrag (§ 464b Satz 1 der Strafprozeßordnung) trifft der Urkundsbeamte der Geschäftsstelle der Staatsanwaltschaft. [2]Über die Erinnerung gegen den Festsetzungsbeschluß des Urkundsbeamten der Geschäftsstelle entscheidet das nach § 68 zuständige Gericht.

III.

Verfahren über die Zulässigkeit des Einspruchs

§ 109 [Verfahren über die Zulässigkeit des Einspruchs]

(1) Wird der Bescheid der Verwaltungsbehörde über die Verwerfung
1. des Einspruchs (§ 69 Abs. 1) oder
2. des Antrags auf Wiedereinsetzung in den vorigen Stand wegen Versäumung der Einspruchsfrist

im Verfahren nach § 62 aufgehoben, so gilt auch für die Kosten und Auslagen dieses Verfahrens die abschließende Entscheidung nach § 464 Abs. 1 und 2 der Strafprozeßordnung.

(2) Wird der Einspruch des Betroffenen gegen den Bußgeldbescheid verworfen (§§ 70, 74 Abs. 2), so trägt er auch die Kosten des gerichtlichen Verfahrens.

IV.

Auslagen des Betroffenen

§ 109a [Auslagen des Betroffenen]

(1) War gegen den Betroffenen in einem Bußgeldbescheid wegen einer Tat lediglich eine Geldbuße bis zu zehn Euro festgesetzt worden, so gehören die Gebühren und Auslagen eines Rechtsanwalts nur dann zu den notwendigen Auslagen (§ 464a Abs. 2 Nr. 2 der Strafprozeßordnung), wenn wegen der schwierigen Sach- oder Rechtslage oder der Bedeutung der Sache für den Betroffenen die Beauftragung eines Rechtsanwalts geboten war.

(2) Soweit dem Betroffenen Auslagen entstanden sind, die er durch ein rechtzeitiges Vorbringen entlastender Umstände hätte vermeiden können, kann davon abgesehen werden, diese der Staatskasse aufzuerlegen.

Elfter Abschnitt

Entschädigung für Verfolgungsmaßnahmen

§ 110 [Entschädigung für Verfolgungsmaßnahmen]

(1) Die Entscheidung über die Entschädigungspflicht für einen Vermögensschaden, der durch eine Verfolgungsmaßnahme im Bußgeldverfahren verursacht worden ist (§ 8 des Gesetzes über die Entschädigung für Strafverfolgungsmaßnahmen), trifft die Verwaltungsbehörde, wenn sie das Bußgeldverfahren abgeschlossen hat, in einem selbständigen Bescheid.

(2) [1]Gegen den Bescheid ist innerhalb von zwei Wochen nach Zustellung der Antrag auf gerichtliche Entscheidung nach § 62 zulässig. [2]Gegen die Entscheidung des Gerichts ist sofortige Beschwerde zulässig.

(3) Über den Anspruch auf Entschädigung (§ 10 des Gesetzes über die Entschädigung für Strafverfolgungsmaßnahmen) entscheidet in den Fällen des Absatzes 1 die Verwaltungsbehörde.

(4) Ersatzpflichtig ist (§ 15 des Gesetzes über die Entschädigung für Strafverfolgungsmaßnahmen) in den Fällen des Absatzes 1, soweit das Gesetz nichts anderes bestimmt, der Bund, wenn eine Verwaltungsbehörde des Bundes das Verfahren durchführt, sonst das Land.

Zwölfter Abschnitt

Aktenführung und Kommunikation im Verfahren

§ 110a Elektronische Aktenführung; Verordnungsermächtigungen

(1) [1]Die Akten können elektronisch geführt werden. [2]Die Bundesregierung und die Landesregierungen bestimmen jeweils für ihren Bereich durch Rechtsverordnung den Zeitpunkt, von dem an die Akten elektronisch geführt werden. [3]Sie können die Einführung der elektronischen Aktenführung dabei auf einzelne Gerichte oder Behörden oder auf allgemein bestimmte Verfahren beschränken und bestimmen, dass Akten, die in Papierform angelegt wurden, auch nach Einführung der elektronischen Aktenführung in Papierform weitergeführt werden; wird von der Beschränkungsmöglichkeit Gebrauch gemacht, kann in der Rechtsverordnung bestimmt werden, dass durch Verwaltungsvorschrift, die öffentlich bekanntzumachen ist, geregelt wird, in welchen Verfahren die Akten elektronisch zu führen sind. [4]Die Ermächtigung kann durch Rechtsverordnung auf die zuständigen Bundes- oder Landesministerien übertragen werden.

(1a) [1]Die Bundesregierung und die Landesregierungen können jeweils für ihren Bereich durch Rechtsverordnung bestimmen, dass Akten, die vor dem 1. Januar 2026 in Papierform angelegt wurden, ab einem bestimmten Stichtag oder Ereignis in elektronischer Form weitergeführt werden. [2]Die Zulassung der Weiterführung in elektronischer Form kann auf einzelne Gerichte oder Behörden oder auf allgemein bestimmte Verfahren beschränkt werden; wird von dieser Möglichkeit Gebrauch gemacht, kann in der Rechtsverordnung bestimmt werden, dass durch Verwaltungsvorschrift, die öffentlich bekanntzumachen ist, geregelt wird, in welchen Verfahren Akten in elektronischer Form weitergeführt werden. [3]Die Rechtsverordnung der Bundesregierung bedarf nicht der Zustimmung des Bundesrates. [4]Die Ermächtigung kann durch Rechtsverordnung auf die zuständigen Bundes- oder Landesministerien übertragen werden.

(1b) [1]Dokumente und Aktenteile, die nach den Verschlusssachenanweisungen des Bundes oder der Länder als Verschlusssache höher als VS-NUR FÜR DEN DIENSTGEBRAUCH eingestuft sind, dürfen bis zum 31. Dezember 2035 in Papierform erstellt, geführt und übermittelt werden. [2]Dokumente und Aktenteile, die nach den Verschlusssachenanweisungen des Bundes oder der Länder als Verschlusssache VS-NUR FÜR DEN DIENSTGEBRAUCH eingestuft sind, dürfen bis zum 31. Dezember 2035 in Papierform übermittelt werden. [3]Die für die Handhabung von Verschlusssachen geltenden Geheimschutzvorschriften bleiben unberührt.

(1c) [1]Die Bundesregierung und die Landesregierungen können jeweils für ihren Bereich durch Rechtsverordnung bestimmen, dass Akten, die elektronisch angelegt wurden, ab einem bestimmten Ereignis bis zum 31. Dezember 2025 in Papierform weitergeführt werden. [2]Die Zulassung der Weiterführung in Papierform kann auf einzelne Gerichte oder Behörden oder auf allgemein bestimmte Verfahren beschränkt werden; wird von dieser Möglichkeit Gebrauch gemacht, kann in der Rechtsverordnung bestimmt werden, dass durch Verwaltungsvorschrift, die öffentlich bekanntzumachen ist, geregelt wird, in welchen Verfahren Akten in elektronischer Form weitergeführt werden. [3]Die Rechtsverordnung der Bundesregierung bedarf nicht der Zustimmung des Bundesrates. [4]Die Ermächtigung kann durch Rechtsverordnung auf die zuständigen Bundes- oder Landesministerien übertragen werden.

(2) [1]Die Bundesregierung und die Landesregierungen bestimmen jeweils für ihren Bereich durch Rechtsverordnung die für die elektronische Aktenführung geltenden organisatorischen und dem Stand der Technik entsprechenden technischen Rahmenbedingungen einschließlich der einzuhaltenden Anforderungen des Datenschutzes, der Datensicherheit und der Barrierefreiheit. [2]Sie können die Ermächtigung durch Rechtsverordnung auf die zuständigen Bundes- oder Landesministerien übertragen.

(3) [1]Die Bundesregierung bestimmt durch Rechtsverordnung mit Zustimmung des Bundesrates die für die Übermittlung elektronischer Akten zwischen Behörden und Gerichten geltenden Standards. [2]Sie kann die Ermächtigung durch Rechtsverordnung ohne Zustimmung des Bundesrates auf die zuständigen Bundesministerien übertragen.

(4) Behörden im Sinne dieses Abschnitts sind die Staatsanwaltschaften und Verwaltungsbehörden einschließlich der Vollstreckungsbehörden sowie die Behörden des Polizeidienstes, soweit diese Aufgaben im Bußgeldverfahren wahrnehmen.

§ 110b Elektronische Formulare; Verordnungsermächtigung

[1]Die Bundesregierung kann durch Rechtsverordnung mit Zustimmung des Bundesrates elektronische Formulare einführen. [2]Die Rechtsverordnung kann bestimmen, dass die in den Formularen enthaltenen Angaben ganz oder teilweise in strukturierter maschinenlesbarer Form zu übermitteln sind. [3]Die Formulare sind auf einer in der Rechtsverordnung zu bestimmenden Kommunikationsplattform im Internet zur Nutzung bereitzustellen. [4]Die Rechtsverordnung kann bestimmen, dass eine Identifikation des Formularverwenders abweichend von § 32a Absatz 3 der Strafprozessordnung durch Nutzung des elektronischen Identitätsnachweises nach § 18 des Personalausweisgesetzes, § 12 des eID-Karte-Gesetzes oder § 78 Absatz 5 des Aufenthaltsgesetzes erfolgen kann. [5]Die Bundesregierung kann die Ermächtigung durch Rechtsverordnung ohne Zustimmung des Bundesrates auf die zuständigen Bundesministerien übertragen.

§ 110c Entsprechende Geltung der Strafprozessordnung für Aktenführung und Kommunikation im Verfahren

[1]Im Übrigen gelten die §§ 32a, 32b und 32d bis 32f der Strafprozessordnung sowie die auf der Grundlage des § 32a Absatz 2 Satz 2 und Absatz 4 Satz 1 Nummer 6, des § 32b Absatz 5 und des § 32f Absatz 6 der Strafprozessordnung erlassenen Rechtsverordnungen entsprechend. [2]Abweichend von § 32b Absatz 1 Satz 2 der Strafprozessordnung ist bei der automatisierten Herstellung eines zu signierenden elektronischen Dokuments statt seiner die begleitende Verfügung zu signieren. [3]Abweichend von § 32e Absatz 4 Satz 1 der Strafprozessordnung müssen Ausgangsdokumente nicht gespeichert oder aufbewahrt werden, wenn die übertragenen Dokumente zusätzlich einen mit einer qualifizierten elektronischen Signatur versehenen Vermerk darüber enthalten, dass das Ausgangsdokument mit dem zur Akte zu nehmenden Dokument inhaltlich und bildlich übereinstimmt.

§§ 110d, 110e *[aufgehoben]*

Dritter Teil
Einzelne Ordnungswidrigkeiten

Erster Abschnitt
Verstöße gegen staatliche Anordnungen

§ 111 Falsche Namensangabe

(1) Ordnungswidrig handelt, wer einer zuständigen Behörde, einem zuständigen Amtsträger oder einem zuständigen Soldaten der Bundeswehr über seinen Vor-, Familien- oder Geburtsnamen, den Ort oder Tag seiner Geburt, seinen Familienstand, seinen Beruf, seinen Wohnort, seine Wohnung oder seine Staatsangehörigkeit eine unrichtige Angabe macht oder die Angabe verweigert.

(2) Ordnungswidrig handelt auch der Täter, der fahrlässig nicht erkennt, daß die Behörde, der Amtsträger oder der Soldat zuständig ist.

(3) Die Ordnungswidrigkeit kann, wenn die Handlung nicht nach anderen Vorschriften geahndet werden kann, in den Fällen des Absatzes 1 mit einer Geldbuße bis zu eintausend Euro, in den Fällen des Absatzes 2 mit einer Geldbuße bis zu fünfhundert Euro geahndet werden.

§ 112 Verletzung der Hausordnung eines Gesetzgebungsorgans

(1) Ordnungswidrig handelt, wer gegen Anordnungen verstößt, die ein Gesetzgebungsorgan des Bundes oder eines Landes oder sein Präsident über das Betreten des Gebäudes des Gesetzgebungsorgans oder des dazugehörigen Grundstücks oder über das Verweilen oder die Sicherheit und Ordnung im Gebäude oder auf dem Grundstück allgemein oder im Einzelfall erlassen hat.

(2) Die Ordnungswidrigkeit kann mit einer Geldbuße bis zu fünftausend Euro geahndet werden.

(3) Die Absätze 1 und 2 gelten bei Anordnungen eines Gesetzgebungsorgans des Bundes oder seines Präsidenten weder für die Mitglieder des Bundestages noch für die Mitglieder des Bundesrates und der Bundesregierung sowie deren Beauftragte, bei Anordnungen eines Gesetzgebungsorgans eines Landes oder seines Präsidenten weder für die Mitglieder der Gesetzgebungsorgane dieses Landes noch für die Mitglieder der Landesregierung und deren Beauftragte.

§ 113 Unerlaubte Ansammlung

(1) Ordnungswidrig handelt, wer sich einer öffentlichen Ansammlung anschließt oder sich nicht aus ihr entfernt, obwohl ein Träger von Hoheitsbefugnissen die Menge dreimal rechtmäßig aufgefordert hat, auseinanderzugehen.

(2) Ordnungswidrig handelt auch der Täter, der fahrlässig nicht erkennt, daß die Aufforderung rechtmäßig ist.

(3) Die Ordnungswidrigkeit kann in den Fällen des Absatzes 1 mit einer Geldbuße bis zu eintausend Euro, in den Fällen des Absatzes 2 mit einer Geldbuße bis zu fünfhundert Euro geahndet werden.

§ 114 Betreten militärischer Anlagen

(1) Ordnungswidrig handelt, wer vorsätzlich oder fahrlässig entgegen einem Verbot der zuständigen Dienststelle eine militärische Einrichtung oder Anlage oder eine Örtlichkeit betritt, die aus Sicherheitsgründen zur Erfüllung dienstlicher Aufgaben der Bundeswehr gesperrt ist.

(2) Die Ordnungswidrigkeit kann mit einer Geldbuße geahndet werden.

§ 115 Verkehr mit Gefangenen

(1) Ordnungswidrig handelt, wer unbefugt

1. einem Gefangenen Sachen oder Nachrichten übermittelt oder sich von ihm übermitteln läßt oder
2. sich mit einem Gefangenen, der sich innerhalb einer Vollzugsanstalt befindet, von außen durch Worte oder Zeichen verständigt.

(2) Gefangener ist, wer sich auf Grund strafgerichtlicher Entscheidung oder als vorläufig Festgenommener in behördlichem Gewahrsam befindet.

(3) Die Ordnungswidrigkeit und der Versuch einer Ordnungswidrigkeit können mit einer Geldbuße geahndet werden.

Zweiter Abschnitt
Verstöße gegen die öffentliche Ordnung

§ 116 Öffentliche Aufforderung zu Ordnungswidrigkeiten

(1) Ordnungswidrig handelt, wer öffentlich, in einer Versammlung oder durch Verbreiten eines Inhalts (§ 11 Absatz 3 des Strafgesetzbuches) zu einer mit Geldbuße bedrohten Handlung auffordert.

(2) [1]Die Ordnungswidrigkeit kann mit einer Geldbuße geahndet werden. [2]Das Höchstmaß der Geldbuße bestimmt sich nach dem Höchstmaß der Geldbuße für die Handlung, zu der aufgefordert wird.

§ 117 Unzulässiger Lärm

(1) Ordnungswidrig handelt, wer ohne berechtigten Anlaß oder in einem unzulässigen oder nach den Umständen vermeidbaren Ausmaß Lärm erregt, der geeignet ist, die Allgemeinheit oder die Nachbarschaft erheblich zu belästigen oder die Gesundheit eines anderen zu schädigen.
(2) Die Ordnungswidrigkeit kann mit einer Geldbuße bis zu fünftausend Euro geahndet werden, wenn die Handlung nicht nach anderen Vorschriften geahndet werden kann.

§ 118 Belästigung der Allgemeinheit

(1) Ordnungswidrig handelt, wer eine grob ungehörige Handlung vornimmt, die geeignet ist, die Allgemeinheit zu belästigen oder zu gefährden und die öffentliche Ordnung zu beeinträchtigen.
(2) Die Ordnungswidrigkeit kann mit einer Geldbuße geahndet werden, wenn die Handlung nicht nach anderen Vorschriften geahndet werden kann.

§ 119 Grob anstößige und belästigende Handlungen

(1) Ordnungswidrig handelt, wer
1. öffentlich in einer Weise, die geeignet ist, andere zu belästigen, oder
2. in grob anstößiger Weise dadurch, dass er einen Inhalt (§ 11 Absatz 3 des Strafgesetzbuches) verbreitet oder der Öffentlichkeit zugänglich macht,

Gelegenheit zu sexuellen Handlungen anbietet, ankündigt, anpreist oder Erklärungen solchen Inhalts bekanntgibt.
(2) Ordnungswidrig handelt auch, wer auf die in Absatz 1 bezeichnete Weise Mittel oder Gegenstände, die dem sexuellen Gebrauch dienen, anbietet, ankündigt, anpreist oder Erklärungen solchen Inhalts bekanntgibt.
(3) Ordnungswidrig handelt ferner, wer einen sexuellen Inhalt (§ 11 Absatz 3 des Strafgesetzbuches) an Orten der Öffentlichkeit zugänglich macht, an denen dies grob anstößig wirkt.
(4) Die Ordnungswidrigkeit kann in den Fällen des Absatzes 1 Nr. 1 mit einer Geldbuße bis zu eintausend Euro, in den übrigen Fällen mit einer Geldbuße bis zu zehntausend Euro geahndet werden.

§ 120 Verbotene Ausübung der Prostitution

(1) Ordnungswidrig handelt, wer einem durch Rechtsverordnung erlassenen Verbot, der Prostitution an bestimmten Orten überhaupt oder zu bestimmten Tageszeiten nachzugehen, zuwiderhandelt.
(2) Die Ordnungswidrigkeit kann mit einer Geldbuße geahndet werden.

§ 121 Halten gefährlicher Tiere

(1) Ordnungswidrig handelt, wer vorsätzlich oder fahrlässig
1. ein gefährliches Tier einer wildlebenden Art oder ein bösartiges Tier sich frei umherbewegen läßt oder
2. als Verantwortlicher für die Beaufsichtigung eines solchen Tieres es unterläßt, die nötigen Vorsichtsmaßnahmen zu treffen, um Schäden durch das Tier zu verhüten.

(2) Die Ordnungswidrigkeit kann mit einer Geldbuße geahndet werden.

§ 122 Vollrausch

(1) Wer sich vorsätzlich oder fahrlässig durch alkoholische Getränke oder andere berauschende Mittel in einen Rausch versetzt, handelt ordnungswidrig, wenn er in diesem Zustand eine mit Geldbuße bedrohte Handlung begeht und ihretwegen gegen ihn keine Geldbuße festgesetzt werden kann, weil er infolge des Rausches nicht vorwerfbar gehandelt hat oder weil dies nicht auszuschließen ist.
(2) [1]Die Ordnungswidrigkeit kann mit einer Geldbuße geahndet werden. [2]Die Geldbuße darf nicht höher sein als die Geldbuße, die für die im Rausch begangene Handlung angedroht ist.

§ 123 Einziehung; Unbrauchbarmachung

(1) Gegenstände, auf die sich eine Ordnungswidrigkeit nach § 119 bezieht, können eingezogen werden.
(2) [1]Bei der Einziehung von Verkörperungen eines Inhalts (§ 11 Absatz 3 des Strafgesetzbuches) kann in den Fällen des § 119 Abs. 1 und 2 angeordnet werden, daß
1. sich die Einziehung auf alle Verkörperungen erstreckt und
2. die zur Herstellung gebrauchten oder bestimmten Vorrichtungen unbrauchbar gemacht werden,

soweit die Verkörperungen und Vorrichtungen sich im Besitz des Täters oder eines anderen befinden, für den der Täter gehandelt hat, oder von diesen Personen zur Verbreitung bestimmt sind. [2]Eine solche Anordnung wird jedoch nur getroffen, soweit sie erforderlich ist, um Handlungen, die nach § 119 Abs. 1

oder 2 mit Geldbuße bedroht sind, zu verhindern. [3]Für die Einziehung gilt § 27 Abs. 2, für die Unbrauchbarmachung gelten die §§ 27 und 28 entsprechend.
(3) In den Fällen des § 119 Abs. 2 gelten die Absätze 1 und 2 nur für das Werbematerial und die zu seiner Herstellung gebrauchten oder bestimmten Vorrichtungen.

Dritter Abschnitt
Mißbrauch staatlicher oder staatlich geschützter Zeichen

§ 124 Benutzen von Wappen oder Dienstflaggen
(1) Ordnungswidrig handelt, wer unbefugt
1. das Wappen des Bundes oder eines Landes oder den Bundesadler oder den entsprechenden Teil eines Landeswappens oder
2. eine Dienstflagge des Bundes oder eines Landes

benutzt.
(2) Den in Absatz 1 genannten Wappen, Wappenteilen und Flaggen stehen solche gleich, die ihnen zum Verwechseln ähnlich sind.
(3) Die Ordnungswidrigkeit kann mit einer Geldbuße geahndet werden.

§ 125 Benutzen des Roten Kreuzes oder des Schweizer Wappens
(1) Ordnungswidrig handelt, wer unbefugt das Wahrzeichen des roten Kreuzes auf weißem Grund oder die Bezeichnung „Rotes Kreuz“ oder „Genfer Kreuz“ benutzt.
(2) Ordnungswidrig handelt auch, wer unbefugt das Wappen der Schweizerischen Eidgenossenschaft benutzt.
(3) Den in den Absätzen 1 und 2 genannten Wahrzeichen, Bezeichnungen und Wappen stehen solche gleich, die ihnen zum Verwechseln ähnlich sind.
(4) Die Absätze 1 und 3 gelten für solche Wahrzeichen oder Bezeichnungen entsprechend, die nach Völkerrecht dem Wahrzeichen des roten Kreuzes auf weißem Grund oder der Bezeichnung „Rotes Kreuz“ gleichstehen.
(5) Die Ordnungswidrigkeit kann mit einer Geldbuße geahndet werden.

§ 126 Mißbrauch von Berufstrachten oder Berufsabzeichen
(1) Ordnungswidrig handelt, wer unbefugt
1. eine Berufstracht oder ein Berufsabzeichen für eine Tätigkeit in der Kranken- oder Wohlfahrtspflege trägt, die im Inland staatlich anerkannt oder genehmigt sind, oder
2. eine Berufstracht oder ein Berufsabzeichen einer religiösen Vereinigung trägt, die von einer Kirche oder einer anderen Religionsgesellschaft des öffentlichen Rechts anerkannt ist.

(2) Den in Absatz 1 genannten Trachten und Abzeichen stehen solche gleich, die ihnen zum Verwechseln ähnlich sind.
(3) Die Ordnungswidrigkeit kann mit einer Geldbuße geahndet werden.

§ 127 Herstellen oder Verwenden von Sachen, die zur Geld- oder Urkundenfälschung benutzt werden können
(1) Ordnungswidrig handelt, wer ohne schriftliche Erlaubnis der zuständigen Stelle oder des sonst dazu Befugten
1. Platten, Formen, Drucksätze, Druckstöcke, Negative, Matrizen, Computerprogramme oder ähnliche Vorrichtungen, die ihrer Art nach geeignet sind zur Herstellung von
   a) Geld, diesem gleichstehenden Wertpapieren (§ 151 des Strafgesetzbuches), amtlichen Wertzeichen, Zahlungskarten im Sinne des § 152a Absatz 4 des Strafgesetzbuches, Schecks, Wechseln oder Zahlungskarten mit Garantiefunktion im Sinne des § 152b Absatz 4 des Strafgesetzbuches oder
   b) öffentlichen Urkunden oder Beglaubigungszeichen,
2. Vordrucke für öffentliche Urkunden oder Beglaubigungszeichen,
3. Papier, das einer solchen Papierart gleicht oder zum Verwechseln ähnlich ist, die zur Herstellung der in den Nummern 1 oder 2 bezeichneten Papiere bestimmt und gegen Nachahmung besonders gesichert ist, oder
4. Hologramme oder andere Bestandteile, die der Sicherung der in der Nummer 1 Buchstabe a bezeichneten Gegenstände gegen Fälschung dienen,

herstellt, sich oder einem anderen verschafft, feilhält, verwahrt, einem anderen überläßt, einführt oder ausführt.

(2) Ordnungswidrig handelt auch der Täter, der fahrlässig nicht erkennt, daß eine schriftliche Erlaubnis der zuständigen Stelle oder des sonst dazu Befugten nicht vorliegt.

(3) Absatz 1 gilt auch für Geld, Wertpapiere, Wertzeichen, Urkunden, Beglaubigungszeichen, Zahlungskarten im Sinne des § 152a Absatz 4 des Strafgesetzbuches, Schecks, Wechsel und Zahlungskarten mit Garantiefunktion im Sinne des § 152b Absatz 4 des Strafgesetzbuches aus einem fremden Währungsgebiet.

(4) Die Ordnungswidrigkeit kann in den Fällen des Absatzes 1 mit einer Geldbuße bis zu zehntausend Euro, in den Fällen des Absatzes 2 mit einer Geldbuße bis zu fünftausend Euro geahndet werden.

§ 128 Herstellen oder Verbreiten von papiergeldähnlichen Drucksachen oder Abbildungen

(1) Ordnungswidrig handelt, wer

1. Drucksachen oder Abbildungen herstellt oder verbreitet, die ihrer Art nach geeignet sind,
   a) im Zahlungsverkehr mit Papiergeld oder diesem gleichstehenden Wertpapieren (§ 151 des Strafgesetzbuches) verwechselt zu werden oder
   b) dazu verwendet zu werden, solche verwechslungsfähigen Papiere herzustellen, oder
2. Platten, Formen, Drucksätze, Druckstöcke, Negative, Matrizen, Computerprogramme oder ähnliche Vorrichtungen, die ihrer Art nach zur Herstellung der in der Nummer 1 bezeichneten Drucksachen oder Abbildungen geeignet sind, herstellt, sich oder einem anderen verschafft, feilhält, verwahrt, einem anderen überläßt, einführt oder ausführt.

(2) Ordnungswidrig handelt auch der Täter, der fahrlässig nicht erkennt, daß die Eignung zur Verwechslung oder Herstellung im Sinne von Absatz 1 Nr. 1 gegeben ist.

(3) Absatz 1 gilt auch für Papiergeld und Wertpapiere eines fremden Währungsgebietes.

(4) Die Ordnungswidrigkeit kann in den Fällen des Absatzes 1 mit einer Geldbuße bis zu zehntausend Euro, in den Fällen des Absatzes 2 mit einer Geldbuße bis zu fünftausend Euro geahndet werden.

§ 129 Einziehung

Gegenstände, auf die sich eine Ordnungswidrigkeit nach den §§ 124, 126 bis 128 bezieht, können eingezogen werden.

Vierter Abschnitt
Verletzung der Aufsichtspflicht in Betrieben und Unternehmen

§ 130 [Verletzung der Aufsichtspflicht in Betrieben und Unternehmen]

(1) [1]Wer als Inhaber eines Betriebes oder Unternehmens vorsätzlich oder fahrlässig die Aufsichtsmaßnahmen unterläßt, die erforderlich sind, um in dem Betrieb oder Unternehmen Zuwiderhandlungen gegen Pflichten zu verhindern, die den Inhaber treffen und deren Verletzung mit Strafe oder Geldbuße bedroht ist, handelt ordnungswidrig, wenn eine solche Zuwiderhandlung begangen wird, die durch gehörige Aufsicht verhindert oder wesentlich erschwert worden wäre. [2]Zu den erforderlichen Aufsichtsmaßnahmen gehören auch die Bestellung, sorgfältige Auswahl und Überwachung von Aufsichtspersonen.

(2) Betrieb oder Unternehmen im Sinne des Absatzes 1 ist auch das öffentliche Unternehmen.

(3) [1]Die Ordnungswidrigkeit kann, wenn die Pflichtverletzung mit Strafe bedroht ist, mit einer Geldbuße bis zu einer Million Euro geahndet werden. [2]§ 30 Absatz 2 Satz 3 ist anzuwenden. [3]Ist die Pflichtverletzung mit Geldbuße bedroht, so bestimmt sich das Höchstmaß der Geldbuße wegen der Aufsichtspflichtverletzung nach dem für die Pflichtverletzung angedrohten Höchstmaß der Geldbuße. [4]Satz 3 gilt auch im Falle einer Pflichtverletzung, die gleichzeitig mit Strafe und Geldbuße bedroht ist, wenn das für die Pflichtverletzung angedrohte Höchstmaß der Geldbuße das Höchstmaß nach Satz 1 übersteigt.

Fünfter Abschnitt
Gemeinsame Vorschriften

§ 131 [Gemeinsame Vorschriften]

(1) [1]Verwaltungsbehörde im Sinne des § 36 Abs. 1 Nr. 1 ist

1. bei Ordnungswidrigkeiten nach § 112, soweit es sich um Verstöße gegen Anordnungen
   a) des Bundestages oder seines Präsidenten handelt, der Direktor beim Deutschen Bundestag,
   b) des Bundesrates oder seines Präsidenten handelt, der Direktor des Bundesrates,
2. bei Ordnungswidrigkeiten nach § 114 das Bundesamt für Infrastruktur, Umweltschutz und Dienstleistungen der Bundeswehr,
3. bei Ordnungswidrigkeiten nach § 124, soweit es sich um ein Wappen oder eine Dienstflagge des Bundes handelt, das Bundesministerium des Innern, für Bau und Heimat,

4. bei Ordnungswidrigkeiten nach den §§ 127 und 128, soweit es sich um
   a) Wertpapiere des Bundes oder seiner Sondervermögen handelt, die Bundesanstalt für Finanzdienstleistungsaufsicht,
   b) Geld oder Papier zur Herstellung von Geld handelt, die Deutsche Bundesbank,
   c) amtliche Wertzeichen handelt, das Bundesministerium, zu dessen Geschäftsbereich die Herstellung oder Ausgabe der Wertzeichen gehört.

[2]Satz 1 Nr. 4 Buchstaben a und c gilt auch bei Ordnungswidrigkeiten, die sich auf entsprechende Wertpapiere oder Wertzeichen eines fremden Währungsgebietes beziehen. [3]In den Fällen des Satzes 1 Nr. 3 und 4 Buchstabe c gilt § 36 Abs. 3 entsprechend.

(2) In den Fällen der §§ 122 und 130 wird die Ordnungswidrigkeit nur auf Antrag oder mit Ermächtigung verfolgt, wenn die im Rausch begangene Handlung oder die Pflichtverletzung nur auf Antrag oder mit Ermächtigung verfolgt werden könnte.

(3) Für die Verfolgung von Ordnungswidrigkeiten nach den §§ 116, 122 und 130 gelten auch die Verfahrensvorschriften entsprechend, die bei der Verfolgung der Handlung, zu der aufgefordert worden ist, der im Rausch begangenen Handlung oder der Pflichtverletzung anzuwenden sind oder im Falle des § 130 dann anzuwenden wären, wenn die mit Strafe bedrohte Pflichtverletzung nur mit Geldbuße bedroht wäre.

Vierter Teil

Schlußvorschriften

§ 132 Einschränkung von Grundrechten

Die Grundrechte der körperlichen Unversehrtheit (Artikel 2 Abs. 2 Satz 1 des Grundgesetzes), der Freiheit der Person (Artikel 2 Abs. 2 Satz 2 des Grundgesetzes) und der Unverletzlichkeit der Wohnung (Artikel 13 des Grundgesetzes) werden nach Maßgabe dieses Gesetzes eingeschränkt.

§ 133 Übergangsvorschriften

(1) Die Anwesenheit des Betroffenen in der Hauptverhandlung und das Verfahren bei seiner Abwesenheit richten sich nach dem Recht, das zu dem Zeitpunkt gilt, zu dem die erste Ladung des Betroffenen zur Hauptverhandlung abgesandt wird.

(2) Die Zulässigkeit und die Zulassung von Rechtsmitteln richten sich nach dem Recht, das zu dem Zeitpunkt gilt, zu dem ein Urteil verkündet wird oder ein Beschluß bei der Geschäftsstelle eingeht.

(3) Die Wiederaufnahme des Verfahrens richtet sich nach dem Recht, das zu dem Zeitpunkt gilt, zu dem ein Antrag bei Gericht eingeht.

(4) Im Verfahren der Verwaltungsbehörde werden Gebühren und Auslagen nach dem Recht erhoben, das zu dem Zeitpunkt gilt, in dem der Bußgeldbescheid erlassen ist.

(5) Für Dateien, die am 1. Oktober 2002 bestehen, ist § 49c erst ab dem 1. Oktober 2003 anzuwenden.

(6) [1]Wird die Anordnung der Einziehung des Wertes des Tatertrages wegen einer mit Geldbuße bedrohten Handlung, die vor dem 1. Juli 2017 begangen worden ist, nach diesem Zeitpunkt entschieden, ist § 29a in der Fassung des Gesetzes zur Reform der strafrechtlichen Vermögensabschöpfung vom 13. April 2017 (BGBl. I S. 872) anzuwenden. [2]In Verfahren, in denen bis zum 1. Juli 2017 bereits eine Entscheidung über den Verfall des Wertersatzes ergangen ist, ist § 29a in der bis zum 1. Juli 2017 geltenden Fassung anzuwenden.

§ 134 Übergangsregelung zum Gesetz zur Einführung der elektronischen Akte in Strafsachen und zur weiteren Förderung des elektronischen Rechtsverkehrs; Verordnungsermächtigungen

[1]Die Bundesregierung und die Landesregierungen können jeweils für ihren Bereich durch Rechtsverordnung bestimmen, dass die Einreichung elektronischer Dokumente abweichend von § 32a der Strafprozessordnung erst zum 1. Januar des Jahres 2019 oder 2020 möglich ist und § 110a in der am 31. Dezember 2017 geltenden Fassung bis jeweils zum 31. Dezember des Jahres 2018 oder 2019 weiter Anwendung findet. [2]Sie können die Ermächtigung nach Satz 1 durch Rechtsverordnung auf die zuständigen Bundes- oder Landesministerien übertragen.

§ 135 (Inkrafttreten)

Gesetz zur Verbesserung der Rechtsdurchsetzung in sozialen Netzwerken (Netzwerkdurchsetzungsgesetz – NetzDG)[1)]

Vom 1. September 2017 (BGBl. I S. 3352)
(FNA 772-8)
zuletzt geändert durch Art. 29 G zur Durchführung der VO (EU) 2022/2065 vom 6. Mai 2024 (BGBl. 2024 I Nr. 149)

Nichtamtliche Inhaltsübersicht

§ 1 Anwendungsbereich, Begriffsbestimmungen

(1) [1]Dieses Gesetz gilt für Anbieter digitaler Dienste, die mit Gewinnerzielungsabsicht Plattformen im Internet betreiben, die dazu bestimmt sind, dass Nutzer beliebige Inhalte mit anderen Nutzern teilen oder der Öffentlichkeit zugänglich machen (soziale Netzwerke). [2]Plattformen mit journalistisch-redaktionell gestalteten Angeboten, die vom Diensteanbieter selbst verantwortet werden, gelten nicht als soziale Netzwerke im Sinne dieses Gesetzes. [3]Das Gleiche gilt für Plattformen, die zur Individualkommunikation oder zur Verbreitung spezifischer Inhalte bestimmt sind.

(2) *[aufgehoben]*

(2a) [1]Die §§ 2 und 3a sind auf terroristische Inhalte im Sinne des Artikels 2 Nummer 7 der Verordnung (EU) 2021/784 des Europäischen Parlaments und des Rates vom 29. April 2021 zur Bekämpfung der Verbreitung terroristischer Online-Inhalte (ABl. L 172 vom 17.5.2021, S. 79) nicht anzuwenden. [2]Die §§ 3, 3b und 3c sind auf terroristische Inhalte im Sinne des Artikels 2 Nummer 7 der Verordnung (EU) 2021/784 nur anzuwenden, solange die zuständige Behörde keine Entscheidung im Sinne des Artikels 5 Absatz 4 der Verordnung (EU) 2021/784 getroffen hat.

(3) Rechtswidrige Inhalte im Sinne dieses Gesetzes sind Inhalte im Sinne des Absatzes 1, die den Tatbestand der §§ 86, 86a, 89a, 91, 100a, 111, 126, 129 bis 129b, 130, 131, 140, 166, 184b, 185 bis 187, 189, 201a, 241 oder 269 des Strafgesetzbuchs erfüllen und nicht gerechtfertigt sind.

§§ 2–3f *[aufgehoben]*

§ 4 Bußgeldvorschriften

(1) Ordnungswidrig handelt, wer vorsätzlich oder fahrlässig entgegen § 5 Satz 1 einen Zustellungsbevollmächtigten nicht benennt.

(2) [1]Die Ordnungswidrigkeit kann mit einer Geldbuße bis zu fünfhunderttausend Euro geahndet werden. [2]§ 30 Absatz 2 Satz 3 des Gesetzes über Ordnungswidrigkeiten ist anzuwenden.

(3) Die Ordnungswidrigkeit kann auch dann geahndet werden, wenn sie nicht im Inland begangen wird.

(4) Verwaltungsbehörde im Sinne des § 36 Absatz 1 Nummer 1 des Gesetzes über Ordnungswidrigkeiten ist das Bundesamt für Justiz.

§ 4a Aufsicht

(1) Die in § 4 genannte Verwaltungsbehörde überwacht die Einhaltung der Vorschriften dieses Gesetzes.

(2) [1]Stellt die in § 4 genannte Verwaltungsbehörde fest, dass ein Anbieter eines sozialen Netzwerks gegen die Vorschriften dieses Gesetzes verstoßen hat oder verstößt, so trifft sie die erforderlichen Maßnahmen gegenüber dem Anbieter. [2]Sie kann den Anbieter insbesondere verpflichten, die Zuwiderhandlung abzustellen. [3]§ 4 Absatz 5 gilt mit der Maßgabe entsprechend, dass dasjenige Gericht zuständig ist, welches über den Einspruch gegen einen Bußgeldbescheid entscheiden würde.

(3) [1]In dem Verwaltungsverfahren nach Absatz 2 erteilt der Anbieter eines sozialen Netzwerks der in § 4 genannten Verwaltungsbehörde auf deren Verlangen Auskunft über die zur Umsetzung dieses Gesetzes ergriffenen Maßnahmen, über die Anzahl der registrierten Nutzer im Inland sowie über die im

1) Verkündet als Art. 1 G v. 1.9.2017 (BGBl. I S. 3352); Inkrafttreten gem. Art. 3 dieses G am 1.10.2017. Notifiziert gemäß der Richtlinie (EU) 2015/1535 des Europäischen Parlaments und des Rates vom 9. September 2015 über ein Informationsverfahren auf dem Gebiet der technischen Vorschriften und der Vorschriften für die Dienste der Informationsgesellschaft (ABl. L 241 vom 17.9.2015, S. 1).

vergangenen Kalenderjahr eingegangenen Beschwerden über rechtswidrige Inhalte; die Vertretung des Anbieters sowie bei juristischen Personen, Gesellschaften und nicht rechtsfähigen Vereinen die nach Gesetz oder Satzung zur Vertretung berufenen Personen sind verpflichtet, die verlangten Auskünfte im Namen des Unternehmens zu erteilen. [2]Das Auskunftsverlangen muss verhältnismäßig sein. [3]Soweit natürliche Personen nach Satz 1 zur Mitwirkung verpflichtet sind, müssen sie, falls die Informationserlangung auf andere Weise wesentlich erschwert oder nicht zu erwarten ist, auch Tatsachen offenbaren, die geeignet sind, eine Verfolgung wegen einer Straftat oder einer Ordnungswidrigkeit herbeizuführen. [4]Jedoch darf eine Auskunft, die eine natürliche Person nach Satz 1 erteilt, in einem Strafverfahren oder in einem Verfahren nach dem Gesetz über Ordnungswidrigkeiten nur mit ihrer Zustimmung gegen diese Person oder einen der in § 383 Absatz 1 Nummer 1 bis 3 der Zivilprozessordnung bezeichneten Angehörigen verwendet werden. [5]Gemäß Satz 1 erteilte Auskünfte dürfen in einem Verfahren zur Festsetzung einer Geldbuße nach § 30 des Gesetzes über Ordnungswidrigkeiten gegen den Anbieter nur mit Zustimmung des Anbieters oder derjenigen Person, die infolge ihrer Verpflichtung nach Satz 1 die Auskunft erteilt hat, verwendet werden.

(4) [1]Zeugen sind in dem Verwaltungsverfahren nach Absatz 2 zur Aussage verpflichtet. [2]Ein Zeuge kann die Aussage auf solche Fragen verweigern, deren Beantwortung ihn selbst oder einen der in § 383 Absatz 1 Nummer 1 bis 3 der Zivilprozessordnung bezeichneten Angehörigen der Gefahr strafgerichtlicher Verfolgung oder eines Verfahrens nach dem Gesetz über Ordnungswidrigkeiten aussetzen würde. [3]Im Übrigen gelten die Vorschriften der Zivilprozessordnung über die Pflicht, als Zeuge auszusagen, entsprechend. [4]Die in § 4 genannte Verwaltungsbehörde hat den Zeugen vor der Vernehmung über sein Recht zur Verweigerung des Zeugnisses zu belehren.

§ 5 Inländischer Zustellungsbevollmächtigter

[1]Anbieter sozialer Netzwerke, bei denen nach § 2 des Digitale-Dienste-Gesetzes kein anderer Mitgliedstaat Sitzland ist oder als Sitzland gilt, haben im Inland einen Zustellungsbevollmächtigten zu benennen und auf ihrer Plattform in leicht erkennbarer und unmittelbar erreichbarer Weise auf ihn aufmerksam zu machen. [2]An ihn können Zustellungen in Gerichtsverfahren vor deutschen Gerichten wegen der Verbreitung oder wegen der unbegründeten Annahme der Verbreitung rechtswidriger Inhalte, insbesondere in Fällen, in denen die Wiederherstellung entfernter oder gesperrter Inhalte begehrt wird, bewirkt werden. [3]Das gilt auch für die Zustellung von Schriftstücken, die solche Verfahren einleiten, für Zustellungen von gerichtlichen Endentscheidungen sowie für Zustellungen im Vollstreckungs- oder Vollziehungsverfahren.

§ 5a *[aufgehoben]*

§ 6 Übergangsvorschriften

Die Zuständigkeit des Bundesamts für Justiz nach den Vorschriften der bis zum 16. Februar 2024 geltenden Fassung dieses Gesetzes für Bußgeldverfahren gegen folgende Anbieter bleibt bestehen:

1. gegen Anbieter, an die ein oder mehrere Beschlüsse der Kommission zur Benennung einer sehr großen Online-Plattform gemäß Artikel 33 Absatz 4 der Verordnung (EU) 2022/2065 des Europäischen Parlaments und des Rates vom 19. Oktober 2022 über einen Binnenmarkt für digitale Dienste und zur Änderung der Richtlinie 2000/31/EG (Gesetz über digitale Dienste) (ABl. L 277 vom 27.10.2022, S. 1; L 310 vom 1.12.2022, S. 17) gerichtet worden sind, wenn das Bundesamt für Justiz gegen diese Anbieter vor dem nach Artikel 92 der Verordnung (EU) 2022/2065 maßgeblichen Datum ein Bußgeldverfahren nach den Vorschriften der bis zum 16. Februar 2024 geltenden Fassung dieses Gesetzes eingeleitet hat, sowie
2. gegen andere als in Nummer 1 genannte Anbieter eines sozialen Netzwerks, wenn das Bundesamt für Justiz gegen diese Anbieter vor dem 17. Februar 2024 ein Bußgeldverfahren nach den Vorschriften der bis zum 16. Februar 2024 geltenden Fassung dieses Gesetzes eingeleitet hat.

Gerichtsverfassungsgesetz (GVG)[1)2)]

In der Fassung der Bekanntmachung vom 9. Mai 1975[3)] (BGBl. I S. 1077)
(FNA 300-2)

zuletzt geändert durch Art. 4 G zur Fortentwicklung des Völkerstrafrechts vom 30. Juli 2024 (BGBl. 2024 I Nr. 255)

Nichtamtliche Inhaltsübersicht

Erster Titel
Gerichtsbarkeit

---

1) Beachte die Bek. v. 27.2.2024 (BGBl. 2024 I Nr. 69): „Die Richtlinie (EU) 2016/800 des Europäischen Parlaments und des Rates vom 11. Mai 2016 über Verfahrensgarantien in Strafverfahren für Kinder, die Verdächtige oder beschuldigte Personen in Strafverfahren sind (ABl. L 132 vom 21.5.2016, S. 1), wird ergänzend zu dem Gesetz zur Stärkung der Verfahrensrechte von Beschuldigten im Jugendstrafverfahren vom 9. Dezember 2019 (BGBl. I S. 2146) sowie dem Gesetz zur Neuregelung des Rechts der notwendigen Verteidigung vom 10. Dezember 2019 (BGBl. I S. 2128) umgesetzt durch
1. § 41 des Bundespolizeigesetzes vom 19. Oktober 1994 (BGBl. I S. 2978, 2979), das zuletzt durch Artikel 2 des Gesetzes vom 19. Dezember 2022 (BGBl. I S. 2632) geändert worden ist,
2. die §§ 147, 171b und 177 des Gerichtsverfassungsgesetzes in der Fassung der Bekanntmachung vom 9. Mai 1975 (BGBl. I S. 1077), das zuletzt durch Artikel 2 des Gesetzes vom 25. Oktober 2023 (BGBl. 2023 I Nr. 294) geändert worden ist,
3. die §§ 35a, 58 Absatz 2, die §§ 58a, 81a, 81b, 114b, 114e, 116, 117, 118, 118a, 118b, 121, 122, 126a, 136, 137, 140, 148, 161, 163, 163a, 168, 168a, 168b Absatz 3, § 168c Absatz 1, die §§ 201, 216, 217, 230 Absatz 1, die §§ 231 ff., 243 Absatz 5, die §§ 247, 257 Absatz 1, § 258 Absatz 1, § 275a Absatz 6, die §§ 285, 304 ff., 310 Absatz 1, die §§ 332, 333 ff., 338 Nummer 5 sowie § 464a der Strafprozessordnung in der Fassung der Bekanntmachung vom 7. April 1987 (BGBl. I S. 1074, 1319), die zuletzt durch Artikel 2 des Gesetzes vom 26. Juli 2023 (BGBl. 2023 I Nr. 203) geändert worden ist,
4. § 77 Absatz 1 und § 78 Absatz 1 des Gesetzes über die internationale Rechtshilfe in Strafsachen in der Fassung der Bekanntmachung vom 27. Juni 1994 (BGBl. I S. 1537), das zuletzt durch Artikel 6 des Gesetzes vom 19. Dezember 2022 (BGBl. I S. 2632) geändert worden ist,
5. § 1 des Gerichtskostengesetzes in der Fassung der Bekanntmachung vom 27. Februar 2014 (BGBl. I S. 154), das zuletzt durch Artikel 2 des Gesetzes vom 14. Dezember 2023 (BGBl. 2023 I Nr. 365) geändert worden ist, sowie die Nummern 9005, 9011 und 9015 der Anlage 1 (Kostenverzeichnis) zum Gerichtskostengesetz,
6. die §§ 823, 1004, 1626 Absatz 1, die §§ 1626a, 1630, 1671, 1773 Absatz 1 und § 1789 Absatz 2 des Bürgerlichen Gesetzbuches in der Fassung der Bekanntmachung vom 2. Januar 2002 (BGBl. I S. 42, 2909; 2003 I S. 738), das zuletzt durch Artikel 34 Absatz 3 des Gesetzes vom 22. Dezember 2023 (BGBl. 2023 I Nr. 411) geändert worden ist,
7. die §§ 22, 23, 33 und 48 des Gesetzes betreffend das Urheberrecht an Werken der bildenden Künste und der Photographie in der im Bundesgesetzblatt Teil III, Gliederungsnummer 440-3, veröffentlichten bereinigten Fassung, das zuletzt durch Artikel 3 § 31 des Gesetzes vom 16. Februar 2001 (BGBl. I S. 266) geändert worden ist,
8. die §§ 19, 203 und 353d des Strafgesetzbuches in der Fassung der Bekanntmachung vom 13. November 1998 (BGBl. I S. 3322), das zuletzt durch Artikel 1 des Gesetzes vom 26. Juli 2023 (BGBl. 2023 I Nr. 203) geändert worden ist,
9. die §§ 1, 2, 12, 33, 33a, 33b, 36, 37, 38, 43, 48, 50, 51, 67, 68, 70, 70b, 71, 72, 72a, 81a und 89c des Jugendgerichtsgesetzes in der Fassung der Bekanntmachung vom 11. Dezember 1974 (BGBl. I S. 3427), das zuletzt durch Artikel 21 des Gesetzes vom 25. Juni 2021 (BGBl. I S. 2099) geändert worden ist,
10. § 12 Absatz 1 und § 46 des Gesetzes über Ordnungswidrigkeiten in der Fassung der Bekanntmachung vom 19. Februar 1987 (BGBl. I S. 602), das zuletzt durch Artikel 5 des Gesetzes vom 14. März 2023 (BGBl. 2023 I Nr. 73) geändert worden ist, sowie
11. die §§ 1, 34, 45, 52, 62 und 72 des Achten Buches Sozialgesetzbuch – Kinder und Jugendhilfe – in der Fassung der Bekanntmachung vom 11. September 2012 (BGBl. I S. 2022), das zuletzt durch Artikel 1 des Gesetzes vom 21. Dezember 2022 (BGBl. I S. 2824; 2023 I Nr. 19) geändert worden ist."

2) Die Änderungen durch G v. 10.12.2019 (BGBl. I S. 2121, geänd. durch G v. 7.11.2022, BGBl. I S. 1982) treten teilweise erst **mWv 1.1.2027** in Kraft und sind insoweit im Text noch nicht berücksichtigt.

3) Neubekanntmachung des GVG v. 27.1.1877 (RGBl. S. 41) in der seit 1.1.1975 geltenden Fassung.

Zweiter Titel
Allgemeine Vorschriften über das Präsidium und die Geschäftsverteilung

Dritter Titel
Amtsgerichte

Vierter Titel
Schöffengerichte

Fünfter Titel
Landgerichte

5a. Titel
Strafvollstreckungskammern

Erster Titel
Gerichtsbarkeit

§ 1 [Richterliche Unabhängigkeit]
Die richterliche Gewalt wird durch unabhängige, nur dem Gesetz unterworfene Gerichte ausgeübt.

§§ 2 bis 9 (weggefallen)

§ 10 [Referendare]
[1]Unter Aufsicht des Richters können Referendare Rechtshilfeersuchen erledigen und außer in Strafsachen Verfahrensbeteiligte anhören, Beweise erheben und die mündliche Verhandlung leiten. [2]Referendare sind nicht befugt, eine Beeidigung anzuordnen oder einen Eid abzunehmen.

§ 11 (weggefallen)

§ 12 [Ordentliche Gerichte]
Die ordentliche Gerichtsbarkeit wird durch Amtsgerichte, Landgerichte, Oberlandesgerichte und durch den Bundesgerichtshof (den obersten Gerichtshof des Bundes für das Gebiet der ordentlichen Gerichtsbarkeit) ausgeübt.

§ 13 [Zuständigkeit der ordentlichen Gerichte]
Vor die ordentlichen Gerichte gehören die bürgerlichen Rechtsstreitigkeiten, die Familiensachen und die Angelegenheiten der freiwilligen Gerichtsbarkeit (Zivilsachen) sowie die Strafsachen, für die nicht entweder die Zuständigkeit von Verwaltungsbehörden oder Verwaltungsgerichten begründet ist oder auf Grund von Vorschriften des Bundesrechts besondere Gerichte bestellt oder zugelassen sind.

§ 13a [Zuweisung durch Landesrecht]
(1) [1]Die Landesregierungen werden ermächtigt, durch Rechtsverordnung einem Gericht für die Bezirke mehrerer Gerichte Sachen aller Art ganz oder teilweise zuzuweisen sowie auswärtige Spruchkörper von

Gerichten einzurichten, sofern dies für die sachdienliche Förderung oder schnellere Erledigung von Verfahren zweckmäßig ist. [2]Die Landesregierungen können die Ermächtigung auf die Landesjustizverwaltungen übertragen. [3]Besondere Ermächtigungen der Landesregierungen zum Erlass von Rechtsverordnungen gehen vor.

(2) Mehrere Länder können die Einrichtung eines gemeinsamen Gerichts oder gemeinsamer Spruchkörper eines Gerichts oder die Ausdehnung von Gerichtsbezirken über die Landesgrenzen hinaus, auch für einzelne Sachgebiete, vereinbaren.

§ 14 [Besondere Gerichte]

Als besondere Gerichte werden Gerichte der Schiffahrt für die in den Staatsverträgen bezeichneten Angelegenheiten zugelassen.

§ 15 (weggefallen)

§ 16 [Ausnahmegerichte]

[1]Ausnahmegerichte sind unstatthaft. [2]Niemand darf seinem gesetzlichen Richter entzogen werden.

§ 17 [Rechtshängigkeit; Entscheidung des Rechtsstreits]

(1) [1]Die Zulässigkeit des beschrittenen Rechtsweges wird durch eine nach Rechtshängigkeit eintretende Veränderung der sie begründenden Umstände nicht berührt. [2]Während der Rechtshängigkeit kann die Sache von keiner Partei anderweitig anhängig gemacht werden.

(2) [1]Das Gericht des zulässigen Rechtsweges entscheidet den Rechtsstreit unter allen in Betracht kommenden rechtlichen Gesichtspunkten. [2]Artikel 14 Abs. 3 Satz 4 und Artikel 34 Satz 3 des Grundgesetzes bleiben unberührt.

§ 17a [Rechtsweg]

(1) Hat ein Gericht den zu ihm beschrittenen Rechtsweg rechtskräftig für zulässig erklärt, sind andere Gerichte an diese Entscheidung gebunden.

(2) [1]Ist der beschrittene Rechtsweg unzulässig, spricht das Gericht dies nach Anhörung der Parteien von Amts wegen aus und verweist den Rechtsstreit zugleich an das zuständige Gericht des zulässigen Rechtsweges. [2]Sind mehrere Gerichte zuständig, wird an das vom Kläger oder Antragsteller auszuwählende Gericht verwiesen oder, wenn die Wahl unterbleibt, an das vom Gericht bestimmte. [3]Der Beschluß ist für das Gericht, an das der Rechtsstreit verwiesen worden ist, hinsichtlich des Rechtsweges bindend.

(3) [1]Ist der beschrittene Rechtsweg zulässig, kann das Gericht dies vorab aussprechen. [2]Es hat vorab zu entscheiden, wenn eine Partei die Zulässigkeit des Rechtsweges rügt.

(4) [1]Der Beschluß nach den Absätzen 2 und 3 kann ohne mündliche Verhandlung ergehen. [2]Er ist zu begründen. [3]Gegen den Beschluß ist die sofortige Beschwerde nach den Vorschriften der jeweils anzuwendenden Verfahrensordnung gegeben. [4]Den Beteiligten steht die Beschwerde gegen einen Beschluß des oberen Landesgerichts an den obersten Gerichtshof des Bundes nur zu, wenn sie in dem Beschluß zugelassen worden ist. [5]Die Beschwerde ist zuzulassen, wenn die Rechtsfrage grundsätzliche Bedeutung hat oder wenn das Gericht von der Entscheidung eines obersten Gerichtshofes des Bundes oder des Gemeinsamen Senats der obersten Gerichtshöfe des Bundes abweicht. [6]Der oberste Gerichtshof des Bundes ist an die Zulassung der Beschwerde gebunden.

(5) Das Gericht, das über ein Rechtsmittel gegen eine Entscheidung in der Hauptsache entscheidet, prüft nicht, ob der beschrittene Rechtsweg zulässig ist.

(6) Die Absätze 1 bis 5 gelten für die in bürgerlichen Rechtsstreitigkeiten, Familiensachen und Angelegenheiten der freiwilligen Gerichtsbarkeit zuständigen Spruchkörper in ihrem Verhältnis zueinander entsprechend.

§ 17b [Anhängigkeit nach Verweisung; Kosten]

(1) [1]Nach Eintritt der Rechtskraft des Verweisungsbeschlusses wird der Rechtsstreit mit Eingang der Akten bei dem im Beschluß bezeichneten Gericht anhängig. [2]Die Wirkungen der Rechtshängigkeit bleiben bestehen.

(2) [1]Wird ein Rechtsstreit an ein anderes Gericht verwiesen, so werden die Kosten im Verfahren vor dem angegangenen Gericht als Teil der Kosten behandelt, die bei dem Gericht erwachsen, an das der Rechtsstreit verwiesen wurde. [2]Dem Kläger sind die entstandenen Mehrkosten auch dann aufzuerlegen, wenn er in der Hauptsache obsiegt.

(3) Absatz 2 Satz 2 gilt nicht in Familiensachen und in Angelegenheiten der freiwilligen Gerichtsbarkeit.

§ 17c [Zuständigkeitskonzentrationen, Änderungen der Gerichtsbezirksgrenzen]

(1) Werden Zuständigkeitskonzentrationen oder Änderungen der Gerichtsbezirksgrenzen aufgrund dieses Gesetzes, aufgrund anderer bundesgesetzlicher Regelungen oder aufgrund Landesrechts vorgenommen,

stehen in diesen Fällen bundesrechtliche Bestimmungen, die die gerichtliche Zuständigkeit in anhängigen und rechtshängigen Verfahren unberührt lassen, einer landesrechtlichen Zuweisung dieser Verfahren an das neu zuständige Gericht nicht entgegen.

(2) [1]Ist im Zeitpunkt der Zuweisung die Hauptverhandlung in einer Straf- oder Bußgeldsache begonnen, aber noch nicht beendet, so kann sie vor dem nach dem Inkrafttreten der Zuständigkeitsänderung zuständigen Gericht nur fortgesetzt werden, wenn die zur Urteilsfindung berufenen Personen personenidentisch mit denen zu Beginn der Hauptverhandlung sind. [2]Soweit keine Personenidentität gegeben ist, bleibt das Gericht zuständig, das die Hauptverhandlung begonnen hat.

§ 18 [Exterritorialität von Mitgliedern der diplomatischen Missionen]

[1]Die Mitglieder der im Geltungsbereich dieses Gesetzes errichteten diplomatischen Missionen, ihre Familienmitglieder und ihre privaten Hausangestellten sind nach Maßgabe des Wiener Übereinkommens über diplomatische Beziehungen vom 18. April 1961 (Bundesgesetzbl. 1964 II S. 957 ff.) von der deutschen Gerichtsbarkeit befreit. [2]Dies gilt auch, wenn ihr Entsendestaat nicht Vertragspartei dieses Übereinkommens ist; in diesem Falle findet Artikel 2 des Gesetzes vom 6. August 1964 zu dem Wiener Übereinkommen vom 18. April 1961 über diplomatische Beziehungen (Bundesgesetzbl. 1964 II S. 957) entsprechende Anwendung.

§ 19 [Exterritorialität von Mitgliedern der konsularischen Vertretungen]

(1) [1]Die Mitglieder der im Geltungsbereich dieses Gesetzes errichteten konsularischen Vertretungen einschließlich der Wahlkonsularbeamten sind nach Maßgabe des Wiener Übereinkommens über konsularische Beziehungen vom 24. April 1963 (Bundesgesetzbl. 1969 II S. 1585 ff.) von der deutschen Gerichtsbarkeit befreit. [2]Dies gilt auch, wenn ihr Entsendestaat nicht Vertragspartei dieses Übereinkommens ist; in diesem Falle findet Artikel 2 des Gesetzes vom 26. August 1969 zu dem Wiener Übereinkommen vom 24. April 1963 über konsularische Beziehungen (Bundesgesetzbl. 1969 II S. 1585) entsprechende Anwendung.

(2) Besondere völkerrechtliche Vereinbarungen über die Befreiung der in Absatz 1 genannten Personen von der deutschen Gerichtsbarkeit bleiben unberührt.

§ 20 [Weitere Exterritoriale]

(1) Die deutsche Gerichtsbarkeit erstreckt sich auch nicht auf Repräsentanten anderer Staaten und deren Begleitung, die sich auf amtliche Einladung der Bundesrepublik Deutschland im Geltungsbereich dieses Gesetzes aufhalten.

(2) [1]Im übrigen erstreckt sich die deutsche Gerichtsbarkeit auch nicht auf andere als die in Absatz 1 und in den §§ 18 und 19 genannten Personen, soweit sie nach den allgemeinen Regeln des Völkerrechts, auf Grund völkerrechtlicher Vereinbarungen oder sonstiger Rechtsvorschriften von ihr befreit sind. [2]Funktionelle Immunität hindert nicht die Erstreckung deutscher Gerichtsbarkeit auf die Verfolgung von Verbrechen nach dem Völkerstrafgesetzbuch.

§ 21 [Ersuchen eines internationalen Strafgerichtshofes]

Die §§ 18 bis 20 stehen der Erledigung eines Ersuchens um Überstellung und Rechtshilfe eines internationalen Strafgerichtshofes, der durch einen für die Bundesrepublik Deutschland verbindlichen Rechtsakt errichtet wurde, nicht entgegen.

Zweiter Titel

Allgemeine Vorschriften über das Präsidium und die Geschäftsverteilung

§ 21a [Präsidium]

(1) Bei jedem Gericht wird ein Präsidium gebildet.

(2) Das Präsidium besteht aus dem Präsidenten oder aufsichtführenden Richter als Vorsitzenden und

1. bei Gerichten mit mindestens achtzig Richterplanstellen aus zehn gewählten Richtern,
2. bei Gerichten mit mindestens vierzig Richterplanstellen aus acht gewählten Richtern,
3. bei Gerichten mit mindestens zwanzig Richterplanstellen aus sechs gewählten Richtern,
4. bei Gerichten mit mindestens acht Richterplanstellen aus vier gewählten Richtern,
5. bei den anderen Gerichten aus den nach § 21b Abs. 1 wählbaren Richtern.

§ 21b [Wahl zum Präsidium]

(1) [1]Wahlberechtigt sind die Richter auf Lebenszeit und die Richter auf Zeit, denen bei dem Gericht ein Richteramt übertragen ist, sowie die bei dem Gericht tätigen Richter auf Probe, die Richter kraft Auftrags und die für eine Dauer von mindestens drei Monaten abgeordneten Richter, die Aufgaben der Rechtsprechung wahrnehmen. [2]Wählbar sind die Richter auf Lebenszeit und die Richter auf Zeit, denen bei dem

Gericht ein Richteramt übertragen ist. ³Nicht wahlberechtigt und nicht wählbar sind Richter, die für mehr als drei Monate an ein anderes Gericht abgeordnet, für mehr als drei Monate beurlaubt oder an eine Verwaltungsbehörde abgeordnet sind.

(2) Jeder Wahlberechtigte wählt höchstens die vorgeschriebene Zahl von Richtern.

(3) ¹Die Wahl ist unmittelbar und geheim. ²Gewählt ist, wer die meisten Stimmen auf sich vereint. ³Durch Landesgesetz können andere Wahlverfahren für die Wahl zum Präsidium bestimmt werden; in diesem Fall erlässt die Landesregierung durch Rechtsverordnung die erforderlichen Wahlordnungsvorschriften; sie kann die Ermächtigung hierzu auf die Landesjustizverwaltung übertragen. ⁴Bei Stimmengleichheit entscheidet das Los.

(4) ¹Die Mitglieder werden für vier Jahre gewählt. ²Alle zwei Jahre scheidet die Hälfte aus. ³Die zum ersten Mal ausscheidenden Mitglieder werden durch das Los bestimmt.

(5) Das Wahlverfahren wird durch eine Rechtsverordnung geregelt, die von der Bundesregierung mit Zustimmung des Bundesrates erlassen wird.

(6) ¹Ist bei der Wahl ein Gesetz verletzt worden, so kann die Wahl von den in Absatz 1 Satz 1 bezeichneten Richtern angefochten werden. ²Über die Wahlanfechtung entscheidet ein Senat des zuständigen Oberlandesgerichts, bei dem Bundesgerichtshof ein Senat dieses Gerichts. ³Wird die Anfechtung für begründet erklärt, so kann ein Rechtsmittel gegen eine gerichtliche Entscheidung nicht darauf gestützt werden, das Präsidium sei deswegen nicht ordnungsgemäß zusammengesetzt gewesen. ⁴Im Übrigen sind auf das Verfahren die Vorschriften des Gesetzes über das Verfahren in Familiensachen und in den Angelegenheiten der freiwilligen Gerichtsbarkeit entsprechend anzuwenden.

§ 21c [Vertretung der Mitglieder des Präsidiums]

(1) ¹Bei einer Verhinderung des Präsidenten oder aufsichtführenden Richters tritt sein Vertreter (§ 21h) an seine Stelle. ²Ist der Präsident oder aufsichtführende Richter anwesend, so kann sein Vertreter, wenn er nicht selbst gewählt ist, an den Sitzungen des Präsidiums mit beratender Stimme teilnehmen. ³Die gewählten Mitglieder des Präsidiums werden nicht vertreten.

(2) Scheidet ein gewähltes Mitglied des Präsidiums aus dem Gericht aus, wird es für mehr als drei Monate an ein anderes Gericht abgeordnet oder für mehr als drei Monate beurlaubt, wird es an eine Verwaltungsbehörde abgeordnet oder wird es kraft Gesetzes Mitglied des Präsidiums, so tritt an seine Stelle der durch die letzte Wahl Nächstberufene.

§ 21d [Größe des Präsidiums]

(1) Für die Größe des Präsidiums ist die Zahl der Richterplanstellen am Ablauf des Tages maßgebend, der dem Tage, an dem das Geschäftsjahr beginnt, um sechs Monate vorhergeht.

(2) ¹Ist die Zahl der Richterplanstellen bei einem Gericht mit einem Präsidium nach § 21a Abs. 2 Nr. 1 bis 3 unter die jeweils genannte Mindestzahl gefallen, so ist bei der nächsten Wahl, die nach § 21b Abs. 4 stattfindet, die folgende Zahl von Richtern zu wählen:

1. bei einem Gericht mit einem Präsidium nach § 21a Abs. 2 Nr. 1 vier Richter,
2. bei einem Gericht mit einem Präsidium nach § 21a Abs. 2 Nr. 2 drei Richter,
3. bei einem Gericht mit einem Präsidium nach § 21a Abs. 2 Nr. 3 zwei Richter.

²Neben den nach § 21b Abs. 4 ausscheidenden Mitgliedern scheidet jeweils ein weiteres Mitglied, das durch das Los bestimmt wird, aus.

(3) ¹Ist die Zahl der Richterplanstellen bei einem Gericht mit einem Präsidium nach § 21a Abs. 2 Nr. 2 bis 4 über die für die bisherige Größe des Präsidiums maßgebende Höchstzahl gestiegen, so ist bei der nächsten Wahl, die nach § 21b Abs. 4 stattfindet, die folgende Zahl von Richtern zu wählen:

1. bei einem Gericht mit einem Präsidium nach § 21a Abs. 2 Nr. 2 sechs Richter,
2. bei einem Gericht mit einem Präsidium nach § 21a Abs. 2 Nr. 3 fünf Richter,
3. bei einem Gericht mit einem Präsidium nach § 21a Abs. 2 Nr. 4 vier Richter.

²Hiervon scheidet jeweils ein Mitglied, das durch das Los bestimmt wird, nach zwei Jahren aus.

§ 21e [Aufgaben und Befugnisse des Präsidiums; Geschäftsverteilung]

(1) ¹Das Präsidium bestimmt die Besetzung der Spruchkörper, bestellt die Ermittlungsrichter, regelt die Vertretung und verteilt die Geschäfte. ²Es trifft diese Anordnungen vor dem Beginn des Geschäftsjahres für dessen Dauer. ³Der Präsident bestimmt, welche richterlichen Aufgaben er wahrnimmt. ⁴Jeder Richter kann mehreren Spruchkörpern angehören.

(2) Vor der Geschäftsverteilung ist den Richtern, die nicht Mitglied des Präsidiums sind, Gelegenheit zur Äußerung zu geben.

(3) ¹Die Anordnungen nach Absatz 1 dürfen im Laufe des Geschäftsjahres nur geändert werden, wenn dies wegen Überlastung oder ungenügender Auslastung eines Richters oder Spruchkörpers oder infolge

Wechsels oder dauernder Verhinderung einzelner Richter nötig wird. [2]Vor der Änderung ist den Vorsitzenden Richtern, deren Spruchkörper von der Änderung der Geschäftsverteilung berührt wird, Gelegenheit zu einer Äußerung zu geben.

(4) Das Präsidium kann anordnen, daß ein Richter oder Spruchkörper, der in einer Sache tätig geworden ist, für diese nach einer Änderung der Geschäftsverteilung zuständig bleibt.

(5) Soll ein Richter einem anderen Spruchkörper zugeteilt oder soll sein Zuständigkeitsbereich geändert werden, so ist ihm, außer in Eilfällen, vorher Gelegenheit zu einer Äußerung zu geben.

(6) Soll ein Richter für Aufgaben der Justizverwaltung ganz oder teilweise freigestellt werden, so ist das Präsidium vorher zu hören.

(7) [1]Das Präsidium entscheidet mit Stimmenmehrheit. [2]§ 21i Abs. 2 gilt entsprechend.

(8) [1]Das Präsidium kann beschließen, dass Richter des Gerichts bei den Beratungen und Abstimmungen des Präsidiums für die gesamte Dauer oder zeitweise zugegen sein können. [2]§ 171b gilt entsprechend.

(9) Der Geschäftsverteilungsplan des Gerichts ist in der von dem Präsidenten oder aufsichtführenden Richter bestimmten Geschäftsstelle des Gerichts zur Einsichtnahme aufzulegen; einer Veröffentlichung bedarf es nicht.

§ 21f [Vorsitz in den Spruchkörpern]

(1) Den Vorsitz in den Spruchkörpern bei den Landgerichten, bei den Oberlandesgerichten sowie bei dem Bundesgerichtshof führen der Präsident und die Vorsitzenden Richter.

(2) [1]Bei Verhinderung des Vorsitzenden führt den Vorsitz das vom Präsidium bestimmte Mitglied des Spruchkörpers. [2]Ist auch dieser Vertreter verhindert, führt das dienstälteste, bei gleichem Dienstalter das lebensälteste Mitglied des Spruchkörpers den Vorsitz.

§ 21g [Geschäftsverteilung innerhalb der Spruchkörper]

(1) [1]Innerhalb des mit mehreren Richtern besetzten Spruchkörpers werden die Geschäfte durch Beschluss aller dem Spruchkörper angehörenden Berufsrichter auf die Mitglieder verteilt. [2]Bei Stimmengleichheit entscheidet das Präsidium.

(2) Der Beschluss bestimmt vor Beginn des Geschäftsjahres für dessen Dauer, nach welchen Grundsätzen die Mitglieder an den Verfahren mitwirken; er kann nur geändert werden, wenn es wegen Überlastung, ungenügender Auslastung, Wechsels oder dauernder Verhinderung einzelner Mitglieder des Spruchkörpers nötig wird.

(3) Absatz 2 gilt entsprechend, soweit nach den Vorschriften der Prozessordnungen die Verfahren durch den Spruchkörper einem seiner Mitglieder zur Entscheidung als Einzelrichter übertragen werden können.

(4) Ist ein Berufsrichter an der Beschlussfassung verhindert, tritt der durch den Geschäftsverteilungsplan bestimmte Vertreter an seine Stelle.

(5) § 21i Abs. 2 findet mit der Maßgabe entsprechende Anwendung, dass die Bestimmung durch den Vorsitzenden getroffen wird.

(6) Vor der Beschlussfassung ist den Berufsrichtern, die von dem Beschluss betroffen werden, Gelegenheit zur Äußerung zu geben.

(7) § 21e Abs. 9 findet entsprechende Anwendung.

§ 21h [Vertretung des Präsidenten und des aufsichtführenden Richters]

[1]Der Präsident oder aufsichtführende Richter wird in seinen durch dieses Gesetz bestimmten Geschäften, die nicht durch das Präsidium zu verteilen sind, durch seinen ständigen Vertreter, bei mehreren ständigen Vertretern durch den dienstältesten, bei gleichem Dienstalter durch den lebensältesten von ihnen vertreten. [2]Ist ein ständiger Vertreter nicht bestellt oder ist er verhindert, wird der Präsident oder aufsichtführende Richter durch den dienstältesten, bei gleichem Dienstalter durch den lebensältesten Richter vertreten.

§ 21i [Beschlussfähigkeit des Präsidiums]

(1) Das Präsidium ist beschlußfähig, wenn mindestens die Hälfte seiner gewählten Mitglieder anwesend ist.

(2) [1]Sofern eine Entscheidung des Präsidiums nicht rechtzeitig ergehen kann, werden die in § 21e bezeichneten Anordnungen von dem Präsidenten oder aufsichtführenden Richter getroffen. [2]Die Gründe für die getroffene Anordnung sind schriftlich niederzulegen. [3]Die Anordnung ist dem Präsidium unverzüglich zur Genehmigung vorzulegen. [4]Sie bleibt in Kraft, solange das Präsidium nicht anderweit beschließt.

§ 21j [Anordnungen durch den Präsidenten; Frist zur Bildung des Präsidiums]

(1) [1]Wird ein Gericht errichtet und ist das Präsidium nach § 21a Abs. 2 Nr. 1 bis 4 zu bilden, so werden die in § 21e bezeichneten Anordnungen bis zur Bildung des Präsidiums von dem Präsidenten oder aufsichtführenden Richter getroffen. [2]§ 21i Abs. 2 Satz 2 bis 4 gilt entsprechend.

(2) [1]Ein Präsidium nach § 21a Abs. 2 Nr. 1 bis 4 ist innerhalb von drei Monaten nach der Errichtung des Gerichts zu bilden. [2]Die in § 21b Abs. 4 Satz 1 bestimmte Frist beginnt mit dem auf die Bildung des Präsidiums folgenden Geschäftsjahr, wenn das Präsidium nicht zu Beginn eines Geschäftsjahres gebildet wird.

(3) An die Stelle des in § 21d Abs. 1 bezeichneten Zeitpunkts tritt der Tag der Errichtung des Gerichts.

(4) [1]Die Aufgaben nach § 1 Abs. 2 Satz 2 und 3 und Abs. 3 der Wahlordnung für die Präsidien der Gerichte vom 19. September 1972 (BGBl. I S. 1821) nimmt bei der erstmaligen Bestellung des Wahlvorstandes der Präsident oder aufsichtführende Richter wahr. [2]Als Ablauf des Geschäftsjahres in § 1 Abs. 2 Satz 2 und § 3 Satz 1 der Wahlordnung für die Präsidien der Gerichte gilt der Ablauf der in Absatz 2 Satz 1 genannten Frist.

Dritter Titel

Amtsgerichte

§ 22 [Richter beim Amtsgericht]

(1) Den Amtsgerichten stehen Einzelrichter vor.

(2) Einem Richter beim Amtsgericht kann zugleich ein weiteres Richteramt bei einem anderen Amtsgericht oder bei einem Landgericht übertragen werden.

(3) [1]Die allgemeine Dienstaufsicht kann von der Landesjustizverwaltung dem Präsidenten des übergeordneten Landgerichts übertragen werden. [2]Geschieht dies nicht, so ist, wenn das Amtsgericht mit mehreren Richtern besetzt ist, einem von ihnen von der Landesjustizverwaltung die allgemeine Dienstaufsicht zu übertragen.

(4) Jeder Richter beim Amtsgericht erledigt die ihm obliegenden Geschäfte, soweit dieses Gesetz nichts anderes bestimmt, als Einzelrichter.

(5) [1]Es können Richter kraft Auftrags verwendet werden. [2]Richter auf Probe können verwendet werden, soweit sich aus Absatz 6, § 23b Absatz 3 Satz 2 bis 5, § 23c Abs. 2 oder § 29 Abs. 1 Satz 2 nichts anderes ergibt.

(6) [1]Ein Richter auf Probe darf im ersten Jahr nach seiner Ernennung Geschäfte in Insolvenz- und Restrukturierungssachen nicht wahrnehmen. [2]Richter in Insolvenz- und Restrukturierungssachen sollen, soweit dies zur Erfüllung der jeweiligen Richtergeschäftsaufgabe erforderlich ist, über belegbare Kenntnisse auf den Gebieten des Insolvenzrechts, des Restrukturierungsrechts, des Handels- und Gesellschaftsrechts sowie über Grundkenntnisse der für das Insolvenz- und Restrukturierungsverfahren notwendigen Teile des Arbeits-, Sozial- und Steuerrechts und des Rechnungswesens verfügen. [3]Einem Richter, dessen Kenntnisse auf diesen Gebieten nicht belegt sind, dürfen die Aufgaben eines Insolvenz- oder Restrukturierungsrichters nur zugewiesen werden, wenn der Erwerb der Kenntnisse alsbald zu erwarten ist.

§ 22a [Präsident des LG oder AG als Vorsitzender des Präsidiums]

Bei Amtsgerichten mit einem aus allen wählbaren Richtern bestehenden Präsidium (§ 21a Abs. 2 Nr. 5) gehört der Präsident des übergeordneten Landgerichts oder, wenn der Präsident eines anderen Amtsgerichts die Dienstaufsicht ausübt, dieser Präsident dem Präsidium als Vorsitzender an.

§ 22b [Vertretung von Richtern]

(1) Ist ein Amtsgericht nur mit einem Richter besetzt, so beauftragt das Präsidium des Landgerichts einen Richter seines Bezirks mit der ständigen Vertretung dieses Richters.

(2) Wird an einem Amtsgericht die vorübergehende Vertretung durch einen Richter eines anderen Gerichts nötig, so beauftragt das Präsidium des Landgerichts einen Richter seines Bezirks längstens für zwei Monate mit der Vertretung.

(3) [1]In Eilfällen kann der Präsident des Landgerichts einen zeitweiligen Vertreter bestellen. [2]Die Gründe für die getroffene Anordnung sind schriftlich niederzulegen.

(4) Bei Amtsgerichten, über die der Präsident eines anderen Amtsgerichts die Dienstaufsicht ausübt, ist in den Fällen der Absätze 1 und 2 das Präsidium des anderen Amtsgerichts und im Falle des Absatzes 3 dessen Präsident zuständig.

§ 22c [Bereitschaftsdienst]

(1) [1]Die Landesregierungen werden ermächtigt, durch Rechtsverordnung zu bestimmen, dass für mehrere Amtsgerichte im Bezirk eines Landgerichts oder mehrerer Landgerichte im Bezirk eines Oberlandesgerichts ein gemeinsamer Bereitschaftsdienstplan aufgestellt wird oder ein Amtsgericht Geschäfte des Bereitschaftsdienstes ganz oder teilweise wahrnimmt, wenn dies zur Sicherstellung einer gleichmäßigeren Belastung der Richter mit Bereitschaftsdiensten angezeigt ist. [2]Zu dem Bereitschaftsdienst sind die Richter der in Satz 1 bezeichneten Amtsgerichte heranzuziehen. [3]In der Verordnung nach Satz 1 kann bestimmt

werden, dass auch die Richter der Landgerichte heranzuziehen sind. [4]Über die Verteilung der Geschäfte des Bereitschaftsdienstes beschließen nach Maßgabe des § 21e im Einvernehmen die Präsidien der Landgerichte sowie im Einvernehmen mit den Präsidien der betroffenen Amtsgerichte. [5]Kommt eine Einigung nicht zustande, obliegt die Beschlussfassung dem Präsidium des Oberlandesgerichts, zu dessen Bezirk die Landgerichte gehören.

(2) Die Landesregierungen können die Ermächtigung nach Absatz 1 auf die Landesjustizverwaltungen übertragen.

§ 22d [Handlungen eines unzuständigen Richters]

Die Gültigkeit der Handlung eines Richters beim Amtsgericht wird nicht dadurch berührt, daß die Handlung nach der Geschäftsverteilung von einem anderen Richter wahrzunehmen gewesen wäre.

§ 23 [Zuständigkeit in Zivilsachen]

Die Zuständigkeit der Amtsgerichte umfaßt in bürgerlichen Rechtsstreitigkeiten, soweit sie nicht ohne Rücksicht auf den Wert des Streitgegenstandes den Landgerichten zugewiesen sind:

1. Streitigkeiten über Ansprüche, deren Gegenstand an Geld oder Geldeswert die Summe von fünftausend Euro nicht übersteigt;
2. ohne Rücksicht auf den Wert des Streitgegenstandes:
   a) Streitigkeiten über Ansprüche aus einem Mietverhältnis über Wohnraum oder über den Bestand eines solchen Mietverhältnisses; diese Zuständigkeit ist ausschließlich;
   b) Streitigkeiten zwischen Reisenden und Wirten, Fuhrleuten, Schiffern oder Auswanderungsexpedienten in den Einschiffungshäfen, die über Wirtszechen, Fuhrlohn, Überfahrtsgelder, Beförderung der Reisenden und ihrer Habe und über Verlust und Beschädigung der letzteren, sowie Streitigkeiten zwischen Reisenden und Handwerkern, die aus Anlaß der Reise entstanden sind;
   c) Streitigkeiten nach § 43 Absatz 2 des Wohnungseigentumsgesetzes; diese Zuständigkeit ist ausschließlich;
   d) Streitigkeiten wegen Wildschadens;
   e) (weggefallen)
   f) (weggefallen)
   g) Ansprüche aus einem mit der Überlassung eines Grundstücks in Verbindung stehenden Leibgedings-, Leibzuchts-, Altenteils- oder Auszugsvertrag.

§ 23a [Zuständigkeit in Familiensachen und in Angelegenheiten der freiwilligen Gerichtsbarkeit]

(1) [1]Die Amtsgerichte sind ferner zuständig für

1. Familiensachen;
2. Angelegenheiten der freiwilligen Gerichtsbarkeit, soweit nicht durch gesetzliche Vorschriften eine anderweitige Zuständigkeit begründet ist.

[2]Die Zuständigkeit nach Satz 1 Nummer 1 ist eine ausschließliche.

(2) Angelegenheiten der freiwilligen Gerichtsbarkeit sind

1. Betreuungssachen, Unterbringungssachen sowie betreuungsgerichtliche Zuweisungssachen,
2. Nachlass- und Teilungssachen,
3. Registersachen,
4. unternehmensrechtliche Verfahren nach § 375 des Gesetzes über das Verfahren in Familiensachen und in den Angelegenheiten der freiwilligen Gerichtsbarkeit,
5. die weiteren Angelegenheiten der freiwilligen Gerichtsbarkeit nach § 410 des Gesetzes über das Verfahren in Familiensachen und in den Angelegenheiten der freiwilligen Gerichtsbarkeit,
6. Verfahren in Freiheitsentziehungssachen nach § 415 des Gesetzes über das Verfahren in Familiensachen und in den Angelegenheiten der freiwilligen Gerichtsbarkeit,
7. Aufgebotsverfahren,
8. Grundbuchsachen,
9. Verfahren nach § 1 Nr. 1 und 2 bis 6 des Gesetzes über das gerichtliche Verfahren in Landwirtschaftssachen,
10. Schiffsregistersachen sowie
11. sonstige Angelegenheiten der freiwilligen Gerichtsbarkeit, soweit sie durch Bundesgesetz den Gerichten zugewiesen sind.

(3) Abweichend von Absatz 1 Satz 1 Nummer 2 sind für die den Amtsgerichten obliegenden Verrichtungen in Teilungssachen im Sinne von § 342 Absatz 2 Nummer 1 des Gesetzes über das Verfahren in Familiensachen und in den Angelegenheiten der freiwilligen Gerichtsbarkeit anstelle der Amtsgerichte die Notare zuständig.

§ 23b[1) [Familiengerichte]

(1) Bei den Amtsgerichten werden Abteilungen für Familiensachen (Familiengerichte) gebildet.

(2) [1]Werden mehrere Abteilungen für Familiensachen gebildet, so sollen alle Familiensachen, die denselben Personenkreis betreffen, derselben Abteilung zugewiesen werden. [2]Wird eine Ehesache rechtshängig, während eine andere Familiensache, die denselben Personenkreis oder ein gemeinschaftliches Kind der Ehegatten betrifft, bei einer anderen Abteilung im ersten Rechtszug anhängig ist, ist diese von Amts wegen an die Abteilung der Ehesache abzugeben. [3]Wird bei einer Abteilung ein Antrag in einem Verfahren nach den §§ 10 bis 12 des Internationalen Familienrechtsverfahrensgesetzes vom 26. Januar 2005 (BGBl. I S. 162) anhängig, während eine Familiensache, die dasselbe Kind betrifft, bei einer anderen Abteilung im ersten Rechtszug anhängig ist, ist diese von Amts wegen an die erstgenannte Abteilung abzugeben; dies gilt nicht, wenn der Antrag offensichtlich unzulässig ist. [4]Auf übereinstimmenden Antrag beider Elternteile sind die Regelungen des Satzes 3 auch auf andere Familiensachen anzuwenden, an denen diese beteiligt sind.

(3) [1]Die Abteilungen für Familiensachen werden mit Familienrichtern besetzt. [2]Ein Richter auf Probe darf im ersten Jahr nach seiner Ernennung Geschäfte des Familienrichters nicht wahrnehmen. [3]Richter in Familiensachen sollen über belegbare Kenntnisse auf den Gebieten des Familienrechts, insbesondere des Kindschaftsrechts, des Familienverfahrensrechts und der für das Verfahren in Familiensachen notwendigen Teile des Kinder- und Jugendhilferechts sowie über belegbare Grundkenntnisse der Psychologie, insbesondere der Entwicklungspsychologie des Kindes, und der Kommunikation mit Kindern verfügen. [4]Einem Richter, dessen Kenntnisse auf diesen Gebieten nicht belegt sind, dürfen die Aufgaben eines Familienrichters nur zugewiesen werden, wenn der Erwerb der Kenntnisse alsbald zu erwarten ist. [5]Von den Anforderungen nach den Sätzen 3 und 4 kann bei Richtern, die nur im Rahmen eines Bereitschaftsdiensts mit der Wahrnehmung familiengerichtlicher Aufgaben befasst sind, abgewichen werden, wenn andernfalls ein ordnungsgemäßer und den betroffenen Richtern zumutbarer Betrieb des Bereitschaftsdiensts nicht gewährleistet wäre.

§ 23c [Betreuungsgerichte]

(1) Bei den Amtsgerichten werden Abteilungen für Betreuungssachen, Unterbringungssachen und betreuungsgerichtliche Zuweisungssachen (Betreuungsgerichte) gebildet.

(2) [1]Die Betreuungsgerichte werden mit Betreuungsrichtern besetzt. [2]Ein Richter auf Probe darf im ersten Jahr nach seiner Ernennung Geschäfte des Betreuungsrichters nicht wahrnehmen.

§ 23d[2) [Gemeinsames Amtsgericht in Familien- und Handelssachen sowie in Angelegenheiten der freiwilligen Gerichtsbarkeit]

[1]Die Landesregierungen werden ermächtigt, durch Rechtsverordnung einem Amtsgericht für die Bezirke mehrerer Amtsgerichte die Familiensachen sowie ganz oder teilweise die Handelssachen, die Angelegenheiten der freiwilligen Gerichtsbarkeit und Entscheidungen über Maßnahmen, die nach den Vollzugsgesetzen der vorherigen gerichtlichen Anordnung oder gerichtlichen Genehmigung bedürfen zuzuweisen, sofern die Zusammenfassung der sachlichen Förderung der Verfahren dient oder zur Sicherung einer einheitlichen Rechtsprechung geboten erscheint. [2]Die Landesregierungen können die Ermächtigungen auf die Landesjustizverwaltungen übertragen.

§ 24 [Zuständigkeit in Strafsachen]

(1) [1]In Strafsachen sind die Amtsgerichte zuständig, wenn nicht

1. die Zuständigkeit des Landgerichts nach § 74 Abs. 2 oder § 74a oder des Oberlandesgerichts nach den §§ 120 oder 120b begründet ist,
2. im Einzelfall eine höhere Strafe als vier Jahre Freiheitsstrafe oder die Unterbringung des Beschuldigten in einem psychiatrischen Krankenhaus, allein oder neben einer Strafe, oder in der Sicherungsverwahrung (§§ 66 bis 66b des Strafgesetzbuches) zu erwarten ist oder
3. die Staatsanwaltschaft wegen der besonderen Schutzbedürftigkeit von Verletzten der Straftat, die als Zeugen in Betracht kommen, des besonderen Umfangs oder der besonderen Bedeutung des Falles Anklage beim Landgericht erhebt.

---

1) § 23b ist mit dem Grundgesetz vereinbar, Urt. des BVerfG – 1 BvL 17/77, 1 BvL 7/78, 1 BvL 9/78, 1 BvL 14/78, 1 BvL 15/78, 1 BvL 16/78, 1 BvL 37/78, 1 BvL 64/78, 1 BvL 74/78, 1 BvL 78/78, 1 BvL 100/78, 1 BvL 5/79, 1 BvL 16/79, 1 BvR 807/78 – v. 23.8.1980 – Az. – (BGBl. S. 283).

2) § 23d (früherer § 23c) ist mit dem Grundgesetz vereinbar, Urt. des BVerfG – 1 BvL 17/77, 1 BvL 7/78, 1 BvL 9/78, 1 BvL 14/78, 1 BvL 15/78, 1 BvL 16/78, 1 BvL 37/78, 1 BvL 64/78, 1 BvL 74/78, 1 BvL 78/78, 1 BvL 100/78, 1 BvL 5/79, 1 BvL 16/79, 1 BvR 807/78 – v. 23.8.1980 – Az. – (BGBl. S. 283).

[2]Eine besondere Schutzbedürftigkeit nach Satz 1 Nummer 3 liegt insbesondere vor, wenn zu erwarten ist, dass die Vernehmung für den Verletzten mit einer besonderen Belastung verbunden sein wird, und deshalb mehrfache Vernehmungen vermieden werden sollten.

(2) Das Amtsgericht darf nicht auf eine höhere Strafe als vier Jahre Freiheitsstrafe und nicht auf die Unterbringung in einem psychiatrischen Krankenhaus, allein oder neben einer Strafe, oder in der Sicherungsverwahrung erkennen.

§ 25 [Zuständigkeit des Strafrichters]

Der Richter beim Amtsgericht entscheidet als Strafrichter bei Vergehen,

1. wenn sie im Wege der Privatklage verfolgt werden oder
2. wenn eine höhere Strafe als Freiheitsstrafe von zwei Jahren nicht zu erwarten ist.

§ 26 [Zuständigkeit in Jugendschutzsachen]

(1) [1]Für Straftaten Erwachsener, durch die ein Kind oder ein Jugendlicher verletzt oder unmittelbar gefährdet wird, sowie für Verstöße Erwachsener gegen Vorschriften, die dem Jugendschutz oder der Jugenderziehung dienen, sind neben den für allgemeine Strafsachen zuständigen Gerichten auch die Jugendgerichte zuständig. [2]Die §§ 24 und 25 gelten entsprechend.

(2) [1]In Jugendschutzsachen soll die Staatsanwaltschaft Anklage bei den Jugendgerichten erheben, wenn damit die schutzwürdigen Interessen von Kindern oder Jugendlichen, die in dem Verfahren als Zeugen benötigt werden, besser gewahrt werden können. [2]Im Übrigen soll die Staatsanwaltschaft Anklage bei den Jugendgerichten nur erheben, wenn aus sonstigen Gründen eine Verhandlung vor dem Jugendgericht zweckmäßig erscheint.

(3) Die Absätze 1 und 2 gelten entsprechend für die Beantragung gerichtlicher Untersuchungshandlungen im Ermittlungsverfahren.

§ 26a (weggefallen)

§ 27 [Sonstige Zuständigkeit und Geschäftskreis]

Im übrigen wird die Zuständigkeit und der Geschäftskreis der Amtsgerichte durch die Vorschriften dieses Gesetzes und der Prozeßordnungen bestimmt.

Vierter Titel

Schöffengerichte

§ 28 [Zuständigkeit]

Für die Verhandlung und Entscheidung der zur Zuständigkeit der Amtsgerichte gehörenden Strafsachen werden, soweit nicht der Strafrichter entscheidet, bei den Amtsgerichten Schöffengerichte gebildet.

§ 29 [Zusammensetzung; erweitertes Schöffengericht]

(1) [1]Das Schöffengericht besteht aus dem Richter beim Amtsgericht als Vorsitzenden und zwei Schöffen. [2]Ein Richter auf Probe darf im ersten Jahr nach seiner Ernennung nicht Vorsitzender sein.

(2) [1]Bei Eröffnung des Hauptverfahrens kann auf Antrag der Staatsanwaltschaft die Zuziehung eines zweiten Richters beim Amtsgericht beschlossen werden, wenn dessen Mitwirkung nach dem Umfang der Sache notwendig erscheint. [2]Eines Antrages der Staatsanwaltschaft bedarf es nicht, wenn ein Gericht höherer Ordnung das Hauptverfahren vor dem Schöffengericht eröffnet.

§ 30 [Befugnisse der Schöffen]

(1) Insoweit das Gesetz nicht Ausnahmen bestimmt, üben die Schöffen während der Hauptverhandlung das Richteramt in vollem Umfang und mit gleichem Stimmrecht wie die Richter beim Amtsgericht aus und nehmen auch an den im Laufe einer Hauptverhandlung zu erlassenden Entscheidungen teil, die in keiner Beziehung zu der Urteilsfällung stehen und die auch ohne mündliche Verhandlung erlassen werden können.

(2) Die außerhalb der Hauptverhandlung erforderlichen Entscheidungen werden von dem Richter beim Amtsgericht erlassen.

§ 31 [Ehrenamt]

[1]Das Amt eines Schöffen ist ein Ehrenamt. [2]Es kann nur von Deutschen versehen werden.

§ 32 [Unfähigkeit zum Schöffenamt]

Unfähig zu dem Amt eines Schöffen sind:

1. Personen, die infolge Richterspruchs die Fähigkeit zur Bekleidung öffentlicher Ämter nicht besitzen oder wegen einer vorsätzlichen Tat zu einer Freiheitsstrafe von mehr als sechs Monaten verurteilt sind;

2. Personen, gegen die ein Ermittlungsverfahren wegen einer Tat schwebt, die den Verlust der Fähigkeit zur Bekleidung öffentlicher Ämter zur Folge haben kann.

§ 33 [Nicht zu berufende Personen]

Zu dem Amt eines Schöffen sollen nicht berufen werden:

1. Personen, die bei Beginn der Amtsperiode das fünfundzwanzigste Lebensjahr noch nicht vollendet haben würden;
2. Personen, die das siebzigste Lebensjahr vollendet haben oder es bis zum Beginn der Amtsperiode vollenden würden;
3. Personen, die zur Zeit der Aufstellung der Vorschlagsliste nicht in der Gemeinde wohnen;
4. Personen, die aus gesundheitlichen Gründen für das Amt nicht geeignet sind;
5. Personen, die mangels ausreichender Beherrschung der deutschen Sprache für das Amt nicht geeignet sind;
6. Personen, die in Vermögensverfall geraten sind.

§ 34 [Weitere nicht zu berufende Personen]

(1) Zu dem Amt eines Schöffen sollen ferner nicht berufen werden:

1. der Bundespräsident;
2. die Mitglieder der Bundesregierung oder einer Landesregierung;
3. Beamte, die jederzeit einstweilig in den Warte- oder Ruhestand versetzt werden können;
4. Richter und Beamte der Staatsanwaltschaft, Notare und Rechtsanwälte;
5. gerichtliche Vollstreckungsbeamte, Polizeivollzugsbeamte, Bedienstete des Strafvollzugs sowie hauptamtliche Bewährungs- und Gerichtshelfer;
6. Religionsdiener und Mitglieder solcher religiösen Vereinigungen, die satzungsgemäß zum gemeinsamen Leben verpflichtet sind.

(2) Die Landesgesetze können außer den vorbezeichneten Beamten höhere Verwaltungsbeamte bezeichnen, die zu dem Amt eines Schöffen nicht berufen werden sollen.

§ 35 [Ablehnung des Schöffenamts]

Die Berufung zum Amt eines Schöffen dürfen ablehnen:

1. Mitglieder des Bundestages, des Bundesrates, des Europäischen Parlaments, eines Landtages oder einer zweiten Kammer;
2. Personen, die
   a) in zwei aufeinanderfolgenden Amtsperioden als ehrenamtlicher Richter in der Strafrechtspflege tätig gewesen sind, sofern die letzte Amtsperiode zum Zeitpunkt der Aufstellung der Vorschlagsliste noch andauert,
   b) in der vorhergehenden Amtsperiode die Verpflichtung eines ehrenamtlichen Richters in der Strafrechtspflege an mindestens vierzig Tagen erfüllt haben oder
   c) bereits als ehrenamtliche Richter tätig sind;
3. Ärzte, Zahnärzte, Krankenschwestern, Kinderkrankenschwestern, Krankenpfleger und Hebammen;
4. Apothekenleiter, die keinen weiteren Apotheker beschäftigen;
5. Personen, die glaubhaft machen, daß ihnen die unmittelbare persönliche Fürsorge für ihre Familie die Ausübung des Amtes in besonderem Maße erschwert;
6. Personen, die das fünfundsechzigste Lebensjahr vollendet haben oder es bis zum Ende der Amtsperiode vollendet haben würden;
7. Personen, die glaubhaft machen, daß die Ausübung des Amtes für sie oder einen Dritten wegen Gefährdung oder erheblicher Beeinträchtigung einer ausreichenden wirtschaftlichen Lebensgrundlage eine besondere Härte bedeutet.

§ 36 [Vorschlagsliste]

(1) [1]Die Gemeinde stellt in jedem fünften Jahr eine Vorschlagsliste für Schöffen auf. [2]Für die Aufnahme in die Liste ist die Zustimmung von zwei Dritteln der anwesenden Mitglieder der Gemeindevertretung, mindestens jedoch der Hälfte der gesetzlichen Zahl der Mitglieder der Gemeindevertretung erforderlich. [3]Die jeweiligen Regelungen zur Beschlussfassung der Gemeindevertretung bleiben unberührt.

(2) [1]Die Vorschlagsliste soll alle Gruppen der Bevölkerung nach Geschlecht, Alter, Beruf und sozialer Stellung angemessen berücksichtigen. [2]Sie muss Familienname, Vornamen, gegebenenfalls einen vom Familiennamen abweichenden Geburtsnamen, Geburtsjahr, Wohnort einschließlich Postleitzahl sowie Beruf der vorgeschlagenen Person enthalten; bei häufig vorkommenden Namen ist auch der Stadt- oder Ortsteil des Wohnortes aufzunehmen.

(3) [1]Die Vorschlagsliste ist in der Gemeinde eine Woche lang zu jedermanns Einsicht aufzulegen. [2]Der Zeitpunkt der Auflegung ist vorher öffentlich bekanntzumachen.

(4) [1]In die Vorschlagslisten des Bezirks des Amtsgerichts sind mindestens doppelt so viele Personen aufzunehmen, wie als erforderliche Zahl von Haupt- und Ersatzschöffen nach § 43 bestimmt sind. [2]Die Verteilung auf die Gemeinden des Bezirks erfolgt durch den Präsidenten des Landgerichts (Präsidenten des Amtsgerichts) in Anlehnung an die Einwohnerzahl der Gemeinden.

§ 37 [Einspruch gegen die Vorschlagsliste]

Gegen die Vorschlagsliste kann binnen einer Woche, gerechnet vom Ende der Auflegungsfrist, schriftlich oder zu Protokoll mit der Begründung Einspruch erhoben werden, daß in die Vorschlagsliste Personen aufgenommen sind, die nach § 32 nicht aufgenommen werden durften oder nach den §§ 33, 34 nicht aufgenommen werden sollten.

§ 38 [Übersendung der Vorschlagsliste]

(1) Der Gemeindevorsteher sendet die Vorschlagsliste nebst den Einsprüchen an den Richter beim Amtsgericht des Bezirks.

(2) Wird nach Absendung der Vorschlagsliste ihre Berichtigung erforderlich, so hat der Gemeindevorsteher hiervon dem Richter beim Amtsgericht Anzeige zu machen.

§ 39 [Vorbereitung der Ausschussberatung]

[1]Der Richter beim Amtsgericht stellt die Vorschlagslisten der Gemeinden zur Liste des Bezirks zusammen und bereitet den Beschluß über die Einsprüche vor. [2]Er hat die Beachtung der Vorschriften des § 36 Abs. 3 zu prüfen und die Abstellung etwaiger Mängel zu veranlassen.

§ 40 [Ausschuss]

(1) Bei dem Amtsgericht tritt jedes fünfte Jahr ein Ausschuß zusammen.

(2) [1]Der Ausschuß besteht aus dem Richter beim Amtsgericht als Vorsitzenden und einem von der Landesregierung zu bestimmenden Verwaltungsbeamten sowie sieben Vertrauenspersonen als Beisitzern. [2]Die Landesregierungen werden ermächtigt, durch Rechtsverordnung die Zuständigkeit für die Bestimmung des Verwaltungsbeamten abweichend von Satz 1 zu regeln. [3]Sie können diese Ermächtigung durch Rechtsverordnung auf oberste Landesbehörden übertragen.

(3) [1]Die Vertrauenspersonen werden aus den Einwohnern des Amtsgerichtsbezirks von der Vertretung des ihm entsprechenden unteren Verwaltungsbezirks mit einer Mehrheit von zwei Dritteln der anwesenden Mitglieder, mindestens jedoch mit der Hälfte der gesetzlichen Mitgliederzahl gewählt. [2]Die jeweiligen Regelungen zur Beschlussfassung dieser Vertretung bleiben unberührt. [3]Umfaßt der Amtsgerichtsbezirk mehrere Verwaltungsbezirke oder Teile mehrerer Verwaltungsbezirke, so bestimmt die zuständige oberste Landesbehörde die Zahl der Vertrauenspersonen, die von den Vertretungen dieser Verwaltungsbezirke zu wählen sind.

(4) Der Ausschuß ist beschlußfähig, wenn wenigstens der Vorsitzende, der Verwaltungsbeamte und drei Vertrauenspersonen anwesend sind.

§ 41 [Entscheidung über Einsprüche]

[1]Der Ausschuß entscheidet mit einfacher Mehrheit über die gegen die Vorschlagsliste erhobenen Einsprüche. [2]Bei Stimmengleichheit entscheidet die Stimme des Vorsitzenden. [3]Die Entscheidungen sind zu Protokoll zu vermerken. [4]Sie sind nicht anfechtbar.

§ 42 [Schöffenwahl]

(1) Aus der berichtigten Vorschlagsliste wählt der Ausschuß mit einer Mehrheit von zwei Dritteln der Stimmen für die nächsten fünf Geschäftsjahre:

1. die erforderliche Zahl von Schöffen;
2. die erforderliche Zahl der Personen, die an die Stelle wegfallender Schöffen treten oder in den Fällen der §§ 46, 47 als Schöffen benötigt werden (Ersatzschöffen). Zu wählen sind Personen, die am Sitz des Amtsgerichts oder in dessen nächster Umgebung wohnen.

(2) Bei der Wahl soll darauf geachtet werden, daß alle Gruppen der Bevölkerung nach Geschlecht, Alter, Beruf und sozialer Stellung angemessen berücksichtigt werden.

§ 43 [Bestimmung der Schöffenzahl]

(1) Die für jedes Amtsgericht erforderliche Zahl von Haupt- und Ersatzschöffen wird durch den Präsidenten des Landgerichts (Präsidenten des Amtsgerichts) bestimmt.

(2) Die Zahl der Hauptschöffen ist so zu bemessen, daß voraussichtlich jeder zu nicht mehr als zwölf ordentlichen Sitzungstagen im Jahr herangezogen wird.

§ 44 [Schöffenliste]
Die Namen der gewählten Hauptschöffen und Ersatzschöffen werden bei jedem Amtsgericht in gesonderte Verzeichnisse aufgenommen (Schöffenlisten).

§ 45 [Feststellung der Sitzungstage]
(1) Die Tage der ordentlichen Sitzungen des Schöffengerichts werden für das ganze Jahr im voraus festgestellt.
(2) [1]Die Reihenfolge, in der die Hauptschöffen an den einzelnen ordentlichen Sitzungen des Jahres teilnehmen, wird durch Auslosung in öffentlicher Sitzung des Amtsgerichts bestimmt. [2]Sind bei einem Amtsgericht mehrere Schöffengerichte eingerichtet, so kann die Auslosung in einer Weise bewirkt werden, nach der jeder Hauptschöffe nur an den Sitzungen eines Schöffengerichts teilnimmt. [3]Die Auslosung ist so vorzunehmen, daß jeder ausgeloste Hauptschöffe möglichst zu zwölf Sitzungstagen herangezogen wird. [4]Satz 1 gilt entsprechend für die Reihenfolge, in der die Ersatzschöffen an die Stelle wegfallender Schöffen treten (Ersatzschöffenliste); Satz 2 ist auf sie nicht anzuwenden.
(3) Das Los zieht der Richter beim Amtsgericht.
(4) [1]Die Schöffenlisten werden bei einem Urkundsbeamten der Geschäftsstelle (Schöffengeschäftsstelle) geführt. [2]Er nimmt ein Protokoll über die Auslosung auf. [3]Der Richter beim Amtsgericht benachrichtigt die Schöffen von der Auslosung. [4]Zugleich sind die Hauptschöffen von den Sitzungstagen, an denen sie tätig werden müssen, unter Hinweis auf die gesetzlichen Folgen des Ausbleibens in Kenntnis zu setzen. [5]Ein Schöffe, der erst im Laufe des Geschäftsjahres zu einem Sitzungstag herangezogen wird, ist sodann in gleicher Weise zu benachrichtigen.

§ 46 [Bildung eines weiteren Schöffengerichts]
[1]Wird bei einem Amtsgericht während des Geschäftsjahres ein weiteres Schöffengericht gebildet, so werden für dessen ordentliche Sitzungen die benötigten Hauptschöffen gemäß § 45 Abs. 1, 2 Satz 1, Abs. 3, 4 aus der Ersatzschöffenliste ausgelost. [2]Die ausgelosten Schöffen werden in der Ersatzschöffenliste gestrichen.

§ 47 [Außerordentliche Sitzungen]
Wenn die Geschäfte die Anberaumung außerordentlicher Sitzungen erforderlich machen oder wenn zu einzelnen Sitzungen die Zuziehung anderer als der zunächst berufenen Schöffen oder Ergänzungsschöffen erforderlich wird, so werden Schöffen aus der Ersatzschöffenliste herangezogen.

§ 48 [Zuziehung von Ergänzungsschöffen]
(1) Ergänzungsschöffen (§ 192 Abs. 2, 3) werden aus der Ersatzschöffenliste zugewiesen.
(2) Im Fall der Verhinderung eines Hauptschöffen tritt der zunächst zugewiesene Ergänzungsschöffe auch dann an seine Stelle, wenn die Verhinderung vor Beginn der Sitzung bekannt wird.

§ 49 [Heranziehung aus der Ersatzschöffenliste]
(1) Wird die Heranziehung von Ersatzschöffen zu einzelnen Sitzungen erforderlich (§§ 47, 48 Abs. 1), so werden sie aus der Ersatzschöffenliste in deren Reihenfolge zugewiesen.
(2) [1]Wird ein Hauptschöffe von der Schöffenliste gestrichen, so tritt der Ersatzschöffe, der nach der Reihenfolge der Ersatzschöffenliste an nächster Stelle steht, unter seiner Streichung in der Ersatzschöffenliste an die Stelle des gestrichenen Hauptschöffen. [2]Die Schöffengeschäftsstelle benachrichtigt den neuen Hauptschöffen gemäß § 45 Abs. 4 Satz 3, 4.
(3) [1]Maßgebend für die Reihenfolge ist der Eingang der Anordnung oder Feststellung, aus der sich die Notwendigkeit der Heranziehung ergibt, bei der Schöffengeschäftsstelle. [2]Die Schöffengeschäftsstelle vermerkt Datum und Uhrzeit des Eingangs auf der Anordnung oder Feststellung. [3]In der Reihenfolge des Eingangs weist sie die Ersatzschöffen nach Absatz 1 den verschiedenen Sitzungen zu oder überträgt sie nach Absatz 2 in die Hauptschöffenliste. [4]Gehen mehrere Anordnungen oder Feststellungen gleichzeitig ein, so sind zunächst Übertragungen aus der Ersatzschöffenliste in die Hauptschöffenliste nach Absatz 2 in der alphabetischen Reihenfolge der Familiennamen der von der Schöffenliste gestrichenen Hauptschöffen vorzunehmen; im übrigen ist die alphabetische Reihenfolge der Familiennamen der an erster Stelle Angeklagten maßgebend.
(4) [1]Ist ein Ersatzschöffe einem Sitzungstag zugewiesen, so ist er erst wieder heranzuziehen, nachdem alle anderen Ersatzschöffen ebenfalls zugewiesen oder von der Dienstleistung entbunden oder nicht erreichbar (§ 54) gewesen sind. [2]Dies gilt auch, wenn er selbst nach seiner Zuweisung von der Dienstleistung entbunden worden oder nicht erreichbar gewesen ist.

§ 50 [Mehrtägige Sitzung]
Erstreckt sich die Dauer einer Sitzung über die Zeit hinaus, für die der Schöffe zunächst einberufen ist, so hat er bis zur Beendigung der Sitzung seine Amtstätigkeit fortzusetzen.

§ 51 [Amtsenthebung von Schöffen]
(1) Ein Schöffe ist seines Amtes zu entheben, wenn er seine Amtspflichten gröblich verletzt hat.
(2) [1]Die Entscheidung trifft ein Strafsenat des Oberlandesgerichts auf Antrag des Richters beim Amtsgericht durch Beschluss nach Anhörung der Staatsanwaltschaft und des beteiligten Schöffen. [2]Die Entscheidung ist nicht anfechtbar.
(3) [1]Der nach Absatz 2 Satz 1 zuständige Senat kann anordnen, dass der Schöffe bis zur Entscheidung über die Amtsenthebung nicht zu Sitzungen heranzuziehen ist. [2]Die Anordnung ist nicht anfechtbar.

§ 52 [Streichung von der Schöffenliste]
(1) [1]Ein Schöffe ist von der Schöffenliste zu streichen, wenn
1. seine Unfähigkeit zum Amt eines Schöffen eintritt oder bekannt wird, oder
2. Umstände eintreten oder bekannt werden, bei deren Vorhandensein eine Berufung zum Schöffenamt nicht erfolgen soll.

[2]Im Falle des § 33 Nr. 3 gilt dies jedoch nur, wenn der Schöffe seinen Wohnsitz im Landgerichtsbezirk aufgibt.
(2) [1]Auf seinen Antrag ist ein Schöffe aus der Schöffenliste zu streichen, wenn er
1. seinen Wohnsitz im Amtsgerichtsbezirk, in dem er tätig ist, aufgibt oder
2. während eines Geschäftsjahres an mehr als 24 Sitzungstagen an Sitzungen teilgenommen hat.

[2]Bei Hauptschöffen wird die Streichung nur für Sitzungen wirksam, die später als zwei Wochen nach dem Tag beginnen, an dem der Antrag bei der Schöffengeschäftsstelle eingeht. [3]Ist einem Ersatzschöffen eine Mitteilung über seine Heranziehung zu einem bestimmten Sitzungstag bereits zugegangen, so wird seine Streichung erst nach Abschluß der an diesem Sitzungstag begonnenen Hauptverhandlung wirksam.
(3) [1]Ist der Schöffe verstorben oder aus dem Landgerichtsbezirk verzogen, ordnet der Richter beim Amtsgericht seine Streichung an. [2]Im Übrigen entscheidet er nach Anhörung der Staatsanwaltschaft und des beteiligten Schöffen.
(4) Die Entscheidung ist nicht anfechtbar.
(5) Wird ein Ersatzschöffe in die Hauptschöffenliste übertragen, so gehen die Dienstleistungen vor, zu denen er zuvor als Ersatzschöffe herangezogen war.
(6) [1]Hat sich die ursprüngliche Zahl der Ersatzschöffen in der Ersatzschöffenliste auf die Hälfte verringert, so findet aus den vorhandenen Vorschlagslisten eine Ergänzungswahl durch den Ausschuß statt, der die Schöffenwahl vorgenommen hatte. [2]Der Richter beim Amtsgericht kann von der Ergänzungswahl absehen, wenn sie in den letzten sechs Monaten des Zeitraums stattfinden müßte, für den die Schöffen gewählt sind. [3]Für die Bestimmung der Reihenfolge der neuen Ersatzschöffen gilt § 45 entsprechend mit der Maßgabe, daß die Plätze im Anschluß an den im Zeitpunkt der Auslosung an letzter Stelle der Ersatzschöffenliste stehenden Schöffen ausgelost werden.

§ 53 [Ablehnungsgründe]
(1) [1]Ablehnungsgründe sind nur zu berücksichtigen, wenn sie innerhalb einer Woche, nachdem der beteiligte Schöffe von seiner Einberufung in Kenntnis gesetzt worden ist, von ihm geltend gemacht werden. [2]Sind sie später entstanden oder bekannt geworden, so ist die Frist erst von diesem Zeitpunkt zu berechnen.
(2) [1]Der Richter beim Amtsgericht entscheidet über das Gesuch nach Anhörung der Staatsanwaltschaft. [2]Die Entscheidung ist nicht anfechtbar.

§ 54 [Entbindung vom Schöffenamt an einzelnen Sitzungstagen]
(1) [1]Der Richter beim Amtsgericht kann einen Schöffen auf dessen Antrag wegen eingetretener Hinderungsgründe von der Dienstleistung an bestimmten Sitzungstagen entbinden. [2]Ein Hinderungsgrund liegt vor, wenn der Schöffe an der Dienstleistung durch unabwendbare Umstände gehindert ist oder wenn ihm die Dienstleistung nicht zugemutet werden kann.
(2) [1]Für die Heranziehung von Ersatzschöffen steht es der Verhinderung eines Schöffen gleich, wenn der Schöffe nicht erreichbar ist. [2]Ein Schöffe, der sich zur Sitzung nicht einfindet und dessen Erscheinen ohne erhebliche Verzögerung ihres Beginns voraussichtlich nicht herbeigeführt werden kann, gilt als nicht erreichbar. [3]Ein Ersatzschöffe ist auch dann als nicht erreichbar anzusehen, wenn seine Heranziehung eine Vertagung der Verhandlung oder eine erhebliche Verzögerung ihres Beginns notwendig machen würde. [4]Die Entscheidung darüber, daß ein Schöffe nicht erreichbar ist, trifft der Richter beim Amtsgericht. [5]§ 56 bleibt unberührt.

(3) [1]Die Entscheidung ist nicht anfechtbar. [2]Der Antrag nach Absatz 1 und die Entscheidung sind aktenkundig zu machen.

§ 55 [Entschädigung]

Die Schöffen und Vertrauenspersonen des Ausschusses erhalten eine Entschädigung nach dem Justizvergütungs- und -entschädigungsgesetz.

§ 56 [Unentschuldigtes Ausbleiben]

(1) [1]Gegen Schöffen und Vertrauenspersonen des Ausschusses, die sich ohne genügende Entschuldigung zu den Sitzungen nicht rechtzeitig einfinden oder sich ihren Obliegenheiten in anderer Weise entziehen, wird ein Ordnungsgeld festgesetzt. [2]Zugleich werden ihnen auch die verursachten Kosten auferlegt.

(2) [1]Die Entscheidung trifft der Richter beim Amtsgericht nach Anhörung der Staatsanwaltschaft. [2]Bei nachträglicher genügender Entschuldigung kann die Entscheidung ganz oder zum Teil zurückgenommen werden. [3]Gegen die Entscheidung ist Beschwerde des Betroffenen nach den Vorschriften der Strafprozeßordnung zulässig.

§ 57 [Bestimmung der Fristen]

Bis zu welchem Tag die Vorschlagslisten aufzustellen und dem Richter beim Amtsgericht einzureichen sind, der Ausschuß zu berufen und die Auslosung der Schöffen zu bewirken ist, wird durch die Landesjustizverwaltung bestimmt.

§ 58 [Gemeinsames Amtsgericht]

(1) [1]Die Landesregierungen werden ermächtigt, durch Rechtsverordnung einem Amtsgericht für die Bezirke mehrerer Amtsgerichte die Strafsachen ganz oder teilweise, Entscheidungen bestimmter Art in Strafsachen sowie Rechtshilfeersuchen in strafrechtlichen Angelegenheiten von Stellen außerhalb des räumlichen Geltungsbereichs dieses Gesetzes zuzuweisen, sofern die Zusammenfassung für eine sachdienliche Förderung oder schnellere Erledigung der Verfahren zweckmäßig ist. [2]Die Landesregierungen können die Ermächtigung durch Rechtsverordnung auf die Landesjustizverwaltungen übertragen.

(2) [1]Wird ein gemeinsames Schöffengericht für die Bezirke mehrerer Amtsgerichte eingerichtet, so bestimmt der Präsident des Landgerichts (Präsident des Amtsgerichts) die erforderliche Zahl von Haupt- und Ersatzschöffen und die Verteilung der Zahl der Hauptschöffen auf die einzelnen Amtsgerichtsbezirke. [2]Ist Sitz des Amtsgerichts, bei dem ein gemeinsames Schöffengericht eingerichtet ist, eine Stadt, die Bezirke der anderen Amtsgerichte oder Teile davon umfaßt, so verteilt der Präsident des Landgerichts (Präsident des Amtsgerichts) die Zahl der Ersatzschöffen auf diese Amtsgerichte; die Landesjustizverwaltung kann bestimmte Amtsgerichte davon ausnehmen. [3]Der Präsident des Amtsgerichts tritt nur dann an die Stelle des Präsidenten des Landgerichts, wenn alle beteiligten Amtsgerichte seiner Dienstaufsicht unterstehen.

(3) Die übrigen Vorschriften dieses Titels sind entsprechend anzuwenden.

Fünfter Titel
Landgerichte

§ 59 [Besetzung]

(1) Die Landgerichte werden mit einem Präsidenten sowie mit Vorsitzenden Richtern und weiteren Richtern besetzt.

(2) Den Richtern kann gleichzeitig ein weiteres Richteramt bei einem Amtsgericht übertragen werden.

(3) Es können Richter auf Probe und Richter kraft Auftrags verwendet werden.

§ 60 [Zivil- und Strafkammern]

(1) Bei jedem Landgericht werden, soweit nichts anders bestimmt ist, sowohl Zivil- als auch Strafkammern gebildet.

(2) [1]Die Landesregierungen werden ermächtigt, durch Rechtsverordnung bei einem Landgericht mit mindestens 100 Richterstellen ausschließlich Zivil- oder Strafkammern zu bilden und diesem für die Bezirke mehrerer Landgerichte die Zivil- oder Strafsachen zuzuweisen. [2]Die Landesregierungen können die Ermächtigung nach Satz 1 auf die Landesjustizverwaltungen übertragen.

§§ 61 bis 69 (weggefallen)

§ 70 [Vertretung der Kammermitglieder]

(1) Soweit die Vertretung eines Mitgliedes nicht durch ein Mitglied desselben Gerichts möglich ist, wird sie auf den Antrag des Präsidiums durch die Landesjustizverwaltung geordnet.

(2) Die Beiordnung eines Richters auf Probe oder eines Richters kraft Auftrags ist auf eine bestimmte Zeit auszusprechen und darf vor Ablauf dieser Zeit nicht widerrufen werden.
(3) Unberührt bleiben die landesgesetzlichen Vorschriften, nach denen richterliche Geschäfte nur von auf Lebenszeit ernannten Richtern wahrgenommen werden können, sowie die, welche die Vertretung durch auf Lebenszeit ernannte Richter regeln.

§ 71 [Zuständigkeit in Zivilsachen in 1. Instanz]

(1) Vor die Zivilkammern, einschließlich der Kammern für Handelssachen, gehören alle bürgerlichen Rechtsstreitigkeiten, die nicht den Amtsgerichten zugewiesen sind.
(2) Die Landgerichte sind ohne Rücksicht auf den Wert des Streitgegenstandes ausschließlich zuständig
1. für die Ansprüche, die auf Grund der Beamtengesetze gegen den Fiskus erhoben werden;
2. für die Ansprüche gegen Richter und Beamte wegen Überschreitung ihrer amtlichen Befugnisse oder wegen pflichtwidriger Unterlassung von Amtshandlungen;
3. für die in § 1 Absatz 1 des Kapitalanleger-Musterverfahrensgesetzes genannten Ansprüche;
4. für Verfahren nach
   a) *[aufgehoben]*
   b) den §§ 98, 99, 132, 142, 145, 258, 260, 293c und 315 des Aktiengesetzes,
   c) § 26 des SE-Ausführungsgesetzes,
   d) § 10 des Umwandlungsgesetzes,
   e) dem Spruchverfahrensgesetz,
   f) den §§ 39a und 39b des Wertpapiererwerbs- und Übernahmegesetzes;
5. in Streitigkeiten
   a) über das Anordnungsrecht des Bestellers gemäß § 650b des Bürgerlichen Gesetzbuchs,
   b) über die Höhe des Vergütungsanspruchs infolge einer Anordnung des Bestellers (§ 650c des Bürgerlichen Gesetzbuchs);
6. für Ansprüche aus dem Unternehmensstabilisierungs- und -restrukturierungsgesetz.

(3) Der Landesgesetzgebung bleibt überlassen, Ansprüche gegen den Staat oder eine Körperschaft des öffentlichen Rechts wegen Verfügungen der Verwaltungsbehörden sowie Ansprüche wegen öffentlicher Abgaben ohne Rücksicht auf den Wert des Streitgegenstandes den Landgerichten ausschließlich zuzuweisen.
(4) [1]Die Landesregierungen werden ermächtigt, durch Rechtsverordnung die Entscheidungen in Verfahren nach Absatz 2 Nummer 4 Buchstabe a bis e und Nummer 5 einem Landgericht für die Bezirke mehrerer Landgerichte zu übertragen. [2]In Verfahren nach Absatz 2 Nummer 4 Buchstabe a bis e darf die Übertragung nur erfolgen, wenn dies der Sicherung einer einheitlichen Rechtsprechung dient. [3]Die Landesregierungen können die Ermächtigung auf die Landesjustizverwaltungen übertragen.

§ 72 [Zuständigkeit in Zivilsachen in 2. Instanz]

(1) [1]Die Zivilkammern, einschließlich der Kammern für Handelssachen und der in § 72a genannten Kammern, sind die Berufungs- und Beschwerdegerichte in den vor den Amtsgerichten verhandelten bürgerlichen Rechtsstreitigkeiten, soweit nicht die Zuständigkeit der Oberlandesgerichte begründet ist. [2]Die Landgerichte sind ferner die Beschwerdegerichte in Freiheitsentziehungssachen und in den von den Betreuungsgerichten entschiedenen Sachen.
(2) [1]In Streitigkeiten nach § 43 Absatz 2 des Wohnungseigentumsgesetzes ist das für den Sitz des Oberlandesgerichts zuständige Landgericht gemeinsames Berufungs- und Beschwerdegericht für den Bezirk des Oberlandesgerichts, in dem das Amtsgericht seinen Sitz hat. [2]Die Landesregierungen werden ermächtigt, durch Rechtsverordnung anstelle dieses Gerichts ein anderes Landgericht im Bezirk des Oberlandesgerichts zu bestimmen. [3]Sie können die Ermächtigung auf die Landesjustizverwaltungen übertragen.

§ 72a [Obligatorische Einrichtung spezialisierter Spruchkörper]

(1) Bei den Landgerichten werden eine oder mehrere Zivilkammern für folgende Sachgebiete gebildet:
1. Streitigkeiten aus Bank- und Finanzgeschäften,
2. Streitigkeiten aus Bau- und Architektenverträgen sowie aus Ingenieurverträgen, soweit sie im Zusammenhang mit Bauleistungen stehen,
3. Streitigkeiten aus Heilbehandlungen,
4. Streitigkeiten aus Versicherungsvertragsverhältnissen,
5. Streitigkeiten über Ansprüche aus Veröffentlichungen durch Druckerzeugnisse, Bild- und Tonträger jeder Art, insbesondere in Presse, Rundfunk, Film und Fernsehen,
6. erbrechtliche Streitigkeiten und

7. insolvenzrechtliche Streitigkeiten und Beschwerden, Anfechtungssachen nach dem Anfechtungsgesetz sowie Streitigkeiten und Beschwerden aus dem Unternehmensstabilisierungs- und -restrukturierungsgesetz.

(2) [1]Die Landesregierungen werden ermächtigt, durch Rechtsverordnung bei den Landgerichten eine oder mehrere Zivilkammern für weitere Sachgebiete einzurichten. [2]Die Landesregierungen können die Ermächtigung auf die Landesjustizverwaltungen übertragen.

(3) Den Zivilkammern nach den Absätzen 1 und 2 können auch Streitigkeiten nach den §§ 71 und 72 zugewiesen werden.

§ 73 [Allgemeine Zuständigkeit in Strafsachen]

(1) Die Strafkammern entscheiden über Beschwerden gegen Verfügungen des Richters beim Amtsgericht sowie gegen Entscheidungen des Richters beim Amtsgericht und der Schöffengerichte.

(2) Die Strafkammern erledigen außerdem die in der Strafprozeßordnung den Landgerichten zugewiesenen Geschäfte.

§ 73a (weggefallen)

§ 74 [Zuständigkeit in Strafsachen in 1. und 2. Instanz]

(1) [1]Die Strafkammern sind als erkennende Gerichte des ersten Rechtszuges zuständig für alle Verbrechen, die nicht zur Zuständigkeit des Amtsgerichts oder des Oberlandesgerichts gehören. [2]Sie sind auch zuständig für alle Straftaten, bei denen eine höhere Strafe als vier Jahre Freiheitsstrafe oder die Unterbringung in einem psychiatrischen Krankenhaus, allein oder neben einer Strafe, oder in der Sicherungsverwahrung zu erwarten ist oder bei denen die Staatsanwaltschaft in den Fällen des § 24 Abs. 1 Nr. 3 Anklage beim Landgericht erhebt.

(2) [1]Für die Verbrechen

1. des sexuellen Missbrauchs von Kindern mit Todesfolge (§ 176d des Strafgesetzbuches),
2. des sexuellen Übergriffs, der sexuellen Nötigung und Vergewaltigung mit Todesfolge (§ 178 des Strafgesetzbuches),
3. des Mordes (§ 211 des Strafgesetzbuches),
4. des Totschlags (§ 212 des Strafgesetzbuches),
5. *[aufgehoben]*
6. der Aussetzung mit Todesfolge (§ 221 Abs. 3 des Strafgesetzbuches),
7. der Körperverletzung mit Todesfolge (§ 227 des Strafgesetzbuches),
8. der Entziehung Minderjähriger mit Todesfolge (§ 235 Abs. 5 des Strafgesetzbuches),
8a. der Nachstellung mit Todesfolge (§ 238 Absatz 3 des Strafgesetzbuches),
9. der Freiheitsberaubung mit Todesfolge (§ 239 Abs. 4 des Strafgesetzbuches),
10. des erpresserischen Menschenraubes mit Todesfolge (§ 239a Absatz 3 des Strafgesetzbuches),
11. der Geiselnahme mit Todesfolge (§ 239b Abs. 2 in Verbindung mit § 239a Absatz 3 des Strafgesetzbuches),
12. des Raubes mit Todesfolge (§ 251 des Strafgesetzbuches),
13. des räuberischen Diebstahls mit Todesfolge (§ 252 in Verbindung mit § 251 des Strafgesetzbuches),
14. der räuberischen Erpressung mit Todesfolge (§ 255 in Verbindung mit § 251 des Strafgesetzbuches),
15. der Brandstiftung mit Todesfolge (§ 306c des Strafgesetzbuches),
16. des Herbeiführens einer Explosion durch Kernenergie (§ 307 Abs. 1 bis 3 des Strafgesetzbuches),
17. des Herbeiführens einer Sprengstoffexplosion mit Todesfolge (§ 308 Abs. 3 des Strafgesetzbuches),
18. des Mißbrauchs ionisierender Strahlen gegenüber einer unübersehbaren Zahl von Menschen (§ 309 Abs. 2 und 4 des Strafgesetzbuches),
19. der fehlerhaften Herstellung einer kerntechnischen Anlage mit Todesfolge (§ 312 Abs. 4 des Strafgesetzbuches),
20. des Herbeiführens einer Überschwemmung mit Todesfolge (§ 313 in Verbindung mit § 308 Abs. 3 des Strafgesetzbuches),
21. der gemeingefährlichen Vergiftung mit Todesfolge (§ 314 in Verbindung mit § 308 Abs. 3 des Strafgesetzbuches),
22. des räuberischen Angriffs auf Kraftfahrer mit Todesfolge (§ 316a Abs. 3 des Strafgesetzbuches),
23. des Angriffs auf den Luft- und Seeverkehr mit Todesfolge (§ 316c Abs. 3 des Strafgesetzbuches),
24. der Beschädigung wichtiger Anlagen mit Todesfolge (§ 318 Abs. 4 des Strafgesetzbuches),
25. einer vorsätzlichen Umweltstraftat mit Todesfolge (§ 330 Abs. 2 Nr. 2 des Strafgesetzbuches),
26. der schweren Gefährdung durch Freisetzen von Giften mit Todesfolge (§ 330a Absatz 2 des Strafgesetzbuches),

27. der Körperverletzung im Amt mit Todesfolge (§ 340 Absatz 3 in Verbindung mit § 227 des Strafgesetzbuches),
28. des Abgebens, Verabreichens oder Überlassens von Betäubungsmitteln zum unmittelbaren Verbrauch mit Todesfolge (§ 30 Absatz 1 Nummer 3 des Betäubungsmittelgesetzes),
29. des Einschleusens mit Todesfolge (§ 97 Absatz 1 des Aufenthaltsgesetzes)

ist eine Strafkammer als Schwurgericht zuständig. [2]§ 120 bleibt unberührt.

(3) Die Strafkammern sind außerdem zuständig für die Verhandlung und Entscheidung über das Rechtsmittel der Berufung gegen die Urteile des Strafrichters und des Schöffengerichts.

§ 74a [Zuständigkeit der Staatsschutzkammer]

(1) Bei den Landgerichten, in deren Bezirk ein Oberlandesgericht seinen Sitz hat, ist eine Strafkammer für den Bezirk dieses Oberlandesgerichts als erkennendes Gericht des ersten Rechtszuges zuständig für Straftaten

1. des Friedensverrats in den Fällen des § 80a des Strafgesetzbuches,
2. der Gefährdung des demokratischen Rechtsstaates in den Fällen der §§ 84 bis 86, 87 bis 90, 90a Abs. 3 und des § 90b des Strafgesetzbuches,
3. der Gefährdung der Landesverteidigung in den Fällen der §§ 109d bis 109g des Strafgesetzbuches,
4. der Zuwiderhandlung gegen ein Vereinigungsverbot in den Fällen des § 129, auch in Verbindung mit § 129b Abs. 1, des Strafgesetzbuches und des § 20 Abs. 1 Satz 1 Nr. 1 bis 4 des Vereinsgesetzes; dies gilt nicht, wenn dieselbe Handlung eine Straftat nach dem Betäubungsmittelgesetz, Konsumcannabisgesetz oder Medizinal-Cannabisgesetz darstellt,
5. der Verschleppung (§ 234a des Strafgesetzbuches),
6. des Verschwindenlassens von Personen (§ 234b des Strafgesetzbuches) und
7. der politischen Verdächtigung (§ 241a des Strafgesetzbuches).

(2) Die Zuständigkeit des Landgerichts entfällt, wenn der Generalbundesanwalt wegen der besonderen Bedeutung des Falles vor der Eröffnung des Hauptverfahrens die Verfolgung übernimmt, es sei denn, daß durch Abgabe nach § 142a Abs. 4 oder durch Verweisung nach § 120 Absatz 2 Satz 3 die Zuständigkeit des Landgerichts begründet wird.

(3) In den Sachen, in denen die Strafkammer nach Absatz 1 zuständig ist, trifft sie auch die in § 73 Abs. 1 bezeichneten Entscheidungen.

(4) Für die Anordnung von Maßnahmen nach den §§ 100b und 100c der Strafprozessordnung ist eine nicht mit Hauptverfahren in Strafsachen befasste Kammer bei den Landgerichten, in deren Bezirk ein Oberlandesgericht seinen Sitz hat, für den Bezirk dieses Oberlandesgerichts zuständig.

(5) Im Rahmen der Absätze 1, 3 und 4 erstreckt sich der Bezirk des Landgerichts auf den Bezirk des Oberlandesgerichts.

§ 74b [Zuständigkeit in Jugendschutzsachen]

[1]In Jugendschutzsachen (§ 26 Abs. 1 Satz 1) ist neben der für allgemeine Strafsachen zuständigen Strafkammer auch die Jugendkammer als erkennendes Gericht des ersten Rechtszuges zuständig. [2]§ 26 Abs. 2 und §§ 73 und 74 gelten entsprechend.

§ 74c [Zuständigkeit der Wirtschaftsstrafkammer]

(1) [1]Für Straftaten

1. nach dem Patentgesetz, dem Gebrauchsmustergesetz, dem Halbleiterschutzgesetz, dem Sortenschutzgesetz, dem Markengesetz, dem Designgesetz, dem Urheberrechtsgesetz, dem Gesetz gegen den unlauteren Wettbewerb, dem Gesetz zum Schutz von Geschäftsgeheimnissen, der Insolvenzordnung, dem Unternehmensstabilisierungs- und -restrukturierungsgesetz, dem Aktiengesetz, dem Gesetz über die Rechnungslegung von bestimmten Unternehmen und Konzernen, dem Gesetz betreffend die Gesellschaften mit beschränkter Haftung, dem Handelsgesetzbuch, dem SE-Ausführungsgesetz, dem Gesetz zur Ausführung der EWG-Verordnung über die Europäische wirtschaftliche Interessenvereinigung, dem Genossenschaftsgesetz, dem SCE-Ausführungsgesetz und dem Umwandlungsgesetz,
2. nach den Gesetzen über das Bank-, Depot-, Börsen- und Kreditwesen sowie nach dem Versicherungsaufsichtsgesetz, dem Zahlungsdiensteaufsichtsgesetz und dem Wertpapierhandelsgesetz,
3. nach dem Wirtschaftsstrafgesetz 1954, dem Außenwirtschaftsgesetz, dem Sanktionsdurchsetzungsgesetz, den Devisenbewirtschaftungsgesetzen sowie dem Finanzmonopol-, Steuer- und Zollrecht, auch soweit dessen Strafvorschriften nach anderen Gesetzen anwendbar sind; dies gilt nicht, wenn dieselbe Handlung eine Straftat nach dem Betäubungsmittelgesetz darstellt, und nicht für Steuerstraftaten, welche die Kraftfahrzeugsteuer betreffen,

4. nach dem Weingesetz und dem Lebensmittelrecht,
5. des Subventionsbetruges, des Kapitalanlagebetruges, des Kreditbetruges, des Bankrotts, der Verletzung der Buchführungspflicht, der Gläubigerbegünstigung und der Schuldnerbegünstigung,
5a. der wettbewerbsbeschränkenden Absprachen bei Ausschreibungen, der Bestechlichkeit und Bestechung im geschäftlichen Verkehr, der Bestechlichkeit im Gesundheitswesen, der Bestechung im Gesundheitswesen, der Bestechlichkeit und der Bestechung ausländischer und internationaler Bediensteter sowie nach dem Gesetz zur Bekämpfung internationaler Bestechung,
6. a) der Geldwäsche, des Betruges, des Computerbetruges, der Untreue, des Vorenthaltens und Veruntreuens von Arbeitsentgelt, des Wuchers, der Vorteilsannahme, der Bestechlichkeit, der Vorteilsgewährung und der Bestechung,
   b) nach dem Arbeitnehmerüberlassungsgesetz, dem EU-Finanzschutzstärkungsgesetz und dem Schwarzarbeitsbekämpfungsgesetz,

soweit zur Beurteilung des Falles besondere Kenntnisse des Wirtschaftslebens erforderlich sind, ist, soweit nach § 74 Abs. 1 als Gericht des ersten Rechtszuges und nach § 74 Abs. 3 für die Verhandlung und Entscheidung über das Rechtsmittel der Berufung gegen die Urteile des Schöffengerichts das Landgericht zuständig ist, eine Strafkammer als Wirtschaftsstrafkammer zuständig. [2]Die §§ 120 und 120b bleiben unberührt.

(2) In den Sachen, in denen die Wirtschaftsstrafkammer nach Absatz 1 zuständig ist, trifft sie auch die in § 73 Abs. 1 bezeichneten Entscheidungen.

(3) [1]Die Landesregierungen werden ermächtigt, zur sachdienlichen Förderung oder schnelleren Erledigung der Verfahren durch Rechtsverordnung einem Landgericht für die Bezirke mehrerer Landgerichte ganz oder teilweise Strafsachen zuzuweisen, welche die in Absatz 1 bezeichneten Straftaten zum Gegenstand haben. [2]Die Landesregierungen können die Ermächtigung durch Rechtsverordnung auf die Landesjustizverwaltungen übertragen.

(4) Im Rahmen des Absatzes 3 erstreckt sich der Bezirk des danach bestimmten Landgerichts auf die Bezirke der anderen Landgerichte.

§ 74d [Strafkammer als gemeinsames Schwurgericht]

(1) [1]Die Landesregierungen werden ermächtigt, durch Rechtsverordnung einem Landgericht für die Bezirke mehrerer Landgerichte die in § 74 Abs. 2 bezeichneten Strafsachen zuzuweisen, sofern dies der sachlichen Förderung der Verfahren dient. [2]Die Landesregierungen können die Ermächtigung auf die Landesjustizverwaltungen übertragen.

(2) *[aufgehoben]*

§ 74e [Vorrang bei Zuständigkeitsüberschneidungen]

Unter verschiedenen nach den Vorschriften der §§ 74 bis 74d zuständigen Strafkammern kommt
1. in erster Linie dem Schwurgericht (§ 74 Abs. 2, § 74d),
2. in zweiter Linie der Wirtschaftsstrafkammer (§ 74c),
3. in dritter Linie der Strafkammer nach § 74a

der Vorrang zu.

§ 74f [Zuständigkeit bei vorbehaltener oder nachträglicher Anordnung der Sicherungsverwahrung]

(1) Hat im ersten Rechtszug eine Strafkammer die Anordnung der Sicherungsverwahrung vorbehalten oder im Fall des § 66b des Strafgesetzbuches als Tatgericht entschieden, ist diese Strafkammer im ersten Rechtszug für die Verhandlung und Entscheidung über die im Urteil vorbehaltene oder die nachträgliche Anordnung der Sicherungsverwahrung zuständig.

(2) Hat im Fall des § 66b des Strafgesetzbuches im ersten Rechtszug ausschließlich das Amtsgericht als Tatgericht entschieden, ist im ersten Rechtszug eine Strafkammer des ihm übergeordneten Landgerichts für die Verhandlung und Entscheidung über die nachträgliche Anordnung der Sicherungsverwahrung zuständig.

(3) Im Fall des § 66b des Strafgesetzbuches gilt § 462a Absatz 3 Satz 2 und 3 der Strafprozessordnung entsprechend.

(4) [1]In Verfahren, in denen über die im Urteil vorbehaltene oder die nachträgliche Anordnung der Sicherungsverwahrung zu entscheiden ist, ist die große Strafkammer mit drei Richtern einschließlich des Vorsitzenden und zwei Schöffen besetzt. [2]Bei Entscheidungen außerhalb der Hauptverhandlung wirken die Schöffen nicht mit.

§ 75 [Besetzung der Zivilkammern]

Die Zivilkammern sind, soweit nicht nach den Vorschriften der Prozeßgesetze an Stelle der Kammer der Einzelrichter zu entscheiden hat, mit drei Mitgliedern einschließlich des Vorsitzenden besetzt.

§ 76 [Besetzung der Strafkammern]

(1) [1]Die Strafkammern sind mit drei Richtern einschließlich des Vorsitzenden und zwei Schöffen (große Strafkammer), in Verfahren über Berufungen gegen ein Urteil des Strafrichters oder des Schöffengerichts mit dem Vorsitzenden und zwei Schöffen (kleine Strafkammer) besetzt. [2]Bei Entscheidungen außerhalb der Hauptverhandlung wirken die Schöffen nicht mit.

(2) [1]Bei der Eröffnung des Hauptverfahrens beschließt die große Strafkammer über ihre Besetzung in der Hauptverhandlung. [2]Ist das Hauptverfahren bereits eröffnet, beschließt sie hierüber bei der Anberaumung des Termins zur Hauptverhandlung. [3]Sie beschließt eine Besetzung mit drei Richtern einschließlich des Vorsitzenden und zwei Schöffen, wenn

1. sie als Schwurgericht zuständig ist,
2. die Anordnung der Unterbringung in der Sicherungsverwahrung, deren Vorbehalt oder die Anordnung der Unterbringung in einem psychiatrischen Krankenhaus zu erwarten ist oder
3. nach dem Umfang oder der Schwierigkeit der Sache die Mitwirkung eines dritten Richters notwendig erscheint.

[4]Im Übrigen beschließt die große Strafkammer eine Besetzung mit zwei Richtern einschließlich des Vorsitzenden und zwei Schöffen.

(3) Die Mitwirkung eines dritten Richters nach Absatz 2 Satz 3 Nummer 3 ist in der Regel notwendig, wenn die Hauptverhandlung voraussichtlich länger als zehn Tage dauern wird oder die große Strafkammer als Wirtschaftsstrafkammer zuständig ist.

(4) Hat die Strafkammer eine Besetzung mit zwei Richtern einschließlich des Vorsitzenden und zwei Schöffen beschlossen und ergeben sich vor Beginn der Hauptverhandlung neue Umstände, die nach Maßgabe der Absätze 2 und 3 eine Besetzung mit drei Richtern einschließlich des Vorsitzenden und zwei Schöffen erforderlich machen, beschließt sie eine solche Besetzung.

(5) Ist eine Sache vom Revisionsgericht zurückverwiesen oder ist die Hauptverhandlung ausgesetzt worden, kann die jeweils zuständige Strafkammer erneut nach Maßgabe der Absätze 2 und 3 über ihre Besetzung beschließen.

(6) [1]In Verfahren über Berufungen gegen ein Urteil des erweiterten Schöffengerichts (§ 29 Abs. 2) ist ein zweiter Richter hinzuzuziehen. [2]Außerhalb der Hauptverhandlung entscheidet der Vorsitzende allein.

§ 77 [Schöffen der Strafkammern]

(1) Für die Schöffen der Strafkammern gelten entsprechend die Vorschriften über die Schöffen des Schöffengerichts mit folgender Maßgabe:

(2) [1]Der Präsident des Landgerichts verteilt die Zahl der erforderlichen Hauptschöffen für die Strafkammern auf die zum Bezirk des Landgerichts gehörenden Amtsgerichtsbezirke. [2]Die Ersatzschöffen wählt der Ausschuß bei dem Amtsgericht, in dessen Bezirk das Landgericht seinen Sitz hat. [3]Hat das Landgericht seinen Sitz außerhalb seines Bezirks, so bestimmt die Landesjustizverwaltung, welcher Ausschuß der zum Bezirk des Landgerichts gehörigen Amtsgerichte die Ersatzschöffen wählt. [4]Ist Sitz des Landgerichts eine Stadt, die Bezirke von zwei oder mehr zum Bezirk des Landgerichts gehörenden Amtsgerichten oder Teile davon umfaßt, so gilt für die Wahl der Ersatzschöffen durch die bei diesen Amtsgerichten gebildeten Ausschüsse Satz 1 entsprechend; die Landesjustizverwaltung kann bestimmte Amtsgerichte davon ausnehmen. [5]Die Namen der gewählten Hauptschöffen und der Ersatzschöffen werden von dem Richter beim Amtsgericht dem Präsidenten des Landgerichts mitgeteilt. [6]Der Präsident des Landgerichts stellt die Namen der Hauptschöffen zur Schöffenliste des Landgerichts zusammen.

(3) [1]An die Stelle des Richters beim Amtsgericht tritt für die Auslosung der Reihenfolge, in der die Hauptschöffen an den einzelnen ordentlichen Sitzungen teilnehmen, und der Reihenfolge, in der die Ersatzschöffen an die Stelle wegfallender Schöffen treten, der Präsident des Landgerichts; § 45 Abs. 4 Satz 3, 4 gilt entsprechend. [2]Ist der Schöffe verstorben oder aus dem Landgerichtsbezirk verzogen, ordnet der Vorsitzende der Strafkammer die Streichung von der Schöffenliste an; in anderen Fällen wird die Entscheidung darüber, ob ein Schöffe von der Schöffenliste zu streichen ist, sowie über die von einem Schöffen vorgebrachten Ablehnungsgründe von einer Strafkammer getroffen. [3]Im übrigen tritt an die Stelle des Richters beim Amtsgericht der Vorsitzende der Strafkammer.

(4) [1]Ein ehrenamtlicher Richter darf für dasselbe Geschäftsjahr nur entweder als Schöffe für das Schöffengericht oder als Schöffe für die Strafkammern bestimmt werden. [2]Ist jemand für dasselbe Geschäftsjahr in einem Bezirk zu mehreren dieser Ämter oder in mehreren Bezirken zu diesen Ämtern bestimmt worden, so hat der Einberufene das Amt zu übernehmen, zu dem er zuerst einberufen wird.

(5) § 52 Abs. 2 Satz 1 Nr. 1 findet keine Anwendung.

§ 78 [Auswärtige Strafkammern bei Amtsgerichten]

(1) [1]Die Landesregierungen werden ermächtigt, durch Rechtsverordnung wegen großer Entfernung zu dem Sitz eines Landgerichts bei einem Amtsgericht für den Bezirk eines oder mehrerer Amtsgerichte eine Strafkammer zu bilden und ihr für diesen Bezirk die gesamte Tätigkeit der Strafkammer des Landgerichts oder einen Teil dieser Tätigkeit zuzuweisen. [2]Die in § 74 Abs. 2 bezeichneten Verbrechen dürfen einer nach Satz 1 gebildeten Strafkammer nicht zugewiesen werden. [3]Die Landesregierungen können die Ermächtigung auf die Landesjustizverwaltungen übertragen.

(2) [1]Die Kammer wird aus Mitgliedern des Landgerichts oder Richtern beim Amtsgericht des Bezirks besetzt, für den sie gebildet wird. [2]Der Vorsitzende und die übrigen Mitglieder werden durch das Präsidium des Landgerichts bezeichnet.

(3) [1]Der Präsident des Landgerichts verteilt die Zahl der erforderlichen Hauptschöffen auf die zum Bezirk der Strafkammer gehörenden Amtsgerichtsbezirke. [2]Die Ersatzschöffen wählt der Ausschuß bei dem Amtsgericht, bei dem die auswärtige Strafkammer gebildet worden ist. [3]Die sonstigen in § 77 dem Präsidenten des Landgerichts zugewiesenen Geschäfte nimmt der Vorsitzende der Strafkammer wahr.

5a. Titel

Strafvollstreckungskammern

§ 78a [Zuständigkeit]

(1) [1]Bei den Landgerichten werden, soweit in ihrem Bezirk für Erwachsene Anstalten unterhalten werden, in denen Freiheitsstrafe oder freiheitsentziehende Maßregeln der Besserung und Sicherung vollzogen werden, oder soweit in ihrem Bezirk andere Vollzugsbehörden ihren Sitz haben, Strafvollstreckungskammern gebildet. [2]Diese sind zuständig für die Entscheidungen

1. nach den §§ 462a, 463 der Strafprozeßordnung, soweit sich nicht aus der Strafprozeßordnung etwas anderes ergibt,
2. nach den § 50 Abs. 5, §§ 109, 138 Abs. 3 des Strafvollzugsgesetzes,
3. nach den §§ 50, 58 Absatz 2, § 84g Absatz 1, den §§ 84j, 90h Absatz 1, § 90j Absatz 1 und 2 und § 90k Absatz 1 und 2 des Gesetzes über die internationale Rechtshilfe in Strafsachen.

[3]Ist nach § 454b Absatz 3 oder Absatz 4 der Strafprozeßordnung über die Aussetzung der Vollstreckung mehrerer Freiheitsstrafen gleichzeitig zu entscheiden, so entscheidet eine Strafvollstreckungskammer über die Aussetzung der Vollstreckung aller Strafen.

(2) [1]Die Landesregierungen weisen Strafsachen nach Absatz 1 Satz 2 Nr. 3 für die Bezirke der Landgerichte, bei denen keine Strafvollstreckungskammern zu bilden sind, in Absatz 1 Satz 1 bezeichneten Landgerichten durch Rechtsverordnung zu. [2]Die Landesregierungen werden ermächtigt, durch Rechtsverordnung einem der in Absatz 1 bezeichneten Landgerichte für die Bezirke mehrerer Landgerichte die in die Zuständigkeit der Strafvollstreckungskammern fallenden Strafsachen zuzuweisen und zu bestimmen, daß Strafvollstreckungskammern ihren Sitz innerhalb ihres Bezirkes auch oder ausschließlich an Orten haben, an denen das Landgericht seinen Sitz nicht hat, sofern diese Bestimmungen für eine sachdienliche Förderung oder schnellere Erledigung der Verfahren zweckmäßig sind. [3]Die Landesregierungen können die Ermächtigungen nach den Sätzen 1 und 2 durch Rechtsverordnung auf die Landesjustizverwaltungen übertragen.

(3) Unterhält ein Land eine Anstalt, in der Freiheitsstrafe oder freiheitsentziehende Maßregeln der Besserung und Sicherung vollzogen werden, auf dem Gebiete eines anderen Landes, so können die beteiligten Länder vereinbaren, daß die Strafvollstreckungskammer bei dem Landgericht zuständig ist, in dessen Bezirk die für die Anstalt zuständige Aufsichtsbehörde ihren Sitz hat.

§ 78b [Besetzung]

(1) Die Strafvollstreckungskammern sind besetzt

1. in Verfahren über die Aussetzung der Vollstreckung des Restes einer lebenslangen Freiheitsstrafe oder die Aussetzung der Vollstreckung der Unterbringung in einem psychiatrischen Krankenhaus oder in der Sicherungsverwahrung mit drei Richtern unter Einschluß des Vorsitzenden; ist nach § 454b Absatz 4 der Strafprozessordnung über mehrere Freiheitsstrafen gleichzeitig zu entscheiden, so entscheidet die Strafvollstreckungskammer über alle Freiheitsstrafen mit drei Richtern, wenn diese Besetzung für die Entscheidung über eine der Freiheitsstrafen vorgeschrieben ist,
2. in den sonstigen Fällen mit einem Richter.

(2) Die Mitglieder der Strafvollstreckungskammern werden vom Präsidium des Landgerichts aus der Zahl der Mitglieder des Landgerichts und der in seinem Bezirk angestellten Richter beim Amtsgericht bestellt.

Sechster Titel
Schwurgerichte

§§ 79 bis 92 (weggefallen)

Siebenter Titel
Kammern für Handelssachen

§ 93 [Bildung]
(1) [1]Die Landesregierungen werden ermächtigt, durch Rechtsverordnung bei den Landgerichten für deren Bezirke oder für örtlich abgegrenzte Teile davon Kammern für Handelssachen zu bilden. [2]Solche Kammern können ihren Sitz innerhalb des Landgerichtsbezirks auch an Orten haben, an denen das Landgericht seinen Sitz nicht hat.
(2) Die Landesregierungen können die Ermächtigung nach Absatz 1 auf die Landesjustizverwaltungen übertragen.

§ 94 [Zuständigkeit]
Ist bei einem Landgericht eine Kammer für Handelssachen gebildet, so tritt für Handelssachen diese Kammer an die Stelle der Zivilkammern nach Maßgabe der folgenden Vorschriften.

§ 95 [Begriff der Handelssachen]
(1) Handelssachen im Sinne dieses Gesetzes sind die bürgerlichen Rechtsstreitigkeiten, in denen durch die Klage ein Anspruch geltend gemacht wird:
1. gegen einen Kaufmann im Sinne des Handelsgesetzbuches, sofern er in das Handelsregister oder Genossenschaftsregister eingetragen ist oder auf Grund einer gesetzlichen Sonderregelung für juristische Personen des öffentlichen Rechts nicht eingetragen zu werden braucht, aus Geschäften, die für beide Teile Handelsgeschäfte sind;
2. aus einem Wechsel im Sinne des Wechselgesetzes oder aus einer der im § 363 des Handelsgesetzbuchs bezeichneten Urkunden;
3. auf Grund des Scheckgesetzes;
4. aus einem der nachstehend bezeichneten Rechtsverhältnisse:
   a) aus dem Rechtsverhältnis zwischen den Mitgliedern einer Handelsgesellschaft oder Genossenschaft oder zwischen dieser und ihren Mitgliedern oder zwischen dem stillen Gesellschafter und dem Inhaber des Handelsgeschäfts, sowohl während des Bestehens als auch nach Auflösung des Gesellschaftsverhältnisses, und aus dem Rechtsverhältnis zwischen den Vorstehern oder den Liquidatoren einer Handelsgesellschaft oder Genossenschaft und der Gesellschaft oder deren Mitgliedern;
   b) aus dem Rechtsverhältnis, welches das Recht zum Gebrauch der Handelsfirma betrifft;
   c) aus den Rechtsverhältnissen, die sich auf den Schutz der Marken und sonstigen Kennzeichen sowie der eingetragenen Designs beziehen;
   d) aus dem Rechtsverhältnis, das durch den Erwerb eines bestehenden Handelsgeschäfts unter Lebenden zwischen dem bisherigen Inhaber und dem Erwerber entsteht;
   e) aus dem Rechtsverhältnis zwischen einem Dritten und dem, der wegen mangelnden Nachweises der Prokura oder Handlungsvollmacht haftet;
   f) aus den Rechtsverhältnissen des Seerechts, insbesondere aus denen, die sich auf die Reederei, auf die Rechte und Pflichten des Reeders oder Schiffseigners, des Korrespondentreeders und der Schiffsbesatzung, auf die Haverei, auf den Schadensersatz im Falle des Zusammenstoßes von Schiffen, auf die Bergung und auf die Ansprüche der Schiffsgläubiger beziehen;
5. auf Grund des Gesetzes gegen den unlauteren Wettbewerb;
6. aus den §§ 9, 10, 11, 14 und 15 des Wertpapierprospektgesetzes oder den §§ 20 bis 22 des Vermögensanlagengesetzes.

(2) Handelssachen im Sinne dieses Gesetzes sind ferner
1. die Rechtsstreitigkeiten, in denen sich die Zuständigkeit des Landgerichts nach § 246 Absatz 3 Satz 1, § 396 Absatz 1 Satz 2 des Aktiengesetzes, § 51 Absatz 3 Satz 3 oder § 81 Absatz 1 Satz 2 des Genossenschaftsgesetzes oder nach § 87 des Gesetzes gegen Wettbewerbsbeschränkungen, es sei denn, es handelt sich um kartellrechtliche Auskunfts- oder Schadensersatzansprüche oder um Auskunfts- und Schadensersatzansprüche wegen eines Verstoßes gegen die Artikel 5, 6 oder 7 der Verordnung (EU) 2022/1925 des Europäischen Parlaments und des Rates vom 14. September 2022 über bestreitbare und faire Märkte im digitalen Sektor und zur Änderung der Richtlinien (EU) 2019/1937

und (EU) 2020/1828 (Gesetz über digitale Märkte) (ABl. L 265 vom 12.10.2022, S. 1), und § 13 Absatz 4 des EU-Verbraucherschutzdurchführungsgesetzes richtet,

2. die in § 71 Absatz 2 Nummer 4 Buchstabe b bis f genannten Verfahren.

§ 96 [Antrag auf Verhandlung vor der Kammer für Handelssachen]

(1) Der Rechtsstreit wird vor der Kammer für Handelssachen verhandelt, wenn der Kläger dies in der Klageschrift beantragt hat.

(2) Ist ein Rechtsstreit nach den Vorschriften der §§ 281, 506 der Zivilprozeßordnung vom Amtsgericht an das Landgericht zu verweisen, so hat der Kläger den Antrag auf Verhandlung vor der Kammer für Handelssachen vor dem Amtsgericht zu stellen.

§ 97 [Verweisung an Zivilkammer wegen ursprünglicher Unzuständigkeit]

(1) Wird vor der Kammer für Handelssachen eine nicht vor sie gehörige Klage zur Verhandlung gebracht, so ist der Rechtsstreit auf Antrag des Beklagten an die Zivilkammer zu verweisen.

(2) [1]Gehört die Klage oder die im Falle des § 506 der Zivilprozeßordnung erhobene Widerklage als Klage nicht vor die Kammer für Handelssachen, so ist diese auch von Amts wegen befugt, den Rechtsstreit an die Zivilkammer zu verweisen, solange nicht eine Verhandlung zur Hauptsache erfolgt und darauf ein Beschluß verkündet ist. [2]Die Verweisung von Amts wegen kann nicht aus dem Grund erfolgen, daß der Beklagte nicht Kaufmann ist.

§ 98 [Verweisung an Kammer für Handelssachen]

(1) [1]Wird vor der Zivilkammer eine vor die Kammer für Handelssachen gehörige Klage zur Verhandlung gebracht, so ist der Rechtsstreit auf Antrag des Beklagten an die Kammer für Handelssachen zu verweisen. [2]Ein Beklagter, der nicht in das Handelsregister oder Genossenschaftsregister eingetragen ist, kann den Antrag nicht darauf stützen, daß er Kaufmann ist.

(2) Der Antrag ist zurückzuweisen, wenn die im Falle des § 506 der Zivilprozeßordnung erhobene Widerklage als Klage vor die Kammer für Handelssachen nicht gehören würde.

(3) Zu einer Verweisung von Amts wegen ist die Zivilkammer nicht befugt.

(4) Die Zivilkammer ist zur Verwerfung des Antrags auch dann befugt, wenn der Kläger ihm zugestimmt hat.

§ 99 [Verweisung an Zivilkammer wegen nachträglicher Unzuständigkeit]

(1) Wird in einem bei der Kammer für Handelssachen anhängigen Rechtsstreit die Klage nach § 256 Abs. 2 der Zivilprozeßordnung durch den Antrag auf Feststellung eines Rechtsverhältnisses erweitert oder eine Widerklage erhoben und gehört die erweiterte Klage oder die Widerklage als Klage nicht vor die Kammer für Handelssachen, so ist der Rechtsstreit auf Antrag des Gegners an die Zivilkammer zu verweisen.

(2) [1]Unter der Beschränkung des § 97 Abs. 2 ist die Kammer zu der Verweisung auch von Amts wegen befugt. [2]Diese Befugnis tritt auch dann ein, wenn durch eine Klageänderung ein Anspruch geltend gemacht wird, der nicht vor die Kammer für Handelssachen gehört.

§ 100 [Zuständigkeit in 2. Instanz]

Die §§ 96 bis 99 sind auf das Verfahren im zweiten Rechtszuge vor den Kammern für Handelssachen entsprechend anzuwenden.

§ 101 [Antrag auf Verweisung]

(1) [1]Der Antrag auf Verweisung des Rechtsstreits an eine andere Kammer ist nur vor der Verhandlung des Antragstellers zur Sache zulässig. [2]Ist dem Antragsteller vor der mündlichen Verhandlung eine Frist zur Klageerwiderung oder Berufungserwiderung gesetzt, so hat er den Antrag innerhalb der Frist zu stellen. [3]§ 296 Abs. 3 der Zivilprozeßordnung gilt entsprechend; der Entschuldigungsgrund ist auf Verlangen des Gerichts glaubhaft zu machen.

(2) [1]Über den Antrag ist vorab zu entscheiden. [2]Die Entscheidung kann ohne mündliche Verhandlung ergehen.

§ 102 [Unanfechtbarkeit der Verweisung]

[1]Die Entscheidung über Verweisung eines Rechtsstreits an die Zivilkammer oder an die Kammer für Handelssachen ist nicht anfechtbar. [2]Erfolgt die Verweisung an eine andere Kammer, so ist diese Entscheidung für die Kammer, an die der Rechtsstreit verwiesen wird, bindend. [3]Der Termin zur weiteren mündlichen Verhandlung wird von Amts wegen bestimmt und den Parteien bekanntgemacht.

§ 103 [Hauptintervention]

Bei der Kammer für Handelssachen kann ein Anspruch nach § 64 der Zivilprozeßordnung nur dann geltend gemacht werden, wenn der Rechtsstreit nach den Vorschriften der §§ 94, 95 vor die Kammer für Handelssachen gehört.

§ 104 [Verweisung in Beschwerdesachen]

(1) [1]Wird die Kammer für Handelssachen als Beschwerdegericht mit einer vor sie nicht gehörenden Beschwerde befaßt, so ist die Beschwerde von Amts wegen an die Zivilkammer zu verweisen. [2]Ebenso hat die Zivilkammer, wenn sie als Beschwerdegericht in einer Handelssache mit einer Beschwerde befaßt wird, diese von Amts wegen an die Kammer für Handelssachen zu verweisen. [3]Die Vorschriften des § 102 Satz 1, 2 sind entsprechend anzuwenden.

(2) Eine Beschwerde kann nicht an eine andere Kammer verwiesen werden, wenn bei der Kammer, die mit der Beschwerde befaßt wird, die Hauptsache anhängig ist oder diese Kammer bereits eine Entscheidung in der Hauptsache erlassen hat.

§ 105 [Besetzung]

(1) Die Kammern für Handelssachen entscheiden in der Besetzung mit einem Mitglied des Landgerichts als Vorsitzenden und zwei ehrenamtlichen Richtern, soweit nicht nach den Vorschriften der Prozeßgesetze an Stelle der Kammer der Vorsitzende zu entscheiden hat.

(2) Sämtliche Mitglieder der Kammer für Handelssachen haben gleiches Stimmrecht.

§ 106 [Auswärtige Kammer für Handelssachen]

Im Falle des § 93 Abs. 1 Satz 2 kann ein Richter beim Amtsgericht Vorsitzender der Kammer für Handelssachen sein.

§ 107 [Entschädigung]

(1) Die ehrenamtlichen Richter, die weder ihren Wohnsitz noch ihre gewerbliche Niederlassung am Sitz der Kammer für Handelssachen haben, erhalten Tage- und Übernachtungsgelder nach den für Richter am Landgericht geltenden Vorschriften.

(2) Den ehrenamtlichen Richtern werden die Fahrtkosten in entsprechender Anwendung des § 5 des Justizvergütungs- und -entschädigungsgesetzes ersetzt.

§ 108 [Dauer der Ernennung]

Die ehrenamtlichen Richter werden auf gutachtlichen Vorschlag der Industrie- und Handelskammern für die Dauer von fünf Jahren ernannt; eine wiederholte Ernennung ist nicht ausgeschlossen.

§ 109 [Voraussetzungen der Ernennung]

(1) Zum ehrenamtlichen Richter kann ernannt werden, wer

1. Deutscher ist,
2. das dreißigste Lebensjahr vollendet hat und
3. als Kaufmann, Vorstandsmitglied oder Geschäftsführer einer juristischen Person oder als Prokurist in das Handelsregister oder das Genossenschaftsregister eingetragen ist oder eingetragen war oder als Vorstandsmitglied einer juristischen Person des öffentlichen Rechts aufgrund einer gesetzlichen Sonderregelung für diese juristische Person nicht eingetragen zu werden braucht.

(2) [1]Wer diese Voraussetzungen erfüllt, soll nur ernannt werden, wenn er

1. in dem Bezirk der Kammer für Handelssachen wohnt oder
2. in diesem Bezirk eine Handelsniederlassung hat oder
3. einem Unternehmen angehört, das in diesem Bezirk seinen Sitz oder seine Niederlassung hat.

[2]Darüber hinaus soll nur ernannt werden

1. ein Prokurist, wenn er im Unternehmen eine der eigenverantwortlichen Tätigkeit des Unternehmers vergleichbare selbständige Stellung einnimmt,
2. ein Vorstandsmitglied einer Genossenschaft, wenn es hauptberuflich in einer Genossenschaft tätig ist, die in ähnlicher Weise wie eine Handelsgesellschaft am Handelsverkehr teilnimmt.

(3) [1]Zum ehrenamtlichen Richter kann nicht ernannt werden, wer zu dem Amt eines Schöffen unfähig ist oder nach § 33 Nr. 4 zu dem Amt eines Schöffen nicht berufen werden soll. [2]Zum ehrenamtlichen Richter soll nicht ernannt werden, wer nach § 33 Nr. 6 zu dem Amt eines Schöffen nicht berufen werden soll.

§ 110 [Ehrenamtliche Richter an Seeplätzen]

An Seeplätzen können ehrenamtliche Richter auch aus dem Kreis der Schiffahrtskundigen ernannt werden.

§ 111 (weggefallen)

§ 112 [Rechte und Pflichten]
Die ehrenamtlichen Richter haben während der Dauer ihres Amts in Beziehung auf dasselbe alle Rechte und Pflichten eines Richters.

§ 113 [Amtsenthebung]
(1) Ein ehrenamtlicher Richter ist seines Amtes zu entheben, wenn er
1. eine der für seine Ernennung erforderlichen Eigenschaften verliert oder Umstände eintreten oder nachträglich bekanntwerden, die einer Ernennung nach § 109 entgegenstehen, oder
2. seine Amtspflichten gröblich verletzt hat.

(2) Ein ehrenamtlicher Richter soll seines Amtes enthoben werden, wenn Umstände eintreten oder bekannt werden, bei deren Vorhandensein eine Ernennung nach § 109 Abs. 3 Satz 2 nicht erfolgen soll.
(3) [1]Die Entscheidung trifft der erste Zivilsenat des Oberlandesgerichts durch Beschluß nach Anhörung des Beteiligten. [2]Sie ist unanfechtbar.
(4) Beantragt der ehrenamtliche Richter selbst die Entbindung von seinem Amt, so trifft die Entscheidung die Landesjustizverwaltung.

§ 114 [Entscheidung auf Grund eigener Sachkunde]
Über Gegenstände, zu deren Beurteilung eine kaufmännische Begutachtung genügt, sowie über das Bestehen von Handelsgebräuchen kann die Kammer für Handelssachen auf Grund eigener Sachkunde und Wissenschaft entscheiden.

Achter Titel
Oberlandesgerichte

§ 115 [Besetzung]
Die Oberlandesgerichte werden mit einem Präsidenten sowie mit Vorsitzenden Richtern und weiteren Richtern besetzt.

§ 115a (weggefallen)

§ 116 [Zivil- und Strafsenate, Ermittlungsrichter]
(1) [1]Bei den Oberlandesgerichten werden Zivil- und Strafsenate gebildet. [2]Bei den nach § 120 zuständigen Oberlandesgerichten werden Ermittlungsrichter bestellt; zum Ermittlungsrichter kann auch jedes Mitglied eines anderen Oberlandesgerichts, das in dem in § 120 bezeichneten Gebiet seinen Sitz hat, bestellt werden.
(2) [1]Die Landesregierungen werden ermächtigt, durch Rechtsverordnung außerhalb des Sitzes des Oberlandesgerichts für den Bezirk eines oder mehrerer Landgerichte Zivil- oder Strafsenate zu bilden und ihnen für diesen Bezirk die gesamte Tätigkeit des Zivil- oder Strafsenats des Oberlandesgerichts oder einen Teil dieser Tätigkeit zuzuweisen. [2]Ein auswärtiger Senat für Familiensachen kann für die Bezirke mehrerer Familiengerichte gebildet werden.
(3) Die Landesregierungen können die Ermächtigung nach Absatz 2 auf die Landesjustizverwaltungen übertragen.

§ 117 [Vertretung der Senatsmitglieder]
Die Vorschrift des § 70 Abs. 1 ist entsprechend anzuwenden.

§ 118 [Zuständigkeit in Musterverfahren]
Die Oberlandesgerichte sind in bürgerlichen Rechtsstreitigkeiten im ersten Rechtszug zuständig für die Verhandlung und Entscheidung über Musterverfahren nach dem Kapitalanleger-Musterverfahrensgesetz.

§ 119 [Zuständigkeit in Zivilsachen]
(1) Die Oberlandesgerichte sind in Zivilsachen zuständig für die Verhandlung und Entscheidung über die Rechtsmittel:
1. der Beschwerde gegen Entscheidungen der Amtsgerichte
   a) in den von den Familiengerichten entschiedenen Sachen;
   b) in den Angelegenheiten der freiwilligen Gerichtsbarkeit mit Ausnahme der Freiheitsentziehungssachen und der von den Betreuungsgerichten entschiedenen Sachen;
2. der Berufung und der Beschwerde gegen Entscheidungen der Landgerichte.

(2) § 23b Absatz 1, 2 und 3 Satz 3 und 4 gilt entsprechend.

§ 119a [Obligatorische Einrichtung spezialisierter Senate]

(1) Bei den Oberlandesgerichten werden ein oder mehrere Zivilsenate für folgende Sachgebiete gebildet:

1. Streitigkeiten aus Bank- und Finanzgeschäften,
2. Streitigkeiten aus Bau- und Architektenverträgen sowie aus Ingenieurverträgen, soweit sie im Zusammenhang mit Bauleistungen stehen,
3. Streitigkeiten aus Heilbehandlungen,
4. Streitigkeiten aus Versicherungsvertragsverhältnissen,
5. Streitigkeiten über Ansprüche aus Veröffentlichungen durch Druckerzeugnisse, Bild- und Tonträger jeder Art, insbesondere in Presse, Rundfunk, Film und Fernsehen,
6. erbrechtliche Streitigkeiten und
7. insolvenzrechtliche Streitigkeiten, Anfechtungssachen nach dem Anfechtungsgesetz sowie Streitigkeiten aus dem Unternehmensstabilisierungs- und -restrukturierungsgesetz.

(2) [1]Die Landesregierungen werden ermächtigt, durch Rechtsverordnung bei den Oberlandesgerichten einen oder mehrere Zivilsenate für weitere Sachgebiete einzurichten. [2]Die Landesregierungen können die Ermächtigung auf die Landesjustizverwaltungen übertragen.

(3) Den Zivilsenaten nach den Absätzen 1 und 2 können auch Streitigkeiten nach § 119 Absatz 1 zugewiesen werden.

§ 120 [Zuständigkeit in Strafsachen in 1. Instanz]

(1) In Strafsachen sind die Oberlandesgerichte, in deren Bezirk die Landesregierungen ihren Sitz haben, für das Gebiet des Landes zuständig für die Verhandlung und Entscheidung im ersten Rechtszug

1. *[aufgehoben]*
2. bei Hochverrat (§§ 81 bis 83 des Strafgesetzbuches),
3. bei Landesverrat und Gefährdung der äußeren Sicherheit (§§ 94 bis 100a des Strafgesetzbuches) sowie bei Straftaten nach § 52 Abs. 2 des Patentgesetzes, nach § 9 Abs. 2 des Gebrauchsmustergesetzes in Verbindung mit § 52 Abs. 2 des Patentgesetzes oder nach § 4 Abs. 4 des Halbleiterschutzgesetzes in Verbindung mit § 9 Abs. 2 des Gebrauchsmustergesetzes und § 52 Abs. 2 des Patentgesetzes,
4. bei einem Angriff gegen Organe und Vertreter ausländischer Staaten (§ 102 des Strafgesetzbuches),
5. bei einer Straftat gegen Verfassungsorgane in den Fällen der §§ 105, 106 des Strafgesetzbuches,
6. bei einer Zuwiderhandlung gegen das Vereinigungsverbot des § 129a, auch in Verbindung mit § 129b Abs. 1, des Strafgesetzbuches,
7. bei Nichtanzeige von Straftaten nach § 138 des Strafgesetzbuches, wenn die Nichtanzeige eine Straftat betrifft, die zur Zuständigkeit der Oberlandesgerichte gehört, und
8. bei Straftaten nach dem Völkerstrafgesetzbuch.

(2) [1]Diese Oberlandesgerichte sind ferner für die Verhandlung und Entscheidung im ersten Rechtszug zuständig

1. bei den in § 74a Abs. 1 bezeichneten Straftaten, wenn der Generalbundesanwalt wegen der besonderen Bedeutung des Falles nach § 74a Abs. 2 die Verfolgung übernimmt,
2. bei Mord (§ 211 des Strafgesetzbuches), Totschlag (§ 212 des Strafgesetzbuches) und den in § 129a Abs. 1 Nr. 2 und Abs. 2 des Strafgesetzbuches bezeichneten Straftaten, wenn ein Zusammenhang mit der Tätigkeit einer nicht oder nicht nur im Inland bestehenden Vereinigung besteht, deren Zweck oder Tätigkeit die Begehung von Straftaten dieser Art zum Gegenstand hat, und der Generalbundesanwalt wegen der besonderen Bedeutung des Falles die Verfolgung übernimmt,
3. bei Mord (§ 211 des Strafgesetzbuchs), Totschlag (§ 212 des Strafgesetzbuchs), erpresserischem Menschenraub (§ 239a des Strafgesetzbuchs), Geiselnahme (§ 239b des Strafgesetzbuchs), schwerer und besonders schwerer Brandstiftung (§§ 306a und 306b des Strafgesetzbuchs), Brandstiftung mit Todesfolge (§ 306c des Strafgesetzbuchs), Herbeiführen einer Explosion durch Kernenergie in den Fällen des § 307 Abs. 1 und 3 Nr. 1 des Strafgesetzbuchs, Herbeiführen einer Sprengstoffexplosion in den Fällen des § 308 Abs. 1 bis 3 des Strafgesetzbuchs, Missbrauch ionisierender Strahlen in den Fällen des § 309 Abs. 1 bis 4 des Strafgesetzbuchs, Vorbereitung eines Explosions- oder Strahlungsverbrechens in den Fällen des § 310 Abs. 1 Nr. 1 bis 3 des Strafgesetzbuchs, Herbeiführen einer Überschwemmung in den Fällen des § 313 Abs. 2 in Verbindung mit § 308 Abs. 2 und 3 des Strafgesetzbuchs, gemeingefährlicher Vergiftung in den Fällen des § 314 Abs. 2 in Verbindung mit § 308 Abs. 2 und 3 des Strafgesetzbuchs und Angriff auf den Luft- und Seeverkehr in den Fällen des § 316c Abs. 1 und 3 des Strafgesetzbuchs, wenn die Tat nach den Umständen geeignet ist,

a) den Bestand oder die Sicherheit eines Staates zu beeinträchtigen,
b) Verfassungsgrundsätze der Bundesrepublik Deutschland zu beseitigen, außer Geltung zu setzen oder zu untergraben,
c) die Sicherheit der in der Bundesrepublik Deutschland stationierten Truppen des Nordatlantik-Pakts oder seiner nichtdeutschen Vertragsstaaten zu beeinträchtigen oder
d) den Bestand oder die Sicherheit einer internationalen Organisation zu beeinträchtigen,

und der Generalbundesanwalt wegen der besonderen Bedeutung des Falles die Verfolgung übernimmt,

4. bei Straftaten nach dem Außenwirtschaftsgesetz sowie bei Straftaten nach dem Gesetz über die Kontrolle von Kriegswaffen, wenn die Tat oder im Falle des strafbaren Versuchs auch ihre unterstellte Vollendung nach den Umständen
a) geeignet ist, die äußere Sicherheit oder die auswärtigen Beziehungen der Bundesrepublik Deutschland erheblich zu gefährden, oder
b) bestimmt und geeignet ist, das friedliche Zusammenleben der Völker zu stören,

und der Generalbundesanwalt wegen der besonderen Bedeutung des Falles die Verfolgung übernimmt.

[2]Eine besondere Bedeutung des Falles ist auch anzunehmen, wenn in den Fällen des Satzes 1 eine Ermittlungszuständigkeit des Generalbundesanwalts wegen des länderübergreifenden Charakters der Tat geboten erscheint. [3]Die Oberlandesgerichte verweisen bei der Eröffnung des Hauptverfahrens die Sache in den Fällen der Nummer 1 an das Landgericht, in den Fällen der Nummern 2 bis 4 an das Land- oder Amtsgericht, wenn eine besondere Bedeutung des Falles nicht vorliegt.

(3) [1]In den Sachen, in denen diese Oberlandesgerichte nach Absatz 1 oder 2 zuständig sind, treffen sie auch die in § 73 Abs. 1 bezeichneten Entscheidungen. [2]Sie entscheiden ferner über die Beschwerde gegen Verfügungen der Ermittlungsrichter der Oberlandesgerichte (§ 169 Abs. 1 Satz 1 der Strafprozeßordnung) in den in § 304 Abs. 5 der Strafprozeßordnung bezeichneten Fällen.

(4) [1]Diese Oberlandesgerichte entscheiden auch über die Beschwerde gegen Verfügungen und Entscheidungen des nach § 74a zuständigen Gerichts. [2]Für Entscheidungen über die Beschwerde gegen Verfügungen und Entscheidungen des nach § 74a Abs. 4 zuständigen Gerichts sowie in den Fällen des § 100e Absatz 2 Satz 6 der Strafprozessordnung ist ein nicht mit Hauptverfahren in Strafsachen befasster Senat zuständig.

(5) [1]Für den Gerichtsstand gelten die allgemeinen Vorschriften. [2]Die beteiligten Länder können durch Vereinbarung die den Oberlandesgerichten in den Absätzen 1 bis 4 zugewiesenen Aufgaben dem hiernach zuständigen Gericht eines Landes auch für das Gebiet eines anderen Landes übertragen.

(6) Soweit nach § 142a für die Verfolgung der Strafsachen die Zuständigkeit des Bundes begründet ist, üben diese Oberlandesgerichte Gerichtsbarkeit nach Artikel 96 Abs. 5 des Grundgesetzes aus.

(7) Soweit die Länder aufgrund von Strafverfahren, in denen die Oberlandesgerichte in Ausübung von Gerichtsbarkeit des Bundes entscheiden, Verfahrenskosten und Auslagen von Verfahrensbeteiligten zu tragen oder Entschädigungen zu leisten haben, können sie vom Bund Erstattung verlangen.

§ 120a [Zuständigkeit bei vorbehaltener oder nachträglicher Anordnung der Sicherungsverwahrung]

(1) Hat im ersten Rechtszug ein Strafsenat die Anordnung der Sicherungsverwahrung vorbehalten oder im Fall des § 66b des Strafgesetzbuches als Tatgericht entschieden, ist dieser Strafsenat im ersten Rechtszug für die Verhandlung und Entscheidung über die im Urteil vorbehaltene oder die nachträgliche Anordnung der Sicherungsverwahrung zuständig.

(2) Im Fall des § 66b des Strafgesetzbuches gilt § 462a Abs. 3 Satz 2 und 3 der Strafprozessordnung entsprechend.

§ 120b [Zuständigkeit bei Bestechlichkeit/Bestechung von Mandatsträgern und unzulässiger Interessenwahrnehmung]

[1]In Strafsachen sind die Oberlandesgerichte, in deren Bezirk die Landesregierungen ihren Sitz haben, zuständig für die Verhandlung und Entscheidung im ersten Rechtszug bei Bestechlichkeit und Bestechung von Mandatsträgern (§ 108e des Strafgesetzbuches) und unzulässiger Interessenwahrnehmung (§ 108f des Strafgesetzbuches). [2]§ 120 Absatz 3 und 5 gilt entsprechend.

§ 121 [Zuständigkeit in Strafsachen in der Rechtsmittelinstanz]

(1) Die Oberlandesgerichte sind in Strafsachen ferner zuständig für die Verhandlung und Entscheidung über die Rechtsmittel:

1. der Revision gegen
   a) die mit der Berufung nicht anfechtbaren Urteile des Strafrichters;
   b) die Berufungsurteile der kleinen und großen Strafkammern;
   c) die Urteile des Landgerichts im ersten Rechtszug, wenn die Revision ausschließlich auf die Verletzung einer in den Landesgesetzen enthaltenen Rechtsnorm gestützt wird;
2. der Beschwerde gegen strafrichterliche Entscheidungen, soweit nicht die Zuständigkeit der Strafkammern oder des Bundesgerichtshofes begründet ist;
3. der Rechtsbeschwerde gegen Entscheidungen der Strafvollstreckungskammern nach den § 50 Abs. 5, §§ 116, 138 Abs. 3 des Strafvollzugsgesetzes und der Jugendkammern nach § 92 Abs. 2 des Jugendgerichtsgesetzes;
4. des Einwands gegen die Besetzung einer Strafkammer im Fall des § 222b Absatz 3 Satz 1 der Strafprozessordnung.

(2) Will ein Oberlandesgericht bei seiner Entscheidung
1. nach Absatz 1 Nummer 1 Buchstabe a oder Buchstabe b von einer nach dem 1. April 1950 ergangenen Entscheidung,
2. nach Absatz 1 Nummer 3 von einer nach dem 1. Januar 1977 ergangenen Entscheidung,
3. nach Absatz 1 Nummer 2 über die Erledigung einer Maßregel der Unterbringung in der Sicherungsverwahrung oder in einem psychiatrischen Krankenhaus oder über die Zulässigkeit ihrer weiteren Vollstreckung von einer nach dem 1. Januar 2010 ergangenen Entscheidung oder
4. nach Absatz 1 Nummer 4 von einer Entscheidung

eines anderen Oberlandesgerichtes oder von einer Entscheidung des Bundesgerichtshofes abweichen, so hat es die Sache dem Bundesgerichtshof vorzulegen.

(3) [1]Ein Land, in dem mehrere Oberlandesgerichte errichtet sind, kann durch Rechtsverordnung der Landesregierung die Entscheidungen nach Absatz 1 Nr. 3 einem Oberlandesgericht für die Bezirke mehrerer Oberlandesgerichte oder dem Obersten Landesgericht zuweisen, sofern die Zuweisung für eine sachdienliche Förderung oder schnellere Erledigung der Verfahren zweckmäßig ist. [2]Die Landesregierungen können die Ermächtigung durch Rechtsverordnung auf die Landesjustizverwaltungen übertragen.

§ 122 [Besetzung der Senate]

(1) Die Senate der Oberlandesgerichte entscheiden, soweit nicht nach den Vorschriften der Prozeßgesetze an Stelle des Senats der Einzelrichter zu entscheiden hat, in der Besetzung von drei Mitgliedern mit Einschluß des Vorsitzenden.

(2) [1]Die Strafsenate entscheiden über die Eröffnung des Hauptverfahrens des ersten Rechtszuges mit einer Besetzung von fünf Richtern einschließlich des Vorsitzenden. [2]Bei der Eröffnung des Hauptverfahrens beschließt der Strafsenat, daß er in der Hauptverhandlung mit drei Richtern einschließlich des Vorsitzenden besetzt ist, wenn nicht nach dem Umfang oder der Schwierigkeit der Sache die Mitwirkung zweier weiterer Richter notwendig erscheint. [3]Über die Einstellung des Hauptverfahrens wegen eines Verfahrenshindernisses entscheidet der Strafsenat in der für die Hauptverhandlung bestimmten Besetzung. [4]Ist eine Sache vom Revisionsgericht zurückverwiesen worden, kann der nunmehr zuständige Strafsenat erneut nach Satz 2 über seine Besetzung beschließen.

Neunter Titel

Bundesgerichtshof

§ 123 [Sitz]

Sitz des Bundesgerichtshofes ist Karlsruhe.

§ 124 [Besetzung]

Der Bundesgerichtshof wird mit einem Präsidenten sowie mit Vorsitzenden Richtern und weiteren Richtern besetzt.

§ 125 [Ernennung der Mitglieder]

(1) Die Mitglieder des Bundesgerichtshofes werden durch den Bundesminister der Justiz und für Verbraucherschutz gemeinsam mit dem Richterwahlausschuß gemäß dem Richterwahlgesetz berufen und vom Bundespräsidenten ernannt.

(2) Zum Mitglied des Bundesgerichtshofes kann nur berufen werden, wer das fünfunddreißigste Lebensjahr vollendet hat.

§§ 126 bis 129 (weggefallen)

§ 130 [Zivil- und Strafsenate; Ermittlungsrichter]

(1) [1]Bei dem Bundesgerichtshof werden Zivil- und Strafsenate gebildet und Ermittlungsrichter bestellt. [2]Ihre Zahl bestimmt der Bundesminister der Justiz und für Verbraucherschutz.

(2) Der Bundesminister der Justiz und für Verbraucherschutz wird ermächtigt, Zivil- und Strafsenate auch außerhalb des Sitzes des Bundesgerichtshofes zu bilden und die Dienstsitze für Ermittlungsrichter des Bundesgerichtshofes zu bestimmen.

§§ 131, 131a (weggefallen)

§ 132 [Große Senate]

(1) [1]Beim Bundesgerichtshof werden ein Großer Senat für Zivilsachen und ein Großer Senat für Strafsachen gebildet. [2]Die Großen Senate bilden die Vereinigten Großen Senate.

(2) Will ein Senat in einer Rechtsfrage von der Entscheidung eines anderen Senats abweichen, so entscheiden der Große Senat für Zivilsachen, wenn ein Zivilsenat von einem anderen Zivilsenat oder von dem Großen Zivilsenat, der Große Senat für Strafsachen, wenn ein Strafsenat von einem anderen Strafsenat oder von dem Großen Senat für Strafsachen, die Vereinigten Großen Senate, wenn ein Zivilsenat von einem Strafsenat oder von dem Großen Senat für Strafsachen oder ein Strafsenat von einem Zivilsenat oder von dem Großen Senat für Zivilsachen oder ein Senat von den Vereinigten Großen Senaten abweichen will.

(3) [1]Eine Vorlage an den Großen Senat oder die Vereinigten Großen Senate ist nur zulässig, wenn der Senat, von dessen Entscheidung abgewichen werden soll, auf Anfrage des erkennenden Senats erklärt hat, daß er an seiner Rechtsauffassung festhält. [2]Kann der Senat, von dessen Entscheidung abgewichen werden soll, wegen einer Änderung des Geschäftsverteilungsplanes mit der Rechtsfrage nicht mehr befaßt werden, tritt der Senat an seine Stelle, der nach dem Geschäftsverteilungsplan für den Fall, in dem abweichend entschieden wurde, zuständig wäre. [3]Über die Anfrage und die Antwort entscheidet der jeweilige Senat durch Beschluß in der für Urteile erforderlichen Besetzung; § 97 Abs. 2 Satz 1 des Steuerberatungsgesetzes und § 74 Abs. 2 Satz 1 der Wirtschaftsprüferordnung bleiben unberührt.

(4) Der erkennende Senat kann eine Frage von grundsätzlicher Bedeutung dem Großen Senat zur Entscheidung vorlegen, wenn das nach seiner Auffassung zur Fortbildung des Rechts oder zur Sicherung einer einheitlichen Rechtsprechung erforderlich ist.

(5) [1]Der Große Senat für Zivilsachen besteht aus dem Präsidenten und je einem Mitglied der Zivilsenate, der Große Senat für Strafsachen aus dem Präsidenten und je zwei Mitgliedern der Strafsenate. [2]Legt ein anderer Senat vor oder soll von dessen Entscheidung abgewichen werden, ist auch ein Mitglied dieses Senats im Großen Senat vertreten. [3]Die Vereinigten Großen Senate bestehen aus dem Präsidenten und den Mitgliedern der Großen Senate.

(6) [1]Die Mitglieder und die Vertreter werden durch das Präsidium für ein Geschäftsjahr bestellt. [2]Dies gilt auch für das Mitglied eines anderen Senats nach Absatz 5 Satz 2 und für seinen Vertreter. [3]Den Vorsitz in den Großen Senaten und den Vereinigten Großen Senaten führt der Präsident, bei Verhinderung das dienstälteste Mitglied. [4]Bei Stimmengleichheit gibt die Stimme des Vorsitzenden den Ausschlag.

§ 133 [Zuständigkeit in Zivilsachen]

In Zivilsachen ist der Bundesgerichtshof zuständig für die Verhandlung und Entscheidung über die Rechtsmittel der Revision, der Sprungrevision, der Rechtsbeschwerde und der Sprungrechtsbeschwerde.

§§ 134, 134a (weggefallen)

§ 135 [Zuständigkeit in Strafsachen]

(1) In Strafsachen ist der Bundesgerichtshof zuständig zur Verhandlung und Entscheidung über das Rechtsmittel der Revision gegen die Urteile der Oberlandesgerichte im ersten Rechtszug sowie gegen die Urteile der Landgerichte im ersten Rechtszug, soweit nicht die Zuständigkeit der Oberlandesgerichte begründet ist.

(2) Der Bundesgerichtshof entscheidet ferner über

1. Beschwerden gegen Beschlüsse und Verfügungen der Oberlandesgerichte in den in § 138d Absatz 6 Satz 1, § 304 Absatz 4 Satz 2 und § 310 Absatz 1 der Strafprozessordnung bezeichneten Fällen,
2. Beschwerden gegen Verfügungen des Ermittlungsrichters des Bundesgerichtshofes (§ 169 Absatz 1 Satz 2 der Strafprozessordnung) in den in § 304 Absatz 5 der Strafprozessordnung bezeichneten Fällen sowie
3. Einwände gegen die Besetzung eines Oberlandesgerichts im Fall des § 222b Absatz 3 Satz 1 der Strafprozessordnung.

§§ 136, 137 *[aufgehoben]*

§ 138 [Verfahren vor den Großen Senaten]

(1) [1]Die Großen Senate und die Vereinigten Großen Senate entscheiden nur über die Rechtsfrage. [2]Sie können ohne mündliche Verhandlung entscheiden. [3]Die Entscheidung ist in der vorliegenden Sache für den erkennenden Senat bindend.

(2) [1]Vor der Entscheidung des Großen Senats für Strafsachen oder der Vereinigten Großen Senate und in Rechtsstreitigkeiten, welche die Anfechtung einer Todeserklärung zum Gegenstand haben, ist der Generalbundesanwalt zu hören. [2]Der Generalbundesanwalt kann auch in der Sitzung seine Auffassung darlegen.

(3) Erfordert die Entscheidung der Sache eine erneute mündliche Verhandlung vor dem erkennenden Senat, so sind die Beteiligten unter Mitteilung der ergangenen Entscheidung der Rechtsfrage zu der Verhandlung zu laden.

§ 139 [Besetzung der Senate]

(1) Die Senate des Bundesgerichtshofes entscheiden in der Besetzung von fünf Mitgliedern einschließlich des Vorsitzenden.

(2) [1]Die Strafsenate entscheiden über Beschwerden in der Besetzung von drei Mitgliedern einschließlich des Vorsitzenden. [2]Dies gilt nicht für die Entscheidung über Beschwerden gegen Beschlüsse, durch welche die Eröffnung des Hauptverfahrens abgelehnt oder das Verfahren wegen eines Verfahrenshindernisses eingestellt wird.

§ 140 [Geschäftsordnung]

Der Geschäftsgang wird durch eine Geschäftsordnung geregelt, die das Plenum beschließt.

9a. Titel

Zuständigkeit für Wiederaufnahmeverfahren in Strafsachen

§ 140a [Zuständigkeit für Wiederaufnahmeverfahren in Strafsachen]

(1) [1]Im Wiederaufnahmeverfahren entscheidet ein anderes Gericht mit gleicher sachlicher Zuständigkeit als das Gericht, gegen dessen Entscheidung sich der Antrag auf Wiederaufnahme des Verfahrens richtet. [2]Über einen Antrag gegen ein im Revisionsverfahren erlassenes Urteil entscheidet ein anderes Gericht der Ordnung des Gerichts, gegen dessen Urteil die Revision eingelegt war.

(2) Das Präsidium des Oberlandesgerichts bestimmt vor Beginn des Geschäftsjahres die Gerichte, die innerhalb seines Bezirks für die Entscheidungen in Wiederaufnahmeverfahren örtlich zuständig sind.

(3) [1]Ist im Bezirk eines Oberlandesgerichts nur ein Landgericht eingerichtet, so entscheidet über den Antrag, für den nach Absatz 1 das Landgericht zuständig ist, eine andere Strafkammer des Landgerichts, die vom Präsidium des Oberlandesgerichts vor Beginn des Geschäftsjahres bestimmt wird. [2]Die Landesregierungen werden ermächtigt, durch Rechtsverordnung die nach Absatz 2 zu treffende Entscheidung des Präsidiums eines Oberlandesgerichts, in dessen Bezirk nur ein Landgericht eingerichtet ist, dem Präsidium eines benachbarten Oberlandesgerichts für solche Anträge zuzuweisen, für die nach Absatz 1 das Landgericht zuständig ist. [3]Die Landesregierungen können die Ermächtigung durch Rechtsverordnung auf die Landesjustizverwaltungen übertragen.

(4) [1]In den Ländern, in denen nur ein Oberlandesgericht und nur ein Landgericht eingerichtet sind, gilt Absatz 3 Satz 1 entsprechend. [2]Die Landesregierungen dieser Länder werden ermächtigt, mit einem benachbarten Land zu vereinbaren, daß die Aufgaben des Präsidiums des Oberlandesgerichts nach Absatz 2 einem benachbarten, zu einem anderen Land gehörenden Oberlandesgericht für Anträge übertragen werden, für die nach Absatz 1 das Landgericht zuständig ist.

(5) In den Ländern, in denen nur ein Landgericht eingerichtet ist und einem Amtsgericht die Strafsachen für die Bezirke der anderen Amtsgerichte zugewiesen sind, gelten Absatz 3 Satz 1 und Absatz 4 Satz 2 entsprechend.

(6) [1]Wird die Wiederaufnahme des Verfahrens beantragt, das von einem Oberlandesgericht im ersten Rechtszug entschieden worden war, so ist ein anderer Senat dieses Oberlandesgerichts zuständig. [2]§ 120 Abs. 5 Satz 2 gilt entsprechend.

(7) Für Entscheidungen über Anträge zur Vorbereitung eines Wiederaufnahmeverfahrens gelten die Absätze 1 bis 6 entsprechend.

Zehnter Titel

Staatsanwaltschaft

§ 141 [Sitz]

Bei jedem Gericht soll eine Staatsanwaltschaft bestehen.

§ 142 [Sachliche Zuständigkeit]

(1) Das Amt der Staatsanwaltschaft wird ausgeübt:

1. bei dem Bundesgerichtshof durch einen Generalbundesanwalt und durch einen oder mehrere Bundesanwälte;
2. bei den Oberlandesgerichten und den Landgerichten durch einen oder mehrere Staatsanwälte;
3. bei den Amtsgerichten durch einen oder mehrere Staatsanwälte oder Amtsanwälte.

(2) Die Zuständigkeit der Amtsanwälte erstreckt sich nicht auf das amtsrichterliche Verfahren zur Vorbereitung der öffentlichen Klage in den Strafsachen, die zur Zuständigkeit anderer Gerichte als der Amtsgerichte gehören.

(3) Referendaren kann die Wahrnehmung der Aufgaben eines Amtsanwalts und im Einzelfall die Wahrnehmung der Aufgaben eines Staatsanwalts unter dessen Aufsicht übertragen werden.

§ 142a [Zuständigkeit des Generalbundesanwalts]

(1) [1]Der Generalbundesanwalt übt in den zur Zuständigkeit von Oberlandesgerichten im ersten Rechtszug gehörenden Strafsachen gemäß § 120 Absatz 1 und 2 das Amt der Staatsanwaltschaft auch bei diesen Gerichten aus. [2]Für die Übernahme der Strafverfolgung durch den Generalbundesanwalt genügt es, dass zureichende tatsächliche Anhaltspunkte für die seine Zuständigkeit begründenden Voraussetzungen gegeben sind. [3]Vorgänge, die Anlass zu der Prüfung einer Übernahme der Strafverfolgung durch den Generalbundesanwalt geben, übersendet die Staatsanwaltschaft diesem unverzüglich. [4]Können in den Fällen des § 120 Abs. 1 die Beamten der Staatsanwaltschaft eines Landes und der Generalbundesanwalt sich nicht darüber einigen, wer von ihnen die Verfolgung zu übernehmen hat, so entscheidet der Generalbundesanwalt.

(2) Der Generalbundesanwalt gibt das Verfahren vor Einreichung einer Anklageschrift oder einer Antragsschrift (§ 435 der Strafprozessordnung) an die Landesstaatsanwaltschaft ab,

1. wenn es folgende Straftaten zum Gegenstand hat:
   a) Straftaten nach den §§ 82, 83 Abs. 2, §§ 98, 99 oder 102 des Strafgesetzbuches,
   b) Straftaten nach den §§ 105 oder 106 des Strafgesetzbuches, wenn die Tat sich gegen ein Organ eines Landes oder gegen ein Mitglied eines solchen Organs richtet,
   c) Straftaten nach § 138 des Strafgesetzbuches in Verbindung mit einer der in Buchstabe a bezeichneten Strafvorschriften oder
   d) Straftaten nach § 52 Abs. 2 des Patentgesetzes, nach § 9 Abs. 2 des Gebrauchsmustergesetzes in Verbindung mit § 52 Abs. 2 des Patentgesetzes oder nach § 4 Abs. 4 des Halbleiterschutzgesetzes in Verbindung mit § 9 Abs. 2 des Gebrauchsmustergesetzes und § 52 Abs. 2 des Patentgesetzes;
2. in Sachen von minderer Bedeutung.

(3) Eine Abgabe an die Landesstaatsanwaltschaft unterbleibt,

1. wenn die Tat die Interessen des Bundes in besonderem Maße berührt oder
2. wenn es im Interesse der Rechtseinheit geboten ist, daß der Generalbundesanwalt die Tat verfolgt.

(4) Der Generalbundesanwalt gibt eine Sache, die er nach § 120 Abs. 2 Satz 1 Nr. 2 bis 4 oder § 74a Abs. 2 übernommen hat, wieder an die Landesstaatsanwaltschaft ab, wenn eine besondere Bedeutung des Falles nicht mehr vorliegt.

§ 142b Europäische Staatsanwaltschaft

(1) [1]In Verfahren, in denen die Europäische Staatsanwaltschaft nach den Artikeln 22 und 23 der Verordnung (EU) 2017/1939 des Rates vom 12. Oktober 2017 zur Durchführung einer Verstärkten Zusammenarbeit zur Errichtung der Europäischen Staatsanwaltschaft (EUStA) (ABl. L 283 vom 31.10.2017, S. 1) zuständig ist und gemäß Artikel 25 dieser Verordnung die Verfolgung übernommen hat, wird das Amt der Staatsanwaltschaft durch Staatsanwälte ausgeübt, die zugleich als Delegierte Europäische Staatsanwälte für die Bundesrepublik Deutschland gemäß dieser Verordnung ernannt sind. [2]Bei Verfahren vor dem Bundesgerichtshof wird das Amt der Staatsanwaltschaft durch einen Bundesanwalt ausgeübt, der zugleich als Delegierter Europäischer Staatsanwalt gemäß der Verordnung (EU) 2017/1939 ernannt ist. [3]Wird der gemäß der Verordnung (EU) 2017/1939 für die Bundesrepublik Deutschland ernannte Europäische Staatsanwalt gemäß Artikel 28 Absatz 4 dieser Verordnung tätig, wird das Amt der Staatsanwaltschaft durch diesen ausgeübt.

(2) [1]Im Falle des Artikels 25 Absatz 6 der Verordnung (EU) 2017/1939 entscheidet der Generalbundesanwalt auf Antrag der betroffenen Staatsanwaltschaft oder der Europäischen Staatsanwaltschaft. [2]Gegen die Entscheidung des Generalbundesanwalts kann die betroffene Staatsanwaltschaft oder die Europäische Staatsanwaltschaft Beschwerde beim Bundesgerichtshof erheben.

§ 143 [Örtliche Zuständigkeit]

(1) [1]Die örtliche Zuständigkeit der Staatsanwaltschaft bestimmt sich nach der örtlichen Zuständigkeit des Gerichts, bei dem die Staatsanwaltschaft besteht. [2]Fehlt es im Geltungsbereich dieses Gesetzes an einem zuständigen Gericht oder ist dieses nicht ermittelt, ist die zuerst mit der Sache befasste Staatsanwaltschaft zuständig. [3]Ergibt sich in den Fällen des Satzes 2 die Zuständigkeit eines Gerichts, ist das Verfahren an die nach Satz 1 zuständige Staatsanwaltschaft abzugeben, sobald alle notwendigen verfahrenssichernden Maßnahmen ergriffen worden sind und der Verfahrensstand eine geordnete Abgabe zulässt. [4]Satz 3 gilt entsprechend, wenn die Zuständigkeit einer Staatsanwaltschaft entfallen ist und eine andere Staatsanwaltschaft zuständig geworden ist.

(2) Ein unzuständiger Beamter der Staatsanwaltschaft hat sich den innerhalb seines Bezirks vorzunehmenden Amtshandlungen zu unterziehen, bei denen Gefahr im Verzug ist.

(3) [1]Können die Staatsanwaltschaften verschiedener Länder sich nicht darüber einigen, welche von ihnen die Verfolgung zu übernehmen hat, so entscheidet der Generalbundesanwalt. [2]Er entscheidet auf Antrag einer Staatsanwaltschaft auch, wenn die Staatsanwaltschaften verschiedener Länder sich nicht über die Verbindung zusammenhängender Strafsachen einigen.

(4) Den Beamten einer Staatsanwaltschaft kann für die Bezirke mehrerer Land- oder Oberlandesgerichte die Zuständigkeit für die Verfolgung bestimmter Arten von Strafsachen, die Strafvollstreckung in diesen Sachen sowie die Bearbeitung von Rechtshilfeersuchen von Stellen außerhalb des räumlichen Geltungsbereichs dieses Gesetzes zugewiesen werden, sofern dies für eine sachdienliche Förderung oder schnellere Erledigung der Verfahren zweckmäßig ist; in diesen Fällen erstreckt sich die örtliche Zuständigkeit der Beamten der Staatsanwaltschaft in den ihnen zugewiesenen Sachen auf alle Gerichte der Bezirke, für die ihnen diese Sachen zugewiesen sind.

(5) [1]Die Landesregierungen werden ermächtigt, durch Rechtsverordnung einer Staatsanwaltschaft für die Bezirke mehrerer Land- oder Oberlandesgerichte die Zuständigkeit für die Strafvollstreckung und die Vollstreckung von Maßregeln der Besserung und Sicherung ganz oder teilweise zuzuweisen, sofern dies für eine sachdienliche Förderung oder schnellere Erledigung der Vollstreckungsverfahren zweckmäßig ist. [2]Die Landesregierungen können die Ermächtigung durch Rechtsverordnung den Landesjustizverwaltungen übertragen.

(6) [1]Abweichend von Absatz 1 Satz 1 sind die in der Bundesrepublik Deutschland als Delegierte Europäische Staatsanwälte gemäß der Verordnung (EU) 2017/1939 ernannten Staatsanwälte unabhängig von ihrem Dienstsitz für alle Strafsachen im Geltungsbereich dieses Gesetzes zuständig, mit denen sie nach Maßgabe der Verordnung (EU) 2017/1939 befasst sind. [2]Satz 1 gilt entsprechend für den deutschen Europäischen Staatsanwalt, der gemäß Artikel 28 Absatz 4 der Verordnung (EU) 2017/1939 tätig wird.

§ 144 [Organisation]

Besteht die Staatsanwaltschaft eines Gerichts aus mehreren Beamten, so handeln die dem ersten Beamten beigeordneten Personen als dessen Vertreter; sie sind, wenn sie für ihn auftreten, zu allen Amtsverrichtungen desselben ohne den Nachweis eines besonderen Auftrags berechtigt.

§ 145 [Befugnisse der ersten Beamten]

(1) Die ersten Beamten der Staatsanwaltschaft bei den Oberlandesgerichten und den Landgerichten sind befugt, bei allen Gerichten ihres Bezirks die Amtsverrichtungen der Staatsanwaltschaft selbst zu übernehmen oder mit ihrer Wahrnehmung einen anderen als den zunächst zuständigen Beamten zu beauftragen.

(2) Amtsanwälte können das Amt der Staatsanwaltschaft nur bei den Amtsgerichten versehen.

§ 145a (weggefallen)

§ 146 [Weisungsgebundenheit]

Die Beamten der Staatsanwaltschaft haben den dienstlichen Anweisungen ihres Vorgesetzten nachzukommen.

§ 147 [Dienstaufsicht]

Das Recht der Aufsicht und Leitung steht zu:

1. dem Bundesminister der Justiz und für Verbraucherschutz hinsichtlich des Generalbundesanwalts und der Bundesanwälte;
2. der Landesjustizverwaltung hinsichtlich aller staatsanwaltschaftlichen Beamten des betreffenden Landes;
3. dem ersten Beamten der Staatsanwaltschaft bei den Oberlandesgerichten und den Landgerichten hinsichtlich aller Beamten der Staatsanwaltschaft ihres Bezirks.

§ 148 [Bundesanwälte]
Der Generalbundesanwalt und die Bundesanwälte sind Beamte.

§ 149 [Ernennung der Bundesanwälte]
Der Generalbundesanwalt und die Bundesanwälte werden auf Vorschlag des Bundesministers der Justiz und für Verbraucherschutz, der der Zustimmung des Bundesrates bedarf, vom Bundespräsidenten ernannt.

§ 150 [Unabhängigkeit von den Gerichten]
Die Staatsanwaltschaft ist in ihren amtlichen Verrichtungen von den Gerichten unabhängig.

§ 151 [Ausschluss von richterlichen Geschäften]
[1]Die Staatsanwälte dürfen richterliche Geschäfte nicht wahrnehmen. [2]Auch darf ihnen eine Dienstaufsicht über die Richter nicht übertragen werden.

§ 152 [Ermittlungspersonen der Staatsanwaltschaft]
(1) Die Ermittlungspersonen der Staatsanwaltschaft sind in dieser Eigenschaft verpflichtet, den Anordnungen der Staatsanwaltschaft ihres Bezirks und der dieser vorgesetzten Beamten Folge zu leisten.
(2) [1]Die Landesregierungen werden ermächtigt, durch Rechtsverordnung diejenigen Beamten- und Angestelltengruppen zu bezeichnen, auf die diese Vorschrift anzuwenden ist. [2]Die Angestellten müssen im öffentlichen Dienst stehen, das 21. Lebensjahr vollendet haben und mindestens zwei Jahre in den bezeichneten Beamten- oder Angestelltengruppen tätig gewesen sein. [3]Die Landesregierungen können die Ermächtigung durch Rechtsverordnung auf die Landesjustizverwaltungen übertragen.

Elfter Titel
Geschäftsstelle

§ 153 [Geschäftsstelle]
(1) Bei jedem Gericht und jeder Staatsanwaltschaft wird eine Geschäftsstelle eingerichtet, die mit der erforderlichen Zahl von Urkundsbeamten besetzt wird.
(2) [1]Mit den Aufgaben eines Urkundsbeamten der Geschäftsstelle kann betraut werden, wer einen Vorbereitungsdienst von zwei Jahren abgeleistet und die Prüfung für den mittleren Justizdienst oder für den mittleren Dienst bei der Arbeitsgerichtsbarkeit bestanden hat. [2]Sechs Monate des Vorbereitungsdienstes sollen auf einen Fachlehrgang entfallen.
(3) Mit den Aufgaben eines Urkundsbeamten der Geschäftsstelle kann auch betraut werden,
1. wer die Rechtspflegerprüfung oder die Prüfung für den gehobenen Dienst bei der Arbeitsgerichtsbarkeit bestanden hat,
2. wer nach den Vorschriften über den Laufbahnwechsel die Befähigung für die Laufbahn des mittleren Justizdienstes erhalten hat,
3. wer als anderer Bewerber nach den landesrechtlichen Vorschriften in die Laufbahn des mittleren Justizdienstes übernommen worden ist.

(4) [1]Die näheren Vorschriften zur Ausführung der Absätze 1 bis 3 erlassen der Bund und die Länder für ihren Bereich. [2]Sie können auch bestimmen, ob und inwieweit Zeiten einer dem Ausbildungsziel förderlichen sonstigen Ausbildung oder Tätigkeit auf den Vorbereitungsdienst angerechnet werden können.
(5) [1]Der Bund und die Länder können ferner bestimmen, daß mit Aufgaben eines Urkundsbeamten der Geschäftsstelle auch betraut werden kann, wer auf dem Sachgebiet, das ihm übertragen werden soll, einen Wissens- und Leistungsstand aufweist, der dem durch die Ausbildung nach Absatz 2 vermittelten Stand gleichwertig ist. [2]In den Ländern Brandenburg, Mecklenburg-Vorpommern, Sachsen, Sachsen-Anhalt und Thüringen dürfen solche Personen weiterhin mit den Aufgaben eines Urkundsbeamten der Geschäftsstelle betraut werden, die bis zum 25. April 2006 gemäß Anlage I Kapitel III Sachgebiet A Abschnitt III Nr. 1 Buchstabe q Abs. 1 zum Einigungsvertrag vom 31. August 1990 (BGBl. 1990 II S. 889, 922) mit diesen Aufgaben betraut worden sind.

Zwölfter Titel
Zustellungs- und Vollstreckungsbeamte

§ 154 [Gerichtsvollzieher]
Die Dienst- und Geschäftsverhältnisse der mit den Zustellungen, Ladungen und Vollstreckungen zu betrauenden Beamten (Gerichtsvollzieher) werden bei dem Bundesgerichtshof durch den Bundesminister der Justiz und für Verbraucherschutz, bei den Landesgerichten durch die Landesjustizverwaltung bestimmt.

§ 155 [Ausschließung des Gerichtsvollziehers]

Der Gerichtsvollzieher ist von der Ausübung seines Amts kraft Gesetzes ausgeschlossen:

I. in bürgerlichen Rechtsstreitigkeiten:
   1. wenn er selbst Partei oder gesetzlicher Vertreter einer Partei ist oder zu einer Partei in dem Verhältnis eines Mitberechtigten, Mitverpflichteten oder Schadensersatzpflichtigen steht;
   2. wenn sein Ehegatte oder Lebenspartner Partei ist, auch wenn die Ehe oder Lebenspartnerschaft nicht mehr besteht;
   3. wenn eine Person Partei ist, mit der er in gerader Linie verwandt oder verschwägert, in der Seitenlinie bis zum dritten Grad verwandt oder bis zum zweiten Grad verschwägert ist oder war;

II. in Strafsachen:
   1. wenn er selbst durch die Straftat verletzt ist;
   2. wenn er der Ehegatte oder Lebenspartner des Beschuldigten oder Verletzten ist oder gewesen ist;
   3. wenn er mit dem Beschuldigten oder Verletzten in dem unter Nummer I 3 bezeichneten Verwandtschafts- oder Schwägerschaftsverhältnis steht oder stand.

Dreizehnter Titel

Rechtshilfe

§ 156 [Rechtshilfepflicht]

Die Gerichte haben sich in Zivilsachen und in Strafsachen Rechtshilfe zu leisten.

§ 157 [Rechtshilfegericht]

(1) Das Ersuchen um Rechtshilfe ist an das Amtsgericht zu richten, in dessen Bezirk die Amtshandlung vorgenommen werden soll.

(2) [1]Die Landesregierungen werden ermächtigt, durch Rechtsverordnung die Erledigung von Rechtshilfeersuchen für die Bezirke mehrerer Amtsgerichte einem von ihnen ganz oder teilweise zuzuweisen, sofern dadurch der Rechtshilfeverkehr erleichtert oder beschleunigt wird. [2]Die Landesregierungen können diese Ermächtigung durch Rechtsverordnung auf die Landesjustizverwaltungen übertragen.

§ 158 [Ablehnung der Rechtshilfe]

(1) Das Ersuchen darf nicht abgelehnt werden.

(2) [1]Das Ersuchen eines nicht im Rechtszuge vorgesetzten Gerichts ist jedoch abzulehnen, wenn die vorzunehmende Handlung nach dem Recht des ersuchten Gerichts verboten ist. [2]Ist das ersuchte Gericht örtlich nicht zuständig, so gibt es das Ersuchen an das zuständige Gericht ab.

§ 159 [Entscheidung des Oberlandesgerichts]

(1) [1]Wird das Ersuchen abgelehnt oder wird der Vorschrift des § 158 Abs. 2 zuwider dem Ersuchen stattgegeben, so entscheidet das Oberlandesgericht, zu dessen Bezirk das ersuchte Gericht gehört. [2]Die Entscheidung ist nur anfechtbar, wenn sie die Rechtshilfe für unzulässig erklärt und das ersuchende und das ersuchte Gericht den Bezirken verschiedener Oberlandesgerichte angehören. [3]Über die Beschwerde entscheidet der Bundesgerichtshof.

(2) Die Entscheidungen ergehen auf Antrag der Beteiligten oder des ersuchenden Gerichts ohne mündliche Verhandlung.

§ 160 [Vollstreckungen, Ladungen, Zustellungen]

Vollstreckungen, Ladungen und Zustellungen werden nach Vorschrift der Prozeßordnungen bewirkt ohne Rücksicht darauf, ob sie in dem Land, dem das Prozeßgericht angehört, oder in einem anderen deutschen Land vorzunehmen sind.

§ 161 [Vermittlung bei Beauftragung eines Gerichtsvollziehers]

[1]Gerichte, Staatsanwaltschaften und Geschäftsstellen der Gerichte können wegen Erteilung eines Auftrags an einen Gerichtsvollzieher die Mitwirkung der Geschäftsstelle des Amtsgerichts in Anspruch nehmen, in dessen Bezirk der Auftrag ausgeführt werden soll. [2]Der von der Geschäftsstelle beauftragte Gerichtsvollzieher gilt als unmittelbar beauftragt.

§ 162 [Vollstreckung von Freiheitsstrafen]

Hält sich ein zu einer Freiheitsstrafe Verurteilter außerhalb des Bezirks der Strafvollstreckungsbehörde auf, so kann diese Behörde die Staatsanwaltschaft des Landgerichts, in dessen Bezirk sich der Verurteilte befindet, um die Vollstreckung der Strafe ersuchen.

§ 163 [Vollstreckung, Ergreifung, Ablieferung außerhalb des Gerichtsbezirks]
Soll eine Freiheitsstrafe in dem Bezirk eines anderen Gerichts vollstreckt oder ein in dem Bezirk eines anderen Gerichts befindlicher Verurteilter zum Zwecke der Strafverbüßung ergriffen und abgeliefert werden, so ist die Staatsanwaltschaft bei dem Landgericht des Bezirks um die Ausführung zu ersuchen.

§ 164 [Kostenersatz]
(1) Kosten und Auslagen der Rechtshilfe werden von der ersuchenden Behörde nicht erstattet.
(2) Gebühren oder andere öffentliche Abgaben, denen die von der ersuchenden Behörde übersendeten Schriftstücke (Urkunden, Protokolle) nach dem Recht der ersuchten Behörde unterliegen, bleiben außer Ansatz.

§ 165 (weggefallen)

§ 166 [Amtshandlungen außerhalb des Gerichtsbezirks]
Ein Gericht darf Amtshandlungen im Geltungsbereich dieses Gesetzes auch außerhalb seines Bezirks vornehmen.

§ 167 [Verfolgung von Flüchtigen über Landesgrenzen]
(1) Die Polizeibeamten eines deutschen Landes sind ermächtigt, die Verfolgung eines Flüchtigen auf das Gebiet eines anderen deutschen Landes fortzusetzen und den Flüchtigen dort zu ergreifen.
(2) Der Ergriffene ist unverzüglich an das nächste Gericht oder die nächste Polizeibehörde des Landes, in dem er ergriffen wurde, abzuführen.

§ 168 [Mitteilung von Akten]
Die in einem deutschen Land bestehenden Vorschriften über die Mitteilung von Akten einer öffentlichen Behörde an ein Gericht dieses Landes sind auch dann anzuwenden, wenn das ersuchende Gericht einem anderen deutschen Land angehört.

Vierzehnter Titel
Öffentlichkeit und Sitzungspolizei

§ 169 [Öffentlichkeit]
(1) [1]Die Verhandlung vor dem erkennenden Gericht einschließlich der Verkündung der Urteile und Beschlüsse ist öffentlich. [2]Ton- und Fernseh-Rundfunkaufnahmen sowie Ton- und Filmaufnahmen zum Zwecke der öffentlichen Vorführung oder Veröffentlichung ihres Inhalts sind unzulässig. [3]Die Tonübertragung in einen Arbeitsraum für Personen, die für Presse, Hörfunk, Fernsehen oder für andere Medien berichten, kann von dem Gericht zugelassen werden. [4]Die Tonübertragung kann zur Wahrung schutzwürdiger Interessen der Beteiligten oder Dritter oder zur Wahrung eines ordnungsgemäßen Ablaufs des Verfahrens teilweise untersagt werden. [5]Im Übrigen gilt für den in den Arbeitsraum übertragenen Ton Satz 2 entsprechend.
(2) [1]Tonaufnahmen oder Ton- und Filmaufnahmen der Verhandlung einschließlich der Verkündung der Urteile und Beschlüsse können zu wissenschaftlichen und historischen Zwecken von dem Gericht zugelassen werden, wenn es sich um ein Verfahren von herausragender zeitgeschichtlicher Bedeutung handelt. [2]Zur Wahrung schutzwürdiger Interessen der Beteiligten oder Dritter oder zur Wahrung eines ordnungsgemäßen Ablaufs des Verfahrens können die Aufnahmen teilweise untersagt werden. [3]Die Aufnahmen sind nicht zu den Akten zu nehmen und dürfen weder herausgegeben noch für Zwecke des aufgenommenen oder eines anderen Verfahrens genutzt oder verwertet werden. [4]Sie sind vom Gericht nach Abschluss des Verfahrens demjenigen zuständigen Bundes- oder Landesarchiv zur Übernahme anzubieten; das nach dem Bundesarchivgesetz oder einem Landesarchivgesetz festzustellen hat, ob den Aufnahmen ein bleibender Wert zukommt. [5]Nimmt das Bundesarchiv oder das jeweilige Landesarchiv die Aufnahmen nicht an, sind die Aufnahmen durch das Gericht zu löschen.
(3) [1]Abweichend von Absatz 1 Satz 2 kann das Gericht für die Verkündung von Entscheidungen des Bundesgerichtshofs in besonderen Fällen Ton- und Fernseh-Rundfunkaufnahmen sowie Ton- und Filmaufnahmen zum Zwecke der öffentlichen Vorführung oder der Veröffentlichung ihres Inhalts zulassen. [2]Zur Wahrung schutzwürdiger Interessen der Beteiligten oder Dritter sowie eines ordnungsgemäßen Ablaufs des Verfahrens können die Aufnahmen oder deren Übertragung teilweise untersagt oder von der Einhaltung von Auflagen abhängig gemacht werden.
(4) Die Beschlüsse des Gerichts nach den Absätzen 1 bis 3 sind unanfechtbar.

§ 170 [Nicht öffentliche Verhandlung in Familiensachen sowie in Angelegenheiten der freiwilligen Gerichtsbarkeit]

(1) [1]Verhandlungen, Erörterungen und Anhörungen in Familiensachen sowie in Angelegenheiten der freiwilligen Gerichtsbarkeit sind nicht öffentlich. [2]Das Gericht kann die Öffentlichkeit zulassen, jedoch nicht gegen den Willen eines Beteiligten. [3]In Betreuungs- und Unterbringungssachen ist auf Verlangen des Betroffenen einer Person seines Vertrauens die Anwesenheit zu gestatten.

(2) Das Rechtsbeschwerdegericht kann die Öffentlichkeit zulassen, soweit nicht das Interesse eines Beteiligten an der nicht öffentlichen Erörterung überwiegt.

§ 171 *[aufgehoben]*

§ 171a [Ausschluss der Öffentlichkeit in Unterbringungssachen]

Die Öffentlichkeit kann für die Hauptverhandlung oder für einen Teil davon ausgeschlossen werden, wenn das Verfahren die Unterbringung des Beschuldigten in einem psychiatrischen Krankenhaus oder einer Entziehungsanstalt, allein oder neben einer Strafe, zum Gegenstand hat.

§ 171b [Ausschluss der Öffentlichkeit zum Schutz der Privatsphäre]

(1) [1]Die Öffentlichkeit kann ausgeschlossen werden, soweit Umstände aus dem persönlichen Lebensbereich eines Prozessbeteiligten, eines Zeugen oder eines durch eine rechtswidrige Tat (§ 11 Absatz 1 Nummer 5 des Strafgesetzbuchs) Verletzten zur Sprache kommen, deren öffentliche Erörterung schutzwürdige Interessen verletzen würde. [2]Das gilt nicht, soweit das Interesse an der öffentlichen Erörterung dieser Umstände überwiegt. [3]Die besonderen Belastungen, die für Kinder und Jugendliche mit einer öffentlichen Hauptverhandlung verbunden sein können, sind dabei zu berücksichtigen. [4]Entsprechendes gilt bei volljährigen Personen, die als Kinder oder Jugendliche durch die Straftat verletzt worden sind.

(2) [1]Die Öffentlichkeit soll ausgeschlossen werden, soweit in Verfahren wegen Straftaten gegen die sexuelle Selbstbestimmung (§§ 174 bis 184k des Strafgesetzbuchs) oder gegen das Leben (§§ 211 bis 222 des Strafgesetzbuchs), wegen Misshandlung von Schutzbefohlenen (§ 225 des Strafgesetzbuchs) oder wegen Straftaten gegen die persönliche Freiheit nach den §§ 232 bis 233a des Strafgesetzbuchs ein Zeuge unter 18 Jahren vernommen wird. [2]Absatz 1 Satz 4 gilt entsprechend.

(3) [1]Die Öffentlichkeit ist auszuschließen, wenn die Voraussetzungen der Absätze 1 oder 2 vorliegen und der Ausschluss von der Person, deren Lebensbereich betroffen ist, beantragt wird. [2]Für die Schlussanträge in Verfahren wegen der in Absatz 2 genannten Straftaten ist die Öffentlichkeit auszuschließen, ohne dass es eines hierauf gerichteten Antrags bedarf, wenn die Verhandlung unter den Voraussetzungen der Absätze 1 oder 2 oder des § 172 Nummer 4 ganz oder zum Teil unter Ausschluss der Öffentlichkeit stattgefunden hat.

(4) Abweichend von den Absätzen 1 und 2 darf die Öffentlichkeit nicht ausgeschlossen werden, soweit die Personen, deren Lebensbereiche betroffen sind, dem Ausschluss der Öffentlichkeit widersprechen.

(5) Die Entscheidungen nach den Absätzen 1 bis 4 sind unanfechtbar.

§ 172 [Gründe für Ausschluss der Öffentlichkeit]

Das Gericht kann für die Verhandlung oder für einen Teil davon die Öffentlichkeit ausschließen, wenn

1. eine Gefährdung der Staatssicherheit, der öffentlichen Ordnung oder der Sittlichkeit zu besorgen ist,

1a. eine Gefährdung des Lebens, des Leibes oder der Freiheit eines Zeugen oder einer anderen Person zu besorgen ist,

2. ein wichtiges Geschäfts-, Betriebs-, Erfindungs- oder Steuergeheimnis zur Sprache kommt, durch dessen öffentliche Erörterung überwiegende schutzwürdige Interessen verletzt würden,

3. ein privates Geheimnis erörtert wird, dessen unbefugte Offenbarung mit Strafe bedroht ist,

4. eine Person unter 18 Jahren vernommen wird.

§ 173 [Öffentliche Urteilsverkündung]

(1) Die Verkündung des Urteils sowie der Endentscheidung in Ehesachen und Familienstreitsachen erfolgt in jedem Falle öffentlich.

(2) Durch einen besonderen Beschluß des Gerichts kann unter den Voraussetzungen der §§ 171b und 172 auch für die Verkündung der Entscheidungsgründe oder eines Teiles davon die Öffentlichkeit ausgeschlossen werden.

§ 174 [Verhandlung über Ausschluss der Öffentlichkeit; Schweigepflicht]

(1) [1]Über die Ausschließung der Öffentlichkeit ist in nicht öffentlicher Sitzung zu verhandeln, wenn ein Beteiligter es beantragt oder das Gericht es für angemessen erachtet. [2]Der Beschluß, der die Öffentlichkeit ausschließt, muß öffentlich verkündet werden; er kann in nicht öffentlicher Sitzung verkündet werden,

wenn zu befürchten ist, daß seine öffentliche Verkündung eine erhebliche Störung der Ordnung in der Sitzung zur Folge haben würde. [3]Bei der Verkündung ist in den Fällen der §§ 171b, 172 und 173 anzugeben, aus welchem Grund die Öffentlichkeit ausgeschlossen worden ist.

(2) Soweit die Öffentlichkeit wegen Gefährdung der Staatssicherheit ausgeschlossen wird, dürfen Presse, Rundfunk und Fernsehen keine Berichte über die Verhandlung und den Inhalt eines die Sache betreffenden amtlichen Schriftstücks veröffentlichen.

(3) [1]Ist die Öffentlichkeit wegen Gefährdung der Staatssicherheit oder aus den in §§ 171b und 172 Nr. 2 und 3 bezeichneten Gründen ausgeschlossen, so kann das Gericht den anwesenden Personen die Geheimhaltung von Tatsachen, die durch die Verhandlung oder durch ein die Sache betreffendes amtliches Schriftstück zu ihrer Kenntnis gelangen, zur Pflicht machen. [2]Der Beschluß ist in das Sitzungsprotokoll aufzunehmen. [3]Er ist anfechtbar. [4]Die Beschwerde hat keine aufschiebende Wirkung.

§ 175 [Versagung des Zutritts]

(1) Der Zutritt zu öffentlichen Verhandlungen kann unerwachsenen und solchen Personen versagt werden, die in einer der Würde des Gerichts nicht entsprechenden Weise erscheinen.

(2) [1]Zu nicht öffentlichen Verhandlungen kann der Zutritt einzelnen Personen vom Gericht gestattet werden. [2]In Strafsachen soll dem Verletzten der Zutritt gestattet werden. [3]Einer Anhörung der Beteiligten bedarf es nicht.

(3) Die Ausschließung der Öffentlichkeit steht der Anwesenheit der die Dienstaufsicht führenden Beamten der Justizverwaltung bei den Verhandlungen vor dem erkennenden Gericht nicht entgegen.

§ 176 [Sitzungspolizei]

(1) Die Aufrechterhaltung der Ordnung in der Sitzung obliegt dem Vorsitzenden.

(2) [1]An der Verhandlung beteiligte Personen dürfen ihr Gesicht während der Sitzung weder ganz noch teilweise verhüllen. [2]Der Vorsitzende kann Ausnahmen gestatten, wenn und soweit die Kenntlichmachung des Gesichts weder zur Identitätsfeststellung noch zur Beweiswürdigung notwendig ist.

§ 177 [Maßnahmen zur Aufrechterhaltung der Ordnung]

[1]Parteien, Beschuldigte, Zeugen, Sachverständige oder bei der Verhandlung nicht beteiligte Personen, die den zur Aufrechterhaltung der Ordnung getroffenen Anordnungen nicht Folge leisten, können aus dem Sitzungszimmer entfernt sowie zur Ordnungshaft abgeführt und während einer zu bestimmenden Zeit, die vierundzwanzig Stunden nicht übersteigen darf, festgehalten werden. [2]Über Maßnahmen nach Satz 1 entscheidet gegenüber Personen, die bei der Verhandlung nicht beteiligt sind, der Vorsitzende, in den übrigen Fällen das Gericht.

§ 178 [Ordnungsmittel wegen Ungebühr]

(1) [1]Gegen Parteien, Beschuldigte, Zeugen, Sachverständige oder bei der Verhandlung nicht beteiligte Personen, die sich in der Sitzung einer Ungebühr schuldig machen, kann vorbehaltlich der strafgerichtlichen Verfolgung ein Ordnungsgeld bis zu eintausend Euro oder Ordnungshaft bis zu einer Woche festgesetzt und sofort vollstreckt werden. [2]Bei der Festsetzung von Ordnungsgeld ist zugleich für den Fall, daß dieses nicht beigetrieben werden kann, zu bestimmen, in welchem Maße Ordnungshaft an seine Stelle tritt.

(2) Über die Festsetzung von Ordnungsmitteln entscheidet gegenüber Personen, die bei der Verhandlung nicht beteiligt sind, der Vorsitzende, in den übrigen Fällen das Gericht.

(3) Wird wegen derselben Tat später auf Strafe erkannt, so sind das Ordnungsgeld oder die Ordnungshaft auf die Strafe anzurechnen.

§ 179 [Vollstreckung der Ordnungsmittel]

Die Vollstreckung der vorstehend bezeichneten Ordnungsmittel hat der Vorsitzende unmittelbar zu veranlassen.

§ 180 [Befugnisse außerhalb der Sitzung]

Die in den §§ 176 bis 179 bezeichneten Befugnisse stehen auch einem einzelnen Richter bei der Vornahme von Amtshandlungen außerhalb der Sitzung zu.

§ 181 [Beschwerde gegen Ordnungsmittel]

(1) Ist in den Fällen der §§ 178, 180 ein Ordnungsmittel festgesetzt, so kann gegen die Entscheidung binnen der Frist von einer Woche nach ihrer Bekanntmachung Beschwerde eingelegt werden, sofern sie nicht von dem Bundesgerichtshof oder einem Oberlandesgericht getroffen ist.

(2) Die Beschwerde hat in dem Falle des § 178 keine aufschiebende Wirkung, in dem Falle des § 180 aufschiebende Wirkung.

(3) Über die Beschwerde entscheidet das Oberlandesgericht.

§ 182 [Protokollierung]
Ist ein Ordnungsmittel wegen Ungebühr festgesetzt oder eine Person zur Ordnungshaft abgeführt oder eine bei der Verhandlung beteiligte Person entfernt worden, so ist der Beschluß des Gerichts und dessen Veranlassung in das Protokoll aufzunehmen.

§ 183 [Straftaten in der Sitzung]
1Wird eine Straftat in der Sitzung begangen, so hat das Gericht den Tatbestand festzustellen und der zuständigen Behörde das darüber aufgenommene Protokoll mitzuteilen. 2In geeigneten Fällen ist die vorläufige Festnahme des Täters zu verfügen.

Fünfzehnter Titel
Gerichtssprache

§ 184 [Deutsche Sprache]
1Die Gerichtssprache ist deutsch. 2Das Recht der Sorben, in den Heimatkreisen der sorbischen Bevölkerung vor Gericht sorbisch zu sprechen, ist gewährleistet.

§ 185 [Dolmetscher]
(1) 1Wird unter Beteiligung von Personen verhandelt, die der deutschen Sprache nicht mächtig sind, so ist ein Dolmetscher zuzuziehen. 2Ein Nebenprotokoll in der fremden Sprache wird nicht geführt; jedoch sollen Aussagen und Erklärungen in fremder Sprache, wenn und soweit der Richter dies mit Rücksicht auf die Wichtigkeit der Sache für erforderlich erachtet, auch in der fremden Sprache in das Protokoll oder in eine Anlage niedergeschrieben werden. 3In den dazu geeigneten Fällen soll dem Protokoll eine durch den Dolmetscher zu beglaubigende Übersetzung beigefügt werden.
(1a) 1Der Vorsitzende kann gestatten oder anordnen, dass der Dolmetscher per Bild- und Tonübertragung an der Verhandlung, Anhörung oder Vernehmung teilnimmt. 2Der Vorsitzende kann zusätzlich anordnen, dass sich der Dolmetscher an demselben Ort aufhält wie die Person, die der deutschen Sprache nicht mächtig ist.
(2) Die Zuziehung eines Dolmetschers kann unterbleiben, wenn die beteiligten Personen sämtlich der fremden Sprache mächtig sind.
(3) In Familiensachen und in Angelegenheiten der freiwilligen Gerichtsbarkeit bedarf es der Zuziehung eines Dolmetschers nicht, wenn der Richter der Sprache, in der sich die beteiligten Personen erklären, mächtig ist.
(4) 1Personen, die für Presse, Hörfunk, Fernsehen oder für andere Medien berichten und der deutschen Sprache nicht mächtig sind, dürfen sich in Gerichtsverhandlungen Verdolmetschungen bedienen. 2Das Gericht kann die Nutzung gerichtlich bereitgestellter Verdolmetschungen zulassen. 3§ 176 Absatz 1 bleibt unberührt.

§ 186 [Verständigung mit hör- oder sprachbehinderter Person]
(1) 1Die Verständigung mit einer hör- oder sprachbehinderten Person erfolgt nach ihrer Wahl mündlich, schriftlich oder mit Hilfe einer die Verständigung ermöglichenden Person, die vom Gericht hinzuzuziehen ist. 2Für die mündliche und schriftliche Verständigung hat das Gericht die geeigneten technischen Hilfsmittel bereitzustellen. 3Die hör- oder sprachbehinderte Person ist auf ihr Wahlrecht hinzuweisen.
(2) Das Gericht kann eine schriftliche Verständigung verlangen oder die Hinzuziehung einer Person als Dolmetscher anordnen, wenn die hör- oder sprachbehinderte Person von ihrem Wahlrecht nach Absatz 1 keinen Gebrauch gemacht hat oder eine ausreichende Verständigung in der nach Absatz 1 gewählten Form nicht oder nur mit unverhältnismäßigem Aufwand möglich ist.
(3) Das Bundesministerium der Justiz und für Verbraucherschutz bestimmt durch Rechtsverordnung, die der Zustimmung des Bundesrates bedarf,
1. den Umfang des Anspruchs auf Bereitstellung von geeigneten Kommunikationshilfen gemäß den Absätzen 1 und 2,
2. die Grundsätze einer angemessenen Vergütung für den Einsatz von Kommunikationshilfen gemäß den Absätzen 1 und 2,
3. die geeigneten Kommunikationshilfen, mit Hilfe derer die in den Absätzen 1 und 2 genannte Verständigung zu gewährleisten ist, und
4. ob und wie die Person mit Hör- oder Sprachbehinderung mitzuwirken hat.

§ 187 [Dolmetscher oder Übersetzer für Beschuldigten oder Verurteilten]
(1) 1Das Gericht zieht für den Beschuldigten oder Verurteilten, der der deutschen Sprache nicht mächtig ist, einen Dolmetscher oder Übersetzer heran, soweit dies zur Ausübung seiner strafprozessualen Rechte

erforderlich ist. [2]Das Gericht weist den Beschuldigten in einer ihm verständlichen Sprache darauf hin, dass er insoweit für das gesamte Strafverfahren die unentgeltliche Hinzuziehung eines Dolmetschers oder Übersetzers beanspruchen kann.

(2) [1]Erforderlich zur Ausübung der strafprozessualen Rechte des Beschuldigten, der der deutschen Sprache nicht mächtig ist, ist in der Regel die schriftliche Übersetzung von freiheitsentziehenden Anordnungen sowie von Anklageschriften, Strafbefehlen und nicht rechtskräftigen Urteilen. [2]Eine auszugsweise schriftliche Übersetzung ist ausreichend, wenn hierdurch die strafprozessualen Rechte des Beschuldigten gewahrt werden. [3]Die schriftliche Übersetzung ist dem Beschuldigten unverzüglich zur Verfügung zu stellen. [4]An die Stelle der schriftlichen Übersetzung kann eine mündliche Übersetzung der Unterlagen oder eine mündliche Zusammenfassung des Inhalts der Unterlagen treten, wenn hierdurch die strafprozessualen Rechte des Beschuldigten gewahrt werden. [5]Dies ist in der Regel dann anzunehmen, wenn der Beschuldigte einen Verteidiger hat.

(3) [1]Der Beschuldigte kann auf eine schriftliche Übersetzung nur wirksam verzichten, wenn er zuvor über sein Recht auf eine schriftliche Übersetzung nach den Absätzen 1 und 2 und über die Folgen eines Verzichts auf eine schriftliche Übersetzung belehrt worden ist. [2]Die Belehrung nach Satz 1 und der Verzicht des Beschuldigten sind zu dokumentieren.

(4) Absatz 1 gilt entsprechend für Personen, die nach § 395 der Strafprozessordnung berechtigt sind, sich der öffentlichen Klage mit der Nebenklage anzuschließen.

§ 188 [Eide Fremdsprachiger]

Personen, die der deutschen Sprache nicht mächtig sind, leisten Eide in der ihnen geläufigen Sprache.

§ 189 [Dolmetschereid]

(1) [1]Der Dolmetscher hat einen Eid dahin zu leisten:

daß er treu und gewissenhaft übertragen werde.

[2]Gibt der Dolmetscher an, daß er aus Glaubens- oder Gewissensgründen keinen Eid leisten wolle, so hat er eine Bekräftigung abzugeben. [3]Diese Bekräftigung steht dem Eid gleich; hierauf ist der Dolmetscher hinzuweisen.

(2) Ist der Dolmetscher für Übertragungen der betreffenden Art nach dem Gerichtsdolmetschergesetz oder in einem Land nach den landesrechtlichen Vorschriften allgemein beeidigt, so genügt vor allen Gerichten des Bundes und der Länder die Berufung auf diesen Eid.

(3) In Familiensachen und in Angelegenheiten der freiwilligen Gerichtsbarkeit ist die Beeidigung des Dolmetschers nicht erforderlich, wenn die beteiligten Personen darauf verzichten.

(4) [1]Der Dolmetscher oder Übersetzer soll über Umstände, die ihm bei seiner Tätigkeit zur Kenntnis gelangen, Verschwiegenheit wahren. [2]Hierauf weist ihn das Gericht hin.

§ 190 [Urkundsbeamter als Dolmetscher]

[1]Der Dienst des Dolmetschers kann von dem Urkundsbeamten der Geschäftsstelle wahrgenommen werden. [2]Einer besonderen Beeidigung bedarf es nicht.

§ 191 [Ausschließung und Ablehnung des Dolmetschers]

[1]Auf den Dolmetscher sind die Vorschriften über Ausschließung und Ablehnung der Sachverständigen entsprechend anzuwenden. [2]Es entscheidet das Gericht oder der Richter, von dem der Dolmetscher zugezogen ist.

§ 191a [Zugänglichmachung von Schriftstücken und Videokonferenztechnik für blinde oder sehbehinderte Personen]

(1) [1]Eine blinde oder sehbehinderte Person kann Schriftsätze und andere Dokumente in einer für sie wahrnehmbaren Form bei Gericht einreichen. [2]Sie kann nach Maßgabe der Rechtsverordnung nach Absatz 2 verlangen, dass ihr Schriftsätze und andere Dokumente eines gerichtlichen Verfahrens barrierefrei zugänglich gemacht werden. [3]Ist der blinden oder sehbehinderten Person Akteneinsicht zu gewähren, kann sie verlangen, dass ihr die Akteneinsicht nach Maßgabe der Rechtsverordnung nach Absatz 2 barrierefrei gewährt wird. [4]Ein Anspruch im Sinne der Sätze 1 bis 3 steht auch einer blinden oder sehbehinderten Person zu, die von einer anderen Person mit der Wahrnehmung ihrer Rechte beauftragt oder hierfür bestellt worden ist. [5]Auslagen für die barrierefreie Zugänglichmachung nach diesen Vorschriften werden nicht erhoben.

(2) Das Bundesministerium der Justiz und für Verbraucherschutz bestimmt durch Rechtsverordnung, die der Zustimmung des Bundesrates bedarf, unter welchen Voraussetzungen und in welcher Weise die in Absatz 1 genannten Dokumente und Dokumente, die von den Parteien zur Akte gereicht werden, einer

blinden oder sehbehinderten Person zugänglich gemacht werden, sowie ob und wie diese Person bei der Wahrnehmung ihrer Rechte mitzuwirken hat.

(3) [1]Elektronische Dokumente sind für blinde oder sehbehinderte Personen barrierefrei zu gestalten, soweit sie in Schriftzeichen wiedergegeben werden. [2]Erfolgt die Übermittlung eines elektronischen Dokuments auf einem sicheren Übermittlungsweg, ist dieser barrierefrei auszugestalten. [3]Sind elektronische Formulare eingeführt (§ 130c der Zivilprozessordnung, § 32c der Strafprozessordnung, § 14a des Gesetzes über das Verfahren in Familiensachen und in den Angelegenheiten der freiwilligen Gerichtsbarkeit, § 46f des Arbeitsgerichtsgesetzes, § 65c des Sozialgerichtsgesetzes, § 55c der Verwaltungsgerichtsordnung, § 52c der Finanzgerichtsordnung, § 110b des Gesetzes über Ordnungswidrigkeiten), sind diese blinden oder sehbehinderten Personen barrierefrei zugänglich zu machen. [4]Dabei sind die Standards von § 3 der Barrierefreie-Informationstechnik-Verordnung vom 12. September 2011 (BGBl. I S. 1843) in der jeweils geltenden Fassung maßgebend.

(4) [1]In gerichtlichen Verfahren eingesetzte Videokonferenztechnik ist für die Verständigung mit einer blinden oder sehbehinderten Person auf deren Verlangen barrierefrei zugänglich zu machen. [2]Absatz 3 Satz 4 gilt entsprechend.

Sechzehnter Titel

Beratung und Abstimmung

§ 192 [Mitwirkende Richter und Schöffen]

(1) Bei Entscheidungen dürfen Richter nur in der gesetzlich bestimmten Anzahl mitwirken.

(2) Bei Verhandlungen von längerer Dauer kann der Vorsitzende die Zuziehung von Ergänzungsrichtern anordnen, die der Verhandlung beizuwohnen und im Falle der Verhinderung eines Richters für ihn einzutreten haben.

(3) Diese Vorschriften sind auch auf Schöffen anzuwenden.

§ 193 [Bild- und Tonübertragung; Anwesenheit von auszubildenden Personen und ausländischen Juristen; Verpflichtung zur Geheimhaltung]

(1) [1]Die Beratung und die Abstimmung können mit Einverständnis aller zur Entscheidung berufenen Richter ganz oder teilweise per Bild- und Tonübertragung durchgeführt werden. [2]In diesem Fall ist durch organisatorische und technische Maßnahmen die Wahrung des Beratungsgeheimnisses sicherzustellen.

(2) Bei der Beratung und Abstimmung dürfen außer den zur Entscheidung berufenen Richtern nur die bei demselben Gericht zu ihrer juristischen Ausbildung beschäftigten Personen und die dort beschäftigten wissenschaftlichen Hilfskräfte zugegen sein, soweit der Vorsitzende deren Anwesenheit gestattet.

(3) [1]Ausländische Berufsrichter, Staatsanwälte und Anwälte, die einem Gericht zur Ableistung eines Studienaufenthaltes zugewiesen worden sind, können bei demselben Gericht bei der Beratung und Abstimmung zugegen sein, soweit der Vorsitzende deren Anwesenheit gestattet und sie gemäß den Absätzen 4 und 5 verpflichtet sind. [2]Satz 1 gilt entsprechend für ausländische Juristen, die im Entsendestaat in einem Ausbildungsverhältnis stehen.

(4) [1]Die in Absatz 3 genannten Personen sind auf ihren Antrag zur Geheimhaltung besonders zu verpflichten. [2]§ 1 Absatz 2 und 3 des Verpflichtungsgesetzes vom 2. März 1974 (BGBl. I S. 469, 547), das durch § 1 Nummer 4 des Gesetzes vom 15. August 1974 (BGBl. I S. 1942) geändert worden ist, gilt entsprechend. [3]Personen, die nach Satz 1 besonders verpflichtet worden sind, stehen für die Anwendung der Vorschriften des Strafgesetzbuches über die Verletzung von Privatgeheimnissen (§ 203 Absatz 2 Satz 1 Nummer 2, Satz 2, Absatz 5 und 6, § 205), Verwertung fremder Geheimnisse (§§ 204, 205), Verletzung des Dienstgeheimnisses (§ 353b Abs. 1 Satz 1 Nr. 2, Satz 2, Abs. 3 und 4) sowie Verletzung des Steuergeheimnisses (§ 355) den für den öffentlichen Dienst besonders Verpflichteten gleich.

(5) [1]Die Verpflichtung wird vom Präsidenten oder vom aufsichtsführenden Richter des Gerichts vorgenommen. [2]Er kann diese Befugnis auf den Vorsitzenden des Spruchkörpers oder auf den Richter übertragen, dem die in Absatz 3 genannten Personen zugewiesen sind. [3]Einer erneuten Verpflichtung bedarf es während der Dauer des Studienaufenthaltes nicht. [4]In den Fällen des § 355 des Strafgesetzbuches ist der Richter, der die Verpflichtung vorgenommen hat, neben dem Verletzten antragsberechtigt.

§ 194 [Gang der Beratung]

(1) Der Vorsitzende leitet die Beratung, stellt die Fragen und sammelt die Stimmen.

(2) Meinungsverschiedenheiten über den Gegenstand, die Fassung und die Reihenfolge der Fragen oder über das Ergebnis der Abstimmung entscheidet das Gericht.

§ 195 [Keine Verweigerung der Abstimmung]

Kein Richter oder Schöffe darf die Abstimmung über eine Frage verweigern, weil er bei der Abstimmung über eine vorhergegangene Frage in der Minderheit geblieben ist.

§ 196 [Absolute Mehrheit; Meinungsmehrheit]

(1) Das Gericht entscheidet, soweit das Gesetz nicht ein anderes bestimmt, mit der absoluten Mehrheit der Stimmen.

(2) Bilden sich in Beziehung auf Summen, über die zu entscheiden ist, mehr als zwei Meinungen, deren keine die Mehrheit für sich hat, so werden die für die größte Summe abgegebenen Stimmen den für die zunächst geringere abgegebenen so lange hinzugerechnet, bis sich eine Mehrheit ergibt.

(3) [1]Bilden sich in einer Strafsache, von der Schuldfrage abgesehen, mehr als zwei Meinungen, deren keine die erforderliche Mehrheit für sich hat, so werden die dem Beschuldigten nachteiligsten Stimmen den zunächst minder nachteiligen so lange hinzugerechnet, bis sich die erforderliche Mehrheit ergibt. [2]Bilden sich in der Straffrage zwei Meinungen, ohne daß eine die erforderliche Mehrheit für sich hat, so gilt die mildere Meinung.

(4) Ergibt sich in dem mit zwei Richtern und zwei Schöffen besetzten Gericht in einer Frage, über die mit einfacher Mehrheit zu entscheiden ist, Stimmengleichheit, so gibt die Stimme des Vorsitzenden den Ausschlag

§ 197 [Reihenfolge der Stimmabgabe]

[1]Die Richter stimmen nach dem Dienstalter, bei gleichem Dienstalter nach dem Lebensalter, ehrenamtliche Richter und Schöffen nach dem Lebensalter; der jüngere stimmt vor dem älteren. [2]Die Schöffen stimmen vor den Richtern. [3]Wenn ein Berichterstatter ernannt ist, so stimmt er zuerst. [4]Zuletzt stimmt der Vorsitzende.

Siebzehnter Titel

Rechtsschutz bei überlangen Gerichtsverfahren und strafrechtlichen Ermittlungsverfahren

§ 198 [Entschädigung; Verzögerungsrüge]

(1) [1]Wer infolge unangemessener Dauer eines Gerichtsverfahrens als Verfahrensbeteiligter einen Nachteil erleidet, wird angemessen entschädigt. [2]Die Angemessenheit der Verfahrensdauer richtet sich nach den Umständen des Einzelfalles, insbesondere nach der Schwierigkeit und Bedeutung des Verfahrens und nach dem Verhalten der Verfahrensbeteiligten und Dritter.

(2) [1]Ein Nachteil, der nicht Vermögensnachteil ist, wird vermutet, wenn ein Gerichtsverfahren unangemessen lange gedauert hat. [2]Hierfür kann Entschädigung nur beansprucht werden, soweit nicht nach den Umständen des Einzelfalles Wiedergutmachung auf andere Weise gemäß Absatz 4 ausreichend ist. [3]Die Entschädigung gemäß Satz 2 beträgt 1 200 Euro für jedes Jahr der Verzögerung. [4]Ist der Betrag gemäß Satz 3 nach den Umständen des Einzelfalles unbillig, kann das Gericht einen höheren oder niedrigeren Betrag festsetzen.

(3) [1]Entschädigung erhält ein Verfahrensbeteiligter nur, wenn er bei dem mit der Sache befassten Gericht die Dauer des Verfahrens gerügt hat (Verzögerungsrüge). [2]Die Verzögerungsrüge kann erst erhoben werden, wenn Anlass zur Besorgnis besteht, dass das Verfahren nicht in einer angemessenen Zeit abgeschlossen wird; eine Wiederholung der Verzögerungsrüge ist frühestens nach sechs Monaten möglich, außer wenn ausnahmsweise eine kürzere Frist geboten ist. [3]Kommt es für die Verfahrensförderung auf Umstände an, die noch nicht in das Verfahren eingeführt worden sind, muss die Rüge hierauf hinweisen. [4]Anderenfalls werden sie von dem Gericht, das über die Entschädigung zu entscheiden hat (Entschädigungsgericht), bei der Bestimmung der angemessenen Verfahrensdauer nicht berücksichtigt. [5]Verzögert sich das Verfahren bei einem anderen Gericht weiter, bedarf es einer erneuten Verzögerungsrüge.

(4) [1]Wiedergutmachung auf andere Weise ist insbesondere möglich durch die Feststellung des Entschädigungsgerichts, dass die Verfahrensdauer unangemessen war. [2]Die Feststellung setzt keinen Antrag voraus. [3]Sie kann in schwerwiegenden Fällen neben der Entschädigung ausgesprochen werden; ebenso kann sie ausgesprochen werden, wenn eine oder mehrere Voraussetzungen des Absatzes 3 nicht erfüllt sind.

(5) [1]Eine Klage zur Durchsetzung eines Anspruchs nach Absatz 1 kann frühestens sechs Monate nach Erhebung der Verzögerungsrüge erhoben werden. [2]Die Klage muss spätestens sechs Monate nach Eintritt der Rechtskraft der Entscheidung, die das Verfahren beendet, oder einer anderen Erledigung des Verfahrens erhoben werden. [3]Bis zur rechtskräftigen Entscheidung über die Klage ist der Anspruch nicht übertragbar.

(6) Im Sinne dieser Vorschrift ist

1. ein Gerichtsverfahren jedes Verfahren von der Einleitung bis zum rechtskräftigen Abschluss einschließlich eines Verfahrens auf Gewährung vorläufigen Rechtsschutzes und zur Bewilligung von Prozess- oder Verfahrenskostenhilfe; ausgenommen ist das Insolvenzverfahren nach dessen Eröffnung; im eröffneten Insolvenzverfahren gilt die Herbeiführung einer Entscheidung als Gerichtsverfahren;
2. ein Verfahrensbeteiligter jede Partei und jeder Beteiligte eines Gerichtsverfahrens mit Ausnahme der Verfassungsorgane, der Träger öffentlicher Verwaltung und sonstiger öffentlicher Stellen, soweit diese nicht in Wahrnehmung eines Selbstverwaltungsrechts an einem Verfahren beteiligt sind.

§ 199 [Strafverfahren]

(1) Für das Strafverfahren einschließlich des Verfahrens auf Vorbereitung der öffentlichen Klage ist § 198 nach Maßgabe der Absätze 2 bis 4 anzuwenden.

(2) Während des Verfahrens auf Vorbereitung der öffentlichen Klage tritt die Staatsanwaltschaft und in Fällen des § 386 Absatz 2 der Abgabenordnung die Finanzbehörde an die Stelle des Gerichts; für das Verfahren nach Erhebung der öffentlichen Klage gilt § 198 Absatz 3 Satz 5 entsprechend.

(3) [1]Hat ein Strafgericht oder die Staatsanwaltschaft die unangemessene Dauer des Verfahrens zugunsten des Beschuldigten berücksichtigt, ist dies eine ausreichende Wiedergutmachung auf andere Weise gemäß § 198 Absatz 2 Satz 2; insoweit findet § 198 Absatz 4 keine Anwendung. [2]Begehrt der Beschuldigte eines Strafverfahrens Entschädigung wegen überlanger Verfahrensdauer, ist das Entschädigungsgericht hinsichtlich der Beurteilung der Angemessenheit der Verfahrensdauer an eine Entscheidung des Strafgerichts gebunden.

(4) Ein Privatkläger ist nicht Verfahrensbeteiligter im Sinne von § 198 Absatz 6 Nummer 2.

§ 200 [Haftende Körperschaft]

[1]Für Nachteile, die auf Grund von Verzögerungen bei Gerichten eines Landes eingetreten sind, haftet das Land. [2]Für Nachteile, die auf Grund von Verzögerungen bei Gerichten des Bundes eingetreten sind, haftet der Bund. [3]Für Staatsanwaltschaften und Finanzbehörden in Fällen des § 386 Absatz 2 der Abgabenordnung gelten die Sätze 1 und 2 entsprechend.

§ 201 [Zuständigkeit für die Entschädigungsklage; Verfahren]

(1) [1]Zuständig für die Klage auf Entschädigung gegen ein Land ist das Oberlandesgericht, in dessen Bezirk das streitgegenständliche Verfahren durchgeführt wurde. [2]Zuständig für die Klage auf Entschädigung gegen den Bund ist der Bundesgerichtshof. [3]Diese Zuständigkeiten sind ausschließliche.

(2) [1]Die Vorschriften der Zivilprozessordnung über das Verfahren vor den Landgerichten im ersten Rechtszug sind entsprechend anzuwenden. [2]Eine Entscheidung durch den Einzelrichter ist ausgeschlossen. [3]Gegen die Entscheidung des Oberlandesgerichts findet die Revision nach Maßgabe des § 543 der Zivilprozessordnung statt; § 544 der Zivilprozessordnung ist entsprechend anzuwenden.

(3) [1]Das Entschädigungsgericht kann das Verfahren aussetzen, wenn das Gerichtsverfahren, von dessen Dauer ein Anspruch nach § 198 abhängt, noch andauert. [2]In Strafverfahren, einschließlich des Verfahrens auf Vorbereitung der öffentlichen Klage, hat das Entschädigungsgericht das Verfahren auszusetzen, solange das Strafverfahren noch nicht abgeschlossen ist.

(4) Besteht ein Entschädigungsanspruch nicht oder nicht in der geltend gemachten Höhe, wird aber eine unangemessene Verfahrensdauer festgestellt, entscheidet das Gericht über die Kosten nach billigem Ermessen.

Einführungsgesetz zum Gerichtsverfassungsgesetz

Vom 27. Januar 1877 (RGBl. S. 77)
(BGBl. III/FNA 300-1)

zuletzt geändert durch Art. 45 G zur weiteren Digitalisierung der Justiz vom 12. Juli 2024 (BGBl. 2024 I Nr. 234)

Nichtamtliche Inhaltsübersicht

Erster Abschnitt
Allgemeine Vorschriften

§ 1 ***[aufgehoben]***

§ 2 [Anwendungsbereich]
Die Vorschriften des Gerichtsverfassungsgesetzes finden auf die ordentliche Gerichtsbarkeit und deren Ausübung Anwendung.

§ 3 [Übertragung der Gerichtsbarkeit]
(1) [1]Die Gerichtsbarkeit in bürgerlichen Rechtsstreitigkeiten und Strafsachen, für welche besondere Gerichte zugelassen sind, kann den ordentlichen Landesgerichten durch die Landesgesetzgebung übertragen werden. [2]Die Übertragung darf nach anderen als den durch das Gerichtsverfassungsgesetz vorgeschriebenen Zuständigkeitsnormen erfolgen.
(2) *[aufgehoben]*
(3) Insoweit für bürgerliche Rechtsstreitigkeiten ein von den Vorschriften der Zivilprozeßordnung abweichendes Verfahren gestattet ist, kann die Zuständigkeit der ordentlichen Landesgerichte durch die Landesgesetzgebung nach anderen als den durch das Gerichtsverfassungsgesetz vorgeschriebenen Normen bestimmt werden.

§ 4 ***[aufgehoben]***

§ 4a [Ermächtigung der Länder Berlin und Hamburg]
(1) [1]Die Länder Berlin und Hamburg bestimmen, welche Stellen die Aufgaben erfüllen, die im Gerichtsverfassungsgesetz den Landesbehörden, den Gemeinden oder den unteren Verwaltungsbezirken sowie deren Vertretungen zugewiesen sind. [2]Das Land Berlin kann bestimmen, dass die Wahl der Schöffen und Jugendschöffen bei einem gemeinsamen Amtsgericht stattfindet, bei diesem mehrere Schöffenwahlausschüsse gebildet werden und deren Zuständigkeit sich nach den Grenzen der Verwaltungsbezirke bestimmt.
(2) *[aufgehoben]*

§ 5 ***[gegenstandslos]***

§ 6 [Wahl, Ernennung und Amtsperiode ehrenamtlicher Richter]
(1) Vorschriften über die Wahl oder Ernennung ehrenamtlicher Richter in der ordentlichen Gerichtsbarkeit einschließlich ihrer Vorbereitung, über die Voraussetzung hierfür, die Zuständigkeit und das dabei einzuschlagende Verfahren sowie über die allgemeinen Regeln über Auswahl und Zuziehung dieser ehrenamtlichen Richter zu den einzelnen Sitzungen sind erstmals auf die erste Amtsperiode der ehrenamtlichen Richter anzuwenden, die nicht früher als am ersten Tag des auf ihr Inkrafttreten folgenden zwölften Kalendermonats beginnt.
(2) Vorschriften über die Dauer der Amtsperiode ehrenamtlicher Richter in der ordentlichen Gerichtsbarkeit sind erstmals auf die erste nach ihrem Inkrafttreten beginnende Amtsperiode anzuwenden.

§ 7 ***[gegenstandslos]***

§ 8 [Oberstes Landesgericht]
(1) Durch die Gesetzgebung eines Landes, in dem mehrere Oberlandesgerichte errichtet werden, kann die Verhandlung und Entscheidung der zur Zuständigkeit des Bundesgerichtshofes gehörenden Revisionen und Rechtsbeschwerden in bürgerlichen Rechtsstreitigkeiten einem obersten Landesgericht zugewiesen werden.
(2) Diese Vorschrift findet jedoch auf bürgerliche Rechtsstreitigkeiten, in denen für die Entscheidung Bundesrecht in Betracht kommt, keine Anwendung, es sei denn, daß es sich im wesentlichen um Rechtsnormen handelt, die in den Landesgesetzen enthalten sind.

§ 9 [Ausschließliche Zuständigkeit in Strafsachen]
[1]Durch die Gesetzgebung eines Landes, in dem mehrere Oberlandesgerichte errichtet werden, können die zur Zuständigkeit der Oberlandesgerichte gehörenden Entscheidungen in Strafsachen oder in Verfahren nach dem Gesetz über die internationale Rechtshilfe in Strafsachen ganz oder teilweise ausschließlich einem der mehreren Oberlandesgerichte oder an Stelle eines solchen Oberlandesgerichts dem Obersten Landesgericht zugewiesen werden. [2]Dem Obersten Landesgericht können auch die zur Zuständigkeit eines Oberlandesgerichts nach den §§ 120 und 120b des Gerichtsverfassungsgesetzes gehörenden Entscheidungen zugewiesen werden.

§ 10 [Besetzung und Verfassung des obersten Landesgerichts]
(1) Die allgemeinen sowie die in § 116 Abs. 1 Satz 2, §§ 117, 124, 130 Abs. 1 und § 181 Abs. 1 enthaltenen besonderen Vorschriften des Gerichtsverfassungsgesetzes finden auf die obersten Landesgerichte der ordentlichen Gerichtsbarkeit entsprechende Anwendung; ferner sind die Vorschriften der §§ 132, 138 des Gerichtsverfassungsgesetzes mit der Maßgabe entsprechend anzuwenden, daß durch Landesgesetz die Zahl der Mitglieder der Großen Senate anderweitig geregelt oder die Bildung eines einzigen Großen Senats angeordnet werden kann, der aus dem Präsidenten und mindestens acht Mitgliedern zu bestehen hat und an die Stelle der Großen Senate für Zivilsachen und für Strafsachen sowie der Vereinigten Großen Senate tritt.
(2) Die Besetzung der Senate bestimmt sich in Strafsachen, in Grundbuchsachen und in Angelegenheiten der freiwilligen Gerichtsbarkeit nach den Vorschriften über die Oberlandesgerichte, im übrigen nach den Vorschriften über den Bundesgerichtshof.

§ 11 *[aufgehoben]*

Zweiter Abschnitt
Verfahrensübergreifende Mitteilungen von Amts wegen

§ 12 [Geltungsbereich, Verantwortung; Erlass von Verwaltungsvorschriften]
(1) [1]Die Vorschriften dieses Abschnitts gelten für die Übermittlung personenbezogener Daten von Amts wegen durch Gerichte der ordentlichen Gerichtsbarkeit und Staatsanwaltschaften an öffentliche Stellen des Bundes oder eines Landes für andere Zwecke als die des Verfahrens, für die die Daten erhoben worden sind. [2]Besondere Rechtsvorschriften des Bundes oder, wenn die Daten aus einem landesrechtlich geregelten Verfahren übermittelt werden, eines Landes, die von den §§ 18 bis 22 abweichen, gehen diesen Vorschriften vor.
(2) Absatz 1 gilt entsprechend für die Übermittlung personenbezogener Daten an Stellen der öffentlich-rechtlichen Religionsgesellschaften, sofern sichergestellt ist, daß bei dem Empfänger ausreichende Datenschutzmaßnahmen getroffen werden.
(3) Eine Übermittlung unterbleibt, wenn ihr eine besondere bundes- oder entsprechende landesgesetzliche Verwendungsregelung entgegensteht.
(4) Die Verantwortung für die Zulässigkeit der Übermittlung trägt die übermittelnde Stelle.
(5) [1]Das Bundesministerium der Justiz und für Verbraucherschutz kann mit Zustimmung des Bundesrates allgemeine Verwaltungsvorschriften zu den nach diesem Abschnitt zulässigen Mitteilungen erlassen. [2]Ermächtigungen zum Erlaß von Verwaltungsvorschriften über Mitteilungen in besonderen Rechtsvorschriften bleiben unberührt.

§ 13 [Übermittlung personenbezogener Daten durch Gerichte und Staatsanwaltschaften]
(1) Gerichte und Staatsanwaltschaften dürfen personenbezogene Daten zur Erfüllung der in der Zuständigkeit des Empfängers liegenden Aufgaben übermitteln, wenn
1. eine besondere Rechtsvorschrift dies vorsieht oder zwingend voraussetzt,
2. die betroffene Person eingewilligt hat,
3. offensichtlich ist, daß die Übermittlung im Interesse der betroffenen Person liegt, und kein Grund zu der Annahme besteht, daß sie in Kenntnis dieses Zwecks ihre Einwilligung verweigern würde,
4. die Daten auf Grund einer Rechtsvorschrift von Amts wegen öffentlich bekanntzumachen sind oder in ein von einem Gericht geführtes, für jedermann unbeschränkt einsehbares öffentliches Register einzutragen sind oder es sich um die Abweisung des Antrags auf Eröffnung des Insolvenzverfahrens mangels Masse handelt oder
5. auf Grund einer Entscheidung
   a) bestimmte Rechtsfolgen eingetreten sind, insbesondere der Verlust der Rechtsstellung aus einem öffentlich-rechtlichen Amts- oder Dienstverhältnis, der Ausschluß vom Wehr- oder Zivildienst, der Verlust des Wahlrechts oder der Wählbarkeit oder der Wegfall von Leistungen aus öffentlichen Kassen, und
   b) die Kenntnis der Daten aus der Sicht der übermittelnden Stelle für die Verwirklichung der Rechtsfolgen erforderlich ist;

   dies gilt auch, wenn auf Grund der Entscheidung der Erlaß eines Verwaltungsaktes vorgeschrieben ist, ein Verwaltungsakt nicht erlassen werden darf oder wenn die betroffene Person ihr durch Verwaltungsakt gewährte Rechte auch nur vorläufig nicht wahrnehmen darf.

(2) [1]In anderen als in den in Absatz 1 genannten Fällen dürfen Gerichte und Staatsanwaltschaften personenbezogene Daten zur Erfüllung der in der Zuständigkeit des Empfängers liegenden Aufgaben ein-

schließlich der Wahrnehmung personalrechtlicher Befugnisse übermitteln, wenn eine Übermittlung nach den §§ 14 bis 17 zulässig ist und soweit nicht für die übermittelnde Stelle offensichtlich ist, daß schutzwürdige Interessen der betroffenen Person an dem Ausschluß der Übermittlung überwiegen. [2]Übermittelte Daten dürfen auch für die Wahrnehmung der Aufgaben nach dem Sicherheitsüberprüfungsgesetz oder einem entsprechenden Landesgesetz verarbeitet werden.

§ 14 [Zulässigkeit der Datenübermittlung in Strafsachen; Annahmen]

(1) In Strafsachen ist die Übermittlung personenbezogener Daten des Beschuldigten, die den Gegenstand des Verfahrens betreffen, zulässig, wenn die Kenntnis der Daten aus der Sicht der übermittelnden Stelle erforderlich ist für

1.–3. *[aufgehoben]*

4. dienstrechtliche Maßnahmen oder Maßnahmen der Aufsicht, falls
   a) die betroffene Person wegen ihres Berufs oder Amtsverhältnisses einer Dienst-, Staats- oder Standesaufsicht unterliegt, Geistlicher einer Kirche ist oder ein entsprechendes Amt bei einer anderen öffentlich-rechtlichen Religionsgesellschaft bekleidet oder Beamter einer Kirche oder einer Religionsgesellschaft ist und
   b) die Daten auf eine Verletzung von Pflichten schließen lassen, die bei der Ausübung des Berufs oder der Wahrnehmung der Aufgaben aus dem Amtsverhältnis zu beachten sind oder in anderer Weise geeignet sind, Zweifel an der Eignung, Zuverlässigkeit oder Befähigung hervorzurufen,
5. die Entscheidung über eine Kündigung oder für andere arbeitsrechtliche Maßnahmen, für die Entscheidung über eine Amtsenthebung, für den Widerruf, die Rücknahme, die Einschränkung einer behördlichen Erlaubnis, Genehmigung oder Zulassung zur Ausübung eines Gewerbes, einer sonstigen wirtschaftlichen Unternehmung oder eines Berufs oder zum Führen einer Berufsbezeichnung, für die Untersagung der beruflichen, gewerblichen oder ehrenamtlichen Tätigkeit oder der sonstigen wirtschaftlichen Unternehmung oder für die Untersagung der Einstellung, Beschäftigung, Beaufsichtigung von Kindern und Jugendlichen, für die Untersagung der Durchführung der Berufsausbildung oder für die Anordnung einer Auflage, falls
   a) die betroffene Person ein nicht unter Nummer 4 fallender Angehöriger des öffentlichen Dienstes oder des Dienstes einer öffentlich-rechtlichen Religionsgesellschaft, ein Gewerbetreibender oder ein Vertretungsberechtigter eines Gewerbetreibenden oder eine mit der Leitung eines Gewerbebetriebes oder einer sonstigen wirtschaftlichen Unternehmung beauftragte Person, ein sonstiger Berufstätiger oder Inhaber eines Ehrenamtes ist und
   b) die Daten auf eine Verletzung von Pflichten schließen lassen, die bei der Ausübung des Dienstes, des Gewerbes, der sonstigen wirtschaftlichen Unternehmung, des Berufs oder des Ehrenamtes zu beachten sind oder in anderer Weise geeignet sind, Zweifel an der Eignung, Zuverlässigkeit oder Befähigung hervorzurufen,
6. Dienstordnungsmaßnahmen mit versorgungsrechtlichen Folgen oder für den Entzug von Hinterbliebenenversorgung, falls die betroffene Person aus einem öffentlich-rechtlichen Amts- oder Dienstverhältnis oder aus einem Amts- oder Dienstverhältnis mit einer Kirche oder anderen öffentlich-rechtlichen Religionsgesellschaft Versorgungsbezüge erhält oder zu beanspruchen hat,
7. den Widerruf, die Rücknahme, die Versagung oder Einschränkung der Berechtigung, der Erlaubnis oder der Genehmigung oder für die Anordnung einer Auflage, falls die betroffene Person
   a) in einem besonderen gesetzlichen Sicherheitsanforderungen unterliegenden genehmigungs- oder erlaubnispflichtigen Betrieb verantwortlich tätig oder
   b) Inhaber einer atom-, waffen-, sprengstoff-, gefahrstoff-, immissionsschutz-, abfall-, wasser-, seuchen-, tierseuchen-, betäubungsmittel- oder arzneimittelrechtlichen Berechtigung, Erlaubnis oder Genehmigung, einer Genehmigung nach dem Gentechnikgesetz, dem Gesetz über die Kontrolle von Kriegswaffen oder dem Außenwirtschaftsgesetz, einer Erlaubnis zur Arbeitsvermittlung nach dem Dritten Buch Sozialgesetzbuch, einer Verleiherlaubnis nach dem Arbeitnehmerüberlassungsgesetz, einer Erlaubnis nach tierschutzrechtlichen Vorschriften, eines Jagdscheins, eines Fischereischeins, einer verkehrsrechtlichen oder im übrigen einer sicherheitsrechtlichen Erlaubnis oder Befähigung ist oder einen entsprechenden Antrag gestellt hat,
8. Maßnahmen der Aufsicht, falls es sich
   a) um Strafsachen im Zusammenhang mit Betriebsunfällen, in denen Zuwiderhandlungen gegen Unfallverhütungsvorschriften bekannt werden, oder

b) um Straftaten gegen Vorschriften zum Schutz der Arbeitskraft oder zum Schutz der Gesundheit von Arbeitnehmern handelt, oder

9. die Abwehr erheblicher Nachteile für Tiere und Pflanzen, Boden, Wasser, Luft, Klima und Landschaft sowie das kulturelle Erbe.

(2) [1]In Privatklageverfahren, in Verfahren wegen fahrlässig begangener Straftaten, in sonstigen Verfahren bei Verurteilung zu einer anderen Maßnahme als einer Strafe oder einer Maßnahme im Sinne des § 11 Abs. 1 Nr. 8 des Strafgesetzbuches, oder wenn das Verfahren eingestellt worden ist, unterbleibt die Übermittlung in den Fällen des Absatzes 1 Nr. 4 bis 9, wenn nicht besondere Umstände des Einzelfalles die Übermittlung erfordern. [2]Die Übermittlung ist insbesondere erforderlich, wenn die Tat bereits ihrer Art nach geeignet ist, Zweifel an der Zuverlässigkeit oder Eignung der betroffenen Person für die gerade von ihr ausgeübte berufliche, gewerbliche oder ehrenamtliche Tätigkeit oder für die Wahrnehmung von Rechten aus einer ihr erteilten Berechtigung, Genehmigung oder Erlaubnis hervorzurufen. [3]Die Sätze 1 und 2 gelten nicht bei Straftaten, durch die der Tod eines Menschen verursacht worden ist, und bei gefährlicher Körperverletzung. [4]Im Falle der Einstellung des Verfahrens ist zu berücksichtigen, wie gesichert die zu übermittelnden Erkenntnisse sind.

§ 15 [Datenübermittlung in Zivilsachen]

In Zivilsachen einschließlich der Angelegenheiten der freiwilligen Gerichtsbarkeit ist die Übermittlung personenbezogener Daten zulässig, wenn die Kenntnis der Daten aus der Sicht der übermittelnden Stelle erforderlich ist

1. zur Berichtigung oder Ergänzung des Grundbuchs oder eines von einem Gericht geführten Registers oder Verzeichnisses, dessen Führung durch eine Rechtsvorschrift angeordnet ist, und wenn die Daten Gegenstand des Verfahrens sind, oder
2. zur Führung des in § 2 Abs. 2 der Grundbuchordnung bezeichneten amtlichen Verzeichnisses und wenn Grenzstreitigkeiten Gegenstand eines Urteils, eines Vergleichs oder eines dem Gericht mitgeteilten außergerichtlichen Vergleichs sind.

§ 16 [Datenübermittlung an ausländische öffentliche Stellen]

Werden personenbezogene Daten an ausländische öffentliche Stellen oder an über- oder zwischenstaatliche Stellen nach den hierfür geltenden Rechtsvorschriften übermittelt, so ist eine Übermittlung dieser Daten auch zulässig

1. an das Bundesministerium der Justiz und für Verbraucherschutz und das Auswärtige Amt,
2. in Strafsachen gegen Mitglieder einer ausländischen konsularischen Vertretung zusätzlich an die Staats- oder Senatskanzlei des Landes, in dem die konsularische Vertretung ihren Sitz hat.

§ 16a [Kontaktstellen]

(1) Das Bundesamt für Justiz nach Maßgabe des Absatzes 2 und die von den Landesregierungen durch Rechtsverordnung bestimmten weiteren Stellen nehmen die Aufgaben der Kontaktstellen im Sinne des Artikels 2 der Entscheidung 2001/470/EG des Rates vom 28. Mai 2001 über die Einrichtung eines Europäischen Justiziellen Netzes für Zivil- und Handelssachen (ABl. EG Nr. L 174 S. 25), die durch die Entscheidung 568/2009/EG (ABl. L 168 vom 30.6.2009, S. 35) geändert worden ist, wahr.

(2) Das Bundesamt für Justiz stellt die Koordinierung zwischen den Kontaktstellen sicher.

(3) [1]Die Landesregierungen werden ermächtigt, durch Rechtsverordnung die Aufgaben der Kontaktstelle einer Landesbehörde zuzuweisen. [2]Sie können die Befugnis zum Erlass einer Rechtsverordnung nach Absatz 1 einer obersten Landesbehörde übertragen.

§ 17 [Datenübermittlung in anderen Fällen]

Die Übermittlung personenbezogener Daten ist ferner zulässig, wenn die Kenntnis der Daten aus der Sicht der übermittelnden Stelle

1. zur Verfolgung von Straftaten oder Ordnungswidrigkeiten,
2. für ein Verfahren der internationalen Rechtshilfe,
3. zur Abwehr erheblicher Nachteile für das Gemeinwohl oder einer Gefahr für die öffentliche Sicherheit,
4. zur Abwehr einer schwerwiegenden Beeinträchtigung der Rechte einer anderen Person oder
5. zur Prüfung gewichtiger Anhaltspunkte für die Gefährdung des Wohls eines Kindes oder Jugendlichen

erforderlich ist.

§ 18 [Verbindung mit weiteren Daten des Betroffenen oder Dritter, Ermessen]

(1) [1]Sind mit personenbezogenen Daten, die nach diesem Abschnitt übermittelt werden dürfen, weitere personenbezogene Daten der betroffenen Person oder eines Dritten so verbunden, daß eine Trennung nicht

oder nur mit unvertretbarem Aufwand möglich ist, so ist die Übermittlung auch dieser Daten zulässig, soweit nicht berechtigte Interessen der betroffenen Person oder eines Dritten an deren Geheimhaltung offensichtlich überwiegen. [2]Eine Verwendung der Daten durch den Empfänger ist unzulässig; für Daten der betroffenen Person gilt § 19 Abs. 1 Satz 2 entsprechend.

(2) [1]Die übermittelnde Stelle bestimmt die Form der Übermittlung nach pflichtgemäßem Ermessen. [2]Soweit dies nach der Art der zu übermittelnden Daten und der Organisation des Empfängers geboten ist, trifft sie angemessene Vorkehrungen, um sicherzustellen, daß die Daten unmittelbar den beim Empfänger funktionell zuständigen Bediensteten erreichen.

§ 19 [Zweckgebundenheit, Erforderlichkeit]

(1) [1]Die übermittelten Daten dürfen nur zu dem Zweck verarbeitet werden, zu dessen Erfüllung sie übermittelt worden sind. [2]Eine Verarbeitung für andere Zwecke ist zulässig, soweit die Daten auch dafür hätten übermittelt werden dürfen.

(2) [1]Der Empfänger prüft, ob die übermittelten Daten für die in Absatz 1 genannten Zwecke erforderlich sind. [2]Sind die Daten hierfür nicht erforderlich, so schickt er die Unterlagen an die übermittelnde Stelle zurück. [3]Ist der Empfänger nicht zuständig und ist ihm die für die Verarbeitung der Daten zuständige Stelle bekannt, so leitet er die übermittelten Unterlagen dorthin weiter und benachrichtigt hiervon die übermittelnde Stelle.

§ 20 [Unterrichtung des Empfängers]

(1) [1]Betreffen Daten, die vor Beendigung eines Verfahrens übermittelt worden sind, den Gegenstand dieses Verfahrens, so ist der Empfänger vom Ausgang des Verfahrens zu unterrichten; das gleiche gilt, wenn eine übermittelte Entscheidung abgeändert oder aufgehoben wird, das Verfahren, außer in den Fällen des § 153a der Strafprozeßordnung, auch nur vorläufig eingestellt worden ist oder nach den Umständen angenommen werden kann, daß das Verfahren auch nur vorläufig nicht weiter betrieben wird. [2]Der Empfänger ist über neue Erkenntnisse unverzüglich zu unterrichten, wenn dies erforderlich erscheint, um bis zu einer Unterrichtung nach Satz 1 drohende Nachteile für die betroffene Person zu vermeiden.

(2) [1]Erweist sich, daß unrichtige Daten übermittelt worden sind, so ist der Empfänger unverzüglich zu unterrichten. [2]Der Empfänger berichtigt die Daten oder vermerkt ihre Unrichtigkeit in den Akten.

(3) Die Unterrichtung nach Absatz 1 oder 2 Satz 1 kann unterbleiben, wenn sie erkennbar weder zur Wahrung der schutzwürdigen Interessen der betroffenen Person noch zur Erfüllung der Aufgaben des Empfängers erforderlich ist.

§ 21 [Auskunftserteilung und Unterrichtung; Antrag; Ablehnung]

(1) [1]Der betroffenen Person ist auf Antrag Auskunft über die übermittelten Daten und deren Empfänger zu erteilen. [2]Der Antrag ist schriftlich zu stellen. [3]Die Auskunft wird nur erteilt, soweit die betroffene Person Angaben macht, die das Auffinden der Daten ermöglichen, und der für die Erteilung der Auskunft erforderliche Aufwand nicht außer Verhältnis zu dem geltend gemachten Informationsinteresse steht. [4]Die übermittelnde Stelle bestimmt das Verfahren, insbesondere die Form der Auskunftserteilung, nach pflichtgemäßem Ermessen.

(2) [1]Die betroffene Person ist gleichzeitig mit der Übermittlung personenbezogener Daten über den Inhalt und den Empfänger zu unterrichten. [2]Die Unterrichtung des gesetzlichen Vertreters eines Minderjährigen, des Bevollmächtigten oder Verteidigers reicht aus. [3]Die übermittelnde Stelle bestimmt die Form der Unterrichtung nach pflichtgemäßem Ermessen. [4]Eine Pflicht zur Unterrichtung besteht nicht, wenn die Anschrift des zu Unterrichtenden nur mit unvertretbarem Aufwand festgestellt werden kann.

(3) Bezieht sich die Auskunftserteilung oder die Unterrichtung auf die Übermittlung personenbezogener Daten an Verfassungsschutzbehörden, den Bundesnachrichtendienst, den Militärischen Abschirmdienst oder, soweit die Sicherheit des Bundes berührt wird, andere Behörden des Bundesministers der Verteidigung, ist sie nur mit Zustimmung dieser Stellen zulässig.

(4) [1]Die Auskunftserteilung und die Unterrichtung unterbleiben, soweit

1. sie die ordnungsgemäße Erfüllung der Aufgaben der übermittelnden Stelle oder des Empfängers gefährden würden,
2. sie die öffentliche Sicherheit oder Ordnung gefährden oder sonst dem Wohle des Bundes oder eines Landes Nachteile bereiten würden oder
3. die Daten oder die Tatsache ihrer Übermittlung nach einer Rechtsvorschrift oder ihrem Wesen nach, insbesondere wegen der überwiegenden berechtigten Interessen eines Dritten, geheimgehalten werden müssen

und deswegen das Interesse der betroffenen Person an der Auskunftserteilung oder Unterrichtung zurücktreten muß. [2]Die Unterrichtung der betroffenen Person unterbleibt ferner, wenn erhebliche Nachteile für seine Gesundheit zu befürchten sind.

(5) Die Ablehnung der Auskunftserteilung bedarf keiner Begründung, soweit durch die Mitteilung der tatsächlichen und rechtlichen Gründe, auf die die Entscheidung gestützt wird, der mit der Auskunftsverweigerung verfolgte Zweck gefährdet würde.

(6) Die Absätze 1 bis 5 gelten nicht im Anwendungsbereich der Verordnung (EU) 2016/679 des Europäischen Parlaments und des Rates vom 27. April 2016 zum Schutz natürlicher Personen bei der Verarbeitung personenbezogener Daten, zum freien Datenverkehr und zur Aufhebung der Richtlinie 95/46/EG (Datenschutz-Grundverordnung) (ABl. L 119 vom 4.5.2016, S. 1; L 314 vom 22.11.2016, S. 72; L 127 vom 23.5.2018, S. 2).

§ 21a [Rechte und Pflichten bei verfahrensübergreifenden Mitteilungen von Amts wegen]

[1]Bei verfahrensübergreifenden Mitteilungen von Amts wegen im Sinne dieses Abschnitts gelten für Rechte und Pflichten nach den Artikeln 12 bis 15 und 19 Satz 2 der Verordnung (EU) 2016/679 die Bestimmungen des § 21 Absatz 3 bis 5 entsprechend. [2]Rechte nach den Artikeln 18 und 21 der Verordnung (EU) 2016/679 bestehen bei verfahrensübergreifenden Mitteilungen von Amts wegen im Sinne dieses Abschnitts nicht. [3]Die Sätze 1 und 2 gelten entsprechend für Bestimmungen des Artikels 5 der Verordnung (EU) 2016/679, soweit sie den Rechten und Pflichten nach den in den Sätzen 1 und 2 genannten Artikeln der Verordnung (EU) 2016/679 entsprechen.

§ 22 [Überprüfung der Rechtmäßigkeit der Datenübermittlung]

(1) [1]Ist die Rechtsgrundlage für die Übermittlung personenbezogener Daten nicht in den Vorschriften enthalten, die das Verfahren der übermittelnden Stelle regeln, sind für die Überprüfung der Rechtmäßigkeit der Übermittlung die §§ 23 bis 30 nach Maßgabe der Absätze 2 und 3 anzuwenden. [2]Hat der Empfänger auf Grund der übermittelten Daten eine Entscheidung oder andere Maßnahmen getroffen und dies der betroffenen Person bekanntgegeben, bevor ein Antrag auf gerichtliche Entscheidung gestellt worden ist, so wird die Rechtmäßigkeit der Übermittlung ausschließlich von dem Gericht, das gegen die Entscheidung oder Maßnahme des Empfängers angerufen werden kann, in der dafür vorgesehenen Verfahrensart überprüft.

(2) [1]Wird ein Antrag auf gerichtliche Entscheidung gestellt, ist der Empfänger zu unterrichten. [2]Dieser teilt dem nach § 25 zuständigen Gericht mit, ob die Voraussetzungen des Absatzes 1 oder 2 vorliegen.

(3) [1]War die Übermittlung rechtswidrig, so spricht das Gericht dies aus. [2]Die Entscheidung ist auch für den Empfänger bindend und ist ihm bekanntzumachen. [3]Die Verarbeitung der übermittelten Daten ist unzulässig, wenn die Rechtswidrigkeit der Übermittlung festgestellt worden ist.

Dritter Abschnitt

Anfechtung von Justizverwaltungsakten

§ 23 [Rechtsweg bei Justizverwaltungsakten]

(1) [1]Über die Rechtmäßigkeit der Anordnungen, Verfügungen oder sonstigen Maßnahmen, die von den Justizbehörden zur Regelung einzelner Angelegenheiten auf den Gebieten des bürgerlichen Rechts einschließlich des Handelsrechts, des Zivilprozesses, der freiwilligen Gerichtsbarkeit und der Strafrechtspflege getroffen werden, entscheiden auf Antrag die ordentlichen Gerichte. [2]Das gleiche gilt für Anordnungen, Verfügungen oder sonstige Maßnahmen der Vollzugsbehörden im Vollzug der Untersuchungshaft sowie derjenigen Freiheitsstrafen und Maßregeln der Besserung und Sicherung, die außerhalb des Justizvollzuges vollzogen werden.

(2) Mit dem Antrag auf gerichtliche Entscheidung kann auch die Verpflichtung der Justiz- oder Vollzugsbehörde zum Erlaß eines abgelehnten oder unterlassenen Verwaltungsaktes begehrt werden.

(3) Soweit die ordentlichen Gerichte bereits auf Grund anderer Vorschriften angerufen werden können, behält es hierbei sein Bewenden.

§ 24 [Zulässigkeit des Antrags]

(1) Der Antrag auf gerichtliche Entscheidung ist nur zulässig, wenn der Antragsteller geltend macht, durch die Maßnahme oder ihre Ablehnung oder Unterlassung in seinen Rechten verletzt zu sein.

(2) Soweit Maßnahmen der Justiz- oder Vollzugsbehörden der Beschwerde oder einem anderen förmlichen Rechtsbehelf im Verwaltungsverfahren unterliegen, kann der Antrag auf gerichtliche Entscheidung erst nach vorausgegangenem Beschwerdeverfahren gestellt werden.

§ 25 [Zuständigkeit des OLG oder des Obersten Landesgerichts]

(1) [1]Über den Antrag entscheidet ein Zivilsenat oder, wenn der Antrag eine Angelegenheit der Strafrechtspflege oder des Vollzugs betrifft, ein Strafsenat des Oberlandesgerichts, in dessen Bezirk die Justiz- oder Vollzugsbehörde ihren Sitz hat. [2]Ist ein Beschwerdeverfahren (§ 24 Abs. 2) vorausgegangen, so ist das Oberlandesgericht zuständig, in dessen Bezirk die Beschwerdebehörde ihren Sitz hat.

(2) Ein Land, in dem mehrere Oberlandesgerichte errichtet sind, kann durch Gesetz die nach Absatz 1 zur Zuständigkeit des Zivilsenats oder des Strafsenats gehörenden Entscheidungen ausschließlich einem der Oberlandesgerichte oder dem Obersten Landesgericht zuweisen.

§ 26 [Antragsfrist]

(1) Der Antrag auf gerichtliche Entscheidung muß innerhalb eines Monats nach Zustellung oder schriftlicher Bekanntgabe des Bescheides oder, soweit ein Beschwerdeverfahren (§ 24 Abs. 2) vorausgegangen ist, nach Zustellung des Beschwerdebescheides schriftlich oder zur Niederschrift der Geschäftsstelle des Oberlandesgerichts oder eines Amtsgerichts gestellt werden.

(2) [1]War der Antragsteller ohne Verschulden verhindert, die Frist einzuhalten, so ist ihm auf Antrag Wiedereinsetzung in den vorigen Stand zu gewähren. [2]Ein Fehlen des Verschuldens wird vermutet, wenn in dem Bescheid oder, soweit ein Beschwerdeverfahren (§ 24 Absatz 2) vorausgegangen ist, in dem Beschwerdebescheid eine Belehrung über die Zulässigkeit des Antrags auf gerichtliche Entscheidung sowie über das Gericht, bei dem er zu stellen ist, dessen Sitz und die einzuhaltende Form und Frist unterblieben oder unrichtig erteilt ist.

(3) [1]Der Antrag auf Wiedereinsetzung ist binnen zwei Wochen nach Wegfall des Hindernisses zu stellen. [2]Die Tatsachen zur Begründung des Antrags sind bei der Antragstellung oder im Verfahren über den Antrag glaubhaft zu machen. [3]Innerhalb der Antragsfrist ist die versäumte Rechtshandlung nachzuholen. [4]Ist dies geschehen, so kann die Wiedereinsetzung auch ohne Antrag gewährt werden.

(4) Nach einem Jahr seit dem Ende der versäumten Frist ist der Antrag auf Wiedereinsetzung unzulässig, außer wenn der Antrag vor Ablauf der Jahresfrist infolge höherer Gewalt unmöglich war.

§ 27 [Antragstellung bei Untätigkeit der Behörde]

(1) [1]Ein Antrag auf gerichtliche Entscheidung kann auch gestellt werden, wenn über einen Antrag, eine Maßnahme zu treffen, oder über eine Beschwerde oder einen anderen förmlichen Rechtsbehelf ohne zureichenden Grund nicht innerhalb von drei Monaten entschieden ist. [2]Das Gericht kann vor Ablauf dieser Frist angerufen werden, wenn dies wegen besonderer Umstände des Falles geboten ist.

(2) [1]Liegt ein zureichender Grund dafür vor, daß über die Beschwerde oder den förmlichen Rechtsbehelf noch nicht entschieden oder die beantragte Maßnahme noch nicht erlassen ist, so setzt das Gericht das Verfahren bis zum Ablauf einer von ihm bestimmten Frist, die verlängert werden kann, aus. [2]Wird der Beschwerde innerhalb der vom Gericht gesetzten Frist stattgegeben oder der Verwaltungsakt innerhalb dieser Frist erlassen, so ist die Hauptsache für erledigt zu erklären.

(3) Der Antrag nach Absatz 1 ist nur bis zum Ablauf eines Jahres seit der Einlegung der Beschwerde oder seit der Stellung des Antrags auf Vornahme der Maßnahme zulässig, außer wenn die Antragstellung vor Ablauf der Jahresfrist infolge höherer Gewalt unmöglich war oder unter den besonderen Verhältnissen des Einzelfalles unterblieben ist.

§ 28 [Entscheidung über den Antrag]

(1) [1]Soweit die Maßnahme rechtswidrig und der Antragsteller dadurch in seinen Rechten verletzt ist, hebt das Gericht die Maßnahme und, soweit ein Beschwerdeverfahren (§ 24 Abs. 2) vorausgegangen ist, den Beschwerdebescheid auf. [2]Ist die Maßnahme schon vollzogen, so kann das Gericht auf Antrag auch aussprechen, daß und wie die Justiz- oder Vollzugsbehörde die Vollziehung rückgängig zu machen hat. [3]Dieser Ausspruch ist nur zulässig, wenn die Behörde dazu in der Lage und diese Frage spruchreif ist. [4]Hat sich die Maßnahme vorher durch Zurücknahme oder anders erledigt, so spricht das Gericht auf Antrag aus, daß die Maßnahme rechtswidrig gewesen ist, wenn der Antragsteller ein berechtigtes Interesse an dieser Feststellung hat.

(2) [1]Soweit die Ablehnung oder Unterlassung der Maßnahme rechtswidrig und der Antragsteller dadurch in seinen Rechten verletzt ist, spricht das Gericht die Verpflichtung der Justiz- oder Vollzugsbehörde aus, die beantragte Amtshandlung vorzunehmen, wenn die Sache spruchreif ist. [2]Andernfalls spricht es die Verpflichtung aus, den Antragsteller unter Beachtung der Rechtsauffassung des Gerichts zu bescheiden.

(3) Soweit die Justiz- oder Vollzugsbehörde ermächtigt ist, nach ihrem Ermessen zu handeln, prüft das Gericht auch, ob die Maßnahme oder ihre Ablehnung oder Unterlassung rechtswidrig ist, weil die gesetzlichen Grenzen des Ermessens überschritten sind oder von dem Ermessen in einer dem Zweck der Ermächtigung nicht entsprechenden Weise Gebrauch gemacht ist.

(4) Hat das Gericht die Rechtsbeschwerde gegen seine Entscheidung zugelassen (§ 29), ist dem Beschluss eine Belehrung über das Rechtsmittel sowie über das Gericht, bei dem es einzulegen ist, dessen Sitz und über die einzuhaltende Form und Frist beizufügen.

§ 29 [Rechtsbeschwerde; Prozesskostenhilfe]

(1) Gegen einen Beschluss des Oberlandesgerichts ist die Rechtsbeschwerde statthaft, wenn sie das Oberlandesgericht im ersten Rechtszug in dem Beschluss zugelassen hat.

(2) [1]Die Rechtsbeschwerde ist zuzulassen, wenn
1. die Rechtssache grundsätzliche Bedeutung hat oder
2. die Fortbildung des Rechts oder die Sicherung einer einheitlichen Rechtsprechung eine Entscheidung des Rechtsbeschwerdegerichts erfordert.

[2]Das Rechtsbeschwerdegericht ist an die Zulassung gebunden.

(3) Auf das weitere Verfahren sind § 17 sowie die §§ 71 bis 74a des Gesetzes über das Verfahren in Familiensachen und in den Angelegenheiten der freiwilligen Gerichtsbarkeit entsprechend anzuwenden.

(4) Auf die Bewilligung der Prozesskostenhilfe sind die Vorschriften der Zivilprozessordnung entsprechend anzuwenden.

§ 30 [Kosten]

[1]Das Oberlandesgericht kann nach billigem Ermessen bestimmen, daß die außergerichtlichen Kosten des Antragstellers, die zur zweckentsprechenden Rechtsverfolgung notwendig waren, ganz oder teilweise aus der Staatskasse zu erstatten sind. [2]Die Vorschriften des § 91 Abs. 1 Satz 2 und der §§ 103 bis 107 der Zivilprozeßordnung gelten entsprechend. [3]Die Entscheidung des Oberlandesgerichts kann nicht angefochten werden.

§ 30a [Verwaltungsakt im Bereich von Kostenvorschriften]

(1) [1]Verwaltungsakte, die im Bereich der Justizverwaltung beim Vollzug des Gerichtskostengesetzes, des Gesetzes über Kosten in Familiensachen, des Gerichts- und Notarkostengesetzes, des Gerichtsvollzieherkostengesetzes, des Justizvergütungs- und -entschädigungsgesetzes oder sonstiger für gerichtliche Verfahren oder Verfahren der Justizverwaltung geltender Kostenvorschriften, insbesondere hinsichtlich der Einforderung oder Zurückzahlung ergehen, können durch einen Antrag auf gerichtliche Entscheidung auch dann angefochten werden, wenn es nicht ausdrücklich bestimmt ist. [2]Der Antrag kann nur darauf gestützt werden, dass der Verwaltungsakt den Antragsteller in seinen Rechten beeinträchtige, weil er rechtswidrig sei. [3]Soweit die Verwaltungsbehörde ermächtigt ist, nach ihrem Ermessen zu befinden, kann der Antrag nur darauf gestützt werden, dass die gesetzlichen Grenzen des Ermessens überschritten seien, oder dass von dem Ermessen in einer dem Zweck der Ermächtigung nicht entsprechenden Weise Gebrauch gemacht worden sei.

(2) [1]Über den Antrag entscheidet das Amtsgericht, in dessen Bezirk die für die Einziehung oder Befriedigung des Anspruchs zuständige Kasse ihren Sitz hat. [2]In dem Verfahren ist die Staatskasse zu hören. [3]Die §§ 7a, 81 Absatz 2 bis 8 und § 84 des Gerichts- und Notarkostengesetzes gelten entsprechend.

(3) [1]Durch die Gesetzgebung eines Landes, in dem mehrere Oberlandesgerichte errichtet sind, kann die Entscheidung über das Rechtsmittel der weiteren Beschwerde nach Absatz 1 und 2 sowie nach § 81 des Gerichts- und Notarkostengesetzes, über den Antrag nach § 127 des Gerichts- und Notarkostengesetzes, über das Rechtsmittel der Beschwerde nach § 66 des Gerichtskostengesetzes, nach § 57 des Gesetzes über Kosten in Familiensachen, nach § 81 des Gerichts- und Notarkostengesetzes und nach § 4 des Justizvergütungs- und -entschädigungsgesetzes einem der mehreren Oberlandesgerichte oder anstelle eines solchen Oberlandesgerichts einem obersten Landesgericht zugewiesen werden. [2]Dies gilt auch für die Entscheidung über das Rechtsmittel der weiteren Beschwerde nach § 33 des Rechtsanwaltsvergütungsgesetzes, soweit nach dieser Vorschrift das Oberlandesgericht zuständig ist.

(4) Für die Beschwerde finden die vor dem Inkrafttreten des Kostenrechtsmodernisierungsgesetzes vom 5. Mai 2004 (BGBl. I S. 718) am 1. Juli 2004 geltenden Vorschriften weiter Anwendung, wenn die anzufechtende Entscheidung vor dem 1. Juli 2004 der Geschäftsstelle übermittelt worden ist.

Vierter Abschnitt

Kontaktsperre

§ 31 [Feststellung der Voraussetzungen für Kontaktsperre]

(1) [1]Besteht eine gegenwärtige Gefahr für Leben, Leib oder Freiheit einer Person, begründen bestimmte Tatsachen den Verdacht, daß die Gefahr von einer terroristischen Vereinigung ausgeht, und ist es zur Abwehr dieser Gefahr geboten, jedwede Verbindung von Gefangenen untereinander und mit der Außenwelt zu unterbrechen, so kann eine entsprechende Feststellung getroffen werden. [2]Die Feststellung darf

sich nur auf Gefangene beziehen, die wegen einer Straftat nach § 129a, auch in Verbindung mit § 129b Abs. 1, des Strafgesetzbuches oder wegen einer der in dieser Vorschrift bezeichneten Straftaten rechtskräftig verurteilt sind oder gegen die ein Haftbefehl wegen des Verdachts einer solchen Straftat besteht; das gleiche gilt für solche Gefangene, die wegen einer anderen Straftat verurteilt oder die wegen des Verdachts einer anderen Straftat in Haft sind und gegen die der dringende Verdacht besteht, daß sie diese Tat im Zusammenhang mit einer Tat nach § 129a, auch in Verbindung mit § 129b Abs. 1, des Strafgesetzbuches begangen haben. [3]Die Feststellung ist auf bestimmte Gefangene oder Gruppen von Gefangenen zu beschränken, wenn dies zur Abwehr der Gefahr ausreicht. [4]Die Feststellung ist nach pflichtgemäßem Ermessen zu treffen. [5]§ 148 der Strafprozessordnung bleibt unberührt.

(2) Für Gefangene, gegen die die öffentliche Klage noch nicht erhoben wurde oder die rechtskräftig verurteilt sind, kann die Feststellung nach Absatz 1 auf die Unterbrechung des mündlichen und schriftlichen Verkehrs mit dem Verteidiger erstreckt werden.

§ 32 [Zuständigkeit für die Feststellung]

[1]Die Feststellung nach § 31 trifft die Landesregierung oder die von ihr bestimmte oberste Landesbehörde. [2]Ist es zur Abwendung der Gefahr geboten, die Verbindung in mehreren Ländern zu unterbrechen, so kann die Feststellung der Bundesminister der Justiz und für Verbraucherschutz treffen.

§ 33 [Maßnahmen zur Kontaktsperre]

[1]Ist eine Feststellung nach § 31 erfolgt, so treffen die zuständigen Behörden der Länder die Maßnahmen, die zur Unterbrechung der Verbindung erforderlich sind. [2]Die Maßnahmen sind zu begründen und dem Gefangenen schriftlich bekannt zu machen. [3]§ 37 Absatz 3 gilt entsprechend.

§ 34 [Rechtswirkungen der Kontaktsperre]

(1) Sind Gefangene von Maßnahmen nach § 33 betroffen, so gelten für sie, von der ersten sie betreffenden Maßnahme an, solange sie von einer Feststellung erfaßt sind, die in den Absätzen 2 bis 4 nachfolgenden besonderen Vorschriften.

(2) Gegen die Gefangenen laufende Fristen werden gehemmt, wenn sie nicht nach anderen Vorschriften unterbrochen werden.

(3) In Strafverfahren und anderen gerichtlichen Verfahren, für die die Vorschriften der Strafprozeßordnung als anwendbar erklärt sind, gilt ergänzend folgendes:

1. Gefangenen, die keinen Verteidiger haben, wird ein Verteidiger bestellt.
2. [1]Gefangene dürfen bei Vernehmungen und anderen Ermittlungshandlungen auch dann nicht anwesend sein, wenn sie nach allgemeinen Vorschriften ein Recht auf Anwesenheit haben; Gleiches gilt für ihre Verteidiger, soweit ein von der Feststellung nach § 31 erfaßter Mitgefangener anwesend ist und soweit die gemäß § 31 Absatz 1 getroffene Feststellung nach § 31 Absatz 2 auf den schriftlichen und mündlichen Verkehr mit dem Verteidiger erstreckt wurde. [2]Solche Maßnahmen dürfen nur stattfinden, wenn der Gefangene oder der Verteidiger ihre Durchführung verlangt und derjenige, der nach Satz 1 nicht anwesend sein darf, auf seine Anwesenheit verzichtet. [3]Wurde die gemäß § 31 Absatz 1 getroffene Feststellung nach § 31 Absatz 2 auf den schriftlichen und mündlichen Verkehr mit dem Verteidiger erstreckt, ist § 147 Absatz 3 der Strafprozessordnung nicht anzuwenden, soweit der Zweck der Untersuchung gefährdet würde.
3. Wurde die gemäß § 31 Absatz 1 getroffene Feststellung nach § 31 Absatz 2 auf den schriftlichen und mündlichen Verkehr mit dem Verteidiger erstreckt, findet eine Vernehmung des Gefangenen als Beschuldigter, bei der der Verteidiger nach allgemeinen Vorschriften ein Anwesenheitsrecht hat, nur statt, wenn der Gefangene und der Verteidiger auf die Anwesenheit des Verteidigers verzichten.
4. [1]Wurde die gemäß § 31 Absatz 1 getroffene Feststellung nach § 31 Absatz 2 auf den schriftlichen und mündlichen Verkehr mit dem Verteidiger erstreckt, hat der Verteidiger bei der Verkündung eines Haftbefehls kein Recht auf Anwesenheit; er ist von der Verkündung des Haftbefehls zu unterrichten. [2]Der Richter hat dem Verteidiger das wesentliche Ergebnis der Vernehmung des Gefangenen bei der Verkündung, soweit der Zweck der Unterbrechung nicht gefährdet wird, und die Entscheidung mitzuteilen.
5. [1]Wurde die gemäß § 31 Absatz 1 getroffene Feststellung nach § 31 Absatz 2 auf den schriftlichen und mündlichen Verkehr mit dem Verteidiger erstreckt, finden mündliche Haftprüfungen sowie andere mündliche Verhandlungen, deren Durchführung innerhalb bestimmter Fristen vorgesehen ist, soweit der Gefangene anwesend ist, ohne den Verteidiger statt; Nummer 4 Satz 2 gilt entsprechend. [2]Eine mündliche Verhandlung bei der Haftprüfung ist auf Antrag des Gefangenen oder seines Verteidigers nach Ende der Maßnahmen nach § 33 zu wiederholen, auch wenn die Voraussetzungen des § 118 Abs. 3 der Strafprozeßordnung nicht vorliegen.

6. [1]Eine Hauptverhandlung findet nicht statt und wird, wenn sie bereits begonnen hat, nicht fortgesetzt. [2]Die Hauptverhandlung darf bis zur Dauer von dreißig Tagen unterbrochen werden; § 229 Abs. 2 der Strafprozeßordnung bleibt unberührt.
7. Eine Unterbringung zur Beobachtung des psychischen Zustandes nach § 81 der Strafprozeßordnung darf nicht vollzogen werden.
8. [1]Der Gefangene darf sich in einem gegen ihn gerichteten Strafverfahren schriftlich an das Gericht oder die Staatsanwaltschaft wenden. [2]Wurde die gemäß § 31 Absatz 1 getroffene Feststellung nach § 31 Absatz 2 auf den schriftlichen und mündlichen Verkehr mit dem Verteidiger erstreckt, darf dem Verteidiger für die Dauer der Feststellung keine Einsicht in diese Schriftstücke gewährt werden.

(4) Ein anderer Rechtsstreit oder ein anderes gerichtliches Verfahren, in dem der Gefangene Partei oder Beteiligter ist, wird unterbrochen; das Gericht kann einstweilige Maßnahmen treffen.

§ 34a [Beiordnung eines Rechtsanwalts als Kontaktperson]

(1) [1]Wurde die gemäß § 31 Absatz 1 getroffene Feststellung nach § 31 Absatz 2 auf den schriftlichen und mündlichen Verkehr mit dem Verteidiger erstreckt, ist dem Gefangenen auf seinen Antrag ein Rechtsanwalt als Kontaktperson beizuordnen. [2]Der Kontaktperson obliegt, unter Wahrung der Ziele der nach § 31 getroffenen Feststellung, die rechtliche Betreuung des Gefangenen, soweit dafür infolge der nach § 33 getroffenen Maßnahmen ein Bedürfnis besteht; die Kontaktperson kann insbesondere durch Anträge und Anregungen auf die Ermittlung entlastender Tatsachen und Umstände hinwirken, die im Interesse des Gefangenen unverzüglicher Aufklärung bedürfen.

(2) [1]Soweit der Gefangene damit einverstanden ist, teilt die Kontaktperson dem Gericht und der Staatsanwaltschaft die bei dem Gespräch mit dem Gefangenen und im weiteren Verlauf ihrer Tätigkeit gewonnenen Erkenntnisse mit; sie kann im Namen des Gefangenen Anträge stellen. [2]Die Kontaktperson ist im Einverständnis mit dem Gefangenen befugt, an Vernehmungen und Ermittlungshandlungen teilzunehmen, bei denen der Verteidiger nach § 34 Abs. 3 Nr. 3, Nr. 4 Satz 1 und Nr. 5 Satz 1 nicht anwesend sein darf. [3]Die Kontaktperson darf Verbindung mit Dritten aufnehmen, soweit dies zur Erfüllung ihrer Aufgaben nach Absatz 1 unabweisbar ist.

(3) [1]Über die Beiordnung einer Kontaktperson und deren Auswahl aus dem Kreis der im Geltungsbereich dieses Gesetzes zugelassenen Rechtsanwälte entscheidet der Präsident des Landgerichts, in dessen Bezirk die Justizvollzugsanstalt liegt, innerhalb von 48 Stunden nach Eingang des Antrags. [2]Der Verteidiger des Gefangenen darf nicht beigeordnet werden. [3]Der Präsident ist hinsichtlich der Beiordnung und der Auswahl Weisungen nicht unterworfen; seine Vertretung richtet sich nach § 21h des Gerichtsverfassungsgesetzes. [4]Dritte dürfen über die Person des beigeordneten Rechtsanwalts, außer durch ihn selbst im Rahmen seiner Aufgabenerfüllung nach Absatz 1 und 2, nicht unterrichtet werden. [5]Der beigeordnete Rechtsanwalt muß die Aufgaben einer Kontaktperson übernehmen. [6]Der Rechtsanwalt kann beantragen, die Beiordnung aufzuheben, wenn hierfür wichtige Gründe vorliegen.

(4) Der Gefangene hat nicht das Recht, einen bestimmten Rechtsanwalt als Kontaktperson vorzuschlagen.

(5) [1]Dem Gefangenen ist mündlicher Verkehr mit der Kontaktperson gestattet. [2]Für das Gespräch sind Vorrichtungen vorzusehen, die die Übergabe von Schriftstücken und anderen Gegenständen ausschließen.

(6) Der Gefangene ist bei Bekanntgabe der Feststellung nach § 31, die nach dessen Absatz 2 auf den schriftlichen und mündlichen Verkehr mit dem Verteidiger erstreckt wird, über sein Recht, die Beiordnung einer Kontaktperson zu beantragen, und über die übrigen Regelungen der Absätze 1 bis 5 zu belehren.

§ 35 [Gerichtliche Bestätigung der Kontaktsperre]

[1]Die Feststellung nach § 31 verliert ihre Wirkung, wenn sie nicht innerhalb von zwei Wochen nach ihrem Erlaß bestätigt worden ist. [2]Für die Bestätigung einer Feststellung, die eine Landesbehörde getroffen hat, ist ein Strafsenat des Oberlandesgerichts zuständig, in dessen Bezirk die Landesregierung ihren Sitz hat, für die Bestätigung einer Feststellung des Bundesministers der Justiz und für Verbraucherschutz ein Strafsenat des Bundesgerichtshofes; § 25 Abs. 2 gilt entsprechend.

§ 36 [Beendigung der Kontaktsperre; Wiederholung]

[1]Die Feststellung nach § 31 ist zurückzunehmen, sobald ihre Voraussetzungen nicht mehr vorliegen. [2]Sie verliert spätestens nach Ablauf von dreißig Tagen ihre Wirkung; die Frist beginnt mit Ablauf des Tages, unter dem die Feststellung ergeht. [3]Eine Feststellung, die bestätigt worden ist, kann mit ihrem Ablauf erneut getroffen werden, wenn die Voraussetzungen noch vorliegen; für die erneute Feststellung gilt § 35. [4]War eine Feststellung nicht bestätigt, so kann eine erneute Feststellung nur getroffen werden, wenn neue Tatsachen es erfordern. [5]§ 34 Abs. 3 Nr. 6 Satz 2 ist bei erneuten Feststellungen nicht mehr anwendbar.

§ 37 [Anfechtung von Einzelmaßnahmen]

(1) Über die Rechtmäßigkeit einzelner Maßnahmen nach § 33 entscheidet auf Antrag ein Strafsenat des Oberlandesgerichts, in dessen Bezirk die Landesregierung ihren Sitz hat.

(2) Stellt ein Gefangener einen Antrag nach Absatz 1, so ist der Antrag von einem Richter bei dem Amtsgericht aufzunehmen, in dessen Bezirk der Gefangene verwahrt wird.

(3) [1]Bei der Anhörung werden Tatsachen und Umstände soweit und solange nicht mitgeteilt, als die Mitteilung den Zweck der Unterbrechung gefährden würde. [2]§ 33a der Strafprozeßordnung gilt entsprechend.

(4) Die Vorschriften des § 23 Abs. 2, des § 24 Abs. 1, des § 25 Abs. 2 und der §§ 26 bis 30 gelten entsprechend.

§ 38 [Kontaktsperre bei Maßregel der Besserung und Sicherung oder einstweiliger Unterbringung]

Die Vorschriften der §§ 31 bis 37 gelten entsprechend, wenn eine Maßregel der Besserung und Sicherung vollzogen wird oder wenn ein Unterbringungsbefehl nach § 126a der Strafprozeßordnung besteht.

§ 38a [Kontaktsperre bei Verdacht der Bildung einer kriminellen Vereinigung]

(1) [1]Die §§ 31 bis 38 finden entsprechende Anwendung, wenn gegen einen Gefangenen ein Strafverfahren wegen des Verdachts der Bildung einer kriminellen Vereinigung (§ 129 des Strafgesetzbuches) eingeleitet worden ist oder eingeleitet wird, deren Zweck oder deren Tätigkeit darauf gerichtet ist,

1. Mord oder Totschlag (§§ 211, 212) oder Völkermord (§ 6 des Völkerstrafgesetzbuches),
2. Straftaten gegen die persönliche Freiheit in den Fällen des § 239a oder des § 239b oder
3. gemeingefährliche Straftaten in den Fällen der §§ 306 bis 308, des § 310b Abs. 1, des § 311 Abs. 1, des § 311a Abs. 1, der §§ 312, 316c Abs. 1 oder des § 319

zu begehen. [2]Sie finden entsprechende Anwendung auch für den Fall, dass der nach § 31 Satz 2 zweiter Halbsatz erforderliche dringende Tatverdacht sich auf eine Straftat nach § 129 des Strafgesetzbuches bezieht, die die Voraussetzungen des Satzes 1 Nr. 1 bis 3 erfüllt.

(2) Das Gleiche gilt, wenn der Gefangene wegen einer solchen Straftat rechtskräftig verurteilt worden ist.

Fünfter Abschnitt

Insolvenzstatistik

§ 39 ***[aufgehoben]***

Sechster Abschnitt

Übergangsvorschriften

§ 40 [Anwendung des § 119 GVG]

§ 119 findet im Fall einer Entscheidung über Ansprüche, die von einer oder gegen eine Partei erhoben worden sind, die ihren allgemeinen Gerichtsstand im Zeitpunkt der Rechtshängigkeit in erster Instanz außerhalb des Geltungsbereichs des Gerichtsverfassungsgesetzes hatte, sowie im Fall einer Entscheidung, in der das Amtsgericht ausländisches Recht angewendet und dies in den Entscheidungsgründen ausdrücklich festgestellt hat, in der bis zum 31. August 2009 geltenden Fassung auf Berufungs- und Beschwerdeverfahren Anwendung, wenn die anzufechtende Entscheidung vor dem 1. September 2009 erlassen wurde.

§ 40a [Anwendung der §§ 72a und 119a GVG]

(1) Die §§ 72a und 119a des Gerichtsverfassungsgesetzes in der bis einschließlich 31. Dezember 2020 geltenden Fassung sind auf Verfahren, die vor dem 1. Januar 2018 anhängig geworden sind, nicht anzuwenden.

(2) Auf Verfahren, die ab dem 1. Januar 2018 bis einschließlich 31. Dezember 2020 anhängig geworden sind, sind die §§ 72a und 119a des Gerichtsverfassungsgesetzes in der bis einschließlich 31. Dezember 2020 geltenden Fassung anzuwenden.

§ 41 [Anwendung der §§ 74, 74c, 74f und 76 GVG]

(1) Für Verfahren, die vor dem 1. Januar 2012 beim Landgericht anhängig geworden sind, sind die §§ 74, 74c und 76 des Gerichtsverfassungsgesetzes in der bis zum 31. Dezember 2011 geltenden Fassung anzuwenden.

(2) Hat die Staatsanwaltschaft in Verfahren, in denen über die im Urteil vorbehaltene oder die nachträgliche Anordnung der Sicherungsverwahrung zu entscheiden ist, die Akten dem Vorsitzenden des zustän-

digen Gerichts vor dem 1. Januar 2012 übergeben, ist § 74f des Gerichtsverfassungsgesetzes in der bis zum 31. Dezember 2011 geltenden Fassung entsprechend anzuwenden.

§ 42 [Weitergeltung von § 30a]

§ 30a ist auf Verwaltungsakte im Bereich der Kostenordnung auch nach dem Inkrafttreten des 2. Kostenrechtsmodernisierungsgesetzes vom 23. Juli 2013 (BGBl. I S. 2586) weiter anzuwenden.

§ 43 [Anwendung von § 169 Abs. 2 GVG]

§ 169 Absatz 2 des Gerichtsverfassungsgesetzes findet keine Anwendung auf Verfahren, die am 18. April 2018 bereits anhängig sind.

Strafprozeßordnung (StPO)[1)2)3)4)]

In der Fassung der Bekanntmachung vom 7. April 1987[5)] (BGBl. I S. 1074, 1319)
(FNA 312-2)

zuletzt geändert durch Art. 3 G zur Fortentwicklung des Völkerstrafrechts vom 30. Juli 2024
(BGBl. 2024 I Nr. 255)

Inhaltsübersicht

---

1) Beachte die Bek. v. 27.2.2024 (BGBl. 2024 I Nr. 69): „Die Richtlinie (EU) 2016/800 des Europäischen Parlaments und des Rates vom 11. Mai 2016 über Verfahrensgarantien in Strafverfahren für Kinder, die Verdächtige oder beschuldigte Personen in Strafverfahren sind (ABl. L 132 vom 21.5.2016, S. 1), wird ergänzend zu dem Gesetz zur Stärkung der Verfahrensrechte von Beschuldigten im Jugendstrafverfahren vom 9. Dezember 2019 (BGBl. I S. 2146) sowie dem Gesetz zur Neuregelung des Rechts der notwendigen Verteidigung vom 10. Dezember 2019 (BGBl. I S. 2128) umgesetzt durch

1. § 41 des Bundespolizeigesetzes vom 19. Oktober 1994 (BGBl. I S. 2978, 2979), das zuletzt durch Artikel 2 des Gesetzes vom 19. Dezember 2022 (BGBl. I S. 2632) geändert worden ist,
2. die §§ 147, 171b und 177 des Gerichtsverfassungsgesetzes in der Fassung der Bekanntmachung vom 9. Mai 1975 (BGBl. I S. 1077), das zuletzt durch Artikel 2 des Gesetzes vom 25. Oktober 2023 (BGBl. 2023 I Nr. 294) geändert worden ist,
3. die §§ 35a, 58 Absatz 2, die §§ 58a, 81a, 81b, 114b, 114e, 116, 117, 118, 118a, 118b, 121, 122, 126a, 136, 137, 140, 148, 161, 163, 163a, 168, 168a, 168b Absatz 3, § 168c Absatz 1, die §§ 201, 216, 217, 230 Absatz 1, die §§ 231 ff., 243 Absatz 5, die §§ 247, 257 Absatz 1, § 258 Absatz 1, § 275a Absatz 6, die §§ 285, 304 ff., 310 Absatz 1, die §§ 332, 333 ff., 338 Nummer 5 sowie § 464a der Strafprozessordnung in der Fassung der Bekanntmachung vom 7. April 1987 (BGBl. I S. 1074, 1319), die zuletzt durch Artikel 2 des Gesetzes vom 26. Juli 2023 (BGBl. 2023 I Nr. 203) geändert worden ist,
4. § 77 Absatz 1 und § 78 Absatz 1 des Gesetzes über die internationale Rechtshilfe in Strafsachen in der Fassung der Bekanntmachung vom 27. Juni 1994 (BGBl. I S. 1537), das zuletzt durch Artikel 6 des Gesetzes vom 19. Dezember 2022 (BGBl. I S. 2632) geändert worden ist,
5. § 1 des Gerichtskostengesetzes in der Fassung der Bekanntmachung vom 27. Februar 2014 (BGBl. I S. 154), das zuletzt durch Artikel 2 des Gesetzes vom 14. Dezember 2023 (BGBl. 2023 I Nr. 365) geändert worden ist, sowie die Nummern 9005, 9011 und 9015 der Anlage 1 (Kostenverzeichnis) zum Gerichtskostengesetz,
6. die §§ 823, 1004, 1626 Absatz 1, die §§ 1626a, 1630, 1671, 1773 Absatz 1 und § 1789 Absatz 2 des Bürgerlichen Gesetzbuches in der Fassung der Bekanntmachung vom 2. Januar 2002 (BGBl. I S. 42, 2909; 2003 I S. 738), das zuletzt durch Artikel 34 Absatz 3 des Gesetzes vom 22. Dezember 2023 (BGBl. 2023 I Nr. 411) geändert worden ist,
7. die §§ 22, 23, 33 und 48 des Gesetzes betreffend das Urheberrecht an Werken der bildenden Künste und der Photographie in der im Bundesgesetzblatt Teil III, Gliederungsnummer 440-3, veröffentlichten bereinigten Fassung, das zuletzt durch Artikel 3 § 31 des Gesetzes vom 16. Februar 2001 (BGBl. I S. 266) geändert worden ist,
8. die §§ 19, 203 und 353d des Strafgesetzbuches in der Fassung der Bekanntmachung vom 13. November 1998 (BGBl. I S. 3322), das zuletzt durch Artikel 1 des Gesetzes vom 26. Juli 2023 (BGBl. 2023 I Nr. 203) geändert worden ist,
9. die §§ 1, 2, 12, 33, 33a, 33b, 36, 37, 38, 43, 48, 50, 51, 67, 68, 70, 70b, 71, 72, 72a, 81a und 89c des Jugendgerichtsgesetzes in der Fassung der Bekanntmachung vom 11. Dezember 1974 (BGBl. I S. 3427), das zuletzt durch Artikel 21 des Gesetzes vom 25. Juni 2021 (BGBl. I S. 2099) geändert worden ist,
10. § 12 Absatz 1 und § 46 des Gesetzes über Ordnungswidrigkeiten in der Fassung der Bekanntmachung vom 19. Februar 1987 (BGBl. I S. 602), das zuletzt durch Artikel 5 des Gesetzes vom 14. März 2023 (BGBl. 2023 I Nr. 73) geändert worden ist, sowie
11. die §§ 1, 34, 45, 52, 62 und 72 des Achten Buches Sozialgesetzbuch – Kinder und Jugendhilfe – in der Fassung der Bekanntmachung vom 11. September 2012 (BGBl. I S. 2022), das zuletzt durch Artikel 1 des Gesetzes vom 21. Dezember 2022 (BGBl. I S. 2824; 2023 I Nr. 19) geändert worden ist."

2) Die Änderungen durch G v. 5.7.2017 (BGBl. I S. 2208) treten teilweise erst **mWv 1.7.2025** und **mWv 1.1.2026** in Kraft und sind insoweit im Text noch nicht berücksichtigt.

3) Die Änderungen durch G v. 10.12.2019 (BGBl. I S. 2121) treten teilweise erst **mWv 12.12.2024** in Kraft und sind insoweit im Text entsprechend gekennzeichnet.

4) Die Änderungen durch G v. 12.7.2024 (BGBl. 2024 I Nr. 234) treten teilweise erst **mWv 17.7.2025** und **mWv 1.1.2026** in Kraft und sind insoweit im Text noch nicht berücksichtigt.

5) Neubekanntmachung der StPO idF der Bek. v. 7.1.1975 (BGBl. I S. 129, 650) in der seit 1.4.1987 geltenden Fassung.

Zweiter Abschnitt
Gerichtsstand

Dritter Abschnitt
Ausschließung und Ablehnung der Gerichtspersonen

Vierter Abschnitt
Aktenführung und Kommunikation im Verfahren

Abschnitt 4a
Gerichtliche Entscheidungen

Abschnitt 4b
Verfahren bei Zustellungen

Fünfter Abschnitt
Fristen und Wiedereinsetzung in den vorigen Stand

Sechster Abschnitt
Zeugen

Siebter Abschnitt
Sachverständige und Augenschein

Achter Abschnitt
Ermittlungsmaßnahmen

Neunter Abschnitt
Verhaftung und vorläufige Festnahme

Abschnitt 9a
Weitere Maßnahmen zur Sicherstellung der Strafverfolgung und Strafvollstreckung

§ 163 Aufgaben der Polizei im Ermittlungsverfahren
§ 163a Vernehmung des Beschuldigten
§ 163b Maßnahmen zur Identitätsfeststellung
§ 163c Freiheitsentziehung zur Identitätsfeststellung
§ 163d Speicherung und Abgleich von Daten aus Kontrollen
§ 163e Ausschreibung zur Beobachtung bei polizeilichen Kontrollen
§ 163f Längerfristige Observation
§ 163g Automatische Kennzeichenerfassung
§ 164 Festnahme von Störern
§ 165 Richterliche Untersuchungshandlungen bei Gefahr im Verzug
§ 166 Beweisanträge des Beschuldigten bei richterlichen Vernehmungen
§ 167 Weitere Verfügung der Staatsanwaltschaft
§ 168 Protokoll über richterliche Untersuchungshandlungen
§ 168a Art der Protokollierung; Aufzeichnungen
§ 168b Protokoll über ermittlungsbehördliche Untersuchungshandlungen
§ 168c Anwesenheitsrecht bei richterlichen Vernehmungen
§ 168d Anwesenheitsrecht bei Einnahme eines richterlichen Augenscheins
§ 168e Vernehmung von Zeugen getrennt von Anwesenheitsberechtigten
§ 169 Ermittlungsrichter des Oberlandesgerichts und des Bundesgerichtshofes
§ 169a Vermerk über den Abschluss der Ermittlungen
§ 170 Entscheidung über eine Anklageerhebung
§ 171 Einstellungsbescheid
§ 172 Beschwerde des Verletzten; Klageerzwingungsverfahren
§ 173 Verfahren des Gerichts nach Antragstellung
§ 174 Verwerfung des Antrags
§ 175 Anordnung der Anklageerhebung
§ 176 Sicherheitsleistung durch den Antragsteller
§ 177 Kosten

Dritter Abschnitt
(weggefallen)

Vierter Abschnitt
Entscheidung über die Eröffnung des Hauptverfahrens

§ 198 (weggefallen)
§ 199 Entscheidung über die Eröffnung des Hauptverfahrens
§ 200 Inhalt der Anklageschrift
§ 201 Übermittlung der Anklageschrift
§ 202 Anordnung ergänzender Beweiserhebungen
§ 202a Erörterung des Verfahrensstands mit den Verfahrensbeteiligten
§ 203 Eröffnungsbeschluss
§ 204 Nichteröffnungsbeschluss
§ 205 Einstellung des Verfahrens bei vorübergehenden Hindernissen
§ 206 Keine Bindung an Anträge
§ 206a Einstellung des Verfahrens bei Verfahrenshindernis
§ 206b Einstellung des Verfahrens wegen Gesetzesänderung
§ 207 Inhalt des Eröffnungsbeschlusses
§ 208 (weggefallen)
§ 209 Eröffnungszuständigkeit
§ 209a Besondere funktionelle Zuständigkeiten
§ 210 Rechtsmittel gegen den Eröffnungs- oder Ablehnungsbeschluss
§ 211 Wiederaufnahme nach Ablehnungsbeschluss

Fünfter Abschnitt
Vorbereitung der Hauptverhandlung

§ 212 Erörterung des Verfahrensstands mit den Verfahrensbeteiligten
§ 213 Bestimmung eines Termins zur Hauptverhandlung
§ 214 Ladungen durch den Vorsitzenden; Herbeischaffung der Beweismittel
§ 215 Zustellung des Eröffnungsbeschlusses
§ 216 Ladung des Angeklagten
§ 217 Ladungsfrist
§ 218 Ladung des Verteidigers
§ 219 Beweisanträge des Angeklagten
§ 220 Unmittelbare Ladung durch den Angeklagten
§ 221 Herbeischaffung von Beweismitteln von Amts wegen
§ 222 Namhaftmachung von Zeugen und Sachverständigen
§ 222a Mitteilung der Besetzung des Gerichts
§ 222b Besetzungseinwand
§ 223 Vernehmungen durch beauftragte oder ersuchte Richter
§ 224 Benachrichtigung der Beteiligten über den Termin
§ 225 Einnahme des richterlichen Augenscheins durch beauftragte oder ersuchte Richter
§ 225a Zuständigkeitsänderung vor der Hauptverhandlung

Sechster Abschnitt
Hauptverhandlung

§ 226 Ununterbrochene Gegenwart
§ 227 Mehrere Staatsanwälte und Verteidiger
§ 228 Aussetzung und Unterbrechung
§ 229 Höchstdauer einer Unterbrechung
§ 230 Ausbleiben des Angeklagten
§ 231 Anwesenheitspflicht des Angeklagten
§ 231a Herbeiführung der Verhandlungsunfähigkeit durch den Angeklagten
§ 231b Fortsetzung nach Entfernung des Angeklagten zur Aufrechterhaltung der Ordnung
§ 231c Beurlaubung einzelner Angeklagter und ihrer Pflichtverteidiger

Drittes Buch
Rechtsmittel

Erster Abschnitt
Allgemeine Vorschriften

Zweiter Abschnitt
Beschwerde

Dritter Abschnitt
Berufung

Vierter Abschnitt
Revision

Viertes Buch
Wiederaufnahme eines durch rechtskräftiges Urteil abgeschlossenen Verfahrens

Erstes Buch
Allgemeine Vorschriften

Erster Abschnitt
Sachliche Zuständigkeit der Gerichte

§ 1 Anwendbarkeit des Gerichtsverfassungsgesetzes
Die sachliche Zuständigkeit der Gerichte wird durch das Gesetz über die Gerichtsverfassung bestimmt.

§ 2 Verbindung und Trennung von Strafsachen
(1) [1]Zusammenhängende Strafsachen, die einzeln zur Zuständigkeit von Gerichten verschiedener Ordnung gehören würden, können verbunden bei dem Gericht anhängig gemacht werden, dem die höhere Zuständigkeit beiwohnt. [2]Zusammenhängende Strafsachen, von denen einzelne zur Zuständigkeit besonderer Strafkammern nach § 74 Abs. 2 sowie den §§ 74a und 74c des Gerichtsverfassungsgesetzes gehören würden, können verbunden bei der Strafkammer anhängig gemacht werden, der nach § 74e des Gerichtsverfassungsgesetzes der Vorrang zukommt.
(2) Aus Gründen der Zweckmäßigkeit kann durch Beschluß dieses Gerichts die Trennung der verbundenen Strafsachen angeordnet werden.

§ 3 Begriff des Zusammenhanges
Ein Zusammenhang ist vorhanden, wenn eine Person mehrerer Straftaten beschuldigt wird oder wenn bei einer Tat mehrere Personen als Täter, Teilnehmer oder der Datenhehlerei, Begünstigung, Strafvereitelung oder Hehlerei beschuldigt werden.

§ 4 Verbindung und Trennung rechtshängiger Strafsachen
(1) Eine Verbindung zusammenhängender oder eine Trennung verbundener Strafsachen kann auch nach Eröffnung des Hauptverfahrens auf Antrag der Staatsanwaltschaft oder des Angeklagten oder von Amts wegen durch gerichtlichen Beschluß angeordnet werden.
(2) [1]Zuständig für den Beschluß ist das Gericht höherer Ordnung, wenn die übrigen Gerichte zu seinem Bezirk gehören. [2]Fehlt ein solches Gericht, so entscheidet das gemeinschaftliche obere Gericht.

§ 5 Maßgebendes Verfahren
Für die Dauer der Verbindung ist der Straffall, der zur Zuständigkeit des Gerichts höherer Ordnung gehört, für das Verfahren maßgebend.

§ 6 Prüfung der sachlichen Zuständigkeit
Das Gericht hat seine sachliche Zuständigkeit in jeder Lage des Verfahrens von Amts wegen zu prüfen.

§ 6a Zuständigkeit besonderer Strafkammern
[1]Die Zuständigkeit besonderer Strafkammern nach den Vorschriften des Gerichtsverfassungsgesetzes (§ 74 Abs. 2, §§ 74a, 74c des Gerichtsverfassungsgesetzes) prüft das Gericht bis zur Eröffnung des Hauptverfahrens von Amts wegen. [2]Danach darf es seine Unzuständigkeit nur auf Einwand des Angeklagten beachten. [3]Der Angeklagte kann den Einwand nur bis zum Beginn seiner Vernehmung zur Sache in der Hauptverhandlung geltend machen.

Zweiter Abschnitt
Gerichtsstand

§ 7 Gerichtsstand des Tatortes
(1) Der Gerichtsstand ist bei dem Gericht begründet, in dessen Bezirk die Straftat begangen ist.
(2) [1]Wird die Straftat durch den Inhalt einer im Geltungsbereich dieses Bundesgesetzes erschienenen Druckschrift verwirklicht, so ist als das nach Absatz 1 zuständige Gericht nur das Gericht anzusehen, in dessen Bezirk die Druckschrift erschienen ist. [2]Jedoch ist in den Fällen der Beleidigung, sofern die Verfolgung im Wege der Privatklage stattfindet, auch das Gericht, in dessen Bezirk die Druckschrift verbreitet worden ist, zuständig, wenn in diesem Bezirk die beleidigte Person ihren Wohnsitz oder gewöhnlichen Aufenthalt hat.

§ 8 Gerichtsstand des Wohnsitzes oder Aufenthaltsortes
(1) Der Gerichtsstand ist auch bei dem Gericht begründet, in dessen Bezirk der Angeschuldigte zur Zeit der Erhebung der Klage seinen Wohnsitz hat.

(2) Hat der Angeschuldigte keinen Wohnsitz im Geltungsbereich dieses Bundesgesetzes, so wird der Gerichtsstand auch durch den gewöhnlichen Aufenthaltsort und, wenn ein solcher nicht bekannt ist, durch den letzten Wohnsitz bestimmt.

§ 9 Gerichtsstand des Ergreifungsortes

Der Gerichtsstand ist auch bei dem Gericht begründet, in dessen Bezirk der Beschuldigte ergriffen worden ist.

§ 10 Gerichtsstand bei Auslandstaten auf Schiffen oder in Luftfahrzeugen

(1) Ist die Straftat auf einem Schiff, das berechtigt ist, die Bundesflagge zu führen, außerhalb des Geltungsbereichs dieses Gesetzes begangen, so ist das Gericht zuständig, in dessen Bezirk der Heimathafen oder der Hafen im Geltungsbereich dieses Gesetzes liegt, den das Schiff nach der Tat zuerst erreicht.

(2) Absatz 1 gilt entsprechend für Luftfahrzeuge, die berechtigt sind, das Staatszugehörigkeitszeichen der Bundesrepublik Deutschland zu führen.

§ 10a Gerichtsstand bei Auslandstaten im Bereich des Meeres

Ist für eine Straftat, die außerhalb des Geltungsbereichs dieses Gesetzes im Bereich des Meeres begangen wird, ein Gerichtsstand nicht begründet, so ist Hamburg Gerichtsstand; zuständiges Amtsgericht ist das Amtsgericht Hamburg.

§ 11 Gerichtsstand bei Auslandstaten exterritorialer Deutscher und deutscher Beamter

(1) [1]Deutsche, die das Recht der Exterritorialität genießen, sowie die im Ausland angestellten Beamten des Bundes oder eines deutschen Landes behalten hinsichtlich des Gerichtsstandes den Wohnsitz, den sie im Inland hatten. [2]Wenn sie einen solchen Wohnsitz nicht hatten, so gilt der Sitz der Bundesregierung als ihr Wohnsitz.

(2) Auf Wahlkonsuln sind diese Vorschriften nicht anzuwenden.

§ 11a Gerichtsstand bei Auslandstaten von Soldaten in besonderer Auslandsverwendung

Wird eine Straftat außerhalb des Geltungsbereiches dieses Gesetzes von Soldatinnen oder Soldaten der Bundeswehr in besonderer Auslandsverwendung (§ 62 Absatz 1 des Soldatengesetzes) begangen, so ist der Gerichtsstand bei dem für die Stadt Kempten zuständigen Gericht begründet.

§ 12 Zusammentreffen mehrerer Gerichtsstände

(1) Unter mehreren nach den Vorschriften der §§ 7 bis 11a und 13a zuständigen Gerichten gebührt dem der Vorzug, das die Untersuchung zuerst eröffnet hat.

(2) Jedoch kann die Untersuchung und Entscheidung einem anderen der zuständigen Gerichte durch das gemeinschaftliche obere Gericht übertragen werden.

§ 13 Gerichtsstand bei zusammenhängenden Strafsachen

(1) Für zusammenhängende Strafsachen, die einzeln nach den Vorschriften der §§ 7 bis 11 zur Zuständigkeit verschiedener Gerichte gehören würden, ist ein Gerichtsstand bei jedem Gericht begründet, das für eine der Strafsachen zuständig ist.

(2) [1]Sind mehrere zusammenhängende Strafsachen bei verschiedenen Gerichten anhängig gemacht worden, so können sie sämtlich oder zum Teil durch eine den Anträgen der Staatsanwaltschaft entsprechende Vereinbarung dieser Gerichte bei einem unter ihnen verbunden werden. [2]Kommt eine solche Vereinbarung nicht zustande, so entscheidet, wenn die Staatsanwaltschaft oder ein Angeschuldigter hierauf anträgt, das gemeinschaftliche obere Gericht darüber, ob und bei welchem Gericht die Verbindung einzutreten hat.

(3) In gleicher Weise kann die Verbindung wieder aufgehoben werden.

§ 13a Zuständigkeitsbestimmung durch den Bundesgerichtshof

Fehlt es im Geltungsbereich dieses Bundesgesetzes an einem zuständigen Gericht oder ist dieses nicht ermittelt, so bestimmt der Bundesgerichtshof das zuständige Gericht.

§ 14 Zuständigkeitsbestimmung durch das gemeinschaftliche obere Gericht

Besteht zwischen mehreren Gerichten Streit über die Zuständigkeit, so bestimmt das gemeinschaftliche obere Gericht das Gericht, das sich der Untersuchung und Entscheidung zu unterziehen hat.

§ 15 Gerichtsstand kraft Übertragung bei Hinderung des zuständigen Gerichts

Ist das an sich zuständige Gericht in einem einzelnen Falle an der Ausübung des Richteramtes rechtlich oder tatsächlich verhindert oder ist von der Verhandlung vor diesem Gericht eine Gefährdung der öffentlichen Sicherheit zu besorgen, so hat das zunächst obere Gericht die Untersuchung und Entscheidung dem gleichstehenden Gericht eines anderen Bezirks zu übertragen.

§ 16 Prüfung der örtlichen Zuständigkeit; Einwand der Unzuständigkeit

(1) [1]Das Gericht prüft seine örtliche Zuständigkeit bis zur Eröffnung des Hauptverfahrens von Amts wegen. [2]Danach darf es seine Unzuständigkeit nur auf Einwand des Angeklagten aussprechen. [3]Der Angeklagte kann den Einwand nur bis zum Beginn seiner Vernehmung zur Sache in der Hauptverhandlung geltend machen.

(2) [1]Ist Anklage von der Europäischen Staatsanwaltschaft erhoben worden, so prüft das Gericht auf Einwand des Angeklagten auch, ob die Europäische Staatsanwaltschaft gemäß Artikel 36 Absatz 3 der Verordnung (EU) 2017/1939 des Rates vom 12. Oktober 2017 zur Durchführung einer Verstärkten Zusammenarbeit zur Errichtung der Europäischen Staatsanwaltschaft (EUStA) (ABl. L 283 vom 31.10.2017, S. 1) befugt ist, vor einem Gericht im Geltungsbereich dieses Gesetzes Anklage zu erheben. [2]Absatz 1 Satz 3 gilt entsprechend.

§§ 17 und 18 (weggefallen)

§ 19 Zuständigkeitsbestimmung bei Zuständigkeitsstreit

Haben mehrere Gerichte, von denen eines das zuständige ist, durch Entscheidungen, die nicht mehr anfechtbar sind, ihre Unzuständigkeit ausgesprochen, so bezeichnet das gemeinschaftliche obere Gericht das zuständige Gericht.

§ 20 Untersuchungshandlungen eines unzuständigen Gerichts

Die einzelnen Untersuchungshandlungen eines unzuständigen Gerichts sind nicht schon dieser Unzuständigkeit wegen ungültig.

§ 21 Befugnisse bei Gefahr im Verzug

Ein unzuständiges Gericht hat sich den innerhalb seines Bezirks vorzunehmenden Untersuchungshandlungen zu unterziehen, bei denen Gefahr im Verzug ist.

Dritter Abschnitt

Ausschließung und Ablehnung der Gerichtspersonen

§ 22 Ausschließung von der Ausübung des Richteramtes kraft Gesetzes

Ein Richter ist von der Ausübung des Richteramtes kraft Gesetzes ausgeschlossen,

1. wenn er selbst durch die Straftat verletzt ist;
2. wenn er Ehegatte, Lebenspartner, Vormund oder Betreuer des Beschuldigten oder des Verletzten ist oder gewesen ist;
3. wenn er mit dem Beschuldigten oder mit dem Verletzten in gerader Linie verwandt oder verschwägert, in der Seitenlinie bis zum dritten Grad verwandt oder bis zum zweiten Grad verschwägert ist oder war;
4. wenn er in der Sache als Beamter der Staatsanwaltschaft, als Polizeibeamter, als Anwalt des Verletzten oder als Verteidiger tätig gewesen ist;
5. wenn er in der Sache als Zeuge oder Sachverständiger vernommen ist.

§ 23 Ausschließung eines Richters wegen Mitwirkung an der angefochtenen Entscheidung

(1) Ein Richter, der bei einer durch ein Rechtsmittel angefochtenen Entscheidung mitgewirkt hat, ist von der Mitwirkung bei der Entscheidung in einem höheren Rechtszuge kraft Gesetzes ausgeschlossen.

(2) [1]Ein Richter, der bei einer durch einen Antrag auf Wiederaufnahme des Verfahrens angefochtenen Entscheidung mitgewirkt hat, ist von der Mitwirkung bei Entscheidungen im Wiederaufnahmeverfahren kraft Gesetzes ausgeschlossen. [2]Ist die angefochtene Entscheidung in einem höheren Rechtszug ergangen, so ist auch der Richter ausgeschlossen, der an der ihr zugrunde liegenden Entscheidung in einem unteren Rechtszug mitgewirkt hat. [3]Die Sätze 1 und 2 gelten entsprechend für die Mitwirkung bei Entscheidungen zur Vorbereitung eines Wiederaufnahmeverfahrens.

§ 24 Ablehnung eines Richters; Besorgnis der Befangenheit

(1) Ein Richter kann sowohl in den Fällen, in denen er von der Ausübung des Richteramtes kraft Gesetzes ausgeschlossen ist, als auch wegen Besorgnis der Befangenheit abgelehnt werden.

(2) Wegen Besorgnis der Befangenheit findet die Ablehnung statt, wenn ein Grund vorliegt, der geeignet ist, Mißtrauen gegen die Unparteilichkeit eines Richters zu rechtfertigen.

(3) [1]Das Ablehnungsrecht steht der Staatsanwaltschaft, dem Privatkläger und dem Beschuldigten zu. [2]Den zur Ablehnung Berechtigten sind auf Verlangen die zur Mitwirkung bei der Entscheidung berufenen Gerichtspersonen namhaft zu machen.

§ 25 Ablehnungszeitpunkt

(1) [1]Die Ablehnung eines erkennenden Richters wegen Besorgnis der Befangenheit ist bis zum Beginn der Vernehmung des ersten Angeklagten über seine persönlichen Verhältnisse, in der Hauptverhandlung über die Berufung oder die Revision bis zum Beginn des Vortrags des Berichterstatters, zulässig. [2]Ist die Besetzung des Gerichts nach § 222a Absatz 1 Satz 2 schon vor Beginn der Hauptverhandlung mitgeteilt worden, so muss das Ablehnungsgesuch unverzüglich angebracht werden. [3]Alle Ablehnungsgründe sind gleichzeitig vorzubringen.

(2) [1]Im Übrigen darf ein Richter nur abgelehnt werden, wenn

1. die Umstände, auf welche die Ablehnung gestützt wird, erst später eingetreten oder dem zur Ablehnung Berechtigten erst später bekanntgeworden sind und
2. die Ablehnung unverzüglich geltend gemacht wird.

[2]Nach dem letzten Wort des Angeklagten ist die Ablehnung nicht mehr zulässig.

§ 26 Ablehnungsverfahren

(1) [1]Das Ablehnungsgesuch ist bei dem Gericht, dem der Richter angehört, anzubringen; es kann vor der Geschäftsstelle zu Protokoll erklärt werden. [2]Das Gericht kann dem Antragsteller aufgeben, ein in der Hauptverhandlung angebrachtes Ablehnungsgesuch innerhalb einer angemessenen Frist schriftlich zu begründen.

(2) [1]Der Ablehnungsgrund und in den Fällen des § 25 Absatz 1 Satz 2 und Absatz 2 die Voraussetzungen des rechtzeitigen Vorbringens sind glaubhaft zu machen. [2]Der Eid ist als Mittel der Glaubhaftmachung ausgeschlossen. [3]Zur Glaubhaftmachung kann auf das Zeugnis des abgelehnten Richters Bezug genommen werden.

(3) Der abgelehnte Richter hat sich über den Ablehnungsgrund dienstlich zu äußern.

§ 26a Verwerfung eines unzulässigen Ablehnungsantrags

(1) Das Gericht verwirft die Ablehnung eines Richters als unzulässig, wenn

1. die Ablehnung verspätet ist,
2. ein Grund zur Ablehnung oder ein Mittel zur Glaubhaftmachung nicht oder nicht innerhalb der nach § 26 Absatz 1 Satz 2 bestimmten Frist angegeben wird oder
3. durch die Ablehnung offensichtlich das Verfahren nur verschleppt oder nur verfahrensfremde Zwecke verfolgt werden sollen.

(2) [1]Das Gericht entscheidet über die Verwerfung nach Absatz 1, ohne daß der abgelehnte Richter ausscheidet. [2]Im Falle des Absatzes 1 Nr. 3 bedarf es eines einstimmigen Beschlusses und der Angabe der Umstände, welche den Verwerfungsgrund ergeben. [3]Wird ein beauftragter oder ein ersuchter Richter, ein Richter im vorbereitenden Verfahren oder ein Strafrichter abgelehnt, so entscheidet er selbst darüber, ob die Ablehnung als unzulässig zu verwerfen ist.

§ 27 Entscheidung über einen zulässigen Ablehnungsantrag

(1) Wird die Ablehnung nicht als unzulässig verworfen, so entscheidet über das Ablehnungsgesuch das Gericht, dem der Abgelehnte angehört, ohne dessen Mitwirkung.

(2) Wird ein richterliches Mitglied der erkennenden Strafkammer abgelehnt, so entscheidet die Strafkammer in der für Entscheidungen außerhalb der Hauptverhandlung vorgeschriebenen Besetzung.

(3) [1]Wird ein Richter beim Amtsgericht abgelehnt, so entscheidet ein anderer Richter dieses Gerichts. [2]Einer Entscheidung bedarf es nicht, wenn der Abgelehnte das Ablehnungsgesuch für begründet hält.

(4) Wird das zur Entscheidung berufene Gericht durch Ausscheiden des abgelehnten Mitglieds beschlußunfähig, so entscheidet das zunächst obere Gericht.

§ 28 Rechtsmittel

(1) Der Beschluß, durch den die Ablehnung für begründet erklärt wird, ist nicht anfechtbar.

(2) [1]Gegen den Beschluß, durch den die Ablehnung als unzulässig verworfen oder als unbegründet zurückgewiesen wird, ist sofortige Beschwerde zulässig. [2]Betrifft die Entscheidung einen erkennenden Richter, so kann sie nur zusammen mit dem Urteil angefochten werden.

§ 29 Verfahren nach Ablehnung eines Richters

(1) Ein abgelehnter Richter hat vor Erledigung des Ablehnungsgesuchs nur solche Handlungen vorzunehmen, die keinen Aufschub gestatten.

(2) [1]Die Durchführung der Hauptverhandlung gestattet keinen Aufschub; sie findet bis zur Entscheidung über das Ablehnungsgesuch unter Mitwirkung des abgelehnten Richters statt. [2]Entscheidungen, die auch außerhalb der Hauptverhandlung ergehen können, dürfen nur dann unter Mitwirkung des abgelehnten Richters getroffen werden, wenn sie keinen Aufschub gestatten.

(3) [1]Über die Ablehnung ist spätestens vor Ablauf von zwei Wochen und stets vor Urteilsverkündung zu entscheiden. [2]Die zweiwöchige Frist für die Entscheidung über die Ablehnung beginnt

1. mit dem Tag, an dem das Ablehnungsgesuch angebracht wird, wenn ein Richter vor oder während der Hauptverhandlung abgelehnt wird,
2. mit dem Tag des Eingangs der schriftlichen Begründung, wenn das Gericht dem Antragsteller gemäß § 26 Absatz 1 Satz 2 aufgegeben hat, das Ablehnungsgesuch innerhalb der vom Gericht bestimmten Frist schriftlich zu begründen.

[3]Findet der übernächste Verhandlungstag erst nach Ablauf von zwei Wochen statt, so kann über die Ablehnung spätestens bis zu dessen Beginn entschieden werden.

(4) [1]Wird die Ablehnung für begründet erklärt und muss die Hauptverhandlung nicht deshalb ausgesetzt werden, so ist ihr nach der Anbringung des Ablehnungsgesuchs liegender Teil zu wiederholen. [2]Dies gilt nicht für solche Teile der Hauptverhandlung, deren Wiederholung nicht oder nur mit unzumutbarem Aufwand möglich ist.

§ 30 Ablehnung eines Richters bei Selbstanzeige und von Amts wegen

Das für die Erledigung eines Ablehnungsgesuchs zuständige Gericht hat auch dann zu entscheiden, wenn ein solches Gesuch nicht angebracht ist, ein Richter aber von einem Verhältnis Anzeige macht, das seine Ablehnung rechtfertigen könnte, oder wenn aus anderer Veranlassung Zweifel darüber entstehen, ob ein Richter kraft Gesetzes ausgeschlossen ist.

§ 31 Schöffen, Urkundsbeamte

(1) Die Vorschriften dieses Abschnitts gelten für Schöffen sowie für Urkundsbeamte der Geschäftsstelle und andere als Protokollführer zugezogene Personen entsprechend.

(2) [1]Die Entscheidung trifft der Vorsitzende. [2]Bei der großen Strafkammer und beim Schwurgericht entscheiden die richterlichen Mitglieder. [3]Ist der Protokollführer einem Richter beigegeben, so entscheidet dieser über die Ablehnung oder Ausschließung.

Vierter Abschnitt

Aktenführung und Kommunikation im Verfahren

§ 32 Elektronische Aktenführung; Verordnungsermächtigungen

(1) [1]Die Akten können elektronisch geführt werden. [2]Die Bundesregierung und die Landesregierungen bestimmen jeweils für ihren Bereich durch Rechtsverordnung den Zeitpunkt, von dem an die Akten elektronisch geführt werden. [3]Sie können die Einführung der elektronischen Aktenführung dabei auf einzelne Gerichte oder Strafverfolgungsbehörden oder auf allgemein bestimmte Verfahren beschränken und bestimmen, dass Akten, die in Papierform angelegt wurden, auch nach Einführung der elektronischen Aktenführung in Papierform weitergeführt werden; wird von der Beschränkungsmöglichkeit Gebrauch gemacht, kann in der Rechtsverordnung bestimmt werden, dass durch Verwaltungsvorschrift, die öffentlich bekanntzumachen ist, geregelt wird, in welchen Verfahren die Akten elektronisch zu führen sind. [4]Die Ermächtigung kann durch Rechtsverordnung auf die zuständigen Bundes- oder Landesministerien übertragen werden.

(1a) [1]Die Bundesregierung und die Landesregierungen können jeweils für ihren Bereich durch Rechtsverordnung bestimmen, dass Akten, die vor dem 1. Januar 2026 in Papierform angelegt wurden, ab einem bestimmten Stichtag oder Ereignis in elektronischer Form weitergeführt werden. [2]Die Zulassung der Weiterführung in elektronischer Form kann auf einzelne Gerichte oder Strafverfolgungsbehörden oder auf allgemein bestimmte Verfahren beschränkt werden; wird von dieser Möglichkeit Gebrauch gemacht, kann in der Rechtsverordnung bestimmt werden, dass durch Verwaltungsvorschrift, die öffentlich bekanntzumachen ist, geregelt wird, in welchen Verfahren Akten in elektronischer Form weitergeführt werden. [3]Die Rechtsverordnung der Bundesregierung bedarf nicht der Zustimmung des Bundesrates. [4]Die Ermächtigung kann durch Rechtsverordnung auf die zuständigen Bundes- oder Landesministerien übertragen werden.

(2) Die Bundesregierung und die Landesregierungen bestimmen jeweils für ihren Bereich durch Rechtsverordnung die für die elektronische Aktenführung geltenden organisatorischen und dem Stand der Technik entsprechenden technischen Rahmenbedingungen einschließlich der einzuhaltenden Anforderungen des Datenschutzes, der Datensicherheit und der Barrierefreiheit. [2]Sie können die Ermächtigung durch Rechtsverordnung auf die zuständigen Bundes- oder Landesministerien übertragen.

(3) [1]Die Bundesregierung bestimmt durch Rechtsverordnung mit Zustimmung des Bundesrates die für die Übermittlung elektronischer Akten zwischen Strafverfolgungsbehörden und Gerichten geltenden

Standards. [2]Sie kann die Ermächtigung durch Rechtsverordnung ohne Zustimmung des Bundesrates auf die zuständigen Bundesministerien übertragen.

§ 32a Elektronischer Rechtsverkehr mit Strafverfolgungsbehörden und Gerichten; Verordnungsermächtigungen

(1) Elektronische Dokumente können bei Strafverfolgungsbehörden und Gerichten nach Maßgabe der folgenden Absätze eingereicht werden.

(2) [1]Das elektronische Dokument muss für die Bearbeitung durch die Strafverfolgungsbehörde oder das Gericht geeignet sein. [2]Die Bundesregierung bestimmt durch Rechtsverordnung mit Zustimmung des Bundesrates technische Rahmenbedingungen für die Übermittlung und die Eignung zur Bearbeitung durch die Strafverfolgungsbehörde oder das Gericht sowie das Nähere zur Verarbeitung von Daten der Postfachinhaber nach Absatz 4 Satz 1 Nummer 4 und 5 in einem sicheren elektronischen Verzeichnis.

(3) [1]Ein Dokument, das schriftlich abzufassen, zu unterschreiben oder zu unterzeichnen ist, muss als elektronisches Dokument mit einer qualifizierten elektronischen Signatur der verantwortenden Person versehen sein oder von der verantwortenden Person signiert und auf einem sicheren Übermittlungsweg eingereicht werden. [2]Soll ein Dokument, das von einem Beschuldigten, einem anderen Verfahrensbeteiligten oder einem Dritten schriftlich abzufassen, zu unterschreiben oder zu unterzeichnen ist, elektronisch eingereicht werden, so kann es in ein elektronisches Dokument übertragen und durch einen Verteidiger oder Rechtsanwalt nach Satz 1 übermittelt werden.

(4) [1]Sichere Übermittlungswege sind

1. der Postfach- und Versanddienst eines De-Mail-Kontos, wenn der Absender bei Versand der Nachricht sicher im Sinne des § 4 Absatz 1 Satz 2 des De-Mail-Gesetzes angemeldet ist und er sich die sichere Anmeldung gemäß § 5 Absatz 5 des De-Mail-Gesetzes bestätigen lässt,
2. der Übermittlungsweg zwischen den besonderen elektronischen Anwaltspostfächern nach den §§ 31a und 31b der Bundesrechtsanwaltsordnung oder einem entsprechenden, auf gesetzlicher Grundlage errichteten elektronischen Postfach und der elektronischen Poststelle der Behörde oder des Gerichts,
3. der Übermittlungsweg zwischen einem nach Durchführung eines Identifizierungsverfahrens eingerichteten Postfach einer Behörde oder einer juristischen Person des öffentlichen Rechts und der elektronischen Poststelle der Behörde oder des Gerichts,
4. der Übermittlungsweg zwischen einem nach Durchführung eines Identifizierungsverfahrens eingerichteten elektronischen Postfach einer natürlichen oder juristischen Person oder einer sonstigen Vereinigung und der elektronischen Poststelle der Behörde oder des Gerichts,
5. der Übermittlungsweg zwischen einem nach Durchführung eines Identifizierungsverfahrens genutzten Postfach- und Versanddienst eines Nutzerkontos im Sinne des § 2 Absatz 5 des Onlinezugangsgesetzes und der elektronischen Poststelle der Behörde oder des Gerichts,
6. sonstige bundeseinheitliche Übermittlungswege, die durch Rechtsverordnung der Bundesregierung mit Zustimmung des Bundesrates festgelegt werden, bei denen die Authentizität und Integrität der Daten sowie die Barrierefreiheit gewährleistet sind.

[2]Das Nähere zu den Übermittlungswegen gemäß Satz 1 Nummer 3 bis 5 regelt die Rechtsverordnung nach Absatz 2 Satz 2.

(5) [1]Ein elektronisches Dokument ist eingegangen, sobald es auf der für den Empfang bestimmten Einrichtung der Behörde oder des Gerichts gespeichert ist. [2]Dem Absender ist eine automatisierte Bestätigung über den Zeitpunkt des Eingangs zu erteilen.

(6) [1]Ist ein elektronisches Dokument für die Bearbeitung durch die Behörde oder das Gericht nicht geeignet, ist dies dem Absender unter Hinweis auf die Unwirksamkeit des Eingangs unverzüglich mitzuteilen. [2]Das elektronische Dokument gilt als zum Zeitpunkt seiner früheren Einreichung eingegangen, sofern der Absender es unverzüglich in einer für die Behörde oder für das Gericht zur Bearbeitung geeigneten Form nachreicht und glaubhaft macht, dass es mit dem zuerst eingereichten Dokument inhaltlich übereinstimmt.

§ 32b Erstellung und Übermittlung strafverfolgungsbehördlicher und gerichtlicher elektronischer Dokumente; Verordnungsermächtigung

(1) [1]Wird ein strafverfolgungsbehördliches oder gerichtliches Dokument als elektronisches Dokument erstellt, müssen ihm alle verantwortenden Personen ihre Namen hinzufügen. [2]Ein Dokument, das zu unterschreiben oder zu unterzeichnen ist, muss darüber hinaus mit einer qualifizierten elektronischen Signatur aller verantwortenden Personen versehen sein.

(2) Ein elektronisches Dokument ist zu den Akten gebracht, sobald es von einer verantwortenden Person oder auf deren Veranlassung in der elektronischen Akte gespeichert ist.

(3) [1]Werden die Akten elektronisch geführt, sollen Strafverfolgungsbehörden und Gerichte einander Dokumente als elektronisches Dokument übermitteln. [2]Die Anklageschrift, der Antrag auf Erlass eines Strafbefehls außerhalb einer Hauptverhandlung, die Berufung und ihre Begründung, die Revision, ihre Begründung und die Gegenerklärung sowie als elektronisches Dokument erstellte gerichtliche Entscheidungen sind als elektronisches Dokument zu übermitteln. [3]Ist dies aus technischen Gründen vorübergehend nicht möglich, ist die Übermittlung in Papierform zulässig; auf Anforderung ist ein elektronisches Dokument nachzureichen.
(4) [1]Abschriften und beglaubigte Abschriften können in Papierform oder als elektronisches Dokument erteilt werden. [2]Elektronische beglaubigte Abschriften müssen mit einer qualifizierten elektronischen Signatur der beglaubigenden Person versehen sein. [3]Wird eine beglaubigte Abschrift in Papierform durch Übertragung eines elektronischen Dokuments erstellt, das mit einer qualifizierten elektronischen Signatur versehen ist oder auf einem sicheren Übermittlungsweg eingereicht wurde, muss der Beglaubigungsvermerk das Ergebnis der Prüfung der Authentizität und Integrität des elektronischen Dokuments enthalten. [4]Eines erweiterten Beglaubigungsvermerks nach Satz 3 bedarf es nicht, wenn das elektronische Dokument von der beglaubigenden Stelle selbst erstellt wurde. [5]Anstelle eines erweiterten Beglaubigungsvermerks nach Satz 3 kann das Ergebnis der Prüfung der Authentizität und Integrität auch auf andere Weise untrennbar mit der in Papierform erteilten Abschrift verbunden werden.
(5) [1]Die Bundesregierung bestimmt durch Rechtsverordnung mit Zustimmung des Bundesrates die für die Erstellung elektronischer Dokumente und deren Übermittlung zwischen Strafverfolgungsbehörden und Gerichten geltenden Standards. [2]Sie kann die Ermächtigung durch Rechtsverordnung ohne Zustimmung des Bundesrates auf die zuständigen Bundesministerien übertragen.

§ 32c Elektronische Formulare; Verordnungsermächtigung

[1]Die Bundesregierung kann durch Rechtsverordnung mit Zustimmung des Bundesrates elektronische Formulare einführen. [2]Die Rechtsverordnung kann bestimmen, dass die in den Formularen enthaltenen Angaben ganz oder teilweise in strukturierter maschinenlesbarer Form zu übermitteln sind. [3]Die Formulare sind auf einer in der Rechtsverordnung zu bestimmenden Kommunikationsplattform im Internet zur Nutzung bereitzustellen. [4]Die Rechtsverordnung kann bestimmen, dass eine Identifikation des Formularverwenders abweichend von § 32a Absatz 3 durch Nutzung des elektronischen Identitätsnachweises nach § 18 des Personalausweisgesetzes, § 12 des eID-Karte-Gesetzes oder § 78 Absatz 5 des Aufenthaltsgesetzes erfolgen kann. [5]Die Bundesregierung kann die Ermächtigung durch Rechtsverordnung ohne Zustimmung des Bundesrates auf die zuständigen Bundesministerien übertragen.

§ 32d Pflicht zur elektronischen Übermittlung

[1]Verteidiger und Rechtsanwälte sollen den Strafverfolgungsbehörden und Gerichten Schriftsätze und deren Anlagen sowie schriftlich einzureichende Anträge und Erklärungen als elektronisches Dokument übermitteln. [2]Die Berufung und ihre Begründung, die Revision, ihre Begründung und die Gegenerklärung sowie die Privatklage und die Anschlusserklärung bei der Nebenklage müssen sie als elektronisches Dokument übermitteln. [3]Ist dies aus technischen Gründen vorübergehend nicht möglich, ist die Übermittlung in Papierform zulässig. [4]Die vorübergehende Unmöglichkeit ist bei der Ersatzeinreichung oder unverzüglich danach glaubhaft zu machen; auf Anforderung ist ein elektronisches Dokument nachzureichen.

§ 32e Übertragung von Dokumenten zu Aktenführungszwecken

(1) [1]Dokumente, die nicht der Form entsprechen, in der die Akte geführt wird (Ausgangsdokumente), sind in die entsprechende Form zu übertragen. [2]Ausgangsdokumente, die als Beweismittel sichergestellt sind, können in die entsprechende Form übertragen werden.
(2) Bei der Übertragung ist nach dem Stand der Technik sicherzustellen, dass das übertragene Dokument mit dem Ausgangsdokument bildlich und inhaltlich übereinstimmt.
(3) [1]Bei der Übertragung eines nicht elektronischen Ausgangsdokuments in ein elektronisches Dokument ist dieses mit einem Übertragungsnachweis zu versehen, der das bei der Übertragung angewandte Verfahren und die bildliche und inhaltliche Übereinstimmung dokumentiert. [2]Wird ein von den verantwortenden Personen handschriftlich unterzeichnetes staatsanwaltschaftliches oder gerichtliches Schriftstück übertragen, so ist der Übertragungsnachweis vom Urkundsbeamten der Staatsanwaltschaft oder des Gerichts mit einer qualifizierten elektronischen Signatur zu versehen. [3]Bei der Übertragung eines mit einer qualifizierten elektronischen Signatur versehenen oder auf einem sicheren Übermittlungsweg eingereichten elektronischen Ausgangsdokuments ist in den Akten zu vermerken, welches Ergebnis die Prüfung der Authentizität und Integrität des Ausgangsdokuments erbracht hat.
(4) [1]Ausgangsdokumente, die nicht als Beweismittel sichergestellt sind, müssen während des laufenden Verfahrens im Anschluss an die Übertragung mindestens sechs Monate lang gespeichert oder aufbewahrt werden. [2]Ist das Verfahren abgeschlossen oder ist Verjährung eingetreten, dürfen Ausgangsdokumente,

die nicht als Beweismittel sichergestellt sind, längstens bis zum Ablauf des zweiten auf den Abschluss des Verfahrens folgenden Kalenderjahres gespeichert oder aufbewahrt werden.
(5) [1]Ausgangsdokumente, die nicht als Beweismittel sichergestellt sind, können unter denselben Voraussetzungen wie sichergestellte Beweisstücke besichtigt werden. [2]Zur Besichtigung ist berechtigt, wer befugt ist, die Akten einzusehen.

§ 32f Form der Gewährung von Akteneinsicht; Verordnungsermächtigung

(1) [1]Einsicht in elektronische Akten wird durch Bereitstellen des Inhalts der Akte zum Abruf oder durch Übermittlung des Inhalts der Akte auf einem sicheren Übermittlungsweg gewährt. [2]Auf besonderen Antrag wird Akteneinsicht durch Einsichtnahme in die elektronischen Akten in Diensträumen gewährt. [3]Ein Aktenausdruck oder ein Datenträger mit dem Inhalt der elektronischen Akten wird auf besonders zu begründenden Antrag nur übermittelt, wenn der Antragsteller hieran ein berechtigtes Interesse hat. [4]Stehen der Akteneinsicht in der nach Satz 1 vorgesehenen Form wichtige Gründe entgegen, kann die Akteneinsicht in der nach den Sätzen 2 und 3 vorgesehenen Form auch ohne Antrag gewährt werden.
(2) [1]Einsicht in Akten, die in Papierform vorliegen, wird durch Einsichtnahme in die Akten in Diensträumen gewährt. [2]Die Akteneinsicht kann, soweit nicht wichtige Gründe entgegenstehen, auch durch Bereitstellen des Inhalts der Akten zum Abruf, durch Übermittlung des Inhalts der Akte auf einem sicheren Übermittlungsweg oder durch Bereitstellen einer Aktenkopie zur Mitnahme gewährt werden. [3]Auf besonderen Antrag werden einem Verteidiger oder Rechtsanwalt, soweit nicht wichtige Gründe entgegenstehen, die Akten zur Einsichtnahme in seine Geschäftsräume oder in seine Wohnung mitgegeben.
(3) Entscheidungen über die Form der Gewährung von Akteneinsicht nach den Absätzen 1 und 2 sind nicht anfechtbar.
(4) [1]Durch technische und organisatorische Maßnahmen ist zu gewährleisten, dass Dritte im Rahmen der Akteneinsicht keine Kenntnis vom Akteninhalt nehmen können. [2]Der Name der Person, der Akteneinsicht gewährt wird, soll durch technische Maßnahmen in abgerufenen Akten und auf übermittelten elektronischen Dokumenten nach dem Stand der Technik dauerhaft erkennbar gemacht werden.
(5) [1]Personen, denen Akteneinsicht gewährt wird, dürfen Akten, Dokumente, Ausdrucke oder Abschriften, die ihnen nach Absatz 1 oder 2 überlassen worden sind, weder ganz noch teilweise öffentlich verbreiten oder sie Dritten zu verfahrensfremden Zwecken übermitteln oder zugänglich machen. [2]Nach Absatz 1 oder 2 erlangte personenbezogene Daten dürfen sie nur zu dem Zweck verwenden, für den die Akteneinsicht gewährt wurde. [3]Für andere Zwecke dürfen sie diese Daten nur verwenden, wenn dafür Auskunft oder Akteneinsicht gewährt werden dürfte. [4]Personen, denen Akteneinsicht gewährt wird, sind auf die Zweckbindung hinzuweisen.
(6) [1]Die Bundesregierung bestimmt durch Rechtsverordnung mit Zustimmung des Bundesrates die für die Einsicht in elektronische Akten geltenden Standards. [2]Sie kann die Ermächtigung durch Rechtsverordnung ohne Zustimmung des Bundesrates auf die zuständigen Bundesministerien übertragen.

Abschnitt 4a

Gerichtliche Entscheidungen

§ 33 Gewährung rechtlichen Gehörs vor einer Entscheidung

(1) Eine Entscheidung des Gerichts, die im Laufe einer Hauptverhandlung ergeht, wird nach Anhörung der Beteiligten erlassen.
(2) Eine Entscheidung des Gerichts, die außerhalb einer Hauptverhandlung ergeht, wird nach schriftlicher oder mündlicher Erklärung der Staatsanwaltschaft erlassen.
(3) Bei einer in Absatz 2 bezeichneten Entscheidung ist ein anderer Beteiligter zu hören, bevor zu seinem Nachteil Tatsachen oder Beweisergebnisse, zu denen er noch nicht gehört worden ist, verwertet werden.
(4) [1]Bei Anordnung der Untersuchungshaft, der Beschlagnahme oder anderer Maßnahmen ist Absatz 3 nicht anzuwenden, wenn die vorherige Anhörung den Zweck der Anordnung gefährden würde. [2]Vorschriften, welche die Anhörung der Beteiligten besonders regeln, werden durch Absatz 3 nicht berührt.

§ 33a Wiedereinsetzung in den vorigen Stand bei Nichtgewährung rechtlichen Gehörs

[1]Hat das Gericht in einem Beschluss den Anspruch eines Beteiligten auf rechtliches Gehör in entscheidungserheblicher Weise verletzt und steht ihm gegen den Beschluss keine Beschwerde und kein anderer Rechtsbehelf zu, versetzt es, sofern der Beteiligte dadurch noch beschwert ist, von Amts wegen oder auf Antrag insoweit das Verfahren durch Beschluss in die Lage zurück, die vor dem Erlass der Entscheidung bestand. [2]§ 47 gilt entsprechend.

§ 34 Begründung anfechtbarer und ablehnender Entscheidungen
Die durch ein Rechtsmittel anfechtbaren Entscheidungen sowie die, durch welche ein Antrag abgelehnt wird, sind mit Gründen zu versehen.

§ 34a Eintritt der Rechtskraft bei Verwerfung eines Rechtsmittels durch Beschluss
Führt nach rechtzeitiger Einlegung eines Rechtsmittels ein Beschluß unmittelbar die Rechtskraft der angefochtenen Entscheidung herbei, so gilt die Rechtskraft als mit Ablauf des Tages der Beschlußfassung eingetreten.

§ 35 Bekanntmachung
(1) [1]Entscheidungen, die in Anwesenheit der davon betroffenen Person ergehen, werden ihr durch Verkündung bekanntgemacht. [2]Auf Verlangen ist ihr eine Abschrift zu erteilen.
(2) [1]Andere Entscheidungen werden durch Zustellung bekanntgemacht. [2]Wird durch die Bekanntmachung der Entscheidung keine Frist in Lauf gesetzt, so genügt formlose Mitteilung.
(3) Dem nicht auf freiem Fuß Befindlichen ist das zugestellte Schriftstück auf Verlangen vorzulesen.

§ 35a Rechtsmittelbelehrung
[1]Bei der Bekanntmachung einer Entscheidung, die durch ein befristetes Rechtsmittel angefochten werden kann, ist der Betroffene über die Möglichkeiten der Anfechtung und die dafür vorgeschriebenen Fristen und Formen zu belehren. [2]Bei der Bekanntmachung eines Urteils ist der Angeklagte auch über die Rechtsfolgen des § 40 Absatz 3 und des § 350 Absatz 2 sowie, wenn gegen das Urteil Berufung zulässig ist, über die Rechtsfolgen der §§ 329 und 330 zu belehren. [3]Ist einem Urteil eine Verständigung (§ 257c) vorausgegangen, ist der Betroffene auch darüber zu belehren, dass er in jedem Fall frei in seiner Entscheidung ist, ein Rechtsmittel einzulegen.

Abschnitt 4b
Verfahren bei Zustellungen

§ 36 Zustellung und Vollstreckung
(1) [1]Die Zustellung von Entscheidungen ordnet der Vorsitzende an. [2]Die Geschäftsstelle sorgt dafür, daß die Zustellung bewirkt wird.
(2) [1]Entscheidungen, die der Vollstreckung bedürfen, sind der Staatsanwaltschaft zu übergeben, die das Erforderliche veranlaßt. [2]Dies gilt nicht für Entscheidungen, welche die Ordnung in den Sitzungen betreffen.

§ 37 Zustellungsverfahren
(1) Für das Verfahren bei Zustellungen gelten die Vorschriften der Zivilprozeßordnung entsprechend.
(2) Wird die für einen Beteiligten bestimmte Zustellung an mehrere Empfangsberechtigte bewirkt, so richtet sich die Berechnung einer Frist nach der zuletzt bewirkten Zustellung.
(3) Ist einem Prozessbeteiligten gemäß § 187 Absatz 1 und 2 des Gerichtsverfassungsgesetzes eine Übersetzung des Urteils zur Verfügung zu stellen, so ist das Urteil zusammen mit der Übersetzung zuzustellen. [2]Die Zustellung an die übrigen Prozessbeteiligten erfolgt in diesen Fällen gleichzeitig mit der Zustellung nach Satz 1.

§ 38 Unmittelbare Ladung
Die bei dem Strafverfahren beteiligten Personen, denen die Befugnis beigelegt ist, Zeugen und Sachverständige unmittelbar zu laden, haben mit der Zustellung der Ladung den Gerichtsvollzieher zu beauftragen

§ 39 (weggefallen)

§ 40 Öffentliche Zustellung
(1) [1]Kann eine Zustellung an einen Beschuldigten, dem eine Ladung zur Hauptverhandlung noch nicht zugestellt war, nicht in der vorgeschriebenen Weise im Inland bewirkt werden und erscheint die Befolgung der für Zustellungen im Ausland bestehenden Vorschriften unausführbar oder voraussichtlich erfolglos, so ist die öffentliche Zustellung zulässig. [2]Die Zustellung gilt als erfolgt, wenn seit dem Aushang der Benachrichtigung zwei Wochen vergangen sind.
(2) War die Ladung zur Hauptverhandlung dem Angeklagten schon vorher zugestellt, dann ist die öffentliche Zustellung an ihn zulässig, wenn sie nicht in der vorgeschriebenen Weise im Inland bewirkt werden kann.

(3) Die öffentliche Zustellung ist im Verfahren über eine vom Angeklagten eingelegte Berufung oder Revision bereits zulässig, wenn eine Zustellung nicht unter einer Anschrift möglich ist, unter der letztmals zugestellt wurde oder die der Angeklagte zuletzt angegeben hat.

§ 41 Zustellungen an die Staatsanwaltschaft

[1]Zustellungen an die Staatsanwaltschaft erfolgen durch elektronische Übermittlung (§ 32b Absatz 3) oder durch Vorlegung der Urschrift des zuzustellenden Schriftstücks. [2]Wenn mit der Zustellung der Lauf einer Frist beginnt und die Zustellung durch Vorlegung der Urschrift erfolgt, so ist der Tag der Vorlegung von der Staatsanwaltschaft auf der Urschrift zu vermerken. [3]Bei elektronischer Übermittlung muss der Zeitpunkt des Eingangs (§ 32a Absatz 5 Satz 1) aktenkundig sein.

§ 41a ***[aufgehoben]***

Fünfter Abschnitt

Fristen und Wiedereinsetzung in den vorigen Stand

§ 42 Berechnung von Tagesfristen

Bei der Berechnung einer Frist, die nach Tagen bestimmt ist, wird der Tag nicht mitgerechnet, auf den der Zeitpunkt oder das Ereignis fällt, nach dem der Anfang der Frist sich richten soll.

§ 43 Berechnung von Wochen- und Monatsfristen

(1) Eine Frist, die nach Wochen oder Monaten bestimmt ist, endet mit Ablauf des Tages der letzten Woche oder des letzten Monats, der durch seine Benennung oder Zahl dem Tag entspricht, an dem die Frist begonnen hat; fehlt dieser Tag in dem letzten Monat, so endet die Frist mit dem Ablauf des letzten Tages dieses Monats.

(2) Fällt das Ende einer Frist auf einen Sonntag, einen allgemeinen Feiertag oder einen Sonnabend, so endet die Frist mit Ablauf des nächsten Werktages.

§ 44 Wiedereinsetzung in den vorigen Stand bei Fristversäumung

[1]War jemand ohne Verschulden verhindert, eine Frist einzuhalten, so ist ihm auf Antrag Wiedereinsetzung in den vorigen Stand zu gewähren. [2]Die Versäumung einer Rechtsmittelfrist ist als unverschuldet anzusehen, wenn die Belehrung nach den § 35a Satz 1 und 2, § 319 Abs. 2 Satz 3 oder nach § 346 Abs. 2 Satz 3 unterblieben ist.

§ 45 Anforderungen an einen Wiedereinsetzungsantrag

(1) [1]Der Antrag auf Wiedereinsetzung in den vorigen Stand ist binnen einer Woche nach Wegfall des Hindernisses bei dem Gericht zu stellen, bei dem die Frist wahrzunehmen gewesen wäre. [2]Zur Wahrung der Frist genügt es, wenn der Antrag rechtzeitig bei dem Gericht gestellt wird, das über den Antrag entscheidet.

(2) [1]Die Tatsachen zur Begründung des Antrags sind bei der Antragstellung oder im Verfahren über den Antrag glaubhaft zu machen. [2]Innerhalb der Antragsfrist ist die versäumte Handlung nachzuholen. [3]Ist dies geschehen, so kann Wiedereinsetzung auch ohne Antrag gewährt werden.

§ 46 Zuständigkeit; Rechtsmittel

(1) Über den Antrag entscheidet das Gericht, das bei rechtzeitiger Handlung zur Entscheidung in der Sache selbst berufen gewesen wäre.

(2) Die dem Antrag stattgebende Entscheidung unterliegt keiner Anfechtung.

(3) Gegen die den Antrag verwerfende Entscheidung ist sofortige Beschwerde zulässig.

§ 47 Keine Vollstreckungshemmung

(1) Durch den Antrag auf Wiedereinsetzung in den vorigen Stand wird die Vollstreckung einer gerichtlichen Entscheidung nicht gehemmt.

(2) Das Gericht kann jedoch einen Aufschub der Vollstreckung anordnen.

(3) [1]Durchbricht die Wiedereinsetzung die Rechtskraft einer gerichtlichen Entscheidung, werden Haft- und Unterbringungsbefehle sowie sonstige Anordnungen, die zum Zeitpunkt des Eintritts der Rechtskraft bestanden haben, wieder wirksam. [2]Bei einem Haft- oder Unterbringungsbefehl ordnet das die Wiedereinsetzung gewährende Gericht dessen Aufhebung an, wenn sich ohne weiteres ergibt, dass dessen Voraussetzungen nicht mehr vorliegen. [3]Anderenfalls hat das nach § 126 Abs. 2 zuständige Gericht unverzüglich eine Haftprüfung durchzuführen.

Sechster Abschnitt
Zeugen

§ 48 Zeugenpflichten; Ladung

(1) [1]Zeugen sind verpflichtet, zu dem zu ihrer Vernehmung bestimmten Termin vor dem Richter zu erscheinen. [2]Sie haben die Pflicht auszusagen, wenn keine im Gesetz zugelassene Ausnahme vorliegt.

(2) Die Ladung der Zeugen geschieht unter Hinweis auf verfahrensrechtliche Bestimmungen, die dem Interesse des Zeugen dienen, auf vorhandene Möglichkeiten der Zeugenbetreuung und auf die gesetzlichen Folgen des Ausbleibens.

§ 48a Besonders schutzbedürftige Zeugen; Beschleunigungsgebot

(1) [1]Ist der Zeuge zugleich der Verletzte, so sind die ihn betreffenden Verhandlungen, Vernehmungen und sonstigen Untersuchungshandlungen stets unter Berücksichtigung seiner besonderen Schutzbedürftigkeit durchzuführen. [2]Insbesondere ist zu prüfen,

1. ob die dringende Gefahr eines schwerwiegenden Nachteils für das Wohl des Zeugen Maßnahmen nach den §§ 168e oder 247a erfordert,
2. ob überwiegende schutzwürdige Interessen des Zeugen den Ausschluss der Öffentlichkeit nach § 171b Absatz 1 des Gerichtsverfassungsgesetzes erfordern und
3. inwieweit auf nicht unerlässliche Fragen zum persönlichen Lebensbereich des Zeugen nach § 68a Absatz 1 verzichtet werden kann.

[3]Dabei sind die persönlichen Verhältnisse des Zeugen sowie Art und Umstände der Straftat zu berücksichtigen.

(2) Bei Taten zum Nachteil eines minderjährigen Verletzten müssen die ihn betreffenden Verhandlungen, Vernehmungen und sonstigen Untersuchungshandlungen besonders beschleunigt durchgeführt werden, soweit dies unter Berücksichtigung der persönlichen Verhältnisse des Zeugen sowie der Art und Umstände der Straftat zu seinem Schutz oder zur Vermeidung von Beweisverlusten geboten ist.

§ 49 Vernehmung des Bundespräsidenten

[1]Der Bundespräsident ist in seiner Wohnung zu vernehmen. [2]Zur Hauptverhandlung wird er nicht geladen. [3]Das Protokoll über seine gerichtliche Vernehmung ist in der Hauptverhandlung zu verlesen.

§ 50 Vernehmung von Abgeordneten und Mitgliedern einer Regierung

(1) Die Mitglieder des Bundestages, des Bundesrates, eines Landtages oder einer zweiten Kammer sind während ihres Aufenthaltes am Sitz der Versammlung dort zu vernehmen.

(2) Die Mitglieder der Bundesregierung oder einer Landesregierung sind an ihrem Amtssitz oder, wenn sie sich außerhalb ihres Amtssitzes aufhalten, an ihrem Aufenthaltsort zu vernehmen.

(3) Zu einer Abweichung von den vorstehenden Vorschriften bedarf es
für die Mitglieder eines in Absatz 1 genannten Organs der Genehmigung dieses Organs,
für die Mitglieder der Bundesregierung der Genehmigung der Bundesregierung,
für die Mitglieder einer Landesregierung der Genehmigung der Landesregierung.

(4) [1]Die Mitglieder der in Absatz 1 genannten Organe der Gesetzgebung und die Mitglieder der Bundesregierung oder einer Landesregierung werden, wenn sie außerhalb der Hauptverhandlung vernommen worden sind, zu dieser nicht geladen. [2]Das Protokoll über ihre richterliche Vernehmung ist in der Hauptverhandlung zu verlesen.

§ 51 Folgen des Ausbleibens eines Zeugen

(1) [1]Einem ordnungsgemäß geladenen Zeugen, der nicht erscheint, werden die durch das Ausbleiben verursachten Kosten auferlegt. [2]Zugleich wird gegen ihn ein Ordnungsgeld und für den Fall, daß dieses nicht beigetrieben werden kann, Ordnungshaft festgesetzt. [3]Auch ist die zwangsweise Vorführung des Zeugen zulässig; § 135 gilt entsprechend. [4]Im Falle wiederholten Ausbleibens kann das Ordnungsmittel noch einmal festgesetzt werden.

(2) [1]Die Auferlegung der Kosten und die Festsetzung eines Ordnungsmittels unterbleiben, wenn das Ausbleiben des Zeugen rechtzeitig genügend entschuldigt wird. [2]Erfolgt die Entschuldigung nach Satz 1 nicht rechtzeitig, so unterbleibt die Auferlegung der Kosten und die Festsetzung eines Ordnungsmittels nur dann, wenn glaubhaft gemacht wird, daß den Zeugen an der Verspätung der Entschuldigung kein Verschulden trifft. [3]Wird der Zeuge nachträglich genügend entschuldigt, so werden die getroffenen Anordnungen unter den Voraussetzungen des Satzes 2 aufgehoben.

(3) Die Befugnis zu diesen Maßregeln steht auch dem Richter im Vorverfahren sowie dem beauftragten und ersuchten Richter zu.

§ 52 Zeugnisverweigerungsrecht der Angehörigen des Beschuldigten

(1) Zur Verweigerung des Zeugnisses sind berechtigt

1. der Verlobte des Beschuldigten;
2. der Ehegatte des Beschuldigten, auch wenn die Ehe nicht mehr besteht;

2a. der Lebenspartner des Beschuldigten, auch wenn die Lebenspartnerschaft nicht mehr besteht;

3. wer mit dem Beschuldigten in gerader Linie verwandt oder verschwägert, in der Seitenlinie bis zum dritten Grad verwandt oder bis zum zweiten Grad verschwägert ist oder war.

(2) [1]Haben Minderjährige wegen mangelnder Verstandesreife oder haben Minderjährige oder Betreute wegen einer psychischen Krankheit oder einer geistigen oder seelischen Behinderung von der Bedeutung des Zeugnisverweigerungsrechts keine genügende Vorstellung, so dürfen sie nur vernommen werden, wenn sie zur Aussage bereit sind und auch ihr gesetzlicher Vertreter der Vernehmung zustimmt. [2]Ist der gesetzliche Vertreter selbst Beschuldigter, so kann er über die Ausübung des Zeugnisverweigerungsrechts nicht entscheiden; das gleiche gilt für den nicht beschuldigten Elternteil, wenn die gesetzliche Vertretung beiden Eltern zusteht.

(3) [1]Die zur Verweigerung des Zeugnisses berechtigten Personen, in den Fällen des Absatzes 2 auch deren zur Entscheidung über die Ausübung des Zeugnisverweigerungsrechts befugte Vertreter, sind vor jeder Vernehmung über ihr Recht zu belehren. [2]Sie können den Verzicht auf dieses Recht auch während der Vernehmung widerrufen.

§ 53 Zeugnisverweigerungsrecht der Berufsgeheimnisträger

(1) [1]Zur Verweigerung des Zeugnisses sind ferner berechtigt

1. Geistliche über das, was ihnen in ihrer Eigenschaft als Seelsorger anvertraut worden oder bekanntgeworden ist;
2. Verteidiger des Beschuldigten über das, was ihnen in dieser Eigenschaft anvertraut worden oder bekanntgeworden ist;
3. Rechtsanwälte und Kammerrechtsbeistände, Patentanwälte, Notare, Wirtschaftsprüfer, vereidigte Buchprüfer, Steuerberater und Steuerbevollmächtigte, Ärzte, Zahnärzte, Psychotherapeuten, Psychologische Psychotherapeuten, Kinder- und Jugendlichenpsychotherapeuten, Apotheker und Hebammen über das, was ihnen in dieser Eigenschaft anvertraut worden oder bekanntgeworden ist; für Syndikusrechtsanwälte (§ 46 Absatz 2 der Bundesrechtsanwaltsordnung) und Syndikuspatentanwälte (§ 41a Absatz 2 der Patentanwaltsordnung) gilt dies vorbehaltlich des § 53a nicht hinsichtlich dessen, was ihnen in dieser Eigenschaft anvertraut worden oder bekanntgeworden ist;

3a. Mitglieder oder Beauftragte einer anerkannten Beratungsstelle nach den §§ 3 und 8 des Schwangerschaftskonfliktgesetzes über das, was ihnen in dieser Eigenschaft anvertraut worden oder bekanntgeworden ist;

3b. Berater für Fragen der Betäubungsmittelabhängigkeit in einer Beratungsstelle, die eine Behörde oder eine Körperschaft, Anstalt oder Stiftung des öffentlichen Rechts anerkannt oder bei sich eingerichtet hat, über das, was ihnen in dieser Eigenschaft anvertraut worden oder bekanntgeworden ist;

4. Mitglieder des Deutschen Bundestages, der Bundesversammlung, des Europäischen Parlaments aus der Bundesrepublik Deutschland oder eines Landtages über Personen, die ihnen in ihrer Eigenschaft als Mitglieder dieser Organe oder denen sie in dieser Eigenschaft Tatsachen anvertraut haben, sowie über diese Tatsachen selbst;
5. Personen, die bei der Vorbereitung, Herstellung oder Verbreitung von Druckwerken, Rundfunksendungen, Filmberichten oder der Unterrichtung oder Meinungsbildung dienenden Informations- und Kommunikationsdiensten berufsmäßig mitwirken oder mitgewirkt haben.

[2]Die in Satz 1 Nr. 5 genannten Personen dürfen das Zeugnis verweigern über die Person des Verfassers oder Einsenders von Beiträgen und Unterlagen oder des sonstigen Informanten sowie über die ihnen im Hinblick auf ihre Tätigkeit gemachten Mitteilungen, über deren Inhalt sowie über den Inhalt selbst erarbeiteter Materialien und den Gegenstand berufsbezogener Wahrnehmungen. [3]Dies gilt nur, soweit es sich um Beiträge, Unterlagen, Mitteilungen und Materialien für den redaktionellen Teil oder redaktionell aufbereitete Informations- und Kommunikationsdienste handelt.

(2) [1]Die in Absatz 1 Satz 1 Nr. 2 bis 3b Genannten dürfen das Zeugnis nicht verweigern, wenn sie von der Verpflichtung zur Verschwiegenheit entbunden sind. [2]Die Berechtigung zur Zeugnisverweigerung der in Absatz 1 Satz 1 Nr. 5 Genannten über den Inhalt selbst erarbeiteter Materialien und den Gegenstand entsprechender Wahrnehmungen entfällt, wenn die Aussage zur Aufklärung eines Verbrechens beitragen soll oder wenn Gegenstand der Untersuchung

1. eine Straftat des Friedensverrats und der Gefährdung des demokratischen Rechtsstaats oder des Landesverrats und der Gefährdung der äußeren Sicherheit (§§ 80a, 85, 87, 88, 95, auch in Verbindung mit § 97b, §§ 97a, 98 bis 100a des Strafgesetzbuches),
2. eine Straftat gegen die sexuelle Selbstbestimmung nach den §§ 174 bis 174c, 176a, 176b, 177 Absatz 2 Nummer 1 des Strafgesetzbuches oder
3. eine Geldwäsche nach § 261 des Strafgesetzbuches, deren Vortat mit einer im Mindestmaß erhöhten Freiheitsstrafe bedroht ist,

ist und die Erforschung des Sachverhalts oder die Ermittlung des Aufenthaltsortes des Beschuldigten auf andere Weise aussichtslos oder wesentlich erschwert wäre. [3]Der Zeuge kann jedoch auch in diesen Fällen die Aussage verweigern, soweit sie zur Offenbarung der Person des Verfassers oder Einsenders von Beiträgen und Unterlagen oder des sonstigen Informanten oder der ihm im Hinblick auf seine Tätigkeit nach Absatz 1 Satz 1 Nr. 5 gemachten Mitteilungen oder deren Inhalts führen würde.

§ 53a Zeugnisverweigerungsrecht der mitwirkenden Personen

(1) [1]Den Berufsgeheimnisträgern nach § 53 Absatz 1 Satz 1 Nummer 1 bis 4 stehen die Personen gleich, die im Rahmen

1. eines Vertragsverhältnisses einschließlich der gemeinschaftlichen Berufsausübung,
2. einer berufsvorbereitenden Tätigkeit oder
3. einer sonstigen Hilfstätigkeit

an deren beruflicher Tätigkeit mitwirken. [2]Über die Ausübung des Rechts dieser Personen, das Zeugnis zu verweigern, entscheiden die Berufsgeheimnisträger, es sei denn, dass diese Entscheidung in absehbarer Zeit nicht herbeigeführt werden kann.

(2) Die Entbindung von der Verpflichtung zur Verschwiegenheit (§ 53 Absatz 2 Satz 1) gilt auch für die nach Absatz 1 mitwirkenden Personen.

§ 54 Aussagegenehmigung für Angehörige des öffentlichen Dienstes

(1) Für die Vernehmung von Richtern, Beamten und anderen Personen des öffentlichen Dienstes als Zeugen über Umstände, auf die sich ihre Pflicht zur Amtsverschwiegenheit bezieht, und für die Genehmigung zur Aussage gelten die besonderen beamtenrechtlichen Vorschriften.

(2) Für die Mitglieder des Bundestages, eines Landtages, der Bundes- oder einer Landesregierung sowie für die Angestellten einer Fraktion des Bundestages und eines Landtages gelten die für sie maßgebenden besonderen Vorschriften.

(3) Der Bundespräsident kann das Zeugnis verweigern, wenn die Ablegung des Zeugnisses dem Wohl des Bundes oder eines deutschen Landes Nachteile bereiten würde.

(4) Diese Vorschriften gelten auch, wenn die vorgenannten Personen nicht mehr im öffentlichen Dienst oder Angestellte einer Fraktion sind oder ihre Mandate beendet sind, soweit es sich um Tatsachen handelt, die sich während ihrer Dienst-, Beschäftigungs- oder Mandatszeit ereignet haben oder ihnen während ihrer Dienst-, Beschäftigungs- oder Mandatszeit zur Kenntnis gelangt sind.

§ 55 Auskunftsverweigerungsrecht

(1) Jeder Zeuge kann die Auskunft auf solche Fragen verweigern, deren Beantwortung ihm selbst oder einem der in § 52 Abs. 1 bezeichneten Angehörigen die Gefahr zuziehen würde, wegen einer Straftat oder einer Ordnungswidrigkeit verfolgt zu werden.

(2) Der Zeuge ist über sein Recht zur Verweigerung der Auskunft zu belehren.

§ 56 Glaubhaftmachung des Verweigerungsgrundes

[1]Die Tatsache, auf die der Zeuge die Verweigerung des Zeugnisses in den Fällen der §§ 52, 53 und 55 stützt, ist auf Verlangen glaubhaft zu machen. [2]Es genügt die eidliche Versicherung des Zeugen.

§ 57 Belehrung

[1]Vor der Vernehmung werden die Zeugen zur Wahrheit ermahnt und über die strafrechtlichen Folgen einer unrichtigen oder unvollständigen Aussage belehrt. [2]Auf die Möglichkeit der Vereidigung werden sie hingewiesen. [3]Im Fall der Vereidigung sind sie über die Bedeutung des Eides und darüber zu belehren, dass der Eid mit oder ohne religiöse Beteuerung geleistet werden kann.

§ 58 Vernehmung; Gegenüberstellung

(1) Die Zeugen sind einzeln und in Abwesenheit der später zu hörenden Zeugen zu vernehmen.

(2) [1]Eine Gegenüberstellung mit anderen Zeugen oder mit dem Beschuldigten im Vorverfahren ist zulässig, wenn es für das weitere Verfahren geboten erscheint. [2]Bei einer Gegenüberstellung mit dem Beschuldigten ist dem Verteidiger die Anwesenheit gestattet. [3]Von dem Termin ist der Verteidiger vorher zu benachrichtigen. [4]Auf die Verlegung eines Termins wegen Verhinderung hat er keinen Anspruch. [5]Hat

der Beschuldigte keinen Verteidiger, so ist er darauf hinzuweisen, dass er in den Fällen des § 140 die Bestellung eines Pflichtverteidigers nach Maßgabe des § 141 Absatz 1 und des § 142 Absatz 1 beantragen kann.

§ 58a Aufzeichnung der Vernehmung in Bild und Ton

(1) [1]Die Vernehmung eines Zeugen kann in Bild und Ton aufgezeichnet werden. [2]Sie soll nach Würdigung der dafür jeweils maßgeblichen Umstände aufgezeichnet werden und als richterliche Vernehmung erfolgen, wenn

1. damit die schutzwürdigen Interessen von Personen unter 18 Jahren sowie von Personen, die als Kinder oder Jugendliche durch eine der in § 255a Absatz 2 genannten Straftaten verletzt worden sind, besser gewahrt werden können oder
2. zu besorgen ist, dass der Zeuge in der Hauptverhandlung nicht vernommen werden kann und die Aufzeichnung zur Erforschung der Wahrheit erforderlich ist.

[3]Die Vernehmung muss nach Würdigung der dafür jeweils maßgeblichen Umstände aufgezeichnet werden und als richterliche Vernehmung erfolgen, wenn damit die schutzwürdigen Interessen von Personen, die durch Straftaten gegen die sexuelle Selbstbestimmung (§§ 174 bis 184j des Strafgesetzbuches) verletzt worden sind, besser gewahrt werden können und der Zeuge der Bild-Ton-Aufzeichnung vor der Vernehmung zugestimmt hat.

(2) [1]Die Verwendung der Bild-Ton-Aufzeichnung ist nur für Zwecke der Strafverfolgung und nur insoweit zulässig, als dies zur Erforschung der Wahrheit erforderlich ist. [2]§ 101 Abs. 8 gilt entsprechend. [3]Die §§ 147, 406e sind entsprechend anzuwenden, mit der Maßgabe, dass den zur Akteneinsicht Berechtigten Kopien der Aufzeichnung überlassen werden können. [4]Die Kopien dürfen weder vervielfältigt noch weitergegeben werden. [5]Sie sind an die Staatsanwaltschaft herauszugeben, sobald kein berechtigtes Interesse an der weiteren Verwendung besteht. [6]Die Überlassung der Aufzeichnung oder die Herausgabe von Kopien an andere als die vorbezeichneten Stellen bedarf der Einwilligung des Zeugen.

(3) [1]Widerspricht der Zeuge der Überlassung einer Kopie der Aufzeichnung seiner Vernehmung nach Absatz 2 Satz 3, so tritt an deren Stelle die Überlassung des Protokolls an die zur Akteneinsicht Berechtigten nach Maßgabe der §§ 147, 406e. [2]Das Recht zur Besichtigung der Aufzeichnung nach Maßgabe der §§ 147, 406e bleibt unberührt. [3]Der Zeuge ist auf sein Widerspruchsrecht nach Satz 1 hinzuweisen.

§ 58b Vernehmung im Wege der Bild- und Tonübertragung

Die Vernehmung eines Zeugen außerhalb der Hauptverhandlung kann in der Weise erfolgen, dass dieser sich an einem anderen Ort als die vernehmende Person aufhält und die Vernehmung zeitgleich in Bild und Ton an den Ort, an dem sich der Zeuge aufhält, und in das Vernehmungszimmer übertragen wird.

§ 59 Vereidigung

(1) [1]Zeugen werden nur vereidigt, wenn es das Gericht wegen der ausschlaggebenden Bedeutung der Aussage oder zur Herbeiführung einer wahren Aussage nach seinem Ermessen für notwendig hält. [2]Der Grund dafür, dass der Zeuge vereidigt wird, braucht im Protokoll nicht angegeben zu werden, es sei denn, der Zeuge wird außerhalb der Hauptverhandlung vernommen.

(2) [1]Die Vereidigung der Zeugen erfolgt einzeln und nach ihrer Vernehmung. [2]Soweit nichts anderes bestimmt ist, findet sie in der Hauptverhandlung statt.

§ 60 Vereidigungsverbote

Von der Vereidigung ist abzusehen

1. bei Personen, die zur Zeit der Vernehmung das 18. Lebensjahr noch nicht vollendet haben oder die wegen mangelnder Verstandesreife oder wegen einer psychischen Krankheit oder einer geistigen oder seelischen Behinderung vom Wesen und der Bedeutung des Eides keine genügende Vorstellung haben;
2. bei Personen, die der Tat, welche den Gegenstand der Untersuchung bildet, oder der Beteiligung an ihr oder der Datenhehlerei, Begünstigung, Strafvereitelung oder Hehlerei verdächtig oder deswegen bereits verurteilt sind.

§ 61 Recht zur Eidesverweigerung

Die in § 52 Abs. 1 bezeichneten Angehörigen des Beschuldigten haben das Recht, die Beeidigung des Zeugnisses zu verweigern; darüber sind sie zu belehren.

§ 62 Vereidigung im vorbereitenden Verfahren

Im vorbereitenden Verfahren ist die Vereidigung zulässig, wenn

1. Gefahr im Verzug ist oder

2. der Zeuge voraussichtlich am Erscheinen in der Hauptverhandlung verhindert sein wird

und die Voraussetzungen des § 59 Abs. 1 vorliegen.

§ 63 Vereidigung bei Vernehmung durch den beauftragten oder ersuchten Richter

Wird ein Zeuge durch einen beauftragten oder ersuchten Richter vernommen, muss die Vereidigung, soweit sie zulässig ist, erfolgen, wenn es in dem Auftrag oder in dem Ersuchen des Gerichts verlangt wird.

§ 64 Eidesformel

(1) Der Eid mit religiöser Beteuerung wird in der Weise geleistet, dass der Richter an den Zeugen die Worte richtet:

„Sie schwören bei Gott dem Allmächtigen und Allwissenden, dass Sie nach bestem Wissen die reine Wahrheit gesagt und nichts verschwiegen haben"

und der Zeuge hierauf die Worte spricht:

„Ich schwöre es, so wahr mir Gott helfe".

(2) Der Eid ohne religiöse Beteuerung wird in der Weise geleistet, dass der Richter an den Zeugen die Worte richtet:

„Sie schwören, dass Sie nach bestem Wissen die reine Wahrheit gesagt und nichts verschwiegen haben"

und der Zeuge hierauf die Worte spricht:

„Ich schwöre es".

(3) Gibt ein Zeuge an, dass er als Mitglied einer Religions- oder Bekenntnisgemeinschaft eine Beteuerungsformel dieser Gemeinschaft verwenden wolle, so kann er diese dem Eid anfügen.

(4) Der Schwörende soll bei der Eidesleistung die rechte Hand erheben.

§ 65 Eidesgleiche Bekräftigung der Wahrheit von Aussagen

(1) [1]Gibt ein Zeuge an, dass er aus Glaubens- oder Gewissensgründen keinen Eid leisten wolle, so hat er die Wahrheit der Aussage zu bekräftigen. [2]Die Bekräftigung steht dem Eid gleich; hierauf ist der Zeuge hinzuweisen.

(2) Die Wahrheit der Aussage wird in der Weise bekräftigt, dass der Richter an den Zeugen die Worte richtet:

„Sie bekräftigen im Bewusstsein Ihrer Verantwortung vor Gericht, dass Sie nach bestem Wissen die reine Wahrheit gesagt und nichts verschwiegen haben"

und der Zeuge hierauf spricht:

„Ja".

(3) § 64 Abs. 3 gilt entsprechend.

§ 66 Eidesleistung bei Hör- oder Sprachbehinderung

(1) [1]Eine hör- oder sprachbehinderte Person leistet den Eid nach ihrer Wahl mittels Nachsprechens der Eidesformel, mittels Abschreibens und Unterschreibens der Eidesformel oder mit Hilfe einer die Verständigung ermöglichenden Person, die vom Gericht hinzuzuziehen ist. [2]Das Gericht hat die geeigneten technischen Hilfsmittel bereitzustellen. [3]Die hör- oder sprachbehinderte Person ist auf ihr Wahlrecht hinzuweisen.

(2) Das Gericht kann eine schriftliche Eidesleistung verlangen oder die Hinzuziehung einer die Verständigung ermöglichenden Person anordnen, wenn die hör- oder sprachbehinderte Person von ihrem Wahlrecht nach Absatz 1 keinen Gebrauch gemacht hat oder eine Eidesleistung in der nach Absatz 1 gewählten Form nicht oder nur mit unverhältnismäßigem Aufwand möglich ist.

(3) Die §§ 64 und 65 gelten entsprechend.

§§ 66a–66e *[aufgehoben]*

§ 67 Berufung auf einen früheren Eid

Wird der Zeuge, nachdem er eidlich vernommen worden ist, in demselben Vorverfahren oder in demselben Hauptverfahren nochmals vernommen, so kann der Richter statt der nochmaligen Vereidigung den Zeugen die Richtigkeit seiner Aussage unter Berufung auf den früher geleisteten Eid versichern lassen.

§ 68 Vernehmung zur Person; Beschränkung von Angaben, Zeugenschutz

(1) [1]Die Vernehmung beginnt damit, dass der Zeuge über Vornamen, Nachnamen, Geburtsnamen, Alter, Beruf und vollständige Anschrift befragt wird. [2]In richterlichen Vernehmungen in Anwesenheit des Beschuldigten und in der Hauptverhandlung wird außer bei Zweifeln über die Identität des Zeugen nicht die vollständige Anschrift, sondern nur dessen Wohn- oder Aufenthaltsort abgefragt. [3]Ein Zeuge, der Wahr-

nehmungen in amtlicher Eigenschaft gemacht hat, kann statt der vollständigen Anschrift den Dienstort angeben.

(2) [1]Einem Zeugen soll zudem gestattet werden, statt der vollständigen Anschrift seinen Geschäfts- oder Dienstort oder eine andere ladungsfähige Anschrift anzugeben, wenn ein begründeter Anlass zu der Besorgnis besteht, dass durch die Angabe der vollständigen Anschrift Rechtsgüter des Zeugen oder einer anderen Person gefährdet werden oder dass auf Zeugen oder eine andere Person in unlauterer Weise eingewirkt werden wird. [2]In richterlichen Vernehmungen in Anwesenheit des Beschuldigten und in der Hauptverhandlung soll dem Zeugen gestattet werden, seinen Wohn- oder Aufenthaltsort nicht anzugeben, wenn die Voraussetzungen des Satzes 1 bei dessen Angabe vorliegen.

(3) [1]Besteht ein begründeter Anlass zu der Besorgnis, dass durch die Offenbarung der Identität oder des Wohn- oder Aufenthaltsortes des Zeugen Leben, Leib oder Freiheit des Zeugen oder einer anderen Person gefährdet wird, so kann ihm gestattet werden, Angaben zur Person nicht oder nur über eine frühere Identität zu machen. [2]Er hat jedoch in der Hauptverhandlung auf Befragen anzugeben, in welcher Eigenschaft ihm die Tatsachen, die er bekundet, bekannt geworden sind. [3]Ist dem Zeugen unter den Voraussetzungen des Satzes 1 gestattet worden, Angaben zur Person nicht oder nur über eine frühere Identität zu machen, darf er sein Gesicht entgegen § 176 Absatz 2 Satz 1 des Gerichtsverfassungsgesetzes ganz oder teilweise verhüllen.

(4) [1]Liegen Anhaltspunkte dafür vor, dass die Voraussetzungen der Absätze 2 oder 3 vorliegen, ist der Zeuge auf die dort vorgesehenen Befugnisse hinzuweisen. [2]Im Fall des Absatzes 2 soll der Zeuge bei der Benennung einer ladungsfähigen Anschrift unterstützt werden. [3]Die Unterlagen, die die Feststellung des Wohn- oder Aufenthaltsortes, der vollständigen Anschrift oder der Identität des Zeugen gewährleisten, werden bei der Staatsanwaltschaft verwahrt. [4]Zu den Akten sind sie erst zu nehmen, wenn die Besorgnis der Gefährdung entfällt. [5]Wurde dem Zeugen eine Beschränkung seiner Angaben nach Absatz 2 Satz 1 gestattet, veranlasst die Staatsanwaltschaft von Amts wegen bei der Meldebehörde eine Auskunftssperre nach § 51 Absatz 1 des Bundesmeldegesetzes, wenn der Zeuge zustimmt.

(5) [1]Die Absätze 2 bis 4 gelten auch nach Abschluss der Zeugenvernehmung. [2]Soweit dem Zeugen gestattet wurde, Daten nicht anzugeben, ist bei Auskünften aus und Einsichtnahmen in Akten sicherzustellen, dass diese Daten anderen Personen nicht bekannt werden, es sei denn, dass eine Gefährdung im Sinne der Absätze 2 und 3 ausgeschlossen erscheint.

§ 68a Beschränkung des Fragerechts aus Gründen des Persönlichkeitsschutzes

(1) Fragen nach Tatsachen, die dem Zeugen oder einer Person, die im Sinne des § 52 Abs. 1 sein Angehöriger ist, zur Unehre gereichen können oder deren persönlichen Lebensbereich betreffen, sollen nur gestellt werden, wenn es unerläßlich ist.

(2) [1]Fragen nach Umständen, die die Glaubwürdigkeit des Zeugen in der vorliegenden Sache betreffen, insbesondere nach seinen Beziehungen zu dem Beschuldigten oder der verletzten Person, sind zu stellen, soweit dies erforderlich ist. [2]Der Zeuge soll nach Vorstrafen nur gefragt werden, wenn ihre Feststellung notwendig ist, um über das Vorliegen der Voraussetzungen des § 60 Nr. 2 zu entscheiden oder um seine Glaubwürdigkeit zu beurteilen.

§ 68b Zeugenbeistand

(1) [1]Zeugen können sich eines anwaltlichen Beistands bedienen. [2]Einem zur Vernehmung des Zeugen erschienenen anwaltlichen Beistand ist die Anwesenheit gestattet. [3]Er kann von der Vernehmung ausgeschlossen werden, wenn bestimmte Tatsachen die Annahme rechtfertigen, dass seine Anwesenheit die geordnete Beweiserhebung nicht nur unwesentlich beeinträchtigen würde. [4]Dies wird in der Regel der Fall sein, wenn aufgrund bestimmter Tatsachen anzunehmen ist, dass

1. der Beistand an der zu untersuchenden Tat oder an einer mit ihr im Zusammenhang stehenden Datenhehlerei, Begünstigung, Strafvereitelung oder Hehlerei beteiligt ist,
2. das Aussageverhalten des Zeugen dadurch beeinflusst wird, dass der Beistand nicht nur den Interessen des Zeugen verpflichtet erscheint, oder
3. der Beistand die bei der Vernehmung erlangten Erkenntnisse für Verdunkelungshandlungen im Sinne des § 112 Absatz 2 Nummer 3 nutzt oder in einer den Untersuchungszweck gefährdenden Weise weitergibt.

(2) [1]Einem Zeugen, der bei seiner Vernehmung keinen anwaltlichen Beistand hat und dessen schutzwürdigen Interessen nicht auf andere Weise Rechnung getragen werden kann, ist für deren Dauer ein solcher beizuordnen, wenn besondere Umstände vorliegen, aus denen sich ergibt, dass der Zeuge seine Befugnisse bei seiner Vernehmung nicht selbst wahrnehmen kann. [2]§ 142 Absatz 5 Satz 1 und 3 gilt entsprechend.

(3) [1]Entscheidungen nach Absatz 1 Satz 3 und Absatz 2 Satz 1 sind unanfechtbar. [2]Ihre Gründe sind aktenkundig zu machen, soweit dies den Untersuchungszweck nicht gefährdet.

§ 69 Vernehmung zur Sache

(1) [1]Der Zeuge ist zu veranlassen, das, was ihm von dem Gegenstand seiner Vernehmung bekannt ist, im Zusammenhang anzugeben. [2]Vor seiner Vernehmung ist dem Zeugen der Gegenstand der Untersuchung und die Person des Beschuldigten, sofern ein solcher vorhanden ist, zu bezeichnen.

(2) [1]Zur Aufklärung und zur Vervollständigung der Aussage sowie zur Erforschung des Grundes, auf dem das Wissen des Zeugen beruht, sind nötigenfalls weitere Fragen zu stellen. [2]Zeugen, die durch die Straftat verletzt sind, ist insbesondere Gelegenheit zu geben, sich zu den Auswirkungen, die die Tat auf sie hatte, zu äußern.

(3) Die Vorschrift des § 136a gilt für die Vernehmung des Zeugen entsprechend.

§ 70 Folgen unberechtigter Zeugnis- oder Eidesverweigerung

(1) [1]Wird das Zeugnis oder die Eidesleistung ohne gesetzlichen Grund verweigert, so werden dem Zeugen die durch die Weigerung verursachten Kosten auferlegt. [2]Zugleich wird gegen ihn ein Ordnungsgeld und für den Fall, daß dieses nicht beigetrieben werden kann, Ordnungshaft festgesetzt.

(2) Auch kann zur Erzwingung des Zeugnisses die Haft angeordnet werden, jedoch nicht über die Zeit der Beendigung des Verfahrens in dem Rechtszug, auch nicht über die Zeit von sechs Monaten hinaus.

(3) Die Befugnis zu diesen Maßregeln steht auch dem Richter im Vorverfahren sowie dem beauftragten und ersuchten Richter zu.

(4) Sind die Maßregeln erschöpft, so können sie in demselben oder in einem anderen Verfahren, das dieselbe Tat zum Gegenstand hat, nicht wiederholt werden.

§ 71 Zeugenentschädigung

Der Zeuge wird nach dem Justizvergütungs- und -entschädigungsgesetz entschädigt.

Siebter Abschnitt

Sachverständige und Augenschein

§ 72 Anwendung der Vorschriften über Zeugen auf Sachverständige

Auf Sachverständige ist der sechste Abschnitt über Zeugen entsprechend anzuwenden, soweit nicht in den nachfolgenden Paragraphen abweichende Vorschriften getroffen sind.

§ 73 Auswahl des Sachverständigen

(1) [1]Die Auswahl der zuzuziehenden Sachverständigen und die Bestimmung ihrer Anzahl erfolgt durch den Richter. [2]Er soll mit diesen eine Absprache treffen, innerhalb welcher Frist die Gutachten erstattet werden können.

(2) Sind für gewisse Arten von Gutachten Sachverständige öffentlich bestellt, so sollen andere Personen nur dann gewählt werden, wenn besondere Umstände es fordern.

§ 74 Ablehnung des Sachverständigen

(1) [1]Ein Sachverständiger kann aus denselben Gründen, die zur Ablehnung eines Richters berechtigen, abgelehnt werden. [2]Ein Ablehnungsgrund kann jedoch nicht daraus entnommen werden, daß der Sachverständige als Zeuge vernommen worden ist.

(2) [1]Das Ablehnungsrecht steht der Staatsanwaltschaft, dem Privatkläger und dem Beschuldigten zu. [2]Die ernannten Sachverständigen sind den zur Ablehnung Berechtigten namhaft zu machen, wenn nicht besondere Umstände entgegenstehen.

(3) Der Ablehnungsgrund ist glaubhaft zu machen; der Eid ist als Mittel der Glaubhaftmachung ausgeschlossen.

§ 75 Pflicht des Sachverständigen zur Erstattung des Gutachtens

(1) Der zum Sachverständigen Ernannte hat der Ernennung Folge zu leisten, wenn er zur Erstattung von Gutachten der erforderten Art öffentlich bestellt ist oder wenn er die Wissenschaft, die Kunst oder das Gewerbe, deren Kenntnis Voraussetzung der Begutachtung ist, öffentlich zum Erwerb ausübt oder wenn er zu ihrer Ausübung öffentlich bestellt oder ermächtigt ist.

(2) Zur Erstattung des Gutachtens ist auch der verpflichtet, welcher sich hierzu vor Gericht bereiterklärt hat.

§ 76 Gutachtenverweigerungsrecht des Sachverständigen

(1) [1]Dieselben Gründe, die einen Zeugen berechtigen, das Zeugnis zu verweigern, berechtigen einen Sachverständigen zur Verweigerung des Gutachtens. [2]Auch aus anderen Gründen kann ein Sachverständiger von der Verpflichtung zur Erstattung des Gutachtens entbunden werden.

(2) [1]Für die Vernehmung von Richtern, Beamten und anderen Personen des öffentlichen Dienstes als Sachverständige gelten die besonderen beamtenrechtlichen Vorschriften. [2]Für die Mitglieder der Bundes- oder einer Landesregierung gelten die für sie maßgebenden besonderen Vorschriften.

§ 77 Ausbleiben oder unberechtigte Gutachtenverweigerung des Sachverständigen

(1) [1]Im Falle des Nichterscheinens oder der Weigerung eines zur Erstattung des Gutachtens verpflichteten Sachverständigen wird diesem auferlegt, die dadurch verursachten Kosten zu ersetzen. [2]Zugleich wird gegen ihn ein Ordnungsgeld festgesetzt. [3]Im Falle wiederholten Ungehorsams kann neben der Auferlegung der Kosten das Ordnungsgeld noch einmal festgesetzt werden.

(2) [1]Weigert sich ein zur Erstattung des Gutachtens verpflichteter Sachverständiger, nach § 73 Abs. 1 Satz 2 eine angemessene Frist abzusprechen, oder versäumt er die abgesprochene Frist, so kann gegen ihn ein Ordnungsgeld festgesetzt werden. [2]Der Festsetzung des Ordnungsgeldes muß eine Androhung unter Setzung einer Nachfrist vorausgehen. [3]Im Falle wiederholter Fristversäumnis kann das Ordnungsgeld noch einmal festgesetzt werden.

§ 78 Richterliche Leitung der Tätigkeit des Sachverständigen

Der Richter hat, soweit ihm dies erforderlich erscheint, die Tätigkeit der Sachverständigen zu leiten.

§ 79 Vereidigung des Sachverständigen

(1) Der Sachverständige kann nach dem Ermessen des Gerichts vereidigt werden.

(2) Der Eid ist nach Erstattung des Gutachtens zu leisten; er geht dahin, daß der Sachverständige das Gutachten unparteiisch und nach bestem Wissen und Gewissen erstattet habe.

(3) Ist der Sachverständige für die Erstattung von Gutachten der betreffenden Art im allgemeinen vereidigt, so genügt die Berufung auf den geleisteten Eid.

§ 80 Vorbereitung des Gutachtens durch weitere Aufklärung

(1) Dem Sachverständigen kann auf sein Verlangen zur Vorbereitung des Gutachtens durch Vernehmung von Zeugen oder des Beschuldigten weitere Aufklärung verschafft werden.

(2) Zu demselben Zweck kann ihm gestattet werden, die Akten einzusehen, der Vernehmung von Zeugen oder des Beschuldigten beizuwohnen und an sie unmittelbar Fragen zu stellen.

§ 80a Vorbereitung des Gutachtens im Vorverfahren

Ist damit zu rechnen, daß die Unterbringung des Beschuldigten in einem psychiatrischen Krankenhaus, einer Entziehungsanstalt oder in der Sicherungsverwahrung angeordnet werden wird, so soll schon im Vorverfahren einem Sachverständigen Gelegenheit zur Vorbereitung des in der Hauptverhandlung zu erstattenden Gutachtens gegeben werden.

§ 81 Unterbringung des Beschuldigten zur Vorbereitung eines Gutachtens

(1) Zur Vorbereitung eines Gutachtens über den psychischen Zustand des Beschuldigten kann das Gericht nach Anhörung eines Sachverständigen und des Verteidigers anordnen, daß der Beschuldigte in ein öffentliches psychiatrisches Krankenhaus gebracht und dort beobachtet wird.

(2) [1]Das Gericht trifft die Anordnung nach Absatz 1 nur, wenn der Beschuldigte der Tat dringend verdächtig ist. [2]Das Gericht darf diese Anordnung nicht treffen, wenn sie zu der Bedeutung der Sache und der zu erwartenden Strafe oder Maßregel der Besserung und Sicherung außer Verhältnis steht.

(3) Im vorbereitenden Verfahren entscheidet das Gericht, das für die Eröffnung des Hauptverfahrens zuständig wäre.

(4) [1]Gegen den Beschluß ist sofortige Beschwerde zulässig. [2]Sie hat aufschiebende Wirkung.

(5) Die Unterbringung in einem psychiatrischen Krankenhaus nach Absatz 1 darf die Dauer von insgesamt sechs Wochen nicht überschreiten.

§ 81a Körperliche Untersuchung des Beschuldigten; Zulässigkeit körperlicher Eingriffe

(1) [1]Eine körperliche Untersuchung des Beschuldigten darf zur Feststellung von Tatsachen angeordnet werden, die für das Verfahren von Bedeutung sind. [2]Zu diesem Zweck sind Entnahmen von Blutproben und andere körperliche Eingriffe, die von einem Arzt nach den Regeln der ärztlichen Kunst zu Untersuchungszwecken vorgenommen werden, ohne Einwilligung des Beschuldigten zulässig, wenn kein Nachteil für seine Gesundheit zu befürchten ist.

(2) [1]Die Anordnung steht dem Richter, bei Gefährdung des Untersuchungserfolges durch Verzögerung auch der Staatsanwaltschaft und ihren Ermittlungspersonen (§ 152 des Gerichtsverfassungsgesetzes) zu. [2]Die Entnahme einer Blutprobe bedarf abweichend von Satz 1 keiner richterlichen Anordnung, wenn bestimmte Tatsachen den Verdacht begründen, dass eine Straftat nach § 315a Absatz 1 Nummer 1, Absatz 2 und 3, § 315c Absatz 1 Nummer 1 Buchstabe a, Absatz 2 und 3 oder § 316 des Strafgesetzbuchs begangen worden ist.

(3) Dem Beschuldigten entnommene Blutproben oder sonstige Körperzellen dürfen nur für Zwecke des der Entnahme zugrundeliegenden oder eines anderen anhängigen Strafverfahrens verwendet werden; sie sind unverzüglich zu vernichten, sobald sie hierfür nicht mehr erforderlich sind.

§ 81b Erkennungsdienstliche Maßnahmen bei dem Beschuldigten

(1) Soweit es für die Zwecke der Durchführung des Strafverfahrens oder für die Zwecke des Erkennungsdienstes notwendig ist, dürfen Lichtbilder und Fingerabdrücke des Beschuldigten auch gegen seinen Willen aufgenommen und Messungen und ähnliche Maßnahmen an ihm vorgenommen werden.

(2) [1]Über die Fälle des Absatzes 1 hinaus sind die Fingerabdrücke des Beschuldigten für die Erstellung eines Datensatzes gemäß Artikel 5 Absatz 1 Buchstabe b der Verordnung (EU) 2019/816 des Europäischen Parlaments und des Rates vom 17. April 2019 zur Einrichtung eines zentralisierten Systems für die Ermittlung der Mitgliedstaaten, in denen Informationen zu Verurteilungen von Drittstaatsangehörigen und Staatenlosen (ECRIS-TCN) vorliegen, zur Ergänzung des Europäischen Strafregisterinformationssystems und zur Änderung der Verordnung (EU) 2018/1726 (ABl. L 135 vom 22.5.2019, S. 1), die durch die Verordnung (EU) 2019/818 (ABl. L 135 vom 22.5.2019, S. 85) geändert worden ist, auch gegen dessen Willen aufzunehmen, sofern

1. es sich bei dem Beschuldigten um einen Drittstaatsangehörigen im Sinne des Artikels 3 Nummer 7 der Verordnung (EU) 2019/816 handelt,
2. der Beschuldigte rechtskräftig zu einer Freiheitsstrafe oder Jugendstrafe verurteilt oder gegen ihn rechtskräftig allein eine freiheitsentziehende Maßregel der Besserung und Sicherung angeordnet worden ist,
3. keine Fingerabdrücke des Beschuldigten vorhanden sind, die im Rahmen eines Strafverfahrens aufgenommen worden sind, und
4. die entsprechende Eintragung im Bundeszentralregister noch nicht getilgt ist.

[2]Wenn auf Grund bestimmter Tatsachen und bei Würdigung der Umstände des Einzelfalles die Gefahr besteht, dass der Beschuldigte sich dieser Maßnahme entziehen werde, dann dürfen die Fingerabdrücke abweichend von Satz 1 Nummer 2 bereits vor der Rechtskraft der Entscheidung aufgenommen werden.

(3) Für die Erstellung eines Datensatzes gemäß Artikel 5 Absatz 1 Buchstabe b der Verordnung (EU) 2019/816 sind die nach Absatz 1 für die Zwecke der Durchführung des Strafverfahrens, die nach Absatz 2 oder die nach § 163b Absatz 1 Satz 3 aufgenommenen Fingerabdrücke an das Bundeskriminalamt zu übermitteln.

(4) [1]Für die Erstellung eines Datensatzes gemäß Artikel 5 Absatz 1 Buchstabe b der Verordnung (EU) 2019/816 darf das Bundeskriminalamt die nach den Absätzen 1 und 2 sowie die nach § 163b Absatz 1 Satz 3 aufgenommenen und ihm übermittelten Fingerabdrücke verarbeiten. [2]Bei den nach Absatz 1 für die Zwecke der Durchführung des Strafverfahrens, den nach Absatz 2 Satz 2 und den nach § 163b Absatz 1 Satz 3 aufgenommenen Fingerabdrücken ist eine über die Speicherung hinausgehende Verarbeitung nach Satz 1 unzulässig, solange die Entscheidung noch nicht rechtskräftig ist. [3]Die Verarbeitung nach Satz 1 ist ferner unzulässig, wenn

1. der Beschuldigte rechtskräftig freigesprochen wurde,
2. das Verfahren nicht nur vorläufig eingestellt wurde oder
3. die alleinige Anordnung einer freiheitsentziehenden Maßregel der Besserung und Sicherung gegen den Beschuldigten rechtskräftig unterbleibt.

[4]Satz 3 gilt entsprechend in den Fällen des Absatzes 2 Satz 2, wenn der Beschuldigte rechtskräftig zu einer anderen Strafe als Freiheitsstrafe oder Jugendstrafe verurteilt wurde. [5]Ist die Verarbeitung der Fingerabdrücke nach Satz 3 oder 4 unzulässig, so sind die Fingerabdrücke zu löschen.

(5) [1]Für die Verarbeitung für andere Zwecke als die Erstellung eines Datensatzes gemäß Artikel 5 Absatz 1 Buchstabe b der Verordnung (EU) 2019/816 gelten die §§ 481 bis 485. [2]Die Verarbeitung der nach Absatz 2 Satz 2 aufgenommenen Fingerabdrücke ist jedoch erst zulässig, wenn die Entscheidung rechtskräftig und die Verarbeitung für die Erstellung eines Datensatzes nicht nach Absatz 4 Satz 3 oder 4 unzulässig ist. [3]Die übrigen Bestimmungen über die Verarbeitung der nach Absatz 1 oder 2 oder nach § 163b aufgenommenen Fingerabdrücke bleiben unberührt.

§ 81c Untersuchung anderer Personen

(1) Andere Personen als Beschuldigte dürfen, wenn sie als Zeugen in Betracht kommen, ohne ihre Einwilligung nur untersucht werden, soweit zur Erforschung der Wahrheit festgestellt werden muß, ob sich an ihrem Körper eine bestimmte Spur oder Folge einer Straftat befindet.

(2) [1]Bei anderen Personen als Beschuldigten sind Untersuchungen zur Feststellung der Abstammung und die Entnahme von Blutproben ohne Einwilligung des zu Untersuchenden zulässig, wenn kein Nachteil für seine Gesundheit zu befürchten und die Maßnahme zur Erforschung der Wahrheit unerläßlich ist. [2]Die

Untersuchungen und die Entnahme von Blutproben dürfen stets nur von einem Arzt vorgenommen werden.

(3) [1]Untersuchungen oder Entnahmen von Blutproben können aus den gleichen Gründen wie das Zeugnis verweigert werden. [2]Haben Minderjährige wegen mangelnder Verstandesreife oder haben Minderjährige oder Betreute wegen einer psychischen Krankheit oder einer geistigen oder seelischen Behinderung von der Bedeutung ihres Weigerungsrechts keine genügende Vorstellung, so entscheidet der gesetzliche Vertreter; § 52 Abs. 2 Satz 2 und Abs. 3 gilt entsprechend. [3]Ist der gesetzliche Vertreter von der Entscheidung ausgeschlossen (§ 52 Abs. 2 Satz 2) oder aus sonstigen Gründen an einer rechtzeitigen Entscheidung gehindert und erscheint die sofortige Untersuchung oder Entnahme von Blutproben zur Beweissicherung erforderlich, so sind diese Maßnahmen nur auf besondere Anordnung des Gerichts und, wenn dieses nicht rechtzeitig erreichbar ist, der Staatsanwaltschaft zulässig. [4]Der die Maßnahmen anordnende Beschluß ist unanfechtbar. [5]Die nach Satz 3 erhobenen Beweise dürfen im weiteren Verfahren nur mit Einwilligung des hierzu befugten gesetzlichen Vertreters verwertet werden.

(4) Maßnahmen nach den Absätzen 1 und 2 sind unzulässig, wenn sie dem Betroffenen bei Würdigung aller Umstände nicht zugemutet werden können.

(5) [1]Die Anordnung steht dem Gericht, bei Gefährdung des Untersuchungserfolges durch Verzögerung auch der Staatsanwaltschaft und ihren Ermittlungspersonen (§ 152 des Gerichtsverfassungsgesetzes) zu; Absatz 3 Satz 3 bleibt unberührt. [2]§ 81a Abs. 3 gilt entsprechend.

(6) [1]Bei Weigerung des Betroffenen gilt die Vorschrift des § 70 entsprechend. [2]Unmittelbarer Zwang darf nur auf besondere Anordnung des Richters angewandt werden. [3]Die Anordnung setzt voraus, daß der Betroffene trotz Festsetzung eines Ordnungsgeldes bei der Weigerung beharrt oder daß Gefahr im Verzuge ist.

§ 81d Durchführung körperlicher Untersuchungen durch Personen gleichen Geschlechts

(1) [1]Kann die körperliche Untersuchung das Schamgefühl verletzen, so wird sie von einer Person gleichen Geschlechts oder von einer Ärztin oder einem Arzt vorgenommen. [2]Bei berechtigtem Interesse soll dem Wunsch, die Untersuchung einer Person oder einem Arzt bestimmten Geschlechts zu übertragen, entsprochen werden. [3]Auf Verlangen der betroffenen Person soll eine Person des Vertrauens zugelassen werden. [4]Die betroffene Person ist auf die Regelungen der Sätze 2 und 3 hinzuweisen.

(2) Diese Vorschrift gilt auch dann, wenn die betroffene Person in die Untersuchung einwilligt.

§ 81e Molekulargenetische Untersuchung

(1) [1]An dem durch Maßnahmen nach § 81a Absatz 1 oder § 81c erlangten Material dürfen mittels molekulargenetischer Untersuchung das DNA-Identifizierungsmuster, die Abstammung und das Geschlecht der Person festgestellt und diese Feststellungen mit Vergleichsmaterial abgeglichen werden, soweit dies zur Erforschung des Sachverhalts erforderlich ist. [2]Andere Feststellungen dürfen nicht erfolgen; hierauf gerichtete Untersuchungen sind unzulässig.

(2) [1]Nach Absatz 1 zulässige Untersuchungen dürfen auch an aufgefundenem, sichergestelltem oder beschlagnahmtem Material durchgeführt werden. [2]Ist unbekannt, von welcher Person das Spurenmaterial stammt, dürfen zusätzlich Feststellungen über die Augen-, Haar- und Hautfarbe sowie das Alter der Person getroffen werden. [3]Absatz 1 Satz 2 und § 81a Abs. 3 erster Halbsatz gelten entsprechend. [4]Ist bekannt, von welcher Person das Material stammt, gilt § 81f Absatz 1 entsprechend.

§ 81f Verfahren bei der molekulargenetischen Untersuchung

(1) [1]Untersuchungen nach § 81e Abs. 1 dürfen ohne Einwilligung der betroffenen Person nur durch das Gericht, bei Gefahr im Verzug auch durch die Staatsanwaltschaft und ihre Ermittlungspersonen (§ 152 des Gerichtsverfassungsgesetzes) angeordnet werden. [2]Die einwilligende Person ist darüber zu belehren, für welchen Zweck die zu erhebenden Daten verwendet werden. [3]Die Einwilligung ist schriftlich zu erklären oder von der Staatsanwaltschaft oder ihren Ermittlungspersonen in Gegenwart der einwilligenden Person zu protokollieren oder auf sonstige Weise zu dokumentieren.

(2) [1]Mit der Untersuchung nach § 81e sind in der schriftlichen Anordnung Sachverständige zu beauftragen, die öffentlich bestellt oder nach dem Verpflichtungsgesetz verpflichtet oder Amtsträger sind, die der ermittlungsführenden Behörde nicht angehören oder einer Organisationseinheit dieser Behörde angehören, die von der ermittlungsführenden Dienststelle organisatorisch und sachlich getrennt ist. [2]Diese haben durch technische und organisatorische Maßnahmen zu gewährleisten, daß unzulässige molekulargenetische Untersuchungen und unbefugte Kenntnisnahme Dritter ausgeschlossen sind. [3]Dem Sachverständigen ist das Untersuchungsmaterial ohne Mitteilung des Namens, der Anschrift und des Geburtstages und -monats der betroffenen Person zu übergeben. [4]Ist der Sachverständige eine nichtöffentliche Stelle, finden die Vorschriften der Verordnung (EU) 2016/679 des Europäischen Parlaments und des Rates vom 27. April 2016 zum Schutz natürlicher Personen bei der Verarbeitung personenbezogener Daten, zum freien

Datenverkehr und zur Aufhebung der Richtlinie 95/46/EG (Datenschutz-Grundverordnung) (ABl. L 119 vom 4.5.2016, S. 1; L 314 vom 22.11.2016, S. 72; L 127 vom 23.5.2018, S. 2) und des Bundesdatenschutzgesetzes auch dann Anwendung, wenn die personenbezogenen Daten nicht automatisiert verarbeitet und die Daten nicht in einem Dateisystem gespeichert sind oder gespeichert werden sollen.

§ 81g DNA-Identitätsfeststellung

(1) [1]Ist der Beschuldigte einer Straftat von erheblicher Bedeutung oder einer Straftat gegen die sexuelle Selbstbestimmung verdächtig, dürfen ihm zur Identitätsfeststellung in künftigen Strafverfahren Körperzellen entnommen und zur Feststellung des DNA-Identifizierungsmusters sowie des Geschlechts molekulargenetisch untersucht werden, wenn wegen der Art oder Ausführung der Tat, der Persönlichkeit des Beschuldigten oder sonstiger Erkenntnisse Grund zu der Annahme besteht, dass gegen ihn künftig Strafverfahren wegen einer Straftat von erheblicher Bedeutung zu führen sind. [2]Die wiederholte Begehung sonstiger Straftaten kann im Unrechtsgehalt einer Straftat von erheblicher Bedeutung gleichstehen.

(2) [1]Die entnommenen Körperzellen dürfen nur für die in Absatz 1 genannte molekulargenetische Untersuchung verwendet werden; sie sind unverzüglich zu vernichten, sobald sie hierfür nicht mehr erforderlich sind. [2]Bei der Untersuchung dürfen andere Feststellungen als diejenigen, die zur Ermittlung des DNA-Identifizierungsmusters sowie des Geschlechts erforderlich sind, nicht getroffen werden; hierauf gerichtete Untersuchungen sind unzulässig.

(3) [1]Die Entnahme der Körperzellen darf ohne Einwilligung des Beschuldigten nur durch das Gericht, bei Gefahr im Verzug auch durch die Staatsanwaltschaft und ihre Ermittlungspersonen (§ 152 des Gerichtsverfassungsgesetzes) angeordnet werden. [2]Die molekulargenetische Untersuchung der Körperzellen darf ohne Einwilligung des Beschuldigten nur durch das Gericht angeordnet werden. [3]Die einwilligende Person ist darüber zu belehren, für welchen Zweck die zu erhebenden Daten verwendet werden. [4]§ 81f Absatz 1 Satz 3 und Absatz 2 gilt entsprechend. [5]In der schriftlichen Begründung des Gerichts sind einzelfallbezogen darzulegen

1. die für die Beurteilung der Erheblichkeit der Straftat bestimmenden Tatsachen,
2. die Erkenntnisse, auf Grund derer Grund zu der Annahme besteht, dass gegen den Beschuldigten künftig Strafverfahren zu führen sein werden, sowie
3. die Abwägung der jeweils maßgeblichen Umstände.

(4) Die Absätze 1 bis 3 gelten entsprechend, wenn die betroffene Person wegen der Tat rechtskräftig verurteilt oder nur wegen

1. erwiesener oder nicht auszuschließender Schuldunfähigkeit,
2. auf Geisteskrankheit beruhender Verhandlungsunfähigkeit oder
3. fehlender oder nicht auszuschließender fehlender Verantwortlichkeit (§ 3 des Jugendgerichtsgesetzes)

nicht verurteilt worden ist und die entsprechende Eintragung im Bundeszentralregister oder Erziehungsregister noch nicht getilgt ist.

(5) [1]Die erhobenen Daten dürfen beim Bundeskriminalamt gespeichert und nach Maßgabe des Bundeskriminalamtgesetzes verwendet werden. [2]Das Gleiche gilt

1. unter den in Absatz 1 genannten Voraussetzungen für die nach § 81e Abs. 1 erhobenen Daten eines Beschuldigten sowie
2. für die nach § 81e Abs. 2 Satz 1 erhobenen Daten.

[3]Die Daten dürfen nur für Zwecke eines Strafverfahrens, der Gefahrenabwehr und der internationalen Rechtshilfe hierfür übermittelt werden. [4]Im Fall des Satzes 2 Nr. 1 ist der Beschuldigte unverzüglich von der Speicherung zu benachrichtigen und darauf hinzuweisen, dass er die gerichtliche Entscheidung beantragen kann.

§ 81h DNA-Reihenuntersuchung

(1) [1]Begründen bestimmte Tatsachen den Verdacht, dass ein Verbrechen gegen das Leben, die körperliche Unversehrtheit, die persönliche Freiheit oder die sexuelle Selbstbestimmung begangen worden ist, dürfen Personen, die bestimmte, auf den Täter vermutlich zutreffende Prüfungsmerkmale erfüllen, mit ihrer Einwilligung

1. Körperzellen entnommen,
2. diese zur Feststellung des DNA-Identifizierungsmusters und des Geschlechts molekulargenetisch untersucht und
3. die festgestellten DNA-Identifizierungsmuster mit den DNA-Identifizierungsmustern von Spurenmaterial automatisiert abgeglichen werden,

soweit dies zur Feststellung erforderlich ist, ob das Spurenmaterial von diesen Personen oder von ihren Verwandten in gerader Linie oder in der Seitenlinie bis zum dritten Grad stammt, und die Maßnahme insbesondere im Hinblick auf die Anzahl der von ihr betroffenen Personen nicht außer Verhältnis zur Schwere der Tat steht. [2]Die Einwilligung ist schriftlich zu erklären oder von der Staatsanwaltschaft oder ihren Ermittlungspersonen in Gegenwart der einwilligenden Person zu protokollieren oder auf sonstige Weise zu dokumentieren.

(2) [1]Eine Maßnahme nach Absatz 1 bedarf der gerichtlichen Anordnung. [2]Diese ergeht schriftlich. [3]Sie muss die betroffenen Personen anhand bestimmter Prüfungsmerkmale bezeichnen und ist zu begründen. [4]Einer vorherigen Anhörung der betroffenen Personen bedarf es nicht. [5]Die Entscheidung, mit der die Maßnahme angeordnet wird, ist nicht anfechtbar.

(3) [1]Für die Durchführung der Maßnahme gilt § 81f Absatz 2 entsprechend. [2]Die entnommenen Körperzellen sind unverzüglich zu vernichten, sobald sie für die Untersuchung nach Absatz 1 nicht mehr benötigt werden. [3]Soweit die Aufzeichnungen über die durch die Maßnahme festgestellten DNA-Identifizierungsmuster zur Erforschung des Sachverhalts nicht mehr erforderlich sind, sind sie unverzüglich zu löschen. [4]Die Vernichtung und die Löschung sind zu dokumentieren.

(4) [1]Die betroffenen Personen sind schriftlich darüber zu belehren, dass die Maßnahme nur mit ihrer Einwilligung durchgeführt werden darf. [2]Vor Erteilung der Einwilligung sind sie schriftlich auch darauf hinzuweisen, dass

1. die entnommenen Körperzellen ausschließlich zur Feststellung des DNA-Identifizierungsmusters, der Abstammung und des Geschlechts untersucht werden und dass sie unverzüglich vernichtet werden, sobald sie hierfür nicht mehr erforderlich sind,
2. das Untersuchungsergebnis mit den DNA-Identifizierungsmustern von Spurenmaterial automatisiert daraufhin abgeglichen wird, ob das Spurenmaterial von ihnen oder von ihren Verwandten in gerader Linie oder in der Seitenlinie bis zum dritten Grad stammt,
3. das Ergebnis des Abgleichs zu Lasten der betroffenen Person oder mit ihr in gerader Linie oder in der Seitenlinie bis zum dritten Grad verwandter Personen verwertet werden darf und
4. die festgestellten DNA-Identifizierungsmuster nicht zur Identitätsfeststellung in künftigen Strafverfahren beim Bundeskriminalamt gespeichert werden.

§ 82 Form der Erstattung eines Gutachtens im Vorverfahren

Im Vorverfahren hängt es von der Anordnung des Richters ab, ob die Sachverständigen ihr Gutachten schriftlich oder mündlich zu erstatten haben.

§ 83 Anordnung einer neuen Begutachtung

(1) Der Richter kann eine neue Begutachtung durch dieselben oder durch andere Sachverständige anordnen, wenn er das Gutachten für ungenügend erachtet.

(2) Der Richter kann die Begutachtung durch einen anderen Sachverständigen anordnen, wenn ein Sachverständiger nach Erstattung des Gutachtens mit Erfolg abgelehnt ist.

(3) In wichtigeren Fällen kann das Gutachten einer Fachbehörde eingeholt werden.

§ 84 Sachverständigenvergütung

Der Sachverständige erhält eine Vergütung nach dem Justizvergütungs- und -entschädigungsgesetz.

§ 85 Sachverständige Zeugen

Soweit zum Beweis vergangener Tatsachen oder Zustände, zu deren Wahrnehmung eine besondere Sachkunde erforderlich war, sachkundige Personen zu vernehmen sind, gelten die Vorschriften über den Zeugenbeweis.

§ 86 Richterlicher Augenschein

Findet die Einnahme eines richterlichen Augenscheins statt, so ist im Protokoll der vorgefundene Sachbestand festzustellen und darüber Auskunft zu geben, welche Spuren oder Merkmale, deren Vorhandensein nach der besonderen Beschaffenheit des Falles vermutet werden konnte, gefehlt haben.

§ 87 Leichenschau, Leichenöffnung, Ausgrabung der Leiche

(1) [1]Die Leichenschau wird von der Staatsanwaltschaft, auf Antrag der Staatsanwaltschaft auch vom Richter, unter Zuziehung eines Arztes vorgenommen. [2]Ein Arzt wird nicht zugezogen, wenn dies zur Aufklärung des Sachverhalts offensichtlich entbehrlich ist.

(2) [1]Die Leichenöffnung wird von zwei Ärzten vorgenommen. [2]Einer der Ärzte muß Gerichtsarzt oder Leiter eines öffentlichen gerichtsmedizinischen oder pathologischen Instituts oder ein von diesem beauftragter Arzt des Instituts mit gerichtsmedizinischen Fachkenntnissen sein. [3]Dem Arzt, welcher den Verstorbenen in der dem Tod unmittelbar vorausgegangenen Krankheit behandelt hat, ist die Leichenöffnung nicht zu übertragen. [4]Er kann jedoch aufgefordert werden, der Leichenöffnung beizuwohnen, um aus der

Krankheitsgeschichte Aufschlüsse zu geben. [5]Die Staatsanwaltschaft kann an der Leichenöffnung teilnehmen. [6]Auf ihren Antrag findet die Leichenöffnung im Beisein des Richters statt.
(3) Zur Besichtigung oder Öffnung einer schon beerdigten Leiche ist ihre Ausgrabung statthaft.
(4) [1]Die Leichenöffnung und die Ausgrabung einer beerdigten Leiche werden vom Richter angeordnet; die Staatsanwaltschaft ist zu der Anordnung befugt, wenn der Untersuchungserfolg durch Verzögerung gefährdet würde. [2]Wird die Ausgrabung angeordnet, so ist zugleich die Benachrichtigung eines Angehörigen des Toten anzuordnen, wenn der Angehörige ohne besondere Schwierigkeiten ermittelt werden kann und der Untersuchungszweck durch die Benachrichtigung nicht gefährdet wird.

§ 88 Identifizierung des Verstorbenen vor Leichenöffnung
(1) [1]Vor der Leichenöffnung soll die Identität des Verstorbenen festgestellt werden. [2]Zu diesem Zweck können insbesondere Personen, die den Verstorbenen gekannt haben, befragt und Maßnahmen erkennungsdienstlicher Art durchgeführt werden. [3]Zur Feststellung der Identität und des Geschlechts sind die Entnahme von Körperzellen und deren molekulargenetische Untersuchung zulässig; für die molekulargenetische Untersuchung gilt § 81f Abs. 2 entsprechend.
(2) Ist ein Beschuldigter vorhanden, so soll ihm die Leiche zur Anerkennung vorgezeigt werden.

§ 89 Umfang der Leichenöffnung
Die Leichenöffnung muß sich, soweit der Zustand der Leiche dies gestattet, stets auf die Öffnung der Kopf-, Brust- und Bauchhöhle erstrecken.

§ 90 Öffnung der Leiche eines Neugeborenen
Bei Öffnung der Leiche eines neugeborenen Kindes ist die Untersuchung insbesondere auch darauf zu richten, ob es nach oder während der Geburt gelebt hat und ob es reif oder wenigstens fähig gewesen ist, das Leben außerhalb des Mutterleibes fortzusetzen.

§ 91 Untersuchung der Leiche bei Verdacht einer Vergiftung
(1) Liegt der Verdacht einer Vergiftung vor, so ist die Untersuchung der in der Leiche oder sonst gefundenen verdächtigen Stoffe durch einen Chemiker oder durch eine für solche Untersuchungen bestehende Fachbehörde vorzunehmen.
(2) Es kann angeordnet werden, daß diese Untersuchung unter Mitwirkung oder Leitung eines Arztes stattzufinden hat.

§ 92 Gutachten bei Verdacht einer Geld- oder Wertzeichenfälschung
(1) [1]Liegt der Verdacht einer Geld- oder Wertzeichenfälschung vor, so sind das Geld oder die Wertzeichen erforderlichenfalls der Behörde vorzulegen, von der echtes Geld oder echte Wertzeichen dieser Art in Umlauf gesetzt werden. [2]Das Gutachten dieser Behörde ist über die Unechtheit oder Verfälschung sowie darüber einzuholen, in welcher Art die Fälschung mutmaßlich begangen worden ist.
(2) Handelt es sich um Geld oder Wertzeichen eines fremden Währungsgebietes, so kann an Stelle des Gutachtens der Behörde des fremden Währungsgebietes das einer deutschen erfordert werden.

§ 93 Schriftgutachten
Zur Ermittlung der Echtheit oder Unechtheit eines Schriftstücks sowie zur Ermittlung seines Urhebers kann eine Schriftvergleichung unter Zuziehung von Sachverständigen vorgenommen werden.

Achter Abschnitt
Ermittlungsmaßnahmen

§ 94 Sicherstellung und Beschlagnahme von Gegenständen zu Beweiszwecken
(1) Gegenstände, die als Beweismittel für die Untersuchung von Bedeutung sein können, sind in Verwahrung zu nehmen oder in anderer Weise sicherzustellen.
(2) Befinden sich die Gegenstände in dem Gewahrsam einer Person und werden sie nicht freiwillig herausgegeben, so bedarf es der Beschlagnahme.
(3) Die Absätze 1 und 2 gelten auch für Führerscheine, die der Einziehung unterliegen.
(4) Die Herausgabe beweglicher Sachen richtet sich nach den §§ 111n und 111o.

§ 95 Herausgabepflicht
(1) Wer einen Gegenstand der vorbezeichneten Art in seinem Gewahrsam hat, ist verpflichtet, ihn auf Erfordern vorzulegen und auszuliefern.
(2) [1]Im Falle der Weigerung können gegen ihn die in § 70 bestimmten Ordnungs- und Zwangsmittel festgesetzt werden. [2]Das gilt nicht bei Personen, die zur Verweigerung des Zeugnisses berechtigt sind.

§ 95a Zurückstellung der Benachrichtigung des Beschuldigten; Offenbarungsverbot

(1) Bei der gerichtlichen Anordnung oder Bestätigung der Beschlagnahme eines Gegenstandes, den eine nicht beschuldigte Person im Gewahrsam hat, kann die Benachrichtigung des von der Beschlagnahme betroffenen Beschuldigten zurückgestellt werden, solange sie den Untersuchungszweck gefährden würde, wenn

1. bestimmte Tatsachen den Verdacht begründen, dass der Beschuldigte als Täter oder Teilnehmer eine Straftat von auch im Einzelfall erheblicher Bedeutung, insbesondere eine in § 100a Absatz 2 bezeichnete Straftat, begangen, in Fällen, in denen der Versuch strafbar ist, zu begehen versucht, oder durch eine Straftat vorbereitet hat und
2. die Erforschung des Sachverhalts oder die Ermittlung des Aufenthaltsortes des Beschuldigten auf andere Weise wesentlich erschwert oder aussichtslos wäre.

(2) [1]Die Zurückstellung der Benachrichtigung des Beschuldigten nach Absatz 1 darf nur durch das Gericht angeordnet werden. [2]Die Zurückstellung ist auf höchstens sechs Monate zu befristen. [3]Eine Verlängerung der Anordnung durch das Gericht um jeweils nicht mehr als drei Monate ist zulässig, wenn die Voraussetzungen der Anordnung fortbestehen.

(3) [1]Wird binnen drei Tagen nach der nichtgerichtlichen Beschlagnahme eines Gegenstandes, den eine unverdächtige Person im Gewahrsam hat, die gerichtliche Bestätigung der Beschlagnahme sowie die Zurückstellung der Benachrichtigung des Beschuldigten nach Absatz 1 beantragt, kann von einer Belehrung des von der Beschlagnahme betroffenen Beschuldigten nach § 98 Absatz 2 Satz 5 abgesehen werden. [2]Im Verfahren nach § 98 Absatz 2 bedarf es der vorherigen Anhörung des Beschuldigten durch das Gericht (§ 33 Absatz 3) nicht.

(4) [1]Die nach Absatz 1 zurückgestellte Benachrichtigung des Beschuldigten erfolgt, sobald dies ohne Gefährdung des Untersuchungszweckes möglich ist. [2]Bei der Benachrichtigung ist der Beschuldigte auf die Möglichkeit des nachträglichen Rechtsschutzes nach Absatz 5 und die dafür vorgesehene Frist hinzuweisen.

(5) [1]Der Beschuldigte kann bei dem für die Anordnung der Maßnahme zuständigen Gericht auch nach Beendigung der Zurückstellung nach Absatz 1 bis zu zwei Wochen nach seiner Benachrichtigung nach Absatz 4 die Überprüfung der Rechtmäßigkeit der Beschlagnahme, der Art und Weise ihres Vollzugs und der Zurückstellung der Benachrichtigung beantragen. [2]Gegen die gerichtliche Entscheidung ist die sofortige Beschwerde statthaft. [3]Ist die öffentliche Klage erhoben und der Angeklagte benachrichtigt worden, entscheidet über den Antrag das mit der Sache befasste Gericht in der das Verfahren abschließenden Entscheidung.

(6) [1]Wird die Zurückstellung der Benachrichtigung des Beschuldigten nach Absatz 1 angeordnet, kann unter Würdigung aller Umstände und nach Abwägung der Interessen der Beteiligten im Einzelfall zugleich angeordnet werden, dass der Betroffene für die Dauer der Zurückstellung gegenüber dem Beschuldigten und Dritten die Beschlagnahme sowie eine ihr vorausgehende Durchsuchung nach den §§ 103 und 110 oder Herausgabeanordnung nach § 95 nicht offenbaren darf. [2]Absatz 2 gilt mit der Maßgabe entsprechend, dass bei Gefahr im Verzug auch die Staatsanwaltschaft und ihre Ermittlungspersonen (§ 152 des Gerichtsverfassungsgesetzes) die Anordnung nach Satz 1 treffen können, wenn nach Absatz 3 von der Belehrung abgesehen und die gerichtliche Bestätigung der Beschlagnahme und die Zurückstellung der Benachrichtigung des Beschuldigten beantragt wird. [3]Treffen die Staatsanwaltschaft oder ihre Ermittlungspersonen eine solche Anordnung, ist die gerichtliche Bestätigung binnen drei Tagen zu beantragen.

(7) Im Falle des Verstoßes gegen das Offenbarungsverbot des Absatzes 6 gilt § 95 Absatz 2 entsprechend.

§ 96 Amtlich verwahrte Schriftstücke

[1]Die Vorlegung oder Auslieferung von Akten oder anderen in amtlicher Verwahrung befindlichen Schriftstücken durch Behörden und öffentliche Beamte darf nicht gefordert werden, wenn deren oberste Dienstbehörde erklärt, daß das Bekanntwerden des Inhalts dieser Akten oder Schriftstücke dem Wohl des Bundes oder eines deutschen Landes Nachteile bereiten würde. [2]Satz 1 gilt entsprechend für Akten und sonstige Schriftstücke, die sich im Gewahrsam eines Mitglieds des Bundestages oder eines Landtages beziehungsweise eines Angestellten einer Fraktion des Bundestages oder eines Landtages befinden, wenn die für die Erteilung einer Aussagegenehmigung zuständige Stelle eine solche Erklärung abgegeben hat.

§ 97 Beschlagnahmeverbot

(1) Der Beschlagnahme unterliegen nicht

1. schriftliche Mitteilungen zwischen dem Beschuldigten und den Personen, die nach § 52 oder § 53 Abs. 1 Satz 1 Nr. 1 bis 3b das Zeugnis verweigern dürfen;

2. Aufzeichnungen, welche die in § 53 Abs. 1 Satz 1 Nr. 1 bis 3b Genannten über die ihnen vom Beschuldigten anvertrauten Mitteilungen oder über andere Umstände gemacht haben, auf die sich das Zeugnisverweigerungsrecht erstreckt;
3. andere Gegenstände einschließlich der ärztlichen Untersuchungsbefunde, auf die sich das Zeugnisverweigerungsrecht der in § 53 Abs. 1 Satz 1 Nr. 1 bis 3b Genannnten erstreckt.

(2) [1]Diese Beschränkungen gelten nur, wenn die Gegenstände im Gewahrsam der zur Verweigerung des Zeugnisses Berechtigten sind, es sei denn, es handelt sich um eine elektronische Gesundheitskarte im Sinne des § 291a des Fünften Buches Sozialgesetzbuch. [2]Die Beschränkungen der Beschlagnahme gelten nicht, wenn bestimmte Tatsachen den Verdacht begründen, dass die zeugnisverweigerungsberechtigte Person an der Tat oder an einer Datenhehlerei, Begünstigung, Strafvereitelung oder Hehlerei beteiligt ist, oder wenn es sich um Gegenstände handelt, die durch eine Straftat hervorgebracht oder zur Begehung einer Straftat gebraucht oder bestimmt sind oder die aus einer Straftat herrühren.

(3) Die Absätze 1 und 2 sind entsprechend anzuwenden, soweit die Personen, die nach § 53a Absatz 1 Satz 1 an der beruflichen Tätigkeit der in § 53 Absatz 1 Satz 1 Nummer 1 bis 3b genannten Personen mitwirken, das Zeugnis verweigern dürfen.

(4) [1]Soweit das Zeugnisverweigerungsrecht der in § 53 Abs. 1 Satz 1 Nr. 4 genannten Personen reicht, ist die Beschlagnahme von Gegenständen unzulässig. [2]Dieser Beschlagnahmeschutz erstreckt sich auch auf Gegenstände, die von den in § 53 Abs. 1 Satz 1 Nr. 4 genannten Personen den an ihrer Berufstätigkeit nach § 53a Absatz 1 Satz 1 mitwirkenden Personen anvertraut sind. [3]Satz 1 gilt entsprechend, soweit die Personen, die nach § 53a Absatz 1 Satz 1 an der beruflichen Tätigkeit der in § 53 Absatz 1 Satz 1 Nummer 4 genannten Personen mitwirken, das Zeugnis verweigern dürften.

(5) [1]Soweit das Zeugnisverweigerungsrecht der in § 53 Abs. 1 Satz 1 Nr. 5 genannten Personen reicht, ist die Beschlagnahme von Verkörperungen eines Inhalts (§ 11 Absatz 3 des Strafgesetzbuches), die sich im Gewahrsam dieser Personen oder der Redaktion, des Verlages, der Druckerei oder der Rundfunkanstalt befinden, unzulässig. [2]Absatz 2 Satz 2 und § 160a Abs. 4 Satz 2 gelten entsprechend, die Beteiligungsregelung in Absatz 2 Satz 2 jedoch nur dann, wenn die bestimmten Tatsachen einen dringenden Verdacht der Beteiligung begründen; die Beschlagnahme ist jedoch auch in diesen Fällen nur zulässig, wenn sie unter Berücksichtigung der Grundrechte aus Artikel 5 Abs. 1 Satz 2 des Grundgesetzes nicht außer Verhältnis zur Bedeutung der Sache steht und die Erforschung des Sachverhaltes oder die Ermittlung des Aufenthaltsortes des Täters auf andere Weise aussichtslos oder wesentlich erschwert wäre.

§ 98 Verfahren bei der Beschlagnahme

(1) [1]Beschlagnahmen dürfen nur durch das Gericht, bei Gefahr im Verzug auch durch die Staatsanwaltschaft und ihre Ermittlungspersonen (§ 152 des Gerichtsverfassungsgesetzes) angeordnet werden. [2]Die Beschlagnahme nach § 97 Abs. 5 Satz 2 in den Räumen einer Redaktion, eines Verlages, einer Druckerei oder einer Rundfunkanstalt darf nur durch das Gericht angeordnet werden.

(2) [1]Der Beamte, der einen Gegenstand ohne gerichtliche Anordnung beschlagnahmt hat, soll binnen drei Tagen die gerichtliche Bestätigung beantragen, wenn bei der Beschlagnahme weder der davon Betroffene noch ein erwachsener Angehöriger anwesend war oder wenn der Betroffene und im Falle seiner Abwesenheit ein erwachsener Angehöriger des Betroffenen gegen die Beschlagnahme ausdrücklichen Widerspruch erhoben hat. [2]Der Betroffene kann jederzeit die gerichtliche Entscheidung beantragen. [3]Die Zuständigkeit des Gerichts bestimmt sich nach § 162. [4]Der Betroffene kann den Antrag auch bei dem Amtsgericht einreichen, in dessen Bezirk die Beschlagnahme stattgefunden hat; dieses leitet den Antrag dem zuständigen Gericht zu. [5]Der Betroffene ist über seine Rechte zu belehren.

(3) Ist nach erhobener öffentlicher Klage die Beschlagnahme durch die Staatsanwaltschaft oder eine ihrer Ermittlungspersonen erfolgt, so ist binnen drei Tagen dem Gericht von der Beschlagnahme Anzeige zu machen; die beschlagnahmten Gegenstände sind ihm zur Verfügung zu stellen.

(4) [1]Wird eine Beschlagnahme in einem Dienstgebäude oder einer nicht allgemein zugänglichen Einrichtung oder Anlage der Bundeswehr erforderlich, so wird die vorgesetzte Dienststelle der Bundeswehr um ihre Durchführung ersucht. [2]Die ersuchende Stelle ist zur Mitwirkung berechtigt. [3]Des Ersuchens bedarf es nicht, wenn die Beschlagnahme in Räumen vorzunehmen ist, die ausschließlich von anderen Personen als Soldaten bewohnt werden.

§ 98a Rasterfahndung

(1) [1]Liegen zureichende tatsächliche Anhaltspunkte dafür vor, daß eine Straftat von erheblicher Bedeutung

1. auf dem Gebiet des unerlaubten Betäubungsmittel- oder Waffenverkehrs, der Geld- oder Wertzeichenfälschung,
2. auf dem Gebiet des Staatsschutzes (§§ 74a, 120 des Gerichtsverfassungsgesetzes),
3. auf dem Gebiet der gemeingefährlichen Straftaten,

4. gegen Leib oder Leben, die sexuelle Selbstbestimmung oder die persönliche Freiheit,
5. gewerbs- oder gewohnheitsmäßig oder
6. von einem Bandenmitglied oder in anderer Weise organisiert

begangen worden ist, so dürfen, unbeschadet §§ 94, 110, 161, personenbezogene Daten von Personen, die bestimmte, auf den Täter vermutlich zutreffende Prüfungsmerkmale erfüllen, mit anderen Daten maschinell abgeglichen werden, um Nichtverdächtige auszuschließen oder Personen festzustellen, die weitere für die Ermittlungen bedeutsame Prüfungsmerkmale erfüllen. [2]Die Maßnahme darf nur angeordnet werden, wenn die Erforschung des Sachverhalts oder die Ermittlung des Aufenthaltsortes des Täters auf andere Weise erheblich weniger erfolgversprechend oder wesentlich erschwert wäre.

(2) Zu dem in Absatz 1 bezeichneten Zweck hat die speichernde Stelle die für den Abgleich erforderlichen Daten aus den Datenbeständen auszusondern und den Strafverfolgungsbehörden zu übermitteln.

(3) [1]Soweit die zu übermittelnden Daten von anderen Daten nur mit unverhältnismäßigem Aufwand getrennt werden können, sind auf Anordnung auch die anderen Daten zu übermitteln. [2]Ihre Nutzung ist nicht zulässig.

(4) Auf Anforderung der Staatsanwaltschaft hat die speichernde Stelle die Stelle, die den Abgleich durchführt, zu unterstützen.

(5) § 95 Abs. 2 gilt entsprechend.

§ 98b Verfahren bei der Rasterfahndung

(1) [1]Der Abgleich und die Übermittlung der Daten dürfen nur durch das Gericht, bei Gefahr im Verzug auch durch die Staatsanwaltschaft angeordnet werden. [2]Hat die Staatsanwaltschaft die Anordnung getroffen, so beantragt sie unverzüglich die gerichtliche Bestätigung. [3]Die Anordnung tritt außer Kraft, wenn sie nicht binnen drei Werktagen vom Gericht bestätigt wird. [4]Die Anordnung ergeht schriftlich. [5]Sie muß den zur Übermittlung Verpflichteten bezeichnen und ist auf die Daten und Prüfungsmerkmale zu beschränken, die für den Einzelfall benötigt werden. [6]Die Übermittlung von Daten, deren Verwendung besondere bundesgesetzliche oder entsprechende landesgesetzliche Verwendungsregelungen entgegenstehen, darf nicht angeordnet werden. [7]Die §§ 96, 97, 98 Abs. 1 Satz 2 gelten entsprechend.

(2) Ordnungs- und Zwangsmittel (§ 95 Abs. 2) dürfen nur durch das Gericht, bei Gefahr im Verzug auch durch die Staatsanwaltschaft angeordnet werden; die Festsetzung von Haft bleibt dem Gericht vorbehalten.

(3) [1]Sind die Daten auf Datenträgern übermittelt worden, so sind diese nach Beendigung des Abgleichs unverzüglich zurückzugeben. [2]Personenbezogene Daten, die auf andere Datenträger übertragen wurden, sind unverzüglich zu löschen, sobald sie für das Strafverfahren nicht mehr benötigt werden.

(4) Nach Beendigung einer Maßnahme nach § 98a ist die Stelle zu unterrichten, die für die Kontrolle der Einhaltung der Vorschriften über den Datenschutz bei öffentlichen Stellen zuständig ist.

§ 98c Maschineller Abgleich mit vorhandenen Daten

[1]Zur Aufklärung einer Straftat oder zur Ermittlung des Aufenthaltsortes einer Person, nach der für Zwecke eines Strafverfahrens gefahndet wird, dürfen personenbezogene Daten aus einem Strafverfahren mit anderen zur Strafverfolgung oder Strafvollstreckung oder zur Gefahrenabwehr gespeicherten Daten maschinell abgeglichen werden. [2]Entgegenstehende besondere bundesgesetzliche oder entsprechende landesgesetzliche Verwendungsregelungen bleiben unberührt.

§ 99 Postbeschlagnahme und Auskunftsverlangen

(1) [1]Zulässig ist die Beschlagnahme der an den Beschuldigten gerichteten Postsendungen und Telegramme, die sich im Gewahrsam von Personen oder Unternehmen befinden, die geschäftsmäßig Post- oder Telekommunikationsdienste erbringen oder daran mitwirken. [2]Ebenso ist eine Beschlagnahme von Postsendungen und Telegrammen zulässig, bei denen aus vorliegenden Tatsachen zu schließen ist, daß sie von dem Beschuldigten herrühren oder für ihn bestimmt sind und daß ihr Inhalt für die Untersuchung Bedeutung hat.

(2) [1]Unter den Voraussetzungen des Absatzes 1 ist es auch zulässig, von Personen oder Unternehmen, die geschäftsmäßig Postdienste erbringen oder daran mitwirken, Auskunft über Postsendungen zu verlangen, die an den Beschuldigten gerichtet sind, von ihm herrühren oder für ihn bestimmt sind. [2]Die Auskunft umfasst ausschließlich die aufgrund von Rechtsvorschriften außerhalb des Strafrechts erhobenen Daten, sofern sie Folgendes betreffen:

1. Namen und Anschriften von Absendern, Empfängern und, soweit abweichend, von denjenigen Personen, welche die jeweilige Postsendung eingeliefert oder entgegengenommen haben,
2. Art des in Anspruch genommenen Postdienstes,
3. Maße und Gewicht der jeweiligen Postsendung,

4. die vom Postdienstleister zugeteilte Sendungsnummer der jeweiligen Postsendung sowie, sofern der Empfänger eine Abholstation mit Selbstbedienungs-Schließfächern nutzt, dessen persönliche Postnummer,
5. Zeit- und Ortsangaben zum jeweiligen Postsendungsverlauf sowie
6. Bildaufnahmen von der Postsendung, die zu Zwecken der Erbringung der Postdienstleistung erstellt wurden.

³Auskunft über den Inhalt der Postsendung darf darüber hinaus nur verlangt werden, wenn die in Satz 1 bezeichneten Personen oder Unternehmen davon auf rechtmäßige Weise Kenntnis erlangt haben. ⁴Auskunft nach den Sätzen 2 und 3 müssen sie auch über solche Postsendungen erteilen, die sich noch nicht oder nicht mehr in ihrem Gewahrsam befinden.

§ 100 Verfahren bei der Postbeschlagnahme und Auskunftsverlangen

(1) Zur Anordnung der Maßnahmen nach § 99 ist nur das Gericht, bei Gefahr im Verzug auch die Staatsanwaltschaft befugt.

(2) Anordnungen der Staatsanwaltschaft nach Absatz 1 treten, auch wenn sie eine Auslieferung nach § 99 Absatz 1 oder eine Auskunftserteilung nach § 99 Absatz 2 noch nicht zur Folge gehabt haben, außer Kraft, wenn sie nicht binnen drei Werktagen gerichtlich bestätigt werden.

(3) ¹Die Öffnung der ausgelieferten Postsendungen steht dem Gericht zu. ²Es kann diese Befugnis der Staatsanwaltschaft übertragen, soweit dies erforderlich ist, um den Untersuchungserfolg nicht durch Verzögerung zu gefährden. ³Die Übertragung ist nicht anfechtbar; sie kann jederzeit widerrufen werden. ⁴Solange eine Anordnung nach Satz 2 nicht ergangen ist, legt die Staatsanwaltschaft die ihr ausgelieferten Postsendungen sofort, und zwar verschlossene Postsendungen ungeöffnet, dem Gericht vor.

(4) ¹Über eine von der Staatsanwaltschaft verfügte Maßnahme nach § 99 entscheidet das nach § 98 zuständige Gericht. ²Über die Öffnung einer ausgelieferten Postsendung entscheidet das Gericht, das die Beschlagnahme angeordnet oder bestätigt hat.

(5) ¹Postsendungen, deren Öffnung nicht angeordnet worden ist, sind unverzüglich an den vorgesehenen Empfänger weiterzuleiten. ²Dasselbe gilt, soweit nach der Öffnung die Zurückbehaltung nicht erforderlich ist.

(6) Der Teil einer zurückbehaltenen Postsendung, dessen Vorenthaltung nicht mit Rücksicht auf die Untersuchung geboten erscheint, ist dem vorgesehenen Empfänger abschriftlich mitzuteilen.

§ 100a Telekommunikationsüberwachung

(1) Auch ohne Wissen der Betroffenen darf die Telekommunikation überwacht und aufgezeichnet werden, wenn
1. bestimmte Tatsachen den Verdacht begründen, dass jemand als Täter oder Teilnehmer eine in Absatz 2 bezeichnete schwere Straftat begangen, in Fällen, in denen der Versuch strafbar ist, zu begehen versucht, oder durch eine Straftat vorbereitet hat,
2. die Tat auch im Einzelfall schwer wiegt und
3. die Erforschung des Sachverhalts oder die Ermittlung des Aufenthaltsortes des Beschuldigten auf andere Weise wesentlich erschwert oder aussichtslos wäre.

²Die Überwachung und Aufzeichnung der Telekommunikation darf auch in der Weise erfolgen, dass mit technischen Mitteln in von dem Betroffenen genutzte informationstechnische Systeme eingegriffen wird, wenn dies notwendig ist, um die Überwachung und Aufzeichnung insbesondere in unverschlüsselter Form zu ermöglichen. ³Auf dem informationstechnischen System des Betroffenen gespeicherte Inhalte und Umstände der Kommunikation dürfen überwacht und aufgezeichnet werden, wenn sie auch während des laufenden Übertragungsvorgangs im öffentlichen Telekommunikationsnetz in verschlüsselter Form hätten überwacht und aufgezeichnet werden können.

(2) Schwere Straftaten im Sinne des Absatzes 1 Nr. 1 sind:
1. aus dem Strafgesetzbuch:
   a) Straftaten des Friedensverrats, des Hochverrats und der Gefährdung des demokratischen Rechtsstaates sowie des Landesverrats und der Gefährdung der äußeren Sicherheit nach den §§ 80a bis 82, 84 bis 86, 87 bis 89a, 89c Absatz 1 bis 4, 94 bis 100a,
   b) Bestechlichkeit und Bestechung von Mandatsträgern nach § 108e,
   c) Straftaten gegen die Landesverteidigung nach den §§ 109d bis 109h,
   d) Straftaten gegen die öffentliche Ordnung nach § 127 Absatz 3 und 4 sowie den §§ 129 bis 130,
   e) Geld- und Wertzeichenfälschung nach den §§ 146 und 151, jeweils auch in Verbindung mit § 152, sowie nach § 152a Abs. 3 und § 152b Abs. 1 bis 4,
   f) Straftaten gegen die sexuelle Selbstbestimmung in den Fällen der §§ 176, 176c, 176d und, unter den in § 177 Absatz 6 Satz 2 Nummer 2 genannten Voraussetzungen, des § 177,

g) Verbreitung, Erwerb und Besitz kinder- und jugendpornographischer Inhalte nach § 184b, § 184c Absatz 2,
h) Mord und Totschlag nach den §§ 211 und 212,
i) Straftaten gegen die persönliche Freihe3it nach den §§ 232, 232a Absatz 1 bis 5, den §§ 232b, 233 Absatz 2, den §§ 233a, 234 bis 234b, 239a und 239b,
j) Bandendiebstahl nach § 244 Abs. 1 Nr. 2 ***[bis 11.12.2024:*** , Wohnungseinbruchdiebstahl nach § 244 Absatz 4***]*** und schwerer Bandendiebstahl nach § 244a,
k) Straftaten des Raubes und der Erpressung nach den §§ 249 bis 255,
l) gewerbsmäßige Hehlerei, Bandenhehlerei und gewerbsmäßige Bandenhehlerei nach den §§ 260 und 260a,
m) Geldwäsche nach § 261, wenn die Vortat eine der in den Nummern 1 bis 11 genannten schweren Straftaten ist,
n) Betrug und Computerbetrug unter den in § 263 Abs. 3 Satz 2 genannten Voraussetzungen und im Falle des § 263 Abs. 5, jeweils auch in Verbindung mit § 263a Abs. 2,
o) Subventionsbetrug unter den in § 264 Abs. 2 Satz 2 genannten Voraussetzungen und im Falle des § 264 Abs. 3 in Verbindung mit § 263 Abs. 5,
p) Sportwettbetrug und Manipulation von berufssportlichen Wettbewerben unter den in § 265e Satz 2 genannten Voraussetzungen,
q) Vorenthalten und Veruntreuen von Arbeitsentgelt unter den in § 266a Absatz 4 Satz 2 Nummer 4 genannten Voraussetzungen,
r) Straftaten der Urkundenfälschung unter den in § 267 Abs. 3 Satz 2 genannten Voraussetzungen und im Fall des § 267 Abs. 4, jeweils auch in Verbindung mit § 268 Abs. 5 oder § 269 Abs. 3, sowie nach § 275 Abs. 2 und § 276 Abs. 2,
s) Bankrott unter den in § 283a Satz 2 genannten Voraussetzungen,
t) Straftaten gegen den Wettbewerb nach § 298 und, unter den in § 300 Satz 2 genannten Voraussetzungen, nach § 299,
u) gemeingefährliche Straftaten in den Fällen der §§ 306 bis 306c, 307 Abs. 1 bis 3, des § 308 Abs. 1 bis 3, des § 309 Abs. 1 bis 4, des § 310 Abs. 1, der §§ 313, 314, 315 Abs. 3, des § 315b Abs. 3 sowie der §§ 316a und 316c,
v) Bestechlichkeit und Bestechung nach den §§ 332 und 334,

2. aus der Abgabenordnung:
a) Steuerhinterziehung unter den in § 370 Absatz 3 Satz 2 Nummer 1 genannten Voraussetzungen, sofern der Täter als Mitglied einer Bande, die sich zur fortgesetzten Begehung von Taten nach § 370 Absatz 1 verbunden hat, handelt, oder unter den in § 370 Absatz 3 Satz 2 Nummer 5 genannten Voraussetzungen,
b) gewerbsmäßiger, gewaltsamer und bandenmäßiger Schmuggel nach § 373,
c) Steuerhehlerei im Falle des § 374 Abs. 2,

3. aus dem Anti-Doping-Gesetz:
Straftaten nach § 4 Absatz 4 Nummer 2 Buchstabe b,

4. aus dem Asylgesetz:
a) Verleitung zur missbräuchlichen Asylantragstellung nach § 84 Abs. 3,
b) gewerbs- und bandenmäßige Verleitung zur missbräuchlichen Asylantragstellung nach § 84a,

5. aus dem Aufenthaltsgesetz:
a) Einschleusen von Ausländern und Personen, auf die das Freizügigkeitsgesetz/EU Anwendung findet, nach § 96 Absatz 1, 2 und 4,
b) Einschleusen mit Todesfolge und gewerbs- und bandenmäßiges Einschleusen nach § 97,

5a. aus dem Ausgangsstoffgesetz:
Straftaten nach § 13 Absatz 3,

6. aus dem Außenwirtschaftsgesetz:
vorsätzliche Straftaten nach den §§ 17 und 18 des Außenwirtschaftsgesetzes,

7. aus dem Betäubungsmittelgesetz:
a) Straftaten nach einer in § 29 Abs. 3 Satz 2 Nr. 1 in Bezug genommenen Vorschrift unter den dort genannten Voraussetzungen,
b) Straftaten nach den §§ 29a, 30 Abs. 1 Nr. 1, 2 und 4 sowie den §§ 30a und 30b,

7a. aus dem Konsumcannabisgesetz:
a) Straftaten nach einer in § 34 Absatz 3 Satz 2 Nummer 1 in Bezug genommenen Vorschrift unter den dort genannten Voraussetzungen,
b) Straftaten nach § 34 Absatz 4,

7b. aus dem Medizinal-Cannabisgesetz:
  a) Straftaten nach einer in § 25 Absatz 4 Satz 2 Nummer 1 in Bezug genommenen Vorschrift unter den dort genannten Voraussetzungen,
  b) Straftaten nach § 25 Absatz 5,
8. aus dem Grundstoffüberwachungsgesetz:
  Straftaten nach § 19 Abs. 1 unter den in § 19 Abs. 3 Satz 2 genannten Voraussetzungen,
9. aus dem Gesetz über die Kontrolle von Kriegswaffen:
  a) Straftaten nach § 19 Abs. 1 bis 3 und § 20 Abs. 1 und 2 sowie § 20a Abs. 1 bis 3, jeweils auch in Verbindung mit § 21,
  b) Straftaten nach § 22a Abs. 1 bis 3,
9a. aus dem Neue-psychoaktive-Stoffe-Gesetz:
  Straftaten nach § 4 Absatz 3 Nummer 1 Buchstabe a,
10. aus dem Völkerstrafgesetzbuch:
  a) Völkermord nach § 6,
  b) Verbrechen gegen die Menschlichkeit nach § 7,
  c) Kriegsverbrechen nach den §§ 8 bis 12,
  d) Verbrechen der Aggression nach § 13,
11. aus dem Waffengesetz:
  a) Straftaten nach § 51 Abs. 1 bis 3,
  b) Straftaten nach § 52 Abs. 1 Nr. 1 und 2 Buchstabe c und d sowie Abs. 5 und 6.

(3) Die Anordnung darf sich nur gegen den Beschuldigten oder gegen Personen richten, von denen auf Grund bestimmter Tatsachen anzunehmen ist, dass sie für den Beschuldigten bestimmte oder von ihm herrührende Mitteilungen entgegennehmen oder weitergeben oder dass der Beschuldigte ihren Anschluss oder ihr informationstechnisches System benutzt.

(4) [1]Auf Grund der Anordnung einer Überwachung und Aufzeichnung der Telekommunikation hat jeder, der Telekommunikationsdienste erbringt oder daran mitwirkt, dem Gericht, der Staatsanwaltschaft und ihren im Polizeidienst tätigen Ermittlungspersonen (§ 152 des Gerichtsverfassungsgesetzes) diese Maßnahmen zu ermöglichen und die erforderlichen Auskünfte unverzüglich zu erteilen. [2]Ob und in welchem Umfang hierfür Vorkehrungen zu treffen sind, bestimmt sich nach dem Telekommunikationsgesetz und der Telekommunikations-Überwachungsverordnung. [3]§ 95 Absatz 2 gilt entsprechend.

(5) Bei Maßnahmen nach Absatz 1 Satz 2 und 3 ist technisch sicherzustellen, dass
1. ausschließlich überwacht und aufgezeichnet werden können:
  a) die laufende Telekommunikation (Absatz 1 Satz 2), oder
  b) Inhalte und Umstände der Kommunikation, die ab dem Zeitpunkt der Anordnung nach § 100e Absatz 1 auch während des laufenden Übertragungsvorgangs im öffentlichen Telekommunikationsnetz hätten überwacht und aufgezeichnet werden können (Absatz 1 Satz 3),
2. an dem informationstechnischen System nur Veränderungen vorgenommen werden, die für die Datenerhebung unerlässlich sind, und
3. die vorgenommenen Veränderungen bei Beendigung der Maßnahme, soweit technisch möglich, automatisiert rückgängig gemacht werden.

[2]Das eingesetzte Mittel ist nach dem Stand der Technik gegen unbefugte Nutzung zu schützen. [3]Kopierte Daten sind nach dem Stand der Technik gegen Veränderung, unbefugte Löschung und unbefugte Kenntnisnahme zu schützen.

(6) Bei jedem Einsatz des technischen Mittels sind zu protokollieren
1. die Bezeichnung des technischen Mittels und der Zeitpunkt seines Einsatzes,
2. die Angaben zur Identifizierung des informationstechnischen Systems und die daran vorgenommenen nicht nur flüchtigen Veränderungen,
3. die Angaben, die die Feststellung der erhobenen Daten ermöglichen, und
4. die Organisationseinheit, die die Maßnahme durchführt.

§ 100b Online-Durchsuchung

(1) Auch ohne Wissen des Betroffenen darf mit technischen Mitteln in ein von dem Betroffenen genutztes informationstechnisches System eingegriffen und dürfen Daten daraus erhoben werden (Online-Durchsuchung), wenn
1. bestimmte Tatsachen den Verdacht begründen, dass jemand als Täter oder Teilnehmer eine in Absatz 2 bezeichnete besonders schwere Straftat begangen oder in Fällen, in denen der Versuch strafbar ist, zu begehen versucht hat,
2. die Tat auch im Einzelfall besonders schwer wiegt und

3. die Erforschung des Sachverhalts oder die Ermittlung des Aufenthaltsortes des Beschuldigten auf andere Weise wesentlich erschwert oder aussichtslos wäre.

(2) Besonders schwere Straftaten im Sinne des Absatzes 1 Nummer 1 sind:

1. aus dem Strafgesetzbuch:
   a) Straftaten des Hochverrats und der Gefährdung des demokratischen Rechtsstaates sowie des Landesverrats und der Gefährdung der äußeren Sicherheit nach den §§ 81, 82, 89a, 89c Absatz 1 bis 4, nach den §§ 94, 95 Absatz 3 und § 96 Absatz 1, jeweils auch in Verbindung mit § 97b, sowie nach den §§ 97a, 98 Absatz 1 Satz 2, § 99 Absatz 2 und den §§ 100, 100a Absatz 4,
   b) Betreiben krimineller Handelsplattformen im Internet in den Fällen des § 127 Absatz 3 und 4, sofern der Zweck der Handelsplattform im Internet darauf ausgerichtet ist, in den Buchstaben a und c bis o sowie in den Nummern 2 bis 10 genannte besonders schwere Straftaten zu ermöglichen oder zu fördern,
   c) Bildung krimineller Vereinigungen nach § 129 Absatz 1 in Verbindung mit Absatz 5 Satz 3 und Bildung terroristischer Vereinigungen nach § 129a Absatz 1, 2, 4, 5 Satz 1 erste Alternative, jeweils auch in Verbindung mit § 129b Absatz 1,
   d) Geld- und Wertzeichenfälschung nach den §§ 146 und 151, jeweils auch in Verbindung mit § 152, sowie nach § 152a Absatz 3 und § 152b Absatz 1 bis 4,
   e) Straftaten gegen die sexuelle Selbstbestimmung in den Fällen des § 176 Absatz 1 und der §§ 176c, 176d und, unter den in § 177 Absatz 6 Satz 2 Nummer 2 genannten Voraussetzungen, des § 177,
   f) Verbreitung, Erwerb und Besitz kinderpornografischer Inhalte in den Fällen des § 184b Absatz 1 Satz 1 und Absatz 2,
   g) Mord und Totschlag nach den §§ 211, 212,
   h) Straftaten gegen die persönliche Freiheit in den Fällen des § 232 Absatz 2 und 3, des § 232a Absatz 1, 3, 4 und 5 zweiter Halbsatz, des § 232b Absatz 1 und 3 sowie Absatz 4, dieser in Verbindung mit § 232a Absatz 4 und 5 zweiter Halbsatz, des § 233 Absatz 2, des § 233a Absatz 1, 3 und 4 zweiter Halbsatz, der §§ 234 und 234a Absatz 1 und 2 sowie der §§ 239a und 239b,
   i) Bandendiebstahl nach § 244 Absatz 1 Nummer 2 und schwerer Bandendiebstahl nach § 244a,
   j) schwerer Raub und Raub mit Todesfolge nach § 250 Absatz 1 oder Absatz 2, § 251,
   k) räuberische Erpressung nach § 255 und besonders schwerer Fall einer Erpressung nach § 253 unter den in § 253 Absatz 4 Satz 2 genannten Voraussetzungen,
   l) gewerbsmäßige Hehlerei, Bandenhehlerei und gewerbsmäßige Bandenhehlerei nach den §§ 260, 260a,
   m) besonders schwerer Fall der Geldwäsche nach § 261 unter den in § 261 Absatz 5 Satz 2 genannten Voraussetzungen, wenn die Vortat eine der in den Nummern 1 bis 7 genannten besonders schweren Straftaten ist,
   n) Computerbetrug in den Fällen des § 263a Absatz 2 in Verbindung mit § 263 Absatz 5,
   o) besonders schwerer Fall der Bestechlichkeit und Bestechung nach § 335 Absatz 1 unter den in § 335 Absatz 2 Nummer 1 bis 3 genannten Voraussetzungen,
2. aus dem Asylgesetz:
   a) Verleitung zur missbräuchlichen Asylantragstellung nach § 84 Absatz 3,
   b) gewerbs- und bandenmäßige Verleitung zur missbräuchlichen Asylantragstellung nach § 84a Absatz 1,
3. aus dem Aufenthaltsgesetz:
   a) Einschleusen von Ausländern nach § 96 Absatz 2,
   b) Einschleusen mit Todesfolge oder gewerbs- und bandenmäßiges Einschleusen nach § 97,
4. aus dem Außenwirtschaftsgesetz:
   a) Straftaten nach § 17 Absatz 1, 2 und 3, jeweils auch in Verbindung mit Absatz 6 oder 7,
   b) Straftaten nach § 18 Absatz 7 und 8, jeweils auch in Verbindung mit Absatz 10,
5. aus dem Betäubungsmittelgesetz:
   a) besonders schwerer Fall einer Straftat nach § 29 Absatz 1 Satz 1 Nummer 1, 5, 6, 10, 11 oder 13, Absatz 3 unter der in § 29 Absatz 3 Satz 2 Nummer 1 genannten Voraussetzung,
   b) eine Straftat nach den §§ 29a, 30 Absatz 1 Nummer 1, 2, 4, § 30a,

5a. aus dem Konsumcannabisgesetz:
Straftaten nach § 34 Absatz 4 Nummer 1, 3 oder Nummer 4,

5b. aus dem Medizinal-Cannabisgesetz:
Straftaten nach § 25 Absatz 5 Nummer 1, 3 oder Nummer 4,

6. aus dem Gesetz über die Kontrolle von Kriegswaffen:
   a) eine Straftat nach § 19 Absatz 2 oder § 20 Absatz 1, jeweils auch in Verbindung mit § 21,
   b) besonders schwerer Fall einer Straftat nach § 22a Absatz 1 in Verbindung mit Absatz 2,
7. aus dem Grundstoffüberwachungsgesetz:
   Straftaten nach § 19 Absatz 3,
8. aus dem Neue-psychoaktive-Stoffe-Gesetz:
   Straftaten nach § 4 Absatz 3 Nummer 1,
9. aus dem Völkerstrafgesetzbuch:
   a) Völkermord nach § 6,
   b) Verbrechen gegen die Menschlichkeit nach § 7,
   c) Kriegsverbrechen nach den §§ 8 bis 12,
   d) Verbrechen der Aggression nach § 13,
10. aus dem Waffengesetz:
   a) besonders schwerer Fall einer Straftat nach § 51 Absatz 1 in Verbindung mit Absatz 2,
   b) besonders schwerer Fall einer Straftat nach § 52 Absatz 1 Nummer 1 in Verbindung mit Absatz 5.

(3) [1]Die Maßnahme darf sich nur gegen den Beschuldigten richten. [2]Ein Eingriff in informationstechnische Systeme anderer Personen ist nur zulässig, wenn auf Grund bestimmter Tatsachen anzunehmen ist, dass
1. der in der Anordnung nach § 100e Absatz 3 bezeichnete Beschuldigte informationstechnische Systeme der anderen Person benutzt, und
2. die Durchführung des Eingriffs in informationstechnische Systeme des Beschuldigten allein nicht zur Erforschung des Sachverhalts oder zur Ermittlung des Aufenthaltsortes eines Mitbeschuldigten führen wird.

[3]Die Maßnahme darf auch durchgeführt werden, wenn andere Personen unvermeidbar betroffen werden.

(4) § 100a Absatz 5 und 6 gilt mit Ausnahme von Absatz 5 Satz 1 Nummer 1 entsprechend.

§ 100c Akustische Wohnraumüberwachung

(1) Auch ohne Wissen der Betroffenen darf das in einer Wohnung nichtöffentlich gesprochene Wort mit technischen Mitteln abgehört und aufgezeichnet werden, wenn
1. bestimmte Tatsachen den Verdacht begründen, dass jemand als Täter oder Teilnehmer eine in § 100b Absatz 2 bezeichnete besonders schwere Straftat begangen oder in Fällen, in denen der Versuch strafbar ist, zu begehen versucht hat,
2. die Tat auch im Einzelfall besonders schwer wiegt,
3. auf Grund tatsächlicher Anhaltspunkte anzunehmen ist, dass durch die Überwachung Äußerungen des Beschuldigten erfasst werden, die für die Erforschung des Sachverhalts oder die Ermittlung des Aufenthaltsortes eines Mitbeschuldigten von Bedeutung sind, und
4. die Erforschung des Sachverhalts oder die Ermittlung des Aufenthaltsortes eines Mitbeschuldigten auf andere Weise unverhältnismäßig erschwert oder aussichtslos wäre.

(2) [1]Die Maßnahme darf sich nur gegen den Beschuldigten richten und nur in Wohnungen des Beschuldigten durchgeführt werden. [2]In Wohnungen anderer Personen ist die Maßnahme nur zulässig, wenn auf Grund bestimmter Tatsachen anzunehmen ist, dass
1. der in der Anordnung nach § 100e Absatz 3 bezeichnete Beschuldigte sich dort aufhält und
2. die Maßnahme in Wohnungen des Beschuldigten allein nicht zur Erforschung des Sachverhalts oder zur Ermittlung des Aufenthaltsortes eines Mitbeschuldigten führen wird.

[3]Die Maßnahme darf auch durchgeführt werden, wenn andere Personen unvermeidbar betroffen werden.

§ 100d Kernbereich privater Lebensgestaltung; Zeugnisverweigerungsberechtigte

(1) Liegen tatsächliche Anhaltspunkte für die Annahme vor, dass durch eine Maßnahme nach den §§ 100a bis 100c allein Erkenntnisse aus dem Kernbereich privater Lebensgestaltung erlangt werden, ist die Maßnahme unzulässig.

(2) [1]Erkenntnisse aus dem Kernbereich privater Lebensgestaltung, die durch eine Maßnahme nach den §§ 100a bis 100c erlangt wurden, dürfen nicht verwertet werden. [2]Aufzeichnungen über solche Erkenntnisse sind unverzüglich zu löschen. [3]Die Tatsache ihrer Erlangung und Löschung ist zu dokumentieren.

(3) [1]Bei Maßnahmen nach § 100b ist, soweit möglich, technisch sicherzustellen, dass Daten, die den Kernbereich privater Lebensgestaltung betreffen, nicht erhoben werden. [2]Erkenntnisse, die durch Maßnahmen nach § 100b erlangt wurden und den Kernbereich privater Lebensgestaltung betreffen, sind unverzüglich zu löschen oder von der Staatsanwaltschaft dem anordnenden Gericht zur Entscheidung über die Verwertbarkeit und Löschung der Daten vorzulegen. [3]Die Entscheidung des Gerichts über die Verwertbarkeit ist für das weitere Verfahren bindend.

(4) [1]Maßnahmen nach § 100c dürfen nur angeordnet werden, soweit auf Grund tatsächlicher Anhaltspunkte anzunehmen ist, dass durch die Überwachung Äußerungen, die dem Kernbereich privater Lebensgestaltung zuzurechnen sind, nicht erfasst werden. [2]Das Abhören und Aufzeichnen ist unverzüglich zu unterbrechen, wenn sich während der Überwachung Anhaltspunkte dafür ergeben, dass Äußerungen, die dem Kernbereich privater Lebensgestaltung zuzurechnen sind, erfasst werden. [3]Ist eine Maßnahme unterbrochen worden, so darf sie unter den in Satz 1 genannten Voraussetzungen fortgeführt werden. [4]Im Zweifel hat die Staatsanwaltschaft über die Unterbrechung oder Fortführung der Maßnahme unverzüglich eine Entscheidung des Gerichts herbeizuführen; § 100e Absatz 5 gilt entsprechend. [5]Auch soweit für bereits erlangte Erkenntnisse ein Verwertungsverbot nach Absatz 2 in Betracht kommt, hat die Staatsanwaltschaft unverzüglich eine Entscheidung des Gerichts herbeizuführen. [6]Absatz 3 Satz 3 gilt entsprechend.
(5) [1]In den Fällen des § 53 sind Maßnahmen nach den §§ 100b und 100c unzulässig; ergibt sich während oder nach Durchführung der Maßnahme, dass ein Fall des § 53 vorliegt, gilt Absatz 2 entsprechend. [2]In den Fällen der §§ 52 und 53a dürfen aus Maßnahmen nach den §§ 100b und 100c gewonnene Erkenntnisse nur verwertet werden, wenn dies unter Berücksichtigung der Bedeutung des zugrunde liegenden Vertrauensverhältnisses nicht außer Verhältnis zum Interesse an der Erforschung des Sachverhalts oder der Ermittlung des Aufenthaltsortes eines Beschuldigten steht. [3]§ 160a Absatz 4 gilt entsprechend.

§ 100e Verfahren bei Maßnahmen nach den §§ 100a bis 100c

(1) [1]Maßnahmen nach § 100a dürfen nur auf Antrag der Staatsanwaltschaft durch das Gericht angeordnet werden. [2]Bei Gefahr im Verzug kann die Anordnung auch durch die Staatsanwaltschaft getroffen werden. [3]Soweit die Anordnung der Staatsanwaltschaft nicht binnen drei Werktagen von dem Gericht bestätigt wird, tritt sie außer Kraft. [4]Die Anordnung ist auf höchstens drei Monate zu befristen. [5]Eine Verlängerung um jeweils nicht mehr als drei Monate ist zulässig, soweit die Voraussetzungen der Anordnung unter Berücksichtigung der gewonnenen Ermittlungsergebnisse fortbestehen.
(2) [1]Maßnahmen nach den §§ 100b und 100c dürfen nur auf Antrag der Staatsanwaltschaft durch die in § 74a Absatz 4 des Gerichtsverfassungsgesetzes genannte Kammer des Landgerichts angeordnet werden, in dessen Bezirk die Staatsanwaltschaft ihren Sitz hat. [2]Bei Gefahr im Verzug kann diese Anordnung auch durch den Vorsitzenden getroffen werden. [3]Dessen Anordnung tritt außer Kraft, wenn sie nicht binnen drei Werktagen von der Strafkammer bestätigt wird. [4]Die Anordnung ist auf höchstens einen Monat zu befristen. [5]Eine Verlängerung um jeweils nicht mehr als einen Monat ist zulässig, soweit die Voraussetzungen unter Berücksichtigung der gewonnenen Ermittlungsergebnisse fortbestehen. [6]Ist die Dauer der Anordnung auf insgesamt sechs Monate verlängert worden, so entscheidet über weitere Verlängerungen das Oberlandesgericht.
(3) [1]Die Anordnung ergeht schriftlich. [2]In ihrer Entscheidungsformel sind anzugeben:
1. soweit möglich, der Name und die Anschrift des Betroffenen, gegen den sich die Maßnahme richtet,
2. der Tatvorwurf, auf Grund dessen die Maßnahme angeordnet wird,
3. Art, Umfang, Dauer und Endzeitpunkt der Maßnahme,
4. die Art der durch die Maßnahme zu erhebenden Informationen und ihre Bedeutung für das Verfahren,
5. bei Maßnahmen nach § 100a die Rufnummer oder eine andere Kennung des zu überwachenden Anschlusses oder des Endgerätes, sofern sich nicht aus bestimmten Tatsachen ergibt, dass diese zugleich einem anderen Endgerät zugeordnet ist; im Fall des § 100a Absatz 1 Satz 2 und 3 eine möglichst genaue Bezeichnung des informationstechnischen Systems, in das eingegriffen werden soll,
6. bei Maßnahmen nach § 100b eine möglichst genaue Bezeichnung des informationstechnischen Systems, aus dem Daten erhoben werden sollen,
7. bei Maßnahmen nach § 100c die zu überwachende Wohnung oder die zu überwachenden Wohnräume.

(4) [1]In der Begründung der Anordnung oder Verlängerung von Maßnahmen nach den §§ 100a bis 100c sind deren Voraussetzungen und die wesentlichen Abwägungsgesichtspunkte darzulegen. [2]Insbesondere sind einzelfallbezogen anzugeben:
1. die bestimmten Tatsachen, die den Verdacht begründen,
2. die wesentlichen Erwägungen zur Erforderlichkeit und Verhältnismäßigkeit der Maßnahme,
3. bei Maßnahmen nach § 100c die tatsächlichen Anhaltspunkte im Sinne des § 100d Absatz 4 Satz 1.

(5) [1]Liegen die Voraussetzungen der Anordnung nicht mehr vor, so sind die auf Grund der Anordnung ergriffenen Maßnahmen unverzüglich zu beenden. [2]Das anordnende Gericht ist nach Beendigung der Maßnahme über deren Ergebnisse zu unterrichten. [3]Bei Maßnahmen nach den §§ 100b und 100c ist das anordnende Gericht auch über den Verlauf zu unterrichten. [4]Liegen die Voraussetzungen der Anordnung nicht mehr vor, so hat das Gericht den Abbruch der Maßnahme anzuordnen, sofern der Abbruch nicht

bereits durch die Staatsanwaltschaft veranlasst wurde. [5]Die Anordnung des Abbruchs einer Maßnahme nach den §§ 100b und 100c kann auch durch den Vorsitzenden erfolgen.

(6) Die durch Maßnahmen nach den §§ 100b und 100c erlangten und verwertbaren personenbezogenen Daten dürfen für andere Zwecke nach folgenden Maßgaben verwendet werden:

1. Die Daten dürfen in anderen Strafverfahren ohne Einwilligung der insoweit überwachten Personen nur zur Aufklärung einer Straftat, auf Grund derer Maßnahmen nach § 100b oder § 100c angeordnet werden könnten, oder zur Ermittlung des Aufenthalts der einer solchen Straftat beschuldigten Person verwendet werden.
2. [1]Die Verwendung der Daten, auch solcher nach § 100d Absatz 5 Satz 1 zweiter Halbsatz, zu Zwecken der Gefahrenabwehr ist nur zur Abwehr einer im Einzelfall bestehenden Lebensgefahr oder einer dringenden Gefahr für Leib oder Freiheit einer Person, für die Sicherheit oder den Bestand des Staates oder für Gegenstände von bedeutendem Wert, die der Versorgung der Bevölkerung dienen, von kulturell herausragendem Wert oder in § 305 des Strafgesetzbuches genannt sind, zulässig. [2]Die Daten dürfen auch zur Abwehr einer im Einzelfall bestehenden dringenden Gefahr für sonstige bedeutende Vermögenswerte verwendet werden. [3]Sind die Daten zur Abwehr der Gefahr oder für eine vorgerichtliche oder gerichtliche Überprüfung der zur Gefahrenabwehr getroffenen Maßnahmen nicht mehr erforderlich, so sind Aufzeichnungen über diese Daten von der für die Gefahrenabwehr zuständigen Stelle unverzüglich zu löschen. [4]Die Löschung ist aktenkundig zu machen. [5]Soweit die Löschung lediglich für eine etwaige vorgerichtliche oder gerichtliche Überprüfung zurückgestellt ist, dürfen die Daten nur für diesen Zweck verwendet werden; für eine Verwendung zu anderen Zwecken sind sie zu sperren.
3. Sind verwertbare personenbezogene Daten durch eine entsprechende polizeirechtliche Maßnahme erlangt worden, dürfen sie in einem Strafverfahren ohne Einwilligung der insoweit überwachten Personen nur zur Aufklärung einer Straftat, auf Grund derer die Maßnahmen nach § 100b oder § 100c angeordnet werden könnten, oder zur Ermittlung des Aufenthalts der einer solchen Straftat beschuldigten Person verwendet werden.

§ 100f Akustische Überwachung außerhalb von Wohnraum

(1) Auch ohne Wissen der betroffenen Personen darf außerhalb von Wohnungen das nichtöffentlich gesprochene Wort mit technischen Mitteln abgehört und aufgezeichnet werden, wenn bestimmte Tatsachen den Verdacht begründen, dass jemand als Täter oder Teilnehmer eine in § 100a Abs. 2 bezeichnete, auch im Einzelfall schwerwiegende Straftat begangen oder in Fällen, in denen der Versuch strafbar ist, zu begehen versucht hat, und die Erforschung des Sachverhalts oder die Ermittlung des Aufenthaltsortes eines Beschuldigten auf andere Weise aussichtslos oder wesentlich erschwert wäre.

(2) [1]Die Maßnahme darf sich nur gegen einen Beschuldigten richten. [2]Gegen andere Personen darf die Maßnahme nur angeordnet werden, wenn auf Grund bestimmter Tatsachen anzunehmen ist, dass sie mit einem Beschuldigten in Verbindung stehen oder eine solche Verbindung hergestellt wird, die Maßnahme zur Erforschung des Sachverhalts oder zur Ermittlung des Aufenthaltsortes eines Beschuldigten führen wird und dies auf andere Weise aussichtslos oder wesentlich erschwert wäre.

(3) Die Maßnahme darf auch durchgeführt werden, wenn Dritte unvermeidbar betroffen werden.

(4) § 100d Absatz 1 und 2 sowie § 100e Absatz 1, 3, 5 Satz 1 gelten entsprechend.

§ 100g Erhebung von Verkehrsdaten

(1) [1]Begründen bestimmte Tatsachen den Verdacht, dass jemand als Täter oder Teilnehmer

1. eine Straftat von auch im Einzelfall erheblicher Bedeutung, insbesondere eine in § 100a Absatz 2 bezeichnete Straftat, begangen hat, in Fällen, in denen der Versuch strafbar ist, zu begehen versucht hat oder durch eine Straftat vorbereitet hat oder
2. eine Straftat mittels Telekommunikation begangen hat,

so dürfen Verkehrsdaten (§§ 9 und 12 des Telekommunikation-Digitale-Dienste-Datenschutz-Gesetzes und § 2a Absatz 1 des Gesetzes über die Errichtung einer Bundesanstalt für den Digitalfunk der Behörden und Organisationen mit Sicherheitsaufgaben) erhoben werden, soweit dies für die Erforschung des Sachverhalts erforderlich ist und die Erhebung der Daten in einem angemessenen Verhältnis zur Bedeutung der Sache steht. [2]Im Fall des Satzes 1 Nummer 2 ist die Maßnahme nur zulässig, wenn die Erforschung des Sachverhalts auf andere Weise aussichtslos wäre. [3]Die Erhebung gespeicherter (retrograder) Standortdaten ist nach diesem Absatz nur unter den Voraussetzungen des Absatzes 2 zulässig. [4]Im Übrigen ist die Erhebung von Standortdaten nur für künftig anfallende Verkehrsdaten oder in Echtzeit und nur im Fall des Satzes 1 Nummer 1 zulässig, soweit sie für die Erforschung des Sachverhalts oder die Ermittlung des Aufenthaltsortes des Beschuldigten erforderlich ist.

(2) [1]Begründen bestimmte Tatsachen den Verdacht, dass jemand als Täter oder Teilnehmer eine der in Satz 2 bezeichneten besonders schweren Straftaten begangen hat oder in Fällen, in denen der Versuch strafbar ist, eine solche Straftat zu begehen versucht hat, und wiegt die Tat auch im Einzelfall besonders schwer, dürfen die nach § 176 des Telekommunikationsgesetzes gespeicherten Verkehrsdaten erhoben werden, soweit die Erforschung des Sachverhalts oder die Ermittlung des Aufenthaltsortes des Beschuldigten auf andere Weise wesentlich erschwert oder aussichtslos wäre und die Erhebung der Daten in einem angemessenen Verhältnis zur Bedeutung der Sache steht. [2]Besonders schwere Straftaten im Sinne des Satzes 1 sind:

1. aus dem Strafgesetzbuch:
   a) Straftaten des Hochverrats und der Gefährdung des demokratischen Rechtsstaates sowie des Landesverrats und der Gefährdung der äußeren Sicherheit nach den §§ 81, 82, 89a, nach den §§ 94, 95 Absatz 3 und § 96 Absatz 1, jeweils auch in Verbindung mit § 97b, sowie nach den §§ 97a, 98 Absatz 1 Satz 2, § 99 Absatz 2 und den §§ 100, 100a Absatz 4,
   b) besonders schwerer Fall des Landfriedensbruchs nach § 125a sowie Betreiben krimineller Handelsplattformen im Internet in den Fällen des § 127 Absatz 3 und 4,
   c) Bildung krimineller Vereinigungen nach § 129 Absatz 1 in Verbindung mit Absatz 5 Satz 3 sowie Bildung terroristischer Vereinigungen nach § 129a Absatz 1, 2, 4, 5 Satz 1 erste Alternative, jeweils auch in Verbindung mit § 129b Absatz 1,
   d) Straftaten gegen die sexuelle Selbstbestimmung in den Fällen der §§ 176, 176c, 176d und, unter den in § 177 Absatz 6 Satz 2 Nummer 2 genannten Voraussetzungen, des § 177,
   e) Verbreitung, Erwerb und Besitz kinder- und jugendpornographischer Inhalte in den Fällen des § 184b Absatz 1 Satz 1, Absatz 2 und 3 sowie des § 184c Absatz 2,
   f) Mord und Totschlag nach den §§ 211 und 212,
   g) Straftaten gegen die persönliche Freiheit in den Fällen der §§ 234, 234a Absatz 1, 2, §§ 239a, 239b und Zwangsprostitution und Zwangsarbeit nach § 232a Absatz 3, 4 oder 5 zweiter Halbsatz, § 232b Absatz 3 oder 4 in Verbindung mit § 232a Absatz 4 oder 5 zweiter Halbsatz und Ausbeutung unter Ausnutzung einer Freiheitsberaubung nach § 233a Absatz 3 oder 4 zweiter Halbsatz,
   h) Einbruchdiebstahl in eine dauerhaft genutzte Privatwohnung nach § 244 Absatz 4, schwerer Bandendiebstahl nach § 244a Absatz 1, schwerer Raub nach § 250 Absatz 1 oder Absatz 2, Raub mit Todesfolge nach § 251, räuberische Erpressung nach § 255 und besonders schwerer Fall einer Erpressung nach § 253 unter den in § 253 Absatz 4 Satz 2 genannten Voraussetzungen, gewerbsmäßige Bandenhehlerei nach § 260a Absatz 1, besonders schwerer Fall der Geldwäsche nach § 261 unter den in § 261 Absatz 5 Satz 2 genannten Voraussetzungen, wenn die Vortat eine der in den Nummern 1 bis 8 genannten besonders schweren Straftaten ist,
   i) gemeingefährliche Straftaten in den Fällen der §§ 306 bis 306c, 307 Absatz 1 bis 3, des § 308 Absatz 1 bis 3, des § 309 Absatz 1 bis 4, des § 310 Absatz 1, der §§ 313, 314, 315 Absatz 3, des § 315b Absatz 3 sowie der §§ 316a und 316c,
2. aus dem Aufenthaltsgesetz:
   a) Einschleusen von Ausländern nach § 96 Absatz 2,
   b) Einschleusen mit Todesfolge oder gewerbs- und bandenmäßiges Einschleusen nach § 97,
3. aus dem Außenwirtschaftsgesetz:
   Straftaten nach § 17 Absatz 1 bis 3 und § 18 Absatz 7 und 8,
4. aus dem Betäubungsmittelgesetz:
   a) besonders schwerer Fall einer Straftat nach § 29 Absatz 1 Satz 1 Nummer 1, 5, 6, 10, 11 oder 13, Absatz 3 unter der in § 29 Absatz 3 Satz 2 Nummer 1 genannten Voraussetzung,
   b) eine Straftat nach den §§ 29a, 30 Absatz 1 Nummer 1, 2, 4, § 30a,
5. aus dem Grundstoffüberwachungsgesetz:
   eine Straftat nach § 19 Absatz 1 unter den in § 19 Absatz 3 Satz 2 genannten Voraussetzungen,
6. aus dem Gesetz über die Kontrolle von Kriegswaffen:
   a) eine Straftat nach § 19 Absatz 2 oder § 20 Absatz 1, jeweils auch in Verbindung mit § 21,
   b) besonders schwerer Fall einer Straftat nach § 22a Absatz 1 in Verbindung mit Absatz 2,
7. aus dem Völkerstrafgesetzbuch:
   a) Völkermord nach § 6,
   b) Verbrechen gegen die Menschlichkeit nach § 7,
   c) Kriegsverbrechen nach den §§ 8 bis 12,
   d) Verbrechen der Aggression nach § 13,

8. aus dem Waffengesetz:
   a) besonders schwerer Fall einer Straftat nach § 51 Absatz 1 in Verbindung mit Absatz 2,
   b) besonders schwerer Fall einer Straftat nach § 52 Absatz 1 Nummer 1 in Verbindung mit Absatz 5.

(3) [1]Die Erhebung aller in einer Funkzelle angefallenen Verkehrsdaten (Funkzellenabfrage) ist nur zulässig,
1. wenn die Voraussetzungen des Absatzes 1 Satz 1 Nummer 1 erfüllt sind,
2. soweit die Erhebung der Daten in einem angemessenen Verhältnis zur Bedeutung der Sache steht und
3. soweit die Erforschung des Sachverhalts oder die Ermittlung des Aufenthaltsortes des Beschuldigten auf andere Weise aussichtslos oder wesentlich erschwert wäre.

[2]Auf nach § 176 des Telekommunikationsgesetzes gespeicherte Verkehrsdaten darf für eine Funkzellenabfrage nur unter den Voraussetzungen des Absatzes 2 zurückgegriffen werden.

(4) [1]Die Erhebung von Verkehrsdaten nach Absatz 2, auch in Verbindung mit Absatz 3 Satz 2, die sich gegen eine der in § 53 Absatz 1 Satz 1 Nummer 1 bis 5 genannten Personen richtet und die voraussichtlich Erkenntnisse erbringen würde, über die diese das Zeugnis verweigern dürfte, ist unzulässig. [2]Dennoch erlangte Erkenntnisse dürfen nicht verwendet werden. [3]Aufzeichnungen hierüber sind unverzüglich zu löschen. [4]Die Tatsache ihrer Erlangung und der Löschung der Aufzeichnungen ist aktenkundig zu machen. [5]Die Sätze 2 bis 4 gelten entsprechend, wenn durch eine Ermittlungsmaßnahme, die sich nicht gegen eine in § 53 Absatz 1 Satz 1 Nummer 1 bis 5 genannte Person richtet, von dieser Person Erkenntnisse erlangt werden, über die sie das Zeugnis verweigern dürfte. [6]§ 160a Absatz 3 und 4 gilt entsprechend.

(5) Erfolgt die Erhebung von Verkehrsdaten nicht beim Erbringer von Telekommunikationsdiensten, bestimmt sie sich nach Abschluss des Kommunikationsvorgangs nach den allgemeinen Vorschriften.

§ 100h Weitere Maßnahmen außerhalb von Wohnraum

(1) [1]Auch ohne Wissen der betroffenen Personen dürfen außerhalb von Wohnungen
1. Bildaufnahmen hergestellt werden,
2. sonstige besondere für Observationszwecke bestimmte technische Mittel verwendet werden,

wenn die Erforschung des Sachverhalts oder die Ermittlung des Aufenthaltsortes eines Beschuldigten auf andere Weise weniger erfolgversprechend oder erschwert wäre. [2]Eine Maßnahme nach Satz 1 Nr. 2 ist nur zulässig, wenn Gegenstand der Untersuchung eine Straftat von erheblicher Bedeutung ist.

(2) [1]Die Maßnahmen dürfen sich nur gegen einen Beschuldigten richten. [2]Gegen andere Personen sind
1. Maßnahmen nach Absatz 1 Nr. 1 nur zulässig, wenn die Erforschung des Sachverhalts oder die Ermittlung des Aufenthaltsortes eines Beschuldigten auf andere Weise erheblich weniger erfolgversprechend oder wesentlich erschwert wäre,
2. Maßnahmen nach Absatz 1 Nr. 2 nur zulässig, wenn auf Grund bestimmter Tatsachen anzunehmen ist, dass sie mit einem Beschuldigten in Verbindung stehen oder eine solche Verbindung hergestellt wird, die Maßnahme zur Erforschung des Sachverhalts oder zur Ermittlung des Aufenthaltsortes eines Beschuldigten führen wird und dies auf andere Weise aussichtslos oder wesentlich erschwert wäre.

(3) Die Maßnahmen dürfen auch durchgeführt werden, wenn Dritte unvermeidbar mitbetroffen werden.

(4) § 100d Absatz 1 und 2 gilt entsprechend.

§ 100i Technische Ermittlungsmaßnahmen bei Mobilfunkendgeräten

(1) Begründen bestimmte Tatsachen den Verdacht, dass jemand als Täter oder Teilnehmer eine Straftat von auch im Einzelfall erheblicher Bedeutung, insbesondere eine in § 100a Abs. 2 bezeichnete Straftat, begangen hat, in Fällen, in denen der Versuch strafbar ist, zu begehen versucht hat oder durch eine Straftat vorbereitet hat, so dürfen durch technische Mittel
1. die Gerätenummer eines Mobilfunkendgerätes und die Kartennummer der darin verwendeten Karte sowie
2. der Standort eines Mobilfunkendgerätes

ermittelt werden, soweit dies für die Erforschung des Sachverhalts oder die Ermittlung des Aufenthaltsortes des Beschuldigten erforderlich ist.

(2) [1]Personenbezogene Daten Dritter dürfen anlässlich solcher Maßnahmen nur erhoben werden, wenn dies aus technischen Gründen zur Erreichung des Zwecks nach Absatz 1 unvermeidbar ist. [2]Über den Datenabgleich zur Ermittlung der gesuchten Geräte- und Kartennummer hinaus dürfen sie nicht verwendet werden und sind nach Beendigung der Maßnahme unverzüglich zu löschen.

(3) [1]§ 100a Abs. 3 und § 100e Absatz 1 Satz 1 bis 3, Absatz 3 Satz 1 und Absatz 5 Satz 1 gelten entsprechend. [2]Die Anordnung ist auf höchstens sechs Monate zu befristen. [3]Eine Verlängerung um jeweils

nicht mehr als sechs weitere Monate ist zulässig, soweit die in Absatz 1 bezeichneten Voraussetzungen fortbestehen.

§ 100j Bestandsdatenauskunft

(1) [1]Soweit dies für die Erforschung des Sachverhalts oder die Ermittlung des Aufenthaltsortes eines Beschuldigten erforderlich ist, darf Auskunft verlangt werden

1. über Bestandsdaten gemäß § 3 Nummer 6 des Telekommunikationsgesetzes und über die nach § 172 des Telekommunikationsgesetzes erhobenen Daten (§ 174 Absatz 1 Satz 1 des Telekommunikationsgesetzes) von demjenigen, der geschäftsmäßig Telekommunikationsdienste erbringt oder daran mitwirkt, und
2. über Bestandsdaten gemäß § 2 Absatz 2 Nummer 2 des Telekommunikation-Digitale-Dienste-Datenschutz-Gesetzes (§ 22 Absatz 1 Satz 1 des Telekommunikation-Digitale-Dienste-Datenschutz-Gesetzes) von demjenigen, der geschäftsmäßig eigene oder fremde digitale Dienste zur Nutzung bereithält oder den Zugang zur Nutzung vermittelt.

[2]Bezieht sich das Auskunftsverlangen nach Satz 1 Nummer 1 auf Daten, mittels derer der Zugriff auf Endgeräte oder auf Speichereinrichtungen, die in diesen Endgeräten oder hiervon räumlich getrennt eingesetzt werden, geschützt wird (§ 174 Absatz 1 Satz 2 des Telekommunikationsgesetzes), darf die Auskunft nur verlangt werden, wenn die gesetzlichen Voraussetzungen für die Nutzung der Daten vorliegen. [3]Bezieht sich das Auskunftsverlangen nach Satz 1 Nummer 2 auf als Bestandsdaten erhobene Passwörter oder andere Daten, mittels derer der Zugriff auf Endgeräte oder auf Speichereinrichtungen, die in diesen Endgeräten oder hiervon räumlich getrennt eingesetzt werden, geschützt wird (§ 23 des Telekommunikation-Digitale-Dienste-Datenschutz-Gesetzes), darf die Auskunft nur verlangt werden, wenn die gesetzlichen Voraussetzungen für ihre Nutzung zur Verfolgung einer besonders schweren Straftat nach § 100b Absatz 2 Nummer 1 Buchstabe a, c, e, f, g, h oder m, Nummer 3 Buchstabe b erste Alternative oder Nummer 5, 5a, 5b, 6, 9 oder 10 vorliegen.

(2) [1]Die Auskunft nach Absatz 1 darf auch anhand einer zu einem bestimmten Zeitpunkt zugewiesenen Internetprotokoll-Adresse verlangt werden (§ 174 Absatz 1 Satz 3, § 177 Absatz 1 Nummer 3 des Telekommunikationsgesetzes und § 22 Absatz 1 Satz 3 und 4 des Telekommunikation-Digitale-Dienste-Datenschutz-Gesetzes). [2]Das Vorliegen der Voraussetzungen für ein Auskunftsverlangen nach Satz 1 ist aktenkundig zu machen.

(3) [1]Auskunftsverlangen nach Absatz 1 Satz 2 und 3 dürfen nur auf Antrag der Staatsanwaltschaft durch das Gericht angeordnet werden. [2]Im Fall von Auskunftsverlangen nach Absatz 1 Satz 2 kann die Anordnung bei Gefahr im Verzug auch durch die Staatsanwaltschaft oder ihre Ermittlungspersonen (§ 152 des Gerichtsverfassungsgesetzes) getroffen werden. [3]In diesem Fall ist die gerichtliche Entscheidung unverzüglich nachzuholen. [4]Die Sätze 1 bis 3 finden bei Auskunftsverlangen nach Absatz 1 Satz 2 keine Anwendung, wenn die betroffene Person vom Auskunftsverlangen bereits Kenntnis hat oder haben muss oder wenn die Nutzung der Daten bereits durch eine gerichtliche Entscheidung gestattet wird. [5]Das Vorliegen der Voraussetzungen nach Satz 4 ist aktenkundig zu machen.

(4) [1]Die betroffene Person ist in den Fällen des Absatzes 1 Satz 2 und 3 und des Absatzes 2 über die Beauskunftung zu benachrichtigen. [2]Die Benachrichtigung erfolgt, soweit und sobald hierdurch der Zweck der Auskunft nicht vereitelt wird. [3]Sie unterbleibt, wenn ihr überwiegende schutzwürdige Belange Dritter oder der betroffenen Person selbst entgegenstehen. [4]Wird die Benachrichtigung nach Satz 2 zurückgestellt oder nach Satz 3 von ihr abgesehen, sind die Gründe aktenkundig zu machen.

(5) [1]Auf Grund eines Auskunftsverlangens nach Absatz 1 oder 2 hat derjenige, der geschäftsmäßig Telekommunikationsdienste oder Telemediendienste[1)] erbringt oder daran mitwirkt, die zur Auskunftserteilung erforderlichen Daten unverzüglich zu übermitteln. [2]§ 95 Absatz 2 gilt entsprechend.

§ 100k Erhebung von Nutzungsdaten bei digitalen Diensten

(1) [1]Begründen bestimmte Tatsachen den Verdacht, dass jemand als Täter oder Teilnehmer eine Straftat von auch im Einzelfall erheblicher Bedeutung, insbesondere eine in § 100a Absatz 2 bezeichnete Straftat, begangen hat, in Fällen, in denen der Versuch strafbar ist, zu begehen versucht hat oder durch eine Straftat vorbereitet hat, dürfen von demjenigen, der geschäftsmäßig eigene oder fremde digitale Dienste zur Nutzung bereithält oder den Zugang zur Nutzung vermittelt, Nutzungsdaten (§ 2 Absatz 2 Nummer 3 des Telekommunikation-Digitale-Dienste-Datenschutz-Gesetzes) erhoben werden, soweit dies für die Erforschung des Sachverhalts erforderlich ist und die Erhebung der Daten in einem angemessenen Verhältnis zur Bedeutung der Sache steht. [2]Die Erhebung gespeicherter (retrograder) Standortdaten ist nur unter den Voraussetzungen von § 100g Absatz 2 zulässig. [3]Im Übrigen ist die Erhebung von Standortdaten nur für

1) Nach den Änd. durch G v. 6.5.2024 (BGBl. 2024 I Nr. 149) ab 14.5.2024 wohl richtig: „digitale Dienste".

künftig anfallende Nutzungsdaten oder in Echtzeit zulässig, soweit sie für die Erforschung des Sachverhalts oder die Ermittlung des Aufenthaltsortes des Beschuldigten erforderlich ist.

(2) [1]Soweit die Straftat nicht von Absatz 1 erfasst wird, dürfen Nutzungsdaten auch dann erhoben werden, wenn bestimmte Tatsachen den Verdacht begründen, dass jemand als Täter oder Teilnehmer mittels Telemedien eine der folgenden Straftaten begangen hat und die Erforschung des Sachverhalts auf andere Weise aussichtslos wäre:

1. aus dem Strafgesetzbuch
   a) Verwenden von Kennzeichen verfassungswidriger Organisationen nach § 86a,
   b) Anleitung zur Begehung einer schweren staatsgefährdenden Gewalttat nach § 91,
   c) Öffentliche Aufforderung zu Straftaten nach § 111,
   d) Straftaten gegen die öffentliche Ordnung nach den §§ 126, 131 und 140,
   e) Beschimpfung von Bekenntnissen, Religionsgesellschaften und Weltanschauungsvereinigungen nach § 166,
   f) Verbreitung, Erwerb und Besitz kinderpornographischer Inhalte nach § 184b,
   g) Beleidigung, üble Nachrede und Verleumdung nach den §§ 185 bis 187 und Verunglimpfung des Andenkens Verstorbener nach § 189,
   h) Verletzungen des persönlichen Lebens- und Geheimbereichs nach den §§ 201a, 202a und 202c,
   i) Nachstellung nach § 238,
   j) Bedrohung nach § 241,
   k) Vorbereitung eines Computerbetruges nach § 263a Absatz 3,
   l) Datenveränderung und Computersabotage nach den §§ 303a und 303b Absatz 1,
2. aus dem Gesetz über Urheberrecht und verwandte Schutzrechte Straftaten nach den §§ 106 bis 108b,
3. aus dem Bundesdatenschutzgesetz nach § 42.

[2]Satz 1 gilt nicht für die Erhebung von Standortdaten.

(3) Abweichend von Absatz 1 und 2 darf die Staatsanwaltschaft ausschließlich zur Identifikation des Nutzers Auskunft über die nach § 2 Absatz 2 Nummer 3 Buchstabe a des Telekommunikation-Digitale-Dienste-Datenschutz-Gesetzes erhobenen Daten verlangen, wenn ihr der Inhalt der Nutzung des digitalen Dienstes nach § 1 Absatz 4 Nummer 1 des Digitale-Dienste-Gesetzes bereits bekannt ist.

(4) Die Erhebung von Nutzungsdaten nach Absatz 1 und 2 ist nur zulässig, wenn aufgrund von Tatsachen die Annahme gerechtfertigt ist, dass die betroffene Person den digitalen Dienst nach § 1 Absatz 4 Nummer 1 des Digitale-Dienste-Gesetzes nutzt, den derjenige, gegen den sich die Anordnung richtet, geschäftsmäßig zur Nutzung bereithält oder zu dem er den Zugang zur Nutzung vermittelt.

(5) Erfolgt die Erhebung von Nutzungsdaten oder Inhalten der Nutzung eines digitalen Dienstes nach § 1 Absatz 4 Nummer 1 des Digitale-Dienste-Gesetzes nicht bei einem Diensteanbieter, der geschäftsmäßig digitale Dienste zur Nutzung bereithält, bestimmt sie sich nach Abschluss des Kommunikationsvorgangs nach den allgemeinen Vorschriften.

§ 101 Verfahrensregelungen bei verdeckten Maßnahmen

(1) Für Maßnahmen nach den §§ 98a, 99, 100a bis 100f, 100h, 100i, 110a, 163d bis 163g gelten, soweit nichts anderes bestimmt ist, die nachstehenden Regelungen.

(2) [1]Entscheidungen und sonstige Unterlagen über Maßnahmen nach den §§ 100b, 100c, 100f, 100h Abs. 1 Nr. 2 und § 110a werden bei der Staatsanwaltschaft verwahrt. [2]Zu den Akten sind sie erst zu nehmen, wenn die Voraussetzungen für eine Benachrichtigung nach Absatz 5 erfüllt sind.

(3) [1]Personenbezogene Daten, die durch Maßnahmen nach Absatz 1 erhoben wurden, sind entsprechend zu kennzeichnen. [2]Nach einer Übermittlung an eine andere Stelle ist die Kennzeichnung durch diese aufrechtzuerhalten.

(4) [1]Von den in Absatz 1 genannten Maßnahmen sind im Falle

1. des § 98a die betroffenen Personen, gegen die nach Auswertung der Daten weitere Ermittlungen geführt wurden,
2. des § 99 der Absender und der Adressat der Postsendung,
3. des § 100a die Beteiligten der überwachten Telekommunikation,
4. des § 100b die Zielperson sowie die erheblich mitbetroffenen Personen,
5. des § 100c
   a) der Beschuldigte, gegen den sich die Maßnahme richtete,
   b) sonstige überwachte Personen,
   c) Personen, die die überwachte Wohnung zur Zeit der Durchführung der Maßnahme innehatten oder bewohnten,
6. des § 100f die Zielperson sowie die erheblich mitbetroffenen Personen,

7. des § 100h Abs. 1 die Zielperson sowie die erheblich mitbetroffenen Personen,
8. des § 100i die Zielperson,
9. des § 110a
   a) die Zielperson,
   b) die erheblich mitbetroffenen Personen,
   c) die Personen, deren nicht allgemein zugängliche Wohnung der Verdeckte Ermittler betreten hat,
10. des § 163d die betroffenen Personen, gegen die nach Auswertung der Daten weitere Ermittlungen geführt wurden,
11. des § 163e die Zielperson und die Person, deren personenbezogene Daten gemeldet worden sind,
12. des § 163f die Zielperson sowie die erheblich mitbetroffenen Personen,
13. des § 163g die Zielperson

zu benachrichtigen. [2]Dabei ist auf die Möglichkeit nachträglichen Rechtsschutzes nach Absatz 7 und die dafür vorgesehene Frist hinzuweisen. [3]Die Benachrichtigung unterbleibt, wenn ihr überwiegende schutzwürdige Belange einer betroffenen Person entgegenstehen. [4]Zudem kann die Benachrichtigung einer in Satz 1 Nummer 2 und 3 bezeichneten Person, gegen die sich die Maßnahme nicht gerichtet hat, unterbleiben, wenn diese von der Maßnahme nur unerheblich betroffen wurde und anzunehmen ist, dass sie kein Interesse an einer Benachrichtigung hat. [5]Nachforschungen zur Feststellung der Identität einer in Satz 1 bezeichneten Person sind nur vorzunehmen, wenn dies unter Berücksichtigung der Eingriffsintensität der Maßnahme gegenüber dieser Person, des Aufwands für die Feststellung ihrer Identität sowie der daraus für diese oder andere Personen folgenden Beeinträchtigungen geboten ist.

(5) [1]Die Benachrichtigung erfolgt, sobald dies ohne Gefährdung des Untersuchungszwecks, des Lebens, der körperlichen Unversehrtheit und der persönlichen Freiheit einer Person und von bedeutenden Vermögenswerten, im Fall des § 110a auch der Möglichkeit der weiteren Verwendung des Verdeckten Ermittlers möglich ist. [2]Wird die Benachrichtigung nach Satz 1 zurückgestellt, sind die Gründe aktenkundig zu machen.

(6) [1]Erfolgt die nach Absatz 5 zurückgestellte Benachrichtigung nicht binnen zwölf Monaten nach Beendigung der Maßnahme, bedürfen weitere Zurückstellungen der gerichtlichen Zustimmung. [2]Das Gericht bestimmt die Dauer weiterer Zurückstellungen. [3]Es kann dem endgültigen Absehen von der Benachrichtigung zustimmen, wenn die Voraussetzungen für eine Benachrichtigung mit an Sicherheit grenzender Wahrscheinlichkeit auch in Zukunft nicht eintreten werden. [4]Sind mehrere Maßnahmen in einem engen zeitlichen Zusammenhang durchgeführt worden, so beginnt die in Satz 1 genannte Frist mit der Beendigung der letzten Maßnahme. [5]Bei Maßnahmen nach den §§ 100b und 100c beträgt die in Satz 1 genannte Frist sechs Monate.

(7) [1]Gerichtliche Entscheidungen nach Absatz 6 trifft das für die Anordnung der Maßnahme zuständige Gericht, im Übrigen das Gericht am Sitz der zuständigen Staatsanwaltschaft. [2]Die in Absatz 4 Satz 1 genannten Personen können bei dem nach Satz 1 zuständigen Gericht auch nach Beendigung der Maßnahme bis zu zwei Wochen nach ihrer Benachrichtigung die Überprüfung der Rechtmäßigkeit der Maßnahme sowie der Art und Weise ihres Vollzugs beantragen. [3]Gegen die Entscheidung ist die sofortige Beschwerde statthaft. [4]Ist die öffentliche Klage erhoben und der Angeklagte benachrichtigt worden, entscheidet über den Antrag das mit der Sache befasste Gericht in der das Verfahren abschließenden Entscheidung.

(8) [1]Sind die durch die Maßnahme erlangten personenbezogenen Daten zur Strafverfolgung und für eine etwaige gerichtliche Überprüfung der Maßnahme nicht mehr erforderlich, so sind sie unverzüglich zu löschen. [2]Die Löschung ist aktenkundig zu machen. [3]Soweit die Löschung lediglich für eine etwaige gerichtliche Überprüfung der Maßnahme zurückgestellt ist, dürfen die Daten ohne Einwilligung der betroffenen Personen nur zu diesem Zweck verwendet werden; ihre Verarbeitung ist entsprechend einzuschränken.

§ 101a Gerichtliche Entscheidung; Datenkennzeichnung und -auswertung; Benachrichtigungspflichten bei Verkehrs- und Nutzungsdaten

(1) [1]Bei Erhebungen von Verkehrsdaten nach § 100g gelten § 100a Absatz 3 und 4 und § 100e entsprechend mit der Maßgabe, dass
1. in der Entscheidungsformel nach § 100e Absatz 3 Satz 2 auch die zu übermittelnden Daten und der Zeitraum, für den sie übermittelt werden sollen, eindeutig anzugeben sind,
2. der nach § 100a Absatz 4 Satz 1 zur Auskunft Verpflichtete auch mitzuteilen hat, welche der von ihm übermittelten Daten nach § 176 des Telekommunikationsgesetzes gespeichert wurden.

[2]In den Fällen des § 100g Absatz 2, auch in Verbindung mit § 100g Absatz 3 Satz 2, findet abweichend von Satz 1 § 100e Absatz 1 Satz 2 keine Anwendung. [3]Bei Funkzellenabfragen nach § 100g Absatz 3 genügt abweichend von § 100e Absatz 3 Satz 2 Nummer 5 eine räumlich und zeitlich eng begrenzte und hinreichend bestimmte Bezeichnung der Telekommunikation.

(1a) Bei der Erhebung und Beauskunftung von Nutzungsdaten eines digitalen Dienstes nach § 1 Absatz 4 Nummer 1 des Digitale-Dienste-Gesetzes nach § 100k gilt § 100a Absatz 3 und 4, bei der Erhebung von Nutzungsdaten nach § 100k Absatz 1 und 2 zudem § 100e Absatz 1 und 3 bis 5 entsprechend mit der Maßgabe, dass in der Entscheidungsformel nach § 100e Absatz 3 Satz 2 an die Stelle der Rufnummer (§ 100e Absatz 3 Satz 2 Nummer 5), soweit möglich eine eindeutige Kennung des Nutzerkontos des Betroffenen, ansonsten eine möglichst genaue Bezeichnung des digitalen Dienstes nach § 1 Absatz 4 Nummer 1 des Digitale-Dienste-Gesetzes tritt, auf den sich das Auskunftsverlangen bezieht.

(2) Wird eine Maßnahme nach § 100g oder § 100k Absatz 1 oder Absatz 2 angeordnet oder verlängert, sind in der Begründung einzelfallbezogen insbesondere die wesentlichen Erwägungen zur Erforderlichkeit und Angemessenheit der Maßnahme, auch hinsichtlich des Umfangs der zu erhebenden Daten und des Zeitraums, für den sie erhoben werden sollen, darzulegen.

(3) [1]Personenbezogene Daten, die durch Maßnahmen nach § 100g oder § 100k Absatz 1 oder Absatz 2 erhoben wurden, sind entsprechend zu kennzeichnen und unverzüglich auszuwerten. [2]Bei der Kennzeichnung ist erkennbar zu machen, ob es sich um Daten handelt, die nach § 176 des Telekommunikationsgesetzes gespeichert waren. [3]Nach einer Übermittlung an eine andere Stelle ist die Kennzeichnung durch diese aufrechtzuerhalten. [4]Für die Löschung personenbezogener Daten gilt § 101 Absatz 8 entsprechend.

(4) [1]Verwertbare personenbezogene Daten, die durch Maßnahmen nach § 100g Absatz 2, auch in Verbindung mit § 100g Absatz 1 Satz 3 oder Absatz 3 Satz 2, erhoben wurden, dürfen ohne Einwilligung der Beteiligten der betroffenen Telekommunikation nur für folgende andere Zwecke und nur nach folgenden Maßgaben verwendet werden:

1. in anderen Strafverfahren zur Aufklärung einer Straftat, auf Grund derer eine Maßnahme nach § 100g Absatz 2, auch in Verbindung mit § 100g Absatz 1 Satz 3 oder Absatz 3 Satz 2, angeordnet werden könnte, oder zur Ermittlung des Aufenthalts der einer solchen Straftat beschuldigten Person,
2. Übermittlung zu Zwecken der Abwehr von konkreten Gefahren für Leib, Leben oder Freiheit einer Person oder für den Bestand des Bundes oder eines Landes (§ 177 Absatz 1 Nummer 2 des Telekommunikationsgesetzes).

[2]Die Stelle, die die Daten weiterleitet, macht die Weiterleitung und deren Zweck aktenkundig. [3]Sind die Daten nach Satz 1 Nummer 2 nicht mehr zur Abwehr der Gefahr oder nicht mehr für eine vorgerichtliche oder gerichtliche Überprüfung der zur Gefahrenabwehr getroffenen Maßnahmen erforderlich, so sind Aufzeichnungen über diese Daten von der für die Gefahrenabwehr zuständigen Stelle unverzüglich zu löschen. [4]Die Löschung ist aktenkundig zu machen. [5]Soweit die Löschung lediglich für eine etwaige vorgerichtliche oder gerichtliche Überprüfung zurückgestellt ist, dürfen die Daten nur für diesen Zweck verwendet werden; für eine Verwendung zu anderen Zwecken sind sie zu sperren.

(5) Sind verwertbare personenbezogene Daten, die nach § 176 des Telekommunikationsgesetzes gespeichert waren, durch eine entsprechende polizeirechtliche Maßnahme erlangt worden, dürfen sie in einem Strafverfahren ohne Einwilligung der Beteiligten der betroffenen Telekommunikation nur zur Aufklärung einer Straftat, auf Grund derer eine Maßnahme nach § 100g Absatz 2, auch in Verbindung mit Absatz 3 Satz 2, angeordnet werden könnte, oder zur Ermittlung des Aufenthalts der einer solchen Straftat beschuldigten Person verwendet werden.

(6) [1]Die Beteiligten der betroffenen Telekommunikation und die betroffenen Nutzer des digitalen Dienstes nach § 1 Absatz 4 Nummer 1 des Digitale-Dienste-Gesetzes sind von der Erhebung der Verkehrsdaten nach § 100g oder der Nutzungsdaten nach § 100k Absatz 1 und 2 zu benachrichtigen. [2]§ 101 Absatz 4 Satz 2 bis 5 und Absatz 5 bis 7 gilt entsprechend mit der Maßgabe, dass

1. das Unterbleiben der Benachrichtigung nach § 101 Absatz 4 Satz 3 der Anordnung des zuständigen Gerichts bedarf;
2. abweichend von § 101 Absatz 6 Satz 1 die Zurückstellung der Benachrichtigung nach § 101 Absatz 5 Satz 1 stets der Anordnung des zuständigen Gerichts bedarf und eine erstmalige Zurückstellung auf höchstens zwölf Monate zu befristen ist.

(7) [1]Die betroffene Person ist in den Fällen des § 100k Absatz 3 über die Beauskunftung zu benachrichtigen. [2]Die Benachrichtigung erfolgt, soweit und sobald hierdurch der Zweck der Beauskunftung nicht vereitelt wird. [3]Sie unterbleibt, wenn ihr überwiegende schutzwürdige Belange Dritter oder der betroffenen Person selbst entgegenstehen. [4]Wird die Benachrichtigung nach Satz 2 zurückgestellt oder nach Satz 3 von ihr abgesehen, sind die Gründe aktenkundig zu machen.

§ 101b Statistische Erfassung; Berichtspflichten

(1) [1]Die Länder und der Generalbundesanwalt berichten dem Bundesamt für Justiz kalenderjährlich jeweils bis zum 30. Juni des dem Berichtsjahr folgenden Jahres über in ihrem Zuständigkeitsbereich angeordnete Maßnahmen nach den §§ 100a, 100b, 100c, 100g und 100k Absatz 1 und 2. [2]Das Bundesamt für Justiz erstellt eine Übersicht zu den im Berichtsjahr bundesweit angeordneten Maßnahmen und veröffentlicht diese im Internet. [3]Über die im jeweils vorangegangenen Kalenderjahr nach § 100c angeordneten Maßnahmen berichtet die Bundesregierung dem Deutschen Bundestag vor der Veröffentlichung im Internet.

(2) In den Übersichten über Maßnahmen nach § 100a sind anzugeben:

1. die Anzahl der Verfahren, in denen Maßnahmen nach § 100a Absatz 1 angeordnet worden sind;
2. die Anzahl der Überwachungsanordnungen nach § 100a Absatz 1, unterschieden nach Erst- und Verlängerungsanordnungen;
3. die jeweils zugrunde liegende Anlassstraftat nach der Unterteilung in § 100a Absatz 2;
4. die Anzahl der Verfahren, in denen ein Eingriff in ein von dem Betroffenen genutztes informationstechnisches System nach § 100a Absatz 1 Satz 2 und 3
   a) im richterlichen Beschluss angeordnet wurde und
   b) tatsächlich durchgeführt wurde.

(3) In den Übersichten über Maßnahmen nach § 100b sind anzugeben:

1. die Anzahl der Verfahren, in denen Maßnahmen nach § 100b Absatz 1 angeordnet worden sind;
2. die Anzahl der Überwachungsanordnungen nach § 100b Absatz 1, unterschieden nach Erst- und Verlängerungsanordnungen;
3. die jeweils zugrunde liegende Anlassstraftat nach Maßgabe der Unterteilung in § 100b Absatz 2;
4. die Anzahl der Verfahren, in denen ein Eingriff in ein vom Betroffenen genutztes informationstechnisches System tatsächlich durchgeführt wurde.

(4) In den Berichten über Maßnahmen nach § 100c sind anzugeben:

1. die Anzahl der Verfahren, in denen Maßnahmen nach § 100c Absatz 1 angeordnet worden sind;
2. die jeweils zugrunde liegende Anlassstraftat nach Maßgabe der Unterteilung in § 100b Absatz 2;
3. ob das Verfahren einen Bezug zur Verfolgung organisierter Kriminalität aufweist;
4. die Anzahl der überwachten Objekte je Verfahren nach Privatwohnungen und sonstigen Wohnungen sowie nach Wohnungen des Beschuldigten und Wohnungen dritter Personen;
5. die Anzahl der überwachten Personen je Verfahren nach Beschuldigten und nichtbeschuldigten Personen;
6. die Dauer der einzelnen Überwachung nach Dauer der Anordnung, Dauer der Verlängerung und Abhördauer;
7. wie häufig eine Maßnahme nach § 100d Absatz 4, § 100e Absatz 5 unterbrochen oder abgebrochen worden ist;
8. ob eine Benachrichtigung der betroffenen Personen (§ 101 Absatz 4 bis 6) erfolgt ist oder aus welchen Gründen von einer Benachrichtigung abgesehen worden ist;
9. ob die Überwachung Ergebnisse erbracht hat, die für das Verfahren relevant sind oder voraussichtlich relevant sein werden;
10. ob die Überwachung Ergebnisse erbracht hat, die für andere Strafverfahren relevant sind oder voraussichtlich relevant sein werden;
11. wenn die Überwachung keine relevanten Ergebnisse erbracht hat: die Gründe hierfür, differenziert nach technischen Gründen und sonstigen Gründen;
12. die Kosten der Maßnahme, differenziert nach Kosten für Übersetzungsdienste und sonstigen Kosten.

(5) In den Übersichten über Maßnahmen nach § 100g sind anzugeben:

1. unterschieden nach Maßnahmen nach § 100g Absatz 1, 2 und 3
   a) die Anzahl der Verfahren, in denen diese Maßnahmen durchgeführt wurden;
   b) die Anzahl der Erstanordnungen, mit denen diese Maßnahmen angeordnet wurden;
   c) die Anzahl der Verlängerungsanordnungen, mit denen diese Maßnahmen angeordnet wurden;
2. untergliedert nach der Anzahl der zurückliegenden Wochen, für die die Erhebung von Verkehrsdaten angeordnet wurde, jeweils bemessen ab dem Zeitpunkt der Anordnung
   a) die Anzahl der Anordnungen nach § 100g Absatz 1;
   b) die Anzahl der Anordnungen nach § 100g Absatz 2;
   c) die Anzahl der Anordnungen nach § 100g Absatz 3;

d) die Anzahl der Anordnungen, die teilweise ergebnislos geblieben sind, weil die abgefragten Daten teilweise nicht verfügbar waren;
e) die Anzahl der Anordnungen, die ergebnislos geblieben sind, weil keine Daten verfügbar waren.

(6) In den Übersichten über Maßnahmen nach § 100k sind jeweils unterschieden nach Maßnahmen nach den Absätzen 1 und 2 anzugeben:
1. die Anzahl der Verfahren, in denen Maßnahmen angeordnet worden sind;
2. die Anzahl der Anordnungen, unterschieden nach Erst- und Verlängerungsanordnungen;
3. untergliedert nach der Anzahl der zurückliegenden Wochen, für die die Erhebung von Nutzungsdaten angeordnet wurde, jeweils bemessen ab dem Zeitpunkt der Anordnung
   a) die Anzahl der Anordnungen, die teilweise ergebnislos geblieben sind, weil die abgefragten Daten teilweise nicht verfügbar waren;
   b) die Anzahl der Anordnungen, die ergebnislos geblieben sind, weil keine Daten verfügbar waren.

§ 102 Durchsuchung bei Beschuldigten

Bei dem, welcher als Täter oder Teilnehmer einer Straftat oder der Datenhehlerei, Begünstigung, Strafvereitelung oder Hehlerei verdächtig ist, kann eine Durchsuchung der Wohnung und anderer Räume sowie seiner Person und der ihm gehörenden Sachen sowohl zum Zweck seiner Ergreifung als auch dann vorgenommen werden, wenn zu vermuten ist, daß die Durchsuchung zur Auffindung von Beweismitteln führen werde.

§ 103 Durchsuchung bei anderen Personen

(1) [1]Bei anderen Personen sind Durchsuchungen nur zur Ergreifung des Beschuldigten oder zur Verfolgung von Spuren einer Straftat oder zur Beschlagnahme bestimmter Gegenstände und nur dann zulässig, wenn Tatsachen vorliegen, aus denen zu schließen ist, daß die gesuchte Person, Spur oder Sache sich in den zu durchsuchenden Räumen befindet. [2]Zum Zwecke der Ergreifung eines Beschuldigten, der dringend verdächtig ist, eine Straftat nach § 89a oder § 89c Absatz 1 bis 4 des Strafgesetzbuchs oder nach § 129a, auch in Verbindung mit § 129b Abs. 1, des Strafgesetzbuches oder eine der in dieser Vorschrift bezeichneten Straftaten begangen zu haben, ist eine Durchsuchung von Wohnungen und anderen Räumen auch zulässig, wenn diese sich in einem Gebäude befinden, von dem auf Grund von Tatsachen anzunehmen ist, daß sich der Beschuldigte in ihm aufhält.

(2) Die Beschränkungen des Absatzes 1 Satz 1 gelten nicht für Räume, in denen der Beschuldigte ergriffen worden ist oder die er während der Verfolgung betreten hat.

§ 104 Durchsuchung von Räumen zur Nachtzeit

(1) Zur Nachtzeit dürfen die Wohnung, die Geschäftsräume und das befriedete Besitztum nur in folgenden Fällen durchsucht werden:
1. bei Verfolgung auf frischer Tat,
2. bei Gefahr im Verzug,
3. wenn bestimmte Tatsachen den Verdacht begründen, dass während der Durchsuchung auf ein elektronisches Speichermedium zugegriffen werden wird, das als Beweismittel in Betracht kommt, und ohne die Durchsuchung zur Nachtzeit die Auswertung des elektronischen Speichermediums, insbesondere in unverschlüsselter Form, aussichtslos oder wesentlich erschwert wäre oder
4. zur Wiederergreifung eines entwichenen Gefangenen.

(2) Diese Beschränkung gilt nicht für Räume, die zur Nachtzeit jedermann zugänglich oder die der Polizei als Herbergen oder Versammlungsorte bestrafter Personen, als Niederlagen von Sachen, die mittels Straftaten erlangt sind, oder als Schlupfwinkel des Glücksspiels, des unerlaubten Betäubungsmittel-, Cannabis- und Waffenhandels oder der Prostitution bekannt sind.

(3) Die Nachtzeit umfasst den Zeitraum von 21 bis 6 Uhr.

§ 105 Verfahren bei der Durchsuchung

(1) [1]Durchsuchungen dürfen nur durch den Richter, bei Gefahr im Verzug auch durch die Staatsanwaltschaft und ihre Ermittlungspersonen (§ 152 des Gerichtsverfassungsgesetzes) angeordnet werden. [2]Durchsuchungen nach § 103 Abs. 1 Satz 2 ordnet der Richter an; die Staatsanwaltschaft ist hierzu befugt, wenn Gefahr im Verzug ist.

(2) [1]Wenn eine Durchsuchung der Wohnung, der Geschäftsräume oder des befriedeten Besitztums ohne Beisein des Richters oder des Staatsanwalts stattfindet, so sind, wenn möglich, ein Gemeindebeamter oder zwei Mitglieder der Gemeinde, in deren Bezirk die Durchsuchung erfolgt, zuzuziehen. [2]Die als Gemeindemitglieder zugezogenen Personen dürfen nicht Polizeibeamte oder Ermittlungspersonen der Staatsanwaltschaft sein.

(3) [1]Wird eine Durchsuchung in einem Dienstgebäude oder einer nicht allgemein zugänglichen Einrichtung oder Anlage der Bundeswehr erforderlich, so wird die vorgesetzte Dienststelle der Bundeswehr um ihre Durchführung ersucht. [2]Die ersuchende Stelle ist zur Mitwirkung berechtigt. [3]Des Ersuchens bedarf es nicht, wenn die Durchsuchung von Räumen vorzunehmen ist, die ausschließlich von anderen Personen als Soldaten bewohnt werden.

§ 106 Hinzuziehung des Inhabers eines Durchsuchungsobjekts

(1) [1]Der Inhaber der zu durchsuchenden Räume oder Gegenstände darf der Durchsuchung beiwohnen. [2]Ist er abwesend, so ist, wenn möglich, sein Vertreter oder ein erwachsener Angehöriger, Hausgenosse oder Nachbar zuzuziehen.

(2) [1]Dem Inhaber oder der in dessen Abwesenheit zugezogenen Person ist in den Fällen des § 103 Abs. 1 der Zweck der Durchsuchung vor deren Beginn bekanntzumachen. [2]Diese Vorschrift gilt nicht für die Inhaber der in § 104 Abs. 2 bezeichneten Räume.

§ 107 Durchsuchungsbescheinigung; Beschlagnahmeverzeichnis

[1]Dem von der Durchsuchung Betroffenen ist nach deren Beendigung auf Verlangen eine schriftliche Mitteilung zu machen, die den Grund der Durchsuchung (§§ 102, 103) sowie im Falle des § 102 die Straftat bezeichnen muß. [2]Auch ist ihm auf Verlangen ein Verzeichnis der in Verwahrung oder in Beschlag genommenen Gegenstände, falls aber nichts Verdächtiges gefunden wird, eine Bescheinigung hierüber zu geben.

§ 108 Beschlagnahme anderer Gegenstände

(1) [1]Werden bei Gelegenheit einer Durchsuchung Gegenstände gefunden, die zwar in keiner Beziehung zu der Untersuchung stehen, aber auf die Verübung einer anderen Straftat hindeuten, so sind sie einstweilen in Beschlag zu nehmen. [2]Der Staatsanwaltschaft ist hiervon Kenntnis zu geben. [3]Satz 1 findet keine Anwendung, soweit eine Durchsuchung nach § 103 Abs. 1 Satz 2 stattfindet.

(2) Werden bei einem Arzt Gegenstände im Sinne von Absatz 1 Satz 1 gefunden, die den Schwangerschaftsabbruch einer Patientin betreffen, ist ihre Verwertung zu Beweiszwecken in einem Strafverfahren gegen die Patientin wegen einer Straftat nach § 218 des Strafgesetzbuches unzulässig.

(3) Werden bei einer in § 53 Abs. 1 Satz 1 Nr. 5 genannten Person Gegenstände im Sinne von Absatz 1 Satz 1 gefunden, auf die sich das Zeugnisverweigerungsrecht der genannten Person erstreckt, ist die Verwertung des Gegenstandes zu Beweiszwecken in einem Strafverfahren nur insoweit zulässig, als Gegenstand dieses Strafverfahrens eine Straftat ist, die im Höchstmaß mit mindestens fünf Jahren Freiheitsstrafe bedroht ist und bei der es sich nicht um eine Straftat nach § 353b des Strafgesetzbuches handelt.

§ 109 Kenntlichmachung beschlagnahmter Gegenstände

Die in Verwahrung oder in Beschlag genommenen Gegenstände sind genau zu verzeichnen und zur Verhütung von Verwechslungen durch amtliche Siegel oder in sonst geeigneter Weise kenntlich zu machen.

§ 110 Durchsicht von Papieren und elektronischen Speichermedien

(1) Die Durchsicht der Papiere des von der Durchsuchung Betroffenen steht der Staatsanwaltschaft und auf deren Anordnung ihren Ermittlungspersonen (§ 152 des Gerichtsverfassungsgesetzes) zu.

(2) [1]Im Übrigen sind Beamte zur Durchsicht der aufgefundenen Papiere nur dann befugt, wenn der Inhaber die Durchsicht genehmigt. [2]Andernfalls haben sie die Papiere, deren Durchsicht sie für geboten erachten, in einem Umschlag, der in Gegenwart des Inhabers mit dem Amtssiegel zu verschließen ist, an die Staatsanwaltschaft abzuliefern.

(3) [1]Nach Maßgabe der Absätze 1 und 2 ist auch die Durchsicht von elektronischen Speichermedien bei dem von der Durchsuchung Betroffenen zulässig. [2]Diese Durchsicht darf auch auf hiervon räumlich getrennte Speichermedien erstreckt werden, soweit auf sie von dem elektronischen Speichermedium aus zugegriffen werden kann, wenn andernfalls der Verlust der gesuchten Daten zu befürchten ist. [3]Daten, die für die Untersuchung von Bedeutung sein können, dürfen gesichert werden.

(4) Werden Papiere zur Durchsicht mitgenommen oder Daten vorläufig gesichert, gelten die §§ 95a und 98 Absatz 2 entsprechend.

§ 110a Verdeckter Ermittler

(1) [1]Verdeckte Ermittler dürfen zur Aufklärung von Straftaten eingesetzt werden, wenn zureichende tatsächliche Anhaltspunkte dafür vorliegen, daß eine Straftat von erheblicher Bedeutung

1. auf dem Gebiet des unerlaubten Betäubungsmittel- oder Waffenverkehrs, der Geld- oder Wertzeichenfälschung,
2. auf dem Gebiet des Staatsschutzes (§§ 74a, 120 des Gerichtsverfassungsgesetzes),

3. gewerbs- oder gewohnheitsmäßig oder
4. von einem Bandenmitglied oder in anderer Weise organisiert

begangen worden ist. [2]Zur Aufklärung von Verbrechen dürfen Verdeckte Ermittler auch eingesetzt werden, soweit auf Grund bestimmter Tatsachen die Gefahr der Wiederholung besteht. [3]Der Einsatz ist nur zulässig, soweit die Aufklärung auf andere Weise aussichtslos oder wesentlich erschwert wäre. [4]Zur Aufklärung von Verbrechen dürfen Verdeckte Ermittler außerdem eingesetzt werden, wenn die besondere Bedeutung der Tat den Einsatz gebietet und andere Maßnahmen aussichtslos wären. [5]§ 100d Absatz 1 und 2 gilt entsprechend.

(2) [1]Verdeckte Ermittler sind Beamte des Polizeidienstes, die unter einer ihnen verliehenen, auf Dauer angelegten, veränderten Identität (Legende) ermitteln. [2]Sie dürfen unter der Legende am Rechtsverkehr teilnehmen.

(3) Soweit es für den Aufbau oder die Aufrechterhaltung der Legende unerläßlich ist, dürfen entsprechende Urkunden hergestellt, verändert und gebraucht werden.

§ 110b Verfahren beim Einsatz eines Verdeckten Ermittlers

(1) [1]Der Einsatz eines Verdeckten Ermittlers ist erst nach Zustimmung der Staatsanwaltschaft zulässig. [2]Besteht Gefahr im Verzug und kann die Entscheidung der Staatsanwaltschaft nicht rechtzeitig eingeholt werden, so ist sie unverzüglich herbeizuführen; die Maßnahme ist zu beenden, wenn nicht die Staatsanwaltschaft binnen drei Werktagen zustimmt. [3]Die Zustimmung ist schriftlich zu erteilen und zu befristen. [4]Eine Verlängerung ist zulässig, solange die Voraussetzungen für den Einsatz fortbestehen.

(2) [1]Einsätze,

1. die sich gegen einen bestimmten Beschuldigten richten oder
2. bei denen der Verdeckte Ermittler eine Wohnung betritt, die nicht allgemein zugänglich ist,

bedürfen der Zustimmung des Gerichts. [2]Bei Gefahr im Verzug genügt die Zustimmung der Staatsanwaltschaft. [3]Kann die Entscheidung der Staatsanwaltschaft nicht rechtzeitig eingeholt werden, so ist sie unverzüglich herbeizuführen. [4]Die Maßnahme ist zu beenden, wenn nicht das Gericht binnen drei Werktagen zustimmt. [5]Absatz 1 Satz 3 und 4 gilt entsprechend.

(3) [1]Die Identität des Verdeckten Ermittlers kann auch nach Beendigung des Einsatzes geheimgehalten werden. [2]Die Staatsanwaltschaft und das Gericht, die für die Entscheidung über die Zustimmung zu dem Einsatz zuständig sind, können verlangen, daß die Identität ihnen gegenüber offenbart wird. [3]Im übrigen ist in einem Strafverfahren die Geheimhaltung der Identität nach Maßgabe des § 96 zulässig, insbesondere dann, wenn Anlaß zu der Besorgnis besteht, daß die Offenbarung Leben, Leib oder Freiheit des Verdeckten Ermittlers oder einer anderen Person oder die Möglichkeit der weiteren Verwendung des Verdeckten Ermittlers gefährden würde.

§ 110c Befugnisse des Verdeckten Ermittlers

[1]Verdeckte Ermittler dürfen unter Verwendung ihrer Legende eine Wohnung mit dem Einverständnis des Berechtigten betreten. [2]Das Einverständnis darf nicht durch ein über die Nutzung der Legende hinausgehendes Vortäuschen eines Zutrittsrechts herbeigeführt werden. [3]Im übrigen richten sich die Befugnisse des Verdeckten Ermittlers nach diesem Gesetz und anderen Rechtsvorschriften.

§ 110d Besonderes Verfahren bei Einsätzen zur Ermittlung von Straftaten nach den §§ 176e und 184b des Strafgesetzbuches

[1]Einsätze, bei denen entsprechend § 176e Absatz 5 oder § 184b Absatz 6 des Strafgesetzbuches Handlungen im Sinne des § 176e Absatz 1 und 3 oder § 184b Absatz 1 Satz 1 Nummer 1, 2 und 4 sowie Satz 2 des Strafgesetzbuches vorgenommen werden, bedürfen der Zustimmung des Gerichts. [2]In dem Antrag ist darzulegen, dass die handelnden Polizeibeamten auf den Einsatz umfassend vorbereitet wurden. [3]Bei Gefahr im Verzug genügt die Zustimmung der Staatsanwaltschaft. [4]Die Maßnahme ist zu beenden, wenn nicht das Gericht binnen drei Werktagen zustimmt. [5]Die Zustimmung ist schriftlich zu erteilen und zu befristen. [6]Eine Verlängerung ist zulässig, solange die Voraussetzungen für den Einsatz fortbestehen.

§ 110e *[aufgehoben]*

§ 111 Errichtung von Kontrollstellen an öffentlich zugänglichen Orten

(1) [1]Begründen bestimmte Tatsachen den Verdacht, daß eine Straftat nach § 89a oder § 89c Absatz 1 bis 4 des Strafgesetzbuchs oder nach § 129a, auch in Verbindung mit § 129b Abs. 1, des Strafgesetzbuches, eine der in dieser Vorschrift bezeichneten Straftaten oder eine Straftat nach § 250 Abs. 1 Nr. 1 des Strafgesetzbuches begangen worden ist, so können auf öffentlichen Straßen und Plätzen und an anderen öffentlich zugänglichen Orten Kontrollstellen eingerichtet werden, wenn Tatsachen die Annahme rechtfertigen, daß diese Maßnahme zur Ergreifung des Täters oder zur Sicherstellung von Beweismitteln führen

kann, die der Aufklärung der Straftat dienen können. [2]An einer Kontrollstelle ist jedermann verpflichtet, seine Identität feststellen und sich sowie mitgeführte Sachen durchsuchen zu lassen.

(2) Die Anordnung, eine Kontrollstelle einzurichten, trifft der Richter; die Staatsanwaltschaft und ihre Ermittlungspersonen (§ 152 des Gerichtsverfassungsgesetzes) sind hierzu befugt, wenn Gefahr im Verzug ist.

(3) Für die Durchsuchung und die Feststellung der Identität nach Absatz 1 gelten § 106 Abs. 2 Satz 1, § 107 Satz 2 erster Halbsatz, die §§ 108, 109, 110 Abs. 1 und 2 sowie die §§ 163b und 163c entsprechend.

§ 111a Vorläufige Entziehung der Fahrerlaubnis

(1) [1]Sind dringende Gründe für die Annahme vorhanden, daß die Fahrerlaubnis entzogen werden wird (§ 69 des Strafgesetzbuches), so kann der Richter dem Beschuldigten durch Beschluß die Fahrerlaubnis vorläufig entziehen. [2]Von der vorläufigen Entziehung können bestimmte Arten von Kraftfahrzeugen ausgenommen werden, wenn besondere Umstände die Annahme rechtfertigen, daß der Zweck der Maßnahme dadurch nicht gefährdet wird.

(2) Die vorläufige Entziehung der Fahrerlaubnis ist aufzuheben, wenn ihr Grund weggefallen ist oder wenn das Gericht im Urteil die Fahrerlaubnis nicht entzieht.

(3) [1]Die vorläufige Entziehung der Fahrerlaubnis wirkt zugleich als Anordnung oder Bestätigung der Beschlagnahme des von einer deutschen Behörde ausgestellten Führerscheins. [2]Dies gilt auch, wenn der Führerschein von einer Behörde eines Mitgliedstaates der Europäischen Union oder eines anderen Vertragsstaates des Abkommens über den Europäischen Wirtschaftsraum ausgestellt worden ist, sofern der Inhaber seinen ordentlichen Wohnsitz im Inland hat.

(4) Ist ein Führerschein beschlagnahmt, weil er nach § 69 Abs. 3 Satz 2 des Strafgesetzbuches eingezogen werden kann, und bedarf es einer richterlichen Entscheidung über die Beschlagnahme, so tritt an deren Stelle die Entscheidung über die vorläufige Entziehung der Fahrerlaubnis.

(5) [1]Ein Führerschein, der in Verwahrung genommen, sichergestellt oder beschlagnahmt ist, weil er nach § 69 Abs. 3 Satz 2 des Strafgesetzbuches eingezogen werden kann, ist dem Beschuldigten zurückzugeben, wenn der Richter die vorläufige Entziehung der Fahrerlaubnis wegen Fehlens der in Absatz 1 bezeichneten Voraussetzungen ablehnt, wenn er sie aufhebt oder wenn das Gericht im Urteil die Fahrerlaubnis nicht entzieht. [2]Wird jedoch im Urteil ein Fahrverbot nach § 44 des Strafgesetzbuches verhängt, so kann die Rückgabe des Führerscheins aufgeschoben werden, wenn der Beschuldigte nicht widerspricht.

(6) [1]In anderen als in Absatz 3 Satz 2 genannten ausländischen Führerscheinen ist die vorläufige Entziehung der Fahrerlaubnis zu vermerken. [2]Bis zur Eintragung dieses Vermerkes kann der Führerschein beschlagnahmt werden (§ 94 Abs. 3, § 98).

§ 111b Beschlagnahme zur Sicherung der Einziehung oder Unbrauchbarmachung

(1) [1]Ist die Annahme begründet, dass die Voraussetzungen der Einziehung oder Unbrauchbarmachung eines Gegenstandes vorliegen, so kann er zur Sicherung der Vollstreckung beschlagnahmt werden. [2]Liegen dringende Gründe für diese Annahme vor, so soll die Beschlagnahme angeordnet werden. [3]§ 94 Absatz 3 bleibt unberührt.

(2) Die §§ 102 bis 110 gelten entsprechend.

§ 111c Vollziehung der Beschlagnahme

(1) [1]Die Beschlagnahme einer beweglichen Sache wird dadurch vollzogen, dass die Sache in Gewahrsam genommen wird. [2]Die Beschlagnahme kann auch dadurch vollzogen werden, dass sie durch Siegel oder in anderer Weise kenntlich gemacht wird.

(2) [1]Die Beschlagnahme einer Forderung oder eines anderen Vermögensrechtes, das nicht den Vorschriften über die Zwangsvollstreckung in das unbewegliche Vermögen unterliegt, wird durch Pfändung vollzogen. [2]Die Vorschriften der Zivilprozessordnung über die Zwangsvollstreckung in Forderungen und andere Vermögensrechte sind insoweit sinngemäß anzuwenden. [3]Die Aufforderung zur Abgabe der in § 840 Absatz 1 der Zivilprozessordnung bezeichneten Erklärungen ist in den Pfändungsbeschluss aufzunehmen.

(3) [1]Die Beschlagnahme eines Grundstücks oder eines Rechts, das den Vorschriften über die Zwangsvollstreckung in das unbewegliche Vermögen unterliegt, wird durch ihre Eintragung im Grundbuch vollzogen. [2]Die Vorschriften des Gesetzes über die Zwangsversteigerung und Zwangsverwaltung über den Umfang der Beschlagnahme bei der Zwangsversteigerung gelten entsprechend.

(4) [1]Die Beschlagnahme eines Schiffes, eines Schiffsbauwerks oder eines Luftfahrzeugs wird nach Absatz 1 vollzogen. [2]Ist der Gegenstand im Schiffs- oder Schiffsbauregister oder im Register für Pfandrechte an Luftfahrzeugen eingetragen, ist die Beschlagnahme in diesem Register einzutragen. [3]Zu diesem Zweck können eintragungsfähige Schiffsbauwerke oder Luftfahrzeuge zur Eintragung angemeldet werden; die

Vorschriften, die bei der Anmeldung durch eine Person, die auf Grund eines vollstreckbaren Titels eine Eintragung im Register verlangen kann, anzuwenden sind, gelten hierbei entsprechend.

§ 111d Wirkung der Vollziehung der Beschlagnahme; Rückgabe beweglicher Sachen

(1) [1]Die Vollziehung der Beschlagnahme eines Gegenstandes hat die Wirkung eines Veräußerungsverbotes im Sinne des § 136 des Bürgerlichen Gesetzbuchs. [2]Die Wirkung der Beschlagnahme wird von der Eröffnung des Insolvenzverfahrens über das Vermögen des Betroffenen nicht berührt; Maßnahmen nach § 111c können in einem solchen Verfahren nicht angefochten werden.

(2) [1]Eine beschlagnahmte bewegliche Sache kann dem Betroffenen zurückgegeben werden, wenn er einen den Wert der Sache entsprechenden Geldbetrag beibringt. [2]Der beigebrachte Betrag tritt an die Stelle der Sache. [3]Sie kann dem Betroffenen auch unter dem Vorbehalt jederzeitigen Widerrufs zur vorläufigen weiteren Benutzung bis zum Abschluss des Verfahrens überlassen werden; die Maßnahme kann davon abhängig gemacht werden, dass der Betroffene Sicherheit leistet oder bestimmte Auflagen erfüllt.

(3) [1]Beschlagnahmtes Bargeld kann hinterlegt oder auf ein Konto der Justiz eingezahlt werden. [2]Der mit der Einzahlung entstandene Auszahlungsanspruch tritt an die Stelle des Bargeldes.

§ 111e Vermögensarrest zur Sicherung der Wertersatzeinziehung

(1) [1]Ist die Annahme begründet, dass die Voraussetzungen der Einziehung von Wertersatz vorliegen, so kann zur Sicherung der Vollstreckung der Vermögensarrest in das bewegliche und unbewegliche Vermögen des Betroffenen angeordnet werden. [2]Liegen dringende Gründe für diese Annahme vor, so soll der Vermögensarrest angeordnet werden.

(2) Der Vermögensarrest kann auch zur Sicherung der Vollstreckung einer Geldstrafe und der voraussichtlichen Kosten des Strafverfahrens angeordnet werden, wenn gegen den Beschuldigten ein Urteil ergangen oder ein Strafbefehl erlassen worden ist.

(3) Zur Sicherung der Vollstreckungskosten ergeht kein Arrest.

(4) [1]In der Anordnung ist der zu sichernde Anspruch unter Angabe des Geldbetrages zu bezeichnen. [2]Zudem ist in der Anordnung ein Geldbetrag festzusetzen, durch dessen Hinterlegung der Betroffene die Vollziehung des Arrestes abwenden und die Aufhebung der Vollziehung des Arrestes verlangen kann; § 108 Absatz 1 der Zivilprozessordnung gilt entsprechend.

(5) Die §§ 102 bis 110 gelten entsprechend.

(6) Die Möglichkeit einer Anordnung nach § 324 der Abgabenordnung steht einer Anordnung nach Absatz 1 nicht entgegen.

§ 111f Vollziehung des Vermögensarrestes

(1) Der Vermögensarrest in eine bewegliche Sache, in eine Forderung oder ein anderes Vermögensrecht, das nicht der Zwangsvollstreckung in das unbewegliche Vermögen unterliegt, wird durch Pfändung vollzogen. [2]Die §§ 928 und 930 der Zivilprozessordnung gelten sinngemäß. [3]§ 111c Absatz 2 Satz 3 gilt entsprechend.

(2) [1]Der Vermögensarrest in ein Grundstück oder ein Recht, das den Vorschriften über die Zwangsvollstreckung in das unbewegliche Vermögen unterliegt, wird durch Eintragung einer Sicherungshypothek bewirkt. [2]Die §§ 928 und 932 der Zivilprozessordung[1)] gelten sinngemäß.

(3) [1]Der Vermögensarrest in ein Schiff, ein Schiffsbauwerk oder ein Luftfahrzeug wird nach Absatz 1 bewirkt. [2]Ist der Gegenstand im Schiffs- oder Schiffsbauregister oder im Register für Pfandrechte an Luftfahrzeugen eingetragen, gelten die §§ 928 und 931 der Zivilprozessordung[1)] sinngemäß.

(4) In den Fällen der Absätze 2 und 3 Satz 2 wird auch das Veräußerungsverbot nach § 111h Absatz 1 Satz 1 in Verbindung mit § 136 des Bürgerlichen Gesetzbuchs eingetragen.

§ 111g Aufhebung der Vollziehung des Vermögensarrestes

(1) Hinterlegt der Betroffene den nach § 111e Absatz 4 festgesetzten Geldbetrag, wird die Vollziehungsmaßnahme aufgehoben.

(2) Ist der Arrest wegen einer Geldstrafe oder der voraussichtlich entstehenden Kosten des Strafverfahrens angeordnet worden, so ist eine Vollziehungsmaßnahme auf Antrag des Beschuldigten aufzuheben, soweit der Beschuldigte den Pfandgegenstand zur Aufbringung der Kosten seiner Verteidigung, seines Unterhalts oder des Unterhalts seiner Familie benötigt.

§ 111h Wirkung der Vollziehung des Vermögensarrestes

(1) [1]Die Vollziehung des Vermögensarrestes in einen Gegenstand hat die Wirkung eines Veräußerungsverbots im Sinne des § 136 des Bürgerlichen Gesetzbuchs. [2]Für das Sicherungsrecht, das in Vollziehung des Vermögensarrestes entsteht, gilt § 80 Absatz 2 Satz 2 der Insolvenzordnung.

---

1) Richtig wohl: „Zivilprozessordnung".

(2) [1]Zwangsvollstreckungen in Gegenstände, die im Wege der Arrestvollziehung nach § 111f gesichert worden sind, sind während der Dauer der Arrestvollziehung nicht zulässig. [2]Die Vollziehung einer Arrestanordnung nach § 324 der Abgabenordnung bleibt unberührt, soweit der Arrestanspruch aus der Straftat erwachsen ist.

§ 111i Insolvenzverfahren

(1) [1]Ist jemandem aus der Tat ein Anspruch auf Ersatz des Wertes des Erlangten erwachsen und wird das Insolvenzverfahren über das Vermögen des Arrestschuldners eröffnet, so erlischt das Sicherungsrecht nach § 111h Absatz 1 an dem Gegenstand oder an dem durch dessen Verwertung erzielten Erlös, sobald dieser vom Insolvenzbeschlag erfasst wird. [2]Das Sicherungsrecht erlischt nicht an Gegenständen, die in einem Staat belegen sind, in dem die Eröffnung des Insolvenzverfahrens nicht anerkannt wird. [3]Die Sätze 1 und 2 gelten entsprechend für das Pfandrecht an der nach § 111g Absatz 1 hinterlegten Sicherheit.

(2) [1]Sind mehrere Anspruchsberechtigte im Sinne des Absatzes 1 Satz 1 vorhanden und reicht der Wert des in Vollziehung des Vermögensarrestes gesicherten Gegenstandes oder des durch seine Verwertung erzielten Erlöses zur Befriedigung der von ihnen geltend gemachten Ansprüche nicht aus, so stellt die Staatsanwaltschaft einen Antrag auf Eröffnung des Insolvenzverfahrens über das Vermögen des Arrestschuldners. [2]Die Staatsanwaltschaft sieht von der Stellung eines Eröffnungsantrags ab, wenn begründete Zweifel daran bestehen, dass das Insolvenzverfahren auf Grund des Antrags eröffnet wird.

(3) [1]Verbleibt bei der Schlussverteilung ein Überschuss, so erwirbt der Staat bis zur Höhe des Vermögensarrestes ein Pfandrecht am Anspruch des Schuldners auf Herausgabe des Überschusses. [2]In diesem Umfang hat der Insolvenzverwalter den Überschuss an die Staatsanwaltschaft herauszugeben.

§ 111j Verfahren bei der Anordnung der Beschlagnahme und des Vermögensarrestes

(1) [1]Beschlagnahme und Vermögensarrest werden durch das Gericht angeordnet. [2]Bei Gefahr im Verzug kann die Anordnung auch durch die Staatsanwaltschaft erfolgen. [3]Unter der Voraussetzung des Satzes 2 sind zur Beschlagnahme einer beweglichen Sache auch die Ermittlungspersonen der Staatsanwaltschaft (§ 152 des Gerichtsverfassungsgesetzes) befugt.

(2) [1]Hat die Staatsanwaltschaft die Beschlagnahme oder den Arrest angeordnet, so beantragt sie innerhalb einer Woche die gerichtliche Bestätigung der Anordnung. [2]Dies gilt nicht, wenn die Beschlagnahme einer beweglichen Sache angeordnet ist. [3]Der Betroffene kann in allen Fällen die Entscheidung des Gerichts beantragen. [4]Die Zuständigkeit des Gerichts bestimmt sich nach § 162.

§ 111k Verfahren bei der Vollziehung der Beschlagnahme und des Vermögensarrestes

(1) [1]Beschlagnahme und Vermögensarrest werden durch die Staatsanwaltschaft vollzogen. [2]Die erforderlichen Eintragungen in das Grundbuch und in die in § 111c Absatz 4 genannten Register sowie die in § 111c Absatz 4 genannten Anmeldungen werden auf Ersuchen der Staatsanwaltschaft bewirkt. [3]Soweit ein Arrest nach den Vorschriften über die Pfändung in bewegliche Sachen zu vollziehen ist, kann dies durch die in § 2 des Justizbeitreibungsgesetzes bezeichnete Behörde, den Gerichtsvollzieher, die Staatsanwaltschaft oder durch deren Ermittlungspersonen (§ 152 des Gerichtsverfassungsgesetzes) vollzogen werden. [4]Die Beschlagnahme beweglicher Sachen kann auch durch die Ermittlungspersonen der Staatsanwaltschaft (§ 152 des Gerichtsverfassungsgesetzes) vollzogen werden. [5]§ 98 Absatz 4 gilt entsprechend.

(2) [1]Für die Zustellung gilt § 37 Absatz 1 mit der Maßgabe, dass auch die Ermittlungspersonen der Staatsanwaltschaft (§ 152 des Gerichtsverfassungsgesetzes) mit der Ausführung beauftragt werden können. [2]Für Zustellungen an ein im Inland zum Geschäftsbetrieb befugtes Kreditinstitut gelten die §§ 173 und 175 der Zivilprozessordnung entsprechend.

(3) Gegen Maßnahmen, die in Vollziehung der Beschlagnahme oder des Vermögensarrestes getroffen werden, kann der Betroffene die Entscheidung des nach § 162 zuständigen Gerichts beantragen.

§ 111l Mitteilungen

(1) Die Staatsanwaltschaft teilt die Vollziehung der Beschlagnahme oder des Vermögensarrests demjenigen mit, dem ein Anspruch auf Rückgewähr des Erlangten oder auf Ersatz des Wertes des Erlangten aus der Tat erwachsen ist.

(2) In den Fällen der Beschlagnahme einer beweglichen Sache ist die Mitteilung mit dem Hinweis auf den Regelungsgehalt des Verfahrens über die Herausgabe nach den §§ 111n und 111o zu verbinden.

(3) [1]Wird ein Vermögensarrest vollzogen, so fordert die Staatsanwaltschaft den Anspruchsinhaber zugleich mit der Mitteilung auf zu erklären, ob und in welcher Höhe er den Anspruch auf Ersatz des Wertes des Erlangten, der ihm aus der Tat erwachsen ist, geltend machen wolle. [2]Die Mitteilung ist mit dem Hinweis auf den Regelungsgehalt des § 111h Absatz 2 und der Verfahren nach § 111i Absatz 2, § 459h Absatz 2 sowie § 459k zu verbinden.

(4) [1]Die Mitteilung kann durch einmalige Bekanntmachung im Bundesanzeiger erfolgen, wenn eine Mitteilung gegenüber jedem einzelnen mit unverhältnismäßigem Aufwand verbunden wäre. [2]Zusätzlich kann die Mitteilung auch in anderer geeigneter Weise veröffentlicht werden. [3]Gleiches gilt, wenn unbekannt ist, wem ein Anspruch auf Rückgewähr des Erlangten oder auf Ersatz des Wertes des Erlangten aus der Tat erwachsen ist, oder wenn der Anspruchsinhaber unbekannten Aufenthalts ist. [4]Personendaten dürfen nur veröffentlicht werden, soweit ihre Angabe zur Wahrung der Rechte der Anspruchsinhaber unerlässlich ist. [5]Nach Beendigung der Sicherungsmaßnahmen veranlasst die Staatsanwaltschaft die Löschung der Bekanntmachung.

§ 111m Verwaltung beschlagnahmter oder gepfändeter Gegenstände

(1) [1]Die Verwaltung von Gegenständen, die nach § 111c beschlagnahmt oder auf Grund eines Vermögensarrestes nach § 111f gepfändet worden sind, obliegt der Staatsanwaltschaft. [2]Sie kann ihre Ermittlungspersonen (§ 152 des Gerichtsverfassungsgesetzes) oder den Gerichtsvollzieher mit der Verwaltung beauftragen. [3]In geeigneten Fällen kann auch eine andere Person mit der Verwaltung beauftragt werden.

(2) Gegen Maßnahmen, die im Rahmen der Verwaltung nach Absatz 1 getroffen werden, kann der Betroffene die Entscheidung des nach § 162 zuständigen Gerichts beantragen.

§ 111n Herausgabe beweglicher Sachen

(1) Wird eine bewegliche Sache, die nach § 94 beschlagnahmt oder auf andere Weise sichergestellt oder nach § 111c Absatz 1 beschlagnahmt worden ist, für Zwecke des Strafverfahrens nicht mehr benötigt, so wird sie an den letzten Gewahrsamsinhaber herausgegeben.

(2) Abweichend von Absatz 1 wird die Sache an denjenigen herausgegeben, dem sie durch die Straftat unmittelbar entzogen worden ist, wenn dieser bekannt ist.

(3) Steht der Herausgabe nach Absatz 1 oder Absatz 2 der Anspruch eines Dritten entgegen, wird die Sache an den Dritten herausgegeben, wenn dieser bekannt ist.

(4) Die Herausgabe erfolgt nur, wenn ihre Voraussetzungen offenkundig sind.

§ 111o Verfahren bei der Herausgabe

(1) Über die Herausgabe entscheidet im vorbereitenden Verfahren und nach rechtskräftigem Abschluss des Verfahrens die Staatsanwaltschaft, im Übrigen das mit der Sache befasste Gericht.

(2) Gegen die Verfügung der Staatsanwaltschaft können die Betroffenen die Entscheidung des nach § 162 zuständigen Gerichts beantragen.

§ 111p Notveräußerung

(1) [1]Ein Gegenstand, der nach § 111c beschlagnahmt oder nach § 111f gepfändet worden ist, kann veräußert werden, wenn sein Verderb oder ein erheblicher Wertverlust droht oder seine Aufbewahrung, Pflege oder Erhaltung mit erheblichen Kosten oder Schwierigkeiten verbunden ist (Notveräußerung). [2]Der Erlös tritt an die Stelle des veräußerten Gegenstandes.

(2) [1]Die Notveräußerung wird durch die Staatsanwaltschaft angeordnet. [2]Ihren Ermittlungspersonen (§ 152 des Gerichtsverfassungsgesetzes) steht diese Befugnis zu, wenn der Gegenstand zu verderben droht, bevor die Entscheidung der Staatsanwaltschaft herbeigeführt werden kann.

(3) [1]Die von der Beschlagnahme oder Pfändung Betroffenen sollen vor der Anordnung gehört werden. [2]Die Anordnung sowie Zeit und Ort der Veräußerung sind ihnen, soweit dies ausführbar erscheint, mitzuteilen.

(4) [1]Die Durchführung der Notveräußerung obliegt der Staatsanwaltschaft. [2]Die Staatsanwaltschaft kann damit auch ihre Ermittlungspersonen (§ 152 des Gerichtsverfassungsgesetzes) beauftragen. [3]Für die Notveräußerung gelten im Übrigen die Vorschriften der Zivilprozessordnung über die Verwertung von Gegenständen sinngemäß.

(5) [1]Gegen die Notveräußerung und ihre Durchführung kann der Betroffene die Entscheidung des nach § 162 zuständigen Gerichts beantragen. [2]Das Gericht, in dringenden Fällen der Vorsitzende, kann die Aussetzung der Veräußerung anordnen.

§ 111q Beschlagnahme von Verkörperungen eines Inhalts und Vorrichtungen

(1) Die Beschlagnahme einer Verkörperung eines Inhalts (§ 11 Absatz 3 des Strafgesetzbuches) oder einer Vorrichtung im Sinne des § 74d des Strafgesetzbuches darf nach § 111b Absatz 1 nicht angeordnet werden, wenn ihre nachteiligen Folgen, insbesondere die Gefährdung des öffentlichen Interesses an unverzögerter Verbreitung, offenbar außer Verhältnis zu der Bedeutung der Sache stehen.

(2) [1]Ausscheidbare Teile der Verkörperung, die nichts Strafbares enthalten, sind von der Beschlagnahme auszuschließen. [2]Die Beschlagnahme kann in der Anordnung weiter beschränkt werden.

(3) Die Beschlagnahme kann dadurch abgewendet werden, dass der Betroffene den Teil eines Inhalts, der zur Beschlagnahme Anlass gibt, von der Vervielfältigung oder der Verbreitung ausschließt.
(4) [1]Die Beschlagnahme einer periodisch erscheinenden Verkörperung eines Inhalts (§ 11 Absatz 3 des Strafgesetzbuches) oder einer zu deren Herstellung gebrauchten oder bestimmten Vorrichtung im Sinne des § 74d des Strafgesetzbuches ordnet das Gericht an. [2]Die Beschlagnahme einer Verkörperung eines anderen Inhalts (§ 11 Absatz 3 des Strafgesetzbuches) oder einer zu deren Herstellung gebrauchten oder bestimmten Vorrichtung im Sinne des § 74d des Strafgesetzbuches kann bei Gefahr in Verzug auch die Staatsanwaltschaft anordnen. [3]Die Anordnung der Staatsanwaltschaft tritt außer Kraft, wenn sie nicht binnen drei Tagen von dem Gericht bestätigt wird. [4]In der Anordnung der Beschlagnahme ist der genaue Inhalt, der zur Beschlagnahme Anlass gibt, zu bezeichnen.
(5) [1]Eine Beschlagnahme nach Absatz 4 ist aufzuheben, wenn nicht binnen zwei Monaten die öffentliche Klage erhoben oder die selbständige Einziehung beantragt ist. [2]Reicht die in Satz 1 bezeichnete Frist wegen des besonderen Umfanges der Ermittlungen nicht aus, kann das Gericht auf Antrag der Staatsanwaltschaft die Frist um weitere zwei Monate verlängern. [3]Der Antrag kann einmal wiederholt werden. [4]Vor Erhebung der öffentlichen Klage oder vor Beantragung der selbständigen Einziehung ist die Beschlagnahme aufzuheben, wenn die Staatsanwaltschaft dies beantragt.

Neunter Abschnitt

Verhaftung und vorläufige Festnahme

§ 112 Voraussetzungen der Untersuchungshaft; Haftgründe

(1) [1]Die Untersuchungshaft darf gegen den Beschuldigten angeordnet werden, wenn er der Tat dringend verdächtig ist und ein Haftgrund besteht. [2]Sie darf nicht angeordnet werden, wenn sie zu der Bedeutung der Sache und der zu erwartenden Strafe oder Maßregel der Besserung und Sicherung außer Verhältnis steht.
(2) Ein Haftgrund besteht, wenn auf Grund bestimmter Tatsachen
1. festgestellt wird, daß der Beschuldigte flüchtig ist oder sich verborgen hält,
2. bei Würdigung der Umstände des Einzelfalles die Gefahr besteht, daß der Beschuldigte sich dem Strafverfahren entziehen werde (Fluchtgefahr), oder
3. das Verhalten des Beschuldigten den dringenden Verdacht begründet, er werde
   a) Beweismittel vernichten, verändern, beiseite schaffen, unterdrücken oder fälschen oder
   b) auf Mitbeschuldigte, Zeugen oder Sachverständige in unlauterer Weise einwirken oder
   c) andere zu solchem Verhalten veranlassen,

   und wenn deshalb die Gefahr droht, daß die Ermittlung der Wahrheit erschwert werde (Verdunkelungsgefahr).

(3) Gegen den Beschuldigten, der einer Straftat nach § 6 Absatz 1 Nummer 1 oder § 13 Absatz 1 des Völkerstrafgesetzbuches oder § 129a Abs. 1 oder Abs. 2, auch in Verbindung mit § 129b Abs. 1, oder nach den §§ 176c, 176d, 211, 212, 226, 306b oder 306c des Strafgesetzbuches oder, soweit durch die Tat Leib oder Leben eines anderen gefährdet worden ist, nach § 308 Abs. 1 bis 3 des Strafgesetzbuches dringend verdächtig ist, darf die Untersuchungshaft auch angeordnet werden, wenn ein Haftgrund nach Absatz 2 nicht besteht.

§ 112a Haftgrund der Wiederholungsgefahr

(1) [1]Ein Haftgrund besteht auch, wenn der Beschuldigte dringend verdächtig ist,
1. eine Straftat nach den §§ 174, 174a, 176 bis 176d, 177, 178, 184b Absatz 2 oder nach § 238 Abs. 2 und 3 des Strafgesetzbuches oder
2. wiederholt oder fortgesetzt eine die Rechtsordnung schwerwiegend beeinträchtigende Straftat nach den §§ 89a, 89c Absatz 1 bis 4, nach § 125a, nach den §§ 224 bis 227, nach den §§ 243, 244, 249 bis 255, 260, nach § 263, nach den §§ 306 bis 306c oder § 316a des Strafgesetzbuches oder nach § 29 Absatz 1 Satz 1 Nummer 1, 10 oder Abs. 3, § 29a Abs. 1, § 30 Abs. 1, § 30a Abs. 1 des Betäubungsmittelgesetzes oder nach einer in § 34 Absatz 3 Satz 2 Nummer 1, 3 oder Nummer 4 des Konsumcannabisgesetzes in Bezug genommenen Vorschrift unter den dort genannten Voraussetzungen oder nach § 34 Absatz 4 des Konsumcannabisgesetzes oder nach einer in § 25 Absatz 4 Satz 2 Nummer 1, 3 oder Nummer 4 des Medizinal-Cannabisgesetzes in Bezug genommenen Vorschrift unter den dort genannten Voraussetzungen oder nach § 25 Absatz 5 des Medizinal-Cannabisgesetzes oder nach § 4 Absatz 3 Nummer 1 Buchstabe a des Neue-psychoaktive-Stoffe-Gesetzes

begangen zu haben, und bestimmte Tatsachen die Gefahr begründen, daß er vor rechtskräftiger Aburteilung weitere erhebliche Straftaten gleicher Art begehen oder die Straftat fortsetzen werde, die Haft zur

Abwendung der drohenden Gefahr erforderlich und in den Fällen der Nummer 2 eine Freiheitsstrafe von mehr als einem Jahr zu erwarten ist. [2]In die Beurteilung des dringenden Verdachts einer Tatbegehung im Sinne des Satzes 1 Nummer 2 sind auch solche Taten einzubeziehen, die Gegenstand anderer, auch rechtskräftig abgeschlossener, Verfahren sind oder waren.

(2) Absatz 1 findet keine Anwendung, wenn die Voraussetzungen für den Erlaß eines Haftbefehls nach § 112 vorliegen und die Voraussetzungen für die Aussetzung des Vollzugs des Haftbefehls nach § 116 Abs. 1, 2 nicht gegeben sind.

§ 113 Untersuchungshaft bei leichteren Taten

(1) Ist die Tat nur mit Freiheitsstrafe bis zu sechs Monaten oder mit Geldstrafe bis zu einhundertachtzig Tagessätzen bedroht, so darf die Untersuchungshaft wegen Verdunkelungsgefahr nicht angeordnet werden.

(2) In diesen Fällen darf die Untersuchungshaft wegen Fluchtgefahr nur angeordnet werden, wenn der Beschuldigte

1. sich dem Verfahren bereits einmal entzogen hatte oder Anstalten zur Flucht getroffen hat,
2. im Geltungsbereich dieses Gesetzes keinen festen Wohnsitz oder Aufenthalt hat oder
3. sich über seine Person nicht ausweisen kann.

§ 114 Haftbefehl

(1) Die Untersuchungshaft wird durch schriftlichen Haftbefehl des Richters angeordnet.

(2) In dem Haftbefehl sind anzuführen

1. der Beschuldigte,
2. die Tat, deren er dringend verdächtig ist, Zeit und Ort ihrer Begehung, die gesetzlichen Merkmale der Straftat und die anzuwendenden Strafvorschriften,
3. der Haftgrund sowie
4. die Tatsachen, aus denen sich der dringende Tatverdacht und der Haftgrund ergibt, soweit nicht dadurch die Staatssicherheit gefährdet wird.

(3) Wenn die Anwendung des § 112 Abs. 1 Satz 2 naheliegt oder der Beschuldigte sich auf diese Vorschrift beruft, sind die Gründe dafür anzugeben, daß sie nicht angewandt wurde.

§ 114a Aushändigung des Haftbefehls; Übersetzung

[1]Dem Beschuldigten ist bei der Verhaftung eine Abschrift des Haftbefehls auszuhändigen; beherrscht er die deutsche Sprache nicht hinreichend, erhält er zudem eine Übersetzung in einer für ihn verständlichen Sprache. [2]Ist die Aushändigung einer Abschrift und einer etwaigen Übersetzung nicht möglich, ist ihm unverzüglich in einer für ihn verständlichen Sprache mitzuteilen, welches die Gründe für die Verhaftung sind und welche Beschuldigungen gegen ihn erhoben werden. [3]In diesem Fall ist die Aushändigung der Abschrift des Haftbefehls sowie einer etwaigen Übersetzung unverzüglich nachzuholen.

§ 114b Belehrung des verhafteten Beschuldigten

(1) [1]Der verhaftete Beschuldigte ist unverzüglich und schriftlich in einer für ihn verständlichen Sprache über seine Rechte zu belehren. [2]Ist eine schriftliche Belehrung erkennbar nicht ausreichend, hat zudem eine mündliche Belehrung zu erfolgen. [3]Entsprechend ist zu verfahren, wenn eine schriftliche Belehrung nicht möglich ist; sie soll jedoch nachgeholt werden, sofern dies in zumutbarer Weise möglich ist. [4]Der Erhalt der Belehrung ist durch den Beschuldigten schriftlich zu bestätigen oder von der Staatsanwaltschaft oder ihren Ermittlungspersonen in Gegenwart des Beschuldigten zu protokollieren oder auf sonstige Weise zu dokumentieren.

(2) [1]In der Belehrung nach Absatz 1 ist der Beschuldigte darauf hinzuweisen, dass er

1. unverzüglich, spätestens am Tag nach der Ergreifung, dem Gericht vorzuführen ist, das ihn zu vernehmen und über seine weitere Inhaftierung zu entscheiden hat,
2. das Recht hat, sich zur Beschuldigung zu äußern oder nicht zur Sache auszusagen,
3. zu seiner Entlastung einzelne Beweiserhebungen beantragen kann,
4. jederzeit, auch schon vor seiner Vernehmung, einen von ihm zu wählenden Verteidiger befragen kann; dabei sind ihm Informationen zur Verfügung zu stellen, die es ihm erleichtern, einen Verteidiger zu kontaktieren; auf bestehende anwaltliche Notdienste ist dabei hinzuweisen,

4a. in den Fällen des § 140 die Bestellung eines Pflichtverteidigers nach Maßgabe des § 141 Absatz 1 und des § 142 Absatz 1 beantragen kann; dabei ist auf die mögliche Kostenfolge des § 465 hinzuweisen,

5. das Recht hat, die Untersuchung durch einen Arzt oder eine Ärztin seiner Wahl zu verlangen,
6. einen Angehörigen oder eine Person seines Vertrauens benachrichtigen kann, soweit der Zweck der Untersuchung dadurch nicht erheblich gefährdet wird,

7. nach Maßgabe des § 147 Absatz 4 beantragen kann, die Akten einzusehen und unter Aufsicht amtlich verwahrte Beweisstücke zu besichtigen, soweit er keinen Verteidiger hat, und
8. bei Aufrechterhaltung der Untersuchungshaft nach Vorführung vor den zuständigen Richter
   a) eine Beschwerde gegen den Haftbefehl einlegen oder eine Haftprüfung (§ 117 Absatz 1 und 2) und eine mündliche Verhandlung (§ 118 Absatz 1 und 2) beantragen kann,
   b) bei Unstatthaftigkeit der Beschwerde eine gerichtliche Entscheidung nach § 119 Absatz 5 beantragen kann und
   c) gegen behördliche Entscheidungen und Maßnahmen im Untersuchungshaftvollzug eine gerichtliche Entscheidung nach § 119a Absatz 1 beantragen kann.

[2]Der Beschuldigte ist auf das Akteneinsichtsrecht des Verteidigers nach § 147 hinzuweisen. [3]Ein Beschuldigter, der der deutschen Sprache nicht hinreichend mächtig ist, ist in einer ihm verständlichen Sprache darauf hinzuweisen, dass er nach Maßgabe des § 187 Absatz 1 bis 3 des Gerichtsverfassungsgesetzes für das gesamte Strafverfahren die unentgeltliche Hinzuziehung eines Dolmetschers oder Übersetzers beanspruchen kann; ein hör- oder sprachbehinderter Beschuldigter ist auf sein Wahlrecht nach § 186 Absatz 1 und 2 des Gerichtsverfassungsgesetzes hinzuweisen. [4]Ein ausländischer Staatsangehöriger ist darüber zu belehren, dass er die Unterrichtung der konsularischen Vertretung seines Heimatstaates verlangen und dieser Mitteilungen zukommen lassen kann.

§ 114c Benachrichtigung von Angehörigen

(1) Einem verhafteten Beschuldigten ist unverzüglich Gelegenheit zu geben, einen Angehörigen oder eine Person seines Vertrauens zu benachrichtigen, sofern der Zweck der Untersuchung dadurch nicht erheblich gefährdet wird.

(2) [1]Wird gegen einen verhafteten Beschuldigten nach der Vorführung vor das Gericht Haft vollzogen, hat das Gericht die unverzügliche Benachrichtigung eines seiner Angehörigen oder einer Person seines Vertrauens anzuordnen. [2]Die gleiche Pflicht besteht bei jeder weiteren Entscheidung über die Fortdauer der Haft.

§ 114d Mitteilungen an die Vollzugsanstalt

(1) [1]Das Gericht übermittelt der für den Beschuldigten zuständigen Vollzugsanstalt mit dem Aufnahmeersuchen eine Abschrift des Haftbefehls. [2]Darüber hinaus teilt es ihr mit
1. die das Verfahren führende Staatsanwaltschaft und das nach § 126 zuständige Gericht,
2. die Personen, die nach § 114c benachrichtigt worden sind,
3. Entscheidungen und sonstige Maßnahmen nach § 119 Abs. 1 und 2,
4. weitere im Verfahren ergehende Entscheidungen, soweit dies für die Erfüllung der Aufgaben der Vollzugsanstalt erforderlich ist,
5. Hauptverhandlungstermine und sich aus ihnen ergebende Erkenntnisse, die für die Erfüllung der Aufgaben der Vollzugsanstalt erforderlich sind,
6. den Zeitpunkt der Rechtskraft des Urteils sowie
7. andere Daten zur Person des Beschuldigten, die für die Erfüllung der Aufgaben der Vollzugsanstalt erforderlich sind, insbesondere solche über seine Persönlichkeit und weitere relevante Strafverfahren.

[3]Die Sätze 1 und 2 gelten bei Änderungen der mitgeteilten Tatsachen entsprechend. [4]Mitteilungen unterbleiben, soweit die Tatsachen der Vollzugsanstalt bereits anderweitig bekannt geworden sind.

(2) [1]Die Staatsanwaltschaft unterstützt das Gericht bei der Erfüllung seiner Aufgaben nach Absatz 1 und teilt der Vollzugsanstalt von Amts wegen insbesondere Daten nach Absatz 1 Satz 2 Nr. 7 sowie von ihr getroffene Entscheidungen und sonstige Maßnahmen nach § 119 Abs. 1 und 2 mit. [2]Zudem übermittelt die Staatsanwaltschaft der Vollzugsanstalt eine Abschrift der Anklageschrift und teilt dem nach § 126 Abs. 1 zuständigen Gericht die Anklageerhebung mit.

§ 114e Übermittlung von Erkenntnissen durch die Vollzugsanstalt

[1]Die Vollzugsanstalt übermittelt dem Gericht und der Staatsanwaltschaft von Amts wegen beim Vollzug der Untersuchungshaft erlangte Erkenntnisse, soweit diese aus Sicht der Vollzugsanstalt für die Erfüllung der Aufgaben der Empfänger von Bedeutung sind und diesen nicht bereits anderweitig bekannt geworden sind. [2]Sonstige Befugnisse der Vollzugsanstalt, dem Gericht und der Staatsanwaltschaft Erkenntnisse mitzuteilen, bleiben unberührt.

§ 115 Vorführung vor den zuständigen Richter

(1) Wird der Beschuldigte auf Grund des Haftbefehls ergriffen, so ist er unverzüglich dem zuständigen Gericht vorzuführen.

(2) Das Gericht hat den Beschuldigten unverzüglich nach der Vorführung, spätestens am nächsten Tage, über den Gegenstand der Beschuldigung zu vernehmen.

(3) [1]Bei der Vernehmung ist der Beschuldigte auf die ihn belastenden Umstände und sein Recht hinzuweisen, sich zur Beschuldigung zu äußern oder nicht zur Sache auszusagen. [2]Ihm ist Gelegenheit zu geben, die Verdachts- und Haftgründe zu entkräften und die Tatsachen geltend zu machen, die zu seinen Gunsten sprechen.

(4) [1]Wird die Haft aufrechterhalten, so ist der Beschuldigte über das Recht der Beschwerde und die anderen Rechtsbehelfe (§ 117 Abs. 1, 2, § 118 Abs. 1, 2, § 119 Abs. 5, § 119a Abs. 1) zu belehren. [2]§ 304 Abs. 4 und 5 bleibt unberührt.

§ 115a Vorführung vor den Richter des nächsten Amtsgerichts

(1) Kann der Beschuldigte nicht spätestens am Tag nach der Ergreifung dem zuständigen Gericht vorgeführt werden, so ist er unverzüglich, spätestens am Tage nach der Ergreifung, dem nächsten Amtsgericht vorzuführen.

(2) [1]Das Gericht hat den Beschuldigten unverzüglich nach der Vorführung, spätestens am nächsten Tage, zu vernehmen. [2]Bei der Vernehmung wird, soweit möglich, § 115 Abs. 3 angewandt. [3]Ergibt sich bei der Vernehmung, dass der Haftbefehl aufgehoben, seine Aufhebung durch die Staatsanwaltschaft beantragt (§ 120 Abs. 3) oder der Ergriffene nicht die in dem Haftbefehl bezeichnete Person ist, so ist der Ergriffene freizulassen. [4]Erhebt dieser sonst gegen den Haftbefehl oder dessen Vollzug Einwendungen, die nicht offensichtlich unbegründet sind, oder hat das Gericht Bedenken gegen die Aufrechterhaltung der Haft, so teilt es diese dem zuständigen Gericht und der zuständigen Staatsanwaltschaft unverzüglich und auf dem nach den Umständen angezeigten schnellsten Wege mit; das zuständige Gericht prüft unverzüglich, ob der Haftbefehl aufzuheben oder außer Vollzug zu setzen ist.

(3) [1]Wird der Beschuldigte nicht freigelassen, so ist er auf sein Verlangen dem zuständigen Gericht zur Vernehmung nach § 115 vorzuführen. [2]Der Beschuldigte ist auf dieses Recht hinzuweisen und gemäß § 115 Abs. 4 zu belehren.

§ 116 Aussetzung des Vollzugs des Haftbefehls

(1) [1]Der Richter setzt den Vollzug eines Haftbefehls, der lediglich wegen Fluchtgefahr gerechtfertigt ist, aus, wenn weniger einschneidende Maßnahmen die Erwartung hinreichend begründen, daß der Zweck der Untersuchungshaft auch durch sie erreicht werden kann. [2]In Betracht kommen namentlich

1. die Anweisung, sich zu bestimmten Zeiten bei dem Richter, der Strafverfolgungsbehörde oder einer von ihnen bestimmten Dienststelle zu melden,
2. die Anweisung, den Wohn- oder Aufenthaltsort oder einen bestimmten Bereich nicht ohne Erlaubnis des Richters oder der Strafverfolgungsbehörde zu verlassen,
3. die Anweisung, die Wohnung nur unter Aufsicht einer bestimmten Person zu verlassen,
4. die Leistung einer angemessenen Sicherheit durch den Beschuldigten oder einen anderen.

(2) [1]Der Richter kann auch den Vollzug eines Haftbefehls, der wegen Verdunkelungsgefahr gerechtfertigt ist, aussetzen, wenn weniger einschneidende Maßnahmen die Erwartung hinreichend begründen, daß sie die Verdunkelungsgefahr erheblich vermindern werden. [2]In Betracht kommt namentlich die Anweisung, mit Mitbeschuldigten, Zeugen oder Sachverständigen keine Verbindung aufzunehmen.

(3) Der Richter kann den Vollzug eines Haftbefehls, der nach § 112a erlassen worden ist, aussetzen, wenn die Erwartung hinreichend begründet ist, daß der Beschuldigte bestimmte Anweisungen befolgen und daß dadurch der Zweck der Haft erreicht wird.

(4) Der Richter ordnet in den Fällen der Absätze 1 bis 3 den Vollzug des Haftbefehls an, wenn

1. der Beschuldigte den ihm auferlegten Pflichten oder Beschränkungen gröblich zuwiderhandelt,
2. der Beschuldigte Anstalten zur Flucht trifft, auf ordnungsgemäße Ladung ohne genügende Entschuldigung ausbleibt oder sich auf andere Weise zeigt, daß das in ihn gesetzte Vertrauen nicht gerechtfertigt war, oder
3. neu hervorgetretene Umstände die Verhaftung erforderlich machen.

§ 116a Aussetzung gegen Sicherheitsleistung

(1) [1]Die Sicherheit ist durch Hinterlegung in barem Geld, in Wertpapieren, durch Pfandbestellung oder durch Bürgschaft geeigneter Personen zu leisten. [2]Davon abweichende Regelungen in einer auf Grund des Gesetzes über den Zahlungsverkehr mit Gerichten und Justizbehörden erlassenen Rechtsverordnung bleiben unberührt.

(2) Der Richter setzt Höhe und Art der Sicherheit nach freiem Ermessen fest.

(3) Der Beschuldigte, der die Aussetzung des Vollzugs des Haftbefehls gegen Sicherheitsleistung beantragt und nicht im Geltungsbereich dieses Gesetzes wohnt, ist verpflichtet, eine im Bezirk des zuständigen Gerichts wohnende Person zum Empfang von Zustellungen zu bevollmächtigen.

§ 116b Verhältnis von Untersuchungshaft zu anderen freiheitsentziehenden Maßnahmen

[1]Die Vollstreckung der Untersuchungshaft geht der Vollstreckung der Auslieferungshaft, der vorläufigen Auslieferungshaft, der Abschiebungshaft und der Zurückweisungshaft vor. [2]Die Vollstreckung anderer freiheitsentziehender Maßnahmen geht der Vollstreckung von Untersuchungshaft vor, es sei denn, das Gericht trifft eine abweichende Entscheidung, weil der Zweck der Untersuchungshaft dies erfordert.

§ 117 Haftprüfung

(1) Solange der Beschuldigte in Untersuchungshaft ist, kann er jederzeit die gerichtliche Prüfung beantragen, ob der Haftbefehl aufzuheben oder dessen Vollzug nach § 116 auszusetzen ist (Haftprüfung).

(2) [1]Neben dem Antrag auf Haftprüfung ist die Beschwerde unzulässig. [2]Das Recht der Beschwerde gegen die Entscheidung, die auf den Antrag ergeht, wird dadurch nicht berührt.

(3) Der Richter kann einzelne Ermittlungen anordnen, die für die künftige Entscheidung über die Aufrechterhaltung der Untersuchungshaft von Bedeutung sind, und nach Durchführung dieser Ermittlungen eine neue Prüfung vornehmen.

§ 118 Verfahren bei der Haftprüfung

(1) Bei der Haftprüfung wird auf Antrag des Beschuldigten oder nach dem Ermessen des Gerichts von Amts wegen nach mündlicher Verhandlung entschieden.

(2) Ist gegen den Haftbefehl Beschwerde eingelegt, so kann auch im Beschwerdeverfahren auf Antrag des Beschuldigten oder von Amts wegen nach mündlicher Verhandlung entschieden werden.

(3) Ist die Untersuchungshaft nach mündlicher Verhandlung aufrechterhalten worden, so hat der Beschuldigte einen Anspruch auf eine weitere mündliche Verhandlung nur, wenn die Untersuchungshaft mindestens drei Monate und seit der letzten mündlichen Verhandlung mindestens zwei Monate gedauert hat.

(4) Ein Anspruch auf mündliche Verhandlung besteht nicht, solange die Hauptverhandlung andauert oder wenn ein Urteil ergangen ist, das auf eine Freiheitsstrafe oder eine freiheitsentziehende Maßregel der Besserung und Sicherung erkennt.

(5) Die mündliche Verhandlung ist unverzüglich durchzuführen; sie darf ohne Zustimmung des Beschuldigten nicht über zwei Wochen nach dem Eingang des Antrags anberaumt werden.

§ 118a Mündliche Verhandlung bei der Haftprüfung

(1) Von Ort und Zeit der mündlichen Verhandlung sind die Staatsanwaltschaft sowie der Beschuldigte und der Verteidiger zu benachrichtigen.

(2) [1]Der Beschuldigte ist zu der Verhandlung vorzuführen, es sei denn, daß er auf die Anwesenheit in der Verhandlung verzichtet hat oder daß der Vorführung weite Entfernung oder Krankheit des Beschuldigten oder andere nicht zu beseitigende Hindernisse entgegenstehen. [2]Das Gericht kann anordnen, dass unter den Voraussetzungen des Satzes 1 die mündliche Verhandlung in der Weise erfolgt, dass sich der Beschuldigte an einem anderen Ort als das Gericht aufhält und die Verhandlung zeitgleich in Bild und Ton an den Ort, an dem sich der Beschuldigte aufhält, und in das Sitzungszimmer übertragen wird. [3]Wird der Beschuldigte zur mündlichen Verhandlung nicht vorgeführt und nicht nach Satz 2 verfahren, so muss ein Verteidiger seine Rechte in der Verhandlung wahrnehmen.

(3) [1]In der mündlichen Verhandlung sind die anwesenden Beteiligten zu hören. [2]Art und Umfang der Beweisaufnahme bestimmt das Gericht. [3]Über die Verhandlung ist ein Protokoll aufzunehmen; die §§ 271 bis 273 gelten entsprechend.

(4) [1]Die Entscheidung ist am Schluß der mündlichen Verhandlung zu verkünden. [2]Ist dies nicht möglich, so ist die Entscheidung spätestens binnen einer Woche zu erlassen.

§ 118b Anwendung von Rechtsmittelvorschriften

Für den Antrag auf Haftprüfung (§ 117 Abs. 1) und den Antrag auf mündliche Verhandlung gelten die §§ 297 bis 300 und 302 Abs. 2 entsprechend.

§ 119 Haftgrundbezogene Beschränkungen während der Untersuchungshaft

(1) [1]Soweit dies zur Abwehr einer Flucht-, Verdunkelungs- oder Wiederholungsgefahr (§§ 112, 112a) erforderlich ist, können einem inhaftierten Beschuldigten Beschränkungen auferlegt werden. [2]Insbesondere kann angeordnet werden, dass

1. der Empfang von Besuchen und die Telekommunikation der Erlaubnis bedürfen,
2. Besuche, Telekommunikation sowie der Schrift- und Paketverkehr zu überwachen sind,
3. die Übergabe von Gegenständen bei Besuchen der Erlaubnis bedarf,
4. der Beschuldigte von einzelnen oder allen anderen Inhaftierten getrennt wird,

5. die gemeinsame Unterbringung und der gemeinsame Aufenthalt mit anderen Inhaftierten eingeschränkt oder ausgeschlossen werden.

[3]Die Anordnungen trifft das Gericht. [4]Kann dessen Anordnung nicht rechtzeitig herbeigeführt werden, kann die Staatsanwaltschaft oder die Vollzugsanstalt eine vorläufige Anordnung treffen. [5]Die Anordnung ist dem Gericht binnen drei Werktagen zur Genehmigung vorzulegen, es sei denn, sie hat sich zwischenzeitlich erledigt. [6]Der Beschuldigte ist über Anordnungen in Kenntnis zu setzen. [7]Die Anordnung nach Satz 2 Nr. 2 schließt die Ermächtigung ein, Besuche und Telekommunikation abzubrechen sowie Schreiben und Pakete anzuhalten.

(2) [1]Die Ausführung der Anordnungen obliegt der anordnenden Stelle. [2]Das Gericht kann die Ausführung von Anordnungen widerruflich auf die Staatsanwaltschaft übertragen, die sich bei der Ausführung der Hilfe durch ihre Ermittlungspersonen und die Vollzugsanstalt bedienen kann. [3]Die Übertragung ist unanfechtbar.

(3) [1]Ist die Überwachung der Telekommunikation nach Absatz 1 Satz 2 Nr. 2 angeordnet, ist die beabsichtigte Überwachung den Gesprächspartnern des Beschuldigten unmittelbar nach Herstellung der Verbindung mitzuteilen. [2]Die Mitteilung kann durch den Beschuldigten selbst erfolgen. [3]Der Beschuldigte ist rechtzeitig vor Beginn der Telekommunikation über die Mitteilungspflicht zu unterrichten.

(4) [1]Die §§ 148, 148a bleiben unberührt. [2]Sie gelten entsprechend für den Verkehr des Beschuldigten mit

1. der für ihn zuständigen Bewährungshilfe,
2. der für ihn zuständigen Führungsaufsichtsstelle,
3. der für ihn zuständigen Gerichtshilfe,
4. den Volksvertretungen des Bundes und der Länder,
5. dem Bundesverfassungsgericht und dem für ihn zuständigen Landesverfassungsgericht,
6. dem für ihn zuständigen Bürgerbeauftragten eines Landes,
7. dem oder der Bundesbeauftragten für den Datenschutz und die Informationsfreiheit, den für die Kontrolle der Einhaltung der Vorschriften über den Datenschutz in den Ländern zuständigen Stellen der Länder und den Aufsichtsbehörden nach § 40 des Bundesdatenschutzgesetzes,
8. dem Europäischen Parlament,
9. dem Europäischen Gerichtshof für Menschenrechte,
10. dem Europäischen Gerichtshof,
11. dem Europäischen Datenschutzbeauftragten,
12. dem Europäischen Bürgerbeauftragten,
13. dem Europäischen Ausschuss zur Verhütung von Folter und unmenschlicher oder erniedrigender Behandlung oder Strafe,
14. der Europäischen Kommission gegen Rassismus und Intoleranz,
15. dem Menschenrechtsausschuss der Vereinten Nationen,
16. den Ausschüssen der Vereinten Nationen für die Beseitigung der Rassendiskriminierung und für die Beseitigung der Diskriminierung der Frau,
17. dem Ausschuss der Vereinten Nationen gegen Folter, dem zugehörigen Unterausschuss zur Verhütung von Folter und den entsprechenden Nationalen Präventionsmechanismen,
18. den in § 53 Abs. 1 Satz 1 Nr. 1 und 4 genannten Personen in Bezug auf die dort bezeichneten Inhalte,
19. soweit das Gericht nichts anderes anordnet,
    a) den Beiräten bei den Justizvollzugsanstalten und
    b) der konsularischen Vertretung seines Heimatstaates.

[3]Die Maßnahmen, die erforderlich sind, um das Vorliegen der Voraussetzungen nach den Sätzen 1 und 2 festzustellen, trifft die nach Absatz 2 zuständige Stelle.

(5) [1]Gegen nach dieser Vorschrift ergangene Entscheidungen oder sonstige Maßnahmen kann gerichtliche Entscheidung beantragt werden, soweit nicht das Rechtsmittel der Beschwerde statthaft ist. [2]Der Antrag hat keine aufschiebende Wirkung. [3]Das Gericht kann jedoch vorläufige Anordnungen treffen.

(6) [1]Die Absätze 1 bis 5 gelten auch, wenn gegen einen Beschuldigten, gegen den Untersuchungshaft angeordnet ist, eine andere freiheitsentziehende Maßnahme vollstreckt wird (§ 116b). [2]Die Zuständigkeit des Gerichts bestimmt sich auch in diesem Fall nach § 126.

§ 119a Gerichtliche Entscheidung über eine Maßnahme der Vollzugsbehörde

(1) [1]Gegen eine behördliche Entscheidung oder Maßnahme im Untersuchungshaftvollzug kann gerichtliche Entscheidung beantragt werden. [2]Eine gerichtliche Entscheidung kann zudem beantragt werden, wenn eine im Untersuchungshaftvollzug beantragte behördliche Entscheidung nicht innerhalb von drei Wochen ergangen ist.

(2) [1]Der Antrag auf gerichtliche Entscheidung hat keine aufschiebende Wirkung. [2]Das Gericht kann jedoch vorläufige Anordnungen treffen.
(3) Gegen die Entscheidung des Gerichts kann auch die für die vollzugliche Entscheidung oder Maßnahme zuständige Stelle Beschwerde erheben.

§ 120 Aufhebung des Haftbefehls

(1) [1]Der Haftbefehl ist aufzuheben, sobald die Voraussetzungen der Untersuchungshaft nicht mehr vorliegen oder sich ergibt, daß die weitere Untersuchungshaft zu der Bedeutung der Sache und der zu erwartenden Strafe oder Maßregel der Besserung und Sicherung außer Verhältnis stehen würde. [2]Er ist namentlich aufzuheben, wenn der Beschuldigte freigesprochen oder die Eröffnung des Hauptverfahrens abgelehnt oder das Verfahren nicht bloß vorläufig eingestellt wird.
(2) Durch die Einlegung eines Rechtsmittels darf die Freilassung des Beschuldigten nicht aufgehalten werden.
(3) [1]Der Haftbefehl ist auch aufzuheben, wenn die Staatsanwaltschaft es vor Erhebung der öffentlichen Klage beantragt. [2]Gleichzeitig mit dem Antrag kann die Staatsanwaltschaft die Freilassung des Beschuldigten anordnen.

§ 121 Fortdauer der Untersuchungshaft über sechs Monate

(1) Solange kein Urteil ergangen ist, das auf Freiheitsstrafe oder eine freiheitsentziehende Maßregel der Besserung und Sicherung erkennt, darf der Vollzug der Untersuchungshaft wegen derselben Tat über sechs Monate hinaus nur aufrechterhalten werden, wenn die besondere Schwierigkeit oder der besondere Umfang der Ermittlungen oder ein anderer wichtiger Grund das Urteil noch nicht zulassen und die Fortdauer der Haft rechtfertigen.
(2) In den Fällen des Absatzes 1 ist der Haftbefehl nach Ablauf der sechs Monate aufzuheben, wenn nicht der Vollzug des Haftbefehls nach § 116 ausgesetzt wird oder das Oberlandesgericht die Fortdauer der Untersuchungshaft anordnet.
(3) [1]Werden die Akten dem Oberlandesgericht vor Ablauf der in Absatz 2 bezeichneten Frist vorgelegt, so ruht der Fristenlauf bis zu dessen Entscheidung. [2]Hat die Hauptverhandlung begonnen, bevor die Frist abgelaufen ist, so ruht der Fristenlauf auch bis zur Verkündung des Urteils. [3]Wird die Hauptverhandlung ausgesetzt und werden die Akten unverzüglich nach der Aussetzung dem Oberlandesgericht vorgelegt, so ruht der Fristenlauf ebenfalls bis zu dessen Entscheidung.
(4) [1]In den Sachen, in denen eine Strafkammer nach § 74a des Gerichtsverfassungsgesetzes zuständig ist, entscheidet das nach § 120 des Gerichtsverfassungsgesetzes zuständige Oberlandesgericht. [2]In den Sachen, in denen ein Oberlandesgericht nach den §§ 120 oder 120b des Gerichtsverfassungsgesetzes zuständig ist, tritt an dessen Stelle der Bundesgerichtshof.

§ 122 Besondere Haftprüfung durch das Oberlandesgericht

(1) In den Fällen des § 121 legt das zuständige Gericht die Akten durch Vermittlung der Staatsanwaltschaft dem Oberlandesgericht zur Entscheidung vor, wenn es die Fortdauer der Untersuchungshaft für erforderlich hält oder die Staatsanwaltschaft es beantragt.
(2) [1]Vor der Entscheidung sind der Beschuldigte und der Verteidiger zu hören. [2]Das Oberlandesgericht kann über die Fortdauer der Untersuchungshaft nach mündlicher Verhandlung entscheiden; geschieht dies, so gilt § 118a entsprechend.
(3) [1]Ordnet das Oberlandesgericht die Fortdauer der Untersuchungshaft an, so gilt § 114 Abs. 2 Nr. 4 entsprechend. [2]Für die weitere Haftprüfung (§ 117 Abs. 1) ist das Oberlandesgericht zuständig, bis ein Urteil ergeht, das auf Freiheitsstrafe oder eine freiheitsentziehende Maßregel der Besserung und Sicherung erkennt. [3]Es kann die Haftprüfung dem Gericht, das nach den allgemeinen Vorschriften dafür zuständig ist, für die Zeit von jeweils höchstens drei Monaten übertragen. [4]In den Fällen des § 118 Abs. 1 entscheidet das Oberlandesgericht über einen Antrag auf mündliche Verhandlung nach seinem Ermessen.
(4) [1]Die Prüfung der Voraussetzungen nach § 121 Abs. 1 ist auch im weiteren Verfahren dem Oberlandesgericht vorbehalten. [2]Die Prüfung muß jeweils spätestens nach drei Monaten wiederholt werden.
(5) Das Oberlandesgericht kann den Vollzug des Haftbefehls nach § 116 aussetzen.
(6) Sind in derselben Sache mehrere Beschuldigte in Untersuchungshaft, so kann das Oberlandesgericht über die Fortdauer der Untersuchungshaft auch solcher Beschuldigter entscheiden, für die es nach § 121 und den vorstehenden Vorschriften noch nicht zuständig wäre.
(7) Ist der Bundesgerichtshof zur Entscheidung zuständig, so tritt dieser an die Stelle des Oberlandesgerichts.

§ 122a Höchstdauer der Untersuchungshaft bei Wiederholungsgefahr

In den Fällen des § 121 Abs. 1 darf der Vollzug der Haft nicht länger als ein Jahr aufrechterhalten werden, wenn sie auf den Haftgrund des § 112a gestützt ist.

§ 123 Aufhebung der Vollzugsaussetzung dienender Maßnahmen

(1) Eine Maßnahme, die der Aussetzung des Haftvollzugs dient (§ 116), ist aufzuheben, wenn
1. der Haftbefehl aufgehoben wird oder
2. die Untersuchungshaft oder die erkannte Freiheitsstrafe oder freiheitsentziehende Maßregel der Besserung und Sicherung vollzogen wird.

(2) Unter denselben Voraussetzungen wird eine noch nicht verfallene Sicherheit frei.

(3) Wer für den Beschuldigten Sicherheit geleistet hat, kann deren Freigabe dadurch erlangen, daß er entweder binnen einer vom Gericht zu bestimmenden Frist die Gestellung des Beschuldigten bewirkt oder die Tatsachen, die den Verdacht einer vom Beschuldigten beabsichtigten Flucht begründen, so rechtzeitig mitteilt, daß der Beschuldigte verhaftet werden kann.

§ 124 Verfall der geleisteten Sicherheit

(1) Eine noch nicht frei gewordene Sicherheit verfällt der Staatskasse, wenn der Beschuldigte sich der Untersuchung oder dem Antritt der erkannten Freiheitsstrafe oder freiheitsentziehenden Maßregel der Besserung und Sicherung entzieht.

(2) [1]Vor der Entscheidung sind der Beschuldigte sowie derjenige, welcher für den Beschuldigten Sicherheit geleistet hat, zu einer Erklärung aufzufordern. [2]Gegen die Entscheidung steht ihnen nur die sofortige Beschwerde zu. [3]Vor der Entscheidung über die Beschwerde ist ihnen und der Staatsanwaltschaft Gelegenheit zur mündlichen Begründung ihrer Anträge sowie zur Erörterung über durchgeführte Ermittlungen zu geben.

(3) Die den Verfall aussprechende Entscheidung hat gegen denjenigen, welcher für den Beschuldigten Sicherheit geleistet hat, die Wirkungen eines von dem Zivilrichter erlassenen, für vorläufig vollstreckbar erklärten Endurteils und nach Ablauf der Beschwerdefrist die Wirkungen eines rechtskräftigen Zivilendurteils.

§ 125 Zuständigkeit für den Erlass des Haftbefehls

(1) Vor Erhebung der öffentlichen Klage erläßt der Richter bei dem Amtsgericht, in dessen Bezirk ein Gerichtsstand begründet ist oder der Beschuldigte sich aufhält, auf Antrag der Staatsanwaltschaft oder, wenn ein Staatsanwalt nicht erreichbar und Gefahr im Verzug ist, von Amts wegen den Haftbefehl.

(2) [1]Nach Erhebung der öffentlichen Klage erläßt den Haftbefehl das Gericht, das mit der Sache befaßt ist, und, wenn Revision eingelegt ist, das Gericht, dessen Urteil angefochten ist. [2]In dringenden Fällen kann auch der Vorsitzende den Haftbefehl erlassen.

§ 126 Zuständigkeit für weitere gerichtliche Entscheidungen

(1) [1]Vor Erhebung der öffentlichen Klage ist für die weiteren gerichtlichen Entscheidungen und Maßnahmen, die sich auf die Untersuchungshaft, die Aussetzung ihres Vollzugs (§ 116), ihre Vollstreckung (§ 116b) sowie auf Anträge nach § 119a beziehen, das Gericht zuständig, das den Haftbefehl erlassen hat. [2]Hat das Beschwerdegericht den Haftbefehl erlassen, so ist das Gericht zuständig, das die vorangegangene Entscheidung getroffen hat. [3]Wird das vorbereitende Verfahren an einem anderen Ort geführt oder die Untersuchungshaft an einem anderen Ort vollzogen, so kann das Gericht seine Zuständigkeit auf Antrag der Staatsanwaltschaft auf das für diesen Ort zuständige Amtsgericht übertragen. [4]Ist der Ort in mehrere Gerichtsbezirke geteilt, so bestimmt die Landesregierung durch Rechtsverordnung das zuständige Amtsgericht. [5]Die Landesregierung kann diese Ermächtigung auf die Landesjustizverwaltung übertragen.

(2) [1]Nach Erhebung der öffentlichen Klage ist das Gericht zuständig, das mit der Sache befaßt ist. [2]Während des Revisionsverfahrens ist das Gericht zuständig, dessen Urteil angefochten ist. [3]Einzelne Maßnahmen, insbesondere nach § 119, ordnet der Vorsitzende an. [4]In dringenden Fällen kann er auch den Haftbefehl aufheben oder den Vollzug aussetzen (§ 116), wenn die Staatsanwaltschaft zustimmt; andernfalls ist unverzüglich die Entscheidung des Gerichts herbeizuführen.

(3) Das Revisionsgericht kann den Haftbefehl aufheben, wenn es das angefochtene Urteil aufhebt und sich bei dieser Entscheidung ohne weiteres ergibt, daß die Voraussetzungen des § 120 Abs. 1 vorliegen.

(4) Die §§ 121 und 122 bleiben unberührt.

(5) [1]Soweit nach den Gesetzen der Länder über den Vollzug der Untersuchungshaft eine Maßnahme der vorherigen gerichtlichen Anordnung oder der gerichtlichen Genehmigung bedarf, ist das Amtsgericht zuständig, in dessen Bezirk die Maßnahme durchgeführt wird. [2]Unterhält ein Land für den Vollzug der Untersuchungshaft eine Einrichtung auf dem Gebiet eines anderen Landes, können die beteiligten Länder

vereinbaren, dass das Amtsgericht zuständig ist, in dessen Bezirk die für die Einrichtung zuständige Aufsichtsbehörde ihren Sitz hat. [3]Für das Verfahren gilt § 121b des Strafvollzugsgesetzes entsprechend.

§ 126a Einstweilige Unterbringung

(1) Sind dringende Gründe für die Annahme vorhanden, daß jemand eine rechtswidrige Tat im Zustand der Schuldunfähigkeit oder verminderten Schuldfähigkeit (§§ 20, 21 des Strafgesetzbuches) begangen hat und daß seine Unterbringung in einem psychiatrischen Krankenhaus oder einer Entziehungsanstalt angeordnet werden wird, so kann das Gericht durch Unterbringungsbefehl die einstweilige Unterbringung in einer dieser Anstalten anordnen, wenn die öffentliche Sicherheit es erfordert.

(2) [1]Für die einstweilige Unterbringung gelten die §§ 114 bis 115a, 116 Abs. 3 und 4, §§ 117 bis 119a, 123, 125 und 126 entsprechend. [2]Die §§ 121, 122 gelten entsprechend mit der Maßgabe, dass das Oberlandesgericht prüft, ob die Voraussetzungen der einstweiligen Unterbringung weiterhin vorliegen.

(3) [1]Der Unterbringungsbefehl ist aufzuheben, wenn die Voraussetzungen der einstweiligen Unterbringung nicht mehr vorliegen oder wenn das Gericht im Urteil die Unterbringung in einem psychiatrischen Krankenhaus oder einer Entziehungsanstalt nicht anordnet. [2]Durch die Einlegung eines Rechtsmittels darf die Freilassung nicht aufgehalten werden. [3]§ 120 Abs. 3 gilt entsprechend.

(4) Hat der Untergebrachte einen gesetzlichen Vertreter oder einen Bevollmächtigten im Sinne des § 1831 Absatz 5 und des § 1820 Absatz 2 Nummer 2 des Bürgerlichen Gesetzbuches, so sind Entscheidungen nach Absatz 1 bis 3 auch diesem bekannt zu geben.

§ 127 Vorläufige Festnahme

(1) [1]Wird jemand auf frischer Tat betroffen oder verfolgt, so ist, wenn er der Flucht verdächtig ist oder seine Identität nicht sofort festgestellt werden kann, jedermann befugt, ihn auch ohne richterliche Anordnung vorläufig festzunehmen. [2]Die Feststellung der Identität einer Person durch die Staatsanwaltschaft oder die Beamten des Polizeidienstes bestimmt sich nach § 163b Abs. 1.

(2) Die Staatsanwaltschaft und die Beamten des Polizeidienstes sind bei Gefahr im Verzug auch dann zur vorläufigen Festnahme befugt, wenn die Voraussetzungen eines Haftbefehls oder eines Unterbringungsbefehls vorliegen.

(3) [1]Ist eine Straftat nur auf Antrag verfolgbar, so ist die vorläufige Festnahme auch dann zulässig, wenn ein Antrag noch nicht gestellt ist. [2]Dies gilt entsprechend, wenn eine Straftat nur mit Ermächtigung oder auf Strafverlangen verfolgbar ist.

(4) Für die vorläufige Festnahme durch die Staatsanwaltschaft und die Beamten des Polizeidienstes gelten die §§ 114a bis 114c entsprechend.

§ 127a Absehen von der Anordnung oder Aufrechterhaltung der vorläufigen Festnahme

(1) Hat der Beschuldigte im Geltungsbereich dieses Gesetzes keinen festen Wohnsitz oder Aufenthalt und liegen die Voraussetzungen eines Haftbefehls nur wegen Fluchtgefahr vor, so kann davon abgesehen werden, seine Festnahme anzuordnen oder aufrechtzuerhalten, wenn

1. nicht damit zu rechnen ist, daß wegen der Tat eine Freiheitsstrafe verhängt oder eine freiheitsentziehende Maßregel der Besserung und Sicherung angeordnet wird und
2. der Beschuldigte eine angemessene Sicherheit für die zu erwartende Geldstrafe und die Kosten des Verfahrens leistet.

(2) § 116a Abs. 1 und 3 gilt entsprechend.

§ 127b Vorläufige Festnahme und Haftbefehl bei beschleunigtem Verfahren

(1) [1]Die Staatsanwaltschaft und die Beamten des Polizeidienstes sind zur vorläufigen Festnahme eines auf frischer Tat Betroffenen oder Verfolgten auch dann befugt, wenn

1. eine unverzügliche Entscheidung im beschleunigten Verfahren wahrscheinlich ist und
2. auf Grund bestimmter Tatsachen zu befürchten ist, daß der Festgenommene der Hauptverhandlung fernbleiben wird.

[2]Die §§ 114a bis 114c gelten entsprechend.

(2) [1]Ein Haftbefehl (§ 128 Abs. 2 Satz 2) darf aus den Gründen des Absatzes 1 gegen den der Tat dringend Verdächtigen nur ergehen, wenn die Durchführung der Hauptverhandlung binnen einer Woche nach der Festnahme zu erwarten ist. [2]Der Haftbefehl ist auf höchstens eine Woche ab dem Tage der Festnahme zu befristen.

(3) Über den Erlaß des Haftbefehls soll der für die Durchführung des beschleunigten Verfahrens zuständige Richter entscheiden.

§ 128 Vorführung bei vorläufiger Festnahme

(1) [1]Der Festgenommene ist, sofern er nicht wieder in Freiheit gesetzt wird, unverzüglich, spätestens am Tage nach der Festnahme, dem Richter bei dem Amtsgericht, in dessen Bezirk er festgenommen worden ist, vorzuführen. [2]Der Richter vernimmt den Vorgeführten gemäß § 115 Abs. 3.

(2) [1]Hält der Richter die Festnahme nicht für gerechtfertigt oder ihre Gründe für beseitigt, so ordnet er die Freilassung an. [2]Andernfalls erläßt er auf Antrag der Staatsanwaltschaft oder, wenn ein Staatsanwalt nicht erreichbar ist, von Amts wegen einen Haftbefehl oder einen Unterbringungsbefehl. [3]§ 115 Abs. 4 gilt entsprechend.

§ 129 Vorführung bei vorläufiger Festnahme nach Anklageerhebung

Ist gegen den Festgenommenen bereits die öffentliche Klage erhoben, so ist er entweder sofort oder auf Verfügung des Richters, dem er zunächst vorgeführt worden ist, dem zuständigen Gericht vorzuführen; dieses hat spätestens am Tage nach der Festnahme über Freilassung, Verhaftung oder einstweilige Unterbringung des Festgenommenen zu entscheiden.

§ 130 Haftbefehl vor Stellung eines Strafantrags

[1]Wird wegen Verdachts einer Straftat, die nur auf Antrag verfolgbar ist, ein Haftbefehl erlassen, bevor der Antrag gestellt ist, so ist der Antragsberechtigte, von mehreren wenigstens einer, sofort von dem Erlaß des Haftbefehls in Kenntnis zu setzen und davon zu unterrichten, daß der Haftbefehl aufgehoben werden wird, wenn der Antrag nicht innerhalb einer vom Richter zu bestimmenden Frist, die eine Woche nicht überschreiten soll, gestellt wird. [2]Wird innerhalb der Frist Strafantrag nicht gestellt, so ist der Haftbefehl aufzuheben. [3]Dies gilt entsprechend, wenn eine Straftat nur mit Ermächtigung oder auf Strafverlangen verfolgbar ist. [4]§ 120 Abs. 3 ist anzuwenden.

Abschnitt 9a

Weitere Maßnahmen zur Sicherstellung der Strafverfolgung und Strafvollstreckung

§ 131 Ausschreibung zur Festnahme

(1) Auf Grund eines Haftbefehls oder eines Unterbringungsbefehls können der Richter oder die Staatsanwaltschaft und, wenn Gefahr im Verzug ist, ihre Ermittlungspersonen (§ 152 des Gerichtsverfassungsgesetzes) die Ausschreibung zur Festnahme veranlassen.

(2) [1]Liegen die Voraussetzungen eines Haftbefehls oder Unterbringungsbefehls vor, dessen Erlass nicht ohne Gefährdung des Fahndungserfolges abgewartet werden kann, so können die Staatsanwaltschaft und ihre Ermittlungspersonen (§ 152 des Gerichtsverfassungsgesetzes) Maßnahmen nach Absatz 1 veranlassen, wenn dies zur vorläufigen Festnahme erforderlich ist. [2]Die Entscheidung über den Erlass des Haft- oder Unterbringungsbefehls ist unverzüglich, spätestens binnen einer Woche herbeizuführen.

(3) [1]Bei einer Straftat von erheblicher Bedeutung können in den Fällen der Absätze 1 und 2 der Richter und die Staatsanwaltschaft auch Öffentlichkeitsfahndungen veranlassen, wenn andere Formen der Aufenthaltsermittlung erheblich weniger Erfolg versprechend oder wesentlich erschwert wären. [2]Unter den gleichen Voraussetzungen steht diese Befugnis bei Gefahr im Verzug und wenn der Richter oder die Staatsanwaltschaft nicht rechtzeitig erreichbar ist auch den Ermittlungspersonen der Staatsanwaltschaft (§ 152 des Gerichtsverfassungsgesetzes) zu. [3]In den Fällen des Satzes 2 ist die Entscheidung der Staatsanwaltschaft unverzüglich herbeizuführen. [4]Die Anordnung tritt außer Kraft, wenn diese Bestätigung nicht binnen 24 Stunden erfolgt.

(4) [1]Der Beschuldigte ist möglichst genau zu bezeichnen und soweit erforderlich zu beschreiben; eine Abbildung darf beigefügt werden. [2]Die Tat, derer er verdächtig ist, Ort und Zeit ihrer Begehung sowie Umstände, die für die Ergreifung von Bedeutung sein können, können angegeben werden.

(5) Die §§ 115 und 115a gelten entsprechend.

§ 131a Ausschreibung zur Aufenthaltsermittlung

(1) Die Ausschreibung zur Aufenthaltsermittlung eines Beschuldigten oder eines Zeugen darf angeordnet werden, wenn sein Aufenthalt nicht bekannt ist.

(2) Absatz 1 gilt auch für Ausschreibungen des Beschuldigten, soweit sie zur Sicherstellung eines Führerscheins, zur erkennungsdienstlichen Behandlung, zur Anfertigung einer DNA-Analyse oder zur Feststellung seiner Identität erforderlich sind.

(3) Auf Grund einer Ausschreibung zur Aufenthaltsermittlung eines Beschuldigten oder Zeugen darf bei einer Straftat von erheblicher Bedeutung auch eine Öffentlichkeitsfahndung angeordnet werden, wenn der Beschuldigte der Begehung der Straftat dringend verdächtig ist und die Aufenthaltsermittlung auf andere Weise erheblich weniger Erfolg versprechend oder wesentlich erschwert wäre.

(4) [1]§ 131 Abs. 4 gilt entsprechend. [2]Bei der Aufenthaltsermittlung eines Zeugen ist erkennbar zu machen, dass die gesuchte Person nicht Beschuldigter ist. [3]Die Öffentlichkeitsfahndung nach einem Zeugen unterbleibt, wenn überwiegende schutzwürdige Interessen des Zeugen entgegenstehen. [4]Abbildungen des Zeugen dürfen nur erfolgen, soweit die Aufenthaltsermittlung auf andere Weise aussichtslos oder wesentlich erschwert wäre.

(5) Ausschreibungen nach den Absätzen 1 und 2 dürfen in allen Fahndungshilfsmitteln der Strafverfolgungsbehörden vorgenommen werden.

§ 131b Veröffentlichung von Abbildungen des Beschuldigten oder Zeugen

(1) Die Veröffentlichung von Abbildungen eines Beschuldigten, der einer Straftat von erheblicher Bedeutung verdächtig ist, ist auch zulässig, wenn die Aufklärung einer Straftat, insbesondere die Feststellung der Identität eines unbekannten Täters auf andere Weise erheblich weniger Erfolg versprechend oder wesentlich erschwert wäre.

(2) [1]Die Veröffentlichung von Abbildungen eines Zeugen und Hinweise auf das der Veröffentlichung zugrunde liegende Strafverfahren sind auch zulässig, wenn die Aufklärung einer Straftat von erheblicher Bedeutung, insbesondere die Feststellung der Identität des Zeugen, auf andere Weise aussichtslos oder wesentlich erschwert wäre. [2]Die Veröffentlichung muss erkennbar machen, dass die abgebildete Person nicht Beschuldigter ist.

(3) § 131 Abs. 4 Satz 1 erster Halbsatz und Satz 2 gilt entsprechend.

§ 131c Anordnung und Bestätigung von Fahndungsmaßnahmen

(1) [1]Fahndungen nach § 131a Abs. 3 und § 131b dürfen nur durch den Richter, bei Gefahr im Verzug auch durch die Staatsanwaltschaft und ihre Ermittlungspersonen (§ 152 des Gerichtsverfassungsgesetzes) angeordnet werden. [2]Fahndungen nach § 131a Abs. 1 und 2 bedürfen der Anordnung durch die Staatsanwaltschaft; bei Gefahr im Verzug dürfen sie auch durch ihre Ermittlungspersonen (§ 152 des Gerichtsverfassungsgesetzes) angeordnet werden.

(2) [1]In Fällen andauernder Veröffentlichung in elektronischen Medien sowie bei wiederholter Veröffentlichung im Fernsehen oder in periodischen Druckwerken tritt die Anordnung der Staatsanwaltschaft und ihrer Ermittlungspersonen (§ 152 des Gerichtsverfassungsgesetzes) nach Absatz 1 Satz 1 außer Kraft, wenn sie nicht binnen einer Woche von dem Richter bestätigt wird. [2]Im Übrigen treten Fahndungsanordnungen der Ermittlungspersonen der Staatsanwaltschaft (§ 152 des Gerichtsverfassungsgesetzes) außer Kraft, wenn sie nicht binnen einer Woche von der Staatsanwaltschaft bestätigt werden.

§ 132 Sicherheitsleistung, Zustellungsbevollmächtigter

(1) [1]Hat der Beschuldigte, der einer Straftat dringend verdächtig ist, im Geltungsbereich dieses Gesetzes keinen festen Wohnsitz oder Aufenthalt, liegen aber die Voraussetzungen eines Haftbefehls nicht vor, so kann, um die Durchführung des Strafverfahrens sicherzustellen, angeordnet werden, daß der Beschuldigte

1. eine angemessene Sicherheit für die zu erwartende Geldstrafe und die Kosten des Verfahrens leistet und
2. eine im Bezirk des zuständigen Gerichts wohnende Person zum Empfang von Zustellungen bevollmächtigt.

[2]§ 116a Abs. 1 gilt entsprechend.

(2) Die Anordnung dürfen nur der Richter, bei Gefahr im Verzuge auch die Staatsanwaltschaft und ihre Ermittlungspersonen (§ 152 des Gerichtsverfassungsgesetzes) treffen.

(3) [1]Befolgt der Beschuldigte die Anordnung nicht, so können Beförderungsmittel und andere Sachen, die der Beschuldigte mit sich führt und die ihm gehören, beschlagnahmt werden. [2]Die §§ 94 und 98 gelten entsprechend.

Abschnitt 9b
Vorläufiges Berufsverbot

§ 132a Anordnung und Aufhebung eines vorläufigen Berufsverbots

(1) [1]Sind dringende Gründe für die Annahme vorhanden, daß ein Berufsverbot angeordnet werden wird (§ 70 des Strafgesetzbuches), so kann der Richter dem Beschuldigten durch Beschluß die Ausübung des Berufs, Berufszweiges, Gewerbes oder Gewerbezweiges vorläufig verbieten. [2]§ 70 Abs. 3 des Strafgesetzbuches gilt entsprechend.

(2) Das vorläufige Berufsverbot ist aufzuheben, wenn sein Grund weggefallen ist oder wenn das Gericht im Urteil das Berufsverbot nicht anordnet.

Zehnter Abschnitt

Vernehmung des Beschuldigten

§ 133 Ladung

(1) Der Beschuldigte ist zur Vernehmung schriftlich zu laden.

(2) Die Ladung kann unter der Androhung geschehen, daß im Falle des Ausbleibens seine Vorführung erfolgen werde.

§ 134 Vorführung

(1) Die sofortige Vorführung des Beschuldigten kann verfügt werden, wenn Gründe vorliegen, die den Erlaß eines Haftbefehls rechtfertigen würden.

(2) In dem Vorführungsbefehl ist der Beschuldigte genau zu bezeichnen und die ihm zur Last gelegte Straftat sowie der Grund der Vorführung anzugeben.

§ 135 Sofortige Vernehmung

[1]Der Beschuldigte ist unverzüglich dem Richter vorzuführen und von diesem zu vernehmen. [2]Er darf auf Grund des Vorführungsbefehls nicht länger festgehalten werden als bis zum Ende des Tages, der dem Beginn der Vorführung folgt.

§ 136 Vernehmung

(1) [1]Bei Beginn der Vernehmung ist dem Beschuldigten zu eröffnen, welche Tat ihm zu Last gelegt wird und welche Strafvorschriften in Betracht kommen. [2]Er ist darauf hinzuweisen, daß es ihm nach dem Gesetz freistehe, sich zu der Beschuldigung zu äußern oder nicht zur Sache auszusagen und jederzeit, auch schon vor seiner Vernehmung, einen von ihm zu wählenden Verteidiger zu befragen. [3]Möchte der Beschuldigte vor seiner Vernehmung einen Verteidiger befragen, sind ihm Informationen zur Verfügung zu stellen, die es ihm erleichtern, einen Verteidiger zu kontaktieren. [4]Auf bestehende anwaltliche Notdienste ist dabei hinzuweisen. [5]Er ist ferner darüber zu belehren, daß er zu seiner Entlastung einzelne Beweiserhebungen beantragen und unter den Voraussetzungen des § 140 die Bestellung eines Pflichtverteidigers nach Maßgabe des § 141 Absatz 1 und des § 142 Absatz 1 beantragen kann; zu Letzterem ist er dabei auf die Kostenfolge des § 465 hinzuweisen. [6]In geeigneten Fällen soll der Beschuldigte auch darauf, dass er sich schriftlich äußern kann, sowie auf die Möglichkeit eines Täter-Opfer-Ausgleichs hingewiesen werden.

(2) Die Vernehmung soll dem Beschuldigten Gelegenheit geben, die gegen ihn vorliegenden Verdachtsgründe zu beseitigen und die zu seinen Gunsten sprechenden Tatsachen geltend zu machen.

(3) Bei der Vernehmung des Beschuldigten ist zugleich auf die Ermittlung seiner persönlichen Verhältnisse Bedacht zu nehmen.

(4) [1]Die Vernehmung des Beschuldigten kann in Bild und Ton aufgezeichnet werden. [2]Sie ist aufzuzeichnen, wenn

1. dem Verfahren ein vorsätzlich begangenes Tötungsdelikt zugrunde liegt und der Aufzeichnung weder die äußeren Umstände noch die besondere Dringlichkeit der Vernehmung entgegenstehen oder
2. die schutzwürdigen Interessen von Beschuldigten, die erkennbar unter eingeschränkten geistigen Fähigkeiten oder einer schwerwiegenden seelischen Störung leiden, durch die Aufzeichnung besser gewahrt werden können.

[3]§ 58a Absatz 2 gilt entsprechend.

(5) § 58b gilt entsprechend.

§ 136a Verbotene Vernehmungsmethoden; Beweisverwertungsverbote

(1) [1]Die Freiheit der Willensentschließung und der Willensbetätigung des Beschuldigten darf nicht beeinträchtigt werden durch Mißhandlung, durch Ermüdung, durch körperlichen Eingriff, durch Verabreichung von Mitteln, durch Quälerei, durch Täuschung oder durch Hypnose. [2]Zwang darf nur angewandt werden, soweit das Strafverfahrensrecht dies zuläßt. [3]Die Drohung mit einer nach seinen Vorschriften unzulässigen Maßnahme und das Versprechen eines gesetzlich nicht vorgesehenen Vorteils sind verboten.

(2) Maßnahmen, die das Erinnerungsvermögen oder die Einsichtsfähigkeit des Beschuldigten beeinträchtigen, sind nicht gestattet.

(3) [1]Das Verbot der Absätze 1 und 2 gilt ohne Rücksicht auf die Einwilligung des Beschuldigten. [2]Aussagen, die unter Verletzung dieses Verbots zustande gekommen sind, dürfen auch dann nicht verwertet werden, wenn der Beschuldigte der Verwertung zustimmt.

Elfter Abschnitt
Verteidigung

§ 137 Recht des Beschuldigten auf Hinzuziehung eines Verteidigers
(1) [1]Der Beschuldigte kann sich in jeder Lage des Verfahrens des Beistandes eines Verteidigers bedienen. [2]Die Zahl der gewählten Verteidiger darf drei nicht übersteigen.
(2) [1]Hat der Beschuldigte einen gesetzlichen Vertreter, so kann auch dieser selbständig einen Verteidiger wählen. [2]Absatz 1 Satz 2 gilt entsprechend.

§ 138 Wahlverteidiger
(1) Zu Verteidigern können Rechtsanwälte sowie die Rechtslehrer an deutschen Hochschulen im Sinne des Hochschulrahmengesetzes mit Befähigung zum Richteramt gewählt werden.
(2) [1]Andere Personen können nur mit Genehmigung des Gerichts gewählt werden. [2]Gehört die gewählte Person im Fall der notwendigen Verteidigung nicht zu den Personen, die zu Verteidigern bestellt werden dürfen, kann sie zudem nur in Gemeinschaft mit einer solchen als Wahlverteidiger zugelassen werden.
(3) Können sich Zeugen, Privatkläger, Nebenkläger, Nebenklagebefugte und Verletzte eines Rechtsanwalts als Beistand bedienen oder sich durch einen solchen vertreten lassen, können sie nach Maßgabe der Absätze 1 und 2 Satz 1 auch die übrigen dort genannten Personen wählen.

§ 138a Ausschließung des Verteidigers
(1) Ein Verteidiger ist von der Mitwirkung in einem Verfahren auszuschließen, wenn er dringend oder in einem die Eröffnung des Hauptverfahrens rechtfertigenden Grade verdächtig ist, daß er
1. an der Tat, die den Gegenstand der Untersuchung bildet, beteiligt ist,
2. den Verkehr mit dem nicht auf freiem Fuß befindlichen Beschuldigten dazu mißbraucht, Straftaten zu begehen oder die Sicherheit einer Vollzugsanstalt erheblich zu gefährden, oder
3. eine Handlung begangen hat, die für den Fall der Verurteilung des Beschuldigten Datenhehlerei, Begünstigung, Strafvereitelung oder Hehlerei wäre.

(2) Von der Mitwirkung in einem Verfahren, das eine Straftat nach § 129a, auch in Verbindung mit § 129b Abs. 1, des Strafgesetzbuches zum Gegenstand hat, ist ein Verteidiger auch auszuschließen, wenn bestimmte Tatsachen den Verdacht begründen, daß er eine der in Absatz 1 Nr. 1 und 2 bezeichneten Handlungen begangen hat oder begeht.
(3) [1]Die Ausschließung ist aufzuheben,
1. sobald ihre Voraussetzungen nicht mehr vorliegen, jedoch nicht allein deshalb, weil der Beschuldigte auf freien Fuß gesetzt worden ist,
2. wenn der Verteidiger in einem wegen des Sachverhalts, der zur Ausschließung geführt hat, eröffneten Hauptverfahren freigesprochen oder wenn in einem Urteil des Ehren- oder Berufsgerichts eine schuldhafte Verletzung der Berufspflichten im Hinblick auf diesen Sachverhalt nicht festgestellt wird,
3. wenn nicht spätestens ein Jahr nach der Ausschließung wegen des Sachverhalts, der zur Ausschließung geführt hat, das Hauptverfahren im Strafverfahren oder im ehren- oder berufsgerichtlichen Verfahren eröffnet oder ein Strafbefehl erlassen worden ist.

[2]Eine Ausschließung, die nach Nummer 3 aufzuheben ist, kann befristet, längstens jedoch insgesamt für die Dauer eines weiteren Jahres, aufrechterhalten werden, wenn die besondere Schwierigkeit oder der besondere Umfang der Sache oder ein anderer wichtiger Grund die Entscheidung über die Eröffnung des Hauptverfahrens noch nicht zuläßt.
(4) [1]Solange ein Verteidiger ausgeschlossen ist, kann er den Beschuldigten auch in anderen gesetzlich geordneten Verfahren nicht verteidigen. [2]In sonstigen Angelegenheiten darf er den Beschuldigten, der sich nicht auf freiem Fuß befindet, nicht aufsuchen.
(5) [1]Andere Beschuldigte kann ein Verteidiger, solange er ausgeschlossen ist, in demselben Verfahren nicht verteidigen, in anderen Verfahren dann nicht, wenn diese eine Straftat nach § 129a, auch in Verbindung mit § 129b Abs. 1, des Strafgesetzbuches zum Gegenstand haben und die Ausschließung in einem Verfahren erfolgt ist, das ebenfalls eine solche Straftat zum Gegenstand hat. [2]Absatz 4 gilt entsprechend.

§ 138b Ausschließung bei Gefahr für die Sicherheit der Bundesrepublik Deutschland
[1]Von der Mitwirkung in einem Verfahren, das eine der in § 74a Abs. 1 Nr. 3 und § 120 Abs. 1 Nr. 3 des Gerichtsverfassungsgesetzes genannten Straftaten oder die Nichterfüllung der Pflichten nach § 138 des Strafgesetzbuches hinsichtlich der Straftaten des Landesverrates oder einer Gefährdung der äußeren Sicherheit nach den §§ 94 bis 96, 97a und 100 des Strafgesetzbuches zum Gegenstand hat, ist ein Verteidiger auch dann auszuschließen, wenn auf Grund bestimmter Tatsachen die Annahme begründet ist, daß seine

Mitwirkung eine Gefahr für die Sicherheit der Bundesrepublik Deutschland herbeiführen würde. [2]§ 138a Abs. 3 Satz 1 Nr. 1 gilt entsprechend.

§ 138c Zuständigkeit für die Ausschließungsentscheidung

(1) [1]Die Entscheidungen nach den §§ 138a und 138b trifft das Oberlandesgericht. [2]Werden im vorbereitenden Verfahren die Ermittlungen vom Generalbundesanwalt geführt oder ist das Verfahren vor dem Bundesgerichtshof anhängig, so entscheidet der Bundesgerichtshof. [3]Ist das Verfahren vor einem Senat eines Oberlandesgerichtes oder des Bundesgerichtshofes anhängig, so entscheidet ein anderer Senat.

(2) [1]Das nach Absatz 1 zuständige Gericht entscheidet nach Erhebung der öffentlichen Klage bis zum rechtskräftigen Abschluß des Verfahrens auf Vorlage des Gerichts, bei dem das Verfahren anhängig ist, sonst auf Antrag der Staatsanwaltschaft. [2]Die Vorlage erfolgt auf Antrag der Staatsanwaltschaft oder von Amts wegen durch Vermittlung der Staatsanwaltschaft. [3]Soll ein Verteidiger ausgeschlossen werden, der Mitglied einer Rechtsanwaltskammer ist, so ist eine Abschrift des Antrages der Staatsanwaltschaft nach Satz 1 oder die Vorlage des Gerichts dem Vorstand der zuständigen Rechtsanwaltskammer mitzuteilen. [4]Dieser kann sich im Verfahren äußern.

(3) [1]Das Gericht, bei dem das Verfahren anhängig ist, kann anordnen, daß die Rechte des Verteidigers aus den §§ 147 und 148 bis zur Entscheidung des nach Absatz 1 zuständigen Gerichts über die Ausschließung ruhen; es kann das Ruhen dieser Rechte auch für die in § 138a Abs. 4 und 5 bezeichneten Fälle anordnen. [2]Vor Erhebung der öffentlichen Klage und nach rechtskräftigem Abschluß des Verfahrens trifft die Anordnung nach Satz 1 das Gericht, das über die Ausschließung des Verteidigers zu entscheiden hat. [3]Die Anordnung ergeht durch unanfechtbaren Beschluß. [4]Für die Dauer der Anordnung hat das Gericht zur Wahrnehmung der Rechte aus den §§ 147 und 148 einen anderen Verteidiger zu bestellen. [5]§ 142 Absatz 5 bis 7 gilt entsprechend.

(4) [1]Legt das Gericht, bei dem das Verfahren anhängig ist, gemäß Absatz 2 während der Hauptverhandlung vor, so hat es zugleich mit der Vorlage die Hauptverhandlung bis zur Entscheidung durch das nach Absatz 1 zuständige Gericht zu unterbrechen oder auszusetzen. [2]Die Hauptverhandlung kann bis zu dreißig Tagen unterbrochen werden.

(5) [1]Scheidet der Verteidiger aus eigenem Entschluß oder auf Veranlassung des Beschuldigten von der Mitwirkung in einem Verfahren aus, nachdem gemäß Absatz 2 der Antrag auf Ausschließung gegen ihn gestellt oder die Sache dem zur Entscheidung zuständigen Gericht vorgelegt worden ist, so kann dieses Gericht das Ausschließungsverfahren weiterführen mit dem Ziel der Feststellung, ob die Mitwirkung des ausgeschiedenen Verteidigers in dem Verfahren zulässig ist. [2]Die Feststellung der Unzulässigkeit steht im Sinne der §§ 138a, 138b, 138d der Ausschließung gleich.

(6) [1]Ist der Verteidiger von der Mitwirkung in dem Verfahren ausgeschlossen worden, so können ihm die durch die Aussetzung verursachten Kosten auferlegt werden. [2]Die Entscheidung hierüber trifft das Gericht, bei dem das Verfahren anhängig ist.

§ 138d Verfahren bei Ausschließung des Verteidigers

(1) Über die Ausschließung des Verteidigers wird nach mündlicher Verhandlung entschieden.

(2) [1]Der Verteidiger ist zu dem Termin der mündlichen Verhandlung zu laden. [2]Die Ladungsfrist beträgt eine Woche; sie kann auf drei Tage verkürzt werden. [3]Die Staatsanwaltschaft, der Beschuldigte und in den Fällen des § 138c Abs. 2 Satz 3 der Vorstand der Rechtsanwaltskammer sind von dem Termin zur mündlichen Verhandlung zu benachrichtigen.

(3) Die mündliche Verhandlung kann ohne den Verteidiger durchgeführt werden, wenn er ordnungsgemäß geladen und in der Ladung darauf hingewiesen worden ist, daß in seiner Abwesenheit verhandelt werden kann.

(4) [1]In der mündlichen Verhandlung sind die anwesenden Beteiligten zu hören. [2]Für die Anhörung des Vorstands der Rechtsanwaltskammer gilt § 247a Absatz 2 Satz 1 und 3 entsprechend. [3]Den Umfang der Beweisaufnahme bestimmt das Gericht nach pflichtgemäßem Ermessen. [4]Über die Verhandlung ist ein Protokoll aufzunehmen; die §§ 271 bis 273 gelten entsprechend.

(5) [1]Die Entscheidung ist am Schluß der mündlichen Verhandlung zu verkünden. [2]Ist dies nicht möglich, so ist die Entscheidung spätestens binnen einer Woche zu erlassen.

(6) [1]Gegen die Entscheidung, durch die ein Verteidiger aus den in § 138a genannten Gründen ausgeschlossen wird oder die einen Fall des § 138b betrifft, ist sofortige Beschwerde zulässig. [2]Dem Vorstand der Rechtsanwaltskammer steht ein Beschwerderecht nicht zu. [3]Eine die Ausschließung des Verteidigers nach § 138a ablehnende Entscheidung ist nicht anfechtbar.

§ 139 Übertragung der Verteidigung auf einen Referendar

Der als Verteidiger gewählte Rechtsanwalt kann mit Zustimmung dessen, der ihn gewählt hat, die Verteidigung einem Rechtskundigen, der die erste Prüfung für den Justizdienst bestanden hat und darin seit mindestens einem Jahr und drei Monaten beschäftigt ist, übertragen.

§ 140 Notwendige Verteidigung

(1) Ein Fall der notwendigen Verteidigung liegt vor, wenn
1. zu erwarten ist, dass die Hauptverhandlung im ersten Rechtszug vor dem Oberlandesgericht, dem Landgericht oder dem Schöffengericht stattfindet;
2. dem Beschuldigten ein Verbrechen zur Last gelegt wird;
3. das Verfahren zu einem Berufsverbot führen kann;
4. der Beschuldigte nach den §§ 115, 115a, 128 Absatz 1 oder § 129 einem Gericht zur Entscheidung über Haft oder einstweilige Unterbringung vorzuführen ist;
5. der Beschuldigte sich auf Grund richterlicher Anordnung oder mit richterlicher Genehmigung in einer Anstalt befindet;
6. zur Vorbereitung eines Gutachtens über den psychischen Zustand des Beschuldigten seine Unterbringung nach § 81 in Frage kommt;
7. zu erwarten ist, dass ein Sicherungsverfahren durchgeführt wird;
8. der bisherige Verteidiger durch eine Entscheidung von der Mitwirkung in dem Verfahren ausgeschlossen ist;
9. dem Verletzten nach den §§ 397a und 406h Absatz 3 und 4 ein Rechtsanwalt beigeordnet worden ist;
10. bei einer richterlichen Vernehmung die Mitwirkung eines Verteidigers auf Grund der Bedeutung der Vernehmung zur Wahrung der Rechte des Beschuldigten geboten erscheint;
11. ein seh-, hör- oder sprachbehinderter Beschuldigter die Bestellung beantragt.

(2) Ein Fall der notwendigen Verteidigung liegt auch vor, wenn wegen der Schwere der Tat, der Schwere der zu erwartenden Rechtsfolge oder wegen der Schwierigkeit der Sach- oder Rechtslage die Mitwirkung eines Verteidigers geboten erscheint oder wenn ersichtlich ist, dass sich der Beschuldigte nicht selbst verteidigen kann.

§ 141 Zeitpunkt der Bestellung eines Pflichtverteidigers

(1) [1]In den Fällen der notwendigen Verteidigung wird dem Beschuldigten, dem der Tatvorwurf eröffnet worden ist und der noch keinen Verteidiger hat, unverzüglich ein Pflichtverteidiger bestellt, wenn der Beschuldigte dies nach Belehrung ausdrücklich beantragt. [2]Über den Antrag ist spätestens vor einer Vernehmung des Beschuldigten oder einer Gegenüberstellung mit ihm zu entscheiden.

(2) [1]Unabhängig von einem Antrag wird dem Beschuldigten, der noch keinen Verteidiger hat, in den Fällen der notwendigen Verteidigung ein Pflichtverteidiger bestellt, sobald
1. er einem Gericht zur Entscheidung über Haft oder einstweilige Unterbringung vorgeführt werden soll;
2. bekannt wird, dass der Beschuldigte, dem der Tatvorwurf eröffnet worden ist, sich auf Grund richterlicher Anordnung oder mit richterlicher Genehmigung in einer Anstalt befindet;
3. im Vorverfahren ersichtlich ist, dass sich der Beschuldigte, insbesondere bei einer Vernehmung des Beschuldigten oder einer Gegenüberstellung mit ihm, nicht selbst verteidigen kann, oder
4. er gemäß § 201 zur Erklärung über die Anklageschrift aufgefordert worden ist; ergibt sich erst später, dass die Mitwirkung eines Verteidigers notwendig ist, so wird er sofort bestellt.

[2]Erfolgt die Vorführung in den Fällen des Satzes 1 Nummer 1 zur Entscheidung über den Erlass eines Haftbefehls nach § 127b Absatz 2 oder über die Vollstreckung eines Haftbefehls gemäß § 230 Absatz 2 oder § 329 Absatz 3, so wird ein Pflichtverteidiger nur bestellt, wenn der Beschuldigte dies nach Belehrung ausdrücklich beantragt. [3]In den Fällen des Satzes 1 Nummer 2 und 3 kann die Bestellung unterbleiben, wenn beabsichtigt ist, das Verfahren alsbald einzustellen und keine anderen Untersuchungshandlungen als die Einholung von Registerauskünften oder die Beiziehung von Urteilen oder Akten vorgenommen werden sollen.

§ 141a Vernehmungen und Gegenüberstellungen vor der Bestellung eines Pflichtverteidigers

[1]Im Vorverfahren dürfen Vernehmungen des Beschuldigten oder Gegenüberstellungen mit dem Beschuldigten vor der Bestellung eines Pflichtverteidigers abweichend von § 141 Absatz 2 und, wenn der Beschuldigte hiermit ausdrücklich einverstanden ist, auch abweichend von § 141 Absatz 1 durchgeführt werden, soweit dies

1. zur Abwehr einer gegenwärtigen Gefahr für Leib oder Leben oder für die Freiheit einer Person dringend erforderlich ist oder
2. zur Abwendung einer erheblichen Gefährdung eines Strafverfahrens zwingend geboten ist.

[2]Das Recht des Beschuldigten, jederzeit, auch schon vor der Vernehmung, einen von ihm zu wählenden Verteidiger zu befragen, bleibt unberührt.

§ 142 Zuständigkeit und Bestellungsverfahren

(1) [1]Der Antrag des Beschuldigten nach § 141 Absatz 1 Satz 1 ist vor Erhebung der Anklage bei den Behörden oder Beamten des Polizeidienstes oder bei der Staatsanwaltschaft anzubringen. [2]Die Staatsanwaltschaft legt ihn mit einer Stellungnahme unverzüglich dem Gericht zur Entscheidung vor, sofern sie nicht nach Absatz 4 verfährt. [3]Nach Erhebung der Anklage ist der Antrag des Beschuldigten bei dem nach Absatz 3 Nummer 3 zuständigen Gericht anzubringen.

(2) Ist dem Beschuldigten im Vorverfahren ein Pflichtverteidiger gemäß § 141 Absatz 2 Satz 1 Nummer 1 bis 3 zu bestellen, so stellt die Staatsanwaltschaft unverzüglich den Antrag, dem Beschuldigten einen Pflichtverteidiger zu bestellen, sofern sie nicht nach Absatz 4 verfährt.

(3) Über die Bestellung entscheidet
1. das Amtsgericht, in dessen Bezirk die Staatsanwaltschaft oder ihre zuständige Zweigstelle ihren Sitz hat, oder das nach § 162 Absatz 1 Satz 3 zuständige Gericht;
2. in den Fällen des § 140 Absatz 1 Nummer 4 das Gericht, dem der Beschuldigte vorzuführen ist;
3. nach Erhebung der Anklage der Vorsitzende des Gerichts, bei dem das Verfahren anhängig ist.

(4) [1]Bei besonderer Eilbedürftigkeit kann auch die Staatsanwaltschaft über die Bestellung entscheiden. [2]Sie beantragt unverzüglich, spätestens innerhalb einer Woche nach ihrer Entscheidung, die gerichtliche Bestätigung der Bestellung oder der Ablehnung des Antrags des Beschuldigten. [3]Der Beschuldigte kann jederzeit die gerichtliche Entscheidung beantragen.

(5) [1]Vor der Bestellung eines Pflichtverteidigers ist dem Beschuldigten Gelegenheit zu geben, innerhalb einer zu bestimmenden Frist einen Verteidiger zu bezeichnen. [2]§ 136 Absatz 1 Satz 3 und 4 gilt entsprechend. [3]Ein von dem Beschuldigten innerhalb der Frist bezeichneter Verteidiger ist zu bestellen, wenn dem kein wichtiger Grund entgegensteht; ein wichtiger Grund liegt auch vor, wenn der Verteidiger nicht oder nicht rechtzeitig zur Verfügung steht.

(6) Wird dem Beschuldigten ein Pflichtverteidiger bestellt, den er nicht bezeichnet hat, ist er aus dem Gesamtverzeichnis der Bundesrechtsanwaltskammer (§ 31 der Bundesrechtsanwaltsordnung) auszuwählen. [2]Dabei soll aus den dort eingetragenen Rechtsanwälten entweder ein Fachanwalt für Strafrecht oder ein anderer Rechtsanwalt, der gegenüber der Rechtsanwaltskammer sein Interesse an der Übernahme von Pflichtverteidigungen angezeigt hat und für die Übernahme der Verteidigung geeignet ist, ausgewählt werden.

(7) [1]Gerichtliche Entscheidungen über die Bestellung eines Pflichtverteidigers sind mit der sofortigen Beschwerde anfechtbar. [2]Sie ist ausgeschlossen, wenn der Beschuldigte einen Antrag nach § 143a Absatz 2 Satz 1 Nummer 1 stellen kann.

§ 143 Dauer und Aufhebung der Bestellung

(1) Die Bestellung des Pflichtverteidigers endet mit der Einstellung oder dem rechtskräftigen Abschluss des Strafverfahrens einschließlich eines Verfahrens nach den §§ 423 oder 460.

(2) [1]Die Bestellung kann aufgehoben werden, wenn kein Fall notwendiger Verteidigung mehr vorliegt. [2]In den Fällen des § 140 Absatz 1 Nummer 5 gilt dies nur, wenn der Beschuldigte mindestens zwei Wochen vor Beginn der Hauptverhandlung aus der Anstalt entlassen wird. [3]Beruht der Freiheitsentzug in den Fällen des § 140 Absatz 1 Nummer 5 auf einem Haftbefehl gemäß § 127b Absatz 2, § 230 Absatz 2 oder § 329 Absatz 3, soll die Bestellung mit der Aufhebung oder Außervollzugsetzung des Haftbefehls, spätestens zum Schluss der Hauptverhandlung, aufgehoben werden. [4]In den Fällen des § 140 Absatz 1 Nummer 4 soll die Bestellung mit dem Ende der Vorführung aufgehoben werden, falls der Beschuldigte auf freien Fuß gesetzt wird.

(3) Beschlüsse nach Absatz 2 sind mit der sofortigen Beschwerde anfechtbar.

§ 143a Verteidigerwechsel

(1) [1]Die Bestellung des Pflichtverteidigers ist aufzuheben, wenn der Beschuldigte einen anderen Verteidiger gewählt und dieser die Wahl angenommen hat. [2]Dies gilt nicht, wenn zu besorgen ist, dass der neue Verteidiger das Mandat demnächst niederlegen und seine Beiordnung als Pflichtverteidiger beantragen wird, oder soweit die Aufrechterhaltung der Bestellung aus den Gründen des § 144 erforderlich ist.

(2) [1]Die Bestellung des Pflichtverteidigers ist aufzuheben und ein neuer Pflichtverteidiger zu bestellen, wenn

1. der Beschuldigte, dem ein anderer als der von ihm innerhalb der nach § 142 Absatz 5 Satz 1 bestimmten Frist bezeichnete Verteidiger beigeordnet wurde oder dem zur Auswahl des Verteidigers nur eine kurze Frist gesetzt wurde, innerhalb von drei Wochen nach Bekanntmachung der gerichtlichen Entscheidung über die Bestellung beantragt, ihm einen anderen von ihm bezeichneten Verteidiger zu bestellen, und dem kein wichtiger Grund entgegensteht;
2. der anlässlich einer Vorführung vor den nächsten Richter gemäß § 115a bestellte Pflichtverteidiger die Aufhebung seiner Beiordnung aus wichtigem Grund, insbesondere wegen unzumutbarer Entfernung zum künftigen Aufenthaltsort des Beschuldigten, beantragt; der Antrag ist unverzüglich zu stellen, nachdem das Verfahren gemäß § 115a beendet ist; oder
3. das Vertrauensverhältnis zwischen Verteidiger und Beschuldigtem endgültig zerstört ist oder aus einem sonstigen Grund keine angemessene Verteidigung des Beschuldigten gewährleistet ist.

[2]In den Fällen der Nummern 2 und 3 gilt § 142 Absatz 5 und 6 entsprechend.

(3) [1]Für die Revisionsinstanz ist die Bestellung des bisherigen Pflichtverteidigers aufzuheben und dem Beschuldigten ein neuer, von ihm bezeichneter Pflichtverteidiger zu bestellen, wenn er dies spätestens binnen einer Woche nach Beginn der Revisionsbegründungsfrist beantragt und der Bestellung des bezeichneten Verteidigers kein wichtiger Grund entgegensteht. [2]Der Antrag ist bei dem Gericht zu stellen, dessen Urteil angefochten wird.

(4) Beschlüsse nach den Absätzen 1 bis 3 sind mit der sofortigen Beschwerde anfechtbar.

§ 144 Zusätzliche Pflichtverteidiger

(1) In den Fällen der notwendigen Verteidigung können dem Beschuldigten zu seinem gewählten oder einem gemäß § 141 bestellten Verteidiger bis zu zwei Pflichtverteidiger zusätzlich bestellt werden, wenn dies zur Sicherung der zügigen Durchführung des Verfahrens, insbesondere wegen dessen Umfang oder Schwierigkeit, erforderlich ist.

(2) [1]Die Bestellung eines zusätzlichen Verteidigers ist aufzuheben, sobald seine Mitwirkung zur zügigen Durchführung des Verfahrens nicht mehr erforderlich ist. [2]§ 142 Absatz 5 bis 7 Satz 1 gilt entsprechend.

§ 145 Ausbleiben oder Weigerung des Pflichtverteidigers

(1) [1]Wenn in einem Falle, in dem die Verteidigung notwendig ist, der Verteidiger in der Hauptverhandlung ausbleibt, sich unzeitig entfernt oder sich weigert, die Verteidigung zu führen, so hat der Vorsitzende dem Angeklagten sogleich einen anderen Verteidiger zu bestellen. [2]Das Gericht kann jedoch auch eine Aussetzung der Verhandlung beschließen.

(2) Wird der notwendige Verteidiger erst im Laufe der Hauptverhandlung bestellt, so kann das Gericht eine Aussetzung der Verhandlung beschließen.

(3) Erklärt der neu bestellte Verteidiger, daß ihm die zur Vorbereitung der Verteidigung erforderliche Zeit nicht verbleiben würde, so ist die Verhandlung zu unterbrechen oder auszusetzen.

(4) Wird durch die Schuld des Verteidigers eine Aussetzung erforderlich, so sind ihm die hierdurch verursachten Kosten aufzuerlegen.

§ 145a Zustellungen an den Verteidiger

(1) [1]Der gewählte Verteidiger, dessen Bevollmächtigung nachgewiesen ist, sowie der bestellte Verteidiger gelten als ermächtigt, Zustellungen und sonstige Mitteilungen für den Beschuldigten in Empfang zu nehmen. [2]Zum Nachweis der Bevollmächtigung genügt die Übermittlung einer Kopie der Vollmacht durch den Verteidiger. [3]Die Nachreichung der Vollmacht im Original kann verlangt werden; hierfür kann eine Frist bestimmt werden.

(2) [1]Eine Ladung des Beschuldigten darf an den Verteidiger nur zugestellt werden, wenn er in seiner nachgewiesenen Vollmacht ausdrücklich zur Empfangnahme von Ladungen ermächtigt ist. [2]§ 116a Abs. 3 bleibt unberührt.

(3) [1]Wird eine Entscheidung dem Verteidiger nach Absatz 1 zugestellt, so wird der Beschuldigte hiervon unterrichtet; zugleich erhält er formlos eine Abschrift der Entscheidung. [2]Wird eine Entscheidung dem Beschuldigten zugestellt, so wird der Verteidiger hiervon zugleich unterrichtet, auch wenn eine Vollmacht bei den Akten nicht vorliegt; dabei erhält er formlos eine Abschrift der Entscheidung.

§ 146 Verbot der Mehrfachverteidigung

[1]Ein Verteidiger kann nicht gleichzeitig mehrere derselben Tat Beschuldigte verteidigen. [2]In einem Verfahren kann er auch nicht gleichzeitig mehrere verschiedener Taten Beschuldigte verteidigen.

§ 146a Zurückweisung eines Wahlverteidigers

(1) [1]Ist jemand als Verteidiger gewählt worden, obwohl die Voraussetzungen des § 137 Abs. 1 Satz 2 oder des § 146 vorliegen, so ist er als Verteidiger zurückzuweisen, sobald dies erkennbar wird; gleiches gilt, wenn die Voraussetzungen des § 146 nach der Wahl eintreten. [2]Zeigen in den Fällen des § 137 Abs. 1 Satz 2 mehrere Verteidiger gleichzeitig ihre Wahl an und wird dadurch die Höchstzahl der wählbaren Verteidiger überschritten, so sind sie alle zurückzuweisen. [3]Über die Zurückweisung entscheidet das Gericht, bei dem das Verfahren anhängig ist oder das für das Hauptverfahren zuständig wäre.

(2) Handlungen, die ein Verteidiger vor der Zurückweisung vorgenommen hat, sind nicht deshalb unwirksam, weil die Voraussetzungen des § 137 Abs. 1 Satz 2 oder des § 146 vorlagen.

§ 147 Akteneinsichtsrecht, Besichtigungsrecht; Auskunftsrecht des Beschuldigten

(1) Der Verteidiger ist befugt, die Akten, die dem Gericht vorliegen oder diesem im Falle der Erhebung der Anklage vorzulegen wären, einzusehen sowie amtlich verwahrte Beweisstücke zu besichtigen.

(2) [1]Ist der Abschluss der Ermittlungen noch nicht in den Akten vermerkt, kann dem Verteidiger die Einsicht in die Akten oder einzelne Aktenteile sowie die Besichtigung von amtlich verwahrten Beweisgegenständen versagt werden, soweit dies den Untersuchungszweck gefährden kann. [2]Liegen die Voraussetzungen von Satz 1 vor und befindet sich der Beschuldigte in Untersuchungshaft oder ist diese im Fall der vorläufigen Festnahme beantragt, sind dem Verteidiger die für die Beurteilung der Rechtmäßigkeit der Freiheitsentziehung wesentlichen Informationen in geeigneter Weise zugänglich zu machen; in der Regel ist insoweit Akteneinsicht zu gewähren.

(3) Die Einsicht in die Protokolle über die Vernehmung des Beschuldigten und über solche richterlichen Untersuchungshandlungen, bei denen dem Verteidiger die Anwesenheit gestattet worden ist oder hätte gestattet werden müssen, sowie in die Gutachten von Sachverständigen darf dem Verteidiger in keiner Lage des Verfahrens versagt werden.

(4) [1]Der Beschuldigte, der keinen Verteidiger hat, ist in entsprechender Anwendung der Absätze 1 bis 3 befugt, die Akten einzusehen und unter Aufsicht amtlich verwahrte Beweisstücke zu besichtigen, soweit der Untersuchungszweck auch in einem anderen Strafverfahren nicht gefährdet werden kann und überwiegende schutzwürdige Interessen Dritter nicht entgegenstehen. [2]Werden die Akten nicht elektronisch geführt, können ihm an Stelle der Einsichtnahme in die Akten Kopien aus den Akten bereitgestellt werden.

(5) [1]Über die Gewährung der Akteneinsicht entscheidet im vorbereitenden Verfahren und nach rechtskräftigem Abschluss des Verfahrens die Staatsanwaltschaft, im Übrigen der Vorsitzende des mit der Sache befassten Gerichts. [2]Versagt die Staatsanwaltschaft die Akteneinsicht, nachdem sie den Abschluss der Ermittlungen in den Akten vermerkt hat, versagt sie die Einsicht nach Absatz 3 oder befindet sich der Beschuldigte nicht auf freiem Fuß, so kann gerichtliche Entscheidung durch das nach § 162 zuständige Gericht beantragt werden. [3]Die §§ 297 bis 300, 302, 306 bis 309, 311a und 473a gelten entsprechend. [4]Diese Entscheidungen werden nicht mit Gründen versehen, soweit durch deren Offenlegung der Untersuchungszweck gefährdet werden könnte.

(6) [1]Ist der Grund für die Versagung der Akteneinsicht nicht vorher entfallen, so hebt die Staatsanwaltschaft die Anordnung spätestens mit dem Abschluß der Ermittlungen auf. [2]Dem Verteidiger oder dem Beschuldigten, der keinen Verteidiger hat, ist Mitteilung zu machen, sobald das Recht zur Akteneinsicht wieder uneingeschränkt besteht.

§ 148 Kommunikation des Beschuldigten mit dem Verteidiger

(1) Dem Beschuldigten ist, auch wenn er sich nicht auf freiem Fuß befindet, schriftlicher und mündlicher Verkehr mit dem Verteidiger gestattet.

(2) [1]Ist ein nicht auf freiem Fuß befindlicher Beschuldigter einer Tat nach § 129a, auch in Verbindung mit § 129b Abs. 1, des Strafgesetzbuches dringend verdächtig, soll das Gericht anordnen, dass im Verkehr mit Verteidigern Schriftstücke und andere Gegenstände zurückzuweisen sind, sofern sich der Absender nicht damit einverstanden erklärt, dass sie zunächst dem nach § 148a zuständigen Gericht vorgelegt werden. [2]Besteht kein Haftbefehl wegen einer Straftat nach § 129a, auch in Verbindung mit § 129b Abs. 1, des Strafgesetzbuches, trifft die Entscheidung das Gericht, das für den Erlass eines Haftbefehls zuständig wäre. [3]Ist der schriftliche Verkehr nach Satz 1 zu überwachen, sind für Gespräche mit Verteidigern Vorrichtungen vorzusehen, die die Übergabe von Schriftstücken und anderen Gegenständen ausschließen.

§ 148a Durchführung von Überwachungsmaßnahmen

(1) [1]Für die Durchführung von Überwachungsmaßnahmen nach § 148 Abs. 2 ist der Richter bei dem Amtsgericht zuständig, in dessen Bezirk die Vollzugsanstalt liegt. [2]Ist eine Anzeige nach § 138 des Strafgesetzbuches zu erstatten, so sind Schriftstücke oder andere Gegenstände, aus denen sich die Verpflich-

tung zur Anzeige ergibt, vorläufig in Verwahrung zu nehmen; die Vorschriften über die Beschlagnahme bleiben unberührt.

(2) [1]Der Richter, der mit Überwachungsmaßnahmen betraut ist, darf mit dem Gegenstand der Untersuchung weder befaßt sein noch befaßt werden. [2]Der Richter hat über Kenntnisse, die er bei der Überwachung erlangt, Verschwiegenheit zu bewahren; § 138 des Strafgesetzbuches bleibt unberührt.

§ 149 Zulassung von Beiständen

(1) [1]Der Ehegatte oder Lebenspartner eines Angeklagten ist in der Hauptverhandlung als Beistand zuzulassen und auf sein Verlangen zu hören. [2]Zeit und Ort der Hauptverhandlung sollen ihm rechtzeitig mitgeteilt werden.

(2) Dasselbe gilt von dem gesetzlichen Vertreter eines Angeklagten.

(3) Im Vorverfahren unterliegt die Zulassung solcher Beistände dem richterlichen Ermessen.

§ 150 (weggefallen)

Zweites Buch

Verfahren im ersten Rechtszug

Erster Abschnitt

Öffentliche Klage

§ 151 Anklagegrundsatz

Die Eröffnung einer gerichtlichen Untersuchung ist durch die Erhebung einer Klage bedingt.

§ 152 Anklagebehörde; Legalitätsgrundsatz

(1) Zur Erhebung der öffentlichen Klage ist die Staatsanwaltschaft berufen.

(2) Sie ist, soweit nicht gesetzlich ein anderes bestimmt ist, verpflichtet, wegen aller verfolgbaren Straftaten einzuschreiten, sofern zureichende tatsächliche Anhaltspunkte vorliegen.

§ 152a Landesgesetzliche Vorschriften über die Strafverfolgung von Abgeordneten

Landesgesetzliche Vorschriften über die Voraussetzungen, unter denen gegen Mitglieder eines Organs der Gesetzgebung eine Strafverfolgung eingeleitet oder fortgesetzt werden kann, sind auch für die anderen Länder der Bundesrepublik Deutschland und den Bund wirksam.

§ 153 Absehen von der Verfolgung bei Geringfügigkeit

(1) [1]Hat das Verfahren ein Vergehen zum Gegenstand, so kann die Staatsanwaltschaft mit Zustimmung des für die Eröffnung des Hauptverfahrens zuständigen Gerichts von der Verfolgung absehen, wenn die Schuld des Täters als gering anzusehen wäre und kein öffentliches Interesse an der Verfolgung besteht. [2]Der Zustimmung des Gerichtes bedarf es nicht bei einem Vergehen, das nicht mit einer im Mindestmaß erhöhten Strafe bedroht ist und bei dem die durch die Tat verursachten Folgen gering sind.

(2) [1]Ist die Klage bereits erhoben, so kann das Gericht in jeder Lage des Verfahrens unter den Voraussetzungen des Absatzes 1 mit Zustimmung der Staatsanwaltschaft und des Angeschuldigten das Verfahren einstellen. [2]Der Zustimmung des Angeschuldigten bedarf es nicht, wenn die Hauptverhandlung aus den in § 205 angeführten Gründen nicht durchgeführt werden kann oder in den Fällen des § 231 Abs. 2 und der §§ 232 und 233 in seiner Abwesenheit durchgeführt wird. [3]Die Entscheidung ergeht durch Beschluß. [4]Der Beschluß ist nicht anfechtbar.

§ 153a Absehen von der Verfolgung unter Auflagen und Weisungen

(1) [1]Mit Zustimmung des für die Eröffnung des Hauptverfahrens zuständigen Gerichts und des Beschuldigten kann die Staatsanwaltschaft bei einem Vergehen vorläufig von der Erhebung der öffentlichen Klage absehen und zugleich dem Beschuldigten Auflagen und Weisungen erteilen, wenn diese geeignet sind, das öffentliche Interesse an der Strafverfolgung zu beseitigen, und die Schwere der Schuld nicht entgegensteht. [2]Als Auflagen oder Weisungen kommen insbesondere in Betracht,

1. zur Wiedergutmachung des durch die Tat verursachten Schadens eine bestimmte Leistung zu erbringen,
2. einen Geldbetrag zugunsten einer gemeinnützigen Einrichtung oder der Staatskasse zu zahlen,
3. sonst gemeinnützige Leistungen zu erbringen,
4. Unterhaltspflichten in einer bestimmten Höhe nachzukommen,
5. sich ernsthaft zu bemühen, einen Ausgleich mit dem Verletzten zu erreichen (Täter-Opfer-Ausgleich) und dabei seine Tat ganz oder zum überwiegenden Teil wieder gut zu machen oder deren Wiedergutmachung zu erstreben,

6. an einem sozialen Trainingskurs teilzunehmen,
7. an einem Aufbauseminar nach § 2b Absatz 2 Satz 2 oder an einem Fahreignungsseminar nach § 4a des Straßenverkehrsgesetzes teilzunehmen oder
8. sich psychiatrisch, psycho- oder sozialtherapeutisch betreuen und behandeln zu lassen (Therapieweisung).

[3]Zur Erfüllung der Auflagen und Weisungen setzt die Staatsanwaltschaft dem Beschuldigten eine Frist, die in den Fällen des Satzes 2 Nummer 1 bis 3, 5 und 7 höchstens sechs Monate, in den Fällen des Satzes 2 Nummer 4, 6 und 8 höchstens ein Jahr beträgt. [4]Die Staatsanwaltschaft kann Auflagen und Weisungen nachträglich aufheben und die Frist einmal für die Dauer von drei Monaten verlängern; mit Zustimmung des Beschuldigten kann sie auch Auflagen und Weisungen nachträglich auferlegen und ändern. [5]Erfüllt der Beschuldigte die Auflagen und Weisungen, so kann die Tat nicht mehr als Vergehen verfolgt werden. [6]Erfüllt der Beschuldigte die Auflagen und Weisungen nicht, so werden Leistungen, die er zu ihrer Erfüllung erbracht hat, nicht erstattet. [7]§ 153 Abs. 1 Satz 2 gilt in den Fällen des Satzes 2 Nummer 1 bis 6 entsprechend. [8]§ 246a Absatz 2 gilt entsprechend.

(2) [1]Ist die Klage bereits erhoben, so kann das Gericht mit Zustimmung der Staatsanwaltschaft und des Angeschuldigten das Verfahren vorläufig einstellen und zugleich dem Angeschuldigten die in Absatz 1 Satz 1 und 2 bezeichneten Auflagen und Weisungen erteilen. [2]Absatz 1 Satz 3 bis 6 und 8 gilt entsprechend. [3]Die Entscheidung nach Satz 1 ergeht durch Beschluß. [4]Der Beschluß ist nicht anfechtbar. [5]Satz 4 gilt auch für eine Feststellung, daß gemäß Satz 1 erteilte Auflagen und Weisungen erfüllt worden sind.

(3) Während des Laufes der für die Erfüllung der Auflagen und Weisungen gesetzten Frist ruht die Verjährung.

(4) [1]§ 155b findet im Fall des Absatzes 1 Satz 2 Nummer 6, auch in Verbindung mit Absatz 2, entsprechende Anwendung mit der Maßgabe, dass personenbezogene Daten aus dem Strafverfahren, die nicht den Beschuldigten betreffen, an die mit der Durchführung des sozialen Trainingskurses befasste Stelle nur übermittelt werden dürfen, soweit die betroffenen Personen in die Übermittlung eingewilligt haben. [2]Satz 1 gilt entsprechend, wenn nach sonstigen strafrechtlichen Vorschriften die Weisung erteilt wird, an einem sozialen Trainingskurs teilzunehmen.

§ 153b Absehen von der Verfolgung bei möglichem Absehen von Strafe

(1) Liegen die Voraussetzungen vor, unter denen das Gericht von Strafe absehen könnte, so kann die Staatsanwaltschaft mit Zustimmung des Gerichts, das für die Hauptverhandlung zuständig wäre, von der Erhebung der öffentlichen Klage absehen.

(2) Ist die Klage bereits erhoben, so kann das Gericht bis zum Beginn der Hauptverhandlung mit Zustimmung der Staatsanwaltschaft und des Angeschuldigten das Verfahren einstellen.

§ 153c Absehen von der Verfolgung bei Auslandstaten

(1) [1]Die Staatsanwaltschaft kann von der Verfolgung von Straftaten absehen,
1. die außerhalb des räumlichen Geltungsbereichs dieses Gesetzes begangen sind oder die ein Teilnehmer an einer außerhalb des räumlichen Geltungsbereichs dieses Gesetzes begangenen Handlung in diesem Bereich begangen hat,
2. die ein Ausländer im Inland auf einem ausländischen Schiff oder Luftfahrzeug begangen hat,
3. wenn in den Fällen der §§ 129 und 129a, jeweils auch in Verbindung mit § 129b Abs. 1, des Strafgesetzbuches die Vereinigung nicht oder nicht überwiegend im Inland besteht und die im Inland begangenen Beteiligungshandlungen von untergeordneter Bedeutung sind oder sich auf die bloße Mitgliedschaft beschränken.

[2]Für Taten, die nach dem Völkerstrafgesetzbuch strafbar sind, gilt § 153f.

(2) Die Staatsanwaltschaft kann von der Verfolgung einer Tat absehen, wenn wegen der Tat im Ausland schon eine Strafe gegen den Beschuldigten vollstreckt worden ist und die im Inland zu erwartende Strafe nach Anrechnung der ausländischen nicht ins Gewicht fiele oder der Beschuldigte wegen der Tat im Ausland rechtskräftig freigesprochen worden ist.

(3) Die Staatsanwaltschaft kann auch von der Verfolgung von Straftaten absehen, die im räumlichen Geltungsbereich dieses Gesetzes durch eine außerhalb dieses Bereichs ausgeübte Tätigkeit begangen sind, wenn die Durchführung des Verfahrens die Gefahr eines schweren Nachteils für die Bundesrepublik Deutschland herbeiführen würde oder wenn der Verfolgung sonstige überwiegende öffentliche Interessen entgegenstehen.

(4) Ist die Klage bereits erhoben, so kann die Staatsanwaltschaft in den Fällen des Absatzes 1 Nr. 1, 2 und des Absatzes 3 die Klage in jeder Lage des Verfahrens zurücknehmen und das Verfahren einstellen, wenn die Durchführung des Verfahrens die Gefahr eines schweren Nachteils für die Bundesrepublik

Deutschland herbeiführen würde oder wenn der Verfolgung sonstige überwiegende öffentliche Interessen entgegenstehen.
(5) Hat das Verfahren Straftaten der in § 74a Abs. 1 Nr. 2 bis 6 und § 120 Abs. 1 Nr. 2 bis 7 des Gerichtsverfassungsgesetzes bezeichneten Art zum Gegenstand, so stehen diese Befugnisse dem Generalbundesanwalt zu.

§ 153d Absehen von der Verfolgung bei Staatsschutzdelikten wegen überwiegender öffentlicher Interessen

(1) Der Generalbundesanwalt kann von der Verfolgung von Straftaten der in § 74a Abs. 1 Nr. 2 bis 6 und in § 120 Abs. 1 Nr. 2 bis 7 des Gerichtsverfassungsgesetzes bezeichneten Art absehen, wenn die Durchführung des Verfahrens die Gefahr eines schweren Nachteils für die Bundesrepublik Deutschland herbeiführen würde oder wenn der Verfolgung sonstige überwiegende öffentliche Interessen entgegenstehen.
(2) Ist die Klage bereits erhoben, so kann der Generalbundesanwalt unter den in Absatz 1 bezeichneten Voraussetzungen die Klage in jeder Lage des Verfahrens zurücknehmen und das Verfahren einstellen.

§ 153e Absehen von der Verfolgung bei Staatsschutzdelikten wegen tätiger Reue

(1) [1]Hat das Verfahren Straftaten der in § 74a Abs. 1 Nr. 2 bis 4 und in § 120 Abs. 1 Nr. 2 bis 7 des Gerichtsverfassungsgesetzes bezeichneten Art zum Gegenstand, so kann der Generalbundesanwalt mit Zustimmung des nach § 120 des Gerichtsverfassungsgesetzes zuständigen Oberlandesgerichts von der Verfolgung einer solchen Tat absehen, wenn der Täter nach der Tat, bevor ihm deren Entdeckung bekanntgeworden ist, dazu beigetragen hat, eine Gefahr für den Bestand oder die Sicherheit der Bundesrepublik Deutschland oder die verfassungsmäßige Ordnung abzuwenden. [2]Dasselbe gilt, wenn der Täter einen solchen Beitrag dadurch geleistet hat, daß er nach der Tat sein mit ihr zusammenhängendes Wissen über Bestrebungen des Hochverrats, der Gefährdung des demokratischen Rechtsstaates oder des Landesverrats und der Gefährdung der äußeren Sicherheit einer Dienststelle offenbart hat.
(2) Ist die Klage bereits erhoben, so kann das nach § 120 des Gerichtsverfassungsgesetzes zuständige Oberlandesgericht mit Zustimmung des Generalbundesanwalts das Verfahren unter den in Absatz 1 bezeichneten Voraussetzungen einstellen.

§ 153f Absehen von der Verfolgung bei Straftaten nach dem Völkerstrafgesetzbuch

(1) [1]Die Staatsanwaltschaft kann von der Verfolgung einer Tat, die nach den §§ 6 bis 15 des Völkerstrafgesetzbuches strafbar ist, in den Fällen des § 153c Abs. 1 Nr. 1 und 2 absehen, wenn sich der Beschuldigte nicht im Inland aufhält und ein solcher Aufenthalt auch nicht zu erwarten ist. [2]Ist in den Fällen des § 153c Abs. 1 Nr. 1 der Beschuldigte Deutscher, so gilt dies jedoch nur dann, wenn die Tat vor einem internationalen Gerichtshof oder durch einen Staat, auf dessen Gebiet die Tat begangen oder dessen Angehöriger durch die Tat verletzt wurde, verfolgt wird.
(2) [1]Die Staatsanwaltschaft kann insbesondere von der Verfolgung einer Tat, die nach den §§ 6 bis 12, 14 und 15 des Völkerstrafgesetzbuches strafbar ist, in den Fällen des § 153c Abs. 1 Nr. 1 und 2 absehen, wenn

1. kein Tatverdacht gegen einen Deutschen besteht,
2. die Tat nicht gegen einen Deutschen begangen wurde,
3. kein Tatverdächtiger sich im Inland aufhält und ein solcher Aufenthalt auch nicht zu erwarten ist und
4. die Tat vor einem internationalen Gerichtshof oder durch einen Staat, auf dessen Gebiet die Tat begangen wurde, dessen Angehöriger der Tat verdächtig ist oder dessen Angehöriger durch die Tat verletzt wurde, verfolgt wird.

[2]Dasselbe gilt, wenn sich ein wegen einer im Ausland begangenen Tat beschuldigter Ausländer im Inland aufhält, aber die Voraussetzungen nach Satz 1 Nr. 2 und 4 erfüllt sind und die Überstellung an einen internationalen Gerichtshof oder die Auslieferung an den verfolgenden Staat zulässig und beabsichtigt ist.
(3) Ist in den Fällen des Absatzes 1 oder 2 die öffentliche Klage bereits erhoben, so kann die Staatsanwaltschaft die Klage in jeder Lage des Verfahrens zurücknehmen und das Verfahren einstellen.

§ 154 Teileinstellung bei mehreren Taten

(1) Die Staatsanwaltschaft kann von der Verfolgung einer Tat absehen,

1. wenn die Strafe oder die Maßregel der Besserung und Sicherung, zu der die Verfolgung führen kann, neben einer Strafe oder Maßregel der Besserung und Sicherung, die gegen den Beschuldigten wegen einer anderen Tat rechtskräftig verhängt worden ist oder die er wegen einer anderen Tat zu erwarten hat, nicht beträchtlich ins Gewicht fällt oder
2. darüber hinaus, wenn ein Urteil wegen dieser Tat in angemessener Frist nicht zu erwarten ist und wenn eine Strafe oder Maßregel der Besserung und Sicherung, die gegen den Beschuldigten rechts-

kräftig verhängt worden ist oder die er wegen einer anderen Tat zu erwarten hat, zur Einwirkung auf den Täter und zur Verteidigung der Rechtsordnung ausreichend erscheint.

(2) Ist die öffentliche Klage bereits erhoben, so kann das Gericht auf Antrag der Staatsanwaltschaft das Verfahren in jeder Lage vorläufig einstellen.

(3) Ist das Verfahren mit Rücksicht auf eine wegen einer anderen Tat bereits rechtskräftig erkannten Strafe oder Maßregel der Besserung und Sicherung vorläufig eingestellt worden, so kann es, falls nicht inzwischen Verjährung eingetreten ist, wieder aufgenommen werden, wenn die rechtskräftig erkannte Strafe oder Maßregel der Besserung und Sicherung nachträglich wegfällt.

(4) Ist das Verfahren mit Rücksicht auf eine wegen einer anderen Tat zu erwartende Strafe oder Maßregel der Besserung und Sicherung vorläufig eingestellt worden, so kann es, falls nicht inzwischen Verjährung eingetreten ist, binnen drei Monaten nach Rechtskraft des wegen der anderen Tat ergehenden Urteils wieder aufgenommen werden.

(5) Hat das Gericht das Verfahren vorläufig eingestellt, so bedarf es zur Wiederaufnahme eines Gerichtsbeschlusses.

§ 154a Beschränkung der Verfolgung

(1) [1]Fallen einzelne abtrennbare Teile einer Tat oder einzelne von mehreren Gesetzesverletzungen, die durch dieselbe Tat begangen worden sind,

1. für die zu erwartende Strafe oder Maßregel der Besserung und Sicherung oder
2. neben einer Strafe oder Maßregel der Besserung und Sicherung, die gegen den Beschuldigten wegen einer anderen Tat rechtskräftig verhängt worden ist oder die er wegen einer anderen Tat zu erwarten hat,

nicht beträchtlich ins Gewicht, so kann die Verfolgung auf die übrigen Teile der Tat oder die übrigen Gesetzesverletzungen beschränkt werden. [2]§ 154 Abs. 1 Nr. 2 gilt entsprechend. [3]Die Beschränkung ist aktenkundig zu machen.

(2) Nach Einreichung der Anklageschrift kann das Gericht in jeder Lage des Verfahrens mit Zustimmung der Staatsanwaltschaft die Beschränkung vornehmen.

(3) [1]Das Gericht kann in jeder Lage des Verfahrens ausgeschiedene Teile einer Tat oder Gesetzesverletzungen in das Verfahren wieder einbeziehen. [2]Einem Antrag der Staatsanwaltschaft auf Einbeziehung ist zu entsprechen. [3]Werden ausgeschiedene Teile einer Tat wieder einbezogen, so ist § 265 Abs. 4 entsprechend anzuwenden.

§ 154b Absehen von der Verfolgung bei Auslieferung und Ausweisung

(1) Von der Erhebung der öffentlichen Klage kann abgesehen werden, wenn der Beschuldigte wegen der Tat einer ausländischen Regierung ausgeliefert wird.

(2) Dasselbe gilt, wenn er wegen einer anderen Tat einer ausländischen Regierung ausgeliefert oder an einen internationalen Strafgerichtshof überstellt wird und die Strafe oder die Maßregel der Besserung und Sicherung, zu der die inländische Verfolgung führen kann, neben der Strafe oder der Maßregel der Besserung und Sicherung, die gegen ihn im Ausland rechtskräftig verhängt worden ist oder die er im Ausland zu erwarten hat, nicht ins Gewicht fällt.

(3) Von der Erhebung der öffentlichen Klage kann auch abgesehen werden, wenn der Beschuldigte aus dem Geltungsbereich dieses Bundesgesetzes abgeschoben, zurückgeschoben oder zurückgewiesen wird.

(4) [1]Ist in den Fällen der Absätze 1 bis 3 die öffentliche Klage bereits erhoben, so stellt das Gericht auf Antrag der Staatsanwaltschaft das Verfahren vorläufig ein. [2]§ 154 Abs. 3 bis 5 gilt mit der Maßgabe entsprechend, daß die Frist in Absatz 4 ein Jahr beträgt.

§ 154c Absehen von der Verfolgung des Opfers einer Nötigung oder Erpressung

(1) Ist eine Nötigung oder Erpressung (§§ 240, 253 des Strafgesetzbuches) durch die Drohung begangen worden, eine Straftat zu offenbaren, so kann die Staatsanwaltschaft von der Verfolgung der Tat, deren Offenbarung angedroht worden ist, absehen, wenn nicht wegen der Schwere der Tat eine Sühne unerläßlich ist.

(2) Zeigt das Opfer einer Nötigung oder Erpressung oder eines Menschenhandels (§§ 240, 253, 232 des Strafgesetzbuches) diese Straftat an (§ 158) und wird hierdurch bedingt ein vom Opfer begangenes Vergehen bekannt, so kann die Staatsanwaltschaft von der Verfolgung des Vergehens absehen, wenn nicht wegen der Schwere der Tat eine Sühne unerlässlich ist.

§ 154d Verfolgung bei zivil- oder verwaltungsrechtlicher Vorfrage

[1]Hängt die Erhebung der öffentlichen Klage wegen eines Vergehens von der Beurteilung einer Frage ab, die nach bürgerlichem Recht oder nach Verwaltungsrecht zu beurteilen ist, so kann die Staatsanwaltschaft zur Austragung der Frage im bürgerlichen Streitverfahren oder im Verwaltungsstreitverfahren eine Frist

bestimmen. [2]Hiervon ist der Anzeigende zu benachrichtigen. [3]Nach fruchtlosem Ablauf der Frist kann die Staatsanwaltschaft das Verfahren einstellen.

§ 154e Absehen von der Verfolgung bei falscher Verdächtigung oder Beleidigung

(1) Von der Erhebung der öffentlichen Klage wegen einer falschen Verdächtigung oder Beleidigung (§§ 164, 185 bis 188 des Strafgesetzbuches) soll abgesehen werden, solange wegen der angezeigten oder behaupteten Handlung ein Straf- oder Disziplinarverfahren anhängig ist.

(2) Ist die öffentliche Klage oder eine Privatklage bereits erhoben, so stellt das Gericht das Verfahren bis zum Abschluß des Straf- oder Disziplinarverfahrens wegen der angezeigten oder behaupteten Handlung ein.

(3) Bis zum Abschluß des Straf- oder Disziplinarverfahrens wegen der angezeigten oder behaupteten Handlung ruht die Verjährung der Verfolgung der falschen Verdächtigung oder Beleidigung.

§ 154f Einstellung des Verfahrens bei vorübergehenden Hindernissen

Steht der Eröffnung oder Durchführung des Hauptverfahrens für längere Zeit die Abwesenheit des Beschuldigten oder ein anderes in seiner Person liegendes Hindernis entgegen und ist die öffentliche Klage noch nicht erhoben, so kann die Staatsanwaltschaft das Verfahren vorläufig einstellen, nachdem sie den Sachverhalt so weit wie möglich aufgeklärt und die Beweise so weit wie nötig gesichert hat.

§ 155 Umfang der gerichtlichen Untersuchung und Entscheidung

(1) Die Untersuchung und Entscheidung erstreckt sich nur auf die in der Klage bezeichnete Tat und auf die durch die Klage beschuldigten Personen.

(2) Innerhalb dieser Grenzen sind die Gerichte zu einer selbständigen Tätigkeit berechtigt und verpflichtet; insbesondere sind sie bei Anwendung des Strafgesetzes an die gestellten Anträge nicht gebunden.

§ 155a Täter-Opfer-Ausgleich

[1]Die Staatsanwaltschaft und das Gericht sollen in jedem Stadium des Verfahrens die Möglichkeiten prüfen, einen Ausgleich zwischen Beschuldigtem und Verletztem zu erreichen. [2]In geeigneten Fällen sollen sie darauf hinwirken. [3]Gegen den ausdrücklichen Willen des Verletzten darf die Eignung nicht angenommen werden.

§ 155b Durchführung des Täter-Opfer-Ausgleichs

(1) [1]Die Staatsanwaltschaft und das Gericht können zum Zweck des Täter-Opfer-Ausgleichs oder der Schadenswiedergutmachung einer von ihnen mit der Durchführung beauftragten Stelle von Amts wegen oder auf deren Antrag die hierfür erforderlichen personenbezogenen Daten übermitteln. [2]Der beauftragten Stelle kann Akteneinsicht gewährt werden, soweit die Erteilung von Auskünften einen unverhältnismäßigen Aufwand erfordern würde. [3]Eine nicht-öffentliche Stelle ist darauf hinzuweisen, dass sie die übermittelten Daten nur für Zwecke des Täter-Opfer-Ausgleichs oder der Schadenswiedergutmachung verwenden darf.

(2) [1]Die beauftragte Stelle darf die nach Absatz 1 übermittelten personenbezogenen Daten nur verarbeiten, soweit dies für die Durchführung des Täter-Opfer-Ausgleichs oder der Schadenswiedergutmachung erforderlich ist und schutzwürdige Interessen der betroffenen Person nicht entgegenstehen. [2]Sie darf personenbezogene Daten nur verarbeiten, soweit dies für die Durchführung des Täter-Opfer-Ausgleichs oder der Schadenswiedergutmachung erforderlich ist und die betroffene Person eingewilligt hat. [3]Nach Abschluss ihrer Tätigkeit berichtet sie in dem erforderlichen Umfang der Staatsanwaltschaft oder dem Gericht.

(3) Ist die beauftragte Stelle eine nichtöffentliche Stelle, finden die Vorschriften der Verordnung (EU) 2016/679 und des Bundesdatenschutzgesetzes auch dann Anwendung, wenn die personenbezogenen Daten nicht automatisiert verarbeitet werden und nicht in einem Dateisystem gespeichert sind oder gespeichert werden.

(4) [1]Die Unterlagen mit den in Absatz 2 Satz 1 und 2 bezeichneten personenbezogenen Daten sind von der beauftragten Stelle nach Ablauf eines Jahres seit Abschluss des Strafverfahrens zu vernichten. [2]Die Staatsanwaltschaft oder das Gericht teilt der beauftragten Stelle unverzüglich von Amts wegen den Zeitpunkt des Verfahrensabschlusses mit.

§ 156 Anklagerücknahme

Die öffentliche Klage kann nach Eröffnung des Hauptverfahrens nicht zurückgenommen werden.

§ 157 Bezeichnung als Angeschuldigter oder Angeklagter

Im Sinne dieses Gesetzes ist

Angeschuldigter der Beschuldigte, gegen den die öffentliche Klage erhoben ist,
Angeklagter der Beschuldigte oder Angeschuldigte, gegen den die Eröffnung des Hauptverfahrens beschlossen ist.

Zweiter Abschnitt

Vorbereitung der öffentlichen Klage

§ 158 Strafanzeige; Strafantrag

(1) [1]Die Anzeige einer Straftat und der Strafantrag können bei der Staatsanwaltschaft, den Behörden und Beamten des Polizeidienstes und den Amtsgerichten angebracht werden. [2]Die Anzeige und der Strafantrag sind durch die aufnehmende Stelle zu protokollieren oder auf sonstige Weise zu dokumentieren. [3]Dem Verletzten ist auf Antrag der Eingang seiner Anzeige schriftlich zu bestätigen. [4]Die Bestätigung soll eine kurze Zusammenfassung der Angaben des Verletzten zu Tatzeit, Tatort und angezeigter Tat enthalten. [5]Die Bestätigung kann versagt werden, soweit der Untersuchungszweck, auch in einem anderen Strafverfahren, gefährdet erscheint.

(2) Bei Straftaten, deren Verfolgung nur auf Antrag eintritt, müssen die Identität und der Verfolgungswille der antragstellenden Person sichergestellt sein.

(3) [1]Zeigt ein im Inland wohnhafter Verletzter eine in einem anderen Mitgliedstaat der Europäischen Union begangene Straftat an, so übermittelt die Staatsanwaltschaft die Anzeige auf Antrag des Verletzten an die zuständige Strafverfolgungsbehörde des anderen Mitgliedstaats, wenn für die Tat das deutsche Strafrecht nicht gilt oder von der Verfolgung der Tat nach § 153c Absatz 1 Satz 1 Nummer 1, auch in Verbindung mit § 153f, abgesehen wird. [2]Von der Übermittlung kann abgesehen werden, wenn

1. die Tat und die für ihre Verfolgung wesentlichen Umstände der zuständigen ausländischen Behörde bereits bekannt sind oder
2. der Unrechtsgehalt der Tat gering ist und der verletzten Person die Anzeige im Ausland möglich gewesen wäre.

(4) [1]Ist der Verletzte der deutschen Sprache nicht mächtig, erhält er die notwendige Hilfe bei der Verständigung, um die Anzeige in einer ihm verständlichen Sprache anzubringen. [2]Die schriftliche Anzeigebestätigung nach Absatz 1 Satz 3 und 4 ist dem Verletzten in diesen Fällen auf Antrag in eine ihm verständliche Sprache zu übersetzen; Absatz 1 Satz 5 bleibt unberührt.

§ 159 Anzeigepflicht bei Leichenfund und Verdacht auf unnatürlichen Tod

(1) Sind Anhaltspunkte dafür vorhanden, daß jemand eines nicht natürlichen Todes gestorben ist, oder wird der Leichnam eines Unbekannten gefunden, so sind die Polizei- und Gemeindebehörden zur sofortigen Anzeige an die Staatsanwaltschaft oder an das Amtsgericht verpflichtet.

(2) Zur Bestattung ist die schriftliche Genehmigung der Staatsanwaltschaft erforderlich.

§ 160 Pflicht zur Sachverhaltsaufklärung

(1) Sobald die Staatsanwaltschaft durch eine Anzeige oder auf anderem Wege von dem Verdacht einer Straftat Kenntnis erhält, hat sie zu ihrer Entschließung darüber, ob die öffentliche Klage zu erheben ist, den Sachverhalt zu erforschen.

(2) Die Staatsanwaltschaft hat nicht nur die zur Belastung, sondern auch die zur Entlastung dienenden Umstände zu ermitteln und für die Erhebung der Beweise Sorge zu tragen, deren Verlust zu besorgen ist.

(3) [1]Die Ermittlungen der Staatsanwaltschaft sollen sich auch auf die Umstände erstrecken, die für die Bestimmung der Rechtsfolgen der Tat von Bedeutung sind. [2]Dazu kann sie sich der Gerichtshilfe bedienen.

(4) Eine Maßnahme ist unzulässig, soweit besondere bundesgesetzliche oder entsprechende landesgesetzliche Verwendungsregelungen entgegenstehen.

§ 160a Maßnahmen bei zeugnisverweigerungsberechtigten Berufsgeheimnisträgern

(1) [1]Eine Ermittlungsmaßnahme, die sich gegen eine in § 53 Absatz 1 Satz 1 Nummer 1, 2 oder Nummer 4 genannte Person, einen Rechtsanwalt oder einen Kammerrechtsbeistand richtet und voraussichtlich Erkenntnisse erbringen würde, über die diese das Zeugnis verweigern dürfte, ist unzulässig. [2]Dennoch erlangte Erkenntnisse dürfen nicht verwendet werden. [3]Aufzeichnungen hierüber sind unverzüglich zu löschen. [4]Die Tatsache ihrer Erlangung und der Löschung der Aufzeichnungen ist aktenkundig zu machen. [5]Die Sätze 2 bis 4 gelten entsprechend, wenn durch eine Ermittlungsmaßnahme, die sich nicht gegen eine

in Satz 1 in Bezug genommene Person richtet, von dieser Person Erkenntnisse erlangt werden, über die sie das Zeugnis verweigern dürfte.

(2) [1]Soweit durch eine Ermittlungsmaßnahme eine in § 53 Abs. 1 Satz 1 Nr. 3 bis 3b oder Nr. 5 genannte Person betroffen wäre und dadurch voraussichtlich Erkenntnisse erlangt würden, über die diese Person das Zeugnis verweigern dürfte, ist dies im Rahmen der Prüfung der Verhältnismäßigkeit besonders zu berücksichtigen; betrifft das Verfahren keine Straftat von erheblicher Bedeutung, ist in der Regel nicht von einem Überwiegen des Strafverfolgungsinteresses auszugehen. [2]Soweit geboten, ist die Maßnahme zu unterlassen oder, soweit dies nach der Art der Maßnahme möglich ist, zu beschränken. [3]Für die Verwertung von Erkenntnissen zu Beweiszwecken gilt Satz 1 entsprechend. [4]Die Sätze 1 bis 3 gelten nicht für Rechtsanwälte und Kammerrechtsbeistände.

(3) Die Absätze 1 und 2 sind entsprechend anzuwenden, soweit die in § 53a Genannten das Zeugnis verweigern dürften.

(4) [1]Die Absätze 1 bis 3 sind nicht anzuwenden, wenn bestimmte Tatsachen den Verdacht begründen, dass die zeugnisverweigerungsberechtigte Person an der Tat oder an einer Datenhehlerei, Begünstigung, Strafvereitelung oder Hehlerei beteiligt ist. [2]Ist die Tat nur auf Antrag oder nur mit Ermächtigung verfolgbar, ist Satz 1 in den Fällen des § 53 Abs. 1 Satz 1 Nr. 5 anzuwenden, sobald und soweit der Strafantrag gestellt oder die Ermächtigung erteilt ist.

(5) Die §§ 97, 100d Absatz 5 und § 100g Absatz 4 bleiben unberührt.

§ 160b Erörterung des Verfahrensstands mit den Verfahrensbeteiligten

[1]Die Staatsanwaltschaft kann den Stand des Verfahrens mit den Verfahrensbeteiligten erörtern, soweit dies geeignet erscheint, das Verfahren zu fördern. [2]Der wesentliche Inhalt dieser Erörterung ist aktenkundig zu machen.

§ 161 Allgemeine Ermittlungsbefugnis der Staatsanwaltschaft

(1) [1]Zu dem in § 160 Abs. 1 bis 3 bezeichneten Zweck ist die Staatsanwaltschaft befugt, von allen Behörden Auskunft zu verlangen und Ermittlungen jeder Art entweder selbst vorzunehmen oder durch die Behörden und Beamten des Polizeidienstes vornehmen zu lassen, soweit nicht andere gesetzliche Vorschriften ihre Befugnisse besonders regeln. [2]Die Behörden und Beamten des Polizeidienstes sind verpflichtet, dem Ersuchen oder Auftrag der Staatsanwaltschaft zu genügen, und in diesem Falle befugt, von allen Behörden Auskunft zu verlangen.

(2) Soweit in diesem Gesetz die Löschung personenbezogener Daten ausdrücklich angeordnet wird, ist § 58 Absatz 3 des Bundesdatenschutzgesetzes nicht anzuwenden.

(3) [1]Ist eine Maßnahme nach diesem Gesetz nur bei Verdacht bestimmter Straftaten zulässig, so dürfen die auf Grund einer entsprechenden Maßnahme nach anderen Gesetzen erlangten personenbezogenen Daten ohne Einwilligung der von der Maßnahme betroffenen Personen zu Beweiszwecken im Strafverfahren nur zur Aufklärung solcher Straftaten verwendet werden, zu deren Aufklärung eine solche Maßnahme nach diesem Gesetz hätte angeordnet werden dürfen. [2]§ 100e Absatz 6 Nummer 3 bleibt unberührt.

(4) In oder aus einer Wohnung erlangte personenbezogene Daten aus einem Einsatz technischer Mittel zur Eigensicherung im Zuge nicht offener Ermittlungen auf polizeirechtlicher Grundlage dürfen unter Beachtung des Grundsatzes der Verhältnismäßigkeit zu Beweiszwecken nur verwendet werden (Artikel 13 Abs. 5 des Grundgesetzes), wenn das Amtsgericht (§ 162 Abs. 1), in dessen Bezirk die anordnende Stelle ihren Sitz hat, die Rechtmäßigkeit der Maßnahme festgestellt hat; bei Gefahr im Verzug ist die richterliche Entscheidung unverzüglich nachzuholen.

§ 161a Vernehmung von Zeugen und Sachverständigen durch die Staatsanwaltschaft

(1) [1]Zeugen und Sachverständige sind verpflichtet, auf Ladung vor der Staatsanwaltschaft zu erscheinen und zur Sache auszusagen oder ihr Gutachten zu erstatten. [2]Soweit nichts anderes bestimmt ist, gelten die Vorschriften des sechsten und siebenten Abschnitts des ersten Buches über Zeugen und Sachverständige entsprechend. [3]Die eidliche Vernehmung bleibt dem Richter vorbehalten.

(2) [1]Bei unberechtigtem Ausbleiben oder unberechtigter Weigerung eines Zeugen oder Sachverständigen steht die Befugnis zu den in den §§ 51, 70 und 77 vorgesehenen Maßregeln der Staatsanwaltschaft zu. [2]Jedoch bleibt die Festsetzung der Haft dem nach § 162 zuständigen Gericht vorbehalten.

(3) [1]Gegen Entscheidungen der Staatsanwaltschaft nach Absatz 2 Satz 1 kann gerichtliche Entscheidung durch das nach § 162 zuständige Gericht beantragt werden. [2]Gleiches gilt, wenn die Staatsanwaltschaft Entscheidungen im Sinne des § 68b getroffen hat. [3]Die §§ 297 bis 300, 302, 306 bis 309, 311a und 473a gelten jeweils entsprechend. [4]Gerichtliche Entscheidungen nach den Sätzen 1 und 2 sind unanfechtbar.

(4) Ersucht eine Staatsanwaltschaft eine andere Staatsanwaltschaft um die Vernehmung eines Zeugen oder Sachverständigen, so stehen die Befugnisse nach Absatz 2 Satz 1 auch der ersuchten Staatsanwaltschaft zu.

(5) § 185 Absatz 1 und 2 des Gerichtsverfassungsgesetzes gilt entsprechend.

§ 162 Ermittlungsrichter

(1) [1]Erachtet die Staatsanwaltschaft die Vornahme einer gerichtlichen Untersuchungshandlung für erforderlich, so stellt sie ihre Anträge vor Erhebung der öffentlichen Klage bei dem Amtsgericht, in dessen Bezirk sie oder ihre den Antrag stellende Zweigstelle ihren Sitz hat. [2]Hält sie daneben den Erlass eines Haft- oder Unterbringungsbefehls für erforderlich, so kann sie, unbeschadet der §§ 125, 126a, auch einen solchen Antrag bei dem in Satz 1 bezeichneten Gericht stellen. [3]Für gerichtliche Vernehmungen und Augenscheinnahmen ist das Amtsgericht zuständig, in dessen Bezirk diese Untersuchungshandlungen vorzunehmen sind, wenn die Staatsanwaltschaft dies zur Beschleunigung des Verfahrens oder zur Vermeidung von Belastungen Betroffener dort beantragt.

(2) Das Gericht hat zu prüfen, ob die beantragte Handlung nach den Umständen des Falles gesetzlich zulässig ist.

(3) [1]Nach Erhebung der öffentlichen Klage ist das Gericht zuständig, das mit der Sache befasst ist. [2]Während des Revisionsverfahrens ist das Gericht zuständig, dessen Urteil angefochten ist. [3]Nach rechtskräftigem Abschluss des Verfahrens gelten die Absätze 1 und 2 entsprechend. [4]Nach einem Antrag auf Wiederaufnahme ist das für die Entscheidungen im Wiederaufnahmeverfahren zuständige Gericht zuständig.

§ 163 Aufgaben der Polizei im Ermittlungsverfahren

(1) [1]Die Behörden und Beamten des Polizeidienstes haben Straftaten zu erforschen und alle keinen Aufschub gestattenden Anordnungen zu treffen, um die Verdunkelung der Sache zu verhüten. [2]Zu diesem Zweck sind sie befugt, alle Behörden um Auskunft zu ersuchen, bei Gefahr im Verzug auch, die Auskunft zu verlangen, sowie Ermittlungen jeder Art vorzunehmen, soweit nicht andere gesetzliche Vorschriften ihre Befugnisse besonders regeln.

(2) [1]Die Behörden und Beamten des Polizeidienstes übersenden ihre Verhandlungen ohne Verzug der Staatsanwaltschaft. [2]Erscheint die schleunige Vornahme richterlicher Untersuchungshandlungen erforderlich, so kann die Übersendung unmittelbar an das Amtsgericht erfolgen.

(3) [1]Zeugen sind verpflichtet, auf Ladung vor Ermittlungspersonen der Staatsanwaltschaft zu erscheinen und zur Sache auszusagen, wenn der Ladung ein Auftrag der Staatsanwaltschaft zugrunde liegt. [2]Soweit nichts anderes bestimmt ist, gelten die Vorschriften des Sechsten Abschnitts des Ersten Buches entsprechend. [3]Die eidliche Vernehmung bleibt dem Gericht vorbehalten.

(4) [1]Die Staatsanwaltschaft entscheidet

1. über die Zeugeneigenschaft oder das Vorliegen von Zeugnis- oder Auskunftsverweigerungsrechten, sofern insoweit Zweifel bestehen oder im Laufe der Vernehmung aufkommen,
2. über eine Gestattung nach § 68 Absatz 3 Satz 1, Angaben zur Person nicht oder nur über eine frühere Identität zu machen,
3. über die Beiordnung eines Zeugenbeistands nach § 68b Absatz 2 und
4. bei unberechtigtem Ausbleiben oder unberechtigter Weigerung des Zeugen über die Verhängung der in den §§ 51 und 70 vorgesehenen Maßregeln; dabei bleibt die Festsetzung der Haft dem nach § 162 zuständigen Gericht vorbehalten.

[2]Im Übrigen trifft die erforderlichen Entscheidungen die die Vernehmung leitende Person.

(5) [1]Gegen Entscheidungen von Beamten des Polizeidienstes nach § 68b Absatz 1 Satz 3 sowie gegen Entscheidungen der Staatsanwaltschaft nach Absatz 4 Satz 1 Nummer 3 und 4 kann gerichtliche Entscheidung durch das nach § 162 zuständige Gericht beantragt werden. [2]Die §§ 297 bis 300, 302, 306 bis 309, 311a und 473a gelten jeweils entsprechend. [3]Gerichtliche Entscheidungen nach Satz 1 sind unanfechtbar.

(6) [1]Für die Belehrung des Sachverständigen durch Beamte des Polizeidienstes gelten § 52 Absatz 3 und § 55 Absatz 2 entsprechend. [2]In den Fällen des § 81c Absatz 3 Satz 1 und 2 gilt § 52 Absatz 3 auch bei Untersuchungen durch Beamte des Polizeidienstes sinngemäß.

(7) § 185 Absatz 1 und 2 des Gerichtsverfassungsgesetzes gilt entsprechend.

§ 163a Vernehmung des Beschuldigten

(1) [1]Der Beschuldigte ist spätestens vor dem Abschluß der Ermittlungen zu vernehmen, es sei denn, daß das Verfahren zur Einstellung führt. [2]In einfachen Sachen genügt es, daß ihm Gelegenheit gegeben wird, sich schriftlich zu äußern.

(2) Beantragt der Beschuldigte zu seiner Entlastung die Aufnahme von Beweisen, so sind sie zu erheben, wenn sie von Bedeutung sind.

(3) [1]Der Beschuldigte ist verpflichtet, auf Ladung vor der Staatsanwaltschaft zu erscheinen. [2]Die §§ 133 bis 136a und 168c Abs. 1 und 5 gelten entsprechend. [3]Über die Rechtmäßigkeit der Vorführung entscheidet auf Antrag des Beschuldigten das nach § 162 zuständige Gericht. [4]Die §§ 297 bis 300, 302, 306 bis 309, 311a und 473a gelten entsprechend. [5]Die Entscheidung des Gerichts ist unanfechtbar.

(4) [1]Bei der Vernehmung des Beschuldigten durch Beamte des Polizeidienstes ist dem Beschuldigten zu eröffnen, welche Tat ihm zur Last gelegt wird. [2]Im übrigen sind bei der Vernehmung des Beschuldigten durch Beamte des Polizeidienstes § 136 Absatz 1 Satz 2 bis 6, Absatz 2 bis 5 und § 136a anzuwenden. [3]§ 168c Absatz 1 und 5 gilt für den Verteidiger entsprechend.

(5) Die §§ 186 und 187 Absatz 1 bis 3 sowie § 189 Absatz 4 des Gerichtsverfassungsgesetzes gelten entsprechend.

§ 163b Maßnahmen zur Identitätsfeststellung

(1) [1]Ist jemand einer Straftat verdächtig, so können die Staatsanwaltschaft und die Beamten des Polizeidienstes die zur Feststellung seiner Identität erforderlichen Maßnahmen treffen; § 163a Abs. 4 Satz 1 gilt entsprechend. [2]Der Verdächtige darf festgehalten werden, wenn die Identität sonst nicht oder nur unter erheblichen Schwierigkeiten festgestellt werden kann. [3]Unter den Voraussetzungen von Satz 2 sind auch die Durchsuchung der Person des Verdächtigen und der von ihm mitgeführten Sachen sowie die Durchführung erkennungsdienstlicher Maßnahmen zulässig.

(2) [1]Wenn und soweit dies zur Aufklärung einer Straftat geboten ist, kann auch die Identität einer Person festgestellt werden, die einer Straftat nicht verdächtig ist; § 69 Abs. 1 Satz 2 gilt entsprechend. [2]Maßnahmen der in Absatz 1 Satz 2 bezeichneten Art dürfen nicht getroffen werden, wenn sie zur Bedeutung der Sache außer Verhältnis stehen; Maßnahmen der in Absatz 1 Satz 3 bezeichneten Art dürfen nicht gegen den Willen der betroffenen Person getroffen werden.

§ 163c Freiheitsentziehung zur Identitätsfeststellung

(1) [1]Eine von einer Maßnahme nach § 163b betroffene Person darf in keinem Fall länger als zur Feststellung ihrer Identität unerläßlich festgehalten werden. [2]Die festgehaltene Person ist unverzüglich dem Richter bei dem Amtsgericht, in dessen Bezirk sie ergriffen worden ist, zum Zwecke der Entscheidung über Zulässigkeit und Fortdauer der Freiheitsentziehung vorzuführen, es sei denn, daß die Herbeiführung der richterlichen Entscheidung voraussichtlich längere Zeit in Anspruch nehmen würde, als zur Feststellung der Identität notwendig wäre. [3]Die §§ 114a bis 114c gelten entsprechend.

(2) Eine Freiheitsentziehung zum Zwecke der Feststellung der Identität darf die Dauer von insgesamt zwölf Stunden nicht überschreiten.

(3) Ist die Identität festgestellt, so sind in den Fällen des § 163b Abs. 2 die im Zusammenhang mit der Feststellung angefallenen Unterlagen zu vernichten.

§ 163d Speicherung und Abgleich von Daten aus Kontrollen

(1) [1]Begründen bestimmte Tatsachen den Verdacht, daß
1. eine der in § 111 bezeichneten Straftaten
   oder
2. eine der in § 100a Abs. 2 Nr. 6 bis 9 und 11 bezeichneten Straftaten

begangen worden ist, so dürfen die anläßlich einer grenzpolizeilichen Kontrolle, im Falle der Nummer 1 auch die bei einer Personenkontrolle nach § 111 anfallenden Daten über die Identität von Personen sowie Umstände, die für die Aufklärung der Straftat oder für die Ergreifung des Täters von Bedeutung sein können, in einem Dateisystem gespeichert werden, wenn Tatsachen die Annahme rechtfertigen, daß die Auswertung der Daten zur Ergreifung des Täters oder zur Aufklärung der Straftat führen kann und die Maßnahme nicht außer Verhältnis zur Bedeutung der Sache steht. [2]Dies gilt auch, wenn im Falle des Satzes 1 Pässe und Personalausweise automatisch gelesen werden. [3]Die Übermittlung der Daten ist nur an Strafverfolgungsbehörden zulässig.

(2) [1]Maßnahmen der in Absatz 1 bezeichneten Art dürfen nur durch den Richter, bei Gefahr im Verzug auch durch die Staatsanwaltschaft und ihre Ermittlungspersonen (§ 152 des Gerichtsverfassungsgesetzes) angeordnet werden. [2]Hat die Staatsanwaltschaft oder eine ihrer Ermittlungspersonen die Anordnung getroffen, so beantragt die Staatsanwaltschaft unverzüglich die richterliche Bestätigung der Anordnung. [3]§ 100e Absatz 1 Satz 3 gilt entsprechend.

(3) [1]Die Anordnung ergeht schriftlich. [2]Sie muß die Personen, deren Daten gespeichert werden sollen, nach bestimmten Merkmalen oder Eigenschaften so genau bezeichnen, wie dies nach der zur Zeit der Anordnung vorhandenen Kenntnis von dem oder den Tatverdächtigen möglich ist. [3]Art und Dauer der

Maßnahmen sind festzulegen. [4]Die Anordnung ist räumlich zu begrenzen und auf höchstens drei Monate zu befristen. [5]Eine einmalige Verlängerung um nicht mehr als drei weitere Monate ist zulässig, soweit die in Absatz 1 bezeichneten Voraussetzungen fortbestehen.

(4) [1]Liegen die Voraussetzungen für den Erlaß der Anordnung nicht mehr vor oder ist der Zweck der sich aus der Anordnung ergebenden Maßnahmen erreicht, so sind diese unverzüglich zu beenden. [2]Die durch die Maßnahmen erlangten personenbezogenen Daten sind unverzüglich zu löschen, sobald sie für das Strafverfahren nicht oder nicht mehr benötigt werden; eine Speicherung, die die Laufzeit der Maßnahmen (Absatz 3) um mehr als drei Monate überschreitet, ist unzulässig. [3]Über die Löschung ist die Staatsanwaltschaft zu unterrichten.

§ 163e Ausschreibung zur Beobachtung bei polizeilichen Kontrollen

(1) [1]Die Ausschreibung zur Beobachtung anläßlich von polizeilichen Kontrollen, die die Feststellung der Personalien zulassen, kann angeordnet werden, wenn zureichende tatsächliche Anhaltspunkte dafür vorliegen, daß eine Straftat von erheblicher Bedeutung begangen wurde. [2]Die Anordnung darf sich nur gegen den Beschuldigten richten und nur dann getroffen werden, wenn die Erforschung des Sachverhalts oder die Ermittlung des Aufenthaltsortes des Täters auf andere Weise erheblich weniger erfolgversprechend oder wesentlich erschwert wäre. [3]Gegen andere Personen ist die Maßnahme zulässig, wenn auf Grund bestimmter Tatsachen anzunehmen ist, daß sie mit dem Täter in Verbindung stehen oder eine solche Verbindung hergestellt wird, daß die Maßnahme zur Erforschung des Sachverhalts oder zur Ermittlung des Aufenthaltsortes des Täters führen wird und dies auf andere Weise erheblich weniger erfolgversprechend oder wesentlich erschwert wäre.

(2) Das Kennzeichen eines Kraftfahrzeuges, die Identifizierungsnummer oder äußere Kennzeichnung eines Wasserfahrzeuges, Luftfahrzeuges oder eines Containers kann ausgeschrieben werden, wenn das Fahrzeug auf eine nach Absatz 1 ausgeschriebene Person zugelassen ist oder das Fahrzeug oder der Container von ihr oder einer bisher namentlich nicht bekannten Person genutzt wird, die einer Straftat von erheblicher Bedeutung verdächtig ist.

(3) Im Falle eines Antreffens können auch personenbezogene Daten eines Begleiters der ausgeschriebenen Person, des Führers eines nach Absatz 2 ausgeschriebenen Fahrzeuges oder des Nutzers eines nach Absatz 2 ausgeschriebenen Containers gemeldet werden.

(4) [1]Die Ausschreibung zur polizeilichen Beobachtung darf nur durch das Gericht angeordnet werden. [2]Bei Gefahr im Verzug kann die Anordnung auch durch die Staatsanwaltschaft getroffen werden. [3]Hat die Staatsanwaltschaft die Anordnung getroffen, so beantragt sie unverzüglich die gerichtliche Bestätigung der Anordnung. [4]§ 100e Absatz 1 Satz 3 gilt entsprechend. [5]Die Anordnung ist auf höchstens ein Jahr zu befristen. [6]Eine Verlängerung um jeweils nicht mehr als drei Monate ist zulässig, soweit die Voraussetzungen der Anordnung fortbestehen.

§ 163f Längerfristige Observation

(1) [1]Liegen zureichende tatsächliche Anhaltspunkte dafür vor, dass eine Straftat von erheblicher Bedeutung begangen worden ist, so darf eine planmäßig angelegte Beobachtung des Beschuldigten angeordnet werden, die

1. durchgehend länger als 24 Stunden dauern oder
2. an mehr als zwei Tagen stattfinden

soll (längerfristige Observation). [2]Die Maßnahme darf nur angeordnet werden, wenn die Erforschung des Sachverhalts oder die Ermittlung des Aufenthaltsortes des Täters auf andere Weise erheblich weniger Erfolg versprechend oder wesentlich erschwert wäre. [3]Gegen andere Personen ist die Maßnahme zulässig, wenn auf Grund bestimmter Tatsachen anzunehmen ist, dass sie mit dem Täter in Verbindung stehen oder eine solche Verbindung hergestellt wird, dass die Maßnahme zur Erforschung des Sachverhalts oder zur Ermittlung des Aufenthaltsortes des Täters führen wird und dies auf andere Weise erheblich weniger Erfolg versprechend oder wesentlich erschwert wäre.

(2) [1]Die Maßnahme darf auch durchgeführt werden, wenn Dritte unvermeidbar betroffen werden. [2]§ 100d Absatz 1 und 2 gilt entsprechend.

(3) [1]Die Maßnahme darf nur durch das Gericht, bei Gefahr im Verzug auch durch die Staatsanwaltschaft und ihre Ermittlungspersonen (§ 152 des Gerichtsverfassungsgesetzes) angeordnet werden. [2]Die Anordnung der Staatsanwaltschaft oder ihrer Ermittlungspersonen tritt außer Kraft, wenn sie nicht binnen drei Werktagen von dem Gericht bestätigt wird. [3]§ 100e Absatz 1 Satz 4 und 5, Absatz 3 Satz 1 gilt entsprechend.

§ 163g Automatische Kennzeichenerfassung

(1) [1]Örtlich begrenzt dürfen im öffentlichen Verkehrsraum ohne das Wissen der betroffenen Personen Kennzeichen von Kraftfahrzeugen sowie Ort, Datum, Uhrzeit und Fahrtrichtung durch den Einsatz technischer Mittel automatisch erhoben werden, wenn zureichende tatsächliche Anhaltspunkte dafür vorliegen, dass eine Straftat von erheblicher Bedeutung begangen worden ist, und die Annahme gerechtfertigt ist, dass diese Maßnahme zur Ermittlung der Identität oder des Aufenthaltsorts des Beschuldigten führen kann. [2]Die automatische Datenerhebung darf nur vorübergehend und nicht flächendeckend erfolgen.

(2) [1]Die nach Absatz 1 erhobenen Kennzeichen von Kraftfahrzeugen dürfen automatisch abgeglichen werden mit Kennzeichen von Kraftfahrzeugen,

1. die auf den Beschuldigten zugelassen sind oder von ihm genutzt werden oder
2. die auf andere Personen als den Beschuldigten zugelassen sind oder von ihnen genutzt werden, wenn aufgrund bestimmter Tatsachen anzunehmen ist, dass sie mit dem Beschuldigten in Verbindung stehen oder eine solche Verbindung hergestellt wird, und die Ermittlung des Aufenthaltsortes des Beschuldigten auf andere Weise erheblich weniger erfolgversprechend oder wesentlich erschwert wäre.

[2]Der automatische Abgleich hat unverzüglich nach der automatischen Datenerhebung nach Absatz 1 zu erfolgen. [3]Im Trefferfall ist unverzüglich die Übereinstimmung zwischen den nach Absatz 1 erhobenen Kennzeichen und den in Satz 1 bezeichneten weiteren Kennzeichen manuell zu überprüfen. [4]Wenn kein Treffer vorliegt oder die manuelle Überprüfung den Treffer nicht bestätigt, sind die nach Absatz 1 erhobenen Daten sofort und spurenlos zu löschen.

(3) [1]Die Anordnung der Maßnahmen nach den Absätzen 1 und 2 ergeht schriftlich durch die Staatsanwaltschaft. [2]Sie muss das Vorliegen der Voraussetzungen der Maßnahmen darlegen und diejenigen Kennzeichen, mit denen die automatisch erhobenen Daten nach Absatz 2 Satz 1 abgeglichen werden sollen, genau bezeichnen. [3]Die örtliche Begrenzung im öffentlichen Verkehrsraum (Absatz 1 Satz 1) ist zu benennen und die Anordnung ist zu befristen. [4]Bei Gefahr im Verzug darf die Anordnung auch mündlich und durch die Ermittlungspersonen der Staatsanwaltschaft (§ 152 des Gerichtsverfassungsgesetzes) ergehen; in diesem Fall sind die schriftlichen Darlegungen nach den Sätzen 2 und 3 binnen drei Tagen vom Anordnenden nachzuholen.

(4) Liegen die Voraussetzungen der Anordnung nicht mehr vor oder ist der Zweck der Maßnahmen erreicht, sind diese unverzüglich zu beenden.

§ 164 Festnahme von Störern

Bei Amtshandlungen an Ort und Stelle ist der Beamte, der sie leitet, befugt, Personen, die seine amtliche Tätigkeit vorsätzlich stören oder sich den von ihm innerhalb seiner Zuständigkeit getroffenen Anordnungen widersetzen, festnehmen und bis zur Beendigung seiner Amtsverrichtungen, jedoch nicht über den nächstfolgenden Tag hinaus, festhalten zu lassen.

§ 165 Richterliche Untersuchungshandlungen bei Gefahr im Verzug

Bei Gefahr im Verzug kann der Richter die erforderlichen Untersuchungshandlungen auch ohne Antrag vornehmen, wenn ein Staatsanwalt nicht erreichbar ist.

§ 166 Beweisanträge des Beschuldigten bei richterlichen Vernehmungen

(1) Wird der Beschuldigte von dem Richter vernommen und beantragt er bei dieser Vernehmung zu seiner Entlastung einzelne Beweiserhebungen, so hat der Richter diese, soweit er sie für erheblich erachtet, vorzunehmen, wenn der Verlust der Beweise zu besorgen ist oder die Beweiserhebung die Freilassung des Beschuldigten begründen kann.

(2) Der Richter kann, wenn die Beweiserhebung in einem anderen Amtsbezirk vorzunehmen ist, den Richter des letzteren um ihre Vornahme ersuchen.

§ 167 Weitere Verfügung der Staatsanwaltschaft

In den Fällen der §§ 165 und 166 gebührt der Staatsanwaltschaft die weitere Verfügung.

§ 168 Protokoll über richterliche Untersuchungshandlungen

[1]Über jede richterliche Untersuchungshandlung ist ein Protokoll aufzunehmen. [2]Für die Protokollführung ist ein Urkundsbeamter der Geschäftsstelle zuzuziehen; hiervon kann der Richter absehen, wenn er die Zuziehung eines Protokollführers nicht für erforderlich hält. [3]In dringenden Fällen kann der Richter eine von ihm zu vereidigende Person als Protokollführer zuziehen. [4]Das Protokoll ist von dem Richter und, sofern ein solcher zugezogen wurde, dem Protokollführer zu unterschreiben.

§ 168a Art der Protokollierung; Aufzeichnungen

(1) [1]Das Protokoll muß Ort und Tag der Verhandlung sowie die Namen der mitwirkenden und beteiligten Personen angeben und ersehen lassen, ob die wesentlichen Förmlichkeiten des Verfahrens beachtet sind. [2]§ 68 Abs. 2, 3 bleibt unberührt.

(2) [1]Das Protokoll kann in Form einer wörtlichen Wiedergabe der Verhandlung (Wortprotokoll) oder in Form einer Zusammenfassung ihres Inhalts (Inhaltsprotokoll) sowohl während der Verhandlung als auch nach ihrer Beendigung erstellt werden. [2]Die Verhandlung kann wörtlich oder in Form einer Zusammenfassung ihres Inhalts (zusammenfassende Aufzeichnung) aufgezeichnet werden. [3]Der Nachweis der Unrichtigkeit des Protokolls anhand der Aufzeichnung ist zulässig.

(3) Wird das Protokoll während der Verhandlung erstellt oder wird die Verhandlung in Form einer Zusammenfassung ihres Inhalts aufgezeichnet, so ist das Protokoll oder die zusammenfassende Aufzeichnung den an der Verhandlung beteiligten Personen, soweit es sie betrifft, zur Genehmigung auf einem Bildschirm anzuzeigen, vorzulesen, abzuspielen oder zur Durchsicht vorzulegen, es sei denn, sie verzichten darauf.

(4) Wird das Protokoll nach Beendigung der Verhandlung als Inhaltsprotokoll erstellt, so ist es den an der Verhandlung beteiligten Personen, soweit es sie betrifft, zur Genehmigung zu übermitteln, es sei denn, sie verzichten darauf.

(5) Wird das Protokoll nach Beendigung der Verhandlung durch die wörtliche Übertragung einer Aufzeichnung erstellt, so versieht die Person, welche die Übertragung hergestellt oder eine maschinelle Übertragung überprüft hat, diese mit ihrem Namen und dem Zusatz, dass die Richtigkeit der Übertragung bestätigt wird.

(6) [1]Die Art der Protokollierung und der Aufzeichnung, die Genehmigung des Protokolls oder einer zusammenfassenden Aufzeichnung, Einwendungen dagegen sowie ein Verzicht auf die Vorlage zur Genehmigung sind im Protokoll zu vermerken oder sonst aktenkundig zu machen. [2]Aufzeichnungen sind zu den Akten zu nehmen, bei der Geschäftsstelle mit den Akten aufzubewahren oder in anderer Weise zu speichern. [3]Sie können gelöscht werden, wenn das Verfahren rechtskräftig abgeschlossen oder sonst beendet ist; § 58a Absatz 2 Satz 2 und § 136 Absatz 4 Satz 3 bleiben unberührt. [4]Die Art der Aufbewahrung oder Speicherung und die Löschung sind aktenkundig zu machen.

§ 168b Protokoll über ermittlungsbehördliche Untersuchungshandlungen

(1) Das Ergebnis der Untersuchungshandlungen der Ermittlungsbehörden ist aktenkundig zu machen.

(2) [1]Über die Vernehmung des Beschuldigten, der Zeugen und Sachverständigen soll ein Protokoll nach § 168a aufgenommen werden, soweit dies ohne erhebliche Verzögerung der Ermittlungen geschehen kann. [2]Wird über die Vernehmung des Beschuldigten kein Protokoll gefertigt, ist die Teilnahme seines Verteidigers an der Vernehmung aktenkundig zu machen.

(3) [1]Die in § 163a vorgeschriebenen Belehrungen des Beschuldigten vor seiner Vernehmung sowie die in § 58 Absatz 2 Satz 5 vorgeschriebene Belehrung vor einer Gegenüberstellung sind zu dokumentieren. [2]Dies gilt auch für die Entscheidung des Beschuldigten darüber, ob er vor seiner Vernehmung einen von ihm zu wählenden Verteidiger befragen möchte, und für das Einverständnis des Beschuldigten gemäß § 141a Satz 1.

§ 168c Anwesenheitsrecht bei richterlichen Vernehmungen

(1) Bei der richterlichen Vernehmung des Beschuldigten ist der Staatsanwaltschaft und dem Verteidiger die Anwesenheit gestattet. [2]Diesen ist nach der Vernehmung Gelegenheit zu geben, sich dazu zu erklären oder Fragen an den Beschuldigten zu stellen. [3]Ungeeignete oder nicht zur Sache gehörende Fragen oder Erklärungen können zurückgewiesen werden.

(2) [1]Bei der richterlichen Vernehmung eines Zeugen oder Sachverständigen ist der Staatsanwaltschaft, dem Beschuldigten und dem Verteidiger die Anwesenheit gestattet. [2]Diesen ist nach der Vernehmung Gelegenheit zu geben, sich dazu zu erklären oder Fragen an die vernommene Person zu stellen. [3]Ungeeignete oder nicht zur Sache gehörende Fragen oder Erklärungen können zurückgewiesen werden. [4]§ 241a gilt entsprechend.

(3) [1]Der Richter kann einen Beschuldigten von der Anwesenheit bei der Verhandlung ausschließen, wenn dessen Anwesenheit den Untersuchungszweck gefährden würde. [2]Dies gilt namentlich dann, wenn zu befürchten ist, daß ein Zeuge in Gegenwart des Beschuldigten nicht die Wahrheit sagen werde.

(4) Hat ein nicht in Freiheit befindlicher Beschuldigter einen Verteidiger, so steht ihm ein Anspruch auf Anwesenheit nur bei solchen Terminen zu, die an der Gerichtsstelle des Ortes abgehalten werden, wo er in Haft ist.

(5) [1]Von den Terminen sind die zur Anwesenheit Berechtigten vorher zu benachrichtigen. [2]In den Fällen des Absatzes 2 unterbleibt die Benachrichtigung, soweit sie den Untersuchungserfolg gefährden würde.

[3]Auf die Verlegung eines Termins wegen Verhinderung haben die zur Anwesenheit Berechtigten keinen Anspruch.

§ 168d Anwesenheitsrecht bei Einnahme eines richterlichen Augenscheins

(1) [1]Bei der Einnahme eines richterlichen Augenscheins ist der Staatsanwaltschaft, dem Beschuldigten und dem Verteidiger die Anwesenheit bei der Verhandlung gestattet. [2]§ 168c Abs. 3 Satz 1, Abs. 4 und 5 gilt entsprechend.

(2) [1]Werden bei der Einnahme eines richterlichen Augenscheins Sachverständige zugezogen, so kann der Beschuldigte beantragen, daß die von ihm für die Hauptverhandlung vorzuschlagenden Sachverständigen zu dem Termin geladen werden, und, wenn der Richter den Antrag ablehnt, sie selbst laden lassen. [2]Den vom Beschuldigten benannten Sachverständigen ist die Teilnahme am Augenschein und an den erforderlichen Untersuchungen insoweit gestattet, als dadurch die Tätigkeit der vom Richter bestellten Sachverständigen nicht behindert wird.

§ 168e Vernehmung von Zeugen getrennt von Anwesenheitsberechtigten

[1]Besteht die dringende Gefahr eines schwerwiegenden Nachteils für das Wohl des Zeugen, wenn er in Gegenwart der Anwesenheitsberechtigten vernommen wird, und kann sie nicht in anderer Weise abgewendet werden, so soll der Richter die Vernehmung von den Anwesenheitsberechtigten getrennt durchführen. [2]Die Vernehmung wird diesen zeitgleich in Bild und Ton übertragen. [3]Die Mitwirkungsbefugnisse der Anwesenheitsberechtigten bleiben im übrigen unberührt. [4]Die §§ 58a und 241a finden entsprechende Anwendung. [5]Die Entscheidung nach Satz 1 ist unanfechtbar.

§ 169 Ermittlungsrichter des Oberlandesgerichts und des Bundesgerichtshofes

(1) [1]In Sachen, die nach den §§ 120 oder 120b des Gerichtsverfassungsgesetzes zur Zuständigkeit des Oberlandesgerichts im ersten Rechtszug gehören, können die im vorbereitenden Verfahren dem Richter beim Amtsgericht obliegenden Geschäfte auch durch Ermittlungsrichter dieses Oberlandesgerichts wahrgenommen werden. [2]Führt der Generalbundesanwalt die Ermittlungen, so sind an deren Stelle Ermittlungsrichter des Bundesgerichtshofes zuständig.

(2) Der für eine Sache zuständige Ermittlungsrichter des Oberlandesgerichts kann Untersuchungshandlungen auch dann anordnen, wenn sie nicht im Bezirk dieses Gerichts vorzunehmen sind.

§ 169a Vermerk über den Abschluss der Ermittlungen

Erwägt die Staatsanwaltschaft, die öffentliche Klage zu erheben, so vermerkt sie den Abschluß der Ermittlungen in den Akten.

§ 170 Entscheidung über eine Anklageerhebung

(1) Bieten die Ermittlungen genügenden Anlaß zur Erhebung der öffentlichen Klage, so erhebt die Staatsanwaltschaft sie durch Einreichung einer Anklageschrift bei dem zuständigen Gericht.

(2) [1]Andernfalls stellt die Staatsanwaltschaft das Verfahren ein. [2]Hiervon setzt sie den Beschuldigten in Kenntnis, wenn er als solcher vernommen worden ist oder ein Haftbefehl gegen ihn erlassen war; dasselbe gilt, wenn er um einen Bescheid gebeten hat oder wenn ein besonderes Interesse an der Bekanntgabe ersichtlich ist.

§ 171 Einstellungsbescheid

[1]Gibt die Staatsanwaltschaft einem Antrag auf Erhebung der öffentlichen Klage keine Folge oder verfügt sie nach dem Abschluß der Ermittlungen die Einstellung des Verfahrens, so hat sie den Antragsteller unter Angabe der Gründe zu bescheiden. [2]In dem Bescheid ist der Antragsteller, der zugleich der Verletzte ist, über die Möglichkeit der Anfechtung und die dafür vorgesehene Frist (§ 172 Abs. 1) zu belehren. [3]§ 187 Absatz 1 Satz 1 und Absatz 2 des Gerichtsverfassungsgesetzes gilt entsprechend für Verletzte, die nach § 395 der Strafprozessordnung berechtigt wären, sich der öffentlichen Klage mit der Nebenklage anzuschließen, soweit sie einen Antrag auf Übersetzung stellen.

§ 172 Beschwerde des Verletzten; Klageerzwingungsverfahren

(1) [1]Ist der Antragsteller zugleich der Verletzte, so steht ihm gegen den Bescheid nach § 171 binnen zwei Wochen nach der Bekanntmachung die Beschwerde an den vorgesetzten Beamten der Staatsanwaltschaft zu. [2]Durch die Einlegung der Beschwerde bei der Staatsanwaltschaft wird die Frist gewahrt. [3]Sie läuft nicht, wenn die Belehrung nach § 171 Satz 2 unterblieben ist.

(2) [1]Gegen den ablehnenden Bescheid des vorgesetzten Beamten der Staatsanwaltschaft kann der Antragsteller binnen einem Monat nach der Bekanntmachung gerichtliche Entscheidung beantragen. [2]Hierüber und über die dafür vorgesehene Form ist er zu belehren; die Frist läuft nicht, wenn die Belehrung unterblieben ist. [3]Der Antrag ist nicht zulässig, wenn das Verfahren ausschließlich eine Straftat zum Gegenstand hat, die vom Verletzten im Wege der Privatklage verfolgt werden kann, oder wenn die

Staatsanwaltschaft nach § 153 Abs. 1, § 153a Abs. 1 Satz 1, 7 oder § 153b Abs. 1 von der Verfolgung der Tat abgesehen hat; dasselbe gilt in den Fällen der §§ 153c bis 154 Abs. 1 sowie der §§ 154b und 154c.

(3) [1]Der Antrag auf gerichtliche Entscheidung muß die Tatsachen, welche die Erhebung der öffentlichen Klage begründen sollen, und die Beweismittel angeben. [2]Er muß von einem Rechtsanwalt unterzeichnet sein; für die Prozeßkostenhilfe gelten dieselben Vorschriften wie in bürgerlichen Rechtsstreitigkeiten. [3]Der Antrag ist bei dem für die Entscheidung zuständigen Gericht einzureichen.

(4) [1]Zur Entscheidung über den Antrag ist das Oberlandesgericht zuständig. [2]Die §§ 120 und 120b des Gerichtsverfassungsgesetzes sind sinngemäß anzuwenden.

§ 173 Verfahren des Gerichts nach Antragstellung

(1) Auf Verlangen des Gerichts hat ihm die Staatsanwaltschaft die bisher von ihr geführten Verhandlungen vorzulegen.

(2) Das Gericht kann den Antrag unter Bestimmung einer Frist dem Beschuldigten zur Erklärung mitteilen.

(3) Das Gericht kann zur Vorbereitung seiner Entscheidung Ermittlungen anordnen und mit ihrer Vornahme einen beauftragten oder ersuchten Richter betrauen.

§ 174 Verwerfung des Antrags

(1) Ergibt sich kein genügender Anlaß zur Erhebung der öffentlichen Klage, so verwirft das Gericht den Antrag und setzt den Antragsteller, die Staatsanwaltschaft und den Beschuldigten von der Verwerfung in Kenntnis.

(2) Ist der Antrag verworfen, so kann die öffentliche Klage nur auf Grund neuer Tatsachen oder Beweismittel erhoben werden.

§ 175 Anordnung der Anklageerhebung

[1]Erachtet das Gericht nach Anhörung des Beschuldigten den Antrag für begründet, so beschließt es die Erhebung der öffentlichen Klage. [2]Die Durchführung dieses Beschlusses liegt der Staatsanwaltschaft ob.

§ 176 Sicherheitsleistung durch den Antragsteller

(1) [1]Durch Beschluß des Gerichts kann dem Antragsteller vor der Entscheidung über den Antrag die Leistung einer Sicherheit für die Kosten auferlegt werden, die durch das Verfahren über den Antrag voraussichtlich der Staatskasse und dem Beschuldigten erwachsen. [2]Die Sicherheitsleistung ist durch Hinterlegung in barem Geld oder in Wertpapieren zu bewirken. [3]Davon abweichende Regelungen in einer auf Grund des Gesetzes über den Zahlungsverkehr mit Gerichten und Justizbehörden erlassenen Rechtsverordnung bleiben unberührt. [4]Die Höhe der zu leistenden Sicherheit wird vom Gericht nach freiem Ermessen festgesetzt. [5]Es hat zugleich eine Frist zu bestimmen, binnen welcher die Sicherheit zu leisten ist.

(2) Wird die Sicherheit in der bestimmten Frist nicht geleistet, so hat das Gericht den Antrag für zurückgenommen zu erklären.

§ 177 Kosten

Die durch das Verfahren über den Antrag veranlaßten Kosten sind in den Fällen der §§ 174 und 176 Abs. 2 dem Antragsteller aufzuerlegen.

Dritter Abschnitt
(weggefallen)

§§ 178 bis 197 (weggefallen)

Vierter Abschnitt
Entscheidung über die Eröffnung des Hauptverfahrens

§ 198 (weggefallen)

§ 199 Entscheidung über die Eröffnung des Hauptverfahrens

(1) Das für die Hauptverhandlung zuständige Gericht entscheidet darüber, ob das Hauptverfahren zu eröffnen oder das Verfahren vorläufig einzustellen ist.

(2) [1]Die Anklageschrift enthält den Antrag, das Hauptverfahren zu eröffnen. [2]Mit ihr werden die Akten dem Gericht vorgelegt.

§ 200 Inhalt der Anklageschrift

(1) [1]Die Anklageschrift hat den Angeschuldigten, die Tat, die ihm zur Last gelegt wird, Zeit und Ort ihrer Begehung, die gesetzlichen Merkmale der Straftat und die anzuwendenden Strafvorschriften zu bezeich-

nen (Anklagesatz). [2]In ihr sind ferner die Beweismittel, das Gericht, vor dem die Hauptverhandlung stattfinden soll, und der Verteidiger anzugeben. [3]Bei der Benennung von Zeugen ist nicht deren vollständige Anschrift, sondern nur deren Wohn- oder Aufenthaltsort anzugeben. [4]In den Fällen des § 68 Absatz 1 Satz 3, Absatz 2 Satz 1 genügt die Angabe des Namens des Zeugen. [5]Wird ein Zeuge benannt, dessen Identität ganz oder teilweise nicht offenbart werden soll, so ist dies anzugeben; für die Geheimhaltung des Wohn- oder Aufenthaltsortes des Zeugen gilt dies entsprechend.
(2) [1]In der Anklageschrift wird auch das wesentliche Ergebnis der Ermittlungen dargestellt. [2]Davon kann abgesehen werden, wenn Anklage beim Strafrichter erhoben wird.

§ 201 Übermittlung der Anklageschrift

(1) [1]Der Vorsitzende des Gerichts teilt die Anklageschrift dem Angeschuldigten mit und fordert ihn zugleich auf, innerhalb einer zu bestimmenden Frist zu erklären, ob er die Vornahme einzelner Beweiserhebungen vor der Entscheidung über die Eröffnung des Hauptverfahrens beantragen oder Einwendungen gegen die Eröffnung des Hauptverfahrens vorbringen wolle. [2]Die Anklageschrift ist auch dem Nebenkläger und dem Nebenklagebefugten, der dies beantragt hat, zu übersenden; § 145a Absatz 1 und 3 gilt entsprechend.
(2) [1]Über Anträge und Einwendungen beschließt das Gericht. [2]Die Entscheidung ist unanfechtbar.

§ 202 Anordnung ergänzender Beweiserhebungen

[1]Bevor das Gericht über die Eröffnung des Hauptverfahrens entscheidet, kann es zur besseren Aufklärung der Sache einzelne Beweiserhebungen anordnen. [2]Der Beschluß ist nicht anfechtbar.

§ 202a Erörterung des Verfahrensstands mit den Verfahrensbeteiligten

[1]Erwägt das Gericht die Eröffnung des Hauptverfahrens, kann es den Stand des Verfahrens mit den Verfahrensbeteiligten erörtern, soweit dies geeignet erscheint, das Verfahren zu fördern. [2]Der wesentliche Inhalt dieser Erörterung ist aktenkundig zu machen.

§ 203 Eröffnungsbeschluss

Das Gericht beschließt die Eröffnung des Hauptverfahrens, wenn nach den Ergebnissen des vorbereitenden Verfahrens der Angeschuldigte einer Straftat hinreichend verdächtig erscheint.

§ 204 Nichteröffnungsbeschluss

(1) Beschließt das Gericht, das Hauptverfahren nicht zu eröffnen, so muß aus dem Beschluß hervorgehen, ob er auf tatsächlichen oder auf Rechtsgründen beruht.
(2) Der Beschluß ist dem Angeschuldigten bekanntzumachen.

§ 205 Einstellung des Verfahrens bei vorübergehenden Hindernissen

[1]Steht der Hauptverhandlung für längere Zeit die Abwesenheit des Angeschuldigten oder ein anderes in seiner Person liegendes Hindernis entgegen, so kann das Gericht das Verfahren durch Beschluß vorläufig einstellen. [2]Der Vorsitzende sichert, soweit nötig, die Beweise.

§ 206 Keine Bindung an Anträge

Das Gericht ist bei der Beschlußfassung an die Anträge der Staatsanwaltschaft nicht gebunden.

§ 206a Einstellung des Verfahrens bei Verfahrenshindernis

(1) Stellt sich nach Eröffnung des Hauptverfahrens ein Verfahrenshindernis heraus, so kann das Gericht außerhalb der Hauptverhandlung das Verfahren durch Beschluß einstellen.
(2) Der Beschluß ist mit sofortiger Beschwerde anfechtbar.

§ 206b Einstellung des Verfahrens wegen Gesetzesänderung

[1]Wird ein Strafgesetz, das bei Beendigung der Tat gilt, vor der Entscheidung geändert und hat ein gerichtlich anhängiges Strafverfahren eine Tat zum Gegenstand, die nach dem bisherigen Recht strafbar war, nach dem neuen Recht aber nicht mehr strafbar ist, so stellt das Gericht außerhalb der Hauptverhandlung das Verfahren durch Beschluß ein. [2]Der Beschluß ist mit sofortiger Beschwerde anfechtbar.

§ 207 Inhalt des Eröffnungsbeschlusses

(1) In dem Beschluß, durch den das Hauptverfahren eröffnet wird, läßt das Gericht die Anklage zur Hauptverhandlung zu und bezeichnet das Gericht, vor dem die Hauptverhandlung stattfinden soll.
(2) Das Gericht legt in dem Beschluß dar, mit welchen Änderungen es die Anklage zur Hauptverhandlung zuläßt, wenn

1. wegen mehrerer Taten Anklage erhoben ist und wegen einzelner von ihnen die Eröffnung des Hauptverfahrens abgelehnt wird,
2. die Verfolgung nach § 154a auf einzelne abtrennbare Teile einer Tat beschränkt wird oder solche Teile in das Verfahren wieder einbezogen werden,

3. die Tat rechtlich abweichend von der Anklageschrift gewürdigt wird oder
4. die Verfolgung nach § 154a auf einzelne von mehreren Gesetzesverletzungen, die durch dieselbe Straftat begangen worden sind, beschränkt wird oder solche Gesetzesverletzungen in das Verfahren wieder einbezogen werden.

(3) [1]In den Fällen des Absatzes 2 Nr. 1 und 2 reicht die Staatsanwaltschaft eine dem Beschluß entsprechende neue Anklageschrift ein. [2]Von der Darstellung des wesentlichen Ergebnisses der Ermittlungen kann abgesehen werden.

(4) Das Gericht beschließt zugleich von Amts wegen über die Anordnung oder Fortdauer der Untersuchungshaft oder der einstweiligen Unterbringung.

§ 208 (weggefallen)

§ 209 Eröffnungszuständigkeit

(1) Hält das Gericht, bei dem die Anklage eingereicht ist, die Zuständigkeit eines Gerichts niedrigerer Ordnung in seinem Bezirk für begründet, so eröffnet es das Hauptverfahren vor diesem Gericht.

(2) Hält das Gericht, bei dem die Anklage eingereicht ist, die Zuständigkeit eines Gerichts höherer Ordnung, zu dessen Bezirk es gehört, für begründet, so legt es die Akten durch Vermittlung der Staatsanwaltschaft diesem zur Entscheidung vor.

§ 209a Besondere funktionelle Zuständigkeiten

Im Sinne des § 4 Abs. 2, des § 209 sowie des § 210 Abs. 2 stehen
1. die besonderen Strafkammern nach § 74 Abs. 2 sowie den §§ 74a und 74c des Gerichtsverfassungsgesetzes für ihren Bezirk gegenüber den allgemeinen Strafkammern und untereinander in der in § 74e des Gerichtsverfassungsgesetzes bezeichneten Rangfolge und
2. die Jugendgerichte für die Entscheidung, ob Sachen
   a) nach § 33 Abs. 1, § 103 Abs. 2 Satz 1 und § 107 des Jugendgerichtsgesetzes oder
   b) als Jugendschutzsachen (§ 26 Abs. 1 Satz 1, § 74b Satz 1 des Gerichtsverfassungsgesetzes)

   vor die Jugendgerichte gehören, gegenüber den für allgemeine Strafsachen zuständigen Gerichten gleicher Ordnung

Gerichten höherer Ordnung gleich.

§ 210 Rechtsmittel gegen den Eröffnungs- oder Ablehnungsbeschluss

(1) Der Beschluß, durch den das Hauptverfahren eröffnet worden ist, kann von dem Angeklagten nicht angefochten werden.

(2) Gegen den Beschluß, durch den die Eröffnung des Hauptverfahrens abgelehnt oder abweichend von dem Antrag der Staatsanwaltschaft die Verweisung an ein Gericht niederer Ordnung ausgesprochen worden ist, steht der Staatsanwaltschaft sofortige Beschwerde zu.

(3) Gibt das Beschwerdegericht der Beschwerde statt, so kann es zugleich bestimmen, daß die Hauptverhandlung vor einer anderen Kammer des Gerichts, das den Beschluß nach Absatz 2 erlassen hat, oder vor einem zu demselben Land gehörenden benachbarten Gericht gleicher Ordnung stattzufinden hat. [2]In Verfahren, in denen ein Oberlandesgericht im ersten Rechtszug entschieden hat, kann der Bundesgerichtshof bestimmen, daß die Hauptverhandlung vor einem anderen Senat dieses Gerichts stattzufinden hat.

§ 211 Wiederaufnahme nach Ablehnungsbeschluss

Ist die Eröffnung des Hauptverfahrens durch einen nicht mehr anfechtbaren Beschluß abgelehnt, so kann die Klage nur auf Grund neuer Tatsachen oder Beweismittel wieder aufgenommen werden.

Fünfter Abschnitt

Vorbereitung der Hauptverhandlung

§ 212 Erörterung des Verfahrensstands mit den Verfahrensbeteiligten

Nach Eröffnung des Hauptverfahrens gilt § 202a entsprechend.

§ 213 Bestimmung eines Termins zur Hauptverhandlung

(1) Der Termin zur Hauptverhandlung wird von dem Vorsitzenden des Gerichts anberaumt.

(2) In besonders umfangreichen erstinstanzlichen Verfahren vor dem Land- oder Oberlandesgericht, in denen die Hauptverhandlung voraussichtlich länger als zehn Tage dauern wird, soll der Vorsitzende den äußeren Ablauf der Hauptverhandlung vor der Terminbestimmung mit dem Verteidiger, der Staatsanwaltschaft und dem Nebenklägervertreter abstimmen.

§ 214 Ladungen durch den Vorsitzenden; Herbeischaffung der Beweismittel

(1) [1]Die zur Hauptverhandlung erforderlichen Ladungen ordnet der Vorsitzende an. [2]Zugleich veranlasst er die nach § 397 Absatz 2 Satz 3, § 406d Absatz 1 und § 406h Absatz 2 Satz 2 erforderlichen Benachrichtigungen vom Termin; § 406d Absatz 4 gilt entsprechend. [3]Die Geschäftsstelle sorgt dafür, dass die Ladungen bewirkt und die Mitteilungen versandt werden.

(2) Ist anzunehmen, daß sich die Hauptverhandlung auf längere Zeit erstreckt, so soll der Vorsitzende die Ladung sämtlicher oder einzelner Zeugen und Sachverständigen zu einem späteren Zeitpunkt als dem Beginn der Hauptverhandlung anordnen.

(3) Der Staatsanwaltschaft steht das Recht der unmittelbaren Ladung weiterer Personen zu.

(4) [1]Die Staatsanwaltschaft bewirkt die Herbeischaffung der als Beweismittel dienenden Gegenstände. [2]Diese kann auch vom Gericht bewirkt werden.

§ 215 Zustellung des Eröffnungsbeschlusses

[1]Der Beschluß über die Eröffnung des Hauptverfahrens ist dem Angeklagten spätestens mit der Ladung zuzustellen. [2]Entsprechendes gilt in den Fällen des § 207 Abs. 3 für die nachgereichte Anklageschrift.

§ 216 Ladung des Angeklagten

(1) [1]Die Ladung eines auf freiem Fuß befindlichen Angeklagten geschieht schriftlich unter der Warnung, daß im Falle seines unentschuldigten Ausbleibens seine Verhaftung oder Vorführung erfolgen werde. [2]Die Warnung kann in den Fällen des § 232 unterbleiben.

(2) [1]Der nicht auf freiem Fuß befindliche Angeklagte wird durch Bekanntmachung des Termins zur Hauptverhandlung gemäß § 35 geladen. [2]Dabei ist der Angeklagte zu befragen, ob und welche Anträge er zu seiner Verteidigung für die Hauptverhandlung zu stellen habe.

§ 217 Ladungsfrist

(1) Zwischen der Zustellung der Ladung (§ 216) und dem Tag der Hauptverhandlung muß eine Frist von mindestens einer Woche liegen.

(2) Ist die Frist nicht eingehalten worden, so kann der Angeklagte bis zum Beginn seiner Vernehmung zur Sache die Aussetzung der Verhandlung verlangen.

(3) Der Angeklagte kann auf die Einhaltung der Frist verzichten.

§ 218 Ladung des Verteidigers

[1]Neben dem Angeklagten ist der bestellte Verteidiger stets, der gewählte Verteidiger dann zu laden, wenn die Wahl dem Gericht angezeigt worden ist. [2]§ 217 gilt entsprechend.

§ 219 Beweisanträge des Angeklagten

(1) [1]Beweisanträge hat der Angeklagte bei dem Vorsitzenden des Gerichts zu stellen. [2]Die hierauf ergehende Verfügung ist ihm bekanntzumachen.

(2) Beweisanträge des Angeklagten sind, soweit ihnen stattgegeben ist, der Staatsanwaltschaft mitzuteilen.

§ 220 Unmittelbare Ladung durch den Angeklagten

(1) [1]Lehnt der Vorsitzende den Antrag auf Ladung einer Person ab, so kann der Angeklagte sie unmittelbar laden lassen. [2]Hierzu ist er auch ohne vorgängigen Antrag befugt.

(2) Eine unmittelbar geladene Person ist nur dann zum Erscheinen verpflichtet, wenn ihr bei der Ladung die gesetzliche Entschädigung für Reisekosten und Versäumnis bar dargeboten oder deren Hinterlegung bei der Geschäftsstelle nachgewiesen wird.

(3) Ergibt sich in der Hauptverhandlung, daß die Vernehmung einer unmittelbar geladenen Person zur Aufklärung der Sache dienlich war, so hat das Gericht auf Antrag anzuordnen, daß ihr die gesetzliche Entschädigung aus der Staatskasse zu gewähren ist.

§ 221 Herbeischaffung von Beweismitteln von Amts wegen

Der Vorsitzende des Gerichts kann auch von Amts wegen die Herbeischaffung weiterer als Beweismittel dienender Gegenstände anordnen.

§ 222 Namhaftmachung von Zeugen und Sachverständigen

(1) [1]Das Gericht hat die geladenen Zeugen und Sachverständigen der Staatsanwaltschaft und dem Angeklagten rechtzeitig namhaft zu machen. [2]Macht die Staatsanwaltschaft von ihrem Recht nach § 214 Abs. 3 Gebrauch, so hat sie die geladenen Zeugen und Sachverständigen dem Gericht und dem Angeklagten rechtzeitig namhaft zu machen. [3]§ 200 Abs. 1 Satz 3 bis 5 gilt sinngemäß.

(2) Der Angeklagte hat die von ihm unmittelbar geladenen oder zur Hauptverhandlung zu stellenden Zeugen und Sachverständigen rechtzeitig dem Gericht und der Staatsanwaltschaft namhaft zu machen und ihre vollständige Anschrift anzugeben.

§ 222a Mitteilung der Besetzung des Gerichts

(1) [1]Findet die Hauptverhandlung im ersten Rechtszug vor dem Landgericht oder dem Oberlandesgericht statt, so ist spätestens zu Beginn der Hauptverhandlung die Besetzung des Gerichts unter Hervorhebung des Vorsitzenden und hinzugezogener Ergänzungsrichter und Ergänzungsschöffen mitzuteilen. [2]Die Besetzung kann auf Anordnung des Vorsitzenden schon vor der Hauptverhandlung mitgeteilt werden; die Mitteilung ist zuzustellen. [3]Ändert sich die mitgeteilte Besetzung, so ist dies spätestens zu Beginn der Hauptverhandlung mitzuteilen.

(2) Ist die Mitteilung der Besetzung oder einer Besetzungsänderung später als eine Woche vor Beginn der Hauptverhandlung zugestellt oder erst zu Beginn der Hauptverhandlung bekanntgemacht worden, so kann das Gericht auf Antrag des Angeklagten, des Verteidigers oder der Staatsanwaltschaft die Hauptverhandlung zur Prüfung der Besetzung unterbrechen, wenn dies spätestens bis zum Beginn der Vernehmung des ersten Angeklagten zur Sache verlangt wird und absehbar ist, dass die Hauptverhandlung vor Ablauf der in § 222b Absatz 1 Satz 1 genannten Frist beendet sein könnte.

(3) In die für die Besetzung maßgebenden Unterlagen kann für den Angeklagten nur sein Verteidiger oder ein Rechtsanwalt, für den Nebenkläger nur ein Rechtsanwalt Einsicht nehmen.

§ 222b Besetzungseinwand

(1) [1]Ist die Besetzung des Gerichts nach § 222a mitgeteilt worden, so kann der Einwand, daß das Gericht vorschriftswidrig besetzt sei, nur innerhalb einer Woche nach Zustellung der Besetzungsmitteilung oder, soweit eine Zustellung nicht erfolgt ist, ihrer Bekanntmachung in der Hauptverhandlung geltend gemacht werden. [2]Die Tatsachen, aus denen sich die vorschriftswidrige Besetzung ergeben soll, sind dabei anzugeben. [3]Alle Beanstandungen sind gleichzeitig vorzubringen. [4]Außerhalb der Hauptverhandlung ist der Einwand schriftlich geltend zu machen; § 345 Abs. 2 und für den Nebenkläger § 390 Abs. 2 gelten entsprechend.

(2) [1]Über den Einwand entscheidet das Gericht in der für Entscheidungen außerhalb der Hauptverhandlung vorgeschriebenen Besetzung. [2]Hält es den Einwand für begründet, so stellt es fest, daß es nicht vorschriftsmäßig besetzt ist. [3]Führt ein Einwand zu einer Änderung der Besetzung, so ist auf die neue Besetzung § 222a nicht anzuwenden.

(3) [1]Hält das Gericht den Einwand für nicht begründet, so ist er spätestens vor Ablauf von drei Tagen dem Rechtsmittelgericht vorzulegen. [2]Die Entscheidung des Rechtsmittelgerichts ergeht ohne mündliche Verhandlung. [3]Den Verfahrensbeteiligten ist zuvor Gelegenheit zur Stellungnahme einzuräumen. [4]Erachtet das Rechtsmittelgericht den Einwand für begründet, stellt es fest, dass das Gericht nicht vorschriftsmäßig besetzt ist.

§ 223 Vernehmungen durch beauftragte oder ersuchte Richter

(1) Wenn dem Erscheinen eines Zeugen oder Sachverständigen in der Hauptverhandlung für eine längere oder ungewisse Zeit Krankheit oder Gebrechlichkeit oder andere nicht zu beseitigende Hindernisse entgegenstehen, so kann das Gericht seine Vernehmung durch einen beauftragten oder ersuchten Richter anordnen.

(2) Dasselbe gilt, wenn einem Zeugen oder Sachverständigen das Erscheinen wegen großer Entfernung nicht zugemutet werden kann.

§ 224 Benachrichtigung der Beteiligten über den Termin

(1) [1]Von den zum Zweck dieser Vernehmung anberaumten Terminen sind die Staatsanwaltschaft, der Angeklagte und der Verteidiger vorher zu benachrichtigen; ihrer Anwesenheit bei der Vernehmung bedarf es nicht. [2]Die Benachrichtigung unterbleibt, wenn sie den Untersuchungserfolg gefährden würde. [3]Das aufgenommene Protokoll ist der Staatsanwaltschaft und dem Verteidiger vorzulegen.

(2) Hat ein nicht in Freiheit befindlicher Angeklagter einen Verteidiger, so steht ihm ein Anspruch auf Anwesenheit nur bei solchen Terminen zu, die an der Gerichtsstelle des Ortes abgehalten werden, wo er in Haft ist.

§ 225 Einnahme des richterlichen Augenscheins durch beauftragte oder ersuchte Richter

Ist zur Vorbereitung der Hauptverhandlung noch ein richterlicher Augenschein einzunehmen, so sind die Vorschriften des § 224 anzuwenden.

§ 225a Zuständigkeitsänderung vor der Hauptverhandlung

(1) [1]Hält ein Gericht vor Beginn einer Hauptverhandlung die sachliche Zuständigkeit eines Gerichts höherer Ordnung für begründet, so legt es die Akten durch Vermittlung der Staatsanwaltschaft diesem vor; § 209a Nr. 2 Buchstabe a gilt entsprechend. [2]Das Gericht, dem die Sache vorgelegt worden ist, entscheidet durch Beschluß darüber, ob es die Sache übernimmt.

(2) [1]Werden die Akten von einem Strafrichter oder einem Schöffengericht einem Gericht höherer Ordnung vorgelegt, so kann der Angeklagte innerhalb einer bei der Vorlage zu bestimmenden Frist die Vornahme einzelner Beweiserhebungen beantragen. [2]Über den Antrag entscheidet der Vorsitzende des Gerichts, dem die Sache vorgelegt worden ist.

(3) [1]In dem Übernahmebeschluß sind der Angeklagte und das Gericht, vor dem die Hauptverhandlung stattfinden soll, zu bezeichnen. [2]§ 207 Abs. 2 Nr. 2 bis 4, Abs. 3 und 4 gilt entsprechend. [3]Die Anfechtbarkeit des Beschlusses bestimmt sich nach § 210.

(4) [1]Nach den Absätzen 1 bis 3 ist auch zu verfahren, wenn das Gericht vor Beginn der Hauptverhandlung einen Einwand des Angeklagten nach § 6a für begründet hält und eine besondere Strafkammer zuständig wäre, der nach § 74e des Gerichtsverfassungsgesetzes der Vorrang zukommt. [2]Kommt dem Gericht, das die Zuständigkeit einer anderen Strafkammer für begründet hält, vor dieser nach § 74e des Gerichtsverfassungsgesetzes der Vorrang zu, so verweist es die Sache an diese mit bindender Wirkung; die Anfechtbarkeit des Verweisungsbeschlusses bestimmt sich nach § 210.

Sechster Abschnitt
Hauptverhandlung

§ 226 Ununterbrochene Gegenwart

(1) Die Hauptverhandlung erfolgt in ununterbrochener Gegenwart der zur Urteilsfindung berufenen Personen sowie der Staatsanwaltschaft und eines Urkundsbeamten der Geschäftsstelle.

(2) [1]Der Strafrichter kann in der Hauptverhandlung von der Hinzuziehung eines Urkundsbeamten der Geschäftsstelle absehen. [2]Die Entscheidung ist unanfechtbar.

§ 227 Mehrere Staatsanwälte und Verteidiger

Es können mehrere Beamte der Staatsanwaltschaft und mehrere Verteidiger in der Hauptverhandlung mitwirken und ihre Verrichtungen unter sich teilen.

§ 228 Aussetzung und Unterbrechung

(1) [1]Über die Aussetzung einer Hauptverhandlung oder deren Unterbrechung nach § 229 Abs. 2 entscheidet das Gericht. [2]Kürzere Unterbrechungen ordnet der Vorsitzende an.

(2) Eine Verhinderung des Verteidigers gibt, unbeschadet der Vorschrift des § 145, dem Angeklagten kein Recht, die Aussetzung der Verhandlung zu verlangen.

(3) Ist die Frist des § 217 Abs. 1 nicht eingehalten worden, so soll der Vorsitzende den Angeklagten mit der Befugnis, Aussetzung der Verhandlung zu verlangen, bekanntmachen.

§ 229 Höchstdauer einer Unterbrechung

(1) Eine Hauptverhandlung darf bis zu drei Wochen unterbrochen werden.

(2) Eine Hauptverhandlung darf auch bis zu einem Monat unterbrochen werden, wenn sie davor jeweils an mindestens zehn Tagen stattgefunden hat.

(3) [1]Hat eine Hauptverhandlung bereits an mindestens zehn Tagen stattgefunden, so ist der Lauf der in den Absätzen 1 und 2 genannten Fristen gehemmt, solange

1. ein Angeklagter oder eine zur Urteilsfindung berufene Person wegen Krankheit oder
2. eine zur Urteilsfindung berufene Person wegen gesetzlichen Mutterschutzes oder der Inanspruchnahme von Elternzeit

nicht zu der Hauptverhandlung erscheinen kann, längstens jedoch für zwei Monate. [2]Die in den Absätzen 1 und 2 genannten Fristen enden frühestens zehn Tage nach Ablauf der Hemmung. [3]Beginn und Ende der Hemmung stellt das Gericht durch unanfechtbaren Beschluß fest.

(4) [1]Wird die Hauptverhandlung nicht spätestens am Tage nach Ablauf der in den vorstehenden Absätzen bezeichneten Frist fortgesetzt, so ist mit ihr von neuem zu beginnen. [2]Ist der Tag nach Ablauf der Frist ein Sonntag, ein allgemeiner Feiertag oder ein Sonnabend, so kann die Hauptverhandlung am nächsten Werktag fortgesetzt werden.

(5) [1]Ist dem Gericht wegen einer vorübergehenden technischen Störung die Fortsetzung der Hauptverhandlung am Tag nach Ablauf der in den vorstehenden Absätzen bezeichneten Frist oder im Fall des Absatzes 4 Satz 2 am nächsten Werktag unmöglich, ist es abweichend von Absatz 4 Satz 1 zulässig, die Hauptverhandlung unverzüglich nach der Beseitigung der technischen Störung, spätestens aber innerhalb von zehn Tagen nach Fristablauf fortzusetzen. [2]Das Vorliegen einer technischen Störung im Sinne des Satzes 1 stellt das Gericht durch unanfechtbaren Beschluss fest.

§ 230 Ausbleiben des Angeklagten

(1) Gegen einen ausgebliebenen Angeklagten findet eine Hauptverhandlung nicht statt.

(2) Ist das Ausbleiben des Angeklagten nicht genügend entschuldigt, so ist die Vorführung anzuordnen oder ein Haftbefehl zu erlassen, soweit dies zur Durchführung der Hauptverhandlung geboten ist.

§ 231 Anwesenheitspflicht des Angeklagten

(1) [1]Der erschienene Angeklagte darf sich aus der Verhandlung nicht entfernen. [2]Der Vorsitzende kann die geeigneten Maßregeln treffen, um die Entfernung zu verhindern; auch kann er den Angeklagten während einer Unterbrechung der Verhandlung in Gewahrsam halten lassen.

(2) Entfernt der Angeklagte sich dennoch oder bleibt er bei der Fortsetzung einer unterbrochenen Hauptverhandlung aus, so kann diese in seiner Abwesenheit zu Ende geführt werden, wenn er über die Anklage schon vernommen war, das Gericht seine fernere Anwesenheit nicht für erforderlich erachtet und er in der Ladung darauf hingewiesen worden ist, dass die Verhandlung in diesen Fällen in seiner Abwesenheit zu Ende geführt werden kann.

§ 231a Herbeiführung der Verhandlungsunfähigkeit durch den Angeklagten

(1) [1]Hat sich der Angeklagte vorsätzlich und schuldhaft in einen seine Verhandlungsfähigkeit ausschließenden Zustand versetzt und verhindert er dadurch wissentlich die ordnungsmäßige Durchführung oder Fortsetzung der Hauptverhandlung in seiner Gegenwart, so wird die Hauptverhandlung, wenn er noch nicht über die Anklage vernommen war, in seiner Abwesenheit durchgeführt oder fortgesetzt, soweit das Gericht seine Anwesenheit nicht für unerläßlich hält. [2]Nach Satz 1 ist nur zu verfahren, wenn der Angeklagte nach Eröffnung des Hauptverfahrens Gelegenheit gehabt hat, sich vor dem Gericht oder einem beauftragten Richter zur Anklage zu äußern.

(2) Sobald der Angeklagte wieder verhandlungsfähig ist, hat ihn der Vorsitzende, solange mit der Verkündung des Urteils noch nicht begonnen worden ist, von dem wesentlichen Inhalt dessen zu unterrichten, was in seiner Abwesenheit verhandelt worden ist.

(3) [1]Die Verhandlung in Abwesenheit des Angeklagten nach Absatz 1 beschließt das Gericht nach Anhörung eines Arztes als Sachverständigen. [2]Der Beschluß kann bereits vor Beginn der Hauptverhandlung gefaßt werden. [3]Gegen den Beschluß ist sofortige Beschwerde zulässig; sie hat aufschiebende Wirkung. [4]Eine bereits begonnene Hauptverhandlung ist bis zur Entscheidung über die sofortige Beschwerde zu unterbrechen; die Unterbrechung darf, auch wenn die Voraussetzungen des § 229 Abs. 2 nicht vorliegen, bis zu dreißig Tagen dauern.

(4) Dem Angeklagten, der keinen Verteidiger hat, ist ein Verteidiger zu bestellen, sobald eine Verhandlung ohne den Angeklagten nach Absatz 1 in Betracht kommt.

§ 231b Fortsetzung nach Entfernung des Angeklagten zur Aufrechterhaltung der Ordnung

(1) [1]Wird der Angeklagte wegen ordnungswidrigen Benehmens aus dem Sitzungszimmer entfernt oder zur Haft abgeführt (§ 177 des Gerichtsverfassungsgesetzes), so kann in seiner Abwesenheit verhandelt werden, wenn das Gericht seine fernere Anwesenheit nicht für unerläßlich hält und solange zu befürchten ist, daß die Anwesenheit des Angeklagten den Ablauf der Hauptverhandlung in schwerwiegender Weise beeinträchtigen würde. [2]Dem Angeklagten ist in jedem Fall Gelegenheit zu geben, sich zur Anklage zu äußern.

(2) Sobald der Angeklagte wieder vorgelassen ist, ist nach § 231a Abs. 2 zu verfahren.

§ 231c Beurlaubung einzelner Angeklagter und ihrer Pflichtverteidiger

[1]Findet die Hauptverhandlung gegen mehrere Angeklagte statt, so kann durch Gerichtsbeschluß einzelnen Angeklagten, im Falle der notwendigen Verteidigung auch ihren Verteidigern, auf Antrag gestattet werden, sich während einzelner Teile der Verhandlung zu entfernen, wenn sie von diesen Verhandlungsteilen nicht betroffen sind. [2]In dem Beschluß sind die Verhandlungsteile zu bezeichnen, für die die Erlaubnis gilt. [3]Die Erlaubnis kann jederzeit widerrufen werden.

§ 232 Durchführung der Hauptverhandlung trotz Ausbleibens des Angeklagten

(1) [1]Die Hauptverhandlung kann ohne den Angeklagten durchgeführt werden, wenn er ordnungsgemäß geladen und in der Ladung darauf hingewiesen worden ist, daß in seiner Abwesenheit verhandelt werden kann, und wenn nur Geldstrafe bis zu einhundertachtzig Tagessätzen, Verwarnung mit Strafvorbehalt, Fahrverbot, Einziehung, Vernichtung oder Unbrauchbarmachung, allein oder nebeneinander, zu erwarten ist. [2]Eine höhere Strafe oder eine Maßregel der Besserung und Sicherung darf in diesem Verfahren nicht verhängt werden. [3]Die Entziehung der Fahrerlaubnis ist zulässig, wenn der Angeklagte in der Ladung auf diese Möglichkeit hingewiesen worden ist.

(2) Auf Grund einer Ladung durch öffentliche Bekanntmachung findet die Hauptverhandlung ohne den Angeklagten nicht statt.

(3) Das Protokoll über eine richterliche Vernehmung des Angeklagten wird in der Hauptverhandlung verlesen.

(4) Das in Abwesenheit des Angeklagten ergehende Urteil muß ihm mit den Urteilsgründen durch Übergabe zugestellt werden, wenn es nicht nach § 145a Abs. 1 dem Verteidiger zugestellt wird.

§ 233 Entbindung des Angeklagten von der Pflicht zum Erscheinen

(1) [1]Der Angeklagte kann auf seinen Antrag von der Verpflichtung zum Erscheinen in der Hauptverhandlung entbunden werden, wenn nur Freiheitsstrafe bis zu sechs Monaten, Geldstrafe bis zu einhundertachtzig Tagessätzen, Verwarnung mit Strafvorbehalt, Fahrverbot, Einziehung, Vernichtung oder Unbrauchbarmachung, allein oder nebeneinander, zu erwarten ist. [2]Eine höhere Strafe oder eine Maßregel der Besserung und Sicherung darf in seiner Abwesenheit nicht verhängt werden. [3]Die Entziehung der Fahrerlaubnis ist zulässig.

(2) [1]Wird der Angeklagte von der Verpflichtung zum Erscheinen in der Hauptverhandlung entbunden, so muß er durch einen beauftragten oder ersuchten Richter über die Anklage vernommen werden. [2]Dabei wird er über die bei Verhandlung in seiner Abwesenheit zulässigen Rechtsfolgen belehrt sowie befragt, ob er seinen Antrag auf Befreiung vom Erscheinen in der Hauptverhandlung aufrechterhalte. [3]Statt eines Ersuchens oder einer Beauftragung nach Satz 1 kann außerhalb der Hauptverhandlung auch das Gericht die Vernehmung über die Anklage in der Weise durchführen, dass sich der Angeklagte an einem anderen Ort als das Gericht aufhält und die Vernehmung zeitgleich in Bild und Ton an den Ort, an dem sich der Angeklagte aufhält, und in das Sitzungszimmer übertragen wird.

(3) [1]Von dem zum Zweck der Vernehmung anberaumten Termin sind die Staatsanwaltschaft und der Verteidiger zu benachrichtigen; ihrer Anwesenheit bei der Vernehmung bedarf es nicht. [2]Das Protokoll über die Vernehmung ist in der Hauptverhandlung zu verlesen.

§ 234 Vertretung des abwesenden Angeklagten

Soweit die Hauptverhandlung ohne Anwesenheit des Angeklagten stattfinden kann, ist er befugt, sich durch einen Verteidiger mit nachgewiesener Vertretungsvollmacht vertreten zu lassen.

§ 234a Befugnisse des Verteidigers bei Vertretung des abwesenden Angeklagten

Findet die Hauptverhandlung ohne Anwesenheit des Angeklagten statt, so genügt es, wenn die nach § 265 Abs. 1 und 2 erforderlichen Hinweise dem Verteidiger gegeben werden; das Einverständnis des Angeklagten nach § 245 Abs. 1 Satz 2 und nach § 251 Abs. 1 Nr. 1, Abs. 2 Nr. 3 ist nicht erforderlich, wenn ein Verteidiger an der Hauptverhandlung teilnimmt.

§ 235 Wiedereinsetzung in den vorigen Stand bei Verhandlung ohne den Angeklagten

[1]Hat die Hauptverhandlung gemäß § 232 ohne den Angeklagten stattgefunden, so kann er gegen das Urteil binnen einer Woche nach seiner Zustellung die Wiedereinsetzung in den vorigen Stand unter den gleichen Voraussetzungen wie gegen die Versäumung einer Frist nachsuchen; hat er von der Ladung zur Hauptverhandlung keine Kenntnis erlangt, so kann er stets die Wiedereinsetzung in den vorigen Stand beanspruchen. [2]Hierüber ist der Angeklagte bei der Zustellung des Urteils zu belehren.

§ 236 Anordnung des persönlichen Erscheinens des Angeklagten

Das Gericht ist stets befugt, das persönliche Erscheinen des Angeklagten anzuordnen und durch einen Vorführungsbefehl oder Haftbefehl zu erzwingen.

§ 237 Verbindung mehrerer Strafsachen

Das Gericht kann im Falle eines Zusammenhangs zwischen mehreren bei ihm anhängigen Strafsachen ihre Verbindung zum Zwecke gleichzeitiger Verhandlung anordnen, auch wenn dieser Zusammenhang nicht der in § 3 bezeichnete ist.

§ 238 Verhandlungsleitung

(1) Die Leitung der Verhandlung, die Vernehmung des Angeklagten und die Aufnahme des Beweises erfolgt durch den Vorsitzenden.

(2) Wird eine auf die Sachleitung bezügliche Anordnung des Vorsitzenden von einer bei der Verhandlung beteiligten Person als unzulässig beanstandet, so entscheidet das Gericht.

§ 239 Kreuzverhör

(1) [1]Die Vernehmung der von der Staatsanwaltschaft und dem Angeklagten benannten Zeugen und Sachverständigen ist der Staatsanwaltschaft und dem Verteidiger auf deren übereinstimmenden Antrag von dem Vorsitzenden zu überlassen. [2]Bei den von der Staatsanwaltschaft benannten Zeugen und Sachverständigen hat diese, bei den von dem Angeklagten benannten der Verteidiger in erster Reihe das Recht zur Vernehmung.

(2) Der Vorsitzende hat auch nach dieser Vernehmung die ihm zur weiteren Aufklärung der Sache erforderlich scheinenden Fragen an die Zeugen und Sachverständigen zu richten.

§ 240 Fragerecht

(1) Der Vorsitzende hat den beisitzenden Richtern auf Verlangen zu gestatten, Fragen an den Angeklagten, die Zeugen und die Sachverständigen zu stellen.

(2) [1]Dasselbe hat der Vorsitzende der Staatsanwaltschaft, dem Angeklagten und dem Verteidiger sowie den Schöffen zu gestatten. [2]Die unmittelbare Befragung eines Angeklagten durch einen Mitangeklagten ist unzulässig.

§ 241 Zurückweisung von Fragen durch den Vorsitzenden

(1) Dem, welcher im Falle des § 239 Abs. 1 die Befugnis der Vernehmung mißbraucht, kann sie von dem Vorsitzenden entzogen werden.

(2) In den Fällen des § 239 Abs. 1 und des § 240 Abs. 2 kann der Vorsitzende ungeeignete oder nicht zur Sache gehörende Fragen zurückweisen.

§ 241a Vernehmung minderjähriger Zeugen durch den Vorsitzenden

(1) Die Vernehmung von Zeugen unter 18 Jahren wird allein von dem Vorsitzenden durchgeführt.

(2) [1]Die in § 240 Abs. 1 und Abs. 2 Satz 1 bezeichneten Personen können verlangen, daß der Vorsitzende den Zeugen weitere Fragen stellt. [2]Der Vorsitzende kann diesen Personen eine unmittelbare Befragung der Zeugen gestatten, wenn nach pflichtgemäßem Ermessen ein Nachteil für das Wohl der Zeugen nicht zu befürchten ist.

(3) § 241 Abs. 2 gilt entsprechend.

§ 242 Entscheidung über die Zulässigkeit von Fragen

Zweifel über die Zulässigkeit einer Frage entscheidet in allen Fällen das Gericht.

§ 243 Gang der Hauptverhandlung

(1) [1]Die Hauptverhandlung beginnt mit dem Aufruf der Sache. [2]Der Vorsitzende stellt fest, ob der Angeklagte und der Verteidiger anwesend und die Beweismittel herbeigeschafft, insbesondere die geladenen Zeugen und Sachverständigen erschienen sind.

(2) [1]Die Zeugen verlassen den Sitzungssaal. [2]Der Vorsitzende vernimmt den Angeklagten über seine persönlichen Verhältnisse.

(3) [1]Darauf verliest der Staatsanwalt den Anklagesatz. [2]Dabei legt er in den Fällen des § 207 Abs. 3 die neue Anklageschrift zugrunde. [3]In den Fällen des § 207 Abs. 2 Nr. 3 trägt der Staatsanwalt den Anklagesatz mit der dem Eröffnungsbeschluß zugrunde liegenden rechtlichen Würdigung vor; außerdem kann er seine abweichende Rechtsauffassung äußern. [4]In den Fällen des § 207 Abs. 2 Nr. 4 berücksichtigt er die Änderungen, die das Gericht bei der Zulassung der Anklage zur Hauptverhandlung beschlossen hat.

(4) [1]Der Vorsitzende teilt mit, ob Erörterungen nach den §§ 202a, 212 stattgefunden haben, wenn deren Gegenstand die Möglichkeit einer Verständigung (§ 257c) gewesen ist und wenn ja, deren wesentlichen Inhalt. [2]Diese Pflicht gilt auch im weiteren Verlauf der Hauptverhandlung, soweit sich Änderungen gegenüber der Mitteilung zu Beginn der Hauptverhandlung ergeben haben.

(5) [1]Sodann wird der Angeklagte darauf hingewiesen, daß es ihm freistehe, sich zu der Anklage zu äußern oder nicht zur Sache auszusagen. [2]Ist der Angeklagte zur Äußerung bereit, so wird er nach Maßgabe des § 136 Abs. 2 zur Sache vernommen. [3]Auf Antrag erhält der Verteidiger in besonders umfangreichen erstinstanzlichen Verfahren vor dem Land- oder Oberlandesgericht, in denen die Hauptverhandlung voraussichtlich länger als zehn Tage dauern wird, Gelegenheit, vor der Vernehmung des Angeklagten für diesen eine Erklärung zur Anklage abzugeben, die den Schlussvortrag nicht vorwegnehmen darf. [4]Der Vorsitzende kann dem Verteidiger aufgeben, die weitere Erklärung schriftlich einzureichen, wenn ansonsten der Verfahrensablauf erheblich verzögert würde; § 249 Absatz 2 Satz 1 gilt entsprechend. [5]Vorstrafen des Angeklagten sollen nur insoweit festgestellt werden, als sie für die Entscheidung von Bedeutung sind. [6]Wann sie festgestellt werden, bestimmt der Vorsitzende.

§ 244 Beweisaufnahme; Untersuchungsgrundsatz; Ablehnung von Beweisanträgen

(1) Nach der Vernehmung des Angeklagten folgt die Beweisaufnahme.

(2) Das Gericht hat zur Erforschung der Wahrheit die Beweisaufnahme von Amts wegen auf alle Tatsachen und Beweismittel zu erstrecken, die für die Entscheidung von Bedeutung sind.

(3) [1]Ein Beweisantrag liegt vor, wenn der Antragsteller ernsthaft verlangt, Beweis über eine bestimmt behauptete konkrete Tatsache, die die Schuld- oder Rechtsfolgenfrage betrifft, durch ein bestimmt bezeichnetes Beweismittel zu erheben und dem Antrag zu entnehmen ist, weshalb das bezeichnete Beweismittel die behauptete Tatsache belegen können soll. [2]Ein Beweisantrag ist abzulehnen, wenn die Erhebung des Beweises unzulässig ist. [3]Im Übrigen darf ein Beweisantrag nur abgelehnt werden, wenn

1. eine Beweiserhebung wegen Offenkundigkeit überflüssig ist,
2. die Tatsache, die bewiesen werden soll, für die Entscheidung ohne Bedeutung ist,
3. die Tatsache, die bewiesen werden soll, schon erwiesen ist,
4. das Beweismittel völlig ungeeignet ist,
5. das Beweismittel unerreichbar ist oder
6. eine erhebliche Behauptung, die zur Entlastung des Angeklagten bewiesen werden soll, so behandelt werden kann, als wäre die behauptete Tatsache wahr.

(4) [1]Ein Beweisantrag auf Vernehmung eines Sachverständigen kann, soweit nichts anderes bestimmt ist, auch abgelehnt werden, wenn das Gericht selbst die erforderliche Sachkunde besitzt. [2]Die Anhörung eines weiteren Sachverständigen kann auch dann abgelehnt werden, wenn durch das frühere Gutachten das Gegenteil der behaupteten Tatsache bereits erwiesen ist; dies gilt nicht, wenn die Sachkunde des früheren Gutachters zweifelhaft ist, wenn sein Gutachten von unzutreffenden tatsächlichen Voraussetzungen ausgeht, wenn das Gutachten Widersprüche enthält oder wenn der neue Sachverständige über Forschungsmittel verfügt, die denen eines früheren Gutachters überlegen erscheinen.

(5) [1]Ein Beweisantrag auf Einnahme eines Augenscheins kann abgelehnt werden, wenn der Augenschein nach dem pflichtgemäßen Ermessen des Gerichts zur Erforschung der Wahrheit nicht erforderlich ist. [2]Unter derselben Voraussetzung kann auch ein Beweisantrag auf Vernehmung eines Zeugen abgelehnt werden, dessen Ladung im Ausland zu bewirken wäre. [3]Ein Beweisantrag auf Verlesung eines Ausgangsdokuments kann abgelehnt werden, wenn nach pflichtgemäßem Ermessen des Gerichts kein Anlass besteht, an der inhaltlichen Übereinstimmung mit dem übertragenen Dokument zu zweifeln.

(6) [1]Die Ablehnung eines Beweisantrages bedarf eines Gerichtsbeschlusses. [2]Einer Ablehnung nach Satz 1 bedarf es nicht, wenn die beantragte Beweiserhebung nichts Sachdienliches zu Gunsten des Antragstellers erbringen kann, der Antragsteller sich dessen bewusst ist und er die Verschleppung des Verfahrens bezweckt; die Verfolgung anderer verfahrensfremder Ziele steht der Verschleppungsabsicht nicht entgegen. [3]Nach Abschluss der von Amts wegen vorgesehenen Beweisaufnahme kann der Vorsitzende eine angemessene Frist zum Stellen von Beweisanträgen bestimmen. [4]Beweisanträge, die nach Fristablauf gestellt werden, können im Urteil beschieden werden; dies gilt nicht, wenn die Stellung des Beweisantrags vor Fristablauf nicht möglich war. [5]Wird ein Beweisantrag nach Fristablauf gestellt, sind die Tatsachen, die die Einhaltung der Frist unmöglich gemacht haben, mit dem Antrag glaubhaft zu machen.

§ 245 Umfang der Beweisaufnahme; präsente Beweismittel

(1) [1]Die Beweisaufnahme ist auf alle vom Gericht vorgeladenen und auch erschienenen Zeugen und Sachverständigen sowie auf die sonstigen nach § 214 Abs. 4 vom Gericht oder der Staatsanwaltschaft herbeigeschafften Beweismittel zu erstrecken, es sei denn, daß die Beweiserhebung unzulässig ist. [2]Von der Erhebung einzelner Beweise kann abgesehen werden, wenn die Staatsanwaltschaft, der Verteidiger und der Angeklagte damit einverstanden sind.

(2) [1]Zu einer Erstreckung der Beweisaufnahme auf die vom Angeklagten oder der Staatsanwaltschaft vorgeladenen und auch erschienenen Zeugen und Sachverständigen sowie auf die sonstigen herbeigeschafften Beweismittel ist das Gericht nur verpflichtet, wenn ein Beweisantrag gestellt wird. [2]Der Antrag ist abzulehnen, wenn die Beweiserhebung unzulässig ist. [3]Im übrigen darf er nur abgelehnt werden, wenn die Tatsache, die bewiesen werden soll, schon erwiesen oder offenkundig ist, wenn zwischen ihr und dem Gegenstand der Urteilsfindung kein Zusammenhang besteht oder wenn das Beweismittel völlig ungeeignet ist.

§ 246 Ablehnung von Beweisanträgen wegen Verspätung

(1) Eine Beweiserhebung darf nicht deshalb abgelehnt werden, weil das Beweismittel oder die zu beweisende Tatsache zu spät vorgebracht worden sei.

(2) Ist jedoch ein zu vernehmender Zeuge oder Sachverständiger dem Gegner des Antragstellers so spät namhaft gemacht oder eine zu beweisende Tatsache so spät vorgebracht worden, daß es dem Gegner an der zur Einziehung von Erkundigungen erforderlichen Zeit gefehlt hat, so kann er bis zum Schluß der Beweisaufnahme die Aussetzung der Hauptverhandlung zum Zweck der Erkundigung beantragen.

(3) Dieselbe Befugnis haben die Staatsanwaltschaft und der Angeklagte bei den auf Anordnung des Vorsitzenden oder des Gerichts geladenen Zeugen oder Sachverständigen.

(4) Über die Anträge entscheidet das Gericht nach freiem Ermessen.

§ 246a Vernehmung eines Sachverständigen vor Entscheidung über eine Unterbringung

(1) [1]Kommt in Betracht, dass die Unterbringung des Angeklagten in einem psychiatrischen Krankenhaus oder in der Sicherungsverwahrung angeordnet oder vorbehalten werden wird, so ist in der Hauptverhandlung ein Sachverständiger über den Zustand des Angeklagten und die Behandlungsaussichten zu

vernehmen. [2]Gleiches gilt, wenn das Gericht erwägt, die Unterbringung des Angeklagten in einer Entziehungsanstalt anzuordnen.

(2) Ist Anklage erhoben worden wegen einer in § 181b des Strafgesetzbuchs genannten Straftat zum Nachteil eines Minderjährigen und kommt die Erteilung einer Weisung nach § 153a Absatz 1 Satz 2 Nummer 8 dieses Gesetzes oder nach § 56c Absatz 2 Nummer 6, § 59a Absatz 2 Satz 1 Nummer 5 oder § 68b Absatz 2 Satz 2 des Strafgesetzbuchs in Betracht, wonach sich der Angeklagte psychiatrisch, psycho- oder sozialtherapeutisch betreuen und behandeln zu lassen hat (Therapieweisung), soll ein Sachverständiger über den Zustand des Angeklagten und die Behandlungsaussichten vernommen werden, soweit dies erforderlich ist, um festzustellen, ob der Angeklagte einer solchen Betreuung und Behandlung bedarf.

(3) Hat der Sachverständige den Angeklagten nicht schon früher untersucht, so soll ihm dazu vor der Hauptverhandlung Gelegenheit gegeben werden.

§ 247 Entfernung des Angeklagten bei Vernehmung von Mitangeklagten und Zeugen

[1]Das Gericht kann anordnen, daß sich der Angeklagte während einer Vernehmung aus dem Sitzungszimmer entfernt, wenn zu befürchten ist, ein Mitangeklagter oder ein Zeuge werde bei seiner Vernehmung in Gegenwart des Angeklagten die Wahrheit nicht sagen. [2]Das gleiche gilt, wenn bei der Vernehmung einer Person unter 18 Jahren als Zeuge in Gegenwart des Angeklagten ein erheblicher Nachteil für das Wohl des Zeugen zu befürchten ist oder wenn bei einer Vernehmung einer anderen Person als Zeuge in Gegenwart des Angeklagten die dringende Gefahr eines schwerwiegenden Nachteils für ihre Gesundheit besteht. [3]Die Entfernung des Angeklagten kann für die Dauer von Erörterungen über den Zustand des Angeklagten und die Behandlungsaussichten angeordnet werden, wenn ein erheblicher Nachteil für seine Gesundheit zu befürchten ist. [4]Der Vorsitzende hat den Angeklagten, sobald dieser wieder anwesend ist, von dem wesentlichen Inhalt dessen zu unterrichten, was während seiner Abwesenheit ausgesagt oder sonst verhandelt worden ist.

§ 247a Anordnung einer audiovisuellen Vernehmung von Zeugen

(1) [1]Besteht die dringende Gefahr eines schwerwiegenden Nachteils für das Wohl des Zeugen, wenn er in Gegenwart der in der Hauptverhandlung Anwesenden vernommen wird, so kann das Gericht anordnen, daß der Zeuge sich während der Vernehmung an einem anderen Ort aufhält; eine solche Anordnung ist auch unter den Voraussetzungen des § 251 Abs. 2 zulässig, soweit dies zur Erforschung der Wahrheit erforderlich ist. [2]Die Entscheidung ist unanfechtbar. [3]Die Aussage wird zeitgleich in Bild und Ton in das Sitzungszimmer übertragen. [4]Sie soll aufgezeichnet werden, wenn zu besorgen ist, daß der Zeuge in einer weiteren Hauptverhandlung nicht vernommen werden kann und die Aufzeichnung zur Erforschung der Wahrheit erforderlich ist. [5]§ 58a Abs. 2 findet entsprechende Anwendung.

(2) [1]Das Gericht kann anordnen, dass die Vernehmung eines Sachverständigen in der Weise erfolgt, dass dieser sich an einem anderen Ort als das Gericht aufhält und die Vernehmung zeitgleich in Bild und Ton an den Ort, an dem sich der Sachverständige aufhält, und in das Sitzungszimmer übertragen wird. [2]Dies gilt nicht in den Fällen des § 246a. [3]Die Entscheidung nach Satz 1 ist unanfechtbar.

§ 248 Entlassung der Zeugen und Sachverständigen

[1]Die vernommenen Zeugen und Sachverständigen dürfen sich nur mit Genehmigung oder auf Anweisung des Vorsitzenden von der Gerichtsstelle entfernen. [2]Die Staatsanwaltschaft und der Angeklagte sind vorher zu hören.

§ 249 Führung des Urkundenbeweises durch Verlesung; Selbstleseverfahren

(1) [1]Urkunden sind zum Zweck der Beweiserhebung über ihren Inhalt in der Hauptverhandlung zu verlesen. [2]Elektronische Dokumente sind Urkunden, soweit sie verlesbar sind.

(2) [1]Von der Verlesung kann, außer in den Fällen der §§ 253 und 254, abgesehen werden, wenn die Richter und Schöffen vom Wortlaut der Urkunde Kenntnis genommen haben und die übrigen Beteiligten hierzu Gelegenheit hatten. [2]Widerspricht der Staatsanwalt, der Angeklagte oder der Verteidiger unverzüglich der Anordnung des Vorsitzenden, nach Satz 1 zu verfahren, so entscheidet das Gericht. [3]Die Anordnung des Vorsitzenden, die Feststellungen über die Kenntnisnahme und die Gelegenheit hierzu und der Widerspruch sind in das Protokoll aufzunehmen.

§ 250 Grundsatz der persönlichen Vernehmung

[1]Beruht der Beweis einer Tatsache auf der Wahrnehmung einer Person, so ist diese in der Hauptverhandlung zu vernehmen. [2]Die Vernehmung darf nicht durch Verlesung des über eine frühere Vernehmung aufgenommenen Protokolls oder einer Erklärung ersetzt werden.

§ 251 Urkundenbeweis durch Verlesung von Protokollen

(1) Die Vernehmung eines Zeugen, Sachverständigen oder Mitbeschuldigten kann durch die Verlesung eines Protokolls über eine Vernehmung oder einer Urkunde, die eine von ihm erstellte Erklärung enthält, ersetzt werden,

1. wenn der Angeklagte einen Verteidiger hat und der Staatsanwalt, der Verteidiger und der Angeklagte damit einverstanden sind;
2. wenn die Verlesung lediglich der Bestätigung eines Geständnisses des Angeklagten dient und der Angeklagte, der keinen Verteidiger hat, sowie der Staatsanwalt der Verlesung zustimmen;
3. wenn der Zeuge, Sachverständige oder Mitbeschuldigte verstorben ist oder aus einem anderen Grunde in absehbarer Zeit gerichtlich nicht vernommen werden kann;
4. soweit das Protokoll oder die Urkunde das Vorliegen oder die Höhe eines Vermögensschadens betrifft.

(2) Die Vernehmung eines Zeugen, Sachverständigen oder Mitbeschuldigten darf durch die Verlesung des Protokolls über seine frühere richterliche Vernehmung auch ersetzt werden, wenn

1. dem Erscheinen des Zeugen, Sachverständigen oder Mitbeschuldigten in der Hauptverhandlung für eine längere oder ungewisse Zeit Krankheit, Gebrechlichkeit oder andere nicht zu beseitigende Hindernisse entgegenstehen;
2. dem Zeugen oder Sachverständigen das Erscheinen in der Hauptverhandlung wegen großer Entfernung unter Berücksichtigung der Bedeutung seiner Aussage nicht zugemutet werden kann;
3. der Staatsanwalt, der Verteidiger und der Angeklagte mit der Verlesung einverstanden sind.

(3) Soll die Verlesung anderen Zwecken als unmittelbar der Urteilsfindung, insbesondere zur Vorbereitung der Entscheidung darüber dienen, ob die Ladung und Vernehmung einer Person erfolgen sollen, so dürfen Protokolle und Urkunden auch sonst verlesen werden.

(4) [1]In den Fällen der Absätze 1 und 2 beschließt das Gericht, ob die Verlesung angeordnet wird. [2]Der Grund der Verlesung wird bekanntgegeben. [3]Wird das Protokoll über eine richterliche Vernehmung verlesen, so wird festgestellt, ob der Vernommene vereidigt worden ist. [4]Die Vereidigung wird nachgeholt, wenn sie dem Gericht notwendig erscheint und noch ausführbar ist.

§ 252 Verbot der Protokollverlesung nach Zeugnisverweigerung

Die Aussage eines vor der Hauptverhandlung vernommenen Zeugen, der erst in der Hauptverhandlung von seinem Recht, das Zeugnis zu verweigern, Gebrauch macht, darf nicht verlesen werden.

§ 253 Protokollverlesung zur Gedächtnisunterstützung

(1) Erklärt ein Zeuge oder Sachverständiger, daß er sich einer Tatsache nicht mehr erinnere, so kann der hierauf bezügliche Teil des Protokolls über seine frühere Vernehmung zur Unterstützung seines Gedächtnisses verlesen werden.

(2) Dasselbe kann geschehen, wenn ein in der Vernehmung hervortretender Widerspruch mit der früheren Aussage nicht auf andere Weise ohne Unterbrechung der Hauptverhandlung festgestellt oder behoben werden kann.

§ 254 Verlesung eines richterlichen Protokolls bei Geständnis oder Widersprüchen

(1) Erklärungen des Angeklagten, die in einem richterlichen Protokoll oder in einer Bild-Ton-Aufzeichnung einer Vernehmung enthalten sind, können zum Zweck der Beweisaufnahme über ein Geständnis verlesen beziehungsweise vorgeführt werden.

(2) Dasselbe kann geschehen, wenn ein in der Vernehmung hervortretender Widerspruch mit der früheren Aussage nicht auf andere Weise ohne Unterbrechung der Hauptverhandlung festgestellt oder behoben werden kann.

§ 255 Protokollierung der Verlesung

In den Fällen der §§ 253 und 254 ist die Verlesung und ihr Grund auf Antrag der Staatsanwaltschaft oder des Angeklagten im Protokoll zu erwähnen.

§ 255a Vorführung einer aufgezeichneten Zeugenvernehmung

(1) Für die Vorführung der Bild-Ton-Aufzeichnung einer Zeugenvernehmung gelten die Vorschriften zur Verlesung eines Protokolls über eine Vernehmung gemäß §§ 251, 252, 253 und 255 entsprechend.

(2) [1]In Verfahren wegen Straftaten gegen die sexuelle Selbstbestimmung (§§ 174 bis 184k des Strafgesetzbuches) oder gegen das Leben (§§ 211 bis 222 des Strafgesetzbuches), wegen Misshandlung von Schutzbefohlenen (§ 225 des Strafgesetzbuches) oder wegen Straftaten gegen die persönliche Freiheit nach den §§ 232 bis 233a des Strafgesetzbuches kann die Vernehmung eines Zeugen unter 18 Jahren durch die Vorführung der Bild-Ton-Aufzeichnung seiner früheren richterlichen Vernehmung ersetzt werden, wenn der Angeklagte und sein Verteidiger Gelegenheit hatten, an dieser mitzuwirken, und wenn der

Zeuge, dessen Vernehmung nach § 58a Absatz 1 Satz 3 in Bild und Ton aufgezeichnet worden ist, der vernehmungsersetzenden Vorführung dieser Aufzeichnung in der Hauptverhandlung nicht unmittelbar nach der aufgezeichneten Vernehmung widersprochen hat. [2]Dies gilt auch für Zeugen, die Verletzte einer dieser Straftaten sind und zur Zeit der Tat unter 18 Jahre alt waren oder Verletzte einer Straftat gegen die sexuelle Selbstbestimmung (§§ 174 bis 184k des Strafgesetzbuches) sind. [3]Das Gericht hat bei seiner Entscheidung auch die schutzwürdigen Interessen des Zeugen zu berücksichtigen und den Grund für die Vorführung bekanntzugeben. [4]Eine ergänzende Vernehmung des Zeugen ist zulässig.

§ 256 Verlesung der Erklärungen von Behörden und Sachverständigen

(1) Verlesen werden können

1. die ein Zeugnis oder ein Gutachten enthaltenden Erklärungen
   a) öffentlicher Behörden,
   b) der Sachverständigen, die für die Erstellung von Gutachten der betreffenden Art allgemein vereidigt sind, sowie
   c) der Ärzte eines gerichtsärztlichen Dienstes mit Ausschluss von Leumundszeugnissen,
2. unabhängig vom Tatvorwurf ärztliche Atteste über Körperverletzungen,
3. ärztliche Berichte zur Entnahme von Blutproben,
4. Gutachten über die Auswertung eines Fahrtschreibers, die Bestimmung der Blutgruppe oder des Blutalkoholgehalts einschließlich seiner Rückrechnung,
5. Protokolle sowie in einer Urkunde enthaltene Erklärungen der Strafverfolgungsbehörden über Ermittlungshandlungen, soweit diese nicht eine Vernehmung zum Gegenstand haben und
6. Übertragungsnachweise und Vermerke nach § 32e Absatz 3.

(2) Ist das Gutachten einer kollegialen Fachbehörde eingeholt worden, so kann das Gericht die Behörde ersuchen, eines ihrer Mitglieder mit der Vertretung des Gutachtens in der Hauptverhandlung zu beauftragen und dem Gericht zu bezeichnen.

§ 257 Befragung des Angeklagten und Erklärungsrechte nach einer Beweiserhebung

(1) Nach der Vernehmung eines jeden Mitangeklagten und nach jeder einzelnen Beweiserhebung soll der Angeklagte befragt werden, ob er dazu etwas zu erklären habe.

(2) Auf Verlangen ist auch dem Staatsanwalt und dem Verteidiger nach der Vernehmung des Angeklagten und nach jeder einzelnen Beweiserhebung Gelegenheit zu geben, sich dazu zu erklären.

(3) Die Erklärungen dürfen den Schlußvortrag nicht vorwegnehmen.

§ 257a Form von Anträgen und Anregungen zu Verfahrensfragen

[1]Das Gericht kann den Verfahrensbeteiligten aufgeben, Anträge und Anregungen zu Verfahrensfragen schriftlich zu stellen. [2]Dies gilt nicht für die in § 258 bezeichneten Anträge. [3]§ 249 findet entsprechende Anwendung.

§ 257b Erörterung des Verfahrensstands mit den Verfahrensbeteiligten

Das Gericht kann in der Hauptverhandlung den Stand des Verfahrens mit den Verfahrensbeteiligten erörtern, soweit dies geeignet erscheint, das Verfahren zu fördern.

§ 257c Verständigung zwischen Gericht und Verfahrensbeteiligten

(1) [1]Das Gericht kann sich in geeigneten Fällen mit den Verfahrensbeteiligten nach Maßgabe der folgenden Absätze über den weiteren Fortgang und das Ergebnis des Verfahrens verständigen. [2]§ 244 Absatz 2 bleibt unberührt.

(2) [1]Gegenstand dieser Verständigung dürfen nur die Rechtsfolgen sein, die Inhalt des Urteils und der dazugehörigen Beschlüsse sein können, sonstige verfahrensbezogene Maßnahmen im zugrundeliegenden Erkenntnisverfahren sowie das Prozessverhalten der Verfahrensbeteiligten. [2]Bestandteil jeder Verständigung soll ein Geständnis sein. [3]Der Schuldspruch sowie Maßregeln der Besserung und Sicherung dürfen nicht Gegenstand einer Verständigung sein.

(3) [1]Das Gericht gibt bekannt, welchen Inhalt die Verständigung haben könnte. [2]Es kann dabei unter freier Würdigung aller Umstände des Falles sowie der allgemeinen Strafzumessungserwägungen auch eine Ober- und Untergrenze der Strafe angeben. [3]Die Verfahrensbeteiligten erhalten Gelegenheit zur Stellungnahme. [4]Die Verständigung kommt zustande, wenn Angeklagter und Staatsanwaltschaft dem Vorschlag des Gerichtes zustimmen.

(4) [1]Die Bindung des Gerichtes an eine Verständigung entfällt, wenn rechtlich oder tatsächlich bedeutsame Umstände übersehen worden sind oder sich neu ergeben haben und das Gericht deswegen zu der Überzeugung gelangt, dass der in Aussicht gestellte Strafrahmen nicht mehr tat- oder schuldangemessen ist. [2]Gleiches gilt, wenn das weitere Prozessverhalten des Angeklagten nicht dem Verhalten entspricht, das

der Prognose des Gerichtes zugrunde gelegt worden ist. [3]Das Geständnis des Angeklagten darf in diesen Fällen nicht verwertet werden. [4]Das Gericht hat eine Abweichung unverzüglich mitzuteilen.

(5) Der Angeklagte ist über die Voraussetzungen und Folgen einer Abweichung des Gerichtes von dem in Aussicht gestellten Ergebnis nach Absatz 4 zu belehren.

§ 258 Schlussvorträge; Recht des letzten Wortes

(1) Nach dem Schluß der Beweisaufnahme erhalten der Staatsanwalt und sodann der Angeklagte zu ihren Ausführungen und Anträgen das Wort.

(2) Dem Staatsanwalt steht das Recht der Erwiderung zu; dem Angeklagten gebührt das letzte Wort.

(3) Der Angeklagte ist, auch wenn ein Verteidiger für ihn gesprochen hat, zu befragen, ob er selbst noch etwas zu seiner Verteidigung anzuführen habe.

§ 259 Dolmetscher

(1) Einem der Gerichtssprache nicht mächtigen Angeklagten müssen aus den Schlußvorträgen mindestens die Anträge des Staatsanwalts und des Verteidigers durch den Dolmetscher bekanntgemacht werden.

(2) Dasselbe gilt nach Maßgabe des § 186 des Gerichtsverfassungsgesetzes für einen hör- oder sprachbehinderten Angeklagten.

§ 260 Urteil

(1) Die Hauptverhandlung schließt mit der auf die Beratung folgenden Verkündung des Urteils.

(2) Wird ein Berufsverbot angeordnet, so ist im Urteil der Beruf, der Berufszweig, das Gewerbe oder der Gewerbezweig, dessen Ausübung verboten wird, genau zu bezeichnen.

(3) Die Einstellung des Verfahrens ist im Urteil auszusprechen, wenn ein Verfahrenshindernis besteht.

(4) [1]Die Urteilsformel gibt die rechtliche Bezeichnung der Tat an, deren der Angeklagte schuldig gesprochen wird. [2]Hat ein Straftatbestand eine gesetzliche Überschrift, so soll diese zur rechtlichen Bezeichnung der Tat verwendet werden. [3]Wird eine Geldstrafe verhängt, so sind Zahl und Höhe der Tagessätze in die Urteilsformel aufzunehmen. [4]Wird die Entscheidung über die Sicherungsverwahrung vorbehalten, die Strafe oder Maßregel der Besserung und Sicherung zur Bewährung ausgesetzt, der Angeklagte mit Strafvorbehalt verwarnt oder von Strafe abgesehen, so ist dies in der Urteilsformel zum Ausdruck zu bringen. [5]Im übrigen unterliegt die Fassung der Urteilsformel dem Ermessen des Gerichts.

(5) [1]Nach der Urteilsformel werden die angewendeten Vorschriften nach Paragraph, Absatz, Nummer, Buchstabe und mit der Bezeichnung des Gesetzes aufgeführt. [2]Ist bei einer Verurteilung, durch die auf Freiheitsstrafe oder Gesamtfreiheitsstrafe von nicht mehr als zwei Jahren erkannt wird, die Tat oder der ihrer Bedeutung nach überwiegende Teil der Taten auf Grund einer Betäubungsmittelabhängigkeit begangen worden, so ist außerdem § 17 Abs. 2 des Bundeszentralregistergesetzes anzuführen.

§ 261 Grundsatz der freien richterlichen Beweiswürdigung

Über das Ergebnis der Beweisaufnahme entscheidet das Gericht nach seiner freien, aus dem Inbegriff der Verhandlung geschöpften Überzeugung.

§ 262 Entscheidung zivilrechtlicher Vorfragen

(1) Hängt die Strafbarkeit einer Handlung von der Beurteilung eines bürgerlichen Rechtsverhältnisses ab, so entscheidet das Strafgericht auch über dieses nach den für das Verfahren und den Beweis in Strafsachen geltenden Vorschriften.

(2) Das Gericht ist jedoch befugt, die Untersuchung auszusetzen und einem der Beteiligten zur Erhebung der Zivilklage eine Frist zu bestimmen oder das Urteil des Zivilgerichts abzuwarten.

§ 263 Abstimmung

(1) Zu jeder dem Angeklagten nachteiligen Entscheidung über die Schuldfrage und die Rechtsfolgen der Tat ist eine Mehrheit von zwei Dritteln der Stimmen erforderlich.

(2) Die Schuldfrage umfaßt auch solche vom Strafgesetz besonders vorgesehene Umstände, welche die Strafbarkeit ausschließen, vermindern oder erhöhen.

(3) Die Schuldfrage umfaßt nicht die Voraussetzungen der Verjährung.

§ 264 Gegenstand des Urteils

(1) Gegenstand der Urteilsfindung ist die in der Anklage bezeichnete Tat, wie sie sich nach dem Ergebnis der Verhandlung darstellt.

(2) Das Gericht ist an die Beurteilung der Tat, die dem Beschluß über die Eröffnung des Hauptverfahrens zugrunde liegt, nicht gebunden.

§ 265 Veränderung des rechtlichen Gesichtspunktes oder der Sachlage

(1) Der Angeklagte darf nicht auf Grund eines anderen als des in der gerichtlich zugelassenen Anklage angeführten Strafgesetzes verurteilt werden, ohne daß er zuvor auf die Veränderung des rechtlichen Gesichtspunktes besonders hingewiesen und ihm Gelegenheit zur Verteidigung gegeben worden ist.

(2) Ebenso ist zu verfahren, wenn

1. sich erst in der Verhandlung vom Strafgesetz besonders vorgesehene Umstände ergeben, welche die Strafbarkeit erhöhen oder die Anordnung einer Maßnahme oder die Verhängung einer Nebenstrafe oder Nebenfolge rechtfertigen,
2. das Gericht von einer in der Verhandlung mitgeteilten vorläufigen Bewertung der Sach- oder Rechtslage abweichen will oder
3. der Hinweis auf eine veränderte Sachlage zur genügenden Verteidigung des Angeklagten erforderlich ist.

(3) Bestreitet der Angeklagte unter der Behauptung, auf die Verteidigung nicht genügend vorbereitet zu sein, neu hervorgetretene Umstände, welche die Anwendung eines schwereren Strafgesetzes gegen den Angeklagten zulassen als des in der gerichtlich zugelassenen Anklage angeführten oder die zu den in Absatz 2 Nummer 1 bezeichneten gehören, so ist auf seinen Antrag die Hauptverhandlung auszusetzen.

(4) Auch sonst hat das Gericht auf Antrag oder von Amts wegen die Hauptverhandlung auszusetzen, falls dies infolge der veränderten Sachlage zur genügenden Vorbereitung der Anklage oder der Verteidigung angemessen erscheint.

§ 265a Befragung des Angeklagten vor Erteilung von Auflagen oder Weisungen

[1]Kommen Auflagen oder Weisungen (§§ 56b, 56c, 59a Abs. 2 des Strafgesetzbuches) in Betracht, so ist der Angeklagte in geeigneten Fällen zu befragen, ob er sich zu Leistungen erbietet, die der Genugtuung für das begangene Unrecht dienen, oder Zusagen für seine künftige Lebensführung macht. [2]Kommt die Weisung in Betracht, sich einer Heilbehandlung oder einer Entziehungskur zu unterziehen oder in einem geeigneten Heim oder einer geeigneten Anstalt Aufenthalt zu nehmen, so ist er zu befragen, ob er hierzu seine Einwilligung gibt.

§ 266 Nachtragsanklage

(1) Erstreckt der Staatsanwalt in der Hauptverhandlung die Anklage auf weitere Straftaten des Angeklagten, so kann das Gericht sie durch Beschluß in das Verfahren einbeziehen, wenn es für sie zuständig ist und der Angeklagte zustimmt.

(2) [1]Die Nachtragsanklage kann mündlich erhoben werden. [2]Ihr Inhalt entspricht dem § 200 Abs. 1. [3]Sie wird in das Sitzungsprotokoll aufgenommen. [4]Der Vorsitzende gibt dem Angeklagten Gelegenheit, sich zu verteidigen.

(3) [1]Die Verhandlung wird unterbrochen, wenn es der Vorsitzende für erforderlich hält oder wenn der Angeklagte es beantragt und sein Antrag nicht offenbar mutwillig oder nur zur Verzögerung des Verfahrens gestellt ist. [2]Auf das Recht, die Unterbrechung zu beantragen, wird der Angeklagte hingewiesen.

§ 267 Urteilsgründe

(1) [1]Wird der Angeklagte verurteilt, so müssen die Urteilsgründe die für erwiesen erachteten Tatsachen angeben, in denen die gesetzlichen Merkmale der Straftat gefunden werden. [2]Soweit der Beweis aus anderen Tatsachen gefolgert wird, sollen auch diese Tatsachen angegeben werden. [3]Auf Abbildungen, die sich bei den Akten befinden, kann hierbei wegen der Einzelheiten verwiesen werden.

(2) Waren in der Verhandlung vom Strafgesetz besonders vorgesehene Umstände behauptet worden, welche die Strafbarkeit ausschließen, vermindern oder erhöhen, so müssen die Urteilsgründe sich darüber aussprechen, ob diese Umstände für festgestellt oder für nicht festgestellt erachtet werden.

(3) [1]Die Gründe des Strafurteils müssen ferner das zur Anwendung gebrachte Strafgesetz bezeichnen und die Umstände anführen, die für die Zumessung der Strafe bestimmend gewesen sind. [2]Macht das Strafgesetz Milderungen von dem Vorliegen minder schwerer Fälle abhängig, so müssen die Urteilsgründe ergeben, weshalb diese Umstände angenommen oder einem in der Verhandlung gestellten Antrag entgegen verneint werden; dies gilt entsprechend für die Verhängung einer Freiheitsstrafe in den Fällen des § 47 des Strafgesetzbuches. [3]Die Urteilsgründe müssen auch ergeben, weshalb ein besonders schwerer Fall nicht angenommen wird, wenn die Voraussetzungen erfüllt sind, unter denen nach dem Strafgesetz in der Regel ein solcher Fall vorliegt; liegen diese Voraussetzungen nicht vor, wird aber gleichwohl ein besonders schwerer Fall angenommen, so gilt Satz 2 entsprechend. [4]Die Urteilsgründe müssen ferner ergeben, weshalb die Strafe zur Bewährung ausgesetzt oder einem in der Verhandlung gestellten Antrag entgegen nicht ausgesetzt worden ist; dies gilt entsprechend für die Verwarnung mit Strafvorbehalt und

das Absehen von Strafe. [5]Ist dem Urteil eine Verständigung (§ 257c) vorausgegangen, ist auch dies in den Urteilsgründen anzugeben.

(4) [1]Verzichten alle zur Anfechtung Berechtigten auf Rechtsmittel oder wird innerhalb der Frist kein Rechtsmittel eingelegt, so müssen die erwiesenen Tatsachen, in denen die gesetzlichen Merkmale der Straftat gefunden werden, und das angewendete Strafgesetz angegeben werden; bei Urteilen, die nur auf Geldstrafe lauten oder neben einer Geldstrafe ein Fahrverbot oder die Entziehung der Fahrerlaubnis und damit zusammen die Einziehung des Führerscheins anordnen, oder bei Verwarnungen mit Strafvorbehalt kann hierbei auf den zugelassenen Anklagesatz, auf die Anklage gemäß § 418 Abs. 3 Satz 2 oder den Strafbefehl sowie den Strafbefehlsantrag verwiesen werden. [2]Absatz 3 Satz 5 gilt entsprechend. [3]Den weiteren Inhalt der Urteilsgründe bestimmt das Gericht unter Berücksichtigung der Umstände des Einzelfalls nach seinem Ermessen. [4]Die Urteilsgründe können innerhalb der in § 275 Abs. 1 Satz 2 vorgesehenen Frist ergänzt werden, wenn gegen die Versäumung der Frist zur Einlegung des Rechtsmittels Wiedereinsetzung in den vorigen Stand gewährt wird.

(5) [1]Wird der Angeklagte freigesprochen, so müssen die Urteilsgründe ergeben, ob der Angeklagte für nicht überführt oder ob und aus welchen Gründen die für erwiesen angenommene Tat für nicht strafbar erachtet worden ist. [2]Verzichten alle zur Anfechtung Berechtigten auf Rechtsmittel oder wird innerhalb der Frist kein Rechtsmittel eingelegt, so braucht nur angegeben zu werden, ob die dem Angeklagten zur Last gelegte Straftat aus tatsächlichen oder rechtlichen Gründen nicht festgestellt worden ist. [3]Absatz 4 Satz 4 ist anzuwenden.

(6) [1]Die Urteilsgründe müssen auch ergeben, weshalb eine Maßregel der Besserung und Sicherung angeordnet, eine Entscheidung über die Sicherungsverwahrung vorbehalten oder einem in der Verhandlung gestellten Antrag entgegen nicht angeordnet oder nicht vorbehalten worden ist. [2]Ist die Fahrerlaubnis nicht entzogen oder eine Sperre nach § 69a Abs. 1 Satz 3 des Strafgesetzbuches nicht angeordnet worden, obwohl dies nach der Art der Straftat in Betracht kam, so müssen die Urteilsgründe stets ergeben, weshalb die Maßregel nicht angeordnet worden ist.

§ 268 Urteilsverkündung

(1) Das Urteil ergeht im Namen des Volkes.

(2) [1]Das Urteil wird durch Verlesung der Urteilsformel und Eröffnung der Urteilsgründe verkündet. [2]Die Eröffnung der Urteilsgründe geschieht durch Verlesung oder durch mündliche Mitteilung ihres wesentlichen Inhalts. [3]Bei der Entscheidung, ob die Urteilsgründe verlesen werden oder ihr wesentlicher Inhalt mündlich mitgeteilt wird, sowie im Fall der mündlichen Mitteilung des wesentlichen Inhalts der Urteilsgründe soll auf die schutzwürdigen Interessen von Prozessbeteiligten, Zeugen oder Verletzten Rücksicht genommen werden. [4]Die Verlesung der Urteilsformel hat in jedem Falle der Mitteilung der Urteilsgründe voranzugehen.

(3) [1]Das Urteil soll am Schluß der Verhandlung verkündet werden. [2]Es muß spätestens zwei Wochen danach verkündet werden, andernfalls mit der Hauptverhandlung von neuem zu beginnen ist. [3]§ 229 Absatz 3, 4 Satz 2 und Absatz 5 gilt entsprechend.

§ 268a Aussetzung der Vollstreckung von Strafen oder Maßregeln zur Bewährung

(1) Wird in dem Urteil die Strafe zur Bewährung ausgesetzt oder der Angeklagte mit Strafvorbehalt verwarnt, so trifft das Gericht die in den §§ 56a bis 56d und 59a des Strafgesetzbuches bezeichneten Entscheidungen durch Beschluß; dieser ist mit dem Urteil zu verkünden.

(2) Absatz 1 gilt entsprechend, wenn in dem Urteil eine Maßregel der Besserung und Sicherung zur Bewährung ausgesetzt oder neben der Strafe Führungsaufsicht angeordnet wird und das Gericht Entscheidungen nach den §§ 68a bis 68c des Strafgesetzbuches trifft.

(3) [1]Der Vorsitzende belehrt den Angeklagten über die Bedeutung der Aussetzung der Strafe oder Maßregel zur Bewährung, der Verwarnung mit Strafvorbehalt oder der Führungsaufsicht, über die Dauer der Bewährungszeit oder der Führungsaufsicht, über die Auflagen und Weisungen sowie über die Möglichkeit des Widerrufs der Aussetzung oder der Verurteilung zu der vorbehaltenen Strafe (§ 56f Abs. 1, §§ 59b, 67g Abs. 1 des Strafgesetzbuches). [2]Erteilt das Gericht dem Angeklagten Weisungen nach § 68b Abs. 1 des Strafgesetzbuches, so belehrt der Vorsitzende ihn auch über die Möglichkeit einer Bestrafung nach § 145a des Strafgesetzbuches. [3]Die Belehrung ist in der Regel im Anschluß an die Verkündung des Beschlusses nach den Absätzen 1 oder 2 zu erteilen. [4]Wird die Unterbringung in einem psychiatrischen Krankenhaus zur Bewährung ausgesetzt, so kann der Vorsitzende von der Belehrung über die Möglichkeit des Widerrufs der Aussetzung absehen.

§ 268b Beschluss über die Fortdauer der Untersuchungshaft

[1]Bei der Urteilsfällung ist zugleich von Amts wegen über die Fortdauer der Untersuchungshaft oder einstweiligen Unterbringung zu entscheiden. [2]Der Beschluß ist mit dem Urteil zu verkünden.

§ 268c Belehrung bei Anordnung eines Fahrverbots

[1]Wird in dem Urteil ein Fahrverbot angeordnet, so belehrt der Vorsitzende den Angeklagten über den Beginn der Verbotsfrist (§ 44 Abs. 3 Satz 1 des Strafgesetzbuches). [2]Die Belehrung wird im Anschluß an die Urteilsverkündung erteilt. [3]Ergeht das Urteil in Abwesenheit des Angeklagten, so ist er schriftlich zu belehren.

§ 268d Belehrung bei vorbehaltener Sicherungsverwahrung

Ist in dem Urteil die Anordnung der Sicherungsverwahrung nach § 66a Absatz 1 oder 2 des Strafgesetzbuches vorbehalten, so belehrt der Vorsitzende den Angeklagten über die Bedeutung des Vorbehalts sowie über den Zeitraum, auf den sich der Vorbehalt erstreckt.

§ 269 Verbot der Verweisung bei Zuständigkeit eines Gerichts niederer Ordnung

Das Gericht darf sich nicht für unzuständig erklären, weil die Sache vor ein Gericht niederer Ordnung gehöre.

§ 270 Verweisung bei Zuständigkeit eines Gerichts höherer Ordnung

(1) [1]Hält ein Gericht nach Beginn einer Hauptverhandlung die sachliche Zuständigkeit eines Gerichts höherer Ordnung für begründet, so verweist es die Sache durch Beschluß an das zuständige Gericht; § 209a Nr. 2 Buchstabe a gilt entsprechend. [2]Ebenso ist zu verfahren, wenn das Gericht einen rechtzeitig geltend gemachten Einwand des Angeklagten nach § 6a für begründet hält.

(2) In dem Beschluß bezeichnet das Gericht den Angeklagten und die Tat gemäß § 200 Abs. 1 Satz 1.

(3) [1]Der Beschluß hat die Wirkung eines das Hauptverfahren eröffnenden Beschlusses. [2]Seine Anfechtbarkeit bestimmt sich nach § 210.

(4) [1]Ist der Verweisungsbeschluß von einem Strafrichter oder einem Schöffengericht ergangen, so kann der Angeklagte innerhalb einer bei der Bekanntmachung des Beschlusses zu bestimmenden Frist die Vornahme einzelner Beweiserhebungen vor der Hauptverhandlung beantragen. [2]Über den Antrag entscheidet der Vorsitzende des Gerichts, an das die Sache verwiesen worden ist.

§ 271 Hauptverhandlungsprotokoll

(1) [1]Über die Hauptverhandlung ist ein Protokoll aufzunehmen und von dem Vorsitzenden und dem Urkundsbeamten der Geschäftsstelle, soweit dieser in der Hauptverhandlung anwesend war, zu unterschreiben. [2]Der Tag der Fertigstellung ist darin anzugeben oder aktenkundig zu machen.

(2) [1]Ist der Vorsitzende verhindert, so unterschreibt für ihn der älteste beisitzende Richter. [2]Ist der Vorsitzende das einzige richterliche Mitglied des Gerichts, so genügt bei seiner Verhinderung die Unterschrift des Urkundsbeamten der Geschäftsstelle.

§ 272 Inhalt des Hauptverhandlungsprotokolls

Das Protokoll über die Hauptverhandlung enthält

1. den Ort und den Tag der Verhandlung;
2. die Namen der Richter und Schöffen, des Beamten der Staatsanwaltschaft, des Urkundsbeamten der Geschäftsstelle und des zugezogenen Dolmetschers;
3. die Bezeichnung der Straftat nach der Anklage;
4. die Namen der Angeklagten, ihrer Verteidiger, der Privatkläger, der Nebenkläger, der Anspruchsteller nach § 403, der sonstigen Nebenbeteiligten, der gesetzlichen Vertreter, der Bevollmächtigten und der Beistände;
5. die Angabe, daß öffentlich verhandelt oder die Öffentlichkeit ausgeschlossen ist.

§ 273 Beurkundung der Hauptverhandlung

(1) [1]Das Protokoll muß den Gang und die Ergebnisse der Hauptverhandlung im wesentlichen wiedergeben und die Beachtung aller wesentlichen Förmlichkeiten ersichtlich machen, auch die Bezeichnung der verlesenen Urkunden oder derjenigen, von deren Verlesung nach § 249 Abs. 2 abgesehen worden ist, sowie die im Laufe der Verhandlung gestellten Anträge, die ergangenen Entscheidungen und die Urteilsformel enthalten. [2]In das Protokoll muss auch der wesentliche Ablauf und Inhalt einer Erörterung nach § 257b aufgenommen werden.

(1a) [1]Das Protokoll muss auch den wesentlichen Ablauf und Inhalt sowie das Ergebnis einer Verständigung nach § 257c wiedergeben. [2]Gleiches gilt für die Beachtung der in § 243 Absatz 4, § 257c Absatz 4 Satz 4 und Absatz 5 vorgeschriebenen Mitteilungen und Belehrungen. [3]Hat eine Verständigung nicht stattgefunden, ist auch dies im Protokoll zu vermerken.

(2) [1]Aus der Hauptverhandlung vor dem Strafrichter und dem Schöffengericht sind außerdem die wesentlichen Ergebnisse der Vernehmungen in das Protokoll aufzunehmen; dies gilt nicht, wenn alle zur Anfechtung Berechtigten auf Rechtsmittel verzichten oder innerhalb der Frist kein Rechtsmittel eingelegt

wird. [2]Der Vorsitzende kann anordnen, dass anstelle der Aufnahme der wesentlichen Vernehmungsergebnisse in das Protokoll einzelne Vernehmungen im Zusammenhang als Tonaufzeichnung zur Akte genommen werden. [3]§ 58a Abs. 2 Satz 1 und 3 bis 6 gilt entsprechend.

(3) [1]Kommt es auf die Feststellung eines Vorgangs in der Hauptverhandlung oder des Wortlauts einer Aussage oder einer Äußerung an, so hat der Vorsitzende von Amts wegen oder auf Antrag einer an der Verhandlung beteiligten Person die vollständige Protokollierung und Verlesung anzuordnen. [2]Lehnt der Vorsitzende die Anordnung ab, so entscheidet auf Antrag einer an der Verhandlung beteiligten Person das Gericht. [3]In dem Protokoll ist zu vermerken, daß die Verlesung geschehen und die Genehmigung erfolgt ist oder welche Einwendungen erhoben worden sind.

(4) Bevor das Protokoll fertiggestellt ist, darf das Urteil nicht zugestellt werden.

§ 274 Beweiskraft des Protokolls

[1]Die Beobachtung der für die Hauptverhandlung vorgeschriebenen Förmlichkeiten kann nur durch das Protokoll bewiesen werden. [2]Gegen den diese Förmlichkeiten betreffenden Inhalt des Protokolls ist nur der Nachweis der Fälschung zulässig.

§ 275 Absetzungsfrist und Form des Urteils

(1) [1]Ist das Urteil mit den Gründen nicht bereits vollständig in das Protokoll aufgenommen worden, so ist es unverzüglich zu den Akten zu bringen. [2]Dies muß spätestens fünf Wochen nach der Verkündung geschehen; diese Frist verlängert sich, wenn die Hauptverhandlung länger als drei Tage gedauert hat, um zwei Wochen, und wenn die Hauptverhandlung länger als zehn Tage gedauert hat, für jeden begonnenen Abschnitt von zehn Hauptverhandlungstagen um weitere zwei Wochen. [3]Nach Ablauf der Frist dürfen die Urteilsgründe nicht mehr geändert werden. [4]Die Frist darf nur überschritten werden, wenn und solange das Gericht durch einen im Einzelfall nicht voraussehbaren unabwendbaren Umstand an ihrer Einhaltung gehindert worden ist. [5]Der Zeitpunkt, zu dem das Urteil zu den Akten gebracht ist, und der Zeitpunkt einer Änderung der Gründe müssen aktenkundig sein.

(2) [1]Das Urteil ist von den Richtern, die bei der Entscheidung mitgewirkt haben, zu unterschreiben. [2]Ist ein Richter verhindert, seine Unterschrift beizufügen, so wird dies unter der Angabe des Verhinderungsgrundes von dem Vorsitzenden und bei dessen Verhinderung von dem ältesten beisitzenden Richter unter dem Urteil vermerkt. [3]Der Unterschrift der Schöffen bedarf es nicht.

(3) Die Bezeichnung des Tages der Sitzung sowie die Namen der Richter, der Schöffen, des Beamten der Staatsanwaltschaft, des Verteidigers und des Urkundsbeamten der Geschäftsstelle, die an der Sitzung teilgenommen haben, sind in das Urteil aufzunehmen.

Siebter Abschnitt

Entscheidung über die im Urteil vorbehaltene oder die nachträgliche Anordnung der Sicherungsverwahrung

§ 275a Einleitung des Verfahrens; Hauptverhandlung; Unterbringungsbefehl

(1) [1]Ist im Urteil die Anordnung der Sicherungsverwahrung vorbehalten (§ 66a des Strafgesetzbuches), übersendet die Vollstreckungsbehörde die Akten rechtzeitig an die Staatsanwaltschaft des zuständigen Gerichts. [2]Diese übergibt die Akten so rechtzeitig dem Vorsitzenden des Gerichts, dass eine Entscheidung bis zu dem in Absatz 5 genannten Zeitpunkt ergehen kann. [3]Ist die Unterbringung in einem psychiatrischen Krankenhaus gemäß § 67d Absatz 6 Satz 1 des Strafgesetzbuches für erledigt erklärt worden, übersendet die Vollstreckungsbehörde die Akten unverzüglich an die Staatsanwaltschaft des Gerichts, das für eine nachträgliche Anordnung der Sicherungsverwahrung (§ 66b des Strafgesetzbuches) zuständig ist. [4]Beabsichtigt diese, eine nachträgliche Anordnung der Sicherungsverwahrung zu beantragen, teilt sie dies der betroffenen Person mit. [5]Die Staatsanwaltschaft soll den Antrag auf nachträgliche Anordnung der Sicherungsverwahrung unverzüglich stellen und ihn zusammen mit den Akten dem Vorsitzenden des Gerichts übergeben.

(2) Für die Vorbereitung und die Durchführung der Hauptverhandlung gelten die §§ 213 bis 275 entsprechend, soweit nachfolgend nichts anderes geregelt ist.

(3) [1]Nachdem die Hauptverhandlung nach Maßgabe des § 243 Abs. 1 begonnen hat, hält ein Berichterstatter in Abwesenheit der Zeugen einen Vortrag über die Ergebnisse des bisherigen Verfahrens. [2]Der Vorsitzende verliest das frühere Urteil, soweit es für die Entscheidung über die vorbehaltene oder die nachträgliche Anordnung der Sicherungsverwahrung von Bedeutung ist. [3]Sodann erfolgt die Vernehmung des Verurteilten und die Beweisaufnahme.

(4) [1]Das Gericht holt vor der Entscheidung das Gutachten eines Sachverständigen ein. [2]Ist über die nachträgliche Anordnung der Sicherungsverwahrung zu entscheiden, müssen die Gutachten von zwei Sach-

verständigen eingeholt werden. [3]Die Gutachter dürfen im Rahmen des Strafvollzugs oder des Vollzugs der Unterbringung nicht mit der Behandlung des Verurteilten befasst gewesen sein.

(5) Das Gericht soll über die vorbehaltene Anordnung der Sicherungsverwahrung spätestens sechs Monate vor der vollständigen Vollstreckung der Freiheitsstrafe entscheiden.

(6) [1]Sind dringende Gründe für die Annahme vorhanden, dass die nachträgliche Sicherungsverwahrung angeordnet wird, so kann das Gericht bis zur Rechtskraft des Urteils einen Unterbringungsbefehl erlassen. [2]Für den Erlass des Unterbringungsbefehls ist das für die Entscheidung nach § 67d Absatz 6 des Strafgesetzbuches zuständige Gericht so lange zuständig, bis der Antrag auf Anordnung der nachträglichen Sicherungsverwahrung bei dem für diese Entscheidung zuständigen Gericht eingeht. [3]In den Fällen des § 66a des Strafgesetzbuches kann das Gericht bis zur Rechtskraft des Urteils einen Unterbringungsbefehl erlassen, wenn es im ersten Rechtszug bis zu dem in § 66a Absatz 3 Satz 1 des Strafgesetzbuches bestimmten Zeitpunkt die vorbehaltene Sicherungsverwahrung angeordnet hat. [4]Die §§ 114 bis 115a, 117 bis 119a und 126a Abs. 3 gelten entsprechend.

Achter Abschnitt

Verfahren gegen Abwesende

§ 276 Begriff der Abwesenheit

Ein Beschuldigter gilt als abwesend, wenn sein Aufenthalt unbekannt ist oder wenn er sich im Ausland aufhält und seine Gestellung vor das zuständige Gericht nicht ausführbar oder nicht angemessen erscheint.

§§ 277 bis 284 (weggefallen)

§ 285 Beweissicherungszweck

(1) [1]Gegen einen Abwesenden findet keine Hauptverhandlung statt. [2]Das gegen einen Abwesenden eingeleitete Verfahren hat die Aufgabe, für den Fall seiner künftigen Gestellung die Beweise zu sichern.

(2) Für dieses Verfahren gelten die Vorschriften der §§ 286 bis 294.

§ 286 Vertretung von Abwesenden

[1]Für den Beschuldigten kann ein Verteidiger auftreten. [2]Auch Angehörige des Beschuldigten sind, auch ohne Vollmacht, als Vertreter zuzulassen.

§ 287 Benachrichtigung von Abwesenden

(1) Dem abwesenden Beschuldigten steht ein Anspruch auf Benachrichtigung über den Fortgang des Verfahrens nicht zu.

(2) Der Richter ist jedoch befugt, einem Abwesenden, dessen Aufenthalt bekannt ist, Benachrichtigungen zugehen zu lassen.

§ 288 Öffentliche Aufforderung zum Erscheinen oder zur Aufenthaltsortsanzeige

Der Abwesende, dessen Aufenthalt unbekannt ist, kann in einem oder mehreren öffentlichen Blättern zum Erscheinen vor Gericht oder zur Anzeige seines Aufenthaltsortes aufgefordert werden.

§ 289 Beweisaufnahme durch beauftragte oder ersuchte Richter

Stellt sich erst nach Eröffnung des Hauptverfahrens die Abwesenheit des Angeklagten heraus, so erfolgen die noch erforderlichen Beweisaufnahmen durch einen beauftragten oder ersuchten Richter.

§ 290 Vermögensbeschlagnahme

(1) Liegen gegen den Abwesenden, gegen den die öffentliche Klage erhoben ist, Verdachtsgründe vor, die den Erlaß eines Haftbefehls rechtfertigen würden, so kann sein im Geltungsbereich dieses Bundesgesetzes befindliches Vermögen durch Beschluß des Gerichts mit Beschlag belegt werden.

(2) Wegen Straftaten, die nur mit Freiheitsstrafe bis zu sechs Monaten oder mit Geldstrafe bis zu einhundertachtzig Tagessätzen bedroht sind, findet keine Vermögensbeschlagnahme statt.

§ 291 Bekanntmachung der Beschlagnahme

Der die Beschlagnahme verhängende Beschluß ist im Bundesanzeiger bekanntzumachen und kann nach dem Ermessen des Gerichts auch auf andere geeignete Weise veröffentlicht werden.

§ 292 Wirkung der Bekanntmachung

(1) Mit dem Zeitpunkt der ersten Bekanntmachung im Bundesanzeiger verliert der Angeschuldigte das Recht, über das in Beschlag genommene Vermögen unter Lebenden zu verfügen.

(2) [1]Der die Beschlagnahme verhängende Beschluß ist der Behörde mitzuteilen, die für die Einleitung einer Pflegschaft über Abwesende zuständig ist. [2]Diese Behörde hat eine Pflegschaft einzuleiten.

§ 293 Aufhebung der Beschlagnahme

(1) Die Beschlagnahme ist aufzuheben, wenn ihre Gründe weggefallen sind.

(2) [1]Die Aufhebung der Beschlagnahme ist auf dieselbe Weise bekannt zu machen, wie die Bekanntmachung der Beschlagnahme. [2]Ist die Veröffentlichung nach § 291 im Bundesanzeiger erfolgt, ist zudem deren Löschung zu veranlassen; die Veröffentlichung der Aufhebung der Beschlagnahme im Bundesanzeiger ist nach Ablauf von einem Monat zu löschen.

§ 294 Verfahren nach Anklageerhebung

(1) Für das nach Erhebung der öffentlichen Klage eintretende Verfahren gelten im übrigen die Vorschriften über die Eröffnung des Hauptverfahrens entsprechend.

(2) In dem nach Beendigung dieses Verfahrens ergehenden Beschluß (§ 199) ist zugleich über die Fortdauer oder Aufhebung der Beschlagnahme zu entscheiden.

§ 295 Sicheres Geleit

(1) Das Gericht kann einem abwesenden Beschuldigten sicheres Geleit erteilen; es kann diese Erteilung an Bedingungen knüpfen.

(2) Das sichere Geleit gewährt Befreiung von der Untersuchungshaft, jedoch nur wegen der Straftat, für die es erteilt ist.

(3) Es erlischt, wenn ein auf Freiheitsstrafe lautendes Urteil ergeht oder wenn der Beschuldigte Anstalten zur Flucht trifft oder wenn er die Bedingungen nicht erfüllt, unter denen ihm das sichere Geleit erteilt worden ist.

Drittes Buch

Rechtsmittel

Erster Abschnitt

Allgemeine Vorschriften

§ 296 Rechtsmittelberechtigte

(1) Die zulässigen Rechtsmittel gegen gerichtliche Entscheidungen stehen sowohl der Staatsanwaltschaft als dem Beschuldigten zu.

(2) Die Staatsanwaltschaft kann von ihnen auch zugunsten des Beschuldigten Gebrauch machen.

§ 297 Einlegung durch den Verteidiger

Für den Beschuldigten kann der Verteidiger, jedoch nicht gegen dessen ausdrücklichen Willen, Rechtsmittel einlegen.

§ 298 Einlegung durch den gesetzlichen Vertreter

(1) Der gesetzliche Vertreter eines Beschuldigten kann binnen der für den Beschuldigten laufenden Frist selbständig von den zulässigen Rechtsmitteln Gebrauch machen.

(2) Auf ein solches Rechtsmittel und auf das Verfahren sind die für die Rechtsmittel des Beschuldigten geltenden Vorschriften entsprechend anzuwenden.

§ 299 Abgabe von Erklärungen bei Freiheitsentzug

(1) Der nicht auf freiem Fuß befindliche Beschuldigte kann die Erklärungen, die sich auf Rechtsmittel beziehen, zu Protokoll der Geschäftsstelle des Amtsgerichts geben, in dessen Bezirk die Anstalt liegt, wo er auf behördliche Anordnung verwahrt wird.

(2) Zur Wahrung einer Frist genügt es, wenn innerhalb der Frist das Protokoll aufgenommen wird.

§ 300 Falschbezeichnung eines zulässigen Rechtsmittels

Ein Irrtum in der Bezeichnung des zulässigen Rechtsmittels ist unschädlich.

§ 301 Wirkung eines Rechtsmittels der Staatsanwaltschaft

Jedes von der Staatsanwaltschaft eingelegte Rechtsmittel hat die Wirkung, daß die angefochtene Entscheidung auch zugunsten des Beschuldigten abgeändert oder aufgehoben werden kann.

§ 302 Zurücknahme und Verzicht

(1) [1]Die Zurücknahme eines Rechtsmittels sowie der Verzicht auf die Einlegung eines Rechtsmittels können auch vor Ablauf der Frist zu seiner Einlegung wirksam erfolgen. [2]Ist dem Urteil eine Verständigung (§ 257c) vorausgegangen, ist ein Verzicht ausgeschlossen. [3]Ein von der Staatsanwaltschaft zugunsten des Beschuldigten eingelegtes Rechtsmittel kann ohne dessen Zustimmung nicht zurückgenommen werden.

(2) Der Verteidiger bedarf zur Zurücknahme einer ausdrücklichen Ermächtigung.

§ 303 Zustimmungserfordernis bei Zurücknahme

[1]Wenn die Entscheidung über das Rechtsmittel auf Grund mündlicher Verhandlung stattzufinden hat, so kann die Zurücknahme nach Beginn der Hauptverhandlung nur mit Zustimmung des Gegners erfolgen. [2]Die Zurücknahme eines Rechtsmittels des Angeklagten bedarf jedoch nicht der Zustimmung des Nebenklägers.

Zweiter Abschnitt

Beschwerde

§ 304 Zulässigkeit

(1) Die Beschwerde ist gegen alle von den Gerichten im ersten Rechtszug oder im Berufungsverfahren erlassenen Beschlüsse und gegen die Verfügungen des Vorsitzenden, des Richters im Vorverfahren und eines beauftragten oder ersuchten Richters zulässig, soweit das Gesetz sie nicht ausdrücklich einer Anfechtung entzieht.

(2) Auch Zeugen, Sachverständige und andere Personen können gegen Beschlüsse und Verfügungen, durch die sie betroffen werden, Beschwerde erheben.

(3) Gegen Entscheidungen über Kosten oder notwendige Auslagen ist die Beschwerde nur zulässig, wenn der Wert des Beschwerdegegenstands 200 Euro übersteigt.

(4) [1]Gegen Beschlüsse und Verfügungen des Bundesgerichtshofes ist keine Beschwerde zulässig. [2]Dasselbe gilt für Beschlüsse und Verfügungen der Oberlandesgerichte; in Sachen, in denen die Oberlandesgerichte im ersten Rechtszug zuständig sind, ist jedoch die Beschwerde zulässig gegen Beschlüsse und Verfügungen, welche

1. die Verhaftung, einstweilige Unterbringung, Unterbringung zur Beobachtung, Bestellung eines Pflichtverteidigers oder deren Aufhebung, Beschlagnahme, Durchsuchung oder die in § 101 Abs. 1 oder § 101a Absatz 1 bezeichneten Maßnahmen betreffen,
2. die Eröffnung des Hauptverfahrens ablehnen oder das Verfahren wegen eines Verfahrenshindernisses einstellen,
3. die Hauptverhandlung in Abwesenheit des Angeklagten (§ 231a) anordnen oder die Verweisung an ein Gericht niederer Ordnung aussprechen,
4. die Akteneinsicht betreffen oder
5. den Widerruf der Strafaussetzung, den Widerruf des Straferlasses und die Verurteilung zu der vorbehaltenen Strafe (§ 453 Abs. 2 Satz 3), die Anordnung vorläufiger Maßnahmen zur Sicherung des Widerrufs (§ 453c), die Aussetzung des Strafrestes und deren Widerruf (§ 454 Abs. 3 und 4), die Wiederaufnahme des Verfahrens (§ 372 Satz 1) oder die Einziehung oder die Unbrauchbarmachung nach den §§ 435, 436 Absatz 2 in Verbindung mit § 434 Absatz 2 und § 439 betreffen.

[3]§ 138d Abs. 6 bleibt unberührt.

(5) Gegen Verfügungen des Ermittlungsrichters des Bundesgerichtshofes und des Oberlandesgerichts (§ 169 Abs. 1) ist die Beschwerde nur zulässig, wenn sie die Verhaftung, einstweilige Unterbringung, Bestellung eines Pflichtverteidigers oder deren Aufhebung, Beschlagnahme, Durchsuchung oder die in § 101 Abs. 1 bezeichneten Maßnahmen betreffen.

§ 305 Nicht der Beschwerde unterliegende Entscheidungen

[1]Entscheidungen der erkennenden Gerichte, die der Urteilsfällung vorausgehen, unterliegen nicht der Beschwerde. [2]Ausgenommen sind Entscheidungen über Verhaftungen, die einstweilige Unterbringung, Beschlagnahmen, die vorläufige Entziehung der Fahrerlaubnis, das vorläufige Berufsverbot oder die Festsetzung von Ordnungs- oder Zwangsmitteln sowie alle Entscheidungen, durch die dritte Personen betroffen werden.

§ 305a Beschwerde gegen Strafaussetzungsbeschluss

(1) [1]Gegen den Beschluß nach § 268a Abs. 1, 2 ist Beschwerde zulässig. [2]Sie kann nur darauf gestützt werden, daß eine getroffene Anordnung gesetzwidrig ist.

(2) Wird gegen den Beschluß Beschwerde und gegen das Urteil eine zulässige Revision eingelegt, so ist das Revisionsgericht auch zur Entscheidung über die Beschwerde zuständig.

§ 306 Einlegung; Abhilfeverfahren

(1) Die Beschwerde wird bei dem Gericht, von dem oder von dessen Vorsitzenden die angefochtene Entscheidung erlassen ist, zu Protokoll der Geschäftsstelle oder schriftlich eingelegt.

(2) Erachtet das Gericht oder der Vorsitzende, dessen Entscheidung angefochten wird, die Beschwerde für begründet, so haben sie ihr abzuhelfen; andernfalls ist die Beschwerde sofort, spätestens vor Ablauf von drei Tagen, dem Beschwerdegericht vorzulegen.

(3) Diese Vorschriften gelten auch für die Entscheidungen des Richters im Vorverfahren und des beauftragten oder ersuchten Richters.

§ 307 Keine Vollzugshemmung

(1) Durch Einlegung der Beschwerde wird der Vollzug der angefochtenen Entscheidung nicht gehemmt.

(2) Jedoch kann das Gericht, der Vorsitzende oder der Richter, dessen Entscheidung angefochten wird, sowie auch das Beschwerdegericht anordnen, daß die Vollziehung der angefochtenen Entscheidung auszusetzen ist.

§ 308 Befugnisse des Beschwerdegerichts

(1) [1]Das Beschwerdegericht darf die angefochtene Entscheidung nicht zum Nachteil des Gegners des Beschwerdeführers ändern, ohne daß diesem die Beschwerde zur Gegenerklärung mitgeteilt worden ist. [2]Dies gilt nicht in den Fällen des § 33 Abs. 4 Satz 1.

(2) Das Beschwerdegericht kann Ermittlungen anordnen oder selbst vornehmen.

§ 309 Entscheidung

(1) Die Entscheidung über die Beschwerde ergeht ohne mündliche Verhandlung, in geeigneten Fällen nach Anhörung der Staatsanwaltschaft.

(2) Wird die Beschwerde für begründet erachtet, so erläßt das Beschwerdegericht zugleich die in der Sache erforderliche Entscheidung.

§ 310 Weitere Beschwerde

(1) Beschlüsse, die von dem Landgericht oder von dem nach § 120 Abs. 3 des Gerichtsverfassungsgesetzes zuständigen Oberlandesgericht auf die Beschwerde hin erlassen worden sind, können durch weitere Beschwerde angefochten werden, wenn sie

1. eine Verhaftung,
2. eine einstweilige Unterbringung oder
3. einen Vermögensarrest nach § 111e über einen Betrag von mehr als 20 000 Euro

betreffen.

(2) Im übrigen findet eine weitere Anfechtung der auf eine Beschwerde ergangenen Entscheidungen nicht statt.

§ 311 Sofortige Beschwerde

(1) Für die Fälle der sofortigen Beschwerde gelten die nachfolgenden besonderen Vorschriften.

(2) Die Beschwerde ist binnen einer Woche einzulegen; die Frist beginnt mit der Bekanntmachung (§ 35) der Entscheidung.

(3) [1]Das Gericht ist zu einer Abänderung seiner durch Beschwerde angefochtenen Entscheidung nicht befugt. [2]Es hilft jedoch der Beschwerde ab, wenn es zum Nachteil des Beschwerdeführers Tatsachen oder Beweisergebnisse verwertet hat, zu denen dieser noch nicht gehört worden ist, und es auf Grund des nachträglichen Vorbringens die Beschwerde für begründet erachtet.

§ 311a Nachträgliche Anhörung des Gegners

(1) [1]Hat das Beschwerdegericht einer Beschwerde ohne Anhörung des Gegners des Beschwerdeführers stattgegeben und kann seine Entscheidung nicht angefochten werden, so hat es diesen, sofern der ihm dadurch entstandene Nachteil noch besteht, von Amts wegen oder auf Antrag nachträglich zu hören und auf einen Antrag zu entscheiden. [2]Das Beschwerdegericht kann seine Entscheidung auch ohne Antrag ändern.

(2) Für das Verfahren gelten die §§ 307, 308 Abs. 2 und § 309 Abs. 2 entsprechend.

Dritter Abschnitt

Berufung

§ 312 Zulässigkeit

Gegen die Urteile des Strafrichters und des Schöffengerichts ist Berufung zulässig.

§ 313 Annahmeberufung bei geringen Geldstrafen und Geldbußen

(1) [1]Ist der Angeklagte zu einer Geldstrafe von nicht mehr als fünfzehn Tagessätzen verurteilt worden, beträgt im Falle einer Verwarnung die vorbehaltene Strafe nicht mehr als fünfzehn Tagessätze oder ist eine Verurteilung zu einer Geldbuße erfolgt, so ist die Berufung nur zulässig, wenn sie angenommen wird.

[2]Das gleiche gilt, wenn der Angeklagte freigesprochen oder das Verfahren eingestellt worden ist und die Staatsanwaltschaft eine Geldstrafe von nicht mehr als dreißig Tagessätzen beantragt hatte.

(2) [1]Die Berufung wird angenommen, wenn sie nicht offensichtlich unbegründet ist. [2]Andernfalls wird die Berufung als unzulässig verworfen.

(3) [1]Die Berufung gegen ein auf Geldbuße, Freispruch oder Einstellung wegen einer Ordnungswidrigkeit lautendes Urteil ist stets anzunehmen, wenn die Rechtsbeschwerde nach § 79 Abs. 1 des Gesetzes über Ordnungswidrigkeiten zulässig oder nach § 80 Abs. 1 und 2 des Gesetzes über Ordnungswidrigkeiten zuzulassen wäre. [2]Im übrigen findet Absatz 2 Anwendung.

§ 314 Form und Frist

(1) Die Berufung muß bei dem Gericht des ersten Rechtszuges binnen einer Woche nach Verkündung des Urteils zu Protokoll der Geschäftsstelle oder schriftlich eingelegt werden.

(2) Hat die Verkündung des Urteils nicht in Anwesenheit des Angeklagten stattgefunden, so beginnt für diesen die Frist mit der Zustellung, sofern nicht in den Fällen der §§ 234, 387 Abs. 1, § 411 Abs. 2 und § 428 Absatz 1 Satz 1 die Verkündung in Anwesenheit des Verteidigers mit nachgewiesener Vertretungsvollmacht stattgefunden hat.

§ 315 Berufung und Wiedereinsetzungsantrag

(1) Der Beginn der Frist zur Einlegung der Berufung wird dadurch nicht ausgeschlossen, daß gegen ein auf Ausbleiben des Angeklagten ergangenes Urteil eine Wiedereinsetzung in den vorigen Stand nachgesucht werden kann.

(2) [1]Stellt der Angeklagte einen Antrag auf Wiedereinsetzung in den vorigen Stand, so wird die Berufung dadurch gewahrt, daß sie sofort für den Fall der Verwerfung jenes Antrags rechtzeitig eingelegt wird. [2]Die weitere Verfügung in bezug auf die Berufung bleibt dann bis zur Erledigung des Antrags auf Wiedereinsetzung in den vorigen Stand ausgesetzt.

(3) Die Einlegung der Berufung ohne Verbindung mit dem Antrag auf Wiedereinsetzung in den vorigen Stand gilt als Verzicht auf die letztere.

§ 316 Hemmung der Rechtskraft

(1) Durch rechtzeitige Einlegung der Berufung wird die Rechtskraft des Urteils, soweit es angefochten ist, gehemmt.

(2) Dem Beschwerdeführer, dem das Urteil mit den Gründen noch nicht zugestellt war, ist es nach Einlegung der Berufung sofort zuzustellen.

§ 317 Berufungsbegründung

Die Berufung kann binnen einer weiteren Woche nach Ablauf der Frist zur Einlegung des Rechtsmittels oder, wenn zu dieser Zeit das Urteil noch nicht zugestellt war, nach dessen Zustellung bei dem Gericht des ersten Rechtszuges zu Protokoll der Geschäftsstelle oder in einer Beschwerdeschrift gerechtfertigt werden.

§ 318 Berufungsbeschränkung

[1]Die Berufung kann auf bestimmte Beschwerdepunkte beschränkt werden. [2]Ist dies nicht geschehen oder eine Rechtfertigung überhaupt nicht erfolgt, so gilt der ganze Inhalt des Urteils als angefochten.

§ 319 Verspätete Einlegung

(1) Ist die Berufung verspätet eingelegt, so hat das Gericht des ersten Rechtszuges das Rechtsmittel als unzulässig zu verwerfen.

(2) [1]Der Beschwerdeführer kann binnen einer Woche nach Zustellung des Beschlusses auf die Entscheidung des Berufungsgerichts antragen. [2]In diesem Falle sind die Akten an das Berufungsgericht einzusenden; die Vollstreckung des Urteils wird jedoch hierdurch nicht gehemmt. [3]Die Vorschrift des § 35a gilt entsprechend.

§ 320 Aktenübermittlung an die Staatsanwaltschaft

[1]Ist die Berufung rechtzeitig eingelegt, so hat nach Ablauf der Frist zur Rechtfertigung die Geschäftsstelle ohne Rücksicht darauf, ob eine Rechtfertigung stattgefunden hat oder nicht, die Akten der Staatsanwaltschaft vorzulegen. [2]Diese stellt, wenn die Berufung von ihr eingelegt ist, dem Angeklagten die Schriftstücke über Einlegung und Rechtfertigung der Berufung zu.

§ 321 Aktenübermittlung an das Berufungsgericht

[1]Die Staatsanwaltschaft übersendet die Akten an die Staatsanwaltschaft bei dem Berufungsgericht. [2]Diese übergibt die Akten binnen einer Woche dem Vorsitzenden des Gerichts.

§ 322 Verwerfung ohne Hauptverhandlung

(1) [1]Erachtet das Berufungsgericht die Vorschriften über die Einlegung der Berufung nicht für beobachtet, so kann es das Rechtsmittel durch Beschluß als unzulässig verwerfen. [2]Andernfalls entscheidet es darüber durch Urteil; § 322a bleibt unberührt.

(2) Der Beschluß kann mit sofortiger Beschwerde angefochten werden.

§ 322a Entscheidung über die Annahme der Berufung

[1]Über die Annahme einer Berufung (§ 313) entscheidet das Berufungsgericht durch Beschluß. [2]Die Entscheidung ist unanfechtbar. [3]Der Beschluß, mit dem die Berufung angenommen wird, bedarf keiner Begründung.

§ 323 Vorbereitung der Berufungshauptverhandlung

(1) [1]Für die Vorbereitung der Hauptverhandlung gelten die Vorschriften der §§ 214 und 216 bis 225a. [2]In der Ladung ist der Angeklagte auf die Folgen des Ausbleibens ausdrücklich hinzuweisen.

(2) [1]Die Ladung der im ersten Rechtszug vernommenen Zeugen und Sachverständigen kann nur dann unterbleiben, wenn ihre wiederholte Vernehmung zur Aufklärung der Sache nicht erforderlich erscheint. [2]Sofern es erforderlich erscheint, ordnet das Berufungsgericht die Übertragung einer als Tonaufzeichnung zur Akte genommenen Vernehmung gemäß § 273 Abs. 2 Satz 2 in ein Protokoll an. [3]Wer die Übertragung hergestellt hat, versieht diese mit dem Vermerk, dass die Richtigkeit der Übertragung bestätigt wird. [4]Der Staatsanwaltschaft, dem Verteidiger und dem Angeklagten ist eine Abschrift des Protokolls zu erteilen. [5]Der Nachweis der Unrichtigkeit der Übertragung ist zulässig. [6]Das Protokoll kann nach Maßgabe des § 325 verlesen werden.

(3) Neue Beweismittel sind zulässig.

(4) Bei der Auswahl der zu ladenden Zeugen und Sachverständigen ist auf die von dem Angeklagten zur Rechtfertigung der Berufung benannten Personen Rücksicht zu nehmen.

§ 324 Gang der Berufungshauptverhandlung

(1) [1]Nachdem die Hauptverhandlung nach Vorschrift des § 243 Abs. 1 begonnen hat, hält ein Berichterstatter in Abwesenheit der Zeugen einen Vortrag über die Ergebnisse des bisherigen Verfahrens. [2]Das Urteil des ersten Rechtszuges ist zu verlesen, soweit es für die Berufung von Bedeutung ist; von der Verlesung der Urteilsgründe kann abgesehen werden, soweit die Staatsanwaltschaft, der Verteidiger und der Angeklagte darauf verzichten.

(2) Sodann erfolgt die Vernehmung des Angeklagten und die Beweisaufnahme.

§ 325 Verlesung von Urkunden

Bei der Berichterstattung und der Beweisaufnahme können Urkunden verlesen werden; Protokolle über Aussagen der in der Hauptverhandlung des ersten Rechtszuges vernommenen Zeugen und Sachverständigen dürfen, abgesehen von den Fällen der §§ 251 und 253, ohne die Zustimmung der Staatsanwaltschaft und des Angeklagten nicht verlesen werden, wenn die wiederholte Vorladung der Zeugen oder Sachverständigen erfolgt ist oder von dem Angeklagten rechtzeitig vor der Hauptverhandlung beantragt worden war.

§ 326 Schlussvorträge

[1]Nach dem Schluß der Beweisaufnahme werden die Staatsanwaltschaft sowie der Angeklagte und sein Verteidiger mit ihren Ausführungen und Anträgen, und zwar der Beschwerdeführer zuerst, gehört. [2]Dem Angeklagten gebührt das letzte Wort.

§ 327 Umfang der Urteilsprüfung

Der Prüfung des Gerichts unterliegt das Urteil nur, soweit es angefochten ist.

§ 328 Inhalt des Berufungsurteils

(1) Soweit die Berufung für begründet befunden wird, hat das Berufungsgericht unter Aufhebung des Urteils in der Sache selbst zu erkennen.

(2) Hat das Gericht des ersten Rechtszuges mit Unrecht seine Zuständigkeit angenommen, so hat das Berufungsgericht unter Aufhebung des Urteils die Sache an das zuständige Gericht zu verweisen.

§ 329 Ausbleiben des Angeklagten; Vertretung in der Berufungshauptverhandlung

(1) [1]Ist bei Beginn eines Hauptverhandlungstermins weder der Angeklagte noch ein Verteidiger mit nachgewiesener Vertretungsvollmacht erschienen und das Ausbleiben nicht genügend entschuldigt, so hat das Gericht eine Berufung des Angeklagten ohne Verhandlung zur Sache zu verwerfen. [2]Ebenso ist zu verfahren, wenn die Fortführung der Hauptverhandlung in dem Termin dadurch verhindert wird, dass

1. sich der Verteidiger ohne genügende Entschuldigung entfernt hat und eine Abwesenheit des Angeklagten nicht genügend entschuldigt ist oder der Verteidiger den ohne genügende Entschuldigung nicht anwesenden Angeklagten nicht weiter vertritt,
2. sich der Angeklagte ohne genügende Entschuldigung entfernt hat und kein Verteidiger mit nachgewiesener Vertretungsvollmacht anwesend ist oder
3. sich der Angeklagte vorsätzlich und schuldhaft in einen seine Verhandlungsfähigkeit ausschließenden Zustand versetzt hat und kein Verteidiger mit nachgewiesener Vertretungsvollmacht anwesend ist.

[3]Über eine Verwerfung wegen Verhandlungsunfähigkeit nach diesem Absatz entscheidet das Gericht nach Anhörung eines Arztes als Sachverständigen. [4]Die Sätze 1 bis 3 finden keine Anwendung, wenn das Berufungsgericht erneut verhandelt, nachdem die Sache vom Revisionsgericht zurückverwiesen worden ist.

(2) [1]Soweit die Anwesenheit des Angeklagten nicht erforderlich ist, findet die Hauptverhandlung auch ohne ihn statt, wenn er durch einen Verteidiger mit nachgewiesener Vertretungsvollmacht vertreten wird oder seine Abwesenheit im Fall der Verhandlung auf eine Berufung der Staatsanwaltschaft nicht genügend entschuldigt ist. [2]§ 231b bleibt unberührt.

(3) Kann die Hauptverhandlung auf eine Berufung der Staatsanwaltschaft hin nicht ohne den Angeklagten abgeschlossen werden oder ist eine Verwerfung der Berufung nach Absatz 1 Satz 4 nicht zulässig, ist die Vorführung oder Verhaftung des Angeklagten anzuordnen, soweit dies zur Durchführung der Hauptverhandlung geboten ist.

(4) [1]Ist die Anwesenheit des Angeklagten in der auf seine Berufung hin durchgeführten Hauptverhandlung trotz der Vertretung durch einen Verteidiger erforderlich, hat das Gericht den Angeklagten zur Fortsetzung der Hauptverhandlung zu laden und sein persönliches Erscheinen anzuordnen. [2]Erscheint der Angeklagte zu diesem Fortsetzungstermin ohne genügende Entschuldigung nicht und bleibt seine Anwesenheit weiterhin erforderlich, hat das Gericht die Berufung zu verwerfen. [3]Über die Möglichkeit der Verwerfung ist der Angeklagte mit der Ladung zu belehren.

(5) [1]Wurde auf eine Berufung der Staatsanwaltschaft hin nach Absatz 2 verfahren, ohne dass ein Verteidiger mit nachgewiesener Vertretungsvollmacht anwesend war, hat der Vorsitzende, solange mit der Verkündung des Urteils noch nicht begonnen worden ist, einen erscheinenden Angeklagten oder Verteidiger mit nachgewiesener Vertretungsvollmacht von dem wesentlichen Inhalt dessen zu unterrichten, was in seiner Abwesenheit verhandelt worden ist. [2]Eine Berufung der Staatsanwaltschaft kann in den Fällen des Absatzes 1 Satz 1 und 2 auch ohne Zustimmung des Angeklagten zurückgenommen werden, es sei denn, dass die Voraussetzungen des Absatzes 1 Satz 4 vorliegen.

(6) Ist die Verurteilung wegen einzelner von mehreren Taten weggefallen, so ist bei der Verwerfung der Berufung der Inhalt des aufrechterhaltenen Urteils klarzustellen; die erkannten Strafen können vom Berufungsgericht auf eine neue Gesamtstrafe zurückgeführt werden.

(7) [1]Der Angeklagte kann binnen einer Woche nach der Zustellung des Urteils die Wiedereinsetzung in den vorigen Stand unter den in den §§ 44 und 45 bezeichneten Voraussetzungen beanspruchen. [2]Hierüber ist er bei der Zustellung des Urteils zu belehren.

§ 330 Maßnahmen bei Berufung des gesetzlichen Vertreters

(1) Ist von dem gesetzlichen Vertreter die Berufung eingelegt worden, so hat das Gericht auch den Angeklagten zu der Hauptverhandlung zu laden.

(2) [1]Bleibt allein der gesetzliche Vertreter in der Hauptverhandlung aus, so ist ohne ihn zu verhandeln. [2]Ist weder der gesetzliche Vertreter noch der Angeklagte noch ein Verteidiger mit nachgewiesener Vertretungsvollmacht bei Beginn eines Hauptverhandlungstermins erschienen, so gilt § 329 Absatz 1 Satz 1 entsprechend; ist lediglich der Angeklagte nicht erschienen, so gilt § 329 Absatz 2 und 3 entsprechend.

§ 331 Verbot der Verschlechterung

(1) Das Urteil darf in Art und Höhe der Rechtsfolgen der Tat nicht zum Nachteil des Angeklagten geändert werden, wenn lediglich der Angeklagte, zu seinen Gunsten die Staatsanwaltschaft oder sein gesetzlicher Vertreter Berufung eingelegt hat.

(2) Diese Vorschrift steht der Anordnung der Unterbringung in einem psychiatrischen Krankenhaus oder einer Entziehungsanstalt nicht entgegen.

§ 332 Anwendbarkeit der Vorschriften über die erstinstanzliche Hauptverhandlung

Im übrigen gelten die im sechsten Abschnitt des zweiten Buches über die Hauptverhandlung gegebenen Vorschriften.

Vierter Abschnitt
Revision

§ 333 Zulässigkeit
Gegen die Urteile der Strafkammern und der Schwurgerichte sowie gegen die im ersten Rechtszug ergangenen Urteile der Oberlandesgerichte ist Revision zulässig.

§ 334 (weggefallen)

§ 335 Sprungrevision
(1) Ein Urteil, gegen das Berufung zulässig ist, kann statt mit Berufung mit Revision angefochten werden.
(2) Über die Revision entscheidet das Gericht, das zur Entscheidung berufen wäre, wenn die Revision nach durchgeführter Berufung eingelegt worden wäre.
(3) [1]Legt gegen das Urteil ein Beteiligter Revision und ein anderer Berufung ein, so wird, solange die Berufung nicht zurückgenommen oder als unzulässig verworfen ist, die rechtzeitig und in der vorgeschriebenen Form eingelegte Revision als Berufung behandelt. [2]Die Revisionsanträge und deren Begründung sind gleichwohl in der vorgeschriebenen Form und Frist anzubringen und dem Gegner zuzustellen (§§ 344 bis 347). [3]Gegen das Berufungsurteil ist Revision nach den allgemein geltenden Vorschriften zulässig.

§ 336 Überprüfung der dem Urteil vorausgegangenen Entscheidungen
[1]Der Beurteilung des Revisionsgerichts unterliegen auch die Entscheidungen, die dem Urteil vorausgegangen sind, sofern es auf ihnen beruht. [2]Dies gilt nicht für Entscheidungen, die ausdrücklich für unanfechtbar erklärt oder mit der sofortigen Beschwerde anfechtbar sind.

§ 337 Revisionsgründe
(1) Die Revision kann nur darauf gestützt werden, daß das Urteil auf einer Verletzung des Gesetzes beruhe.
(2) Das Gesetz ist verletzt, wenn eine Rechtsnorm nicht oder nicht richtig angewendet worden ist.

§ 338 Absolute Revisionsgründe
Ein Urteil ist stets als auf einer Verletzung des Gesetzes beruhend anzusehen,
1. wenn das erkennende Gericht nicht vorschriftsmäßig besetzt war; war nach § 222a die Mitteilung der Besetzung vorgeschrieben, so kann die Revision auf die vorschriftswidrige Besetzung nur gestützt werden, wenn
   a) das Gericht in einer Besetzung entschieden hat, deren Vorschriftswidrigkeit nach § 222b Absatz 2 Satz 2 oder Absatz 3 Satz 4 festgestellt worden ist, oder
   b) das Rechtsmittelgericht nicht nach § 222b Absatz 3 entschieden hat und
      aa) die Vorschriften über die Mitteilung verletzt worden sind,
      bb) der rechtzeitig und in der vorgeschriebenen Form geltend gemachte Einwand der vorschriftswidrigen Besetzung übergangen oder zurückgewiesen worden ist oder
      cc) die Besetzung nach § 222b Absatz 1 Satz 1 nicht mindestens eine Woche geprüft werden konnte, obwohl ein Antrag nach § 222a Absatz 2 gestellt wurde;
2. wenn bei dem Urteil ein Richter oder Schöffe mitgewirkt hat, der von der Ausübung des Richteramtes kraft Gesetzes ausgeschlossen war;
3. wenn bei dem Urteil ein Richter oder Schöffe mitgewirkt hat, nachdem er wegen Besorgnis der Befangenheit abgelehnt war und das Ablehnungsgesuch entweder für begründet erklärt war oder mit Unrecht verworfen worden ist;
4. wenn das Gericht seine Zuständigkeit mit Unrecht angenommen hat;
5. wenn die Hauptverhandlung in Abwesenheit der Staatsanwaltschaft oder einer Person, deren Anwesenheit das Gesetz vorschreibt, stattgefunden hat;
6. wenn das Urteil auf Grund einer mündlichen Verhandlung ergangen ist, bei der die Vorschriften über die Öffentlichkeit des Verfahrens verletzt sind;
7. wenn das Urteil keine Entscheidungsgründe enthält oder diese nicht innerhalb des sich aus § 275 Abs. 1 Satz 2 und 4 ergebenden Zeitraums zu den Akten gebracht worden sind;
8. wenn die Verteidigung in einem für die Entscheidung wesentlichen Punkt durch einen Beschluß des Gerichts unzulässig beschränkt worden ist.

§ 339 Rechtsnormen zugunsten des Angeklagten
Die Verletzung von Rechtsnormen, die lediglich zugunsten des Angeklagten gegeben sind, kann von der Staatsanwaltschaft nicht zu dem Zweck geltend gemacht werden, um eine Aufhebung des Urteils zum Nachteil des Angeklagten herbeizuführen.

§ 340 Revision gegen Berufungsurteile bei Vertretung des Angeklagten

Ist nach § 329 Absatz 2 verfahren worden, kann der Angeklagte die Revision gegen das auf seine Berufung hin ergangene Urteil nicht darauf stützen, dass seine Anwesenheit in der Berufungshauptverhandlung erforderlich gewesen wäre.

§ 341 Form und Frist

(1) Die Revision muß bei dem Gericht, dessen Urteil angefochten wird, binnen einer Woche nach Verkündung des Urteils zu Protokoll der Geschäftsstelle oder schriftlich eingelegt werden.

(2) Hat die Verkündung des Urteils nicht in Anwesenheit des Angeklagten stattgefunden, so beginnt für diesen die Frist mit der Zustellung, sofern nicht in den Fällen der §§ 234, 329 Absatz 2, § 387 Absatz 1, § 411 Absatz 2 und § 434 Absatz 1 Satz 1 die Verkündung in Anwesenheit des Verteidigers mit nachgewiesener Vertretungsvollmacht stattgefunden hat.

§ 342 Revision und Wiedereinsetzungsantrag

(1) Der Beginn der Frist zur Einlegung der Revision wird dadurch nicht ausgeschlossen, daß gegen ein auf Ausbleiben des Angeklagten ergangenes Urteil eine Wiedereinsetzung in den vorigen Stand nachgesucht werden kann.

(2) [1]Stellt der Angeklagte einen Antrag auf Wiedereinsetzung in den vorigen Stand, so wird die Revision dadurch gewahrt, daß sie sofort für den Fall der Verwerfung jenes Antrags rechtzeitig eingelegt und begründet wird. [2]Die weitere Verfügung in bezug auf die Revision bleibt dann bis zur Erledigung des Antrags auf Wiedereinsetzung in den vorigen Stand ausgesetzt.

(3) Die Einlegung der Revision ohne Verbindung mit dem Antrag auf Wiedereinsetzung in den vorigen Stand gilt als Verzicht auf die letztere.

§ 343 Hemmung der Rechtskraft

(1) Durch rechtzeitige Einlegung der Revision wird die Rechtskraft des Urteils, soweit es angefochten ist, gehemmt.

(2) Dem Beschwerdeführer, dem das Urteil mit den Gründen noch nicht zugestellt war, ist es nach Einlegung der Revision zuzustellen.

§ 344 Revisionsbegründung

(1) Der Beschwerdeführer hat die Erklärung abzugeben, inwieweit er das Urteil anfechte und dessen Aufhebung beantrage (Revisionsanträge), und die Anträge zu begründen.

(2) [1]Aus der Begründung muß hervorgehen, ob das Urteil wegen Verletzung einer Rechtsnorm über das Verfahren oder wegen Verletzung einer anderen Rechtsnorm angefochten wird. [2]Ersterenfalls müssen die den Mangel enthaltenden Tatsachen angegeben werden.

§ 345 Revisionsbegründungsfrist

(1) [1]Die Revisionsanträge und ihre Begründung sind spätestens binnen eines Monats nach Ablauf der Frist zur Einlegung des Rechtsmittels bei dem Gericht, dessen Urteil angefochten wird, anzubringen. [2]Die Revisionsbegründungsfrist verlängert sich, wenn das Urteil später als einundzwanzig Wochen nach der Verkündung zu den Akten gebracht worden ist, um einen Monat und, wenn es später als fünfunddreißig Wochen nach der Verkündung zu den Akten gebracht worden ist, um einen weiteren Monat. [3]War bei Ablauf der Frist zur Einlegung des Rechtsmittels das Urteil noch nicht zugestellt, so beginnt die Frist mit der Zustellung des Urteils und in den Fällen des Satzes 2 der Mitteilung des Zeitpunktes, zu dem es zu den Akten gebracht ist.

(2) Seitens des Angeklagten kann dies nur in einer von dem Verteidiger oder einem Rechtsanwalt unterzeichneten Schrift oder zu Protokoll der Geschäftsstelle geschehen.

§ 346 Verspätete oder formwidrige Einlegung

(1) Ist die Revision verspätet eingelegt oder sind die Revisionsanträge nicht rechtzeitig oder nicht in der in § 345 Abs. 2 vorgeschriebenen Form angebracht worden, so hat das Gericht, dessen Urteil angefochten wird, das Rechtsmittel durch Beschluß als unzulässig zu verwerfen.

(2) [1]Der Beschwerdeführer kann binnen einer Woche nach Zustellung des Beschlusses auf die Entscheidung des Revisionsgerichts antragen. [2]In diesem Falle sind die Akten an das Revisionsgericht einzusenden; die Vollstreckung des Urteils wird jedoch hierdurch nicht gehemmt. [3]Die Vorschrift des § 35a gilt entsprechend.

§ 347 Zustellung; Gegenerklärung; Vorlage der Akten an das Revisionsgericht

(1) [1]Ist die Revision rechtzeitig eingelegt und sind die Revisionsanträge rechtzeitig und in der vorgeschriebenen Form angebracht, so ist die Revisionsschrift dem Gegner des Beschwerdeführers zuzustellen. [2]Diesem steht frei, binnen einer Woche eine schriftliche Gegenerklärung einzureichen. [3]Wird das Urteil

wegen eines Verfahrensmangels angefochten, so gibt der Staatsanwalt in dieser Frist eine Gegenerklärung ab, wenn anzunehmen ist, dass dadurch die Prüfung der Revisionsbeschwerde erleichtert wird. [4]Der Angeklagte kann die Gegenerklärung auch zu Protokoll der Geschäftsstelle abgeben.
(2) Nach Eingang der Gegenerklärung oder nach Ablauf der Frist sendet die Staatsanwaltschaft die Akten an das Revisionsgericht.

§ 348 Unzuständigkeit des Gerichts

(1) Findet das Gericht, an das die Akten gesandt sind, daß die Verhandlung und Entscheidung über das Rechtsmittel zur Zuständigkeit eines anderen Gerichts gehört, so hat es durch Beschluß seine Unzuständigkeit auszusprechen.
(2) Dieser Beschluß, in dem das zuständige Revisionsgericht zu bezeichnen ist, unterliegt keiner Anfechtung und ist für das in ihm bezeichnete Gericht bindend.
(3) Die Abgabe der Akten erfolgt durch die Staatsanwaltschaft.

§ 349 Entscheidung ohne Hauptverhandlung durch Beschluss

(1) Erachtet das Revisionsgericht die Vorschriften über die Einlegung der Revision oder die über die Anbringung der Revisionsanträge nicht für beobachtet, so kann es das Rechtsmittel durch Beschluß als unzulässig verwerfen.
(2) Das Revisionsgericht kann auf einen Antrag der Staatsanwaltschaft, der zu begründen ist, auch dann durch Beschluß entscheiden, wenn es die Revision einstimmig für offensichtlich unbegründet erachtet.
(3) [1]Die Staatsanwaltschaft teilt den Antrag nach Absatz 2 mit den Gründen dem Beschwerdeführer mit. [2]Der Beschwerdeführer kann binnen zwei Wochen eine schriftliche Gegenerklärung beim Revisionsgericht einreichen.
(4) Erachtet das Revisionsgericht die zugunsten des Angeklagten eingelegte Revision einstimmig für begründet, so kann es das angefochtene Urteil durch Beschluß aufheben.
(5) Wendet das Revisionsgericht Absatz 1, 2 oder 4 nicht an, so entscheidet es über das Rechtsmittel durch Urteil.

§ 350 Revisionshauptverhandlung

(1) [1]Dem Angeklagten, seinem gesetzlichen Vertreter und dem Verteidiger sowie dem Nebenkläger und den Personen, die nach § 214 Absatz 1 Satz 2 vom Termin zu benachrichtigen sind, sind Ort und Zeit der Hauptverhandlung mitzuteilen. [2]Ist die Mitwirkung eines Verteidigers notwendig, so ist dieser zu laden.
(2) [1]Der Angeklagte kann in der Hauptverhandlung erscheinen oder sich durch einen Verteidiger mit nachgewiesener Vertretungsvollmacht vertreten lassen. [2]Die Hauptverhandlung kann, soweit nicht die Mitwirkung eines Verteidigers notwendig ist, auch durchgeführt werden, wenn weder der Angeklagte noch ein Verteidiger anwesend ist. [3]Die Entscheidung darüber, ob der Angeklagte, der nicht auf freiem Fuß ist, zu der Hauptverhandlung vorgeführt wird, liegt im Ermessen des Gerichts.

§ 351 Gang der Revisionshauptverhandlung

(1) Die Hauptverhandlung beginnt mit dem Vortrag eines Berichterstatters.
(2) [1]Hierauf werden die Staatsanwaltschaft sowie der Angeklagte und sein Verteidiger mit ihren Ausführungen und Anträgen, und zwar der Beschwerdeführer zuerst, gehört. [2]Dem Angeklagten gebührt das letzte Wort.

§ 352 Umfang der Urteilsprüfung

(1) Der Prüfung des Revisionsgerichts unterliegen nur die gestellten Revisionsanträge und, soweit die Revision auf Mängel des Verfahrens gestützt wird, nur die Tatsachen, die bei Anbringung der Revisionsanträge bezeichnet worden sind.
(2) Eine weitere Begründung der Revisionsanträge als die in § 344 Abs. 2 vorgeschriebene ist nicht erforderlich und, wenn sie unrichtig ist, unschädlich.

§ 353 Aufhebung des Urteils und der Feststellungen

(1) Soweit die Revision für begründet erachtet wird, ist das angefochtene Urteil aufzuheben.
(2) Gleichzeitig sind die dem Urteil zugrunde liegenden Feststellungen aufzuheben, sofern sie durch die Gesetzesverletzung betroffen werden, wegen deren das Urteil aufgehoben wird.

§ 354 Eigene Entscheidung in der Sache; Zurückverweisung

(1) Erfolgt die Aufhebung des Urteils nur wegen Gesetzesverletzung bei Anwendung des Gesetzes auf die dem Urteil zugrunde liegenden Feststellungen, so hat das Revisionsgericht in der Sache selbst zu entscheiden, sofern ohne weitere tatsächliche Erörterungen nur auf Freisprechung oder auf Einstellung oder auf eine absolut bestimmte Strafe zu erkennen ist oder das Revisionsgericht in Übereinstimmung

mit dem Antrag der Staatsanwaltschaft die gesetzlich niedrigste Strafe oder das Absehen von Strafe für angemessen erachtet.

(1a) [1]Wegen einer Gesetzesverletzung nur bei Zumessung der Rechtsfolgen kann das Revisionsgericht von der Aufhebung des angefochtenen Urteils absehen, sofern die verhängte Rechtsfolge angemessen ist. [2]Auf Antrag der Staatsanwaltschaft kann es die Rechtsfolgen angemessen herabsetzen.

(1b) [1]Hebt das Revisionsgericht das Urteil nur wegen Gesetzesverletzung bei Bildung einer Gesamtstrafe (§§ 53, 54, 55 des Strafgesetzbuches) auf, kann dies mit der Maßgabe geschehen, dass eine nachträgliche gerichtliche Entscheidung über die Gesamtstrafe nach den §§ 460, 462 zu treffen ist. [2]Entscheidet das Revisionsgericht nach Absatz 1 oder Absatz 1a hinsichtlich einer Einzelstrafe selbst, gilt Satz 1 entsprechend. [3]Die Absätze 1 und 1a bleiben im Übrigen unberührt.

(2) [1]In anderen Fällen ist die Sache an eine andere Abteilung oder Kammer des Gerichtes, dessen Urteil aufgehoben wird, oder an ein zu demselben Land gehörendes anderes Gericht gleicher Ordnung zurückzuverweisen. [2]In Verfahren, in denen ein Oberlandesgericht im ersten Rechtszug entschieden hat, ist die Sache an einen anderen Senat dieses Gerichts zurückzuverweisen.

(3) Die Zurückverweisung kann an ein Gericht niederer Ordnung erfolgen, wenn die noch in Frage kommende strafbare Handlung zu dessen Zuständigkeit gehört.

§ 354a Entscheidung bei Gesetzesänderung

Das Revisionsgericht hat auch dann nach § 354 zu verfahren, wenn es das Urteil aufhebt, weil zur Zeit der Entscheidung des Revisionsgerichts ein anderes Gesetz gilt als zur Zeit des Erlasses der angefochtenen Entscheidung.

§ 355 Verweisung an das zuständige Gericht

Wird ein Urteil aufgehoben, weil das Gericht des vorangehenden Rechtszuges sich mit Unrecht für zuständig erachtet hat, so verweist das Revisionsgericht gleichzeitig die Sache an das zuständige Gericht.

§ 356 Urteilsverkündung

Die Verkündung des Urteils erfolgt nach Maßgabe des § 268.

§ 356a Verletzung des Anspruchs auf rechtliches Gehör bei einer Revisionsentscheidung

[1]Hat das Gericht bei einer Revisionsentscheidung den Anspruch eines Beteiligten auf rechtliches Gehör in entscheidungserheblicher Weise verletzt, versetzt es insoweit auf Antrag das Verfahren durch Beschluss in die Lage zurück, die vor dem Erlass der Entscheidung bestand. [2]Der Antrag ist binnen einer Woche nach Kenntnis von der Verletzung des rechtlichen Gehörs schriftlich oder zu Protokoll der Geschäftsstelle beim Revisionsgericht zu stellen und zu begründen. [3]Der Zeitpunkt der Kenntniserlangung ist glaubhaft zu machen. [4]Hierüber ist der Angeklagte bei der Bekanntmachung eines Urteils, das ergangen ist, obwohl weder er selbst noch ein Verteidiger mit nachgewiesener Vertretungsvollmacht anwesend war, zu belehren. [5]§ 47 gilt entsprechend.

§ 357 Revisionserstreckung auf Mitverurteilte

[1]Erfolgt zugunsten eines Angeklagten die Aufhebung des Urteils wegen Gesetzesverletzung bei Anwendung des Strafgesetzes und erstreckt sich das Urteil, soweit es aufgehoben wird, noch auf andere Angeklagte, die nicht Revision eingelegt haben, so ist zu erkennen, als ob sie gleichfalls Revision eingelegt hätten. [2]§ 47 Abs. 3 gilt entsprechend.

§ 358 Bindung des Tatgerichts; Verbot der Schlechterstellung

(1) Das Gericht, an das die Sache zur anderweiten Verhandlung und Entscheidung verwiesen ist, hat die rechtliche Beurteilung, die der Aufhebung des Urteils zugrunde gelegt ist, auch seiner Entscheidung zugrunde zu legen.

(2) [1]Das angefochtene Urteil darf in Art und Höhe der Rechtsfolgen der Tat nicht zum Nachteil des Angeklagten geändert werden, wenn lediglich der Angeklagte, zu seinen Gunsten die Staatsanwaltschaft oder sein gesetzlicher Vertreter Revision eingelegt hat. [2]Wird die Anordnung der Unterbringung in einem psychiatrischen Krankenhaus aufgehoben, hindert diese Vorschrift nicht, an Stelle der Unterbringung eine Strafe zu verhängen. [3]Satz 1 steht auch nicht der Anordnung der Unterbringung in einem psychiatrischen Krankenhaus oder einer Entziehungsanstalt entgegen.

Viertes Buch

Wiederaufnahme eines durch rechtskräftiges Urteil abgeschlossenen Verfahrens

§ 359 Wiederaufnahme zugunsten des Verurteilten

Die Wiederaufnahme eines durch rechtskräftiges Urteil abgeschlossenen Verfahrens zugunsten des Verurteilten ist zulässig,

1. wenn eine in der Hauptverhandlung zu seinen Ungunsten als echt vorgebrachte Urkunde unecht oder verfälscht war;
2. wenn der Zeuge oder Sachverständige sich bei einem zuungunsten des Verurteilten abgelegten Zeugnis oder abgegebenen Gutachten einer vorsätzlichen oder fahrlässigen Verletzung der Eidespflicht oder einer vorsätzlichen falschen uneidlichen Aussage schuldig gemacht hat;
3. wenn bei dem Urteil ein Richter oder Schöffe mitgewirkt hat, der sich in Beziehung auf die Sache einer strafbaren Verletzung seiner Amtspflichten schuldig gemacht hat, sofern die Verletzung nicht vom Verurteilten selbst veranlaßt ist;
4. wenn ein zivilgerichtliches Urteil, auf welches das Strafurteil gegründet ist, durch ein anderes rechtskräftig gewordenes Urteil aufgehoben ist;
5. wenn neue Tatsachen oder Beweismittel beigebracht sind, die allein oder in Verbindung mit den früher erhobenen Beweisen die Freisprechung des Angeklagten oder in Anwendung eines milderen Strafgesetzes eine geringere Bestrafung oder eine wesentlich andere Entscheidung über eine Maßregel der Besserung und Sicherung zu begründen geeignet sind;
6. wenn der Europäische Gerichtshof für Menschenrechte eine Verletzung der Europäischen Konvention zum Schutze der Menschenrechte und Grundfreiheiten oder ihrer Protokolle festgestellt hat und das Urteil auf dieser Verletzung beruht.

§ 360 Keine Hemmung der Vollstreckung

(1) Durch den Antrag auf Wiederaufnahme des Verfahrens wird die Vollstreckung des Urteils nicht gehemmt.

(2) Das Gericht kann jedoch einen Aufschub sowie eine Unterbrechung der Vollstreckung anordnen.

§ 361 Wiederaufnahme nach Vollstreckung oder Tod des Verurteilten

(1) Der Antrag auf Wiederaufnahme des Verfahrens wird weder durch die erfolgte Strafvollstreckung noch durch den Tod des Verurteilten ausgeschlossen.

(2) Im Falle des Todes sind der Ehegatte, der Lebenspartner, die Verwandten auf- und absteigender Linie sowie die Geschwister des Verstorbenen zu dem Antrag befugt.

§ 362 Wiederaufnahme zuungunsten des Verurteilten

Die Wiederaufnahme eines durch rechtskräftiges Urteil abgeschlossenen Verfahrens zuungunsten des Angeklagten ist zulässig,

1. wenn eine in der Hauptverhandlung zu seinen Gunsten als echt vorgebrachte Urkunde unecht oder verfälscht war;
2. wenn der Zeuge oder Sachverständige sich bei einem zugunsten des Angeklagten abgelegten Zeugnis oder abgegebenen Gutachten einer vorsätzlichen oder fahrlässigen Verletzung der Eidespflicht oder einer vorsätzlichen falschen uneidlichen Aussage schuldig gemacht hat;
3. wenn bei dem Urteil ein Richter oder Schöffe mitgewirkt hat, der sich in Beziehung auf die Sache einer strafbaren Verletzung seiner Amtspflichten schuldig gemacht hat;
4. wenn von dem Freigesprochenen vor Gericht oder außergerichtlich ein glaubwürdiges Geständnis der Straftat abgelegt wird;
5. [1] wenn neue Tatsachen oder Beweismittel beigebracht werden, die allein oder in Verbindung mit früher erhobenen Beweisen dringende Gründe dafür bilden, dass der freigesprochene Angeklagte wegen Mordes (§ 211 des Strafgesetzbuches), Völkermordes (§ 6 Absatz 1 des Völkerstrafgesetzbuches), des Verbrechens gegen die Menschlichkeit (§ 7 Absatz 1 Nummer 1 und 2 des Völkerstrafgesetzbuches) oder Kriegsverbrechens gegen eine Person (§ 8 Absatz 1 Nummer 1 des Völkerstrafgesetzbuches) verurteilt wird.

§ 363 Unzulässigkeit

(1) Eine Wiederaufnahme des Verfahrens zu dem Zweck, eine andere Strafbemessung auf Grund desselben Strafgesetzes herbeizuführen, ist nicht zulässig.

---

1) § 362 Nr. 5 der StPO idF des G zur Herstellung materieller Gerechtigkeit v. 21.12.2021 (BGBl. I S. 5252) ist gem. Urt. des BVerfG v. 31.10.2023 (BGBl. 2023 I Nr. 357) mit Art. 103 Abs. 3 GG, auch iVm mit dem verfassungsrechtlichen Grundsatz des Vertrauensschutzes (Art. 20 Abs. 3 GG), unvereinbar und nichtig.

(2) Eine Wiederaufnahme des Verfahrens zu dem Zweck, eine Milderung der Strafe wegen verminderter Schuldfähigkeit (§ 21 des Strafgesetzbuches) herbeizuführen, ist gleichfalls ausgeschlossen.

§ 364 Behauptung einer Straftat

[1]Ein Antrag auf Wiederaufnahme des Verfahrens, der auf die Behauptung einer Straftat gegründet werden soll, ist nur dann zulässig, wenn wegen dieser Tat eine rechtskräftige Verurteilung ergangen ist oder wenn die Einleitung oder Durchführung eines Strafverfahrens aus anderen Gründen als wegen Mangels an Beweis nicht erfolgen kann. [2]Dies gilt nicht im Falle des § 359 Nr. 5.

§ 364a Bestellung eines Verteidigers für das Wiederaufnahmeverfahren

Das für die Entscheidungen im Wiederaufnahmeverfahren zuständige Gericht bestellt dem Verurteilten, der keinen Verteidiger hat, auf Antrag einen Verteidiger für das Wiederaufnahmeverfahren, wenn wegen der Schwierigkeit der Sach- oder Rechtslage die Mitwirkung eines Verteidigers geboten erscheint.

§ 364b Bestellung eines Verteidigers für die Vorbereitung des Wiederaufnahmeverfahrens

(1) [1]Das für die Entscheidungen im Wiederaufnahmeverfahren zuständige Gericht bestellt dem Verurteilten, der keinen Verteidiger hat, auf Antrag einen Verteidiger schon für die Vorbereitung eines Wiederaufnahmeverfahrens, wenn

1. hinreichende tatsächliche Anhaltspunkte dafür vorliegen, daß bestimmte Nachforschungen zu Tatsachen oder Beweismitteln führen, welche die Zulässigkeit eines Antrags auf Wiederaufnahme des Verfahrens begründen können,
2. wegen der Schwierigkeit der Sach- oder Rechtslage die Mitwirkung eines Verteidigers geboten erscheint und
3. der Verurteilte außerstande ist, ohne Beeinträchtigung des für ihn und seine Familie notwendigen Unterhalts auf eigene Kosten einen Verteidiger zu beauftragen.

[2]Ist dem Verurteilten bereits ein Verteidiger bestellt, so stellt das Gericht auf Antrag durch Beschluß fest, daß die Voraussetzungen der Nummern 1 bis 3 des Satzes 1 vorliegen.

(2) Für das Verfahren zur Feststellung der Voraussetzungen des Absatzes 1 Satz 1 Nr. 3 gelten § 117 Abs. 2 bis 4 und § 118 Abs. 2 Satz 1, 2 und 4 der Zivilprozeßordnung entsprechend.

§ 365 Geltung der allgemeinen Vorschriften über Rechtsmittel für den Antrag

Die allgemeinen Vorschriften über Rechtsmittel gelten auch für den Antrag auf Wiederaufnahme des Verfahrens.

§ 366 Inhalt und Form des Antrags

(1) In dem Antrag müssen der gesetzliche Grund der Wiederaufnahme des Verfahrens sowie die Beweismittel angegeben werden.

(2) Von dem Angeklagten und den in § 361 Abs. 2 bezeichneten Personen kann der Antrag nur mittels einer von dem Verteidiger oder einem Rechtsanwalt unterzeichneten Schrift oder zu Protokoll der Geschäftsstelle angebracht werden.

§ 367 Zuständigkeit des Gerichts; Entscheidung ohne mündliche Verhandlung

(1) [1]Die Zuständigkeit des Gerichts für die Entscheidungen im Wiederaufnahmeverfahren und über den Antrag zur Vorbereitung eines Wiederaufnahmeverfahrens richtet sich nach den besonderen Vorschriften des Gerichtsverfassungsgesetzes. [2]Der Verurteilte kann Anträge nach den §§ 364a und 364b oder einen Antrag auf Zulassung der Wiederaufnahme des Verfahrens auch bei dem Gericht einreichen, dessen Urteil angefochten wird; dieses leitet den Antrag dem zuständigen Gericht zu.

(2) Die Entscheidungen über Anträge nach den §§ 364a und 364b und den Antrag auf Zulassung der Wiederaufnahme des Verfahrens ergehen ohne mündliche Verhandlung.

§ 368 Verwerfung wegen Unzulässigkeit

(1) Ist der Antrag nicht in der vorgeschriebenen Form angebracht oder ist darin kein gesetzlicher Grund der Wiederaufnahme geltend gemacht oder kein geeignetes Beweismittel angeführt, so ist der Antrag als unzulässig zu verwerfen.

(2) Andernfalls ist er dem Gegner des Antragstellers unter Bestimmung einer Frist zur Erklärung zuzustellen.

§ 369 Beweisaufnahme

(1) Wird der Antrag für zulässig befunden, so beauftragt das Gericht mit der Aufnahme der angetretenen Beweise, soweit dies erforderlich ist, einen Richter.

(2) Dem Ermessen des Gerichts bleibt es überlassen, ob die Zeugen und Sachverständigen eidlich vernommen werden sollen.

(3) [1]Bei der Vernehmung eines Zeugen oder Sachverständigen und bei der Einnahme eines richterlichen Augenscheins ist der Staatsanwaltschaft, dem Angeklagten und dem Verteidiger die Anwesenheit zu gestatten. [2]§ 168c Abs. 3, § 224 Abs. 1 und § 225 gelten entsprechend. [3]Befindet sich der Angeklagte nicht auf freiem Fuß, so hat er keinen Anspruch auf Anwesenheit, wenn der Termin nicht an der Gerichtsstelle des Ortes abgehalten wird, wo er sich in Haft befindet, und seine Mitwirkung der mit der Beweiserhebung bezweckten Klärung nicht dienlich ist.

(4) Nach Schluß der Beweisaufnahme sind die Staatsanwaltschaft und der Angeklagte unter Bestimmung einer Frist zu weiterer Erklärung aufzufordern.

§ 370 Entscheidung über die Begründetheit

(1) Der Antrag auf Wiederaufnahme des Verfahrens wird ohne mündliche Verhandlung als unbegründet verworfen, wenn die darin aufgestellten Behauptungen keine genügende Bestätigung gefunden haben oder wenn in den Fällen des § 359 Nr. 1 und 2 oder des § 362 Nr. 1 und 2 nach Lage der Sache die Annahme ausgeschlossen ist, daß die in diesen Vorschriften bezeichnete Handlung auf die Entscheidung Einfluß gehabt hat.

(2) Andernfalls ordnet das Gericht die Wiederaufnahme des Verfahrens und die Erneuerung der Hauptverhandlung an.

§ 371 Freisprechung ohne erneute Hauptverhandlung

(1) Ist der Verurteilte bereits verstorben, so hat ohne Erneuerung der Hauptverhandlung das Gericht nach Aufnahme des etwa noch erforderlichen Beweises entweder auf Freisprechung zu erkennen oder den Antrag auf Wiederaufnahme abzulehnen.

(2) Auch in anderen Fällen kann das Gericht, bei öffentlichen Klagen jedoch nur mit Zustimmung der Staatsanwaltschaft, den Verurteilten sofort freisprechen, wenn dazu genügende Beweise bereits vorliegen.

(3) [1]Mit der Freisprechung ist die Aufhebung des früheren Urteils zu verbinden. [2]War lediglich auf eine Maßregel der Besserung und Sicherung erkannt, so tritt an die Stelle der Freisprechung die Aufhebung des früheren Urteils.

(4) Die Aufhebung ist auf Verlangen des Antragstellers im Bundesanzeiger bekannt zu machen und kann nach dem Ermessen des Gerichts auch auf andere geeignete Weise veröffentlicht werden.

§ 372 Sofortige Beschwerde

[1]Alle Entscheidungen, die aus Anlaß eines Antrags auf Wiederaufnahme des Verfahrens von dem Gericht im ersten Rechtszug erlassen werden, können mit sofortiger Beschwerde angefochten werden. [2]Der Beschluß, durch den das Gericht die Wiederaufnahme des Verfahrens und die Erneuerung der Hauptverhandlung anordnet, kann von der Staatsanwaltschaft nicht angefochten werden.

§ 373 Urteil nach erneuter Hauptverhandlung; Verbot der Schlechterstellung

(1) In der erneuten Hauptverhandlung ist entweder das frühere Urteil aufrechtzuerhalten oder unter seiner Aufhebung anderweit in der Sache zu erkennen.

(2) [1]Das frühere Urteil darf in Art und Höhe der Rechtsfolgen der Tat nicht zum Nachteil des Verurteilten geändert werden, wenn lediglich der Verurteilte, zu seinen Gunsten die Staatsanwaltschaft oder sein gesetzlicher Vertreter die Wiederaufnahme des Verfahrens beantragt hat. [2]Diese Vorschrift steht der Anordnung der Unterbringung in einem psychiatrischen Krankenhaus oder einer Entziehungsanstalt nicht entgegen.

§ 373a Verfahren bei Strafbefehl

(1) Die Wiederaufnahme eines durch rechtskräftigen Strafbefehl abgeschlossenen Verfahrens zuungunsten des Verurteilten ist auch zulässig, wenn neue Tatsachen oder Beweismittel beigebracht sind, die allein oder in Verbindung mit den früheren Beweisen geeignet sind, die Verurteilung wegen eines Verbrechens zu begründen.

(2) Im übrigen gelten für die Wiederaufnahme eines durch rechtskräftigen Strafbefehl abgeschlossenen Verfahrens die §§ 359 bis 373 entsprechend.

Fünftes Buch

Beteiligung des Verletzten am Verfahren

Erster Abschnitt

Definition

§ 373b Begriff des Verletzten

(1) Im Sinne dieses Gesetzes sind Verletzte diejenigen, die durch die Tat, ihre Begehung unterstellt oder rechtskräftig festgestellt, in ihren Rechtsgütern unmittelbar beeinträchtigt worden sind oder unmittelbar einen Schaden erlitten haben.

(2) Verletzten im Sinne des Absatzes 1 gleichgestellt sind

1. der Ehegatte oder der Lebenspartner,
2. der in einem gemeinsamen Haushalt lebende Lebensgefährte,
3. die Verwandten in gerader Linie,
4. die Geschwister und
5. die Unterhaltsberechtigten

einer Person, deren Tod eine direkte Folge der Tat, ihre Begehung unterstellt oder rechtskräftig festgestellt, gewesen ist.

Zweiter Abschnitt

Privatklage

§ 374 Zulässigkeit; Privatklageberechtigte

(1) Im Wege der Privatklage können vom Verletzten verfolgt werden, ohne daß es einer vorgängigen Anrufung der Staatsanwaltschaft bedarf,

1. ein Hausfriedensbruch (§ 123 des Strafgesetzbuches),
2. eine Beleidigung (§§ 185 bis 189 des Strafgesetzbuches), wenn sie nicht gegen eine der in § 194 Abs. 4 des Strafgesetzbuches genannten politischen Körperschaften gerichtet ist,

2a. eine Verletzung des höchstpersönlichen Lebensbereichs und von Persönlichkeitsrechten durch Bildaufnahmen (§ 201a Absatz 1 und 2 des Strafgesetzbuches),

3. eine Verletzung des Briefgeheimnisses (§ 202 des Strafgesetzbuches),
4. eine Körperverletzung (§§ 223 und 229 des Strafgesetzbuches),
5. eine Nötigung (§ 240 Absatz 1 bis 3 des Strafgesetzbuches) oder eine Bedrohung (§ 241 Absatz 1 bis 3 des Strafgesetzbuches),

5a. eine Bestechlichkeit oder Bestechung im geschäftlichen Verkehr (§ 299 des Strafgesetzbuches),

6. eine Sachbeschädigung (§ 303 des Strafgesetzbuches),

6a. eine Straftat nach § 323a des Strafgesetzbuches, wenn die im Rausch begangene Tat ein in den Nummern 1 bis 6 genanntes Vergehen ist,

7. eine Straftat nach § 16 des Gesetzes gegen den unlauteren Wettbewerb und § 23 des Gesetzes zum Schutz von Geschäftsgeheimnissen,
8. eine Straftat nach § 142 Abs. 1 des Patentgesetzes, § 25 Abs. 1 des Gebrauchsmustergesetzes, § 10 Abs. 1 des Halbleiterschutzgesetzes, § 39 Abs. 1 des Sortenschutzgesetzes, § 143 Abs. 1, § 143a Abs. 1 und § 144 Abs. 1 und 2 des Markengesetzes, § 51 Abs. 1 und § 65 Abs. 1 des Designgesetzes, den §§ 106 bis 108 sowie § 108b Abs. 1 und 2 des Urheberrechtsgesetzes und § 33 des Gesetzes betreffend das Urheberrecht an Werken der bildenden Künste und der Photographie.

(2) [1]Die Privatklage kann auch erheben, wer neben dem Verletzten oder an seiner Stelle berechtigt ist, Strafantrag zu stellen. [2]Die in § 77 Abs. 2 des Strafgesetzbuches genannten Personen können die Privatklage auch dann erheben, wenn der vor ihnen Berechtigte den Strafantrag gestellt hat.

(3) Hat der Verletzte einen gesetzlichen Vertreter, so wird die Befugnis zur Erhebung der Privatklage durch diesen und, wenn Körperschaften, Gesellschaften und andere Personenvereine, die als solche in bürgerlichen Rechtsstreitigkeiten klagen können, die Verletzten sind, durch dieselben Personen wahrgenommen, durch die sie in bürgerlichen Rechtsstreitigkeiten vertreten werden.

§ 375 Mehrere Privatklageberechtigte

(1) Sind wegen derselben Straftat mehrere Personen zur Privatklage berechtigt, so ist bei Ausübung dieses Rechts ein jeder von dem anderen unabhängig.

(2) Hat jedoch einer der Berechtigten die Privatklage erhoben, so steht den übrigen nur der Beitritt zu dem eingeleiteten Verfahren, und zwar in der Lage zu, in der es sich zur Zeit der Beitrittserklärung befindet.

(3) Jede in der Sache selbst ergangene Entscheidung äußert zugunsten des Beschuldigten ihre Wirkung auch gegenüber solchen Berechtigten, welche die Privatklage nicht erhoben haben.

§ 376 Anklageerhebung bei Privatklagedelikten

Die öffentliche Klage wird wegen der in § 374 bezeichneten Straftaten von der Staatsanwaltschaft nur dann erhoben, wenn dies im öffentlichen Interesse liegt.

§ 377 Beteiligung der Staatsanwaltschaft; Übernahme der Verfolgung

(1) [1]Im Privatklageverfahren ist der Staatsanwalt zu einer Mitwirkung nicht verpflichtet. [2]Das Gericht legt ihm die Akten vor, wenn es die Übernahme der Verfolgung durch ihn für geboten hält.

(2) [1]Auch kann die Staatsanwaltschaft in jeder Lage der Sache bis zum Eintritt der Rechtskraft des Urteils durch eine ausdrückliche Erklärung die Verfolgung übernehmen. [2]In der Einlegung eines Rechtsmittels ist die Übernahme der Verfolgung enthalten.

§ 378 Beistand und Vertreter des Privatklägers

[1]Der Privatkläger kann im Beistand eines Rechtsanwalts erscheinen oder sich durch einen Rechtsanwalt mit nachgewiesener Vertretungsvollmacht vertreten lassen. [2]Im letzteren Falle können die Zustellungen an den Privatkläger mit rechtlicher Wirkung an den Anwalt erfolgen.

§ 379 Sicherheitsleistung; Prozesskostenhilfe

(1) Der Privatkläger hat für die dem Beschuldigten voraussichtlich erwachsenden Kosten unter denselben Voraussetzungen Sicherheit zu leisten, unter denen in bürgerlichen Rechtsstreitigkeiten der Kläger auf Verlangen des Beklagten Sicherheit wegen der Prozeßkosten zu leisten hat.

(2) [1]Die Sicherheitsleistung ist durch Hinterlegung in barem Geld oder in Wertpapieren zu bewirken. [2]Davon abweichende Regelungen in einer auf Grund des Gesetzes über den Zahlungsverkehr mit Gerichten und Justizbehörden erlassenen Rechtsverordnung bleiben unberührt.

(3) Für die Höhe der Sicherheit und die Frist zu ihrer Leistung sowie für die Prozeßkostenhilfe gelten dieselben Vorschriften wie in bürgerlichen Rechtsstreitigkeiten.

§ 379a Gebührenvorschuss

(1) Zur Zahlung des Gebührenvorschusses nach § 16 Abs. 1 des Gerichtskostengesetzes soll, sofern nicht dem Privatkläger die Prozeßkostenhilfe bewilligt ist oder Gebührenfreiheit zusteht, vom Gericht eine Frist bestimmt werden; hierbei soll auf die nach Absatz 3 eintretenden Folgen hingewiesen werden.

(2) Vor Zahlung des Vorschusses soll keine gerichtliche Handlung vorgenommen werden, es sei denn, daß glaubhaft gemacht wird, daß die Verzögerung dem Privatkläger einen nicht oder nur schwer zu ersetzenden Nachteil bringen würde.

(3) [1]Nach fruchtlosem Ablauf der nach Absatz 1 gestellten Frist wird die Privatklage zurückgewiesen. [2]Der Beschluß kann mit sofortiger Beschwerde angefochten werden. [3]Er ist von dem Gericht, das ihn erlassen hat, von Amts wegen aufzuheben, wenn sich herausstellt, daß die Zahlung innerhalb der gesetzten Frist eingegangen ist.

§ 380 Erfolgloser Sühneversuch als Zulässigkeitsvoraussetzung

(1) [1]Wegen Hausfriedensbruchs, Beleidigung, Verletzung des Briefgeheimnisses, Körperverletzung (§§ 223 und 229 des Strafgesetzbuches), Bedrohung und Sachbeschädigung ist die Erhebung der Klage erst zulässig, nachdem von einer durch die Landesjustizverwaltung zu bezeichnenden Vergleichsbehörde die Sühne erfolglos versucht worden ist. [2]Gleiches gilt wegen einer Straftat nach § 323a des Strafgesetzbuches, wenn die im Rausch begangene Tat ein in Satz 1 genanntes Vergehen ist. [3]Der Kläger hat die Bescheinigung hierüber mit der Klage einzureichen.

(2) Die Landesjustizverwaltung kann bestimmen, daß die Vergleichsbehörde ihre Tätigkeit von der Einzahlung eines angemessenen Kostenvorschusses abhängig machen darf.

(3) Die Vorschriften der Absätze 1 und 2 gelten nicht, wenn der amtliche Vorgesetzte nach § 194 Abs. 3 oder § 230 Abs. 2 des Strafgesetzbuches befugt ist, Strafantrag zu stellen.

(4) Wohnen die Parteien nicht in demselben Gemeindebezirk, so kann nach näherer Anordnung der Landesjustizverwaltung von einem Sühneversuch abgesehen werden.

§ 381 Erhebung der Privatklage

[1]Die Erhebung der Klage geschieht zu Protokoll der Geschäftsstelle oder durch Einreichung einer Anklageschrift. [2]Die Klage muß den in § 200 Abs. 1 bezeichneten Erfordernissen entsprechen. [3]Mit der Anklageschrift sind zwei Abschriften einzureichen. [4]Der Einreichung von Abschriften bedarf es nicht, wenn die Anklageschrift elektronisch übermittelt wird.

§ 382 Mitteilung der Privatklage an den Beschuldigten

Ist die Klage vorschriftsmäßig erhoben, so teilt das Gericht sie dem Beschuldigten unter Bestimmung einer Frist zur Erklärung mit.

§ 383 Eröffnungs- oder Zurückweisungsbeschluss; Einstellung bei geringer Schuld

(1) [1]Nach Eingang der Erklärung des Beschuldigten oder Ablauf der Frist entscheidet das Gericht darüber, ob das Hauptverfahren zu eröffnen oder die Klage zurückzuweisen ist, nach Maßgabe der Vorschriften, die bei einer von der Staatsanwaltschaft unmittelbar erhobenen Anklage anzuwenden sind. [2]In dem Beschluß, durch den das Hauptverfahren eröffnet wird, bezeichnet das Gericht den Angeklagten und die Tat gemäß § 200 Abs. 1 Satz 1.

(2) [1]Ist die Schuld des Täters gering, so kann das Gericht das Verfahren einstellen. [2]Die Einstellung ist auch noch in der Hauptverhandlung zulässig. [3]Der Beschluß kann mit sofortiger Beschwerde angefochten werden.

§ 384 Weiteres Verfahren

(1) [1]Das weitere Verfahren richtet sich nach den Vorschriften, die für das Verfahren auf erhobene öffentliche Klage gegeben sind. [2]Jedoch dürfen Maßregeln der Besserung und Sicherung nicht angeordnet werden.

(2) § 243 ist mit der Maßgabe anzuwenden, daß der Vorsitzende den Beschluß über die Eröffnung des Hauptverfahrens verliest.

(3) Das Gericht bestimmt unbeschadet des § 244 Abs. 2 den Umfang der Beweisaufnahme.

(4) Die Vorschrift des § 265 Abs. 3 über das Recht, die Aussetzung der Hauptverhandlung zu verlangen, ist nicht anzuwenden.

(5) Vor dem Schwurgericht kann eine Privatklagesache nicht gleichzeitig mit einer auf öffentliche Klage anhängig gemachten Sache verhandelt werden.

§ 385 Stellung des Privatklägers; Ladung; Akteneinsicht

(1) [1]Soweit in dem Verfahren auf erhobene öffentliche Klage die Staatsanwaltschaft zuzuziehen und zu hören ist, wird in dem Verfahren auf erhobene Privatklage der Privatkläger zugezogen und gehört. [2]Alle Entscheidungen, die dort der Staatsanwaltschaft bekanntgemacht werden, sind hier dem Privatkläger bekanntzugeben.

(2) Zwischen der Zustellung der Ladung des Privatklägers zur Hauptverhandlung und dem Tag der letzteren muß eine Frist von mindestens einer Woche liegen.

(3) [1]Für den Privatkläger kann ein Rechtsanwalt die Akten, die dem Gericht vorliegen oder von der Staatsanwaltschaft im Falle der Erhebung einer Anklage vorzulegen wären, einsehen sowie amtlich verwahrte Beweisstücke besichtigen, soweit der Untersuchungszweck in einem anderen Strafverfahren nicht gefährdet werden kann und überwiegende schutzwürdige Interessen des Beschuldigten oder Dritter nicht entgegenstehen. [2]Der Privatkläger, der nicht durch einen Rechtsanwalt vertreten wird, ist in entsprechender Anwendung des Satzes 1 befugt, die Akten einzusehen und amtlich verwahrte Beweisstücke unter Aufsicht zu besichtigen. [3]Werden die Akten nicht elektronisch geführt, können dem Privatkläger, der nicht durch einen Rechtsanwalt vertreten wird, an Stelle der Einsichtnahme in die Akten Kopien aus den Akten übermittelt werden. [4]§ 406e Absatz 5 gilt entsprechend.

(4) In den Fällen der §§ 154a und 421 ist deren Absatz 3 Satz 2 nicht anzuwenden.

(5) [1]Im Revisionsverfahren ist ein Antrag des Privatklägers nach § 349 Abs. 2 nicht erforderlich. [2]§ 349 Abs. 3 ist nicht anzuwenden.

§ 386 Ladung von Zeugen und Sachverständigen

(1) Der Vorsitzende des Gerichts bestimmt, welche Personen als Zeugen oder Sachverständige zur Hauptverhandlung geladen werden sollen.

(2) Dem Privatkläger wie dem Angeklagten steht das Recht der unmittelbaren Ladung zu.

§ 387 Vertretung in der Hauptverhandlung

(1) In der Hauptverhandlung kann auch der Angeklagte im Beistand eines Rechtsanwalts erscheinen oder sich auf Grund einer nachgewiesenen Vollmacht durch einen solchen vertreten lassen.

(2) Die Vorschrift des § 139 gilt für den Anwalt des Klägers und für den des Angeklagten.

(3) Das Gericht ist befugt, das persönliche Erscheinen des Klägers sowie des Angeklagten anzuordnen, auch den Angeklagten vorführen zu lassen.

§ 388 Widerklage

(1) Hat der Verletzte die Privatklage erhoben, so kann der Beschuldigte bis zur Beendigung des letzten Wortes (§ 258 Abs. 2 Halbsatz 2) im ersten Rechtszug mittels einer Widerklage die Bestrafung des Klägers

beantragen, wenn er von diesem gleichfalls durch eine Straftat verletzt worden ist, die im Wege der Privatklage verfolgt werden kann und mit der den Gegenstand der Klage bildenden Straftat in Zusammenhang steht.

(2) [1]Ist der Kläger nicht der Verletzte (§ 374 Abs. 2), so kann der Beschuldigte die Widerklage gegen den Verletzten erheben. [2]In diesem Falle bedarf es der Zustellung der Widerklage an den Verletzten und dessen Ladung zur Hauptverhandlung, sofern die Widerklage nicht in der Hauptverhandlung in Anwesenheit des Verletzten erhoben wird.

(3) Über Klage und Widerklage ist gleichzeitig zu erkennen.

(4) Die Zurücknahme der Klage ist auf das Verfahren über die Widerklage ohne Einfluß.

§ 389 Einstellung durch Urteil bei Verdacht eines Offizialdelikts

(1) Findet das Gericht nach verhandelter Sache, daß die für festgestellt zu erachtenden Tatsachen eine Straftat darstellen, auf die das in diesem Abschnitt vorgeschriebene Verfahren nicht anzuwenden ist, so hat es durch Urteil, das diese Tatsachen hervorheben muß, die Einstellung des Verfahrens auszusprechen.

(2) Die Verhandlungen sind in diesem Falle der Staatsanwaltschaft mitzuteilen.

§ 390 Rechtsmittel des Privatklägers

(1) [1]Dem Privatkläger stehen die Rechtsmittel zu, die in dem Verfahren auf erhobene öffentliche Klage der Staatsanwaltschaft zustehen. [2]Dasselbe gilt von dem Antrag auf Wiederaufnahme des Verfahrens in den Fällen des § 362. [3]Die Vorschrift des § 301 ist auf das Rechtsmittel des Privatklägers anzuwenden.

(2) Revisionsanträge und Anträge auf Wiederaufnahme des durch ein rechtskräftiges Urteil abgeschlossenen Verfahrens kann der Privatkläger nur mittels einer von einem Rechtsanwalt unterzeichneten Schrift anbringen.

(3) [1]Die in den §§ 320, 321 und 347 angeordnete Vorlage und Einsendung der Akten erfolgt wie im Verfahren auf erhobene öffentliche Klage an und durch die Staatsanwaltschaft. [2]Die Zustellung der Berufungs- und Revisionsschriften an den Gegner des Beschwerdeführers wird durch die Geschäftsstelle bewirkt.

(4) Die Vorschrift des § 379a über die Zahlung des Gebührenvorschusses und die Folgen nicht rechtzeitiger Zahlung gilt entsprechend.

(5) [1]Die Vorschrift des § 383 Abs. 2 Satz 1 und 2 über die Einstellung wegen Geringfügigkeit gilt auch im Berufungsverfahren. [2]Der Beschluß ist nicht anfechtbar.

§ 391 Rücknahme der Privatklage; Verwerfung bei Versäumung; Wiedereinsetzung

(1) [1]Die Privatklage kann in jeder Lage des Verfahrens zurückgenommen werden. [2]Nach Beginn der Vernehmung des Angeklagten zur Sache in der Hauptverhandlung des ersten Rechtszuges bedarf die Zurücknahme der Zustimmung des Angeklagten.

(2) Als Zurücknahme gilt es im Verfahren des ersten Rechtszuges und, soweit der Angeklagte die Berufung eingelegt hat, im Verfahren des zweiten Rechtszuges, wenn der Privatkläger in der Hauptverhandlung weder erscheint noch durch einen Rechtsanwalt vertreten wird oder in der Hauptverhandlung oder einem anderen Termin ausbleibt, obwohl das Gericht sein persönliches Erscheinen angeordnet hatte, oder eine Frist nicht einhält, die ihm unter Androhung der Einstellung des Verfahrens gesetzt war.

(3) Soweit der Privatkläger die Berufung eingelegt hat, ist sie im Falle der vorbezeichneten Versäumungen unbeschadet der Vorschrift des § 301 sofort zu verwerfen.

(4) Der Privatkläger kann binnen einer Woche nach der Versäumung die Wiedereinsetzung in den vorigen Stand unter den in den §§ 44 und 45 bezeichneten Voraussetzungen beanspruchen.

§ 392 Wirkung der Rücknahme

Die zurückgenommene Privatklage kann nicht von neuem erhoben werden.

§ 393 Tod des Privatklägers

(1) Der Tod des Privatklägers hat die Einstellung des Verfahrens zur Folge.

(2) Die Privatklage kann jedoch nach dem Tode des Klägers von den nach § 374 Abs. 2 zur Erhebung der Privatklage Berechtigten fortgesetzt werden.

(3) Die Fortsetzung ist von dem Berechtigten bei Verlust des Rechts binnen zwei Monaten, vom Tode des Privatklägers an gerechnet, bei Gericht zu erklären.

§ 394 Bekanntmachung an den Beschuldigten

Die Zurücknahme der Privatklage und der Tod des Privatklägers sowie die Fortsetzung der Privatklage sind dem Beschuldigten bekanntzumachen.

Dritter Abschnitt
Nebenklage

§ 395 Befugnis zum Anschluss als Nebenkläger

(1) Der erhobenen öffentlichen Klage oder dem Antrag im Sicherungsverfahren kann sich mit der Nebenklage anschließen, wer verletzt ist durch eine rechtswidrige Tat nach

1. den §§ 174 bis 182, 184i bis 184k des Strafgesetzbuches,
2. den §§ 211 und 212 des Strafgesetzbuches, die versucht wurde,

2a. den §§ 6 bis 8, 11 und 12 des Völkerstrafgesetzbuches gegen das Leben, die versucht wurde, sofern auch hier ein unmittelbarer Zusammenhang zwischen der verfahrensgegenständlichen Tat und der Rechtsgutverletzung besteht,

3. den §§ 221, 223 bis 226a und 340 des Strafgesetzbuches,
4. den §§ 232 bis 238, 239 Absatz 3, §§ 239a, 239b und 240 Absatz 4 des Strafgesetzbuches,

4a. den §§ 6 bis 8 und 10 bis 12 des Völkerstrafgesetzbuches in seinen Rechten auf körperliche Unversehrtheit, Freiheit oder auf religiöse, sexuelle oder reproduktive Selbstbestimmung oder als Kind in seinem Recht auf ungestörte körperliche und seelische Entwicklung, sofern auch hier ein unmittelbarer Zusammenhang zwischen der verfahrensgegenständlichen Tat und der Rechtsgutverletzung besteht,

5. § 4 des Gewaltschutzgesetzes,
6. § 142 des Patentgesetzes, § 25 des Gebrauchsmustergesetzes, § 10 des Halbleiterschutzgesetzes, § 39 des Sortenschutzgesetzes, den §§ 143 bis 144 des Markengesetzes, den §§ 51 und 65 des Designgesetzes, den §§ 106 bis 108b des Urheberrechtsgesetzes, § 33 des Gesetzes betreffend das Urheberrecht an Werken der bildenden Künste und der Photographie, § 16 des Gesetzes gegen den unlauteren Wettbewerb und § 23 des Gesetzes zum Schutz von Geschäftsgeheimnissen.

(2) Die gleiche Befugnis steht Personen zu,

1. deren Kinder, Eltern, Geschwister, Ehegatten oder Lebenspartner durch eine rechtswidrige Tat getötet wurden oder
2. die durch einen Antrag auf gerichtliche Entscheidung (§ 172) die Erhebung der öffentlichen Klage herbeigeführt haben.

(3) Wer durch eine andere rechtswidrige Tat, insbesondere nach den §§ 185 bis 189, 229, 244 Absatz 1 Nummer 3, Absatz 4, §§ 249 bis 255 und 316a des Strafgesetzbuches, verletzt ist, kann sich der erhobenen öffentlichen Klage mit der Nebenklage anschließen, wenn dies aus besonderen Gründen, insbesondere wegen der schweren Folgen der Tat, zur Wahrnehmung seiner Interessen geboten erscheint.

(4) [1]Der Anschluss ist in jeder Lage des Verfahrens zulässig. [2]Er kann nach ergangenem Urteil auch zur Einlegung von Rechtsmitteln geschehen.

(5) [1]Wird die Verfolgung nach § 154a beschränkt, so berührt dies nicht das Recht, sich der erhobenen öffentlichen Klage als Nebenkläger anzuschließen. [2]Wird der Nebenkläger zum Verfahren zugelassen, entfällt eine Beschränkung nach § 154a Absatz 1 oder 2, soweit sie die Nebenklage betrifft.

§ 396 Anschlusserklärung; Entscheidung über die Befugnis zum Anschluss

(1) [1]Die Anschlußerklärung ist bei dem Gericht schriftlich einzureichen. [2]Eine vor Erhebung der öffentlichen Klage bei der Staatsanwaltschaft oder dem Gericht eingegangene Anschlußerklärung wird mit der Erhebung der öffentlichen Klage wirksam. [3]Im Verfahren bei Strafbefehlen wird der Anschluß wirksam, wenn Termin zur Hauptverhandlung anberaumt (§ 408 Abs. 3 Satz 2, § 411 Abs. 1) oder der Antrag auf Erlaß eines Strafbefehls abgelehnt worden ist.

(2) [1]Das Gericht entscheidet über die Berechtigung zum Anschluß als Nebenkläger nach Anhörung der Staatsanwaltschaft. [2]In den Fällen des § 395 Abs. 3 entscheidet es nach Anhörung auch des Angeschuldigten darüber, ob der Anschluß aus den dort genannten Gründen geboten ist; diese Entscheidung ist unanfechtbar.

(3) Erwägt das Gericht, das Verfahren nach § 153 Abs. 2, § 153a Abs. 2, § 153b Abs. 2 oder § 154 Abs. 2 einzustellen, so entscheidet es zunächst über die Berechtigung zum Anschluß.

§ 397 Verfahrensrechte des Nebenklägers

(1) [1]Der Nebenkläger ist, auch wenn er als Zeuge vernommen werden soll, zur Anwesenheit in der Hauptverhandlung berechtigt. [2]Er ist zur Hauptverhandlung zu laden; § 145a Absatz 2 Satz 1 und § 217 Absatz 1 und 3 gelten entsprechend. [3]Die Befugnis zur Ablehnung eines Richters (§§ 24, 31) oder Sachverständigen (§ 74), das Fragerecht (§ 240 Absatz 2), das Recht zur Beanstandung von Anordnungen des Vorsitzenden (§ 238 Absatz 2) und von Fragen (§ 242), das Beweisantragsrecht (§ 244 Absatz 3 bis 6) sowie das Recht zur Abgabe von Erklärungen (§§ 257, 258) stehen auch dem Nebenkläger zu. [4]Dieser

ist, soweit gesetzlich nichts anderes bestimmt ist, im selben Umfang zuzuziehen und zu hören wie die Staatsanwaltschaft. [5]Entscheidungen, die der Staatsanwaltschaft bekannt gemacht werden, sind auch dem Nebenkläger bekannt zu geben; § 145a Absatz 1 und 3 gilt entsprechend.

(2) [1]Der Nebenkläger kann sich des Beistands eines Rechtsanwalts bedienen oder sich durch einen solchen vertreten lassen. [2]Der Rechtsanwalt ist zur Anwesenheit in der Hauptverhandlung berechtigt. [3]Er ist vom Termin der Hauptverhandlung zu benachrichtigen, wenn seine Wahl dem Gericht angezeigt oder er als Beistand bestellt wurde.

(3) Ist der Nebenkläger der deutschen Sprache nicht mächtig, erhält er auf Antrag nach Maßgabe des § 187 Absatz 2 des Gerichtsverfassungsgesetzes eine Übersetzung schriftlicher Unterlagen, soweit dies zur Ausübung seiner strafprozessualen Rechte erforderlich ist.

§ 397a Bestellung eines Beistands; Prozesskostenhilfe

(1) Dem Nebenkläger ist auf seinen Antrag ein Rechtsanwalt als Beistand zu bestellen, wenn er

1. durch ein Verbrechen nach den §§ 177, 232 bis 232b und 233a des Strafgesetzbuches oder durch einen besonders schweren Fall eines Vergehens nach § 177 Absatz 6 des Strafgesetzbuches verletzt ist,

1a. durch eine Straftat nach § 184j des Strafgesetzbuches verletzt ist und der Begehung dieser Straftat ein Verbrechen nach § 177 des Strafgesetzbuches oder ein besonders schwerer Fall eines Vergehens nach § 177 Absatz 6 des Strafgesetzbuches zugrunde liegt,

2. durch eine versuchte rechtswidrige Tat nach den §§ 211 und 212 des Strafgesetzbuches oder, sofern auch hier ein unmittelbarer Zusammenhang zwischen der verfahrensgegenständlichen Tat und der Rechtsgutverletzung besteht, nach den §§ 6 bis 8, 11 sowie 12 des Völkerstrafgesetzbuches, die sich gegen das Leben richtet, verletzt ist oder wenn er Angehöriger eines durch eine rechtswidrige Tat Getöteten (§ 395 Absatz 2 Nummer 1) ist,

3. durch ein Verbrechen nach den §§ 226, 226a, 234 bis 235, 238 bis 239b, 249, 250, 252, 255 und 316a des Strafgesetzbuches verletzt ist, das bei ihm zu schweren körperlichen oder seelischen Schäden geführt hat oder voraussichtlich führen wird,

4. durch eine rechtswidrige Tat nach den §§ 174 bis 182, 184i bis 184k und 225 des Strafgesetzbuchs verletzt ist und er zur Zeit der Tat das 18. Lebensjahr noch nicht vollendet hatte oder seine Interessen selbst nicht ausreichend wahrnehmen kann,

5. durch eine rechtswidrige Tat nach den §§ 221, 226, 226a, 232 bis 235, 237, 238 Absatz 2 und 3, §§ 239a, 239b, 240 Absatz 4, §§ 249, 250, 252, 255 und 316a des Strafgesetzbuches verletzt ist und er bei Antragstellung das 18. Lebensjahr noch nicht vollendet hat oder seine Interessen selbst nicht ausreichend wahrnehmen kann oder

6. durch ein Verbrechen nach dem Völkerstrafgesetzbuch verletzt ist, das ihn nach § 395 Absatz 1 Nummer 4a zur Nebenklage berechtigt.

(2) [1]Liegen die Voraussetzungen für eine Bestellung nach Absatz 1 nicht vor, so ist dem Nebenkläger für die Hinzuziehung eines Rechtsanwalts auf Antrag Prozesskostenhilfe nach denselben Vorschriften wie in bürgerlichen Rechtsstreitigkeiten zu bewilligen, wenn er seine Interessen selbst nicht ausreichend wahrnehmen kann oder ihm dies nicht zuzumuten ist. [2]§ 114 Absatz 1 Satz 1 zweiter Halbsatz sowie Absatz 2 und § 121 Absatz 1 bis 3 der Zivilprozessordnung sind nicht anzuwenden.

(3) [1]Anträge nach den Absätzen 1 und 2 können schon vor der Erklärung des Anschlusses gestellt werden. [2]Über die Bestellung des Rechtsanwalts, für die § 142 Absatz 5 Satz 1 und 3 entsprechend gilt, und die Bewilligung der Prozesskostenhilfe entscheidet der Vorsitzende des mit der Sache befassten Gerichts.

§ 397b Gemeinschaftliche Nebenklagevertretung

(1) [1]Verfolgen mehrere Nebenkläger gleichgelagerte Interessen, so kann ihnen das Gericht einen gemeinschaftlichen Rechtsanwalt als Beistand bestellen oder beiordnen. [2]Gleichgelagerte Interessen liegen in der Regel vor, wenn es sich

1. bei den Nebenklägern um mehrere Angehörige desselben durch eine rechtswidrige Tat Getöteten (§ 395 Absatz 2 Nummer 1) handelt oder

2. um mehrere Nebenkläger handelt, die Verletzte solcher Taten im Sinne des § 395 Absatz 1 Nummer 2a und 4a sind, denen der gleiche Lebenssachverhalt zugrunde liegt, wobei es dem Gericht unbenommen bleibt, zusätzliche sachnahe Kriterien im Einzelfall zu berücksichtigen.

(2) [1]Vor der Bestellung oder Beiordnung eines gemeinschaftlichen Rechtsanwalts soll den betroffenen Nebenklägern Gelegenheit gegeben werden, sich dazu zu äußern. [2]Wird ein gemeinschaftlicher Rechtsanwalt nach Absatz 1 bestellt oder hinzugezogen, sind bereits erfolgte Bestellungen oder Beiordnungen aufzuheben.

(3) Wird ein Rechtsanwalt nicht als Beistand bestellt oder nicht beigeordnet, weil nach Absatz 1 ein anderer Rechtsanwalt bestellt oder beigeordnet worden ist, so stellt das Gericht fest, ob die Voraussetzungen nach § 397a Absatz 3 Satz 2 in Bezug auf den nicht als Beistand bestellten oder nicht beigeordneten Rechtsanwalt vorgelegen hätten.

(4) [1]Die in § 397 Absatz 1 Satz 3 und 4 genannten Verfahrensrechte der Nebenkläger werden in den Fällen des Absatzes 1 Satz 2 Nummer 2 nur durch den bestellten oder beigeordneten Beistand ausgeübt, sofern es sich um Nebenkläger handelt, deren Befugnis zum Anschluss an die öffentliche Klage nur aufgrund des § 395 Absatz 1 Nummer 2a oder 4a begründet ist. [2]Das Gericht kann dem Nebenkläger gestatten, sein Recht auf Abgabe von Erklärungen nach § 258 Absatz 1 in Verbindung mit § 397 Absatz 1 Satz 3 selbst auszuüben.

§ 398 Fortgang des Verfahrens bei Anschluss

(1) Der Fortgang des Verfahrens wird durch den Anschluß nicht aufgehalten.

(2) Die bereits anberaumte Hauptverhandlung sowie andere Termine finden an den bestimmten Tagen statt, auch wenn der Nebenkläger wegen Kürze der Zeit nicht mehr geladen oder benachrichtigt werden konnte.

§ 399 Bekanntmachung und Anfechtbarkeit früherer Entscheidungen

(1) Entscheidungen, die schon vor dem Anschluß ergangen und der Staatsanwaltschaft bekanntgemacht waren, bedürfen außer in den Fällen des § 401 Abs. 1 Satz 2 keiner Bekanntmachung an den Nebenkläger.

(2) Die Anfechtung solcher Entscheidungen steht auch dem Nebenkläger nicht mehr zu, wenn für die Staatsanwaltschaft die Frist zur Anfechtung abgelaufen ist.

§ 400 Rechtsmittelbefugnis des Nebenklägers

(1) Der Nebenkläger kann das Urteil nicht mit dem Ziel anfechten, daß eine andere Rechtsfolge der Tat verhängt wird oder daß der Angeklagte wegen einer Gesetzesverletzung verurteilt wird, die nicht zum Anschluß des Nebenklägers berechtigt.

(2) [1]Dem Nebenkläger steht die sofortige Beschwerde gegen den Beschluß zu, durch den die Eröffnung des Hauptverfahrens abgelehnt oder das Verfahren nach den §§ 206a und 206b eingestellt wird, soweit er die Tat betrifft, auf Grund deren der Nebenkläger zum Anschluß befugt ist. [2]Im übrigen ist der Beschluß, durch den das Verfahren eingestellt wird, für den Nebenkläger unanfechtbar.

§ 401 Einlegung eines Rechtsmittels durch den Nebenkläger

(1) [1]Der Rechtsmittel kann sich der Nebenkläger unabhängig von der Staatsanwaltschaft bedienen. [2]Geschieht der Anschluß nach ergangenem Urteil zur Einlegung eines Rechtsmittels, so ist dem Nebenkläger das angefochtene Urteil sofort zuzustellen. [3]Die Frist zur Begründung des Rechtsmittels beginnt mit Ablauf der für die Staatsanwaltschaft laufenden Frist zur Einlegung des Rechtsmittels oder, wenn das Urteil dem Nebenkläger noch nicht zugestellt war, mit der Zustellung des Urteils an ihn auch dann, wenn eine Entscheidung über die Berechtigung des Nebenklägers zum Anschluß noch nicht ergangen ist.

(2) [1]War der Nebenkläger in der Hauptverhandlung anwesend oder durch einen Anwalt vertreten, so beginnt für ihn die Frist zur Einlegung des Rechtsmittels auch dann mit der Verkündung des Urteils, wenn er bei dieser nicht mehr zugegen oder vertreten war; er kann die Wiedereinsetzung in den vorigen Stand gegen die Versäumung der Frist nicht wegen fehlender Rechtsmittelbelehrung beanspruchen. [2]Ist der Nebenkläger in der Hauptverhandlung überhaupt nicht anwesend oder vertreten gewesen, so beginnt die Frist mit der Zustellung der Urteilsformel an ihn.

(3) [1]Hat allein der Nebenkläger Berufung eingelegt, so ist diese, wenn bei Beginn einer Hauptverhandlung weder der Nebenkläger noch für ihn ein Rechtsanwalt erschienen ist, unbeschadet der Vorschrift des § 301 sofort zu verwerfen. [2]Der Nebenkläger kann binnen einer Woche nach der Versäumung unter den Voraussetzungen der §§ 44 und 45 die Wiedereinsetzung in den vorigen Stand beanspruchen.

(4) Wird auf ein nur von dem Nebenkläger eingelegtes Rechtsmittel die angefochtene Entscheidung aufgehoben, so liegt der Betrieb der Sache wiederum der Staatsanwaltschaft ob.

§ 402 Widerruf der Anschlusserklärung; Tod des Nebenklägers

Die Anschlußerklärung verliert durch Widerruf sowie durch den Tod des Nebenklägers ihre Wirkung.

Vierter Abschnitt

Adhäsionsverfahren

§ 403 Geltendmachung eines Anspruchs im Adhäsionsverfahren

[1]Der Verletzte oder sein Erbe kann gegen den Beschuldigten einen aus der Straftat erwachsenen vermögensrechtlichen Anspruch, der zur Zuständigkeit der ordentlichen Gerichte gehört und noch nicht ander-

weit gerichtlich anhängig gemacht ist, im Strafverfahren geltend machen, im Verfahren vor dem Amtsgericht ohne Rücksicht auf den Wert des Streitgegenstandes. [2]Das gleiche Recht steht auch anderen zu, die einen solchen Anspruch geltend machen.

§ 404 Antrag; Prozesskostenhilfe

(1) [1]Der Antrag, durch den der Anspruch geltend gemacht wird, kann schriftlich oder mündlich zu Protokoll des Urkundsbeamten, in der Hauptverhandlung auch mündlich bis zum Beginn der Schlußvorträge gestellt werden. [2]Er muß den Gegenstand und Grund des Anspruchs bestimmt bezeichnen und soll die Beweismittel enthalten. [3]Ist der Antrag außerhalb der Hauptverhandlung gestellt, so wird er dem Beschuldigten zugestellt.

(2) [1]Die Antragstellung hat dieselben Wirkungen wie die Erhebung der Klage im bürgerlichen Rechtsstreit. [2]Sie treten mit Eingang des Antrages bei Gericht ein.

(3) [1]Ist der Antrag vor Beginn der Hauptverhandlung gestellt, so wird der Antragsteller von Ort und Zeit der Hauptverhandlung benachrichtigt. [2]Der Antragsteller, sein gesetzlicher Vertreter und der Ehegatte oder Lebenspartner des Antragsberechtigten können an der Hauptverhandlung teilnehmen.

(4) Der Antrag kann bis zur Verkündung des Urteils zurückgenommen werden.

(5) [1]Dem Antragsteller und dem Angeschuldigten ist auf Antrag Prozeßkostenhilfe nach denselben Vorschriften wie in bürgerlichen Rechtsstreitigkeiten zu bewilligen, sobald die Klage erhoben ist. [2]§ 121 Abs. 2 der Zivilprozeßordnung gilt mit der Maßgabe, daß dem Angeschuldigten, der einen Verteidiger hat, dieser beigeordnet werden soll; dem Antragsteller, der sich im Hauptverfahren des Beistandes eines Rechtsanwalts bedient, soll dieser beigeordnet werden. [3]Zuständig für die Entscheidung ist das mit der Sache befaßte Gericht; die Entscheidung ist nicht anfechtbar.

§ 405 Vergleich

(1) [1]Auf Antrag der nach § 403 zur Geltendmachung eines Anspruchs Berechtigten und des Angeklagten nimmt das Gericht einen Vergleich über die aus der Straftat erwachsenen Ansprüche in das Protokoll auf. [2]Es soll auf übereinstimmenden Antrag der in Satz 1 Genannten einen Vergleichsvorschlag unterbreiten.

(2) Für die Entscheidung über Einwendungen gegen die Rechtswirksamkeit des Vergleichs ist das Gericht der bürgerlichen Rechtspflege zuständig, in dessen Bezirk das Strafgericht des ersten Rechtszuges seinen Sitz hat.

§ 406 Entscheidung über den Antrag im Strafurteil; Absehen von einer Entscheidung

(1) [1]Das Gericht gibt dem Antrag in dem Urteil statt, mit dem der Angeklagte wegen einer Straftat schuldig gesprochen oder gegen ihn eine Maßregel der Besserung und Sicherung angeordnet wird, soweit der Antrag wegen dieser Straftat begründet ist. [2]Die Entscheidung kann sich auf den Grund oder einen Teil des geltend gemachten Anspruchs beschränken; § 318 der Zivilprozessordnung gilt entsprechend. [3]Das Gericht sieht von einer Entscheidung ab, wenn der Antrag unzulässig ist oder soweit er unbegründet erscheint. [4]Im Übrigen kann das Gericht von einer Entscheidung nur absehen, wenn sich der Antrag auch unter Berücksichtigung der berechtigten Belange des Antragstellers zur Erledigung im Strafverfahren nicht eignet. [5]Der Antrag ist insbesondere dann zur Erledigung im Strafverfahren nicht geeignet, wenn seine weitere Prüfung, auch soweit eine Entscheidung nur über den Grund oder einen Teil des Anspruchs in Betracht kommt, das Verfahren erheblich verzögern würde. [6]Soweit der Antragsteller den Anspruch auf Zuerkennung eines Schmerzensgeldes (§ 253 Abs. 2 des Bürgerlichen Gesetzbuches) geltend macht, ist das Absehen von einer Entscheidung nur nach Satz 3 zulässig.

(2) Erkennt der Angeklagte den vom Antragsteller gegen ihn geltend gemachten Anspruch ganz oder teilweise an, ist er gemäß dem Anerkenntnis zu verurteilen.

(3) [1]Die Entscheidung über den Antrag steht einem im bürgerlichen Rechtsstreit ergangenen Urteil gleich. [2]Das Gericht erklärt die Entscheidung für vorläufig vollstreckbar; die §§ 708 bis 712 sowie die §§ 714 und 716 der Zivilprozessordnung gelten entsprechend. [3]Soweit der Anspruch nicht zuerkannt ist, kann er anderweit geltend gemacht werden. [4]Ist über den Grund des Anspruchs rechtskräftig entschieden, so findet die Verhandlung über den Betrag nach § 304 Abs. 2 der Zivilprozeßordnung vor dem zuständigen Zivilgericht statt.

(4) Der Antragsteller erhält eine Abschrift des Urteils mit Gründen oder einen Auszug daraus.

(5) [1]Erwägt das Gericht, von einer Entscheidung über den Antrag abzusehen, weist es die Verfahrensbeteiligten so früh wie möglich darauf hin. [2]Sobald das Gericht nach Anhörung des Antragstellers die Voraussetzungen für eine Entscheidung über den Antrag für nicht gegeben erachtet, sieht es durch Beschluss von einer Entscheidung über den Antrag ab.

§ 406a Rechtsmittel

(1) [1]Gegen den Beschluss, mit dem nach § 406 Abs. 5 Satz 2 von einer Entscheidung über den Antrag abgesehen wird, ist sofortige Beschwerde zulässig, wenn der Antrag vor Beginn der Hauptverhandlung gestellt worden und solange keine den Rechtszug abschließende Entscheidung ergangen ist. [2]Im Übrigen steht dem Antragsteller ein Rechtsmittel nicht zu.

(2) [1]Soweit das Gericht dem Antrag stattgibt, kann der Angeklagte die Entscheidung auch ohne den strafrechtlichen Teil des Urteils mit dem sonst zulässigen Rechtsmittel anfechten. [2]In diesem Falle kann über das Rechtsmittel durch Beschluss in nichtöffentlicher Sitzung entschieden werden. [3]Ist das zulässige Rechtsmittel die Berufung, findet auf Antrag des Angeklagten oder des Antragstellers eine mündliche Anhörung der Beteiligten statt.

(3) [1]Die dem Antrag stattgebende Entscheidung ist aufzuheben, wenn der Angeklagte unter Aufhebung der Verurteilung wegen der Straftat, auf welche die Entscheidung über den Antrag gestützt worden ist, weder schuldig gesprochen noch gegen ihn eine Maßregel der Besserung und Sicherung angeordnet wird. [2]Dies gilt auch, wenn das Urteil insoweit nicht angefochten ist.

§ 406b Vollstreckung

[1]Die Vollstreckung richtet sich nach den Vorschriften, die für die Vollstreckung von Urteilen und Prozessvergleichen in bürgerlichen Rechtsstreitigkeiten gelten. [2]Für das Verfahren nach den §§ 323, 731, 767, 768, 887 bis 890 der Zivilprozeßordnung ist das Gericht der bürgerlichen Rechtspflege zuständig, in dessen Bezirk das Strafgericht des ersten Rechtszuges seinen Sitz hat. [3]Einwendungen, die den im Urteil festgestellten Anspruch selbst betreffen, sind nur insoweit zulässig, als die Gründe, auf denen sie beruhen, nach Schluß der Hauptverhandlung des ersten Rechtszuges und, wenn das Berufungsgericht entschieden hat, nach Schluß der Hauptverhandlung im Berufungsrechtszug entstanden sind.

§ 406c Wiederaufnahme des Verfahrens

(1) [1]Den Antrag auf Wiederaufnahme des Verfahrens kann der Angeklagte darauf beschränken, eine wesentlich andere Entscheidung über den Anspruch herbeizuführen. [2]Das Gericht entscheidet dann ohne Erneuerung der Hauptverhandlung durch Beschluß.

(2) Richtet sich der Antrag auf Wiederaufnahme des Verfahrens nur gegen den strafrechtlichen Teil des Urteils, so gilt § 406a Abs. 3 entsprechend.

Fünfter Abschnitt

Sonstige Befugnisse des Verletzten

§ 406d Auskunft über den Stand des Verfahrens

(1) [1]Dem Verletzten ist, soweit es ihn betrifft, auf Antrag mitzuteilen:
1. die Einstellung des Verfahrens,
2. der Ort und Zeitpunkt der Hauptverhandlung sowie die gegen den Angeklagten erhobenen Beschuldigungen,
3. der Ausgang des gerichtlichen Verfahrens.

[2]Ist der Verletzte der deutschen Sprache nicht mächtig, so werden ihm auf Antrag Ort und Zeitpunkt der Hauptverhandlung in einer ihm verständlichen Sprache mitgeteilt.

(2) [1]Dem Verletzten ist auf Antrag mitzuteilen, ob
1. dem Verurteilten die Weisung erteilt worden ist, zu dem Verletzten keinen Kontakt aufzunehmen oder mit ihm nicht zu verkehren;
2. freiheitsentziehende Maßnahmen gegen den Beschuldigten oder den Verurteilten angeordnet oder beendet oder ob erstmalig Vollzugslockerungen oder Urlaub gewährt werden, wenn er ein berechtigtes Interesse darlegt und kein überwiegendes schutzwürdiges Interesse der betroffenen Person am Ausschluss der Mitteilung vorliegt; in den in § 395 Absatz 1 Nummer 1 bis 5 genannten Fällen sowie in den Fällen des § 395 Absatz 3, in denen der Verletzte zur Nebenklage zugelassen wurde, bedarf es der Darlegung eines berechtigten Interesses nicht;
3. der Beschuldigte oder Verurteilte sich einer freiheitsentziehenden Maßnahme durch Flucht entzogen hat und welche Maßnahmen zum Schutz des Verletzten deswegen gegebenenfalls getroffen worden sind;
4. dem Verurteilten erneut Vollzugslockerung oder Urlaub gewährt wird, wenn dafür ein berechtigtes Interesse dargelegt oder ersichtlich ist und kein überwiegendes schutzwürdiges Interesse des Verurteilten am Ausschluss der Mitteilung vorliegt.

[2]Die Mitteilung erfolgt durch die Stelle, welche die Entscheidung gegenüber dem Beschuldigten oder Verurteilten getroffen hat; in den Fällen des Satzes 1 Nummer 3 erfolgt die Mitteilung durch die zuständige Staatsanwaltschaft.

(3) [1]Der Verletzte ist über die Informationsrechte aus Absatz 2 Satz 1 nach der Urteilsverkündung oder Einstellung des Verfahrens zu belehren. [2]Über die Informationsrechte aus Absatz 2 Satz 1 Nummer 2 und 3 ist der Verletzte zudem bei Anzeigeerstattung zu belehren, wenn die Anordnung von Untersuchungshaft gegen den Beschuldigten zu erwarten ist.

(4) [1]Mitteilungen können unterbleiben, sofern sie nicht unter einer Anschrift möglich sind, die der Verletzte angegeben hat. [2]Hat der Verletzte einen Rechtsanwalt als Beistand gewählt, ist ihm ein solcher beigeordnet worden oder wird er durch einen solchen vertreten, so gilt § 145a entsprechend.

§ 406e Akteneinsicht

(1) [1]Für den Verletzten kann ein Rechtsanwalt die Akten, die dem Gericht vorliegen oder diesem im Falle der Erhebung der öffentlichen Klage vorzulegen wären, einsehen sowie amtlich verwahrte Beweisstücke besichtigen, soweit er hierfür ein berechtigtes Interesse darlegt. [2]In den in § 395 genannten Fällen bedarf es der Darlegung eines berechtigten Interesses nicht.

(2) [1]Die Einsicht in die Akten ist zu versagen, soweit überwiegende schutzwürdige Interessen des Beschuldigten oder anderer Personen entgegenstehen. [2]Sie kann versagt werden, soweit der Untersuchungszweck, auch in einem anderen Strafverfahren, gefährdet erscheint. [3]Sie kann auch versagt werden, wenn durch sie das Verfahren erheblich verzögert würde, es sei denn, dass die Staatsanwaltschaft in den in § 395 genannten Fällen den Abschluss der Ermittlungen in den Akten vermerkt hat.

(3) [1]Der Verletzte, der nicht durch einen Rechtsanwalt vertreten wird, ist in entsprechender Anwendung der Absätze 1 und 2 befugt, die Akten einzusehen und amtlich verwahrte Beweisstücke unter Aufsicht zu besichtigen. [2]Werden die Akten nicht elektronisch geführt, können ihm an Stelle der Einsichtnahme in die Akten Kopien aus den Akten übermittelt werden. [3]§ 480 Absatz 1 Satz 3 und 4 gilt entsprechend.

(4) Die Absätze 1 bis 3 gelten auch für die in § 403 Satz 2 Genannten.

(5) [1]Über die Gewährung der Akteneinsicht entscheidet im vorbereitenden Verfahren und nach rechtskräftigem Abschluß des Verfahrens die Staatsanwaltschaft, im übrigen der Vorsitzende des mit der Sache befaßten Gerichts. [2]Gegen die Entscheidung der Staatsanwaltschaft nach Satz 1 kann gerichtliche Entscheidung durch das nach § 162 zuständige Gericht beantragt werden. [3]Die §§ 297 bis 300, 302, 306 bis 309, 311a und 473a gelten entsprechend. [4]Die Entscheidung des Gerichts ist unanfechtbar, solange die Ermittlungen noch nicht abgeschlossen sind. [5]Diese Entscheidungen werden nicht mit Gründen versehen, soweit durch deren Offenlegung der Untersuchungszweck gefährdet werden könnte.

§ 406f Verletztenbeistand

(1) [1]Verletzte können sich des Beistands eines Rechtsanwalts bedienen oder sich durch einen solchen vertreten lassen. [2]Einem zur Vernehmung des Verletzten erschienenen anwaltlichen Beistand ist die Anwesenheit gestattet.

(2) [1]Bei einer Vernehmung von Verletzten ist auf deren Antrag einer zur Vernehmung erschienenen Person ihres Vertrauens die Anwesenheit zu gestatten, es sei denn, dass dies den Untersuchungszweck gefährden könnte. [2]Die Entscheidung trifft die die Vernehmung leitende Person; die Entscheidung ist nicht anfechtbar. [3]Die Gründe einer Ablehnung sind aktenkundig zu machen.

§ 406g Psychosoziale Prozessbegleitung

(1) [1]Verletzte können sich des Beistands eines psychosozialen Prozessbegleiters bedienen. [2]Dem psychosozialen Prozessbegleiter ist es gestattet, bei Vernehmungen des Verletzten und während der Hauptverhandlung gemeinsam mit dem Verletzten anwesend zu sein.

(2) Die Grundsätze der psychosozialen Prozessbegleitung sowie die Anforderungen an die Qualifikation und die Vergütung des psychosozialen Prozessbegleiters richten sich nach dem Gesetz über die psychosoziale Prozessbegleitung im Strafverfahren vom 21. Dezember 2015 (BGBl. I S. 2525, 2529) in der jeweils geltenden Fassung.

(3) [1]Unter den in § 397a Absatz 1 Nummer 4 bis 6 bezeichneten Voraussetzungen ist dem Verletzten auf seinen Antrag ein psychosozialer Prozessbegleiter beizuordnen. [2]Unter den in § 397a Absatz 1 Nummer 1 bis 3 bezeichneten Voraussetzungen kann dem Verletzten auf seinen Antrag ein psychosozialer Prozessbegleiter beigeordnet werden, wenn die besondere Schutzbedürftigkeit des Verletzten dies erfordert. [3]Die Beiordnung ist für den Verletzten kostenfrei. [4]Für die Beiordnung gilt § 142 Absatz 5 Satz 1 und 3 entsprechend. [5]Im Vorverfahren entscheidet das nach § 162 zuständige Gericht.

(4) [1]Einem nicht beigeordneten psychosozialen Prozessbegleiter kann die Anwesenheit bei einer Vernehmung des Verletzten untersagt werden, wenn dies den Untersuchungszweck gefährden könnte. [2]Die

Entscheidung trifft die die Vernehmung leitende Person; die Entscheidung ist nicht anfechtbar. [3]Die Gründe einer Ablehnung sind aktenkundig zu machen.

§ 406h Beistand des nebenklageberechtigten Verletzten

(1) [1]Nach § 395 zum Anschluss mit der Nebenklage Befugte können sich auch vor Erhebung der öffentlichen Klage und ohne Erklärung eines Anschlusses eines Rechtsanwalts als Beistand bedienen oder sich durch einen solchen vertreten lassen. [2]Sie sind zur Anwesenheit in der Hauptverhandlung berechtigt, auch wenn sie als Zeugen vernommen werden sollen. [3]Ist zweifelhaft, ob eine Person nebenklagebefugt ist, entscheidet über das Anwesenheitsrecht das Gericht nach Anhörung der Person und der Staatsanwaltschaft; die Entscheidung ist unanfechtbar.

(2) [1]Der Rechtsanwalt des Nebenklagebefugten ist zur Anwesenheit in der Hauptverhandlung berechtigt; Absatz 1 Satz 3 gilt entsprechend. [2]Er ist vom Termin der Hauptverhandlung zu benachrichtigen, wenn seine Wahl dem Gericht angezeigt oder er als Beistand bestellt wurde. [3]Die Sätze 1 und 2 gelten bei richterlichen Vernehmungen und der Einnahme richterlichen Augenscheins entsprechend, es sei denn, dass die Anwesenheit oder die Benachrichtigung des Rechtsanwalts den Untersuchungszweck gefährden könnte. [4]Nach richterlichen Vernehmungen ist dem Rechtsanwalt Gelegenheit zu geben, sich dazu zu erklären oder Fragen an die vernommene Person zu stellen. [5]Ungeeignete oder nicht zur Sache gehörende Fragen oder Erklärungen können zurückgewiesen werden. [6]§ 241a gilt entsprechend.

(3) Die §§ 397a und 397b gelten entsprechend für

1. die Bestellung eines Rechtsanwalts und
2. die Bewilligung von Prozesskostenhilfe für die Hinzuziehung eines Rechtsanwalts.

[2]Im vorbereitenden Verfahren entscheidet das nach § 162 zuständige Gericht.

(4) [1]Auf Antrag dessen, der zum Anschluß als Nebenkläger berechtigt ist, kann in den Fällen des § 397a Abs. 2 einstweilen ein Rechtsanwalt als Beistand bestellt werden, wenn

1. dies aus besonderen Gründen geboten ist,
2. die Mitwirkung eines Beistands eilbedürftig ist und
3. die Bewilligung von Prozeßkostenhilfe möglich erscheint, eine rechtzeitige Entscheidung hierüber aber nicht zu erwarten ist.

[2]Für die Bestellung gelten § 142 Absatz 5 Satz 1 und 3 und § 162 entsprechend. [3]Die Bestellung endet, wenn nicht innerhalb einer vom Richter zu bestimmenden Frist ein Antrag auf Bewilligung von Prozeßkostenhilfe gestellt oder wenn die Bewilligung von Prozeßkostenhilfe abgelehnt wird.

§ 406i Unterrichtung des Verletzten über seine Befugnisse im Strafverfahren

(1) Verletzte sind möglichst frühzeitig, regelmäßig schriftlich und soweit möglich in einer für sie verständlichen Sprache über ihre aus den §§ 406d bis 406h folgenden Befugnisse im Strafverfahren zu unterrichten und insbesondere auch auf Folgendes hinzuweisen:

1. sie können nach Maßgabe des § 158 eine Straftat zur Anzeige bringen oder einen Strafantrag stellen;
2. sie können sich unter den Voraussetzungen der §§ 395 und 396 oder des § 80 Absatz 3 des Jugendgerichtsgesetzes der erhobenen öffentlichen Klage mit der Nebenklage anschließen und dabei
   a) nach § 397a beantragen, dass ihnen ein anwaltlicher Beistand bestellt oder für dessen Hinzuziehung Prozesskostenhilfe bewilligt wird,
   b) nach Maßgabe des § 397 Absatz 3 und der §§ 185 und 187 des Gerichtsverfassungsgesetzes einen Anspruch auf Dolmetschung und Übersetzung im Strafverfahren geltend machen;
3. sie können einen aus der Straftat erwachsenen vermögensrechtlichen Anspruch nach Maßgabe der §§ 403 bis 406c und des § 81 des Jugendgerichtsgesetzes im Strafverfahren geltend machen;
4. sie können, soweit sie als Zeugen von der Staatsanwaltschaft oder dem Gericht vernommen werden, einen Anspruch auf Entschädigung nach Maßgabe des Justizvergütungs- und -entschädigungsgesetzes geltend machen;
5. sie können nach Maßgabe des § 155a eine Wiedergutmachung im Wege eines Täter-Opfer-Ausgleichs erreichen.

(2) Liegen Anhaltspunkte für eine besondere Schutzbedürftigkeit des Verletzten vor, soll der Verletzte im weiteren Verfahren an geeigneter Stelle auf die Vorschriften hingewiesen werden, die seinem Schutze dienen, insbesondere auf § 68a Absatz 1, die §§ 247 und 247a sowie die §§ 171b und 172 Nummer 1a des Gerichtsverfassungsgesetzes.

(3) Minderjährige Verletzte und ihre Vertreter sollten darüber hinaus im weiteren Verfahren an geeigneter Stelle auf die Vorschriften hingewiesen werden, die ihrem Schutze dienen, insbesondere auf die §§ 58a und 255a Absatz 2, wenn die Anwendung dieser Vorschriften in Betracht kommt, sowie auf § 241a.

§ 406j Unterrichtung des Verletzten über seine Befugnisse außerhalb des Strafverfahrens

Verletzte sind möglichst frühzeitig, regelmäßig schriftlich und soweit möglich in einer für sie verständlichen Sprache über folgende Befugnisse zu unterrichten, die sie außerhalb des Strafverfahrens haben:

1. sie können einen aus der Straftat erwachsenen vermögensrechtlichen Anspruch, soweit er nicht nach Maßgabe der §§ 403 bis 406c und des § 81 des Jugendgerichtsgesetzes im Strafverfahren geltend gemacht wird, auf dem Zivilrechtsweg geltend machen und dabei beantragen, dass ihnen für die Hinzuziehung eines anwaltlichen Beistands Prozesskostenhilfe bewilligt wird;
2. sie können nach Maßgabe des Gewaltschutzgesetzes den Erlass von Anordnungen gegen den Beschuldigten beantragen;
3. sie können nach Maßgabe des Vierzehnten Buches Sozialgesetzbuch einen Anspruch auf Soziale Entschädigung geltend machen;
4. sie können nach Maßgabe von Verwaltungsvorschriften des Bundes oder der Länder gegebenenfalls Entschädigungsansprüche geltend machen;
5. sie können Unterstützung und Hilfe durch Opferhilfeeinrichtungen erhalten, etwa
   a) in Form einer Beratung,
   b) durch Bereitstellung oder Vermittlung einer Unterkunft in einer Schutzeinrichtung oder
   c) durch Vermittlung von therapeutischen Angeboten wie medizinischer oder psychologischer Hilfe oder weiteren verfügbaren Unterstützungsangeboten im psychosozialen Bereich.

§ 406k Weitere Informationen

(1) Die Informationen nach den §§ 406i und 406j sollen jeweils Angaben dazu enthalten,

1. an welche Stellen sich die Verletzten wenden können, um die beschriebenen Möglichkeiten wahrzunehmen, und
2. wer die beschriebenen Angebote gegebenenfalls erbringt.

(2) [1]Liegen die Voraussetzungen einer bestimmten Befugnis im Einzelfall offensichtlich nicht vor, kann die betreffende Unterrichtung unterbleiben. [2]Gegenüber Verletzten, die keine zustellungsfähige Anschrift angegeben haben, besteht keine schriftliche Hinweispflicht.

§ 406l Befugnisse von Angehörigen und Erben von Verletzten

§ 406i Absatz 1 sowie die §§ 406j und 406k gelten auch für Angehörige und Erben von Verletzten, soweit ihnen die entsprechenden Befugnisse zustehen.

Sechstes Buch
Besondere Arten des Verfahrens

Erster Abschnitt
Verfahren bei Strafbefehlen

§ 407 Zulässigkeit

(1) [1]Im Verfahren vor dem Strafrichter und im Verfahren, das zur Zuständigkeit des Schöffengerichts gehört, können bei Vergehen auf schriftlichen Antrag der Staatsanwaltschaft die Rechtsfolgen der Tat durch schriftlichen Strafbefehl ohne Hauptverhandlung festgesetzt werden. [2]Die Staatsanwaltschaft stellt diesen Antrag, wenn sie nach dem Ergebnis der Ermittlungen eine Hauptverhandlung nicht für erforderlich erachtet. [3]Der Antrag ist auf bestimmte Rechtsfolgen zu richten. [4]Durch ihn wird die öffentliche Klage erhoben.

(2) [1]Durch Strafbefehl dürfen nur die folgenden Rechtsfolgen der Tat, allein oder nebeneinander, festgesetzt werden:

1. Geldstrafe, Verwarnung mit Strafvorbehalt, Fahrverbot, Einziehung, Vernichtung, Unbrauchbarmachung, Bekanntgabe der Verurteilung und Geldbuße gegen eine juristische Person oder Personenvereinigung,
2. Entziehung der Fahrerlaubnis, bei der die Sperre nicht mehr als zwei Jahre beträgt,

2a. Verbot des Haltens oder Betreuens von sowie des Handels oder des sonstigen berufsmäßigen Umgangs mit Tieren jeder oder einer bestimmten Art für die Dauer von einem Jahr bis zu drei Jahren sowie

3. Absehen von Strafe.

[2]Hat der Angeschuldigte einen Verteidiger, so kann auch Freiheitsstrafe bis zu einem Jahr festgesetzt werden, wenn deren Vollstreckung zur Bewährung ausgesetzt wird.

(3) Der vorherigen Anhörung des Angeschuldigten durch das Gericht (§ 33 Abs. 3) bedarf es nicht.

§ 408 Richterliche Entscheidung über einen Strafbefehlsantrag

(1) [1]Hält der Vorsitzende des Schöffengerichts die Zuständigkeit des Strafrichters für begründet, so gibt er die Sache durch Vermittlung der Staatsanwaltschaft an diesen ab; der Beschluß ist für den Strafrichter bindend, der Staatsanwaltschaft steht sofortige Beschwerde zu. [2]Hält der Strafrichter die Zuständigkeit des Schöffengerichts für begründet, so legt er die Akten durch Vermittlung der Staatsanwaltschaft dessen Vorsitzenden zur Entscheidung vor.

(2) [1]Erachtet der Richter den Angeschuldigten nicht für hinreichend verdächtig, so lehnt er den Erlaß eines Strafbefehls ab. [2]Die Entscheidung steht dem Beschluß gleich, durch den die Eröffnung des Hauptverfahrens abgelehnt worden ist (§§ 204, 210 Abs. 2, § 211).

(3) [1]Der Richter hat dem Antrag der Staatsanwaltschaft zu entsprechen, wenn dem Erlaß des Strafbefehls keine Bedenken entgegenstehen. [2]Er beraumt Hauptverhandlung an, wenn er Bedenken hat, ohne eine solche zu entscheiden, oder wenn er von der rechtlichen Beurteilung im Strafbefehlsantrag abweichen oder eine andere als die beantragte Rechtsfolge festsetzen will und die Staatsanwaltschaft bei ihrem Antrag beharrt. [3]Mit der Ladung ist dem Angeklagten eine Abschrift des Strafbefehlsantrags ohne die beantragte Rechtsfolge mitzuteilen.

§ 408a Strafbefehlsantrag nach Eröffnung des Hauptverfahrens

(1) [1]Ist das Hauptverfahren bereits eröffnet, so kann im Verfahren vor dem Strafrichter und dem Schöffengericht die Staatsanwaltschaft einen Strafbefehlsantrag stellen, wenn die Voraussetzungen des § 407 Abs. 1 Satz 1 und 2 vorliegen und wenn der Durchführung einer Hauptverhandlung das Ausbleiben oder die Abwesenheit des Angeklagten oder ein anderer wichtiger Grund entgegensteht. [2]In der Hauptverhandlung kann der Staatsanwalt den Antrag mündlich stellen; der wesentliche Inhalt des Strafbefehlsantrages ist in das Sitzungsprotokoll aufzunehmen. [3]§ 407 Abs. 1 Satz 4, § 408 finden keine Anwendung.

(2) [1]Der Richter hat dem Antrag zu entsprechen, wenn die Voraussetzungen des § 408 Abs. 3 Satz 1 vorliegen. [2]Andernfalls lehnt er den Antrag durch unanfechtbaren Beschluß ab und setzt das Hauptverfahren fort.

§ 408b Bestellung eines Verteidigers bei beantragter Freiheitsstrafe

Erwägt der Richter, dem Antrag der Staatsanwaltschaft auf Erlaß eines Strafbefehls mit der in § 407 Abs. 2 Satz 2 genannten Rechtsfolge zu entsprechen, so bestellt er dem Angeschuldigten, der noch keinen Verteidiger hat, einen Pflichtverteidiger.

§ 409 Inhalt des Strafbefehls

(1) [1]Der Strafbefehl enthält

1. die Angaben zur Person des Angeklagten und etwaiger Nebenbeteiligter,
2. den Namen des Verteidigers,
3. die Bezeichnung der Tat, die dem Angeklagten zur Last gelegt wird, Zeit und Ort ihrer Begehung und die Bezeichnung der gesetzlichen Merkmale der Straftat,
4. die angewendeten Vorschriften nach Paragraph, Absatz, Nummer, Buchstabe und mit der Bezeichnung des Gesetzes,
5. die Beweismittel,
6. die Festsetzung der Rechtsfolgen,
7. die Belehrung über die Möglichkeit des Einspruchs und die dafür vorgeschriebene Frist und Form sowie den Hinweis, daß der Strafbefehl rechtskräftig und vollstreckbar wird, soweit gegen ihn kein Einspruch nach § 410 eingelegt wird.

[2]Wird gegen den Angeklagten eine Freiheitsstrafe verhängt, wird er mit Strafvorbehalt verwarnt oder wird gegen ihn ein Fahrverbot angeordnet, so ist er zugleich nach § 268a Abs. 3 oder § 268c Satz 1 zu belehren. [3]§ 267 Abs. 6 Satz 2 gilt entsprechend.

(2) Der Strafbefehl wird auch dem gesetzlichen Vertreter des Angeklagten mitgeteilt.

§ 410 Einspruch; Form und Frist des Einspruchs; Rechtskraft

(1) [1]Der Angeklagte kann gegen den Strafbefehl innerhalb von zwei Wochen nach Zustellung bei dem Gericht, das den Strafbefehl erlassen hat, schriftlich oder zu Protokoll der Geschäftsstelle Einspruch einlegen. [2]Die §§ 297 bis 300 und § 302 Abs. 1 Satz 1, Abs. 2 gelten entsprechend.

(2) Der Einspruch kann auf bestimmte Beschwerdepunkte beschränkt werden.

(3) Soweit gegen einen Strafbefehl nicht rechtzeitig Einspruch erhoben worden ist, steht er einem rechtskräftigen Urteil gleich.

§ 411 Verwerfung wegen Unzulässigkeit; Termin zur Hauptverhandlung

(1) [1]Ist der Einspruch verspätet eingelegt oder sonst unzulässig, so wird er ohne Hauptverhandlung durch Beschluß verworfen; gegen den Beschluß ist sofortige Beschwerde zulässig. [2]Andernfalls wird Termin

zur Hauptverhandlung anberaumt. [3]Hat der Angeklagte seinen Einspruch auf die Höhe der Tagessätze einer festgesetzten Geldstrafe beschränkt, kann das Gericht mit Zustimmung des Angeklagten, des Verteidigers und der Staatsanwaltschaft ohne Hauptverhandlung durch Beschluss entscheiden; von der Festsetzung im Strafbefehl darf nicht zum Nachteil des Angeklagten abgewichen werden; gegen den Beschluss ist sofortige Beschwerde zulässig.

(2) [1]Der Angeklagte kann sich in der Hauptverhandlung durch einen Verteidiger mit nachgewiesener Vertretungsvollmacht vertreten lassen. [2]§ 420 ist anzuwenden.

(3) [1]Die Klage und der Einspruch können bis zur Verkündung des Urteils im ersten Rechtszug zurückgenommen werden. [2]§ 303 gilt entsprechend. [3]Ist der Strafbefehl im Verfahren nach § 408a erlassen worden, so kann die Klage nicht zurückgenommen werden.

(4) Bei der Urteilsfällung ist das Gericht an den im Strafbefehl enthaltenen Ausspruch nicht gebunden, soweit Einspruch eingelegt ist.

§ 412 Ausbleiben des Angeklagten; Einspruchsverwerfung

[1]§ 329 Absatz 1, 3, 6 und 7 ist entsprechend anzuwenden. [2]Hat der gesetzliche Vertreter Einspruch eingelegt, so ist auch § 330 entsprechend anzuwenden.

Zweiter Abschnitt
Sicherungsverfahren

§ 413 Zulässigkeit

Führt die Staatsanwaltschaft das Strafverfahren wegen Schuldunfähigkeit oder Verhandlungsunfähigkeit des Täters nicht durch, so kann sie den Antrag stellen, Maßregeln der Besserung und Sicherung sowie als Nebenfolge die Einziehung selbständig anzuordnen, wenn dies gesetzlich zulässig ist und die Anordnung nach dem Ergebnis der Ermittlungen zu erwarten ist (Sicherungsverfahren).

§ 414 Verfahren; Antragsschrift

(1) Für das Sicherungsverfahren gelten sinngemäß die Vorschriften über das Strafverfahren, soweit nichts anderes bestimmt ist.

(2) [1]Der Antrag steht der öffentlichen Klage gleich. [2]An die Stelle der Anklageschrift tritt eine Antragsschrift, die den Erfordernissen der Anklageschrift entsprechen muß. [3]In der Antragsschrift ist die Maßregel der Besserung und Sicherung zu bezeichnen, deren Anordnung die Staatsanwaltschaft beantragt. [4]Wird im Urteil eine Maßregel der Besserung und Sicherung nicht angeordnet, so ist auf Ablehnung des Antrages zu erkennen.

(3) Im Vorverfahren soll einem Sachverständigen Gelegenheit zur Vorbereitung des in der Hauptverhandlung zu erstattenden Gutachtens gegeben werden.

§ 415 Hauptverhandlung ohne Beschuldigten

(1) Ist im Sicherungsverfahren das Erscheinen des Beschuldigten vor Gericht wegen seines Zustandes unmöglich oder aus Gründen der öffentlichen Sicherheit oder Ordnung unangebracht, so kann das Gericht die Hauptverhandlung durchführen, ohne daß der Beschuldigte zugegen ist.

(2) [1]In diesem Falle ist der Beschuldigte vor der Hauptverhandlung durch einen beauftragten Richter unter Zuziehung eines Sachverständigen zu vernehmen. [2]Von dem Vernehmungstermin sind die Staatsanwaltschaft, der Beschuldigte, der Verteidiger und der gesetzliche Vertreter zu benachrichtigen. [3]Der Anwesenheit des Staatsanwalts, des Verteidigers und des gesetzlichen Vertreters bei der Vernehmung bedarf es nicht.

(3) Fordert es die Rücksicht auf den Zustand des Beschuldigten oder ist eine ordnungsgemäße Durchführung der Hauptverhandlung sonst nicht möglich, so kann das Gericht im Sicherungsverfahren nach der Vernehmung des Beschuldigten zur Sache die Hauptverhandlung durchführen, auch wenn der Beschuldigte nicht oder nur zeitweise zugegen ist.

(4) [1]Soweit eine Hauptverhandlung ohne den Beschuldigten stattfindet, können seine früheren Erklärungen, die in einem richterlichen Protokoll enthalten sind, verlesen werden. [2]Das Protokoll über die Vorvernehmung nach Absatz 2 Satz 1 ist zu verlesen.

(5) [1]In der Hauptverhandlung ist ein Sachverständiger über den Zustand des Beschuldigten zu vernehmen. [2]Hat der Sachverständige den Beschuldigten nicht schon früher untersucht, so soll ihm dazu vor der Hauptverhandlung Gelegenheit gegeben werden.

§ 416 Übergang in das Strafverfahren

(1) [1]Ergibt sich im Sicherungsverfahren nach Eröffnung des Hauptverfahrens die Schuldfähigkeit des Beschuldigten und ist das Gericht für das Strafverfahren nicht zuständig, so spricht es durch Beschluß

seine Unzuständigkeit aus und verweist die Sache an das zuständige Gericht. [2]§ 270 Abs. 2 und 3 gilt entsprechend.

(2) [1]Ergibt sich im Sicherungsverfahren nach Eröffnung des Hauptverfahrens die Schuldfähigkeit des Beschuldigten und ist das Gericht auch für das Strafverfahren zuständig, so ist der Beschuldigte auf die veränderte Rechtslage hinzuweisen und ihm Gelegenheit zur Verteidigung zu geben. [2]Behauptet er, auf die Verteidigung nicht genügend vorbereitet zu sein, so ist auf seinen Antrag die Hauptverhandlung auszusetzen. [3]Ist auf Grund des § 415 in Abwesenheit des Beschuldigten verhandelt worden, so sind diejenigen Teile der Hauptverhandlung zu wiederholen, bei denen der Beschuldigte nicht zugegen war.

(3) Die Absätze 1 und 2 gelten entsprechend, wenn sich im Sicherungsverfahren nach Eröffnung des Hauptverfahrens ergibt, daß der Beschuldigte verhandlungsfähig ist und das Sicherungsverfahren wegen seiner Verhandlungsunfähigkeit durchgeführt wird.

Abschnitt 2a

Beschleunigtes Verfahren

§ 417 Zulässigkeit

Im Verfahren vor dem Strafrichter und dem Schöffengericht stellt die Staatsanwaltschaft schriftlich oder mündlich den Antrag auf Entscheidung im beschleunigten Verfahren, wenn die Sache auf Grund des einfachen Sachverhalts oder der klaren Beweislage zur sofortigen Verhandlung geeignet ist.

§ 418 Durchführung der Hauptverhandlung

(1) [1]Stellt die Staatsanwaltschaft den Antrag, so wird die Hauptverhandlung sofort oder in kurzer Frist durchgeführt, ohne daß es einer Entscheidung über die Eröffnung des Hauptverfahrens bedarf. [2]Zwischen dem Eingang des Antrags bei Gericht und dem Beginn der Hauptverhandlung sollen nicht mehr als sechs Wochen liegen.

(2) [1]Der Beschuldigte wird nur dann geladen, wenn er sich nicht freiwillig zur Hauptverhandlung stellt oder nicht dem Gericht vorgeführt wird. [2]Mit der Ladung wird ihm mitgeteilt, was ihm zur Last gelegt wird. [3]Die Ladungsfrist beträgt vierundzwanzig Stunden.

(3) [1]Der Einreichung einer Anklageschrift bedarf es nicht. [2]Wird eine solche nicht eingereicht, so wird die Anklage bei Beginn der Hauptverhandlung mündlich erhoben und ihr wesentlicher Inhalt in das Sitzungsprotokoll aufgenommen. [3]§ 408a gilt entsprechend.

(4) Ist eine Freiheitsstrafe von mindestens sechs Monaten zu erwarten, so wird dem Beschuldigten, der noch keinen Verteidiger hat, für das beschleunigte Verfahren vor dem Amtsgericht ein Verteidiger bestellt.

§ 419 Entscheidung des Gerichts; Strafmaß

(1) [1]Der Strafrichter oder das Schöffengericht hat dem Antrag zu entsprechen, wenn sich die Sache zur Verhandlung in diesem Verfahren eignet. [2]Eine höhere Freiheitsstrafe als Freiheitsstrafe von einem Jahr oder eine Maßregel der Besserung und Sicherung darf in diesem Verfahren nicht verhängt werden. [3]Die Entziehung der Fahrerlaubnis ist zulässig.

(2) [1]Die Entscheidung im beschleunigten Verfahren kann auch in der Hauptverhandlung bis zur Verkündung des Urteils abgelehnt werden. [2]Der Beschluß ist nicht anfechtbar.

(3) Wird die Entscheidung im beschleunigten Verfahren abgelehnt, so beschließt das Gericht die Eröffnung des Hauptverfahrens, wenn der Angeschuldigte einer Straftat hinreichend verdächtig erscheint (§ 203); wird nicht eröffnet und die Entscheidung im beschleunigten Verfahren abgelehnt, so kann von der Einreichung einer neuen Anklageschrift abgesehen werden.

§ 420 Beweisaufnahme

(1) Die Vernehmung eines Zeugen, Sachverständigen oder Mitbeschuldigten darf durch Verlesung von Protokollen über eine frühere Vernehmung sowie von Urkunden, die eine von ihnen erstellte Äußerung enthalten, ersetzt werden.

(2) Erklärungen von Behörden und sonstigen Stellen über ihre dienstlichen Wahrnehmungen, Untersuchungen und Erkenntnisse sowie über diejenigen ihrer Angehörigen dürfen auch dann verlesen werden, wenn die Voraussetzungen des § 256 nicht vorliegen.

(3) Das Verfahren nach den Absätzen 1 und 2 bedarf der Zustimmung des Angeklagten, des Verteidigers und der Staatsanwaltschaft, soweit sie in der Hauptverhandlung anwesend sind.

(4) Im Verfahren vor dem Strafrichter bestimmt dieser unbeschadet des § 244 Abs. 2 den Umfang der Beweisaufnahme.

Dritter Abschnitt

Verfahren bei Einziehung und Vermögensbeschlagnahme

§ 421 Absehen von der Einziehung

(1) Das Gericht kann mit Zustimmung der Staatsanwaltschaft von der Einziehung absehen, wenn

1. das Erlangte nur einen geringen Wert hat,
2. die Einziehung nach den §§ 74 und 74c des Strafgesetzbuchs neben der zu erwartenden Strafe oder Maßregel der Besserung und Sicherung nicht ins Gewicht fällt oder
3. das Verfahren, soweit es die Einziehung betrifft, einen unangemessenen Aufwand erfordern oder die Herbeiführung der Entscheidung über die anderen Rechtsfolgen der Tat unangemessen erschweren würde.

(2) [1]Das Gericht kann die Wiedereinbeziehung in jeder Lage des Verfahrens anordnen. [2]Einem darauf gerichteten Antrag der Staatsanwaltschaft hat es zu entsprechen. [3]§ 265 gilt entsprechend.

(3) [1]Im vorbereitenden Verfahren kann die Staatsanwaltschaft das Verfahren auf die anderen Rechtsfolgen beschränken. [2]Die Beschränkung ist aktenkundig zu machen.

§ 422 Abtrennung der Einziehung

[1]Würde die Herbeiführung einer Entscheidung über die Einziehung nach den §§ 73 bis 73c des Strafgesetzbuches die Entscheidung über die anderen Rechtsfolgen der Tat unangemessen erschweren oder verzögern, kann das Gericht das Verfahren über die Einziehung abtrennen. [2]Das Gericht kann die Verbindung in jeder Lage des Verfahrens wieder anordnen.

§ 423 Einziehung nach Abtrennung

(1) [1]Trennt das Gericht das Verfahren nach § 422 ab, trifft es die Entscheidung über die Einziehung nach der Rechtskraft des Urteils in der Hauptsache. [2]Das Gericht ist an die Entscheidung in der Hauptsache und die tatsächlichen Feststellungen, auf denen diese beruht, gebunden.

(2) Die Entscheidung über die Einziehung soll spätestens sechs Monate nach dem Eintritt der Rechtskraft des Urteils in der Hauptsache getroffen werden.

(3) [1]Das Gericht entscheidet durch Beschluss. [2]Die Entscheidung ist mit sofortiger Beschwerde anfechtbar.

(4) [1]Abweichend von Absatz 3 kann das Gericht anordnen, dass die Entscheidung auf Grund mündlicher Verhandlung durch Urteil ergeht. [2]Das Gericht muss die Anordnung nach Satz 1 treffen, wenn die Staatsanwaltschaft oder derjenige, gegen den sich die Einziehung richtet, dies beantragt. [3]Die §§ 324 und 427 bis 431 gelten entsprechend; ergänzend finden die Vorschriften über die Hauptverhandlung entsprechende Anwendung.

§ 424 Einziehungsbeteiligte am Strafverfahren

(1) Richtet sich die Einziehung gegen eine Person, die nicht Beschuldigter ist, so wird sie auf Anordnung des Gerichts am Strafverfahren beteiligt, soweit dieses die Einziehung betrifft (Einziehungsbeteiligter).

(2) [1]Die Anordnung der Verfahrensbeteiligung unterbleibt, wenn derjenige, der von ihr betroffen wäre, erklärt, dass er gegen die Einziehung des Gegenstandes keine Einwendungen vorbringen wolle. [2]Die Erklärung ist schriftlich abzugeben oder von dem Gericht, der Staatsanwaltschaft oder ihren Ermittlungspersonen in Gegenwart des Betroffenen zu protokollieren oder auf sonstige Weise zu dokumentieren. [3]War die Anordnung zum Zeitpunkt der Erklärung bereits ergangen, wird sie aufgehoben.

(3) Die Verfahrensbeteiligung kann bis zum Ausspruch der Einziehung und, wenn eine zulässige Berufung eingelegt ist, bis zur Beendigung der Schlussvorträge im Berufungsverfahren angeordnet werden.

(4) [1]Der Beschluss, durch den die Verfahrensbeteiligung angeordnet wird, kann nicht angefochten werden. [2]Wird die Verfahrensbeteiligung abgelehnt, ist sofortige Beschwerde zulässig.

(5) Durch die Verfahrensbeteiligung wird der Fortgang des Verfahrens nicht aufgehalten.

§ 425 Absehen von der Verfahrensbeteiligung

(1) In den Fällen der §§ 74a und 74b des Strafgesetzbuches kann das Gericht von der Anordnung der Verfahrensbeteiligung absehen, wenn wegen bestimmter Tatsachen anzunehmen ist, dass sie nicht ausgeführt werden kann.

(2) [1]Absatz 1 gilt entsprechend, wenn

1. eine Partei, Vereinigung oder Einrichtung außerhalb des räumlichen Geltungsbereichs dieses Gesetzes zu beteiligen wäre, die Bestrebungen gegen den Bestand oder die Sicherheit der Bundesrepublik Deutschland oder gegen einen der in § 92 Absatz 2 des Strafgesetzbuches bezeichneten Verfassungsgrundsätze verfolgt, und

2. den Umständen nach anzunehmen ist, dass diese Partei, Vereinigung oder Einrichtung oder einer ihrer Mittelsmänner den Gegenstand zur Förderung ihrer Bestrebungen zur Verfügung gestellt hat.

[2]Vor der Entscheidung über die Einziehung des Gegenstandes ist der Besitzer der Sache oder der zur Verfügung über das Recht Befugte zu hören, wenn dies ausführbar ist.

§ 426 Anhörung von möglichen Einziehungsbeteiligten im vorbereitenden Verfahren

(1) [1]Ergeben sich im vorbereitenden Verfahren Anhaltspunkte dafür, dass jemand als Einziehungsbeteiligter in Betracht kommt, ist er zu hören. [2]Dies gilt nur, wenn die Anhörung ausführbar erscheint. [3]§ 425 Absatz 2 gilt entsprechend.

(2) Erklärt derjenige, der als Einziehungsbeteiligter in Betracht kommt, dass er gegen die Einziehung Einwendungen vorbringen wolle, gelten im Fall seiner Vernehmung die Vorschriften über die Vernehmung des Beschuldigten insoweit entsprechend, als seine Verfahrensbeteiligung in Betracht kommt.

§ 427 Befugnisse des Einziehungsbeteiligten im Hauptverfahren

(1) [1]Von der Eröffnung des Hauptverfahrens an hat der Einziehungsbeteiligte, soweit dieses Gesetz nichts anderes bestimmt, die Befugnisse, die einem Angeklagten zustehen. [2]Im beschleunigten Verfahren gilt dies vom Beginn der Hauptverhandlung, im Strafbefehlsverfahren vom Erlass des Strafbefehls an.

(2) [1]Das Gericht kann zur Aufklärung des Sachverhalts das persönliche Erscheinen des Einziehungsbeteiligten anordnen. [2]Bleibt der Einziehungsbeteiligte, dessen persönliches Erscheinen angeordnet ist, ohne genügende Entschuldigung aus, so kann das Gericht seine Vorführung anordnen, wenn er unter Hinweis auf diese Möglichkeit durch Zustellung geladen worden ist.

§ 428 Vertretung des Einziehungsbeteiligten

(1) [1]Der Einziehungsbeteiligte kann sich in jeder Lage des Verfahrens durch einen Rechtsanwalt mit nachgewiesener Vertretungsvollmacht vertreten lassen. [2]Die für die Verteidigung geltenden Vorschriften der §§ 137 bis 139, 145a bis 149 und 218 sind entsprechend anzuwenden.

(2) [1]Der Vorsitzende bestellt dem Einziehungsbeteiligten auf Antrag oder von Amts wegen einen Rechtsanwalt, wenn wegen der Schwierigkeit der Sach- oder Rechtslage, soweit sie die Einziehung betrifft, die Mitwirkung eines Rechtsanwalts geboten erscheint oder wenn ersichtlich ist, dass der Einziehungsbeteiligte seine Rechte nicht selbst wahrnehmen kann. [2]Dem Antrag eines seh-, hör- oder sprachbehinderten Einziehungsbeteiligten ist zu entsprechen.

(3) Für das vorbereitende Verfahren gilt Absatz 1 entsprechend.

§ 429 Terminsnachricht an den Einziehungsbeteiligten

(1) Dem Einziehungsbeteiligten wird der Termin zur Hauptverhandlung durch Zustellung bekanntgemacht; § 40 gilt entsprechend.

(2) Mit der Terminsnachricht wird dem Einziehungsbeteiligten, soweit er an dem Verfahren beteiligt ist, die Anklageschrift und in den Fällen des § 207 Absatz 2 der Eröffnungsbeschluss mitgeteilt.

(3) Zugleich wird der Einziehungsbeteiligte darauf hingewiesen, dass

1. auch ohne ihn verhandelt werden kann,
2. er sich durch einen Rechtsanwalt mit nachgewiesener Vertretungsvollmacht vertreten lassen kann und
3. über die Einziehung auch ihm gegenüber entschieden wird.

§ 430 Stellung in der Hauptverhandlung

(1) [1]Bleibt der Einziehungsbeteiligte in der Hauptverhandlung trotz ordnungsgemäßer Terminsnachricht aus, kann ohne ihn verhandelt werden; § 235 ist nicht anzuwenden. [2]Gleiches gilt, wenn sich der Einziehungsbeteiligte aus der Hauptverhandlung entfernt oder bei der Fortsetzung einer unterbrochenen Hauptverhandlung ausbleibt.

(2) Auf Beweisanträge des Einziehungsbeteiligten zur Frage der Schuld des Angeklagten ist § 244 Absatz 3 Satz 2, Absatz 4 bis 6 nicht anzuwenden.

(3) [1]Ordnet das Gericht die Einziehung eines Gegenstandes nach § 74b Absatz 1 des Strafgesetzbuches an, ohne dass eine Entschädigung nach § 74b Absatz 2 des Strafgesetzbuches zu gewähren ist, spricht es zugleich aus, dass dem Einziehungsbeteiligten eine Entschädigung nicht zusteht. [2]Dies gilt nicht, wenn das Gericht eine Entschädigung des Einziehungsbeteiligten nach § 74b Absatz 3 Satz 2 des Strafgesetzbuches für geboten hält; in diesem Fall entscheidet es zugleich über die Höhe der Entschädigung. [3]Das Gericht weist den Einziehungsbeteiligten zuvor auf die Möglichkeit einer solchen Entscheidung hin und gibt ihm Gelegenheit, sich zu äußern.

(4) [1]War der Einziehungsbeteiligte bei der Verkündung des Urteils nicht zugegen und auch nicht vertreten, so beginnt die Frist zur Einlegung eines Rechtsmittels mit der Zustellung der Urteilsformel an ihn. [2]Bei

der Zustellung des Urteils kann das Gericht anordnen, dass Teile des Urteils, welche die Einziehung nicht betreffen, ausgeschieden werden.

§ 431 Rechtsmittelverfahren

(1) [1]Im Rechtsmittelverfahren erstreckt sich die Prüfung, ob die Einziehung dem Einziehungsbeteiligten gegenüber gerechtfertigt ist, auf den Schuldspruch des angefochtenen Urteils nur, wenn der Einziehungsbeteiligte

1. insoweit Einwendungen vorbringt und
2. im vorausgegangenen Verfahren ohne sein Verschulden zum Schuldspruch nicht gehört worden ist.

[2]Erstreckt sich hiernach die Prüfung auch auf den Schuldspruch, legt das Gericht die zur Schuld getroffenen Feststellungen zugrunde, soweit nicht das Vorbringen des Einziehungsbeteiligten eine erneute Prüfung erfordert.

(2) Im Berufungsverfahren gilt Absatz 1 nicht, wenn zugleich auf ein Rechtsmittel eines anderen Beteiligten über den Schuldspruch zu entscheiden ist.

(3) Im Revisionsverfahren sind die Einwendungen gegen den Schuldspruch innerhalb der Begründungsfrist vorzubringen.

(4) [1]Wird nur die Entscheidung über die Höhe der Entschädigung angefochten, kann über das Rechtsmittel durch Beschluss entschieden werden, wenn die Beteiligten nicht widersprechen. [2]Das Gericht weist sie zuvor auf die Möglichkeit eines solchen Verfahrens und des Widerspruchs hin und gibt ihnen Gelegenheit, sich zu äußern.

§ 432 Einziehung durch Strafbefehl

(1) [1]Wird die Einziehung durch Strafbefehl angeordnet, so wird der Strafbefehl auch dem Einziehungsbeteiligten zugestellt, soweit er an dem Verfahren beteiligt ist. [2]§ 429 Absatz 3 Nummer 2 gilt entsprechend.

(2) Ist nur über den Einspruch des Einziehungsbeteiligten zu entscheiden, so gilt § 434 Absatz 2 und 3 entsprechend.

§ 433 Nachverfahren

(1) Ist die Einziehung rechtskräftig angeordnet worden und macht jemand glaubhaft, dass er seine Rechte als Einziehungsbeteiligter ohne sein Verschulden weder im Verfahren des ersten Rechtszuges noch im Berufungsverfahren hat wahrnehmen können, so kann er in einem Nachverfahren geltend machen, dass die Einziehung ihm gegenüber nicht gerechtfertigt sei.

(2) [1]Das Nachverfahren ist binnen eines Monats nach Ablauf des Tages zu beantragen, an dem der Antragsteller von der rechtskräftigen Entscheidung Kenntnis erlangt hat. [2]Der Antrag ist unzulässig, wenn seit Eintritt der Rechtskraft zwei Jahre verstrichen sind und die Vollstreckung beendet ist.

(3) [1]Durch den Antrag auf Durchführung des Nachverfahrens wird die Vollstreckung der Anordnung der Einziehung nicht gehemmt; das Gericht kann jedoch einen Aufschub sowie eine Unterbrechung der Vollstreckung anordnen. [2]Wird in den Fällen des § 73b des Strafgesetzbuches, auch in Verbindung mit § 73c des Strafgesetzbuches, unter den Voraussetzungen des Absatzes 1 ein Nachverfahren beantragt, sollen bis zu dessen Abschluss Vollstreckungsmaßnahmen gegen den Antragsteller unterbleiben.

(4) [1]Für den Umfang der Prüfung gilt § 431 Absatz 1 entsprechend. [2]Wird das vom Antragsteller behauptete Recht nicht erwiesen, ist der Antrag unbegründet.

(5) Vor der Entscheidung kann das Gericht unter den Voraussetzungen des § 421 Absatz 1 mit Zustimmung der Staatsanwaltschaft die Anordnung der Einziehung aufheben.

(6) Eine Wiederaufnahme des Verfahrens nach § 359 Nummer 5 zu dem Zweck, die Einwendungen nach Absatz 1 geltend zu machen, ist ausgeschlossen.

§ 434 Entscheidung im Nachverfahren

(1) Die Entscheidung über die Einziehung im Nachverfahren trifft das Gericht des ersten Rechtszuges.

(2) Das Gericht entscheidet durch Beschluss, gegen den sofortige Beschwerde zulässig ist.

(3) [1]Über einen zulässigen Antrag wird auf Grund mündlicher Verhandlung durch Urteil entschieden, wenn die Staatsanwaltschaft oder sonst der Antragsteller es beantragt oder das Gericht dies anordnet; die Vorschriften über die Hauptverhandlung gelten entsprechend. [2]Wer gegen das Urteil eine zulässige Berufung eingelegt hat, kann gegen das Berufungsurteil nicht mehr Revision einlegen.

(4) Ist durch Urteil entschieden, so gilt § 431 Absatz 4 entsprechend.

§ 435 Selbständiges Einziehungsverfahren

(1) [1]Die Staatsanwaltschaft und der Privatkläger können den Antrag stellen, die Einziehung selbständig anzuordnen, wenn dies gesetzlich zulässig und die Anordnung nach dem Ergebnis der Ermittlungen zu

erwarten ist. [2]Die Staatsanwaltschaft kann insbesondere von dem Antrag absehen, wenn das Erlangte nur einen geringen Wert hat oder das Verfahren einen unangemessenen Aufwand erfordern würde.

(2) [1]In dem Antrag ist der Gegenstand oder der Geldbetrag, der dessen Wert entspricht, zu bezeichnen. [2]Ferner ist anzugeben, welche Tatsachen die Zulässigkeit der selbständigen Einziehung begründen. [3]Im Übrigen gilt § 200 entsprechend.

(3) [1]Für das weitere Verfahren gelten die §§ 201 bis 204, 207, 210 und 211 entsprechend, soweit dies ausführbar ist. [2]Im Übrigen finden die §§ 424 bis 430 und 433 entsprechende Anwendung.

(4) [1]Für Ermittlungen, die ausschließlich der Durchführung des selbständigen Einziehungsverfahrens dienen, gelten sinngemäß die Vorschriften über das Strafverfahren. [2]Ermittlungsmaßnahmen, die nur gegen einen Beschuldigten zulässig sind, und verdeckte Maßnahmen im Sinne des § 101 Absatz 1 sind nicht zulässig.

§ 436 Entscheidung im selbständigen Einziehungsverfahren

(1) [1]Die Entscheidung über die selbständige Einziehung trifft das Gericht, das im Fall der Strafverfolgung einer bestimmten Person zuständig wäre. [2]Für die Entscheidung über die selbständige Einziehung ist örtlich zuständig auch das Gericht, in dessen Bezirk der Gegenstand sichergestellt worden ist.

(2) § 423 Absatz 1 Satz 2 und § 434 Absatz 2 bis 4 gelten entsprechend.

§ 437 Besondere Regelungen für das selbständige Einziehungsverfahren

[1]Bei der Entscheidung über die selbständige Einziehung nach § 76a Absatz 4 des Strafgesetzbuches kann das Gericht seine Überzeugung davon, dass der Gegenstand aus einer rechtswidrigen Tat herrührt, insbesondere auf ein grobes Missverhältnis zwischen dem Wert des Gegenstandes und den rechtmäßigen Einkünften des Betroffenen stützen. [2]Darüber hinaus kann es bei seiner Entscheidung insbesondere auch berücksichtigen

1. das Ergebnis der Ermittlungen zu der Tat, die Anlass für das Verfahren war,
2. die Umstände, unter denen der Gegenstand aufgefunden und sichergestellt worden ist, sowie
3. die sonstigen persönlichen und wirtschaftlichen Verhältnisse des Betroffenen.

§ 438 Nebenbetroffene am Strafverfahren

(1) [1]Ist über die Einziehung eines Gegenstandes zu entscheiden, ordnet das Gericht an, dass eine Person, die weder Angeschuldigte ist noch als Einziehungsbeteiligte in Betracht kommt, als Nebenbetroffene an dem Verfahren beteiligt wird, soweit es die Einziehung betrifft, wenn es glaubhaft erscheint, dass

1. dieser Person der Gegenstand gehört oder zusteht oder
2. diese Person an dem Gegenstand ein sonstiges Recht hat, dessen Erlöschen nach § 75 Absatz 2 Satz 2 und 3 des Strafgesetzbuches im Falle der Einziehung angeordnet werden könnte.

[2]Für die Anordnung der Verfahrensbeteiligung gelten § 424 Absatz 2 bis 5 und § 425 entsprechend.

(2) [1]Das Gericht kann anordnen, dass sich die Beteiligung nicht auf die Frage der Schuld des Angeschuldigten erstreckt, wenn

1. die Einziehung im Fall des Absatzes 1 Nummer 1 nur unter der Voraussetzung in Betracht kommt, dass der Gegenstand demjenigen gehört oder zusteht, gegen den sich die Einziehung richtet, oder
2. der Gegenstand nach den Umständen, welche die Einziehung begründen können, auch auf Grund von Rechtsvorschriften außerhalb des Strafrechts ohne Entschädigung dauerhaft entzogen werden könnte.

[2]§ 424 Absatz 4 Satz 2 gilt entsprechend.

(3) Im Übrigen gelten die §§ 426 bis 434 entsprechend mit der Maßgabe, dass in den Fällen des § 432 Absatz 2 und des § 433 das Gericht den Schuldspruch nicht nachprüft, wenn nach den Umständen, welche die Einziehung begründet haben, eine Anordnung nach Absatz 2 zulässig wäre.

§ 439 Der Einziehung gleichstehende Rechtsfolgen

Vernichtung, Unbrauchbarmachung und Beseitigung eines gesetzwidrigen Zustandes stehen im Sinne der §§ 421 bis 436 der Einziehung gleich.

§§ 440–442 *[aufgehoben]*

§ 443 Vermögensbeschlagnahme

(1) [1]Das im Geltungsbereich dieses Gesetzes befindliche Vermögen oder einzelne Vermögensgegenstände eines Beschuldigten, gegen den wegen einer Straftat nach

1. den §§ 81 bis 83 Abs. 1, § 89a oder § 89c Absatz 1 bis 4, den §§ 94 oder 96 Abs. 1, den §§ 97a oder 100, den §§ 129 oder 129a, auch in Verbindung mit § 129b Abs. 1, des Strafgesetzbuches,
2. einer in § 330 Abs. 1 Satz 1 des Strafgesetzbuches in Bezug genommenen Vorschrift unter der Voraussetzung, daß der Beschuldigte verdächtig ist, vorsätzlich Leib oder Leben eines anderen oder

fremde Sachen von bedeutendem Wert gefährdet zu haben, oder unter einer der in § 330 Abs. 1 Satz 2 Nr. 1 bis 3 des Strafgesetzbuches genannten Voraussetzungen oder nach § 330 Abs. 2, § 330a Abs. 1, 2 des Strafgesetzbuches,

3. den §§ 51, 52 Abs. 1 Nr. 1, 2 Buchstabe c und d, Abs. 5, 6 des Waffengesetzes, den §§ 17 und 18 des Außenwirtschaftsgesetzes, wenn die Tat vorsätzlich begangen wird, oder nach § 19 Abs. 1 bis 3, § 20 Abs. 1 oder 2, jeweils auch in Verbindung mit § 21, oder § 22a Abs. 1 bis 3 des Gesetzes über die Kontrolle von Kriegswaffen,
4. einer in § 29 Abs. 3 Satz 2 Nr. 1 des Betäubungsmittelgesetzes in Bezug genommenen Vorschrift unter den dort genannten Voraussetzungen oder einer Straftat nach den §§ 29a, 30 Abs. 1 Nr. 1, 2, 4, § 30a oder § 30b des Betäubungsmittelgesetzes,
5. einer in § 34 Absatz 3 Satz 2 Nummer 1, 3 oder Nummer 4 des Konsumcannabisgesetzes in Bezug genommenen Vorschrift unter den dort genannten Voraussetzungen oder einer Straftat nach § 34 Absatz 4 des Konsumcannabisgesetzes oder
6. einer in § 25 Absatz 4 Satz 2 Nummer 1, 3 oder Nummer 4 des Medizinal-Cannabisgesetzes in Bezug genommenen Vorschrift unter den dort genannten Voraussetzungen oder einer Straftat nach § 25 Absatz 5 des Medizinal-Cannabisgesetzes

die öffentliche Klage erhoben oder Haftbefehl erlassen worden ist, können mit Beschlag belegt werden. [2]Die Beschlagnahme umfaßt auch das Vermögen, das dem Beschuldigten später zufällt. [3]Die Beschlagnahme ist spätestens nach Beendigung der Hauptverhandlung des ersten Rechtszuges aufzuheben.

(2) [1]Die Beschlagnahme wird durch den Richter angeordnet. [2]Bei Gefahr im Verzug kann die Staatsanwaltschaft die Beschlagnahme vorläufig anordnen; die vorläufige Anordnung tritt außer Kraft, wenn sie nicht binnen drei Tagen vom Richter bestätigt wird.

(3) Die Vorschriften der §§ 291 bis 293 gelten entsprechend.

Vierter Abschnitt

Verfahren bei Festsetzung von Geldbußen gegen juristische Personen und Personenvereinigungen

§ 444 Verfahren

(1) [1]Ist im Strafverfahren über die Festsetzung einer Geldbuße gegen eine juristische Person oder eine Personenvereinigung zu entscheiden (§ 30 des Gesetzes über Ordnungswidrigkeiten), so ordnet das Gericht deren Beteiligung an dem Verfahren an, soweit es die Tat betrifft. [2]§ 424 Absatz 3 und 4 gilt entsprechend.

(2) [1]Die juristische Person oder die Personenvereinigung wird zur Hauptverhandlung geladen; bleibt ihr Vertreter ohne genügende Entschuldigung aus, so kann ohne sie verhandelt werden. [2]Für ihre Verfahrensbeteiligung gelten im übrigen die §§ 426 bis 428, 429 Absatz 2 und 3 Nummer 1, § 430 Absatz 2 und 4, § 431 Absatz 1 bis 3, § 432 Absatz 1 und, soweit nur über ihren Einspruch zu entscheiden ist, § 434 Absatz 2 und 3 sinngemäß.

(3) [1]Für das selbständige Verfahren gelten die §§ 435, 436 Absatz 1 und 2 in Verbindung mit § 434 Absatz 2 oder 3 sinngemäß. [2]Örtlich zuständig ist auch das Gericht, in dessen Bezirk die juristische Person oder die Personenvereinigung ihren Sitz oder eine Zweigniederlassung hat.

§§ 445 bis 448 (weggefallen)

Siebentes Buch

Strafvollstreckung und Kosten des Verfahrens

Erster Abschnitt

Strafvollstreckung

§ 449 Vollstreckbarkeit

Strafurteile sind nicht vollstreckbar, bevor sie rechtskräftig geworden sind.

§ 450 Anrechnung von Untersuchungshaft und Führerscheinentziehung

(1) Auf die zu vollstreckende Freiheitsstrafe ist unverkürzt die Untersuchungshaft anzurechnen, die der Angeklagte erlitten hat, seit er auf Einlegung eines Rechtsmittels verzichtet oder das eingelegte Rechtsmittel zurückgenommen hat oder seitdem die Einlegungsfrist abgelaufen ist, ohne daß er eine Erklärung abgegeben hat.

(2) Hat nach dem Urteil eine Verwahrung, Sicherstellung oder Beschlagnahme des Führerscheins auf Grund des § 111a Abs. 5 Satz 2 fortgedauert, so ist diese Zeit unverkürzt auf das Fahrverbot (§ 44 des Strafgesetzbuches) anzurechnen.

§ 450a Anrechnung einer im Ausland erlittenen Freiheitsentziehung

(1) [1]Auf die zu vollstreckende Freiheitsstrafe ist auch die im Ausland erlittene Freiheitsentziehung anzurechnen, die der Verurteilte in einem Auslieferungsverfahren zum Zwecke der Strafvollstreckung erlitten hat. [2]Dies gilt auch dann, wenn der Verurteilte zugleich zum Zwecke der Strafverfolgung ausgeliefert worden ist.

(2) Bei Auslieferung zum Zwecke der Vollstreckung mehrerer Strafen ist die im Ausland erlittene Freiheitsentziehung auf die höchste Strafe, bei Strafen gleicher Höhe auf die Strafe anzurechnen, die nach der Einlieferung des Verurteilten zuerst vollstreckt wird.

(3) [1]Das Gericht kann auf Antrag der Staatsanwaltschaft anordnen, daß die Anrechnung ganz oder zum Teil unterbleibt, wenn sie im Hinblick auf das Verhalten des Verurteilten nach dem Erlaß des Urteils, in dem die dem Urteil zugrunde liegenden tatsächlichen Feststellungen letztmalig geprüft werden konnten, nicht gerechtfertigt ist. [2]Trifft das Gericht eine solche Anordnung, so wird die im Ausland erlittene Freiheitsentziehung, soweit ihre Dauer die Strafe nicht überschreitet, auch in einem anderen Verfahren auf die Strafe nicht angerechnet.

§ 451 Vollstreckungsbehörde

(1) Die Strafvollstreckung erfolgt durch die Staatsanwaltschaft als Vollstreckungsbehörde auf Grund einer von dem Urkundsbeamten der Geschäftsstelle zu erteilenden, mit der Bescheinigung der Vollstreckbarkeit versehenen Abschrift der Urteilsformel.

(2) Den Amtsanwälten steht die Strafvollstreckung nur insoweit zu, als die Landesjustizverwaltung sie ihnen übertragen hat.

(3) [1]Die Staatsanwaltschaft, die Vollstreckungsbehörde ist, nimmt auch gegenüber der Strafvollstreckungskammer bei einem anderen Landgericht die staatsanwaltschaftlichen Aufgaben wahr. [2]Sie kann ihre Aufgaben der für dieses Gericht zuständigen Staatsanwaltschaft übertragen, wenn dies im Interesse des Verurteilten geboten erscheint und die Staatsanwaltschaft am Ort der Strafvollstreckungskammer zustimmt.

§ 452 Begnadigungsrecht

[1]In Sachen, in denen im ersten Rechtszug in Ausübung von Gerichtsbarkeit des Bundes entschieden worden ist, steht das Begnadigungsrecht dem Bund zu. [2]In allen anderen Sachen steht es den Ländern zu.

§ 453 Nachträgliche Entscheidung über Strafaussetzung zur Bewährung oder Verwarnung mit Strafvorbehalt

(1) [1]Die nachträglichen Entscheidungen, die sich auf eine Strafaussetzung zur Bewährung oder eine Verwarnung mit Strafvorbehalt beziehen (§§ 56a bis 56g, 58, 59a, 59b des Strafgesetzbuches), trifft das Gericht ohne mündliche Verhandlung durch Beschluß. [2]Die Staatsanwaltschaft und der Angeklagte sind zu hören. [3]§ 246a Absatz 2 und § 454 Absatz 2 Satz 4 gelten entsprechend. [4]Hat das Gericht über einen Widerruf der Strafaussetzung wegen Verstoßes gegen Auflagen oder Weisungen zu entscheiden, so soll es dem Verurteilten Gelegenheit zur mündlichen Anhörung geben. [5]Ist ein Bewährungshelfer bestellt, so unterrichtet ihn das Gericht, wenn eine Entscheidung über den Widerruf der Strafaussetzung oder den Straferlaß in Betracht kommt; über Erkenntnisse, die dem Gericht aus anderen Strafverfahren bekannt geworden sind, soll es ihn unterrichten, wenn der Zweck der Bewährungsaufsicht dies angezeigt erscheinen läßt.

(2) [1]Gegen die Entscheidungen nach Absatz 1 ist Beschwerde zulässig. [2]Sie kann nur darauf gestützt werden, daß eine getroffene Anordnung gesetzwidrig ist oder daß die Bewährungszeit nachträglich verlängert worden ist. [3]Der Widerruf der Aussetzung, der Erlaß der Strafe, der Widerruf des Erlasses, die Verurteilung zu der vorbehaltenen Strafe und die Feststellung, daß es bei der Verwarnung sein Bewenden hat (§§ 56f, 56g, 59b des Strafgesetzbuches), können mit sofortiger Beschwerde angefochten werden.

§ 453a Belehrung bei Strafaussetzung oder Verwarnung mit Strafvorbehalt

(1) [1]Ist der Angeklagte nicht nach § 268a Abs. 3 belehrt worden, so wird die Belehrung durch das für die Entscheidungen nach § 453 zuständige Gericht erteilt. [2]Der Vorsitzende kann mit der Belehrung einen beauftragten oder ersuchten Richter betrauen.

(2) Die Belehrung soll außer in Fällen von geringer Bedeutung mündlich erteilt werden.

(3) [1]Der Angeklagte soll auch über die nachträglichen Entscheidungen belehrt werden. [2]Absatz 1 gilt entsprechend.

§ 453b Bewährungsüberwachung

(1) Das Gericht überwacht während der Bewährungszeit die Lebensführung des Verurteilten, namentlich die Erfüllung von Auflagen und Weisungen sowie von Anerbieten und Zusagen.

(2) Die Überwachung obliegt dem für die Entscheidungen nach § 453 zuständigen Gericht.

§ 453c Vorläufige Maßnahmen vor Widerruf der Aussetzung

(1) Sind hinreichende Gründe für die Annahme vorhanden, daß die Aussetzung widerrufen wird, so kann das Gericht bis zur Rechtskraft des Widerrufsbeschlusses, um sich der Person des Verurteilten zu versichern, vorläufige Maßnahmen treffen, notfalls, unter den Voraussetzungen des § 112 Abs. 2 Nr. 1 oder 2, oder, wenn bestimmte Tatsachen die Gefahr begründen, daß der Verurteilte erhebliche Straftaten begehen werde, einen Haftbefehl erlassen.

(2) [1]Die auf Grund eines Haftbefehls nach Absatz 1 erlittene Haft wird auf die zu vollstreckende Freiheitsstrafe angerechnet. [2]§ 33 Abs. 4 Satz 1 sowie die §§ 114 bis 115a, 119 und 119a gelten entsprechend.

§ 454 Aussetzung des Restes einer Freiheitsstrafe zur Bewährung

(1) [1]Die Entscheidung, ob die Vollstreckung des Restes einer Freiheitsstrafe zur Bewährung ausgesetzt werden soll (§§ 57 bis 58 des Strafgesetzbuches) sowie die Entscheidung, daß vor Ablauf einer bestimmten Frist ein solcher Antrag des Verurteilten unzulässig ist, trifft das Gericht ohne mündliche Verhandlung durch Beschluß. [2]Die Staatsanwaltschaft, der Verurteilte und die Vollzugsanstalt sind zu hören. [3]Der Verurteilte ist mündlich zu hören. [4]Von der mündlichen Anhörung des Verurteilten kann abgesehen werden, wenn

1. die Staatsanwaltschaft und die Vollzugsanstalt die Aussetzung einer zeitigen Freiheitsstrafe befürworten und das Gericht die Aussetzung beabsichtigt,
2. der Verurteilte die Aussetzung beantragt hat, zur Zeit der Antragstellung
   a) bei zeitiger Freiheitsstrafe noch nicht die Hälfte oder weniger als zwei Monate,
   b) bei lebenslanger Freiheitsstrafe weniger als dreizehn Jahre

   der Strafe verbüßt hat und das Gericht den Antrag wegen verfrühter Antragstellung ablehnt oder
3. der Antrag des Verurteilten unzulässig ist (§ 57 Abs. 7, § 57a Abs. 4 des Strafgesetzbuches).

[5]Das Gericht entscheidet zugleich, ob eine Anrechnung nach § 43 Abs. 10 Nr. 3 des Strafvollzugsgesetzes ausgeschlossen wird.

(2) [1]Das Gericht holt das Gutachten eines Sachverständigen über den Verurteilten ein, wenn es erwägt, die Vollstreckung des Restes

1. der lebenslangen Freiheitsstrafe auszusetzen oder
2. einer zeitigen Freiheitsstrafe von mehr als zwei Jahren wegen einer Straftat der in § 66 Abs. 3 Satz 1 des Strafgesetzbuches bezeichneten Art auszusetzen und nicht auszuschließen ist, daß Gründe der öffentlichen Sicherheit einer vorzeitigen Entlassung des Verurteilten entgegenstehen.

[2]Das Gutachten hat sich namentlich zu der Frage zu äußern, ob bei dem Verurteilten keine Gefahr mehr besteht, daß dessen durch die Tat zutage getretene Gefährlichkeit fortbesteht. [3]Der Sachverständige ist mündlich zu hören, wobei der Staatsanwaltschaft, dem Verurteilten, seinem Verteidiger und der Vollzugsanstalt Gelegenheit zur Mitwirkung zu geben ist. [4]Das Gericht kann von der mündlichen Anhörung des Sachverständigen absehen, wenn der Verurteilte, sein Verteidiger und die Staatsanwaltschaft darauf verzichten.

(3) [1]Gegen die Entscheidungen nach Absatz 1 ist sofortige Beschwerde zulässig. [2]Die Beschwerde der Staatsanwaltschaft gegen den Beschluß, der die Aussetzung des Strafrestes anordnet, hat aufschiebende Wirkung.

(4) [1]Im Übrigen sind § 246a Absatz 2, § 268a Absatz 3, die §§ 268d, 453, 453a Absatz 1 und 3 sowie die §§ 453b und 453c entsprechend anzuwenden. [2]Die Belehrung über die Aussetzung des Strafrestes wird mündlich erteilt; die Belehrung kann auch der Vollzugsanstalt übertragen werden. [3]Die Belehrung soll unmittelbar vor der Entlassung erteilt werden.

§ 454a Beginn der Bewährungszeit; Aufhebung der Aussetzung des Strafrestes

(1) Beschließt das Gericht die Aussetzung der Vollstreckung des Restes einer Freiheitsstrafe mindestens drei Monate vor dem Zeitpunkt der Entlassung, so verlängert sich die Bewährungszeit um die Zeit von der Rechtskraft der Aussetzungsentscheidung bis zur Entlassung.

(2) [1]Das Gericht kann die Aussetzung der Vollstreckung des Restes einer Freiheitsstrafe bis zur Entlassung des Verurteilten wieder aufheben, wenn die Aussetzung aufgrund neu eingetretener oder bekanntgewordener Tatsachen unter Berücksichtigung des Sicherheitsinteresses der Allgemeinheit nicht mehr verantwortet werden kann; § 454 Abs. 1 Satz 1 und 2 sowie Abs. 3 Satz 1 gilt entsprechend. [2]§ 57 Abs. 5 des Strafgesetzbuches bleibt unberührt.

§ 454b Vollstreckungsreihenfolge bei Freiheits- und Ersatzfreiheitsstrafen; Unterbrechung

(1) Freiheitsstrafen und Ersatzfreiheitsstrafen sollen unmittelbar nacheinander vollstreckt werden.

(2) [1]Sind mehrere Freiheitsstrafen oder Freiheitsstrafen und Ersatzfreiheitsstrafen nacheinander zu vollstrecken, so unterbricht die Vollstreckungsbehörde die Vollstreckung der zunächst zu vollstreckenden Freiheitsstrafe, wenn

1. unter den Voraussetzungen des § 57 Abs. 2 Nr. 1 des Strafgesetzbuches die Hälfte, mindestens jedoch sechs Monate,
2. im übrigen bei zeitiger Freiheitsstrafe zwei Drittel, mindestens jedoch zwei Monate, oder
3. bei lebenslanger Freiheitsstrafe fünfzehn Jahre

der Strafe verbüßt sind. [2]Dies gilt nicht für Strafreste, die auf Grund Widerrufs ihrer Aussetzung vollstreckt werden. [3]Treten die Voraussetzungen für eine Unterbrechung der zunächst zu vollstreckenden Freiheitsstrafe bereits vor Vollstreckbarkeit der später zu vollstreckenden Freiheitsstrafe ein, erfolgt die Unterbrechung rückwirkend auf den Zeitpunkt des Eintritts der Vollstreckbarkeit.

(3) Auf Antrag des Verurteilten kann die Vollstreckungsbehörde von der Unterbrechung der Vollstreckung von Freiheitsstrafen in den Fällen des Absatzes 2 Satz 1 Nummer 1 oder Nummer 2 absehen, wenn zu erwarten ist, dass nach deren vollständiger Verbüßung die Voraussetzungen einer Zurückstellung der Strafvollstreckung nach § 35 des Betäubungsmittelgesetzes für eine weitere zu vollstreckende Freiheitsstrafe erfüllt sein werden.

(4) Hat die Vollstreckungsbehörde die Vollstreckung nach Absatz 2 unterbrochen, so trifft das Gericht die Entscheidungen nach den §§ 57 und 57a des Strafgesetzbuches erst, wenn über die Aussetzung der Vollstreckung der Reste aller Strafen gleichzeitig entschieden werden kann.

§ 455 Strafausstand wegen Vollzugsuntauglichkeit

(1) Die Vollstreckung einer Freiheitsstrafe ist aufzuschieben, wenn der Verurteilte in Geisteskrankheit verfällt.

(2) Dasselbe gilt bei anderen Krankheiten, wenn von der Vollstreckung eine nahe Lebensgefahr für den Verurteilten zu besorgen ist.

(3) Die Strafvollstreckung kann auch dann aufgeschoben werden, wenn sich der Verurteilte in einem körperlichen Zustand befindet, bei dem eine sofortige Vollstreckung mit der Einrichtung der Strafanstalt unverträglich ist.

(4) [1]Die Vollstreckungsbehörde kann die Vollstreckung einer Freiheitsstrafe unterbrechen, wenn

1. der Verurteilte in Geisteskrankheit verfällt,
2. wegen einer Krankheit von der Vollstreckung eine nahe Lebensgefahr für den Verurteilten zu besorgen ist oder
3. der Verurteilte sonst schwer erkrankt und die Krankheit in einer Vollzugsanstalt oder einem Anstaltskrankenhaus nicht erkannt oder behandelt werden kann

und zu erwarten ist, daß die Krankheit voraussichtlich für eine erhebliche Zeit fortbestehen wird. [2]Die Vollstreckung darf nicht unterbrochen werden, wenn überwiegende Gründe, namentlich der öffentlichen Sicherheit, entgegenstehen.

§ 455a Strafausstand aus Gründen der Vollzugsorganisation

(1) Die Vollstreckungsbehörde kann die Vollstreckung einer Freiheitsstrafe oder einer freiheitsentziehenden Maßregel der Besserung und Sicherung aufschieben oder ohne Einwilligung des Gefangenen unterbrechen, wenn dies aus Gründen der Vollzugsorganisation erforderlich ist und überwiegende Gründe der öffentlichen Sicherheit nicht entgegenstehen.

(2) Kann die Entscheidung der Vollstreckungsbehörde nicht rechtzeitig eingeholt werden, so kann der Anstaltsleiter die Vollstreckung unter den Voraussetzungen des Absatzes 1 ohne Einwilligung des Gefangenen vorläufig unterbrechen.

§ 456 Vorübergehender Aufschub

(1) Auf Antrag des Verurteilten kann die Vollstreckung aufgeschoben werden, sofern durch die sofortige Vollstreckung dem Verurteilten oder seiner Familie erhebliche, außerhalb des Strafzwecks liegende Nachteile erwachsen.

(2) Der Strafaufschub darf den Zeitraum von vier Monaten nicht übersteigen.

(3) Die Bewilligung kann an eine Sicherheitsleistung oder andere Bedingungen geknüpft werden.

§ 456a Absehen von Vollstreckung bei Auslieferung, Überstellung oder Ausweisung

(1) Die Vollstreckungsbehörde kann von der Vollstreckung einer Freiheitsstrafe, einer Ersatzfreiheitsstrafe oder einer Maßregel der Besserung und Sicherung absehen, wenn der Verurteilte wegen einer anderen Tat einer ausländischen Regierung ausgeliefert, an einen internationalen Strafgerichtshof überstellt

oder wenn er aus dem Geltungsbereich dieses Bundesgesetzes abgeschoben, zurückgeschoben oder zurückgewiesen wird.

(2) [1]Kehrt der Verurteilte zurück, so kann die Vollstreckung nachgeholt werden. [2]Für die Nachholung einer Maßregel der Besserung und Sicherung gilt § 67c Abs. 2 des Strafgesetzbuches entsprechend. [3]Die Vollstreckungsbehörde kann zugleich mit dem Absehen von der Vollstreckung die Nachholung für den Fall anordnen, dass der Verurteilte zurückkehrt, und hierzu einen Haftbefehl oder einen Unterbringungsbefehl erlassen sowie die erforderlichen Fahndungsmaßnahmen, insbesondere die Ausschreibung zur Festnahme, veranlassen; § 131 Abs. 4 sowie § 131a Abs. 3 gelten entsprechend. [4]Der Verurteilte ist zu belehren.

§ 456b (weggefallen)

§ 456c Aufschub und Aussetzung des Berufsverbotes

(1) [1]Das Gericht kann bei Erlaß des Urteils auf Antrag oder mit Einwilligung des Verurteilten das Wirksamwerden des Berufsverbots durch Beschluß aufschieben, wenn das sofortige Wirksamwerden des Verbots für den Verurteilten oder seine Angehörigen eine erhebliche, außerhalb seines Zweckes liegende, durch späteres Wirksamwerden vermeidbare Härte bedeuten würde. [2]Hat der Verurteilte einen gesetzlichen Vertreter, so ist dessen Einwilligung erforderlich. [3]§ 462 Abs. 3 gilt entsprechend.

(2) Die Vollstreckungsbehörde kann unter denselben Voraussetzungen das Berufsverbot aussetzen.

(3) [1]Der Aufschub und die Aussetzung können an die Leistung einer Sicherheit oder an andere Bedingungen geknüpft werden. [2]Aufschub und Aussetzung dürfen den Zeitraum von sechs Monaten nicht übersteigen.

(4) Die Zeit des Aufschubs und der Aussetzung wird auf die für das Berufsverbot festgesetzte Frist nicht angerechnet.

§ 457 Ermittlungshandlungen; Vorführungsbefehl, Vollstreckungshaftbefehl

(1) § 161 gilt sinngemäß für die in diesem Abschnitt bezeichneten Zwecke.

(2) [1]Die Vollstreckungsbehörde ist befugt, zur Vollstreckung einer Freiheitsstrafe einen Vorführungs- oder Haftbefehl zu erlassen, wenn der Verurteilte auf die an ihn ergangene Ladung zum Antritt der Strafe sich nicht gestellt hat oder der Flucht verdächtig ist. [2]Sie kann einen Vorführungs- oder Haftbefehl auch erlassen, wenn ein Strafgefangener entweicht oder sich sonst dem Vollzug entzieht.

(3) [1]Im übrigen hat in den Fällen des Absatzes 2 die Vollstreckungsbehörde die gleichen Befugnisse wie die Strafverfolgungsbehörde, soweit die Maßnahmen bestimmt und geeignet sind, den Verurteilten festzunehmen. [2]Bei der Prüfung der Verhältnismäßigkeit ist auf die Dauer der noch zu vollstreckenden Freiheitsstrafe besonders Bedacht zu nehmen. [3]Die notwendig werdenden gerichtlichen Entscheidungen trifft das Gericht des ersten Rechtszuges.

§ 458 Gerichtliche Entscheidungen bei Strafvollstreckung

(1) Wenn über die Auslegung eines Strafurteils oder über die Berechnung der erkannten Strafe Zweifel entstehen oder wenn Einwendungen gegen die Zulässigkeit der Strafvollstreckung erhoben werden, so ist die Entscheidung des Gerichts herbeizuführen.

(2) Das Gericht entscheidet ferner, wenn in den Fällen des § 454b Absatz 1 bis 3 sowie der §§ 455, 456 und 456c Abs. 2 Einwendungen gegen die Entscheidung der Vollstreckungsbehörde erhoben werden oder wenn die Vollstreckungsbehörde anordnet, daß an einem Ausgelieferten, Abgeschobenen, Zurückgeschobenen oder Zurückgewiesenen die Vollstreckung einer Strafe oder einer Maßregel der Besserung und Sicherung nachgeholt werden soll, und Einwendungen gegen diese Anordnung erhoben werden.

(3) [1]Der Fortgang der Vollstreckung wird hierdurch nicht gehemmt; das Gericht kann jedoch einen Aufschub oder eine Unterbrechung der Vollstreckung anordnen. [2]In den Fällen des § 456c Abs. 2 kann das Gericht eine einstweilige Anordnung treffen.

§ 459 Vollstreckung der Geldstrafe; Anwendung des Justizbeitreibungsgesetzes

Für die Vollstreckung der Geldstrafe gelten die Vorschriften des Justizbeitreibungsgesetzes, soweit dieses Gesetz nichts anderes bestimmt.

§ 459a Bewilligung von Zahlungserleichterungen

(1) Nach Rechtskraft des Urteils entscheidet über die Bewilligung von Zahlungserleichterungen bei Geldstrafen (§ 42 des Strafgesetzbuches) die Vollstreckungsbehörde.

(2) [1]Die Vollstreckungsbehörde kann eine Entscheidung über Zahlungserleichterungen nach Absatz 1 oder nach § 42 des Strafgesetzbuches nachträglich ändern oder aufheben. [2]Dabei darf sie von einer vorausgegangenen Entscheidung zum Nachteil des Verurteilten nur auf Grund neuer Tatsachen oder Beweismittel abweichen.

(3) [1]Entfällt die Vergünstigung nach § 42 Satz 2 des Strafgesetzbuches, die Geldstrafe in bestimmten Teilbeträgen zu zahlen, so wird dies in den Akten vermerkt. [2]Die Vollstreckungsbehörde kann erneut eine Zahlungserleichterung bewilligen.

(4) [1]Die Entscheidung über Zahlungserleichterungen erstreckt sich auch auf die Kosten des Verfahrens. [2]Sie kann auch allein hinsichtlich der Kosten getroffen werden.

§ 459b Anrechnung von Teilbeträgen

Teilbeträge werden, wenn der Verurteilte bei der Zahlung keine Bestimmung trifft, zunächst auf die Geldstrafe, dann auf die etwa angeordneten Nebenfolgen, die zu einer Geldzahlung verpflichten, und zuletzt auf die Kosten des Verfahrens angerechnet.

§ 459c Beitreibung der Geldstrafe

(1) Die Geldstrafe oder der Teilbetrag der Geldstrafe wird vor Ablauf von zwei Wochen nach Eintritt der Fälligkeit nur beigetrieben, wenn auf Grund bestimmter Tatsachen erkennbar ist, daß sich der Verurteilte der Zahlung entziehen will.

(2) Die Vollstreckung kann unterbleiben, wenn zu erwarten ist, daß sie in absehbarer Zeit zu keinem Erfolg führen wird.

(3) In den Nachlaß des Verurteilten darf die Geldstrafe nicht vollstreckt werden.

§ 459d Unterbleiben der Vollstreckung einer Geldstrafe

(1) Das Gericht kann anordnen, daß die Vollstreckung der Geldstrafe ganz oder zum Teil unterbleibt, wenn

1. in demselben Verfahren Freiheitsstrafe vollstreckt oder zur Bewährung ausgesetzt worden ist oder
2. in einem anderen Verfahren Freiheitsstrafe verhängt ist und die Voraussetzungen des § 55 des Strafgesetzbuches nicht vorliegen

und die Vollstreckung der Geldstrafe die Wiedereingliederung des Verurteilten erschweren kann.

(2) Das Gericht kann eine Entscheidung nach Absatz 1 auch hinsichtlich der Kosten des Verfahrens treffen.

§ 459e Vollstreckung der Ersatzfreiheitsstrafe

(1) Die Ersatzfreiheitsstrafe wird auf Anordnung der Vollstreckungsbehörde vollstreckt.

(2) [1]Die Anordnung setzt voraus, daß die Geldstrafe nicht eingebracht werden kann oder die Vollstreckung nach § 459c Abs. 2 unterbleibt. [2]Vor der Anordnung ist der Verurteilte darauf hinzuweisen, dass ihm gemäß § 459a Zahlungserleichterungen bewilligt werden können und ihm gemäß Rechtsverordnung nach Artikel 293 des Einführungsgesetzes zum Strafgesetzbuch oder sonst landesrechtlich gestattet werden kann, die Vollstreckung der Ersatzfreiheitsstrafe durch freie Arbeit abzuwenden; besteht Anlass zu der Annahme, dass der Verurteilte der deutschen Sprache nicht hinreichend mächtig ist, hat der Hinweis in einer ihm verständlichen Sprache zu erfolgen.

(2a) [1]Die Vollstreckungsbehörde und die gemäß § 463d Satz 2 Nummer 2 eingebundene Gerichtshilfe können zu dem Zweck, dem Verurteilten Möglichkeiten aufzuzeigen, die Geldstrafe mittels Zahlungserleichterungen zu tilgen oder die Vollstreckung einer Ersatzfreiheitsstrafe durch freie Arbeit abzuwenden, einer von der Vollstreckungsbehörde beauftragten nichtöffentlichen Stelle die hierfür erforderlichen personenbezogenen Daten übermitteln. [2]Die beauftragte Stelle ist darauf hinzuweisen, dass sie die übermittelten Daten nur für die in Satz 1 genannten Zwecke verwenden und verarbeiten darf. [3]Sie darf personenbezogene Daten nur erheben sowie die erhobenen Daten verarbeiten und nutzen, soweit der Verurteilte eingewilligt hat und dies für die in Satz 1 genannten Zwecke erforderlich ist. [4]Die Vorschriften der Verordnung (EU) 2016/679 und des Bundesdatenschutzgesetzes finden auch dann Anwendung, wenn die personenbezogenen Daten nicht automatisiert verarbeitet werden und nicht in einem Dateisystem gespeichert sind oder gespeichert werden. [5]Die personenbezogenen Daten sind von der beauftragten Stelle nach Ablauf eines Jahres nach Beendigung der beauftragten Tätigkeit zu vernichten.

(3) Wegen eines Teilbetrages, der keinem vollen Tage Freiheitsstrafe entspricht, darf die Vollstreckung der Ersatzfreiheitsstrafe nicht angeordnet werden.

(4) [1]Die Ersatzfreiheitsstrafe wird nicht vollstreckt, soweit die Geldstrafe entrichtet oder beigetrieben wird oder die Vollstreckung nach § 459d unterbleibt. [2]Absatz 3 gilt entsprechend.

§ 459f Unterbleiben der Vollstreckung einer Ersatzfreiheitsstrafe

Das Gericht ordnet an, daß die Vollstreckung der Ersatzfreiheitsstrafe unterbleibt, wenn die Vollstreckung für den Verurteilten eine unbillige Härte wäre.

§ 459g Vollstreckung von Nebenfolgen

(1) [1]Die Anordnung der Einziehung oder der Unbrauchbarmachung einer Sache wird dadurch vollstreckt, dass die Sache demjenigen, gegen den sich die Anordnung richtet, weggenommen wird. [2]Für die Vollstreckung gelten die Vorschriften des Justizbeitreibungsgesetzes.

(2) Für die Vollstreckung der Nebenfolgen, die zu einer Geldzahlung verpflichten, gelten die §§ 459, 459a sowie 459c Absatz 1 und 2 entsprechend.

(3) [1]Für die Vollstreckung nach den Absätzen 1 und 2 gelten außerdem die §§ 94 bis 98 entsprechend mit Ausnahme von § 98 Absatz 2 Satz 3, die §§ 102 bis 110, § 111c Absatz 1 und 2, § 111f Absatz 1, § 111k Absatz 1 und 2 sowie § 131 Absatz 1. [2]§ 457 Absatz 1 bleibt unberührt. [3]Vor gerichtlichen Entscheidungen unterbleibt die Anhörung des Betroffenen, wenn sie den Zweck der Anordnung gefährden würde.

(4) [1]Das Gericht ordnet den Ausschluss der Vollstreckung der Einziehung nach den §§ 73 bis 73c des Strafgesetzbuchs an, soweit der aus der Tat erwachsene Anspruch auf Rückgewähr des Erlangten oder auf Ersatz des Wertes des Erlangten erloschen ist. [2]Dies gilt nicht für Ansprüche, die durch Verjährung erloschen sind.

(5) [1]In den Fällen des Absatzes 2 unterbleibt auf Anordnung des Gerichts die Vollstreckung, soweit sie unverhältnismäßig wäre. [2]Die Vollstreckung wird auf Anordnung des Gerichts wieder aufgenommen, wenn nachträglich Umstände bekannt werden oder eintreten, die einer Anordnung nach Satz 1 entgegenstehen. [3]Vor der Anordnung nach Satz 2 unterbleibt die Anhörung des Betroffenen, wenn sie den Zweck der Anordnung gefährden würde. [4]Die Anordnung nach Satz 1 steht Ermittlungen dazu, ob die Voraussetzungen für eine Wiederaufnahme der Vollstreckung vorliegen, nicht entgegen.

§ 459h Entschädigung

(1) [1]Ein nach den §§ 73 bis 73b des Strafgesetzbuches eingezogener Gegenstand wird demjenigen, dem ein Anspruch auf Rückgewähr des Erlangten aus der Tat erwachsen ist, oder dessen Rechtsnachfolger zurückübertragen. [2]Gleiches gilt, wenn der Gegenstand nach § 76a Absatz 1 des Strafgesetzbuches, auch in Verbindung mit § 76a Absatz 3 des Strafgesetzbuches, eingezogen worden ist. [3]In den Fällen des § 75 Absatz 1 Satz 2 des Strafgesetzbuches wird der eingezogene Gegenstand demjenigen, dem der Gegenstand gehört oder zusteht, herausgegeben, wenn dieser sein Recht fristgerecht bei der Vollstreckungsbehörde angemeldet hat.

(2) [1]Hat das Gericht die Einziehung des Wertersatzes nach den §§ 73c und 76a Absatz 1 Satz 1 des Strafgesetzbuches, auch in Verbindung mit § 76a Absatz 3 des Strafgesetzbuches, angeordnet, wird der Erlös aus der Verwertung der auf Grund des Vermögensarrestes oder der Einziehungsanordnung gepfändeten Gegenstände demjenigen, dem ein Anspruch auf Ersatz des Wertes des Erlangten aus der Tat erwachsen ist, oder an dessen Rechtsnachfolger ausgekehrt. [2]§ 111i gilt entsprechend.

§ 459i Mitteilungen

(1) [1]Der Eintritt der Rechtskraft der Einziehungsanordnung nach den §§ 73 bis 73c und 76a Absatz 1 Satz 1 des Strafgesetzbuches, auch in Verbindung mit § 76a Absatz 3 des Strafgesetzbuches, wird demjenigen, dem ein Anspruch auf Rückgewähr des Erlangten oder auf Ersatz des Wertes des Erlangten aus der Tat erwachsen ist, unverzüglich mitgeteilt. [2]Die Mitteilung ist zuzustellen; § 111l Absatz 4 gilt entsprechend.

(2) [1]Die Mitteilung ist im Fall der Einziehung des Gegenstandes mit dem Hinweis auf den Anspruch nach § 459h Absatz 1 und auf das Verfahren nach § 459j zu verbinden. [2]Im Fall der Einziehung des Wertersatzes ist sie mit dem Hinweis auf den Anspruch nach § 459h Absatz 2 und das Verfahren nach den §§ 459k bis 459m zu verbinden.

§ 459j Verfahren bei Rückübertragung und Herausgabe

(1) Der Anspruchsinhaber hat seinen Anspruch auf Rückübertragung oder Herausgabe nach § 459h Absatz 1 binnen sechs Monaten nach der Mitteilung der Rechtskraft der Einziehungsanordnung bei der Vollstreckungsbehörde anzumelden.

(2) [1]Ergibt sich die Anspruchsberechtigung des Antragstellers ohne weiteres aus der Einziehungsanordnung und den ihr zugrundeliegenden Feststellungen, so wird der eingezogene Gegenstand an den Antragsteller zurückübertragen oder herausgegeben. [2]Andernfalls bedarf es der Zulassung durch das Gericht. [3]Das Gericht lässt die Rückübertragung oder Herausgabe nach Maßgabe des § 459h Absatz 1 zu. [4]Die Zulassung ist zu versagen, wenn der Antragsteller seine Anspruchsberechtigung nicht glaubhaft macht; § 294 der Zivilprozessordnung ist anzuwenden.

(3) [1]Vor der Entscheidung über die Rückübertragung oder Herausgabe ist derjenige, gegen den sich die Anordnung der Einziehung richtet, zu hören. [2]Dies gilt nur, wenn die Anhörung ausführbar erscheint.

(4) Bei Versäumung der in Absatz 1 Satz 1 genannten Frist ist unter den in den §§ 44 und 45 bezeichneten Voraussetzungen die Wiedereinsetzung in den vorigen Stand zu gewähren.

(5) Unbeschadet des Verfahrens nach Absatz 1 kann der Anspruchsinhaber seinen Anspruch auf Rückübertragung oder Herausgabe nach § 459h Absatz 1 geltend machen, indem er ein vollstreckbares Endurteil im Sinne des § 704 der Zivilprozessordnung oder einen anderen Vollstreckungstitel im Sinne des § 794 der Zivilprozessordnung vorlegt, aus dem sich der geltend gemachte Anspruch ergibt.

§ 459k Verfahren bei Auskehrung des Verwertungserlöses

(1) [1]Der Anspruchsinhaber hat seinen Anspruch auf Auskehrung des Verwertungserlöses nach § 459h Absatz 2 binnen sechs Monaten nach der Mitteilung der Rechtskraft der Einziehungsanordnung bei der Vollstreckungsbehörde anzumelden. [2]Bei der Anmeldung ist die Höhe des Anspruchs zu bezeichnen.

(2) [1]Ergeben sich die Anspruchsberechtigung des Antragstellers und die Anspruchshöhe ohne weiteres aus der Einziehungsanordnung und den ihr zugrunde liegenden Feststellungen, so wird der Verwertungserlös in diesem Umfang an den Antragsteller ausgekehrt. [2]Andernfalls bedarf es der Zulassung durch das Gericht. [3]Das Gericht lässt die Auskehrung des Verwertungserlöses nach Maßgabe des § 459h Absatz 2 zu. [4]Die Zulassung ist zu versagen, wenn der Antragsteller seine Anspruchsberechtigung nicht glaubhaft macht; § 294 der Zivilprozessordnung ist anzuwenden.

(3) [1]Vor der Entscheidung über die Auskehrung ist derjenige, gegen den sich die Anordnung der Einziehung richtet, zu hören. [2]Dies gilt nur, wenn die Anhörung ausführbar erscheint.

(4) Bei Versäumung der in Absatz 1 Satz 1 genannten Frist ist unter den in den §§ 44 und 45 bezeichneten Voraussetzungen die Wiedereinsetzung in den vorigen Stand zu gewähren.

(5) [1]Unbeschadet des Verfahrens nach Absatz 1 kann der Anspruchsinhaber seinen Anspruch auf Auskehrung des Verwertungserlöses nach § 459h Absatz 2 geltend machen, indem er ein vollstreckbares Endurteil im Sinne des § 704 der Zivilprozessordnung oder einen anderen Vollstreckungstitel im Sinne des § 794 der Zivilprozessordnung vorlegt, aus dem sich der geltend gemachte Anspruch ergibt. [2]Einem vollstreckbaren Endurteil im Sinne des § 704 der Zivilprozessordnung stehen bestandskräftige öffentlich-rechtliche Vollstreckungstitel über Geldforderungen gleich.

§ 459l Ansprüche des Betroffenen

(1) [1]Legt derjenige, gegen den sich die Anordnung der Einziehung richtet, ein vollstreckbares Endurteil im Sinne des § 704 der Zivilprozessordnung oder einen anderen Vollstreckungstitel im Sinne des § 794 der Zivilprozessordnung vor, aus dem sich ergibt, dass der Anspruch auf Rückgewähr des Erlangten aus der Tat erwachsen ist, kann er verlangen, dass der eingezogene Gegenstand nach Maßgabe des § 459h Absatz 1 an den Anspruchsinhaber zurückübertragen oder herausgegeben wird. [2]§ 459j Absatz 2 gilt entsprechend.

(2) [1]Befriedigt derjenige, gegen den sich die Anordnung der Einziehung des Wertersatzes richtet, den Anspruch, der dem Anspruchsinhaber aus der Tat auf Rückgewähr des Erlangten oder auf Ersatz des Wertes des Erlangten erwachsen ist, kann er im Umfang der Befriedigung Ausgleich aus dem Verwertungserlös verlangen, soweit unter den Voraussetzungen des § 459k Absatz 2 Satz 1 der Verwertungserlös an den Anspruchsinhaber nach § 459h Absatz 2 auszukehren gewesen wäre. [2]§ 459k Absatz 2 Satz 2 bis 4 gilt entsprechend. [3]Die Befriedigung des Anspruchs muss in allen Fällen durch eine Quittung des Anspruchsinhabers glaubhaft gemacht werden. [4]Der Anspruchsinhaber ist vor der Entscheidung über den Ausgleichsanspruch zu hören, wenn dies ausführbar erscheint.

§ 459m Entschädigung in sonstigen Fällen

(1) [1]In den Fällen des § 111i Absatz 3 wird der Überschuss an den Anspruchsinhaber ausgekehrt, der ein vollstreckbares Endurteil im Sinne des § 704 der Zivilprozessordnung oder einen anderen Vollstreckungstitel im Sinne des § 794 der Zivilprozessordnung vorlegt, aus dem sich der geltend gemachte Anspruch ergibt. [2]§ 459k Absatz 2 und 5 Satz 2 gilt entsprechend. [3]Die Auskehrung ist ausgeschlossen, wenn zwei Jahre seit der Aufhebung des Insolvenzverfahrens verstrichen sind. [4]In den Fällen des § 111i Absatz 2 gelten die Sätze 1 bis 3 entsprechend, wenn ein Insolvenzverfahren nicht durchgeführt wird.

(2) Absatz 1 Satz 1 und 2 gilt entsprechend, wenn nach Aufhebung des Insolvenzverfahrens oder nach Abschluss der Auskehrung des Verwertungserlöses bei der Vollstreckung der Wertersatzeinziehung nach den §§ 73c und 76a Absatz 1 Satz 1 des Strafgesetzbuches, auch in Verbindung mit § 76a Absatz 3 des Strafgesetzbuches, ein Gegenstand gepfändet wird.

§ 459n Zahlungen auf Wertersatzeinziehung

Leistet derjenige, gegen den sich die Anordnung richtet, Zahlungen auf die Anordnung der Einziehung des Wertersatzes nach den §§ 73c und 76a Absatz 1 Satz 1 des Strafgesetzbuches, auch in Verbindung mit § 76a Absatz 3 des Strafgesetzbuches, so gelten § 459h Absatz 2 sowie die §§ 459k und 459m entsprechend.

§ 459o Einwendungen gegen vollstreckungsrechtliche Entscheidungen

Über Einwendungen gegen die Entscheidung der Vollstreckungsbehörde nach den §§ 459a, 459c, 459e sowie 459g bis 459m entscheidet das Gericht.

§ 460 Nachträgliche Gesamtstrafenbildung

Ist jemand durch verschiedene rechtskräftige Urteile zu Strafen verurteilt worden und sind dabei die Vorschriften über die Zuerkennung einer Gesamtstrafe (§ 55 des Strafgesetzbuches) außer Betracht geblieben, so sind die erkannten Strafen durch eine nachträgliche gerichtliche Entscheidung auf eine Gesamtstrafe zurückzuführen.

§ 461 Anrechnung des Aufenthalts in einem Krankenhaus

(1) Ist der Verurteilte nach Beginn der Strafvollstreckung wegen Krankheit in eine von der Strafanstalt getrennte Krankenanstalt gebracht worden, so ist die Dauer des Aufenthalts in der Krankenanstalt in die Strafzeit einzurechnen, wenn nicht der Verurteilte mit der Absicht, die Strafvollstreckung zu unterbrechen, die Krankheit herbeigeführt hat.

(2) Die Staatsanwaltschaft hat im letzteren Falle eine Entscheidung des Gerichts herbeizuführen.

§ 462 Verfahren bei gerichtlichen Entscheidungen; sofortige Beschwerde

(1) [1]Die nach § 450a Abs. 3 Satz 1 und den §§ 458 bis 461 notwendig werdenden gerichtlichen Entscheidungen trifft das Gericht ohne mündliche Verhandlung durch Beschluß. [2]Dies gilt auch für die Wiederverleihung verlorener Fähigkeiten und Rechte (§ 45b des Strafgesetzbuches), die Aufhebung des Vorbehalts der Einziehung und die nachträgliche Anordnung der Einziehung eines Gegenstandes (§ 74f Absatz 1 Satz 4 des Strafgesetzbuches), die nachträgliche Anordnung der Einziehung des Wertersatzes (§ 76 des Strafgesetzbuches) sowie für die Verlängerung der Verjährungsfrist (§ 79b des Strafgesetzbuches).

(2) [1]Vor der Entscheidung sind die Staatsanwaltschaft und der Verurteilte zu hören. [2]Das Gericht kann von der Anhörung des Verurteilten in den Fällen einer Entscheidung nach § 79b des Strafgesetzbuches absehen, wenn infolge bestimmter Tatsachen anzunehmen ist, daß die Anhörung nicht ausführbar ist.

(3) [1]Der Beschluß ist mit sofortiger Beschwerde anfechtbar. [2]Die sofortige Beschwerde der Staatsanwaltschaft gegen den Beschluß, der die Unterbrechung der Vollstreckung anordnet, hat aufschiebende Wirkung.

§ 462a Zuständigkeit der Strafvollstreckungskammer und des erstinstanzlichen Gerichts

(1) [1]Wird gegen den Verurteilten eine Freiheitsstrafe vollstreckt, so ist für die nach den §§ 453, 454, 454a und 462 zu treffenden Entscheidungen die Strafvollstreckungskammer zuständig, in deren Bezirk die Strafanstalt liegt, in die der Verurteilte zu dem Zeitpunkt, in dem das Gericht mit der Sache befaßt wird, aufgenommen ist. [2]Diese Strafvollstreckungskammer bleibt auch zuständig für Entscheidungen, die zu treffen sind, nachdem die Vollstreckung einer Freiheitsstrafe unterbrochen oder die Vollstreckung des Restes der Freiheitsstrafe zur Bewährung ausgesetzt wurde. [3]Die Strafvollstreckungskammer kann einzelne Entscheidungen nach § 462 in Verbindung mit § 458 Abs. 1 an das Gericht des ersten Rechtszuges abgeben; die Abgabe ist bindend.

(2) [1]In anderen als den in Absatz 1 bezeichneten Fällen ist das Gericht des ersten Rechtszuges zuständig. [2]Das Gericht kann die nach § 453 zu treffenden Entscheidungen ganz oder zum Teil an das Amtsgericht abgeben, in dessen Bezirk der Verurteilte seinen Wohnsitz oder in Ermangelung eines Wohnsitzes seinen gewöhnlichen Aufenthaltsort hat; die Abgabe ist bindend. [3]Abweichend von Absatz 1 ist in den dort bezeichneten Fällen das Gericht des ersten Rechtszuges zuständig, wenn es die Anordnung der Sicherungsverwahrung vorbehalten hat und eine Entscheidung darüber gemäß § 66a Absatz 3 Satz 1 des Strafgesetzbuches noch möglich ist.

(3) [1]In den Fällen des § 460 entscheidet das Gericht des ersten Rechtszuges. [2]Waren die verschiedenen Urteile von verschiedenen Gerichten erlassen, so steht die Entscheidung dem Gericht zu, das auf die schwerste Strafart oder bei Strafen gleicher Art auf die höchste Strafe erkannt hat, und falls hiernach mehrere Gerichte zuständig sein würden, dem Gericht, dessen Urteil zuletzt ergangen ist. [3]War das hiernach maßgebende Urteil von einem Gericht eines höheren Rechtszuges erlassen, so setzt das Gericht des ersten Rechtszuges die Gesamtstrafe fest; war eines der Urteile von einem Oberlandesgericht im ersten Rechtszuge erlassen, so setzt das Oberlandesgericht die Gesamtstrafe fest. [4]Wäre ein Amtsgericht zur Bildung der Gesamtstrafe zuständig und reicht seine Strafgewalt nicht aus, so entscheidet die Strafkammer des ihm übergeordneten Landgerichts.

(4) [1]Haben verschiedene Gerichte den Verurteilten in anderen als den in § 460 bezeichneten Fällen rechtskräftig zu Strafe verurteilt oder unter Strafvorbehalt verwarnt, so ist nur eines von ihnen für die nach

den §§ 453, 454, 454a und 462 zu treffenden Entscheidungen zuständig. [2]Absatz 3 Satz 2 und 3 gilt entsprechend. [3]In den Fällen des Absatzes 1 entscheidet die Strafvollstreckungskammer; Absatz 1 Satz 3 bleibt unberührt.
(5) [1]An Stelle der Strafvollstreckungskammer entscheidet das Gericht des ersten Rechtszuges, wenn das Urteil von einem Oberlandesgericht im ersten Rechtszuge erlassen ist. [2]Das Oberlandesgericht kann die nach den Absätzen 1 und 3 zu treffenden Entscheidungen ganz oder zum Teil an die Strafvollstreckungskammer abgeben. [3]Die Abgabe ist bindend; sie kann jedoch vom Oberlandesgericht widerrufen werden.
(6) Gericht des ersten Rechtszuges ist in den Fällen des § 354 Abs. 2 und des § 355 das Gericht, an das die Sache zurückverwiesen worden ist, und in den Fällen, in denen im Wiederaufnahmeverfahren eine Entscheidung nach § 373 ergangen ist, das Gericht, das diese Entscheidung getroffen hat.

§ 463 Vollstreckung von Maßregeln der Besserung und Sicherung
(1) Die Vorschriften über die Strafvollstreckung gelten für die Vollstreckung von Maßregeln der Besserung und Sicherung sinngemäß, soweit nichts anderes bestimmt ist.
(2) § 453 gilt auch für die nach den §§ 68a bis 68d des Strafgesetzbuches zu treffenden Entscheidungen.
(3) § 454 Abs. 1, 3 und 4 gilt auch für die nach § 67c Abs. 1, § 67d Abs. 2 und 3, § 67e Abs. 3, den §§ 68e, 68f Abs. 2 und § 72 Abs. 3 des Strafgesetzbuches zu treffenden Entscheidungen. [2]In den Fällen des § 68e des Strafgesetzbuches bedarf es einer mündlichen Anhörung des Verurteilten nicht. [3]§ 454 Abs. 2 findet in den Fällen des § 67d Absatz 2 und 3 und des § 72 Absatz 3 des Strafgesetzbuches unabhängig von den dort genannten Straftaten sowie bei Prüfung der Voraussetzungen des § 67c Absatz 1 Satz 1 Nummer 1 des Strafgesetzbuches auch unabhängig davon, ob das Gericht eine Aussetzung erwägt, entsprechende Anwendung, soweit das Gericht über die Vollstreckung der Sicherungsverwahrung zu entscheiden hat; im Übrigen findet § 454 Abs. 2 bei den dort genannten Straftaten Anwendung. [4]Zur Vorbereitung der Entscheidung nach § 67d Abs. 3 des Strafgesetzbuches sowie der nachfolgenden Entscheidungen nach § 67d Abs. 2 des Strafgesetzbuches hat das Gericht das Gutachten eines Sachverständigen namentlich zu der Frage einzuholen, ob von dem Verurteilten weiterhin erhebliche rechtswidrige Taten zu erwarten sind. [5]Ist die Unterbringung in der Sicherungsverwahrung angeordnet worden, bestellt das Gericht dem Verurteilten, der keinen Verteidiger hat, rechtzeitig vor einer Entscheidung nach § 67c Absatz 1 des Strafgesetzbuches einen Verteidiger.
(4) [1]Im Rahmen der Überprüfung der Unterbringung in einem psychiatrischen Krankenhaus (§ 63 des Strafgesetzbuches) nach § 67e des Strafgesetzbuches ist eine gutachterliche Stellungnahme der Maßregelvollzugseinrichtung einzuholen, in der der Verurteilte untergebracht ist. [2]Das Gericht soll nach jeweils drei Jahren, ab einer Dauer der Unterbringung von sechs Jahren nach jeweils zwei Jahren vollzogener Unterbringung in einem psychiatrischen Krankenhaus das Gutachten eines Sachverständigen einholen. [3]Der Sachverständige darf weder im Rahmen des Vollzugs der Unterbringung mit der Behandlung der untergebrachten Person befasst gewesen sein noch in dem psychiatrischen Krankenhaus arbeiten, in dem sich die untergebrachte Person befindet, noch soll er das letzte Gutachten bei einer vorangegangenen Überprüfung erstellt haben. [4]Der Sachverständige, der für das erste Gutachten im Rahmen einer Überprüfung der Unterbringung herangezogen wird, soll auch nicht das Gutachten in dem Verfahren erstellt haben, in dem die Unterbringung oder deren späterer Vollzug angeordnet worden ist. [5]Mit der Begutachtung sollen nur ärztliche oder psychologische Sachverständige beauftragt werden, die über forensischpsychiatrische Sachkunde und Erfahrung verfügen. [6]Dem Sachverständigen ist Einsicht in die Patientendaten des Krankenhauses über die untergebrachte Person zu gewähren. [7]§ 454 Abs. 2 gilt entsprechend. [8]Der untergebrachten Person, die keinen Verteidiger hat, bestellt das Gericht für die Überprüfung der Unterbringung, bei der nach Satz 2 das Gutachten eines Sachverständigen eingeholt werden soll, einen Verteidiger.
(5) [1]§ 455 Abs. 1 ist nicht anzuwenden, wenn die Unterbringung in einem psychiatrischen Krankenhaus angeordnet ist. [2]Ist die Unterbringung in einer Entziehungsanstalt oder in der Sicherungsverwahrung angeordnet worden und verfällt der Verurteilte in Geisteskrankheit, so kann die Vollstreckung der Maßregel aufgeschoben werden. [3]§ 456 ist nicht anzuwenden, wenn die Unterbringung des Verurteilten in der Sicherungsverwahrung angeordnet ist.
(6) [1]§ 462 gilt auch für die nach § 67 Absatz 3, 5 Satz 2 und Absatz 6, den §§ 67a und 67c Abs. 2, § 67d Abs. 5 und 6, den §§ 67g, 67h und 69a Abs. 7 sowie den §§ 70a und 70b des Strafgesetzbuches zu treffenden Entscheidungen. [2]In den Fällen des § 67d Absatz 6 des Strafgesetzbuches ist der Verurteilte mündlich zu hören. [3]Das Gericht erklärt die Anordnung von Maßnahmen nach § 67h Abs. 1 Satz 1 und 2 des Strafgesetzbuchs für sofort vollziehbar, wenn erhebliche rechtswidrige Taten des Verurteilten drohen; für Entscheidungen nach § 67d Absatz 5 Satz 1 des Strafgesetzbuches bleibt es bei der sofortigen Vollziehbarkeit (§§ 307 und 462 Absatz 3 Satz 2).

(7) Für die Anwendung des § 462a Abs. 1 steht die Führungsaufsicht in den Fällen des § 67c Abs. 1, des § 67d Abs. 2 bis 6 und des § 68f des Strafgesetzbuches der Aussetzung eines Strafrestes gleich.

(8) [1]Wird die Unterbringung in der Sicherungsverwahrung vollstreckt, bestellt das Gericht dem Verurteilten, der keinen Verteidiger hat, für die Verfahren über die auf dem Gebiet der Vollstreckung zu treffenden gerichtlichen Entscheidungen einen Verteidiger. [2]Die Bestellung hat rechtzeitig vor der ersten gerichtlichen Entscheidung zu erfolgen und gilt auch für jedes weitere Verfahren, solange die Bestellung nicht aufgehoben wird.

§ 463a Zuständigkeit und Befugnisse der Aufsichtsstellen

(1) [1]Die Aufsichtsstellen (§ 68a des Strafgesetzbuches) können zur Überwachung des Verhaltens des Verurteilten und der Erfüllung von Weisungen von allen öffentlichen Behörden Auskunft verlangen und Ermittlungen jeder Art, mit Ausschluß eidlicher Vernehmungen, entweder selbst vornehmen oder durch andere Behörden im Rahmen ihrer Zuständigkeit vornehmen lassen. [2]Ist der Aufenthalt des Verurteilten nicht bekannt, kann der Leiter der Führungsaufsichtsstelle seine Ausschreibung zur Aufenthaltsermittlung (§ 131a Abs. 1) anordnen.

(2) [1]Die Aufsichtsstelle kann für die Dauer der Führungsaufsicht oder für eine kürzere Zeit anordnen, daß der Verurteilte zur Beobachtung anläßlich von polizeilichen Kontrollen, die die Feststellung der Personalien zulassen, ausgeschrieben wird. [2]§ 163e Abs. 2 gilt entsprechend. [3]Die Anordnung trifft der Leiter der Führungsaufsichtsstelle. [4]Die Erforderlichkeit der Fortdauer der Maßnahme ist mindestens jährlich zu überprüfen.

(3) [1]Auf Antrag der Aufsichtsstelle kann das Gericht einen Vorführungsbefehl erlassen, wenn der Verurteilte einer Weisung nach § 68b Abs. 1 Satz 1 Nr. 7 oder Nr. 11 des Strafgesetzbuchs ohne genügende Entschuldigung nicht nachgekommen ist und er in der Ladung darauf hingewiesen wurde, dass in diesem Fall seine Vorführung zulässig ist. [2]Soweit das Gericht des ersten Rechtszuges zuständig ist, entscheidet der Vorsitzende.

(4) [1]Die Aufsichtsstelle erhebt und speichert bei einer Weisung nach § 68b Absatz 1 Satz 1 Nummer 12 des Strafgesetzbuches mit Hilfe der von der verurteilten Person mitgeführten technischen Mittel automatisiert Daten über deren Aufenthaltsort sowie über etwaige Beeinträchtigungen der Datenerhebung; soweit es technisch möglich ist, ist sicherzustellen, dass innerhalb der Wohnung der verurteilten Person keine über den Umstand ihrer Anwesenheit hinausgehenden Aufenthaltsdaten erhoben werden. [2]Die Daten dürfen ohne Einwilligung der betroffenen Person nur verwendet werden, soweit dies erforderlich ist für die folgenden Zwecke:

1. zur Feststellung des Verstoßes gegen eine Weisung nach § 68b Absatz 1 Satz 1 Nummer 1, 2 oder 12 des Strafgesetzbuches,
2. zur Ergreifung von Maßnahmen der Führungsaufsicht, die sich an einen Verstoß gegen eine Weisung nach § 68b Absatz 1 Satz 1 Nummer 1, 2 oder 12 des Strafgesetzbuches anschließen können,
3. zur Ahndung eines Verstoßes gegen eine Weisung nach § 68b Absatz 1 Satz 1 Nummer 1, 2 oder 12 des Strafgesetzbuches,
4. zur Abwehr einer erheblichen gegenwärtigen Gefahr für das Leben, die körperliche Unversehrtheit, die persönliche Freiheit oder die sexuelle Selbstbestimmung Dritter oder
5. zur Verfolgung einer Straftat der in § 66 Absatz 3 Satz 1 des Strafgesetzbuches genannten Art oder einer Straftat nach § 129a Absatz 5 Satz 2, auch in Verbindung mit § 129b Absatz 1 des Strafgesetzbuches.

[3]Zur Einhaltung der Zweckbindung nach Satz 2 hat die Verarbeitung der Daten zur Feststellung von Verstößen nach Satz 2 Nummer 1 in Verbindung mit § 68b Absatz 1 Satz 1 Nummer 1 oder 2 des Strafgesetzbuches automatisiert zu erfolgen und sind die Daten gegen unbefugte Kenntnisnahme besonders zu sichern. [4]Die Aufsichtsstelle kann die Erhebung und Verarbeitung der Daten durch die Behörden und Beamten des Polizeidienstes vornehmen lassen; diese sind verpflichtet, dem Ersuchen der Aufsichtsstelle zu genügen. [5]Die in Satz 1 genannten Daten sind spätestens zwei Monate nach ihrer Erhebung zu löschen, soweit sie nicht für die in Satz 2 genannten Zwecke verwendet werden. [6]Bei jedem Abruf der Daten sind zumindest der Zeitpunkt, die abgerufenen Daten und der Bearbeiter zu protokollieren; § 488 Absatz 3 Satz 5 gilt entsprechend. [7]Werden innerhalb der Wohnung der verurteilten Person über den Umstand ihrer Anwesenheit hinausgehende Aufenthaltsdaten erhoben, dürfen diese nicht verwertet werden und sind unverzüglich nach Kenntnisnahme zu löschen. [8]Die Tatsache ihrer Kenntnisnahme und Löschung ist zu dokumentieren.

(5) [1]Örtlich zuständig ist die Aufsichtsstelle, in deren Bezirk der Verurteilte seinen Wohnsitz hat. [2]Hat der Verurteilte keinen Wohnsitz im Geltungsbereich dieses Gesetzes, so ist die Aufsichtsstelle örtlich

zuständig, in deren Bezirk er seinen gewöhnlichen Aufenthaltsort hat und, wenn ein solcher nicht bekannt ist, seinen letzten Wohnsitz oder gewöhnlichen Aufenthaltsort hatte.

§ 463b Beschlagnahme von Führerscheinen

(1) Ist ein Führerschein nach § 44 Abs. 2 Satz 2 und 3 des Strafgesetzbuches amtlich zu verwahren und wird er nicht freiwillig herausgegeben, so ist er zu beschlagnahmen.

(2) Ausländische Führerscheine können zur Eintragung eines Vermerks über das Fahrverbot oder über die Entziehung der Fahrerlaubnis und die Sperre (§ 44 Abs. 2 Satz 4, § 69b Abs. 2 des Strafgesetzbuches) beschlagnahmt werden.

(3) [1]Der Verurteilte hat, wenn der Führerschein bei ihm nicht vorgefunden wird, auf Antrag der Vollstreckungsbehörde bei dem Amtsgericht eine eidesstattliche Versicherung über den Verbleib abzugeben. [2]§ 883 Abs. 2 und 3 der Zivilprozeßordnung gilt entsprechend.

§ 463c Öffentliche Bekanntmachung der Verurteilung

(1) Ist die öffentliche Bekanntmachung der Verurteilung angeordnet worden, so wird die Entscheidung dem Berechtigten zugestellt.

(2) Die Anordnung nach Absatz 1 wird nur vollzogen, wenn der Antragsteller oder ein an seiner Stelle Antragsberechtigter es innerhalb eines Monats nach Zustellung der rechtskräftigen Entscheidung verlangt.

(3) [1]Kommt der Verleger oder der verantwortliche Redakteur einer periodischen Druckschrift seiner Verpflichtung nicht nach, eine solche Bekanntmachung in das Druckwerk aufzunehmen, so hält ihn das Gericht auf Antrag der Vollstreckungsbehörde durch Festsetzung eines Zwangsgeldes bis zu fünfundzwanzigtausend Euro oder von Zwangshaft bis zu sechs Wochen dazu an. [2]Zwangsgeld kann wiederholt festgesetzt werden. [3]§ 462 gilt entsprechend.

(4) Für die Bekanntmachung im Rundfunk gilt Absatz 3 entsprechend, wenn der für die Programmgestaltung Verantwortliche seiner Verpflichtung nicht nachkommt.

§ 463d Gerichtshilfe

[1]Zur Vorbereitung der nach den §§ 453 bis 461 zu treffenden Entscheidungen kann sich das Gericht oder die Vollstreckungsbehörde der Gerichtshilfe bedienen. [2]Die Gerichtshilfe soll einbezogen werden vor einer Entscheidung

1. über den Widerruf der Strafaussetzung oder der Aussetzung eines Strafrestes, sofern nicht ein Bewährungshelfer bestellt ist,
2. über die Anordnung der Vollstreckung der Ersatzfreiheitsstrafe, um die Abwendung der Anordnung oder Vollstreckung durch Zahlungserleichterungen oder durch freie Arbeit zu fördern.

§ 463e Mündliche Anhörung im Wege der Bild- und Tonübertragung

(1) [1]Wird der Verurteilte vor einer nach diesem Abschnitt zu treffenden gerichtlichen Entscheidung mündlich gehört, kann das Gericht bestimmen, dass er sich bei der mündlichen Anhörung an einem anderen Ort als das Gericht aufhält und die Anhörung zeitgleich in Bild und Ton an den Ort, an dem sich der Verurteilte aufhält, und in das Sitzungszimmer übertragen wird. [2]Das Gericht soll die Bild- und Tonübertragung nur mit der Maßgabe anordnen, dass sich der Verurteilte bei der mündlichen Anhörung in einem Dienstraum oder in einem Geschäftsraum eines Verteidigers oder Rechtsanwalts aufhält. [3]Satz 1 gilt nicht, wenn der Verurteilte zu einer lebenslangen Freiheitsstrafe verurteilt oder die Unterbringung des Verurteilten in einem psychiatrischen Krankenhaus oder in der Sicherungsverwahrung angeordnet worden ist.

(2) Wird der vom Gericht ernannte Sachverständige vor einer nach diesem Abschnitt zu treffenden gerichtlichen Entscheidung mündlich gehört, gilt Absatz 1 Satz 1 und 3 entsprechend.

Zweiter Abschnitt
Kosten des Verfahrens

§ 464 Kosten- und Auslagenentscheidung; sofortige Beschwerde

(1) Jedes Urteil, jeder Strafbefehl und jede eine Untersuchung einstellende Entscheidung muß darüber Bestimmung treffen, von wem die Kosten des Verfahrens zu tragen sind.

(2) Die Entscheidung darüber, wer die notwendigen Auslagen trägt, trifft das Gericht in dem Urteil oder in dem Beschluß, der das Verfahren abschließt.

(3) [1]Gegen die Entscheidung über die Kosten und die notwendigen Auslagen ist die sofortige Beschwerde zulässig; sie ist unzulässig, wenn eine Anfechtung der in Absatz 1 genannten Hauptentscheidung durch den Beschwerdeführer nicht statthaft ist. [2]Das Beschwerdegericht ist an die tatsächlichen Feststellungen, auf denen die Entscheidung beruht, gebunden. [3]Wird gegen das Urteil, soweit es die Entscheidung über

die Kosten und die notwendigen Auslagen betrifft, sofortige Beschwerde und im übrigen Berufung oder Revision eingelegt, so ist das Berufungs- oder Revisionsgericht, solange es mit der Berufung oder Revision befaßt ist, auch für die Entscheidung über die sofortige Beschwerde zuständig.

§ 464a Kosten des Verfahrens; notwendige Auslagen

(1) [1]Kosten des Verfahrens sind die Gebühren und Auslagen der Staatskasse. [2]Zu den Kosten gehören auch die durch die Vorbereitung der öffentlichen Klage entstandenen sowie die Kosten der Vollstreckung einer Rechtsfolge der Tat. [3]Zu den Kosten eines Antrags auf Wiederaufnahme des durch ein rechtskräftiges Urteil abgeschlossenen Verfahrens gehören auch die zur Vorbereitung eines Wiederaufnahmeverfahrens (§§ 364a und 364b) entstandenen Kosten, soweit sie durch einen Antrag des Verurteilten verursacht sind.

(2) Zu den notwendigen Auslagen eines Beteiligten gehören auch

1. die Entschädigung für eine notwendige Zeitversäumnis nach den Vorschriften, die für die Entschädigung von Zeugen gelten, und
2. die Gebühren und Auslagen eines Rechtsanwalts, soweit sie nach § 91 Abs. 2 der Zivilprozeßordnung zu erstatten sind.

§ 464b Kostenfestsetzung

[1]Die Höhe der Kosten und Auslagen, die ein Beteiligter einem anderen Beteiligten zu erstatten hat, wird auf Antrag eines Beteiligten durch das Gericht des ersten Rechtszuges festgesetzt. [2]Auf Antrag ist auszusprechen, dass die festgesetzten Kosten und Auslagen von der Anbringung des Festsetzungsantrags an zu verzinsen sind. [3]Auf die Höhe des Zinssatzes, das Verfahren und auf die Vollstreckung der Entscheidung sind die Vorschriften der Zivilprozessordnung entsprechend anzuwenden. [4]Abweichend von § 311 Absatz 2 beträgt die Frist zur Einlegung der sofortigen Beschwerde zwei Wochen. [5]Zur Bezeichnung des Nebenklägers kann im Kostenfestsetzungsbeschluss die Angabe der vollständigen Anschrift unterbleiben.

§ 464c Kosten bei Bestellung eines Dolmetschers oder Übersetzers für den Angeschuldigten

Ist für einen Angeschuldigten, der der deutschen Sprache nicht mächtig, hör- oder sprachbehindert ist, ein Dolmetscher oder Übersetzer herangezogen worden, so werden die dadurch entstandenen Auslagen dem Angeschuldigten auferlegt, soweit er diese durch schuldhafte Säumnis oder in sonstiger Weise schuldhaft unnötig verursacht hat; dies ist außer im Falle des § 467 Abs. 2 ausdrücklich auszusprechen.

§ 464d Verteilung der Auslagen nach Bruchteilen

Die Auslagen der Staatskasse und die notwendigen Auslagen der Beteiligten können nach Bruchteilen verteilt werden.

§ 465 Kostentragungspflicht des Verurteilten

(1) [1]Die Kosten des Verfahrens hat der Angeklagte insoweit zu tragen, als sie durch das Verfahren wegen einer Tat entstanden sind, wegen derer er verurteilt oder eine Maßregel der Besserung und Sicherung gegen ihn angeordnet wird. [2]Eine Verurteilung im Sinne dieser Vorschrift liegt auch dann vor, wenn der Angeklagte mit Strafvorbehalt verwarnt wird oder das Gericht von Strafe absieht.

(2) [1]Sind durch Untersuchungen zur Aufklärung bestimmter belastender oder entlastender Umstände besondere Auslagen entstanden und sind diese Untersuchungen zugunsten des Angeklagten ausgegangen, so hat das Gericht die entstandenen Auslagen teilweise oder auch ganz der Staatskasse aufzuerlegen, wenn es unbillig wäre, den Angeklagten damit zu belasten. [2]Dies gilt namentlich dann, wenn der Angeklagte wegen einzelner abtrennbarer Teile einer Tat oder wegen einzelner von mehreren Gesetzesverletzungen nicht verurteilt wird. [3]Die Sätze 1 und 2 gelten entsprechend für die notwendigen Auslagen des Angeklagten. [4]Das Gericht kann anordnen, dass die Erhöhung der Gerichtsgebühren im Falle der Beiordnung eines psychosozialen Prozessbegleiters ganz oder teilweise unterbleibt, wenn es unbillig wäre, den Angeklagten damit zu belasten.

(3) Stirbt ein Verurteilter vor eingetretener Rechtskraft des Urteils, so haftet sein Nachlaß nicht für die Kosten.

§ 466 Haftung Mitverurteilter für Auslagen als Gesamtschuldner

[1]Mitangeklagte, gegen die in bezug auf dieselbe Tat auf Strafe erkannt oder eine Maßregel der Besserung und Sicherung angeordnet wird, haften für die Auslagen als Gesamtschuldner. [2]Dies gilt nicht für die durch die Tätigkeit eines bestellten Verteidigers oder eines Dolmetschers und die durch die Vollstreckung, die einstweilige Unterbringung oder die Untersuchungshaft entstandenen Kosten sowie für Auslagen, die durch Untersuchungshandlungen, die ausschließlich gegen einen Mitangeklagten gerichtet waren, entstanden sind.

§ 467 Kosten und notwendige Auslagen bei Freispruch, Nichteröffnung und Einstellung

(1) Soweit der Angeschuldigte freigesprochen, die Eröffnung des Hauptverfahrens gegen ihn abgelehnt oder das Verfahren gegen ihn eingestellt wird, fallen die Auslagen der Staatskasse und die notwendigen Auslagen des Angeschuldigten der Staatskasse zur Last.

(2) [1]Die Kosten des Verfahrens, die der Angeschuldigte durch eine schuldhafte Säumnis verursacht hat, werden ihm auferlegt. [2]Die ihm insoweit entstandenen Auslagen werden der Staatskasse nicht auferlegt.

(3) [1]Die notwendigen Auslagen des Angeschuldigten werden der Staatskasse nicht auferlegt, wenn der Angeschuldigte die Erhebung der öffentlichen Klage dadurch veranlaßt hat, daß er in einer Selbstanzeige vorgetäuscht hat, die ihm zur Last gelegte Tat begangen zu haben. [2]Das Gericht kann davon absehen, die notwendigen Auslagen des Angeschuldigten der Staatskasse aufzuerlegen, wenn er

1. die Erhebung der öffentlichen Klage dadurch veranlaßt hat, daß er sich selbst in wesentlichen Punkten wahrheitswidrig oder im Widerspruch zu seinen späteren Erklärungen belastet oder wesentliche entlastende Umstände verschwiegen hat, obwohl er sich zur Beschuldigung geäußert hat, oder
2. wegen einer Straftat nur deshalb nicht verurteilt wird, weil ein Verfahrenshindernis besteht.

(4) Stellt das Gericht das Verfahren nach einer Vorschrift ein, die dies nach seinem Ermessen zuläßt, so kann es davon absehen, die notwendigen Auslagen des Angeschuldigten der Staatskasse aufzuerlegen.

(5) Die notwendigen Auslagen des Angeschuldigten werden der Staatskasse nicht auferlegt, wenn das Verfahren nach vorangegangener vorläufiger Einstellung (§ 153a) endgültig eingestellt wird.

§ 467a Auslagen der Staatskasse bei Einstellung nach Anklagerücknahme

(1) [1]Nimmt die Staatsanwaltschaft die öffentliche Klage zurück und stellt sie das Verfahren ein, so hat das Gericht, bei dem die öffentliche Klage erhoben war, auf Antrag der Staatsanwaltschaft oder des Angeschuldigten die diesem erwachsenen notwendigen Auslagen der Staatskasse aufzuerlegen. [2]§ 467 Abs. 2 bis 5 gilt sinngemäß.

(2) Die einem Nebenbeteiligten (§ 424 Absatz 1, § 438 Absatz 1, §§ 439, 444 Abs. 1 Satz 1) erwachsenen notwendigen Auslagen kann das Gericht in den Fällen des Absatzes 1 Satz 1 auf Antrag der Staatsanwaltschaft oder des Nebenbeteiligten der Staatskasse oder einem anderen Beteiligten auferlegen.

(3) Die Entscheidung nach den Absätzen 1 und 2 ist unanfechtbar.

§ 468 Kosten bei Straffreierklärung

Bei wechselseitigen Beleidigungen wird die Verurteilung eines oder beider Teile in die Kosten dadurch nicht ausgeschlossen, daß einer oder beide für straffrei erklärt werden.

§ 469 Kostentragungspflicht des Anzeigenden bei leichtfertiger oder vorsätzlicher Erstattung einer unwahren Anzeige

(1) [1]Ist ein, wenn auch nur außergerichtliches Verfahren durch eine vorsätzlich oder leichtfertig erstattete unwahre Anzeige veranlaßt worden, so hat das Gericht dem Anzeigenden, nachdem er gehört worden ist, die Kosten des Verfahrens und die dem Beschuldigten erwachsenen notwendigen Auslagen aufzuerlegen. [2]Die einem Nebenbeteiligten (§ 424 Absatz 1, § 438 Absatz 1, §§ 439, 444 Abs. 1 Satz 1) erwachsenen notwendigen Auslagen kann das Gericht dem Anzeigenden auferlegen.

(2) War noch kein Gericht mit der Sache befaßt, so ergeht die Entscheidung auf Antrag der Staatsanwaltschaft durch das Gericht, das für die Eröffnung des Hauptverfahrens zuständig gewesen wäre.

(3) Die Entscheidung nach den Absätzen 1 und 2 ist unanfechtbar.

§ 470 Kosten bei Zurücknahme des Strafantrags

[1]Wird das Verfahren wegen Zurücknahme des Antrags, durch den es bedingt war, eingestellt, so hat der Antragsteller die Kosten sowie die dem Beschuldigten und einem Nebenbeteiligten (§ 424 Absatz 1, § 438 Absatz 1, §§ 439, 444 Abs. 1 Satz 1) erwachsenen notwendigen Auslagen zu tragen. [2]Sie können dem Angeklagten oder einem Nebenbeteiligten auferlegt werden, soweit er sich zur Übernahme bereit erklärt, der Staatskasse, soweit es unbillig wäre, die Beteiligten damit zu belasten.

§ 471 Kosten bei Privatklage

(1) In einem Verfahren auf erhobene Privatklage hat der Verurteilte auch die dem Privatkläger erwachsenen notwendigen Auslagen zu erstatten.

(2) Wird die Klage gegen den Beschuldigten zurückgewiesen oder wird dieser freigesprochen oder wird das Verfahren eingestellt, so fallen dem Privatkläger die Kosten des Verfahrens sowie die dem Beschuldigten erwachsenen notwendigen Auslagen zur Last.

(3) Das Gericht kann die Kosten des Verfahrens und die notwendigen Auslagen der Beteiligten angemessen verteilen oder nach pflichtgemäßem Ermessen einem der Beteiligten auferlegen, wenn

1. es den Anträgen des Privatklägers nur zum Teil entsprochen hat;
2. es das Verfahren nach § 383 Abs. 2 (§ 390 Abs. 5) wegen Geringfügigkeit eingestellt hat;
3. Widerklage erhoben worden ist.

(4) [1]Mehrere Privatkläger haften als Gesamtschuldner. [2]Das gleiche gilt hinsichtlich der Haftung mehrerer Beschuldigter für die dem Privatkläger erwachsenen notwendigen Auslagen.

§ 472 Notwendige Auslagen des Nebenklägers

(1) [1]Die dem Nebenkläger erwachsenen notwendigen Auslagen sind dem Angeklagten aufzuerlegen, wenn er wegen einer Tat verurteilt wird, die den Nebenkläger betrifft. [2]Die notwendigen Auslagen für einen psychosozialen Prozessbegleiter des Nebenklägers können dem Angeklagten nur bis zu der Höhe auferlegt werden, in der sich im Falle der Beiordnung des psychosozialen Prozessbegleiters die Gerichtsgebühren erhöhen würden. [3]Von der Auferlegung der notwendigen Auslagen kann ganz oder teilweise abgesehen werden, soweit es unbillig wäre, den Angeklagten damit zu belasten.

(2) [1]Stellt das Gericht das Verfahren nach einer Vorschrift, die dies nach seinem Ermessen zuläßt, ein, so kann es die in Absatz 1 genannten notwendigen Auslagen ganz oder teilweise dem Angeschuldigten auferlegen, soweit dies aus besonderen Gründen der Billigkeit entspricht. [2]Stellt das Gericht das Verfahren nach vorangegangener vorläufiger Einstellung (§ 153a) endgültig ein, gilt Absatz 1 entsprechend.

(3) [1]Die Absätze 1 und 2 gelten entsprechend für die notwendigen Auslagen, die einem zum Anschluß als Nebenkläger Berechtigten in Wahrnehmung seiner Befugnisse nach § 406h erwachsen sind. [2]Gleiches gilt für die notwendigen Auslagen eines Privatklägers, wenn die Staatsanwaltschaft nach § 377 Abs. 2 die Verfolgung übernommen hat.

(4) § 471 Abs. 4 Satz 2 gilt entsprechend.

§ 472a Kosten und notwendige Auslagen bei Adhäsionsverfahren

(1) Soweit dem Antrag auf Zuerkennung eines aus der Straftat erwachsenen Anspruchs stattgegeben wird, hat der Angeklagte auch die dadurch entstandenen besonderen Kosten und die notwendigen Auslagen des Antragstellers im Sinne der §§ 403 und 404 zu tragen.

(2) [1]Sieht das Gericht von der Entscheidung über den Adhäsionsantrag ab, wird ein Teil des Anspruchs dem Antragsteller nicht zuerkannt oder nimmt dieser den Antrag zurück, so entscheidet das Gericht nach pflichtgemäßem Ermessen, wer die insoweit entstandenen gerichtlichen Auslagen und die insoweit den Beteiligten erwachsenden notwendigen Auslagen trägt. [2]Die gerichtlichen Auslagen können der Staatskasse auferlegt werden, soweit es unbillig wäre, die Beteiligten damit zu belasten.

§ 472b Kosten und notwendige Auslagen bei Nebenbeteiligung

(1) [1]Wird die Einziehung, der Vorbehalt der Einziehung, die Vernichtung, Unbrauchbarmachung oder Beseitigung eines gesetzwidrigen Zustandes angeordnet, so können dem Nebenbeteiligten die durch seine Beteiligung erwachsenen besonderen Kosten auferlegt werden. [2]Die dem Nebenbeteiligten erwachsenen notwendigen Auslagen können, soweit es der Billigkeit entspricht, dem Angeklagten, im selbständigen Verfahren auch einem anderen Nebenbeteiligten auferlegt werden.

(2) Wird eine Geldbuße gegen eine juristische Person oder eine Personenvereinigung festgesetzt, so hat diese die Kosten des Verfahrens entsprechend den §§ 465, 466 zu tragen.

(3) Wird von der Anordnung einer der in Absatz 1 Satz 1 bezeichneten Nebenfolgen oder der Festsetzung einer Geldbuße gegen eine juristische Person oder eine Personenvereinigung abgesehen, so können die dem Nebenbeteiligten erwachsenen notwendigen Auslagen der Staatskasse oder einem anderen Beteiligten auferlegt werden.

§ 473 Kosten bei zurückgenommenem oder erfolglosem Rechtsmittel; Kosten der Wiedereinsetzung

(1) [1]Die Kosten eines zurückgenommenen oder erfolglos eingelegten Rechtsmittels treffen den, der es eingelegt hat. [2]Hat der Beschuldigte das Rechtsmittel erfolglos eingelegt oder zurückgenommen, so sind ihm die dadurch dem Nebenkläger oder dem zum Anschluß als Nebenkläger Berechtigten in Wahrnehmung seiner Befugnisse nach § 406h erwachsenen notwendigen Auslagen aufzuerlegen. [3]Hat im Falle des Satzes 1 allein der Nebenkläger ein Rechtsmittel eingelegt oder durchgeführt, so sind ihm die dadurch erwachsenen notwendigen Auslagen des Beschuldigten aufzuerlegen. [4]Für die Kosten des Rechtsmittels und die notwendigen Auslagen der Beteiligten gilt § 472a Abs. 2 entsprechend, wenn eine zulässig erhobene sofortige Beschwerde nach § 406a Abs. 1 Satz 1 durch eine den Rechtszug abschließende Entscheidung unzulässig geworden ist.

(2) [1]Hat im Falle des Absatzes 1 die Staatsanwaltschaft das Rechtsmittel zuungunsten des Beschuldigten oder eines Nebenbeteiligten (§ 424 Absatz 1, §§ 439, 444 Abs. 1 Satz 1) eingelegt, so sind die ihm erwachsenen notwendigen Auslagen der Staatskasse aufzuerlegen. [2]Dasselbe gilt, wenn das von der Staats-

anwaltschaft zugunsten des Beschuldigten oder eines Nebenbeteiligten eingelegte Rechtsmittel Erfolg hat.

(3) Hat der Beschuldigte oder ein anderer Beteiligter das Rechtsmittel auf bestimmte Beschwerdepunkte beschränkt und hat ein solches Rechtsmittel Erfolg, so sind die notwendigen Auslagen des Beteiligten der Staatskasse aufzuerlegen.

(4) [1]Hat das Rechtsmittel teilweise Erfolg, so hat das Gericht die Gebühr zu ermäßigen und die entstandenen Auslagen teilweise oder auch ganz der Staatskasse aufzuerlegen, soweit es unbillig wäre, die Beteiligten damit zu belasten. [2]Dies gilt entsprechend für die notwendigen Auslagen der Beteiligten.

(5) Ein Rechtsmittel gilt als erfolglos, soweit eine Anordnung nach § 69 Abs. 1 oder § 69b Abs. 1 des Strafgesetzbuches nur deshalb nicht aufrechterhalten wird, weil ihre Voraussetzungen wegen der Dauer einer vorläufigen Entziehung der Fahrerlaubnis (§ 111a Abs. 1) oder einer Verwahrung, Sicherstellung oder Beschlagnahme des Führerscheins (§ 69a Abs. 6 des Strafgesetzbuches) nicht mehr vorliegen.

(6) Die Absätze 1 bis 4 gelten entsprechend für die Kosten und die notwendigen Auslagen, die durch einen Antrag

1. auf Wiederaufnahme des durch ein rechtskräftiges Urteil abgeschlossenen Verfahrens oder
2. auf ein Nachverfahren (§ 433)

verursacht worden sind.

(7) Die Kosten der Wiedereinsetzung in den vorigen Stand fallen dem Antragsteller zur Last, soweit sie nicht durch einen unbegründeten Widerspruch des Gegners entstanden sind.

§ 473a Kosten und notwendige Auslagen bei gesonderter Entscheidung über die Rechtmäßigkeit einer Ermittlungsmaßnahme

[1]Hat das Gericht auf Antrag des Betroffenen in einer gesonderten Entscheidung über die Rechtmäßigkeit einer Ermittlungsmaßnahme oder ihres Vollzuges zu befinden, bestimmt es zugleich, von wem die Kosten und die notwendigen Auslagen der Beteiligten zu tragen sind. [2]Diese sind, soweit die Maßnahme oder ihr Vollzug für rechtswidrig erklärt wird, der Staatskasse, im Übrigen dem Antragsteller aufzuerlegen. [3]§ 304 Absatz 3 und § 464 Absatz 3 Satz 1 gelten entsprechend.

Achtes Buch

Schutz und Verwendung von Daten

Erster Abschnitt

Erteilung von Auskünften und Akteneinsicht, sonstige Verwendung von Daten für verfahrensübergreifende Zwecke

§ 474 Auskünfte und Akteneinsicht für Justizbehörden und andere öffentliche Stellen

(1) Gerichte, Staatsanwaltschaften und andere Justizbehörden erhalten Akteneinsicht, wenn dies für Zwecke der Rechtspflege erforderlich ist.

(2) [1]Im Übrigen sind Auskünfte aus Akten an öffentliche Stellen zulässig, soweit

1. die Auskünfte zur Feststellung, Durchsetzung oder zur Abwehr von Rechtsansprüchen im Zusammenhang mit der Straftat erforderlich sind,
2. diesen Stellen in sonstigen Fällen auf Grund einer besonderen Vorschrift von Amts wegen personenbezogene Daten aus Strafverfahren übermittelt werden dürfen oder soweit nach einer Übermittlung von Amts wegen die Übermittlung weiterer personenbezogener Daten zur Aufgabenerfüllung erforderlich ist oder
3. die Auskünfte zur Vorbereitung von Maßnahmen erforderlich sind, nach deren Erlass auf Grund einer besonderen Vorschrift von Amts wegen personenbezogene Daten aus Strafverfahren an diese Stellen übermittelt werden dürfen.

[2]Die Erteilung von Auskünften an die Nachrichtendienste richtet sich nach § 18 des Bundesverfassungsschutzgesetzes, § 12 des Sicherheitsüberprüfungsgesetzes, § 10 des MAD-Gesetzes und § 10 des BND-Gesetzes sowie den entsprechenden landesrechtlichen Vorschriften.

(3) Unter den Voraussetzungen des Absatzes 2 kann Akteneinsicht gewährt werden, wenn die Erteilung von Auskünften einen unverhältnismäßigen Aufwand erfordern würde oder die Akteneinsicht begehrende Stelle unter Angabe von Gründen erklärt, dass die Erteilung einer Auskunft zur Erfüllung ihrer Aufgabe nicht ausreichen würde.

(4) Unter den Voraussetzungen der Absätze 1 oder 3 können amtlich verwahrte Beweisstücke besichtigt werden.

(5) Akten, die noch in Papierform vorliegen, können in den Fällen der Absätze 1 und 3 zur Einsichtnahme übersandt werden.

(6) Landesgesetzliche Regelungen, die parlamentarischen Ausschüssen ein Recht auf Akteneinsicht einräumen, bleiben unberührt.

§ 475 Auskünfte und Akteneinsicht für Privatpersonen und sonstige Stellen

(1) [1]Für eine Privatperson und für sonstige Stellen kann unbeschadet des § 57 des Bundesdatenschutzgesetzes ein Rechtsanwalt Auskünfte aus Akten erhalten, die dem Gericht vorliegen oder diesem im Falle der Erhebung der öffentlichen Klage vorzulegen wären, soweit er hierfür ein berechtigtes Interesse darlegt. [2]Auskünfte sind zu versagen, wenn der hiervon Betroffene ein schutzwürdiges Interesse an der Versagung hat.

(2) Unter den Voraussetzungen des Absatzes 1 kann Akteneinsicht gewährt werden, wenn die Erteilung von Auskünften einen unverhältnismäßigen Aufwand erfordern oder nach Darlegung dessen, der Akteneinsicht begehrt, zur Wahrnehmung des berechtigten Interesses nicht ausreichen würde.

(3) Unter den Voraussetzungen des Absatzes 2 können amtlich verwahrte Beweisstücke besichtigt werden.

(4) Unter den Voraussetzungen des Absatzes 1 können auch Privatpersonen und sonstigen Stellen Auskünfte aus den Akten erteilt werden.

§ 476 Auskünfte und Akteneinsicht zu Forschungszwecken

(1) [1]Die Übermittlung personenbezogener Daten in Akten an Hochschulen, andere Einrichtungen, die wissenschaftliche Forschung betreiben, und öffentliche Stellen ist zulässig, soweit

1. dies für die Durchführung bestimmter wissenschaftlicher Forschungsarbeiten erforderlich ist,
2. eine Nutzung anonymisierter Daten zu diesem Zweck nicht möglich oder die Anonymisierung mit einem unverhältnismäßigen Aufwand verbunden ist und
3. das öffentliche Interesse an der Forschungsarbeit das schutzwürdige Interesse des Betroffenen an dem Ausschluss der Übermittlung erheblich überwiegt.

[2]Bei der Abwägung nach Satz 1 Nr. 3 ist im Rahmen des öffentlichen Interesses das wissenschaftliche Interesse an dem Forschungsvorhaben besonders zu berücksichtigen.

(2) [1]Die Übermittlung der Daten erfolgt durch Erteilung von Auskünften, wenn hierdurch der Zweck der Forschungsarbeit erreicht werden kann und die Erteilung keinen unverhältnismäßigen Aufwand erfordert. [2]Andernfalls kann auch Akteneinsicht gewährt werden. [3]Die Akten, die in Papierform vorliegen, können zur Einsichtnahme übersandt werden.

(3) [1]Personenbezogene Daten werden nur an solche Personen übermittelt, die Amtsträger oder für den öffentlichen Dienst besonders Verpflichtete sind oder die zur Geheimhaltung verpflichtet worden sind. [2]§ 1 Abs. 2, 3 und 4 Nr. 2 des Verpflichtungsgesetzes findet auf die Verpflichtung zur Geheimhaltung entsprechende Anwendung.

(4) [1]Die personenbezogenen Daten dürfen nur für die Forschungsarbeit verwendet werden, für die sie übermittelt worden sind. [2]Die Verwendung für andere Forschungsarbeiten oder die Weitergabe richtet sich nach den Absätzen 1 bis 3 und bedarf der Zustimmung der Stelle, die die Übermittlung der Daten angeordnet hat.

(5) [1]Die Daten sind gegen unbefugte Kenntnisnahme durch Dritte zu schützen. [2]Die wissenschaftliche Forschung betreibende Stelle hat dafür zu sorgen, dass die Verwendung der personenbezogenen Daten räumlich und organisatorisch getrennt von der Erfüllung solcher Verwaltungsaufgaben oder Geschäftszwecke erfolgt, für die diese Daten gleichfalls von Bedeutung sein können.

(6) [1]Sobald der Forschungszweck es erlaubt, sind die personenbezogenen Daten zu anonymisieren. [2]Solange dies noch nicht möglich ist, sind die Merkmale gesondert aufzubewahren, mit denen Einzelangaben über persönliche oder sachliche Verhältnisse einer bestimmten oder bestimmbaren Person zugeordnet werden können. [3]Sie dürfen mit den Einzelangaben nur zusammengeführt werden, soweit der Forschungszweck dies erfordert.

(7) [1]Wer nach den Absätzen 1 bis 3 personenbezogene Daten erhalten hat, darf diese nur veröffentlichen, wenn dies für die Darstellung von Forschungsergebnissen über Ereignisse der Zeitgeschichte unerlässlich ist. [2]Die Veröffentlichung bedarf der Zustimmung der Stelle, die die Daten übermittelt hat.

(8) Ist der Empfänger eine nichtöffentliche Stelle, finden die Vorschriften der Verordnung (EU) 2016/679 und des Bundesdatenschutzgesetzes auch dann Anwendung, wenn die personenbezogenen Daten nicht automatisiert verarbeitet werden und nicht in einem Dateisystem gespeichert sind oder gespeichert werden.

§ 477 Datenübermittlung von Amts wegen

(1) Von Amts wegen dürfen personenbezogene Daten aus Strafverfahren Strafverfolgungsbehörden und Strafgerichten für Zwecke der Strafverfolgung sowie den zuständigen Behörden und Gerichten für Zwecke der Verfolgung von Ordnungswidrigkeiten übermittelt werden, soweit diese Daten aus der Sicht der übermittelnden Stelle hierfür erforderlich sind.

(2) Eine von Amts wegen erfolgende Übermittlung personenbezogener Daten aus Strafverfahren ist auch zulässig, wenn die Kenntnis der Daten aus der Sicht der übermittelnden Stelle erforderlich ist für

1. die Vollstreckung von Strafen oder von Maßnahmen im Sinne des § 11 Absatz 1 Nummer 8 des Strafgesetzbuches oder für die Vollstreckung oder Durchführung von Erziehungsmaßregeln oder von Zuchtmitteln im Sinne des Jugendgerichtsgesetzes,
2. den Vollzug von freiheitsentziehenden Maßnahmen oder
3. Entscheidungen in Strafsachen, insbesondere über die Strafaussetzung zur Bewährung oder deren Widerruf, oder in Bußgeld- oder Gnadensachen.

§ 478 Form der Datenübermittlung

Auskünfte nach den §§ 474 bis 476 und Datenübermittlungen von Amts wegen nach § 477 können auch durch Überlassung von Kopien aus den Akten erfolgen.

§ 479 Übermittlungsverbote und Verwendungsbeschränkungen

(1) Auskünfte nach den §§ 474 bis 476 und Datenübermittlungen von Amts wegen nach § 477 sind zu versagen, wenn ihnen Zwecke des Strafverfahrens, auch die Gefährdung des Untersuchungszwecks in einem anderen Strafverfahren, oder besondere bundesgesetzliche oder landesgesetzliche Verwendungsregelungen entgegenstehen.

(2) [1]Ist eine Maßnahme nach diesem Gesetz nur bei Verdacht bestimmter Straftaten zulässig, so gilt für die Verwendung der auf Grund einer solchen Maßnahme erlangten Daten in anderen Strafverfahren § 161 Absatz 3 entsprechend. [2]Darüber hinaus dürfen verwertbare personenbezogene Daten, die durch eine Maßnahme der nach Satz 1 bezeichneten Art erlangt worden sind, ohne Einwilligung der von der Maßnahme betroffenen Personen nur verwendet werden

1. zu Zwecken der Gefahrenabwehr, soweit sie dafür durch eine entsprechende Maßnahme nach den für die zuständige Stelle geltenden Gesetzen erhoben werden könnten,
2. zur Abwehr einer Gefahr für Leib, Leben oder Freiheit einer Person oder für die Sicherheit oder den Bestand des Bundes oder eines Landes oder für bedeutende Vermögenswerte, wenn sich aus den Daten im Einzelfall jeweils konkrete Ansätze zur Abwehr einer solchen Gefahr erkennen lassen,
3. für Zwecke, für die eine Übermittlung nach § 18 des Bundesverfassungsschutzgesetzes zulässig ist, sowie
4. nach Maßgabe des § 476.

[3]§ 100i Absatz 2 Satz 2 und § 108 Absatz 2 und 3 bleiben unberührt.

(3) Wenn in den Fällen der §§ 474 bis 476

1. der Angeklagte freigesprochen, die Eröffnung des Hauptverfahrens abgelehnt oder das Verfahren eingestellt wurde oder
2. die Verurteilung nicht in ein Führungszeugnis für Behörden aufgenommen wird und seit der Rechtskraft der Entscheidung mehr als zwei Jahre verstrichen sind,

dürfen Auskünfte aus den Akten und Akteneinsicht an nichtöffentliche Stellen nur gewährt werden, wenn ein rechtliches Interesse an der Kenntnis der Information glaubhaft gemacht ist und der frühere Beschuldigte kein schutzwürdiges Interesse an der Versagung hat.

(4) [1]Die Verantwortung für die Zulässigkeit der Übermittlung trägt die übermittelnde Stelle. [2]Abweichend hiervon trägt in den Fällen der §§ 474 bis 476 der Empfänger die Verantwortung für die Zulässigkeit der Übermittlung, sofern dieser eine öffentliche Stelle oder ein Rechtsanwalt ist. [3]Die übermittelnde Stelle prüft in diesem Falle nur, ob das Übermittlungsersuchen im Rahmen der Aufgaben des Empfängers liegt, es sei denn, dass ein besonderer Anlass zu einer weitergehenden Prüfung der Zulässigkeit der Übermittlung vorliegt.

(5) § 32f Absatz 5 Satz 2 und 3 gilt mit folgenden Maßgaben entsprechend:

1. Eine Verwendung der nach den §§ 474 und 475 erlangten personenbezogenen Daten für andere Zwecke ist zulässig, wenn dafür Auskunft oder Akteneinsicht gewährt werden dürfte und im Falle des § 475 die Stelle, die Auskunft oder Akteneinsicht gewährt hat, zustimmt;
2. eine Verwendung der nach § 477 erlangten personenbezogenen Daten für andere Zwecke ist zulässig, wenn dafür eine Übermittlung nach § 477 erfolgen dürfte.

§ 480 Entscheidung über die Datenübermittlung

(1) [1]Über die Übermittlungen nach den §§ 474 bis 477 entscheidet im vorbereitenden Verfahren und nach rechtskräftigem Abschluss des Verfahrens die Staatsanwaltschaft, im Übrigen der Vorsitzende des mit der Sache befassten Gerichts. [2]Die Staatsanwaltschaft ist auch nach Erhebung der öffentlichen Klage befugt, personenbezogene Daten zu übermitteln. [3]Die Staatsanwaltschaft kann die Behörden des Polizeidienstes, die die Ermittlungen geführt haben oder führen, ermächtigen, in den Fällen des § 475 Akteneinsicht und Auskünfte zu erteilen. [4]Gegen deren Entscheidung kann die Entscheidung der Staatsanwaltschaft eingeholt werden. [5]Die Übermittlung personenbezogener Daten zwischen Behörden des Polizeidienstes oder eine entsprechende Akteneinsicht ist ohne Entscheidung nach Satz 1 zulässig, sofern keine Zweifel an der Zulässigkeit der Übermittlung oder der Akteneinsicht bestehen.

(2) [1]Aus beigezogenen Akten, die nicht Aktenbestandteil sind, dürfen Übermittlungen nur mit Zustimmung der Stelle erfolgen, um deren Akten es sich handelt; Gleiches gilt für die Akteneinsicht. [2]In den Fällen der §§ 474 bis 476 sind Auskünfte und Akteneinsicht nur zulässig, wenn der Antragsteller die Zustimmung nachweist.

(3) [1]In den Fällen des § 475 kann gegen die Entscheidung der Staatsanwaltschaft nach Absatz 1 gerichtliche Entscheidung durch das nach § 162 zuständige Gericht beantragt werden. [2]Die §§ 297 bis 300, 302, 306 bis 309, 311a und 473a gelten entsprechend. [3]Die Entscheidung des Gerichts ist unanfechtbar, solange die Ermittlungen noch nicht abgeschlossen sind. [4]Diese Entscheidungen werden nicht mit Gründen versehen, soweit durch deren Offenlegung der Untersuchungszweck gefährdet werden könnte.

(4) Die übermittelnde Stelle hat die Übermittlung und deren Zweck aktenkundig zu machen.

§ 481 Verwendung personenbezogener Daten für polizeiliche Zwecke

(1) [1]Die Polizeibehörden dürfen nach Maßgabe der Polizeigesetze personenbezogene Daten aus Strafverfahren verwenden. [2]Zu den dort genannten Zwecken dürfen Strafverfolgungsbehörden und Gerichte an Polizeibehörden personenbezogene Daten aus Strafverfahren übermitteln oder Akteneinsicht gewähren. [3]Mitteilungen nach Satz 2 können auch durch Bewährungshelfer und Führungsaufsichtsstellen erfolgen, wenn dies zur Abwehr einer Gefahr für ein bedeutendes Rechtsgut erforderlich und eine rechtzeitige Übermittlung durch die in Satz 2 genannten Stellen nicht gewährleistet ist. [4]Die Sätze 1 und 2 gelten nicht in den Fällen, in denen die Polizei ausschließlich zum Schutz privater Rechte tätig wird.

(2) Die Verwendung ist unzulässig, soweit besondere bundesgesetzliche oder entsprechende landesgesetzliche Verwendungsregelungen entgegenstehen.

(3) Hat die Polizeibehörde Zweifel, ob eine Verwendung personenbezogener Daten nach dieser Bestimmung zulässig ist, gilt § 480 Absatz 1 Satz 1 und 2 entsprechend.

§ 482 Mitteilung des Aktenzeichens und des Verfahrensausgangs an die Polizei

(1) Die Staatsanwaltschaft teilt der Polizeibehörde, die mit der Angelegenheit befasst war, ihr Aktenzeichen mit.

(2) [1]Sie unterrichtet die Polizeibehörde in den Fällen des Absatzes 1 über den Ausgang des Verfahrens durch Mitteilung der Entscheidungsformel, der entscheidenden Stelle sowie des Datums und der Art der Entscheidung. [2]Die Übersendung der Mitteilung zum Bundeszentralregister ist zulässig, im Falle des Erforderns auch des Urteils oder einer mit Gründen versehenen Einstellungsentscheidung.

(3) In Verfahren gegen Unbekannt sowie bei Verkehrsstrafsachen, soweit sie nicht unter die §§ 142, 315 bis 315c des Strafgesetzbuches fallen, wird der Ausgang des Verfahrens nach Absatz 2 von Amts wegen nicht mitgeteilt.

(4) Wird ein Urteil übersandt, das angefochten worden ist, so ist anzugeben, wer Rechtsmittel eingelegt hat.

Zweiter Abschnitt

Regelungen über die Datenverarbeitung

§ 483 Datenverarbeitung für Zwecke des Strafverfahrens

(1) [1]Gerichte, Strafverfolgungsbehörden einschließlich Vollstreckungsbehörden, Bewährungshelfer, Aufsichtsstellen bei Führungsaufsicht und die Gerichtshilfe dürfen personenbezogene Daten in Dateisystemen verarbeiten, soweit dies für Zwecke des Strafverfahrens erforderlich ist. [2]Die Polizei darf unter der Voraussetzung des Satzes 1 personenbezogene Daten auch in einem Informationssystem verarbeiten, welches nach Maßgabe eines anderen Gesetzes errichtet ist. [3]Für dieses Informationssystem wird mindestens festgelegt:

1. die Kennzeichnung der personenbezogenen Daten durch die Bezeichnung

   a) des Verfahrens, in dem die Daten erhoben wurden,
   b) der Maßnahme, wegen der die Daten erhoben wurden, sowie der Rechtsgrundlage der Erhebung und
   c) der Straftat, zu deren Aufklärung die Daten erhoben wurden,
2. die Zugriffsberechtigungen,
3. die Fristen zur Prüfung, ob gespeicherte Daten zu löschen sind sowie die Speicherungsdauer der Daten.

(2) Die Daten dürfen auch für andere Strafverfahren, die internationale Rechtshilfe in Strafsachen und Gnadensachen genutzt werden.

(3) Erfolgt in einem Dateisystem der Polizei die Speicherung zusammen mit Daten, deren Speicherung sich nach den Polizeigesetzen richtet, so ist für die Verarbeitung personenbezogener Daten und die Rechte der Betroffenen das für die speichernde Stelle geltende Recht maßgeblich.

§ 484 Datenverarbeitung für Zwecke künftiger Strafverfahren; Verordnungsermächtigung

(1) Strafverfolgungsbehörden dürfen für Zwecke künftiger Strafverfahren
1. die Personendaten des Beschuldigten und, soweit erforderlich, andere zur Identifizierung geeignete Merkmale,
2. die zuständige Stelle und das Aktenzeichen,
3. die nähere Bezeichnung der Straftaten, insbesondere die Tatzeiten, die Tatorte und die Höhe etwaiger Schäden,
4. die Tatvorwürfe durch Angabe der gesetzlichen Vorschriften,
5. die Einleitung des Verfahrens sowie die Verfahrenserledigungen bei der Staatsanwaltschaft und bei Gericht nebst Angabe der gesetzlichen Vorschriften

in Dateisystemen verarbeiten.

(2) [1]Weitere personenbezogene Daten von Beschuldigten und Tatbeteiligten dürfen sie in Dateisystemen nur verarbeiten, soweit dies erforderlich ist, weil wegen der Art oder Ausführung der Tat, der Persönlichkeit des Beschuldigten oder Tatbeteiligten oder sonstiger Erkenntnisse Grund zu der Annahme besteht, dass weitere Strafverfahren gegen den Beschuldigten zu führen sind. [2]Wird der Beschuldigte rechtskräftig freigesprochen, die Eröffnung des Hauptverfahrens gegen ihn unanfechtbar abgelehnt oder das Verfahren nicht nur vorläufig eingestellt, so ist die Verarbeitung nach Satz 1 unzulässig, wenn sich aus den Gründen der Entscheidung ergibt, dass die betroffene Person die Tat nicht oder nicht rechtswidrig begangen hat.

(3) [1]Das Bundesministerium der Justiz und für Verbraucherschutz und die Landesregierungen bestimmen für ihren jeweiligen Geschäftsbereich durch Rechtsverordnung das Nähere über die Art der Daten, die nach Absatz 2 für Zwecke künftiger Strafverfahren gespeichert werden dürfen. [2]Dies gilt nicht für Daten in Dateisystemen, die nur vorübergehend vorgehalten und innerhalb von drei Monaten nach ihrer Erstellung gelöscht werden. [3]Die Landesregierungen können die Ermächtigung durch Rechtsverordnung auf die zuständigen Landesministerien übertragen.

(4) Die Verarbeitung personenbezogener Daten, die für Zwecke künftiger Strafverfahren von der Polizei gespeichert sind oder werden, richtet sich, ausgenommen die Verarbeitung für Zwecke eines Strafverfahrens, nach den Polizeigesetzen.

§ 485 Datenverarbeitung für Zwecke der Vorgangsverwaltung

[1]Gerichte, Strafverfolgungsbehörden einschließlich Vollstreckungsbehörden, Bewährungshelfer, Aufsichtsstellen bei Führungsaufsicht und die Gerichtshilfe dürfen personenbezogene Daten in Dateisystemen verarbeiten, soweit dies für Zwecke der Vorgangsverwaltung erforderlich ist. [2]Eine Nutzung für die in § 483 bezeichneten Zwecke ist zulässig. [3]Eine Nutzung für die in § 484 bezeichneten Zwecke ist zulässig, soweit die Speicherung auch nach dieser Vorschrift zulässig wäre. [4]§ 483 Absatz 1 Satz 2 und Absatz 3 ist entsprechend anwendbar.

§ 486 Gemeinsame Dateisysteme

[1]Die personenbezogenen Daten können für die in den §§ 483 bis 485 genannten Stellen in gemeinsamen Dateisystemen gespeichert werden. [2]Dies gilt für Fälle des § 483 Absatz 1 Satz 2, auch in Verbindung mit § 485 Satz 4, entsprechend.

§ 487 Übermittlung gespeicherter Daten; Auskunft

(1) [1]Die nach den §§ 483 bis 485 gespeicherten Daten dürfen den zuständigen Stellen übermittelt werden, soweit dies für die in diesen Vorschriften genannten Zwecke, für Zwecke eines Gnadenverfahrens, des Vollzugs von freiheitsentziehenden Maßnahmen oder der internationalen Rechtshilfe in Strafsachen erforderlich ist. [2]§ 479 Absatz 1 und 2 und § 485 Satz 3 gelten entsprechend. [3]Bewährungshelfer und Führungsaufsichtsstellen dürfen personenbezogene Daten von Verurteilten, die unter Aufsicht gestellt sind,

an die Einrichtungen des Justiz- und Maßregelvollzugs übermitteln, wenn diese Daten für den Vollzug der Freiheitsentziehung, insbesondere zur Förderung der Vollzugs- und Behandlungsplanung oder der Entlassungsvorbereitung, erforderlich sind; das Gleiche gilt für Mitteilungen an Vollstreckungsbehörden, soweit diese Daten für die in § 477 Absatz 2 Nummer 1 oder 3 genannten Zwecke erforderlich sind.

(2) [1]Außerdem kann, unbeschadet des § 57 des Bundesdatenschutzgesetzes, Auskunft erteilt werden, soweit nach den Vorschriften dieses Gesetzes Akteneinsicht oder Auskunft aus den Akten gewährt werden könnte. [2]Entsprechendes gilt für Mitteilungen nach den §§ 477 und 481 Absatz 1 Satz 2 sowie für andere besondere gesetzliche Bestimmungen, die die Übermittlung personenbezogener Daten aus Strafverfahren anordnen oder erlauben.

(3) [1]Die Verantwortung für die Zulässigkeit der Übermittlung trägt die übermittelnde Stelle. [2]Erfolgt die Übermittlung auf Ersuchen des Empfängers, trägt dieser die Verantwortung. [3]In diesem Falle prüft die übermittelnde Stelle nur, ob das Übermittlungsersuchen im Rahmen der Aufgaben des Empfängers liegt, es sei denn, dass besonderer Anlass zu einer weitergehenden Prüfung der Zulässigkeit der Übermittlung besteht.

(4) [1]Die nach den §§ 483 bis 485 gespeicherten Daten dürfen auch für wissenschaftliche Zwecke übermittelt werden. [2]§ 476 gilt entsprechend.

(5) Besondere gesetzliche Bestimmungen, die die Übermittlung von Daten aus einem Strafverfahren anordnen oder erlauben, bleiben unberührt.

(6) [1]Die Daten dürfen nur zu dem Zweck verwendet werden, für den sie übermittelt worden sind. [2]Eine Verwendung für andere Zwecke ist zulässig, soweit die Daten auch dafür hätten übermittelt werden dürfen.

§ 488 Automatisierte Verfahren für Datenübermittlungen

(1) [1]Die Einrichtung eines automatisierten Abrufverfahrens oder eines automatisierten Anfrage- und Auskunftsverfahrens ist für Übermittlungen nach § 487 Abs. 1 zwischen den in § 483 Abs. 1 genannten Stellen zulässig, soweit diese Form der Datenübermittlung unter Berücksichtigung der schutzwürdigen Interessen der betroffenen Personen wegen der Vielzahl der Übermittlungen oder wegen ihrer besonderen Eilbedürftigkeit angemessen ist. [2]Die beteiligten Stellen haben zu gewährleisten, dass dem jeweiligen Stand der Technik entsprechende Maßnahmen zur Sicherstellung von Datenschutz und Datensicherheit getroffen werden, die insbesondere die Vertraulichkeit und Unversehrtheit der Daten gewährleisten; im Falle der Nutzung allgemein zugänglicher Netze sind dem jeweiligen Stand der Technik entsprechende Verschlüsselungsverfahren anzuwenden.

(2) [1]Bei der Festlegung zur Einrichtung eines automatisierten Abrufverfahrens haben die beteiligten Stellen zu gewährleisten, dass die Zulässigkeit des Abrufverfahrens kontrolliert werden kann. [2]Hierzu haben sie Folgendes schriftlich festzulegen:

1. den Anlass und den Zweck des Abrufverfahrens,
2. die Dritten, an die übermittelt wird,
3. die Art der zu übermittelnden Daten und
4. die nach § 64 des Bundesdatenschutzgesetzes erforderlichen technischen und organisatorischen Maßnahmen.

[3]Die Festlegung bedarf der Zustimmung der für die speichernde und die abrufende Stelle jeweils zuständigen Bundes- und Landesministerien. [4]Die speichernde Stelle übersendet die Festlegungen der Stelle, die für die Kontrolle der Einhaltung der Vorschriften über den Datenschutz bei öffentlichen Stellen zuständig ist.

(3) [1]Die Verantwortung für die Zulässigkeit des einzelnen Abrufs trägt der Empfänger. [2]Die speichernde Stelle prüft die Zulässigkeit der Abrufe nur, wenn dazu Anlass besteht. [3]Die speichernde Stelle hat zu gewährleisten, dass die Übermittlung personenbezogener Daten festgestellt und überprüft werden kann. [4]Im Rahmen der Protokollierung nach § 76 des Bundesdatenschutzgesetzes hat sie ergänzend zu den dort in Absatz 2 aufgeführten Daten die abgerufenen Daten, die Kennung der abrufenden Stelle und das Aktenzeichen des Empfängers zu protokollieren. [5]Die Protokolldaten sind nach zwölf Monaten zu löschen.

(4) Die Absätze 2 und 3 gelten für das automatisierte Anfrage- und Auskunftsverfahren entsprechend.

§ 489 Löschung und Einschränkung der Verarbeitung von Daten

(1) Zu löschen sind, unbeschadet der anderen, in § 75 Absatz 2 des Bundesdatenschutzgesetzes genannten Gründe für die Pflicht zur Löschung,

1. die nach § 483 gespeicherten Daten mit der Erledigung des Verfahrens, soweit ihre Speicherung nicht nach den §§ 484 und 485 zulässig ist,

2. die nach § 484 gespeicherten Daten, soweit die dortigen Voraussetzungen nicht mehr vorliegen und ihre Speicherung nicht nach § 485 zulässig ist, und
3. die nach § 485 gespeicherten Daten, sobald ihre Speicherung zur Vorgangsverwaltung nicht mehr erforderlich ist.

(2) [1]Als Erledigung des Verfahrens gilt die Erledigung bei der Staatsanwaltschaft oder, sofern die öffentliche Klage erhoben wurde, bei Gericht. [2]Ist eine Strafe oder eine sonstige Sanktion angeordnet worden, so ist der Abschluss der Vollstreckung oder der Erlass maßgeblich. [3]Wird das Verfahren eingestellt und hindert die Einstellung die Wiederaufnahme der Verfolgung nicht, so ist das Verfahren mit Eintritt der Verjährung als erledigt anzusehen.

(3) Der Verantwortliche prüft nach festgesetzten Fristen, ob gespeicherte Daten zu löschen sind. [2]Die Frist zur Überprüfung der Notwendigkeit der Speicherung nach § 75 Absatz 4 des Bundesdatenschutzgesetzes beträgt für die nach § 484 gespeicherten Daten
1. bei Beschuldigten, die zur Tatzeit das achtzehnte Lebensjahr vollendet hatten, zehn Jahre,
2. bei Jugendlichen fünf Jahre,
3. in den Fällen des rechtskräftigen Freispruchs, der unanfechtbaren Ablehnung der Eröffnung des Hauptverfahrens und der nicht nur vorläufigen Verfahrenseinstellung drei Jahre,
4. bei nach § 484 Absatz 1 gespeicherten Daten zu Personen, die zur Tatzeit nicht strafmündig waren, zwei Jahre.

(4) Der Verantwortliche kann in der Errichtungsanordnung nach § 490 kürzere Prüffristen festlegen.

(5) Die Fristen nach Absatz 3 beginnen mit dem Tag, an dem das letzte Ereignis eingetreten ist, das zur Speicherung der Daten geführt hat, jedoch nicht vor
1. Entlassung der betroffenen Person aus einer Justizvollzugsanstalt oder
2. Beendigung einer mit Freiheitsentziehung verbundenen Maßregel der Besserung und Sicherung.

(6) [1]§ 58 Absatz 3 Satz 1 Nummer 1 und 3 des Bundesdatenschutzgesetzes gilt für die Löschung nach Absatz 1 entsprechend. [2]Darüber hinaus ist an Stelle der Löschung personenbezogener Daten deren Verarbeitung einzuschränken, soweit die Daten für laufende Forschungsarbeiten benötigt werden. [3]Die Verarbeitung personenbezogener Daten ist ferner einzuschränken, soweit sie nur zu Zwecken der Datensicherung oder der Datenschutzkontrolle gespeichert sind. [4]Daten, deren Verarbeitung nach den Sätzen 1 oder 2 eingeschränkt ist, dürfen nur zu dem Zweck verwendet werden, für den ihre Löschung unterblieben ist. [5]Sie dürfen auch verwendet werden, soweit dies zur Behebung einer bestehenden Beweisnot unerlässlich ist.

(7) Anstelle der Löschung der Daten sind die Datenträger an ein Staatsarchiv abzugeben, soweit besondere archivrechtliche Regelungen dies vorsehen.

§ 490 Errichtungsanordnung für automatisierte Dateisysteme

[1]Der Verantwortliche legt für jedes automatisierte Dateisystem in einer Errichtungsanordnung mindestens fest:
1. die Bezeichnung des Dateisystems,
2. die Rechtsgrundlage und den Zweck des Dateisystems,
3. den Personenkreis, über den Daten in dem Dateisystem verarbeitet werden,
4. die Art der zu verarbeitenden Daten,
5. die Anlieferung oder Eingabe der zu verarbeitenden Daten,
6. die Voraussetzungen, unter denen in dem Dateisystem verarbeitete Daten an welche Empfänger und in welchem Verfahren übermittelt werden,
7. Prüffristen und Speicherungsdauer.

[2]Dies gilt nicht für Dateisysteme, die nur vorübergehend vorgehalten und innerhalb von drei Monaten nach ihrer Erstellung gelöscht werden, und Informationssysteme gemäß § 483 Absatz 1 Satz 2.

§ 491 Auskunft an betroffene Personen

(1) [1]Ist die betroffene Person bei einem gemeinsamen Dateisystem nicht in der Lage, den Verantwortlichen festzustellen, so kann sie sich zum Zweck der Auskunft nach § 57 des Bundesdatenschutzgesetzes an jede beteiligte speicherungsberechtigte Stelle wenden. [2]Über die Erteilung einer Auskunft entscheidet die ersuchte speicherungsberechtigte Stelle im Einvernehmen mit dem Verantwortlichen.

(2) Für den Auskunftsanspruch betroffener Personen gilt § 57 des Bundesdatenschutzgesetzes.

Dritter Abschnitt

Länderübergreifendes staatsanwaltschaftliches Verfahrensregister

§ 492 Zentrales staatsanwaltschaftliches Verfahrensregister

(1) Das Bundesamt für Justiz (Registerbehörde) führt ein zentrales staatsanwaltschaftliches Verfahrensregister.

(2) [1]In das Register sind

1. die Personendaten des Beschuldigten und, soweit erforderlich, andere zur Identifizierung geeignete Merkmale,
2. die zuständige Stelle und das Aktenzeichen,
3. die nähere Bezeichnung der Straftaten, insbesondere die Tatzeiten, die Tatorte und die Höhe etwaiger Schäden,
4. die Tatvorwürfe durch Angabe der gesetzlichen Vorschriften,
5. die Einleitung des Verfahrens sowie die Verfahrenserledigungen bei der Staatsanwaltschaft und bei Gericht nebst Angabe der gesetzlichen Vorschriften

einzutragen. [2]Die Daten dürfen nur für Strafverfahren gespeichert und verändert werden.

(3) [1]Die Staatsanwaltschaften teilen die einzutragenden Daten der Registerbehörde zu dem in Absatz 2 Satz 2 genannten Zweck mit. [2]Auskünfte aus dem Verfahrensregister dürfen nur Strafverfolgungsbehörden für Zwecke eines Strafverfahrens erteilt werden. [3]Dem Bundeskriminalamt dürfen Auskünfte auch erteilt werden, soweit dies im Einzelfall zur Erfüllung seiner Aufgaben nach § 5 Absatz 1, § 6 Absatz 1 oder § 7 Absatz 1 und 2 des Bundeskriminalamtgesetzes erforderlich ist. [4]§ 5 Abs. 5 Satz 1 Nr. 2 des Waffengesetzes, § 8a Absatz 5 Satz 1 Nummer 2 des Sprengstoffgesetzes, § 7 Absatz 3 Satz 1 Nummer 3 des Luftsicherheitsgesetzes, § 12 Absatz 1 Nummer 2 des Sicherheitsüberprüfungsgesetzes und § 31 Absatz 4a Satz 1 des Geldwäschegesetzes bleiben unberührt; die Auskunft über die Eintragung wird insoweit im Einvernehmen mit der Staatsanwaltschaft, die die personenbezogenen Daten zur Eintragung in das Verfahrensregister mitgeteilt hat, erteilt, wenn hiervon eine Gefährdung des Untersuchungszwecks nicht zu besorgen ist.

(4) [1]Die in Absatz 2 Satz 1 Nummer 1 und 2 und, wenn dies erforderlich ist, Nummer 3 und 4 genannten Daten dürfen nach Maßgabe des § 18 Abs. 3 des Bundesverfassungsschutzgesetzes, auch in Verbindung mit § 10 Abs. 2 des Gesetzes über den Militärischen Abschirmdienst und § 10 Absatz 3 des BND-Gesetzes, auf Ersuchen auch an die Verfassungsschutzbehörden des Bundes und der Länder, den Militärischen Abschirmdienst und den Bundesnachrichtendienst übermittelt werden. [2]§ 18 Abs. 5 Satz 2 des Bundesverfassungsschutzgesetzes gilt entsprechend.

(4a) [1]Kann die Registerbehörde eine Mitteilung oder ein Ersuchen einem Datensatz nicht eindeutig zuordnen, übermittelt sie an die ersuchende Stelle zur Identitätsfeststellung Datensätze zu Personen mit ähnlichen Personalien. [2]Nach erfolgter Identifizierung hat die ersuchende Stelle alle Daten, die sich nicht auf die betroffene Person beziehen, unverzüglich zu löschen. [3]Ist eine Identifizierung nicht möglich, sind alle übermittelten Daten zu löschen. [4]In der Rechtsverordnung nach § 494 Abs. 4 ist die Anzahl der Datensätze, die auf Grund eines Abrufs übermittelt werden dürfen, auf das für eine Identifizierung notwendige Maß zu begrenzen.

(5) [1]Die Verantwortung für die Zulässigkeit der Übermittlung trägt der Empfänger. [2]Die Registerbehörde prüft die Zulässigkeit der Übermittlung nur, wenn besonderer Anlaß hierzu besteht.

(6) Die Daten dürfen unbeschadet des Absatzes 3 Satz 3 und 4 sowie des Absatzes 4 nur in Strafverfahren verwendet werden.

§ 493 Automatisiertes Verfahren für Datenübermittlungen

(1) [1]Die Übermittlung der Daten erfolgt im Wege eines automatisierten Abrufverfahrens oder eines automatisierten Anfrage- und Auskunftsverfahrens, im Falle einer Störung der Datenfernübertragung oder bei außergewöhnlicher Dringlichkeit telefonisch oder durch Telefax. [2]Die beteiligten Stellen haben zu gewährleisten, dass dem jeweiligen Stand der Technik entsprechende Maßnahmen zur Sicherstellung von Datenschutz und Datensicherheit getroffen werden, die insbesondere die Vertraulichkeit und Unversehrtheit der Daten gewährleisten; im Falle der Nutzung allgemein zugänglicher Netze sind dem jeweiligen Stand der Technik entsprechende Verschlüsselungsverfahren anzuwenden.

(2) [1]Bei der Festlegung zur Einrichtung eines automatisierten Abrufverfahrens gilt § 488 Absatz 2 Satz 1 und 2 entsprechend. [2]Die Registerbehörde übersendet die Festlegungen dem Bundesbeauftragten für den Datenschutz.

(3) [1]Die Verantwortung für die Zulässigkeit des einzelnen automatisierten Abrufs trägt der Empfänger. [2]Die Registerbehörde prüft die Zulässigkeit der Abrufe nur, wenn dazu Anlaß besteht. [3]Im Rahmen der

Protokollierung nach § 76 des Bundesdatenschutzgesetzes hat sie ergänzend zu den dort in Absatz 2 aufgeführten Daten die abgerufenen Daten, die Kennung der abrufenden Stelle und das Aktenzeichen des Empfängers zu protokollieren. [4]Die Protokolldaten sind nach sechs Monaten zu löschen.

(4) Die Absätze 2 und 3 gelten für das automatisierte Anfrage- und Auskunftsverfahren entsprechend.

§ 494 Berichtigung, Löschung und Einschränkung der Verarbeitung von Daten; Verordnungsermächtigung

(1) In den Fällen des § 58 Absatz 1 und des § 75 Absatz 1 des Bundesdatenschutzgesetzes teilt der Verantwortliche insbesondere der Registerbehörde die Unrichtigkeit unverzüglich mit; der Verantwortliche trägt die Verantwortung für die Richtigkeit und Aktualität der Daten.

(2) [1]Die Daten sind zu löschen, sobald sich aus dem Bundeszentralregister ergibt, dass in dem Strafverfahren, aus dem die Daten übermittelt worden sind, eine nach § 20 des Bundeszentralregistergesetzes mitteilungspflichtige gerichtliche Entscheidung oder Verfügung der Strafverfolgungsbehörde ergangen ist. [2]Wird der Beschuldigte rechtskräftig freigesprochen, die Eröffnung des Hauptverfahrens gegen ihn unanfechtbar abgelehnt oder das Verfahren nicht nur vorläufig eingestellt, so sind die Daten zwei Jahre nach der Erledigung des Verfahrens zu löschen, es sei denn, vor Eintritt der Löschungsfrist wird ein weiteres Verfahren zur Eintragung in das Verfahrensregister mitgeteilt. [3]In diesem Fall bleiben die Daten gespeichert, bis für alle Eintragungen die Löschungsvoraussetzungen vorliegen. [4]Die Staatsanwaltschaft teilt der Registerbehörde unverzüglich den Eintritt der Löschungsvoraussetzungen oder den Beginn der Löschungsfrist nach Satz 2 mit.

(3) § 489 Absatz 7 gilt entsprechend.

(4) Das Bundesministerium der Justiz und für Verbraucherschutz bestimmt durch Rechtsverordnung mit Zustimmung des Bundesrates die näheren Einzelheiten, insbesondere

1. die Art der zu verarbeitenden Daten,
2. die Anlieferung der zu verarbeitenden Daten,
3. die Voraussetzungen, unter denen in dem Dateisystem verarbeitete Daten an welche Empfänger und in welchem Verfahren übermittelt werden,
4. die Einrichtung eines automatisierten Abrufverfahrens,
5. die nach den §§ 64, 71 und 72 des Bundesdatenschutzgesetzes erforderlichen technischen und organisatorischen Maßnahmen.

§ 495 Auskunft an betroffene Personen

[1]Der betroffenen Person ist entsprechend § 57 des Bundesdatenschutzgesetzes Auskunft aus dem Verfahrensregister zu erteilen; § 491 Absatz 2 gilt entsprechend. [2]Über die Erteilung einer Auskunft entscheidet die Registerbehörde im Einvernehmen mit der Staatsanwaltschaft, die die personenbezogenen Daten zur Eintragung in das Verfahrensregister mitgeteilt hat. [3]Soweit eine Auskunft aus dem Verfahrensregister an eine öffentliche Stelle erteilt wurde und die betroffene Person von dieser Stelle Auskunft über die so erhobenen Daten begehrt, entscheidet hierüber diese Stelle im Einvernehmen mit der Staatsanwaltschaft, die die personenbezogenen Daten zur Eintragung in das Verfahrensregister mitgeteilt hat.

Vierter Abschnitt

Schutz personenbezogener Daten in einer elektronischen Akte; Verwendung personenbezogener Daten aus elektronischen Akten

§ 496 Verwendung personenbezogener Daten in einer elektronischen Akte

(1) Das Verarbeiten und Nutzen personenbezogener Daten in einer elektronischen Akte oder in elektronischen Aktenkopien ist zulässig, soweit dies für die Zwecke des Strafverfahrens erforderlich ist.

(2) Dabei sind

1. die organisatorischen und technischen Maßnahmen zu treffen, die erforderlich sind, um den besonderen Anforderungen des Datenschutzes und der Datensicherheit gerecht zu werden, und
2. die Grundsätze einer ordnungsgemäßen Datenverarbeitung einzuhalten, insbesondere die Daten ständig verfügbar zu halten und Vorkehrungen gegen einen Datenverlust zu treffen.

(3) Elektronische Akten und elektronische Aktenkopien sind keine Dateisysteme im Sinne des Zweiten Abschnitts.

§ 497 Datenverarbeitung im Auftrag

(1) Mit der dauerhaften rechtsverbindlichen Speicherung elektronischer Akten dürfen nichtöffentliche Stellen nur dann beauftragt werden, wenn eine öffentliche Stelle den Zutritt und den Zugang zu den

Datenverarbeitungsanlagen, in denen die elektronischen Akten rechtsverbindlich gespeichert werden, tatsächlich und ausschließlich kontrolliert.

(2) [1]Eine Begründung von Unterauftragsverhältnissen durch nichtöffentliche Stellen im Rahmen des dauerhaften rechtsverbindlichen Speicherns der elektronischen Akte ist zulässig, wenn der Auftraggeber im Einzelfall zuvor eingewilligt hat. [2]Die Einwilligung darf nur erteilt werden, wenn der Zutritt und der Zugang zu den Datenverarbeitungsanlagen in dem Unterauftragsverhältnis entsprechend Absatz 1 vertraglich geregelt sind.

(3) [1]Eine Pfändung von Einrichtungen, in denen eine nichtöffentliche Stelle im Auftrag einer öffentlichen Stelle Daten verarbeitet, ist unzulässig. [2]Eine Beschlagnahme solcher Einrichtungen setzt voraus, dass die öffentliche Stelle im Einzelfall eingewilligt hat.

§ 498 Verwendung personenbezogener Daten aus elektronischen Akten

(1) Das Verarbeiten und Nutzen personenbezogener Daten aus elektronischen Akten oder elektronischen Aktenkopien ist zulässig, soweit eine Rechtsvorschrift die Verwendung personenbezogener Daten aus einem Strafverfahren erlaubt oder anordnet.

(2) Der maschinelle Abgleich personenbezogener Daten mit elektronischen Akten oder elektronischen Aktenkopien gemäß § 98c ist unzulässig, es sei denn, er erfolgt mit einzelnen, zuvor individualisierten Akten oder Aktenkopien.

§ 499 Löschung elektronischer Aktenkopien

Elektronische Aktenkopien sind unverzüglich zu löschen, wenn sie nicht mehr erforderlich sind.

Fünfter Abschnitt

Anwendbarkeit des Bundesdatenschutzgesetzes

§ 500 Entsprechende Anwendung

(1) Soweit öffentliche Stellen der Länder im Anwendungsbereich dieses Gesetzes personenbezogene Daten verarbeiten, ist Teil 3 des Bundesdatenschutzgesetzes entsprechend anzuwenden.

(2) Absatz 1 gilt

1. nur, soweit nicht in diesem Gesetz etwas anderes bestimmt ist, und
2. nur mit der Maßgabe, dass die Landesbeauftragte oder der Landesbeauftragte an die Stelle der oder des Bundesbeauftragten tritt.

Einführungsgesetz zur Strafprozeßordnung (EGStPO)[1)]

Vom 1. Februar 1877 (RGBl. S. 346)
(BGBl. III/FNA 312-1)

zuletzt geändert durch Art. 2, 3 und 4 G zur weiteren Digitalisierung der Justiz vom 12. Juli 2024 (BGBl. 2024 I Nr. 234)

§ 1 ***[aufgehoben]***

§ 2 ***[gegenstandslos]***

§ 3 Anwendungsbereich der Strafprozessordnung

(1) Die Strafprozeßordnung findet auf alle Strafsachen Anwendung, welche vor die ordentlichen Gerichte gehören.

(2) Insoweit die Gerichtsbarkeit in Strafsachen, für welche besondere Gerichte zugelassen sind, durch die Landesgesetzgebung den ordentlichen Gerichten übertragen wird, kann diese ein abweichendes Verfahren gestatten.

(3) Die Landesgesetze können anordnen, daß Forst- und Feldrügesachen durch die Amtsgerichte in einem besonderen Verfahren, sowie ohne Zuziehung von Schöffen verhandelt und entschieden werden.

§ 4 ***[gegenstandslos]***

§ 5 ***[aufgehoben]***

§ 6 Verhältnis zu landesgesetzlichen Vorschriften

(1) [1]Die prozeßrechtlichen Vorschriften der Landesgesetze treten für alle Strafsachen, über die gemäß § 3 nach den Vorschriften der Strafprozeßordnung zu entscheiden ist, außer Kraft, soweit nicht in der Strafprozeßordnung auf sie verwiesen ist. [2]Außer Kraft treten insbesondere die Vorschriften über die Befugnis zum Erlaß polizeilicher Strafverfügungen.

(2) Unberührt bleiben landesgesetzliche Vorschriften:

1. über die Voraussetzungen, unter denen gegen Mitglieder eines Organs der Gesetzgebung eine Strafverfolgung eingeleitet oder fortgesetzt werden kann;
2. über das Verfahren bei Zuwiderhandlungen gegen die Vorschriften über die Erhebung öffentlicher Abgaben und Gefälle, soweit sie auf die Abgabenordnung verweisen.

§ 7 Begriff des Gesetzes

Gesetz im Sinne der Strafprozeßordnung und dieses Gesetzes ist jede Rechtsnorm.

§ 8 Mitteilungen in Strafsachen gegen Mandatsträger

(1) [1]In Strafsachen gegen Mitglieder der gesetzgebenden Körperschaften des Bundes oder eines Landes oder gegen Mitglieder des Europäischen Parlaments ist dem Präsidenten der Körperschaft, dem das Mitglied angehört, nach nicht nur vorläufiger Einstellung oder nach rechtskräftigem Abschluß des Verfahrens zur Sicherstellung der Funktionsfähigkeit oder zur Wahrung des Ansehens der jeweiligen Körperschaft die das Verfahren abschließende Entscheidung mit Begründung zu übermitteln; ist mit dieser Entscheidung ein Rechtsmittel verworfen worden, so ist auch die angefochtene Entscheidung zu übermitteln. [2]Bei Mitgliedern des Deutschen Bundestages oder des Europäischen Parlaments erfolgt die Übermittlung über das Bundesministerium der Justiz und für Verbraucherschutz. [3]Die Übermittlung veranlaßt die Strafverfolgungs- oder Strafvollstreckungsbehörde.

(2) Die Übermittlung unterbleibt, wenn die jeweilige Körperschaft darauf verzichtet hat.

§ 9 Vorwarnmechanismus

(1) [1]Das Gericht unterrichtet die zuständigen Behörden der anderen Mitgliedstaaten der Europäischen Union, der anderen Vertragsstaaten des Abkommens über den Europäischen Wirtschaftsraum und der Schweiz mittels des durch die Verordnung (EU) Nr. 1024/2012 des Europäischen Parlaments und des Rates vom 25. Oktober 2012 über die Verwaltungszusammenarbeit mit Hilfe des Binnenmarkt-Informationssystems und zur Aufhebung der Entscheidung 2008/49/EG der Kommission („IMI-Verordnung“) (ABl. L 316 vom 14.11.2012, S. 1), die zuletzt durch die Richtlinie 2014/67/EU (ABl. L 159 vom 28.5.2014, S. 11) geändert worden ist, in der jeweils geltenden Fassung eingerichteten Binnenmarkt-Informationssystems über Entscheidungen in Strafsachen, durch die ein vorläufiges Berufsverbot nach

1) Die Änderungen durch G v. 12.7.2024 (BGBl. 2024 I Nr. 234) treten teilweise erst **mWv 1.1.2026** und **mWv 1.1.2036** in Kraft und sind insoweit im Text noch nicht berücksichtigt.

§ 132a der Strafprozessordnung oder ein Berufsverbot nach § 70 des Strafgesetzbuches gegen Angehörige folgender Berufe angeordnet wurde:

1. Heilberufe:
   a) Ärztinnen und Ärzte,
   b) Altenpflegerinnen und -pfleger,
   c) Apothekerinnen und Apotheker,
   d) Diätassistentinnen und -assistenten,
   e) Ergotherapeutinnen und -therapeuten,
   f) Hebammen und Entbindungspfleger,
   g) Heilpraktikerinnen und -praktiker,
   h) Kinder- und Jugendlichenpsychotherapeutinnen und -therapeuten,
   i) Krankenschwestern und -pfleger,
   j) Logopädinnen und Logopäden,
   k) Masseurinnen und Masseure sowie medizinische Bademeisterinnen und -meister,
   l) Medizinisch-technische Assistentinnen und Assistenten,
   m) Notfallsanitäterinnen und -sanitäter,
   n) Orthoptistinnen und Orthoptisten,
   o) Pharmazeutisch-technische Assistentinnen und Assistenten,
   p) Physiotherapeutinnen und -therapeuten,
   q) Podologinnen und Podologen,
   r) Psychotherapeutinnen und Psychotherapeuten,
   s) Psychologische Psychotherapeutinnen und -therapeuten,
   t) Rettungsassistentinnen und -assistenten,
   u) Tierärztinnen und Tierärzte,
   v) Zahnärztinnen und Zahnärzte und
   w) sonstige Angehörige reglementierter Berufe, die Tätigkeiten ausüben, die Auswirkungen auf die Patientensicherheit haben;
2. Erziehungsberufe:
   a) Erzieherinnen und Erzieher,
   b) Lehrerinnen und Lehrer und
   c) sonstige Angehörige reglementierter Berufe, die Tätigkeiten im Bereich der Erziehung Minderjähriger ausüben.

[2]Die Unterrichtung erfolgt im Fall eines vorläufigen Berufsverbots spätestens drei Tage nach dessen Anordnung durch das entscheidende Gericht, im Fall eines Berufsverbots spätestens drei Tage nach dessen Rechtskraft durch das Gericht, bei dem das Verfahren im Zeitpunkt der Rechtskraft anhängig ist. [3]Dabei sind folgende Daten mitzuteilen:

1. Angaben zur Identität der betroffenen Person,
2. betroffener Beruf,
3. Angabe des Gerichts, das die Anordnung getroffen hat,
4. Umfang des Berufsverbots und
5. Zeitraum, für den das Berufsverbot gilt.

(2) [1]Wird eine Person verurteilt, weil sie bei einem Antrag auf Anerkennung ihrer Berufsqualifikation nach der Richtlinie 2005/36/EG des Europäischen Parlaments und des Rates vom 7. September 2005 über die Anerkennung von Berufsqualifikationen (ABl. L 255 vom 30.9.2005, S. 22; L 271 vom 16.10.2007, S. 18; L 93 vom 4.4.2008, S. 28; L 33 vom 3.2.2009, S. 49; L 305 vom 24.10.2014, S. 115), die zuletzt durch die Richtlinie 2013/55/EU (ABl. L 354 vom 28.12.2013, S. 132; L 268 vom 15.10.2015, S. 35; L 95 vom 9.4.2016, S. 20) geändert worden ist, in der jeweils geltenden Fassung einen gefälschten Berufsqualifikationsnachweis verwendet hat, unterrichtet das Gericht, bei dem das Verfahren im Zeitpunkt der Rechtskraft der Verurteilung anhängig ist, die zuständigen Behörden der anderen in Absatz 1 Satz 1 genannten Staaten mittels des Binnenmarkt-Informationssystems spätestens drei Tage nach Rechtskraft hierüber. [2]Dabei sind folgende Daten mitzuteilen:

1. Angaben zur Identität der betroffenen Person,
2. betroffener Beruf und
3. Angabe des verurteilenden Gerichts.

(3) [1]Unverzüglich nach der Mitteilung nach Absatz 1 oder 2 unterrichtet das Gericht die betroffene Person schriftlich über die Mitteilung und belehrt sie über die Rechtsbehelfe, die ihr gegen die Entscheidung, die Mitteilung zu veranlassen, zustehen. [2]Legt die betroffene Person gegen die Entscheidung einen Rechtsbehelf ein, ist die Mitteilung unverzüglich um einen entsprechenden Hinweis zu ergänzen.

(4) [1]Spätestens drei Tage nach der Aufhebung eines vorläufigen Berufsverbots unterrichtet das Gericht die zuständigen Behörden der anderen in Absatz 1 Satz 1 genannten Staaten mittels des Binnenmarkt-Informationssystems hierüber und veranlasst die Löschung der ursprünglichen Mitteilung. [2]Wird ein rechtskräftig angeordnetes Berufsverbot aufgehoben, ändert sich der Zeitraum, für den es gilt, oder wird die Vollstreckung unterbrochen, so unterrichtet das Gericht die zuständigen Behörden hierüber und veranlasst gegebenenfalls die Löschung der ursprünglichen Mitteilung. [3]Bei einer Aufhebung oder Veränderung des Geltungszeitraums des Berufsverbots auf Grund einer Gnadenentscheidung, auf Grund einer Entscheidung nach § 456c Absatz 2 der Strafprozessordnung oder auf Grund des § 70 Absatz 4 Satz 3 des Strafgesetzbuches nimmt die Staatsanwaltschaft die Unterrichtung vor und veranlasst gegebenenfalls die Löschung der ursprünglichen Mitteilung.

§ 10 ***[aufgehoben]***

§ 11 Übergangsregelung zum Gesetz zur Novellierung der forensischen DNA-Analyse

Für die nach dem DNA-Identitätsfeststellungsgesetz vom 7. September 1998 (BGBl. I S. 2646), das zuletzt durch Artikel 4 des Gesetzes vom 27. Dezember 2003 (BGBl. I S. 3007) geändert worden ist, erhobenen und verwendeten Daten finden ab dem 1. November 2005 die Regelungen der Strafprozessordnung Anwendung.

§ 12 Übergangsregelung zum Gesetz zur Einführung einer Speicherpflicht und einer Höchstspeicherfrist für Verkehrsdaten

(1) Nach § 96 Absatz 1 Satz 1 Nummer 1 des Telekommunikationsgesetzes gespeicherte Standortdaten dürfen erhoben werden bis zum 29. Juli 2017 auf der Grundlage des § 100g Absatz 1 der Strafprozessordnung in der bis zum Inkrafttreten des Gesetzes zur Einführung einer Speicherpflicht und einer Höchstspeicherfrist für Verkehrsdaten vom 10. Dezember 2015 (BGBl. I S. 2218) geltenden Fassung.

(2) [1]Die Übersicht nach § 101b der Strafprozessordnung in der Fassung des Artikels 1 des Gesetzes vom 10. Dezember 2015 (BGBl. I S. 2218) ist erstmalig für das Berichtsjahr 2018 zu erstellen. [2]Für die vorangehenden Berichtsjahre ist § 100g Absatz 4 der Strafprozessordnung in der bis zum Inkrafttreten des Gesetzes zur Einführung einer Speicherpflicht und einer Höchstspeicherfrist für Verkehrsdaten geltenden Fassung anzuwenden.

§ 13 Übergangsvorschrift zum Gesetz zur Novellierung des Rechts der Unterbringung in einem psychiatrischen Krankenhaus gemäß § 63 des Strafgesetzbuches und zur Änderung anderer Vorschriften

[1]Auf am 1. August 2016 bereits anhängige Vollstreckungsverfahren ist § 463 Absatz 4 Satz 2 und 8 der Strafprozessordnung in der seit dem 1. August 2016 geltenden Fassung erst ab dem 1. August 2018 anwendbar; die Pflicht des Gerichts zur Sachaufklärung, namentlich für die nach § 67d Absatz 6 Satz 2 und 3 des Strafgesetzbuches in der seit dem 1. August 2016 geltenden Fassung gebotenen Überprüfungen, bleibt unberührt. [2]§ 463 Absatz 4 Satz 3 und 4 der Strafprozessordnung in der seit dem 1. August 2016 geltenden Fassung ist auf am 1. August 2016 bereits anhängige Vollstreckungsverfahren erst ab dem 1. Februar 2017 anwendbar. [3]Bis zur Anwendbarkeit des neuen Rechts nach Satz 1 ist § 463 Absatz 4 Satz 1 und 5 der Strafprozessordnung und bis zur Anwendbarkeit des neuen Rechts nach Satz 2 ist § 463 Absatz 4 Satz 2 der Strafprozessordnung für die genannten Vollstreckungsverfahren in der jeweils am 31. Juli 2016 geltenden Fassung weiter anzuwenden.

§ 14 Übergangsregelung zum Gesetz zur Reform der strafrechtlichen Vermögensabschöpfung

Das Gesetz zur Reform der strafrechtlichen Vermögensabschöpfung vom 13. April 2017 (BGBl. I S. 872) gilt nicht für Verfahren, in denen bis zum Inkrafttreten[1)] dieses Gesetzes im Urteil oder Strafbefehl festgestellt wurde, dass deshalb nicht auf Verfall erkannt wird, weil Ansprüche eines Verletzten im Sinne des § 73 Absatz 1 Satz 2 des Strafgesetzbuches entgegenstehen.

§ 15 Übergangsregelung zum Gesetz zur Einführung der elektronischen Akte in der Justiz und zur weiteren Förderung des elektronischen Rechtsverkehrs; Verordnungsermächtigung

(1) [1]Dokumente und Aktenteile, die nach den Verschlusssachenanweisungen des Bundes oder der Länder als Verschlusssache höher als VS-NUR FÜR DEN DIENSTGEBRAUCH eingestuft sind, dürfen bis zum 31. Dezember 2035 abweichend von den §§ 32 bis 32f der Strafprozessordnung in Papierform erstellt, geführt und übermittelt werden. [2]Dokumente und Aktenteile, die nach den Verschlusssachenanweisungen des Bundes oder der Länder als Verschlusssache VS-NUR FÜR DEN DIENSTGEBRAUCH eingestuft sind, dürfen bis zum 31. Dezember 2035 abweichend von den §§ 32 bis 32f der Strafprozessordnung in

1) Das G tritt am 1.7.2017 in Kraft.

Papierform übermittelt werden. [3]Die für die Handhabung von Verschlusssachen geltenden Geheimschutzvorschriften bleiben unberührt.

(2) [1]Die Bundesregierung und die Landesregierungen können abweichend von § 32 der Strafprozessordnung jeweils für ihren Bereich durch Rechtsverordnung bestimmen, dass Akten, die elektronisch angelegt wurden, ab einem bestimmten Ereignis bis zum 31. Dezember 2025 in Papierform weitergeführt werden. [2]Die Zulassung der Weiterführung in Papierform kann auf einzelne Gerichte oder Strafverfolgungsbehörden oder auf allgemein bestimmte Verfahren beschränkt werden; wird von dieser Möglichkeit Gebrauch gemacht, kann in der Rechtsverordnung bestimmt werden, dass durch Verwaltungsvorschrift, die öffentlich bekanntzumachen ist, geregelt wird, in welchen Verfahren Akten in elektronischer Form weitergeführt werden. [3]Die Rechtsverordnung der Bundesregierung bedarf nicht der Zustimmung des Bundesrates. [4]Die Ermächtigung kann durch Rechtsverordnung auf die zuständigen Bundes- oder Landesministerien übertragen werden.

§ 16 Übergangsregelung zum Gesetz zur effektiveren und praxistauglicheren Ausgestaltung des Strafverfahrens

[1]Die Übersichten nach § 101b der Strafprozessordnung sind erstmalig für das Berichtsjahr 2019 zu erstellen. [2]Für die vorangehenden Berichtsjahre sind § 100b Absatz 6, § 100e Absatz 2 und § 101b Nummer 2 der Strafprozessordnung in der bis zum 23. August 2017 geltenden Fassung weiter anzuwenden.

§ 17 Übergangsregelung zum Gesetz zur Umsetzung der Richtlinie (EU) 2016/680 im Strafverfahren sowie zur Anpassung datenschutzrechtlicher Bestimmungen an die Verordnung (EU) 2016/679 und zu § 76 des Bundesdatenschutzgesetzes vom 30. Juni 2017

(1) [1]Für vor dem 6. Mai 2016 eingerichtete automatisierte Verarbeitungssysteme sind die durch das Gesetz zur Umsetzung der Richtlinie (EU) 2016/680 im Strafverfahren sowie zur Anpassung datenschutzrechtlicher Bestimmungen an die Verordnung (EU) 2016/679 vom 20. November 2019 (BGBl. I S. 1724) neu gefassten Vorgaben zur Protokollierung in den §§ 488 und 493 der Strafprozessordnung sowie in § 76 des Bundesdatenschutzgesetzes vom 30. Juni 2017 (BGBl. I S. 2097) erst ab dem 6. Mai 2023 anzuwenden. [2]Bis zum 5. Mai 2023 sind für vor dem 6. Mai 2016 eingerichtete automatisierte Abrufverfahren die Vorschriften zur Protokollierung des § 488 Absatz 3 der Strafprozessordnung in der bis zum Inkrafttreten des Gesetzes zur Umsetzung der Richtlinie (EU) 2016/680 im Strafverfahren sowie zur Anpassung datenschutzrechtlicher Bestimmungen an die Verordnung (EU) 2016/679 geltenden Fassung anzuwenden.

(2) Für die IT-Anwendungen der Staatsanwaltschaften und Gerichte zur Verarbeitung und Verwaltung von Verfahrensdaten (Fachverfahren) tritt an die Stelle des 6. Mai 2023 in Absatz 1 Satz 1 der 6. Mai 2026 und an die Stelle des 5. Mai 2023 in Absatz 1 Satz 2 der 5. Mai 2026.

§ 18 Übergangsregelung zum Gesetz zur Bekämpfung des Rechtsextremismus und der Hasskriminalität

[1]Die Übersichten nach § 101b Absatz 5 und 6 der Strafprozessordnung in der vom 2. April 2021 an geltenden Fassung sind erstmalig für das auf den 2. April 2021 folgende Berichtsjahr zu erstellen. [2]Für die vorangehenden Berichtsjahre ist § 101b Absatz 5 der Strafprozessordnung in der bis zum 1. April 2021 geltenden Fassung anzuwenden.

Jugendgerichtsgesetz (JGG)

In der Fassung der Bekanntmachung vom 11. Dezember 1974[1] (BGBl. I S. 3427)
(FNA 451-1)
zuletzt geändert durch Art. 21 G zur Fortentwicklung der StrafprozessO und zur Änd. weiterer Vorschriften vom 25. Juni 2021 (BGBl. I S. 2099)

Nichtamtliche Inhaltsübersicht

---
1) Neubekanntmachung des JGG v. 4.8.1953 (BGBl. I S. 751) in der ab 1.1.1975 geltenden Fassung.

Erster Teil
Anwendungsbereich

§ 1 Persönlicher und sachlicher Anwendungsbereich

(1) Dieses Gesetz gilt, wenn ein Jugendlicher oder ein Heranwachsender eine Verfehlung begeht, die nach den allgemeinen Vorschriften mit Strafe bedroht ist.

(2) Jugendlicher ist, wer zur Zeit der Tat vierzehn, aber noch nicht achtzehn, Heranwachsender, wer zur Zeit der Tat achtzehn, aber noch nicht einundzwanzig Jahre alt ist.

(3) Ist zweifelhaft, ob der Beschuldigte zur Zeit der Tat das achtzehnte Lebensjahr vollendet hat, sind die für Jugendliche geltenden Verfahrensvorschriften anzuwenden.

§ 2 Ziel des Jugendstrafrechts; Anwendung des allgemeinen Strafrechts
(1) [1]Die Anwendung des Jugendstrafrechts soll vor allem erneuten Straftaten eines Jugendlichen oder Heranwachsenden entgegenwirken. [2]Um dieses Ziel zu erreichen, sind die Rechtsfolgen und unter Beachtung des elterlichen Erziehungsrechts auch das Verfahren vorrangig am Erziehungsgedanken auszurichten.
(2) Die allgemeinen Vorschriften gelten nur, soweit in diesem Gesetz nichts anderes bestimmt ist.

Zweiter Teil
Jugendliche

Erstes Hauptstück
Verfehlungen Jugendlicher und ihre Folgen

Erster Abschnitt
Allgemeine Vorschriften

§ 3 Verantwortlichkeit
[1]Ein Jugendlicher ist strafrechtlich verantwortlich, wenn er zur Zeit der Tat nach seiner sittlichen und geistigen Entwicklung reif genug ist, das Unrecht der Tat einzusehen und nach dieser Einsicht zu handeln. [2]Zur Erziehung eines Jugendlichen, der mangels Reife strafrechtlich nicht verantwortlich ist, kann der Richter dieselben Maßnahmen anordnen wie das Familiengericht.

§ 4 Rechtliche Einordnung der Taten Jugendlicher
Ob die rechtswidrige Tat eines Jugendlichen als Verbrechen oder Vergehen anzusehen ist und wann sie verjährt, richtet sich nach den Vorschriften des allgemeinen Strafrechts.

§ 5 Die Folgen der Jugendstraftat
(1) Aus Anlaß der Straftat eines Jugendlichen können Erziehungsmaßregeln angeordnet werden.
(2) Die Straftat eines Jugendlichen wird mit Zuchtmitteln oder mit Jugendstrafe geahndet, wenn Erziehungsmaßregeln nicht ausreichen.
(3) Von Zuchtmitteln und Jugendstrafe wird abgesehen, wenn die Unterbringung in einem psychiatrischen Krankenhaus oder einer Entziehungsanstalt die Ahndung durch den Richter entbehrlich macht.

§ 6 Nebenfolgen
(1) [1]Auf Unfähigkeit, öffentliche Ämter zu bekleiden, Rechte aus öffentlichen Wahlen zu erlangen oder in öffentlichen Angelegenheiten zu wählen oder zu stimmen, darf nicht erkannt werden. [2]Die Bekanntgabe der Verurteilung darf nicht angeordnet werden.
(2) Der Verlust der Fähigkeit, öffentliche Ämter zu bekleiden und Rechte aus öffentlichen Wahlen zu erlangen (§ 45 Abs. 1 des Strafgesetzbuches), tritt nicht ein.

§ 7 Maßregeln der Besserung und Sicherung
(1) Als Maßregeln der Besserung und Sicherung im Sinne des allgemeinen Strafrechts können die Unterbringung in einem psychiatrischen Krankenhaus oder einer Entziehungsanstalt, die Führungsaufsicht oder die Entziehung der Fahrerlaubnis angeordnet werden (§ 61 Nr. 1, 2, 4 und 5 des Strafgesetzbuches).
(2) [1]Das Gericht kann im Urteil die Anordnung der Sicherungsverwahrung vorbehalten, wenn

1. der Jugendliche zu einer Jugendstrafe von mindestens sieben Jahren verurteilt wird wegen oder auch wegen eines Verbrechens
   a) gegen das Leben, die körperliche Unversehrtheit oder die sexuelle Selbstbestimmung oder
   b) nach § 251 des Strafgesetzbuches, auch in Verbindung mit § 252 oder § 255 des Strafgesetzbuches,

   durch welches das Opfer seelisch oder körperlich schwer geschädigt oder einer solchen Gefahr ausgesetzt worden ist, und
2. die Gesamtwürdigung des Jugendlichen und seiner Tat oder seiner Taten ergibt, dass er mit hoher Wahrscheinlichkeit erneut Straftaten der in Nummer 1 bezeichneten Art begehen wird.

[2]Das Gericht ordnet die Sicherungsverwahrung an, wenn die Gesamtwürdigung des Verurteilten, seiner Tat oder seiner Taten und ergänzend seiner Entwicklung bis zum Zeitpunkt der Entscheidung ergibt, dass von ihm Straftaten der in Satz 1 Nummer 1 bezeichneten Art zu erwarten sind; § 66a Absatz 3 Satz 1 des Strafgesetzbuches gilt entsprechend. [3]Für die Prüfung, ob die Unterbringung in der Sicherungsverwahrung am Ende des Vollzugs der Jugendstrafe auszusetzen ist, und für den Eintritt der Führungsaufsicht gilt § 67c Absatz 1 des Strafgesetzbuches entsprechend.

(3) Wird neben der Jugendstrafe die Anordnung der Sicherungsverwahrung vorbehalten und hat der Verurteilte das siebenundzwanzigste Lebensjahr noch nicht vollendet, so ordnet das Gericht an, dass bereits die Jugendstrafe in einer sozialtherapeutischen Einrichtung zu vollziehen ist, es sei denn, dass die Resozialisierung des Verurteilten dadurch nicht besser gefördert werden kann. [2]Diese Anordnung kann auch nachträglich erfolgen. [3]Solange der Vollzug in einer sozialtherapeutischen Einrichtung noch nicht angeordnet oder der Gefangene noch nicht in eine sozialtherapeutische Einrichtung verlegt worden ist, ist darüber jeweils nach sechs Monaten neu zu entscheiden. [4]Für die nachträgliche Anordnung nach Satz 2 ist die Strafvollstreckungskammer zuständig, wenn der Betroffene das vierundzwanzigste Lebensjahr vollendet hat, sonst die für die Entscheidung über Vollzugsmaßnahmen nach § 92 Absatz 2 zuständige Jugendkammer. [5]Im Übrigen gelten zum Vollzug der Jugendstrafe § 66c Absatz 2 und § 67a Absatz 2 bis 4 des Strafgesetzbuches entsprechend.

(4) Ist die wegen einer Tat der in Absatz 2 bezeichneten Art angeordnete Unterbringung in einem psychiatrischen Krankenhaus nach § 67d Abs. 6 des Strafgesetzbuches für erledigt erklärt worden, weil der die Schuldfähigkeit ausschließende oder vermindernde Zustand, auf dem die Unterbringung beruhte, im Zeitpunkt der Erledigungsentscheidung nicht bestanden hat, so kann das Gericht nachträglich die Unterbringung in der Sicherungsverwahrung anordnen, wenn

1. die Unterbringung des Betroffenen nach § 63 des Strafgesetzbuches wegen mehrerer solcher Taten angeordnet wurde oder wenn der Betroffene wegen einer oder mehrerer solcher Taten, die er vor der zur Unterbringung nach § 63 des Strafgesetzbuches führenden Tat begangen hat, schon einmal zu einer Jugendstrafe von mindestens drei Jahren verurteilt oder in einem psychiatrischen Krankenhaus untergebracht worden war und
2. die Gesamtwürdigung des Betroffenen, seiner Taten und ergänzend seiner Entwicklung bis zum Zeitpunkt der Entscheidung ergibt, dass er mit hoher Wahrscheinlichkeit erneut Straftaten der in Absatz 2 bezeichneten Art begehen wird.

(5) Die regelmäßige Frist zur Prüfung, ob die weitere Vollstreckung der Unterbringung in der Sicherungsverwahrung zur Bewährung auszusetzen oder für erledigt zu erklären ist (§ 67e des Strafgesetzbuches), beträgt in den Fällen der Absätze 2 und 4 sechs Monate, wenn die untergebrachte Person bei Beginn des Fristlaufs das vierundzwanzigste Lebensjahr noch nicht vollendet hat.

§ 8 Verbindung von Maßnahmen und Jugendstrafe

(1) Erziehungsmaßregeln und Zuchtmittel, ebenso mehrere Erziehungsmaßregeln oder mehrere Zuchtmittel können nebeneinander angeordnet werden. [2]Mit der Anordnung von Hilfe zur Erziehung nach § 12 Nr. 2 darf Jugendarrest nicht verbunden werden.

(2) Neben Jugendstrafe können nur Weisungen und Auflagen erteilt und die Erziehungsbeistandschaft angeordnet werden. [2]Unter den Voraussetzungen des § 16a kann neben der Verhängung einer Jugendstrafe oder der Aussetzung ihrer Verhängung auch Jugendarrest angeordnet werden. [3]Steht der Jugendliche unter Bewährungsaufsicht, so ruht eine gleichzeitig bestehende Erziehungsbeistandschaft bis zum Ablauf der Bewährungszeit.

(3) Neben Erziehungsmaßregeln, Zuchtmitteln und Jugendstrafe kann auf die nach diesem Gesetz zulässigen Nebenstrafen und Nebenfolgen erkannt werden. [2]Ein Fahrverbot darf die Dauer von drei Monaten nicht überschreiten.

Zweiter Abschnitt
Erziehungsmaßregeln

§ 9 Arten

Erziehungsmaßregeln sind

1. die Erteilung von Weisungen,
2. die Anordnung, Hilfe zur Erziehung im Sinne des § 12 in Anspruch zu nehmen.

§ 10 Weisungen

(1) [1]Weisungen sind Gebote und Verbote, welche die Lebensführung des Jugendlichen regeln und dadurch seine Erziehung fördern und sichern sollen. [2]Dabei dürfen an die Lebensführung des Jugendlichen keine unzumutbaren Anforderungen gestellt werden. [3]Der Richter kann dem Jugendlichen insbesondere auferlegen,

1. Weisungen zu befolgen, die sich auf den Aufenthaltsort beziehen,
2. bei einer Familie oder in einem Heim zu wohnen,
3. eine Ausbildungs- oder Arbeitsstelle anzunehmen,
4. Arbeitsleistungen zu erbringen,

5. sich der Betreuung und Aufsicht einer bestimmten Person (Betreuungshelfer) zu unterstellen,
6. an einem sozialen Trainingskurs teilzunehmen,
7. sich zu bemühen, einen Ausgleich mit dem Verletzten zu erreichen (Täter-Opfer-Ausgleich),
8. den Verkehr mit bestimmten Personen oder den Besuch von Gast- oder Vergnügungsstätten zu unterlassen oder
9. an einem Verkehrsunterricht teilzunehmen.

(2) [1]Der Richter kann dem Jugendlichen auch mit Zustimmung des Erziehungsberechtigten und des gesetzlichen Vertreters auferlegen, sich einer heilerzieherischen Behandlung durch einen Sachverständigen oder einer Entziehungskur zu unterziehen. [2]Hat der Jugendliche das sechzehnte Lebensjahr vollendet, so soll dies nur mit seinem Einverständnis geschehen.

§ 11 Laufzeit und nachträgliche Änderung von Weisungen; Folgen der Zuwiderhandlung

(1) [1]Der Richter bestimmt die Laufzeit der Weisungen. [2]Die Laufzeit darf zwei Jahre nicht überschreiten; sie soll bei einer Weisung nach § 10 Abs. 1 Satz 3 Nr. 5 nicht mehr als ein Jahr, bei einer Weisung nach § 10 Abs. 1 Satz 3 Nr. 6 nicht mehr als sechs Monate betragen.

(2) Der Richter kann Weisungen ändern, von ihnen befreien oder ihre Laufzeit vor Ablauf bis auf drei Jahre verlängern, wenn dies aus Gründen der Erziehung geboten ist.

(3) [1]Kommt der Jugendliche Weisungen schuldhaft nicht nach, so kann Jugendarrest verhängt werden, wenn eine Belehrung über die Folgen schuldhafter Zuwiderhandlung erfolgt war. [2]Hiernach verhängter Jugendarrest darf bei einer Verurteilung insgesamt die Dauer von vier Wochen nicht überschreiten. [3]Der Richter sieht von der Vollstreckung des Jugendarrestes ab, wenn der Jugendliche nach Verhängung des Arrestes der Weisung nachkommt.

§ 12 Hilfe zur Erziehung

Der Richter kann dem Jugendlichen nach Anhörung des Jugendamts auch auferlegen, unter den im Achten Buch Sozialgesetzbuch genannten Voraussetzungen Hilfe zur Erziehung

1. in Form der Erziehungsbeistandschaft im Sinne des § 30 des Achten Buches Sozialgesetzbuch oder
2. in einer Einrichtung über Tag und Nacht oder in einer sonstigen betreuten Wohnform im Sinne des § 34 des Achten Buches Sozialgesetzbuch

in Anspruch zu nehmen.

Dritter Abschnitt

Zuchtmittel

§ 13 Arten und Anwendung

(1) Der Richter ahndet die Straftat mit Zuchtmitteln, wenn Jugendstrafe nicht geboten ist, dem Jugendlichen aber eindringlich zum Bewußtsein gebracht werden muß, daß er für das von ihm begangene Unrecht einzustehen hat.

(2) Zuchtmittel sind

1. die Verwarnung,
2. die Erteilung von Auflagen,
3. der Jugendarrest.

(3) Zuchtmittel haben nicht die Rechtswirkungen einer Strafe.

§ 14 Verwarnung

Durch die Verwarnung soll dem Jugendlichen das Unrecht der Tat eindringlich vorgehalten werden.

§ 15 Auflagen

(1) [1]Der Richter kann dem Jugendlichen auferlegen,

1. nach Kräften den durch die Tat verursachten Schaden wiedergutzumachen,
2. sich persönlich bei dem Verletzten zu entschuldigen,
3. Arbeitsleistungen zu erbringen oder
4. einen Geldbetrag zugunsten einer gemeinnützigen Einrichtung zu zahlen.

[2]Dabei dürfen an den Jugendlichen keine unzumutbaren Anforderungen gestellt werden.

(2) Der Richter soll die Zahlung eines Geldbetrages nur anordnen, wenn

1. der Jugendliche eine leichte Verfehlung begangen hat und anzunehmen ist, daß er den Geldbetrag aus Mitteln zahlt, über die er selbständig verfügen darf, oder
2. dem Jugendlichen der Gewinn, den er aus der Tat erlangt, oder das Entgelt, das er für sie erhalten hat, entzogen werden soll.

(3) [1]Der Richter kann nachträglich Auflagen ändern oder von ihrer Erfüllung ganz oder zum Teil befreien, wenn dies aus Gründen der Erziehung geboten ist. [2]Bei schuldhafter Nichterfüllung von Auflagen gilt § 11 Abs. 3 entsprechend. [3]Ist Jugendarrest vollstreckt worden, so kann der Richter die Auflagen ganz oder zum Teil für erledigt erklären.

§ 16 Jugendarrest

(1) Der Jugendarrest ist Freizeitarrest, Kurzarrest oder Dauerarrest.

(2) Der Freizeitarrest wird für die wöchentliche Freizeit des Jugendlichen verhängt und auf eine oder zwei Freizeiten bemessen.

(3) [1]Der Kurzarrest wird statt des Freizeitarrestes verhängt, wenn der zusammenhängende Vollzug aus Gründen der Erziehung zweckmäßig erscheint und weder die Ausbildung noch die Arbeit des Jugendlichen beeinträchtigt werden. [2]Dabei stehen zwei Tage Kurzarrest einer Freizeit gleich.

(4) [1]Der Dauerarrest beträgt mindestens eine Woche und höchstens vier Wochen. [2]Er wird nach vollen Tagen oder Wochen bemessen.

§ 16a Jugendarrest neben Jugendstrafe

(1) Wird die Verhängung oder die Vollstreckung der Jugendstrafe zur Bewährung ausgesetzt, so kann abweichend von § 13 Absatz 1 daneben Jugendarrest verhängt werden, wenn

1. dies unter Berücksichtigung der Belehrung über die Bedeutung der Aussetzung zur Bewährung und unter Berücksichtigung der Möglichkeit von Weisungen und Auflagen geboten ist, um dem Jugendlichen seine Verantwortlichkeit für das begangene Unrecht und die Folgen weiterer Straftaten zu verdeutlichen,
2. dies geboten ist, um den Jugendlichen zunächst für eine begrenzte Zeit aus einem Lebensumfeld mit schädlichen Einflüssen herauszunehmen und durch die Behandlung im Vollzug des Jugendarrests auf die Bewährungszeit vorzubereiten, oder
3. dies geboten ist, um im Vollzug des Jugendarrests eine nachdrücklichere erzieherische Einwirkung auf den Jugendlichen zu erreichen oder um dadurch bessere Erfolgsaussichten für eine erzieherische Einwirkung in der Bewährungszeit zu schaffen.

(2) Jugendarrest nach Absatz 1 Nummer 1 ist in der Regel nicht geboten, wenn der Jugendliche bereits früher Jugendarrest als Dauerarrest verbüßt oder sich nicht nur kurzfristig im Vollzug von Untersuchungshaft befunden hat.

Vierter Abschnitt

Die Jugendstrafe

§ 17 Form und Voraussetzungen

(1) Die Jugendstrafe ist Freiheitsentzug in einer für ihren Vollzug vorgesehenen Einrichtung.

(2) Der Richter verhängt Jugendstrafe, wenn wegen der schädlichen Neigungen des Jugendlichen, die in der Tat hervorgetreten sind, Erziehungsmaßregeln oder Zuchtmittel zur Erziehung nicht ausreichen oder wenn wegen der Schwere der Schuld Strafe erforderlich ist.

§ 18 Dauer der Jugendstrafe

(1) [1]Das Mindestmaß der Jugendstrafe beträgt sechs Monate, das Höchstmaß fünf Jahre. [2]Handelt es sich bei der Tat um ein Verbrechen, für das nach dem allgemeinen Strafrecht eine Höchststrafe von mehr als zehn Jahren Freiheitsstrafe angedroht ist, so ist das Höchstmaß zehn Jahre. [3]Die Strafrahmen des allgemeinen Strafrechts gelten nicht.

(2) Die Jugendstrafe ist so zu bemessen, daß die erforderliche erzieherische Einwirkung möglich ist.

§ 19 ***[aufgehoben]***

Fünfter Abschnitt

Aussetzung der Jugendstrafe zur Bewährung

§ 20 (weggefallen)

§ 21 Strafaussetzung

(1) [1]Bei der Verurteilung zu einer Jugendstrafe von nicht mehr als einem Jahr setzt das Gericht die Vollstreckung der Strafe zur Bewährung aus, wenn zu erwarten ist, daß der Jugendliche sich schon die Verurteilung zur Warnung dienen lassen und auch ohne die Einwirkung des Strafvollzugs unter der erzieherischen Einwirkung in der Bewährungszeit künftig einen rechtschaffenen Lebenswandel führen wird. [2]Dabei sind namentlich die Persönlichkeit des Jugendlichen, sein Vorleben, die Umstände seiner Tat, sein

Verhalten nach der Tat, seine Lebensverhältnisse und die Wirkungen zu berücksichtigen, die von der Aussetzung für ihn zu erwarten sind. [3]Das Gericht setzt die Vollstreckung der Strafe auch dann zur Bewährung aus, wenn die in Satz 1 genannte Erwartung erst dadurch begründet wird, dass neben der Jugendstrafe ein Jugendarrest nach § 16a verhängt wird.

(2) Das Gericht setzt unter den Voraussetzungen des Absatzes 1 auch die Vollstreckung einer höheren Jugendstrafe, die zwei Jahre nicht übersteigt, zur Bewährung aus, wenn nicht die Vollstreckung im Hinblick auf die Entwicklung des Jugendlichen geboten ist.

(3) [1]Die Strafaussetzung kann nicht auf einen Teil der Jugendstrafe beschränkt werden. [2]Sie wird durch eine Anrechnung von Untersuchungshaft oder einer anderen Freiheitsentziehung nicht ausgeschlossen.

§ 22 Bewährungszeit

(1) [1]Der Richter bestimmt die Dauer der Bewährungszeit. [2]Sie darf drei Jahre nicht überschreiten und zwei Jahre nicht unterschreiten.

(2) [1]Die Bewährungszeit beginnt mit der Rechtskraft der Entscheidung über die Aussetzung der Jugendstrafe. [2]Sie kann nachträglich bis auf ein Jahr verkürzt oder vor ihrem Ablauf bis auf vier Jahre verlängert werden. [3]In den Fällen des § 21 Abs. 2 darf die Bewährungszeit jedoch nur bis auf zwei Jahre verkürzt werden.

§ 23 Weisungen und Auflagen

(1) [1]Der Richter soll für die Dauer der Bewährungszeit die Lebensführung des Jugendlichen durch Weisungen erzieherisch beeinflussen. [2]Er kann dem Jugendlichen auch Auflagen erteilen. [3]Diese Anordnungen kann er auch nachträglich treffen, ändern oder aufheben. [4]Die §§ 10, 11 Abs. 3 und § 15 Abs. 1, 2, 3 Satz 2 gelten entsprechend.

(2) Macht der Jugendliche Zusagen für seine künftige Lebensführung oder erbietet er sich zu angemessenen Leistungen, die der Genugtuung für das begangene Unrecht dienen, so sieht der Richter in der Regel von entsprechenden Weisungen oder Auflagen vorläufig ab, wenn die Erfüllung der Zusagen oder des Anerbietens zu erwarten ist.

§ 24 Bewährungshilfe

(1) [1]Der Richter unterstellt den Jugendlichen in der Bewährungszeit für höchstens zwei Jahre der Aufsicht und Leitung eines hauptamtlichen Bewährungshelfers. [2]Er kann ihn auch einem ehrenamtlichen Bewährungshelfer unterstellen, wenn dies aus Gründen der Erziehung zweckmäßig erscheint. [3]§ 22 Abs. 2 Satz 1 gilt entsprechend.

(2) [1]Der Richter kann eine nach Absatz 1 getroffene Entscheidung vor Ablauf der Unterstellungszeit ändern oder aufheben; er kann auch die Unterstellung des Jugendlichen in der Bewährungszeit erneut anordnen. [2]Dabei kann das in Absatz 1 Satz 1 bestimmte Höchstmaß überschritten werden.

(3) [1]Der Bewährungshelfer steht dem Jugendlichen helfend und betreuend zur Seite. [2]Er überwacht im Einvernehmen mit dem Richter die Erfüllung der Weisungen, Auflagen, Zusagen und Anerbieten. [3]Der Bewährungshelfer soll die Erziehung des Jugendliche fördern und möglichst mit dem Erziehungsberechtigten und dem gesetzlichen Vertreter vertrauensvoll zusammenwirken. [4]Er hat bei der Ausübung seines Amtes das Recht auf Zutritt zu dem Jugendlichen. [5]Er kann von dem Erziehungsberechtigten, dem gesetzlichen Vertreter, der Schule, dem Ausbildenden Auskunft über die Lebensführung des Jugendlichen verlangen.

§ 25 Bestellung und Pflichten des Bewährungshelfers

[1]Der Bewährungshelfer wird vom Richter bestellt. [2]Der Richter kann ihm für seine Tätigkeit nach § 24 Abs. 3 Anweisungen erteilen. [3]Der Bewährungshelfer berichtet über die Lebensführung des Jugendlichen in Zeitabständen, die der Richter bestimmt. [4]Gröbliche oder beharrliche Verstöße gegen Weisungen, Auflagen, Zusagen oder Anerbieten teilt er dem Richter mit.

§ 26 Widerruf der Strafaussetzung

(1) [1]Das Gericht widerruft die Aussetzung der Jugendstrafe, wenn der Jugendliche

1. in der Bewährungszeit eine Straftat begeht und dadurch zeigt, daß die Erwartung, die der Strafaussetzung zugrunde lag, sich nicht erfüllt hat,
2. gegen Weisungen gröblich oder beharrlich verstößt oder sich der Aufsicht und Leitung des Bewährungshelfers beharrlich entzieht und dadurch Anlaß zu der Besorgnis gibt, daß er erneut Straftaten begehen wird, oder
3. gegen Auflagen gröblich oder beharrlich verstößt.

[2]Satz 1 Nr. 1 gilt entsprechend, wenn die Tat in der Zeit zwischen der Entscheidung über die Strafaussetzung und deren Rechtskraft begangen worden ist. [3]Wurde die Jugendstrafe nachträglich durch Beschluss ausgesetzt, ist auch § 57 Absatz 5 Satz 2 des Strafgesetzbuches entsprechend anzuwenden.

(2) Das Gericht sieht jedoch von dem Widerruf ab, wenn es ausreicht,
1. weitere Weisungen oder Auflagen zu erteilen,
2. die Bewährungs- oder Unterstellungszeit bis zu einem Höchstmaß von vier Jahren zu verlängern oder
3. den Jugendlichen vor Ablauf der Bewährungszeit erneut einem Bewährungshelfer zu unterstellen.

(3) [1]Leistungen, die der Jugendliche zur Erfüllung von Weisungen, Auflagen, Zusagen oder Anerbieten (§ 23) erbracht hat, werden nicht erstattet. [2]Das Gericht kann jedoch, wenn es die Strafaussetzung widerruft, Leistungen, die der Jugendliche zur Erfüllung von Auflagen oder entsprechenden Anerbieten erbracht hat, auf die Jugendstrafe anrechnen. [3]Jugendarrest, der nach § 16a verhängt wurde, wird in dem Umfang, in dem er verbüßt wurde, auf die Jugendstrafe angerechnet.

§ 26a Erlaß der Jugendstrafe

[1]Widerruft der Richter die Strafaussetzung nicht, so erläßt er die Jugendstrafe nach Ablauf der Bewährungszeit. [2]§ 26 Abs. 3 Satz 1 ist anzuwenden.

Sechster Abschnitt

Aussetzung der Verhängung der Jugendstrafe

§ 27 Voraussetzungen

Kann nach Erschöpfung der Ermittlungsmöglichkeiten nicht mit Sicherheit beurteilt werden, ob in der Straftat eines Jugendlichen schädliche Neigungen von einem Umfang hervorgetreten sind, daß eine Jugendstrafe erforderlich ist, so kann der Richter die Schuld des Jugendlichen feststellen, die Entscheidung über die Verhängung der Jugendstrafe aber für eine von ihm zu bestimmende Bewährungszeit aussetzen.

§ 28 Bewährungszeit

(1) Die Bewährungszeit darf zwei Jahre nicht überschreiten und ein Jahr nicht unterschreiten.

(2) [1]Die Bewährungszeit beginnt mit der Rechtskraft des Urteils, in dem die Schuld des Jugendlichen festgestellt wird. [2]Sie kann nachträglich bis auf ein Jahr verkürzt oder vor ihrem Ablauf bis auf zwei Jahre verlängert werden.

§ 29 Bewährungshilfe

[1]Der Jugendliche wird für die Dauer oder einen Teil der Bewährungszeit der Aufsicht und Leitung eines Bewährungshelfers unterstellt. [2]Die §§ 23, 24 Abs. 1 Satz 1 und 2, Abs. 2 und 3 und die §§ 25, 28 Abs. 2 Satz 1 sind entsprechend anzuwenden.

§ 30 Verhängung der Jugendstrafe; Tilgung des Schuldspruchs

(1) [1]Stellt sich vor allem durch schlechte Führung des Jugendlichen während der Bewährungszeit heraus, daß die in dem Schuldspruch mißbilligte Tat auf schädliche Neigungen von einem Umfang zurückzuführen ist, daß eine Jugendstrafe erforderlich ist, so erkennt das Gericht auf die Strafe, die es im Zeitpunkt des Schuldspruchs bei sicherer Beurteilung der schädlichen Neigungen des Jugendlichen ausgesprochen hätte. [2]§ 26 Absatz 3 Satz 3 gilt entsprechend.

(2) Liegen die Voraussetzungen des Absatzes 1 Satz 1 nach Ablauf der Bewährungszeit nicht vor, so wird der Schuldspruch getilgt.

Siebenter Abschnitt

Mehrere Straftaten

§ 31 Mehrere Straftaten eines Jugendlichen

(1) [1]Auch wenn ein Jugendlicher mehrere Straftaten begangen hat, setzt das Gericht nur einheitlich Erziehungsmaßregeln, Zuchtmittel oder eine Jugendstrafe fest. [2]Soweit es dieses Gesetz zuläßt (§ 8), können ungleichartige Erziehungsmaßregeln und Zuchtmittel nebeneinander angeordnet oder Maßnahmen mit der Strafe verbunden werden. [3]Die gesetzlichen Höchstgrenzen des Jugendarrestes und der Jugendstrafe dürfen nicht überschritten werden.

(2) [1]Ist gegen den Jugendlichen wegen eines Teils der Straftaten bereits rechtskräftig die Schuld festgestellt oder eine Erziehungsmaßregel, ein Zuchtmittel oder eine Jugendstrafe festgesetzt worden, aber noch nicht vollständig ausgeführt, verbüßt oder sonst erledigt, so wird unter Einbeziehung des Urteils in gleicher Weise nur einheitlich auf Maßnahmen oder Jugendstrafe erkannt. [2]Die Anrechnung bereits verbüßten Jugendarrestes steht im Ermessen des Gerichts, wenn es auf Jugendstrafe erkennt. [3]§ 26 Absatz 3 Satz 3 und § 30 Absatz 1 Satz 2 bleiben unberührt.

(3) [1]Ist es aus erzieherischen Gründen zweckmäßig, so kann das Gericht davon absehen, schon abgeurteilte Straftaten in die neue Entscheidung einzubeziehen. [2]Dabei kann es Erziehungsmaßregeln und Zuchtmittel für erledigt erklären, wenn es auf Jugendstrafe erkennt.

§ 32 Mehrere Straftaten in verschiedenen Alters- und Reifestufen

[1]Für mehrere Straftaten, die gleichzeitig abgeurteilt werden und auf die teils Jugendstrafrecht und teils allgemeines Strafrecht anzuwenden wäre, gilt einheitlich das Jugendstrafrecht, wenn das Schwergewicht bei den Straftaten liegt, die nach Jugendstrafrecht zu beurteilen wären. [2]Ist dies nicht der Fall, so ist einheitlich das allgemeine Strafrecht anzuwenden.

Zweites Hauptstück

Jugendgerichtsverfassung und Jugendstrafverfahren

Erster Abschnitt

Jugendgerichtsverfassung

§ 33 Jugendgerichte

(1) Über Verfehlungen Jugendlicher entscheiden die Jugendgerichte.

(2) Jugendgerichte sind der Strafrichter als Jugendrichter, das Schöffengericht (Jugendschöffengericht) und die Strafkammer (Jugendkammer).

(3) [1]Die Landesregierungen werden ermächtigt, durch Rechtsverordnung zu regeln, daß ein Richter bei einem Amtsgericht zum Jugendrichter für den Bezirk mehrerer Amtsgerichte (Bezirksjugendrichter) bestellt und daß bei einem Amtsgericht ein gemeinsames Jugendschöffengericht für den Bezirk mehrerer Amtsgerichte eingerichtet wird. [2]Die Landesregierungen können die Ermächtigung durch Rechtsverordnung auf die Landesjustizverwaltungen übertragen.

§ 33a Besetzung des Jugendschöffengerichts

(1) [1]Das Jugendschöffengericht besteht aus dem Jugendrichter als Vorsitzenden und zwei Jugendschöffen. [2]Als Jugendschöffen sollen zu jeder Hauptverhandlung ein Mann und eine Frau herangezogen werden.

(2) Bei Entscheidungen außerhalb der Hauptverhandlung wirken die Jugendschöffen nicht mit.

§ 33b Besetzung der Jugendkammer

(1) Die Jugendkammer ist mit drei Richtern einschließlich des Vorsitzenden und zwei Jugendschöffen (große Jugendkammer), in Verfahren über Berufungen gegen Urteile des Jugendrichters mit dem Vorsitzenden und zwei Jugendschöffen (kleine Jugendkammer) besetzt.

(2) [1]Bei der Eröffnung des Hauptverfahrens beschließt die große Jugendkammer über ihre Besetzung in der Hauptverhandlung. [2]Ist das Hauptverfahren bereits eröffnet, beschließt sie hierüber bei der Anberaumung des Termins zur Hauptverhandlung. [3]Sie beschließt eine Besetzung mit drei Richtern einschließlich des Vorsitzenden und zwei Jugendschöffen, wenn

1. die Sache nach den allgemeinen Vorschriften einschließlich der Regelung des § 74e des Gerichtsverfassungsgesetzes zur Zuständigkeit des Schwurgerichts gehört,
2. ihre Zuständigkeit nach § 41 Absatz 1 Nummer 5 begründet ist oder
3. nach dem Umfang oder der Schwierigkeit der Sache die Mitwirkung eines dritten Richters notwendig erscheint.

[4]Im Übrigen beschließt die große Jugendkammer eine Besetzung mit zwei Richtern einschließlich des Vorsitzenden und zwei Jugendschöffen.

(3) Die Mitwirkung eines dritten Richters ist nach Absatz 2 Satz 3 Nummer 3 in der Regel notwendig, wenn

1. die Jugendkammer die Sache nach § 41 Absatz 1 Nummer 2 übernommen hat,
2. die Hauptverhandlung voraussichtlich länger als zehn Tage dauern wird oder
3. die Sache eine der in § 74c Absatz 1 Satz 1 des Gerichtsverfassungsgesetzes genannten Straftaten zum Gegenstand hat.

(4) [1]In Verfahren über die Berufung gegen ein Urteil des Jugendschöffengerichts gilt Absatz 2 entsprechend. [2]Die große Jugendkammer beschließt ihre Besetzung mit drei Richtern einschließlich des Vorsitzenden und zwei Jugendschöffen auch dann, wenn mit dem angefochtenen Urteil auf eine Jugendstrafe von mehr als vier Jahren erkannt wurde.

(5) Hat die große Jugendkammer eine Besetzung mit zwei Richtern einschließlich des Vorsitzenden und zwei Jugendschöffen beschlossen und ergeben sich vor Beginn der Hauptverhandlung neue Umstände, die nach Maßgabe der Absätze 2 bis 4 eine Besetzung mit drei Richtern einschließlich des Vorsitzenden und zwei Jugendschöffen erforderlich machen, beschließt sie eine solche Besetzung.

(6) Ist eine Sache vom Revisionsgericht zurückverwiesen oder die Hauptverhandlung ausgesetzt worden, kann die jeweils zuständige Jugendkammer erneut nach Maßgabe der Absätze 2 bis 4 über ihre Besetzung beschließen.

(7) § 33a Abs. 1 Satz 2, Abs. 2 gilt entsprechend.

§ 34 Aufgaben des Jugendrichters

(1) Dem Jugendrichter obliegen alle Aufgaben, die ein Richter beim Amtsgericht im Strafverfahren hat.

(2) Dem Jugendrichter sollen für die Jugendlichen die familiengerichtlichen Erziehungsaufgaben übertragen werden. [2]Aus besonderen Gründen, namentlich wenn der Jugendrichter für den Bezirk mehrerer Amtsgerichte bestellt ist, kann hiervon abgewichen werden.

(3) Familiengerichtliche Erziehungsaufgaben sind

1. die Unterstützung der Eltern, des Vormunds und des Pflegers durch geeignete Maßnahmen (§ 1631 Absatz 3, § 1802 Absatz 1 Satz 1, § 1813 Absatz 1 des Bürgerlichen Gesetzbuchs),
2. die Maßnahmen zur Abwendung einer Gefährdung des Jugendlichen (§§ 1666, 1666a, auch in Verbindung mit § 1802 Absatz 2 Satz 3 und § 1813 Absatz 1 des Bürgerlichen Gesetzbuches).

§ 35 Jugendschöffen

(1) Die Schöffen der Jugendgerichte (Jugendschöffen) werden auf Vorschlag des Jugendhilfeausschusses für die Dauer von fünf Geschäftsjahren von dem in § 40 des Gerichtsverfassungsgesetzes vorgesehenen Ausschuß gewählt. [2]Dieser soll eine gleiche Anzahl von Männern und Frauen wählen.

(2) [1]Der Jugendhilfeausschuß soll ebensoviele Männer wie Frauen und muss mindestens die doppelte Anzahl von Personen vorschlagen, die als Jugendschöffen und Jugendersatzschöffen benötigt werden. [2]Die Vorgeschlagenen sollen erzieherisch befähigt und in der Jugenderziehung erfahren sein.

(3) [1]Die Vorschlagsliste des Jugendhilfeausschusses gilt als Vorschlagsliste im Sinne des § 36 des Gerichtsverfassungsgesetzes. [2]Für die Aufnahme in die Liste ist die Zustimmung von zwei Dritteln der anwesenden stimmberechtigten Mitglieder, mindestens jedoch der Hälfte aller stimmberechtigten Mitglieder des Jugendhilfeausschusses erforderlich. [3]Die Vorschlagsliste ist im Jugendamt eine Woche lang zu jedermanns Einsicht aufzulegen. [4]Der Zeitpunkt der Auflegung ist vorher öffentlich bekanntzumachen.

(4) Bei der Entscheidung über Einsprüche gegen die Vorschlagsliste des Jugendhilfeausschusses und bei der Wahl der Jugendschöffen und Jugendersatzschöffen führt der Jugendrichter den Vorsitz in dem Schöffenwahlausschuß.

(5) Die Jugendschöffen werden in besondere für Männer und Frauen getrennt zu führende Schöffenlisten aufgenommen.

(6) Die Wahl der Jugendschöffen erfolgt gleichzeitig mit der Wahl der Schöffen für die Schöffengerichte und die Strafkammern.

§ 36 Jugendstaatsanwalt

(1) [1]Für Verfahren, die zur Zuständigkeit der Jugendgerichte gehören, werden Jugendstaatsanwälte bestellt. [2]Richter auf Probe und Beamte auf Probe sollen im ersten Jahr nach ihrer Ernennung nicht zum Jugendstaatsanwalt bestellt werden.

(2) [1]Jugendstaatsanwaltliche Aufgaben dürfen Amtsanwälten nur übertragen werden, wenn diese die besonderen Anforderungen erfüllen, die für die Wahrnehmung jugendstaatsanwaltlicher Aufgaben an Staatsanwälte gestellt werden. [2]Referendaren kann im Einzelfall die Wahrnehmung jugendstaatsanwaltlicher Aufgaben unter Aufsicht eines Jugendstaatsanwalts übertragen werden. [3]Die Sitzungsvertretung in Verfahren vor den Jugendgerichten dürfen Referendare nur unter Aufsicht und im Beisein eines Jugendstaatsanwalts wahrnehmen.

§ 37 Auswahl der Jugendrichter und Jugendstaatsanwälte

(1) [1]Die Richter bei den Jugendgerichten und die Jugendstaatsanwälte sollen erzieherisch befähigt und in der Jugenderziehung erfahren sein. [2]Sie sollen über Kenntnisse auf den Gebieten der Kriminologie, Pädagogik und Sozialpädagogik sowie der Jugendpsychologie verfügen. [3]Einem Richter oder Staatsanwalt, dessen Kenntnisse auf diesen Gebieten nicht belegt sind, sollen die Aufgaben eines Jugendrichters oder Jugendstaatsanwalts erstmals nur zugewiesen werden, wenn der Erwerb der Kenntnisse durch die Wahrnehmung von einschlägigen Fortbildungsangeboten oder eine anderweitige einschlägige Weiterqualifizierung alsbald zu erwarten ist.

(2) Von den Anforderungen des Absatzes 1 kann bei Richtern und Staatsanwälten, die nur im Bereitschaftsdienst zur Wahrnehmung jugendgerichtlicher oder jugendstaatsanwaltlicher Aufgaben eingesetzt werden, abgewichen werden, wenn andernfalls ein ordnungsgemäßer und den betroffenen Richtern und Staatsanwälten zumutbarer Betrieb des Bereitschaftsdiensts nicht gewährleistet wäre.

(3) [1]Als Jugendrichter beim Amtsgericht oder als Vorsitzender einer Jugendkammer sollen nach Möglichkeit Personen eingesetzt werden, die bereits über Erfahrungen aus früherer Wahrnehmung jugendgerichtlicher oder jugendstaatsanwaltlicher Aufgaben verfügen. [2]Davon kann bei Richtern, die nur im Bereitschaftsdienst Geschäfte des Jugendrichters wahrnehmen, abgewichen werden. [3]Ein Richter auf Probe darf im ersten Jahr nach seiner Ernennung Geschäfte des Jugendrichters nicht wahrnehmen.

§ 37a Zusammenarbeit in gemeinsamen Gremien

(1) Jugendrichter und Jugendstaatsanwälte können zum Zweck einer abgestimmten Aufgabenwahrnehmung fallübergreifend mit öffentlichen Einrichtungen und sonstigen Stellen, deren Tätigkeit sich auf die Lebenssituation junger Menschen auswirkt, zusammenarbeiten, insbesondere durch Teilnahme an gemeinsamen Konferenzen und Mitwirkung in vergleichbaren gemeinsamen Gremien.

(2) An einzelfallbezogener derartiger Zusammenarbeit sollen Jugendstaatsanwälte teilnehmen, wenn damit aus ihrer Sicht die Erreichung des Ziels nach § 2 Absatz 1 gefördert wird.

§ 38 Jugendgerichtshilfe

(1) Die Jugendgerichtshilfe wird von den Jugendämtern im Zusammenwirken mit den Vereinigungen für Jugendhilfe ausgeübt.

(2) [1]Die Vertreter der Jugendgerichtshilfe bringen die erzieherischen, sozialen und sonstigen im Hinblick auf die Ziele und Aufgaben der Jugendhilfe bedeutsamen Gesichtspunkte im Verfahren vor den Jugendgerichten zur Geltung. [2]Sie unterstützen zu diesem Zweck die beteiligten Behörden durch Erforschung der Persönlichkeit, der Entwicklung und des familiären, sozialen und wirtschaftlichen Hintergrundes des Jugendlichen und äußern sich zu einer möglichen besonderen Schutzbedürftigkeit sowie zu den Maßnahmen, die zu ergreifen sind.

(3) [1]Sobald es im Verfahren von Bedeutung ist, soll über das Ergebnis der Nachforschungen nach Absatz 2 möglichst zeitnah Auskunft gegeben werden. [2]In Haftsachen berichten die Vertreter der Jugendgerichtshilfe beschleunigt über das Ergebnis ihrer Nachforschungen. [3]Bei einer wesentlichen Änderung der nach Absatz 2 bedeutsamen Umstände führen sie nötigenfalls ergänzende Nachforschungen durch und berichten der Jugendstaatsanwaltschaft und nach Erhebung der Anklage auch dem Jugendgericht darüber.

(4) [1]Ein Vertreter der Jugendgerichtshilfe nimmt an der Hauptverhandlung teil, soweit darauf nicht nach Absatz 7 verzichtet wird. [2]Entsandt werden soll die Person, die die Nachforschungen angestellt hat. [3]Erscheint trotz rechtzeitiger Mitteilung nach § 50 Absatz 3 Satz 1 kein Vertreter der Jugendgerichtshilfe in der Hauptverhandlung und ist kein Verzicht nach Absatz 7 erklärt worden, so kann dem Träger der öffentlichen Jugendhilfe auferlegt werden, die dadurch verursachten Kosten zu ersetzen; § 51 Absatz 2 der Strafprozessordnung gilt entsprechend.

(5) [1]Soweit nicht ein Bewährungshelfer dazu berufen ist, wacht die Jugendgerichtshilfe darüber, dass der Jugendliche Weisungen und Auflagen nachkommt. [2]Erhebliche Zuwiderhandlungen teilt sie dem Jugendgericht mit. [3]Im Fall der Unterstellung nach § 10 Absatz 1 Satz 3 Nummer 5 übt sie die Betreuung und Aufsicht aus, wenn das Jugendgericht nicht eine andere Person damit betraut. [4]Während der Bewährungszeit arbeitet sie eng mit dem Bewährungshelfer zusammen. [5]Während des Vollzugs bleibt sie mit dem Jugendlichen in Verbindung und nimmt sich seiner Wiedereingliederung in die Gemeinschaft an.

(6) [1]Im gesamten Verfahren gegen einen Jugendlichen ist die Jugendgerichtshilfe heranzuziehen. [2]Dies soll so früh wie möglich geschehen. [3]Vor der Erteilung von Weisungen (§ 10) sind die Vertreter der Jugendgerichtshilfe stets zu hören; kommt eine Betreuungsweisung in Betracht, sollen sie sich auch dazu äußern, wer als Betreuungshelfer bestellt werden soll.

(7) [1]Das Jugendgericht und im Vorverfahren die Jugendstaatsanwaltschaft können auf die Erfüllung der Anforderungen des Absatzes 3 und auf Antrag der Jugendgerichtshilfe auf die Erfüllung der Anforderungen des Absatzes 4 Satz 1 verzichten, soweit dies auf Grund der Umstände des Falles gerechtfertigt und mit dem Wohl des Jugendlichen vereinbar ist. [2]Der Verzicht ist der Jugendgerichtshilfe und den weiteren am Verfahren Beteiligten möglichst frühzeitig mitzuteilen. [3]Im Vorverfahren kommt ein Verzicht insbesondere in Betracht, wenn zu erwarten ist, dass das Verfahren ohne Erhebung der öffentlichen Klage abgeschlossen wird. [4]Der Verzicht auf die Anwesenheit eines Vertreters der Jugendgerichtshilfe in der Hauptverhandlung kann sich auf Teile der Hauptverhandlung beschränken. [5]Er kann auch während der Hauptverhandlung erklärt werden und bedarf in diesem Fall keines Antrags.

Zweiter Abschnitt
Zuständigkeit

§ 39 Sachliche Zuständigkeit des Jugendrichters

(1) [1]Der Jugendrichter ist zuständig für Verfehlungen Jugendlicher, wenn nur Erziehungsmaßregeln, Zuchtmittel, nach diesem Gesetz zulässige Nebenstrafen und Nebenfolgen oder die Entziehung der Fahrerlaubnis zu erwarten sind und der Staatsanwalt Anklage beim Strafrichter erhebt. [2]Der Jugendrichter ist nicht zuständig in Sachen, die nach § 103 gegen Jugendliche und Erwachsene verbunden sind, wenn für die Erwachsenen nach allgemeinen Vorschriften der Richter beim Amtsgericht nicht zuständig wäre. [3]§ 209 Abs. 2 der Strafprozeßordnung gilt entsprechend.

(2) Der Jugendrichter darf auf Jugendstrafe von mehr als einem Jahr nicht erkennen; die Unterbringung in einem psychiatrischen Krankenhaus darf er nicht anordnen.

§ 40 Sachliche Zuständigkeit des Jugendschöffengerichts

(1) [1]Das Jugendschöffengericht ist zuständig für alle Verfehlungen, die nicht zur Zuständigkeit eines anderen Jugendgerichts gehören. [2]§ 209 der Strafprozeßordnung gilt entsprechend.

(2) Das Jugendschöffengericht kann bis zur Eröffnung des Hauptverfahrens von Amts wegen die Entscheidung der Jugendkammer darüber herbeiführen, ob sie eine Sache wegen ihres besonderen Umfangs übernehmen will.

(3) Vor Erlaß des Übernahmebeschlusses fordert der Vorsitzende der Jugendkammer den Angeschuldigten auf, sich innerhalb einer zu bestimmenden Frist zu erklären, ob er die Vornahme einzelner Beweiserhebungen vor der Hauptverhandlung beantragen will.

(4) [1]Der Beschluß, durch den die Jugendkammer die Sache übernimmt oder die Übernahme ablehnt, ist nicht anfechtbar. [2]Der Übernahmebeschluß ist mit dem Eröffnungsbeschluß zu verbinden.

§ 41 Sachliche Zuständigkeit der Jugendkammer

(1) Die Jugendkammer ist als erkennendes Gericht des ersten Rechtszuges zuständig in Sachen,

1. die nach den allgemeinen Vorschriften einschließlich der Regelung des § 74e des Gerichtsverfassungsgesetzes zur Zuständigkeit des Schwurgerichts gehören,
2. die sie nach Vorlage durch das Jugendschöffengericht wegen ihres besonderen Umfangs übernimmt (§ 40 Abs. 2),
3. die nach § 103 gegen Jugendliche und Erwachsene verbunden sind, wenn für die Erwachsenen nach allgemeinen Vorschriften eine große Strafkammer zuständig wäre,
4. bei denen die Staatsanwaltschaft wegen der besonderen Schutzbedürftigkeit von Verletzten der Straftat, die als Zeugen in Betracht kommen, Anklage bei der Jugendkammer erhebt und
5. bei denen dem Beschuldigten eine Tat der in § 7 Abs. 2 bezeichneten Art vorgeworfen wird und eine höhere Strafe als fünf Jahre Jugendstrafe oder die Unterbringung in einem psychiatrischen Krankenhaus zu erwarten ist.

(2) [1]Die Jugendkammer ist außerdem zuständig für die Verhandlung und Entscheidung über das Rechtsmittel der Berufung gegen die Urteile des Jugendrichters und des Jugendschöffengerichts. [2]Sie trifft auch die in § 73 Abs. 1 des Gerichtsverfassungsgesetzes bezeichneten Entscheidungen.

§ 42 Örtliche Zuständigkeit

(1) Neben dem Richter, der nach dem allgemeinen Verfahrensrecht oder nach besonderen Vorschriften zuständig ist, sind zuständig

1. der Richter, dem die familiengerichtlichen Erziehungsaufgaben für den Beschuldigten obliegen,
2. der Richter, in dessen Bezirk sich der auf freiem Fuß befindliche Beschuldigte zur Zeit der Erhebung der Anklage aufhält,
3. solange der Beschuldigte eine Jugendstrafe noch nicht vollständig verbüßt hat, der Richter, dem die Aufgaben des Vollstreckungsleiters obliegen.

(2) Der Staatsanwalt soll die Anklage nach Möglichkeit vor dem Richter erheben, dem die familiengerichtlichen Erziehungsaufgaben obliegen, solange aber der Beschuldigte eine Jugendstrafe noch nicht vollständig verbüßt hat, vor dem Richter, dem die Aufgaben des Vollstreckungsleiters obliegen.

(3) [1]Wechselt der Angeklagte seinen Aufenthalt, so kann der Richter das Verfahren mit Zustimmung des Staatsanwalts an den Richter abgeben, in dessen Bezirk sich der Angeklagte aufhält. [2]Hat der Richter, an den das Verfahren abgegeben worden ist, gegen die Übernahme Bedenken, so entscheidet das gemeinschaftliche obere Gericht.

Dritter Abschnitt
Jugendstrafverfahren

Erster Unterabschnitt
Das Vorverfahren

§ 43 Umfang der Ermittlungen
(1) [1]Nach Einleitung des Verfahrens sollen so bald wie möglich die Lebens- und Familienverhältnisse, der Werdegang, das bisherige Verhalten des Beschuldigten und alle übrigen Umstände ermittelt werden, die zur Beurteilung seiner seelischen, geistigen und charakterlichen Eigenart dienen können. [2]Der Erziehungsberechtigte und der gesetzliche Vertreter, die Schule und der Ausbildende sollen, soweit möglich, gehört werden. [3]Die Anhörung der Schule oder des Ausbildenden unterbleibt, wenn der Jugendliche davon unerwünschte Nachteile, namentlich den Verlust seines Ausbildungs- oder Arbeitsplatzes, zu besorgen hätte. [4]§ 38 Absatz 6 und § 70 Absatz 2 sind zu beachten.
(2) [1]Soweit erforderlich, ist eine Untersuchung des Beschuldigten, namentlich zur Feststellung seines Entwicklungsstandes oder anderer für das Verfahren wesentlicher Eigenschaften, herbeizuführen. [2]Nach Möglichkeit soll ein zur Untersuchung von Jugendlichen befähigter Sachverständiger mit der Durchführung der Anordnung beauftragt werden.

§ 44 Vernehmung des Beschuldigten bei zu erwartender Jugendstrafe
Ist Jugendstrafe zu erwarten, so soll der Staatsanwalt oder der Vorsitzende des Jugendgerichts den Beschuldigten vernehmen, ehe die Anklage erhoben wird.

§ 45 Absehen von der Verfolgung
(1) Der Staatsanwalt kann ohne Zustimmung des Richters von der Verfolgung absehen, wenn die Voraussetzungen des § 153 der Strafprozeßordnung vorliegen.
(2) [1]Der Staatsanwalt sieht von der Verfolgung ab, wenn eine erzieherische Maßnahme bereits durchgeführt oder eingeleitet ist und er weder eine Beteiligung des Richters nach Absatz 3 noch die Erhebung der Anklage für erforderlich hält. [2]Einer erzieherischen Maßnahme steht das Bemühen des Jugendlichen gleich, einen Ausgleich mit dem Verletzten zu erreichen.
(3) [1]Der Staatsanwalt regt die Erteilung einer Ermahnung, von Weisungen nach § 10 Abs. 1 Satz 3 Nr. 4, 7 und 9 oder von Auflagen durch den Jugendrichter an, wenn der Beschuldigte geständig ist und der Staatsanwalt die Anordnung einer solchen richterlichen Maßnahme für erforderlich, die Erhebung der Anklage aber nicht für geboten hält. [2]Entspricht der Jugendrichter der Anregung, so sieht der Staatsanwalt von der Verfolgung ab, bei Erteilung von Weisungen oder Auflagen jedoch nur, nachdem der Jugendliche ihnen nachgekommen ist. [3]§ 11 Abs. 3 und § 15 Abs. 3 Satz 2 sind nicht anzuwenden. [4]§ 47 Abs. 3 findet entsprechende Anwendung.

§ 46 Wesentliches Ergebnis der Ermittlungen
Der Staatsanwalt soll das wesentliche Ergebnis der Ermittlungen in der Anklageschrift (§ 200 Abs. 2 der Strafprozeßordnung) so darstellen, daß die Kenntnisnahme durch den Beschuldigten möglichst keine Nachteile für seine Erziehung verursacht.

§ 46a Anklage vor Berichterstattung der Jugendgerichtshilfe
[1]Abgesehen von Fällen des § 38 Absatz 7 darf die Anklage auch dann vor einer Berichterstattung der Jugendgerichtshilfe nach § 38 Absatz 3 erhoben werden, wenn dies dem Wohl des Jugendlichen dient und zu erwarten ist, dass das Ergebnis der Nachforschungen spätestens zu Beginn der Hauptverhandlung zur Verfügung stehen wird. [2]Nach Erhebung der Anklage ist der Jugendstaatsanwaltschaft und dem Jugendgericht zu berichten.

Zweiter Unterabschnitt
Das Hauptverfahren

§ 47 Einstellung des Verfahrens durch den Richter
(1) [1]Ist die Anklage eingereicht, so kann der Richter das Verfahren einstellen, wenn
1. die Voraussetzungen des § 153 der Strafprozeßordnung vorliegen,
2. eine erzieherische Maßnahme im Sinne des § 45 Abs. 2, die eine Entscheidung durch Urteil entbehrlich macht, bereits durchgeführt oder eingeleitet ist,
3. der Richter eine Entscheidung durch Urteil für entbehrlich hält und gegen den geständigen Jugendlichen eine in § 45 Abs. 3 Satz 1 bezeichnete Maßnahme anordnet oder
4. der Angeklagte mangels Reife strafrechtlich nicht verantwortlich ist.

[2]In den Fällen von Satz 1 Nr. 2 und 3 kann der Richter mit Zustimmung des Staatsanwalts das Verfahren vorläufig einstellen und dem Jugendlichen eine Frist von höchstens sechs Monaten setzen, binnen der er den Auflagen, Weisungen oder erzieherischen Maßnahmen nachzukommen hat. [3]Die Entscheidung ergeht durch Beschluß. [4]Der Beschluß ist nicht anfechtbar. [5]Kommt der Jugendliche den Auflagen, Weisungen oder erzieherischen Maßnahmen nach, so stellt der Richter das Verfahren ein. [6]§ 11 Abs. 3 und § 15 Abs. 3 Satz 2 sind nicht anzuwenden.

(2) Die Einstellung bedarf der Zustimmung des Staatsanwalts, soweit er nicht bereits der vorläufigen Einstellung zugestimmt hat. [2]Der Einstellungsbeschluß kann auch in der Hauptverhandlung ergehen. [3]Er wird mit Gründen versehen und ist nicht anfechtbar. [4]Die Gründe werden dem Angeklagten nicht mitgeteilt, soweit davon Nachteile für die Erziehung zu befürchten sind.

(3) Wegen derselben Tat kann nur auf Grund neuer Tatsachen oder Beweismittel von neuem Anklage erhoben werden.

§ 47a Vorrang der Jugendgerichte

[1]Ein Jugendgericht darf sich nach Eröffnung des Hauptverfahrens nicht für unzuständig erklären, weil die Sache vor ein für allgemeine Strafsachen zuständiges Gericht gleicher oder niedrigerer Ordnung gehöre. [2]§ 103 Abs. 2 Satz 2, 3 bleibt unberührt.

§ 48 Nichtöffentlichkeit

(1) Die Verhandlung vor dem erkennenden Gericht einschließlich der Verkündung der Entscheidungen ist nicht öffentlich.

(2) [1]Neben den am Verfahren Beteiligten ist dem Verletzten, seinem Erziehungsberechtigten und seinem gesetzlichen Vertreter und, falls der Angeklagte der Aufsicht und Leitung eines Bewährungshelfers oder der Betreuung und Aufsicht eines Betreuungshelfers untersteht oder für ihn ein Erziehungsbeistand bestellt ist, dem Helfer und dem Erziehungsbeistand die Anwesenheit gestattet. [2]Das gleiche gilt in den Fällen, in denen dem Jugendlichen Hilfe zur Erziehung in einem Heim oder einer vergleichbaren Einrichtung gewährt wird, für den Leiter der Einrichtung. [3]Andere Personen kann der Vorsitzende aus besonderen Gründen, namentlich zu Ausbildungszwecken, zulassen.

(3) [1]Sind in dem Verfahren auch Heranwachsende oder Erwachsene angeklagt, so ist die Verhandlung öffentlich. [2]Die Öffentlichkeit kann ausgeschlossen werden, wenn dies im Interesse der Erziehung jugendlicher Angeklagter geboten ist.

§ 49 *[aufgehoben]*

§ 50 Anwesenheit in der Hauptverhandlung

(1) Die Hauptverhandlung kann nur dann ohne den Angeklagten stattfinden, wenn dies im allgemeinen Verfahren zulässig wäre, besondere Gründe dafür vorliegen und die Jugendstaatsanwaltschaft zustimmt.

(2) [1]Der Vorsitzende soll auch die Ladung der Erziehungsberechtigten und der gesetzlichen Vertreter anordnen. [2]Die Vorschriften über die Ladung, die Folgen des Ausbleibens und die Entschädigung von Zeugen gelten entsprechend.

(3) [1]Der Jugendgerichtshilfe sind Ort und Zeit der Hauptverhandlung in angemessener Frist vor dem vorgesehenen Termin mitzuteilen. [2]Der Vertreter der Jugendgerichtshilfe erhält in der Hauptverhandlung auf Verlangen das Wort. [3]Ist kein Vertreter der Jugendgerichtshilfe anwesend, kann unter den Voraussetzungen des § 38 Absatz 7 Satz 1 ein schriftlicher Bericht der Jugendgerichtshilfe in der Hauptverhandlung verlesen werden.

(4) [1]Nimmt ein bestellter Bewährungshelfer an der Hauptverhandlung teil, so soll er zu der Entwicklung des Jugendlichen in der Bewährungszeit gehört werden. [2]Satz 1 gilt für einen bestellten Betreuungshelfer und den Leiter eines sozialen Trainingskurses, an dem der Jugendliche teilnimmt, entsprechend.

§ 51 Zeitweilige Ausschließung von Beteiligten

(1) [1]Der Vorsitzende soll den Angeklagten für die Dauer solcher Erörterungen von der Verhandlung ausschließen, aus denen Nachteile für die Erziehung entstehen können. [2]Er hat ihn von dem, was in seiner Abwesenheit verhandelt worden ist, zu unterrichten, soweit es für seine Verteidigung erforderlich ist.

(2) [1]Der Vorsitzende kann auch Erziehungsberechtigte und gesetzliche Vertreter des Angeklagten von der Verhandlung ausschließen, soweit

1. erhebliche erzieherische Nachteile drohen, weil zu befürchten ist, dass durch die Erörterung der persönlichen Verhältnisse des Angeklagten in ihrer Gegenwart eine erforderliche künftige Zusammenarbeit zwischen den genannten Personen und der Jugendgerichtshilfe bei der Umsetzung zu erwartender jugendgerichtlicher Sanktionen in erheblichem Maße erschwert wird,
2. sie verdächtig sind, an der Verfehlung des Angeklagten beteiligt zu sein, oder soweit sie wegen einer Beteiligung verurteilt sind,

3. eine Gefährdung des Lebens, des Leibes oder der Freiheit des Angeklagten, eines Zeugen oder einer anderen Person oder eine sonstige erhebliche Beeinträchtigung des Wohls des Angeklagten zu besorgen ist,
4. zu befürchten ist, dass durch ihre Anwesenheit die Ermittlung der Wahrheit beeinträchtigt wird, oder
5. Umstände aus dem persönlichen Lebensbereich eines Verfahrensbeteiligten, Zeugen oder durch eine rechtswidrige Tat Verletzten zur Sprache kommen, deren Erörterung in ihrer Anwesenheit schutzwürdige Interessen verletzen würde, es sei denn, das Interesse der Erziehungsberechtigten und gesetzlichen Vertreter an der Erörterung dieser Umstände in ihrer Gegenwart überwiegt.

[2]Der Vorsitzende kann in den Fällen des Satzes 1 Nr. 3 bis 5 auch Erziehungsberechtigte und gesetzliche Vertreter des Verletzten von der Verhandlung ausschließen, im Fall der Nummer 3 auch dann, wenn eine sonstige erhebliche Beeinträchtigung des Wohls des Verletzten zu besorgen ist. [3]Erziehungsberechtigte und gesetzliche Vertreter sind auszuschließen, wenn die Voraussetzungen des Satzes 1 Nr. 5 vorliegen und der Ausschluss von der Person, deren Lebensbereich betroffen ist, beantragt wird. [4]Satz 1 Nr. 5 gilt nicht, soweit die Personen, deren Lebensbereiche betroffen sind, in der Hauptverhandlung dem Ausschluss widersprechen.

(3) § 177 des Gerichtsverfassungsgesetzes gilt entsprechend.

(4) [1]In den Fällen des Absatzes 2 ist vor einem Ausschluss auf ein einvernehmliches Verlassen des Sitzungssaales hinzuwirken. [2]Der Vorsitzende hat die Erziehungsberechtigten und gesetzlichen Vertreter des Angeklagten, sobald diese wieder anwesend sind, in geeigneter Weise von dem wesentlichen Inhalt dessen zu unterrichten, was während ihrer Abwesenheit ausgesagt oder sonst verhandelt worden ist.

(5) Der Ausschluss von Erziehungsberechtigten und gesetzlichen Vertretern nach den Absätzen 2 und 3 ist auch zulässig, wenn sie zum Beistand (§ 69) bestellt sind.

(6) [1]Werden die Erziehungsberechtigten und die gesetzlichen Vertreter für einen nicht unerheblichen Teil der Hauptverhandlung ausgeschlossen, so ist für die Dauer ihres Ausschlusses von dem Vorsitzenden einer anderen für den Schutz der Interessen des Jugendlichen geeigneten volljährigen Person die Anwesenheit zu gestatten. [2]Dem Jugendlichen soll Gelegenheit gegeben werden, eine volljährige Person seines Vertrauens zu bezeichnen. [3]Die anwesende andere geeignete Person erhält in der Hauptverhandlung auf Verlangen das Wort. [4]Wird keiner sonstigen anderen Person nach Satz 1 die Anwesenheit gestattet, muss ein für die Betreuung des Jugendlichen in dem Jugendstrafverfahren zuständiger Vertreter der Jugendhilfe anwesend sein.

(7) Sind in der Hauptverhandlung keine Erziehungsberechtigten und keine gesetzlichen Vertreter anwesend, weil sie binnen angemessener Frist nicht erreicht werden konnten, so gilt Absatz 6 entsprechend.

§ 51a Neubeginn der Hauptverhandlung

Ergibt sich erst während der Hauptverhandlung, dass die Mitwirkung eines Verteidigers nach § 68 Nummer 5 notwendig ist, so ist mit der Hauptverhandlung von neuem zu beginnen, wenn der Jugendliche nicht von Beginn der Hauptverhandlung an verteidigt war.

§ 52 Berücksichtigung von Untersuchungshaft bei Jugendarrest

Wird auf Jugendarrest erkannt und ist dessen Zweck durch Untersuchungshaft oder eine andere wegen der Tat erlittene Freiheitsentziehung ganz oder teilweise erreicht, so kann der Richter im Urteil aussprechen, daß oder wieweit der Jugendarrest nicht vollstreckt wird.

§ 52a Anrechnung von Untersuchungshaft bei Jugendstrafe

(1) [1]Hat der Angeklagte aus Anlaß einer Tat, die Gegenstand des Verfahrens ist oder gewesen ist, Untersuchungshaft oder eine andere Freiheitsentziehung erlitten, so wird sie auf die Jugendstrafe angerechnet. [2]Der Richter kann jedoch anordnen, daß die Anrechnung ganz oder zum Teil unterbleibt, wenn sie im Hinblick auf das Verhalten des Angeklagten nach der Tat oder aus erzieherischen Gründen nicht gerechtfertigt ist. [3]Erzieherische Gründe liegen namentlich vor, wenn bei Anrechnung der Freiheitsentziehung die noch erforderliche erzieherische Einwirkung auf den Angeklagten nicht gewährleistet ist.

(2) *[aufgehoben]*

§ 53 Überweisung an das Familiengericht

[1]Der Richter kann dem Familiengericht im Urteil die Auswahl und Anordnung von Erziehungsmaßregeln überlassen, wenn er nicht auf Jugendstrafe erkennt. [2]Das Familiengericht muß dann eine Erziehungsmaßregel anordnen, soweit sich nicht die Umstände, die für das Urteil maßgebend waren, verändert haben.

§ 54 Urteilsgründe

(1) [1]Wird der Angeklagte schuldig gesprochen, so wird in den Urteilsgründen auch ausgeführt, welche Umstände für seine Bestrafung, für die angeordneten Maßnahmen, für die Überlassung ihrer Auswahl und Anordnung an das Familiengericht oder für das Absehen von Zuchtmitteln und Strafe bestimmend

waren. [2]Dabei soll namentlich die seelische, geistige und körperliche Eigenart des Angeklagten berücksichtigt werden.
(2) Die Urteilsgründe werden dem Angeklagten nicht mitgeteilt, soweit davon Nachteile für die Erziehung zu befürchten sind.

Dritter Unterabschnitt
Rechtsmittelverfahren

§ 55 Anfechtung von Entscheidungen

(1) Eine Entscheidung, in der lediglich Erziehungsmaßregeln oder Zuchtmittel angeordnet oder die Auswahl und Anordnung von Erziehungsmaßregeln dem Familiengericht überlassen sind, kann nicht wegen des Umfangs der Maßnahmen und nicht deshalb angefochten werden, weil andere oder weitere Erziehungsmaßregeln oder Zuchtmittel hätten angeordnet werden sollen oder weil die Auswahl und Anordnung der Erziehungsmaßregeln dem Familiengericht überlassen worden sind. [2]Diese Vorschrift gilt nicht, wenn der Richter angeordnet hat, Hilfe zur Erziehung nach § 12 Nr. 2 in Anspruch zu nehmen.
(2) [1]Wer eine zulässige Berufung eingelegt hat, kann gegen das Berufungsurteil nicht mehr Revision einlegen. [2]Hat der Angeklagte, der Erziehungsberechtigte oder der gesetzliche Vertreter eine zulässige Berufung eingelegt, so steht gegen das Berufungsurteil keinem von ihnen das Rechtsmittel der Revision zu.
(3) Der Erziehungsberechtigte oder der gesetzliche Vertreter kann das von ihm eingelegte Rechtsmittel nur mit Zustimmung des Angeklagten zurücknehmen.
(4) Soweit ein Beteiligter nach Absatz 1 Satz 1 an der Anfechtung einer Entscheidung gehindert ist oder nach Absatz 2 kein Rechtsmittel gegen die Berufungsentscheidung einlegen kann, gilt § 356a der Strafprozessordnung entsprechend.

§ 56 Teilvollstreckung einer Einheitsstrafe

(1) [1]Ist ein Angeklagter wegen mehrerer Straftaten zu einer Einheitsstrafe verurteilt worden, so kann das Rechtsmittelgericht vor der Hauptverhandlung das Urteil für einen Teil der Strafe als vollstreckbar erklären, wenn die Schuldfeststellungen bei einer Straftat oder bei mehreren Straftaten nicht beanstandet worden sind. [2]Die Anordnung ist nur zulässig, wenn sie dem wohlverstandenen Interesse des Angeklagten entspricht. [3]Der Teil der Strafe darf nicht über die Strafe hinausgehen, die einer Verurteilung wegen der Straftaten entspricht, bei denen die Schuldfeststellungen nicht beanstandet worden sind.
(2) Gegen den Beschluß ist sofortige Beschwerde zulässig.

Vierter Unterabschnitt
Verfahren bei Aussetzung der Jugendstrafe zur Bewährung

§ 57 Entscheidung über die Aussetzung

(1) [1]Die Aussetzung der Jugendstrafe zur Bewährung wird im Urteil oder, solange der Strafvollzug noch nicht begonnen hat, nachträglich durch Beschluß angeordnet. [2]Ist die Entscheidung über die Aussetzung nicht im Urteil vorbehalten worden, so ist für den nachträglichen Beschluss das Gericht zuständig, das in der Sache im ersten Rechtszug erkannt hat; die Staatsanwaltschaft und der Jugendliche sind zu hören.
(2) Hat das Gericht die Entscheidung über die Aussetzung nicht einem nachträglichen Beschluss vorbehalten oder die Aussetzung im Urteil oder in einem nachträglichen Beschluss abgelehnt, so ist ihre nachträgliche Anordnung nur zulässig, wenn seit Erlaß des Urteils oder des Beschlusses Umstände hervorgetreten sind, die allein oder in Verbindung mit den bereits bekannten Umständen eine Aussetzung der Jugendstrafe zur Bewährung rechtfertigen.
(3) [1]Kommen Weisungen oder Auflagen (§ 23) in Betracht, so ist der Jugendliche in geeigneten Fällen zu befragen, ob er Zusagen für seine künftige Lebensführung macht oder sich zu Leistungen erbietet, die der Genugtuung für das begangene Unrecht dienen. [2]Kommt die Weisung in Betracht, sich einer heilerzieherischen Behandlung oder einer Entziehungskur zu unterziehen, so ist der Jugendliche, der das sechzehnte Lebensjahr vollendet hat, zu befragen, ob er hierzu seine Einwilligung gibt.
(4) § 260 Abs. 4 Satz 4 und § 267 Abs. 3 Satz 4 der Strafprozeßordnung gelten entsprechend.

§ 58 Weitere Entscheidungen

(1) [1]Entscheidungen, die infolge der Aussetzung erforderlich werden (§§ 22, 23, 24, 26, 26a), trifft der Richter durch Beschluß. [2]Der Staatsanwalt, der Jugendliche und der Bewährungshelfer sind zu hören. [3]Wenn eine Entscheidung nach § 26 oder die Verhängung von Jugendarrest in Betracht kommt, ist dem

Jugendlichen Gelegenheit zur mündlichen Äußerung vor dem Richter zu geben. [4]Der Beschluß ist zu begründen.
(2) Der Richter leitet auch die Vollstreckung der vorläufigen Maßnahmen nach § 453c der Strafprozeßordnung.
(3) [1]Zuständig ist der Richter, der die Aussetzung angeordnet hat. [2]Er kann die Entscheidungen ganz oder teilweise dem Jugendrichter übertragen, in dessen Bezirk sich der Jugendliche aufhält. [3]§ 42 Abs. 3 Satz 2 gilt entsprechend.

§ 59 Anfechtung

(1) [1]Gegen eine Entscheidung, durch welche die Aussetzung der Jugendstrafe angeordnet oder abgelehnt wird, ist, wenn sie für sich allein oder nur gemeinsam mit der Entscheidung über die Anordnung eines Jugendarrests nach § 16a angefochten wird, sofortige Beschwerde zulässig. [2]Das gleiche gilt, wenn ein Urteil nur deshalb angefochten wird, weil die Strafe nicht ausgesetzt worden ist.
(2) [1]Gegen eine Entscheidung über die Dauer der Bewährungszeit (§ 22), die Dauer der Unterstellungszeit (§ 24), die erneute Anordnung der Unterstellung in der Bewährungszeit (§ 24 Abs. 2) und über Weisungen oder Auflagen (§ 23) ist Beschwerde zulässig. [2]Sie kann nur darauf gestützt werden, daß die Bewährungs- oder die Unterstellungszeit nachträglich verlängert, die Unterstellung erneut angeordnet worden oder daß eine getroffene Anordnung gesetzwidrig ist.
(3) Gegen den Widerruf der Aussetzung der Jugendstrafe (§ 26 Abs. 1) ist sofortige Beschwerde zulässig.
(4) Der Beschluß über den Straferlaß (§ 26a) ist nicht anfechtbar.
(5) Wird gegen ein Urteil eine zulässige Revision und gegen eine Entscheidung, die sich auf eine in dem Urteil angeordnete Aussetzung der Jugendstrafe zur Bewährung bezieht, Beschwerde eingelegt, so ist das Revisionsgericht auch zur Entscheidung über die Beschwerde zuständig.

§ 60 Bewährungsplan

(1) [1]Der Vorsitzende stellt die erteilten Weisungen und Auflagen in einem Bewährungsplan zusammen. [2]Er händigt ihn dem Jugendlichen aus und belehrt ihn zugleich über die Bedeutung der Aussetzung, die Bewährungs- und Unterstellungszeit, die Weisungen und Auflagen sowie über die Möglichkeit des Widerrufs der Aussetzung. [3]Zugleich ist ihm aufzugeben, jeden Wechsel seines Aufenthalts, Ausbildungs- oder Arbeitsplatzes während der Bewährungszeit anzuzeigen. [4]Auch bei nachträglichen Änderungen des Bewährungsplans ist der Jugendliche über den wesentlichen Inhalt zu belehren.
(2) Der Name des Bewährungshelfers wird in den Bewährungsplan eingetragen.
(3) [1]Der Jugendliche soll durch seine Unterschrift bestätigen, daß er den Bewährungsplan gelesen hat, und versprechen, daß er den Weisungen und Auflagen nachkommen will. [2]Auch der Erziehungsberechtigte und der gesetzliche Vertreter sollen den Bewährungsplan unterzeichnen.

§ 61 Vorbehalt der nachträglichen Entscheidung über die Aussetzung

(1) Das Gericht kann im Urteil die Entscheidung über die Aussetzung der Jugendstrafe zur Bewährung ausdrücklich einem nachträglichen Beschluss vorbehalten, wenn
1. nach Erschöpfung der Ermittlungsmöglichkeiten die getroffenen Feststellungen noch nicht die in § 21 Absatz 1 Satz 1 vorausgesetzte Erwartung begründen können und
2. auf Grund von Ansätzen in der Lebensführung des Jugendlichen oder sonstiger bestimmter Umstände die Aussicht besteht, dass eine solche Erwartung in absehbarer Zeit (§ 61a Absatz 1) begründet sein wird.

(2) Ein entsprechender Vorbehalt kann auch ausgesprochen werden, wenn
1. in der Hauptverhandlung Umstände der in Absatz 1 Nummer 2 genannten Art hervorgetreten sind, die allein oder in Verbindung mit weiteren Umständen die in § 21 Absatz 1 Satz 1 vorausgesetzte Erwartung begründen könnten,
2. die Feststellungen, die sich auf die nach Nummer 1 bedeutsamen Umstände beziehen, aber weitere Ermittlungen verlangen und
3. die Unterbrechung oder Aussetzung der Hauptverhandlung zu erzieherisch nachteiligen oder unverhältnismäßigen Verzögerungen führen würde.

(3) [1]Wird im Urteil der Vorbehalt ausgesprochen, gilt § 16a entsprechend. [2]Der Vorbehalt ist in die Urteilsformel aufzunehmen. [3]Die Urteilsgründe müssen die dafür bestimmenden Umstände anführen. [4]Bei der Verkündung des Urteils ist der Jugendliche über die Bedeutung des Vorbehalts und seines Verhaltens in der Zeit bis zu der nachträglichen Entscheidung zu belehren.

§ 61a Frist und Zuständigkeit für die vorbehaltene Entscheidung

(1) [1]Die vorbehaltene Entscheidung ergeht spätestens sechs Monate nach Eintritt der Rechtskraft des Urteils. [2]Das Gericht kann mit dem Vorbehalt eine kürzere Höchstfrist festsetzen. [3]Aus besonderen Grün-

den und mit dem Einverständnis des Verurteilten kann die Frist nach Satz 1 oder 2 durch Beschluss auf höchstens neun Monate seit Eintritt der Rechtskraft des Urteils verlängert werden.
(2) Zuständig für die vorbehaltene Entscheidung ist das Gericht, in dessen Urteil die zugrunde liegenden tatsächlichen Feststellungen letztmalig geprüft werden konnten.

§ 61b Weitere Entscheidungen bei Vorbehalt der Entscheidung über die Aussetzung
(1) [1]Das Gericht kann dem Jugendlichen für die Zeit zwischen Eintritt der Rechtskraft des Urteils und dem Ablauf der nach § 61a Absatz 1 maßgeblichen Frist Weisungen und Auflagen erteilen; die §§ 10, 15 Absatz 1 und 2, § 23 Absatz 1 Satz 1 bis 3, Absatz 2 gelten entsprechend. [2]Das Gericht soll den Jugendlichen für diese Zeit der Aufsicht und Betreuung eines Bewährungshelfers unterstellen; darauf soll nur verzichtet werden, wenn ausreichende Betreuung und Überwachung durch die Jugendgerichtshilfe gewährleistet sind. [3]Im Übrigen sind die §§ 24 und 25 entsprechend anzuwenden. [4]Bewährungshilfe und Jugendgerichtshilfe arbeiten eng zusammen. [5]Dabei dürfen sie wechselseitig auch personenbezogene Daten über den Verurteilten übermitteln, soweit dies für eine sachgemäße Erfüllung der Betreuungs- und Überwachungsaufgaben der jeweils anderen Stelle erforderlich ist. [6]Für die Entscheidungen nach diesem Absatz gelten § 58 Absatz 1 Satz 1, 2 und 4, Absatz 3 Satz 1 und § 59 Absatz 2 und 5 entsprechend. [7]Die Vorschriften des § 60 sind sinngemäß anzuwenden.
(2) Ergeben sich vor Ablauf der nach § 61a Absatz 1 maßgeblichen Frist hinreichende Gründe für die Annahme, dass eine Aussetzung der Jugendstrafe zur Bewährung abgelehnt wird, so gelten § 453c der Strafprozessordnung und § 58 Absatz 2 und 3 Satz 1 entsprechend.
(3) Wird die Jugendstrafe zur Bewährung ausgesetzt, so wird die Zeit vom Eintritt der Rechtskraft des Urteils, in dem die Aussetzung einer nachträglichen Entscheidung vorbehalten wurde, bis zum Eintritt der Rechtskraft der Entscheidung über die Aussetzung auf die nach § 22 bestimmte Bewährungszeit angerechnet.
(4) [1]Wird die Aussetzung abgelehnt, so kann das Gericht Leistungen, die der Jugendliche zur Erfüllung von Weisungen, Auflagen, Zusagen oder Anerbieten erbracht hat, auf die Jugendstrafe anrechnen. [2]Das Gericht hat die Leistungen anzurechnen, wenn die Rechtsfolgen der Tat andernfalls das Maß der Schuld übersteigen würden. [3]Im Hinblick auf Jugendarrest, der nach § 16a verhängt wurde (§ 61 Absatz 3 Satz 1), gilt § 26 Absatz 3 Satz 3 entsprechend.

Fünfter Unterabschnitt
Verfahren bei Aussetzung der Verhängung der Jugendstrafe

§ 62 Entscheidungen
(1) [1]Entscheidungen nach den §§ 27 und 30 ergehen auf Grund einer Hauptverhandlung durch Urteil. [2]Für die Entscheidung über die Aussetzung der Verhängung der Jugendstrafe gilt § 267 Abs. 3 Satz 4 der Strafprozeßordnung sinngemäß.
(2) Mit Zustimmung des Staatsanwalts kann die Tilgung des Schuldspruchs nach Ablauf der Bewährungszeit auch ohne Hauptverhandlung durch Beschluß angeordnet werden.
(3) Ergibt eine während der Bewährungszeit durchgeführte Hauptverhandlung nicht, daß eine Jugendstrafe erforderlich ist (§ 30 Abs. 1), so ergeht der Beschluß, daß die Entscheidung über die Verhängung der Strafe ausgesetzt bleibt.
(4) Für die übrigen Entscheidungen, die infolge einer Aussetzung der Verhängung der Jugendstrafe erforderlich werden, gilt § 58 Abs. 1 Satz 1, 2 und 4 und Abs. 3 Satz 1 sinngemäß.

§ 63 Anfechtung
(1) Ein Beschluß, durch den der Schuldspruch nach Ablauf der Bewährungszeit getilgt wird (§ 62 Abs. 2) oder die Entscheidung über die Verhängung der Jugendstrafe ausgesetzt bleibt (§ 62 Abs. 3), ist nicht anfechtbar.
(2) Im übrigen gilt § 59 Abs. 2 und 5 sinngemäß.

§ 64 Bewährungsplan
[1]§ 60 gilt sinngemäß. [2]Der Jugendliche ist über die Bedeutung der Aussetzung, die Bewährungs- und Unterstellungszeit, die Weisungen und Auflagen sowie darüber zu belehren, daß er die Festsetzung einer Jugendstrafe zu erwarten habe, wenn er sich während der Bewährungszeit schlecht führe.

Sechster Unterabschnitt
Ergänzende Entscheidungen

§ 65 Nachträgliche Entscheidungen über Weisungen und Auflagen

(1) [1]Nachträgliche Entscheidungen, die sich auf Weisungen (§ 11 Abs. 2, 3) oder Auflagen (§ 15 Abs. 3) beziehen, trifft der Richter des ersten Rechtszuges nach Anhören des Staatsanwalts und des Jugendlichen durch Beschluß. [2]Soweit erforderlich, sind der Vertreter der Jugendgerichtshilfe, der nach § 10 Abs. 1 Satz 3 Nr. 5 bestellte Betreuungshelfer und der nach § 10 Abs. 1 Satz 3 Nr. 6 tätige Leiter eines sozialen Trainingskurses zu hören. [3]Wenn die Verhängung von Jugendarrest in Betracht kommt, ist dem Jugendlichen Gelegenheit zur mündlichen Äußerung vor dem Richter zu geben. [4]Der Richter kann das Verfahren an den Jugendrichter abgeben, in dessen Bezirk sich der Jugendliche aufhält, wenn dieser seinen Aufenthalt gewechselt hat. [5]§ 42 Abs. 3 Satz 2 gilt entsprechend.

(2) [1]Hat der Richter die Änderung von Weisungen abgelehnt, so ist der Beschluß nicht anfechtbar. [2]Hat er Jugendarrest verhängt, so ist gegen den Beschluß sofortige Beschwerde zulässig. [3]Diese hat aufschiebende Wirkung.

§ 66 Ergänzung rechtskräftiger Entscheidungen bei mehrfacher Verurteilung

(1) [1]Ist die einheitliche Festsetzung von Maßnahmen oder Jugendstrafe (§ 31) unterblieben und sind die durch die rechtskräftigen Entscheidungen erkannten Erziehungsmaßregeln, Zuchtmittel und Strafen noch nicht vollständig ausgeführt, verbüßt oder sonst erledigt, so trifft der Richter eine solche Entscheidung nachträglich. [2]Dies gilt nicht, soweit der Richter nach § 31 Abs. 3 von der Einbeziehung rechtskräftig abgeurteilter Straftaten abgesehen hatte.

(2) [1]Die Entscheidung ergeht auf Grund einer Hauptverhandlung durch Urteil, wenn der Staatsanwalt es beantragt oder der Vorsitzende es für angemessen hält. [2]Wird keine Hauptverhandlung durchgeführt, so entscheidet der Richter durch Beschluß. [3]Für die Zuständigkeit und das Beschlußverfahren gilt dasselbe wie für die nachträgliche Bildung einer Gesamtstrafe nach den allgemeinen Vorschriften. [4]Ist eine Jugendstrafe teilweise verbüßt, so ist der Richter zuständig, dem die Aufgaben des Vollstreckungsleiters obliegen.

Siebenter Unterabschnitt
Gemeinsame Verfahrensvorschriften

§ 67 Stellung der Erziehungsberechtigten und der gesetzlichen Vertreter

(1) Soweit der Beschuldigte ein Recht darauf hat, gehört zu werden oder Fragen und Anträge zu stellen, steht dieses Recht auch den Erziehungsberechtigten und den gesetzlichen Vertretern zu.

(2) Die Rechte der gesetzlichen Vertreter zur Wahl eines Verteidigers und zur Einlegung von Rechtsbehelfen stehen auch den Erziehungsberechtigten zu.

(3) [1]Bei Untersuchungshandlungen, bei denen der Jugendliche ein Recht darauf hat, anwesend zu sein, namentlich bei seiner Vernehmung, ist den Erziehungsberechtigten und den gesetzlichen Vertretern die Anwesenheit gestattet, soweit

1. dies dem Wohl des Jugendlichen dient und
2. ihre Anwesenheit das Strafverfahren nicht beeinträchtigt.

[2]Die Voraussetzungen des Satzes 1 Nummer 1 und 2 sind in der Regel erfüllt, wenn keiner der in § 51 Absatz 2 genannten Ausschlussgründe und keine entsprechend § 177 des Gerichtsverfassungsgesetzes zu behandelnde Missachtung einer zur Aufrechterhaltung der Ordnung getroffenen Anordnung vorliegt. [3]Ist kein Erziehungsberechtigter und kein gesetzlicher Vertreter anwesend, weil diesen die Anwesenheit versagt wird oder weil binnen angemessener Frist kein Erziehungsberechtigter und kein gesetzlicher Vertreter erreicht werden konnte, so ist einer anderen für den Schutz der Interessen des Jugendlichen geeigneten volljährigen Person die Anwesenheit zu gestatten, wenn die Voraussetzungen des Satzes 1 Nummer 1 und 2 im Hinblick auf diese Person erfüllt sind.

(4) [1]Das Jugendgericht kann die Rechte nach den Absätzen 1 bis 3 Erziehungsberechtigten und gesetzlichen Vertretern entziehen, soweit sie verdächtig sind, an der Verfehlung des Beschuldigten beteiligt zu sein, oder soweit sie wegen einer Beteiligung verurteilt sind. [2]Liegen die Voraussetzungen des Satzes 1 bei einem Erziehungsberechtigten oder einem gesetzlichen Vertreter vor, so kann der Richter die Entziehung gegen beide aussprechen, wenn ein Mißbrauch der Rechte zu befürchten ist. [3]Stehen den Erziehungsberechtigten und den gesetzlichen Vertretern ihre Rechte nicht mehr zu, so bestellt das Familiengericht einen Pfleger zur Wahrnehmung der Interessen des Beschuldigten im anhängigen Strafverfahren. [4]Die Hauptverhandlung wird bis zur Bestellung des Pflegers ausgesetzt.

(5) [1]Sind mehrere erziehungsberechtigt, so kann jeder von ihnen die in diesem Gesetz bestimmten Rechte der Erziehungsberechtigten ausüben. [2]In der Hauptverhandlung oder in einer sonstigen gerichtlichen Verhandlung werden abwesende Erziehungsberechtigte als durch anwesende vertreten angesehen. [3]Sind Mitteilungen oder Ladungen vorgeschrieben, so genügt es, wenn sie an eine erziehungsberechtigte Person gerichtet werden.

§ 67a Unterrichtung der Erziehungsberechtigten und der gesetzlichen Vertreter

(1) Ist eine Mitteilung an den Beschuldigten vorgeschrieben, so soll die entsprechende Mitteilung an die Erziehungsberechtigten und die gesetzlichen Vertreter gerichtet werden.

(2) [1]Die Informationen, die der Jugendliche nach § 70a zu erhalten hat, sind jeweils so bald wie möglich auch den Erziehungsberechtigten und den gesetzlichen Vertretern zu erteilen. [2]Wird dem Jugendlichen einstweilig die Freiheit entzogen, sind die Erziehungsberechtigten und die gesetzlichen Vertreter so bald wie möglich über den Freiheitsentzug und die Gründe hierfür zu unterrichten.

(3) Mitteilungen und Informationen nach den Absätzen 1 und 2 an Erziehungsberechtigte und gesetzliche Vertreter unterbleiben, soweit

1. auf Grund der Unterrichtung eine erhebliche Beeinträchtigung des Wohls des Jugendlichen zu besorgen wäre, insbesondere bei einer Gefährdung des Lebens, des Leibes oder der Freiheit des Jugendlichen oder bei Vorliegen der Voraussetzungen des § 67 Absatz 4 Satz 1 oder 2,
2. auf Grund der Unterrichtung der Zweck der Untersuchung erheblich gefährdet würde oder
3. Erziehungsberechtigte oder gesetzliche Vertreter binnen angemessener Frist nicht erreicht werden können.

(4) [1]Werden nach Absatz 3 weder Erziehungsberechtigte noch gesetzliche Vertreter unterrichtet, so ist eine andere für den Schutz der Interessen des Jugendlichen geeignete volljährige Person zu unterrichten. [2]Dem Jugendlichen soll zuvor Gelegenheit gegeben werden, eine volljährige Person seines Vertrauens zu bezeichnen. [3]Eine andere geeignete volljährige Person kann auch der für die Betreuung des Jugendlichen in dem Jugendstrafverfahren zuständige Vertreter der Jugendgerichtshilfe sein.

(5) [1]Liegen Gründe, aus denen Mitteilungen und Informationen nach Absatz 3 unterbleiben können, nicht mehr vor, so sind im weiteren Verfahren vorgeschriebene Mitteilungen und Informationen auch wieder an die betroffenen Erziehungsberechtigten und gesetzlichen Vertreter zu richten. [2]Außerdem erhalten sie in diesem Fall nachträglich auch solche Mitteilungen und Informationen, die der Jugendliche nach § 70a bereits erhalten hat, soweit diese im Laufe des Verfahrens von Bedeutung bleiben oder sobald sie Bedeutung erlangen.

(6) Für den dauerhaften Entzug der Rechte nach den Absätzen 1 und 2 findet das Verfahren nach § 67 Absatz 4 entsprechende Anwendung.

§ 68 Notwendige Verteidigung

Ein Fall der notwendigen Verteidigung liegt vor, wenn

1. im Verfahren gegen einen Erwachsenen ein Fall der notwendigen Verteidigung vorliegen würde,
2. den Erziehungsberechtigten und den gesetzlichen Vertretern ihre Rechte nach diesem Gesetz entzogen sind,
3. die Erziehungsberechtigten und die gesetzlichen Vertreter nach § 51 Abs. 2 von der Verhandlung ausgeschlossen worden sind und die Beeinträchtigung in der Wahrnehmung ihrer Rechte durch eine nachträgliche Unterrichtung (§ 51 Abs. 4 Satz 2) oder die Anwesenheit einer anderen geeigneten volljährigen Person nicht hinreichend ausgeglichen werden kann,
4. zur Vorbereitung eines Gutachtens über den Entwicklungsstand des Beschuldigten (§ 73) seine Unterbringung in einer Anstalt in Frage kommt oder
5. die Verhängung einer Jugendstrafe, die Aussetzung der Verhängung einer Jugendstrafe oder die Anordnung der Unterbringung in einem psychiatrischen Krankenhaus oder in einer Entziehungsanstalt zu erwarten ist.

§ 68a Zeitpunkt der Bestellung eines Pflichtverteidigers

(1) [1]In den Fällen der notwendigen Verteidigung wird dem Jugendlichen, der noch keinen Verteidiger hat, ein Pflichtverteidiger spätestens bestellt, bevor eine Vernehmung des Jugendlichen oder eine Gegenüberstellung mit ihm durchgeführt wird. [2]Dies gilt nicht, wenn ein Fall der notwendigen Verteidigung allein deshalb vorliegt, weil dem Jugendlichen ein Verbrechen zur Last gelegt wird, ein Absehen von der Strafverfolgung nach § 45 Absatz 2 oder 3 zu erwarten ist und die Bestellung eines Pflichtverteidigers zu dem in Satz 1 genannten Zeitpunkt auch unter Berücksichtigung des Wohls des Jugendlichen und der Umstände des Einzelfalls unverhältnismäßig wäre.

(2) § 141 Absatz 2 Satz 2 der Strafprozessordnung ist nicht anzuwenden.

§ 68b Vernehmungen und Gegenüberstellungen vor der Bestellung eines Pflichtverteidigers

[1]Abweichend von § 68a Absatz 1 dürfen im Vorverfahren Vernehmungen des Jugendlichen oder Gegenüberstellungen mit ihm vor der Bestellung eines Pflichtverteidigers durchgeführt werden, soweit dies auch unter Berücksichtigung des Wohls des Jugendlichen

1. zur Abwehr schwerwiegender nachteiliger Auswirkungen auf Leib oder Leben oder die Freiheit einer Person dringend erforderlich ist oder
2. ein sofortiges Handeln der Strafverfolgungsbehörden zwingend geboten ist, um eine erhebliche Gefährdung eines sich auf eine schwere Straftat beziehenden Strafverfahrens abzuwenden.

[2]Das Recht des Jugendlichen, jederzeit, auch schon vor der Vernehmung, einen von ihm zu wählenden Verteidiger zu befragen, bleibt unberührt.

§ 69 Beistand

(1) Der Vorsitzende kann dem Beschuldigten in jeder Lage des Verfahrens einen Beistand bestellen, wenn kein Fall der notwendigen Verteidigung vorliegt.

(2) Der Erziehungsberechtigte und der gesetzliche Vertreter dürfen nicht zum Beistand bestellt werden, wenn hierdurch ein Nachteil für die Erziehung zu erwarten wäre.

(3) [1]Dem Beistand kann Akteneinsicht gewährt werden. [2]Im übrigen hat er in der Hauptverhandlung die Rechte eines Verteidigers. [3]Zu einer Vertretung des Angeklagten ist er nicht befugt.

§ 70 Mitteilungen an amtliche Stellen

(1) [1]Die Jugendgerichtshilfe, in geeigneten Fällen auch das Familiengericht und die Schule werden von der Einleitung und dem Ausgang des Verfahrens unterrichtet. [2]Sie benachrichtigen die Jugendstaatsanwaltschaft, wenn ihnen bekannt wird, daß gegen den Beschuldigten noch ein anderes Strafverfahren anhängig ist. [3]Das Familiengericht teilt der Jugendstaatsanwaltschaft ferner familiengerichtliche Maßnahmen sowie ihre Änderung und Aufhebung mit, soweit nicht für das Familiengericht erkennbar ist, daß schutzwürdige Interessen des Beschuldigten oder einer sonst von der Mitteilung betroffenen Person oder Stelle an dem Ausschluß der Übermittlung überwiegen.

(2) [1]Von der Einleitung des Verfahrens ist die Jugendgerichtshilfe spätestens zum Zeitpunkt der Ladung des Jugendlichen zu seiner ersten Vernehmung als Beschuldigter zu unterrichten. [2]Im Fall einer ersten Beschuldigtenvernehmung ohne vorherige Ladung muss die Unterrichtung spätestens unverzüglich nach der Vernehmung erfolgen.

(3) [1]Im Fall des einstweiligen Entzugs der Freiheit des Jugendlichen teilen die den Freiheitsentzug durchführenden Stellen der Jugendstaatsanwaltschaft und dem Jugendgericht von Amts wegen Erkenntnisse mit, die sie auf Grund einer medizinischen Untersuchung erlangt haben, soweit diese Anlass zu Zweifeln geben, ob der Jugendliche verhandlungsfähig oder bestimmten Untersuchungshandlungen oder Maßnahmen gewachsen ist. [2]Im Übrigen bleibt § 114e der Strafprozessordnung unberührt.

§ 70a Unterrichtung des Jugendlichen

(1) [1]Wenn der Jugendliche davon in Kenntnis gesetzt wird, dass er Beschuldigter ist, so ist er unverzüglich über die Grundzüge eines Jugendstrafverfahrens zu informieren. [2]Über die nächsten anstehenden Schritte in dem gegen ihn gerichteten Verfahren wird er ebenfalls unverzüglich informiert, sofern der Zweck der Untersuchung dadurch nicht gefährdet wird. [3]Außerdem ist der Jugendliche unverzüglich darüber zu unterrichten, dass

1. nach Maßgabe des § 67a die Erziehungsberechtigten und die gesetzlichen Vertreter oder eine andere geeignete volljährige Person zu informieren sind,
2. er in den Fällen notwendiger Verteidigung (§ 68) nach Maßgabe des § 141 der Strafprozessordnung und des § 68a die Mitwirkung eines Verteidigers und nach Maßgabe des § 70c Absatz 4 die Verschiebung oder Unterbrechung seiner Vernehmung für eine angemessene Zeit verlangen kann,
3. nach Maßgabe des § 48 die Verhandlung vor dem erkennenden Gericht grundsätzlich nicht öffentlich ist und dass er bei einer ausnahmsweise öffentlichen Hauptverhandlung unter bestimmten Voraussetzungen den Ausschluss der Öffentlichkeit oder einzelner Personen beantragen kann,
4. er nach § 70c Absatz 2 Satz 4 dieses Gesetzes in Verbindung mit § 58a Absatz 2 Satz 6 und Absatz 3 Satz 1 der Strafprozessordnung der Überlassung einer Kopie der Aufzeichnung seiner Vernehmung in Bild und Ton an die zur Akteneinsicht Berechtigten widersprechen kann und dass die Überlassung der Aufzeichnung oder die Herausgabe von Kopien an andere Stellen seiner Einwilligung bedarf,
5. er nach Maßgabe des § 67 Absatz 3 bei Untersuchungshandlungen von seinen Erziehungsberechtigten und seinen gesetzlichen Vertretern oder einer anderen geeigneten volljährigen Person begleitet werden kann,

6. er wegen einer mutmaßlichen Verletzung seiner Rechte durch eine der beteiligten Behörden oder durch das Gericht eine Überprüfung der betroffenen Maßnahmen und Entscheidungen verlangen kann.

(2) Soweit dies im Verfahren von Bedeutung ist oder sobald dies im Verfahren Bedeutung erlangt, ist der Jugendliche außerdem so früh wie möglich über Folgendes zu informieren:

1. die Berücksichtigung seiner persönlichen Verhältnisse und Bedürfnisse im Verfahren nach Maßgabe der §§ 38, 43 und 46a,
2. das Recht auf medizinische Untersuchung, das ihm nach Maßgabe des Landesrechts oder des Rechts der Polizeien des Bundes im Fall des einstweiligen Entzugs der Freiheit zusteht, sowie über das Recht auf medizinische Unterstützung, sofern sich ergibt, dass eine solche während dieses Freiheitsentzugs erforderlich ist,
3. die Geltung des Verhältnismäßigkeitsgrundsatzes im Fall des einstweiligen Entzugs der Freiheit, namentlich
   a) des Vorrangs anderer Maßnahmen, durch die der Zweck des Freiheitsentzugs erreicht werden kann,
   b) der Begrenzung des Freiheitsentzugs auf den kürzesten angemessenen Zeitraum und
   c) der Berücksichtigung der besonderen Belastungen durch den Freiheitsentzug im Hinblick auf sein Alter und seinen Entwicklungsstand sowie der Berücksichtigung einer anderen besonderen Schutzwürdigkeit,
4. die zur Haftvermeidung in geeigneten Fällen generell in Betracht kommenden anderen Maßnahmen,
5. die vorgeschriebenen Überprüfungen von Amts wegen in Haftsachen,
6. das Recht auf Anwesenheit der Erziehungsberechtigten und der gesetzlichen Vertreter oder einer anderen geeigneten volljährigen Person in der Hauptverhandlung,
7. sein Recht auf und seine Pflicht zur Anwesenheit in der Hauptverhandlung nach Maßgabe des § 50 Absatz 1 und des § 51 Absatz 1.

(3) Wird Untersuchungshaft gegen den Jugendlichen vollstreckt, so ist er außerdem darüber zu informieren, dass

1. nach Maßgabe des § 89c seine Unterbringung getrennt von Erwachsenen zu erfolgen hat,
2. nach Maßgabe der Vollzugsgesetze der Länder
   a) Fürsorge für seine gesundheitliche, körperliche und geistige Entwicklung zu leisten ist,
   b) sein Recht auf Erziehung und Ausbildung zu gewährleisten ist,
   c) sein Recht auf Familienleben und dabei die Möglichkeit, seine Erziehungsberechtigten und seine gesetzlichen Vertreter zu treffen, zu gewährleisten ist,
   d) ihm der Zugang zu Programmen und Maßnahmen zu gewährleisten ist, die seine Entwicklung und Wiedereingliederung fördern, und
   e) ihm die Religions- und Weltanschauungsfreiheit zu gewährleisten ist.

(4) Im Fall eines anderen einstweiligen Entzugs der Freiheit als der Untersuchungshaft ist der Jugendliche über seine dafür geltenden Rechte entsprechend Absatz 3 Nummer 2 zu informieren, im Fall einer polizeilichen Ingewahrsamnahme auch über sein Recht auf die von Erwachsenen getrennte Unterbringung nach den dafür maßgeblichen Vorschriften.

(5) § 70b dieses Gesetzes und § 168b Absatz 3 der Strafprozessordnung gelten entsprechend.

(6) Sofern einem verhafteten Jugendlichen eine schriftliche Belehrung nach § 114b der Strafprozessordnung ausgehändigt wird, muss diese auch die zusätzlichen Informationen nach diesem Paragrafen enthalten.

(7) Sonstige Informations- und Belehrungspflichten bleiben von den Bestimmungen dieses Paragrafen unberührt.

§ 70b Belehrungen

(1) [1]Vorgeschriebene Belehrungen des Jugendlichen müssen in einer Weise erfolgen, die seinem Alter und seinem Entwicklungs- und Bildungsstand entspricht. [2]Sie sind auch an seine anwesenden Erziehungsberechtigten und gesetzlichen Vertreter zu richten und müssen dabei in einer Weise erfolgen, die es diesen ermöglicht, ihrer Verantwortung im Hinblick auf den Gegenstand der Belehrung gerecht zu werden. [3]Sind Erziehungsberechtigte und gesetzliche Vertreter bei der Belehrung des Jugendlichen über die Bedeutung vom Gericht angeordneter Rechtsfolgen nicht anwesend, muss ihnen die Belehrung darüber schriftlich erteilt werden.

(2) Sind bei einer Belehrung über die Bedeutung der Aussetzung einer Jugendstrafe zur Bewährung oder über die Bedeutung des Vorbehalts einer diesbezüglichen nachträglichen Entscheidung auch jugendliche oder heranwachsende Mitangeklagte anwesend, die nur zu Erziehungsmaßregeln oder Zuchtmitteln ver-

urteilt werden, soll die Belehrung auch ihnen ein Verständnis von der Bedeutung der Entscheidung vermitteln.

§ 70c Vernehmung des Beschuldigten

(1) Die Vernehmung des Beschuldigten ist in einer Art und Weise durchzuführen, die seinem Alter und seinem Entwicklungs- und Bildungsstand Rechnung trägt.

(2) [1]Außerhalb der Hauptverhandlung kann die Vernehmung in Bild und Ton aufgezeichnet werden. [2]Andere als richterliche Vernehmungen sind in Bild und Ton aufzuzeichnen, wenn zum Zeitpunkt der Vernehmung die Mitwirkung eines Verteidigers notwendig ist, ein Verteidiger aber nicht anwesend ist. [3]Im Übrigen bleibt § 136 Absatz 4 Satz 2 der Strafprozessordnung, auch in Verbindung mit § 163a Absatz 3 Satz 2 oder Absatz 4 Satz 2 der Strafprozessordnung, unberührt. [4]Wird die Vernehmung in Bild und Ton aufgezeichnet, gilt § 58a Absatz 2 und 3 der Strafprozessordnung entsprechend.

(3) [1]Eine Aufzeichnung in Bild und Ton nach Absatz 2 lässt die Vorschriften der Strafprozessordnung über die Protokollierung von Untersuchungshandlungen unberührt. [2]Wird eine Vernehmung des Beschuldigten außerhalb der Hauptverhandlung nicht in Bild und Ton aufgezeichnet, ist über sie stets ein Protokoll aufzunehmen.

(4) [1]Ist oder wird die Mitwirkung eines Verteidigers zum Zeitpunkt einer Vernehmung des Beschuldigten oder einer Gegenüberstellung (§ 58 Absatz 2 der Strafprozessordnung) notwendig, ist diese für eine angemessene Zeit zu verschieben oder zu unterbrechen, wenn ein Verteidiger nicht anwesend ist und kein Fall des § 68b vorliegt. [2]Satz 1 gilt nicht, wenn der Verteidiger ausdrücklich auf seine Anwesenheit verzichtet hat.

§ 71 Vorläufige Anordnungen über die Erziehung

(1) Bis zur Rechtskraft des Urteils kann der Richter vorläufige Anordnungen über die Erziehung des Jugendlichen treffen oder die Gewährung von Leistungen nach dem Achten Buch Sozialgesetzbuch anregen.

(2) [1]Der Richter kann die einstweilige Unterbringung in einem geeigneten Heim der Jugendhilfe anordnen, wenn dies auch im Hinblick auf die zu erwartenden Maßnahmen geboten ist, um den Jugendlichen vor einer weiteren Gefährdung seiner Entwicklung, insbesondere vor der Begehung neuer Straftaten, zu bewahren. [2]Für die einstweilige Unterbringung gelten die §§ 114 bis 115a, 117 bis 118b, 120, 125 und 126 der Strafprozeßordnung sinngemäß. [3]Die Ausführung der einstweiligen Unterbringung richtet sich nach den für das Heim der Jugendhilfe geltenden Regelungen.

§ 72 Untersuchungshaft

(1) [1]Untersuchungshaft darf nur verhängt und vollstreckt werden, wenn ihr Zweck nicht durch eine vorläufige Anordnung über die Erziehung oder durch andere Maßnahmen erreicht werden kann. [2]Bei der Prüfung der Verhältnismäßigkeit (§ 112 Abs. 1 Satz 2 der Strafprozeßordnung) sind auch die besonderen Belastungen des Vollzuges für Jugendliche zu berücksichtigen. [3]Wird Untersuchungshaft verhängt, so sind im Haftbefehl die Gründe anzuführen, aus denen sich ergibt, daß andere Maßnahmen, insbesondere die einstweilige Unterbringung in einem Heim der Jugendhilfe, nicht ausreichen und die Untersuchungshaft nicht unverhältnismäßig ist.

(2) Solange der Jugendliche das sechzehnte Lebensjahr noch nicht vollendet hat, ist die Verhängung von Untersuchungshaft wegen Fluchtgefahr nur zulässig, wenn er

1. sich dem Verfahren bereits entzogen hatte oder Anstalten zur Flucht getroffen hat oder
2. im Geltungsbereich dieses Gesetzes keinen festen Wohnsitz oder Aufenthalt hat.

(3) Über die Vollstreckung eines Haftbefehls und über die Maßnahmen zur Abwendung seiner Vollstreckung entscheidet der Richter, der den Haftbefehl erlassen hat, in dringenden Fällen der Jugendrichter, in dessen Bezirk die Untersuchungshaft vollzogen werden müßte.

(4) [1]Unter denselben Voraussetzungen, unter denen ein Haftbefehl erlassen werden kann, kann auch die einstweilige Unterbringung in einem Heim der Jugendhilfe (§ 71 Abs. 2) angeordnet werden. [2]In diesem Falle kann der Richter den Unterbringungsbefehl nachträglich durch einen Haftbefehl ersetzen, wenn sich dies als notwendig erweist.

(5) Befindet sich ein Jugendlicher in Untersuchungshaft, so ist das Verfahren mit besonderer Beschleunigung durchzuführen.

(6) Die richterlichen Entscheidungen, welche die Untersuchungshaft betreffen, kann der zuständige Richter aus wichtigen Gründen sämtlich oder zum Teil einem anderen Jugendrichter übertragen.

§ 72a Heranziehung der Jugendgerichtshilfe in Haftsachen

[1]Die Jugendgerichtshilfe ist unverzüglich von der Vollstreckung eines Haftbefehls zu unterrichten; ihr soll bereits der Erlaß eines Haftbefehls mitgeteilt werden. [2]Von der vorläufigen Festnahme eines Jugend-

lichen ist die Jugendgerichtshilfe zu unterrichten, wenn nach dem Stand der Ermittlungen zu erwarten ist, daß der Jugendliche gemäß § 128 der Strafprozeßordnung dem Richter vorgeführt wird.

§ 72b Verkehr mit Vertretern der Jugendgerichtshilfe, dem Betreuungshelfer und dem Erziehungsbeistand

[1]Befindet sich ein Jugendlicher in Untersuchungshaft, so ist auch den Vertretern der Jugendgerichtshilfe der Verkehr mit dem Beschuldigten in demselben Umfang wie einem Verteidiger gestattet. [2]Entsprechendes gilt, wenn der Beschuldigte der Betreuung und Aufsicht eines Betreuungshelfers untersteht oder für ihn ein Erziehungsbeistand bestellt ist, für den Helfer oder den Erziehungsbeistand.

§ 73 Unterbringung zur Beobachtung

(1) [1]Zur Vorbereitung eines Gutachtens über den Entwicklungsstand des Beschuldigten kann der Richter nach Anhören eines Sachverständigen und des Verteidigers anordnen, daß der Beschuldigte in eine zur Untersuchung Jugendlicher geeignete Anstalt gebracht und dort beobachtet wird. [2]Im vorbereitenden Verfahren entscheidet der Richter, der für die Eröffnung des Hauptverfahrens zuständig wäre.
(2) [1]Gegen den Beschluß ist sofortige Beschwerde zulässig. [2]Sie hat aufschiebende Wirkung.
(3) Die Verwahrung in der Anstalt darf die Dauer von sechs Wochen nicht überschreiten.

§ 74 Kosten und Auslagen

Im Verfahren gegen einen Jugendlichen kann davon abgesehen werden, dem Angeklagten Kosten und Auslagen aufzuerlegen.

Achter Unterabschnitt
Vereinfachtes Jugendverfahren

§ 75 (weggefallen)

§ 76 Voraussetzungen des vereinfachten Jugendverfahrens

[1]Der Staatsanwalt kann bei dem Jugendrichter schriftlich oder mündlich beantragen, im vereinfachten Jugendverfahren zu entscheiden, wenn zu erwarten ist, daß der Jugendrichter ausschließlich Weisungen erteilen, Hilfe zur Erziehung im Sinne des § 12 Nr. 1 anordnen, Zuchtmittel verhängen, auf ein Fahrverbot erkennen, die Fahrerlaubnis entziehen und eine Sperre von nicht mehr als zwei Jahren festsetzen oder die Einziehung aussprechen wird. [2]Der Antrag des Staatsanwalts steht der Anklage gleich.

§ 77 Ablehnung des Antrags

(1) [1]Der Jugendrichter lehnt die Entscheidung im vereinfachten Verfahren ab, wenn sich die Sache hierzu nicht eignet, namentlich wenn die Anordnung von Hilfe zur Erziehung im Sinne des § 12 Nr. 2 oder die Verhängung von Jugendstrafe wahrscheinlich oder eine umfangreiche Beweisaufnahme erforderlich ist. [2]Der Beschluß kann bis zur Verkündung des Urteils ergehen. [3]Er ist nicht anfechtbar.
(2) Lehnt der Jugendrichter die Entscheidung im vereinfachten Verfahren ab, so reicht der Staatsanwalt eine Anklageschrift ein.

§ 78 Verfahren und Entscheidung

(1) [1]Der Jugendrichter entscheidet im vereinfachten Jugendverfahren auf Grund einer mündlichen Verhandlung durch Urteil. [2]Er darf auf Hilfe zur Erziehung im Sinne des § 12 Nr. 2, Jugendstrafe oder Unterbringung in einer Entziehungsanstalt nicht erkennen.
(2) [1]Der Staatsanwalt ist nicht verpflichtet, an der Verhandlung teilzunehmen. [2]Nimmt er nicht teil, so bedarf es seiner Zustimmung zu einer Einstellung des Verfahrens in der Verhandlung oder zur Durchführung der Verhandlung in Abwesenheit des Angeklagten nicht.
(3) [1]Zur Vereinfachung, Beschleunigung und jugendgemäßen Gestaltung des Verfahrens darf von Verfahrensvorschriften abgewichen werden, soweit dadurch die Erforschung der Wahrheit nicht beeinträchtigt wird. [2]Die Vorschriften über die Anwesenheit des Angeklagten (§ 50), die Stellung der Erziehungsberechtigten und der gesetzlichen Vertreter und deren Unterrichtung (§§ 67, 67a), die Mitteilungen an amtliche Stellen (§ 70) und die Unterrichtung des Jugendlichen (§ 70a) müssen beachtet werden. [3]Bleibt der Beschuldigte der mündlichen Verhandlung fern und ist sein Fernbleiben nicht genügend entschuldigt, so kann die Vorführung angeordnet werden, wenn dies mit der Ladung angedroht worden ist.

Neunter Unterabschnitt
Ausschluß von Vorschriften des allgemeinen Verfahrensrechts

§ 79 Strafbefehl und beschleunigtes Verfahren
(1) Gegen einen Jugendlichen darf kein Strafbefehl erlassen werden.
(2) Das beschleunigte Verfahren des allgemeinen Verfahrensrechts ist unzulässig.

§ 80 Privatklage und Nebenklage
(1) [1]Gegen einen Jugendlichen kann Privatklage nicht erhoben werden. [2]Eine Verfehlung, die nach den allgemeinen Vorschriften durch Privatklage verfolgt werden kann, verfolgt der Staatsanwalt auch dann, wenn Gründe der Erziehung oder ein berechtigtes Interesse des Verletzten, das dem Erziehungszweck nicht entgegensteht, es erfordern.
(2) [1]Gegen einen jugendlichen Privatkläger ist Widerklage zulässig. [2]Auf Jugendstrafe darf nicht erkannt werden.
(3) [1]Der erhobenen öffentlichen Klage kann sich als Nebenkläger nur anschließen, wer verletzt worden ist

1. durch ein Verbrechen gegen das Leben, die körperliche Unversehrtheit oder die sexuelle Selbstbestimmung oder nach § 239 Absatz 3, § 239a oder § 239b des Strafgesetzbuches, durch welches das Opfer seelisch oder körperlich schwer geschädigt oder einer solchen Gefahr ausgesetzt worden ist,
2. durch einen besonders schweren Fall eines Vergehens nach § 177 Absatz 6 des Strafgesetzbuches, durch welches das Opfer seelisch oder körperlich schwer geschädigt oder einer solchen Gefahr ausgesetzt worden ist, oder
3. durch ein Verbrechen nach § 251 des Strafgesetzbuches, auch in Verbindung mit § 252 oder § 255 des Strafgesetzbuches.

[2]Im Übrigen gelten § 395 Absatz 2 Nummer 1, Absatz 4 und 5 und §§ 396 bis 402 der Strafprozessordnung entsprechend.

§ 81 Adhäsionsverfahren
Die Vorschriften der Strafprozeßordnung über das Adhäsionsverfahren (§§ 403 bis 406c der Strafprozeßordnung) werden im Verfahren gegen einen Jugendlichen nicht angewendet.

Zehnter Unterabschnitt
Anordnung der Sicherungsverwahrung

§ 81a Verfahren und Entscheidung
Für das Verfahren und die Entscheidung über die Anordnung der Unterbringung in der Sicherungsverwahrung gelten § 275a der Strafprozessordnung und die §§ 74f und 120a des Gerichtsverfassungsgesetzes sinngemäß.

Drittes Hauptstück
Vollstreckung und Vollzug

Erster Abschnitt
Vollstreckung

Erster Unterabschnitt
Verfassung der Vollstreckung und Zuständigkeit

§ 82 Vollstreckungsleiter
(1) [1]Vollstreckungsleiter ist der Jugendrichter. [2]Er nimmt auch die Aufgaben wahr, welche die Strafprozeßordnung der Strafvollstreckungskammer zuweist.
(2) Soweit der Richter Hilfe zur Erziehung im Sinne des § 12 angeordnet hat, richtet sich die weitere Zuständigkeit nach den Vorschriften des Achten Buches Sozialgesetzbuch.
(3) In den Fällen des § 7 Abs. 2 und 4 richten sich die Vollstreckung der Unterbringung und die Zuständigkeit hierfür nach den Vorschriften der Strafprozessordnung, wenn der Betroffene das einundzwanzigste Lebensjahr vollendet hat.

§ 83 Entscheidungen im Vollstreckungsverfahren
(1) Die Entscheidungen des Vollstreckungsleiters nach den §§ 86 bis 89a und 89b Abs. 2 sowie nach den §§ 462a und 463 der Strafprozeßordnung sind jugendrichterliche Entscheidungen.

(2) Für die bei der Vollstreckung notwendig werdenden gerichtlichen Entscheidungen gegen eine vom Vollstreckungsleiter getroffene Anordnung ist die Jugendkammer in den Fällen zuständig, in denen
1. der Vollstreckungsleiter selbst oder unter seinem Vorsitz das Jugendschöffengericht im ersten Rechtszug erkannt hat,
2. der Vollstreckungsleiter in Wahrnehmung der Aufgaben der Strafvollstreckungskammer über seine eigene Anordnung zu entscheiden hätte.

(3) [1]Die Entscheidungen nach den Absätzen 1 und 2 können, soweit nichts anderes bestimmt ist, mit sofortiger Beschwerde angefochten werden. [2]Die §§ 67 bis 69 gelten sinngemäß.

§ 84 Örtliche Zuständigkeit

(1) Der Jugendrichter leitet die Vollstreckung in allen Verfahren ein, in denen er selbst oder unter seinem Vorsitz das Jugendschöffengericht im ersten Rechtszuge erkannt hat.

(2) [1]Soweit, abgesehen von den Fällen des Absatzes 1, die Entscheidung eines anderen Richters zu vollstrecken ist, steht die Einleitung der Vollstreckung dem Jugendrichter des Amtsgerichts zu, dem die familiengerichtlichen Erziehungsaufgaben obliegen. [2]Ist in diesen Fällen der Verurteilte volljährig, steht die Einleitung der Vollstreckung dem Jugendrichter des Amtsgerichts zu, dem die familiengerichtlichen Erziehungsaufgaben bei noch fehlender Volljährigkeit oblägen.

(3) In den Fällen der Absätze 1 und 2 führt der Jugendrichter die Vollstreckung durch, soweit § 85 nichts anderes bestimmt.

§ 85[1] Abgabe und Übergang der Vollstreckung

(1) Ist Jugendarrest zu vollstrecken, so gibt der zunächst zuständige Jugendrichter die Vollstreckung an den Jugendrichter ab, der nach § 90 Abs. 2 Satz 2 als Vollzugsleiter zuständig ist.

(2) [1]Ist Jugendstrafe zu vollstrecken, so geht nach der Aufnahme des Verurteilten in die Einrichtung für den Vollzug der Jugendstrafe die Vollstreckung auf den Jugendrichter des Amtsgerichts über, in dessen Bezirk die Einrichtung für den Vollzug der Jugendstrafe liegt. [2]Die Landesregierungen werden ermächtigt, durch Rechtsverordnung zu bestimmen, daß die Vollstreckung auf den Jugendrichter eines anderen Amtsgerichts übergeht, wenn dies aus verkehrsmäßigen Gründen günstiger erscheint. [3]Die Landesregierungen können die Ermächtigung durch Rechtsverordnung auf die Landesjustizverwaltungen übertragen.

(3) [1]Unterhält ein Land eine Einrichtung für den Vollzug der Jugendstrafe auf dem Gebiet eines anderen Landes, so können die beteiligten Länder vereinbaren, daß der Jugendrichter eines Amtsgerichts des Landes, das die Einrichtung für den Vollzug der Jugendstrafe unterhält, zuständig sein soll. [2]Wird eine solche Vereinbarung getroffen, so geht die Vollstreckung auf den Jugendrichter des Amtsgerichts über, in dessen Bezirk die für die Einrichtung für den Vollzug der Jugendstrafe zuständige Aufsichtsbehörde ihren Sitz hat. [3]Die Regierung des Landes, das die Einrichtung für den Vollzug der Jugendstrafe unterhält, wird ermächtigt, durch Rechtsverordnung zu bestimmen, daß der Jugendrichter eines anderen Amtsgerichts zuständig wird, wenn dies aus verkehrsmäßigen Gründen günstiger erscheint. [4]Die Landesregierung kann die Ermächtigung durch Rechtsverordnung auf die Landesjustizverwaltung übertragen.

(4) Absatz 2 gilt entsprechend bei der Vollstreckung einer Maßregel der Besserung und Sicherung nach § 61 Nr. 1 oder 2 des Strafgesetzbuches.

(5) Aus wichtigen Gründen kann der Vollstreckungsleiter die Vollstreckung widerruflich an einen sonst nicht oder nicht mehr zuständigen Jugendrichter abgeben.

(6) [1]Hat der Verurteilte das vierundzwanzigste Lebensjahr vollendet, so kann der nach den Absätzen 2 bis 4 zuständige Vollstreckungsleiter die Vollstreckung einer nach den Vorschriften des Strafvollzugs für Erwachsene vollzogenen Jugendstrafe oder einer Maßregel der Besserung und Sicherung an die nach den allgemeinen Vorschriften zuständige Vollstreckungsbehörde abgeben, wenn der Straf- oder Maßregelvollzug voraussichtlich noch länger dauern wird und die besonderen Grundgedanken des Jugendstrafrechts unter Berücksichtigung der Persönlichkeit des Verurteilten für die weiteren Entscheidungen nicht mehr maßgebend sind; die Abgabe ist bindend. [2]Mit der Abgabe sind die Vorschriften der Strafprozeßordnung und des Gerichtsverfassungsgesetzes über die Strafvollstreckung anzuwenden.

(7) Für die Zuständigkeit der Staatsanwaltschaft im Vollstreckungsverfahren gilt § 451 Abs. 3 der Strafprozeßordnung entsprechend.

1) **Amtl. Anm.:** Soweit § 85 Abs. 2 Ermächtigungen der obersten Landesbehörden zum Erlaß von Rechtsverordnungen vorsieht, sind die Landesregierungen zum Erlaß dieser Rechtsverordnungen ermächtigt. Die Landesregierungen können die Ermächtigungen auf oberste Landesbehörden übertragen (Gesetz über Rechtsverordnungen im Bereich der Gerichtsbarkeit vom 1.7.1960, BGBl. I S. 481).

Zweiter Unterabschnitt
Jugendarrest

§ 86 Umwandlung des Freizeitarrestes
Der Vollstreckungsleiter kann Freizeitarrest in Kurzarrest umwandeln, wenn die Voraussetzungen des § 16 Abs. 3 nachträglich eingetreten sind.

§ 87 Vollstreckung des Jugendarrestes
(1) Die Vollstreckung des Jugendarrestes wird nicht zur Bewährung ausgesetzt.
(2) Für die Anrechnung von Untersuchungshaft auf Jugendarrest gilt § 450 der Strafprozeßordnung sinngemäß.
(3) [1]Der Vollstreckungsleiter sieht von der Vollstreckung des Jugendarrestes ganz oder, ist Jugendarrest teilweise verbüßt, von der Vollstreckung des Restes ab, wenn seit Erlaß des Urteils Umstände hervorgetreten sind, die allein oder in Verbindung mit den bereits bekannten Umständen ein Absehen von der Vollstreckung aus Gründen der Erziehung rechtfertigen. [2]Sind seit Eintritt der Rechtskraft sechs Monate verstrichen, sieht er von der Vollstreckung ganz ab, wenn dies aus Gründen der Erziehung geboten ist. [3]Von der Vollstreckung des Jugendarrestes kann er ganz absehen, wenn zu erwarten ist, daß der Jugendarrest neben einer Strafe, die gegen den Verurteilten wegen einer anderen Tat verhängt worden ist oder die er wegen einer anderen Tat zu erwarten hat, seinen erzieherischen Zweck nicht mehr erfüllen wird. [4]Vor der Entscheidung hört der Vollstreckungsleiter nach Möglichkeit das erkennende Gericht, die Staatsanwaltschaft und die Vertretung der Jugendgerichtshilfe.
(4) [1]Die Vollstreckung des Jugendarrestes ist unzulässig, wenn seit Eintritt der Rechtskraft ein Jahr verstrichen ist. [2]Im Falle des § 16a darf nach Ablauf von drei Monaten seit Eintritt der Rechtskraft der Vollzug nicht mehr begonnen werden. [3]Jugendarrest, der nach § 16a verhängt wurde und noch nicht verbüßt ist, wird nicht mehr vollstreckt, wenn das Gericht
1. die Aussetzung der Jugendstrafe widerruft (§ 26 Absatz 1),
2. auf eine Jugendstrafe erkennt, deren Verhängung zur Bewährung ausgesetzt worden war (§ 30 Absatz 1 Satz 1), oder
3. die Aussetzung der Jugendstrafe in einem nachträglichen Beschluss ablehnt (§ 61a Absatz 1).

Dritter Unterabschnitt
Jugendstrafe

§ 88 Aussetzung des Restes der Jugendstrafe
(1) Der Vollstreckungsleiter kann die Vollstreckung des Restes der Jugendstrafe zur Bewährung aussetzen, wenn der Verurteilte einen Teil der Strafe verbüßt hat und dies im Hinblick auf die Entwicklung des Jugendlichen, auch unter Berücksichtigung des Sicherheitsinteresses der Allgemeinheit, verantwortet werden kann.
(2) [1]Vor Verbüßung von sechs Monaten darf die Aussetzung der Vollstreckung des Restes nur aus besonders wichtigen Gründen angeordnet werden. [2]Sie ist bei einer Jugendstrafe von mehr als einem Jahr nur zulässig, wenn der Verurteilte mindestens ein Drittel der Strafe verbüßt hat.
(3) [1]Der Vollstreckungsleiter soll in den Fällen der Absätze 1 und 2 seine Entscheidung so frühzeitig treffen, daß die erforderlichen Maßnahmen zur Vorbereitung des Verurteilten auf sein Leben nach der Entlassung durchgeführt werden können. [2]Er kann seine Entscheidung bis zur Entlassung des Verurteilten wieder aufheben, wenn die Aussetzung aufgrund neu eingetretener oder bekanntgewordener Tatsachen im Hinblick auf die Entwicklung des Jugendlichen, auch unter Berücksichtigung des Sicherheitsinteresses der Allgemeinheit, nicht mehr verantwortet werden kann.
(4) [1]Der Vollstreckungsleiter entscheidet nach Anhören des Staatsanwalts und des Vollzugsleiters. [2]Dem Verurteilten ist Gelegenheit zur mündlichen Äußerung zu geben.
(5) Der Vollstreckungsleiter kann Fristen von höchstens sechs Monaten festsetzen, vor deren Ablauf ein Antrag des Verurteilten, den Strafrest zur Bewährung auszusetzen, unzulässig ist.
(6) [1]Ordnet der Vollstreckungsleiter die Aussetzung der Vollstreckung des Restes der Jugendstrafe an, so gelten § 22 Abs. 1, 2 Satz 1 und 2 sowie die §§ 23 bis 26a sinngemäß. [2]An die Stelle des erkennenden Richters tritt der Vollstreckungsleiter. [3]Auf das Verfahren und die Anfechtung von Entscheidungen sind die §§ 58, 59 Abs. 2 bis 4 und § 60 entsprechend anzuwenden. [4]Die Beschwerde der Staatsanwaltschaft gegen den Beschluß, der die Aussetzung des Strafrestes anordnet, hat aufschiebende Wirkung.

§ 89 Jugendstrafe bei Vorbehalt der Entscheidung über die Aussetzung
[1]Hat das Gericht die Entscheidung über die Aussetzung der Jugendstrafe einem nachträglichen Beschluss vorbehalten, darf die Jugendstrafe vor Ablauf der nach § 61a Absatz 1 maßgeblichen Frist nicht vollstreckt werden. [2]Dies gilt nicht, wenn die Aussetzung zuvor in einem auf Grund des Vorbehalts ergangenen Beschluss abgelehnt wurde.

§ 89a Unterbrechung und Vollstreckung der Jugendstrafe neben Freiheitsstrafe
(1) [1]Ist gegen den zu Jugendstrafe Verurteilten auch Freiheitsstrafe zu vollstrecken, so wird die Jugendstrafe in der Regel zuerst vollstreckt. [2]Der Vollstreckungsleiter unterbricht die Vollstreckung der Jugendstrafe, wenn die Hälfte, mindestens jedoch sechs Monate, der Jugendstrafe verbüßt sind. [3]Er kann die Vollstreckung zu einem früheren Zeitpunkt unterbrechen, wenn die Aussetzung des Strafrestes in Betracht kommt. [4]Ein Strafrest, der auf Grund des Widerrufs seiner Aussetzung vollstreckt wird, kann unterbrochen werden, wenn die Hälfte, mindestens jedoch sechs Monate, des Strafrestes verbüßt sind und eine erneute Aussetzung in Betracht kommt. [5]§ 454b Absatz 4 der Strafprozeßordnung gilt entsprechend.
(2) [1]Ist gegen einen Verurteilten außer lebenslanger Freiheitsstrafe auch Jugendstrafe zu vollstrecken, so wird, wenn die letzte Verurteilung eine Straftat betrifft, die der Verurteilte vor der früheren Verurteilung begangen hat, nur die lebenslange Freiheitsstrafe vollstreckt; als Verurteilung gilt das Urteil in dem Verfahren, in dem die zugrundeliegenden tatsächlichen Feststellungen letztmals geprüft werden konnten. [2]Wird die Vollstreckung des Restes der lebenslangen Freiheitsstrafe durch das Gericht zur Bewährung ausgesetzt, so erklärt das Gericht die Vollstreckung der Jugendstrafe für erledigt.
(3) In den Fällen des Absatzes 1 gilt § 85 Abs. 6 entsprechend mit der Maßgabe, daß der Vollstreckungsleiter die Vollstreckung der Jugendstrafe abgeben kann, wenn der Verurteilte das einundzwanzigste Lebensjahr vollendet hat.

§ 89b Ausnahme vom Jugendstrafvollzug
(1) [1]An einem Verurteilten, der das 18. Lebensjahr vollendet hat und sich nicht für den Jugendstrafvollzug eignet, kann die Jugendstrafe statt nach den Vorschriften für den Jugendstrafvollzug nach den Vorschriften des Strafvollzuges für Erwachsene vollzogen werden. [2]Hat der Verurteilte das 24. Lebensjahr vollendet, so soll Jugendstrafe nach den Vorschriften des Strafvollzuges für Erwachsene vollzogen werden.
(2) Über die Ausnahme vom Jugendstrafvollzug entscheidet der Vollstreckungsleiter.

Vierter Unterabschnitt
Untersuchungshaft

§ 89c Vollstreckung der Untersuchungshaft
(1) [1]Solange zur Tatzeit Jugendliche das 21. Lebensjahr noch nicht vollendet haben, wird die Untersuchungshaft nach den Vorschriften für den Vollzug der Untersuchungshaft an jungen Gefangenen und nach Möglichkeit in den für junge Gefangene vorgesehenen Einrichtungen vollzogen. [2]Ist die betroffene Person bei Vollstreckung des Haftbefehls 21, aber noch nicht 24 Jahre alt, kann die Untersuchungshaft nach diesen Vorschriften und in diesen Einrichtungen vollzogen werden.
(2) [1]Hat der Jugendliche das 18. Lebensjahr noch nicht vollendet, darf er mit jungen Gefangenen, die das 18. Lebensjahr vollendet haben, nur untergebracht werden, wenn eine gemeinsame Unterbringung seinem Wohl nicht widerspricht. [2]Mit Gefangenen, die das 24. Lebensjahr vollendet haben, darf er nur untergebracht werden, wenn dies seinem Wohl dient.
(3) [1]Die Entscheidung nach Absatz 1 Satz 2 trifft das Gericht. [2]Die für die Aufnahme vorgesehene Einrichtung und die Jugendgerichtshilfe sind vor der Entscheidung zu hören.

Zweiter Abschnitt
Vollzug

§ 90 Jugendarrest
(1) [1]Der Vollzug des Jugendarrestes soll das Ehrgefühl des Jugendlichen wecken und ihm eindringlich zum Bewußtsein bringen, daß er für das von ihm begangene Unrecht einzustehen hat. [2]Der Vollzug des Jugendarrestes soll erzieherisch gestaltet werden. [3]Er soll dem Jugendlichen helfen, die Schwierigkeiten zu bewältigen, die zur Begehung der Straftat beigetragen haben.
(2) [1]Der Jugendarrest wird in Jugendarrestanstalten oder Freizeitarresträumen der Landesjustizverwaltung vollzogen. [2]Vollzugsleiter ist der Jugendrichter am Ort des Vollzugs.

§ 91 ***[aufgehoben]***

§ 92 Rechtsbehelfe im Vollzug

(1) [1]Gegen eine Maßnahme zur Regelung einzelner Angelegenheiten auf dem Gebiet des Jugendarrestes, der Jugendstrafe und der Maßregeln der Unterbringung in einem psychiatrischen Krankenhaus oder in einer Entziehungsanstalt (§ 61 Nr. 1 und 2 des Strafgesetzbuches) oder in der Sicherungsverwahrung kann gerichtliche Entscheidung beantragt werden. [2]Für die Überprüfung von Vollzugsmaßnahmen gelten die §§ 109 und 111 bis 120 Abs. 1 des Strafvollzugsgesetzes sowie § 67 Absatz 1, 2 und 5 und § 67a Absatz 1 entsprechend; das Landesrecht kann vorsehen, dass der Antrag erst nach einem Verfahren zur gütlichen Streitbeilegung gestellt werden kann.

(2) [1]Über den Antrag entscheidet die Jugendkammer, in deren Bezirk die beteiligte Vollzugsbehörde ihren Sitz hat. [2]Die Jugendkammer ist auch für Entscheidungen nach § 119a des Strafvollzugsgesetzes zuständig. [3]Unterhält ein Land eine Einrichtung für den Vollzug der Jugendstrafe auf dem Gebiet eines anderen Landes, können die beteiligten Länder vereinbaren, dass die Jugendkammer bei dem Landgericht zuständig ist, in dessen Bezirk die für die Einrichtung zuständige Aufsichtsbehörde ihren Sitz hat.

(3) [1]Die Jugendkammer entscheidet durch Beschluss. [2]Sie bestimmt nach Ermessen, ob eine mündliche Verhandlung durchgeführt wird. [3]Auf Antrag des Jugendlichen ist dieser vor einer Entscheidung persönlich anzuhören. [4]Hierüber ist der Jugendliche zu belehren. [5]Wird eine mündliche Verhandlung nicht durchgeführt, findet die Anhörung in der Regel in der Vollzugseinrichtung statt.

(4) [1]Die Jugendkammer ist außer in den Fällen des Absatzes 2 Satz 2 mit einem Richter besetzt. [2]Ein Richter auf Probe darf dies nur sein, wenn ihm bereits über einen Zeitraum von einem Jahr Rechtsprechungsaufgaben in Strafverfahren übertragen worden sind. [3]Weist die Sache besondere Schwierigkeiten rechtlicher Art auf oder kommt ihr grundsätzliche Bedeutung zu, legt der Richter die Sache der Jugendkammer zur Entscheidung über eine Übernahme vor. [4]Liegt eine der Voraussetzungen für eine Übernahme vor, übernimmt die Jugendkammer den Antrag. [5]Sie entscheidet hierüber durch Beschluss. [6]Eine Rückübertragung ist ausgeschlossen.

(5) Für die Kosten des Verfahrens gilt § 121 des Strafvollzugsgesetzes mit der Maßgabe, dass entsprechend § 74 davon abgesehen werden kann, dem Jugendlichen Kosten und Auslagen aufzuerlegen.

(6) [1]Wird eine Jugendstrafe gemäß § 89b Abs. 1 nach den Vorschriften des Strafvollzugs für Erwachsene vollzogen oder hat der Jugendliche im Vollzug einer freiheitsentziehenden Maßregel das vierundzwanzigste Lebensjahr vollendet, sind die Absätze 1 bis 5 nicht anzuwenden. [2]Für die Überprüfung von Vollzugsmaßnahmen gelten die Vorschriften der §§ 109 bis 121 des Strafvollzugsgesetzes.

§ 93 Gerichtliche Zuständigkeit und gerichtliches Verfahren bei Maßnahmen, die der vorherigen gerichtlichen Anordnung oder der gerichtlichen Genehmigung bedürfen

[1]Beim Vollzug des Jugendarrestes, der Jugendstrafe und der Maßregeln der Unterbringung in einem psychiatrischen Krankenhaus oder in einer Entziehungsanstalt oder in der Sicherungsverwahrung ist, soweit nach den Vollzugsgesetzen eine Maßnahme der vorherigen gerichtlichen Anordnung oder der gerichtlichen Genehmigung bedarf, das Amtsgericht zuständig, in dessen Bezirk die Maßnahme durchgeführt wird. [2]Unterhält ein Land eine Einrichtung für den Vollzug der in Satz 1 genannten Freiheitsentziehung auf dem Gebiet eines anderen Landes, können die beteiligten Länder vereinbaren, dass das Amtsgericht zuständig ist, in dessen Bezirk die für die Einrichtung zuständige Aufsichtsbehörde ihren Sitz hat. [3]Für das Verfahren gelten § 121b des Strafvollzugsgesetzes sowie § 67 Absatz 1, 2 und 5 sowie § 67a Absatz 1, 3 und 5 entsprechend.

§ 93a Unterbringung in einer Entziehungsanstalt

(1) Die Maßregel nach § 61 Nr. 2 des Strafgesetzbuches wird in einer Einrichtung vollzogen, in der die für die Behandlung suchtkranker Jugendlicher erforderlichen besonderen therapeutischen Mittel und sozialen Hilfen zur Verfügung stehen.

(2) Um das angestrebte Behandlungsziel zu erreichen, kann der Vollzug aufgelockert und weitgehend in freien Formen durchgeführt werden.

Viertes Hauptstück

Beseitigung des Strafmakels

§§ 94 bis 96 (weggefallen)

§ 97 Beseitigung des Strafmakels durch Richterspruch

(1) [1]Hat der Jugendrichter die Überzeugung erlangt, daß sich ein zu Jugendstrafe verurteilter Jugendlicher durch einwandfreie Führung als rechtschaffener Mensch erwiesen hat, so erklärt er von Amts wegen oder auf Antrag des Verurteilten, des Erziehungsberechtigten oder des gesetzlichen Vertreters den Strafmakel

als beseitigt. [2]Dies kann auch auf Antrag des Staatsanwalts oder, wenn der Verurteilte im Zeitpunkt der Antragstellung noch minderjährig ist, auf Antrag des Vertreters der Jugendgerichtshilfe geschehen. [3]Die Erklärung ist unzulässig, wenn es sich um eine Verurteilung nach den §§ 174 bis 180 oder 182 des Strafgesetzbuches handelt.
(2) [1]Die Anordnung kann erst zwei Jahre nach Verbüßung oder Erlaß der Strafe ergehen, es sei denn, daß der Verurteilte sich der Beseitigung des Strafmakels besonders würdig gezeigt hat. [2]Während des Vollzugs oder während einer Bewährungszeit ist die Anordnung unzulässig.

§ 98 Verfahren
(1) [1]Zuständig ist der Jugendrichter des Amtsgerichts, dem die familiengerichtlichen Erziehungsaufgaben für den Verurteilten obliegen. [2]Ist der Verurteilte volljährig, so ist der Jugendrichter zuständig, in dessen Bezirk der Verurteilte seinen Wohnsitz hat.
(2) [1]Der Jugendrichter beauftragt mit den Ermittlungen über die Führung des Verurteilten und dessen Bewährung vorzugsweise die Stelle, die den Verurteilten nach der Verbüßung der Strafe betreut hat. [2]Er kann eigene Ermittlungen anstellen. [3]Er hört den Verurteilten und, wenn dieser minderjährig ist, den Erziehungsberechtigten und den gesetzlichen Vertreter, ferner die Schule und die zuständige Verwaltungsbehörde.
(3) Nach Abschluß der Ermittlungen ist der Staatsanwalt zu hören.

§ 99 Entscheidung
(1) Der Jugendrichter entscheidet durch Beschluß.
(2) Hält er die Voraussetzungen für eine Beseitigung des Strafmakels noch nicht für gegeben, so kann er die Entscheidung um höchstens zwei Jahre aufschieben.
(3) Gegen den Beschluß ist sofortige Beschwerde zulässig.

§ 100 Beseitigung des Strafmakels nach Erlaß einer Strafe oder eines Strafrestes
[1]Wird die Strafe oder ein Strafrest bei Verurteilung zu nicht mehr als zwei Jahren Jugendstrafe nach Aussetzung zur Bewährung erlassen, so erklärt der Richter zugleich den Strafmakel als beseitigt. [2]Dies gilt nicht, wenn es sich um eine Verurteilung nach den §§ 174 bis 180 oder 182 des Strafgesetzbuches handelt.

§ 101 Widerruf
[1]Wird der Verurteilte, dessen Strafmakel als beseitigt erklärt worden ist, vor der Tilgung des Vermerks wegen eines Verbrechens oder vorsätzlichen Vergehens erneut zu Freiheitsstrafe verurteilt, so widerruft der Richter in dem Urteil oder nachträglich durch Beschluß die Beseitigung des Strafmakels. [2]In besonderen Fällen kann er von dem Widerruf absehen.

Fünftes Hauptstück
Jugendliche vor Gerichten, die für allgemeine Strafsachen zuständig sind

§ 102 Zuständigkeit
[1]Die Zuständigkeit des Bundesgerichtshofes und des Oberlandesgerichts werden durch die Vorschriften dieses Gesetzes nicht berührt. [2]In den zur Zuständigkeit von Oberlandesgerichten im ersten Rechtszug gehörenden Strafsachen (§ 120 Abs. 1 und 2 des Gerichtsverfassungsgesetzes) entscheidet der Bundesgerichtshof auch über Beschwerden gegen Entscheidungen dieser Oberlandesgerichte, durch welche die Aussetzung der Jugendstrafe zur Bewährung angeordnet oder abgelehnt wird (§ 59 Abs. 1).

§ 103 Verbindung mehrerer Strafsachen
(1) Strafsachen gegen Jugendliche und Erwachsene können nach den Vorschriften des allgemeinen Verfahrensrechts verbunden werden, wenn es zur Erforschung der Wahrheit oder aus anderen wichtigen Gründen geboten ist.
(2) [1]Zuständig ist das Jugendgericht. [2]Dies gilt nicht, wenn die Strafsache gegen Erwachsene nach den allgemeinen Vorschriften einschließlich der Regelung des § 74e des Gerichtsverfassungsgesetzes zur Zuständigkeit der Wirtschaftsstrafkammer oder der Strafkammer nach § 74a des Gerichtsverfassungsgesetzes gehört; in einem solchen Fall sind diese Strafkammern auch für die Strafsache gegen den Jugendlichen zuständig. [3]Für die Prüfung der Zuständigkeit der Wirtschaftsstrafkammer und der Strafkammer nach § 74a des Gerichtsverfassungsgesetzes gelten im Falle des Satzes 2 die §§ 6a, 225a Abs. 4, § 270 Abs. 1 Satz 2 der Strafprozeßordnung entsprechend; § 209a der Strafprozeßordnung ist mit der Maßgabe anzuwenden, daß diese Strafkammern auch gegenüber der Jugendkammer einem Gericht höherer Ordnung gleichstehen.

(3) Beschließt der Richter die Trennung der verbundenen Sachen, so erfolgt zugleich Abgabe der abgetrennten Sache an den Richter, der ohne die Verbindung zuständig gewesen wäre.

§ 104 Verfahren gegen Jugendliche

(1) In Verfahren gegen Jugendliche vor den für allgemeine Strafsachen zuständigen Gerichten gelten die Vorschriften dieses Gesetzes über

1. Verfehlungen Jugendlicher und ihre Folgen (§§ 3 bis 32),
2. die Heranziehung und die Rechtsstellung der Jugendgerichtshilfe (§§ 38, 46a, 50 Abs. 3),
3. den Umfang der Ermittlungen im Vorverfahren (§ 43),
4. das Absehen von der Verfolgung und die Einstellung des Verfahrens durch den Richter (§§ 45, 47),

4a. den Ausschluss der Öffentlichkeit (§ 48 Absatz 3 Satz 2),

5. die Untersuchungshaft (§§ 52, 52a, 72, 89c),
6. die Urteilsgründe (§ 54),
7. das Rechtsmittelverfahren (§§ 55, 56),
8. das Verfahren bei Aussetzung der Jugendstrafe zur Bewährung und der Verhängung der Jugendstrafe (§§ 57 bis 64),
9. die Beteiligung und die Rechtsstellung der Erziehungsberechtigten und der gesetzlichen Vertreter (§ 50 Absatz 2, § 51 Absatz 2 bis 7, §§ 67, 67a),
10. die notwendige Verteidigung (§§ 68, 68a),
11. Mitteilungen an amtliche Stellen (§ 70),

11a. die Unterrichtung des Jugendlichen (§ 70a),

11b. Belehrungen (§ 70b),

11c. die Vernehmung des Beschuldigten (§ 70c),

12. die Unterbringung zur Beobachtung (§ 73),
13. Kosten und Auslagen (§ 74),
14. den Ausschluß von Vorschriften des allgemeinen Verfahrensrechts (§§ 79 bis 81) und
15. Verfahren und Entscheidung bei Anordnung der Sicherungsverwahrung (§ 81a).

(2) Die Anwendung weiterer Verfahrensvorschriften dieses Gesetzes steht im Ermessen des Gerichts.

(3) Soweit es aus Gründen der Staatssicherheit geboten und mit dem Wohl des Jugendlichen vereinbar ist, kann das Gericht anordnen, dass die Heranziehung der Jugendgerichtshilfe unterbleibt und dass die in § 67 Absatz 1 und 2 genannten Rechte der Erziehungsberechtigten und der gesetzlichen Vertreter ruhen.

(4) [1]Hält das Gericht Erziehungsmaßregeln für erforderlich, so hat es deren Auswahl und Anordnung dem Familiengericht zu überlassen. [2]§ 53 Satz 2 gilt entsprechend.

(5) Dem Jugendrichter, in dessen Bezirk sich der Jugendliche aufhält, sind folgende Entscheidungen zu übertragen:

1. Entscheidungen, die nach einer Aussetzung der Jugendstrafe zur Bewährung erforderlich werden;
2. Entscheidungen, die nach einer Aussetzung der Verhängung der Jugendstrafe erforderlich werden, mit Ausnahme der Entscheidungen über die Festsetzung der Strafe und die Tilgung des Schuldspruchs (§ 30);
3. Entscheidungen, die nach dem Vorbehalt einer nachträglichen Entscheidung über die Aussetzung der Jugendstrafe erforderlich werden, mit Ausnahme der vorbehaltenen Entscheidung selbst (§ 61a).

Dritter Teil

Heranwachsende

Erster Abschnitt

Anwendung des sachlichen Strafrechts

§ 105 Anwendung des Jugendstrafrechts auf Heranwachsende

(1) Begeht ein Heranwachsender eine Verfehlung, die nach den allgemeinen Vorschriften mit Strafe bedroht ist, so wendet der Richter die für einen Jugendlichen geltenden Vorschriften der §§ 4 bis 8, 9 Nr. 1, §§ 10, 11 und 13 bis 32 entsprechend an, wenn

1. die Gesamtwürdigung der Persönlichkeit des Täters bei Berücksichtigung auch der Umweltbedingungen ergibt, daß er zur Zeit der Tat nach seiner sittlichen und geistigen Entwicklung noch einem Jugendlichen gleichstand, oder
2. es sich nach der Art, den Umständen oder den Beweggründen der Tat um eine Jugendverfehlung handelt.

(2) § 31 Abs. 2 Satz 1, Abs. 3 ist auch dann anzuwenden, wenn der Heranwachsende wegen eines Teils der Straftaten bereits rechtskräftig nach allgemeinem Strafrecht verurteilt worden ist.

(3) [1]Das Höchstmaß der Jugendstrafe für Heranwachsende beträgt zehn Jahre. [2]Handelt es sich bei der Tat um Mord und reicht das Höchstmaß nach Satz 1 wegen der besonderen Schwere der Schuld nicht aus, so ist das Höchstmaß 15 Jahre.

§ 106 Milderung des allgemeinen Strafrechts für Heranwachsende; Sicherungsverwahrung

(1) Ist wegen der Straftat eines Heranwachsenden das allgemeine Strafrecht anzuwenden, so kann das Gericht an Stelle von lebenslanger Freiheitsstrafe auf eine Freiheitsstrafe von zehn bis zu fünfzehn Jahren erkennen.

(2) Das Gericht kann anordnen, daß der Verlust der Fähigkeit, öffentliche Ämter zu bekleiden und Rechte aus öffentlichen Wahlen zu erlangen (§ 45 Abs. 1 des Strafgesetzbuches), nicht eintritt.

(3) [1]Sicherungsverwahrung darf neben der Strafe nicht angeordnet werden. [2]Das Gericht kann im Urteil die Anordnung der Sicherungsverwahrung vorbehalten, wenn

1. der Heranwachsende zu einer Freiheitsstrafe von mindestens fünf Jahren verurteilt wird wegen eines oder mehrerer Verbrechen
   a) gegen das Leben, die körperliche Unversehrtheit oder die sexuelle Selbstbestimmung oder
   b) nach § 251 des Strafgesetzbuches, auch in Verbindung mit § 252 oder § 255 des Strafgesetzbuches,

   durch welche das Opfer seelisch oder körperlich schwer geschädigt oder einer solchen Gefahr ausgesetzt worden ist, und
2. auf Grund der Gesamtwürdigung des Heranwachsenden und seiner Tat oder seiner Taten mit hinreichender Sicherheit feststellbar oder zumindest wahrscheinlich ist, dass bei ihm ein Hang zu Straftaten der in Nummer 1 bezeichneten Art vorliegt und er infolgedessen zum Zeitpunkt der Verurteilung für die Allgemeinheit gefährlich ist.

(4) Unter den übrigen Voraussetzungen des Absatzes 3 Satz 2 kann das Gericht einen solchen Vorbehalt auch aussprechen, wenn

1. die Verurteilung wegen eines oder mehrerer Vergehen nach den §§ 176a und 176b des Strafgesetzbuches erfolgt,
2. die übrigen Voraussetzungen des § 66 Absatz 3 des Strafgesetzbuches erfüllt sind, soweit dieser nicht auf § 66 Absatz 1 Satz 1 Nummer 4 des Strafgesetzbuches verweist, und
3. es sich auch bei den maßgeblichen früheren und künftig zu erwartenden Taten um solche der in Nummer 1 oder Absatz 3 Satz 2 Nummer 1 genannten Art handelt, durch welche das Opfer seelisch oder körperlich schwer geschädigt oder einer solchen Gefahr ausgesetzt worden ist oder würde.

(5) [1]Wird neben der Strafe die Anordnung der Sicherungsverwahrung vorbehalten und hat der Verurteilte das siebenundzwanzigste Lebensjahr noch nicht vollendet, so ordnet das Gericht an, dass bereits die Strafe in einer sozialtherapeutischen Einrichtung zu vollziehen ist, es sei denn, dass die Resozialisierung des Täters dadurch nicht besser gefördert werden kann. [2]Diese Anordnung kann auch nachträglich erfolgen. [3]Solange der Vollzug in einer sozialtherapeutischen Einrichtung noch nicht angeordnet oder der Gefangene noch nicht in eine sozialtherapeutische Einrichtung verlegt worden ist, ist darüber jeweils nach sechs Monaten neu zu entscheiden. [4]Für die nachträgliche Anordnung nach Satz 2 ist die Strafvollstreckungskammer zuständig. [5]§ 66c Absatz 2 und § 67a Absatz 2 bis 4 des Strafgesetzbuches bleiben unberührt.

(6) Das Gericht ordnet die Sicherungsverwahrung an, wenn die Gesamtwürdigung des Verurteilten, seiner Tat oder seiner Taten und ergänzend seiner Entwicklung bis zum Zeitpunkt der Entscheidung ergibt, dass von ihm Straftaten der in Absatz 3 Satz 2 Nummer 1 oder Absatz 4 bezeichneten Art zu erwarten sind; § 66a Absatz 3 Satz 1 des Strafgesetzbuches gilt entsprechend.

(7) Ist die wegen einer Tat der in Absatz 3 Satz 2 Nr. 1 bezeichneten Art angeordnete Unterbringung in einem psychiatrischen Krankenhaus nach § 67d Abs. 6 des Strafgesetzbuches für erledigt erklärt worden, weil der die Schuldfähigkeit ausschließende oder vermindernde Zustand, auf dem die Unterbringung beruhte, im Zeitpunkt der Erledigungsentscheidung nicht bestanden hat, so kann das Gericht die Unterbringung in der Sicherungsverwahrung nachträglich anordnen, wenn

1. die Unterbringung des Betroffenen nach § 63 des Strafgesetzbuches wegen mehrerer solcher Taten angeordnet wurde oder wenn der Betroffene wegen einer oder mehrerer solcher Taten, die er vor der zur Unterbringung nach § 63 des Strafgesetzbuches führenden Tat begangen hat, schon einmal zu einer Freiheitsstrafe von mindestens drei Jahren verurteilt oder in einem psychiatrischen Krankenhaus untergebracht worden war und
2. die Gesamtwürdigung des Betroffenen, seiner Taten und ergänzend seiner Entwicklung bis zum Zeitpunkt der Entscheidung ergibt, dass er mit hoher Wahrscheinlichkeit erneut Straftaten der in Absatz 3 Satz 2 Nr. 1 bezeichneten Art begehen wird.

Zweiter Abschnitt
Gerichtsverfassung und Verfahren

§ 107 Gerichtsverfassung
Von den Vorschriften über die Jugendgerichtsverfassung gelten die §§ 33 bis 34 Abs. 1 und §§ 35 bis 38 für Heranwachsende entsprechend.

§ 108 Zuständigkeit
(1) Die Vorschriften über die Zuständigkeit der Jugendgerichte (§§ 39 bis 42) gelten auch bei Verfehlungen Heranwachsender.
(2) Der Jugendrichter ist für Verfehlungen Heranwachsender auch zuständig, wenn die Anwendung des allgemeinen Strafrechts zu erwarten ist und nach § 25 des Gerichtsverfassungsgesetzes der Strafrichter zu entscheiden hätte.
(3) [1]Ist wegen der rechtswidrigen Tat eines Heranwachsenden das allgemeine Strafrecht anzuwenden, so gilt § 24 Abs. 2 des Gerichtsverfassungsgesetzes. [2]Ist im Einzelfall eine höhere Strafe als vier Jahre Freiheitsstrafe oder die Unterbringung des Beschuldigten in einem psychiatrischen Krankenhaus, allein oder neben einer Strafe, oder in der Sicherungsverwahrung (§ 106 Absatz 3, 4, 7) zu erwarten, so ist die Jugendkammer zuständig. [3]Der Beschluss einer verminderten Besetzung in der Hauptverhandlung (§ 33b) ist nicht zulässig, wenn die Anordnung der Unterbringung in der Sicherungsverwahrung, deren Vorbehalt oder die Anordnung der Unterbringung in einem psychiatrischen Krankenhaus zu erwarten ist.

§ 109 Verfahren
(1) [1]Von den Vorschriften über das Jugendstrafverfahren (§§ 43 bis 81a) sind im Verfahren gegen einen Heranwachsenden die §§ 43, 46a, 47a, 50 Absatz 3 und 4, die §§ 51a, 68 Nummer 1, 4 und 5, die §§ 68a, 68b, 70 Absatz 2 und 3, die §§ 70a, 70b Absatz 1 Satz 1 und Absatz 2, die §§ 70c, 72a bis 73 und 81a entsprechend anzuwenden. [2]Die Bestimmungen des § 70a sind nur insoweit anzuwenden, als sich die Unterrichtung auf Vorschriften bezieht, die nach dem für die Heranwachsenden geltenden Recht nicht ausgeschlossen sind. [3]Die Jugendgerichtshilfe und in geeigneten Fällen auch die Schule werden von der Einleitung und dem Ausgang des Verfahrens unterrichtet. [4]Sie benachrichtigen den Staatsanwalt, wenn ihnen bekannt wird, daß gegen den Beschuldigten noch ein anderes Strafverfahren anhängig ist. [5]Die Öffentlichkeit kann ausgeschlossen werden, wenn dies im Interesse des Heranwachsenden geboten ist.
(2) [1]Wendet der Richter Jugendstrafrecht an (§ 105), so gelten auch die §§ 45, 47 Abs. 1 Satz 1 Nr. 1, 2 und 3, Abs. 2, 3, §§ 52, 52a, 54 Abs. 1, §§ 55 bis 66, 74 und 79 Abs. 1 entsprechend. [2]§ 66 ist auch dann anzuwenden, wenn die einheitliche Festsetzung von Maßnahmen oder Jugendstrafe nach § 105 Abs. 2 unterblieben ist. [3]§ 55 Abs. 1 und 2 ist nicht anzuwenden, wenn die Entscheidung im beschleunigten Verfahren des allgemeinen Verfahrensrechts ergangen ist. [4]§ 74 ist im Rahmen einer Entscheidung über die Auslagen des Antragstellers nach § 472a der Strafprozessordnung nicht anzuwenden.
(3) In einem Verfahren gegen einen Heranwachsenden findet § 407 Abs. 2 Satz 2 der Strafprozeßordnung keine Anwendung.

Dritter Abschnitt
Vollstreckung, Vollzug und Beseitigung des Strafmakels

§ 110 Vollstreckung und Vollzug
(1) Von den Vorschriften über die Vollstreckung und den Vollzug bei Jugendlichen gelten § 82 Abs. 1, §§ 83 bis 93a für Heranwachsende entsprechend, soweit der Richter Jugendstrafrecht angewendet (§ 105) und nach diesem Gesetz zulässige Maßnahmen oder Jugendstrafe verhängt hat.
(2) Für die Vollstreckung von Untersuchungshaft an zur Tatzeit Heranwachsenden gilt § 89c Absatz 1 und 3 entsprechend.

§ 111 Beseitigung des Strafmakels
Die Vorschriften über die Beseitigung des Strafmakels (§§ 97 bis 101) gelten für Heranwachsende entsprechend, soweit der Richter Jugendstrafe verhängt hat.

Vierter Abschnitt
Heranwachsende vor Gerichten, die für allgemeine Strafsachen zuständig sind

§ 112 Entsprechende Anwendung
[1]Die §§ 102, 103, 104 Abs. 1 bis 3 und 5 gelten für Verfahren gegen Heranwachsende entsprechend. [2]Die in § 104 Abs. 1 genannten Vorschriften sind nur insoweit anzuwenden, als sie nach dem für die Heran-

wachsenden geltenden Recht nicht ausgeschlossen sind. [3]Hält der Richter die Erteilung von Weisungen für erforderlich, so überläßt er die Auswahl und Anordnung dem Jugendrichter, in dessen Bezirk sich der Heranwachsende aufhält.

Vierter Teil
Sondervorschriften für Soldaten der Bundeswehr

§ 112a Anwendung des Jugendstrafrechts
Das Jugendstrafrecht (§§ 3 bis 32, 105) gilt für die Dauer des Wehrdienstverhältnisses eines Jugendlichen oder Heranwachsenden mit folgenden Abweichungen:
1. Hilfe zur Erziehung im Sinne des § 12 darf nicht angeordnet werden.
2. *[aufgehoben]*
3. Bei der Erteilung von Weisungen und Auflagen soll der Richter die Besonderheiten des Wehrdienstes berücksichtigen. Weisungen und Auflagen, die bereits erteilt sind, soll er diesen Besonderheiten anpassen.
4. Als ehrenamtlicher Bewährungshelfer kann ein Soldat bestellt werden. Er untersteht bei seiner Tätigkeit (§ 25 Satz 2) nicht den Anweisungen des Richters.
5. Von der Überwachung durch einen Bewährungshelfer, der nicht Soldat ist, sind Angelegenheiten ausgeschlossen, für welche die militärischen Vorgesetzten des Jugendlichen oder Heranwachsenden zu sorgen haben. Maßnahmen des Disziplinarvorgesetzten haben den Vorrang.

§ 112b *[aufgehoben]*

§ 112c Vollstreckung
(1) Der Vollstreckungsleiter sieht davon ab, Jugendarrest, der wegen einer vor Beginn des Wehrdienstverhältnisses begangenen Tat verhängt ist, gegenüber Soldaten der Bundeswehr zu vollstrecken, wenn die Besonderheiten des Wehrdienstes es erfordern und ihnen nicht durch einen Aufschub der Vollstreckung Rechnung getragen werden kann.
(2) Die Entscheidung des Vollstreckungsleiters nach Absatz 1 ist eine jugendrichterliche Entscheidung im Sinne des § 83.

§ 112d Anhörung des Disziplinarvorgesetzten
Bevor der Richter oder der Vollstreckungsleiter einem Soldaten der Bundeswehr Weisungen oder Auflagen erteilt, von der Vollstreckung des Jugendarrestes nach § 112c Absatz 1 absieht oder einen Soldaten als Bewährungshelfer bestellt, soll er den nächsten Disziplinarvorgesetzten des Jugendlichen oder Heranwachsenden hören.

§ 112e Verfahren vor Gerichten, die für allgemeine Strafsachen zuständig sind
In Verfahren gegen Jugendliche oder Heranwachsende vor den für allgemeine Strafsachen zuständigen Gerichten (§ 104) sind die §§ 112a und 112d anzuwenden.

Fünfter Teil
Schluß- und Übergangsvorschriften

§ 113 Bewährungshelfer
[1]Für den Bezirk eines jeden Jugendrichters ist mindestens ein hauptamtlicher Bewährungshelfer anzustellen. [2]Die Anstellung kann für mehrere Bezirke erfolgen oder ganz unterbleiben, wenn wegen des geringen Anfalls von Strafsachen unverhältnismäßig hohe Aufwendungen entstehen würden. [3]Das Nähere über die Tätigkeit des Bewährungshelfers ist durch Landesgesetz zu regeln.

§ 114 Vollzug von Freiheitsstrafe in der Einrichtung für den Vollzug der Jugendstrafe
In der Einrichtung für den Vollzug der Jugendstrafe dürfen an Verurteilten, die das vierundzwanzigste Lebensjahr noch nicht vollendet haben und sich für den Jugendstrafvollzug eignen, auch Freiheitsstrafen vollzogen werden, die nach allgemeinem Strafrecht verhängt worden sind.

§ 115 *[aufgehoben]*

§ 116 Zeitlicher Geltungsbereich
Das Gesetz wird auch auf Verfehlungen angewendet, die vor seinem Inkrafttreten begangen worden sind.

§§ 117–120 *[aufgehoben]*

§ 121 Übergangsvorschrift

(1) Für am 1. Januar 2008 bereits anhängige Verfahren auf gerichtliche Entscheidung über die Rechtmäßigkeit von Maßnahmen im Vollzug der Jugendstrafe, des Jugendarrestes und der Unterbringung in einem psychiatrischen Krankenhaus oder einer Entziehungsanstalt sind die Vorschriften des Dritten Abschnitts des Einführungsgesetzes zum Gerichtsverfassungsgesetz in ihrer bisherigen Fassung weiter anzuwenden.

(2) Für Verfahren, die vor dem 1. Januar 2012 bei der Jugendkammer anhängig geworden sind, ist § 33b Absatz 2 in der bis zum 31. Dezember 2011 geltenden Fassung anzuwenden.

(3) Hat die Staatsanwaltschaft in Verfahren, in denen über die im Urteil vorbehaltene oder die nachträgliche Anordnung der Sicherungsverwahrung zu entscheiden ist, die Akten dem Vorsitzenden des zuständigen Gerichts vor dem 1. Januar 2012 übergeben, ist § 74f des Gerichtsverfassungsgesetzes in der bis zum 31. Dezember 2011 geltenden Fassung entsprechend anzuwenden.

§§ 122–124 ***[aufgehoben]***

§ 125[1] Inkrafttreten

Dieses Gesetz tritt am 1. Oktober 1953 in Kraft.

1) **Amtl. Anm.:** § 125 betrifft das Inkrafttreten des Gesetzes in der ursprünglichen Fassung vom 4. August 1953 (BGBl. I S. 751). Der Zeitpunkt des Inkrafttretens der späteren Änderungen ergibt sich aus den Änderungsgesetzen.

Sozialgesetzbuch (SGB) Achtes Buch (VIII) Kinder- und Jugendhilfe

In der Fassung der Bekanntmachung vom 11. September 2012[1)] (BGBl. I S. 2022) (FNA 860-8)

zuletzt geändert durch Art. 5 G zur Anpassung von Datenübermittlungsvorschriften im Ausländer- und Sozialrecht vom 8. Mai 2024 (BGBl. I 2024 Nr. 152)

– Auszug –

Vierter Abschnitt

Hilfe zur Erziehung, Eingliederungshilfe für seelisch behinderte Kinder und Jugendliche, Hilfe für junge Volljährige

Erster Unterabschnitt

Hilfe zur Erziehung

§ 27 Hilfe zur Erziehung

(1) Ein Personensorgeberechtigter hat bei der Erziehung eines Kindes oder eines Jugendlichen Anspruch auf Hilfe (Hilfe zur Erziehung), wenn eine dem Wohl des Kindes oder des Jugendlichen entsprechende Erziehung nicht gewährleistet ist und die Hilfe für seine Entwicklung geeignet und notwendig ist.

(2) [1]Hilfe zur Erziehung wird insbesondere nach Maßgabe der §§ 28 bis 35 gewährt. [2]Art und Umfang der Hilfe richten sich nach dem erzieherischen Bedarf im Einzelfall; dabei soll das engere soziale Umfeld des Kindes oder des Jugendlichen einbezogen werden. [3]Unterschiedliche Hilfearten können miteinander kombiniert werden, sofern dies dem erzieherischen Bedarf des Kindes oder Jugendlichen im Einzelfall entspricht.

(2a) Ist eine Erziehung des Kindes oder Jugendlichen außerhalb des Elternhauses erforderlich, so entfällt der Anspruch auf Hilfe zur Erziehung nicht dadurch, dass eine andere unterhaltspflichtige Person bereit ist, diese Aufgabe zu übernehmen; die Gewährung von Hilfe zur Erziehung setzt in diesem Fall voraus, dass diese Person bereit und geeignet ist, den Hilfebedarf in Zusammenarbeit mit dem Träger der öffentlichen Jugendhilfe nach Maßgabe der §§ 36 und 37 zu decken.

(3) [1]Hilfe zur Erziehung umfasst insbesondere die Gewährung pädagogischer und damit verbundener therapeutischer Leistungen. [2]Bei Bedarf soll sie Ausbildungs- und Beschäftigungsmaßnahmen im Sinne des § 13 Absatz 2 einschließen und kann mit anderen Leistungen nach diesem Buch kombiniert werden. [3]Die in der Schule oder Hochschule wegen des erzieherischen Bedarfs erforderliche Anleitung und Begleitung können als Gruppenangebote an Kinder oder Jugendliche gemeinsam erbracht werden, soweit dies dem Bedarf des Kindes oder Jugendlichen im Einzelfall entspricht.

(4) Wird ein Kind oder eine Jugendliche während ihres Aufenthaltes in einer Einrichtung oder einer Pflegefamilie selbst Mutter eines Kindes, so umfasst die Hilfe zur Erziehung auch die Unterstützung bei der Pflege und Erziehung dieses Kindes.

§ 28 Erziehungsberatung

[1]Erziehungsberatungsstellen und andere Beratungsdienste und -einrichtungen sollen Kinder, Jugendliche, Eltern und andere Erziehungsberechtigte bei der Klärung und Bewältigung individueller und familienbezogener Probleme und der zugrunde liegenden Faktoren, bei der Lösung von Erziehungsfragen sowie bei Trennung und Scheidung unterstützen. [2]Dabei sollen Fachkräfte verschiedener Fachrichtungen zusammenwirken, die mit unterschiedlichen methodischen Ansätzen vertraut sind.

§ 29 Soziale Gruppenarbeit

[1]Die Teilnahme an sozialer Gruppenarbeit soll älteren Kindern und Jugendlichen bei der Überwindung von Entwicklungsschwierigkeiten und Verhaltensproblemen helfen. [2]Soziale Gruppenarbeit soll auf der Grundlage eines gruppenpädagogischen Konzepts die Entwicklung älterer Kinder und Jugendlicher durch soziales Lernen in der Gruppe fördern.

§ 30 Erziehungsbeistand, Betreuungshelfer

Der Erziehungsbeistand und der Betreuungshelfer sollen das Kind oder den Jugendlichen bei der Bewältigung von Entwicklungsproblemen möglichst unter Einbeziehung des sozialen Umfelds unterstützen und unter Erhaltung des Lebensbezugs zur Familie seine Verselbständigung fördern.

---

1) Neubekanntmachung des SGB VIII idF der Bek. v. 14.12.2006 (BGBl. I S. 3134) in der ab 1.1.2012 geltenden Fassung.

§ 31 Sozialpädagogische Familienhilfe
[1]Sozialpädagogische Familienhilfe soll durch intensive Betreuung und Begleitung Familien in ihren Erziehungsaufgaben, bei der Bewältigung von Alltagsproblemen, der Lösung von Konflikten und Krisen sowie im Kontakt mit Ämtern und Institutionen unterstützen und Hilfe zur Selbsthilfe geben. [2]Sie ist in der Regel auf längere Dauer angelegt und erfordert die Mitarbeit der Familie.

§ 32 Erziehung in einer Tagesgruppe
[1]Hilfe zur Erziehung in einer Tagesgruppe soll die Entwicklung des Kindes oder des Jugendlichen durch soziales Lernen in der Gruppe, Begleitung der schulischen Förderung und Elternarbeit unterstützen und dadurch den Verbleib des Kindes oder des Jugendlichen in seiner Familie sichern. [2]Die Hilfe kann auch in geeigneten Formen der Familienpflege geleistet werden.

§ 33 Vollzeitpflege
[1]Hilfe zur Erziehung in Vollzeitpflege soll entsprechend dem Alter und Entwicklungsstand des Kindes oder des Jugendlichen und seinen persönlichen Bindungen sowie den Möglichkeiten der Verbesserung der Erziehungsbedingungen in der Herkunftsfamilie Kindern und Jugendlichen in einer anderen Familie eine zeitlich befristete Erziehungshilfe oder eine auf Dauer angelegte Lebensform bieten. [2]Für besonders entwicklungsbeeinträchtigte Kinder und Jugendliche sind geeignete Formen der Familienpflege zu schaffen und auszubauen.

§ 34 Heimerziehung, sonstige betreute Wohnform
[1]Hilfe zur Erziehung in einer Einrichtung über Tag und Nacht (Heimerziehung) oder in einer sonstigen betreuten Wohnform soll Kinder und Jugendliche durch eine Verbindung von Alltagserleben mit pädagogischen und therapeutischen Angeboten in ihrer Entwicklung fördern. [2]Sie soll entsprechend dem Alter und Entwicklungsstand des Kindes oder des Jugendlichen sowie den Möglichkeiten der Verbesserung der Erziehungsbedingungen in der Herkunftsfamilie

1. eine Rückkehr in die Familie zu erreichen versuchen oder
2. die Erziehung in einer anderen Familie vorbereiten oder
3. eine auf längere Zeit angelegte Lebensform bieten und auf ein selbständiges Leben vorbereiten.

[3]Jugendliche sollen in Fragen der Ausbildung und Beschäftigung sowie der allgemeinen Lebensführung beraten und unterstützt werden.

§ 35 Intensive sozialpädagogische Einzelbetreuung
[1]Intensive sozialpädagogische Einzelbetreuung soll Jugendlichen gewährt werden, die einer intensiven Unterstützung zur sozialen Integration und zu einer eigenverantwortlichen Lebensführung bedürfen. [2]Die Hilfe ist in der Regel auf längere Zeit angelegt und soll den individuellen Bedürfnissen des Jugendlichen Rechnung tragen.

Zweiter Unterabschnitt

Eingliederungshilfe für seelisch behinderte Kinder und Jugendliche

§ 35a Eingliederungshilfe für Kinder und Jugendliche mit seelischer Behinderung oder drohender seelischer Behinderung
(1) [1]Kinder oder Jugendliche haben Anspruch auf Eingliederungshilfe, wenn

1. ihre seelische Gesundheit mit hoher Wahrscheinlichkeit länger als sechs Monate von dem für ihr Lebensalter typischen Zustand abweicht, und
2. daher ihre Teilhabe am Leben in der Gesellschaft beeinträchtigt ist oder eine solche Beeinträchtigung zu erwarten ist.

[2]Von einer seelischen Behinderung bedroht im Sinne dieser Vorschrift sind Kinder oder Jugendliche, bei denen eine Beeinträchtigung ihrer Teilhabe am Leben in der Gesellschaft nach fachlicher Erkenntnis mit hoher Wahrscheinlichkeit zu erwarten ist. [3]§ 27 Absatz 4 gilt entsprechend.

(1a) [1]Hinsichtlich der Abweichung der seelischen Gesundheit nach Absatz 1 Satz 1 Nummer 1 hat der Träger der öffentlichen Jugendhilfe die Stellungnahme

1. eines Arztes für Kinder- und Jugendpsychiatrie und -psychotherapie,
2. eines Kinder- und Jugendlichenpsychotherapeuten, eines Psychotherapeuten mit einer Weiterbildung für die Behandlung von Kindern und Jugendlichen oder
3. eines Arztes oder eines psychologischen Psychotherapeuten, der über besondere Erfahrungen auf dem Gebiet seelischer Störungen bei Kindern und Jugendlichen verfügt,

einzuholen. [2]Die Stellungnahme ist auf der Grundlage der Internationalen Klassifikation der Krankheiten in der vom Bundesinstitut für Arzneimittel und Medizinprodukte herausgegebenen deutschen Fassung zu erstellen. [3]Dabei ist auch darzulegen, ob die Abweichung Krankheitswert hat oder auf einer Krankheit beruht. [4]Enthält die Stellungnahme auch Ausführungen zu Absatz 1 Satz 1 Nummer 2, so sollen diese vom Träger der öffentlichen Jugendhilfe im Rahmen seiner Entscheidung angemessen berücksichtigt werden. [5]Die Hilfe soll nicht von der Person oder dem Dienst oder der Einrichtung, der die Person angehört, die die Stellungnahme abgibt, erbracht werden.

(2) Die Hilfe wird nach dem Bedarf im Einzelfall
1. in ambulanter Form,
2. in Tageseinrichtungen für Kinder oder in anderen teilstationären Einrichtungen,
3. durch geeignete Pflegepersonen und
4. in Einrichtungen über Tag und Nacht sowie sonstigen Wohnformen geleistet.

(3) Aufgabe und Ziele der Hilfe, die Bestimmung des Personenkreises sowie Art und Form der Leistungen richten sich nach Kapitel 6 des Teils 1 des Neunten Buches sowie § 90 und den Kapiteln 3 bis 6 des Teils 2 des Neunten Buches, soweit diese Bestimmungen auch auf seelisch behinderte oder von einer solchen Behinderung bedrohte Personen Anwendung finden und sich aus diesem Buch nichts anderes ergibt.

(4) [1]Ist gleichzeitig Hilfe zur Erziehung zu leisten, so sollen Einrichtungen, Dienste und Personen in Anspruch genommen werden, die geeignet sind, sowohl die Aufgaben der Eingliederungshilfe zu erfüllen als auch den erzieherischen Bedarf zu decken. [2]Sind heilpädagogische Maßnahmen für Kinder, die noch nicht im schulpflichtigen Alter sind, in Tageseinrichtungen für Kinder zu gewähren und lässt der Hilfebedarf es zu, so sollen Einrichtungen in Anspruch genommen werden, in denen behinderte und nicht behinderte Kinder gemeinsam betreut werden.

Dritter Unterabschnitt

Gemeinsame Vorschriften für die Hilfe zur Erziehung und die Eingliederungshilfe für seelisch behinderte Kinder und Jugendliche

§ 36 Mitwirkung, Hilfeplan

(1) [1]Der Personensorgeberechtigte und das Kind oder der Jugendliche sind vor der Entscheidung über die Inanspruchnahme einer Hilfe und vor einer notwendigen Änderung von Art und Umfang der Hilfe zu beraten und auf die möglichen Folgen für die Entwicklung des Kindes oder des Jugendlichen hinzuweisen. [2]Es ist sicherzustellen, dass Beratung und Aufklärung nach Satz 1 in einer für den Personensorgeberechtigten und das Kind oder den Jugendlichen verständlichen, nachvollziehbaren und wahrnehmbaren Form erfolgen.

(2) [1]Die Entscheidung über die im Einzelfall angezeigte Hilfeart soll, wenn Hilfe voraussichtlich für längere Zeit zu leisten ist, im Zusammenwirken mehrerer Fachkräfte getroffen werden. [2]Als Grundlage für die Ausgestaltung der Hilfe sollen sie zusammen mit dem Personensorgeberechtigten und dem Kind oder dem Jugendlichen einen Hilfeplan aufstellen, der Feststellungen über den Bedarf, die zu gewährende Art der Hilfe sowie die notwendigen Leistungen enthält; sie sollen regelmäßig prüfen, ob die gewählte Hilfeart weiterhin geeignet und notwendig ist. [3]Hat das Kind oder der Jugendliche ein oder mehrere Geschwister, so soll der Geschwisterbeziehung bei der Aufstellung und Überprüfung des Hilfeplans sowie bei der Durchführung der Hilfe Rechnung getragen werden.

(3) [1]Werden bei der Durchführung der Hilfe andere Personen, Dienste oder Einrichtungen tätig, so sind sie oder deren Mitarbeiterinnen und Mitarbeiter an der Aufstellung des Hilfeplans und seiner Überprüfung zu beteiligen. [2]Soweit dies zur Feststellung des Bedarfs, der zu gewährenden Art der Hilfe oder der notwendigen Leistungen nach Inhalt, Umfang und Dauer erforderlich ist, sollen öffentliche Stellen, insbesondere andere Sozialleistungsträger, Rehabilitationsträger oder die Schule beteiligt werden. [3]Gewährt der Träger der öffentlichen Jugendhilfe Leistungen zur Teilhabe, sind die Vorschriften zum Verfahren bei einer Mehrheit von Rehabilitationsträgern nach dem Neunten Buch zu beachten.

(4) Erscheinen Hilfen nach § 35a erforderlich, so soll bei der Aufstellung und Änderung des Hilfeplans sowie bei der Durchführung der Hilfe die Person, die eine Stellungnahme nach § 35a Absatz 1a abgegeben hat, beteiligt werden.

(5) Soweit dies zur Feststellung des Bedarfs, der zu gewährenden Art der Hilfe oder der notwendigen Leistungen nach Inhalt, Umfang und Dauer erforderlich ist und dadurch der Hilfezweck nicht in Frage gestellt wird, sollen Eltern, die nicht personensorgeberechtigt sind, an der Aufstellung des Hilfeplans und seiner Überprüfung beteiligt werden; die Entscheidung, ob, wie und in welchem Umfang deren Beteiligung erfolgt, soll im Zusammenwirken mehrerer Fachkräfte unter Berücksichtigung der Willensäußerung und der Interessen des Kindes oder Jugendlichen sowie der Willensäußerung des Personensorgeberechtigten getroffen werden.

§ 36a Steuerungsverantwortung, Selbstbeschaffung

(1) [1]Der Träger der öffentlichen Jugendhilfe trägt die Kosten der Hilfe grundsätzlich nur dann, wenn sie auf der Grundlage seiner Entscheidung nach Maßgabe des Hilfeplans unter Beachtung des Wunsch- und Wahlrechts erbracht wird; dies gilt auch in den Fällen, in denen Eltern durch das Familiengericht oder Jugendliche und junge Volljährige durch den Jugendrichter zur Inanspruchnahme von Hilfen verpflichtet werden. [2]Die Vorschriften über die Heranziehung zu den Kosten der Hilfe bleiben unberührt.

(2) [1]Abweichend von Absatz 1 soll der Träger der öffentlichen Jugendhilfe die niedrigschwellige unmittelbare Inanspruchnahme von ambulanten Hilfen, insbesondere der Erziehungsberatung nach § 28, zulassen. [2]Dazu soll der Träger der öffentlichen Jugendhilfe mit den Leistungserbringern Vereinbarungen schließen, in denen die Voraussetzungen und die Ausgestaltung der Leistungserbringung sowie die Übernahme der Kosten geregelt werden. [3]Dabei finden der nach § 80 Absatz 1 Nummer 2 ermittelte Bedarf, die Planungen zur Sicherstellung des bedarfsgerechten Zusammenwirkens der Angebote von Jugendhilfeleistungen in den Lebens- und Wohnbereichen von jungen Menschen und Familien nach § 80 Absatz 2 Nummer 3 sowie die geplanten Maßnahmen zur Qualitätsgewährleistung der Leistungserbringung nach § 80 Absatz 3 Beachtung.

(3) [1]Werden Hilfen abweichend von den Absätzen 1 und 2 vom Leistungsberechtigten selbst beschafft, so ist der Träger der öffentlichen Jugendhilfe zur Übernahme der erforderlichen Aufwendungen nur verpflichtet, wenn

1. der Leistungsberechtigte den Träger der öffentlichen Jugendhilfe vor der Selbstbeschaffung über den Hilfebedarf in Kenntnis gesetzt hat,
2. die Voraussetzungen für die Gewährung der Hilfe vorlagen und
3. die Deckung des Bedarfs
   a) bis zu einer Entscheidung des Trägers der öffentlichen Jugendhilfe über die Gewährung der Leistung oder
   b) bis zu einer Entscheidung über ein Rechtsmittel nach einer zu Unrecht abgelehnten Leistung

   keinen zeitlichen Aufschub geduldet hat.

[2]War es dem Leistungsberechtigten unmöglich, den Träger der öffentlichen Jugendhilfe rechtzeitig über den Hilfebedarf in Kenntnis zu setzen, so hat er dies unverzüglich nach Wegfall des Hinderungsgrundes nachzuholen.

§ 36b Zusammenarbeit beim Zuständigkeitsübergang

(1) [1]Zur Sicherstellung von Kontinuität und Bedarfsgerechtigkeit der Leistungsgewährung sind von den zuständigen öffentlichen Stellen, insbesondere von Sozialleistungsträgern oder Rehabilitationsträgern rechtzeitig im Rahmen des Hilfeplans Vereinbarungen zur Durchführung des Zuständigkeitsübergangs zu treffen. [2]Im Rahmen der Beratungen zum Zuständigkeitsübergang prüfen der Träger der öffentlichen Jugendhilfe und die andere öffentliche Stelle, insbesondere der andere Sozialleistungsträger oder Rehabilitationsträger gemeinsam, welche Leistung nach dem Zuständigkeitsübergang dem Bedarf des jungen Menschen entspricht.

(2) [1]Abweichend von Absatz 1 werden bei einem Zuständigkeitsübergang vom Träger der öffentlichen Jugendhilfe auf einen Träger der Eingliederungshilfe rechtzeitig im Rahmen eines Teilhabeplanverfahrens nach § 19 des Neunten Buches die Voraussetzungen für die Sicherstellung einer nahtlosen und bedarfsgerechten Leistungsgewährung nach dem Zuständigkeitsübergang geklärt. [2]Die Teilhabeplanung ist frühzeitig, in der Regel ein Jahr vor dem voraussichtlichen Zuständigkeitswechsel, vom Träger der Jugendhilfe einzuleiten. [3]Mit Zustimmung des Leistungsberechtigten oder seines Personensorgeberechtigten ist eine Teilhabeplankonferenz nach § 20 des Neunten Buches durchzuführen. [4]Stellt der beteiligte Träger der Eingliederungshilfe fest, dass seine Zuständigkeit sowie die Leistungsberechtigung absehbar gegeben sind, soll er entsprechend § 19 Absatz 5 des Neunten Buches die Teilhabeplanung vom Träger der öffentlichen Jugendhilfe übernehmen. [5]Dies beinhaltet gemäß § 21 des Neunten Buches auch die Durchführung des Verfahrens zur Gesamtplanung nach den §§ 117 bis 122 des Neunten Buches.

§ 37 Beratung und Unterstützung der Eltern, Zusammenarbeit bei Hilfen außerhalb der eigenen Familie

(1) [1]Werden Hilfen nach den §§ 32 bis 34 und 35a Absatz 2 Nummer 3 und 4 gewährt, haben die Eltern einen Anspruch auf Beratung und Unterstützung sowie Förderung der Beziehung zu ihrem Kind. [2]Durch Beratung und Unterstützung sollen die Entwicklungs-, Teilhabe- oder Erziehungsbedingungen in der Herkunftsfamilie innerhalb eines im Hinblick auf die Entwicklung des Kindes oder Jugendlichen vertretbaren Zeitraums so weit verbessert werden, dass sie das Kind oder den Jugendlichen wieder selbst erziehen kann. [3]Ist eine nachhaltige Verbesserung der Entwicklungs-, Teilhabe- oder Erziehungsbedingungen in der Herkunftsfamilie innerhalb dieses Zeitraums nicht erreichbar, so dienen die Beratung und

Unterstützung der Eltern sowie die Förderung ihrer Beziehung zum Kind der Erarbeitung und Sicherung einer anderen, dem Wohl des Kindes oder Jugendlichen förderlichen und auf Dauer angelegten Lebensperspektive.

(2) [1]Bei den in Absatz 1 Satz 1 genannten Hilfen soll der Träger der öffentlichen Jugendhilfe die Zusammenarbeit der Pflegeperson oder der in der Einrichtung für die Erziehung verantwortlichen Person und der Eltern zum Wohl des Kindes oder Jugendlichen durch geeignete Maßnahmen fördern. [2]Der Träger der öffentlichen Jugendhilfe stellt dies durch eine abgestimmte Wahrnehmung der Aufgaben nach Absatz 1 und § 37a sicher.

(3) [1]Sofern der Inhaber der elterlichen Sorge durch eine Erklärung nach § 1688 Absatz 3 Satz 1 des Bürgerlichen Gesetzbuchs die Entscheidungsbefugnisse der Pflegeperson so weit einschränkt, dass die Einschränkung eine dem Wohl des Kindes oder des Jugendlichen förderliche Entwicklung nicht mehr ermöglicht, sollen die Beteiligten das Jugendamt einschalten. [2]Auch bei sonstigen Meinungsverschiedenheiten zwischen ihnen sollen die Beteiligten das Jugendamt einschalten.

§ 37a Beratung und Unterstützung der Pflegeperson

[1]Die Pflegeperson hat vor der Aufnahme des Kindes oder des Jugendlichen und während der Dauer des Pflegeverhältnisses Anspruch auf Beratung und Unterstützung. [2]Dies gilt auch in den Fällen, in denen für das Kind oder den Jugendlichen weder Hilfe zur Erziehung noch Eingliederungshilfe gewährt wird, und in den Fällen, in denen die Pflegeperson nicht der Erlaubnis zur Vollzeitpflege nach § 44 bedarf. [3]Lebt das Kind oder der Jugendliche bei einer Pflegeperson außerhalb des Bereichs des zuständigen Trägers der öffentlichen Jugendhilfe, so sind ortsnahe Beratung und Unterstützung sicherzustellen. [4]Der zuständige Träger der öffentlichen Jugendhilfe hat die aufgewendeten Kosten einschließlich der Verwaltungskosten auch in den Fällen zu erstatten, in denen die Beratung und Unterstützung im Wege der Amtshilfe geleistet werden. [5]Zusammenschlüsse von Pflegepersonen sollen beraten, unterstützt und gefördert werden.

§ 37b Sicherung der Rechte von Kindern und Jugendlichen in Familienpflege

(1) [1]Das Jugendamt stellt sicher, dass während der Dauer des Pflegeverhältnisses ein nach Maßgabe fachlicher Handlungsleitlinien gemäß § 79a Satz 2 entwickeltes Konzept zur Sicherung der Rechte des Kindes oder des Jugendlichen und zum Schutz vor Gewalt angewandt wird. [2]Hierzu sollen die Pflegeperson sowie das Kind oder der Jugendliche vor der Aufnahme und während der Dauer des Pflegeverhältnisses beraten und an der auf das konkrete Pflegeverhältnis bezogenen Ausgestaltung des Konzepts beteiligt werden.

(2) Das Jugendamt gewährleistet, dass das Kind oder der Jugendliche während der Dauer des Pflegeverhältnisses Möglichkeiten der Beschwerde in persönlichen Angelegenheiten hat und informiert das Kind oder den Jugendlichen hierüber.

(3) [1]Das Jugendamt soll den Erfordernissen des Einzelfalls entsprechend an Ort und Stelle überprüfen, ob eine dem Wohl des Kindes oder des Jugendlichen förderliche Entwicklung bei der Pflegeperson gewährleistet ist. [2]Die Pflegeperson hat das Jugendamt über wichtige Ereignisse zu unterrichten, die das Wohl des Kindes oder des Jugendlichen betreffen.

§ 37c Ergänzende Bestimmungen zur Hilfeplanung bei Hilfen außerhalb der eigenen Familie

(1) [1]Bei der Aufstellung und Überprüfung des Hilfeplans nach § 36 Absatz 2 Satz 2 ist bei Hilfen außerhalb der eigenen Familie prozesshaft auch die Perspektive der Hilfe zu klären. [2]Der Stand der Perspektivklärung nach Satz 1 ist im Hilfeplan zu dokumentieren.

(2) [1]Maßgeblich bei der Perspektivklärung nach Absatz 1 ist, ob durch Leistungen nach diesem Abschnitt die Entwicklungs-, Teilhabe- oder Erziehungsbedingungen in der Herkunftsfamilie innerhalb eines im Hinblick auf die Entwicklung des Kindes oder Jugendlichen vertretbaren Zeitraums so weit verbessert werden, dass die Herkunftsfamilie das Kind oder den Jugendlichen wieder selbst erziehen, betreuen und fördern kann. [2]Ist eine nachhaltige Verbesserung der Entwicklungs-, Teilhabe- oder Erziehungsbedingungen in der Herkunftsfamilie innerhalb eines im Hinblick auf die Entwicklung des Kindes oder Jugendlichen vertretbaren Zeitraums nicht erreichbar, so soll mit den beteiligten Personen eine andere, dem Wohl des Kindes oder Jugendlichen förderliche und auf Dauer angelegte Lebensperspektive erarbeitet werden. [3]In diesem Fall ist vor und während der Gewährung der Hilfe insbesondere zu prüfen, ob die Annahme als Kind in Betracht kommt.

(3) [1]Bei der Auswahl der Einrichtung oder der Pflegeperson sind der Personensorgeberechtigte und das Kind oder der Jugendliche oder bei Hilfen nach § 41 der junge Volljährige zu beteiligen. [2]Der Wahl und den Wünschen des Leistungsberechtigten ist zu entsprechen, sofern sie nicht mit unverhältnismäßigen Mehrkosten verbunden sind. [3]Wünschen die in Satz 1 genannten Personen die Erbringung einer in § 78a genannten Leistung in einer Einrichtung, mit deren Träger keine Vereinbarungen nach § 78b bestehen, so soll der Wahl nur entsprochen werden, wenn die Erbringung der Leistung in dieser Einrichtung nach

Maßgabe des Hilfeplans geboten ist. [4]Bei der Auswahl einer Pflegeperson, die ihren gewöhnlichen Aufenthalt außerhalb des Bereichs des örtlich zuständigen Trägers hat, soll der örtliche Träger der öffentlichen Jugendhilfe beteiligt werden, in dessen Bereich die Pflegeperson ihren gewöhnlichen Aufenthalt hat.

(4) [1]Die Art und Weise der Zusammenarbeit nach § 37 Absatz 2 sowie die damit im Einzelfall verbundenen Ziele sind im Hilfeplan zu dokumentieren. [2]Bei Hilfen nach den §§ 33, 35a Absatz 2 Nummer 3 zählen dazu auch der vereinbarte Umfang der Beratung und Unterstützung der Eltern nach § 37 Absatz 1 und der Pflegeperson nach § 37a Absatz 1 sowie die Höhe der laufenden Leistungen zum Unterhalt des Kindes oder Jugendlichen nach § 39. [3]Bei Hilfen für junge Volljährige nach § 41 gilt dies entsprechend in Bezug auf den vereinbarten Umfang der Beratung und Unterstützung der Pflegeperson sowie die Höhe der laufenden Leistungen zum Unterhalt. [4]Eine Abweichung von den im Hilfeplan gemäß den Sätzen 1 bis 3 getroffenen Feststellungen ist nur bei einer Änderung des Hilfebedarfs und entsprechender Änderung des Hilfeplans auch bei einem Wechsel der örtlichen Zuständigkeit zulässig.

§ 38 Zulässigkeit von Auslandsmaßnahmen

(1) [1]Hilfen nach diesem Abschnitt sind in der Regel im Inland zu erbringen. [2]Sie dürfen nur dann im Ausland erbracht werden, wenn dies nach Maßgabe der Hilfeplanung zur Erreichung des Hilfezieles im Einzelfall erforderlich ist und die aufenthaltsrechtlichen Vorschriften des aufnehmenden Staates sowie

1. im Anwendungsbereich der Verordnung (EU) 2019/1111 des Rates vom 25. Juni 2019 über die Zuständigkeit, die Anerkennung und Vollstreckung von Entscheidungen in Ehesachen und in Verfahren betreffend die elterliche Verantwortung und über internationale Kindesentführungen (ABl. L 178 vom 2.7.2019, S. 1) die Voraussetzungen des Artikels 82 oder
2. im Anwendungsbereich des Haager Übereinkommens vom 19. Oktober 1996 über die Zuständigkeit, das anzuwendende Recht, die Anerkennung, Vollstreckung und Zusammenarbeit auf dem Gebiet der elterlichen Verantwortung und der Maßnahmen zum Schutz von Kindern die Voraussetzungen des Artikels 33

erfüllt sind.

(2) Der Träger der öffentlichen Jugendhilfe soll vor der Entscheidung über die Gewährung einer Hilfe, die ganz oder teilweise im Ausland erbracht wird,

1. zur Feststellung einer seelischen Störung mit Krankheitswert die Stellungnahme einer in § 35a Absatz 1a Satz 1 genannten Person einholen,
2. sicherstellen, dass der Leistungserbringer
   a) über eine Betriebserlaubnis nach § 45 für eine Einrichtung im Inland verfügt, in der Hilfe zur Erziehung erbracht wird,
   b) Gewähr dafür bietet, dass er die Rechtsvorschriften des aufnehmenden Staates einschließlich des Aufenthaltsrechts einhält, insbesondere vor Beginn der Leistungserbringung die in Absatz 1 Satz 2 genannten Maßgaben erfüllt, und mit den Behörden des aufnehmenden Staates sowie den deutschen Vertretungen im Ausland zusammenarbeitet,
   c) mit der Erbringung der Hilfen nur Fachkräfte nach § 72 Absatz 1 betraut,
   d) über die Qualität der Maßnahme eine Vereinbarung abschließt; dabei sind die fachlichen Handlungsleitlinien des überörtlichen Trägers anzuwenden,
   e) Ereignisse oder Entwicklungen, die geeignet sind, das Wohl des Kindes oder Jugendlichen zu beeinträchtigen, dem Träger der öffentlichen Jugendhilfe unverzüglich anzeigt und
3. die Eignung der mit der Leistungserbringung zu betrauenden Einrichtung oder Person an Ort und Stelle überprüfen.

(3) [1]Überprüfung und Fortschreibung des Hilfeplans sollen nach Maßgabe von § 36 Absatz 2 Satz 2 am Ort der Leistungserbringung unter Beteiligung des Kindes oder des Jugendlichen erfolgen. [2]Unabhängig von der Überprüfung und Fortschreibung des Hilfeplans nach Satz 1 soll der Träger der öffentlichen Jugendhilfe nach den Erfordernissen im Einzelfall an Ort und Stelle überprüfen, ob die Anforderungen nach Absatz 2 Nummer 2 Buchstabe b und c sowie Nummer 3 weiter erfüllt sind.

(4) Besteht die Erfüllung der Anforderungen nach Absatz 2 Nummer 2 oder die Eignung der mit der Leistungserbringung betrauten Einrichtung oder Person nicht fort, soll die Leistungserbringung im Ausland unverzüglich beendet werden.

(5) [1]Der Träger der öffentlichen Jugendhilfe hat der erlaubniserteilenden Behörde unverzüglich

1. den Beginn und das geplante Ende der Leistungserbringung im Ausland unter Angabe von Namen und Anschrift des Leistungserbringers, des Aufenthaltsorts des Kindes oder Jugendlichen sowie der Namen der mit der Erbringung der Hilfe betrauten Fachkräfte,
2. Änderungen der in Nummer 1 bezeichneten Angaben sowie
3. die bevorstehende Beendigung der Leistungserbringung im Ausland

zu melden sowie

4. einen Nachweis zur Erfüllung der aufenthaltsrechtlichen Vorschriften des aufnehmenden Staates und im Anwendungsbereich
   a) der Verordnung (EU) 2019/1111 zur Erfüllung der Maßgaben des Artikels 82,
   b) des Haager Übereinkommens vom 19. Oktober 1996 über die Zuständigkeit, das anzuwendende Recht, die Anerkennung, Vollstreckung und Zusammenarbeit auf dem Gebiet der elterlichen Verantwortung und der Maßnahmen zum Schutz von Kindern zur Erfüllung der Maßgaben des Artikels 33

zu übermitteln. [2]Die erlaubniserteilende Behörde wirkt auf die unverzügliche Beendigung der Leistungserbringung im Ausland hin, wenn sich aus den Angaben nach Satz 1 ergibt, dass die an die Leistungserbringung im Ausland gestellten gesetzlichen Anforderungen nicht erfüllt sind.

§ 39 Leistungen zum Unterhalt des Kindes oder des Jugendlichen

(1) [1]Wird Hilfe nach den §§ 32 bis 35 oder nach § 35a Absatz 2 Nummer 2 bis 4 gewährt, so ist auch der notwendige Unterhalt des Kindes oder Jugendlichen außerhalb des Elternhauses sicherzustellen. [2]Er umfasst die Kosten für den Sachaufwand sowie für die Pflege und Erziehung des Kindes oder Jugendlichen.

(2) [1]Der gesamte regelmäßig wiederkehrende Bedarf soll durch laufende Leistungen gedeckt werden. [2]Sie umfassen außer im Fall des § 32 und des § 35a Absatz 2 Nummer 2 auch einen angemessenen Barbetrag zur persönlichen Verfügung des Kindes oder des Jugendlichen. [3]Die Höhe des Betrages wird in den Fällen der §§ 34, 35, 35a Absatz 2 Nummer 4 von der nach Landesrecht zuständigen Behörde festgesetzt; die Beträge sollen nach Altersgruppen gestaffelt sein. [4]Die laufenden Leistungen im Rahmen der Hilfe in Vollzeitpflege (§ 33) oder bei einer geeigneten Pflegeperson (§ 35a Absatz 2 Nummer 3) sind nach den Absätzen 4 bis 6 zu bemessen.

(3) Einmalige Beihilfen oder Zuschüsse können insbesondere zur Erstausstattung einer Pflegestelle, bei wichtigen persönlichen Anlässen sowie für Urlaubs- und Ferienreisen des Kindes oder des Jugendlichen gewährt werden.

(4) [1]Die laufenden Leistungen sollen auf der Grundlage der tatsächlichen Kosten gewährt werden, sofern sie einen angemessenen Umfang nicht übersteigen. [2]Die laufenden Leistungen umfassen auch die Erstattung nachgewiesener Aufwendungen für Beiträge zu einer Unfallversicherung sowie die hälftige Erstattung nachgewiesener Aufwendungen zu einer angemessenen Alterssicherung der Pflegeperson. [3]Sie sollen in einem monatlichen Pauschalbetrag gewährt werden, soweit nicht nach der Besonderheit des Einzelfalls abweichende Leistungen geboten sind. [4]Ist die Pflegeperson in gerader Linie mit dem Kind oder Jugendlichen verwandt und kann sie diesem unter Berücksichtigung ihrer sonstigen Verpflichtungen und ohne Gefährdung ihres angemessenen Unterhalts Unterhalt gewähren, so kann der Teil des monatlichen Pauschalbetrages, der die Kosten für den Sachaufwand des Kindes oder Jugendlichen betrifft, angemessen gekürzt werden. [5]Wird ein Kind oder ein Jugendlicher im Bereich eines anderen Jugendamts untergebracht, so soll sich die Höhe des zu gewährenden Pauschalbetrages nach den Verhältnissen richten, die am Ort der Pflegestelle gelten.

(5) [1]Die Pauschalbeträge für laufende Leistungen zum Unterhalt sollen von den nach Landesrecht zuständigen Behörden festgesetzt werden. [2]Dabei ist dem altersbedingt unterschiedlichen Unterhaltsbedarf von Kindern und Jugendlichen durch eine Staffelung der Beträge nach Altersgruppen Rechnung zu tragen. [3]Das Nähere regelt Landesrecht.

(6) [1]Wird das Kind oder der Jugendliche im Rahmen des Familienleistungsausgleichs nach § 31 des Einkommensteuergesetzes bei der Pflegeperson berücksichtigt, so ist ein Betrag in Höhe der Hälfte des Betrages, der nach § 66 des Einkommensteuergesetzes für ein erstes Kind zu zahlen ist, auf die laufenden Leistungen anzurechnen. [2]Ist das Kind oder der Jugendliche nicht das älteste Kind in der Pflegefamilie, so ermäßigt sich der Anrechnungsbetrag für dieses Kind oder diesen Jugendlichen auf ein Viertel des Betrages, der für ein erstes Kind zu zahlen ist.

(7) Wird ein Kind oder eine Jugendliche während ihres Aufenthaltes in einer Einrichtung oder einer Pflegefamilie selbst Mutter eines Kindes, so ist auch der notwendige Unterhalt dieses Kindes sicherzustellen.

§ 40 Krankenhilfe

[1]Wird Hilfe nach den §§ 33 bis 35 oder nach § 35a Absatz 2 Nummer 3 oder 4 gewährt, so ist auch Krankenhilfe zu leisten; für den Umfang der Hilfe gelten die §§ 47 bis 52 des Zwölften Buches entsprechend. [2]Krankenhilfe muss den im Einzelfall notwendigen Bedarf in voller Höhe befriedigen. [3]Zuzahlungen und Eigenbeteiligungen sind zu übernehmen. [4]Das Jugendamt kann in geeigneten Fällen die Beiträge für eine freiwillige Krankenversicherung übernehmen, soweit sie angemessen sind.

Vierter Unterabschnitt
Hilfe für junge Volljährige

§ 41 Hilfe für junge Volljährige

(1) [1]Junge Volljährige erhalten geeignete und notwendige Hilfe nach diesem Abschnitt, wenn und solange ihre Persönlichkeitsentwicklung eine selbstbestimmte, eigenverantwortliche und selbständige Lebensführung nicht gewährleistet. [2]Die Hilfe wird in der Regel nur bis zur Vollendung des 21. Lebensjahres gewährt; in begründeten Einzelfällen soll sie für einen begrenzten Zeitraum darüber hinaus fortgesetzt werden. [3]Eine Beendigung der Hilfe schließt die erneute Gewährung oder Fortsetzung einer Hilfe nach Maßgabe der Sätze 1 und 2 nicht aus.
(2) Für die Ausgestaltung der Hilfe gelten § 27 Absatz 3 und 4 sowie die §§ 28 bis 30, 33 bis 36, 39 und 40 entsprechend mit der Maßgabe, dass an die Stelle des Personensorgeberechtigten oder des Kindes oder des Jugendlichen der junge Volljährige tritt.
(3) Soll eine Hilfe nach dieser Vorschrift nicht fortgesetzt oder beendet werden, prüft der Träger der öffentlichen Jugendhilfe ab einem Jahr vor dem hierfür im Hilfeplan vorgesehenen Zeitpunkt, ob im Hinblick auf den Bedarf des jungen Menschen ein Zuständigkeitsübergang auf andere Sozialleistungsträger in Betracht kommt; § 36b gilt entsprechend.

§ 41a Nachbetreuung

(1) Junge Volljährige werden innerhalb eines angemessenen Zeitraums nach Beendigung der Hilfe bei der Verselbständigung im notwendigen Umfang und in einer für sie verständlichen, nachvollziehbaren und wahrnehmbaren Form beraten und unterstützt.
(2) [1]Der angemessene Zeitraum sowie der notwendige Umfang der Beratung und Unterstützung nach Beendigung der Hilfe sollen in dem Hilfeplan nach § 36 Absatz 2 Satz 2, der die Beendigung der Hilfe nach § 41 feststellt, dokumentiert und regelmäßig überprüft werden. [2]Hierzu soll der Träger der öffentlichen Jugendhilfe in regelmäßigen Abständen Kontakt zu dem jungen Volljährigen aufnehmen.

Drittes Kapitel
Andere Aufgaben der Jugendhilfe

Erster Abschnitt
Vorläufige Maßnahmen zum Schutz von Kindern und Jugendlichen

§ 42 Inobhutnahme von Kindern und Jugendlichen

(1) [1]Das Jugendamt ist berechtigt und verpflichtet, ein Kind oder einen Jugendlichen in seine Obhut zu nehmen, wenn
1. das Kind oder der Jugendliche um Obhut bittet oder
2. eine dringende Gefahr für das Wohl des Kindes oder des Jugendlichen die Inobhutnahme erfordert und
   a) die Personensorgeberechtigten nicht widersprechen oder
   b) eine familiengerichtliche Entscheidung nicht rechtzeitig eingeholt werden kann oder
3. ein ausländisches Kind oder ein ausländischer Jugendlicher unbegleitet nach Deutschland kommt und sich weder Personensorge- noch Erziehungsberechtigte im Inland aufhalten.

[2]Die Inobhutnahme umfasst die Befugnis, ein Kind oder einen Jugendlichen bei einer geeigneten Person, in einer geeigneten Einrichtung oder in einer sonstigen Wohnform vorläufig unterzubringen; im Fall von Satz 1 Nummer 2 auch ein Kind oder einen Jugendlichen von einer anderen Person wegzunehmen.
(2) [1]Das Jugendamt hat während der Inobhutnahme unverzüglich das Kind oder den Jugendlichen umfassend und in einer verständlichen, nachvollziehbaren und wahrnehmbaren Form über diese Maßnahme aufzuklären, die Situation, die zur Inobhutnahme geführt hat, zusammen mit dem Kind oder dem Jugendlichen zu klären und Möglichkeiten der Hilfe und Unterstützung aufzuzeigen. [2]Dem Kind oder dem Jugendlichen ist unverzüglich Gelegenheit zu geben, eine Person seines Vertrauens zu benachrichtigen. [3]Das Jugendamt hat während der Inobhutnahme für das Wohl des Kindes oder des Jugendlichen zu sorgen und dabei den notwendigen Unterhalt und die Krankenhilfe sicherzustellen; § 39 Absatz 4 Satz 2 gilt entsprechend. [4]Das Jugendamt ist während der Inobhutnahme berechtigt, alle Rechtshandlungen vorzunehmen, die zum Wohl des Kindes oder Jugendlichen notwendig sind; der mutmaßliche Wille der Personensorge- oder der Erziehungsberechtigten ist dabei angemessen zu berücksichtigen. [5]Im Fall des Absatzes 1 Satz 1 Nummer 3 gehört zu den Rechtshandlungen nach Satz 4, zu denen das Jugendamt verpflichtet ist, insbesondere die unverzügliche Stellung eines Asylantrags für das Kind oder den Jugendli-

chen in Fällen, in denen Tatsachen die Annahme rechtfertigen, dass das Kind oder der Jugendliche internationalen Schutz im Sinne des § 1 Absatz 1 Nummer 2 des Asylgesetzes benötigt; dabei ist das Kind oder der Jugendliche zu beteiligen.

(3) [1]Das Jugendamt hat im Fall des Absatzes 1 Satz 1 Nummer 1 und 2 die Personensorge- oder Erziehungsberechtigten unverzüglich von der Inobhutnahme zu unterrichten, sie in einer verständlichen, nachvollziehbaren und wahrnehmbaren Form umfassend über diese Maßnahme aufzuklären und mit ihnen das Gefährdungsrisiko abzuschätzen. [2]Widersprechen die Personensorge- oder Erziehungsberechtigten der Inobhutnahme, so hat das Jugendamt unverzüglich

1. das Kind oder den Jugendlichen den Personensorge- oder Erziehungsberechtigten zu übergeben, sofern nach der Einschätzung des Jugendamts eine Gefährdung des Kindeswohls nicht besteht oder die Personensorge- oder Erziehungsberechtigten bereit und in der Lage sind, die Gefährdung abzuwenden oder
2. eine Entscheidung des Familiengerichts über die erforderlichen Maßnahmen zum Wohl des Kindes oder des Jugendlichen herbeizuführen.

[3]Sind die Personensorge- oder Erziehungsberechtigten nicht erreichbar, so gilt Satz 2 Nummer 2 entsprechend. [4]Im Fall des Absatzes 1 Satz 1 Nummer 3 ist unverzüglich die Bestellung eines Vormunds oder Pflegers zu veranlassen. [5]Widersprechen die Personensorgeberechtigten der Inobhutnahme nicht, so ist unverzüglich ein Hilfeplanverfahren zur Gewährung einer Hilfe einzuleiten.

(4) Die Inobhutnahme endet mit

1. der Übergabe des Kindes oder Jugendlichen an die Personensorge- oder Erziehungsberechtigten,
2. der Entscheidung über die Gewährung von Hilfen nach dem Sozialgesetzbuch.

(5) [1]Freiheitsentziehende Maßnahmen im Rahmen der Inobhutnahme sind nur zulässig, wenn und soweit sie erforderlich sind, um eine Gefahr für Leib oder Leben des Kindes oder des Jugendlichen oder eine Gefahr für Leib oder Leben Dritter abzuwenden. [2]Die Freiheitsentziehung ist ohne gerichtliche Entscheidung spätestens mit Ablauf des Tages nach ihrem Beginn zu beenden.

(6) Ist bei der Inobhutnahme die Anwendung unmittelbaren Zwangs erforderlich, so sind die dazu befugten Stellen hinzuzuziehen.

§ 42a Vorläufige Inobhutnahme von ausländischen Kindern und Jugendlichen nach unbegleiteter Einreise

(1) [1]Das Jugendamt ist berechtigt und verpflichtet, ein ausländisches Kind oder einen ausländischen Jugendlichen vorläufig in Obhut zu nehmen, sobald dessen unbegleitete Einreise nach Deutschland festgestellt wird. [2]Ein ausländisches Kind oder ein ausländischer Jugendlicher ist grundsätzlich dann als unbegleitet zu betrachten, wenn die Einreise nicht in Begleitung eines Personensorgeberechtigten oder Erziehungsberechtigten erfolgt; dies gilt auch, wenn das Kind oder der Jugendliche verheiratet ist. [3]§ 42 Absatz 1 Satz 2, Absatz 2 Satz 2 und 3, Absatz 5 sowie 6 gilt entsprechend.

(2) [1]Das Jugendamt hat während der vorläufigen Inobhutnahme zusammen mit dem Kind oder dem Jugendlichen einzuschätzen,

1. ob das Wohl des Kindes oder des Jugendlichen durch die Durchführung des Verteilungsverfahrens gefährdet würde,
2. ob sich eine mit dem Kind oder dem Jugendlichen verwandte Person im Inland oder im Ausland aufhält,
3. ob das Wohl des Kindes oder des Jugendlichen eine gemeinsame Inobhutnahme mit Geschwistern oder anderen unbegleiteten ausländischen Kindern oder Jugendlichen erfordert und
4. ob der Gesundheitszustand des Kindes oder des Jugendlichen die Durchführung des Verteilungsverfahrens innerhalb von 14 Werktagen nach Beginn der vorläufigen Inobhutnahme ausschließt; hierzu soll eine ärztliche Stellungnahme eingeholt werden.

[2]Auf der Grundlage des Ergebnisses der Einschätzung nach Satz 1 entscheidet das Jugendamt über die Anmeldung des Kindes oder des Jugendlichen zur Verteilung oder den Ausschluss der Verteilung.

(3) [1]Das Jugendamt ist während der vorläufigen Inobhutnahme berechtigt und verpflichtet, alle Rechtshandlungen vorzunehmen, die zum Wohl des Kindes oder des Jugendlichen notwendig sind. [2]Dabei ist das Kind oder der Jugendliche zu beteiligen und der mutmaßliche Wille der Personen- oder der Erziehungsberechtigten angemessen zu berücksichtigen.

(3a) Das Jugendamt hat dafür Sorge zu tragen, dass für die in Absatz 1 genannten Kinder oder Jugendlichen unverzüglich erkennungsdienstliche Maßnahmen nach § 49 Absatz 8 und 9 des Aufenthaltsgesetzes durchgeführt werden, wenn Zweifel über die Identität bestehen.

(4) [1]Das Jugendamt hat der nach Landesrecht für die Verteilung von unbegleiteten ausländischen Kindern und Jugendlichen zuständigen Stelle die vorläufige Inobhutnahme des Kindes oder des Jugendlichen

innerhalb von sieben Werktagen nach Beginn der Maßnahme zur Erfüllung der in § 42b genannten Aufgaben mitzuteilen. [2]Zu diesem Zweck sind auch die Ergebnisse der Einschätzung nach Absatz 2 Satz 1 mitzuteilen. [3]Die nach Landesrecht zuständige Stelle hat gegenüber dem Bundesverwaltungsamt innerhalb von drei Werktagen das Kind oder den Jugendlichen zur Verteilung anzumelden oder den Ausschluss der Verteilung anzuzeigen.

(5) [1]Soll das Kind oder der Jugendliche im Rahmen eines Verteilungsverfahrens untergebracht werden, so umfasst die vorläufige Inobhutnahme auch die Pflicht,

1. die Begleitung des Kindes oder des Jugendlichen und dessen Übergabe durch eine insofern geeignete Person an das für die Inobhutnahme nach § 42 Absatz 1 Satz 1 Nummer 3 zuständige Jugendamt sicherzustellen sowie
2. dem für die Inobhutnahme nach § 42 Absatz 1 Satz 1 Nummer 3 zuständigen Jugendamt unverzüglich die personenbezogenen Daten zu übermitteln, die zur Wahrnehmung der Aufgaben nach § 42 erforderlich sind.

[2]Hält sich eine mit dem Kind oder dem Jugendlichen verwandte Person im Inland oder im Ausland auf, hat das Jugendamt auf eine Zusammenführung des Kindes oder des Jugendlichen mit dieser Person hinzuwirken, wenn dies dem Kindeswohl entspricht. [3]Das Kind oder der Jugendliche ist an der Übergabe und an der Entscheidung über die Familienzusammenführung angemessen zu beteiligen.

(6) Die vorläufige Inobhutnahme endet mit der Übergabe des Kindes oder des Jugendlichen an die Personensorge- oder Erziehungsberechtigten oder an das aufgrund der Zuweisungsentscheidung der zuständigen Landesbehörde nach § 88a Absatz 2 Satz 1 zuständige Jugendamt oder mit der Anzeige nach Absatz 4 Satz 3 über den Ausschluss des Verteilungsverfahrens nach § 42b Absatz 4.

§ 42b Verfahren zur Verteilung unbegleiteter ausländischer Kinder und Jugendlicher

(1) [1]Das Bundesverwaltungsamt benennt innerhalb von zwei Werktagen nach Anmeldung eines unbegleiteten ausländischen Kindes oder Jugendlichen zur Verteilung durch die zuständige Landesstelle das zu dessen Aufnahme verpflichtete Land. [2]Maßgebend dafür ist die Aufnahmequote nach § 42c.

(2) [1]Im Rahmen der Aufnahmequote nach § 42c soll vorrangig dasjenige Land benannt werden, in dessen Bereich das Jugendamt liegt, das das Kind oder den Jugendlichen nach § 42a vorläufig in Obhut genommen hat. [2]Hat dieses Land die Aufnahmequote nach § 42c bereits erfüllt, soll das nächstgelegene Land benannt werden.

(3) [1]Die nach Landesrecht für die Verteilung von unbegleiteten ausländischen Kindern oder Jugendlichen zuständige Stelle des nach Absatz 1 benannten Landes weist das Kind oder den Jugendlichen innerhalb von zwei Werktagen einem in seinem Bereich gelegenen Jugendamt zur Inobhutnahme nach § 42 Absatz 1 Satz 1 Nummer 3 zu und teilt dies demjenigen Jugendamt mit, welches das Kind oder den Jugendlichen nach § 42a vorläufig in Obhut genommen hat. [2]Maßgeblich für die Zuweisung sind die spezifischen Schutzbedürfnisse und Bedarfe unbegleiteter ausländischer Minderjähriger. [3]Für die Verteilung von unbegleiteten ausländischen Kindern oder Jugendlichen ist das Landesjugendamt zuständig, es sei denn, dass Landesrecht etwas anderes regelt.

(4) Die Durchführung eines Verteilungsverfahrens ist bei einem unbegleiteten ausländischen Kind oder Jugendlichen ausgeschlossen, wenn

1. dadurch dessen Wohl gefährdet würde,
2. dessen Gesundheitszustand die Durchführung eines Verteilungsverfahrens innerhalb von 14 Werktagen nach Beginn der vorläufigen Inobhutnahme gemäß § 42a nicht zulässt,
3. dessen Zusammenführung mit einer verwandten Person kurzfristig erfolgen kann, zum Beispiel aufgrund der Verordnung (EU) Nr. 604/2013 des Europäischen Parlaments und des Rates vom 26. Juni 2013 zur Festlegung der Kriterien und Verfahren zur Bestimmung des Mitgliedstaats, der für die Prüfung eines von einem Drittstaatsangehörigen oder Staatenlosen in einem Mitgliedstaat gestellten Antrags auf internationalen Schutz zuständig ist (ABl. L 180 vom 29.6.2013, S. 31), und dies dem Wohl des Kindes entspricht oder
4. die Durchführung des Verteilungsverfahrens nicht innerhalb von einem Monat nach Beginn der vorläufigen Inobhutnahme erfolgt.

(5) [1]Geschwister dürfen nicht getrennt werden, es sei denn, dass das Kindeswohl eine Trennung erfordert. [2]Im Übrigen sollen unbegleitete ausländische Kinder oder Jugendliche im Rahmen der Aufnahmequote nach § 42c nach Durchführung des Verteilungsverfahrens gemeinsam nach § 42 in Obhut genommen werden, wenn das Kindeswohl dies erfordert.

(6) [1]Der örtliche Träger stellt durch werktägliche Mitteilungen sicher, dass die nach Landesrecht für die Verteilung von unbegleiteten ausländischen Kindern und Jugendlichen zuständige Stelle jederzeit über die für die Zuweisung nach Absatz 3 erforderlichen Angaben unterrichtet wird. [2]Die nach Landesrecht

für die Verteilung von unbegleiteten ausländischen Kindern oder Jugendlichen zuständige Stelle stellt durch werktägliche Mitteilungen sicher, dass das Bundesverwaltungsamt jederzeit über die Angaben unterrichtet wird, die für die Benennung des zur Aufnahme verpflichteten Landes nach Absatz 1 erforderlich sind.

(7) [1]Gegen Entscheidungen nach dieser Vorschrift findet kein Widerspruch statt. [2]Die Klage gegen Entscheidungen nach dieser Vorschrift hat keine aufschiebende Wirkung.

(8) Das Nähere regelt das Landesrecht.

§ 42c Aufnahmequote

(1) [1]Die Länder können durch Vereinbarung einen Schlüssel als Grundlage für die Benennung des zur Aufnahme verpflichteten Landes nach § 42b Absatz 1 festlegen. [2]Bis zum Zustandekommen dieser Vereinbarung oder bei deren Wegfall richtet sich die Aufnahmequote für das jeweilige Kalenderjahr nach dem von dem Büro der Gemeinsamen Wissenschaftskonferenz im Bundesanzeiger veröffentlichten Schlüssel, der für das vorangegangene Kalenderjahr entsprechend den Steuereinnahmen und der Bevölkerungszahl der Länder errechnet worden ist (Königsteiner Schlüssel), und nach dem Ausgleich für den Bestand der Anzahl unbegleiteter ausländischer Minderjähriger, denen am 1. November 2015 in den einzelnen Ländern Jugendhilfe gewährt wird. [3]Ein Land kann seiner Aufnahmepflicht eine höhere Quote als die Aufnahmequote nach Satz 1 oder 2 zugrunde legen; dies ist gegenüber dem Bundesverwaltungsamt anzuzeigen.

(2) [1]Ist die Durchführung des Verteilungsverfahrens ausgeschlossen, wird die Anzahl der im Land verbleibenden unbegleiteten ausländischen Kinder und Jugendlichen auf die Aufnahmequote nach Absatz 1 angerechnet. [2]Gleiches gilt, wenn der örtliche Träger eines anderen Landes die Zuständigkeit für die Inobhutnahme eines unbegleiteten ausländischen Kindes oder Jugendlichen von dem nach § 88a Absatz 2 zuständigen örtlichen Träger übernimmt.

(3) Bis zum 1. Mai 2017 wird die Aufnahmepflicht durch einen Abgleich der aktuellen Anzahl unbegleiteter ausländischer Minderjähriger in den Ländern mit der Aufnahmequote nach Absatz 1 werktäglich ermittelt.

§ 42d Übergangsregelung

(1) Kann ein Land die Anzahl von unbegleiteten ausländischen Kindern oder Jugendlichen, die seiner Aufnahmequote nach § 42c entspricht, nicht aufnehmen, so kann es dies gegenüber dem Bundesverwaltungsamt anzeigen.

(2) In diesem Fall reduziert sich für das Land die Aufnahmequote
1. bis zum 1. Dezember 2015 um zwei Drittel sowie
2. bis zum 1. Januar 2016 um ein Drittel.

(3) [1]Bis zum 31. Dezember 2016 kann die Ausschlussfrist nach § 42b Absatz 4 Nummer 4 um einen Monat verlängert werden, wenn die zuständige Landesstelle gegenüber dem Bundesverwaltungsamt anzeigt, dass die Durchführung des Verteilungsverfahrens in Bezug auf einen unbegleiteten ausländischen Minderjährigen nicht innerhalb dieser Frist erfolgen kann. [2]In diesem Fall hat das Jugendamt nach Ablauf eines Monats nach Beginn der vorläufigen Inobhutnahme die Bestellung eines Vormunds oder Pflegers zu veranlassen.

(4) [1]Ab dem 1. August 2016 ist die Geltendmachung des Anspruchs des örtlichen Trägers gegenüber dem nach § 89d Absatz 3 erstattungspflichtigen Land auf Erstattung der Kosten, die vor dem 1. November 2015 entstanden sind, ausgeschlossen. [2]Der Erstattungsanspruch des örtlichen Trägers gegenüber dem nach § 89d Absatz 3 erstattungspflichtigen Land verjährt in einem Jahr; im Übrigen gilt § 113 des Zehnten Buches entsprechend.

(5) [1]Die Geltendmachung des Anspruchs des örtlichen Trägers gegenüber dem nach § 89d Absatz 3 erstattungspflichtigen Land auf Erstattung der Kosten, die nach dem 1. November 2015 entstanden sind, ist ausgeschlossen. [2]Die Erstattung dieser Kosten richtet sich nach § 89d Absatz 1.

§ 42e Berichtspflicht

Die Bundesregierung hat dem Deutschen Bundestag jährlich einen Bericht über die Situation unbegleiteter ausländischer Minderjähriger in Deutschland vorzulegen.

§ 42f Behördliches Verfahren zur Altersfeststellung

(1) [1]Das Jugendamt hat im Rahmen der vorläufigen Inobhutnahme der ausländischen Person gemäß § 42a deren Minderjährigkeit durch Einsichtnahme in deren Ausweispapiere festzustellen oder hilfsweise mittels einer qualifizierten Inaugenscheinnahme einzuschätzen und festzustellen. [2]§ 8 Absatz 1 und § 42 Absatz 2 Satz 2 sind entsprechend anzuwenden.

(2) [1]Auf Antrag des Betroffenen oder seines Vertreters oder von Amts wegen hat das Jugendamt in Zweifelsfällen eine ärztliche Untersuchung zur Altersbestimmung zu veranlassen. [2]Ist eine ärztliche Untersuchung durchzuführen, ist die betroffene Person durch das Jugendamt umfassend über die Untersuchungsmethode und über die möglichen Folgen der Altersbestimmung aufzuklären. [3]Ist die ärztliche Untersuchung von Amts wegen durchzuführen, ist die betroffene Person zusätzlich über die Folgen einer Weigerung, sich der ärztlichen Untersuchung zu unterziehen, aufzuklären; die Untersuchung darf nur mit Einwilligung der betroffenen Person und ihres Vertreters durchgeführt werden. [4]Die §§ 60, 62 und 65 bis 67 des Ersten Buches sind entsprechend anzuwenden.
(3) [1]Widerspruch und Klage gegen die Entscheidung des Jugendamts, aufgrund der Altersfeststellung nach dieser Vorschrift die vorläufige Inobhutnahme nach § 42a oder die Inobhutnahme nach § 42 Absatz 1 Satz 1 Nummer 3 abzulehnen oder zu beenden, haben keine aufschiebende Wirkung. [2]Landesrecht kann bestimmen, dass gegen diese Entscheidung Klage ohne Nachprüfung in einem Vorverfahren nach § 68 der Verwaltungsgerichtsordnung erhoben werden kann.

Dritter Abschnitt
Mitwirkung in gerichtlichen Verfahren

§ 52 Mitwirkung in Verfahren nach dem Jugendgerichtsgesetz

(1) [1]Das Jugendamt hat nach Maßgabe der §§ 38 und 50 Absatz 3 Satz 2 des Jugendgerichtsgesetzes im Verfahren nach dem Jugendgerichtsgesetz mitzuwirken. [2]Dabei soll das Jugendamt auch mit anderen öffentlichen Einrichtungen und sonstigen Stellen, wenn sich deren Tätigkeit auf die Lebenssituation des Jugendlichen oder jungen Volljährigen auswirkt, zusammenarbeiten, soweit dies zur Erfüllung seiner ihm dabei obliegenden Aufgaben erforderlich ist. [3]Die behördenübergreifende Zusammenarbeit kann im Rahmen von gemeinsamen Konferenzen oder vergleichbaren gemeinsamen Gremien oder in anderen nach fachlicher Einschätzung geeigneten Formen erfolgen.
(2) [1]Das Jugendamt hat frühzeitig zu prüfen, ob für den Jugendlichen oder den jungen Volljährigen Leistungen der Jugendhilfe oder anderer Sozialleistungsträger in Betracht kommen. [2]Ist dies der Fall oder ist eine geeignete Leistung bereits eingeleitet oder gewährt worden, so hat das Jugendamt den Staatsanwalt oder den Richter umgehend davon zu unterrichten, damit geprüft werden kann, ob diese Leistung ein Absehen von der Verfolgung (§ 45 JGG) oder eine Einstellung des Verfahrens (§ 47 JGG) ermöglicht.
(3) Der Mitarbeiter des Jugendamts oder des anerkannten Trägers der freien Jugendhilfe, der nach § 38 Absatz 2 Satz 2 des Jugendgerichtsgesetzes tätig wird, soll den Jugendlichen oder den jungen Volljährigen während des gesamten Verfahrens betreuen.

Richtlinien für das Strafverfahren und das Bußgeldverfahren (RiStBV)

Neufassung vom 28. März 2023[1)] (BAnz AT B1)

Die Richtlinien sind im Bund und in den Ländern durch folgende Verfügungen eingeführt worden:
- **Bund:** Bek. v. 28.3.2023 (BAnz AT 19.06.2023 B1)
- **Baden-Württemberg:** VwV v. 20.12.2022 (Die Justiz 2023 S. 41)
- **Bayern:** Bek. v. 11.7.2023 (BayMBl. 2023 Nr. 365)
- **Berlin:** VwV v. 9.12.2022 (ABl. 2023 S. 154)
- **Brandenburg:** AV v. 13.12.2022 (JMBl. 2023 S. 2)
- **Bremen:** AV v. 1.12.2022
- **Hamburg:** AV v. 19.12.2022 (JVBl 2023 S. 9)
- **Hessen:** RdErl. v. 13.12.2022 (JMBl. 2023 S. 57)
- **Mecklenburg-Vorpommern:** VwV v. 20.12.2022 (AmtsBl. M-V S. 795)
- **Niedersachsen:** AV v. 30.11.2022 (Nds. RPfl. 2023 S. 39)
- **Nordrhein-Westfalen:** AV v. 22.12.2022 (JMBl. 2023 S. 124)
- **Rheinland-Pfalz:** VwV v. 1.12.2022 (JBl. S. 131)
- **Sachsen:** VwV v. 15.12.2022 (SächsJMBl. S. 336)
- **Sachsen-Anhalt:** AV v. 28.12.2022 (JMBl. LSA 2023 S. 122)
- **Schleswig-Holstein:** AV v. 12.12.2022 – II 303/4208-2-5-2
- **Thüringen:** VwV v. 16.12.2022 (JMBl. 2023 S. 30)

Inhaltsübersicht

1) Neubekanntmachung der Straf- und Bußgeldverfahren-Richtlinien v. 1.1.1977 (BAnz. 1976 Nr. 245 S. 2) in der ab 30.3.2023 bundeseinheitlich geltenden Fassung.

1) Nunmehr Lebensmittel-, Bedarfsgegenstände- und Futtermittelgesetzbuch.

Amtshilfe bei Ermittlungsmaßnahmen der Europäischen Staatsanwaltschaft

Einführung

[1]Die Richtlinien sind vornehmlich für den Staatsanwalt bestimmt. [2]Einige Hinweise wenden sich aber auch an den Richter. [3]Soweit diese Hinweise nicht die Art der Ausführung eines Amtsgeschäfts betreffen, bleibt es dem Richter überlassen, sie zu berücksichtigen. [4]Auch im Übrigen enthalten die Richtlinien Grundsätze, die für den Richter von Bedeutung sein können. [5]Die Richtlinien können wegen der Mannigfaltigkeit des Lebens nur Anleitungen für den Regelfall geben. [6]Der Staatsanwalt hat daher in jeder Strafsache selbständig und verantwortungsbewusst zu prüfen, welche Maßnahmen geboten sind. [7]Er kann wegen der Besonderheiten des Einzelfalles von den Richtlinien abweichen. [8]Für Verfahren, die zur Zuständigkeit der Jugendgerichte gehören, gelten diese Richtlinien nur, wenn in den Richtlinien zum Jugendgerichtsgesetz nichts anderes bestimmt ist.

Richtlinien für das Strafverfahren

Allgemeiner Teil

1. Abschnitt

Vorverfahren

1. Allgemeines

1 Der Staatsanwalt

[1]Das vorbereitende Verfahren liegt in den Händen des Staatsanwalts. [2]Er ist Organ der Rechtspflege. [3]Im Rahmen der Gesetze verfolgt er Straftaten und leitet verantwortlich die Ermittlungen der sonst mit der Strafverfolgung befassten Stellen.

2 Zuständigkeit

(1) Die Ermittlungen führt grundsätzlich der Staatsanwalt, in dessen Bezirk die Tat begangen ist.

(2) Für Sammelverfahren und in den Fällen des **§ 36** des Gesetzes über das Bundeskriminalamt und die Zusammenarbeit des Bundes und der Länder in kriminalpolizeilichen Angelegenheiten (BKAG) gelten die Nummern 25 bis 29.

3 Persönliche Ermittlungen des Staatsanwalts

(1) [1]Der Staatsanwalt soll in bedeutsamen oder in rechtlich oder tatsächlich schwierigen Fällen den Sachverhalt vom ersten Zugriff an selbst aufklären, namentlich den Tatort selbst besichtigen, die Beschuldigten und die wichtigsten Zeugen selbst vernehmen. [2]Bei der Entscheidung, ob er den Verletzten als Zeugen selbst vernimmt, können auch die Folgen der Tat von Bedeutung sein.

(2) [1]Auch wenn der Staatsanwalt den Sachverhalt nicht selbst aufklärt, sondern seine Ermittlungspersonen (§ 152 Absatz 1 GVG), die Behörden und Beamten des Polizeidienstes (§ 161 Absatz 1 StPO) oder andere Stellen damit beauftragt, hat er die Ermittlungen zu leiten, mindestens ihre Richtung und ihren Umfang zu bestimmen. [2]Er kann dabei auch konkrete Einzelweisungen zur Art und Weise der Durchführung einzelner Ermittlungshandlungen erteilen (vgl. auch Anlage A).

(3) [1]Bei formlosen mündlichen Erörterungen mit dem Anzeigenden, dem Beschuldigten oder mit anderen Beteiligten sind die Vorschriften der §§ 52 Absatz 3 Satz 1, 55 Absatz 2, 163a Absatz 3 Satz 2 StPO zu beachten. [2]Über das Ergebnis der Erörterung ist ein Vermerk niederzulegen.

4 GrundSatz der Verhältnismäßigkeit

Der VerfassungsgrundSatz der Verhältnismäßigkeit ist insbesondere bei Eingriffen in grundgesetzlich geschützte Rechte (z.B. Freiheit der Person, Unverletzlichkeit der Wohnung, Brief-, Post- und Fernmeldegeheimnis, Pressefreiheit) zu berücksichtigen; dies gilt vor allem bei der Anordnung von Maßnahmen, von denen Unverdächtige betroffen werden (z.B. Einrichtung von Kontrollstellen, Durchsuchung von Gebäuden).

4a Keine unnötige Bloßstellung des Beschuldigten

[1]Der Staatsanwalt vermeidet alles, was zu einer nicht durch den Zweck des Ermittlungsverfahrens bedingten Bloßstellung des Beschuldigten führen kann. [2]Das gilt insbesondere im Schriftverkehr mit anderen Behörden und Personen. [3]Sollte die Bezeichnung des Beschuldigten oder der ihm zur Last gelegten Straftat nicht entbehrlich sein, ist deutlich zu machen, dass gegen den Beschuldigten lediglich der Verdacht einer Straftat besteht.

4b Ermittlungen gegen eine Vielzahl von Personen

Wird bei der Suche nach einem Täter gegen eine Vielzahl von Personen ermittelt, achtet der Staatsanwalt darauf, dass diesen die Erforderlichkeit einer gegen sie gerichteten Maßnahme erläutert wird, soweit der Untersuchungszweck nicht entgegensteht.

4c Rücksichtnahme auf den Verletzten

Der Staatsanwalt achtet darauf, dass die für den Verletzten aus dem Strafverfahren entstehenden Belastungen möglichst gering gehalten und seine Belange im Strafverfahren berücksichtigt werden.

5 Beschleunigung

(1) [1]Die Ermittlungen sind zunächst nicht weiter auszudehnen, als nötig ist, um eine schnelle Entscheidung über die Erhebung der öffentlichen Klage oder die Einstellung des Verfahrens zu ermöglichen. [2]Hierbei sind insbesondere die Möglichkeiten der §§ 154, 154a StPO zu nutzen.

(2) Die Ermittlungshandlungen sind möglichst gleichzeitig durchzuführen (vgl. Nummer 12).

(3) Der Sachverhalt, die Einlassung des Beschuldigten und die für die Bemessung der Strafe oder für die Anordnung einer Maßnahme (§ 11 Absatz 1 Nummer 8 StGB) wichtigen Umstände sind so gründlich aufzuklären, dass die Hauptverhandlung reibungslos durchgeführt werden kann.

(4) [1]In Haftsachen sind die Ermittlungen besonders zu beschleunigen. [2]Das gleiche gilt für Verfahren wegen Straftaten, die den öffentlichen Frieden nachhaltig gestört oder die sonst besonderes Aufsehen erregt haben, und für Straftaten mit kurzer Verjährungsfrist.

5a Kostenbewusstsein

[1]Die Ermittlungen sind so durchzuführen, dass unnötige Kosten vermieden werden (vgl. auch Nummer 20 Absatz 1, Nummer 58 Absatz 3). [2]Kostenbewusstes Handeln ist etwa möglich durch

a) die frühzeitige Planung der Ermittlungen und Nutzung der gesetzlichen Möglichkeiten, von der Strafverfolgung oder der Erhebung der öffentlichen Klage abzusehen (vgl. auch Nummer 101 Absatz 1, Nummer 101a Absatz 1 Satz 2),
b) die Nutzung der Möglichkeit zu standardisiertem Arbeiten (Textbausteine, Abschlussentscheidungen nach Fallgruppen),
c) den Verzicht auf die förmliche Zustellung, etwa wenn keine Zwangsmaßnahmen zu erwarten sind (vgl. auch Nummer 91 Absatz 2),
d) die Vermeidung einer Verwahrung, jedenfalls die rasche Rückgabe von Asservaten (vgl. auch Nummer 75 Absatz 1).

5b Vorläufige Aufzeichnung von Protokollen

[1]Bei der vorläufigen Aufzeichnung von Protokollen (§ 168a Absatz 2 StPO) soll vom EinSatz technischer Hilfsmittel (insbesondere von Tonaufnahmegeräten) möglichst weitgehend Gebrauch gemacht werden. [2]Die Entscheidung hierüber trifft jedoch allein der Richter, in den Fällen des § 168b StPO der Staatsanwalt.

6 Verfolgung von Antragsdelikten

(1) [1]Wegen einer Straftat, die nur auf Antrag zu verfolgen ist, wird der Staatsanwalt in der Regel erst tätig, wenn ein ordnungsgemäßer Strafantrag vorliegt. [2]Ist zu befürchten, dass wichtige Beweismittel verloren gehen, kann es geboten sein, mit den Ermittlungen schon vorher zu beginnen.

(2) Hält der Staatsanwalt eine Strafverfolgung im öffentlichen Interesse für geboten und ist die Straftat oder das Antragserfordernis dem Antragsberechtigten offenbar noch unbekannt, kann es angebracht sein, ihn von der Tat zu unterrichten und anzufragen, ob ein Strafantrag gestellt wird.

(3) Enthält eine von Amts wegen zu verfolgende Straftat zugleich eine nur auf Antrag verfolgbare Tat, verfährt der Staatsanwalt nach Absatz 2.

(4) Wird der Strafantrag zu Protokoll gestellt, soll der Antragsteller über die möglichen Kostenfolgen bei Rücknahme des Strafantrages (§ 470 StPO) und darüber belehrt werden, dass ein zurückgenommener Antrag nicht nochmals gestellt werden kann. [2](§ 77d Absatz 1 Satz 3 StGB).

(5) Kommt eine Ermächtigung eines obersten Staatsorgans des Bundes oder eines Landes zur Strafverfolgung (§ 89a Absatz 4, § 89b Absatz 4, § 89c Absatz 4, § 90 Absatz 4, § 90b Absatz 2, § 97 Absatz 3, § 129b Absatz 1 Satz 3, § 194 Absatz 4, § 353a Absatz 2, § 353b Absatz 4 StGB) oder ein Strafantrag

eines solchen Organs wegen Beleidigung (§ 194 Absatz 1, 3 StGB) in Betracht, so sind die besonderen Bestimmungen der Nummer 209, 210 Absatz 1, 2, Nummer 211, 212 zu beachten.

7 Haftbefehl bei Antragsdelikten

(1) Wird der Beschuldigte vorläufig festgenommen oder gegen ihn ein Haftbefehl erlassen, bevor ein Strafantrag gestellt ist, hat der Staatsanwalt alle Ermittlungen vorzunehmen, die keinen Aufschub dulden.

(2) Ist eine Tat nur mit Ermächtigung oder auf Strafverlangen verfolgbar, gilt Absatz 1 sinngemäß.

8 Namenlose Anzeigen

[1]Auch bei namenlosen Anzeigen prüft der Staatsanwalt, ob ein Ermittlungsverfahren einzuleiten ist. [2]Es kann sich empfehlen, den Beschuldigten erst dann zu vernehmen, wenn der Verdacht durch andere Ermittlungen eine gewisse Bestätigung gefunden hat.

9 Benachrichtigung des Anzeigenden

(1) Wird ein Ermittlungsverfahren auf Grund einer Anzeige eingeleitet, wird der Eingang der Anzeige bestätigt, sofern dies nicht nach den Umständen entbehrlich ist.

(2) Ist der Anzeigeerstatter zugleich der Verletzte, ist für die Bestätigung der Anzeige nach § 158 Absatz 1 Satz 3 und 4 StPO hinsichtlich der angezeigten Tat die Angabe der amtlichen Überschrift des Straftatbestandes ausreichend.

10 Richterliche Untersuchungshandlungen

[1]Der Staatsanwalt beantragt richterliche Untersuchungshandlungen, wenn er sie aus besonderen Gründen für erforderlich erachtet, z.B. weil der Verlust eines Beweismittels droht, ein Geständnis festzuhalten ist (§ 254 StPO) oder, wenn eine Straftat nur durch Personen bewiesen werden kann, die zur Verweigerung des Zeugnisses berechtigt sind. [2]Dies gilt insbesondere auch für die Aufzeichnung der Vernehmung in Bild und Ton als richterliche Vernehmung nach § 58a Absatz 1 StPO.

11 Ermittlungen durch andere Stellen

(1) Den Behörden und Beamten des Polizeidienstes und den anderen Stellen, die zu den Ermittlungen herangezogen werden, ist möglichst genau anzugeben, welche Erhebungen sie vornehmen sollen; Wendungen wie „zur Erörterung“, „zur weiteren Aufklärung“ oder „zur weiteren Veranlassung“ sind zu vermeiden.

(2) Ist zu erwarten, dass die Aufklärung einer Straftat schwierig sein wird oder umfangreiche Ermittlungen erforderlich werden, empfiehlt es sich, die durchzuführenden Maßnahmen und deren Reihenfolge mit den beteiligten Stellen zu besprechen.

12 Versendung der Akten, Hilfs – oder Doppelakten

(1) [1]Ermittlungsersuchen sind möglichst so zu stellen, dass die Ermittlungen gleichzeitig durchgeführt werden können (Nummer 5 Absatz 2, Nummer 10, 11). [2]Von der Beifügung der Ermittlungsakten ist abzusehen, wenn durch die Versendung eine Verzögerung des Verfahrens eintreten würde und wenn der für die Ermittlung maßgebliche Sachverhalt in dem Ersuchen dargestellt oder aus einem Aktenauszug entnommen werden kann.

(2) [1]In geeigneten Fällen sind Hilfs- oder Doppelakten anzulegen. [2]Dies gilt insbesondere, wenn Haftprüfungen oder Haftbeschwerden zu erwarten sind.

13 Feststellung der persönlichen Verhältnisse des Beschuldigten

(1) [1]Die persönlichen Verhältnisse des Beschuldigten, insbesondere die richtige Schreibweise seines Familien- und Geburtsnamens, sein Geburtstag und Geburtsort und seine Staatsangehörigkeit, sind sorgfältig festzustellen; führt er einen abgekürzten Vornamen, ist auch der volle Vorname anzugeben. [2]Bei Personen ohne deutsche Staatsangehörigkeit sind die Passnummer und die Namen der Eltern (einschließlich deren Geburtsnamen) festzustellen. [3]Wird bei einer Vernehmung auf die Angaben zur Person in einer früheren polizeilichen Vernehmung verwiesen, sind diese mit dem Beschuldigten im Einzelnen durchzusprechen und, wenn nötig, zu ergänzen. [4]Können die Eintragungen im Bundeszentralregister für die Untersuchung von Bedeutung sein und ist eine Registerauskunft bei den Akten, ist der Beschuldigte auch hierüber zu vernehmen. [5]Bestreitet er, die in der Auskunft genannte Person zu sein, oder behauptet er, die Eintragungen seien unrichtig, ist auch dies in die Niederschrift aufzunehmen.

(2) Der Beschuldigte soll ferner befragt werden, ob er sozialleistungsberechtigt ist (Angaben über Rentenbescheid, Versorgungsbescheid, Art der Verletzung), ob er Betreuungen, Vormundschaften oder Pflegschaften führt, ob er die Erlaubnis zum Führen von Kraft-, Luft- oder Wasserfahrzeugen, eine gewerbliche Erlaubnis oder Berechtigung, einen Jagd- oder Fischereischein, eine waffen- oder sprengstoffrechtliche Erlaubnis oder Genehmigung, ein Schiffer- oder Lotsenpatent besitzt (Angabe der ausstellenden Behörde und der Nummer des Ausweises), ob er für die laufende oder für die nächste Wahlperiode als

Schöffe gewählt oder ausgelost ist (Angabe des Ausschusses nach § 40 GVG) und ob er ein richterliches oder ein anderes Ehrenamt in Staat oder Gemeinde ausübt.

(3) [1]Ist der Beschuldigte ein Soldat der Bundeswehr, sind der Dienstgrad, der Truppenteil oder die Dienststelle sowie der Standort des Soldaten festzustellen. [2]Bei Reservisten der Bundeswehr genügt die Angabe des letzten Dienstgrades.

(4) Besteht Fluchtgefahr, ist festzustellen, ob der Beschuldigte einen Pass oder einen Personalausweis besitzt.

(5) Nach dem Religionsbekenntnis darf der Beschuldigte nur gefragt werden, wenn der Sachverhalt dazu Anlass gibt.

(6) Die Angaben des Beschuldigten sind, soweit veranlasst, nachzuprüfen; wenn nötig, ist eine Geburtsurkunde anzufordern.

14 Aufklärung der wirtschaftlichen Verhältnisse des Beschuldigten

(1) [1]Die Einkommens- und Vermögensverhältnisse des Beschuldigten sind aufzuklären. [2]Es ist festzustellen, welchen Beruf der Beschuldigte erlernt hat und welchen er ausübt (Angabe des Arbeitgebers). [3]Bei verheirateten Beschuldigten ist auch der Beruf des Ehegatten, bei Minderjährigen auch der der Eltern anzugeben. [4]Es ist ferner zu ermitteln, wie viel der Beschuldigte verdient, welche anderen Einkünfte, z.B. Zinsen aus Kapital, Mieteinnahmen er hat, ob er Grundstücke oder anderes Vermögen besitzt und welche Umstände sonst für seine Zahlungsfähigkeit von Bedeutung sind. [5]In geeigneten Fällen soll der Beschuldigte befragt werden, ob er die Finanz- und Steuerbehörden ermächtigt, den Justizbehörden Auskunft zu erteilen. [6]Dabei kann er auch darauf hingewiesen werden, dass seine Einkünfte, sein Vermögen und andere Grundlagen für die Bemessung eines Tagessatzes geschätzt werden können (§ 40 Absatz 3 StGB).

(2) Ist der Beschuldigte erwerbslos, ist zu ermitteln, wie viel Unterstützung er erhält und welche Kasse sie zahlt.

(3) [1]Bestehen gegen die Angaben des Beschuldigten über seine wirtschaftlichen Verhältnisse Bedenken oder wird vermutet, dass sie sich nachträglich wesentlich geändert haben, kann sich der Staatsanwalt der Gerichtshilfe (§ 160 Absatz 3 StPO) bedienen. [2]In manchen Fällen wird es genügen, eine Auskunft des Gerichtsvollziehers oder des Vollziehungsbeamten der Justiz oder eine Auskunft aus dem Schuldnerverzeichnis des Amtsgerichts einzuholen. [3]Ist es nicht vermeidbar, eine Polizei-, Gemeinde- oder andere Behörde um eine Auskunft über die wirtschaftlichen Verhältnisse des Beschuldigten zu ersuchen, soll sich das Ersuchen möglichst auf bestimmte Fragen beschränken.

15 Aufklärung der für die Bestimmung der Rechtsfolgen der Tat bedeutsamen Umstände

(1) [1]Alle Umstände, die für die Strafbemessung, die Strafaussetzung zur Bewährung, die Verwarnung mit Strafvorbehalt, das Absehen von Strafe, die Nebenstrafe und Nebenfolgen oder die Anordnung von Maßregeln der Besserung und Sicherung, der Einziehung oder sonstiger Maßnahmen (§ 11 Absatz 1 Nummer 8 StGB) von Bedeutung sein können, sind schon im vorbereitenden Verfahren aufzuklären. [2]Dazu kann sich der Staatsanwalt der Gerichtshilfe bedienen (§ 160 Absatz 3 StPO).

(2) [1]Gemäß Absatz 1 ist der dem Verletzten durch die Tat entstandene Schaden aufzuklären, soweit er für das Strafverfahren von Bedeutung sein kann. [2]Der Staatsanwalt prüft auch, ob und mit welchem Erfolg sich der Beschuldigte um eine Wiedergutmachung bemüht hat.

(3) Gehört der Beschuldigte zum Leitungsbereich einer juristischen Person oder Personenvereinigung und kommt die Festsetzung einer Geldbuße gegen diese in Betracht (Nummer 180a), sind schon im vorbereitenden Verfahren Ermittlungen zur Höhe des durch die Tat erlangten wirtschaftlichen Vorteils zu führen.

(4) [1]Die für eine in Betracht kommende Einziehung nach §§ 73 bis 76b StGB bedeutsamen Tatsachen sind zu ermitteln. [2]Kommt die Einziehung von Taterträgen oder des Wertes von Taterträgen bei Tätern, Teilnehmern oder anderen (§§ 73 ff. StGB) oder kommt die Festsetzung einer Geldbuße (Nummer 180a) in Betracht, sind das Taterlangte sowie dessen Wert konkret zu bestimmen. [3]Ist dies nicht möglich, sind die für eine Schätzung (§ 73d Absatz 2 StGB) erforderlichen Tatsachen aufzuklären. [4]In Fällen mit Tatverletzten ist zu prüfen, ob und in welchem Umfang der Anspruch des Tatverletzten auf Rückgewähr des Erlangten oder auf ErSatz des Wertes des Erlangten erloschen ist (§ 73e Absatz 1 StGB).

(5) [1]Bei Körperverletzungen sind Feststellungen über deren Schwere, die Dauer der Heilung, etwaige Dauerfolgen und über den Grad einer etwaigen Erwerbsminderung zu treffen. [2]Bei nicht ganz unbedeutenden Verletzungen wird ein Attest des behandelnden Arztes anzufordern sein (Nummer 68).

(6) Soweit Anhaltspunkte für rassistische, fremdenfeindliche, antisemitische oder sonstige menschenverachtende Beweggründe bestehen, sind die Ermittlungen auch auf solche Tatumstände zu erstrecken.

16 Feststellung von Eintragungen im Bundeszentralregister und anderen Registern

(1) [1]Für die öffentliche Klage ist in der Regel eine Auskunft aus dem Bundeszentralregister und, soweit dies angezeigt ist, aus den Strafregistern anderer Mitgliedstaaten der Europäischen Union, soweit es sich um Personen mit einer Staatsangehörigkeit eines anderen Mitgliedstaates der Europäischen Union oder eines Drittstaates oder unbekannter Staatsangehörigkeit handelt, gegebenenfalls auch aus dem Erziehungsregister, einzuholen. [2]Gleiches gilt, wenn ein Absehen von der öffentlichen Klage (§ 153a StPO) in Betracht kommt.

(2) [1]Bei der Erörterung von Registereintragungen im Sinne des Absatzes 1 ist darauf zu achten, dass dem Beschuldigten oder seiner Familie durch das Bekanntwerden der eingetragenen Tatsachen keine Nachteile entstehen, die vermeidbar sind oder zur Bedeutung der Strafsache außer Verhältnis stehen. [2]Werden die Akten an andere mit dem Strafverfahren nicht unmittelbar befasste Stellen versandt, ist die Registerauskunft zurückzubehalten; wird ihnen Akteneinsicht gewährt, ist sie aus den Akten herauszunehmen.

(3) Sind Anhaltspunkte dafür gegeben, dass ein Widerruf der Beseitigung des Strafmakels hinsichtlich einer früher erkannten Jugendstrafe in Betracht kommt (§ 101 des Jugendgerichtsgesetzes (JGG)), empfiehlt sich ein ausdrückliches Ersuchen um Auskunft aus dem Zentralregister im Sinne des § 41 Absatz 2 und 3 des Bundeszentralregistergesetzes (BZRG).

16a DNA – Maßnahmen für künftige Strafverfahren

Der Staatsanwalt wirkt darauf hin, dass bei Beschuldigten, bei denen die Voraussetzungen des § 81g StPO gegeben sind, unverzüglich die erforderlichen DNA-Maßnahmen für Zwecke künftiger Strafverfahren erfolgen.

17 Mehrere Strafverfahren gegen denselben Beschuldigten

(1) Die Ermittlungen sollen sich auch darauf erstrecken, ob gegen den Beschuldigten noch weitere Strafverfahren anhängig sind und ob er eine frühere Strafe noch nicht voll verbüßt hat.

(2) [1]Hat jemand mehrere selbständige Straftaten begangen, sorgt der Staatsanwalt dafür, dass die Verfahren verbunden oder die Ergebnisse des einen Verfahrens in dem anderen berücksichtigt werden. [2]Nummer 2 ist zu beachten (vgl. auch Nummer 114).

(3) [1]Vor Anordnung oder Beantragung einer verdeckten Ermittlungsmaßnahme prüft der Staatsanwalt nach Möglichkeit, z.B. anhand des Auszugs aus dem zentralen staatsanwaltschaftlichen Verfahrensregister, ob gegen den Betroffenen der Maßnahme weitere Ermittlungsverfahren anhängig sind. [2]In geeigneten Fällen, insbesondere wenn anhängige Ermittlungsverfahren Straftaten von erheblicher Bedeutung betreffen können, stimmt er sein Vorgehen mit dem das weitere Ermittlungsverfahren führenden Staatsanwalt ab, um unkoordinierte Ermittlungsmaßnahmen zu verhindern.

18 Gegenüberstellung und Wahllichtbildvorlage

(1) [1]Soll durch eine Gegenüberstellung geklärt werden, ob der Beschuldigte der Täter ist, sind dem Zeugen nicht nur der Beschuldigte, sondern auch eine Reihe anderer Personen gleichen Geschlechts, ähnlichen Alters und ähnlicher Erscheinung gegenüberzustellen, und zwar in einer Form, die nicht erkennen lässt, wer von den Gegenübergestellten der Beschuldigte ist (Wahlgegenüberstellung). [2]Die Wahlgegenüberstellung kann auch mittels elektronischer Bildtechnik durchgeführt werden (wie z.B. Wahlvideogegenüberstellung).

(2) [1]Die Gegenüberstellung soll grundsätzlich nacheinander und nicht gleichzeitig erfolgen. [2]Sie soll auch dann vollständig durchgeführt werden, wenn der Zeuge zwischenzeitlich erklärt, eine Person erkannt zu haben. [3]Bei einer Gegenüberstellung mit dem Beschuldigten ist für die Wahrung der Rechte des Beschuldigten und des Verteidigers nach Maßgabe des § 58 Absatz 2 Satz 2 bis 5 StPO Sorge zu tragen. [4]Die Einzelheiten sind aktenkundig zu machen.

(3) Absatz 1 und 2 Satz 1, 2 und 4 gelten bei der Vorlage von Lichtbildern (Wahllichtbildvorlage) mit der Maßgabe, dass dem Zeugen mindestens acht Personen gezeigt werden sollen, entsprechend.

19 Vernehmung von Kindern und Jugendlichen

(1) Eine mehrmalige Vernehmung von Kindern und Jugendlichen vor der Hauptverhandlung ist wegen der damit verbundenen seelischen Belastung dieser Zeugen nach Möglichkeit zu vermeiden.

(2) [1]Bei Zeugen unter achtzehn Jahren soll unbeschadet der Nummer 19a Absatz 3 zur Vermeidung wiederholter Vernehmungen von der Möglichkeit der Aufzeichnung in Bild und Ton Gebrauch gemacht werden (§ 58a Absatz 1 Satz 2 Nummer 1, § 255a Absatz 1 StPO). [2]Hierbei ist darauf zu achten, dass die vernehmende Person und der Zeuge gemeinsam und zeitgleich in Bild und Ton aufgenommen und dabei im Falle des § 52 StPO auch die Belehrung und die Bereitschaft des Zeugen zur Aussage (§ 52 Absatz 2 Satz 1 StPO) dokumentiert werden. [3]Für die Anwesenheit einer Vertrauensperson soll nach Maßgabe des § 406f Absatz 2 StPO Sorge getragen werden. [4]Mit Blick auf eine spätere Verwendung der Aufzeichnung

als Beweismittel in der Hauptverhandlung (§ 255a StPO) empfiehlt sich auch in anderen als in Nummer 19a Absatz 3 genannten Fällen eine richterliche Vernehmung (§§ 168c, 168e StPO). [5]Bei Straftaten im Sinne des § 255a Absatz 2 Satz 1 StPO soll rechtzeitig darauf hingewirkt werden, dass der Beschuldigte und sein Verteidiger Gelegenheit haben, an der Vernehmung mitzuwirken.
(3) In den Fällen des § 52 Absatz 2 Satz 2 StPO wirkt der Staatsanwalt möglichst frühzeitig auf die Anordnung einer Ergänzungspflegschaft (§ 1909 Absatz 1 Satz 1 des Bürgerlichen Gesetzbuches (BGB)) durch das zuständige Familiengericht (§ 152 des Gesetzes über das Verfahren in Familiensachen und in den Angelegenheiten der freiwilligen Gerichtsbarkeit (FamFG)) hin.
(4) [1]Alle Umstände, die für die Glaubwürdigkeit eines Kindes oder eines Jugendlichen bedeutsam sind, sollen möglichst frühzeitig festgestellt werden. [2]Es ist zweckmäßig, hierüber Eltern, Lehrer, Erzieher oder andere Bezugspersonen zu befragen; gegebenenfalls ist mit dem Jugendamt Kontakt aufzunehmen.
(5) Bleibt die Glaubwürdigkeit zweifelhaft, ist ein Sachverständiger, der über besondere Kenntnisse und Erfahrungen auf dem Gebiet der Kinderpsychologie verfügt, zuzuziehen.

19a Vernehmung des Verletzten als Zeuge

(1) [1]Ist erkennbar, dass mit der Vernehmung als Zeuge für den Verletzten eine erhebliche psychische Belastung verbunden sein kann, wird ihm bei der Vernehmung mit besonderer Einfühlung und Rücksicht zu begegnen sein; auf §§ 68a, 68b StPO wird hingewiesen. [2]Ist eine mehrmalige Vernehmung nicht vermeidbar, werden die Vernehmungen des Verletzten im Sinne des Satzes 1 grundsätzlich von denselben Personen durchgeführt, es sei denn, dies ist nicht im Sinne einer geordneten Rechtspflege. [3]Der nach § 406g Absatz 3 StPO beigeordnete Prozessbegleiter hat bei der Vernehmung des Verletzten ein Anwesenheitsrecht. [4]Einer Vertrauensperson nach § 406f Absatz 2 StPO sowie einem nicht beigeordneten psychosozialen Prozessbegleiter (§ 406g Absatz 4 Satz 1 StPO) ist die Anwesenheit zu gestatten, wenn der Untersuchungszweck nicht gefährdet wird.
(2) [1]Die Vernehmung eines Zeugen soll nach Würdigung der dafür jeweils maßgeblichen Umstände in Bild und Ton aufgezeichnet werden und als richterliche Vernehmung erfolgen, wenn zu besorgen ist, dass der Zeuge in der Hauptverhandlung nicht vernommen werden kann und die Aufzeichnung zur Erforschung der Wahrheit erforderlich ist (§ 58a Absatz 1 Satz 2 Nummer 2 StPO). [2]Dies wird insbesondere dann anzunehmen sein, wenn ein Zeuge im Ausland lebt, lebensgefährlich erkrankt, gebrechlich oder gefährdet ist oder zu besorgen ist, dass einem minderjährigen Zeugen die Teilnahme an der Hauptverhandlung aus berechtigter Sorge um dessen Wohl von dessen Erziehungsberechtigten nicht gewährt werden wird.
(3) [1]Bei Verletzten von Straftaten gegen die sexuelle Selbstbestimmung (§§ 174 bis 184j StGB) muss unter den weiteren Voraussetzungen des § 58a Absatz 1 Satz 3 StPO eine richterliche Vernehmung erfolgen, die aufzuzeichnen ist. [2]Eine vernehmungsersetzende Vorführung in der Hauptverhandlung ist unter den Voraussetzungen des § 255a Absatz 2 Satz 1 bis 3 StPO zulässig.
(4) [1]Bei der richterlichen Vernehmung des Verletzten wirkt der Staatsanwalt durch Anregung und Antragstellung auf eine entsprechende Durchführung der Vernehmung hin. [2]Er achtet insbesondere darauf, dass der Verletzte durch Fragen und Erklärungen des Beschuldigten und seines Verteidigers nicht größeren Belastungen ausgesetzt wird, als im Interesse der Wahrheitsfindung hingenommen werden muss.
(5) Eine mehrmalige Vernehmung des Verletzten vor der Hauptverhandlung kann für diesen zu einer erheblichen Belastung führen und ist deshalb nach Möglichkeit zu vermeiden.

19b Widerspruchsrecht des Zeugen bei Aufzeichnung der Vernehmung in Bild und Ton

(1) Wird die Vernehmung eines Zeugen auf Bild-Ton-Träger aufgezeichnet (§ 58a StPO), ist dieser darauf hinzuweisen, dass er der Überlassung einer Kopie der Aufzeichnung seiner Vernehmung im Wege der Akteneinsicht an den Verteidiger oder den Rechtsanwalt des Verletzten widersprechen kann.
(2) Wird die richterliche Zeugenvernehmung eines Verletzten nach § 58a Absatz 1 Satz 3 StPO in Bild und Ton aufgezeichnet, ist der Verletzte unmittelbar nach der Vernehmung darauf hinzuweisen, dass er der späteren vernehmungsersetzenden Vorführung der Aufzeichnung in der Hauptverhandlung nur sofort widersprechen kann (vgl. § 255a Absatz 2 Satz 1 a.E. StPO).

20 Vernehmung von Gefangenen und Verwahrten

(1) Personen, die sich in Haft oder sonst in amtlicher Verwahrung befinden, sind in der Regel in der Anstalt zu vernehmen; dies gilt vor allem dann, wenn die Gefahr des Entweichens besteht oder die Vorführung besondere Kosten verursacht.
(2) Erscheint auf Grund der Vernehmung die Besorgnis begründet, dass ein Gefangener oder Verwahrter die Ordnung in der Anstalt beeinträchtigt oder sich selbst gefährdet, ist der Anstaltsleiter zu unterrichten.

21 Umgang mit behinderten Menschen

(1) Behinderten Menschen ist mit besonderer Rücksichtnahme auf ihre Belange zu begegnen.

(2) Im Hinblick auf die Ausübung des Wahlrechts nach § 186 Absatz 1 GVG teilt der Staatsanwalt mit Erhebung der öffentlichen Klage in geeigneter Form eine ihm bekanntgewordene Hör- oder Sprachbehinderung mit.

(3) [1]Es empfiehlt sich, hörbehinderte Personen zur Wiederholung dessen zu veranlassen, was sie von Fragen, Zeugenaussagen oder mündlichen Erörterungen verstanden haben. [2]Wenn sie auch mit technischen Hilfsmitteln zu einer Wiederholung nicht in der Lage sind oder von ihrem Wahlrecht nach § 186 Absatz 1 GVG keinen Gebrauch gemacht haben, ist darauf hinzuwirken, dass eine die Verständigung ermöglichende Maßnahme nach § 186 Absatz 2 GVG ergriffen wird.

(4) Bei Vernehmungen von geistig behinderten oder lernbehinderten Zeugen empfiehlt es sich, in geeigneten Fällen darauf hinzuwirken, dass nach Möglichkeit eine Vertrauensperson des Behinderten an der Vernehmung teilnimmt, die in der Lage ist, sprachlich zwischen diesem und dem Vernehmenden zu vermitteln.

(5) Bei Vernehmungen von hör- oder sprachbehinderten Beschuldigten, Verurteilten oder nebenklageberechtigten Personen im vorbereitenden Verfahren soll, sofern dies zur Ausübung der strafprozessualen Rechte dieser Personen erforderlich ist, der Staatsanwalt darauf hinwirken, dass ein Dolmetscher oder Übersetzer herangezogen wird.

22 Unterbrechung der Verjährung

[1]Der Staatsanwalt hat während des ganzen Verfahrens darauf zu achten, dass die Verjährung rechtzeitig unterbrochen wird, besonders wenn kürzere Verjährungsfristen laufen. [2]Dabei ist jedoch der Grundgedanke der Verjährung zu berücksichtigen und deren Eintritt nicht wahllos, vor allem nicht in minder schweren Fällen, die erst nach Jahren zur Aburteilung kämen, zu verhindern. [3]Auf Nummer 274 wird hingewiesen.

23 Zusammenarbeit mit Presse und Rundfunk

(1) [1]Bei der Unterrichtung der Öffentlichkeit ist mit Presse, Hörfunk und Fernsehen unter Berücksichtigung ihrer besonderen Aufgaben und ihrer Bedeutung für die öffentliche Meinungsbildung zusammenzuarbeiten. [2]Diese Unterrichtung darf weder den Untersuchungszweck gefährden noch dem Ergebnis der Hauptverhandlung vorgreifen; der Anspruch des Beschuldigten auf ein faires Verfahren darf nicht beeinträchtigt werden. [3]Auch ist im Einzelfall zu prüfen, ob das Interesse der Öffentlichkeit an einer vollständigen Berichterstattung gegenüber den Persönlichkeitsrechten des Beschuldigten oder anderer Beteiligter, insbesondere auch des Verletzten, überwiegt. [4]Eine unnötige Bloßstellung dieser Person ist zu vermeiden. [5]Dem allgemeinen Informationsinteresse der Öffentlichkeit wird in der Regel ohne Namensnennung entsprochen werden können. [6]Auf Nummer 129 Absatz 1 und Nummer 219 Absatz 1 wird hingewiesen. [7]Die entsprechenden Verwaltungsvorschriften der Länder sind zu beachten (vgl. auch Anlage B).

(2) Über die Anklageerhebung und Einzelheiten der Anklage darf die Öffentlichkeit grundsätzlich erst unterrichtet werden, nachdem die vollständige Anklageschrift dem Beschuldigten mit ausreichendem zeitlichen Vorlauf zugestellt oder sonst bekanntgemacht worden ist.

24 Verkehr mit ausländischen Vertretungen

Für den Verkehr mit ausländischen diplomatischen und konsularischen Vertretungen in der Bundesrepublik sind die Nummern 133 bis 137 RiVASt zu beachten.

2. Sammelverfahren, Fälle des § 36 BKAG und kontrollierte Transporte

25 Sammelverfahren

[1]Im Interesse einer zügigen und wirksamen Strafverfolgung ist die Führung einheitlicher Ermittlungen als Sammelverfahren geboten, wenn der Verdacht mehrerer Straftaten besteht, eine Straftat den Bezirk mehrerer Staatsanwaltschaften berührt oder ein Zusammenhang mit einer Straftat im Bezirk einer anderen Staatsanwaltschaft besteht. [2]Dies gilt nicht, sofern die Verschiedenartigkeit der Taten oder ein anderer wichtiger Grund entgegensteht.

26 Zuständigkeit

(1) Die Bearbeitung von Sammelverfahren obliegt dem Staatsanwalt, in dessen Bezirk der Schwerpunkt des Verfahrens liegt.

(2) [1]Der Schwerpunkt bestimmt sich nach den gesamten Umständen des Tatkomplexes. [2]Dabei sind vor allem zu berücksichtigen:

a) die Zahl der Einzeltaten, der Täter oder der Zeugen;
b) der Sitz einer Organisation;

c) der Ort der geschäftlichen Niederlassung, wenn ein Zusammenhang mit der Tat besteht;
d) der Wohnsitz oder der gewöhnliche Aufenthaltsort des (Haupt-)Beschuldigten, wenn dieser für Planung, Leitung oder Abwicklung der Taten von Bedeutung ist;
e) das Zusammenfallen des Wohnsitzes mit einem Tatort.

(3) Lässt sich der Schwerpunkt nicht feststellen, ist der Staatsanwalt zuständig, der zuerst mit dem (Teil-)Sachverhalt befasst war.

(4) Die Führung eines Sammelverfahrens darf nicht allein mit der Begründung abgelehnt werden, dass wegen eines Teils der Taten bereits ein gerichtliches Verfahren anhängig ist.

27 Verfahren bei Abgabe und Übernahme

(1) Ist die Führung eines Sammelverfahrens geboten, soll der Staatsanwalt bei ihm anhängige Einzelverfahren unverzüglich unter Bezeichnung der Umstände, aus denen sich der Schwerpunkt des Verfahrens ergibt (Nummer 26 Absatz 2), an den für das Sammelverfahren zuständigen Staatsanwalt abgeben.

(2) [1]Der um Übernahme gebetene Staatsanwalt hat unverzüglich, möglichst binnen drei Tagen, zu entscheiden, ob er das Verfahren übernimmt. [2]Die Ablehnung der Übernahme ist zu begründen.

(3) [1]Verbleibt der Staatsanwalt, dessen Verfahren nicht übernommen worden ist, bei seinem Standpunkt, berichtet er dem Generalstaatsanwalt. [2]Können die Generalstaatsanwälte eines Landes sich nicht binnen einer Woche über die Frage des Schwerpunkts einigen, ist unverzüglich eine Entscheidung der Landesjustizverwaltung herbeizuführen; im Übrigen ist nach § 143 Absatz 3 GVG zu verfahren.

(4) Bis zur Entscheidung über die Übernahme des Verfahrens hat der abgebende Staatsanwalt alle Amtshandlungen vorzunehmen, bei denen Gefahr im Verzuge ist.

(5) Der übernehmende Staatsanwalt setzt den Anzeigenden von der Übernahme des Verfahrens in Kenntnis, sofern dies nicht nach den Umständen entbehrlich ist.

28 Regelung zu § 36 BKAG

(1) Unterrichtet das Bundeskriminalamt die Generalstaatsanwälte nach § 36 BKAG darüber, dass es angezeigt erscheine, die polizeilichen Aufgaben auf dem Gebiet der Strafverfolgung einheitlich wahrzunehmen, so ist wie folgt zu verfahren:
a) Der Generalstaatsanwalt, in dessen Bezirk ein Sammelverfahren geführt wird, stellt, wenn er eine Zuweisungsanordnung nach § 36 BKAG für erforderlich hält, unverzüglich, möglichst binnen drei Tagen, das Einvernehmen für diese Anordnung mit der obersten Behörde der Innenverwaltung seines Landes her.
b) Hält das Bundeskriminalamt es für angezeigt, dass die polizeilichen Aufgaben auf dem Gebiet der Strafverfolgung einem anderen als dem Land übertragen werden, in dem das staatsanwaltschaftliche Sammelverfahren geführt wird, verständigen sich die beteiligten Generalstaatsanwälte unverzüglich, möglichst binnen drei Tagen, darüber, ob eine Zuweisungsanordnung erforderlich ist und ob das Sammelverfahren von einer Staatsanwaltschaft des vom Bundeskriminalamt bezeichneten Landes übernommen werden soll. Der Generalstaatsanwalt, in dessen Bezirk das Sammelverfahren übernommen werden soll, führt unverzüglich das für die Zuweisungsanordnung erforderliche Einvernehmen mit der obersten Behörde der Innenverwaltung seines Landes herbei.
c) Wird ein staatsanwaltschaftliches Sammelverfahren noch nicht geführt, verständigen sich die beteiligten Generalstaatsanwälte fernmündlich oder fernschriftlich unverzüglich, möglichst binnen drei Tagen, darüber, ob die Einleitung eines Sammelverfahrens angezeigt ist und welche Staatsanwaltschaft das Sammelverfahren führen soll. Hält der Generalstaatsanwalt, in dessen Bezirk das Sammelverfahren geführt werden soll, eine Zuweisungsanordnung für erforderlich, stellt er das Einvernehmen für diese Zuweisungsanordnung mit der obersten Behörde der Innenverwaltung seines Landes her.

(2) [1]Bei der Entscheidung darüber, welche Staatsanwaltschaft ein Sammelverfahren führen soll, kann vor den sonstigen für die Führung von Sammelverfahren maßgebenden Gesichtspunkten kriminaltaktischen Erwägungen besondere Bedeutung zukommen. [2]Können die Generalstaatsanwälte sich nicht einigen, sind die zuständigen Landesjustizverwaltungen zu beteiligen.

(3) Der Generalstaatsanwalt, in dessen Bezirk das Sammelverfahren geführt wird, unterrichtet unverzüglich das Bundeskriminalamt über das Ergebnis seiner Verhandlungen mit der obersten Behörde der Innenverwaltung seines Landes und benennt gegebenenfalls die das Sammelverfahren führende Staatsanwaltschaft, deren Aktenzeichen sowie die sachbearbeitende Polizeidienststelle.

(4) [1]Auch wenn die Einleitung eines staatsanwaltschaftlichen Sammelverfahrens nicht in Betracht kommt, ist unter Berücksichtigung kriminaltaktischer Erwägungen zu prüfen, ob eine Zuweisungsanordnung nach § 36 BKAG erforderlich ist. [2]Die beteiligten Generalstaatsanwälte verständigen sich unverzüglich, möglichst binnen drei Tagen, darüber, ob das Einvernehmen erklärt werden soll. [3]Vor einer Entscheidung,

dass das Einvernehmen zu einer Zuweisungsanordnung nicht erklärt werden soll, sind die zuständigen Landesjustizverwaltungen zu unterrichten. [4]Ein beteiligter Generalstaatsanwalt des Landes, dem die polizeilichen Aufgaben insgesamt zugewiesen werden sollen, stellt das Einvernehmen für die Zuweisungsanordnung mit der obersten Behörde der Innenverwaltung seines Landes her und unterrichtet unverzüglich das Bundeskriminalamt über das Ergebnis der Verhandlungen.

(5) [1]Hält der ein Sammelverfahren bearbeitende Staatsanwalt eine Zuweisungsanordnung des Bundeskriminalamtes für angezeigt, berichtet er dem Generalstaatsanwalt. [2]Hält der Generalstaatsanwalt eine solche Anordnung des Bundeskriminalamtes für erforderlich, stellt er unverzüglich das Einvernehmen mit der obersten Behörde der Innenverwaltung seines Landes her und regt beim Bundeskriminalamt eine Zuweisungsanordnung an.

29 Mitteilung an das Bundeskriminalamt

Der Staatsanwalt, der ein Sammelverfahren führt, bittet alsbald das Bundeskriminalamt, dies in das Bundeskriminalblatt aufzunehmen.

29a Kontrollierter Transport

Kontrollierte Durchfuhr ist der von den Strafverfolgungsbehörden überwachte illegale Transport von Betäubungsmitteln, Waffen, Diebesgut, Hehlerware u.Ä. vom Ausland durch das Inland in ein Drittland; kontrollierte Ausfuhr ist der vom Inland ausgehende überwachte illegale Transport in das Ausland; kontrollierte Einfuhr ist der überwachte illegale Transport vom Ausland in das Inland.

29b Voraussetzungen

(1) [1]Ein kontrollierter Transport kommt nur in Betracht, wenn auf andere Weise die Hintermänner nicht ermittelt oder Verteilerwege nicht aufgedeckt werden können. [2]Die Überwachung ist so zu gestalten, dass die Möglichkeit des Zugriffs auf Täter und Tatgegenstände jederzeit sichergestellt ist.

(2) Im Übrigen müssen für Durchfuhr und Ausfuhr folgende Erklärungen der ausländischen Staaten vorliegen:

a) Einverständnis mit der Einfuhr oder Durchfuhr;
b) Zusicherung, den Transport ständig zu kontrollieren;
c) Zusicherung, gegen die Kuriere, Hintermänner und Abnehmer zu ermitteln, die Betäubungsmittel, Waffen, das Diebesgut, die Hehlerware u.ä. sicherzustellen und die Verurteilung der Täter sowie die Strafvollstreckung anzustreben;
d) Zusicherung, dass die deutschen Strafverfolgungsbehörden fortlaufend über den jeweiligen Verfahrensstand unterrichtet werden.

29c Zuständigkeit

[1]Bei der kontrollierten Durchfuhr führt, wenn wegen der Tat noch kein Ermittlungsverfahren bei einer deutschen Staatsanwaltschaft anhängig ist, das Verfahren grundsätzlich der Staatsanwalt, in dessen Bezirk der Grenzübergang liegt, über den die Tatgegenstände in das Inland verbracht werden. [2]Dies gilt auch bei der kontrollierten Einfuhr. [3]Bei der kontrollierten Ausfuhr führt das Verfahren grundsätzlich der Staatsanwalt, in dessen Bezirk der Transport beginnt.

29d Zusammenarbeit

(1) [1]Die Entscheidung über die Zulässigkeit des kontrollierten Transports trifft der zuständige Staatsanwalt (Nummer 29c). [2]Er unterrichtet den Staatsanwalt, in dessen Bezirk ein Transport voraussichtlich das Inland verlässt. [3]Auch der für den Einfuhrort zuständige Staatsanwalt ist zu unterrichten, wenn ein anderer als dieser das Verfahren führt.

(2) Die Behörden und Beamten des Polizei- und Zolldienstes wenden sich grundsätzlich an den nach Nummer 29c zuständigen Staatsanwalt.

3. Fälle des § 4 Absatz 1 bis 3 BKAG

30 Allgemeines

(1) [1]Wird dem Staatsanwalt ein Sachverhalt bekannt, der den Verdacht einer der in § 4 Absatz 1 Satz 1 BKAG bezeichneten Straftaten begründet, unterrichtet er unverzüglich, erforderlichenfalls fernschriftlich oder fernmündlich, das Bundeskriminalamt und das Landeskriminalamt. [2]Er erörtert die Art der Ermittlungsführung in dem erforderlichen Umfange mit dem Bundeskriminalamt.

(2) Hält der Staatsanwalt zu Beginn oder im weiteren Verlaufe des Verfahrens Sofortmaßnahmen für erforderlich, die von dem Bundeskriminalamt nicht getroffen werden können, erteilt er die notwendigen Aufträge bei gleichzeitiger Benachrichtigung des Bundeskriminalamts an die sonst zuständigen Polizeibehörden (vgl. § 4 Absatz 3 Satz 2 BKAG).

(3) Die Benachrichtigung der in § 4 Absatz 3 Satz 1 BKAG bezeichneten Stellen obliegt in den Fällen des § 4 Absatz 1 Satz 1 und Absatz 2 Nummer 1 BKAG dem Bundeskriminalamt, in den Fällen des § 4 Absatz 2 Nummer 2 und 3 BKAG der Stelle, von der die Anordnung oder der Auftrag ausgeht, es sei denn, diese Stellen übertragen im Einzelfalle die Benachrichtigung dem Bundeskriminalamt.

31 Verfahren in den Fällen des § 4 Absatz 1 Satz 1 Nummer 1 BKAG

(1) [1]Die Frage, ob eine Zusammenhangstat im Sinne des § 4 Absatz 1 Satz 1 Nummer 1 BKAG vorliegt, ist nach § 3 StPO zu beurteilen. [2]Vor seiner Entscheidung soll sich der Staatsanwalt mit den beteiligten Polizeibehörden und dem Bundeskriminalamt ins Benehmen setzen.

(2) [1]Bei seiner Entscheidung, ob die Ermittlungen einer anderen sonst zuständigen Polizeibehörde übertragen werden (vgl. § 4 Absatz 1 Satz 2 BKAG), berücksichtigt der Staatsanwalt insbesondere, ob eine rasche und wirksame Aufklärung besser durch zentrale Ermittlungen des Bundeskriminalamtes oder durch Ermittlungen der Landespolizeibehörden erreicht werden kann. [2]Vor seiner Entscheidung erörtert der Staatsanwalt die Sachlage mit dem Bundeskriminalamt und den Polizeidienststellen, die für die weitere Durchführung der Ermittlungen in Betracht kommen.

32 Verfahren in den Fällen des § 4 Absatz 1 Satz 1 Nummer 2 und 3b BKAG

In den Fällen des § 4 Absatz 1 Satz 1 Nummer 2 und 3b BKAG führt der Staatsanwalt zugleich mit der Unterrichtung des Bundeskriminalamts (vgl. Nummer 30 Absatz 1) unmittelbar die nach § 4 Absatz 1 Satz 3 BKAG erforderliche Zustimmung des für innere Angelegenheiten zuständigen Bundesministeriums herbei, es sei denn, dem Bundeskriminalamt ist wegen der Eilbedürftigkeit bereits die Zustimmung erteilt worden.

4. Leichenschau und Leichenöffnung

33 Voraussetzungen

(1) [1]Sind Anhaltspunkte dafür vorhanden, dass jemand eines nicht natürlichen Todes gestorben ist oder wird die Leiche eines Unbekannten gefunden, prüft der Staatsanwalt, ob eine Leichenschau oder eine Leichenöffnung erforderlich ist. [2]Eine Leichenschau wird regelmäßig schon dann nötig sein, wenn eine Straftat als Todesursache nicht von vornherein ausgeschlossen werden kann. [3]Die Leichenschau soll möglichst am Tatort oder am Fundort der Leiche durchgeführt werden.

(2) [1]Lässt sich auch bei der Leichenschau eine Straftat als Todesursache nicht ausschließen oder ist damit zu rechnen, dass die Feststellungen später angezweifelt werden, veranlasst der Staatsanwalt grundsätzlich die Leichenöffnung. [2]Dies gilt namentlich bei Sterbefällen von Personen, die sich in Haft oder sonst in amtlicher Verwahrung befunden haben.

(3) [1]Die Leichenschau nimmt in der Regel der Staatsanwalt vor. [2]Die Vornahme der Leichenschau durch den Richter und die Anwesenheit des Richters bei der Leichenöffnung sollen nur beantragt werden, wenn dies aus besonderen Gründen, etwa um die Verlesung der Niederschrift nach § 249 StPO zu ermöglichen, erforderlich ist.

(4) [1]Der Staatsanwalt nimmt an der Leichenöffnung nur teil, wenn er dies nach seinem pflichtgemäßen Ermessen im Rahmen einer umfassenden Sachaufklärung für geboten erachtet. [2]Eine Teilnahme des Staatsanwalts wird in der Regel in Betracht kommen in Kapitalsachen, nach tödlichen Unfällen zur Rekonstruktion des Unfallgeschehens, bei Todesfällen durch Schusswaffengebrauch im Dienst, bei Todesfällen im Vollzug freiheitsentziehender Maßnahmen oder in Verfahren, die ärztliche Behandlungsfehler zum Gegenstand haben.

34 Exhumierung

[1]Bei der Ausgrabung einer Leiche sollte einer der Obduzenten anwesend sein. [2]Bei der Exhumierung soll das Mittelstück der Bodenfläche des Sarges herausgenommen und aufbewahrt werden; von dem Erdboden, auf dem der Sarg stand, und von dem gewachsenen Boden der Seitenwände des Grabes sind zur chemischen Untersuchung und zum Vergleich Proben zu entnehmen. [3]Wenn der Verdacht einer Vergiftung besteht, empfiehlt es sich, zur Ausgrabung und zur Sektion der Leiche den chemischen Sachverständigen eines Untersuchungsinstitutes beizuziehen, damit er die Aufnahme von Erde, Sargschmuck, Sargteilen, Kleiderstücken und Leichenteilen selbst vornehmen kann.

35 Entnahme von Leichenteilen

(1) [1]Der Staatsanwalt hat darauf hinzuwirken, dass bei der Leichenöffnung Blut- und Harnproben, Mageninhalt oder Leichenteile entnommen werden, falls es möglich ist, dass der Sachverhalt durch deren eingehende Untersuchung weiter aufgeklärt werden kann. [2]Manchmal, z.B. bei mutmaßlichem Vergif-

tungstod, wird es sich empfehlen, einen besonderen Sachverständigen zuzuziehen, der diese Bestandteile bezeichnet.

(2) [1]Werden Blut-, Harn- oder sonstige Proben, Mageninhalt oder Leichenteile zur weiteren Begutachtung versandt, ist eine Abschrift der Niederschrift über die Leichenöffnung beizufügen. [2]Die Ermittlungsakten sind grundsätzlich nicht zu übersenden (vgl. Nummer 12).

(3) Sind anlässlich der Leichenöffnung Körperglieder, Organe oder sonstige wesentliche Körperteile abgetrennt oder entnommen und aufbewahrt worden, trägt der Staatsanwalt regelmäßig dafür Sorge, dass ein Totensorgeberechtigter hierüber in geeigneter Weise spätestens bei der Freigabe der Leiche zur Bestattung (§ 159 Absatz 2 StPO) unterrichtet und auf die weitere Verfahrensweise, insbesondere die Möglichkeit einer Nachbestattung, hingewiesen wird.

36 Beschleunigung; Tod durch elektrischen Strom

(1) Leichenschau und Leichenöffnung sind mit größter Beschleunigung herbeizuführen, weil die ärztlichen Feststellungen über die Todesursache auch durch geringe Verzögerungen an Zuverlässigkeit verlieren können.

(2) [1]Dies gilt besonders bei Leichen von Personen, die möglicherweise durch elektrischen Strom getötet worden sind; die durch Elektrizität verursachten Veränderungen werden durch Fäulniserscheinungen rasch verwischt. [2]In der Regel wird es sich empfehlen, bereits bei der Leichenöffnung einen auf dem Gebiet der Elektrotechnik erfahrenen Sachverständigen zu beteiligen. [3]In den Fällen, in denen eine Tötung durch elektrischen Strom wahrscheinlich ist, können Verletzungen oder andere Veränderungen oft gar nicht oder nur von einem besonders geschulten Sachverständigen festgestellt werden; daher kann es ferner geboten sein, in schwierig zu deutenden Fällen außer dem elektrotechnischen Sachverständigen nach Anhörung des Gerichtsarztes auch einen erfahrenen Pathologen zu der Leichenöffnung zuzuziehen.

37 Leichenöffnung in Krankenhäusern

[1]Besteht der Verdacht, dass der Tod einer Person, die in einem Krankenhaus gestorben ist, durch eine Straftat verursacht wurde, haben der Staatsanwalt und seine Ermittlungspersonen darauf hinzuwirken, dass die Leiche nicht von den Krankenhausärzten geöffnet wird. [2]Da die Krankenhausärzte indes an der Leichenöffnung vielfach ein erhebliches wissenschaftliches Interesse haben, empfiehlt es sich, ihnen die Anwesenheit zu gestatten, sofern nicht gewichtige Bedenken entgegenstehen. [3]Hat das Krankenhaus einen pathologisch besonders ausgebildeten Arzt zur Verfügung, kann es zweckmäßig sein, auch ihn zu der Leichenöffnung zuzuziehen.

38 Feuerbestattung

[1]Aus dem Bestattungsschein muss sich ergeben, ob auch die Feuerbestattung genehmigt wird. [2]Bestehen gegen diese Bestattungsart Bedenken, weil dadurch die Leiche als Beweismittel verloren geht, wird die Genehmigung hierfür zu versagen sein. [3]Solange der Verdacht eines nicht natürlichen Todes besteht, empfiehlt es sich, die Feuerbestattung nur im Einvernehmen mit dem Arzt, der mit der Leichenschau oder der Leichenöffnung betraut ist (§ 87 Absatz 1 Satz 1, Absatz 2 Satz 1 und 2 StPO), zu genehmigen.

5. Fahndung

39 Allgemeines

(1) Ist der Täter nicht bekannt, hält er sich im Ausland auf oder ist sein Aufenthalt oder der eines wichtigen Zeugen nicht ermittelt, so veranlasst der Staatsanwalt, soweit nicht ausschließlich ein Gericht dazu berufen ist, die erforderlichen Fahndungsmaßnahmen nach Maßgabe der §§ 131 bis 131c StPO und beantragt die Ausstellung eines Europäischen Haftbefehls, sofern die Voraussetzungen dafür vorliegen.

(2) Soweit erforderlich, veranlasst der Staatsanwalt nach Wegfall des Fahndungsgrundes unverzüglich die Rücknahme aller Fahndungsmaßnahmen.

40 Fahndungshilfsmittel

(1) Fahndungshilfsmittel des Staatsanwalts, die auch dann eingesetzt werden können, wenn die Voraussetzungen einer Öffentlichkeitsfahndung nicht gegeben sind, sind neben Auskünften von Behörden oder anderen Stellen insbesondere:

a) das Bundeszentralregister,
   das Fahreignungsregister,
   das Gewerbezentralregister,
   das Ausländerzentralregister,
b) das EDV-Fahndungssystem der Polizei (INPOL),
c) Dateien nach §§ 483 ff. StPO, die Fahndungsinformationen enthalten,

d) die Landeskriminalblätter,
e) das Schengener Informationssystem (SIS).

(2) Sollen für eine Öffentlichkeitsfahndung Publikationsorgane in Anspruch genommen oder öffentlich zugängliche elektronische Medien wie das Internet genutzt werden, ist Anlage B zu beachten.

41 Fahndung nach dem Beschuldigten

(1) [1]In den Fällen des § 131 StPO veranlasst der Staatsanwalt die Ausschreibung des Beschuldigten zur Festnahme und die Niederlegung eines entsprechenden Suchvermerks im Bundeszentralregister. [2]Die Ausschreibung ist grundsätzlich auch dann bei der Polizeidienststelle zu veranlassen, die für die Dateneingabe in das Informationssystem der Polizei (INPOL) und gegebenenfalls auch in das Schengener Informationssystem (SIS) zuständig ist (vgl. auch Nummer 43), wenn der Haftbefehl (Unterbringungsbefehl) zur Auslösung einer gezielten Fahndung der für den mutmaßlichen Wohnsitz des Gesuchten zuständigen Polizeidienststelle übersandt wird. [3]Der für die Dateneingabe zuständigen Polizeidienststelle ist eine beglaubigte Abschrift der Haftunterlagen zu übersenden. [4]Wenn die überörtliche Ausschreibung aus Verhältnismäßigkeitserwägungen nicht in Frage kommt, ist dies gegenüber der zur örtlichen Fahndung aufgeforderten Polizeidienststelle zum Ausdruck zu bringen.

(2) [1]Bei auslieferungsfähigen Straftaten ist gleichzeitig mit Einleitung der nationalen Fahndung zur Festnahme einer Person auch in allen Mitgliedstaaten der Europäischen Union, den Schengen-assoziierten Staaten[1)] und dem Vereinigten Königreich Großbritannien und Nordirland auf Grundlage des Europäischen Haftbefehls zu fahnden, es sei denn, dass eine entsprechende Fahndung unverhältnismäßig ist. [2]Eine darüber hinausgehende Fahndung, insbesondere in der INTERPOL-Zone 2 (übriges Europa), ist zu prüfen (vgl. Nummer 4 Anlage F). [3]Erfolgt keine internationale Fahndung zur Festnahme, ist die gesuchte Person im SIS zur Aufenthaltsermittlung auszuschreiben (vgl. Anlage F); der GrundSatz der Verhältnismäßigkeit ist zu berücksichtigen.

(3) [1]Erfolgt eine Ausschreibung zur Festnahme nach Absatz 1, ohne dass ein Haft- oder Unterbringungsbefehl vorliegt, ist § 131 Absatz 2 Satz 2 StPO zu beachten. [2]Nach Erlass des Haft- oder Unterbringungsbefehls ist die Ausschreibung entsprechend zu aktualisieren.

(4) [1]Ist der Beschuldigte ausländischer Staatsangehöriger und liegen Anhaltspunkte dafür vor, dass er sich im Ausland befindet, so setzt sich der Staatsanwalt, bevor er um Ausschreibung zur Festnahme ersucht, in der Regel mit der Ausländerbehörde in Verbindung. [2]Besteht ein Aufenthaltsverbot oder sind bei einer späteren Abschiebung Schwierigkeiten zu erwarten, prüft der Staatsanwalt bei Straftaten von geringerer Bedeutung, ob die Ausschreibung unterbleiben kann.

(5) [1]Liegen die Voraussetzungen des § 131 StPO nicht vor, veranlasst der Staatsanwalt die Ausschreibung zur Aufenthaltsermittlung (§ 131a StPO) und die Niederlegung eines entsprechenden Suchvermerkes im Bundeszentralregister. [2]Er veranlasst gegebenenfalls daneben die Ausschreibung zur Aufenthaltsermittlung im SIS.

(6) Ist der Beschuldigte im Zusammenhang mit einer Haftverschonung nach § 116 Absatz 1 Satz 2 StPO angewiesen worden, den Geltungsbereich der Strafprozessordnung nicht zu verlassen, veranlasst der Staatsanwalt die Ausschreibung zur Festnahme im geschützten Grenzfahndungsbestand.

(7) [1]Eine Fahndung zur polizeilichen Beobachtung wird unter den Voraussetzungen des § 163e StPO auch in Verbindung mit § 463a StPO durchgeführt. [2]Liegen die Voraussetzungen vor, kann auch eine Ausschreibung im SIS zur verdeckten Kontrolle erfolgen (vgl. Anlage F).

42 Fahndung nach einem Zeugen

[1]Ist der Aufenthalt eines wichtigen Zeugen nicht bekannt, kann der Staatsanwalt nach Maßgabe der § 131a Absatz 1, Absatz 3 bis 5, § 131b Absatz 2 und 3, § 131c StPO eine Fahndung veranlassen. [2]Ersuchen zur Aufnahme von Zeugen in die INPOL-Fahndung und gegebenenfalls in das SIS (vgl. Anlage F) sind an die für die Dateneingabe zuständige Polizeidienststelle zu richten.

43 Internationale Fahndung

(1) [1]In den in Nummer 41 Absatz 2 Satz 1 genannten Staaten wird durch das SIS gefahndet. [2]In anderen Staaten erfolgt die Fahndung durch INTERPOL.

(2) [1]Liegen Anhaltspunkte vor, dass sich die gesuchte Person in einem bestimmten Staat aufhält, kann eine internationale Fahndung durch ein gezieltes Mitfahndungsersuchen veranlasst werden. [2]Dies schließt die Ausschreibung der gesuchten Person im SIS nicht aus, um möglichen Reisebewegungen zuvorzukommen.

(3) [1]Alle in Absatz 1 und 2 genannten Ausschreibungen zur internationalen Fahndung können zur Festnahme oder Aufenthaltsermittlung erfolgen, um möglichen Reisebewegungen zuvorzukommen. [2]Befin-

1) **Amtl. Anm.:** Island, Liechtenstein, Norwegen und Schweiz (Stand 1. Dezember 2021).

det sich die gesuchte Person in einem der in Nummer 41 Absatz 2 Satz 1 genannten Staaten in Haft und steht eine Haftentlassung nicht zeitnah bevor, soll ohne internationale Ausschreibung auf dem justiziellen Geschäftsweg ein gezieltes Auslieferungsersuchen gestellt oder ein Europäischer Haftbefehl übersandt werden. [3]Die internationale Fahndung zur Festnahme ist nur einzuleiten, wenn beabsichtigt ist, ein Auslieferungsersuchen anzuregen oder zu stellen.
(4) Zeugen können zur Aufenthaltsermittlung ausgeschrieben werden.
(5) Für die internationale Fahndung nach Personen, einschließlich der Fahndung nach Personen im SIS und aufgrund eines Europäischen Haftbefehls, gelten die hierfür erlassenen Richtlinien (vgl. Anlage F).

6. Vernehmung des Beschuldigten

44 Ladung und Aussagegenehmigung

(1) [1]Die Ladung eines Beschuldigten soll erkennen lassen, dass er als Beschuldigter vernommen werden soll. [2]Der Gegenstand der Beschuldigung wird dabei kurz anzugeben sein, wenn und soweit es mit dem Zweck der Untersuchung vereinbar ist. [3]Der Beschuldigte ist durch Brief zu laden. [4]Der Verteidiger ist von dem Termin vorher zu benachrichtigen (§ 163a Absatz 3 Satz 2 und Absatz 4 Satz 3 StPO, § 168c Absatz 5 StPO).
(2) In der Ladung zu einer richterlichen oder staatsanwaltschaftlichen Vernehmung sollen Zwangsmaßnahmen für den Fall des Ausbleibens nur angedroht werden, wenn sie gegen den unentschuldigt ausgebliebenen Beschuldigten voraussichtlich auch durchgeführt werden.
(3) [1]Soll ein Richter, Beamter oder eine andere Person des öffentlichen Dienstes als Beschuldigter vernommen werden und erstreckt sich die Vernehmung auf Umstände, die der Amtsverschwiegenheit unterliegen können, ist der Beschuldigte in der Ladung darauf hinzuweisen, dass er, sofern er sich zu der Beschuldigung äußern will, einer Aussagegenehmigung des Dienstherrn bedarf. [2]Erklärt der Beschuldigte seine Aussagebereitschaft, soll ihm Gelegenheit gegeben werden, diese Aussagegenehmigung einzuholen. [3]Im Übrigen gilt Nummer 66 Absatz 2 und 3 entsprechend.

45 Form der Vernehmung und Niederschrift

(1) [1]Die Belehrung des Beschuldigten vor seiner Vernehmung nach § 136 Absatz 1, § 163a Absatz 3 Satz 2 StPO ist aktenkundig zu machen (§ 168b Absatz 3 Satz 1 StPO). [2]Dies gilt auch für die Entscheidung des Beschuldigten darüber, ob er vor seiner Vernehmung einen von ihm zu wählenden Verteidiger befragen möchte, sowie für sein Einverständnis zu einer Vernehmung vor der Bestellung eines Pflichtverteidigers in den Fällen des § 141a Satz 1 StPO (§ 168b Absatz 3 Satz 2 StPO).
(2) [1]Bei bedeutsamen Teilen der Vernehmung sind die Fragen, Vorhalte und Antworten möglichst wörtlich in die Niederschrift aufzunehmen, Legt der Beschuldigte ein Geständnis ab, sind die von ihm geschilderten Einzelheiten der Tat ebenfalls möglichst wörtlich wiederzugeben. [2]Es ist darauf zu achten, dass besonders solche Umstände aktenkundig gemacht werden, die nur der Täter wissen kann. [3]Die Namen der Personen, die das Geständnis mit angehört haben, sind zu vermerken.
(3) [1]Hinsichtlich der Möglichkeit und gegebenenfalls Pflicht zur Aufzeichnung der Vernehmung des Beschuldigten in Bild und Ton sind § 136 Absatz 4 StPO bzw. § 70c Absatz 2 Satz 2, § 109 Absatz 1 Satz 1 JGG zu beachten. [2]In Fällen fehlender Aufzeichnungstechnik am Vernehmungsort ist der Einsatz mobiler Aufzeichnungsgeräte zu prüfen. [3]Wird die Vernehmung aufgezeichnet, ist eine Niederschrift zu fertigen, die auch den wesentlichen Inhalt der Aussage zu erfassen hat. [4]Insoweit genügt regelmäßig ein zusammenfassendes Inhaltsprotokoll.

7. Untersuchungshaft, einstweilige Unterbringung und sonstige Maßnahmen zur Sicherstellung der Strafverfolgung und der Strafvollstreckung

46 Begründung der Anträge in Haftsachen

(1) Der Staatsanwalt hat alle Anträge und Erklärungen, welche die Anordnung, Fortdauer und Aufhebung der Untersuchungshaft betreffen, zu begründen und dabei die Tatsachen anzuführen, aus denen sich
a) der dringende Tatverdacht,
b) der Haftgrund

ergeben.
(2) Wenn die Anwendung des § 112 Absatz 1 Satz 2 StPO nahe liegt, hat der Staatsanwalt darzulegen, weshalb er auch bei Berücksichtigung des Grundsatzes der Verhältnismäßigkeit die Anordnung der Untersuchungshaft für geboten hält.

(3) Soweit durch Bekanntwerden der angeführten Tatsachen die Staatssicherheit gefährdet wird, ist auf diese Gefahr besonders hinzuweisen (§ 114 Absatz 2 Nummer 4 StPO).

(4) Besteht in den Fällen des § 112 Absatz 3 und des § 112a Absatz 1 StPO auch ein Haftgrund nach § 112 Absatz 2 StPO, sind die Feststellungen hierüber aktenkundig zu machen.

47 Beschränkungen in der Untersuchungshaft, Unterrichtung der Vollzugsanstalt

(1) [1]Der Staatsanwalt hat im Zusammenhang mit dem Vollzug von Untersuchungshaft frühzeitig, möglichst mit Stellung des Antrages auf Erlass des Haftbefehls darauf hinzuwirken, dass die zur Abwehr einer Flucht-, Verdunkelungs- oder Wiederholungsgefahr nach § 119 Absatz 1 StPO erforderlichen Beschränkungen angeordnet und mit dem Aufnahmeersuchen verbunden werden. [2]Im Eilfall trifft er vorläufige Anordnungen gemäß § 119 Absatz 1 Satz 4 StPO selbst und führt nach § 119 Absatz 1 Satz 5 StPO die nachträgliche richterliche Entscheidung herbei.

(2) Wird dem Staatsanwalt darüber hinaus ein Sachverhalt bekannt, der eine Gefährdung der Sicherheit und Ordnung der Vollzugsanstalt (einschließlich einer Selbstgefährdung des Untersuchungsgefangenen) begründet, unterrichtet er unverzüglich in geeigneter Weise die Vollzugsanstalt, damit diese in eigener Zuständigkeit Beschränkungsanordnungen nach den Regelungen des Untersuchungshaftvollzugsgesetzes des Landes prüfen kann (vgl. § 114d Absatz 1 Satz 2 Nummer 7, Absatz 2 Satz 1 StPO).

48 Abschrift des Haftbefehls für den Beschuldigten

(1) Um sicherzustellen, dass dem Beschuldigten bei der Verhaftung eine Abschrift des Haftbefehls und gegebenenfalls eine Übersetzung in einer für ihn verständlichen Sprache ausgehändigt wird (vgl. § 114a Satz 1 StPO), empfiehlt es sich, entsprechende Abschriften bei den Akten bereitzuhalten.

(2) Wird eine bestimmte Polizeibehörde auf Grund eines Haftbefehls um die Festnahme des Beschuldigten ersucht, ist dem Ersuchen eine Abschrift des Haftbefehls und gegebenenfalls eine Übersetzung für den Beschuldigten beizufügen, wenn dies möglich ist.

49 (weggefallen)

50 Untersuchungshaft bei Soldaten der Bundeswehr

Kann den Erfordernissen der Untersuchungshaft während des Vollzuges von Freiheitsstrafe, Strafarrest, Jugendarrest oder Disziplinararrest durch Behörden der Bundeswehr nicht Rechnung getragen werden, prüft der Staatsanwalt, ob der Soldat im dortigen Vollzug verbleiben kann oder ob die Vollstreckung zu unterbrechen oder die Übernahme des Soldaten in den allgemeinen Vollzug erforderlich ist.

51 Symbolische Vorführung

Kann eine vorläufig festgenommene Person wegen Krankheit nicht in der vorgeschriebenen Frist (§ 128 StPO) dem Richter vorgeführt werden, sind diesem die Akten innerhalb der Frist vorzulegen, damit er den Festgenommenen nach Möglichkeit an dem Verwahrungsort vernehmen und unverzüglich entscheiden kann, ob ein Haftbefehl zu erlassen ist.

52 Kennzeichnung der Haftsachen

[1]In Haftsachen erhalten alle Verfügungen und ihre Abschriften den deutlich sichtbaren Vermerk „Haft". [2]Befindet sich der Beschuldigte in anderer Sache in Haft, ist auch dies ersichtlich zu machen.

53 Ausländische Staatsangehörige und staatenlose Personen

[1]Wird ein ausländischer Staatsangehöriger in Untersuchungshaft genommen (vgl. § 114b Absatz 2 Satz 4 StPO), sind für seinen Verkehr mit der diplomatischen oder konsularischen Vertretung seines Landes die Nummern 135 und 136 RiVASt und die hierzu ergangenen Verwaltungsvorschriften der Länder zu beachten. [2]Dies gilt für staatenlose Personen mit der Maßgabe entsprechend, dass diese berechtigt sind, mit dem nächsten zuständigen Vertreter des Staates, in dem sie ihren gewöhnlichen Aufenthalt haben, in Verbindung zu treten.

54 Überwachung, Haftprüfung

(1) [1]Der Staatsanwalt achtet in jeder Lage des Verfahrens darauf,

a) ob die Voraussetzungen der Untersuchungshaft noch vorliegen und ob die weitere Untersuchungshaft zu der Bedeutung der Sache und der zu erwartenden Strafe oder Maßregel der Besserung und Sicherung nicht außer Verhältnis steht (§ 120 StPO);
b) ob der Zweck der Untersuchungshaft nicht auch durch weniger einschneidende Maßnahmen erreicht werden kann (§ 116 Absatz 1 bis 3 StPO).

[2]Gegebenenfalls stellt er die entsprechenden Anträge.

(2) [1]Der Staatsanwalt achtet darauf, dass einem Beschuldigten, der dem Gericht zur Entscheidung über die Untersuchungshaft oder einstweilige Unterbringung vorgeführt werden soll, unverzüglich ein Ver-

teidiger bestellt wird (vgl. § 140 Absatz 1 Nummer 4, § 141 Absatz 2 Satz 1 Nummer 1 StPO). [2]Es empfiehlt sich, zugleich mit der Belehrung nach § 114b Absatz 2 Satz 1 Nummer 4 und 4a StPO zu klären, ob der Beschuldigte bereits einen Verteidiger gewählt hat oder die Bestellung eines Verteidigers seiner Wahl wünscht.

(3) Haftprüfungen und Haftbeschwerden sollen den Fortgang der Ermittlungen nicht aufhalten.

55 Anordnung der Freilassung des Verhafteten

(1) [1]Hebt das Gericht den Haftbefehl auf, ordnet es zugleich die Freilassung des Untersuchungsgefangenen an. [2]Allein im Fall eines das Gericht bindenden Antrags der Staatsanwaltschaft auf Aufhebung des Haftbefehls vor Anklageerhebung (§ 120 Absatz 3 StPO) ordnet die Staatsanwaltschaft zugleich die Freilassung des Untersuchungsgefangenen an.

(2) [1]Wird der Haftbefehl in der Hauptverhandlung aufgehoben, wird der Angeklagte sofort freigelassen, wenn keine Überhaft vorgemerkt ist. [2]Jedoch kann der Hinweis an ihn angebracht sein, dass es sich empfiehlt, in die Anstalt zurückzukehren, um die Entlassungsförmlichkeiten zu erledigen.

(3) Der Staatsanwalt achtet darauf, dass der Verhaftete nach Aufhebung des Haftbefehls entlassen wird.

56 Haft über sechs Monate

(1) [1]Ist es geboten, die Untersuchungshaft über sechs Monate hinaus aufrechtzuerhalten, und liegen die besonderen Voraussetzungen des § 121 Absatz 1 StPO vor, leitet der Staatsanwalt die Akten dem zuständigen Gericht (§§ 122, 125, 126 StPO) so rechtzeitig zu, dass dieses sie durch Vermittlung der Staatsanwaltschaft innerhalb der Frist dem Oberlandesgericht oder in den Fällen des § 120 GVG dem Bundesgerichtshof vorlegen kann. [2]Liegen die Akten dem zuständigen Gericht bereits vor, wirkt der Staatsanwalt auf die rechtzeitige Vorlage der Akten hin. [3]Er legt die Gründe dar, die nach seiner Auffassung die Fortdauer der Haft über sechs Monate hinaus rechtfertigen. [4]Zugleich beantragt er, falls erforderlich, eine dem letzten Ermittlungsstand entsprechende Ergänzung oder sonstige Änderung des Haftbefehls.

(2) [1]Die Akten sind besonders zu kennzeichnen. [2]Sie sind mit Vorrang zu behandeln und beschleunigt zu befördern.

(3) Hat das Oberlandesgericht oder in den Fällen des § 120 GVG der Bundesgerichtshof die Fortdauer der Untersuchungshaft angeordnet, sorgt der Staatsanwalt dafür, dass auch die weiteren nach §§ 122 Absatz 3 und 4, 122a StPO erforderlichen gerichtlichen Entscheidungen rechtzeitig herbeigeführt werden.

(4) Soll eine Entscheidung des Oberlandesgerichts oder des Bundesgerichtshofs nicht herbeigeführt werden, hat der Staatsanwalt dafür Sorge zu tragen, dass der Haftbefehl nach Ablauf der Frist von sechs Monaten aufgehoben oder außer Vollzug gesetzt wird (§ 121 Absatz 2, § 120 Absatz 3 StPO).

57 Aussetzung des Vollzugs

(1) Hat der Richter den Vollzug des Haftbefehls nach § 116 StPO ausgesetzt, überwacht der Staatsanwalt, ob die erteilten Anweisungen befolgt werden.

(2) [1]Liegen die Voraussetzungen des § 116 Absatz 4 StPO vor, beantragt der Staatsanwalt, den Vollzug des Haftbefehls anzuordnen. [2]In den Fällen des § 123 Absatz 1 StPO beantragt er, die nach § 116 StPO angeordneten Maßnahmen aufzuheben.

(3) [1]Bei der Erteilung von Anweisungen nach § 116 StPO an Soldaten der Bundeswehr sollte der Eigenart des Wehrdienstes Rechnung getragen werden. [2]Der Staatsanwalt wirkt darauf hin, dass Anweisungen, denen der zur Truppe zurückgekehrte Soldat nur schwer nachkommen kann, oder die dem nicht rückkehrwilligen Soldaten Anlass zu dem Versuch geben könnten, sein Fernbleiben von der Truppe zu rechtfertigen, vermieden werden. [3]Es kann sich daher empfehlen, eine Anweisung an den Soldaten anzuregen, sich bei seiner Einheit (Disziplinarvorgesetzten) zu melden (§ 116 Absatz 1 Satz 2 Nummer 1 StPO).

58 Unterbringung von Untersuchungsgefangenen in einem Krankenhaus

(1) [1]Muss ein Untersuchungsgefangener in einem Krankenhaus außerhalb der Vollzugsanstalt ärztlich behandelt werden, rechtfertigt dies allein die Aufhebung des Haftbefehls nicht. [2]Entscheidend ist vielmehr, ob die Voraussetzungen für die Untersuchungshaft wegen der Krankheit weggefallen sind.

(2) Hebt der Richter wegen der Art, der Schwere oder der voraussichtlichen Dauer der Krankheit den Haftbefehl auf, ist es nicht Aufgabe der Justizbehörden, den Beschuldigten in einem Krankenhaus unterzubringen, vielmehr ist es den Verwaltungsbehörden zu überlassen, notwendige Maßnahmen zu treffen.

(3) [1]Wird der Haftbefehl aufgehoben, nachdem der Beschuldigte in einem Krankenhaus untergebracht worden ist, teilt der Staatsanwalt die Aufhebung des Haftbefehls und die Haftentlassung dem Beschuldigten selbst und dem Krankenhaus unverzüglich mit. [2]Dem Krankenhaus ist gleichzeitig zu eröffnen, dass der Justizfiskus für die weiteren Kosten der Unterbringung und Behandlung nicht mehr aufkommt. [3]Die Polizei darf nicht im Voraus ersucht werden, den Beschuldigten nach seiner Heilung erneut vorläufig festzunehmen oder zu diesem Zweck den Heilungsverlauf zu überwachen; auch darf nicht gebeten werden,

die Entlassung mitzuteilen, da solche Maßnahmen dahin ausgelegt werden könnten, dass die Untersuchungshaft trotz der Entlassung tatsächlich aufrechterhalten werden soll und der Justizfiskus für die Kosten der Unterbringung und Behandlung in Anspruch genommen werden kann.
(4) [1]Wird der Haftbefehl trotz der Krankheit aufrechterhalten, rechtfertigt es allein der Umstand, dass der Verhaftete vorübergehend in einem Krankenhaus unterzubringen ist, nicht, den Haftbefehl außer Vollzug zu setzen. [2]Der Beschuldigte ist vielmehr auf Kosten des Justizfiskus unterzubringen.

59 Einstweilige Unterbringung
Auf die einstweilige Unterbringung sind die Nummer 46 bis 55 sinngemäß anzuwenden.

60 Besondere Maßnahmen zur Sicherung der Strafverfolgung und Strafvollstreckung
[1]Im Rahmen der besonderen Maßnahmen (§§ 127a, 132 StPO) zur Sicherung der Strafverfolgung und der Strafvollstreckung gegen Beschuldigte, die im Geltungsbereich der StPO keinen Wohnsitz haben, sind bei der Bemessung der Sicherheitsleistung die bei einschlägigen Straftaten erfahrungsgemäß festgesetzten Beträge für Geldstrafen und Kosten zu Grunde zu legen. [2]Kann der Beschuldigte einen Zustellungsbevollmächtigten eigener Wahl zunächst nicht benennen, ist er darauf hinzuweisen, dass er einen Rechtsanwalt oder einen hierzu bereiten Beamten der Geschäftsstelle des zuständigen Amtsgerichts bevollmächtigen kann.

8. Beobachtung in einem psychiatrischen Krankenhaus

61 Allgemeines
(1) Der für die Anordnung der Unterbringung des Beschuldigten in einem psychiatrischen Krankenhaus geltende GrundSatz der Verhältnismäßigkeit (§ 81 Absatz 2 Satz 2 StPO) ist auch bei der Vollstreckung der Anordnung zu beachten.
(2) [1]Der auf freiem Fuß befindliche Beschuldigte darf in der Regel erst dann zwangsweise in das psychiatrische Krankenhaus verbracht werden, wenn er unter Androhung der zwangsweisen Zuführung für den Fall der Nichtbefolgung aufgefordert worden ist, sich innerhalb einer bestimmten Frist in dem psychiatrischen Krankenhaus zu stellen, und er dieser Aufforderung nicht nachgekommen ist. [2]Einer solchen Aufforderung bedarf es nicht, wenn zu erwarten ist, dass der Beschuldigte sie nicht befolgt.

62 Dauer und Vorbereitung der Beobachtung
(1) Der Sachverständige ist darauf hinzuweisen, dass die Unterbringung nicht länger dauern darf, als zur Beobachtung des Beschuldigten unbedingt notwendig ist, dass dieser entlassen werden muss, sobald der Zweck der Beobachtung erreicht ist, und dass das gesetzliche Höchstmaß von sechs Wochen keinesfalls überschritten werden darf.
(2) [1]Der Sachverständige ist zu veranlassen, die Vorgeschichte möglichst vor der Aufnahme des Beschuldigten in die Anstalt zu erheben. [2]Dazu sind ihm ausreichende Zeit vorher die Akten und Beiakten, besonders Akten früherer Straf- und Ermittlungsverfahren, Akten über den Aufenthalt in Justizvollzugsanstalten, in einer Entziehungsanstalt oder in einem psychiatrischen Krankenhaus (mit Krankenblättern), Betreuungs-, Entmündigungs-, Pflegschafts-, Ehescheidungs- und Rentenakten zugänglich zu machen, soweit sie für die Begutachtung von Bedeutung sein können.
(3) Angaben des Verteidigers, des Beschuldigten oder seiner Angehörigen, die für die Begutachtung von Bedeutung sind, z.B. über Erkrankungen, Verletzungen, auffälliges Verhalten, sind möglichst schnell nachzuprüfen, damit sie der Gutachter verwerten kann.
(4) Sobald der Beschluss nach § 81 StPO rechtskräftig ist, soll sich der Staatsanwalt mit dem Leiter des psychiatrischen Krankenhauses fernmündlich darüber verständigen, wann der Beschuldigte aufgenommen werden kann.

63 Strafverfahren gegen Hirnverletzte
(1) In Strafverfahren gegen Hirnverletzte empfiehlt es sich in der Regel, einen Facharzt für Nerven- und Gemütsleiden (Neurologie und Psychiatrie) oder einen auf einem dieser Fachgebiete vorgebildeten und besonders erfahrenen Arzt als Gutachter heranzuziehen.
(2) [1]Die Kranken- und Versorgungsakten sind in der Regel für die fachärztliche Begutachtung von Bedeutung; sie sind daher rechtzeitig beizufügen. [2]Soweit möglich, sollte der Staatsanwalt auf die Einwilligung des Beschuldigten hinwirken. [3]Im Übrigen sind die Vorschriften der §§ 67 ff. des Sozialgesetzbuches (SGB) X, insbesondere § 73 SGB X, zu beachten.

9. Zeugen

64 Ladung

(1) [1]Die Ladung eines Zeugen muss erkennen lassen, dass er als Zeuge vernommen werden soll. [2]Der Name des Beschuldigten ist anzugeben, wenn der Zweck der Untersuchung es nicht verbietet, der Gegenstand der Beschuldigung nur dann, wenn dies zur Vorbereitung der Aussage durch den Zeugen erforderlich ist. [3]Mit der Ladung ist der Zeuge auf die seinem Interesse dienenden verfahrensrechtlichen Bestimmungen und die vorhandene Möglichkeit der Zeugenbetreuung hinzuweisen.
(2) Ist anzunehmen, dass der Zeuge Schriftstücke oder andere Beweismittel besitzt, die für die Untersuchung von Bedeutung sein können, soll er in der Ladung aufgefordert werden, sie bei der Vernehmung vorzulegen.
(3) [1]Die Zeugen sollen durch einfachen Brief, nicht durch Postkarte, geladen werden. [2]Nur bei Vorliegen besonderer Umstände ist die Ladung zuzustellen. [3]Wegen der Ladung zur Hauptverhandlung wird auf Nummer 117 hingewiesen.

65 Belehrung des Zeugen

[1]Die Belehrung des Zeugen über sein Zeugnisverweigerungsrecht nach § 52 StPO und sein Auskunftsverweigerungsrecht nach § 55 StPO (§ 163 Absatz 3 Satz 2, § 161a Absatz 1 Satz 2 StPO) ist aktenkundig zu machen. [2]Entsprechendes gilt für eine Belehrung seines gesetzlichen Vertreters.

66 Vernehmung von Personen des öffentlichen Dienstes

(1) [1]Soll ein Richter, ein Beamter oder eine andere Person des öffentlichen Dienstes als Zeuge vernommen werden und erstreckt sich die Vernehmung auf Umstände, die der Amtsverschwiegenheit unterliegen, holt die Stelle, die den Zeugen vernehmen will, die Aussagegenehmigung von Amts wegen ein. [2]Bestehen Zweifel, ob sich die Vernehmung auf Umstände, die der Amtsverschwiegenheit unterliegen, erstrecken kann, ist dies vor der Vernehmung durch eine Anfrage bei dem Dienstvorgesetzten zu klären.
(2) [1]Um die Genehmigung ist der Dienstvorgesetzte zu ersuchen, dem der Zeuge im Zeitpunkt der Vernehmung untersteht oder dem er im Falle des § 54 Absatz 4 StPO zuletzt unterstanden hat. [2]Bezieht sich die Vernehmung auf einen Vorgang, der sich bei einem früheren Dienstherrn ereignet hat, darf die Genehmigung nur mit dessen Zustimmung erteilt werden (vgl. § 37 Absatz 3 Satz 3 des Beamtenstatusgesetzes (BeamtStG), § 67 Absatz 3 Satz 3 BBG); die Zustimmung hat der derzeitige Dienstvorgesetzte einzuholen. [3]Auf § 37 Absatz 3 Satz 4 BeamtStG wird hingewiesen.
(3) [1]Der Antrag auf Erteilung einer Aussagegenehmigung muss die Vorgänge, über die der Zeuge vernommen werden soll, kurz, aber erschöpfend angeben, damit der Dienstvorgesetzte beurteilen kann, ob Versagungsgründe vorliegen. [2]Der Antrag ist so rechtzeitig zu stellen, dass der Dienstvorgesetzte ihn prüfen und seine Entscheidung noch vor dem Termin mitteilen kann. [3]In eiligen Sachen wird deshalb die Aussagegenehmigung schon vor der Anberaumung des Termins einzuholen sein.

67 Schriftliche Aussage

(1) [1]In geeigneten Fällen kann es ausreichen, dass ein Zeuge sich über bestimmte Fragen zunächst nur schriftlich äußert, vorausgesetzt, dass er glaubwürdig erscheint und eine vollständige Auskunft von ihm erwartet werden kann. [2]In dieser Weise zu verfahren, empfiehlt sich besonders dann, wenn der Zeuge für seine Aussage Akten, Geschäftsbücher oder andere umfangreiche Schriftstücke braucht.
(2) Befindet sich der Zeuge im Ausland, ist bei der schriftlichen Befragung Nummer 121 RiVASt zu beachten.

68 Behördliches Zeugnis

[1]Die Vernehmung von Zeugen kann entbehrlich sein, wenn zum Beweis einer Tatsache die Verlesung einer der in § 256 Absatz 1 StPO genannten Erklärungen genügt. [2]In geeigneten Fällen wird der Staatsanwalt daher ein behördliches Zeugnis einholen, das in der Hauptverhandlung verlesen werden kann.

10. Sachverständige

69 Allgemeines

[1]Ein Sachverständiger soll nur zugezogen werden, wenn sein Gutachten für die vollständige Aufklärung des Sachverhalts unentbehrlich ist. [2]Nummer 68 gilt sinngemäß.

70 Auswahl des Sachverständigen und Belehrung

(1) Während des Ermittlungsverfahrens gibt der Staatsanwalt dem Verteidiger Gelegenheit, vor Auswahl eines Sachverständigen Stellung zu nehmen, es sei denn, dass der Gegenstand der Untersuchung ein häufig wiederkehrender, tatsächlich gleichartiger Sachverhalt (z.B. Blutalkoholgutachten) ist oder eine Gefähr-

dung des Untersuchungszwecks (vgl. § 147 Absatz 2 Satz 1 StPO) oder eine Verzögerung des Verfahrens zu besorgen ist.

(2) Ist dem Staatsanwalt kein geeigneter Sachverständiger bekannt, ersucht er die Berufsorganisation oder die Behörde um Vorschläge, in deren Geschäftsbereich die zu begutachtende Frage fällt.

(3) Es empfiehlt sich, für die wichtigsten Gebiete Verzeichnisse bewährter Sachverständiger zu führen, damit das Verfahren nicht durch die Auswahl von Sachverständigen verzögert wird.

(4) Sollen Personen des öffentlichen Dienstes als Sachverständige vernommen werden, gilt Nummer 66 sinngemäß.

(5) Für die Belehrung des Sachverständigen gilt Nummer 65 entsprechend.

71 Arbeitsunfälle

[1]Bei Arbeitsunfällen empfiehlt es sich, der für den Betrieb zuständigen Berufsgenossenschaft oder ihren technischen Aufsichtsbeamten neben den für die Gewerbeaufsicht zuständigen Stellen Gelegenheit zu geben, sich gutachtlich zu äußern. [2]Auch kann es geboten sein, sie schon zur Besichtigung der Unfallstelle zuzuziehen. [3]Bei folgenschweren Arbeitsunfällen (insbesondere solche mit erheblichem Personenschaden) kann es sich empfehlen, zur Vermeidung eines Beweismittelverlustes frühzeitig einen Sachverständigen hinzuzuziehen, der u.a. Feststellungen zur Einhaltung von Arbeitsschutzvorschriften trifft.

72 Beschleunigung

(1) Vor Beauftragung des Sachverständigen soll gegebenenfalls geklärt werden, ob dieser in der Lage ist, das Gutachten in angemessener Zeit zu erstatten.

(2) [1]Dem Sachverständigen ist ein genau umgrenzter Auftrag zu erteilen; nach Möglichkeit sind bestimmte Fragen zu stellen. [2]Oft ist es zweckmäßig, die entscheidenden Gesichtspunkte vorher mündlich zu erörtern

(3) Bis zur Erstattung des Gutachtens wird der Staatsanwalt sonst noch fehlende Ermittlungen durchführen.

(4) Bestehen Zweifel an der Eignung des Sachverständigen, ist alsbald zu prüfen, ob ein anderer Sachverständiger beauftragt werden muss.

11. Akten über Vorstrafen

73 [Akten über Vorstrafen]

Ist wegen der Vorstrafen des Beschuldigten zu prüfen, ob die Anordnung der Sicherungsverwahrung (§ 66 StGB) in Betracht kommt, oder kann es für die Strafbemessung wichtig sein, dass der Beschuldigte wegen gleichartiger Straftaten vorbestraft ist, sind die vollständigen Akten beizuziehen.

11a. Durchsuchung und Beschlagnahme

73a [Durchsuchung und Beschlagnahme]

[1]Durchsuchung und Beschlagnahme stellen erhebliche Eingriffe in die Rechte des Betroffenen dar und bedürfen daher im Hinblick auf den VerhältnismäßigkeitsgrundSatz einer sorgfältigen Abwägung. [2]Bei der Prüfung, ob bei einem Zeugnisverweigerungsberechtigten die Voraussetzungen für eine solche Maßnahme vorliegen (§ 97 Absatz 2 Satz 3, Absatz 5 Satz 2 StPO), ist ein strenger Maßstab anzulegen.

12. Behandlung der amtlich verwahrten Gegenstände

74 Sorgfältige Verwahrung

[1]Gegenstände, die in einem Strafverfahren oder einem selbstständigen Einziehungsverfahren beschlagnahmt oder sonst in amtliche Verwahrung genommen worden sind, müssen zur Vermeidung von Schadensersatzansprüchen vor Verlust, Entwertung oder Beschädigung geschützt werden. [2]Die Verantwortung hierfür trifft zunächst den Beamten, der die Beschlagnahme vornimmt; sie geht auf die Stelle (Staatsanwaltschaft oder Gericht) über, der die weitere Verfügung über den verwahrten Gegenstand zusteht. [3]Die Verwaltungsvorschriften der Länder über die Verwahrung sind zu beachten.

75 Herausgabe

(1) Bewegliche Sachen, deren Einziehung oder Unbrauchbarmachung nicht in Betracht kommt, sind herauszugeben, sobald sie für das Strafverfahren entbehrlich sind und die Voraussetzungen für die Herausgabe offenkundig sind (§ 111n StPO).

(2) [1]Unter den Voraussetzung des Absatzes 1 werden bewegliche Sachen an den letzten Gewahrsamsinhaber herausgegeben (§ 111n Absatz 1 StPO), es sei denn, dass dieser der Herausgabe an einen anderen zugestimmt hat oder ein Fall des § 111n Absatz 2 oder 3 StPO vorliegt. [2]Die folgenden Absätze 3 und 4 bleiben unberührt. [3]Sind gefährliche Sachen an einen Gefangenen oder Untergebrachten herauszugeben, sind diese an die Leitung der Justizvollzugsanstalt oder Unterbringungseinrichtung unter Hinweis auf die Gefährlichkeit zu übersenden.

(3) [1]Bestehen für die Herausgabe an einen Dritten (§ 111n Absatz 3 StPO) lediglich Anhaltspunkte für dessen Berechtigung, kann der Staatsanwalt dem Dritten unter Bestimmung einer Frist Gelegenheit zum Nachweis seiner Berechtigung geben. [2]Lässt der Dritte die Frist ungenutzt verstreichen, ist nach Absatz 2 Satz 1 zu verfahren.

(4) Ergibt sich im Laufe der Ermittlungen zweifelsfrei, dass eine Sache unrechtmäßig in die Hand des letzten Gewahrsamsinhabers gekommen ist, lässt sich der Berechtigte aber nicht ermitteln, ist nach § 983 BGB und den dazu erlassenen Vorschriften zu verfahren.

(5) [1]In der Herausgabeanordnung sind die Sachen und der Empfangsberechtigte genau zu bezeichnen. [2]Die Sachen dürfen nur gegen eine Bescheinigung des Empfangsberechtigten oder dessen ausgewiesenen Bevollmächtigten herausgegeben werden. [3]Anordnung und Herausgabe sind aktenkundig zu machen.

(6) Bei Sachen, deren Besitz oder Führen einer gesonderten Erlaubnis bedürfen, ist die Herausgabe von der Vorlage der entsprechenden Erlaubnis abhängig zu machen.

76 Beweissicherung

(1) In Verfahren gegen unbekannte Täter sind Gegenstände, die für Zwecke des Strafverfahrens noch benötigt werden, in der Regel bis zum Eintritt der Verfolgungsverjährung aufzubewahren.

(2) [1]Dies gilt nicht für Gegenstände, die einem Dritten, insbesondere dem Geschädigten, als letzten berechtigten Gewahrsamsinhaber zugeordnet werden können oder die für Zwecke des Strafverfahrens nicht im Original benötigt werden. [2]Diese sollen nach spurentechnischer Untersuchung und fotografischer Dokumentation regelmäßig wieder an den letzten berechtigten Gewahrsamsinhaber herausgegeben bzw. vernichtet werden, wobei besonderes Augenmerk auf die ordnungsgemäße Dokumentation der Spurensicherung zu richten ist, um gegebenenfalls späteren Einwendungen der Verteidigung wirksam begegnen zu können.

13. Beschlagnahme von Postsendungen

77 Umfang der Beschlagnahme

(1) In dem Antrag auf Beschlagnahme von Postsendungen und Telegrammen sowie in einer Beschlagnahmeanordnung des Staatsanwalts sind die Briefe, Telegramme und andere Sendungen nach ihren äußeren Merkmalen so genau zu bezeichnen, dass Zweifel über den Umfang der Beschlagnahme ausgeschlossen sind.

(2) [1]Der Staatsanwalt prüft, ob die Beschlagnahme aller Postsendungen und Telegramme an bestimmte Empfänger notwendig ist oder ob sie auf einzelne Gattungen von Sendungen beschränkt werden kann. [2]Durch die Beschränkung und den Umstand, dass andere Sendungen ausgeliefert werden, kann verhindert werden, dass die Beschlagnahme vorzeitig bekannt wird.

(3) [1]Für die einzelnen Gattungen von Sendungen können folgende Bezeichnungen verwendet werden:

a) Briefsendungen (§ 4 Nummer 2 Postgesetz);
b) adressierte Pakete;
c) Postanweisungen, Zahlungsanweisungen und Zahlkarten;
d) Bücher, Kataloge, Zeitungen oder Zeitschriften;
e) Telegramme.

[2]Soll die Beschlagnahme auf einen engeren Kreis von Sendungen beschränkt werden, ist deren Art in der Beschlagnahmeanordnung so zu beschreiben, dass der Adressat die betreffenden Sendungen eindeutig identifizieren kann. [3]Erforderlichenfalls ist die Formulierung durch Rücksprache mit den jeweils als Adressaten in Betracht kommenden Personen oder Unternehmen, die geschäftsmäßig Post- und Telekommunikationsdienste erbringen oder daran mitwirken (Post- oder Telekommunikationsunternehmen), zu klären.

(4) Auf dem Aktenumschlag ist der Vermerk „Postbeschlagnahme“ deutlich anzubringen.

78 Inhalt der Beschlagnahmeanordnung

(1) [1]Die Beschlagnahme von Sendungen, die bei einer inländischen Betriebsstätte eines Post- oder Telekommunikationsunternehmens für einen bestimmten Empfänger eingehen, z.B. an den Beschuldigten oder an eine von ihm verwendete Deckanschrift, ist in der Regel anderen Möglichkeiten vorzuziehen.

[2]Der volle Name, bei häufig wiederkehrenden Namen, zumal in Großstädten, auch andere Unterscheidungsmerkmale, der Bestimmungsort, bei größeren Orten die Straße und die Hausnummer und die Betriebsstätte eines Post- oder Telekommunikationsunternehmens, sind anzugeben.

(2) [1]Bei der Beschlagnahme von Sendungen nach anderen Merkmalen, z.B. eines bestimmten Absenders, ist die Annahme-/Einlieferungsstelle des jeweiligen Post- oder Telekommunikationsunternehmens zu bezeichnen, bei der die Einlieferung erwartet wird. [2]Dasselbe gilt, wenn Sendungen an bestimmte Empfänger nicht bei der Auslieferungsstelle, z.B. weil diese im Ausland liegt, sondern bei anderen Betriebsstätten beschlagnahmt werden sollen. [3]Beschlagnahmen solcher Art sollen nur beantragt werden, wenn sie unentbehrlich sind. [4]In diesen Ausnahmefällen sind alle Merkmale, nach denen die Beschlagnahme ausgeführt werden soll, so genau zu beschreiben, dass kein Zweifel darüber besteht, welche Sendungen das Unternehmen auszuliefern hat.

(3) In zweifelhaften oder schwierigen Fällen wird sich der Staatsanwalt vorher mit dem betreffenden Post- oder Telekommunikationsunternehmen darüber verständigen, wie die Beschlagnahme am zweckmäßigsten durchgeführt wird.

79 Verfahren bei der Beschlagnahme

[1]Der Staatsanwalt prüft, welche Post- oder Telekommunikationsunternehmen als Adressaten einer Beschlagnahmeanordnung in Betracht kommen. [2]Hierzu ist zunächst festzustellen, welche Unternehmen eine Lizenz für die Beförderung von Sendungen der zu beschlagnahmenden Art in dem betreffenden geographischen Bereich besitzen. [3]Die Beschlagnahmeanordnung ist allen Post- oder Telekommunikationsunternehmen zu übersenden, bei welchen die Beschlagnahme erfolgen soll. [4]In Zweifelsfällen ist bei der Bundesnetzagentur für Elektrizität, Gas, Telekommunikation, Post und Eisenbahnen (Tulpenfeld 4, 53113 Bonn) festzustellen, welche Unternehmen als Adressaten einer Beschlagnahmeanordnung in Betracht kommen[1)]. [5]Bei der Adressierung der Beschlagnahmeanordnung ist die jeweilige Betriebsstruktur des Adressaten zu beachten (z.B. das Bestehen rechtlich selbständiger Niederlassungen, Franchise-Unternehmen). [6]In Zweifelsfällen empfiehlt sich eine vorherige Kontaktaufnahme mit dem jeweiligen Unternehmen.

80 Aufhebung der Beschlagnahme

(1) [1]Die Beschlagnahme soll in der Regel von vornherein auf eine bestimmte Zeit (etwa einen Monat) beschränkt werden. [2]Wegen der mit jeder Beschlagnahme verbundenen Verzögerung der Postzustellung achtet der Staatsanwalt darauf, dass die Beschlagnahme nicht länger als erforderlich aufrechterhalten wird.

(2) Sobald ein Beschlagnahmebeschluss erledigt ist, beantragt der Staatsanwalt unverzüglich, ihn aufzuheben und verständigt sofort die betroffenen Post- oder Telekommunikationsunternehmen.

(3) Der Vermerk „Postbeschlagnahme" (Nummer 77 Absatz 4) ist zu beseitigen.

81 Postsendungen mit staatsgefährdenden Inhalten

Bei Postsendungen mit staatsgefährdenden Inhalten ist Nummer 208 zu beachten.

82 (weggefallen)

13a. Beschlagnahme und Vermögensarrest zur Sicherung der Einziehung und der Wertersatzeinziehung, Insolvenzverfahren

83 Vorrangige Insolvenzantragsrechte anderer Stellen

[1]Die Staatsanwaltschaft sieht von einem Antrag nach § 111i Absatz 2 Satz 1 StPO ab, wenn das Insolvenzantragsrecht einer anderen Stelle ausschließlich zugewiesen ist. [2]Dies gilt insbesondere in den Fällen der § 46b Absatz 1 Satz 4 des Kreditwesengesetzes (KWG), § 312 Absatz 1 Satz 1 des Vermögensanlagegesetzes (VAG), § 21 Absatz 4 Satz 4 des Gesetzes über die Beaufsichtigung von Zahlungsdiensten (ZAG) und § 43 Absatz 1 des Kapitalanlagegesetzbuches (KAGB) in Verbindung mit § 46b Absatz 1 Satz 4 KWG. [3]Eine Insolvenzantragstellung durch die Staatsanwaltschaft kommt hingegen in Betracht, wenn die spezialgesetzlichen Regelungen keine Anwendung finden, beispielsweise wenn keine Erlaubnis zum Geschäftsbetrieb durch die Aufsichtsbehörde erteilt wurde.

---

1) **Amtl. Anm.:** Eine Aufstellung der Lizenzunternehmen kann im Internet abgerufen werden unter http://www.bundesnetzagentur.de/cln_1421/DE/Sachgebiete/Post/Unternehmen_Institutionen/Lizenzierung/ErteilteLizenzen/erteiltelizenzen-node.html

14. Auskunft über die Telekommunikation

84 (weggefallen)

85 Telekommunikation

[1]Das Gericht und unter den Voraussetzungen des § 100e Absatz 1 Satz 2 und 3 StPO auch die Staatsanwaltschaft können nach § 100g Absatz 1 StPO die Erhebung von Verkehrsdaten (§ 9 und § 12 des Telekommunikation-Telemedien-Datenschutz-Gesetzes und § 2a Absatz 1 des Gesetzes über die Errichtung einer Bundesanstalt für den Digitalfunk der Behörden und Organisationen mit Sicherheitsaufgaben) und nach § 100k Absatz 1 und 2 StPO die Erhebung von Nutzungsdaten (§ 2 Absatz 2 Nummer 3 des Telekommunikation-Telemedien-Datenschutz-Gesetzes) anordnen (vgl. § 101a Absatz 1 Satz 1 und Absatz 1a StPO). [2]Dazu gehören auch die Standortdaten eines Mobilfunkgerätes (§ 100g Absatz 1 Satz 3 und 4 und § 100k Absatz 1 Satz 2 und 3 StPO).

15. Öffentliches Interesse bei Privatklagesachen

86 Allgemeines

(1) Sobald der Staatsanwalt von einer Straftat erfährt, die mit der Privatklage verfolgt werden kann, prüft er, ob ein öffentliches Interesse an der Verfolgung von Amts wegen besteht.
(2) Ein öffentliches Interesse wird in der Regel vorliegen, wenn der Rechtsfrieden über den Lebenskreis des Verletzten hinaus gestört und die Strafverfolgung ein gegenwärtiges Anliegen der Allgemeinheit ist, z.B. wegen des Ausmaßes der Rechtsverletzung, wegen der Rohheit oder Gefährlichkeit der Tat, der rassistischen, fremdenfeindlichen, antisemitischen oder sonstigen menschenverachtenden Beweggründe des Beschuldigten, wegen der besonderen Schutzbedürftigkeit des Verletzten, der Stellung des Verletzten im öffentlichen Leben oder wegen relevanter Voreintragungen des Beschuldigten in einem inländischen oder ausländischen Strafregister.
(3) Ist der Rechtsfrieden über den Lebenskreis des Verletzten hinaus nicht gestört worden, kann ein öffentliches Interesse auch dann vorliegen, wenn dem Verletzten wegen seiner persönlichen Beziehung zum Beschuldigten nicht zugemutet werden kann, die Privatklage zu erheben, und die Strafverfolgung ein gegenwärtiges Anliegen der Allgemeinheit ist.
(4) Der Staatsanwalt kann Ermittlungen darüber anstellen, ob ein öffentliches Interesse besteht.

87 Verweisung auf die Privatklage

(1) [1]Die Entscheidung über die Verweisung auf den Privatklageweg trifft der Staatsanwalt. [2]Besteht nach Ansicht der Behörden oder der Beamten des Polizeidienstes kein öffentliches Interesse an der Strafverfolgung, legen sie die Anzeige ohne weitere Ermittlungen dem Staatsanwalt vor.
(2) [1]Kann dem Verletzten nicht zugemutet werden, die Privatklage zu erheben, weil er die Straftat nicht oder nur unter großen Schwierigkeiten aufklären könnte, soll der Staatsanwalt die erforderlichen Ermittlungen anstellen, bevor er den Verletzten auf die Privatklage verweist, z.B. bei Beleidigung durch namenlose Schriftstücke. [2]Dies gilt aber nicht für unbedeutende Verfehlungen.

16. Einstellung des Verfahrens

88 Mitteilung an den Beschuldigten

[1]In der Mitteilung an den Beschuldigten nach § 170 Absatz 2 StPO sind die Gründe der Einstellung nur auf Antrag und dann auch nur soweit bekannt zu geben, als kein schutzwürdiges Interesse entgegensteht. [2]Hat sich herausgestellt, dass der Beschuldigte unschuldig ist oder das gegen ihn kein begründeter Verdacht mehr besteht, ist dies in der Mitteilung auszusprechen.

89 Bescheid an den Antragsteller und Mitteilung an den Verletzten

(1) Der Staatsanwalt hat dem Antragsteller den in § 171 StPO vorgesehenen Bescheid über die Einstellung auch dann zu erteilen, wenn die Erhebung der öffentlichen Klage nicht unmittelbar bei der Staatsanwaltschaft beantragt worden war.
(2) [1]Die Begründung der Einstellungsverfügung darf sich nicht auf allgemeine und nichtssagende Redewendungen, z.B. „da eine Straftat nicht vorliegt oder nicht nachgewiesen ist“, beschränken. [2]Vielmehr soll in der Regel – schon um unnötige Beschwerden zu vermeiden – angegeben werden, aus welchen Gründen der Verdacht einer Straftat nicht ausreichend erscheint oder weshalb sich sonst die Anklageerhebung verbietet. [3]Dabei kann es genügen, die Gründe anzuführen, die ein Eingehen auf Einzelheiten unnötig machen, z.B., dass die angezeigte Handlung unter kein Strafgesetz fällt, dass die Strafverfolgung

verjährt oder aus anderen Gründen unzulässig ist oder dass kein öffentliches Interesse an der Strafverfolgung besteht.

(3) Auch bei einer Einstellung nach §§ 153 Absatz 1, 153a Absatz 1, 153b Absatz 1 StPO erteilt der Staatsanwalt dem Anzeigenden einen mit Gründen versehenen Bescheid.

(4) Der Staatsanwalt soll den Einstellungsbescheid so fassen, dass er auch dem rechtsunkundigen Antragsteller verständlich ist.

(5) Erhält der Verletzte nicht bereits gemäß Absatz 1 oder Absatz 3 Kenntnis von der Einstellung des Verfahrens, ist ihm letztere auf Antrag mitzuteilen, soweit das Verfahren ihn betrifft.

90 Anhörung von Behörden und Körperschaften des öffentlichen Rechts bei Einstellungen nach den §§ 153, 153a oder 170 Absatz 2 StPO

(1) [1]Hat eine Behörde oder eine Körperschaft des öffentlichen Rechts die Strafanzeige erstattet oder ist sie sonst am Ausgang des Verfahrens interessiert, soll ihr der Staatsanwalt, bevor er das Verfahren einstellt oder die Zustimmung des Gerichts zu einer Einstellung einholt, die Gründe mitteilen, die für die Einstellung sprechen, und ihr Gelegenheit zur Äußerung geben. [2]Dies gilt auch für die Zustimmung des Staatsanwalts zu einer Einstellung außerhalb einer Hauptverhandlung, die das Gericht beabsichtigt (§ 153 Absatz 2, § 153a Absatz 2 StPO). [3]Zur Vereinfachung können Ablichtungen aus den Akten beigefügt werden. [4]Stellt der Staatsanwalt entgegen einer widersprechenden Äußerung ein, soll er in der Einstellungsverfügung auch die Einwendungen würdigen, die gegen die Einstellung erhoben worden sind.

(2) Hat ein oberstes Staatsorgan des Bundes oder eines Landes die Ermächtigung zur Strafverfolgung nach § 89a Absatz 4, § 89b Absatz 4, § 89c Absatz 4, § 90 Absatz 4, § 90b Absatz 2, § 97 Absatz 3, § 129b Absatz 1 Satz 3, § 194 Absatz 4, § 353a Absatz 2 oder § 353b Absatz 4 StGB erteilt oder Strafantrag wegen Beleidigung gestellt, ist Nummer 211 Absatz 1 und 3 Buchstabe a zu beachten.

91 Bekanntgabe

(1) [1]Dem Beschuldigten wird die Einstellungsverfügung grundsätzlich formlos durch einfachen Brief bekannt gegeben. [2]Die Mitteilung über die Einstellung wird dem Beschuldigten zugestellt, wenn gegen ihn eine Strafverfolgungsmaßnahme im Sinne des § 2 des Gesetzes über die Entschädigung für Strafverfolgungsmaßnahmen (StrEG) vollzogen worden ist. [3]Wegen der in der Einstellungsnachricht nach diesem Gesetz zu erteilenden Belehrung wird auf die Ausführungsvorschriften zum Gesetz über die Entschädigung für Strafverfolgungsmaßnahmen (Anlage C) verwiesen.

(2) [1]Die Mitteilung über die Einstellung des Verfahrens ist dem Antragsteller (§ 171 StPO) im Regelfall formlos zu übersenden. [2]Der Staatsanwalt soll die Zustellung nur dann anordnen, wenn im Einzelfall Anhaltspunkte dafür bestehen, dass mit einer Beschwerde und einem Antrag auf Durchführung des Klageerzwingungsverfahrens zu rechnen ist.

92 Kostenpflicht des Anzeigenden

[1]Ist ein Verfahren durch eine vorsätzliche oder leichtfertig erstattete unwahre Anzeige veranlasst worden, prüft der Staatsanwalt, ob die Kosten des Verfahrens und die dem Beschuldigten erwachsenen notwendigen Auslagen dem Anzeigeerstatter aufzuerlegen sind. [2]Dies gilt auch dann, wenn die unwahren Angaben, die zur Einleitung des Verfahrens geführt haben, bei einer Vernehmung gemacht worden sind.

93 Einstellung nach § 153a StPO

(1) [1]Bei einer Einstellung nach § 153a StPO prüft der Staatsanwalt, ob eine Wiedergutmachungsauflage (§ 153a Absatz 1 Satz 2 Nummer 1 StPO) in Betracht kommt. [2]Dabei achtet der Staatsanwalt auch darauf, dass die Auflagen einen durch die Straftat erlangten Vermögensvorteil abschöpfen. [3]Im Übrigen sollen unredlich erzielte Vermögensvorteile bei der Festsetzung einer Geldauflage nach § 153a Absatz 1 Satz 2 Nummer 2 StPO berücksichtigt werden. [4]In geeigneten Fällen können Auflagen miteinander kombiniert werden.

(2) Bei einer Einstellung nach § 153a StPO, bei der die Auflage erteilt wird, einen Geldbetrag zugunsten einer gemeinnützigen Einrichtung zu zahlen, oder bei der Erklärung der Zustimmung dazu, beachtet der Staatsanwalt neben spezialpräventiven Erwägungen, dass bei der Auswahl des Zuwendungsempfängers insbesondere Einrichtungen der Opferhilfe, Kinder- und Jugendhilfe, Straffälligen- und Bewährungshilfe, Gesundheits- und Suchthilfe sowie Einrichtungen zur Förderung von Sanktionsalternativen und Vermeidung von Ersatzfreiheitsstrafen in angemessenem Umfang berücksichtigt werden.

93a (weggefallen)

94 Einstellung nach § 153c Absatz 1 StPO

(1) [1]In den Fällen des § 153c Absatz 1 StPO kann der Staatsanwalt nach pflichtgemäßem Ermessen von der Verfolgung absehen. [2]Dies wird insbesondere in Betracht kommen, wenn die in § 153c Absatz 2 StPO

bezeichneten Gründe vorliegen können, wenn eine Strafverfolgung zu unbilligen Härten führen würde oder ein öffentliches Interesse an der strafrechtlichen Ahndung nicht oder nicht mehr besteht.

(2) [1]Der Staatsanwalt prüft im Einzelfall, ob völkerrechtliche Vereinbarungen die Verpflichtung begründen, bestimmte außerhalb des räumlichen Geltungsbereichs der Strafprozessordnung begangene Taten so zu behandeln, als ob sie innerhalb dieses Bereichs begangen wären. [2]Auskunft über derartige Vereinbarungen erteilt das für Justiz zuständige Bundesministerium.

(3) [1]Bestehen in den Fällen des § 153c Absatz 1 StPO Anhaltspunkte dafür, dass die Gründe des § 153c Absatz 3 StPO gegeben sein könnten, holt der Staatsanwalt unverzüglich die Entscheidung des Generalstaatsanwalts ein, ob die Tat verfolgt werden soll. [2]Der Generalstaatsanwalt berichtet vor seiner Entscheidung unverzüglich der Landesjustizverwaltung.

(4) [1]Können die in § 153c Absatz 3 StPO bezeichneten Gründe der Strafverfolgung entgegenstehen, holt der Staatsanwalt unverzüglich die Entscheidung des Generalstaatsanwalts ein, wenn er wegen Gefahr im Verzuge eine Beschlagnahme, eine Durchsuchung oder eine mit Freiheitsentziehung verbundene Maßnahme für erforderlich hält. [2]Der Generalstaatsanwalt unterrichtet vor seiner Entscheidung die Landesjustizverwaltung. [3]Ist eine Entscheidung des Generalstaatsanwalts nicht rechtzeitig zu erlangen, unterrichtet der Staatsanwalt die Landesjustizverwaltung unmittelbar. [4]Ist auch das nicht möglich, trifft er selbst die notwendige Entscheidung.

95 Einstellung nach § 153c Absatz 3 StPO

(1) [1]Bei Straftaten, die durch eine außerhalb des räumlichen Geltungsbereichs der Strafprozessordnung ausgeübte Tätigkeit begangen sind, deren Erfolg jedoch innerhalb dieses Bereichs eingetreten ist (Distanztaten), klärt der Staatsanwalt beschleunigt den Sachverhalt und die Umstände auf, die für eine Entscheidung nach § 153c Absatz 3 StPO von Bedeutung sein können. [2]Er beschränkt sich dabei auf solche Maßnahmen, die den Zweck der Vorschrift nicht gefährden.

(2) [1]Bestehen Anhaltspunkte dafür, dass die Voraussetzungen des § 153c Absatz 3 StPO gegeben sein könnten, holt der Staatsanwalt unverzüglich die Entscheidung des Generalstaatsanwalts ein, ob die Tat verfolgt werden soll. [2]Der Generalstaatsanwalt unterrichtet vor seiner Entscheidung unverzüglich die Landesjustizverwaltung. [3]Bei der Entscheidung, ob die Tat verfolgt werden soll, ist Art. 5 des OECD-Übereinkommens über die Bekämpfung der Bestechung ausländischer Amtsträger im internationalen Geschäftsverkehr (Vertrags- und Umsetzungsgesetz: Gesetz zur Bekämpfung internationaler Bestechung vom 10. September 1998, Bundesgesetzblatt (BGBl. 1998 II S. 2327))[1)] zu beachten.

(3) Hält der Staatsanwalt wegen Gefahr im Verzuge eine Beschlagnahme, eine Durchsuchung oder eine mit Freiheitsentziehung verbundene Maßnahme für erforderlich, gelten Absatz 2 sowie Nummer 94 Absatz 4 Satz 3 und 4 entsprechend.

96 Einstellung nach § 153c Absatz 4 StPO

In den Fällen des § 153c Absatz 4 StPO gelten die Nummern 94 und 95 sinngemäß.

97 Einstellung nach § 153c Absatz 5 StPO

[1]In den Fällen des § 153c Absatz 5 StPO klärt der Staatsanwalt alle für die Entscheidung des Generalbundesanwalts bedeutsamen Umstände mit größter Beschleunigung, jedoch unter Beschränkung auf solche Maßnahmen, die den Zweck dieser Vorschrift nicht gefährden; er unterrichtet fernmündlich oder fernschriftlich den Generalbundesanwalt unter gleichzeitiger Benachrichtigung des Generalstaatsanwalts. [2]Die Vorgänge reicht er mit einem Begleitschreiben dem Generalbundesanwalt unverzüglich nach; eine Abschrift des Begleitschreibens leitet er dem Generalstaatsanwalt zu. [3]Sind die Akten nicht entbehrlich, werden dem Generalbundesanwalt Ablichtungen vorgelegt. [4]In Verfahren, die nach § 142a Absatz 2 und 4 GVG an die Landesstaatsanwaltschaft abgegeben worden sind, ist entsprechend zu verfahren. [5]Fordert der Generalstaatsanwalt die Vorgänge zum Zwecke der Prüfung an, ob die Voraussetzungen für eine Einstellung des Verfahrens nach § 153c Absatz 1, 3 und 4 StPO vorliegen, trifft der Staatsanwalt weitere Verfolgungsmaßnahmen nur im Einverständnis mit dem Generalbundesanwalt.

98 Einstellung nach § 153d StPO

[1]Ergeben sich für den Staatsanwalt Anhaltspunkte dafür, dass die Voraussetzungen des § 153d StPO vorliegen, sind die in Nummer 97 getroffenen Anordnungen zu beachten. [2]Eine Entscheidung des Generalbundesanwalts, solche Straftaten nicht zu verfolgen, bewirkt, dass polizeiliche und staatsanwaltschaft-

---

1) **Amtl. Anm.:** Artikel 5 des OECD-Übereinkommens hat folgenden Wortlaut: Ermittlungsverfahren und Strafverfolgung wegen Bestechung eines ausländischen Amtsträgers unterliegen den geltenden Regeln und Grundsätzen der jeweiligen Vertragspartei. Sie dürfen nicht von Erwägungen nationalen wirtschaftlichen Interesses, der möglichen Wirkung auf Beziehungen zu einem anderen Staat oder der Identität der beteiligten natürlichen oder juristischen Personen beeinflusst werden.

liche Verfolgungsmaßnahmen insoweit zu unterbleiben haben; diese Entscheidung kann schon vor der Einleitung von Verfolgungsmaßnahmen getroffen werden.

99 Benachrichtigung der Polizeidienststellen in den Fällen der §§ 153c, 153d StPO

(1) Wird von der Strafverfolgung nach §§ 153c, 153d StPO abgesehen, kann neben der unverzüglichen Benachrichtigung der Polizeidienststelle, die mit der Sache unmittelbar befasst ist, die sofortige Benachrichtigung weiterer Polizeidienststellen erforderlich sein, um sicherzustellen, dass Verfolgungsmaßnahmen unterbleiben.

(2) [1]In derartigen Fällen unterrichtet der Staatsanwalt neben der mit der Sache unmittelbar befassten Polizeidienststelle unverzüglich das für innere Angelegenheiten zuständige Bundesministerium und nachrichtlich das Bundeskriminalamt, Thaerstraße 11, 65193 Wiesbaden, von seiner Entscheidung, mit der von der Strafverfolgung abgesehen wird. [2]Einen Abdruck der schriftlichen Nachricht erhält die Landesjustizverwaltung/das für Justiz zuständige Bundesministerium.

(3) Sieht der Staatsanwalt einstweilen von weiteren Strafverfolgungsmaßnahmen ab, unterrichtet er unverzüglich die mit der Sache befasste Polizeidienststelle.

100 Einstellung nach § 153e StPO

(1) [1]Die Möglichkeit einer Einstellung des Verfahrens nach § 153e StPO (gegebenenfalls in Verbindung mit § 4 NATO-Truppen-Schutzgesetz)[1)] soll mit dem Beschuldigten und seinem Verteidiger nur erörtert werden, wenn diese selbst Fragen danach stellen oder wenn nach den bereits bekannten Umständen des Einzelfalles deutliche Anhaltspunkte dafür vorliegen, dass eine Anwendung des § 153e StPO in Betracht kommt und eine Erörterung hierüber aus besonderen Gründen zweckmäßig erscheint. [2]Bei einer solchen Erörterung ist jedoch darauf zu achten, dass sie nicht als Zusicherung einer Einstellung des Verfahrens nach § 153e StPO missverstanden wird.

(2) Der Staatsanwalt legt die Akten dem Generalbundesanwalt vor, wenn Anhaltspunkte dafür bestehen, dass die Einstellung nach 153e StPO in Betracht kommt.

101 Einstellung nach § 154 StPO

(1) [1]Von den Möglichkeiten einer Einstellung nach § 154 Absatz 1 StPO soll der Staatsanwalt in weitem Umfang und in einem möglichst frühen Verfahrensstadium Gebrauch machen. [2]Er prüft zu diesem Zweck vom Beginn der Ermittlungen an, ob die Voraussetzungen für eine Beschränkung des Prozessstoffes vorliegen. [3]Der Staatsanwalt erteilt der Polizei allgemein oder im Einzelfall die Weisungen, die erforderlich sind, um die Rechtzeitigkeit der Prüfung zu gewährleisten.

(2) Wird das Verfahren nach § 154 Absatz 1 StPO eingestellt, gilt für den Bescheid an den Anzeigenden Nummer 89 entsprechend.

(3) Ist mit Rücksicht auf eine wegen einer anderen Tat zu erwartende Strafe nach § 154 Absatz 1 StPO von der Verfolgung einer Tat abgesehen oder nach § 154 Absatz 2 StPO das Verfahren vorläufig eingestellt worden, prüft der Staatsanwalt nach Abschluss des wegen dieser Tat eingeleiteten Verfahrens, ob es bei der Einstellung verbleiben kann.

101a Einstellung nach § 154a StPO

(1) [1]Soweit die Strafverfolgung nach § 154a StPO beschränkt werden kann, soll der Staatsanwalt von dieser Möglichkeit Gebrauch machen, wenn dies das Verfahren vereinfacht. [2]Nummer 101 Absatz 1 gilt entsprechend.

(2) Beschränkungen nach § 154a StPO werden aktenkundig gemacht; erfolgt die Beschränkung vor Erhebung der öffentlichen Klage, wird in der Anklageschrift darauf hingewiesen.

(3) Nummer 101 Absatz 3 gilt entsprechend.

102 Einstellung zugunsten des Verletzten einer Nötigung oder Erpressung

(1) Eine Einstellung nach § 154c StPO soll grundsätzlich nur erfolgen, wenn die Nötigung oder die Erpressung strafwürdiger ist als die Tat des Genötigten oder Erpressten.

(2) Die Entscheidung, ob zugesichert werden kann, dass das Verfahren eingestellt wird, ist dem Behördenleiter vorzubehalten.

103 Mitteilung an den Anzeigenden

Sieht der Staatsanwalt nach § 154e StPO von der Erhebung der öffentlichen Klage vorläufig ab, teilt er dies dem Anzeigenden mit.

---

1) **Amtl. Anm.:** Vgl. Fundstellennachweis A zum Bundesrecht.

104 Vorläufige Einstellung nach § 154f StPO

(1) [1]Unter den Voraussetzungen des § 154f StPO soll der Staatsanwalt das Ermittlungsverfahren vorläufig einstellen, wenn der Sachverhalt so weit wie möglich aufgeklärt ist und die Beweise, soweit notwendig, gesichert sind; eine förmliche Beweissicherung (§§ 285 ff. StPO) soll indessen nur in wichtigen Fällen stattfinden. [2]Der Staatsanwalt hat in bestimmten, nicht zu lange bemessenen Abständen zu prüfen, ob die Hinderungsgründe des § 154f StPO noch fortbestehen.

(2) Kann nach dem Ergebnis der Ermittlungen mit einer Eröffnung des Hauptverfahrens auch dann nicht gerechnet werden, wenn die Hinderungsgründe des § 154f StPO wegfallen, stellt der Staatsanwalt das Verfahren sofort ein.

(3) Nummer 103 gilt entsprechend.

105 Beschwerde gegen die Einstellungsverfügung

(1) [1]Einer Beschwerde gegen die Einstellung des Verfahrens kann der Staatsanwalt, der die Einstellung verfügt hat, abhelfen. [2]Werden in der Beschwerde neue und wesentliche Tatsachen oder Beweismittel angeführt, nimmt er die Ermittlungen wieder auf.

(2) [1]Geht eine Beschwerde des Verletzten bei dem Staatsanwalt ein, dessen Entscheidung angegriffen wird, prüft er unverzüglich, ob er ihr abhilft. [2]Hilft er ihr nicht ab, legt er sie unverzüglich dem vorgesetzten Staatsanwalt (§ 147 GVG) vor. [3]Im Übersendungsbericht legt er dar, aus welchen Gründen er die Ermittlungen nicht wieder aufnimmt; neue Tatsachen oder Beweismittel oder neue rechtliche Erwägungen, welche die Beschwerdeschrift enthält, sind zu würdigen. [4]Werden dem Beschuldigten weitere selbständige Straftaten vorgeworfen, ist zu berichten, was insoweit bereits veranlasst oder was nach Rückkunft der Akten beabsichtigt ist. [5]Die Akten sind dem Übersendungsbericht beizufügen oder, wenn sie nicht verfügbar oder nicht entbehrlich sind, nachzureichen.

(3) [1]Ist die Beschwerde bei dem vorgesetzten Staatsanwalt eingereicht worden und hat er um Bericht oder um Beifügung der Vorgänge ersucht, ist dieser Auftrag nur auszuführen, wenn die Ermittlungen nicht wieder aufgenommen werden; sonst genügt eine kurze Anzeige über die Wiederaufnahme der Ermittlungen. [2]Kann die Beschwerde nicht sofort geprüft werden, sind die Gründe hierfür anzugeben; die Akten sind nicht beizufügen.

(4) Dem Beschwerdeführer ist die Wiederaufnahme der Ermittlungen mitzuteilen.

(5) Für die Bekanntgabe des Bescheides des vorgesetzten Staatsanwalts gilt Nummer 91 Absatz 2 entsprechend.

17. Verteidiger

106 Auswahl des Verteidigers

[1]Die Bitte eines Beschuldigten, ihm einen für seine Verteidigung geeigneten Rechtsanwalt zu bezeichnen, ist abzulehnen. [2]Möchte der Beschuldigte vor seiner Vernehmung einen Verteidiger befragen, sind ihm Informationen, wie das von der Bundesrechtsanwaltskammer bereitgestellte amtliche Anwaltsverzeichnis (Bundesweites Amtliches Anwaltsverzeichnis (https://bravsearch.bea-brak.de/bravsearch/index.brak)), zur Einsicht zur Verfügung zu stellen, die es ihm erleichtern, einen Verteidiger zu kontaktieren. [3]Auf bestehende anwaltliche Notdienste ist dabei hinzuweisen.

107 (weggefallen)

108 Unterrichtung des Verteidigers

[1]Der Verteidiger, der nach § 145a Absatz 1 StPO als ermächtigt gilt, Zustellungen für den Beschuldigten anzunehmen, ist über § 145a StPO hinaus über alle Entscheidungen zu unterrichten, die dem Beschuldigten mitgeteilt werden. [2]Der Verteidiger soll dabei neben dem Beschuldigten und gleichzeitig mit diesem unterrichtet werden.

18. Abschluss der Ermittlungen

109 [Abschluss der Ermittlungen]

(1) Bei der Fertigung des Vermerkes über den Abschluss der Ermittlungen sind die besonderen verfahrensrechtlichen Wirkungen (§ 147 Absatz 2, § 406e Absatz 2 Satz 3 StPO) zu beachten.

(2) Richtet sich das Verfahren gegen mehrere Beschuldigte, wird vor dem Vermerk über den Abschluss der Ermittlungen gegen einzelne von ihnen der Stand der Ermittlungen gegen die übrigen zu berücksichtigen sein.

(3) [1]Der Vermerk über den Abschluss der Ermittlungen ist mit Datum und Namen des Staatsanwalts in die Akte aufzunehmen. [2]Richtet sich das Verfahren gegen mehrere Beschuldigte, muss der Vermerk erkennen lassen, gegen welche Beschuldigten die Ermittlungen abgeschlossen sind.

2. Abschnitt

Anklage

110 Form und Inhalt der Anklageschrift

(1) Die Anklageschrift muss klar, übersichtlich und vor allem für den Angeschuldigten verständlich sein.

(2) In der Anklageschrift sind anzugeben:

a) der Familienname und die Vornamen (Rufname unterstrichen), Geburtsname, Beruf, Anschrift, Familienstand, Geburtstag und Geburtsort (Kreis, Bezirk) des Angeschuldigten und seine Staatsangehörigkeit, bei Minderjährigen Namen und Anschriften der gesetzlichen Vertreter;

b) der Verteidiger;

c) der Anklagesatz;
er umfasst:
die Tat, die dem Angeschuldigten zur Last gelegt wird, sowie Zeit und Ort ihrer Begehung, die gesetzlichen Merkmale der Straftat – gegebenenfalls in vereinfachter Form, z.B. beim Versuch –, die anzuwendenden Strafvorschriften, die Umstände, welche die Anordnung einer Maßnahme (§ 11 Absatz 1 Nummer 8 StGB) rechtfertigen, bei Verletzungen mehrerer Strafvorschriften auch die Angabe, ob Tateinheit oder Tatmehrheit angenommen wird;

d) bei Antragsdelikten ein Hinweis auf den Strafantrag;
wird in Fällen, in denen das Gesetz dies zulässt, bei einem Antragsdelikt die öffentliche Klage erhoben, ohne dass ein Strafantrag gestellt ist, soll in der Anklageschrift erklärt werden, dass wegen des besonderen öffentlichen Interesses an der Strafverfolgung ein Einschreiten von Amts wegen geboten ist;

e) Hinweise auf Verfolgungsbeschränkungen nach § 154a StPO;

f) die Zeugen (mit den nach § 200 Absatz 1 Satz 3 und 5 StPO gebotenen und gegebenenfalls mit den nach § 200 Absatz 1 Satz 4 StPO zulässigen Einschränkungen) und anderen Beweismittel;

g) das wesentliche Ergebnis der Ermittlungen (§ 200 Absatz 2 StPO) und alle Umstände, die für die Strafbemessung, die Strafaussetzung zur Bewährung, die Verwarnung mit Strafvorbehalt, das Absehen von Strafe, die Nebenstrafe und Nebenfolgen von Bedeutung sein können.

(3) [1]Die Anklageschrift hat ferner den Antrag auf Eröffnung des Hauptverfahrens und die Angabe des Gerichts zu enthalten, vor dem die Hauptverhandlung stattfinden soll. [2]Sie hat auch den Spruchkörper (z.B. Wirtschaftsstrafkammer, Jugendkammer, Staatsschutzkammer) zu bezeichnen, den der Staatsanwalt als zuständig ansieht.

(4) [1]War oder ist der Angeschuldigte in Untersuchungshaft, sind Ort und Dauer der Haft zu vermerken; dies gilt auch für eine andere Freiheitsentziehung. [2]Zur Frage der Fortdauer ist ein bestimmter Antrag zu stellen. [3]Auf den Ablauf der in § 121 Absatz 2 StPO bezeichneten Frist ist hinzuweisen.

(5) Beantragt der Staatsanwalt die Beteiligung der juristischen Person oder Personenvereinigung und kündigt er die Beantragung der Festsetzung einer Geldbuße gegen diese an (Nummer 180a Absatz 2), führt er sie als Nebenbeteiligte an und gibt die tatsächliche und rechtliche Grundlage für die begehrte Maßnahme an.

111 Auswahl der Beweismittel

(1) Der Staatsanwalt soll nur die Beweismittel aufführen, die für die Aufklärung des Sachverhalts und für die Beurteilung der Persönlichkeit des Angeschuldigten wesentlich sind.

(2) Haben mehrere Zeugen über denselben Vorgang im Vorverfahren übereinstimmend ausgesagt, wird es häufig nicht nötig sein, jeden zu benennen.

(3) [1]Für Sachverständige gilt Absatz 2 entsprechend. [2]Soweit es zulässig ist, ein schriftliches Gutachten in der Hauptverhandlung zu verlesen (§ 256 Absatz 1 StPO), wird dieses oft ein ausreichendes Beweismittel sein; dies gilt nicht, wenn der Sachverständige ein Gutachten nur unter dem Eindruck der Hauptverhandlung erstatten kann, z.B. über die Schuldfähigkeit oder über besondere seelische oder geistige Eigenschaften des Angeschuldigten oder eines sonstigen Prozessbeteiligten.

(4) [1]Der Staatsanwalt darf dem Gericht oder dem Vorsitzenden Akten, Schriftstücke oder Beweisstücke nur vorlegen, wenn er sie gleichzeitig zu Bestandteilen der gerichtlichen Akten erklärt und damit auch dem Verteidiger zugänglich macht. [2]Legt er sie erst in der Hauptverhandlung vor, hat er sie dadurch zum

Gegenstand der Verhandlung zu machen, dass er die Vorlegung auch dem Angeklagten oder dem Verteidiger bekannt gibt.

112 Ermittlungsergebnis

(1) Auch wenn die Anklage vor dem Strafrichter erhoben wird, soll das wesentliche Ergebnis der Ermittlungen (§ 200 Absatz 2 StPO) in die Anklageschrift aufgenommen werden, wenn die Sach- oder Rechtslage Schwierigkeiten bietet.
(2) Sind die Akten umfangreich, soll auf die Aktenstellen und möglichst auch auf die Beweismittel für die einzelnen Tatvorgänge verwiesen werden.

113 Zuständiges Gericht

(1) Bei der Beurteilung der Frage, ob ein Fall von besonderer Bedeutung vorliegt und deshalb die Anklage beim Landgericht (§ 24 Absatz 1 Satz 1 Nummer 3 GVG) zu erheben ist, prüft der Staatsanwalt, ob die besondere Bedeutung einer Sache sich etwa aus dem Ausmaß der Rechtsverletzung oder den Auswirkungen der Straftat, z.B. nach einer Sexualstraftat, ergibt.
(2) [1]Erhebt der Staatsanwalt wegen der besonderen Schutzbedürftigkeit von Verletzten der Straftat, die als Zeugen in Betracht kommen, des besonderen Umfangs oder der besonderen Bedeutung des Falles Anklage beim Landgericht (§ 24 Absatz 1 Satz 1 Nummer 3 GVG), macht er die hierfür bedeutsamen Umstände aktenkundig, sofern diese nicht offensichtlich sind. [2]Satz 1 gilt entsprechend, wenn der Staatsanwalt Anklage zur Wirtschaftsstrafkammer nach § 74c Absatz 1 Satz 1 Nummer 6 GVG erhebt, weil zur Beurteilung des Falles besondere Kenntnisse des Wirtschaftslebens erforderlich sind.
(3) Erhebt der Staatsanwalt Anklage beim Landgericht und hält er aus den in § 76 Absatz 2 GVG genannten Gründen die Mitwirkung eines dritten Richters für erforderlich, regt er dies an.
(4) Ist die Sache umfangreich, z.B. wegen der großen Anzahl der Angeschuldigten oder Zeugen, und erhebt der Staatsanwalt nicht Anklage beim Landgericht, beantragt er, einen zweiten Richter beim Amtsgericht zuzuziehen (§ 29 Absatz 2 GVG).

114 Zusammenhängende Strafsachen

[1]Zusammenhängende Strafsachen (§§ 2, 3 StPO) sind in einer Anklage zusammenzufassen (vgl. Nummer 17). [2]Hiervon kann abgesehen werden, wenn die Erhebung der öffentlichen Klage wegen einer Tat durch die Aufklärung der anderen Tat erheblich verzögert würde und wenn gewichtige Interessen der Allgemeinheit oder des Beschuldigten nicht entgegenstellen.

3. Abschnitt

Hauptverfahren

1. Eröffnung des Hauptverfahrens

115 [Eröffnung des Hauptverfahrens]

(1) Beschließt das Gericht, die Anklage mit Änderungen nach § 207 Absatz 2 StPO zuzulassen, legt es die Akten mit diesem Beschluss der Staatsanwaltschaft vor.
(2) Reicht der Staatsanwalt nach § 207 Absatz 3 StPO eine neue Anklageschrift ein, empfiehlt es sich in der Regel, das wesentliche Ergebnis der Ermittlungen darzustellen, wenn ausgeschiedene Teile einer Tat in das Verfahren wieder einbezogen werden oder, wenn die ursprüngliche Anklageschrift durch Änderungen im Eröffnungsbeschluss unübersichtlich oder unverständlich geworden ist.

2. Vorbereitung der Hauptverhandlung

116 Anberaumung der Termine

(1) Die Hauptverhandlung findet grundsätzlich am Sitz des Gerichts statt; nur wenn es wegen der Besonderheit des Falles geboten erscheint, soll sie an einem anderen Ort durchgeführt werden.
(2) Für die Festsetzung der Terminstage sind die örtlichen Feiertage, auch wenn sie gesetzlich nicht anerkannt sind, von Bedeutung.
(3) [1]Bei der Festsetzung der Terminsstunden wird den Beteiligten jeder vermeidbare Zeitverlust zu ersparen und daher zu prüfen sein, wie lange die Verhandlung der einzelnen Sachen voraussichtlich dauern wird und in welchen Abständen die einzelnen Termine daher anzuberaumen sind. [2]Sind an einer Verhandlung Personen beteiligt, die außerhalb des Sitzungsortes wohnen, sind auch die Verkehrsverhältnisse zu berücksichtigen.
(4) [1]Ist für die Verhandlung eine längere Zeit (ein ganzer Tag oder mehrere Tage) vorgesehen, kann es sich empfehlen, die einzelnen Zeugen und Sachverständigen, sofern dies die Hauptverhandlung nicht

erschwert, erst für den Zeitpunkt zu laden, in dem sie voraussichtlich benötigt werden (§ 214 Absatz 2 StPO). [2]In geeigneten Fällen kann es zweckmäßig sein, den Zeugen mit der Auflage zu laden, dass er sich zu einem bestimmten Zeitpunkt oder während eines bestimmten Zeitraumes auf Abruf bereithalten möge.

(5) Stellt sich nachträglich heraus, dass die Verhandlung einer Sache vermutlich länger dauern wird, kann es geboten sein, die folgenden Sachen auf eine spätere Terminsstunde zu verlegen und die Beteiligten umzuladen.

117 Ladung und Benachrichtigung

(1) [1]Die Ladung zur Hauptverhandlung soll dem auf freiem Fuß befindlichen Angeklagten, den Zeugen und den Sachverständigen zugestellt werden, damit sie nachweisbar ist. [2]Bei Zeugen und Sachverständigen kann eine einfachere Form der Ladung gewählt werden.

(2) [1]Absatz 1 Satz 2 gilt auch für andere Prozessbeteiligte, soweit gesetzlich nichts anderes bestimmt ist. [2]Ist eine Behörde am Verfahren zu beteiligen, ist ihr der Termin zur Hauptverhandlung so rechtzeitig mitzuteilen, dass ihre Vertreter sich auf die Hauptverhandlung vorbereiten und die Akten vorher einsehen können.

(3) [1]Bei der Ladung von Zeugen ist zu berücksichtigen, dass eine direkte Begegnung mit dem Beschuldigten in den Räumen der Justiz als bedrohlich oder belastend empfunden werden kann. [2]Dies gilt insbesondere für durch die Tat verletzte Zeugen.

(4) [1]Mit der Ladung ordnet der Vorsitzende an, dass die nach § 395 Absatz 1 und Absatz 2 Nummer 1 StPO zur Nebenklage berechtigten Verletzten Mitteilung vom Termin erhalten, wenn aktenkundig ist, dass sie dies beantragt haben. [2]Unter der letztgenannten Voraussetzung sollen auch sonstige gemäß § 406g Absatz 1 StPO zur Anwesenheit in der Hauptverhandlung berechtigte Verletzte eine solche Mitteilung erhalten.

118 Unterrichtung über die Beweismittel

(1) [1]Die vom Gericht geladenen Zeugen und Sachverständigen sind dem Angeklagten und der Staatsanwaltschaft in der Regel in der Ladung oder Terminsmitteilung, sonst unverzüglich mitzuteilen (§ 222 Absatz 1 Satz 1 und 3 StPO). [2]Sind sie bereits in der Anklageschrift benannt, kann auf sie Bezug genommen werden.

(2) Nach Eingang der Mitteilung nach Absatz 1 Satz 1 prüft der Staatsanwalt, ob Anlass besteht, von dem unmittelbaren Ladungsrecht (§ 214 Absatz 3 StPO) Gebrauch zu machen; gegebenenfalls unterrichtet er Gericht und Angeklagten (§ 222 Absatz 1 Satz 2 und 3 StPO).

(3) Dem Angeklagten sollen ferner, um eine Aussetzung oder Unterbrechung nach § 246 Absatz 2 StPO zu vermeiden, mit der Ladung auch die als Beweismittel dienenden Gegenstände angegeben werden, soweit sie nicht in der Anklageschrift bezeichnet sind.

119 Beiakten

Der Eingang von Beiakten, die das Gericht angefordert hat, soll dem Staatsanwalt und dem Verteidiger rechtzeitig mitgeteilt werden, damit sie diese möglichst noch vor der Hauptverhandlung einsehen können.

120 Befreiung des Angeklagten von der Pflicht zum Erscheinen

(1) Ist die persönliche Anwesenheit des Angeklagten in der Hauptverhandlung entbehrlich, empfiehlt es sich, ihn über sein Antragsrecht nach § 233 StPO schon vor der Ladung zu belehren.

(2) Der Staatsanwalt prüft, ob er auf die Terminsnachricht (§ 233 Absatz 3 StPO) verzichten kann.

(3) [1]Zur Hauptverhandlung ist der Angeklagte zu laden, wenn er nicht ausdrücklich darauf verzichtet hat. [2]In der Ladung ist er darüber zu belehren, dass er zum Erscheinen nicht verpflichtet ist.

121 Kommissarische Vernehmung von Zeugen und Sachverständigen

(1) [1]Die kommissarische Vernehmung von Zeugen oder Sachverständigen ist zu vermeiden, wenn eine hinreichende Aufklärung nur von der Vernehmung in der Hauptverhandlung zu erwarten ist oder wenn das Gericht aus anderen Gründen gezwungen sein wird, den Zeugen oder Sachverständigen unmittelbar zu vernehmen, z.B., weil die Verlesung der Aussage in der Hauptverhandlung nur unter weiteren Voraussetzungen zulässig ist (vgl. § 223 Absatz 2 in Verbindung mit § 251 Absatz 2 Nummer 2 StPO). [2]Auf Bedenken gegen eine kommissarische Vernehmung hat der Staatsanwalt rechtzeitig hinzuweisen.

(2) Sind mehrere Zeugen oder Sachverständige bei verschiedenen Gerichten kommissarisch zu vernehmen, kann es sich empfehlen, die Gerichte möglichst gleichzeitig unter Übersendung von Aktenauszügen um die Vernehmung zu ersuchen.

(3) Ist die Sache umfangreich, sollen dem ersuchten Richter die Teile der Akten bezeichnet werden, die für die Vernehmung wichtig sind.

(4) Der Staatsanwalt prüft jeweils, ob er auf Terminsnachrichten verzichten kann.

122 Verhandlung in Abwesenheit des Angeklagten bei selbstverschuldeter Verhandlungsunfähigkeit

(1) [1]Sind Anhaltspunkte dafür vorhanden, dass der Angeklagte vorsätzlich und schuldhaft seine Verhandlungsunfähigkeit herbeiführen und dadurch wissentlich die ordnungsgemäße Durchführung der Hauptverhandlung in seiner Gegenwart verhindern wird (§ 231a Absatz 1 Satz 1 StPO), ist ihm möglichst frühzeitig Gelegenheit zu geben, sich vor einem Richter zur Anklage zu äußern (§ 231a Absatz 1 Satz 2 StPO). [2]Erforderlichenfalls wirkt der Staatsanwalt hierauf hin. [3]In Verfahren von größerer Bedeutung soll der Staatsanwalt von seinem Anwesenheitsrecht Gebrauch machen.

(2) Kommt eine Verhandlung in Abwesenheit des Angeklagten in Betracht, wirkt der Staatsanwalt darauf hin, dass

a) dem Angeklagten, der keinen Verteidiger hat, ein Verteidiger bestellt wird (§ 231a Absatz 4 StPO) und,

b) der Beschluss über die Durchführung der Hauptverhandlung in Abwesenheit des Angeklagten so rechtzeitig gefasst wird, dass die Rechtskraft des Beschlusses vor der Hauptverhandlung eintreten kann.

3. Hauptverhandlung

123 Allgemeines

Der Staatsanwalt vermeidet alles, was auch nur den Schein einer unzulässigen Einflussnahme auf das Gericht erwecken könnte; deshalb soll er den Sitzungssaal nicht gemeinsam mit dem Gericht betreten oder verlassen, sich nicht in das Beratungszimmer begeben und während der Verhandlungspausen sich nicht mit Mitgliedern des Gerichts unterhalten.

124 Äußere Gestaltung der Hauptverhandlung

(1) Die Hauptverhandlung soll im Sitzungssaal des Gerichts, nicht im Amtszimmer des Richters, durchgeführt werden.

(2) [1]Pflicht des Staatsanwalts, des Urkundsbeamten und des Verteidigers ist es, schon vor Erscheinen des Gerichts ihren Platz im Sitzungssaal einzunehmen. [2]Beim Eintritt des Gerichts zu Beginn der Sitzung, bei der Vereidigung von Zeugen und Sachverständigen und bei der Verkündung der Urteilsformel erheben sich sämtliche Anwesende von ihren Plätzen. [3]Im Übrigen steht es allen am Prozess Beteiligten frei, ob sie bei der Abgabe von Erklärungen und bei Vernehmungen sitzen bleiben oder aufstehen.

125 Platzzuteilung

(1) Der Justizwachtmeister hat vor dem Erscheinen des Gerichts und während der Verhandlung dafür zu sorgen, dass die Platzordnung im Gerichtssaal eingehalten wird.

(2) Der Angeklagte soll in eine umfriedete Anklagebank nur dann verwiesen werden, wenn besondere Umstände vorliegen (z.B. Fluchtgefahr, Störung des Verhandlungsablaufs).

(3) Für die Presseberichterstatter sollen im Voraus geeignete Plätze in ausreichender Zahl bereitgestellt werden.

126 Schöffen

(1) [1]Der Vorsitzende soll die mitwirkenden Schöffen vor Beginn der Sitzung über die Unfähigkeitsgründe (§§ 31, 32 GVG) und – unter Hinweis auf die einzelnen Strafsachen, die verhandelt werden – über die Ausschließungsgründe (§§ 22, 23, 31 StPO) belehren sowie auf die Umstände hinweisen, die eine Ablehnung wegen Besorgnis der Befangenheit rechtfertigen könnten (§ 24 StPO). [2]Ein Hinweis auf das Merkblatt für Schöffen kann genügen.

(2) [1]Die Berufsrichter sollen dazu beitragen, dass die Schöffen die ihnen vom Gesetz zugewiesene Aufgabe erfüllen können. [2]Die Verhandlung ist so zu führen, dass die Schöffen ihr folgen können; Förmlichkeiten und Fachausdrücke, die ihnen nicht verständlich sind, müssen erläutert werden.

(3) [1]Die Anklageschrift darf den Schöffen nicht zugänglich gemacht werden. [2]Ihnen kann jedoch, namentlich in Verfahren mit einem umfangreichen oder schwierigen Sachverhalt, für die Dauer der Hauptverhandlung eine Abschrift des Anklagesatzes nach dessen Verlesung überlassen werden.

127 Pflichten des Staatsanwalts in der Hauptverhandlung

(1) [1]Der Staatsanwalt wirkt darauf hin, dass das Gesetz beachtet wird. [2]Er sorgt durch geeignete Anträge, Fragen oder Anregungen dafür, dass nicht nur die Tat in ihren Einzelheiten, sondern auch die persönlichen und wirtschaftlichen Verhältnisse des Angeklagten und alle Umstände erörtert werden, die für die Strafbemessung, die Strafaussetzung zur Bewährung, die Verwarnung mit Strafvorbehalt, das Absehen von Strafe, die Nebenstrafe und Nebenfolgen oder die Anordnung von Maßregeln der Besserung und Siche-

rung, der Einziehung oder sonstiger Maßnahmen (§ 11 Absatz 1 Nummer 8 StGB) bedeutsam sein können. [3]Nummer 4c ist zu beachten.

(2) [1]Der Staatsanwalt soll darauf hinwirken, dass ungeeignete oder nicht zur Sache gehörende Fragen zurückgewiesen werden. [2]Dies gilt namentlich dann, wenn sie lediglich auf eine Ausforschung von Privat-, Geschäfts- oder Dienstgeheimnissen hinzielen.

(3) Der Staatsanwalt wirkt darauf hin, dass die gesetzlichen Möglichkeiten zur Beschleunigung und Vereinfachung der Hauptverhandlung genutzt werden.

128 Wahrung der Ordnung

(1) [1]Der Staatsanwalt wirkt darauf hin, dass die Hauptverhandlung geordnet abläuft. [2]Obwohl ihm kein förmliches Recht, Ordnungsmittel zu beantragen, zusteht, ist er nicht gehindert, unter Umständen sogar verpflichtet, eine Ungebühr zu rügen und ein Ordnungsmittel anzuregen, vor allem, wenn die Ungebühr mit seiner Amtsausübung in der Verhandlung zusammenhängt. [3]Eine bestimmte Maßnahme soll er grundsätzlich nicht anregen. [4]Ist die Ungebühr auf Ungewandtheit, Unerfahrenheit oder verständliche Erregung zurückzuführen, wirkt der Staatsanwalt gegebenenfalls darauf hin, dass von einem Ordnungsmittel abgesehen wird.

(2) Auf Vorgänge, welche die Erforschung der Wahrheit vereiteln oder erschweren können, hat der Staatsanwalt das Gericht unverzüglich hinzuweisen, z.B. wenn ein Zuhörer Aufzeichnungen macht und der Verdacht besteht, dass er sie verwenden will, um noch nicht vernommene Zeugen über den Verlauf der Verhandlung zu unterrichten.

(3) [1]Der Vorsitzende wird, soweit erforderlich, bei der Aufrechterhaltung der Ordnung in der Hauptverhandlung durch einen Justizwachtmeister unterstützt. [2]Dieser ist für die Dauer der Sitzung möglichst von jedem anderen Dienst freizustellen. [3]Er hat dem Vorsitzenden jede Ungebühr im Sitzungssaal mitzuteilen und bei drohender Gefahr sofort selbständig einzugreifen.

129 Berichterstattung durch Presse und Rundfunk

(1) [1]Presse, Hörfunk und Fernsehen dürfen in ihrer Berichterstattung nicht mehr beschränkt werden, als das Gesetz und der Zweck der Hauptverhandlung es gebieten. [2]Die Aufgabe des Gerichts, die Wahrheit zu erforschen, darf nicht vereitelt oder erschwert, das Recht des Angeklagten, sich ungehindert zu verteidigen, nicht beeinträchtigt werden; auch sind die Persönlichkeitsrechte des Angeklagten und anderer Beteiligter, insbesondere auch des Verletzten, zu berücksichtigen (vgl. Nummer 23).

(2) Mit Ausnahme der in § 169 Absatz 2 und 3 GVG geregelten Fälle sind Ton- und Fernseh-Rundfunkaufnahmen sowie Ton- und Filmaufnahmen während der Hauptverhandlung, einschließlich der Urteilsverkündung, zum Zwecke der öffentlichen Vorführung oder Veröffentlichung ihres Inhalts unzulässig.

(3) Ob und unter welchen Voraussetzungen im Sitzungssaal sonst Ton-, Film- und Bildaufnahmen gemacht werden dürfen, entscheidet der Vorsitzende.

(4) Über die Zulässigkeit von Ton-, Film- und Bildaufnahmen im Gerichtsgebäude außerhalb des Sitzungssaales entscheidet der Inhaber des Hausrechts.

(5) [1]Bei Entscheidungen nach Absatz 2 bis 4 sind die Persönlichkeitsrechte der Beteiligten zu berücksichtigen. [2]Wird die Erlaubnis erteilt, empfiehlt es sich klarzustellen, dass die Rechte der betroffenen Personen unberührt bleiben.

130 Belehrung der Zeugen und Sachverständigen

[1]Die Belehrung der Zeugen und Sachverständigen über die Bedeutung des Eides und über die strafrechtlichen Folgen einer unrichtigen oder unvollständigen Aussage soll in angemessener und wirkungsvoller Form erfolgen. [2]Sie wird im Sitzungsprotokoll vermerkt, der Staatsanwalt wirkt darauf hin, dass dies auch bei Zeugen oder Sachverständigen geschieht, die zu einem späteren Zeitpunkt vorgeladen worden sind.

130a Schutz der Zeugen

(1) [1]Unter den Voraussetzungen des § 247a StPO prüft der Staatsanwalt, ob es geboten ist, dass sich ein Zeuge während seiner Vernehmung an einem anderen Ort aufhält. [2]Stellt der Staatsanwalt einen entsprechenden Antrag, ist in der Begründung dazu Stellung zu nehmen, ob die Vernehmung aufgezeichnet werden soll.

(2) [1]Besteht Anlass zu der Besorgnis, dass durch die Angabe der vollständigen Anschrift oder durch die Offenbarung der Identität oder des Wohn- oder Aufenthaltsortes der Zeuge oder eine andere Person gefährdet wird, prüft der Staatsanwalt, ob Schutzmaßnahmen erforderlich sind. [2]Unter den Voraussetzungen des § 68 Absatz 2 oder 3 StPO wirkt er darauf hin, dass dem Zeugen gestattet wird, seine vollständige Anschrift, seinen Wohn- oder Aufenthaltsort oder seine Identität nicht preiszugeben. [3]Im Fall des § 172 Nummer 1a. GVG beantragt er den Ausschluss der Öffentlichkeit.

(3) Für die Vernehmung des Verletzten in der Hauptverhandlung gilt Nummer 19a Absatz 2.

(4) Unter den Voraussetzungen des § 255a StPO wirkt der Staatsanwalt auf eine Ersetzung der Vernehmung von Zeugen durch die Vorführung einer Aufzeichnung seiner früheren Vernehmung in Bild und Ton hin, soweit der Schutz des Zeugen dies gebietet.

131 Ausschluss der Öffentlichkeit Allgemeines

(1) [1]Unabhängig vom Gericht hat auch der Staatsanwalt zu prüfen, ob es geboten ist, die Öffentlichkeit für die ganze Hauptverhandlung oder für einen Teil auszuschließen. [2]Stellt er einen solchen Antrag, hat er ihn zu begründen.

(2) [1]Verpflichtet das Gericht die Anwesenden zur Geheimhaltung nach § 174 Absatz 3 GVG, empfiehlt es sich, auf die Strafbarkeit eines Verstoßes gegen die Schweigepflicht hinzuweisen (§ 353d Nummer 2 StGB). [2]Ist zu befürchten, dass geheim zu haltende Tatsachen über den Kreis der Zeugen und Zuhörer hinaus durch Presse und Rundfunk verbreitet werden, sollen der Vorsitzende und der Staatsanwalt die Berichterstatter zu einer freiwilligen Beschränkung in ihrem Bericht veranlassen, wenn es nicht geboten ist, auch sie zur Geheimhaltung zu verpflichten. [3]Hält ein Berichterstatter die übernommene Verpflichtung nicht ein, hat der Staatsanwalt – unbeschadet anderer Maßnahmen – darauf hinzuwirken, dass ihm der Zutritt zu Verhandlungen, in denen die Öffentlichkeit ausgeschlossen ist, nicht mehr gestattet wird.

131a Ausschluss der Öffentlichkeit zum Schutz des Verletzten

[1]Wird beantragt, die Öffentlichkeit nach § 171b GVG auszuschließen, nimmt der Staatsanwalt dazu in der Regel Stellung. [2]Wird ein Antrag nicht gestellt, liegen aber die Voraussetzungen für einen Ausschluss der Öffentlichkeit vor, beantragt der Staatsanwalt den Ausschluss, wenn die betroffenen Personen in der Hauptverhandlung nicht anwesend oder vertreten sind oder wenn sie ihr Antragsrecht nicht sachgerecht ausüben können.

132 Ausschluss der Öffentlichkeit wegen Gefährdung der Sittlichkeit

[1]Die Öffentlichkeit wegen Gefährdung der Sittlichkeit auszuschließen, kann schon dann gerechtfertigt sein, wenn Jugendliche durch die öffentliche Erörterung sittlicher Verfehlungen erheblich gefährdet würden. [2]Aus den gleichen Erwägungen kann jugendlichen Personen auch der Zutritt zu einer Verhandlung versagt werden, für die sonst die Öffentlichkeit nicht ausgeschlossen zu werden braucht (§ 175 Absatz 1 GVG).

133 Ausschluss der Öffentlichkeit wegen Gefährdung der öffentlichen Ordnung

(1) [1]Maßnahmen und Einrichtungen der Polizei und anderer an der Strafverfolgung beteiligter Stellen, die der Verhütung oder der Aufklärung von Straftaten dienen, bleiben vielfach nur wirksam, solange sie geheim gehalten werden können. [2]In öffentlicher Hauptverhandlung soll daher möglichst nicht erörtert werden, mit welchen Mitteln und auf welchem Wege die Polizei die Täter überführt. [3]Lässt sich dies weder vermeiden noch genügend einschränken, beantragt der Staatsanwalt für diese Teile der Hauptverhandlung die Öffentlichkeit wegen Gefährdung der öffentlichen Ordnung auszuschließen.

(2) Das gleiche gilt, wenn Einzelheiten über neue oder eigenartige Begehungsformen von Straftaten, z.B. von Fälschungen, Betrügereien, Vergiftungen oder Einbruchsdiebstählen erörtert werden müssen.

(3) [1]Auch Bauweise, Einrichtung, Belegung und Sicherheitssystem einer Vollzugsanstalt sollen in der Regel nicht in öffentlicher Hauptverhandlung erörtert werden. [2]Gegebenenfalls wirkt der Staatsanwalt auf den Ausschluss der Öffentlichkeit hin.

134 Feststellung von Registereintragungen

[1]Bei der Erörterung von Registereintragungen, insbesondere Eintragungen im Bundeszentralregister und in Strafregistern eines anderen Mitgliedstaates der Europäischen Union, ist darauf zu achten, dass dem Angeklagten durch das Bekanntwerden der eingetragenen Tatsachen keine Nachteile entstehen, die vermeidbar sind oder zur Bedeutung der Straftat außer Verhältnis stehen. [2]Hält der Staatsanwalt abweichend von der Ansicht des Vorsitzenden (§ 243 Absatz 5 Satz 5 und 6 StPO) die Feststellung von Eintragungen für geboten, bleibt es ihm unbenommen, hierüber eine Entscheidung des Gerichts herbeizuführen. [3]Da es der Feststellung etwaiger Eintragungen in der Regel dann nicht bedarf, wenn eine Verurteilung des Angeklagten nicht zu erwarten ist, kann es angebracht sein, einen hierauf gerichteten Antrag bis zum Ende der Beweisaufnahme aufzuschieben.

135 Zeugen und Sachverständige

(1) Über das Erforderliche hinausgehende Begegnungen von Zeugen, insbesondere von Verletzten, mit dem Angeklagten sollen vermieden, spezielle Warteräume für Zeugen genutzt werden.

(2) Zeugen und Sachverständige, die für die weitere Verhandlung nicht mehr benötigt werden, sollen nach ihrer Vernehmung entlassen werden.

(3) [1]Kinder und Jugendliche sind möglichst vor anderen Zeugen zu vernehmen. [2]In den Warteräumen sollen sie beaufsichtigt und, soweit möglich, betreut werden.

(4) Der Staatsanwalt soll durch geeignete Anträge auf eine entsprechende Verfahrensweise hinwirken.

136 Verdacht strafbarer Falschaussagen

[1]Ergibt sich im Laufe der Verhandlung ein begründeter Verdacht, dass sich ein Zeuge oder ein Sachverständiger einer Eidesverletzung oder einer falschen uneidlichen Aussage schuldig gemacht hat, beantragt der Staatsanwalt, die beanstandete Aussage zur Feststellung des Tatbestandes für ein künftiges Ermittlungsverfahren zu beurkunden (§ 183 GVG, § 273 Absatz 3 StPO). [2]Er sorgt für die Einleitung eines Ermittlungsverfahrens und veranlasst, wenn nötig, die vorläufige Festnahme des Zeugen oder Sachverständigen.

137 Unterbrechung und Aussetzung der Hauptverhandlung

(1) Wird die Hauptverhandlung unterbrochen, gibt der Vorsitzende den Anwesenden bekannt, wann sie fortgesetzt wird, und weist darauf hin, dass weitere Ladungen nicht ergehen.

(2) [1]Wird die Verhandlung ausgesetzt und beraumt das Gericht den Termin für die neue Hauptverhandlung sofort an, kann eine schriftliche Ladung der Zeugen und Sachverständigen dadurch ersetzt werden, dass der Vorsitzende sie unter Hinweis auf die gesetzlichen Folgen ihres Ausbleibens zu dem neuen Termin mündlich lädt. [2]Dies ist im Protokoll zu vermerken. [3]Der Angeklagte und der Verteidiger sind zu dem neuen Termin schriftlich zu laden, der Verteidiger jedoch nur, wenn er nicht auf die Ladung verzichtet.

(3) [1]Wird die Verhandlung ausgesetzt oder unterbrochen, weil gegen einen Verteidiger ein Ausschließungsverfahren eingeleitet worden ist (§ 138c Absatz 4 StPO), empfiehlt es sich, dem über die Ausschließung entscheidenden Gericht mit der Vorlage (§ 138c Absatz 2 StPO) auch die Aussetzung oder Unterbrechung mitzuteilen. [2]Wird die Hauptverhandlung unterbrochen, ist auch mitzuteilen, an welchem Tag sie spätestens fortgesetzt werden muss.

138 Schlussvortrag des Staatsanwalts

(1) [1]Der Staatsanwalt erörtert in seinem Schlussvortrag das Gesamtergebnis der Hauptverhandlung und würdigt es tatsächlich und rechtlich. [2]Darüber hinaus weist er in geeigneten Fällen darauf hin, welche Bedeutung der Strafvorschrift für das Gemeinwohl zukommt.

(2) [1]Hält der Staatsanwalt die Schuld des Angeklagten für erwiesen, erörtert er auch die Strafzumessungsgründe (§ 46 StGB; vgl. auch Nummer 15) sowie alle Umstände, die für die Strafbemessung, die Strafaussetzung zur Bewährung, die Verwarnung mit Strafvorbehalt, das Absehen von Strafe, die Nebenstrafe und Nebenfolgen oder die Anordnung von Maßregeln der Besserung und Sicherung, der Einziehung (§§ 73 bis 76a StGB), des erweiterten Verfalls oder sonstiger Maßnahmen (§ 11 Absatz 1 Nummer 8 StGB) von Bedeutung sein können. [2]Von einem Antrag auf Anordnung einer Maßregel der Besserung und Sicherung (z.B. eines Berufsverbotes nach § 70 StGB) soll regelmäßig nicht schon im Hinblick auf mögliche Maßnahmen der Verwaltungsbehörden oder der Berufsgerichtsbarkeit abgesehen werden.

(3) Kommt eine Verwarnung mit Strafvorbehalt (§ 59 StGB) in Betracht, wägt der Staatsanwalt die besonderen Umstände des Falles gegen das Gebot der Verteidigung der Rechtsordnung ab.

(4) [1]Beantragt der Staatsanwalt eine Freiheitsstrafe unter sechs Monaten, nimmt er dazu Stellung, aus welchen Gründen die Verhängung einer Geldstrafe nicht ausreicht und deshalb eine Freiheitsstrafe unerlässlich ist (§ 47 StGB). [2]Von der Geldstrafe darf nicht allein deshalb abgesehen werden, weil der Angeklagte sie nicht oder nicht sofort zahlen kann. [3]Gegebenenfalls ist eine Anordnung gemäß § 42 StGB zu erörtern.

(5) [1]Beantragt der Staatsanwalt eine Freiheitsstrafe von nicht mehr als zwei Jahren, nimmt er dazu Stellung, ob die Voraussetzungen für die Strafaussetzung zur Bewährung vorliegen (§ 56 StGB). [2]Beantragt der Staatsanwalt Verwarnung mit Strafvorbehalt, Strafaussetzung zur Bewährung oder eine Maßregel der Besserung und Sicherung, schlägt er gegebenenfalls zugleich geeignete Auflagen und Weisungen vor; für Auflagen gilt Nummer 93 sinngemäß.

(6) Hat der Angeklagte sich durch die Tat bereichert oder zu bereichern versucht, nimmt der Staatsanwalt in geeigneten Fällen auch dazu Stellung, ob Geldstrafe neben Freiheitsstrafe zu verhängen ist (§ 41 StGB).

(7) [1]Besteht Anlass, vom Angeklagten erlittene Untersuchungshaft oder eine andere Freiheitsentziehung nicht auf die Strafe anzurechnen, hat sich der Staatsanwalt hierzu zu äußern (vgl. § 51 Absatz 1 Satz 2 StGB). [2]Er hat ferner zu der Frage Stellung zu nehmen, ob der Haftbefehl noch aufrechtzuerhalten oder aufzuheben ist. [3]Hat die Verhandlung Haftgründe gegen den auf freiem Fuß befindlichen Angeklagten ergeben, beantragt der Staatsanwalt einen Haftbefehl. [4]Untersuchungshaft wegen Verdunklungsgefahr wird jedoch nach Verkündung des Urteils nur ausnahmsweise in Betracht kommen.

(8) Beim Antrag zum Kostenausspruch beachtet der Staatsanwalt die Ausnahmen von der Haftung für die Auslagen bei bestimmten Untersuchungen (§ 465 Absatz 2 StPO).

139 Anträge zum Freispruch des Angeklagten

(1) Beantragt der Staatsanwalt, den Angeklagten freizusprechen oder das Verfahren gegen ihn einzustellen, nimmt er in geeigneten Fällen in seinem Antrag zugleich zur Frage der Auferlegung der Kosten (§§ 467 Absatz 2 Satz 1, 470 StPO) und des Ersatzes der dem Angeklagten erwachsenen notwendigen Auslagen (§ 467 Absatz 2 Satz 2, Absatz 3, 4; § 470 StPO) Stellung.
(2) Hat die Hauptverhandlung ergeben, dass eine unwahre Anzeige vorsätzlich oder leichtfertig erstattet worden ist, regt der Staatsanwalt eine Entscheidung nach § 469 StPO an.
(3) [1]Kann eine Entschädigung nach den §§ 1, 2 des Gesetzes über die Entschädigung für Strafverfolgungsmaßnahmen (StrEG) in Betracht kommen, wirkt der Staatsanwalt darauf hin, dass das Gericht gemäß § 8 des Gesetzes über die Entschädigungspflicht entscheidet. [2]Der Staatsanwalt nimmt unter Berücksichtigung der §§ 3 bis 6 dieses Gesetzes und des § 254 BGB dazu Stellung, ob und in welchem Umfang eine Verpflichtung zur Entschädigung besteht, und vermerkt dies in den Handakten.

140[1)] Mitteilung der Entscheidung und des Standes der Vollstreckung

[1]Von einem rechtskräftigen Urteil sowie von einem in § 268a StPO genannten Beschluss über Strafaussetzung zur Bewährung ist dem Verurteilten oder Freigesprochenen und, sofern er einen Verteidiger hat, auch diesem eine Abschrift zu übersenden. [2]In Verfahren gegen Jugendliche und Heranwachsende sowie in Staatsschutzsachen kann im Einzelfall hiervon abgesehen werden. [3]Andere Entscheidungen werden auf Antrag übersandt.

141 Form des Urteils

(1) [1]Im Urteil wird der Angeklagte so genau bezeichnet, wie es für die Anklage vorgeschrieben ist (Nummer 110 Absatz 2 Buchstabe a). [2]Werden die Urteilsgründe in die Verhandlungsniederschrift vollständig aufgenommen (§ 275 Absatz 1 Satz 1 StPO) und enthält diese auch die in Nummer 110 Absatz 2 Buchstabe a vorgesehenen Angaben, ist es nicht mehr nötig, das Urteil gesondert abzusetzen. [3]Eine von der Niederschrift getrennte Absetzung der Urteilsgründe allein ist unzureichend. [4]Ergeht das Urteil gegen mehrere Angeklagte, sind die angewendeten Vorschriften (§ 260 Absatz 5 StPO) für jeden Angeklagten gesondert anzugeben.
(2) [1]Das Urteil ist unverzüglich abzusetzen. [2]Die in § 275 Absatz 1 Satz 2 StPO bestimmte Frist ist einzuhalten; erforderlichenfalls empfiehlt es sich, den Berichterstatter und gegebenenfalls auch den Vorsitzenden von anderen Dienstgeschäften freizustellen. [3]Ist das Urteil in unterschriebener Form fristgerecht zu den Akten gebracht worden, kann eine etwa erforderlich werdende Reinschrift auch noch nach Fristablauf hergestellt werden.
(3) Wird eine Überschreitung der Urteilsabsetzungsfrist durch einen im Einzelfall nicht voraussehbaren unabwendbaren Umstand veranlasst (§ 275 Absatz 1 Satz 4 StPO), ist es zweckmäßig, die Gründe hierfür aktenkundig zu machen.

142 Belehrung über Rechtsmittel und Rechtsbehelfe

(1) [1]Ist der Angeklagte bei der Verkündung des Urteils anwesend, belehrt ihn der Vorsitzende über die zulässigen Rechtsmittel (§ 35a StPO). [2]Dabei wird dem Angeklagten ein Merkblatt ausgehändigt, auf das wegen der Einzelheiten verwiesen werden kann. [3]Bei einem Angeklagten, der der deutschen Sprache nicht hinreichend mächtig ist, hat die durch den hinzugezogenen Dolmetscher (Nummer 181 Absatz 1) zu vermittelnde Rechtsmittelbelehrung den Hinweis zu enthalten, dass die schriftliche Rechtsmitteleinlegung in deutscher Sprache erfolgen muss. [4]Die Belehrung wird im Protokoll über die Hauptverhandlung vermerkt.
(2) [1]Der Angeklagte soll nicht veranlasst werden, im unmittelbaren Anschluss an die Urteilsverkündung zu erklären, ob er auf Rechtsmittel verzichtet. [2]Erklärt er, ein Rechtsmittel einlegen zu wollen, ist er an die Geschäftsstelle zu verweisen.
(3) [1]Ist der Angeklagte bei der Verkündung des Urteils abwesend, ist er über die Einlegung des zulässigen Rechtsmittels schriftlich zu belehren; es genügt, wenn dem zuzustellenden Urteil ein Merkblatt beigefügt und dies in der Zustellungsurkunde vermerkt wird. [2]In den Fällen der §§ 232, 329 Absatz 1, 2 Satz 1 Alternative 2 und Absatz 4 Satz 2 sowie des § 412 StPO ist der Angeklagte bei der Zustellung auch über sein Recht zu belehren, die Wiedereinsetzung in den vorigen Stand zu beantragen (§§ 235, 329 Absatz 7 StPO).

1) **Amtl. Anm.:** In Bayern gilt diese Vorschrift in einer abweichenden Fassung (Bekanntmachung des Bayerischen Staatsministeriums der Justiz über die Einführung der Richtlinien für das Strafverfahren und das Bußgeldverfahren, Justizministerialblatt).

143 Beurkundung eines Rechtsmittelverzichts

(1) [1]Ein unmittelbar nach der Urteilsverkündung erklärter Verzicht auf Rechtsmittel ist im Protokoll zu beurkunden. [2]Es empfiehlt sich, im Protokoll zu vermerken, dass die Erklärung über den Rechtsmittelverzicht verlesen und genehmigt worden ist (§ 273 Absatz 3 StPO).

(2) Verzichtet ein in Untersuchungshaft befindlicher Angeklagter auf Rechtsmittel, ist der Zeitpunkt des Verzichts nach Stunde und Minute in das Protokoll aufzunehmen.

144 Die Beurkundung der Hauptverhandlung

(1) [1]Der Urkundsbeamte hat das Protokoll über die Hauptverhandlung wegen dessen besonderer Bedeutung (§ 274 StPO) sorgfältig abzufassen. [2]Der Vorsitzende überwacht die ordnungsgemäße Beurkundung, namentlich der Förmlichkeiten des Verfahrens (z.B. §§ 265, 303 StPO) und der Beweisanträge. [3]Er prüft das Protokoll auf Richtigkeit und Vollständigkeit und veranlasst nötige Abänderungen und Ergänzungen. [4]Als Tag der Fertigstellung des Protokolls (§ 271 Absatz 1 Satz 2 StPO) ist der Tag anzugeben, an dem die zweite Urkundsperson das Protokoll unterschreibt.

(2) [1]Bei der Aufnahme von Zeugenaussagen kann auf amtliche, auch außergerichtliche Niederschriften über eine frühere Vernehmung des Zeugen im Vorverfahren Bezug genommen werden. [2]Ändert oder ergänzt der Zeuge jedoch seine früheren Erklärungen oder bestreitet ein Beteiligter die Richtigkeit der Aussage, ist es in der Regel geboten, die Aussage vollständig, in den entscheidenden Punkten unter Umständen sogar wörtlich, in das Protokoll aufzunehmen, damit für ein späteres Ermittlungsverfahren wegen einer unrichtigen Aussage ausreichende Unterlagen vorhanden sind. [3]Auf nichtamtliche Niederschriften von Aussagen soll grundsätzlich nicht Bezug genommen werden.

145 Festsetzung der notwendigen Auslagen des Beschuldigten

(1) [1]Vor dem Erlass des Festsetzungsbeschlusses soll der Rechtspfleger den Vertreter der Staatskasse hören. [2]Dieser kann zu der von ihm beabsichtigten Äußerung oder zu Einzelfragen eine Stellungnahme des Leiters der Strafverfolgungsbehörde beim Landgericht herbeiführen.

(2) [1]Der Festsetzungsbeschluss des Rechtspflegers ist dem Vertreter der Staatskasse zuzustellen (§ 464b Satz 3 StPO, § 104 Absatz 1 Satz 3 der Zivilprozessordnung (ZPO)). [2]Dieser prüft, ob gegen den Festsetzungsbeschluss innerhalb der gesetzlichen Frist namens der Staatskasse ein Rechtsbehelf (Erinnerung oder sofortige Beschwerde) einzulegen ist. [3]Dabei kann er den Leiter der Strafverfolgungsbehörde beim Landgericht beteiligen. [4]Wird von einem Rechtsbehelf abgesehen, teilt der Vertreter der Staatskasse dies dem Rechtspfleger mit. [5]Legt der Vertreter der Staatskasse einen Rechtsbehelf ein, beantragt er gleichzeitig, die Vollziehung des Festsetzungsbeschlusses auszusetzen. [6]Er teilt dem Rechtspfleger unverzüglich die Entscheidung des Gerichts über diesen Antrag mit.

(3) [1]Die Entscheidung des Gerichts über die Erinnerung wird dem Vertreter der Staatskasse zugestellt, wenn gegen sie die sofortige Beschwerde statthaft ist. [2]Für die sofortige Beschwerde und für den Antrag auf Aussetzung der Vollziehung der angefochtenen Entscheidung gilt Absatz 2 Satz 2 bis 6 entsprechend.

(4) [1]Soweit der Rechtspfleger bei der Festsetzung der Auslagen der Stellungnahme des Vertreters der Staatskasse entspricht, ordnet er gleichzeitig mit dem Erlass des Festsetzungsbeschlusses die Auszahlung an. [2]Die Auszahlung von Auslagen, deren Festsetzung der Vertreter der Staatskasse widersprochen hat, wird bereits vor der formellen Rechtskraft des Festsetzungsbeschlusses angeordnet, wenn

a) die Frist zur Einlegung des statthaften Rechtsbehelfs für den Vertreter der Staatskasse abgelaufen ist,
b) der Vertreter der Staatskasse erklärt hat, dass ein Rechtsbehelf nicht eingelegt werde, oder
c) der Vertreter der Staatskasse einen Rechtsbehelf eingelegt hat und
   aa) die Vollziehung des Kostenfestsetzungsbeschlusses oder
   bb) die Vollziehung der Entscheidung über die Erinnerung für den Fall, dass diese mit der sofortigen Beschwerde angefochten werden kann,

   nicht innerhalb einer Woche nach Ablauf der Frist zur Einlegung des jeweiligen Rechtsbehelfs ausgesetzt wird.

[3]Wird der Kostenfestsetzungsbeschluss nur zum Teil angefochten, ist der Teil der Auslagen, dessen Festsetzung nicht angefochten ist, sofort zu erstatten; auf dem Auszahlungsbeleg ist auf die Teilanfechtung hinzuweisen.

4. Beschleunigtes Verfahren

146 [Beschleunigtes Verfahren]

(1) [1]In allen geeigneten Fällen ist die Aburteilung im beschleunigten Verfahren (§ 417 StPO) zu beantragen; dies gilt vor allem, wenn der Beschuldigte geständig ist oder andere Beweismittel zur Verfügung

stehen. [2]Das beschleunigte Verfahren kommt nicht in Betracht, wenn Anlass besteht, die Person des Beschuldigten und sein Vorleben genau zu erforschen oder wenn der Beschuldigte durch die Anwendung dieses Verfahrens in seiner Verteidigung beeinträchtigt werden würde.
(2) Zur Vereinfachung und Erleichterung des Verfahrens soll der Staatsanwalt die Anklage nach Möglichkeit schriftlich niederlegen, sie in der Hauptverhandlung verlesen und dem Gericht einen Abdruck als Anlage für die Niederschrift übergeben.

4. Abschnitt
Rechtsmittel

1. Einlegung

147 Rechtsmittel des Staatsanwalts
(1) [1]Der Staatsanwalt soll ein Rechtsmittel nur einlegen, wenn wesentliche Belange der Allgemeinheit oder der am Verfahren beteiligten Personen es gebieten und wenn das Rechtsmittel aussichtsreich ist. [2]Entspricht eine Entscheidung der Sachlage, kann sie in der Regel auch dann unangefochten bleiben, wenn eine Rechtsnorm nicht oder nicht richtig angewendet worden ist. [3]Zur Nachprüfung des Strafmaßes ist ein Rechtsmittel nur einzulegen, wenn die Strafe in einem offensichtlichen Missverhältnis zu der Schwere der Tat steht. [4]Die Tatsache allein, dass ein anderer Beteiligter ein Rechtsmittel eingelegt hat, ist für den Staatsanwalt kein hinreichender Grund, das Urteil ebenfalls anzufechten.
(2) Von diesen Grundsätzen kann abgewichen werden, wenn ein Gericht in einer häufiger wiederkehrenden, bedeutsamen Rechtsfrage eine nach Ansicht des Staatsanwalts unzutreffende Rechtsauffassung vertritt oder wenn es im Strafmaß nicht nur vereinzelt, sondern allgemein den Aufgaben der Strafrechtspflege nicht gerecht wird.
(3) [1]Der Staatsanwalt soll ein Rechtsmittel zugunsten des Angeklagten einlegen (§ 296 Absatz 2 StPO), wenn dieser durch einen Verfahrensverstoß oder durch einen offensichtlichen Irrtum des Gerichts benachteiligt worden ist oder wenn die Strafe unter Würdigung aller Umstände des Falles unangemessen hoch erscheint. [2]Dass das Rechtsmittel zugunsten des Angeklagten eingelegt wird, muss deutlich zum Ausdruck gebracht werden.

148 Vorsorgliche Einlegung von Rechtsmitteln
(1) [1]Nur ausnahmsweise soll ein Rechtsmittel lediglich vorsorglich eingelegt werden. [2]Dies kann in Betracht kommen, wenn es geboten erscheint, die Entschließung der vorgesetzten Behörde herbeizuführen oder wenn das Verfahren eine Behörde besonders berührt und ihr Gelegenheit gegeben werden soll, sich zur Durchführung des Rechtsmittels zu äußern. [3]Nummer 211 Absatz 2 und 3 Buchstabe b ist zu beachten.
(2) In der Rechtsmittelschrift darf nicht zum Ausdruck kommen, dass das Rechtsmittel nur vorsorglich oder auf Weisung eingelegt wird.
(3) [1]Wird ein Rechtsmittel lediglich vorsorglich eingelegt, ist in der Rechtsmittelschrift nur die Tatsache der Einlegung mitzuteilen. [2]Wenn so verfahren wird, braucht die Rechtsmittelschrift dem Angeklagten nicht zugestellt zu werden.

149 Unterzeichnung der Rechtsmittelschrift
Der Staatsanwalt hat die Reinschrift der Rechtsmittel- und der Begründungsschrift mit seinem NamenszuSatz zu versehen.

150 Rechtsmittel des Angeklagten zu Protokoll der Geschäftsstelle
(1) [1]Legt der Angeklagte die Berufung zu Protokoll der Geschäftsstelle ein oder begründet er sie in dieser Form, ist er zu befragen, ob er das Urteil in seinem ganzen Umfang anfechten oder die Anfechtung auf bestimmte Beschwerdepunkte beschränken will (§ 318 StPO). [2]Das Protokoll muss dies klar erkennen lassen. [3]Wird eine erneute Beweisaufnahme begehrt, sind neue Beweismittel genau zu bezeichnen. [4]In den Fällen des § 313 Absatz 1 Satz 1 StPO ist der Angeklagte im Hinblick auf die Entscheidung über die Annahme der Berufung nach § 313 Absatz 2 StPO auf die Möglichkeit der Begründung des Rechtsmittels hinzuweisen.
(2) [1]Rechtfertigt der Angeklagte die Revision zu Protokoll der Geschäftsstelle (§ 345 Absatz 2 StPO), soll der Rechtspfleger dafür sorgen, dass er die Gerichtsakten, mindestens aber eine Abschrift des angefochtenen Urteils zur Hand hat. [2]Der Rechtspfleger belehrt den Angeklagten über die richtige Art der Revisionsrechtfertigung und wirkt auf eine den gesetzlichen Vorschriften entsprechende Fassung hin. [3]Der Rechtspfleger ist an den Wortlaut und die Form des zur Begründung der Revision Vorgebrachten nicht gebunden, wohl aber an dessen sachlichen Kern. [4]Er nimmt in das Protokoll auch das Vorbringen auf, für

das er die Verantwortung ablehnt; er belehrt den Angeklagten über die sich daraus ergebenden Folgen und vermerkt diese Belehrung im Protokoll.

(3) [1]Das Protokoll muss aus sich heraus verständlich sein. [2]Bezugnahmen auf andere Schriftstücke sind unwirksam. [3]Dies gilt vor allem für handschriftliche Erklärungen des Beschwerdeführers. [4]Diese können auch nicht dadurch zu einer zulässigen Begründung der Revision werden, dass sie äußerlich die Form des Protokolls erhalten oder dass sie in das Protokoll übernommen werden, ohne dass sie der Rechtspfleger geprüft und ihnen eine möglichst zweckmäßige Form gegeben hat.

(4) [1]Es ist ein bestimmter Antrag aufzunehmen. [2]Dieser muss erkennen lassen, ob der Beschwerdeführer das Urteil im Ganzen anfechten oder ob er die Revision beschränken will; der Umfang der Beschränkung ist genau anzugeben (§ 344 Absatz 1 StPO).

(5) [1]Will der Beschwerdeführer rügen, dass das Strafgesetz nicht richtig angewandt worden sei, ist die Erklärung aufzunehmen, dass die Verletzung sachlichen Rechts gerügt wird (§ 344 Absatz 2 Satz 1 StPO); Zusätze müssen rechtlicher Natur sein. [2]Die allgemeine Sachrüge ist angebracht, wenn dem Revisionsgericht die materielle Überprüfung des Urteils im Ganzen ermöglicht werden soll.

(6) [1]Wird ein Verfahrensverstoß geltend gemacht, muss der prozessuale Vorgang, in dem der Mangel gefunden wird, z.B. die Ablehnung eines Beweisantrages oder eines Antrages auf Bestellung eines Verteidigers, genau wiedergegeben werden. [2]Es genügt nicht, auf Aktenstellen Bezug zu nehmen. [3]Wohl aber ist es angebracht, auf die Aktenstellen hinzuweisen, aus denen sich die behaupteten Verfahrenstatsachen ergeben. [4]Wird gerügt, dass die Aufklärungspflicht verletzt worden sei, müssen auch die angeblich nicht benutzten Beweismittel bezeichnet werden.

151 Empfangsbestätigung

[1]Die Geschäftsstelle hat dem Beschwerdeführer auf Verlangen den Eingang einer Rechtsmittel- oder Begründungsschrift zu bescheinigen. [2]Von Rechtsanwälten kann verlangt werden, dass sie eine vorbereitete Empfangsbescheinigung vorlegen.

2. Verzicht und Rücknahme

152 [Verzicht und Rücknahme]

(1) [1]Verzichtet ein Verteidiger auf die Einlegung eines Rechtsmittels oder beschränkt er ein Rechtsmittel von vornherein oder nachträglich auf einen Teil der Entscheidung (Teilverzicht) oder nimmt er ein Rechtsmittel zurück, ist zu prüfen, ob seine Ermächtigung zum Verzicht oder zur Rücknahme nachgewiesen ist (§ 302 Absatz 2 StPO). [2]Das Ergebnis der Prüfung ist aktenkundig zu machen. [3]Fehlt der Nachweis für die Ermächtigung, ist sie vom Verteidiger oder vom Angeklagten einzufordern.

(2) [1]Liegen die Akten bereits dem Rechtsmittelgericht vor, wird die Rücknahmeerklärung erst wirksam, wenn sie bei dem Rechtsmittelgericht eingeht; daher sind in diesem Falle die Rücknahmeerklärungen, die bei der Staatsanwaltschaft oder beim Gericht des früheren Rechtszuges eingehen, unverzüglich weiterzuleiten. [2]Ist Revision eingelegt, ist darüber hinaus dem Revisionsgericht oder der Staatsanwaltschaft bei diesem Gericht unverzüglich formlos mitzuteilen, dass eine Rücknahmeerklärung eingegangen ist.

(3) Nimmt der Angeklagte ein Rechtsmittel zurück, ist der Staatsanwalt (gegebenenfalls auch der Nebenkläger), nimmt der Staatsanwalt oder der Nebenkläger ein Rechtsmittel zurück, sind der Angeklagte und sein Verteidiger durch das mit der Sache befasste Gericht zu benachrichtigen, auch wenn ihnen die Rechtsmittelschrift nicht zur Kenntnis gebracht worden ist (Nummer 148 Absatz 3 Satz 2).

3. Verfahren nach der Einlegung

A. Gemeinsame Bestimmungen

153 Beschleunigung

Rechtsmittelsachen sind stets als Eilsachen zu behandeln.

154 Zustellung des Urteils

(1) [1]Das Urteil, gegen das der Angeklagte ein Rechtsmittel eingelegt hat, ist dem Verteidiger zuzustellen, wenn sich dessen Vollmacht bei den Akten befindet (Wahlverteidiger) oder wenn er zum Verteidiger bestellt worden ist (Pflichtverteidiger). [2]Kann an mehrere Verteidiger rechtswirksam zugestellt werden, soll die Zustellung nur an einen von ihnen erfolgen. [3]Die weiteren Verteidiger und der Angeklagte sind von der Zustellung zu unterrichten; eine Abschrift des Urteils ist beizufügen.

(2) [1]Hat der gesetzliche Vertreter des Angeklagten ein Rechtsmittel eingelegt, wird ihm das Urteil zugestellt. [2]Haben beide das Rechtsmittel eingelegt, ist das Urteil jedem von ihnen zuzustellen.

155 Antrag auf Wiedereinsetzung in den vorigen Stand
Wenn ein Antrag auf Wiedereinsetzung in den vorigen Stand wegen Versäumung einer Rechtsmittelfrist mit dem Verschulden anderer Personen (Urkundsbeamten, Bediensteten der Vollzugsanstalt, Verteidiger usw.) begründet wird, ist eine (dienstliche) Äußerung dieser Personen herbeizuführen.

156 Rechtsmittelbegründung
(1) Der Staatsanwalt muss jedes von ihm eingelegte Rechtsmittel begründen, auch wenn es sich nur gegen das Strafmaß richtet.
(2) Eine Revisionsbegründung, die sich – abgesehen von den Anträgen – darauf beschränkt, die Verletzung sachlichen Rechts zu rügen, genügt zwar den gesetzlichen Erfordernissen; der Staatsanwalt soll aber seine Revision stets so rechtfertigen, dass klar ersichtlich ist, in welchen Ausführungen des angefochtenen Urteils er eine Rechtsverletzung erblickt und auf welche Gründe er seine Rechtsauffassung stützt.
(3) Stützt der Staatsanwalt seine Revision auf Verletzungen von Verfahrensvorschriften, sind die formellen Rügen nicht nur mit der Angabe der die Mängel enthaltenen Tatsachen zu begründen (§ 344 Absatz 2 Satz 2 StPO), sondern es sind auch die Aktenstellen, auf die sich die Rügen beziehen, z.B. Teile des Protokolls über die Hauptverhandlung, abschriftlich in der Revisionsrechtfertigung anzuführen.

157 Urteilsabschrift an den Beschwerdegegner
Mit der Zustellung der Berufungs- oder Revisionsschriften ist dem Gegner des Beschwerdeführers, falls noch nicht geschehen, eine Abschrift des Urteils mit Gründen zu übersenden.

B. Berufungsverfahren

158 Benennung von Beweismitteln
Bei Übersendung der Akten an das Berufungsgericht (§ 321 Satz 2 StPO) benennt der Staatsanwalt nur solche Zeugen und Sachverständige, deren Vernehmung zur Durchführung der Berufung notwendig ist.

158a Annahmeberufung
(1) Hat in den Fällen des § 313 Absatz 1 Satz 1 StPO der Angeklagte oder der Nebenkläger Berufung eingelegt, nimmt der Staatsanwalt gegenüber dem Berufungsgericht zur Frage der Zulässigkeit des Rechtsmittels Stellung und stellt einen Antrag zu der nach den §§ 313 Absatz 2, 322a StPO zu treffenden Entscheidung.
(2) In den Fällen des § 313 Absatz 3 StPO (Berufung gegen ein auf Geldbuße, Freispruch oder Einstellung wegen einer Ordnungswidrigkeit lautendes Urteil) gilt Nummer 293 Absatz 2 entsprechend.

C. Revisionsverfahren

159 Zustellung des Urteils an die Staatsanwaltschaft
[1]Wird das Urteil der Staatsanwaltschaft durch Vorlegen der Urschrift (§ 41 StPO) zugestellt, hat die Geschäftsstelle der Staatsanwaltschaft auf der Urschrift den Tag zu bescheinigen, an dem das Urteil eingegangen ist („Zur Zustellung eingegangen am …….“). [2]Bleibt die Urschrift nicht bei den Akten, vermerkt die Geschäftsstelle der Staatsanwaltschaft auf der mit der Urschrift vorgelegten, für die Akten bestimmten Abschrift des Urteils: „Die Urschrift des Urteils ist zur Zustellung am …….. eingegangen“. [3]Beide Vermerke sind vom Staatsanwalt zu zeichnen.

160 Akteneinsicht durch den Verteidiger
Während die Frist zur Revisionsbegründung läuft, sind die Akten zur Einsichtnahme durch den Verteidiger bereitzuhalten.

161 Berichtigung des Verhandlungsprotokolls
(1) Wird beantragt, das Protokoll über die Hauptverhandlung zu berichtigen, führt der Staatsanwalt eine Erklärung des Vorsitzenden und des Urkundsbeamten herbei.
(2) Wird – ohne einen förmlichen Antrag auf Berichtigung – nur in der Revisionsbegründung geltend gemacht, dass das Protokoll unrichtig oder unvollständig sei, wird es sich empfehlen, dies vor der Einsendung der Akten an das Revisionsgericht durch Rückfrage aufzuklären.

162 Gegenerklärung des Staatsanwalts
(1) Begründet der Angeklagte oder der Nebenkläger seine Revision nur mit der Verletzung des sachlichen Rechts, kann der Staatsanwalt in der Regel von einer Gegenerklärung (§ 347 Absatz 1 Satz 2 StPO) absehen.

(2) [1]Wird das Urteil wegen eines Verfahrensmangels angefochten, gibt der Staatsanwalt eine Gegenerklärung fristgemäß ab, wenn anzunehmen ist, dass dadurch die Prüfung der Revisionsbeschwerde erleichtert wird (§ 347 Absatz 1 Satz 3 StPO), insbesondere zeitraubende Rückfragen und Erörterungen vermieden werden. [2]Die Gegenerklärung soll die Tatsachen, auf die sich die Verfahrensrügen erstrecken, erschöpfend darstellen; die in Betracht kommenden Aktenstellen sind abzulichten oder abschriftlich wiederzugeben. [3]Ausführungen des angefochtenen Urteils, die Gegenstand einer Verfahrensrüge sind, werden in die Gegenerklärung nicht aufgenommen. [4]Wird die Behandlung von Beweisanträgen gerügt, so ist aus dem Protokoll über die Hauptverhandlung festzustellen, ob die Beteiligten auf weitere Beweise verzichtet oder sich mit der Schließung der Beweisaufnahme einverstanden erklärt haben. [5]Trifft dies zu, ist dieser Teil des Protokolls in der Gegenerklärung wörtlich wiederzugeben. [6]Ist über einen Antrag, namentlich einen Beweisantrag, im Urteil entschieden worden, ist auf die betreffende Urteilsstelle (nach der Seite der Abschrift) zu verweisen. [7]Bezieht sich die Verfahrensrüge auf einen Vorgang, der aus einem Protokoll über die Hauptverhandlung nicht ersichtlich und auch von dem Sitzungsstaatsanwalt nicht wahrgenommen worden ist, wird es zweckmäßig sein, über den Vorgang eine Äußerung der Beteiligten herbeizuführen.

(3) [1]Der Staatsanwalt teilt eine Gegenerklärung dem Beschwerdeführer mit und legt sie dem Gericht vor. [2]Anlagen (dienstliche Äußerungen usw.), auf die Bezug genommen wird, sind der Vorlage an das Gericht beizufügen. [3]Enthält die Gegenerklärung erhebliche neue Tatsachen oder Beweisergebnisse, ist sie dem Beschwerdeführer zuzustellen. [4]Wird keine Gegenerklärung abgegeben, braucht das Gericht hiervon nicht unterrichtet zu werden.

(4) Der Vorsitzende leitet die Akten der Staatsanwaltschaft zur weiteren Verfügung zu, wenn er von der Gegenerklärung Kenntnis genommen hat oder wenn die Frist (§ 347 Absatz 1 Satz 2 StPO) abgelaufen ist.

163 Übersendung der Akten an das Revisionsgericht

(1) [1]Die Akten werden dem Revisionsgericht durch die Staatsanwaltschaft bei diesem Gericht vorgelegt. [2]Ist der Bundesgerichtshof zur Entscheidung über die Revision zuständig und betreibt der Staatsanwalt allein oder neben einem anderen Beteiligten die Revision, werden die Akten über den Generalstaatsanwalt beim Oberlandesgericht geleitet. [3]Dies gilt nicht, wenn das Amt des Staatsanwalts bei dem Oberlandesgericht durch den Generalbundesanwalt ausgeübt wird (§ 142a GVG). [4]Der Vorlage an den Bundesgerichtshof ist ein Übersendungsbericht beizufügen; dies gilt auch für die Vorlage an ein Revisionsgericht eines Landes, soweit nichts anderes bestimmt ist.

(2) Absatz 1 gilt entsprechend, wenn der Beschwerdeführer Wiedereinsetzung in den vorigen Stand oder die Entscheidung des Revisionsgerichts nach § 346 Absatz 2 StPO beantragt hat.

(3) [1]Vor der Übersendung prüft der Staatsanwalt, ob die Zustellungen und Vollmachten in Ordnung sind und veranlasst, dass alle Mängel beseitigt werden. [2]Ist die Urschrift des Urteils schwer lesbar, ist eine beglaubigte Abschrift des Urteils beizuheften.

164 Form und Inhalt des Übersendungsberichts

(1) Der Übersendungsbericht soll folgende Angaben enthalten:

a) die Namen und die zuletzt bekannten vollständigen Anschriften aller Verfahrensbeteiligten (Angeklagte, Verteidiger, gesetzliche Vertreter, Nebenbeteiligte, Einziehungsbeteiligte usw.) sowie die Aktenstellen, aus denen sich Beiordnungen und Vollmachten von Rechtsanwälten ergeben;
b) die Angabe, ob der Angeklagte bei der Verkündung des Urteils anwesend war;
c) das Eingangsdatum und die Aktenstelle der Schriften über die Einlegung und die Begründung der Revision;
d) den Tag der Zustellung des Urteils an den Beschwerdeführer und der Revisionsbegründung an den Gegner des Beschwerdeführers sowie im Fall des § 345 Absatz 1 Satz 2 StPO der Zeitpunkt, zu dem das Urteil zu den Akten gebracht worden ist;
e) die Aktenstelle der Gegenerklärung und der Mitteilung der Gegenerklärung an den Beschwerdeführer;
f) die Anzahl der Abschriften der Revisionsentscheidung, die für Mitteilungen gebraucht werden;
g) den Hinweis auf nur örtlich geltende gesetzliche Feiertage, wenn das Ende einer Frist, die für das Revisionsverfahren wesentlich ist, auf einen solchen Tag fällt;
h) den Hinweis auf die Zulassung eines Nebenklägers (§ 396 Absatz 2 StPO) mit Angabe der Aktenstelle;
i) den Hinweis auf einen in Beiakten anberaumten Termin oder auf andere Beschleunigungsgründe, die übersehen werden könnten.

(2) [1]In Haftsachen ist ferner anzugeben, wo der Angeklagte verwahrt wird. [2]Auf dem Übersendungsbericht ist deutlich sichtbar „Haft“ zu vermerken (vgl. Nummer 52). [3]Dieser Vermerk ist durch nähere Angaben (z.B. „Strafhaft in der Sache …“) zu erläutern.

(3) Auf andere Strafverfolgungsmaßnahmen (vorläufige Entziehung der Fahrerlaubnis, vorläufiges Berufsverbot u.a.), die eine Entschädigungspflicht auslösen könnten, ist hinzuweisen.

(4) Legt der Staatsanwalt wegen der Bedeutung der Strafsache oder aus anderen Gründen, z.B. weil gegen den Angeklagten Haftbefehl erlassen ist, Wert darauf, über die Entscheidung des Revisionsgerichts beschleunigt unterrichtet zu werden, weist er hierauf hin; wird eine besondere Übermittlungsart gewünscht (z.B. auf elektronischem Wege), ist dies deutlich hervorzuheben.

165 Anlagen zum Übersendungsbericht

(1) Für das Revisionsgericht sind beizufügen je eine beglaubigte Abschrift

a) des angefochtenen und jedes weiteren in diesem Verfahren gegen den Angeklagten ergangenen Urteils, sowie eines nach § 346 Absatz 1 StPO ergangenen Beschlusses, wobei einzelne Teile der Entscheidung, die einen anderen Angeklagten oder eine der Revisionsentscheidung nicht unterliegende Straftat betreffen, in der Abschrift ausgelassen werden können,

b) der Schriftstücke über die Einlegung und die Rechtfertigung der Revision, der sonstigen die Revision betreffenden Schriften (Wiedereinsetzungsantrag, Antrag nach § 346 Absatz 2 StPO usw., jeweils versehen mit dem Eingangsdatum), der Gegenerklärung mit den Anlagen und der Erwiderung.

(2) Kommen für die Entscheidung landesrechtliche oder örtliche Vorschriften in Betracht, die nur in Amts-, Kreis- oder ähnlichen Blättern von örtlicher Bedeutung veröffentlicht sind, sind Abdrucke oder beglaubigte Abschriften beizufügen.

(3) Für die Staatsanwaltschaft beim Revisionsgericht sind je eine beglaubigte Abschrift der in den Absatz 1 und 2 bezeichneten Schriftstücke beizufügen.

166 Übersendung von Überführungsstücken und Beiakten

(1) Dem Revisionsgericht sind nur die für die Entscheidung über die Revision nötigen Überführungsstücke und Akten zu übersenden, z.B. die Akten, die für die Nachprüfung von Prozessvoraussetzungen oder für die Anwendung der §§ 66, 69, 70 StGB von Bedeutung sind.

(2) [1]Schriftstücke, Skizzen und Lichtbilder, auf die in dem angefochtenen Urteil Bezug genommen ist oder die zum besseren Verständnis des Urteils beitragen (z.B. Verkehrsunfallskizzen, Lichtbilder), sind zu übersenden. [2]Welche anderen Überführungsstücke und Akten zu übersenden sind, entscheidet der Staatsanwalt.

167 Beschleunigung

[1]Ist über Haft-, Dienstaufsichts- oder sonstige Beschwerden oder über Anträge auf Festsetzung von Kosten, Vergütungen oder Entschädigungen zu entscheiden, sind Gnadengesuche von Mitverurteilten zu bearbeiten oder ist gegen diese die Strafvollstreckung einzuleiten, ist zu prüfen, ob diese Entscheidungen auf Grund von Aktenteilen, die für das Revisionsgericht entbehrlich sind, oder auf Grund von Abschriften oder Ablichtungen getroffen werden können. [2]Ist dies nicht der Fall, ist zu erwägen, ob die Angelegenheit bis zur Rückkunft der Akten aus der Revisionsinstanz zurückgestellt werden kann. [3]Eine Zurückstellung unterbleibt bei Vollstreckungsmaßnahmen und Gnadenverfahren.

168 Überprüfung durch den Generalstaatsanwalt und Rücknahme der Revision

(1) [1]Ist zur Entscheidung über die Revision der Staatsanwaltschaft der Bundesgerichtshof zuständig, prüft der Generalstaatsanwalt beim Oberlandesgericht, ob die Förmlichkeiten beachtet worden sind und ob die Revision durchgeführt werden soll. [2]Hält er sie nicht für angebracht oder verspricht er sich von ihr keinen Erfolg, nimmt er die Revision entweder selbst zurück oder weist die Staatsanwaltschaft an, sie zurückzunehmen. [3]Bei der Weiterleitung der Akten soll der Generalstaatsanwalt zum Ausdruck bringen, ob er der Revisionsbegründung beitritt oder aus welchen anderen Gründen er die Revision durchzuführen wünscht.

(2) Absatz 1 gilt entsprechend, wenn das Oberlandesgericht zur Entscheidung über die Revision zuständig ist.

169 Rückleitung der Akten

(1) [1]Nach Erledigung der Revision werden die Akten über den Generalstaatsanwalt beim Oberlandesgericht an die Staatsanwaltschaft zurückgeleitet. [2]Die Akten werden unmittelbar an die Staatsanwaltschaft zurückgeleitet, wenn lediglich der Angeklagte Revision eingelegt und der Generalstaatsanwalt bei dem Oberlandesgericht darauf verzichtet hat, dass die Akten über ihn zurückgeleitet werden.

(2) In Haftsachen ist die Rückleitung zu beschleunigen; der Zeitpunkt, zu dem das Urteil rechtskräftig geworden ist, soll nach Stunde und Minute angegeben und dem Staatsanwalt, wenn nötig, fernmündlich oder in der von ihm sonst gewünschten Art im Voraus mitgeteilt werden.
(3) [1]In den Fällen der Nummer 164 Absatz 3 sind die Akten beschleunigt zurückzusenden. [2]Dasselbe gilt, wenn die Befugnis zuerkannt worden ist, die Verurteilung innerhalb einer Frist öffentlich bekanntzumachen.

5. Abschnitt
Wiederaufnahme des Verfahrens

170 Allgemeines
(1) Der Staatsanwalt, der die Anklage oder die Antragsschrift verfasst hat oder der an der Hauptverhandlung gegen den Verurteilten teilgenommen hat, soll in der Regel in dem von dem Verurteilten beantragten Wiederaufnahmeverfahren nicht mitwirken.
(2) Der Generalstaatsanwalt beim Oberlandesgericht soll im Wiederaufnahmeverfahren von seiner Befugnis gemäß § 145 Absatz 1 GVG, die Amtsverrichtungen der Staatsanwaltschaft selbst zu übernehmen oder mit ihrer Wahrnehmung einen anderen als den zunächst zuständigen Beamten (§§ 140a, 143 GVG) zu beauftragen, nur in besonders begründeten Ausnahmefällen Gebrauch machen.

171 Erneuerung der Hauptverhandlung
(1) [1]Ist die Wiederaufnahme des Verfahrens angeordnet, muss in der Regel eine neue Hauptverhandlung stattfinden, weil nur so die meist vorhandenen Widersprüche geklärt und das gesamte Beweismaterial umfassend gewürdigt werden kann und weil nur dadurch gesichert ist, dass die Umstände, die für die frühere Verurteilung maßgebend waren, neben dem Ergebnis der neuen Beweisaufnahme gebührend berücksichtigt werden. [2]Der Staatsanwalt wird deshalb einem Freispruch ohne neue Hauptverhandlung nur ausnahmsweise zustimmen können.
(2) Eine solche Ausnahme kann vorliegen, wenn einwandfrei festgestellt ist, dass der Verurteilte zur Zeit der Tat geisteskrank war, oder wenn seine Unschuld klar zutage tritt und es wegen der besonderen Umstände des Falles unzweckmäßig ist, die Hauptverhandlung zu erneuern; jedoch ist zu berücksichtigen, dass der Verurteilte mitunter ein berechtigtes Interesse daran hat, dass seine Ehre in öffentlicher Verhandlung wiederhergestellt wird.

6. Abschnitt
Beteiligung des Verletzten (§ 373b StPO) am Verfahren

1. Privatklage

172 Übernahme der Verfolgung durch den Staatsanwalt
(1) Legt das Gericht dem Staatsanwalt die Akten nach § 377 Absatz 1 Satz 2 StPO vor oder erwägt der Staatsanwalt von sich aus, die Verfolgung zu übernehmen, hält er aber noch weitere Ermittlungen für nötig, teilt er dies dem Gericht mit und ersucht, die Entscheidung nach § 383 StPO zurückzustellen.
(2) [1]Übernimmt der Staatsanwalt die Verfolgung (vgl. Nummer 86), teilt er dies dem Gericht und dem Privatkläger mit; der Privatkläger ist zugleich auf eine etwa bestehende Nebenklagebefugnis und auf die Kostenfolge des § 472 Absatz 3 Satz 2 StPO hinzuweisen. [2]Hält der Staatsanwalt später die Einstellung des Verfahrens für angezeigt, legt er dem Gericht seine Auffassung dar und beantragt, das Hauptverfahren nicht zu eröffnen. [3]Verneint er das öffentliche Interesse an weiterer Verfolgung, gibt er die Akten dem Gericht mit einem entsprechenden Vermerk zurück.

2. Entschädigung des Verletzten

173 Unterrichtung des Verletzten über das Entschädigungsverfahren
[1]Der Staatsanwalt trägt dafür Sorge, dass Verletzte oder deren Erben so früh wie möglich, spätestens aber mit Anklageerhebung, auf die Möglichkeit, einen Entschädigungsanspruch nach den §§ 403 ff. StPO geltend zu machen, hingewiesen werden. [2]Dabei wird der Verletzte über die Möglichkeit der Prozesskostenhilfe (§ 404 Absatz 5 StPO), Form und Inhalt des Antrags (§ 404 Absatz 1 StPO) und über das Recht auf Teilnahme an der Hauptverhandlung (§ 404 Absatz 3 StPO) zu belehren sein. [3]Auch wird er darauf hinzuweisen sein, dass es sich in der Regel empfiehlt, den Antrag möglichst frühzeitig zu stellen, dass er seinen Anspruch, soweit er ihm nicht zuerkannt wird, noch im Zivilrechtsweg verfolgen kann (§ 406

Absatz 3 StPO) und dass das Gericht aus bestimmten Gründen von der Entscheidung über den Antrag absehen kann (§ 406 Absatz 1 StPO).

174 Stellung des Staatsanwalts im Entschädigungsverfahren

(1) [1]Der Staatsanwalt soll zur Eignung des Entschädigungsantrages für eine Erledigung im Strafverfahren Stellung nehmen (§ 406 Absatz 1 Satz 4 und 5 StPO). [2]Im Übrigen äußert er sich, wenn dies nötig ist, um die Tat strafrechtlich zutreffend zu würdigen.

(2) Der Staatsanwalt hat den bei ihm eingegangenen Entschädigungsantrag dem Gericht beschleunigt zuzuleiten, weil die Rechtswirkungen des Antrags (§ 404 Absatz 2 StPO) erst eintreten, wenn dieser bei Gericht eingegangen ist.

3. Sonstige Befugnisse des Verletzten

174a Unterrichtung des Verletzten, seiner Angehörigen und Erben

[1]Sobald der Staatsanwalt mit den Ermittlungen selbst befasst ist, prüft er, ob die Informationen gemäß § 406i Absatz 1, §§ 406j bis 406l StPO erteilt worden sind. [2]Falls erforderlich, holt er dies nach. [3]Dazu kann er das übliche Formblatt verwenden. [4]Er weist den Verletzten insbesondere in den Fällen, in denen eine Beiordnung nach § 406g Absatz 3 StPO naheliegt, möglichst frühzeitig auf die Möglichkeit der psychosozialen Prozessbegleitung hin.

174b Bestellung des Beistandes und des psychosozialen Prozessbegleiters

[1]Geht während eines Ermittlungsverfahrens oder im Klageerzwingungsverfahren (§ 172 StPO) bei der Staatsanwaltschaft ein Antrag des Verletzten auf Bestellung eines Rechtsanwalts als Beistand oder auf Bewilligung von Prozesskostenhilfe für die Hinzuziehung eines Rechtsanwalts nach den §§ 406h, 397a StPO ein, ist dieser Antrag unverzüglich an das zuständige Gericht weiterzuleiten. [2]Gleiches gilt, wenn während eines Ermittlungsverfahrens bei der Staatsanwaltschaft ein Antrag des Verletzten auf Beiordnung eines psychosozialen Prozessbegleiters nach § 406g StPO eingeht.

174c Umgang mit Anträgen des Verletzten nach § 406d Absatz 2 StPO

Anträge nach § 406d Absatz 2 StPO sind in das Vollstreckungsheft aufzunehmen und deutlich sichtbar zu kennzeichnen sowie gegebenenfalls der Justizvollzugsanstalt oder der Einrichtung des Maßregelvollzugs mitzuteilen.

7. Abschnitt
Besondere Verfahrensarten

1. Verfahren bei Strafbefehlen

175 Allgemeines

(1) Erwägt der Staatsanwalt, den Erlass eines Strafbefehls zu beantragen, vermerkt er den Abschluss der Ermittlungen in den Akten (vgl. Nummer 109).

(2) [1]Der Erlass eines Strafbefehls soll nur beantragt werden, wenn der Aufenthalt des Beschuldigten bekannt ist, so dass in der regelmäßigen Form zugestellt werden kann. [2]Sonst ist das Verfahren vorläufig einzustellen oder, wenn sich die Abwesenheit des Beschuldigten erst nach dem Antrag auf Erlass des Strafbefehls herausgestellt hat, die vorläufige Einstellung des Verfahrens (§ 205 StPO) zu beantragen.

(3) [1]Im Übrigen soll von dem Antrag auf Erlass eines Strafbefehls nur abgesehen werden, wenn die vollständige Aufklärung aller für die Rechtsfolgenbestimmung wesentlichen Umstände oder Gründe der Spezial- oder Generalprävention die Durchführung einer Hauptverhandlung geboten erscheinen lassen. [2]Auf einen Strafbefehlsantrag ist nicht schon deswegen zu verzichten, weil ein Einspruch des Angeschuldigten zu erwarten ist.

(4) Bei verhafteten oder vorläufig festgenommenen Personen ist zu prüfen, ob das beschleunigte Verfahren nach § 417 StPO eine raschere Erledigung ermöglicht.

175a Strafbefehl nach Eröffnung des Hauptverfahrens

Ein Antrag auf Erlass eines Strafbefehls nach Eröffnung des Hauptverfahrens (§ 408a **Absatz** 1 Satz 1 StPO) kommt namentlich in Betracht, wenn

a) der Angeklagte mit bekanntem Aufenthalt im Ausland wohnt, seine Einlieferung zur Durchführung der Hauptverhandlung aber nicht möglich oder nicht angemessen wäre,
b) der Angeklagte der Hauptverhandlung entschuldigt fernbleibt, weil er infolge einer längeren Krankheit an ihr nicht teilnehmen kann, obwohl seine Verhandlungsfähigkeit im Übrigen nicht beeinträchtigt ist,

c) der Angeklagte der Hauptverhandlung fernbleibt und nicht nach § 232 StPO ohne ihn verhandelt werden kann oder
d) der unmittelbaren Beweisaufnahme in der Hauptverhandlung erhebliche Hinderungsgründe entgegenstehen und die Voraussetzungen des § 251 Absatz 1 Nummer 3 StPO nicht vorliegen, der Sachverhalt aber nach dem Akteninhalt genügend aufgeklärt erscheint.

176 Anträge

(1) [1]Zur Vereinfachung und Beschleunigung des Geschäftsgangs hat der Staatsanwalt, wenn nicht besondere Umstände ein abweichendes Verfahren rechtfertigen, den Strafbefehlsantrag so zu stellen, dass er einen Strafbefehlsentwurf einreicht und beantragt, einen Strafbefehl dieses Inhalts zu erlassen. [2]In den Fällen des § 444 StPO in Verbindung mit § 30 des Gesetzes über Ordnungswidrigkeiten (OWiG) ist im Strafbefehlsentwurf die Anordnung der Beteiligung der juristischen Person oder Personenvereinigung und die Festsetzung einer konkreten Geldbuße aufzunehmen. [3]In den Fällen des § 407 Absatz 2 Satz 2 StPO schlägt er gegebenenfalls zugleich geeignete Auflagen und Weisungen vor; für Auflagen gilt Nummer 93 sinngemäß.
(2) Dem Entwurf ist die zur Zustellung des Strafbefehls und für etwa vorgeschriebene Mitteilungen nötige Zahl von Durchschlägen beizufügen.

177 Fassung des Strafbefehlsentwurfs

(1) [1]Der Strafbefehlsentwurf muss klar, übersichtlich und leicht verständlich sein. [2]Er darf sich nicht darauf beschränken, die Straftat formelhaft mit den Worten des Gesetzes zu bezeichnen.
(2) Soll die Fahrerlaubnis nicht entzogen oder eine Sperre für die Erteilung nicht angeordnet werden, obwohl dies nach der Art der Straftat in Betracht kommt, müssen die Gründe dafür im Strafbefehlsentwurf angegeben werden (vgl. § 409 Absatz 1 Satz 3 StPO).
(3) Beantragt der Staatsanwalt die Beteiligung der juristischen Person oder Personenvereinigung und die Festsetzung einer Geldbuße gegen diese (Nummer 180a Absatz 2), führt er sie als Nebenbeteiligte an und gibt die tatsächliche und rechtliche Grundlage für die begehrte Maßnahme an.

178 Prüfung durch den Richter

(1) Hat der Richter Bedenken, ohne Hauptverhandlung zu entscheiden, oder will er von der rechtlichen Beurteilung im Strafbefehlsantrag abweichen oder eine andere als die beantragte Rechtsfolge festsetzen (§ 408 Absatz 3 Satz 2 StPO), teilt er vor einer Entscheidung über die Anberaumung der Hauptverhandlung seine Auffassung dem Staatsanwalt mit und bittet ihn um Äußerung.
(2) [1]Tritt der Staatsanwalt der Auffassung des Richters bei, gibt er die Akten mit einem entsprechenden Vermerk und dem abgeänderten Strafbefehlsantrag zurück. [2]Sonst erklärt er, dass er seinen Antrag aufrechterhalte.
(3) Verfährt der Richter nach § 408 Absatz 1 Satz 2 StPO, legt der Staatsanwalt seine Auffassung über die Zuständigkeit bei Weiterleitung der Akten dar.
(4) Der Beschluss, durch den der Antrag auf Erlass eines Strafbefehls zurückgewiesen wird, ist dem Angeschuldigten mitzuteilen, wenn das Verfahren durch den Beschluss abgeschlossen wird.

179 Zustellung

(1) [1]Der Strafbefehl muss dem Angeklagten, oder in den Fällen des § 145a StPO seinem Verteidiger, förmlich zugestellt werden (§§ 35, 409 StPO). [2]Soweit an dem Verfahren Einziehungsbeteiligte oder Nebenbetroffene beteiligt sind, ist der Strafbefehl auch diesen oder deren bevollmächtigten Vertretern (§§ 432, 438 Absatz 3 StPO, § 428 Absatz 1 StPO in Verbindung mit § 145a StPO) förmlich zuzustellen.
(2) Ist der Angeklagte verhaftet, ist der Zeitpunkt der Zustellung und, falls auf Einspruch verzichtet wird, auch der des Verzichts nach Stunde und Minute festzustellen.
(3) Hat der Angeklagte einen gesetzlichen Vertreter, wird diesem eine Abschrift des Strafbefehls übersandt (§ 409 Absatz 2 StPO).

2. Selbständiges Einziehungsverfahren

180 [Selbständiges Einziehungsverfahren]

(1) [1]Für das selbständige Einziehungsverfahren nach den §§ 435 ff. StPO (in den Fällen des § 76a StGB) besteht keine Antragspflicht. [2]Soweit die Möglichkeit besteht, auf durch die Straftat erlangte Vermögensvorteile zuzugreifen, soll die Staatsanwaltschaft in der Regel die Anordnung der selbständigen Einziehung beantragen. [3]Sie kann jedoch von dem Antrag absehen, insbesondere wenn das Erlangte nur einen geringen Wert hat oder das Verfahren einen unangemessenen Aufwand erfordern würde (§ 435 Absatz 1 Satz 2 StPO). [4]Auch bei einem geringen Wert des Erlangten kann im Einzelfall (etwa wegen der Bedeutung

der Sache oder wenn bereits vorläufige Sicherungsmaßnahmen ergriffen worden sind) eine Antragstellung geboten sein.

(2) Ist es wegen der Bedeutung oder der Schwierigkeit der Sache oder im Interesse einer Person, die von der Einziehung im Falle ihrer Anordnung betroffen wäre, geboten, beantragt die Staatsanwaltschaft, auf Grund mündlicher Verhandlung zu entscheiden.

(3) [1]Sind keine Personen vorhanden, die von der Einziehung im Falle ihrer Anordnung betroffen wären, oder haben sie – gegebenenfalls nach Hinweis auf die Rechtslage – auf ihre Rechte und auf die Durchführung des selbständigen Einziehungsverfahrens verzichtet oder kommt ihre Befragung nicht in Betracht, kann der Gegenstand in der Regel formlos aus dem Verkehr entfernt werden. [2]Die Staatsanwaltschaft leitet auch in diesen Fällen das selbständige Einziehungsverfahren ein, wenn die Herbeiführung einer gerichtlichen Entscheidung wegen der tatsächlichen oder rechtlichen Schwierigkeit oder sonstigen Bedeutung der Sache zweckmäßig ist.

3. Verfahren bei Festsetzung einer Geldbuße gegen eine juristische Person oder Personenvereinigung

180a [Verfahren bei Festsetzung einer Geldbuße gegen eine juristische Person oder Personenvereinigung]

(1) [1]Gehört der Beschuldigte zum Leitungsbereich einer juristischen Person oder Personenvereinigung, prüft der Staatsanwalt, ob auch die Festsetzung einer Geldbuße gegen die juristische Person oder Personenvereinigung in Betracht kommt (§ 30 OWiG, § 444 StPO; vgl. aber Nummer 270 Satz 3). [2]Ist dies der Fall, sind schon im vorbereitenden Verfahren die Vertreter der juristischen Person oder Personenvereinigung wie Beschuldigte zu hören (§ 444 Absatz 2, § 426 StPO).

(2) [1]Der Staatsanwalt beantragt in der Anklageschrift oder im Strafbefehlsantrag die Beteiligung der juristischen Person oder Personenvereinigung (§ 444 Absatz 1 StPO), insbesondere wenn die Festsetzung einer Geldbuße gegen diese die Möglichkeit eröffnet, die wirtschaftlichen Verhältnisse der juristischen Person oder Personenvereinigung auch im Hinblick auf den durch die Tat erlangten wirtschaftlichen Vorteil angemessen zu berücksichtigen (§ 30 Absatz 3 i.V.m. § 17 Absatz 4 OWiG). [2]In der Anklageschrift kündigt er zudem die Beantragung der Festsetzung einer Geldbuße an und im Strafbefehlsantrag beantragt er diese. [3]Dies kann vor allem bei Delikten der Wirtschaftskriminalität, einschließlich Korruptions- und Umweltdelikten, in Betracht kommen.

(3) Für den Antrag auf Festsetzung einer Geldbuße im selbständigen Verfahren gegen die juristische Person oder Personenvereinigung in den – auch die Einstellungen nach §§ 153, 153a StPO, 47 OWiG erfassenden – Fällen des § 30 Absatz 4 OWiG (§ 444 Absatz 3 in Verbindung mit §§ 435, 436 in Verbindung mit § 434 Absatz 2 oder 3 StPO) gilt Absatz 2 entsprechend.

8. Abschnitt
Verfahren gegen Sprachunkundige

181 [Verfahren gegen Sprachunkundige]

(1) Bei der ersten verantwortlichen Vernehmung des Beschuldigten ist aktenkundig zu machen, ob er die deutsche Sprache soweit beherrscht, dass ein Dolmetscher nicht hinzugezogen zu werden braucht und, falls dies nicht der Fall ist, für welche Sprache ein Dolmetscher benötigt wird.

(2) [1]Ladungen, Haftbefehle, Strafbefehle, Anklageschriften, nicht rechtskräftige Urteile und sonstige schriftlich abgefasste Sachentscheidungen sind einem Sprachunkundigen im Sinne des Absatzes 1 mit einer Übersetzung in eine ihm verständliche Sprache bekanntzugeben, wenn er nicht wirksam auf eine Übersetzung verzichtet hat. [2]Eine Übersetzung eines nicht rechtskräftigen Urteils ist nicht erforderlich, wenn der Angeklagte verteidigt ist, er und sein Verteidiger bei der Urteilsverkündung anwesend waren und dem Angeklagten die Urteilsgründe durch einen Dolmetscher mündlich in eine für ihn verständliche Sprache übertragen wurden, sofern der Angeklagte nicht ausnahmsweise ein berechtigtes Interesse an einer Übersetzung hat.

9. Abschnitt
Erteilung von Auskünften, Überlassung von Kopien und Gewährung von Akteneinsicht

182 Geltungsbereich

[1]Für die Erteilung von Auskünften, die auch durch eine Überlassung von Kopien aus den Akten erfolgen kann (§ 478 StPO), und die Gewährung von Akteneinsicht gegenüber Dritten nach den §§ 474 ff. StPO

(auch in Verbindung mit § 487 Absatz 2 Satz 1 StPO) gelten ergänzend die nachfolgenden Bestimmungen. [2]Sie gelten hingegen insbesondere nicht

1. für die Erteilung von Auskünften und Akteneinsicht nach anderen gesetzlichen Bestimmungen als §§ 474 ff. StPO (z.B. nach §§ 147, 385, 406e, 487 Absatz 1, §§ 491, 492 Absatz 3 Satz 2 und 3, Absatz 4, § 495 StPO, §§ 3 ff. SGB X),
2. für die Vorlage von Akten an im Verfahren mitwirkende Stellen, übergeordnete und untergeordnete Instanzgerichte bzw. Behörden z.B. nach § 27 Absatz 3, §§ 41, 163 Absatz 2, § 306 Absatz 2, §§ 320, 321, 347, 354, 355 StPO oder im Rahmen der Wahrnehmung von Aufsichts-, Kontroll- und Weisungsbefugnissen anderer Stellen,
3. für Mitteilungen nach den §§ 12 ff. des Einführungsgesetzes zum Gerichtsverfassungsgesetz (EGGVG) sowie den Bestimmungen der Anordnung über Mitteilungen in Strafsachen (MiStra).

183 Zuständigkeit für die Erteilung von Auskünften und die Gewährung von Akteneinsicht

(1) [1]Soweit nach § 480 Absatz 1 StPO die Staatsanwaltschaft die Entscheidung über die Erteilung von Auskünften und die Akteneinsicht zu treffen hat, obliegt diese Entscheidung grundsätzlich dem Staatsanwalt, im Vollstreckungsverfahren auch dem Rechtspfleger. [2]In den Fällen des § 476 StPO ist Nummer 189 Absatz 2 zu beachten.

(2) [1]Von der Möglichkeit der Delegation an die Behörden des Polizeidienstes nach § 480 Absatz 1 Satz 3 StPO soll nur insoweit Gebrauch gemacht werden, als dies im Interesse aller Beteiligten zur einfacheren oder beschleunigten Unterrichtung des Ersuchenden sachdienlich erscheint. [2]Soweit eine Delegation in Betracht kommt, wird es grundsätzlich angezeigt sein, diese auf einfach und schnell zu erledigende Auskünfte zu beschränken.

184 Vorrang der Verfahrensbearbeitung, Gefährdung der Ermittlungen

[1]Auskünfte und Akteneinsicht unterbleiben nach § 479 Absatz 1 StPO u.a. dann, wenn Zwecke des Strafverfahrens entgegenstehen. [2]Dies gilt insbesondere dann, wenn das Verfahren unangemessen verzögert oder der Untersuchungszweck – auch in einem anderen Strafverfahren – gefährdet würde.

185 Vorrang der Erteilung von Auskünften

[1]Abgesehen von den Fällen des § 474 Absatz 1 StPO räumt das Gesetz im Hinblick auf die Vermeidung einer Übermittlung von Überschussinformationen der Erteilung von Auskünften grundsätzlich Vorrang vor der Gewährung von Einsicht in die Verfahrensakten ein, soweit nicht die Aufgabe oder das berechtigte Interesse des Ersuchenden oder der Zweck der Forschungsarbeit die Einsichtnahme in Akten erfordert. [2]Wenn mit der Auskunftserteilung – gegebenenfalls in der Form der Überlassung von Kopien aus den Akten (§ 478 StPO) – ein unverhältnismäßiger Aufwand verbunden wäre, kann dem Ersuchen grundsätzlich auch durch – gegebenenfalls teilweise (siehe Nummer 186) – Gewährung der Einsicht in die Akten nachgekommen werden (§ 474 Absatz 3, § 475 Absatz 2, § 476 Absatz 2 StPO).

186 Umfang der Akteneinsicht

(1) [1]Die Akteneinsicht soll außer in den Fällen des § 474 Absatz 1 StPO nur in dem Umfang erfolgen, als dies zur Erfüllung der Aufgaben der ersuchenden öffentlichen Stelle, zur Wahrnehmung des berechtigten Interesses der Privatperson oder sonstigen Stelle oder zur Erreichung des Forschungszweckes erkennbar erforderlich ist. [2]Wenn eine derartig beschränkte Akteneinsicht nur mit unverhältnismäßigem Aufwand möglich wäre, kann umfassende Akteneinsicht gewährt werden.

(2) [1]Da die Frage der Einsichtsgewährung nicht immer für die Gesamtheit der Verfahrensakte einheitlich beantwortet werden kann, erscheint es angebracht, Aktenteile, die erkennbar sensible personenbezogene Daten enthalten, gesondert zu führen und hinsichtlich der Einsichtsgewährung einer besonderen Prüfung zu unterziehen. [2]Damit wird zugleich der Aufwand für eine beschränkte Akteneinsicht gering gehalten und bei verdeckten und technischen Maßnahmen (§§ 101, 101a StPO) die Erkennbarkeit erhöht, wodurch im Interesse des Schutzes sensibler personenbezogener Daten eine beschränkte Akteneinsicht häufiger ermöglicht wird. [3]Zu den gesondert zu führenden Aktenteilen zählen regelmäßig:

– medizinische und psychologische Gutachten, mit Ausnahme solcher im Sinne des § 256 Absatz 1 Nummer 2, 3 und 4 StPO,
– Berichte der Gerichts- und Bewährungshilfe sowie anderer sozialer Dienste,
– personenbezogene Daten aus verdeckten und technischen Ermittlungsmaßnahmen (§§ 101, 101a StPO),
– Konto- und Bankunterlagen.

[4]Nummer 16 Absatz 2 Satz 2 und Nummer 220 Absatz 2 Satz 1 sind zu beachten.

(3) [1]Von der Einsicht sind die Handakten der Staatsanwaltschaft und andere innerdienstliche Vorgänge auszuschließen. [2]In Akten einer anderen Verwaltung darf nur mit deren ausdrücklicher Zustimmung Einsicht gewährt werden, deren Nachweis dem Antragsteller obliegt.
(4) Bei Verschlusssachen ist Nummer 213 zu beachten.

187 Überlassung der Akten

(1) Öffentlichen Stellen kann die Akteneinsicht in Abweichung von § 32f Absatz 2 StPO im Einzelfall auch durch Übersendung der Akten gewährt werden.
(2) [1]Rechtsanwälten und Rechtsbeiständen werden auf besonderen Antrag Akten, die in Papierform vorliegen, im Umfang der gewährten Akteneinsicht mit Ausnahme der Beweisstücke zur Einsichtnahme mitgegeben oder übersandt, soweit nicht wichtige Gründe entgegenstehen (§ 32f Absatz 2 Satz 3 StPO). [2]Soweit die Akte, Aktenteile oder Ermittlungsergebnisse, z.B. Verschriftungen der Erkenntnisse aus einer Telekommunikationsüberwachung oder Online-Durchsuchung, auf Datenträgern gespeichert sind, können diese mit Ausnahme der Beweisstücke einem Rechtsanwalt oder Rechtsbeistand in der Regel zur Akteneinsicht auf gesichertem elektronischem Wege zur Verfügung gestellt werden (§ 32f Absatz 2 Satz 2 StPO).
(3) [1]Die Akteneinsicht in Akten, die in Papierform vorliegen, kann in den übrigen Fällen, soweit nicht wichtige Gründe entgegenstehen, auch durch Bereitstellen des Inhalts der Akten zum Abruf, durch Übermittlung des Inhalts der Akte auf einem sicheren Übermittlungsweg oder durch Bereitstellen einer Aktenkopie zur Mitnahme gewährt werden (§ 32f Absatz 2 Satz 2 StPO). [2]Im Übrigen ist die Akteneinsicht nur in den Diensträumen der Staatsanwaltschaft oder des Gerichts oder bei Delegation auf die Behörden des Polizeidienstes in deren Räumen zu gewähren.

188 Bescheid an den Antragsteller

(1) [1]Wird die Erteilung der Auskunft oder die Gewährung von Akteneinsicht versagt, wird dem Ersuchenden ein kurzer Bescheid erteilt. [2]Ist in dem Ersuchen ein berechtigtes oder ein rechtliches Interesse an der Akteneinsicht dargelegt, muss der Bescheid erkennen lassen, dass dieses Interesse gegen entgegenstehende Interessen abgewogen worden ist. [3]Eine Begründung des Bescheides unterbleibt, soweit hierdurch der Untersuchungszweck gefährdet werden könnte.
(2) Ist der Antrag von einer Privatperson oder einer privaten Einrichtung gestellt worden, soll, wenn dem Gesuch nicht nach § 475 Absatz 4 StPO entsprochen werden kann, auf die Möglichkeit der Akteneinsicht durch einen bevollmächtigten Rechtsanwalt hingewiesen werden.

189 Auskünfte und Akteneinsicht für wissenschaftliche Vorhaben

(1) [1]Wenn die Voraussetzungen der §§ 476, 479 Absatz 2 Satz 2 StPO gegeben sind und Zwecke des Strafverfahrens nicht entgegenstehen (§ 479 Absatz 1 StPO), ist die Übermittlung personenbezogener Daten zu Forschungszwecken grundsätzlich zulässig. [2]Ob Auskünfte und Akteneinsicht erteilt werden, steht im pflichtgemäßen Ermessen der zuständigen Stelle. [3]Gegen die Erteilung von Auskünften und die Gewährung von Akteneinsicht kann insbesondere sprechen, dass es sich um ein vorbereitendes Verfahren oder ein Verfahren mit sicherheitsrelevanten Bezügen handelt.
(2) Soweit in den Fällen des § 476 StPO die Staatsanwaltschaft nach § 480 Absatz 1 StPO die Entscheidung über die Erteilung von Auskünften und Akteneinsicht zu treffen hat, obliegt diese Entscheidung dem Behördenleiter.
(3) [1]Betrifft ein Forschungsvorhaben erkennbar mehrere Staatsanwaltschaften, ist der gemeinschaftlichen übergeordneten Behörde auf dem Dienstweg ein Absichtsbericht vorzulegen. [2]Sind erkennbar Staatsanwaltschaften mehrerer Länder betroffen, ist der jeweils obersten Dienstbehörde auf dem Dienstweg ein Absichtsbericht vorzulegen.
(4) Stammt ein Ersuchen nach § 476 StPO von einer Einrichtung, die ihren Sitz außerhalb des Geltungsbereichs der Strafprozessordnung hat, ist der obersten Dienstbehörde auf dem Dienstweg ein Absichtsbericht vorzulegen.

10. Abschnitt

Einholung der Entscheidung des Bundesverfassungsgerichts

190 [Einholung der Entscheidung des Bundesverfassungsgerichts]

(1) [1]Hat das Gericht beschlossen, die Entscheidung des Bundesverfassungsgerichts nach Artikel 100 Absatz 1 und 2 oder Artikel 126 des Grundgesetzes (GG) in Verbindung mit § 13 Nummer 11, 12, 14, §§ 80, 83 oder 86 Absatz 2 des Bundesverfassungsgerichtsgesetzes (BVerfGG) zu beantragen, leitet der Vorsitzende die Akten dem Bundesverfassungsgericht unmittelbar zu (§ 80 Absatz 1 BVerfGG). [2]Das

Begleitschreiben ist von dem Vorsitzenden zu unterschreiben. [3]Es wird Bestandteil der Akten des Bundesverfassungsgerichts; eine beglaubigte Abschrift ist als Versendungsbeleg zurückzubehalten.

(2) [1]Der Antrag an das Bundesverfassungsgericht ist zu begründen (§ 80 Absatz 2 BVerfGG). [2]Seine Urschrift bleibt Bestandteil der Strafakten.

(3) Dem Begleitschreiben sind außer den Akten eine beglaubigte und 50 einfache Abschriften des Antrages für das Bundesverfassungsgericht beizufügen.

11. Abschnitt

Strafsachen gegen Mitglieder des Deutschen Bundestages, der gesetzgebenden Körperschaften der Länder sowie des Europäischen Parlaments

191 Prozesshindernis der Immunität

(1) [1]Wegen einer mit Strafe bedrohten Handlung darf ein Abgeordneter des Deutschen Bundestages nur mit Genehmigung des Bundestages zur Verantwortung gezogen oder verhaftet werden, es sei denn, dass er bei der Begehung der Tat oder im Laufe des folgenden Tages festgenommen wird (Artikel 46 Absatz 2 GG). [2]Entsprechende Vorschriften sind in den Verfassungen der Länder enthalten.[1)]

(2) Ein Ermittlungs- oder Strafverfahren, dessen Durchführung von der vorhergehenden gesetzgebenden Körperschaft genehmigt oder das vor dem Erwerb des Mandats eingeleitet worden war, darf nur mit Genehmigung der gesetzgebenden Körperschaft fortgesetzt werden, der der Abgeordnete zur Zeit der Fortsetzung angehört.[2)]

(3) Die Immunität hindert nicht,

a) ein Verfahren gegen einen Abgeordneten einzuleiten und durchzuführen, wenn er bei der Begehung der Tat oder spätestens im Laufe des folgenden Tages festgenommen wird;[3)]

b) ein Verfahren gegen einen Abgeordneten zum Zwecke der Einstellung einzuleiten, wenn der Sachverhalt die Einstellung ohne Beweiserhebung rechtfertigt;

c) zur Prüfung der Frage, ob ein Vorwurf offensichtlich unbegründet ist, diesen dem Abgeordneten mitzuteilen und ihm anheimzugeben, dazu Stellung zu nehmen;

d) in einem Verfahren gegen eine andere Person den Abgeordneten als Zeugen zu vernehmen, bei ihm Durchsuchungen nach §§ 103, 104 StPO vorzunehmen oder von ihm die Herausgabe von Gegenständen nach § 95 StPO zu verlangen; §§ 50, 53 Absatz 1 Nummer 4, §§ 53a, 96 Satz 2 und § 97 Absatz 4 StPO sind zu beachten;

e) ein Verfahren gegen Mittäter, Anstifter, Gehilfen oder andere an der Tat eines Abgeordneten beteiligte Personen einzuleiten oder durchzuführen;

f) unaufschiebbare Maßnahmen zur Sicherung von Spuren (z.B. Messungen, Lichtbildaufnahmen am Tatort) in unmittelbarem zeitlichen Zusammenhang mit einer Straftat zu treffen;

g) bei Verkehrsunfällen, an denen ein Abgeordneter beteiligt ist, seine Personalien, das amtliche Kennzeichen und den Zustand seines Fahrzeuges festzustellen, die Vorlage des Führerscheins und des Fahrzeugscheins zu verlangen sowie Fahr-, Brems- und andere Spuren, die von seinem Fahrzeug herrühren, zu sichern, zu vermessen und zu fotografieren;

h) einem Abgeordneten unter den Voraussetzungen des § 81a StPO eine Blutprobe zu entnehmen, wenn dies innerhalb des in Buchstabe a) genannten Zeitraums geschieht.

(4) Zur Klärung der Frage, ob es sich um eine offensichtlich unbegründete Anzeige handelt, kann der Staatsanwalt Feststellungen über die Persönlichkeit des Anzeigeerstatters sowie über andere für die Beurteilung der Ernsthaftigkeit der Anzeige wichtige Umstände treffen.

(5) [1]Wird gegen einen Abgeordneten ein Ermittlungsverfahren eingeleitet, ohne dass es hierzu einer Genehmigung der gesetzgebenden Körperschaft bedarf (Artikel 46 Absatz 2 GG und die entsprechenden Vorschriften der Landesverfassungen), unterrichtet der Staatsanwalt unverzüglich und unmittelbar den Präsidenten der betreffenden gesetzgebenden Körperschaft von der Einleitung des Verfahrens. [2]Abschriften seiner Mitteilung übersendet er gleichzeitig dem Generalstaatsanwalt und der Landesjustizverwaltung, bei Abgeordneten des Deutschen Bundestages auch dem für Justiz zuständigen Bundesministerium. [3]Im weiteren Verfahren teilt der Staatsanwalt in gleicher Weise jede richterliche Anordnung einer Freiheitsentziehung und einer Freiheitsbeschränkung gegen den Abgeordneten sowie die Erhebung der öffentlichen Klage mit.

---

1) **Amtl. Anm.:** Sonderregelungen in Artikel 58 der Verfassung Brandenburgs, in Artikel 15 der Verfassung Hamburgs und Artikel 58 der Landesverfassung Sachsen-Anhalts. Nach Artikel 51 Abs. 3 der Verfassung von Berlin gilt die in Satz 1 bezeichnete Ausnahme nur, wenn der Abgeordnete bei Ausübung der Tat festgenommen wird.

2) **Amtl. Anm.:** Sonderregelungen in Bayern, Berlin und Saarland; vgl. die jeweiligen Verwaltungsvorschriften.

3) **Amtl. Anm.:** Vgl. Fußnote zu Nummer 191 Absatz 1 Satz 2.

(6) [1]In jedem Stadium des Verfahrens ist bei Auskünften und Erklärungen gegenüber Presse, Hörfunk und Fernsehen der Funktionsfähigkeit und dem Ansehen der betreffenden gesetzgebenden Körperschaft Rechnung zu tragen. [2]Das Interesse der gesetzgebenden Körperschaft, über eine die Immunität berührende Entscheidung früher als die Öffentlichkeit unterrichtet zu werden, ist zu berücksichtigen. [3]Auf Nummer 23 wird hingewiesen.

192 Aufhebung der Immunität von Mitgliedern des Deutschen Bundestages und der gesetzgebenden Körperschaften der Länder

(1) Beabsichtigt der Staatsanwalt, gegen einen Abgeordneten ein Ermittlungsverfahren einzuleiten oder ein auf Freiheitsstrafe lautendes Urteil zu vollstrecken oder sonst eine genehmigungsbedürftige Strafverfolgungsmaßnahme zu treffen, beantragt er, einen Beschluss der gesetzgebenden Körperschaft, der der Abgeordnete angehört, über die Genehmigung der Strafverfolgung oder der Strafvollstreckung oder zur Durchführung der beabsichtigten Maßnahme herbeizuführen.

(2) [1]Der Antrag ist mit einer Sachdarstellung und einer Erläuterung der Rechtslage zu verbinden. [2]Die Beschreibung der zur Last gelegten Tat soll die Tatsachen enthalten, in denen die gesetzlichen Merkmale der Straftat gesehen werden, sowie Zeit und Ort ihrer Begehung angeben; die Strafvorschriften sind zu bezeichnen, die als verletzt in Betracht kommen. [3]Auf eine aus sich heraus verständliche Darstellung ist zu achten. [4]Bei Anträgen auf Genehmigung der Strafvollstreckung genügt die Bezugnahme auf ein vorliegendes oder beigefügtes Strafurteil.

(3) [1]Der Antrag ist auf dem Dienstweg an den Präsidenten der betreffenden Körperschaft zu richten, bei Abgeordneten des Deutschen Bundestages auch über das für Justiz zuständige Bundesministerium. [2]Für die Landesjustizverwaltung und – bei Abgeordneten des Deutschen Bundestages – für das für Justiz zuständige Bundesministerium sind Abschriften des Antrages beizufügen; eine beglaubigte Abschrift ist zu den Akten zu nehmen.

(4) In Privatklagesachen führt der Staatsanwalt die Genehmigung nur herbei, wenn er die Verfolgung übernehmen will (§§ 377, 376 StPO).

(5) Die Mitteilung nach § 8 EGStPO erfolgt auf dem Dienstweg.

192a Allgemeine Genehmigung zur Durchführung von Ermittlungsverfahren(vereinfachte Handhabung)

(1) [1]Der Deutsche Bundestag sowie die gesetzgebenden Körperschaften der Länder pflegen regelmäßig zu Beginn einer neuen Wahlperiode eine allgemeine Genehmigung zur Durchführung von Ermittlungsverfahren gegen Abgeordnete zu erteilen; ausgenommen sind Ermittlungen wegen Beleidigungen (§§ 185, 186, 188 Absatz 1 StGB) politischen Charakters. [2]Diese allgemeine Genehmigung wird im Einzelfall erst wirksam, nachdem dem Präsidenten der gesetzgebenden Körperschaft eine Mitteilung nach Absatz 3 zugegangen ist.[1)]

(2) [1]Die allgemeine Genehmigung umfasst nicht

a) die Erhebung der öffentlichen Klage in jeder Form,[2)]
b) im Verfahren nach dem Gesetz über Ordnungswidrigkeiten den Hinweis des Gerichts, dass über die Tat auch auf Grund eines Strafgesetzes entschieden werden kann (§ 81 Absatz 1 Satz 2 OWiG),
c) freiheitsentziehende und freiheitsbeschränkende Maßnahmen im Ermittlungsverfahren,
d) den Vollzug einer angeordneten Durchsuchung oder Beschlagnahme in dem genehmigten Verfahren, vorbehaltlich etwaiger von den gesetzgebenden Körperschaften der Länder getroffener abweichender Regelungen,
e) den Antrag auf Verhängung eines vorläufigen Berufsverbotes (§ 132a StPO).

[2]Die allgemeine Genehmigung umfasst jedoch die vorläufige Entziehung der Fahrerlaubnis (§ 111a StPO).

(3) [1]Soweit Ermittlungsverfahren allgemein genehmigt sind, ist dem Präsidenten der gesetzgebenden Körperschaft und, soweit nicht Gründe der Wahrheitsfindung entgegenstehen, dem betroffenen Abgeordneten mitzuteilen, dass die Einleitung eines Ermittlungsverfahrens beabsichtigt ist. [2]In der Mitteilung an den Präsidenten ist zu erklären, dass der Abgeordnete gleichzeitig benachrichtigt worden ist; ist eine Mitteilung an den Abgeordneten unterblieben, ist der Präsident auch hiervon unter Angabe der Gründe

---

1) **Amtl. Anm.:** Abweichend Berlin, Bremen, Rheinland-Pfalz, Sachsen: 48 Stunden nach Zugang; Deutscher Bundestag, Bayern: 48 Stunden nach Zugang (Fällt das Ende der Frist auf einen Samstag, einen Sonntag oder einen Feiertag, endet die Frist mit Ablauf des nächsten Werktags); Mecklenburg-Vorpommern, Nordrhein-Westfalen, Saarland, Schleswig-Holstein: 48 Stunden nach Absendung.

2) **Amtl. Anm.:** Abweichend Bayern: Die allgemeine Genehmigung umfasst auch den Antrag auf Erlass eines Strafbefehls wegen einer Straftat, die der Beschuldigte beim Führen eines Kraftfahrzeuges oder unter Verletzung der Pflichten eines Kraftfahrzeugführers begangen hat, wenn der Beschuldigte damit einverstanden ist.

zu unterrichten. [3]Die Mitteilung ist unmittelbar an den Präsidenten der gesetzgebenden Körperschaft zu richten.[1)] [4]Für ihren Inhalt gilt Nummer 192 Absatz 2 entsprechend; in den Fällen der Nummer 191 Absatz 3 Buchstabe c) soll auch der wesentliche Inhalt einer Stellungnahme des Abgeordneten mitgeteilt werden. [5]Abschriften der Mitteilung sind gleichzeitig dem Generalstaatsanwalt und der Landesjustizverwaltung sowie, bei Abgeordneten des Deutschen Bundestages, auch dem für Justiz zuständigen Bundesministerium zu übersenden.

(4) [1]Will der Staatsanwalt nach dem Abschluss der Ermittlungen die öffentliche Klage erheben, beantragt er, einen Beschluss der gesetzgebenden Körperschaft über die Genehmigung der Strafverfolgung herbeizuführen. [2]Für den Inhalt und den Weg des Antrags gilt Nummer 192 Absatz 2 und 3. [3]Stellt er das Verfahren nicht nur vorläufig ein, verfährt er nach Nummer 192 Absatz 5.

(5) [1]Beabsichtigt der Staatsanwalt, die Genehmigung zur Durchführung der Strafverfolgung wegen einer Beleidigung politischen Charakters einzuholen, verfährt er nach Nummer 192 Absatz 1 bis 3. [2]Zur Vorbereitung seiner Entscheidung, ob die Genehmigung zur Strafverfolgung wegen einer Beleidigung politischen Charakters herbeigeführt werden soll, teilt der Staatsanwalt dem Abgeordneten den Vorwurf mit und stellt ihm anheim, hierzu Stellung zu nehmen.

(6) Für Bußgeldsachen wird auf Nummer 298 verwiesen.

192b Aufhebung der Immunität eines Mitglieds des Europäischen Parlaments

(1) [1]Einem Mitglied des Europäischen Parlaments aus der Bundesrepublik Deutschland steht die einem Abgeordneten des Deutschen Bundestages zuerkannte Immunität zu. [2]Ein ausländisches Mitglied des Europäischen Parlaments kann im Inland weder festgehalten noch gerichtlich verfolgt werden. [3]Die Immunität nach den vorstehenden Sätzen besteht während der Dauer der fünfjährigen Wahlperiode und auch während der Reise zum und vom Tagungsort des Europäischen Parlaments. [4]Bei Ergreifung auf frischer Tat kann die Immunität nicht geltend gemacht werden (Artikel 4 Absatz 2 des Aktes des Rates der Europäischen Gemeinschaften vom 20. September 1976 zur Einführung allgemeiner unmittelbarer Wahlen der Abgeordneten der Versammlung – BGBl. 1977 II S. 733, 735 – in Verbindung mit Artikel 10 des Protokolls über die Vorrechte und Befreiungen der Europäischen Gemeinschaften vom 8. April 1965 – BGBl. 1965 II S. 1453, 1482). [5]Nummer 191 Absatz 3 Buchstabe b) bis e) und Absatz 4 gilt entsprechend.

(2) Das Europäische Parlament hat eine allgemeine Genehmigung zur Durchführung von Ermittlungsverfahren nicht erteilt.

(3) Beabsichtigt der Staatsanwalt, gegen ein Mitglied des Europäischen Parlaments ein Ermittlungsverfahren einzuleiten oder ein auf Freiheitsstrafe lautendes Urteil zu vollstrecken oder sonst eine genehmigungsbedürftige Strafverfolgungsmaßnahme zu treffen, beantragt er, einen Beschluss des Europäischen Parlaments über die Aufhebung der Immunität herbeizuführen.

(4) Zur Vorbereitung seiner Entschließung teilt der Staatsanwalt, soweit nicht Gründe der Wahrheitsfindung entgegenstellen, dem Abgeordneten den Vorwurf mit und stellt ihm anheim, Stellung zu nehmen.

(5) [1]Der Antrag ist an den Präsidenten des Europäischen Parlaments, Generalsekretariat, Plateau du Kirchberg, L-2929 Luxemburg, zu richten und auf dem Dienstweg, auch über das für Justiz zuständige Bundesministerium, zu übermitteln. [2]Nummer 192 Absatz 2, Absatz 3 Satz 2 und Absatz 4 gilt entsprechend. [3]Nummer 192 Absatz 5 gilt mit der Maßgabe entsprechend, dass die Übermittlung über das für Justiz zuständige Bundesministerium erfolgt.

12. Abschnitt

Behandlung der von der deutschen Gerichtsbarkeit befreiten Personen

193 Allgemeines

(1) Handlungen, die eine Ausübung der inländischen Gerichtsbarkeit darstellen, sind gegenüber den Personen, die nach §§ 18 bis 20 GVG oder nach anderen Rechtsvorschriften von der Deutschen Gerichtsbarkeit befreit sind, ohne ihre Zustimmung grundsätzlich unzulässig.

(2) Sache der Justizbehörden ist es, im Einzelfall die nötigen Feststellungen zu treffen und darüber zu befinden, ob und wieweit Personen nach den §§ 18 und 19 GVG von der deutschen Gerichtsbarkeit befreit sind.

---

1) **Amtl. Anm.:** Abweichend Bremen: Die Mitteilung ist über den Präsidenten des Senats an den Präsidenten des Deutschen Bundestages oder den Präsidenten der Bremischen Bürgerschaft, im Übrigen unmittelbar an den Präsidenten der gesetzgebenden Körperschaft zu richten; Sachsen-Anhalt: Die Mitteilung ist über das Ministerium der Justiz an den Präsidenten des Landtages von Sachsen-Anhalt zu richten.

194 Ausweise von Diplomaten und anderen von der inländischen Gerichtsbarkeit befreiten Personen

Die Art der Ausweise von Diplomaten und der anderen von der inländischen Gerichtsbarkeit befreiten Personen ergibt sich aus dem Rundschreiben des Auswärtigen Amtes zur Behandlung von Diplomaten und anderen bevorrechtigten Personen in der Bundesrepublik Deutschland vom 15. September 2015 (Gemeinsames Ministerialblatt – GMBl. – S. 1206).

195 Verhalten gegenüber Diplomaten und den anderen von der inländischen Gerichtsbarkeit befreiten Personen

(1) [1]Gegen Personen, die rechtmäßig den Ausweis eines Diplomaten oder einer anderen von der inländischen Gerichtsbarkeit befreiten Person besitzen oder die ihre Befreiung von der deutschen Gerichtsbarkeit anders glaubhaft machen, ist nicht einzuschreiten. [2]Der Staatsanwalt hat sich darauf zu beschränken, die zulässigen Ermittlungen beschleunigt durchzuführen. [3]Er unterrichtet unverzüglich unter Beigabe der Akten das Bundesamt für Justiz über die Landesjustizverwaltung. [4]Für diese und das Auswärtige Amt sind Abschriften beizufügen.

(2) In besonders eiligen Fällen kann unmittelbar beim Auswärtigen Amt in Berlin (Tel.-Nummer: 030/5000-3411 bzw. 0228/9917-2633 von 9.00 bis 16.00 Uhr, ansonsten im Lagezentrum unter 030/5000-2911) bzw. beim Bundeskanzleramt (Telefon 01888/400-0 oder 030/4000-0, Telefax 030/4000-2357) Auskunft erbeten werden.

(3) [1]Ist nach Absatz 2 eine Auskunft erbeten worden oder liegt ein Fall von besonderer Bedeutung vor, ist die vorläufige Unterrichtung des für Justiz zuständigen Bundesministeriums geboten, falls noch weitere Ermittlungen nötig sind. [2]Absatz 1 Satz 3 und 4 gilt sinngemäß.

(4) [1]Über Verkehrsordnungswidrigkeiten exterritorialer Personen ist das Auswärtige Amt unmittelbar zu unterrichten. [2]Die Akten brauchen der Mitteilung nicht beigefügt zu werden. [3]Einer Unterrichtung des für Justiz zuständigen Bundesministeriums und der Landesjustizverwaltung bedarf es in diesen Fällen nicht.

196 Zustellungen

(1) Für die Zustellung von Schriftstücken, z.B. von Ladungen oder Urteilen, an Diplomaten oder andere von der inländischen Gerichtsbarkeit befreite Personen ist stets die Vermittlung des Auswärtigen Amts in Anspruch zu nehmen.

(2) [1]Das Schreiben an das Auswärtige Amt, in dem um Zustellung ersucht wird, ist mit einem Begleitbericht der Landesjustizverwaltung vorzulegen, die es an das Auswärtige Amt weiterleitet. [2]Das zuzustellende Schriftstück ist beizufügen.

(3) In dem Schreiben an das Auswärtige Amt ist der Sachverhalt kurz darzustellen und außerdem anzugeben:

a) Name, Stellung und Anschrift der Person, der zugestellt werden soll;
b) Bezeichnung des zuzustellenden Schriftstücks, z.B. Ladung als Zeuge, Sachverständiger, Privat- oder Nebenkläger;
c) Name und Stellung der Parteien in Privatklagesachen.

(4) Die Reinschrift des Schreibens an das Auswärtige Amt hat der Richter oder der Staatsanwalt handschriftlich zu unterzeichnen.

(5) Als Nachweis dafür, dass das Schriftstück dem Empfänger übergeben worden ist, übersendet das Auswärtige Amt ein Zeugnis.

(6) Ist ein Angehöriger einer diplomatischen Vertretung als Privatkläger oder Nebenkläger durch einen mit schriftlicher Vollmacht versehenen Rechtsanwalt vertreten, kann nach § 378 StPO an den Anwalt zugestellt werden.

(7) Stellt der von einem Gericht oder einem Staatsanwalt mit der Zustellung beauftragte Beamte nach Empfang des Schriftstücks fest, dass die geforderte Amtshandlung nach den vorstehenden Bestimmungen nicht vorgenommen werden darf, hat er den Auftrag unter Hinweis auf diese Bestimmung an die ersuchende Stelle zurückzugeben.

197 Ladungen

(1) [1]Bei der Ladung eines Diplomaten oder einer anderen von der inländischen Gerichtsbarkeit befreiten Person sind weder Vordrucke zu verwenden noch Zwangsmaßnahmen anzudrohen. [2]Es ist vielmehr eine besondere Vorladung zu fertigen, in der die von der Gerichtsbarkeit befreite Person unter genauer Bezeichnung des Gegenstandes und der Art der Verhandlung gebeten wird, zu erklären, ob sie bereit ist, sich zu dem angegebenen Zeitpunkt einzufinden oder ob sie sich stattdessen in ihren Wohn- oder Diensträumen vernehmen lassen oder über den Gegenstand der Vernehmung eine schriftliche Äußerung abgeben möchte.

(2) Die Ladung ist nach Nummer 196 zuzustellen.

(3) Abgesehen von besonders dringlichen Fällen ist der Tag der Vernehmung in der Regel so festzusetzen, dass zwischen der Absendung der Ladung mit Begleitbericht an die Landesjustizverwaltung und der Vernehmung mindestens vier Wochen liegen.

198 Vernehmungen

(1) Erscheint ein Diplomat oder eine andere von der inländischen Gerichtsbarkeit befreite Person vor Gericht, soll sie möglichst bald vernommen und entlassen werden.

(2) [1]Die Vernehmung in den Dienst- oder Wohnräumen eines Diplomaten oder einer anderen von der inländischen Gerichtsbarkeit befreiten Person darf nur unter den Voraussetzungen der Nummer 199 Absatz 1 erfolgen. [2]Andere an dem Strafverfahren Beteiligte dürfen nur anwesend sein, wenn der Leiter der fremden Dienststelle ausdrücklich zugestimmt hat. [3]Die Teilnahme eines sonst Beteiligten ist in dem Antrag auf Zustimmung zur Vernehmung in den Dienst- oder Wohnräumen besonders zu begründen.

199 Amtshandlungen in den Dienst- und Wohnräumen

(1) [1]In den Diensträumen der diplomatischen Vertretungen, der konsularischen Vertretungen sowie von Organisationen und Stellen, die auf Grund allgemeiner Regeln des Völkerrechts, völkerrechtlicher Vereinbarungen oder sonstiger Rechtsvorschriften Unverletzlichkeit genießen, dürfen Amtshandlungen, durch die inländische Gerichtsbarkeit ausgeübt wird, nur mit Zustimmung des Leiters der Vertretung, der Organisation oder Stelle vorgenommen werden. [2]Entsprechendes gilt für die Wohnräume der Mitglieder der diplomatischen Vertretungen.

(2) [1]In den vorgenannten Dienst- und Wohnräumen dürfen Amtshandlungen nach Absatz 1 einschließlich Zustellungen ohne Zustimmung des Leiters der Vertretung, der Organisation oder der Stelle auch nicht gegenüber Personen vorgenommen werden, die nicht von der inländischen Gerichtsbarkeit befreit sind. [2]Ihnen kann nach Nummer 196, 197 zugestellt werden.

(3) Die Zustimmung des Leiters nach Absatz 1 ist in entsprechender Anwendung der Nummer 196 zu beantragen.

(4) Zur Vornahme der Amtshandlung dürfen die Dienst- und Wohnräume nur betreten werden, wenn die Zustimmung schriftlich vorliegt.

13. Abschnitt
(weggefallen)

14. Abschnitt
Verfahren nach Feststellung der Entschädigungspflicht nach dem Gesetz über die Entschädigung für Strafverfolgungsmaßnahmen

201 [Verfahren nach Feststellung der Entschädigungspflicht nach dem StrEG]

Wegen der Belehrung über Recht und Frist zur Antragstellung nach rechtskräftiger Feststellung der Entschädigungspflicht sowie hinsichtlich des weiteren Verfahrens zur Feststellung der Höhe des Anspruchs wird auf die Ausführungsvorschriften zum Gesetz über die Entschädigung für Strafverfolgungsmaßnahmen (Anlage C) verwiesen.

Besonderer Teil

1. Abschnitt
Strafvorschriften des StGB

1. Staatsschutz und verwandte Strafsachen

202 Strafsachen, die zur Zuständigkeit der Oberlandesgerichte im ersten Rechtszug gehören

(1) Vorgänge, aus denen sich der Verdacht einer zur Zuständigkeit der Oberlandesgerichte im ersten Rechtszug gehörenden Straftat (§ 120 GVG, §§ 1 und 3 NATO-Truppen-Schutzgesetz) ergibt, übersendet der Staatsanwalt mit einem Begleitschreiben unverzüglich dem Generalbundesanwalt.

(2) [1]Das Begleitschreiben soll eine gedrängte Darstellung und eine kurze rechtliche Würdigung des Sachverhalts enthalten sowie die Umstände angeben, die sonst für das Verfahren von Bedeutung sein können. [2]Erscheinen richterliche Maßnahmen alsbald geboten, ist hierauf hinzuweisen. [3]Das Schreiben ist dem Generalbundesanwalt über den Generalstaatsanwalt, in dringenden Fällen unmittelbar bei gleichzeitiger Übersendung von Abschriften an den Generalstaatsanwalt, zuzuleiten.

(3) [1]Der Staatsanwalt hat jedoch die Amtshandlungen vorzunehmen, bei denen Gefahr im Verzuge ist; dringende richterliche Handlungen soll er nach Möglichkeit bei dem Ermittlungsrichter des Bundesgerichtshofes (§ 169 StPO) beantragen. [2]Vor solchen Amtshandlungen hat der Staatsanwalt, soweit möglich, mit dem Generalbundesanwalt Fühlung zu nehmen; Nummer 5 findet Anwendung.

(4) Die Pflicht der Behörden und Beamten des Polizeidienstes, ihre Verhandlungen in Strafsachen, die zur Zuständigkeit der Oberlandesgerichte im ersten Rechtszug gehören, unmittelbar dem Generalbundesanwalt zu übersenden (§ 163 Absatz 2 Satz 1 StPO; § 142a Absatz 1 GVG), wird durch Absatz 1 nicht berührt.

203 Behandlung der nach § 142a Absatz 2 und 4 GVG abgegebenen Strafsachen

(1) [1]Gibt der Generalbundesanwalt ein Verfahren nach § 142a Absatz 2 oder 4 GVG an eine Landesstaatsanwaltschaft ab, ist er über den Ausgang zu unterrichten. [2]Die Anklageschrift und die gerichtlichen Sachentscheidungen sind ihm in Abschrift mitzuteilen.

(2) [1]Ergeben sich Anhaltspunkte dafür, dass der Generalbundesanwalt nach § 142a Absatz 3 GVG zuständig ist oder dass infolge einer Veränderung des rechtlichen Gesichtspunktes die Voraussetzungen für die Abgabe nach § 142a Absatz 2 Nummer 1 GVG entfallen, sind dem Generalbundesanwalt die Akten unverzüglich zur Entscheidung über die erneute Übernahme vorzulegen. [2]Der Generalbundesanwalt ist ferner unverzüglich zu unterrichten, sobald sonst Anlass zu der Annahme besteht, dass er ein nach § 142a Absatz 2 oder 4 GVG abgegebenes Verfahren wieder übernehmen wird. [3]Bei der Vorlage ist auf die Umstände hinzuweisen, die eine erneute Übernahme des Verfahrens durch den Generalbundesanwalt nahe legen.

(3) Überweist ein Oberlandesgericht ein Verfahren nach § 120 Absatz 2 Satz 3 GVG an ein Landgericht, unterrichtet der Staatsanwalt den Generalbundesanwalt über den Ausgang des Verfahrens und teilt ihm die gerichtlichen Sachentscheidungen in Abschrift mit.

(4) Für die Unterrichtung nach Absatz 1, 2 und 3 gilt Nummer 202 Absatz 2 Satz 3 sinngemäß.

(5) Beschwerden und weitere Beschwerden, über die der Bundesgerichtshof zu entscheiden hat, übersendet der Generalstaatsanwalt dem Generalbundesanwalt mit einer kurzen Stellungnahme.

204 Strafsachen, die zur Zuständigkeit der zentralen Strafkammern gehören

(1) Vorgänge, aus denen sich der Verdacht einer zur Zuständigkeit der Staatsschutzkammer gehörenden Straftat (§ 74a Absatz 1 GVG, §§ 1 und 3 NATO-Truppen-Schutzgesetz) ergibt, übersendet der Staatsanwalt unverzüglich dem hierfür zuständigen Staatsanwalt; er hat jedoch die Amtshandlungen vorzunehmen, bei denen Gefahr im Verzuge ist.

(2) [1]Besteht ein Anlass zu der Annahme, dass der Generalbundesanwalt einem zur Zuständigkeit der Staatsschutzkammer gehörenden Fall besondere Bedeutung (§ 74a Absatz 2 GVG) beimessen wird, unterrichtet der zuständige Staatsanwalt den Generalbundesanwalt möglichst frühzeitig über den Sachverhalt und dessen bisherige rechtliche Würdigung sowie über die Gründe, aus denen er die besondere Bedeutung des Falles folgert; Nummer 202 Absatz 2 Satz 3 gilt sinngemäß. [2]Der Staatsanwalt hat jedoch die Ermittlungen fortzuführen; er soll aber vor Ablauf eines Monats seit der Unterrichtung des Generalbundesanwalts keine abschließende Verfügung treffen, sofern der Generalbundesanwalt nicht vorher die Übernahme des Verfahrens abgelehnt hat. [3]Übernimmt der Generalbundesanwalt das Verfahren nicht, gilt Nummer 203 Absatz 2 und 4 sinngemäß.

205 Unterrichtung der Behörden für Verfassungsschutz in Staatsschutz- und anderen Verfahren

(1) [1]In Staatsschutzstrafverfahren (§§ 74a, 120 Absatz 1 und 2 GVG, §§ 1 und 3 NATO-Truppen-Schutzgesetz) arbeitet der Staatsanwalt mit dem Bundesamt für Verfassungsschutz und den Landesbehörden für Verfassungsschutz in geeigneter Weise nach Maßgabe der gesetzlichen Vorschriften insbesondere unter Berücksichtigung des informationellen Trennungsprinzips zusammen, damit dort gesammelte Informationen bei den Ermittlungen des Staatsanwalts und dessen Erkenntnisse für die Aufgaben des Verfassungsschutzes ausgewertet werden können. [2]Dies gilt auch für andere Verfahren, bei denen tatsächliche Anhaltspunkte dafür bestehen, dass es um Straftaten zur Durchsetzung verfassungsfeindlicher Ziele geht.

(2) [1]Der Staatsanwalt unterrichtet das Bundesamt für Verfassungsschutz bei Bekanntwerden von Tatsachen nach § 18 Absatz 1 des Bundesverfassungsschutzgesetzes (BVerfSchG) und die Verfassungsschutzbehörden des Landes nach Maßgabe des entsprechenden Landesrechts von sich aus in geeigneter Weise über die Einleitung und den Fortgang von Verfahren sowie die für eine Auswertung wesentlichen Entscheidungen (z.B. Anklageschriften, Urteile, Einstellungsverfügungen). [2]Eine Unterrichtung nach Satz 1 soll insbesondere erfolgen in Verfahren wegen

– Vorbereitung oder Aufnahme von Beziehungen zur Begehung einer schweren staatsgefährdenden Gewalttat (§§ 89a und 89b StGB) oder Terrorismusfinanzierung (§ 89c StGB),

- Landesverrats und Gefährdung der äußeren Sicherheit (§§ 94 bis 100a StGB),
- Straftaten nach den §§ 129a und 129b StGB und damit in einem möglichen Sachzusammenhang stehenden Straftaten,
- Straftaten nach den §§ 17, 18 des Außenwirtschaftsgesetzes (AWG) und nach den §§ 19 bis 22a des Gesetzes über die Kontrolle von Kriegswaffen (KrWaffKontrG) mit Bezügen zu ausländischen Nachrichtendiensten,
- Straftaten unter Anwendung von Gewalt, sofern tatsächliche Anhaltspunkte dafür bestehen, dass sie zur Durchsetzung verfassungsfeindlicher Ziele begangen wurden.

[3]Im Übrigen unterrichtet der Staatsanwalt unter den Voraussetzungen des § 18 Absatz 1b BVerfSchG das Bundesamt für Verfassungsschutz und nach Maßgabe des Landesrechts die Verfassungsschutzbehörde des Landes jedenfalls dann, wenn dies für deren Aufgabenerfüllung erforderlich und über den Einzelfall hinaus von Bedeutung ist.

(2a) Der Staatsanwalt soll bei allen Verfahren im Sinne der Absätze 1 und 2 nach Maßgabe der gesetzlichen Vorschriften die Behörden für Verfassungsschutz um Übermittlung der dort vorhandenen Informationen ersuchen, die für das Ermittlungsverfahren von Bedeutung sein können.

(3) [1]Der Staatsanwalt unterrichtet die Behörden für Verfassungsschutz auf deren Ersuchen über vorhandene Erkenntnisse (vgl. § 18 Absatz 3 BVerfSchG und entsprechende Landesregelungen). [2]Er kann ihnen auch Niederschriften über Vernehmungen oder Vermerke über andere Ermittlungshandlungen überlassen.

(4) Auf die Übermittlungsverbote nach § 23 BVerfSchG, den Minderjährigenschutz des § 24 BVerfSchG und die entsprechenden Landesregelungen wird hingewiesen.

(5) [1]Angehörige der Behörden für Verfassungsschutz können als Sachverständige oder Auskunftspersonen zu Vernehmungen und anderen Ermittlungshandlungen (z.B. Tatortbesichtigung, Durchsuchung oder Beschlagnahme) zugezogen werden. [2]Ihre Zuziehung ist in den Akten zu vermerken.

(6) Unbeschadet bestehender Berichtspflichten ist im Rahmen der Absätze 1 bis 3 und des Absatzes 5 der unmittelbare Geschäftsverkehr mit den in Absatz 1 bezeichneten Behörden zulässig.

206 Unterrichtung des Militärischen Abschirmdienstes und des Bundesnachrichtendienstes

[1]Der Staatsanwalt unterrichtet den Militärischen Abschirmdienst von sich aus nach Maßgabe des § 22 in Verbindung mit § 18 Absatz 1, 1b und 2 BVerfSchG und auf dessen Ersuchen nach Maßgabe des § 22 in Verbindung mit § 18 Absatz 3 BVerfSchG. [2]Er unterrichtet den Bundesnachrichtendienst von sich aus zu dessen Eigensicherung nach Maßgabe des § 10 Absatz 2 des Gesetzes über den Bundesnachrichtendienst (BNDG) sowie auf dessen Ersuchen nach Maßgabe des § 10 Absatz 3 BNDG in Verbindung mit § 18 Absatz 3 BVerfSchG. [3]Nummer 205 ist jeweils entsprechend anzuwenden.

207 Benachrichtigung des Bundeskriminalamtes

(1) [1]Von der Einleitung eines Verfahrens wegen eines Organisationsdeliktes (§§ 84, 85, 129, 129a, 129b StGB; § 20 Absatz 1 Satz 1 Nummer 1 bis 4 des Vereinsgesetzes; § 95 Absatz 1 Nummer 8 des Aufenthaltsgesetzes) ist das Bundeskriminalamt, Thaerstraße 11, 65193 Wiesbaden, zu benachrichtigen. [2]Dieses gibt auf Anfrage anhand der von ihm geführten Karteien Auskünfte darüber, ob und wo wegen des gleichen oder eines damit zusammenhängenden Organisationsdeliktes ein weiteres Verfahren anhängig ist oder anhängig gewesen ist.

(2) [1]Die Staatsanwaltschaft übersendet in Ermittlungs- und Strafverfahren wegen

1. Gefährdung des demokratischen Rechtsstaats in den Fällen der §§ 84, 85, 89a, 89b, 89c und 91 StGB,
2. Landesverrats und Gefährdung der äußeren Sicherheit in den Fällen der §§ 93 bis 101a StGB,
3. Straftaten gegen die Landesverteidigung in den Fällen des § 109h StGB,
4. Straftaten gegen die öffentliche Ordnung in den Fällen der §§ 129, 129a und 129b StGB,
5. politisch motivierter Gewaltstraftaten der Deliktsgruppen:
   a) Widerstandsdelikte in den Fällen der §§ 113 bis 115 StGB,
   b) Landfriedensbruch in den Fällen der §§ 125 und 125a StGB,
   c) Straftaten gegen die sexuelle Selbstbestimmung in den Fällen der §§ 176b, 177 und 178 StGB,
   d) Straftaten gegen das Leben in den Fällen der §§ 211 und 212 StGB,
   e) Straftaten gegen die körperliche Unversehrtheit in den Fällen der §§ 223 bis 227 und 231 StGB,
   f) Freiheitsberaubung in den Fällen der §§ 234 und 239 bis 239b StGB,
   g) Raub und Erpressung in den Fällen der §§ 249 bis 255 StGB,
   h) Gemeingefährliche Straftaten in den Fällen der §§ 306 bis 306c, 308 Absatz 1 bis 5, § 309 Absatz 3 und 4, § 310 Absatz 1 Nummer 2, § 315 Absatz 1 bis 5, § 315b Absatz 1 bis 4, §§ 316a, 316c und 318 Absatz 3 und 4 StGB,
6. Straftaten nach § 20 Absatz 1 Satz 1 Nummer 1 bis 4 des Vereinsgesetzes,
7. Straftaten nach § 95 Absatz 1 Nummer 8 des Aufenthaltsgesetzes

dem Bundeskriminalamt – unabhängig von einem polizeilichen Informationsaustausch – alsbald nach Abschluss des Verfahrens eine Kopie der staatsanwaltschaftlichen oder gerichtlichen Abschlussentscheidung (z.B. Urteil mit Gründen, Strafbefehl, Einstellungsverfügung), möglichst in elektronischer Form, zur Auswertung. [2]Ausgenommen sind:

a) Verfahren, die keinerlei Erkenntnisse sachlicher oder personeller Art enthalten, z.B. Verfahren, die mangels Anhaltspunkten für eine Aufklärung eingestellt worden sind, und
b) Entscheidungen über selbständige Einziehungsverfahren.

(3) Straftaten im Sinne von Absatz 2 Satz 1 Nummer 5 sind politisch motiviert, wenn bei Würdigung der Umstände der Tat und/oder der Einstellung des Beschuldigten Anhaltspunkte dafür vorliegen, dass sie

– den demokratischen Willensbildungsprozess beeinflussen sollen, der Erreichung oder Verhinderung politischer Ziele dienen oder sich gegen die Umsetzung politischer Entscheidungen richten,
– sich gegen die freiheitliche demokratische Grundordnung bzw. eines ihrer Wesensmerkmale, den Bestand und die Sicherheit des Bundes oder eines Landes richten oder eine ungesetzliche Beeinträchtigung der Amtsführung von Mitgliedern der Verfassungsorgane des Bundes oder eines Landes zum Ziel haben,
– durch Anwendung von Gewalt oder darauf gerichtete Vorbereitungshandlungen auswärtige Belange der Bundesrepublik Deutschland gefährden,
– gegen eine Person wegen ihrer politischen Einstellung, Nationalität, Volkszugehörigkeit, Rasse, Hautfarbe, Religion, Weltanschauung, Herkunft oder aufgrund ihres äußeren Erscheinungsbildes, ihrer Behinderung, ihrer sexuellen Orientierung oder ihres gesellschaftlichen Status gerichtet sind und die Tathandlung damit im Kausalzusammenhang steht bzw. sich in diesem Zusammenhang gegen eine Institution, Sache oder ein Objekt richtet.

208 Verfahren betreffend staatsgefährdende Inhalte

(1) [1]Ist ein Inhalt (§ 11 Absatz 3 StGB) zur Begehung einer Straftat nach den §§ 80a bis 100a, 130 StGB, § 20 Absatz 1 Satz 1 Nummer 1 bis 4 des Vereinsgesetzes oder nach § 95 Absatz 1 Nummer 8 des Aufenthaltsgesetzes gebraucht worden oder bestimmt gewesen, benachrichtigt der Staatsanwalt das Bundeskriminalamt, Thaerstraße 11, 65193 Wiesbaden, unverzüglich von der Einleitung des Verfahrens. [2]Einer gesonderten Benachrichtigung von der Einleitung des Verfahrens bedarf es nicht, wenn das Bundeskriminalamt binnen kürzester Frist durch ein Auskunftsersuchen nach Absatz 2 oder durch eine Mitteilung nach Absatz 4 benachrichtigt wird.

(2) [1]Bevor der Staatsanwalt die Beschlagnahme oder die Einziehung beantragt, holt er eine Auskunft des Bundeskriminalamtes darüber ein, ob und wo wegen der Inhalte (§ 11 Absatz 3 StGB) schon ein Verfahren anhängig ist oder anhängig gewesen ist und ob und wo bereits Beschlagnahme- oder Einziehungsentscheidungen beantragt oder ergangen sind. [2]In Eilfällen kann die Auskunft auch fernmündlich, fernschriftlich oder telegrafisch eingeholt werden. [3]Ergibt sich aus der Auskunft des Bundeskriminalamtes, dass in einem wegen derselben Inhalte (§ 11 Absatz 3 StGB) bereits anhängigen Verfahren eine die gesamte Auflage erfassende (allgemeine) Beschlagnahmeanordnung beantragt oder ergangen oder eine allgemeine Einziehung beantragt oder angeordnet, aber noch nicht rechtskräftig geworden ist, wartet der Staatsanwalt den Abschluss dieses Verfahrens ab, wenn für ihn lediglich die Durchführung des selbständigen Einziehungsverfahrens in Betracht käme. [4]In allen anderen Fällen gilt Nummer 249 sinngemäß.

(3) [1]In selbständigen Einziehungsverfahren ist zu prüfen, ob auf die Herbeiführung einer gerichtlichen Beschlagnahme verzichtet und zugleich die Einziehung beantragt werden kann; von dieser Möglichkeit wird in der Regel bei selbständigen Einziehungsverfahren betreffend Masseninhalten Gebrauch zu machen sein. [2]Anträge auf Beschlagnahme sollen nach Möglichkeit beim Amtsgericht am Sitz der in § 74a GVG bezeichneten Strafkammer gestellt werden. [3]Anträge auf Beschlagnahme oder Einziehung sollen, soweit nicht Rechtsgründe entgegenstehen, die gesamte Auflage erfassen.

(4) [1]Das Bundeskriminalamt ist von allen auf Beschlagnahme- und Einziehungsanträge hin ergehenden Entscheidungen sowie von der Rücknahme solcher Anträge unverzüglich zu benachrichtigen. [2]Handelt es sich um die Entscheidungen, durch welche die Beschlagnahme oder Einziehung nicht periodischer Verkörperungen eines Inhalts angeordnet, wieder aufgehoben oder abgelehnt wird, kann zugleich um Bekanntmachung der Entscheidung im Bundeskriminalblatt ersucht werden; dasselbe gilt bei periodischen Verkörperungen eines Inhalts, die im räumlichen Geltungsbereich des Strafgesetzbuches erscheinen.

(5) [1]Im Übrigen gelten die Nummer 226 Absatz 1 Satz 4 und Absatz 2, 251, 252 und 253 sinngemäß. [2]Für die Verwertung der in Staatsschutzverfahren eingezogenen Filme gilt die bundeseinheitlich getroffene Anordnung vom 2. April 1973.

(6) [1]Postsendungen, die von den Zollbehörden gemäß § 2 des Gesetzes zur Überwachung strafrechtlicher und anderer Verbringungsverbote vom 24. Mai 1961[1)] der Staatsanwaltschaft vorgelegt, jedoch von dieser nach Prüfung freigegeben werden, sind beschleunigt an die Empfänger weiterzuleiten. [2]Geöffnete Sendungen sind zu verschließen sowie mit dem Vermerk:
Auf Grund des Gesetzes zur Überwachung strafrechtlicher und anderer Verbringungsverbote vom 24. Mai 1961 zollamtlich geöffnet und von der Staatsanwaltschaft freigegeben.
und mit dem Dienststempel der Staatsanwaltschaft zu versehen.

209 Verfahren wegen Verunglimpfung und Beleidigung oberster Staatsorgane

(1) [1]Bei Verunglimpfungen und Beleidigungen oberster Staatsorgane des Bundes (§§ 90, 90b, 185 bis 188 StGB) ist das für Justiz zuständige Bundesministerium, bei Verunglimpfungen oder Beleidigungen oberster Staatsorgane eines Landes die Landesjustizverwaltung beschleunigt zu unterrichten, damit der Verletzte eine Entschließung darüber treffen kann, ob die Sache verfolgt werden soll. [2]Zu diesem Zweck sind die im Interesse der Beweissicherung notwendigen Ermittlungen zu führen, von der Vernehmung des Beschuldigten ist jedoch zunächst abzusehen. [3]Der Bericht soll eine gestraffte Darstellung des Sachverhalts mit kurzer rechtlicher Würdigung sowie Angaben über die persönlichen Verhältnisse des Beschuldigten, sofern diese bekannt sind, enthalten. [4]Bei Verunglimpfungen und Beleidigungen oberster Staatsorgane des Bundes ist der Bericht dem für Justiz zuständigen Bundesministerium unmittelbar unter gleichzeitiger Übersendung von Abschriften an die Landesjustizverwaltung und die vorgesetzten Behörden zu erstatten.

(2) [1]Erwägt ein oberstes Staatsorgan, eine Ermächtigung zur Strafverfolgung zu erteilen oder Strafantrag zu stellen, so ist der Sachverhalt beschleunigt aufzuklären. [2]Der abschließende Bericht soll den Sachverhalt erschöpfend darstellen und rechtlich würdigen, die für die Entschließung des Verletzten bedeutsamen Umstände, wie besondere Tatumstände, Persönlichkeit, Verhältnis, Vorstrafen und Reue des Beschuldigten, Entschuldigungen, Widerruf oder sonstige Wiedergutmachung bzw. die Bereitschaft dazu, darlegen sowie mit der Verunglimpfung oder Beleidigung zusammentreffende, von Amts wegen zu verfolgende Straftaten einbeziehen; soweit nach der Beweislage eine Überführung des Beschuldigten zweifelhaft erscheint, soll hierauf hingewiesen werden. [3]Dem Bericht sind die erforderliche Anzahl von Abschriften für die Ermächtigungs- oder Antragsberechtigten sowie in der Regel die Akten beizufügen. [4]Der Bericht ist auf dem Dienstweg, in dringenden Fällen (z.B. bei bevorstehendem Fristablauf) unmittelbar, dem für Justiz zuständigen Bundesministerium oder der Landesjustizverwaltung unter gleichzeitiger Übersendung von Abschriften an die vorgesetzten Behörden zu erstatten.

(3) Ist die Befugnis zur Bekanntgabe der Verurteilung anzuordnen, gilt Nummer 231 sinngemäß.

(4) Kann bei Verunglimpfungen oder Beleidigungen oberster Staatsorgane selbständig auf Einziehung und Unbrauchbarmachung erkannt werden (Nummer 180), gelten die Absätze 1 bis 3 entsprechend.

210 Verfahren wegen Handlungen gegen ausländische Staaten (§§ 102 und 104 StGB)

(1) Bei Handlungen gegen ausländische Staaten (§§ 102, 104 StGB) soll der Staatsanwalt beschleunigt die im Interesse der Beweissicherung notwendigen Ermittlungen durchführen sowie die Umstände aufklären, die für die Entschließung des verletzten ausländischen Staates, ein Strafverlangen zu stellen, von Bedeutung sein können.

(2) [1]Von dem Ergebnis dieser Ermittlungen ist das für Justiz zuständige Bundesministerium auf dem Dienstweg zu unterrichten. [2]Für die Berichterstattung gilt Nummer 209 Absatz 2 Satz 2 sinngemäß. [3]Dem Bericht sind drei Abschriften für die Bundesregierung.

211 Anhörung und Unterrichtung oberster Staatsorgane sowie oberster Bundes- und Landesbehörden

(1) [1]In den Fällen, in denen ein oberstes Staatsorgan oder eine oberste Behörde des Bundes oder eines Landes die Ermächtigung zur Strafverfolgung nach § 89a Absatz 4, § 89b Absatz 4, § 89c Absatz 4, § 90 Absatz 4, § 90b Absatz 2, § 97 Absatz 3, § 129b Absatz 1 Satz 3, § 194 Absatz 4 StGB erteilt oder Strafantrag wegen Beleidigung gestellt hat, teilt der Staatsanwalt, bevor er das Verfahren nach § 170 Absatz 2 Satz 1 StPO oder nach § 153 Absatz 1, § 153a Absatz 1 StPO einstellt oder einer vom Gericht beabsichtigten Einstellung nach § 153 Absatz 2, § 153a Absatz 2 StPO zustimmt, dem obersten Staatsorgan oder der obersten Behörde unter Beifügung der Akten die Gründe mit, die für die Einstellung des Verfahrens sprechen, und gibt ihm Gelegenheit zur Stellungnahme. [2]Wenn der Staatsanwalt entgegen einer widersprechenden Stellungnahme des obersten Staatsorgans oder der obersten Behörde das Verfahren einstellt oder der Einstellung des Verfahrens durch das Gericht zustimmt, soll er dabei auch die Einwendungen würdigen, die gegen die Einstellung erhoben worden sind.

---

1) **Amtl. Anm.:** Vgl. Fundstellennachweis A zum Bundesrecht.

(2) [1]Wird in den in Absatz 1 Satz 1 bezeichneten Fällen die Eröffnung des Hauptverfahrens abgelehnt, das Verfahren durch das Gericht eingestellt oder der Angeklagte freigesprochen und erscheint ein Rechtsmittel nicht aussichtslos, gibt der Staatsanwalt dem obersten Staatsorgan oder der obersten Behörde Gelegenheit zur Stellungnahme, bevor er von der Einlegung eines Rechtsmittels absieht, auf die Einlegung eines Rechtsmittels verzichtet oder ein Rechtsmittel zurücknimmt. [2]Dies gilt auch, wenn der Staatsanwalt der Auffassung ist, dass die erkannte Strafe in einem Missverhältnis zur Schwere der Tat steht. [3]Bei drohendem Fristablauf wird in der Regel die vorsorgliche Einlegung eines Rechtsmittels geboten sein.

(3) In den in Absatz 1 Satz 1 bezeichneten Fällen gibt der Staatsanwalt dem obersten Staatsorgan oder der obersten Behörde ferner Gelegenheit zur Stellungnahme,

a) bevor er von einem Antrag auf Einziehung und Unbrauchbarmachung im selbständigen Verfahren absieht,
b) bevor er von der Durchführung eines Rechtsmittels gegen eine Entscheidung absieht, durch die das Gericht einem Antrag des Staatsanwalts auf Einziehung und Unbrauchbarmachung im selbständigen Verfahren nicht stattgegeben hat, sofern nicht ein Rechtsmittel aussichtslos erscheint.

(4) [1]Das für Justiz zuständige Bundesministerium, bei Beteiligung eines obersten Staatsorgans oder einer obersten Behörde eines Landes die Landesjustizverwaltung, ist in angemessenen Zeitabständen über den Fortgang des Verfahrens sowie über dessen Ausgang zu unterrichten. [2]Abschriften der Einstellungsverfügungen und der gerichtlichen Sachentscheidungen sind in der erforderlichen Zahl für die beteiligten obersten Staatsorgane oder obersten Behörden beizufügen.

(5) Für die Berichterstattung nach Absatz 1 bis 4 gilt Nummer 209 Absatz 2 Satz 4 sinngemäß; Nummer 5 Absatz 4 findet Anwendung.

212 Verfahren bei weiteren Ermächtigungsdelikten

(1) [1]Wird dem Staatsanwalt eine Straftat nach §§ 353a oder 353b StGB bekannt, holt er unter Mitteilung des bekanntgewordenen Sachverhalts, jedoch in der Regel vor weiteren Ermittlungen, über das für Justiz zuständige Bundesministerium bzw. über die Landesjustizverwaltung die Entscheidung ein, ob die Ermächtigung zur Strafverfolgung erteilt wird. [2]Die Vorschriften der Nummer 209 Absatz 2 Satz 3 und 4, 211 gelten sinngemäß.

(2) [1]Bei Straftaten betreffend die Bildung krimineller oder terroristischer Vereinigungen im Ausland außerhalb der Europäischen Union (§§ 129, 129a in Verbindung mit § 129b StGB) soll der Staatsanwalt beschleunigt die zur Beweissicherung notwendigen Ermittlungen durchführen sowie die Umstände aufklären, die für die Entschließung des für Justiz zuständigen Bundesministeriums, die Ermächtigung zur Strafverfolgung zu erteilen, von Bedeutung sein können. [2]Von dem Ergebnis dieser Ermittlungen ist das für Justiz zuständige Bundesministerium auf dem Dienstweg zu unterrichten. [3]In Eilfällen (zum Beispiel Haftsachen) kann die Unterrichtung unmittelbar unter gleichzeitiger Übersendung von Abschriften an die vorgesetzte Behörde erfolgen. [4]Der Bericht soll die Erkenntnisse zu der Vereinigung, die Gegenstand des Verfahrens ist, zusammenfassend darstellen.

(3) Bei Straftaten nach den §§ 89a, 89b oder 89c StGB gilt Absatz 2 Satz 1 bis 3 sinngemäß.

213 Geheimhaltung

(1) Geheimzuhaltende Tatsachen und Erkenntnisse, insbesondere Staatsgeheimnisse (§ 93 StGB), dürfen in Sachakten nur insoweit schriftlich festgehalten werden, als dies für das Verfahren unerlässlich ist.

(2) [1]Bei der Behandlung von Verschlusssachen sind die Vorschriften der Verschlusssachenanweisung, bei der Behandlung von Verschlusssachen zwischenstaatlichen oder überstaatlichen Ursprungs die für diese geltenden besonderen Geheimschutzvorschriften zu beachten. [2]Das gilt auch bei der Mitteilung von Verschlusssachen an Verteidiger, Sachverständige und sonstige Verfahrensbeteiligte (z.B. Dolmetscher), soweit nicht zwingende Rechtsgrundsätze entgegenstehen.

(3) [1]Auch wenn bei der Mitteilung von Verschlusssachen an Verteidiger, Sachverständige oder sonstige Verfahrensbeteiligte zwingende Rechtsgrundsätze den Vorschriften der Verschlusssachenanweisung oder den besonderen Geheimschutzvorschriften entgegenstehen, sind die Empfänger gleichwohl eindringlich auf ihre Geheimhaltungspflicht (§§ 93 ff., 203, 353b StGB) hinzuweisen; dabei ist ihnen zu empfehlen, bei der Behandlung der Verschlusssachen nach den im Einzelfall einschlägigen Vorschriften zu verfahren, die ihnen zu erläutern sind. [2]Über den Hinweis und die Empfehlungen ist ein Vermerk zu den Akten zu nehmen; dieser soll vom Empfänger unterschrieben werden.

(4) [1]Der Mitteilung von Verschlusssachen an Verteidiger im Sinne der Absätze 2 und 3 steht die Akteneinsicht gleich, wenn sie sich auf Verschlusssachen erstreckt. [2]Bei Akten, die Verschlusssachen des Geheimhaltungsgrades VS-VERTRAULICH, GEHEIM oder STRENG GEHEIM enthalten, ist besonders sorgfältig zu prüfen,

a) ob nicht wichtige Gründe entgegenstehen, Einsicht durch Bereitstellen des Inhalts der Akte zum Abruf oder durch Bereitstellen einer Aktenkopie zur Mitnahme zu gewähren oder dem Verteidiger die Akten zur Einsichtnahme in seine Geschäftsräume oder in seine Wohnung mitzugeben (§ 32f Absatz 1 Satz 4, Absatz 2 Satz 2 und 3 StPO);
b) ob rechtliche Bedenken gegen die Anfertigung von Notizen, Abschriften, Auszügen oder Ablichtungen durch den Verteidiger bestehen.

[3]Dies gilt sinngemäß bei Sachverständigen und sonstigen Verfahrensbeteiligten.

(5) [1]In geeigneten Fällen soll der Staatsanwalt die Verteidiger, Sachverständigen und sonstigen Verfahrensbeteiligten zur Geheimhaltung der ihnen mitgeteilten geheimhaltungsbedürftigen Umstände unter Hinweis auf die Strafbarkeit der Geheimnisverletzung (§ 353b Absatz 2 StGB) förmlich verpflichten. [2]Dabei ist zu beachten, dass eine derartige Verpflichtung zur Geheimhaltung nur auf Grund eines Gesetzes oder mit Einwilligung des Betroffenen möglich ist. [3]Über die Einwilligung des Betroffenen und über die Vornahme der Verpflichtung ist ein Vermerk zu den Akten zu nehmen, der von dem Verpflichteten unterschrieben werden soll.

(6) [1]Ist eine Gefährdung der Staatssicherheit zu besorgen, hat der Staatsanwalt durch entsprechende Anträge auf gerichtliche Maßnahmen nach §§ 172 und 174 Absatz 2 GVG hinzuwirken. [2]Im Übrigen ist Nummer 131 zu beachten.

214 Verlust oder Preisgabe von Verschlusssachen

[1]Bei Ermittlungen, die den Verlust oder die Preisgabe von Verschlusssachen betreffen, ist zu prüfen, ob eine Verpflichtung besteht, ausländische Geheimhaltungsinteressen wahrzunehmen. [2]Hierzu kann es sich empfehlen, eine Anfrage an das für innere Angelegenheiten zuständige Bundesministerium zu richten, das eine Liste der internationalen Geheimschutzvereinbarungen führt.

2. Geld- und Wertzeichenfälschung

215 Internationale Abkommen

[1]Bei der Verfolgung der Geld- und Wertzeichenfälschung (Münzstrafsachen) sind völkerrechtliche Vereinbarungen, insbesondere das Internationale Abkommen vom 20. April 1929 zur Bekämpfung der Falschmünzerei[1)] zu beachten. [2]Auskunft erteilt das für Justiz zuständige Bundesministerium.

216 Zusammenwirken mit anderen Stellen

(1) Bei der Verfolgung von Münzstrafsachen arbeitet der Staatsanwalt insbesondere mit folgenden Stellen zusammen:
a) dem Bundeskriminalamt und den Landeskriminalämtern,
b) der deutschen Bundesbank, Wilhelm-Epstein-Str. 14, 60431 Frankfurt am Main und deren Falschgeldstelle H 31, Hegelstraße 65, 55122 Mainz, als nationales Analysezentrum (NAZ) und nationales Münzanalysezentrum (MAZ), wenn es sich um in- oder ausländische Noten oder Münzen handelt,
c) der Bundesrepublik Deutschland-Finanzagentur GmbH, Olof-Palme-Straße 35, 60439 Frankfurt am Main, wenn es sich um Schuldverschreibungen oder Zins- und Erneuerungsscheine des Deutschen Reiches, der Deutschen Reichspost, des Preußischen Staates, der Bundesrepublik Deutschland, der Deutschen Bundesbahn oder der Deutschen Bundespost handelt.

(2) Bei Münzstrafsachen, die Schuldverschreibungen oder deren Zins- oder Erneuerungsscheine betreffen, soll die Körperschaft (z.B. das Land, die Gemeinde, der Gemeindeverband) beteiligt werden, die echte Schuldverschreibungen dieser Art ausgegeben hat oder in ihnen als Ausgeber genannt ist.

217 Nachrichtensammel – und Auswertungsstelle bei dem Bundeskriminalamt

(1) Bei der Verfolgung von Münzstrafsachen beachtet der Staatsanwalt, dass das Bundeskriminalamt auf diesem Gebiet die Aufgaben einer Zentralstelle wahrnimmt (vgl. Artikel 12, 13 des Internationalen Abkommens zur Bekämpfung der Falschmünzerei) und die folgenden Sammlungen unterhält:
a) Falschgeldtypenlisten,
   in denen alle bekannt gewordenen in- und ausländischen Falschgeldtypen registriert sind unter Angabe der Orte, an denen Falschgeld in Erscheinung getreten ist;
b) eine Geldfälscherkartei,
   die untergliedert ist in
   aa) eine Hersteller- und Verbreiterkartei;
       aus ihr kann Auskunft über die Personen erteilt werden, die als Hersteller oder Verbreiter von Falschgeld in Erscheinung getreten sind;

---

1) **Amtl. Anm.:** Vgl. Fundstellennachweis B zum Bundesgesetzblatt Teil II.

bb) eine Typenherstellerkartei;
aus ihr kann Auskunft erteilt werden über die Hersteller bestimmter Fälschungstypen (bei Münzen) oder Fälschungsklassen (bei Noten).

(2) Auch die Landeskriminalämter unterhalten eine Nachrichtensammelstelle zur Bekämpfung von Geldfälschungen; sie stehen in enger Verbindung mit dem Bundeskriminalamt und erhalten von diesem regelmäßig Bericht mit Angaben über die Anfallmenge, Anfallorte und Verausgabungsstellen, mit Hinweisen auf vermutliche Verbreitungszusammenhänge sowie mit einer Übersicht über die Menge der angehaltenen Fälschungstypen, Fälschungsklassen und die Verbreitungsschwerpunkte.

218 Verbindung mehrerer Verfahren

(1) Mehrere dieselbe Fälschungsklasse betreffende Verfahren, die von derselben Staatsanwaltschaft geführt werden, sind regelmäßig zu verbinden.

(2) [1]Werden gegen mehrere Verbreiter oder gegen Hersteller und Verbreiter durch verschiedene Staatsanwaltschaften Verfahren geführt, wird eine Verbindung nur zweckmäßig sein, wenn zwischen den Beschuldigten unmittelbare Zusammenhänge feststellbar sind. [2]Ist ein Zusammenhang (Ringbildung) erkennbar, ist die Verbindung regelmäßig geboten.

219 Unterrichtung und Ausschluss der Öffentlichkeit

(1) [1]Über Münzstrafsachen unterrichtet der Staatsanwalt die Öffentlichkeit grundsätzlich nur im Einvernehmen mit den in Nummer 216 Absatz 1 Buchstabe a und b genannten Stellen. [2]Dies gilt auch für die Bezeichnung der Fälschungsklasse und die Reihennummern der einzelnen Falschstücke.

(2) In der Anklageschrift sind über die in Absatz 1 bezeichneten Umstände, sowie über die bei Münzstraftaten angewandten Verfahren und die Mittel zur Bekämpfung dieser Straftaten nur die unbedingt notwendigen Angaben zu machen.

(3) [1]In der Hauptverhandlung soll der Staatsanwalt den Ausschluss der Öffentlichkeit sowie die Auferlegung der Schweigepflicht beantragen (§§ 172 Nummer 1, 174 Absatz 3 GVG; vgl. auch Nummer 131 Absatz 2); regelmäßig ist dies für die Erörterung des Herstellungsverfahrens und der anderen in den Absätzen 1 und 2 bezeichneten Umstände geboten. [2]Auch wenn es sich nur um die Verbreitung von Falschgeld handelt, ist dies zweckmäßig.

3. Sexualstraftaten

220 Rücksichtnahme auf Verletzte

(1) [1]Die Anordnung und Durchführung der körperlichen Untersuchung erfordern Behutsamkeit, Einfühlungsvermögen sowie hinreichende Betreuung und Information. [2]Die Durchführung der körperlichen Untersuchung sollte mit Rücksicht auf das Schamgefühl des Verletzten möglichst einer Person gleichen Geschlechts oder einer ärztlichen Kraft (§ 81d StPO) übertragen werden. [3]Bei berechtigtem Interesse soll dem Wunsch, die Untersuchung einer Person oder einem Arzt bestimmten Geschlechts zu übertragen, entsprochen werden. [4]Auf Verlangen der betroffenen Person soll eine Person des Vertrauens zugelassen werden. [5]Auf die beiden vorgenannten Regelungen ist die betroffene Person hinzuweisen.

(2) [1]Lichtbilder von Verletzten, die sie ganz oder teilweise unbekleidet zeigen, sind in einem verschlossenen Umschlag oder gesondert zu den Akten zu nehmen und bei der Gewährung von Akteneinsicht – soweit sie nicht für die verletzte Person selbst erfolgt – vorübergehend aus den Akten zu entfernen. [2]Der Verteidigung ist insoweit Akteneinsicht in den Diensträumen zu gewähren (§ 32f Absatz 1 Satz 2 und 4, Absatz 2 Satz 1 StPO). [3]Der Gewährung von Akteneinsicht durch Bereitstellen des Inhalts der Akte zum Abruf, durch Übermittlung des Inhalts der Akte auf einem sicheren Übermittlungsweg, durch Bereitstellen einer Aktenkopie zur Mitnahme oder durch Mitgabe der Akten an den Verteidiger in seine Geschäftsräume oder in seine Wohnung werden insoweit regelmäßig wichtige Gründe entgegenstehen (§ 32f Absatz 1 Satz 4, Absatz 2 Satz 2 und 3 StPO).

221 Beschleunigung in Verfahren mit kindlichen Verletzten

(1) Das Verfahren ist zu beschleunigen, vor allem deswegen, weil das Erinnerungsvermögen von Kindern rasch verblasst und weil sie besonders leicht zu beeinflussen sind.

(2) [1]Wird ein Beschuldigter, der in häuslicher Gemeinschaft mit dem Geschädigten lebt oder der auf diesen in anderer Weise unmittelbar einwirken kann, freigelassen, ist das Jugendamt unverzüglich zu benachrichtigen, damit die erforderlichen Maßnahmen zum Schutze des Geschädigten ergriffen werden können. [2]Die Benachrichtigung obliegt derjenigen Stelle, welche die Freilassung veranlasst hat.

222 Vernehmung von Kindern, Ausschluss und Beschränkung der Öffentlichkeit

(1) [1]Werden Kinder als Zeugen vernommen, sind die Nummern 19, 19a, 130a Absatz 2 und 135 Absatz 1, 3 und 4 zu beachten. [2]Im Einzelfall kann es sich empfehlen, schon zur ersten Vernehmung einen Sachverständigen beizuziehen, der über besondere Kenntnisse und Erfahrungen auf dem Gebiet der Kinderpsychologie verfügt.

(2) Hat der Beschuldigte ein glaubhaftes Geständnis vor dem Richter abgelegt, ist im Interesse des Kindes zu prüfen, ob dessen Vernehmung noch nötig ist (vgl. Nummer 111 Absatz 4).

(3) Wegen des Ausschlusses oder der Beschränkung der Öffentlichkeit sind Nummer 131a, 132 zu beachten.

222a Anhörung des durch eine Straftat nach den §§ 174 bis 182 StGB Verletzten

(1) [1]Vor der Einleitung verfahrensbeendender Maßnahmen nach den §§ 153 Absatz 1, 153a Absatz 1, 153b Absatz 1 oder 154 Absatz 1 StPO soll dem Verletzten Gelegenheit zur Stellungnahme zu dem beabsichtigten Verfahrensabschluss gegeben werden, in den Fällen des § 154 Absatz 1 StPO jedoch nur, wenn die Einstellung im Hinblick auf andere Taten zum Nachteil Dritter erfolgen soll. [2]Hiervon kann abgesehen werden, wenn der Verletzte bereits bei seiner Vernehmung als Zeuge hierzu befragt worden ist. [3]Widerspricht der Verletzte einer beabsichtigten Maßnahme und wird das Verfahren eingestellt, soll eine Würdigung seiner Einwendungen in den Bescheid über die Einstellung (Nummer 89, 101 Absatz 2) aufgenommen werden.

(2) [1]Dem Verletzten soll auch Gelegenheit gegeben werden, sich durch einen anwaltlichen Beistand bei einer etwaigen Erörterung des Verfahrensstands nach § 160b StPO sowie im Hinblick auf eine etwaige Entscheidung über die Anklageerhebung nach § 24 Absatz 1 Nummer 3 GVG oder § 26 Absatz 2 GVG (vgl. Nummer 113 Absatz 2) zu seiner besonderen Schutzbedürftigkeit zu äußern. [2]In geeigneten Fällen kann auch der Verletzte selbst an der Erörterung des Verfahrensstands beteiligt werden.

4. Verbreitung und Zugänglichmachen gewaltdarstellender, pornographischer und sonstiger jugendgefährdender Inhalte

223 Zentralstellen der Länder

[1]Die Zentralstellen der Länder zur Bekämpfung gewaltdarstellender, pornographischer und sonstiger jugendgefährdender Schriften bzw. Inhalte sorgen dafür, dass Straftaten nach den §§ 131, 184, 184a, 184b, 184c StGB und §§ 15, 27 des Jugendschutzgesetzes (JuSchG), § 23 des Jugendmedienschutz-Staatsvertrages (JMStV) und Ordnungswidrigkeiten nach den § 119 OWiG, § 33 Absatz 2 Nummer 14 des Gesetzes zum Schutz von in der Prostitution tätigen Personen (ProstSchG), § 28 Absatz 1 Nummer 1 bis 4, Nummer 9, Nummer 14 bis 20, Absatz 2, 3 und 4 JuSchG, § 24 JMStV nach einheitlichen Grundsätzen verfolgt werden, und halten insbesondere in den über den Bereich eines Landes hinausgehenden Fällen miteinander Verbindung. [2]Sie beobachten auch die in ihrem Geschäftsbereich erscheinenden oder verbreiteten Zeitschriften und Zeitungen.

224 Mehrere Strafverfahren

(1) Das Bundeskriminalamt gibt Auskunft darüber, ob ein Inhalt (§ 11 Absatz 3 StGB) bereits Gegenstand eines Strafverfahrens nach den §§ 131, 184, 184a, 184b, 184c StGB oder den §§ 15, 27 JuSchG, § 23 JMStV gewesen ist.

(2) Um zu verhindern, dass voneinander abweichende Entscheidungen ergehen, sind folgende Grundsätze zu beachten:

a) Leitet die Staatsanwaltschaft des Verbreitungsortes ein Verfahren wegen einer gewaltdarstellenden, pornographischen oder sonstigen jugendgefährdenden Inhalts ein, unterrichtet sie gleichzeitig die Staatsanwaltschaft des Erscheinungsortes. Diese teilt ihr unverzüglich mit, ob sie ebenfalls ein Verfahren eingeleitet hat oder einzuleiten beabsichtigt, und unterrichtet sie über den Ausgang des Verfahrens.

b) Will die Staatsanwaltschaft des Verbreitungsortes aus besonderen Gründen ihr Verfahren durchführen, bevor das Verfahren am Erscheinungsort abgeschlossen ist, führt sie die Entscheidung der Landesjustizverwaltung (bzw. der Zentralstelle, falls ihr die Entscheidungsbefugnis übertragen ist) herbei.

c) Die Genehmigung der Landesjustizverwaltung (bzw. der Zentralstelle) ist auch dann einzuholen, wenn wegen eines Inhalts eingeschritten werden soll, obwohl ein anderes Verfahren wegen desselben Inhalts bereits deswegen zur Einstellung, zur Ablehnung der Eröffnung des Hauptverfahrens, zu einem Freispruch oder zur Ablehnung der Einziehung geführt hat, weil er nicht als gewaltdarstellend, pornographisch oder sonst jugendgefährdend erachtet worden ist.

(3) Auf Inhalte, bei denen ein inländischer Erscheinungsort nicht bekannt ist, findet Absatz 2a) und b) keine Anwendung.

(4) Bei unkörperlich verbreiteten Inhalten ist

a) der Verbreitungsort der Ort der Wahrnehmbarkeit des Inhalts und

b) der Erscheinungsort der Ort, von dem aus der Inhalt zugänglich gemacht wird.

225 Verwahrung beschlagnahmter Verkörperungen eines Inhaltes

[1]Die beschlagnahmten Stücke sind so zu verwahren, dass ein Missbrauch ausgeschlossen ist; sie dürfen nur der Staatsanwaltschaft und dem Gericht zugänglich sein. [2]Von den verwahrten Verkörperungen eines Inhalts werden höchstens je zwei Stück in einem besonderen Umschlag (zum Gebrauch der Staatsanwaltschaft und des Gerichts) zu den Ermittlungs- oder Strafakten genommen. [3]Wenn diese Stücke nicht benötigt werden, sind sie wie die übrigen amtlich verwahrten Verkörperungen eines Inhalts unter Verschluss zu halten.

226 Veröffentlichung von Entscheidungen

(1) [1]Die Beschlagnahme gewaltdarstellender, pornographischer und sonstiger jugendgefährdender Verkörperungen eines Inhalts ist im Bundeskriminalblatt bekanntzumachen, sofern nicht wegen voraussichtlich geringer oder nur örtlich beschränkter Verbreitung eine Veröffentlichung im Landeskriminalblatt genügt. [2]Beschränkt sich die Beschlagnahme auf die in § 74d Absatz 3 StGB bezeichneten Verkörperungen eines Inhalts, wird hierauf in der Bekanntmachung hingewiesen. [3]Nummer 251 Absatz 2 bis 6 gilt sinngemäß. [4]Wird die Beschlagnahme aufgehoben, ist dies in gleicher Weise bekanntzumachen.

(2) Bei rechtskräftigen Entscheidungen, die auf Einziehung einer Verkörperung eines Inhalts erkennen, ist nach § 81 der Strafvollstreckungsordnung (StVollstrO) zu verfahren.

(3) [1]Rechtskräftige Entscheidungen, in denen das Gericht den gewaltdarstellenden, pornographischen oder sonst jugendgefährdenden Charakter eines Inhalts (§ 11 Absatz 3 StGB) verneint und den Angeklagten freigesprochen oder die Einziehung abgelehnt hat, sind im Bundeskriminalblatt auszugsweise zu veröffentlichen, wenn der Medieninhalt genau genug bezeichnet werden kann. [2]Ist der Medieninhalt nur geringfügig (etwa nur in wenigen Stücken) oder nur in örtlich begrenztem Gebiet verbreitet worden, genügt die Veröffentlichung im Landeskriminalblatt.

227 Unterrichtung des Bundeskriminalamts

[1]Gerichtliche Entscheidungen über den gewaltdarstellenden, pornographischen oder sonst jugendgefährdenden Charakter eines Inhalts (§ 11 Absatz 3 StGB), insbesondere über die Beschlagnahme oder die Einziehung von Verkörperungen eines Inhalts nach den §§ 74d, 76a StGB, teilen die Zentralstellen der Länder dem Bundeskriminalamt auch dann mit, wenn eine Bekanntmachung oder Veröffentlichung im Bundeskriminalblatt nicht verlangt wird oder nicht erfolgt ist. [2]Von der Mitteilung wird abgesehen, sofern die Aufnahme von Medien mit entsprechenden Inhalten in die Liste nach § 18 JuSchG bereits bekanntgemacht ist.

228 Unterrichtung der Bundeszentrale für Kinder- und Jugendmedienschutz

(1) [1]Ist rechtskräftig festgestellt, dass ein Inhalt (§ 11 Absatz 3 StGB) einen in den §§ 86, 130, 130a, 131, 184, 184a, 184b oder 184c StGB bezeichneten Charakter hat, übersenden die Zentralstellen der Länder eine beglaubigte Abschrift dieser Entscheidung der **Bundeszentrale** für Kinder- und Jugendmedienschutz zum Zwecke des § 18 Absatz 5 Jugendschutzgesetz. [2]Die beglaubigte Abschrift soll mit Rechtskraftvermerk versehen sein.

(2) Rechtskräftige Entscheidungen, in denen das Gericht den gewaltdarstellenden, pornographischen oder sonstigen jugendgefährdenden Charakter eines Inhalts (§ 11 Absatz 3 StGB) verneint hat, teilen die Zentralstellen der Länder der Bundeszentrale für Kinder- und Jugendmedienschutz in gleicher Form mit.

5. Beleidigung

229 Erhebung der öffentlichen Klage

(1) [1]Von der Erhebung der öffentlichen Klage soll der Staatsanwalt regelmäßig absehen, wenn eine wesentliche Ehrenkränkung nicht vorliegt, wie es vielfach bei Familienzwistigkeiten, Hausklatsch, Wirtshausstreitigkeiten der Fall ist. [2]Liegt dagegen eine wesentliche Ehrenkränkung oder ein Fall des § 188 StGB vor, wird das öffentliche Interesse meist gegeben sein. [3]Auf Nummer 86 wird verwiesen.

(2) [1]Auch wenn ein Strafantrag nach § 194 Absatz 3 StGB gestellt ist, prüft der Staatsanwalt, ob ein öffentliches Interesse an der Strafverfolgung besteht. [2]Will er es verneinen, gibt er dem Antragsteller vor der abschließenden Verfügung Gelegenheit, sich hierzu zu äußern.

(3) [1]Ist kein Strafantrag nach § 194 Absatz 3 StGB gestellt, folgt daraus allein noch nicht, dass kein öffentliches Interesse an der Strafverfolgung besteht. [2]Will der Staatsanwalt die öffentliche Klage erheben, gibt er dem nach § 194 Absatz 3 StGB Berechtigten Gelegenheit, einen Strafantrag zu stellen. [3]Dies gilt sinngemäß, sofern eine Beleidigung nur mit Ermächtigung der betroffenen politischen Körperschaften (§ 194 Absatz 4 StGB) zu verfolgen ist.

230 Wahrheitsbeweis

Dem Versuch, die Zulassung des Wahrheitsbeweises zur weiteren Verunglimpfung des Beleidigten zu missbrauchen und dadurch den strafrechtlichen Ehrenschutz zu unterlaufen, tritt der Staatsanwalt im Rahmen des § 244 Absatz 2, 3 StPO entgegen.

231 Öffentliche Bekanntgabe der Verurteilung

[1]Ist nach § 200 StGB die Bekanntgabe der Verurteilung anzuordnen, hat der Staatsanwalt darauf hinzuwirken, dass der Name des Beleidigten in die Urteilsformel aufgenommen wird. [2]Ist die öffentliche Bekanntgabe der Verurteilung zu vollziehen (§ 463c StPO), sind die dazu ergangenen Vorschriften der Strafvollstreckungsordnung zu beachten.

232 Beleidigung von Justizangehörigen

(1) Wird ein Justizangehöriger während der Ausübung seines Berufs oder in Beziehung auf ihn beleidigt und stellt die vorgesetzte Dienststelle zur Wahrung des Ansehens der Rechtspflege Strafantrag nach § 194 Absatz 3 StGB, ist regelmäßig auch das öffentliche Interesse an der Strafverfolgung im Sinne des § 376 StPO zu bejahen (vgl. Nummer 229).

(2) [1]Wird in Beschwerden, Gnadengesuchen oder ähnlichen Eingaben an Entscheidungen und anderen Maßnahmen von Justizbehörden oder -angehörigen in beleidigender Form Kritik geübt, ist zu prüfen, ob es sich um ernst zu nehmende Ehrenkränkungen handelt und es zur Wahrung des Ansehens der Rechtspflege geboten ist, einzuschreiten (vgl. Nummer 229 Absatz 1). [2]Offenbar haltlose Vorwürfe unbelehrbarer Querulanten oder allgemeine Unmutsäußerungen von Personen, die sich in ihrem Recht verletzt glauben, werden regelmäßig keine Veranlassung geben, die öffentliche Klage zu erheben, es sei denn, dass wegen falscher Verdächtigung vorzugehen ist.

(3) Für ehrenamtliche Richter gelten die Absätze 1 und 2 entsprechend.

6. Körperverletzung

233 Erhebung der öffentlichen Klage

[1]Das öffentliche Interesse an der Verfolgung von Körperverletzungen ist vor allem dann zu bejahen, wenn eine rohe Tat, eine erhebliche Misshandlung oder eine erhebliche Verletzung vorliegt (vgl. Nummer 86). [2]Dies gilt auch, wenn die Körperverletzung in einer engen Lebensgemeinschaft begangen wurde; Nummer 235 Absatz 3 gilt entsprechend.

234 Besonderes öffentliches Interesse an der Strafverfolgung (§ 230 Absatz 1 StGB)

(1) [1]Ein besonderes öffentliches Interesse an der Verfolgung von Körperverletzungen (§ 230 Absatz 1 Satz 1 StGB) wird namentlich dann anzunehmen sein, wenn der Beschuldigte einschlägig vorbestraft ist, roh oder besonders leichtfertig oder aus rassistischen, fremdenfeindlichen, antisemitischen oder sonstigen menschenverachtenden Beweggründen gehandelt hat, durch die Tat eine erhebliche Verletzung verursacht wurde oder dem Verletzten wegen seiner persönlichen Beziehung zum Beschuldigten nicht zugemutet werden kann, Strafantrag zu stellen, und die Strafverfolgung ein gegenwärtiges Anliegen der Allgemeinheit ist. [2]Nummer 235 Absatz 3 gilt entsprechend. [3]Andererseits kann auch der Umstand beachtlich sein, dass der Verletzte auf Bestrafung keinen Wert legt.

(2) Ergibt sich in einem Verfahren wegen einer von Amts wegen zu verfolgenden Tat nach Anklageerhebung, dass möglicherweise nur eine Verurteilung wegen Körperverletzung (§ 230 Absatz 1 StGB) in Betracht kommt oder dass eine derartige Verurteilung nach dem Ergebnis der Beweisaufnahme zusätzlich dringend geboten erscheint, erklärt die Staatsanwaltschaft, ob sie ein Einschreiten von Amts wegen für geboten hält.

(3) Bei im Straßenverkehr begangenen Körperverletzungen ist Nummer 243 Absatz 3 zu beachten.

235 Kindesmisshandlung

(1) [1]Auch namenlosen und vertraulichen Hinweisen geht der Staatsanwalt grundsätzlich nach; bei der Beweissicherung beachtet er insbesondere § 81c Absatz 3 Satz 3 StPO. [2]Im Übrigen gelten die Nummern 220, 221, 222 Absatz 1 und 2 sinngemäß.

(2) [1]Bei einer Kindesmisshandlung ist das besondere öffentliche Interesse an der Strafverfolgung (§ 230 Absatz 1 Satz 1 StGB) grundsätzlich zu bejahen. [2]Eine Verweisung auf den Privatklageweg gemäß § 374 StPO ist in der Regel nicht angezeigt.
(3) Sind sozialpädagogische, familientherapeutische oder andere unterstützende Maßnahmen eingeleitet worden und erscheinen diese erfolgversprechend, kann ein öffentliches Interesse an der Strafverfolgung entfallen.

7. Betrug

236 Schwindelunternehmen, Vermittlungsschwindel

(1) [1]Bei der Bekämpfung von Schwindelunternehmen kann es zweckmäßig sein, mit dem Deutschen Schutzverband gegen Wirtschaftskriminalität e.V. Frankfurt am Main, Landgrafenstraße 24b, 61348 Bad Homburg v.d.H., in Verbindung zu treten. [2]Auf Grund seiner umfangreichen Stoffsammlungen kann er Auskünfte erteilen und Sachverständige benennen.
(2) Der Immobilienverband Deutschland (IVD) Bundesverband der Immobilienberater, Makler, Verwalter und Sachverständigen e.V., Littenstraße 10, 10179 Berlin, und der Deutsche Schutzverband gegen Wirtschaftskriminalität e.V. Frankfurt am Main, Landgrafenstraße 24b, 61348 Bad Homburg v.d.H., haben sich bereit erklärt, zur Bekämpfung der Wirtschaftskriminalität Material zur Verfügung zu stellen und Auskünfte zu erteilen.
(3) [1]Verstöße gegen vom Bundeskartellamt nach §§ 24 bis 27 GWB anerkannte Wettbewerbsregeln können nach den Vorschriften des UWG mit Strafe oder nach § 81 GWB als Ordnungswidrigkeiten mit Geldbuße bedroht sein. [2]Dies ist insbesondere von Bedeutung, wenn in Ermittlungsverfahren gegen Makler ein Betrug nicht nachweisbar ist. [3]Ferner ist die Verordnung über die Pflichten der Makler, Darlehensvermittler, Bauträger und Baubetreuer (Makler- und Bauträgerverordnung – MaBV)[1)] zu beachten.

237 Abzahlungsgeschäfte

(1) Bei Strafanzeigen, die Abzahlungsgeschäfte zum Gegenstand haben, berücksichtigt der Staatsanwalt die Erfahrung, dass Abzahlungskäufer nicht selten leichtfertig des Betruges verdächtigt werden, um zivilrechtliche Ansprüche des Anzeigeerstatters unter dem Druck eines Strafverfahrens durchzusetzen.
(2) In den Fällen, in denen beim Abschluss von Abzahlungsgeschäften Unerfahrenheit, Ungewandtheit und Leichtgläubigkeit der Käufer ausgenutzt worden sind, prüft der Staatsanwalt, ob insoweit eine Straftat vorliegt.

238 Betrügerische Bankgeschäfte

[1]Besteht gegen Geschäftsleiter von Kreditinstituten der Verdacht einer Straftat, setzt sich der Staatsanwalt in der Regel möglichst frühzeitig mit der Aufsichtsbehörde in Verbindung. [2]Nach dem Gesetz über das Kreditwesen[1)] besteht eine allgemeine Fachaufsicht über sämtliche Kreditinstitute, die die Bundesanstalt für Finanzdienstleistungsaufsicht (Graurheindorfer Straße 108, 53117 Bonn) ausübt. [3]Die Sonderaufsicht (Staatsaufsicht) bestimmt sich nach Landes- oder Bundesrecht (§ 52 Kreditwesengesetz).

8. Mietwucher

239 (weggefallen)

9. Glücksspiel und Ausspielung

240 Glücksspiel

[1]Gutachten darüber, ob es sich bei der Benutzung von mechanisch betriebenen Spielgeräten um ein Glücksspiel oder ein Geschicklichkeitsspiel handelt, erstattet die Physikalisch-Technische Bundesanstalt, Abbestraße 2-12, 10587 Berlin. [2]Gutachten über den Spielcharakter nichtmechanischer Spiele (Glücks- oder Geschicklichkeitsspiele) werden vom Bundeskriminalamt erstellt.

241 Öffentliche Lotterien und Ausspielungen

[1]Gewerbliche Unternehmen versuchen oft, in unlauterer Weise ihren Kundenkreis dadurch zu erweitern, dass sie unter dem Deckmantel eines Preisrätsels oder in ähnlicher Art (z.B. durch Benutzung des sogenannten Schneeball- oder Hydrasystems) öffentliche Lotterien oder Ausspielungen veranstalten. [2]Anlass

1) **Amtl. Anm.:** Vgl. Fundstellennachweis A zum Bundesrecht.

zum Einschreiten besteht regelmäßig schon dann, wenn in öffentlichen Ankündigungen ein Hinweis auf die behördliche Genehmigung der Lotterie oder Ausspielung fehlt.

10. Straftaten gegen den Wettbewerb

242 [Straftaten gegen den Wettbewerb]

(1) [1]Bei der Verfolgung von wettbewerbsbeschränkenden Absprachen bei Ausschreibungen (§ 298 StGB) ist, wenn auch der Verdacht einer Kartellordnungswidrigkeit besteht, frühestmöglich eine Zusammenarbeit von Staatsanwaltschaft und Kartellbehörde sicherzustellen. [2]Durch die vertrauensvolle gegenseitige Abstimmung können unnötige Doppelarbeiten dieser Behörden vermieden und die Gefahr sich widersprechender Entscheidungen vermindert werden.

(2) Hat die Kartellbehörde in den Fällen des § 82 Satz 1 des Gesetzes gegen Wettbewerbsbeschränkungen (GWB) ein § 30 OWiG betreffendes Verfahren nicht nach § 82 Satz 2 GWB an die Staatsanwaltschaft abgegeben, ist grundsätzlich eine gegenseitige Unterrichtung über geplante Ermittlungsschritte mit Außenwirkung sowie eine Abstimmung der zu treffenden oder zu beantragenden Rechtsfolgen angezeigt.

(3) Bei Zweifeln, ob die Landeskartellbehörde oder das Bundeskartellamt zuständig ist, ist regelmäßig mit der Landeskartellbehörde Kontakt aufzunehmen.

242a Besonderes öffentliches Interesse an der Strafverfolgung (§ 301 Absatz 1, §§ 299, 300 StGB)

(1) Ein besonderes öffentliches Interesse an der Strafverfolgung wegen Bestechung und Bestechlichkeit im geschäftlichen Verkehr (§ 299 StGB) wird insbesondere dann anzunehmen sein, wenn

- der Beschuldigte einschlägig (vermögensstrafrechtlich, insbesondere wirtschaftsstrafrechtlich) vorbestraft ist,
- der Beschuldigte im Zusammenwirken mit Amtsträgern gehandelt hat,
- mehrere geschäftliche Betriebe betroffen sind,
- der Betrieb mehrheitlich im Eigentum der öffentlichen Hand steht und öffentliche Aufgaben wahrnimmt,
- ein erheblicher Schaden droht oder eingetreten ist oder
- zureichende Anhaltspunkte dafür bestehen, dass ein Antragsberechtigter aus Furcht vor wirtschaftlichen oder beruflichen Nachteilen einen Strafantrag nicht stellt.

(2) Kommt ein besonders schwerer Fall (§ 300 StGB) in Betracht, kann das besondere öffentliche Interesse an der Strafverfolgung nur ausnahmsweise verneint werden.

10a. Bestechung ausländischer und internationaler Bediensteter nach §§ 334, 335a StGB

242b Einstellung nach § 153a StPO

(1) [1]Bei einer Einstellung eines Verfahrens nach § 153a StPO wegen Bestechung ausländischer und internationaler Bediensteter berücksichtigt der Staatsanwalt nach pflichtgemäßem Ermessen auch, ob, in welchem Umfang und in welchem Verfahrensstadium der Beschuldigte zur Aufklärung der Tat beigetragen hat. [2]Weiter sind die Höhe des dem ausländischen bzw. internationalen Bediensteten gewährten Vorteils und die Bedeutung der als Gegenleistung angestrebten Diensthandlung bei der Einstellungsentscheidung zu berücksichtigen.

(2) [1]Die Staatsanwaltschaft prüft nach pflichtgemäßem Ermessen, ob und gegebenenfalls in welchem Umfang eine Unterrichtung der Öffentlichkeit in den Fällen des Absatz 1 in Betracht kommt. [2]Dabei berücksichtigt sie die Empfehlung der OECD Arbeitsgruppe für Bestechungsfragen im internationalen Geschäftsverkehr (Working Group on Bribery in International Business Transactions) vom 14. Juni 2018 (https://www.oecd.org/corruption/anti-bribery/Germany-Phase-4-Report-GER.pdf), durch geeignete Mittel sicherzustellen, dass gewisse Elemente aus den Verfahren gemäß § 153a StPO, wie die Rechtsgrundlage für die Wahl dieses Verfahrens, die zugrundeliegenden Fakten, die von der Einstellung betroffenen natürlichen Personen (wenn erforderlich in anonymisierter Form) sowie die vorgesehenen Auflagen und Weisungen, soweit dies angemessen und nach deutschem Datenschutz- und Verfassungsrecht sowie unter Beachtung des Steuergeheimnisses (§ 30 der Abgabenordnung (AO)) möglich ist, veröffentlicht werden.

11. Straßenverkehr

243 Verkehrsstraftaten, Körperverletzungen im Straßenverkehr

(1) [1]In Verkehrsstrafsachen wird der Staatsanwalt, wenn nötig (vgl. Nummer 3), die Ermittlungen selbst führen, den Tatort besichtigen, die Spuren sichern lassen und frühzeitig – in der Regel schon bei der Tatortbesichtigung – einen geeigneten Sachverständigen zuziehen, falls dies zur Begutachtung technischer Fragen notwendig ist. [2]Neben einer Auskunft aus dem Zentralregister soll auch eine Auskunft aus dem Fahreignungsregister eingeholt werden.

(2) Besteht der Verdacht, dass der Beschuldigte unter Alkoholeinwirkung gehandelt hat, ist für eine unverzügliche Blutentnahme zur Bestimmung des Blutalkoholgehalts zu sorgen.

(3) [1]Ein Grundsatz, dass bei einer im Straßenverkehr begangenen Körperverletzung das besondere öffentliche Interesse an der Strafverfolgung (§ 230 Absatz 1 Satz 1 StGB) stets oder in der Regel zu bejahen ist, besteht nicht. [2]Bei der im Einzelfall zu treffenden Ermessensentscheidung sind das Maß der Pflichtwidrigkeit, insbesondere der vorangegangene Genuss von Alkohol oder anderer berauschender Mittel, die Tatfolgen für den Verletzten und den Beschuldigten, einschlägige Vorbelastungen des Beschuldigten sowie ein Mitverschulden des Verletzten von besonderem Gewicht.

244 Internationale Abkommen

[1]Hinsichtlich des Rechtshilfeverkehrs mit dem Ausland wird auf die völkerrechtlichen Vereinbarungen, insbesondere das Übereinkommen vom 8.11.1968 über den Straßenverkehr[1)], ergänzt durch das Europäische Zusatzübereinkommen vom 1.5.1971[1)] sowie gegebenenfalls das Internationale Abkommen vom 24. April 1926 über Kraftfahrzeugverkehr[1)]sowie auf die Rechtsakte des Unionsrechts, insbesondere die Richtlinie 2006/126/EG des Europäischen Parlaments und des Rates vom 20. Dezember 2006 über den Führerschein, hingewiesen. [2]Zu grundsätzlichen Fragen der internationalen Rechtshilfe in Strafsachen erteilt das Bundesamt für Justiz Auskunft.

12. Bahnverkehr, Schifffahrt und Luftfahrt

245 Transportgefährdung

(1) Bei dem Verdacht einer strafbaren Transportgefährdung, die wegen ihrer Folgen oder aus anderen Gründen in der Öffentlichkeit Aufsehen erregen kann, führt der Staatsanwalt, wenn nötig, die Ermittlungen selbst und besichtigt den Tatort (vgl. Nummer 3).

(2) [1]Für die Frage, ob Leib oder Leben eines anderen oder fremde Sachen von bedeutendem Wert im Sinne der §§ 315, 315a StGB gefährdet worden sind, ist die Art des Verkehrsmittels von Bedeutung. [2]Der Staatsanwalt wird daher in Verbindung treten bei Beeinträchtigung der Sicherheit

a) des Betriebs der Eisenbahnen des Bundes:
   mit der örtlichen Außenstelle des Eisenbahnbundesamtes;
b) des Betriebs anderer Schienenbahnen oder von Schwebebahnen:
   mit der zuständigen Aufsichtsbehörde;
c) des Betriebs der Schifffahrt:
   mit der zuständigen Wasser- und Schifffahrtsdirektion;
d) des Luftverkehrs:
   mit der obersten Landesverkehrsbehörde.

(3) Im Betrieb der Eisenbahn wird eine Gefahr für Leib oder Leben eines anderen oder für fremde Sachen von bedeutendem Wert in der Regel dann bestehen, wenn der Triebfahrzeugführer bei Erkennen des Fahrthindernisses oder einer anderen Beeinträchtigung der Sicherheit des Betriebs pflichtgemäß die Schnellbremsung einzuleiten hätte.

(4) [1]Wegen der Eigenart der in Absatz 2 genannten Verkehrsmittel können schon geringfügige Versehen Betriebsbeeinträchtigungen verursachen, die den Tatbestand des § 315 Absatz 5, 6 StGB erfüllen. [2]Ist in solchen Fällen die Schuld des Beschuldigten gering, wird der Staatsanwalt prüfen, ob §§ 153 Absatz 1, 153a Absatz 1 StPO (vgl. Nummer 93 Absatz 1) anzuwenden sind.

246 Unfälle beim Betrieb von Eisenbahnen

(1) Zur Aufklärung eines Unfalls beim Betrieb von Eisenbahnen, der wegen seiner Folgen oder aus anderen Gründen in der Öffentlichkeit Aufsehen erregen kann, setzt sich der Staatsanwalt sofort mit der zuständigen Polizeidienststelle und gegebenenfalls der zuständigen Aufsichtsbehörde der Eisenbahn in Verbindung und begibt sich in der Regel selbst unverzüglich an den Unfallort, um die Ermittlungen zu leiten (vgl. Nummer 3 und 11).

---

1) **Amtl. Anm.:** Vgl. Fundstellennachweis B zum Bundesgesetzblatt Teil II.

(2) [1]Soweit im weiteren Verfahren Sachverständige benötigt werden, sind in der Regel fachkundige Angehörige der zuständigen Aufsichtsbehörde heranzuziehen. [2]Wenn andere Sachverständige beauftragt werden, ist auch der Aufsichtsbehörde Gelegenheit zur gutachtlichen Äußerung zu geben.

247 Schifffahrts- und Luftverkehrssachen

(1) In Strafverfahren wegen Gefährdung des Schiffsverkehrs (§ 315a Absatz 1 Nummer 2 StGB) und bei der Untersuchung von Schiffsunfällen können namentlich folgende Vorschriften zur Sicherung des Schiffsverkehrs von Bedeutung sein:

a) im Bereich des Seeschiffsverkehrs
das Seeaufgabengesetz (SeeAufgG)[1)] und die hierauf beruhenden Rechtsverordnungen, insbesondere die Verordnung zu den Internationalen Regelungen von 1972 zur Verhütung von Zusammenstößen auf See[1)],
die Seeschiffahrtsstraßen-Ordnung (SeeSchStrO)[1)],
die Verordnung über die Sicherung der Seefahrt[1)],
die Schiffssicherheitsverordnung (SchSV)[1)],
die Verordnung über die Beförderung gefährlicher Güter mit Seeschiffen (GGV See)[1)],
die Internationalen Übereinkommen zum Schutze des menschlichen Lebens auf See (SOLAS 74)[2)] und zum Schutze der Umwelt (MARPOL)[2)],

b) im Bereich des Binnenschiffsverkehrs
das Binnenschifffahrtsaufgabengesetz (BinSchAufgG)[1)] und die hierauf beruhenden folgenden Verordnungen:
die Binnenschiffs-Untersuchungsordnung (BinSchUO)[1)],
die Rheinschifffahrtspolizeiverordnung[1)],
die Moselschifffahrtspolizeiverordnung[1)],
die Binnenschifffahrtsstraßen-Ordnung[1)] nebst ihren Einführungsverordnungen,
die Donauschifffahrtspolizeiverordnung[1)] nebst ihrer Anlage A,
die Binnenschifferpatentverordnung[1)],
die Gefahrgutverordnung Straße, Eisenbahn und Binnenschifffahrt (GGVSEB)[1)].

(2) [1]In solchen Verfahren empfiehlt es sich in der Regel, die Wasser- und Schifffahrtsdirektionen zu hören. [2]Bei Verstößen gegen Sicherheitsvorschriften sind im Bereich des Seeschiffsverkehrs die Berufsgenossenschaft Verkehrswirtschaft Post-Logistik Telekommunikation (BG Verkehr) und gegebenenfalls das Bundesamt für Seeschifffahrt und Hydrographie in Hamburg und im Bereich des Binnenschiffsverkehrs die Berufsgenossenschaft für Transport und Verkehrswirtschaft zu beteiligen.

(3) [1]Verstöße gegen die in Absatz 1 Buchstabe a) genannten Seeverkehrsvorschriften sind überwiegend auch Seeunfälle im Sinne des Seesicherheits-Untersuchungs-Gesetzes (SUG)[1)], die von den Seeämtern Rostock, Kiel, Hamburg, Bremerhaven und Emden förmlich untersucht werden. [2]Die Seeämter sind zu beteiligen.

(4) In Strafverfahren wegen Zuwiderhandlungen gegen luftrechtliche Vorschriften, die der Abwehr von Gefahren für den Luftverkehr dienen (§§ 59, 60, 62 Luftverkehrsgesetz)[1)] und bei der Untersuchung von Luftfahrzeugunfällen sind die obersten Verkehrsbehörden der Länder, die Bundesstelle für Flugunfalluntersuchung (BFU, Hermann-Blenk-Straße 16, 38108 Braunschweig, Telefon 0531/35480) oder das für Verkehr zuständige Bundesministerium zu beteiligen.

13. Förderung der Prostitution, Menschenhandel und Zuhälterei

248 [Förderung der Prostitution, Menschenhandel und Zuhälterei]

(1) Es empfiehlt sich, nach der ersten Aussage einer Prostituierten, über den Anwendungsbereich des § 58a Absatz 1 Satz 2 Nummer 2, Satz 3 StPO hinaus, unverzüglich, möglichst im Anschluss an die polizeiliche Vernehmung, eine richterliche Vernehmung herbeizuführen, da Prostituierte erfahrungsgemäß nicht selten ihre Aussage gegen den Zuhälter in der Hauptverhandlung nicht aufrechterhalten oder zu diesem Zeitpunkt nicht mehr erreichbar sind.

(2) Ist zu befürchten, dass ein Zeuge wegen der Anwesenheit bestimmter Personen in der Hauptverhandlung die Wahrheit nicht sagen werde, wirkt der Staatsanwalt auf gerichtliche Maßnahmen nach § 172 GVG oder §§ 247, 247a StPO hin.

(3) [1]Ist in einem Strafverfahren die Ladung einer von der Tat betroffenen ausländischen Person als Zeuge zur Hauptverhandlung erforderlich und liegt deren Einverständnis für einen weiteren befristeten Aufent-

1) **Amtl. Anm.:** Vgl. Fundstellennachweis A zum Bundesrecht.
2) **Amtl. Anm.:** Vgl. Fundstellennachweis B zum Bundesgesetzblatt Teil II.

halt in der Bundesrepublik Deutschland vor, informiert der Staatsanwalt die zuständige Ausländerbehörde mit dem Ziel, aufenthaltsbeendende Maßnahmen für die Dauer des Strafverfahrens zurückzustellen. [2]Wird die ausländische Person nicht mehr als Zeuge für das Strafverfahren benötigt, setzt der Staatsanwalt die Ausländerbehörde hiervon umgehend in Kenntnis.

14. Pressestrafsachen

249 Allgemeines

(1) Pressestrafsachen im Sinne dieses Abschnitts sind Strafsachen, die Verstöße gegen die Pressegesetze der Länder oder solche Straftaten zum Gegenstand haben, die durch Verbreitung von Druckschriften (Druckwerken) begangen werden.
(2) Ist eine Straftat nach §§ 80a bis 101a, 129 bis 131 StGB, § 20 Absatz 1 Satz 1 Nummer 1 bis 4 des Vereinsgesetzes oder nach § 95 Absatz 1 Nummer 8 des Aufenthaltsgesetzes (Nummer 208 Absatz 1 Satz 1), eine Verunglimpfung oder eine Beleidigung oberster Staatsorgane (Nummer 209 Absatz 1 Satz 1) oder eine Beleidigung fremder Staatspersonen (Nummer 210 Absatz 1) mittels einer Druckschrift begangen worden, gelten die Nummern 202 bis 214.
(3) Auf Straftaten nach §§ 131, 184, 184a, 184b, 184c StGB und §§ 15, 27 JuSchG, § 23 JMStV finden die Nummern 223 bis 228 Anwendung.
(4) Die Vorschriften dieses Abschnitts finden auf die in den Absätzen 2 und 3 bezeichneten Straftaten nur Anwendung, soweit es besonders bestimmt ist.
(5) [1]Durch rasches Handeln ist zu verhindern, dass Druckschriften strafbaren Inhalts weitere Verbreitung finden; dies gilt vor allem, wenn Flugblätter, Handzettel, verbotene Zeitungen und Zeitschriften heimlich verbreitet werden. [2]Beschleunigung ist auch wegen der kurzen Verjährungsfristen von Pressestrafsachen geboten.
(6) Die Akten sind als Pressestrafsache kenntlich zu machen und mit einem Hinweis auf die kurze Verjährungsfrist zu versehen.

250 Einheitliche Bearbeitung verschiedener, dieselbe Druckschrift betreffende Verfahren

(1) [1]Strafsachen, welche dieselbe Veröffentlichung betreffen, sind möglichst einheitlich zu bearbeiten. [2]Leitet der Staatsanwalt wegen einer Veröffentlichung in einer Druckschrift, die nicht in seinem Bezirk erschienen ist, ein Verfahren ein, hat er dies dem Staatsanwalt des Erscheinungsortes unverzüglich mitzuteilen (vgl. § 7 StPO). [3]Dieser prüft, ob ein Verfahren einzuleiten oder das bei der anderen Staatsanwaltschaft anhängige Verfahren zu übernehmen ist.
(2) Werden die Verfahren getrennt geführt, unterrichten sich die beteiligten Staatsanwälte gegenseitig.
(3) Die Absätze 1 und 2 gelten sinngemäß, wenn die Veröffentlichung im Wesentlichen ein Abdruck aus einer anderen Veröffentlichung oder mit einer anderen Veröffentlichung im Wesentlichen inhaltsgleich ist.

250a Anordnung einer Beschlagnahme

[1]Zuständig für die Anordnung der Beschlagnahme einer periodisch erscheinenden Verkörperung eines Inhalts oder einer zu deren Herstellung gebrauchten oder bestimmten Vorrichtung im Sinne des § 74d StGB ist allein das Gericht. [2]Die Beschlagnahme einer Verkörperung eines anderen Inhalts, anderer Verkörperungen eines Inhalts oder einer zu deren Herstellung gebrauchten oder bestimmten Vorrichtung darf bei Gefahr im Verzug auch die Staatsanwaltschaft anordnen, die sodann binnen drei Tagen die gerichtliche Bestätigung einholt (§ 111q Absatz 4 Satz 1 bis 3 StPO).

251 Vollstreckung einer Beschlagnahmeanordnung

(1) Maßnahmen zur Vollstreckung einer Beschlagnahmeanordnung sind der Bedeutung des Falles sowie dem Umfang und der Art der Verbreitung der Druckschrift anzupassen.
(2) Ist die Druckschrift offenbar noch nicht verbreitet, wird es in der Regel genügen, wenn sich der Staatsanwalt in den Besitz der erreichbaren Stücke setzt.
(3) Ist eine nur örtliche Verbreitung der Druckschrift anzunehmen, ist lediglich die Polizeidienststelle, in deren Bereich die Verbreitung vermutlich stattgefunden hat oder stattfinden könnte, und, wenn die Verbreitung über einen örtlichen Polizeibezirk hinausgeht, auch das zuständige Landeskriminalamt zu ersuchen, die Vollstreckung der Beschlagnahme zu veranlassen.
(4) Ist es unmöglich oder unangebracht, die Durchführung der Beschlagnahme örtlich zu beschränken, empfiehlt es sich, das Ersuchen um Vollstreckung der Beschlagnahmeanordnung den Polizeidienststellen durch den Sprech- und Datenfunk der Polizei bekanntzumachen.

(5) [1]Die Ersuchen sind auf schnellstem Wege zu übermitteln. [2]Es ist dafür zu sorgen, dass die Beschlagnahmeanordnung nicht vorzeitig bekannt wird. [3]Mitunter wird es nötig sein, Vollstreckungsersuchen an die Polizeidienststellen in verschlüsselter (chiffrierter) Form weiterzugeben.

(6) In dem Ersuchen sind die ersuchende Behörde, die zugrunde liegende Anordnung (nach Aktenzeichen, anordnender Stelle, Ort und Datum der Anordnung) und der genaue Titel der Druckschrift (mit Verlag und Erscheinungsort) anzugeben.

252 Aufhebung der Beschlagnahme

Wird die Beschlagnahme aufgehoben, sind davon unverzüglich alle Behörden und Stellen, die um die Vollstreckung ersucht worden sind, auf demselben Wege unter Rücknahme des Vollstreckungsersuchens zu benachrichtigen.

253 Einziehung, Unbrauchbarmachung und Ablieferung

[1]Die Staatsanwaltschaft hat bei Veröffentlichungen strafbaren Inhalts durch geeignete Anträge, notfalls durch Einlegung der zulässigen Rechtsmittel, darauf hinzuwirken, dass auf Einziehung und Unbrauchbarmachung (§§ 74d, 75 StGB) erkannt wird. [2]Kann wegen der Straftat aus tatsächlichen oder rechtlichen Gründen keine bestimmte Person verfolgt oder verurteilt werden, ist zu prüfen, ob die Anordnung der Selbständigen Einziehung gemäß §§ 435 ff. StPO zu beantragen ist.

254 Sachverständige in Presseangelegenheiten

Soweit Sachverständige in Presseangelegenheiten benötigt werden, wendet sich der Staatsanwalt oder das Gericht

a) für grundsätzliche Fragen an den Deutschen Presserat, Fritschestraße 27/28, 10585 Berlin;
b) für journalistische Fragen an den Deutschen Journalisten-Verband, Geschäftsstelle Berlin, Torstraße 49, 10119 Berlin;
c) für das Zeitungswesen an den Bundesverband Deutscher Zeitungsverleger, Markgrafenstr. 15, 10969 Berlin;
d) für das Zeitschriftenwesen an den Verband Deutscher Zeitschriftenverleger e.V., Markgrafenstr. 15, 10969 Berlin;
e) für das Buchverlagswesen an den Börsenverein des Deutschen Buchhandels e.V., Braubachstr. 16, 60311 Frankfurt am Main.

2. Abschnitt
Strafvorschriften des Nebenstrafrechts

A. Allgemeines

255 Strafvorschriften des Nebenstrafrechts – Allgemeines

(1) [1]Auch die Straftaten des Nebenstrafrechts sind Zuwiderhandlungen, die ein sozialethisches Unwerturteil verdienen; sie sind deshalb nach den gleichen Grundsätzen und mit dem gleichen Nachdruck zu verfolgen wie Zuwiderhandlungen gegen Vorschriften des Strafgesetzbuchs. [2]Dies gilt auch für die Anwendung der §§ 153, 153a StPO. [3]Maßnahmen zur Abschöpfung des durch die Tat erlangten wirtschaftlichen Vorteils einer juristischen Person oder Personenvereinigung nach Nummer 180a können auch bei Straftaten des Nebenstrafrechts in Betracht kommen. [4]Den zuständigen Fachbehörden soll nach Nummer 90 Gelegenheit zur Äußerung gegeben werden.

(2) Maßnahmen zur Einziehung des durch die Tat erlangten wirtschaftlichen Vorteils einer juristischen Person oder Personenvereinigung nach Nummer 180a können auch bei Straftaten des Nebenstrafrechts in Betracht kommen.

(3) [1]Bei der Verfolgung von Straftaten des Nebenstrafrechts arbeitet der Staatsanwalt mit den zuständigen Fachbehörden zusammen. [2]Die Fachbehörden können vor allem bei der Benennung geeigneter Sachverständiger Hilfe leisten.

B. Einzelne Strafvorschriften

1. Waffen- und Sprengstoffsachen

256 [Waffen- und Sprengstoffsachen]

(1) Bei der Verfolgung von Straftaten nach dem Waffengesetz oder dem Ausführungsgesetz zu Artikel 26 Absatz 2 GG (Gesetz über die Kontrolle von Kriegswaffen) einschließlich der auf Grund dieser Gesetze

erlassenen Rechtsverordnungen empfiehlt es sich, auch die hierzu ergangenen Verwaltungsvorschriften, namentlich die allgemeine Verwaltungsvorschrift zum Waffengesetz (WaffVwV), heranzuziehen.

(2) [1]Ein besonderes Augenmerk ist auf die Erkennung überörtlicher Zusammenhänge zu richten. [2]In geeigneten Fällen ist mit der Zollbehörde zusammenzuarbeiten. [3]Es empfiehlt sich, möglichst frühzeitig Strafregisterauszüge aus den Staaten, in denen sich der Beschuldigte vermutlich aufgehalten hat, anzufordern.

(3) Bevor der Staatsanwalt Schusswaffen, insbesondere auch nachträglich veränderte (z.B. durchbohrte oder verkürzte) Schreckschuss-, Reizstoff- und Signalwaffen in amtliche Verwahrung nimmt, prüft er, ob der Schusswaffenerkennungsdienst durchgeführt ist.

(4) Der Staatsanwalt teilt der Polizei oder der Verwaltungsbehörde unverzüglich alle Umstände mit, aus denen sich der Verdacht ergibt, dass

a) vorschriftswidrig mit Sprengstoffen umgegangen oder gehandelt wurde, oder diese Stoffe vorschriftswidrig befördert worden sind,

b) vorschriftswidrig Schusswaffen hergestellt, gehandelt oder erworben worden sind.

2. Straftaten nach dem Arzneimittel-, dem Betäubungsmittel-, dem Neue-psychoaktive-Stoffe- und dem Anti-Doping-Gesetz

257 [Straftaten nach AMG, BtMG, NpSG und AntiDopG]

(1) Bei Straftaten nach dem Arzneimittel- dem Betäubungsmittel-, dem Neue-psychoaktive-Stoffe- und dem Anti-Doping-Gesetz gilt Nummer 256 Absatz 2 entsprechend.

(2) Der Staatsanwalt arbeitet auch mit den Stellen zusammen, die sich um die Betreuung von Suchtkranken bemühen, namentlich mit den Gesundheitsämtern, Jugendämtern und Verbänden der öffentlichen und freien Wohlfahrtspflege.

257a Dopingstraftaten

In Ermittlungsverfahren, die Straftaten nach § 4 AntiDopG zum Gegenstand haben und einen Bezug zu Leistungssportlern bzw. deren Ärzten, Trainern, Betreuern oder Funktionären aufweisen, kann es zweckmäßig sein, mit der Nationalen Anti Doping Agentur Deutschland (NADA) – Stiftung privaten Rechts – Heussallee 38, 53113 Bonn, (www.nada-bonn.de), in Verbindung zu treten, die gegebenenfalls sachdienliche Auskünfte erteilen kann.

3. Arbeitsschutz

258 [Arbeitsschutz]

(1) Vorschriften zum Schutze der Arbeitskraft und der Gesundheit der Arbeitnehmer sind namentlich enthalten in

a) dem Arbeitsschutzgesetz[1)] und dem Arbeitszeitgesetz[1)],
b) dem Atomgesetz[1)],
c) dem Bundesberggesetz[1)],
d) dem Chemikaliengesetz[1)],
e) dem Gesetz über den Ladenschluss[1)] oder den Gesetzen der Länder über die Ladenöffnungszeiten,
f) der Gewerbeordnung[1)],
g) dem Heimarbeitsgesetz[1)],
h) dem Jugendarbeitsschutzgesetz[1)],
i) dem Mutterschutzgesetz[1)],
j) dem Seearbeitsgesetz[1)],
k) dem Sprengstoffgesetz[1)],
l) dem Gesetz über Betriebsärzte, Sicherheitsingenieure und andere Fachkräfte für Arbeitssicherheit[1)],
m) dem Bundesurlaubsgesetz[1)],
n) Teil 2 des Sozialgesetzbuches (SGB) IX[1)].

(2) Arbeitsschutzrechtliche Vorschriften enthalten auch das Strahlenschutzgesetz, die Strahlenschutzverordnung[1)], die Gefahrstoffverordnung[1)], die PSA-Benutzungsverordnung (Verordnung über Sicherheit und Gesundheitsschutz bei der Benutzung persönlicher Schutzausrüstungen bei der Arbeit)[1)], die Lastenhandhabungsverordnung[1)], die Arbeitsstättenverordnung[1)], die Biostoffverordnung[1)] und die Baustellenverordnung[1)].

---

1) **Amtl. Anm.:** Vgl. Fundstellennachweis A zum Bundesrecht.

(3) Fachbehörden sind das Gewerbeaufsichtsamt, das Bergamt oder die sonst nach Landesrecht zuständigen Stellen.

259 Schutz des Arbeitsmarktes

(1) Vorschriften zum Schutze des Arbeitsmarktes und gegen die missbräuchliche Ausnutzung fremder Arbeitskraft sind namentlich enthalten im

a) Drittes Sozialgesetzbuch – Arbeitsförderung –[1)],

b) Arbeitnehmerüberlassungsgesetz[1)].

(2) Zuständige Fachbehörde ist die Bundesagentur für Arbeit.

4. Unlauterer Wettbewerb

260 Öffentliches Interesse an der Strafverfolgung

[1]Das öffentliche Interesse an der Strafverfolgung wegen unlauteren Wettbewerbs (§ 299 StGB, § 16 des Gesetzes gegen den unlauteren Wettbewerb (UWG), § 23 des Gesetzes zum Schutz von Geschäftsgeheimnissen (GeschGehG)) wird in der Regel zu bejahen sein, wenn eine nicht nur geringfügige Rechtsverletzung vorliegt. [2]Dies gilt in Fällen

1. des § 16 Absatz 1 UWG vor allem, wenn durch unrichtige Angaben ein erheblicher Teil der Verbraucher irregeführt werden kann (vgl. auch § 144 Markengesetz in Bezug auf geographische Herkunftsangaben);
2. des § 16 Absatz 2 UWG vor allem, wenn insgesamt ein hoher Schaden droht, die Teilnehmer einen nicht unerheblichen Beitrag zu leisten haben oder besonders schutzwürdig sind.

[3]Die Verweisung auf die Privatklage (§ 374 Absatz 1 Nummer 5a, 7, § 376 StPO) ist in der Regel nur angebracht, wenn der Verstoß leichter Art ist und die Interessen eines eng umgrenzten Personenkreises berührt.

260a Besonderes öffentliches Interesse an der Strafverfolgung

(1) Ein besonderes öffentliches Interesse an der Strafverfolgung von Verletzungen von Geschäftsgeheimnissen (§ 23 des Gesetzes zum Schutz von Geschäftsgeheimnissen (GeschGehG)) wird insbesondere dann anzunehmen sein, wenn der Beschuldigte wirtschaftsstrafrechtlich vorbestraft ist, ein erheblicher Schaden droht oder eingetreten ist, die Tat Teil eines gegen mehrere Unternehmen gerichteten Plans zur Ausspähung von Geschäftsgeheimnissen ist oder den Verletzten in seiner wirtschaftlichen Existenz bedroht.

(2) [1]Kommt ein Fall des § 23 Absatz 4 GeschGehG in Betracht, kann das besondere öffentliche Interesse an der Verfolgung nur ausnahmsweise verneint werden. [2]Das Gleiche gilt, auch bezüglich § 23 Absatz 3 GeschGehG, wenn der Beschuldigte davon ausgeht, dass das Geheimnis im Ausland genutzt werden soll, oder er es selbst im Ausland nutzt.

260b Geheimhaltung von Geschäftsgeheimnissen

(1) Bittet der Verletzte um Geheimhaltung oder stellt er keinen Strafantrag, sollen Geschäftsgeheimnisse in der Sachakte nur insoweit schriftlich festgehalten werden, als dies für das Verfahren unerlässlich ist.

(2) [1]Wird in den Fällen des Absatzes 1 Akteneinsicht gewährt, ist darauf hinzuweisen, dass die Akte Geschäftsgeheimnisse enthält; hierüber ist ein Vermerk zu den Akten zu nehmen. [2]Dies gilt sinngemäß bei sonstigen Mitteilungen aus den Akten. [3]Es ist zu prüfen, ob nicht wichtige Gründe entgegenstehen, Akteneinsicht durch Bereitstellen des Inhalts der Akte zum Abruf, durch Übermittlung des Inhalts der Akte auf einem sicheren Übermittlungsweg oder durch Bereitstellen einer Aktenkopie zur Mitnahme zu gewähren oder dem Verteidiger die Akten zur Einsichtnahme in seine Geschäftsräume oder in seine Wohnung mitzugeben (§ 32f Absatz 1 Satz 1 und 4, Absatz 2 Satz 2 und 3 StPO).

(3) Vor Gewährung von Akteneinsicht an Dritte ist, auch wenn die Voraussetzungen des Absatzes 1 nicht vorliegen, besonders sorgfältig zu prüfen, ob nicht schutzwürdige Interessen des Verletzten entgegenstehen.

260c Auskünfte

Bei unlauteren Wettbewerbsmethoden von örtlicher Bedeutung können die Industrie- und Handelskammern Auskünfte geben; im Übrigen erteilen Auskünfte:

– die Zentrale zur Bekämpfung unlauteren Wettbewerbs e.V. Frankfurt am Main, Landgrafenstraße 24b, 61348 Bad Homburg v.d.H., die mit den Spitzenverbänden der deutschen gewerblichen Wirtschaft zusammenarbeitet;

---

1) **Amtl. Anm.:** Vgl. Fundstellennachweis A zum Bundesrecht.

– der Deutscher Industrie- und Handelskammertag e.V., Gutachterausschuss für Wettbewerbsfragen, Breite Straße 29, 10178 Berlin;
– der Deutsche Schutzverband gegen Wirtschaftskriminalität e.V. Frankfurt am Main, Landgrafenstraße 24b, 61348 Bad Homburg v.d.H.;
– Pro Honore e.V., Große Johannisstraße 19, 20457 Hamburg;
– Verbraucherzentrale Bundesverband e.V. (vzbv), Rudi-Dutschke-Straße 17, 10969 Berlin.

5. Straftaten nach den Gesetzen zum Schutze des geistigen Eigentums

261 Öffentliches Interesse an der Strafverfolgung

[1]Das öffentliche Interesse an der Strafverfolgung von Verletzungen von Rechten des geistigen Eigentums (§ 142 Absatz 1 des Patentgesetzes, § 25 Absatz 1 des Gebrauchsmustergesetzes, § 10 Absatz 1 des Halbleiterschutzgesetzes, § 39 Absatz 1 des Sortenschutzgesetzes, § 143 Absatz 1, § 143a und § 144 Absatz 1 und 2 des Markengesetzes, § 51 Absatz 1 und § 65 Absatz 1 des Gesetzes über den rechtlichen Schutz von Design, §§ 106 bis 108 und § 108b des Urheberrechtsgesetzes und § 33 des Gesetzes betreffend das Urheberrecht an Werken der bildenden Künste und der Photografie) wird in der Regel zu bejahen sein, wenn eine nicht nur geringfügige Schutzrechtsverletzung vorliegt. [2]Zu berücksichtigen sind dabei insbesondere das Ausmaß der Schutzrechtsverletzung, der eingetretene oder drohende wirtschaftliche Schaden und die vom Beschuldigten erstrebte Bereicherung.

261a Besonderes öffentliches Interesse an der Strafverfolgung

Ein besonderes öffentliches Interesse an der Strafverfolgung (§ 142 Absatz 4 des Patentgesetzes, § 25 Absatz 4 des Gebrauchsmustergesetzes, § 10 Absatz 4 des Halbleiterschutzgesetzes, § 39 Absatz 4 des Sortenschutzgesetzes, § 143 Absatz 4 des Markengesetzes, §§ 51 Absatz 4, 65 Absatz 2 des Geschmacksmustergesetzes, § 109 des Urheberrechtsgesetzes) wird insbesondere dann anzunehmen sein, wenn der Beschuldigte einschlägig vorbestraft ist, ein erheblicher Schaden droht oder eingetreten ist, die Tat den Verletzten in seiner wirtschaftlichen Existenz bedroht oder die öffentliche Sicherheit oder die Gesundheit der Verbraucher gefährdet.

261b Öffentliche Bekanntmachung der Verurteilung

[1]Ist die Bekanntmachung der Verurteilung anzuordnen, hat der Staatsanwalt darauf hinzuwirken, dass der Name des Verletzten in die Urteilsformel aufgenommen wird. [2]Ist die öffentliche Bekanntmachung der Verurteilung zu vollziehen (§ 463c StPO), ist § 59 der Strafvollstreckungsordnung zu beachten.

6. Verstöße gegen das Lebensmittelrecht

262 [Verstöße gegen das Lebensmittelrecht]

Strafvorschriften des Lebensmittelrechts sind insbesondere enthalten
a) im Lebensmittel-, Bedarfsgegenstände- und Futtermittelgesetzbuch[1)],
b) im Milch- und Margarinegesetz[1)]
sowie in den auf Grund dieser Gesetze erlassenen Rechtsverordnungen.

7. Verstöße gegen das Weingesetz

263 [Verstöße gegen das Weingesetz]

[1]Als Sachverständige für Fragen der Herstellung und des gewerbsmäßigen Verkehrs mit Weinen und weinähnlichen Getränken kommen namentlich die hauptberuflichen Kontrolleure sowie die Beamten und Angestellten) der Staatlichen Versuchs- und Lehranstalten für Obst- und Weinbau in Betracht. [2]Für Fragen des Weinbaues benennen die landwirtschaftlichen Berufsvertretungen (z.B. Landwirtschaftskammern) Sachverständige.

8. Verstöße gegen das Futtermittelgesetz[2)]

264 [Verstöße gegen das LFGB]

In Verfahren wegen Straftaten nach §§ 58, 59 des Lebensmittel-, Bedarfsgegenstände- und Futtermittelgesetzbuches[1)] kommen als Sachverständige vor allem die mit der Futtermitteluntersuchung betrauten

1) **Amtl. Anm.:** Vgl. Fundstellennachweis A zum Bundesrecht.
2) Nunmehr Lebensmittel-, Bedarfsgegenstände- und Futtermittelgesetzbuch.

wissenschaftlichen Beamten (Angestellten) der öffentlich-rechtlichen oder unter öffentlicher Aufsicht stehenden Untersuchungs- und Forschungsinstitute oder die vereidigten Handelschemiker, ferner sachkundige Leiter (Inhaber) von Herstellerbetrieben und anderen Handelsfirmen, leitende Angestellte landwirtschaftlicher Genossenschaften oder Landwirte in Betracht.

9. Verstöße gegen das Außenwirtschaftsgesetz

265 [Verstöße gegen das Außenwirtschaftsgesetz]

(1) [1]In Verfahren wegen Straftaten nach dem Außenwirtschaftsgesetz[1)] und der Außenwirtschaftsverordnung[1)] kann der Staatsanwalt Ermittlungen auch durch die Hauptzollämter oder die Zollfahndungsämter und in Fällen überörtlicher Bedeutung auch durch das Zollkriminalamt vornehmen lassen. [2]Auf die Koordinierungs- und Lenkungsfunktion des Zollkriminalamtes (§ 3 Absatz 5 des Gesetzes über das Zollkriminalamt und die Zollfahndungsämter) wird hingewiesen.
(2) [1]Zuständige Verwaltungsbehörde ist das Hauptzollamt. [2]Ort und Zeit der Hauptverhandlung sind ihm mitzuteilen; sein Vertreter erhält in der Hauptverhandlung auf Verlangen das Wort (vgl. § 22 Absatz 2 des Außenwirtschaftsgesetzes).

10. Verstöße gegen die Steuergesetze (einschließlich der Gesetze über Eingangsabgaben)

266 Zusammenwirken mit den Finanzbehörden

(1) Ermittelt der Staatsanwalt wegen einer Steuerstraftat/Zollstraftat, unterrichtet er das sonst zuständige Finanzamt/Hauptzollamt.
(2) [1]Bei der Verfolgung von Straftaten gegen die Zoll- und Verbrauchssteuergesetze und gegen Einfuhr-, Ausfuhr- und Durchfuhrverbote kann der Staatsanwalt die Zollfahndungsämter oder ihre Zweigstellen zur Mitwirkung heranziehen. [2]Nach Übersendung des Schlussberichts durch das Zollfahndungsamt richtet der Staatsanwalt Anfragen, die das Besteuerungsverfahren oder das Steuerstrafverfahren betreffen, an das sonst zuständige Hauptzollamt.

267 Zuständigkeit

(1) Von dem Recht, das Verfahren wegen einer Steuerstraftat/Zollstraftat an sich zu ziehen, macht der Staatsanwalt Gebrauch, wenn dies aus besonderen Gründen geboten erscheint, etwa wenn der Umfang und die Bedeutung der Steuerstraftat/Zollstraftat dies nahe legen, wenn die Steuerstraftat/Zollstraftat mit einer anderen Straftat zusammentrifft oder wenn der Verdacht der Beteiligung eines Angehörigen der Finanzverwaltung besteht.
(2) Im Interesse einer einheitlichen Strafzumessungspraxis unterrichtet sich der Staatsanwalt über die den Strafbefehlsanträgen des Finanzamtes/Hauptzollamtes zugrundeliegenden allgemeinen Erwägungen.

11. Umwelt- und Tierschutz

268 [Umwelt- und Tierschutz]

(1) [1]Dem Schutz der Umwelt dienen die §§ 307 Absatz 2 bis 4, 309 Absatz 3 und 6, 310, 311, 312, 324 bis 330a StGB. [2]Außerdem dienen dem Schutz der Umwelt in weiteren Bundesgesetzen enthaltene Straf- und Bußgeldvorschriften, soweit sie folgende Bereiche betreffen:
1. Abfall- und Abwässerbeseitigung,
2. Boden-, Gewässer- und Grundwasserschutz,
3. Lärmbekämpfung,
4. Luftreinhaltung,
5. Naturschutz und Landschaftspflege,
6. Pflanzenschutz,
7. Strahlenschutz,
8. Tierschutz,
9. Tierkörperbeseitigung oder
10. Trinkwasserschutz.

[3]Solche Vorschriften enthalten unter anderem
1. das Kreislaufwirtschaftsgesetz[1)]
2. das Wasserhaushaltsgesetz[1)],

---

1) **Amtl. Anm.:** Vgl. Fundstellennachweis A zum Bundesrecht.

das Bundeswasserstraßengesetz[1)],
das Wasch- und Reinigungsmittelgesetz[1)];
3. die Verordnung über das umweltgerechte Verhalten in der Seeschifffahrt[1)],
das Gesetz zu dem Übereinkommen vom 29. April 1958 über die Hohe See[1)],
das Gesetz zu dem Internationalen Übereinkommen vom 29. November 1969 über Maßnahmen auf Hoher See bei Ölverschmutzungs-Unfällen[1)],
das Gesetz zu dem Übereinkommen vom 15. Februar 1972 und 29. Dezember 1972 zur Verhütung der Meeresverschmutzung durch das Einbringen von Abfällen durch Schiffe und Luftfahrzeuge[1)],
das Gesetz zu dem Internationalen Übereinkommen von 1973 zur Verhütung der Meeresverschmutzung durch Schiffe und zu dem Protokoll von 1978 zu diesem Übereinkommen[1)];
4. das Bundes-Immissionsschutzgesetz[1)],
das Luftverkehrsgesetz[1)],
das Benzinbleigesetz[1)],
das Chemikaliengesetz[1)],
die Chemikalienverbotsverordnung[1)],
das Gesetz über die Beförderung gefährlicher Güter[1)],
die Gefahrstoffverordnung[1)];
5. das Bundesnaturschutzgesetz[1)],
das Pflanzenschutzgesetz[1)],
die Reblaus-Verordnung[1)],
das Düngegesetz[1)];
6. das Infektionsschutzgesetz[1)],
as Tiergesundheitsgesetz[1)];
7. das Atomgesetz[1)],
das Strahlenschutzgesetz[1)],
die Strahlenschutzverordnung[1)];
8. das Tierschutzgesetz[1)],
die Tierschutz-Schlachtverordnung[1)],
das Bundesjagdgesetz[1)],
das Tierische Nebenprodukte-Beseitigungsgesetz[1)];
9. das Gentechnikgesetz[1)];
10. das Umweltschutzprotokoll-Ausführungsgesetz[1)].

(2) [1]Von erheblicher Bedeutung sind außerdem landesrechtliche Straf- und Bußgeldvorschriften. [2]Auf die in einzelnen Ländern bestehenden Sammlungen von Straf- und Bußgeldvorschriften auf dem Gebiet des Umweltschutzes wird hingewiesen.

Richtlinien für das Bußgeldverfahren

1. Abschnitt

Zuständigkeit

269 Abgrenzung der Zuständigkeit zwischen Staatsanwaltschaft und Verwaltungsbehörde

(1) [1]Die Staatsanwaltschaft ist im Vorverfahren für die Verfolgung einer Ordnungswidrigkeit nur ausnahmsweise zuständig (vgl. Nummer 270). [2]Sie ist nicht befugt, ausschließlich wegen einer Ordnungswidrigkeit Anklage zu erheben.

(2) [1]Im gerichtlichen Verfahren ist die Staatsanwaltschaft für die Verfolgung einer Ordnungswidrigkeit stets zuständig (vgl. Nummer 271). [2]In Verfahren nach Einspruch gegen einen Bußgeldbescheid wird sie dies, sobald die Akten bei ihr eingehen (§ 69 Absatz 4 Satz 1 OWiG).

270 Zuständigkeit der Staatsanwaltschaft im vorbereitenden Verfahren

[1]Die Staatsanwaltschaft ist im vorbereitenden Verfahren wegen einer Straftat zugleich auch für die Verfolgung einer Ordnungswidrigkeit zuständig, soweit

a) die Verfolgung der Tat auch unter dem rechtlichen Gesichtspunkt einer Ordnungswidrigkeit in Betracht kommt (§ 40 OWiG),
b) die Verfolgung einer Ordnungswidrigkeit wegen des Zusammenhangs mit einer Straftat übernommen worden ist (§ 42 OWiG).

1) **Amtl. Anm.:** Vgl. Fundstellennachweis A zum Bundesrecht.

[2]Die Übernahme der Verfolgung einer Ordnungswidrigkeit nach § 130 OWiG eines zum Leitungsbereich einer juristischen Person oder Personenvereinigung gehörenden Betroffenen kommt insbesondere dann in Betracht, wenn die Ordnungswidrigkeit andernfalls nicht verfolgt werden könnte und die Übernahme die Möglichkeit der Verhängung einer Verbandsgeldbuße nach § 30 OWiG eröffnet; im Fall der Übernahme gilt Nummer 180a entsprechend. [3]In den Fällen des § 82 GWB ist die Staatsanwaltschaft nur zuständig, wenn die Kartellbehörde das betreffende Verfahren abgegeben hat.

271 Zuständigkeit der Staatsanwaltschaft im gerichtlichen Verfahren

(1) Die Zuständigkeit der Staatsanwaltschaft für die Verfolgung einer Ordnungswidrigkeit im gerichtlichen Verfahren erstreckt sich auf

1. das Verfahren nach Einspruch gegen einen Bußgeldbescheid, sobald die Akten bei der Staatsanwaltschaft eingegangen sind (§ 69 Absatz 4 Satz 1 OWiG),
2. das Verfahren nach Anklage wegen einer Straftat, soweit es hier auf den rechtlichen Gesichtspunkt einer Ordnungswidrigkeit ankommt (§§ 40, 82 OWiG),
3. das Verfahren wegen Ordnungswidrigkeiten, die mit Straftaten zusammenhängen (§§ 42, 83 OWiG),
4. das Wiederaufnahmeverfahren gegen einen Bußgeldbescheid (§ 85 Absatz 4 Satz 2 OWiG) oder gegen eine gerichtliche Bußgeldentscheidung,
5. das Nachverfahren gegen einen Bußgeldbescheid (§ 87 Absatz 4 OWiG) oder gegen eine gerichtliche Bußgeldentscheidung.

(2) Im Verfahren nach Antrag auf gerichtliche Entscheidung gegen eine Maßnahme der Verwaltungsbehörde (§ 62 OWiG) ist die Staatsanwaltschaft nicht beteiligt.

2. Abschnitt

Zusammenarbeit der Staatsanwaltschaft mit den Verwaltungsbehörden

272 [Zusammenarbeit der Staatsanwaltschaft mit den Verwaltungsbehörden]

(1) [1]Im Interesse einer sachgerechten Beurteilung und einer gleichmäßigen Behandlung berücksichtigt der Staatsanwalt, soweit er für die Verfolgung von Ordnungswidrigkeiten zuständig ist, die Belange der Verwaltungsbehörde und macht sich ihre besondere Sachkunde zunutze. [2]Dies gilt namentlich bei Verstößen gegen Rechtsvorschriften, die nicht zum vertrauten Arbeitsgebiet des Staatsanwalts gehören.

(2) [1]Auch in den Fällen, die in den nachstehenden Bestimmungen nicht ausdrücklich genannt sind, prüft der Staatsanwalt, bevor er Anträge stellt oder Entschließungen trifft, ob hierfür die besondere Sachkunde der zuständigen Verwaltungsbehörde von Bedeutung sein kann oder deren Interessen in besonderem Maße berührt sind. [2]Trifft dies zu, hört er die Verwaltungsbehörde.

(3) [1]Sind mehrere Verwaltungsbehörden sachlich oder örtlich zuständig, wendet sich der Staatsanwalt an die Verwaltungsbehörde, der nach § 39 Absatz 1 Satz 1 OWiG der Vorzug gebührt. [2]Besteht keine Vorzugszuständigkeit, wählt der Staatsanwalt unter mehreren zuständigen Verwaltungsbehörden diejenige aus, deren Einschaltung wegen ihrer besonderen Sachkunde oder im Interesse der Beschleunigung oder Vereinfachung des Verfahrens oder aus anderen Gründen sachdienlich erscheint; gegebenenfalls wendet er sich an die Verwaltungsbehörde, die auf Grund Vereinbarung mit der Verfolgung der Ordnungswidrigkeit betraut ist. [3]Dabei ist zu berücksichtigen, dass der Staatsanwalt durch Übersendung der Akten an eine der mehreren zuständigen Verwaltungsbehörden bei sinngemäßer Anwendung des § 39 Absatz 1 Satz 1 OWiG deren Vorzugszuständigkeit herbeiführt, wenn der Betroffene wegen der Tat bereits vernommen ist.

3. Abschnitt

Einbeziehung von Ordnungswidrigkeiten in das vorbereitende Verfahren wegen einer Straftat

1. Berücksichtigung des rechtlichen Gesichtspunktes einer Ordnungswidrigkeit

273 Umfang der Ermittlungen

(1) Der Staatsanwalt erstreckt die Ermittlungen wegen einer Straftat auch auf den rechtlichen Gesichtspunkt einer Ordnungswidrigkeit, soweit er für die Beurteilung der Tat von Bedeutung ist oder sein kann.

(2) [1]Ist eine Handlung gleichzeitig Straftat und Ordnungswidrigkeit, kann das ordnungswidrige Verhalten für die Strafbemessung von Bedeutung sein oder die Grundlage für die Anordnung einer Nebenfolge bilden (§ 21 Absatz 1 Satz 2 OWiG). [2]Im Übrigen ist zu berücksichtigen, dass die Ordnungswidrigkeit selbständige Bedeutung erlangt, wenn sich der Verdacht der Straftat nicht erweist oder wenn eine Strafe nicht verhängt wird (§ 21 Absatz 2 OWiG).

(3) [1]Umfasst die dem Beschuldigten zur Last gelegte Tat mehrere Handlungen im materiell-rechtlichen Sinne und ist eine von ihnen eine Ordnungswidrigkeit, prüft der Staatsanwalt, ob die Verfolgung der Ordnungswidrigkeit geboten ist (§ 47 Absatz 1 Satz 1 OWiG). [2]Bejaht er dies, macht er seine Entschließung aktenkundig und klärt den Sachverhalt auch unter dem rechtlichen Gesichtspunkt der Ordnungswidrigkeit auf, ohne dass es einer Übernahme der Verfolgung (vgl. Abschnitt III/2) bedarf. [3]Ist jedoch zweifelhaft, ob ein einheitliches Tatgeschehen vorliegt, ist es zweckmäßig, die Verfolgung der Ordnungswidrigkeit ausdrücklich zu übernehmen (vgl. Nummer 277 Absatz 3).

274 Unterbrechung der Verjährung

Kommt eine Ahndung der Tat auch unter dem rechtlichen Gesichtspunkt einer Ordnungswidrigkeit in Betracht (vgl. Nummer 273 Absatz 1, 3), ist es, namentlich in Verkehrssachen, vielfach geboten, die Verjährung der Ordnungswidrigkeit zu unterbrechen (§ 33 OWiG), damit diese geahndet werden kann, wenn der Beschuldigte wegen der anderen Rechtsverletzungen nicht verurteilt wird.

275 Einstellung des Verfahrens wegen der Ordnungswidrigkeit

(1) [1]Erwägt der Staatsanwalt, das Verfahren wegen einer Straftat auch unter dem rechtlichen Gesichtspunkt der Ordnungswidrigkeit (§ 40 OWiG) oder nur hinsichtlich einer mit der Straftat zusammenhängenden Ordnungswidrigkeit (§ 42 Absatz 1 OWiG) einzustellen, gibt er der Verwaltungsbehörde Gelegenheit zur Stellungnahme (§ 63 Absatz 3 OWiG). [2]Hiervon kann abgesehen werden, wenn der Staatsanwalt in der Beurteilung bestimmter Ordnungswidrigkeiten ausreichende Erfahrung hat oder wenn die Einstellung des Verfahrens allein von einer Rechtsfrage abhängt, für deren Entscheidung es auf die besondere Sachkunde der Verwaltungsbehörde nicht ankommt.

(2) [1]Bei Ordnungswidrigkeiten nach den Steuergesetzen (einschließlich der Gesetze über Eingangsabgaben und Monopole) ist die sonst zuständige Verwaltungsbehörde (Finanzamt, Hauptzollamt) vor der Einstellung zu hören. [2]Dasselbe gilt bei Ordnungswidrigkeiten nach dem Wirtschaftsstrafgesetz 1954[1)], dem Außenwirtschaftsgesetz[1)] und dem Gesetz zur Durchführung der gemeinsamen Marktorganisationen und der Direktzahlungen (MOG)[1)], da die Verwaltungsbehörde in diesen Fällen auch im Strafverfahren stets zu beteiligen ist (§ 13 Absatz 2 des Wirtschaftsstrafgesetzes 1954, § 22 Absatz 2 des Außenwirtschaftsgesetzes, § 38 Absatz 2 MOG).

(3) Würde die Anhörung der Verwaltungsbehörde das Verfahren unangemessen verzögern, sieht der Staatsanwalt von der Einstellung des Verfahrens unter dem rechtlichen Gesichtspunkt einer Ordnungswidrigkeit ab; in diesem Falle gibt er die Sache, sofern er die Tat nicht als Straftat weiterverfolgt, an die Verwaltungsbehörde ab, wenn Anhaltspunkte dafür vorhanden sind, dass die Tat als Ordnungswidrigkeit verfolgt werden kann (§ 43 Absatz 1 OWiG).

(4) Stellt der Staatsanwalt das Verfahren sowohl wegen der Straftat als auch wegen der Ordnungswidrigkeit ein, trifft er eine einheitliche Einstellungsverfügung.

(5) [1]Stellt der Staatsanwalt das Verfahren unter dem rechtlichen Gesichtspunkt der Ordnungswidrigkeit ein, braucht er dem Anzeigenden die Gründe für die Einstellung in der Regel nicht mitzuteilen. [2]Hatte die Verwaltungsbehörde wegen der Ordnungswidrigkeit bereits ein Bußgeldverfahren eingeleitet, teilt der Staatsanwalt auch ihr die Einstellung mit.

276 Einstellung des Verfahrens nur wegen der Straftat

(1) [1]Der Staatsanwalt gibt die Sache an die Verwaltungsbehörde ab, wenn er das Verfahren nur wegen der Straftat einstellt, aber Anhaltspunkte dafür vorhanden sind, dass die Tat als Ordnungswidrigkeit verfolgt werden kann (§ 43 Absatz 1 OWiG). [2]Die Nummern 88 ff. sind zu beachten.

(2) [1]Der Verwaltungsbehörde werden im Falle des Absatzes 1 Satz 1 die Vorgänge oder Abdrucke der Vorgänge, soweit sie sich auf die Ordnungswidrigkeit beziehen, übersandt. [2]Bei der Abgabe der Sache ist mitzuteilen, worin die Anhaltspunkte dafür gesehen werden, dass die Tat als Ordnungswidrigkeit verfolgt werden kann; dies gilt nicht, wenn ein solcher Hinweis für die Verwaltungsbehörde entbehrlich ist.

(3) [1]Wird gegen die Einstellung des Verfahrens wegen der Straftat Beschwerde eingelegt, hindert dies den Staatsanwalt nicht, die Sache wegen des Verdachts der Ordnungswidrigkeit an die Verwaltungsbehörde abzugeben. [2]Die Abgabe wird in diesem Falle namentlich dann geboten sein, wenn die Beschwerde unbegründet erscheint und die Verfolgung der Ordnungswidrigkeit zu verjähren droht.

1) **Amtl. Anm.:** Vgl. Fundstellennachweis A zum Bundesrecht.

2. Übernahme der Verfolgung einer Ordnungswidrigkeit

277 Übernahme

(1) [1]Der Staatsanwalt soll die Verfolgung einer Ordnungswidrigkeit nur dann übernehmen, wenn diese Verfahrensgestaltung wegen besonderer Umstände sachdienlich erscheint (§ 42 Absatz 2 OWiG). [2]Das wird in erster Linie zu bejahen sein, wenn die Taten in einer engen zeitlichen oder räumlichen Beziehung zueinander stehen. [3]Auch sonst kann die Übernahme zweckmäßig sein, z.B. wenn einheitliche Ermittlungen den Betroffenen oder die Ermittlungsbehörden weniger belasten.

(2) [1]Der Staatsanwalt soll grundsätzlich nicht die Verfolgung solcher Ordnungswidrigkeiten übernehmen, mit deren Beurteilung er im Allgemeinen nicht vertraut ist (z.B. Ordnungswidrigkeiten nach den innerstaatlichen EG-Durchführungsbestimmungen). [2]Erscheint es zweifelhaft, ob die Übernahme der Verfolgung sachdienlich ist, hört die Staatsanwaltschaft vor der Übernahme die sonst zuständige Verwaltungsbehörde.

(3) Der Staatsanwalt macht die Übernahme aktenkundig und unterrichtet zugleich die Verwaltungsbehörde, wenn sie bereits ein Bußgeldverfahren eingeleitet hat oder diese Möglichkeit naheliegt.

(4) Übernimmt der Staatsanwalt die Verfolgung nicht, gilt Nummer 276 Absatz 2 entsprechend.

278 Verfahren nach Übernahme

(1) Ergeben die Ermittlungen wegen der Ordnungswidrigkeit, dass deren weitere Verfolgung im Zusammenhang mit der Straftat nicht sachdienlich erscheint, gibt der Staatsanwalt insoweit die Sache an die Verwaltungsbehörde ab (§ 43 Absatz 2 HalbSatz 1 OWiG); Nummer 276 Absatz 2 gilt entsprechend.

(2) [1]Erwägt der Staatsanwalt, das Verfahren wegen der übernommenen Ordnungswidrigkeit einzustellen, ist § 63 Absatz 3 OWiG zu beachten. [2]Im Übrigen gilt Nummer 275 Absatz 3 entsprechend.

279 Einstellung des Verfahrens nur wegen der Straftat

Stellt der Staatsanwalt nach Übernahme der Verfolgung einer Ordnungswidrigkeit das Verfahren nur wegen der zusammenhängenden Straftat ein (§ 43 Absatz 2 HalbSatz 2 OWiG), gilt Nummer 276 entsprechend.

4. Abschnitt

Erstreckung der öffentlichen Klage auf die Ordnungswidrigkeit

280 [Erstreckung der öffentlichen Klage auf die Ordnungswidrigkeit]

(1) Erstreckt der Staatsanwalt die öffentliche Klage auf die übernommene Ordnungswidrigkeit (§§ 42, 64 OWiG), sind die Straftat und die Ordnungswidrigkeit in einer einheitlichen Anklageschrift zusammenzufassen.

(2) [1]In der Anklageschrift ist die Ordnungswidrigkeit zu bezeichnen, die dem Angeschuldigten oder einem Betroffenen zur Last gelegt wird (§ 42 Absatz 1 Satz 2, 2. Fall OWiG). [2]Die Nummern 110 bis 112 gelten sinngemäß auch für den Teil der Anklage, der sich auf die Ordnungswidrigkeit bezieht. [3]Wer nur wegen einer Ordnungswidrigkeit verfolgt wird, ist in der Anklageschrift als „Betroffener" zu bezeichnen.

(3) § 63 Absatz 2 OWiG ist zu beachten.

(4) Für den Antrag auf Erlass eines Strafbefehls gelten die Absätze 1 bis 3 entsprechend.

5. Abschnitt

Verfahren nach Einspruch gegen den Bußgeldbescheid

281 Prüfung der Zulässigkeit des Einspruchs; Wiedereinsetzung in den vorigen Stand

[1]Werden die Akten nach Einspruch gegen den Bußgeldbescheid über die Staatsanwaltschaft an das Amtsgericht übersandt und stellt der Staatsanwalt dabei fest, dass der Einspruch nicht rechtzeitig, nicht in der vorgeschriebenen Form oder sonst nicht wirksam eingelegt ist, gibt er die Akten an die Verwaltungsbehörde zur Entscheidung über die Zulässigkeit des Einspruchs (§ 69 Absatz 1 Satz 1 OWiG) zurück. [2]Satz 1 gilt entsprechend, wenn der Betroffene wegen Versäumung der Einspruchsfrist die Wiedereinsetzung in den vorigen Stand beantragt und die Verwaltungsbehörde hierüber noch nicht entschieden hat.

282 Prüfung des Vorwurfs

(1) Bei einem zulässigen Einspruch prüft der Staatsanwalt, ob der hinreichende Verdacht einer Ordnungswidrigkeit besteht, die Verfolgung geboten ist (§ 47 Absatz 1 OWiG) und Verfahrenshindernisse nicht entgegenstehen.

(2) Im Rahmen seiner Prüfung kann der Staatsanwalt selbst Ermittlungen vornehmen oder Ermittlungsorgane darum ersuchen oder von Behörden oder sonstigen Stellen die Abgabe von Erklärungen über dienstliche Wahrnehmungen, Untersuchungen und Erkenntnisse (§ 77a Absatz 2 OWiG) verlangen.

(3) [1]Stellt der Staatsanwalt das Verfahren ein, teilt er dies dem Betroffenen und der Verwaltungsbehörde formlos mit; Nummer 275 Absatz 2 gilt für die dort genannten Fälle entsprechend. [2]Eine Auslagenentscheidung nach § 108a Absatz 1 OWiG trifft die Staatsanwaltschaft in der Regel nur auf Antrag des Betroffenen oder eines anderen Antragsberechtigten; die Entscheidung kann auch von Amts wegen getroffen werden, z.B. dann, wenn sich aus den Akten ergibt, dass dem Betroffenen notwendige Auslagen entstanden sind und das Verfahren mangels hinreichenden Verdachts eingestellt wird. [3]Für die Festsetzung der notwendigen Auslagen des Betroffenen (§ 108a Absatz 3 OWiG, § 464b StPO) gilt Nummer 145 entsprechend.

(4) Bei der Einstellung des Verfahrens wegen eines Halt- oder Parkverstoßes hat der Staatsanwalt auch zu prüfen, ob eine Kostenentscheidung nach § 25a des Straßenverkehrsgesetzes (StVG) in Betracht kommt.

283 Zustimmung zur Rückgabe der Sache an die Verwaltungsbehörde

[1]Eine Zustimmung zur Rückgabe der Sache an die Verwaltungsbehörde wegen offensichtlich ungenügender Aufklärung des Sachverhalts (§ 69 Absatz 5 Satz 1 OWiG) kommt namentlich in Betracht, wenn

1. nach dem Akteninhalt Beweismittel zur Feststellung der Beschuldigung fehlen oder naheliegende Beweise hierzu nicht erhoben sind oder
2. Beweisanregungen des Betroffenen, die für die Entscheidung von wesentlicher Bedeutung sind, ohne Angabe von Gründen nicht entsprochen ist.

[2]Die Zustimmung zur Rückgabe ist in diesen Fällen geboten, wenn es angezeigt ist, die Verwaltungsbehörde auch für künftige Fälle zu einer näheren Prüfung nach § 69 Absatz 2 OWiG zu veranlassen.

284 Stellungnahme des Staatsanwalts bei Vorlage

(1) Bei der Vorlage der Akten an das Gericht soll sich der Staatsanwalt dazu äußern, ob er

a) einer Entscheidung durch Beschluss (§ 72 OWiG) widerspricht,
b) an der Hauptverhandlung nicht teilnehmen wird (vgl. auch § 47 Absatz 2 OWiG) und auf Terminsnachricht verzichtet,
c) die Vorladung eines Zeugen für erforderlich hält oder eine vereinfachte Art der Beweisaufnahme für ausreichend erachtet (§ 77a OWiG),
d) die schriftliche Begründung des Urteils beantragt.

(2) Stimmt der Staatsanwalt einer Entscheidung durch Beschluss zu, äußert er sich zugleich zur Sache und stellt einen bestimmten Antrag.

285 Hauptverhandlung

(1) [1]Für die Hauptverhandlung sind, soweit nichts anderes bestimmt ist, die Nummern 116 bis 145 sinngemäß anzuwenden. [2]Dabei ist auch zu prüfen, ob die Anwendung einzelner Vorschriften im Hinblick auf die unterschiedliche Bewertung von Straftaten und Ordnungswidrigkeiten angemessen ist.

(2) [1]Es wird sich empfehlen, die Termine zur Hauptverhandlung in ihrer Aufeinanderfolge von denen in Strafsachen getrennt festzusetzen. [2]Auch in der Bezeichnung der Sachen auf Formularen und Terminszetteln sollten Bußgeld- und Strafverfahren möglichst getrennt behandelt werden.

286 Umfang der Sachaufklärung

Bei der Aufklärung der Sache wird die Erörterung der persönlichen und wirtschaftlichen Verhältnisse und die Prüfung, ob der Betroffene bestraft oder gegen ihn schon früher eine Geldbuße festgesetzt worden ist, nur dann in Betracht kommen, wenn dies für die Entscheidung von Bedeutung sein kann.

287 Teilnahme an der Hauptverhandlung

(1) Der Staatsanwalt nimmt an der Hauptverhandlung teil, wenn

a) er einer Entscheidung durch Beschluss widersprochen hat (§ 72 Absatz 1 OWiG), oder
b) Anhaltspunkte dafür vorhanden sind, dass die Tat auch unter dem rechtlichen Gesichtspunkt einer Straftat beurteilt werden kann (§ 81 OWiG; vgl. Nummer 290).

(2) [1]Der Staatsanwalt soll im Übrigen an der Hauptverhandlung teilnehmen, wenn seine Mitwirkung aus besonderen Gründen geboten erscheint. [2]Das kommt vor allem in Betracht, wenn

a) das Gericht ihm mitgeteilt hat, dass es seine Mitwirkung an der Hauptverhandlung für angemessen hält (§ 75 Absatz 1 Satz 2 OWiG),
b) die Aufklärung des Sachverhalts eine umfangreiche Beweisaufnahme erfordert,
c) eine hohe Geldbuße oder eine bedeutsame Nebenfolge in Betracht kommt,
d) eine Rechtsfrage von allgemeiner Bedeutung zu entscheiden ist,

e) die Verwaltungsbehörde die Teilnahme des Staatsanwalts an der Hauptverhandlung angeregt hat oder
f) mit einer gerichtlichen Einstellung des Verfahrens nach § 47 Absatz 2 Satz 1 OWiG in Fällen zu rechnen ist, in denen dies vom Standpunkt des öffentlichen Interesses nicht vertretbar erscheint (vgl. § 75 Absatz 2 OWiG).

288 Beteiligung der Verwaltungsbehörde

(1) [1]Der Termin zur Hauptverhandlung wird der Verwaltungsbehörde so rechtzeitig mitgeteilt, dass ihr Vertreter sich auf die Hauptverhandlung vorbereiten und die Akten vorher einsehen kann (§ 76 Absatz 1 OWiG). [2]Nummer 275 Absatz 2 Satz 2, Absatz 3 gilt entsprechend.

(2) Kann nach Auffassung des Staatsanwalts die besondere Sachkunde der Verwaltungsbehörde für die Entscheidung von Bedeutung sein, wirkt er darauf hin, dass ein Vertreter der Verwaltungsbehörde an der Hauptverhandlung teilnimmt.

(3) § 76 Absatz 4 OWiG ist zu beachten.

289 Rücknahme der Klage

(1) [1]Erwägt der Staatsanwalt, die Klage zurückzunehmen, prüft er, ob die Verwaltungsbehörde vorher zu hören ist (§ 76 Absatz 3 OWiG). [2]Nummer 275 Absatz 2, 3 gilt entsprechend.

(2) Nimmt der Staatsanwalt die Klage zurück, teilt er dies dem Betroffenen und der Verwaltungsbehörde formlos mit.

290 Übergang vom Bußgeld- zum Strafverfahren

(1) [1]Ergibt sich nach Einspruch gegen den Bußgeldbescheid, dass der hinreichende Verdacht einer Straftat besteht, übersendet der Staatsanwalt die Akten dem Gericht mit dem Antrag, den Betroffenen auf die Veränderung des rechtlichen Gesichtspunktes hinzuweisen (§ 81 Absatz 2 Satz 1 OWiG). [2]In diesem Falle widerspricht er zugleich einer Entscheidung durch Beschluss (§ 72 OWiG).

(2) [1]Auch im weiteren Verlauf des Verfahrens hat der Staatsanwalt darauf zu achten, ob der hinreichende Verdacht einer Straftat besteht. [2]Gegebenenfalls wird der Betroffene auf die Veränderung des rechtlichen Gesichtspunktes hinzuweisen sein (vgl. § 81 Absatz 2 Satz 1 OWiG).

(3) Wegen der weitreichenden Folgen, die sich aus dem Hinweis auf die Veränderung des rechtlichen Gesichtspunktes ergeben (§ 81 Absatz 2 OWiG), soll der Staatsanwalt darauf hinwirken, dass das Gericht den Betroffenen und seinen Verteidiger vor dem Hinweis hört, wenn er beantragt, den Hinweis zu geben, oder das Gericht dies erwägt.

6. Abschnitt

Rechtsbeschwerdeverfahren

291 Rechtsbeschwerde und Antrag auf deren Zulassung

Für die Rechtsbeschwerde und den Antrag auf deren Zulassung gelten, soweit nichts anderes bestimmt ist, die Nummern 147 bis 152 sinngemäß.

292 Vorsorgliche Einlegung

Hat die Verwaltungsbehörde angeregt, gegen eine gerichtliche Entscheidung ein Rechtsmittel einzulegen, und bestehen Zweifel, ob die Anregung sachlich berechtigt ist, kann das Rechtsmittel ausnahmsweise vorsorglich eingelegt werden, wenn die Zweifel vor Ablauf der Rechtsmittelfrist nicht behoben werden können.

293 Verfahren nach Einlegung

(1) [1]Für das Verfahren nach Einlegung der Rechtsbeschwerde und des Antrags auf deren Zulassung gelten die Nummer 153 bis 169 sinngemäß. [2]Ein Übersendungsbericht ist abweichend von Nummer 163 Absatz 1 Satz 4 nur in umfangreichen Sachen beizufügen.

(2) Beantragt der Staatsanwalt, die Rechtsbeschwerde zuzulassen (§ 80 OWiG), ist anzugeben, aus welchen Gründen die Nachprüfung des Urteils zur Fortbildung des Rechts oder zur Sicherung einer einheitlichen Rechtsprechung oder die Aufhebung des Urteils wegen Versagung des rechtlichen Gehörs geboten erscheint.

7. Abschnitt

Bußgelderkenntnis im Strafverfahren

294 [Bußgelderkenntnis im Strafverfahren]

(1) Der Staatsanwalt achtet nach Erhebung der öffentlichen Klage wegen einer Straftat darauf, dass das Gericht über die Tat zugleich unter dem rechtlichen Gesichtspunkt einer Ordnungswidrigkeit entscheidet,

wenn sich der Verdacht der Straftat nicht erweist oder eine Strafe nicht verhängt wird (§ 82 Absatz 1 OWiG).

(2) Ist eine Handlung gleichzeitig Straftat und Ordnungswidrigkeit, prüft der Staatsanwalt weiterhin, ob bei einer Bestrafung die Anordnung einer Nebenfolge der Ordnungswidrigkeit in Betracht kommt (vgl. Nummer 273 Absatz 2 Satz 1) und berücksichtigt dies bei seinem Antrag zur Entscheidung in der Sache.

8. Abschnitt
Entschädigung für Verfolgungsmaßnahmen

295 [Entschädigung für Verfolgungsmaßnahmen]

[1]Das Gesetz über die Entschädigung für Strafverfolgungsmaßnahmen gilt sinngemäß auch für das Bußgeldverfahren (§ 46 Absatz 1 OWiG). [2]Auf die Ausführungsvorschriften zu diesem Gesetz (Anlage C) wird verwiesen.

9. Abschnitt
Akteneinsicht

296 [Akteneinsicht]

Die Nummern 182 bis 189 gelten für das Bußgeldverfahren sinngemäß.

10. Abschnitt
Einholung der Entscheidung des Bundesverfassungsgerichts

297 [Einholung der Entscheidung des Bundesverfassungsgerichts]

Die Nummer 190 ist auch im Bußgeldverfahren anzuwenden.

11. Abschnitt
Bußgeldsachen gegen Mitglieder der gesetzgebenden Körperschaften

298 [Bußgeldsachen gegen Mitglieder der gesetzgebenden Körperschaften]

[1]Die Immunität der Mitglieder der gesetzgebenden Körperschaften hindert nicht, gegen diese ein Bußgeldverfahren durchzuführen. [2]Dagegen ist der Übergang zum Strafverfahren nach § 81 OWiG nur mit Genehmigung der gesetzgebenden Körperschaft zulässig (vgl. Nummer 191 ff.); dies gilt auch für die Anordnung der Erzwingungshaft.

12. Abschnitt
Behandlung der von der deutschen Gerichtsbarkeit befreiten Personen

299 [Behandlung der von der deutschen Gerichtsbarkeit befreiten Personen]

Die Nummern 193 bis 199 gelten für das Bußgeldverfahren entsprechend.

13. Abschnitt
Rechtshilfeverkehr mit dem Ausland

300 [Rechtshilfeverkehr mit dem Ausland]

Die Staatsanwaltschaft kann im Bußgeldverfahren der Verwaltungsbehörde im Wege der Amtshilfe bei ausländischen Behörden Rechtshilfe erbitten, soweit dies in zwischenstaatlichen Verträgen vereinbart ist oder aufgrund besonderer Umstände (z.B. eines Notenwechsels zwischen der Bundesregierung und einer ausländischen Regierung) damit gerechnet werden kann, dass der ausländische Staat die Rechtshilfe auch ohne vertragliche Regelung gewähren wird.

14. Abschnitt
Verkehr mit der Europäischen Staatsanwaltschaft

301 Strafsachen, die in die Zuständigkeit der Europäischen Staatsanwaltschaft fallen

(1) [1]Vorgänge, aus denen sich der Verdacht einer in die Zuständigkeit der Europäischen Staatsanwaltschaft nach den Artikeln 22 und 23 der Verordnung (EU) 2017/1939 des Rates vom 12. Oktober 2017 zur Durchführung einer Verstärkten Zusammenarbeit zur Errichtung der Europäischen Staatsanwaltschaft (EUStA-VO) fallenden Straftat ergibt, übersendet der Staatsanwalt gemäß Artikel 24 Absatz 1 oder 2

EUStA-VO mit einem Bericht unverzüglich der Europäischen Staatsanwaltschaft, sofern nach den Umständen erkennbar ist, dass der Tatzeitpunkt nach Inkrafttreten der EUStA-VO am 20. November 2017 liegt (siehe Artikel 120 Absatz 2 UnterAbsatz 1 EUStA-VO) und die Europäische Staatsanwaltschaft gemäß Artikel 25 Absatz 2 und 3 EUStA-VO ihre Zuständigkeit ausüben könnte. [2]Satz 1 gilt auch dann, wenn zum Zeitpunkt der Unterrichtung nicht erkennbar ist, ob die Kriterien des Artikels 25 Absatz 2 EUStA-VO erfüllt sind. [3]Vor Übersendung des Vorgangs nach Artikel 24 Absatz 2 EUStA-VO hat der Staatsanwalt nach Möglichkeit Kontakt mit dem zuständigen deutschen Zentrum der Delegierten Europäischen Staatsanwälte aufzunehmen, um eine zeitgerechte Entscheidung über die Evokation zu ermöglichen.

(2) [1]Der Bericht an die Europäische Staatsanwaltschaft enthält mindestens eine Beschreibung des Sachverhaltes einschließlich einer Bewertung des entstandenen oder voraussichtlichen Schadens, die mögliche rechtliche Würdigung und alle vorliegenden Informationen über mögliche Opfer, Verdächtige und andere Beteiligte (Artikel 24 Absatz 4 EUStA-VO) sowie die Mitteilung, ob die Meldung nach Artikel 24 Absatz 1 oder 2 EUStA-VO erfolgt, insbesondere ob nach deutschem Recht bereits ein Ermittlungsverfahren als eingeleitet gilt. [2]Auf besondere Umstände (z.B. drohende Verjährung, Untersuchungshaft, erforderliche eilige richterliche Maßnahmen) ist hinzuweisen. [3]Der Vorgang und der Bericht sind der Europäischen Staatsanwaltschaft über den Generalstaatsanwalt, in dringenden Fällen unmittelbar bei gleichzeitiger Übersendung von Abschriften an den Generalstaatsanwalt, zuzuleiten.

(3) [1]Ein Bericht nach Artikel 24 Absatz 2 EUStA-VO erfolgt auch in den Fällen des Artikel 24 Absatz 3 EUStA-VO, in denen der Staatsanwalt der Auffassung ist, dass die Europäische Staatsanwaltschaft gemäß Artikel 25 Absatz 3 EUStA-VO ihre Zuständigkeit nicht ausüben könnte. [2]In diesen Fällen ist eine Übersendung des Vorgangs in der Regel nicht erforderlich. [3]Etwas anderes gilt dann, wenn bereits zum Zeitpunkt der Unterrichtung ein Einverständnis mit der Übernahme des Verfahrens durch die Europäische Staatsanwaltschaft gemäß Artikel 25 Absatz 4 in Verbindung mit Absatz 3 Buchstabe b EUStA-VO besteht. [4]In diesem Fall ist das Einverständnis im Bericht nach Absatz 2 ausdrücklich zu erklären. [5]Bei der Prüfung, ob ein solches Einverständnis erklärt werden soll, ist insbesondere zu berücksichtigen, ob es sich um eine Straftat handelt, die grenzüberschreitende Bezüge oder Bedeutung aufweist, an der eine kriminelle Vereinigung beteiligt ist oder die Straftat eine ernste Gefahr für die finanziellen Interessen der Union oder für die Glaubwürdigkeit ihrer Institutionen und das Vertrauen ihrer Bürger darstellen könnte (Erwägungsgrund 60 der EUStA-VO).

(4) Absatz 1 und 2 gelten auch, wenn die Europäische Staatsanwaltschaft auf anderem Weg als durch einen Bericht Kenntnis erhält, dass eine Staatsanwaltschaft bereits in Bezug auf eine Straftat Ermittlungen, für die die Europäische Staatsanwaltschaft zuständig sein könnte, durchführt und um Unterrichtung gemäß Artikel 24 Absatz 2 EUStA-Verordnung bittet (Artikel 27 Absatz 3 EUStA-VO).

(5) [1]Nach Übersendung des Vorgangs gemäß Absatz 1 und des Berichts gemäß Absatz 2 hat der Staatsanwalt bis zur Entscheidung der Europäischen Staatsanwaltschaft über die Einleitung eines Verfahrens (Artikel 26 Absatz 1 EUStA-VO) oder die Übernahme des Verfahrens (Artikel 27 Absatz 1 EUStA-VO) nur solche Maßnahmen vorzunehmen, die dringend erforderlich sind, um effektive Ermittlungen und eine effektive Strafverfolgung sicherzustellen. [2]Vor solchen Amtshandlungen hat der Staatanwalt, soweit möglich, mit dem zuständigen Delegierten Europäischen Staatsanwalt Fühlung zu nehmen.

(6) Bei Beantwortung von Anfragen der Europäischen Staatsanwaltschaft nach Artikel 24 Absatz 9 EUStA-VO sind die Informationen der Europäischen Staatsanwaltschaft über den Generalstaatsanwalt, in dringenden Fällen unmittelbar bei gleichzeitiger Übersendung von Abschriften an den Generalstaatsanwalt, zuzuleiten.

(7) [1]Der zuständige Delegierte Europäische Staatsanwalt ist unverzüglich über alle neuen Sachverhalte zu unterrichten, die die Europäische Staatsanwaltschaft dazu veranlassen könnten, ihre Entscheidung, ihre Zuständigkeit nicht auszuüben, zu überprüfen (Artikel 27 Absatz 7 EUStA-VO). [2]Bei der Unterrichtung ist auf die Umstände hinzuweisen, die eine Übernahme des Verfahrens durch die Europäische Staatsanwaltschaft nahelegen. [3]Absatz 2 Satz 3 gilt sinngemäß.

(8) Besteht Uneinigkeit darüber, ob die strafbare Handlung in den Anwendungsbereich der Artikel 22 Absatz 2 und 3 oder Artikel 25 Absatz 2 und 3 EUStA-VO fällt, leitet die Staatsanwaltschaft dem Generalbundesanwalt die Akten zusammen mit einer kurzen Stellungnahme über den Generalstaatsanwalt zur Entscheidung zu (Artikel 25 Absatz 6 EUStA-VO, § 142b Absatz 2 Satz 1 GVG).

(9) Erhält der Staatsanwalt die Mitteilung, dass die Europäische Staatsanwaltschaft gemäß Artikel 26 Absatz 1 EUStA-VO ein Verfahren eingeleitet hat (§ 12 Absatz 2 des Gesetzes zur Ausführung der EU-Verordnung zur Errichtung der Europäischen Staatsanwaltschaft (EUStAG)), prüft der Staatsanwalt, ob damit zusammenhängende Verfahren anhängig sind und unterrichtet gegebenenfalls den mit den Ermittlungen betrauten Delegierten Europäischen Staatsanwalt gemäß Absatz 1 und 2.

(10) Trifft ein Staatsanwalt dringend erforderliche Maßnahmen gemäß Artikel 28 Absatz 2 EUStA-VO, ist der mit den Ermittlungen betraute Delegierte Europäische Staatsanwalt unverzüglich und unmittelbar über die ergriffenen Maßnahmen bei gleichzeitiger Übersendung von Abschriften an den Generalstaatsanwalt zu unterrichten.

(11) [1]Die Übersendung von Vorgängen und Berichten erfolgt nach Maßgabe der von den deutschen Zentren der Delegierten Europäischen Staatsanwälte herausgegebenen Richtlinien für die Kommunikation mit den nationalen Behörden und, soweit möglich, auch elektronisch. [2]Der Staatsanwalt soll ein Aktendoppel behalten.

302 Amtshilfe bei Ermittlungsmaßnahmen der Europäischen Staatsanwaltschaft

(1) [1]Die Staatsanwaltschaften (im Sinne des § 142 Absatz 1 Nummer 2 und 3 GVG) leisten der Europäischen Staatsanwaltschaft nach dem GrundSatz der loyalen Zusammenarbeit (Artikel 5 Absatz 6 EUStA-VO) auf deren Ersuchen im Wege der Amtshilfe die erforderliche Unterstützung bei Ermittlungsmaßnahmen der Europäischen Staatsanwaltschaft (§ 13 EUStAG). [2]Dies kommt z.B. bei Durchsuchungsmaßnahmen oder wenn die Europäische Staatsanwaltschaft Unterstützung bei Vernehmungen von ortsfernen Zeugen benötigt, in Betracht. [3]Sofern die Staatsanwaltschaft im jeweiligen Einzelfall zustimmt, kann die Europäische Staatsanwaltschaft im Wege der Amtshilfe auch auf deren Wirtschaftsreferenten zugreifen.

(2) Die Übernahme von außergewöhnlich hohen Kosten für die Amtshilfeleistung hat die Staatsanwaltschaft vorab mit dem mit den Ermittlungen betrauten Delegierten Europäischen Staatsanwalt zu klären (Artikel 91 Absatz 6 EUStA-VO, EG Nummer 112 EUStA-VO).

(3) Die Staatsanwaltschaft unterrichtet den Generalstaatsanwalt von ihrer Entscheidung, der Europäischen Staatsanwaltschaft Amtshilfe zu leisten, und teilt dabei mit, welche Unterstützungsmaßnahmen erfolgen werden.

303 Vollstreckungsverfahren

Räumt der Vollstreckungsstaatsanwalt dem mit den Ermittlungen betrauten Delegierten Europäischen Staatsanwalt die Möglichkeit der Stellungnahme gemäß § 10 Absatz 2 EUStAG ein, leitet er dem zuständigen Delegierten Europäischen Staatsanwalt den Vorgang über den Generalstaatsanwalt, in dringenden Fällen unmittelbar bei gleichzeitiger Übersendung von Abschriften an den Generalstaatsanwalt, zu.

304 Beteiligung der Staatsanwaltschaft durch die Europäische Staatsanwaltschaft bei Einstellung des Verfahrens und im vereinfachten Strafverfolgungsverfahren

(1) Konsultiert die Europäische Staatsanwaltschaft vor der Einstellung eines Ermittlungsverfahrens gemäß Artikel 39 Absatz 3 EUStA-VO den Generalbundesanwalt, leitet der Generalbundesanwalt dieses Ersuchen über den Generalstaatsanwalt an die zuständige Staatsanwaltschaft weiter.

(2) [1]Die Staatsanwaltschaft übermittelt ihre Stellungnahme gemäß Artikel 39 Absatz 3 EUStA-VO bzw. ihr Ersuchen nach Artikel 34 Absatz 6 EUStA-VO über den Generalstaatsanwalt dem Generalbundesanwalt. [2]Der Generalbundesanwalt leitet dem mit den Ermittlungen betrauten Delegierten Europäischen Staatsanwalt die Stellungnahme zu.

(3) Konsultiert die Europäische Staatsanwaltschaft vor der Durchführung eines vereinfachten Strafverfolgungsverfahrens gemäß Artikel 40 Absatz 1 UnterAbsatz 2 EUStA-VO die Staatsanwaltschaft, leitet diese dem mit den Ermittlungen betrauten Delegierten Europäischen Staatsanwalt ihre Stellungnahme über den Generalstaatsanwalt zu.

305 Verweisung von Verfahren durch die Europäische Staatsanwaltschaft

[1]Ersucht die Europäische Staatsanwaltschaft die ansonsten zuständige Staatsanwaltschaft um Übernahme des Ermittlungsverfahrens (Artikel 34 Absatz 1, 2 oder 3 EUStA-VO), leitet die Staatsanwaltschaft ihre Entscheidung in der Regel innerhalb von 30 Tagen über den Generalstaatsanwalt an die Europäische Staatsanwaltschaft zurück. [2]Wenn die Entscheidung nicht innerhalb der 30-Tages-Frist bei der Europäischen Staatsanwaltschaft eingeht, bleibt sie in den Fällen des Artikels 34 Absatz 2 und 3 EUStA-VO für das Verfahren zuständig (Artikel 34 Absatz 5 EUStA-VO).

Gesetz über die psychosoziale Prozessbegleitung im Strafverfahren (PsychPbG)[1)]

Vom 21. Dezember 2015 (BGBl. I S. 2525, 2529)
(FNA 312-15)

§ 1 Regelungsgegenstand

Dieses Gesetz regelt für die psychosoziale Prozessbegleitung nach § 406g der Strafprozessordnung

1. die Grundsätze der psychosozialen Prozessbegleitung (§ 2),
2. die Anforderungen an die Qualifikation des psychosozialen Prozessbegleiters (§§ 3 und 4) sowie
3. die Vergütung des psychosozialen Prozessbegleiters (§§ 5 bis 10).

§ 2 Grundsätze

(1) [1]Psychosoziale Prozessbegleitung ist eine besondere Form der nicht rechtlichen Begleitung im Strafverfahren für besonders schutzbedürftige Verletzte vor, während und nach der Hauptverhandlung. [2]Sie umfasst die Informationsvermittlung sowie die qualifizierte Betreuung und Unterstützung im gesamten Strafverfahren mit dem Ziel, die individuelle Belastung der Verletzten zu reduzieren und ihre Sekundärviktimisierung zu vermeiden.

(2) [1]Psychosoziale Prozessbegleitung ist geprägt von Neutralität gegenüber dem Strafverfahren und der Trennung von Beratung und Begleitung. [2]Sie umfasst weder die rechtliche Beratung noch die Aufklärung des Sachverhalts und darf nicht zu einer Beeinflussung des Zeugen oder einer Beeinträchtigung der Zeugenaussage führen. [3]Der Verletzte ist darüber sowie über das fehlende Zeugnisverweigerungsrecht des psychosozialen Prozessbegleiters von diesem zu Beginn der Prozessbegleitung zu informieren.

§ 3 Anforderungen an die Qualifikation

(1) Psychosoziale Prozessbegleiter müssen fachlich, persönlich und interdisziplinär qualifiziert sein.

(2) [1]Für die fachliche Qualifikation ist erforderlich:

1. ein Hochschulabschluss im Bereich Sozialpädagogik, Soziale Arbeit, Pädagogik, Psychologie oder eine abgeschlossene Berufsausbildung in einem dieser Bereiche sowie
2. der Abschluss einer von einem Land anerkannten Aus- oder Weiterbildung zum psychosozialen Prozessbegleiter.

[2]Der psychosoziale Prozessbegleiter muss praktische Berufserfahrung in einem der unter Satz 1 Nummer 1 genannten Bereiche haben.

(3) [1]Der psychosoziale Prozessbegleiter stellt in eigener Verantwortung sicher, dass er über die notwendige persönliche Qualifikation verfügt. [2]Dazu gehören insbesondere Beratungskompetenz, Kommunikations- und Kooperationsfähigkeit, Konfliktfähigkeit, Belastbarkeit sowie organisatorische Kompetenz.

(4) [1]Für die interdisziplinäre Qualifikation ist insbesondere ein zielgruppenbezogenes Grundwissen in Medizin, Psychologie, Viktimologie, Kriminologie und Recht erforderlich. [2]Der psychosoziale Prozessbegleiter stellt in eigener Verantwortung sicher, dass er Kenntnis vom Hilfeangebot vor Ort für Verletzte hat.

(5) Der psychosoziale Prozessbegleiter stellt in eigener Verantwortung seine regelmäßige Fortbildung sicher.

§ 4 Anerkennung und weitere Anforderungen

Die Länder bestimmen, welche Personen und Stellen für die psychosoziale Prozessbegleitung anerkannt werden, welche weiteren Anforderungen hierfür an Berufsausbildung, praktische Berufserfahrung, spezialisierte Weiterbildung und regelmäßige Fortbildungen zu stellen sind.

§ 5 Vergütung

(1) Die Vergütung des nach § 406g Absatz 3 der Strafprozessordnung beigeordneten psychosozialen Prozessbegleiters richtet sich nach den §§ 6 bis 10.

(2) Ist der psychosoziale Prozessbegleiter als Angehöriger oder Mitarbeiter einer nicht öffentlichen Stelle tätig, steht die Vergütung (§ 6) der Stelle zu.

(3) Dieses Gesetz gilt nicht für die Vergütung

1. der Angehörigen oder Mitarbeiter einer Behörde oder einer sonstigen öffentlichen Stelle, wenn sie die psychosoziale Prozessbegleitung in Erfüllung ihrer Dienstaufgabe wahrnehmen,

---

1) Verkündet als Art. 4 3. OpferrechtsreformG v. 21.12.2015 (BGBl. I S. 2525); Inkrafttreten gem. Art. 5 Satz 2 dieses G am 1.1.2017.

2. der Angehörigen oder Mitarbeiter einer nicht öffentlichen Stelle, wenn sie die psychosoziale Prozessbegleitung in Erfüllung ihrer Aufgabe wahrnehmen und die Stelle für die Durchführung der psychosozialen Prozessbegleitung stellenbezogene Förderungen erhält.

§ 6 Höhe der Vergütung

[1]Der beigeordnete psychosoziale Prozessbegleiter erhält für die Wahrnehmung seiner Aufgaben aus der Staatskasse für eine psychosoziale Prozessbegleitung eine Vergütung

1. im Vorverfahren in Höhe von 520 Euro,
2. im gerichtlichen Verfahren im ersten Rechtszug in Höhe von 370 Euro,
3. nach Abschluss des erstinstanzlichen Verfahrens in Höhe von 210 Euro.

[2]Mit der Vergütung nach Satz 1 sind auch Ansprüche auf Ersatz anlässlich der Ausübung der psychosozialen Prozessbegleitung entstandener Aufwendungen und Auslagen sowie Ansprüche auf Ersatz der auf die Vergütung entfallenden Umsatzsteuer abgegolten.

§ 7 Entstehung des Anspruchs

[1]Der Anspruch auf Vergütung entsteht für jeden Verfahrensabschnitt nach § 6 Satz 1 gesondert. [2]Das gerichtliche Verfahren beginnt, wenn das für die Hauptverhandlung zuständige Gericht die Eröffnung des Hauptverfahrens nach § 203 der Strafprozessordnung beschließt.

§ 8 Anwendung des Rechtsanwaltsvergütungsgesetzes

Auf den Umfang und die Fälligkeit des Vergütungsanspruchs sowie auf die Festsetzung der Vergütungen und Vorschüsse einschließlich der Rechtsbehelfe sind § 8 Absatz 1, § 47 Absatz 1 Satz 1, § 48 Absatz 1, die §§ 54, 55 Absatz 1, § 56 Absatz 1 Satz 1 und Absatz 2 des Rechtsanwaltsvergütungsgesetzes entsprechend anzuwenden.

§ 9 Erlöschen des Anspruchs

Der Vergütungsanspruch erlischt, wenn er nicht binnen 15 Monaten nach Einstellung oder rechtskräftigem Abschluss des Verfahrens bei dem für die Festsetzung der Vergütung zuständigen Gericht geltend gemacht wird.

§ 10 Öffnungsklausel; Verordnungsermächtigung

(1) Die Landesregierungen können für ihren Bereich durch Rechtsverordnung bestimmen, dass die in diesem Gesetz genannten Bestimmungen über den Vergütungsanspruch des psychosozialen Prozessbegleiters keine Anwendung finden, wenn die Landesregierungen die Vergütung des psychosozialen Prozessbegleiters anderweitig geregelt haben.

(2) Die Landesregierungen können die Ermächtigung nach Absatz 1 durch Rechtsverordnung auf die Landesjustizverwaltungen übertragen.

§ 11 Übergangsregelung

Die Länder können abweichend von den Voraussetzungen des § 3 Absatz 2 Satz 1 Nummer 2 bis zum 31. Juli 2017 bestimmen, dass Personen, die bereits eine von einem Land anerkannte Aus- oder Weiterbildung im Sinne dieses Gesetzes begonnen, aber noch nicht beendet haben, psychosoziale Prozessbegleitung vornehmen können.

Gesetz über die Zusammenarbeit mit dem Internationalen Strafgerichtshof (IStGH-Gesetz – IStGHG)[1)]

Vom 21. Juni 2002 (BGBl. I S. 2144)
(FNA 319-103)

zuletzt geändert durch Art. 6 G zur Neuregelung des Rechts der notwendigen Verteidigung[2)] vom 10. Dezember 2019 (BGBl. I S. 2128)

Inhaltsübersicht

1) Verkündet als Art. 1 IStGH-AusführungsG v. 21.6.2002 (BGBl. I S. 2144); Inkrafttreten gem. Art. 13 dieses G am 1.7.2002.

2) **Amtl. Anm.:** Dieses Gesetz dient der Umsetzung der Richtlinie (EU) 2016/1919 des Europäischen Parlaments und des Rates vom 26. Oktober 2016 über Prozesskostenhilfe für Verdächtige und beschuldigte Personen in Strafverfahren sowie für gesuchte Personen in Verfahren zur Vollstreckung eines Europäischen Haftbefehls (ABl. L 297 vom 4.11.2016, S. 1; L 91 vom 5.4.2017, S. 40). […]

Teil 1
Anwendungsbereich

§ 1 Anwendungsbereich (Zu Artikel 1, Artikel 17, Artikel 86 und Artikel 34 des Römischen Statuts)

(1) [1]Der Internationale Strafgerichtshof ergänzt die deutsche Strafgerichtsbarkeit. [2]Die Bundesrepublik Deutschland arbeitet nach diesem Gesetz und dem Römischen Statut des Internationalen Strafgerichtshofs (Römisches Statut) vom 17. Juli 1998 (BGBl. 2000 II S. 1393) mit dem Internationalen Strafgerichtshof zusammen.

(2) Im Sinne dieses Gesetzes bezeichnet das Wort „Gerichtshof" den durch das Römische Statut errichteten Internationalen Strafgerichtshof, einschließlich seines Präsidiums, seiner Kammern, seiner Anklagebehörde, der Kanzlei und der Angehörigen dieser Organe.

Teil 2
Überstellung

§ 2 Grundsatz (Zu Artikel 89 Abs. 1, Artikel 91 Abs. 2 und 3 des Römischen Statuts)

(1) Personen, um deren Überstellung der Gerichtshof in Übereinstimmung mit dem Römischen Statut ersucht hat und die sich im Inland aufhalten, werden zur Strafverfolgung und zur Strafvollstreckung nach Maßgabe des Römischen Statuts und dieses Gesetzes überstellt.

(2) Eine Überstellung zur Strafvollstreckung kann im Einvernehmen mit dem Gerichtshof auch durch die direkte Übergabe des Verfolgten an die zuständigen Stellen des Staates, in dem eine vom Gerichtshof verhängte Freiheitsstrafe vollstreckt werden soll (Vollstreckungsstaat), vollzogen werden.

§ 3 Überstellungsersuchen und früheres Strafverfahren vor dem Gerichtshof oder in einem ausländischen Staat (Zu Artikel 89 Abs. 2 Satz 1 des Römischen Statuts)

[1]Macht der Verfolgte während des Überstellungsverfahrens geltend, wegen der Tat, derentwegen der Gerichtshof um Überstellung ersucht, schon vom Gerichtshof oder dem Gericht eines Staates verurteilt oder freigesprochen worden zu sein, so unterrichtet die Stelle, der gegenüber der Verfolgte dies vorbringt, unbeschadet des § 68 Abs. 3 Satz 3 und 4, unverzüglich die Staatsanwaltschaft bei dem Oberlandesgericht. [2]Das Oberlandesgericht setzt das Überstellungsverfahren nach Artikel 89 Abs. 2 Satz 3 des Römischen Statuts einstweilig aus, bis der Gerichtshof über die Zulässigkeit entscheidet. [3]Der Verfolgte wird nicht überstellt, wenn der Gerichtshof entscheidet, dass die Durchführung eines Strafverfahrens nicht zulässig ist.

§ 4 Überstellungsersuchen und Auslieferungsersuchen (Zu Artikel 90 des Römischen Statuts)

(1) [1]Ersucht ein ausländischer Staat um Auslieferung einer Person wegen einer der Gerichtsbarkeit des Gerichtshofes unterliegenden Tat, kann der Gerichtshof von der Stellung des Ersuchens unterrichtet werden. [2]Auf Ersuchen wird dem Gerichtshof eine Abschrift des Auslieferungsersuchens und der beigefügten Unterlagen übermittelt, wenn der ausländische Staat der Übermittlung nicht widerspricht und die Übermittlung nicht im Widerspruch zu sonstigen völkerrechtlichen Vereinbarungen steht.

(2) [1]Ersuchen sowohl der Gerichtshof um Überstellung und ein ausländischer Staat um Auslieferung derselben Person, werden der Gerichtshof und der Staat von dem jeweils anderen Ersuchen unterrichtet.

[2]Wird wegen derselben Tat um Überstellung und Auslieferung ersucht, ist dies in der Unterrichtung nach Satz 1 anzugeben.

(3) [1]War die Auslieferung bei Eingang des Ersuchens des Gerichtshofes um Überstellung noch nicht bewilligt, wird die Entscheidung hierüber vorbehaltlich Absatz 5 bis zur Entscheidung über die Bewilligung der Überstellung zurückgestellt. [2]Die Entscheidung darüber, welchem Ersuchen Vorrang eingeräumt wird, bestimmt sich nach Artikel 90 Abs. 2, 4 und 7 Buchstabe a des Römischen Statuts.

(4) In den Fällen des Artikels 90 Abs. 2 bis 6 des Römischen Statuts wird nach Bewilligung des Ersuchens um Überstellung die Entscheidung über die Bewilligung der Auslieferung bis zur endgültigen Entscheidung im Verfahren vor dem Gerichtshof über die dem Überstellungsersuchen zu Grunde liegenden Taten zurückgestellt.

(5) Hat der Gerichtshof im Falle des Artikels 90 Abs. 5 des Römischen Statuts nicht binnen zwei Monaten seit der Mitteilung nach Artikel 90 Abs. 1 des Römischen Statuts über die Zulässigkeit entschieden, kann bei Vorliegen der sonstigen Voraussetzungen eine Entscheidung über die Bewilligung der Auslieferung ergehen.

(6) In den Fällen des Artikels 90 Abs. 6 und 7 Buchstabe b des Römischen Statuts wird dem Ersuchen des Gerichtshofes Vorrang eingeräumt, sofern nicht unter Berücksichtigung der in diesen Bestimmungen genannten Merkmale die Gründe, die für die Bewilligung des Auslieferungsersuchens sprechen, deutlich überwiegen.

(7) Der Gerichtshof wird in allen Fällen über die Entscheidung über das Auslieferungsersuchen unterrichtet.

§ 5 Überstellungsunterlagen (Zu Artikel 91 Abs. 2 und 3, Artikel 111 des Römischen Statuts)

(1) [1]Die Überstellung an den Gerichtshof ist nur zulässig, wenn die in Artikel 91 Abs. 2 des Römischen Statuts (Überstellung zur Strafverfolgung) oder die in Artikel 91 Abs. 3 des Römischen Statuts (Überstellung zur Strafvollstreckung) bezeichneten Unterlagen vorgelegt worden sind. [2]Wird um Überstellung zur Verfolgung mehrerer Taten ersucht, so genügt hinsichtlich der weiteren Taten anstelle eines Haftbefehls eine Urkunde des Gerichtshofes, aus der sich die dem Verfolgten zur Last gelegte Tat ergibt. [3]In den in Artikel 91 Abs. 2 Buchstab c des Römischen Statuts bezeichneten Unterlagen sind die anwendbaren Bestimmungen darzustellen. [4]Soweit es sich um Vorschriften des Statuts handelt, reicht die Angabe der Bezeichnung dieser Bestimmungen aus.

(2) Der Vollzug der bewilligten Überstellung zur Strafvollstreckung an den Vollstreckungsstaat (§ 2 Abs. 2) ist nur zulässig, wenn neben den in Artikel 91 Abs. 3 des Römischen Statuts bezeichneten Unterlagen

1. eine Urkunde des Vollstreckungsstaates, aus der sich sein Einverständnis mit der Vollstreckung ergibt oder eine Erklärung des Gerichtshofes, nach der der Vollstreckungsstaat mit der Vollstreckung einverstanden ist, vorgelegt worden ist und
2. sich der Gerichtshof im Ersuchen oder den ihm beigefügten Unterlagen mit der Übergabe des Verfolgten durch die deutschen Behörden an den Vollstreckungsstaat einverstanden erklärt hat.

§ 6 Bewilligung der Überstellung

Die Überstellung darf, außer im Falle des § 32, nur bewilligt werden, wenn das Gericht sie für zulässig erklärt hat.

§ 7 Sachliche Zuständigkeit

(1) [1]Die gerichtlichen Entscheidungen erlässt, soweit nichts anderes bestimmt ist, das Oberlandesgericht. [2]Die Entscheidungen des Oberlandesgerichts sind unanfechtbar.

(2) Die Staatsanwaltschaft bei dem Oberlandesgericht bereitet die Entscheidung über die Überstellung vor und führt die bewilligte Überstellung durch.

§ 8 Örtliche Zuständigkeit

(1) Örtlich zuständig sind das Oberlandesgericht und die Staatsanwaltschaft bei dem Oberlandesgericht, in deren Bezirk der Verfolgte zum Zweck der Überstellung ergriffen oder, falls eine Ergreifung nicht erfolgt, zuerst ermittelt wird.

(2) Werden mehrere Verfolgte, die wegen Beteiligung an derselben Tat oder im Zusammenhang damit überstellt werden sollen, in den Bezirken verschiedener Oberlandesgerichte zum Zweck der Überstellung ergriffen oder ermittelt, so richtet sich die Zuständigkeit danach, welches Oberlandesgericht oder, solange noch kein Oberlandesgericht befasst ist, welche Staatsanwaltschaft bei dem Oberlandesgericht zuerst mit der Sache befasst wurde.

(3) Solange der Aufenthalt des Verfolgten nicht bekannt ist, richtet sich die Zuständigkeit nach dem Sitz der Bundesregierung.

§ 9 Fahndungsmaßnahmen (Zu Artikel 59 Abs. 1 des Römischen Statuts)

(1) [1]Nach Eingang eines Ersuchens des Gerichtshofes um Festnahme und Überstellung nach Artikel 89 Abs. 1 des Römischen Statuts oder vorläufige Festnahme nach Artikel 92 Abs. 1 des Römischen Statuts werden die erforderlichen Maßnahmen zur Feststellung des Aufenthaltes und zur Festnahme des Verfolgten ergriffen. [2]Die Vorschriften des Abschnitts 9a des Ersten Buches der Strafprozessordnung sind entsprechend anwendbar.

(2) [1]Zur Anordnung einzelner Fahndungsmaßnahmen bedarf es keines gesonderten Ersuchens des Gerichtshofes. [2]Zuständig für die Ausschreibung zur Festnahme ist die Staatsanwaltschaft bei dem Oberlandesgericht.

§ 10 Überstellungshaft (Zu Artikel 59 Abs. 1 des Römischen Statuts)

Nach Eingang des Festnahme- und Überstellungsersuchens, dem im Falle einer Überstellung zur Strafverfolgung die in Artikel 91 Abs. 2 des Römischen Statuts oder im Falle einer Überstellung zur Strafvollstreckung die in Artikel 91 Abs. 3 des Römischen Statuts bezeichneten Unterlagen beigefügt sind, wird gegen den Verfolgten die Überstellungshaft angeordnet.

§ 11 Vorläufige Überstellungshaft (Zu Artikel 59 Abs. 1, Artikel 92 des Römischen Statuts)

(1) [1]Liegen ein Ersuchen des Gerichtshofes um vorläufige Festnahme und die in Artikel 92 Abs. 2 des Römischen Statuts bezeichneten Unterlagen vor, wird vorläufige Überstellungshaft angeordnet. [2]Der Überstellungshaftbefehl ist aufzuheben, wenn der Verfolgte seit dem Tag der Ergreifung oder der vorläufigen Festnahme insgesamt 60 Tage zum Zweck der Überstellung in Haft ist, ohne dass ein Ersuchen des Gerichtshofes um Festnahme und Überstellung und die nach dem Statut vorzulegenden Überstellungsunterlagen bei der nach § 68 Abs. 1 zuständigen Stelle eingegangen sind oder sich der Verfolgte innerhalb dieser Frist nicht mit seiner vereinfachten Überstellung (§ 33) einverstanden erklärt hat.

(2) [1]Vor Eingang eines Festnahme- und Überstellungsersuchens oder eines Ersuchens um vorläufige Festnahme kann vorläufige Überstellungshaft angeordnet werden, wenn die Person einer Tat, die zu ihrer Überstellung an den Gerichtshof Anlass geben kann, auf Grund bestimmter Tatsachen dringend verdächtig ist und

1. die Gefahr besteht, dass sich der Verfolgte dem Überstellungsverfahren oder der Durchführung der Überstellung entziehen werde oder
2. auf Grund bestimmter Tatsachen der dringende Verdacht begründet ist, dass der Verfolgte die Ermittlung der Wahrheit in dem Verfahren des Gerichtshofes oder Überstellungsverfahren erschweren werde.

[2]Gegen einen Verfolgten, der der Begehung eines Völkermordes (Artikel 6 des Römischen Statuts) oder eines Verbrechens gegen die Menschlichkeit (Artikel 7 des Römischen Statuts) dringend verdächtig ist, darf die vorläufige Überstellungshaft auch angeordnet werden, wenn bestimmte Tatsachen die Gefahr begründen, dass ohne Festnahme des Verfolgten die Aufklärung der Tat, die ihm vorgeworfen wird, durch den Gerichtshof gefährdet sein könnte. [3]Durch geeignete Maßnahmen ist sicherzustellen, dass die nach § 68 Abs. 1 zuständige Stelle den Gerichtshof von der Anordnung der Haft nach Satz 1 oder Satz 2 in Kenntnis setzen kann.

(3) [1]Der vorläufige Überstellungshaftbefehl nach Absatz 2 wird aufgehoben, wenn der Gerichtshof erklärt, ein entsprechendes Ersuchen nicht stellen zu wollen oder der Verfolgte seit dem Tag der Ergreifung oder der vorläufigen Festnahme insgesamt einen Monat zum Zweck der Überstellung in Haft ist, ohne dass ein Ersuchen des Gerichtshofes um Festnahme und Überstellung oder um vorläufige Festnahme bei der nach § 68 Abs. 1 zuständigen Stelle eingegangen ist. [2]Mit Eingang eines Ersuchens des Gerichtshofes um Festnahme und Überstellung oder um vorläufige Festnahme ist die in Absatz 1 Satz 2 genannte Frist anzuwenden.

§ 12 Überstellungshaftbefehl

(1) Die vorläufige Überstellungshaft und die Überstellungshaft werden durch schriftlichen Haftbefehl (Überstellungshaftbefehl) des Oberlandesgerichts angeordnet.

(2) In dem Überstellungshaftbefehl ist anzuführen

1. der Verfolgte,
2. die dem Verfolgten zur Last gelegte Tat,
3. das Ersuchen und die übermittelten Überstellungsunterlagen oder im Falle des § 11 Abs. 2 Satz 1 oder 2 der Haftgrund und die ihn begründenden Tatsachen sowie die Tatsachen, aus denen sich ergibt, dass der Verfolgte einer Tat, die zu seiner Überstellung Anlass geben kann, dringend verdächtig ist.

(3) Der Überstellungshaftbefehl wird aufgehoben, wenn das Ersuchen zurückgenommen wird, der Gerichtshof erklärt, dass das dem Überstellungsersuchen zu Grunde liegende Verfahren vor ihm unzulässig ist, oder die Überstellung für unzulässig erklärt wird.

§ 13 Vorläufige Festnahme

(1) [1]Liegen die Voraussetzungen eines Überstellungshaftbefehls vor, so sind die Staatsanwaltschaft und die Beamten des Polizeidienstes zur vorläufigen Festnahme befugt. [2]Unter den Voraussetzungen des § 127 Abs. 1 Satz 1 der Strafprozessordnung ist jedermann zur vorläufigen Festnahme berechtigt.

(2) Wird der Verfolgte festgenommen, so ist ihm der Grund der Festnahme mitzuteilen.

(3) [1]Liegt ein Überstellungshaftbefehl vor, so ist er dem Verfolgten unverzüglich bekannt zu geben. [2]Der Verfolgte erhält eine Abschrift.

§ 14 Verfahren nach Ergreifung auf Grund eines Überstellungshaftbefehls (Zu Artikel 59 Abs. 2 des Römischen Statuts)

(1) Wird der Verfolgte auf Grund eines Überstellungshaftbefehls ergriffen, so ist er unverzüglich, spätestens am Tag nach der Ergreifung, dem Richter des nächsten Amtsgerichts vorzuführen.

(2) [1]Der Richter beim Amtsgericht vernimmt den Verfolgten unverzüglich nach der Vorführung, spätestens am nächsten Tag, über seine persönlichen Verhältnisse, insbesondere über seine Staatsangehörigkeit. [2]Er weist ihn darauf hin, dass er sich in jeder Lage des Verfahrens eines Rechtsbeistands (§ 31) bedienen kann und dass es ihm freisteht, sich zu der ihm zur Last gelegten Tat zu äußern oder dazu nicht auszusagen. [3]Sodann belehrt er den Verfolgten, dass er die Aussetzung des Vollzuges des Überstellungshaftbefehls beantragen sowie sich wegen des Haftbefehls des Gerichtshofes jederzeit an diesen wenden kann und befragt ihn, ob und gegebenenfalls aus welchen Gründen er Einwendungen gegen die Überstellung erheben will; § 41 Abs. 5 Satz 1 findet entsprechende Anwendung. [4]Im Falle des § 11 Abs. 2 erstreckt sich die Vernehmung auch auf den Gegenstand der Beschuldigung; in den übrigen Fällen sind die Angaben, die der Verfolgte von sich aus hierzu macht, in das Protokoll aufzunehmen. [5]Sofern der Gerichtshof darum bittet, wird ihm eine Abschrift des Protokolls übermittelt.

(3) [1]Ergibt sich bei der Vernehmung, dass

1. der Ergriffene nicht die in dem Überstellungshaftbefehl bezeichnete Person ist,
2. der Überstellungshaftbefehl aufgehoben ist oder
3. der Vollzug des Überstellungshaftbefehls ausgesetzt ist,

so ordnet der Richter beim Amtsgericht die Freilassung an. [2]Die Entscheidung ergeht nach Anhörung der Staatsanwaltschaft bei dem Oberlandesgericht, das für die Entscheidung über die Zulässigkeit der Überstellung zuständig ist.

(4) [1]Ist der Überstellungshaftbefehl aufgehoben oder der Vollzug ausgesetzt, so ordnet der Richter beim Amtsgericht an, dass der Verfolgte bis zur Entscheidung des Oberlandesgerichts festzuhalten ist, wenn

1. die Voraussetzungen eines neuen Überstellungshaftbefehls wegen der Tat vorliegen oder
2. Gründe dafür vorliegen, den Vollzug des Überstellungshaftbefehls anzuordnen.

[2]Die Staatsanwaltschaft bei dem Oberlandesgericht führt unverzüglich die Entscheidung des Oberlandesgerichts herbei.

(5) [1]Beantragt der Verfolgte die Außervollzugsetzung des Überstellungshaftbefehls oder erhebt er gegen den Überstellungshaftbefehl oder gegen dessen Vollzug sonstige Einwendungen, die nicht offensichtlich unbegründet sind, oder hat der Richter beim Amtsgericht Bedenken gegen die Aufrechterhaltung der Haft, so teilt er dies unbeschadet der Vorschrift des § 68 Abs. 3 Satz 3 und 4 unverzüglich der Staatsanwaltschaft bei dem Oberlandesgericht mit. [2]Die Staatsanwaltschaft bei dem Oberlandesgericht führt unverzüglich die Entscheidung des Oberlandesgerichts herbei; § 16 Abs. 2 bis 4 ist entsprechend anzuwenden.

(6) [1]Erhebt der Verfolgte gegen die Überstellung keine Einwendungen, so belehrt ihn der Richter beim Amtsgericht über die Möglichkeit der vereinfachten Überstellung und deren Rechtsfolgen (§ 33) und nimmt sodann dessen Erklärung zu Protokoll. [2]Absatz 2 Satz 5 ist entsprechend anzuwenden.

(7) Die Entscheidung des Richters beim Amtsgericht ist unanfechtbar.

§ 15 Verfahren nach vorläufiger Festnahme

(1) Wird der Verfolgte vorläufig festgenommen, so ist er unverzüglich, spätestens am Tag nach der Festnahme, dem Richter des nächsten Amtsgerichts vorzuführen.

(2) § 14 Abs. 2 ist auf die Vernehmung des Verfolgten entsprechend anzuwenden.

(3) [1]Ergibt sich bei der Vernehmung, dass der Ergriffene nicht die Person ist, auf die sich das Ersuchen oder die Tatsachen im Sinne des § 11 Abs. 2 beziehen, so ordnet der Richter beim Amtsgericht seine Freilassung an. [2]Andernfalls ordnet der Richter beim Amtsgericht an, dass der Verfolgte bis zur Entscheidung des Oberlandesgerichts festzuhalten ist. [3]Die Staatsanwaltschaft bei dem Oberlandesgericht

führt unverzüglich die Entscheidung des Oberlandesgerichts herbei; die Beteiligung des Gerichtshofes richtet sich nach Artikel 59 Abs. 4 bis 6 des Römischen Statuts. [4]§ 14 Abs. 5 bis 7 gilt entsprechend.

§ 16 Haftentscheidungen, Aussetzung des Vollzuges des Überstellungshaftbefehls (Zu Artikel 59 Abs. 4 bis 6 des Römischen Statuts)

(1) Über Einwendungen des Verfolgten gegen den Überstellungshaftbefehl oder gegen dessen Vollzug entscheidet das Oberlandesgericht.

(2) [1]Das Oberlandesgericht kann den Vollzug eines auf Grund eines Ersuchens des Gerichtshofes ergangenen Überstellungshaftbefehls nur unter den Voraussetzungen des Artikels 59 Abs. 4 des Römischen Statuts aussetzen. [2]Der Vollzug eines nach § 11 Abs. 2 Satz 1 und 2 ergangenen Überstellungshaftbefehls kann ausgesetzt werden, wenn weniger einschneidende Maßnahmen die Gewähr bieten, dass der Zweck der Überstellungshaft auch durch sie erreicht wird.

(3) [1]Vor einer Entscheidung nach Absatz 1 oder Absatz 2 Satz 1 ist dem Gerichtshof Gelegenheit zur Stellungnahme zu geben. [2]Etwaige Empfehlungen sind entsprechend Artikel 59 Abs. 5 Satz 2 des Römischen Statuts zu berücksichtigen. [3]Sofern von einer Empfehlung des Gerichtshofes abgewichen werden soll, soll dem Gerichtshof unter Darlegung der Gründe erneut Gelegenheit zur Stellungnahme gegeben werden. [4]Wird der Vollzug des Überstellungshaftbefehls ausgesetzt, so wird der Gerichtshof auf entsprechende Bitte über den Sachstand unterrichtet.

(4) § 116 Abs. 1 Satz 2, Abs. 4, §§ 116a, 123 und 124 Abs. 1, 2 Satz 1, Abs. 3 der Strafprozessordnung gelten entsprechend.

§ 17 Haftprüfung

[1]Befindet sich der Verfolgte in Überstellungshaft oder in vorläufiger Überstellungshaft, so entscheidet das Oberlandesgericht über eine Aussetzung des Vollzuges des Überstellungshaftbefehls, wenn der Verfolgte seit dem Tag der Ergreifung, der vorläufigen Festnahme oder der letzten Entscheidung über den Vollzug des Überstellungshaftbefehls insgesamt zwei Monate zum Zweck der Überstellung in Haft ist. [2]Die Haftprüfung wird jeweils nach zwei Monaten wiederholt. [3]Das Oberlandesgericht kann anordnen, dass die Haftprüfung innerhalb einer kürzeren Frist vorgenommen wird. [4]§ 16 Abs. 2 und 3 ist entsprechend anzuwenden.

§ 18 Vollzug der Haft

(1) Für die vorläufige Überstellungshaft, die Überstellungshaft und die Haft auf Grund einer Anordnung des Richters beim Amtsgericht gelten die Vorschriften der Strafprozessordnung, des Strafvollzugsgesetzes und, soweit der Verfolgte ein Heranwachsender ist, des Jugendgerichtsgesetzes über den Vollzug der Untersuchungshaft entsprechend.

(2) Die Staatsanwaltschaft bei dem Oberlandesgericht bestimmt die Anstalt, in welcher der Verfolgte zu verwahren ist.

(3) Die richterlichen Verfügungen trifft der Vorsitzende des zuständigen Senats des Oberlandesgerichts.

§ 19 Vernehmung des Verfolgten

(1) Nach dem Eingang des Festnahme- und Überstellungsersuchens vernimmt das Oberlandesgericht den Verfolgten, wenn er sich nicht mit einer vereinfachten Überstellung (§ 32) einverstanden erklärt hat.

(2) [1]Das Oberlandesgericht vernimmt den Verfolgten über seine persönlichen Verhältnisse, insbesondere über seine Staatsangehörigkeit. [2]§ 14 Abs. 2 Satz 2 und 3 gilt entsprechend. [3]Zum Gegenstand der Beschuldigung ist der Verfolgte zu vernehmen, wenn die Staatsanwaltschaft bei dem Oberlandesgericht dies beantragt; in den übrigen Fällen sind die Angaben, die der Verfolgte von sich aus hierzu macht, in das Protokoll aufzunehmen. [4]§ 14 Abs. 2 Satz 5 und Abs. 6 gilt entsprechend.

§ 20 Zulässigkeitsverfahren

(1) Hat sich der Verfolgte nicht mit der vereinfachten Überstellung (§ 32) einverstanden erklärt, so beantragt die Staatsanwaltschaft bei dem Oberlandesgericht die Entscheidung des Oberlandesgerichts darüber, ob die Überstellung zulässig ist.

(2) Reichen die Überstellungsunterlagen zur Beurteilung der Zulässigkeit der Überstellung nicht aus, so entscheidet das Oberlandesgericht erst, wenn dem Gerichtshof Gelegenheit gegeben worden ist, ergänzende Unterlagen beizubringen.

(3) [1]Das Oberlandesgericht kann den Verfolgten vernehmen. [2]Es kann sonstige Beweise über die Zulässigkeit der Überstellung erheben und eine mündliche Verhandlung durchführen. [3]Art und Umfang der Beweisaufnahme bestimmt das Oberlandesgericht, ohne durch Anträge, Verzichte oder frühere Beschlüsse gebunden zu sein.

§ 21 Durchführung der mündlichen Verhandlung

(1) [1]Von Ort und Zeit der mündlichen Verhandlung sind die Staatsanwaltschaft bei dem Oberlandesgericht, der Verfolgte und sein Rechtsbeistand (§ 31) zu benachrichtigen. [2]Bei der mündlichen Verhandlung muss ein Vertreter der Staatsanwaltschaft bei dem Oberlandesgericht und der bestellte Rechtsbeistand des Verfolgten anwesend sein. [3]Angehörigen des Gerichtshofes und dem Verteidiger des Verfolgten im Verfahren vor dem Gerichtshof kann die Anwesenheit und die Anregung von Fragen gestattet werden.

(2) Befindet sich der Verfolgte in Haft, so ist er vorzuführen, es sei denn, dass er auf die Anwesenheit in der Verhandlung verzichtet hat oder dass der Vorführung Krankheit, vorsätzlich herbeigeführte Verhandlungsunfähigkeit, Abwesenheit wegen ordnungswidrigen Benehmens oder ein anderes vom Verfolgten zu vertretendes, nicht zu beseitigendes Hindernis entgegenstehen.

(3) [1]Befindet sich der Verfolgte auf freiem Fuß, so ordnet das Oberlandesgericht regelmäßig sein persönliches Erscheinen an, sofern nicht gewichtige Gründe gegen die Anordnung sprechen. [2]Erscheint der ordnungsgemäß geladene Verfolgte nicht und ist sein Fernbleiben nicht genügend entschuldigt, so ordnet das Oberlandesgericht die Vorführung an und ergreift die zur Sicherstellung einer späteren Überstellung erforderlichen Maßnahmen.

(4) [1]In der mündlichen Verhandlung sind die anwesenden Beteiligten zu hören. [2]Über die Verhandlung ist ein Protokoll aufzunehmen. [3]§ 14 Abs. 2 Satz 5 ist entsprechend anwendbar.

§ 22 Entscheidung über die Zulässigkeit

[1]Der Beschluss über die Zulässigkeit der Überstellung ist zu begründen. [2]Er wird der Staatsanwaltschaft bei dem Oberlandesgericht, dem Verfolgten und seinem Rechtsbeistand (§ 31) bekannt gemacht. [3]Der Verfolgte erhält eine Abschrift.

§ 23 Erneute Entscheidung über die Zulässigkeit

(1) Treten nach der Entscheidung des Oberlandesgerichts über die Zulässigkeit der Überstellung Umstände ein, die eine andere Entscheidung über die Zulässigkeit zu begründen geeignet sind, so entscheidet das Oberlandesgericht von Amts wegen, auf Antrag der Staatsanwaltschaft bei dem Oberlandesgericht oder auf Antrag des Verfolgten erneut über die Zulässigkeit der Überstellung.

(2) [1]Werden nach der Entscheidung des Oberlandesgerichts Umstände bekannt, die eine andere Entscheidung über die Zulässigkeit zu begründen geeignet sind, so kann das Oberlandesgericht erneut über die Zulässigkeit der Überstellung entscheiden. [2]Absatz 1 gilt entsprechend.

(3) Die Absätze 1 und 2 sind im Falle des Einverständnisses des Verfolgten mit seiner vereinfachten Überstellung mit der Maßgabe entsprechend anwendbar, dass an die Stelle der Entscheidung des Oberlandesgerichts die Erklärung des Einverständnisses des Verfolgten mit der vereinfachten Überstellung tritt.

(4) § 20 Abs. 3, §§ 21, 22 gelten entsprechend.

(5) Das Oberlandesgericht kann den Aufschub der Überstellung anordnen.

§ 24 Haft zur Durchführung der Überstellung

Ist der Vollzug eines Überstellungshaftbefehls ausgesetzt, so ordnet das Oberlandesgericht nach Bewilligung der Überstellung den Vollzug an, sofern nicht gewichtige Gründe gegen die Inhaftnahme sprechen und die Durchführung der Überstellung auf andere Weise gewährleistet ist.

§ 25 Spezialität (Zu Artikel 101 des Römischen Statuts)

(1) Der Gerichtshof kann nach Maßgabe des Artikels 101 Abs. 2 des Römischen Statuts einen an ihn überstellten Verfolgten auch wegen anderer Taten als derjenigen, derentwegen die Überstellung bewilligt wurde, strafrechtlich verfolgen, bestrafen oder einer Beschränkung seiner persönlichen Freiheit unterwerfen, soweit die Taten seiner Gerichtsbarkeit unterliegen.

(2) [1]Ficht ein ausländischer Staat die Zulässigkeit des Strafverfahrens vor dem Gerichtshof erfolgreich nach Artikel 19 in Verbindung mit Artikel 17 Abs. 1 Buchstabe a des Römischen Statuts an und beabsichtigt der Gerichtshof daraufhin, den Verfolgten den Behörden dieses Staates zu übergeben, so ist Absatz 1 nicht anwendbar. [2]In diesem Falle wird der Gerichtshof unverzüglich um Rücküberstellung des Verfolgten ersucht. [3]Für das weitere Verfahren gelten die Vorschriften des Auslieferungsrechts.

(3) [1]Absatz 1 findet ebenfalls keine Anwendung, soweit ein ausländischer Staat den Gerichtshof, den Staat, in dessen Hoheitsgebiet der Gerichtshof seinen Sitz hat (Gaststaat, Artikel 3 des Römischen Statuts), oder den Vollstreckungsstaat um Auslieferung, vorübergehende Auslieferung, Abschiebung oder sonstige Verbringung in seinen Hoheitsbereich zur Strafverfolgung oder Vollstreckung einer Strafe oder sonstigen Sanktion ersucht. [2]Der Gerichtshof wird um Rückgabe des Verfolgten ersucht, wenn auf anderem Wege die Beachtung der im Verhältnis zum ersuchenden Staat geltenden Vorschriften des Auslieferungsrechts nicht sichergestellt werden kann.

§ 26 Überstellungsersuchen nach vorheriger Auslieferung

(1) [1]Ist die Auslieferung eines Verfolgten an einen ausländischen Staat durchgeführt und ersucht der Gerichtshof um Zustimmung zur Verfolgung oder zur Vollstreckung einer Strafe, so wird die Zustimmung erteilt, wenn

1. nachgewiesen worden ist, dass der Verfolgte Gelegenheit hatte, sich zu dem Ersuchen zu äußern, und das Oberlandesgericht entschieden hat, dass wegen der Tat die Überstellung zulässig wäre, oder
2. nachgewiesen worden ist, dass der Verfolgte sich zu Protokoll eines Richters des Gerichtshofes oder des Staates, an den er ausgeliefert wurde, mit der Verfolgung oder mit der Vollstreckung der Strafe einverstanden erklärt hat, und wegen der Tat die Überstellung zulässig wäre.

[2]Liegt den Ersuchen dieselbe Tat zu Grunde, wird der Gerichtshof hierauf hingewiesen.

(2) [1]Für das Verfahren gelten § 20 Abs. 1 mit der Maßgabe, dass an die Stelle des Einverständnisses des Verfolgten mit der vereinfachten Überstellung sein Einverständnis im Sinne des Absatzes 1 Satz 1 Nr. 2 tritt, sowie § 20 Abs. 2 und 3 Satz 2 und 3, § 21 Abs. 1, 2 Satz 2, Abs. 4, §§ 22, 23 Abs. 1 und 2 entsprechend. [2]Zuständig für die gerichtliche Entscheidung nach Absatz 1 Satz 1 Nr. 1 ist das Oberlandesgericht, das im Auslieferungsverfahren zur Entscheidung über die Zulässigkeit der Auslieferung zuständig war.

(3) [1]Ist die Auslieferung noch nicht durchgeführt, so wird auf ein Ersuchen der in Absatz 1 bezeichneten Art die Zustimmung erteilt, wenn wegen der Tat die Überstellung an den Gerichtshof zulässig wäre. [2]Absatz 1 Satz 2 ist entsprechend anzuwenden. [3]Für das Verfahren gelten die §§ 19 bis 23 entsprechend.

§ 27 Vorübergehende Überstellung (Zu Artikel 89 Abs. 4 des Römischen Statuts)

(1) Wird die bewilligte Überstellung aufgeschoben, weil im Inland gegen den Verfolgten ein Strafverfahren geführt wird oder eine Freiheitsstrafe oder eine freiheitsentziehende Maßregel der Besserung und Sicherung zu vollstrecken ist, so kann der Verfolgte vorübergehend überstellt werden, wenn der Gerichtshof zusichert, ihn bis zu einem bestimmten Zeitpunkt zurückzuüberstellen.

(2) Auf die Rücküberstellung des Verfolgten kann verzichtet werden.

(3) [1]Wird in dem Verfahren, dessentwegen die Überstellung aufgeschoben wurde, zeitige Freiheitsstrafe oder Geldstrafe verhängt, so wird die in dem Verfahren vor dem Gerichtshof bis zur Rücküberstellung oder bis zum Verzicht auf die Rücküberstellung erlittene Freiheitsentziehung darauf angerechnet. [2]Ist die Überstellung aufgeschoben worden, weil gegen den Verfolgten zeitige Freiheitsstrafe zu vollstrecken ist, so gilt Satz 1 entsprechend.

(4) [1]Die für die Anrechnung nach Absatz 3 zuständige Stelle bestimmt nach Anhörung der Staatsanwaltschaft bei dem Oberlandesgericht den Maßstab nach ihrem Ermessen. [2]Sie kann anordnen, dass die Anrechnung ganz oder zum Teil unterbleibt, wenn

1. die auf Anordnung des Gerichtshofes erlittene Freiheitsentziehung ganz oder zum Teil auf eine von ihm verhängte oder zu vollstreckende Strafe angerechnet worden ist oder
2. die Anrechnung im Hinblick auf das Verhalten des Verfolgten nach der Übergabe nicht gerechtfertigt ist.

§ 28 Deutsches Strafverfahren und Überstellungsersuchen

(1) [1]Wird gegen den Verfolgten im Inland ein Strafverfahren wegen einer Tat nach Artikel 5 des Römischen Statuts geführt und hat der Gerichtshof gegenüber dem Bundesministerium der Justiz und für Verbraucherschutz oder der sonst nach § 68 Abs. 1 zuständigen Stelle erklärt, im Falle einer Einstellung des deutschen Strafverfahrens um Überstellung des Verfolgten zu ersuchen, kann die Staatsanwaltschaft von einer Verfolgung der Tat absehen, wenn dies aus besonderen gegen die Strafverfolgung im Inland sprechenden Gründen des öffentlichen Interesses geboten erscheint. [2]Ist die öffentliche Klage bereits erhoben, so stellt das Gericht auf entsprechenden Antrag der Staatsanwaltschaft das Strafverfahren in jeder Lage vorläufig ein. [3]Die Entscheidung, an den Gerichtshof wegen einer Erklärung im Sinne von Satz 1 heranzutreten, obliegt der nach § 68 Abs. 1 zuständigen Stelle.

(2) [1]Ist gegen den Verfolgten die vorläufige Überstellungshaft nach § 11 Abs. 2 angeordnet worden und hat der Gerichtshof nicht innerhalb der nach § 11 Abs. 3 vorgesehenen Frist um vorläufige Festnahme ersucht, wird das Verfahren wiederaufgenommen. [2]Das Verfahren wird auch wiederaufgenommen, wenn gegen den Verfolgten auf Grund eines Ersuchens um vorläufige Festnahme gemäß § 11 Abs. 1 Satz 1 die vorläufige Überstellungshaft angeordnet worden ist und der Gerichtshof nicht innerhalb der Frist nach § 11 Abs. 1 Satz 2 um Festnahme und Überstellung ersucht hat. [3]Hat das Gericht das Verfahren vorläufig eingestellt, bedarf es zur Wiederaufnahme eines Gerichtsbeschlusses. [4]Eine vorangegangene Wiederaufnahme steht einer erneuten Einstellung nach Absatz 1 nicht entgegen.

(3) Die Entscheidung über die Einstellung des Verfahrens und die Entscheidung über die Wiederaufnahme des Verfahrens sind unanfechtbar.

(4) [1]Über die Kosten und die notwendigen Auslagen ist nach dem rechtskräftigen Abschluss des Verfahrens vor dem Gerichtshof zu entscheiden. [2]Die §§ 464 bis 473 der Strafprozessordnung gelten entsprechend.

§ 29 Herausgabe von Gegenständen im Überstellungsverfahren

(1) Im Zusammenhang mit einer Überstellung können an den Gerichtshof ohne besonderes Ersuchen nach § 51 Gegenstände herausgegeben werden,

1. die als Beweismittel für das Verfahren vor dem Gerichtshof dienen können oder
2. die der Verfolgte oder ein Beteiligter durch die Tat, derentwegen die Überstellung bewilligt wurde, für sie oder als Entgelt für solche Gegenstände erlangt haben kann.

(2) Die Herausgabe ist nur zulässig, wenn gewährleistet ist, dass Rechte Dritter unberührt bleiben und unter Vorbehalt herausgegebene Gegenstände auf Verlangen unverzüglich zurückgegeben werden.

(3) Unter den Voraussetzungen der Absätze 1 und 2 können Gegenstände auch dann herausgegeben werden, wenn die bewilligte Überstellung aus tatsächlichen Gründen nicht vollzogen werden kann.

(4) [1]Über die Zulässigkeit der Herausgabe entscheidet auf Einwendungen des Verfolgten, auf Antrag der Staatsanwaltschaft bei dem Oberlandesgericht oder auf Antrag desjenigen, der geltend macht, er würde durch die Herausgabe in seinen Rechten verletzt werden, das Oberlandesgericht. [2]Erklärt das Oberlandesgericht die Herausgabe für zulässig, so kann es demjenigen, der seine Entscheidung beantragt hat, die der Staatskasse erwachsenen Kosten auferlegen. [3]Die Herausgabe darf nicht bewilligt werden, wenn das Oberlandesgericht sie für unzulässig erklärt hat.

(5) [1]Soweit die herauszugebenden Gegenstände personenbezogene Daten des Verfolgten enthalten, ist bei der Herausgabe darauf hinzuweisen, dass die enthaltenen Daten nur zur Erfüllung der dem Gerichtshof nach dem Statut übertragenen Aufgaben verwendet werden dürfen. [2]Sind mit den personenbezogenen Daten des Verfolgten weitere personenbezogene Daten eines Dritten so verbunden, dass eine Trennung nicht oder nur mit unvertretbarem Aufwand möglich ist, so ist die Übermittlung auch dieser Daten zulässig, soweit nicht berechtigte Interessen des Verfolgten oder eines Dritten an deren Geheimhaltung offensichtlich überwiegen.

§ 30 Beschlagnahme und Durchsuchung

(1) [1]Gegenstände, deren Herausgabe an den Gerichtshof in Betracht kommt, können, auch schon vor Eingang des Überstellungsersuchens, beschlagnahmt oder sonst sichergestellt werden. [2]Zu diesem Zweck kann auch eine Durchsuchung vorgenommen werden.

(2) [1]Zuständig für die Anordnung der Maßnahmen nach Absatz 1 ist das für das Überstellungsverfahren zuständige Oberlandesgericht. [2]Es ist auch für die Anordnung von Maßnahmen in Bezug auf Gegenstände zuständig, die sich außerhalb seines Bezirkes befinden. [3]§ 7 Abs. 1 Satz 2 und Abs. 2 gilt entsprechend.

(3) Bei Gefahr im Verzug sind die Staatsanwaltschaft und ihre Ermittlungspersonen (§ 152 des Gerichtsverfassungsgesetzes) entsprechend den Vorschriften der Strafprozessordnung befugt, die Beschlagnahme und die Durchsuchung anzuordnen.

§ 31 Rechtsbeistand

(1) Die verfolgte Person kann sich in jeder Lage des Verfahrens eines Rechtsbeistands bedienen.

(2) Die Überstellung ist ein Fall der notwendigen Rechtsbeistandschaft.

(3) Hat die verfolgte Person noch keinen Rechtsbeistand, ist ihr auf Antrag oder von Amts wegen ein Rechtsbeistand zu bestellen.

(4) [1]Die Bestellung eines Rechtsbeistands erfolgt von Amts wegen unverzüglich nach Festnahme der verfolgten Person. [2]Sofern keine Festnahme erfolgt, ist der Rechtsbeistand spätestens vor der ersten Vernehmung der verfolgten Person nach § 14 Absatz 2, auch in Verbindung mit § 15 Absatz 2, zu bestellen. [3]Hat die verfolgte Person keinen Rechtsbeistand, ist sie bei Bekanntgabe des Ersuchens darauf hinzuweisen, dass sie die Bestellung eines Rechtsbeistands beantragen kann.

(5) [1]Über die Bestellung entscheidet das Gericht, dem die verfolgte Person vorzuführen ist oder dem sie vorzuführen wäre. [2]Nach einer Antragstellung gemäß § 20 Absatz 1 entscheidet das zuständige Oberlandesgericht.

(6) [1]Die Bestellung endet mit der Übergabe der verfolgten Person oder mit der abschließenden Entscheidung, die verfolgte Person nicht zu übergeben. [2]Die Bestellung umfasst Verfahren nach § 23. [3]Falls keine gerichtliche Entscheidung ergeht, die die Überstellung für unzulässig erklärt, und die Person nicht übergeben wird, endet die Bestellung mit der Entscheidung der Staatsanwaltschaft beim Oberlandesgericht, die verfolgte Person nicht zu übergeben.

(7) [1]Die Vorschriften des Elften Abschnittes des Ersten Buches der Strafprozessordnung mit Ausnahme der §§ 139, 140, 141, 141a, 142 Absatz 2 und 3, von § 143 Absatz 1 und 2 Satz 2 bis 4 sowie § 143a

Absatz 3 gelten entsprechend. [2]§ 142 Absatz 7, § 143 Absatz 3 und § 143a Absatz 4 der Strafprozessordnung gelten mit der Maßgabe entsprechend, dass über die sofortige Beschwerde das Gericht entscheidet, das für die Entscheidung über die Zulässigkeit der Überstellung zuständig ist. [3]Entscheidungen des Oberlandesgerichts nach Absatz 5 Satz 2 sind unanfechtbar.

§ 32 Vereinfachte Überstellung (Zu Artikel 92 Abs. 3 Satz 2 des Römischen Statuts)

(1) Die Überstellung einer Person, gegen die ein Überstellungshaftbefehl besteht und um deren Festnahme und Überstellung oder um deren vorläufige Festnahme der Gerichtshof ersucht, kann ohne Durchführung des förmlichen Überstellungsverfahrens bewilligt werden, wenn sich der Verfolgte nach Belehrung zu richterlichem Protokoll mit dieser vereinfachten Überstellung einverstanden erklärt hat.

(2) Das Einverständnis kann nicht widerrufen werden.

(3) [1]Auf Antrag der Staatsanwaltschaft bei dem Oberlandesgericht belehrt in den Fällen der §§ 14 und 15 der Richter beim Amtsgericht, im Übrigen das Oberlandesgericht den Verfolgten über die Möglichkeit der vereinfachten Überstellung und deren Rechtsfolgen (Absätze 1 und 2) und nimmt sodann dessen Erklärung zu Protokoll. [2]Zuständig ist der Richter bei dem Amtsgericht, in dessen Bezirk sich der Verfolgte befindet.

§ 33 Anrufung des Bundesgerichtshofes

(1) Hält das Oberlandesgericht eine Entscheidung des Bundesgerichtshofes für geboten, um eine Rechtsfrage von grundsätzlicher Bedeutung zu klären, oder will es von einer Entscheidung des Bundesgerichtshofes oder einer Entscheidung eines anderen Oberlandesgerichts über eine Rechtsfrage in Überstellungssachen mit dem Internationalen Strafgerichtshof abweichen, so begründet es seine Auffassung und holt die Entscheidung des Bundesgerichtshofes über die Rechtsfrage ein.

(2) Die Entscheidung des Bundesgerichtshofes wird auch eingeholt, wenn der Generalbundesanwalt oder die Staatsanwaltschaft bei dem Oberlandesgericht dies zur Klärung einer Rechtsfrage beantragt.

(3) [1]Der Bundesgerichtshof gibt dem Verfolgten Gelegenheit zur Äußerung. [2]Die Entscheidung ergeht ohne mündliche Verhandlung.

Teil 3
Durchbeförderung

§ 34 Grundsatz (Zu Artikel 89 Abs. 3 des Römischen Statuts)

Personen, um deren Durchbeförderung der Gerichtshof oder mit dessen Einverständnis der Staat, aus dem der Verfolgte an den Gerichtshof überstellt werden soll (Überstellungsstaat) oder der Vollstreckungsstaat ersucht hat, werden zur Strafverfolgung oder zur Strafvollstreckung nach Maßgabe des Statuts und dieses Gesetzes durch das Bundesgebiet befördert.

§ 35 Durchbeförderungsunterlagen (Zu Artikel 89 Abs. 3 des Römischen Statuts)

(1) Eine Durchbeförderung an den Gerichtshof nach Artikel 89 Abs. 3 des Römischen Statuts zur Strafverfolgung oder Strafvollstreckung ist auf dessen Ersuchen nur zulässig, wenn die in Artikel 89 Abs. 3 Buchstabe b Ziffern i bis iii des Römischen Statuts bezeichneten Unterlagen vorgelegt worden sind.

(2) Für eine Durchbeförderung an den Vollstreckungsstaat muss zusätzlich zu den in Artikel 89 Abs. 3 des Römischen Statuts genannten Unterlagen eine Urkunde des Vollstreckungsstaates aus der sich sein Einverständnis mit der Vollstreckung der vom Gerichtshof verhängten Strafe ergibt oder eine Erklärung des Gerichtshofes, nach der der Vollstreckungsstaat mit der Vollstreckung einverstanden ist, vorgelegt werden.

(3) Ersucht der Überstellungsstaat um Durchbeförderung an den Gerichtshof oder der Vollstreckungsstaat um Durchbeförderung zur Vollstreckung einer vom Gerichtshof verhängten Strafe, so ist neben den in Absatz 1 und bei Durchbeförderung an den Vollstreckungsstaat neben den in Absatz 2 bezeichneten Unterlagen eine Erklärung des Gerichtshofes beizufügen, aus der sich sein Einverständnis mit dem Ersuchen ergibt.

§ 36 Zuständigkeit

(1) [1]Die gerichtlichen Entscheidungen erlässt das Oberlandesgericht. [2]§ 7 Abs. 1 Satz 2 und Abs. 2 gilt entsprechend.

(2) Örtlich zuständig ist

1. im Falle der Durchbeförderung auf dem Land- oder Seeweg das Oberlandesgericht, in dessen Bezirk der Verfolgte voraussichtlich in den Geltungsbereich dieses Gesetzes überstellt werden wird,
2. im Falle der Durchbeförderung auf dem Luftweg das Oberlandesgericht, in dessen Bezirk die erste Zwischenlandung stattfinden soll.

(3) Ist eine Zuständigkeit nach Absatz 2 Nr. 2 nicht begründet, so ist das Oberlandesgericht Frankfurt am Main zuständig.

§ 37 Durchbeförderungsverfahren (Zu Artikel 89 Abs. 3 Buchstabe c des Römischen Statuts)

(1) Erscheint die Durchbeförderung zulässig, so wird der Verfolgte zu ihrer Sicherung in Haft gehalten.

(2) [1]Die Haft wird durch schriftlichen Haftbefehl (Durchbeförderungshaftbefehl) des Oberlandesgerichts angeordnet. [2]§ 12 Abs. 2, § 20 Abs. 2 gelten entsprechend.

(3) Die Durchbeförderung darf nur bewilligt werden, wenn ein Durchbeförderungshaftbefehl erlassen worden ist.

(4) [1]Der Durchbeförderungshaftbefehl ist dem Verfolgten unverzüglich nach seinem Eintreffen im Inland bekannt zu geben. [2]Der Verfolgte erhält eine Abschrift.

(5) [1]Kann die Durchbeförderung voraussichtlich nicht bis zum Ablauf des auf die Überstellung folgenden Tages abgeschlossen werden, so ist der Verfolgte unverzüglich, spätestens am Tag nach seinem Eintreffen im Inland, dem Richter des nächsten Amtsgerichts vorzuführen. [2]Der Richter beim Amtsgericht vernimmt ihn über seine persönlichen Verhältnisse, insbesondere über seine Staatsangehörigkeit. [3]Er weist ihn darauf hin, dass er sich in jeder Lage des Verfahrens eines Rechtsbeistands bedienen kann und dass es ihm freisteht, sich zu der ihm zur Last gelegten Tat zu äußern oder dazu nicht auszusagen. [4]Sodann befragt er ihn, ob und gegebenenfalls aus welchen Gründen er Einwendungen gegen den Durchbeförderungshaftbefehl oder gegen die Zulässigkeit der Durchbeförderung erheben will. [5]§ 14 Abs. 5 und § 16 gelten entsprechend.

(6) [1]§ 12 Abs. 3, §§ 18, 23 Abs. 1, 2 und 5, § 33 gelten entsprechend. [2]§ 17 gilt mit der Maßgabe entsprechend, dass an die Stelle der Frist von zwei Monaten eine Frist von einem Monat tritt. [3]§ 31 gilt mit der Maßgabe entsprechend, dass ein Fall der notwendigen Rechtsbeistandschaft vorliegt, wenn

1. wegen der Schwierigkeit der Sach- oder Rechtslage die Mitwirkung eines Rechtsbeistands geboten erscheint oder
2. ersichtlich ist, dass der Verfolgte seine Rechte nicht selbst hinreichend wahrnehmen kann.

(7) Die bei einer Durchbeförderung übernommenen Gegenstände können ohne besonderes Ersuchen gleichzeitig mit der Überstellung des Verfolgten herausgegeben werden.

§ 38 Mehrfache Durchbeförderung

(1) [1]Ist die erstmalige Durchbeförderung zur Übergabe des Verfolgten an den Gerichtshof bewilligt worden, so kann der Verfolgte auf ein Ersuchen, das auf die anlässlich der erstmaligen Durchbeförderung übermittelten Unterlagen Bezug nimmt, ohne erneute Bewilligungsentscheidung auch zur Vollstreckung einer vom Gerichtshof verhängten Strafe zur Übergabe an den Vollstreckungsstaat durchbefördert werden, wenn eine Urkunde des Vollstreckungsstaates, aus der sich sein Einverständnis mit der Vollstreckung der vom Gerichtshof verhängten Strafe ergibt, oder eine Erklärung des Gerichtshofes, nach der der Vollstreckungsstaat mit der Vollstreckung einverstanden ist, vorgelegt worden ist. [2]Satz 1 und 2 ist auch auf die weiteren Beförderungsfälle anwendbar.

(2) Im Falle des Absatzes 1 ist der Durchbeförderungshaftbefehl auch auf die weiteren Beförderungsfälle zu erstrecken.

(3) Absatz 1 und 2 ist für den Fall einer Rücküberstellung nach einer vorangegangenen vorübergehenden Überstellung an den Überstellungsstaat entsprechend anwendbar, sofern der Umstand der späteren Rücküberstellung bei der ersten Durchbeförderung erkennbar war.

§ 39 Unvorhergesehene Zwischenlandung (Zu Artikel 89 Abs. 3 Buchstabe e des Römischen Statuts)

(1) [1]Im Falle einer unvorhergesehenen Zwischenlandung im Inland unterrichtet die Stelle, der die Zwischenlandung zuerst bekannt und die auf Grund dieses Gesetzes tätig wird, unverzüglich den Gerichtshof und die nach § 68 Abs. 1 zuständige Stelle von der Zwischenlandung. [2]Die nach § 68 Abs. 1 zuständige Stelle bittet den Gerichtshof um ein Durchbeförderungsersuchen nach Artikel 89 Abs. 3Buchstabe b des Römischen Statuts. [3]Die Staatsanwaltschaft und die Beamten des Polizeidienstes sind zur vorläufigen Festnahme befugt.

(2) [1]Der Verfolgte ist unverzüglich, spätestens am Tag nach der Festnahme, dem Richter des nächsten Amtsgerichts vorzuführen. [2]Er ist von diesem aus der Haft zu entlassen, wenn seit der unvorhergesehenen Zwischenlandung 96 Stunden vergangen sind, ohne dass das Durchbeförderungsersuchen und die Durchbeförderungsunterlagen bei der nach § 68 Abs. 1 zuständigen Stelle eingegangen sind.

(3) Im Übrigen sind die §§ 35 bis 37 entsprechend anwendbar.

Teil 4

Rechtshilfe durch die Vollstreckung von Entscheidungen und Anordnungen des Gerichtshofes

§ 40 Grundsatz

[1]Rechtshilfe wird durch Vollstreckung einer vom Gerichtshof rechtskräftig verhängten Strafe nach Maßgabe des Römischen Statuts sowie dieses Gesetzes geleistet. [2]Vollstreckt werden auch Anordnungen der Einziehung von Taterträgen nach Artikel 77 Abs. 2 Buchstabe b des Römischen Statuts sowie Entscheidungen nach Artikel 75 des Römischen Statuts.

§ 41 Vollstreckung von Freiheitsstrafen (Zu Artikel 77 Abs. 1, Artikel 103 Abs. 1 und 2, Artikel 105, Artikel 106, Artikel 110 des Römischen Statuts)

(1) [1]Freiheitsstrafen werden vollstreckt, wenn
1. der Gerichtshof unter Vorlage der vollständigen rechtskräftigen und vollstreckbaren Erkenntnisse zum Schuldspruch und zum Strafspruch darum ersucht hat und
2. sich der Gerichtshof und die nach § 68 Abs. 1 zuständige Stelle über die Übernahme der Vollstreckung geeinigt haben.

[2]Bei Übernahme des Verurteilten muss eine Erklärung des Gerichtshofes über den noch zu vollstreckenden Teil der verhängten Strafe vorliegen.

(2) [1]Die Freiheitsstrafe wird in der vom Gerichtshof mitgeteilten Höhe vollstreckt. [2]Die Vorschriften des Strafgesetzbuches zur Aussetzung der Vollstreckung des Restes einer zeitigen oder lebenslangen Freiheitsstrafe (§§ 57 bis 57b des Strafgesetzbuches) und der Strafprozessordnung zur Vollstreckung einer Freiheitsstrafe finden keine Anwendung. [3]Die Vollstreckung ist zu beenden, wenn der Gerichtshof dies mitteilt.

(3) [1]Auf Ersuchen des Gerichtshofes wird der Verurteilte wieder dem Gerichtshof oder einem vom ihm bezeichneten Staat übergeben. [2]Sofern der Gerichtshof nicht ausdrücklich mitteilt, dass der Verurteilte freizulassen ist, er bis zur Übergabe an den Gerichtshof oder die Behörden des vom Gerichtshof bezeichneten Staates in Haft gehalten. [3]Ersucht der Gerichtshof zu einem späteren Zeitpunkt um Fortsetzung der Vollstreckung einer im Inland bereits teilweise vollstreckten Strafe, bedarf es einer erneuten Übersendung der in Absatz 1 Nr. 1 bezeichneten Unterlagen nicht. [4]Absatz 1 Satz 1 Nr. 2 und Satz 2 gilt entsprechend.

(4) [1]Für die aus Anlass der Vollstreckung der Strafe zu treffenden Entscheidungen, einschließlich Begnadigung, Wiederaufnahme des Verfahrens und Herabsetzung des Strafmaßes durch den Gerichtshof sowie sonstige Entscheidungen, die einen Aufenthalt des Verurteilen außerhalb der Einrichtung, in der der Verurteilte verwahrt wird, ohne Bewachung mit sich bringen können, ist der Gerichtshof zuständig. [2]Soweit Umstände eintreten, die nach deutschem Recht einen Aufschub, vorübergehenden Aufschub, eine Unterbrechung der Vollstreckung, ein Absehen von der Vollstreckung, eine Anrechnung auf die zu verbüßende Freiheitsstrafe oder Vollzugsanordnungen, die einen Aufenthalt außerhalb der Vollzugseinrichtung ohne Bewachung ermöglichen würden, ist die Entscheidung des Gerichtshofes herbeizuführen. [3]Der Vollzug der Strafe richtet sich im Übrigen nach den deutschen Vorschriften und entspricht dem Vollzug von Strafen, die von deutschen Gerichten wegen vergleichbarer Taten verhängt werden. [4]Die Vorschriften des Strafvollzugsgesetzes über das Beschwerdeverfahren und das gerichtliche Verfahren finden keine Anwendung, soweit der Gerichtshof für die Entscheidung über Vollzugsmaßnahmen zuständig ist.

(5) [1]Der Verkehr zwischen dem Verurteilten und dem Gerichtshof ist ungehindert und vertraulich. [2]Auf Ersuchen des Gerichtshofes wird Angehörigen des Gerichtshofes Zutritt zur Vollzugseinrichtung gewährt. [3]Erhebt der Verurteilte Einwendungen gegen die Vollstreckung der Strafe oder stellt er Anträge, über die zu entscheiden der Gerichtshof berufen ist, wird die Entscheidung des Gerichtshofes eingeholt.

(6) [1]Die aus Anlass der Vollstreckung entstehenden Kosten werden vom Bund entsprechend einer mit den Ländern zu schließenden Vereinbarung getragen. [2]Dies gilt nicht, soweit Kosten nach dem Statut oder anderen Bestimmungen vom Gerichtshof übernommen werden.

§ 42 Flucht und Spezialität (Zu Artikel 108, Artikel 111 des Römischen Statuts)

(1) [1]Entweicht der Verurteilte oder entzieht er sich sonst dem Vollzug, erlässt die nach § 46 Abs. 1 zuständige Stelle Haftbefehl und ergreift die weiteren Maßnahmen, die zur Feststellung des Aufenthaltes und zur Festnahme des Verfolgten erforderlich sind. [2]Zur Anordnung einzelner Fahndungsmaßnahmen bedarf es keines Ersuchens des Gerichtshofes. [3]§ 31 Abs. 2 Satz 1 des Rechtspflegergesetzes gilt entsprechend. [4]Der Gerichtshof wird von der Flucht unverzüglich unterrichtet; im Übrigen richtet sich das Verfahren nach Artikel 111 des Römischen Statuts.

(2) Die Verfolgung von Taten, die der Verurteilte vor seiner Übergabe an die deutschen Behörden begangen hat, oder die Vollstreckung einer vor seiner Übergabe verhängten Freiheitsstrafe oder Maßregel

der Besserung und Sicherung darf vorbehaltlich der Bestimmung des Artikels 108 Abs. 3 des Römischen Statuts nur mit Zustimmung des Gerichtshofes erfolgen.

(3) Ersucht ein ausländischer Staat um Auslieferung, vorübergehende Auslieferung, Abschiebung oder sonstige Verbringung in seinen Hoheitsbereich zur Strafverfolgung oder Vollstreckung einer Strafe oder sonstigen Sanktion, so kann die Zustimmung erteilt werden, wenn der Gerichtshof vorbehaltlich der Bestimmung des Artikels 108 Abs. 3 des Römischen Statuts zuvor zugestimmt hat und die Auslieferung nach den im Verhältnis zum ersuchenden Staat anwendbaren Auslieferungsvorschriften zulässig ist.

§ 43 Vollstreckung von Geldstrafen
(Zu Artikel 77 Abs. 2 Buchstabe a, Artikel 109 Abs. 1 des Römischen Statuts)

(1) [1]Geldstrafen werden vollstreckt, wenn

1. der Gerichtshof unter Vorlage der vollständigen rechtskräftigen und vollstreckbaren Erkenntnisse zum Schuldspruch und zum Strafspruch darum ersucht hat und
2. in dem Ersuchen angegeben wird, bis zu welcher Höhe die Geldstrafe im Inland zu vollstrecken ist, sofern der Gerichtshof mehrere Staaten um Vollstreckung der Geldstrafe ersucht.

[2]Soweit die Höhe der zu vollstreckenden Geldstrafe in einer anderen Währung als Euro angegeben ist, ist für die Umrechnung der am Tag des Eingangs des Ersuchens amtlich festgesetzte Umrechnungskurs zu Grunde zu legen.

(2) Für die Vollstreckung der Geldstrafe gelten die Vorschriften des Justizbeitreibungsgesetzes, soweit dieses Gesetz nichts anderes bestimmt.

(3) [1]Die Geldstrafe ist mit Eingang des Ersuchens fällig. [2]Über die Auslegung des Schuld- oder des Strafspruchs, die Berechnung der erkannten Strafe, Einwendungen gegen die Zulässigkeit der Strafvollstreckung oder wenn nach deutschem Recht die Voraussetzungen des § 459a der Strafprozessordnung vorlägen, ist die Entscheidung des Gerichtshofes herbeizuführen. [3]Der Fortgang der Vollstreckung wird hierdurch nicht gehemmt; die nach § 46 Abs. 2 zuständige Stelle kann die Vollstreckung jedoch aufschieben oder unterbrechen. [4]Die weitere Vollstreckung zu einem späteren Zeitpunkt ist durch geeignete Maßnahmen sicherzustellen; zu diesem Zweck sind die Durchsuchung des Verurteilten, dessen Wohnung und Gegenstände sowie die Beschlagnahme von Gegenständen zulässig.

(4) [1]Die §§ 459b und 459c Abs. 2 und 3 der Strafprozessordnung sind entsprechend anwendbar. [2]Das Ergebnis der Vollstreckung wird dem Gerichtshof mitgeteilt und die beigetriebene Geldstrafe an ihn überwiesen.

(5) Soweit der Gerichtshof wegen Uneinbringlichkeit der Geldstrafe die gegen den Verurteilten wegen einer Tat nach Artikel 5 des Römischen Statuts verhängte Freiheitsstrafe verlängert oder wegen Uneinbringlichkeit einer wegen einer Tat nach Artikel 70 Abs. 1 des Römischen Statuts verhängten Geldstrafe eine Freiheitsstrafe festsetzt, finden auf die Vollstreckung der Freiheitsstrafe die §§ 41 und 42 Anwendung.

§ 44 Vollstreckung von Anordnungen der Einziehung von Taterträgen
(Zu Artikel 77 Abs. 2 Buchstabe b, Artikel 109 Abs. 2 des Römischen Statuts)

(1) Anordnungen nach Artikel 77 Abs. 2 Buchstabe b des Römischen Statuts (Anordnungen der Einziehung von Taterträgen) werden vollstreckt, wenn

1. der Gerichtshof unter Vorlage der vollständigen rechtskräftigen und vollstreckbaren Erkenntnisse zum Schuldspruch und zum Strafspruch darum ersucht hat und
2. die in Betracht kommenden Gegenstände im Inland belegen sind.

(2) [1]Zur Vollstreckung ordnet das Gericht die Einziehung von Taterträgen an. [2]§ 73 Absatz 2 und 3, die §§ 73b, 73c und 73d des Strafgesetzbuches gelten entsprechend.

(3) [1]Wird die Einziehung von Taterträgen angeordnet, so geht das Eigentum an der Sache oder das eingezogene Recht mit der Bewilligung der Rechtshilfe durch die nach § 68 Abs. 1 zuständige Stelle auf den Gerichtshof über, wenn es dem von der Anordnung Betroffenen zu dieser Zeit zusteht. [2]Vor der Bewilligung wirkt die Anordnung als Veräußerungsverbot im Sinne des § 136 des Bürgerlichen Gesetzbuchs; das Verbot umfasst auch andere Verfügungen als Veräußerungen. [3]Gegenstände, deren Einziehung von Taterträgen angeordnet worden ist, werden nach Bewilligung der Rechtshilfe an den Gerichtshof herausgegeben.

(4) [1]Soweit in der Anordnung der Einziehung von Taterträgen des Gerichtshofes eine Entscheidung hinsichtlich der Rechte Dritter getroffen wurde, ist diese bindend, es sei denn,

1. der Dritte hatte offensichtlich keine ausreichende Gelegenheit, seine Rechte geltend zu machen,
2. die Entscheidung ist unvereinbar mit einer im Inland getroffenen zivilrechtlichen Entscheidung in derselben Sache, oder

3. die Entscheidung bezieht sich auf Rechte Dritter an einem im Inland belegenen Grundstück oder Grundstücksrecht; zu den Rechten Dritter gehören auch Vormerkungen.

[2]Liegt einer der Fälle des Satzes 1 vor, ist dem Gerichtshof in dem Verfahren des § 68 Abs. 1 Gelegenheit zur Stellungnahme zu geben. [3]Rechte Dritter an dem Gegenstand bleiben in dem vom Statut vorgesehenen Umfang bestehen. [4]Dritte, die den Umständen des Falles nach Rechte an dem Gegenstand geltend machen könnten, erhalten vor der Entscheidung Gelegenheit, sich zu äußern, soweit sie sich nicht bereits vor dem Gerichtshof äußern konnten. [5]Sie können sich in jeder Lage des Verfahrens eines Rechtsbeistands bedienen.

(5) [1]Soweit bei einem Gegenstand auf Grund eines Ersuchens des Gerichtshofes die Anordnung der Einziehung von Taterträgen in Betracht kommt, kann er zur Sicherung des Einziehungsverfahrens beschlagnahmt werden. [2]Zu diesem Zweck kann auch eine Durchsuchung vorgenommen werden. [3]Die Zuständigkeit richtet sich nach § 46 Abs. 3. [4]Im Übrigen gelten die §§ 111b bis 111m und 111p der Strafprozessordnung entsprechend. [5]§ 111n findet unter der Maßgabe entsprechende Anwendung, dass vor einer Herausgabe an den Verletzten die Stellungnahme des Gerichtshofes eingeholt wird; die Herausgabe unterbleibt, soweit sich der Gerichtshof in seiner Stellungnahme gegen sie ausspricht.

§ 45 Vollstreckung von Wiedergutmachungsanordnungen (Zu Artikel 75 Abs. 2, Artikel 109 des Römischen Statuts)

[1]Wiedergutmachungsanordnungen, die auf die Zahlung einer Geldsumme gerichtet sind, werden vollstreckt, wenn

1. der Gerichtshof unter Vorlage der vollständigen rechtskräftigen und vollstreckbaren Erkenntnisse zum Schuldspruch und zum Strafspruch sowie der Anordnung nach Artikel 75 des Römischen Statuts darum ersucht hat und
2. in dem Ersuchen angegeben wird, bis zu welcher Höhe die Wiedergutmachungsanordnung im Inland zu vollstrecken ist, sofern der Gerichtshof mehrere Staaten um Vollstreckung ersucht.

[2]Im Übrigen richtet sich die Vollstreckung nach § 43.

§ 46 Zuständigkeit, Anrufung des Bundesgerichtshofes, Rechtsbeistand

(1) Zuständige deutsche Stelle bei der Vollstreckung von Freiheitsstrafen des Gerichtshofes (§§ 41 und 42) ist die Staatsanwaltschaft bei dem Oberlandesgericht, in dessen Bezirk die Einrichtung liegt, in der sich der Verurteilte in Haft befindet.

(2) [1]Zuständig für die Vollstreckung von Geldstrafen nach § 43 und von Wiedergutmachungsanordnungen nach § 45 ist die Staatsanwaltschaft bei dem Oberlandesgericht, in dessen Bezirk der Verurteilte seinen Wohnsitz, in Ermangelung eines solchen seinen gewöhnlichen Aufenthalt hat. [2]Lässt sich ein Wohnsitz oder gewöhnlicher Aufenthalt nicht feststellen, ist die Staatsanwaltschaft bei dem Oberlandesgericht zuständig, in dessen Bezirk Gegenstände des Verurteilten belegen sind. [3]Befinden sich Gegenstände in den Bezirken verschiedener Oberlandesgerichte, so richtet sich die Zuständigkeit danach, welche Staatsanwaltschaft zuerst mit der Sache befasst wurde. [4]Solange eine Zuständigkeit nach Satz 1 bis 3 nicht festgestellt werden kann, richtet sich die Zuständigkeit nach dem Sitz der Bundesregierung. [5]Die erforderlichen gerichtlichen Anordnungen trifft das Oberlandesgericht. [6]Die Entscheidungen des Oberlandesgerichts sind unanfechtbar.

(3) [1]Die zur Vollstreckung einer Einziehungsanordnung des Gerichtshofes (§ 44) erforderlichen gerichtlichen Anordnungen trifft das Oberlandesgericht. [2]Absatz 2 Satz 6 gilt entsprechend. [3]Die Staatsanwaltschaft bei dem Oberlandesgericht bereitet die Entscheidung vor. [4]Örtlich zuständig sind das Oberlandesgericht und die Staatsanwaltschaft bei dem Oberlandesgericht, in dessen Bezirk der Gegenstand belegen ist. [5]Befinden sich Gegenstände in den Bezirken verschiedener Oberlandesgerichte, so richtet sich die Zuständigkeit danach, welches Oberlandesgericht oder, solange noch kein Oberlandesgericht befasst ist, welche Staatsanwaltschaft zuerst mit der Sache befasst wurde. [6]Solange eine Zuständigkeit nach Satz 2 oder Satz 3 nicht festgestellt werden kann, richtet sich die Zuständigkeit nach dem Sitz der Bundesregierung.

(4) [1]Für das Verfahren vor dem Oberlandesgericht gelten § 20 Abs. 2 und 3, § 21 Abs. 1 und 4, §§ 22, 23, 29 Abs. 4 und § 33 entsprechend. [2]§ 31 gilt entsprechend mit der Maßgabe, dass ein Fall der notwendigen Rechtsbeistandschaft vorliegt, wenn

1. wegen der Schwierigkeit der Sach- oder Rechtslage die Mitwirkung eines Rechtsbeistands geboten erscheint oder
2. ersichtlich ist, dass der Verfolgte seine Rechte nicht selbst hinreichend wahrnehmen kann.

Teil 5
Sonstige Rechtshilfe

§ 47 Grundsatz (Zu Artikel 93 Abs. 1, Artikel 96 Abs. 1 und 2 des Römischen Statuts)

(1) Vorbehaltlich § 58 Abs. 2 wird dem Gerichtshof auf Ersuchen sonstige Rechtshilfe nach Maßgabe des Römischen Statuts und dieses Gesetzes geleistet.

(2) Rechtshilfe im Sinne des Absatzes 1 ist jede Unterstützung, die dem Gerichtshof bei dessen Tätigkeit auf Grund des Römischen Statuts gewährt wird, unabhängig davon, ob die Rechtshilfehandlung von einem Gericht oder einer Behörde vorzunehmen ist.

(3) [1]Hält die für die Bewilligung der Rechtshilfe zuständige Behörde die Voraussetzungen für die Leistung der Rechtshilfe für gegeben, so ist die für die Leistung der Rechtshilfe zuständige Behörde hieran gebunden. [2]§ 50 bleibt unberührt.

(4) [1]Die Behandlung konkurrierender Ersuchen um sonstige Rechtshilfe richtet sich nach Artikel 93 Abs. 9 Buchstabe a des Römischen Statuts. [2]Soweit Artikel 90 des Römischen Statuts anzuwenden ist, findet § 4 entsprechende Anwendung.

§ 48 Aufschub der Erledigung

In den Fällen der Artikel 93 Abs. 3 bis 5, 9 Buchstabe b, Artikel 94 Abs. 1 und Artikel 95 des Römischen Statuts kann die Erledigung aufgeschoben werden, bis feststeht, wie in Übereinstimmung mit dem Römischen Statut weiter in Bezug auf das Ersuchen zu verfahren ist.

§ 49 Zuständigkeit

(1) [1]Soweit die Rechtshilfe durch eine Staatsanwaltschaft geleistet wird, ist örtlich die Staatsanwaltschaft zuständig, in deren Bezirk die Rechtshilfehandlung vorzunehmen ist. [2]Sind Rechtshilfehandlungen in den Bezirken verschiedener Staatsanwaltschaften vorzunehmen, so richtet sich die Zuständigkeit danach, welche der zuständigen Staatsanwaltschaften zuerst mit der Sache befasst wurde. [3]Solange eine Zuständigkeit nach Satz 1 oder Satz 2 nicht festgestellt werden kann, richtet sich die Zuständigkeit nach dem Sitz der Bundesregierung.

(2) Absatz 1 ist auf die gerichtliche Zuständigkeit entsprechend anwendbar, soweit richterliche Handlungen zur Leistung der Rechtshilfe erforderlich oder sonstige gerichtliche Entscheidungen zu treffen sind.

(3) [1]Zuständig für die gerichtliche Entscheidung über die Herausgabe von Gegenständen nach § 50 Abs. 1 Satz 2, für die Anordnung einer Beschlagnahme und Durchsuchung von Gegenständen (§ 52 Abs. 1 und 2) und einer Vermögensbeschlagnahme (§ 52 Abs. 4), für die Haftentscheidungen im Falle einer vorübergehenden Übernahme (§ 55 Abs. 1) und einer Verbringung (§ 55 Abs. 6) sowie für die gerichtlichen Anordnungen im Falle einer Telekommunikationsüberwachung (§ 59 Abs. 1) und einer Maßnahme ohne Wissen des Betroffenen (§ 59 Abs. 2) ist das Oberlandesgericht. [2]Im Falle einer vorübergehenden Übernahme ist das Oberlandesgericht örtlich zuständig, in dessen Bezirk die Stelle ihren Sitz hat, welche die Rechtshilfehandlung vornehmen soll. [3]Im Falle einer Verbringung findet § 36 Abs. 2 und 3 entsprechende Anwendung.

(4) [1]Soweit die Zuständigkeit des Oberlandesgerichts begründet ist, bereitet die Staatsanwaltschaft bei dem Oberlandesgericht die Entscheidung vor und trifft die zu ihrer Durchführung erforderlichen Maßnahmen. [2]Sie ist auch zuständig für die Anordnung und Durchführung einer vorübergehenden Übergabe (§ 54), die Vorbereitung der Entscheidung über die Bewilligung der Herausgabe von Gegenständen und die Durchführung der bewilligten Herausgabe. [3]Im Falle einer vorübergehenden Übergabe ist die Staatsanwaltschaft bei dem Oberlandesgericht örtlich zuständig, in dessen Bezirk die Freiheitsentziehung vollzogen wird.

§ 50 Gerichtliche Entscheidung

(1) [1]Die Rechtshilfe darf in den Fällen des § 52 Abs. 1, 2 und 4, § 55 Abs. 1 und 6, § 59 Abs. 1 und 2 nur bewilligt werden, wenn das Oberlandesgericht die für die Vornahme der Handlungen erforderlichen Maßnahmen erlassen hat. [2]Das Oberlandesgericht entscheidet ferner über die Zulässigkeit der Herausgabe von Gegenständen auf Antrag der Staatsanwaltschaft bei dem Oberlandesgericht oder auf Antrag desjenigen, der geltend macht, er würde durch die Herausgabe in seinen Rechten verletzt werden. [3]Die Entscheidungen des Oberlandesgerichts sind unanfechtbar.

(2) [1]Für das Verfahren vor dem Oberlandesgericht gelten § 20 Abs. 2 und 3, § 21 Abs. 1 und 4, §§ 22, 29 Abs. 4 Satz 2, § 31 Abs. 1, § 33 sowie die Vorschriften des 11. Abschnittes des Ersten Buches der Strafprozessordnung mit Ausnahme der dortigen §§ 140 bis 144 entsprechend. [2]Für das weitere Verfahren gilt § 23 Abs. 1, 2 und 4 mit der Maßgabe entsprechend, dass an die Stelle des in § 23 Abs. 1 genannten Antrags des Verfolgten der Antrag des von einer Maßnahme nach § 52 Abs. 1, 2 oder 4 Betroffenen tritt und

unabhängig vom Vorliegen der Voraussetzungen des § 23 Abs. 1 und 2 auch dann auf Antrag des Betroffenen eine erneute Entscheidung über die Vornahme der Rechtshilfehandlung ergeht, wenn der Betroffene vor der erstmaligen Anordnung der Maßnahme nicht gehört worden ist.

(3) [1]Ist ein anderes Gericht als das Oberlandesgericht für die Leistung der Rechtshilfe zuständig und hält es die Voraussetzungen für die Leistung der Rechtshilfe für nicht gegeben, so begründet es seine Auffassung und holt die Entscheidung des Oberlandesgerichts ein. [2]Das Oberlandesgericht entscheidet ferner auf Antrag der Staatsanwaltschaft bei dem Oberlandesgericht darüber, ob die Voraussetzungen für die Leistung der Rechtshilfe gegeben sind. [3]Die Rechtshilfe darf nicht bewilligt werden, wenn das Oberlandesgericht entschieden hat, dass die Voraussetzungen für die Leistung der Rechtshilfe nicht vorliegen. [4]Die Entscheidung des Oberlandesgerichts ist für die Gerichte und Behörden, die für die Leistung der Rechtshilfe zuständig sind, bindend.

(4) Für das Verfahren vor dem Oberlandesgericht gelten § 20 Abs. 2 und 3, § 21 Abs. 1 und 4, §§ 22, 23 Abs. 1, 2 und 4, § 29 Abs. 4 Satz 2, § 31 Abs. 1, § 33 sowie die Vorschriften des 11. Abschnittes des Ersten Buches der Strafprozessordnung mit Ausnahme der dortigen §§ 140 bis 144 entsprechend.

§ 51 Herausgabe von Gegenständen

(1) Unbeschadet der Bestimmung des § 58 Abs. 3 werden auf Ersuchen einer zuständigen Stelle des Gerichtshofes Gegenstände herausgegeben,

1. die als Beweismittel für ein Verfahren vor dem Gerichtshof dienen können,
2. die ein vom Gerichtshof wegen einer seiner Gerichtsbarkeit unterliegenden Tat Verfolgter oder ein Beteiligter durch diese Tat, für sie oder als Entgelt für solche Gegenstände erlangt haben kann.

(2) Die Herausgabe ist zulässig, wenn

1. eine Entscheidung einer zuständigen Stelle des Gerichtshofes vorgelegt wird, die die Beschlagnahme der Gegenstände oder das Einfrieren im Sinne des Artikels 93 Abs. 1 Buchstabe k des Römischen Statuts anordnet, und
2. gewährleistet ist, dass Rechte Dritter unberührt bleiben und unter Vorbehalt herausgegebene Gegenstände auf Verlangen unverzüglich zurückgegeben werden.

(3) [1]Soweit die herauszugebenden Gegenstände personenbezogene Daten des Verfolgten enthalten, ist bei der Herausgabe darauf hinzuweisen, dass die enthaltenen Daten nur zur Erfüllung der dem Gerichtshof nach dem Römischen Statut übertragenen Aufgaben verwendet werden dürfen. [2]Sind mit den personenbezogenen Daten des Verfolgten weitere personenbezogene Daten eines Dritten so verbunden, dass eine Trennung nicht oder nur mit unvertretbarem Aufwand möglich ist, so ist die Übermittlung auch dieser Daten zulässig, soweit nicht berechtigte Interessen des Verfolgten oder eines Dritten an deren Geheimhaltung offensichtlich überwiegen.

§ 52 Beschlagnahme und Durchsuchung, Vermögensbeschlagnahme

(1) [1]Gegenstände, deren Herausgabe an den Gerichtshof in Betracht kommt, können, auch schon vor Eingang des Ersuchens um Herausgabe, beschlagnahmt oder sonst sichergestellt werden. [2]Zu diesem Zweck kann auch eine Durchsuchung vorgenommen werden.

(2) [1]Gegenstände können unter den Voraussetzungen des § 51 Abs. 1 Nr. 1 auch dann beschlagnahmt oder sonst sichergestellt werden, wenn dies zur Erledigung eines nicht auf Herausgabe der Gegenstände gerichteten Ersuchens erforderlich ist. [2]Absatz 1 Satz 2 gilt entsprechend.

(3) Unbeschadet der Bestimmung des § 49 Abs. 3 und 4 sind die Staatsanwaltschaft und ihre Ermittlungspersonen (§ 152 des Gerichtsverfassungsgesetzes) bei Gefahr im Verzug befugt, die Beschlagnahme und die Durchsuchung entsprechend den Vorschriften der Strafprozessordnung anzuordnen.

(4) [1]Unabhängig vom Vorliegen der Voraussetzungen des § 51 Abs. 1 Nr. 1 oder 2 können auf Ersuchen des Gerichtshofes das im Inland befindliche Vermögen oder einzelne Vermögensgegenstände eines Betroffenen, gegen den wegen einer Tat nach Artikel 5 des Römischen Statuts die Anklage bestätigt (Artikel 61 des Römischen Statuts) oder ein Haftbefehl erlassen (Artikel 58 des Römischen Statuts) worden ist, mit Beschlag belegt werden. [2]§ 51 Abs. 2 Nr. 1 findet entsprechende Anwendung. [3]Die Beschlagnahme umfasst auch das Vermögen, das dem Beschuldigten später zufällt. [4]Absatz 1 Satz 2 gilt entsprechend.

(5) [1]Unbeschadet der Bestimmung des § 49 Abs. 3 und 4 kann die Staatsanwaltschaft bei Gefahr im Verzug die Beschlagnahme nach Absatz 4 vorläufig anordnen. [2]Eine vorläufige Anordnung nach Satz 1 tritt außer Kraft, wenn sie nicht binnen drei Tagen vom Gericht bestätigt wird.

(6) [1]Die Beschlagnahme nach Absatz 4 wird auf Ersuchen des Gerichtshofes aufgehoben, spätestens jedoch nachdem das die Beschlagnahme anordnende Gericht Kenntnis davon erlangt hat, dass der Haftbefehl aufgehoben wurde oder das Verfahren im ersten Rechtszug beendet ist. [2]Die §§ 291, 292 und 293 Abs. 2 der Strafprozessordnung finden auf eine Beschlagnahme nach Absatz 4 oder Absatz 5 entsprechende Anwendung.

§ 53 Persönliches Erscheinen von Zeugen

(1) Ersucht der Gerichtshof um persönliches Erscheinen einer Person, die sich im Inland auf freiem Fuß befindet, als Zeuge zur Vernehmung, zur Gegenüberstellung oder zur Einnahme eines Augenscheins, so können die Ordnungsmittel angeordnet werden, die im Falle der Ladung durch ein deutsches Gericht oder eine deutsche Staatsanwaltschaft verhängt werden könnten.

(2) [1]Soweit der Gerichtshof einer Person zusichert, ihre Aussage nicht zu verwenden, dürfen die Angaben der Person ohne ihre Zustimmung im Umfang der Zusicherung des Gerichtshofes in einem deutschen Strafverfahren nicht verwertet werden. [2]Aussagen vor dem Gerichtshof dürfen ohne Zustimmung der Person in einem deutschen Strafverfahren auch nicht verwertet werden, wenn die Person verpflichtet war, vor dem Gerichtshof Angaben zu machen, sie nach deutschem Recht aber die Angaben hätte verweigern können.

§ 54 Vorübergehende Übergabe (Zu Artikel 93 Abs. 1 und 7 des Römischen Statuts)

[1]Wer sich im Inland in Untersuchungs- oder Strafhaft befindet oder auf Grund der Anordnung einer freiheitsentziehenden Maßregel der Besserung und Sicherung untergebracht ist, wird auf Ersuchen des Gerichtshofes für dort gegen einen anderen geführte Ermittlungen oder ein dort anhängiges, gegen einen anderen gerichtetes Verfahren zu einer Beweiserhebung oder einem anderen in Artikel 93 Abs. 7 Buchstabe a Satz 1 des Römischen Statuts vorgesehenen Zweck dem Gerichtshof oder den Behörden eines vom Gerichtshof bezeichneten Staates vorübergehend übergeben, wenn

1. er sich nach Belehrung zu Protokoll des Richters bei dem Amtsgericht, in dessen Bezirk die Einrichtung liegt, in der er verwahrt wird, damit einverstanden erklärt hat,
2. nicht zu erwarten ist, dass infolge der Übergabe der Zweck des Strafverfahrens oder der Strafvollstreckung beeinträchtigt werden wird,
3. gewährleistet ist, dass der Betroffene während der Zeit seiner Übergabe mit Ausnahme von Maßnahmen wegen Taten nach Artikel 70 und 71 des Römischen Statuts nicht bestraft, einer sonstigen Sanktion unterworfen oder durch Maßnahmen, die nicht auch in seiner Abwesenheit getroffen werden können, verfolgt werden wird und dass er im Falle seiner Freilassung den Gaststaat oder den vom Gerichtshof bezeichneten Staat verlassen darf, und
4. gewährleistet ist, dass der Betroffene unverzüglich nach der Beweiserhebung zurückübergeben werden wird, es sei denn, dass darauf verzichtet worden ist.

[2]Das Einverständnis (Satz 1 Nr. 1) kann nicht widerrufen werden. [3]Die aus Anlass der Übergabe erlittene Freiheitsentziehung wird auf die im Inland zu vollziehende Freiheitsentziehung angerechnet. [4]§ 27 Abs. 4 gilt entsprechend. [5]Dies gilt nicht für Freiheitsstrafen, die gemäß Artikel 70 Abs. 3 des Römischen Statuts vom Gerichtshof verhängt und vollstreckt worden sind.

§ 55 Vorübergehende Übernahme und Verbringung

(1) [1]Wer sich außerhalb des Geltungsbereichs dieses Gesetzes in Untersuchungs- oder Strafhaft befindet oder auf Grund der Anordnung einer freiheitsentziehenden Maßregel untergebracht ist, wird auf Ersuchen des Gerichtshofes für dort geführte Ermittlungen oder für ein dort anhängiges Verfahren zu einer Beweiserhebung in den Geltungsbereich dieses Gesetzes vorübergehend übernommen und zum vereinbarten Zeitpunkt oder auf Ersuchen des Gerichtshofes außer im Falle des Verzichts des Gerichtshofes zurückübergeben, wenn gewährleistet ist, dass der Übernommene im Falle eines Verzichts des Gerichtshofes auf die Rückübergabe in einem ausländischen Staat Aufnahme findet. [2]Gegen den Betroffenen wird vor Durchführung der vorübergehenden Übernahme durch schriftlichen Haftbefehl die Haft angeordnet, wenn der Gerichtshof hierum bittet oder die Rückübergabe sonst nicht gewährleistet wäre.

(2) [1]In dem Haftbefehl sind anzuführen

1. der Betroffene,
2. das Ersuchen um Beweiserhebung in Anwesenheit des Betroffenen,
3. die Angaben des Gerichtshofes zu der Stelle, an welche die Rückübergabe erfolgen soll, sowie
4. der Haftgrund.

[2]§ 13 Abs. 3, § 14 Abs. 1, 2 Satz 1 und 3, Abs. 5 sowie § 18 gelten entsprechend.

(3) Der Haftbefehl wird aufgehoben, wenn

1. der Gerichtshof mitteilt, dass eine Inhaftierung nicht mehr erforderlich ist,
2. der Gerichtshof die Zustimmung nach Absatz 4 Satz 2 erteilt,
3. der Betroffene an den Gerichtshof oder an einen vom Gerichtshof bezeichneten Staat zurückübergeben wird oder
4. der Gerichtshof auf die Rückübergabe verzichtet.

(4) [1]Über Einwendungen des Betroffenen gegen den Übernahmehaftbefehl oder gegen dessen Vollzug entscheidet das Oberlandesgericht. [2]Mit Zustimmung des Gerichtshofes kann das Oberlandesgericht den

Übernahmehaftbefehl aufheben oder dessen Vollzug aussetzen. [3]§ 116 Abs. 1 Satz 2, Abs. 4, §§ 116a, 123 und 124 Abs. 1, 2 Satz 1, Abs. 3 der Strafprozessordnung gelten entsprechend. [4]Stimmt der Gerichtshof einer Aufhebung oder Außervollzugsetzung des Übergabehaftbefehls nicht zu, wird der Betroffene unverzüglich dem Gerichtshof oder den Behörden eines von ihm bezeichneten Staates zurückübergeben. [5]Der Betroffene wird bis zum Vollzug der Rückübergabe in Haft gehalten.

(5) [1]Das Oberlandesgericht entscheidet über eine Fortdauer der Übernahmehaft, wenn der Verfolgte auf Grund des Übernahmehaftbefehls insgesamt zwei Monate in Haft ist. [2]Die Haftprüfung wird jeweils nach zwei Monaten wiederholt. [3]Das Oberlandesgericht kann anordnen, dass die Haftprüfung innerhalb einer kürzeren Frist vorgenommen wird. [4]Absatz 4 Satz 2 bis 5 gilt entsprechend.

(6) [1]Wer sich außerhalb des Geltungsbereichs dieses Gesetzes in Untersuchungs- oder Strafhaft befindet oder auf Grund der Anordnung einer freiheitsentziehenden Maßregel untergebracht ist, wird auf Ersuchen des Gerichtshofes für dort gegen einen anderen geführte Ermittlungen oder ein dort anhängiges, gegen einen anderen gerichtetes Verfahren zu einer Beweiserhebung durch den Geltungsbereich dieses Gesetzes verbracht und nach der Beweiserhebung zurückverbracht. [2]Absatz 1 Satz 2 sowie Absatz 2 bis 5 gelten mit der Maßgabe entsprechend, dass an die Stelle der Frist des Absatzes 5 von zwei Monaten eine Frist von einem Monat tritt. [3]Ferner finden § 14 Abs. 5, §§ 18, 20 Abs. 2 , § 37 Abs. 4 und 5 Satz 1, 2 und 4 entsprechende Anwendung.

§ 56 Schutz von Personen (Zu Artikel 93 Abs. 1 Buchstabe j des Römischen Statuts)

Die Vorschriften zum Schutz von Opfern von Straftaten und zum Schutz von Personen, die an einem deutschen Strafverfahren beteiligt sind, finden auf mutmaßliche Geschädigte einer der Gerichtsbarkeit des Gerichtshofes unterliegenden Straftat oder auf Zeugen in einem Verfahren vor dem Gerichtshof entsprechende Anwendung.

§ 57 Zustellungen
(Zu Artikel 58 Abs. 7 Satz 4, Artikel 93 Abs. 1 Buchstabe d des Römischen Statuts)

(1) Für das Verfahren bei Zustellungen gelten die Vorschriften der Zivilprozessordnung entsprechend.

(2) Die Zustellung einer Ladung des Gerichtshofes an den Beschuldigten im Wege der Ersatzzustellung ist ausgeschlossen.

§ 58 Weitergabe von dienstlich erlangten Erkenntnissen und Informationen

(1) [1]Auf Ersuchen einer zuständigen Stelle des Gerichtshofes werden vorbehaltlich des Absatzes 3 dem Gerichtshof im Rahmen seiner Zuständigkeit von deutschen Gerichten und Behörden dienstlich erlangte Erkenntnisse in dem Umfang übermittelt, in dem dies gegenüber einem deutschen Gericht oder einer deutschen Staatsanwaltschaft zur Durchführung eines Strafverfahrens zulässig wäre, wenn gewährleistet ist, dass

1. Auskünfte aus dem Bundeszentralregister und Erkenntnisse, die durch eine Telekommunikationsüberwachung (§ 59 Abs. 1) oder eine sonstige Maßnahme ohne Wissen des Betroffenen (§ 59 Abs. 2) erlangt worden sind, nicht an Stellen außerhalb des Gerichtshofes übermittelt werden, und
2. sonstige Erkenntnisse nur nach vorheriger Zustimmung der nach § 68 Abs. 1 zuständigen Stelle an Stellen außerhalb des Gerichtshofes übermittelt werden.

[2]Bei der Übermittlung der Erkenntnisse ist in geeigneter Weise auf die nach deutschem Recht geltenden Höchstfristen für die Aufbewahrung der Erkenntnisse sowie darauf hinzuweisen, dass die übermittelten Erkenntnisse nur zur Erfüllung der dem Gerichtshof nach dem Römischen Statut übertragenen Aufgaben verwendet werden dürfen. [3]Stellt sich heraus, dass unrichtige Erkenntnisse oder Erkenntnisse, die nicht hätten übermittelt werden dürfen, übermittelt worden sind, ist der Gerichtshof unverzüglich zu unterrichten und um Berichtigung oder Löschung der Erkenntnisse zu ersuchen.

(2) [1]Vorbehaltlich des Absatzes 3 dürfen Erkenntnisse im Sinne des Absatzes 1 mit Ausnahme von Auskünften aus dem Bundeszentralregister dem Gerichtshof ohne Ersuchen übermittelt werden, wenn die Voraussetzungen nach Absatz 1 Satz 1 im Übrigen erfüllt sind und die Übermittlung geeignet ist,

1. ein Verfahren vor dem Gerichtshof einzuleiten,
2. ein dort bereits eingeleitetes Verfahren zu fördern oder
3. ein Rechtshilfeersuchen des Gerichtshofes vorzubereiten.

[2]Absatz 1 Satz 2 und 3 gilt entsprechend.

(3) [1]Ersucht der Gerichtshof um Übermittlung von Informationen, die einem deutschen Gericht oder einer deutschen Behörde von einem ausländischen Staat oder einer zwischen- oder überstaatlichen Einrichtung mit der Bitte um vertrauliche Behandlung überlassen wurden, so dürfen die Informationen dem Gerichtshof nicht übermittelt werden, solange die Zustimmung des Urhebers nach Artikel 73 Satz 1 des Römischen Statuts nicht vorliegt. [2]Der Gerichtshof ist zu unterrichten.

§ 59 Telekommunikationsüberwachung und sonstige Maßnahmen ohne Wissen des Betroffenen (Zu Artikel 93 Abs. 1 Buchstabe l des Römischen Statuts)

(1) Die Anordnung der Überwachung der Telekommunikation (§ 100a der Strafprozessordnung) und die Übermittlung der durch die Überwachung erlangten Erkenntnisse sind nur zulässig, wenn

1. die Entscheidung eines Richters des Gerichtshofes vorgelegt wird, die die Telekommunikationsüberwachung anordnet,
2. die weiteren Voraussetzungen der Strafprozessordnung für die Anordnung der Maßnahme mit der Maßgabe vorliegen, dass an die Stelle der in § 100a Abs. 2 der Strafprozessordnung genannten Straftaten die in Artikel 5 des Römischen Statuts genannten Straftaten treten, und
3. gewährleistet ist, dass die Vorschriften der Strafprozessordnung über die Benachrichtigung der von der Maßnahme betroffenen Person (§ 101 Abs. 4 bis 6 der Strafprozessordnung), über die Übermittlung der erlangten personenbezogenen Daten zu Beweiszwecken in anderen Strafverfahren vor dem Gerichtshof (§ 479 Absatz 2 Satz 1 der Strafprozessordnung) und über die Löschung (§ 101 Abs. 8 der Strafprozessordnung) beachtet werden.

(2) [1]Auf Ersuchen des Gerichtshofes werden die in §§ 100b, 100c und 100f der Strafprozessordnung bezeichneten Maßnahmen ohne Wissen des Betroffenen angeordnet. [2]Absatz 1 gilt entsprechend.

§ 60 Anwesenheit bei Rechtshilfehandlungen (Zu Artikel 99 Abs. 1 des Römischen Statuts)

[1]Angehörigen und Bevollmächtigten des Gerichtshofes sowie anderen im Ersuchen des Gerichtshofes genannten Personen wird auf Ersuchen die Anwesenheit bei der Vornahme von Rechtshilfehandlungen im Inland gestattet; sie können Fragen oder Maßnahmen anregen. [2]Die Angehörigen des Gerichtshofes können Niederschriften sowie Ton-, Bild- oder Videoaufzeichnungen der Rechtshilfehandlung fertigen. [3]Soweit die betroffenen Personen zustimmen, sind Ton-, Bild- und Videoaufzeichnungen auch zulässig, ohne dass hierfür die Voraussetzungen der Strafprozessordnung vorliegen. [4]Aufzeichnungen, die nach Satz 3 angefertigt worden sind, dürfen in einem deutschen Strafverfahren nicht verwertet werden.

§ 61 Gerichtliche Anhörungen (Zu Artikel 3 Abs. 2 des Römischen Statuts)

(1) Auf Ersuchen des Gerichtshofes wird diesem gestattet, gerichtliche Anhörungen im Inland durchzuführen.

(2) Auf die Vollstreckung einer Geldstrafe nach Artikel 71 Abs. 1 des Römischen Statuts findet § 43 entsprechende Anwendung.

§ 62 Unmittelbare Erledigung durch den Gerichtshof (Zu Artikel 99 Abs. 4 Buchstabe b des Römischen Statuts)

[1]Auf besonderes Ersuchen wird Angehörigen und Bevollmächtigten des Gerichtshofes in Absprache mit den zuständigen deutschen Behörden gestattet, Vernehmungen, Augenscheinseinnahmen und ähnliche Beweiserhebungen im Inland selbständig vorzunehmen. [2]Die Rechtshilfe kann unter Bedingungen im Sinne des Artikels 99 Abs. 4 Buchstabe b des Römischen Statuts bewilligt werden. [3]Die Anordnung und Durchführung von Zwangsmaßnahmen bleibt in allen Fällen den zuständigen deutschen Behörden vorbehalten und richtet sich nach deutschem Recht.

§ 63 Einleitung eines deutschen Strafverfahrens (Zu Artikel 70 Abs. 4 des Römischen Statuts)

[1]Ersucht der Gerichtshof nach Artikel 70 Abs. 4 Buchstabe b des Römischen Statuts um Einleitung eines Strafverfahrens gegen eine Person, die einer Tat nach Artikel 70 Abs. 1 des Römischen Statuts verdächtigt wird, so wird der Gerichtshof sobald wie möglich von dem auf Grund des Ersuchens Veranlassten unterrichtet. [2]Nach Abschluss des Verfahrens wird ihm eine Ausfertigung oder eine beglaubigte Abschrift der endgültigen Entscheidung übersandt. [3]Überlassene Gegenstände und Akten sind zurückzugeben, sofern der Gerichtshof darum ersucht.

Teil 6

Ausgehende Ersuchen

§ 64 Form und Inhalt der Ersuchen (Zu Artikel 93 Abs. 10, Artikel 96 Abs. 4 des Römischen Statuts)

An den Gerichtshof nach Artikel 93 Abs. 10 Buchstabe a des Römischen Statuts gerichtete Ersuchen um Rechtshilfe oder Überstellung sowie die beizufügenden Unterlagen müssen die in Artikel 96 Abs. 1 in Verbindung mit Abs. 4 des Römischen Statuts vorgeschriebene Form und den in Artikel 96 Abs. 2 in Verbindung mit Abs. 4 des Römischen Statuts bezeichneten Inhalt haben.

§ 65 Rücküberstellung

(1) [1]Wer für ein im Inland gegen ihn geführtes Strafverfahren auf Ersuchen unter der Bedingung späterer Rücküberstellung vom Gerichtshof vorübergehend überstellt worden ist, wird zum vereinbarten Zeitpunkt an den Gerichtshof oder die Behörden eines von ihm bezeichneten Staates zurücküberstellt, sofern der Gerichtshof nicht darauf verzichtet. [2]Gegen den Verfolgten wird vor Durchführung der vorübergehenden Überstellung durch schriftlichen Haftbefehl die Haft angeordnet, wenn der Gerichtshof die Übergabe von dem Halten in der Haft abhängig macht oder wenn die Rücküberstellung sonst nicht gewährleistet wäre. [3]Die auf Grund einer Anordnung nach Satz 2 erlittene Haft wird auf eine im deutschen Strafverfahren verhängte Strafe entsprechend § 51 des Strafgesetzbuches angerechnet.

(2) [1]Auf den Haftbefehl findet § 55 Abs. 2 entsprechende Anwendung. [2]Im Übrigen gelten § 13 Abs. 3, § 14 Abs. 1, 2 Satz 1 und 3, Abs. 5, §§ 18 und 55 Abs. 3 bis 5 entsprechend. [3]Über Einwendungen gegen den Rücküberstellungshaftbefehl oder den Antrag auf dessen Außervollzugsetzung entscheidet das Oberlandesgericht erst, wenn die Haft auf Grund des Rücküberstellungshaftbefehls vollzogen wird.

(3) [1]Die Haftentscheidung trifft das Oberlandesgericht, in dessen Bezirk das mit dem inländischen Strafverfahren befasste Gericht seinen Sitz hat, vor Erhebung der öffentlichen Klage das Oberlandesgericht, in dessen Bezirk die das Verfahren führende Staatsanwaltschaft ihren Sitz hat. [2]Die Entscheidung ist unanfechtbar. [3]Zuständig für die Anordnung und Durchführung der Rücküberstellung ist die Staatsanwaltschaft bei dem nach Satz 1 zuständigen Oberlandesgericht.

§ 66 Vorübergehende Übergabe für ein deutsches Verfahren

(1) [1]Wer sich auf Grund einer Anordnung des Gerichtshofes in Untersuchungs- oder Strafhaft befindet und einem deutschen Gericht oder einer deutschen Behörde auf Ersuchen unter der Bedingung der späteren Rückübergabe für ein gegen einen anderen geführtes inländisches Strafverfahren zu einer Beweiserhebung vorübergehend übergeben worden ist, wird zum vereinbarten Zeitpunkt dem Gerichtshof oder den Behörden eines von ihm bezeichneten Staates zurückübergeben, sofern der Gerichtshof nicht darauf verzichtet. [2]Gegen den Verfolgten wird vor Durchführung der vorübergehenden Übergabe durch schriftlichen Haftbefehl die Haft angeordnet, wenn der Gerichtshof die Übergabe von dem Halten in der Haft abhängig macht oder wenn die Rückübergabe sonst nicht gewährleistet wäre. [3]Auf den Haftbefehl findet § 55 Abs. 2 entsprechende Anwendung. [4]Im Übrigen gelten § 13 Abs. 3, § 14 Abs. 1, 2 Satz 1 und 3, Abs. 5, §§ 18, 55 Abs. 3 bis 5 sowie § 65 Abs. 3 entsprechend.

(2) [1]Wer sich im Inland in Untersuchungs- oder Strafhaft befindet oder auf Grund der Anordnung einer freiheitsentziehenden Maßregel der Besserung und Sicherung untergebracht ist, kann zu einer Beweiserhebung für ein im Inland geführtes Strafverfahren dem Gerichtshof vorübergehend übergeben werden, wenn die Voraussetzungen des § 54 Satz 1 Nr. 1, 3 und 4 vorliegen. [2]§ 49 Abs. 4 Satz 2 und 3 sowie § 54 Satz 2 bis 5 gelten entsprechend.

§ 67 Bedingungen

Bedingungen, die der Gerichtshof an die Rechtshilfe geknüpft hat, sind zu beachten.

Teil 7

Gemeinsame Vorschriften

§ 68 Zuständigkeit des Bundes

(1) [1]Über Rechtshilfeersuchen des Gerichtshofes und über die Stellung von Ersuchen an den Gerichtshof um Rechtshilfe entscheidet das Bundesministerium der Justiz und für Verbraucherschutz im Einvernehmen mit dem Auswärtigen Amt und mit anderen Bundesministerien, deren Geschäftsbereich von der Rechtshilfe betroffen wird. [2]Ist für die Leistung der Rechtshilfe eine Behörde zuständig, die dem Geschäftsbereich eines anderen Bundesministeriums angehört, so tritt dieses an die Stelle des Bundesministeriums der Justiz und für Verbraucherschutz; die Entscheidung ergeht im Einvernehmen mit dem Bundesministerium der Justiz und für Verbraucherschutz und dem Auswärtigen Amt. [3]Die nach den Sätzen 1 und 2 zuständigen Bundesministerien können die Ausübung ihrer Befugnisse im Einzelfall auf nachgeordnete Bundesbehörden übertragen. [4]Die Bundesregierung kann im Einzelfall die Ausübung der Befugnis, über ein Ersuchen des Gerichtshofes nach Teil 5 dieses Gesetzes zu entscheiden und den Gerichtshof um Rechtshilfe zu ersuchen, auf eine Landesregierung übertragen. [5]Die Landesregierungen können die ihnen nach Satz 4 übertragene Befugnis auf eine andere nach Landesrecht zuständige Behörde übertragen.

(2) Das Bundesministerium der Justiz und für Verbraucherschutz entscheidet im Einvernehmen mit dem Auswärtigen Amt und mit anderen obersten Bundesbehörden, deren Geschäftsbereich betroffen wird, insbesondere über

1. die Unterbreitung einer Situation nach Artikel 14 Abs. 1 des Römischen Statuts,
2. die Mitteilung nach Artikel 18 Abs. 2 des Römischen Statuts und die Einlegung einer Beschwerde nach Artikel 18 Abs. 4 des Römischen Statuts,
3. die Erklärung einer Anfechtung nach Artikel 19 Abs. 2 des Römischen Statuts,
4. die Einlegung der Beschwerde nach Artikel 19 Abs. 6 des Römischen Statuts,
5. einen Verfahrensbeitritt nach Artikel 72 Abs. 4 des Römischen Statuts,
6. die Einlegung einer Beschwerde nach Artikel 82 Abs. 2 des Römischen Statuts oder
7. das Ersuchen um Befreiung nach Artikel 101 Abs. 2 des Römisches Statuts.

(3) [1]Soweit nach dem Römischen Statut oder diesem Gesetz Beratungen mit dem Gerichtshof oder Mitteilungen an den Gerichtshof vorgesehen sind, ist Absatz 1 Satz 1 entsprechend anwendbar. [2]Werden Tatsachen, die nach dem Römischen Statut oder diesem Gesetz Beratungen mit dem Gerichtshof erforderlich machen, einer anderen als der nach Satz 1 zuständigen Stelle bekannt, unterrichtet diese Stelle die nach Satz 1 für die Führung der Beratungen zuständige Stelle unverzüglich. [3]Soweit dem Gerichtshof bestimmte Umstände mitzuteilen sind oder seine Entscheidung oder Zustimmung einzuholen ist, ergreift die nach Satz 1 zuständige Stelle die hierfür erforderlichen Maßnahmen. [4]In dringenden Fällen kann die Stelle, der die mitteilungspflichtigen Umstände oder die Tatsachen, die eine Entscheidung oder Zustimmung des Gerichtshofes erforderlich machen, zuerst bekannt werden, den Gerichtshof vorab über die Umstände oder die Tatsachen in Kenntnis setzen.

(4) Die Befugnisse des Bundeskriminalamtes zur Datenübermittlung, Ausschreibung und Identitätsfeststellung auf ein Ersuchen des Gerichtshofes richten sich nach § 27 Abs. 1 Satz 1 Nr. 2 des Bundeskriminalamtgesetzes und § 33 Absatz 1 bis 4 des Bundeskriminalamtgesetzes.

§ 69 Deutsches Strafverfahren und früheres Strafverfahren vor dem Gerichtshof (Zu Artikel 20 Abs. 2, Artikel 70 Abs. 2 des Römischen Statuts)

(1) Niemand darf wegen eines in Artikel 5 des Römischen Statuts bezeichneten Verbrechens oder einer in Artikel 70 Abs. 1 des Römischen Statuts bezeichneten Straftat, derentwegen er vom Gerichtshof bereits verurteilt oder freigesprochen wurde, vor ein anderes Gericht gestellt werden.

(2) [1]Wird in einem gegen eine Person im Inland geführten Strafverfahren bekannt, dass die Person wegen aller oder eines Teils der dem deutschen Verfahren zu Grunde liegenden Taten vom Gerichtshof bereits rechtskräftig verurteilt oder freigesprochen wurde, wird das Verfahren hinsichtlich der Taten, über die der Gerichtshof entschieden hat, auf Kosten der Staatskasse eingestellt. [2]Ist das Verfahren bei Gericht anhängig, bedarf es zur Einstellung eines Gerichtsbeschlusses.

(3) Einer zu treffenden Entscheidung über die Entschädigung für Strafverfolgungsmaßnahmen wird die Entscheidung des Gerichtshofes zur Schuld- und Straffrage zu Grunde gelegt.

§ 70 Benachrichtigung (Zu Artikel 27 des Römischen Statuts)

[1]Richtet sich ein Ersuchen des Gerichtshofes um Überstellung oder sonstige Rechtshilfe gegen ein Mitglied des Deutschen Bundestages oder ein Gesetzgebungsorgan eines Landes oder auf Ermittlungshandlungen in deren Räumen, so unterrichtet das Bundesministerium der Justiz und für Verbraucherschutz oder die sonst nach § 68 Abs. 1 zuständige Stelle den Präsidenten der Körperschaft, welcher der Betroffene angehört oder die von der erbetenen Ermittlungshandlung betroffen wird, über den Eingang des Ersuchens. [2]Durch geeignete Maßnahmen ist sicherzustellen, dass die Durchführung des Verfahrens vor dem Gerichtshof oder des Überstellungsverfahrens infolge der Unterrichtung nicht gefährdet wird.

§ 71 Kosten (Zu Artikel 100, Artikel 107 Abs. 2 des Römischen Statuts)

Auf die Erstattung der vom Gerichtshof zu tragenden Kosten der Rechtshilfe kann verzichtet werden.

§ 72 Anwendung anderer Verfahrensvorschriften

Soweit dieses Gesetz keine besonderen Verfahrensvorschriften enthält, gelten die Vorschriften des Gerichtsverfassungsgesetzes und des Einführungsgesetzes zum Gerichtsverfassungsgesetz, der Strafprozessordnung und des Einführungsgesetzes zur Strafprozessordnung, des Strafgesetzbuches, des Jugendgerichtsgesetzes und der Abgabenordnung sinngemäß.

§ 73 Einschränkung von Grundrechten

Die Grundrechte der körperlichen Unversehrtheit (Artikel 2 Abs. 2 Satz 1 des Grundgesetzes), der Freiheit der Person (Artikel 2 Abs. 2 Satz 2 des Grundgesetzes), des Brief-, Post- und Fernmeldegeheimnisses (Artikel 10 Abs. 1 des Grundgesetzes), der Unverletzlichkeit der Wohnung (Artikel 13 des Grundgesetzes) und des Auslieferungsverbotes (Artikel 16 Abs. 2 Satz 1 des Grundgesetzes) werden nach Maßgabe dieses Gesetzes eingeschränkt.

Gesetz über die internationale Rechtshilfe in Strafsachen (IRG)[1)2)3)4)]

In der Fassung der Bekanntmachung vom 27. Juni 1994[5)] (BGBl. I S. 1537)
(FNA 319-87)

zuletzt geändert durch Art. 20, 21 G zur weiteren Digitalisierung der Justiz vom 12. Juli 2024 (BGBl. 2024 I Nr. 234)

---

1) Beachte die Bek. v. 22.2.2024 (BGBl. 2024 I Nr. 60): „Die Richtlinie (EU) 2022/211 des Europäischen Parlaments und des Rates vom 16. Februar 2022 zur Änderung des Rahmenbeschlusses 2002/465/JI des Rates im Hinblick auf dessen Angleichung an die Unionsvorschriften über den Schutz personenbezogener Daten (ABl. L 37 vom 18.2.2022, S. 1) wird umgesetzt durch die §§ 77c, 77d, 77e, 77f, 77g, 77h, 97a, 97b, 97c des Gesetzes über die internationale Rechtshilfe in Strafsachen in der Fassung der Bekanntmachung vom 27. Juni 1994 (BGBl. I S. 1537), das zuletzt durch Artikel 6 des Gesetzes vom 19. Dezember 2022 (BGBl. I S. 2632) geändert worden ist."

2) Beachte die Bek. v. 22.2.2024 (BGBl. 2024 I Nr. 61): „Die Richtlinie (EU) 2022/228 des Europäischen Parlaments und des Rates vom 16. Februar 2022 zur Änderung der Richtlinie 2014/41/EU im Hinblick auf deren Angleichung an die Unionsvorschriften über den Schutz personenbezogener Daten (ABl. L 39 vom 21.2.2022, S. 1) wird umgesetzt durch die §§ 77c, 77d, 77e, 77f, 77g, 77h, 97a, 97b, 97c des Gesetzes über die internationale Rechtshilfe in Strafsachen in der Fassung der Bekanntmachung vom 27. Juni 1994 (BGBl. I S. 1537), das zuletzt durch Artikel 6 des Gesetzes vom 19. Dezember 2022 (BGBl. I S. 2632) geändert worden ist."

3) Beachte die Bek. v. 27.2.2024 (BGBl. 2024 I Nr. 69): „Die Richtlinie (EU) 2016/800 des Europäischen Parlaments und des Rates vom 11. Mai 2016 über Verfahrensgarantien in Strafverfahren für Kinder, die Verdächtige oder beschuldigte Personen in Strafverfahren sind (ABl. L 132 vom 21.5.2016, S. 1), wird ergänzend zu dem Gesetz zur Stärkung der Verfahrensrechte von Beschuldigten im Jugendstrafverfahren vom 9. Dezember 2019 (BGBl. I S. 2146) sowie dem Gesetz zur Neuregelung des Rechts der notwendigen Verteidigung vom 10. Dezember 2019 (BGBl. I S. 2128) umgesetzt durch
   1. § 41 des Bundespolizeigesetzes vom 19. Oktober 1994 (BGBl. I S. 2978, 2979), das zuletzt durch Artikel 2 des Gesetzes vom 19. Dezember 2022 (BGBl. I S. 2632) geändert worden ist,
   2. die §§ 147, 171b und 177 des Gerichtsverfassungsgesetzes in der Fassung der Bekanntmachung vom 9. Mai 1975 (BGBl. I S. 1077), das zuletzt durch Artikel 2 des Gesetzes vom 25. Oktober 2023 (BGBl. 2023 I Nr. 294) geändert worden ist,
   3. die §§ 35a, 58 Absatz 2, die §§ 58a, 81a, 81b, 114b, 114e, 116, 117, 118, 118a, 118b, 121, 122, 126a, 136, 137, 140, 148, 161, 163, 163a, 168, 168a, 168b Absatz 3, § 168c Absatz 1, die §§ 201, 216, 217, 230 Absatz 1, die §§ 231 ff., 243 Absatz 5, die §§ 247, 257 Absatz 1, § 258 Absatz 1, § 275a Absatz 6, die §§ 285, 304 ff., 310 Absatz 1, die §§ 332, 333 ff., 338 Nummer 5 sowie § 464a der Strafprozessordnung in der Fassung der Bekanntmachung vom 7. April 1987 (BGBl. I S. 1074, 1319), die zuletzt durch Artikel 2 des Gesetzes vom 26. Juli 2023 (BGBl. 2023 I Nr. 203) geändert worden ist,
   4. § 77 Absatz 1 und § 78 Absatz 1 des Gesetzes über die internationale Rechtshilfe in Strafsachen in der Fassung der Bekanntmachung vom 27. Juni 1994 (BGBl. I S. 1537), das zuletzt durch Artikel 6 des Gesetzes vom 19. Dezember 2022 (BGBl. I S. 2632) geändert worden ist,
   5. § 1 des Gerichtskostengesetzes in der Fassung der Bekanntmachung vom 27. Februar 2014 (BGBl. I S. 154), das zuletzt durch Artikel 2 des Gesetzes vom 14. Dezember 2023 (BGBl. 2023 I Nr. 365) geändert worden ist, sowie die Nummern 9005, 9011 und 9015 der Anlage 1 (Kostenverzeichnis) zum Gerichtskostengesetz,
   6. die §§ 823, 1004, 1626 Absatz 1, die §§ 1626a, 1630, 1671, 1773 Absatz 1 und § 1789 Absatz 2 des Bürgerlichen Gesetzbuches in der Fassung der Bekanntmachung vom 2. Januar 2002 (BGBl. I S. 42, 2909; 2003 I S. 738), das zuletzt durch Artikel 34 Absatz 3 des Gesetzes vom 22. Dezember 2023 (BGBl. 2023 I Nr. 411) geändert worden ist,
   7. die §§ 22, 23, 33 und 48 des Gesetzes betreffend das Urheberrecht an Werken der bildenden Künste und der Photographie in der im Bundesgesetzblatt Teil III, Gliederungsnummer 440-3, veröffentlichten bereinigten Fassung, das zuletzt durch Artikel 3 § 31 des Gesetzes vom 16. Februar 2001 (BGBl. I S. 266) geändert worden ist,
   8. die §§ 19, 203 und 353d des Strafgesetzbuches in der Fassung der Bekanntmachung vom 13. November 1998 (BGBl. I S. 3322), das zuletzt durch Artikel 1 des Gesetzes vom 26. Juli 2023 (BGBl. 2023 I Nr. 203) geändert worden ist,
   9. die §§ 1, 2, 12, 33, 33a, 33b, 36, 37, 38, 43, 48, 50, 51, 67, 68, 70, 70b, 71, 72, 72a, 81a und 89c des Jugendgerichtsgesetzes in der Fassung der Bekanntmachung vom 11. Dezember 1974 (BGBl. I S. 3427), das zuletzt durch Artikel 21 des Gesetzes vom 25. Juni 2021 (BGBl. I S. 2099) geändert worden ist,
   10. § 12 Absatz 1 und § 46 des Gesetzes über Ordnungswidrigkeiten in der Fassung der Bekanntmachung vom 19. Februar 1987 (BGBl. I S. 602), das zuletzt durch Artikel 5 des Gesetzes vom 14. März 2023 (BGBl. 2023 I Nr. 73) geändert worden ist, sowie
   11. die §§ 1, 34, 45, 52, 62 und 72 des Achten Buches Sozialgesetzbuch – Kinder und Jugendhilfe – in der Fassung der Bekanntmachung vom 11. September 2012 (BGBl. I S. 2022), das zuletzt durch Artikel 1 des Gesetzes vom 21. Dezember 2022 (BGBl. I S. 2824; 2023 I Nr. 19) geändert worden ist."

4) Die Änderungen durch G v. 12.7.2024 (BGBl. 2024 I Nr. 234) treten teilweise erst **mWv 1.1.2036** in Kraft und sind insoweit im Text noch nicht berücksichtigt.

5) Neubekanntmachung des IRG v. 23.12.1982 (BGBl. I S. 2071) in der seit 28.2.1994 geltenden Fassung.

Inhaltsübersicht

Erster Teil
Anwendungsbereich

§ 1 Anwendungsbereich

(1) Der Rechtshilfeverkehr mit dem Ausland in strafrechtlichen Angelegenheiten richtet sich nach diesem Gesetz.

(2) Strafrechtliche Angelegenheiten im Sinne dieses Gesetzes sind auch Verfahren wegen einer Tat, die nach deutschem Recht als Ordnungswidrigkeit mit Geldbuße oder die nach ausländischem Recht mit einer vergleichbaren Sanktion bedroht ist, sofern über deren Festsetzung ein auch für Strafsachen zuständiges Gericht entscheiden kann.

(3) Regelungen in völkerrechtlichen Vereinbarungen gehen, soweit sie unmittelbar anwendbares innerstaatliches Recht geworden sind, den Vorschriften dieses Gesetzes vor.

(4) Die Unterstützung für ein Verfahren in einer strafrechtlichen Angelegenheit mit einem Mitgliedstaat der Europäischen Union richtet sich nach diesem Gesetz.

(5) Die Unterstützung für ein Verfahren in einer strafrechtlichen Angelegenheit, die den Auslieferungs- und Durchlieferungsverkehr mit der Republik Island oder dem Königreich Norwegen betrifft, richtet sich nach diesem Gesetz.

Zweiter Teil

Auslieferung an das Ausland

§ 2 Grundsatz

(1) Ein Ausländer, der in einem ausländischen Staat wegen einer Tat, die dort mit Strafe bedroht ist, verfolgt wird oder verurteilt worden ist, kann diesem Staat auf Ersuchen einer zuständigen Stelle zur Verfolgung oder zur Vollstreckung einer wegen der Tat verhängten Strafe oder sonstigen Sanktion ausgeliefert werden.

(2) Ein Ausländer, der in einem ausländischen Staat wegen einer Tat, die dort mit Strafe bedroht ist, verurteilt worden ist, kann einem anderen ausländischen Staat, der die Vollstreckung übernommen hat, auf Ersuchen einer zuständigen Stelle dieses Staates zur Vollstreckung einer wegen der Tat verhängten Strafe oder sonstigen Sanktion ausgeliefert werden.

(3) Ausländer im Sinne dieses Gesetzes sind Personen, die nicht Deutsche im Sinne des Artikels 116 Abs. 1 des Grundgesetzes sind.

§ 3 Auslieferung zur Verfolgung oder zur Vollstreckung

(1) Die Auslieferung ist nur zulässig, wenn die Tat auch nach deutschem Recht eine rechtswidrige Tat ist, die den Tatbestand eines Strafgesetzes verwirklicht, oder wenn sie bei sinngemäßer Umstellung des Sachverhalts auch nach deutschem Recht eine solche Tat wäre.

(2) Die Auslieferung zur Verfolgung ist nur zulässig, wenn die Tat nach deutschem Recht im Höchstmaß mit Freiheitsstrafe von mindestens einem Jahr bedroht ist oder wenn sie bei sinngemäßer Umstellung des Sachverhalts nach deutschem Recht mit einer solchen Strafe bedroht wäre.

(3) [1]Die Auslieferung zur Vollstreckung ist nur zulässig, wenn wegen der Tat die Auslieferung zur Verfolgung zulässig wäre und wenn eine freiheitsentziehende Sanktion zu vollstrecken ist. [2]Sie ist ferner nur zulässig, wenn zu erwarten ist, daß die noch zu vollstreckende freiheitsentziehende Sanktion oder die Summe der noch zu vollstreckenden freiheitsentziehenden Sanktionen mindestens vier Monate beträgt.

§ 4 Akzessorische Auslieferung

Ist die Auslieferung zulässig, so ist sie wegen einer weiteren Tat auch dann zulässig, wenn für diese

1. die Voraussetzungen des § 3 Abs. 2 oder 3 nicht vorliegen oder
2. die Voraussetzungen des § 2 oder des § 3 Abs. 1 deshalb nicht vorliegen, weil die weitere Tat nur mit einer Sanktion im Sinne des § 1 Abs. 2 bedroht ist.

§ 5 Gegenseitigkeit

Die Auslieferung ist nur zulässig, wenn auf Grund der vom ersuchenden Staat gegebenen Zusicherungen erwartet werden kann, daß dieser einem vergleichbaren deutschen Ersuchen entsprechen würde.

§ 6 Politische Straftaten, politische Verfolgung

(1) [1]Die Auslieferung ist nicht zulässig wegen einer politischen Tat oder wegen einer mit einer solchen zusammenhängenden Tat. [2]Sie ist zulässig, wenn der Verfolgte wegen vollendeten oder versuchten Völkermordes, Mordes oder Totschlags oder wegen der Beteiligung hieran verfolgt wird oder verurteilt worden ist.

(2) Die Auslieferung ist nicht zulässig, wenn ernstliche Gründe für die Annahme bestehen, daß der Verfolgte im Fall seiner Auslieferung wegen seiner Rasse, seiner Religion, seiner Staatsangehörigkeit, seiner Zugehörigkeit zu einer bestimmten sozialen Gruppe oder seiner politischen Anschauungen verfolgt oder bestraft oder daß seine Lage aus einem dieser Gründe erschwert werden würde.

§ 7 Militärische Straftaten

Die Auslieferung ist nicht zulässig wegen einer Tat, die ausschließlich in der Verletzung militärischer Pflichten besteht.

§ 8 Todesstrafe

Ist die Tat nach dem Recht des ersuchenden Staates mit der Todesstrafe bedroht, so ist die Auslieferung nur zulässig, wenn der ersuchende Staat zusichert, daß die Todesstrafe nicht verhängt oder nicht vollstreckt werden wird.

§ 9 Konkurrierende Gerichtsbarkeit

Ist für die Tat auch die deutsche Gerichtsbarkeit begründet, so ist die Auslieferung nicht zulässig, wenn

1. ein Gericht oder eine Behörde im Geltungsbereich dieses Gesetzes gegen den Verfolgten wegen der Tat ein Urteil oder eine Entscheidung mit entsprechender Rechtswirkung erlassen, die Eröffnung des Hauptverfahrens abgelehnt (§ 204 der Strafprozeßordnung), einen Antrag auf Erhebung der öffentlichen Klage verworfen (§ 174 der Strafprozeßordnung), das Verfahren nach Erfüllung von Auflagen

und Weisungen eingestellt (§ 153a der Strafprozeßordnung) oder nach Jugendstrafrecht von der Verfolgung abgesehen oder das Verfahren eingestellt hat (§§ 45, 47 des Jugendgerichtsgesetzes) oder
2. die Verfolgung oder Vollstreckung nach deutschem Recht verjährt oder auf Grund eines deutschen Straffreiheitsgesetzes ausgeschlossen ist.

§ 9a Auslieferung und Verfahren vor internationalen Strafgerichtshöfen

(1) [1]Die Auslieferung ist nicht zulässig, wenn ein internationaler Strafgerichtshof, der durch einen für die Bundesrepublik Deutschland verbindlichen Rechtsakt errichtet wurde, gegen den Verfolgten wegen der Tat ein rechtskräftiges Strafurteil oder eine Entscheidung mit entsprechender Rechtswirkung erlassen oder das Strafverfahren unanfechtbar eingestellt hat und nach dem Errichtungsakt in diesem Falle die Verfolgung durch andere Stellen untersagt ist. [2]Führt der in Satz 1 bezeichnete Gerichtshof wegen der Tat ein Strafverfahren und liegt eine Entscheidung im Sinne des Satzes 1 des Gerichtshofes bei Eingang des Auslieferungsersuchens noch nicht vor, wird die Entscheidung über die Zulässigkeit der Auslieferung zurückgestellt. [3]Eine vorübergehende Auslieferung (§ 37) scheidet aus.

(2) [1]Ersuchen sowohl ein ausländischer Staat als auch ein Gerichtshof im Sinne des Absatzes 1 Satz 1 um Übergabe des Verfolgten zur Strafverfolgung oder Strafvollstreckung (konkurrierende Ersuchen) und enthält der Errichtungsakt des Gerichtshofes oder enthalten die zu seiner Ausführung erlassenen Rechtsvorschriften Bestimmungen, die die Behandlung mehrerer Ersuchen regeln, so richtet sich die Behandlung der Ersuchen nach diesen Bestimmungen. [2]Enthalten weder der Errichtungsakt noch die zu seiner Ausführung erlassenen Rechtsvorschriften Bestimmungen zur Behandlung konkurrierender Ersuchen, räumt aber der Errichtungsakt dem Verfahren des Gerichtshofes Vorrang vor dem Verfahren des ausländischen Staates ein, wird dem Ersuchen des Gerichtshofes Vorrang gegeben.

§ 10 Auslieferungsunterlagen

(1) [1]Die Auslieferung ist nur zulässig, wenn wegen der Tat ein Haftbefehl, eine Urkunde mit entsprechender Rechtswirkung oder ein vollstreckbares, eine Freiheitsentziehung anordnendes Erkenntnis einer zuständigen Stelle des ersuchenden Staates und eine Darstellung der anwendbaren gesetzlichen Bestimmungen vorgelegt worden sind. [2]Wird um Auslieferung zur Verfolgung mehrerer Taten ersucht, so genügt hinsichtlich der weiteren Taten anstelle eines Haftbefehls oder einer Urkunde mit entsprechender Rechtswirkung die Urkunde einer zuständigen Stelle des ersuchenden Staates, aus der sich die dem Verfolgten zur Last gelegte Tat ergibt.

(2) Geben besondere Umstände des Falles Anlaß zu der Prüfung, ob der Verfolgte der ihm zur Last gelegten Tat hinreichend verdächtig erscheint, so ist die Auslieferung ferner nur zulässig, wenn eine Darstellung der Tatsachen vorgelegt worden ist, aus denen sich der hinreichende Tatverdacht ergibt.

(3) Die Auslieferung zur Vollstreckung einer Strafe oder einer sonstigen Sanktion, die in einem dritten Staat verhängt wurde, ist nur zulässig, wenn
1. das vollstreckbare, eine Freiheitsentziehung anordnende Erkenntnis und eine Urkunde des dritten Staates, aus der sich sein Einverständnis mit der Vollstreckung durch den Staat ergibt, der die Vollstreckung übernommen hat,
2. eine Urkunde einer zuständigen Stelle des Staates, der die Vollstreckung übernommen hat, nach der die Strafe oder sonstige Sanktion dort vollstreckbar ist,
3. eine Darstellung der anwendbaren gesetzlichen Bestimmungen sowie
4. im Fall des Absatzes 2 eine Darstellung im Sinne dieser Vorschrift

vorgelegt worden sind.

§ 11 Spezialität

(1) Die Auslieferung ist nur zulässig, wenn gewährleistet ist, daß der Verfolgte
1. in dem ersuchenden Staat ohne deutsche Zustimmung aus keinem vor seiner Überstellung eingetretenen Grund mit Ausnahme der Tat, derentwegen die Auslieferung bewilligt worden ist, bestraft, einer Beschränkung seiner persönlichen Freiheit unterworfen oder durch Maßnahmen, die nicht auch in seiner Abwesenheit getroffen werden können, verfolgt werden wird,
2. nicht ohne deutsche Zustimmung an einen dritten Staat weitergeliefert, überstellt oder in einen dritten Staat abgeschoben werden wird und
3. den ersuchenden Staat nach dem endgültigen Abschluß des Verfahrens, dessentwegen seine Auslieferung bewilligt worden ist, verlassen darf.

(2) Die Bindung des ersuchenden Staates an die Spezialität darf nur entfallen, wenn
1. die deutsche Zustimmung zur Verfolgung oder zur Vollstreckung einer Strafe oder einer sonstigen Sanktion hinsichtlich einer weiteren Tat (§ 35) oder zur Weiterlieferung, Überstellung oder Abschiebung an einen anderen ausländischen Staat (§ 36) erteilt worden ist,

2. der Verfolgte den ersuchenden Staat innerhalb eines Monats nach dem endgültigen Abschluß des Verfahrens, dessentwegen seine Auslieferung bewilligt worden ist, nicht verlassen hat, obwohl er dazu das Recht und die Möglichkeit hatte, oder
3. der Verfolgte, nachdem er den ersuchenden Staat verlassen hatte, dorthin zurückgekehrt ist oder von einem dritten Staat zurücküberstellt worden ist. Das Recht des ersuchenden Staates, den Verfolgten zur Vorbereitung eines Ersuchens nach § 35 zu vernehmen, bleibt unberührt.

(3) Eine bedingte Freilassung ohne eine die Bewegungsfreiheit des Verfolgten einschränkende Anordnung steht dem endgültigen Abschluß des Verfahrens nach Absatz 1 Nr. 3, Abs. 2 Satz 1 Nr. 2 gleich.

§ 12 Bewilligung der Auslieferung

Die Auslieferung darf, außer im Fall des § 41, nur bewilligt werden, wenn das Gericht sie für zulässig erklärt hat.

§ 13 Sachliche Zuständigkeit

(1) [1]Die gerichtlichen Entscheidungen erläßt vorbehaltlich der §§ 21, 22 und 39 Abs. 2 das Oberlandesgericht. [2]Die Entscheidungen des Oberlandesgerichts sind unanfechtbar.

(2) Die Staatsanwaltschaft bei dem Oberlandesgericht bereitet die Entscheidung über die Auslieferung vor und führt die bewilligte Auslieferung durch.

§ 14 Örtliche Zuständigkeit

(1) Örtlich zuständig sind das Oberlandesgericht und die Staatsanwaltschaft bei dem Oberlandesgericht, in deren Bezirk der Verfolgte zum Zweck der Auslieferung ergriffen oder, falls eine Ergreifung nicht erfolgt, zuerst ermittelt wird.

(2) Werden mehrere Verfolgte, die wegen Beteiligung an derselben Tat oder im Zusammenhang damit wegen Begünstigung, Strafvereitelung oder Hehlerei ausgeliefert werden sollen, in den Bezirken verschiedener Oberlandesgerichte zum Zweck der Auslieferung ergriffen oder ermittelt, so richtet sich die Zuständigkeit danach, welches Oberlandesgericht oder, solange noch kein Oberlandesgericht befaßt ist, welche Staatsanwaltschaft bei dem Oberlandesgericht zuerst mit der Sache befaßt wurde.

(3) Ist der Aufenthalt des Verfolgten nicht bekannt, so bestimmt der Bundesgerichtshof das zuständige Oberlandesgericht.

§ 15 Auslieferungshaft

(1) Nach dem Eingang des Auslieferungsersuchens kann gegen den Verfolgten die Auslieferungshaft angeordnet werden, wenn
1. die Gefahr besteht, daß er sich dem Auslieferungsverfahren oder der Durchführung der Auslieferung entziehen werde, oder
2. auf Grund bestimmter Tatsachen der dringende Verdacht begründet ist, daß der Verfolgte die Ermittlung der Wahrheit in dem ausländischen Verfahren oder im Auslieferungsverfahren erschweren werde.

(2) Absatz 1 gilt nicht, wenn die Auslieferung von vornherein unzulässig erscheint.

§ 16 Vorläufige Auslieferungshaft

(1) Die Auslieferungshaft kann unter den Voraussetzungen des § 15 schon vor dem Eingang des Auslieferungsersuchens angeordnet werden, wenn
1. eine zuständige Stelle des ersuchenden Staates darum ersucht oder
2. ein Ausländer einer Tat, die zu seiner Auslieferung Anlaß geben kann, auf Grund bestimmter Tatsachen dringend verdächtig ist.

(2) [1]Der Auslieferungshaftbefehl ist aufzuheben, wenn der Verfolgte seit dem Tag der Ergreifung oder der vorläufigen Festnahme insgesamt zwei Monate zum Zweck der Auslieferung in Haft ist, ohne daß das Auslieferungsersuchen und die Auslieferungsunterlagen bei der in § 74 bezeichneten Behörde oder bei einer sonst zu ihrer Entgegennahme zuständigen Stelle eingegangen sind. [2]Hat ein außereuropäischer Staat um Anordnung der vorläufigen Auslieferungshaft ersucht, so beträgt die Frist drei Monate.

(3) Nach dem Eingang des Auslieferungsersuchens und der Auslieferungsunterlagen entscheidet das Oberlandesgericht unverzüglich über die Fortdauer der Haft.

§ 17 Auslieferungshaftbefehl

(1) Die vorläufige Auslieferungshaft und die Auslieferungshaft werden durch schriftlichen Haftbefehl (Auslieferungshaftbefehl) des Oberlandesgerichts angeordnet.

(2) In dem Auslieferungshaftbefehl sind anzuführen
1. der Verfolgte,
2. der Staat, an den die Auslieferung nach den Umständen des Falles in Betracht kommt,

3. die dem Verfolgten zur Last gelegte Tat,
4. das Ersuchen oder im Fall des § 16 Abs. 1 Nr. 2 die Tatsachen, aus denen sich ergibt, daß der Verfolgte einer Tat, die zu seiner Auslieferung Anlaß geben kann, dringend verdächtig ist, sowie
5. der Haftgrund und die Tatsachen, aus denen er sich ergibt.

§ 18 Fahndungsmaßnahmen

[1]Liegt ein Auslieferungsersuchen vor und ist der Aufenthalt des Verfolgten nicht bekannt, so können die erforderlichen Maßnahmen zur Feststellung des Aufenthaltes und zur Festnahme des Verfolgten ergriffen werden. [2]Zur Anordnung einzelner Fahndungsmaßnahmen bedarf es keines gesonderten Ersuchens. [3]Zuständig für die Ausschreibung zur Festnahme ist die Staatsanwaltschaft bei dem Oberlandesgericht. [4]Die Vorschriften des Abschnitts 9a der Strafprozessordnung sind entsprechend anwendbar.

§ 19 Vorläufige Festnahme

[1]Liegen die Voraussetzungen eines Auslieferungshaftbefehls vor, so sind die Staatsanwaltschaft und die Beamten des Polizeidienstes zur vorläufigen Festnahme befugt. [2]Unter den Voraussetzungen des § 127 Abs. 1 Satz 1 der Strafprozeßordnung ist jedermann zur vorläufigen Festnahme berechtigt.

§ 20 Bekanntgabe

(1) Wird der Verfolgte festgenommen, so ist ihm der Grund der Festnahme mitzuteilen.

(2) [1]Liegt ein Auslieferungshaftbefehl vor, so ist er dem Verfolgten unverzüglich bekanntzugeben. [2]Der Verfolgte erhält eine Abschrift.

§ 21 Verfahren nach Ergreifung auf Grund eines Auslieferungshaftbefehls

(1) Wird der Verfolgte auf Grund eines Auslieferungshaftbefehls ergriffen, so ist er unverzüglich, spätestens am Tag nach der Ergreifung, dem Richter des nächsten Amtsgerichts vorzuführen.

(2) [1]Der Richter beim Amtsgericht vernimmt den Verfolgten unverzüglich nach der Vorführung, spätestens am nächsten Tag, über seine persönlichen Verhältnisse, insbesondere über seine Staatsangehörigkeit. [2]Er weist ihn darauf hin, daß er sich in jeder Lage des Verfahrens eines Rechtsbeistands (§ 40) bedienen kann und daß es ihm freisteht, sich zu der ihm zur Last gelegten Tat zu äußern oder dazu nicht auszusagen. [3]Sodann befragt er ihn, ob und gegebenenfalls aus welchen Gründen er Einwendungen gegen die Auslieferung, gegen den Auslieferungshaftbefehl oder gegen dessen Vollzug erheben will. [4]Im Fall des § 16 Abs. 1 Nr. 2 erstreckt sich die Vernehmung auch auf den Gegenstand der Beschuldigung; in den übrigen Fällen sind die Angaben, die der Verfolgte von sich aus hierzu macht, in das Protokoll aufzunehmen.

(3) Ergibt sich bei der Vernehmung, daß
1. der Ergriffene nicht die in dem Auslieferungshaftbefehl bezeichnete Person ist,
2. der Auslieferungshaftbefehl aufgehoben ist oder
3. der Vollzug des Auslieferungshaftbefehls ausgesetzt ist,

so ordnet der Richter beim Amtsgericht die Freilassung an.

(4) [1]Ist der Auslieferungshaftbefehl aufgehoben oder der Vollzug ausgesetzt, so ordnet der Richter beim Amtsgericht an, daß der Verfolgte bis zur Entscheidung des Oberlandesgerichts festzuhalten ist, wenn
1. die Voraussetzungen eines neuen Auslieferungshaftbefehls wegen der Tat vorliegen oder
2. Gründe dafür vorliegen, den Vollzug des Auslieferungshaftbefehls anzuordnen.

[2]Die Staatsanwaltschaft bei dem Oberlandesgericht führt unverzüglich die Entscheidung des Oberlandesgerichts herbei.

(5) [1]Erhebt der Verfolgte gegen den Auslieferungshaftbefehl oder gegen dessen Vollzug sonstige Einwendungen, die nicht offensichtlich unbegründet sind, oder hat der Richter beim Amtsgericht Bedenken gegen die Aufrechterhaltung der Haft, so teilt er dies der Staatsanwaltschaft bei dem Oberlandesgericht unverzüglich und auf dem schnellsten Weg mit. [2]Die Staatsanwaltschaft bei dem Oberlandesgericht führt unverzüglich die Entscheidung des Oberlandesgerichts herbei.

(6) Erhebt der Verfolgte gegen die Auslieferung keine Einwendungen, so belehrt ihn der Richter beim Amtsgericht über die Möglichkeit der vereinfachten Auslieferung und deren Rechtsfolgen (§ 41) und nimmt sodann dessen Erklärung zu Protokoll.

(7) [1]Die Entscheidung des Richters beim Amtsgericht ist unanfechtbar. [2]Die Staatsanwaltschaft bei dem Oberlandesgericht kann die Freilassung des Verfolgten anordnen.

§ 22 Verfahren nach vorläufiger Festnahme

(1) Wird der Verfolgte vorläufig festgenommen, so ist er unverzüglich, spätestens am Tag nach der Festnahme, dem Richter des nächsten Amtsgerichts vorzuführen.

(2) [1]Der Richter beim Amtsgericht vernimmt den Verfolgten unverzüglich nach der Vorführung, spätestens am nächsten Tag, über seine persönlichen Verhältnisse, insbesondere über seine Staatsangehörigkeit.

[2]Er weist ihn darauf hin, daß er sich in jeder Lage des Verfahrens eines Rechtsbeistands (§ 40) bedienen kann und daß es ihm freisteht, sich zu der ihm zur Last gelegten Tat zu äußern oder dazu nicht auszusagen. [3]Sodann befragt er ihn, ob und gegebenenfalls aus welchen Gründen er Einwendungen gegen die Auslieferung oder gegen seine vorläufige Festnahme erheben will. [4]§ 21 Abs. 2 Satz 4 gilt entsprechend.

(3) [1]Ergibt sich bei der Vernehmung, daß der Ergriffene nicht die Person ist, auf die sich das Ersuchen oder die Tatsachen im Sinne des § 17 Abs. 2 Nr. 4 beziehen, so ordnet der Richter beim Amtsgericht seine Freilassung an. [2]Andernfalls ordnet der Richter beim Amtsgericht an, daß der Verfolgte bis zur Entscheidung des Oberlandesgerichts festzuhalten ist. [3]§ 21 Abs. 4 Satz 2, Abs. 6 und 7 gilt entsprechend.

§ 23 Entscheidung über Einwendungen des Verfolgten

Über Einwendungen des Verfolgten gegen den Auslieferungshaftbefehl oder gegen dessen Vollzug entscheidet das Oberlandesgericht.

§ 24 Aufhebung des Auslieferungshaftbefehls

(1) Der Auslieferungshaftbefehl ist aufzuheben, sobald die Voraussetzungen der vorläufigen Auslieferungshaft oder der Auslieferungshaft nicht mehr vorliegen oder die Auslieferung für unzulässig erklärt wird.

(2) [1]Der Auslieferungshaftbefehl ist auch aufzuheben, wenn die Staatsanwaltschaft bei dem Oberlandesgericht dies beantragt. [2]Gleichzeitig mit dem Antrag ordnet sie die Freilassung des Verfolgten an.

§ 25 Aussetzung des Vollzugs des Auslieferungshaftbefehls

(1) Das Oberlandesgericht kann den Vollzug des Auslieferungshaftbefehls aussetzen, wenn weniger einschneidende Maßnahmen die Gewähr bieten, daß der Zweck der vorläufigen Auslieferungshaft oder der Auslieferungshaft auch durch sie erreicht wird.

(2) § 116 Abs. 1 Satz 2, Abs. 4, §§ 116a, 123 und 124 Abs. 1, Abs. 2 Satz 1, Abs. 3 der Strafprozeßordnung sowie § 72 Abs. 1, 4 Satz 1 des Jugendgerichtsgesetzes gelten entsprechend.

§ 26 Haftprüfung

(1) [1]Befindet sich der Verfolgte in Auslieferungshaft, so entscheidet das Oberlandesgericht über deren Fortdauer, wenn der Verfolgte seit dem Tag der Ergreifung, der vorläufigen Festnahme oder der letzten Entscheidung über die Fortdauer der Haft insgesamt zwei Monate zum Zweck der Auslieferung in Haft ist. [2]Die Haftprüfung wird jeweils nach zwei Monaten wiederholt. [3]Das Oberlandesgericht kann anordnen, daß die Haftprüfung innerhalb einer kürzeren Frist vorgenommen wird.

(2) Befindet sich der Verfolgte in vorläufiger Auslieferungshaft oder in einstweiliger Unterbringung in einem Erziehungsheim (§ 71 Abs. 2 des Jugendgerichtsgesetzes), so gilt Absatz 1 entsprechend.

§ 27 Vollzug der Haft

(1) Für den Vollzug der vorläufigen Auslieferungshaft, der Auslieferungshaft und der Haft auf Grund einer Anordnung des Richters beim Amtsgericht gelten die Vorschriften über den Vollzug der Untersuchungshaft sowie § 119 der Strafprozessordnung entsprechend.

(2) Die Staatsanwaltschaft bei dem Oberlandesgericht bestimmt die Anstalt, in welcher der Verfolgte zu verwahren ist.

(3) Die richterlichen Verfügungen trifft der Vorsitzende des zuständigen Senats des Oberlandesgerichts.

§ 28 Vernehmung des Verfolgten

(1) Nach dem Eingang des Auslieferungsersuchens beantragt die Staatsanwaltschaft bei dem Oberlandesgericht die Vernehmung des Verfolgten bei dem Amtsgericht, in dessen Bezirk er sich befindet.

(2) [1]Der Richter beim Amtsgericht vernimmt den Verfolgten über seine persönlichen Verhältnisse, insbesondere über seine Staatsangehörigkeit. [2]Er weist ihn darauf hin, daß er sich in jeder Lage des Verfahrens eines Rechtsbeistands (§ 40) bedienen kann und daß es ihm freisteht, sich zu der ihm zur Last gelegten Tat zu äußern oder dazu nicht auszusagen. [3]Sodann befragt er ihn, ob und gegebenenfalls aus welchen Gründen er Einwendungen gegen die Auslieferung erheben will. [4]Zu dem Gegenstand der Beschuldigung ist der Verfolgte nur zu vernehmen, wenn die Staatsanwaltschaft bei dem Oberlandesgericht dies beantragt; in den übrigen Fällen sind die Angaben, die der Verfolgte von sich aus hierzu macht, in das Protokoll aufzunehmen.

(3) Erhebt der Verfolgte gegen die Auslieferung keine Einwendungen, so belehrt ihn der Richter beim Amtsgericht über die Möglichkeit der vereinfachten Auslieferung und deren Rechtsfolgen (§ 41) und nimmt sodann dessen Erklärung zu Protokoll.

§ 29 Antrag auf Entscheidung über die Zulässigkeit der Auslieferung

(1) Hat sich der Verfolgte nicht mit der vereinfachten Auslieferung (§ 41) einverstanden erklärt, so beantragt die Staatsanwaltschaft bei dem Oberlandesgericht die Entscheidung des Oberlandesgerichts darüber, ob die Auslieferung zulässig ist.

(2) Die Staatsanwaltschaft bei dem Oberlandesgericht kann die Entscheidung des Oberlandesgerichts auch dann beantragen, wenn sich der Verfolgte mit der vereinfachten Auslieferung einverstanden erklärt hat.

§ 30 Vorbereitung der Entscheidung

(1) [1]Reichen die Auslieferungsunterlagen zur Beurteilung der Zulässigkeit der Auslieferung nicht aus, so entscheidet das Oberlandesgericht erst, wenn dem ersuchenden Staat Gelegenheit gegeben worden ist, ergänzende Unterlagen beizubringen. [2]Für ihre Beibringung kann eine Frist gesetzt werden.

(2) [1]Das Oberlandesgericht kann den Verfolgten vernehmen. [2]Es kann sonstige Beweise über die Zulässigkeit der Auslieferung erheben. [3]Im Fall des § 10 Abs. 2 erstreckt sich die Beweiserhebung über die Zulässigkeit der Auslieferung auch darauf, ob der Verfolgte der ihm zur Last gelegten Tat hinreichend verdächtig erscheint. [4]Art und Umfang der Beweisaufnahme bestimmt das Oberlandesgericht, ohne durch Anträge, Verzichte oder frühere Beschlüsse gebunden zu sein.

(3) Das Oberlandesgericht kann eine mündliche Verhandlung durchführen.

§ 31 Durchführung der mündlichen Verhandlung

(1) [1]Von Ort und Zeit der mündlichen Verhandlung sind die Staatsanwaltschaft bei dem Oberlandesgericht, der Verfolgte und sein Rechtsbeistand (§ 40) zu benachrichtigen. [2]Bei der mündlichen Verhandlung muß ein Vertreter der Staatsanwaltschaft bei dem Oberlandesgericht anwesend sein.

(2) [1]Befindet sich der Verfolgte in Haft, so ist er vorzuführen, es sei denn, daß er auf die Anwesenheit in der Verhandlung verzichtet hat oder daß der Vorführung weite Entfernung, Krankheit oder andere nicht zu beseitigende Hindernisse entgegenstehen. [2]Wird der Verfolgte zur mündlichen Verhandlung nicht vorgeführt, so muß ein Rechtsbeistand (§ 40) seine Rechte in der Verhandlung wahrnehmen. [3]In diesem Fall ist ihm für die mündliche Verhandlung ein Rechtsanwalt als Rechtsbeistand zu bestellen, wenn er noch keinen Beistand hat.

(3) [1]Befindet sich der Verfolgte auf freiem Fuß, so kann das Oberlandesgericht sein persönliches Erscheinen anordnen. [2]Erscheint der ordnungsgemäß geladene Verfolgte nicht und ist sein Fernbleiben nicht genügend entschuldigt, so kann das Oberlandesgericht die Vorführung anordnen.

(4) [1]In der mündlichen Verhandlung sind die anwesenden Beteiligten zu hören. [2]Über die Verhandlung ist ein Protokoll aufzunehmen.

§ 32 Entscheidung über die Zulässigkeit

[1]Der Beschluß über die Zulässigkeit dar[1)] Auslieferung ist zu begründen. [2]Er wird der Staatsanwaltschaft bei dem Oberlandesgericht, dem Verfolgten und seinem Rechtsbeistand (§ 40) bekanntgemacht. [3]Der Verfolgte erhält eine Abschrift.

§ 33 Erneute Entscheidung über die Zulässigkeit

(1) Treten nach der Entscheidung des Oberlandesgerichts über die Zulässigkeit der Auslieferung Umstände ein, die eine andere Entscheidung über die Zulässigkeit zu begründen geeignet sind, so entscheidet das Oberlandesgericht von Amts wegen, auf Antrag der Staatsanwaltschaft bei dem Oberlandesgericht oder auf Antrag des Verfolgten erneut über die Zulässigkeit der Auslieferung.

(2) Werden nach der Entscheidung des Oberlandesgerichts Umstände bekannt, die eine andere Entscheidung über die Zulässigkeit zu begründen geeignet sind, so kann das Oberlandesgericht erneut über die Zulässigkeit der Auslieferung entscheiden.

(3) § 30 Abs. 2 und 3, §§ 31, 32 gelten entsprechend.

(4) Das Oberlandesgericht kann den Aufschub der Auslieferung anordnen.

§ 34 Haft zur Durchführung der Auslieferung

(1) Befindet sich der Verfolgte nach der Bewilligung der Auslieferung auf freiem Fuß und ist die Durchführung der Auslieferung nicht auf andere Weise gewährleistet, so ordnet das Oberlandesgericht durch schriftlichen Haftbefehl die Haft zur Durchführung der Auslieferung an, sofern nicht der Vollzug eines bestehenden Auslieferungshaftbefehls (§ 17) angeordnet werden kann.

(2) In dem Haftbefehl sind anzuführen

1. der Verfolgte,
2. die Entscheidung, durch welche die Auslieferung bewilligt worden ist, sowie
3. der Haftgrund und die Tatsachen, aus denen er sich ergibt.

---

1) Richtig wohl: „der".

(3) Die §§ 18 bis 20 und 23 bis 27 gelten entsprechend.

§ 35 Erweiterung der Auslieferungsbewilligung

(1) [1]Ist die Auslieferung durchgeführt und ersucht der Staat, an den der Verfolgte ausgeliefert worden ist, wegen einer weiteren Tat um Zustimmung zur Verfolgung oder zur Vollstreckung einer Strafe oder einer sonstigen Sanktion, so kann die Zustimmung erteilt werden, wenn

1. nachgewiesen worden ist, daß der Ausgelieferte Gelegenheit hatte, sich zu dem Ersuchen zu äußern, und das Oberlandesgericht entschieden hat, daß wegen der Tat die Auslieferung zulässig wäre, oder
2. nachgewiesen worden ist, daß der Ausgelieferte sich zu Protokoll eines Richters des ersuchenden Staates mit der Verfolgung oder mit der Vollstreckung der Strafe oder der sonstigen Sanktion einverstanden erklärt hat, und wegen der Tat die Auslieferung zulässig wäre.

[2]Wird um Zustimmung zur Verfolgung ersucht, so genügt anstelle eines Haftbefehls oder einer Urkunde mit entsprechender Rechtswirkung (§ 10 Abs. 1 Satz 1) die Urkunde einer zuständigen Stelle des ersuchenden Staates, aus der sich die dem Verfolgten zur Last gelegte Tat ergibt.

(2) [1]Für das Verfahren gelten § 29 mit der Maßgabe, daß an die Stelle des Einverständnisses des Verfolgten mit der vereinfachten Auslieferung sein Einverständnis im Sinne des Absatzes 1 Satz 1 Nr. 2 tritt, sowie § 30 Abs. 1, Abs. 2 Satz 2 bis 4, Abs. 3, § 31 Abs. 1 und 4, §§ 32, 33 Abs. 1 und 2 entsprechend. [2]Zuständig für die gerichtliche Entscheidung nach Absatz 1 Satz 1 Nr. 1 ist das Oberlandesgericht, das im Auslieferungsverfahren zur Entscheidung über die Zulässigkeit der Auslieferung zuständig war.

§ 36 Weiterlieferung

(1) Ist die Auslieferung durchgeführt und ersucht eine zuständige Stelle eines ausländischen Staates wegen der Tat, derentwegen die Auslieferung bewilligt worden ist, oder wegen einer weiteren Tat um Zustimmung zur Weiterlieferung, zur Überstellung des Ausgelieferten zum Zweck der Vollstreckung einer Strafe oder einer sonstigen Sanktion oder zur Abschiebung, so gilt § 35 Abs. 1 Satz 1, Abs. 2 entsprechend mit der Maßgabe, daß wegen der Tat die Auslieferung an den Staat, an den der Ausgelieferte weitergeliefert oder überstellt werden soll, zulässig sein müßte.

(2) [1]Ist die Auslieferung noch nicht durchgeführt, so kann auf ein Ersuchen der in Absatz 1 bezeichneten Art die Zustimmung erteilt werden, wenn wegen der Tat die Auslieferung an den Staat, an den der Ausgelieferte weitergeliefert oder überstellt werden soll, zulässig wäre. [2]Für das Verfahren gelten die §§ 28 bis 33 entsprechend.

§ 37 Vorübergehende Auslieferung

(1) Wird die bewilligte Auslieferung aufgeschoben, weil im Geltungsbereich dieses Gesetzes gegen den Verfolgten ein Strafverfahren geführt wird oder eine Freiheitsstrafe oder eine freiheitsentziehende Maßregel der Besserung und Sicherung zu vollstrecken ist, so kann der Verfolgte vorübergehend ausgeliefert werden, wenn eine zuständige Stelle des ersuchenden Staates hierum ersucht und zusichert, ihn bis zu einem bestimmten Zeitpunkt oder auf Anforderung zurückzuliefern.

(2) Auf die Rücklieferung des Verfolgten kann verzichtet werden.

(3) [1]Wird in dem Verfahren, dessentwegen die Auslieferung aufgeschoben wurde, zeitige Freiheitsstrafe oder Geldstrafe verhängt, so wird die in dem ersuchenden Staat bis zur Rücklieferung oder bis zum Verzicht auf die Rücklieferung erlittene Freiheitsentziehung darauf angerechnet. [2]Ist die Auslieferung aufgeschoben worden, weil gegen den Verfolgten zeitige Freiheitsstrafe zu vollstrecken ist, so gilt Satz 1 entsprechend.

(4) [1]Die für die Anrechnung nach Absatz 3 zuständige Stelle bestimmt nach Anhörung der Staatsanwaltschaft bei dem Oberlandesgericht den Maßstab nach ihrem Ermessen. [2]Sie kann anordnen, daß die Anrechnung ganz oder zum Teil unterbleibt, wenn

1. die in dem ersuchenden Staat erlittene Freiheitsentziehung ganz oder zum Teil auf eine dort verhängte oder zu vollstreckende Strafe oder sonstige Sanktion angerechnet worden ist oder
2. die Anrechnung im Hinblick auf das Verhalten des Verfolgten nach der Übergabe nicht gerechtfertigt ist.

§ 38 Herausgabe von Gegenständen im Auslieferungsverfahren

(1) Im Zusammenhang mit einer Auslieferung können an den ersuchenden Staat ohne besonderes Ersuchen Gegenstände herausgegeben werden,

1. die als Beweismittel für das ausländische Verfahren dienen können oder
2. die der Verfolgte oder ein Beteiligter durch die Tat, derentwegen die Auslieferung bewilligt worden ist, für sie oder als Entgelt für solche Gegenstände erlangt hat.

(2) Die Herausgabe ist nur zulässig, wenn gewährleistet ist, daß Rechte Dritter unberührt bleiben und unter Vorbehalt herausgegebene Gegenstände auf Verlangen unverzüglich zurückgegeben werden.

(3) Unter den Voraussetzungen der Absätze 1 und 2 können Gegenstände auch dann herausgegeben werden, wenn die bewilligte Auslieferung aus tatsächlichen Gründen nicht vollzogen werden kann.

(4) [1]Über die Zulässigkeit der Herausgabe entscheidet auf Einwendungen des Verfolgten, auf Antrag der Staatsanwaltschaft bei dem Oberlandesgericht oder auf Antrag desjenigen, der geltend macht, er würde durch die Herausgabe in seinen Rechten verletzt werden, das Oberlandesgericht. [2]Erklärt das Oberlandesgericht die Herausgabe für zulässig, so kann es demjenigen, der seine Entscheidung beantragt hat, die der Staatskasse erwachsenen Kosten auferlegen. [3]Die Herausgabe darf nicht bewilligt werden, wenn das Oberlandesgericht sie für unzulässig erklärt hat.

§ 39 Beschlagnahme und Durchsuchung

(1) [1]Gegenstände, deren Herausgabe an einen ausländischen Staat in Betracht kommt, können, auch schon vor Eingang des Auslieferungsersuchens, beschlagnahmt oder sonst sichergestellt werden. [2]Zu diesem Zweck kann auch eine Durchsuchung vorgenommen werden.

(2) Ist noch kein Oberlandesgericht mit dem Auslieferungsverfahren befaßt, so werden die Beschlagnahme und die Durchsuchung zunächst von dem Amtsgericht angeordnet, in dessen Bezirk die Handlungen vorzunehmen sind.

(3) Bei Gefahr im Verzug sind die Staatsanwaltschaft und ihre Ermittlungspersonen (§ 152 des Gerichtsverfassungsgesetzes) befugt, die Beschlagnahme und die Durchsuchung anzuordnen.

§ 40 Rechtsbeistand

(1) Die verfolgte Person kann sich in jeder Lage des Verfahrens eines Rechtsbeistands bedienen.

(2) Die Auslieferung ist ein Fall der notwendigen Rechtsbeistandschaft, wenn eine Festnahme der verfolgten Person erfolgt.

(3) Erfolgt keine Festnahme der verfolgten Person, liegt ein Fall der notwendigen Rechtsbeistandschaft vor, wenn

1. wegen der Schwierigkeit der Sach- oder Rechtslage die Mitwirkung eines Rechtsbeistands geboten erscheint, bei Verfahren nach Abschnitt 2 des Achten Teils insbesondere bei Zweifeln, ob die Voraussetzungen der §§ 80 und 81 Nummer 4 vorliegen,
2. ersichtlich ist, dass die verfolgte Person ihre Rechte nicht selbst hinreichend wahrnehmen kann oder
3. die verfolgte Person noch nicht 18 Jahre alt ist.

(4) [1]Liegt ein Fall der notwendigen Rechtsbeistandschaft vor und hat die verfolgte Person noch keinen Rechtsbeistand, so ist ihr auf Antrag oder von Amts wegen ein Rechtsbeistand zu bestellen. [2]Hat die verfolgte Person keinen Rechtsbeistand, ist sie in den Fällen des Absatzes 3 Nummer 1 und 2 bei Bekanntgabe des Ersuchens darauf hinzuweisen, dass sie die Bestellung eines Rechtsbeistands beantragen kann.

(5) Die Bestellung eines Rechtsbeistands erfolgt von Amts wegen

1. im Fall des Absatzes 2 unverzüglich nach Festnahme,
2. im Fall des Absatzes 3 Nummer 3 unverzüglich nach Bekanntgabe des Auslieferungsersuchens,
3. in den Fällen des Absatzes 3 Nummer 1 und 2 nach Bekanntgabe des Auslieferungsersuchens, sobald die dort genannten Voraussetzungen vorliegen.

(6) [1]Über die Bestellung entscheidet das Gericht, dem die verfolgte Person vorzuführen ist oder dem sie vorzuführen wäre. [2]Nach einer Antragstellung gemäß § 29 Absatz 1 entscheidet das zuständige Oberlandesgericht.

(7) [1]Die Bestellung endet mit der Übergabe der verfolgten Person oder mit der abschließenden Entscheidung, die verfolgte Person nicht zu übergeben. [2]Die Bestellung umfasst Verfahren nach § 33. [3]Falls keine gerichtliche Entscheidung ergeht, die die Auslieferung für unzulässig erklärt, und die Person nicht übergeben wird, endet die Bestellung mit der Entscheidung der Staatsanwaltschaft beim Oberlandesgericht, die verfolgte Person nicht zu übergeben. [4]Die Bestellung kann in den Fällen des Absatzes 3 Nummer 1 und 2 aufgehoben werden, wenn kein Fall der notwendigen Rechtsbeistandschaft mehr vorliegt.

(8) [1]Die Vorschriften des Elften Abschnittes des Ersten Buches der Strafprozessordnung mit Ausnahme der §§ 139, 140, 141, 141a, 142 Absatz 2 und 3, von § 143 Absatz 1 und 2 Satz 2 bis 4 sowie § 143a Absatz 3 gelten entsprechend. [2]§ 142 Absatz 7, § 143 Absatz 3 und § 143a Absatz 4 der Strafprozessordnung gelten mit der Maßgabe entsprechend, dass über die sofortige Beschwerde das Gericht entscheidet, das für die Entscheidung über die Zulässigkeit der Auslieferung zuständig ist. [3]Entscheidungen des Oberlandesgerichts nach Absatz 6 Satz 2 und Absatz 7 Satz 4 sind unanfechtbar.

§ 41 Vereinfachte Auslieferung

(1) Die Auslieferung eines Verfolgten, gegen den ein Auslieferungshaftbefehl besteht, kann auf Ersuchen einer zuständigen Stelle eines ausländischen Staates um Auslieferung oder um vorläufige Festnahme zum

Zweck der Auslieferung ohne Durchführung des förmlichen Auslieferungsverfahrens bewilligt werden, wenn sich der Verfolgte nach Belehrung zu richterlichem Protokoll mit dieser vereinfachten Auslieferung einverstanden erklärt hat.

(2) Im Fall des Absatzes 1 kann auf die Beachtung der Voraussetzungen des § 11 verzichtet werden, wenn sich der Verfolgte nach Belehrung zu richterlichem Protokoll damit einverstanden erklärt hat.

(3) Das Einverständnis kann nicht widerrufen werden.

(4) [1]Auf Antrag der Staatsanwaltschaft bei dem Oberlandesgericht belehrt der Richter beim Amtsgericht den Verfolgten über die Möglichkeit der vereinfachten Auslieferung und deren Rechtsfolgen (Absätze 1 bis 3) und nimmt sodann dessen Erklärung zu Protokoll. [2]Zuständig ist der Richter bei dem Amtsgericht, in dessen Bezirk sich der Verfolgte befindet.

§ 42 Anrufung des Bundesgerichtshofes

(1) Hält das Oberlandesgericht eine Entscheidung des Bundesgerichtshofes für geboten, um eine Rechtsfrage von grundsätzlicher Bedeutung zu klären, oder will es von einer Entscheidung des Bundesgerichtshofes oder einer nach dem Inkrafttreten dieses Gesetzes ergangenen Entscheidung eines anderen Oberlandesgerichts über eine Rechtsfrage in Auslieferungssachen abweichen, so begründet es seine Auffassung und holt die Entscheidung des Bundesgerichtshofes über die Rechtsfrage ein.

(2) Die Entscheidung des Bundesgerichtshofes wird auch eingeholt, wenn der Generalbundesanwalt oder die Staatsanwaltschaft bei dem Oberlandesgericht dies zur Klärung einer Rechtsfrage beantragt.

(3) [1]Der Bundesgerichtshof gibt dem Verfolgten Gelegenheit zur Äußerung. [2]Die Entscheidung ergeht ohne mündliche Verhandlung.

Dritter Teil
Durchlieferung

§ 43 Zulässigkeit der Durchlieferung

(1) Ein Ausländer, der in einem ausländischen Staat wegen einer Tat, die dort mit Strafe bedroht ist, verfolgt wird oder verurteilt worden ist, kann auf Ersuchen einer zuständigen Stelle dieses Staates zur Verfolgung oder zur Vollstreckung einer wegen der Tat verhängten Strafe oder sonstigen Sanktion durch den Geltungsbereich dieses Gesetzes durchgeliefert werden.

(2) Ein Ausländer, der in einem ausländischen Staat wegen einer Tat, die dort mit Strafe bedroht ist, verurteilt worden ist, kann auf Ersuchen einer zuständigen Stelle eines anderen ausländischen Staates, der die Vollstreckung übernommen hat, zur Vollstreckung einer wegen der Tat verhängten Strafe oder sonstigen Sanktion durch den Geltungsbereich dieses Gesetzes durchgeliefert werden.

(3) [1]Die Durchlieferung ist nur zulässig, wenn

1. die dem Ersuchen zugrunde liegende Tat nach deutschem Recht mit Freiheitsstrafe bedroht ist oder bei sinngemäßer Umstellung des Sachverhaltes mit Freiheitsstrafe bedroht wäre und
2. wegen der dem Ersuchen zugrunde liegenden Tat
   a) im Fall des Absatzes 1 die in § 10 Abs. 1 Satz 1 oder
   b) im Fall des Absatzes 2 die in § 10 Abs. 3 Nr. 1 bis 3

   bezeichneten Unterlagen vorgelegt worden sind.

[2]Wird um Durchlieferung wegen mehrerer Taten ersucht, so genügt es, wenn die Voraussetzungen des Satzes 1 für mindestens eine der dem Ersuchen zugrunde liegenden Taten vorliegen.

(4) Für die Durchführung gelten die §§ 6 bis 8 entsprechend.

§ 44 Zuständigkeit

(1) [1]Die gerichtlichen Entscheidungen erläßt das Oberlandesgericht. [2]§ 13 Abs. 1 Satz 2, Abs. 2 gilt entsprechend.

(2) Örtlich zuständig ist

1. im Fall der Durchlieferung auf dem Land- oder Seeweg das Oberlandesgericht, in dessen Bezirk der Verfolgte voraussichtlich in den Geltungsbereich dieses Gesetzes überstellt werden wird,
2. im Fall der Durchlieferung auf dem Luftweg das Oberlandesgericht, in dessen Bezirk die erste Zwischenlandung stattfinden soll.

(3) Ist eine Zuständigkeit nach Absatz 2 Nr. 2 nicht begründet, so ist das Oberlandesgericht Frankfurt am Main zuständig.

§ 45 Durchlieferungsverfahren

(1) Erscheint die Durchlieferung zulässig, so wird der Verfolgte zu ihrer Sicherung in Haft gehalten.

(2) [1]Die Haft wird durch schriftlichen Haftbefehl (Durchlieferungshaftbefehl) des Oberlandesgerichts angeordnet. [2]§ 17 Abs. 2, § 30 Abs. 1 gelten entsprechend.

(3) Die Durchlieferung darf nur bewilligt werden, wenn ein Durchlieferungshaftbefehl erlassen worden ist.

(4) [1]Der Durchlieferungshaftbefehl ist dem Verfolgten unverzüglich nach seinem Eintreffen im Geltungsbereich dieses Gesetzes bekanntzugeben. [2]Der Verfolgte erhält eine Abschrift.

(5) [1]Kann die Durchlieferung voraussichtlich nicht bis zum Ablauf des auf die Überstellung folgenden Tages abgeschlossen werden, so ist der Verfolgte unverzüglich, spätestens am Tag nach seinem Eintreffen im Geltungsbereich dieses Gesetzes, dem Richter des nächsten Amtsgerichts vorzuführen. [2]Der Richter beim Amtsgericht vernimmt ihn über seine persönlichen Verhältnisse, insbesondere über seine Staatsangehörigkeit. [3]Er weist ihn darauf hin, daß er sich in jeder Lage des Verfahrens eines Rechtsbeistands (§ 40) bedienen kann und daß es ihm freisteht, sich zu der ihm zur Last gelegten Tat zu äußern oder dazu nicht auszusagen. [4]Sodann befragt er ihn, ob und gegebenenfalls aus welchen Gründen er Einwendungen gegen den Durchlieferungshaftbefehl oder gegen die Zulässigkeit der Durchlieferung erheben will. [5]Erhebt der Verfolgte Einwendungen, die nicht offensichtlich unbegründet sind, oder hat der Richter beim Amtsgericht Bedenken gegen die Aufrechterhaltung der Haft oder gegen die Zulässigkeit der Durchlieferung, so teilt er dies der Staatsanwaltschaft bei dem Oberlandesgericht unverzüglich und auf dem schnellsten Weg mit. [6]Diese führt unverzüglich die Entscheidung des Oberlandesgerichts herbei.

(6) [1]Die §§ 24, 27, 33 Abs. 1, 2 und 4, § 42 gelten entsprechend, ebenso § 26 Abs. 1 mit der Maßgabe, daß an die Stelle der Frist von zwei Monaten eine Frist von einem Monat tritt. [2]§ 40 gilt mit der Maßgabe entsprechend, dass ein Fall der notwendigen Rechtsbeistandschaft nur bei Vorliegen der Voraussetzungen nach dessen Absatz 3 vorliegt.

(7) Die bei einer Durchlieferung übernommenen Gegenstände können ohne besonderes Ersuchen gleichzeitig mit der Überstellung des Verfolgten herausgegeben werden.

§ 46 Durchlieferung bei vorübergehender Auslieferung

(1) Ist die Durchlieferung bewilligt worden, so kann der Verfolgte auf Ersuchen einer zuständigen Stelle des ersuchenden Staates zunächst zum Vollzug einer vorübergehenden Auslieferung und einer nachfolgenden Rücklieferung durch den Geltungsbereich dieses Gesetzes durchgeliefert werden.

(2) Im Fall des Absatzes 1 ist der Durchlieferungshaftbefehl auch auf die weiteren Überstellungsfälle zu erstrecken.

§ 47 Unvorhergesehene Zwischenlandung bei Beförderung auf dem Luftweg

(1) Hat eine zuständige Stelle eines ausländischen Staates angekündigt, sie werde einen Ausländer zum Zweck der Auslieferung auf dem Luftweg ohne Zwischenlandung durch den Geltungsbereich dieses Gesetzes befördern lassen, und mitgeteilt, daß die gemäß § 43 Abs. 3 Satz 1 Nr. 2, Satz 2 erforderlichen Unterlagen vorliegen, so wird die Ankündigung im Fall einer unvorhergesehenen Zwischenlandung als Ersuchen um Durchlieferung behandelt.

(2) Liegen die Voraussetzungen des Absatzes 1 vor, so sind die Staatsanwaltschaft und die Beamten des Polizeidienstes zur vorläufigen Festnahme befugt.

(3) [1]Der Verfolgte ist unverzüglich, spätestens am Tag nach der Festnahme, dem Richter des nächsten Amtsgerichts vorzuführen. [2]Der Richter beim Amtsgericht vernimmt ihn über seine persönlichen Verhältnisse, inbesondere über seine Staatsangehörigkeit. [3]Er weist ihn darauf hin, daß er sich in jeder Lage der[1)] Verfahrens eines Rechtsbeistands (§ 40) bedienen kann und daß es ihm freisteht, sich zu der ihm zur Last gelegten Tat zu äußern oder dazu nicht auszusagen. [4]Sodann befragt er ihn, ob und gegebenenfalls aus welchen Gründen er Einwendungen gegen die Durchlieferung oder dagegen erheben will, daß er festgehalten wird.

(4) [1]Ergibt sich bei der Vernehmung, daß der Vorgeführte nicht die in der Ankündigung bezeichnete Person ist, so ordnet der Richter beim Amtsgericht seine Freilassung an. [2]Andernfalls ordnet der Richter beim Amtsgericht an, daß der Verfolgte bis zur Entscheidung des Oberlandesgerichts festzuhalten ist. [3]§ 21 Abs. 4 Satz 2, Abs. 7 gilt entsprechend.

(5) [1]Der Durchlieferungshaftbefehl kann schon vor Eingang der in § 43 Abs. 3 Satz 1 Nr. 2 aufgeführten Unterlagen erlassen werden. [2]Er ist dem Verfolgten unverzüglich bekanntzugeben. [3]Der Verfolgte erhält eine Abschrift.

(6) [1]Der Durchlieferungshaftbefehl ist aufzuheben, wenn der Verfolgte seit dem Tag der vorläufigen Festnahme insgesamt 45 Tage zum Zweck der Durchlieferung in Haft ist, ohne daß die Durchlieferungs-

---

1) Richtig wohl: „des".

unterlagen eingegangen sind. [2]Hat ein außereuropäischer Staat die Beförderung gemäß Absatz 1 angekündigt, so beträgt die Frist zwei Monate.

(7) [1]Nach dem Eingang der Unterlagen beantragt die Staatsanwaltschaft bei dem Oberlandesgericht die Vernehmung des Verfolgten durch den Richter des Amtsgerichts, in dessen Bezirk sich der Verfolgte befindet. [2]§ 45 Abs. 5 Satz 2 bis 4 gilt entsprechend. [3]Sodann beantragt die Staatsanwaltschaft bei dem Oberlandesgericht die Entscheidung des Oberlandesgerichts darüber, ob der Durchlieferungshaftbefehl aufrechtzuerhalten ist.

(8) Die Durchlieferung darf nur bewilligt werden, wenn das Oberlandesgericht den Durchlieferungshaftbefehl aufrechterhalten hat.

Vierter Teil
Rechtshilfe durch Vollstreckung ausländischer Erkenntnisse

§ 48 Grundsatz

[1]Rechtshilfe kann für ein Verfahren in einer strafrechtlichen Angelegenheit durch Vollstreckung einer im Ausland rechtskräftig verhängten Strafe oder sonstigen Sanktion geleistet werden. [2]Der Vierte Teil dieses Gesetzes ist auch auf die Vollstreckung einer Anordnung der Einziehung anzuwenden, die ein nicht für strafrechtliche Angelegenheiten zuständiges Gericht eines ausländischen Staates getroffen hat, sofern der Anordnung eine mit Strafe bedrohte Tat zugrunde liegt.

§ 49 Weitere Voraussetzungen der Zulässigkeit

(1) Die Vollstreckung ist nur zulässig, wenn

1. ein vollständiges rechtskräftiges und vollstreckbares Erkenntnis vorliegt,
2. das ausländische Erkenntnis in einem Verfahren ergangen ist, welches mit der Europäischen Konvention vom 4. November 1950 zum Schutz der Menschenrechte und Grundfreiheiten einschließlich ihrer Zusatzprotokolle, soweit sie für die Bundesrepublik Deutschland in Kraft getreten sind, im Einklang steht,
3. auch nach deutschem Recht, ungeachtet etwaiger Verfahrenshindernisse und gegebenenfalls nach sinngemäßer Umstellung des Sachverhalts, wegen der Tat, die dem ausländischen Erkenntnis zugrunde liegt,
   a) eine Strafe, eine Maßregel der Besserung und Sicherung oder eine Geldbuße hätte verhängt werden können oder
   b) in Fällen, in denen eine Anordnung der Einziehung vollstreckt werden soll, eine derartige Anordnung,[1)] hätte getroffen werden können,
4. keine Entscheidung der in § 9 Nummer 1 genannten Art ergangen ist, es sei denn, in Fällen, in denen eine Anordnung der Einziehung vollstreckt werden soll, könnte eine solche Anordnung entsprechend § 76a des Strafgesetzbuchs selbständig angeordnet werden, und
5. die Vollstreckung nicht nach deutschem Recht verjährt ist oder bei sinngemäßer Umstellung des Sachverhalts verjährt wäre; ungeachtet dessen ist die Vollstreckung einer Anordnung der Einziehung zulässig, wenn
   a) für die der Anordnung zugrunde liegende Tat deutsches Strafrecht nicht gilt oder
   b) eine solche Anordnung, gegebenenfalls bei sinngemäßer Umstellung des Sachverhalts, nach § 76a Absatz 2 Nummer 1 des Strafgesetzbuchs erfolgen könnte.

(2) [1]Ist in einem ausländischen Staat eine freiheitsentziehende Sanktion verhängt worden und hält die verurteilte Person sich dort auf, so ist die Vollstreckung ferner nur zulässig, wenn sich die verurteilte Person nach Belehrung zu Protokoll eines Richters des ausländischen Staates oder eines zur Beurkundung von Willenserklärungen ermächtigten deutschen Berufskonsularbeamten damit einverstanden erklärt hat. [2]Das Einverständnis kann nicht widerrufen werden.

(3) [1]Die Vollstreckung einer freiheitsentziehenden Sanktion, die gegen eine Person mit deutscher Staatsangehörigkeit in einem ausländischen Staat verhängt worden ist, kann abweichend von Absatz 1 Nummer 2 bis 5 unter Beachtung der Interessen der verurteilten Person ausnahmsweise für zulässig erklärt werden, wenn die verurteilte Person dies beantragt hat. [2]Der Antrag der verurteilten Person nach Satz 1 ist zu Protokoll eines Richters oder, wenn die verurteilte Person im Ausland festgehalten wird, zu Protokoll eines zur Beurkundung von Willenserklärungen ermächtigten deutschen Berufskonsularbeamten zu erklären. [3]Der Antrag kann nicht zurückgenommen werden. [4]Die verurteilte Person ist zuvor über die Rechtsfolgen ihres Antrags und darüber zu belehren, dass dieser nicht zurückgenommen werden kann.

1) Zeichensetzung amtlich.

[5]Liegen die in Absatz 1 Nummer 3 genannten Voraussetzungen nicht vor, so beträgt das Höchstmaß bei der Umwandlung der Sanktion nach § 54 Absatz 1 zwei Jahre Freiheitsentzug.

(4) Sieht das im Geltungsbereich dieses Gesetzes geltende Recht Sanktionen, die der im ausländischen Staat verhängten Sanktion ihrer Art nach entsprechen, nicht vor, so ist die Vollstreckung nicht zulässig.

(5) Soweit in der ausländischen Anordnung der Einziehung eine Entscheidung hinsichtlich der Rechte Dritter getroffen wurde, so ist diese bindend, es sei denn,

a) dem Dritten wurde keine ausreichende Gelegenheit gegeben, seine Rechte geltend zu machen, oder
b) die Entscheidung ist unvereinbar mit einer im Geltungsbereich dieses Gesetzes getroffenen zivilrechtlichen Entscheidung in derselben Sache, oder
c) die Entscheidung bezieht sich auf Rechte Dritter an einem im Bundesgebiet belegenen Grundstück oder Grundstücksrecht; zu den Rechten Dritter gehören auch Vormerkungen.

(6) Der Entzug oder die Aussetzung eines Rechts, ein Verbot sowie der Verlust einer Fähigkeit werden auf den Geltungsbereich dieses Gesetzes erstreckt, wenn eine nach Artikel 59 Abs. 2 des Grundgesetzes durch Gesetz gebilligte völkerrechtliche Vereinbarung dies vorsieht.

§ 50 Sachliche Zuständigkeit

[1]Über die Vollstreckbarkeit eines ausländischen Erkenntnisses entscheidet das Landgericht. [2]Die Staatsanwaltschaft bei dem Landgericht bereitet die Entscheidung vor.

§ 51 Örtliche Zuständigkeit

(1) Die örtliche Zuständigkeit für die Entscheidung über die Vollstreckbarkeit eines ausländischen Erkenntnisses richtet sich nach dem Wohnsitz der verurteilten Person.

(2) [1]Hat die verurteilte Person keinen Wohnsitz im Geltungsbereich dieses Gesetzes, so richtet sich die Zuständigkeit nach ihrem gewöhnlichen Aufenthalt, oder, wenn ein solcher nicht bekannt ist, nach ihrem letzten Wohnsitz, sonst nach dem Ort, wo sie ergriffen, oder, falls eine Ergreifung nicht erfolgt, zuerst ermittelt wird. [2]Für den Fall der ausschließlichen Vollstreckung einer Anordnung der Einziehung oder einer Geldstrafe oder einer Geldbuße ist das Gericht zuständig, in dessen Bezirk der Gegenstand belegen ist, auf den sich die Einziehung bezieht, oder, wenn sich die Einziehung nicht auf einen bestimmten Gegenstand bezieht und bei der Vollstreckung von Geldstrafen und Geldbußen, das Gericht, in dessen Bezirk sich Vermögen der verurteilten Person befindet. [3]Befindet sich Vermögen der verurteilten Person in den Bezirken verschiedener Landgerichte, so richtet sich die Zuständigkeit danach, welches Landgericht oder, solange noch kein Landgericht befaßt ist, welche Staatsanwaltschaft bei dem Landgericht zuerst mit der Sache befaßt wurde.

(3) Solange eine Zuständigkeit nicht festgestellt werden kann, richtet sich die Zuständigkeit nach dem Sitz der Bundesregierung.

§ 52 Vorbereitung der Entscheidung

(1) Reichen die übermittelten Unterlagen zur Beurteilung der Zulässigkeit der Vollstreckung nicht aus, so entscheidet das Gericht erst, wenn dem ausländischen Staat Gelegenheit gegeben worden ist, ergänzende Unterlagen beizubringen.

(2) [1]§ 30 Abs. 1 Satz 2, Abs. 2 Satz 2 und 4, Abs. 3, § 31 Abs. 1 und 4 gelten entsprechend. [2]Befindet sich die verurteilte Person im Geltungsbereich dieses Gesetzes, so gelten auch § 30 Abs. 2 Satz 1, § 31 Abs. 2 und 3 entsprechend.

(3) Die verurteilte Person sowie Dritte, die im Falle der Vollstreckung von ausländischen Anordnungen der Einziehung den Umständen des Falles nach Rechte an dem Gegenstand geltend machen könnten, müssen vor der Entscheidung Gelegenheit erhalten, sich zu äußern.

§ 53 Rechtsbeistand

(1) [1]Die verurteilte Person kann sich in jeder Lage des Verfahrens eines Rechtsbeistands bedienen. [2]Dies gilt auch für Dritte, die im Fall der Vollstreckung von ausländischen Anordnungen der Einziehung den Umständen des Falles nach Rechte an dem Gegenstand geltend machen könnten.

(2) Ein Fall der notwendigen Rechtsbeistandschaft liegt vor, wenn

1. wegen der Schwierigkeit der Sach- oder Rechtslage die Mitwirkung eines Rechtsbeistands geboten erscheint,
2. ersichtlich ist, dass die verurteilte Person ihre Rechte nicht selbst hinreichend wahrnehmen kann, oder
3. die verurteilte Person sich außerhalb des Geltungsbereichs dieses Gesetzes in Haft befindet und Zweifel bestehen, ob sie ihre Rechte selbst hinreichend wahrnehmen kann.

(3) [1]Liegt ein Fall der notwendigen Rechtsbeistandschaft vor und hat die verurteilte Person noch keinen Rechtsbeistand, so ist ihr auf Antrag oder von Amts wegen ein Rechtsbeistand zu bestellen. [2]Sie ist bei

Bekanntgabe der Einleitung des Verfahrens zur Vollstreckung des ausländischen Erkenntnisses darauf hinzuweisen, dass sie die Bestellung eines Rechtsbeistands beantragen kann.

(4) Über die Bestellung entscheidet das Gericht, das für die Entscheidung über die Vollstreckbarkeit eines ausländischen Erkenntnisses zuständig ist.

(5) Die Bestellung kann aufgehoben werden, wenn kein Fall der notwendigen Rechtsbeistandschaft mehr vorliegt.

(6) Die Vorschriften des Elften Abschnittes des Ersten Buches der Strafprozessordnung mit Ausnahme der §§ 139, 140, 141, 141a, 142 Absatz 2 und 3, von § 143 Absatz 1 und 2 Satz 2 bis 4, § 143a Absatz 3 sowie § 144 gelten entsprechend.

§ 54 Umwandlung der ausländischen Sanktion

(1) [1]Soweit die Vollstreckung des ausländischen Erkenntnisses zulässig ist, wird es für vollstreckbar erklärt. [2]Zugleich ist die insoweit verhängte Sanktion in die ihr im deutschen Recht am meisten entsprechende Sanktion umzuwandeln. [3]Für die Höhe der festzusetzenden Sanktion ist das ausländische Erkenntnis maßgebend; sie darf jedoch das Höchstmaß der im Geltungsbereich dieses Gesetzes für die Tat angedrohten Sanktion nicht überschreiten. [4]An die Stelle dieses Höchstmaßes tritt ein Höchstmaß von zwei Jahren Freiheitsentzug, wenn die Tat im Geltungsbereich dieses Gesetzes

1. im Höchstmaß mit Freiheitsstrafe bis zu zwei Jahren bedroht ist oder
2. als Ordnungswidrigkeit mit Geldbuße bedroht ist, die ausländische Sanktion jedoch nach Satz 2 in eine freiheitsentziehende Sanktion umzuwandeln ist.

(2) Bei der Umwandlung einer Geldstrafe oder einer Geldbuße wird der in ausländischer Währung berechnete Geldbetrag nach dem im Zeitpunkt des ausländischen Erkenntnisses maßgeblichen Kurswert in Euro umgerechnet.

(2a) [1]Soweit eine Anordnung der Einziehung, die einen bestimmten Gegenstand betrifft, umzuwandeln ist, bezieht sich die Erklärung der Vollstreckbarkeit auf diesen Gegenstand. [2]Statt auf den bestimmten Gegenstand kann sich die Erklärung der Vollstreckbarkeit auch auf einen dem Wert des Gegenstandes entsprechenden Geldbetrag beziehen, wenn

1. der ausländische Staat darum ersucht hat und
2. die Voraussetzungen des § 76 des Strafgesetzbuchs in entsprechender Anwendung vorliegen.

[3]Ist die Anordnung der Einziehung dem Wert nach bestimmt, ist Absatz 2 entsprechend anzuwenden.

(3) Bei der Umwandlung einer gegen einen Jugendlichen oder einen Heranwachsenden verhängten Sanktion gelten die Vorschriften des Jugendgerichtsgesetzes entsprechend.

(4) [1]Auf die festzusetzende Sanktion sind der Teil der Sanktion, der in einem ausländischen Staat gegen die verurteilte Person wegen der Tat bereits vollstreckt worden ist, sowie nach § 58 erlittene Haft anzurechnen. [2]Ist die Anrechnung bei der Entscheidung über die Vollstreckbarkeit unterblieben oder treten danach die Voraussetzungen für die Anrechnung ein, so ist die Entscheidung zu ergänzen.

§ 54a Vollstreckung langer freiheitsentziehender Sanktionen

(1) Hat der Urteilsstaat die Bedingung gestellt, dass ab der Überstellung einer Person mit deutscher Staatsangehörigkeit die freiheitsentziehende Sanktion noch für einen bestimmten Zeitraum in der Bundesrepublik Deutschland vollstreckt wird, kann das Gericht unter Beachtung der Interessen der verurteilten Person ausnahmsweise

1. abweichend von § 54 Absatz 1 Satz 3 auch eine Sanktion festsetzen, die das Höchstmaß der im Geltungsbereich dieses Gesetzes für die Tat angedrohten Sanktion überschreitet, und
2. die Vollstreckung des Restes der in der Bundesrepublik Deutschland vollstreckbaren Freiheitsstrafe gemäß § 57 Absatz 2 nur nach Zustimmung des Urteilsstaates zur Bewährung aussetzen.

(2) [1]Eine Entscheidung des Gerichts nach Absatz 1 kann nur ergehen, wenn die verurteilte Person dies beantragt hat. [2]Der Antrag der verurteilten Person nach Satz 1 ist zu Protokoll eines Richters oder, wenn die verurteilte Person im Ausland festgehalten wird, zu Protokoll eines zur Beurkundung von Willenserklärungen ermächtigten deutschen Berufskonsularbeamten zu erklären. [3]Der Antrag kann nicht zurückgenommen werden. [4]Die verurteilte Person ist zuvor über die Rechtsfolgen ihres Antrags und darüber zu belehren, dass dieser nicht zurückgenommen werden kann.

(3) Hat der Urteilsstaat nach einer Entscheidung des Gerichts gemäß § 54 Absatz 1 oder § 54a Absatz 1 die Bedingung gestellt, dass ab der Überstellung die freiheitsentziehende Sanktion noch für einen bestimmten Zeitraum in der Bundesrepublik Deutschland vollstreckt wird, so trifft das Gericht von Amts wegen, auf Antrag der Staatsanwaltschaft oder auf Antrag der verurteilten Person erneut eine Entscheidung gemäß Absatz 1.

§ 55 Entscheidung über die Vollstreckbarkeit

(1) [1]Über die Vollstreckbarkeit entscheidet das Landgericht durch Beschluß. [2]Soweit das ausländische Erkenntnis für vollstreckbar erklärt wird, sind das Erkenntnis sowie Art und Höhe der zu vollstreckenden Sanktion in der Entscheidungsformel anzugeben.

(2) [1]Gegen den Beschluß des Landgerichts können die Staatsanwaltschaft bei dem Landgericht, die verurteilte Person und Dritte, die für den Fall der Vollstreckung von ausländischen Anordnungen der Einziehung Rechte an einem Gegenstand geltend gemacht haben, sofortige Beschwerde einlegen. [2]Für das weitere Verfahren gilt § 42 entsprechend.

(3) [1]Die rechtskräftigen Entscheidungen des Gerichts sind dem Bundeszentralregister durch Übersendung einer Ausfertigung mitzuteilen. [2]Dies gilt nicht, soweit die in dem ausländischen Erkenntnis verhängte Sanktion in eine Geldbuße umgewandelt worden ist oder die rechtskräftige Entscheidung ausschließlich eine Anordnung der Einziehung zum Gegenstand hatte. [3]Ist das ausländische Erkenntnis im Bundeszentralregister einzutragen, so ist die Entscheidung über die Vollstreckbarkeit bei der Eintragung zu vermerken. [4]Die §§ 12 bis 16 des Bundeszentralregistergesetzes gelten entsprechend.

§ 56 Bewilligung der Rechtshilfe

(1) Die Rechtshilfe darf nur bewilligt werden, wenn das ausländische Erkenntnis für vollstreckbar erklärt worden ist.

(2) [1]Die Entscheidung über die Bewilligung der Rechtshilfe ist dem Bundeszentralregister mitzuteilen. [2]§ 55 Abs. 3 Satz 2 bis 4 gilt entsprechend.

(3) Wird die Vollstreckung einer Geld- oder Freiheitsstrafe bewilligt, darf die Tat nach deutschem Recht nicht mehr verfolgt werden.

(4) [1]Die Bewilligung der Vollstreckung einer Anordnung der Einziehung steht der rechtskräftigen Anordnung und Entscheidung im Sinne der §§ 73, 74 des Strafgesetzbuches gleich. [2]§ 433 der Strafprozessordnung gilt entsprechend.

§ 56a Entschädigung der verletzten Person

(1) [1]Wurde aus einer ausländischen Anordnung der Einziehung von Taterträgen im Inland in Vermögenswerte der verurteilten Person vollstreckt, wird die durch die der ausländischen Anordnung zugrunde liegende Straftat verletzte Person auf Antrag aus der Staatskasse entschädigt, wenn

1. ein deutsches oder ausländisches Gericht gegen die verurteilte Person eine rechtskräftige Entscheidung über den Anspruch auf Schadenersatz erlassen hat oder sich diese durch einen Vollstreckungstitel gegenüber der verletzten Person zur Zahlung verpflichtet hat,
2. der Titel im Inland vollstreckbar ist,
3. die verletzte Person glaubhaft macht, dass der Vollstreckungstitel den Schadenersatz aus der der Anordnung der Einziehung von Taterträgen zugrunde liegenden Straftat umfasst und
4. die verletzte Person glaubhaft macht, dass sie durch die Vollstreckung aus dem Titel ihre Befriedigung nicht vollständig erlangen könne.

[2]Die Entschädigung ist gegen Abtretung des Anspruchs auf Schadenersatz in entsprechender Höhe zu leisten.

(2) Eine Entschädigung wird nicht gewährt, wenn die Rechte der verletzten Person gemäß § 75 Absatz 2 Satz 1 des Strafgesetzbuchs fortbestehen.

(3) [1]Der Umfang der Entschädigung ist durch den der deutschen Staatskasse verbleibenden Erlös des aus der Anordnung der Einziehung von Taterträgen im Inland vollstreckten Vermögenswertes begrenzt. [2]Haben mehrere Verletzte einen Antrag gemäß Absatz 1 gestellt, so bestimmt sich deren Entschädigung nach der Reihenfolge ihrer Anträge. [3]Gehen mehrere Anträge am gleichen Tag ein und reicht der Erlös nicht zur Entschädigung dieser Personen aus, sind sie anteilig nach der Höhe ihrer Schadenersatzansprüche zu entschädigen.

(4) [1]Der Antrag ist an die zuständige Vollstreckungsbehörde zu richten. [2]Er kann abgelehnt werden, wenn sechs Monate nach Beendigung der Vollstreckung in den Vermögenswert, aus dem die Entschädigung geleistet werden könnte, vergangen sind. [3]Die Vollstreckungsbehörde kann angemessene Fristen setzen, binnen deren die verletzte Person erforderliche Unterlagen beizubringen hat.

(5) Gegen die Entscheidung der Vollstreckungsbehörde ist der Rechtsweg zu den Zivilgerichten eröffnet.

§ 56b Vereinbarung über die Verwertung, Herausgabe und Aufteilung des abgeschöpften Vermögens

(1) Die für die Bewilligung zuständige Behörde kann mit der zuständigen Behörde des ausländischen Staates für den Einzelfall eine Vereinbarung über die Verwertung, Herausgabe und Aufteilung der aus

der Vollstreckung einer Anordnung der Einziehung stammenden Vermögenswerte treffen, soweit die Gegenseitigkeit zugesichert ist.

(2) Vereinbarungen, die sich auf nationales Kulturgut nach § 6 Absatz 1 Nummer 1 des Kulturgutschutzgesetzes vom 31. Juli 2016 (BGBl. I S. 1914) beziehen, bedürfen der Einwilligung der für Kultur und Medien zuständigen obersten Bundesbehörde.

§ 57 Vollstreckung

(1) [1]Nach Bewilligung der Rechtshilfe führt die nach § 50 Satz 2 zuständige Staatsanwaltschaft als Vollstreckungsbehörde die Vollstreckung durch, soweit der ausländische Staat mit der Vollstreckung einverstanden ist. [2]Die Zuständigkeit für die Vollstreckung einer Sanktion, die in eine nach dem Jugendgerichtsgesetz zulässige Sanktion umgewandelt worden ist, richtet sich nach den Bestimmungen des Jugendgerichtsgesetzes.

(2) [1]Die Vollstreckung des Restes einer freiheitsentziehenden Sanktion kann zur Bewährung ausgesetzt werden. [2]Die Vorschriften des Strafgesetzbuches gelten entsprechend. [3]Würde bei zeitiger Freiheitsstrafe der Zeitraum, nach dem zwei Drittel der Strafe verbüßt sind, mehr als 15 Jahre betragen, findet zusätzlich § 57a des Strafgesetzbuchs mit Ausnahme von Absatz 1 Satz 1 Nummer 2 entsprechend Anwendung.

(3) Die Entscheidung nach Absatz 2 und die nachträglichen Entscheidungen, die sich auf eine Strafaussetzung zur Bewährung beziehen, trifft das nach § 462a Abs. 1 Satz 1 und 2 der Strafprozeßordnung zuständige Gericht oder, falls eine Zuständigkeit nach dieser Vorschrift nicht begründet ist, das für die Entscheidung nach § 50 zuständige Gericht.

(4) Die Vollstreckung der umgewandelten Sanktion richtet sich nach den Vorschriften, die auf eine entsprechende in der Bundesrepublik Deutschland verhängte Sanktion anwendbar wären.

(5) Die Vollstreckung eines Geldbetrages ist einzustellen oder zu beschränken, wenn die verurteilte Person eine Urkunde vorlegt, aus der sich ergibt, dass der Geldbetrag in einem anderen Staat vollstreckt wurde oder dies der Vollstreckungsbehörde auf andere Weise bekannt wird.

(6) Von der Vollstreckung ist abzusehen, wenn eine zuständige Stelle des ausländischen Staates mitteilt, daß die Voraussetzungen für die Vollstreckung entfallen sind.

(7) [1]Wurde eine ausländische Anordnung der Einziehung von Taterträgen vollstreckt und ergeben sich aus ihr Anhaltspunkte dafür, dass eine namentlich bekannte Person gegen die verurteilte Person aus der der Anordnung zugrunde liegenden Tat einen Schadenersatzanspruch haben könnte, so ist diese durch die Vollstreckungsbehörde unverzüglich durch einfachen Brief an die letzte bekannte Anschrift über die Rechte nach § 56a zu belehren. [2]Davon kann abgesehen werden, wenn die in § 56a Absatz 4 Satz 2 genannte Frist verstrichen ist.

§ 57a Kosten der Vollstreckung

[1]Die verurteilte Person trägt die Kosten der Vollstreckung. [2]Sie trägt auch die notwendigen Kosten ihrer Überstellung, sofern die Überstellung nur mit ihrem Einverständnis erfolgen kann. [3]Von der Auferlegung der Kosten ist abzusehen, wenn dies im Hinblick auf die persönlichen wirtschaftlichen Verhältnisse der verurteilten Person und deren Haftbedingungen im Ausland eine unerträgliche Härte darstellen würde.

§ 58 Sicherung der Vollstreckung

(1) Liegt ein vollständiges rechtskräftiges und vollstreckbares Erkenntnis im Sinne des § 49 Absatz 1 Nummer 1 vor oder hat eine zuständige Stelle des ausländischen Staates unter Angabe der Zuwiderhandlung, die zu der Verurteilung geführt hat, Zeit und Ort ihrer Begehung und möglichst genauer Beschreibung der verurteilten Person vor dessen Eingang darum ersucht, so kann zur Sicherung der Vollstreckung einer freiheitsentziehenden Sanktion gegen die verurteilte Person die Haft angeordnet werden, wenn auf Grund bestimmter Tatsachen

1. der Verdacht begründet ist, dass sie sich dem Verfahren über die Vollstreckbarkeit oder der Vollstreckung entziehen werde, oder
2. der dringende Verdacht begründet ist, dass sie in dem Verfahren über die Vollstreckbarkeit in unlauterer Weise die Ermittlung der Wahrheit erschweren werde.

(2) [1]Die Haftentscheidung trifft das für die Entscheidung nach § 50 zuständige Gericht. [2]Die §§ 17, 18, 20, 23 bis 27 gelten entsprechend. [3]An die Stelle des Oberlandesgerichts tritt das Landgericht, an die Stelle der Staatsanwaltschaft bei dem Oberlandesgericht die Staatsanwaltschaft bei dem Landgericht. [4]Gegen die Entscheidungen des Landgerichts ist die Beschwerde zulässig.

(3) [1]Für den Fall der Vollstreckung einer Geldstrafe, einer Geldbuße oder einer Anordnung der Einziehung oder für den Fall, dass eine zuständige Stelle des ausländischen Staates unter Angabe der verdächtigen Person, der Zuwiderhandlung, wegen derer das Strafverfahren geführt wird, und der Zeit und des Ortes ihrer Begehung in einem solchen Fall vor Eingang des vollständigen rechtskräftigen und vollstreckbaren

Erkenntnisses um eine Sicherstellungsmaßnahme nach den §§ 111b bis 111h der Strafprozessordnung ersucht, findet § 67 Absatz 1 entsprechend Anwendung. [2]Zur Vorbereitung einer Einziehungsentscheidung im ausländischen Staat, die sich auch auf den Wertersatz beziehen kann, können unter den Voraussetzungen des § 66 Abs. 2 Nr. 1 und 2 Sicherstellungsmaßnahmen nach den §§ 111b bis 111h der Strafprozessordnung getroffen werden.
(4) Die Absätze 1 und 3 gelten nicht, wenn die Vollstreckung von vorneherein unzulässig erscheint.

Fünfter Teil
Sonstige Rechtshilfe

§ 59 Zulässigkeit der Rechtshilfe
(1) Auf Ersuchen einer zuständigen Stelle eines ausländischen Staates kann sonstige Rechtshilfe in einer strafrechtlichen Angelegenheit geleistet werden.
(2) Rechtshilfe im Sinne des Absatzes 1 ist jede Unterstützung, die für ein ausländisches Verfahren in einer strafrechtlichen Angelegenheit gewährt wird, unabhängig davon, ob das ausländische Verfahren von einem Gericht oder von einer Behörde betrieben wird und ob die Rechtshilfehandlung von einem Gericht oder von einer Behörde vorzunehmen ist.
(3) Die Rechtshilfe darf nur geleistet werden, wenn die Voraussetzungen vorliegen, unter denen deutsche Gerichte oder Behörden einander in entsprechenden Fällen Rechtshilfe leisten könnten.

§ 60 Leistung der Rechtshilfe
[1]Hält die für die Bewilligung der Rechtshilfe zuständige Behörde die Voraussetzungen für die Leistung der Rechtshilfe für gegeben, so ist die für die Leistung der Rechtshilfe zuständige Behörde hieran gebunden. [2]§ 61 bleibt unberührt.

§ 61 Gerichtliche Entscheidung
(1) [1]Hält ein Gericht, das für die Leistung der Rechtshilfe zuständig ist, die Voraussetzungen für die Leistung der Rechtshilfe für nicht gegeben, so begründet es seine Auffassung und holt die Entscheidung des Oberlandesgerichts ein. [2]Das Oberlandesgericht entscheidet ferner auf Antrag der Staatsanwaltschaft bei dem Oberlandesgericht oder im Fall des § 66 auf Antrag desjenigen, der geltend macht, er würde durch die Herausgabe in seinen Rechten verletzt werden, darüber, ob die Voraussetzungen für die Leistung der Rechtshilfe gegeben sind. [3]Für das Verfahren vor dem Oberlandesgericht gelten die §§ 30, 31 Abs. 1, 3 und 4, §§ 32, 33 Abs. 1, 2 und 4, § 38 Abs. 4 Satz 2, § 40 Abs. 1 sowie die Vorschriften des 11. Abschnittes des I. Buches der Strafprozeßordnung mit Ausnahme der §§ 140 bis 143 entsprechend. [4]Für das weitere Verfahren gilt § 42 entsprechend.
(2) [1]Örtlich zuständig sind das Oberlandesgericht und die Staatsanwaltschaft bei dem Oberlandesgericht, in deren Bezirk die Rechtshilfe geleistet werden soll oder geleistet worden ist. [2]Sind Rechtshilfehandlungen in den Bezirken verschiedener Oberlandesgerichte vorzunehmen oder vorgenommen worden, so richtet sich die Zuständigkeit danach, welches Oberlandesgericht oder, solange noch kein Oberlandesgericht befaßt ist, welche Staatsanwaltschaft bei dem Oberlandesgericht zuerst mit der Sache befaßt wurde.
(3) Die Entscheidung des Oberlandesgerichts ist für die Gerichte und Behörden, die für die Leistung der Rechtshilfe zuständig sind, bindend.
(4) Die Rechtshilfe darf nicht bewilligt werden, wenn das Oberlandesgericht entschieden hat, daß die Voraussetzungen für die Leistung der Rechtshilfe nicht vorliegen.

§ 61a Datenübermittlung ohne Ersuchen
(1) [1]Gerichte und Staatsanwaltschaften dürfen ohne ein Ersuchen personenbezogene Daten aus strafprozessualen Ermittlungen an öffentliche Stellen anderer Staaten sowie zwischen- und überstaatliche Stellen übermitteln, soweit
1. eine Übermittlung ohne Ersuchen an ein deutsches Gericht oder eine deutsche Staatsanwaltschaft zulässig wäre,
2. Tatsachen die Annahme rechtfertigen, dass die Übermittlung erforderlich ist, um
   a) ein Ersuchen des Empfängerstaates um Rechtshilfe in einem Verfahren zur Strafverfolgung oder zur Strafvollstreckung wegen einer im Geltungsbereich dieses Gesetzes im Höchstmaß mit Freiheitsstrafe von mehr als fünf Jahren bedrohten Straftat vorzubereiten und die Voraussetzungen zur Leistung von Rechtshilfe auf Ersuchen vorlägen, wenn ein solches gestellt würde, oder
   b) eine im Einzelfall bestehende Gefahr für den Bestand oder die Sicherheit des Staates oder für Leib, Leben oder Freiheit einer Person oder für Sachen von erheblichem Wert, deren Erhaltung

im öffentlichen Interesse geboten ist, abzuwehren oder eine Straftat der in Buchstabe a genannten Art zu verhindern, und

3. die Stelle, an die die Daten übermittelt werden, für die zu treffende Maßnahme nach Nummer 2 zuständig ist.

[2]Ist im Empfängerstaat ein angemessenes Datenschutzniveau gewährleistet, so ist Satz 1 Nr. 2 Buchstabe a mit der Maßgabe anzuwenden, dass an die Stelle einer Straftat, die im Geltungsbereich dieses Gesetzes im Höchstmaß mit Freiheitsstrafe von mehr als fünf Jahren bedroht ist, eine Straftat von erheblicher Bedeutung tritt.

(2) Die Übermittlung ist mit der Bedingung zu verbinden, dass

a) nach dem deutschen Recht geltende Löschungs- oder Löschungsprüffristen einzuhalten sind,
b) die übermittelten Daten nur zu dem Zweck verwendet werden dürfen, zu dem sie übermittelt worden sind, und
c) die übermittelten Daten im Falle einer Unterrichtung nach Absatz 4 unverzüglich zu löschen oder zu berichtigen sind.

(3) Die Übermittlung unterbleibt, soweit für das Gericht oder die Staatsanwaltschaft offensichtlich ist, dass – auch unter Berücksichtigung des besonderen öffentlichen Interesses an der Datenübermittlung – im Einzelfall schutzwürdige Interessen des Betroffenen an dem Ausschluss der Übermittlung überwiegen; zu den schutzwürdigen Interessen des Betroffenen gehört auch das Vorhandensein eines angemessenen Datenschutzniveaus im Empfängerstaat.

(4) Stellt sich heraus, dass personenbezogene Daten, die nicht hätten übermittelt werden dürfen, oder unrichtige personenbezogene Daten übermittelt worden sind, ist der Empfänger unverzüglich zu unterrichten.

§ 61b Gemeinsame Ermittlungsgruppen

(1) [1]Wenn eine völkerrechtliche Vereinbarung dies vorsieht, kann eine gemeinsame Ermittlungsgruppe gebildet werden. [2]Einem von einem anderen Staat in eine gemeinsame Ermittlungsgruppe entsandten Mitglied kann unter der Leitung des zuständigen deutschen Mitglieds die Durchführung von Ermittlungsmaßnahmen übertragen werden, sofern dies vom entsendenden Staat gebilligt worden ist.

(2) Anderen Personen kann die Teilnahme an einer gemeinsamen Ermittlungsgruppe nach Maßgabe der Rechtsvorschriften der teilnehmenden Staaten oder einer zwischen ihnen anwendbaren Übereinkunft gestattet werden.

(3) Die an der gemeinsamen Ermittlungsgruppe beteiligten Beamten und Beamtinnen dürfen den von anderen Staaten entsandten Mitgliedern oder anderen teilnehmenden Personen dienstlich erlangte Informationen einschließlich personenbezogener Daten unmittelbar übermitteln, soweit dies für die Tätigkeit der gemeinsamen Ermittlungsgruppe erforderlich ist.

(4) Soweit die Übermittlung der nach Absatz 3 erlangten Informationen eine besondere zweckändernde Vereinbarung erfordert, ist diese zulässig, wenn ein auf die Verwendung der Informationen gerichtetes Ersuchen bewilligt werden könnte.

§ 61c Audiovisuelle Vernehmung

Die Auferlegung von Kosten oder die Festsetzung eines Ordnungsmittels gegen einen Zeugen oder Sachverständigen, der einer Ladung zur Einvernahme durch eine ausländische Justizbehörde im Wege der Videokonferenz keine Folge leistet, unterbleibt.

§ 62 Vorübergehende Überstellung in das Ausland für ein ausländisches Verfahren

(1) [1]Wer sich im Geltungsbereich dieses Gesetzes in Untersuchungs- oder Strafhaft befindet oder auf Grund der Anordnung einer freiheitsentziehenden Maßregel der Besserung und Sicherung untergebracht ist, kann an einen ausländischen Staat auf Ersuchen einer zuständigen Stelle dieses Staates für ein dort anhängiges Verfahren als Zeuge zur Vernehmung, zur Gegenüberstellung oder zur Einnahme eines Augenscheins vorübergehend überstellt werden, wenn

1. er sich nach Belehrung zu Protokoll eines Richters damit einverstanden erklärt hat,
2. nicht zu erwarten ist, daß infolge der Überstellung die Freiheitsentziehung verlängert oder der Zweck des Strafverfahrens beeinträchtigt werden wird,
3. gewährleistet ist, daß der Betroffene während der Zeit seiner Überstellung nicht bestraft, einer sonstigen Sanktion unterworfen oder durch Maßnahmen, die nicht auch in seiner Abwesenheit getroffen werden können, verfolgt werden wird und daß er im Fall seiner Freilassung den ersuchenden Staat verlassen darf, und
4. gewährleistet ist, daß der Betroffene unverzüglich nach der Beweiserhebung zurücküberstellt werden wird, es sei denn, daß darauf verzichtet worden ist.

[2]Das Einverständnis (Satz 1 Nr. 1) kann nicht widerrufen werden.

(2) [1]Die Staatsanwaltschaft bei dem Oberlandesgericht bereitet die Überstellung vor und führt sie durch. [2]Örtlich zuständig ist die Staatsanwaltschaft bei dem Oberlandesgericht, in dessen Bezirk die Freiheitsentziehung vollzogen wird.

(3) [1]Die in dem ersuchenden Staat erlittene Freiheitsentziehung wird auf die im Geltungsbereich dieses Gesetzes zu vollziehende Freiheitsentziehung angerechnet. [2]§ 37 Abs. 4 gilt entsprechend.

§ 63 Vorübergehende Überstellung aus dem Ausland für ein ausländisches Verfahren

(1) [1]Wer sich in einem ausländischen Staat in Untersuchungs- oder Strafhaft befindet oder auf Grund der Anordnung einer freiheitsentziehenden Maßregel untergebracht ist, kann für ein dort anhängiges Verfahren auf Ersuchen einer zuständigen Stelle dieses Staates zu einer Beweiserhebung vorübergehend in den Geltungsbereich dieses Gesetzes übernommen und nach der Beweiserhebung zurücküberstellt werden. [2]Zur Sicherung seiner Rücküberstellung wird der Betroffene in Haft gehalten.

(2) [1]Die Haft wird durch schriftlichen Haftbefehl angeordnet. [2]In dem Haftbefehl sind anzuführen

1. der Betroffene,
2. das Ersuchen um Beweiserhebung in Anwesenheit des Betroffenen sowie
3. der Haftgrund.

(3) [1]Die Haftentscheidung trifft der Richter, der die Rechtshilfehandlung vornehmen soll, oder der Richter bei dem Amtsgericht, in dessen Bezirk die Behörde ihren Sitz hat, welche die Rechtshilfehandlung vornehmen soll. [2]Die Entscheidung ist unanfechtbar.

(4) Die §§ 27, 45 Abs. 4 und § 62 Absatz 1 Satz 1 Nummer 3 und Absatz 2 Satz 1 gelten entsprechend.

§ 64 Durchbeförderung von Zeugen

(1) Ein Ausländer, der sich in einem ausländischen Staat in Untersuchungs- oder Strafhaft befindet oder auf Grund der Anordnung einer freiheitsentziehenden Maßregel untergebracht ist, kann auf Ersuchen einer zuständigen Stelle als Zeuge zur Vernehmung, zur Gegenüberstellung oder zur Einnahme eines Augenscheins durch den Geltungsbereich dieses Gesetzes in einen dritten Staat befördert und nach der Beweiserhebung zurückbefördert werden.

(2) [1]Zur Sicherung der Durchbeförderung wird der Betroffene in Haft gehalten. [2]Die §§ 27, 30 Abs. 1, §§ 42, 44, 45 Abs. 3 und 4, §§ 47, 63 Abs. 2 gelten entsprechend.

§ 65 Durchbeförderung zur Vollstreckung

Für die Durchbeförderung eines Ausländers zur Vollstreckung einer Strafe oder sonstigen Sanktion aus dem Staat, in dem er verurteilt worden ist, durch den Geltungsbereich dieses Gesetzes in einen ausländischen Staat, der die Vollstreckung übernommen hat, gelten § 43 Abs. 2 bis 4, §§ 44, 45 und 47 entsprechend mit der Maßgabe, daß das Ersuchen auch von einer zuständigen Stelle des Urteilsstaates gestellt werden kann.

§ 66 Herausgabe von Gegenständen

(1) Auf Ersuchen einer zuständigen Stelle eines ausländischen Staates können Gegenstände herausgegeben werden,

1. die als Beweismittel für ein ausländisches Verfahren dienen können,
2. die der Betroffene oder ein Beteiligter für die dem Ersuchen zu Grunde liegende Tat oder durch sie erlangt hat,
3. die der Betroffene oder ein Beteiligter durch die Veräußerung eines erlangten Gegenstandes oder als Ersatz für dessen Zerstörung, Beschädigung oder Entziehung oder aufgrund eines erlangten Rechtes erhalten oder als Nutzungen gezogen hat oder
4. die durch die dem Ersuchen zu Grunde liegende Tat hervorgebracht oder zu ihrer Begehung oder Vorbereitung gebraucht worden oder bestimmt gewesen sind.

(2) Die Herausgabe ist nur zulässig, wenn

1. die dem Ersuchen zugrunde liegende Tat auch nach deutschem Recht eine rechtswidrige Tat ist, die den Tatbestand eines Strafgesetzes oder eines Gesetzes verwirklicht, das die Ahndung mit einer Geldbuße zuläßt, oder wenn sie bei sinngemäßer Umstellung des Sachverhalts auch nach deutschem Recht eine solche Tat wäre,
2. eine Beschlagnahmeanordnung einer zuständigen Stelle des ersuchenden Staates vorgelegt wird oder aus einer Erklärung einer solchen Stelle hervorgeht, daß die Voraussetzungen der Beschlagnahme vorlägen, wenn die Gegenstände sich im ersuchenden Staat befänden, und
3. gewährleistet ist, daß Rechte Dritter unberührt bleiben und unter Vorbehalt herausgegebene Gegenstände auf Verlangen unverzüglich zurückgegeben werden.

(3) Die Herausgabe nach Absatz 1 Nr. 2 bis 4 ist nur zulässig, solange hinsichtlich der Gegenstände noch kein rechtskräftiges und vollstreckbares ausländisches Erkenntnis vorliegt.

(4) [1]Die Staatsanwaltschaft bei dem Landgericht bereitet die Entscheidung über die Herausgabe vor und führt die bewilligte Herausgabe durch. [2]Örtlich zuständig ist die Staatsanwaltschaft bei dem Landgericht, in dessen Bezirk sich die Gegenstände befinden. [3]§ 61 Abs. 2 Satz 2 gilt entsprechend.

§ 67 Beschlagnahme und Durchsuchung

(1) [1]Gegenstände, deren Herausgabe an einen ausländischen Staat in Betracht kommt, können, auch schon vor Eingang des Ersuchens um Herausgabe, beschlagnahmt oder sonst sichergestellt werden. [2]Zu diesem Zweck kann auch eine Durchsuchung vorgenommen werden.

(2) [1]Gegenstände können unter den Voraussetzungen des § 66 Abs. 1 Nr. 1, Abs. 2 Nr. 1 auch dann beschlagnahmt oder sonst sichergestellt werden, wenn dies zur Erledigung eines nicht auf Herausgabe der Gegenstände gerichteten Ersuchens erforderlich ist. [2]Absatz 1 Satz 2 gilt entsprechend.

(3) [1]Die Beschlagnahme und die Durchsuchung werden von dem Amtsgericht angeordnet, in dessen Bezirk die Handlungen vorzunehmen sind. [2]§ 61 Abs. 2 Satz 2 gilt entsprechend.

(4) Bei Gefahr im Verzug sind die Staatsanwaltschaft und ihre Ermittlungspersonen (§ 152 des Gerichtsverfassungsgesetzes) befugt, die Beschlagnahme und die Durchsuchung anzuordnen.

§ 67a Rechtshilfe für internationale Strafgerichtshöfe, zwischen- und überstaatliche Einrichtungen

Für Ersuchen eines internationalen Strafgerichtshofes und anderer zwischen- und überstaatlicher Einrichtungen um sonstige Rechtshilfe in strafrechtlichen Angelegenheiten gelten die Vorschriften des Fünften Teils entsprechend, soweit nicht spezialgesetzliche Vorschriften eine abschließende Regelung treffen.

Sechster Teil

Ausgehende Ersuchen

§ 68 Rücklieferung

(1) [1]Ein Verfolgter, der für ein im Geltungsbereich dieses Gesetzes gegen ihn geführtes Strafverfahren auf Ersuchen unter der Bedingung späterer Rücklieferung vorübergehend ausgeliefert worden ist, wird zum vereinbarten Zeitpunkt an den ersuchten Staat zurückgeliefert, sofern dieser nicht darauf verzichtet. [2]Zuständig für die Anordnung und Durchführung der Rücklieferung ist die Staatsanwaltschaft, die an dem in Satz 1 bezeichneten Strafverfahren beteiligt ist.

(2) [1]Gegen den Verfolgten kann durch schriftlichen Haftbefehl die Haft angeordnet werden, wenn die Rücklieferung sonst nicht gewährleistet wäre. [2]In dem Haftbefehl sind anzuführen

1. der Verfolgte,
2. der Staat, an den die Rücklieferung erfolgen soll, sowie
3. die Gründe, welche die Haftanordnung rechtfertigen.

(3) [1]Die Haftentscheidung trifft das Gericht, das in dem in Absatz 1 Satz 1 bezeichneten Strafverfahren für die Anordnung von freiheitsentziehenden Maßnahmen jeweils zuständig ist. [2]Die Entscheidung ist unanfechtbar.

(4) Die §§ 18, 19, 24, 25, 27 und 45 Abs. 4 gelten entsprechend.

§ 69 Vorübergehende Überstellung aus dem Ausland für ein deutsches Verfahren

(1) Eine in einem ausländischen Staat in Untersuchungs- oder Strafhaft befindliche oder auf Grund der Anordnung einer freiheitsentziehenden Maßregel untergebrachte Person, die einem deutschen Gericht oder einer deutschen Behörde auf Ersuchen als Zeuge zur Vernehmung, zur Gegenüberstellung oder zur Einnahme eines Augenscheins vorübergehend überstellt worden ist, wird während ihres Aufenthalts im Geltungsbereich dieses Gesetzes zur Sicherung ihrer Rücküberstellung in Haft gehalten.

(2) [1]Die Haftentscheidung trifft das Gericht, das mit der Sache befaßt ist, im vorbereitenden Verfahren der Richter bei dem Amtsgericht, in dessen Bezirk die das Verfahren führende Staatsanwaltschaft ihren Sitz hat. [2]Die Entscheidung ist unanfechtbar.

(3) Die §§ 27, 45 Abs. 4, § 62 Absatz 1 Satz 1 Nummer 3 und Absatz 2 Satz 1, § 63 Abs. 2 gelten entsprechend.

§ 70 Vorübergehende Überstellung in das Ausland für ein deutsches Verfahren

[1]Wer sich im Geltungsbereich dieses Gesetzes in Untersuchungs- oder Strafhaft befindet oder auf Grund der Anordnung einer freiheitsentziehenden Maßregel der Besserung und Sicherung untergebracht ist, kann zu einer Beweiserhebung für ein im Geltungsbereich dieses Gesetzes geführtes Strafverfahren an einen

ausländischen Staat überstellt werden, wenn die Voraussetzungen des § 62 Abs. 1 Satz 1 Nr. 1, 3 und 4 vorliegen. [2]§ 62 Abs. 1 Satz 2, Abs. 2 und 3 gilt entsprechend.

§ 71 Vollstreckung deutscher Erkenntnisse im Ausland

(1) [1]Die Vollstreckung einer im Geltungsbereich dieses Gesetzes gegen eine ausländische Person verhängten Strafe oder sonstigen Sanktion kann auf einen ausländischen Staat übertragen werden, wenn

1. die verurteilte Person in dem ausländischen Staat ihren Wohnsitz oder gewöhnlichen Aufenthalt hat oder sich dort aufhält und nicht ausgeliefert wird, weil ein Auslieferungsersuchen nicht gestellt oder abgelehnt wird oder die Auslieferung nicht ausführbar ist, oder
2. die Vollstreckung in dem ausländischen Staat im Interesse der verurteilten Person oder im öffentlichen Interesse liegt.

[2]Die Überstellung der verurteilten Person darf nur zur Vollstreckung einer freiheitsentziehenden Sanktion erfolgen; § 6 Absatz 2, § 11 gelten entsprechend.

(2) [1]Die Vollstreckung einer im Geltungsbereich dieses Gesetzes gegen eine Person mit deutscher Staatsangehörigkeit verhängten nicht freiheitsentziehenden Strafe oder Sanktion kann auf einen ausländischen Staat übertragen werden, wenn dies im öffentlichen Interesse liegt. [2]Ferner kann die Vollstreckung einer im Geltungsbereich dieses Gesetzes gegen eine Person mit deutscher Staatsangehörigkeit verhängten freiheitsentziehenden Strafe oder sonstigen Sanktion auf einen ausländischen Staat übertragen werden, wenn

1. die verurteilte Person in dem ausländischen Staat ihren Wohnsitz oder gewöhnlichen Aufenthalt hat oder sich dort aufhält,
2. die verurteilte Person nicht ausgeliefert wird, weil ein Auslieferungsersuchen nicht gestellt oder abgelehnt wird oder die Auslieferung nicht ausführbar ist, und
3. der verurteilten Person durch die Vollstreckung in dem ausländischen Staat keine erheblichen, außerhalb des Strafzwecks liegenden Nachteile erwachsen.

[3]Hält sich die verurteilte Person nicht in dem ausländischen Staat auf, so darf die Vollstreckung einer freiheitsentziehenden Sanktion ferner nur übertragen werden, wenn sich die verurteilte Person nach Belehrung zu Protokoll eines Richters oder eines zur Beurkundung von Willenserklärungen ermächtigten Berufskonsularbeamten damit einverstanden erklärt hat. [4]Das Einverständnis kann nicht widerrufen werden.

(3) Die Vollstreckung darf nur übertragen werden, wenn gewährleistet ist, dass der ausländische Staat eine Rücknahme oder eine Beschränkung der Übertragung beachten wird.

(4) [1]Die Vollstreckung einer freiheitsentziehenden Sanktion darf nur übertragen werden, wenn das Gericht die Vollstreckung in dem ausländischen Staat für zulässig erklärt hat. [2]Über die Zulässigkeit entscheidet das Oberlandesgericht durch Beschluss. [3]Die örtliche Zuständigkeit richtet sich nach dem Sitz des Gerichts, das die zu vollstreckende Strafe oder sonstige Sanktion verhängt hat, oder, wenn gegen die verurteilte Person im Geltungsbereich dieses Gesetzes eine Freiheitsstrafe vollstreckt wird, nach § 462a Absatz 1 Satz 1 und 2 der Strafprozessordnung. [4]§ 13 Absatz 1 Satz 2, Absatz 2, § 30 Absatz 2 Satz 2 und 4, Absatz 3, § 31 Absatz 1 und 4, die §§ 33, 52 Absatz 3, § 53 gelten entsprechend. [5]Befindet sich die verurteilte Person im Geltungsbereich dieses Gesetzes, so gelten auch § 30 Absatz 2 Satz 1, § 31 Absatz 2 und 3 entsprechend.

(5) [1]Die deutsche Vollstreckungsbehörde sieht von der Vollstreckung ab, soweit der ausländische Staat sie übernommen und durchgeführt hat. [2]Sie kann die Vollstreckung fortsetzen, soweit der ausländische Staat sie nicht zu Ende geführt hat.

§ 71a Vereinbarung über die Verwertung, Herausgabe und Aufteilung des abgeschöpften Vermögens

Für den Fall der Vollstreckung einer Anordnung der Einziehung in einem ausländischen Staat gilt § 56b Absatz 1 entsprechend.

§ 72 Bedingungen

Bedingungen, die der ausländische Staat an die Rechtshilfe geknüpft hat, sind zu beachten.

Siebenter Teil
Gemeinsame Vorschriften

Abschnitt 1
Allgemeine Regelungen

§ 73 Grenze der Rechtshilfe
[1]Die Leistung von Rechtshilfe sowie die Datenübermittlung ohne Ersuchen ist unzulässig, wenn sie wesentlichen Grundsätzen der deutschen Rechtsordnung widersprechen würde. [2]Bei Ersuchen nach dem Achten, Neunten, Zehnten und Dreizehnten Teil ist die Leistung von Rechtshilfe unzulässig, wenn die Erledigung zu den in Artikel 6 des Vertrages über die Europäische Union enthaltenen Grundsätzen im Widerspruch stünde.

§ 74 Zuständigkeit des Bundes
(1) [1]Über ausländische Rechtshilfeersuchen und über die Stellung von Rechtshilfeersuchen an ausländische Staaten entscheidet das Bundesministerium der Justiz und für Verbraucherschutz im Einvernehmen mit dem Auswärtigen Amt und mit anderen Bundesministerien, deren Geschäftsbereich von der Rechtshilfe betroffen wird. [2]Ist für die Leistung der Rechtshilfe eine Behörde zuständig, die dem Geschäftsbereich eines anderen Bundesministeriums angehört, so tritt dieses an die Stelle des Bundesministeriums der Justiz und für Verbraucherschutz. [3]Die nach den Sätzen 1 und 2 zuständigen Bundesministerien können die Ausübung ihrer Befugnisse auf nachgeordnete Bundesbehörden übertragen. [4]Über Ersuchen nach den Unterabschnitten 2 und 3 von Abschnitt 2 des Neunten Teils dieses Gesetzes entscheidet das Bundesamt für Justiz.
(2) [1]Die Bundesregierung kann die Ausübung der Befugnis, über ausländische Rechtshilfeersuchen zu entscheiden und an ausländische Staaten Rechtshilfeersuchen zu stellen, im Wege einer Vereinbarung auf die Landesregierungen übertragen. [2]Die Landesregierungen haben das Recht zur weiteren Übertragung.
(3) Die Befugnisse des Bundeskriminalamtes zur Datenübermittlung, Ausschreibung und Identitätsfeststellung auf ausländisches Ersuchen richten sich nach § 27 Absatz 1 Satz 1 Nummer 2 und § 33 Absatz 1 bis 4 des Bundeskriminalamtgesetzes.
(4) [1]Als Ersuchen im Sinne der Absätze 1 und 2 gelten auch Datenübermittlungen nach den §§ 61a und 92c. [2]Datenübermittlungen nach § 61a sind, soweit sie nicht in völkerrechtlichen Vereinbarungen nach § 1 Abs. 3 vorgesehen sind, von der Möglichkeit einer Übertragung nach Absatz 2 ausgeschlossen.

§ 74a Internationale Strafgerichtshöfe, zwischen- und überstaatliche Einrichtungen
Für die Entscheidung über Ersuchen eines internationalen Strafgerichtshofes und anderer zwischen- und überstaatlicher Einrichtungen um sonstige Rechtshilfe in strafrechtlichen Angelegenheiten gilt § 74 entsprechend, soweit nicht spezialgesetzliche Vorschriften eine abschließende Regelung treffen.

§ 75 Kosten
Auf die Erstattung von Kosten der Rechtshilfe kann gegenüber dem ausländischen Staat verzichtet werden.

§ 76 Gegenseitigkeitszusicherung
[1]Im Zusammenhang mit deutschen Rechtshilfeersuchen kann einem ausländischen Staat zugesichert werden, von ihm ausgehende Ersuchen zu erledigen, soweit dieses Gesetz dem nicht entgegensteht. [2]§ 74 Abs. 1 gilt entsprechend.

§ 77 Anwendung anderer Verfahrensvorschriften
(1) Soweit dieses Gesetz keine besonderen Verfahrensvorschriften enthält, gelten die Vorschriften des Gerichtsverfassungsgesetzes und seines Einführungsgesetzes, der Strafprozeßordnung, des Jugendgerichtsgesetzes, der Abgabenordnung und des Gesetzes über Ordnungswidrigkeiten sinngemäß.
(2) Bei der Leistung von Rechtshilfe für ein ausländisches Verfahren finden die Vorschriften zur Immunität, zur Indemnität und die Genehmigungsvorbehalte für Durchsuchungen und Beschlagnahmen in den Räumen eines Parlaments Anwendung, welche für deutsche Straf- und Bußgeldverfahren gelten.

§ 77a Elektronische Kommunikation und Aktenführung
(1) [1]Ist nach diesem Gesetz für die Leistung von Rechtshilfe die Einreichung schriftlicher Unterlagen einschließlich von Originalen oder beglaubigten Abschriften notwendig, können auch elektronische Dokumente vorgelegt werden, soweit dies durch Rechtsverordnung nach § 77b zugelassen ist. [2]Die elektronischen Dokumente sind mit einer qualifizierten elektronischen Signatur zu versehen und müssen für die Bearbeitung durch eine Behörde oder ein Gericht geeignet sein. [3]Das Gleiche gilt für Erklärungen, Anträge oder Begründungen, die nach diesem Gesetz ausdrücklich schriftlich abzufassen oder zu unterzeichnen sind.

(2) Die qualifizierte elektronische Signatur kann durch ein anderes sicheres Verfahren ersetzt werden, das die Authentizität und die Integrität des übermittelten elektronischen Dokuments sicherstellt.

(3) [1]Ein elektronisches Dokument ist eingegangen, sobald die für den Empfang bestimmte Einrichtung der Behörde oder des Gerichts es aufgezeichnet hat. [2]Ist ein übermitteltes elektronisches Dokument zur Bearbeitung nicht geeignet, ist dies dem Absender unter Angabe der geltenden technischen Rahmenbedingungen unverzüglich mitzuteilen. [3]Soweit nicht die elektronische Aktenführung nach Absatz 4 zugelassen ist, ist von dem elektronischen Dokument unverzüglich ein Aktenauszug zu fertigen.

(4) [1]Die Verfahrensakten können elektronisch geführt werden, soweit dies durch Rechtsverordnung nach § 77b zugelassen ist. [2]Schriftstücke und Gegenstände des Augenscheins (Urschriften), die zu den elektronisch geführten Akten eingereicht und für eine Übertragung geeignet sind, sind zur Ersetzung der Urschrift in ein elektronisches Dokument zu übertragen, soweit die Rechtsverordnung nach § 77b nichts anderes bestimmt. [3]Das elektronische Dokument muss den Vermerk enthalten, wann und durch wen die Urschrift übertragen worden ist. [4]Die Urschriften sind bis zum Abschluss des Verfahrens so aufzubewahren, dass sie auf Anforderung innerhalb von einer Woche vorgelegt werden können.

(5) Ein nach Absatz 4 Satz 2 und 3 hergestelltes elektronisches Dokument ist für das Verfahren zugrunde zu legen, soweit kein Anlass besteht, an der Übereinstimmung mit der Urschrift zu zweifeln.

(6) [1]Enthält das nach Absatz 1 hergestellte elektronische Dokument zusätzlich zu dem Vermerk nach Absatz 4 Satz 3 einen mit einer qualifizierten elektronischen Signatur versehenen Vermerk darüber,

1. dass die Wiedergabe auf dem Bildschirm mit der Urschrift inhaltlich und bildlich übereinstimmt sowie
2. ob die Urschrift bei der Übertragung als Original oder in Abschrift vorgelegen hat,

kann die Urschrift bereits vor Abschluss des Verfahrens vernichtet werden. [2]Verfahrensinterne Erklärungen des Betroffenen und Dritter sowie ihnen beigefügte einfache Abschriften können unter den Voraussetzungen von Satz 1 vernichtet werden.

(7) [1]Im Übrigen gelten für die elektronische Kommunikation und die elektronische Aktenführung § 32 Absatz 1 Satz 3 zweiter Halbsatz und Absatz 2, § 32a Absatz 3 und 4 Satz 1 Nummer 1 bis 5, Absatz 5 Satz 2 und Absatz 6 Satz 2, § 32b Absatz 1 bis 4, § 32c Satz 1 bis 4, § 32d Satz 1, § 32e Absatz 2 bis 4, die §§ 32f und 497 der Strafprozessordnung sowie § 15 Absatz 1 des Einführungsgesetzes zur Strafprozessordnung sinngemäß. [2]Abweichend von § 32b Absatz 1 Satz 2 der Strafprozessordnung ist bei der automatisierten Herstellung eines zu signierenden elektronischen Dokuments statt seiner die begleitende Verfügung zu signieren. [3]§ 32c Satz 1 gilt mit der Maßgabe, dass die Zustimmung des Bundesrates nicht erforderlich ist.

§ 77b Verordnungsermächtigung

(1) Das Bundesministerium der Justiz und die Landesregierungen bestimmen für ihren Bereich durch Rechtsverordnung,

1. den Zeitpunkt, von dem an elektronische Dokumente nach § 77a Absatz 1 eingereicht werden können,
2. die für die Übersendung der elektronischen Dokumente nach § 77a Absatz 2 notwendigen Signaturanforderungen und die für die Bearbeitung notwendige Form,
3. den Zeitpunkt, von dem an Akten nach § 77a Absatz 4 elektronisch geführt werden oder geführt werden können,
4. die organisatorisch-technischen Rahmenbedingungen für die Bildung, Führung und Aufbewahrung der elektronisch geführten Akten einschließlich der Ausnahmen von der Ersetzung der Urschrift nach § 77a Absatz 4,
5. die Urschriften, die abweichend von § 77a Absatz 6 weiterhin aufzubewahren sind.

(2) Das Bundesministerium der Justiz und die Landesregierungen können jeweils für ihren Bereich durch Rechtsverordnung bestimmen,

1. dass Akten, die vor dem in Absatz 1 Nummer 3 bezeichneten Zeitpunkt in Papierform angelegt wurden, ab einem bestimmten Stichtag oder Ereignis in elektronischer Form weitergeführt werden und
2. dass Akten, die elektronisch angelegt wurden, ab einem bestimmten Ereignis in Papierform weitergeführt werden.

(3) [1]Die elektronische Aktenführung nach § 77a Absatz 4 sowie die Zulassung der Weiterführung in elektronischer beziehungsweise Papierform können jeweils auf einzelne Gerichte oder Behörden oder auf allgemein bestimmte Verfahren oder Verfahrensabschnitte beschränkt werden; wird von dieser Möglichkeit Gebrauch gemacht, kann in der Rechtsverordnung bestimmt werden, dass durch Verwaltungsvorschrift, die öffentlich bekanntzumachen ist, geregelt wird, in welchen Verfahren oder Verfahrensabschnitten die Akten elektronisch geführt werden oder geführt werden können und in welchen Verfahren

oder Verfahrensabschnitten die Akten in elektronischer beziehungsweise Papierform weitergeführt werden. [2]Die Rechtsverordnung des Bundesministeriums der Justiz bedarf nicht der Zustimmung des Bundesrates. [3]Die Landesregierungen können die Ermächtigung durch Rechtsverordnung auf die Landesjustizverwaltungen übertragen. [4]Die Zulassung der elektronischen Übermittlung nach § 77a Absatz 1 kann auf einzelne Gerichte und Behörden sowie auf einzelne Verfahren oder Verfahrensabschnitte beschränkt werden.

Abschnitt 2

Schutz personenbezogener Daten im Rechtshilfeverkehr

§ 77c Anwendungsbereich

Die Vorschriften dieses Abschnitts sind auf personenbezogene Daten anzuwenden, die im Rechtshilfeverkehr übermittelt oder empfangen werden.

§ 77d Übermittlung personenbezogener Daten

(1) Personenbezogene Daten dürfen, soweit dies gesetzlich vorgesehen ist und vorbehaltlich der Regelungen in den §§ 97a und 97b, an öffentliche Stellen anderer Staaten sowie an zwischen- oder überstaatliche Einrichtungen übermittelt werden, wenn

1. dies für die Verhütung oder Verfolgung von Straftaten oder von Ordnungswidrigkeiten oder für die Vollstreckung oder den Vollzug von strafrechtlichen Sanktionen oder zur Abwehr von Gefahren erforderlich ist,
2. die empfangende Stelle für eine der in Nummer 1 genannten Aufgaben zuständig ist,
3. in Fällen, in denen die personenbezogenen Daten aus einem anderen Mitgliedstaat der Europäischen Union oder aus einem Schengen-assoziierten Staat übermittelt wurden, dieser Staat der Übermittlung zuvor zugestimmt oder auf das Zustimmungserfordernis ausdrücklich verzichtet hat,
4. die Europäische Kommission nach Artikel 36 Absatz 3 der Richtlinie (EU) 2016/680 des Europäischen Parlaments und des Rates vom 27. April 2016 zum Schutz natürlicher Personen bei der Verarbeitung personenbezogener Daten durch die zuständigen Behörden zum Zwecke der Verhütung, Ermittlung, Aufdeckung oder Verfolgung von Straftaten oder der Strafvollstreckung sowie zum freien Datenverkehr und zur Aufhebung des Rahmenbeschlusses 2008/977/JI des Rates (ABl. L 119 vom 4.5.2016, S. 89; L 127 vom 23.5.2018, S. 9) einen Beschluss zum angemessenen Datenschutzniveau des Empfängerstaats oder der empfangenden zwischen- oder überstaatlichen Einrichtung gefasst hat (Angemessenheitsbeschluss) oder die Voraussetzungen von § 77f erfüllt sind und
5. die personenbezogenen Daten in Fällen, in denen sie zu einem anderen als dem der Übermittlung zugrunde liegenden Zweck erhoben wurden, mit vergleichbaren Mitteln auch für den Übermittlungszweck erhoben werden dürften.

(2) Die Übermittlung personenbezogener Daten unterbleibt, auch unter Berücksichtigung eines besonderen öffentlichen Interesses an der Datenübermittlung, wenn im Einzelfall ein datenschutzrechtlich angemessener und die elementaren Menschenrechte wahrender Umgang mit den personenbezogenen Daten im Empfängerstaat oder bei der empfangenden zwischen- oder überstaatlichen Einrichtung nicht hinreichend gesichert ist oder sonst schutzwürdige Interessen der betroffenen Person entgegenstehen.

(3) [1]Die Übermittlung von personenbezogenen Daten an andere als die in Absatz 1 Nummer 2 genannten zuständigen Stellen oder an nicht-öffentliche Stellen ist unter Einhaltung der übrigen Voraussetzungen des Absatzes 1 zulässig, wenn

1. dies für die Erfüllung einer der übermittelnden Stelle zugewiesenen Aufgabe unbedingt erforderlich ist,
2. die Übermittlung an die zuständige Stelle wirkungslos oder ungeeignet wäre, insbesondere, weil die Übermittlung nicht rechtzeitig durchgeführt werden könnte, und
3. die empfangende Stelle auf den Zweck der Datenübermittlung sowie darauf hingewiesen wird, dass die personenbezogenen Daten nur verwendet werden dürfen, soweit dies zur Zweckerreichung erforderlich ist.

[2]Die zuständige Stelle ist über die Übermittlung unverzüglich zu unterrichten, es sei denn, die Unterrichtung wäre wirkungslos oder ungeeignet.

(4) [1]Kann die nach Absatz 1 Nummer 3 erforderliche vorherige Zustimmung des betroffenen Mitgliedstaates der Europäischen Union oder des betroffenen Schengen-assoziierten Staates nicht rechtzeitig eingeholt werden, so ist die Übermittlung von personenbezogenen Daten auch ohne Zustimmung zulässig, wenn die Übermittlung erforderlich ist zur Abwehr einer gegenwärtigen und erheblichen Gefahr

1. für die öffentliche Sicherheit eines Staates oder
2. für wesentliche Interessen eines Mitgliedstaates der Europäischen Union oder eines Schengen-assoziierten Staates.

[2]Die für die Erteilung der Zustimmung zuständige Stelle des betroffenen Mitgliedstaates der Europäischen Union oder des Schengen-assoziierten Staates ist unverzüglich zu unterrichten.

(5) [1]Die Verantwortung für die Zulässigkeit der Übermittlung von personenbezogenen Daten trägt die übermittelnde Stelle. [2]Die Möglichkeit, die Übermittlung personenbezogener Daten mit Bedingungen zu versehen, bleibt unberührt.

(6) Mitgliedstaaten der Europäischen Union im Sinne dieser Vorschrift sind solche, für die die Richtlinie (EU) 2016/680 gilt; Schengen-assoziierte Staaten sind solche gemäß § 91 Absatz 3.

§ 77e Prüf-, Informations- und Protokollierungspflichten der übermittelnden Stelle

(1) Die übermittelnde Stelle

1. soll personenbezogene Daten vor deren Übermittlung auf Richtigkeit, Vollständigkeit und Aktualität überprüfen,
2. fügt bei der Übermittlung personenbezogener Daten nach Möglichkeit Informationen bei, die es der empfangenden Stelle gestatten, Richtigkeit, Vollständigkeit, Aktualität und Zuverlässigkeit der Daten zu beurteilen,
3. weist die empfangende Stelle bei der Übermittlung ausdrücklich darauf hin, dass die übermittelten personenbezogenen Daten nur zu dem Zweck verwendet werden dürfen, zu dem sie übermittelt wurden,
4. weist die empfangende Stelle ausdrücklich darauf hin, dass eine Weiterleitung an andere Staaten oder zwischen- oder überstaatliche Einrichtungen der vorherigen Zustimmung der übermittelnden Stelle bedarf,
5. weist die empfangende Stelle bei der Übermittlung auf Bedingungen hin, die nach deutschem Recht für die Verarbeitung der übermittelten personenbezogenen Daten gelten und einzuhalten sind,
6. unterrichtet die empfangende Stelle unverzüglich, wenn sich herausstellt, dass Daten nicht hätten übermittelt werden dürfen oder dass unrichtige Daten übermittelt wurden,
7. unterrichtet die zuständige datenschutzrechtliche Aufsichtsbehörde über Datenübermittlungen nach § 77d Absatz 3 und
8. dokumentiert jede Übermittlung von personenbezogenen Daten nach Maßgabe der innerstaatlichen Vorschriften.

(2) Absatz 1 Nummer 5 gilt entsprechend, wenn die übermittelnde Stelle die Daten von einem anderen Staat oder von einer zwischen- oder überstaatlichen Einrichtung unter Bedingungen erhalten hat, die auch von der empfangenden Stelle einzuhalten sind.

§ 77f Verfahren bei Fehlen eines Angemessenheitsbeschlusses

(1) Ohne Angemessenheitsbeschluss gemäß § 77d Absatz 1 Nummer 4 dürfen personenbezogene Daten übermittelt werden, wenn

1. in einem für den Empfängerstaat oder für die empfangende zwischen- oder überstaatliche Einrichtung rechtsverbindlichen Instrument geeignete Garantien zum Schutz personenbezogener Daten vorgesehen sind oder
2. die übermittelnde Stelle nach Bewertung aller relevanten Umstände zu der Auffassung gelangt, dass geeignete Garantien zum Schutz der personenbezogenen Daten bestehen.

(2) Liegt kein Angemessenheitsbeschluss vor und bestehen keine geeigneten Garantien gemäß Absatz 1, so dürfen personenbezogene Daten im Einzelfall nur übermittelt werden, wenn dies erforderlich ist

1. zum Schutz lebenswichtiger Interessen der betroffenen Person oder einer anderen Person,
2. zur Wahrung schutzwürdiger Interessen der betroffenen Person,
3. zur Abwehr einer gegenwärtigen und erheblichen Gefahr für die öffentliche Sicherheit eines Staates,
4. zur Verhütung oder Verfolgung von Straftaten oder von Ordnungswidrigkeiten oder für die Vollstreckung oder den Vollzug von strafrechtlichen Sanktionen oder
5. zur Geltendmachung, Ausübung oder Verteidigung von Rechtsansprüchen im Zusammenhang mit den in Nummer 4 genannten Zwecken.

(3) Die übermittelnde Stelle unterrichtet die zuständige datenschutzrechtliche Aufsichtsbehörde über Fallgruppen von Übermittlungen nach Absatz 1 Nummer 2.

§ 77g Zustimmung zur Weiterleitung personenbezogener Daten

Wird die übermittelnde Stelle von der empfangenden Stelle um eine Zustimmung zur Weiterleitung der übermittelten personenbezogenen Daten an andere Staaten oder andere zwischen- oder überstaatliche

Einrichtungen gebeten, so kann die Zustimmung erteilt werden, wenn eine entsprechende unmittelbare Datenübermittlung gemäß § 77d zulässig wäre.

§ 77h Verwendung von übermittelten personenbezogenen Daten

(1) [1]Personenbezogene Daten, die von öffentlichen Stellen anderer Staaten oder von zwischen- oder überstaatlichen Einrichtungen übermittelt wurden, dürfen, soweit dies gesetzlich vorgesehen ist, für andere Zwecke als diejenigen, für die sie übermittelt wurden, nur verwendet werden, wenn die übermittelnde Stelle zuvor zugestimmt hat. [2]§ 77d Absatz 4 gilt entsprechend.

(2) Bedingungen für die Verwendung der personenbezogenen Daten, auf die die übermittelnde Stelle hingewiesen hat, sind zu beachten.

(3) Werden personenbezogene Daten ohne Ersuchen übermittelt, prüft die empfangende Stelle unverzüglich, ob die Daten für den Zweck, für den sie übermittelt wurden, benötigt werden.

Achter Teil

Auslieferungs- und Durchlieferungsverkehr mit Mitgliedstaaten der Europäischen Union

Abschnitt 1

Allgemeine Regelungen

§ 78 Vorrang des Achten Teils

(1) Soweit dieser Teil keine besonderen Regelungen enthält, finden die übrigen Bestimmungen dieses Gesetzes auf den Auslieferungs- und Durchlieferungsverkehr mit den Mitgliedstaaten der Europäischen Union Anwendung.

(2) Dieser Teil geht den in § 1 Abs. 3 genannten völkerrechtlichen Vereinbarungen vor, soweit er abschließende Regelungen enthält.

§ 79 Grundsätzliche Pflicht zur Bewilligung; Vorabentscheidung

(1) [1]Zulässige Ersuchen eines Mitgliedstaates um Auslieferung oder Durchlieferung können nur abgelehnt werden, soweit dies in diesem Teil vorgesehen ist. [2]Die ablehnende Bewilligungsentscheidung ist zu begründen.

(2) [1]Vor der Zulässigkeitsentscheidung des Oberlandesgerichts entscheidet die für die Bewilligung zuständige Stelle, ob sie beabsichtigt, Bewilligungshindernisse nach § 83b geltend zu machen. [2]Die Entscheidung, keine Bewilligungshindernisse geltend zu machen, ist zu begründen. [3]Sie unterliegt der Überprüfung durch das Oberlandesgericht im Verfahren nach § 29; die Beteiligten sind zu hören. [4]Bei der Belehrung nach § 41 Abs. 4 ist der Verfolgte auch darauf hinzuweisen, dass im Falle der vereinfachten Auslieferung eine gerichtliche Überprüfung nach Satz 3 nicht stattfindet.

(3) Führen nach der Entscheidung nach Absatz 2 Satz 1 eingetretene oder bekannt gewordene Umstände, die geeignet sind, Bewilligungshindernisse geltend zu machen, nicht zu einer Ablehnung der Bewilligung, so unterliegt die Entscheidung, keine Bewilligungshindernisse geltend zu machen, der Überprüfung im Verfahren nach § 33.

Abschnitt 2

Auslieferung an einen Mitgliedstaat der Europäischen Union

§ 80 Auslieferung deutscher Staatsangehöriger

(1) [1]Die Auslieferung eines Deutschen zum Zwecke der Strafverfolgung ist nur zulässig, wenn

1. gesichert ist, dass der ersuchende Mitgliedstaat nach Verhängung einer rechtskräftigen Freiheitsstrafe oder sonstigen Sanktion anbieten wird, den Verfolgten auf seinen Wunsch zur Vollstreckung in den Geltungsbereich dieses Gesetzes zurückzuüberstellen, und
2. die Tat einen maßgeblichen Bezug zum ersuchenden Mitgliedstaat aufweist.

[2]Ein maßgeblicher Bezug der Tat zum ersuchenden Mitgliedstaat liegt in der Regel vor, wenn die Tathandlung vollständig oder in wesentlichen Teilen auf seinem Hoheitsgebiet begangen wurde und der Erfolg zumindest in wesentlichen Teilen dort eingetreten ist, oder wenn es sich um eine schwere Tat mit typisch grenzüberschreitendem Charakter handelt, die zumindest teilweise auch auf seinem Hoheitsgebiet begangen wurde.

(2) [1]Liegen die Voraussetzungen des Absatzes 1 Satz 1 Nr. 2 nicht vor, ist die Auslieferung eines Deutschen zum Zwecke der Strafverfolgung nur zulässig, wenn

1. die Voraussetzungen des Absatzes 1 Satz 1 Nr. 1 vorliegen und die Tat
2. keinen maßgeblichen Bezug zum Inland aufweist und

3. auch nach deutschem Recht eine rechtswidrige Tat ist, die den Tatbestand eines Strafgesetzes verwirklicht oder bei sinngemäßer Umstellung des Sachverhalts auch nach deutschem Recht eine solche Tat wäre, und bei konkreter Abwägung der widerstreitenden Interessen das schutzwürdige Vertrauen des Verfolgten in seine Nichtauslieferung nicht überwiegt.

[2]Ein maßgeblicher Bezug der Tat zum Inland liegt in der Regel vor, wenn die Tathandlung vollständig oder in wesentlichen Teilen im Geltungsbereich dieses Gesetzes begangen wurde und der Erfolg zumindest in wesentlichen Teilen dort eingetreten ist. [3]Bei der Abwägung sind insbesondere der Tatvorwurf, die praktischen Erfordernisse und Möglichkeiten einer effektiven Strafverfolgung und die grundrechtlich geschützten Interessen des Verfolgten unter Berücksichtigung der mit der Schaffung eines Europäischen Rechtsraums verbundenen Ziele zu gewichten und zueinander ins Verhältnis zu setzen. [4]Liegt wegen der Tat, die Gegenstand des Auslieferungsersuchens ist, eine Entscheidung einer Staatsanwaltschaft oder eines Gerichts vor, ein deutsches strafrechtliches Verfahren einzustellen oder nicht einzuleiten, so sind diese Entscheidung und ihre Gründe in die Abwägung mit einzubeziehen; Entsprechendes gilt, wenn ein Gericht das Hauptverfahren eröffnet oder einen Strafbefehl erlassen hat.

(3) [1]Die Auslieferung eines Deutschen zum Zwecke der Strafvollstreckung ist nur zulässig, wenn der Verfolgte nach Belehrung zu richterlichem Protokoll zustimmt. [2]§ 41 Abs. 3 und 4 gilt entsprechend.

§ 81 Auslieferung zur Verfolgung oder zur Vollstreckung

§ 3 findet mit den Maßgaben Anwendung, dass

1. die Auslieferung zur Verfolgung nur zulässig ist, wenn die Tat nach dem Recht des ersuchenden Mitgliedstaates mit einer Freiheitsstrafe oder sonstigen Sanktion im Höchstmaß von mindestens zwölf Monaten bedroht ist,
2. die Auslieferung zur Vollstreckung nur zulässig ist, wenn nach dem Recht des ersuchenden Mitgliedstaates eine freiheitsentziehende Sanktion zu vollstrecken ist, deren Maß mindestens vier Monate beträgt,
3. die Auslieferung in Steuer-, Zoll- und Währungsangelegenheiten auch zulässig ist, wenn das deutsche Recht keine gleichartigen Steuern vorschreibt oder keine gleichartigen Steuer-, Zoll- und Währungsbestimmungen enthält wie das Recht des ersuchenden Mitgliedstaates,
4. die beiderseitige Strafbarkeit nicht zu prüfen ist, wenn die dem Ersuchen zugrunde liegende Tat nach dem Recht des ersuchenden Staates mit einer freiheitsentziehenden Sanktion im Höchstmaß von mindestens drei Jahren bedroht ist und den in Artikel 2 Absatz 2 des Rahmenbeschlusses 2002/584/JI des Rates vom 13. Juni 2002 über den Europäischen Haftbefehl und die Übergabeverfahren zwischen den Mitgliedstaaten (ABl. L 190 vom 18.7.2002, S. 1), der durch den Rahmenbeschluss 2009/299/JI (ABl. L 81 vom 27.3.2009, S. 24) geändert worden ist, (Rahmenbeschluss Europäischer Haftbefehl) aufgeführten Deliktsgruppen zugehörig ist.

§ 82 Nichtanwendung von Vorschriften

Die §§ 5, 6 Abs. 1, § 7 und, soweit ein Europäischer Haftbefehl vorliegt, § 11 finden keine Anwendung.

§ 83 Ergänzende Zulässigkeitsvoraussetzungen

(1) Die Auslieferung ist nicht zulässig, wenn

1. der Verfolgte wegen derselben Tat, die dem Ersuchen zugrunde liegt, bereits von einem anderen Mitgliedstaat rechtskräftig abgeurteilt worden ist, vorausgesetzt, dass im Fall der Verurteilung die Sanktion bereits vollstreckt worden ist, gerade vollstreckt wird oder nach dem Recht des Urteilsstaates nicht mehr vollstreckt werden kann,
2. der Verfolgte zur Tatzeit nach § 19 des Strafgesetzbuchs schuldunfähig war oder
3. bei Ersuchen zum Zweck der Strafvollstreckung die verurteilte Person zu der dem Urteil zugrunde liegenden Verhandlung nicht persönlich erschienen ist oder
4. die dem Ersuchen zugrunde liegende Tat nach dem Recht des ersuchenden Mitgliedstaates mit lebenslanger Freiheitsstrafe oder einer sonstigen lebenslangen freiheitsentziehenden Sanktion bedroht ist oder der Verfolgte zu einer solchen Strafe verurteilt worden war und eine Überprüfung der Vollstreckung der verhängten Strafe oder Sanktion auf Antrag oder von Amts wegen nicht spätestens nach 20 Jahren erfolgt.

(2) Die Auslieferung ist abweichend von Absatz 1 Nummer 3 jedoch zulässig, wenn

1. die verurteilte Person
   a) rechtzeitig
      aa) persönlich zu der Verhandlung, die zu dem Urteil geführt hat, geladen wurde oder
      bb) auf andere Weise tatsächlich offiziell von dem vorgesehenen Termin und Ort der Verhandlung, die zu dem Urteil geführt hat, in Kenntnis gesetzt wurde, sodass zweifelsfrei

nachgewiesen wurde, dass die verurteilte Person von der anberaumten Verhandlung Kenntnis hatte, und

b) dabei darauf hingewiesen wurde, dass ein Urteil auch in ihrer Abwesenheit ergehen kann,

2. die verurteilte Person in Kenntnis des gegen sie gerichteten Verfahrens, an dem ein Verteidiger beteiligt war, eine persönliche Ladung durch Flucht verhindert hat oder
3. die verurteilte Person in Kenntnis der anberaumten Verhandlung einen Verteidiger bevollmächtigt hat, sie in der Verhandlung zu verteidigen, und sie durch diesen in der Verhandlung tatsächlich verteidigt wurde.

(3) [1]Die Auslieferung ist abweichend von Absatz 1 Nummer 3 auch zulässig, wenn die verurteilte Person nach Zustellung des Urteils

1. ausdrücklich erklärt hat, das ergangene Urteil nicht anzufechten, oder
2. innerhalb geltender Fristen keine Wiederaufnahme des Verfahrens oder kein Berufungsverfahren beantragt hat.

[2]Die verurteilte Person muss zuvor ausdrücklich über ihr Recht auf Wiederaufnahme des Verfahrens oder auf ein Berufungsverfahren, an dem sie teilnehmen kann und bei dem der Sachverhalt, einschließlich neuer Beweismittel, erneut geprüft und das ursprüngliche Urteil aufgehoben werden kann, belehrt worden sein.

(4) Die Auslieferung ist abweichend von Absatz 1 Nummer 3 ferner zulässig, wenn der verurteilten Person unverzüglich nach ihrer Übergabe an den ersuchenden Mitgliedstaat das Urteil persönlich zugestellt werden wird und die verurteilte Person über ihr in Absatz 3 Satz 2 genanntes Recht auf Wiederaufnahme des Verfahrens oder ein Berufungsverfahren sowie über die hierfür geltenden Fristen belehrt werden wird.

§ 83a Auslieferungsunterlagen

(1) Die Auslieferung ist nur zulässig, wenn die in § 10 genannten Unterlagen oder ein Europäischer Haftbefehl übermittelt wurden, der die folgenden Angaben enthält:

1. die Identität, wie sie im Anhang zum Rahmenbeschluss Europäischer Haftbefehl näher beschrieben wird, und die Staatsangehörigkeit des Verfolgten,
2. die Bezeichnung und die Anschrift der ausstellenden Justizbehörde,
3. die Angabe, ob ein vollstreckbares Urteil, ein Haftbefehl oder eine andere vollstreckbare justitielle Entscheidung mit gleicher Rechtswirkung vorliegt,
4. die Art und rechtliche Würdigung der Straftat, einschließlich der gesetzlichen Bestimmungen,
5. die Beschreibung der Umstände, unter denen die Straftat begangen wurde, einschließlich der Tatzeit, des Tatortes und der Tatbeteiligung der gesuchten Person, und
6. die für die betreffende Straftat im Ausstellungsmitgliedstaat gesetzlich vorgesehene Höchststrafe oder im Fall des Vorliegens eines rechtskräftigen Urteils die verhängte Strafe.

(2) Die Ausschreibung zur Festnahme zwecks Überstellung oder Auslieferung nach der Verordnung (EU) 2018/1862 des Europäischen Parlaments und des Rates vom 28. November 2018 über die Einrichtung, den Betrieb und die Nutzung des Schengener Informationssystems (SIS) im Bereich der polizeilichen Zusammenarbeit und der justiziellen Zusammenarbeit in Strafsachen, zur Änderung und Aufhebung des Beschlusses 2007/533/JI des Rates und zur Aufhebung der Verordnung (EG) Nr. 1986/2006 des Europäischen Parlaments und des Rates und des Beschlusses 2010/261/EU der Kommission (ABl. L 312 vom 7.12.2018, S. 56), die die unter Absatz 1 Nr. 1 bis 6 bezeichneten Angaben enthält oder der diese Angaben nachgereicht wurden, gilt als Europäischer Haftbefehl.

§ 83b Bewilligungshindernisse

(1) Die Bewilligung der Auslieferung kann abgelehnt werden, wenn

1. gegen den Verfolgten wegen derselben Tat, die dem Auslieferungsersuchen zugrunde liegt, im Geltungsbereich dieses Gesetzes ein strafrechtliches Verfahren geführt wird,
2. die Einleitung eines strafrechtlichen Verfahrens wegen derselben Tat, die dem Auslieferungsersuchen zugrunde liegt, abgelehnt wurde oder ein bereits eingeleitetes Verfahren eingestellt wurde,
3. dem Auslieferungsersuchen eines dritten Staates Vorrang eingeräumt werden soll,
4. nicht aufgrund einer Pflicht zur Auslieferung nach dem Rahmenbeschluss Europäischer Haftbefehl, aufgrund einer vom ersuchenden Staat gegebenen Zusicherung oder aus sonstigen Gründen erwartet werden kann, dass dieser einem vergleichbaren deutschen Ersuchen entsprechen würde.

(2) Die Bewilligung der Auslieferung eines Ausländers, der im Inland seinen gewöhnlichen Aufenthalt hat, kann ferner abgelehnt werden, wenn

1. bei einer Auslieferung zum Zwecke der Strafverfolgung die Auslieferung eines Deutschen gemäß § 80 Abs. 1 und 2 nicht zulässig wäre,

2. bei einer Auslieferung zum Zwecke der Strafvollstreckung er dieser nach Belehrung zu richterlichem Protokoll nicht zustimmt und sein schutzwürdiges Interesse an der Strafvollstreckung im Inland überwiegt; § 41 Abs. 3 und 4 gelten entsprechend.

§ 83c Verfahren und Fristen

(1) Über die Auslieferung soll spätestens innerhalb von 60 Tagen nach der Festnahme des Verfolgten entschieden werden.

(2) Der Verfolgte ist unverzüglich über das Recht zu unterrichten, im ersuchenden Mitgliedstaat einen Rechtsbeistand zu benennen.

(3) Erklärt sich der Verfolgte mit der vereinfachten Auslieferung einverstanden, soll eine Entscheidung über die Auslieferung spätestens innerhalb von zehn Tagen nach Erteilung der Zustimmung ergehen.

(4) [1]Nach der Bewilligung der Auslieferung ist mit dem ersuchenden Mitgliedstaat ein Termin zur Übergabe des Verfolgten zu vereinbaren. [2]Der Übergabetermin soll spätestens zehn Tage nach der Entscheidung über die Bewilligung liegen. [3]Ist die Einhaltung des Termins aufgrund von Umständen unmöglich, die sich dem Einfluss der beteiligten Staaten entziehen, so ist ein neuer Termin zu vereinbaren, nach dem die Übergabe innerhalb von zehn Tagen zu erfolgen hat. [4]Die Vereinbarung eines Übergabetermins kann im Hinblick auf eine gegen den Verfolgten im Geltungsbereich dieses Gesetzes laufende strafrechtliche Verfolgung oder Vollstreckung oder aus schwerwiegenden humanitären Gründen aufgeschoben werden.

(5) Können bei Vorliegen außergewöhnlicher Umstände die in dieser Vorschrift enthaltenen Fristen nicht eingehalten werden, so setzt die Bundesregierung Eurojust von diesem Umstand und von den Gründen der Verzögerung in Kenntnis; personenbezogene Daten dürfen nicht übermittelt werden.

(6) Über ein Ersuchen um Erweiterung der Auslieferungsbewilligung soll innerhalb von 30 Tagen nach Eingang des Ersuchens entschieden werden.

§ 83d Entlassung des Verfolgten

Wurde der Verfolgte innerhalb von zehn Tagen nach Ablauf eines nach § 83c Absatz 4 vereinbarten Übergabetermins nicht übernommen, so ist er aus der Auslieferungshaft zu entlassen, wenn kein neuer Übergabetermin vereinbart wurde.

§ 83e Vernehmung des Verfolgten

(1) Solange eine Entscheidung über die Auslieferung noch nicht ergangen ist, ist ein Ersuchen des ersuchenden Mitgliedstaates um Vernehmung des Verfolgten als Beschuldigter zu bewilligen.

(2) Bei der Vernehmung ist auf Ersuchen Vertretern des ersuchenden Mitgliedstaates die Anwesenheit zu gestatten.

Abschnitt 3

Durchlieferung an einen Mitgliedstaat der Europäischen Union

§ 83f Durchlieferung

(1) Die Durchlieferung durch den Geltungsbereich dieses Gesetzes aus einem Mitgliedstaat in einen anderen Mitgliedstaat ist zulässig, wenn sich aus den übermittelten Unterlagen

1. die Identität, wie sie im Anhang zum Rahmenbeschluss Europäischer Haftbefehl näher beschrieben wird, und die Staatsangehörigkeit des Verfolgten,
2. das Vorliegen eines Europäischen Haftbefehls oder einer in § 10 bezeichneten Urkunde,
3. die Art und die rechtliche Würdigung der Straftat und
4. die Umstände, unter denen die Straftat begangen wurde, einschließlich der Tatzeit und des Tatortes,

ergeben.

(2) Auf die Durchlieferung aus einem Drittstaat an einen Mitgliedstaat findet Absatz 1 mit der Maßgabe Anwendung, dass an die Stelle der in Absatz 1 Nr. 2 genannten Information die Information, dass ein Auslieferungsersuchen vorliegt, tritt.

(3) [1]Die Durchlieferung Deutscher zur Strafverfolgung ist nur zulässig, wenn der Mitgliedstaat, an den die Auslieferung erfolgt, zusichert, den Verfolgten auf deutsches Verlangen nach Verhängung einer rechtskräftigen Freiheitsstrafe oder sonstigen Sanktion zur Vollstreckung in den Geltungsbereich dieses Gesetzes zurückzuüberstellen. [2]Die Durchlieferung Deutscher zur Strafvollstreckung ist nur zulässig, wenn der Betroffene zustimmt.

(4) Über ein Ersuchen um Durchlieferung soll innerhalb von 30 Tagen nach Eingang des Ersuchens entschieden werden.

§ 83g Beförderung auf dem Luftweg

§ 83f gilt auch bei der Beförderung auf dem Luftweg, bei der es zu einer unvorhergesehenen Zwischenlandung im Geltungsbereich dieses Gesetzes kommt.

Abschnitt 4

Ausgehende Ersuchen um Auslieferung an einen Mitgliedstaat der Europäischen Union

§ 83h Spezialität

(1) Von einem Mitgliedstaat aufgrund eines Europäischen Haftbefehls übergebene Personen dürfen

1. wegen einer vor der Übergabe begangenen anderen Tat als derjenigen, die der Übergabe zugrunde liegt, weder verfolgt noch verurteilt noch einer freiheitsentziehenden Maßnahme unterworfen werden und
2. nicht an einen dritten Staat weitergeliefert, überstellt oder in einen dritten Staat abgeschoben werden.

(2) Absatz 1 findet keine Anwendung, wenn

1. die übergebene Person den räumlichen Geltungsbereich dieses Gesetzes innerhalb von 45 Tagen nach ihrer endgültigen Freilassung nicht verlassen hat, obwohl sie dazu die Möglichkeit hatte, oder nach Verlassen in ihn zurückgekehrt ist,
2. die Straftat nicht mit einer Freiheitsstrafe oder freiheitsentziehenden Maßregel der Besserung und Sicherung bedroht ist,
3. die Strafverfolgung nicht zur Anwendung einer die persönliche Freiheit beschränkenden Maßnahme führt,
4. die übergebene Person der Vollstreckung einer Strafe oder Maßregel der Besserung und Sicherung ohne Freiheitsentzug unterzogen wird, selbst wenn diese Strafe oder Maßnahme die persönliche Freiheit einschränken kann, oder
5. der ersuchte Mitgliedstaat oder die übergebene Person darauf verzichtet hat.

(3) [1]Der nach Übergabe erfolgte Verzicht der übergebenen Person ist zu Protokoll eines Richters oder Staatsanwalts zu erklären. [2]Die Verzichtserklärung ist unwiderruflich. [3]Die übergebene Person ist hierüber zu belehren.

§ 83i Unterrichtung über Fristverzögerungen

[1]Die Bundesregierung unterrichtet den Rat der Europäischen Union, wenn es wiederholt zu Verzögerungen bei der Auslieferung durch einen anderen Mitgliedstaat gekommen ist. [2]Soweit es im Einzelfall zur Feststellung der Gründe für eine Überschreitung der Fristen erforderlich ist, dürfen dabei dem Rat pseudonymisierte Daten des Verfolgten übermittelt werden. [3]Die Bundesregierung darf den Personenbezug nur gegenüber dem Staat wiederherstellen, an den das Auslieferungsersuchen gerichtet worden ist, und nur, sofern es zur Beurteilung der Umsetzung des Rahmenbeschlusses Europäischer Haftbefehl erforderlich ist.

§ 83j Rechtsbeistand

(1) In einem Verfahren zur Vollstreckung eines Europäischen Haftbefehls zum Zwecke der Strafverfolgung liegt ein Fall der notwendigen Rechtsbeistandschaft vor, wenn

1. die verfolgte Person zur Unterstützung ihres Rechtsbeistands im ersuchten Mitgliedstaat einen Rechtsbeistand im Geltungsbereich dieses Gesetzes bezeichnet und
2. die Bestellung des weiteren Rechtsbeistands erforderlich ist, um eine wirksame Rechtsverfolgung im ersuchten Staat zu gewährleisten.

(2) Liegt ein Fall der notwendigen Rechtsbeistandschaft nach Absatz 1 vor und hat die verfolgte Person noch keinen Rechtsbeistand im Geltungsbereich dieses Gesetzes zur Unterstützung ihres Rechtsbeistands im ersuchten Mitgliedstaat, so ist ihr auf Antrag oder von Amts wegen ein Rechtsbeistand zu bestellen.

(3) [1]Über die Bestellung entscheidet das Gericht, das den nationalen Haftbefehl, der Grundlage des Europäischen Haftbefehls ist, erlassen hat. [2]Nach Erhebung der öffentlichen Klage entscheidet der Vorsitzende des Gerichts, bei dem das Verfahren anhängig ist.

(4) Die Bestellung soll aufgehoben werden, wenn die Voraussetzungen nach Absatz 1 nicht mehr vorliegen oder die verfolgte Person überstellt worden ist.

(5) Die Vorschriften des Elften Abschnittes des Ersten Buches der Strafprozessordnung mit Ausnahme der §§ 139, 140, 141, 141a, 142 Absatz 2 und 3, von § 143 Absatz 1 und 2 Satz 2 bis 4, § 143a Absatz 3 sowie § 144 gelten entsprechend.

Abschnitt 5
[aufgehoben]

§ 83k *[aufgehoben]*

Neunter Teil
Vollstreckungshilfeverkehr mit den Mitgliedstaaten der Europäischen Union

Abschnitt 1
Freiheitsentziehende Sanktionen

Unterabschnitt 1
Vollstreckung ausländischer Erkenntnisse in der Bundesrepublik Deutschland

§ 84 Grundsatz
(1) Nach diesem Unterabschnitt richtet sich die Vollstreckungshilfe für einen anderen Mitgliedstaat der Europäischen Union nach Maßgabe des Rahmenbeschlusses 2008/909/JI des Rates vom 27. November 2008 über die Anwendung des Grundsatzes der gegenseitigen Anerkennung auf Urteile in Strafsachen, durch die eine freiheitsentziehende Strafe oder Maßnahme verhängt wird, für die Zwecke ihrer Vollstreckung in der Europäischen Union (ABl. L 327 vom 5.12.2008, S. 27), der durch den Rahmenbeschluss 2009/299/JI (ABl. L 81 vom 27.3.2009, S. 24) geändert worden ist, (Rahmenbeschluss Freiheitsstrafen).
(2) Die Vorschriften des Vierten Teils sowie die allgemeinen Bestimmungen des Ersten und Siebenten Teils dieses Gesetzes sind anzuwenden,
1. soweit dieser Unterabschnitt keine besonderen Regelungen enthält oder
2. wenn kein Ersuchen nach Maßgabe des Rahmenbeschlusses Freiheitsstrafen gestellt wurde.
(3) Dieser Unterabschnitt geht den völkerrechtlichen Vereinbarungen nach § 1 Absatz 3 vor, soweit er abschließende Regelungen enthält.

§ 84a Voraussetzungen der Zulässigkeit
(1) In Abweichung von § 49 ist die Vollstreckung eines ausländischen Erkenntnisses nach Maßgabe des Rahmenbeschlusses Freiheitsstrafen nur zulässig, wenn
1. ein Gericht eines anderen Mitgliedstaates eine freiheitsentziehende Sanktion rechtskräftig verhängt hat, die
   a) vollstreckbar ist und
   b) in den Fällen des § 84g Absatz 5 in eine Sanktion umgewandelt werden kann, die ihr im deutschen Recht am meisten entspricht,
2. auch nach deutschem Recht, ungeachtet etwaiger Verfahrenshindernisse und gegebenenfalls bei sinngemäßer Umstellung des Sachverhalts, wegen der dem Erkenntnis zugrunde liegenden Tat eine Strafe, Maßregel der Besserung und Sicherung oder Geldbuße hätte verhängt werden können und
3. die verurteilte Person
   a) die deutsche Staatsangehörigkeit besitzt oder in der Bundesrepublik Deutschland rechtmäßig auf Dauer ihren gewöhnlichen Aufenthalt hat und kein Verfahren zur Beendigung des Aufenthalts durchgeführt wird,
   b) sich in der Bundesrepublik Deutschland oder in dem Mitgliedstaat aufhält, in dem gegen sie das Erkenntnis ergangen ist, und
   c) sofern sie sich in dem Mitgliedstaat aufhält, in dem gegen sie das Erkenntnis ergangen ist, sich gemäß den Bestimmungen dieses Mitgliedstaates mit der Vollstreckung in der Bundesrepublik Deutschland einverstanden erklärt hat.

(2) Abweichend von Absatz 1 Nummer 2 ist die Vollstreckung in Steuer-, Zoll- und Währungsangelegenheiten auch zulässig, wenn das deutsche Recht keine gleichartigen Steuer-, Zoll- und Währungsbestimmungen enthält wie das Recht des anderen Mitgliedstaates.
(3) [1]Absatz 1 Nummer 2 findet keine Anwendung, wenn die verurteilte Person ihrer Auslieferung oder Durchlieferung zur Strafvollstreckung nach § 80 Absatz 3, § 83b Absatz 2 Nummer 2 oder § 83f Absatz 3 Satz 2 nicht zugestimmt hat. [2]Liegen die in Absatz 1 Nummer 2 genannten Voraussetzungen nicht vor, so beträgt das Höchstmaß bei der Umwandlung der Sanktion nach § 84g Absatz 4 und 5 zwei Jahre Freiheitsentzug.
(4) Abweichend von Absatz 1 Nummer 3 Buchstabe c ist ein Einverständnis der verurteilten Person entbehrlich, wenn eine zuständige Behörde des anderen Mitgliedstaates unter Vorlage der Unterlagen

gemäß § 84c um Vollstreckung eines Erkenntnisses nach Maßgabe des Rahmenbeschlusses Freiheitsstrafen ersucht hat und

1. die verurteilte Person die deutsche Staatsangehörigkeit besitzt und in der Bundesrepublik Deutschland ihren Lebensmittelpunkt hat oder
2. der ersuchende Mitgliedstaat durch eine zuständige Stelle rechtskräftig entschieden hat, dass die verurteilte Person kein Aufenthaltsrecht in seinem Hoheitsbereich hat und sie deshalb nach der Entlassung aus dem Strafvollzug in die Bundesrepublik Deutschland ausgewiesen oder abgeschoben werden kann.

§ 84b Ergänzende Zulässigkeitsvoraussetzungen

(1) Die Vollstreckung ist nicht zulässig, wenn

1. die verurteilte Person zum Zeitpunkt der Tat schuldunfähig nach § 19 des Strafgesetzbuchs oder strafrechtlich nicht verantwortlich nach § 3 des Jugendgerichtsgesetzes war,
2. die verurteilte Person zu der Verhandlung, die dem Erkenntnis zugrunde liegt, nicht persönlich erschienen ist,
3. die verurteilte Person
   a) wegen derselben Tat, die dem Erkenntnis zugrunde liegt, bereits von einem anderen Mitgliedstaat als dem, in dem gegen sie das Erkenntnis ergangen ist, rechtskräftig abgeurteilt worden ist und
   b) zu einer Sanktion verurteilt worden ist und diese bereits vollstreckt worden ist, gerade vollstreckt wird oder nach dem Recht des Urteilsstaates nicht mehr vollstreckt werden kann oder
4. die Vollstreckung nach deutschem Recht verjährt ist oder bei sinngemäßer Umstellung des Sachverhalts verjährt wäre.

(2) [1]In Abweichung von Absatz 1 Nummer 4 und § 84a Absatz 1 Nummer 2 kann die Vollstreckung eines in einem anderen Mitgliedstaat verhängten Erkenntnisses für zulässig erklärt werden, wenn die verurteilte Person dies beantragt hat. [2]Der Antrag der verurteilten Person nach Satz 1 ist gemäß den Bestimmungen des Mitgliedstaates zu stellen, in dem das zu vollstreckende Erkenntnis gegen sie ergangen ist. [3]Der Antrag der verurteilten Person nach Satz 1 ist zu Protokoll eines Richters oder, wenn die verurteilte Person in dem anderen Mitgliedstaat festgehalten wird, zu Protokoll eines zur Beurkundung von Willenserklärungen ermächtigten deutschen Berufskonsularbeamten zu erklären. [4]Der Antrag kann nicht zurückgenommen werden. [5]Die verurteilte Person ist zuvor über die Rechtsfolgen ihres Antrags und darüber zu belehren, dass dieser nicht zurückgenommen werden kann. [6]Liegen die in § 84a Absatz 1 Nummer 2 genannten Voraussetzungen nicht vor, so beträgt das Höchstmaß bei der Umwandlung der Sanktion nach § 84g Absatz 4 und 5 zwei Jahre Freiheitsentzug.

(3) In Abweichung von Absatz 1 Nummer 2 ist die Vollstreckung auch zulässig, wenn

1. die verurteilte Person rechtzeitig
   a) persönlich zu der Verhandlung, die zu dem Erkenntnis geführt hat, geladen wurde oder
   b) auf andere Weise tatsächlich offiziell von dem vorgesehenen Termin und Ort der Verhandlung, die zu dem Erkenntnis geführt hat, in Kenntnis gesetzt wurde, sodass zweifelsfrei nachgewiesen wurde, dass die verurteilte Person von der anberaumten Verhandlung Kenntnis hatte, und
   c) dabei darauf hingewiesen wurde, dass ein Erkenntnis auch in ihrer Abwesenheit ergehen kann,
2. die verurteilte Person in Kenntnis des gegen sie gerichteten Verfahrens, an dem ein Verteidiger beteiligt war, eine persönliche Ladung durch Flucht verhindert hat oder
3. die verurteilte Person in Kenntnis der anberaumten Verhandlung einen Verteidiger bevollmächtigt hat, sie in der Verhandlung zu verteidigen, und sie durch diesen in der Verhandlung tatsächlich verteidigt wurde.

(4) [1]In Abweichung von Absatz 1 Nummer 2 ist die Vollstreckung ferner zulässig, wenn die verurteilte Person nach Zustellung des Erkenntnisses

1. ausdrücklich erklärt hat, das ergangene Erkenntnis nicht anzufechten, oder
2. innerhalb geltender Fristen keine Wiederaufnahme des Verfahrens oder kein Berufungsverfahren beantragt hat.

[2]Die verurteilte Person muss zuvor ausdrücklich über ihr Recht auf Wiederaufnahme des Verfahrens oder auf ein Berufungsverfahren, an dem sie teilnehmen kann und bei dem der Sachverhalt, einschließlich neuer Beweismittel, erneut geprüft und das ursprüngliche Erkenntnis aufgehoben werden kann, belehrt worden sein.

§ 84c Unterlagen

(1) Die Vollstreckung eines ausländischen Erkenntnisses nach Maßgabe des Rahmenbeschlusses Freiheitsstrafen ist nur zulässig, wenn durch den anderen Mitgliedstaat das Original oder eine beglaubigte

Abschrift des Erkenntnisses zusammen mit einer vollständig ausgefüllten Bescheinigung übermittelt wird, die dem Formblatt in Anhang I des Rahmenbeschlusses Freiheitsstrafen in der jeweils gültigen Fassung entspricht.

(2) Liegt eine Bescheinigung nach Absatz 1 vor, ist diese jedoch unvollständig, so kann die zuständige Behörde auf die Vorlage einer vervollständigten Bescheinigung verzichten, wenn sich die erforderlichen Angaben aus dem zu vollstreckenden Erkenntnis oder aus anderen beigefügten Unterlagen ergeben.

§ 84d Bewilligungshindernisse

Die Bewilligung einer nach den §§ 84a bis 84c zulässigen Vollstreckung kann nur abgelehnt werden, wenn

1. die Bescheinigung (§ 84c Absatz 1) unvollständig ist oder offensichtlich nicht dem zu vollstreckenden Erkenntnis entspricht und der andere Mitgliedstaat diese Angaben nicht vollständig oder berichtigt nachgereicht hat,
2. das Erkenntnis gegen eine Person mit deutscher Staatsangehörigkeit vollstreckt werden soll und
   a) die Person weder ihren Lebensmittelpunkt in der Bundesrepublik Deutschland hat noch
   b) der andere Mitgliedstaat durch eine zuständige Stelle rechtskräftig entschieden hat, dass die Person kein Aufenthaltsrecht in seinem Hoheitsbereich hat und sie deshalb nach der Entlassung aus dem Strafvollzug in die Bundesrepublik Deutschland ausreisepflichtig ist,
3. die Tat zu einem wesentlichen Teil in der Bundesrepublik Deutschland oder in einem der in § 4 des Strafgesetzbuchs genannten Verkehrsmittel begangen wurde,
4. bei Eingang des Erkenntnisses weniger als sechs Monate der Sanktion zu vollstrecken sind,
5. die Staatsanwaltschaft oder das Gericht festgestellt hat, dass das ausländische Erkenntnis nur teilweise vollstreckbar ist, und wenn mit der zuständigen Behörde des anderen Mitgliedstaates keine Einigung darüber erzielt werden konnte, inwieweit das Erkenntnis vollstreckt werden soll, oder
6. der andere Mitgliedstaat seine Zustimmung dazu versagt hat, dass die verurteilte Person nach ihrer Überstellung wegen einer anderen Tat, die sie vor der Überstellung begangen hat und die nicht dem Erkenntnis zugrunde liegt, verfolgt, verurteilt oder einer freiheitsentziehenden Maßnahme unterworfen werden kann.

§ 84e Vorläufige Bewilligungsentscheidung

(1) [1]Über die Bewilligung der Vollstreckung entscheidet die nach § 50 Satz 2 und § 51 zuständige Staatsanwaltschaft. [2]Sie gibt der verurteilten Person Gelegenheit, sich zu äußern. [3]Hiervon kann abgesehen werden, wenn die verurteilte Person bereits im anderen Mitgliedstaat angehört wurde.

(2) Entscheidet die Staatsanwaltschaft, die Bewilligungshindernisse nach § 84d Nummer 1 bis 6 nicht geltend zu machen, begründet sie diese Entscheidung in dem Antrag auf gerichtliche Entscheidung über die Vollstreckbarkeit.

(3) [1]Bewilligt die Staatsanwaltschaft die Vollstreckung in der Bundesrepublik Deutschland nicht, begründet sie diese Entscheidung. [2]Die Staatsanwaltschaft stellt der verurteilten Person die Entscheidung zu, sofern die verurteilte Person sich mit der Vollstreckung in der Bundesrepublik Deutschland einverstanden erklärt hat. [3]Die verurteilte Person kann binnen zwei Wochen nach Zustellung einen Antrag auf gerichtliche Entscheidung stellen. [4]Die §§ 297 bis 300 und 302 Absatz 1 Satz 1, Absatz 2 der Strafprozessordnung über Rechtsmittel und die §§ 42 bis 47 der Strafprozessordnung über Fristen und Wiedereinsetzung in den vorigen Stand gelten entsprechend.

§ 84f Gerichtliches Verfahren

(1) [1]Das nach § 50 Satz 1 und § 51 zuständige Landgericht entscheidet auf Antrag der Staatsanwaltschaft nach § 84e Absatz 2 oder auf Antrag der verurteilten Person nach § 84e Absatz 3 Satz 3. [2]Die Staatsanwaltschaft bereitet die Entscheidung vor.

(2) Das Gericht übersendet der verurteilten Person eine Abschrift der in § 84c Absatz 1 genannten Unterlagen, soweit dies zur Ausübung ihrer Rechte erforderlich ist.

(3) [1]Bei einem Antrag der Staatsanwaltschaft auf gerichtliche Entscheidung über die Vollstreckbarkeit nach § 84e Absatz 2 ist der verurteilten Person zusätzlich zu der Abschrift nach Absatz 2 eine Abschrift der Entscheidung gemäß § 84e Absatz 2 zuzustellen. [2]Die verurteilte Person wird aufgefordert, sich innerhalb einer vom Gericht zu bestimmenden Frist zu dem Antrag der Staatsanwaltschaft zu äußern.

(4) [1]Für die gerichtliche Vorbereitung der Entscheidung gilt § 52 Absatz 1 mit der Maßgabe entsprechend, dass der zuständigen Behörde im anderen Mitgliedstaat auch Gelegenheit gegeben worden sein muss, ergänzende Unterlagen beizubringen, wenn die übermittelten Unterlagen nicht ausreichen, um beurteilen zu können, ob die Staatsanwaltschaft ihr Ermessen fehlerfrei ausgeübt hat. [2]Für die Beibringung der Unterlagen kann eine Frist gesetzt werden.

(5) [1]§ 30 Absatz 2 Satz 2 gilt entsprechend mit der Maßgabe, dass das Gericht auch Beweis darüber erheben kann, ob die Staatsanwaltschaft ihr Ermessen fehlerfrei ausgeübt hat. [2]§ 30 Absatz 2 Satz 4, Absatz 3 sowie § 31 Absatz 1 und 4 gelten entsprechend. [3]Befindet sich die verurteilte Person im Geltungsbereich dieses Gesetzes, so gelten auch § 30 Absatz 2 Satz 1 sowie § 31 Absatz 2 und 3 entsprechend.

§ 84g Gerichtliche Entscheidung

(1) Über die Anträge auf gerichtliche Entscheidung nach § 84e Absatz 2 und 3 entscheidet das Landgericht durch Beschluss.

(2) [1]Sind die Vorschriften über den Antrag auf gerichtliche Entscheidung durch die verurteilte Person nach § 84e Absatz 3 Satz 3 und 4 nicht beachtet, so verwirft das Gericht den Antrag als unzulässig. [2]Der Beschluss ist unanfechtbar.

(3) [1]In Abweichung von § 54 Absatz 1 wird das ausländische Erkenntnis durch das Gericht gemäß § 50 Satz 1 und § 55 für vollstreckbar erklärt, soweit die Vollstreckung zulässig ist und die Staatsanwaltschaft

1. ihr Ermessen, Bewilligungshindernisse nach § 84d Nummer 1 bis 6 nicht geltend zu machen, fehlerfrei ausgeübt hat oder
2. ihr Ermessen, Bewilligungshindernisse nach § 84d Nummer 1 bis 6 geltend zu machen, fehlerhaft ausgeübt hat und eine andere Ermessensentscheidung nicht gerechtfertigt ist; kommt jedoch eine andere Ermessensentscheidung in Betracht, hebt das Gericht die Entscheidung der Staatsanwaltschaft auf und reicht ihr die Akten zur erneuten Ermessensausübung unter Beachtung der Rechtsauffassung des Gerichts zurück.

[2]§ 54 Absatz 4 gilt entsprechend mit der Maßgabe, dass anstatt der nach § 58 erlittenen Haft die nach § 84j erlittene Haft anzurechnen ist. [3]§ 55 Absatz 2 und 3 gilt entsprechend.

(4) [1]Überschreitet die durch das ausländische Erkenntnis verhängte Sanktion das Höchstmaß, das im Geltungsbereich dieses Gesetzes für die Tat angedroht ist, ermäßigt das Gericht die Sanktion auf dieses Höchstmaß. [2]§ 54 Absatz 1 Satz 4 und § 54a Absatz 1 Nummer 1, Absatz 2 und 3 gelten entsprechend.

(5) [1]In seiner Entscheidung gemäß den Absätzen 3 und 4 wandelt das Gericht die verhängte Sanktion in die ihr im deutschen Recht am meisten entsprechende Sanktion um, wenn

1. die verhängte Sanktion ihrer Art nach keiner Sanktion entspricht, die das im Geltungsbereich dieses Gesetzes geltende Recht vorsieht, oder
2. die verurteilte Person zur Zeit der Tat das 21. Lebensjahr noch nicht vollendet hat; insoweit gelten die Vorschriften des Jugendgerichtsgesetzes entsprechend.

[2]Für die Höhe der umgewandelten Sanktion ist das ausländische Erkenntnis maßgebend; die im anderen Mitgliedstaat verhängte Sanktion darf nach Art oder Dauer durch die umgewandelte Sanktion nicht verschärft werden.

§ 84h Bewilligung nach gerichtlicher Entscheidung

(1) Die Staatsanwaltschaft darf die Vollstreckungshilfe nur bewilligen, wenn das ausländische Erkenntnis für vollstreckbar erklärt worden ist.

(2) Die Staatsanwaltschaft bewilligt die Vollstreckung nach Maßgabe der rechtskräftigen gerichtlichen Entscheidung.

(3) Die Bewilligungsentscheidung ist unanfechtbar.

(4) [1]Über die Bewilligung soll innerhalb von 90 Tagen nach Eingang der in § 84c Absatz 1 bezeichneten Unterlagen bei der Staatsanwaltschaft entschieden werden. [2]Eine endgültig ablehnende Bewilligungsentscheidung ist zu begründen.

§ 84i Spezialität

(1) Wurde eine verurteilte Person ohne ihr Einverständnis aus einem anderen Mitgliedstaat überstellt, darf sie wegen einer vor der Überstellung begangenen anderen Tat als derjenigen, die der Überstellung zugrunde liegt, weder verfolgt noch verurteilt noch einer freiheitsentziehenden Maßnahme unterworfen werden.

(2) [1]Abweichend von Absatz 1 kann eine überstellte Person wegen einer anderen Tat als derjenigen, die der Überstellung zugrunde liegt, verfolgt, verurteilt oder einer freiheitsentziehenden Maßnahme unterworfen werden, wenn

1. sie innerhalb von 45 Tagen nach ihrer endgültigen Freilassung den räumlichen Geltungsbereich dieses Gesetzes nicht verlassen hat, obwohl sie dazu die Möglichkeit hatte, oder nachdem sie ihn verlassen hat, in ihn zurückgekehrt ist,
2. die Strafverfolgung nicht zu einer Maßnahme führt, durch die die persönliche Freiheit beschränkt wird,

3. gegen sie wegen der anderen Straftat eine Strafe oder Maßregel der Besserung und Sicherung ohne Freiheitsentzug vollstreckt wird, selbst wenn diese Strafe oder Maßregel die persönliche Freiheit einschränken kann, oder
4. der andere Mitgliedstaat oder die überstellte Person auf die Anwendung von Absatz 1 verzichtet hat.

[2]Der Verzicht der überstellten Person nach Satz 1 Nummer 4 ist nach ihrer Überstellung zu Protokoll eines Richters oder Staatsanwalts zu erklären. [3]Die Verzichtserklärung ist unwiderruflich. [4]Die überstellte Person ist über die Rechtsfolgen ihres Verzichts und dessen Unwiderruflichkeit zu belehren.

§ 84j Sicherung der Vollstreckung

§ 58 Absatz 1, 2 und 4 gilt mit der Maßgabe, dass die Haft gegen die verurteilte Person angeordnet werden kann, wenn
1. sich die verurteilte Person im Geltungsbereich dieses Gesetzes aufhält,
2. ein ausländisches Erkenntnis gemäß § 84a Absatz 1 Nummer 1 ergangen ist,
3. der andere Mitgliedstaat um Inhaftnahme ersucht hat und
4. die Gefahr besteht, dass sich die verurteilte Person dem Verfahren über die Vollstreckbarkeit oder der Vollstreckung entzieht.

§ 84k Ergänzende Regelungen zur Vollstreckung

(1) [1]Die Vollstreckung des Restes der freiheitsentziehenden Sanktion kann zur Bewährung ausgesetzt werden. [2]Die Vorschriften des Strafgesetzbuchs gelten entsprechend. [3]Die Entscheidung über eine Aussetzung zur Bewährung ist bereits zu dem Zeitpunkt zu treffen, zu dem die verurteilte Person bei einer fortwährenden Vollstreckung in dem anderen Mitgliedstaat nach dessen Recht einen Anspruch auf Prüfung der Aussetzung zur Bewährung hätte.

(2) [1]In Abweichung von § 57 Absatz 6 ist nach Beginn der Vollstreckung in der Bundesrepublik Deutschland von der Vollstreckung nur abzusehen, wenn eine zuständige Stelle des anderen Mitgliedstaates mitteilt, dass die Voraussetzungen für die Vollstreckung auf Grund eines Wiederaufnahmeverfahrens, einer Amnestie oder einer Gnadenentscheidung entfallen sind. [2]Von der Vollstreckung kann ferner abgesehen werden, wenn die verurteilte Person aus der Haft in der Bundesrepublik Deutschland geflohen ist.

§ 84l Durchbeförderung zur Vollstreckung

(1) Soll eine Person von einem Mitgliedstaat durch den Geltungsbereich dieses Gesetzes in einen anderen Mitgliedstaat befördert werden, damit in diesem eine Freiheitsstrafe oder eine sonstige freiheitsentziehende Sanktion vollstreckt werden kann, so ist die Beförderung nur zulässig, wenn einer der beiden Mitgliedstaaten darum ersucht hat.

(2) Dem Ersuchen nach Absatz 1 muss die Kopie einer Bescheinigung beigefügt sein, die dem Formblatt in Anhang I des Rahmenbeschlusses Freiheitsstrafen in der jeweils gültigen Fassung entspricht.

(3) Wird um Durchbeförderung wegen mehrerer Taten ersucht, so genügt es, wenn die Voraussetzungen der Absätze 1 und 2 für mindestens eine der Taten vorliegen, die dem Ersuchen zugrunde liegen.

(4) [1]Die Durchbeförderung einer Person mit deutscher Staatsangehörigkeit ist nur zulässig, wenn sie gemäß den Bestimmungen des Mitgliedstaates zustimmt, in dem das zu vollstreckende Erkenntnis gegen sie ergangen ist. [2]Die Zustimmung kann nicht widerrufen werden.

§ 84m Durchbeförderungsverfahren

(1) [1]Für das Durchbeförderungsverfahren gelten die §§ 44 und 45 Absatz 1, 2, 4 bis 7 entsprechend. [2]Eine Durchbeförderung ist zu bewilligen, wenn ein Durchbeförderungshaftbefehl erlassen worden ist.

(2) Über ein Ersuchen auf Durchbeförderung soll innerhalb einer Woche ab Eingang des Ersuchens entschieden werden.

§ 84n Durchbeförderung auf dem Luftweg

(1) Die §§ 84l und 84m gelten auch für die Beförderung auf dem Luftweg, wenn es zu einer unvorhergesehenen Zwischenlandung im Geltungsbereich dieses Gesetzes kommt.

(2) Zur Sicherung der Durchbeförderung sind bei einer unvorhergesehenen Zwischenlandung die Staatsanwaltschaft und die Beamten des Polizeidienstes zur vorläufigen Festnahme befugt.

(3) [1]§ 47 Absatz 3, 4, 6 Satz 1 und Absatz 7 gilt entsprechend. [2]§ 47 Absatz 5 gilt entsprechend für den Durchbeförderungshaftbefehl mit der Maßgabe, dass dieser schon vor Eingang der Unterlagen gemäß § 84l Absatz 2 erlassen werden kann. [3]Eine Durchbeförderung ist zu bewilligen, wenn das Oberlandesgericht den Durchbeförderungshaftbefehl aufrechterhalten hat.

Unterabschnitt 2

Vollstreckung deutscher Erkenntnisse in einem anderen Mitgliedstaat der Europäischen Union

§ 85 Vorläufige Bewilligungsentscheidung

(1) [1]In Abweichung von § 71 kann die Vollstreckungsbehörde die Vollstreckung einer im Geltungsbereich dieses Gesetzes verhängten freiheitsentziehenden Sanktion einem anderen Mitgliedstaat nach Maßgabe des Rahmenbeschlusses Freiheitsstrafen übertragen. [2]Sie gibt der verurteilten Person Gelegenheit, sich zu äußern. [3]Hiervon kann abgesehen werden, wenn die verurteilte Person einen Antrag auf Übertragung der Vollstreckung an den anderen Mitgliedstaat gestellt hat.

(2) [1]Hält sich die verurteilte Person in der Bundesrepublik Deutschland auf, darf die Vollstreckungsbehörde die Vollstreckung einer freiheitsentziehenden Sanktion in einem anderen Mitgliedstaat nur bewilligen, wenn

1. sich die verurteilte Person mit der Vollstreckung der freiheitsentziehenden Sanktion in dem anderen Mitgliedstaat einverstanden erklärt hat oder
2. das Gericht die Vollstreckung der freiheitsentziehenden Sanktion in dem anderen Mitgliedstaat auf Antrag der Vollstreckungsbehörde gemäß § 85c für zulässig erklärt hat.

[2]Das Einverständnis der verurteilten Person nach Satz 1 Nummer 1 ist zu Protokoll eines Richters zu erklären. [3]Das Einverständnis kann nicht widerrufen werden. [4]Die verurteilte Person ist über die Rechtsfolgen ihres Einverständnisses und dessen Unwiderruflichkeit zu belehren.

(3) [1]Entscheidet die Vollstreckungsbehörde, ein Ersuchen um Vollstreckung an einen anderen Mitgliedstaat zu stellen, so hat sie die verurteilte Person schriftlich davon zu unterrichten. [2]Hält sich die verurteilte Person im Hoheitsbereich des anderen Mitgliedstaates auf, darf die Vollstreckungsbehörde dessen zuständige Behörde bitten, die Unterrichtung an die verurteilte Person weiterzuleiten. [3]Dem Ersuchen um Vollstreckung sind die Stellungnahmen, die die verurteilte Person und ihr gesetzlicher Vertreter abgegeben haben, in schriftlicher Form beizufügen.

(4) Die Vollstreckungsbehörde kann ein Ersuchen um Vollstreckung zurücknehmen, solange der andere Mitgliedstaat mit der Vollstreckung noch nicht begonnen hat.

(5) [1]Bewilligt die Vollstreckungsbehörde nicht, dass die freiheitsentziehende Sanktion in einem anderen Mitgliedstaat vollstreckt wird, oder nimmt sie ein Ersuchen gemäß Absatz 4 zurück, so begründet sie diese Entscheidung. [2]Die Vollstreckungsbehörde stellt die Entscheidung der verurteilten Person zu, sofern die verurteilte Person die Vollstreckung in dem anderen Mitgliedstaat beantragt oder sie mit einer solchen Vollstreckung ihr Einverständnis erklärt hat. [3]Die verurteilte Person kann binnen zwei Wochen nach Zustellung einen Antrag auf gerichtliche Entscheidung stellen. [4]Die §§ 297 bis 300 und 302 Absatz 1 Satz 1, Absatz 2 der Strafprozessordnung über Rechtsmittel und die §§ 42 bis 47 der Strafprozessordnung über Fristen und Wiedereinsetzung in den vorigen Stand gelten entsprechend.

§ 85a Gerichtliches Verfahren

(1) [1]Das nach § 71 Absatz 4 Satz 2 und 3 zuständige Oberlandesgericht entscheidet auf Antrag der Vollstreckungsbehörde nach § 85 Absatz 2 Satz 1 Nummer 2 oder auf Antrag der verurteilten Person nach § 85 Absatz 5 Satz 3 durch Beschluss. [2]Die Vollstreckungsbehörde bereitet die Entscheidung vor.

(2) [1]§ 13 Absatz 1 Satz 2, § 30 Absatz 2 Satz 2 und 4, Absatz 3, § 31 Absatz 1 und 4 sowie die §§ 33, 42 und 53 gelten entsprechend. [2]Befindet sich die verurteilte Person im Geltungsbereich dieses Gesetzes, so gelten auch § 30 Absatz 2 Satz 1 sowie § 31 Absatz 2 und 3 entsprechend.

§ 85b Gerichtliche Entscheidung auf Antrag der verurteilten Person

(1) Sind die Vorschriften über den Antrag auf gerichtliche Entscheidung durch die verurteilte Person nach § 85 Absatz 5 Satz 3 und 4 nicht beachtet, so verwirft das Gericht den Antrag als unzulässig.

(2) Der Antrag der verurteilten Person auf gerichtliche Entscheidung wird durch Beschluss als unbegründet zurückgewiesen, wenn

1. es nach Maßgabe des Rahmenbeschlusses Freiheitsstrafen unzulässig ist, die Vollstreckung einer im Geltungsbereich dieses Gesetzes verhängten freiheitsentziehenden Sanktion an einen anderen Mitgliedstaat zu übertragen, oder
2. die Vollstreckungsbehörde ihr Ermessen nach § 85 Absatz 1 und 4 fehlerfrei ausgeübt hat.

(3) [1]Soweit der Antrag der verurteilten Person auf gerichtliche Entscheidung zulässig und begründet ist, erklärt das Gericht die Vollstreckung der freiheitsentziehenden Sanktion in dem anderen Mitgliedstaat für zulässig, wenn eine andere Ermessensentscheidung nicht gerechtfertigt ist. [2]Kommt jedoch eine andere Ermessensentscheidung in Betracht, hebt das Gericht die Entscheidung der Vollstreckungsbehörde auf und reicht ihr die Akten zur erneuten Ermessensausübung unter Beachtung der Rechtsauffassung des Gerichts zurück.

§ 85c Gerichtliche Entscheidung auf Antrag der Vollstreckungsbehörde

Auf Antrag der Vollstreckungsbehörde erklärt es das Gericht nach Maßgabe des Rahmenbeschlusses Freiheitsstrafen für zulässig, in einem anderen Mitgliedstaat eine freiheitsentziehende Sanktion gegen eine Person mit nichtdeutscher oder ohne Staatsangehörigkeit zu vollstrecken, wenn die verurteilte Person

1. die Staatsangehörigkeit dieses anderen Mitgliedstaates besitzt und dort ihren Lebensmittelpunkt hat oder
2. gemäß § 50 des Aufenthaltsgesetzes nach Feststellung der zuständigen Stelle zur Ausreise aus der Bundesrepublik Deutschland verpflichtet ist.

§ 85d Bewilligung nach gerichtlicher Entscheidung

[1]Die Vollstreckungsbehörde darf die Vollstreckung der freiheitsentziehenden Sanktion nur bewilligen, wenn das Gericht die Vollstreckung in dem anderen Mitgliedstaat für zulässig erklärt hat. [2]Die Vollstreckungsbehörde bewilligt die Vollstreckung nach Maßgabe der rechtskräftigen gerichtlichen Entscheidung. [3]Die Bewilligungsentscheidung ist unanfechtbar.

§ 85e Inländisches Vollstreckungsverfahren

(1) Die verurteilte Person soll innerhalb von 30 Tagen nach der Entscheidung des anderen Mitgliedstaates, die Vollstreckung der freiheitsentziehenden Sanktion zu übernehmen, an diesen überstellt werden.

(2) [1]Die deutsche Vollstreckungsbehörde sieht von der Vollstreckung ab, soweit der andere Mitgliedstaat sie übernommen und durchgeführt hat. [2]Sie kann die Vollstreckung fortsetzen, sobald der andere Mitgliedstaat ihr mitgeteilt hat, dass die verurteilte Person aus der Haft geflohen ist.

(3) [1]Ersucht der andere Mitgliedstaat um Zustimmung, eine weitere Tat verfolgen oder eine Strafe oder sonstige Sanktion wegen einer weiteren Tat vollstrecken zu dürfen, so ist die Stelle für die Entscheidung über die Zustimmung zuständig, die für die Bewilligung einer Auslieferung zuständig wäre. [2]Die Zustimmung wird erteilt, wenn eine Auslieferung gemäß § 79 Absatz 1 wegen der weiteren Tat zu bewilligen wäre. [3]§ 78 Absatz 1 und § 79 Absatz 2 bis § 83b gelten entsprechend. [4]Anstelle der in § 83a Absatz 1 genannten Unterlagen genügt für die Erteilung der Zustimmung eine Urkunde der zuständigen Stelle des anderen Mitgliedstaates, die die in § 83a Absatz 1 bezeichneten Angaben enthält. [5]Über die Zustimmung soll innerhalb von 30 Tagen entschieden werden, nachdem die Unterlagen mit den Angaben gemäß § 83a Absatz 1 bei der Vollstreckungsbehörde eingegangen sind.

§ 85f Sicherung der weiteren Vollstreckung

(1) Wird die verurteilte Person im Geltungsbereich dieses Gesetzes angetroffen, bevor die Hälfte der Strafzeit abgelaufen ist, die sie auf Grund der verhängten oder der im anderen Mitgliedstaat umgewandelten Sanktion zu verbüßen hat, so kann angeordnet werden, die verurteilte Person festzuhalten, wenn

1. sie keinen Entlassungsschein oder kein Dokument gleichen Inhalts vorweisen kann oder
2. keine Mitteilung des anderen Mitgliedstaates vorliegt, dass die Vollstreckung abgeschlossen ist.

(2) [1]Bereits bevor die Vollstreckung auf den anderen Mitgliedstaat übertragen wird, kann das Gericht die Festhalteanordnung und zudem die Anordnung der Ausschreibung zur Festnahme und die Anordnung der erforderlichen Fahndungsmaßnahmen erlassen. [2]Hält sich die verurteilte Person im Geltungsbereich dieses Gesetzes auf, ist sie zu richterlichem Protokoll über die Anordnungen nach Satz 1 zu belehren. [3]Befindet sie sich im Hoheitsgebiet des anderen Mitgliedstaates, stellt ihr das Gericht eine Belehrung zu.

(3) [1]Die Festhalteanordnung, die Anordnung der Ausschreibung zur Festnahme und die Anordnung der erforderlichen Fahndungsmaßnahmen trifft das Gericht des ersten Rechtszuges. [2]Wird gegen die verurteilte Person im Geltungsbereich dieses Gesetzes eine freiheitsentziehende Sanktion vollstreckt, trifft die Strafvollstreckungskammer die Anordnungen nach Satz 1. [3]§ 462a Absatz 1 Satz 1 und 2, Absatz 3 Satz 2 und 3, Absatz 6 der Strafprozessordnung gilt entsprechend. [4]§ 6 Absatz 2 Satz 1 und 2, die §§ 7 bis 9 Absatz 1 bis 4 Satz 1 und 2, die §§ 10 bis 14 Absatz 2 des Überstellungsausführungsgesetzes vom 26. September 1991 (BGBl. I S. 1954; 1992 I S. 1232; 1994 I S. 1425), das zuletzt durch Artikel 5 des Gesetzes vom 29. Juli 2009 (BGBl. I S. 2274) geändert worden ist, gelten entsprechend.

Abschnitt 2

Geldsanktionen

Unterabschnitt 1

Allgemeine Regelungen

§ 86 Vorrang

(1) Soweit dieser Abschnitt keine besonderen Regelungen enthält, finden die übrigen Bestimmungen dieses Gesetzes auf Ersuchen um Vollstreckung von Geldstrafen und Geldbußen im Rechtshilfeverkehr mit den Mitgliedstaaten der Europäischen Union Anwendung.

(2) Dieser Abschnitt geht den in § 1 Absatz 3 genannten völkerrechtlichen Vereinbarungen vor, soweit er abschließende Regelungen enthält.

Unterabschnitt 2

Eingehende Ersuchen

§ 87 Grundsatz

(1) [1]Die Vollstreckungshilfe für einen anderen Mitgliedstaat nach Maßgabe des Rahmenbeschlusses 2005/214/JI des Rates vom 24. Februar 2005 über die Anwendung des Grundsatzes der gegenseitigen Anerkennung von Geldstrafen und Geldbußen (ABl. L 76 vom 22.3.2005, S. 16), der durch den Rahmenbeschluss 2009/299/JI (ABl. L 81 vom 27.3.2009, S. 24) geändert worden ist, (Rahmenbeschluss Geldsanktionen) richtet sich nach diesem Unterabschnitt. [2]Die Bestimmungen des Vierten Teils dieses Gesetzes sind nur anzuwenden, soweit auf diese Vorschriften im Folgenden ausdrücklich Bezug genommen wird.

(2) Vollstreckungshilfe kann durch Vollstreckung einer rechtskräftig gegen einen Betroffenen verhängten Geldsanktion geleistet werden, wenn die Geldsanktion auf einer Entscheidung beruht, die

1. ein Gericht im ersuchenden Mitgliedstaat wegen einer nach dessen Recht strafbaren Tat getroffen hat,
2. eine nicht gerichtliche Stelle im ersuchenden Mitgliedstaat wegen einer nach dessen Recht strafbaren Tat getroffen hat, sofern gegen diese Entscheidung ein auch für Strafsachen zuständiges Gericht angerufen werden konnte,
3. eine nicht gerichtliche Stelle im ersuchenden Mitgliedstaat wegen einer Tat getroffen hat, die nach dessen Recht als Ordnungswidrigkeit geahndet worden ist, sofern gegen diese Entscheidung ein auch für Strafsachen zuständiges Gericht angerufen werden konnte, oder
4. ein auch für Strafsachen zuständiges Gericht im ersuchenden Mitgliedstaat über eine Entscheidung nach Nummer 3 getroffen hat.

(3) [1]Eine Geldsanktion im Sinne des Absatzes 2 ist die Verpflichtung zur Zahlung

1. eines Geldbetrages wegen einer strafbaren Handlung oder einer Ordnungswidrigkeit,
2. der neben einer Sanktion nach Nummer 1 auferlegten Kosten des Verfahrens,
3. einer neben einer Sanktion nach Nummer 1 festgesetzten Entschädigung an das Opfer, wenn das Opfer im Rahmen des Verfahrens im ersuchenden Mitgliedstaat keine zivilrechtlichen Ansprüche geltend machen durfte und ein Gericht in Ausübung seiner strafrechtlichen Zuständigkeit tätig wurde, oder
4. eines neben einer Sanktion nach Nummer 1 festgesetzten Geldbetrages an eine öffentliche Kasse oder an eine Organisation zur Unterstützung von Opfern.

[2]Keine Geldsanktionen sind Anordnungen über die Einziehung sowie Anordnungen zivilrechtlicher Natur, die sich aus Schadensersatzansprüchen und Klagen auf Wiederherstellung des früheren Zustands ergeben und gemäß der Verordnung (EU) Nr. 1215/2012 des Europäischen Parlaments und des Rates vom 12. Dezember 2012 über die gerichtliche Zuständigkeit und die Anerkennung und Vollstreckung von Entscheidungen in Zivil- und Handelssachen (ABl. L 351 vom 20.12.2012, S. 1) vollstreckbar sind.

§ 87a Vollstreckungsunterlagen

Die Vollstreckung der Geldsanktion ist nur zulässig, wenn die folgenden Unterlagen vorliegen:

1. das Original der zu vollstreckenden Entscheidung oder eine beglaubigte Abschrift hiervon,
2. die von der zuständigen Behörde des ersuchenden Staates ausgefüllte und unterzeichnete Bescheinigung entsprechend dem Formblatt, das im Anhang des Rahmenbeschlusses Geldsanktionen abgedruckt ist, im Original.

§ 87b Zulässigkeitsvoraussetzungen

(1) [1]Die Vollstreckung der Geldsanktion ist nur zulässig, wenn auch nach deutschem Recht, ungeachtet etwaiger Verfahrenshindernisse und gegebenenfalls nach sinngemäßer Umstellung des Sachverhalts, für die Tat, wie sie der Entscheidung zugrunde liegt, eine Strafe oder Geldbuße hätte verhängt werden können. [2]Die beiderseitige Sanktionierbarkeit ist nicht zu prüfen, wenn die der Entscheidung zugrunde liegende Tat nach dem Recht des ersuchenden Mitgliedstaates eine der in Artikel 5 Absatz 1 des Rahmenbeschlusses Geldsanktionen aufgeführten Straftaten oder Ordnungswidrigkeiten verwirklicht.

(2) Die Vollstreckung der Geldsanktion ist nicht zulässig, soweit diese gezahlt oder beigetrieben worden ist.

(3) Die Vollstreckung der Geldsanktion ist nicht zulässig, wenn

1. die in § 87a Nummer 2 genannte Bescheinigung unvollständig ist oder der Entscheidung offensichtlich nicht entspricht,
2. die verhängte Geldsanktion den Betrag von 70 Euro oder dessen Gegenwert bei Umrechnung nach dem im Zeitpunkt der zu vollstreckenden Entscheidung maßgeblichen Kurswert nicht erreicht,
3. die zugrunde liegende Entscheidung in einem schriftlichen Verfahren ergangen ist und der Betroffene oder ein nach dem Recht des ersuchenden Mitgliedstaates befugter Vertreter nicht über das Recht zur Anfechtung und über die Fristen entsprechend den Vorschriften dieses Rechts belehrt worden ist,
4. die betroffene Person zu der der Entscheidung zugrunde liegenden Verhandlung nicht persönlich erschienen ist,
5. gegen den Betroffenen wegen derselben Tat, die der Entscheidung zugrunde liegt, im Inland eine Entscheidung im Sinne des § 9 Nummer 1 ergangen ist und für die Tat auch die deutsche Gerichtsbarkeit begründet ist oder wenn wegen derselben Tat, die der Entscheidung zugrunde liegt, in einem anderen Staat als dem ersuchenden Mitgliedstaat und nicht im Inland eine Entscheidung gegen den Betroffenen ergangen und vollstreckt worden ist,
6. für die der Entscheidung zugrunde liegende Tat auch die deutsche Gerichtsbarkeit begründet und die Vollstreckung nach deutschem Recht verjährt ist
7. der Betroffene aufgrund seines Alters zur Zeit der Tat, die der Entscheidung zugrunde liegt, nach deutschem Recht schuldunfähig war oder strafrechtlich nicht verantwortlich im Sinne von § 3 Satz 1 des Jugendgerichtsgesetzes handelte,
8. die der Entscheidung zugrunde liegende Tat ganz oder zum Teil im Inland oder auf einem Schiff oder in einem Luftfahrzeug begangen wurde, das berechtigt ist, die Bundesflagge oder das Staatszugehörigkeitszeichen der Bundesrepublik Deutschland zu führen, und die Tat nach deutschem Recht nicht als Straftat mit Strafe bedroht oder als Ordnungswidrigkeit mit Geldbuße bewehrt ist oder
9. die betroffene Person in dem ausländischen Verfahren keine Gelegenheit hatte einzuwenden, für die der Entscheidung zugrunde liegende Handlung nicht verantwortlich zu sein, und sie dies gegenüber der Bewilligungsbehörde geltend macht.

(4) Die Vollstreckung der Geldsanktion ist abweichend von Absatz 3 Nummer 4 jedoch zulässig, wenn

1. die betroffene Person
   a) rechtzeitig
      aa) persönlich zu der Verhandlung, die zu der Entscheidung geführt hat, geladen wurde oder
      bb) auf andere Weise tatsächlich offiziell von dem vorgesehenen Termin und Ort der Verhandlung, die zur Entscheidung geführt hat, in Kenntnis gesetzt wurde, sodass zweifelsfrei nachgewiesen wurde, dass die betroffene Person von der anberaumten Verhandlung Kenntnis hatte, und
   b) dabei darauf hingewiesen wurde, dass eine Entscheidung auch in ihrer Abwesenheit ergehen kann,
2. die betroffene Person in Kenntnis des gegen sie gerichteten Verfahrens, an dem ein Verteidiger beteiligt war, eine persönliche Ladung durch Flucht verhindert hat oder
3. die betroffene Person in Kenntnis der anberaumten Verhandlung einen Verteidiger bevollmächtigt hat, sie in der Verhandlung zu verteidigen, und sie durch diesen in der Verhandlung tatsächlich verteidigt wurde.

(5) [1]Die Vollstreckung der Geldsanktion ist abweichend von Absatz 3 Nummer 4 auch zulässig, wenn die betroffene Person nach Zustellung der Entscheidung

1. ausdrücklich erklärt hat, die ergangene Entscheidung nicht anzufechten, oder
2. innerhalb geltender Fristen keine Wiederaufnahme des Verfahrens oder kein Berufungsverfahren beantragt hat.

[2]Die betroffene Person muss zuvor ausdrücklich über ihr Recht auf Wiederaufnahme des Verfahrens oder auf ein Berufungsverfahren, an dem sie teilnehmen kann und bei dem der Sachverhalt, einschließlich neuer Beweismittel, erneut geprüft und die ursprüngliche Entscheidung aufgehoben werden kann, belehrt worden sein.

(6) Die Vollstreckung der Geldsanktion ist abweichend von Absatz 3 Nummer 4 ferner zulässig, wenn die betroffene Person nach ausdrücklicher Unterrichtung über das Verfahren und die Möglichkeit, bei der Verhandlung persönlich zu erscheinen,
1. ausdrücklich auf das Recht auf mündliche Anhörung verzichtet hat und
2. erklärt hat, die Entscheidung nicht anzufechten.

§ 87c Vorbereitung der Entscheidung über die Bewilligung

(1) [1]Die Bewilligungsbehörde hat dem Betroffenen ein Anhörungsschreiben mit Abschriften der in § 87a bezeichneten Unterlagen zu übersenden. [2]Er erhält Gelegenheit, sich binnen zwei Wochen nach Zugang zu äußern, und ist darüber zu belehren, dass die Bewilligungsbehörde nach Ablauf dieser Frist über die Bewilligung der Vollstreckung entscheiden oder unter den Voraussetzungen des § 87i Absatz 1 einen Antrag auf gerichtliche Entscheidung stellen wird.

(1a) Das Anhörungsschreiben nach Absatz 1 Satz 1 kann vollständig durch automatische Einrichtungen erstellt werden.

(2) Die Anhörung nach Absatz 1 kann unterbleiben, wenn die Bewilligungsbehörde
1. die Vollstreckung als unzulässig ablehnt,
2. ein Bewilligungshindernis nach § 87d geltend macht oder
3. von vornherein die Umwandlung einer Entscheidung durch das Gericht nach § 87i Absatz 1 beantragt.

§ 87d Grundsätzliche Pflicht zur Bewilligung

Die Bewilligung eines zulässigen Ersuchens um Vollstreckung einer Geldsanktion kann nur abgelehnt werden, wenn die der Entscheidung zugrunde liegende Tat
1. ganz oder zum Teil im Inland oder auf einem Schiff oder in einem Luftfahrzeug begangen wurde, das berechtigt ist, die Bundesflagge oder das Staatszugehörigkeitszeichen der Bundesrepublik Deutschland zu führen, und nach deutschem Recht als Straftat mit Strafe bedroht oder als Ordnungswidrigkeit mit Geldbuße bewehrt ist oder
2. außerhalb des Hoheitsgebietes des ersuchenden Mitgliedstaates begangen wurde und wenn eine derartige, im Ausland begangene Tat nach deutschem Recht nicht als Straftat mit Strafe oder als Ordnungswidrigkeit mit Geldbuße bedroht ist.

§ 87e Rechtsbeistand

Die Vorschrift des § 53 über den Rechtsbeistand gilt entsprechend.

§ 87f Bewilligung der Vollstreckung

(1) Über die Vollstreckung entscheidet die Bewilligungsbehörde, sofern sie nicht einen Antrag auf gerichtliche Entscheidung nach § 87i Absatz 1 stellt.

(2) [1]§ 54 Absatz 2 und 4 ist entsprechend anzuwenden. [2]Ist die Tat, die dem Ersuchen des anderen Mitgliedstaates zugrunde liegt, nicht auf dessen Hoheitsgebiet begangen worden und ist für diese Tat die deutsche Gerichtsbarkeit begründet, so ist die Höhe der Geldstrafe oder Geldbuße auf das für eine vergleichbare Handlung nach inländischem Recht zu verhängende Höchstmaß herabzusetzen, wenn die in dem anderen Mitgliedstaat verhängte Sanktion dieses Höchstmaß überschreitet.

(3) [1]Soweit die Entscheidung des anderen Mitgliedstaates für vollstreckbar erklärt wird, sind die Entscheidung und die Höhe der zu vollstreckenden Geldsanktion anzugeben. [2]Die Bewilligung ist mit Gründen zu versehen und dem Betroffenen zuzustellen. [3]Die Bewilligung enthält
1. den Hinweis, dass die Bewilligung rechtskräftig und die Geldsanktion vollstreckbar wird, wenn kein Einspruch nach Absatz 4 eingelegt wird,
2. die Aufforderung an den Betroffenen, spätestens zwei Wochen nach Rechtskraft die Geldsanktion an die Bundeskasse zu zahlen.

(4) [1]Der Betroffene kann gegen die Bewilligung innerhalb von zwei Wochen nach Zustellung schriftlich oder zur Niederschrift bei der Bewilligungsbehörde Einspruch einlegen. [2]Die §§ 297 bis 300 und 302 der Strafprozessordnung über Rechtsmittel und die §§ 42 bis 47 der Strafprozessordnung über Fristen und Wiedereinsetzung in den vorigen Stand gelten entsprechend.

(5) [1]Ist der Einspruch gegen die Bewilligung der Vollstreckung nicht rechtzeitig, nicht in der vorgeschriebenen Form oder sonst nicht wirksam eingelegt, so verwirft ihn die Bewilligungsbehörde als unzulässig. [2]Gegen diese Entscheidung kann der Betroffene innerhalb von zwei Wochen nach Zustellung

schriftlich oder zur Niederschrift bei der Bewilligungsbehörde einen Antrag auf gerichtliche Entscheidung nach § 87g stellen.

(6) Ist der Einspruch zulässig, so prüft die Bewilligungsbehörde, ob sie ihre Bewilligung der Vollstreckung aufrechterhält oder ob sie dem Einspruch des Betroffenen abhilft.

§ 87g Gerichtliches Verfahren

(1) [1]Gegen die Bewilligung der Vollstreckung und gegen die Entscheidung nach § 87f Absatz 5 Satz 1 ist der Rechtsweg zu den ordentlichen Gerichten eröffnet. [2]Hilft die Bewilligungsbehörde dem Einspruch des Betroffenen nicht ab oder beantragt der Betroffene eine gerichtliche Entscheidung nach § 87f Absatz 5 Satz 2, so entscheidet das nach Absatz 2 zuständige Amtsgericht. [3]Das zuständige Amtsgericht entscheidet ferner auf Antrag der Bewilligungsbehörde gemäß § 87i. [4]§ 34 Absatz 1, § 107 des Jugendgerichtsgesetzes und § 68 Absatz 2 des Gesetzes über Ordnungswidrigkeiten gelten entsprechend. [5]Die Bewilligungsbehörde bereitet die Entscheidung vor.

(2) [1]Die örtliche Zuständigkeit richtet sich nach dem Wohnsitz des Betroffenen, wenn dieser eine natürliche Person ist. [2]Hat der Betroffene keinen Wohnsitz im Inland, so richtet sich die Zuständigkeit nach seinem gewöhnlichen Aufenthalt oder, wenn ein solcher nicht bekannt ist, nach seinem letzten Wohnsitz. [3]Ist der Betroffene eine juristische Person, ist das Gericht zuständig, in dessen Bezirk die juristische Person ihren Sitz hat. [4]Maßgeblich im Falle des § 87h ist der Zeitpunkt des Eingangs des Einspruchs, im Falle des § 87i der Zeitpunkt des Eingangs des Antrags bei Gericht. [5]Können diese Orte nicht festgestellt werden, so ist das Gericht zuständig, in dessen Bezirk sich Vermögen des Betroffenen befindet. [6]Befindet sich Vermögen des Betroffenen in den Bezirken verschiedener Amtsgerichte, so richtet sich die Zuständigkeit danach, welches Amtsgericht zuerst mit der Sache befasst wurde. [7]§ 58 Absatz 1 des Gerichtsverfassungsgesetzes bleibt unberührt.

(3) [1]Das Gericht übersendet dem Betroffenen die Abschrift einer Übersetzung der Entscheidung des anderen Mitgliedstaates in die deutsche Sprache, soweit dies zur Ausübung seiner Rechte erforderlich ist. [2]Wird ein Antrag nach § 87i Absatz 1 gestellt, sind dem Betroffenen zudem Abschriften der in § 87a aufgeführten Unterlagen und der Entscheidung gemäß § 87i Absatz 2, keine Bewilligungshindernisse geltend zu machen, zuzustellen. [3]Im Fall des Satzes 2 wird der Betroffene aufgefordert, sich innerhalb einer vom Gericht zu bestimmenden Frist zu äußern.

(4) [1]Für die Vorbereitung der Entscheidung gilt § 52 Absatz 1 mit der Maßgabe entsprechend, dass der zuständigen Behörde im ersuchenden Mitgliedstaat auch Gelegenheit gegeben worden sein muss, ergänzende Unterlagen beizubringen, wenn die übermittelten Unterlagen nicht ausreichen, um beurteilen zu können, ob die Bewilligungsbehörde ihr Ermessen, kein Bewilligungshindernis geltend zu machen, fehlerfrei ausgeübt hat. [2]Für die Beibringung der Unterlagen kann eine Frist gesetzt werden. [3]Die Bewilligungsbehörde führt die nach den Sätzen 1 und 2 ergangenen Beschlüsse des Gerichtes aus. [4]Das Gericht kann sonstige Beweise über die in § 87h Absatz 3 Satz 1 Nummer 1, 2 und 3 aufgeführten Tatbestände erheben. [5]§ 30 Absatz 2 Satz 4 und Absatz 3, § 31 Absatz 4 gelten entsprechend. [6]Befindet sich der Betroffene im Inland, gelten § 30 Absatz 2 Satz 1 sowie § 31 Absatz 2 entsprechend. [7]§ 31 Absatz 1 Satz 1 gilt mit der Maßgabe entsprechend, dass die Bewilligungsbehörde an die Stelle der Staatsanwaltschaft tritt. [8]Die Bewilligungsbehörde ist zur Teilnahme an der mündlichen Verhandlung nicht verpflichtet; das Gericht teilt der Bewilligungsbehörde mit, wenn es ihre Teilnahme für angemessen hält.

§ 87h Gerichtliche Entscheidung nach Einspruch oder auf Antrag des Betroffenen

(1) Über die Zulässigkeit und Begründetheit des Einspruchs entscheidet das Amtsgericht durch Beschluss.

(2) [1]Sind die Vorschriften über die Einlegung des Einspruchs nicht beachtet, so verwirft das Gericht den Einspruch als unzulässig. [2]Der Beschluss ist unanfechtbar.

(3) [1]Der Einspruch des Betroffenen wird durch Beschluss als unbegründet zurückgewiesen, soweit

1. die Vollstreckung der Entscheidung des anderen Mitgliedstaates zulässig ist,
2. die Bewilligungsbehörde ihr Ermessen, kein Bewilligungshindernis geltend zu machen, fehlerfrei ausgeübt hat und
3. die Geldsanktion nach § 87f Absatz 2 fehlerfrei angepasst wurde.

[2]Soweit der Einspruch wegen Unzulässigkeit der Vollstreckung oder wegen fehlerhafter Ermessensausübung begründet ist, wird die Entscheidung des anderen Mitgliedstaates für nicht vollstreckbar erklärt. [3]Soweit eine Anpassung nach § 87f Absatz 2 fehlerhaft ist oder unterlassen wurde, obwohl sie erforderlich war, passt das Gericht die Geldsanktion an und erklärt die Entscheidung für vollstreckbar. [4]Soweit von der Bewilligungsentscheidung abgewichen wird, ist die Höhe der zu vollstreckenden Geldsanktion in der Beschlussformel anzugeben.

(4) § 77b des Gesetzes über Ordnungswidrigkeiten ist entsprechend anzuwenden.

(5) [1]Über die Zulässigkeit und Begründetheit des Antrags nach § 87f Absatz 5 Satz 2 entscheidet das Amtsgericht durch Beschluss. [2]Die §§ 297 bis 300, 302 und 306 Absatz 2, die §§ 307, 308 und 309 Absatz 1 und § 311a der Strafprozessordnung über Rechtsmittel sowie die Vorschriften der Strafprozessordnung über die Auferlegung der Kosten des Beschwerdeverfahrens gelten entsprechend. [3]Die Entscheidung des Gerichts ist unanfechtbar.

§ 87i Gerichtliche Entscheidung auf Antrag der Bewilligungsbehörde; Bewilligung

(1) Ist die Entscheidung des anderen Mitgliedstaates eine Geldsanktion nach § 87 Absatz 2 Nummer 1 und 2, die gegen einen Jugendlichen oder einen Heranwachsenden im Sinne des Jugendgerichtsgesetzes ergangen ist, so beantragt die Bewilligungsbehörde, soweit die Vollstreckung zulässig ist, die Umwandlung der Entscheidung durch das Gericht.

(2) [1]Mit dem Antrag auf gerichtliche Entscheidung nach Absatz 1 erklärt die Bewilligungsbehörde, dass sie keine Bewilligungshindernisse geltend macht. [2]Die Entscheidung, keine Bewilligungshindernisse geltend zu machen, ist zu begründen.

(3) [1]Soweit die Vollstreckung der Entscheidung des anderen Mitgliedstaates zulässig ist und die Bewilligungsbehörde ihr Ermessen, kein Bewilligungshindernis geltend zu machen, fehlerfrei ausgeübt hat, wird die Entscheidung für vollstreckbar erklärt. [2]Eine gegen einen Jugendlichen verhängte Geldsanktion nach § 87 Absatz 2 Nummer 1 und 2 ist dabei zusätzlich in eine nach dem Jugendgerichtsgesetz zulässige Sanktion umzuwandeln. [3]Satz 2 gilt für einen Heranwachsenden entsprechend, wenn nach § 105 Absatz 1 des Jugendgerichtsgesetzes das Jugendstrafrecht zur Anwendung kommt. [4]Für die Anpassung der Höhe der Geldsanktion gilt § 87f Absatz 2 entsprechend.

(4) [1]Über die Vollstreckbarkeit der Entscheidung entscheidet das Amtsgericht durch Beschluss. [2]Soweit die Entscheidung des anderen Mitgliedstaates gemäß Absatz 3 Satz 1 ausschließlich für vollstreckbar erklärt wird, ist in der Beschlussformel auch die Höhe der zu vollstreckenden Geldsanktion anzugeben.

(5) [1]Die Bewilligungsbehörde bewilligt die Vollstreckung nach Maßgabe der rechtskräftigen gerichtlichen Entscheidung. [2]Die Bewilligungsentscheidung ist unanfechtbar. [3]§ 87f Absatz 3 Satz 1 und 2 gilt entsprechend. [4]Die Bewilligung enthält

1. den Hinweis, dass die Bewilligung rechtskräftig und die Geldsanktion vollstreckbar geworden ist, und
2. die Aufforderung an den Betroffenen, spätestens zwei Wochen nach Zustellung entweder die Geldsanktion an die zuständige Kasse nach § 87n Absatz 5 Satz 3 zu zahlen oder der Sanktion nach dem Jugendgerichtsgesetz nachzukommen, in die die Geldsanktion nach Absatz 3 Satz 2 umgewandelt wurde.

§ 87j Rechtsbeschwerde

(1) [1]Gegen den Beschluss des Amtsgerichts nach § 87h Absatz 3 und § 87i Absatz 4 ist die Rechtsbeschwerde zulässig, wenn sie zugelassen wird. [2]Dieses Rechtsmittel steht sowohl dem Betroffenen als auch der Bewilligungsbehörde zu. [3]Nachdem dem Beschwerdegegner Gelegenheit zur Stellungnahme gegeben worden ist, legt das Amtsgericht die Akten durch Vermittlung der Staatsanwaltschaft beim Beschwerdegericht diesem zur Entscheidung vor.

(2) Für die Rechtsbeschwerde und das weitere Verfahren gelten, soweit dieses Gesetz nichts anderes bestimmt, die Vorschriften der Strafprozessordnung und des Gerichtsverfassungsgesetzes über die Revision entsprechend.

(3) Die Frist für die Einlegung der Rechtsbeschwerde beginnt mit der Zustellung des Beschlusses.

(4) Das Beschwerdegericht entscheidet durch Beschluss.

(5) Hebt das Beschwerdegericht die angefochtene Entscheidung auf, so kann es abweichend von § 354 Absatz 1 und 2 der Strafprozessordnung in der Sache selbst entscheiden oder sie an das Amtsgericht, dessen Entscheidung aufgehoben wurde, oder an ein anderes Amtsgericht desselben Landes zurückverweisen.

(6) Für das weitere Verfahren gilt § 42 entsprechend.

§ 87k Zulassung der Rechtsbeschwerde

(1) Das Beschwerdegericht lässt die Rechtsbeschwerde auf Antrag des Betroffenen oder der Bewilligungsbehörde zu, wenn es geboten ist,

1. die Nachprüfung des Beschlusses zur Fortbildung des Rechts oder zur Sicherung einer einheitlichen Rechtsprechung zu ermöglichen oder
2. den Beschluss wegen Versagung des rechtlichen Gehörs aufzuheben.

(2) [1]Für den Zulassungsantrag gelten die Vorschriften über die Einlegung der Rechtsbeschwerde entsprechend. [2]Der Antrag gilt als vorsorglich eingelegte Rechtsbeschwerde. [3]Die Vorschriften über die

Anbringung der Beschwerdeanträge und deren Begründung (§§ 344, 345 der Strafprozessordnung) sind zu beachten. [4]Bei der Begründung der Beschwerdeanträge soll der Antragsteller zugleich angeben, aus welchen Gründen die in Absatz 1 bezeichneten Voraussetzungen vorliegen. [5]§ 35a der Strafprozessordnung gilt entsprechend.

(3) [1]Das Beschwerdegericht entscheidet über den Antrag durch Beschluss. [2]Der Beschluss, durch den der Antrag verworfen wird, bedarf keiner Begründung. [3]Wird der Antrag verworfen, so gilt die Rechtsbeschwerde als zurückgenommen.

(4) Stellt sich vor der Entscheidung über den Zulassungsantrag heraus, dass ein Verfahrenshindernis besteht, so stellt das Beschwerdegericht das Verfahren nur dann ein, wenn das Verfahrenshindernis nach Erlass des Beschlusses nach § 87h Absatz 3 oder § 87i Absatz 4 eingetreten ist.

§ 87l Besetzung der Senate der Oberlandesgerichte

(1) Über die Zulassung der Rechtsbeschwerde und über die Rechtsbeschwerde entscheidet das Oberlandesgericht.

(2) Der Senat ist mit einem Richter besetzt, soweit nichts anderes bestimmt ist.

(3) Der Senat ist mit drei Richtern einschließlich des Vorsitzenden besetzt in Verfahren über Rechtsbeschwerden, wenn

1. es sich um die Vollstreckung einer Geldsanktion im Sinne von § 87 Absatz 2 Nummer 1 oder Nummer 2 handelt,
2. ein Zulassungsgrund im Sinne von § 87k Absatz 1 Nummer 1 vorliegt,
3. besondere Schwierigkeiten bei der Sach- und Rechtslage dies geboten erscheinen lassen oder
4. von der Entscheidung eines Oberlandesgerichts abgewichen werden soll.

§ 87m Verbot der Doppelverfolgung; Mitteilung an das Bundeszentralregister

(1) Wird die Vollstreckung bewilligt, so darf dieselbe Tat, die der Entscheidung des anderen Mitgliedstaates zugrunde liegt, nach deutschem Recht nicht mehr als Straftat oder Ordnungswidrigkeit verfolgt werden.

(2) [1]Die Bewilligung, nach der eine Entscheidung eines anderen Mitgliedstaates gemäß § 87 Absatz 2 Nummer 1 oder Nummer 2 für vollstreckbar erklärt oder abgelehnt wurde, ist dem Bundeszentralregister mitzuteilen. [2]Dies gilt nicht, wenn

1. die Entscheidung des anderen Mitgliedstaates in das Bundeszentralregister nicht eingetragen werden kann oder
2. die Entscheidung gegen einen Deutschen ergangen ist und die Mitteilung nicht erforderlich ist, weil der andere Mitgliedstaat das Bundeszentralregister tatsächlich regelmäßig über strafrechtliche Verurteilungen gegen einen Deutschen unterrichtet.

§ 87n Vollstreckung

(1) [1]Die Bewilligungsbehörde führt als Vollstreckungsbehörde die Vollstreckung durch. [2]Dies gilt nicht, wenn das Gericht nach Einspruch gemäß § 87h oder auf Antrag der Bewilligungsbehörde gemäß § 87i eine Entscheidung trifft. [3]In Fällen nach Satz 2 erfolgt die Vollstreckung durch die Staatsanwaltschaft bei dem Landgericht, in dessen Bezirk das zuständige Amtsgericht seinen Sitz hat, als Vollstreckungsbehörde. [4]Soweit in den Fällen des Satzes 2 nach Umwandlung eine jugendstrafrechtliche Sanktion zu vollstrecken ist, erfolgt die Vollstreckung nach Maßgabe des § 82 des Jugendgerichtsgesetzes.

(2) [1]Für die Vollstreckung gelten die §§ 34, 93 bis 99 Absatz 1, die §§ 101, 102, 103 Absatz 1 Nummer 2, Absatz 2 sowie § 104 Absatz 2 und 3 Satz 1 Nummer 1 und Satz 2 des Gesetzes über Ordnungswidrigkeiten sinngemäß. [2]Die bei der Vollstreckung nach Satz 1 notwendigen gerichtlichen Entscheidungen werden vom Amtsgericht am Sitz der Vollstreckungsbehörde erlassen. [3]In Verfahren gegen Jugendliche und Heranwachsende gelten auch § 82 Absatz 1, § 83 Absatz 2 sowie die §§ 84 und 85 Absatz 5 des Jugendgerichtsgesetzes sinngemäß. [4]Die Vorschriften des Justizbeitreibungsgesetzes sind anwendbar, soweit in diesem Gesetz nichts anderes bestimmt ist. [5]Sofern eine Entscheidung gemäß § 87i Absatz 3 Satz 2 und 3 ergangen ist, sind die Sätze 1 bis 4 nicht anwendbar.

(3) [1]Bei der Vollstreckung einer Entscheidung nach § 87i Absatz 3 können freiheitsentziehende Maßnahmen nicht angeordnet werden. [2]Das Gleiche gilt bei der Vollstreckung einer Entscheidung gegen Jugendliche und Heranwachsende nach Absatz 2.

(4) § 57 Absatz 6 gilt entsprechend.

(5) [1]Der Erlös aus der Vollstreckung fließt in die Bundeskasse. [2]Dies gilt nicht, wenn das Gericht nach Einspruch gemäß § 87h oder auf Antrag der Bewilligungsbehörde gemäß § 87i eine Entscheidung trifft. [3]In Fällen nach Satz 2 fließt der Erlös aus der Vollstreckung in die Kasse des Landes, in dem das zuständige Amtsgericht seinen Sitz hat. [4]Abweichend von den Sätzen 1 bis 3 kann mit dem ersuchenden Mitglied-

staat insbesondere bei der Vollstreckung einer Entscheidung, in die eine Entscheidung nach § 87 Absatz 3 Satz 1 Nummer 3 umgewandelt worden ist, vereinbart werden, dass der Erlös aus der Vollstreckung dem Opfer zufließt.

(6) Die Kosten der Vollstreckung trägt der Betroffene.

§ 87o Übergangsvorschrift für Verfahren nach § 87f Absatz 5 und § 87i Absatz 3

[1]§ 87f Absatz 5 und § 87i sind nicht anzuwenden auf Ersuchen, die vor dem 27. November 2020 beim Bundesamt für Justiz eingegangen sind. [2]Für Ersuchen, die vor diesem Zeitpunkt beim Bundesamt für Justiz eingegangen sind, gelten die §§ 86 bis 87p in ihrer bis zum Ablauf des 26. November 2020 geltenden Fassung.

Unterabschnitt 3

Ausgehende Ersuchen

§ 87p Grundsatz

(1) [1]Ersuchen an einen anderen Mitgliedstaat nach Maßgabe des Rahmenbeschlusses Geldsanktionen richten sich nach diesem Unterabschnitt. [2]§ 71 ist nicht anzuwenden. [3]§ 87 Absatz 2 Nummer 1, 3 und 4, Absatz 3 Satz 1 Nummer 1 und 2 sowie Satz 2 gilt sinngemäß.

(2) Die zuständige Behörde eines anderen Mitgliedstaates kann um Vollstreckung einer Geldsanktion ersucht werden, wenn der Betroffene

1. eine natürliche Person ist, die ihren Wohnsitz im ersuchten Mitgliedstaat hat oder sich dort in der Regel aufhält,
2. eine juristische Person ist, die ihren Sitz im ersuchten Mitgliedstaat hat,
3. über Vermögen im ersuchten Mitgliedstaat verfügt oder
4. im ersuchten Mitgliedstaat Einkommen bezieht.

§ 87q Inländisches Vollstreckungsverfahren; Ruhen der Verjährung

(1) [1]Wurde der andere Mitgliedstaat um Vollstreckung ersucht, ist die Vollstreckung im Inland erst wieder zulässig, soweit

1. das Ersuchen zurückgenommen worden ist oder
2. der ersuchte Mitgliedstaat die Vollstreckung verweigert hat.

[2]Die Vollstreckung im Inland ist unzulässig, wenn der ersuchte Mitgliedstaat die Versagung der Vollstreckung darauf gestützt hat, dass gegen den Betroffenen wegen derselben Tat im ersuchten Mitgliedstaat eine Entscheidung ergangen ist oder in einem dritten Staat eine Entscheidung ergangen und vollstreckt worden ist.

(2) § 79a Nummer 2 Buchstabe c des Strafgesetzbuchs und § 34 Absatz 4 Nummer 3 des Gesetzes über Ordnungswidrigkeiten gelten mit der Maßgabe, dass die Vollstreckungsverjährung auch dann ruht, wenn die Zahlungserleichterung in einem anderen Mitgliedstaat der Europäischen Union bewilligt wurde.

Abschnitt 3

Einziehung

§ 88 Grundsatz

[1]Außerhalb des Anwendungsbereichs der Verordnung (EU) 2018/1805 des Europäischen Parlaments und des Rates vom 14. November 2018 über die gegenseitige Anerkennung von Sicherstellungs- und Einziehungsentscheidungen (ABl. L 303 vom 28.11.2018, S. 1) (Verordnung Sicherstellung und Einziehung) richtet sich die Vollstreckungshilfe für einen anderen Mitgliedstaat der Europäischen Union nach Maßgabe des Rahmenbeschlusses 2006/783/JI des Rates vom 6. Oktober 2006 über die Anwendung des Grundsatzes der gegenseitigen Anerkennung auf Einziehungsentscheidungen (ABl. L 328 vom 24.11.2006, S. 59), der durch den Rahmenbeschluss 2009/299/JI (ABl. L 81 vom 27.3.2009, S. 24) und die Verordnung (EU) 2018/1805 (ABl. L 303 vom 28.11.2018, S. 1) geändert worden ist, (Rahmenbeschluss Einziehung) nach den §§ 88a bis 88f. [2]Soweit dieser Abschnitt keine besonderen Regelungen enthält oder das Ersuchen nicht nach Maßgabe des Rahmenbeschlusses Einziehung gestellt wurde, sind die Vorschriften des Vierten Teils sowie die allgemeinen Bestimmungen des Ersten und Siebenten Teils dieses Gesetzes anzuwenden.

§ 88a Voraussetzungen der Zulässigkeit

(1) In Abweichung von § 49 Absatz 1 ist die Vollstreckung einer nach Maßgabe des Rahmenbeschlusses Einziehung übersandten gerichtlichen Anordnung der Einziehung, die auf einen bestimmten Geldbetrag oder Vermögensgegenstand gerichtet ist, nur zulässig, wenn

1. eine zuständige Behörde eines anderen Mitgliedstaates der Europäischen Union unter Vorlage der in § 88b genannten Unterlagen darum ersucht hat und
2. auch nach deutschem Recht, ungeachtet etwaiger Verfahrenshindernisse und gegebenenfalls bei sinngemäßer Umstellung des Sachverhalts, wegen der Tat, die der ausländischen Anordnung der Einziehung zugrunde liegt, eine derartige Anordnung hätte getroffen werden können, wobei
   a) außer bei Ersuchen um Vollstreckung einer dem § 73a oder dem § 74a des Strafgesetzbuchs entsprechenden Maßnahme die beiderseitige Strafbarkeit nicht zu prüfen ist, wenn die dem Ersuchen zugrunde liegende Tat nach dem Recht des ersuchenden Mitgliedstaates mit einer Freiheitsstrafe im Höchstmaß von mindestens drei Jahren bedroht ist und den in Artikel 6 Absatz 1 des Rahmenbeschlusses Einziehung aufgeführten Deliktsgruppen zugehörig ist und
   b) die Vollstreckung in Steuer-, Abgaben-, Zoll- oder Währungsangelegenheiten auch zulässig ist, wenn das deutsche Recht keine gleichartigen Steuern oder Abgaben vorschreibt oder keine gleichartigen Steuer-, Abgaben-, Zoll- oder Währungsbestimmungen enthält wie das Recht des ersuchenden Mitgliedstaates.

(2) Die Vollstreckung einer nach Absatz 1 übersandten Anordnung der Einziehung ist unzulässig, wenn
1. die Tat im Inland oder in einem der in § 4 des Strafgesetzbuchs genannten Verkehrsmittel begangen wurde und nach deutschem Recht nicht mit Strafe bedroht ist;
2. die betroffene Person zu der der Anordnung der Einziehung zugrunde liegenden Verhandlung nicht persönlich erschienen ist;
3. die betroffene Person wegen derselben Tat, die dem Ersuchen zugrunde liegt, bereits von einem anderen als dem ersuchenden Mitgliedstaat rechtskräftig abgeurteilt worden ist, vorausgesetzt, dass diese Sanktion bereits vollstreckt worden ist, gerade vollstreckt wird oder nach dem Recht des Urteilsstaates nicht mehr vollstreckt werden kann, es sei denn, die Einziehung könnte entsprechend § 76a des Strafgesetzbuchs selbständig angeordnet werden;
4. bei Straftaten, für die das deutsche Strafrecht gilt, die Vollstreckung nach deutschem Recht verjährt ist, es sei denn, eine Anordnung der Einziehung könnte entsprechend § 76a Absatz 2 des Strafgesetzbuchs erfolgen.

(3) Die Vollstreckung einer nach Absatz 1 übersandten Anordnung der Einziehung ist in Abweichung von Absatz 2 Nummer 2 jedoch zulässig, wenn
1. die betroffene Person
   a) rechtzeitig
      aa) persönlich zu der Verhandlung, die zu der Entscheidung geführt hat, geladen wurde oder
      bb) auf andere Weise tatsächlich offiziell von dem vorgesehenen Termin und Ort der Verhandlung, die zur Entscheidung geführt hat, in Kenntnis gesetzt wurde, sodass zweifelsfrei nachgewiesen wurde, dass die betroffene Person von der anberaumten Verhandlung Kenntnis hatte, und
   b) dabei darauf hingewiesen wurde, dass eine Entscheidung auch in ihrer Abwesenheit ergehen kann,
2. die betroffene Person in Kenntnis des gegen sie gerichteten Verfahrens, an dem ein Verteidiger beteiligt war, eine persönliche Ladung durch Flucht verhindert hat oder
3. die betroffene Person in Kenntnis der anberaumten Verhandlung einen Verteidiger bevollmächtigt hat, sie in der Verhandlung zu verteidigen, und sie durch diesen in der Verhandlung tatsächlich verteidigt wurde.

(4) [1]Die Vollstreckung einer nach Absatz 1 übersandten Anordnung der Einziehung ist in Abweichung von Absatz 2 Nummer 2 auch zulässig, wenn die betroffene Person nach Zustellung der Entscheidung
1. ausdrücklich erklärt hat, die ergangene Entscheidung nicht anzufechten, oder
2. innerhalb geltender Fristen keine Wiederaufnahme des Verfahrens oder kein Berufungsverfahren beantragt hat.

[2]Die betroffene Person muss zuvor ausdrücklich über ihr Recht auf Wiederaufnahme des Verfahrens oder auf ein Berufungsverfahren, an dem sie teilnehmen kann und bei dem der Sachverhalt, einschließlich neuer Beweismittel, erneut geprüft und die ursprüngliche Entscheidung aufgehoben werden kann, belehrt worden sein.

§ 88b Unterlagen

(1) Der ersuchende Mitgliedstaat hat das Original oder eine beglaubigte Abschrift einer rechtskräftigen gerichtlichen Entscheidung mit einer Bescheinigung nach Artikel 4 des Rahmenbeschlusses Einziehung vorzulegen, die die folgenden Angaben enthält:

1. die Bezeichnung und Anschrift des Gerichts, das die Einziehung angeordnet hat;
2. die Bezeichnungen und Anschriften der für das Ersuchen zuständigen Justizbehörden;
3. die möglichst genaue Bezeichnung der natürlichen oder juristischen Person, gegen die die Entscheidung vollstreckt werden soll;
4. die Nennung des Geldbetrages oder die Beschreibung eines anderen Vermögensgegenstandes, der Gegenstand der Vollstreckung sein soll;
5. die Darlegung der Gründe für die Anordnung;
6. die Beschreibung der Umstände, unter denen die Straftat begangen wurde, einschließlich der Tatzeit sowie des Tatortes;
7. die Art und rechtliche Würdigung der Straftat, einschließlich der gesetzlichen Bestimmungen, auf deren Grundlage die Entscheidung ergangen ist und
8. die Auskunft über das persönliche Erscheinen der betroffenen Person zu der Verhandlung oder Angaben darüber, weshalb das Erscheinen nicht erforderlich war.

(2) [1]Ist eine Bescheinigung nach Absatz 1 bei Stellung des Ersuchens nicht vorhanden oder unvollständig oder entspricht sie offensichtlich nicht der zu vollstreckenden Entscheidung, kann die zuständige Behörde eine Frist für die Vorlage oder Vervollständigung oder Berichtigung setzen. [2]Ist die Bescheinigung nach Absatz 1 unvollständig, ergeben sich die erforderlichen Angaben aber aus der zu vollstreckenden Entscheidung oder aus anderen beigefügten Unterlagen, so kann die zuständige Behörde auf die Vorlage einer vervollständigten Bescheinigung verzichten.

§ 88c Ablehnungsgründe

Ein nach § 88a zulässiges Ersuchen kann nur abgelehnt werden, wenn

1. die Bescheinigung gemäß Artikel 4 des Rahmenbeschlusses Einziehung durch den ersuchenden Mitgliedstaat auch nicht in einem Verfahren entsprechend § 88b Absatz 2 Satz 1 vorgelegt, vervollständigt oder berichtigt wurde;
2. die Tat im Inland oder in einem der in § 4 des Strafgesetzbuchs genannten Verkehrsmittel begangen wurde;
3. die Tat weder im Inland noch im Hoheitsbereich des ersuchenden Mitgliedstaates begangen wurde und deutsches Strafrecht nicht gilt oder die Tat nach deutschem Recht nicht mit Strafe bedroht ist;
4. im Inland eine Anordnung der Einziehung ergangen ist, die sich auf dieselben Vermögenswerte bezieht, und aus öffentlichem Interesse der Vollstreckung dieser Anordnung Vorrang eingeräumt werden soll oder
5. ein Ersuchen um Vollstreckung einer Anordnung der Einziehung aus einem weiteren Staat eingegangen ist, das sich auf dieselben Vermögenswerte bezieht, und aus öffentlichem Interesse der Vollstreckung dieser Anordnung Vorrang eingeräumt werden soll.

§ 88d Verfahren

(1) [1]Erachtet die nach den §§ 50 und 51 zuständige Staatsanwaltschaft das Ersuchen für zulässig und beabsichtigt sie, keine Ablehnungsgründe nach § 88c geltend zu machen, leitet sie geeignete und erforderliche Maßnahmen zur einstweiligen Sicherstellung der zu vollstreckenden Vermögenswerte entsprechend den §§ 111b bis 111h der Strafprozessordnung ein und gibt der betroffenen Person sowie Dritten, die den Umständen des Falles nach Rechte an dem zu vollstreckenden Gegenstand geltend machen könnten, Gelegenheit, sich zu äußern. [2]Entscheidet die Staatsanwaltschaft, nicht von den Ablehnungsgründen nach § 88c Nummer 1 bis 3 Gebrauch zu machen, begründet sie diese Entscheidung in dem Antrag auf gerichtliche Entscheidung über die Vollstreckbarkeit.

(2) Die zuständige Behörde kann das Verfahren aufschieben,

1. solange anzunehmen ist, dass die Anordnung gleichzeitig in einem anderen Mitgliedstaat vollständig vollstreckt wird oder
2. solange das Verfahren zur Anerkennung und Vollstreckung der ausländischen Anordnung laufende Straf- und Vollstreckungsverfahren beeinträchtigen könnte.

(3) [1]In Abweichung von § 54 Absatz 1 wird die ausländische Anordnung durch das Gericht gemäß den §§ 50 und 55 für vollstreckbar erklärt, soweit deren Vollstreckung zulässig ist und die Staatsanwaltschaft ihr Ermessen, nicht von den Ablehnungsgründen nach § 88c Nummer 1 bis 3 Gebrauch zu machen, fehlerfrei ausgeübt hat. [2]In der Beschlussformel ist auch der zu vollstreckende Geldbetrag oder Vermögensgegenstand anzugeben. [3]§ 54 Absatz 2a und 4 gilt entsprechend. [4]Die verhängte Sanktion ist in die ihr im deutschen Recht am meisten entsprechende Sanktion umzuwandeln, wenn die Entscheidungsformel der ausländischen Anordnung nicht nach § 459g der Strafprozessordnung vollstreckbar ist.

§ 88e Vollstreckung

(1) § 57 Absatz 1 gilt mit der Maßgabe, dass sich die Zuständigkeit für die Vollstreckung einer ausländischen Anordnung auch dann nach den Bestimmungen des Jugendgerichtsgesetzes richtet, wenn die Sanktion nicht gemäß § 88d Absatz 3 Satz 4 umgewandelt wurde und das Gericht bei der Entscheidung über die Vollstreckbarkeit das Jugendgerichtsgesetz angewendet hat.

(2) § 57 Absatz 4 gilt entsprechend mit der Maßgabe, dass die Anordnung der Haft zur Abgabe einer eidesstattlichen Versicherung über das Vermögen oder über den Verbleib von Vermögensgegenständen nur mit Zustimmung der zuständigen Behörde des ersuchenden Mitgliedstaates erfolgen darf.

(3) Die Vollstreckung kann unter den Voraussetzungen des § 88d Absatz 2 einstweilen eingestellt werden.

§ 88f Aufteilung der Erträge

[1]Der Ertrag aus der Vollstreckung ist mit der zuständigen Behörde des ersuchenden Mitgliedstaates hälftig zu teilen, wenn er ohne Abzug von Kosten und Entschädigungsleistungen (§ 56a) über 10 000 Euro liegt und keine Vereinbarung nach § 56b Absatz 1 getroffen wurde. [2]Dies gilt nicht, wenn die entsprechend § 56b Absatz 2 erforderliche Einwilligung verweigert wurde.

§ 89 Sicherstellungsmaßnahmen

Auf Ersuchen eines Mitgliedstaates der Europäischen Union um eine Sicherstellungsmaßnahme nach den §§ 111b bis 111h der Strafprozessordnung zur Vorbereitung einer im ersuchenden Mitgliedstaat zu treffenden Einziehungsentscheidung finden die §§ 91 und 94 bis 96 entsprechende Anwendung.

§ 90 Ausgehende Ersuchen

(1) [1]Die zuständigen Behörden können Ersuchen um Vollstreckung einer Anordnung der Einziehung nach Maßgabe des Rahmenbeschlusses Einziehung an einen anderen Mitgliedstaat der Europäischen Union richten. [2]Ein gleichgerichtetes Ersuchen kann an einen weiteren Mitgliedstaat nur gerichtet werden, wenn

1. berechtigter Grund zu der Annahme besteht, dass sich ein bestimmter oder verschiedene Vermögensgegenstände, die von der zu vollstreckenden Entscheidung umfasst sind, in verschiedenen Mitgliedstaaten befinden könnten oder
2. die Vollstreckung in einen bestimmten Vermögensgegenstand oder wegen eines Geldbetrages es erfordert, das Ersuchen an mehrere Mitgliedstaaten zu richten.

(2) Noch nicht erledigte Ersuchen sind zurückzunehmen, sobald die Voraussetzungen nach Absatz 1 nicht mehr vorliegen.

(3) Bezieht sich die Anordnung der Einziehung auf einen bestimmten Gegenstand, kann die zuständige Vollstreckungsbehörde der ersatzweisen Vollstreckung eines seinem Wert entsprechenden Geldbetrages zustimmen, wenn eine Entscheidung nach § 76 des Strafgesetzbuchs erfolgt ist.

(4) Aus dem Sechsten Teil dieses Gesetzes sind § 71 Absatz 5 sowie die §§ 71a und 72 anzuwenden.

Abschnitt 4

Bewährungsmaßnahmen und alternative Sanktionen

Unterabschnitt 1

Überwachung von ausländischen Bewährungsmaßnahmen und alternativen Sanktionen in der Bundesrepublik Deutschland

§ 90a Grundsatz

(1) Nach diesem Unterabschnitt richtet sich die Vollstreckungshilfe für einen anderen Mitgliedstaat der Europäischen Union nach Maßgabe des Rahmenbeschlusses 2008/947/JI des Rates vom 27. November 2008 über die Anwendung des Grundsatzes der gegenseitigen Anerkennung auf Urteile und Bewährungsentscheidungen im Hinblick auf die Überwachung von Bewährungsmaßnahmen und alternativen Sanktionen (ABl. L 337 vom 16.12.2008, S. 102), der durch den Rahmenbeschluss 2009/299/JI (ABl. L 81 vom 27.3.2009, S. 24) geändert worden ist (Rahmenbeschluss Bewährungsüberwachung).

(2) Die Vorschriften des Vierten Teils sowie die allgemeinen Bestimmungen des Ersten und Siebenten Teils dieses Gesetzes sind anzuwenden,

1. soweit dieser Unterabschnitt keine besonderen Regelungen enthält oder
2. wenn ein Ersuchen nicht nach Maßgabe des Rahmenbeschlusses Bewährungsüberwachung gestellt wurde.

(3) Dieser Unterabschnitt geht den völkerrechtlichen Vereinbarungen nach § 1 Absatz 3 vor, soweit er abschließende Regelungen enthält.

§ 90b Voraussetzungen der Zulässigkeit

(1) [1]In Abweichung von § 49 sind die Vollstreckung eines ausländischen Erkenntnisses und die Überwachung der darauf beruhenden Bewährungsmaßnahmen oder alternativen Sanktionen im Einklang mit dem Rahmenbeschluss Bewährungsüberwachung nur zulässig, wenn

1. ein Gericht eines anderen Mitgliedstaates ein rechtskräftiges und vollstreckbares Erkenntnis erlassen hat,
2. das Gericht
   a) die Vollstreckung einer in dem Erkenntnis verhängten freiheitsentziehenden Sanktion zur Bewährung ausgesetzt hat,
   b) die Vollstreckung des Restes einer in dem Erkenntnis verhängten freiheitsentziehenden Sanktion ausgesetzt hat oder
   c) gegen die verurteilte Person eine der in Nummer 6 genannten alternativen Sanktionen verhängt hat und für den Fall des Verstoßes gegen die Sanktion eine freiheitsentziehende Sanktion bestimmt hat,
3. die durch das Gericht verhängte oder gemäß Nummer 2 Buchstabe c bestimmte freiheitsentziehende Sanktion in den Fällen des § 90h Absatz 5 in eine Sanktion umgewandelt werden kann, die ihr im deutschen Recht am meisten entspricht,
4. auch nach deutschem Recht, ungeachtet etwaiger Verfahrenshindernisse und gegebenenfalls bei sinngemäßer Umstellung des Sachverhalts, wegen der dem Erkenntnis zugrunde liegenden Tat eine Strafe, Maßregel der Besserung und Sicherung oder Geldbuße hätte verhängt werden können,
5. die verurteilte Person
   a) die deutsche Staatsangehörigkeit besitzt oder in der Bundesrepublik Deutschland rechtmäßig ihren gewöhnlichen Aufenthalt hat und kein Verfahren zur Beendigung des Aufenthalts durchgeführt wird, und
   b) sich in der Bundesrepublik Deutschland aufhält, und
6. der verurteilten Person eine der folgenden Bewährungsmaßnahmen auferlegt wurde oder gegen sie eine der folgenden alternativen Sanktionen verhängt wurde:
   a) die Verpflichtung, einer bestimmten Behörde jeden Wohnsitzwechsel oder Arbeitsplatzwechsel mitzuteilen,
   b) die Verpflichtung, bestimmte Orte, Plätze oder festgelegte Gebiete in dem anderen Mitgliedstaat oder in der Bundesrepublik Deutschland nicht zu betreten,
   c) eine Verpflichtung, die Beschränkungen für das Verlassen des Gebietes der Bundesrepublik Deutschland beinhaltet,
   d) eine Verpflichtung, die das Verhalten, den Aufenthalt, die Ausbildung und Schulung oder die Freizeitgestaltung betrifft oder die Beschränkungen oder Modalitäten der Ausübung einer beruflichen Tätigkeit beinhaltet,
   e) die Verpflichtung, sich zu bestimmten Zeiten bei einer bestimmten Behörde zu melden,
   f) die Verpflichtung, den Kontakt mit bestimmten Personen zu meiden,
   g) die Verpflichtung, den Kontakt mit bestimmten Gegenständen zu meiden, die von der verurteilten Person für die Begehung einer Straftat verwendet wurden oder verwendet werden könnten,
   h) die Verpflichtung, den durch die Tat verursachten Schaden finanziell wiedergutzumachen,
   i) die Verpflichtung, einen Nachweis darüber zu erbringen, dass die Verpflichtung nach Buchstabe h eingehalten wurde,
   j) die Verpflichtung, einen Nachweis darüber zu erbringen, dass der Schaden finanziell wiedergutgemacht wurde,
   k) die Verpflichtung, eine gemeinnützige Leistung zu erbringen,
   l) die Verpflichtung, mit einer Bewährungshelferin oder einem Bewährungshelfer zusammenzuarbeiten,
   m) die Verpflichtung, sich einer Heilbehandlung, die mit einem körperlichen Eingriff verbunden ist, oder einer Entziehungskur zu unterziehen, sofern die verurteilte Person und gegebenenfalls ihr Erziehungsberechtigter und ihr gesetzlicher Vertreter hierzu ihre Einwilligung erklärt haben,
   n) die Verpflichtung, nach Kräften den durch die Tat verursachten Schaden wiedergutzumachen,
   o) die Verpflichtung einer Person, die zur Tatzeit das 21. Lebensjahr noch nicht vollendet hatte, sich persönlich bei der verletzten Person zu entschuldigen,
   p) die Verpflichtung, einen Geldbetrag zugunsten einer gemeinnützigen Einrichtung zu zahlen, wenn dies im Hinblick auf die Tat und die Persönlichkeit des Täters angebracht ist, oder

q) andere Verpflichtungen, die geeignet sind, der verurteilten Person zu helfen, keine Straftaten mehr zu begehen, oder die die Lebensführung der verurteilten Person, die zur Zeit der Tat das einundzwanzigste Lebensjahr noch nicht vollendet hat, regeln und dadurch ihre Erziehung fördern und sichern sollen.

[2]Die Entscheidung nach Satz 1 Nummer 2 Buchstabe b kann anstatt durch ein Gericht auch durch eine andere zuständige Behörde des anderen Mitgliedstaates getroffen werden.

(2) Abweichend von Absatz 1 Satz 1 Nummer 4 sind die Vollstreckung des Erkenntnisses und die Überwachung der darauf beruhenden Bewährungsmaßnahmen oder alternativen Sanktionen in Steuer-, Zoll- und Währungsangelegenheiten auch zulässig, wenn das deutsche Recht keine gleichartigen Steuer-, Zoll- und Währungsbestimmungen enthält wie das Recht des anderen Mitgliedstaates.

(3) Die Überwachung von Bewährungsmaßnahmen oder alternativen Sanktionen, nicht aber die Vollstreckung des ausländischen Erkenntnisses ist auch zulässig, wenn

1. das Gericht statt der Entscheidungen in Absatz 1 Satz 1 Nummer 2
   a) gegen die verurteilte Person eine der in Absatz 1 Satz 1 Nummer 6 genannten alternativen Sanktionen verhängt hat und wenn es für den Fall des Verstoßes gegen die Sanktion keine freiheitsentziehende Sanktion bestimmt hat,
   b) die Straffestsetzung dadurch bedingt zurückgestellt hat, dass der verurteilten Person eine oder mehrere Bewährungsmaßnahmen auferlegt wurden, oder
   c) der verurteilten Person eine oder mehrere Bewährungsmaßnahmen statt einer freiheitsentziehenden Sanktion auferlegt hat,
2. abweichend von Absatz 1 Satz 1 Nummer 3 die freiheitsentziehende Sanktion in den Fällen des § 90h Absatz 5 nicht in eine Sanktion umgewandelt werden kann, die ihr im deutschen Recht am meisten entspricht, oder
3. abweichend von Absatz 1 Satz 1 Nummer 4 nach deutschem Recht wegen der Tat, die dem Erkenntnis zugrunde liegt, keine Strafe, Maßregel der Besserung und Sicherung oder Geldbuße verhängt werden könnte.

§ 90c Ergänzende Zulässigkeitsvoraussetzungen

(1) Die Vollstreckung des Erkenntnisses und die Überwachung der darauf beruhenden Bewährungsmaßnahmen oder alternativen Sanktionen sind nicht zulässig, wenn

1. die verurteilte Person zum Zeitpunkt der Tat schuldunfähig nach § 19 des Strafgesetzbuchs oder strafrechtlich nicht verantwortlich nach § 3 des Jugendgerichtsgesetzes war,
2. die verurteilte Person zu der Verhandlung, die dem Erkenntnis zugrunde liegt, nicht persönlich erschienen ist,
3. die verurteilte Person
   a) wegen derselben Tat, die dem Erkenntnis zugrunde liegt, bereits von einem anderen Mitgliedstaat, als dem, in dem gegen sie das Erkenntnis ergangen ist, rechtskräftig abgeurteilt worden ist und
   b) zu einer Sanktion verurteilt worden ist und diese bereits vollstreckt worden ist, gerade vollstreckt wird oder nach dem Recht des Urteilsstaates nicht mehr vollstreckt werden kann oder
4. für die Tat, die dem Erkenntnis zugrunde liegt, auch die deutsche Gerichtsbarkeit begründet ist und die Vollstreckung nach deutschem Recht verjährt ist oder bei sinngemäßer Umstellung des Sachverhalts verjährt wäre.

(2) [1]In Abweichung von Absatz 1 Nummer 4 und § 90b Absatz 1 Satz 1 Nummer 4 können die Vollstreckung eines in einem anderen Mitgliedstaat verhängten Erkenntnisses und die Überwachung der darauf beruhenden Bewährungsmaßnahmen oder alternativen Sanktionen für zulässig erklärt werden, wenn die verurteilte Person dies beantragt hat. [2]Der Antrag der verurteilten Person nach Satz 1 ist zu Protokoll eines Richters zu erklären. [3]Der Antrag kann nicht zurückgenommen werden. [4]Die verurteilte Person ist zuvor über die Rechtsfolgen ihres Antrags und darüber zu belehren, dass dieser nicht zurückgenommen werden kann. [5]Liegen die in § 90b Absatz 1 Satz 1 Nummer 4 genannten Voraussetzungen nicht vor, so beträgt das Höchstmaß bei der Umwandlung der Sanktion nach § 90h Absatz 4 und 5 zwei Jahre Freiheitsentzug.

(3) In Abweichung von Absatz 1 Nummer 2 sind die Vollstreckung des Erkenntnisses und die Überwachung der darauf beruhenden Bewährungsmaßnahmen oder alternativen Sanktionen auch zulässig, wenn

1. die verurteilte Person
   a) rechtzeitig
      aa) persönlich zu der Verhandlung, die zu dem Erkenntnis geführt hat, geladen wurde oder
      bb) auf andere Weise tatsächlich offiziell von dem vorgesehenen Termin und Ort der Verhandlung, die zu dem Erkenntnis geführt hat, in Kenntnis gesetzt wurde, so dass zwei-

felsfrei nachgewiesen wurde, dass die verurteilte Person von der anberaumten Verhandlung Kenntnis hatte, und

b) dabei darauf hingewiesen wurde, dass ein Erkenntnis auch in ihrer Abwesenheit ergehen kann,

2. die verurteilte Person in Kenntnis des gegen sie gerichteten Verfahrens, an dem ein Verteidiger beteiligt war, eine persönliche Ladung durch Flucht verhindert hat oder
3. die verurteilte Person in Kenntnis der anberaumten Verhandlung einen Verteidiger bevollmächtigt hat, sie in der Verhandlung zu verteidigen, und sie durch diesen in der Verhandlung tatsächlich verteidigt wurde.

(4) [1]In Abweichung von Absatz 1 Nummer 2 sind die Vollstreckung des Erkenntnisses und die Überwachung der darauf beruhenden Bewährungsmaßnahmen oder alternativen Sanktionen auch zulässig, wenn die verurteilte Person nach Zustellung des Erkenntnisses

1. ausdrücklich erklärt hat, das ergangene Erkenntnis nicht anzufechten oder
2. innerhalb geltender Fristen keine Wiederaufnahme des Verfahrens oder kein Berufungsverfahren beantragt hat.

[2]Die verurteilte Person muss zuvor ausdrücklich über ihr Recht auf Wiederaufnahme des Verfahrens oder auf ein Berufungsverfahren, an dem sie teilnehmen kann und bei dem der Sachverhalt, einschließlich neuer Beweismittel, erneut geprüft und die ursprüngliche Entscheidung aufgehoben werden kann, belehrt worden sein.

§ 90d Unterlagen

(1) Die Vollstreckung eines ausländischen Erkenntnisses und die Überwachung der darauf beruhenden Bewährungsmaßnahmen oder alternativen Sanktionen nach Maßgabe des Rahmenbeschlusses Bewährungsüberwachung sind nur zulässig, wenn durch den anderen Mitgliedstaat das Original oder eine beglaubigte Abschrift des Erkenntnisses und gegebenenfalls der Bewährungsentscheidung zusammen mit einer vollständig ausgefüllten Bescheinigung übermittelt wird, die dem Formblatt in Anhang I des Rahmenbeschlusses Bewährungsüberwachung in der jeweils gültigen Fassung entspricht.

(2) Liegt eine Bescheinigung nach Absatz 1 vor, ist diese jedoch unvollständig, so kann die zuständige Behörde auf die Vorlage einer vervollständigten Bescheinigung verzichten, wenn sich die erforderlichen Angaben aus dem zu vollstreckenden Erkenntnis oder aus anderen beigefügten Unterlagen ergeben.

§ 90e Bewilligungshindernisse

(1) Die Bewilligung der Vollstreckung eines ausländischen Erkenntnisses und der Überwachung der darauf beruhenden Bewährungsmaßnahmen oder alternativen Sanktionen, sofern die Vollstreckung und die Überwachung nach den §§ 90b bis 90d zulässig sind, kann nur abgelehnt werden, wenn eine oder mehrere der folgenden Bedingungen erfüllt sind:

1. die Bescheinigung (§ 90d Absatz 1)
   a) ist im Hinblick auf Angaben, die im Formblatt verlangt sind, unvollständig oder entspricht offensichtlich nicht dem ausländischen Erkenntnis oder der Bewährungsentscheidung und
   b) der andere Mitgliedstaat hat diese Angaben nicht vollständig oder berichtigt nachgereicht,
2. das Erkenntnis soll gegen eine Person mit deutscher Staatsangehörigkeit vollstreckt werden, die ihren gewöhnlichen Wohnsitz nicht in der Bundesrepublik Deutschland hat,
3. die Tat wurde zu einem wesentlichen Teil in der Bundesrepublik Deutschland oder in einem der in § 4 des Strafgesetzbuchs genannten Verkehrsmittel begangen oder
4. die Dauer der Bewährungsmaßnahme oder der alternativen Sanktion beträgt weniger als sechs Monate.

(2) Die Bewilligung einer nach den §§ 90b bis 90d zulässigen Vollstreckung eines ausländischen Erkenntnisses, nicht aber die darauf beruhende Überwachung von Bewährungsmaßnahmen oder alternativen Sanktionen, kann ferner abgelehnt werden, wenn die Staatsanwaltschaft oder das Gericht festgestellt hat, dass das ausländische Erkenntnis nur teilweise vollstreckbar ist und mit der zuständigen Behörde des anderen Mitgliedstaates keine Einigung darüber erzielen konnte, inwieweit das Erkenntnis vollstreckt werden soll.

§ 90f Vorläufige Bewilligungsentscheidung

(1) [1]Über die Bewilligung der Vollstreckung des ausländischen Erkenntnisses und die Überwachung der darauf beruhenden Bewährungsmaßnahmen oder alternativen Sanktionen entscheidet die nach § 50 Satz 2 und § 51 zuständige Staatsanwaltschaft. [2]Sie gibt der verurteilten Person Gelegenheit, sich zu äußern. [3]Hiervon kann abgesehen werden, wenn bereits eine Stellungnahme der verurteilten Person vorliegt.

(2) Entscheidet die Staatsanwaltschaft, die Bewilligungshindernisse nach § 90e nicht geltend zu machen, begründet sie diese Entscheidung in dem Antrag auf gerichtliche Entscheidung über die Vollstreckbarkeit

des ausländischen Erkenntnisses und die Zulässigkeit der Überwachung der Bewährungsmaßnahmen oder alternativen Sanktionen.

(3) [1]Bewilligt die Staatsanwaltschaft die Vollstreckung des ausländischen Erkenntnisses und die Überwachung der darauf beruhenden Bewährungsmaßnahmen oder alternativen Sanktionen in der Bundesrepublik Deutschland nicht, begründet sie diese Entscheidung. [2]Die Staatsanwaltschaft stellt der verurteilten Person die Entscheidung zu, sofern sich die verurteilte Person mit der Vollstreckung des ausländischen Erkenntnisses und der Überwachung der Bewährungsmaßnahmen oder alternativen Sanktionen in der Bundesrepublik Deutschland einverstanden erklärt hat. [3]Die verurteilte Person kann binnen zwei Wochen nach Zustellung einen Antrag auf gerichtliche Entscheidung stellen. [4]Die §§ 297 bis 300 und 302 Absatz 1 Satz 1, Absatz 2 der Strafprozessordnung über Rechtsmittel und die §§ 42 bis 47 der Strafprozessordnung über Fristen und Wiedereinsetzung in den vorigen Stand gelten entsprechend.

(4) [1]Statt die Überwachung der Bewährungsmaßnahmen oder alternativen Sanktionen zusammen mit der Vollstreckung des ausländischen Erkenntnisses nach Absatz 3 nicht zu bewilligen, kann die Staatsanwaltschaft auch allein die Überwachung der Bewährungsmaßnahmen oder alternativen Sanktionen bewilligen. [2]Die Staatsanwaltschaft begründet diese Entscheidung in dem Antrag auf gerichtliche Entscheidung über die Zulässigkeit der Überwachung von Bewährungsmaßnahmen oder alternativen Sanktionen.

§ 90g Gerichtliches Verfahren

(1) [1]Das nach § 50 Satz 1 und § 51 zuständige Landgericht entscheidet auf Antrag der Staatsanwaltschaft nach § 90f Absatz 2 und 4 Satz 2 oder auf Antrag der verurteilten Person nach § 90f Absatz 3 Satz 3. [2]Die Staatsanwaltschaft bereitet die Entscheidung vor.

(2) Das Gericht übersendet der verurteilten Person eine Abschrift der in § 90d aufgeführten Unterlagen, soweit dies zur Ausübung ihrer Rechte erforderlich ist.

(3) [1]Bei einem Antrag der Staatsanwaltschaft auf gerichtliche Entscheidung über die Vollstreckbarkeit und Zulässigkeit der Überwachung nach § 90f Absatz 2 oder über die Zulässigkeit der Überwachung nach § 90f Absatz 4 Satz 2 ist der verurteilten Person zusätzlich zu der Abschrift nach Absatz 2 eine Abschrift der Entscheidung gemäß § 90f Absatz 2 und 4 Satz 1 zuzustellen. [2]Die verurteilte Person wird aufgefordert, sich innerhalb einer vom Gericht zu bestimmenden Frist zu dem Antrag der Staatsanwaltschaft zu äußern.

(4) [1]Für die gerichtliche Vorbereitung der Entscheidung gilt § 52 Absatz 1 mit der Maßgabe entsprechend, dass der zuständigen Behörde im anderen Mitgliedstaat auch Gelegenheit gegeben worden sein muss, ergänzende Unterlagen beizubringen, wenn die übermittelten Unterlagen nicht ausreichen, um beurteilen zu können, ob die Staatsanwaltschaft ihr Ermessen fehlerfrei ausgeübt hat. [2]Für die Beibringung der Unterlagen kann eine Frist gesetzt werden.

(5) [1]§ 30 Absatz 2 Satz 2 gilt entsprechend mit der Maßgabe, dass das Gericht auch Beweis darüber erheben kann, ob die Staatsanwaltschaft ihr Ermessen fehlerfrei ausgeübt hat. [2]§ 30 Absatz 2 Satz 4, Absatz 3 sowie § 31 Absatz 1 und 4 gelten entsprechend. [3]Befindet sich die verurteilte Person im Geltungsbereich dieses Gesetzes, so gelten auch § 30 Absatz 2 Satz 1 sowie § 31 Absatz 2 und 3 entsprechend.

§ 90h Gerichtliche Entscheidung

(1) Über die Anträge auf gerichtliche Entscheidung nach § 90f Absatz 2, 3 und 4 entscheidet das Landgericht durch Beschluss.

(2) [1]Sind die Vorschriften über den Antrag auf gerichtliche Entscheidung durch die verurteilte Person nach § 90f Absatz 3 Satz 3 und 4 nicht beachtet, so verwirft das Gericht den Antrag als unzulässig. [2]Der Beschluss ist unanfechtbar.

(3) In Abweichung von § 54 Absatz 1 erklärt das Gericht das ausländische Erkenntnis gemäß § 50 Satz 1 und § 55 unter dem Vorbehalt, dass die Strafaussetzung widerrufen oder gegen die verurteilte Person die zuvor bestimmte freiheitsentziehende Sanktion verhängt wird, für vollstreckbar und die Überwachung der Bewährungsmaßnahmen oder alternativen Sanktionen für zulässig, soweit die Vollstreckung des ausländischen Erkenntnisses und die Überwachung der Bewährungsmaßnahmen oder alternativen Sanktionen zulässig sind und die Staatsanwaltschaft

1. ihr Ermessen, Bewilligungshindernisse nach § 90e nicht geltend zu machen, fehlerfrei ausgeübt hat oder
2. ihr Ermessen, Bewilligungshindernisse nach § 90e geltend zu machen, fehlerhaft ausgeübt hat und eine andere Ermessensentscheidung nicht gerechtfertigt ist; kommt jedoch eine andere Ermessensentscheidung in Betracht, hebt das Gericht die Entscheidung der Staatsanwaltschaft auf und reicht ihr die Akten zur erneuten Ermessensausübung unter Beachtung der Rechtsansicht des Gerichts zurück.

(4) [1]Überschreitet die freiheitsentziehende Sanktion, die durch das ausländische Erkenntnis verhängt worden ist, das Höchstmaß, das im Geltungsbereich dieses Gesetzes für die Tat angedroht ist, ermäßigt das Gericht die Sanktion auf dieses Höchstmaß. [2]§ 54 Absatz 1 Satz 4 und § 54a gelten entsprechend.

(5) [1]In seiner Entscheidung gemäß den Absätzen 3 und 4 wandelt das Gericht die verhängte oder zuvor bestimmte freiheitsentziehende Sanktion in die ihr im deutschen Recht am meisten entsprechende freiheitsentziehende Sanktion um, wenn

1. die verhängte oder zuvor bestimmte freiheitsentziehende Sanktion ihrer Art nach keiner Sanktion entspricht, die das im Geltungsbereich dieses Gesetzes geltende Recht vorsieht oder
2. die verurteilte Person zur Zeit der Tat das 21. Lebensjahr noch nicht vollendet hat; § 54 Absatz 3 gilt entsprechend.

[2]Für die Höhe der umgewandelten Sanktion ist das ausländische Erkenntnis maßgebend; die umgewandelte Sanktion darf nach Art oder Dauer die im anderen Mitgliedstaat verhängte Sanktion nicht verschärfen.

(6) In Abweichung von Absatz 3 wird allein die Überwachung der Bewährungsmaßnahmen oder alternativen Sanktionen für zulässig erklärt, wenn

1. nur die Überwachung der Bewährungsmaßnahmen oder alternativen Sanktionen nach § 90b Absatz 3 zulässig ist und die Staatsanwaltschaft
   a) ihr Ermessen, Bewilligungshindernisse nach § 90e Absatz 1 nicht geltend zu machen, fehlerfrei ausgeübt hat oder
   b) ihr Ermessen, Bewilligungshindernisse nach § 90e Absatz 1 geltend zu machen, fehlerhaft ausgeübt hat und eine andere Ermessensentscheidung nicht gerechtfertigt ist; kommt jedoch eine andere Ermessensentscheidung in Betracht, hebt das Gericht die Entscheidung der Staatsanwaltschaft auf und reicht ihr die Akten zur erneuten Ermessensausübung unter Beachtung der Rechtsauffassung des Gerichts zurück oder
2. die Staatsanwaltschaft ihr Ermessen, das Bewilligungshindernis nach § 90e Absatz 2 geltend zu machen, fehlerfrei ausgeübt hat.

(7) [1]In seiner Entscheidung nach den Absätzen 3 und 6 wandelt das Gericht die der verurteilten Person auferlegten Bewährungsmaßnahmen oder die gegen sie verhängten alternativen Sanktionen in die ihnen im deutschen Recht am meisten entsprechenden Auflagen und Weisungen um, wenn

1. die auferlegten Bewährungsmaßnahmen oder die verhängten alternativen Sanktionen ihrer Art nach den Auflagen und Weisungen nicht entsprechen, die das im Geltungsbereich dieses Gesetzes geltende Recht vorsieht,
2. die Voraussetzungen für den Erlass der Auflagen und Weisungen nach dem im Geltungsbereich dieses Gesetzes geltenden Recht nicht erfüllt sind,
3. die auferlegten Bewährungsmaßnahmen oder die verhängten alternativen Sanktionen an die Lebensführung der verurteilten Person unzumutbare Anforderungen stellen oder
4. die auferlegten Bewährungsmaßnahmen oder die verhängten alternativen Sanktionen nicht hinreichend bestimmt sind.

[2]Sieht das ausländische Erkenntnis oder die Bewährungsentscheidung eine Bewährungszeit oder Führungsaufsicht von mehr als fünf Jahren vor, so senkt das Gericht die Dauer der Bewährungszeit oder Führungsaufsicht außer in den Fällen des § 68c Absatz 2 und 3 des Strafgesetzbuchs auf das Höchstmaß von fünf Jahren. [3]Wäre nach deutschem Recht Jugendstrafrecht anzuwenden, gilt Satz 2 mit der Maßgabe, dass im Fall einer Bewährungszeit oder Führungsaufsicht von mehr als drei Jahren das Höchstmaß drei Jahre beträgt. [4]§ 55 Absatz 1 Satz 2 gilt mit der Maßgabe, dass in der Entscheidungsformel auch die zu überwachenden Bewährungsmaßnahmen oder alternativen Sanktionen und gegebenenfalls die Dauer der Bewährungszeit anzugeben sind.

§ 90i Bewilligung nach gerichtlicher Entscheidung

(1) [1]Die Staatsanwaltschaft darf die Vollstreckung des ausländischen Erkenntnisses und die Überwachung der Bewährungsmaßnahmen oder alternativen Sanktionen nur bewilligen, wenn das Gericht das ausländische Erkenntnis für vollstreckbar erklärt hat und die Überwachung der Bewährungsmaßnahmen oder alternativen Sanktionen für zulässig erklärt hat. [2]Hat das Gericht allein die Überwachung für zulässig erklärt, so darf die Staatsanwaltschaft nur die Überwachung bewilligen.

(2) [1]Die Staatsanwaltschaft bewilligt die Vollstreckung und die Überwachung nach Maßgabe der rechtskräftigen gerichtlichen Entscheidung. [2]Über die Bewilligung soll innerhalb von 60 Tagen nach Eingang der in § 90d bezeichneten Unterlagen bei der Staatsanwaltschaft entschieden werden. [3]Eine endgültig ablehnende Bewilligungsentscheidung ist zu begründen.

(3) Die Bewilligungsentscheidung ist unanfechtbar.

§ 90j Ergänzende Regelungen zur Vollstreckung

(1) [1]Nach der Bewilligung der Vollstreckung des ausländischen Erkenntnisses und der Überwachung der darauf beruhenden Bewährungsmaßnahmen überwacht das für die Entscheidung nach § 90h zuständige Gericht während der Bewährungszeit die Lebensführung der verurteilten Person, namentlich die Erfüllung von Auflagen und Weisungen sowie von Anerbieten und Zusagen. [2]Das Gericht trifft alle nachträglichen Entscheidungen, die sich auf eine Vollstreckungsaussetzung zur Bewährung beziehen, soweit der andere Mitgliedstaat die Überwachung ausgesetzt hat. [3]Wurde die verhängte oder zuvor bestimmte freiheitsentziehende Sanktion gemäß § 90h Absatz 5 Satz 1 Nummer 2 in eine nach dem Jugendgerichtsgesetz zulässige Sanktion umgewandelt, so richtet sich die Zuständigkeit für die Überwachung der Lebensführung der verurteilten Person und für alle nachträglichen Entscheidungen, die sich auf eine Vollstreckungsaussetzung zur Bewährung beziehen, nach den Bestimmungen des Jugendgerichtsgesetzes.

(2) Hat ein Gericht des anderen Mitgliedstaates gegen die verurteilte Person eine oder mehrere der in § 90b Absatz 1 Satz 1 Nummer 6 genannten alternativen Sanktionen verhängt und für den Fall des Verstoßes gegen die alternativen Sanktionen eine freiheitsentziehende Sanktion bestimmt (§ 90b Absatz 1 Satz 1 Nummer 2 Buchstabe c), so gilt Absatz 1 mit der Maßgabe, dass das Gericht die Einhaltung der alternativen Sanktionen überwacht und gegebenenfalls gegen die verurteilte Person die zuvor bestimmte freiheitsentziehende Sanktion verhängt, wenn es entsprechend den §§ 56f und 67g des Strafgesetzbuchs oder entsprechend § 26 des Jugendgerichtsgesetzes die Aussetzung der Vollstreckung einer freiheitsentziehenden Sanktion widerrufen würde.

(3) [1]Das Gericht belehrt die verurteilte Person über

1. die Bedeutung der Aussetzung der Strafe oder Maßregel zur Bewährung, über die Bedeutung der alternativen Sanktionen oder der Führungsaufsicht,
2. die Dauer der Bewährungszeit oder Führungsaufsicht,
3. die Bewährungsmaßnahmen und
4. die Möglichkeit, die Aussetzung zu widerrufen oder die zuvor bestimmte freiheitsentziehende Sanktion zu verhängen.

[2]Hat das Gericht Auflagen und Weisungen nach § 90h Absatz 7 in Weisungen nach § 68b Absatz 1 des Strafgesetzbuchs umgewandelt, so belehrt das Gericht die verurteilte Person auch über die Möglichkeit einer Bestrafung nach § 145a des Strafgesetzbuchs. [3]Der Vorsitzende kann einen beauftragten oder ersuchten Richter mit der Belehrung betrauen.

(4) [1]In Abweichung von § 57 Absatz 6 ist, nachdem mit der Überwachung der Bewährungsmaßnahmen oder alternativen Sanktionen in der Bundesrepublik Deutschland begonnen worden ist, von der Vollstreckung und Überwachung nur abzusehen, wenn

1. eine zuständige Stelle des anderen Mitgliedstaates mitteilt, dass die Voraussetzungen für die Vollstreckung und Überwachung auf Grund eines Wiederaufnahmeverfahrens, einer Amnestie oder einer Gnadenentscheidung entfallen sind oder
2. die verurteilte Person aus der Bundesrepublik Deutschland geflohen ist.

[2]Von der Vollstreckung und Überwachung kann ferner abgesehen werden, wenn die verurteilte Person keinen rechtmäßigen gewöhnlichen Aufenthalt in der Bundesrepublik Deutschland mehr hat oder der andere Mitgliedstaat ein Strafverfahren in anderer Sache gegen die verurteilte Person führt und um ein Absehen von der Vollstreckung und Überwachung ersucht hat.

§ 90k Überwachung der verurteilten Person

(1) [1]Hat die Staatsanwaltschaft allein die Überwachung der Bewährungsmaßnahmen oder alternativen Sanktionen bewilligt, so überwacht das Gericht während der Bewährungszeit nur die Lebensführung der verurteilten Person und die Einhaltung der ihr auferlegten Bewährungsmaßnahmen oder alternativen Sanktionen, soweit der andere Mitgliedstaat die Überwachung ausgesetzt hat. [2]§ 90j Absatz 1 Satz 3 gilt entsprechend.

(2) [1]Hat die Staatsanwaltschaft die Vollstreckung des Erkenntnisses nicht bewilligt, ist aber die Überwachung von Bewährungsmaßnahmen oder alternativen Sanktionen zulässig, weil ein Fall des § 90b Absatz 3 Nummer 1 oder Nummer 2 vorliegt oder weil das Bewilligungshindernis nach § 90e Absatz 2 fehlerfrei geltend gemacht wurde, so trifft das Gericht zusätzlich zu der Überwachung nach Absatz 1 die folgenden nachträglichen Entscheidungen:

1. die Verkürzung der Bewährungszeit oder Führungsaufsicht auf das Mindestmaß,
2. die Verlängerung der Bewährungszeit oder Führungsaufsicht auf das Höchstmaß und
3. die Erteilung, Änderung und Aufhebung von Auflagen und Weisungen, einschließlich der Weisung, die verurteilte Person für die Dauer oder für einen Teil der Bewährungszeit der Aufsicht und Leitung einer Bewährungshelferin oder eines Bewährungshelfers zu unterstellen.

[2]§ 90j Absatz 1 Satz 3 gilt entsprechend.

(3) [1]Nach Beginn der Überwachung der Bewährungsmaßnahmen oder alternativen Sanktionen wird von der Überwachung abgesehen, wenn

1. eine zuständige Stelle des anderen Mitgliedstaates mitteilt, dass die Voraussetzungen für die Überwachung entfallen sind,
2. die verurteilte Person aus der Bundesrepublik Deutschland geflohen ist oder
3. das Gericht eine Aussetzung zur Bewährung widerrufen würde oder eine freiheitsentziehende Sanktion gegen die verurteilte Person verhängen würde.

[2]§ 90j Absatz 4 Satz 2 gilt entsprechend.

(4) [1]Das Gericht unterrichtet die zuständige Behörde des anderen Mitgliedstaates unverzüglich über

1. jeglichen Verstoß gegen eine Bewährungsmaßnahme oder alternative Sanktion, wenn es gemäß Absatz 1 während der Bewährungszeit allein die Lebensführung der verurteilten Person und die Einhaltung der Bewährungsmaßnahmen und alternativen Sanktionen überwacht,
2. die nachträglichen Entscheidungen nach Absatz 2 und
3. das Absehen von der Überwachung nach Absatz 3.

[2]Für die Unterrichtung nach Satz 1 Nummer 1 und 2 und die Unterrichtung über das Absehen von der Überwachung nach Satz 1 Nummer 3 in Verbindung mit Absatz 3 Satz 1 Nummer 3 ist das in Anhang II des Rahmenbeschlusses Bewährungsüberwachung wiedergegebene Formblatt zu verwenden.

(5) § 90j Absatz 3 gilt entsprechend mit der Maßgabe, dass das Gericht die verurteilte Person anstatt über die Möglichkeit, die Aussetzung zu widerrufen oder die zuvor bestimmte freiheitsentziehende Sanktion nach § 90j Absatz 3 Satz 1 Nummer 4 zu verhängen, über die Möglichkeit belehrt, von der Überwachung nach Absatz 3 Satz 1 Nummer 3 abzusehen.

Unterabschnitt 2

Überwachung von deutschen Bewährungsmaßnahmen in einem anderen Mitgliedstaat der Europäischen Union

§ 90l Bewilligung der Vollstreckung und Überwachung

(1) [1]In Abweichung von § 71 kann die Vollstreckungsbehörde nach Maßgabe des Rahmenbeschlusses Bewährungsüberwachung einem anderen Mitgliedstaat Folgendes übertragen:

1. die Vollstreckung einer im Geltungsbereich dieses Gesetzes verhängten freiheitsentziehenden Sanktion, deren Vollstreckung oder weitere Vollstreckung zur Bewährung ausgesetzt wurde, und
2. die Überwachung der Auflagen und Weisungen, die der verurteilten Person für die Dauer oder für einen Teil der Bewährungszeit erteilt wurden.

[2]Die Vollstreckung nach Satz 1 Nummer 1 kann nur zusammen mit der Überwachung nach Satz 1 Nummer 2 übertragen werden. [3]Die Vollstreckungsbehörde gibt der verurteilten Person Gelegenheit, sich zu äußern. [4]Hiervon kann abgesehen werden, wenn die verurteilte Person einen Antrag auf Übertragung der Vollstreckung und Überwachung an den anderen Mitgliedstaat gestellt hat.

(2) [1]Hält sich die verurteilte Person in der Bundesrepublik Deutschland auf, darf die Vollstreckungsbehörde die Übertragung der Vollstreckung und Überwachung nur bewilligen, wenn sich die verurteilte Person damit einverstanden erklärt hat. [2]Das Einverständnis der verurteilten Person ist zu Protokoll eines Richters zu erklären. [3]Es kann nicht widerrufen werden. [4]Die verurteilte Person ist über die Rechtsfolgen ihres Einverständnisses und dessen Unwiderruflichkeit zu belehren.

(3) [1]Die Vollstreckungsbehörde hat die verurteilte Person über die Entscheidung, ein Ersuchen um Vollstreckung und Überwachung an einen anderen Mitgliedstaat zu stellen, schriftlich zu unterrichten. [2]Hält sich die verurteilte Person im Hoheitsbereich des anderen Mitgliedstaates auf, darf die Vollstreckungsbehörde dessen zuständige Behörde bitten, die Unterrichtung an die verurteilte Person weiterzuleiten. [3]Dem Ersuchen um Vollstreckung sind alle abgegebenen Stellungnahmen der verurteilten Person und ihres gesetzlichen Vertreters in schriftlicher Form beizufügen.

(4) Die Vollstreckungsbehörde kann ein Ersuchen um Vollstreckung und Überwachung zurücknehmen, wenn der andere Mitgliedstaat mit der Überwachung noch nicht begonnen hat.

(5) [1]Bewilligt die Vollstreckungsbehörde nicht, dass die Vollstreckung einer freiheitsentziehenden Sanktion nach Absatz 1 Satz 1 Nummer 1 und die Überwachung der Auflagen und Weisungen nach Absatz 1 Satz 1 Nummer 2 an einen anderen Mitgliedstaat übertragen werden, oder nimmt sie ein Ersuchen gemäß Absatz 4 zurück, so begründet sie diese Entscheidung. [2]Die Vollstreckungsbehörde stellt die Entscheidung der verurteilten Person zu, sofern die verurteilte Person der Vollstreckung und Überwachung in dem anderen Mitgliedstaat zugestimmt hat. [3]Die verurteilte Person kann binnen zwei Wochen nach Zustellung einen Antrag auf gerichtliche Entscheidung stellen. [4]Die §§ 297 bis 300 und 302 Absatz 1 Satz 1, Absatz 2

der Strafprozessordnung über Rechtsmittel und die §§ 42 bis 47 der Strafprozessordnung über Fristen und Wiedereinsetzung in den vorigen Stand gelten entsprechend.

§ 90m Gerichtliches Verfahren auf Antrag der verurteilten Person

(1) [1]Das nach § 71 Absatz 4 Satz 2 und 3 zuständige Oberlandesgericht entscheidet auf Antrag der verurteilten Person nach § 90l Absatz 5 Satz 3 durch Beschluss. [2]Die Vollstreckungsbehörde bereitet die Entscheidung vor. [3]§ 13 Absatz 1 Satz 2, § 30 Absatz 2 Satz 2 und 4, Absatz 3, § 31 Absatz 1 und 4 sowie die §§ 33, 42 und 53 gelten entsprechend. [4]Befindet sich die verurteilte Person im Geltungsbereich dieses Gesetzes, so gelten auch § 30 Absatz 2 Satz 1 sowie § 31 Absatz 2 und 3 entsprechend.

(2) Sind die Vorschriften über den Antrag auf gerichtliche Entscheidung durch die verurteilte Person nach § 90l Absatz 5 Satz 3 und 4 nicht beachtet, so verwirft das Gericht den Antrag als unzulässig.

(3) Der Antrag der verurteilten Person auf gerichtliche Entscheidung wird durch Beschluss als unbegründet zurückgewiesen, wenn

1. es nach Maßgabe des Rahmenbeschlusses Bewährungsüberwachung und gemäß § 90l Absatz 1 unzulässig ist, die Vollstreckung eines im Geltungsbereich dieses Gesetzes ergangenen Erkenntnisses und die Überwachung der darauf beruhenden Auflagen und Weisungen an einen anderen Mitgliedstaat zu übertragen, oder
2. die Vollstreckungsbehörde ihr Ermessen nach § 90l Absatz 1 Satz 1 und Absatz 4 fehlerfrei ausgeübt hat.

(4) [1]Soweit der Antrag der verurteilten Person auf gerichtliche Entscheidung zulässig und begründet und eine andere als die von der Vollstreckungsbehörde getroffene Ermessensentscheidung nicht gerechtfertigt ist, erklärt das Gericht die Vollstreckung der freiheitsentziehenden Sanktion nach § 90l Absatz 1 Satz 1 Nummer 1 und die Überwachung der Auflagen und Weisungen nach § 90l Absatz 1 Satz 1 Nummer 2 in dem anderen Mitgliedstaat für zulässig. [2]Kommt jedoch eine andere Ermessensentscheidung in Betracht, hebt das Gericht die Entscheidung der Vollstreckungsbehörde auf und reicht ihr die Akten zur erneuten Ermessensausübung unter Beachtung der Rechtsauffassung des Gerichts zurück.

(5) [1]Die Vollstreckungsbehörde bewilligt die Vollstreckung und die Überwachung in dem anderen Mitgliedstaat nach Maßgabe der rechtskräftigen gerichtlichen Entscheidung. [2]Die Bewilligungsentscheidung ist unanfechtbar.

§ 90n Inländisches Vollstreckungsverfahren

(1) [1]Die deutsche Vollstreckungsbehörde sieht von der Vollstreckung und Überwachung ab, soweit der andere Mitgliedstaat sie übernommen und durchgeführt hat. [2]Sie kann die Vollstreckung und Überwachung fortsetzen, sobald der andere Mitgliedstaat ihr mitgeteilt hat, dass er von der weiteren Vollstreckung und Überwachung absieht.

(2) [1]Hat der andere Mitgliedstaat die Auflagen und Weisungen, die der verurteilten Person für die Dauer oder für einen Teil der Bewährungszeit erteilt wurden, umgewandelt oder nachträglich geändert, so wandelt das zuständige Gericht die Auflagen und Weisungen entsprechend § 90h Absatz 7 Satz 1 um. [2]Zuständig ist das Gericht, das für die nach § 453 der Strafprozessordnung oder nach § 58 des Jugendgerichtsgesetzes zu treffenden Entscheidungen zuständig ist.

(3) [1]Hat der andere Mitgliedstaat die Bewährungszeit um mehr als die Hälfte der zunächst bestimmten Bewährungszeit verlängert, so senkt das Gericht die Dauer der Bewährungszeit auf dieses Höchstmaß, sofern die verlängerte Bewährungszeit fünf Jahre überschreitet. [2]War nach deutschem Recht Jugendstrafrecht anzuwenden, gilt Satz 2 mit der Maßgabe, dass das Höchstmaß vier Jahre beträgt. [3]Die Leistungen, die die verurteilte Person zur Erfüllung von Auflagen, Anerbieten, Weisungen oder Zusagen im anderen Mitgliedstaat erbracht hat, werden angerechnet.

Abschnitt 5

Überwachung von Maßnahmen zur Vermeidung von Untersuchungshaft

§ 90o Grundsatz

(1) Nach diesem Abschnitt richtet sich die Vollstreckungshilfe für und die Vollstreckungsabgabe an einen anderen Mitgliedstaat der Europäischen Union nach Maßgabe des Rahmenbeschlusses 2009/829/JI des Rates vom 23. Oktober 2009 über die Anwendung – zwischen den Mitgliedstaaten der Europäischen Union – des Grundsatzes der gegenseitigen Anerkennung auf Entscheidungen über Überwachungsmaßnahmen als Alternative zur Untersuchungshaft (ABl. L 294 vom 11.11.2009, S. 20) (Rahmenbeschluss Überwachungsanordnung).

(2) [1]Soweit dieser Abschnitt keine besonderen Regelungen enthält, sind die allgemeinen Bestimmungen des Ersten und Siebenten Teils dieses Gesetzes anzuwenden. [2]§ 53 gilt entsprechend.

(3) Dieser Abschnitt geht den in § 1 Absatz 3 genannten völkerrechtlichen Vereinbarungen vor, soweit er abschließende Regelungen enthält.

§ 90p Voraussetzungen der Zulässigkeit

(1) [1]Auflagen und Weisungen, die ein anderer Mitgliedstaat der Europäischen Union nach Maßgabe seines innerstaatlichen Rechts und Verfahrens gegen eine natürliche Person zur Vermeidung der Untersuchungshaft verhängt hat (Maßnahmen), können in der Bundesrepublik Deutschland überwacht werden. [2]Die Überwachung ist nur zulässig, wenn

1. auch nach deutschem Recht, ungeachtet etwaiger Verfahrenshindernisse und gegebenenfalls bei sinngemäßer Umstellung des Sachverhaltes, wegen der der Entscheidung zugrunde liegenden Tat eine Strafe oder Maßregel der Besserung und Sicherung verhängt werden könnte,
2. die zu überwachende Person sich, nach Unterrichtung über die Maßnahmen, mit einer Rückkehr in die Bundesrepublik Deutschland oder einem Verbleib dort einverstanden erklärt,
3. die zu überwachende Person
   a) die deutsche Staatsangehörigkeit besitzt oder in der Bundesrepublik Deutschland rechtmäßig ihren gewöhnlichen Aufenthalt hat oder
   b) beabsichtigt, umgehend ihren gewöhnlichen Aufenthalt in der Bundesrepublik Deutschland zu begründen, und die Voraussetzungen für die Einreise in das Bundesgebiet und den Aufenthalt darin erfüllt und
4. eine oder mehrere der folgenden Maßnahmen überwacht werden soll beziehungsweise sollen:
   a) die Verpflichtung, einer bestimmten Behörde jeden Wohnsitzwechsel mitzuteilen,
   b) die Verpflichtung, bestimmte Orte, Plätze oder festgelegte Gebiete in der Bundesrepublik Deutschland oder im anderen Mitgliedstaat nicht zu betreten,
   c) die Verpflichtung, sich, gegebenenfalls zu einer bestimmten Zeit, an einem bestimmten Ort aufzuhalten,
   d) eine Verpflichtung, mit der das Verlassen der Bundesrepublik Deutschland eingeschränkt wird,
   e) die Verpflichtung, sich zu bestimmten Zeiten bei einer bestimmten Behörde zu melden,
   f) die Verpflichtung, den Kontakt mit bestimmten Personen zu meiden,
   g) die Verpflichtung, sich bestimmter Aktivitäten, die mit der zur Last gelegten Straftat im Zusammenhang stehen, zu enthalten,
   h) die Verpflichtung, einen bestimmten angemessenen Geldbetrag zu hinterlegen oder eine andere Sicherheitsleistung zu erbringen, entweder in festgelegten Raten oder als Gesamtbetrag,
   i) die Verpflichtung, den Kontakt mit bestimmten Gegenständen, die mit der zur Last gelegten Straftat im Zusammenhang stehen, zu meiden.

(2) Abweichend von Absatz 1 Satz 2 Nummer 1 ist die Überwachung von Maßnahmen in Steuer-, Zoll- und Währungsangelegenheiten auch zulässig, wenn das deutsche Recht keine gleichartigen Steuer-, Zoll- und Währungsbestimmungen enthält wie das Recht des anderen Mitgliedstaates.

(3) Die Überwachung einer Maßnahme ist unzulässig, wenn

1. die zu überwachende Person im Zeitpunkt der Tat nach § 19 des Strafgesetzbuchs schuldunfähig oder nach § 3 des Jugendgerichtsgesetzes strafrechtlich nicht verantwortlich war,
2. die zu überwachende Person
   a) wegen derselben Tat, die der Entscheidung zugrunde liegt, bereits von einem anderen Mitgliedstaat als dem, in dem gegen sie die Entscheidung ergangen ist, rechtskräftig abgeurteilt worden ist und
   b) im Falle der Verurteilung zu einer Sanktion diese bereits vollstreckt worden ist, gerade vollstreckt wird oder nach dem Recht des Urteilsstaates nicht mehr vollstreckt werden kann oder
3. bei Straftaten, für die auch die deutsche Gerichtsbarkeit begründet ist, die Strafverfolgung nach deutschem Recht verjährt wäre.

§ 90q Unterlagen

(1) Die Überwachung einer Maßnahme nach Maßgabe des Rahmenbeschlusses Überwachungsanordnung ist nur zulässig, wenn durch den anderen Mitgliedstaat das Original oder eine beglaubigte Abschrift der vollstreckbaren Entscheidung über Maßnahmen zusammen mit einer vollständig ausgefüllten Bescheinigung übermittelt wurde, für die das in Anhang I des Rahmenbeschlusses Überwachungsanordnung wiedergegebene Formblatt in der jeweils gültigen Fassung zu verwenden ist.

(2) Ist die Bescheinigung nach Absatz 1 unvollständig, ergeben sich jedoch die erforderlichen Angaben aus der Entscheidung oder aus anderen beigefügten Unterlagen, so kann die zuständige Behörde auf die Vorlage einer vervollständigten Bescheinigung verzichten.

§ 90r Bewilligungshindernisse

Die Bewilligung einer nach den §§ 90p und 90q zulässigen Überwachung der Maßnahmen kann nur abgelehnt werden, wenn

1. die Bescheinigung (§ 90q Absatz 1) unvollständig ist oder offensichtlich nicht der Entscheidung entspricht und der andere Mitgliedstaat diese Angaben nicht vollständig oder berichtigt nachgereicht hat,
2. es im Falle eines Verstoßes gegen eine Maßnahme abgelehnt werden müsste, die zu überwachende Person auszuliefern,
3. im Falle einer Person, die ihren rechtmäßigen gewöhnlichen Aufenthalt in der Bundesrepublik Deutschland hat, ein Verfahren zur Beendigung des Aufenthaltes durchgeführt wird oder
4. im Falle des § 90p Absatz 1 Satz 2 Nummer 3 Buchstabe b die Überwachung der zu überwachenden Person im Einzelfall in einem anderen Mitgliedstaat besser gewährleistet werden kann.

§ 90s Vorläufige Bewilligungsentscheidung

(1) Die nach § 51 zuständige Staatsanwaltschaft entscheidet darüber, ob die Übernahme der Überwachung bewilligt wird.

(2) Die Staatsanwaltschaft gibt der zu überwachenden Person Gelegenheit, sich zu äußern, falls deren Stellungnahme noch nicht vorliegt.

(3) [1]Entscheidet die Staatsanwaltschaft, die Bewilligungshindernisse nach § 90r nicht geltend zu machen, begründet sie diese Entscheidung in dem Antrag auf gerichtliche Entscheidung über die Zulässigkeit der Überwachungsübernahme. [2]Die zuständige Behörde des anderen Mitgliedstaates ist bereits vor Stellung des Antrags auf gerichtliche Entscheidung durch die Staatsanwaltschaft zu unterrichten über

1. die Gründe, warum es im Falle eines Verstoßes gegen eine Maßnahme abgelehnt werden müsste, die zu überwachende Person auszuliefern, und
2. die Nichtgeltendmachung des Bewilligungshindernisses.

(4) [1]Bewilligt die Staatsanwaltschaft die Übernahme der Überwachung nicht, begründet sie diese Entscheidung. [2]Die Staatsanwaltschaft stellt der zu überwachenden Person die Entscheidung zu. [3]Die zu überwachende Person kann binnen zwei Wochen nach Zustellung der ablehnenden Bewilligungsentscheidung einen Antrag auf gerichtliche Entscheidung stellen. [4]Die §§ 297 bis 300 und 302 Absatz 1 Satz 1, Absatz 2 der Strafprozessordnung über Rechtsmittel und die §§ 42 bis 47 der Strafprozessordnung über Fristen und Wiedereinsetzung in den vorigen Stand gelten entsprechend.

§ 90t Gerichtliches Verfahren

(1) [1]Das Amtsgericht entscheidet auf Antrag der Staatsanwaltschaft nach § 90s Absatz 3 Satz 1 oder auf Antrag der zu überwachenden Person nach § 90s Absatz 4 Satz 3. [2]§ 51 gilt entsprechend. [3]Die Staatsanwaltschaft bereitet die Entscheidung vor.

(2) [1]Für die gerichtliche Vorbereitung der Entscheidung gilt § 52 Absatz 1 mit der Maßgabe entsprechend, dass der zuständigen Behörde im anderen Mitgliedstaat auch Gelegenheit gegeben worden sein muss, ergänzende Unterlagen beizubringen, wenn die übermittelten Unterlagen nicht ausreichen, um beurteilen zu können, ob die Staatsanwaltschaft ihr Ermessen fehlerfrei ausgeübt hat. [2]Das Gericht kann für die Beibringung der Unterlagen eine Frist setzen.

(3) [1]§ 30 Absatz 2 Satz 2 gilt entsprechend mit der Maßgabe, dass das Gericht auch Beweis darüber erheben kann, ob die Staatsanwaltschaft ihr Ermessen fehlerfrei ausgeübt hat. [2]§ 30 Absatz 2 Satz 4, Absatz 3 sowie § 31 Absatz 1 und 4 gelten entsprechend. [3]Befindet sich die verurteilte Person im Geltungsbereich dieses Gesetzes, so gelten auch § 30 Absatz 2 Satz 1 sowie § 31 Absatz 2 und 3 entsprechend.

§ 90u Gerichtliche Zulässigkeitsentscheidung

(1) [1]Über die Anträge auf gerichtliche Entscheidung nach § 90s Absatz 3 Satz 1 und Absatz 4 Satz 3 entscheidet das Amtsgericht durch Beschluss. [2]In der Beschlussformel sind bei einer stattgebenden Entscheidung die zu überwachenden Maßnahmen genau zu bestimmen.

(2) [1]Sind die Vorschriften über den Antrag auf gerichtliche Entscheidung durch die zu überwachende Person nach § 90s Absatz 4 Satz 3 nicht beachtet worden, so verwirft das Gericht den Antrag als unzulässig. [2]Der Beschluss ist unanfechtbar.

(3) Das Gericht ordnet die Überwachung der Maßnahmen an, wenn diese zulässig ist und

1. die Staatsanwaltschaft ihr Ermessen, Bewilligungshindernisse nach § 90r nicht geltend zu machen, fehlerfrei ausgeübt hat oder
2. die Staatsanwaltschaft ihr Ermessen, Bewilligungshindernisse nach § 90r geltend zu machen, fehlerhaft ausgeübt hat und eine andere Ermessensentscheidung nicht gerechtfertigt ist; kommt jedoch eine andere Ermessensentscheidung in Betracht, hebt das Gericht die Entscheidung der Staatsan-

waltschaft auf und reicht ihr die Akten zur erneuten Ermessensausübung unter Beachtung der Rechtsauffassung des Gerichts zurück.

(4) [1]Das Gericht wandelt die der zu überwachenden Person auferlegten Maßnahmen um, wenn

1. die Voraussetzungen für die Maßnahmen nach dem im Geltungsbereich dieses Gesetzes geltenden Recht nicht erfüllt sind oder
2. die auferlegten Überwachungsmaßnahmen nicht hinreichend bestimmt sind.

[2]Die umgewandelten Maßnahmen müssen so weit wie möglich den vom Anordnungsstaat verhängten Maßnahmen entsprechen. [3]Sie dürfen nicht schwerwiegender sein als die vom Anordnungsstaat verhängten Maßnahmen. [4]Über die Umwandlung nach diesem Absatz ist die zuständige Behörde des anderen Mitgliedstaates unverzüglich zu informieren.

(5) [1]Gegen den Beschluss des Amtsgerichts können die Staatsanwaltschaft und die zu überwachende Person sofortige Beschwerde einlegen. [2]Absatz 2 Satz 2 bleibt unberührt. [3]§ 42 ist entsprechend anwendbar.

§ 90v Bewilligung nach gerichtlicher Entscheidung

(1) [1]Die Staatsanwaltschaft darf die Übernahme der Überwachung nur bewilligen, wenn diese durch die gerichtliche Entscheidung für zulässig erklärt worden ist. [2]Die Staatsanwaltschaft bewilligt die Überwachung nach Maßgabe der vollstreckbaren gerichtlichen Entscheidung. [3]Diese Bewilligungsentscheidung ist unanfechtbar.

(2) [1]Über die Bewilligung soll innerhalb von 20 Werktagen nach Eingang der in § 90q bezeichneten Unterlagen bei der Staatsanwaltschaft entschieden werden. [2]Wurde gegen die Entscheidung des Gerichts gemäß § 90u Absatz 5 sofortige Beschwerde eingelegt, verlängert sich die Frist zur Bewilligung um weitere 20 Werktage.

(3) Ist es der Staatsanwaltschaft aufgrund außergewöhnlicher Umstände nicht möglich, die Fristen nach Absatz 2 einzuhalten, so unterrichtet sie unverzüglich die zuständige Behörde des Anordnungsstaates und gibt dabei die Gründe für die Verzögerung und die Zeit an, die voraussichtlich für eine Entscheidung benötigt wird.

§ 90w Durchführung der Überwachung

(1) [1]Das für die Entscheidung nach § 90u zuständige Gericht überwacht die Maßnahmen unverzüglich nach Bewilligung der Überwachungsübernahme während des Zeitraums, den die zuständige Behörde des anderen Mitgliedstaates angegeben hat. [2]Das Gericht kann die Überwachung ganz oder zum Teil an das Gericht abgeben, in dessen Bezirk die zu überwachende Person ihren Wohnsitz oder in Ermangelung eines Wohnsitzes ihren gewöhnlichen Aufenthalt hat. [3]Die Abgabe ist bindend.

(2) [1]Soweit das Gesetz die Anhörung oder Mitwirkung der Staatsanwaltschaft vorsieht, ist diejenige Staatsanwaltschaft zuständig, die die gerichtliche Zulässigkeitsentscheidung vorbereitet hat. [2]Ihre Zuständigkeit bleibt von einer Abgabe nach Absatz 1 Satz 2 unberührt.

(3) Das Gericht unterrichtet die zuständige Behörde des anderen Mitgliedstaates unverzüglich über

1. jeden Wohnsitzwechsel der zu überwachenden Person,
2. die Tatsache, dass der Aufenthaltsort der zu überwachenden Person im Bundesgebiet nicht mehr zu ermitteln ist, und
3. jeden Verstoß gegen eine Maßnahme sowie über Erkenntnisse, die eine weitere Entscheidung im Zusammenhang mit einer Entscheidung über Maßnahmen nach sich ziehen könnten; hierzu ist das in Anhang II des Rahmenbeschlusses Überwachungsanordnung wiedergegebene Formblatt in der jeweils gültigen Fassung zu verwenden.

(4) [1]Das Gericht sieht von der Überwachung der Maßnahmen ab, wenn

1. die zuständige Behörde des anderen Mitgliedstaates die Bescheinigung zurücknimmt oder auf andere geeignete Weise mitteilt, dass die Überwachung der Maßnahmen zu beenden ist,
2. der Aufenthaltsort der zu überwachenden Person im Bundesgebiet nicht mehr zu ermitteln ist,
3. die zu überwachende Person nicht mehr über einen rechtmäßigen gewöhnlichen Aufenthalt im Inland verfügt oder
4. die zuständige Behörde des anderen Mitgliedstaates die Maßnahmen so geändert hat, dass nunmehr keine Maßnahme im Sinne des § 90p Absatz 1 Satz 2 Nummer 4 vorliegt.

[2]Die Entscheidung nach Satz 1 ergeht durch Beschluss.

(5) [1]Das Gericht kann von der Überwachung der Maßnahme absehen, wenn die zuständige Behörde des anderen Mitgliedstaates keine weitere Entscheidung im Zusammenhang mit einer Entscheidung über Maßnahmen getroffen hat, obwohl das Gericht

1. mehrfach die zuständige Behörde des anderen Mitgliedstaates bezüglich derselben Person gemäß Absatz 3 Nummer 3 unterrichtet hat und

2. eine angemessene Frist zum Erlass einer weiteren Entscheidung im Zusammenhang mit einer Entscheidung über Maßnahmen gesetzt hat.

[2]Die Entscheidung nach Satz 1 ergeht durch Beschluss.

(6) Hat das Gericht beschlossen, die Überwachung der Maßnahmen gemäß Absatz 5 einzustellen, unterrichtet es die zuständige Behörde des anderen Mitgliedstaates hiervon schriftlich mit Gründen.

§ 90x Erneuerte und geänderte Maßnahmen

[1]Die Vorschriften der §§ 90o bis 90w gelten auch für die Übernahme und Überwachung erneuerter oder geänderter Maßnahmen mit der Maßgabe, dass bei solchen Entscheidungen keine erneute Prüfung gemäß § 90p Absatz 1 Satz 2 Nummer 2 und 3, Absatz 3 sowie den §§ 90r und 77 Absatz 2 stattfindet. [2]Bei Entscheidungen über erneuerte Maßnahmen findet zusätzlich keine erneute Prüfung gemäß § 90p Absatz 1 Satz 2 Nummer 4 statt.

§ 90y Abgabe der Überwachung

(1) [1]Das gemäß § 126 der Strafprozessordnung zuständige Gericht kann von einem deutschen Gericht erlassene Überwachungsmaßnahmen zur Vermeidung von Untersuchungshaft zur Überwachung nach Maßgabe des Rahmenbeschlusses Überwachungsanordnung an einen anderen Mitgliedstaat der Europäischen Union übertragen. [2]Die Übertragung ist nur zulässig, wenn die zu überwachende Person

1. in diesem Mitgliedstaat ihren rechtmäßigen gewöhnlichen Aufenthalt hat und
2. sich mit einer Rückkehr in diesen Mitgliedstaat einverstanden erklärt hat, nachdem sie über die betreffenden Maßnahmen unterrichtet wurde, oder
3. sich bereits in diesem Mitgliedstaat aufhält.

[3]Das Gericht gibt der Staatsanwaltschaft Gelegenheit zur Stellungnahme.

(2) Abweichend von Absatz 1 Satz 2 Nummer 1 und 2 kann das Gericht die Überwachung von Maßnahmen an einen anderen Mitgliedstaat der Europäischen Union als denjenigen übertragen, in dem die zu überwachende Person ihren rechtmäßigen gewöhnlichen Aufenthalt hat, sofern die zu überwachende Person einen entsprechenden Antrag gestellt hat.

(3) Das Gericht unterrichtet die zuständige Behörde des anderen Mitgliedstaates unverzüglich über

1. jede weitere Entscheidung im Zusammenhang mit einer Entscheidung über Maßnahmen sowie
2. einen gegen eine Entscheidung über Maßnahmen eingelegten Rechtsbehelf.

(4) Das Gericht kann die zuständige Behörde des anderen Mitgliedstaates um Verlängerung der Überwachung der Maßnahmen ersuchen, wenn

1. die zuständige Behörde des anderen Mitgliedstaates für die Zulässigkeit der Überwachung von Maßnahmen einen bestimmten Zeitraum angegeben hat,
2. der Zeitraum nach Nummer 1 abgelaufen ist und
3. es die Überwachung der Maßnahmen weiterhin für erforderlich hält.

(5) In einem Ersuchen nach Absatz 4 sind anzugeben:

1. die Gründe für die Verlängerung,
2. die voraussichtlichen Folgen für die zu überwachende Person, sofern die Maßnahmen nicht verlängert werden würden, und
3. der voraussichtliche Zeitraum der Verlängerung.

§ 90z Rücknahme der Überwachungsabgabe

(1) [1]Das Gericht hat die Bescheinigung zur Abgabe der Überwachung zurückzunehmen, wenn die Voraussetzungen für den Haftbefehl entfallen sind. [2]Es kann die Bescheinigung zurücknehmen, wenn

1. die zuständige Behörde des anderen Mitgliedstaates mitgeteilt hat, dass sie die Maßnahmen entsprechend dem dort geltenden Recht angepasst hat,
2. die zuständige Behörde des anderen Mitgliedstaates mitgeteilt hat, dass sie die Maßnahmen nur während eines begrenzten Zeitraums überwachen kann, oder
3. die zuständige Behörde des anderen Mitgliedstaates mitgeteilt hat, dass sie es im Falle eines Verstoßes gegen die Maßnahmen ablehnen müsste, die zu überwachende Person auszuliefern.

[3]In den Fällen von Satz 2 hat die Rücknahme vor Beginn der Überwachung im anderen Mitgliedstaat und spätestens zehn Tage nach Eingang der Informationen bei dem zuständigen Gericht zu erfolgen.

(2) Das Gericht ist für die Überwachung der Maßnahmen wieder zuständig, wenn

1. die zuständige Behörde des anderen Mitgliedstaates mitteilt, dass die zu überwachende Person ihren rechtmäßigen gewöhnlichen Aufenthalt in einen anderen Staat als den avisierten Vollstreckungsstaat verlegt hat,
2. das Gericht die Maßnahmen geändert und die zuständige Behörde des anderen Mitgliedstaates es abgelehnt hat, die geänderten Maßnahmen zu überwachen,

3. der maximale Überwachungszeitraum, während dessen die Maßnahmen im anderen Mitgliedstaat überwacht werden dürfen, abgelaufen ist,
4. die zuständige Behörde des anderen Mitgliedstaates beschlossen hat, die Überwachung der Maßnahmen nach Maßgabe des Artikels 23 des Rahmenbeschlusses Überwachungsanordnung einzustellen, und das Gericht hiervon unterrichtet hat.

Zehnter Teil

Sonstiger Rechtshilfeverkehr mit den Mitgliedstaaten der Europäischen Union

Abschnitt 1

Allgemeine Regelungen

§ 91 Vorrang des Zehnten Teils

(1) Soweit dieser Teil keine besonderen Regelungen enthält, finden die übrigen Bestimmungen dieses Gesetzes auf den sonstigen Rechtshilfeverkehr mit den Mitgliedstaaten der Europäischen Union Anwendung.

(2) Dieser Teil geht den in § 1 Abs. 3 genannten völkerrechtlichen Vereinbarungen vor, soweit er abschließende Regelungen enthält.

(3) Die §§ 92 bis 92b finden auch im Rahmen des Rechtshilfeverkehrs auf die Staaten Anwendung, welche die Bestimmungen des Schengen-Besitzstandes auf Grund eines Assoziierungsübereinkommens mit der Europäischen Union über die Umsetzung, Anwendung und Entwicklung des Schengen-Besitzstandes anwenden (Schengen-assoziierte Staaten).

Abschnitt 2

Europäische Ermittlungsanordnung

§ 91a Grundsatz

(1) Nach diesem Abschnitt richtet sich die sonstige Rechtshilfe für einen anderen Mitgliedstaat der Europäischen Union nach Maßgabe der Richtlinie 2014/41/EU des Europäischen Parlaments und des Rates vom 3. April 2014 über die Europäische Ermittlungsanordnung in Strafsachen (ABl. L 130 vom 1.5.2014, S. 1, L 143 vom 9.6.2015, S. 16) (Richtlinie Europäische Ermittlungsanordnung).

(2) Dieser Abschnitt findet keine Anwendung auf
1. die Bildung von gemeinsamen Ermittlungsgruppen sowie auf die Erhebung von Beweismitteln innerhalb einer solchen Ermittlungsgruppe,
2. grenzüberschreitende Observationen und
3. Vernehmungen von Beschuldigten im Wege einer Telefonkonferenz.

(3) [1]Die Sicherstellung von Beweismitteln für oder durch einen anderen Mitgliedstaat der Europäischen Union richtet sich nach Absatz 1. [2]Für die Sicherstellung von Vermögensgegenständen zum Zweck der Einziehung sind die §§ 94 bis 96 anzuwenden, soweit nicht die Verordnung Sicherstellung und Einziehung gilt.

(4) Die Vorschriften des Ersten, des Fünften bis Siebenten Teils dieses Gesetzes sowie die allgemeinen und besonderen Bestimmungen dieses Teils sind anzuwenden,
1. soweit dieser Abschnitt keine besonderen Regelungen enthält oder
2. wenn ein Ersuchen nicht nach Maßgabe der Richtlinie Europäische Ermittlungsanordnung gestellt wurde.

§ 91b Voraussetzungen der Zulässigkeit

(1) Die Leistung der Rechtshilfe ist nicht zulässig,
1. wenn sie im Gesetz besonders bezeichnete Straftaten oder Straftaten von einer bestimmten Erheblichkeit voraussetzt und die dem Ersuchen zugrunde liegende Tat diese Voraussetzung auch bei gegebenenfalls sinngemäßer Umstellung des Sachverhalts nicht erfüllt oder
2. soweit
   a) Zeugnis- oder Auskunftsverweigerungsrechte, insbesondere nach den §§ 52, 53 oder 55 der Strafprozessordnung, oder hierauf Bezug nehmende Vorschriften entgegenstehen oder
   b) eine der in § 77 Absatz 2 genannten Vorschriften oder die §§ 18 bis 20 des Gerichtsverfassungsgesetzes eingreifen.

(2) Ein Ersuchen in Steuer-, Abgaben-, Zoll- oder Währungsangelegenheiten ist auch zulässig, wenn das deutsche Recht keine gleichartigen Steuer-, Abgaben-, Zoll- oder Währungsbestimmungen enthält wie das Recht des ersuchenden Mitgliedstaates.

(3) § 73 Satz 2 gilt mit der Maßgabe, dass die Leistung der Rechtshilfe nicht zulässig ist, wenn berechtigte Gründe für die Annahme bestehen, dass die Erledigung des Ersuchens mit den Verpflichtungen der Bundesrepublik Deutschland nach Artikel 6 des Vertrags über die Europäische Union und der Charta der Grundrechte der Europäischen Union unvereinbar wäre.

(4) § 66 Absatz 2 Nummer 1 und § 67 Absatz 1 und 2 gelten mit der Maßgabe, dass die beiderseitige Strafbarkeit nicht zu prüfen ist, wenn die dem Ersuchen zugrunde liegende Tat nach dem Recht des ersuchenden Mitgliedstaates einer der in Anhang D der Richtlinie Europäische Ermittlungsanordnung aufgeführten Deliktsgruppen zugehörig ist und mit einer Freiheitsstrafe oder einer freiheitsentziehenden Maßregel der Besserung und Sicherung im Höchstmaß von mindestens drei Jahren bedroht ist.

(5) [1]Ist die Leistung der Rechtshilfe nicht zulässig, ist die zuständige Stelle des ersuchenden Mitgliedstaates unverzüglich zu unterrichten. [2]Die Unterrichtung erfolgt in einer Form, die einen schriftlichen Nachweis ermöglicht.

§ 91c Ergänzende Zulässigkeitsvoraussetzungen für besondere Formen der Rechtshilfe

(1) Eine audiovisuelle Vernehmung im Sinne von § 61c ist nicht zulässig, wenn die zu vernehmende Person der Vernehmung nicht zustimmt.

(2) Rechtshilfe darf nur geleistet werden, wenn außer den Voraussetzungen nach § 91b Absatz 1, Absatz 3 oder Absatz 4 die Voraussetzungen vorliegen, unter denen deutsche Gerichte oder Behörden nach § 59 Absatz 3 Rechtshilfe leisten bei

1. Ersuchen, die in einem Verfahren nach § 1 Absatz 2 gestellt werden, oder
2. Ersuchen um
   a) Auskunft zu Konten, die bei einem Finanzinstitut im Sinne des Artikels 3 Nummer 2 der Richtlinie (EU) 2015/849 des Europäischen Parlaments und des Rates vom 20. Mai 2015 zur Verhinderung der Nutzung des Finanzsystems zum Zwecke der Geldwäsche und der Terrorismusfinanzierung, zur Änderung der Verordnung (EU) Nr. 648/2012 des Europäischen Parlaments und des Rates und zur Aufhebung der Richtlinie 2005/60/EG des Europäischen Parlaments und des Rates und der Richtlinie 2006/70/EG der Kommission (ABl. L 141 vom 5.6.2015, S. 73) mit Sitz im Inland geführt werden,
   b) Auskunft zu einzelnen Kontobewegungen oder zu sonstigen Geschäften, die im Zusammenhang mit einem Konto im Sinne von Buchstabe a getätigt werden oder
   c) Ermittlungsmaßnahmen, die auf eine gewisse Dauer angelegt sind, insbesondere Ersuchen um
      aa) die Überwachung von einzelnen Kontobewegungen oder von sonstigen Geschäften, die über ein Konto bei einem Kreditinstitut im Sinne von § 1 Absatz 1 des Kreditwesengesetzes oder bei einem Finanzinstitut im Sinne von Buchstabe a getätigt werden,
      bb) die Durchführung von kontrollierten Lieferungen,
      cc) den Einsatz von verdeckten Ermittlern oder
      dd) die Überwachung der Telekommunikation.

(3) [1]§ 62 Absatz 1 gilt mit der Maßgabe, dass die vorübergehende Überstellung auch zu anderen als den dort genannten Ermittlungsmaßnahmen erfolgen kann. [2]§ 62 Absatz 1 Satz 1 Nummer 3, auch in Verbindung mit § 63 Absatz 4, findet keine Anwendung, wenn die betroffene Person in den räumlichen Geltungsbereich des ersuchenden Mitgliedstaates oder dieses Gesetzes überstellt wurde und diesen Geltungsbereich innerhalb von 15 aufeinander folgenden Tagen, nachdem ihre Anwesenheit von den dort jeweils zuständigen Stellen nicht mehr verlangt wird, nicht verlassen hat, obwohl sie dazu die Möglichkeit hatte, oder nach Verlassen in ihn zurückgekehrt ist.

(4) § 91b Absatz 5 gilt entsprechend.

§ 91d Unterlagen

(1) Die Leistung der Rechtshilfe ist nur zulässig, wenn der ersuchende Mitgliedstaat für sein Ersuchen das in Anhang A oder in Anhang C der Richtlinie Europäische Ermittlungsanordnung wiedergegebene Formblatt in der jeweils gültigen Fassung verwendet, das

1. von einer justiziellen Stelle im Sinne von Artikel 2 Buchstabe c Ziffer i der Richtlinie Europäische Ermittlungsanordnung ausgestellt wurde oder
2. von einer anderen als in Nummer 1 genannten Stelle, die der ersuchende Mitgliedstaat hierfür als zuständig bezeichnet hat, ausgestellt und durch eine Stelle gemäß Nummer 1 in Abschnitt L des Formblatts aus Anhang A der Richtlinie Europäische Ermittlungsanordnung bestätigt wurde.

(2) [1]Der Empfang eines Ersuchens nach Absatz 1 ist unverzüglich, spätestens aber binnen einer Woche nach seinem Eingang bei der zuständigen Stelle durch eine Mitteilung zu bestätigen, die dem in Anhang B der Richtlinie Europäische Ermittlungsanordnung wiedergegebenen Formblatt in der jeweils gültigen Fassung entspricht. [2]Ist ein Ersuchen bei einer nicht zuständigen Stelle eingegangen, ist es an die zustän-

dige Stelle weiterzuleiten; die ersuchende Stelle ist über die Weiterleitung durch eine Mitteilung nach Satz 1 zu unterrichten.

(3) [1]Ist ein Formblatt nach Absatz 1 unvollständig oder offensichtlich unrichtig ausgefüllt und kann deshalb Rechtshilfe nicht geleistet werden, ist die zuständige Stelle des ersuchenden Mitgliedstaates unverzüglich zu unterrichten. [2]Die Unterrichtung soll in einer Form erfolgen, die einen schriftlichen Nachweis ermöglicht.

§ 91e Bewilligung; Bewilligungshindernisse; Aufschub der Bewilligung

(1) Die Bewilligung der Rechtshilfe kann nur abgelehnt werden, wenn mindestens einer der folgenden Gründe vorliegt:

1. durch die Bewilligung würden wesentliche Sicherheitsinteressen des Bundes oder der Länder beeinträchtigt, Informationsquellen gefährdet oder eine Verwendung von Verschlusssachen über spezifische nachrichtendienstliche Tätigkeit erforderlich,
2. die verfolgte Person wurde wegen derselben Tat, die dem Ersuchen zugrunde liegt, bereits von einem anderen als dem ersuchenden Mitgliedstaat rechtskräftig abgeurteilt und im Fall der Verurteilung ist die Sanktion bereits vollstreckt worden, wird gerade vollstreckt oder kann nach dem Recht des Urteilsstaates nicht mehr vollstreckt werden,
3. die dem Ersuchen zugrunde liegende Tat
   a) wurde außerhalb des Hoheitsgebiets des ersuchenden Mitgliedstaates und ganz oder teilweise im Inland oder in einem der in § 4 des Strafgesetzbuchs genannten Verkehrsmittel begangen und
   b) ist nach deutschem Recht weder als Straftat mit Strafe noch als Ordnungswidrigkeit mit Geldbuße bewehrt,
4. bei Ersuchen um eine vorübergehende Überstellung von Personen aus dem ersuchenden Mitgliedstaat für ein dort anhängiges Verfahren gemäß § 63 stimmt die inhaftierte Person nicht zu,
5. bei Ersuchen um den Einsatz von verdeckten Ermittlern kann mit dem ersuchenden Mitgliedstaat keine Einigung über die Dauer des Einsatzes, dessen genaue Voraussetzungen oder die Rechtsstellung der Ermittler erzielt werden.

(2) Die Bewilligung der Rechtshilfe kann aufgeschoben werden, soweit

1. sie laufende strafrechtliche Ermittlungen beeinträchtigen könnte oder
2. die Beweismittel, um die ersucht wird, bereits in einem anderen Verfahren verwendet werden.

(3) Entscheidungen betreffend die Bewilligung oder den Aufschub der Bewilligung sind zu begründen.

(4) [1]Über Entscheidungen nach den Absätzen 1 oder 2 ist die zuständige Stelle des ersuchenden Mitgliedstaates unverzüglich zu unterrichten. [2]Bei Entscheidungen nach Absatz 2 sind die Gründe für den Aufschub anzugeben; die zu erwartende Dauer des Aufschubs soll angegeben werden. [3]§ 91b Absatz 5 Satz 2 gilt entsprechend.

§ 91f Rückgriff auf andere Ermittlungsmaßnahmen

(1) Steht eine weniger einschneidende Ermittlungsmaßnahme als die in dem Ersuchen nach § 91d Absatz 1 angegebene zur Verfügung, ist auf erstere zurückzugreifen, wenn mit dieser das gleiche Ergebnis erzielt werden kann wie mit der in dem Ersuchen angegebenen Ermittlungsmaßnahme.

(2) Auf eine andere als die in dem Ersuchen nach § 91d Absatz 1 angegebene Ermittlungsmaßnahme ist zurückzugreifen, wenn die angegebene Ermittlungsmaßnahme

1. im deutschen Recht nicht vorgesehen ist oder
2. in einem vergleichbaren innerstaatlichen Fall nicht zur Verfügung stünde.

(3) Entscheidungen nach den Absätzen 1 und 2 sind zu begründen.

(4) [1]Vor einem Rückgriff auf eine andere Ermittlungsmaßnahme nach den Absätzen 1 oder 2 ist die zuständige Stelle des ersuchenden Mitgliedstaates unverzüglich zu unterrichten. [2]§ 91b Absatz 5 Satz 2 gilt entsprechend.

(5) [1]Gibt es im Fall von Absatz 2 keine andere Ermittlungsmaßnahme, mit der das gleiche Ergebnis erzielt werden kann wie mit der im Ersuchen nach § 91d Absatz 1 angegebenen Ermittlungsmaßnahme, ist der zuständigen Stelle des ersuchenden Mitgliedstaates unverzüglich mitzuteilen, dass es nicht möglich war, die erbetene Unterstützung zu leisten. [2]§ 91b Absatz 5 Satz 2 gilt entsprechend.

§ 91g Fristen

(1) [1]Über die Bewilligung der Rechtshilfe soll unverzüglich, spätestens aber 30 Tage nach Eingang des Ersuchens bei der zuständigen Stelle entschieden werden. [2]Über die Bewilligung von Ersuchen um eine Sicherstellung von Beweismitteln soll unverzüglich und soweit möglich innerhalb von 24 Stunden nach Eingang des Ersuchens entschieden werden.

(2) Wenn kein Grund für einen Aufschub nach § 91e Absatz 2 vorliegt oder die Beweismittel, um die ersucht wird, sich nicht bereits im behördlichen Besitz befinden, soll die Ermittlungsmaßnahme unverzüglich, spätestens aber 90 Tage nach Bewilligung durchgeführt werden.

(3) Besonderen Wünschen der zuständigen Stelle des ersuchenden Mitgliedstaates, die darin bestehen, dass kürzere als die in Absatz 1 oder Absatz 2 genannten Fristen einzuhalten oder dass die Ermittlungsmaßnahmen zu einem bestimmten Zeitpunkt durchzuführen sind, ist möglichst weitgehend zu entsprechen.

(4) [1]Können die Frist nach Absatz 1 Satz 1 oder besondere Wünsche nach Absatz 3 aus praktischen Gründen nicht eingehalten werden, ist die zuständige Stelle des ersuchenden Mitgliedstaates unverzüglich zu unterrichten. [2]Dabei sind die Gründe und die voraussichtliche Dauer der Verzögerung anzugeben. [3]§ 91d Absatz 3 Satz 2 gilt entsprechend. [4]Die Frist nach Absatz 1 Satz 1 kann um höchstens 30 Tage verlängert werden.

(5) [1]Kann die Frist nach Absatz 2 aus praktischen Gründen nicht eingehalten werden, ist die zuständige Stelle des ersuchenden Mitgliedstaates unverzüglich zu unterrichten. [2]Dabei sind die Gründe für die Verzögerung anzugeben. [3]§ 91d Absatz 3 Satz 2 gilt entsprechend. [4]Mit der zuständigen Stelle des ersuchenden Mitgliedstaates ist der geeignete Zeitpunkt für die Durchführung der Ermittlungshandlung abzustimmen.

(6) [1]Sind Ersuchen auf eine grenzüberschreitende Überwachung des Telekommunikationsverkehrs gerichtet, ohne dass für die Durchführung der Überwachung die technische Hilfe der Bundesrepublik Deutschland benötigt wird, und würde die Ermittlungsmaßnahme in einem vergleichbaren innerstaatlichen Fall nicht genehmigt, ist der zuständigen Stelle des ersuchenden Mitgliedstaates unverzüglich, spätestens aber innerhalb von 96 Stunden nach Eingang des Ersuchens mitzuteilen, dass
1. die Überwachung nicht durchgeführt werden kann oder zu beenden ist und
2. Erkenntnisse, die bereits gesammelt wurden, während sich die überwachte Person im Hoheitsbereich der Bundesrepublik Deutschland befand, nicht oder nur unter Bedingungen verwendet werden dürfen; die Bedingungen und ihre Gründe sind mitzuteilen.

[2]§ 91d Absatz 3 Satz 2 gilt entsprechend.

§ 91h Erledigung des Ersuchens

(1) Liegen die Voraussetzungen für die Leistung der Rechtshilfe vor, ist das Ersuchen nach § 91d Absatz 1 nach denselben Vorschriften auszuführen, die gelten würden, wenn das Ersuchen von einer deutschen Stelle gestellt worden wäre; dies gilt auch für Zwangsmaßnahmen, die bei der Erledigung des Ersuchens notwendig werden.

(2) [1]Soweit die Richtlinie Europäische Ermittlungsanordnung nicht etwas anderes bestimmt und wesentliche Grundsätze der deutschen Rechtsordnung nicht entgegenstehen,
1. sind besondere Formvorschriften oder Verfahrensvorschriften, die in dem Ersuchen nach § 91d Absatz 1 angegeben wurden, einzuhalten und
2. ist Bitten um Teilnahme von Behörden des ersuchenden Mitgliedstaates an einer Amtshandlung zu entsprechen.

[2]Können besondere Formvorschriften oder Verfahrensvorschriften nach Satz 1 Nummer 1 nicht eingehalten werden oder kann Bitten nach Satz 1 Nummer 2 nicht entsprochen werden, ist die zuständige Stelle des ersuchenden Mitgliedstaates unverzüglich zu unterrichten; § 91d Absatz 3 Satz 2 gilt entsprechend.

(3) [1]Audiovisuelle Vernehmungen gemäß § 61c werden unter der Leitung der zuständigen Stelle und auf der Grundlage des Rechts des ersuchenden Mitgliedstaates durchgeführt. [2]Die zuständige deutsche Stelle nimmt an der Vernehmung teil, stellt die Identität der zu vernehmenden Person fest und achtet auf die Einhaltung der wesentlichen Grundsätze der deutschen Rechtsordnung. [3]Beschuldigte sind bei Beginn der Vernehmung über die Rechte zu belehren, die ihnen nach dem Recht des ersuchenden Mitgliedstaates und nach deutschem Verfahrensrecht zustehen. [4]Zeugen und Sachverständige sind über die Zeugnis- oder Auskunftsverweigerungsrechte zu belehren, die ihnen nach dem Recht des ersuchenden Mitgliedstaates und nach deutschem Verfahrensrecht zustehen.

(4) Absatz 3 Satz 1, 2 und 4 gilt entsprechend für die telefonische Vernehmung von Zeugen oder Sachverständigen.

§ 91i Rechtsbehelfe; Aufschub der Übermittlung von Beweismitteln

(1) [1]Erfolgt eine Vorlage nach § 61 Absatz 1 Satz 1 oder wird ein Antrag nach § 61 Absatz 1 Satz 2 gestellt, überprüft das Oberlandesgericht auf Antrag auch Entscheidungen nach § 91e Absatz 3 und nach § 91f Absatz 1 und 2. [2]Wenn Entscheidungen nach § 91e Absatz 3 ermessensfehlerhaft sind, stellt das Gericht dies fest, hebt die Entscheidungen insoweit auf und reicht die Akten zur erneuten Entscheidung unter

Beachtung der Rechtsauffassung des Gerichts zurück; andernfalls stellt das Gericht fest, dass die Entscheidungen ermessensfehlerfrei sind.

(2) Die Übermittlung von Beweismitteln an den ersuchenden Mitgliedstaat kann ausgesetzt werden, bis über einen Rechtsbehelf entschieden worden ist, der eingelegt wurde

1. in dem ersuchenden Mitgliedstaat gegen den Erlass der Europäischen Ermittlungsanordnung oder
2. im Geltungsbereich dieses Gesetzes.

(3) Über Rechtsbehelfe gemäß Absatz 2 Nummer 2 ist die zuständige Stelle des ersuchenden Mitgliedstaates zu unterrichten; § 91d Absatz 3 Satz 2 gilt entsprechend.

§ 91j Ausgehende Ersuchen

(1) Für ausgehende Ersuchen ist das in Anhang A oder in Anhang C der Richtlinie Europäische Ermittlungsanordnung wiedergegebene Formblatt in der jeweils gültigen Fassung zu verwenden.

(2) [1]Wird ein Ersuchen in einem Verfahren nach § 1 Absatz 2 von einer Verwaltungsbehörde gestellt, ist das Ersuchen vor der Übermittlung an den ersuchten Mitgliedstaat der Staatsanwaltschaft zur Bestätigung unter Abschnitt L des Formblattes aus Anhang A der Richtlinie Europäische Ermittlungsanordnung vorzulegen. [2]Örtlich zuständig ist die Staatsanwaltschaft bei dem Landgericht, in dessen Bezirk die Verwaltungsbehörde ihren Sitz hat. [3]Die Länder können die Zuständigkeit nach Satz 1 einem Gericht zuweisen oder die örtliche Zuständigkeit nach Satz 2 abweichend regeln.

(3) Die Bestätigung nach Absatz 2 erfolgt, nachdem die Staatsanwaltschaft oder das nach Absatz 2 Satz 3 bestimmte Gericht festgestellt hat, dass die Voraussetzungen für den Erlass des Ersuchens vorliegen, insbesondere dass

1. das Ersuchen dem Grundsatz der Verhältnismäßigkeit entspricht und
2. die in dem Ersuchen angegebene Ermittlungsmaßnahme in einem vergleichbaren innerstaatlichen Fall unter denselben Bedingungen angeordnet werden könnte.

(4) Ist in einem Verfahren nach § 1 Absatz 2 die Anordnung einer Maßnahme dem Richter vorbehalten, kann die Bestätigung nach den Absätzen 2 und 3 auch durch das insoweit befasste Gericht erfolgen, wenn die Länder dies vorsehen.

(5) [1]§ 69 gilt mit der Maßgabe, dass die vorübergehende Überstellung auch zu anderen als den dort genannten Ermittlungsmaßnahmen erfolgen kann. [2]§ 62 Absatz 1 Satz 1 Nummer 3 findet in Verbindung mit § 69 Absatz 3 oder § 70 Satz 1 keine Anwendung, wenn die betroffene Person in den räumlichen Geltungsbereich dieses Gesetzes oder des ersuchten Mitgliedstaates überstellt wurde und diesen Geltungsbereich innerhalb von 15 aufeinander folgenden Tagen, nachdem ihre Anwesenheit von den dort jeweils zuständigen Stellen nicht mehr verlangt wird, nicht verlassen hat, obwohl sie dazu die Möglichkeit hatte, oder nach Verlassen in ihn zurückgekehrt ist.

Abschnitt 3

Besondere Formen der Rechtshilfe

§ 92 Übermittlung von Informationen einschließlich personenbezogener Daten an Mitgliedstaaten der Europäischen Union

(1) [1]Auf ein Ersuchen einer Strafverfolgungsbehörde eines Mitgliedstaates der Europäischen Union, das nach Maßgabe des Rahmenbeschlusses 2006/960/JI des Rates vom 18. Dezember 2006 über die Vereinfachung des Austauschs von Informationen und Erkenntnissen zwischen den Strafverfolgungsbehörden der Mitgliedstaaten der Europäischen Union (ABl. L 386 vom 29.12.2006, S. 89, L 75 vom 15.3.2007, S. 26) gestellt worden ist, können die zuständigen Polizeibehörden des Bundes und der Länder Informationen einschließlich personenbezogener Daten zum Zweck der Verfolgung von Straftaten übermitteln. [2]Die Übermittlung erfolgt unter den gleichen gesetzlichen Voraussetzungen wie an eine inländische Polizeibehörde. [3]Die Regelungen des § 3 des Bundeskriminalamtgesetzes über den internationalen Dienstverkehr der Polizeien des Bundes und der Länder bleiben unberührt.

(2) [1]Bei der Übermittlung nach Absatz 1 ist mitzuteilen, dass die Verwendung als Beweismittel in einem Gerichtsverfahren unzulässig ist, es sei denn, die für Entscheidungen über Ersuchen nach dem Fünften Teil zuständige Bewilligungsbehörde hat ihre Zustimmung zur Verwendung als Beweismittel erteilt. [2]Entsprechend entscheidet die für Ersuchen nach dem Fünften Teil zuständige Behörde auch über ein Ersuchen um nachträgliche Genehmigung der Verwertbarkeit als Beweismittel.

(3) Die Übermittlung von Informationen einschließlich personenbezogener Daten nach Absatz 1 ist unzulässig, wenn
1. hierdurch wesentliche Sicherheitsinteressen des Bundes oder der Länder beeinträchtigt würden,
2. die zu übermittelnden Daten bei der ersuchten Behörde nicht vorhanden sind und nur durch das Ergreifen von Zwangsmaßnahmen erlangt werden können oder
3. die Übermittlung der Daten unverhältnismäßig wäre oder die Daten für die Zwecke, für die sie übermittelt werden sollen, nicht erforderlich sind.

(4) Die Bewilligung eines Ersuchens nach Absatz 1 kann verweigert werden, wenn
1. die zu übermittelnden Daten bei der ersuchten Behörde nicht vorhanden sind, jedoch ohne das Ergreifen von Zwangsmaßnahmen erlangt werden können oder
2. hierdurch der Erfolg laufender Ermittlungen oder Leib, Leben oder Freiheit einer Person gefährdet würde oder
3. die Tat, zu deren Verfolgung die Daten übermittelt werden sollen, nach deutschem Recht mit einer Freiheitsstrafe von im Höchstmaß einem Jahr oder weniger bedroht ist.

(5) Als Strafverfolgungsbehörde eines Mitgliedstaates der Europäischen Union im Sinne des Absatzes 1 gilt jede von diesem Staat gemäß Artikel 2 Buchstabe a des Rahmenbeschlusses 2006/960/JI benannte Stelle.

§ 92a Inhalt des Ersuchens

Die Bewilligung eines Ersuchens im Sinne des § 92 Absatz 1 Satz 1 ist nur zulässig, wenn das Ersuchen folgende Angaben enthält:
1. die Bezeichnung und die Anschrift der ersuchenden Strafverfolgungsbehörde,
2. die Bezeichnung der Straftat, zu deren Verfolgung die Daten benötigt werden,
3. die Beschreibung des Sachverhalts der dem Ersuchen zugrunde liegenden Straftat,
4. die Benennung des Zwecks, zu dem die Daten erbeten werden,
5. den Zusammenhang zwischen dem Zweck, zu dem die Informationen oder Erkenntnisse erbeten werden, und der Person, auf die sich diese Informationen beziehen,
6. Einzelheiten zur Identität des Beschuldigten, sofern sich das Ermittlungsverfahren gegen eine bekannte Person richtet, und
7. Gründe für die Annahme, dass sachdienliche Informationen und Erkenntnisse im Inland vorliegen.

§ 92b Verwendung von nach dem Rahmenbeschluss 2006/960/JI übermittelten Informationen einschließlich personenbezogener Daten

[1]Informationen einschließlich personenbezogener Daten, die nach dem Rahmenbeschluss 2006/960/JI an eine inländische Polizeibehörde übermittelt worden sind, dürfen nur für die Zwecke, für die sie übermittelt wurden, oder zur Abwehr einer gegenwärtigen und erheblichen Gefahr für die öffentliche Sicherheit verwendet werden. [2]Für einen anderen Zweck oder als Beweismittel in einem gerichtlichen Verfahren dürfen sie nur verwendet werden, wenn der übermittelnde Staat zugestimmt hat. [3]Von dem übermittelnden Staat für die Verwendung der Daten gestellte Bedingungen sind zu beachten.

§ 92c Datenübermittlung ohne Ersuchen

(1) Soweit eine völkerrechtliche Vereinbarung dies vorsieht oder nach Maßgabe des Rahmenbeschlusses 2006/960/JI, dürfen öffentliche Stellen ohne Ersuchen personenbezogene Daten, die den Verdacht einer Straftat begründen, an öffentliche Stellen eines anderen Mitgliedstaates der Europäischen Union oder eines Schengen-assoziierten Staates sowie Organe und Einrichtungen der Europäischen Union übermitteln, soweit
1. eine Übermittlung auch ohne Ersuchen an ein deutsches Gericht oder eine deutsche Staatsanwaltschaft zulässig wäre und
2. die Übermittlung geeignet ist,
   a) ein Strafverfahren in dem anderen Mitgliedstaat einzuleiten oder
   b) ein dort bereits eingeleitetes Strafverfahren zu fördern, und
3. die Stelle, an die die Daten übermittelt werden, für die zu treffenden Maßnahmen nach Nummer 2 zuständig ist.

(2) § 61a Abs. 2 bis 4 gilt entsprechend.

§ 92d Örtliche Zuständigkeit für Ersuchen um Überwachung des Telekommunikationsverkehrs ohne technische Hilfe; Verordnungsermächtigung

(1) Örtlich zuständig für Ersuchen aus den Mitgliedstaaten der Europäischen Union, die auf eine grenzüberschreitende Überwachung des Telekommunikationsverkehrs gerichtet sind, ohne dass für die Durchführung der Überwachung die technische Hilfe der Bundesrepublik Deutschland benötigt wird, ist

1. für Ersuchen aus der Französischen Republik, dem Königreich Spanien und der Portugiesischen Republik das zuständige Gericht am Sitz der Landesregierung von Baden-Württemberg;
2. für Ersuchen aus der Italienischen Republik, der Republik Kroatien, der Republik Malta, der Republik Österreich und der Republik Slowenien das zuständige Gericht am Sitz der Landesregierung des Freistaats Bayern;
3. für Ersuchen aus der Republik Estland, der Republik Lettland und der Republik Litauen das zuständige Gericht am Sitz des Senats von Berlin;
4. für Ersuchen aus der Republik Polen das zuständige Gericht am Sitz der Landesregierung von Brandenburg;
5. für Ersuchen aus Irland das zuständige Gericht am Sitz des Senats der Freien Hansestadt Bremen;
6. für Ersuchen aus dem Königreich Schweden das zuständige Gericht am Sitz des Senats der Freien und Hansestadt Hamburg;
7. für Ersuchen aus der Republik Bulgarien und aus Rumänien das zuständige Gericht am Sitz der Landesregierung von Hessen;
8. für Ersuchen aus der Republik Finnland das zuständige Gericht am Sitz der Landesregierung von Mecklenburg-Vorpommern;
9. für Ersuchen aus dem Vereinigten Königreich Großbritannien und Nordirland das zuständige Gericht am Sitz der Landesregierung von Niedersachsen;
10. für Ersuchen aus dem Königreich der Niederlande das zuständige Gericht am Sitz der Landesregierung von Nordrhein-Westfalen;
11. für Ersuchen aus dem Königreich Belgien das zuständige Gericht am Sitz der Landesregierung von Rheinland-Pfalz;
12. für Ersuchen aus dem Großherzogtum Luxemburg das zuständige Gericht am Sitz der Landesregierung des Saarlandes;
13. für Ersuchen aus der Slowakischen Republik und der Tschechischen Republik das zuständige Gericht am Sitz der Landesregierung des Freistaats Sachsen;
14. für Ersuchen aus Ungarn das zuständige Gericht am Sitz der Landesregierung von Sachsen-Anhalt;
15. für Ersuchen aus dem Königreich Dänemark das zuständige Gericht am Sitz der Landesregierung von Schleswig-Holstein;
16. für Ersuchen aus der Hellenischen Republik und der Republik Zypern das zuständige Gericht am Sitz der Landesregierung des Freistaats Thüringen.

(2) [1]Die Landesregierungen können die örtliche Zuständigkeit durch Rechtsverordnung abweichend regeln. [2]Die Landesregierungen können diese Ermächtigung durch Rechtsverordnung auf die Landesjustizverwaltungen übertragen.

§ 93 Gemeinsame Ermittlungsgruppen

(1) Einem von einem Mitgliedstaat der Europäischen Union in eine gemeinsame Ermittlungsgruppe entsandten Mitglied kann unter der Leitung des zuständigen deutschen Mitglieds die Durchführung von Ermittlungsmaßnahmen übertragen werden, sofern dies vom entsendenden Mitgliedstaat gebilligt worden ist.

(2) Anderen Personen kann die Teilnahme an einer gemeinsamen Ermittlungsgruppe nach Maßgabe der Rechtsvorschriften der teilnehmenden Mitgliedstaaten oder einer zwischen ihnen anwendbaren Übereinkunft gestattet werden.

(3) Die an der gemeinsamen Ermittlungsgruppe beteiligten Beamten und Beamtinnen dürfen den von anderen Mitgliedstaaten entsandten Mitgliedern oder anderen teilnehmenden Personen dienstlich erlangte Informationen einschließlich personenbezogener Daten unmittelbar übermitteln, soweit dies für die Tätigkeit der gemeinsamen Ermittlungsgruppe erforderlich ist.

(4) Soweit die Übermittlung der nach Absatz 3 erlangten Informationen eine besondere zweckändernde Vereinbarung erfordert, ist diese zulässig, wenn ein auf die Verwendung der Informationen gerichtetes Ersuchen bewilligt werden könnte.

§ 94 Ersuchen um Sicherstellung, Beschlagnahme und Durchsuchung

(1) Außerhalb des Anwendungsbereichs der Verordnung Sicherstellung und Einziehung sind § 58 Absatz 3 und § 67 bei Ersuchen nach Maßgabe des Rahmenbeschlusses 2003/577/JI des Rates vom 22. Juli 2003 über die Vollstreckung von Entscheidungen über die Sicherstellung von Vermögensgegenständen oder Beweismitteln in der Europäischen Union (ABl. L 196 vom 2.8.2003, S. 45), der durch die Verordnung (EU) 2018/1805 (ABl. L 303 vom 28.11.2018, S. 1) geändert worden ist, (Rahmenbeschluss Sicherstellung) anzuwenden, wobei

1. die beiderseitige Strafbarkeit nicht zu prüfen ist, wenn die dem Ersuchen zugrunde liegende Tat nach dem Recht des ersuchenden Staates mit einer Freiheitsstrafe im Höchstmaß von mindestens drei Jahren bedroht ist und den in Artikel 3 Absatz 2 des Rahmenbeschlusses Sicherstellung aufgeführten Deliktsgruppen zugehörig ist,
2. ein Ersuchen in Steuer-, Abgaben-, Zoll- und Währungsangelegenheiten auch zulässig ist, wenn das deutsche Recht keine gleichartigen Steuern vorschreibt oder keine gleichartigen Steuer-, Abgaben-, Zoll- und Währungsbestimmungen enthält wie das Recht des ersuchenden Mitgliedstaates.

(2) [1]Die Bewilligung von Ersuchen nach Absatz 1 ist unzulässig, wenn

1. ein Beschlagnahmeverbot nach § 77 Abs. 1 in Verbindung mit § 97 der Strafprozessordnung besteht oder
2. der Verfolgte wegen derselben Tat, die dem Ersuchen zu Grunde liegt, bereits von einem anderen als dem ersuchenden Mitgliedstaat rechtskräftig abgeurteilt worden ist, vorausgesetzt, dass im Fall der Verurteilung die Sanktion bereits vollstreckt worden ist, gerade vollstreckt wird oder nach dem Recht des Urteilsstaates nicht mehr vollstreckt werden kann.

[2]Dies gilt nicht, wenn das Ersuchen der Vorbereitung einer Anordnung der Einziehung dient und eine solche Maßnahme entsprechend § 76a des Strafgesetzbuchs selbständig angeordnet werden könnte.

(3) Die Bewilligung von Ersuchen um Maßnahmen nach § 58 Abs. 3 und § 67 kann aufgeschoben werden, solange

1. sie laufende strafrechtliche Ermittlungen beeinträchtigen könnte und
2. die das Ersuchen betreffenden Gegenstände für ein anderes Strafverfahren beschlagnahmt oder sonst sichergestellt sind.

§ 95 Sicherungsunterlagen

(1) Die Bewilligung von Ersuchen nach Maßgabe des Rahmenbeschlusses Sicherstellung ist nur zulässig, wenn eine Sicherstellungsentscheidung mit einer Bescheinigung vorgelegt wird, die die folgenden Angaben enthält:

1. die Bezeichnung und Anschrift der ausstellenden Justizbehörde,
2. die Beschreibung des Vermögensgegenstands oder Beweismittels, um dessen Sicherstellung ersucht wird,
3. die möglichst genaue Bezeichnung der natürlichen oder juristischen Person, die nach den Vorschriften des Rechts des ersuchenden Staates der Straftat verdächtig ist,
4. die Darlegung der Gründe für die Sicherstellungsentscheidung,
5. die Beschreibung der Umstände, unter denen die Straftat begangen wurde, einschließlich der Tatzeit, des Tatortes und
6. die Art und rechtliche Würdigung der Straftat, einschließlich der gesetzlichen Bestimmungen, auf deren Grundlage die Sicherstellungsentscheidung ergangen ist.

(2) [1]Ist eine Bescheinigung nach Absatz 1 bei Stellung des Ersuchens nicht vorhanden oder unvollständig oder entspricht sie offensichtlich nicht der Sicherstellungsentscheidung, kann die zuständige Behörde eine Frist für die Vorlage oder Vervollständigung oder Berichtigung setzen. [2]Ist die Bescheinigung nach Absatz 1 unvollständig, ergeben sich die erforderlichen Angaben aber aus der Sicherstellungsentscheidung, so kann die zuständige Behörde auf die Vorlage einer vervollständigten Bescheinigung verzichten.

§ 96 Grundsätzliche Pflicht zur Bewilligung von Sicherstellungsmaßnahmen

[1]Nach Maßgabe der §§ 94 und 95 zulässige Ersuchen eines Mitgliedstaates sind zu bewilligen. [2]Wird ein Ersuchen wegen Unzulässigkeit abgelehnt, ist die ablehnende Bewilligungsentscheidung zu begründen.

Elfter Teil

Durchführungsvorschriften zur Verordnung (EU) 2018/1805 des Europäischen Parlaments und des Rates vom 14. November 2018 über die gegenseitige Anerkennung von Sicherstellungs- und Einziehungsentscheidungen

§ 96a Grundsatz

Soweit dieser Teil keine besonderen Regelungen enthält, ist § 77 anzuwenden.

§ 96b Zuständigkeit und Verfahren für eingehende Ersuchen

(1) [1]Über die Anerkennung und Vollstreckung eingehender Sicherstellungsentscheidungen entscheidet das nach § 67 Absatz 3 zuständige Amtsgericht; § 51 Absatz 2 Satz 3 gilt entsprechend. [2]Wird eine Sicherstellungsentscheidung gleichzeitig mit einer Einziehungsentscheidung übermittelt, so entscheidet das nach § 50 Satz 1 und § 51 zuständige Landgericht.

(2) Über die Anerkennung und Vollstreckung eingehender Einziehungsentscheidungen entscheidet das nach § 50 Satz 1 und § 51 zuständige Landgericht.

(3) Die nach § 50 Satz 2 und § 51 zuständige Staatsanwaltschaft nimmt eingehende Sicherstellungs- und Einziehungsentscheidungen entgegen und bereitet die Entscheidung des Gerichts vor.

(4) Sofern die Staatsanwaltschaft unter den Voraussetzungen des Artikels 18 Absatz 5 der Verordnung Sicherstellung und Einziehung geeignete und erforderliche Maßnahmen zur einstweiligen Sicherstellung der einzuziehenden Vermögenswerte vorgenommen hat, gibt sie dem Betroffenen sowie Dritten, die den Umständen des Falles nach Rechte an dem Gegenstand geltend machen können, Gelegenheit, sich zu äußern.

(5) Der Betroffene kann sich in jeder Lage des Verfahrens anwaltlichen Beistands bedienen.

§ 96c Vollstreckung

(1) Nachdem das Gericht die Anerkennung und Vollstreckung einer Sicherstellungs- oder Einziehungsentscheidung beschlossen hat, führt die Staatsanwaltschaft die Vollstreckung durch.

(2) Die Staatsanwaltschaft entscheidet über die Aussetzung der Vollstreckung einer Sicherstellungs- und Einziehungsentscheidung nach den Artikeln 10 und 21 der Verordnung Sicherstellung und Einziehung sowie über die Unmöglichkeit der Vollstreckung einer Sicherstellungs- oder Einziehungsentscheidung nach den Artikeln 13 und 22 der Verordnung Sicherstellung und Einziehung.

(3) Die Zuständigkeit für die Vollstreckung einer Sicherstellungs- oder Einziehungsentscheidung, die sich gegen einen Jugendlichen oder Heranwachsenden richtet, bestimmt sich nach den Vorschriften des Jugendgerichtsgesetzes.

§ 96d Rechtsbehelf

(1) Betroffene können nach Maßgabe des Artikels 33 der Verordnung Sicherstellung und Einziehung gegen die Entscheidung über die Anerkennung und Vollstreckung der Sicherstellungs- oder Einziehungsentscheidung sofortige Beschwerde einlegen.

(2) Richtet sich die sofortige Beschwerde gegen die Entscheidung eines Landgerichts, so gilt für das weitere Verfahren § 42 entsprechend.

§ 96e Ausgehende Ersuchen

(1) [1]Für die Ausstellung und Übermittlung von Ersuchen um Anerkennung und Vollstreckung von Sicherstellungs- oder Einziehungsentscheidungen an einen anderen Mitgliedstaat ist die Staatsanwaltschaft zuständig. [2]Dies gilt vorbehaltlich des Artikels 2 Absatz 8 Buchstabe a Ziffer ii Satz 3 der Verordnung Sicherstellung und Einziehung.

(2) [1]Wird von einer für die Verfolgung von Ordnungswidrigkeiten zuständigen Verwaltungsbehörde im Sinne des Artikels 2 Absatz 8 Buchstabe a Ziffer ii der Verordnung Sicherstellung und Einziehung ein Ersuchen um Anerkennung und Vollstreckung einer Sicherstellungsentscheidung aus einem Ordnungswidrigkeitenverfahren gestellt, so ist das Ersuchen vor der Übermittlung an den ersuchten Mitgliedstaat der zuständigen Staatsanwaltschaft zur Bestätigung vorzulegen. [2]Hierfür ist die Bescheinigung gemäß Abschnitt N der Sicherstellungsbescheinigung aus Anhang I der Verordnung Sicherstellung und Einziehung zu verwenden. [3]Örtlich zuständig ist die Staatsanwaltschaft bei dem Landgericht, in dessen Bezirk die Verwaltungsbehörde ihren Sitz hat. [4]Die Länder können die Zuständigkeit der Staatsanwaltschaft nach Satz 1 einem Gericht zuweisen oder die örtliche Zuständigkeit der Staatsanwaltschaft nach Satz 3 abweichend regeln.

(3) Die Bestätigung nach Absatz 2 Satz 1 erfolgt, nachdem die Staatsanwaltschaft oder das nach Absatz 2 Satz 4 bestimmte Gericht festgestellt hat, dass die Voraussetzungen für den Erlass des Ersuchens vorliegen, insbesondere, dass

1. das Ersuchen dem Grundsatz der Verhältnismäßigkeit entspricht und
2. die in dem Ersuchen angegebene Ermittlungsmaßnahme in einem vergleichbaren innerstaatlichen Fall unter denselben Bedingungen angeordnet werden könnte.

(4) Ist die Anordnung einer Maßnahme dem Richter vorbehalten, so kann die Bestätigung nach den Absätzen 2 und 3 auch durch das insoweit befasste Gericht erfolgen, wenn die Länder dies vorsehen.

(5) § 96b Absatz 5 gilt entsprechend.

§ 97 ***[aufgehoben]***

Zwölfter Teil

Schutz personenbezogener Daten im Rechtshilfeverkehr innerhalb der Europäischen Union und mit den Schengen-assoziierten Staaten

§ 97a Anwendungsbereich

(1) Die Vorschriften dieses Teils sind anzuwenden auf personenbezogene Daten, die an Mitgliedstaaten der Europäischen Union, für die die Richtlinie (EU) 2016/680 gilt, oder an Organe, Einrichtungen, Ämter und Agenturen der Europäischen Union übermittelt oder von diesen empfangen werden.

(2) Schengen-assoziierte Staaten stehen den in Absatz 1 genannten Mitgliedstaaten der Europäischen Union bei der Anwendung dieses Teils gleich.

(3) Soweit dieser Teil keine besonderen Regelungen enthält, sind die Bestimmungen des Abschnitts 2 des Siebenten Teils anzuwenden.

§ 97b Übermittlung personenbezogener Daten

Für die Übermittlung personenbezogener Daten gilt § 77d mit der Maßgabe, dass keine Anwendung finden dessen

1. Absatz 1 Nummer 2, auch in Verbindung mit Absatz 3 und § 77e Absatz 1 Nummer 7,
2. Absatz 1 Nummer 3, auch in Verbindung mit Absatz 4 und § 77e Absatz 1 Nummer 4, und
3. Absatz 1 Nummer 4 in Verbindung mit § 77f.

§ 97c Prüf-, Informations- und Protokollierungspflichten der übermittelnden Stelle

Zusätzlich zu den in § 77e genannten Pflichten gilt, dass der Stelle eines anderen Mitgliedstaates der Europäischen Union, von der oder an die personenbezogene Daten übermittelt wurden, bei einer Verletzung des Schutzes der personenbezogenen Daten unverzüglich die in § 65 Absatz 3 des Bundesdatenschutzgesetzes genannten Informationen mitzuteilen sind.

Dreizehnter Teil

Auslieferungs- und Durchlieferungsverkehr mit der Republik Island und dem Königreich Norwegen

§ 98 Vorrang des Dreizehnten Teils

(1) Dieser Teil gilt für den Auslieferungs- und Durchlieferungsverkehr mit der Republik Island und dem Königreich Norwegen nach dem Übereinkommen vom 28. Juni 2006 zwischen der Europäischen Union und der Republik Island und dem Königreich Norwegen über das Übergabeverfahren zwischen den Mitgliedstaaten der Europäischen Union und Island und Norwegen (ABl. L 292 vom 21.10.2006, S. 2).

(2) Soweit dieser Teil keine besonderen Regelungen enthält, finden die Bestimmungen des Achten Teils mit Ausnahme des § 79 Absatz 1 Satz 1, der §§ 80, 81 Nummer 4, § 83c Absatz 5, § 83f Absatz 3 und § 83i entsprechend sowie nach Maßgabe des § 78 die übrigen Bestimmungen dieses Gesetzes Anwendung.

(3) [1]Die §§ 35 und 36 finden mit der Maßgabe Anwendung, dass bei Erweiterung der Auslieferungsbewilligung oder bei der Weiterlieferung der verfolgten Person an Mitgliedstaaten der Europäischen Union, an die Republik Island oder das Königreich Norwegen abweichend von § 35 Absatz 1 Satz 1 eine Zustimmung zu erteilen ist. [2]Hierbei gelten § 83a Absatz 1 und § 83c Absatz 6 entsprechend. [3]Die §§ 38 und 39 finden mit der Maßgabe Anwendung, dass diese bei Vorliegen der Voraussetzungen zur Vornahme der Maßnahmen verpflichten.

(4) [1]An die Stelle des Mitgliedstaates tritt in den anwendbaren Bestimmungen des Achten Teils neben den Mitgliedstaaten der Europäischen Union auch die Republik Island und das Königreich Norwegen; an die Stelle des Europäischen Haftbefehls tritt ein Auslieferungsersuchen auf Grundlage eines Haftbefehls im Sinne des Artikels 2 Absatz 5 des Übereinkommens vom 28. Juni 2006 zwischen der Europäischen Union und der Republik Island und dem Königreich Norwegen über das Übergabeverfahren zwischen den Mitgliedstaaten der Europäischen Union und Island und Norwegen. [2]Ferner tritt dieses Übereinkommen an die Stelle des Rahmenbeschlusses Europäischer Haftbefehl in den anwendbaren Vorschriften des Achten Teils.

§ 99 Grundsätzliche Pflicht zur Bewilligung

Zulässige Ersuchen der Republik Island und des Königreichs Norwegen um Auslieferung oder Durchlieferung eines Ausländers können nur abgelehnt werden, soweit dies in diesem Teil oder in den übrigen anwendbaren Bestimmungen dieses Gesetzes vorgesehen ist.

Vierzehnter Teil

Schlussvorschriften

§ 100 Anwendungsvorbehalt; Stichtagsregelung

[1]Die Vorschriften des Abschnitts 2 des Neunten Teils über die Vollstreckung von Geldsanktionen nach dem Rahmenbeschluss Geldsanktionen sind bei Geldsanktionen gemäß § 87 Absatz 2 Nummer 1 und 4 nur anwendbar, wenn diese nach dem 27. Oktober 2010 rechtskräftig geworden sind. [2]Bei Geldsanktionen nach § 87 Absatz 2 Nummer 2 und 3 sind die in Satz 1 genannten Vorschriften nur anwendbar, wenn die nicht gerichtliche Entscheidung über die Verhängung der Geldsanktion nach dem 27. Oktober 2010 ergangen ist.

§ 101 Übergangsvorschrift für Ersuchen, die auf einer Abwesenheitsentscheidung beruhen

[1]In Abweichung von § 83a Absatz 1, § 83f Absatz 1, § 87a Nummer 2, § 88b Absatz 1 und § 88c Nummer 1 ist die Vorlage des dort genannten Europäischen Haftbefehls oder der dort genannten Bescheinigungen ebenfalls in der Fassung vor dem 28. März 2011 zulässig, sofern der ersuchende Mitgliedstaat der Europäischen Union auf andere Art und Weise die zusätzlichen Angaben übermittelt, die gemäß den Artikeln 2 bis 4 des Rahmenbeschlusses 2009/299/JI des Rates vom 26. Februar 2009 zur Änderung der Rahmenbeschlüsse 2002/584/JI, 2005/214/JI, 2006/783/JI, 2008/909/JI und 2008/947/JI, zur Stärkung der Verfahrensrechte von Personen und zur Förderung der Anwendung des Grundsatzes der gegenseitigen Anerkennung auf Entscheidungen, die im Anschluss an eine Verhandlung ergangen sind, zu der die betroffene Person nicht erschienen ist (ABl. L 81 vom 27.3.2009, S. 24), erforderlich sind. [2]Diese Regelung wird nicht mehr angewendet, sobald der letzte Mitgliedstaat der Europäischen Union den Rahmenbeschluss 2009/299/JI in sein nationales Recht umgesetzt hat. [3]Das Bundesministerium der Justiz und für Verbraucherschutz gibt den Tag, ab dem Satz 1 gemäß Satz 2 nicht mehr angewendet wird, im Bundesanzeiger bekannt.

§ 102 Übergangsvorschrift für die Vollstreckung freiheitsentziehender Sanktionen

Die §§ 84 bis 85f sind im Verhältnis zum Königreich der Niederlande, zur Republik Lettland, zur Republik Litauen, zur Republik Polen, zu Irland und zur Republik Malta nicht anzuwenden, wenn das Erkenntnis, das der Vollstreckung der freiheitsentziehenden Sanktion zugrunde liegt, vor dem 5. Dezember 2011 ergangen ist.

§ 103 Übergangsvorschrift für Ersuchen um sonstige Rechtshilfe

Abschnitt 2 des Zehnten Teils ist nicht anzuwenden auf Ersuchen, die vor dem 22. Mai 2017 bei der für die Bewilligung zuständigen Stelle eingegangen sind.

§ 104 Gleichstellung von ausländischen mit inländischen Amtsträgern bei Amtshandlungen in der Bundesrepublik Deutschland

Richter und sonstige Amtsträger eines anderen Mitgliedstaates der Europäischen Union, die bei Amtshandlungen nach Abschnitt 2 des Zehnten Teils in dem Hoheitsgebiet der Bundesrepublik Deutschland anwesend sind, stehen für die Dauer ihrer Anwesenheit in Bezug auf Straftaten, die sie selbst begehen oder die zu ihrem Nachteil oder ihnen gegenüber begangen werden, deutschen Richtern oder sonstigen deutschen Amtsträgern gleich.

§ 105 Ausgleich von Schäden

(1) Ersetzt ein anderer Mitgliedstaat der Europäischen Union einen Schaden, den deutsche Richter oder sonstige deutsche Amtsträger bei Amtshandlungen nach Abschnitt 2 des Zehnten Teils in dem Hoheitsgebiet des anderen Mitgliedstaates verursachen, gegenüber der geschädigten Person oder gegenüber einer Person, die der geschädigten Person in ihren Rechten nachfolgt, so kann er von der Bundesrepublik Deutschland Ausgleich des Geleisteten verlangen.

(2) Schäden, die Richter oder sonstige Amtsträger eines anderen Mitgliedstaates der Europäischen Union bei Amtshandlungen nach Abschnitt 2 des Zehnten Teils in dem Hoheitsgebiet der Bundesrepublik Deutschland verursachen, werden von dem zuständigen Träger der deutschen öffentlichen Gewalt so ersetzt, wie sie nach deutschem Recht zu ersetzen wären, wenn deutsche Richter oder sonstige deutsche Amtsträger die Schäden verursacht hätten.

§ 106 Einschränkung von Grundrechten

Die Grundrechte der körperlichen Unversehrtheit (Artikel 2 Abs. 2 Satz 1 des Grundgesetzes), der Freiheit der Person (Artikel 2 Abs. 2 Satz 2 des Grundgesetzes), des Brief-, Post- und Fernmeldegeheimnisses (Artikel 10 Abs. 1 des Grundgesetzes), der Unverletzlichkeit der Wohnung (Artikel 13 des Grundgesetzes) und des Schutzes vor Auslieferung (Artikel 16 Abs. 2 Satz 1 des Grundgesetzes) werden nach Maßgabe dieses Gesetzes eingeschränkt.

Gesetz über den Vollzug der Freiheitsstrafe und der freiheitsentziehenden Maßregeln der Besserung und Sicherung – Strafvollzugsgesetz (StVollzG)[1)2)3)]

Vom 16. März 1976 (BGBl. I S. 581, 2088; 1977 I S. 436)
(FNA 312-9-1)

zuletzt geändert durch Art. 5, 6 und 7 G zur weiteren Digitalisierung der Justiz vom 12. Juli 2024 (BGBl. 2024 I Nr. 234)

Inhaltsübersicht

---

1) Nach der Neuregelung der Art. 72 ff. GG durch das FöderalismusreformG v. 28.8.2006 (BGBl. I S. 2034) fällt der Strafvollzug einschließlich des Untersuchungshaftvollzugs in die Gesetzgebungskompetenz der Länder (Art. 74 Abs. 1 Nr. 1 iVm Art. 70 Abs. 1 GG).
Das StVollzG gilt gem. Art. 125a Abs. 1 GG seit dem 1.9.2006 als Bundesrecht fort, kann aber durch Landesrecht ersetzt werden. Der Bundesgesetzgeber besitzt nach dem 31.8.2006 für materielle Änderungen des Strafvollzugsrechts keine Gesetzgebungskompetenz mehr.
Die Länder Baden-Württemberg, Bayern, Berlin, Brandenburg, Bremen, Hamburg, Hessen, Mecklenburg-Vorpommern, Niedersachsen, Nordrhein-Westfalen, Rheinland-Pfalz, Saarland, Sachsen, Sachsen-Anhalt, Schleswig-Holstein und Thüringen haben auf dem Gebiet des Strafvollzugs entsprechende Vorschriften erlassen.
Siehe auch den am 6.9.2011 vorgestellten gemeinsamen Musterentwurf für ein einheitliches LandesstrafvollzugsG der Länder Berlin, Brandenburg, Bremen, Mecklenburg-Vorpommern, Rheinland-Pfalz, Saarland, Sachsen, Sachsen-Anhalt, Schleswig-Holstein und Thüringen.

2) Die Änderungen durch G v. 5.7.2017 (BGBl. I S. 2208) treten teilweise erst **mWv 1.7.2025** und **mWv 1.1.2026** in Kraft und sind insoweit im Text noch nicht berücksichtigt.

3) Die Änderungen durch G v. 12.7.2024 (BGBl. 2024 I Nr. 234) treten teilweise erst **mWv 1.1.2026** und **mWv 1.1.2036** in Kraft und sind insoweit im Text noch nicht berücksichtigt.

Fünfter Titel
Arbeit, Ausbildung und Weiterbildung

Sechster Titel
Religionsausübung

Siebter Titel
Gesundheitsfürsorge

Achter Titel
Freizeit

Neunter Titel
Soziale Hilfe

Zehnter Titel
Besondere Vorschriften für den Frauenstrafvollzug

Elfter Titel
Sicherheit und Ordnung

Zwölfter Titel
Unmittelbarer Zwang

Dreizehnter Titel
Disziplinarmaßnahmen

Vierzehnter Titel
Rechtsbehelfe und gerichtliches Verfahren

Der Bundestag hat mit Zustimmung des Bundesrates das folgende Gesetz beschlossen:

Erster Abschnitt
Anwendungsbereich

§ 1 [Anwendungsbereich]

Dieses Gesetz regelt den Vollzug der Freiheitsstrafe in Justizvollzugsanstalten und der freiheitsentziehenden Maßregeln der Besserung und Sicherung.

Zweiter Abschnitt
Vollzug der Freiheitsstrafe

Erster Titel
Grundsätze

§ 2 Aufgaben des Vollzuges

[1]Im Vollzug der Freiheitsstrafe soll der Gefangene fähig werden, künftig in sozialer Verantwortung ein Leben ohne Straftaten zu führen (Vollzugsziel). [2]Der Vollzug der Freiheitsstrafe dient auch dem Schutz der Allgemeinheit vor weiteren Straftaten.

§ 3 Gestaltung des Vollzuges

(1) Das Leben im Vollzug soll den allgemeinen Lebensverhältnissen soweit als möglich angeglichen werden.

(2) Schädlichen Folgen des Freiheitsentzuges ist entgegenzuwirken.

(3) Der Vollzug ist darauf auszurichten, daß er dem Gefangenen hilft, sich in das Leben in Freiheit einzugliedern.

§ 4 Stellung des Gefangenen

(1) [1]Der Gefangene wirkt an der Gestaltung seiner Behandlung und an der Erreichung des Vollzugszieles mit. [2]Seine Bereitschaft hierzu ist zu wecken und zu fördern.

(2) [1]Der Gefangene unterliegt den in diesem Gesetz vorgesehenen Beschränkungen seiner Freiheit. [2]Soweit das Gesetz eine besondere Regelung nicht enthält, dürfen ihm nur Beschränkungen auferlegt werden, die zur Aufrechterhaltung der Sicherheit oder zur Abwendung einer schwerwiegenden Störung der Ordnung der Anstalt unerläßlich sind.

Zweiter Titel
Planung des Vollzuges

§ 5 Aufnahmeverfahren

(1) Beim Aufnahmeverfahren dürfen andere Gefangene nicht zugegen sein.

(2) Der Gefangene wird über seine Rechte und Pflichten unterrichtet.

(3) Nach der Aufnahme wird der Gefangene alsbald ärztlich untersucht und dem Leiter der Anstalt oder der Aufnahmeabteilung vorgestellt.

§ 6 Behandlungsuntersuchung. Beteiligung des Gefangenen

(1) [1]Nach dem Aufnahmeverfahren wird damit begonnen, die Persönlichkeit und die Lebensverhältnisse des Gefangenen zu erforschen. [2]Hiervon kann abgesehen werden, wenn dies mit Rücksicht auf die Vollzugsdauer nicht geboten erscheint.

(2) [1]Die Untersuchung erstreckt sich auf die Umstände, deren Kenntnis für eine planvolle Behandlung des Gefangenen im Vollzuge und für die Eingliederung nach seiner Entlassung notwendig ist. [2]Bei Gefangenen, die wegen einer Straftat nach den §§ 174 bis 180 oder 182 des Strafgesetzbuches verurteilt worden sind, ist besonders gründlich zu prüfen, ob die Verlegung in eine sozialtherapeutische Anstalt angezeigt ist.

(3) Die Planung der Behandlung wird mit dem Gefangenen erörtert.

§ 7 Vollzugsplan

(1) Auf Grund der Behandlungsuntersuchung (§ 6) wird ein Vollzugsplan erstellt.

(2) Der Vollzugsplan enthält Angaben mindestens über folgende Behandlungsmaßnahmen:
1. die Unterbringung im geschlossenen oder offenen Vollzug,
2. die Verlegung in eine sozialtherapeutische Anstalt,
3. die Zuweisung zu Wohngruppen und Behandlungsgruppen,
4. den Arbeitseinsatz sowie Maßnahmen der beruflichen Ausbildung oder Weiterbildung,
5. die Teilnahme an Veranstaltungen der Weiterbildung,
6. besondere Hilfs- und Behandlungsmaßnahmen,
7. Lockerungen des Vollzuges und
8. notwendige Maßnahmen zur Vorbereitung der Entlassung.

(3) [1]Der Vollzugsplan ist mit der Entwicklung des Gefangenen und weiteren Ergebnissen der Persönlichkeitserforschung in Einklang zu halten. [2]Hierfür sind im Vollzugsplan angemessene Fristen vorzusehen.

(4) Bei Gefangenen, die wegen einer Straftat nach den §§ 174 bis 180 oder 182 des Strafgesetzbuches zu Freiheitsstrafe von mehr als zwei Jahren verurteilt worden sind, ist über eine Verlegung in eine sozialtherapeutische Anstalt jeweils nach Ablauf von sechs Monaten neu zu entscheiden.

§ 8 Verlegung. Überstellung

(1) Der Gefangene kann abweichend vom Vollstreckungsplan in eine andere für den Vollzug der Freiheitsstrafe zuständige Anstalt verlegt werden,
1. wenn die Behandlung des Gefangenen oder seine Eingliederung nach der Entlassung hierdurch gefördert wird oder
2. wenn dies aus Gründen der Vollzugsorganisation oder aus anderen wichtigen Gründen erforderlich ist.

(2) Der Gefangene darf aus wichtigem Grund in eine andere Vollzugsanstalt überstellt werden.

§ 9 Verlegung in eine sozialtherapeutische Anstalt

(1) [1]Ein Gefangener ist in eine sozialtherapeutische Anstalt zu verlegen, wenn er wegen einer Straftat nach den §§ 174 bis 180 oder 182 des Strafgesetzbuches zu zeitiger Freiheitsstrafe von mehr als zwei

Jahren verurteilt worden ist und die Behandlung in einer sozialtherapeutischen Anstalt nach § 6 Abs. 2 Satz 2 oder § 7 Abs. 4 angezeigt ist. [2]Der Gefangene ist zurückzuverlegen, wenn der Zweck der Behandlung aus Gründen, die in der Person des Gefangenen liegen, nicht erreicht werden kann.

(2) [1]Andere Gefangene können mit ihrer Zustimmung in eine sozialtherapeutische Anstalt verlegt werden, wenn die besonderen therapeutischen Mittel und sozialen Hilfen der Anstalt zu ihrer Resozialisierung angezeigt sind. [2]In diesen Fällen bedarf die Verlegung der Zustimmung des Leiters der sozialtherapeutischen Anstalt.

(3) Die §§ 8 und 85 bleiben unberührt.

§ 10 Offener und geschlossener Vollzug

(1) Ein Gefangener soll mit seiner Zustimmung in einer Anstalt oder Abteilung des offenen Vollzuges untergebracht werden, wenn er den besonderen Anforderungen des offenen Vollzuges genügt und namentlich nicht zu befürchten ist, daß er sich dem Vollzug der Freiheitsstrafe entziehen oder die Möglichkeiten des offenen Vollzuges zu Straftaten mißbrauchen werde.

(2) [1]Im übrigen sind die Gefangenen im geschlossenen Vollzug unterzubringen. [2]Ein Gefangener kann auch dann im geschlossenen Vollzug untergebracht oder dorthin zurückverlegt werden, wenn dies zu seiner Behandlung notwendig ist.

§ 11 Lockerungen des Vollzuges

(1) Als Lockerung des Vollzuges kann namentlich angeordnet werden, daß der Gefangene

1. außerhalb der Anstalt regelmäßig einer Beschäftigung unter Aufsicht (Außenbeschäftigung) oder ohne Aufsicht eines Vollzugsbediensteten (Freigang) nachgehen darf oder
2. für eine bestimmte Tageszeit die Anstalt unter Aufsicht (Ausführung) oder ohne Aufsicht eines Vollzugsbediensteten (Ausgang) verlassen darf.

(2) Diese Lockerungen dürfen mit Zustimmung des Gefangenen angeordnet werden, wenn nicht zu befürchten ist, daß der Gefangene sich dem Vollzug der Freiheitsstrafe entziehen oder die Lockerungen des Vollzuges zu Straftaten mißbrauchen werde.

§ 12 Ausführung aus besonderen Gründen

Ein Gefangener darf auch ohne seine Zustimmung ausgeführt werden, wenn dies aus besonderen Gründen notwendig ist.

§ 13 Urlaub aus der Haft

(1) [1]Ein Gefangener kann bis zu einundzwanzig Kalendertagen in einem Jahr aus der Haft beurlaubt werden. [2]§ 11 Abs. 2 gilt entsprechend.

(2) Der Urlaub soll in der Regel erst gewährt werden, wenn der Gefangene sich mindestens sechs Monate im Strafvollzug befunden hat.

(3) Ein zu lebenslanger Freiheitsstrafe verurteilter Gefangener kann beurlaubt werden, wenn er sich einschließlich einer vorhergehenden Untersuchungshaft oder einer anderen Freiheitsentziehung zehn Jahre im Vollzug befunden hat oder wenn er in den offenen Vollzug überwiesen ist.

(4) Gefangenen, die sich für den offenen Vollzug eignen, aus besonderen Gründen aber in einer geschlossenen Anstalt untergebracht sind, kann nach den für den offenen Vollzug geltenden Vorschriften Urlaub erteilt werden.

(5) Durch den Urlaub wird die Strafvollstreckung nicht unterbrochen.

§ 14 Weisungen, Aufhebung von Lockerungen und Urlaub

(1) Der Anstaltsleiter kann dem Gefangenen für Lockerungen und Urlaub Weisungen erteilen.

(2) [1]Er kann Lockerungen und Urlaub widerrufen, wenn

1. er auf Grund nachträglich eingetretener Umstände berechtigt wäre, die Maßnahmen zu versagen,
2. der Gefangene die Maßnahmen mißbraucht oder
3. der Gefangene Weisungen nicht nachkommt.

[2]Er kann Lockerungen und Urlaub mit Wirkung für die Zukunft zurücknehmen, wenn die Voraussetzungen für ihre Bewilligung nicht vorgelegen haben.

§ 15 Entlassungsvorbereitung

(1) Um die Entlassung vorzubereiten, soll der Vollzug gelockert werden (§ 11).

(2) Der Gefangene kann in eine offene Anstalt oder Abteilung (§ 10) verlegt werden, wenn dies der Vorbereitung der Entlassung dient.

(3) [1]Innerhalb von drei Monaten vor der Entlassung kann zu deren Vorbereitung Sonderurlaub bis zu einer Woche gewährt werden. [2]§ 11 Abs. 2, § 13 Abs. 5 und § 14 gelten entsprechend.

(4) [1]Freigängern (§ 11 Abs. 1 Nr. 1) kann innerhalb von neun Monaten vor der Entlassung Sonderurlaub bis zu sechs Tagen im Monat gewährt werden. [2]§ 11 Abs. 2, § 13 Abs. 5 und § 14 gelten entsprechend. [3]Absatz 3 Satz 1 findet keine Anwendung.

§ 16 Entlassungszeitpunkt

(1) Der Gefangene soll am letzten Tag seiner Strafzeit möglichst frühzeitig, jedenfalls noch am Vormittag entlassen werden.
(2) Fällt das Strafende auf einen Sonnabend oder Sonntag, einen gesetzlichen Feiertag, den ersten Werktag nach Ostern oder Pfingsten oder in die Zeit vom 22. Dezember bis zum 2. Januar, so kann der Gefangene an dem diesem Tag oder Zeitraum vorhergehenden Werktag entlassen werden, wenn dies nach der Länge der Strafzeit vertretbar ist und fürsorgerische Gründe nicht entgegenstehen.
(3) Der Entlassungszeitpunkt kann bis zu zwei Tagen vorverlegt werden, wenn dringende Gründe dafür vorliegen, daß der Gefangene zu seiner Eingliederung hierauf angewiesen ist.

Dritter Titel
Unterbringung und Ernährung des Gefangenen

§ 17 Unterbringung während der Arbeit und Freizeit

(1) [1]Die Gefangenen arbeiten gemeinsam. [2]Dasselbe gilt für Berufsausbildung, berufliche Weiterbildung sowie arbeitstherapeutische und sonstige Beschäftigung während der Arbeitszeit.
(2) [1]Während der Freizeit können die Gefangenen sich in der Gemeinschaft mit den anderen aufhalten. [2]Für die Teilnahme an gemeinschaftlichen Veranstaltungen kann der Anstaltsleiter mit Rücksicht auf die räumlichen, personellen und organisatorischen Verhältnisse der Anstalt besondere Regelungen treffen.
(3) Die gemeinschaftliche Unterbringung während der Arbeitszeit und Freizeit kann eingeschränkt werden,

1. wenn ein schädlicher Einfluß auf andere Gefangene zu befürchten ist,
2. wenn der Gefangene nach § 6 untersucht wird, aber nicht länger als zwei Monate,
3. wenn es die Sicherheit oder Ordnung der Anstalt erfordert oder
4. wenn der Gefangene zustimmt.

§ 18 Unterbringung während der Ruhezeit

(1) [1]Gefangene werden während der Ruhezeit allein in ihren Hafträumen untergebracht. [2]Eine gemeinsame Unterbringung ist zulässig, sofern ein Gefangener hilfsbedürftig ist oder eine Gefahr für Leben oder Gesundheit eines Gefangenen besteht.
(2) [1]Im offenen Vollzug dürfen Gefangene mit ihrer Zustimmung während der Ruhezeit gemeinsam untergebracht werden, wenn eine schädliche Beeinflussung nicht zu befürchten ist. [2]Im geschlossenen Vollzug ist eine gemeinschaftliche Unterbringung zur Ruhezeit außer in den Fällen des Absatzes 1 nur vorübergehend und aus zwingenden Gründen zulässig.

§ 19 Ausstattung des Haftraumes durch den Gefangenen und sein persönlicher Besitz

(1) [1]Der Gefangene darf seinen Haftraum in angemessenem Umfang mit eigenen Sachen ausstatten. [2]Lichtbilder nahestehender Personen und Erinnerungsstücke von persönlichem Wert werden ihm belassen.
(2) Vorkehrungen und Gegenstände, die die Übersichtlichkeit des Haftraumes behindern oder in anderer Weise Sicherheit oder Ordnung der Anstalt gefährden, können ausgeschlossen werden.

§ 20 Kleidung

(1) [1]Der Gefangene trägt Anstaltskleidung. [2]Für die Freizeit erhält er eine besondere Oberbekleidung.
(2) [1]Der Anstaltsleiter gestattet dem Gefangenen, bei einer Ausführung eigene Kleidung zu tragen, wenn zu erwarten ist, daß er nicht entweichen wird. [2]Er kann dies auch sonst gestatten, sofern der Gefangene für Reinigung, Instandsetzung und regelmäßigen Wechsel auf eigene Kosten sorgt.

§ 21 Anstaltsverpflegung

[1]Zusammensetzung und Nährwert der Anstaltsverpflegung werden ärztlich überwacht. [2]Auf ärztliche Anordnung wird besondere Verpflegung gewährt. [3]Dem Gefangenen ist zu ermöglichen, Speisevorschriften seiner Religionsgemeinschaft zu befolgen.

§ 22 Einkauf

(1) [1]Der Gefangene kann sich von seinem Hausgeld (§ 47) oder von seinem Taschengeld (§ 46) aus einem von der Anstalt vermittelten Angebot Nahrungs- und Genußmittel sowie Mittel zur Körperpflege kaufen. [2]Die Anstalt soll für ein Angebot sorgen, das auf Wünsche und Bedürfnisse der Gefangenen Rücksicht nimmt.

(2) [1]Gegenstände, die die Sicherheit oder Ordnung der Anstalt gefährden, können vom Einkauf ausgeschlossen werden. [2]Auf ärztliche Anordnung kann dem Gefangenen der Einkauf einzelner Nahrungs- und Genußmittel ganz oder teilweise untersagt werden, wenn zu befürchten ist, daß sie seine Gesundheit ernsthaft gefährden. [3]In Krankenhäusern und Krankenabteilungen kann der Einkauf einzelner Nahrungs- und Genußmittel auf ärztliche Anordnung allgemein untersagt oder eingeschränkt werden.
(3) Verfügt der Gefangene ohne eigenes Verschulden nicht über Haus- oder Taschengeld, wird ihm gestattet, in angemessenem Umfang vom Eigengeld einzukaufen.

Vierter Titel

Besuche, Schriftwechsel sowie Urlaub, Ausgang und Ausführung aus besonderem Anlaß

§ 23 Grundsatz

[1]Der Gefangene hat das Recht, mit Personen außerhalb der Anstalt im Rahmen der Vorschriften dieses Gesetzes zu verkehren. [2]Der Verkehr mit Personen außerhalb der Anstalt ist zu fördern.

§ 24 Recht auf Besuch

(1) [1]Der Gefangene darf regelmäßig Besuch empfangen. [2]Die Gesamtdauer beträgt mindestens eine Stunde im Monat. [3]Das Weitere regelt die Hausordnung.
(2) Besuche sollen darüber hinaus zugelassen werden, wenn sie die Behandlung oder Eingliederung des Gefangenen fördern oder persönlichen, rechtlichen oder geschäftlichen Angelegenheiten dienen, die nicht vom Gefangenen schriftlich erledigt, durch Dritte wahrgenommen oder bis zur Entlassung des Gefangenen aufgeschoben werden können.
(3) Aus Gründen der Sicherheit kann ein Besuch davon abhängig gemacht werden, daß sich der Besucher durchsuchen läßt.

§ 25 Besuchsverbot

Der Anstaltsleiter kann Besuche untersagen,
1. wenn die Sicherheit oder Ordnung der Anstalt gefährdet würde,
2. bei Besuchern, die nicht Angehörige des Gefangenen im Sinne des Strafgesetzbuches sind, wenn zu befürchten ist, daß sie einen schädlichen Einfluß auf den Gefangenen haben oder seine Eingliederung behindern würden.

§ 26 Besuche von Verteidigern, Rechtsanwälten und Notaren

[1]Besuche von Verteidigern sowie von Rechtsanwälten oder Notaren in einer den Gefangenen betreffenden Rechtssache sind zu gestatten. [2]§ 24 Abs. 3 gilt entsprechend. [3]Eine inhaltliche Überprüfung der vom Verteidiger mitgeführten Schriftstücke und sonstigen Unterlagen ist nicht zulässig. [4]§ 29 Abs. 1 Satz 2 und 3 bleibt unberührt.

§ 27 Überwachung der Besuche

(1) [1]Die Besuche dürfen aus Gründen der Behandlung oder der Sicherheit oder Ordnung der Anstalt überwacht werden, es sei denn, es liegen im Einzelfall Erkenntnisse dafür vor, daß es der Überwachung nicht bedarf. [2]Die Unterhaltung darf nur überwacht werden, soweit dies im Einzelfall aus diesen Gründen erforderlich ist.
(2) [1]Ein Besuch darf abgebrochen werden, wenn Besucher oder Gefangene gegen die Vorschriften dieses Gesetzes oder die auf Grund dieses Gesetzes getroffenen Anordnungen trotz Abmahnung verstoßen. [2]Die Abmahnung unterbleibt, wenn es unerläßlich ist, den Besuch sofort abzubrechen.
(3) Besuche von Verteidigern werden nicht überwacht.
(4) [1]Gegenstände dürfen beim Besuch nur mit Erlaubnis übergeben werden. [2]Dies gilt nicht für die bei dem Besuch des Verteidigers übergebenen Schriftstücke und sonstigen Unterlagen sowie für die bei dem Besuch eines Rechtsanwalts oder Notars zur Erledigung einer den Gefangenen betreffenden Rechtssache übergebenen Schriftstücke und sonstigen Unterlagen; bei dem Besuch eines Rechtsanwalts oder Notars kann die Übergabe aus Gründen der Sicherheit oder Ordnung der Anstalt von der Erlaubnis abhängig gemacht werden. [3]§ 29 Abs. 1 Satz 2 und 3 bleibt unberührt.

§ 28 Recht auf Schriftwechsel

(1) Der Gefangene hat das Recht, unbeschränkt Schreiben abzusenden und zu empfangen.
(2) Der Anstaltsleiter kann den Schriftwechsel mit bestimmten Personen untersagen,
1. wenn die Sicherheit oder Ordnung der Anstalt gefährdet würde,
2. bei Personen, die nicht Angehörige des Gefangenen im Sinne des Strafgesetzbuches sind, wenn zu befürchten ist, daß der Schriftwechsel einen schädlichen Einfluß auf den Gefangenen haben oder seine Eingliederung behindern würde.

§ 29 Überwachung des Schriftwechsels

(1) [1]Der Schriftwechsel des Gefangenen mit seinem Verteidiger wird nicht überwacht. [2]Liegt dem Vollzug der Freiheitsstrafe eine Straftat nach § 129a, auch in Verbindung mit § 129b Abs. 1 des Strafgesetzbuches zugrunde, gelten § 148 Abs. 2, § 148a der Strafprozeßordnung entsprechend; dies gilt nicht, wenn der Gefangene sich in einer Einrichtung des offenen Vollzuges befindet oder wenn ihm Lockerungen des Vollzuges gemäß § 11 Abs. 1 Nr. 1 oder 2 zweiter Halbsatz oder Urlaub gemäß § 13 oder § 15 Abs. 3 gewährt worden sind und ein Grund, der den Anstaltsleiter nach § 14 Abs. 2 zum Widerruf oder zur Zurücknahme von Lockerungen und Urlaub ermächtigt, nicht vorliegt. [3]Satz 2 gilt auch, wenn gegen einen Strafgefangenen im Anschluß an die dem Vollzug der Freiheitsstrafe zugrundeliegende Verurteilung eine Freiheitsstrafe wegen einer Straftat nach § 129a, auch in Verbindung mit § 129b Abs. 1 des Strafgesetzbuches zu vollstrecken ist.

(2) [1]Nicht überwacht werden ferner Schreiben des Gefangenen an Volksvertretungen des Bundes und der Länder sowie an deren Mitglieder, soweit die Schreiben an die Anschriften dieser Volksvertretungen gerichtet sind und den Absender zutreffend angeben. [2]Entsprechendes gilt für Schreiben an das Europäische Parlament und dessen Mitglieder, den Europäischen Gerichtshof für Menschenrechte, die Europäische Kommission für Menschenrechte, den Europäischen Ausschuß zur Verhütung von Folter und unmenschlicher oder erniedrigender Behandlung oder Strafe und die Datenschutzbeauftragten des Bundes und der Länder. [3]Schreiben der in den Sätzen 1 und 2 genannten Stellen, die an den Gefangenen gerichtet sind, werden nicht überwacht, sofern die Identität des Absenders zweifelsfrei feststeht.

(3) Der übrige Schriftwechsel darf überwacht werden, soweit es aus Gründen der Behandlung oder der Sicherheit oder Ordnung der Anstalt erforderlich ist.

§ 30 Weiterleitung von Schreiben. Aufbewahrung

(1) Der Gefangene hat Absendung und Empfang seiner Schreiben durch die Anstalt vermitteln zu lassen, soweit nichts anderes gestattet ist.

(2) Eingehende und ausgehende Schreiben sind unverzüglich weiterzuleiten.

(3) Der Gefangene hat eingehende Schreiben unverschlossen zu verwahren, sofern nichts anderes gestattet wird; er kann sie verschlossen zu seiner Habe geben.

§ 31 Anhalten von Schreiben

(1) Der Anstaltsleiter kann Schreiben anhalten,

1. wenn das Ziel des Vollzuges oder die Sicherheit oder Ordnung der Anstalt gefährdet würde,
2. wenn die Weitergabe in Kenntnis ihres Inhalts einen Straf- oder Bußgeldtatbestand verwirklichen würde,
3. wenn sie grob unrichtige oder erheblich entstellende Darstellungen von Anstaltsverhältnissen enthalten,
4. wenn sie grobe Beleidigungen enthalten,
5. wenn sie die Eingliederung eines anderen Gefangenen gefährden können oder
6. wenn sie in Geheimschrift, unlesbar, unverständlich oder ohne zwingenden Grund in einer fremden Sprache abgefaßt sind.

(2) Ausgehenden Schreiben, die unrichtige Darstellungen enthalten, kann ein Begleitschreiben beigefügt werden, wenn der Gefangene auf der Absendung besteht.

(3) [1]Ist ein Schreiben angehalten worden, wird das dem Gefangenen mitgeteilt. [2]Angehaltene Schreiben werden an den Absender zurückgegeben oder, sofern dies unmöglich oder aus besonderen Gründen untunlich ist, behördlich verwahrt.

(4) Schreiben, deren Überwachung nach § 29 Abs. 1 und 2 ausgeschlossen ist, dürfen nicht angehalten werden.

§ 32 Ferngespräche und Telegramme

[1]Dem Gefangenen kann gestattet werden, Ferngespräche zu führen oder Telegramme aufzugeben. [2]Im übrigen gelten für Ferngespräche die Vorschriften über den Besuch und für Telegramme die Vorschriften über den Schriftwechsel entsprechend. [3]Ist die Überwachung der fernmündlichen Unterhaltung erforderlich, ist die beabsichtigte Überwachung dem Gesprächspartner des Gefangenen unmittelbar nach Herstellung der Verbindung durch die Vollzugsbehörde oder den Gefangenen mitzuteilen. [4]Der Gefangene ist rechtzeitig vor Beginn der fernmündlichen Unterhaltung über die beabsichtigte Überwachung und die Mitteilungspflicht nach Satz 3 zu unterrichten.

§ 33 Pakete

(1) [1]Der Gefangene darf dreimal jährlich in angemessenen Abständen ein Paket mit Nahrungs- und Genußmitteln empfangen. [2]Die Vollzugsbehörde kann Zeitpunkt und Höchstmengen für die Sendung und

für einzelne Gegenstände festsetzen. [3]Der Empfang weiterer Pakete oder solcher mit anderem Inhalt bedarf ihrer Erlaubnis. [4]Für den Ausschluß von Gegenständen gilt § 22 Abs. 2 entsprechend.

(2) [1]Pakete sind in Gegenwart des Gefangenen zu öffnen. [2]Ausgeschlossene Gegenstände können zu seiner Habe genommen oder dem Absender zurückgesandt werden. [3]Nicht ausgehändigte Gegenstände, durch die bei der Versendung oder Aufbewahrung Personen verletzt oder Sachschäden verursacht werden können, dürfen vernichtet werden. [4]Die hiernach getroffenen Maßnahmen werden dem Gefangenen eröffnet.

(3) Der Empfang von Paketen kann vorübergehend versagt werden, wenn dies wegen Gefährdung der Sicherheit oder Ordnung der Anstalt unerläßlich ist.

(4) [1]Dem Gefangenen kann gestattet werden, Pakete zu versenden. [2]Die Vollzugsbehörde kann ihren Inhalt aus Gründen der Sicherheit oder Ordnung der Anstalt überprüfen.

§ 34 *[aufgehoben]*

§ 35 Urlaub, Ausgang und Ausführung aus wichtigem Anlaß

(1) [1]Aus wichtigem Anlaß kann der Anstaltsleiter dem Gefangenen Ausgang gewähren oder ihn bis zu sieben Tagen beurlauben; der Urlaub aus anderem wichtigen Anlaß als wegen einer lebensgefährlichen Erkrankung oder wegen des Todes eines Angehörigen darf sieben Tage im Jahr nicht übersteigen. [2]§ 11 Abs. 2, § 13 Abs. 5 und § 14 gelten entsprechend.

(2) Der Urlaub nach Absatz 1 wird nicht auf den regelmäßigen Urlaub angerechnet.

(3) [1]Kann Ausgang oder Urlaub aus den in § 11 Abs. 2 genannten Gründen nicht gewährt werden, kann der Anstaltsleiter den Gefangenen ausführen lassen. [2]Die Aufwendungen hierfür hat der Gefangene zu tragen. [3]Der Anspruch ist nicht geltend zu machen, wenn dies die Behandlung oder die Eingliederung behindern würde.

§ 36 Gerichtliche Termine

(1) [1]Der Anstaltsleiter kann einem Gefangenen zur Teilnahme an einem gerichtlichen Termin Ausgang oder Urlaub erteilen, wenn anzunehmen ist, daß er der Ladung folgt und keine Entweichungs- oder Mißbrauchsgefahr (§ 11 Abs. 2) besteht. [2]§ 13 Abs. 5 und § 14 gelten entsprechend.

(2) [1]Wenn ein Gefangener zu einem gerichtlichen Termin geladen ist und Ausgang oder Urlaub nicht gewährt wird, läßt der Anstaltsleiter ihn mit seiner Zustimmung zu dem Termin ausführen, sofern wegen Entweichungs- oder Mißbrauchsgefahr (§ 11 Abs. 2) keine überwiegenden Gründe entgegenstehen. [2]Auf Ersuchen eines Gerichts läßt er den Gefangenen vorführen, sofern ein Vorführungsbefehl vorliegt.

(3) Die Vollzugsbehörde unterrichtet das Gericht über das Veranlaßte.

Fünfter Titel

Arbeit, Ausbildung und Weiterbildung

§ 37 Zuweisung

(1) Arbeit, arbeitstherapeutische Beschäftigung, Ausbildung und Weiterbildung dienen insbesondere dem Ziel, Fähigkeiten für eine Erwerbstätigkeit nach der Entlassung zu vermitteln, zu erhalten oder zu fördern.

(2) Die Vollzugsbehörde soll dem Gefangenen wirtschaftlich ergiebige Arbeit zuweisen und dabei seine Fähigkeiten, Fertigkeiten und Neigungen berücksichtigen.

(3) Geeigneten Gefangenen soll Gelegenheit zur Berufsausbildung, beruflichen Weiterbildung oder Teilnahme an anderen ausbildenden oder weiterbildenden Maßnahmen gegeben werden.

(4) Kann einem arbeitsfähigen Gefangenen keine wirtschaftlich ergiebige Arbeit oder die Teilnahme an Maßnahmen nach Absatz 3 zugewiesen werden, wird ihm eine angemessene Beschäftigung zugeteilt.

(5) Ist ein Gefangener zu wirtschaftlich ergiebiger Arbeit nicht fähig, soll er arbeitstherapeutisch beschäftigt werden.

§ 38 Unterricht

(1) [1]Für geeignete Gefangene, die den Abschluß der Hauptschule nicht erreicht haben, soll Unterricht in den zum Hauptschulabschluß führenden Fächern oder ein der Sonderschule entsprechender Unterricht vorgesehen werden. [2]Bei der beruflichen Ausbildung ist berufsbildender Unterricht vorzusehen; dies gilt auch für die berufliche Weiterbildung, soweit die Art der Maßnahme es erfordert.

(2) Unterricht soll während der Arbeitszeit stattfinden.

§ 39 Freies Beschäftigungsverhältnis, Selbstbeschäftigung

(1) [1]Dem Gefangenen soll gestattet werden, einer Arbeit, Berufsausbildung oder beruflichen Weiterbildung auf der Grundlage eines freien Beschäftigungsverhältnisses außerhalb der Anstalt nachzugehen, wenn dies im Rahmen des Vollzugsplanes dem Ziel dient, Fähigkeiten für eine Erwerbstätigkeit nach der

Entlassung zu vermitteln, zu erhalten oder zu fördern und nicht überwiegende Gründe des Vollzuges entgegenstehen. [2]§ 11 Abs. 1 Nr. 1, Abs. 2 und § 14 bleiben unberührt.

(2) Dem Gefangenen kann gestattet werden, sich selbst zu beschäftigen.

(3) Die Vollzugsbehörde kann verlangen, daß ihr das Entgelt zur Gutschrift für den Gefangenen überwiesen wird.

§ 40 Abschlußzeugnis

Aus dem Abschlußzeugnis über eine ausbildende oder weiterbildende Maßnahme darf die Gefangenschaft eines Teilnehmers nicht erkennbar sein.

§ 41 Arbeitspflicht

(1) [1]Der Gefangene ist verpflichtet, eine ihm zugewiesene, seinen körperlichen Fähigkeiten angemessene Arbeit, arbeitstherapeutische oder sonstige Beschäftigung auszuüben, zu deren Verrichtung er auf Grund seines körperlichen Zustandes in der Lage ist. [2]Er kann jährlich bis zu drei Monaten zu Hilfstätigkeiten in der Anstalt verpflichtet werden, mit seiner Zustimmung auch darüber hinaus. [3]Die Sätze 1 und 2 gelten nicht für Gefangene, die über 65 Jahre alt sind, und nicht für werdende und stillende Mütter, soweit gesetzliche Beschäftigungsverbote zum Schutze erwerbstätiger Mütter bestehen.

(2) [1]Die Teilnahme an einer Maßnahme nach § 37 Abs. 3 bedarf der Zustimmung des Gefangenen. [2]Die Zustimmung darf nicht zur Unzeit widerrufen werden.

(3) [1]*Die Beschäftigung in einem von privaten Unternehmen unterhaltenen Betriebe (§ 149 Abs. 4) bedarf der Zustimmung des Gefangenen.* [2]*Der Widerruf der Zustimmung wird erst wirksam, wenn der Arbeitsplatz von einem anderen Gefangenen eingenommen werden kann, spätestens nach sechs Wochen.*

§ 42 Freistellung von der Arbeitspflicht

(1) [1]Hat der Gefangene ein Jahr lang zugewiesene Tätigkeit nach § 37 oder Hilfstätigkeiten nach § 41 Abs. 1 Satz 2 ausgeübt, so kann er beanspruchen, achtzehn Werktage von der Arbeitspflicht freigestellt zu werden. [2]Zeiten, in denen der Gefangene infolge Krankheit an seiner Arbeitsleistung verhindert war, werden auf das Jahr bis zu sechs Wochen jährlich angerechnet.

(2) Auf die Zeit der Freistellung wird Urlaub aus der Haft (§§ 13, 35) angerechnet, soweit er in die Arbeitszeit fällt und nicht wegen einer lebensgefährlichen Erkrankung oder des Todes eines Angehörigen erteilt worden ist.

(3) Der Gefangene erhält für die Zeit der Freistellung seine zuletzt gezahlten Bezüge weiter.

(4) Urlaubsregelungen der Beschäftigungsverhältnisse außerhalb des Strafvollzuges bleiben unberührt.

§ 43 Arbeitsentgelt, Arbeitsurlaub und Anrechnung der Freistellung auf den Entlassungszeitpunkt

(1) Die Arbeit des Gefangenen wird anerkannt durch Arbeitsentgelt und eine Freistellung von der Arbeit, die auch als Urlaub aus der Haft (Arbeitsurlaub) genutzt oder auf den Entlassungszeitpunkt angerechnet werden kann.

(2) [1]Übt der Gefangene eine zugewiesene Arbeit, sonstige Beschäftigungen oder eine Hilfstätigkeit nach § 41 Abs. 1 Satz 2 aus, so erhält er ein Arbeitsentgelt. [2]Der Bemessung des Arbeitsentgelts ist der in § 200 bestimmte Satz der Bezugsgröße nach § 18 des Vierten Buches Sozialgesetzbuch zu Grunde zu legen (Eckvergütung). [3]Ein Tagessatz ist der zweihundertfünfzigste Teil der Eckvergütung; das Arbeitsentgelt kann nach einem Stundensatz bemessen werden.

(3) [1]Das Arbeitsentgelt kann je nach Leistung des Gefangenen und der Art der Arbeit gestuft werden. [2]75 vom Hundert der Eckvergütung dürfen nur dann unterschritten werden, wenn die Arbeitsleistungen des Gefangenen den Mindestanforderungen nicht genügen.

(4) Übt ein Gefangener zugewiesene arbeitstherapeutische Beschäftigungen aus, erhält er ein Arbeitsentgelt, soweit dies der Art seiner Beschäftigung und seiner Arbeitsleistung entspricht.

(5) Das Arbeitsentgelt ist dem Gefangenen schriftlich bekannt zu geben.

(6) [1]Hat der Gefangene zwei Monate lang zusammenhängend eine zugewiesene Tätigkeit nach § 37 oder eine Hilfstätigkeit nach § 41 Abs. 1 Satz 2 ausgeübt, so wird er auf seinen Antrag hin einen Werktag von der Arbeit freigestellt. [2]Die Regelung des § 42 bleibt unberührt. [3]Durch Zeiten, in denen der Gefangene ohne sein Verschulden durch Krankheit, Ausführung, Ausgang, Urlaub aus der Haft, Freistellung von der Arbeitspflicht oder sonstige nicht von ihm zu vertretende Gründe an der Arbeitsleistung gehindert ist, wird die Frist nach Satz 1 gehemmt. [4]Beschäftigungszeiträume von weniger als zwei Monaten bleiben unberücksichtigt.

(7) [1]Der Gefangene kann beantragen, dass die Freistellung nach Absatz 6 in Form von Urlaub aus der Haft gewährt wird (Arbeitsurlaub). [2]§ 11 Abs. 2, § 13 Abs. 2 bis 5 und § 14 gelten entsprechend.

(8) § 42 Abs. 3 gilt entsprechend.

(9) Stellt der Gefangene keinen Antrag nach Absatz 6 Satz 1 oder Absatz 7 Satz 1 oder kann die Freistellung nach Maßgabe der Regelung des Absatzes 7 Satz 2 nicht gewährt werden, so wird die Freistellung nach Absatz 6 Satz 1 von der Anstalt auf den Entlassungszeitpunkt des Gefangenen angerechnet.

(10) Eine Anrechnung nach Absatz 9 ist ausgeschlossen,

1. soweit eine lebenslange Freiheitsstrafe oder Sicherungsverwahrung verbüßt wird und ein Entlassungszeitpunkt noch nicht bestimmt ist,
2. bei einer Aussetzung der Vollstreckung des Restes einer Freiheitsstrafe oder einer Sicherungsverwahrung zur Bewährung, soweit wegen des von der Entscheidung des Gerichts bis zur Entlassung verbleibenden Zeitraums eine Anrechnung nicht mehr möglich ist,
3. wenn dies vom Gericht angeordnet wird, weil bei einer Aussetzung der Vollstreckung des Restes einer Freiheitsstrafe oder einer Sicherungsverwahrung zur Bewährung die Lebensverhältnisse des Gefangenen oder die Wirkungen, die von der Aussetzung für ihn zu erwarten sind, die Vollstreckung bis zu einem bestimmten Zeitpunkt erfordern,
4. wenn nach § 456a Abs. 1 der Strafprozessordnung von der Vollstreckung abgesehen wird,
5. wenn der Gefangene im Gnadenwege aus der Haft entlassen wird.

(11) [1]Soweit eine Anrechnung nach Absatz 10 ausgeschlossen ist, erhält der Gefangene bei seiner Entlassung für seine Tätigkeit nach Absatz 2 als Ausgleichsentschädigung zusätzlich 15 vom Hundert des ihm nach den Absätzen 2 und 3 gewährten Entgelts oder der ihm nach § 44 gewährten Ausbildungsbeihilfe. [2]Der Anspruch entsteht erst mit der Entlassung; vor der Entlassung ist der Anspruch nicht verzinslich, nicht abtretbar und nicht vererblich. [3]Einem Gefangenen, bei dem eine Anrechnung nach Absatz 10 Nr. 1 ausgeschlossen ist, wird die Ausgleichszahlung bereits nach Verbüßung von jeweils zehn Jahren der lebenslangen Freiheitsstrafe oder Sicherungsverwahrung zum Eigengeld (§ 52) gutgeschrieben, soweit er nicht vor diesem Zeitpunkt entlassen wird; § 57 Abs. 4 des Strafgesetzbuches gilt entsprechend.

§ 44 Ausbildungsbeihilfe

(1) [1]Nimmt der Gefangene an einer Berufsausbildung, beruflichen Weiterbildung oder an einem Unterricht teil und ist er zu diesem Zweck von seiner Arbeitspflicht freigestellt, so erhält er eine Ausbildungsbeihilfe, soweit ihm keine Leistungen zum Lebensunterhalt zustehen, die freien Personen aus solchem Anlaß gewährt werden. [2]Der Nachrang der Sozialhilfe nach § 2 Abs. 2 des Zwölften Buches Sozialgesetzbuch wird nicht berührt.

(2) Für die Bemessung der Ausbildungsbeihilfe gilt § 43 Abs. 2 und 3 entsprechend.

(3) Nimmt der Gefangene während der Arbeitszeit stunden- oder tageweise am Unterricht oder an anderen zugewiesenen Maßnahmen gemäß § 37 Abs. 3 teil, so erhält er in Höhe des ihm dadurch entgehenden Arbeitsentgelts eine Ausbildungsbeihilfe.

§ 45 Ausfallentschädigung

(1) Kann einem arbeitsfähigen Gefangenen aus Gründen, die nicht in seiner Person liegen, länger als eine Woche eine Arbeit oder Beschäftigung im Sinne des § 37 Abs. 4 nicht zugewiesen werden, erhält er eine Ausfallentschädigung.

(2) [1]Wird ein Gefangener nach Beginn der Arbeit oder Beschäftigung infolge Krankheit länger als eine Woche an seiner Arbeitsleistung verhindert, ohne daß ihn ein Verschulden trifft, so erhält er ebenfalls eine Ausfallentschädigung. [2]Gleiches gilt für Gefangene, die eine Ausbildungsbeihilfe nach § 44 oder Ausfallentschädigung nach Absatz 1 bezogen haben.

(3) Werdende Mütter, die eine Arbeit oder Beschäftigung im Sinne des § 37 nicht verrichten, erhalten Ausfallentschädigung in den letzten sechs Wochen vor der Entbindung und bis zum Ablauf von acht Wochen, bei Früh- und Mehrlingsgeburten bis zu zwölf Wochen nach der Entbindung.

(4) Die Ausfallentschädigung darf 60 vom Hundert der Eckvergütung nach § 43 Abs. 1 nur dann unterschreiten, wenn der Gefangene das Mindestentgelt des § 43 Abs. 2 vor der Arbeitslosigkeit oder Krankheit nicht erreicht hat.

(5) [1]Ausfallentschädigung wird unbeschadet der Regelung nach Absatz 3 insgesamt bis zur Höchstdauer von sechs Wochen jährlich gewährt. [2]Eine weitere Ausfallentschädigung wird erst gewährt, wenn der Gefangene erneut wenigstens ein Jahr Arbeitsentgelt oder Ausbildungsbeihilfe bezogen hat.

(6) Soweit der Gefangene nach § 566 Abs. 2 der Reichsversicherungsordnung Übergangsgeld erhält, ruht der Anspruch auf Ausfallentschädigung.

§ 46 Taschengeld

Fassung bis zum Erlass eines Bundesgesetzes::

Wenn ein Gefangener ohne sein Verschulden kein Arbeitsentgelt und keine Ausbildungsbeihilfe erhält, wird ihm ein angemessenes Taschengeld gewährt, falls er bedürftig ist.

Fassung ab Erlass eines Bundesgesetzes:

[1]Wenn ein Gefangener wegen Alters oder Gebrechlichkeit nicht mehr arbeitet oder ihm eine Ausfallentschädigung nicht oder nicht mehr gewährt wird, erhält er ein angemessenes Taschengeld, falls er bedürftig ist. [2]Gleiches gilt für Gefangene, die für eine Beschäftigung nach § 37 Abs. 5 kein Arbeitsentgelt erhalten.

§ 47 Hausgeld

Fassung bis zum Erlass eines Bundesgesetzes:

(1) Der Gefangene darf von seinen in diesem Gesetz geregelten Bezügen drei Siebtel monatlich (Hausgeld) und das Taschengeld (§ 46) für den Einkauf (§ 22 Abs. 1) oder anderweitig verwenden.

(2) Für Gefangene, die in einem freien Beschäftigungsverhältnis stehen (§ 39 Abs. 1) oder denen gestattet ist, sich selbst zu beschäftigen (§ 39 Abs. 2), wird aus ihren Bezügen ein angemessenes Hausgeld festgesetzt.

Fassung ab Erlass eines Bundesgesetzes:

(1) *Der Gefangene darf von seinen in diesem Gesetz geregelten Bezügen mindestens dreißig Deutsche Mark monatlich (Hausgeld) und das Taschengeld (§ 46) für den Einkauf (§ 22 Abs. 1) oder anderweit verwenden.*

(2) *[1]Der Mindestbetrag des Hausgeldes erhöht sich um jeweils zehn vom Hundert der dreihundert Deutsche Mark übersteigenden monatlichen Bezüge. [2]Die Vollzugsbehörde kann höhere Beträge von der Höhe des Überbrückungsgeldes abhängig machen.*

(3) *Für Gefangene, die in einem freien Beschäftigungsverhältnis stehen (§ 39 Abs. 1) oder denen gestattet ist, sich selbst zu beschäftigen (§ 39 Abs. 2), wird aus ihren Bezügen ein angemessenes Hausgeld festgesetzt.*

§ 48 Rechtsverordnung

Das Bundesministerium der Justiz und für Verbraucherschutz wird ermächtigt, im Einvernehmen mit dem Bundesministerium für Wirtschaft und Energie mit Zustimmung des Bundesrates zur Durchführung der §§ 43 bis 45 Rechtsverordnungen über die Vergütungsstufen zu erlassen.

§ 49 Unterhaltsbeitrag

(1) Auf Antrag des Gefangenen ist zur Erfüllung einer gesetzlichen Unterhaltspflicht aus seinen Bezügen an den Berechtigten oder einen Dritten ein Unterhaltsbeitrag zu zahlen.

(2) [1]Reichen die Einkünfte des Gefangenen nach Abzug des Hausgeldes und des Unterhaltsbeitrages nicht aus, um den Haftkostenbeitrag zu begleichen, so wird ein Unterhaltsbeitrag nur bis zur Höhe des nach § 850c der Zivilprozeßordnung unpfändbaren Betrages gezahlt. [2]Bei der Bemessung des nach Satz 1 maßgeblichen Betrages wird die Zahl der unterhaltsberechtigten Personen um eine vermindert.

§ 50 Haftkostenbeitrag

(1) [1]Als Teil der Kosten der Vollstreckung der Rechtsfolgen einer Tat (§ 464a Abs. 1 Satz 2 der Strafprozessordnung) erhebt die Vollzugsanstalt von dem Gefangenen einen Haftkostenbeitrag. [2]Ein Haftkostenbeitrag wird nicht erhoben, wenn der Gefangene

1. Bezüge nach diesem Gesetz erhält oder
2. ohne sein Verschulden nicht arbeiten kann oder
3. nicht arbeitet, weil er nicht zur Arbeit verpflichtet ist.

[3]Hat der Gefangene, der ohne sein Verschulden während eines zusammenhängenden Zeitraumes von mehr als einem Monat nicht arbeiten kann oder nicht arbeitet, weil er nicht zur Arbeit verpflichtet ist, auf diese Zeit entfallende Einkünfte, so hat er den Haftkostenbeitrag für diese Zeit bis zur Höhe der auf sie entfallenden Einkünfte zu entrichten. [4]Dem Gefangenen muss ein Betrag verbleiben, der dem mittleren Arbeitsentgelt in den Vollzugsanstalten des Landes entspricht. [5]Von der Geltendmachung des Anspruchs ist abzusehen, soweit dies notwendig ist, um die Wiedereingliederung des Gefangenen in die Gemeinschaft nicht zu gefährden.

(2) [1]Der Haftkostenbeitrag wird in Höhe des Betrages erhoben, der nach § 17 Abs. 1 Nr. 4 des Vierten Buches Sozialgesetzbuch durchschnittlich zur Bewertung der Sachbezüge festgesetzt ist. [2]Das Bundesministerium der Justiz und für Verbraucherschutz stellt den Durchschnittsbetrag für jedes Kalenderjahr nach den am 1. Oktober des vorhergehenden Jahres geltenden Bewertungen der Sachbezüge, jeweils getrennt für das in Artikel 3 des Einigungsvertrages genannte Gebiet und für das Gebiet, in dem das Strafvollzugsgesetz schon vor dem Wirksamwerden des Beitritts gegolten hat, fest und macht ihn im Bundesanzeiger bekannt. [3]Bei Selbstverpflegung entfallen die für die Verpflegung vorgesehenen Beträge. [4]Für den Wert der Unterkunft ist die festgesetzte Belegungsfähigkeit maßgebend. [5]Der Haftkostenbeitrag

darf auch von dem unpfändbaren Teil der Bezüge, nicht aber zu Lasten des Hausgeldes und der Ansprüche unterhaltsberechtigter Angehöriger angesetzt werden.
(3) Im Land Berlin gilt einheitlich der für das in Artikel 3 des Einigungsvertrages genannte Gebiet geltende Durchschnittsbetrag.
(4) Die Selbstbeschäftigung (§ 39 Abs. 2) kann davon abhängig gemacht werden, dass der Gefangene einen Haftkostenbeitrag bis zur Höhe des in Absatz 2 genannten Satzes monatlich im Voraus entrichtet.
(5) [1]Für die Erhebung des Haftkostenbeitrages können die Landesregierungen durch Rechtsverordnung andere Zuständigkeiten begründen. [2]Auch in diesem Fall ist der Haftkostenbeitrag eine Justizverwaltungsabgabe; auf das gerichtliche Verfahren finden die §§ 109 bis 121 entsprechende Anwendung.

§ 51 Überbrückungsgeld
(1) Aus den in diesem Gesetz geregelten Bezügen und aus den Bezügen der Gefangenen, die in einem freien Beschäftigungsverhältnis stehen (§ 39 Abs. 1) oder denen gestattet ist, sich selbst zu beschäftigen (§ 39 Abs. 2), ist ein Überbrückungsgeld zu bilden, das den notwendigen Lebensunterhalt des Gefangenen und seiner Unterhaltsberechtigten für die ersten vier Wochen nach seiner Entlassung sichern soll.
(2) [1]Das Überbrückungsgeld wird dem Gefangenen bei der Entlassung in die Freiheit ausgezahlt. [2]Die Vollzugsbehörde kann es auch ganz oder zum Teil dem Bewährungshelfer oder einer mit der Entlassenenbetreuung befaßten Stelle überweisen, die darüber entscheiden, wie das Geld innerhalb der ersten vier Wochen nach der Entlassung an den Gefangenen ausgezahlt wird. [3]Der Bewährungshelfer und die mit der Entlassenenbetreuung befaßte Stelle sind verpflichtet, das Überbrückungsgeld von ihrem Vermögen gesondert zu halten. [4]Mit Zustimmung des Gefangenen kann das Überbrückungsgeld auch dem Unterhaltsberechtigten überwiesen werden.
(3) Der Anstaltsleiter kann gestatten, daß das Überbrückungsgeld für Ausgaben in Anspruch genommen wird, die der Eingliederung des Gefangenen dienen.
(4) [1]Der Anspruch auf Auszahlung des Überbrückungsgeldes ist unpfändbar. [2]Erreicht es nicht die in Absatz 1 bestimmte Höhe, so ist in Höhe des Unterschiedsbetrages auch der Anspruch auf Auszahlung des Eigengeldes unpfändbar. [3]Bargeld des entlassenen Gefangenen, an den wegen der nach Satz 1 oder Satz 2 unpfändbaren Ansprüche Geld ausgezahlt worden ist, ist für die Dauer von vier Wochen seit der Entlassung insoweit der Pfändung nicht unterworfen, als es dem Teil der Ansprüche für die Zeit von der Pfändung bis zum Ablauf der vier Wochen entspricht.
(5) [1]Absatz 4 gilt nicht bei einer Pfändung wegen der in § 850d Abs. 1 Satz 1 der Zivilprozeßordnung bezeichneten Unterhaltsansprüche. [2]Dem entlassenen Gefangenen ist jedoch so viel zu belassen, als er für seinen notwendigen Unterhalt und zur Erfüllung seiner sonstigen gesetzlichen Unterhaltspflichten für die Zeit von der Pfändung bis zum Ablauf von vier Wochen seit der Entlassung bedarf.

§ 52 Eigengeld
Bezüge des Gefangenen, die nicht als Hausgeld, Haftkostenbeitrag, Unterhaltsbeitrag oder Überbrückungsgeld in Anspruch genommen werden, sind dem Gefangenen zum Eigengeld gutzuschreiben.

Sechster Titel
Religionsausübung

§ 53 Seelsorge
(1) [1]Dem Gefangenen darf religiöse Betreuung durch einen Seelsorger seiner Religionsgemeinschaft nicht versagt werden. [2]Auf seinen Wunsch ist ihm zu helfen, mit einem Seelsorger seiner Religionsgemeinschaft in Verbindung zu treten.
(2) [1]Der Gefangene darf grundlegende religiöse Schriften besitzen. [2]Sie dürfen ihm nur bei grobem Mißbrauch entzogen werden.
(3) Dem Gefangenen sind Gegenstände des religiösen Gebrauchs in angemessenem Umfange zu belassen.

§ 54 Religiöse Veranstaltungen
(1) Der Gefangene hat das Recht, am Gottesdienst und an anderen religiösen Veranstaltungen seines Bekenntnisses teilzunehmen.
(2) Zu dem Gottesdienst oder zu religiösen Veranstaltungen einer anderen Religionsgemeinschaft wird der Gefangene zugelassen, wenn deren Seelsorger zustimmt.
(3) Der Gefangene kann von der Teilnahme am Gottesdienst oder anderen religiösen Veranstaltungen ausgeschlossen werden, wenn dies aus überwiegenden Gründen der Sicherheit oder Ordnung geboten ist; der Seelsorger soll vorher gehört werden.

§ 55 Weltanschauungsgemeinschaften
Für Angehörige weltanschaulicher Bekenntnisse gelten die §§ 53 und 54 entsprechend.

Siebter Titel
Gesundheitsfürsorge

§ 56 Allgemeine Regeln
(1) [1]Für die körperliche und geistige Gesundheit des Gefangenen ist zu sorgen. [2]§ 101 bleibt unberührt.
(2) Der Gefangene hat die notwendigen Maßnahmen zum Gesundheitsschutz und zur Hygiene zu unterstützen.

§ 57 Gesundheitsuntersuchungen, medizinische Vorsorgeleistungen
(1) Gefangene, die das fünfunddreißigste Lebensjahr vollendet haben, haben jedes zweite Jahr Anspruch auf eine ärztliche Gesundheitsuntersuchung zur Früherkennung von Krankheiten, insbesondere zur Früherkennung von Herz-Kreislauf- und Nierenerkrankungen sowie der Zuckerkrankheit.
(2) Gefangene haben höchstens einmal jährlich Anspruch auf eine Untersuchung zur Früherkennung von Krebserkrankungen, Frauen frühestens vom Beginn des zwanzigsten Lebensjahres an, Männer frühestens vom Beginn des fünfundvierzigsten Lebensjahres an.
(3) Voraussetzung für die Untersuchungen nach den Absätzen 1 und 2 ist, daß
1. es sich um Krankheiten handelt, die wirksam behandelt werden können,
2. das Vor- oder Frühstadium dieser Krankheiten durch diagnostische Maßnahmen erfaßbar ist,
3. die Krankheitszeichen medizinisch-technisch genügend eindeutig zu erfassen sind,
4. genügend Ärzte und Einrichtungen vorhanden sind, um die aufgefundenen Verdachtsfälle eingehend zu diagnostizieren und zu behandeln.

(4) Gefangene Frauen haben für ihre Kinder, die mit ihnen in der Vollzugsanstalt untergebracht sind, bis zur Vollendung des sechsten Lebensjahres Anspruch auf Untersuchungen zur Früherkennung von Krankheiten, die die körperliche oder geistige Entwicklung ihrer Kinder in nicht geringfügigem Maße gefährden.
(5) [1]Gefangene, die das vierzehnte, aber noch nicht das zwanzigste Lebensjahr vollendet haben, können sich zur Verhütung von Zahnerkrankungen einmal in jedem Kalenderhalbjahr zahnärztlich untersuchen lassen. [2]Die Untersuchungen sollen sich auf den Befund des Zahnfleisches, die Aufklärung über Krankheitsursachen und ihre Vermeidung, das Erstellen von diagnostischen Vergleichen zur Mundhygiene, zum Zustand des Zahnfleisches und zur Anfälligkeit gegenüber Karieserkrankungen, auf die Motivation und Einweisung bei der Mundpflege sowie auf Maßnahmen zur Schmelzhärtung der Zähne erstrecken.
(6) Gefangene haben Anspruch auf ärztliche Behandlung und Versorgung mit Arznei-, Verband-, Heil- und Hilfsmitteln, wenn diese notwendig sind,
1. eine Schwächung der Gesundheit, die in absehbarer Zeit voraussichtlich zu einer Krankheit führen würde, zu beseitigen,
2. einer Gefährdung der gesundheitlichen Entwicklung eines Kindes entgegenzuwirken oder
3. Pflegebedürftigkeit zu vermeiden.

§ 58 Krankenbehandlung
[1]Gefangene haben Anspruch auf Krankenbehandlung, wenn sie notwendig ist, um eine Krankheit zu erkennen, zu heilen, ihre Verschlimmerung zu verhüten oder Krankheitsbeschwerden zu lindern. [2]Die Krankenbehandlung umfaßt insbesondere
1. ärztliche Behandlung,
2. zahnärztliche Behandlung einschließlich der Versorgung mit Zahnersatz,
3. Versorgung mit Arznei-, Verband-, Heil- und Hilfsmitteln,
4. medizinische und ergänzende Leistungen zur Rehabilitation sowie Belastungserprobung und Arbeitstherapie, soweit die Belange des Vollzuges dem nicht entgegenstehen.

§ 59 Versorgung mit Hilfsmitteln
[1]Gefangene haben Anspruch auf Versorgung mit Seh- und Hörhilfen, Körperersatzstücken, orthopädischen und anderen Hilfsmitteln, die im Einzelfall erforderlich sind, um den Erfolg der Krankenbehandlung zu sichern oder eine Behinderung auszugleichen, sofern dies nicht mit Rücksicht auf die Kürze des Freiheitsentzugs ungerechtfertigt ist und soweit die Hilfsmittel nicht als allgemeine Gebrauchsgegenstände des täglichen Lebens anzusehen sind. [2]Der Anspruch umfaßt auch die notwendige Änderung, Instandsetzung und Ersatzbeschaffung von Hilfsmitteln sowie die Ausbildung in ihrem Gebrauch, soweit die Belange des Vollzuges dem nicht entgegenstehen. [3]Ein erneuter Anspruch auf Versorgung mit Sehhilfen besteht nur bei einer Änderung der Sehfähigkeit um mindestens 0,5 Dioptrien. [4]Anspruch auf Versorgung mit Kontaktlinsen besteht nur in medizinisch zwingend erforderlichen Ausnahmefällen.

§ 60 Krankenbehandlung im Urlaub
Während eines Urlaubs oder Ausgangs hat der Gefangene gegen die Vollzugsbehörde nur einen Anspruch auf Krankenbehandlung in der für ihn zuständigen Vollzugsanstalt.

§ 61 Art und Umfang der Leistungen
Für die Art der Gesundheitsuntersuchungen und medizinischen Vorsorgeleistungen sowie für den Umfang dieser Leistungen und der Leistungen zur Krankenbehandlung einschließlich der Versorgung mit Hilfsmitteln gelten die entsprechenden Vorschriften des Sozialgesetzbuchs und die auf Grund dieser Vorschriften getroffenen Regelungen.

§ 62 Zuschüsse zu Zahnersatz und Zahnkronen
[1]Die Landesjustizverwaltungen bestimmen durch allgemeine Verwaltungsvorschriften die Höhe der Zuschüsse zu den Kosten der zahnärztlichen Behandlung und der zahntechnischen Leistungen bei der Versorgung mit Zahnersatz. [2]Sie können bestimmen, daß die gesamten Kosten übernommen werden.

§ 62a Ruhen der Ansprüche
Der Anspruch auf Leistungen nach den §§ 57 bis 59 ruht, solange der Gefangene auf Grund eines freien Beschäftigungsverhältnisses (§ 39 Abs. 1) krankenversichert ist.

§ 63 Ärztliche Behandlung zur sozialen Eingliederung
[1]Mit Zustimmung des Gefangenen soll die Vollzugsbehörde ärztliche Behandlung, namentlich Operationen oder prothetische Maßnahmen durchführen lassen, die seine soziale Eingliederung fördern. [2]Er ist an den Kosten zu beteiligen, wenn dies nach seinen wirtschaftlichen Verhältnissen gerechtfertigt ist und der Zweck der Behandlung dadurch nicht in Frage gestellt wird.

§ 64 Aufenthalt im Freien
Arbeitet ein Gefangener nicht im Freien, so wird ihm täglich mindestens eine Stunde Aufenthalt im Freien ermöglicht, wenn die Witterung dies zu der festgesetzten Zeit zuläßt.

§ 65 Verlegung
(1) Ein kranker Gefangener kann in ein Anstaltskrankenhaus oder in eine für die Behandlung seiner Krankheit besser geeignete Vollzugsanstalt verlegt werden.
(2) [1]Kann die Krankheit eines Gefangenen in einer Vollzugsanstalt oder einem Anstaltskrankenhaus nicht erkannt oder behandelt werden oder ist es nicht möglich, den Gefangenen rechtzeitig in ein Anstaltskrankenhaus zu verlegen, ist dieser in ein Krankenhaus außerhalb des Vollzuges zu bringen. [2]*Ist während des Aufenthalts des Gefangenen in einem Krankenhaus die Strafvollstreckung unterbrochen worden, hat der Versicherte nach den Vorschriften der gesetzlichen Krankenversicherung Anspruch auf die erforderlichen Leistungen.*

§ 66 Benachrichtigung bei Erkrankung oder Todesfall
(1) [1]Wird ein Gefangener schwer krank, so ist ein Angehöriger, eine Person seines Vertrauens oder der gesetzliche Vertreter unverzüglich zu benachrichtigen. [2]Dasselbe gilt, wenn ein Gefangener stirbt.
(2) Dem Wunsche des Gefangenen, auch andere Personen zu benachrichtigen, soll nach Möglichkeit entsprochen werden.

Achter Titel
Freizeit

§ 67 Allgemeines
[1]Der Gefangene erhält Gelegenheit, sich in seiner Freizeit zu beschäftigen. [2]Er soll Gelegenheit erhalten, am Unterricht einschließlich Sport, an Fernunterricht, Lehrgängen und sonstigen Veranstaltungen der Weiterbildung, an Freizeitgruppen, Gruppengesprächen sowie an Sportveranstaltungen teilzunehmen und eine Bücherei zu benutzen.

§ 68 Zeitungen und Zeitschriften
(1) Der Gefangene darf Zeitungen und Zeitschriften in angemessenem Umfang durch Vermittlung der Anstalt beziehen.
(2) [1]Ausgeschlossen sind Zeitungen und Zeitschriften, deren Verbreitung mit Strafe oder Geldbuße bedroht ist. [2]Einzelne Ausgaben oder Teile von Zeitungen oder Zeitschriften können dem Gefangenen vorenthalten werden, wenn sie das Ziel des Vollzuges oder die Sicherheit oder Ordnung der Anstalt erheblich gefährden würden.

§ 69 Hörfunk und Fernsehen

(1) [1]Der Gefangene kann am Hörfunkprogramm der Anstalt sowie am gemeinschaftlichen Fernsehempfang teilnehmen. [2]Die Sendungen sind so auszuwählen, daß Wünsche und Bedürfnisse nach staatsbürgerlicher Information, Bildung und Unterhaltung angemessen berücksichtigt werden. [3]Der Hörfunk- und Fernsehempfang kann vorübergehend ausgesetzt oder einzelnen Gefangenen untersagt werden, wenn dies zur Aufrechterhaltung der Sicherheit oder Ordnung der Anstalt unerläßlich ist.

(2) Eigene Hörfunk- und Fernsehgeräte werden unter den Voraussetzungen des § 70 zugelassen.

§ 70 Besitz von Gegenständen für die Freizeitbeschäftigung

(1) Der Gefangene darf in angemessenem Umfange Bücher und andere Gegenstände zur Fortbildung oder zur Freizeitbeschäftigung besitzen.

(2) Dies gilt nicht, wenn der Besitz, die Überlassung oder die Benutzung des Gegenstands

1. mit Strafe oder Geldbuße bedroht wäre oder
2. das Ziel des Vollzuges oder die Sicherheit oder Ordnung der Anstalt gefährden würde.

(3) Die Erlaubnis kann unter den Voraussetzungen des Absatzes 2 widerrufen werden.

Neunter Titel

Soziale Hilfe

§ 71 Grundsatz

[1]Der Gefangene kann die soziale Hilfe der Anstalt in Anspruch nehmen, um seine persönlichen Schwierigkeiten zu lösen. [2]Die Hilfe soll darauf gerichtet sein, den Gefangenen in die Lage zu versetzen, seine Angelegenheiten selbst zu ordnen und zu regeln.

§ 72 Hilfe bei der Aufnahme

(1) Bei der Aufnahme wird dem Gefangenen geholfen, die notwendigen Maßnahmen für hilfsbedürftige Angehörige zu veranlassen und seine Habe außerhalb der Anstalt sicherzustellen.

(2) Der Gefangene ist über die Aufrechterhaltung einer Sozialversicherung zu beraten.

§ 73 Hilfe während des Vollzuges

Der Gefangene wird in dem Bemühen unterstützt, seine Rechte und Pflichten wahrzunehmen, namentlich sein Wahlrecht auszuüben sowie für Unterhaltsberechtigte zu sorgen und einen durch seine Straftat verursachten Schaden zu regeln.

§ 74 Hilfe zur Entlassung

[1]Um die Entlassung vorzubereiten, ist der Gefangene bei der Ordnung seiner persönlichen, wirtschaftlichen und sozialen Angelegenheiten zu beraten. [2]Die Beratung erstreckt sich auch auf die Benennung der für Sozialleistungen zuständigen Stellen. [3]Dem Gefangenen ist zu helfen, Arbeit, Unterkunft und persönlichen Beistand für die Zeit nach der Entlassung zu finden.

§ 75 Entlassungsbeihilfe

(1) Der Gefangene erhält, soweit seine eigenen Mittel nicht ausreichen, von der Anstalt eine Beihilfe zu den Reisekosten sowie eine Überbrückungsbeihilfe und erforderlichenfalls ausreichende Kleidung.

(2) [1]Bei der Bemessung der Höhe der Überbrückungsbeihilfe sind die Dauer des Freiheitsentzuges, der persönliche Arbeitseinsatz des Gefangenen und die Wirtschaftlichkeit seiner Verfügungen über Eigengeld und Hausgeld während der Strafzeit zu berücksichtigen. [2]§ 51 Abs. 2 Satz 2 und 3 gilt entsprechend. [3]Die Überbrückungsbeihilfe kann ganz oder teilweise auch dem Unterhaltsberechtigten überwiesen werden.

(3) [1]Der Anspruch auf Beihilfe zu den Reisekosten und die ausgezahlte Reisebeihilfe sind unpfändbar. [2]Für den Anspruch auf Überbrückungsbeihilfe und für Bargeld nach Auszahlung einer Überbrückungsbeihilfe an den Gefangenen gilt § 51 Abs. 4 Satz 1 und 3, Abs. 5 entsprechend.

Zehnter Titel

Besondere Vorschriften für den Frauenstrafvollzug

§ 76 Leistungen bei Schwangerschaft und Mutterschaft

(1) [1]Bei einer Schwangeren oder einer Gefangenen, die unlängst entbunden hat, ist auf ihren Zustand Rücksicht zu nehmen. [2]Die Vorschriften des Gesetzes zum Schutze der erwerbstätigen Mutter über die Gestaltung des Arbeitsplatzes sind entsprechend anzuwenden.

(2) [1]Die Gefangene hat während der Schwangerschaft, bei und nach der Entbindung Anspruch auf ärztliche Betreuung und auf Hebammenhilfe in der Vollzugsanstalt. [2]Zur ärztlichen Betreuung während der

Schwangerschaft gehören insbesondere Untersuchungen zur Feststellung der Schwangerschaft sowie Vorsorgeuntersuchungen einschließlich der laborärztlichen Untersuchungen.
(3) [1]Zur Entbindung ist die Schwangere in ein Krankenhaus außerhalb des Vollzuges zu bringen. [2]Ist dies aus besonderen Gründen nicht angezeigt, so ist die Entbindung in einer Vollzugsanstalt mit Entbindungsabteilung vorzunehmen. [3]Bei der Entbindung wird Hilfe durch eine Hebamme und, falls erforderlich, durch einen Arzt gewährt.

§ 77 Arznei-, Verband- und Heilmittel
Bei Schwangerschaftsbeschwerden und im Zusammenhang mit der Entbindung werden Arznei-, Verband- und Heilmittel geleistet.

§ 78 Art, Umfang und Ruhen der Leistungen bei Schwangerschaft und Mutterschaft
Die §§ 60, 61, 62a und 65 gelten für die Leistungen nach den §§ 76 und 77 entsprechend.

§ 79 Geburtsanzeige
In der Anzeige der Geburt an das Standesamt dürfen die Anstalt als Geburtsstätte des Kindes, das Verhältnis des Anzeigenden zur Anstalt und die Gefangenschaft der Mutter nicht vermerkt sein.

§ 80 Mütter mit Kindern
(1) [1]Ist das Kind einer Gefangenen noch nicht schulpflichtig, so kann es mit Zustimmung des Inhabers des Aufenthaltsbestimmungsrechts in der Vollzugsanstalt untergebracht werden, in der sich seine Mutter befindet, wenn dies seinem Wohle entspricht. [2]Vor der Unterbringung ist das Jugendamt zu hören.
(2) [1]Die Unterbringung erfolgt auf Kosten des für das Kind Unterhaltspflichtigen. [2]Von der Geltendmachung des Kostenersatzanspruchs kann abgesehen werden, wenn hierdurch die gemeinsame Unterbringung von Mutter und Kind gefährdet würde.

Elfter Titel
Sicherheit und Ordnung

§ 81 Grundsatz
(1) Das Verantwortungsbewußtsein des Gefangenen für ein geordnetes Zusammenleben in der Anstalt ist zu wecken und zu fördern.
(2) Die Pflichten und Beschränkungen, die dem Gefangenen zur Aufrechterhaltung der Sicherheit oder Ordnung der Anstalt auferlegt werden, sind so zu wählen, daß sie in einem angemessenen Verhältnis zu ihrem Zweck stehen und den Gefangenen nicht mehr und nicht länger als notwendig beeinträchtigen.

§ 82 Verhaltensvorschriften
(1) [1]Der Gefangene hat sich nach der Tageseinteilung der Anstalt (Arbeitszeit, Freizeit, Ruhezeit) zu richten. [2]Er darf durch sein Verhalten gegenüber Vollzugsbediensteten, Mitgefangenen und anderen Personen das geordnete Zusammenleben nicht stören.
(2) [1]Der Gefangene hat die Anordnungen der Vollzugsbediensteten zu befolgen, auch wenn er sich durch sie beschwert fühlt. [2]Einen ihm zugewiesenen Bereich darf er nicht ohne Erlaubnis verlassen.
(3) Seinen Haftraum und die ihm von der Anstalt überlassenen Sachen hat er in Ordnung zu halten und schonend zu behandeln.
(4) Der Gefangene hat Umstände, die eine Gefahr für das Leben oder eine erhebliche Gefahr für die Gesundheit einer Person bedeuten, unverzüglich zu melden.

§ 83 Persönlicher Gewahrsam. Eigengeld
(1) [1]Der Gefangene darf nur Sachen in Gewahrsam haben oder annehmen, die ihm von der Vollzugsbehörde oder mit ihrer Zustimmung überlassen werden. [2]Ohne Zustimmung darf er Sachen von geringem Wert von einem anderen Gefangenen annehmen; die Vollzugsbehörde kann Annahme und Gewahrsam auch dieser Sachen von ihrer Zustimmung abhängig machen.
(2) [1]Eingebrachte Sachen, die der Gefangene nicht in Gewahrsam haben darf, sind für ihn aufzubewahren, sofern dies nach Art und Umfang möglich ist. [2]Geld wird ihm als Eigengeld gutgeschrieben. [3]Dem Gefangenen wird Gelegenheit gegeben, seine Sachen, die er während des Vollzuges und für seine Entlassung nicht benötigt, abzusenden oder über sein Eigengeld zu verfügen, soweit dieses nicht als Überbrückungsgeld notwendig ist.
(3) Weigert sich ein Gefangener, eingebrachtes Gut, dessen Aufbewahrung nach Art und Umfang nicht möglich ist, aus der Anstalt zu verbringen, so ist die Vollzugsbehörde berechtigt, diese Gegenstände auf Kosten des Gefangenen aus der Anstalt entfernen zu lassen.
(4) Aufzeichnungen und andere Gegenstände, die Kenntnisse über Sicherungsvorkehrungen der Anstalt vermitteln, dürfen von der Vollzugsbehörde vernichtet oder unbrauchbar gemacht werden.

§ 84 Durchsuchung

(1) [1]Gefangene, ihre Sachen und die Hafträume dürfen durchsucht werden. [2]Die Durchsuchung männlicher Gefangener darf nur von Männern, die Durchsuchung weiblicher Gefangener darf nur von Frauen vorgenommen werden. [3]Das Schamgefühl ist zu schonen.

(2) [1]Nur bei Gefahr im Verzuge oder auf Anordnung des Anstaltsleiters im Einzelfall ist es zulässig, eine mit einer Entkleidung verbundene körperliche Durchsuchung vorzunehmen. [2]Sie darf bei männlichen Gefangenen nur in Gegenwart von Männern, bei weiblichen Gefangenen nur in Gegenwart von Frauen erfolgen. [3]Sie ist in einem geschlossenen Raum durchzuführen. [4]Andere Gefangene dürfen nicht anwesend sein.

(3) Der Anstaltsleiter kann allgemein anordnen, daß Gefangene bei der Aufnahme, nach Kontakten mit Besuchern und nach jeder Abwesenheit von der Anstalt nach Absatz 2 zu durchsuchen sind.

§ 85 Sichere Unterbringung

Ein Gefangener kann in eine Anstalt verlegt werden, die zu seiner sicheren Unterbringung besser geeignet ist, wenn in erhöhtem Maße Fluchtgefahr gegeben ist oder sonst sein Verhalten oder sein Zustand eine Gefahr für die Sicherheit oder Ordnung der Anstalt darstellt.

§ 86 Erkennungsdienstliche Maßnahmen

(1) Zur Sicherung des Vollzuges sind als erkennungsdienstliche Maßnahmen zulässig

1. die Abnahme von Finger- und Handflächenabdrücken,
2. die Aufnahme von Lichtbildern mit Kenntnis des Gefangenen,
3. die Feststellung äußerlicher körperlicher Merkmale,
4. Messungen.

(2) [1]Die gewonnenen erkennungsdienstlichen Unterlagen werden zu den Gefangenenpersonalakten genommen. [2]Sie können auch in kriminalpolizeilichen Sammlungen verwahrt werden. [3]Die nach Absatz 1 erhobenen Daten dürfen nur für die in Absatz 1 und § 87 Absatz 2 genannten Zwecke und zur Verhinderung oder Verfolgung von Straftaten sowie zur Verhinderung oder Verfolgung von Ordnungswidrigkeiten, durch welche die Sicherheit oder Ordnung der Anstalt gefährdet werden, verarbeitet werden.

(3) [1]Personen, die aufgrund des Absatzes 1 erkennungsdienstlich behandelt worden sind, können nach der Entlassung aus dem Vollzug verlangen, daß die gewonnenen erkennungsdienstlichen Unterlagen mit Ausnahme von Lichtbildern und der Beschreibung von körperlichen Merkmalen vernichtet werden, sobald die Vollstreckung der richterlichen Entscheidung, die dem Vollzug zugrunde gelegen hat, abgeschlossen ist. [2]Sie sind über dieses Recht bei der erkennungsdienstlichen Behandlung und bei der Entlassung aufzuklären.

§ 86a Lichtbilder

(1) [1]Unbeschadet des § 86 dürfen zur Aufrechterhaltung der Sicherheit und Ordnung der Anstalt Lichtbilder der Gefangenen aufgenommen und mit den Namen der Gefangenen sowie deren Geburtsdatum und -ort gespeichert werden. [2]Die Lichtbilder dürfen nur mit Kenntnis der Gefangenen aufgenommen werden.

(2) Die Lichtbilder dürfen nur

1. genutzt werden von Justizvollzugsbediensteten, wenn eine Überprüfung der Identität der Gefangenen im Rahmen ihrer Aufgabenwahrnehmung erforderlich ist,
2. übermittelt werden
   a) an die Polizeivollzugsbehörden des Bundes und der Länder, soweit dies zur Abwehr einer gegenwärtigen Gefahr für erhebliche Rechtsgüter innerhalb der Anstalt erforderlich ist,
   b) nach Maßgabe des § 87 Abs. 2.

(3) Die Lichtbilder sind nach der Entlassung der Gefangenen aus dem Vollzug oder nach ihrer Verlegung in eine andere Anstalt zu vernichten oder zu löschen.

§ 87 Festnahmerecht

(1) Ein Gefangener, der entwichen ist oder sich sonst ohne Erlaubnis außerhalb der Anstalt aufhält, kann durch die Vollzugsbehörde oder auf ihre Veranlassung hin festgenommen und in die Anstalt zurückgebracht werden.

(2) Nach § 86 Abs. 1 erhobene und nach §§ 86a, 179 erhobene und zur Identifizierung oder Festnahme erforderliche Daten dürfen den Vollstreckungs- und Strafverfolgungsbehörden übermittelt werden, soweit dies für Zwecke der Fahndung und Festnahme des entwichenen oder sich sonst ohne Erlaubnis außerhalb der Anstalt aufhaltenden Gefangenen erforderlich ist.

§ 88 Besondere Sicherungsmaßnahmen

(1) Gegen einen Gefangenen können besondere Sicherungsmaßnahmen angeordnet werden, wenn nach seinem Verhalten oder auf Grund seines seelischen Zustandes in erhöhtem Maße Fluchtgefahr oder die Gefahr von Gewalttätigkeiten gegen Personen oder Sachen oder die Gefahr des Selbstmordes oder der Selbstverletzung besteht.

(2) Als besondere Sicherungsmaßnahmen sind zulässig:

1. der Entzug oder die Vorenthaltung von Gegenständen,
2. die Beobachtung auch mit optisch-elektronischen Einrichtungen,
3. die Absonderung von anderen Gefangenen,
4. der Entzug oder die Beschränkung des Aufenthalts im Freien,
5. die Unterbringung in einem besonders gesicherten Haftraum ohne gefährdende Gegenstände und
6. die Fesselung.

(3) Maßnahmen nach Absatz 2 Nr. 1, 3 bis 5 sind auch zulässig, wenn die Gefahr einer Befreiung oder eine erhebliche Störung der Anstaltsordnung anders nicht vermieden oder behoben werden kann.

(4) Bei einer Ausführung, Vorführung oder beim Transport ist die Fesselung auch dann zulässig, wenn aus anderen Gründen als denen des Absatzes 1 in erhöhtem Maße Fluchtgefahr besteht.

(5) Besondere Sicherungsmaßnahmen dürfen nur soweit aufrechterhalten werden, als es ihr Zweck erfordert.

§ 89 Einzelhaft

(1) Die unausgesetzte Absonderung eines Gefangenen (Einzelhaft) ist nur zulässig, wenn dies aus Gründen, die in der Person des Gefangenen liegen, unerläßlich ist.

(2) [1]Einzelhaft von mehr als drei Monaten Gesamtdauer in einem Jahr bedarf der Zustimmung der Aufsichtsbehörde. [2]Diese Frist wird nicht dadurch unterbrochen, daß der Gefangene am Gottesdienst oder an der Freistunde teilnimmt.

§ 90 Fesselung

[1]In der Regel dürfen Fesseln nur an den Händen oder an den Füßen angelegt werden. [2]Im Interesse des Gefangenen kann der Anstaltsleiter eine andere Art der Fesselung anordnen. [3]Die Fesselung wird zeitweise gelockert, soweit dies notwendig ist.

§ 91 Anordnung besonderer Sicherungsmaßnahmen

(1) [1]Besondere Sicherungsmaßnahmen ordnet der Anstaltsleiter an. [2]Bei Gefahr im Verzuge können auch andere Bedienstete der Anstalt diese Maßnahmen vorläufig anordnen. [3]Die Entscheidung des Anstaltsleiters ist unverzüglich einzuholen.

(2) [1]Wird ein Gefangener ärztlich behandelt oder beobachtet oder bildet sein seelischer Zustand den Anlaß der Maßnahme, ist vorher der Arzt zu hören. [2]Ist dies wegen Gefahr im Verzuge nicht möglich, wird seine Stellungnahme unverzüglich eingeholt.

§ 92 Ärztliche Überwachung

(1) [1]Ist ein Gefangener in einem besonders gesicherten Haftraum untergebracht oder gefesselt (§ 88 Abs. 2 Nr. 5 und 6), so sucht ihn der Anstaltsarzt alsbald und in der Folge möglichst täglich auf. [2]Dies gilt nicht bei einer Fesselung während einer Ausführung, Vorführung oder eines Transportes (§ 88 Abs. 4).

(2) Der Arzt ist regelmäßig zu hören, solange einem Gefangenen der tägliche Aufenthalt im Freien entzogen wird.

§ 93 Ersatz von Aufwendungen

(1) [1]Der Gefangene ist verpflichtet, der Vollzugsbehörde Aufwendungen zu ersetzen, die er durch eine vorsätzliche oder grob fahrlässige Selbstverletzung oder Verletzung eines anderen Gefangenen verursacht hat. [2]Ansprüche aus sonstigen Rechtsvorschriften bleiben unberührt.

Fassung des Abs. 2 bis zum Erlass eines Bundesgesetzes:
(2) Bei der Geltendmachung dieser Forderungen kann auch ein den dreifachen Tagessatz der Eckvergütung nach § 43 Abs. 2 übersteigender Teil des Hausgeldes (§ 47) in Anspruch genommen werden.
Fassung des Abs. 2 ab Erlass eines Bundesgesetzes.
(2) *Bei der Geltendmachung dieser Forderungen kann auch der den Mindestbetrag übersteigende Teil des Hausgeldes (§ 47) in Anspruch genommen werden.*
(3) Für die in Absatz 1 genannten Forderungen ist der ordentliche Rechtsweg gegeben.
(4) Von der Aufrechnung oder Vollstreckung wegen der in Absatz 1 genannten Forderungen ist abzusehen, wenn hierdurch die Behandlung des Gefangenen oder seine Eingliederung behindert würde.

Zwölfter Titel
Unmittelbarer Zwang

§ 94 Allgemeine Voraussetzungen
(1) Bedienstete der Justizvollzugsanstalten dürfen unmittelbaren Zwang anwenden, wenn sie Vollzugs- und Sicherungsmaßnahmen rechtmäßig durchführen und der damit verfolgte Zweck auf keine andere Weise erreicht werden kann.
(2) Gegen andere Personen als Gefangene darf unmittelbarer Zwang angewendet werden, wenn sie es unternehmen, Gefangene zu befreien oder in den Anstaltsbereich widerrechtlich einzudringen, oder wenn sie sich unbefugt darin aufhalten.
(3) Das Recht zu unmittelbarem Zwang auf Grund anderer Regelungen bleibt unberührt.

§ 95 Begriffsbestimmungen
(1) Unmittelbarer Zwang ist die Einwirkung auf Personen oder Sachen durch körperliche Gewalt, ihre Hilfsmittel und durch Waffen.
(2) Körperliche Gewalt ist jede unmittelbare körperliche Einwirkung auf Personen oder Sachen.
(3) Hilfsmittel der körperlichen Gewalt sind namentlich Fesseln.
(4) Waffen sind die dienstlich zugelassenen Hieb- und Schußwaffen sowie Reizstoffe.

§ 96 Grundsatz der Verhältnismäßigkeit
(1) Unter mehreren möglichen und geeigneten Maßnahmen des unmittelbaren Zwanges sind diejenigen zu wählen, die den Einzelnen und die Allgemeinheit voraussichtlich am wenigsten beeinträchtigen.
(2) Unmittelbarer Zwang unterbleibt, wenn ein durch ihn zu erwartender Schaden erkennbar außer Verhältnis zu dem angestrebten Erfolg steht.

§ 97 Handeln auf Anordnung
(1) Wird unmittelbarer Zwang von einem Vorgesetzten oder einer sonst befugten Person angeordnet, sind Vollzugsbedienstete verpflichtet, ihn anzuwenden, es sei denn, die Anordnung verletzt die Menschenwürde oder ist nicht zu dienstlichen Zwecken erteilt worden.
(2) [1]Die Anordnung darf nicht befolgt werden, wenn dadurch eine Straftat begangen würde. [2]Befolgt der Vollzugsbedienstete sie trotzdem, trifft ihn eine Schuld nur, wenn er erkennt oder wenn es nach den ihm bekannten Umständen offensichtlich ist, daß dadurch eine Straftat begangen wird.
(3) [1]Bedenken gegen die Rechtmäßigkeit der Anordnung hat der Vollzugsbedienstete dem Anordnenden gegenüber vorzubringen, soweit das nach den Umständen möglich ist. [2]Abweichende Vorschriften des allgemeinen Beamtenrechts über die Mitteilung solcher Bedenken an einen Vorgesetzten (§ 36 Abs. 2 und 3 des Beamtenstatusgesetzes) sind nicht anzuwenden.

§ 98 Androhung
[1]Unmittelbarer Zwang ist vorher anzudrohen. [2]Die Androhung darf nur dann unterbleiben, wenn die Umstände sie nicht zulassen oder unmittelbarer Zwang sofort angewendet werden muß, um eine rechtswidrige Tat, die den Tatbestand eines Strafgesetzes erfüllt, zu verhindern oder eine gegenwärtige Gefahr abzuwenden.

§ 99 Allgemeine Vorschriften für den Schußwaffengebrauch
(1) [1]Schußwaffen dürfen nur gebraucht werden, wenn andere Maßnahmen des unmittelbaren Zwanges bereits erfolglos waren oder keinen Erfolg versprechen. [2]Gegen Personen ist ihr Gebrauch nur zulässig, wenn der Zweck nicht durch Waffenwirkung gegen Sachen erreicht wird.
(2) [1]Schußwaffen dürfen nur die dazu bestimmten Vollzugsbediensteten gebrauchen und nur, um angriffs- oder fluchtunfähig zu machen. [2]Ihr Gebrauch unterbleibt, wenn dadurch erkennbar Unbeteiligte mit hoher Wahrscheinlichkeit gefährdet würden.

(3) [1]Der Gebrauch von Schußwaffen ist vorher anzudrohen. [2]Als Androhung gilt auch ein Warnschuß. [3]Ohne Androhung dürfen Schußwaffen nur dann gebraucht werden, wenn das zur Abwehr einer gegenwärtigen Gefahr für Leib oder Leben erforderlich ist.

§ 100 Besondere Vorschriften für den Schußwaffengebrauch

(1) [1]Gegen Gefangene dürfen Schußwaffen gebraucht werden,

1. wenn sie eine Waffe oder ein anderes gefährliches Werkzeug trotz wiederholter Aufforderung nicht ablegen,
2. wenn sie eine Meuterei (§ 121 des Strafgesetzbuches) unternehmen oder
3. um ihre Flucht zu vereiteln oder um sie wiederzuergreifen.

[2]Um die Flucht aus einer offenen Anstalt zu vereiteln, dürfen keine Schußwaffen gebraucht werden.

(2) Gegen andere Personen dürfen Schußwaffen gebraucht werden, wenn sie es unternehmen, Gefangene gewaltsam zu befreien oder gewaltsam in eine Anstalt einzudringen.

§ 101 Zwangsmaßnahmen auf dem Gebiet der Gesundheitsfürsorge

(1) [1]Medizinische Untersuchung und Behandlung sowie Ernährung sind zwangsweise nur bei Lebensgefahr, bei schwerwiegender Gefahr für die Gesundheit des Gefangenen oder bei Gefahr für die Gesundheit anderer Personen zulässig; die Maßnahmen müssen für die Beteiligten zumutbar und dürfen nicht mit erheblicher Gefahr für Leben oder Gesundheit des Gefangenen verbunden sein. [2]Zur Durchführung der Maßnahmen ist die Vollzugsbehörde nicht verpflichtet, solange von einer freien Willensbestimmung des Gefangenen ausgegangen werden kann.

(2) Zum Gesundheitsschutz und zur Hygiene ist die zwangsweise körperliche Untersuchung außer im Falle des Absatzes 1 zulässig, wenn sie nicht mit einem körperlichen Eingriff verbunden ist.

(3) Die Maßnahmen dürfen nur auf Anordnung und unter Leitung eines Arztes durchgeführt werden, unbeschadet der Leistung erster Hilfe für den Fall, daß ein Arzt nicht rechtzeitig erreichbar und mit einem Aufschub Lebensgefahr verbunden ist.

Dreizehnter Titel

Disziplinarmaßnahmen

§ 102 Voraussetzungen

(1) Verstößt ein Gefangener schuldhaft gegen Pflichten, die ihm durch dieses Gesetz oder auf Grund dieses Gesetzes auferlegt sind, kann der Anstaltsleiter gegen ihn Disziplinarmaßnahmen anordnen.

(2) Von einer Disziplinarmaßnahme wird abgesehen, wenn es genügt, den Gefangenen zu verwarnen.

(3) Eine Disziplinarmaßnahme ist auch zulässig, wenn wegen derselben Verfehlung ein Straf- oder Bußgeldverfahren eingeleitet wird.

§ 103 Arten der Disziplinarmaßnahmen

(1) Die zulässigen Disziplinarmaßnahmen sind:

1. Verweis,
2. die Beschränkung oder der Entzug der Verfügung über das Hausgeld und des Einkaufs bis zu drei Monaten,
3. die Beschränkung oder der Entzug des Lesestoffs bis zu zwei Wochen sowie des Hörfunk- und Fernsehempfangs bis zu drei Monaten; der gleichzeitige Entzug jedoch nur bis zu zwei Wochen,
4. die Beschränkung oder der Entzug der Gegenstände für eine Beschäftigung in der Freizeit oder der Teilnahme an gemeinschaftlichen Veranstaltungen bis zu drei Monaten,
5. die getrennte Unterbringung während der Freizeit bis zu vier Wochen,
6. *[aufgehoben]*
7. der Entzug der zugewiesenen Arbeit oder Beschäftigung bis zu vier Wochen unter Wegfall der in diesem Gesetz geregelten Bezüge,
8. die Beschränkung des Verkehrs mit Personen außerhalb der Anstalt auf dringende Fälle bis zu drei Monaten,
9. Arrest bis zu vier Wochen.

(2) Arrest darf nur wegen schwerer oder mehrfach wiederholter Verfehlungen verhängt werden.

(3) Mehrere Disziplinarmaßnahmen können miteinander verbunden werden.

(4) [1]Die Maßnahmen nach Absatz 1 Nr. 3 bis 8 sollen möglichst nur angeordnet werden, wenn die Verfehlung mit den zu beschränkenden oder zu entziehenden Befugnissen im Zusammenhang steht. [2]Dies gilt nicht bei einer Verbindung mit Arrest.

§ 104 Vollzug der Disziplinarmaßnahmen. Aussetzung zur Bewährung

(1) Disziplinarmaßnahmen werden in der Regel sofort vollstreckt.

(2) Eine Disziplinarmaßnahme kann ganz oder teilweise bis zu sechs Monaten zur Bewährung ausgesetzt werden.

(3) Wird die Verfügung über das Hausgeld beschränkt oder entzogen, ist das in dieser Zeit anfallende Hausgeld dem Überbrückungsgeld hinzuzurechnen.

(4) [1]Wird der Verkehr des Gefangenen mit Personen außerhalb der Anstalt eingeschränkt, ist ihm Gelegenheit zu geben, dies einer Person, mit der er im Schriftwechsel steht oder die ihn zu besuchen pflegt, mitzuteilen. [2]Der Schriftwechsel mit den in § 29 Abs. 1 und 2 genannten Empfängern, mit Gerichten und Justizbehörden in der Bundesrepublik sowie mit Rechtsanwälten und Notaren in einer den Gefangenen betreffenden Rechtssache bleibt unbeschränkt.

(5) [1]Arrest wird in Einzelhaft vollzogen. [2]Der Gefangene kann in einem besonderen Arrestraum untergebracht werden, der den Anforderungen entsprechen muß, die an einen zum Aufenthalt bei Tag und Nacht bestimmten Haftraum gestellt werden. [3]Soweit nichts anderes angeordnet wird, ruhen die Befugnisse des Gefangenen aus den §§ 19, 20, 22, 37, 38, 68 bis 70.

§ 105 Disziplinarbefugnis

(1) [1]Disziplinarmaßnahmen ordnet der Anstaltsleiter an. [2]Bei einer Verfehlung auf dem Wege in eine andere Anstalt zum Zwecke der Verlegung ist der Leiter der Bestimmungsanstalt zuständig.

(2) Die Aufsichtsbehörde entscheidet, wenn sich die Verfehlung des Gefangenen gegen den Anstaltsleiter richtet.

(3) [1]Disziplinarmaßnahmen, die gegen einen Gefangenen in einer anderen Vollzugsanstalt oder während einer Untersuchungshaft angeordnet worden sind, werden auf Ersuchen vollstreckt. [2]§ 104 Abs. 2 bleibt unberührt.

§ 106 Verfahren

(1) [1]Der Sachverhalt ist zu klären. [2]Der Gefangene wird gehört. [3]Die Erhebungen werden in einer Niederschrift festgelegt; die Einlassung des Gefangenen wird vermerkt.

(2) [1]Bei schweren Verstößen soll der Anstaltsleiter sich vor der Entscheidung in einer Konferenz mit Personen besprechen, die bei der Behandlung des Gefangenen mitwirken. [2]Vor der Anordnung einer Disziplinarmaßnahme gegen einen Gefangenen, der sich in ärztlicher Behandlung befindet, oder gegen eine Schwangere oder eine stillende Mutter ist der Anstaltsarzt zu hören.

(3) Die Entscheidung wird dem Gefangenen vom Anstaltsleiter mündlich eröffnet und mit einer kurzen Begründung schriftlich abgefaßt.

§ 107 Mitwirkung des Arztes

(1) [1]Bevor der Arrest vollzogen wird, ist der Arzt zu hören. [2]Während des Arrestes steht der Gefangene unter ärztlicher Aufsicht.

(2) Der Vollzug des Arrestes unterbleibt oder wird unterbrochen, wenn die Gesundheit des Gefangenen gefährdet würde.

Vierzehnter Titel

Rechtsbehelfe und gerichtliches Verfahren

§ 108 Beschwerderecht

(1) [1]Der Gefangene erhält Gelegenheit, sich mit Wünschen, Anregungen und Beschwerden in Angelegenheiten, die ihn selbst betreffen, an den Anstaltsleiter zu wenden. [2]Regelmäßige Sprechstunden sind einzurichten.

(2) Besichtigt ein Vertreter der Aufsichtsbehörde die Anstalt, so ist zu gewährleisten, daß ein Gefangener sich in Angelegenheiten, die ihn selbst betreffen, an ihn wenden kann.

(3) Die Möglichkeit der Dienstaufsichtsbeschwerde bleibt unberührt.

§ 109 Antrag auf gerichtliche Entscheidung

(1) [1]Gegen eine Maßnahme zur Regelung einzelner Angelegenheiten auf dem Gebiete des Strafvollzuges oder des Vollzuges freiheitsentziehender Maßregeln der Besserung und Sicherung kann gerichtliche Entscheidung beantragt werden. [2]Mit dem Antrag kann auch die Verpflichtung zum Erlaß einer abgelehnten oder unterlassenen Maßnahme begehrt werden.

(2) Der Antrag auf gerichtliche Entscheidung ist nur zulässig, wenn der Antragsteller geltend macht, durch die Maßnahme oder ihre Ablehnung oder Unterlassung in seinen Rechten verletzt zu sein.

(3) [1]Dient die vom Antragsteller begehrte oder angefochtene Maßnahme der Umsetzung des § 66c Absatz 1 des Strafgesetzbuches im Vollzug der Sicherungsverwahrung oder der ihr vorausgehenden Freiheitsstrafe, so ist dem Antragsteller für ein gerichtliches Verfahren von Amts wegen ein Rechtsanwalt beizuordnen, es sei denn, dass wegen der Einfachheit der Sach- und Rechtslage die Mitwirkung eines Rechtsanwalts nicht geboten erscheint oder es ersichtlich ist, dass der Antragsteller seine Rechte selbst ausreichend wahrnehmen kann. [2]Über die Bestellung und einen Widerruf entscheidet der Vorsitzende des nach § 110 zuständigen Gerichts.

§ 110 Zuständigkeit

Über den Antrag entscheidet die Strafvollstreckungskammer, in deren Bezirk die beteiligte Vollzugsbehörde ihren Sitz hat.

§ 110a Elektronische Aktenführung; Verordnungsermächtigungen

(1) [1]Die Gerichtsakten können elektronisch geführt werden. [2]Die Landesregierungen bestimmen durch Rechtsverordnung den Zeitpunkt, von dem an die Akten elektronisch geführt werden. [3]Sie können die Einführung der elektronischen Aktenführung dabei auf einzelne Gerichte oder auf allgemein bestimmte Verfahren beschränken und bestimmen, dass Akten, die in Papierform angelegt wurden, auch nach Einführung der elektronischen Aktenführung in Papierform weitergeführt werden; wird von der Beschränkungsmöglichkeit Gebrauch gemacht, kann in der Rechtsverordnung bestimmt werden, dass durch Verwaltungsvorschrift, die öffentlich bekanntzumachen ist, geregelt wird, in welchen Verfahren die Akten elektronisch zu führen sind. [4]Die Ermächtigung kann durch Rechtsverordnung auf die zuständigen Landesministerien übertragen werden.

(1a) [1]Die Landesregierungen können jeweils für ihren Bereich durch Rechtsverordnung bestimmen, dass Akten, die vor dem 1. Januar 2026 in Papierform angelegt wurden, ab einem bestimmten Stichtag oder Ereignis in elektronischer Form weitergeführt werden. [2]Die Zulassung der Weiterführung in elektronischer Form kann auf einzelne Gerichte oder auf allgemein bestimmte Verfahren beschränkt werden; wird von dieser Möglichkeit Gebrauch gemacht, kann in der Rechtsverordnung bestimmt werden, dass durch Verwaltungsvorschrift, die öffentlich bekanntzumachen ist, geregelt wird, in welchen Verfahren Akten in elektronischer Form weitergeführt werden. [3]Die Ermächtigung kann durch Rechtsverordnung auf die zuständigen Landesministerien übertragen werden.

(1b) [1]Dokumente und Aktenteile, die nach den Verschlusssachenanweisungen des Bundes oder der Länder als Verschlusssache höher als VS-NUR FÜR DEN DIENSTGEBRAUCH eingestuft sind, dürfen bis zum 31. Dezember 2035 in Papierform erstellt, geführt und übermittelt werden. [2]Dokumente und Aktenteile, die nach den Verschlusssachenanweisungen des Bundes oder der Länder als Verschlusssache VS-NUR FÜR DEN DIENSTGEBRAUCH eingestuft sind, dürfen bis zum 31. Dezember 2035 in Papierform übermittelt werden. [3]Die für die Handhabung von Verschlusssachen geltenden Geheimschutzvorschriften bleiben unberührt.

(1c) [1]Die Landesregierungen können jeweils für ihren Bereich durch Rechtsverordnung bestimmen, dass Akten, die elektronisch angelegt wurden, ab einem bestimmten Ereignis bis zum 31. Dezember 2025 in Papierform weitergeführt werden. [2]Die Zulassung der Weiterführung in Papierform kann auf einzelne Gerichte oder auf allgemein bestimmte Verfahren beschränkt werden; wird von dieser Möglichkeit Gebrauch gemacht, kann in der Rechtsverordnung bestimmt werden, dass durch Verwaltungsvorschrift, die öffentlich bekanntzumachen ist, geregelt wird, in welchen Verfahren Akten in elektronischer Form weitergeführt werden. [3]Die Ermächtigung kann durch Rechtsverordnung auf die zuständigen Landesministerien übertragen werden.

(2) [1]Die Landesregierungen bestimmen durch Rechtsverordnung die für die elektronische Aktenführung geltenden organisatorischen und dem Stand der Technik entsprechenden technischen Rahmenbedingungen einschließlich der einzuhaltenden Anforderungen des Datenschutzes, der Datensicherheit und der Barrierefreiheit. [2]Sie können die Ermächtigung durch Rechtsverordnung auf die zuständigen Landesministerien übertragen.

(3) [1]Die Bundesregierung bestimmt durch Rechtsverordnung mit Zustimmung des Bundesrates die für die Übermittlung elektronischer Akten zwischen Behörden und Gerichten geltenden Standards. [2]Sie kann die Ermächtigung durch Rechtsverordnung ohne Zustimmung des Bundesrates auf die zuständigen Bundesministerien übertragen.

§ 111 Beteiligte

(1) Beteiligte des gerichtlichen Verfahrens sind

1. der Antragsteller,
2. die Vollzugsbehörde, die die angefochtene Maßnahme angeordnet oder die beantragte abgelehnt oder unterlassen hat.

(2) In dem Verfahren vor dem Oberlandesgericht oder dem Bundesgerichtshof ist Beteiligte nach Absatz 1 Nr. 2 die zuständige Aufsichtsbehörde.

§ 112 Antragsfrist. Wiedereinsetzung

(1) Der Antrag muß binnen zwei Wochen nach Zustellung oder schriftlicher Bekanntgabe der Maßnahme oder ihrer Ablehnung schriftlich oder zu Protokoll der Geschäftsstelle des Gerichts gestellt werden.

(2) War der Antragsteller ohne Verschulden verhindert, die Frist einzuhalten, so ist ihm auf Antrag Wiedereinsetzung in den vorigen Stand zu gewähren.

(3) [1]Der Antrag auf Wiedereinsetzung ist binnen zwei Wochen nach Wegfall des Hindernisses zu stellen. [2]Die Tatsachen zur Begründung des Antrags sind bei der Antragstellung oder im Verfahren über den Antrag glaubhaft zu machen. [3]Innerhalb der Antragsfrist ist die versäumte Rechtshandlung nachzuholen. [4]Ist dies geschehen, so kann die Wiedereinsetzung auch ohne Antrag gewährt werden.

(4) Nach einem Jahr seit dem Ende der versäumten Frist ist der Antrag auf Wiedereinsetzung unzulässig, außer wenn der Antrag vor Ablauf der Jahresfrist infolge höherer Gewalt unmöglich war.

§ 113 Vornahmeantrag

(1) Wendet sich der Antragsteller gegen das Unterlassen einer Maßnahme, kann der Antrag auf gerichtliche Entscheidung nicht vor Ablauf von drei Monaten seit dem Antrag auf Vornahme der Maßnahme gestellt werden, es sei denn, daß eine frühere Anrufung des Gerichts wegen besonderer Umstände des Falles geboten ist.

(2) [1]Liegt ein zureichender Grund dafür vor, daß die beantragte Maßnahme noch nicht erlassen ist, so setzt das Gericht das Verfahren bis zum Ablauf einer von ihm bestimmten Frist aus. [2]Die Frist kann verlängert werden. [3]Wird die beantragte Maßnahme in der gesetzten Frist erlassen, so ist der Rechtsstreit in der Hauptsache erledigt.

(3) Der Antrag nach Absatz 1 ist nur bis zum Ablauf eines Jahres seit der Stellung des Antrags auf Vornahme der Maßnahme zulässig, außer wenn die Antragstellung vor Ablauf der Jahresfrist infolge höherer Gewalt unmöglich war oder unter den besonderen Verhältnissen des Einzelfalles unterblieben ist.

§ 114 Aussetzung der Maßnahme

(1) Der Antrag auf gerichtliche Entscheidung hat keine aufschiebende Wirkung.

(2) [1]Das Gericht kann den Vollzug der angefochtenen Maßnahme aussetzen, wenn die Gefahr besteht, daß die Verwirklichung eines Rechts des Antragstellers vereitelt oder wesentlich erschwert wird und ein höher zu bewertendes Interesse an dem sofortigen Vollzug nicht entgegensteht. [2]Das Gericht kann auch eine einstweilige Anordnung erlassen; § 123 Abs. 1 der Verwaltungsgerichtsordnung ist entsprechend anzuwenden. [3]Die Entscheidungen sind nicht anfechtbar; sie können vom Gericht jederzeit geändert oder aufgehoben werden.

(3) Der Antrag auf eine Entscheidung nach Absatz 2 ist schon vor Stellung des Antrags auf gerichtliche Entscheidung zulässig.

§ 115 Gerichtliche Entscheidung

(1) [1]Das Gericht entscheidet ohne mündliche Verhandlung durch Beschluß. [2]Der Beschluss stellt den Sach- und Streitstand seinem wesentlichen Inhalt nach gedrängt zusammen. [3]Wegen der Einzelheiten kann auf in der Gerichtsakte befindliche Dokumente, die nach Herkunft und Datum genau zu bezeichnen sind, verwiesen werden, soweit sich aus ihnen der Sach- und Streitstand ausreichend ergibt. [4]Das Gericht kann von einer Darstellung der Entscheidungsgründe absehen, soweit es der Begründung der angefochtenen Entscheidung folgt und dies in seiner Entscheidung feststellt.

(1a) [1]Das Gericht kann anordnen, dass eine Anhörung unter Verzicht auf die persönliche Anwesenheit des Gefangenen zeitgleich in Bild und Ton in die Vollzugsanstalt und das Sitzungszimmer übertragen wird. [2]Eine Aufzeichnung findet nicht statt. [3]Die Entscheidung nach Satz 1 ist nicht anfechtbar.

(2) [1]Soweit die Maßnahme rechtswidrig und der Antragsteller dadurch in seinen Rechten verletzt ist, hebt das Gericht die Maßnahme auf. [2]Ist die Maßnahme schon vollzogen, kann das Gericht auch aussprechen, daß und wie die Vollzugsbehörde die Vollziehung rückgängig zu machen hat, soweit die Sache spruchreif ist.

(3) Hat sich die Maßnahme vorher durch Zurücknahme oder anders erledigt, spricht das Gericht auf Antrag aus, daß die Maßnahme rechtswidrig gewesen ist, wenn der Antragsteller ein berechtigtes Interesse an dieser Feststellung hat.

(4) [1]Soweit die Ablehnung oder Unterlassung der Maßnahme rechtswidrig und der Antragsteller dadurch in seinen Rechten verletzt ist, spricht das Gericht die Verpflichtung der Vollzugsbehörde aus, die beantragte Amtshandlung vorzunehmen, wenn die Sache spruchreif ist. [2]Anderenfalls spricht es die Verpflichtung aus, den Antragsteller unter Beachtung der Rechtsauffassung des Gerichts zu bescheiden.

(5) Soweit die Vollzugsbehörde ermächtigt ist, nach ihrem Ermessen zu handeln, prüft das Gericht auch, ob die Maßnahme oder ihre Ablehnung oder Unterlassung rechtswidrig ist, weil die gesetzlichen Grenzen des Ermessens überschritten sind oder von dem Ermessen in einer dem Zweck der Ermächtigung nicht entsprechenden Weise Gebrauch gemacht ist.

§ 116 Rechtsbeschwerde

(1) Gegen die gerichtliche Entscheidung der Strafvollstreckungskammer ist die Rechtsbeschwerde zulässig, wenn es geboten ist, die Nachprüfung zur Fortbildung des Rechts oder zur Sicherung einer einheitlichen Rechtsprechung zu ermöglichen.

(2) [1]Die Rechtsbeschwerde kann nur darauf gestützt werden, daß die Entscheidung auf einer Verletzung des Gesetzes beruhe. [2]Das Gesetz ist verletzt, wenn eine Rechtsnorm nicht oder nicht richtig angewendet worden ist.

(3) [1]Die Rechtsbeschwerde hat keine aufschiebende Wirkung. [2]§ 114 Abs. 2 gilt entsprechend.

(4) Für die Rechtsbeschwerde gelten die Vorschriften der Strafprozeßordnung über die Beschwerde entsprechend, soweit dieses Gesetz nichts anderes bestimmt.

§ 117 Zuständigkeit für die Rechtsbeschwerde

Über die Rechtsbeschwerde entscheidet ein Strafsenat des Oberlandesgerichts, in dessen Bezirk die Strafvollstreckungskammer ihren Sitz hat.

§ 118 Form. Frist. Begründung

(1) [1]Die Rechtsbeschwerde muß bei dem Gericht, dessen Entscheidung angefochten wird, binnen eines Monats nach Zustellung der gerichtlichen Entscheidung eingelegt werden. [2]In dieser Frist ist außerdem die Erklärung abzugeben, inwieweit die Entscheidung angefochten und ihre Aufhebung beantragt wird. [3]Die Anträge sind zu begründen.

(2) [1]Aus der Begründung muß hervorgehen, ob die Entscheidung wegen Verletzung einer Rechtsnorm über das Verfahren oder wegen Verletzung einer anderen Rechtsnorm angefochten wird. [2]Ersterenfalls müssen die den Mangel enthaltenden Tatsachen angegeben werden.

(3) Der Antragsteller als Beschwerdeführer kann dies nur in einer von einem Rechtsanwalt unterzeichneten Schrift oder zu Protokoll der Geschäftsstelle tun.

§ 119 Entscheidung über die Rechtsbeschwerde

(1) Der Strafsenat entscheidet ohne mündliche Verhandlung durch Beschluß.

(2) Seiner Prüfung unterliegen nur die Beschwerdeanträge und, soweit die Rechtsbeschwerde auf Mängel des Verfahrens gestützt wird, nur die Tatsachen, die in der Begründung der Rechtsbeschwerde bezeichnet worden sind.

(3) Der Beschluß, durch den die Beschwerde verworfen wird, bedarf keiner Begründung, wenn der Strafsenat die Beschwerde einstimmig für unzulässig oder für offensichtlich unbegründet erachtet.

(4) [1]Soweit die Rechtsbeschwerde für begründet erachtet wird, ist die angefochtene Entscheidung aufzuheben. [2]Der Strafsenat kann an Stelle der Strafvollstreckungskammer entscheiden, wenn die Sache spruchreif ist. [3]Sonst ist die Sache zur neuen Entscheidung an die Strafvollstreckungskammer zurückzuverweisen.

(5) Die Entscheidung des Strafsenats ist endgültig.

§ 119a Strafvollzugsbegleitende gerichtliche Kontrolle bei angeordneter oder vorbehaltener Sicherungsverwahrung

(1) Ist die Unterbringung in der Sicherungsverwahrung angeordnet oder vorbehalten, stellt das Gericht während des Vollzuges der Freiheitsstrafe nach Ablauf der in Absatz 3 genannten Fristen von Amts wegen fest,

1. ob die Vollzugsbehörde dem Gefangenen im zurückliegenden Zeitraum eine Betreuung angeboten hat, die § 66c Absatz 2 in Verbindung mit Absatz 1 Nummer 1 des Strafgesetzbuches entspricht;
2. soweit die Betreuung nicht den in Nummer 1 genannten Anforderungen entsprochen hat, welche bestimmten Maßnahmen die Vollzugsbehörde dem Gefangenen bei sich nicht wesentlich ändernder Sachlage künftig anzubieten hat, um den gesetzlichen Anforderungen an die Betreuung zu genügen.

(2) [1]Die Vollzugsbehörde kann jederzeit eine Entscheidung nach Absatz 1 beantragen, sofern hieran ein berechtigtes Interesse besteht. [2]Nach der erstmaligen Aufstellung oder einer wesentlichen Änderung des Vollzugsplans kann die Vollzugsbehörde auch beantragen, festzustellen, ob die im Vollzugsplan vorgesehenen Maßnahmen im Falle ihres Angebots bei sich nicht wesentlich ändernder Sachlage eine dem § 66c Absatz 2 in Verbindung mit Absatz 1 Nummer 1 des Strafgesetzbuches entsprechende Betreuung

darstellen würden; in diesem Fall hat das Gericht die Feststellungen nach Absatz 1 auch zu treffen, wenn die Frist gemäß Absatz 3 noch nicht abgelaufen ist.

(3) [1]Entscheidungen von Amts wegen sind alle zwei Jahre zu treffen. [2]Das Gericht kann bei einer Entscheidung nach Absatz 1, auch in Verbindung mit Absatz 2 Satz 2, im Hinblick auf die Gesamtdauer der noch zu vollziehenden Freiheitsstrafe eine längere Frist festsetzen, die fünf Jahre nicht überschreiten darf. [3]Die Frist für die erste Entscheidung von Amts wegen beginnt mit dem Vollzug der Freiheitsstrafe zu laufen, die Frist für jede weitere mit Bekanntgabe einer erstinstanzlichen Entscheidung nach Absatz 1.

(4) Die Strafvollstreckungskammer ist bei Entscheidungen nach den Absätzen 1 und 2 Satz 2 mit drei Richtern unter Einschluss des Vorsitzenden besetzt.

(5) Gegen die gerichtliche Entscheidung ist die Beschwerde zulässig.

(6) [1]Für das gerichtliche Verfahren ist dem Gefangenen von Amts wegen ein Rechtsanwalt beizuordnen. [2]Vor einer Entscheidung sind der Gefangene, die Vollzugsbehörde und die Vollstreckungsbehörde anzuhören. [3]Im Übrigen gelten § 109 Absatz 3 Satz 2, die §§ 110,[1)] und 110a sowie die auf dessen Grundlage erlassenen Rechtsverordnungen, die §§ 111, 115 Absatz 1 Satz 1 und 2 sowie die §§ 117, 118 Absatz 1 Satz 1, § 119 Absatz 1 und 5 entsprechend.

(7) Alle Gerichte sind bei nachfolgenden Entscheidungen an die rechtskräftigen Feststellungen nach den Absätzen 1 und 2 Satz 2 gebunden.

§ 120 Entsprechende Anwendung anderer Vorschriften

(1) [1]Kommt die Behörde in den Fällen des § 114 Absatz 2 Satz 2 sowie des § 115 Absatz 2 Satz 2 und Absatz 4 der ihr in der einstweiligen Anordnung oder im Beschluss auferlegten Verpflichtung nicht nach, gilt § 172 der Verwaltungsgerichtsordnung entsprechend. [2]Im Übrigen sind die Vorschriften der Strafprozessordnung und die auf der Grundlage des § 32a Absatz 2 Satz 2 und Absatz 4 Satz 1 Nummer 6, des § 32b Absatz 5 und des § 32f Absatz 6 der Strafprozessordnung erlassenen Rechtsverordnungen entsprechend anzuwenden, soweit sich aus diesem Gesetz nichts anderes ergibt.

(2) Auf die Bewilligung der Prozeßkostenhilfe sind die Vorschriften der Zivilprozeßordnung entsprechend anzuwenden.

§ 121 Kosten des Verfahrens

(1) In der das Verfahren abschließenden Entscheidung ist zu bestimmen, von wem die Kosten des Verfahrens und die notwendigen Auslagen zu tragen sind.

(2) [1]Soweit der Antragsteller unterliegt oder seinen Antrag zurücknimmt, trägt er die Kosten des Verfahrens und die notwendigen Auslagen. [2]Hat sich die Maßnahme vor einer Entscheidung nach Absatz 1 in anderer Weise als durch Zurücknahme des Antrags erledigt, so entscheidet das Gericht über die Kosten des Verfahrens und die notwendigen Auslagen nach billigem Ermessen.

(3) [1]Bei erstinstanzlichen Entscheidungen des Gerichts nach § 119a fallen die Kosten des Verfahrens und die notwendigen Auslagen der Staatskasse zur Last. [2]Absatz 2 Satz 2 gilt nicht im Falle des § 115 Abs. 3.

(4) Im übrigen gelten die §§ 464 bis 473 der Strafprozeßordnung entsprechend.

(5) Für die Kosten des Verfahrens nach den §§ 109ff. kann auch ein den dreifachen Tagessatz der Eckvergütung nach § 43 Abs. 2 übersteigender Teil des Hausgeldes (§ 47) in Anspruch genommen werden.

§ 121a Gerichtliche Zuständigkeit bei dem Richtervorbehalt unterliegenden Maßnahmen

(1) Soweit nach den Vollzugsgesetzen eine Maßnahme der vorherigen gerichtlichen Anordnung oder der gerichtlichen Genehmigung bedarf, ist das Amtsgericht zuständig, in dessen Bezirk die Maßnahme durchgeführt wird.

(2) Unterhält ein Land eine Anstalt, in der Freiheitsstrafen oder freiheitsentziehende Maßregeln der Besserung und Sicherung vollzogen werden, auf dem Gebiet eines anderen Landes, so können die beteiligten Länder vereinbaren, dass für gerichtliche Entscheidungen im Sinne des Absatzes 1 das Amtsgericht zuständig ist, in dessen Bezirk die für die Anstalt zuständige Aufsichtsbehörde ihren Sitz hat.

§ 121b Gerichtliches Verfahren bei dem Richtervorbehalt unterliegenden Maßnahmen

(1) [1]Das gerichtliche Verfahren im Sinne des § 121a richtet sich nach dem Gesetz über das Verfahren in Familiensachen und in den Angelegenheiten der freiwilligen Gerichtsbarkeit. [2]Die für Unterbringungssachen nach § 312 Nummer 4 des Gesetzes über das Verfahren in Familiensachen und in den Angelegenheiten der freiwilligen Gerichtsbarkeit anzuwendenden Bestimmungen gelten entsprechend. [3]Über die Beschwerde entscheidet das Landgericht, über die Rechtsbeschwerde der Bundesgerichtshof.

(2) Für das Verfahren werden keine Kosten erhoben.

---

1) Zeichensetzung amtlich.

Fünfzehnter Titel
Strafvollstreckung und Untersuchungshaft

§ 122 ***[aufgehoben]***

Sechzehnter Titel
Sozialtherapeutische Anstalten

§ 123 Sozialtherapeutische Anstalten und Abteilungen

(1) Für den Vollzug nach § 9 sind von den übrigen Vollzugsanstalten getrennte sozialtherapeutische Anstalten vorzusehen.

(2) [1]Aus besonderen Gründen können auch sozialtherapeutische Abteilungen in anderen Vollzugsanstalten eingerichtet werden. [2]Für diese Abteilungen gelten die Vorschriften über die sozialtherapeutische Anstalt entsprechend.

§ 124 Urlaub zur Vorbereitung der Entlassung

(1) [1]Der Anstaltsleiter kann dem Gefangenen zur Vorbereitung der Entlassung Sonderurlaub bis zu sechs Monaten gewähren. [2]§ 11 Abs. 2 und § 13 Abs. 5 gelten entsprechend.

(2) [1]Dem Beurlaubten sollen für den Urlaub Weisungen erteilt werden. [2]Er kann insbesondere angewiesen werden, sich einer von der Anstalt bestimmten Betreuungsperson zu unterstellen und jeweils für kurze Zeit in die Anstalt zurückzukehren.

(3) [1]§ 14 Abs. 2 gilt entsprechend. [2]Der Urlaub wird widerrufen, wenn dies für die Behandlung des Gefangenen notwendig ist.

§ 125 Aufnahme auf freiwilliger Grundlage

(1) [1]Ein früherer Gefangener kann auf seinen Antrag vorübergehend wieder in die sozialtherapeutische Anstalt aufgenommen werden, wenn das Ziel seiner Behandlung gefährdet und ein Aufenthalt in der Anstalt aus diesem Grunde gerechtfertigt ist. [2]Die Aufnahme ist jederzeit widerruflich.

(2) Gegen den Aufgenommenen dürfen Maßnahmen des Vollzuges nicht mit unmittelbarem Zwang durchgesetzt werden.

(3) Auf seinen Antrag ist der Aufgenommene unverzüglich zu entlassen.

§ 126 Nachgehende Betreuung

Die Zahl der Fachkräfte für die sozialtherapeutische Anstalt ist so zu bemessen, daß auch eine nachgehende Betreuung der Gefangenen gewährleistet ist, soweit diese anderweitig nicht sichergestellt werden kann.

§§ 127, 128 ***[aufgehoben]***

Dritter Abschnitt
Besondere Vorschriften über den Vollzug der freiheitsentziehenden Maßregeln der Besserung und Sicherung

Erster Titel
Sicherungsverwahrung

§ 129 Ziel der Unterbringung

[1]Der Sicherungsverwahrte wird zum Schutz der Allgemeinheit sicher untergebracht. [2]Ihm soll geholfen werden, sich in das Leben in Freiheit einzugliedern.

§ 130 Anwendung anderer Vorschriften

Für die Sicherungsverwahrung gelten die Vorschriften über den Vollzug der Freiheitsstrafe (§§ 3 bis 119 sowie 120 bis 126) entsprechend, soweit im folgenden nichts anderes bestimmt ist.

§ 131 Ausstattung

[1]Die Ausstattung der Sicherungsanstalten, namentlich der Hafträume, und besondere Maßnahmen zur Förderung und Betreuung sollen dem Untergebrachten helfen, sein Leben in der Anstalt sinnvoll zu gestalten, und ihn vor Schäden eines langen Freiheitsentzuges bewahren. [2]Seinen persönlichen Bedürfnissen ist nach Möglichkeit Rechnung zu tragen.

§ 132 Kleidung
Der Untergebrachte darf eigene Kleidung, Wäsche und eigenes Bettzeug benutzen, wenn Gründe der Sicherheit nicht entgegenstehen und der Untergebrachte für Reinigung, Instandsetzung und regelmäßigen Wechsel auf eigene Kosten sorgt.

§ 133 Selbstbeschäftigung. Taschengeld
(1) Dem Untergebrachten wird gestattet, sich gegen Entgelt selbst zu beschäftigen, wenn dies dem Ziel dient, Fähigkeiten für eine Erwerbstätigkeit nach der Entlassung zu vermitteln, zu erhalten oder zu fördern.
(2) Das Taschengeld (§ 46) darf den dreifachen Tagessatz der Eckvergütung nach § 43 Abs. 2 im Monat nicht unterschreiten.

§ 134 Entlassungsvorbereitung
[1]Um die Entlassung zu erproben und vorzubereiten, kann der Vollzug gelockert und Sonderurlaub bis zu einem Monat gewährt werden. [2]Bei Untergebrachten in einer sozialtherapeutischen Anstalt bleibt § 124 unberührt.

§ 135 Sicherungsverwahrung in Frauenanstalten
Die Sicherungsverwahrung einer Frau kann auch in einer für den Vollzug der Freiheitsstrafe bestimmten Frauenanstalt durchgeführt werden, wenn diese Anstalt für die Sicherungsverwahrung eingerichtet ist.

Zweiter Titel

Unterbringung in einem psychiatrischen Krankenhaus und in einer Entziehungsanstalt

§ 136 Unterbringung in einem psychiatrischen Krankenhaus
[1]Die Behandlung des Untergebrachten in einem psychiatrischen Krankenhaus richtet sich nach ärztlichen Gesichtspunkten. [2]Soweit möglich, soll er geheilt oder sein Zustand soweit gebessert werden, daß er nicht mehr gefährlich ist. [3]Ihm wird die nötige Aufsicht, Betreuung und Pflege zuteil.

§ 137 Unterbringung in einer Entziehungsanstalt
Ziel der Behandlung des Untergebrachten in einer Entziehungsanstalt ist es, ihn von seinem Hang zu heilen und die zugrunde liegende Fehlhaltung zu beheben.

§ 138 Anwendung anderer Vorschriften
(1) [1]Die Unterbringung in einem psychiatrischen Krankenhaus oder in einer Entziehungsanstalt richtet sich nach Landesrecht, soweit Bundesgesetze nichts anderes bestimmen. [2]§ 51 Abs. 4 und 5 sowie § 75 Abs. 3 gelten entsprechend.
(2) [1]Für die Erhebung der Kosten der Unterbringung gilt § 50 entsprechend mit der Maßgabe, dass in den Fällen des § 50 Abs. 1 Satz 2 an die Stelle erhaltener Bezüge die Verrichtung zugewiesener oder ermöglichter Arbeit tritt und in den Fällen des § 50 Abs. 1 Satz 4 dem Untergebrachten ein Betrag in der Höhe verbleiben muss, der dem Barbetrag entspricht, den ein in einer Einrichtung lebender und einen Teil der Kosten seines Aufenthalts selbst tragender Sozialhilfeempfänger zur persönlichen Verfügung erhält. [2]Bei der Bewertung einer Beschäftigung als Arbeit sind die besonderen Verhältnisse des Maßregelvollzugs zu berücksichtigen. [3]Zuständig für die Erhebung der Kosten ist die Vollstreckungsbehörde; die Landesregierungen können durch Rechtsverordnung andere Zuständigkeiten begründen. [4]Die Kosten werden als Justizverwaltungsabgabe erhoben.
(3) Für das gerichtliche Verfahren gelten die §§ 109 bis 121 entsprechend.
(4) Soweit nach den Vollzugsgesetzen eine Maßnahme der vorherigen gerichtlichen Anordnung oder gerichtlichen Genehmigung bedarf, gelten die §§ 121a und 121b entsprechend.

Vierter Abschnitt

Vollzugsbehörden

Erster Titel

Arten und Einrichtung der Justizvollzugsanstalten

§ 139 Justizvollzugsanstalten
Die Freiheitsstrafe sowie die Unterbringung in der Sicherungsverwahrung werden in Anstalten der Landesjustizverwaltungen (Justizvollzugsanstalten) vollzogen.

§ 140 Trennung des Vollzuges
(1) Die Unterbringung in der Sicherungsverwahrung wird in getrennten Anstalten oder in getrennten Abteilungen einer für den Vollzug der Freiheitsstrafe bestimmten Vollzugsanstalt vollzogen.

(2) [1]Frauen sind getrennt von Männern in besonderen Frauenanstalten unterzubringen. [2]Aus besonderen Gründen können für Frauen getrennte Abteilungen in Anstalten für Männer vorgesehen werden.
(3) Von der getrennten Unterbringung nach den Absätzen 1 und 2 darf abgewichen werden, um dem Gefangenen die Teilnahme an Behandlungsmaßnahmen in einer anderen Anstalt oder in einer anderen Abteilung zu ermöglichen.

§ 141 Differenzierung

(1) Für den Vollzug der Freiheitsstrafe sind Haftplätze vorzusehen in verschiedenen Anstalten oder Abteilungen, in denen eine auf die unterschiedlichen Bedürfnisse der Gefangenen abgestimmte Behandlung gewährleistet ist.
(2) Anstalten des geschlossenen Vollzuges sehen eine sichere Unterbringung vor, Anstalten des offenen Vollzuges keine oder nur verminderte Vorkehrungen gegen Entweichungen.

§ 142 Einrichtungen für Mütter mit Kindern

In Anstalten für Frauen sollen Einrichtungen vorgesehen werden, in denen Mütter mit ihren Kindern untergebracht werden können.

§ 143 Größe und Gestaltung der Anstalten

(1) Justizvollzugsanstalten sind so zu gestalten, daß eine auf die Bedürfnisse des einzelnen abgestellte Behandlung gewährleistet ist.
(2) Die Vollzugsanstalten sind so zu gliedern, daß die Gefangenen in überschaubaren Betreuungs- und Behandlungsgruppen zusammengefaßt werden können.
(3) Die für sozialtherapeutische Anstalten und für Justizvollzugsanstalten für Frauen vorgesehene Belegung soll zweihundert Plätze nicht übersteigen.

§ 144 Größe und Ausgestaltung der Räume

(1) [1]Räume für den Aufenthalt während der Ruhe- und Freizeit sowie Gemeinschafts- und Besuchsräume sind wohnlich oder sonst ihrem Zweck entsprechend auszugestalten. [2]Sie müssen hinreichend Luftinhalt haben und für eine gesunde Lebensführung ausreichend mit Heizung und Lüftung, Boden- und Fensterfläche ausgestattet sein.
(2) Das Bundesministerium der Justiz und für Verbraucherschutz wird ermächtigt, mit Zustimmung des Bundesrates durch Rechtsverordnung Näheres über den Luftinhalt, die Lüftung, die Boden- und Fensterfläche sowie die Heizung und Einrichtung der Räume zu bestimmen.

§ 145 Festsetzung der Belegungsfähigkeit

[1]Die Aufsichtsbehörde setzt die Belegungsfähigkeit für jede Anstalt so fest, daß eine angemessene Unterbringung während der Ruhezeit (§ 18) gewährleistet ist. [2]Dabei ist zu berücksichtigen, daß eine ausreichende Anzahl von Plätzen für Arbeit, Ausbildung und Weiterbildung sowie von Räumen für Seelsorge, Freizeit, Sport, therapeutische Maßnahmen und Besuche zur Verfügung steht.

§ 146 Verbot der Überbelegung

(1) Hafträume dürfen nicht mit mehr Personen als zugelassen belegt werden.
(2) Ausnahmen hiervon sind nur vorübergehend und nur mit Zustimmung der Aufsichtsbehörde zulässig.

§ 147 Einrichtungen für die Entlassung

Um die Entlassung vorzubereiten, sollen den geschlossenen Anstalten offene Einrichtungen angegliedert oder gesonderte offene Anstalten vorgesehen werden.

§ 148 Arbeitsbeschaffung, Gelegenheit zur beruflichen Bildung

(1) Die Vollzugsbehörde soll im Zusammenwirken mit den Vereinigungen und Stellen des Arbeits- und Wirtschaftslebens dafür sorgen, daß jeder arbeitsfähige Gefangene wirtschaftlich ergiebige Arbeit ausüben kann, und dazu beitragen, daß er beruflich gefördert, beraten und vermittelt wird.
(2) Die Vollzugsbehörde stellt durch geeignete organisatorische Maßnahmen sicher, daß die Bundesagentur für Arbeit die ihr obliegenden Aufgaben wie Berufsberatung, Ausbildungsvermittlung und Arbeitsvermittlung durchführen kann.

§ 149 Arbeitsbetriebe, Einrichtungen zur beruflichen Bildung

(1) In den Anstalten sind die notwendigen Betriebe für die nach § 37 Abs. 2 zuzuweisenden Arbeiten sowie die erforderlichen Einrichtungen zur beruflichen Bildung (§ 37 Abs. 3) und arbeitstherapeutischen Beschäftigung (§ 37 Abs. 5) vorzusehen.
(2) [1]Die in Absatz 1 genannten Betriebe und sonstigen Einrichtungen sind den Verhältnissen außerhalb der Anstalten anzugleichen. [2]Die Arbeitsschutz- und Unfallverhütungsvorschriften sind zu beachten.

(3) Die berufliche Bildung und die arbeitstherapeutische Beschäftigung können auch in geeigneten Einrichtungen privater Unternehmen erfolgen.
(4) In den von privaten Unternehmen unterhaltenen Betrieben und sonstigen Einrichtungen kann die technische und fachliche Leitung Angehörigen dieser Unternehmen übertragen werden.

§ 150 Vollzugsgemeinschaften
Für Vollzugsanstalten nach den §§ 139 bis 149 können die Länder Vollzugsgemeinschaften bilden.

Zweiter Titel
Aufsicht über die Justizvollzugsanstalten

§ 151 Aufsichtsbehörden
(1) [1]Die Landesjustizverwaltungen führen die Aufsicht über die Justizvollzugsanstalten. [2]Sie können Aufsichtsbefugnisse auf Justizvollzugsämter übertragen.
(2) An der Aufsicht über das Arbeitswesen sowie über die Sozialarbeit, die Weiterbildung, die Gesundheitsfürsorge und die sonstige fachlich begründete Behandlung der Gefangenen sind eigene Fachkräfte zu beteiligen; soweit die Aufsichtsbehörde nicht über eigene Fachkräfte verfügt, ist fachliche Beratung sicherzustellen.

§ 152 Vollstreckungsplan
(1) Die Landesjustizverwaltung regelt die örtliche und sachliche Zuständigkeit der Justizvollzugsanstalten in einem Vollstreckungsplan.
(2) [1]Der Vollstreckungsplan sieht vor, welche Verurteilten in eine Einweisungsanstalt oder -abteilung eingewiesen werden. [2]Über eine Verlegung zum weiteren Vollzug kann nach Gründen der Behandlung und Eingliederung entschieden werden.
(3) Im übrigen ist die Zuständigkeit nach allgemeinen Merkmalen zu bestimmen.

§ 153 Zuständigkeit für Verlegungen
Die Landesjustizverwaltung kann sich Entscheidungen über Verlegungen vorbehalten oder sie einer zentralen Stelle übertragen.

Dritter Titel
Innerer Aufbau der Justizvollzugsanstalten

§ 154 Zusammenarbeit
(1) Alle im Vollzug Tätigen arbeiten zusammen und wirken daran mit, die Aufgaben des Vollzuges zu erfüllen.
(2) [1]Mit den Behörden und Stellen der Entlassenenfürsorge, der Bewährungshilfe, den Aufsichtsstellen für die Führungsaufsicht, den Agenturen für Arbeit, den Trägern der Sozialversicherung und der Sozialhilfe, den Hilfeeinrichtungen anderer Behörden und den Verbänden der freien Wohlfahrtspflege ist eng zusammenzuarbeiten. [2]Die Vollzugsbehörden sollen mit Personen und Vereinen, deren Einfluß die Eingliederung des Gefangenen fördern kann, zusammenarbeiten.

§ 155 Vollzugsbedienstete
(1) [1]Die Aufgaben der Justizvollzugsanstalten werden von Vollzugsbeamten wahrgenommen. [2]Aus besonderen Gründen können sie auch anderen Bediensteten der Justizvollzugsanstalten sowie nebenamtlichen oder vertraglich verpflichteten Personen übertragen werden.
(2) Für jede Anstalt ist entsprechend ihrer Aufgabe die erforderliche Anzahl von Bediensteten der verschiedenen Berufsgruppen, namentlich des allgemeinen Vollzugsdienstes, des Verwaltungsdienstes und des Werkdienstes, sowie von Seelsorgern, Ärzten, Pädagogen, Psychologen und Sozialarbeitern vorzusehen.

§ 156 Anstaltsleitung
(1) [1]Für jede Justizvollzugsanstalt ist ein Beamter des höheren Dienstes zum hauptamtlichen Leiter zu bestellen. [2]Aus besonderen Gründen kann eine Anstalt auch von einem Beamten des gehobenen Dienstes geleitet werden.
(2) [1]Der Anstaltsleiter vertritt die Anstalt nach außen. [2]Er trägt die Verantwortung für den gesamten Vollzug, soweit nicht bestimmte Aufgabenbereiche der Verantwortung anderer Vollzugsbediensteter oder ihrer gemeinsamen Verantwortung übertragen sind.

(3) Die Befugnis, die Durchsuchung nach § 84 Abs. 2, die besonderen Sicherungsmaßnahmen nach § 88 und die Disziplinarmaßnahmen nach § 103 anzuordnen, darf nur mit Zustimmung der Aufsichtsbehörde übertragen werden.

§ 157 Seelsorge

(1) Seelsorger werden im Einvernehmen mit der jeweiligen Religionsgemeinschaft im Hauptamt bestellt oder vertraglich verpflichtet.

(2) Wenn die geringe Zahl der Angehörigen einer Religionsgemeinschaft eine Seelsorge nach Absatz 1 nicht rechtfertigt, ist die seelsorgerische Betreuung auf andere Weise zuzulassen.

(3) Mit Zustimmung des Anstaltsleiters dürfen die Anstaltsseelsorger sich freier Seelsorgehelfer bedienen und für Gottesdienste sowie für andere religiöse Veranstaltungen Seelsorger von außen zuziehen.

§ 158 Ärztliche Versorgung

(1) [1]Die ärztliche Versorgung ist durch hauptamtliche Ärzte sicherzustellen. [2]Sie kann aus besonderen Gründen nebenamtlichen oder vertraglich verpflichteten Ärzten übertragen werden.

(2) [1]Die Pflege der Kranken soll von Personen ausgeübt werden, die eine Erlaubnis nach dem Krankenpflegegesetz oder dem Pflegeberufegesetz besitzen. [2]Solange Personen im Sinne von Satz 1 nicht zur Verfügung stehen, können auch Bedienstete des allgemeinen Vollzugsdienstes eingesetzt werden, die eine sonstige Ausbildung in der Krankenpflege erfahren haben.

§ 159 Konferenzen

Zur Aufstellung und Überprüfung des Vollzugsplanes und zur Vorbereitung wichtiger Entscheidungen im Vollzuge führt der Anstaltsleiter Konferenzen mit an der Behandlung maßgeblich Beteiligten durch.

§ 160 Gefangenenmitverantwortung

Den Gefangenen und Untergebrachten soll ermöglicht werden, an der Verantwortung für Angelegenheiten von gemeinsamem Interesse teilzunehmen, die sich ihrer Eigenart und der Aufgabe der Anstalt nach für ihre Mitwirkung eignen.

§ 161 Hausordnung

(1) [1]Der Anstaltsleiter erläßt eine Hausordnung. [2]Sie bedarf der Zustimmung der Aufsichtsbehörde.

(2) In die Hausordnung sind namentlich die Anordnungen aufzunehmen über

1. die Besuchszeiten, Häufigkeit und Dauer der Besuche,
2. die Arbeitszeit, Freizeit und Ruhezeit sowie
3. die Gelegenheit, Anträge und Beschwerden anzubringen, oder sich an einen Vertreter der Aufsichtsbehörde zu wenden.

(3) Ein Abdruck der Hausordnung ist in jedem Haftraum auszulegen.

Vierter Titel

Anstaltsbeiräte

§ 162 Bildung der Beiräte

(1) Bei den Justizvollzugsanstalten sind Beiräte zu bilden.

(2) Vollzugsbedienstete dürfen nicht Mitglieder der Beiräte sein.

(3) Das Nähere regeln die Länder.

§ 163 Aufgabe der Beiräte

[1]Die Mitglieder des Beirats wirken bei der Gestaltung des Vollzuges und bei der Betreuung der Gefangenen mit. [2]Sie unterstützen den Anstaltsleiter durch Anregungen und Verbesserungsvorschläge und helfen bei der Eingliederung der Gefangenen nach der Entlassung.

§ 164 Befugnisse

(1) [1]Die Mitglieder des Beirats können namentlich Wünsche, Anregungen und Beanstandungen entgegennehmen. [2]Sie können sich über die Unterbringung, Beschäftigung, berufliche Bildung, Verpflegung, ärztliche Versorgung und Behandlung unterrichten sowie die Anstalt und ihre Einrichtungen besichtigen.

(2) [1]Die Mitglieder des Beirats können die Gefangenen und Untergebrachten in ihren Räumen aufsuchen. [2]Aussprache und Schriftwechsel werden nicht überwacht.

§ 165 Pflicht zur Verschwiegenheit

[1]Die Mitglieder des Beirats sind verpflichtet, außerhalb ihres Amtes über alle Angelegenheiten, die ihrer Natur nach vertraulich sind, besonders über Namen und Persönlichkeit der Gefangenen und Untergebrachten, Verschwiegenheit zu bewahren. [2]Dies gilt auch nach Beendigung ihres Amtes.

Fünfter Titel

Kriminologische Forschung im Strafvollzug

§ 166 [Kriminologische Forschung im Strafvollzug]

(1) Dem kriminologischen Dienst obliegt es, in Zusammenarbeit mit den Einrichtungen der Forschung den Vollzug, namentlich die Behandlungsmethoden, wissenschaftlich fortzuentwickeln und seine Ergebnisse für Zwecke der Strafrechtspflege nutzbar zu machen.

(2) § 186 Absatz 1 gilt entsprechend.

Fünfter Abschnitt

Vollzug weiterer freiheitsentziehender Maßnahmen in Justizvollzugsanstalten, Datenschutz beim Vollzug von Ordnungs-, Sicherungs-, Zwangs- und Erzwingungshaft, Sozial- und Arbeitslosenversicherung, Schlußvorschriften

Erster Titel

Vollzug des Strafarrestes in Justizvollzugsanstalten

§ 167 Grundsatz

[1]Für den Vollzug des Strafarrestes in Justizvollzugsanstalten gelten § 119 Absatz 5 und 6 der Strafprozessordnung sowie die Vorschriften über den Vollzug der Freiheitsstrafe (§§ 2 bis 121b) entsprechend, soweit im Folgenden nichts anderes bestimmt ist. [2]§ 50 findet nur in den Fällen einer in § 39 erwähnten Beschäftigung Anwendung.

§ 168 Unterbringung, Besuche und Schriftverkehr

(1) [1]Eine gemeinsame Unterbringung während der Arbeit, Freizeit und Ruhezeit (§§ 17 und 18) ist nur mit Einwilligung des Gefangenen zulässig. [2]Dies gilt nicht, wenn Strafarrest in Unterbrechung einer Strafhaft oder einer Unterbringung im Vollzuge einer freiheitsentziehenden Maßregel der Besserung und Sicherung vollzogen wird.

(2) Dem Gefangenen soll gestattet werden, einmal wöchentlich Besuch zu empfangen.

(3) Besuche und Schriftwechsel dürfen nur untersagt oder überwacht werden, wenn dies aus Gründen der Sicherheit oder Ordnung der Anstalt notwendig ist.

§ 169 Kleidung, Wäsche und Bettzeug

Der Gefangene darf eigene Kleidung, Wäsche und eigenes Bettzeug benutzen, wenn Gründe der Sicherheit nicht entgegenstehen und der Gefangene für Reinigung, Instandsetzung und regelmäßigen Wechsel auf eigene Kosten sorgt.

§ 170 Einkauf

Der Gefangene darf Nahrungs- und Genußmittel sowie Mittel zur Körperpflege in angemessenem Umfang durch Vermittlung der Anstalt auf eigene Kosten erwerben.

Zweiter Titel

Vollzug von Ordnungs-, Sicherungs-, Zwangs- und Erzwingungshaft

§ 171 Grundsatz

Für den Vollzug einer gerichtlich angeordneten Ordnungs-, Sicherungs-, Zwangs- und Erzwingungshaft gelten § 119 Absatz 5 und 6 der Strafprozessordnung sowie die Vorschriften über den Vollzug der Freiheitsstrafe (§§ 3 bis 49 sowie 51 bis 121b) entsprechend, soweit nicht Eigenart und Zweck der Haft entgegenstehen oder im Folgenden etwas anderes bestimmt ist.

§ 171a Fixierung

(1) Eine Fesselung, durch die die Bewegungsfreiheit des Gefangenen vollständig aufgehoben wird (Fixierung), ist nur zulässig, soweit und solange eine gegenwärtige erhebliche Gefahr von Gewalttätigkeiten gegen Personen, der Selbsttötung oder der Selbstverletzung besteht und die Fixierung zur Abwehr dieser Gefahr unerlässlich ist.

(2) [1]Eine absehbar kurzfristige Fixierung wird durch die Anstaltsleitung angeordnet. [2]Bei Gefahr im Verzug können auch andere zuständige Bedienstete der Anstalt die Fixierung vorläufig anordnen. [3]Die Entscheidung der Anstaltsleitung ist unverzüglich einzuholen.

(3) [1]Eine nicht nur kurzfristige Fixierung bedarf der vorherigen Anordnung durch das Gericht. [2]Bei Gefahr im Verzug kann die Anordnung der Fixierung durch die Anstaltsleitung oder einen anderen zuständigen Bediensteten der Anstalt getroffen werden. [3]Ein Arzt ist unverzüglich hinzuzuziehen. [4]Die richterliche

Entscheidung ist unverzüglich herbeizuführen. [5]Einer richterlichen Entscheidung bedarf es nicht oder nicht mehr, wenn bereits zu Beginn der Fixierung abzusehen ist, dass die Entscheidung erst nach Wegfall des Grundes der Fixierung ergehen wird, oder wenn die Fixierung vor der Herbeiführung der richterlichen Entscheidung tatsächlich beendet und auch keine Wiederholung zu erwarten ist. [6]Ist eine richterliche Entscheidung beantragt und die Fixierung vor deren Erlangung beendet worden, so ist dies dem Gericht unverzüglich mitzuteilen.
(4) [1]Während der Dauer der Fixierung stellt ein Arzt eine angemessene medizinische Überwachung des Gefangenen sicher. [2]Geschulte Vollzugsbedienstete stellen durch ständigen Sicht- und Sprechkontakt die Betreuung des Gefangenen sicher.
(5) Die Anordnung, die maßgeblichen Gründe hierfür, ihre Durchsetzung, ihre Dauer und die Art der Überwachung sind durch die Anstalt zu dokumentieren.
(6) [1]Nach Beendigung einer Fixierung, die nicht gerichtlich angeordnet wurde, ist der Gefangene durch den Arzt auf sein Recht hinzuweisen, die Zulässigkeit der durchgeführten Maßnahme beim zuständigen Gericht überprüfen zu lassen. [2]Der Hinweis ist aktenkundig zu machen.

§ 172 Unterbringung
[1]Eine gemeinsame Unterbringung während der Arbeit, Freizeit und Ruhezeit (§§ 17 und 18) ist nur mit Einwilligung des Gefangenen zulässig. [2]Dies gilt nicht, wenn Ordnungshaft in Unterbrechung einer Strafhaft oder einer Unterbringung im Vollzuge einer freiheitsentziehenden Maßregel der Besserung und Sicherung vollzogen wird.

§ 173 Kleidung, Wäsche und Bettzeug
Der Gefangene darf eigene Kleidung, Wäsche und eigenes Bettzeug benutzen, wenn Gründe der Sicherheit nicht entgegenstehen und der Gefangene für Reinigung, Instandsetzung und regelmäßigen Wechsel auf eigene Kosten sorgt.

§ 174 Einkauf
Der Gefangene darf Nahrungs- und Genußmittel sowie Mittel zur Körperpflege in angemessenem Umfang durch Vermittlung der Anstalt auf eigene Kosten erwerben.

§ 175 Arbeit
Der Gefangene ist zu einer Arbeit, Beschäftigung oder Hilfstätigkeit nicht verpflichtet.

Dritter Titel
Arbeitsentgelt in Jugendstrafanstalten und im Vollzug der Untersuchungshaft

§ 176 Jugendstrafanstalten
(1) [1]Übt ein Gefangener in einer Jugendstrafanstalt eine ihm zugewiesene Arbeit aus, so erhält er unbeschadet der Vorschriften des Jugendarbeitsschutzgesetzes über die Akkord- und Fließarbeit ein nach § 43 Abs. 2 und 3 zu bemessendes Arbeitsentgelt. [2]Übt er eine sonstige zugewiesene Beschäftigung oder Hilfstätigkeit aus, so erhält er ein Arbeitsentgelt nach Satz 1, soweit dies der Art seiner Beschäftigung und seiner Arbeitsleistung entspricht. [3]§ 43 Abs. 5 bis 11 gilt entsprechend.
(2) [1]Arbeitsfähige Gefangene, denen aus Gründen, die nicht in ihrer Person liegen, Arbeit nicht zugewiesen werden kann, erkrankte Gefangene, bei denen die Voraussetzungen des § 45 Abs. 2 vorliegen, und werdende Mütter, die eine Arbeit nicht verrichten, erhalten eine Ausfallentschädigung. [2]Höhe und Dauer der Ausfallentschädigung sind nach § 45 Abs. 3 bis 6 zu bestimmen.
Fassung des Abs. 3 bis zum Erlass eines Bundesgesetzes:
(3) Wenn ein Gefangener ohne sein Verschulden kein Arbeitsentgelt und keine Ausbildungsbeihilfe erhält, wird ihm ein angemessenes Taschengeld gewährt, falls er bedürftig ist.
Fassung des Abs. 3 ab Erlass eines Bundesgesetzes:
(3) [1]Gefangene, die wegen Gebrechlichkeit nicht arbeiten oder denen eine Ausfallentschädigung nicht oder nicht mehr gewährt wird, erhalten ein angemessenes Taschengeld, falls sie bedürftig sind. [2]Gleiches gilt für Gefangene, die für eine Beschäftigung oder Hilfstätigkeit nach Absatz 1 Satz 2 kein Arbeitsentgelt erhalten.
(4) Im übrigen gelten § 44 und die §§ 49 bis 52 entsprechend.

§ 177 Untersuchungshaft
[1]Übt der Untersuchungsgefangene eine ihm zugewiesene Arbeit, Beschäftigung oder Hilfstätigkeit aus, so erhält er ein nach § 43 Abs. 2 bis 5 zu bemessendes und bekannt zu gebendes Arbeitsentgelt. [2]Der Bemessung des Arbeitsentgelts ist abweichend von § 200 fünf vom Hundert der Bezugsgröße nach § 18 des Vierten Buches Sozialgesetzbuch zu Grunde zu legen (Eckvergütung). [3]§ 43 Abs. 6 bis 11 findet keine

Anwendung. [4]Für junge und heranwachsende Untersuchungsgefangene gilt § 176 Abs. 1 Satz 1 und 2 entsprechend.

Vierter Titel

Unmittelbarer Zwang in Justizvollzugsanstalten

§ 178 [Unmittelbarer Zwang in Justizvollzugsanstalten]

(1) Die §§ 94 bis 101 über den unmittelbaren Zwang gelten nach Maßgabe der folgenden Absätze auch für Justizvollzugsbedienstete außerhalb des Anwendungsbereichs des Strafvollzugsgesetzes (§ 1).

(2) [1]Beim Vollzug des Jugendarrestes, des Strafarrestes sowie der Ordnungs-, Sicherungs-, Zwangs- und Erzwingungshaft dürfen zur Vereitelung einer Flucht oder zur Wiederergreifung (§ 100 Abs. 1 Nr. 3) keine Schußwaffen gebraucht werden. [2]Dies gilt nicht, wenn Strafarrest oder Ordnungs-, Sicherungs-, Zwangs- oder Erzwingungshaft in Unterbrechung einer Untersuchungshaft, einer Strafhaft oder einer Unterbringung im Vollzuge einer freiheitsentziehenden Maßregel der Besserung und Sicherung vollzogen wird.

(3) Das Landesrecht kann, namentlich beim Vollzug der Jugendstrafe, weitere Einschränkungen des Rechtes zum Schußwaffengebrauch vorsehen.

Fünfter Titel

Datenschutz beim Vollzug von Ordnungs-, Sicherungs-, Zwangs- und Erzwingungshaft

§ 179 Datenerhebung

(1) Die Vollzugsbehörde darf personenbezogene Daten erheben, soweit deren Kenntnis für den ihr nach diesem Gesetz aufgegebenen Vollzug der Haft nach § 171 erforderlich ist.

(2) [1]Personenbezogene Daten sind bei der betroffenen Person zu erheben. [2]Ohne ihre Mitwirkung dürfen sie nur erhoben werden,

1. wenn eine Rechtsvorschrift dies vorsieht oder zwingend voraussetzt oder
2. wenn
   a) die zu erfüllende Aufgabe ihrer Art nach eine Erhebung bei anderen Personen oder Stellen erforderlich macht oder
   b) die Erhebung bei der betroffenen Person einen unverhältnismäßigen Aufwand erfordern würde

und keine Anhaltspunkte dafür bestehen, dass überwiegende schutzwürdige Interessen der betroffenen Person beeinträchtigt werden.

(2a) [1]Werden personenbezogene Daten bei der betroffenen Person auf Grund einer Rechtsvorschrift erhoben, die zur Auskunft verpflichtet, oder ist die Erteilung der Auskunft Voraussetzung für die Gewährung von Rechtsvorteilen, so ist die betroffene Person hierauf, sonst auf die Freiwilligkeit ihrer Angaben hinzuweisen. [2]Soweit nach den Umständen des Einzelfalls erforderlich oder auf Verlangen, ist sie über die Rechtsvorschrift und über die Folgen der Verweigerung von Angaben aufzuklären. [3]Werden personenbezogene Daten statt bei der betroffenen Person bei einer nicht-öffentlichen Stelle erhoben, so ist die Stelle auf die Rechtsvorschrift, die zur Auskunft verpflichtet, sonst auf die Freiwilligkeit ihrer Angaben hinzuweisen.

(3) Daten über Personen, die nicht Gefangene sind, dürfen ohne ihre Mitwirkung bei Personen oder Stellen außerhalb der Vollzugsbehörde nur erhoben werden, wenn sie für die Sicherheit der Anstalt oder die Sicherung des Vollzuges der Haft nach § 171 unerläßlich sind und die Art der Erhebung schutzwürdige Interessen der betroffenen Personen nicht beeinträchtigt.

(4) Die Rechte und Pflichten nach den Artikeln 13 und 14 der Verordnung (EU) 2016/679 des Europäischen Parlaments und des Rates vom 27. April 2016 zum Schutz natürlicher Personen bei der Verarbeitung personenbezogener Daten, zum freien Datenverkehr und zur Aufhebung der Richtlinie 95/46/EG (Datenschutz-Grundverordnung) (ABl. L 119 vom 4.5.2016, S. 1; L 314 vom 22.11.2016, S. 72; L 127 vom 23.5.2018, S. 2) bestehen ergänzend zu den in diesen Vorschriften genannten Ausnahmen nicht, wenn

1. bei der Erhebung personenbezogener Daten ohne Kenntnis der betroffenen Person andernfalls der Vollzug der Haft nach § 171 gefährdet wird oder
2. bei der Erhebung der Daten bei anderen Personen oder Stellen die Daten nach einer Rechtsvorschrift oder ihrem Wesen nach, namentlich wegen des überwiegenden berechtigten Interesses eines Dritten, geheim gehalten werden müssen.

§ 180 Verarbeitung

(1) [1]Die Vollzugsbehörde darf personenbezogene Daten verarbeiten, soweit dies für den ihr nach diesem Gesetz aufgegebenen Vollzug der Haft nach § 171 erforderlich ist. [2]Die Vollzugsbehörde kann einen

Gefangenen verpflichten, einen Lichtbildausweis mit sich zu führen, wenn dies aus Gründen der Sicherheit oder Ordnung der Anstalt erforderlich ist.

(2) Für die Verarbeitung personenbezogener Daten zu einem anderen Zweck als zu demjenigen, zu dem die Daten erhoben wurden, findet § 23 des Bundesdatenschutzgesetzes Anwendung.

(3) [1]Über die in Absatz 1 und § 23 des Bundesdatenschutzgesetzes genannten Zwecke hinaus dürfen zuständigen öffentlichen Stellen personenbezogene Daten übermittelt werden, soweit dies für folgende Zwecke erforderlich ist:

1. gesetzlich angeordnete Statistiken der Rechtspflege,
2. Entscheidungen über Leistungen, die mit der Aufnahme in einer Justizvollzugsanstalt entfallen oder sich mindern,
3. die Einleitung von Hilfsmaßnahmen für Angehörige (§ 11 Absatz 1 Nummer 1 des Strafgesetzbuches) des Gefangenen,
4. dienstliche Maßnahmen der Bundeswehr im Zusammenhang mit der Aufnahme und Entlassung von Soldaten,
5. ausländerrechtliche Maßnahmen oder
6. die Durchführung der Besteuerung.

[2]Eine Übermittlung für andere Zwecke ist auch zulässig, soweit eine andere gesetzliche Vorschrift dies vorsieht und sich dabei ausdrücklich auf personenbezogene Daten über Gefangene bezieht.

(4) [1]Öffentlichen und nicht-öffentlichen Stellen darf die Vollzugsbehörde auf schriftlichen Antrag mitteilen, ob sich eine Person in Haft befindet sowie ob und wann ihre Entlassung voraussichtlich innerhalb eines Jahres bevorsteht, soweit

1. die Mitteilung zur Erfüllung der in der Zuständigkeit der öffentlichen Stelle liegenden Aufgaben erforderlich ist oder
2. von nicht-öffentlichen Stellen ein berechtigtes Interesse an dieser Mitteilung glaubhaft dargelegt wird und der Gefangene kein schutzwürdiges Interesse an dem Ausschluß der Übermittlung hat.

[2]Der Gefangene wird vor der Mitteilung gehört, es sei denn, es ist zu besorgen, daß dadurch die Verfolgung des Interesses des Antragstellers vereitelt oder wesentlich erschwert werden würde, und eine Abwägung ergibt, daß dieses Interesse des Antragstellers das Interesse des Gefangenen an seiner vorherigen Anhörung überwiegt. [3]Ist die Anhörung unterblieben, wird der betroffene Gefangene über die Mitteilung der Vollzugsbehörde nachträglich unterrichtet.

(5) [1]Akten mit personenbezogenen Daten dürfen nur anderen Vollzugsbehörden, den zur Dienst- oder Fachaufsicht oder zu dienstlichen Weisungen befugten Stellen sowie den für Haftentscheidungen zuständigen Gerichten sowie den Strafvollstreckungs- und Strafverfolgungsbehörden überlassen werden; die Überlassung an andere öffentliche Stellen ist zulässig, soweit die Erteilung einer Auskunft einen unvertretbaren Aufwand erfordert oder nach Darlegung der Akteneinsicht begehrenden Stellen für die Erfüllung der Aufgabe nicht ausreicht. [2]Entsprechendes gilt für die Überlassung von Akten an die von der Vollzugsbehörde mit Gutachten beauftragten Stellen.

(6) Sind mit personenbezogenen Daten, die nach den Absätzen 1 bis 3 übermittelt werden dürfen, weitere personenbezogene Daten der betroffenen Person oder eines Dritten in Akten so verbunden, dass eine Trennung nicht oder nur mit unvertretbarem Aufwand möglich ist, so ist die Übermittlung auch dieser Daten zulässig, soweit nicht berechtigte Interessen der betroffenen Person oder eines Dritten an deren Geheimhaltung offensichtlich überwiegen; eine Verarbeitung dieser Daten durch den Empfänger ist unzulässig.

(7) Personenbezogene Daten, die bei der Überwachung der Besuche oder des Schriftwechsels sowie bei der Überwachung des Inhaltes von Paketen bekanntgeworden sind, dürfen nur für die in § 23 Absatz 1 Nummer 3 bis 5 des Bundesdatenschutzgesetzes aufgeführten Zwecke, für das gerichtliche Verfahren nach den §§ 109 bis 121 oder zur Wahrung der Sicherheit oder Ordnung der Anstalt verarbeitet werden.

(8) Personenbezogene Daten, die gemäß § 179 Abs. 3 über Personen, die nicht Gefangene sind, erhoben worden sind, dürfen nur zur Erfüllung des Erhebungszweckes, für die in § 23 Absatz 1 Nummer 3 und 5 des Bundesdatenschutzgesetzes geregelten Zwecke oder zur Verhinderung oder Verfolgung von Straftaten von erheblicher Bedeutung verarbeitet werden.

(9) Die Übermittlung von personenbezogenen Daten unterbleibt, soweit die in § 182 Abs. 2, § 184 Abs. 2 und 4 geregelten Einschränkungen oder besondere gesetzliche Verwendungsregelungen entgegenstehen.

(10) [1]Die Verantwortung für die Zulässigkeit der Übermittlung trägt die Vollzugsbehörde. [2]Erfolgt die Übermittlung auf Ersuchen einer öffentlichen Stelle, trägt diese die Verantwortung. [3]In diesem Fall prüft die Vollzugsbehörde nur, ob das Übermittlungsersuchen im Rahmen der Aufgaben des Empfängers liegt

und die Absätze 7 bis 9 der Übermittlung nicht entgegenstehen, es sei denn, daß besonderer Anlaß zur Prüfung der Zulässigkeit der Übermittlung besteht.

(11) Die Unterrichtungspflicht nach Artikel 19 Satz 2 der Verordnung (EU) 2016/679 besteht nicht, soweit durch eine solche Unterrichtung der Zweck der Übermittlung der Daten gefährdet würde.

§ 181 Zweckbindung bei Übermittlungen

(1) [1]Von der Vollzugsbehörde an eine öffentliche Stelle übermittelte personenbezogene Daten dürfen nur zu dem Zweck verarbeitet werden, zu dessen Erfüllung sie übermittelt worden sind. [2]Der Empfänger darf die Daten für andere Zwecke nur verarbeiten, soweit sie ihm auch für diese Zwecke hätten übermittelt werden dürfen.

(2) [1]Die Übermittlung an eine nicht-öffentliche Stelle ist nur zulässig, wenn diese sich gegenüber der übermittelnden Vollzugsbehörde verpflichtet hat, die Daten nur für den Zweck zu verarbeiten, zu dessen Erfüllung sie ihr übermittelt werden. [2]Eine Verarbeitung dieser Daten für andere Zwecke ist zulässig, wenn die Daten auch für diese Zwecke hätten übermittelt werden dürfen und die übermittelnde Vollzugsbehörde zugestimmt hat.

§ 182 Schutz besonderer Kategorien personenbezogener Daten

(1) [1]Das religiöse oder weltanschauliche Bekenntnis eines Gefangenen und personenbezogene Daten, die anläßlich ärztlicher Untersuchungen erhoben worden sind, dürfen in der Anstalt nicht allgemein kenntlich gemacht werden. [2]Andere personenbezogene Daten über den Gefangenen dürfen innerhalb der Anstalt allgemein kenntlich gemacht werden, soweit dies für ein geordnetes Zusammenleben in der Anstalt erforderlich ist; § 180 Absatz 7 bis 9 bleibt unberührt.

(2) [1]Personenbezogene Daten, die den in § 203 Absatz 1 Nummer 1, 2 und 6 des Strafgesetzbuchs genannten Personen von einem Gefangenen als Geheimnis anvertraut oder über einen Gefangenen sonst bekanntgeworden sind, unterliegen auch gegenüber der Vollzugsbehörde der Schweigepflicht. [2]Die in § 203 Absatz 1 Nummer 1, 2 und 6 des Strafgesetzbuchs genannten Personen haben sich gegenüber dem Anstaltsleiter zu offenbaren, soweit dies für die Aufgabenerfüllung der Vollzugsbehörde oder zur Abwehr von erheblichen Gefahren für Leib oder Leben des Gefangenen oder Dritter erforderlich ist. [3]Der Arzt ist zur Offenbarung ihm im Rahmen der allgemeinen Gesundheitsfürsorge bekanntgewordener Geheimnisse befugt, soweit dies für die Aufgabenerfüllung der Vollzugsbehörde unerläßlich oder zur Abwehr von erheblichen Gefahren für Leib oder Leben des Gefangenen oder Dritter erforderlich ist. [4]Sonstige Offenbarungsbefugnisse bleiben unberührt. [5]Der Gefangene ist vor der Erhebung über die nach den Sätzen 2 und 3 bestehenden Offenbarungsbefugnisse zu unterrichten.

(3) [1]Die nach Absatz 2 offenbarten Daten dürfen nur für den Zweck, für den sie offenbart wurden oder für den eine Offenbarung zulässig gewesen wäre, und nur unter denselben Voraussetzungen verarbeitet werden, unter denen eine in § 203 Absatz 1 Nummer 1, 2 und 6 des Strafgesetzbuchs genannte Person selbst hierzu befugt wäre. [2]Der Anstaltsleiter kann unter diesen Voraussetzungen die unmittelbare Offenbarung gegenüber bestimmten Anstaltsbediensteten allgemein zulassen.

(4) Sofern Ärzte oder Psychologen außerhalb des Vollzuges mit der Untersuchung oder Behandlung eines Gefangenen beauftragt werden, gilt Absatz 2 mit der Maßgabe entsprechend, daß der beauftragte Arzt oder Psychologe auch zur Unterrichtung des Anstaltsarztes oder des in der Anstalt mit der Behandlung des Gefangenen betrauten Psychologen befugt sind.

§ 183 Schutz der Daten in Akten und Dateisystemen

(1) Der einzelne Vollzugsbedienstete darf sich von personenbezogenen Daten nur Kenntnis verschaffen, soweit dies zur Erfüllung der ihm obliegenden Aufgabe oder für die Zusammenarbeit nach § 154 Abs. 1 erforderlich ist.

(2) [1]Akten und Dateisysteme mit personenbezogenen Daten sind nach den Artikeln 24, 25 und 32 der Verordnung (EU) 2016/679 durch die erforderlichen technischen und organisatorischen Maßnahmen gegen unbefugten Zugang und unbefugten Gebrauch zu schützen. [2]Gesundheitsakten und Krankenblätter sind getrennt von anderen Unterlagen zu führen und besonders zu sichern.

§ 184 Berichtigung, Löschung und Einschränkung der Verarbeitung

(1) [1]Die in Dateisystemen gespeicherten personenbezogenen Daten sind spätestens zwei Jahre nach der Entlassung des Gefangenen oder der Verlegung des Gefangenen in eine andere Anstalt zu löschen. [2]Hiervon können bis zum Ablauf der Aufbewahrungsfrist für die Gefangenenpersonalakte die Angaben über Familienname, Vorname, Geburtsname, Geburtstag, Geburtsort, Eintritts- und Austrittsdatum des Gefangenen ausgenommen werden, soweit dies für das Auffinden der Gefangenenpersonalakte erforderlich ist.

(2) [1]Personenbezogene Daten in Akten dürfen nach Ablauf von zwei Jahren seit der Entlassung des Gefangenen nur verarbeitet werden, soweit dies

1. zur Verfolgung von Straftaten,
2. für die Durchführung wissenschaftlicher Forschungsvorhaben gemäß § 186 Absatz 1,
3. zur Behebung einer bestehenden Beweisnot,
4. zur Feststellung, Durchsetzung oder Abwehr von Rechtsansprüchen im Zusammenhang mit dem Vollzug einer Haft nach § 171

unerläßlich ist. [2]Diese Verwendungsbeschränkungen enden, wenn der Gefangene erneut zum Vollzug einer Haft nach § 171 aufgenommen wird oder die betroffene Person eingewilligt hat.

(3) [1]Bei der Aufbewahrung von Akten mit nach Absatz 2 der eingeschränkten Verarbeitung unterliegenden Daten dürfen folgende Fristen nicht überschritten werden:

Gefangenenpersonalakten, Gesundheitsakten und Krankenblätter	20 Jahre,
Gefangenenbücher	30 Jahre.

[2]Dies gilt nicht, wenn aufgrund bestimmter Tatsachen anzunehmen ist, daß die Aufbewahrung für die in Absatz 2 Satz 1 genannten Zwecke weiterhin erforderlich ist. [3]Die Aufbewahrungsfrist beginnt mit dem auf das Jahr der aktenmäßigen Weglegung folgenden Kalenderjahr. [4]Die archivrechtlichen Vorschriften des Bundes und der Länder bleiben unberührt.

(4) Wird festgestellt, daß unrichtige Daten übermittelt worden sind, ist dies dem Empfänger mitzuteilen, wenn dies zur Wahrung schutzwürdiger Interessen der betroffenen Person erforderlich ist.

§ 185 Auskunft an die betroffene Person, Akteneinsicht

[1]Das Recht auf Auskunft der betroffenen Person gemäß Artikel 15 der Verordnung (EU) 2016/679 besteht nicht, soweit die Voraussetzungen einer Ausnahme nach § 34 Absatz 1 des Bundesdatenschutzgesetzes vorliegen. [2]Steht der betroffenen Person ein Recht auf Auskunft zu, erhält sie Akteneinsicht, soweit eine Auskunft für die Wahrnehmung ihrer rechtlichen Interessen nicht ausreicht und sie hierfür auf die Einsichtnahme angewiesen ist. [3]An die Stelle der oder des Bundesbeauftragten in § 34 Absatz 3 des Bundesdatenschutzgesetzes tritt die oder der Landesbeauftragte für den Datenschutz, an die Stelle der obersten Bundesbehörde tritt die entsprechende Landesbehörde.

§ 186 Auskunft und Akteneinsicht für wissenschaftliche Zwecke und zur Wahrnehmung der Aufgaben des Europäischen Ausschusses zur Verhütung von Folter und unmenschlicher oder erniedrigender Behandlung oder Strafe

(1) Für die Auskunft und Akteneinsicht für wissenschaftliche Zwecke gilt § 476 der Strafprozessordnung entsprechend.

(2) Den Mitgliedern einer Delegation des Europäischen Ausschusses zur Verhütung von Folter und unmenschlicher oder erniedrigender Behandlung oder Strafe wird während des Besuchs in der Anstalt Einsicht in die Gefangenenpersonalakten, Gesundheitsakten und Krankenblätter gewährt oder Auskunft aus diesen Akten erteilt, soweit dies zur Wahrnehmung der Aufgaben des Ausschusses unbedingt erforderlich ist.

§ 187 *[aufgehoben]*

Sechster Titel
Anpassung des Bundesrechts

§ 188 *[aufgehoben]*

§ 189 *[nicht wiedergegebene Änderungsvorschrift]*

Siebter Titel
Sozial- und Arbeitslosenversicherung

§§ 190–193 *[nicht wiedergegebene Änderungsvorschrift]*

§ 194 *[aufgehoben]*

§ 195 Einbehaltung von Beitragsteilen

Soweit die Vollzugsbehörde Beiträge zur Kranken- und Rentenversicherung sowie zur Bundesagentur für Arbeit zu entrichten hat, kann sie von dem Arbeitsentgelt, der Ausbildungsbeihilfe oder der Ausfallentschädigung einen Betrag einbehalten, der dem Anteil des Gefangenen am Beitrag entsprechen würde, wenn er diese Bezüge als Arbeitnehmer erhielte.

Achter Titel

Einschränkung von Grundrechten. Inkrafttreten

§ 196 Einschränkung von Grundrechten

Durch dieses Gesetz werden die Grundrechte aus Artikel 2 Abs. 2 Satz 1 und 2 (körperliche Unversehrtheit und Freiheit der Person) und Artikel 10 Abs. 1 (Brief-, Post- und Fernmeldegeheimnis) des Grundgesetzes eingeschränkt.

§ 197 *[aufgehoben]*

§ 198 Inkrafttreten

(1) Dieses Gesetz tritt unbeschadet der §§ 199 und 201 am 1. Januar 1977 in Kraft, soweit die Absätze 2 und 3 nichts anderes bestimmen.

(2) 1. Am 1. Januar 1980 treten folgende Vorschriften in Kraft:

§ 37	– Arbeitszuweisung –
§ 39 Abs. 1	– Freies Beschäftigungsverhältnis –
§ 41 Abs. 2	– Zustimmungsbedürftigkeit bei weiterbildenden Maßnahmen –
§ 42	– Freistellung von der Arbeitspflicht –
§ 149 Abs. 1	– Arbeitsbetriebe, Einrichtungen zur beruflichen Bildung –
§ 162 Abs. 1	– Beiräte –.

2., 3. *[aufgehoben]*

(3) Durch besonderes Bundesgesetz werden die folgenden Vorschriften an inzwischen vorgenommene Gesetzesänderungen angepaßt und in Kraft gesetzt:

§ 41 Abs. 3	– Zustimmungsbedürftigkeit bei Beschäftigung in Unternehmerbetrieben –
§ 45	– Ausfallentschädigung –
§ 46	– Taschengeld –
§ 47	– Hausgeld –
§ 49	– Unterhaltsbeitrag –
§ 50	– Haftkostenbeitrag –
§ 65 Abs. 2 Satz 2	– Krankenversicherungsleistungen bei Krankenhausaufenthalt –
§ 93 Abs. 2	– Inanspruchnahme des Hausgeldes –
§ 176 Abs. 2 und 3	– Ausfallentschädigung und Taschengeld im Jugendstrafvollzug –
§ 189	– Verordnung über Kosten –
§ 190 Nr. 1 bis 10 und 13 bis 18, §§ 191 bis 193	– Sozialversicherung –.

(4) Über das Inkrafttreten des § 41 Abs. 3 – Zustimmungsbedürftigkeit bei Beschäftigung in Unternehmerbetrieben – wird zum 31. Dezember 1983 und über die Fortgeltung des § 201 Nr. 1 – Unterbringung im offenen Vollzug – wird zum 31. Dezember 1985 befunden.

§ 199 Übergangsfassungen

(1) Bis zum Inkrafttreten des besonderen Bundesgesetzes nach § 198 Abs. 3 gilt folgendes:

1. § 46 – Taschengeld – erhält folgende Fassung:
   „Wenn ein Gefangener ohne sein Verschulden kein Arbeitsentgelt und keine Ausbildungsbeihilfe erhält, wird ihm ein angemessenes Taschengeld gewährt, falls er bedürftig ist."
2. § 47 – Hausgeld – erhält folgende Fassung:
   „(1) Der Gefangene darf von seinen in diesem Gesetz geregelten Bezügen drei Siebtel monatlich (Hausgeld) und das Taschengeld (§ 46) für den Einkauf (§ 22 Abs. 1) oder anderweitig verwenden.
   (2) Für Gefangene, die in einem freien Beschäftigungsverhältnis stehen (§ 39 Abs. 1) oder denen gestattet ist, sich selbst zu beschäftigen (§ 39 Abs. 2), wird aus ihren Bezügen ein angemessenes Hausgeld festgesetzt."
3. *[aufgehoben]*

4. § 93 Abs. 2 – Inanspruchnahme des Haushaltsgeldes – erhält folgende Fassung:
„(2) Bei der Geltendmachung dieser Forderungen kann auch ein den dreifachen Tagessatz der Eckvergütung nach § 43 Abs. 2 übersteigender Teil des Hausgeldes (§ 47) in Anspruch genommen werden."
5. § 176 Abs. 3 – Taschengeld im Jugendstrafvollzug – erhält folgende Fassung:
„(3) Wenn ein Gefangener ohne sein Verschulden kein Arbeitsentgelt und keine Ausbildungshilfe erhält, wird ihm ein angemessenes Taschengeld gewährt, falls er bedürftig ist."

(2) Bis zum 31. Dezember 2002 gilt § 9 Abs. 1 Satz 1 in der folgenden Fassung:„Ein Gefangener soll in eine sozialtherapeutische Anstalt verlegt werden, wenn er wegen einer Straftat nach den §§ 174 bis 180 oder 182 des Strafgesetzbuches zu zeitiger Freiheitsstrafe von mehr als zwei Jahren verurteilt worden ist und die Behandlung in einer sozialtherapeutischen Anstalt nach § 6 Abs. 2 Satz 2 oder x§ 7 Abs. 4 angezeigt ist."

§ 200 Höhe des Arbeitsentgelts

Der Bemessung des Arbeitsentgelts nach § 43 sind 9 vom Hundert der Bezugsgröße nach § 18 des Vierten Buches Sozialgesetzbuch zu Grunde zu legen.

§ 201 Übergangsbestimmungen für bestehende Anstalten

Für Anstalten, mit deren Errichtung vor Inkrafttreten dieses Gesetzes begonnen wurde, gilt folgendes:
1. Abweichend von § 10 dürfen Gefangene ausschließlich im geschlossenen Vollzug untergebracht werden, solange die räumlichen, personellen und organisatorischen Anstaltsverhältnisse dies erfordern.
2. Abweichend von § 17 kann die gemeinschaftliche Unterbringung während der Arbeitszeit und Freizeit auch eingeschränkt werden, wenn und solange die räumlichen, personellen und organisatorischen Verhältnisse der Anstalt dies erfordern; die gemeinschaftliche Unterbringung während der Arbeitszeit jedoch nur bis zum Ablauf des 31. Dezember 1988.
3. [1]Abweichend von § 18 dürfen Gefangene während der Ruhezeit auch gemeinsam untergebracht werden, solange die räumlichen Verhältnisse der Anstalt dies erfordern. [2]Eine gemeinschaftliche Unterbringung von mehr als acht Personen ist nur bis zum Ablauf des 31. Dezember 1985 zulässig.
4. Abweichend von § 143 Abs. 1 und 2 sollen Justizvollzugsanstalten so gestaltet und gegliedert werden, daß eine auf die Bedürfnisse des einzelnen abgestellte Behandlung gewährleistet ist und daß die Gefangenen in überschaubaren Betreuungs- und Behandlungsgruppen zusammengefaßt werden können.
5. Abweichend von § 145 kann die Belegungsfähigkeit einer Anstalt nach Maßgabe der Nummern 2 und 3 festgesetzt werden.

§ 202 Freiheitsstrafe und Jugendhaft der Deutschen Demokratischen Republik

(1) Für den Vollzug der nach dem Strafgesetzbuch der Deutschen Demokratischen Republik gegen Jugendliche und Heranwachsende erkannten Freiheitsstrafe gelten die Vorschriften für den Vollzug der Jugendstrafe, für den Vollzug der Jugendhaft die Vorschriften über den Vollzug des Jugendarrestes.

(2) Im übrigen gelten für den Vollzug der nach dem Strafgesetzbuch der Deutschen Demokratischen Republik rechtskräftig erkannten Freiheitsstrafe und der Haftstrafe die Vorschriften des Strafvollzugsgesetzes über den Vollzug der Freiheitsstrafe.

Strafvollstreckungsordnung (StVollstrO)[1]

Vom 1. August 2011 (BAnz. Nr. 112a S. 1)
zuletzt geändert durch ÄndAV vom 8. August 2024 (BAnz AT B2)

Inhaltsverzeichnis

1) Siehe bis zum 31.7.2011 die StVollstrO v. 1.4.2001 (BAnz. S. 9157).

Abschnitt 1

Allgemeine Bestimmungen

§ 1 Geltungsbereich

(1) Die Vorschriften der Strafvollstreckungsordnung gelten für die Vollstreckung von Urteilen und ihnen gleichstehenden Entscheidungen, die auf eine Strafe, Nebenstrafe, Nebenfolge oder Maßregel der Besserung und Sicherung lauten.

(2) Die Vorschriften der Strafvollstreckungsordnung gelten ferner, soweit die §§ 87, 88 dies bestimmen, für die Vollstreckung gerichtlicher Entscheidungen nach dem Gesetz über Ordnungswidrigkeiten sowie für die Vollstreckung von Ordnungs- und Zwangshaft in Straf- und Bußgeldsachen.

(3) Für die Vollstreckung von Entscheidungen gegen Jugendliche und Heranwachsende gelten die Vorschriften der Strafvollstreckungsordnung nur, soweit das Jugendgerichtsgesetz (JGG), die Richtlinien dazu (RiJGG), die Landesgesetze zum Jugendstrafvollzug, die Bundeswehrvollzugsordnung und das Gesetz über Ordnungswidrigkeiten (OWiG) nichts anderes bestimmen.

§ 2 Nachdrückliche Vollstreckung

(1) Im Interesse einer wirksamen Strafrechtspflege ist die richterliche Entscheidung mit Nachdruck und Beschleunigung zu vollstrecken.

(2) Durch Gnadengesuche sowie durch andere Gesuche und Eingaben darf die Vollstreckung grundsätzlich nicht verzögert werden.

§ 3 Aufgaben der Vollstreckungsbehörde

(1) [1]Die Vollstreckungsbehörde prüft, ob die Voraussetzungen der Vollstreckung gegeben sind. [2]Sie trifft die Anordnungen, die zur Durchführung der Entscheidung erforderlich sind.

(2) Die Verantwortlichkeit der Vollstreckungsbehörde erstreckt sich nicht auf den besonderen Pflichtenkreis der Vollzugsbehörde.

§ 4 Vollstreckungsbehörde

Vollstreckungsbehörde ist

1. die Staatsanwaltschaft, soweit nichts anderes bestimmt ist;
2. die Generalstaatsanwaltschaft, wenn das Oberlandesgericht im ersten Rechtszug entschieden hat und nicht ein Fall der Nummer 3 vorliegt;
3. der Generalbundesanwalt beim Bundesgerichtshof in Sachen, in denen im ersten Rechtszug in Ausübung von Gerichtsbarkeit des Bundes entschieden worden ist (Artikel 96 Absatz 5 des Grundgesetzes – GG –, §§ 120, 142a des Gerichtsverfassungsgesetzes – GVG –).

§ 5 (aufgehoben)

§ 6 Sachliche Zuständigkeit für dringende Vollstreckungsanordnungen

Ist die sachlich zuständige Vollstreckungsbehörde nicht alsbald erreichbar, so kann anstelle der Staatsanwaltschaft die Generalstaatsanwaltschaft dringende Strafvollstreckungsanordnungen treffen.

§ 7 Örtliche Zuständigkeit der Vollstreckungsbehörde

(1) Die örtliche Zuständigkeit der Vollstreckungsbehörde bestimmt sich nach dem Gericht des ersten Rechtszuges (vergleiche § 143 Absatz 1 GVG).

(2) [1]Hat das Revisionsgericht in den Fällen des § 354 Absatz 2, der §§ 354a und 355 der Strafprozessordnung (StPO) eine Sache unter Aufhebung des Urteils zur Verhandlung und zur Entscheidung an ein anderes Gericht zurückverwiesen, so bestimmt sich die Zuständigkeit der Vollstreckungsbehörde nach diesem Gericht. [2]Ist im Wiederaufnahmeverfahren eine Entscheidung nach § 373 StPO ergangen, so bestimmt sich die Zuständigkeit der Vollstreckungsbehörde in den Fällen des § 140a Absatz 1, 3 Satz 2 GVG nach dem Gericht, das diese Entscheidung getroffen hat.

(3) Ist die örtlich zuständige Vollstreckungsbehörde nicht alsbald erreichbar, so kann dringende Vollstreckungsanordnungen auch eine örtlich unzuständige Vollstreckungsbehörde treffen (vergleiche § 143 Absatz 2 GVG).

(4) [1]Die Zuständigkeit zur Vollstreckung einer nachträglich gebildeten Gesamtstrafe einschließlich der Maßnahmen, Nebenstrafen und Nebenfolgen richtet sich nach dem Gericht, das sie angeordnet hat (§§ 460, 462, 462a Absatz 3 StPO, §§ 53 und 55 StGB). [2]Maßnahmen, Nebenstrafen und Nebenfolgen aus früheren Entscheidungen werden in nachträglichen Gesamtstrafen entweder aufrechterhalten oder bei Hinzutreten neuer Maßnahmen, Nebenstrafen und Nebenfolgen einheitlich angeordnet, sofern sie nicht erledigt oder durch die neue Entscheidung gegenstandslos geworden sind. [3]Für die Vollstreckung einer nicht in die nachträglich gebildete Gesamtstrafe einbezogenen Strafe einschließlich der mit ihr zu vollstreckenden Maßnahmen, Nebenstrafen oder Nebenfolgen verbleibt es bei der Zuständigkeit der Vollstreckungsbehörde gemäß Absatz 1 und 2.

§ 8 Mitteilungen bei Vollstreckung von Gesamtstrafen, Maßnahmen, Nebenstrafen und Nebenfolgen

(1) [1]Die zur Vollstreckung einer Gesamtstrafe zuständige Vollstreckungsbehörde teilt die Bildung der Gesamtstrafe und die Übernahme der Vollstreckung unverzüglich zu allen betroffenen Verfahren mit. [2]Sie fügt der Mitteilung eine beglaubigte Abschrift des erkennenden Teils der Entscheidung über die Gesamtstrafe bei, auf welcher der Zeitpunkt des Eintritts der Rechtskraft vermerkt ist.

(2) Bei einbezogenen Freiheitsstrafen, deren Vollstreckung zur Bewährung ausgesetzt war, ist neben der Mitteilung an die Vollstreckungsbehörde zusätzlich eine Mitteilung an das die Bewährung überwachende Gericht zu fertigen.

(3) Absatz 1 gilt für aufrecht erhaltene oder einheitlich angeordnete Maßnahmen, Nebenstrafen und Nebenfolgen entsprechend.

§ 9 Vollstreckungshilfe

(1) [1]Soll eine Vollstreckungsanordnung außerhalb des Landes, in dem die Vollstreckungsbehörde ihren Sitz hat, durch eine Landesbehörde durchgeführt werden, so ist – sofern nicht durch die Vereinbarung der Länder der Bundesrepublik Deutschland zur Vereinfachung und zur Beschleunigung der Strafvollstreckung und der Vollstreckung anderer freiheitsentziehender Maßnahmen in Straf- und Bußgeldsachen vom 8. Juni 1999 (Anlage) eine einfachere und schnellere Durchführung ermöglicht wird – die hierfür örtlich zuständige Staatsanwaltschaft des anderen Landes um Vollstreckungshilfe zu ersuchen. [2]Die Zuständigkeit bestimmt sich bei Ersuchen um Vollstreckung von Freiheitsstrafen nach den §§ 162, 163 GVG; in den übrigen Fällen, insbesondere bei Anordnungen nach den §§ 63, 64 oder 66 des Strafgesetzbuches (StGB), sind diese Bestimmungen sinngemäß anzuwenden (§ 463 Absatz 1 StPO). [3]Ist eine Maßregelvollzugseinrichtung eines anderen Landes für den Vollzug der Unterbringung nach § 63 oder § 64 StGB zuständig, ist die örtlich zuständige Staatsanwaltschaft dieses Landes um Vermittlung der Aufnahme in die Maßregelvollzugseinrichtung zu ersuchen; dabei darf die Vermittlung der Aufnahme in die Maßregelvollzugseinrichtung als Vollstreckungshilfe nicht von einer Kostenübernahmeerklärung des ersuchenden Landes für die zu erwartenden Vollzugskosten abhängig gemacht werden. [4]Unberührt bleiben §§ 48 und 57.

(2) Der Generalbundesanwalt kann in den Fällen, in denen er Vollstreckungsbehörde ist, unmittelbar vollstrecken.

§ 10 Geschäfte der Strafvollstreckung

Für die Wahrnehmung der Geschäfte der Strafvollstreckung gilt § 31 des Rechtspflegergesetzes.

§§ 11, 12 (aufgehoben)

§ 12 (aufgehoben)

§ 13 Urkundliche Grundlage der Vollstreckung

(1) Die Vollstreckung setzt die Rechtskraft der Entscheidung voraus (§ 449 StPO).

(2) Urkundliche Grundlage der Vollstreckung ist die Urschrift oder eine beglaubigte Abschrift der Entscheidung oder ihres erkennenden Teils; auf ihr muss die Rechtskraft bescheinigt und angegeben sein, wann sie eingetreten ist (§ 451 Absatz 1 StPO).

(3) Wird eine Einziehungsentscheidung gegen einen Einziehungsbeteiligten oder zulasten eines Nebenbetroffenen getroffen, bedarf es für deren Vollstreckung der Rechtskraft der Entscheidung gegenüber diesen (§ 430 Absatz 1 und 4 Satz 1, § 432 Absatz 1 Satz 1, § 438 Absatz 3 StPO).

(4) [1]Die Rechtskraft kann bereits bescheinigt werden, bevor die schriftlichen Urteilsgründe vorliegen. [2]Ist die verurteilte Person in Haft, so hat die die Rechtskraft bescheinigende Stelle die urkundliche Grundlage der Vollstreckung binnen drei Tagen nach Eintritt der Rechtskraft der Vollstreckungsbehörde zu übersenden.

(5) [1]Die Rechtskraft bescheinigt die Urkundsbeamtin oder der Urkundsbeamte der Geschäftsstelle beim Gericht des ersten Rechtszuges. [2]Wird gegen ein Berufungsurteil keine Revision eingelegt, so bescheinigt sie die Urkundsbeamtin oder der Urkundsbeamte der Geschäftsstelle beim Berufungsgericht.

(6) [1]Wird gegen ein Urteil Revision eingelegt, so behält die Vollstreckungsbehörde eine beglaubigte Abschrift des erkennenden Teils der für die Vollstreckung erforderlichen Urteile zurück. [2]Die Urkundsbeamtin oder der Urkundsbeamte der Geschäftsstelle beim Revisionsgericht übersendet der Vollstreckungsbehörde unverzüglich eine beglaubigte Abschrift des erkennenden Teils des Revisionsurteils, wenn dieses die Rechtskraft des angefochtenen Urteils herbeigeführt hat oder selbst vollstreckungsfähig ist. [3]Dasselbe gilt, wenn die Revision durch Beschluss verworfen wird und die Akten nicht sofort zurückgegeben werden können.

§ 14 Weitere urkundliche Grundlagen der Vollstreckung

(1) Weitere urkundliche Grundlage der Vollstreckung ist die Urschrift oder eine beglaubigte Abschrift der Entscheidung oder ihres erkennenden Teils, durch die

1. eine Verurteilung zu der vorbehaltenen Strafe (§ 59b StGB) ausgesprochen wird;
2. die Aussetzung einer Strafe, eines Strafrestes oder einer Unterbringung (§ 56f Absatz 1, § 57 Absatz 3, § 57a Absatz 3, § 67g Absatz 1 bis 3 StGB) oder ein Straferlass (§ 56g Absatz 2 StGB) widerrufen wird;
3. eine Anordnung über eine vom Urteil abweichende Reihenfolge der Vollstreckung von Freiheitsstrafen und freiheitsentziehenden Maßregeln (§ 67 Absatz 3 StGB) getroffen wird;
4. der Vollzug der Freiheitsstrafe angeordnet wird (§ 67 Absatz 5 Satz 2, zweiter Halbsatz StGB);
5. die Überweisung in den Vollzug einer anderen freiheitsentziehenden Maßregel angeordnet wird (§ 67a Absatz 1 bis 3 StGB);
6. nach § 67c Absatz 2 StGB die Vollstreckung einer Unterbringung angeordnet wird;
7. nach § 67d Absatz 5 StGB bestimmt wird, dass die Unterbringung in einer Entziehungsanstalt nicht weiter zu vollziehen ist;
8. der Vollzug der nächsten freiheitsentziehenden Maßregel angeordnet wird (§ 72 Absatz 3 StGB).

(2) § 13 Absatz 2, 3 und 4 Satz 1 gilt entsprechend.

§ 15 Vollstreckungsheft

(1) [1]Die zur Einleitung der Strafvollstreckung erforderlichen Akten soll die Vollstreckungsbehörde erst aus der Hand geben, wenn sie die erforderlichen Vollstreckungsanordnungen in die Wege geleitet hat. [2]Die Durchführung eines Rechtsmittelverfahrens darf nicht verzögert werden.

(2) [1]Ist damit zu rechnen, dass die Akten während der Vollstreckung anderweitig benötigt werden, oder handelt es sich um Strafsachen größeren Umfangs, so ist ein Vollstreckungsheft anzulegen. [2]Bei Strafsachen mit mehreren Verurteilten ist für jede verurteilte Person ein besonderes Vollstreckungsheft erforderlich.

§ 16 Inhalt des Vollstreckungsheftes

(1) Zum Vollstreckungsheft sind zu nehmen:
1. eine mit der Bescheinigung der Rechtskraft versehene beglaubigte Abschrift der Entscheidung und, soweit darin gemäß § 267 Absatz 4 StPO auf den Anklagesatz, die Anklage gemäß § 418 Absatz 3 Satz 2 StPO, den Strafbefehl oder den Strafbefehlsantrag verwiesen wird, auch eine beglaubigte Abschrift dieser Schriftstücke oder Entscheidungen sowie, wenn nachträglich eine Gesamtstrafe gebildet worden ist, auch eine beglaubigte Abschrift der einbezogenen Entscheidungen;
2. eine mit Bescheinigung der Rechtskraft versehene beglaubigte Abschrift der Beschlüsse,
   a) durch welche die Vollstreckung eines Strafrestes oder einer Unterbringung zur Bewährung ausgesetzt worden ist,
   b) die in § 14 Absatz 1 genannt sind;
3. eine beglaubigte Abschrift der Entscheidungen, durch die in den Fällen der Nummern 1 und 2 über ein Rechtsmittel entschieden worden ist, und eine beglaubigte Abschrift sonstiger die Strafvollstreckung betreffender Beschlüsse;
4. die für die Berechnung der Strafzeit maßgebenden Angaben;
5. sämtliche die Strafvollstreckung betreffenden Verfügungen, Gesuche, Eingaben und andere Eingänge.

(2) Kostenrechnungen, Zahlungsanzeigen und Nachrichten der zuständigen Kasse über die Löschung des Kostensolls sind unter dem Aktendeckel vor dem ersten Blatt des Vollstreckungsheftes einzuheften oder, wenn dieses nicht zu heften ist, lose zu verwahren (vergleiche § 3 Absatz 3 der Kostenverfügung), soweit nichts anderes bestimmt ist.

§ 17 Absehen von der Vollstreckung bei Auslieferung und Ausweisung

(1) [1]Soll eine verurteilte Person wegen einer anderen Tat einer ausländischen Regierung ausgeliefert oder aus dem räumlichen Geltungsbereich der Strafprozessordnung ausgewiesen werden, so prüft die Vollstreckungsbehörde – unter Beachtung der hierzu erlassenen landesrechtlichen Vorschriften –, ob und inwieweit es angezeigt ist, von der Vollstreckung einer Freiheitsstrafe, einer Ersatzfreiheitsstrafe oder einer Maßregel der Besserung und Sicherung abzusehen (§ 456a StPO). [2]Sieht die Vollstreckungsbehörde von der Vollstreckung ab, so teilt sie dies der Ausländerbehörde mit und legt einen Suchvermerk im Bundeszentralregister nieder.

(2) [1]Die Vollstreckungsbehörde soll zugleich mit dem Absehen von der Vollstreckung die Nachholung für den Fall anordnen, dass die ausgelieferte oder ausgewiesene Person zurückkehrt, und hierzu einen Haftbefehl oder einen Unterbringungsbefehl erlassen sowie die erforderlichen Fahndungsmaßnahmen, insbesondere die Ausschreibung zur Festnahme, veranlassen. [2]Hierüber ist die verurteilte Person in einer für sie verständlichen Sprache zu belehren. [3]Die Belehrung ist aktenkundig zu machen. [4]Sie kann der Vollzugsanstalt übertragen werden.

§ 18 Rechtshilfeverkehr mit dem Ausland

Für den Rechtshilfeverkehr mit dem Ausland gelten insbesondere die jeweiligen völkerrechtlichen Übereinkünfte, das Gesetz über die internationale Rechtshilfe in Strafsachen, das Überstellungsausführungsgesetz und die Richtlinien für den Verkehr mit dem Ausland in strafrechtlichen Angelegenheiten (RiVASt).

§ 19 Rechtskraft bei einzelnen Verurteilten

[1]Haben von mehreren Angeklagten nur Einzelne das Urteil mit der Revision angefochten, so steht § 357 StPO der Vollstreckung gegen die übrigen Verurteilten nicht entgegen. [2]Ist zu erwarten, dass das Revisionsgericht das Urteil auch gegenüber der verurteilten Person, gegen die vollstreckt werden soll, als angefochten behandelt, so kann die Vollstreckung aufgeschoben oder unterbrochen werden.

§ 20 Verlängerung der Verjährung

Ist zweifelhaft, ob die Auslieferung oder Überstellung einer verurteilten Person erreicht werden kann, so beantragt die Vollstreckungsbehörde die Verlängerung der Verjährungsfrist (§ 79b StGB) in der Regel erst, nachdem sie der obersten Justizbehörde berichtet hat.

§ 21 Beschwerden

(1) Über Einwendungen gegen eine Entscheidung oder eine andere Anordnung der Vollstreckungsbehörde entscheidet, soweit nicht das Gericht dafür zuständig ist (§§ 458, 459o StPO, § 83 Absatz 1 JGG),

1. die Generalstaatsanwaltschaft, wenn die Staatsanwaltschaft bzw. die Jugendrichterin als Vollstreckungsleiterin oder der Jugendrichter als Vollstreckungsleiter,
2. die oberste Behörde der Landesjustizverwaltung, wenn die Generalstaatsanwaltschaft,
3. das Bundesministerium der Justiz, wenn der Generalbundesanwalt beim Bundesgerichtshof

die beanstandete Entscheidung oder Anordnung getroffen hat.

(2) Durch Einwendungen nach Absatz 1 wird die Vollstreckung nicht gehemmt.

Abschnitt 2

Vollstreckung von Freiheitsstrafen

§ 22 Vollstreckungsplan

(1) Aus dem Vollstreckungsplan ergeben sich für jeden Gerichtsbezirk die Vollzugsanstalten, die für die Vollstreckung von Jugendarrest, Freiheitsstrafen und freiheitsentziehenden Maßregeln der Besserung und Sicherung sachlich und örtlich zuständig sind.

(2) Der Vollstreckungsplan regelt auch die sachliche Zuständigkeit zur Vollstreckung von Jugendarrest, Freiheitsstrafen und freiheitsentziehenden Maßregeln der Besserung und Sicherung, die im ersten Rechtszug in Ausübung von Gerichtsbarkeit des Bundes verhängt worden sind.

(3) [1]Vollzieht die Bundeswehr Strafarrest (Artikel 5 Absatz 1 des Einführungsgesetzes zum Wehrstrafgesetz – EGWStG –) oder auf Ersuchen der Vollstreckungsbehörde Freiheitsstrafe von nicht mehr als sechs Monaten oder Jugendarrest (Artikel 5 Absatz 2 EGWStG), so gibt die Befehlshaberin oder der Befehlshaber im Wehrbereich durch die Rechtsberaterin oder den Rechtsberater die zuständige Vollzugseinrichtung der Bundeswehr an. [2]Von einem Vollstreckungsersuchen (Artikel 5 Absatz 2 EGWStG) ist regelmäßig abzusehen, wenn

1. die Soldatin oder der Soldat aus persönlichen Gründen oder wegen der der Verurteilung zugrunde liegenden Straftat für den Vollzug bei der Bundeswehr ungeeignet ist;
2. die Bildung einer höheren als einer sechsmonatigen Gesamtstrafe zu erwarten ist;
3. die Soldatin oder der Soldat vor dem voraussichtlichen Strafende aus dem Dienst bei der Bundeswehr ausscheidet;
4. gegen die Soldatin oder den Soldaten in anderer Sache Untersuchungshaft, Sicherungshaft nach § 453c StPO oder eine einstweilige Unterbringung nach § 126a StPO angeordnet worden ist.

[3]Im Falle des Satzes 2 Nummer 4 ist ein bereits eingeleiteter Strafvollzug in Vollzugseinrichtungen der Bundeswehr in der Regel zu unterbrechen.

§ 23 Sachliche Vollzugszuständigkeit

(1) [1]Soweit der Vollstreckungsplan die sachliche Zuständigkeit einer Vollzugsanstalt von der Vollzugsdauer abhängig macht, kommt es auf die Zeit an, welche die verurteilte Person vom Tage der bevorstehenden Aufnahme in die zuständige Vollzugsanstalt an im Strafvollzug zuzubringen hat. [2]Ist eine nachträglich gebildete Gesamtstrafe zu vollstrecken, nachdem die Vollstreckung einer in sie einbezogenen Strafe bereits begonnen hat oder beendet ist, so ist der Strafrest maßgebend, der bei Beginn des Vollzuges der Gesamtstrafe verbleibt; von einer Verlegung ist abzusehen, wenn der verbleibende Strafrest die sach-

liche Zuständigkeit der Vollzugsanstalt nicht übersteigt. [3]Für die sachliche Vollzugszuständigkeit bei Vollstreckung mehrerer Freiheitsstrafen gilt § 43 Absatz 6.

(2) Soweit sich die sachliche Zuständigkeit einer Vollzugsanstalt nach dem Alter der verurteilten Person richtet, ist der Tag der bevorstehenden Aufnahme in die zuständige Vollzugsanstalt maßgebend.

(3) Die Vollzugsbehörde kann die Aufnahme nicht ablehnen, wenn die Vollzugsdauer oder das Alter, nach dem Tage der Aufnahme berechnet, um nicht mehr als zwei Wochen vom Vollstreckungsplan abweicht.

§ 24 Örtliche Vollzugszuständigkeit

(1) [1]Die örtliche Zuständigkeit der Vollzugsanstalt richtet sich nach dem Gerichtsbezirk, in dem die verurteilte Person wohnt, sich aufhält oder bei behördlicher Verwahrung sich zuletzt aufgehalten hat, bei Soldatinnen und Soldaten auch nach dem Gerichtsbezirk, in dem der Standort liegt. [2]Ist die verurteilte Person behördlich verwahrt, so richtet sich die Zuständigkeit bei einer Vollzugsdauer bis zu sechs Monaten nach dem Verwahrungsort. [3]Wohnort ist der Ort, an dem die verurteilte Person den Schwerpunkt ihrer Lebensbeziehungen hat und an dem sie freiwillig unter Umständen verweilt, die darauf schließen lassen, dass das Verweilen von einer gewissen Dauer und Regelmäßigkeit ist. [4]Aufenthaltsort ist der Ort, an dem die nicht in behördlicher Verwahrung befindliche verurteilte Person – auch nur für kurze Zeit, etwa bei der Festnahme – tatsächlich anwesend ist.

(2) [1]Wird eine Strafe mit einer Vollzugsdauer von mehr als sechs Monaten in einer für den Aufenthaltsort zuständigen Vollzugsanstalt vollzogen, so ist die verurteilte Person in die für den Wohnort zuständige Vollzugsanstalt zu verlegen, wenn sie es binnen zwei Wochen nach der Aufnahmeverhandlung bei der Vollzugsanstalt beantragt. [2]Wird eine solche Strafe im Anschluss oder in Unterbrechung der Untersuchungshaft vollzogen, so ist die verurteilte Person in die für den Wohnort zuständige Vollzugsanstalt zu verlegen, wenn sie dies binnen zwei Wochen nach entsprechender Kenntnisnahme bei der Vollzugsanstalt beantragt. [3]Die Vollzugsanstalt weist sie bei der Aufnahmeverhandlung oder bei entsprechender Kenntnisnahme auf diese Möglichkeit hin und gibt der Vollzugsanstalt des anderen Landes, in welche die verurteilte Person verlegt werden soll, zur Prüfung die die örtliche Zuständigkeit der Vollzugsanstalt begründenden Umstände an und teilt mit, wie der Wohnort der verurteilten Person festgestellt wurde.

(3) [1]Für eine verurteilte Person, die sich im Ausland aufhält und für die im räumlichen Geltungsbereich der Strafprozessordnung keine örtliche Vollzugszuständigkeit nach Absatz 1 besteht, richtet sich die örtliche Zuständigkeit der Vollzugsanstalt nach dem Sitz des Gerichts, das im ersten Rechtszug erkannt hat. [2]Bei einer Vollzugsdauer bis zu sechs Monaten kann die verurteilte Person auch in diejenige sachlich zuständige Vollzugsanstalt eingewiesen werden, die mit dem geringsten Aufwand an Überführungskosten zu erreichen ist.

(4) [1]Ist der Vollzug – z.B. auf Grund der Aussetzung eines Strafrestes zur Bewährung oder durch Entweichen der verurteilten Person – unterbrochen worden, so wird er in der Vollzugsanstalt, in der sie sich vor der Unterbrechung befunden hat, fortgesetzt. [2]In dieser Anstalt werden auch weitere Strafen vollzogen, wenn der Rest der Gesamtvollzugsdauer die sachliche Zuständigkeit dieser Anstalt nicht übersteigt. [3]Befindet die verurteilte Person sich jedoch zum Vollzug einer weiteren Strafe bereits in einer anderen sachlich und örtlich zuständigen oder nach § 26 bestimmten Vollzugsanstalt in Strafhaft, so werden der Strafrest und weitere Strafen in dieser Anstalt vollzogen, wenn sie auch für den Rest der Gesamtvollzugsdauer zuständig ist; dies gilt sinngemäß, wenn die verurteilte Person nachträglich nach Absatz 2 Satz 1 und 2 in eine andere Vollzugsanstalt verlegt wird. [4]Im Übrigen richtet sich die örtliche Zuständigkeit zum Vollzug weiterer Strafen nach den Absätzen 1 bis 3. [5]Hatte sich die verurteilte Person vor der Unterbrechung in einer Anstalt des offenen Vollzuges oder des Erstvollzuges befunden, ist für den weiteren Vollzug die zuständige Anstalt des geschlossenen Vollzuges oder des Regelvollzuges maßgebend; dies gilt nicht für die in § 455 Absatz 4, § 455a StPO bezeichneten Fälle, für Fälle der Unterbrechung im Gnadenwege und soweit Anstalten des offenen Vollzuges oder des Erstvollzuges über geschlossene Abteilungen verfügen.

(5) Der Generalbundesanwalt weist vorbehaltlich besonderer Vereinbarung mit einer Landesjustizverwaltung die verurteilte Person in die zuständige Vollzugsanstalt des Landes ein, in dem diese zuletzt gewohnt oder sich aufgehalten hat.

§ 25 Strafvollstreckung bei jungen Verurteilten

Für die Vollstreckung von Freiheitsstrafen an Verurteilten unter 24 Jahren gelten die Richtlinien zu § 114 JGG.

§ 26 Abweichen vom Vollstreckungsplan

(1) [1]Vom Vollstreckungsplan darf von Amts wegen oder auf Antrag bezüglich der örtlichen oder der sachlichen Vollzugszuständigkeit aus den Gründen der Behandlung, der Wiedereingliederung, zur siche-

ren Unterbringung oder soweit dies aufgrund landesgesetzlicher Vorschriften zulässig ist, abgewichen werden. [2]Bei den Maßregeln der Besserung und Sicherung nach den §§ 63, 64 StGB, § 7 JGG gilt Satz 1, soweit die landesrechtlichen Vorschriften über den Maßregelvollzug nichts anderes bestimmen.

(2) [1]Ein Abweichen erfolgt in den in Absatz 1 genannten Fällen vor Beginn des Vollzuges durch Einweisung und nach Beginn des Vollzuges durch Verlegung und bedarf der Zustimmung der höheren Vollzugsbehörde; die Zustimmung kann – vorbehaltlich einer anderweitigen landesrechtlichen Regelung – als erteilt gelten, wenn die zur Aufnahme vorgesehene Justizvollzugsanstalt der vom Vollstreckungsplan abweichenden Einweisung zustimmt oder im Fall der Verlegung in Abweichung vom Vollstreckungsplan die von der Verlegung betroffenen Justizvollzugsanstalten Einvernehmen über die beabsichtigte Verlegung erzielen. [2]Untersteht die Vollzugsanstalt, in die eingewiesen oder verlegt werden soll, einer anderen höheren Vollzugsbehörde des Landes, so muss auch diese zustimmen. [3]Soll in die Vollzugsanstalt eines anderen Landes eingewiesen oder verlegt werden, so bedarf es einer Einigung der obersten Vollzugsbehörden beider Länder.

(3) Vollstreckt die Vollstreckungsbehörde eine Maßregel der Besserung und Sicherung nach den §§ 63, 64 StGB, § 7 JGG und soll die verurteilte Person in Abweichung vom Vollstreckungsplan in eine Einrichtung eines anderen Landes eingewiesen werden, so ist auf dem Dienstwege der obersten Justizbehörde zu berichten, damit diese die Entscheidung der zuständigen Behörden des anderen Landes herbeiführen kann.

§ 27 Ladung zum Strafantritt

(1) Ist die verurteilte Person auf freiem Fuß, so lädt die Vollstreckungsbehörde sie unmittelbar zum Strafantritt, es sei denn, dass die Strafe in der Vollzugsanstalt eines anderen Landes zu vollziehen ist und die Voraussetzungen der Vereinbarung der Länder zur Vereinfachung und zur Beschleunigung der Strafvollstreckung und der Vollstreckung anderer freiheitsentziehender Maßnahmen in Straf- und Bußgeldsachen vom 8. Juni 1999 (Anlage) nicht vorliegen.

(2) [1]In der Ladung ist der verurteilten Person grundsätzlich eine Frist zu setzen, binnen derer sie sich in der angegebenen Vollzugsanstalt einzufinden hat; die Frist wird in der Regel so bemessen, dass ihr mindestens eine Woche zum Ordnen ihrer Angelegenheiten bleibt. [2]Zum sofortigen Strafantritt kann geladen werden, wenn die sofortige Vollstreckung geboten ist. [3]In der Ladung wird sie darauf hingewiesen, dass sie mit Zwangsmaßnahmen zu rechnen habe, falls sie ihr nicht fristgemäß (Satz 1) oder nicht rechtzeitig (Satz 2) Folge leistet.

(3) [1]Die verurteilte Person kann durch einfachen Brief geladen werden. [2]Eine förmliche Zustellung der Ladung ist jedoch erforderlich, wenn sie zum sofortigen Strafantritt geladen wird, der Ladung im Interesse beschleunigter Vollstreckung besonderer Nachdruck gegeben werden soll, eine formlose Ladung nach den Umständen des Einzelfalles keinen Erfolg verspricht oder sie bereits vergeblich gewesen ist. [3]Die Ladung zum sofortigen Strafantritt kann der verurteilten Person, insbesondere wenn sie an Amtsstelle anwesend ist, auch mündlich eröffnet werden.

(4) Wird eine Soldatin oder ein Soldat zum Strafantritt geladen, so übersendet die Vollstreckungsbehörde der oder dem nächsten Disziplinarvorgesetzten gleichzeitig eine Abschrift der Ladung.

(5) Hat die verurteilte Person offenbar nicht die Mittel, um von ihrem Wohn- oder Aufenthaltsort aus der Ladung in die zuständige Vollzugsanstalt nachzukommen, so kann sie in eine näher gelegene Anstalt geladen werden; von dort ist sie der zuständigen Anstalt zuzuführen.

§ 28 Überführungsersuchen

(1) [1]Ist die verurteilte Person nicht auf freiem Fuß, so veranlasst die Vollstreckungsbehörde, soweit erforderlich, ihre Überführung in die zuständige Vollzugsanstalt. [2]Befindet sie sich in anderer Sache in Untersuchungshaft, so ist die Strafe in Unterbrechung der Untersuchungshaft zu vollstrecken, es sei denn, das Gericht trifft eine abweichende Entscheidung (§ 116b Satz 2 StPO); in Fällen dieser Art kann vom Vollstreckungsplan abgewichen werden (§ 26), wenn hierdurch die schwebende Untersuchung erleichtert oder beschleunigt wird. [3]Die Untersuchungshaft ist nicht zu unterbrechen, wenn Strafarrest zu vollstrecken ist. [4]In den Fällen, in denen um Vollstreckung durch Behörden der Bundeswehr ersucht werden kann (§ 22 Absatz 3), darf die Untersuchungshaft nur unterbrochen werden, wenn die Vollstreckung in einer Justizvollzugsanstalt erfolgt.

(2) Im Falle des § 27 Absatz 5 ist zugleich mit der Ladung der verurteilten Person das Überführungsersuchen an die Anstalt zu senden, in die sie geladen ist.

§ 29 Einweisung durch das Aufnahmeersuchen

(1) [1]Die Vollstreckungsbehörde weist die verurteilte Person durch ein Aufnahmeersuchen in die zuständige Vollzugsanstalt ein. [2]Das Aufnahmeersuchen ist der Vollzugsanstalt in zwei Stücken zu übersenden; es muss ihr noch vor dem Eintreffen der verurteilten Person zugehen.

(2) Werden gleichzeitig mehrere Verurteilte eingewiesen, so ist für jede verurteilte Person ein besonderes Aufnahmeersuchen zu stellen.

(3) Ist der verurteilten Person der Beschluss über den Widerruf der Aussetzung der Strafe, des Strafrestes, der Unterbringung, des Straferlasses oder über die nach § 67c Absatz 2 StGB angeordnete Vollstreckung der Unterbringung öffentlich zugestellt, so sind dem Aufnahmeersuchen zur Aushändigung an die verurteilte Person, soweit ihr nicht bereits mit Vollstreckungshaftbefehl übergeben, beizufügen

1. je eine Ausfertigung oder beglaubigte Abschrift der genannten Beschlüsse und
2. eine Belehrung über die Möglichkeit, die nachträgliche Anhörung (§ 33a StPO) oder die Wiedereinsetzung in den vorigen Stand zu beantragen und gleichzeitig sofortige Beschwerde einzulegen (§§ 44, 45, 453 Absatz 2 Satz 3 StPO).

§ 30 Inhalt des Aufnahmeersuchens

(1) Das Aufnahmeersuchen muss – außer den Angaben zur verurteilten Person – enthalten:

1. die genaue Bezeichnung der zu vollstreckenden Entscheidung (Angabe des Gerichts, des Tages der Entscheidung und des Aktenzeichens);
2. die Bezeichnung der Tat;
3. Art und Dauer der zu vollstreckenden Strafe;
4. den Zeitpunkt, von dem an die Strafzeit zu berechnen ist;
5. die Zeitdauer der anzurechnenden Untersuchungshaft oder sonstigen Freiheitsentziehung;
6. die etwa schon verbüßte Strafzeit;
7. den Zeitpunkt, bis zu dem sich die verurteilte Person zum Strafantritt zu stellen hat (§ 27 Absatz 2), oder die Angabe, dass sie aus behördlicher Verwahrung der Strafhaft zugeführt wird (§ 28);
8. Angaben über die Staatsangehörigkeit der verurteilten Person;
9. die Begründung für die Zuständigkeit der Vollzugsanstalt, wenn die Einweisung vom Vollstreckungsplan abweicht;
10. bei Soldatinnen und Soldaten die nächste disziplinarvorgesetzte Person und deren Anschrift;
11. einen Hinweis, falls eine Entscheidung über Halbstrafenentlassung von Amts wegen zu treffen ist (§ 57 Absatz 2 Nummer 1 StGB);
12. einen Hinweis, falls eine Festnahme der verurteilten Person im Ausland zum Zwecke ihrer Überstellung erfolgt ist.

(2) [1]Außerdem nimmt die Vollstreckungsbehörde andere für den Vollzug besonders wichtige Angaben aus dem Inhalt der Sachakten in das Aufnahmeersuchen auf. [2]Dies gilt insbesondere, wenn ihr Umstände bekannt sind, die auf Selbsttötungsgefahr, Betäubungsmittel- und andere Abhängigkeit, Fluchtverdacht, die Gefahr gewalttätigen Verhaltens gegen Bedienstete oder Mitgefangene hindeuten oder sonst für die Sicherheit und Ordnung in der Vollzugsanstalt bedeutsam sind. [3]Ist die verurteilte Person im Strafverfahren oder vor Strafantritt auf ihren körperlichen oder geistigen Zustand untersucht worden, so muss das Aufnahmeersuchen einen Hinweis auf die Untersuchung enthalten, insbesondere wenn Gutachten nicht beigefügt werden (§ 31 Absatz 2).

§ 31 Anlagen zum Aufnahmeersuchen

(1) Dem Aufnahmeersuchen sind beizufügen:

1. eine vollständige Abschrift der in § 16 Absatz 1 Nummer 1 und 3 genannten Entscheidungen mit Ausnahme solcher Teile, die geheimhaltungsbedürftig sind; falls die Abschrift der vollständigen Entscheidung zur Zeit des Aufnahmeersuchens noch nicht vorliegt, ist sie unverzüglich nachzusenden;
2. ein Auszug aus dem Bundeszentralregister, der möglichst nicht älter als sechs Monate ist.

(2) Enthalten die Strafakten oder das Vollstreckungsheft ein Gutachten über den körperlichen oder geistigen Zustand der verurteilten Person, so soll die Vollstreckungsbehörde eine Abschrift des Gutachtens übersenden, sofern dieses für den Vollzug von Bedeutung sein kann.

§ 32 (aufgehoben)

§ 33 Vorführungs- und Haftbefehl

(1) Die Vollstreckungsbehörde erlässt einen Vorführungs- oder Haftbefehl (vergleiche § 457 Absatz 2 Satz 1 StPO), wenn die verurteilte Person sich auf die an sie ergangene Ladung (§ 27 Absatz 3) ohne ausreichende Entschuldigung nicht

1. binnen einer ihr gesetzten Frist (§ 27 Absatz 2 Satz 1) oder
2. im Falle einer Ladung zum sofortigen Strafantritt (§ 27 Absatz 2 Satz 2) spätestens am Tage nach deren Zustellung zum Strafantritt gestellt hat.

(2) Dasselbe gilt, wenn
1. der Verdacht begründet ist, die verurteilte Person werde sich der Strafvollstreckung entziehen,
2. die verurteilte Person sich nach mündlicher Eröffnung der Ladung (§ 27 Absatz 3 Satz 3) nicht zum sofortigen Strafantritt bereit zeigt oder
3. die verurteilte Person aus dem Strafvollzug entwichen ist oder sich sonst dem Vollzug entzieht (§ 457 Absatz 2 StPO).

(3) [1]Zur Beschleunigung der Strafvollstreckung kann ein Vorführungs- oder Haftbefehl bereits bei der Ladung für den Fall ergehen, dass die verurteilte Person sich nicht fristgemäß oder nicht rechtzeitig stellt. [2]Er darf erst vollzogen werden, wenn
1. der Zugang der Ladung nachgewiesen ist und die Vollstreckungsbehörde durch Anfrage bei der Vollzugsanstalt festgestellt hat, dass die verurteilte Person sich nicht bis zu dem in der Ladung bezeichneten Zeitpunkt gestellt hat, oder
2. die Ladung nicht ausführbar und der Verdacht begründet ist, die verurteilte Person werde sich der Vollstreckung entziehen.

(4) Der Vorführungs- oder Haftbefehl muss enthalten:
1. die genaue Bezeichnung der verurteilten Person;
2. die Angabe der zu vollstreckenden Entscheidung;
3. Art und Dauer der zu vollstreckenden Strafe;
4. den Grund der Vorführung oder Verhaftung;
5. das Ersuchen um Vorführung oder Verhaftung;
6. die Angabe der Vollzugsanstalt, in welche die verurteilte Person eingeliefert werden soll;
7. bei Ersatzfreiheitsstrafen die Angabe des Geldbetrages, bei dessen nachgewiesener Zahlung die Vorführung oder Verhaftung unterbleibt.

(5) [1]Um die Vollziehung von Vorführungs- und Haftbefehlen können die Polizeidienststellen des Landes ersucht werden, bei Soldatinnen und Soldaten auch die Feldjägereinheiten. [2]Soll die Polizeidienststelle eines anderen Landes ersucht werden, so ist nach § 9 Absatz 1 Satz 1 und 2 zu verfahren.

(6) Der Vorführungs- oder Haftbefehl ist der verurteilten Person, wenn möglich bei der Ergreifung, bekannt zu geben.

§ 34 Weitere Maßnahmen zur Sicherstellung der Strafvollstreckung

(1) Ist die verurteilte Person flüchtig oder hält sie sich verborgen, so kann die Vollstreckungsbehörde zur Strafvollstreckung die Ausschreibung zur Festnahme veranlassen (§ 457 Absatz 1 und 3, § 131 StPO).

(2) [1]Art und Umfang von Fahndungsmaßnahmen sollen in einem angemessenen Verhältnis zur Höhe der verhängten Strafe stehen. [2]Ausschreibungen sind, wenn die Voraussetzungen eines Vollstreckungshaftbefehls vorliegen, nur zum Zwecke der Festnahme zulässig. [3]Liegen die Voraussetzungen eines Vollstreckungshaftbefehls nicht vor, kann zur Aufenthaltsermittlung ausgeschrieben werden (§ 457 Absatz 1 und 3, § 131a StPO).

(3) Ist die verurteilte Person in den kriminalpolizeilichen Fahndungshilfsmitteln ausgeschrieben und fällt der Fahndungsgrund weg, so veranlasst die Vollstreckungsbehörde unverzüglich die Löschung; ein Ausschreibungsersuchen, dem noch nicht entsprochen worden ist, nimmt sie zurück.

(4) [1]Ist der verurteilten Person der Beschluss über den Widerruf der Aussetzung der Strafe, des Strafrestes, der Unterbringung, des Straferlasses oder über die nach § 67c Absatz 2 StGB angeordnete Vollstreckung der Unterbringung öffentlich zugestellt, so sind dem Ausschreibungsersuchen ein Empfangsbekenntnis und zur Aushändigung an die verurteilte Person beizufügen
1. je eine beglaubigte Abschrift der genannten Beschlüsse und
2. eine Belehrung über die Möglichkeit, die nachträgliche Anhörung (§ 33a StPO) oder die Wiedereinsetzung in den vorigen Stand zu beantragen und gleichzeitig sofortige Beschwerde einzulegen (§§ 44, 45, 453 Absatz 2 Satz 3 StPO).

[2]Das von der verurteilten Person unterzeichnete Empfangsbekenntnis ist zum Vollstreckungsheft zu geben.

§ 35 Anzeige vom Strafantritt und andere Mitteilungen an die Vollstreckungsbehörde

(1) Die Vollstreckungsbehörde erhält von der Vollzugsanstalt eine Mitteilung,
1. wenn die im Aufnahmeersuchen angegebene Frist abgelaufen ist, ohne dass die verurteilte Person die Strafe angetreten hat;
2. wenn die verurteilte Person die Strafe einen Monat nach Ablauf der im Aufnahmeersuchen angegebenen Frist noch nicht angetreten hat. Ist der verurteilten Person durch die Vollstreckungsbehörde ein Vollstreckungsaufschub gewährt worden, beginnt die Frist mit Ablauf des Aufschubes. Das

Aufnahmeersuchen wird spätestens vier Monate nach Ablauf der Frist der Vollstreckungsbehörde zurückgesandt;

3. wenn eine verurteilte Person vorläufig aufgenommen worden ist, durch Anforderung eines Aufnahmeersuchens;
4. wenn eine verurteilte Person endgültig aufgenommen worden ist, durch Rücksendung des mit den erforderlichen Ergänzungen, insbesondere der Strafzeitberechnung, versehenen zweiten Stückes des Aufnahmeersuchens und durch Übersendung einer Bescheinigung über die Aushändigung der in § 29 Absatz 3 Nummer 1 und 2 bezeichneten Schriftstücke;
5. wenn die verurteilte Person in eine andere Vollzugsanstalt verlegt worden ist, und zwar unter Angabe der Gründe, sofern diese der Vollstreckungsbehörde offenbar noch nicht bekannt sind;
6. sobald sich Umstände ergeben, welche die Strafzeitberechnung beeinflussen;
7. wenn die verurteilte Person mehrere Strafen in derselben Vollzugsanstalt zu verbüßen hat;
8. wenn die vorläufig aufgenommene verurteilte Person entlassen worden ist, weil die endgültige Aufnahme unterblieben ist;
9. sobald die verurteilte Person ohne Unterbrechung der Strafe wegen körperlicher oder geistiger Erkrankung in eine Anstalt verbracht worden ist, die nicht dem Vollzug dient;
10. sobald der Strafvollzug beendet ist;
11. wenn der Strafvollstreckung eine Überstellung der verurteilten Person aus dem Ausland voraus ging.

(2) Wird eine Freiheitsstrafe in Unterbrechung einer in anderer Sache verhängten Untersuchungshaft vollstreckt, so übersendet die Vollzugsanstalt dem Gericht, das die Untersuchungshaft verhängt hat, sowie der Staatsanwaltschaft, in deren Verfahren sie angeordnet wurde, die Strafzeitberechnung.

§ 36 Überwachungspflicht der Vollstreckungsbehörde

(1) [1]Die Vollstreckungsbehörde wacht darüber, dass Art und Dauer der Strafhaft der zu vollstreckenden Entscheidung entsprechen. [2]Sie ist an erster Stelle für die richtige Berechnung der Strafzeit verantwortlich; ihr obliegt es daher, die ihr von der Vollzugsanstalt übersandte Berechnung (§ 35 Absatz 1 Nummer 4) sorgfältig nachzuprüfen und dafür zu sorgen, dass die beiden Stücke des Aufnahmeersuchens ständig übereinstimmen.

(2) [1]Hat die Vollstreckungsbehörde von Amts wegen zu prüfen, ob die Aussetzung des Restes einer oder mehrerer Strafen in Betracht kommt (§ 57 Absatz 1, 2 Nummer 1, § 57a Absatz 1 StGB, § 454b Absatz 3 StPO), wacht sie ferner darüber, dass sich die Vollzugsanstalt rechtzeitig vor Ablauf der Mindestverbüßungszeit gegenüber der Vollstreckungsbehörde oder, wenn die Vollstreckung von einer ersuchten Staatsanwaltschaft betrieben wird, dieser gegenüber zur Aussetzung des Strafrestes äußert. [2]Die ersuchte Staatsanwaltschaft leitet die Äußerung der Vollzugsanstalt – gegebenenfalls mit den Akten – unverzüglich der Vollstreckungsbehörde zu. [3]Diese oder die ersuchte Staatsanwaltschaft holt, falls erforderlich, eine Stellungnahme der Gerichtshilfe ein (§ 463d StPO). [4]Die Vollstreckungsbehörde gibt die Akten mit einem Vermerk darüber, wann die Hälfte oder zwei Drittel der Strafe oder bei lebenslanger Freiheitsstrafe 15 Jahre verbüßt sein werden, an die Strafverfolgungsbehörde weiter. [5]Die Vollstreckungsbehörde achtet darauf, dass die Akten dem Gericht so rechtzeitig vorgelegt werden können, dass bei Bewilligung der Strafaussetzung die erforderlichen Maßnahmen zur Vorbereitung der Entlassung der verurteilten Person durchgeführt werden können.

(3) Ist im Anschluss an die Freiheitsstrafe eine zugleich angeordnete Unterbringung zu vollstrecken, so ist § 44 Absatz 1 Satz 2 zu beachten.

§ 37 Allgemeine Regeln für die Strafzeitberechnung

(1) [1]Die Strafzeit ist für jede selbständige Strafe getrennt zu berechnen, auch wenn in derselben Sache auf mehrere Freiheitsstrafen erkannt worden ist. [2]Bei jeder Strafzeitberechnung ist darauf zu achten, dass sie nicht zu einer Verlängerung der nach § 39 StGB ausgesprochenen Strafe führt. [3]Zur Berechnung der Strafzeit gehört bei zeitigen Freiheitsstrafen von mehr als zwei Monaten und bei lebenslangen Freiheitsstrafen auch die Errechnung des Zeitpunktes, zu dem die Vollstreckung des Strafrestes nach § 57 Absatz 1, 2 Nummer 1, § 57a Absatz 1 StGB zur Bewährung ausgesetzt werden kann.

(2) [1]Hat die verurteilte Person nicht mehr als eine Woche im Strafvollzug zuzubringen, so wird die Strafe dem Tage und der Stunde nach berechnet; die für die Berechnung maßgebenden Umstände, die im Laufe einer Stunde eintreten, gelten als zu Beginn der Stunde eingetreten. [2]Bei längerer Vollzugsdauer wird die Strafe nur nach Tagen berechnet; Umstände, die im Laufe eines Tages eintreten, gelten als zu Beginn des Tages eingetreten. [3]Die im Laufe einer Stunde (Satz 1) oder eines Tages (Satz 2) eingetretenen Umstände gelten jedoch als am Ende der Stunde oder des Tages eingetreten, wenn dies für die verurteilte Person günstiger ist. [4]Ist die genaue Feststellung des Tages oder der Stunde nicht möglich, so wird der Tag oder

die Stunde zugrunde gelegt, die der Wirklichkeit mutmaßlich am nächsten kommen. [5]Ist der Lauf der Strafzeit aus irgendeinem Grunde unterbrochen worden, so ist für die Anwendung von Satz 1 oder 2 nicht der Strafrest, sondern die Zeit maßgebend, welche die verurteilte Person insgesamt im Strafvollzug zuzubringen hat.

(3) Ist eine Strafe an Soldatinnen oder Soldaten durch eine Behörde der Bundeswehr zu vollziehen (Artikel 5 EGWStG), so wird die Strafe auch dann nur nach Tagen berechnet, wenn die verurteilte Person nicht mehr als eine Woche im Vollzug zuzubringen hat (§ 5 Absatz 1 der Bundeswehrvollzugsordnung – BwVollzO –).

(4) [1]Der Tag ist zu 24 Stunden, die Woche zu sieben Tagen, der Monat und das Jahr sind nach der Kalenderzeit zu berechnen. [2]Demgemäß ist bei der Berechnung nach Monaten oder Jahren bis zu dem Tage zu rechnen, der durch seine Zahl dem Anfangstage entspricht. [3]Fehlt dieser Tag in dem maßgebenden Monat, so tritt an seine Stelle dessen letzter Tag.

(5) Treffen mehrere Zeiteinheiten zusammen, so geht bei Vorwärtsrechnung die größere Zeiteinheit der kleineren, bei Rückwärtsrechnung die kleinere der größeren vor.

§ 38 Strafbeginn

Als Beginn der Strafzeit ist anzusetzen:

1. bei einer verurteilten Person, die sich selbst stellt, der Zeitpunkt, in dem sie in einer Anstalt in amtliche Verwahrung genommen wird;
2. bei einer verurteilten Person, die auf Grund eines nach § 457 StPO erlassenen Vorführungs- oder Haftbefehls oder eines nach § 453c StPO ergangenen Sicherungshaftbefehls festgenommen und sodann eingeliefert worden ist, der Zeitpunkt der Festnahme; ist die verurteilte Person im Ausland festgenommen worden, so beginnt die Strafzeit mit ihrer Übernahme durch deutsche Beamtinnen oder Beamte;
3. bei einer verurteilten Person, die sich im Zeitpunkt des Eintritts der Rechtskraft in Untersuchungshaft befindet, dieser Zeitpunkt; ist das Rechtsmittel, das eine in Untersuchungshaft befindliche angeklagte Person verspätet eingelegt hat, als unzulässig verworfen worden, so beginnt die Strafzeit mit dem Ablauf der Rechtsmittelfrist;
4. bei einer verurteilten Person, die eine Strafe in Unterbrechung einer in anderer Sache verhängten Untersuchungshaft verbüßt, der Zeitpunkt, in dem das Aufnahme- oder Überführungsersuchen bei der Untersuchungshaftanstalt eingegangen ist; wird die verurteilte Person zur Verbüßung der Strafe von der Untersuchungshaftanstalt in eine andere Anstalt verbracht, so teilt die Untersuchungshaftanstalt den Zeitpunkt des Eingangs des Überführungsersuchens der Vollzugsanstalt mit.

§ 39 Anrechnung von Untersuchungshaft, einer anderen Freiheitsentziehung oder von Geldstrafe

(1) [1]Untersuchungshaft oder eine andere Freiheitsentziehung (Absatz 3), welche die verurteilte Person aus Anlass einer Tat, die Gegenstand des Verfahrens ist oder gewesen ist, erlitten hat, ist kraft Gesetzes (§ 51 Absatz 1 Satz 1 StGB, § 52a JGG) auf eine zeitige Freiheitsstrafe und auf eine Geldstrafe anzurechnen, und zwar, wenn neben einer Freiheitsstrafe auf eine Geldstrafe erkannt worden ist, zunächst auf die Freiheitsstrafe. [2]Satz 1 gilt nicht, soweit sich aus dem erkennenden Teil der Entscheidung etwas anderes ergibt. [3]Bei der Vollstreckung von Jugendarrest ist Untersuchungshaft oder eine andere Freiheitsentziehung nach Absatz 3 nur zu berücksichtigen, wenn und soweit das Gericht sie angerechnet hat (§ 52 JGG).

(2) [1]Die Anrechnung nach Absatz 1 erstreckt sich vorbehaltlich einer abweichenden gerichtlichen Entscheidung auf die Untersuchungshaft und die in Absatz 1 Satz 1 genannte andere Freiheitsentziehung, welche die verurteilte Person bis zu dem Tage erlitten hat, an dem die Entscheidung rechtskräftig geworden ist. [2]Hat sich die verurteilte Person an dem Tage, an dem die Rechtskraft eingetreten ist, in Untersuchungshaft befunden oder hat sie an diesem Tage eine andere in Absatz 1 Satz 1 genannte Freiheitsentziehung erlitten, so wird dieser Tag nur angerechnet, wenn er nicht bereits unverkürzt als Strafhaft zählt (§ 37 Absatz 2).

(3) Zu der nach Absatz 1 anzurechnenden anderen Freiheitsentziehung gehören vor allem:

1. die Haft, welche die verurteilte Person auf Grund vorläufiger Festnahme durch eine Amtsperson erlitten hat;
2. die Auslieferungshaft und die vorläufige Auslieferungshaft, welche die verurteilte Person aus Anlass einer Tat erlitten hat, die Gegenstand des Verfahrens gewesen ist;
3. die Unterbringung nach den §§ 81, 126a StPO und nach § 71 Absatz 2, § 73 Absatz 1 JGG;

4. der Disziplinararrest nach der Wehrdisziplinarordnung, soweit er wegen der Tat oder gleichzeitig auch wegen einer anderen Pflichtverletzung vollstreckt worden ist;
5. Jugendarrest nach § 16a JGG in dem Umfang, in dem er verbüßt worden ist (§ 26 Absatz 3 Satz 3 JGG).

(4) [1]Untersuchungshaft sowie eine andere anzurechnende Freiheitsentziehung werden vom errechneten Ende der Strafzeit nach vollen Tagen rückwärts abgerechnet. [2]Wenn sich im Rahmen einer Vergleichsberechnung eine für die verurteilte Person günstigere Strafzeit ergibt, ist im Hinblick auf § 37 Absatz 1 Satz 2 diese für die Vollstreckung maßgeblich. [3]Bei an zwei aufeinander folgenden Tagen ununterbrochen vollzogener Freiheitsentziehung ist nur ein Tag anzurechnen, wenn sich den Vollstreckungsunterlagen nachvollziehbar entnehmen lässt, dass zusammen nicht mehr als 24 Stunden verbüßt worden sind.

(5) [1]Für die Anrechnung von Geldstrafe gilt Absatz 1 sinngemäß. [2]Bei der Anrechnung von Geldstrafe oder auf Geldstrafe entspricht ein Tag Freiheitsentziehung einem Tagessatz (§ 51 Absatz 4 Satz 1 StGB). [3]Ist eine ausländische Strafe oder Freiheitsentziehung anzurechnen, so führt die Vollstreckungsbehörde eine Entscheidung des Gerichts über den Maßstab der Anrechnung herbei (§ 51 Absatz 4 Satz 2 StGB).

§ 39a Anrechnung einer nach Rechtskraft des Urteils im Ausland erlittenen Freiheitsentziehung

(1) Im Ausland erlittene Freiheitsentziehung, welche die verurteilte Person in einem Auslieferungsverfahren zum Zwecke der Strafvollstreckung erlitten hat, ist nach § 450a Absatz 1, 2 und 3 Satz 2 StPO anzurechnen.

(2) Erscheint eine Anrechnung ganz oder teilweise im Hinblick auf das Verhalten der verurteilten Person nach dem Erlass des Urteils, in dem die dem Urteil zugrunde liegenden tatsächlichen Feststellungen letztmalig geprüft werden konnten, nicht gerechtfertigt, so wirkt die Vollstreckungsbehörde auf eine Prüfung hin, ob ein Antrag nach § 450a Absatz 3 Satz 1 StPO gestellt werden soll.

§ 40 Berechnung des Strafrestes

(1) [1]Ist der Strafvollzug unterbrochen worden, so wird der Strafrest nach Tagen und bei einer Vollzugsdauer von insgesamt nicht mehr als einer Woche auch nach Stunden berechnet. [2]§ 37 Absatz 1 Satz 2 gilt dabei entsprechend. [3]Ist eine Strafe an Soldatinnen und Soldaten durch Behörden der Bundeswehr zu vollziehen, so wird der Strafrest nur nach Tagen berechnet (§ 5 Absatz 2 BwVollzO).

(2) [1]Als Zeitpunkt, von dem an der Strafvollzug fortgesetzt wird, gilt bei einer verurteilten Person, die aus dem Strafvollzug entwichen ist, der Zeitpunkt, in dem sie zwecks weiteren Strafvollzugs polizeilich festgenommen worden ist oder sich in einer Anstalt zur weiteren Strafverbüßung gestellt hat. [2]Bei Soldatinnen und Soldaten steht die Festnahme durch eine Feldjägerin oder einen Feldjäger der polizeilichen Festnahme gleich.

§ 41 Berechnung der Strafzeit bei Gesamtstrafen und bei anderweitiger Verurteilung

(1) [1]Ist eine nach § 55 StGB oder § 460 StPO nachträglich gebildete Gesamtstrafe zu vollstrecken, nachdem der Vollzug einer in sie einbezogenen Strafe bereits begonnen hat oder beendet ist, so ist die Strafzeit so zu berechnen, als ob von vornherein die Gesamtstrafe zu vollstrecken gewesen wäre. [2]Dies gilt entsprechend für eine rechtskräftig erkannte Strafe, die in einem späteren Verfahren, insbesondere in einem Wiederaufnahmeverfahren, durch eine andere Strafe ersetzt worden ist, sowie – vorbehaltlich einer abweichenden gerichtlichen Entscheidung – für eine wegen derselben Tat im Ausland verhängte Strafe, soweit diese Strafen vollstreckt oder durch Anrechnung erledigt sind (§ 51 Absatz 2, 3 StGB).

(2) [1]Eine nachträgliche Entscheidung über eine Gesamtstrafe (§ 460 StPO) wird schon vor ihrer Rechtskraft der Strafzeitberechnung vorläufig zugrunde gelegt, wenn sie dem Antrag der Staatsanwaltschaft entspricht oder diese von einer sofortigen Beschwerde absieht. [2]Dies gilt auch dann, wenn das Strafende vor der Rechtskraft dieses Beschlusses eintritt.

§ 42 Gerichtliche Entscheidung über die Strafzeitberechnung

Bestehen Zweifel über die Strafzeitberechnung, so führt die Vollstreckungsbehörde eine Entscheidung des Gerichts nach § 458 Absatz 1 StPO herbei.

§ 43 Vollstreckung mehrerer Freiheitsstrafen und Ersatzfreiheitsstrafen

(1) Freiheitsstrafen und Ersatzfreiheitsstrafen, aus denen keine Gesamtstrafe gebildet werden kann, sind grundsätzlich unmittelbar nacheinander zu vollstrecken (§ 454b Absatz 1 StPO).

(2) Die Reihenfolge der Vollstreckung bestimmt sich wie folgt:

1. Beim Zusammentreffen mehrerer Freiheitsstrafen werden kürzere Freiheitsstrafen vor den längeren und gleich lange in der Reihenfolge, in der die Rechtskraft eingetreten ist, vollstreckt. Vorab werden Freiheitsstrafen von nicht mehr als zwei Monaten und nach diesen Strafreste vollstreckt, deren Vollstreckung bereits nach § 57 StGB oder im Gnadenwege zur Bewährung ausgesetzt war.

2. Ersatzfreiheitsstrafen werden nach Freiheitsstrafen vollstreckt; für die Vollstreckung mehrerer Ersatzfreiheitsstrafen gilt Nummer 1 Satz 1 entsprechend.

(3) Hat die Vollstreckung einer zeitigen Freiheitsstrafe oder Ersatzfreiheitsstrafe bereits begonnen, wird sie, unbeschadet des § 454b StPO, fortgesetzt.

(4) Aus wichtigem Grund, insbesondere bei Hinzutreten von Strafresten nach Widerruf der Strafaussetzung zur Bewährung, kann die Vollstreckungsbehörde eine von Absätzen 2 und 3 abweichende Reihenfolge der Vollstreckung bestimmen.

(5) Sind für die Vollstreckung mehrerer Freiheitsstrafen und Ersatzfreiheitsstrafen verschiedene Vollstreckungsbehörden zuständig, treten sie, soweit erforderlich, unverzüglich miteinander in Verbindung und sorgen dafür, dass bei der Vollzugsanstalt unverzüglich Überhaft für die weiteren Strafen vermerkt wird.

(6) [1]Sind mehrere Freiheitsstrafen zu vollstrecken, die ihrer Art nach in derselben Vollzugsanstalt vollzogen werden können, so richtet sich die sachliche Vollzugszuständigkeit nach der Gesamtvollzugsdauer. [2]Tritt nachträglich eine Anschlussstrafe hinzu, so gilt § 23 Absatz 1 Satz 2 Halbsatz 2 entsprechend.

(7) [1]Sind bei der Vollstreckung mehrerer Freiheitsstrafen verschiedene Vollstreckungsbehörden beteiligt und können sie sich über die Reihenfolge der Vollstreckung nicht einigen, so entscheidet die Generalstaatsanwaltschaft, welche der Vollstreckungsbehörde übergeordnet ist, die für die längste Strafe oder bei gleicher Dauer die für die zuerst rechtskräftig gewordene Strafe zuständig ist. [2]Ist eine Generalstaatsanwaltschaft als Vollstreckungsbehörde beteiligt, so entscheidet sie. [3]Sind mehrere Generalstaatsanwaltschaften als Vollstreckungsbehörden beteiligt, so gilt Satz 1 entsprechend. [4]Ist der Generalbundesanwalt beim Bundesgerichtshof als Vollstreckungsbehörde beteiligt, so ist seine Entscheidung maßgebend.

§ 44 Zusammentreffen von Freiheitsstrafen und Sicherungsverwahrung

(1) [1]Sicherungsverwahrung wird erst vollstreckt, wenn die Freiheitsstrafe verbüßt oder erlassen oder ein Strafrest zur Bewährung ausgesetzt ist. [2]Vor dem Ende der Vollstreckung der Freiheitsstrafe veranlasst die Vollstreckungsbehörde rechtzeitig die Prüfung, ob der Zweck der Sicherungsverwahrung die Unterbringung noch erfordert (§ 67c Absatz 1 StGB).

(2) Absatz 1 Satz 1 gilt sinngemäß, wenn eine in einem anderen Verfahren erkannte Freiheitsstrafe mit Sicherungsverwahrung zusammentrifft.

(3) [1]Befindet sich die verurteilte Person in anderer Sache in Sicherungsverwahrung, so kann die Vollstreckung von kurzzeitigen Freiheitsstrafen zurückgestellt werden, sofern sich ein solcher Aufschub mit den Interessen der Strafrechtspflege verträgt und die Unterbrechung der Sicherungsverwahrung deren Erfolg gefährden würde. [2]Eine Freiheitsstrafe bis zu drei Monaten, die eine verurteilte Person in Unterbrechung der Sicherungsverwahrung oder im Anschluss daran zu verbüßen hat, kann nach den für sie geltenden Vollzugsbestimmungen in der Anstalt vollstreckt werden, in der die Sicherungsverwahrung vollzogen wird.

(4) [1]Sind bei der Vollstreckung von Freiheitsstrafen und bei der Sicherungsverwahrung mehrere Vollstreckungsbehörden beteiligt, so gilt § 43 Absatz 7 entsprechend. [2]Ist neben der Sicherungsverwahrung nur eine Freiheitsstrafe zu vollstrecken, so richtet sich die Zuständigkeit der Generalstaatsanwaltschaft nach der für die Freiheitsstrafe zuständigen Vollstreckungsbehörde.

§ 44a Zusammentreffen von Freiheitsstrafe mit Unterbringung in einem psychiatrischen Krankenhaus oder in einer Entziehungsanstalt aus demselben Verfahren[1)]

(1) [1]Ist neben einer Freiheitsstrafe eine Unterbringung in einem psychiatrischen Krankenhaus oder in einer Entziehungsanstalt zu vollstrecken, auf die in demselben Verfahren erkannt wurde, so wird die Maßregel vor der Strafe vollzogen, sofern nicht das Gericht für die gesamte Strafe oder einen Teil etwas anderes bestimmt (§ 67 Absatz 1 bis 3, 5 Satz 2 StGB). [2]Wird die Maßregel ganz oder zum Teil vor der Strafe vollzogen, ist die Zeit des Vollzuges der Maßregel auf die Strafe anzurechnen, bis zwei Drittel der Strafe erledigt sind.

(2) Wird die Strafe ganz oder zum Teil vor der Unterbringung vollstreckt, so gilt § 44 Absatz 1 Satz 2 sinngemäß.

(3) Liegen die Voraussetzungen für den Widerruf der Aussetzung der Unterbringung und der Strafe vor, so führt die Staatsanwaltschaft eine Entscheidung des Gerichts auch darüber herbei, ob die Strafe vor der Maßregel zu vollziehen ist (§ 67 Absatz 3 StGB).

1) **Amtl. Anm.:** Ist die Unterbringung vor dem 1. Mai 1986 angeordnet worden, so ist Artikel 316 EGStGB zu beachten.

§ 44b Zusammentreffen von Freiheitsstrafe mit Unterbringung in einem psychiatrischen Krankenhaus oder in einer Entziehungsanstalt aus verschiedenen Verfahren

(1) [1]Ist neben einer Freiheitsstrafe eine Unterbringung in einem psychiatrischen Krankenhaus oder in einer Entziehungsanstalt zu vollstrecken, auf die in einem anderen Verfahren erkannt wurde, wird die Maßregel vor der Strafe vollzogen, es sei denn, dass der Zweck der Maßregel durch den vorherigen Vollzug der Strafe oder eines Teils leichter erreicht wird. [2]Die Anrechnung des Vollzugs der Maßregel auf die Strafe erfolgt nach Maßgabe des § 67 Absatz 6 StGB.

(2) [1]Die Vollstreckungsbehörde bestimmt, in welcher Reihenfolge die Freiheitsstrafe und die Maßregel zu vollstrecken sind. [2]§ 44 Absatz 4 gilt sinngemäß.

§ 45 Unterbrechung der Strafvollstreckung bei Vollzugsuntauglichkeit. Voraussetzungen

(1) [1]Die Vollstreckungsbehörde kann die Vollstreckung einer Freiheitsstrafe von Amts wegen unterbrechen, wenn aufgrund eines Gutachtens des zuständigen Arztes anzunehmen ist, dass die in § 455 Absatz 4 Satz 1 StPO genannten Voraussetzungen vorliegen. [2]Dies gilt nicht, wenn überwiegende Gründe, namentlich der öffentlichen Sicherheit, einer Unterbrechung entgegenstehen.

(2) Ist der Zeitpunkt abzusehen, zu dem die verurteilte Person voraussichtlich wieder vollzugstauglich wird, so ist eine Unterbrechung zulässig, wenn die verurteilte Person sonst einen unverhältnismäßig großen Teil der Strafzeit außerhalb der Vollzugsanstalt zubringen würde (vergleiche § 461 StPO).

(3) Wird Strafarrest oder eine Freiheitsstrafe durch Behörden der Bundeswehr vollzogen, ist die Vollstreckung unter den Voraussetzungen des Artikel 6 EGWStG zu unterbrechen.

(4) Wird an einer verurteilten Person eine Freiheitsstrafe vor einer Unterbringung nach den §§ 63 und 64 StGB vollzogen und wird sie für die Vollstreckung der Strafe durch eine Erkrankung, die während eines Vollzuges der Unterbringung nach den §§ 63 und 64 StGB behandelt werden kann, überhaupt oder doch auf absehbare Zeit nicht wieder vollzugstauglich, so führt die Vollstreckungsbehörde eine gerichtliche Entscheidung nach § 67 Absatz 3 StGB herbei.

§ 46 Unterbrechung der Strafvollstreckung bei Vollzugsuntauglichkeit. Verfahren

(1) Die Anordnung der Unterbrechung wird der Vollzugsbehörde mitgeteilt; sie wird auch der verurteilten Person unverzüglich bekannt gegeben, sofern sie zur Entgegennahme in der Lage ist.

(2) [1]Soll die Vollstreckung nach § 455 Absatz 4 Satz 1 StPO unterbrochen werden, so teilt die Vollstreckungsbehörde, wenn die verurteilte Person

1. gemeingefährlich geisteskrank ist, einer Behörde, die für den Antrag auf ihre Unterbringung in einem psychiatrischen Krankenhaus oder in einer entsprechenden Einrichtung zuständig ist, oder
2. mit der Unterbrechung hilfsbedürftig, insbesondere anstaltspflegebedürftig wird, der Fürsorgebehörde, bei Soldatinnen oder Soldaten der nächsten disziplinarvorgesetzten Person,

möglichst frühzeitig den Zeitpunkt der bevorstehenden Unterbrechung mit und erklärt dabei, dass der Justizfiskus nach der Unterbrechung entstehende Kosten der Unterbringung und Behandlung der verurteilten Person nicht trägt. [2]Die Unterbrechung der Vollstreckung soll in diesen Fällen nicht vor Ablauf von drei Tagen, vom Zeitpunkt dieser Benachrichtigung an gerechnet, angeordnet werden.

(3) [1]Hat die Vollzugsbehörde die verurteilte Person bereits vor der Unterbrechung in eine Krankenanstalt, ein psychiatrisches Krankenhaus oder in eine entsprechende Einrichtung verbracht, die nicht dem Vollzug dient, so verständigt die Vollstreckungsbehörde diese Anstalt von der Strafunterbrechung. [2]Diese Mitteilung soll zugestellt werden; mit ihrem Zugang bei der Anstalt wird die Unterbrechung wirksam. [3]In der Mitteilung weist die Vollstreckungsbehörde darauf hin, dass der Justizfiskus von ihrem Zugang an für die Kosten der Unterbringung und Behandlung der verurteilten Person nicht mehr aufkommt; dieser Hinweis entfällt, wenn die Strafe von einer Behörde der Bundeswehr vollzogen wird. [4]Bei Soldatinnen und Soldaten verständigt die Vollstreckungsbehörde außerdem die nächste disziplinarvorgesetzte Person von der Strafunterbrechung.

(4) Ist eine Soldatin oder ein Soldat bereits vor der Unterbrechung in eine Krankenanstalt außerhalb des Bereichs der Justizverwaltung zu verbringen, so wird sie oder er nach Möglichkeit in eine Krankenanstalt der Bundeswehr verbracht.

(5) [1]Ist die Strafvollstreckung unterbrochen worden, so müssen die Vollstreckungsbehörde und die Vollzugsbehörde alle Maßnahmen vermeiden, die im Widerspruch zu der angeordneten Unterbrechung darauf hinauslaufen, dass die Verfügung über die verurteilte Person aufrecht erhalten wird. [2]Die Pflicht der Vollstreckungsbehörde, dafür zu sorgen, dass nach Wiedereintritt der Vollzugstauglichkeit der Strafvollzug fortgesetzt wird, bleibt unberührt.

(6) [1]Wenn die verurteilte Person Einwendungen gegen die Entscheidung der Vollstreckungsbehörde erhebt, legt diese die Akten unverzüglich dem Gericht vor (§ 458 Absatz 2 StPO). [2]Im Übrigen gelten § 458 Absatz 3 und § 462 Absatz 3 StPO.

§ 46a Aufschub und Unterbrechung der Strafvollstreckung aus Gründen der Vollzugsorganisation

(1) [1]Beabsichtigt die Vollstreckungsbehörde, die Vollstreckung einer Freiheitsstrafe aus Gründen der Vollzugsorganisation aufzuschieben oder zu unterbrechen (§ 455a Absatz 1 StPO), holt sie zuvor – notfalls fernschriftlich, fernmündlich oder elektronisch – die Zustimmung der für sie zuständigen obersten Justizbehörde ein. [2]Dies gilt nicht, wenn – bei Katastrophen oder sonstigen Eilfällen – die Zustimmung nicht rechtzeitig eingeholt werden kann; in diesen Fällen berichtet sie jedoch unverzüglich der obersten Justizbehörde über die getroffenen Maßnahmen.

(2) [1]Hat die Anstaltsleitung gemäß § 455a Absatz 2 StPO die Vollstreckung vorläufig unterbrochen, unterrichtet sie unverzüglich – notfalls fernschriftlich, fernmündlich oder elektronisch – die Vollstreckungsbehörde und die oberste Justizbehörde über die getroffenen Maßnahmen. [2]Die Vollstreckungsbehörde entscheidet unverzüglich über die Fortdauer der Unterbrechung oder die Fortsetzung der Vollstreckung; Absatz 1 gilt entsprechend.

§ 47 Mitteilungen der Vollstreckungsbehörde an die Bundeswehr

(1) [1]Ist die verurteilte Person Soldatin oder Soldat, so teilt die Vollstreckungsbehörde der nächsten disziplinarvorgesetzten Person alsbald mit:

1. das Strafende nach jeder Strafzeitberechnung;
2. die Vollzugsanstalt, in der die Strafe jeweils vollzogen wird.

[2]Die Mitteilung nach Nummer 2 unterbleibt, wenn die Verlegung nur für kurze Zeit erfolgt oder die Strafe von einer Behörde der Bundeswehr vollzogen wird.

(2) Entweicht die Soldatin oder der Soldat aus dem Vollzug, so wird die nächste disziplinarvorgesetzte Person unverzüglich verständigt, sofern nicht die Strafe von einer Behörde der Bundeswehr vollzogen wird.

Abschnitt 3

Vollstreckung von Geld- und Ersatzfreiheitsstrafen

§ 48 Geldstrafen

(1) Die Vollstreckung von Geldstrafen, die nicht schon nach § 39 Absatz 1 als vollstreckt anzusehen sind, richtet sich nach der Einforderungs- und Beitreibungsanordnung (EBAO).

(2) [1]Ist gegen eine verurteilte Person in verschiedenen Verfahren auf Geldstrafen oder auf Freiheitsstrafe und Geldstrafe erkannt, so prüft die Vollstreckungsbehörde zunächst, ob nachträglich eine Gesamtstrafe zu bilden ist (§ 460 StPO). [2]Bejaht sie dies, so führt sie die Entscheidung des Gerichts herbei. [3]Ist nur auf Geldstrafen erkannt, so kann sie schon vor der gerichtlichen Entscheidung die Vollstreckung einer der verhängten Geldstrafen betreiben.

(3) [1]Bei der Geldstrafenvollstreckung gegen eine Person, über deren Vermögen das Insolvenzverfahren eröffnet ist, sind die Vollstreckungsverbote der Insolvenzordnung zu beachten. [2]Ein Aufschub der Beitreibung der Geldstrafe bis zum Abschluss des Restschuldbefreiungsverfahrens ist mit dem Strafzweck grundsätzlich nicht vereinbar. [3]Während des Insolvenzverfahrens kann die Vollstreckung in der Regel nach § 459c Absatz 2 StPO unterbleiben.

§ 49 Ersatzfreiheitsstrafen

(1) [1]Eine Ersatzfreiheitsstrafe wird vollstreckt, wenn und soweit die Geldstrafe nicht entrichtet oder beigetrieben worden ist oder die Vollstreckung nach § 459c Absatz 2 StPO unterblieben ist (§ 459e Absatz 1 und 2 StPO). [2]Die Ersatzfreiheitsstrafe wird nicht vollstreckt, wenn und soweit die Vollstreckung der Geldstrafe nach § 459d StPO unterbleibt (§ 459e Absatz 4 StPO) oder freie Arbeit im Sinne des Artikels 293 des Einführungsgesetzes zum Strafgesetzbuch (EGStGB) geleistet wird.

(2) [1]Kann die Vollstreckung der Ersatzfreiheitsstrafe für die verurteilte Person eine unbillige Härte bedeuten, so prüft – gegebenenfalls nach Einschaltung der Gerichtshilfe (§ 463d StPO) – die Vollstreckungsbehörde, ob beim Gericht eine Anordnung nach § 459f StPO anzuregen ist. [2]Ist eine solche Anordnung ergangen und treten neue Gesichtspunkte hervor, die es angezeigt erscheinen lassen, die Vollstreckung der Geldstrafe fortzusetzen, bessern sich insbesondere die wirtschaftlichen Verhältnisse der verurteilten Person, so kann die Beitreibung der Geldstrafe bis zum Ablauf der Verjährungsfrist erneut versucht werden, ohne dass es des Widerrufs der nach § 459f StPO ergangenen Anordnung bedarf.

(3) [1]Sind mehrere Ersatzfreiheitsstrafen zu vollstrecken, so gilt § 48 Absatz 2 Satz 1 und 2. [2]Die Vollstreckung der Ersatzfreiheitsstrafen ist in der Regel bis zur Entscheidung des Gerichts über die Bildung einer Gesamtstrafe zurückzustellen.

§ 50 Vollstreckungsverfahren

(1) Für die Vollstreckung von Ersatzfreiheitsstrafen gelten die Bestimmungen des Abschnitts 2.

(2) [1]Ergeben sich bei der Berechnung einer nach § 49 Absatz 1 zu vollstreckenden Ersatzfreiheitsstrafe Bruchteile von Tagen, so bleiben sie außer Betracht (§ 459e Absatz 3 StPO). [2]Für den entsprechenden Rest der Geldstrafe bleibt die verurteilte Person vermögensrechtlich haftbar.

§ 51 Ladung zum Strafantritt. Aufnahmeersuchen

(1) In der Ladung zum Antritt der Ersatzfreiheitsstrafe (§ 27) und in dem Aufnahmeersuchen (§ 30) ist anzugeben, welchen Betrag die verurteilte Person zu zahlen hat, um die Vollstreckung abzuwenden.

(2) [1]Die Vollstreckungsbehörde kann abweichend von § 29 der Vollzugsanstalt das Aufnahmeersuchen mit den Anlagen auch nach Strafantritt übersenden; dies gilt nicht, wenn ihr Umstände im Sinne des § 30 Absatz 2 Satz 2 bekannt sind. [2]Von der Übersendung der Anlagen kann bei der Vollstreckung von Ersatzfreiheitsstrafe von weniger als 30 Tagen abgesehen werden.

(3) Enthält das Aufnahmeersuchen keine Angaben nach § 30 Absatz 2 und sind ihm Anlagen der in § 31 bezeichneten Art nicht beigefügt, so gilt es als zurückgenommen, wenn die verurteilte Person die Ersatzfreiheitsstrafe einen Monat nach Ablauf der im Aufnahmeersuchen angegebenen Frist noch nicht angetreten hat; eine Mitteilung nach § 35 Absatz 1 Nummer 2 entfällt.

(4) Zahlt die verurteilte Person nachträglich den rückständigen Betrag, so werden das Aufnahmeersuchen und etwaige Anordnungen zur Erzwingung des Strafantritts (§§ 33, 34) sofort zurückgenommen; eine bereits in Strafhaft genommene verurteilte Person ist sofort zu entlassen.

§ 52 (aufgehoben)

Abschnitt 4

Vollstreckung von Maßregeln der Besserung und Sicherung

§ 53 Vollstreckung freiheitsentziehender Maßregeln der Besserung und Sicherung

(1) Welche Vollzugsanstalt oder Einrichtung des Maßregelvollzuges zur Vollstreckung einer freiheitsentziehenden Maßregel der Besserung und Sicherung (§ 61 Nummer 1 bis 3 StGB) örtlich und sachlich zuständig ist, ergibt der Vollstreckungsplan (§ 22), sofern keine besonderen Vorschriften für den Maßregelvollzug bestehen.

(2) Für die Vollstreckung einer freiheitsentziehenden Maßregel der Besserung und Sicherung gelten, soweit Vorschriften der Länder, in denen die Unterbringung vollzogen wird, nichts anderes bestimmen, sinngemäß:

1. § 24 (örtliche Vollzugszuständigkeit);
   §§ 26 bis 31 (Abweichen vom Vollstreckungsplan, Ladung zum Strafantritt, Überführungsersuchen, Aufnahmeersuchen);
   §§ 33 bis 36 (Vorführungs- und Haftbefehl, weitere Maßnahmen zur Sicherstellung der Strafvollstreckung, Anzeige vom Strafantritt und andere Mitteilungen an die Vollstreckungsbehörde, Überwachungspflicht der Vollstreckungsbehörde);
   §§ 45 und 46 (Unterbrechung der Strafvollstreckung bei Vollzugsuntauglichkeit – Voraussetzungen und Verfahren –);
   § 46a (Aufschub und Unterbrechung der Strafvollstreckung aus Gründen der Vollzugsorganisation mit der Maßgabe, dass die Leitung eines psychiatrischen Krankenhauses oder einer Entziehungsanstalt [§§ 63, 64 StGB] bei vorläufiger Unterbrechung der Vollstreckung der Unterbringung [§ 46a Absatz 2 Satz 1] lediglich die Vollstreckungsbehörde unterrichtet);
2. wenn die Höchstdauer der Freiheitsentziehung feststeht (§§ 67d Absatz 1, 67h Absatz 1 StGB), auch
   § 37 Absatz 1 bis 3 (Allgemeine Regeln für die Strafzeitberechnung);
   § 38 (Strafbeginn);
   § 40 (Berechnung des Strafrestes);
   § 41 (Berechnung der Strafzeit bei Gesamtstrafen und bei anderweitiger Verurteilung);
   § 42 (Gerichtliche Entscheidung über die Strafzeitberechnung).

(3) [1]Hat der Vollzug der Unterbringung drei Jahre nach der Rechtskraft ihrer Anordnung noch nicht begonnen und liegt ein Fall des § 67c Absatz 1 StGB oder des § 67b StGB nicht vor, so veranlasst die Vollstreckungsbehörde rechtzeitig die Prüfung, ob die Vollstreckung der Unterbringung noch zulässig ist (§ 67c Absatz 2 StGB). [2]In die Frist wird die Zeit nicht eingerechnet, in welcher die Täterin oder der Täter auf behördliche Anordnung in einer Anstalt verwahrt worden ist.

(4) [1]Während der Vollstreckung einer freiheitsentziehenden Maßregel der Besserung und Sicherung veranlasst die Vollstreckungsbehörde jeweils rechtzeitig vor dem Ablauf

1. von sechs Monaten bei der Unterbringung in einer Entziehungsanstalt,
2. von einem Jahr bei der Unterbringung in einem psychiatrischen Krankenhaus,
3. von einem Jahr bei der nach den §§ 66, 66a oder 66b StGB angeordneten Unterbringung in der Sicherungsverwahrung, nach dem Vollzug von zehn Jahren der Unterbringung von neun Monaten,
4. von einem Jahr bei der nach § 7 Absatz 2 Satz 2, Absatz 4, § 106 Absatz 6 und 7 JGG angeordneten Unterbringung in der Sicherungsverwahrung, nach dem Vollzug von zehn Jahren der Unterbringung von neun Monaten, und in den Fällen des § 7 Absatz 2 Satz 2, Absatz 4 JGG von sechs Monaten, wenn die untergebrachte Person bei Beginn des Fristablaufs das 24. Lebensjahr noch nicht vollendet hat (§ 7 Absatz 5 JGG),
5. der von dem Gericht nach § 67e Absatz 3 Satz 1 StGB festgesetzten Frist

die Prüfung, ob die weitere Vollstreckung der Unterbringung zur Bewährung auszusetzen ist (§ 67e StGB). [2]Die Fristen der Nummern 1 bis 4 sind vom Beginn der Unterbringung an oder, wenn das Gericht die Anordnung der Entlassung bereits abgelehnt hat, von dem Zeitpunkt dieser Entscheidung an zu berechnen (§ 67e Absatz 4 StGB).

(5) Bei einer Unterbringung in einem psychiatrischen Krankenhaus und in der Sicherungsverwahrung veranlasst die Vollstreckungsbehörde rechtzeitig, im Fall des § 67d Absatz 6 Satz 2 StGB spätestens sechs Monate vor Ablauf von sechs Jahren, im Fall des § 67d Absatz 3 Satz 1 StGB und § 67d Absatz 6 Satz 3 StGB spätestens sechs Monate vor Ablauf von zehn Jahren die Prüfung, ob die Maßregel für erledigt zu erklären ist.

§ 54 Vollstreckung mehrerer freiheitsentziehender Maßregeln der Besserung und Sicherung

(1) [1]Sind in einer Entscheidung mehrere freiheitsentziehende Maßregeln angeordnet, so bestimmt das Gericht die Reihenfolge der Vollstreckung (§ 72 Absatz 3 Satz 1 StGB). [2]Vor dem Ende des Vollzuges einer Maßregel veranlasst die Vollstreckungsbehörde rechtzeitig die Prüfung, ob der Zweck der nächsten Maßregel deren Vollstreckung noch erfordert (§ 72 Absatz 3 Satz 2 StGB).

(2) [1]Sind in mehreren Entscheidungen freiheitsentziehende Maßregeln angeordnet und können sich vor dem Beginn ihrer Vollstreckung die beteiligten Vollstreckungsbehörden nicht über die Reihenfolge der zu vollstreckenden Maßregeln einigen, so ist § 43 Absatz 7 entsprechend anzuwenden. [2]Dabei gilt die Sicherungsverwahrung als die schwerste Maßregel; es folgen der Reihenfolge nach die Unterbringung in einem psychiatrischen Krankenhaus und die Unterbringung in einer Entziehungsanstalt. [3]Bei Maßregeln ungleicher Art bestimmt die Vollstreckungsbehörde die Reihenfolge nach pflichtgemäßem Ermessen. [4]Maßgebend ist, wie bei der Persönlichkeit der verurteilten Person unter Berücksichtigung der Urteilsgründe der Zweck aller Maßnahmen am besten erreicht werden kann. [5]Wenn nicht überwiegende Gründe entgegenstehen, wird in diesen Fällen die Unterbringung in einer Entziehungsanstalt vor anderen Maßregeln und die Unterbringung in einem psychiatrischen Krankenhaus vor der Sicherungsverwahrung vollstreckt. [6]Die Vollstreckungsbehörde kann auch die Vollstreckung einer Maßregel zum Zwecke der Vollstreckung einer anderen Maßregel unterbrechen, wenn sie dies nach pflichtgemäßem Ermessen für angebracht hält.

(3) Wenn neben vorweg zu vollziehenden Maßregeln gleicher Art nach § 63 StGB auch Freiheitsstrafen verhängt wurden, unterbricht die Vollstreckungsbehörde den Maßregelvollzug, wenn die Hälfte der daneben verhängten Freiheitsstrafe verbüßt wäre.

(4) Bei mehrfach angeordneter Unterbringung in einer Entziehungsanstalt darf nur die zuletzt rechtskräftig gewordene Anordnung der Maßregel vollstreckt werden (§ 67f StGB).

§ 54a Führungsaufsicht

(1) Entscheidungen, in denen die Führungsaufsicht angeordnet ist (§ 68 StGB) oder die ihren Eintritt kraft Gesetzes zur Folge haben (§§ 67b bis 67d, 68f StGB), teilt die Vollstreckungsbehörde der zuständigen Aufsichtsstelle mit.

(2) [1]In den Fällen der §§ 68f und 67d Absatz 3 und 4 StGB veranlasst die Vollstreckungsbehörde, dass die Akten drei Monate vor der Entlassung der verurteilten Person dem Gericht vorgelegt werden, damit die Entscheidungen nach § 68f Absatz 2 oder nach den §§ 68a bis 68c StGB alsbald getroffen werden können. [2]Abschriften ihrer Stellungnahme übersendet die Vollstreckungsbehörde unter Beifügung von Abschriften des Urteils und einer bereits vorliegenden Stellungnahme der Justizvollzugsanstalt der Führungsaufsichtsstelle des voraussichtlichen Wohnorts der verurteilten Person; ist der künftige Wohnsitz ungewiss, so unterrichtet sie die nach § 463a Absatz 5 Satz 2 StPO voraussichtlich zuständige Führungsaufsichtsstelle. [3]Die Vollstreckungsbehörde teilt die Entscheidung des Gerichts der Führungsaufsichtsstelle mit, die nach Satz 2 benachrichtigt worden war. [4]In den Fällen des § 67c Absatz 1 und 2 sowie des § 67d Absatz 2 und 5, 6 StGB wirkt die Vollstreckungsbehörde darauf hin, dass die Entscheidungen nach

den §§ 68a bis 68c StGB so rechtzeitig getroffen werden können, dass die Führungsaufsicht vorbereitet werden kann.

(3) Die Vollstreckungsbehörde übersendet der Aufsichtsstelle in allen Fällen der Führungsaufsicht je zwei Abschriften der der Führungsaufsicht zugrunde liegenden Unterlagen (z.B. Gutachten über den körperlichen und geistigen Zustand der verurteilten Person, Berichte der Gerichtshilfe, der Bewährungshilfe oder von Jugend- oder Sozialbehörden).

(4) Die Vollstreckungsbehörde teilt die von ihr nach den §§ 68c bis 68g StGB berechnete Dauer der Führungsaufsicht sowie deren Beginn und Ende der Aufsichtsstelle mit.

(5) Wird eine verurteilte Person, die unter Führungsaufsicht steht, auf behördliche Anordnung in einer Anstalt verwahrt (§ 68c Absatz 4 Satz 2 StGB), so teilt die Behörde, welche die Verwahrung vollstreckt, Beginn und Ende der Verwahrung der Behörde mit, welche die Führungsaufsicht vollstreckt.

§ 55 Berufsverbot

(1) [1]Die Zeit des Berufsverbots ist nach § 70 Absatz 4, § 70a Absatz 3 und § 70b Absatz 3 StGB zu berechnen. [2]Die Zeit des Berufsverbots und die Erklärung über die Erledigung des Berufsverbots durch das Gericht (§ 70b Absatz 5 StGB) sind der für die Berufs- und Gewerbeausübung zuständigen Behörde jeweils mitzuteilen.

(2) [1]Die Vollstreckungsbehörde kann auf Antrag der verurteilten Person oder mit ihrer Einwilligung das Berufsverbot aussetzen, wenn hierdurch für die verurteilte Person oder ihre Angehörigen eine erhebliche, außerhalb des Zwecks des Verbots liegende Härte vermieden oder einem öffentlichen Interesse an der vorübergehenden weiteren Berufsausübung Rechnung getragen werden kann (vergleiche § 456c Absatz 2 StPO). [2]Die Aussetzung kann an die Leistung einer Sicherheit oder an andere Bedingungen geknüpft werden und darf zusammen mit einem etwa bereits gerichtlich angeordneten Aufschub sechs Monate nicht übersteigen. [3]Absatz 1 gilt entsprechend.

(3) Vor einer Aussetzung nach Absatz 2 soll die Vollstreckungsbehörde die zuständigen Verwaltungsbehörden und berufsständischen Organisationen hören.

§ 56 Entziehung der Fahrerlaubnis und Einziehung des Führerscheins

(1) [1]Ein nach § 69 Absatz 3 Satz 2, § 71 Absatz 2 StGB eingezogener Führerschein wird der Behörde übersandt, die für die Erteilung der Fahrerlaubnis am Wohnsitz der verurteilten Person zuständig ist. [2]Hat diese im räumlichen Geltungsbereich der StPO keinen Wohnsitz, so wird der Führerschein zu den Strafakten genommen. [3]Ist der Führerschein von einer Dienststelle der Bundeswehr, des Bundesgrenzschutzes oder der Polizei ausgestellt worden, so wird er der Stelle übersandt, die nach Nummer 45 Absatz 4 der Anordnung über Mitteilungen in Strafsachen (MiStra) Nachricht erhält. [4]Der Führerschein ist in jedem Fall durch Einschneiden unbrauchbar zu machen. [5]Bei der Übersendung des Führerscheins ist der Behörde der nach § 69a Absatz 5 und 6 StGB zu berechnende Zeitraum der Sperre mitzuteilen.

(2) [1]Wurde eine ausländische Fahrerlaubnis entzogen, die von einer Behörde eines Mitgliedstaates der Europäischen Union oder eines anderen Vertragsstaates des Abkommens über den Europäischen Wirtschaftsraum erteilt worden ist, und hat die Inhaberin oder der Inhaber ihren oder seinen ordentlichen Wohnsitz im Inland, so wird der Führerschein mit den nach der MiStra zu übermittelnden Daten dem Kraftfahrt-Bundesamt zur Weiterleitung an die ausstellende Behörde übersandt (§ 69b Absatz 2 Satz 1 StGB). [2]Bei der Entziehung sonstiger ausländischer Fahrerlaubnisse werden die Entziehung und die Sperre nach Maßgabe des § 47 Absatz 2 Satz 3 der Fahrerlaubnis-Verordnung (FeV) in dem Führerschein vermerkt (§ 69b Absatz 2 Satz 2 StGB). [3]Der verurteilten Person ist mitzuteilen, dass ein Kraftfahrzeug erst dann auf dem Gebiet der Bundesrepublik Deutschland geführt werden darf, wenn die deutsche Verwaltungsbehörde auf ihren Antrag die Erlaubnis dazu erteilt. [4]Befindet der Führerschein sich noch nicht in behördlichem Gewahrsam, so wird er für die Eintragung des Vermerks beschlagnahmt, wenn die verurteilte Person die Vorlage verweigert (§ 463b Absatz 2 StPO). [5]Ist die Eintragung des Vermerks wegen der Beschaffenheit des Führerscheins nicht möglich, so ist der verurteilten Person der Inhalt des Vermerks schriftlich mitzuteilen.

(3) Wird der Führerschein bei der verurteilten Person nicht vorgefunden, gilt § 62.

Abschnitt 5

Vollstreckung anderer Rechtsfolgen

Unterabschnitt 1

Einziehung des Wertes von Taterträgen und andere Nebenfolgen, die zu einer Geldzahlung verpflichten. Bekanntgabe des Urteils. Fahrverbot

§ 57 Nebenfolgen, die zu einer Geldzahlung verpflichten

(1) [1]Die Vollstreckung von Nebenfolgen, die zu einer Geldzahlung verpflichten, richtet sich nach der Einforderungs- und Beitreibungsordnung (EBAO). [2]Werden Vermögenswerte zum Zwecke der Einziehung eines Wertersatzes gesichert, finden bei der Verwertung die §§ 65 bis 67a und 69 ff. keine Anwendung. [3]Für die Verwertung gepfändeter virtueller Währungen gilt § 77a Absatz 2 entsprechend.

(2) Die Zustellung von Pfändungs- und Überweisungsbeschlüssen an im Inland zum Geschäftsbetrieb befugte Kreditinstitute richtet sich nach § 459g Absatz 3 in Verbindung mit § 111k Absatz 2 Satz 2 StPO.

(3) [1]Erfolgt die Vollstreckung der Nebenfolge, die zu einer Geldzahlung verpflichtet, aufgrund eines individualgutschützenden Delikts, so überträgt die ursprünglich zuständige Vollstreckungsbehörde die Verwertungserlöse, die bis zum Eintritt der Rechtskraft der nachträglichen Gesamtstrafenentscheidung vollstreckt wurden, an die nach § 7 Absatz 4 zuständige Vollstreckungsbehörde, sofern die Vollstreckung nicht erledigt ist. [2]Sofern sich die nach Satz 1 zuständige Vollstreckungsbehörde in einem anderen Bundesland befindet, steht dies einer Übertragung der Verwertungserlöse nicht entgegen. [3]In allen anderen Fällen verbleiben die Verwertungserlöse bei der bisher für die Vollstreckung zuständigen Vollstreckungsbehörde.

(4) [1]Das Recht zur Verwertung von in Vollziehung eines Vermögensarrestes nach § 111f Absatz 1 bis 3 StPO gesicherten Vermögenswerten geht auf die nach § 7 Absatz 4 zuständige Vollstreckungsbehörde über. [2]Satz 1 gilt für vollzogene Beschlagnahmen gemäß § 111c Absatz 1 bis 4 StPO entsprechend. [3]Satz 1 und 2 gelten entsprechend bei der Vollstreckung der Nebenfolgen gemäß § 459g Absatz 1 und 2, Absatz 3 in Verbindung mit den §§ 111f, 111k StPO.

§ 58 Fahndung bei Einziehungsentscheidungen

(1) Zur Vollstreckung einer Einziehungsentscheidung (§ 459g StPO) kann die Vollstreckungsbehörde die Ermittlungspersonen mit der Umsetzung beauftragen und eine Ausschreibung zur Fahndung veranlassen (§ 459g Absatz 3 in Verbindung mit § 131 Absatz 1 StPO).

(2) [1]Bei der Pfändung von Wertgegenständen muss die Ausschreibung nach Absatz 1 enthalten:

1. die genaue Bezeichnung der verurteilten Person oder des Einziehungsbeteiligten;
2. die Angabe der zu vollstreckenden Entscheidung;
3. den Geldwert der zu vollstreckenden Entscheidung;
4. das Ersuchen um Pfändung von Wertgegenständen;
5. die Angabe zu der weiteren Verfahrensweise im Fall der Pfändung von Wertgegenständen

[2]Der Auftrag zur Pfändung von Wertgegenständen ist der von der Maßnahme betroffenen Person bei Ergreifung der Maßnahme bekanntzugeben.

(3) Ist der von der Einziehung Betroffene in den kriminalpolizeilichen Fahndungshilfsmitteln im Sinne des Absatzes 1 ausgeschrieben und fällt der Fahndungsgrund weg, so veranlasst die Vollstreckungsbehörde unverzüglich die Löschung.

§ 59 Bekanntgabe des Urteils

(1) [1]Ist die öffentliche Bekanntmachung der Entscheidung angeordnet, so stellt die Vollstreckungsbehörde der berechtigten Person eine Ausfertigung des erkennenden Teils der Entscheidung auf Kosten der verurteilten Person zu (§§ 463c, 464a StPO). [2]Namen von Verurteilten, auf die sich die Veröffentlichungsbefugnis nicht bezieht, werden in der Ausfertigung ausgelassen.

(2) [1]Verlangt die berechtigte Person die Bekanntmachung (§ 463c Absatz 2 StPO), vollzieht die Vollstreckungsbehörde die Anordnung der Bekanntmachung in der durch die Entscheidung bestimmten Art. [2]Die Kosten der Bekanntmachung sind Verfahrenskosten (§ 464a StPO).

§ 59a Fahrverbot

(1) [1]Ist ein Fahrverbot ausgesprochen worden, so wird ein von einer deutschen Behörde erteilter Führerschein für die Dauer des Fahrverbots bei den Strafakten oder, falls ein Vollstreckungsheft angelegt wird, bei diesem verwahrt (vergleiche § 44 Absatz 2 Satz 2 StGB). [2]Eine andere Art der Aufbewahrung kann angeordnet werden.

(2) [1]Sofern die verurteilte Person nicht erklärt hat, dass sie den Führerschein abholen werde, wird dieser ihr so rechtzeitig durch eingeschriebenen Brief zugesandt, dass er am letzten Tag der Verbotsfrist (ver-

gleiche Absatz 5 sowie § 44 Absatz 3, § 51 Absatz 5 StGB) bei ihr eintrifft. [2]Der verurteilten Person wird bei der Rückgabe mitgeteilt, zu welchem Zeitpunkt ein Fahrverbot endet. [3]Ist der Führerschein von einer Dienststelle der Bundeswehr erteilt worden, wird er der oder dem Disziplinarvorgesetzten der verurteilten Person so rechtzeitig vor Ablauf der Verbotsfrist übersandt, dass er ihr am letzten Tage der Verbotsfrist, der in dem Übersendungsschreiben anzugeben ist, ausgehändigt werden kann.

(3) [1]Ist der Führerschein von einer Behörde eines Mitgliedstaates der Europäischen Union oder eines anderen Vertragsstaates des Abkommens über den Europäischen Wirtschaftsraum ausgestellt worden und hat die Inhaberin oder der Inhaber ihren oder seinen ordentlichen Wohnsitz im Inland, so gilt Absatz 1 entsprechend. [2]Ist gegen die Inhaberin oder den Inhaber eines sonstigen ausländischen Führerscheins ein Fahrverbot ausgesprochen worden, so werden das Fahrverbot und seine Dauer in dem Führerschein vermerkt (vergleiche § 44 Absatz 2 Satz 4 StGB). [3]§ 56 Absatz 2 Satz 5 gilt entsprechend.

(4) [1]Befindet sich der Führerschein noch nicht in behördlichem Gewahrsam, so fordert die Vollstreckungsbehörde die verurteilte Person zur Herausgabe auf und belehrt sie über den Beginn des Fahrverbots, wenn sich aus den Akten ergibt, dass die vorgeschriebene Belehrung (§§ 268c, 409 StPO) unterblieben ist. [2]Gibt die verurteilte Person den Führerschein nicht freiwillig heraus, so ordnet die Vollstreckungsbehörde die Beschlagnahme an (§ 463b Absatz 1 und 2 StPO). [3]Wird der Führerschein nicht vorgefunden, so ist nach § 463b Absatz 3 StPO zu verfahren.

(5) [1]Für die Berechnung der Dauer des Fahrverbots (§ 44 Absatz 3, § 51 Absatz 5 StGB) gelten die Vorschriften des § 37 Absatz 2, 4 und 5, des § 39 Absatz 4 und des § 40 Absatz 1 sinngemäß. [2]Die Verbotsfrist beginnt mit Eingang des Führerscheins bei der zuständigen Vollstreckungsbehörde, nicht jedoch vor Rechtskraft der Entscheidung. [3]Gelangt der Führerschein zur Vollstreckung des Fahrverbots zunächst in den Gewahrsam einer anderen Stelle, die mit der Verfolgung oder Ahndung von Straftaten oder Ordnungswidrigkeiten, aufgrund derer ein Fahrverbot verhängt werden kann, oder mit der Vollstreckung von Fahrverboten befasst ist, wird die Verwahrzeit in die Verbotszeit eingerechnet. [4]Ist der verurteilten Person ein in Absatz 2 Satz 3 bezeichneter Führerschein von der oder dem Vorgesetzten zur Weiterleitung an die Vollstreckungsbehörde abgenommen worden, so wird die Zeit zwischen der Abnahme des Führerscheins und seinem Zugang bei der Vollstreckungsbehörde in die Verbotsfrist eingerechnet. [5]Sind gegen den Täter mehrere Fahrverbote rechtskräftig verhängt worden, so sind diese nacheinander zu vollstrecken, wobei die Verbotsfrist des späteren Fahrverbots erst mit Ablauf des vorangegangenen Fahrverbots beginnt.

Unterabschnitt 2

Einziehung eines Gegenstandes. Unbrauchbarmachung. Vernichtung

Teil A

Allgemeine Bestimmungen

§ 60 Rechtserwerb bei Einziehung

(1) [1]In den Fällen des § 75 Absatz 1 StGB geht das Eigentum an der eingezogenen Sache oder das eingezogene Recht auf das Land (Justizfiskus) über, dessen Gericht im ersten Rechtszug entschieden hat. [2]Dies gilt auch dann, wenn im ersten Rechtszug in Ausübung der Gerichtsbarkeit des Bundes entschieden worden ist. [3]Hat das Gericht die Einziehung zugunsten des Bundes angeordnet, so wird die Bundesrepublik Deutschland (Justizfiskus) Eigentümer.

(2) Bis zum Übergang des Eigentums an der Sache oder des Rechts wirkt die Anordnung der Einziehung oder die Anordnung des Vorbehalts der Einziehung als Veräußerungsverbot im Sinne des § 136 des Bürgerlichen Gesetzbuches (BGB).

(3) Dem Übergang des Eigentums an der eingezogenen Sache oder des Rechts steht in den Fällen des § 111d Absatz 1 Satz 2 StPO die Eröffnung des Insolvenzverfahrens über das Vermögen des Einziehungsbetroffenen abweichend von § 91 InsO nicht entgegen (§ 75 Absatz 4 StGB).

(4) Rechte Dritter bleiben bestehen (§ 75 Absatz 2 Satz 1 StGB), sofern nicht das Gericht das Erlöschen angeordnet hat (§ 75 Absatz 2 Satz 2 und 3 StGB).

§ 61 Wegnahme von Gegenständen

(1) [1]Sachen, auf deren Einziehung oder Unbrauchbarmachung erkannt ist und die sich noch nicht im amtlichen Gewahrsam befinden, nimmt die Vollstreckungsbehörde alsbald nach Rechtskraft der Entscheidung in Besitz. [2]Haben die verurteilte Person oder die Einziehungsbeteiligten (§ 424 Absatz 1, § 432 Absatz 1 StPO), die nach der Entscheidung zur Herausgabe verpflichtet sind, die Sache nicht herausgegeben, so beauftragt die Vollstreckungsbehörde die Vollziehungsbeamtin oder den Vollziehungsbeamten mit der Wegnahme (§ 459g Absatz 1 StPO, § 1 Absatz 1 Nummer 2a, § 6 Absatz 1 und Absatz 3 Satz 1

und 2 JBeitrG). [3]Sofern die Wegnahme im Rahmen einer Durchsuchung stattfindet, kann die Vollstreckungsbehörde die Ermittlungspersonen beauftragen (§ 459g Absatz 3, §§ 102 bis 110, 111k Absatz 1 StPO).

(2) [1]Der Auftrag wird schriftlich oder elektronisch erteilt; er muss die verurteilte Person, die Einziehungsbeteiligten und die wegzunehmende Sache möglichst genau bezeichnen. [2]Der Auftrag soll ferner angeben, ob die Sache verwahrt oder wem sie übergeben werden soll. [3]Die Vollstreckungsbehörde kann ihre Ermittlungspersonen oder die Vollziehungsbeamten ersuchen, ihr rechtzeitig den in Aussicht genommenen Zeitpunkt der Wegnahme nach Tag und Stunde mitzuteilen.

(3) [1]Ist die Sache im Gewahrsam der Einziehungsbeteiligten und verweigern diese die Herausgabe mit der Begründung, dass sie an ihr ein Recht zum Besitz haben, so kann gegen sie auf Grund der Entscheidung nur vollstreckt werden, wenn in ihr das Erlöschen des Rechtes angeordnet worden ist (§ 75 Absatz 2 Satz 2 und 3 StGB). [2]Ob der Anspruch auf Herausgabe gegen die Einziehungsbeteiligten im Wege der Klage auf Herausgabe gemäß § 985 BGB geltend gemacht werden soll, entscheidet die oberste Justizbehörde oder die von ihr bestimmte Stelle.

(4) [1]Ist die Sache nicht im Gewahrsam der verurteilten Person oder des Einziehungsbeteiligten, so wird die Gewahrsamsinhaberin oder der Gewahrsamsinhaber zur Herausgabe aufgefordert. [2]Verweigern diese die Herausgabe, kann die Vollstreckungsbehörde den eingezogenen Gegenstand aufgrund eines Durchsuchungsbeschlusses nach § 103 StPO von den Ermittlungspersonen beschlagnahmen lassen (§ 459g Absatz 3 StPO in Verbindung mit den §§ 103, 111c Absatz 1, § 111k Absatz 1 StPO). [3]Absatz 3 Satz 2 gilt entsprechend.

(5) [1]Sind Rechte eingezogen, so bedarf es einer Pfändung und Überweisung nicht (§ 75 Absatz 1 StGB). [2]Absatz 4 gilt entsprechend.

(6) § 58 bleibt daneben anwendbar.

§ 62 Eidesstattliche Versicherung, nachträgliche Anordnung der Einziehung von Wertersatz

(1) [1]Wird die Sache bei der verurteilten Person oder bei der oder dem Einziehungsbeteiligten nicht vorgefunden, so sollen diese Personen zur Abgabe einer eidesstattlichen Versicherung über den Verbleib angehalten werden (§ 459g Absatz 1 Satz 2 StPO, § 1 Absatz 1 Nummer 2a, § 6 Absatz 1 Nummer 1 JBeitrG, § 883 Absatz 2 ZPO). [2]Davon ist in der Regel abzusehen, sofern die eidesstattliche Versicherung wesentlichen Feststellungen der Entscheidung widersprechen würde.

(2) [1]Ist die Anordnung der Einziehung eines Gegenstandes deshalb nicht ausführbar oder unzureichend, weil der Gegenstand nicht mehr vorhanden, verwertet oder mit dem Recht einer dritten Person belastet ist oder weil nach der Anordnung sonst eine der in den §§ 73c oder 74c StGB bezeichneten Voraussetzungen eingetreten oder bekannt geworden ist, so veranlasst die Vollstreckungsbehörde die Prüfung, ob die Einziehung des Wertersatzes nachträglich angeordnet werden soll (§ 76 StGB). [2]Die Staatsanwaltschaft hat auf ihr Recht zur Anhörung nach § 462 Absatz 1 Satz 2 und Absatz 2 Satz 1 StPO zu achten.

§ 63 Verwertung. Unbrauchbarmachung. Vernichtung. Überwachung von Anweisungen bei Einziehungsvorbehalt

(1) [1]Eingezogene Gegenstände werden verwertet, sofern nichts anderes bestimmt ist (§§ 65 bis 67a, 69 ff.). [2]Die Verwertung darf, abgesehen von im Vollstreckungsverfahren zulässigen Fällen der Notveräußerung, nicht vor dem fruchtlosen Ablauf der Sechsmonatsfrist nach § 459j Absatz 1 StPO erfolgen. [3]Sind die Gegenstände wertlos, unverwertbar, nur mit einem voraussichtlich den Erlös übersteigenden Kostenaufwand veräußerbar, gemeingefährlich oder in gesetzwidrigem Zustand, so werden sie in der Regel vernichtet.

(2) [1]In Fällen, in denen die Frist nach § 459j Absatz 1 StPO fruchtlos verstrichen ist, sind die Gegenstände zu verwerten oder anderweitig zu verwenden. [2]Der Verwertungserlös tritt an die Stelle des eingezogenen und verwerteten Gegenstandes und kann unter den Voraussetzungen des § 459j Absatz 5 StPO an den Anspruchsinhaber ausgekehrt werden.

(3) [1]Die Verwertung geschieht, sofern in den §§ 69 bis 86 nichts anderes bestimmt ist, durch öffentliche Versteigerung. [2]Erscheint diese nicht ausführbar oder unzweckmäßig, so werden die Gegenstände freihändig verkauft. [3]Sind sie gesetzlich vom freien Verkehr ausgeschlossen, so dürfen sie nicht öffentlich versteigert werden; sie sind, sofern nicht eine andere Art der Verwertung vorgeschrieben ist, nur Personen oder Stellen zum Kauf anzubieten, die Gegenstände dieser Art erwerben dürfen.

(4) [1]Gegenstände, deren Unbrauchbarmachung gerichtlich angeordnet ist, werden der oder dem Berechtigten zurückgegeben, nachdem sie nach Maßgabe der Entscheidung ihrer gefährdenden Form entkleidet oder unschädlich gemacht worden sind. [2]Ist dies nicht möglich, so werden sie vernichtet.

(5) Gegenstände, deren Vernichtung angeordnet ist, werden durch die Maßnahmen vernichtet, die nach pflichtgemäßem Ermessen der Vollstreckungsbehörde zweckmäßig erscheinen.

(6) Bei der Vernichtung gemeingefährlicher Gegenstände nimmt die Vollstreckungsbehörde, soweit erforderlich, die Hilfe der Polizei oder der zuständigen Verwaltungsbehörde in Anspruch.

(7) Vor der Verwertung, Unbrauchbarmachung oder Vernichtung verbrauchssteuerpflichtiger Erzeugnisse oder von Waren, die Zollgut sind, ist das Hauptzollamt zu hören.

(8) Ordnet das Gericht unter Einziehungsvorbehalt weniger einschneidende Maßnahmen an, so überwacht die Vollstreckungsbehörde die Befolgung und veranlasst die Prüfung, welche Entscheidung nach § 74f Absatz 1 StGB zu treffen ist.

§ 64 Veräußerung eingezogener Gegenstände

(1) [1]Mit der öffentlichen Versteigerung und in der Regel auch mit dem freihändigen Verkauf beauftragt die Vollstreckungsbehörde eine Gerichtsvollzieherin oder einen Gerichtsvollzieher. [2]In geeigneten Fällen kann mit dem freihändigen Verkauf auch eine gewerbetreibende Person beauftragt werden. [3]Der Auftrag muss schriftlich erteilt werden und die Personen bezeichnen, an die der Gegenstand nicht veräußert werden darf (Absatz 5). [4]Die Vollstreckungsbehörde kann eine Verwertung eingezogener Gegenstände auch selbst über eine Internetauktionsplattform durchführen. [5]Die öffentliche Versteigerung und der freihändige Verkauf richten sich nach der Geschäftsanweisung für Gerichtsvollzieher.

(2) Erscheint eine Veräußerung am Sitze der Vollstreckungsbehörde aus besonderen Gründen nicht möglich oder unzweckmäßig, so kann die Vollstreckungsbehörde anordnen, dass die Veräußerung an einem anderen Ort versucht wird.

(3) Ist der Verderb oder eine wesentliche Wertminderung des Gegenstandes zu besorgen oder ist seine Aufbewahrung, Pflege oder Erhaltung mit Kosten oder Schwierigkeiten verbunden, so sorgt die Vollstreckungsbehörde für beschleunigte Verwertung.

(4) Bei freihändigem Verkauf von Gegenständen des täglichen Bedarfs sollen gemeinnützige Stellen und Bedürftige vorzugsweise berücksichtigt werden.

(5) [1]An Täterinnen oder Täter sowie Teilnehmerinnen oder Teilnehmer der Straftat dürfen Gegenstände nur ausnahmsweise und nur mit Einwilligung der obersten Justizbehörde oder der von ihr bestimmten Stelle veräußert werden. [2]Bei einem freihändigen Verkauf über eine Internetplattform gilt die Einwilligung als generell erteilt.

(6) Der freihändige Verkauf an Richterinnen, Richter, Staatsanwältinnen und Staatsanwälte oder andere Justizbedienstete (einschließlich des Strafvollzugs) sowie an Ermittlungspersonen der Staatsanwaltschaft (§ 152 GVG) oder andere Polizeibedienstete ist nicht zulässig.

(7) Der bei der Veräußerung erzielte Erlös ist an die zuständige Kasse abzuführen.

§ 65 Mitwirkung anderer Behörden und Stellen bei der Veräußerung

(1) [1]Werden Gegenstände, die in einem Zoll-, Verbrauchssteuer-, Monopol- und Devisenstrafverfahren oder in einem Verfahren wegen Zuwiderhandlungen gegen Ein- und Ausfuhrverbote gerichtlich eingezogen worden sind, durch eine Stelle der Bundesfinanzverwaltung verwahrt, so werden sie im Benehmen mit der Vollstreckungsbehörde durch das Hauptzollamt verwertet. [2]Der Erlös ist an die zuständige Kasse abzuführen. [3]Das Hauptzollamt ist berechtigt, von dem Erlös diejenigen baren Auslagen abzusetzen, die durch die Beschlagnahme, Aufbewahrung und Verwertung der Gegenstände entstanden sind. [4]Abzugsfähig sind auch Abgaben, die nach § 76 der Abgabenordnung (AO) aus dem Erlös zu decken sind. [5]Über den Erlös und die Abzüge rechnet das Hauptzollamt mit der Vollstreckungsbehörde ab. [6]Im Übrigen wird auf den Erlass des Bundesministers der Finanzen vom 9. Februar 1955 – III A/4-H 2131-3/55 – und die hierzu etwa ergangenen Ergänzungsbestimmungen der obersten Justizbehörden verwiesen.

(2) Sollen Gegenstände veräußert werden, in deren Verwertung eine andere Behörde oder Stelle besonders erfahren ist, so empfiehlt es sich, diese um Auskunft zu bitten oder ihr die Verwertung zu übertragen; hierbei ist darauf hinzuweisen, dass der Erlös nach Abzug der baren Auslagen der Verwertung (Reinerlös) an die zuständige Kasse abzuführen ist.

§ 66 Verwendung für Zwecke der Justizverwaltung und ähnliche Zwecke

(1) [1]Eingezogene Sachen, die sich zur Verwendung für Zwecke der Justizverwaltung (einschließlich des Strafvollzuges), der Bewährungshilfe, der Strafentlassenenfürsorge oder der Polizei im Rahmen der Strafverfolgung eignen, sind zunächst nicht zu verwerten. [2]Sie werden in ein Verzeichnis aufgenommen und dort nach Größe, Beschaffenheit und dem Zustand ihrer Erhaltung kurz beschrieben; sofern ein Verzeichnis nicht geführt wird, erfolgt diese Beschreibung in einem Einzelverwendungsvorschlag. [3]Die Vollstreckungsbehörde legt das Verzeichnis regelmäßig mit einem Verwendungsvorschlag oder die Einzelverwendungsvorschläge der Generalstaatsanwältin oder dem Generalstaatsanwalt vor; diese oder dieser entscheidet über die Verwendung im Benehmen mit der Präsidentin oder dem Präsidenten des Oberlandesgerichts und der höheren Vollzugsbehörde. [4]Weist die Generalstaatsanwältin oder der General-

staatsanwalt eingezogene Sachen der Polizeiverwaltung zur dauernden Nutzung zu, so sind die landesrechtlichen Haushaltsvorschriften zu beachten und den obersten Behörden der Innenverwaltung und der Justizverwaltung je eine Mehrfertigung der Zuweisungsverfügung zu übersenden. [5]Hat das Gericht die Sachen zugunsten des Bundes eingezogen, so ist entsprechend § 70 Absatz 4 Satz 2 zu verfahren.

(2) [1]In das Verzeichnis sind insbesondere aufzunehmen: allgemein genehmigte und zugelassene Funk- und Funkempfangsanlagen sowie andere Geräte der Informations- und Kommunikationstechnik, Werkzeuge, landwirtschaftliche Geräte, Materialien, Kleidungsstücke aller Art, ferner Geräte zum Messen oder Wiegen, die sich nach Ansicht der Eichbehörde zur Wiederverwertung eignen. [2]Gegenstände, deren geringer Gebrauchswert die Verwendung nicht lohnen würde, werden nicht aufgenommen.

(3) Für die Verwendung von Waffen, Funkanlagen und Kraftfahrzeugen für Zwecke der Justizverwaltung gelten § 70 Absatz 1 und die §§ 72 und 73.

§ 67 Abgabe als Forschungs- und Lehrmittel

(1) [1]Eingezogene Gegenstände, die zur Begehung einer rechtswidrigen Tat bestimmt gewesen, gebraucht oder durch sie hervorgebracht worden sind, werden Bundes- oder Landesbehörden für den Bereich ihrer dienstlichen Tätigkeiten angeboten und auf deren Ersuchen überlassen, wenn sie für kriminalwissenschaftliche Forschungs-, Lehr-, Schulungs- oder Ausbildungszwecke von Bedeutung sind. [2]Dasselbe gilt nach Möglichkeit, wenn eine dieser Behörden von sich aus um die Überlassung bestimmter Gegenstände ersucht.

(2) Die Überlassung geschieht leihweise und mit dem ausdrücklichen Vorbehalt, dass die Vollstreckungsbehörde die Gegenstände aus wichtigen Gründen jederzeit zurückverlangen kann.

(3) Gegenstände von erheblichem Wert dürfen den in Absatz 1 bezeichneten Behörden nur mit Genehmigung der Generalstaatsanwältin oder des Generalstaatsanwalts angeboten oder überlassen werden.

§ 67a Verwendung für karitative oder humanitäre Zwecke

(1) Gegenstände, die in einem Verfahren wegen Straftaten nach einem Gesetz zum Schutz des geistigen Eigentums (Urheberrechtsgesetz, Patentgesetz, Gebrauchsmustergesetz, Warenzeichengesetz, Geschmacksmustergesetz, Halbleiterschutzgesetz, Sortenschutzgesetz) eingezogen worden sind und die sich zur Verwendung für karitative oder humanitäre Zwecke eignen, sollen an entsprechende Verbände oder Einrichtungen unentgeltlich abgegeben werden, sofern dies ohne unverhältnismäßigen Aufwand möglich ist.

(2) [1]Die endgültige Abgabe darf erst erfolgen, wenn der durch die Rechtsverletzung verursachte Zustand der Gegenstände beseitigt worden ist und die durch die Abgabe verursachten Gesamtkosten von der Empfängerin oder vom Empfänger getragen werden. [2]Mit der Beseitigung der Schutzrechtsverletzung kann die Empfängerin oder der Empfänger beauftragt werden. [3]Die ordnungsgemäße Beseitigung wird durch die Vollstreckungsbehörde überprüft.

(3) Für Gegenstände von erheblichem Wert gilt § 67 Absatz 3 entsprechend.

(4) Nach Absatz 1 kann auch in den Fällen des § 63 Absatz 1 Satz 3 verfahren werden, soweit es sich um wertlose oder unverwertbare Gegenstände handelt, die nach den §§ 73 oder 73a StGB aufgrund eines Eigentums- oder Vermögensdelikts eingezogen worden sind.

§ 68 Absehen von der Verwertung, Vernichtung oder Unbrauchbarmachung

(1) [1]Liegen Gründe für die Annahme vor, dass die Wiederaufnahme des Verfahrens angeordnet oder das Nachverfahren (§ 433 StPO) oder die Wiedereinsetzung nach § 459j Absatz 4 StPO beantragt werden wird, so sieht die Vollstreckungsbehörde von den in § 63 bezeichneten Maßnahmen einstweilen ab. [2]Dasselbe gilt, wenn die betroffene Person um Freigabe des eingezogenen Gegenstandes im Gnadenwege gebeten hat und wichtige Gnadengründe vorliegen.

(2) Macht eine andere als die verurteilte Person geltend, dass sie ein Recht an dem Gegenstand habe, dessen Erlöschen nicht angeordnet worden ist, so entscheidet über die Verwertung die oberste Justizbehörde oder die von ihr bestimmte Stelle.

§ 68a Entschädigung

[1]Beansprucht der Andere im Sinne des § 74b Absatz 1 Nummer 2, Absatz 2 StGB eine Entschädigung und ist eine gerichtliche Entscheidung nach § 430 Absatz 3 StPO nicht ergangen, so entscheidet die oberste Justizbehörde oder die von ihr bestimmte Stelle. [2]Ist der Gegenstand noch nicht verwertet, so entscheidet sie auch über die Verwertung.

Teil B

Verwendung bestimmter Gegenstände

§ 69 Jagdwaffen, Jagd- und Forstgeräte, Wild und Hunde

(1) [1]Jagdwaffen, Jagdmunition und Jagdgeräte sind, wenn sie den gesetzlichen Vorschriften entsprechen, der obersten Jagdbehörde des Landes oder einer anderen von der obersten Justizbehörde benannten Stelle anzuzeigen. [2]Diese bestimmt, an welche Stelle die Gegenstände zur Verwertung abzuliefern sind. [3]Die Vollstreckungsbehörde übersendet dieser Stelle die Gegenstände. [4]Übersendet sie Jagdwaffen, so weist sie darauf hin, dass bei ihrer Veräußerung der Reinerlös (§ 65 Absatz 2) an die zuständige Kasse abzuführen ist.

(2) Mit vorschriftswidrigen Jagdwaffen und Jagdgeräten wird nach § 70 verfahren.

(3) [1]Brauchbare Werkzeuge, die in Strafverfahren wegen Holz- oder Forstdiebstahls eingezogen worden sind, werden der obersten Forstbehörde des Landes oder einer anderen von der obersten Justizbehörde des Landes benannten Stelle angezeigt, sofern sie nicht für die in § 66 Absatz 1 bezeichneten Zwecke verwendet werden können. [2]Die nach Satz 1 zuständige Stelle bestimmt, an wen die Werkzeuge abzuliefern sind. [3]Die Vollstreckungsbehörde übersendet sie dieser Stelle zur Verwertung.

(4) Gefangenes oder erlegtes Wild und Teile davon sowie Hunde werden nach den allgemeinen Vorschriften verwertet.

§ 70 Andere Waffen und verbotene Gegenstände

(1) [1]Schusswaffen und Munition, die nicht unter § 69 Absatz 1 fallen, andere Waffen und verbotene Gegenstände im Sinne des Waffenrechts sind dem Regierungspräsidium oder der entsprechenden Behörde oder einer anderen von der obersten Justizbehörde benannten Stelle zu übersenden. [2]In der Regel werden sie von Fall zu Fall übersandt. [3]Vollstreckungsbehörden, die häufiger Waffen zu übersenden haben, sollen mit der zuständigen Verwaltungsbehörde Sammelsendungen vereinbaren. [4]Soweit Waffen für Zwecke der Justizverwaltung (einschließlich des Strafvollzugs) benötigt werden, ist nach § 66 Absatz 1 zu verfahren.

(2) [1]Vorschriftswidrige und zur Begehung rechtswidriger Taten abgeänderte Jagdwaffen sowie andere Schusswaffen und verbotene Gegenstände im Sinne des Waffenrechts, an denen ein kriminalpolizeiliches Interesse besteht, werden dem Bundeskriminalamt auf sein Ersuchen über das Landeskriminalamt oder die ihm entsprechende Behörde übersandt. [2]Vorschriftswidrige Jagdwaffen und Jagdgeräte, die eingezogen worden sind und an denen kein kriminalpolizeiliches Interesse besteht, werden derjenigen Stelle übersandt, welche die oberste Jagdbehörde oder oberste Justizbehörde des Landes benennt.

(3) [1]Bei der Übersendung sind durch eine an der Waffe oder Vorrichtung zu befestigende Karte besonders zu kennzeichnen:

1. Handfeuerwaffen, deren Läufe oder Verschlüsse nicht mit dem vorgeschriebenen oder zugelassenen Prüfzeichen versehen sind; Schusswaffen, die nicht den Namen, die Firma oder ein eingetragenes Warenzeichen inländischer Waffenhersteller oder -händler und eine fortlaufende Nummer tragen;
2. Schusswaffen, die über den für Jagd- und Sportzwecke allgemein üblichen Umfang hinaus zusammengeklappt, zusammengeschoben, verkürzt oder schnell zerlegt werden können;
3. Schusswaffen, die ihrer Form nach geeignet sind, einen anderen Gegenstand vorzutäuschen oder die mit Gegenständen des täglichen Gebrauchs verkleidet sind;
4. Vorrichtungen, die zum Anleuchten und Anstrahlen des Zieles dienen und für Schusswaffen bestimmt sind.

[2]In dem Übersendungsschreiben ist auf diese Waffen und Vorrichtungen besonders hinzuweisen.

(4) [1]Hat das Gericht eines Landes Waffen zugunsten des Bundes eingezogen, so finden die Absätze 1 bis 3 keine Anwendung. [2]In diesem Falle stellt die Vollstreckungsbehörde die eingezogenen Waffen dem Bundesministerium der Justiz über die oberste Justizbehörde des Landes zur Verfügung.

§ 71 Fischereigeräte

(1) [1]Ordnungsmäßige Fanggeräte werden der obersten Landesfischereibehörde oder der von der obersten Justizbehörde bestimmten Stelle angezeigt und der von dieser genannten Fischereiorganisation zur Verfügung gestellt. [2]Diese verkauft die Geräte an fischfangberechtigte Mitglieder und führt den Reinerlös (§ 65 Absatz 2) an die zuständige Kasse ab. [3]Hierauf weist die Vollstreckungsbehörde bei der Übersendung hin. [4]Wird keine Fischereiorganisation benannt oder die Übernahme von Geräten abgelehnt, so werden die Geräte nach den allgemeinen Vorschriften (§§ 63 bis 68) verwertet; sie dürfen jedoch nur an Personen veräußert werden, die zur Ausübung des Fischfangs berechtigt sind.

(2) [1]Mit Fanggeräten, die nach der gerichtlichen Entscheidung nicht ordnungsgemäß sind, ist nach Absatz 1 Satz 1 bis 3 zu verfahren, wenn und soweit sie für andere Fanggeräte oder andere Fischarten ver-

wendet werden können. [2]Ist eine solche Verwertung ausgeschlossen oder wird keine Fischereiorganisation benannt oder lehnt die Fischereiorganisation die Übernahme ab, so werden die Geräte nach den allgemeinen Vorschriften verwertet, nachdem die nicht ordnungsmäßigen Teile entfernt worden sind. [3]Die Verwertung von Geräten oder Geräteteilen, die nach ihrer Beschaffenheit für die Fischerei in keinem Falle verwendet werden dürfen, ist unzulässig.

(3) Hat die Vollstreckungsbehörde Zweifel, ob ein Fanggerät als ordnungsgemäß anzusehen ist oder ob es ganz oder teilweise für andere Fanggeräte oder andere Fischarten verwendet werden kann, so holt sie eine Auskunft der von der obersten Justizbehörde nach Absatz 1 bezeichneten oder einer anderen geeigneten Stelle ein.

(4) Fanggeräte oder einzelne Teile, deren Verwertung unzulässig, unzweckmäßig oder nicht ausführbar ist, ferner schädliche oder explosive Stoffe (z.B. giftige Köder, Sprengpatronen oder sonstige Sprengmittel) werden vernichtet, sofern sie sich nicht für Zwecke der Justizverwaltung, für kriminalwissenschaftliche Forschung oder für Lehrzwecke eignen oder wegen ihres kulturhistorischen Wertes als Museumsstücke in Betracht kommen.

§ 72 Funkanlagen

(1) Allgemein genehmigte und zugelassene Funk- und Funkempfangsanlagen werden nach den allgemeinen Vorschriften (§§ 63 ff.) verwertet, sofern nicht die oberste Justizbehörde etwas anderes bestimmt hat.

(2) Alle nicht in Absatz 1 bestimmten Funkanlagen werden der Regulierungsbehörde für Telekommunikation und Post oder deren regionaler Außenstelle mit dem Ersuchen übergeben, im Falle eines Verkaufs den Reinerlös (§ 65 Absatz 2), andernfalls einen dem Wert entsprechenden Geldbetrag an die zuständige Kasse abzuführen.

§ 73 Kraftfahrzeuge

(1) [1]Kraftfahrzeuge (ausgenommen Leicht- und Kleinkrafträder sowie Fahrräder mit Hilfsmotor) sind der obersten Justizbehörde oder der von ihr bestimmten Stelle unter genauer Beschreibung des Fahrzeugs und seiner Beschaffenheit anzuzeigen. [2]Sie dürfen erst dann nach den allgemeinen Vorschriften verwertet werden, wenn die oberste Justizbehörde oder die von ihr bestimmte Stelle erklärt hat, dass das Fahrzeug nicht für die in § 66 bezeichneten Zwecke verwendet werden soll. [3]§ 65 Absatz 1 bleibt unberührt.

(2) Der Anzeige nach Absatz 1 bedarf es nicht, wenn die Kraftfahrzeuge wegen ihres Zustandes, ihres Alters und ihrer Beschaffenheit oder aus anderen Gründen zur Verwendung für Zwecke der Justizverwaltung offensichtlich ungeeignet sind.

§ 74 Arzneimittel und chemische Stoffe

(1) [1]Arzneimittel (einschließlich Tierarzneimittel) und chemische Stoffe, deren Verwertung möglich erscheint, sind der nach Landesrecht zuständigen Behörde mit einer möglichst genauen Beschreibung anzuzeigen. [2]Diese Behörde bestimmt eine Stelle, die zur Begutachtung und Verwertung zugelassen und geeignet ist (z.B. Arzneimittelprüfstelle eines Chemischen Landesuntersuchungsamtes als begutachtende sowie Krankenhausapotheke oder Krankenhaus versorgende Apotheke als verwertende Stelle). [3]Dort stellt die Vollstreckungsbehörde fest, ob eine Übersendung zulässig oder welche andere Art der Übermittlung erforderlich ist. [4]Die Übermittlung geschieht kostenfrei.

(2) Die verwertende Stelle ist bei der Übermittlung darum zu ersuchen,

1. die Arzneimittel und chemischen Stoffe zu begutachten und entweder zu ihrem Schätzwert zu übernehmen oder im Auftrag der Vollstreckungsbehörde an eine zum Erwerb befugte Stelle möglichst günstig zu verkaufen;
2. einen dem Schätzwert entsprechenden Geldbetrag oder den Verkaufserlös nach Abzug der Begutachtungs- und Verwertungskosten an die zuständige Kasse abzuführen oder
3. die Gegenstände zurückzusenden, falls sie auf die im Ersuchen bezeichnete Weise nicht verwertbar sind.

(3) Arzneimittel und chemische Stoffe, die nicht verwertet werden können, sind zu vernichten.

§ 74a Radioaktive Stoffe

Radioaktive Stoffe sind dem Bundesamt für Strahlenschutz anzuzeigen.

§ 75 Betäubungsmittel und neue psychoaktive Stoffe

[1]Für Betäubungsmittel im Sinne des Betäubungsmittelgesetzes gilt § 74 entsprechend. [2]Abweichend von § 67 Absatz 2 können Betäubungsmittel und Stoffe im Sinne des § 2 Nummer 1 des Neue-psychoaktive-Stoffe-Gesetzes (NpSG) der ersuchenden Behörde zur dauernden Nutzung (§ 67 Absatz 1 Satz 1) überlassen werden; sollen die Betäubungsmittel oder die genannten Stoffe nicht zurückverlangt werden, ist

die ersuchende Behörde schriftlich zu verpflichten, diese ordnungsgemäß zu vernichten, sobald sie dort nicht mehr für Forschungs-, Lehr-, Schulungs- oder Ausbildungszwecke benötigt werden.

§ 76 Falschgeld

(1) Falschgeld und zur Herstellung von Falschgeld verwendetes oder bestimmtes Material werden abgegeben

1. an die Deutsche Bundesbank, Wilhelm-Eppstein-Str. 14, 60431 Frankfurt am Main, wenn es sich um in- und ausländische Noten oder Münzen handelt;
2. an die Bundesrepublik Deutschland – Finanzagentur GmbH, Lurgiallee 5, 60295 Frankfurt am Main–, wenn es sich um Schuldverschreibungen oder um Zins- oder Erneuerungsscheine des Deutschen Reiches, der Deutschen Reichspost, des Preußischen Staates, der Bundesrepublik Deutschland, der Deutschen Bundesbahn und der Deutschen Bundespost handelt.

(2) [1]Schwer versendbare Gegenstände sind der in Absatz 1 bezeichneten Stelle nur im Einvernehmen mit ihr zu übersenden. [2]Lehnt sie die Übernahme ab, so werden die Gegenstände nach den allgemeinen Vorschriften (§§ 63 bis 68) verwertet, sofern die zur Übernahme berechtigte Stelle einwilligt; andernfalls sind sie entweder unbrauchbar zu machen und als Altmaterial zu verwerten oder, falls ein Erlös nicht zu erwarten ist, zu vernichten.

(3) [1]Für die Entscheidung über die Abgabe von eingezogenem Falschgeld oder eingezogenem Herstellungsmaterial als Forschungs- oder Lehrmittel sind die in Absatz 1 bezeichneten Stellen zuständig. [2]§ 67 gilt insoweit nicht.

§ 77 Devisenwerte

(1) [1]Soweit die Verwertung von Devisenwerten der Vollstreckungsbehörde obliegt, sind die Devisenwerte der Deutschen Bundesbank anzuzeigen und im Benehmen mit dieser bestmöglich zu verwerten. [2]Der Erlös wird nach Abzug der Verwertungskosten an die zuständige Kasse abgeführt.

(2) Devisenwerte im Sinne des Absatzes 1 sind:

1. Ausländische Zahlungsmittel;
2. Wertpapiere nichtdeutscher Ausstellerinnen und Aussteller sowie solche Wertpapiere deutscher Ausstellerinnen und Aussteller, die auf eine ausländische Währung lauten oder in ausländischer Währung zahlbar sind.

§ 77a Virtuelle Währungen

(1) [1]Eine virtuelle Währung ist das digitale Abbild eines Wertes, das nicht von einer Zentralbank, einem Kreditinstitut oder einem E-Geld-Institut ausgegeben wurde und als Alternative zu Geld genutzt, insbesondere elektronisch übertragen, verwahrt oder gehandelt wird. [2]Es handelt sich nicht um Echt- oder Landeswährungen.

(2) [1]Soweit die Verwertung von virtuellen Währungen der Vollstreckungsbehörde obliegt, sind die virtuellen Währungen den in den Ländern bestimmten Zentralstellen zur Verwertung anzuzeigen und durch diese zu verwerten. [2]Die Verwertungsstelle führt den Erlös nach Abzug der Verwertungskosten an die zuständige Kasse ab.

(3) Auf Ersuchen können virtuelle Währungen entsprechend § 66 Absatz 1 zur dauerhaften Nutzung an Ermittlungsbehörden zugewiesen werden, wenn kein Entschädigungsverfahren (§ 459h StPO) durchzuführen ist, weil der Einziehungsanordnung kein Eigentums- oder Vermögensdelikt zugrunde liegt.

§ 78 Inländische Zahlungsmittel

(1) Inländische Zahlungsmittel (Euro oder Deutsche Mark), die noch im Kurs sind oder von den öffentlichen Geldinstituten noch eingelöst werden, sind an die zuständige Kasse abzuführen; die Vollstreckungsbehörde veranlasst, dass sie vereinnahmt werden.

(2) Andere inländische Zahlungsmittel, die nicht unter § 77 Absatz 2 Nummer 1 fallen, werden nach Möglichkeit, insbesondere bei Sammlerwert, nach den allgemeinen Vorschriften verwertet, andernfalls einer Nutzung gemäß § 67 zugeführt oder vernichtet.

(3) Die Absätze 1 und 2 finden keine Anwendung, soweit gesetzlich etwas anderes bestimmt ist.

§ 79 Inländische Wertpapiere

(1) Bei Wertpapieren deutscher Ausstellerinnen oder Aussteller, die auf Euro oder Deutsche Mark lauten und nicht in ausländischer Währung zahlbar sind, entscheidet über die Verwertung die oberste Justizbehörde oder die von ihr bestimmte Stelle.

(2) Sie werden ihr in Form eines Verzeichnisses angezeigt, das mindestens folgende Spalten enthält:

1. Bezeichnung des Wertpapiers;
2. Nennbetrag;

3. Zins- und Erneuerungsscheine;
4. Bemerkungen.

§ 80 Messgeräte und sonstige Messgeräte, Teilgeräte, Zusatzeinrichtungen zu Messgeräten, Fertigpackungen und andere Verkaufseinheiten

(1) [1]Entsprechen Messgeräte und sonstige Messgeräte, Teilgeräte, Zusatzeinrichtungen zu Messgeräten, Fertigpackungen und andere Verkaufseinheiten gemäß § 1 Mess- und Eichgesetz (MessEG) nicht den gesetzlichen Vorschriften, erscheinen sie aber verwertbar, so werden sie nach Möglichkeit in vorschriftsmäßigen Zustand gebracht, soweit vorgeschrieben, kompatibilitätsbewertet oder geeicht und nach den allgemeinen Vorschriften verwertet. [2]Soweit dies nicht möglich oder sonst untunlich ist, ist die Verwertung lediglich im Wege des freihändigen Verkaufs an fachlich geeignete Hersteller- oder Instandsetzungsbetriebe und nur mit dem Hinweis zulässig, dass die Gegenstände nur verwendet oder zur Verwendung bereitgehalten werden dürfen, wenn sie den Vorschriften des Mess- und Eichgesetzes und der auf Grund dieses Gesetzes erlassenen Rechtsverordnungen entsprechen.
(2) [1]Vorschriftswidrige Gegenstände, die als solche nicht verwertbar erscheinen oder die nicht in einen vorschriftsmäßigen Zustand gebracht werden können oder bei denen die dafür aufzuwendenden Kosten in keinem angemessenen Verhältnis zu dem geschätzten Erlös stehen, werden unbrauchbar gemacht und als Altmaterial nach den allgemeinen Vorschriften verwertet. [2]Kennzeichnungen bei Inverkehrbringen, Hersteller- oder Eichzeichen, deren Missbrauch zu besorgen ist, sind vorher zu entfernen und zu zerstören. [3]Verwertbarer Inhalt in Fertigpackungen ist vor seiner Unbrauchbarmachung zu entnehmen und nach den für ihn geltenden Vorschriften zu verwerten[1)] [4]Wenn die Kosten der Entnahme des Inhalts den zu erwartenden Erlös für seine Verwertung übersteigen und eine Verwendung für Justizzwecke (Justizvollzugsanstalten, psychiatrische Krankenhäuser usw.) nicht möglich ist, können vorschriftswidrige Fertigpackungen mit brauchbarem Inhalt an gemeinnützige Einrichtungen der öffentlich-rechtlichen Körperschaften, Anstalten, staatlichen, kommunalen oder kirchlichen Stiftungen oder Wohlfahrtsorganisationen, die als zuverlässig bekannt sind, veräußert oder unentgeltlich abgegeben werden, sofern die Empfängerinnen oder Empfänger sich verpflichten, den Inhalt der ihnen überlassenen Gegenstände nur für eigene Zwecke zu verwenden, nicht an Dritte weiterzugeben und die Verpackungsgegenstände nach Entnahme des Inhalts zu zerstören. [5]Sind größere Mengen zu veräußern oder abzugeben und ist zu besorgen, dass dadurch das Wirtschaftsleben beeinträchtigt wird, so sind sie an mehrere Empfängerinnen oder Empfänger – möglichst an verschiedenen Orten – zu veräußern oder abzugeben.
(3) Hat die Vollstreckungsbehörde Zweifel, ob oder inwieweit ein Gegenstand vorschriftsmäßig ist, so führt sie eine Stellungnahme der nach § 40 MessEG zuständigen Behörde herbei.

§ 81 Verkörperungen eines Inhalts

(1) [1]Gerichtliche Entscheidungen über die Einziehung von Inhalten (§ 11 Absatz 3 StGB) nach § 74d Absatz 1, 2 oder § 76a StGB sind regelmäßig alsbald nach Rechtskraft im Landeskriminalblatt bekannt zu machen. [2]Falls es auf Grund der festgestellten oder mutmaßlichen Verbreitung angebracht erscheint oder falls die Beschlagnahme des Inhalts (§ 11 Absatz 3 StGB) im Bundeskriminalblatt veröffentlicht worden ist, ist die Entscheidung stattdessen im Bundeskriminalblatt bekannt zu machen. [3]Die Bekanntmachung gilt als Vollstreckungsersuchen an die Polizeidienststellen. [4]Eine Bekanntmachung unterbleibt, wenn anzunehmen ist, dass keine Inhalte (§ 11 Absatz 3 StGB) mehr im Verkehr sind.
(2) [1]Handelt es sich um einen Gewalt darstellenden, pornographischen oder einen sonst jugendgefährdenden Inhalt (§ 11 Absatz 3 StGB) im Sinne des Jugendschutzgesetzes, so ist die auf Einziehung lautende gerichtliche Entscheidung auszugsweise im Bundeskriminalblatt bekannt zu machen, wenn der Inhalt (§ 11 Absatz 3 StGB) genau genug bezeichnet werden kann. [2]Ist der Inhalt (§ 11 Absatz 3 StGB) nur in geringer Anzahl oder nur in einem örtlich begrenzten Gebiet verbreitet worden, so genügt die Bekanntmachung im Landeskriminalblatt. [3]Wird in der gerichtlichen Entscheidung der Gewalt darstellende, pornographische oder sonst jugendgefährdende Charakter des Inhalts (§ 11 Absatz 3 StGB) verneint und die oder der Angeklagte freigesprochen oder wird die Einziehung abgelehnt, so ist nach Nummer 226 Absatz 3 Satz 1 und 2 RiStBV zu verfahren.
(3) [1]Von gemäß § 74d Absatz 1, 2 oder § 76a StGB eingezogenen Inhalten sind, soweit verfügbar, je drei Stücke dem Bundes- und dem Landeskriminalamt zu übersenden. [2]Von Verkörperungen (§ 11 Absatz 3 StGB) politischen Inhalts erhalten, soweit verfügbar, auch das Bundes- und das Landesamt für Verfassungsschutz je drei Stücke. [3]Die Behandlung der übrigen Stücke der eingezogenen Inhalte (§ 11 Absatz 3 StGB) richtet sich nach § 63 Absatz 1 Satz 2; jedoch ist von einer Vernichtung insoweit abzusehen, als

1) Amtlich ohne Zeichensetzung.

die Aufbewahrung einzelner Stücke aus besonderen, aktenkundig zu machenden Gründen geboten erscheint oder die Abgabe einzelner Stücke an bestimmte Stellen vorgeschrieben ist.

(4) [1]Die oberste Justizbehörde kann der zur Bekämpfung Gewalt darstellender, pornographischer oder sonst jugendgefährdender Inhalte (§ 11 Absatz 3 StGB) eingerichteten Zentralstelle die nach Absatz 2 der Vollstreckungsbehörde obliegenden Aufgaben übertragen. [2]Dasselbe gilt für die in Absatz 3 bezeichneten Aufgaben, soweit es sich um Gewalt darstellende, pornographische oder sonst jugendgefährdende Inhalte (§ 11 Absatz 3 StGB) handelt.

§ 82 Weine

(1) Ist Wein nur deshalb eingezogen worden, weil er den Vorschriften über Kennzeichnung und Aufmachung nicht entspricht, beantragt die Vollstreckungsbehörde entweder eine Ausnahmegenehmigung nach § 27 Absatz 2 des Weingesetzes in Verbindung mit § 2 der Wein-Überwachungsverordnung oder sie gibt das Erzeugnis mit der Auflage frei, dass es unter Aufsicht der Weinkontrolle mit richtiger Bezeichnung in den Verkehr gebracht wird.

(2) [1]Ist der Wein aus anderen Gründen eingezogen worden, so prüft die Vollstreckungsbehörde im Benehmen mit der Stelle, die ihn beanstandet hat, wie der Wein im Rahmen des geltenden Rechts ohne Beeinträchtigung der Marktordnung oder des Verbraucherschutzes wirtschaftlich verwertet werden kann. [2]Falls erforderlich, beantragt sie bei der zuständigen Behörde eine Ausnahmegenehmigung nach § 27 Absatz 2 des Weingesetzes in Verbindung mit § 2 der Wein-Überwachungsverordnung.

(3) [1]Soll Wein zur Verwertung vergällt werden, so geschieht dies durch Zusatz von Lithiumchlorid in einer Menge von mindestens 0,5 g oder von Natriumchlorid in einer Menge von mindestens 2 g auf einen Liter Flüssigkeit. [2]Auf Vorschlag der zuständigen Lebensmittelüberwachungsstelle kann eine größere Menge, ein anderes Vergällungsmittel verwendet oder ein Lebensmittelfarbstoff zugesetzt werden. [3]Die Vollstreckungsbehörde oder die von ihr ersuchte Behörde überwacht die Vergällung.

(4) [1]Nach der Vergällung ist die Umschließung des Weines durch amtliche Verschlüsse zu sichern, bevor er der Erwerberin oder dem Erwerber übergeben wird. [2]Die Verschlüsse können auch durch die Polizei oder die Weinkontrolle angelegt werden. [3]Die Erwerberin oder der Erwerber muss sich als Inhaberin oder Inhaber einer gewerblichen Verschlussbrennerei ausweisen und durch schriftliche Erklärung verpflichten,

1. die Verschlüsse bis zur Freigabe des Weines durch die Zollaufsichtsbeamtinnen oder -beamten unverletzt zu erhalten;
2. den Eingang des Weines binnen 24 Stunden der Zollstelle unter Angabe der Art und Menge schriftlich zu melden;
3. die übernommene Menge restlos in ihrer oder seiner gewerblichen Verschlussbrennerei zu Branntwein zu verarbeiten und diesen an die Bundesmonopolverwaltung für Branntwein abzuliefern, wenn er aus anderen als den in § 37 des Gesetzes über das Branntweinmonopol genannten Stoffen gewonnen worden ist;
4. sich den besonderen Überwachungsanordnungen des Hauptzollamts zu unterwerfen;
5. bei Verstößen gegen die Pflichten zu Nummer 1 bis 4 eine Vertragsstrafe zu zahlen, deren Höhe die Vollstreckungsbehörde im Voraus bestimmt.

(5) [1]Die Vollstreckungsbehörde oder die von ihr beauftrage Behörde oder Stelle übersendet die Verpflichtungserklärung der Erwerberin oder des Erwerbers dem Hauptzollamt. [2]Mitzuteilen sind dabei die Menge des Weines und sein Weingeistgehalt, soweit er aus den Akten festzustellen ist, ferner Art und Zahl der Umschließungen und ihr Rohgewicht sowie Art und Zahl der angelegten Verschlüsse. [3]Der Weingeistgehalt wird in der Regel aus den bei den Akten befindlichen Gutachten zu ersehen sein.

(6) Der Wein ist zu vernichten, wenn

1. er von gesundheitlich bedenklicher Beschaffenheit ist und der Mangel nicht mit angemessenem Kostenaufwand beseitigt werden kann;
2. die nach § 27 Absatz 2 des Weingesetzes in Verbindung mit § 2 der Wein-Überwachungsverordnung erforderliche Genehmigung nicht erteilt wird;
3. durch die Veräußerung ein die Vergällungs- und Verwertungskosten übersteigender Erlös nicht zu erwarten ist;
4. eine Verwertung aus sonstigen Gründen nicht in Betracht kommt.

§ 83 Andere unter das Weingesetz fallende Erzeugnisse und Getränke

§ 82 gilt entsprechend für Traubenmaische, Traubenmost, konzentrierten Traubenmost, teilweise gegorenen Traubenmost, Traubensaft, Likörwein, Schaumwein, dem Schaumwein und dem Wein ähnliche Getränke, Mischgetränke (§ 22 der Verordnung zur vorläufigen Aufrechterhaltung weinrechtlicher Vorschriften), Brennwein, Branntwein aus Wein, verschnittenen Branntwein aus Wein, Weinalkohol, Weindestillat, Tresterwein, Rohbrand aus Wein und Rohbrand aus Brennwein, die nach § 52 des Weingesetzes eingezogen worden sind.

§ 84 Andere unter das Weingesetz fallende Stoffe und Gegenstände

[1]Stoffe und Gegenstände, deren Verwendung bei der Herstellung, Behandlung und Verarbeitung von Wein oder anderen in § 83 genannten Erzeugnissen oder Getränken unzulässig ist, sind nach allgemeinen Grundsätzen zu verwerten, wenn eine vorschriftswidrige Verwendung durch die Erwerberin oder den Erwerber nicht zu besorgen ist; andernfalls sind sie zu vernichten. [2]In Zweifelsfällen ist die nach § 27 des Weingesetzes in Verbindung mit § 2 der Wein-Überwachungsverordnung zuständige Behörde vor der Verwertung oder Vernichtung zu beteiligen.

§ 85 ***[aufgehoben]***

§ 86 Brenn- und Reinigungsgeräte

Die Abgabe von zur gewerblichen Gewinnung oder Reinigung von Alkohol geeigneten Brenn- oder Reinigungsgeräten oder sonstigen zur gewerblichen Gewinnung oder Reinigung von Alkohol bestimmten Geräten ist schriftlich oder elektronisch unter Angabe des Empfängers dem Hauptzollamt anzuzeigen (§ 32 Absatz 1 Satz 1 des Alkoholsteuergesetzes).

Abschnitt 6
Vollstreckung von Entscheidungen nach dem Gesetz über Ordnungswidrigkeiten

§ 87 Anzuwendende Vorschriften, ergänzende Bestimmungen

(1) [1]Für die Vollstreckung gerichtlicher Bußgeldentscheidungen und der Erzwingungshaft nach § 97 OWiG gelten die §§ 2 bis 4, 6, 7, 9, 10, 13, 15, 16, 18, 19 und 21 sinngemäß. [2]Richtet sich die Vollstreckung gegen Jugendliche oder Heranwachsende, so gelten hinsichtlich der Übertragung auf die Rechtspflegerin oder den Rechtspfleger die für das Jugendstrafverfahren erlassenen besonderen Vorschriften sinngemäß.

(2) [1]Die Vollstreckung der Geldbuße, einer Nebenfolge, die zu einer Geldzahlung verpflichtet, und der Verfahrenskosten richtet sich ferner nach der EBAO. [2]Im Übrigen gelten sinngemäß für die Vollstreckung

1. des Fahrverbots (§ 25 StVG) der § 59a;
2. der Einziehungsanordnung oder Unbrauchbarmachung die §§ 60 bis 86;
3. der Erzwingungshaft der § 22 Absatz 1, 2, die §§ 23, 24, 26 bis 28 Absatz 1 Satz 1 und 2, Absatz 2, die §§ 29, 30, 33 bis 35, 36 Absatz 1, § 37 Absatz 1, 2, 4 und 5, § 38 Nummer 1, 2 und 4, § 40 Absatz 1 Satz 1 und Absatz 2, § 43 Absatz 2 bis 6, § 45 Absatz 1 und 2, §§ 46 bis 47 und 51.

(3) Bei der Aufforderung zur Zahlung der Geldbuße sind die Betroffenen zugleich aufzufordern, im Falle der Zahlungsunfähigkeit der Vollstreckungsbehörde schriftlich oder zur Niederschrift darzutun, warum die fristgemäße Zahlung nach den wirtschaftlichen Verhältnissen nicht zuzumuten ist, und zu belehren, dass nach § 96 Absatz 1 OWiG Erzwingungshaft angeordnet werden kann, wenn die Geldbuße oder die bestimmten Teilbeträge nicht fristgemäß gezahlt und auch der Pflicht zur Darlegung der wirtschaftlichen Verhältnisse nicht genügt wird.

Abschnitt 7
Vollstreckung gerichtlich erkannter Ordnungs- und Zwangshaft in Straf- und Bußgeldsachen

§ 88 Anzuwendende Vorschriften, ergänzende Bestimmungen

(1) Wird gerichtlich erkannte Ordnungs- oder Zwangshaft in Straf- oder Bußgeldsachen nach §§ 51, 70, 95 StPO, § 46 Absatz 1 OWiG von der Staatsanwaltschaft als Vollstreckungsbehörde oder als ersuchte Behörde vollstreckt, so gelten folgende Vorschriften sinngemäß:

§ 2 (Nachdrückliche Vollstreckung);
§ 3 (Aufgaben der Vollstreckungsbehörde);
§ 9 (Vollstreckungshilfe);
§ 22 (Vollstreckungsplan);
§ 23 (Sachliche Vollzugszuständigkeit);
§ 24 Absatz 1, 2, 4 und 5 (Örtliche Vollzugszuständigkeit);
§ 27 (Ladung zum Strafantritt);
§ 28 (Überführungsersuchen);
§§ 29, 30 Absatz 1, Absatz 2 Satz 1 und 2 (Aufnahmeersuchen);
§ 33 (Vorführungs- oder Haftbefehl);
§ 34 (Weitere Maßnahmen zur Sicherstellung der Strafvollstreckung);

§ 35 (Mitteilungen an die Vollstreckungsbehörde);
§ 36 (Überwachungspflicht der Vollstreckungsbehörde);
§ 37 (Strafzeitberechnung);
§ 38 Nummer 1 und 2 (Strafbeginn);
§ 40 (Berechnung des Strafrestes);
§ 43 Absatz 2 bis 6 (Vollstreckung mehrerer Freiheitsstrafen);
§§ 45, 46 (Unterbrechung der Strafvollstreckung bei Vollzugsuntauglichkeit);
§ 47 (Mitteilungen der Vollstreckungsbehörde an die Bundeswehr);
§ 49 Absatz 1, § 50 Absatz 2 (Ersatzfreiheitsstrafe);
§ 51 (Ladung zum Strafantritt).

(2) Veranlasst die oder der Vorsitzende des Gerichts die Vollstreckung nach § 179 GVG, § 36 Absatz 2 StPO unmittelbar, so bleibt die Entscheidung, ob und inwieweit Vorschriften der Strafvollstreckungsordnung anzuwenden sind, ihr oder ihm überlassen.

Abschnitt 8
Schlussvorschriften

§ 89 Inkraftreten, Außerkraftreten

[1]Diese Verwaltungsvorschrift tritt am 1. August 2011 in Kraft. [2]Gleichzeitig tritt die Strafvollstreckungsordnung vom 1. April 2001 außer Kraft.

Anlage

Vereinbarung der Länder zur Vereinfachung und Beschleunigung der Strafvollstreckung und der Vollstreckung anderer freiheitsentziehender Maßnahmen in Straf- und Bußgeldsachen vom 8. Juni 1999

Bezug: Vereinbarung zur Vereinfachung und Beschleunigung der Strafvollstreckung vom 13. Januar 1965

I.

Die Strafvollstreckungsbehörden der an dieser Vereinbarung beteiligten Länder sind befugt, Verurteilte unmittelbar, das heißt ohne nach den §§ 162, 163 GVG die Amtshilfe einer anderen Vollstreckungsbehörde in Anspruch zu nehmen, zum Strafantritt in die zuständige Justizvollzugsanstalt eines anderen Landes zu laden und durch ein Aufnahmeersuchen in diese Anstalt einzuweisen (§ 29 Absatz 1 StVollstrO). In dem Aufnahmeersuchen sind die Umstände, die die örtliche Zuständigkeit der Anstalt begründen, konkret zu bezeichnen.
Bei Verurteilten, die sich in der Justizvollzugsanstalt eines anderen Landes in Untersuchungs- oder Strafhaft befinden, können die Strafvollstreckungsbehörden diese Anstalt unmittelbar um die Überführung des Verurteilten gemäß § 28 StVollstrO ersuchen.
Die Strafvollstreckungsbehörden sind ferner befugt, die Polizeidienststellen eines anderen Landes um die Ausführung von Vorführungs- oder Haftbefehlen zum Zwecke der Strafvollstreckung zu ersuchen.

II.

Die durch die vorstehenden Maßnahmen den Justizvollzugsanstalten und den Polizeidienststellen entstehenden Kosten werden nicht erstattet.

III.

Die in Abschnitt I genannten Befugnisse und der in Abschnitt II geregelte Kostenverzicht gelten nur, wenn auch das Land der ersuchten Behörde dieser Vereinbarung beigetreten ist.
Die Befugnisse und der Kostenverzicht gelten sinngemäß für die Vollstreckung von Erzwingungshaft nach § 97 OWiG sowie von gerichtlich erkannter Ordnungs- und Zwangshaft in Straf- und Bußgeldsachen. Sie gelten nicht für die Vollstreckung der mit Freiheitsentziehung verbundenen Maßregeln der Besserung und Sicherung.

IV.

Die Landesjustizverwaltungen tauschen ihre Vollstreckungspläne aus und teilen sich Änderungen dieser Pläne alsbald nach ihrem Inkrafttreten mit.
Die Landesjustizverwaltungen benachbarter Länder teilen sich die Vollstreckungspläne und ihre Änderungen gegenseitig in so vielen Stücken mit, dass alle Strafvollstreckungsbehörden dieser Länder und die Landesjustizverwaltung selbst mit einem aktuellen Vollstreckungsplan des jeweils anderen Landes ausgestattet werden können. Den Landesjustizverwaltungen nicht benachbarter Länder bleibt es vorbehalten, den Austausch der Vollstreckungspläne und ihrer Änderungen im vorstehenden Sinne zu vereinbaren.
Im Übrigen stellen sie sich gegenseitig so viele Mehrfertigungen zur Verfügung, dass die andere Landesjustizverwaltung und die Strafvollstreckungsbehörden des anderen Landes, die ihren Sitz in Großstädten haben, jeweils eine Mehrfertigung des Vollstreckungsplanes erhalten können.

V.

Diese Vereinbarung tritt am 1. Januar 2000 in Kraft. Sie gilt für ein Jahr. Die Gültigkeitsdauer verlängert sich jeweils um ein weiteres Jahr, wenn die Vereinbarung nicht drei Monate vor Jahresende schriftlich gekündigt wird. Die Kündigung eines Landes berührt die Weitergeltung der Vereinbarung zwischen den anderen Ländern nicht.
Zu dem im vorstehenden Absatz genannten Zeitpunkt wird die Vereinbarung der Länder zur Vereinfachung und Beschleunigung der Strafvollstreckung vom 13. Januar 1965 im Verhältnis derjenigen Länder zueinander, die der vorstehenden Vereinbarung beigetreten sind, aufgehoben. Im Übrigen bleibt es bei der Vereinbarung vom 13. Januar 1965.

Gesetz über das Zentralregister und das Erziehungsregister (Bundeszentralregistergesetz – BZRG)

In der Fassung der Bekanntmachung vom 21. September 1984[1)] (BGBl. I S. 1229; 1985 I S. 195) (FNA 312-7)

zuletzt geändert durch Art. 5 OZG-ÄnderungsG vom 19. Juli 2024 (BGBl. 2024 I Nr. 245)

Nichtamtliche Inhaltsübersicht

1) Neubekanntmachung des BZRG v. 18.3.1971 (BGBl. I S. 243) in der ab 31.1.1985 geltenden Fassung.

Erster Teil
Registerbehörde

§ 1 Bundeszentralregister

(1) Für den Geltungsbereich dieses Gesetzes führt das Bundesamt für Justiz ein Zentralregister und ein Erziehungsregister (Bundeszentralregister).

(2) [1]Die näheren Bestimmungen trifft das Bundesministerium der Justiz. [2]Soweit die Bestimmungen die Erfassung und Aufbereitung der Daten sowie die Auskunftserteilung betreffen, werden sie von der Bundesregierung mit Zustimmung des Bundesrates erlassen.

§ 2 (aufgehoben)

Zweiter Teil
Das Zentralregister

Erster Abschnitt
Inhalt und Führung des Registers

§ 3 Inhalt des Registers
In das Register werden eingetragen
1. strafgerichtliche Verurteilungen (§§ 4 bis 7),
2. *[aufgehoben]*
3. Entscheidungen von Verwaltungsbehörden und Gerichten (§ 10),
4. gerichtliche Entscheidungen und Verfügungen von Strafverfolgungsbehörden wegen Schuldunfähigkeit (§ 11),
5. gerichtliche Feststellungen nach § 17 Abs. 2, § 18,
6. nachträgliche Entscheidungen und Tatsachen, die sich auf eine der in den Nummern 1 bis 4 genannten Eintragungen beziehen (§§ 12 bis 16, § 17 Abs. 1).

§ 4 Verurteilungen
In das Register sind die rechtskräftigen Entscheidungen einzutragen, durch die ein deutsches Gericht im Geltungsbereich dieses Gesetzes wegen einer rechtswidrigen Tat
1. auf Strafe erkannt,
2. eine Maßregel der Besserung und Sicherung angeordnet,
3. jemanden nach § 59 des Strafgesetzbuchs mit Strafvorbehalt verwarnt oder
4. nach § 27 des Jugendgerichtsgesetzes die Schuld eines Jugendlichen oder Heranwachsenden festgestellt

hat.

§ 5 Inhalt der Eintragung
(1) Einzutragen sind
1. die Personendaten der betroffenen Person; dazu gehören der Geburtsname, ein hiervon abweichender Familienname, die Vornamen, das Geschlecht, das Geburtsdatum, der Geburtsort, die Staatsangehörigkeit und die Anschrift sowie abweichende Personendaten,
2. die entscheidende Stelle samt Geschäftsnummer,
3. der Tag der (letzten) Tat,
4. der Tag des ersten Urteils; bei Strafbefehlen gilt als Tag des ersten Urteils der Tag der Unterzeichnung durch den Richter; ist gegen den Strafbefehl Einspruch eingelegt worden, so ist der Tag der auf den Einspruch ergehenden Entscheidung Tag des ersten Urteils, außer wenn der Einspruch verworfen wurde,
5. der Tag der Rechtskraft,
6. die rechtliche Bezeichnung der Tat, deren die verurteilte Person schuldig gesprochen worden ist, unter Angabe der angewendeten Strafvorschriften,
7. die verhängten Strafen, die nach § 59 des Strafgesetzbuchs vorbehaltene Strafe sowie alle kraft Gesetzes eintretenden oder in der Entscheidung neben einer Strafe oder neben Freisprechung oder selbständig angeordneten oder vorbehaltenen Maßnahmen (§ 11 Abs. 1 Nr. 8 des Strafgesetzbuchs) und Nebenfolgen,
8. bei Drittstaatsangehörigen im Sinne des Artikels 3 Nummer 7 der Verordnung (EU) 2019/816 des Europäischen Parlaments und des Rates vom 17. April 2019 zur Einrichtung eines zentralisierten Systems für die Ermittlung der Mitgliedstaaten, in denen Informationen zu Verurteilungen von Drittstaatsangehörigen und Staatenlosen (ECRIS-TCN) vorliegen, zur Ergänzung des Europäischen Strafregisterinformationssystems und zur Änderung der Verordnung (EU) 2018/1726 (ABl. L 135 vom 22.5.2019, S. 1), die zuletzt durch die Verordnung (EU) 2021/1151 (ABl. L 249 vom 14.7.2021, S. 7) geändert worden ist, oder Personen, die neben einer Unionsstaatsangehörigkeit auch die Staatsangehörigkeit eines Drittstaats besitzen, die daktyloskopische Nummer, wenn sie für die Erstellung eines Datensatzes gemäß Artikel 5 Absatz 1 Buchstabe b der Verordnung (EU) 2019/816 erforderlich ist.

(2) Die Anordnung von Erziehungsmaßregeln und Zuchtmitteln sowie von Nebenstrafen und Nebenfolgen, auf die bei Anwendung von Jugendstrafrecht erkannt worden ist, wird in das Register eingetragen, wenn sie mit einem Schuldspruch nach § 27 des Jugendgerichtsgesetzes, einer Verurteilung zu Jugendstrafe oder der Anordnung einer Maßregel der Besserung und Sicherung verbunden ist.

(3) [1]Ist auf Geldstrafe erkannt, so sind die Zahl der Tagessätze und die Höhe eines Tagessatzes einzutragen. [2]Ist auf Vermögensstrafe erkannt, so sind deren Höhe und die Dauer der Ersatzfreiheitsstrafe einzutragen.

§ 6 Gesamtstrafe und Einheitsstrafe

Wird aus mehreren Einzelstrafen nachträglich eine Gesamtstrafe gebildet oder eine einheitliche Jugendstrafe festgesetzt, so ist auch diese in das Register einzutragen.

§ 7 Aussetzung zur Bewährung; Vorbehalt der Entscheidung über die Aussetzung

(1) [1]Wird die Vollstreckung einer Strafe oder eine Maßregel der Besserung und Sicherung zur Bewährung ausgesetzt oder wird die Entscheidung über die Aussetzung einer Jugendstrafe zur Bewährung im Urteil einem nachträglichen Beschluss vorbehalten, so ist dies in das Register einzutragen. [2]Dabei ist das Ende der Bewährungszeit, der Führungsaufsicht oder einer vom Gericht für die Entscheidung über die Aussetzung einer Jugendstrafe zur Bewährung gesetzten Frist zu vermerken.

(2) Hat das Gericht den Verurteilten nach § 56d des Strafgesetzbuchs oder nach § 61b Absatz 1 Satz 2 des Jugendgerichtsgesetzes der Aufsicht und Leitung eines Bewährungshelfers unterstellt, so ist auch diese Entscheidung einzutragen.

(3) Wird jemand mit Strafvorbehalt verwarnt (§ 59 des Strafgesetzbuchs) oder wird die Entscheidung über die Verhängung einer Jugendstrafe zur Bewährung ausgesetzt (§ 27 des Jugendgerichtsgesetzes), so ist das Ende der Bewährungszeit einzutragen.

§§ 8, 9 (aufgehoben)

§ 10 Entscheidungen von Verwaltungsbehörden und Gerichten

(1) [1]In das Register sind die vollziehbaren und die nicht mehr anfechtbaren Entscheidungen einer Verwaltungsbehörde einzutragen, durch die

1. von einer deutschen Behörde die Entfernung eines Mitgliedes einer Truppe oder eines zivilen Gefolges der Stationierungsstreitkräfte nach Artikel III Abs. 5 des NATO-Truppenstatuts verlangt wird,
2. ein Paß versagt, entzogen oder in seinem Geltungsbereich beschränkt oder angeordnet wird, daß ein Personalausweis nicht zum Verlassen des Gebiets des Geltungsbereichs des Grundgesetzes über eine Auslandsgrenze berechtigt,
3. a) nach dem Waffengesetz der Besitz und Erwerb von Waffen und Munition untersagt wird,
   b) die Erteilung einer Waffenbesitzkarte, eines Munitionserwerbscheins, eines Waffenscheins, eines Jagdscheins oder einer Erlaubnis nach § 27 des Sprengstoffgesetzes wegen Unzuverlässigkeit oder fehlender persönlicher Eignung abgelehnt oder nach § 34 des Sprengstoffgesetzes zurückgenommen oder widerrufen wird.

[2]Einzutragen sind auch der Verzicht auf die Erlaubnis zum Erwerb und Besitz von Waffen (§ 10 Absatz 1 des Waffengesetzes) oder Munition (§ 10 Absatz 3 des Waffengesetzes), zum Führen einer Waffe (§ 10 Absatz 4 des Waffengesetzes), zur Ausübung der Jagd (§ 15 des Bundesjagdgesetzes) sowie der Verzicht auf die Erlaubnis nach § 27 des Sprengstoffgesetzes, wenn der jeweilige Verzicht während eines Rücknahme- oder Widerrufsverfahrens wegen Unzuverlässigkeit oder fehlender persönlicher Eignung oder nach § 34 des Sprengstoffgesetzes erfolgt.

(2) [1]In das Register sind auch die vollziehbaren und die nicht mehr anfechtbaren Entscheidungen einer Verwaltungsbehörde sowie rechtskräftige gerichtliche Entscheidungen einzutragen, durch die wegen Unzuverlässigkeit, Ungeeignetheit oder Unwürdigkeit

1. ein Antrag auf Zulassung zu einem Beruf abgelehnt oder eine erteilte Erlaubnis zurückgenommen oder widerrufen,
2. die Ausübung eines Berufes untersagt,
3. die Befugnis zur Einstellung oder Ausbildung von Auszubildenden entzogen oder
4. die Beschäftigung, Beaufsichtigung, Anweisung oder Ausbildung von Kindern und Jugendlichen verboten

wird; richtet sich die Entscheidung nicht gegen eine natürliche Person, so ist die Eintragung bei der vertretungsberechtigten natürlichen Person vorzunehmen, die unzuverlässig, ungeeignet oder unwürdig ist. [2]Einzutragen sind auch Verzichte auf eine Zulassung zu einem Beruf während eines Rücknahme- oder Widerrufsverfahrens wegen Unzuverlässigkeit, Ungeeignetheit oder Unwürdigkeit.

(3) Wird eine nach Absatz 1 oder 2 eingetragene vollziehbare Entscheidung unanfechtbar, so ist dies in das Register einzutragen.

§ 11 Schuldunfähigkeit

(1) [1]In das Register sind einzutragen

1. gerichtliche Entscheidungen und Verfügungen einer Strafverfolgungsbehörde, durch die ein Strafverfahren wegen erwiesener oder nicht auszuschließender Schuldunfähigkeit oder auf psychischer Krankheit beruhender Verhandlungsunfähigkeit ohne Verurteilung abgeschlossen wird,
2. gerichtliche Entscheidungen, durch die der Antrag der Staatsanwaltschaft, eine Maßregel der Besserung und Sicherung selbständig anzuordnen (§ 413 der Strafprozessordnung), mit der Begründung abgelehnt wird, dass von dem Beschuldigten erhebliche rechtswidrige Taten nicht zu erwarten seien oder dass er für die Allgemeinheit trotzdem nicht gefährlich sei,

sofern die Entscheidung oder Verfügung auf Grund eines medizinischen Sachverständigengutachtens in einem Strafverfahren ergangen ist und das Gutachten bei der Entscheidung nicht älter als fünf Jahre ist. [2]Das Datum des Gutachtens ist einzutragen. [3]Verfügungen der Staatsanwaltschaft werden eingetragen, wenn auf Grund bestimmter Tatsachen davon auszugehen ist, dass weitere Ermittlungen zur Erhebung der öffentlichen Klage führen würden. [4]§ 5 findet entsprechende Anwendung. [6]Ferner ist einzutragen, ob es sich bei der Tat um ein Vergehen oder ein Verbrechen handelt.

(2) Die Registerbehörde unterrichtet die betroffene Person von der Eintragung.

(3) Absatz 1 gilt nicht, wenn lediglich die fehlende Verantwortlichkeit eines Jugendlichen (§ 3 des Jugendgerichtsgesetzes) festgestellt wird oder nicht ausgeschlossen werden kann.

§ 12 Nachträgliche Entscheidungen nach allgemeinem Strafrecht

(1) In das Register sind einzutragen

1. die nachträgliche Aussetzung der Strafe, eines Strafrestes oder einer Maßregel der Besserung und Sicherung; dabei ist das Ende der Bewährungszeit oder der Führungsaufsicht zu vermerken,
2. die nachträgliche Unterstellung des Verurteilten unter die Aufsicht und Leitung eines Bewährungshelfers sowie die Abkürzung oder Verlängerung der Bewährungszeit oder der Führungsaufsicht,
3. der Erlaß oder Teilerlaß der Strafe,
4. die Überweisung des Täters in den Vollzug einer anderen Maßregel der Besserung und Sicherung,
5. der Widerruf der Aussetzung einer Strafe, eines Strafrestes oder einer Maßregel der Besserung und Sicherung zur Bewährung und der Widerruf des Straferlasses,
6. die Aufhebung der Unterstellung unter die Aufsicht und Leitung eines Bewährungshelfers,
7. der Tag des Ablaufs des Verlustes der Amtsfähigkeit, der Wählbarkeit und des Wahl- und Stimmrechts,
8. die vorzeitige Aufhebung der Sperre für die Erteilung der Fahrerlaubnis,
9. Entscheidungen über eine vorbehaltene Sicherungsverwahrung,
10. die nachträgliche Anordnung der Unterbringung in der Sicherungsverwahrung.

(2) [1]Wird nach einer Verwarnung mit Strafvorbehalt auf die vorbehaltene Strafe erkannt, so ist diese Entscheidung in das Register einzutragen. [2]Stellt das Gericht nach Ablauf der Bewährungszeit fest, daß es bei der Verwarnung sein Bewenden hat (§ 59b Abs. 2 des Strafgesetzbuchs), so wird die Eintragung über die Verwarnung mit Strafvorbehalt aus dem Register entfernt.

§ 13 Nachträgliche Entscheidungen nach Jugendstrafrecht

(1) In das Register sind einzutragen

1. die Aussetzung der Jugendstrafe zur Bewährung durch Beschluß; dabei ist das Ende der Bewährungszeit zu vermerken,
2. die Aussetzung des Strafrestes; dabei ist das Ende der Bewährungszeit zu vermerken,
3. die Abkürzung oder Verlängerung der Bewährungszeit,
4. der Erlaß oder Teilerlaß der Jugendstrafe,
5. die Beseitigung des Strafmakels,
6. der Widerruf der Aussetzung einer Jugendstrafe oder eines Strafrestes und der Beseitigung des Strafmakels,
7. Entscheidungen über eine vorbehaltene Sicherungsverwahrung,
8. die nachträgliche Anordnung der Unterbringung in der Sicherungsverwahrung.

(2) [1]Wird nach § 30 Abs. 1 des Jugendgerichtsgesetzes auf Jugendstrafe erkannt, so ist auch diese in das Register einzutragen; § 7 Abs. 1 gilt entsprechend. [2]Die Eintragung über einen Schuldspruch wird aus dem Register entfernt, wenn der Schuldspruch

1. nach § 30 Abs. 2 des Jugendgerichtsgesetzes getilgt wird oder
2. nach § 31 Abs. 2, § 66 des Jugendgerichtsgesetzes in eine Entscheidung einbezogen wird, die in das Erziehungsregister einzutragen ist.

(3) Die Eintragung über eine Verurteilung wird aus dem Register entfernt, wenn diese in eine Entscheidung einbezogen wird, die in das Erziehungsregister einzutragen ist.

§ 14 Gnadenerweise und Amnestien

In das Register sind einzutragen

1. die Aussetzung einer im Register eingetragenen Strafe oder einer Maßregel der Besserung und Sicherung sowie deren Widerruf; wird eine Bewährungszeit festgesetzt, so ist auch deren Ende zu vermerken,
2. die Unterstellung des Verurteilten unter die Aufsicht und Leitung eines Bewährungshelfers sowie die Abkürzung oder Verlängerung der Bewährungszeit,
3. der Erlaß, der Teilerlaß, die Ermäßigung oder die Umwandlung einer im Register eingetragenen Strafe oder einer Maßregel der Besserung und Sicherung sowie die Wiederverleihung von Fähigkeiten und Rechten, die der Verurteilte nach dem Strafgesetz infolge der Verurteilung verloren hatte,
4. die Aufhebung der Unterstellung unter die Aufsicht und Leitung eines Bewährungshelfers.

§ 15 Eintragung der Vollstreckung und des Freiheitsentzugs

Ist eine Freiheitsstrafe, ein Strafarrest, eine Jugendstrafe oder eine Maßregel der Besserung und Sicherung zu vollstrecken, sind in das Register das Datum einzutragen,

1. an dem die Vollstreckung der Freiheitsstrafe, des Strafarrests, der Jugendstrafe oder der Maßregel der Besserung und Sicherung endet oder in sonstiger Weise erledigt ist,
2. an dem nach einer Aussetzung zur Bewährung der Freiheitsentzug tatsächlich endet,
3. an dem eine Freiheitsstrafe und eine freiheitsentziehende Maßregel der Besserung und Sicherung, die auf Grund einer Entscheidung zu vollstrecken sind, jeweils beginnt oder endet und
4. an dem bei Anordnung einer Sperre für die Erteilung einer Fahrerlaubnis (§ 69a des Strafgesetzbuchs) deren Ablauf der Sperre eintritt.

§ 16 Wiederaufnahme des Verfahrens

(1) In das Register ist der rechtskräftige Beschluß einzutragen, durch den das Gericht wegen einer registerpflichtigen Verurteilung die Wiederaufnahme des Verfahrens anordnet (§ 370 Abs. 2 der Strafprozeßordnung).

(2) [1]Ist die endgültige Entscheidung in dem Wiederaufnahmeverfahren (§§ 371, 373 der Strafprozeßordnung) rechtskräftig geworden, so wird die Eintragung nach Absatz 1 aus dem Register entfernt. [2]Wird durch die Entscheidung das frühere Urteil aufrechterhalten, so wird dies im Register vermerkt. [3]Andernfalls wird die auf die erneute Hauptverhandlung ergangene Entscheidung in das Register eingetragen, wenn sie eine registerpflichtige Verurteilung enthält, die frühere Eintragung wird aus dem Register entfernt.

§ 17 Sonstige Entscheidungen und gerichtliche Feststellungen

(1) [1]Wird die Vollstreckung einer Strafe, eines Strafrestes oder der Unterbringung in einer Entziehungsanstalt nach § 35 des Betäubungsmittelgesetzes – auch in Verbindung mit § 38 des Betäubungsmittelgesetzes, § 39 des Konsumcannabisgesetzes oder § 30 des Medizinal-Cannabisgesetzes – zurückgestellt, so ist dies in das Register einzutragen. [2]Dabei ist zu vermerken, bis zu welchem Tage die Vollstreckung zurückgestellt worden ist. [3]Wird nachträglich ein anderer Tag festgesetzt oder die Zurückstellung der Vollstreckung widerrufen, so ist auch dies mitzuteilen. [4]Wird die Vollstreckung der Strafe, des Strafrestes oder die Unterbringung in einer Entziehungsanstalt ohne Widerruf der Zurückstellung begonnen oder fortgesetzt, so ist dies im Register zu vermerken.

(2) Wird auf Freiheitsstrafe von nicht mehr als zwei Jahren erkannt und hat das Gericht festgestellt, daß der Verurteilte die Tat auf Grund einer Betäubungsmittelabhängigkeit begangen hat, so ist diese Feststellung in das Register einzutragen; dies gilt auch bei einer Gesamtstrafe von nicht mehr als zwei Jahren, wenn der Verurteilte alle oder den ihrer Bedeutung nach überwiegenden Teil der abgeurteilten Straftaten auf Grund einer Betäubungsmittelabhängigkeit begangen hat.

§ 18 Straftaten im Zusammenhang mit der Ausübung eines Gewerbes

Ist eine Verurteilung im Falle des § 32 Abs. 4 in ein Führungszeugnis aufzunehmen, so ist dies in das Register einzutragen.

§ 19 Aufhebung von Entscheidungen

(1) Wird eine nach § 10 eingetragene Entscheidung aufgehoben oder durch eine neue Entscheidung gegenstandslos, so wird die Eintragung aus dem Register entfernt.

(2) Entsprechend wird verfahren, wenn
1. die Vollziehbarkeit einer nach § 10 eingetragenen Entscheidung aufgrund behördlicher oder gerichtlicher Entscheidung entfällt,
2. die Verwaltungsbehörde eine befristete Entscheidung erlassen oder in der Mitteilung an das Register bestimmt hat, daß die Entscheidung nur für eine bestimmte Frist eingetragen werden soll, und diese Frist abgelaufen ist,
3. ein nach § 10 Absatz 1 Satz 1 Nummer 3 Buchstabe b oder Absatz 2 Satz 2 eingetragener Verzicht durch eine spätere Entscheidung gegenstandslos wird.

§ 20 Mitteilungen, Berichtigungen, Sperrvermerke

(1) [1]Gerichte und Behörden teilen der Registerbehörde die in den §§ 4 bis 19 bezeichneten Entscheidungen, Feststellungen und Tatsachen mit. [2]Stellen sie fest, dass die mitgeteilten Daten unrichtig sind, haben sie der Registerbehörde dies und, soweit und sobald sie bekannt sind, die richtigen Daten unverzüglich anzugeben. [3]Stellt die Registerbehörde eine Unrichtigkeit fest, hat sie die mitteilende Stelle zu ersuchen, die richtigen Daten mitzuteilen. [4]In beiden Fällen hat die Registerbehörde die unrichtige Eintragung zu berichtigen. [5]Die mitteilende Stelle sowie Stellen, denen nachweisbar eine unrichtige Auskunft erteilt worden ist, sind hiervon zu unterrichten, sofern es sich nicht um eine offenbare Unrichtigkeit handelt. [6]Die Unterrichtung der mitteilenden Stelle unterbleibt, wenn seit Eingang der Mitteilung nach Satz 1 mehr als zehn Jahre verstrichen sind. [7]Dies gilt nicht bei Verurteilung zu lebenslanger Freiheitsstrafe sowie bei Anordnung der Unterbringung in der Sicherungsverwahrung oder in einem psychiatrischen Krankenhaus. [8]Die Frist verlängert sich bei Verurteilung zu Freiheitsstrafe, Strafarrest oder Jugendstrafe um deren Dauer.

(2) [1]Legt die betroffene Person schlüssig dar, dass eine Eintragung unrichtig ist, so hat die Registerbehörde die Eintragung mit einem Sperrvermerk zu versehen, solange sich weder die Richtigkeit noch die Unrichtigkeit der Eintragung feststellen lässt. [2]Die betroffene Person kann nur in diesem Fall abweichend von Artikel 18 Absatz 1 Buchstabe a der Verordnung (EU) 2016/679 des Europäischen Parlaments und des Rates vom 27. April 2016 zum Schutz natürlicher Personen bei der Verarbeitung personenbezogener Daten, zum freien Datenverkehr und zur Aufhebung der Richtlinie 95/46/EG (Datenschutz-Grundverordnung) (ABl. L 119 vom 4.5.2016, S. 1; L 314 vom 22.11.2016, S. 72; L 127 vom 23.5.2018, S. 2) in der jeweils geltenden Fassung die Einschränkung der Verarbeitung der gespeicherten Daten von der Registerbehörde verlangen. [3]Die Daten dürfen außer zur Prüfung der Richtigkeit und außer in den Fällen des Absatzes 3 Satz 1 ohne Einwilligung der betroffenen Person nicht verarbeitet werden. [4]Absatz 1 Satz 5 bis 8 gilt entsprechend.

(3) [1]Sind Eintragungen mit einem Sperrvermerk versehen, wird eine Auskunft über sie nur den in § 41 Abs. 1 Nr. 1, 3 bis 5 genannten Stellen erteilt. [2]In der Auskunft ist auf den Sperrvermerk hinzuweisen. [3]Im Übrigen wird nur auf den Sperrvermerk hingewiesen.

§ 20a Änderung von Personendaten

(1) [1]Die Meldebehörden haben der Registerbehörde bei Änderung des Geburtsnamens, Familiennamens, Vornamens oder Geburtsdatums einer Person für die in den Absätzen 2 und 3 genannten Zwecke neben dem bisherigen Namen oder Geburtsdatum folgende weitere Daten zu übermitteln:
1. Geburtsname,
2. Familienname,
3. Vorname,
4. Geburtsdatum,
5. Geburtsort,
6. Anschrift,
7. Bezeichnung der Behörde, die die Änderung im Melderegister veranlaßt hat, sowie
8. Datum und Aktenzeichen des zugrundeliegenden Rechtsaktes.

[2]Die Mitteilung ist ungeachtet des Offenbarungsverbots nach § 13 Absatz 1 Satz 1 des Gesetzes über die Selbstbestimmung in Bezug auf den Geschlechtseintrag und des Adoptionsgeheimnisses nach § 1758 Abs. 1 des Bürgerlichen Gesetzbuchs zulässig.

(2) Enthält das Register eine Eintragung oder einen Suchvermerk über diejenige Person, deren Geburtsname, Familienname, Vorname oder Geburtsdatum sich geändert hat, ist der geänderte Name oder das geänderte Geburtsdatum in den Eintrag oder den Suchvermerk aufzunehmen.

(3) [1]Eine Mitteilung nach Absatz 1 darf nur für die in Absatz 2, § 494 Absatz 1 der Strafprozeßordnung oder in § 153a Abs. 2 der Gewerbeordnung genannten Zwecke verwendet werden. [2]Liegen diese Voraussetzungen nicht vor, so ist die Mitteilung von der Registerbehörde unverzüglich zu vernichten.

§ 20b Identifizierungsverfahren

[1]Soweit dies zur Durchführung der Aufgaben der Registerbehörde, insbesondere nach diesem Gesetz erforderlich ist, darf die Registerbehörde bei Zweifeln an der Identität einer Person, für die eine Eintragung im Bundeszentralregister gespeichert ist, ausschließlich zur Feststellung der Identität dieser Person, allein oder nebeneinander, insbesondere Auskünfte von den folgenden öffentlichen Stellen einholen:

1. aus dem Melderegister,
2. aus dem Ausländerzentralregister sowie
3. von Ausländerbehörden und Standesämtern.

[2]Im Rahmen eines solchen Auskunftsersuchens darf die Registerbehörde den ersuchten öffentlichen Stellen die hierzu erforderlichen personenbezogenen Daten übermitteln. [3]Die ersuchten öffentlichen Stellen haben die von der Registerbehörde übermittelten personenbezogenen Daten spätestens nach Erteilung der Auskunft unverzüglich zu löschen.

§ 21 Automatisiertes Auskunftsverfahren

[1]Die Einrichtung eines automatisierten Anfrage- und Auskunftsverfahrens für die Übermittlung personenbezogener Daten ist zulässig, soweit diese Form der Datenübermittlung unter Berücksichtigung der schutzwürdigen Interessen der betroffenen Personen wegen der Vielzahl der Übermittlungen oder wegen ihrer besonderen Eilbedürftigkeit angemessen ist und wenn gewährleistet ist, dass die Daten gegen den unbefugten Zugriff Dritter bei der Übermittlung wirksam geschützt werden. [2]§ 493 Absatz 2 und 3 Satz 1 und 2 der Strafprozessordnung gilt entsprechend; für Auskunftsersuchen der Verfassungsschutzbehörden des Bundes und der Länder, des Bundesnachrichtendienstes und des Militärischen Abschirmdienstes gelten darüber hinaus § 492 Absatz 4a der Strafprozessordnung und § 8 der Verordnung über den Betrieb des Zentralen Staatsanwaltschaftlichen Verfahrensregisters entsprechend.

§ 21a Protokollierungen

(1) Die Registerbehörde fertigt zu den von ihr erteilten Auskünften, Mitteilungen und Hinweisen Protokolle, die folgende Daten enthalten:

1. die Vorschrift, auf der die Auskunft oder der Hinweis beruht,
2. den Zweck der Auskunft,
3. die in der Anfrage und der Auskunft verarbeiteten Personendaten,
4. die Person oder Stelle, die um Erteilung der Auskunft ersucht hat, den Empfänger eines Hinweises sowie die Behörde in den Fällen des § 30 Absatz 5 oder deren Kennung,
5. den Zeitpunkt der Übermittlung,
6. die Namen der Bediensteten, die die Mitteilung gemacht haben, oder eine Kennung, außer bei Abrufen im automatisierten Verfahren,
7. das Aktenzeichen, außer bei Führungszeugnissen nach § 30 Absatz 1, den §§ 30a und 30b.

(2) [1]Die Protokolldaten nach Absatz 1 dürfen nur für Mitteilungen über Berichtigungen nach § 20, zu internen Prüfzwecken, zur Datenschutzkontrolle und zur Auskunft aus Protokolldaten entsprechend Absatz 3 verarbeitet werden. [2]Sie sind durch geeignete Vorkehrungen gegen Missbrauch zu schützen. [3]Protokolldaten, soweit sie sich nicht auf Datenverarbeitungsvorgänge nach Artikel 31 der Verordnung (EU) 2019/816 beziehen, sowie Nachweise nach § 30c Absatz 3 sind nach einem Jahr zu löschen, es sei denn, sie werden für Zwecke nach Satz 1 benötigt. [4]Danach sind sie unverzüglich zu löschen.

(3) [1]Soweit sich das Auskunftsrecht der betroffenen Person nach Artikel 15 der Verordnung (EU) 2016/679 auf Auskünfte bezieht, die einer Stelle nach den §§ 31 und 41 erteilt wurden, entscheidet die Registerbehörde über die Beschränkung des Auskunftsrechts nach Maßgabe des Bundesdatenschutzgesetzes im Einvernehmen mit dieser Stelle. [2]Für die Antragsberechtigung und das Verfahren gilt § 30 entsprechend. [3]Wird mit der Protokolldatenauskunft eine Selbstauskunft nach § 42 beantragt, gilt § 42 Satz 2 bis 5 entsprechend.

§ 22 Hinweispflicht der Registerbehörde

(1) [1]Erhält das Register eine Mitteilung über

1. eine Verwarnung mit Strafvorbehalt,
2. die Aussetzung der Verhängung einer Jugendstrafe,
3. die Zurückstellung der Vollstreckung oder die Aussetzung einer Strafe, eines Strafrestes oder einer Maßregel der Besserung und Sicherung zur Bewährung,
4. den Erlaß oder Teilerlaß der Strafe,

so wird die Behörde, welche die Mitteilung gemacht hat, von der Registerbehörde unterrichtet, wenn eine Mitteilung über eine weitere Verurteilung eingeht, bevor sich aus dem Register ergibt, daß die Entscheidung nicht mehr widerrufen werden kann. [2]Ist eine Maßregel der Besserung und Sicherung ausgesetzt, so stehen in den Fällen der Nummer 3 Mitteilungen nach § 11 einer Mitteilung über eine Verurteilung gleich.

(2) Das Gleiche gilt, wenn eine Mitteilung über die Bewilligung einer weiteren in Absatz 1 bezeichneten Anordnung oder ein Suchvermerk eingeht.

(3) Wird eine in Absatz 1 bezeichnete Entscheidung widerrufen und ist im Register eine weitere Entscheidung nach Absatz 1 eingetragen, so hat die Registerbehörde die Behörde, welche die weitere Entscheidung mitgeteilt hat, von dem Widerruf zu benachrichtigen.

(4) Ist im Register eine Führungsaufsicht, aber noch nicht deren Beendigung eingetragen, unterrichtet die Registerbehörde, sobald sie eine Mitteilung über die Anordnung oder den Eintritt einer neuen Führungsaufsicht erhält, die Behörde, welche die bereits eingetragene Führungsaufsicht mitgeteilt hat, über die neue Eintragung.

§ 23 Hinweis auf Gesamtstrafenbildung

Ist bei Eintragung einer Verurteilung in das Register ersichtlich, daß im Register eine weitere Verurteilung eingetragen ist, bei der die Bildung einer Gesamtstrafe mit der neu einzutragenden Verurteilung in Betracht kommt, so weist die Registerbehörde die Behörde, welche die letzte Mitteilung gemacht hat, auf die Möglichkeit einer Gesamtstrafenbildung hin.

§ 24 Entfernung von Eintragungen

(1) [1]Eintragungen über Personen, deren Tod der Registerbehörde amtlich mitgeteilt worden ist, werden drei Jahre nach dem Eingang der Mitteilung aus dem Register entfernt. [2]Während dieser Zeit darf nur den Gerichten und Staatsanwaltschaften Auskunft erteilt werden.

(2) Eintragungen, die eine über 90 Jahre alte Person betreffen, werden ebenfalls aus dem Register entfernt.

(3) [1]Eintragungen nach § 11 werden bei Verfahren wegen eines Vergehens nach zehn Jahren, bei Verfahren wegen eines Verbrechens nach 20 Jahren aus dem Register entfernt. [2]Bei Straftaten nach den §§ 174 bis 180 oder § 182 des Strafgesetzbuches beträgt die Frist 20 Jahre. [3]Die Frist beginnt mit dem Tag der Entscheidung oder Verfügung.

(4) Sind im Register mehrere Eintragungen nach § 11 vorhanden, so ist die Entfernung einer Eintragung erst zulässig, wenn für alle Eintragungen die Voraussetzungen der Entfernung vorliegen.

(5) [1]Eine zu entfernende Eintragung nach § 11 wird ein Jahr nach Eintritt der Entfernungsreife aus dem Register gelöscht. [2]Während dieser Frist darf über die Eintragung nur der betroffenen Person Auskunft erteilt werden.

§ 25 Anordnung der Entfernung

(1) [1]Die Registerbehörde kann auf Antrag oder von Amts wegen im Benehmen mit der Stelle, welche die Entscheidung getroffen hat, insbesondere im Interesse der Rehabilitierung der betroffenen Person anordnen, daß Eintragungen nach den §§ 10 und 11 vorzeitig aus dem Register entfernt werden, soweit nicht das öffentliche Interesse einer solchen Anordnung entgegensteht. [2]Vor ihrer Entscheidung soll sie in den Fällen des § 11 die Anhörung einer oder eines in der Psychiatrie erfahrenen medizinischen Sachverständigen durchführen.

(2) [1]Gegen die Ablehnung eines Antrags auf Entfernung einer Eintragung steht der antragstellenden Person innerhalb zwei Wochen nach der Bekanntgabe der Entscheidung die Beschwerde zu. [2]Hilft die Registerbehörde der Beschwerde nicht ab, so entscheidet das Bundesministerium der Justiz.

§ 26 Zu Unrecht entfernte Eintragungen

Die Registerbehörde hat vor ihrer Entscheidung darüber, ob eine zu Unrecht aus dem Register entfernte Eintragung wieder in das Register aufgenommen wird, der betroffenen Person Gelegenheit zur Stellungnahme zu geben.

Zweiter Abschnitt

Suchvermerke

§ 27 Speicherung

Auf Grund einer Ausschreibung zur Festnahme oder zur Feststellung des Aufenthalts einer Person wird auf Ersuchen einer Behörde ein Suchvermerk im Register gespeichert, wenn der Suchvermerk der Erfüllung hoheitlicher Aufgaben oder der Durchführung von Maßnahmen der Zentralen Behörde nach § 7 des Internationalen Familienrechtsverfahrensgesetzes vom 26. Januar 2005 (BGBl. I S. 162), § 4 Abs. 3 des Erwachsenenschutzübereinkommens-Ausführungsgesetzes vom 17. März 2007 (BGBl. I S. 314) oder nach den §§ 16 und 17 des Auslandsunterhaltsgesetzes vom 23. Mai 2011 (BGBl. I S. 898) dient und der Aufenthaltsort der betroffenen Person zum Zeitpunkt des Ersuchens unbekannt ist.

§ 28 Behandlung

(1) [1]Enthält das Register eine Eintragung oder erhält es eine Mitteilung über die gesuchte Person, gibt die Registerbehörde der suchenden Behörde bekannt

1. das Datum und die Geschäftsnummer der Entscheidung,
2. die Behörde, die mitgeteilt hat, sowie
3. die letzte mitgeteilte Anschrift der gesuchten Person.

[2]Entsprechend ist zu verfahren, wenn ein Antrag auf Erteilung eines Führungszeugnisses oder auf Auskunft aus dem Register eingeht.

(2) [1]Liegen von verschiedenen Behörden Anfragen vor, welche dieselbe Person betreffen, so ist jeder Behörde von der Anfrage der anderen Behörde Mitteilung zu machen. [2]Entsprechendes gilt, wenn Anfragen von derselben Behörde unter verschiedenen Geschäftsnummern vorliegen.

§ 29 Erledigung

(1) Erledigt sich ein Suchvermerk vor Ablauf von drei Jahren seit der Speicherung, so ist dies der Registerbehörde mitzuteilen.

(2) Der Suchvermerk wird entfernt, wenn seine Erledigung mitgeteilt wird, spätestens jedoch nach Ablauf von drei Jahren seit der Speicherung.

Dritter Abschnitt

Auskunft aus dem Register

1.

Führungszeugnis

§ 30 Antrag

(1) [1]Jeder Person, die das 14. Lebensjahr vollendet hat, wird auf Antrag ein Zeugnis über den sie betreffenden Inhalt des Registers erteilt (Führungszeugnis). [2]Hat sie eine gesetzliche Vertretung, ist auch diese antragsberechtigt. [3]Ist die Person geschäftsunfähig, ist nur ihre gesetzliche Vertretung antragsberechtigt.

(2) [1]Wohnt die antragstellende Person innerhalb des Geltungsbereichs dieses Gesetzes, ist der Antrag persönlich oder mit amtlich oder öffentlich beglaubigter Unterschrift schriftlich bei der Meldebehörde zu stellen. [2]Bei der Antragstellung sind die Identität und im Fall der gesetzlichen Vertretung die Vertretungsmacht nachzuweisen. [3]Die antragstellende Person und ihre gesetzliche Vertretung können sich bei der Antragstellung nicht durch Bevollmächtigte vertreten lassen. [4]Die Meldebehörde nimmt die Gebühr für das Führungszeugnis entgegen, behält davon zwei Fünftel ein und führt den Restbetrag an die Bundeskasse ab.

(3) [1]Wohnt die antragstellende Person außerhalb des Geltungsbereichs dieses Gesetzes, so kann sie den Antrag unmittelbar bei der Registerbehörde stellen. [2]Absatz 2 Satz 2 und 3 gilt entsprechend.

(4) Die Übersendung des Führungszeugnisses ist nur an die antragstellende Person zulässig.

(5) [1]Wird das Führungszeugnis zur Vorlage bei einer Behörde beantragt, so ist es der Behörde unmittelbar zu übersenden. [2]Die Behörde hat der antragstellenden Person auf Verlangen Einsicht in das Führungszeugnis zu gewähren. [3]Die antragstellende Person kann verlangen, daß das Führungszeugnis, wenn es Eintragungen enthält, zunächst an ein von ihr benanntes Amtsgericht zur Einsichtnahme durch sie übersandt wird. [4]Die Meldebehörde hat die antragstellende Person in den Fällen, in denen der Antrag bei ihr gestellt wird, auf diese Möglichkeit hinzuweisen. [5]Das Amtsgericht darf die Einsicht nur der antragstellenden Person persönlich gewähren. [6]Nach Einsichtnahme ist das Führungszeugnis an die Behörde weiterzuleiten oder, falls die antragstellende Person dem widerspricht, vom Amtsgericht zu vernichten.

(6) [1]Wohnt die antragstellende Person außerhalb des Geltungsbereichs dieses Gesetzes, so kann sie verlangen, dass das Führungszeugnis, wenn es Eintragungen enthält, zunächst an eine von ihr benannte amtliche Vertretung der Bundesrepublik Deutschland zur Einsichtnahme durch sie übersandt wird. [2]Absatz 5 Satz 5 und 6 gilt für die amtliche Vertretung der Bundesrepublik Deutschland entsprechend.

§ 30a Antrag auf ein erweitertes Führungszeugnis

(1) Einer Person wird auf Antrag ein erweitertes Führungszeugnis erteilt,

1. wenn die Erteilung in gesetzlichen Bestimmungen unter Bezugnahme auf diese Vorschrift vorgesehen ist oder

2. wenn dieses Führungszeugnis benötigt wird für
   a) eine berufliche oder ehrenamtliche Beaufsichtigung, Betreuung, Erziehung oder Ausbildung Minderjähriger oder
   b) eine Tätigkeit, die in einer Buchstabe a vergleichbaren Weise geeignet ist, Kontakt zu Minderjährigen aufzunehmen.

(2) [1]Wer einen Antrag auf Erteilung eines erweiterten Führungszeugnisses stellt, hat eine schriftliche Aufforderung vorzulegen, in der die Person, die das erweiterte Führungszeugnis von der antragstellenden Person verlangt, bestätigt, dass die Voraussetzungen nach Absatz 1 vorliegen. [2]Im Übrigen gilt § 30 entsprechend.

(3) [1]Die Daten aus einem erweiterten Führungszeugnis dürfen von der entgegennehmenden Stelle nur verarbeitet werden, soweit dies zur Prüfung der Eignung der Person für eine Tätigkeit, die Anlass zu der Vorlage des Führungszeugnisses gewesen ist, erforderlich ist. [2]Die Daten sind vor dem Zugriff Unbefugter zu schützen. [3]Sie sind unverzüglich zu löschen, wenn die Person die Tätigkeit, die Anlass zu der Vorlage des Führungszeugnisses gewesen ist, nicht ausübt. [4]Die Daten sind spätestens sechs Monate nach der letztmaligen Ausübung der Tätigkeit zu löschen.

§ 30b Europäisches Führungszeugnis

(1) [1]Sofern der Mitgliedstaat eine Übermittlung nach seinem Recht vorsieht, wird in das Führungszeugnis nach § 30 oder § 30a Absatz 1 die Mitteilung über Eintragungen in den Strafregistern anderer Mitgliedstaaten der Europäischen Union vollständig und in der übermittelten Sprache (Europäisches Führungszeugnis) für die folgenden Personen aufgenommen:
1. für Personen, die die Staatsangehörigkeit eines anderen Mitgliedstaates der Europäischen Union besitzen, sowie
2. für Drittstaatsangehörige.

[2]Nicht aufgenommen werden Entscheidungen deutscher Gerichte. [3]§ 30 gilt entsprechend.

(1a) [1]Absatz 1 gilt entsprechend für die Mitteilung über Eintragungen im Strafregister eines Partnerstaates zu dessen Staatsangehörigen. [2]Partnerstaat nach Satz 1 ist ein Drittstaat, mit dem die Europäische Union in einem Abkommen den elektronischen Austausch von Strafregisterinformationen vereinbart hat.

(2) Ersuchen der Registerbehörde um Übermittlung der nach Absatz 1 in das Führungszeugnis zusätzlich aufzunehmenden Eintragungen für ein Europäisches Führungszeugnis von Personen, die die Staatsangehörigkeit eines anderen Mitgliedstaates der Europäischen Union besitzen, sind an den Herkunftsmitgliedstaat zu richten.

(3) Ersuchen der Registerbehörde um Übermittlung der nach Absatz 1 oder Absatz 1a in das Führungszeugnis zusätzlich aufzunehmenden Eintragungen für ein Führungszeugnis von Drittstaatsangehörigen sind zu richten
1. im Fall des Absatzes 1 unter Nutzung von ECRIS-TCN an die in diesem System ausgewiesenen Mitgliedstaaten der Europäischen Union und
2. im Fall des Absatzes 1a an den jeweiligen Partnerstaat, dessen Staatsangehörigkeit die Person besitzt.

(4) [1]Das Führungszeugnis soll spätestens 20 Werktage nach der Übermittlung der Ersuchen der Registerbehörde erteilt werden. [2]Haben die Mitgliedstaaten oder hat der Partnerstaat keine Auskunft aus ihrem Strafregister erteilt, ist hierauf im Führungszeugnis hinzuweisen.

§ 30c Elektronische Antragstellung

(1) [1]Erfolgt die Antragstellung abweichend von § 30 Absatz 2 oder Absatz 3 elektronisch, ist der Antrag unter Nutzung des im Internet angebotenen Zugangs unmittelbar bei der Registerbehörde oder über das Nutzerkonto nach § 3 Absatz 1 Satz 1 des Onlinezugangsgesetzes zu stellen. [2]Die antragstellende Person kann sich nicht durch Bevollmächtigte vertreten lassen. [3]Handelt sie in gesetzlicher Vertretung, hat sie ihre Vertretungsmacht nachzuweisen.

(2) [1]Der elektronische Identitätsnachweis nach § 18 des Personalausweisgesetzes, nach § 12 des eID-Karte-Gesetzes oder nach § 78 Absatz 5 des Aufenthaltsgesetzes ist zu führen. [2]Der Nachweis ist ausschließlich über elektronische Identifizierungssysteme zulässig, die mit dem Vertrauensniveau „hoch" im Sinne des Artikels 8 Absatz 2 Buchstabe c der Verordnung (EU) Nr. 910/2014 des Europäischen Parlaments und des Rates vom 23. Juli 2014 über elektronische Identifizierung und Vertrauensdienste für elektronische Transaktionen im Binnenmarkt und zur Aufhebung der Richtlinie 1999/93/EG (ABl. L 257 vom 28.8.2014, S. 73; L 23 vom 29.1.2015, S. 19; L 155 vom 14.6.2016, S. 44) notifiziert sind. [3]Um den elektronischen Identitätsnachweis führen zu können, müssen aus dem elektronischen Speicher- und Verarbeitungsmedium des Personalausweises, der eID-Karte oder des elektronischen Aufenthaltstitels oder aus einem elektronischen Speicher- und Verarbeitungsmedium eines mobilen Endgeräts an die Registerbehörde übermittelt werden:

1. die Daten nach § 18 Absatz 3 Satz 1 des Personalausweisgesetzes, nach § 12 Absatz 3 Satz 2 des eID-Karte-Gesetzes in Verbindung mit § 18 Absatz 3 Satz 1 des Personalausweisgesetzes oder nach § 78 Absatz 5 Satz 2 des Aufenthaltsgesetzes in Verbindung mit § 18 Absatz 3 Satz 1 des Personalausweisgesetzes und
2. Familienname, Geburtsname, Vornamen, Geburtsort sowie Geburtsdatum, Staatsangehörigkeit und Anschrift.

[4]Lässt das elektronische Speicher- und Verarbeitungsmedium die Übermittlung des Geburtsnamens nicht zu, ist der Geburtsname im Antrag anzugeben und nachzuweisen. [5]Bei der Datenübermittlung ist ein dem jeweiligen Stand der Technik entsprechendes sicheres Verfahren zu verwenden, das die Vertraulichkeit und Integrität des elektronisch übermittelten Datensatzes gewährleistet.

(3) [1]Vorzulegende Nachweise sind gleichzeitig mit dem Antrag elektronisch einzureichen und ihre Echtheit sowie inhaltliche Richtigkeit sind an Eides statt zu versichern. [2]Bei vorzulegenden Schriftstücken kann die Registerbehörde im Einzelfall die Vorlage des Originals verlangen.

(4) [1]Die näheren Einzelheiten des elektronischen Verfahrens regelt die Registerbehörde. [2]Im Übrigen gilt § 30 entsprechend.

§ 31 Erteilung des Führungszeugnisses und des erweiterten Führungszeugnisses an Behörden

(1) [1]Behörden erhalten über eine bestimmte Person ein Führungszeugnis, soweit sie es zur Erledigung ihrer hoheitlichen Aufgaben benötigen und eine Aufforderung an die betroffene Person, ein Führungszeugnis vorzulegen, nicht sachgemäß ist oder erfolglos bleibt. [2]Die Behörde hat der betroffenen Person auf Verlangen Einsicht in das Führungszeugnis zu gewähren.

(2) [1]Behörden erhalten zum Zweck des Schutzes Minderjähriger ein erweitertes Führungszeugnis unter den Voraussetzungen des Absatzes 1. [2]Absatz 1 Satz 2 gilt entsprechend.

§ 32 Inhalt des Führungszeugnisses

(1) [1]In das Führungszeugnis werden die in den §§ 4 bis 16 bezeichneten Eintragungen aufgenommen. [2]Soweit in Absatz 2 Nr. 3 bis 9 hiervon Ausnahmen zugelassen werden, gelten diese nicht bei Verurteilungen wegen einer Straftat nach den §§ 174 bis 180 oder 182 des Strafgesetzbuches.

(2) Nicht aufgenommen werden

1. die Verwarnung mit Strafvorbehalt nach § 59 des Strafgesetzbuchs,
2. der Schuldspruch nach § 27 des Jugendgerichtsgesetzes,
3. Verurteilungen, durch die auf Jugendstrafe von nicht mehr als zwei Jahren erkannt worden ist, wenn die Vollstreckung der Strafe oder eines Strafrestes gerichtlich oder im Gnadenwege zur Bewährung ausgesetzt oder nach § 35 des Betäubungsmittelgesetzes – auch in Verbindung mit § 39 des Konsumcannabisgesetzes oder § 30 des Medizinal-Cannabisgesetzes – zurückgestellt und diese Entscheidung nicht widerrufen worden ist,
4. Verurteilungen, durch die auf Jugendstrafe erkannt worden ist, wenn der Strafmakel gerichtlich oder im Gnadenwege als beseitigt erklärt und die Beseitigung nicht widerrufen worden ist,
5. Verurteilungen, durch die auf
   a) Geldstrafe von nicht mehr als neunzig Tagessätzen,
   b) Freiheitsstrafe oder Strafarrest von nicht mehr als drei Monaten

   erkannt worden ist, wenn im Register keine weitere Strafe eingetragen ist,
6. Verurteilungen, durch die auf Freiheitsstrafe von nicht mehr als zwei Jahren erkannt worden ist, wenn die Vollstreckung der Strafe oder eines Strafrestes
   a) nach § 35 oder § 36 des Betäubungsmittelgesetzes – auch in Verbindung mit § 39 des Konsumcannabisgesetzes oder § 30 des Medizinal-Cannabisgesetzes – zurückgestellt oder zur Bewährung ausgesetzt oder
   b) nach § 56 oder § 57 des Strafgesetzbuchs zur Bewährung ausgesetzt worden ist und sich aus dem Register ergibt, daß der Verurteilte die Tat oder bei Gesamtstrafen alle oder den ihrer Bedeutung nach überwiegenden Teil der Taten auf Grund einer Betäubungsmittelabhängigkeit begangen hat,

   diese Entscheidungen nicht widerrufen worden sind und im Register keine weitere Strafe eingetragen ist,
7. Verurteilungen, durch die neben Jugendstrafe oder Freiheitsstrafe von nicht mehr als zwei Jahren die Unterbringung in einer Entziehungsanstalt angeordnet worden ist, wenn die Vollstreckung der Strafe, des Strafrestes oder der Maßregel nach § 35 des Betäubungsmittelgesetzes – auch in Verbindung mit § 39 des Konsumcannabisgesetzes oder § 30 des Medizinal-Cannabisgesetzes – zurückgestellt worden ist und im übrigen die Voraussetzungen der Nummer 3 oder 6 erfüllt sind,

8. Verurteilungen, durch die Maßregeln der Besserung und Sicherung, Nebenstrafen oder Nebenfolgen allein oder in Verbindung miteinander oder in Verbindung mit Erziehungsmaßregeln oder Zuchtmitteln angeordnet worden sind,
9. Verurteilungen, bei denen die Wiederaufnahme des gesamten Verfahrens vermerkt ist; ist die Wiederaufnahme nur eines Teils des Verfahrens angeordnet, so ist im Führungszeugnis darauf hinzuweisen,
10. abweichende Personendaten gemäß § 5 Abs. 1 Nr. 1 und die Angabe nach § 5 Absatz 1 Nummer 8,
11. Eintragungen nach den §§ 10 und 11,
12. die vorbehaltene Sicherungsverwahrung, falls von der Anordnung der Sicherungsverwahrung rechtskräftig abgesehen worden ist.

(3) In ein Führungszeugnis für Behörden (§ 30 Abs. 5, § 31) sind entgegen Absatz 2 auch aufzunehmen
1. Verurteilungen, durch die eine freiheitsentziehende Maßregel der Besserung und Sicherung angeordnet worden ist,
2. Eintragungen nach § 10, wenn die Entscheidung oder der Verzicht nicht länger als zehn Jahre zurückliegt,
3. Eintragungen nach § 11, wenn die Entscheidung oder Verfügung nicht länger als fünf Jahre zurückliegt,
4. abweichende Personendaten gemäß § 5 Abs. 1 Nr. 1, sofern unter diesen Daten Eintragungen erfolgt sind, die in ein Führungszeugnis für Behörden aufzunehmen sind.

(4) In ein Führungszeugnis für Behörden (§ 30 Abs. 5, § 31) sind ferner die in Absatz 2 Nr. 5 bis 9 bezeichneten Verurteilungen wegen Straftaten aufzunehmen, die
1. bei oder in Zusammenhang mit der Ausübung eines Gewerbes oder dem Betrieb einer sonstigen wirtschaftlichen Unternehmung oder
2. bei der Tätigkeit in einem Gewerbe oder einer sonstigen wirtschaftlichen Unternehmung
   a) von einem Vertreter oder Beauftragten im Sinne des § 14 des Strafgesetzbuchs oder
   b) von einer Person, die in einer Rechtsvorschrift ausdrücklich als verantwortlich bezeichnet ist,

begangen worden sind, wenn das Führungszeugnis für die in § 149 Abs. 2 Satz 1 Nr. 1 der Gewerbeordnung bezeichneten Entscheidungen bestimmt ist.

(5) Soweit in Absatz 2 Nummer 3 bis 9 Ausnahmen für die Aufnahme von Eintragungen zugelassen werden, gelten diese nicht bei einer Verurteilung wegen einer Straftat nach den §§ 171, 180a, 181a, 183 bis 184g, 184i bis 184l, 201a Absatz 3, den §§ 225, 232 bis 233a, 234, 235 oder § 236 des Strafgesetzbuchs, wenn ein erweitertes Führungszeugnis nach § 30a oder § 31 Absatz 2 erteilt wird.

§ 33 Nichtaufnahme von Verurteilungen nach Fristablauf

(1) Nach Ablauf einer bestimmten Frist werden Verurteilungen nicht mehr in das Führungszeugnis aufgenommen.

(2) Dies gilt nicht bei Verurteilungen, durch die
1. auf lebenslange Freiheitsstrafe erkannt worden ist, wenn der Strafrest nicht nach § 57a Abs. 3 Satz 2 in Verbindung mit § 56g des Strafgesetzbuches oder im Gnadenwege erlassen ist,
2. Sicherungsverwahrung angeordnet worden ist,
3. die Unterbringung in einem psychiatrischen Krankenhaus angeordnet worden ist, wenn ein Führungszeugnis für Behörden (§ 30 Abs. 5, § 31) beantragt wird oder
4. wegen einer Straftat nach den §§ 176c oder 176d des Strafgesetzbuches erkannt worden ist
   a) auf Freiheitsstrafe von mindestens fünf Jahren oder
   b) auf Freiheitsstrafe von mindestens drei Jahren bei zwei oder mehr im Register eingetragenen Verurteilungen nach den §§ 176c oder 176d des Strafgesetzbuches,

   wenn ein erweitertes Führungszeugnis oder ein erweitertes Führungszeugnis für Behörden (§ 30 Absatz 5, § 31) beantragt wird.

§ 34 Länge der Frist

(1) Die Frist, nach deren Ablauf eine Verurteilung nicht mehr in das Führungszeugnis aufgenommen wird, beträgt
1. drei Jahre bei
   a) Verurteilungen zu
      aa) Geldstrafe und
      bb) Freiheitsstrafe oder Strafarrest von nicht mehr als drei Monaten,

      wenn die Voraussetzungen des § 32 Absatz 2 nicht vorliegen,
   b) Verurteilungen zu Freiheitsstrafe oder Strafarrest von mehr als drei Monaten, aber nicht mehr als einem Jahr, wenn die Vollstreckung der Strafe oder eines Strafrestes gerichtlich oder im

Gadenweg zur Bewährung ausgesetzt, diese Entscheidung nicht widerrufen worden und im Register nicht außerdem Freiheitsstrafe, Strafarrest oder Jugendstrafe eingetragen ist,
c) Verurteilungen zu Jugendstrafe von nicht mehr als einem Jahr, wenn die Voraussetzungen des § 32 Absatz 2 nicht vorliegen,
d) Verurteilungen zu Jugendstrafe von mehr als zwei Jahren, wenn ein Strafrest nach Ablauf der Bewährungszeit gerichtlich oder im Gnadenweg erlassen worden ist,
2. zehn Jahre bei Verurteilungen wegen einer Straftat nach den §§ 174 bis 180 oder 182 des Strafgesetzbuches zu einer Freiheitsstrafe oder Jugendstrafe von mehr als einem Jahr,
3. fünf Jahre in den übrigen Fällen.

(2) Die Frist, nach deren Ablauf eine Verurteilung wegen einer Straftat nach den §§ 171, 174 bis 180a, 181a, 182 bis 184g, 184i bis 184l, 201a Absatz 3, den §§ 225, 232 bis 233a, 234, 235 oder § 236 des Strafgesetzbuches nicht mehr in ein erweitertes Führungszeugnis aufgenommen wird, beträgt
1. zehn Jahre
   a) bei Verurteilungen zu Geldstrafe oder Freiheitsstrafe oder Strafarrest oder Jugendstrafe,
   b) bei einer Verurteilung, durch die eine freiheitsentziehende Maßregel der Besserung und Sicherung allein angeordnet worden ist,
2. zwanzig Jahre bei einer Verurteilung wegen einer Straftat nach den §§ 176 bis 176d des Strafgesetzbuches zu Freiheitsstrafe oder Jugendstrafe von mehr als einem Jahr.

(3) [1]In den Fällen des Absatzes 1 Nummer 1 Buchstabe d, Nummer 2 und 3 verlängert sich die Frist um die Dauer der Freiheitsstrafe, des Strafarrests oder der Jugendstrafe. [2]In den Fällen des Absatzes 2 verlängert sich die Frist bei einer Verurteilung zu einer Freiheitsstrafe oder Jugendstrafe von mehr als einem Jahr um die Dauer der Freiheitsstrafe oder der Jugendstrafe. [3]Bei Erlaß des Restes einer lebenslangen Freiheitsstrafe verlängert sich die Frist um den zwischen dem Tag des ersten Urteils und dem Ende der Bewährungszeit liegenden Zeitraum, mindestens jedoch um zwanzig Jahre.

§ 35 Gesamtstrafe, Einheitsstrafe und Nebenentscheidungen

(1) Ist eine Gesamtstrafe oder eine einheitliche Jugendstrafe gebildet oder ist nach § 30 Abs. 1 des Jugendgerichtsgesetzes auf Jugendstrafe erkannt worden, so ist allein die neue Entscheidung für § 32 Abs. 2 und § 34 maßgebend.

(2) Bei der Feststellung der Frist nach § 34 bleiben Nebenstrafen, Nebenfolgen und neben Freiheitsstrafe oder Strafarrest ausgesprochene Geldstrafen sowie Maßregeln der Besserung und Sicherung unberücksichtigt.

§ 36 Beginn der Frist

[1]Die Frist beginnt mit dem Tag des ersten Urteils (§ 5 Abs. 1 Nr. 4). [2]Dieser Tag bleibt auch maßgebend, wenn
1. eine Gesamtstrafe oder eine einheitliche Jugendstrafe gebildet,
2. nach § 30 Abs. 1 des Jugendgerichtsgesetzes auf Jugendstrafe erkannt wird oder
3. eine Entscheidung im Wiederaufnahmeverfahren ergeht, die eine registerpflichtige Verurteilung enthält.

§ 37 Ablaufhemmung

(1) Haben Verurteilte infolge der Verurteilung die Fähigkeit, öffentliche Ämter zu bekleiden und Rechte aus öffentlichen Wahlen zu erlangen, oder das Recht, in öffentlichen Angelegenheiten zu wählen oder zu stimmen, verloren, so läuft die Frist nicht ab, solange sie diese Fähigkeit oder dieses Recht nicht wiedererlangt haben.

(2) Die Frist läuft ferner nicht ab, solange sich aus dem Register ergibt, daß die Vollstreckung einer Strafe oder eine der in § 61 des Strafgesetzbuchs aufgeführten Maßregeln der Besserung und Sicherung mit Ausnahme der Sperre für die Erteilung einer Fahrerlaubnis noch nicht erledigt oder die Strafe noch nicht erlassen ist.

§ 38 Mehrere Verurteilungen

(1) Sind im Register mehrere Verurteilungen eingetragen, so sind sie alle in das Führungszeugnis aufzunehmen, solange eine von ihnen in das Zeugnis aufzunehmen ist.

(2) Außer Betracht bleiben
1. Verurteilungen, die nur in ein Führungszeugnis für Behörden aufzunehmen sind (§ 32 Abs. 3, 4, § 33 Abs. 2 Nr. 3),
2. Verurteilungen in den Fällen des § 32 Abs. 2 Nr. 1 bis 4,
3. Verurteilungen, durch die auf Geldstrafe von nicht mehr als neunzig Tagessätzen oder auf Freiheitsstrafe oder Strafarrest von nicht mehr als drei Monaten erkannt worden ist.

§ 39 Anordnung der Nichtaufnahme

(1) [1]Die Registerbehörde kann auf Antrag oder von Amts wegen anordnen, daß Verurteilungen und Eintragungen nach § 11 entgegen diesem Gesetz nicht in das Führungszeugnis aufgenommen werden. [2]Dies gilt nicht, soweit das öffentliche Interesse der Anordnung entgegensteht. [3]Die Anordnung kann auf Führungszeugnisse ohne Einbeziehung der Führungszeugnisse für Behörden, auf Führungszeugnisse ohne Einbeziehung der erweiterten Führungszeugnisse, auf Führungszeugnisse ohne Einbeziehung der erweiterten Führungszeugnisse für Behörden oder auf die einmalige Erteilung eines Führungszeugnisses beschränkt werden. [4]Die Registerbehörde soll das erkennende Gericht und die sonst zuständige Behörde hören. [5]Betrifft die Eintragung eine solche der in § 11 bezeichneten Art oder eine Verurteilung, durch die eine freiheitsentziehende Maßregel der Besserung und Sicherung angeordnet worden ist, soll sie auch die Stellungnahme eines oder einer in der Psychiatrie erfahrenen medizinischen Sachverständigen einholen.

(2) Haben Verurteilte infolge der Verurteilung durch ein Gericht im Geltungsbereich dieses Gesetzes die Fähigkeit, öffentliche Ämter zu bekleiden und Rechte aus öffentlichen Wahlen zu erlangen, oder das Recht, in öffentlichen Angelegenheiten zu wählen oder zu stimmen, verloren, so darf eine Anordnung nach Absatz 1 nicht ergehen, solange sie diese Fähigkeit oder dieses Recht nicht wiedererlangt haben.

(3) [1]Gegen die Ablehnung einer Anordnung nach Absatz 1 steht der antragstellenden Person innerhalb zwei Wochen nach der Bekanntgabe der Entscheidung die Beschwerde zu. [2]Hilft die Registerbehörde der Beschwerde nicht ab, so entscheidet das Bundesministerium der Justiz.

§ 40 Nachträgliche Eintragung

[1]Wird eine weitere Verurteilung im Register eingetragen oder erfolgt eine weitere Eintragung nach § 11, so kommt der betroffenen Person eine Anordnung nach § 39 nicht zugute, solange die spätere Eintragung in das Führungszeugnis aufzunehmen ist. [2]§ 38 Abs. 2 gilt entsprechend.

2.

Unbeschränkte Auskunft aus dem Register

§ 41 Umfang der Auskunft

(1) Eintragungen, die in ein Führungszeugnis nicht aufgenommen werden, sowie Suchvermerke dürfen, unbeschadet der §§ 42 und 57, nur zur Kenntnis gegeben werden

1. den Gerichten, Gerichtsvorständen, Staatsanwaltschaften, dem nationalen Mitglied nach Maßgabe des § 5 Absatz 1 Nummer 2 des Eurojust-Gesetzes, den Aufsichtsstellen nach § 68a des Strafgesetzbuchs sowie der Bewährungshilfe für Zwecke der Rechtspflege sowie den Justizvollzugsbehörden für Zwecke des Strafvollzugs einschließlich der Überprüfung aller im Strafvollzug tätigen Personen,
2. den obersten Bundes- und Landesbehörden,
3. den Verfassungsschutzbehörden des Bundes und der Länder, dem Bundesnachrichtendienst und dem Militärischen Abschirmdienst für die diesen Behörden übertragenen Sicherheitsaufgaben,
4. den Finanzbehörden für die Verfolgung von Straftaten, die zu ihrer Zuständigkeit gehören,
5. den Kriminaldienst verrichtenden Dienststellen der Polizei für Zwecke der Verhütung und Verfolgung von Straftaten,
6. den Einbürgerungsbehörden für Einbürgerungsverfahren,
7. den Ausländerbehörden, den mit der polizeilichen Kontrolle des grenzüberschreitenden Verkehrs beauftragten Behörden und dem Bundesamt für Migration und Flüchtlinge, wenn sich die Auskunft auf einen Ausländer bezieht,
8. den Gnadenbehörden für Gnadensachen,
9. den für waffenrechtliche oder sprengstoffrechtliche Erlaubnisse, für die Erteilung von Jagdscheinen, für Erlaubnisse zum Halten eines gefährlichen Hundes oder für Erlaubnisse für das Bewachungsgewerbe und die Überprüfung des Bewachungspersonals zuständigen Behörden,
10. dem Bundesinstitut für Arzneimittel und Medizinprodukte im Rahmen des Erlaubnisverfahrens nach dem Betäubungsmittelgesetz,
11. den Rechtsanwaltskammern oder der Patentanwaltskammer für Entscheidungen in Zulassungs-, Aufnahme- und Aufsichtsverfahren nach der Bundesrechtsanwaltsordnung, der Patentanwaltsordnung, dem Gesetz über die Tätigkeit europäischer Rechtsanwälte in Deutschland oder dem Gesetz über die Tätigkeit europäischer Patentanwälte in Deutschland,
12. dem Bundesamt für die Sicherheit der nuklearen Entsorgung, dem Eisenbahn-Bundesamt und den zuständigen Landesbehörden im Rahmen der atom- und strahlenschutzrechtlichen Zuverlässigkeitsüberprüfung nach dem Atomgesetz und dem Strahlenschutzgesetz,

13. den Luftsicherheitsbehörden für Zwecke der Zuverlässigkeitsüberprüfung nach § 7 des Luftsicherheitsgesetzes,
14. der Zentralstelle für Finanztransaktionsuntersuchungen zur Erfüllung ihrer Aufgaben nach dem Geldwäschegesetz.

(2) [1]Eintragungen nach § 17 und Verurteilungen zu Jugendstrafe, bei denen der Strafmakel als beseitigt erklärt ist, dürfen nicht nach Absatz 1 mitgeteilt werden; über sie wird nur noch den Strafgerichten und Staatsanwaltschaften für ein Strafverfahren gegen die betroffene Person Auskunft erteilt. [2]Dies gilt nicht für Verurteilungen wegen einer Straftat nach den §§ 171, 174 bis 180a, 181a, 182 bis 184g, 184i bis 184l, 201a Absatz 3, den §§ 225, 232 bis 233a, 234, 235 oder § 236 des Strafgesetzbuchs. [3]Die Angabe nach § 5 Absatz 1 Nummer 8 darf nicht nach Absatz 1 mitgeteilt werden.

(3) [1]Die Auskunft nach den Absätzen 1 und 2 wird nur auf ausdrückliches Ersuchen erteilt. [2]Die in Absatz 1 genannten Stellen haben den Zweck anzugeben, für den die Auskunft benötigt wird; sie darf nur für diesen Zweck verwertet werden.

§ 42 Auskunft an die betroffene Person

[1]Das Auskunftsrecht nach Artikel 15 Absatz 1 der Verordnung (EU) 2016/679 wird dadurch gewährleistet, dass der betroffenen Person mitgeteilt wird, welche Eintragungen über sie im Register enthalten sind. [2]Für die Antragsberechtigung und das Verfahren gilt § 30 Absatz 1 entsprechend. [3]Erfolgt die Mitteilung nicht durch Einsichtnahme bei der Registerbehörde, so ist sie an ein von ihr benanntes Amtsgericht zu senden, bei dem sie die Mitteilung persönlich einsehen kann. [4]Befindet sich die betroffene Person in amtlichem Gewahrsam einer Justizbehörde, so tritt die Anstaltsleitung an die Stelle des Amtsgerichts. [5]Wohnt die antragstellende Person außerhalb des Geltungsbereichs dieses Gesetzes, so kann sie die Mitteilung auch an eine von ihr benannte amtliche Vertretung der Bundesrepublik Deutschland senden lassen, bei der sie die Mitteilung persönlich einsehen kann. [6]Nach Einsichtnahme ist die Mitteilung vom Amtsgericht, der Anstaltsleitung oder der amtlichen Vertretung der Bundesrepublik Deutschland zu vernichten. [7]Zum Schutz der betroffenen Personen ist die Aushändigung der Mitteilung oder einer Kopie unzulässig.

§ 42a Auskunft für wissenschaftliche Zwecke

(1) [1]Die Übermittlung personenbezogener Daten aus dem Register an Hochschulen, andere Einrichtungen, die wissenschaftliche Forschung betreiben, und öffentliche Stellen ist zulässig, soweit
1. dies für die Durchführung bestimmter wissenschaftlicher Forschungsarbeiten erforderlich ist,
2. eine Nutzung anonymisierter Daten zu diesem Zweck nicht möglich oder die Anonymisierung mit einem unverhältnismäßigen Aufwand verbunden ist und
3. das öffentliche Interesse an der Forschungsarbeit das schutzwürdige Interesse der betroffenen Person an dem Ausschluss der Übermittlung erheblich überwiegt.

[2]Bei der Abwägung nach Satz 1 Nr. 3 ist im Rahmen des öffentlichen Interesses das wissenschaftliche Interesse an dem Forschungsvorhaben besonders zu berücksichtigen.

(1a) [1]Die mehrfache Übermittlung von personenbezogenen Daten für eine wissenschaftliche Forschungsarbeit kann für einen angemessenen Zeitraum nach Anhörung des Bundesbeauftragten für den Datenschutz und die Informationsfreiheit mit Zustimmung des Bundesministeriums der Justiz zugelassen werden, wenn
1. die Voraussetzungen von Absatz 1 Nummer 1 und 2 vorliegen,
2. ein bedeutendes öffentliches Interesse an der Forschungsarbeit besteht und
3. das bedeutende öffentliche Interesse an der Forschungsarbeit das schutzwürdige Interesse der betroffenen Personen an dem Ausschluss der Übermittlung erheblich überwiegt.

[2]Die übermittelten Daten sollen pseudonymisiert werden; ein Verzicht auf eine Pseudonymisierung ist nur zulässig, wenn dies zur Erreichung des Forschungszweckes unerlässlich ist. [3]Absatz 1 Satz 2 gilt entsprechend. [4]Der Zeitraum ist insbesondere unter Berücksichtigung des Forschungszweckes, einer beabsichtigten Pseudonymisierung der Daten, der Schwere der untersuchten Straftaten und der Länge der gesetzlichen Tilgungsfristen festzusetzen; ein Übermittlungszeitraum, der im Ergebnis die Tilgungsfristen mehr als verdoppelt, ist in der Regel nicht mehr angemessen. [5]Die Sätze 1 bis 4 gelten entsprechend, wenn bei einmaliger Übermittlung personenbezogene Daten mit früher übermittelten, noch nicht anonymisierten Daten eines anderen Forschungsvorhabens zusammengeführt werden sollen.

(2) [1]Personenbezogene Daten werden nur an solche Personen übermittelt, die Amtsträger oder für den öffentlichen Dienst besonders Verpflichtete sind oder die zur Geheimhaltung verpflichtet worden sind. [2]§ 1 Abs. 2, 3 und Abs. 4 Nr. 2 des Verpflichtungsgesetzes findet auf die Verpflichtung zur Geheimhaltung entsprechende Anwendung.

(3) [1]Die personenbezogenen Daten dürfen nur für den Zweck verarbeitet werden, für den sie übermittelt worden sind. [2]Die Verarbeitung für andere Forschungsvorhaben oder die Weitergabe richtet sich nach

den Absätzen 1 und 2 und bedarf der Zustimmung der Registerbehörde; Absatz 1a gilt entsprechend, wenn mehrfach von der Registerbehörde übermittelte personenbezogene Daten verknüpft werden sollen.

(4) [1]Die Daten sind gegen unbefugte Kenntnisnahme durch Dritte zu schützen. [2]Die wissenschaftliche Forschung betreibende Stelle hat dafür zu sorgen, dass die Verarbeitung der personenbezogenen Daten räumlich und organisatorisch getrennt von der Erfüllung solcher Verwaltungsaufgaben oder Geschäftszwecke erfolgt, für die diese Daten gleichfalls von Bedeutung sein können.

(5) [1]Sobald der Forschungszweck es erlaubt, sind die personenbezogenen Daten zu anonymisieren. [2]Solange dies noch nicht möglich ist, sind die Merkmale gesondert aufzubewahren, mit denen Einzelangaben über persönliche oder sachliche Verhältnisse einer bestimmten oder bestimmbaren Person zugeordnet werden können. [3]Sie dürfen mit den Einzelangaben nur zusammengeführt werden, soweit der Forschungszweck dies erfordert.

(6) [1]Wer nach den Absätzen 1 und 2 personenbezogene Daten erhalten hat, darf diese nur veröffentlichen, wenn dies für die Darstellung von Forschungsergebnissen über Ereignisse der Zeitgeschichte unerlässlich ist. [2]Die Veröffentlichung bedarf der Zustimmung der Registerbehörde.

(7) Ist der Empfänger eine nichtöffentliche Stelle, finden die Vorschriften der Verordnung (EU) 2016/679 auch Anwendung für die nichtautomatisierte Verarbeitung personenbezogener Daten, die nicht in einem Dateisystem gespeichert sind oder gespeichert werden sollen.

(8) Ist es der Registerbehörde mit vertretbarem Aufwand möglich, kann sie mit den Registerdaten vorbereitende Analysen durchführen.

§ 42b Auskünfte zur Vorbereitung von Rechtsvorschriften und allgemeinen Verwaltungsvorschriften

[1]Die Registerbehörde kann öffentlichen Stellen zur Vorbereitung und Überprüfung von Rechtsvorschriften und allgemeinen Verwaltungsvorschriften Auskünfte in anonymisierter Form erteilen. [2]§ 42a Abs. 8 gilt entsprechend.

§ 42c (aufgehoben)

§ 43 Weiterleitung von Auskünften

Oberste Bundes- oder Landesbehörden dürfen Eintragungen, die in ein Führungszeugnis nicht aufgenommen werden, einer nachgeordneten oder ihrer Aufsicht unterstehenden Behörde nur mitteilen, wenn dies zur Vermeidung von Nachteilen für den Bund oder ein Land unerläßlich ist oder wenn andernfalls die Erfüllung öffentlicher Aufgaben erheblich gefährdet oder erschwert würde.

3.
Auskünfte an Behörden

§ 43a Verfahrensübergreifende Mitteilungen von Amts wegen

(1) In Verfahren nach den §§ 25, 39, 49, 55 Absatz 2 und § 63 Absatz 3 ist die Übermittlung personenbezogener Daten zulässig, wenn die Kenntnis der Daten aus der Sicht der übermittelnden Stelle

1. zur Verfolgung einer Straftat,
2. zur Abwehr eines erheblichen Nachteils für das Gemeinwohl oder einer Gefahr für die öffentliche Sicherheit,
3. zur Abwehr einer schwerwiegenden Beeinträchtigung der Rechte einer anderen Person,
4. zur Abwehr einer erheblichen Gefährdung des Wohls einer minderjährigen Person oder
5. zur Erledigung eines Suchvermerks

erforderlich ist.

(2) Die §§ 18 bis 22 des Einführungsgesetzes zum Gerichtsverfassungsgesetz gelten entsprechend.

§ 44 Vertrauliche Behandlung der Auskünfte

Auskünfte aus dem Register an Behörden (§ 30 Abs. 5, §§ 31, 41, 43) dürfen nur den mit der Entgegennahme oder Bearbeitung betrauten Bediensteten zur Kenntnis gebracht werden.

4.
Versagung der Auskunft zu Zwecken des Zeugenschutzes

§ 44a Versagung der Auskunft

(1) Die Registerbehörde sperrt den Datensatz einer im Register eingetragenen Person für die Auskunftserteilung, wenn eine Zeugenschutzstelle mitteilt, dass dies zum Schutz der Person als Zeuge oder Zeugin erforderlich ist.

(2) [1]Die Registerbehörde soll die Erteilung einer Auskunft aus dem Register über die gesperrten Personendaten versagen, soweit entgegenstehende öffentliche Interessen oder schutzwürdige Interessen Dritter nicht überwiegen. [2]Sie gibt der Zeugenschutzstelle zuvor Gelegenheit zur Stellungnahme; die Beurteilung der Zeugenschutzstelle, dass die Versagung der Auskunft für Zwecke des Zeugenschutzes erforderlich ist, ist für die Registerbehörde bindend. [3]Die Versagung der Auskunft bedarf keiner Begründung.

(3) [1]Die Registerbehörde legt über eine Person, über die keine Eintragung vorhanden ist, einen besonders gekennzeichneten Personendatensatz an, wenn die Zeugenschutzstelle darlegt, dass dies zum Schutze dieser Person als Zeuge oder Zeugin vor Ausforschung durch missbräuchliche Auskunftsersuchen erforderlich ist. [2]Über diesen Datensatz werden Auskünfte nicht erteilt. [3]Die Registerbehörde unterrichtet die Zeugenschutzstelle über jeden Antrag auf Erteilung einer Auskunft, der zu dieser Person oder zu sonst von der Zeugenschutzstelle bestimmten Daten eingeht.

(4) Die §§ 161, 161a der Strafprozessordnung bleiben unberührt.

Vierter Abschnitt
Tilgung

§ 45 Tilgung nach Fristablauf

(1) Eintragungen über Verurteilungen (§ 4) werden nach Ablauf einer bestimmten Frist getilgt.

(2) [1]Eine zu tilgende Eintragung wird ein Jahr nach Eintritt der Tilgungsreife aus dem Register entfernt. [2]Während dieser Zeit darf über die Eintragung nur der betroffenen Person Auskunft erteilt werden.

(3) Absatz 1 gilt nicht

1. bei Verurteilungen zu lebenslanger Freiheitsstrafe,
2. bei Anordnung der Unterbringung in der Sicherungsverwahrung oder in einem psychiatrischen Krankenhaus oder
3. bei Verurteilungen wegen einer Straftat nach den §§ 176c oder 176d des Strafgesetzbuches, durch die erkannt worden ist
   a) auf Freiheitsstrafe von mindestens fünf Jahren oder
   b) auf Freiheitsstrafe von mindestens drei Jahren bei zwei oder mehr im Register eingetragenen Verurteilungen nach den §§ 176c oder 176d des Strafgesetzbuches.

§ 46 Länge der Tilgungsfrist

(1) Die Tilgungsfrist beträgt

1. fünf Jahre
   bei Verurteilungen
   a) zu Geldstrafe von nicht mehr als neunzig Tagessätzen, wenn keine Freiheitsstrafe, kein Strafarrest und keine Jugendstrafe im Register eingetragen ist,
   b) zu Freiheitsstrafe oder Strafarrest von nicht mehr als drei Monaten, wenn im Register keine weitere Strafe eingetragen ist,
   c) zu Jugendstrafe von nicht mehr als einem Jahr,
   d) zu Jugendstrafe von nicht mehr als zwei Jahren, wenn die Vollstreckung der Strafe oder eines Strafrestes gerichtlich oder im Gnadenwege zur Bewährung ausgesetzt worden ist,
   e) zu Jugendstrafe von mehr als zwei Jahren, wenn ein Strafrest nach Ablauf der Bewährungszeit gerichtlich oder im Gnadenwege erlassen worden ist,
   f) zu Jugendstrafe, wenn der Strafmakel gerichtlich oder im Gnadenwege als beseitigt erklärt worden ist,
   g) durch welche eine Maßnahme (§ 11 Abs. 1 Nr. 8 des Strafgesetzbuchs) mit Ausnahme der Sperre für die Erteilung einer Fahrerlaubnis für immer und des Berufsverbots für immer, eine Nebenstrafe oder eine Nebenfolge allein oder in Verbindung miteinander oder in Verbindung mit Erziehungsmaßregeln oder Zuchtmitteln angeordnet worden ist,

1a. zehn Jahre
   bei Verurteilungen wegen einer Straftat nach den §§ 171, 174 bis 180a, 181a, 182 bis 184g, 184i bis 184l, 201a Absatz 3, den §§ 225, 232 bis 233a, 234, 235 oder § 236 des Strafgesetzbuches, wenn
   a) es sich um Fälle der Nummer 1 Buchstabe a bis f handelt,
   b) durch sie allein die Unterbringung in einer Entziehungsanstalt angeordnet worden ist,

2. zehn Jahre
   bei Verurteilungen zu
   a) Geldstrafe und Freiheitsstrafe oder Strafarrest von nicht mehr als drei Monaten, wenn die Voraussetzungen der Nummer 1 Buchstabe a und b nicht vorliegen,

b) Freiheitsstrafe oder Strafarrest von mehr als drei Monaten, aber nicht mehr als einem Jahr, wenn die Vollstreckung der Strafe oder eines Strafrestes gerichtlich oder im Gnadenwege zur Bewährung ausgesetzt worden und im Register nicht außerdem Freiheitsstrafe, Strafarrest oder Jugendstrafe eingetragen ist,

c) Jugendstrafe von mehr als einem Jahr, außer in den Fällen der Nummer 1 Buchstabe d bis f,

3. zwanzig Jahre bei Verurteilungen wegen einer Straftat nach den §§ 174 bis 180 oder 182 des Strafgesetzbuches zu einer Freiheitsstrafe oder Jugendstrafe von mehr als einem Jahr,

4. fünfzehn Jahre
in allen übrigen Fällen.

(2) Die Aussetzung der Strafe oder eines Strafrestes zur Bewährung oder die Beseitigung des Strafmakels bleiben bei der Berechnung der Frist unberücksichtigt, wenn diese Entscheidungen widerrufen worden sind.

(3) [1]In den Fällen des Absatzes 1 Nr. 1 Buchstabe e, Nr. 2 Buchstabe c sowie Nummer 3 und 4 verlängert sich die Frist um die Dauer der Freiheitsstrafe, des Strafarrestes oder der Jugendstrafe. [2]In den Fällen des Absatzes 1 Nummer 1a verlängert sich die Frist bei einer Verurteilung zu einer Jugendstrafe von mehr als einem Jahr um die Dauer der Jugendstrafe.

§ 47 Feststellung der Frist und Ablaufhemmung

(1) Für die Feststellung und Berechnung der Frist gelten die §§ 35, 36 entsprechend.

(2) [1]Die Tilgungsfrist läuft nicht ab, solange sich aus dem Register ergibt, daß die Vollstreckung einer Strafe oder eine der in § 61 des Strafgesetzbuchs aufgeführten Maßregeln der Besserung und Sicherung noch nicht erledigt oder die Strafe noch nicht erlassen ist. [2]§ 37 Abs. 1 gilt entsprechend.

(3) [1]Sind im Register mehrere Verurteilungen eingetragen, so ist die Tilgung einer Eintragung erst zulässig, wenn für alle Verurteilungen die Voraussetzungen der Tilgung vorliegen. [2]Die Eintragung einer Verurteilung, durch die eine Sperre für die Erteilung der Fahrerlaubnis für immer angeordnet worden ist, hindert die Tilgung anderer Verurteilungen nur, wenn zugleich auf eine Strafe erkannt worden ist, für die allein die Tilgungsfrist nach § 46 noch nicht abgelaufen wäre.

§ 48 Anordnung der Tilgung wegen Gesetzesänderung

[1]Ist die Verurteilung ausschließlich wegen einer Handlung eingetragen, für die das nach der Verurteilung geltende Gesetz keine Strafe mehr vorsieht, oder droht das neue Gesetz für die Handlung nur noch Geldbuße allein oder Geldbuße in Verbindung mit einer Nebenfolge an, wird die Eintragung auf Antrag der betroffenen Person getilgt. [2]Die Tilgung erfolgt nur, wenn sich die Voraussetzungen des Satzes 1 anhand der nach § 5 eingetragenen Daten feststellen lassen. [3]Andere gesetzliche Bestimmungen über die Tilgung von Eintragungen wegen Rechtsänderungen bleiben unberührt.

§ 49 Anordnung der Tilgung in besonderen Fällen

(1) [1]Die Registerbehörde kann auf Antrag oder von Amts wegen anordnen, daß Eintragungen entgegen den §§ 45, 46 zu tilgen sind, falls die Vollstreckung erledigt ist und das öffentliche Interesse der Anordnung nicht entgegensteht. [2]Die Registerbehörde soll das erkennende Gericht und die sonst zuständige Behörde hören. [3]Betrifft die Eintragung eine Verurteilung, durch welche eine freiheitsentziehende Maßregel der Besserung und Sicherung angeordnet worden ist, so soll sie auch die Stellungnahme eines oder einer in der Psychiatrie erfahrenen medizinischen Sachverständigen einholen.

(2) Hat der Verurteilte infolge der Verurteilung durch ein Gericht im Geltungsbereich dieses Gesetzes die Fähigkeit, öffentliche Ämter zu bekleiden und Rechte aus öffentlichen Wahlen zu erlangen, oder das Recht, in öffentlichen Angelegenheiten zu wählen oder zu stimmen, verloren, so darf eine Anordnung nach Absatz 1 nicht ergehen, solange er diese Fähigkeit oder dieses Recht nicht wiedererlangt hat.

(3) [1]Gegen die Ablehnung einer Anordnung nach Absatz 1 steht dem Antragsteller innerhalb zwei Wochen nach der Bekanntgabe der Entscheidung die Beschwerde zu. [2]Hilft die Registerbehörde der Beschwerde nicht ab, so entscheidet das Bundesministerium der Justiz.

§ 50 Zu Unrecht getilgte Eintragungen

Die Registerbehörde hat vor ihrer Entscheidung darüber, ob eine zu Unrecht im Register getilgte Eintragung wieder in das Register aufgenommen wird, der betroffenen Person Gelegenheit zur Stellungnahme zu geben.

Fünfter Abschnitt

Rechtswirkungen der Tilgung

§ 51 Verwertungsverbot

(1) Ist die Eintragung über eine Verurteilung im Register getilgt worden oder ist sie zu tilgen, so dürfen die Tat und die Verurteilung der betroffenen Person im Rechtsverkehr nicht mehr vorgehalten und nicht zu ihrem Nachteil verwertet werden.

(2) Aus der Tat oder der Verurteilung entstandene Rechte Dritter, gesetzliche Rechtsfolgen der Tat oder der Verurteilung und Entscheidungen von Gerichten oder Verwaltungsbehörden, die im Zusammenhang mit der Tat oder der Verurteilung ergangen sind, bleiben unberührt.

§ 52 Ausnahmen

(1) Die frühere Tat darf abweichend von § 51 Abs. 1 nur berücksichtigt werden, wenn

1. die Sicherheit der Bundesrepublik Deutschland oder eines ihrer Länder eine Ausnahme zwingend gebietet,
2. in einem erneuten Strafverfahren ein Gutachten über die Voraussetzungen der §§ 20, 21, 63, 64, 66, 66a oder 66b des Strafgesetzbuchs zu erstatten ist, falls die Umstände der früheren Tat für die Beurteilung der Schuldfähigkeit oder Gefährlichkeit der betroffenen Person von Bedeutung sind,
3. die Wiederaufnahme des früheren Verfahrens beantragt wird,
4. die betroffene Person die Zulassung zu einem Beruf oder einem Gewerbe, die Einstellung in den öffentlichen Dienst oder die Erteilung einer Waffenbesitzkarte, eines Munitionserwerbscheins, Waffenscheins, Jagdscheins oder einer Erlaubnis nach § 27 des Sprengstoffgesetzes beantragt, falls die Zulassung, Einstellung oder Erteilung der Erlaubnis sonst zu einer erheblichen Gefährdung der Allgemeinheit führen würde; das gleiche gilt, wenn die betroffene Person die Aufhebung einer die Ausübung eines Berufes oder Gewerbes untersagenden Entscheidung beantragt oder
5. dies in gesetzlichen Bestimmungen unter Bezugnahme auf diese Vorschrift vorgesehen ist.

(2) [1]Abweichend von § 51 Absatz 1 darf eine frühere Tat ferner

1. in einem Verfahren, das die Erteilung oder Entziehung einer Fahrerlaubnis zum Gegenstand hat,
2. zur Ergreifung von Maßnahmen nach dem Fahreignungs-Bewertungssystem nach § 4 Absatz 5 des Straßenverkehrsgesetzes

berücksichtigt werden, solange die Verurteilung nach den Vorschriften der §§ 28 bis 30b des Straßenverkehrsgesetzes verwertet werden darf. [2]Außerdem dürfen für die Prüfung der Berechtigung zum Führen von Kraftfahrzeugen Entscheidungen der Gerichte nach den §§ 69 bis 69b des Strafgesetzbuches verwertet werden.

Sechster Abschnitt

Begrenzung von Offenbarungspflichten des Verurteilten

§ 53 Offenbarungspflicht bei Verurteilungen

(1) Verurteilte dürfen sich als unbestraft bezeichnen und brauchen den der Verurteilung zugrunde liegenden Sachverhalt nicht zu offenbaren, wenn die Verurteilung

1. nicht in das Führungszeugnis oder nur in ein Führungszeugnis nach § 32 Abs. 3, 4 aufzunehmen oder
2. zu tilgen ist.

(2) Soweit Gerichte oder Behörden ein Recht auf unbeschränkte Auskunft haben, können Verurteilte ihnen gegenüber keine Rechte aus Absatz 1 Nr. 1 herleiten, falls sie hierüber belehrt werden.

Siebter Abschnitt

Internationaler Austausch von Registerinformationen

§ 53a Grenzen der internationalen Zusammenarbeit

[1]Die Eintragung einer Verurteilung, die nicht durch ein deutsches Gericht im Geltungsbereich dieses Gesetzes ergangen ist, in das Register oder die Erteilung einer Auskunft aus dem Register an eine Stelle eines anderen Staates oder an eine über- und zwischenstaatliche Stelle ist unzulässig, wenn die Verurteilung oder die Erteilung der Auskunft wesentlichen Grundsätzen der deutschen Rechtsordnung widerspricht. [2]Liegt eine Verurteilung oder ein Ersuchen eines Mitgliedstaates der Europäischen Union vor, ist die Eintragung der Verurteilung oder die Erledigung des Ersuchens unzulässig, wenn die Verurteilung oder die Erledigung des Ersuchens im Widerspruch zur Charta der Grundrechte der Europäischen Union steht.

§ 54 Eintragungen in das Register

(1) Strafrechtliche Verurteilungen, die nicht durch deutsche Gerichte im Geltungsbereich dieses Gesetzes ergangen sind, werden in das Register eingetragen, wenn

1. die verurteilte Person die deutsche Staatsangehörigkeit besitzt oder im Geltungsbereich dieses Gesetzes geboren oder wohnhaft ist,
2. wegen des der Verurteilung zugrunde liegenden oder sinngemäß umgestellten Sachverhalts auch nach dem im Geltungsbereich dieses Gesetzes geltenden Recht, ungeachtet etwaiger Verfahrenshindernisse, eine Strafe oder eine Maßregel der Besserung und Sicherung hätte verhängt werden können,
3. die Entscheidung rechtskräftig ist.

(2) Erfüllt eine Verurteilung die Voraussetzungen des Absatzes 1 Nr. 2 nur hinsichtlich eines Teils der abgeurteilten Tat oder Taten, so wird die ganze Verurteilung eingetragen.

(3) [1]Ist eine Verurteilung einzutragen oder ist sie bereits eingetragen, wird auch Folgendes eingetragen:

1. als Folgemaßnahmen spätere Entscheidungen oder sonstige Tatsachen, die sich auf die Verurteilung beziehen,
2. bei der Übermittlung einer Strafnachricht mitgeteilte Bedingungen, die die Verwendung des Mitgeteilten beschränken,
3. soweit es sich um eine Verurteilung aus einem Mitgliedstaat der Europäischen Union handelt, Mitteilungen zu
   a) der Tilgung,
   b) dem Ort der Tatbegehung und
   c) den Rechtsverlusten, die sich aus der Verurteilung ergeben,
4. eine deutsche Entscheidung, durch die die ausländische Freiheitsstrafe oder Maßregel der Besserung und Sicherung für vollstreckbar erklärt wurde.

[2]Wird eine eingetragene Verurteilung durch die Eintragung einer Folgemaßnahme ergänzt, ist § 55 Absatz 2 nicht anzuwenden.

§ 55 Verfahren bei der Eintragung

(1) Die Registerbehörde trägt eine Verurteilung, die nicht durch ein deutsches Gericht im Geltungsbereich dieses Gesetzes ergangen ist, ein, wenn ihr die Verurteilung von einer Behörde des Staates, der sie ausgesprochen hat, mitgeteilt worden ist und sich aus der Mitteilung nicht ergibt, daß die Voraussetzungen des § 54 nicht vorliegen.

(2) [1]Die betroffene Person soll unverzüglich zu der Eintragung gehört werden, wenn ihr Aufenthalt feststellbar ist. [2]Ergibt sich, daß bei einer Verurteilung oder einem abtrennbaren Teil einer Verurteilung die Voraussetzungen des § 54 Abs. 1 nicht vorliegen, so ist die Eintragung insoweit zu entfernen. [3]Lehnt die Registerbehörde einen Antrag der betroffenen Person auf Entfernung der Eintragung ab, so steht der betroffenen Person innerhalb von zwei Wochen nach der Bekanntgabe der Entscheidung die Beschwerde zu. [4]Hilft die Registerbehörde der Beschwerde nicht ab, so entscheidet das Bundesministerium der Justiz.

§ 56 Behandlung von Eintragungen

(1) [1]Eintragungen nach § 54 werden bei der Anwendung dieses Gesetzes wie Eintragungen von Verurteilungen durch deutsche Gerichte im Geltungsbereich dieses Gesetzes behandelt. [2]Hierbei steht eine Rechtsfolge der im Geltungsbereich dieses Gesetzes geltenden Rechtsfolge gleich, der sie am meisten entspricht; Nebenstrafen und Nebenfolgen haben für die Anwendung dieses Gesetzes keine Rechtswirkung.

(2) [1]Für die Nichtaufnahme einer nach § 54 eingetragenen Verurteilung in das Führungszeugnis und für die Tilgung der Eintragung bedarf es nicht der Erledigung der Vollstreckung. [2]Satz 1 gilt nicht, soweit die Verurteilung im Geltungsbereich dieses Gesetzes vollstreckt wird.

(3) Die §§ 39 und 49 gelten entsprechend.

§ 56a (aufgehoben)

§ 56b Speicherung zum Zweck der Auskunftserteilung an Mitgliedstaaten der Europäischen Union

(1) [1]Übermittelt eine Zentralbehörde eines anderen Mitgliedstaates eine strafrechtliche Verurteilung über eine Person, die die deutsche Staatsangehörigkeit besitzt, und ist die Eintragung der Verurteilung nicht zulässig, weil die Voraussetzungen des § 54 Absatz 1 Nummer 2 nicht vorliegen, werden die Verurteilung sowie eintragungsfähige Folgemaßnahmen im Register gesondert gespeichert. [2]Speicherungen nach dieser Vorschrift dürfen an einen anderen Mitgliedstaat nur zur Unterstützung eines strafrechtlichen Verfahrens in diesem Staat auf Grund eines Ersuchens übermittelt werden.

(2) Die §§ 42 und 55 Absatz 2 gelten entsprechend.

(3) Die Speicherung wird im Register gelöscht, wenn
1. mitgeteilt wird, dass eine Tilgung durch den Urteilsmitgliedstaat erfolgt ist, oder
2. fünf Jahre abgelaufen sind; § 47 Absatz 1 gilt bei der Fristberechnung entsprechend.

§ 57 Auskunft an ausländische sowie über- und zwischenstaatliche Stellen

(1) Ersuchen von Stellen eines anderen Staates sowie von über- und zwischenstaatlichen Stellen um Erteilung einer unbeschränkten Auskunft aus dem Register oder um Erteilung eines Führungszeugnisses an Behörden werden nach den hierfür geltenden völkerrechtlichen Verträgen, soweit an ihnen nach Artikel 59 Absatz 2 Satz 1 des Grundgesetzes die gesetzgebenden Körperschaften mitgewirkt haben, von der Registerbehörde ausgeführt.

(2) [1]Soweit kein völkerrechtlicher Vertrag im Sinne des Absatzes 1 vorliegt, kann die Registerbehörde als ausführende Behörde den in Absatz 1 genannten Stellen für die gleichen Zwecke und in gleichem Umfang eine unbeschränkte Auskunft aus dem Register oder ein Führungszeugnis an Behörden erteilen wie vergleichbaren deutschen Stellen. [2]Die empfangende Stelle ist darauf hinzuweisen, dass sie die Auskunft nur zu dem Zweck verwenden darf, für den sie erteilt worden ist. [3]Die Übermittlung personenbezogener Daten muss im Einklang mit Kapitel V der Verordnung (EU) 2016/679 und den sonstigen allgemeinen datenschutzrechtlichen Vorschriften stehen.

(3) [1]Regelmäßige Benachrichtigungen über strafrechtliche Verurteilungen und nachfolgende Maßnahmen, die im Register eingetragen werden (Strafnachrichten), werden nach den hierfür geltenden völkerrechtlichen Verträgen, die der Mitwirkung der gesetzgebenden Körperschaften nach Artikel 59 Abs. 2 des Grundgesetzes bedurften, erstellt und übermittelt. [2]Absatz 2 Satz 2 gilt entsprechend. [3]Ist eine Strafnachricht übermittelt worden, wird der empfangenden Stelle auch die Entfernung der Eintragung aus dem Register mitgeteilt.

(4) Die Verantwortung für die Zulässigkeit der Übermittlung trägt die übermittelnde Stelle.

(5) [1]Eine nach § 54 Absatz 3 Satz 1 Nummer 2 eingetragene Bedingung ist bei der Ausführung von Ersuchen nach den Absätzen 1 und 2 zu beachten. [2]Ist im Register zu einer nach § 54 eingetragenen Verurteilung eines anderen Mitgliedstaates die Tilgung der Verurteilung im Urteilsmitgliedstaat eingetragen, unterbleibt eine Auskunft aus dem Register über diese Verurteilung.

(6) Die Registerbehörde erteilt Eurojust die Zustimmung gemäß Artikel 17 Absatz 3 der Verordnung (EU) 2019/816, wenn ein Ersuchen des anfragenden Drittstaates oder einer internationalen Organisation nach den Absätzen 1 bis 5 voraussichtlich beantwortet werden würde.

§ 57a Austausch von Registerinformationen mit Mitgliedstaaten der Europäischen Union

(1) [1]Strafnachrichten über Personen, die die Staatsangehörigkeit eines anderen Mitgliedstaates der Europäischen Union besitzen, werden erstellt und der Registerbehörde des Mitgliedstaates übermittelt, dessen Staatsangehörigkeit die verurteilte Person besitzt. [2]Besitzt die Person die Staatsangehörigkeit mehrerer Mitgliedstaaten, ist jedem betroffenen Mitgliedstaat eine Strafnachricht zu übermitteln. [3]Die Sätze 1 und 2 sind auch anzuwenden, wenn die verurteilte Person zugleich die deutsche Staatsangehörigkeit besitzt. [4]§ 57 Absatz 3 Satz 3 gilt entsprechend.

(2) [1]Ersuchen eines anderen Mitgliedstaates um Erteilung einer unbeschränkten Auskunft aus dem Register zur Unterstützung eines strafrechtlichen Verfahrens werden von der Registerbehörde erledigt; in die Auskunft sind auch die Eintragungen nach § 56b aufzunehmen. [2]§ 57 Absatz 5 gilt entsprechend.

(3) [1]Für Ersuchen eines anderen Mitgliedstaates um Erteilung einer unbeschränkten Auskunft aus dem Register oder um Erteilung eines Führungszeugnisses an Behörden zur Unterstützung eines nichtstrafrechtlichen Verfahrens oder eines Verfahrens wegen einer Ordnungswidrigkeit gilt § 57 Absatz 1, 2 und 5 entsprechend. [2]Enthält die im Register eingetragene Verurteilung eines anderen Mitgliedstaates eine nach § 54 Absatz 3 Satz 1 Nummer 2 eingetragene Bedingung, die die Verwendung der Mitteilung der Verurteilung auf strafrechtliche Verfahren beschränkt, wird dem ersuchenden Mitgliedstaat, falls dem Ersuchen stattgegeben wird, nur mitgeteilt,
1. dass eine strafrechtliche Verurteilung eines anderen Mitgliedstaates vorhanden ist, deren Verwendung auf strafrechtliche Verfahren beschränkt ist, und
2. in welchem Mitgliedstaat die Verurteilung ergangen ist.

(4) [1]Ersuchen eines Mitgliedstaates der Europäischen Union um Erteilung einer Auskunft aus dem Register für nichtstrafrechtliche Zwecke, deren Art oder Umfang in diesem Gesetz nicht vorgesehen ist, erledigt die Registerbehörde, soweit die Erteilung nach Maßgabe von Rechtsakten der Europäischen Union geboten ist, es sei denn, dass eine besondere fachliche Bewertung zur Beschränkung der Auskunft erforderlich ist. [2]Ist eine solche Bewertung erforderlich, erhält die für die internationale Amtshilfe zuständige Behörde eine Auskunft aus dem Register. [3]§ 57 Absatz 1, 2 und 4 sowie § 8e des Verwaltungsverfahrensgesetzes gelten entsprechend.

(5) [1]Zur Aufnahme von deutschen Registerinformationen in das Führungszeugnis eines anderen Mitgliedstaates ist diesem auf sein Ersuchen ein Führungszeugnis für Private oder zur Vorlage bei einer Behörde nach § 30 über eine Person zu erteilen. [2]Aus dem Ersuchen muss hervorgehen, dass ein entsprechender Antrag der Person im ersuchenden Mitgliedstaat vorliegt. [3]Ein Führungszeugnis nach § 30a wird zu dem in Satz 1 genannten Zweck erteilt, wenn die Voraussetzungen nach § 30a Absatz 1 und 2 Satz 2 vorliegen.
(6) Die Verantwortung für die Zulässigkeit der Übermittlung trägt die übermittelnde Stelle.
(7) Ersuchen, die ausschließlich die Erteilung einer Auskunft aus dem Strafregister eines anderen Mitgliedstaates der Europäischen Union zum Inhalt haben und ihrem Umfang nach einer unbeschränkten Auskunft nach § 41 oder einem Behördenführungszeugnis nach § 31 vergleichbar sind, werden über die Registerbehörde an die Zentralbehörde des ersuchten Mitgliedstaates gerichtet.

§ 57b Speicherung und Austausch von Registerinformationen im Zusammenhang mit einem Partnerstaat
Die §§ 56b und 57a Absatz 1 bis 3 und 5 bis 7 gelten entsprechend für die Speicherung und den Austausch von Registerinformationen im Zusammenhang mit einem Partnerstaat.

§ 58 Berücksichtigung von Verurteilungen
[1]Eine strafrechtliche Verurteilung gilt, auch wenn sie nicht nach § 54 in das Register eingetragen ist, als tilgungsreif, sobald eine ihr vergleichbare Verurteilung im Geltungsbereich dieses Gesetzes tilgungsreif wäre. [2]§ 53 gilt auch zugunsten der außerhalb des Geltungsbereichs dieses Gesetzes Verurteilten.

Achter Abschnitt

Verarbeitung personenbezogener Daten zu den Zwecken der Verordnung (EU) 2019/816 und der Verordnung (EU) 2019/818

§ 58a Ersuchen um Übermittlung personenbezogener Daten von ECRIS-TCN
Die Registerbehörde darf das zentralisierte System zur Ermittlung der Mitgliedstaaten, in denen Informationen zu Verurteilungen von Drittstaatsangehörigen und Staatenlosen vorliegen (ECRIS-TCN), um Übermittlung der erforderlichen personenbezogenen Daten ersuchen und die empfangenen personenbezogenen Daten verarbeiten, soweit dies neben den Zwecken der Verordnung (EU) 2019/816 erforderlich ist
1. für die Erteilung einer Auskunft aus dem Register für nichtstrafrechtliche Zwecke oder
2. für die Erteilung eines Führungszeugnisses.

§ 58b Austausch von personenbezogenen Daten zwischen der Registerbehörde und dem Bundeskriminalamt
(1) Die Registerbehörde darf das Bundeskriminalamt zu Zwecken der Verordnung (EU) 2019/816 um Übermittlung der nach § 81b oder § 163b Absatz 1 Satz 3 der Strafprozessordnung aufgenommenen Fingerabdrücke ersuchen.
(2) [1]Die Registerbehörde darf die auf Ersuchen nach Absatz 1 übermittelten Fingerabdrücke erheben, speichern und verwenden, soweit dies zu Zwecken der Verordnung (EU) 2019/816 erforderlich ist. [2]Ist eine Verwendung zu diesen Zwecken nicht mehr erforderlich, so sind die Fingerabdrücke unverzüglich zu löschen.
(3) [1]Werden der Registerbehörde bei Ersuchen nach § 57a Absatz 2 bis 4 infolge eines Treffers in ECRIS-TCN Fingerabdrücke der betroffenen Person übermittelt, darf die Registerbehörde dem Bundeskriminalamt die erforderlichen personenbezogenen Daten einschließlich der Fingerabdrücke übermitteln und um einen Abgleich der Identität ersuchen. [2]Dies gilt auch zur Prüfung von Mehrfachidentitäten nach Artikel 29 der Verordnung (EU) 2019/818 des Europäischen Parlaments und des Rates vom 20. Mai 2019 zur Errichtung eines Rahmens für die Interoperabilität zwischen EU-Informationssystemen (polizeiliche und justizielle Zusammenarbeit, Asyl und Migration) und zur Änderung der Verordnungen (EU) 2018/1726, (EU) 2018/1862 und (EU) 2019/816 (ABl. L 135 vom 22.5.2019, S. 85; L 10 vom 15.1.2020, S. 5).
(4) Das Bundeskriminalamt darf
1. auf Ersuchen nach Absatz 1 zu Zwecken der Verordnung (EU) 2019/816 die nach § 81b oder § 163b Absatz 1 Satz 3 der Strafprozessordnung aufgenommenen Fingerabdrücke an die Registerbehörde übermitteln,
2. auf Ersuchen nach Absatz 3 Amtshilfe bei der Auswertung der in Absatz 3 genannten Daten zur Identitätsfeststellung leisten und das Ergebnis der Auswertung der Registerbehörde übermitteln.

§ 58c Ablauf der Speicherfrist in ECRIS-TCN
Die Speicherfrist nach Artikel 8 der Verordnung (EU) 2019/816 endet mit dem Eintritt der Tilgungsreife.

§ 58d Kennzeichnung eines Datensatzes
(1) Zur Kennzeichnung eines Datensatzes in ECRIS-TCN nach Artikel 5 Absatz 1 Buchstabe c der Verordnung (EU) 2019/816 unterrichtet die für die Mitteilung nach § 20 Absatz 1 Satz 1 zuständige Stelle die Registerbehörde darüber, ob eine strafgerichtliche Verurteilung aufgrund einer terroristischen oder aufgrund einer sonstigen Straftat erfolgt ist, die
1. mit einer Freiheitsstrafe im Höchstmaß von mindestens drei Jahren bedroht ist und
2. zu einer der im Anhang zur Verordnung (EU) 2018/1240 des Europäischen Parlaments und des Rates vom 12. September 2018 über die Einrichtung eines Europäischen Reiseinformations- und -genehmigungssystems (ETIAS) und zur Änderung der Verordnungen (EU) Nr. 1077/2011, (EU) Nr. 515/2014, (EU) 2016/399, (EU) 2016/1624 und (EU) 2017/2226 (ABl. L 236 vom 19.9.2018, S. 1; L 323 vom 19.12.2018, S. 37; L 193 vom 17.6.2020, S. 16), die zuletzt durch die Verordnung (EU) 2021/1152 (ABl. L 249 vom 14.7.2021, S. 15) geändert worden ist, aufgeführten Deliktsgruppen gehört.

(2) [1]Die Registerbehörde darf die nach Absatz 1 übermittelten personenbezogenen Daten erheben, speichern und verwenden, soweit dies zu Zwecken der Verordnung (EU) 2019/816 erforderlich ist. [2]Ist eine Verwendung zu diesen Zwecken nicht mehr erforderlich, so sind die personenbezogenen Daten unverzüglich zu löschen.

Dritter Teil
Das Erziehungsregister

§ 59 Führung des Erziehungsregisters
Für das Erziehungsregister gelten die Vorschriften des Zweiten Teils, soweit die §§ 60 bis 64 nicht etwas anderes bestimmen.

§ 60 Eintragungen in das Erziehungsregister
(1) In das Erziehungsregister werden die folgenden Entscheidungen und Anordnungen eingetragen, soweit sie nicht nach § 5 Abs. 2 in das Zentralregister einzutragen sind:
1. die Anordnung von Maßnahmen nach § 3 Satz 2 des Jugendgerichtsgesetzes,
2. die Anordnung von Erziehungsmaßregeln oder Zuchtmitteln sowie eines diesbezüglich verhängten Ungehorsamsarrestes (§§ 9 bis 16 des Jugendgerichtsgesetzes), Nebenstrafen oder Nebenfolgen (§ 8 Abs. 3, § 76 des Jugendgerichtsgesetzes) allein oder in Verbindung miteinander,
3. der Schuldspruch, der nach § 13 Absatz 2 Satz 2 aus dem Zentralregister entfernt worden ist, sowie die Entscheidung, die nach § 13 Absatz 3 aus dem Zentralregister entfernt worden ist,
4. Entscheidungen, in denen das Gericht die Auswahl und Anordnung von Erziehungsmaßregeln dem Familiengericht überläßt (§§ 53, 104 Abs. 4 des Jugendgerichtsgesetzes),
5. Anordnungen des Familiengerichts, die auf Grund einer Entscheidung nach Nummer 4 ergehen,
6. der Freispruch wegen mangelnder Reife und die Einstellung des Verfahrens aus diesem Grunde (§ 3 Satz 1 des Jugendgerichtsgesetzes),
7. das Absehen von der Verfolgung nach § 45 des Jugendgerichtsgesetzes und die Einstellung des Verfahrens nach § 47 des Jugendgerichtsgesetzes,
8. *[aufgehoben]*
9. vorläufige und endgültige Entscheidungen des Familiengerichts nach § 1666 Abs. 1 und § 1666a des Bürgerlichen Gesetzbuchs sowie Entscheidungen des Familiengerichts nach § 1802 Absatz 2 Satz 3 in Verbindung mit § 1666 Abs. 1 und § 1666a des Bürgerlichen Gesetzbuchs, welche die Sorge für die Person des Minderjährigen betreffen; ferner die Entscheidungen, durch welche die vorgenannten Entscheidungen aufgehoben oder geändert werden.

(2) In den Fällen des Absatzes 1 Nr. 7 ist zugleich die vom Gericht nach § 45 Abs. 3 oder § 47 Abs. 1 Satz 1 Nr. 3 des Jugendgerichtsgesetzes getroffene Maßnahme einzutragen.

(3) Ist ein Jugendarrest angeordnet worden, wird auch seine vollständige Nichtvollstreckung eingetragen.

§ 61 Auskunft aus dem Erziehungsregister
(1) Eintragungen im Erziehungsregister dürfen – unbeschadet der §§ 21a, 42a – nur mitgeteilt werden
1. den Strafgerichten und Staatsanwaltschaften für Zwecke der Rechtspflege sowie den Justizvollzugsbehörden für Zwecke des Strafvollzugs einschließlich der Überprüfung aller im Strafvollzug tätigen Personen,

2. den Familiengerichten für Verfahren, welche die Sorge für die Person des im Register Geführten betreffen,
3. den Jugendämtern und den Landesjugendämtern für die Wahrnehmung von Erziehungsaufgaben der Jugendhilfe,
4. den Gnadenbehörden für Gnadensachen,
5. den für waffen- und sprengstoffrechtliche Erlaubnisse sowie den für luftsicherheitsrechtliche Zuverlässigkeitsüberprüfungen zuständigen Behörden mit der Maßgabe, dass nur Entscheidungen und Anordnungen nach § 60 Abs. 1 Nr. 1 bis 7 mitgeteilt werden dürfen,
6. den Verfassungsschutzbehörden des Bundes und der Länder, dem Bundesnachrichtendienst und dem Militärischen Abschirmdienst für die diesen Behörden übertragenen Sicherheitsaufgaben, wenn eine Auskunft nach § 41 Absatz 1 Nummer 3 im Einzelfall nicht ausreicht, und mit der Maßgabe, dass nur Entscheidungen und Anordnungen nach § 60 Absatz 1 Nummer 1 bis 7 mitgeteilt werden dürfen.

(2) Soweit Behörden sowohl aus dem Zentralregister als auch aus dem Erziehungsregister Auskunft zu erteilen ist, werden auf ein Ersuchen um Auskunft aus dem Zentralregister (§ 41 Absatz 3) auch die in das Erziehungsregister aufgenommenen Eintragungen mitgeteilt.

(3) Auskünfte aus dem Erziehungsregister dürfen nicht an andere als die in Absatz 1 genannten Behörden weitergeleitet werden.

§ 62 Suchvermerke

Im Erziehungsregister können Suchvermerke unter den Voraussetzungen des § 27 nur von den Behörden gespeichert werden, denen Auskunft aus dem Erziehungsregister erteilt wird.

§ 63 Entfernung von Eintragungen

(1) Eintragungen im Erziehungsregister werden entfernt, sobald die betroffene Person das 24. Lebensjahr vollendet hat.

(2) Die Entfernung unterbleibt, solange im Zentralregister eine Verurteilung zu Freiheitsstrafe, Strafarrest oder Jugendstrafe oder eine freiheitsentziehende Maßregel der Besserung und Sicherung eingetragen ist.

(3) [1]Die Registerbehörde kann auf Antrag oder von Amts wegen anordnen, daß Eintragungen vorzeitig entfernt werden, wenn die Vollstreckung erledigt ist und das öffentliche Interesse einer solchen Anordnung nicht entgegensteht. [2]§ 49 Abs. 3 ist anzuwenden.

(4) Die §§ 51, 52 gelten entsprechend.

§ 64 Begrenzung von Offenbarungspflichten der betroffenen Person

(1) Eintragungen in das Erziehungsregister und die ihnen zugrunde liegenden Sachverhalte braucht die betroffene Person nicht zu offenbaren.

(2) Soweit Gerichte oder Behörden ein Recht auf Auskunft aus dem Erziehungsregister haben, kann die betroffene Person ihnen gegenüber keine Rechte aus Absatz 1 herleiten, falls sie hierüber belehrt wird.

Vierter Teil
Übernahme des Strafregisters beim Generalstaatsanwalt der Deutschen Demokratischen Republik

§ 64a Strafregister der Deutschen Demokratischen Republik

(1) Die Registerbehörde ist für das Speichern, Verändern, Übermitteln, Sperren und Löschen der Eintragungen und der zugrunde liegenden Unterlagen des bisher beim Generalstaatsanwalt der Deutschen Demokratischen Republik geführten Strafregisters zuständig; sie trägt als speichernde Stelle insoweit die datenschutzrechtliche Verantwortung.

(2) [1]Eintragungen des bisher beim Generalstaatsanwalt der Deutschen Demokratischen Republik geführten Strafregisters werden in das Zentralregister oder das Erziehungsregister übernommen. [2]Die Übernahme der Eintragungen in das Zentralregister oder das Erziehungsregister erfolgt spätestens anlässlich der Bearbeitung einer Auskunft aus dem Zentralregister oder dem Erziehungsregister nach Prüfung durch die Registerbehörde unter Beachtung von Absatz 3. [3]Die Entscheidung über die Übernahme aller Eintragungen hat innerhalb von drei Jahren zu erfolgen.

(3) [1]Nicht übernommen werden Eintragungen
1. über Verurteilungen oder Erkenntnisse, bei denen der zugrunde liegende Sachverhalt im Zeitpunkt der Übernahme dieses Gesetzes nicht mehr mit Strafe bedroht oder mit Ordnungsmitteln belegt ist,
2. über Verurteilungen oder Erkenntnisse, bei denen sich ergibt, daß diese mit rechtsstaatlichen Maßstäben nicht vereinbar sind,
3. von Untersuchungsorganen und von Staatsanwaltschaften im Sinne des Strafregistergesetzes der Deutschen Demokratischen Republik.

[2]Für Verurteilungen, die nicht übernommen wurden, gelten die §§ 51 bis 53.

(4) [1]Bis zur Entscheidung über die Übernahme sind die Eintragungen nach Absatz 1 außerhalb des Zentralregisters oder des Erziehungsregisters zu speichern und für Auskünfte nach diesem Gesetz zu sperren. [2]Dies gilt auch für Eintragungen, deren Übernahme abgelehnt worden ist. [3]Die in das Zentralregister oder das Erziehungsregister zu übernehmenden Eintragungen werden vom Zeitpunkt der Übernahmeentscheidung an nach den Vorschriften dieses Gesetzes behandelt.

(5) [1]Die Tilgungsfrist berechnet sich weiterhin nach den bisherigen Bestimmungen (§§ 26 bis 34 des Strafregistergesetzes der Deutschen Demokratischen Republik). [2]Erfolgt eine Neueintragung nach Übernahme des Bundeszentralregistergesetzes, gelten für die Feststellung und Berechnung der Tilgungsfrist die Vorschriften dieses Gesetzes.

§ 64b Eintragungen und Eintragungsunterlagen

(1) [1]Die nach § 64a Absatz 1 gespeicherten Eintragungen und Eintragungsunterlagen aus dem ehemaligen Strafregister der Deutschen Demokratischen Republik dürfen den für die Rehabilitierung zuständigen Stellen für Zwecke der Rehabilitierung übermittelt werden. [2]Eine Verarbeitung für andere Zwecke ist nur mit Einwilligung der betroffenen Person zulässig.

(2) [1]Auf Anforderung darf den zuständigen Stellen mitgeteilt werden, welche Eintragungen gemäß § 64a Abs. 3 nicht in das Zentralregister oder das Erziehungsregister übernommen worden sind, soweit dies bei Richtern und Staatsanwälten wegen ihrer dienstlichen Tätigkeit in der Deutschen Demokratischen Republik für dienstrechtliche Maßnahmen oder zur Rehabilitierung betroffener Personen erforderlich ist. [2]Die Mitteilung kann alle Eintragungen, die die anfordernde Stelle für ihre Entscheidung nach Satz 1 benötigt, oder nur solche Eintragungen umfassen, die bestimmte, von der anfordernden Stelle vorgegebene Eintragungsmerkmale erfüllen.

Fünfter Teil

Übergangs- und Schlußvorschriften

§ 65 Übernahme von Eintragungen in das Zentralregister

(1) Eintragungen, die vor dem Inkrafttreten dieses Gesetzes in das Strafregister aufgenommen worden sind, werden in das Zentralregister übernommen.

(2) Nicht übernommen werden Eintragungen über Verurteilungen zu

1. Geldstrafe, die mehr als zwei Jahre vor dem Inkrafttreten dieses Gesetzes ausgesprochen worden ist, wenn die Ersatzfreiheitsstrafe nicht mehr als drei Monate beträgt und keine weitere Eintragung im Register enthalten ist,
2. Geldstrafe, bei der die Voraussetzungen der Nummer 1 nicht vorliegen, Freiheitsstrafe und Jugendstrafe von nicht mehr als neun Monaten sowie Strafarrest, wenn die Strafe mehr als fünf Jahre vor dem Inkrafttreten dieses Gesetzes ausgesprochen worden ist,
3. Freiheitsstrafe und Jugendstrafe von mehr als neun Monaten, aber nicht mehr als drei Jahren, die mehr als zehn Jahre vor dem Inkrafttreten dieses Gesetzes ausgesprochen worden ist,
4. Freiheitsstrafe und Jugendstrafe von mehr als drei, aber nicht mehr als fünf Jahren, die mehr als fünfzehn Jahre vor dem Inkrafttreten dieses Gesetzes ausgesprochen worden ist.

(3) Absatz 2 gilt nicht, wenn

1. die betroffene Person als gefährlicher Gewohnheitsverbrecher oder innerhalb der letzten zehn Jahre vor dem Inkrafttreten dieses Gesetzes zu Freiheitsstrafe oder Jugendstrafe von mehr als neun Monaten verurteilt worden ist,
2. gegen die betroffene Person auf Unterbringung in einer Heil- oder Pflegeanstalt oder auf Untersagung der Erteilung der Fahrerlaubnis für immer erkannt worden ist.

(4) Nicht übernommen werden ferner Eintragungen über Entscheidungen von Verwaltungsbehörden aus der Zeit bis zum 23. Mai 1945.

(5) Die in das Zentralregister zu übernehmenden Eintragungen werden nach den Vorschriften dieses Gesetzes behandelt.

§ 66 Bei Inkrafttreten dieses Gesetzes getilgte oder tilgungsreife Eintragungen

Für die Verurteilungen, die bei dem Inkrafttreten dieses Gesetzes im Strafregister getilgt oder tilgungsreif sind oder die nach § 65 Abs. 2 nicht in das Zentralregister übernommen werden, gelten die §§ 51 bis 53.

§ 67 Eintragungen in der Erziehungskartei

Die bei dem Inkrafttreten dieses Gesetzes vorhandenen Eintragungen in der gerichtlichen Erziehungskartei sind in das Erziehungsregister zu übernehmen.

§ 68 Bestimmungen und Bezeichnungen in anderen Vorschriften

Soweit in anderen Vorschriften auf das Gesetz über beschränkte Auskunft aus dem Strafregister und die Tilgung von Strafvermerken oder auf Bestimmungen des Jugendgerichtsgesetzes, welche die Behandlung von Verurteilungen nach Jugendstrafrecht im Strafregister betreffen, verwiesen wird oder Bezeichnungen verwendet werden, die durch dieses Gesetz aufgehoben oder geändert werden, treten an ihre Stelle die entsprechenden Bestimmungen und Bezeichnungen dieses Gesetzes.

§ 69 Übergangsvorschriften

(1) Sind strafrechtliche Verurteilungen, die nicht durch deutsche Gerichte im Geltungsbereich dieses Gesetzes ergangen sind, vor dem 1. August 1984 in das Zentralregister oder das Erziehungsregister eingetragen worden, so ist die Eintragung nach den bis zum Inkrafttreten des Zweiten Gesetzes zur Änderung des Bundeszentralregistergesetzes vom 17. Juli 1984 (BGBl. I S. 990) geltenden Vorschriften zu behandeln.

(2) [1]Verurteilungen wegen einer Straftat nach den §§ 174 bis 180 oder § 182 des Strafgesetzbuches zu einer Freiheitsstrafe oder Jugendstrafe, die vor dem 1. Juli 1998 in das Zentralregister eingetragen wurden, werden nach den Vorschriften dieses Gesetzes in der ab dem 1. Juli 1998 gültigen Fassung behandelt. [2]In ein Führungszeugnis oder eine unbeschränkte Auskunft werden vor dem 30. Januar 1998 erfolgte Verurteilungen nur aufgenommen, soweit sie zu diesem Zeitpunkt in ein Führungszeugnis oder eine unbeschränkte Auskunft aufzunehmen waren.

(3) [1]Eintragungen nach § 11, die vor dem 1. Oktober 2002 erfolgt sind, werden nach 20 Jahren aus dem Zentralregister entfernt. [2]Die Frist beginnt mit dem Tag der Entscheidung oder Verfügung. [3]§ 24 Abs. 4 gilt entsprechend.

(4) Verurteilungen wegen einer Straftat nach den §§ 171, 174 bis 180a, 181a, 182 bis 184g, 184i bis 184l, 201a Absatz 3, den §§ 225, 232 bis 233a, 234, 235 oder § 236 des Strafgesetzbuches, die vor dem 1. Juli 2022 in das Zentralregister eingetragen wurden, werden nach den Vorschriften dieses Gesetzes in der ab 1. Juli 2022 geltenden Fassung behandelt.

(5) [1]§ 21 Satz 2 in der ab dem 29. Juli 2017 geltenden Fassung ist erst ab dem 1. Mai 2018 anzuwenden. [2]Bis zum 30. April 2018 ist § 21a Satz 2 in der am 20. November 2015 geltenden Fassung weiter anzuwenden.

§§ 70, 71 (aufgehoben)

Gesetz über die Entschädigung für Strafverfolgungsmaßnahmen (StrEG)

Vom 8. März 1971 (BGBl. I S. 157)
(FNA 313-4)
zuletzt geändert durch Art. 1 Drittes ÄndG vom 30. September 2020 (BGBl. I S. 2049)

Nichtamtliche Inhaltsübersicht

Der Bundestag hat mit Zustimmung des Bundesrates das folgende Gesetz beschlossen:

§ 1 Entschädigung für Urteilsfolgen

(1) Wer durch eine strafgerichtliche Verurteilung einen Schaden erlitten hat, wird aus der Staatskasse entschädigt, soweit die Verurteilung im Wiederaufnahmeverfahren oder sonst, nachdem sie rechtskräftig geworden ist, in einem Strafverfahren fortfällt oder gemildert wird.

(2) Absatz 1 gilt entsprechend, wenn ohne Verurteilung eine Maßregel der Besserung und Sicherung oder eine Nebenfolge angeordnet worden ist.

§ 2 Entschädigung für andere Strafverfolgungsmaßnahmen

(1) Wer durch den Vollzug der Untersuchungshaft oder einer anderen Strafverfolgungsmaßnahme einen Schaden erlitten hat, wird aus der Staatskasse entschädigt, soweit er freigesprochen oder das Verfahren gegen ihn eingestellt wird oder soweit das Gericht die Eröffnung des Hauptverfahrens gegen ihn ablehnt.

(2) Andere Strafverfolgungsmaßnahmen sind

1. die einstweilige Unterbringung und die Unterbringung zur Beobachtung nach den Vorschriften der Strafprozeßordnung und des Jugendgerichtsgesetzes,
2. die vorläufige Festnahme nach § 127 Abs. 2 der Strafprozeßordnung,
3. Maßnahmen des Richters, der den Vollzug des Haftbefehls aussetzt (§ 116 der Strafprozeßordnung),
4. die Sicherstellung, die Beschlagnahme, der Vermögensarrest nach § 111e der Strafprozeßordnung und die Durchsuchung, soweit die Entschädigung nicht in anderen Gesetzen geregelt ist,
5. die vorläufige Entziehung der Fahrerlaubnis,
6. das vorläufige Berufsverbot.

(3) Als Strafverfolgungsmaßnahmen im Sinne dieser Vorschrift gelten die Auslieferungshaft, die vorläufige Auslieferungshaft, die Sicherstellung, die Beschlagnahme und die Durchsuchung, die im Ausland auf Ersuchen einer deutschen Behörde angeordnet worden sind.

§ 3 Entschädigung bei Einstellung nach Ermessensvorschrift

Wird das Verfahren nach einer Vorschrift eingestellt, die dies nach dem Ermessen des Gerichts oder der Staatsanwaltschaft zuläßt, so kann für die in § 2 genannten Strafverfolgungsmaßnahmen eine Entschädigung gewährt werden, soweit dies nach den Umständen des Falles der Billigkeit entspricht.

§ 4 Entschädigung nach Billigkeit

(1) Für die in § 2 genannten Strafverfolgungsmaßnahmen kann eine Entschädigung gewährt werden, soweit dies nach den Umständen des Falles der Billigkeit entspricht,

1. wenn das Gericht von Strafe abgesehen hat,
2. soweit die in der strafgerichtlichen Verurteilung angeordneten Rechtsfolgen geringer sind als die darauf gerichteten Strafverfolgungsmaßnahmen.

(2) Der strafgerichtlichen Verurteilung im Sinne des Absatzes 1 Nr. 2 steht es gleich, wenn die Tat nach Einleitung des Strafverfahrens nur unter dem rechtlichen Gesichtspunkt einer Ordnungswidrigkeit geahndet wird.

§ 5 Ausschluß der Entschädigung

(1) Die Entschädigung ist ausgeschlossen

1. für die erlittene Untersuchungshaft, eine andere Freiheitsentziehung und für die vorläufige Entziehung der Fahrerlaubnis, soweit deren Anrechnung auf die verhängte Strafe unterbleibt,
2. für eine Freiheitsentziehung, wenn eine freiheitsentziehende Maßregel der Besserung und Sicherung angeordnet oder von einer solchen Anordnung nur deshalb abgesehen worden ist, weil der Zweck der Maßregel bereits durch die Freiheitsentziehung erreicht ist,
3. für die vorläufige Entziehung der Fahrerlaubnis und das vorläufige Berufsverbot, wenn die Entziehung der Fahrerlaubnis oder das Berufsverbot endgültig angeordnet oder von einer solchen Anordnung nur deshalb abgesehen worden ist, weil ihre Voraussetzungen nicht mehr vorlagen,
4. für die Beschlagnahme und den Vermögensarrest (§§ 111b bis 111h der Strafprozeßordnung), wenn die Einziehung einer Sache angeordnet ist.

(2) [1]Die Entschädigung ist auch ausgeschlossen, wenn und soweit der Beschuldigte die Strafverfolgungsmaßnahme vorsätzlich oder grob fahrlässig verursacht hat. [2]Die Entschädigung wird nicht dadurch ausgeschlossen, daß der Beschuldigte sich darauf beschränkt hat, nicht zur Sache auszusagen, oder daß er unterlassen hat, ein Rechtsmittel einzulegen.

(3) Die Entschädigung ist ferner ausgeschlossen, wenn und soweit der Beschuldigte die Strafverfolgungsmaßnahme dadurch schuldhaft verursacht hat, daß er einer ordnungsgemäßen Ladung vor den Richter nicht Folge geleistet oder einer Anweisung nach § 116 Abs. 1 Nr. 1 bis 3, Abs. 3 der Strafprozeßordnung zuwidergehandelt hat.

§ 6 Versagung der Entschädigung

(1) Die Entschädigung kann ganz oder teilweise versagt werden, wenn der Beschuldigte

1. die Strafverfolgungsmaßnahme dadurch veranlaßt hat, daß er sich selbst in wesentlichen Punkten wahrheitswidrig oder im Widerspruch zu seinen späteren Erklärungen belastet oder wesentliche entlastende Umstände verschwiegen hat, obwohl er sich zur Beschuldigung geäußert hat, oder
2. wegen einer Straftat nur deshalb nicht verurteilt oder das Verfahren gegen ihn eingestellt worden ist, weil er im Zustand der Schuldunfähigkeit gehandelt hat oder weil ein Verfahrenshindernis bestand.

(2) Die Entschädigung für eine Freiheitsentziehung kann ferner ganz oder teilweise versagt werden, wenn das Gericht die für einen Jugendlichen geltenden Vorschriften anwendet und hierbei eine erlittene Freiheitsentziehung berücksichtigt.

§ 7 Umfang des Entschädigungsanspruchs

(1) Gegenstand der Entschädigung ist der durch die Strafverfolgungsmaßnahme verursachte Vermögensschaden, im Falle der Freiheitsentziehung auf Grund gerichtlicher Entscheidung auch der Schaden, der nicht Vermögensschaden ist.

(2) Entschädigung für Vermögensschaden wird nur geleistet, wenn der nachgewiesene Schaden den Betrag von fünfundzwanzig Euro übersteigt.

(3) Für den Schaden, der nicht Vermögensschaden ist, beträgt die Entschädigung 75 Euro für jeden angefangenen Tag der Freiheitsentziehung.

(4) Für einen Schaden, der auch ohne die Strafverfolgungsmaßnahme eingetreten wäre, wird keine Entschädigung geleistet.

§ 8 Entscheidung des Strafgerichts

(1) [1]Über die Verpflichtung zur Entschädigung entscheidet das Gericht in dem Urteil oder in dem Beschluß, der das Verfahren abschließt. [2]Ist die Entscheidung in der Hauptverhandlung nicht möglich, so entscheidet das Gericht nach Anhörung der Beteiligten außerhalb der Hauptverhandlung durch Beschluß.

(2) Die Entscheidung muß die Art und gegebenenfalls den Zeitraum der Strafverfolgungsmaßnahme bezeichnen, für die Entschädigung zugesprochen wird.

(3) [1]Gegen die Entscheidung über die Entschädigungspflicht ist auch im Falle der Unanfechtbarkeit der das Verfahren abschließenden Entscheidung die sofortige Beschwerde nach den Vorschriften der Strafprozeßordnung zulässig. [2]§ 464 Abs. 3 Satz 2 und 3 der Strafprozeßordnung ist entsprechend anzuwenden.

§ 9 Verfahren nach Einstellung durch die Staatsanwaltschaft

(1) [1]Hat die Staatsanwaltschaft das Verfahren eingestellt, so entscheidet das Amtsgericht am Sitz der Staatsanwaltschaft über die Entschädigungspflicht. [2]An die Stelle des Amtsgerichts tritt das Gericht, das für die Eröffnung des Hauptverfahrens zuständig gewesen wäre, wenn

1. die Staatsanwaltschaft das Verfahren eingestellt hat, nachdem sie die öffentliche Klage zurückgenommen hat,
2. der Generalbundesanwalt oder die Staatsanwaltschaft beim Oberlandesgericht das Verfahren in einer Strafsache eingestellt hat, für die das Oberlandesgericht im ersten Rechtszug zuständig ist.

[3]Die Entscheidung ergeht auf Antrag des Beschuldigten. [4]Der Antrag ist innerhalb einer Frist von einem Monat nach Zustellung der Mitteilung über die Einstellung des Verfahrens zu stellen. [5]In der Mitteilung ist der Beschuldigte über sein Antragsrecht, die Frist und das zuständige Gericht zu belehren. [6]Die Vorschriften der §§ 44 bis 46 der Strafprozeßordnung gelten entsprechend.

(2) Gegen die Entscheidung des Gerichts ist die sofortige Beschwerde nach den Vorschriften der Strafprozeßordnung zulässig.

(3) War die Erhebung der öffentlichen Klage von dem Verletzten beantragt, so ist über die Entschädigungspflicht nicht zu entscheiden, solange durch einen Antrag auf gerichtliche Entscheidung die Erhebung der öffentlichen Klage herbeigeführt werden kann.

§ 10 Anmeldung des Anspruchs; Frist

(1) [1]Ist die Entschädigungspflicht der Staatskasse rechtskräftig festgestellt, so ist der Anspruch auf Entschädigung innerhalb von sechs Monaten bei der Staatsanwaltschaft geltend zu machen, welche die Ermittlungen im ersten Rechtszug zuletzt geführt hat. [2]Der Anspruch ist ausgeschlossen, wenn der Berechtigte es schuldhaft versäumt hat, ihn innerhalb der Frist zu stellen. [3]Die Staatsanwaltschaft hat den Berechtigten über sein Antragsrecht und die Frist zu belehren. [4]Die Frist beginnt mit der Zustellung der Belehrung.

(2) [1]Über den Antrag entscheidet die Landesjustizverwaltung. [2]Eine Ausfertigung der Entscheidung ist dem Antragsteller nach den Vorschriften der Zivilprozeßordnung zuzustellen.

§ 11 Ersatzanspruch des kraft Gesetzes Unterhaltsberechtigten

(1) [1]Außer demjenigen, zu dessen Gunsten die Entschädigungspflicht der Staatskasse ausgesprochen worden ist, haben die Personen, denen er kraft Gesetzes unterhaltspflichtig war, Anspruch auf Entschädigung. [2]Ihnen ist insoweit Ersatz zu leisten, als ihnen durch die Strafverfolgungsmaßnahme der Unterhalt entzogen worden ist.

(2) [1]Sind Unterhaltsberechtigte bekannt, so soll die Staatsanwaltschaft, bei welcher der Anspruch geltend zu machen ist, sie über ihr Antragsrecht und die Frist belehren. [2]Im übrigen ist § 10 Abs. 1 anzuwenden.

§ 12 Ausschluß der Geltendmachung der Entschädigung

Der Anspruch auf Entschädigung kann nicht mehr geltend gemacht werden, wenn seit dem Ablauf des Tages, an dem die Entschädigungspflicht rechtskräftig festgestellt ist, ein Jahr verstrichen ist, ohne daß ein Antrag nach § 10 Abs. 1 gestellt worden ist.

§ 13 Rechtsweg; Beschränkung der Übertragbarkeit

(1) [1]Gegen die Entscheidung über den Entschädigungsanspruch ist der Rechtsweg gegeben. [2]Die Klage ist innerhalb von drei Monaten nach Zustellung der Entscheidung zu erheben. [3]Für die Ansprüche auf Entschädigung sind die Zivilkammern der Landgerichte ohne Rücksicht auf den Wert des Streitgegenstandes ausschließlich zuständig.

(2) Bis zur rechtskräftigen Entscheidung über den Antrag ist der Anspruch nicht übertragbar.

§ 14 Nachträgliche Strafverfolgung

(1) [1]Die Entscheidung über die Entschädigungspflicht tritt außer Kraft, wenn zuungunsten des Freigesprochenen die Wiederaufnahme des Verfahrens angeordnet oder wenn gegen den Berechtigten, gegen den das Verfahren eingestellt worden war, oder gegen den das Gericht die Eröffnung des Hauptverfahrens abgelehnt hatte, nachträglich wegen derselben Tat das Hauptverfahren eröffnet wird. [2]Eine bereits geleistete Entschädigung kann zurückgefordert werden.

(2) Ist zuungunsten des Freigesprochenen die Wiederaufnahme beantragt oder sind gegen denjenigen, gegen den das Verfahren eingestellt worden war, oder gegen den das Gericht die Eröffnung des Hauptverfahrens abgelehnt hatte, die Untersuchung oder die Ermittlungen wiederaufgenommen worden, so kann die Entscheidung über den Anspruch sowie die Zahlung der Entschädigung ausgesetzt werden.

§ 15 Ersatzpflichtige Kasse

(1) Ersatzpflichtig ist das Land, bei dessen Gericht das Strafverfahren im ersten Rechtszug anhängig war oder, wenn das Verfahren bei Gericht noch nicht anhängig war, dessen Gericht nach § 9 Abs. 1 über die Entschädigungspflicht entschieden hat.

(2) [1]Bis zum Betrag der geleisteten Entschädigung gehen die Ansprüche auf die Staatskasse über, welche dem Entschädigten gegen Dritte zustehen, weil durch deren rechtswidrige Handlungen die Strafverfolgungsmaßnahme herbeigeführt worden war. [2]Der Übergang kann nicht zum Nachteil des Berechtigten geltend gemacht werden.

§ 16 Übergangsvorschriften

[1]Ist vor Inkrafttreten dieses Gesetzes das Verfahren eingestellt oder der Beschuldigte außer Verfolgung gesetzt worden oder ist die Hauptverhandlung, in welcher die der Entscheidung über die Entschädigungspflicht zugrunde liegenden tatsächlichen Feststellungen letztmals geprüft werden konnten, vor diesem Zeitpunkt beendet worden, so sind die bisherigen Vorschriften anzuwenden. [2]Dies gilt nicht für die darin enthaltenen Beschränkungen auf Höchstbeträge. [3]Ist bei Inkrafttreten dieses Gesetzes über die Höhe des Entschädigungsanspruchs bereits gerichtlich oder außergerichtlich bestimmt worden, so hat es dabei sein Bewenden. [4]Dies gilt nicht für wiederkehrende Leistungen, soweit sie nach Inkrafttreten dieses Gesetzes fällig werden.

§ 16a Entschädigung für die Folgen einer rechtskräftigen Verurteilung, einer freiheitsentziehenden oder anderen vorläufigen Strafverfolgungsmaßnahme in der Deutschen Demokratischen Republik

[1]Die §§ 1 und 2 finden keine Anwendung auf die Folgen einer strafgerichtlichen Verurteilung, einer Maßregel oder Nebenfolge oder einer freiheitsentziehenden oder anderen vorläufigen Strafverfolgungsmaßnahme, die vor dem Wirksamwerden des Beitritts in der Deutschen Demokratischen Republik erfolgte oder angeordnet wurde. [2]Die Voraussetzungen der Entschädigung für diese Folgen richten sich nach den bis zu diesem Zeitpunkt in der Deutschen Demokratischen Republik geltenden Vorschriften über die Entschädigung für Untersuchungshaft und Strafen mit Freiheitsentzug (§§ 369 ff. der Strafprozeßordnung der Deutschen Demokratischen Republik), soweit nicht eine Rehabilitierung nach dem Strafrechtlichen Rehabilitierungsgesetz erfolgt oder ein Kassationsverfahren nach den vom 3. Oktober 1990 bis zum Inkrafttreten des Strafrechtlichen Rehabilitierungsgesetzes geltenden Vorschriften abgeschlossen ist. [3]Für Art und Höhe der Entschädigung gelten die Vorschriften des Strafrechtlichen Rehabilitierungsgesetzes entsprechend.

§§ 17–21 ***[aufgehoben]***

Sozialgesetzbuch Vierzehntes Buch – Soziale Entschädigung – (Vierzehntes Buch Sozialgesetzbuch – SGB XIV)[1)2)]

Vom 12. Dezember 2019 (BGBl. I S. 2652)
(FNA 860-14)
zuletzt geändert durch Art. 1 VO zur Anpassung der Entschädigungszahlungen nach dem Vierzehnten Buch Sozialgesetzbuch vom 17. Juni 2024 (BGBl. 2024 I Nr. 195)
– Auszug –

Inhaltsübersicht (Auszug)

Kapitel 1
Allgemeine Vorschriften

§ 1 Aufgabe und Anwendungsbereich der Sozialen Entschädigung

(1) Die Soziale Entschädigung unterstützt Menschen, die durch ein schädigendes Ereignis, für das die staatliche Gemeinschaft eine besondere Verantwortung trägt, eine gesundheitliche Schädigung erlitten haben, bei der Bewältigung der dadurch entstandenen Folgen.
(2) Schädigende Ereignisse sind:
1. Gewalttaten nach Kapitel 2 Abschnitt 2 Unterabschnitt 1,
2. Kriegsauswirkungen beider Weltkriege nach Kapitel 2 Abschnitt 2 Unterabschnitt 2 sowie

---

1) Verkündet als Art. 1 G v. 12.12.2019 (BGBl. I S. 2652); Inkrafttreten gem. Art. 60 Abs. 7 dieses G überwiegend am 1.1.2024. Gem. Art. 60 Abs. 3 dieses G sind die §§ 38, 40, 91, 109 und 113 Absatz 6 am 20.12.2019, gem. Art. 60 Abs. 5 dieses G sind die §§ 2, 31 bis 37, 111, 112, 115, 116 und 138 Absatz 7 am 1.1.2021 in Kraft getreten.
2) Ein Teil der Änderungen durch G v. 22.12.2023 (BGBl. I 2024 Nr. 408) tritt erst mWv 1.1.2025 in Kraft und ist insoweit in § 8 entsprechend gekennzeichnet.

3. Ereignisse im Zusammenhang mit der Ableistung des Zivildienstes nach Kapitel 2 Abschnitt 2 Unterabschnitt 3 sowie
4. Schutzimpfungen oder andere Maßnahmen der spezifischen Prophylaxe nach Kapitel 2 Abschnitt 2 Unterabschnitt 4,

die eine gesundheitliche Schädigung verursacht haben.

(3) Das schädigende Ereignis kann ein zeitlich begrenztes, ein wiederkehrendes oder ein über längere Zeit einwirkendes Ereignis sein.

§ 2 Berechtigte der Sozialen Entschädigung

(1) Berechtigte sind Geschädigte sowie deren Angehörige, Hinterbliebene und Nahestehende.

(2) Geschädigte sind Personen, die durch ein schädigendes Ereignis nach diesem Buch unmittelbar eine gesundheitliche Schädigung erlitten haben.

(3) [1]Angehörige sind Ehegatten sowie Kinder und Eltern von Geschädigten. [2]Als Kinder gelten auch in den Haushalt Geschädigter aufgenommene Stiefkinder sowie Pflegekinder im Sinne des § 2 Absatz 1 Satz 1 Nummer 2 des Bundeskindergeldgesetzes.

(4) [1]Hinterbliebene sind

1. Witwen, Witwer und Waisen,
2. Eltern sowie
3. Betreuungsunterhaltsberechtigte

einer an den Folgen einer Schädigung verstorbenen Person. [2]Als Waisen gelten auch in den Haushalt der an den Folgen einer Schädigung verstorbenen Person aufgenommene Stiefkinder sowie Pflegekinder im Sinne des § 2 Absatz 1 Satz 1 Nummer 2 des Bundeskindergeldgesetzes.

(5) Nahestehende sind Geschwister sowie Personen, die mit Geschädigten eine Lebensgemeinschaft führen, die der Ehe ähnlich ist.

§ 3 Leistungen der Sozialen Entschädigung

Die Soziale Entschädigung umfasst:

1. Leistungen des Fallmanagements und Leistungen in einer Traumaambulanz als Schnelle Hilfen nach Kapitel 4,
2. die Krankenbehandlung der Sozialen Entschädigung nach Kapitel 5,
3. Leistungen zur Teilhabe nach Kapitel 6,
4. Leistungen bei Pflegebedürftigkeit nach Kapitel 7,
5. Leistungen bei Blindheit nach Kapitel 8,
6. Entschädigungszahlungen nach Kapitel 9,
7. den Berufsschadensausgleich nach Kapitel 10,
8. Besondere Leistungen im Einzelfall nach Kapitel 11,
9. Leistungen bei Überführung und Bestattung nach Kapitel 12,
10. den Ausgleich in Härtefällen nach Kapitel 13,
11. Leistungen bei Wohnsitz oder gewöhnlichem Aufenthalt im Ausland nach Kapitel 14 sowie
12. Leistungen nach den Vorschriften zu Besitzständen nach Kapitel 23.

Kapitel 2

Anspruch auf Leistungen der Sozialen Entschädigung

Abschnitt 1

Allgemeine Voraussetzungen

§ 4 Anspruch auf Leistungen für Geschädigte

(1) [1]Geschädigte haben Anspruch auf Leistungen der Sozialen Entschädigung wegen der anerkannten gesundheitlichen und der wirtschaftlichen Folgen einer gesundheitlichen Schädigung, die ursächlich auf ein schädigendes Ereignis zurückzuführen ist. [2]Das Vorliegen der in Satz 1 genannten Anspruchsvoraussetzungen ist auf Antrag festzustellen.

(2) Ein Anspruch entsprechend Absatz 1 besteht auch bei gesundheitlichen Schädigungen, die

1. herbeigeführt worden sind durch einen Unfall von Geschädigten

a) auf einem Hin- oder Rückweg, der notwendig ist, um Leistungen nach diesem Buch in Anspruch zu nehmen,
b) bei Inanspruchnahme der ihnen nach diesem Buch zustehenden Leistungen oder
c) bei der unverzüglichen Erstattung einer Strafanzeige oder auf dem Hin- oder Rückweg hiervon,
2. eine Person bei einem Unfall im Sinne von Nummer 1 bei der notwendigen Begleitung einer geschädigten Person erleidet.

(3) Ein Anspruch entsprechend Absatz 1 besteht auch bei Beschädigung oder Verlust eines im oder am Körper getragenen Hilfsmittels.

(4) [1]Zur Anerkennung einer Gesundheitsstörung als Schädigungsfolge genügt die Wahrscheinlichkeit des ursächlichen Zusammenhangs. [2]Sie ist gegeben, wenn nach dem aktuellen Stand der medizinischen Wissenschaft mehr für als gegen einen ursächlichen Zusammenhang spricht.

(5) Bei psychischen Gesundheitsstörungen wird die Wahrscheinlichkeit des ursächlichen Zusammenhangs im Einzelfall vermutet, wenn diejenigen medizinischen Tatsachen vorliegen, die nach den Erfahrungen der medizinischen Wissenschaft geeignet sind, einen Ursachenzusammenhang zwischen einem nach Art und Schwere geeigneten schädigenden Ereignis und der gesundheitlichen Schädigung und der Schädigungsfolge zu begründen und diese Vermutung nicht durch einen anderen Kausalverlauf widerlegt wird.

(6) [1]Wenn die zur Anerkennung einer Gesundheitsstörung als Schädigungsfolge erforderliche Wahrscheinlichkeit nur deshalb nicht gegeben ist, weil über die Ursache der Gesundheitsstörung in der medizinischen Wissenschaft Ungewissheit besteht, kann mit Zustimmung des Bundesministeriums für Arbeit und Soziales die Gesundheitsstörung als Schädigungsfolge anerkannt werden. [2]In den Fällen nach Kapitel 2 Abschnitt 2 Unterabschnitt 4 tritt an die Stelle der Zustimmung des Bundesministeriums für Arbeit und Soziales die Zustimmung der zuständigen obersten Landesbehörde. [3]Die Zustimmung kann allgemein erteilt werden.

§ 5 Grad der Schädigungsfolgen, Verordnungsermächtigung

(1) [1]Der Grad der Schädigungsfolgen ist nach den allgemeinen Auswirkungen der körperlichen, seelischen, geistigen oder Sinnesbeeinträchtigungen, die durch die als Schädigungsfolge anerkannten Gesundheitsstörungen bedingt sind, in allen Lebensbereichen zu beurteilen. [2]Er ist nach Zehnergraden von zehn bis 100 zu bemessen. [3]Ein bis zu fünf Grad geringerer Grad der Schädigungsfolgen wird vom höheren Zehnergrad mit umfasst. [4]Vorübergehende Gesundheitsstörungen sind nicht zu berücksichtigen. [5]Als vorübergehend gilt ein Zeitraum von bis zu sechs Monaten. [6]Bei geschädigten Kindern und Jugendlichen ist der Grad der Schädigungsfolgen nach dem Grad zu bemessen, der sich bei Erwachsenen mit gleicher Gesundheitsstörung ergibt, soweit damit keine Schlechterstellung der Kinder und Jugendlichen verbunden ist.

(2) Das Bundesministerium für Arbeit und Soziales wird ermächtigt, durch Rechtsverordnung mit Zustimmung des Bundesrates
1. die Grundsätze aufzustellen, die für die Bewertung des Grades der Schädigungsfolgen im Sinne des Absatzes 1 maßgebend sind,
2. die Grundsätze aufzustellen, die für die Anerkennung einer Gesundheitsstörung als Schädigungsfolge nach § 4 Absatz 4 bis 6 maßgebend sind sowie
3. das Verfahren für die Aufstellung und Fortentwicklung der in Nummer 1 und 2 genannten Grundsätze zu regeln.

§ 6 Anspruch auf Leistungen für Angehörige, Hinterbliebene und Nahestehende

(1) Angehörige, Hinterbliebene und Nahestehende erhalten Schnelle Hilfen nach Maßgabe der Vorschriften des Kapitels 4 sowie besondere psychotherapeutische Leistungen nach § 43 Absatz 2 Nummer 1 in Verbindung mit § 43 Absatz 4.

(2) Hinterbliebene erhalten darüber hinaus Leistungen zur Teilhabe am Arbeitsleben nach § 63 Absatz 3, Entschädigungszahlungen an Hinterbliebene nach Kapitel 9 Abschnitt 2, Leistungen zum Lebensunterhalt nach § 93 Absatz 1 Satz 2 und die Leistung zur Förderung einer Ausbildung nach § 94.

§ 7 Anspruch auf Leistungen für Ausländerinnen und Ausländer

Ausländerinnen und Ausländer haben dieselben Ansprüche wie Deutsche.

§ 8 Konkurrenz von Ansprüchen

(1) [1]Berechtigte haben wegen eines schädigenden Ereignisses nach diesem Buch gegen den Bund oder die Länder nur die auf diesem Buch beruhenden Ansprüche. [2]Jedoch finden die Vorschriften der beamtenrechtlichen Unfallfürsorge in der jeweils geltenden Fassung Anwendung. [3]Trifft ein Entschädigungsanspruch aufgrund eines schädigenden Ereignisses nach Kapitel 2 Abschnitt 2 Unterabschnitt 1 mit einem

Schadensersatzanspruch aufgrund fahrlässiger Amtspflichtverletzung zusammen, so wird der Anspruch nach § 839 Absatz 1 des Bürgerlichen Gesetzbuchs nicht dadurch ausgeschlossen, dass die Voraussetzungen für den Entschädigungsanspruch bestehen.

(2) [1]Treffen Ansprüche aus mehreren schädigenden Ereignissen nach § 1 Absatz 2 zusammen, so ist ein einheitlicher Grad der Schädigungsfolgen festzusetzen. [2]Dies gilt auch, wenn Ansprüche aus diesem Gesetz mit Ansprüchen aus anderen Gesetzen, die eine entsprechende Anwendung dieses Gesetzes vorsehen, zusammentreffen.

(3) [1]Ansprüche nach dem Siebten Buch, ***[bis 31.12.2024:*** nach dem Soldatenversorgungsgesetz***]*** ***[ab 1.1.2025:*** *nach dem Soldatenentschädigungsgesetz* ***]*** oder nach der beamtenrechtlichen Unfallfürsorge gehen den Ansprüchen nach diesem Buch vor, soweit beide Ansprüche auf derselben Ursache beruhen. [2]Der Anspruch auf Leistungen nach diesem Buch ruht in Höhe der Versorgung aus der gesetzlichen Unfallversicherung oder ***[bis 31.12.2024:*** nach dem Soldatenversorgungsgesetz***]*** ***[ab 1.1.2025:*** *nach dem Soldatenentschädigungsgesetz* ***]*** und in Höhe des Unterschiedsbetrags zwischen einer Versorgung nach allgemeinen beamtenrechtlichen Bestimmungen und aus der beamtenrechtlichen Unfallfürsorge, soweit beide Ansprüche auf derselben Ursache beruhen.

§ 9 Ausschluss der Pfändbarkeit von Ansprüchen

Ansprüche auf Entschädigungszahlungen nach Kapitel 9 und die Geldleistung nach § 144 können nicht gepfändet werden.

§ 10 Antragserfordernis

(1) Leistungen der Sozialen Entschädigung werden auf Antrag erbracht, soweit dieses Buch nichts Abweichendes regelt.

(2) [1]Von Amts wegen werden Besondere Leistungen im Einzelfall nach Kapitel 11 erbracht. [2]Hiervon ausgenommen ist die Leistung nach § 94.

(3) Von Amts wegen können erbracht werden:

1. Leistungen der Krankenbehandlung nach Kapitel 5,
2. Leistungen zur Teilhabe am Arbeitsleben nach § 63,
3. Leistungen zur Teilhabe an Bildung nach § 65 und
4. Leistungen zur Sozialen Teilhabe nach § 66.

(4) Sind Geschädigte gesetzlich krankenversichert, gelten Anträge auf Leistungen nach Kapitel 5 zugleich als Anträge auf die entsprechenden Leistungen ihrer Krankenkasse, Anträge auf Leistungen ihrer Krankenkasse zugleich als Anträge auf die entsprechenden Leistungen nach Kapitel 5.

(5) [1]Für Leistungen der Traumaambulanz genügt es, wenn unverzüglich nach der zweiten Sitzung ein Antrag gestellt wird. [2]Bei Kontaktaufnahme des Fallmanagements mit möglicherweise berechtigten Personen genügt es, wenn nach der Kontaktaufnahme ein Antrag gestellt wird.

(6) Der Antrag auf Leistungen der Sozialen Entschädigung als Opfer einer Gewalttat nach Abschnitt 2 Unterabschnitt 1 kann auch gestellt werden über eine Unterstützungsbehörde eines anderen Mitgliedstaates der Europäischen Union im Sinne des Artikels 3 Absatz 1 der Richtlinie 2004/80/EG des Rates vom 29. April 2004 zur Entschädigung der Opfer von Straftaten (ABl. L 261 vom 6.8.2004, S. 15).

§ 11 Beginn der Leistungserbringung, Kostenregelung für die erste Inanspruchnahme Schneller Hilfen

(1) Leistungen, die auf Antrag erbracht werden, sind ab dem Monat zu erbringen, in dem die Voraussetzungen für die Inanspruchnahme vorliegen, frühestens ab dem Monat, in dem der Antrag auf diese Leistungen gestellt wird.

(2) [1]Abweichend von Absatz 1 sind für Zeiträume vor der Antragstellung Leistungen zu erbringen, wenn der Antrag innerhalb eines Jahres nach dem schädigenden Ereignis gestellt war. [2]War die anspruchsberechtigte Person ohne ihr Verschulden an der Antragstellung verhindert, so verlängert sich diese Frist um den Zeitraum der Verhinderung.

(3) Leistungen, die von Amts wegen erbracht werden, sind frühestens ab dem Monat zu erbringen, in dem der zuständigen Behörde die der Leistung zugrundeliegenden Tatsachen bekannt geworden sind.

(4) [1]Leistungen der Schnellen Hilfen werden für Zeiträume vor der Antragstellung nicht erbracht. [2]Dies gilt nicht für die Inanspruchnahme der ersten beiden Sitzungen in der Traumaambulanz sowie die Kontaktaufnahme des Fallmanagements mit möglicherweise berechtigten Personen.

(5) Die Kosten für die ersten beiden Sitzungen in der Traumaambulanz sowie die erste Kontaktaufnahme durch das Fallmanagement werden auch dann getragen, wenn Ansprüche nach diesem Buch nicht bestehen, auch nicht im Erleichterten Verfahren nach § 115.

§ 12 Übernahme der Aufwendungen für Dolmetscherinnen und Dolmetscher, Übersetzerinnen und Übersetzer sowie Kommunikationshilfen

(1) [1]Bei der Ausführung von Leistungen nach diesem Buch und im Verwaltungsverfahren werden notwendige Aufwendungen für Dolmetscherinnen und Dolmetscher sowie Übersetzerinnen und Übersetzer von dem Träger der Sozialen Entschädigung getragen, wenn eine berechtigte oder antragstellende Person ihren gewöhnlichen Aufenthalt seit weniger als fünf Jahren im Geltungsbereich dieses Buches hat. [2]Für Leistungen in einer Traumaambulanz und psychotherapeutische Leistungen nach Kapitel 5 beträgt diese Frist zehn Jahre.

(2) Hat eine antragstellende oder berechtigte Person ihren gewöhnlichen Aufenthalt im Ausland, werden notwendige Aufwendungen für Übersetzerinnen und Übersetzer bei der Antragstellung nach diesem Buch von dem Träger der Sozialen Entschädigung getragen.

(3) Bei der Ausführung von Leistungen nach diesem Buch und im Verwaltungsverfahren werden notwendige Aufwendungen für Kommunikationshilfen nach Maßgabe des § 9 des Behindertengleichstellungsgesetzes in Verbindung mit der Kommunikationshilfenverordnung übernommen.

Abschnitt 2

Entschädigungstatbestände

Unterabschnitt 1

Gewalttaten

§ 13 Opfer von Gewalttaten

(1) Als Opfer einer Gewalttat erhält bei Vorliegen der Voraussetzungen nach § 4 Absatz 1 Leistungen der Sozialen Entschädigung, wer im Inland oder auf einem deutschen Schiff oder in einem deutschen Luftfahrzeug eine gesundheitliche Schädigung erlitten hat durch

1. einen vorsätzlichen, rechtswidrigen, unmittelbar gegen ihre oder seine Person gerichteten tätlichen Angriff (körperliche Gewalttat) oder durch dessen rechtmäßige Abwehr oder
2. ein sonstiges vorsätzliches, rechtswidriges, unmittelbar gegen die freie Willensentscheidung einer Person gerichtetes schwerwiegendes Verhalten (psychische Gewalttat).

(2) Ein Verhalten im Sinne von Absatz 1 Nummer 2 ist in der Regel schwerwiegend, wenn es den Tatbestand des sexuellen Missbrauchs (§§ 174 bis 176d des Strafgesetzbuchs), des sexuellen Übergriffs, der sexuellen Nötigung, der Vergewaltigung (§§ 177 und 178 des Strafgesetzbuchs), des Menschenhandels (§§ 232 bis 233a des Strafgesetzbuchs), der Nachstellung (§ 238 Absatz 2 und 3 des Strafgesetzbuchs), der Geiselnahme (§ 239b des Strafgesetzbuchs) oder der räuberischen Erpressung (§ 255 des Strafgesetzbuchs) erfüllt oder von mindestens vergleichbarer Schwere ist.

§ 14 Gleichstellungen

(1) Einer Gewalttat stehen gleich:

1. die vorsätzliche Beibringung von Gift,
2. das Fehlgehen der Gewalttat, so dass sie eine andere Person trifft als die Person, gegen die sie gerichtet war,
3. ein Angriff in der irrtümlichen Annahme des Vorliegens eines Rechtfertigungsgrundes,
4. die wenigstens fahrlässige Herbeiführung einer Gefahr für Leib und Leben eines anderen durch ein mit gemeingefährlichen Mitteln begangenes Verbrechen,
5. die erhebliche Vernachlässigung von Kindern und
6. die Herstellung, Verbreitung und öffentliche Zugänglichmachung von Kinderpornografie nach § 184b Absatz 1 Satz 1 Nummer 1, 3 und 4 des Strafgesetzbuchs.

(2) [1]Den Opfern von Gewalttaten stehen Personen gleich, die in Folge des Miterlebens der Tat oder des Auffindens des Opfers eine gesundheitliche Schädigung erlitten haben. [2]Den Opfern von Gewalttaten stehen weiterhin Personen gleich, die durch die Überbringung der Nachricht vom Tode oder der schwerwiegenden Verletzung des Opfers eine gesundheitliche Schädigung erlitten haben, wenn zwischen diesen Personen und dem Opfer im Sinne des § 13 oder des Absatzes 1 eine enge emotionale Beziehung besteht. [3]Eine solche Beziehung besteht in der Regel mit Angehörigen und Nahestehenden.

§ 15 Anspruch auf Leistungen bei Gewalttaten im Ausland

[1]Personen, die durch ein schädigendes Ereignis nach den §§ 13 und 14 im Ausland eine gesundheitliche Schädigung erleiden, erhalten wegen der gesundheitlichen und wirtschaftlichen Folgen auf Antrag Leistungen nach Maßgabe des § 102, wenn sie

1. ihren gewöhnlichen und rechtmäßigen Aufenthalt im Geltungsbereich dieses Gesetzes haben und
2. sich zum Tatzeitpunkt für einen vorübergehenden Zeitraum von längstens sechs Monaten außerhalb des Geltungsbereichs dieses Gesetzes aufgehalten haben.

[2]Die Frist nach Satz 1 Nummer 2 verlängert sich auf ein Jahr, wenn der Auslandsaufenthalt dem Besuch einer Schule, Hochschule, der Berufsausbildung oder der Leistung eines freiwilligen Dienstes im Sinne des § 32 Absatz 4 Satz 1 Nummer 2 Buchstabe d des Einkommensteuergesetzes dient.

§ 16 Ausschluss von Ansprüchen und Leistungen

(1) Von Ansprüchen nach diesem Buch ist ausgeschlossen, wer das schädigende Ereignis in vorwerfbarer Weise verursacht hat.

(2) Leistungen sind so zu erbringen, dass sie nicht der Person wirtschaftlich zugutekommen, die das schädigende Ereignis verursacht hat.

§ 17 Versagung von Leistungen

(1) Leistungen sind zu versagen, wenn es aus in dem eigenen Verhalten der Antragstellerin oder des Antragstellers liegenden Gründen unbillig wäre, Leistungen der Sozialen Entschädigung zu erbringen.

(2) Leistungen können ganz oder teilweise versagt werden, wenn Geschädigte es unterlassen haben, das ihnen Mögliche und Zumutbare zur Aufklärung des Sachverhalts und zur Verfolgung der Täterin oder des Täters beizutragen.

§ 18 Ansprüche bei Gebrauch eines Kraftfahrzeugs

Wird eine Gewalttat im Sinne des § 13 durch den Gebrauch eines Kraftfahrzeugs oder eines Anhängers verübt, werden Leistungen nach diesem Buch erbracht.

§ 19 Ausschluss von Ansprüchen und Leistungen für Angehörige, Hinterbliebene und Nahestehende, Konkurrenzen

(1) Angehörige, Hinterbliebene und Nahestehende sind von Ansprüchen nach diesem Buch ausgeschlossen, wenn die Voraussetzungen des § 16 in der eigenen Person oder in der Person der oder des Geschädigten vorliegen.

(2) § 18 gilt entsprechend.

§ 20 Versagung von Leistungen für Angehörige, Hinterbliebene und Nahestehende

(1) Leistungen für Angehörige, Hinterbliebene und Nahestehende sind zu versagen, wenn die Voraussetzungen des § 17 Absatz 1 in der eigenen Person oder in der Person der oder des Geschädigten vorliegen.

(2) Leistungen für Angehörige, Hinterbliebene und Nahestehende können ganz oder teilweise versagt werden, wenn die Voraussetzungen des § 17 Absatz 2 in der eigenen Person oder in der Person der oder des Geschädigten vorliegen.

Gerichtskostengesetz (GKG)[1]

In der Fassung der Bekanntmachung vom 27. Februar 2014[2] (BGBl. I S. 154)
(FNA 360-7)

zuletzt geändert durch Art. 6 Zweites G zur Reform des Kapitalanleger-MusterverfahrensG vom 16. Juli 2024 (BGBl. 2024 I Nr. 240)

– Auszug –

Inhaltsübersicht (Auszug)

1) Die Änderungen durch G v. 15.7.2024 (BGBl. 2024 I Nr. 236) treten erst **mWv 1.1.2025** in Kraft und sind im Text entsprechend gekennzeichnet.

2) Neubekanntmachung des GKG v. 5.5.2004 (BGBl. I S. 718) in der ab 1.1.2014 geltenden Fassung.

Abschnitt 1

Allgemeine Vorschriften

§ 1 Geltungsbereich

(1) [1]Für Verfahren vor den ordentlichen Gerichten

1. nach der Zivilprozessordnung, einschließlich des Mahnverfahrens nach § 113 Absatz 2 des Gesetzes über das Verfahren in Familiensachen und in den Angelegenheiten der freiwilligen Gerichtsbarkeit und der Verfahren nach dem Gesetz über das Verfahren in Familiensachen und in den Angelegenheiten der freiwilligen Gerichtsbarkeit, soweit das Vollstreckungs- oder Arrestgericht zuständig ist;
2. nach der Insolvenzordnung und dem Einführungsgesetz zur Insolvenzordnung;
3. nach der Schifffahrtsrechtlichen Verteilungsordnung;

3a. nach dem Unternehmensstabilisierungs- und -restrukturierungsgesetz;

4. nach dem Gesetz über die Zwangsversteigerung und die Zwangsverwaltung;
5. nach der Strafprozessordnung;
6. nach dem Jugendgerichtsgesetz;
7. nach dem Gesetz über Ordnungswidrigkeiten;
8. nach dem Strafvollzugsgesetz, auch in Verbindung mit § 92 des Jugendgerichtsgesetzes;
9. nach dem Gesetz gegen Wettbewerbsbeschränkungen;

9a. nach dem Agrarorganisationen-und-Lieferketten-Gesetz;

10. nach dem Wertpapiererwerbs- und Übernahmegesetz, soweit dort nichts anderes bestimmt ist;
11. nach dem Wertpapierhandelsgesetz;
12. nach dem Anerkennungs- und Vollstreckungsausführungsgesetz;
13. nach dem Auslandsunterhaltsgesetz, soweit das Vollstreckungsgericht zuständig ist;
14. für Rechtsmittelverfahren vor dem Bundesgerichtshof nach dem Patentgesetz, dem Gebrauchsmustergesetz, dem Markengesetz, dem Designgesetz, dem Halbleiterschutzgesetz und dem Sortenschutzgesetz (Rechtsmittelverfahren des gewerblichen Rechtsschutzes);
15. nach dem Energiewirtschaftsgesetz;
16. nach dem Kapitalanleger-Musterverfahrensgesetz;
17. nach dem EU-Verbraucherschutzdurchführungsgesetz;

17a. nach dem Verbraucherrechtedurchsetzungsgesetz;

18. nach Abschnitt 2 Unterabschnitt 2 des Neunten Teils des Gesetzes über die internationale Rechtshilfe in Strafsachen sowie nach dem Deutsch-Schweizerischer-Polizeivertrag-Umsetzungsgesetz;
19. nach dem Kohlendioxid-Speicherungsgesetz;
20. nach Abschnitt 3 des Internationalen Erbrechtsverfahrensgesetzes vom 29. Juni 2015 (BGBl. I S. 1042);
21. nach dem Zahlungskontengesetz und
22. nach dem Wettbewerbsregistergesetz

werden Kosten (Gebühren und Auslagen) nur nach diesem Gesetz erhoben. [2]Satz 1 Nummer 1, 6 und 12 gilt nicht in Verfahren, in denen Kosten nach dem Gesetz über Gerichtskosten in Familiensachen zu erheben sind.

(2) Dieses Gesetz ist ferner anzuwenden für Verfahren

1. vor den Gerichten der Verwaltungsgerichtsbarkeit nach der Verwaltungsgerichtsordnung;
2. vor den Gerichten der Finanzgerichtsbarkeit nach der Finanzgerichtsordnung;
3. vor den Gerichten der Sozialgerichtsbarkeit nach dem Sozialgerichtsgesetz, soweit nach diesem Gesetz das Gerichtskostengesetz anzuwenden ist;
4. vor den Gerichten für Arbeitssachen nach dem Arbeitsgerichtsgesetz und
5. vor den Staatsanwaltschaften nach der Strafprozessordnung, dem Jugendgerichtsgesetz und dem Gesetz über Ordnungswidrigkeiten.

(3) Dieses Gesetz gilt auch für Verfahren nach

1. der Verordnung (EG) Nr. 861/2007 des Europäischen Parlaments und des Rates vom 11. Juli 2007 zur Einführung eines europäischen Verfahrens für geringfügige Forderungen,
2. der Verordnung (EG) Nr. 1896/2006 des Europäischen Parlaments und des Rates vom 12. Dezember 2006 zur Einführung eines Europäischen Mahnverfahrens,
3. der Verordnung (EU) Nr. 1215/2012 des Europäischen Parlaments und des Rates vom 12. Dezember 2012 über die gerichtliche Zuständigkeit und die Anerkennung und Vollstreckung von Entscheidungen in Zivil- und Handelssachen,

4. der Verordnung (EU) Nr. 655/2014 des Europäischen Parlaments und des Rates vom 15. Mai 2014 zur Einführung eines Verfahrens für einen Europäischen Beschluss zur vorläufigen Kontenpfändung im Hinblick auf die Erleichterung der grenzüberschreitenden Eintreibung von Forderungen in Zivil- und Handelssachen, wenn nicht das Familiengericht zuständig ist und
5. der Verordnung (EU) 2015/848 des Europäischen Parlaments und des Rates vom 20. Mai 2015 über Insolvenzverfahren.

(4) Kosten nach diesem Gesetz werden auch erhoben für Verfahren über eine Beschwerde, die mit einem der in den Absätzen 1 bis 3 genannten Verfahren im Zusammenhang steht.

(5) Die Vorschriften dieses Gesetzes über die Erinnerung und die Beschwerde gehen den Regelungen der für das zugrunde liegende Verfahren geltenden Verfahrensvorschriften vor.

§ 3 Höhe der Kosten

(1) Die Gebühren richten sich nach dem Wert des Streitgegenstands (Streitwert), soweit nichts anderes bestimmt ist.

(2) Kosten werden nach dem Kostenverzeichnis der Anlage 1 zu diesem Gesetz erhoben.

§ 4 Verweisungen

(1) Verweist ein erstinstanzliches Gericht oder ein Rechtsmittelgericht ein Verfahren an ein erstinstanzliches Gericht desselben oder eines anderen Zweiges der Gerichtsbarkeit, ist das frühere erstinstanzliche Verfahren als Teil des Verfahrens vor dem übernehmenden Gericht zu behandeln.

(2) [1]Mehrkosten, die durch Anrufung eines Gerichts entstehen, zu dem der Rechtsweg nicht gegeben oder das für das Verfahren nicht zuständig ist, werden nur dann erhoben, wenn die Anrufung auf verschuldeter Unkenntnis der tatsächlichen oder rechtlichen Verhältnisse beruht. [2]Die Entscheidung trifft das Gericht, an das verwiesen worden ist.

§ 5 Verjährung, Verzinsung

(1) [1]Ansprüche auf Zahlung von Kosten verjähren in vier Jahren nach Ablauf des Kalenderjahrs, in dem das Verfahren durch rechtskräftige Entscheidung über die Kosten, durch Vergleich oder in sonstiger Weise beendet ist. [2]Für die Ansprüche auf Zahlung von Auslagen des erstinstanzlichen Musterverfahrens nach dem Kapitalanleger-Musterverfahrensgesetz beginnt die Frist frühestens mit dem rechtskräftigen Abschluss des Musterverfahrens.

(2) [1]Ansprüche auf Rückerstattung von Kosten verjähren in vier Jahren nach Ablauf des Kalenderjahrs, in dem die Zahlung erfolgt ist. [2]Die Verjährung beginnt jedoch nicht vor dem in Absatz 1 bezeichneten Zeitpunkt. [3]Durch Einlegung eines Rechtsbehelfs mit dem Ziel der Rückerstattung wird die Verjährung wie durch Klageerhebung gehemmt.

(3) [1]Auf die Verjährung sind die Vorschriften des Bürgerlichen Gesetzbuchs anzuwenden; die Verjährung wird nicht von Amts wegen berücksichtigt. [2]Die Verjährung der Ansprüche auf Zahlung von Kosten beginnt auch durch die Aufforderung zur Zahlung oder durch eine dem Schuldner mitgeteilte Stundung erneut. [3]Ist der Aufenthalt des Kostenschuldners unbekannt, genügt die Zustellung durch Aufgabe zur Post unter seiner letzten bekannten Anschrift. [4]Bei Kostenbeträgen unter 25 Euro beginnt die Verjährung weder erneut noch wird sie gehemmt.

(4) Ansprüche auf Zahlung und Rückerstattung von Kosten werden vorbehaltlich der nach Nummer 9018 des Kostenverzeichnisses für das erstinstanzliche Musterverfahren nach dem Kapitalanleger-Musterverfahrensgesetz geltenden Regelung nicht verzinst.

§ 5a Elektronische Akte, elektronisches Dokument

In Verfahren nach diesem Gesetz sind die verfahrensrechtlichen Vorschriften über die elektronische Akte und über das elektronische Dokument anzuwenden, die für das dem kostenrechtlichen Verfahren zugrunde liegende Verfahren gelten.

§ 5b Rechtsbehelfsbelehrung

Jede Kostenrechnung und jede anfechtbare Entscheidung hat eine Belehrung über den statthaften Rechtsbehelf sowie über die Stelle, bei der dieser Rechtsbehelf einzulegen ist, über deren Sitz und über die einzuhaltende Form und Frist zu enthalten.

Abschnitt 2
Fälligkeit

§ 8 Strafsachen, Bußgeldsachen
[1]In Strafsachen werden die Kosten, die dem verurteilten Beschuldigten zur Last fallen, erst mit der Rechtskraft des Urteils fällig. [2]Dies gilt in gerichtlichen Verfahren nach dem Gesetz über Ordnungswidrigkeiten entsprechend.

Abschnitt 3
Vorschuss und Vorauszahlung

§ 10 Grundsatz für die Abhängigmachung
In weiterem Umfang als die Prozessordnungen und dieses Gesetz es gestatten, darf die Tätigkeit der Gerichte von der Sicherstellung oder Zahlung der Kosten nicht abhängig gemacht werden.

§ 16 Privatklage, Nebenklage
(1) [1]Der Privatkläger hat, wenn er Privatklage erhebt, Rechtsmittel einlegt, die Wiederaufnahme beantragt oder das Verfahren nach den §§ 435 bis 437 der Strafprozessordnung betreibt, für den jeweiligen Rechtszug einen Betrag in Höhe der entsprechenden in den Nummern 3311, 3321, 3331, 3340, 3410, 3431, 3441 oder 3450 des Kostenverzeichnisses bestimmten Gebühr als Vorschuss zu zahlen. [2]Der Widerkläger ist zur Zahlung eines Gebührenvorschusses nicht verpflichtet.
(2) [1]Der Nebenkläger hat, wenn er Rechtsmittel einlegt oder die Wiederaufnahme beantragt, für den jeweiligen Rechtszug einen Betrag in Höhe der entsprechenden in den Nummern 3511, 3521 oder 3530 des Kostenverzeichnisses bestimmten Gebühr als Vorschuss zu zahlen. [2]Wenn er im Verfahren nach den §§ 435 bis 437 der Strafprozessordnung Rechtsmittel einlegt oder die Wiederaufnahme beantragt, hat er für den jeweiligen Rechtszug einen Betrag in Höhe der entsprechenden in den Nummern 3431, 3441 oder 3450 des Kostenverzeichnisses bestimmten Gebühr als Vorschuss zu zahlen.

§ 17 Auslagen
(1) [1]Wird die Vornahme einer Handlung, mit der Auslagen verbunden sind, beantragt, hat derjenige, der die Handlung beantragt hat, einen zur Deckung der Auslagen hinreichenden Vorschuss zu zahlen. [2]Das Gericht soll die Vornahme der Handlung von der vorherigen Zahlung abhängig machen.
(2) Die Herstellung und Überlassung von Dokumenten auf Antrag sowie die Versendung von Akten können von der vorherigen Zahlung eines die Auslagen deckenden Vorschusses abhängig gemacht werden.
(3) Bei Handlungen, die von Amts wegen vorgenommen werden, kann ein Vorschuss zur Deckung der Auslagen erhoben werden.
(4) [1]Absatz 1 gilt nicht in Musterverfahren nach dem Kapitalanleger-Musterverfahrensgesetz, für die Anordnung einer Haft und in Strafsachen nur für den Privatkläger, den Widerkläger sowie für den Nebenkläger, der Berufung oder Revision eingelegt hat. [2]Absatz 2 gilt nicht in Strafsachen und in gerichtlichen Verfahren nach dem Gesetz über Ordnungswidrigkeiten, wenn der Beschuldigte oder sein Beistand Antragsteller ist. [3]Absatz 3 gilt nicht in Strafsachen, in gerichtlichen Verfahren nach dem Gesetz über Ordnungswidrigkeiten sowie in Verfahren über einen Schuldenbereinigungsplan (§ 306 der Insolvenzordnung).

§ 18 Fortdauer der Vorschusspflicht
[1]Die Verpflichtung zur Zahlung eines Vorschusses bleibt bestehen, auch wenn die Kosten des Verfahrens einem anderen auferlegt oder von einem anderen übernommen sind. [2]§ 31 Absatz 2 gilt entsprechend.

Abschnitt 4
Kostenansatz

§ 19 Kostenansatz
(1) [1]Außer in Strafsachen und in gerichtlichen Verfahren nach dem Gesetz über Ordnungswidrigkeiten werden angesetzt:
1. die Kosten des ersten Rechtszugs bei dem Gericht, bei dem das Verfahren im ersten Rechtszug anhängig ist oder zuletzt anhängig war,
2. die Kosten des Rechtsmittelverfahrens bei dem Rechtsmittelgericht.

[2]Dies gilt auch dann, wenn die Kosten bei einem ersuchten Gericht entstanden sind.

(2) [1]In Strafsachen und in gerichtlichen Verfahren nach dem Gesetz über Ordnungswidrigkeiten, in denen eine gerichtliche Entscheidung durch die Staatsanwaltschaft zu vollstrecken ist, werden die Kosten bei der Staatsanwaltschaft angesetzt. [2]In Jugendgerichtssachen, in denen eine Vollstreckung einzuleiten ist, werden die Kosten bei dem Amtsgericht angesetzt, dem der Jugendrichter angehört, der die Vollstreckung einzuleiten hat (§ 84 des Jugendgerichtsgesetzes); ist daneben die Staatsanwaltschaft Vollstreckungsbehörde, werden die Kosten bei dieser angesetzt. [3]Im Übrigen werden die Kosten in diesen Verfahren bei dem Gericht des ersten Rechtszugs angesetzt. [4]Die Kosten des Rechtsmittelverfahrens vor dem Bundesgerichtshof werden stets bei dem Bundesgerichtshof angesetzt.

(3) Hat die Staatsanwaltschaft im Fall des § 25a des Straßenverkehrsgesetzes eine abschließende Entscheidung getroffen, werden die Kosten einschließlich derer, die durch einen Antrag auf gerichtliche Entscheidung entstanden sind, bei ihr angesetzt.

(4) Die Dokumentenpauschale sowie die Auslagen für die Versendung von Akten werden bei der Stelle angesetzt, bei der sie entstanden sind.

(5) [1]Der Kostenansatz kann im Verwaltungsweg berichtigt werden, solange nicht eine gerichtliche Entscheidung getroffen ist. [2]Ergeht nach der gerichtlichen Entscheidung über den Kostenansatz eine Entscheidung, durch die der Streitwert anders festgesetzt wird, kann der Kostenansatz ebenfalls berichtigt werden.

§ 20 Nachforderung

(1) [1]Wegen eines unrichtigen Ansatzes dürfen Kosten nur nachgefordert werden, wenn der berichtigte Ansatz dem Zahlungspflichtigen vor Ablauf des nächsten Kalenderjahres nach Absendung der den Rechtszug abschließenden Kostenrechnung (Schlusskostenrechnung), in Zwangsverwaltungsverfahren der Jahresrechnung, mitgeteilt worden ist. [2]Dies gilt nicht, wenn die Nachforderung auf vorsätzlich oder grob fahrlässig falschen Angaben des Kostenschuldners beruht oder wenn der ursprüngliche Kostenansatz unter einem bestimmten Vorbehalt erfolgt ist.

(2) Ist innerhalb der Frist des Absatzes 1 ein Rechtsbehelf in der Hauptsache oder wegen der Kosten eingelegt worden, ist die Nachforderung bis zum Ablauf des nächsten Kalenderjahres nach Beendigung dieser Verfahren möglich.

(3) Ist der Wert gerichtlich festgesetzt worden, genügt es, wenn der berichtigte Ansatz dem Zahlungspflichtigen drei Monate nach der letzten Wertfestsetzung mitgeteilt worden ist.

§ 21 Nichterhebung von Kosten

(1) [1]Kosten, die bei richtiger Behandlung der Sache nicht entstanden wären, werden nicht erhoben. [2]Das Gleiche gilt für Auslagen, die durch eine von Amts wegen veranlasste Verlegung eines Termins oder Vertagung einer Verhandlung entstanden sind. [3]Für abweisende Entscheidungen sowie bei Zurücknahme eines Antrags kann von der Erhebung von Kosten abgesehen werden, wenn der Antrag auf unverschuldeter Unkenntnis der tatsächlichen oder rechtlichen Verhältnisse beruht.

(2) [1]Die Entscheidung trifft das Gericht. [2]Solange nicht das Gericht entschieden hat, können Anordnungen nach Absatz 1 im Verwaltungsweg erlassen werden. [3]Eine im Verwaltungsweg getroffene Anordnung kann nur im Verwaltungsweg geändert werden.

Abschnitt 5

Kostenhaftung

§ 27 Bußgeldsachen

Der Betroffene, der im gerichtlichen Verfahren nach dem Gesetz über Ordnungswidrigkeiten den Einspruch gegen einen Bußgeldbescheid zurücknimmt, schuldet die entstandenen Kosten.

§ 28 Auslagen in weiteren Fällen

(1) [1]Die Dokumentenpauschale schuldet ferner, wer die Erteilung der Ausfertigungen, Kopien oder Ausdrucke beantragt hat. [2]Sind Kopien oder Ausdrucke angefertigt worden, weil die Partei oder der Beteiligte es unterlassen hat, die erforderliche Zahl von Mehrfertigungen beizufügen, schuldet nur die Partei oder der Beteiligte die Dokumentenpauschale.

(2) Die Auslagen nach Nummer 9003 des Kostenverzeichnisses schuldet nur, wer die Versendung der Akte beantragt hat.

(3) Im Verfahren auf Bewilligung von Prozesskostenhilfe einschließlich des Verfahrens auf Bewilligung grenzüberschreitender Prozesskostenhilfe ist der Antragsteller Schuldner der Auslagen, wenn

1. der Antrag zurückgenommen oder vom Gericht abgelehnt wird oder
2. die Übermittlung des Antrags von der Übermittlungsstelle oder das Ersuchen um Prozesskostenhilfe von der Empfangsstelle abgelehnt wird.

§ 29 Weitere Fälle der Kostenhaftung

Die Kosten schuldet ferner,

1. wem durch gerichtliche oder staatsanwaltschaftliche Entscheidung die Kosten des Verfahrens auferlegt sind;
2. wer sie durch eine vor Gericht abgegebene oder dem Gericht mitgeteilte Erklärung oder in einem vor Gericht abgeschlossenen oder dem Gericht mitgeteilten Vergleich übernommen hat; dies gilt auch, wenn bei einem Vergleich ohne Bestimmung über die Kosten diese als von beiden Teilen je zur Hälfte übernommen anzusehen sind;
3. wer für die Kostenschuld eines anderen kraft Gesetzes haftet und
4. der Vollstreckungsschuldner für die notwendigen Kosten der Zwangsvollstreckung.

§ 30 Erlöschen der Zahlungspflicht

[1]Die durch gerichtliche oder staatsanwaltschaftliche Entscheidung begründete Verpflichtung zur Zahlung von Kosten erlischt, soweit die Entscheidung durch eine andere gerichtliche Entscheidung aufgehoben oder abgeändert wird. [2]Soweit die Verpflichtung zur Zahlung von Kosten nur auf der aufgehobenen oder abgeänderten Entscheidung beruht hat, werden bereits gezahlte Kosten zurückerstattet.

§ 31 Mehrere Kostenschuldner

(1) Mehrere Kostenschuldner haften als Gesamtschuldner.

(2) [1]Soweit ein Kostenschuldner aufgrund von § 29 Nummer 1 oder 2 (Erstschuldner) haftet, soll die Haftung eines anderen Kostenschuldners nur geltend gemacht werden, wenn eine Zwangsvollstreckung in das bewegliche Vermögen des ersteren erfolglos geblieben ist oder aussichtslos erscheint. [2]Zahlungen des Erstschuldners mindern seine Haftung aufgrund anderer Vorschriften dieses Gesetzes auch dann in voller Höhe, wenn sich seine Haftung nur auf einen Teilbetrag bezieht.

(3) [1]Soweit einem Kostenschuldner, der aufgrund von § 29 Nummer 1 haftet (Entscheidungsschuldner), Prozesskostenhilfe bewilligt worden ist, darf die Haftung eines anderen Kostenschuldners nicht geltend gemacht werden; von diesem bereits erhobene Kosten sind zurückzuzahlen, soweit es sich nicht um eine Zahlung nach § 13 Absatz 1 und 3 des Justizvergütungs- und -entschädigungsgesetzes handelt und die Partei, der die Prozesskostenhilfe bewilligt worden ist, der besonderen Vergütung zugestimmt hat. [2]Die Haftung eines anderen Kostenschuldners darf auch nicht geltend gemacht werden, soweit dem Entscheidungsschuldner ein Betrag für die Reise zum Ort einer Verhandlung, Vernehmung oder Untersuchung und für die Rückreise gewährt worden ist.

(4) Absatz 3 ist entsprechend anzuwenden, soweit der Kostenschuldner aufgrund des § 29 Nummer 2 haftet, wenn

1. der Kostenschuldner die Kosten in einem vor Gericht abgeschlossenen oder gegenüber dem Gericht angenommenen Vergleich übernommen hat,
2. der Vergleich einschließlich der Verteilung der Kosten von dem Gericht vorgeschlagen worden ist und
3. das Gericht in seinem Vergleichsvorschlag ausdrücklich festgestellt hat, dass die Kostenregelung der sonst zu erwartenden Kostenentscheidung entspricht.

§ 33 Verpflichtung zur Zahlung von Kosten in besonderen Fällen

Die nach den §§ 53 bis 55, 177, 209 und 269 der Insolvenzordnung sowie den §§ 466 und 471 Absatz 4 der Strafprozessordnung begründete Verpflichtung zur Zahlung von Kosten besteht auch gegenüber der Staatskasse.

Abschnitt 6

Gebührenvorschriften

§ 34 Wertgebühren

(1) [1]Wenn sich die Gebühren nach dem Streitwert richten, beträgt bei einem Streitwert bis 500 Euro die Gebühr 38 Euro. [2]Die Gebühr erhöht sich bei einem

Streitwert bis … Euro	für jeden angefangenen Betrag von weiteren … Euro	um … Euro
2 000	500	20
10 000	1 000	21
25 000	3 000	29
50 000	5 000	38
200 000	15 000	132
500 000	30 000	198
über 500 000	50 000	198

[3]Eine Gebührentabelle für Streitwerte bis 500 000 Euro ist diesem Gesetz als Anlage 2 beigefügt.

(2) Der Mindestbetrag einer Gebühr ist 15 Euro.

§ 35 Einmalige Erhebung der Gebühren

Die Gebühr für das Verfahren im Allgemeinen und die Gebühr für eine Entscheidung werden in jedem Rechtszug hinsichtlich eines jeden Teils des Streitgegenstands nur einmal erhoben.

§ 36 Teile des Streitgegenstands

(1) Für Handlungen, die einen Teil des Streitgegenstands betreffen, sind die Gebühren nur nach dem Wert dieses Teils zu berechnen.

(2) Sind von einzelnen Wertteilen in demselben Rechtszug für gleiche Handlungen Gebühren zu berechnen, darf nicht mehr erhoben werden, als wenn die Gebühr von dem Gesamtbetrag der Wertteile zu berechnen wäre.

(3) Sind für Teile des Gegenstands verschiedene Gebührensätze anzuwenden, sind die Gebühren für die Teile gesondert zu berechnen; die aus dem Gesamtbetrag der Wertteile nach dem höchsten Gebührensatz berechnete Gebühr darf jedoch nicht überschritten werden.

§ 37 Zurückverweisung

Wird eine Sache zur anderweitigen Verhandlung an das Gericht des unteren Rechtszugs zurückverwiesen, bildet das weitere Verfahren mit dem früheren Verfahren vor diesem Gericht im Sinne des § 35 einen Rechtszug.

Abschnitt 7

Wertvorschriften

Unterabschnitt 2

Besondere Wertvorschriften

§ 60 Gerichtliche Verfahren nach dem Strafvollzugsgesetz, auch in Verbindung mit § 92 des Jugendgerichtsgesetzes

Für die Bestimmung des Werts in gerichtlichen Verfahren nach dem Strafvollzugsgesetz, auch in Verbindung mit § 92 des Jugendgerichtsgesetzes, ist § 52 Absatz 1 bis 3 entsprechend anzuwenden; im Verfahren über den Antrag auf Aussetzung des Vollzugs einer Maßnahme der Vollzugsbehörde oder auf Erlass einer einstweiligen Anordnung gilt § 52 Absatz 1 und 2 entsprechend.

Unterabschnitt 3
Wertfestsetzung

§ 65 Wertfestsetzung in gerichtlichen Verfahren nach dem Strafvollzugsgesetz, auch in Verbindung mit § 92 des Jugendgerichtsgesetzes

[1]In gerichtlichen Verfahren nach dem Strafvollzugsgesetz, auch in Verbindung mit § 92 des Jugendgerichtsgesetzes, ist der Wert von Amts wegen festzusetzen. [2]§ 63 Absatz 3 gilt entsprechend.

Abschnitt 8
Erinnerung und Beschwerde

§ 66 Erinnerung gegen den Kostenansatz, Beschwerde

(1) [1]Über Erinnerungen des Kostenschuldners und der Staatskasse gegen den Kostenansatz entscheidet das Gericht, bei dem die Kosten angesetzt sind. [2]Sind die Kosten bei der Staatsanwaltschaft angesetzt, ist das Gericht des ersten Rechtszugs zuständig. [3]War das Verfahren im ersten Rechtszug bei mehreren Gerichten anhängig, ist das Gericht, bei dem es zuletzt anhängig war, auch insoweit zuständig, als Kosten bei den anderen Gerichten angesetzt worden sind. [4]Soweit sich die Erinnerung gegen den Ansatz der Auslagen des erstinstanzlichen Musterverfahrens nach dem Kapitalanleger-Musterverfahrensgesetz richtet, entscheidet hierüber das für die Durchführung des Musterverfahrens zuständige Oberlandesgericht.
(2) [1]Gegen die Entscheidung über die Erinnerung findet die Beschwerde statt, wenn der Wert des Beschwerdegegenstands 200 Euro übersteigt. [2]Die Beschwerde ist auch zulässig, wenn sie das Gericht, das die angefochtene Entscheidung erlassen hat, wegen der grundsätzlichen Bedeutung der zur Entscheidung stehenden Frage in dem Beschluss zulässt.
(3) [1]Soweit das Gericht die Beschwerde für zulässig und begründet hält, hat es ihr abzuhelfen; im Übrigen ist die Beschwerde unverzüglich dem Beschwerdegericht vorzulegen. [2]Beschwerdegericht ist das nächsthöhere Gericht. [3]Eine Beschwerde an einen obersten Gerichtshof des Bundes findet nicht statt. [4]Das Beschwerdegericht ist an die Zulassung der Beschwerde gebunden; die Nichtzulassung ist unanfechtbar.
(4) [1]Die weitere Beschwerde ist nur zulässig, wenn das Landgericht als Beschwerdegericht entschieden und sie wegen der grundsätzlichen Bedeutung der zur Entscheidung stehenden Frage in dem Beschluss zugelassen hat. [2]Sie kann nur darauf gestützt werden, dass die Entscheidung auf einer Verletzung des Rechts beruht; die §§ 546 und 547 der Zivilprozessordnung gelten entsprechend. [3]Über die weitere Beschwerde entscheidet das Oberlandesgericht. [4]Absatz 3 Satz 1 und 4 gilt entsprechend.
(5) [1]Anträge und Erklärungen können ohne Mitwirkung eines Bevollmächtigten schriftlich eingereicht oder zu Protokoll der Geschäftsstelle abgegeben werden; § 129a der Zivilprozessordnung gilt entsprechend. [2]Für die Bevollmächtigung gelten die Regelungen der für das zugrunde liegende Verfahren geltenden Verfahrensordnung entsprechend. [3]Die Erinnerung ist bei dem Gericht einzulegen, das für die Entscheidung über die Erinnerung zuständig ist. [4]Die Erinnerung kann auch bei der Staatsanwaltschaft eingelegt werden, wenn die Kosten bei dieser angesetzt worden sind. [5]Die Beschwerde ist bei dem Gericht einzulegen, dessen Entscheidung angefochten wird.
(6) [1]Das Gericht entscheidet über die Erinnerung durch eines seiner Mitglieder als Einzelrichter; dies gilt auch für die Beschwerde, wenn die angefochtene Entscheidung von einem Einzelrichter oder einem Rechtspfleger erlassen wurde. [2]Der Einzelrichter überträgt das Verfahren der Kammer oder dem Senat, wenn die Sache besondere Schwierigkeiten tatsächlicher oder rechtlicher Art aufweist oder die Rechtssache grundsätzliche Bedeutung hat. [3]Das Gericht entscheidet jedoch immer ohne Mitwirkung ehrenamtlicher Richter. [4]Auf eine erfolgte oder unterlassene Übertragung kann ein Rechtsmittel nicht gestützt werden.
(7) [1]Erinnerung und Beschwerde haben keine aufschiebende Wirkung. [2]Das Gericht oder das Beschwerdegericht kann auf Antrag oder von Amts wegen die aufschiebende Wirkung ganz oder teilweise anordnen; ist nicht der Einzelrichter zur Entscheidung berufen, entscheidet der Vorsitzende des Gerichts.
(8) [1]Die Verfahren sind gebührenfrei. [2]Kosten werden nicht erstattet.

§ 67 Beschwerde gegen die Anordnung einer Vorauszahlung

(1) [1]Gegen den Beschluss, durch den die Tätigkeit des Gerichts nur aufgrund dieses Gesetzes von der vorherigen Zahlung von Kosten abhängig gemacht wird, und wegen der Höhe des in diesem Fall im Voraus zu zahlenden Betrags findet stets die Beschwerde statt. [2]§ 66 Absatz 3 Satz 1 bis 3, Absatz 4, 5 Satz 1 und 5, Absatz 6 und 8 ist entsprechend anzuwenden. [3]Soweit sich die Partei in dem Hauptsacheverfahren vor dem Gericht, dessen Entscheidung angefochten werden soll, durch einen Prozessbevollmächtigten vertreten lassen muss, gilt dies auch im Beschwerdeverfahren.

(2) Im Fall des § 17 Absatz 2 ist § 66 entsprechend anzuwenden.

§ 68 Beschwerde gegen die Festsetzung des Streitwerts

(1) [1]Gegen den Beschluss, durch den der Wert für die Gerichtsgebühren festgesetzt worden ist (§ 63 Absatz 2), findet die Beschwerde statt, wenn der Wert des Beschwerdegegenstands 200 Euro übersteigt. [2]Die Beschwerde findet auch statt, wenn sie das Gericht, das die angefochtene Entscheidung erlassen hat, wegen der grundsätzlichen Bedeutung der zur Entscheidung stehenden Frage in dem Beschluss zulässt. [3]Die Beschwerde ist nur zulässig, wenn sie innerhalb der in § 63 Absatz 3 Satz 2 bestimmten Frist eingelegt wird; ist der Streitwert später als einen Monat vor Ablauf dieser Frist festgesetzt worden, kann sie noch innerhalb eines Monats nach Zustellung oder formloser Mitteilung des Festsetzungsbeschlusses eingelegt werden. [4]Im Fall der formlosen Mitteilung gilt der Beschluss mit dem ***[bis 31.12.2024:*** dritten Tage***]*** ***[ab 1.1.2025: vierten Tag]*** nach Aufgabe zur Post als bekannt gemacht. [5]§ 66 Absatz 3, 4, 5 Satz 1, 2 und 5 sowie Absatz 6 ist entsprechend anzuwenden. [6]Die weitere Beschwerde ist innerhalb eines Monats nach Zustellung der Entscheidung des Beschwerdegerichts einzulegen.

(2) [1]War der Beschwerdeführer ohne sein Verschulden verhindert, die Frist einzuhalten, ist ihm auf Antrag von dem Gericht, das über die Beschwerde zu entscheiden hat, Wiedereinsetzung in den vorigen Stand zu gewähren, wenn er die Beschwerde binnen zwei Wochen nach der Beseitigung des Hindernisses einlegt und die Tatsachen, welche die Wiedereinsetzung begründen, glaubhaft macht. [2]Ein Fehlen des Verschuldens wird vermutet, wenn eine Rechtsbehelfsbelehrung unterblieben oder fehlerhaft ist. [3]Nach Ablauf eines Jahres, von dem Ende der versäumten Frist an gerechnet, kann die Wiedereinsetzung nicht mehr beantragt werden. [4]Gegen die Ablehnung der Wiedereinsetzung findet die Beschwerde statt. [5]Sie ist nur zulässig, wenn sie innerhalb von zwei Wochen eingelegt wird. [6]Die Frist beginnt mit der Zustellung der Entscheidung. [7]§ 66 Absatz 3 Satz 1 bis 3, Absatz 5 Satz 1, 2 und 5 sowie Absatz 6 ist entsprechend anzuwenden.

(3) [1]Die Verfahren sind gebührenfrei. [2]Kosten werden nicht erstattet.

§ 69 Beschwerde gegen die Auferlegung einer Verzögerungsgebühr

[1]Gegen den Beschluss nach § 38 findet die Beschwerde statt, wenn der Wert des Beschwerdegegenstands 200 Euro übersteigt oder das Gericht, das die angefochtene Entscheidung erlassen hat, die Beschwerde wegen der grundsätzlichen Bedeutung in dem Beschluss der zur Entscheidung stehenden Frage zugelassen hat. [2]§ 66 Absatz 3, 4, 5 Satz 1, 2 und 5, Absatz 6 und 8 ist entsprechend anzuwenden.

§ 69a Abhilfe bei Verletzung des Anspruchs auf rechtliches Gehör

(1) Auf die Rüge eines durch die Entscheidung beschwerten Beteiligten ist das Verfahren fortzuführen, wenn

1. ein Rechtsmittel oder ein anderer Rechtsbehelf gegen die Entscheidung nicht gegeben ist und
2. das Gericht den Anspruch dieses Beteiligten auf rechtliches Gehör in entscheidungserheblicher Weise verletzt hat.

(2) [1]Die Rüge ist innerhalb von zwei Wochen nach Kenntnis von der Verletzung des rechtlichen Gehörs zu erheben; der Zeitpunkt der Kenntniserlangung ist glaubhaft zu machen. [2]Nach Ablauf eines Jahres seit Bekanntmachung der angegriffenen Entscheidung kann die Rüge nicht mehr erhoben werden. [3]Formlos mitgeteilte Entscheidungen gelten mit dem ***[bis 31.12.2024:*** dritten Tage***]*** ***[ab 1.1.2025: vierten Tag]*** nach Aufgabe zur Post als bekannt gemacht. [4]Die Rüge ist bei dem Gericht zu erheben, dessen Entscheidung angegriffen wird; § 66 Absatz 5 Satz 1 und 2 gilt entsprechend. [5]Die Rüge muss die angegriffene Entscheidung bezeichnen und das Vorliegen der in Absatz 1 Nummer 2 genannten Voraussetzungen darlegen.

(3) Den übrigen Beteiligten ist, soweit erforderlich, Gelegenheit zur Stellungnahme zu geben.

(4) [1]Das Gericht hat von Amts wegen zu prüfen, ob die Rüge an sich statthaft und ob sie in der gesetzlichen Form und Frist erhoben ist. [2]Mangelt es an einem dieser Erfordernisse, so ist die Rüge als unzulässig zu verwerfen. [3]Ist die Rüge unbegründet, weist das Gericht sie zurück. [4]Die Entscheidung ergeht durch unanfechtbaren Beschluss. [5]Der Beschluss soll kurz begründet werden.

(5) Ist die Rüge begründet, so hilft ihr das Gericht ab, indem es das Verfahren fortführt, soweit dies aufgrund der Rüge geboten ist.

(6) Kosten werden nicht erstattet.

Abschnitt 9
Schluss- und Übergangsvorschriften

§ 69b Verordnungsermächtigung
[1]Die Landesregierungen werden ermächtigt, durch Rechtsverordnung zu bestimmen, dass die von den Gerichten der Länder zu erhebenden Verfahrensgebühren über die in den Nummern 1211, 1411, 5111, 5113, 5211, 5221, 6111, 6211, 7111, 7113 und 8211 des Kostenverzeichnisses bestimmte Ermäßigung hinaus weiter ermäßigt werden oder entfallen, wenn das gesamte Verfahren nach einer Mediation oder nach einem anderen Verfahren der außergerichtlichen Konfliktbeilegung durch Zurücknahme der Klage oder des Antrags beendet wird und in der Klage- oder Antragsschrift mitgeteilt worden ist, dass eine Mediation oder ein anderes Verfahren der außergerichtlichen Konfliktbeilegung unternommen wird oder beabsichtigt ist, oder wenn das Gericht den Parteien die Durchführung einer Mediation oder eines anderen Verfahrens der außergerichtlichen Konfliktbeilegung vorgeschlagen hat. [2]Satz 1 gilt entsprechend für die in den Rechtsmittelzügen von den Gerichten der Länder zu erhebenden Verfahrensgebühren; an die Stelle der Klage- oder Antragsschrift tritt der Schriftsatz, mit dem das Rechtsmittel eingelegt worden ist.

§ 70 (weggefallen)

§ 70a Bekanntmachung von Neufassungen
[1]Das Bundesministerium der Justiz und für Verbraucherschutz kann nach Änderungen den Wortlaut des Gesetzes feststellen und als Neufassung im Bundesgesetzblatt bekannt machen. [2]Die Bekanntmachung muss auf diese Vorschrift Bezug nehmen und angeben
1. den Stichtag, zu dem der Wortlaut festgestellt wird,
2. die Änderungen seit der letzten Veröffentlichung des vollständigen Wortlauts im Bundesgesetzblatt sowie
3. das Inkrafttreten der Änderungen.

§ 71 Übergangsvorschrift
(1) [1]In Rechtsstreitigkeiten, die vor dem Inkrafttreten einer Gesetzesänderung anhängig geworden sind, werden die Kosten nach bisherigem Recht erhoben. [2]Dies gilt nicht im Verfahren über ein Rechtsmittel, das nach dem Inkrafttreten einer Gesetzesänderung eingelegt worden ist. [3]Die Sätze 1 und 2 gelten auch, wenn Vorschriften geändert werden, auf die dieses Gesetz verweist.
(2) In Strafsachen, in gerichtlichen Verfahren nach dem Gesetz über Ordnungswidrigkeiten und nach dem Strafvollzugsgesetz, auch in Verbindung mit § 92 des Jugendgerichtsgesetzes, werden die Kosten nach dem bisherigen Recht erhoben, wenn die über die Kosten ergehende Entscheidung vor dem Inkrafttreten einer Gesetzesänderung rechtskräftig geworden ist.
(3) In Insolvenzverfahren, Verteilungsverfahren nach der Schifffahrtsrechtlichen Verteilungsordnung und Verfahren der Zwangsversteigerung und Zwangsverwaltung gilt das bisherige Recht für Kosten, die vor dem Inkrafttreten einer Gesetzesänderung fällig geworden sind.

§ 72 Übergangsvorschrift aus Anlass des Inkrafttretens dieses Gesetzes
Das Gerichtskostengesetz in der Fassung der Bekanntmachung vom 15. Dezember 1975 (BGBl. I S. 3047), zuletzt geändert durch Artikel 2 Absatz 5 des Gesetzes vom 12. März 2004 (BGBl. I S. 390), und Verweisungen hierauf sind weiter anzuwenden
1. in Rechtsstreitigkeiten, die vor dem 1. Juli 2004 anhängig geworden sind; dies gilt nicht im Verfahren über ein Rechtsmittel, das nach dem 1. Juli 2004 eingelegt worden ist;
2. in Strafsachen, in gerichtlichen Verfahren nach dem Gesetz über Ordnungswidrigkeiten und nach dem Strafvollzugsgesetz, wenn die über die Kosten ergehende Entscheidung vor dem 1. Juli 2004 rechtskräftig geworden ist;
3. in Insolvenzverfahren, Verteilungsverfahren nach der Schifffahrtsrechtlichen Verteilungsordnung und Verfahren der Zwangsversteigerung und Zwangsverwaltung für Kosten, die vor dem 1. Juli 2004 fällig geworden sind.

Anlage 1
(zu § 3 Abs. 2)

Kostenverzeichnis

Gliederung

Hauptabschnitt 3 Beweissicherungsverfahren

Hauptabschnitt 4 Rüge wegen Verletzung des Anspruchs auf rechtliches Gehör

Hauptabschnitt 5 Sonstige Beschwerden

Hauptabschnitt 6 Besondere Gebühren

Teil 8 Verfahren vor den Gerichten der Arbeitsgerichtsbarkeit

Hauptabschnitt 1 Mahnverfahren

Hauptabschnitt 2 Urteilsverfahren
Abschnitt 1 Erster Rechtszug
Abschnitt 2 Berufung
Abschnitt 3 Revision

Hauptabschnitt 3 Arrest, Europäischer Beschluss zur vorläufigen Kontenpfändung und einstweilige Verfügung
Abschnitt 1 Erster Rechtszug
Abschnitt 2 Berufung
Abschnitt 3 Beschwerde

Hauptabschnitt 4 Besondere Verfahren

Hauptabschnitt 5 Rüge wegen Verletzung des Anspruchs auf rechtliches Gehör

Hauptabschnitt 6 Sonstige Beschwerden und Rechtsbeschwerden
Abschnitt 1 Sonstige Beschwerden
Abschnitt 2 Sonstige Rechtsbeschwerden

Hauptabschnitt 7 Besondere Gebühr

Teil 9 Auslagen

Teil 1
Zivilrechtliche Verfahren vor den ordentlichen Gerichten

Nr.	Gebührentatbestand	Gebühr oder Satz der Gebühr nach § 34 GKG
Vorbemerkung 1:		
Die Vorschriften dieses Teils gelten nicht für die in Teil 2 geregelten Verfahren.		
Hauptabschnitt 1. Mahnverfahren		
1100	Verfahren über den Antrag auf Erlass eines Mahnbescheids oder eines Europäischen Zahlungsbefehls	0,5 – mindestens 36,00 €
Hauptabschnitt 2. Prozessverfahren		
Abschnitt 1. Erster Rechtszug		
Vorbemerkung 1.2.1:		
Die Gebühren dieses Abschnitts entstehen nicht im Musterverfahren nach dem KapMuG; das erstinstanzliche Musterverfahren gilt als Teil des ersten Rechtszugs des Prozessverfahrens.		
Unterabschnitt 1. Verfahren vor dem Amts- oder Landgericht		
1210	Verfahren im Allgemeinen	3,0

Nr.	Gebührentatbestand	Gebühr oder Satz der Gebühr nach § 34 GKG
	(1) Soweit wegen desselben Streitgegenstands ein Mahnverfahren vorausgegangen ist, entsteht die Gebühr mit dem Eingang der Akten bei dem Gericht, an das der Rechtsstreit nach Erhebung des Widerspruchs oder Einlegung des Einspruchs abgegeben wird; in diesem Fall wird eine Gebühr 1100 nach dem Wert des Streitgegenstands angerechnet, der in das Prozessverfahren übergegangen ist. Satz 1 gilt entsprechend, wenn wegen desselben Streitgegenstands ein Europäisches Mahnverfahren vorausgegangen ist. (2) Soweit der Kläger wegen desselben Streitgegenstands einen Anspruch zum Musterverfahren angemeldet hat (§ 13 KapMuG), wird insoweit die Gebühr 1902 angerechnet.	
1211	Beendigung des gesamten Verfahrens durch 1. Zurücknahme der Klage a) vor dem Schluss der mündlichen Verhandlung, b) in den Fällen des § 128 Abs. 2 ZPO vor dem Zeitpunkt, der dem Schluss der mündlichen Verhandlung entspricht, c) im Verfahren nach § 495a ZPO, in dem eine mündliche Verhandlung nicht stattfindet, vor Ablauf des Tages, an dem eine Ladung zum Termin zur Verkündung des Urteils zugestellt oder das schriftliche Urteil der Geschäftsstelle übermittelt wird, d) im Fall des § 331 Abs. 3 ZPO vor Ablauf des Tages, an dem das Urteil der Geschäftsstelle übermittelt wird oder e) im europäischen Verfahren für geringfügige Forderungen, in dem eine mündliche Verhandlung nicht stattfindet, vor Ablauf des Tages, an dem das schriftliche Urteil der Geschäftsstelle übermittelt wird, wenn keine Entscheidung nach § 269 Abs. 3 Satz 3 ZPO über die Kosten ergeht oder die Entscheidung einer zuvor mitgeteilten Einigung der Parteien über die Kostentragung oder der Kostenübernahmeerklärung einer Partei folgt, 2. Anerkenntnisurteil, Verzichtsurteil oder Urteil, das nach § 313a Abs. 2 ZPO keinen Tatbestand und keine Entscheidungsgründe enthält, oder nur deshalb Tatbestand und die Entscheidungsgründe enthält, weil zu erwarten ist, dass das Urteil im Ausland geltend gemacht wird (§ 313a Abs. 4 Nr. 5 ZPO), 3. gerichtlichen Vergleich oder Beschluss nach § 26 Absatz 3 KapMuG oder 4. Erledigungserklärungen nach § 91a ZPO, wenn keine Entscheidung über die Kosten ergeht oder die Entscheidung einer zuvor mitgeteilten Einigung der Parteien über die Kostentragung oder der Kostenübernahmeerklärung einer Partei folgt, es sei denn, dass bereits ein anderes als eines der in Nummer 2 genannten Urteile, eine Entscheidung über einen Antrag auf Erlass einer Sicherungsanordnung oder ein Musterentscheid nach dem KapMuG vorausgegangen ist: Die Gebühr 1210 ermäßigt sich auf	1,0
	Die Zurücknahme des Antrags auf Durchführung des streitigen Verfahrens, des Widerspruchs gegen den Mahnbescheid oder des Einspruchs gegen den Vollstreckungsbescheid stehen der Zurücknahme der Klage gleich. Die Vervollständigung eines ohne Tatbestand und Entscheidungsgründe hergestellten Urteils (§ 313a Abs. 5 ZPO) steht der Ermäßigung nicht entgegen. Die Gebühr ermäßigt sich auch, wenn mehrere Ermäßigungstatbestände erfüllt sind.	

Nr.	Gebührentatbestand	Gebühr oder Satz der Gebühr nach § 34 GKG
Unterabschnitt 2. Verfahren vor dem Oberlandesgericht		
1212	Verfahren im Allgemeinen	4,0
1213	Beendigung des gesamten Verfahrens durch 1. Zurücknahme der Klage a) vor dem Schluss der mündlichen Verhandlung, b) in den Fällen des § 128 Absatz 2 ZPO vor dem Zeitpunkt, der dem Schluss der mündlichen Verhandlung entspricht, oder c) im Fall des § 331 Absatz 3 ZPO vor Ablauf des Tages, an dem das Urteil der Geschäftsstelle übermittelt wird, wenn keine Entscheidung nach § 269 Absatz 3 Satz 3 ZPO über die Kosten ergeht oder die Entscheidung einer zuvor mitgeteilten Einigung der Parteien über die Kostentragung oder der Kostenübernahmeerklärung einer Partei folgt, 2. Anerkenntnisurteil, Verzichtsurteil oder Urteil, das nach § 313a Absatz 2 ZPO keinen Tatbestand und keine Entscheidungsgründe enthält, 3. gerichtlichen Vergleich oder 4. Erledigungserklärungen nach § 91a ZPO, wenn keine Entscheidung über die Kosten ergeht oder die Entscheidung einer zuvor mitgeteilten Einigung der Parteien über die Kostentragung oder der Kostenübernahmeerklärung einer Partei folgt, es sei denn, dass bereits ein anderes als eines der in Nummer 2 genannten Urteile vorausgegangen ist: Die Gebühr 1212 ermäßigt sich auf	2,0
	Die Gebühr ermäßigt sich auch, wenn mehrere Ermäßigungstatbestände erfüllt sind. Im Verfahren über eine Abhilfeklage nach dem VDuG ist die Ermäßigung nicht dadurch ausgeschlossen, dass ein Abhilfegrundurteil vorausgegangen ist.	
Unterabschnitt 3. Verfahren vor dem Bundesgerichtshof		
1214	Verfahren im Allgemeinen	5,0
1215	Beendigung des gesamten Verfahrens durch 1. Zurücknahme der Klage a) vor dem Schluss der mündlichen Verhandlung, b) in den Fällen des § 128 Absatz 2 ZPO vor dem Zeitpunkt, der dem Schluss der mündlichen Verhandlung entspricht, oder c) im Fall des § 331 Absatz 3 ZPO vor Ablauf des Tages, an dem das Urteil der Geschäftsstelle übermittelt wird, wenn keine Entscheidung nach § 269 Absatz 3 Satz 3 ZPO über die Kosten ergeht oder die Entscheidung einer zuvor mitgeteilten Einigung der Parteien über die Kostentragung oder der Kostenübernahmeerklärung einer Partei folgt, 2. Anerkenntnisurteil, Verzichtsurteil oder Urteil, das nach § 313a Absatz 2 ZPO keinen Tatbestand und keine Entscheidungsgründe enthält, 3. gerichtlichen Vergleich oder 4. Erledigungserklärungen nach § 91a ZPO, wenn keine Entscheidung über die Kosten ergeht oder die Entscheidung einer zuvor mitgeteilten Einigung der Parteien über die Kostentragung oder der Kostenübernahmeerklärung einer Partei folgt, es sei denn, dass bereits ein anderes als eines der in Nummer 2 genannten Urteile vorausgegangen ist: Die Gebühr 1214 ermäßigt sich auf	3,0
	Die Gebühr ermäßigt sich auch, wenn mehrere Ermäßigungstatbestände erfüllt sind.	

Nr.	Gebührentatbestand	Gebühr oder Satz der Gebühr nach § 34 GKG
	Abschnitt 2. Berufung und bestimmte Beschwerden	
	Vorbemerkung 1.2.2: Dieser Abschnitt ist auf Beschwerdeverfahren nach 1. den §§ 73 und 171 GWB, 2. § 48 WpÜG, 3. § 37u Absatz 1 WpHG, 4. § 75 EnWG, 5. § 13 EU-VSchDG, 6. § 35 KSpG und 7. § 11 WRegG anzuwenden.	
1220	Verfahren im Allgemeinen	4,0
1221	Beendigung des gesamten Verfahrens durch Zurücknahme des Rechtsmittels, der Klage oder des Antrags, bevor die Schrift zur Begründung des Rechtsmittels bei Gericht eingegangen ist: Die Gebühr 1220 ermäßigt sich auf	1,0
	Erledigungserklärungen nach § 91a ZPO stehen der Zurücknahme gleich, wenn keine Entscheidung über die Kosten ergeht oder die Entscheidung einer zuvor mitgeteilten Einigung der Parteien über die Kostentragung oder der Kostenübernahmeerklärung einer Partei folgt.	
1222	Beendigung des gesamten Verfahrens, wenn nicht Nummer 1221 anzuwenden ist, durch 1. Zurücknahme des Rechtsmittels, der Klage oder des Antrags a) vor dem Schluss der mündlichen Verhandlung, b) in den Fällen des § 128 Abs. 2 ZPO vor dem Zeitpunkt, der dem Schluss der mündlichen Verhandlung entspricht, 2. Anerkenntnisurteil, Verzichtsurteil oder Urteil, das nach § 313a Abs. 2 ZPO keinen Tatbestand und keine Entscheidungsgründe enthält, 3. gerichtlichen Vergleich oder 4. Erledigungserklärungen nach § 91a ZPO, wenn keine Entscheidung über die Kosten ergeht oder die Entscheidung einer zuvor mitgeteilten Einigung der Parteien über die Kostentragung oder der Kostenübernahmeerklärung einer Partei folgt, es sei denn, dass bereits ein anderes als eines der in Nummer 2 genannten Urteile, eine Entscheidung über einen Antrag auf Erlass einer Sicherungsanordnung oder ein Beschluss in der Hauptsache vorausgegangen ist: Die Gebühr 1220 ermäßigt sich auf	2,0
	Die Gebühr ermäßigt sich auch, wenn mehrere Ermäßigungstatbestände erfüllt sind.	
1223	Beendigung des gesamten Verfahrens durch ein Urteil, das wegen eines Verzichts der Parteien nach § 313a Abs. 1 Satz 2 ZPO keine schriftliche Begründung enthält, wenn nicht bereits ein anderes als eines der in Nummer 1222 Nr. 2 genannten Urteile, eine Entscheidung über einen Antrag auf Erlass einer Sicherungsanordnung oder ein Beschluss in der Hauptsache vorausgegangen ist: Die Gebühr 1220 ermäßigt sich auf	3,0
	Die Gebühr ermäßigt sich auch, wenn daneben Ermäßigungstatbestände nach Nummer 1222 erfüllt sind.	
	Abschnitt 3. Revision, Rechtsbeschwerden nach § 77 GWB, § 86 EnWG, § 35 KSpG und § 24 EU-VSchDG	
1230	Verfahren im Allgemeinen	5,0
1231	Beendigung des gesamten Verfahrens durch Zurücknahme des Rechtsmittels, der Klage oder des Antrags, bevor die Schrift zur Begründung des Rechtsmittels bei Gericht eingegangen ist:	

Nr.	Gebührentatbestand	Gebühr oder Satz der Gebühr nach § 34 GKG
	Die Gebühr 1230 ermäßigt sich auf	1,0
	Erledigungserklärungen nach § 91a ZPO stehen der Zurücknahme gleich, wenn keine Entscheidung über die Kosten ergeht oder die Entscheidung einer zuvor mitgeteilten Einigung der Parteien über die Kostentragung oder der Kostenübernahmeerklärung einer Partei folgt.	
1232	Beendigung des gesamten Verfahrens, wenn nicht Nummer 1231 anzuwenden ist, durch 1. Zurücknahme des Rechtsmittels, der Klage oder des Antrags a) vor dem Schluss der mündlichen Verhandlung, b) in den Fällen des § 128 Abs. 2 ZPO vor dem Zeitpunkt, der dem Schluss der mündlichen Verhandlung entspricht, 2. Anerkenntnis- oder Verzichtsurteil, 3. gerichtlichen Vergleich oder 4. Erledigungserklärungen nach § 91a ZPO, wenn keine Entscheidung über die Kosten ergeht oder die Entscheidung einer zuvor mitgeteilten Einigung der Parteien über die Kostentragung oder der Kostenübernahmeerklärung einer Partei folgt, es sei denn, dass bereits ein anderes als eines der in Nummer 2 genannten Urteile, eine Entscheidung über einen Antrag auf Erlass einer Sicherungsanordnung oder ein Beschluss in der Hauptsache vorausgegangen ist:	
	Die Gebühr 1230 ermäßigt sich auf	3,0
	Die Gebühr ermäßigt sich auch, wenn mehrere Ermäßigungstatbestände erfüllt sind.	

Abschnitt 4. Zulassung der Sprungrevision, Beschwerde gegen die Nichtzulassung der Revision sowie der Rechtsbeschwerden nach § 77 GWB, § 86 EnWG, § 35 KSpG und § 24 EU-VSchDG

1240	Verfahren über die Zulassung der Sprungrevision:	
	Soweit der Antrag abgelehnt wird	1,5
1241	Verfahren über die Zulassung der Sprungrevision:	
	Soweit der Antrag zurückgenommen oder das Verfahren durch anderweitige Erledigung beendet wird	1,0
	Die Gebühr entsteht nicht, soweit die Sprungrevision zugelassen wird.	
1242	Verfahren über die Beschwerde gegen die Nichtzulassung des Rechtsmittels:	
	Soweit die Beschwerde verworfen oder zurückgewiesen wird	2,0
1243	Verfahren über die Beschwerde gegen die Nichtzulassung des Rechtsmittels:	
	Soweit die Beschwerde zurückgenommen oder das Verfahren durch anderweitige Erledigung beendet wird	1,0
	Die Gebühr entsteht nicht, soweit der Beschwerde stattgegeben wird.	

Abschnitt 5. Rechtsmittelverfahren des gewerblichen Rechtsschutzes vor dem Bundesgerichtshof

Unterabschnitt 1. Berufungsverfahren

1250	Verfahren im Allgemeinen	6,0
1251	Beendigung des gesamten Verfahrens durch Zurücknahme der Berufung oder der Klage, bevor die Schrift zur Begründung der Berufung bei Gericht eingegangen ist:	
	Die Gebühr 1250 ermäßigt sich auf	1,0
	Erledigungserklärungen nach § 91a ZPO i.V.m. § 121 Abs. 2 Satz 2 PatG, § 20 GebrMG stehen der Zurücknahme gleich, wenn keine Entscheidung über die Kosten ergeht oder die Entscheidung einer zuvor mitgeteilten Einigung der Parteien über die Kostentragung oder der Kostenübernahmeerklärung einer Partei folgt.	

Nr.	Gebührentatbestand	Gebühr oder Satz der Gebühr nach § 34 GKG
1252	Beendigung des gesamten Verfahrens, wenn nicht Nummer 1251 anzuwenden ist, durch 1. Zurücknahme der Berufung oder der Klage vor dem Schluss der mündlichen Verhandlung, 2. Anerkenntnis- oder Verzichtsurteil, 3. gerichtlichen Vergleich oder 4. Erledigungserklärungen nach § 91a ZPO i.V.m. § 121 Abs. 2 Satz 2 PatG, § 20 GebrMG, wenn keine Entscheidung über die Kosten ergeht oder die Entscheidung einer zuvor mitgeteilten Einigung der Parteien über die Kostentragung oder der Kostenübernahmeerklärung einer Partei folgt, es sei denn, dass bereits ein anderes als eines der in Nummer 2 genannten Urteile vorausgegangen ist: Die Gebühr 1250 ermäßigt sich auf Die Gebühr ermäßigt sich auch, wenn mehrere Ermäßigungstatbestände erfüllt sind.	3,0
Unterabschnitt 2. Beschwerdeverfahren und Rechtsbeschwerdeverfahren		
1253	Verfahren über die Beschwerde nach § 122 PatG oder § 20 GebrMG i.V.m. § 122 PatG gegen ein Urteil über den Erlass einer einstweiligen Verfügung in Zwangslizenzsachen	2,0
1254	Beendigung des gesamten Verfahrens durch Zurücknahme der Beschwerde, bevor die Schrift zur Begründung der Beschwerde bei Gericht eingegangen ist: Die Gebühr 1253 ermäßigt sich auf Erledigungserklärungen nach § 91a ZPO i.V.m. § 121 Abs. 2 Satz 2 PatG, § 20 GebrMG stehen der Zurücknahme gleich, wenn keine Entscheidung über die Kosten ergeht oder die Entscheidung einer zuvor mitgeteilten Einigung der Parteien über die Kostentragung oder der Kostenübernahmeerklärung einer Partei folgt.	1,0
1255	Verfahren über die Rechtsbeschwerde	825,00 €
1256	Beendigung des gesamten Verfahrens durch Zurücknahme der Rechtsbeschwerde, bevor die Schrift zur Begründung der Rechtsbeschwerde bei Gericht eingegangen ist: Die Gebühr 1255 ermäßigt sich auf Erledigungserklärungen in entsprechender Anwendung des § 91a ZPO stehen der Zurücknahme gleich, wenn keine Entscheidung über die Kosten ergeht oder die Entscheidung einer zuvor mitgeteilten Einigung der Parteien über die Kostentragung oder der Kostenübernahmeerklärung einer Partei folgt.	110,00 €

Hauptabschnitt 3. (weggefallen)

Hauptabschnitt 4. Arrest, Europäischer Beschluss zur vorläufigen Kontenpfändung und einstweilige Verfügung

Vorbemerkung 1.4:

(1) Im Verfahren zur Erwirkung eines Europäischen Beschlusses zur vorläufigen Kontenpfändung werden Gebühren nach diesem Hauptabschnitt nur im Fall des Artikels 5 Buchstabe a der Verordnung (EU) Nr. 655/2014 erhoben. In den Fällen des Artikels 5 Buchstabe b der Verordnung (EU) Nr. 655/2014 bestimmen sich die Gebühren nach Teil 2 Hauptabschnitt 1.

(2) Im Verfahren auf Anordnung eines Arrests oder auf Erlass einer einstweiligen Verfügung sowie im Verfahren über die Aufhebung oder die Abänderung (§ 926 Abs. 2, §§ 927, 936 ZPO) werden die Gebühren jeweils gesondert erhoben. Im Fall des § 942 ZPO gilt das Verfahren vor dem Amtsgericht und dem Gericht der Hauptsache als ein Rechtsstreit.

(3) Im Verfahren zur Erwirkung eines Europäischen Beschlusses zur vorläufigen Kontenpfändung sowie im Verfahren über den Widerruf oder die Abänderung werden die Gebühren jeweils gesondert erhoben.

Nr.	Gebührentatbestand	Gebühr oder Satz der Gebühr nach § 34 GKG
Abschnitt 1. Erster Rechtszug		
1410	Verfahren im Allgemeinen	1,5
1411	Beendigung des gesamten Verfahrens durch 1. Zurücknahme des Antrags a) vor dem Schluss der mündlichen Verhandlung oder b) wenn eine mündliche Verhandlung nicht stattfindet, vor Ablauf des Tages, an dem der Beschluss der Geschäftsstelle übermittelt wird, 2. Anerkenntnisurteil, Verzichtsurteil oder Urteil, das nach § 313a Abs. 2 ZPO keinen Tatbestand und keine Entscheidungsgründe enthält, 3. gerichtlichen Vergleich oder 4. Erledigungserklärungen nach § 91a ZPO, wenn keine Entscheidung über die Kosten ergeht oder die Entscheidung einer zuvor mitgeteilten Einigung der Parteien über die Kostentragung oder der Kostenübernahmeerklärung einer Partei folgt, es sei denn, dass bereits ein Beschluss nach § 922 Abs. 1, auch i.V.m. § 936 ZPO, oder ein anderes als eines der in Nummer 2 genannten Urteile vorausgegangen ist: Die Gebühr 1410 ermäßigt sich auf Die Vervollständigung eines ohne Tatbestand und Entscheidungsgründe hergestellten Urteils (§ 313a Abs. 5 ZPO) steht der Ermäßigung nicht entgegen. Die Gebühr ermäßigt sich auch, wenn mehrere Ermäßigungstatbestände erfüllt sind.	1,0
1412	Es wird durch Urteil entschieden oder es ergeht ein Beschluss nach § 91a oder § 269 Abs. 3 Satz 3 ZPO, wenn nicht Nummer 1411 erfüllt ist: Die Gebühr 1410 erhöht sich nach dem Wert des Streitgegenstands, auf den sich die Entscheidung bezieht, auf	3,0
Abschnitt 2. Berufung		
1420	Verfahren im Allgemeinen	4,0
1421	Beendigung des gesamten Verfahrens durch Zurücknahme der Berufung, des Antrags oder des Widerspruchs, bevor die Schrift zur Begründung der Berufung bei Gericht eingegangen ist: Die Gebühr 1420 ermäßigt sich auf Erledigungserklärungen nach § 91a ZPO stehen der Zurücknahme gleich, wenn keine Entscheidung über die Kosten ergeht oder die Entscheidung einer zuvor mitgeteilten Einigung der Parteien über die Kostentragung oder der Kostenübernahmeerklärung einer Partei folgt.	1,0
1422	Beendigung des gesamten Verfahrens, wenn nicht Nummer 1421 erfüllt ist, durch 1. Zurücknahme der Berufung oder des Antrags a) vor dem Schluss der mündlichen Verhandlung, b) in den Fällen des § 128 Abs. 2 ZPO vor dem Zeitpunkt, der dem Schluss der mündlichen Verhandlung entspricht, 2. Anerkenntnis- oder Verzichtsurteil, 3. gerichtlichen Vergleich oder 4. Erledigungserklärungen nach § 91a ZPO, wenn keine Entscheidung über die Kosten ergeht oder die Entscheidung einer zuvor mitgeteilten Einigung der Parteien über die Kostentragung oder der Kostenübernahmeerklärung einer Partei folgt, es sei denn, dass bereits ein anderes als eines der in Nummer 2 genannten Urteile vorausgegangen ist: Die Gebühr 1420 ermäßigt sich auf Die Gebühr ermäßigt sich auch, wenn mehrere Ermäßigungstatbestände erfüllt sind.	2,0

Nr.	Gebührentatbestand	Gebühr oder Satz der Gebühr nach § 34 GKG
1423	Beendigung des gesamten Verfahrens durch ein Urteil, das wegen eines Verzichts der Parteien nach § 313a Abs. 1 Satz 2 ZPO keine schriftliche Begründung enthält, wenn nicht bereits ein anderes als eines der in Nummer 1422 Nr. 2 genannten Urteile mit schriftlicher Begründung oder ein Versäumnisurteil vorausgegangen ist: Die Gebühr 1420 ermäßigt sich auf Die Gebühr ermäßigt sich auch, wenn daneben Ermäßigungstatbestände nach Nummer 1422 erfüllt sind.	3,0
Abschnitt 3. Beschwerde		
1430	Verfahren über die Beschwerde 1. gegen die Zurückweisung eines Antrags auf Anordnung eines Arrests oder eines Antrags auf Erlass einer einstweiligen Verfügung oder 2. in Verfahren nach der Verordnung (EU) Nr. 655/2014	1,5
1431	Beendigung des gesamten Verfahrens durch Zurücknahme der Beschwerde: Die Gebühr 1430 ermäßigt sich auf	1,0
Hauptabschnitt 5. Vorbereitung der grenzüberschreitenden Zwangsvollstreckung		
Vorbemerkung 1.5: Die Vollstreckbarerklärung eines ausländischen Schiedsspruchs oder deren Aufhebung bestimmt sich nach Nummer 1620.		
Abschnitt 1. Erster Rechtszug		
1510	Verfahren über Anträge auf 1. Vollstreckbarerklärung ausländischer Titel, 2. Feststellung, ob die ausländische Entscheidung anzuerkennen ist, 3. Erteilung der Vollstreckungsklausel zu ausländischen Titeln, 4. Aufhebung oder Abänderung von Entscheidungen in den in den Nummern 1 bis 3 genannten Verfahren und 5. Versagung der Anerkennung oder der Vollstreckung (§ 1115 ZPO) oder über die Klage auf Erlass eines Vollstreckungsurteils	264,00 €
1511	Beendigung des gesamten Verfahrens durch Zurücknahme der Klage oder des Antrags vor dem Schluss der mündlichen Verhandlung oder, wenn eine mündliche Verhandlung nicht stattfindet, vor Ablauf des Tages, an dem die Entscheidung der Geschäftsstelle übermittelt wird: Die Gebühr 1510 ermäßigt sich auf Erledigungserklärungen nach § 91a ZPO stehen der Zurücknahme gleich, wenn keine Entscheidung über die Kosten ergeht oder die Entscheidung einer zuvor mitgeteilten Einigung der Parteien über die Kostentragung oder der Kostenübernahmeerklärung einer Partei folgt.	99,00 €
1512	Verfahren über Anträge auf Ausstellung einer Bescheinigung nach § 57 AVAG oder § 27 IntErbRVG	17,00 €
1513	Verfahren über Anträge auf Ausstellung einer Bestätigung nach § 1079 ZPO oder über Anträge auf Ausstellung einer Bescheinigung nach § 1110 ZPO oder nach § 58 oder § 59 AVAG	22,00 €
1514	Verfahren nach § 3 Abs. 2 des Gesetzes zur Ausführung des Vertrages zwischen der Bundesrepublik Deutschland und der Republik Österreich vom 6. Juni 1959 über die gegenseitige Anerkennung und Vollstreckung von gerichtlichen Entscheidungen, Vergleichen und öffentlichen Urkunden in Zivil- und Handelssachen in der im Bundesgesetzblatt Teil III, Gliederungsnummer 319-12, veröffentlichten bereinigten Fassung, das zuletzt durch Artikel 23 des Gesetzes vom 27. Juli 2001 (BGBl. I S. 1887) geändert worden ist	66,00 €

Nr.	Gebührentatbestand	Gebühr oder Satz der Gebühr nach § 34 GKG
Abschnitt 2. Rechtsmittelverfahren		
1520	Verfahren über Rechtsmittel in den in den Nummern 1510 und 1514 genannten Verfahren	396,00 €
1521	Beendigung des gesamten Verfahrens durch Zurücknahme des Rechtsmittels, der Klage oder des Antrags, bevor die Schrift zur Begründung des Rechtsmittels bei Gericht eingegangen ist: Die Gebühr 1520 ermäßigt sich auf	99,00 €
1522	Beendigung des gesamten Verfahrens durch Zurücknahme des Rechtsmittels, der Klage oder des Antrags vor dem Schluss der mündlichen Verhandlung oder, wenn eine mündliche Verhandlung nicht stattfindet, vor Ablauf des Tages, an dem die Entscheidung der Geschäftsstelle übermittelt wird, wenn nicht Nummer 1521 erfüllt ist: Die Gebühr 1520 ermäßigt sich auf	198,00 €
	Erledigungserklärungen nach § 91a ZPO stehen der Zurücknahme gleich, wenn keine Entscheidung über die Kosten ergeht oder die Entscheidung einer zuvor mitgeteilten Einigung der Parteien über die Kostentragung oder der Kostenübernahmeerklärung einer Partei folgt.	
1523	Verfahren über Rechtsmittel in 1. den in den Nummern 1512 und 1513 genannten Verfahren und 2. Verfahren über die Berichtigung oder den Widerruf einer Bestätigung nach § 1079 ZPO: Das Rechtsmittel wird verworfen oder zurückgewiesen	66,00 €
Hauptabschnitt 6. Sonstige Verfahren		
Abschnitt 1. Selbständiges Beweisverfahren		
1610	Verfahren im Allgemeinen	1,0
Abschnitt 2. Schiedsrichterliches Verfahren		
Unterabschnitt 1. Erster Rechtszug		
1620	Verfahren über die Aufhebung oder die Vollstreckbarerklärung eines Schiedsspruchs oder über die Aufhebung der Vollstreckbarerklärung	2,0
	Die Gebühr ist auch im Verfahren über die Vollstreckbarerklärung eines ausländischen Schiedsspruchs oder deren Aufhebung zu erheben.	
1621	Verfahren über den Antrag auf Feststellung der Zulässigkeit oder Unzulässigkeit des schiedsrichterlichen Verfahrens	2,0
1622	Verfahren bei Rüge der Unzuständigkeit des Schiedsgerichts	2,0
1623	Verfahren bei der Bestellung eines Schiedsrichters oder Ersatzschiedsrichters	0,5
1624	Verfahren über die Ablehnung eines Schiedsrichters oder über die Beendigung des Schiedsrichteramts	0,5
1625	Verfahren zur Unterstützung bei der Beweisaufnahme oder zur Vornahme sonstiger richterlicher Handlungen	0,5
1626	Verfahren über die Zulassung der Vollziehung einer vorläufigen oder sichernden Maßnahme oder über die Aufhebung oder Änderung einer Entscheidung über die Zulassung der Vollziehung	2,0
	Im Verfahren über die Zulassung der Vollziehung und in dem Verfahren über die Aufhebung oder Änderung einer Entscheidung über die Zulassung der Vollziehung werden die Gebühren jeweils gesondert erhoben.	
1627	Beendigung des gesamten Verfahrens durch Zurücknahme des Antrags: Die Gebühren 1620 bis 1622 und 1626 ermäßigen sich auf	1,0
Unterabschnitt 2. Rechtsbeschwerde		
1628	Verfahren über die Rechtsbeschwerde in den in den Nummern 1620 bis 1622 und 1626 genannten Verfahren	3,0

Nr.	Gebührentatbestand	Gebühr oder Satz der Gebühr nach § 34 GKG
1629	Beendigung des gesamten Verfahrens durch Zurücknahme der Rechtsbeschwerde oder des Antrags:	
	Die Gebühr 1628 ermäßigt sich auf	1,0
Abschnitt 3. Besondere Verfahren nach dem Gesetz gegen Wettbewerbsbeschränkungen, dem Wertpapiererwerbs- und Übernahmegesetz und dem Wertpapierhandelsgesetz		
1630	Verfahren über einen Antrag nach § 169 Abs. 2 Satz 5 und 6, Abs. 4 Satz 2, § 173 Abs. 1 Satz 3 oder nach § 176 GWB	3,0
1631	Beendigung des gesamten Verfahrens durch Zurücknahme des Antrags:	
	Die Gebühr 1630 ermäßigt sich auf	1,0
1632	Verfahren über den Antrag nach § 50 Absatz 3 bis 5 WpÜG, auch i.V.m. § 37u Absatz 2 WpHG	0,5
	Mehrere Verfahren gelten innerhalb eines Rechtszugs als ein Verfahren.	
Abschnitt 4. Besondere Verfahren nach dem Aktiengesetz und dem Umwandlungsgesetz		
Unterabschnitt 1. Erster Rechtszug		
1640	Verfahren nach § 148 Abs. 1 und 2 des Aktiengesetzes	1,0
1641	Verfahren nach § 246a des Aktiengesetzes (auch i.V.m. § 20 Abs. 3 Satz 4 SchVG), nach § 319 Abs. 6 des Aktiengesetzes (auch i.V.m. § 327e Abs. 2 des Aktiengesetzes) oder nach § 16 Absatz 3 UmwG	1,5
1642	Beendigung des gesamten Verfahrens ohne Entscheidung:	
	Die Gebühren 1640 und 1641 ermäßigen sich auf	0,5
	(1) Die Gebühr ermäßigt sich auch im Fall der Zurücknahme des Antrags vor Ablauf des Tages, an dem die Entscheidung der Geschäftsstelle übermittelt wird.	
	(2) Eine Entscheidung über die Kosten steht der Ermäßigung nicht entgegen, wenn die Entscheidung einer zuvor mitgeteilten Einigung der Parteien über die Kostentragung oder der Kostenübernahmeerklärung einer Partei folgt.	
Unterabschnitt 2. Beschwerde		
1643	Verfahren über die Beschwerde in den in Nummer 1640 genannten Verfahren	1,0
1644	Beendigung des Verfahrens ohne Entscheidung:	
	Die Gebühr 1643 ermäßigt sich auf	0,5
	(1) Die Gebühr ermäßigt sich auch im Fall der Zurücknahme der Beschwerde vor Ablauf des Tages, an dem die Entscheidung der Geschäftsstelle übermittelt wird.	
	(2) Eine Entscheidung über die Kosten steht der Ermäßigung nicht entgegen, wenn die Entscheidung einer zuvor mitgeteilten Einigung der Parteien über die Kostentragung oder der Kostenübernahmeerklärung einer Partei folgt.	
Abschnitt 5. Sanierungs- und Reorganisationsverfahren nach dem Kreditinstitute-Reorganisationsgesetz		
1650	Sanierungsverfahren	0,5
1651	Die Durchführung des Sanierungsverfahrens wird nicht angeordnet:	
	Die Gebühr 1650 beträgt	0,2
1652	Reorganisationsverfahren	1,0
1653	Die Durchführung des Reorganisationsverfahrens wird nicht angeordnet:	
	Die Gebühr 1652 beträgt	0,2
Abschnitt 6. Umsetzungsverfahren nach dem Verbraucherrechtedurchsetzungsgesetz		
1660	Umsetzungsverfahren nach dem VDuG	1,0

Nr.	Gebührentatbestand	Gebühr oder Satz der Gebühr nach § 34 GKG
Hauptabschnitt 7. Rüge wegen Verletzung des Anspruchs auf rechtliches Gehör		
1700	Verfahren über die Rüge wegen Verletzung des Anspruchs auf rechtliches Gehör (§ 321a ZPO, auch i.V.m. § 122a PatG oder § 89a MarkenG; § 69 GWB, § 41 AgrarOLkG):	
	Die Rüge wird in vollem Umfang verworfen oder zurückgewiesen	66,00 €
Hauptabschnitt 8. Sonstige Beschwerden und Rechtsbeschwerden		
Abschnitt 1. Sonstige Beschwerden		
1810	Verfahren über Beschwerden nach § 71 Abs. 2, § 91a Abs. 2, § 99 Abs. 2, § 269 Abs. 5 oder § 494a Absatz 2 Satz 2 ZPO	99,00 €
1811	Beendigung des Verfahrens ohne Entscheidung: Die Gebühr 1810 ermäßigt sich auf	66,00 €
	(1) Die Gebühr ermäßigt sich auch im Fall der Zurücknahme der Beschwerde vor Ablauf des Tages, an dem die Entscheidung der Geschäftsstelle übermittelt wird. (2) Eine Entscheidung über die Kosten steht der Ermäßigung nicht entgegen, wenn die Entscheidung einer zuvor mitgeteilten Einigung der Parteien über die Kostentragung oder der Kostenübernahmeerklärung einer Partei folgt.	
1812	Verfahren über nicht besonders aufgeführte Beschwerden, die nicht nach anderen Vorschriften gebührenfrei sind:	
	Die Beschwerde wird verworfen oder zurückgewiesen	66,00 €
	Wird die Beschwerde nur teilweise verworfen oder zurückgewiesen, kann das Gericht die Gebühr nach billigem Ermessen auf die Hälfte ermäßigen oder bestimmen, dass eine Gebühr nicht zu erheben ist.	
Abschnitt 2. Sonstige Rechtsbeschwerden		
1820	Verfahren über Rechtsbeschwerden gegen den Beschluss, durch den die Berufung als unzulässig verworfen wurde (§ 522 Abs. 1 Satz 2 und 3 ZPO)	2,0
1821	Verfahren über Rechtsbeschwerden nach § 23 KapMuG	5,0
1822	Beendigung des gesamten Verfahrens durch Zurücknahme der Rechtsbeschwerde, bevor die Schrift zur Begründung der Rechtsbeschwerde bei Gericht eingegangen ist:	
	Die Gebühren 1820 und 1821 ermäßigen sich auf	1,0
	Erledigungserklärungen nach § 91a ZPO stehen der Zurücknahme gleich, wenn keine Entscheidung über die Kosten ergeht oder die Entscheidung einer zuvor mitgeteilten Einigung der Parteien über die Kostentragung oder der Kostenübernahmeerklärung einer Partei folgt.	
1823	Verfahren über Rechtsbeschwerden in den Fällen des § 71 Abs. 1, § 91a Abs. 1, § 99 Abs. 2, § 269 Abs. 4, § 494a Absatz 2 Satz 2 oder § 516 Abs. 3 ZPO	198,00 €
1824	Beendigung des gesamten Verfahrens durch Zurücknahme der Rechtsbeschwerde, des Antrags oder der Klage, bevor die Schrift zur Begründung der Rechtsbeschwerde bei Gericht eingegangen ist: Die Gebühr 1823 ermäßigt sich auf	66,00 €
1825	Beendigung des gesamten Verfahrens durch Zurücknahme der Rechtsbeschwerde, des Antrags oder der Klage vor Ablauf des Tages, an dem die Entscheidung der Geschäftsstelle übermittelt wird, wenn nicht Nummer 1824 erfüllt ist: Die Gebühr 1823 ermäßigt sich auf	99,00 €
1826	Verfahren über nicht besonders aufgeführte Rechtsbeschwerden, die nicht nach anderen Vorschriften gebührenfrei sind:	
	Die Rechtsbeschwerde wird verworfen oder zurückgewiesen	132,00 €

Nr.	Gebührentatbestand	Gebühr oder Satz der Gebühr nach § 34 GKG
	Wird die Rechtsbeschwerde nur teilweise verworfen oder zurückgewiesen, kann das Gericht die Gebühr nach billigem Ermessen auf die Hälfte ermäßigen oder bestimmen, dass eine Gebühr nicht zu erheben ist.	
1827	Verfahren über die in Nummer 1826 genannten Rechtsbeschwerden: Beendigung des gesamten Verfahrens durch Zurücknahme der Rechtsbeschwerde, des Antrags oder der Klage vor Ablauf des Tages, an dem die Entscheidung der Geschäftsstelle übermittelt wird	66,00 €
Hauptabschnitt 9. Besondere Gebühren		
1900	Abschluss eines gerichtlichen Vergleichs: Soweit ein Vergleich über nicht gerichtlich anhängige Gegenstände geschlossen wird	0,25
	Die Gebühr entsteht nicht im Verfahren über die Prozesskostenhilfe. Im Verhältnis zur Gebühr für das Verfahren im Allgemeinen ist § 36 Absatz 3 GKG entsprechend anzuwenden.	
1901	Auferlegung einer Gebühr nach § 38 GKG wegen Verzögerung des Rechtsstreits	wie vom Gericht bestimmt
1902	Anmeldung eines Anspruchs zum Musterverfahren (§ 13 KapMuG)	0,5

Teil 2

Zwangsvollstreckung nach der Zivilprozessordnung, Insolvenzverfahren und ähnliche Verfahren

Nr.	Gebührentatbestand	Gebühr oder Satz der Gebühr nach § 34 GKG
Hauptabschnitt 1. Zwangsvollstreckung nach der Zivilprozessordnung		
Vorbemerkung 2.1:		
Dieser Hauptabschnitt ist auch auf Verfahren zur Erwirkung eines Europäischen Beschlusses zur vorläufigen Kontenpfändung im Fall des Artikels 5 Buchstabe b der Verordnung (EU) Nr. 655/2014 sowie auf alle Verfahren über Anträge auf Einschränkung oder Beendigung der Vollstreckung eines Europäischen Beschlusses zur vorläufigen Kontenpfändung (§ 954 Abs. 2 ZPO i.V.m. Artikel 34 der Verordnung (EU) Nr. 655/2014) anzuwenden. Im Übrigen bestimmen sich die Gebühren nach Teil 1 Hauptabschnitt 4 oder Teil 8 Hauptabschnitt 3.		
Abschnitt 1. Erster Rechtszug		
2110	Verfahren über den Antrag auf Erteilung einer weiteren vollstreckbaren Ausfertigung (§ 733 ZPO)	22,00 €
	Die Gebühr wird für jede weitere vollstreckbare Ausfertigung gesondert erhoben. Sind wegen desselben Anspruchs in einem Mahnverfahren gegen mehrere Personen gesonderte Vollstreckungsbescheide erlassen worden und werden hiervon gleichzeitig mehrere weitere vollstreckbare Ausfertigungen beantragt, wird die Gebühr nur einmal erhoben.	
2111	Verfahren über Anträge auf gerichtliche Handlungen der Zwangsvollstreckung gemäß § 829 Abs. 1, §§ 835, 839, 846 bis 848, 857, 858, 886 bis 888 oder § 890 ZPO sowie im Verfahren zur Erwirkung eines Europäischen Beschlusses zur vorläufigen Kontenpfändung im Fall des Artikels 5 Buchstabe b der Verordnung (EU) Nr. 655/2014	22,00 €
	Richtet sich ein Verfahren gegen mehrere Schuldner, wird die Gebühr für jeden Schuldner gesondert erhoben. Mehrere Verfahren innerhalb eines Rechtszugs gelten als ein Verfahren, wenn sie denselben Anspruch und denselben Vollstreckungsgegenstand betreffen.	
2112	In dem Verfahren zur Erwirkung eines Europäischen Beschlusses zur vorläufigen Kontenpfändung wird ein Antrag auf Einholung von Kontoinformationen gestellt:	
	Die Gebühr 2111 erhöht sich auf	37,00 €

Nr.	Gebührentatbestand	Gebühr oder Satz der Gebühr nach § 34 GKG
2113	Verfahren über den Antrag auf Vollstreckungsschutz nach § 765a ZPO	22,00 €
2114	Verfahren über den Antrag auf Erlass eines Haftbefehls (§ 802g Abs. 1 ZPO)	22,00 €
2115	Verfahren über den Antrag auf Abnahme der eidesstattlichen Versicherung nach § 889 ZPO	35,00 €
2116	(weggefallen)	
2117	Verteilungsverfahren	0,5
2118	Verfahren über die Vollstreckbarerklärung eines Anwaltsvergleichs nach § 796a ZPO	66,00 €
2119	Verfahren über Anträge auf Beendigung, Verweigerung, Aussetzung oder Beschränkung der Zwangsvollstreckung nach § 954 Abs. 2, § 1084 ZPO auch i.V.m. § 1096 oder § 1109 ZPO oder nach § 31 AUG	33,00 €

Abschnitt 2. Beschwerden

Unterabschnitt 1. Beschwerde

Nr.	Gebührentatbestand	Gebühr oder Satz der Gebühr nach § 34 GKG
2120	Verfahren über die Beschwerde im Verteilungsverfahren:	
	Soweit die Beschwerde verworfen oder zurückgewiesen wird	1,0
2121	Verfahren über nicht besonders aufgeführte Beschwerden, die nicht nach anderen Vorschriften gebührenfrei sind:	
	Die Beschwerde wird verworfen oder zurückgewiesen	33,00 €
	Wird die Beschwerde nur teilweise verworfen oder zurückgewiesen, kann das Gericht die Gebühr nach billigem Ermessen auf die Hälfte ermäßigen oder bestimmen, dass eine Gebühr nicht zu erheben ist.	

Unterabschnitt 2. Rechtsbeschwerde

Nr.	Gebührentatbestand	Gebühr oder Satz der Gebühr nach § 34 GKG
2122	Verfahren über die Rechtsbeschwerde im Verteilungsverfahren:	
	Soweit die Beschwerde verworfen oder zurückgewiesen wird	2,0
2123	Verfahren über die Rechtsbeschwerde im Verteilungsverfahren:	
	Soweit die Beschwerde zurückgenommen oder das Verfahren durch anderweitige Erledigung beendet wird	1,0
	Die Gebühr entsteht nicht, soweit der Beschwerde stattgegeben wird.	
2124	Verfahren über nicht besonders aufgeführte Rechtsbeschwerden, die nicht nach anderen Vorschriften gebührenfrei sind:	
	Die Rechtsbeschwerde wird verworfen oder zurückgewiesen	66,00 €
	Wird die Rechtsbeschwerde nur teilweise verworfen oder zurückgewiesen, kann das Gericht die Gebühr nach billigem Ermessen auf die Hälfte ermäßigen oder bestimmen, dass eine Gebühr nicht zu erheben ist.	

Hauptabschnitt 2. Verfahren nach dem Gesetz über die Zwangsversteigerung und die Zwangsverwaltung; Zwangsliquidation einer Bahneinheit

Vorbemerkung 2.2:

Die Gebühren 2210, 2220 und 2230 werden für jeden Antragsteller gesondert erhoben. Wird der Antrag von mehreren Gesamtgläubigern, Gesamthandsgläubigern oder im Fall der Zwangsversteigerung zum Zweck der Aufhebung der Gemeinschaft von mehreren Miteigentümern gemeinsam gestellt, gelten diese als ein Antragsteller. Betrifft ein Antrag mehrere Gegenstände, wird die Gebühr nur einmal erhoben, soweit durch einen einheitlichen Beschluss entschieden wird. Für ein Verfahren nach § 765a ZPO wird keine, für das Beschwerdeverfahren die Gebühr 2240 erhoben; richtet sich die Beschwerde auch gegen eine Entscheidung nach § 30a ZVG, gilt Satz 3 entsprechend.

Abschnitt 1. Zwangsversteigerung

Nr.	Gebührentatbestand	Gebühr oder Satz der Gebühr nach § 34 GKG
2210	Entscheidung über den Antrag auf Anordnung der Zwangsversteigerung oder über den Beitritt zum Verfahren	110,00 €
2211	Verfahren im Allgemeinen	0,5

Nr.	Gebührentatbestand	Gebühr oder Satz der Gebühr nach § 34 GKG
2212	Beendigung des Verfahrens vor Ablauf des Tages, an dem die Verfügung mit der Bestimmung des ersten Versteigerungstermins unterschrieben ist:	
	Die Gebühr 2211 ermäßigt sich auf	0,25
2213	Abhaltung mindestens eines Versteigerungstermins mit Aufforderung zur Abgabe von Geboten	0,5
	Die Gebühr entfällt, wenn der Zuschlag aufgrund des § 74a oder des § 85a ZVG versagt bleibt.	
2214	Erteilung des Zuschlags	0,5
	Die Gebühr entfällt, wenn der Zuschlagsbeschluss aufgehoben wird.	
2215	Verteilungsverfahren	0,5
2216	Es findet keine oder nur eine beschränkte Verteilung des Versteigerungserlöses durch das Gericht statt (§§ 143, 144 ZVG):	
	Die Gebühr 2215 ermäßigt sich auf	0,25

Abschnitt 2. Zwangsverwaltung

2220	Entscheidung über den Antrag auf Anordnung der Zwangsverwaltung oder über den Beitritt zum Verfahren	110,00 €
2221	Jahresgebühr für jedes Kalenderjahr bei Durchführung des Verfahrens	0,5 – mindestens 132,00 €, im ersten und letzten Kalenderjahr jeweils mindestens 66,00 €
	Die Gebühr wird auch für das jeweilige Kalenderjahr erhoben, in das der Tag der Beschlagnahme fällt und in dem das Verfahren aufgehoben wird.	

Abschnitt 3. Zwangsliquidation einer Bahneinheit

2230	Entscheidung über den Antrag auf Eröffnung der Zwangsliquidation	66,00 €
2231	Verfahren im Allgemeinen	0,5
2232	Das Verfahren wird eingestellt:	
	Die Gebühr 2231 ermäßigt sich auf	0,25

Abschnitt 4. Beschwerden

Unterabschnitt 1. Beschwerde

2240	Verfahren über Beschwerden, wenn für die angefochtene Entscheidung eine Festgebühr bestimmt ist:	
	Die Beschwerde wird verworfen oder zurückgewiesen	132,00 €
	Wird die Beschwerde nur teilweise verworfen oder zurückgewiesen, kann das Gericht die Gebühr nach billigem Ermessen auf die Hälfte ermäßigen oder bestimmen, dass eine Gebühr nicht zu erheben ist.	
2241	Verfahren über nicht besonders aufgeführte Beschwerden, die nicht nach anderen Vorschriften gebührenfrei sind:	
	Soweit die Beschwerde verworfen oder zurückgewiesen wird	1,0

Unterabschnitt 2. Rechtsbeschwerde

2242	Verfahren über Rechtsbeschwerden, wenn für die angefochtene Entscheidung eine Festgebühr bestimmt ist:	
	Die Rechtsbeschwerde wird verworfen oder zurückgewiesen	264,00 €
	Wird die Rechtsbeschwerde nur teilweise verworfen oder zurückgewiesen, kann das Gericht die Gebühr nach billigem Ermessen auf die Hälfte ermäßigen oder bestimmen, dass eine Gebühr nicht zu erheben ist.	
2243	Verfahren über nicht besonders aufgeführte Rechtsbeschwerden, die nicht nach anderen Vorschriften gebührenfrei sind:	
	Soweit die Rechtsbeschwerde verworfen oder zurückgewiesen wird	2,0

Nr.	Gebührentatbestand	Gebühr oder Satz der Gebühr nach § 34 GKG
Hauptabschnitt 3. Insolvenzverfahren		
Vorbemerkung 2.3:		
Der Antrag des ausländischen Insolvenzverwalters steht dem Antrag des Schuldners gleich.		
Abschnitt 1. Eröffnungsverfahren		
2310	Verfahren über den Antrag des Schuldners auf Eröffnung des Insolvenzverfahrens	0,5
	Die Gebühr entsteht auch, wenn das Verfahren nach § 306 InsO ruht.	
2311	Verfahren über den Antrag eines Gläubigers auf Eröffnung des Insolvenzverfahrens	0,5 – mindestens 198,00 €
Abschnitt 2. Durchführung des Insolvenzverfahrens auf Antrag des Schuldners		
Vorbemerkung 2.3.2:		
Die Gebühren dieses Abschnitts entstehen auch, wenn das Verfahren gleichzeitig auf Antrag eines Gläubigers eröffnet wurde.		
2320	Durchführung des Insolvenzverfahrens	2,5
	Die Gebühr entfällt, wenn der Eröffnungsbeschluss auf Beschwerde aufgehoben wird.	
2321	Einstellung des Verfahrens vor dem Ende des Prüfungstermins nach den §§ 207, 211, 212, 213 InsO:	
	Die Gebühr 2320 ermäßigt sich auf	0,5
2322	Einstellung des Verfahrens nach dem Ende des Prüfungstermins nach den §§ 207, 211, 212, 213 InsO:	
	Die Gebühr 2320 ermäßigt sich auf	1,5
Abschnitt 3. Durchführung des Insolvenzverfahrens auf Antrag eines Gläubigers		
Vorbemerkung 2.3.3:		
Dieser Abschnitt ist nicht anzuwenden, wenn das Verfahren gleichzeitig auf Antrag des Schuldners eröffnet wurde.		
2330	Durchführung des Insolvenzverfahrens	3,0
	Die Gebühr entfällt, wenn der Eröffnungsbeschluss auf Beschwerde aufgehoben wird.	
2331	Einstellung des Verfahrens vor dem Ende des Prüfungstermins nach den §§ 207, 211, 212, 213 InsO:	
	Die Gebühr 2330 ermäßigt sich auf	1,0
2332	Einstellung des Verfahrens nach dem Ende des Prüfungstermins nach den §§ 207, 211, 212, 213 InsO:	
	Die Gebühr 2330 ermäßigt sich auf	2,0
Abschnitt 4. Besonderer Prüfungstermin und schriftliches Prüfungsverfahren (§ 177 InsO)		
2340	Prüfung von Forderungen je Gläubiger	22,00 €
Abschnitt 5. Restschuldbefreiung		
2350	Entscheidung über den Antrag auf Versagung oder Widerruf der Restschuldbefreiung (§§ 296 bis 297a, 300 und 303 InsO)	39,00 €
Abschnitt 6. Besondere Verfahren nach der Verordnung (EU) 2015/848		
2360	Verfahren über einen Antrag nach Artikel 36 Abs. 7 Satz 2 der Verordnung (EU) 2015/848	3,0
2361	Verfahren über einstweilige Maßnahmen nach Artikel 36 Abs. 9 der Verordnung (EU) 2015/848	1,0
2362	Verfahren über einen Antrag auf Eröffnung eines Gruppen-Koordinationsverfahrens nach Artikel 61 der Verordnung (EU) 2015/848	4 400,00 €
Abschnitt 7. Koordinationsverfahren		
2370	Verfahren im Allgemeinen	550,00 €

Nr.	Gebührentatbestand	Gebühr oder Satz der Gebühr nach § 34 GKG
2371	In dem Verfahren wird ein Koordinationsplan zur Bestätigung vorgelegt: Die Gebühr 2370 beträgt	1 100,00 €
Abschnitt 8. Beschwerden		
Unterabschnitt 1. Beschwerde		
2380	Verfahren über die Beschwerde gegen die Entscheidung über den Antrag auf Eröffnung des Insolvenzverfahrens	1,0
2381	Verfahren über nicht besonders aufgeführte Beschwerden, die nicht nach anderen Vorschriften gebührenfrei sind: Die Beschwerde wird verworfen oder zurückgewiesen Wird die Beschwerde nur teilweise verworfen oder zurückgewiesen, kann das Gericht die Gebühr nach billigem Ermessen auf die Hälfte ermäßigen oder bestimmen, dass eine Gebühr nicht zu erheben ist.	66,00 €
2382	Verfahren über die sofortige Beschwerde gegen die Entscheidung über die Kosten des Gruppen-Koordinationsverfahrens nach Artikel 102c § 26 EGInsO	1,0
Unterabschnitt 2. Rechtsbeschwerde		
2383	Verfahren über die Rechtsbeschwerde gegen die Beschwerdeentscheidung im Verfahren über den Antrag auf Eröffnung des Insolvenzverfahrens	2,0
2384	Beendigung des gesamten Verfahrens durch Zurücknahme der Rechtsbeschwerde oder des Antrags: Die Gebühr 2383 ermäßigt sich auf	1,0
2385	Verfahren über nicht besonders aufgeführte Rechtsbeschwerden, die nicht nach anderen Vorschriften gebührenfrei sind: Die Rechtsbeschwerde wird verworfen oder zurückgewiesen Wird die Rechtsbeschwerde nur teilweise verworfen oder zurückgewiesen, kann das Gericht die Gebühr nach billigem Ermessen auf die Hälfte ermäßigen oder bestimmen, dass eine Gebühr nicht zu erheben ist.	132,00 €
2386	Verfahren über die Rechtsbeschwerde gegen die Beschwerdeentscheidung über die Kosten des Gruppen-Koordinationsverfahrens nach Artikel 102c § 26 EGInsO i.V.m. § 574 ZPO	2,0
Hauptabschnitt 4. Schifffahrtsrechtliches Verteilungsverfahren		
Abschnitt 1. Eröffnungsverfahren		
2410	Verfahren über den Antrag auf Eröffnung des Verteilungsverfahrens	1,0
Abschnitt 2. Verteilungsverfahren		
2420	Durchführung des Verteilungsverfahrens	2,0
Abschnitt 3. Besonderer Prüfungstermin und schriftliches Prüfungsverfahren (§ 18 Satz 3 SVertO, § 177 InsO)		
2430	Prüfung von Forderungen je Gläubiger	22,00 €
Abschnitt 4. Beschwerde und Rechtsbeschwerde		
2440	Verfahren über Beschwerden, die nicht nach anderen Vorschriften gebührenfrei sind: Die Beschwerde wird verworfen oder zurückgewiesen Wird die Beschwerde nur teilweise verworfen oder zurückgewiesen, kann das Gericht die Gebühr nach billigem Ermessen auf die Hälfte ermäßigen oder bestimmen, dass eine Gebühr nicht zu erheben ist.	66,00 €
2441	Verfahren über Rechtsbeschwerden: Die Rechtsbeschwerde wird verworfen oder zurückgewiesen	132,00 €

Nr.	Gebührentatbestand	Gebühr oder Satz der Gebühr nach § 34 GKG
	Wird die Rechtsbeschwerde nur teilweise verworfen oder zurückgewiesen, kann das Gericht die Gebühr nach billigem Ermessen auf die Hälfte ermäßigen oder bestimmen, dass eine Gebühr nicht zu erheben ist.	
	Hauptabschnitt 5. Verfahren nach dem Unternehmensstabilisierungs- und -restrukturierungsgesetz	
	Abschnitt 1. Verfahren vor dem Restrukturierungsgericht	
2510	Entgegennahme der Anzeige des Restrukturierungsvorhabens (§ 31 StaRUG)	150,00 €
	Mit der Gebühr sind sämtliche Tätigkeiten des Gerichts im Zusammenhang mit der Anzeige des Restrukturierungsvorhabens einschließlich der Aufhebung der Restrukturierungssache abgegolten.	
2511	Verfahren über den Antrag auf Inanspruchnahme von Instrumenten des Stabilisierungs- und Restrukturierungsrahmens	1 000,00 €
	(1) Die Gebühr 2510 wird angerechnet. (2) Endet das gesamte Verfahren, bevor der gerichtliche Erörterungs- und Abstimmungstermin begonnen hat oder bevor der Restrukturierungsplan gerichtlich bestätigt wurde, kann das Gericht die Gebühr nach billigem Ermessen auf die Hälfte ermäßigen.	
2512	In derselben Restrukturierungssache wird die Inanspruchnahme von mehr als drei Instrumenten des Stabilisierungs- und Restrukturierungsrahmens beantragt:	
	Die Gebühr 2511 beträgt	1 500,00 €
2513	Bestellung eines Restrukturierungsbeauftragten	500,00 €
	Mit der Gebühr sind sämtliche Tätigkeiten des Gerichts im Zusammenhang mit der Bestellung, insbesondere auch die Aufsicht über den Restrukturierungsbeauftragten, abgegolten.	
2514	Verfahren über den Antrag auf Bestellung eines Sanierungsmoderators	500,00 €
	Mit der Gebühr sind sämtliche Tätigkeiten des Gerichts in dem Verfahren einschließlich der Bestätigung eines Sanierungsvergleichs abgegolten.	
	Abschnitt 2. Beschwerden	
	Unterabschnitt 1. Beschwerde	
2520	Verfahren über sofortige Beschwerden nach dem StaRUG	1 000,00 €
2521	Beendigung des gesamten Verfahrens durch Zurücknahme der Beschwerde:	
	Die Gebühr 2520 ermäßigt sich auf	500,00 €
2522	Verfahren über nicht besonders aufgeführte Beschwerden, die nicht nach anderen Vorschriften gebührenfrei sind:	
	Die Beschwerde wird verworfen oder zurückgewiesen	66,00 €
	Wird die Beschwerde nur teilweise verworfen oder zurückgewiesen, kann das Gericht die Gebühr nach billigem Ermessen auf die Hälfte ermäßigen oder bestimmen, dass eine Gebühr nicht zu erheben ist.	
	Unterabschnitt 2. Rechtsbeschwerde	
2523	Verfahren über Rechtsbeschwerden nach dem StaRUG	2 000,00 €
2524	Beendigung des gesamten Verfahrens durch Zurücknahme der Rechtsbeschwerde:	
	Die Gebühr 2523 ermäßigt sich auf	1 000,00 €
2525	Verfahren über nicht besonders aufgeführte Rechtsbeschwerden, die nicht nach anderen Vorschriften gebührenfrei sind:	
	Die Rechtsbeschwerde wird verworfen oder zurückgewiesen	132,00 €

Nr.	Gebührentatbestand	Gebühr oder Satz der Gebühr nach § 34 GKG
	Wird die Rechtsbeschwerde nur teilweise verworfen oder zurückgewiesen, kann das Gericht die Gebühr nach billigem Ermessen auf die Hälfte ermäßigen oder bestimmen, dass eine Gebühr nicht zu erheben ist.	
Hauptabschnitt 6. Rüge wegen Verletzung des Anspruchs auf rechtliches Gehör		
2600	Verfahren über die Rüge wegen Verletzung des Anspruchs auf rechtliches Gehör (§ 321a ZPO, § 4 InsO, § 3 Abs. 1 Satz 1 SVertO, § 38 StaRUG): Die Rüge wird in vollem Umfang verworfen oder zurückgewiesen	66,00 €

Teil 3

Strafsachen und gerichtliche Verfahren nach dem Strafvollzugsgesetz, auch in Verbindung mit § 92 des Jugendgerichtsgesetzes, sowie Vollstreckungshilfeverfahren wegen im Ausland verhängter Geldsanktionen

Nr.	Gebührentatbestand	Gebühr oder Satz der jeweiligen Gebühr 3110 bis 3117, soweit nichts anderes vermerkt ist

Vorbemerkung 3:

(1) § 473 Abs. 4 StPO und § 74 JGG bleiben unberührt.

(2) Im Verfahren nach Wiederaufnahme werden die gleichen Gebühren wie für das wiederaufgenommene Verfahren erhoben. Wird jedoch nach Anordnung der Wiederaufnahme des Verfahrens das frühere Urteil aufgehoben, gilt für die Gebührenerhebung jeder Rechtszug des neuen Verfahrens mit dem jeweiligen Rechtszug des früheren Verfahrens zusammen als ein Rechtszug. Gebühren werden auch für Rechtszüge erhoben, die nur im früheren Verfahren stattgefunden haben. Dies gilt auch für das Wiederaufnahmeverfahren, das sich gegen einen Strafbefehl richtet (§ 373a StPO).

Hauptabschnitt 1. Offizialverfahren

Vorbemerkung 3.1:

(1) In Strafsachen bemessen sich die Gerichtsgebühren für alle Rechtszüge nach der rechtskräftig erkannten Strafe.

(2) Ist neben einer Freiheitsstrafe auf Geldstrafe erkannt, ist die Zahl der Tagessätze der Dauer der Freiheitsstrafe hinzuzurechnen; dabei entsprechen 30 Tagessätze einem Monat Freiheitsstrafe.

(3) Ist auf Verwarnung mit Strafvorbehalt erkannt, bestimmt sich die Gebühr nach der vorbehaltenen Geldstrafe.

(4) Eine Gebühr wird für alle Rechtszüge bei rechtskräftiger Anordnung einer Maßregel der Besserung und Sicherung und bei rechtskräftiger Festsetzung einer Geldbuße gesondert erhoben.

(5) Wird aufgrund des § 55 Abs. 1 StGB in einem Verfahren eine Gesamtstrafe gebildet, bemisst sich die Gebühr für dieses Verfahren nach dem Maß der Strafe, um das die Gesamtstrafe die früher erkannte Strafe übersteigt. Dies gilt entsprechend, wenn ein Urteil, in dem auf Jugendstrafe erkannt ist, nach § 31 Abs. 2 JGG in ein neues Urteil einbezogen wird. In den Fällen des § 460 StPO und des § 66 JGG verbleibt es bei den Gebühren für die früheren Verfahren.

(6) Betrifft eine Strafsache mehrere Angeschuldigte, ist die Gebühr von jedem gesondert nach Maßgabe der gegen ihn erkannten Strafe, angeordneten Maßregel der Besserung und Sicherung oder festgesetzten Geldbuße zu erheben. Wird in einer Strafsache gegen einen oder mehrere Angeschuldigte auch eine Geldbuße gegen eine juristische Person oder eine Personenvereinigung festgesetzt, ist eine Gebühr auch von der juristischen Person oder der Personenvereinigung nach Maßgabe der gegen sie festgesetzten Geldbuße zu erheben.

(7) Wird bei Verurteilung wegen selbständiger Taten ein Rechtsmittel auf einzelne Taten beschränkt, bemisst sich die Gebühr für das Rechtsmittelverfahren nach der Strafe für diejenige Tat, die Gegenstand des Rechtsmittelverfahrens ist. Bei Gesamtstrafen ist die Summe der angefochtenen Einzelstrafen maßgebend. Ist die Gesamtstrafe, auch unter Einbeziehung der früher erkannten Strafe, geringer, ist diese maßgebend. Wird ein Rechtsmittel auf die Anordnung einer Maßregel der Besserung und Sicherung oder die Festsetzung einer Geldbuße beschränkt, werden die Gebühren für das Rechtsmittelverfahren nur wegen der Anordnung der Maßregel oder der Festsetzung der Geldbuße erhoben. Die Sätze 1 bis 4 gelten im Fall der Wiederaufnahme entsprechend.

Nr.	Gebührentatbestand	Gebühr oder Satz der jeweiligen Gebühr 3110 bis 3117, soweit nichts anderes vermerkt ist
	(8) Das Verfahren über die vorbehaltene Sicherungsverwahrung und das Verfahren über die nachträgliche Anordnung der Sicherungsverwahrung gelten als besondere Verfahren.	
	Abschnitt 1. Erster Rechtszug	
	Verfahren mit Urteil, wenn kein Strafbefehl vorausgegangen ist, bei	
3110	– Verurteilung zu Freiheitsstrafe bis zu 6 Monaten oder zu Geldstrafe bis zu 180 Tagessätzen	155,00 €
3111	– Verurteilung zu Freiheitsstrafe bis zu 1 Jahr oder zu Geldstrafe von mehr als 180 Tagessätzen	310,00 €
3112	– Verurteilung zu Freiheitsstrafe bis zu 2 Jahren	465,00 €
3113	– Verurteilung zu Freiheitsstrafe bis zu 4 Jahren	620,00 €
3114	– Verurteilung zu Freiheitsstrafe bis zu 10 Jahren	775,00 €
3115	– Verurteilung zu Freiheitsstrafe von mehr als 10 Jahren oder zu einer lebenslangen Freiheitsstrafe	1 100,00 €
3116	– Anordnung einer oder mehrerer Maßregeln der Besserung und Sicherung	77,00 €
3117	– Festsetzung einer Geldbuße	10 % des Betrags der Geldbuße – mindestens 55,00 € – höchstens 16 500,00 €
3118	Strafbefehl	0,5
	Die Gebühr wird auch neben der Gebühr 3119 erhoben. Ist der Einspruch beschränkt (§ 410 Abs. 2 StPO), bemisst sich die Gebühr nach der im Urteil erkannten Strafe.	
3119	Hauptverhandlung mit Urteil, wenn ein Strafbefehl vorausgegangen ist	0,5
	Vorbemerkung 3.1 Abs. 7 gilt entsprechend.	
	Abschnitt 2. Berufung	
3120	Berufungsverfahren mit Urteil	1,5
3121	Erledigung des Berufungsverfahrens ohne Urteil	0,5
	Die Gebühr entfällt bei Zurücknahme der Berufung vor Ablauf der Begründungsfrist.	
	Abschnitt 3. Revision	
3130	Revisionsverfahren mit Urteil oder Beschluss nach § 349 Abs. 2 oder 4 StPO	2,0
3131	Erledigung des Revisionsverfahrens ohne Urteil und ohne Beschluss nach § 349 Abs. 2 oder 4 StPO	1,0
	Die Gebühr entfällt bei Zurücknahme der Revision vor Ablauf der Begründungsfrist.	
	Abschnitt 4. Wiederaufnahmeverfahren	
3140	Verfahren über den Antrag auf Wiederaufnahme des Verfahrens: Der Antrag wird verworfen oder abgelehnt	0,5
3141	Verfahren über die Beschwerde gegen einen Beschluss, durch den ein Antrag auf Wiederaufnahme des Verfahrens hinsichtlich einer Freiheitsstrafe, einer Geldstrafe, einer Maßregel der Besserung und Sicherung oder einer Geldbuße verworfen oder abgelehnt wurde: Die Beschwerde wird verworfen oder zurückgewiesen	1,0

Nr.	Gebührentatbestand	Gebühr oder Satz der jeweiligen Gebühr 3110 bis 3117, soweit nichts anderes vermerkt ist
Abschnitt 5. Psychosoziale Prozessbegleitung		
Vorbemerkung 3.1.5:		
Eine Erhöhung nach diesem Abschnitt tritt nicht ein, soweit das Gericht etwas anderes angeordnet hat (§ 465 Abs. 2 Satz 4 StPO).		
	Dem Verletzten ist ein psychosozialer Prozessbegleiter beigeordnet	
3150	– für das Vorverfahren: Die Gebühren 3110 bis 3116 und 3118 erhöhen sich um	572,00 €
3151	– für das gerichtliche Verfahren im ersten Rechtszug: Die Gebühren 3110 bis 3116 und 3118 erhöhen sich um	407,00 €
	(1) Die Erhöhung der Gebühr 3116 tritt nur ein, wenn ausschließlich diese Gebühr zu erheben ist. (2) Die Erhöhungen nach den Nummern 3150 und 3151 können nebeneinander eintreten.	
3152	Dem Verletzten ist für das Berufungsverfahren ein psychosozialer Prozessbegleiter beigeordnet: Die Gebühren 3120 und 3121 erhöhen sich um	231,00 €
	Die Erhöhung der Gebühr 3120 oder 3121 für die Anordnung einer oder mehrerer Maßregeln der Besserung und Sicherung tritt nur ein, wenn ausschließlich diese Gebühr zu erheben ist.	
Hauptabschnitt 2. Klageerzwingungsverfahren, unwahre Anzeige und Zurücknahme des Strafantrags		
3200	Dem Antragsteller, dem Anzeigenden, dem Angeklagten oder Nebenbeteiligten sind die Kosten auferlegt worden (§§ 177, 469, 470 StPO)	80,00 €
	Das Gericht kann die Gebühr bis auf 15,00 € herabsetzen oder beschließen, dass von der Erhebung einer Gebühr abgesehen wird.	
Hauptabschnitt 3. Privatklage		
Vorbemerkung 3.3:		
Für das Verfahren auf Widerklage werden die Gebühren gesondert erhoben.		
Abschnitt 1. Erster Rechtszug		
3310	Hauptverhandlung mit Urteil	160,00 €
3311	Erledigung des Verfahrens ohne Urteil	80,00 €
Abschnitt 2. Berufung		
3320	Berufungsverfahren mit Urteil	320,00 €
3321	Erledigung der Berufung ohne Urteil	160,00 €
	Die Gebühr entfällt bei Zurücknahme der Berufung vor Ablauf der Begründungsfrist.	
Abschnitt 3. Revision		
3330	Revisionsverfahren mit Urteil oder Beschluss nach § 349 Abs. 2 oder 4 StPO	480,00 €
3331	Erledigung der Revision ohne Urteil und ohne Beschluss nach § 349 Abs. 2 oder 4 StPO	320,00 €
	Die Gebühr entfällt bei Rücknahme der Revision vor Ablauf der Begründungsfrist.	

Nr.	Gebührentatbestand	Gebühr oder Satz der jeweiligen Gebühr 3110 bis 3117, soweit nichts anderes vermerkt ist
Abschnitt 4. Wiederaufnahmeverfahren		
3340	Verfahren über den Antrag auf Wiederaufnahme des Verfahrens:	
	Der Antrag wird verworfen oder abgelehnt	80,00 €
3341	Verfahren über die Beschwerde gegen einen Beschluss, durch den ein Antrag auf Wiederaufnahme des Verfahrens verworfen oder abgelehnt wurde:	
	Die Beschwerde wird verworfen oder zurückgewiesen	160,00 €
Hauptabschnitt 4. Einziehung und verwandte Maßnahmen		
Vorbemerkung 3.4:		
(1) Die Vorschriften dieses Hauptabschnitts gelten für die Verfahren über die Einziehung, dieser gleichstehende Rechtsfolgen (§ 439 StPO) und die Abführung des Mehrerlöses. Im Strafverfahren werden die Gebühren gesondert erhoben.		
(2) Betreffen die in Abs. 1 genannten Maßnahmen mehrere Angeschuldigte wegen derselben Tat, wird nur eine Gebühr erhoben. § 31 GKG bleibt unberührt.		
Abschnitt 1. Antrag des Privatklägers nach § 435 StPO		
3410	Verfahren über den Antrag des Privatklägers:	
	Der Antrag wird verworfen oder zurückgewiesen	39,00 €
Abschnitt 2. Beschwerde		
3420	Verfahren über die Beschwerde nach § 434 Abs. 2, auch i.V.m. § 436 Abs. 2, StPO:	
	Die Beschwerde wird verworfen oder zurückgewiesen	39,00 €
Abschnitt 3. Berufung		
3430	Verwerfung der Berufung durch Urteil	78,00 €
3431	Erledigung der Berufung ohne Urteil	39,00 €
	Die Gebühr entfällt bei Zurücknahme der Berufung vor Ablauf der Begründungsfrist.	
Abschnitt 4. Revision		
3440	Verwerfung der Revision durch Urteil oder Beschluss nach § 349 Abs. 2 oder 4 StPO	78,00 €
3441	Erledigung der Revision ohne Urteil und ohne Beschluss nach § 349 Abs. 2 oder 4 StPO	39,00 €
	Die Gebühr entfällt bei Zurücknahme der Revision vor Ablauf der Begründungsfrist.	
Abschnitt 5. Wiederaufnahmeverfahren		
3450	Verfahren über den Antrag auf Wiederaufnahme des Verfahrens:	
	Der Antrag wird verworfen oder zurückgewiesen	39,00 €
3451	Verfahren über die Beschwerde gegen einen Beschluss, durch den ein Antrag auf Wiederaufnahme des Verfahrens verworfen oder abgelehnt wurde:	
	Die Beschwerde wird verworfen oder zurückgewiesen	78,00 €
Hauptabschnitt 5. Nebenklage		
Vorbemerkung 3.5:		
Gebühren nach diesem Hauptabschnitt werden nur erhoben, wenn dem Nebenkläger die Kosten auferlegt worden sind.		

Nr.	Gebührentatbestand	Gebühr oder Satz der jeweiligen Gebühr 3110 bis 3117, soweit nichts anderes vermerkt ist
Abschnitt 1. Berufung		
3510	Die Berufung des Nebenklägers wird durch Urteil verworfen; aufgrund der Berufung des Nebenklägers wird der Angeklagte freigesprochen oder für straffrei erklärt	108,00 €
3511	Erledigung der Berufung des Nebenklägers ohne Urteil	54,00 €
	Die Gebühr entfällt bei Zurücknahme der Berufung vor Ablauf der Begründungsfrist.	
Abschnitt 2. Revision		
3520	Die Revision des Nebenklägers wird durch Urteil oder Beschluss nach § 349 Abs. 2 StPO verworfen; aufgrund der Revision des Nebenklägers wird der Angeklagte freigesprochen oder für straffrei erklärt	162,00 €
3521	Erledigung der Revision des Nebenklägers ohne Urteil und ohne Beschluss nach § 349 Abs. 2 StPO	81,00 €
	Die Gebühr entfällt bei Zurücknahme der Revision vor Ablauf der Begründungsfrist.	
Abschnitt 3. Wiederaufnahmeverfahren		
3530	Verfahren über den Antrag des Nebenklägers auf Wiederaufnahme des Verfahrens:	
	Der Antrag wird verworfen oder abgelehnt	54,00 €
3531	Verfahren über die Beschwerde gegen einen Beschluss, durch den ein Antrag des Nebenklägers auf Wiederaufnahme des Verfahrens verworfen oder abgelehnt wurde:	
	Die Beschwerde wird verworfen oder zurückgewiesen	108,00 €
Hauptabschnitt 6. Sonstige Beschwerden		
Vorbemerkung 3.6:		
Die Gebühren im Kostenfestsetzungsverfahren bestimmen sich nach den für das Kostenfestsetzungsverfahren in Teil 1 Hauptabschnitt 8 geregelten Gebühren.		
3600	Verfahren über die Beschwerde gegen einen Beschluss nach § 411 Abs. 1 Satz 3 StPO:	
	Die Beschwerde wird verworfen oder zurückgewiesen	0,25
3601	Verfahren über die Beschwerde gegen eine Entscheidung, durch die im Strafverfahren einschließlich des selbständigen Verfahrens nach den §§ 435 bis 437, 444 Abs. 3 StPO eine Geldbuße gegen eine juristische Person oder eine Personenvereinigung festgesetzt worden ist:	
	Die Beschwerde wird verworfen oder zurückgewiesen	0,5
	Eine Gebühr wird nur erhoben, wenn eine Geldbuße rechtskräftig festgesetzt ist.	
3602	Verfahren über nicht besonders aufgeführte Beschwerden, die nicht nach anderen Vorschriften gebührenfrei sind:	
	Die Beschwerde wird verworfen oder zurückgewiesen	66,00 €
	Von dem Beschuldigten wird eine Gebühr nur erhoben, wenn gegen ihn rechtskräftig auf eine Strafe, auf Verwarnung mit Strafvorbehalt erkannt, eine Maßregel der Besserung und Sicherung angeordnet oder eine Geldbuße festgesetzt worden ist. Von einer juristischen Person oder einer Personenvereinigung wird eine Gebühr nur erhoben, wenn gegen sie eine Geldbuße festgesetzt worden ist.	

Nr.	Gebührentatbestand	Gebühr oder Satz der Gebühr nach § 34 GKG
Hauptabschnitt 7. Entschädigungsverfahren		
3700	Urteil, durch das dem Antrag wegen eines aus der Straftat erwachsenen vermögensrechtlichen Anspruchs stattgegeben wird (§ 406 StPO)	1,0
	Die Gebühr wird für jeden Rechtszug nach dem Wert des zuerkannten Anspruchs erhoben.	
Hauptabschnitt 8. Gerichtliche Verfahren nach dem Strafvollzugsgesetz, auch in Verbindung mit § 92 des Jugendgerichtsgesetzes		
Abschnitt 1. Antrag auf gerichtliche Entscheidung		
	Verfahren über den Antrag des Betroffenen auf gerichtliche Entscheidung:	
3810	– Der Antrag wird zurückgewiesen	1,0
3811	– Der Antrag wird zurückgenommen	0,5
Abschnitt 2. Beschwerde und Rechtsbeschwerde		
	Verfahren über die Beschwerde oder die Rechtsbeschwerde:	
3820	– Die Beschwerde oder die Rechtsbeschwerde wird verworfen	2,0
3821	– Die Beschwerde oder die Rechtsbeschwerde wird zurückgenommen	1,0
Abschnitt 3. Vorläufiger Rechtsschutz		
3830	Verfahren über den Antrag auf Aussetzung des Vollzugs einer Maßnahme der Vollzugsbehörde oder auf Erlass einer einstweiligen Anordnung:	
	Der Antrag wird zurückgewiesen	0,5
Hauptabschnitt 9. Sonstige Verfahren		
Abschnitt 1. Vollstreckungshilfeverfahren wegen einer im Ausland rechtskräftig verhängten Geldsanktion		
Vorbemerkung 3.9.1:		
Die Vorschriften dieses Abschnitts gelten für gerichtliche Verfahren nach Abschnitt 2 Unterabschnitt 2 des Neunten Teils des Gesetzes über die internationale Rechtshilfe in Strafsachen sowie für Verfahren nach dem Deutsch-Schweizerischer-Polizeivertrag-Umsetzungsgesetz.		
3910	Verfahren über den Einspruch gegen die Entscheidung der Bewilligungsbehörde:	
	Der Einspruch wird verworfen oder zurückgewiesen	54,00 €
	Wird auf den Einspruch wegen fehlerhafter oder unterlassener Umwandlung durch die Bewilligungsbehörde die Geldsanktion umgewandelt, kann das Gericht die Gebühr nach billigem Ermessen auf die Hälfte ermäßigen oder bestimmen, dass eine Gebühr nicht zu erheben ist. Dies gilt auch, wenn hinsichtlich der Höhe der zu vollstreckenden Geldsanktion von der Bewilligungsentscheidung zugunsten des Betroffenen abgewichen wird.	
3911	Verfahren über den Antrag auf gerichtliche Entscheidung gegen die Entscheidung der Bewilligungsbehörde nach § 87f Abs. 5 Satz 2 IRG oder § 7 Absatz 2 Satz 2 DECHPolVtrUG:	
	Der Antrag wird verworfen	33,00 €
3912	Verfahren über die Rechtsbeschwerde:	
	Die Rechtsbeschwerde wird verworfen oder zurückgewiesen	81,00 €
	(1) Die Anmerkung zu Nummer 3910 gilt entsprechend.	
	(2) Die Gebühr entfällt bei Rücknahme der Rechtsbeschwerde vor Ablauf der Begründungsfrist.	
Abschnitt 2. Rüge wegen Verletzung des Anspruchs auf rechtliches Gehör		
3920	Verfahren über die Rüge wegen Verletzung des Anspruchs auf rechtliches Gehör (§§ 33a, 311a Abs. 1 Satz 1, § 356a StPO, auch i.V.m. § 55 Abs. 4, § 92 JGG und § 120 StVollzG):	
	Die Rüge wird in vollem Umfang verworfen oder zurückgewiesen	66,00 €

Teil 4
Verfahren nach dem Gesetz über Ordnungswidrigkeiten

Nr.	Gebührentatbestand	Gebühr oder Satz der Gebühr 4110, soweit nichts anderes vermerkt ist
Vorbemerkung 4:		
(1) § 473 Abs. 4 StPO, auch i.V.m. § 46 Abs. 1 OWiG, bleibt unberührt.		
(2) Im Verfahren nach Wiederaufnahme werden die gleichen Gebühren wie für das wiederaufgenommene Verfahren erhoben. Wird jedoch nach Anordnung der Wiederaufnahme des Verfahrens die frühere Entscheidung aufgehoben, gilt für die Gebührenerhebung jeder Rechtszug des neuen Verfahrens mit dem jeweiligen Rechtszug des früheren Verfahrens zusammen als ein Rechtszug. Gebühren werden auch für Rechtszüge erhoben, die nur im früheren Verfahren stattgefunden haben.		
Hauptabschnitt 1. Bußgeldverfahren		
Vorbemerkung 4.1:		
(1) In Bußgeldsachen bemessen sich die Gerichtsgebühren für alle Rechtszüge nach der rechtskräftig festgesetzten Geldbuße. Mehrere Geldbußen, die in demselben Verfahren gegen denselben Betroffenen festgesetzt werden, sind bei der Bemessung der Gebühr zusammenzurechnen.		
(2) Betrifft eine Bußgeldsache mehrere Betroffene, ist die Gebühr von jedem gesondert nach Maßgabe der gegen ihn festgesetzten Geldbuße zu erheben. Wird in einer Bußgeldsache gegen einen oder mehrere Betroffene eine Geldbuße auch gegen eine juristische Person oder eine Personenvereinigung festgesetzt, ist eine Gebühr auch von der juristischen Person oder Personenvereinigung nach Maßgabe der gegen sie festgesetzten Geldbuße zu erheben.		
(3) Wird bei Festsetzung mehrerer Geldbußen ein Rechtsmittel auf die Festsetzung einer Geldbuße beschränkt, bemisst sich die Gebühr für das Rechtsmittelverfahren nach dieser Geldbuße. Satz 1 gilt im Fall der Wiederaufnahme entsprechend.		
Abschnitt 1. Erster Rechtszug		
4110	Hauptverhandlung mit Urteil oder Beschluss ohne Hauptverhandlung (§ 72 OWiG)	10 % des Betrags der Geldbuße – mindestens 55,00 € – höchstens 16 500,00 €
4111	Zurücknahme des Einspruchs nach Eingang der Akten bei Gericht und vor Beginn der Hauptverhandlung Die Gebühr wird nicht erhoben, wenn die Sache an die Verwaltungsbehörde zurückverwiesen worden ist.	0,25 – mindestens 17,00 €
4112	Zurücknahme des Einspruchs nach Beginn der Hauptverhandlung	0,5
Abschnitt 2. Rechtsbeschwerde		
4120	Verfahren mit Urteil oder Beschluss nach § 79 Abs. 5 OWiG	2,0
4121	Verfahren ohne Urteil oder Beschluss nach § 79 Abs. 5 OWiG Die Gebühr entfällt bei Rücknahme der Rechtsbeschwerde vor Ablauf der Begründungsfrist.	1,0
Abschnitt 3. Wiederaufnahmeverfahren		
4130	Verfahren über den Antrag auf Wiederaufnahme des Verfahrens: Der Antrag wird verworfen oder abgelehnt	0,5
4131	Verfahren über die Beschwerde gegen einen Beschluss, durch den ein Antrag auf Wiederaufnahme des Verfahrens verworfen oder abgelehnt wurde: Die Beschwerde wird verworfen oder zurückgewiesen	1,0

Nr.	Gebührentatbestand	Gebühr oder Satz der Gebühr 4110, soweit nichts anderes vermerkt ist
Hauptabschnitt 2. Einziehung und verwandte Maßnahmen		
Vorbemerkung 4.2: (1) Die Vorschriften dieses Hauptabschnitts gelten für die Verfahren über die Einziehung, dieser gleichstehende Rechtsfolgen (§ 439 StPO i.V.m. § 46 Abs. 1 OWiG) und die Abführung des Mehrerlöses. Im gerichtlichen Verfahren werden die Gebühren gesondert erhoben. (2) Betreffen die in Abs. 1 genannten Maßnahmen mehrere Betroffene wegen derselben Handlung, wird nur eine Gebühr erhoben. § 31 GKG bleibt unberührt.		
Abschnitt 1. Beschwerde		
4210	Verfahren über die Beschwerde nach § 434 Abs. 2, auch i.V.m. § 436 Abs. 2 StPO, wiederum i.V.m. § 46 Abs. 1 OWiG: Die Beschwerde wird verworfen oder zurückgewiesen	66,00 €
Abschnitt 2. Rechtsbeschwerde		
4220	Verfahren mit Urteil oder Beschluss nach § 79 Abs. 5 OWiG: Die Rechtsbeschwerde wird verworfen	132,00 €
4221	Verfahren ohne Urteil oder Beschluss nach § 79 Abs. 5 OWiG Die Gebühr entfällt bei Rücknahme der Rechtsbeschwerde vor Ablauf der Begründungsfrist.	66,00 €
Abschnitt 3. Wiederaufnahmeverfahren		
4230	Verfahren über den Antrag auf Wiederaufnahme des Verfahrens: Der Antrag wird verworfen oder abgelehnt	39,00 €
4231	Verfahren über die Beschwerde gegen einen Beschluss, durch den ein Antrag auf Wiederaufnahme des Verfahrens verworfen oder abgelehnt wurde: Die Beschwerde wird verworfen oder zurückgewiesen	78,00 €
Hauptabschnitt 3. Besondere Gebühren		
4300	Dem Anzeigenden sind im Fall einer unwahren Anzeige die Kosten auferlegt worden (§ 469 StPO i.V.m. § 46 Abs. 1 OWiG) Das Gericht kann die Gebühr bis auf 15,00 € herabsetzen oder beschließen, dass von der Erhebung einer Gebühr abgesehen wird.	39,00 €
4301	Abschließende Entscheidung des Gerichts im Fall des § 25a Abs. 1 StVG oder des § 10a Absatz 1 Satz 1 BFStrMG	39,00 €
4302	Entscheidung der Staatsanwaltschaft im Fall des § 25a Abs. 1 StVG oder des § 10a Absatz 1 Satz 1 BFStrMG	22,00 €
4303	Verfahren über den Antrag auf gerichtliche Entscheidung gegen eine Anordnung, Verfügung oder sonstige Maßnahme der Verwaltungsbehörde oder der Staatsanwaltschaft oder Verfahren über Einwendungen nach § 103 OWiG: Der Antrag wird verworfen Wird der Antrag nur teilweise verworfen, kann das Gericht die Gebühr nach billigem Ermessen auf die Hälfte ermäßigen oder bestimmen, dass eine Gebühr nicht zu erheben ist.	33,00 €
4304	Verfahren über die Erinnerung gegen den Kostenfestsetzungsbeschluss des Urkundsbeamten der Staatsanwaltschaft (§ 108a Abs. 3 Satz 2 OWiG): Die Erinnerung wird zurückgewiesen Wird die Erinnerung nur teilweise verworfen, kann das Gericht die Gebühr nach billigem Ermessen auf die Hälfte ermäßigen oder bestimmen, dass eine Gebühr nicht zu erheben ist.	33,00 €

Nr.	Gebührentatbestand	Gebühr oder Satz der Gebühr 4110, soweit nichts anderes vermerkt ist
Hauptabschnitt 4. Sonstige Beschwerden		
Vorbemerkung 4.4:		
Die Gebühren im Kostenfestsetzungsverfahren bestimmen sich nach den für das Kostenfestsetzungsverfahren in Teil 1 Hauptabschnitt 8 geregelten Gebühren.		
4400	Verfahren über die Beschwerde gegen eine Entscheidung, durch die im gerichtlichen Verfahren nach dem OWiG einschließlich des selbständigen Verfahrens nach den §§ 88 und 46 Abs. 1 OWiG i.V.m. den §§ 435 bis 437, 444 Abs. 3 StPO eine Geldbuße gegen eine juristische Person oder eine Personenvereinigung festgesetzt worden ist:	
	Die Beschwerde wird verworfen oder zurückgewiesen	0,5
	Eine Gebühr wird nur erhoben, wenn eine Geldbuße rechtskräftig festgesetzt ist.	
4401	Verfahren über nicht besonders aufgeführte Beschwerden, die nicht nach anderen Vorschriften gebührenfrei sind:	
	Die Beschwerde wird verworfen oder zurückgewiesen	66,00 €
	Von dem Betroffenen wird eine Gebühr nur erhoben, wenn gegen ihn eine Geldbuße rechtskräftig festgesetzt ist.	
Hauptabschnitt 5. Rüge wegen Verletzung des Anspruchs auf rechtliches Gehör		
4500	Verfahren über die Rüge wegen Verletzung des Anspruchs auf rechtliches Gehör (§§ 33a, 311a Abs. 1 Satz 1, § 356a StPO i.V.m. § 46 Abs. 1 und § 79 Abs. 3 OWiG):	
	Die Rüge wird in vollem Umfang verworfen oder zurückgewiesen	66,00 €

Teil 5

Verfahren vor den Gerichten der Verwaltungsgerichtsbarkeit

Nr.	Gebührentatbestand	Gebühr oder Satz der Gebühr nach § 34 GKG
Hauptabschnitt 1. Prozessverfahren		
Vorbemerkung 5.1:		
Wird das Verfahren durch Antrag eingeleitet, gelten die Vorschriften über die Klage entsprechend.		
Abschnitt 1. Erster Rechtszug		
Unterabschnitt 1. Verwaltungsgericht		
5110	Verfahren im Allgemeinen	3,0
5111	Beendigung des gesamten Verfahrens durch 1. Zurücknahme der Klage a) vor dem Schluss der mündlichen Verhandlung, b) wenn eine solche nicht stattfindet, vor Ablauf des Tages, an dem das Urteil oder der Gerichtsbescheid der Geschäftsstelle übermittelt wird, oder c) im Fall des § 93a Abs. 2 VwGO vor Ablauf der Erklärungsfrist nach § 93a Abs. 2 Satz 1 VwGO, 2. Anerkenntnis- oder Verzichtsurteil, 3. gerichtlichen Vergleich oder 4. Erledigungserklärungen nach § 161 Abs. 2 VwGO, wenn keine Entscheidung über die Kosten ergeht oder die Entscheidung einer zuvor mitgeteilten Einigung der Beteiligten über die Kostentragung oder der Kostenübernahmeerklärung eines Beteiligten folgt, wenn nicht bereits ein anderes als eines der in Nummer 2 genannten Urteile oder ein Gerichtsbescheid vorausgegangen ist:	
	Die Gebühr 5110 ermäßigt sich auf	1,0

Nr.	Gebührentatbestand	Gebühr oder Satz der Gebühr nach § 34 GKG
	Die Gebühr ermäßigt sich auch, wenn mehrere Ermäßigungstatbestände erfüllt sind.	
Unterabschnitt 2. Oberverwaltungsgericht (Verwaltungsgerichtshof)		
5112	Verfahren im Allgemeinen	4,0
5113	Beendigung des gesamten Verfahrens durch 1. Zurücknahme der Klage a) vor dem Schluss der mündlichen Verhandlung, b) wenn eine solche nicht stattfindet, vor Ablauf des Tages, an dem das Urteil, der Gerichtsbescheid oder der Beschluss in der Hauptsache der Geschäftsstelle übermittelt wird, c) im Fall des § 93a Abs. 2 VwGO vor Ablauf der Erklärungsfrist nach § 93a Abs. 2 Satz 1 VwGO, 2. Anerkenntnis- oder Verzichtsurteil, 3. gerichtlichen Vergleich oder 4. Erledigungserklärungen nach § 161 Abs. 2 VwGO, wenn keine Entscheidung über die Kosten ergeht oder die Entscheidung einer zuvor mitgeteilten Einigung der Beteiligten über die Kostentragung oder der Kostenübernahmeerklärung eines Beteiligten folgt, es sei denn, dass bereits ein anderes als eines der in Nummer 2 genannten Urteile, ein Gerichtsbescheid oder Beschluss in der Hauptsache vorausgegangen ist: Die Gebühr 5112 ermäßigt sich auf	2,0
	Die Gebühr ermäßigt sich auch, wenn mehrere Ermäßigungstatbestände erfüllt sind.	
Unterabschnitt 3. Bundesverwaltungsgericht		
5114	Verfahren im Allgemeinen	5,0
5115	Beendigung des gesamten Verfahrens durch 1. Zurücknahme der Klage a) vor dem Schluss der mündlichen Verhandlung, b) wenn eine solche nicht stattfindet, vor Ablauf des Tages, an dem das Urteil oder der Gerichtsbescheid der Geschäftsstelle übermittelt wird, c) im Fall des § 93a Abs. 2 VwGO vor Ablauf der Erklärungsfrist nach § 93a Abs. 2 Satz 1 VwGO, 2. Anerkenntnis- oder Verzichtsurteil, 3. gerichtlichen Vergleich oder 4. Erledigungserklärungen nach § 161 Abs. 2 VwGO, wenn keine Entscheidung über die Kosten ergeht oder die Entscheidung einer zuvor mitgeteilten Einigung der Beteiligten über die Kostentragung oder der Kostenübernahmeerklärung eines Beteiligten folgt, es sei denn, dass bereits ein anderes als eines der in Nummer 2 genannten Urteile, ein Gerichtsbescheid oder ein Beschluss in der Hauptsache vorausgegangen ist: Die Gebühr 5114 ermäßigt sich auf	3,0
	Die Gebühr ermäßigt sich auch, wenn mehrere Ermäßigungstatbestände erfüllt sind.	
Abschnitt 2. Zulassung und Durchführung der Berufung		
5120	Verfahren über die Zulassung der Berufung: Soweit der Antrag abgelehnt wird	1,0
5121	Verfahren über die Zulassung der Berufung: Soweit der Antrag zurückgenommen oder das Verfahren durch anderweitige Erledigung beendet wird	0,5
	Die Gebühr entsteht nicht, soweit die Berufung zugelassen wird.	
5122	Verfahren im Allgemeinen	4,0

Nr.	Gebührentatbestand	Gebühr oder Satz der Gebühr nach § 34 GKG
5123	Beendigung des gesamten Verfahrens durch Zurücknahme der Berufung oder der Klage, bevor die Schrift zur Begründung der Berufung bei Gericht eingegangen ist: Die Gebühr 5122 ermäßigt sich auf Erledigungserklärungen nach § 161 Abs. 2 VwGO stehen der Zurücknahme gleich, wenn keine Entscheidung über die Kosten ergeht oder die Entscheidung einer zuvor mitgeteilten Einigung der Beteiligten über die Kostentragung oder der Kostenübernahmeerklärung eines Beteiligten folgt.	1,0
5124	Beendigung des gesamten Verfahrens, wenn nicht Nummer 5123 erfüllt ist, durch 1. Zurücknahme der Berufung oder der Klage a) vor dem Schluss der mündlichen Verhandlung, b) wenn eine solche nicht stattfindet, vor Ablauf des Tages, an dem das Urteil oder der Beschluss in der Hauptsache der Geschäftsstelle übermittelt wird, oder c) im Fall des § 93a Abs. 2 VwGO vor Ablauf der Erklärungsfrist nach § 93a Abs. 2 Satz 1 VwGO, 2. Anerkenntnis- oder Verzichtsurteil, 3. gerichtlichen Vergleich oder 4. Erledigungserklärungen nach § 161 Abs. 2 VwGO, wenn keine Entscheidung über die Kosten ergeht oder die Entscheidung einer zuvor mitgeteilten Einigung der Beteiligten über die Kostentragung oder der Kostenübernahmeerklärung eines Beteiligten folgt, es sei denn, dass bereits ein anderes als eines der in Nummer 2 genannten Urteile oder ein Beschluss in der Hauptsache vorausgegangen ist: Die Gebühr 5122 ermäßigt sich auf Die Gebühr ermäßigt sich auch, wenn mehrere Ermäßigungstatbestände erfüllt sind.	2,0
Abschnitt 3. Revision		
5130	Verfahren im Allgemeinen	5,0
5131	Beendigung des gesamten Verfahrens durch Zurücknahme der Revision oder der Klage, bevor die Schrift zur Begründung der Revision bei Gericht eingegangen ist: Die Gebühr 5130 ermäßigt sich auf Erledigungserklärungen nach § 161 Abs. 2 VwGO stehen der Zurücknahme gleich, wenn keine Entscheidung über die Kosten ergeht oder die Entscheidung einer zuvor mitgeteilten Einigung der Beteiligten über die Kostentragung oder der Kostenübernahmeerklärung eines Beteiligten folgt.	1,0
5132	Beendigung des gesamten Verfahrens, wenn nicht Nummer 5131 erfüllt ist, durch 1. Zurücknahme der Revision oder der Klage a) vor dem Schluss der mündlichen Verhandlung, b) wenn eine solche nicht stattfindet, vor Ablauf des Tages, an dem das Urteil oder der Beschluss in der Hauptsache der Geschäftsstelle übermittelt wird, oder c) im Fall des § 93a Abs. 2 VwGO vor Ablauf der Erklärungsfrist nach § 93a Abs. 2 Satz 1 VwGO, 2. Anerkenntnis- oder Verzichtsurteil, 3. gerichtlichen Vergleich oder 4. Erledigungserklärungen nach § 161 Abs. 2 VwGO, wenn keine Entscheidung über die Kosten ergeht oder die Entscheidung einer zuvor mitgeteilten Einigung der Beteiligten über die Kostentragung oder der Kostenübernahmeerklärung eines Beteiligten folgt, es sei denn, dass bereits ein anderes als eines der in Nummer 2 genannten Urteile oder ein Beschluss in der Hauptsache vorausgegangen ist:	

Nr.	Gebührentatbestand	Gebühr oder Satz der Gebühr nach § 34 GKG
	Die Gebühr 5130 ermäßigt sich auf Die Gebühr ermäßigt sich auch, wenn mehrere Ermäßigungstatbestände erfüllt sind.	3,0

Hauptabschnitt 2. Vorläufiger Rechtsschutz

Vorbemerkung 5.2:

(1) Die Vorschriften dieses Hauptabschnitts gelten für einstweilige Anordnungen und für Verfahren nach § 80 Abs. 5, § 80a Abs. 3 und § 80b Abs. 2 und 3 VwGO.

(2) Im Verfahren über den Antrag auf Erlass und im Verfahren über den Antrag auf Aufhebung einer einstweiligen Anordnung werden die Gebühren jeweils gesondert erhoben. Mehrere Verfahren nach § 80 Abs. 5 und 7, § 80a Abs. 3 und § 80b Abs. 2 und 3 VwGO gelten innerhalb eines Rechtszugs als ein Verfahren.

Abschnitt 1. Verwaltungsgericht sowie Oberverwaltungsgericht (Verwaltungsgerichtshof) und Bundesverwaltungsgericht als Rechtsmittelgerichte in der Hauptsache

Nr.	Gebührentatbestand	Gebühr oder Satz der Gebühr nach § 34 GKG
5210	Verfahren im Allgemeinen	1,5
5211	Beendigung des gesamten Verfahrens durch 1. Zurücknahme des Antrags a) vor dem Schluss der mündlichen Verhandlung oder, b) wenn eine solche nicht stattfindet, vor Ablauf des Tages, an dem der Beschluss der Geschäftsstelle übermittelt wird, 2. gerichtlichen Vergleich oder 3. Erledigungserklärungen nach § 161 Abs. 2 VwGO, wenn keine Entscheidung über die Kosten ergeht oder die Entscheidung einer zuvor mitgeteilten Einigung der Beteiligten über die Kostentragung oder der Kostenübernahmeerklärung eines Beteiligten folgt, es sei denn, dass bereits ein Beschluss über den Antrag vorausgegangen ist: Die Gebühr 5210 ermäßigt sich auf Die Gebühr ermäßigt sich auch, wenn mehrere Ermäßigungstatbestände erfüllt sind.	0,5

Abschnitt 2. Oberverwaltungsgericht (Verwaltungsgerichtshof)

Vorbemerkung 5.2.2:

Die Vorschriften dieses Abschnitts gelten, wenn das Oberverwaltungsgericht (Verwaltungsgerichtshof) auch in der Hauptsache erstinstanzlich zuständig ist.

Nr.	Gebührentatbestand	Gebühr oder Satz der Gebühr nach § 34 GKG
5220	Verfahren im Allgemeinen	2,0
5221	Beendigung des gesamten Verfahrens durch 1. Zurücknahme des Antrags a) vor dem Schluss der mündlichen Verhandlung oder, b) wenn eine solche nicht stattfindet, vor Ablauf des Tages, an dem der Beschluss der Geschäftsstelle übermittelt wird, 2. gerichtlichen Vergleich oder 3. Erledigungserklärungen nach § 161 Abs. 2 VwGO, wenn keine Entscheidung über die Kosten ergeht oder die Entscheidung einer zuvor mitgeteilten Einigung der Beteiligten über die Kostentragung oder der Kostenübernahmeerklärung eines Beteiligten folgt, es sei denn, dass bereits ein Beschluss über den Antrag vorausgegangen ist: Die Gebühr 5220 ermäßigt sich auf Die Gebühr ermäßigt sich auch, wenn mehrere Ermäßigungstatbestände erfüllt sind.	0,75

Abschnitt 3. Bundesverwaltungsgericht

Vorbemerkung 5.2.3:

Die Vorschriften dieses Abschnitts gelten, wenn das Bundesverwaltungsgericht auch in der Hauptsache erstinstanzlich zuständig ist.

Nr.	Gebührentatbestand	Gebühr oder Satz der Gebühr nach § 34 GKG
5230	Verfahren im Allgemeinen	2,5
5231	Beendigung des gesamten Verfahrens durch 1. Zurücknahme des Antrags a) vor dem Schluss der mündlichen Verhandlung oder, b) wenn eine solche nicht stattfindet, vor Ablauf des Tages, an dem der Beschluss der Geschäftsstelle übermittelt wird, 2. gerichtlichen Vergleich oder 3. Erledigungserklärungen nach § 161 Abs. 2 VwGO, wenn keine Entscheidung über die Kosten ergeht oder die Entscheidung einer zuvor mitgeteilten Einigung der Beteiligten über die Kostentragung oder der Kostenübernahmeerklärung eines Beteiligten folgt, es sei denn, dass bereits ein Beschluss über den Antrag vorausgegangen ist:	
	Die Gebühr 5230 ermäßigt sich auf	1,0
	Die Gebühr ermäßigt sich auch, wenn mehrere Ermäßigungstatbestände erfüllt sind.	
Abschnitt 4. Beschwerde		
Vorbemerkung 5.2.4: Die Vorschriften dieses Abschnitts gelten für Beschwerden gegen Beschlüsse des Verwaltungsgerichts über einstweilige Anordnungen (§ 123 VwGO) und über die Aussetzung der Vollziehung (§§ 80, 80a VwGO).		
5240	Verfahren über die Beschwerde	2,0
5241	Beendigung des gesamten Verfahrens durch Zurücknahme der Beschwerde:	
	Die Gebühr 5240 ermäßigt sich auf	1,0
Hauptabschnitt 3. Besondere Verfahren		
5300	Selbstständiges Beweisverfahren	1,0
5301	Verfahren über Anträge auf gerichtliche Handlungen der Zwangsvollstreckung nach den §§ 169, 170 oder § 172 VwGO	22,00 €
Hauptabschnitt 4. Rüge wegen Verletzung des Anspruchs auf rechtliches Gehör		
5400	Verfahren über die Rüge wegen Verletzung des Anspruchs auf rechtliches Gehör (§ 152a VwGO):	
	Die Rüge wird in vollem Umfang verworfen oder zurückgewiesen	66,00 €
Hauptabschnitt 5. Sonstige Beschwerden		
5500	Verfahren über die Beschwerde gegen die Nichtzulassung der Revision:	
	Soweit die Beschwerde verworfen oder zurückgewiesen wird	2,0
5501	Verfahren über die Beschwerde gegen die Nichtzulassung der Revision:	
	Soweit die Beschwerde zurückgenommen oder das Verfahren durch anderweitige Erledigung beendet wird	1,0
	Die Gebühr entsteht nicht, soweit die Revision zugelassen wird.	
5502	Verfahren über nicht besonders aufgeführte Beschwerden, die nicht nach anderen Vorschriften gebührenfrei sind:	
	Die Beschwerde wird verworfen oder zurückgewiesen	66,00 €
	Wird die Beschwerde nur teilweise verworfen oder zurückgewiesen, kann das Gericht die Gebühr nach billigem Ermessen auf die Hälfte ermäßigen oder bestimmen, dass eine Gebühr nicht zu erheben ist.	
Hauptabschnitt 6. Besondere Gebühren		
5600	Abschluss eines gerichtlichen Vergleichs:	
	Soweit ein Vergleich über nicht gerichtlich anhängige Gegenstände geschlossen wird	0,25

Nr.	Gebührentatbestand	Gebühr oder Satz der Gebühr nach § 34 GKG
	Die Gebühr entsteht nicht im Verfahren über die Prozesskostenhilfe. Im Verhältnis zur Gebühr für das Verfahren im Allgemeinen ist § 36 Absatz 3 GKG entsprechend anzuwenden.	
5601	Auferlegung einer Gebühr nach § 38 GKG wegen Verzögerung des Rechtsstreits	wie vom Gericht bestimmt

Teil 6

Verfahren vor den Gerichten der Finanzgerichtsbarkeit

Nr.	Gebührentatbestand	Gebühr oder Satz der Gebühr nach § 34 GKG
Hauptabschnitt 1. Prozessverfahren		
Abschnitt 1. Erster Rechtszug		
Unterabschnitt 1. Verfahren vor dem Finanzgericht		
6110	Verfahren im Allgemeinen, soweit es sich nicht nach § 45 Abs. 3 FGO erledigt	4,0
6111	Beendigung des gesamten Verfahrens durch 1. Zurücknahme der Klage a) vor dem Schluss der mündlichen Verhandlung oder, b) wenn eine solche nicht stattfindet, vor Ablauf des Tages, an dem das Urteil oder der Gerichtsbescheid der Geschäftsstelle übermittelt wird, oder 2. Beschluss in den Fällen des § 138 FGO, es sei denn, dass bereits ein Urteil oder ein Gerichtsbescheid vorausgegangen ist: Die Gebühr 6110 ermäßigt sich auf	2,0
	Die Gebühr ermäßigt sich auch, wenn mehrere Ermäßigungstatbestände erfüllt sind.	
Unterabschnitt 2. Verfahren vor dem Bundesfinanzhof		
6112	Verfahren im Allgemeinen	5,0
6113	Beendigung des gesamten Verfahrens durch 1. Zurücknahme der Klage a) vor dem Schluss der mündlichen Verhandlung oder, b) wenn eine solche nicht stattfindet, vor Ablauf des Tages, an dem das Urteil oder der Gerichtsbescheid der Geschäftsstelle übermittelt wird, oder 2. Beschluss in den Fällen des § 138 FGO, es sei denn, dass bereits ein Urteil oder ein Gerichtsbescheid vorausgegangen ist: Die Gebühr 6112 ermäßigt sich auf	3,0
	Die Gebühr ermäßigt sich auch, wenn mehrere Ermäßigungstatbestände erfüllt sind.	
Abschnitt 2. Revision		
6120	Verfahren im Allgemeinen	5,0
6121	Beendigung des gesamten Verfahrens durch Zurücknahme der Revision oder der Klage, bevor die Schrift zur Begründung der Revision bei Gericht eingegangen ist: Die Gebühr 6120 ermäßigt sich auf	1,0
	Erledigungen in den Fällen des § 138 FGO stehen der Zurücknahme gleich.	

Nr.	Gebührentatbestand	Gebühr oder Satz der Gebühr nach § 34 GKG
6122	Beendigung des gesamten Verfahrens, wenn nicht Nummer 6121 erfüllt ist, durch 1. Zurücknahme der Revision oder der Klage a) vor dem Schluss der mündlichen Verhandlung oder, b) wenn eine solche nicht stattfindet, vor Ablauf des Tages, an dem das Urteil, der Gerichtsbescheid oder der Beschluss in der Hauptsache der Geschäftsstelle übermittelt wird, oder 2. Beschluss in den Fällen des § 138 FGO, es sei denn, dass bereits ein Urteil, ein Gerichtsbescheid oder ein Beschluss in der Hauptsache vorausgegangen ist: Die Gebühr 6120 ermäßigt sich auf Die Gebühr ermäßigt sich auch, wenn mehrere Ermäßigungstatbestände erfüllt sind.	3,0

Hauptabschnitt 2. Vorläufiger Rechtsschutz

Vorbemerkung 6.2:

(1) Die Vorschriften dieses Hauptabschnitts gelten für einstweilige Anordnungen und für Verfahren nach § 69 Abs. 3 und 5 FGO.

(2) Im Verfahren über den Antrag auf Erlass und im Verfahren über den Antrag auf Aufhebung einer einstweiligen Anordnung werden die Gebühren jeweils gesondert erhoben. Mehrere Verfahren nach § 69 Abs. 3 und 5 FGO gelten innerhalb eines Rechtszugs als ein Verfahren.

Abschnitt 1. Erster Rechtszug

6210	Verfahren im Allgemeinen	2,0
6211	Beendigung des gesamten Verfahrens durch 1. Zurücknahme des Antrags a) vor dem Schluss der mündlichen Verhandlung oder, b) wenn eine solche nicht stattfindet, vor Ablauf des Tages, an dem der Beschluss (§ 114 Abs. 4 FGO) der Geschäftsstelle übermittelt wird, oder 2. Beschluss in den Fällen des § 138 FGO, es sei denn, dass bereits ein Beschluss nach § 114 Abs. 4 FGO vorausgegangen ist: Die Gebühr 6210 ermäßigt sich auf Die Gebühr ermäßigt sich auch, wenn mehrere Ermäßigungstatbestände erfüllt sind.	0,75

Abschnitt 2. Beschwerde

Vorbemerkung 6.2.2:

Die Vorschriften dieses Abschnitts gelten für Beschwerden gegen Beschlüsse über einstweilige Anordnungen (§ 114 FGO) und über die Aussetzung der Vollziehung (§ 69 Abs. 3 und 5 FGO).

6220	Verfahren über die Beschwerde	2,0
6221	Beendigung des gesamten Verfahrens durch Zurücknahme der Beschwerde: Die Gebühr 6220 ermäßigt sich auf	1,0

Hauptabschnitt 3. Besondere Verfahren

6300	Selbstständiges Beweisverfahren	1,0
6301	Verfahren über Anträge auf gerichtliche Handlungen der Zwangsvollstreckung gemäß § 152 FGO	22,00 €

Hauptabschnitt 4. Rüge wegen Verletzung des Anspruchs auf rechtliches Gehör

6400	Verfahren über die Rüge wegen Verletzung des Anspruchs auf rechtliches Gehör (§ 133a FGO): Die Rüge wird in vollem Umfang verworfen oder zurückgewiesen	66,00 €

Hauptabschnitt 5. Sonstige Beschwerden

6500	Verfahren über die Beschwerde gegen die Nichtzulassung der Revision:	

Nr.	Gebührentatbestand	Gebühr oder Satz der Gebühr nach § 34 GKG
	Soweit die Beschwerde verworfen oder zurückgewiesen wird	2,0
6501	Verfahren über die Beschwerde gegen die Nichtzulassung der Revision:	
	Soweit die Beschwerde zurückgenommen oder das Verfahren durch anderweitige Erledigung beendet wird	1,0
	Die Gebühr entsteht nicht, soweit die Revision zugelassen wird.	
6502	Verfahren über nicht besonders aufgeführte Beschwerden, die nicht nach anderen Vorschriften gebührenfrei sind:	
	Die Beschwerde wird verworfen oder zurückgewiesen	66,00 €
	Wird die Beschwerde nur teilweise verworfen oder zurückgewiesen, kann das Gericht die Gebühr nach billigem Ermessen auf die Hälfte ermäßigen oder bestimmen, dass eine Gebühr nicht zu erheben ist.	
Hauptabschnitt 6. Besondere Gebühr		
6600	Auferlegung einer Gebühr nach § 38 GKG wegen Verzögerung des Rechtsstreits	wie vom Gericht bestimmt

Teil 7

Verfahren vor den Gerichten der Sozialgerichtsbarkeit

Nr.	Gebührentatbestand	Gebühr oder Satz der Gebühr nach § 34 GKG
Hauptabschnitt 1. Prozessverfahren		
Abschnitt 1. Erster Rechtszug		
Unterabschnitt 1. Verfahren vor dem Sozialgericht		
7110	Verfahren im Allgemeinen	3,0
7111	Beendigung des gesamten Verfahrens durch 1. Zurücknahme der Klage a) vor dem Schluss der mündlichen Verhandlung oder, b) wenn eine solche nicht stattfindet, vor Ablauf des Tages, an dem das Urteil oder der Gerichtsbescheid der Geschäftsstelle übermittelt wird, 2. Anerkenntnisurteil, 3. gerichtlichen Vergleich oder angenommenes Anerkenntnis oder 4. Erledigungserklärungen nach § 197a Abs. 1 Satz 1 SGG i.V.m. § 161 Abs. 2 VwGO, wenn keine Entscheidung über die Kosten ergeht oder die Entscheidung einer zuvor mitgeteilten Einigung der Beteiligten über die Kostentragung oder der Kostenübernahmeerklärung eines Beteiligten folgt, es sei denn, dass bereits ein Urteil oder ein Gerichtsbescheid vorausgegangen ist:	
	Die Gebühr 7110 ermäßigt sich auf	1,0
	Die Gebühr ermäßigt sich auch, wenn mehrere Ermäßigungstatbestände erfüllt sind.	
Unterabschnitt 2. Verfahren vor dem Landessozialgericht		
7112	Verfahren im Allgemeinen	4,0

Nr.	Gebührentatbestand	Gebühr oder Satz der Gebühr nach § 34 GKG
7113	Beendigung des gesamten Verfahrens durch 1. Zurücknahme der Klage a) vor dem Schluss der mündlichen Verhandlung oder, b) wenn eine solche nicht stattfindet, vor Ablauf des Tages, an dem das Urteil oder der Gerichtsbescheid der Geschäftsstelle übermittelt wird, 2. Anerkenntnisurteil, 3. gerichtlichen Vergleich oder angenommenes Anerkenntnis oder 4. Erledigungserklärungen nach § 197a Absatz 1 Satz 1 SGG i.V.m. § 161 Absatz 2 VwGO, wenn keine Entscheidung über die Kosten ergeht oder die Entscheidung einer zuvor mitgeteilten Einigung der Beteiligten über die Kostentragung oder der Kostenübernahmeerklärung eines Beteiligten folgt, es sei denn, dass bereits ein Urteil oder ein Gerichtsbescheid vorausgegangen ist:	
	Die Gebühr 7112 ermäßigt sich auf	2,0
	Die Gebühr ermäßigt sich auch, wenn mehrere Ermäßigungstatbestände erfüllt sind.	

Unterabschnitt 3. Verfahren vor dem Bundessozialgericht

Nr.	Gebührentatbestand	Gebühr oder Satz der Gebühr nach § 34 GKG
7114	Verfahren im Allgemeinen	5,0
7115	Beendigung des gesamten Verfahrens durch 1. Zurücknahme der Klage a) vor dem Schluss der mündlichen Verhandlung oder, b) wenn eine solche nicht stattfindet, vor Ablauf des Tages, an dem das Urteil oder der Gerichtsbescheid der Geschäftsstelle übermittelt wird, 2. Anerkenntnisurteil, 3. gerichtlichen Vergleich oder angenommenes Anerkenntnis oder 4. Erledigungserklärungen nach § 197a Absatz 1 Satz 1 SGG i.V.m. § 161 Absatz 2 VwGO, wenn keine Entscheidung über die Kosten ergeht oder die Entscheidung einer zuvor mitgeteilten Einigung der Beteiligten über die Kostentragung oder der Kostenübernahmeerklärung eines Beteiligten folgt, es sei denn, dass bereits ein Urteil oder ein Gerichtsbescheid vorausgegangen ist:	
	Die Gebühr 7114 ermäßigt sich auf	3,0
	Die Gebühr ermäßigt sich auch, wenn mehrere Ermäßigungstatbestände erfüllt sind.	

Abschnitt 2. Berufung

Nr.	Gebührentatbestand	Gebühr oder Satz der Gebühr nach § 34 GKG
7120	Verfahren im Allgemeinen	4,0
7121	Beendigung des gesamten Verfahrens durch Zurücknahme der Berufung oder der Klage, bevor die Schrift zur Begründung der Berufung bei Gericht eingegangen ist und vor Ablauf des Tages, an dem die Verfügung mit der Bestimmung des Termins zur mündlichen Verhandlung der Geschäftsstelle übermittelt wird und vor Ablauf des Tages, an dem die den Beteiligten gesetzte Frist zur Äußerung abgelaufen ist (§ 153 Abs. 4 Satz 2 SGG):	
	Die Gebühr 7120 ermäßigt sich auf	1,0
	Erledigungserklärungen nach § 197a Abs. 1 Satz 1 SGG i.V.m. § 161 Abs. 2 VwGO stehen der Zurücknahme gleich, wenn keine Entscheidung über die Kosten ergeht oder die Entscheidung einer zuvor mitgeteilten Einigung der Beteiligten über die Kostentragung oder der Kostenübernahmeerklärung eines Beteiligten folgt.	

Nr.	Gebührentatbestand	Gebühr oder Satz der Gebühr nach § 34 GKG
7122	Beendigung des gesamten Verfahrens, wenn nicht Nummer 7121 erfüllt ist, durch 1. Zurücknahme der Berufung oder der Klage a) vor dem Schluss der mündlichen Verhandlung oder, b) wenn eine solche nicht stattfindet, vor Ablauf des Tages, an dem das Urteil oder der Beschluss in der Hauptsache der Geschäftsstelle übermittelt wird, 2. Anerkenntnisurteil, 3. gerichtlichen Vergleich oder angenommenes Anerkenntnis oder 4. Erledigungserklärungen nach § 197a Abs. 1 Satz 1 SGG i.V.m. § 161 Abs. 2 VwGO, wenn keine Entscheidung über die Kosten ergeht oder die Entscheidung einer zuvor mitgeteilten Einigung der Beteiligten über die Kostentragung oder der Kostenübernahmeerklärung eines Beteiligten folgt, es sei denn, dass bereits ein Urteil oder ein Beschluss in der Hauptsache vorausgegangen ist: Die Gebühr 7120 ermäßigt sich auf	2,0
	Die Gebühr ermäßigt sich auch, wenn mehrere Ermäßigungstatbestände erfüllt sind.	
	Abschnitt 3. Revision	
7130	Verfahren im Allgemeinen	5,0
7131	Beendigung des gesamten Verfahrens durch Zurücknahme der Revision oder der Klage, bevor die Schrift zur Begründung der Revision bei Gericht eingegangen ist: Die Gebühr 7130 ermäßigt sich auf	1,0
	Erledigungserklärungen nach § 197a Abs. 1 Satz 1 SGG i.V.m. § 161 Abs. 2 VwGO stehen der Zurücknahme gleich, wenn keine Entscheidung über die Kosten ergeht oder die Entscheidung einer zuvor mitgeteilten Einigung der Beteiligten über die Kostentragung oder der Kostenübernahmeerklärung eines Beteiligten folgt.	
7132	Beendigung des gesamten Verfahrens, wenn nicht Nummer 7131 erfüllt ist, durch 1. Zurücknahme der Revision oder der Klage, a) vor dem Schluss der mündlichen Verhandlung oder, b) wenn eine solche nicht stattfindet, vor Ablauf des Tages, an dem das Urteil oder der Beschluss in der Hauptsache der Geschäftsstelle übermittelt wird, 2. Anerkenntnisurteil, 3. gerichtlichen Vergleich oder angenommenes Anerkenntnis oder 4. Erledigungserklärungen nach § 197a Abs. 1 Satz 1 SGG i.V.m. § 161 Abs. 2 VwGO, wenn keine Entscheidung über die Kosten ergeht oder die Entscheidung einer zuvor mitgeteilten Einigung der Beteiligten über die Kostentragung oder der Kostenübernahmeerklärung eines Beteiligten folgt, wenn nicht bereits ein Urteil oder ein Beschluss in der Hauptsache vorausgegangen ist: Die Gebühr 7130 ermäßigt sich auf	3,0
	Die Gebühr ermäßigt sich auch, wenn mehrere Ermäßigungstatbestände erfüllt sind.	
	Hauptabschnitt 2. Vorläufiger Rechtsschutz	
	Vorbemerkung 7.2: (1) Die Vorschriften dieses Hauptabschnitts gelten für einstweilige Anordnungen und für Verfahren nach § 86b Abs. 1 SGG.	

Nr.	Gebührentatbestand	Gebühr oder Satz der Gebühr nach § 34 GKG
(2) Im Verfahren über den Antrag auf Erlass und im Verfahren über den Antrag auf Aufhebung einer einstweiligen Anordnung werden die Gebühren jeweils gesondert erhoben. Mehrere Verfahren nach § 86b Abs. 1 SGG gelten innerhalb eines Rechtszugs als ein Verfahren.		
Abschnitt 1. Erster Rechtszug		
7210	Verfahren im Allgemeinen	1,5
7211	Beendigung des gesamten Verfahrens durch 1. Zurücknahme des Antrags a) vor dem Schluss der mündlichen Verhandlung oder, b) wenn eine solche nicht stattfindet, vor Ablauf des Tages, an dem der Beschluss (§ 86b Abs. 4 SGG) der Geschäftsstelle übermittelt wird, 2. gerichtlichen Vergleich oder angenommenes Anerkenntnis oder 3. Erledigungserklärungen nach § 197a Abs. 1 Satz 1 SGG i.V.m. § 161 Abs. 2 VwGO, wenn keine Entscheidung über die Kosten ergeht oder die Entscheidung einer zuvor mitgeteilten Einigung der Beteiligten über die Kostentragung oder der Kostenübernahmeerklärung eines Beteiligten folgt, es sei denn, dass bereits ein Beschluss (§ 86b Abs. 4 SGG) vorausgegangen ist:	
	Die Gebühr 7210 ermäßigt sich auf	0,5
	Die Gebühr ermäßigt sich auch, wenn mehrere Ermäßigungstatbestände erfüllt sind.	
Abschnitt 2. Beschwerde		
Vorbemerkung 7.2.2: Die Vorschriften dieses Abschnitts gelten für Beschwerden gegen Beschlüsse des Sozialgerichts nach § 86b SGG.		
7220	Verfahren über die Beschwerde	2,0
7221	Beendigung des gesamten Verfahrens durch Zurücknahme der Beschwerde:	
	Die Gebühr 7220 ermäßigt sich auf	1,0
Hauptabschnitt 3. Beweissicherungsverfahren		
7300	Verfahren im Allgemeinen	1,0
Hauptabschnitt 4. Rüge wegen Verletzung des Anspruchs auf rechtliches Gehör		
7400	Verfahren über die Rüge wegen Verletzung des Anspruchs auf rechtliches Gehör (§ 178a SGG):	
	Die Rüge wird in vollem Umfang verworfen oder zurückgewiesen	66,00 €
Hauptabschnitt 5. Sonstige Beschwerden		
7500	Verfahren über die Beschwerde gegen die Nichtzulassung der Berufung:	
	Soweit die Beschwerde verworfen oder zurückgewiesen wird	1,5
7501	Verfahren über die Beschwerde gegen die Nichtzulassung der Berufung:	
	Soweit die Beschwerde zurückgenommen oder das Verfahren durch anderweitige Erledigung beendet wird	0,75
	Die Gebühr entsteht nicht, soweit die Berufung zugelassen wird.	
7502	Verfahren über die Beschwerde gegen die Nichtzulassung der Revision:	
	Soweit die Beschwerde verworfen oder zurückgewiesen wird	2,0
7503	Verfahren über die Beschwerde gegen die Nichtzulassung der Revision:	
	Soweit die Beschwerde zurückgenommen oder das Verfahren durch anderweitige Erledigung beendet wird	1,0
	Die Gebühr entsteht nicht, soweit die Revision zugelassen wird.	
7504	Verfahren über nicht besonders aufgeführte Beschwerden, die nicht nach anderen Vorschriften gebührenfrei sind:	

Nr.	Gebührentatbestand	Gebühr oder Satz der Gebühr nach § 34 GKG
	Die Beschwerde wird verworfen oder zurückgewiesen Wird die Beschwerde nur teilweise verworfen oder zurückgewiesen, kann das Gericht die Gebühr nach billigem Ermessen auf die Hälfte ermäßigen oder bestimmen, dass eine Gebühr nicht zu erheben ist.	66,00 €
Hauptabschnitt 6. Besondere Gebühren		
7600	Abschluss eines gerichtlichen Vergleichs: Soweit ein Vergleich über nicht gerichtlich anhängige Gegenstände geschlossen wird Die Gebühr entsteht nicht im Verfahren über die Prozesskostenhilfe. Im Verhältnis zur Gebühr für das Verfahren im Allgemeinen ist § 36 Absatz 3 GKG entsprechend anzuwenden.	0,25
7601	Auferlegung einer Gebühr nach § 38 GKG wegen Verzögerung des Rechtsstreits	wie vom Gericht bestimmt

Teil 8

Verfahren vor den Gerichten der Arbeitsgerichtsbarkeit

Nr.	Gebührentatbestand	Gebühr oder Satz der Gebühr nach § 34 GKG
Vorbemerkung 8: Bei Beendigung des Verfahrens durch einen gerichtlichen Vergleich entfällt die in dem betreffenden Rechtszug angefallene Gebühr; im ersten Rechtszug entfällt auch die Gebühr für das Verfahren über den Antrag auf Erlass eines Vollstreckungsbescheids oder eines Europäischen Zahlungsbefehls. Dies gilt nicht, wenn der Vergleich nur einen Teil des Streitgegenstands betrifft (Teilvergleich).		
Hauptabschnitt 1. Mahnverfahren		
8100	Verfahren über den Antrag auf Erlass eines Vollstreckungsbescheids oder eines Europäischen Zahlungsbefehls Die Gebühr entfällt bei Zurücknahme des Antrags auf Erlass des Vollstreckungsbescheids. Sie entfällt auch nach Übergang in das streitige Verfahren, wenn dieses ohne streitige Verhandlung endet; dies gilt nicht, wenn der Einspruch zurückgenommen wird, ein Versäumnisurteil oder ein Urteil nach § 46a Abs. 6 Satz 2 des Arbeitsgerichtsgesetzes ergeht. Bei Erledigungserklärungen nach § 91a ZPO entfällt die Gebühr, wenn keine Entscheidung über die Kosten ergeht oder die Kostenentscheidung einer zuvor mitgeteilten Einigung der Parteien über die Kostentragung oder der Kostenübernahmeerklärung einer Partei folgt.	0,4 – mindestens 29,00 €
Hauptabschnitt 2. Urteilsverfahren		
Abschnitt 1. Erster Rechtszug		
8210	Verfahren im Allgemeinen (1) Soweit wegen desselben Anspruchs ein Mahnverfahren vorausgegangen ist, entsteht die Gebühr nach Erhebung des Widerspruchs, wenn ein Antrag auf Durchführung der mündlichen Verhandlung gestellt wird, oder mit der Einlegung des Einspruchs; in diesem Fall wird eine Gebühr 8100 nach dem Wert des Streitgegenstands angerechnet, der in das Prozessverfahren übergegangen ist, sofern im Mahnverfahren der Antrag auf Erlass des Vollstreckungsbescheids gestellt wurde. Satz 1 gilt entsprechend, wenn wegen desselben Streitgegenstands ein Europäisches Mahnverfahren vorausgegangen ist.	2,0

Nr.	Gebührentatbestand	Gebühr oder Satz der Gebühr nach § 34 GKG
	(2) Die Gebühr entfällt bei Beendigung des gesamten Verfahrens ohne streitige Verhandlung, wenn kein Versäumnisurteil oder Urteil nach § 46a Abs. 6 Satz 2 des Arbeitsgerichtsgesetzes ergeht. Bei Erledigungserklärungen nach § 91a ZPO entfällt die Gebühr, wenn keine Entscheidung über die Kosten ergeht oder die Kostenentscheidung einer zuvor mitgeteilten Einigung der Parteien über die Kostentragung oder der Kostenübernahmeerklärung einer Partei folgt.	
8211	Beendigung des gesamten Verfahrens nach streitiger Verhandlung durch 1. Zurücknahme der Klage vor dem Schluss der mündlichen Verhandlung, wenn keine Entscheidung nach § 269 Abs. 3 Satz 3 ZPO über die Kosten ergeht oder die Entscheidung einer zuvor mitgeteilten Einigung der Parteien über die Kostentragung oder der Kostenübernahmeerklärung einer Partei folgt, 2. Anerkenntnisurteil, Verzichtsurteil oder Urteil, das nach § 313a Abs. 2 ZPO keinen Tatbestand und keine Entscheidungsgründe enthält, oder 3. Erledigungserklärungen nach § 91a ZPO, wenn keine Entscheidung über die Kosten ergeht oder die Entscheidung einer zuvor mitgeteilten Einigung der Parteien über die Kostentragung oder der Kostenübernahmeerklärung einer Partei folgt, es sei denn, dass bereits ein anderes als eines der in Nummer 2 genannten Urteile vorausgegangen ist: Die Gebühr 8210 ermäßigt sich auf	0,4
	Die Zurücknahme des Widerspruchs gegen den Mahnbescheid oder des Einspruchs gegen den Vollstreckungsbescheid stehen der Zurücknahme der Klage gleich. Die Gebühr ermäßigt sich auch, wenn mehrere Ermäßigungstatbestände erfüllt sind oder Ermäßigungstatbestände mit einem Teilvergleich zusammentreffen.	
8212	Verfahren wegen eines überlangen Gerichtsverfahrens (§ 9 Absatz 2 Satz 2 des Arbeitsgerichtsgesetzes) vor dem Landesarbeitsgericht: Die Gebühr 8210 beträgt	4,0
8213	Verfahren wegen eines überlangen Gerichtsverfahrens (§ 9 Absatz 2 Satz 2 des Arbeitsgerichtsgesetzes) vor dem Landesarbeitsgericht: Die Gebühr 8211 beträgt	2,0
8214	Verfahren wegen eines überlangen Gerichtsverfahrens (§ 9 Absatz 2 Satz 2 des Arbeitsgerichtsgesetzes) vor dem Bundesarbeitsgericht: Die Gebühr 8210 beträgt	5,0
8215	Verfahren wegen eines überlangen Gerichtsverfahrens (§ 9 Absatz 2 Satz 2 des Arbeitsgerichtsgesetzes) vor dem Bundesarbeitsgericht: Die Gebühr 8211 beträgt	3,0
Abschnitt 2. Berufung		
8220	Verfahren im Allgemeinen	3,2
8221	Beendigung des gesamten Verfahrens durch Zurücknahme der Berufung oder der Klage, bevor die Schrift zur Begründung der Berufung bei Gericht eingegangen ist: Die Gebühr 8220 ermäßigt sich auf	0,8
	Erledigungserklärungen nach § 91a ZPO stehen der Zurücknahme gleich, wenn keine Entscheidung über die Kosten ergeht oder die Entscheidung einer zuvor mitgeteilten Einigung der Parteien über die Kostentragung oder der Kostenübernahmeerklärung einer Partei folgt.	

Nr.	Gebührentatbestand	Gebühr oder Satz der Gebühr nach § 34 GKG
8222	Beendigung des gesamten Verfahrens, wenn nicht Nummer 8221 erfüllt ist, durch 1. Zurücknahme der Berufung oder der Klage vor dem Schluss der mündlichen Verhandlung, 2. Anerkenntnisurteil, Verzichtsurteil oder Urteil, das nach § 313a Abs. 2 ZPO keinen Tatbestand und keine Entscheidungsgründe enthält, oder 3. Erledigungserklärungen nach § 91a ZPO, wenn keine Entscheidung über die Kosten ergeht oder die Entscheidung einer zuvor mitgeteilten Einigung der Parteien über die Kostentragung oder der Kostenübernahmeerklärung einer Partei folgt, es sei denn, dass bereits ein anderes als eines der in Nummer 2 genannten Urteile vorausgegangen ist: Die Gebühr 8220 ermäßigt sich auf Die Gebühr ermäßigt sich auch, wenn mehrere Ermäßigungstatbestände erfüllt sind oder Ermäßigungstatbestände mit einem Teilvergleich zusammentreffen.	1,6
8223	Beendigung des gesamten Verfahrens durch ein Urteil, das wegen eines Verzichts der Parteien nach § 313a Abs. 1 Satz 2 ZPO keine schriftliche Begründung enthält, wenn nicht bereits ein anderes als eines der in Nummer 8222 Nr. 2 genannten Urteile oder ein Beschluss in der Hauptsache vorausgegangen ist: Die Gebühr 8220 ermäßigt sich auf Die Gebühr ermäßigt sich auch, wenn daneben Ermäßigungstatbestände nach Nummer 8222 erfüllt sind oder Ermäßigungstatbestände mit einem Teilvergleich zusammentreffen.	2,4
Abschnitt 3. Revision		
8230	Verfahren im Allgemeinen	4,0
8231	Beendigung des gesamten Verfahrens durch Zurücknahme der Revision oder der Klage, bevor die Schrift zur Begründung der Revision bei Gericht eingegangen ist: Die Gebühr 8230 ermäßigt sich auf Erledigungserklärungen nach § 91a ZPO stehen der Zurücknahme gleich, wenn keine Entscheidung über die Kosten ergeht oder die Entscheidung einer zuvor mitgeteilten Einigung der Parteien über die Kostentragung oder der Kostenübernahmeerklärung einer Partei folgt.	0,8
8232	Beendigung des gesamten Verfahrens, wenn nicht Nummer 8231 erfüllt ist, durch 1. Zurücknahme der Revision oder der Klage vor dem Schluss der mündlichen Verhandlung, 2. Anerkenntnis- oder Verzichtsurteil oder 3. Erledigungserklärungen nach § 91a ZPO, wenn keine Entscheidung über die Kosten ergeht oder die Entscheidung einer zuvor mitgeteilten Einigung der Parteien über die Kostentragung oder der Kostenübernahmeerklärung einer Partei folgt, es sei denn, dass bereits ein anderes als eines der in Nummer 2 genannten Urteile vorausgegangen ist: Die Gebühr 8230 ermäßigt sich auf Die Gebühr ermäßigt sich auch, wenn mehrere Ermäßigungstatbestände erfüllt sind oder Ermäßigungstatbestände mit einem Teilvergleich zusammentreffen.	2,4
8233	Verfahren wegen eines überlangen Gerichtsverfahrens (§ 9 Absatz 2 Satz 2 des Arbeitsgerichtsgesetzes): Die Gebühr 8230 beträgt	5,0

Nr.	Gebührentatbestand	Gebühr oder Satz der Gebühr nach § 34 GKG
8234	Verfahren wegen eines überlangen Gerichtsverfahrens (§ 9 Absatz 2 Satz 2 des Arbeitsgerichtsgesetzes):	
	Die Gebühr 8231 beträgt	1,0
8235	Verfahren wegen eines überlangen Gerichtsverfahrens (§ 9 Absatz 2 Satz 2 des Arbeitsgerichtsgesetzes):	
	Die Gebühr 8232 beträgt	3,0

Hauptabschnitt 3. Arrest, Europäischer Beschluss zur vorläufigen Kontenpfändung und einstweilige Verfügung

Vorbemerkung 8.3:

(1) Im Verfahren zur Erwirkung eines Europäischen Beschlusses zur vorläufigen Kontenpfändung werden Gebühren nach diesem Hauptabschnitt nur im Fall des Artikels 5 Buchstabe a der Verordnung (EU) Nr. 655/2014 erhoben. In den Fällen des Artikels 5 Buchstabe b der Verordnung (EU) Nr. 655/2014 bestimmen sich die Gebühren nach Teil 2 Hauptabschnitt 1.

(2) Im Verfahren auf Anordnung eines Arrests oder auf Erlass einer einstweiligen Verfügung sowie im Verfahren über die Aufhebung oder die Abänderung (§ 926 Abs. 2, §§ 927, 936 ZPO) werden die Gebühren jeweils gesondert erhoben. Im Fall des § 942 ZPO gilt das Verfahren vor dem Amtsgericht und dem Gericht der Hauptsache als ein Rechtsstreit.

(3) Im Verfahren zur Erwirkung eines Europäischen Beschlusses zur vorläufigen Kontenpfändung sowie im Verfahren über den Widerruf oder die Abänderung werden die Gebühren jeweils gesondert erhoben.

Abschnitt 1. Erster Rechtszug

Nr.	Gebührentatbestand	Gebühr oder Satz der Gebühr nach § 34 GKG
8310	Verfahren im Allgemeinen	0,4
8311	Es wird durch Urteil entschieden oder es ergeht ein Beschluss nach § 91a oder § 269 Abs. 3 Satz 3 ZPO, es sei denn, der Beschluss folgt einer zuvor mitgeteilten Einigung der Parteien über die Kostentragung oder der Kostenübernahmeerklärung einer Partei:	
	Die Gebühr 8310 erhöht sich auf	2,0
	Die Gebühr wird nicht erhöht, wenn durch Anerkenntnisurteil, Verzichtsurteil oder Urteil, das nach § 313a Abs. 2 ZPO keinen Tatbestand und keine Entscheidungsgründe enthält, entschieden wird. Dies gilt auch, wenn eine solche Entscheidung mit einem Teilvergleich zusammentrifft.	

Abschnitt 2. Berufung

Nr.	Gebührentatbestand	Gebühr oder Satz der Gebühr nach § 34 GKG
8320	Verfahren im Allgemeinen	3,2
8321	Beendigung des gesamten Verfahrens durch Zurücknahme der Berufung, des Antrags oder des Widerspruchs, bevor die Schrift zur Begründung der Berufung bei Gericht eingegangen ist:	
	Die Gebühr 8320 ermäßigt sich auf	0,8
	Erledigungserklärungen nach § 91a ZPO stehen der Zurücknahme gleich, wenn keine Entscheidung über die Kosten ergeht oder die Entscheidung einer zuvor mitgeteilten Einigung der Parteien über die Kostentragung oder der Kostenübernahmeerklärung einer Partei folgt.	
8322	Beendigung des gesamten Verfahrens, wenn nicht Nummer 8321 erfüllt ist, durch 1. Zurücknahme der Berufung oder des Antrags vor dem Schluss der mündlichen Verhandlung, 2. Anerkenntnisurteil, Verzichtsurteil oder Urteil, das nach § 313a Abs. 2 ZPO keinen Tatbestand und keine Entscheidungsgründe enthält, oder 3. Erledigungserklärungen nach § 91a ZPO, wenn keine Entscheidung über die Kosten ergeht oder die Entscheidung einer zuvor mitgeteilten Einigung der Parteien über die Kostentragung oder der Kostenübernahmeerklärung einer Partei folgt, es sei denn, dass bereits ein anderes als eines der in Nummer 2 genannten Urteile vorausgegangen ist:	

Nr.	Gebührentatbestand	Gebühr oder Satz der Gebühr nach § 34 GKG
	Die Gebühr 8320 ermäßigt sich auf	1,6
	Die Gebühr ermäßigt sich auch, wenn mehrere Ermäßigungstatbestände erfüllt sind oder Ermäßigungstatbestände mit einem Teilvergleich zusammentreffen.	
8323	Beendigung des gesamten Verfahrens durch ein Urteil, das wegen eines Verzichts der Parteien nach § 313a Abs. 1 Satz 2 ZPO keine schriftliche Begründung enthält, wenn nicht bereits ein anderes als eines der in Nummer 8322 Nr. 2 genannten Urteile oder ein Beschluss in der Hauptsache vorausgegangen ist:	
	Die Gebühr 8320 ermäßigt sich auf	2,4
	Die Gebühr ermäßigt sich auch, wenn daneben Ermäßigungstatbestände nach Nummer 8322 erfüllt sind oder solche Ermäßigungstatbestände mit einem Teilvergleich zusammentreffen.	
	Abschnitt 3. Beschwerde	
8330	Verfahren über die Beschwerde 1. gegen die Zurückweisung eines Antrags auf Anordnung eines Arrests oder eines Antrags auf Erlass einer einstweiligen Verfügung oder 2. in Verfahren nach der Verordnung (EU) Nr. 655/2014	1,2
8331	Beendigung des gesamten Verfahrens durch Zurücknahme der Beschwerde:	
	Die Gebühr 8330 ermäßigt sich auf	0,8
	Hauptabschnitt 4. Besondere Verfahren	
8400	Selbständiges Beweisverfahren	0,6
8401	Verfahren über Anträge auf Ausstellung einer Bescheinigung nach § 57, § 58 oder § 59 AVAG oder nach § 1110 ZPO sowie Verfahren über Anträge auf Ausstellung einer Bestätigung nach § 1079 ZPO	17,00 €
	Hauptabschnitt 5. Rüge wegen Verletzung des Anspruchs auf rechtliches Gehör	
8500	Verfahren über die Rüge wegen Verletzung des Anspruchs auf rechtliches Gehör (§ 78a des Arbeitsgerichtsgesetzes):	
	Die Rüge wird in vollem Umfang verworfen oder zurückgewiesen	55,00 €
	Hauptabschnitt 6. Sonstige Beschwerden und Rechtsbeschwerden	
	Abschnitt 1. Sonstige Beschwerden	
8610	Verfahren über Beschwerden nach § 71 Abs. 2, § 91a Abs. 2, § 99 Abs. 2, § 269 Abs. 5 oder § 494a Absatz 2 Satz 2 ZPO	77,00 €
8611	Beendigung des Verfahrens ohne Entscheidung: Die Gebühr 8610 ermäßigt sich auf	55,00 €
	(1) Die Gebühr ermäßigt sich auch im Fall der Zurücknahme der Beschwerde vor Ablauf des Tages, an dem die Entscheidung der Geschäftsstelle übermittelt wird. (2) Eine Entscheidung über die Kosten steht der Ermäßigung nicht entgegen, wenn die Entscheidung einer zuvor mitgeteilten Einigung der Parteien über die Kostentragung oder der Kostenübernahmeerklärung einer Partei folgt.	
8612	Verfahren über die Beschwerde gegen die Nichtzulassung der Revision:	
	Soweit die Beschwerde verworfen oder zurückgewiesen wird	1,6
8613	Verfahren über die Beschwerde gegen die Nichtzulassung der Revision:	
	Soweit die Beschwerde zurückgenommen oder das Verfahren durch anderweitige Erledigung beendet wird	0,8
	Die Gebühr entsteht nicht, soweit die Revision zugelassen wird.	
8614	Verfahren über nicht besonders aufgeführte Beschwerden, die nicht nach anderen Vorschriften gebührenfrei sind:	

Nr.	Gebührentatbestand	Gebühr oder Satz der Gebühr nach § 34 GKG
	Die Beschwerde wird verworfen oder zurückgewiesen	55,00 €
	Wird die Beschwerde nur teilweise verworfen oder zurückgewiesen, kann das Gericht die Gebühr nach billigem Ermessen auf die Hälfte ermäßigen oder bestimmen, dass eine Gebühr nicht zu erheben ist.	
Abschnitt 2. Sonstige Rechtsbeschwerden		
8620	Verfahren über Rechtsbeschwerden in den Fällen des § 71 Abs. 1, § 91a Abs. 1, § 99 Abs. 2, § 269 Abs. 4, § 494a Absatz 2 Satz 2 oder § 516 Abs. 3 ZPO	160,00 €
8621	Beendigung des gesamten Verfahrens durch Zurücknahme der Rechtsbeschwerde, des Antrags oder der Klage, bevor die Schrift zur Begründung der Rechtsbeschwerde bei Gericht eingegangen ist: Die Gebühr 8620 ermäßigt sich auf	55,00 €
8622	Beendigung des gesamten Verfahrens durch Zurücknahme der Rechtsbeschwerde, des Antrags oder der Klage vor Ablauf des Tages, an dem die Entscheidung der Geschäftsstelle übermittelt wird, wenn nicht Nummer 8621 erfüllt ist: Die Gebühr 8620 ermäßigt sich auf	77,00 €
8623	Verfahren über nicht besonders aufgeführte Rechtsbeschwerden, die nicht nach anderen Vorschriften gebührenfrei sind: Die Rechtsbeschwerde wird verworfen oder zurückgewiesen	105,00 €
	Wird die Rechtsbeschwerde nur teilweise verworfen oder zurückgewiesen, kann das Gericht die Gebühr nach billigem Ermessen auf die Hälfte ermäßigen oder bestimmen, dass eine Gebühr nicht zu erheben ist.	
8624	Verfahren über die in Nummer 8623 genannten Rechtsbeschwerden: Beendigung des gesamten Verfahrens durch Zurücknahme der Rechtsbeschwerde, des Antrags oder der Klage vor Ablauf des Tages, an dem die Entscheidung der Geschäftsstelle übermittelt wird	55,00 €
Hauptabschnitt 7. Besondere Gebühr		
8700	Auferlegung einer Gebühr nach § 38 GKG wegen Verzögerung des Rechtsstreits	wie vom Gericht bestimmt

Teil 9

Auslagen

Nr.	Auslagentatbestand	Höhe
Vorbemerkung 9: (1) Auslagen, die durch eine für begründet befundene Beschwerde entstanden sind, werden nicht erhoben, soweit das Beschwerdeverfahren gebührenfrei ist; dies gilt jedoch nicht, soweit das Beschwerdegericht die Kosten dem Gegner des Beschwerdeführers auferlegt hat. (2) Sind Auslagen durch verschiedene Rechtssachen veranlasst, werden sie auf die mehreren Rechtssachen angemessen verteilt.		
9000	Pauschale für die Herstellung und Überlassung von Dokumenten: 1. Ausfertigungen, Kopien und Ausdrucke bis zur Größe von DIN A3, die a) auf Antrag angefertigt oder auf Antrag per Telefax übermittelt worden sind oder b) angefertigt worden sind, weil die Partei oder ein Beteiligter es unterlassen hat, die erforderliche Zahl von Mehrfertigungen beizufügen; der Anfertigung steht es gleich, wenn per Telefax übermittelte Mehrfertigungen von der Empfangseinrichtung des Gerichts ausgedruckt werden: für die ersten 50 Seiten je Seite	0,50 €

Nr.	Auslagentatbestand	Höhe
	für jede weitere Seite	0,15 €
	für die ersten 50 Seiten in Farbe je Seite	1,00 €
	für jede weitere Seite in Farbe	0,30 €
	2. Entgelte für die Herstellung und Überlassung der in Nummer 1 genannten Kopien oder Ausdrucke in einer Größe von mehr als DIN A3	in voller Höhe
	oder pauschal je Seite	3,00 €
	oder pauschal je Seite in Farbe	6,00 €
	3. Überlassung von elektronisch gespeicherten Dateien oder deren Bereitstellung zum Abruf anstelle der in den Nummern 1 und 2 genannten Ausfertigungen, Kopien und Ausdrucke:	
	je Datei	1,50 €
	für die in einem Arbeitsgang überlassenen, bereitgestellten oder in einem Arbeitsgang auf denselben Datenträger übertragenen Dokumente insgesamt höchstens	5,00 €
	(1) Die Höhe der Dokumentenpauschale nach Nummer 1 ist in jedem Rechtszug und für jeden Kostenschuldner nach § 28 Abs. 1 GKG gesondert zu berechnen; Gesamtschuldner gelten als ein Schuldner. Die Dokumentenpauschale ist auch im erstinstanzlichen Musterverfahren nach dem KapMuG gesondert zu berechnen.	
	(2) Werden zum Zweck der Überlassung von elektronisch gespeicherten Dateien Dokumente zuvor auf Antrag von der Papierform in die elektronische Form übertragen, beträgt die Dokumentenpauschale nach Nummer 3 nicht weniger, als die Dokumentenpauschale im Fall der Nummer 1 für eine Schwarz-Weiß-Kopie ohne Rücksicht auf die Größe betragen würde.	
	(3) Frei von der Dokumentenpauschale sind für jede Partei, jeden Beteiligten, jeden Beschuldigten und deren bevollmächtigte Vertreter jeweils 1. eine vollständige Ausfertigung oder Kopie oder ein vollständiger Ausdruck jeder gerichtlichen Entscheidung und jedes vor Gericht abgeschlossenen Vergleichs, 2. eine Ausfertigung ohne Tatbestand und Entscheidungsgründe und 3. eine Kopie oder ein Ausdruck jedes Protokolls über eine Sitzung. § 191a Abs. 1 Satz 5 GVG bleibt unberührt.	
	(4) Bei der Gewährung der Einsicht in Akten wird eine Dokumentenpauschale nur erhoben, wenn auf besonderen Antrag ein Ausdruck einer elektronischen Akte oder ein Datenträger mit dem Inhalt einer elektronischen Akte übermittelt wird.	
9001	Auslagen für Telegramme	in voller Höhe
9002	Pauschale für Zustellungen mit Zustellungsurkunde, Einschreiben gegen Rückschein oder durch Justizbedienstete nach § 168 Abs. 1 ZPO je Zustellung	3,50 €
	Neben Gebühren, die sich nach dem Streitwert richten, mit Ausnahme der Gebühr 3700, wird die Zustellungspauschale nur erhoben, soweit in einem Rechtszug mehr als 10 Zustellungen anfallen. Im erstinstanzlichen Musterverfahren nach dem KapMuG wird die Zustellungspauschale für sämtliche Zustellungen erhoben.	
9003	Pauschale für die bei der Versendung von Akten auf Antrag anfallenden Auslagen an Transport- und Verpackungskosten je Sendung	12,00 €

Nr.	Auslagentatbestand	Höhe
	Die Hin- und Rücksendung der Akten durch Gerichte oder Staatsanwaltschaften gelten zusammen als eine Sendung.	
9004	Auslagen für öffentliche Bekanntmachungen	in voller Höhe
	(1) Auslagen werden nicht erhoben für die Bekanntmachung in einem elektronischen Informations- und Kommunikationssystem, wenn das Entgelt nicht für den Einzelfall oder nicht für ein einzelnes Verfahren berechnet wird. Nicht erhoben werden ferner Auslagen für die Bekanntmachung eines besonderen Prüfungstermins (§ 177 InsO, § 18 SVertO).	
	(2) Die Auslagen für die Bekanntmachung eines Vorlagebeschlusses gemäß § 7 Absatz 4 KapMuG gelten als Auslagen des Musterverfahrens.	
9005	Nach dem JVEG zu zahlende Beträge	in voller Höhe
	(1) Nicht erhoben werden Beträge, die an ehrenamtliche Richter (§ 1 Abs. 1 Satz 1 Nr. 2 JVEG) gezahlt werden.	
	(2) Die Beträge werden auch erhoben, wenn aus Gründen der Gegenseitigkeit, der Verwaltungsvereinfachung oder aus vergleichbaren Gründen keine Zahlungen zu leisten sind. Ist aufgrund des § 1 Abs. 2 Satz 2 JVEG keine Vergütung zu zahlen, ist der Betrag zu erheben, der ohne diese Vorschrift zu zahlen wäre.	
	(3) Auslagen für Übersetzer, die zur Erfüllung der Rechte blinder oder sehbehinderter Personen herangezogen werden (§ 191a Abs. 1 GVG), werden nicht, Auslagen für Kommunikationshilfen zur Verständigung mit einer hör- oder sprachbehinderten Person (§ 186 GVG) werden nur nach Maßgabe des Absatzes 4 erhoben.	
	(4) Ist für einen Beschuldigten oder Betroffenen, der der deutschen Sprache nicht mächtig, hör- oder sprachbehindert ist, im Strafverfahren oder im gerichtlichen Verfahren nach dem OWiG ein Dolmetscher oder Übersetzer herangezogen worden, um Erklärungen oder Schriftstücke zu übertragen, auf deren Verständnis der Beschuldigte oder Betroffene zu seiner Verteidigung angewiesen oder soweit dies zur Ausübung seiner strafprozessualen Rechte erforderlich war, werden von diesem die dadurch entstandenen Auslagen nur erhoben, wenn das Gericht ihm diese nach § 464c StPO oder die Kosten nach § 467 Abs. 2 Satz 1 StPO, auch i.V.m. § 467a Abs. 1 Satz 2 StPO, auferlegt hat; dies gilt auch jeweils i.V.m. § 46 Abs. 1 OWiG.	
	(5) Im Verfahren vor den Gerichten für Arbeitssachen werden Kosten für vom Gericht herangezogene Dolmetscher und Übersetzer nicht erhoben, wenn ein Ausländer Partei und die Gegenseitigkeit verbürgt ist oder ein Staatenloser Partei ist.	
	(6) Auslagen für Sachverständige, die durch die Untersuchung eines Beschuldigten nach § 43 Abs. 2 JGG entstanden sind, werden nicht erhoben.	
9006	Bei Geschäften außerhalb der Gerichtsstelle	
	1. die den Gerichtspersonen aufgrund gesetzlicher Vorschriften gewährte Vergütung (Reisekosten, Auslagenersatz) und die Auslagen für die Bereitstellung von Räumen	in voller Höhe
	2. für den Einsatz von Dienstkraftfahrzeugen für jeden gefahrenen Kilometer	0,42 €
9007	An Rechtsanwälte zu zahlende Beträge mit Ausnahme der nach § 59 RVG auf die Staatskasse übergegangenen Ansprüche	in voller Höhe
9008	Auslagen für	
	1. die Beförderung von Personen	in voller Höhe

Nr.	Auslagentatbestand	Höhe
	2. Zahlungen an mittellose Personen für die Reise zum Ort einer Verhandlung, Vernehmung oder Untersuchung und für die Rückreise	bis zur Höhe der nach dem JVEG an Zeugen zu zahlenden Beträge
9009	An Dritte zu zahlende Beträge für	
	1. die Beförderung von Tieren und Sachen mit Ausnahme der für Postdienstleistungen zu zahlenden Entgelte, die Verwahrung von Tieren und Sachen sowie die Fütterung von Tieren	in voller Höhe
	2. die Beförderung und die Verwahrung von Leichen	in voller Höhe
	3. die Durchsuchung oder Untersuchung von Räumen und Sachen einschließlich der die Durchsuchung oder Untersuchung vorbereitenden Maßnahmen	in voller Höhe
	4. die Bewachung von Schiffen und Luftfahrzeugen	in voller Höhe
9010	Kosten einer Zwangshaft, auch aufgrund eines Haftbefehls nach § 802g ZPO Maßgebend ist die Höhe des Haftkostenbeitrags, der nach Landesrecht von einem Gefangenen zu erheben ist.	in Höhe des Haftkostenbeitrags
9011	Kosten einer Haft außer Zwangshaft, Kosten einer einstweiligen Unterbringung (§ 126a StPO), einer Unterbringung zur Beobachtung (§ 81 StPO) und einer einstweiligen Unterbringung in einem Heim der Jugendhilfe (§ 71 Abs. 2, § 72 Abs. 4 JGG) Maßgebend ist die Höhe des Haftkostenbeitrags, der nach Landesrecht von einem Gefangenen zu erheben ist. Diese Kosten werden nur angesetzt, wenn der Haftkostenbeitrag auch von einem Gefangenen im Strafvollzug zu erheben wäre.	in Höhe des Haftkostenbeitrags
9012	Nach § 12 BGebG, dem 5. Abschnitt des Konsulargesetzes und der Besonderen Gebührenverordnung des Auswärtigen Amts nach § 22 Abs. 4 BGebG zu zahlende Beträge	in voller Höhe
9013	An deutsche Behörden für die Erfüllung von deren eigenen Aufgaben zu zahlende Gebühren sowie diejenigen Beträge, die diesen Behörden, öffentlichen Einrichtungen oder deren Bediensteten als Ersatz für Auslagen der in den Nummern 9000 bis 9011 bezeichneten Art zustehen Die als Ersatz für Auslagen angefallenen Beträge werden auch erhoben, wenn aus Gründen der Gegenseitigkeit, der Verwaltungsvereinfachung oder aus vergleichbaren Gründen keine Zahlungen zu leisten sind.	in voller Höhe, die Auslagen begrenzt durch die Höchstsätze für die Auslagen 9000 bis 9011
9014	Beträge, die ausländischen Behörden, Einrichtungen oder Personen im Ausland zustehen, sowie Kosten des Rechtshilfeverkehrs mit dem Ausland Die Beträge werden auch erhoben, wenn aus Gründen der Gegenseitigkeit, der Verwaltungsvereinfachung oder aus vergleichbaren Gründen keine Zahlungen zu leisten sind.	in voller Höhe
9015	Auslagen der in den Nummern 9000 bis 9014 bezeichneten Art, soweit sie durch die Vorbereitung der öffentlichen Klage entstanden sind	begrenzt durch die Höchstsätze für die Auslagen 9000 bis 9013
9016	Auslagen der in den Nummern 9000 bis 9014 bezeichneten Art, soweit sie durch das dem gerichtlichen Verfahren vorausgegangene Bußgeldverfahren entstanden sind Abs. 3 der Anmerkung zu Nummer 9005 ist nicht anzuwenden.	begrenzt durch die Höchstsätze für die Auslagen 9000 bis 9013

Nr.	Auslagentatbestand	Höhe
9017	An den vorläufigen Insolvenzverwalter, den Insolvenzverwalter, die Mitglieder des Gläubigerausschusses oder die Treuhänder auf der Grundlage der Insolvenzrechtlichen Vergütungsverordnung aufgrund einer Stundung nach § 4a InsO sowie an den Restrukturierungsbeauftragten, den Sanierungsmoderator und die Mitglieder des Gläubigerbeirats nach dem StaRUG zu zahlende Beträge	in voller Höhe
9018	Im ersten Rechtszug des Prozessverfahrens: Auslagen des erstinstanzlichen Musterverfahrens nach dem KapMuG zuzüglich Zinsen	anteilig
	(1) Die im erstinstanzlichen Musterverfahren entstehenden Auslagen nach Nummer 9005 werden vom Tag nach der Auszahlung bis zum rechtskräftigen Abschluss des Musterverfahrens mit 5 Prozentpunkten über dem Basiszinssatz nach § 247 BGB verzinst. (2) Auslagen und Zinsen werden nur erhoben, wenn der Kläger nicht innerhalb von einem Monat ab Zustellung des Aussetzungsbeschlusses nach § 10 KapMuG oder unter den in § 18 Abs. 2 KapMuG genannten Voraussetzungen seine Klage in der Hauptsache zurücknimmt. (3) Der Anteil bestimmt sich nach dem Verhältnis der Höhe des von dem Kläger geltend gemachten Anspruchs, soweit dieser von den Feststellungszielen des Musterverfahrens betroffen ist, zu der Gesamthöhe der vom Musterkläger und den Beigeladenen des Musterverfahrens in den Prozessverfahren geltend gemachten Ansprüche, soweit diese von den Feststellungszielen des Musterverfahrens betroffen sind. Der Anspruch des Musterklägers oder eines Beigeladenen ist hierbei nicht zu berücksichtigen, wenn er innerhalb von einem Monat ab Zustellung des Aussetzungsbeschlusses nach § 10 KapMuG oder unter den in § 18 Abs. 2 KapMuG genannten Voraussetzungen seine Klage in der Hauptsache zurücknimmt.	
9019	Umsatzsteuer auf die Kosten	in voller Höhe
	Dies gilt nicht, wenn die Umsatzsteuer nach § 19 Abs. 1 UStG unerhoben bleibt.	

Anlage 2
(zu § 34 Absatz 1 Satz 3)

[Gebühren nach Streitwert]

Streitwert bis … €	Gebühr … €	Streitwert bis … €	Gebühr … €
500	38,00	**50 000**	601,00
1 000	58,00	**65 000**	733,00
1 500	78,00	**80 000**	865,00
2 000	98,00	**95 000**	997,00
3 000	119,00	**110 000**	1 129,00
4 000	140,00	**125 000**	1 261,00
5 000	161,00	**140 000**	1 393,00
6 000	182,00	**155 000**	1 525,00
7 000	203,00	**170 000**	1 657,00
8 000	224,00	**185 000**	1 789,00
9 000	245,00	**200 000**	1 921,00
10 000	266,00	**230 000**	2 119,00
13 000	295,00	**260 000**	2 317,00
16 000	324,00	**290 000**	2 515,00
19 000	353,00	**320 000**	2 713,00
22 000	382,00	**350 000**	2 911,00
25 000	411,00	**380 000**	3 109,00
30 000	449,00	**410 000**	3 307,00
35 000	487,00	**440 000**	3 505,00
40 000	525,00	**470 000**	3 703,00
45 000	563,00	**500 000**	3 901,00

Gesetz über die Vergütung von Sachverständigen, Dolmetscherinnen, Dolmetschern, Übersetzerinnen und Übersetzern sowie die Entschädigung von ehrenamtlichen Richterinnen, ehrenamtlichen Richtern, Zeuginnen, Zeugen und Dritten (Justizvergütungs- und -entschädigungsgesetz – JVEG)[1)2)]

Vom 5. Mai 2004 (BGBl. I S. 718, 776)
(FNA 367-3)

zuletzt geändert durch Art. 7 Zweites G zur Reform des Kapitalanleger-MusterverfahrensG vom 16. Juli 2024 (BGBl. 2024 I Nr. 240)

Inhaltsübersicht

Abschnitt 1

Allgemeine Vorschriften

§ 1 Geltungsbereich und Anspruchsberechtigte

(1) [1]Dieses Gesetz regelt

1. die Vergütung der Sachverständigen, Dolmetscherinnen, Dolmetscher, Übersetzerinnen und Übersetzer, die von dem Gericht, der Staatsanwaltschaft, der Finanzbehörde in den Fällen, in denen diese

---

1) Verkündet als Art. 2 KostenrechtsmodernisierungsG v. 5.5.2004 (BGBl. I S. 718); Inkrafttreten gem. Art. 8 Satz 1 dieses G am 1.7.2004.

2) Die Änderung durch G v. 15.7.2024 (BGBl. 2024 I Nr. 236) tritt erst **mWv 1.1.2025** in Kraft und ist in § 4a entsprechend gekennzeichnet.

das Ermittlungsverfahren selbstständig durchführt, der Verwaltungsbehörde im Verfahren nach dem Gesetz über Ordnungswidrigkeiten oder dem Gerichtsvollzieher herangezogen werden;
2. die Entschädigung der ehrenamtlichen Richterinnen und Richter bei den ordentlichen Gerichten und den Gerichten für Arbeitssachen sowie bei den Gerichten der Verwaltungs-, der Finanz- und der Sozialgerichtsbarkeit mit Ausnahme der ehrenamtlichen Richterinnen und Richter in Handelssachen, in berufsgerichtlichen Verfahren oder bei Dienstgerichten sowie
3. die Entschädigung der Zeuginnen, Zeugen und Dritten (§ 23), die von den in Nummer 1 genannten Stellen herangezogen werden.

[2]Eine Vergütung oder Entschädigung wird nur nach diesem Gesetz gewährt. [3]Der Anspruch auf Vergütung nach Satz 1 Nr. 1 steht demjenigen zu, der beauftragt worden ist; dies gilt auch, wenn der Mitarbeiter einer Unternehmung die Leistung erbringt, der Auftrag jedoch der Unternehmung erteilt worden ist.

(2) [1]Dieses Gesetz gilt auch, wenn Behörden oder sonstige öffentliche Stellen von den in Absatz 1 Satz 1 Nr. 1 genannten Stellen zu Sachverständigenleistungen herangezogen werden. [2]Für Angehörige einer Behörde oder einer sonstigen öffentlichen Stelle, die weder Ehrenbeamte noch ehrenamtlich tätig sind, gilt dieses Gesetz nicht, wenn sie ein Gutachten in Erfüllung ihrer Dienstaufgaben erstatten, vertreten oder erläutern.

(3) [1]Einer Heranziehung durch die Staatsanwaltschaft oder durch die Finanzbehörde in den Fällen des Absatzes 1 Satz 1 Nr. 1 steht eine Heranziehung durch die Polizei oder eine andere Strafverfolgungsbehörde im Auftrag oder mit vorheriger Billigung der Staatsanwaltschaft oder der Finanzbehörde gleich. [2]Satz 1 gilt im Verfahren der Verwaltungsbehörde nach dem Gesetz über Ordnungswidrigkeiten entsprechend.

(4) Die Vertrauenspersonen in den Ausschüssen zur Wahl der Schöffen und die Vertrauensleute in den Ausschüssen zur Wahl der ehrenamtlichen Richter bei den Gerichten der Verwaltungs- und der Finanzgerichtsbarkeit werden wie ehrenamtliche Richter entschädigt.

(5) Die Vorschriften dieses Gesetzes über die gerichtliche Festsetzung und die Beschwerde gehen den Regelungen der für das zugrunde liegende Verfahren geltenden Verfahrensvorschriften vor.

§ 2 Geltendmachung und Erlöschen des Anspruchs, Verjährung

(1) [1]Der Anspruch auf Vergütung oder Entschädigung erlischt, wenn er nicht binnen drei Monaten bei der Stelle, die den Berechtigten herangezogen oder beauftragt hat, geltend gemacht wird; hierüber und über den Beginn der Frist ist der Berechtigte zu belehren. [2]Die Frist beginnt
1. im Fall der schriftlichen Begutachtung oder der Anfertigung einer Übersetzung mit Eingang des Gutachtens oder der Übersetzung bei der Stelle, die den Berechtigten beauftragt hat,
2. im Fall der Vernehmung als Sachverständiger oder Zeuge oder der Zuziehung als Dolmetscher mit Beendigung der Vernehmung oder Zuziehung,
3. bei vorzeitiger Beendigung der Heranziehung oder des Auftrags in den Fällen der Nummern 1 und 2 mit der Bekanntgabe der Erledigung an den Berechtigten,
4. in den Fällen des § 23 mit Beendigung der Maßnahme und
5. im Fall der Dienstleistung als ehrenamtlicher Richter oder Mitglied eines Ausschusses im Sinne des § 1 Abs. 4 mit Beendigung der Amtsperiode, jedoch nicht vor dem Ende der Amtstätigkeit.

[3]Wird der Berechtigte in den Fällen des Satzes 2 Nummer 1 und 2 in demselben Verfahren, im gerichtlichen Verfahren in demselben Rechtszug, mehrfach herangezogen, ist für den Beginn aller Fristen die letzte Heranziehung maßgebend. [4]Die Frist kann auf begründeten Antrag von der in Satz 1 genannten Stelle verlängert werden; lehnt sie eine Verlängerung ab, hat sie den Antrag unverzüglich dem nach § 4 Abs. 1 für die Festsetzung der Vergütung oder Entschädigung zuständigen Gericht vorzulegen, das durch unanfechtbaren Beschluss entscheidet. [5]Weist das Gericht den Antrag zurück, erlischt der Anspruch, wenn die Frist nach Satz 1 abgelaufen und der Anspruch nicht binnen zwei Wochen ab Bekanntgabe der Entscheidung bei der in Satz 1 genannten Stelle geltend gemacht worden ist. [6]Wurde dem Berechtigten ein Vorschuss nach § 3 bewilligt, so erlischt der Anspruch auf Vergütung oder Entschädigung nur insoweit, als er über den bewilligten Vorschuss hinausgeht.

(2) [1]War der Berechtigte ohne sein Verschulden an der Einhaltung einer Frist nach Absatz 1 gehindert, gewährt ihm das Gericht auf Antrag Wiedereinsetzung in den vorigen Stand, wenn er innerhalb von zwei Wochen nach Beseitigung des Hindernisses den Anspruch beziffert und die Tatsachen glaubhaft macht, welche die Wiedereinsetzung begründen. [2]Ein Fehlen des Verschuldens wird vermutet, wenn eine Belehrung nach Absatz 1 Satz 1 unterblieben oder fehlerhaft ist. [3]Nach Ablauf eines Jahres, von dem Ende der versäumten Frist an gerechnet, kann die Wiedereinsetzung nicht mehr beantragt werden. [4]Gegen die Ablehnung der Wiedereinsetzung findet die Beschwerde statt. [5]Sie ist nur zulässig, wenn sie innerhalb

von zwei Wochen eingelegt wird. [6]Die Frist beginnt mit der Zustellung der Entscheidung. [7]§ 4 Abs. 4 Satz 1 bis 3 und Abs. 6 bis 8 ist entsprechend anzuwenden.

(3) [1]Der Anspruch auf Vergütung oder Entschädigung verjährt in drei Jahren nach Ablauf des Kalenderjahrs, in dem der nach Absatz 1 Satz 2 maßgebliche Zeitpunkt eingetreten ist. [2]Auf die Verjährung sind die Vorschriften des Bürgerlichen Gesetzbuchs anzuwenden. [3]Durch den Antrag auf gerichtliche Festsetzung (§ 4) wird die Verjährung wie durch Klageerhebung gehemmt. [4]Die Verjährung wird nicht von Amts wegen berücksichtigt.

(4) [1]Der Anspruch auf Erstattung zu viel gezahlter Vergütung oder Entschädigung verjährt in drei Jahren nach Ablauf des Kalenderjahrs, in dem die Zahlung erfolgt ist. [2]§ 5 Abs. 3 des Gerichtskostengesetzes gilt entsprechend.

§ 3 Vorschuss

Auf Antrag ist ein angemessener Vorschuss zu bewilligen, wenn dem Berechtigten erhebliche Fahrtkosten oder sonstige Aufwendungen entstanden sind oder voraussichtlich entstehen werden oder wenn die zu erwartende Vergütung für bereits erbrachte Teilleistungen einen Betrag von 1000 Euro übersteigt.

§ 4 Gerichtliche Festsetzung und Beschwerde

(1) [1]Die Festsetzung der Vergütung, der Entschädigung oder des Vorschusses erfolgt durch gerichtlichen Beschluss, wenn der Berechtigte oder die Staatskasse die gerichtliche Festsetzung beantragt oder das Gericht sie für angemessen hält. [2]Eine Festsetzung der Vergütung ist in der Regel insbesondere dann als angemessen anzusehen, wenn ein Wegfall oder eine Beschränkung des Vergütungsanspruchs nach § 8a Absatz 1 oder 2 Satz 1 in Betracht kommt. [3]Zuständig ist

1. das Gericht, von dem der Berechtigte herangezogen worden ist, bei dem er als ehrenamtlicher Richter mitgewirkt hat oder bei dem der Ausschuss im Sinne des § 1 Abs. 4 gebildet ist;
2. das Gericht, bei dem die Staatsanwaltschaft besteht, wenn die Heranziehung durch die Staatsanwaltschaft oder in deren Auftrag oder mit deren vorheriger Billigung durch die Polizei oder eine andere Strafverfolgungsbehörde erfolgt ist, nach Erhebung der öffentlichen Klage jedoch das für die Durchführung des Verfahrens zuständige Gericht;
3. das Landgericht, bei dem die Staatsanwaltschaft besteht, die für das Ermittlungsverfahren zuständig wäre, wenn die Heranziehung in den Fällen des § 1 Abs. 1 Satz 1 Nr. 1 durch die Finanzbehörde oder in deren Auftrag oder mit deren vorheriger Billigung durch die Polizei oder eine andere Strafverfolgungsbehörde erfolgt ist, nach Erhebung der öffentlichen Klage jedoch das für die Durchführung des Verfahrens zuständige Gericht;
4. das Amtsgericht, in dessen Bezirk der Gerichtsvollzieher seinen Amtssitz hat, wenn die Heranziehung durch den Gerichtsvollzieher erfolgt ist, abweichend davon im Verfahren der Zwangsvollstreckung das Vollstreckungsgericht.

(2) [1]Ist die Heranziehung durch die Verwaltungsbehörde im Bußgeldverfahren erfolgt, werden die zu gewährende Vergütung oder Entschädigung und der Vorschuss durch gerichtlichen Beschluss festgesetzt, wenn der Berechtigte gerichtliche Entscheidung gegen die Festsetzung durch die Verwaltungsbehörde beantragt. [2]Für das Verfahren gilt § 62 des Gesetzes über Ordnungswidrigkeiten.

(3) Gegen den Beschluss nach Absatz 1 können der Berechtige und die Staatskasse Beschwerde einlegen, wenn der Wert des Beschwerdegegenstands 200 Euro übersteigt oder wenn sie das Gericht, das die angefochtene Entscheidung erlassen hat, wegen der grundsätzlichen Bedeutung der zur Entscheidung stehenden Frage in dem Beschluss zulässt.

(4) [1]Soweit das Gericht die Beschwerde für zulässig und begründet hält, hat es ihr abzuhelfen; im Übrigen ist die Beschwerde unverzüglich dem Beschwerdegericht vorzulegen. [2]Beschwerdegericht ist das nächsthöhere Gericht. [3]Eine Beschwerde an einen obersten Gerichtshof des Bundes findet nicht statt. [4]Das Beschwerdegericht ist an die Zulassung der Beschwerde gebunden; die Nichtzulassung ist unanfechtbar.

(5) [1]Die weitere Beschwerde ist nur zulässig, wenn das Landgericht als Beschwerdegericht entschieden und sie wegen der grundsätzlichen Bedeutung der zur Entscheidung stehenden Frage in dem Beschluss zugelassen hat. [2]Sie kann nur darauf gestützt werden, dass die Entscheidung auf einer Verletzung des Rechts beruht; die §§ 546 und 547 der Zivilprozessordnung gelten entsprechend. [3]Über die weitere Beschwerde entscheidet das Oberlandesgericht. [4]Absatz 4 Satz 1 und 4 gilt entsprechend.

(6) [1]Anträge und Erklärungen können ohne Mitwirkung eines Bevollmächtigten schriftlich eingereicht oder zu Protokoll der Geschäftsstelle abgegeben werden; § 129a der Zivilprozessordnung gilt entsprechend. [2]Für die Bevollmächtigung gelten die Regelungen der für das zugrunde liegende Verfahren geltenden Verfahrensordnung entsprechend. [3]Die Beschwerde ist bei dem Gericht einzulegen, dessen Entscheidung angefochten wird.

(7) [1]Das Gericht entscheidet über den Antrag durch eines seiner Mitglieder als Einzelrichter; dies gilt auch für die Beschwerde, wenn die angefochtene Entscheidung von einem Einzelrichter oder einem Rechtspfleger erlassen wurde. [2]Der Einzelrichter überträgt das Verfahren der Kammer oder dem Senat, wenn die Sache besondere Schwierigkeiten tatsächlicher oder rechtlicher Art aufweist oder die Rechtssache grundsätzliche Bedeutung hat. [3]Das Gericht entscheidet jedoch immer ohne Mitwirkung ehrenamtlicher Richter. [4]Auf eine erfolgte oder unterlassene Übertragung kann ein Rechtsmittel nicht gestützt werden.
(8) [1]Die Verfahren sind gebührenfrei. [2]Kosten werden nicht erstattet.
(9) Die Beschlüsse nach den Absätzen 1, 2, 4 und 5 wirken nicht zu Lasten des Kostenschuldners.

§ 4a Abhilfe bei Verletzung des Anspruchs auf rechtliches Gehör

(1) Auf die Rüge eines durch die Entscheidung nach diesem Gesetz beschwerten Beteiligten ist das Verfahren fortzuführen, wenn
1. ein Rechtsmittel oder ein anderer Rechtsbehelf gegen die Entscheidung nicht gegeben ist und
2. das Gericht den Anspruch dieses Beteiligten auf rechtliches Gehör in entscheidungserheblicher Weise verletzt hat.

(2) [1]Die Rüge ist innerhalb von zwei Wochen nach Kenntnis von der Verletzung des rechtlichen Gehörs zu erheben; der Zeitpunkt der Kenntniserlangung ist glaubhaft zu machen. [2]Nach Ablauf eines Jahres seit Bekanntmachung der angegriffenen Entscheidung kann die Rüge nicht mehr erhoben werden. [3]Formlos mitgeteilte Entscheidungen gelten mit dem ***[bis 31.12.2024:*** dritten Tage***] [ab 1.1.2025:*** *vierten Tag****]*** nach Aufgabe zur Post als bekannt gemacht. [4]Die Rüge ist bei dem Gericht zu erheben, dessen Entscheidung angegriffen wird; § 4 Abs. 6 Satz 1 und 2 gilt entsprechend. [5]Die Rüge muss die angegriffene Entscheidung bezeichnen und das Vorliegen der in Absatz 1 Nr. 2 genannten Voraussetzungen darlegen.
(3) Den übrigen Beteiligten ist, soweit erforderlich, Gelegenheit zur Stellungnahme zu geben.
(4) [1]Das Gericht hat von Amts wegen zu prüfen, ob die Rüge an sich statthaft und ob sie in der gesetzlichen Form und Frist erhoben ist. [2]Mangelt es an einem dieser Erfordernisse, so ist die Rüge als unzulässig zu verwerfen. [3]Ist die Rüge unbegründet, weist das Gericht sie zurück. [4]Die Entscheidung ergeht durch unanfechtbaren Beschluss. [5]Der Beschluss soll kurz begründet werden.
(5) Ist die Rüge begründet, so hilft ihr das Gericht ab, indem es das Verfahren fortführt, soweit dies aufgrund der Rüge geboten ist.
(6) Kosten werden nicht erstattet.

§ 4b Elektronische Akte, elektronisches Dokument

In Verfahren nach diesem Gesetz sind die verfahrensrechtlichen Vorschriften über die elektronische Akte und über das elektronische Dokument anzuwenden, die für das Verfahren gelten, in dem der Anspruchsberechtigte herangezogen worden ist.

§ 4c Rechtsbehelfsbelehrung

Jede anfechtbare Entscheidung hat eine Belehrung über den statthaften Rechtsbehelf sowie über die Stelle, bei der dieser Rechtsbehelf einzulegen ist, über deren Sitz und über die einzuhaltende Form zu enthalten.

Abschnitt 2

Gemeinsame Vorschriften

§ 5 Fahrtkostenersatz

(1) Bei Benutzung von öffentlichen, regelmäßig verkehrenden Beförderungsmitteln werden die tatsächlich entstandenen Auslagen bis zur Höhe der entsprechenden Kosten für die Benutzung der ersten Wagenklasse der Bahn einschließlich der Auslagen für Platzreservierung und Beförderung des notwendigen Gepäcks ersetzt.
(2) [1]Bei Benutzung eines eigenen oder unentgeltlich zur Nutzung überlassenen Kraftfahrzeugs werden
1. dem Zeugen oder dem Dritten (§ 23) zur Abgeltung der Betriebskosten sowie zur Abgeltung der Abnutzung des Kraftfahrzeugs 0,35 Euro,
2. den in § 1 Abs. 1 Satz 1 Nr. 1 und 2 genannten Anspruchsberechtigten zur Abgeltung der Anschaffungs-, Unterhaltungs- und Betriebskosten sowie zur Abgeltung der Abnutzung des Kraftfahrzeugs 0,42 Euro

für jeden gefahrenen Kilometer ersetzt zuzüglich der durch die Benutzung des Kraftfahrzeugs aus Anlass der Reise regelmäßig anfallenden baren Auslagen, insbesondere der Parkentgelte. [2]Bei der Benutzung durch mehrere Personen kann die Pauschale nur einmal geltend gemacht werden. [3]Bei der Benutzung eines Kraftfahrzeugs, das nicht zu den Fahrzeugen nach Absatz 1 oder Satz 1 zählt, werden die tatsächlich entstandenen Auslagen bis zur Höhe der in Satz 1 genannten Fahrtkosten ersetzt; zusätzlich werden die durch die Benutzung des Kraftfahrzeugs aus Anlass der Reise angefallenen regelmäßigen baren Auslagen, insbesondere die Parkentgelte, ersetzt, soweit sie der Berechtigte zu tragen hat.

(3) Höhere als die in Absatz 1 oder Absatz 2 bezeichneten Fahrtkosten werden ersetzt, soweit dadurch Mehrbeträge an Vergütung oder Entschädigung erspart werden oder höhere Fahrtkosten wegen besonderer Umstände notwendig sind.

(4) Für Reisen während der Terminsdauer werden die Fahrtkosten nur insoweit ersetzt, als dadurch Mehrbeträge an Vergütung oder Entschädigung erspart werden, die beim Verbleiben an der Terminsstelle gewährt werden müssten.

(5) Wird die Reise zum Ort des Termins von einem anderen als dem in der Ladung oder Terminsmitteilung bezeichneten oder der zuständigen Stelle unverzüglich angezeigten Ort angetreten oder wird zu einem anderen als zu diesem Ort zurückgefahren, werden Mehrkosten nach billigem Ermessen nur dann ersetzt, wenn der Berechtigte zu diesen Fahrten durch besondere Umstände genötigt war.

§ 6 Entschädigung für Aufwand

(1) Wer innerhalb der Gemeinde, in der der Termin stattfindet, weder wohnt noch berufstätig ist, erhält für die Zeit, während der er aus Anlass der Wahrnehmung des Termins von seiner Wohnung und seinem Tätigkeitsmittelpunkt abwesend sein muss, ein Tagegeld, dessen Höhe sich nach der Verpflegungspauschale zur Abgeltung tatsächlich entstandener, beruflich veranlasster Mehraufwendungen im Inland nach dem Einkommensteuergesetz bemisst.

(2) Ist eine auswärtige Übernachtung notwendig, wird ein Übernachtungsgeld nach den Bestimmungen des Bundesreisekostengesetzes gewährt.

§ 7 Ersatz für sonstige Aufwendungen

(1) [1]Auch die in den §§ 5, 6 und 12 nicht besonders genannten baren Auslagen werden ersetzt, soweit sie notwendig sind. [2]Dies gilt insbesondere für die Kosten notwendiger Vertretungen und notwendiger Begleitpersonen.

(2) [1]Für die Anfertigung von Kopien und Ausdrucken werden ersetzt

1. bis zu einer Größe von DIN A3 0,50 Euro je Seite für die ersten 50 Seiten und 0,15 Euro für jede weitere Seite,
2. in einer Größe von mehr als DIN A3 3 Euro je Seite und
3. für Farbkopien und -ausdrucke bis zu einer Größe von DIN A3 1 Euro je Seite für die ersten 50 Seiten und 0,30 Euro für jede weitere Seite, in einer Größe von mehr als DIN A3 6 Euro je Seite.

[2]Der erhöhte Aufwendungsersatz wird jeweils für die ersten 50 Seiten nach Satz 1 Nummer 1 und 3 gewährt. [3]Die Höhe der Pauschalen ist in derselben Angelegenheit einheitlich zu berechnen. [4]Die Pauschale wird nur für Kopien und Ausdrucke aus Behörden- und Gerichtsakten gewährt, soweit deren Herstellung zur sachgemäßen Vorbereitung oder Bearbeitung der Angelegenheit geboten war, sowie für Kopien und zusätzliche Ausdrucke, die nach Aufforderung durch die heranziehende Stelle angefertigt worden sind. [5]Werden Kopien oder Ausdrucke in einer Größe von mehr als DIN A3 gegen Entgelt von einem Dritten angefertigt, kann der Berechtigte anstelle der Pauschale die baren Auslagen ersetzt verlangen.

(3) [1]Für die Überlassung von elektronisch gespeicherten Dateien anstelle der in Absatz 2 genannten Kopien und Ausdrucke werden 1,50 Euro je Datei ersetzt. [2]Für die in einem Arbeitsgang überlassenen oder in einem Arbeitsgang auf denselben Datenträger übertragenen Dokumente werden höchstens 5 Euro ersetzt.

Abschnitt 3

Vergütung von Sachverständigen, Dolmetschern und Übersetzern

§ 8 Grundsatz der Vergütung

(1) Sachverständige, Dolmetscher und Übersetzer erhalten als Vergütung

1. ein Honorar für ihre Leistungen (§§ 9 bis 11),
2. Fahrtkostenersatz (§ 5),
3. Entschädigung für Aufwand (§ 6) sowie
4. Ersatz für sonstige und für besondere Aufwendungen (§§ 7 und 12).

(2) [1]Soweit das Honorar nach Stundensätzen zu bemessen ist, wird es für jede Stunde der erforderlichen Zeit einschließlich notwendiger Reise- und Wartezeiten gewährt. [2]Die letzte bereits begonnene Stunde wird voll gerechnet, wenn sie zu mehr als 30 Minuten für die Erbringung der Leistung erforderlich war; anderenfalls beträgt das Honorar die Hälfte des sich für eine volle Stunde ergebenden Betrags.

(3) Soweit vergütungspflichtige Leistungen oder Aufwendungen auf die gleichzeitige Erledigung mehrerer Angelegenheiten entfallen, ist die Vergütung nach der Anzahl der Angelegenheiten aufzuteilen.

(4) Den Sachverständigen, Dolmetschern und Übersetzern, die ihren gewöhnlichen Aufenthalt im Ausland haben, kann unter Berücksichtigung ihrer persönlichen Verhältnisse, insbesondere ihres regelmäßigen Erwerbseinkommens, nach billigem Ermessen eine höhere als die in Absatz 1 bestimmte Vergütung gewährt werden.

§ 8a Wegfall oder Beschränkung des Vergütungsanspruchs

(1) Der Anspruch auf Vergütung entfällt, wenn der Berechtigte es unterlässt, der heranziehenden Stelle unverzüglich solche Umstände anzuzeigen, die zu seiner Ablehnung durch einen Beteiligten berechtigen, es sei denn, er hat die Unterlassung nicht zu vertreten.

(2) [1]Der Berechtigte erhält eine Vergütung nur insoweit, als seine Leistung bestimmungsgemäß verwertbar ist, wenn er

1. gegen die Verpflichtung aus § 407a Absatz 1 bis 4 Satz 1 der Zivilprozessordnung verstoßen hat, es sei denn, er hat den Verstoß nicht zu vertreten;
2. eine mangelhafte Leistung erbracht hat und er die Mängel nicht in einer von der heranziehenden Stelle gesetzten angemessenen Frist beseitigt; die Einräumung einer Frist zur Mängelbeseitigung ist entbehrlich, wenn die Leistung grundlegende Mängel aufweist oder wenn offensichtlich ist, dass eine Mängelbeseitigung nicht erfolgen kann;
3. im Rahmen der Leistungserbringung grob fahrlässig oder vorsätzlich Gründe geschaffen hat, die einen Beteiligten zur Ablehnung wegen der Besorgnis der Befangenheit berechtigen; oder
4. trotz Festsetzung eines weiteren Ordnungsgeldes seine Leistung nicht vollständig erbracht hat.

[2]Soweit das Gericht die Leistung berücksichtigt, gilt sie als verwertbar. [3]Für die Mängelbeseitigung nach Satz 1 Nummer 2 wird eine Vergütung nicht gewährt.

(3) Steht die geltend gemachte Vergütung erheblich außer Verhältnis zum Wert des Streitgegenstands und hat der Berechtigte nicht rechtzeitig nach § 407a Absatz 4 Satz 2 der Zivilprozessordnung auf diesen Umstand hingewiesen, bestimmt das Gericht nach Anhörung der Beteiligten nach billigem Ermessen eine Vergütung, die in einem angemessenen Verhältnis zum Wert des Streitgegenstands steht.

(4) Übersteigt die Vergütung den angeforderten Auslagenvorschuss erheblich und hat der Berechtigte nicht rechtzeitig nach § 407a Absatz 4 Satz 2 der Zivilprozessordnung auf diesen Umstand hingewiesen, erhält er die Vergütung nur in Höhe des Auslagenvorschusses.

(5) Die Absätze 3 und 4 sind nicht anzuwenden, wenn der Berechtigte die Verletzung der ihm obliegenden Hinweispflicht nicht zu vertreten hat.

§ 9 Honorare für Sachverständige und für Dolmetscher

(1) [1]Das Honorar des Sachverständigen bemisst sich nach der Anlage 1. [2]Die Zuordnung der Leistung zu einem Sachgebiet bestimmt sich nach der Entscheidung über die Heranziehung des Sachverständigen.

(2) [1]Ist die Leistung auf einem Sachgebiet zu erbringen, das nicht in der Anlage 1 aufgeführt ist, so ist sie unter Berücksichtigung der allgemein für Leistungen dieser Art außergerichtlich und außerbehördlich vereinbarten Stundensätze nach billigem Ermessen mit einem Stundensatz zu vergüten, der den höchsten Stundensatz nach der Anlage 1 jedoch nicht übersteigen darf. [2]Ist die Leistung auf mehreren Sachgebieten zu erbringen oder betrifft ein medizinisches oder psychologisches Gutachten mehrere Gegenstände und sind diesen Sachgebieten oder Gegenständen verschiedene Stundensätze zugeordnet, so bemisst sich das Honorar für die gesamte erforderliche Zeit einheitlich nach dem höchsten dieser Stundensätze. [3]Würde die Bemessung des Honorars nach Satz 2 mit Rücksicht auf den Schwerpunkt der Leistung zu einem unbilligen Ergebnis führen, so ist der Stundensatz nach billigem Ermessen zu bestimmen.

(3) [1]Für die Festsetzung des Stundensatzes nach Absatz 2 gilt § 4 entsprechend mit der Maßgabe, dass die Beschwerde gegen die Festsetzung auch dann zulässig ist, wenn der Wert des Beschwerdegegenstands 200 Euro nicht übersteigt. [2]Die Beschwerde ist nur zulässig, solange der Anspruch auf Vergütung noch nicht geltend gemacht worden ist.

(4) [1]Das Honorar des Sachverständigen für die Prüfung, ob ein Grund für die Eröffnung eines Insolvenzverfahrens vorliegt und welche Aussichten für eine Fortführung des Unternehmens des Schuldners bestehen, beträgt 120 Euro je Stunde. [2]Ist der Sachverständige zugleich der vorläufige Insolvenzverwalter oder der vorläufige Sachwalter, so beträgt sein Honorar 95 Euro je Stunde.

(5) [1]Das Honorar des Dolmetschers beträgt für jede Stunde 85 Euro. [2]Der Dolmetscher erhält im Fall der Aufhebung eines Termins, zu dem er geladen war, eine Ausfallentschädigung, wenn

1. die Aufhebung nicht durch einen in seiner Person liegenden Grund veranlasst war,
2. ihm die Aufhebung erst am Terminstag oder an einem der beiden vorhergehenden Tage mitgeteilt worden ist und
3. er versichert, in welcher Höhe er durch die Terminsaufhebung einen Einkommensverlust erlitten hat.

[3]Die Ausfallentschädigung wird bis zu einem Betrag gewährt, der dem Honorar für zwei Stunden entspricht.

(6) [1]Erbringt der Sachverständige oder der Dolmetscher seine Leistung zwischen 23 und 6 Uhr oder an Sonn- oder Feiertagen, so erhöht sich das Honorar um 20 Prozent, wenn die heranziehende Stelle feststellt, dass es notwendig ist, die Leistung zu dieser Zeit zu erbringen. [2]§ 8 Absatz 2 Satz 2 gilt sinngemäß.

§ 10 Honorar für besondere Leistungen

(1) [1]Soweit ein Sachverständiger oder ein sachverständiger Zeuge Leistungen erbringt, die in der Anlage 2 bezeichnet sind, bemisst sich das Honorar oder die Entschädigung nach dieser Anlage. [2]§ 9 Absatz 6 gilt mit der Maßgabe, dass sich das Honorar des Sachverständigen oder die Entschädigung des sachverständigen Zeugen um 20 Prozent erhöht, wenn die Leistung zu mindestens 80 Prozent zwischen 23 und 6 Uhr oder an Sonn- oder Feiertagen erbracht wird.

(2) [1]Für Leistungen der in Abschnitt O des Gebührenverzeichnisses für ärztliche Leistungen (Anlage zur Gebührenordnung für Ärzte) bezeichneten Art bemisst sich das Honorar in entsprechender Anwendung dieses Gebührenverzeichnisses nach dem 1,3fachen Gebührensatz. [2]§ 4 Absatz 2 Satz 1, Absatz 2a Satz 1, Absatz 3 und 4 Satz 1 und § 10 der Gebührenordnung für Ärzte gelten entsprechend; im Übrigen bleiben die §§ 7 und 12 unberührt.

(3) Soweit für die Erbringung einer Leistung nach Absatz 1 oder Absatz 2 zusätzliche Zeit erforderlich ist, beträgt das Honorar für jede Stunde der zusätzlichen Zeit 80 Euro.

§ 11 Honorar für Übersetzer

(1) [1]Das Honorar für eine Übersetzung beträgt 1,80 Euro für jeweils angefangene 55 Anschläge des schriftlichen Textes, wenn der Text dem Übersetzer in editierbarer elektronischer Form zur Verfügung gestellt wird (Grundhonorar). [2]Andernfalls beträgt das Honorar 1,95 Euro für jeweils angefangene 55 Anschläge (erhöhtes Honorar). [3]Ist die Übersetzung wegen der besonderen Umstände des Einzelfalls besonders erschwert, insbesondere wegen der häufigen Verwendung von Fachausdrücken, der schweren Lesbarkeit des Textes, einer besonderen Eilbedürftigkeit oder weil es sich um eine in der Bundesrepublik Deutschland selten vorkommende Fremdsprache handelt, so beträgt das Grundhonorar 1,95 Euro und das erhöhte Honorar 2,10 Euro.

(2) [1]Maßgebend für die Anzahl der Anschläge ist der Text in der Zielsprache. [2]Werden jedoch nur in der Ausgangssprache lateinische Schriftzeichen verwendet, ist die Anzahl der Anschläge des Textes in der Ausgangssprache maßgebend. [3]Wäre eine Zählung der Anschläge mit unverhältnismäßigem Aufwand verbunden, so wird deren Anzahl unter Berücksichtigung der durchschnittlichen Anzahl der Anschläge je Zeile nach der Anzahl der Zeilen bestimmt.

(3) [1]Sind mehrere Texte zu übersetzen, ist die Höhe des Honorars für jeden Text gesondert zu bestimmen. [2]Für eine oder für mehrere Übersetzungen aufgrund desselben Auftrags beträgt das Honorar mindestens 20 Euro.

(4) Der Übersetzer erhält ein Honorar wie ein Dolmetscher, wenn

1. die Leistung des Übersetzers in der Überprüfung von Schriftstücken oder von Telekommunikationsaufzeichnungen auf bestimmte Inhalte besteht, ohne dass er insoweit eine schriftliche Übersetzung anfertigen muss, oder
2. die Leistung des Übersetzers darin besteht, aus einer Telekommunikationsaufzeichnung ein Wortprotokoll anzufertigen.

§ 12 Ersatz für besondere Aufwendungen

(1) [1]Soweit in diesem Gesetz nichts anderes bestimmt ist, sind mit der Vergütung nach den §§ 9 bis 11 auch die üblichen Gemeinkosten sowie der mit der Erstattung des Gutachtens oder der Übersetzung üblicherweise verbundene Aufwand abgegolten. [2]Es werden jedoch gesondert ersetzt

1. die für die Vorbereitung und Erstattung des Gutachtens oder der Übersetzung aufgewendeten notwendigen besonderen Kosten, einschließlich der insoweit notwendigen Aufwendungen für Hilfskräfte, sowie die für eine Untersuchung verbrauchten Stoffe und Werkzeuge;
2. für jedes zur Vorbereitung und Erstattung des Gutachtens erforderliche Foto 2 Euro und, wenn die Fotos nicht Teil des schriftlichen Gutachtens sind (§ 7 Absatz 2), 0,50 Euro für den zweiten und jeden weiteren Abzug oder Ausdruck eines Fotos;
3. für die Erstellung des schriftlichen Gutachtens je angefangene 1000 Anschläge 0,90 Euro, in Angelegenheiten, in denen der Sachverständige ein Honorar nach der Anlage 1 Teil 2 oder der Anlage 2 erhält, 1,50 Euro; ist die Zahl der Anschläge nicht bekannt, ist diese zu schätzen;
4. die auf die Vergütung entfallende Umsatzsteuer, sofern diese nicht nach § 19 Abs. 1 des Umsatzsteuergesetzes unerhoben bleibt;

5. die Aufwendungen für Post- und Telekommunikationsdienstleistungen; Sachverständige und Übersetzer können anstelle der tatsächlichen Aufwendungen eine Pauschale in Höhe von 20 Prozent des Honorars fordern, höchstens jedoch 15 Euro.

(2) Ein auf die Hilfskräfte (Absatz 1 Satz 2 Nr. 1) entfallender Teil der Gemeinkosten wird durch einen Zuschlag von 15 Prozent auf den Betrag abgegolten, der als notwendige Aufwendung für die Hilfskräfte zu ersetzen ist, es sei denn, die Hinzuziehung der Hilfskräfte hat keine oder nur unwesentlich erhöhte Gemeinkosten veranlasst.

§ 13 Besondere Vergütung

(1) [1]Haben sich die Parteien oder Beteiligten dem Gericht gegenüber mit einer bestimmten oder einer von der gesetzlichen Regelung abweichenden Vergütung einverstanden erklärt, wird der Sachverständige, Dolmetscher oder Übersetzer unter Gewährung dieser Vergütung erst herangezogen, wenn ein ausreichender Betrag für die gesamte Vergütung an die Staatskasse gezahlt ist. [2]Hat in einem Verfahren nach dem Gesetz über Ordnungswidrigkeiten die Verfolgungsbehörde eine entsprechende Erklärung abgegeben, bedarf es auch dann keiner Vorschusszahlung, wenn die Verfolgungsbehörde nicht von der Zahlung der Kosten befreit ist. [3]In einem Verfahren, in dem Gerichtskosten in keinem Fall erhoben werden, genügt es, wenn ein die Mehrkosten deckender Betrag gezahlt worden ist, für den die Parteien oder Beteiligten nach Absatz 6 haften.

(2) [1]Die Erklärung nur einer Partei oder eines Beteiligten oder die Erklärung der Strafverfolgungsbehörde oder der Verfolgungsbehörde genügt, soweit sie sich auf den Stundensatz nach § 9 oder bei schriftlichen Übersetzungen auf ein Honorar für jeweils angefangene 55 Anschläge nach § 11 bezieht und das Gericht zustimmt. [2]Die Zustimmung soll nur erteilt werden, wenn das Doppelte des nach § 9 oder § 11 zulässigen Honorars nicht überschritten wird. [3]Vor der Zustimmung hat das Gericht die andere Partei oder die anderen Beteiligten zu hören. [4]Die Zustimmung und die Ablehnung der Zustimmung sind unanfechtbar.

(3) [1]Derjenige, dem Prozess- oder Verfahrenskostenhilfe bewilligt worden ist, kann eine Erklärung nach Absatz 1 nur abgeben, die sich auf den Stundensatz nach § 9 oder bei schriftlichen Übersetzungen auf ein Honorar für jeweils angefangene 55 Anschläge nach § 11 bezieht. [2]Wäre er ohne Rücksicht auf die Prozess- oder Verfahrenskostenhilfe zur vorschussweisen Zahlung der Vergütung verpflichtet, hat er einen ausreichenden Betrag für das gegenüber der gesetzlichen Regelung oder der vereinbarten Vergütung (§ 14) zu erwartende zusätzliche Honorar an die Staatskasse zu zahlen; § 122 Abs. 1 Nr. 1 Buchstabe a der Zivilprozessordnung ist insoweit nicht anzuwenden. [3]Der Betrag wird durch unanfechtbaren Beschluss festgesetzt. [4]Zugleich bestimmt das Gericht, welchem Stundensatz die Leistung des Sachverständigen ohne Berücksichtigung der Erklärungen der Parteien oder Beteiligten zuzuordnen oder mit welchem Betrag für 55 Anschläge in diesem Fall eine Übersetzung zu honorieren wäre.

(4) [1]Ist eine Vereinbarung nach den Absätzen 1 und 3 zur zweckentsprechenden Rechtsverfolgung notwendig und ist derjenige, dem Prozess- oder Verfahrenskostenhilfe bewilligt worden ist, zur Zahlung des nach Absatz 3 Satz 2 erforderlichen Betrags außerstande, bedarf es der Zahlung nicht, wenn das Gericht seiner Erklärung zustimmt. [2]Die Zustimmung soll nur erteilt werden, wenn das Doppelte des nach § 9 oder § 11 zulässigen Honorars nicht überschritten wird. [3]Die Zustimmung und die Ablehnung der Zustimmung sind unanfechtbar.

(5) [1]Im Musterverfahren nach dem Kapitalanleger-Musterverfahrensgesetz ist die Vergütung unabhängig davon zu gewähren, ob ein ausreichender Betrag an die Staatskasse gezahlt ist. [2]Im Fall des Absatzes 2 genügt die Erklärung eines Beteiligten des Musterverfahrens. [3]Die Absätze 3 und 4 sind nicht anzuwenden. [4]Die Anhörung der übrigen Beteiligten des Musterverfahrens kann dadurch ersetzt werden, dass die Vergütungshöhe, für die die Zustimmung des Gerichts erteilt werden soll, öffentlich bekannt gemacht wird. [5]Die öffentliche Bekanntmachung wird durch Eintragung in das Musterverfahrensregister nach § 5 des Kapitalanleger-Musterverfahrensgesetzes bewirkt. [6]Zwischen der öffentlichen Bekanntmachung und der Entscheidung über die Zustimmung müssen mindestens vier Wochen liegen.

(6) [1]Schuldet nach den kostenrechtlichen Vorschriften keine Partei oder kein Beteiligter die Vergütung, haften die Parteien oder Beteiligten, die eine Erklärung nach Absatz 1 oder Absatz 3 abgegeben haben, für die hierdurch entstandenen Mehrkosten als Gesamtschuldner, im Innenverhältnis nach Kopfteilen. [2]Für die Strafverfolgungs- oder Verfolgungsbehörde haftet diejenige Körperschaft, der die Behörde angehört, wenn die Körperschaft nicht von der Zahlung der Kosten befreit ist. [3]Der auf eine Partei oder einen Beteiligten entfallende Anteil bleibt unberücksichtigt, wenn das Gericht der Erklärung nach Absatz 4 zugestimmt hat. [4]Der Sachverständige, Dolmetscher oder Übersetzer hat eine Berechnung der gesetzlichen Vergütung einzureichen.

§ 14 Vereinbarung der Vergütung

Mit Sachverständigen, Dolmetschern und Übersetzern, die häufiger herangezogen werden, kann die oberste Landesbehörde, für die Gerichte und Behörden des Bundes die oberste Bundesbehörde, oder eine von diesen bestimmte Stelle eine Vereinbarung über die zu gewährende Vergütung treffen, deren Höhe die nach diesem Gesetz vorgesehene Vergütung nicht überschreiten darf.

Abschnitt 4

Entschädigung von ehrenamtlichen Richtern

§ 15 Grundsatz der Entschädigung

(1) Ehrenamtliche Richter erhalten als Entschädigung

1. Fahrtkostenersatz (§ 5),
2. Entschädigung für Aufwand (§ 6),
3. Ersatz für sonstige Aufwendungen (§ 7),
4. Entschädigung für Zeitversäumnis (§ 16),
5. Entschädigung für Nachteile bei der Haushaltsführung (§ 17) sowie
6. Entschädigung für Verdienstausfall (§ 18).

(2) [1]Sofern die Entschädigung nach Stunden bemessen ist, wird sie für die gesamte Dauer der Heranziehung gewährt. [2]Dazu zählen auch notwendige Reise- und Wartezeiten sowie die Zeit, während der der ehrenamtliche Richter infolge der Heranziehung seiner beruflichen Tätigkeit nicht nachgehen konnte. [3]Eine Entschädigung wird für nicht mehr als zehn Stunden je Tag gewährt. [4]Die letzte begonnene Stunde wird voll gerechnet.

(3) Die Entschädigung wird auch gewährt,

1. wenn ehrenamtliche Richter von der zuständigen staatlichen Stelle zu Einführungs- und Fortbildungstagungen herangezogen werden,
2. wenn ehrenamtliche Richter bei den Gerichten der Arbeits- und der Sozialgerichtsbarkeit in dieser Eigenschaft an der Wahl von gesetzlich für sie vorgesehenen Ausschüssen oder an den Sitzungen solcher Ausschüsse teilnehmen (§§ 29, 38 des Arbeitsgerichtsgesetzes, §§ 23, 35 Abs. 1, § 47 des Sozialgerichtsgesetzes).

§ 16 Entschädigung für Zeitversäumnis

Die Entschädigung für Zeitversäumnis beträgt 7 Euro je Stunde.

§ 17 Entschädigung für Nachteile bei der Haushaltsführung

[1]Ehrenamtliche Richter, die einen eigenen Haushalt für mehrere Personen führen, erhalten neben der Entschädigung nach § 16 eine zusätzliche Entschädigung für Nachteile bei der Haushaltsführung von 17 Euro je Stunde, wenn sie nicht erwerbstätig sind oder wenn sie teilzeitbeschäftigt sind und außerhalb ihrer vereinbarten regelmäßigen täglichen Arbeitszeit herangezogen werden. [2]Ehrenamtliche Richter, die ein Erwerbsersatzeinkommen beziehen, stehen erwerbstätigen ehrenamtlichen Richtern gleich. [3]Die Entschädigung von Teilzeitbeschäftigten wird für höchstens zehn Stunden je Tag gewährt abzüglich der Zahl an Stunden, die der vereinbarten regelmäßigen täglichen Arbeitszeit entspricht. [4]Die Entschädigung wird nicht gewährt, soweit Kosten einer notwendigen Vertretung erstattet werden.

§ 18 Entschädigung für Verdienstausfall

[1]Für den Verdienstausfall wird neben der Entschädigung nach § 16 eine zusätzliche Entschädigung gewährt, die sich nach dem regelmäßigen Bruttoverdienst einschließlich der vom Arbeitgeber zu tragenden Sozialversicherungsbeiträge richtet, jedoch höchstens 29 Euro je Stunde beträgt. [2]Die Entschädigung beträgt bis zu 55 Euro je Stunde für ehrenamtliche Richter, die in demselben Verfahren an mehr als 20 Tagen herangezogen oder innerhalb eines Zeitraums von 30 Tagen an mindestens sechs Tagen ihrer regelmäßigen Erwerbstätigkeit entzogen werden. [3]Sie beträgt bis zu 73 Euro je Stunde für ehrenamtliche Richter, die in demselben Verfahren an mehr als 50 Tagen herangezogen werden.

Abschnitt 5

Entschädigung von Zeugen und Dritten

§ 19 Grundsatz der Entschädigung

(1) [1]Zeugen erhalten als Entschädigung

1. Fahrtkostenersatz (§ 5),
2. Entschädigung für Aufwand (§ 6),
3. Ersatz für sonstige Aufwendungen (§ 7),

4. Entschädigung für Zeitversäumnis (§ 20),
5. Entschädigung für Nachteile bei der Haushaltsführung (§ 21) sowie
6. Entschädigung für Verdienstausfall (§ 22).

[2]Dies gilt auch bei schriftlicher Beantwortung der Beweisfrage.

(2) [1]Sofern die Entschädigung nach Stunden bemessen ist, wird sie für die gesamte Dauer der Heranziehung gewährt. [2]Dazu zählen auch notwendige Reise- und Wartezeiten sowie die Zeit, während der der Zeuge infolge der Heranziehung seiner beruflichen Tätigkeit nicht nachgehen konnte. [3]Die Entschädigung wird für nicht mehr als zehn Stunden je Tag gewährt. [4]Die letzte bereits begonnene Stunde wird voll gerechnet, wenn insgesamt mehr als 30 Minuten auf die Heranziehung entfallen; andernfalls beträgt die Entschädigung die Hälfte des sich für die volle Stunde ergebenden Betrages.

(3) Soweit die Entschädigung durch die gleichzeitige Heranziehung in verschiedenen Angelegenheiten veranlasst ist, ist sie auf diese Angelegenheiten nach dem Verhältnis der Entschädigungen zu verteilen, die bei gesonderter Heranziehung begründet wären.

(4) Den Zeugen, die ihren gewöhnlichen Aufenthalt im Ausland haben, kann unter Berücksichtigung ihrer persönlichen Verhältnisse, insbesondere ihres regelmäßigen Erwerbseinkommens, nach billigem Ermessen eine höhere als die in Absatz 1 Satz 1 bestimmte Entschädigung gewährt werden.

§ 20 Entschädigung für Zeitversäumnis

Die Entschädigung für Zeitversäumnis beträgt 4 Euro je Stunde, soweit weder für einen Verdienstausfall noch für Nachteile bei der Haushaltsführung eine Entschädigung zu gewähren ist, es sei denn, dem Zeugen ist durch seine Heranziehung ersichtlich kein Nachteil entstanden.

§ 21 Entschädigung für Nachteile bei der Haushaltsführung

[1]Zeugen, die einen eigenen Haushalt für mehrere Personen führen, erhalten eine Entschädigung für Nachteile bei der Haushaltsführung von 17 Euro je Stunde, wenn sie nicht erwerbstätig sind oder wenn sie teilzeitbeschäftigt sind und außerhalb ihrer vereinbarten regelmäßigen täglichen Arbeitszeit herangezogen werden. [2]Zeugen, die ein Erwerbsersatzeinkommen beziehen, stehen erwerbstätigen Zeugen gleich. [3]Die Entschädigung von Teilzeitbeschäftigten wird für höchstens zehn Stunden je Tag gewährt abzüglich der Zahl an Stunden, die der vereinbarten regelmäßigen täglichen Arbeitszeit entspricht. [4]Die Entschädigung wird nicht gewährt, soweit Kosten einer notwendigen Vertretung erstattet werden.

§ 22 Entschädigung für Verdienstausfall

[1]Zeugen, denen ein Verdienstausfall entsteht, erhalten eine Entschädigung, die sich nach dem regelmäßigen Bruttoverdienst einschließlich der vom Arbeitgeber zu tragenden Sozialversicherungsbeiträge richtet und für jede Stunde höchstens 25 Euro beträgt. [2]Gefangene, die keinen Verdienstausfall aus einem privatrechtlichen Arbeitsverhältnis haben, erhalten Ersatz in Höhe der entgangenen Zuwendung der Vollzugsbehörde.

§ 23 Entschädigung Dritter

(1) Soweit von denjenigen, die Telekommunikationsdienste erbringen oder daran mitwirken (Telekommunikationsunternehmen), Anordnungen zur Überwachung der Telekommunikation umgesetzt oder Auskünfte erteilt werden, für die in der Anlage 3 zu diesem Gesetz besondere Entschädigungen bestimmt sind, bemisst sich die Entschädigung ausschließlich nach dieser Anlage.

(2) [1]Dritte, die aufgrund einer gerichtlichen Anordnung nach § 142 Abs. 1 Satz 1 oder § 144 Abs. 1 der Zivilprozessordnung oder nach § 17 Absatz 1 oder 2 des Kapitalanleger-Musterverfahrensgesetzes Urkunden, sonstige Unterlagen oder andere Gegenstände vorlegen oder deren Inaugenscheinnahme dulden, sowie Dritte, die aufgrund eines Beweiszwecken dienenden Ersuchens der Strafverfolgungs- oder Verfolgungsbehörde

1. Gegenstände herausgeben (§ 95 Abs. 1, § 98a der Strafprozessordnung) oder die Pflicht zur Herausgabe entsprechend einer Anheimgabe der Strafverfolgungs- oder Verfolgungsbehörde abwenden oder
2. in anderen als den in Absatz 1 genannten Fällen Auskunft erteilen,

werden wie Zeugen entschädigt. [2]Bedient sich der Dritte eines Arbeitnehmers oder einer anderen Person, werden ihm die Aufwendungen dafür (§ 7) im Rahmen des § 22 ersetzt; § 19 Abs. 2 und 3 gilt entsprechend. [3]Die Sätze 1 und 2 gelten auch in den Fällen der Ermittlung von Amts wegen nach § 26 des Gesetzes über das Verfahren in Familiensachen und in den Angelegenheiten der freiwilligen Gerichtsbarkeit, sofern der Dritte nicht kraft einer gesetzlichen Regelung zur Herausgabe oder Auskunftserteilung verpflichtet ist.

(3) [1]Die notwendige Benutzung einer eigenen Datenverarbeitungsanlage für Zwecke der Rasterfahndung wird entschädigt, wenn die Investitionssumme für die im Einzelfall benutzte Hard- und Software zusammen mehr als 10 000 Euro beträgt. [2]Die Entschädigung beträgt

1. bei einer Investitionssumme von mehr als 10 000 bis 25 000 Euro für jede Stunde der Benutzung 5 Euro; die gesamte Benutzungsdauer ist auf volle Stunden aufzurunden;
2. bei sonstigen Datenverarbeitungsanlagen
   a) neben der Entschädigung nach Absatz 2 für jede Stunde der Benutzung der Anlage bei der Entwicklung eines für den Einzelfall erforderlichen, besonderen Anwendungsprogramms 10 Euro und
   b) für die übrige Dauer der Benutzung einschließlich des hierbei erforderlichen Personalaufwands ein Zehnmillionstel der Investitionssumme je Sekunde für die Zeit, in der die Zentraleinheit belegt ist (CPU-Sekunde), höchstens 0,30 Euro je CPU-Sekunde.

[3]Die Investitionssumme und die verbrauchte CPU-Zeit sind glaubhaft zu machen.

(4) Der eigenen elektronischen Datenverarbeitungsanlage steht eine fremde gleich, wenn die durch die Auskunftserteilung entstandenen direkt zurechenbaren Kosten (§ 7) nicht sicher feststellbar sind.

Abschnitt 6
Schlussvorschriften

§ 24 Übergangsvorschrift

[1]Die Vergütung und die Entschädigung sind nach bisherigem Recht zu berechnen, wenn der Auftrag an den Sachverständigen, Dolmetscher oder Übersetzer vor dem Inkrafttreten einer Gesetzesänderung erteilt oder der Berechtigte vor diesem Zeitpunkt herangezogen worden ist. [2]Dies gilt auch, wenn Vorschriften geändert werden, auf die dieses Gesetz verweist.

§ 25 Übergangsvorschrift aus Anlass des Inkrafttretens dieses Gesetzes

[1]Das Gesetz über die Entschädigung der ehrenamtlichen Richter in der Fassung der Bekanntmachung vom 1. Oktober 1969 (BGBl. I S. 1753), zuletzt geändert durch Artikel 1 Abs. 4 des Gesetzes vom 22. Februar 2002 (BGBl. I S. 981), und das Gesetz über die Entschädigung von Zeugen und Sachverständigen in der Fassung der Bekanntmachung vom 1. Oktober 1969 (BGBl. I S. 1756), zuletzt geändert durch Artikel 1 Abs. 5 des Gesetzes vom 22. Februar 2002 (BGBl. I S. 981), sowie Verweisungen auf diese Gesetze sind weiter anzuwenden, wenn der Auftrag an den Sachverständigen, Dolmetscher oder Übersetzer vor dem 1. Juli 2004 erteilt oder der Berechtigte vor diesem Zeitpunkt herangezogen worden ist. [2]Satz 1 gilt für Heranziehungen vor dem 1. Juli 2004 auch dann, wenn der Berechtigte in derselben Rechtssache auch nach dem 1. Juli 2004 herangezogen worden ist.

Anlage 1
(zu § 9 Absatz 1 Satz 1)

[Honorartabellen für Sachverständige]

Teil 1

Nr.	Sachgebietsbezeichnung	Stundensatz (Euro)
1	Abfallstoffe einschließlich Altfahrzeuge und -geräte	115
2	Akustik, Lärmschutz	95
3	Altlasten und Bodenschutz	85
4	Bauwesen – soweit nicht Sachgebiet 14 – einschließlich technische Gebäudeausrüstung	
4.1	Planung	105
4.2	handwerklich-technische Ausführung	95
4.3	Schadensfeststellung und -ursachenermittlung	105
4.4	Bauprodukte	105
4.5	Bauvertragswesen, Baubetrieb und Abrechnung von Bauleistungen	105
4.6	Geotechnik, Erd- und Grundbau	100
5	Berufskunde, Tätigkeitsanalyse und Expositionsermittlung	105
6	Betriebswirtschaft	
6.1	Unternehmensbewertung, Betriebsunterbrechungs- und -verlagerungsschäden	135
6.2	Besteuerung	110
6.3	Rechnungswesen	105
6.4	Honorarabrechnungen von Steuerberatern	105
7	Bewertung von Immobilien und Rechten an Immobilien	115
8	Brandursachenermittlung	110
9	Briefmarken, Medaillen und Münzen	95
10	Einbauküchen	90
11	Elektronik, Elektro- und Informationstechnologie	
11.1	Elektronik (insbesondere Mess-, Steuerungs- und Regelungselektronik)	120
11.2	Elektrotechnische Anlagen und Geräte	115
11.3	Kommunikations- und Informationstechnik	115
11.4	Informatik	125
11.5	Datenermittlung und -aufbereitung	125
12	Emissionen und Immissionen	95
13	Fahrzeugbau	100
14	Garten- und Landschaftsbau einschließlich Sportanlagenbau	90
15	Gesundheitshandwerke	85
16	Grafisches Gewerbe	115
17	Handschriften- und Dokumentenuntersuchung	105
18	Hausrat	110
19	Honorarabrechnungen von Architekten, Ingenieuren und Stadtplanern	145
20	Kältetechnik	120
21	Kraftfahrzeuge	
21.1	Kraftfahrzeugschäden und -bewertung	120

Nr.	Sachgebietsbezeichnung	Stundensatz (Euro)
21.2	Kfz-Elektronik	95
22	Kunst und Antiquitäten	85
23	Lebensmittelchemie und -technologie	135
24	Maschinen und Anlagen	
24.1	Photovoltaikanlagen	110
24.2	Windkraftanlagen	120
24.3	Solarthermieanlagen	110
24.4	Maschinen und Anlagen im Übrigen	130
25	Medizintechnik und Medizinprodukte	105
26	Mieten und Pachten	115
27	Möbel und Inneneinrichtung	90
28	Musikinstrumente	80
29	Schiffe und Wassersportfahrzeuge	95
30	Schmuck, Juwelen, Perlen, Gold- und Silberwaren	85
31	Schweiß- und Fügetechnik	95
32	Spedition, Transport, Lagerwirtschaft und Ladungssicherung	90
33	Sprengtechnik	90
34	Textilien, Leder und Pelze	70
35	Tiere – Bewertung, Haltung, Tierschutz und Zucht	85
36	Ursachenermittlung und Rekonstruktion von Unfällen	
36.1	bei Luftfahrzeugen	100
36.2	bei sonstigen Fahrzeugen	155
36.3	bei Arbeitsunfällen	125
36.4	im Freizeit- und Sportbereich	95
37	Verkehrsregelungs- und Verkehrsüberwachungstechnik	135
38	Vermessungs- und Katasterwesen	
38.1	Vermessungstechnik	80
38.2	Vermessungs- und Katasterwesen im Übrigen	100
39	Waffen und Munition	85

Teil 2

Honorargruppe	Gegenstand medizinischer oder psychologischer Gutachten	Stundensatz (Euro)
M 1	Einfache gutachtliche Beurteilungen ohne Kausalitätsfeststellungen, insbesondere 1. in Gebührenrechtsfragen, 2. zur Verlängerung einer Betreuung oder zur Überprüfung eines angeordneten Einwilligungsvorbehalts nach § 1825 des Bürgerlichen Gesetzbuchs, 3. zur Minderung der Erwerbsfähigkeit nach einer Monoverletzung.	80
M 2	Beschreibende (Ist-Zustands-)Begutachtung nach standardisiertem Schema ohne Erörterung spezieller Kausalzusammenhänge mit einfacher medizinischer Verlaufsprognose und mit durchschnittlichem Schwierigkeitsgrad, insbesondere Gutachten 1. in Verfahren nach dem Neunten Buch Sozialgesetzbuch, 2. zur Erwerbsminderung oder Berufsunfähigkeit in Verfahren nach dem Sechsten Buch Sozialgesetzbuch, 3. zu rechtsmedizinischen und toxikologischen Fragestellungen im Zusammenhang mit der Feststellung einer Beeinträchtigung der Fahrtüchtigkeit durch Alkohol, Drogen, Medikamente oder Krankheiten, 4. zu spurenkundlichen oder rechtsmedizinischen Fragestellungen mit Befunderhebungen (z.B. bei Verletzungen und anderen Unfallfolgen), 5. zu einfachen Fragestellungen zur Schuldfähigkeit ohne besondere Schwierigkeiten der Persönlichkeitsdiagnostik, 6. zur Einrichtung oder Aufhebung einer Betreuung oder zur Anordnung oder Aufhebung eines Einwilligungsvorbehalts nach § 1825 des Bürgerlichen Gesetzbuchs, 7. zu Unterhaltsstreitigkeiten aufgrund einer Erwerbsminderung oder Berufsunfähigkeit, 8. zu neurologisch-psychologischen Fragestellungen in Verfahren nach der Fahrerlaubnis-Verordnung, 9. zur Haft-, Verhandlungs- oder Vernehmungsfähigkeit.	90

Honorargruppe	Gegenstand medizinischer oder psychologischer Gutachten	Stundensatz (Euro)
M 3	Gutachten mit hohem Schwierigkeitsgrad (Begutachtungen spezieller Kausalzusammenhänge und/oder differenzialdiagnostischer Probleme und/oder Beurteilung der Prognose und/oder Beurteilung strittiger Kausalitätsfragen), insbesondere Gutachten 1. zum Kausalzusammenhang bei problematischen Verletzungsfolgen, 2. zu ärztlichen Behandlungsfehlern, 3. in Verfahren nach dem sozialen Entschädigungsrecht, 4. zur Schuldfähigkeit bei Schwierigkeiten der Persönlichkeitsdiagnostik, 5. in Verfahren zur Anordnung einer Maßregel der Besserung und Sicherung (in Verfahren zur Entziehung der Fahrerlaubnis zu neurologisch/psychologischen Fragestellungen), 6. zur Kriminalprognose, 7. zur Glaubhaftigkeit oder Aussagetüchtigkeit, 8. zur Widerstandsfähigkeit, 9. in Verfahren nach den §§ 3, 10, 17 und 105 des Jugendgerichtsgesetzes, 10. in Unterbringungsverfahren, 11. zur Fortdauer der Unterbringung im Maßregelvollzug über zehn Jahre hinaus, 12. zur Anordnung der Sicherungsverwahrung oder zur Prognose von Untergebrachten in der Sicherungsverwahrung, 13. in Verfahren nach den §§ 1829 und 1830 des Bürgerlichen Gesetzbuchs, 14. in Verfahren nach dem Transplantationsgesetz, 15. in Verfahren zur Regelung von Sorge- oder Umgangsrechten, 16. zu Fragestellungen der Hilfe zur Erziehung, 17. zur Geschäfts-, Testier- oder Prozessfähigkeit, 18. in Aufenthalts- oder Asylangelegenheiten, 19. zur persönlichen Eignung nach § 6 des Waffengesetzes, 20. zur Anerkennung von Berufskrankheiten, Arbeitsunfällen, zu den daraus folgenden Gesundheitsschäden und zur Minderung der Erwerbsfähigkeit nach dem Siebten Buch Sozialgesetzbuch, 21. zu rechtsmedizinischen, toxikologischen oder spurenkundlichen Fragestellungen im Zusammenhang mit einer abschließenden Todesursachenklärung, mit ärztlichen Behandlungsfehlern oder mit einer Beurteilung der Schuldfähigkeit.	120

Anlage 2
(zu § 10 Absatz 1 Satz 1)

[Honorartabelle für besondere Leistungen]

Nr.	Bezeichnung der Leistung	Honorar
Abschnitt 1. Leichenschau und Obduktion *Vorbemerkung 1:* (1) Das Honorar in den Fällen der Nummern 100 und 102 bis 107 umfasst den zur Niederschrift gegebenen Bericht. In den Fällen der Nummern 102 bis 107 umfasst das Honorar auch das vorläufige Gutachten. Das Honorar nach den Nummern 102 bis 107 erhält jeder Obduzent gesondert. (2) Aufwendungen für die Nutzung fremder Kühlzellen, Sektionssäle oder sonstiger Einrichtungen werden bis zu einem Betrag von 300 € gesondert erstattet, wenn die Nutzung wegen der großen Entfernung zwischen dem Fundort der Leiche und dem rechtsmedizinischen Institut geboten ist. (3) Eine bildgebende Diagnostik, die über das klassische Röntgen hinausgeht, wird in den Fällen der Nummern 100 und 102 bis 107 gesondert vergütet, wenn sie von der heranziehenden Stelle besonders angeordnet wurde und Säuglinge, Arbeits- oder Verkehrsunfallopfer, Fälle von Behandlungsfehlervorwürfen oder Verstorbene nach äußerer Gewalteinwirkung betrifft.		

Nr.	Bezeichnung der Leistung	Honorar
100	Besichtigung einer Leiche, von Teilen einer Leiche, eines Embryos oder eines Fetus oder Mitwirkung an einer richterlichen Leichenschau	70,00 €
	für mehrere Leistungen bei derselben Gelegenheit jedoch höchstens	170,00 €
101	Fertigung eines Berichts, der schriftlich zu erstatten oder nachträglich zur Niederschrift zu geben ist	35,00 €
	für mehrere Leistungen bei derselben Gelegenheit jedoch höchstens	120,00 €
102	Obduktion	460,00 €
103	Obduktion unter besonders ungünstigen äußeren Bedingungen:	
	Das Honorar 102 beträgt	600,00 €
104	Obduktion unter anderen besonders ungünstigen Bedingungen (Zustand der Leiche etc.):	
	Das Honorar 102 beträgt	800,00 €
105	Obduktion mit zusätzlicher Präparation (Eröffnung der Rücken-, Gesäß- und Extremitätenweichteile):	
	Das Honorar 102 erhöht sich um	140,00 €
106	Sektion von Teilen einer Leiche oder Öffnung eines Embryos oder nicht lebensfähigen Fetus	120,00 €
107	Sektion oder Öffnung unter besonders ungünstigen Bedingungen:	
	Das Honorar 106 beträgt	170,00 €
Abschnitt 2. Befund		
200	Ausstellung eines Befundscheins oder Erteilung einer schriftlichen Auskunft ohne nähere gutachtliche Äußerung	25,00 €
201	Die Leistung der in Nummer 200 genannten Art ist außergewöhnlich umfangreich:	
	Das Honorar 200 beträgt	bis zu 55,00 €
202	Ausstellung eines Zeugnisses über einen ärztlichen Befund mit von der heranziehenden Stelle geforderter kurzer gutachtlicher Äußerung oder eines Formbogengutachtens, wenn sich die Fragen auf Vorgeschichte, Angaben und Befund beschränken und nur ein kurzes Gutachten erfordern	45,00 €
203	Die Leistung der in Nummer 202 genannten Art ist außergewöhnlich umfangreich:	
	Das Honorar 202 beträgt	bis zu 90,00 €
Abschnitt 3. Untersuchungen, Blutentnahme, Entnahme von Proben für die genetische Analyse		
300	Untersuchung eines Lebensmittels, Bedarfsgegenstands, Arzneimittels, von Luft, Gasen, Böden, Klärschlämmen, Wässern oder Abwässern oder dergleichen und eine kurze schriftliche gutachtliche Äußerung:	
	Das Honorar beträgt für jede Einzelbestimmung je Probe	5,00 bis 70,00 €
301	Die Leistung der in Nummer 300 genannten Art ist außergewöhnlich umfangreich oder schwierig:	
	Das Honorar 300 beträgt	bis zu 1 000,00 €
302	Mikroskopische, physikalische, chemische, toxikologische, bakteriologische oder serologische Untersuchung, wenn das Untersuchungsmaterial von Menschen oder Tieren stammt, soweit nicht in den Nummern 309 bis 317 oder 403 bis 411 geregelt:	
	Das Honorar beträgt je Organ oder Körperflüssigkeit	5,00 bis 70,00 €
	Das Honorar umfasst das verbrauchte Material, soweit es sich um geringwertige Stoffe handelt, und eine kurze gutachtliche Äußerung.	
303	Die Leistung der in Nummer 302 genannten Art ist außergewöhnlich umfangreich oder schwierig:	
	Das Honorar 302 beträgt	bis zu 1 000,00 €

Nr.	Bezeichnung der Leistung	Honorar
304	Elektrophysiologische Untersuchung eines Menschen Das Honorar umfasst eine kurze gutachtliche Äußerung und den mit der Untersuchung verbundenen Aufwand.	20,00 bis 160,00 €
305	Raster-elektronische Untersuchung eines Menschen oder einer Leiche, auch mit Analysenzusatz Das Honorar umfasst eine kurze gutachtliche Äußerung und den mit der Untersuchung verbundenen Aufwand.	20,00 bis 430,00 €
306	Blutentnahme oder Entnahme einer Probe für die genetische Analyse Das Honorar umfasst eine Niederschrift über die Feststellung der Identität.	10,00 €
307	Herstellung einer Probe für die genetische Analyse und ihre Überprüfung auf Geeignetheit (z.B. DNA-Menge, humane Herkunft, Ausmaß der Degradation) Das Honorar umfasst das verbrauchte Material, soweit es sich um geringwertige Stoffe handelt, und eine kurze gutachtliche Äußerung.	bis zu 250,00 €
308	Entnahme einer Probe für die genetische Analyse von einem Asservat einschließlich Dokumentation: je Probe	30,00 €
309	Untersuchung von autosomalen STR-Systemen, bis 16 Systeme: je Probe	140,00 €
310	Untersuchung von autosomalen STR-Systemen, mehr als 16 Systeme: je Probe	200,00 €
311	Untersuchung von autosomalen STR-Systemen, mehr als 30 Systeme: je Probe	260,00 €
312	Untersuchung von X-STRs, bis 12 Systeme: je Probe	140,00 €
313	Untersuchung von X-STRs, mehr als 12 Systeme: je Probe	200,00 €
314	Untersuchung von Y-STRs, bis 17 Systeme: je Probe	140,00 €
315	Untersuchung von Y-STRs, mehr als 17 Systeme: je Probe	200,00 €
316	Untersuchung von Y-STRs, mehr als 27 Systeme: je Probe	260,00 €
317	Untersuchung weiterer DNA-Marker, z.B. mtDNA, SNPs, Indels, DNA-Methylierung, sonstige komplexe genetische Merkmalsysteme: je Probe	bis zu 300,00 €
318	Biostatistische Berechnungen: je Spur	30,00 €

Abschnitt 4. Abstammungsgutachten

Vorbemerkung 4:

(1) Das Honorar umfasst die gesamte Tätigkeit des Sachverständigen einschließlich aller Aufwendungen mit Ausnahme der Umsatzsteuer und mit Ausnahme der Auslagen für Probenentnahmen durch vom Sachverständigen beauftragte Personen, soweit nichts anderes bestimmt ist. Das Honorar umfasst ferner den Aufwand für die Anfertigung des schriftlichen Gutachtens und von drei Überstücken.

(2) Das Honorar für Leistungen der in Abschnitt M III 13 des Gebührenverzeichnisses für ärztliche Leistungen (Anlage zur GOÄ) bezeichneten Art bemisst sich in entsprechender Anwendung dieses Gebührenverzeichnisses nach dem 1,15fachen Gebührensatz. § 4 Abs. 2 Satz 1, Abs. 2a Satz 1, Abs. 3 und 4 Satz 1 und § 10 GOÄ gelten entsprechend.

400	Erstellung eines Gutachtens Das Honorar umfasst 1. die administrative Abwicklung, insbesondere die Organisation der Probenentnahmen, und 2. das schriftliche Gutachten, erforderlichenfalls mit biostatistischer Auswertung.	170,00 €

Nr.	Bezeichnung der Leistung	Honorar
401	Biostatistische Berechnungen, wenn der mögliche Vater für die Untersuchung nicht zur Verfügung steht und andere mit ihm verwandte Personen an seiner Stelle in die Begutachtung einbezogen werden (Defizienzfall) oder bei Fragestellungen zur Voll- und Halbgeschwisterschaft: je Person	30,00 €
	Beauftragt der Sachverständige eine andere Person mit der biostatistischen Berechnung, werden ihm abweichend von Vorbemerkung 4 Abs. 1 Satz 1 die hierfür anfallenden Auslagen ersetzt.	
402	Entnahme einer Probe für die genetische Analyse einschließlich der Niederschrift sowie der qualifizierten Aufklärung nach dem Gendiagnostikgesetz	30,00 €
403	Untersuchung von autosomalen STR-Systemen, bis 16 Systeme: je Probe	140,00 €
404	Untersuchung von autosomalen STR-Systemen, mehr als 16 Systeme: je Probe	200,00 €
405	Untersuchung von autosomalen STR-Systemen, mehr als 30 Systeme: je Probe	260,00 €
406	Untersuchung von X-STRs, bis 12 Systeme: je Probe	140,00 €
407	Untersuchung von X-STRs, mehr als 12 Systeme: je Probe	200,00 €
408	Untersuchung von Y-STRs, bis 17 Systeme: je Probe	140,00 €
409	Untersuchung von Y-STRs, mehr als 17 Systeme: je Probe	200,00 €
410	Untersuchung von Y-STRs, mehr als 27 Systeme: je Probe	260,00 €
411	Untersuchung weiterer DNA-Marker, z.B. mtDNA, SNPs, Indels, DNA-Methylierung, sonstige komplexe genetische Merkmalsysteme: je Probe	bis zu 300,00 €
412	Herstellung einer Probe für die genetische Analyse aus anderem Untersuchungsmaterial als Blut oder Mundschleimhautabstrichen einschließlich Durchführung des Tests auf Eignung und Dokumentation: je Person	bis zu 140,00 €

Anlage 3
(zu § 23 Abs. 1)

[Besondere Entschädigungen]

Nr.	Tätigkeit	Höhe
Allgemeine Vorbemerkung: (1) Die Entschädigung nach dieser Anlage schließt alle mit der Erledigung des Ersuchens der Strafverfolgungsbehörde verbundenen Tätigkeiten des Telekommunikationsunternehmens sowie etwa anfallende sonstige Aufwendungen (§ 7 JVEG) ein. (2) Für Leistungen, die die Strafverfolgungsbehörden über eine zentrale Kontaktstelle des Generalbundesanwalts, des Bundeskriminalamtes, der Bundespolizei oder des Zollkriminalamtes oder über entsprechende für ein Bundesland oder für mehrere Bundesländer zuständige Kontaktstellen anfordern und abrechnen, ermäßigen sich die Entschädigungsbeträge nach den Nummern 100, 101, 300 bis 321 und 400 bis 402 um 20 Prozent, wenn bei der Anforderung darauf hingewiesen worden ist, dass es sich bei der anfordernden Stelle um eine zentrale Kontaktstelle handelt.		

Nr.	Tätigkeit	Höhe
	Abschnitt 1. Überwachung der Telekommunikation	
	Vorbemerkung 1: (1) Die Vorschriften dieses Abschnitts gelten für die Heranziehung im Zusammenhang mit Funktionsprüfungen der Aufzeichnungs- und Auswertungseinrichtungen der berechtigten Stellen entsprechend. (2) Leitungskosten werden nur entschädigt, wenn die betreffende Leitung innerhalb des Überwachungszeitraums mindestens einmal zur Übermittlung überwachter Telekommunikation an die Strafverfolgungsbehörde genutzt worden ist. (3) Für die Überwachung eines Voice-over-IP-Anschlusses oder eines Zugangs zu einem elektronischen Postfach richtet sich die Entschädigung für die Leitungskosten nach den Nummern 102 bis 104. Dies gilt auch für die Überwachung eines Mobilfunkanschlusses, es sei denn, dass auch die Überwachung des über diesen Anschluss abgewickelten Datenverkehrs angeordnet worden ist und für die Übermittlung von Daten Leitungen mit Übertragungsgeschwindigkeiten von mehr als 144 kbit/s genutzt werden müssen und auch genutzt worden sind. In diesem Fall richtet sich die Entschädigung einheitlich nach den Nummern 111 bis 113.	
100	Umsetzung einer Anordnung zur Überwachung der Telekommunikation, unabhängig von der Zahl der dem Anschluss zugeordneten Kennungen: je Anschluss	100,00 €
	Mit der Entschädigung ist auch der Aufwand für die Abschaltung der Maßnahme entgolten.	
101	Verlängerung einer Maßnahme zur Überwachung der Telekommunikation oder Umschaltung einer solchen Maßnahme auf Veranlassung der Strafverfolgungsbehörde auf einen anderen Anschluss dieser Stelle	35,00 €
	Leitungskosten für die Übermittlung der zu überwachenden Telekommunikation: für jeden überwachten Anschluss,	
102	– wenn die Überwachungsmaßnahme nicht länger als eine Woche dauert	24,00 €
103	– wenn die Überwachungsmaßnahme länger als eine Woche, jedoch nicht länger als zwei Wochen dauert	42,00 €
104	– wenn die Überwachungsmaßnahme länger als zwei Wochen dauert: je angefangenen Monat	75,00 €
	Der überwachte Anschluss ist ein ISDN-Basisanschluss:	
105	– Die Entschädigung nach Nummer 102 beträgt	40,00 €
106	– Die Entschädigung nach Nummer 103 beträgt	70,00 €
107	– Die Entschädigung nach Nummer 104 beträgt	125,00 €
	Der überwachte Anschluss ist ein ISDN-Primärmultiplexanschluss:	
108	– Die Entschädigung nach Nummer 102 beträgt	490,00 €
109	– Die Entschädigung nach Nummer 103 beträgt	855,00 €
110	– Die Entschädigung nach Nummer 104 beträgt	1 525,00 €
	Der überwachte Anschluss ist ein digitaler Teilnehmeranschluss mit einer Übertragungsgeschwindigkeit von mehr als 144 kbit/s, aber kein ISDN-Primärmultiplexanschluss:	
111	– Die Entschädigung nach Nummer 102 beträgt	65,00 €
112	– Die Entschädigung nach Nummer 103 beträgt	110,00 €
113	– Die Entschädigung nach Nummer 104 beträgt	200,00 €
	Abschnitt 2. Auskünfte über Bestandsdaten	
200	Auskunft über Bestandsdaten nach § 3 Nr. 6 TKG, sofern 1. die Auskunft nicht über das automatisierte Auskunftsverfahren nach § 173 TKG erteilt werden kann und die Unmöglichkeit der Auskunftserteilung auf diesem Wege nicht vom Unternehmen zu vertreten ist und 2. für die Erteilung der Auskunft nicht auf Verkehrsdaten zurückgegriffen werden muss: je angefragten Kundendatensatz	18,00 €

Nr.	Tätigkeit	Höhe
201	Auskunft über Bestandsdaten, zu deren Erteilung auf Verkehrsdaten zurückgegriffen werden muss:	
	für bis zu 10 in demselben Verfahren gleichzeitig angefragte Kennungen, die der Auskunftserteilung zugrunde liegen	35,00 €
	Bei mehr als 10 angefragten Kennungen wird die Pauschale für jeweils bis zu 10 weitere Kennungen erneut gewährt. Kennung ist auch eine IP-Adresse.	
202	Es muss auf Verkehrsdaten nach § 176 Abs. 2 bis 4 TKG zurückgegriffen werden:	
	Die Pauschale 201 beträgt	40,00 €
	Abschnitt 3. Auskünfte über Verkehrsdaten	
300	Auskunft über gespeicherte Verkehrsdaten:	
	für jede Kennung, die der Auskunftserteilung zugrunde liegt	30,00 €
	Die Mitteilung der die Kennung betreffenden Standortdaten ist mit abgegolten.	
301	Für die Auskunft muss auf Verkehrsdaten nach § 176 Abs. 2 bis 4 TKG zurückgegriffen werden:	
	Die Pauschale 300 beträgt	35,00 €
302	Die Auskunft wird im Fall der Nummer 300 aufgrund eines einheitlichen Ersuchens auch oder ausschließlich für künftig anfallende Verkehrsdaten zu bestimmten Zeitpunkten erteilt:	
	für die zweite und jede weitere in dem Ersuchen verlangte Teilauskunft	10,00 €
303	Auskunft über gespeicherte Verkehrsdaten zu Verbindungen, die zu einer bestimmten Zieladresse hergestellt wurden, durch Suche in allen Datensätzen der abgehenden Verbindungen eines Betreibers (Zielwahlsuche):	
	je Zieladresse	90,00 €
	Die Mitteilung der Standortdaten der Zieladresse ist mit abgegolten.	
304	Für die Auskunft muss auf Verkehrsdaten nach § 176 Abs. 2 bis 4 TKG zurückgegriffen werden:	
	Die Pauschale 303 beträgt	110,00 €
305	Die Auskunft wird im Fall der Nummer 303 aufgrund eines einheitlichen Ersuchens auch oder ausschließlich für künftig anfallende Verkehrsdaten zu bestimmten Zeitpunkten erteilt:	
	für die zweite und jede weitere in dem Ersuchen verlangte Teilauskunft	70,00 €
306	Auskunft über gespeicherte Verkehrsdaten für eine von der Strafverfolgungsbehörde benannte Funkzelle (Funkzellenabfrage)	30,00 €
307	Für die Auskunft muss auf Verkehrsdaten nach § 176 Abs. 2 bis 4 TKG zurückgegriffen werden:	
	Die Pauschale 306 beträgt	35,00 €
308	Auskunft über gespeicherte Verkehrsdaten für mehr als eine von der Strafverfolgungsbehörde benannte Funkzelle:	
	Die Pauschale 306 erhöht sich für jede weitere Funkzelle um	4,00 €
309	Auskunft über gespeicherte Verkehrsdaten für mehr als eine von der Strafverfolgungsbehörde benannte Funkzelle und für die Auskunft muss auf Verkehrsdaten nach § 176 Abs. 2 bis 4 TKG zurückgegriffen werden:	
	Die Pauschale 306 erhöht sich für jede weitere Funkzelle um	5,00 €
310	Auskunft über gespeicherte Verkehrsdaten in Fällen, in denen lediglich Ort und Zeitraum bekannt sind:	
	Die Abfrage erfolgt für einen bestimmten, durch eine Adresse bezeichneten Standort	60,00 €
311	Für die Auskunft muss auf Verkehrsdaten nach § 176 Abs. 2 bis 4 TKG zurückgegriffen werden:	
	Die Pauschale 310 beträgt	70,00 €

Nr.	Tätigkeit	Höhe
	Die Auskunft erfolgt für eine Fläche:	
312	– Die Entfernung der am weitesten voneinander entfernten Punkte beträgt nicht mehr als 10 Kilometer:	
	Die Pauschale 310 beträgt	190,00 €
313	– Die Entfernung der am weitesten voneinander entfernten Punkte beträgt mehr als 10, aber nicht mehr als 25 Kilometer:	
	Die Pauschale 310 beträgt	490,00 €
314	– Die Entfernung der am weitesten voneinander entfernten Punkte beträgt mehr als 25, aber nicht mehr als 45 Kilometer:	
	Die Pauschale 310 beträgt	930,00 €
	Liegen die am weitesten voneinander entfernten Punkte mehr als 45 Kilometer auseinander, ist für den darüber hinausgehenden Abstand die Entschädigung nach den Nummern 312 bis 314 gesondert zu berechnen.	
	Die Auskunft erfolgt für eine Fläche und es muss auf Verkehrsdaten nach § 176 Abs. 2 bis 4 TKG zurückgegriffen werden:	
315	– Die Entfernung der am weitesten voneinander entfernten Punkte beträgt nicht mehr als 10 Kilometer:	
	Die Pauschale 310 beträgt	230,00 €
316	– Die Entfernung der am weitesten voneinander entfernten Punkte beträgt mehr als 10, aber nicht mehr als 25 Kilometer:	
	Die Pauschale 310 beträgt	590,00 €
317	– Die Entfernung der am weitesten voneinander entfernten Punkte beträgt mehr als 25, aber nicht mehr als 45 Kilometer:	
	Die Pauschale 310 beträgt	1 120,00 €
	Liegen die am weitesten voneinander entfernten Punkte mehr als 45 Kilometer auseinander, ist für den darüber hinausgehenden Abstand die Entschädigung nach den Nummern 315 bis 317 gesondert zu berechnen.	
318	Die Auskunft erfolgt für eine bestimmte Wegstrecke:	
	Die Pauschale 310 beträgt für jeweils angefangene 10 Kilometer Länge	110,00 €
319	Die Auskunft erfolgt für eine bestimmte Wegstrecke und es muss auf Verkehrsdaten nach § 176 Abs. 2 bis 4 TKG zurückgegriffen werden:	
	Die Pauschale 310 beträgt für jeweils angefangene 10 Kilometer Länge	130,00 €
320	Umsetzung einer Anordnung zur Übermittlung künftig anfallender Verkehrsdaten in Echtzeit:	
	je Anschluss	100,00 €
	Mit der Entschädigung ist auch der Aufwand für die Abschaltung der Übermittlung und die Mitteilung der den Anschluss betreffenden Standortdaten entgolten.	
321	Verlängerung der Maßnahme im Fall der Nummer 320	35,00 €
	Leitungskosten für die Übermittlung der Verkehrsdaten in den Fällen der Nummern 320 bis 321:	
322	– wenn die angeordnete Übermittlung nicht länger als eine Woche dauert	8,00 €
323	– wenn die angeordnete Übermittlung länger als eine Woche, aber nicht länger als zwei Wochen dauert	14,00 €
324	– wenn die angeordnete Übermittlung länger als zwei Wochen dauert:	
	je angefangenen Monat	25,00 €
325	Übermittlung der Verkehrsdaten auf einem Datenträger	10,00 €
	Abschnitt 4. Sonstige Auskünfte	
400	Auskunft über den letzten dem Netz bekannten Standort eines Mobiltelefons (Standortabfrage)	90,00 €
401	Im Fall der Nummer 400 muss auf Verkehrsdaten nach § 176 Abs. 2 bis 4 TKG zurückgegriffen werden:	
	Die Pauschale 400 beträgt	110,00 €

Nr.	Tätigkeit	Höhe
402	Auskunft über die Struktur von Funkzellen: je Funkzelle	35,00 €

Gesetz über die Vergütung der Rechtsanwältinnen und Rechtsanwälte (Rechtsanwaltsvergütungsgesetz – RVG)[1)]

In der Fassung der Bekanntmachung vom 15. März 2022[2)] (BGBl. I S. 610)
(FNA 368-3)

zuletzt geändert durch Art. 8 Zweites G zur Reform des Kapitalanleger-MusterverfahrensG vom 16. Juli 2024 (BGBl. 2024 I Nr. 240)

Inhaltsübersicht

---

1) Die Änderung durch G v. 15.7.2024 (BGBl. 2024 I Nr. 236) tritt erst **mWv 1.1.2025** in Kraft und ist in § 12a entsprechend gekennzeichnet.

2) Neubekanntmachung des RVG v. 5.5.2004 (BGBl. I S. 718, 788) in der ab 1.12.2021 geltenden Fassung.

Abschnitt 1
Allgemeine Vorschriften

§ 1 Geltungsbereich

(1) [1]Die Vergütung (Gebühren und Auslagen) für anwaltliche Tätigkeiten der Rechtsanwältinnen und Rechtsanwälte bemisst sich nach diesem Gesetz. [2]Dies gilt auch für eine Tätigkeit als besonderer Vertreter nach den §§ 57 und 58 der Zivilprozessordnung, nach § 118e der Bundesrechtsanwaltsordnung, nach § 103b der Patentanwaltsordnung oder nach § 111c des Steuerberatungsgesetzes. [3]Andere Mitglieder einer Rechtsanwaltskammer, Partnerschaftsgesellschaften und sonstige Gesellschaften stehen einem Rechtsanwalt im Sinne dieses Gesetzes gleich.
(2) [1]Dieses Gesetz gilt nicht für eine Tätigkeit als Syndikusrechtsanwalt (§ 46 Absatz 2 der Bundesrechtsanwaltsordnung). [2]Es gilt ferner nicht für eine Tätigkeit als Vormund, Betreuer, Pfleger, Verfahrenspfleger, Verfahrensbeistand, Testamentsvollstrecker, Insolvenzverwalter, Sachwalter, Mitglied des Gläubigerausschusses, Restrukturierungsbeauftragter, Sanierungsmoderator, Mitglied des Gläubigerbeirats, Nachlassverwalter, Zwangsverwalter, Treuhänder oder Schiedsrichter oder für eine ähnliche Tätigkeit. [3]§ 1877 Absatz 3 des Bürgerlichen Gesetzbuchs und § 4 Absatz 2 des Vormünder- und Betreuervergütungsgesetzes bleiben unberührt.
(3) Die Vorschriften dieses Gesetzes über die Erinnerung und die Beschwerde gehen den Regelungen der für das zugrunde liegende Verfahren geltenden Verfahrensvorschriften vor.

§ 2 Höhe der Vergütung

(1) Die Gebühren werden, soweit dieses Gesetz nichts anderes bestimmt, nach dem Wert berechnet, den der Gegenstand der anwaltlichen Tätigkeit hat (Gegenstandswert).
(2) [1]Die Höhe der Vergütung bestimmt sich nach dem Vergütungsverzeichnis der Anlage 1 zu diesem Gesetz. [2]Gebühren werden auf den nächstliegenden Cent auf- oder abgerundet; 0,5 Cent werden aufgerundet.

§ 3 Gebühren in sozialrechtlichen Angelegenheiten

(1) [1]In Verfahren vor den Gerichten der Sozialgerichtsbarkeit, in denen das Gerichtskostengesetz nicht anzuwenden ist, entstehen Betragsrahmengebühren. [2]In sonstigen Verfahren werden die Gebühren nach dem Gegenstandswert berechnet, wenn der Auftraggeber nicht zu den in § 183 des Sozialgerichtsgesetzes genannten Personen gehört; im Verfahren nach § 201 Absatz 1 des Sozialgerichtsgesetzes werden die Gebühren immer nach dem Gegenstandswert berechnet. [3]In Verfahren wegen überlanger Gerichtsverfahren (§ 202 Satz 2 des Sozialgerichtsgesetzes) werden die Gebühren nach dem Gegenstandswert berechnet.

(2) Absatz 1 gilt entsprechend für eine Tätigkeit außerhalb eines gerichtlichen Verfahrens.

§ 3a Vergütungsvereinbarung

(1) [1]Eine Vereinbarung über die Vergütung bedarf der Textform. [2]Sie muss als Vergütungsvereinbarung oder in vergleichbarer Weise bezeichnet werden, von anderen Vereinbarungen mit Ausnahme der Auftragserteilung deutlich abgesetzt sein und darf nicht in der Vollmacht enthalten sein. [3]Sie hat einen Hinweis darauf zu enthalten, dass die gegnerische Partei, ein Verfahrensbeteiligter oder die Staatskasse im Falle der Kostenerstattung regelmäßig nicht mehr als die gesetzliche Vergütung erstatten muss. [4]Die Sätze 1 und 2 gelten nicht für eine Gebührenvereinbarung nach § 34.

(2) [1]In der Vereinbarung kann es dem Vorstand der Rechtsanwaltskammer überlassen werden, die Vergütung nach billigem Ermessen festzusetzen. [2]Ist die Festsetzung der Vergütung dem Ermessen eines Vertragsteils überlassen, so gilt die gesetzliche Vergütung als vereinbart.

(3) [1]Ist eine vereinbarte, eine nach Absatz 2 Satz 1 von dem Vorstand der Rechtsanwaltskammer festgesetzte oder eine nach § 4a für den Erfolgsfall vereinbarte Vergütung unter Berücksichtigung aller Umstände unangemessen hoch, kann sie im Rechtsstreit auf den angemessenen Betrag bis zur Höhe der gesetzlichen Vergütung herabgesetzt werden. [2]Vor der Herabsetzung hat das Gericht ein Gutachten des Vorstands der Rechtsanwaltskammer einzuholen; dies gilt nicht, wenn der Vorstand der Rechtsanwaltskammer die Vergütung nach Absatz 2 Satz 1 festgesetzt hat. [3]Das Gutachten ist kostenlos zu erstatten.

(4) [1]Eine Vereinbarung, nach der ein im Wege der Prozesskostenhilfe beigeordneter Rechtsanwalt für die von der Beiordnung erfasste Tätigkeit eine höhere als die gesetzliche Vergütung erhalten soll, ist nichtig. [2]Die Vorschriften des bürgerlichen Rechts über die ungerechtfertigte Bereicherung bleiben unberührt.

§ 4 Unterschreitung der gesetzlichen Vergütung

(1) [1]In außergerichtlichen Angelegenheiten kann eine niedrigere als die gesetzliche Vergütung vereinbart werden. [2]Sie muss in einem angemessenen Verhältnis zu Leistung, Verantwortung und Haftungsrisiko des Rechtsanwalts stehen. [3]Ist Gegenstand der außergerichtlichen Angelegenheit eine Inkassodienstleistung (§ 2 Absatz 2 Satz 1 des Rechtsdienstleistungsgesetzes) oder liegen die Voraussetzungen für die Bewilligung von Beratungshilfe vor, gilt Satz 2 nicht und kann der Rechtsanwalt ganz auf eine Vergütung verzichten. [4]§ 9 des Beratungshilfegesetzes bleibt unberührt.

(2) Ist Gegenstand der Angelegenheit eine Inkassodienstleistung in einem der in § 79 Absatz 2 Satz 2 Nummer 4 der Zivilprozessordnung genannten Verfahren, kann eine niedrigere als die gesetzliche Vergütung vereinbart werden oder kann der Rechtsanwalt ganz auf eine Vergütung verzichten.

§ 4a Erfolgshonorar

(1) [1]Ein Erfolgshonorar (§ 49b Absatz 2 Satz 1 der Bundesrechtsanwaltsordnung) darf nur vereinbart werden, wenn

1. sich der Auftrag auf eine Geldforderung von höchstens 2 000 Euro bezieht,
2. eine Inkassodienstleistung außergerichtlich oder in einem der in § 79 Absatz 2 Satz 2 Nummer 4 der Zivilprozessordnung genannten Verfahren erbracht wird oder
3. der Auftraggeber im Einzelfall bei verständiger Betrachtung ohne die Vereinbarung eines Erfolgshonorars von der Rechtsverfolgung abgehalten würde.

[2]Eine Vereinbarung nach Satz 1 Nummer 1 oder 2 ist unzulässig, soweit sich der Auftrag auf eine Forderung bezieht, die der Pfändung nicht unterworfen ist. [3]Für die Beurteilung nach Satz 1 Nummer 3 bleibt die Möglichkeit, Beratungs- oder Prozesskostenhilfe in Anspruch zu nehmen, außer Betracht.

(2) In anderen als den in Absatz 1 Satz 1 Nummer 2 genannten Angelegenheiten darf nur dann vereinbart werden, dass für den Fall des Misserfolgs keine oder eine geringere als die gesetzliche Vergütung zu zahlen ist, wenn für den Erfolgsfall ein angemessener Zuschlag auf die gesetzliche Vergütung vereinbart wird.

(3) In eine Vereinbarung über ein Erfolgshonorar sind aufzunehmen:
1. die Angabe, welche Vergütung bei Eintritt welcher Bedingungen verdient sein soll,
2. die Angabe, ob und gegebenenfalls welchen Einfluss die Vereinbarung auf die gegebenenfalls vom Auftraggeber zu zahlenden Gerichtskosten, Verwaltungskosten und die von diesem zu erstattenden Kosten anderer Beteiligter haben soll,
3. die wesentlichen Gründe, die für die Bemessung des Erfolgshonorars bestimmend sind, und
4. im Fall des Absatzes 1 Satz 1 Nummer 3 die voraussichtliche gesetzliche Vergütung und gegebenenfalls die erfolgsunabhängige vertragliche Vergütung, zu der der Rechtsanwalt bereit wäre, den Auftrag zu übernehmen.

§ 4b Fehlerhafte Vergütungsvereinbarung

[1]Aus einer Vergütungsvereinbarung, die nicht den Anforderungen des § 3a Absatz 1 Satz 1 und 2 oder des § 4a Absatz 1 und 3 Nummer 1 und 4 entspricht, kann der Rechtsanwalt keine höhere als die gesetzliche Vergütung fordern. [2]Die Vorschriften des bürgerlichen Rechts über die ungerechtfertigte Bereicherung bleiben unberührt.

§ 5 Vergütung für Tätigkeiten von Vertretern des Rechtsanwalts

Die Vergütung für eine Tätigkeit, die der Rechtsanwalt nicht persönlich vornimmt, wird nach diesem Gesetz bemessen, wenn der Rechtsanwalt durch einen Rechtsanwalt, den allgemeinen Vertreter, einen Assessor bei einem Rechtsanwalt oder einen zur Ausbildung zugewiesenen Referendar vertreten wird.

§ 6 Mehrere Rechtsanwälte

Ist der Auftrag mehreren Rechtsanwälten zur gemeinschaftlichen Erledigung übertragen, erhält jeder Rechtsanwalt für seine Tätigkeit die volle Vergütung.

§ 7 Mehrere Auftraggeber

(1) Wird der Rechtsanwalt in derselben Angelegenheit für mehrere Auftraggeber tätig, erhält er die Gebühren nur einmal.

(2) [1]Jeder der Auftraggeber schuldet die Gebühren und Auslagen, die er schulden würde, wenn der Rechtsanwalt nur in seinem Auftrag tätig geworden wäre; die Dokumentenpauschale nach Nummer 7000 des Vergütungsverzeichnisses schuldet er auch insoweit, wie diese nur durch die Unterrichtung mehrerer Auftraggeber entstanden ist. [2]Der Rechtsanwalt kann aber insgesamt nicht mehr als die nach Absatz 1 berechneten Gebühren und die insgesamt entstandenen Auslagen fordern.

§ 8 Fälligkeit, Hemmung der Verjährung

(1) [1]Die Vergütung wird fällig, wenn der Auftrag erledigt oder die Angelegenheit beendet ist. [2]Ist der Rechtsanwalt in einem gerichtlichen Verfahren tätig, wird die Vergütung auch fällig, wenn eine Kostenentscheidung ergangen oder der Rechtszug beendet ist oder wenn das Verfahren länger als drei Monate ruht.

(2) [1]Die Verjährung der Vergütung für eine Tätigkeit in einem gerichtlichen Verfahren wird gehemmt, solange das Verfahren anhängig ist. [2]Die Hemmung endet mit der rechtskräftigen Entscheidung oder anderweitigen Beendigung des Verfahrens. [3]Ruht das Verfahren, endet die Hemmung drei Monate nach Eintritt der Fälligkeit. [4]Die Hemmung beginnt erneut, wenn das Verfahren weiter betrieben wird.

§ 9 Vorschuss

Der Rechtsanwalt kann von seinem Auftraggeber für die entstandenen und die voraussichtlich entstehenden Gebühren und Auslagen einen angemessenen Vorschuss fordern.

§ 10 Berechnung

(1) [1]Der Rechtsanwalt kann die Vergütung nur aufgrund einer von ihm oder auf seine Veranlassung dem Auftraggeber mitgeteilten Berechnung fordern; die Berechnung bedarf der Textform. [2]Der Lauf der Verjährungsfrist ist von der Mitteilung der Berechnung nicht abhängig.

(2) [1]In der Berechnung sind die Beträge der einzelnen Gebühren und Auslagen, Vorschüsse, eine kurze Bezeichnung des jeweiligen Gebührentatbestands, die Bezeichnung der Auslagen sowie die angewandten Nummern des Vergütungsverzeichnisses und bei Gebühren, die nach dem Gegenstandswert berechnet sind, auch dieser anzugeben. [2]Bei Entgelten für Post- und Telekommunikationsdienstleistungen genügt die Angabe des Gesamtbetrags.

(3) Hat der Auftraggeber die Vergütung gezahlt, ohne die Berechnung erhalten zu haben, kann er die Mitteilung der Berechnung noch fordern, solange der Rechtsanwalt zur Aufbewahrung der Handakten verpflichtet ist.

§ 11 Festsetzung der Vergütung

(1) [1]Soweit die gesetzliche Vergütung, eine nach § 42 festgestellte Pauschgebühr und die zu ersetzenden Aufwendungen (§ 670 des Bürgerlichen Gesetzbuchs) zu den Kosten des gerichtlichen Verfahrens gehören, werden sie auf Antrag des Rechtsanwalts oder des Auftraggebers durch das Gericht des ersten Rechtszugs festgesetzt. [2]Getilgte Beträge sind abzusetzen.

(2) [1]Der Antrag ist erst zulässig, wenn die Vergütung fällig ist. [2]Vor der Festsetzung sind die Beteiligten zu hören. [3]Die Vorschriften der jeweiligen Verfahrensordnung über das Kostenfestsetzungsverfahren mit Ausnahme des § 104 Absatz 2 Satz 3 der Zivilprozessordnung und die Vorschriften der Zivilprozessordnung über die Zwangsvollstreckung aus Kostenfestsetzungsbeschlüssen gelten entsprechend. [4]Das Verfahren vor dem Gericht des ersten Rechtszugs ist gebührenfrei. [5]In den Vergütungsfestsetzungsbeschluss sind die von dem Rechtsanwalt gezahlten Auslagen für die Zustellung des Beschlusses aufzunehmen. [6]Im Übrigen findet eine Kostenerstattung nicht statt; dies gilt auch im Verfahren über Beschwerden.

(3) [1]Im Verfahren vor den Gerichten der Verwaltungsgerichtsbarkeit, der Finanzgerichtsbarkeit und der Sozialgerichtsbarkeit wird die Vergütung vom Urkundsbeamten der Geschäftsstelle festgesetzt. [2]Die für die jeweilige Gerichtsbarkeit geltenden Vorschriften über die Erinnerung im Kostenfestsetzungsverfahren gelten entsprechend.

(4) Wird der vom Rechtsanwalt angegebene Gegenstandswert von einem Beteiligten bestritten, ist das Verfahren auszusetzen, bis das Gericht hierüber entschieden hat (§§ 32, 33 und 38 Absatz 1).

(5) [1]Die Festsetzung ist abzulehnen, soweit der Antragsgegner Einwendungen oder Einreden erhebt, die nicht im Gebührenrecht ihren Grund haben. [2]Hat der Auftraggeber bereits dem Rechtsanwalt gegenüber derartige Einwendungen oder Einreden erhoben, ist die Erhebung der Klage nicht von der vorherigen Einleitung des Festsetzungsverfahrens abhängig.

(6) [1]Anträge und Erklärungen können ohne Mitwirkung eines Bevollmächtigten schriftlich eingereicht oder zu Protokoll der Geschäftsstelle abgegeben werden. [2]§ 129a der Zivilprozessordnung gilt entsprechend. [3]Für die Bevollmächtigung gelten die Regelungen der für das zugrunde liegende Verfahren geltenden Verfahrensordnung entsprechend.

(7) Durch den Antrag auf Festsetzung der Vergütung wird die Verjährung wie durch Klageerhebung gehemmt.

(8) [1]Die Absätze 1 bis 7 gelten bei Rahmengebühren nur, wenn die Mindestgebühren geltend gemacht werden oder der Auftraggeber der Höhe der Gebühren ausdrücklich zugestimmt hat. [2]Die Festsetzung auf Antrag des Rechtsanwalts ist abzulehnen, wenn er die Zustimmungserklärung des Auftraggebers nicht mit dem Antrag vorlegt.

§ 12 Anwendung von Vorschriften über die Prozesskostenhilfe

[1]Die Vorschriften dieses Gesetzes für im Wege der Prozesskostenhilfe beigeordnete Rechtsanwälte und für Verfahren über die Prozesskostenhilfe sind bei Verfahrenskostenhilfe und im Fall des § 4a der Insolvenzordnung entsprechend anzuwenden. [2]Der Bewilligung von Prozesskostenhilfe steht die Stundung nach § 4a der Insolvenzordnung gleich.

§ 12a Abhilfe bei Verletzung des Anspruchs auf rechtliches Gehör

(1) Auf die Rüge eines durch die Entscheidung nach diesem Gesetz beschwerten Beteiligten ist das Verfahren fortzuführen, wenn

1. ein Rechtsmittel oder ein anderer Rechtsbehelf gegen die Entscheidung nicht gegeben ist und
2. das Gericht den Anspruch dieses Beteiligten auf rechtliches Gehör in entscheidungserheblicher Weise verletzt hat.

(2) [1]Die Rüge ist innerhalb von zwei Wochen nach Kenntnis von der Verletzung des rechtlichen Gehörs zu erheben; der Zeitpunkt der Kenntniserlangung ist glaubhaft zu machen. [2]Nach Ablauf eines Jahres seit Bekanntmachung der angegriffenen Entscheidung kann die Rüge nicht mehr erhoben werden. [3]Formlos mitgeteilte Entscheidungen gelten mit dem ***[bis 31.12.2024:*** dritten Tage***]*** ***[ab 1.1.2025:*** *vierten Tag****]*** nach Aufgabe zur Post als bekannt gemacht. [4]Die Rüge ist bei dem Gericht zu erheben, dessen Entscheidung angegriffen wird; § 33 Absatz 7 Satz 1 und 2 gilt entsprechend. [5]Die Rüge muss die angegriffene Entscheidung bezeichnen und das Vorliegen der in Absatz 1 Nummer 2 genannten Voraussetzungen darlegen.

(3) Den übrigen Beteiligten ist, soweit erforderlich, Gelegenheit zur Stellungnahme zu geben.

(4) [1]Das Gericht hat von Amts wegen zu prüfen, ob die Rüge an sich statthaft und ob sie in der gesetzlichen Form und Frist erhoben ist. [2]Mangelt es an einem dieser Erfordernisse, so ist die Rüge als unzulässig zu verwerfen. [3]Ist die Rüge unbegründet, weist das Gericht sie zurück. [4]Die Entscheidung ergeht durch unanfechtbaren Beschluss. [5]Der Beschluss soll kurz begründet werden.

(5) Ist die Rüge begründet, so hilft ihr das Gericht ab, indem es das Verfahren fortführt, soweit dies aufgrund der Rüge geboten ist.
(6) Kosten werden nicht erstattet.

§ 12b Elektronische Akte, elektronisches Dokument

[1]In Verfahren nach diesem Gesetz sind die verfahrensrechtlichen Vorschriften über die elektronische Akte und über das elektronische Dokument für das Verfahren anzuwenden, in dem der Rechtsanwalt die Vergütung erhält. [2]Im Fall der Beratungshilfe sind die entsprechenden Vorschriften des Gesetzes über das Verfahren in Familiensachen und in den Angelegenheiten der freiwilligen Gerichtsbarkeit anzuwenden.

§ 12c Rechtsbehelfsbelehrung

Jede anfechtbare Entscheidung hat eine Belehrung über den statthaften Rechtsbehelf sowie über das Gericht, bei dem dieser Rechtsbehelf einzulegen ist, über dessen Sitz und über die einzuhaltende Form und Frist zu enthalten.

Abschnitt 2

Gebührenvorschriften

§ 13 Wertgebühren

(1) [1]Wenn sich die Gebühren nach dem Gegenstandswert richten, beträgt bei einem Gegenstandswert bis 500 Euro die Gebühr 49 Euro. [2]Die Gebühr erhöht sich bei einem

Gegenstandswert bis … Euro	für jeden angefangenen Betrag von weiteren … Euro	um … Euro
2 000	500	39
10 000	1 000	56
25 000	3 000	52
50 000	5 000	81
200 000	15 000	94
500 000	30 000	132
über 500 000	50 000	165

[3]Eine Gebührentabelle für Gegenstandswerte bis 500 000 Euro ist diesem Gesetz als Anlage 2 beigefügt.
(2) Bei der Geschäftsgebühr für eine außergerichtliche Inkassodienstleistung, die eine unbestrittene Forderung betrifft (Absatz 2 der Anmerkung zu Nummer 2300 des Vergütungsverzeichnisses), beträgt bei einem Gegenstandswert bis 50 Euro die Gebühr abweichend von Absatz 1 Satz 1 30 Euro.
(3) Der Mindestbetrag einer Gebühr ist 15 Euro.

§ 14 Rahmengebühren

(1) [1]Bei Rahmengebühren bestimmt der Rechtsanwalt die Gebühr im Einzelfall unter Berücksichtigung aller Umstände, vor allem des Umfangs und der Schwierigkeit der anwaltlichen Tätigkeit, der Bedeutung der Angelegenheit sowie der Einkommens- und Vermögensverhältnisse des Auftraggebers, nach billigem Ermessen. [2]Ein besonderes Haftungsrisiko des Rechtsanwalts kann bei der Bemessung herangezogen werden. [3]Bei Rahmengebühren, die sich nicht nach dem Gegenstandswert richten, ist das Haftungsrisiko zu berücksichtigen. [4]Ist die Gebühr von einem Dritten zu ersetzen, ist die von dem Rechtsanwalt getroffene Bestimmung nicht verbindlich, wenn sie unbillig ist.
(2) Ist eine Rahmengebühr auf eine andere Rahmengebühr anzurechnen, ist die Gebühr, auf die angerechnet wird, so zu bestimmen, als sei der Rechtsanwalt zuvor nicht tätig gewesen.
(3) [1]Im Rechtsstreit hat das Gericht ein Gutachten des Vorstands der Rechtsanwaltskammer einzuholen, soweit die Höhe der Gebühr streitig ist; dies gilt auch im Verfahren nach § 495a der Zivilprozessordnung. [2]Das Gutachten ist kostenlos zu erstatten.

§ 15 Abgeltungsbereich der Gebühren

(1) Die Gebühren entgelten, soweit dieses Gesetz nichts anderes bestimmt, die gesamte Tätigkeit des Rechtsanwalts vom Auftrag bis zur Erledigung der Angelegenheit.
(2) Der Rechtsanwalt kann die Gebühren in derselben Angelegenheit nur einmal fordern.
(3) Sind für Teile des Gegenstands verschiedene Gebührensätze anzuwenden, entstehen für die Teile gesondert berechnete Gebühren, jedoch nicht mehr als die aus dem Gesamtbetrag der Wertteile nach dem höchsten Gebührensatz berechnete Gebühr.

(4) Auf bereits entstandene Gebühren ist es, soweit dieses Gesetz nichts anderes bestimmt, ohne Einfluss, wenn sich die Angelegenheit vorzeitig erledigt oder der Auftrag endigt, bevor die Angelegenheit erledigt ist.

(5) [1]Wird der Rechtsanwalt, nachdem er in einer Angelegenheit tätig geworden ist, beauftragt, in derselben Angelegenheit weiter tätig zu werden, erhält er nicht mehr an Gebühren, als er erhalten würde, wenn er von vornherein hiermit beauftragt worden wäre. [2]Ist der frühere Auftrag seit mehr als zwei Kalenderjahren erledigt, gilt die weitere Tätigkeit als neue Angelegenheit und in diesem Gesetz bestimmte Anrechnungen von Gebühren entfallen. [3]Satz 2 gilt entsprechend, wenn ein Vergleich mehr als zwei Kalenderjahre nach seinem Abschluss angefochten wird oder wenn mehr als zwei Kalenderjahre nach Zustellung eines Beschlusses nach § 26 Absatz 3 Satz 1 des Kapitalanleger-Musterverfahrensgesetzes der Kläger einen Antrag nach § 26 Absatz 4 des Kapitalanleger-Musterverfahrensgesetzes auf Wiedereröffnung des Verfahrens stellt.

(6) Ist der Rechtsanwalt nur mit einzelnen Handlungen oder mit Tätigkeiten, die nach § 19 zum Rechtszug oder zum Verfahren gehören, beauftragt, erhält er nicht mehr an Gebühren als der mit der gesamten Angelegenheit beauftragte Rechtsanwalt für die gleiche Tätigkeit erhalten würde.

§ 15a Anrechnung einer Gebühr

(1) Sieht dieses Gesetz die Anrechnung einer Gebühr auf eine andere Gebühr vor, kann der Rechtsanwalt beide Gebühren fordern, jedoch nicht mehr als den um den Anrechnungsbetrag verminderten Gesamtbetrag der beiden Gebühren.

(2) [1]Sind mehrere Gebühren teilweise auf dieselbe Gebühr anzurechnen, so ist der anzurechnende Betrag für jede anzurechnende Gebühr gesondert zu ermitteln. [2]Bei Wertgebühren darf der Gesamtbetrag der Anrechnung jedoch denjenigen Anrechnungsbetrag nicht übersteigen, der sich ergeben würde, wenn eine Gebühr anzurechnen wäre, die sich aus dem Gesamtbetrag der betroffenen Wertteile nach dem höchsten für die Anrechnungen einschlägigen Gebührensatz berechnet. [3]Bei Betragsrahmengebühren darf der Gesamtbetrag der Anrechnung den für die Anrechnung bestimmten Höchstbetrag nicht übersteigen.

(3) Ein Dritter kann sich auf die Anrechnung nur berufen, soweit er den Anspruch auf eine der beiden Gebühren erfüllt hat, wegen eines dieser Ansprüche gegen ihn ein Vollstreckungstitel besteht oder beide Gebühren in demselben Verfahren gegen ihn geltend gemacht werden.

Abschnitt 3
Angelegenheit

§ 16 Dieselbe Angelegenheit

Dieselbe Angelegenheit sind

1. das Verwaltungsverfahren auf Aussetzung oder Anordnung der sofortigen Vollziehung sowie über einstweilige Maßnahmen zur Sicherung der Rechte Dritter und jedes Verwaltungsverfahren auf Abänderung oder Aufhebung in den genannten Fällen;
2. das Verfahren über die Prozesskostenhilfe und das Verfahren, für das die Prozesskostenhilfe beantragt worden ist;
3. mehrere Verfahren über die Prozesskostenhilfe in demselben Rechtszug;

3a. das Verfahren zur Bestimmung des zuständigen Gerichts und das Verfahren, für das der Gerichtsstand bestimmt werden soll; dies gilt auch dann, wenn das Verfahren zur Bestimmung des zuständigen Gerichts vor Klageerhebung oder Antragstellung endet, ohne dass das zuständige Gericht bestimmt worden ist;

4. eine Scheidungssache oder ein Verfahren über die Aufhebung einer Lebenspartnerschaft und die Folgesachen;
5. das Verfahren über die Anordnung eines Arrests, zur Erwirkung eines Europäischen Beschlusses zur vorläufigen Kontenpfändung, über den Erlass einer einstweiligen Verfügung oder einstweiligen Anordnung, über die Anordnung oder Wiederherstellung der aufschiebenden Wirkung, über die Aufhebung der Vollziehung oder die Anordnung der sofortigen Vollziehung eines Verwaltungsakts und jedes Verfahren über deren Abänderung, Aufhebung oder Widerruf;
6. das Verfahren nach § 3 Absatz 1 des Gesetzes zur Ausführung des Vertrages zwischen der Bundesrepublik Deutschland und der Republik Österreich vom 6. Juni 1959 über die gegenseitige Anerkennung und Vollstreckung von gerichtlichen Entscheidungen, Vergleichen und öffentlichen Urkunden in Zivil- und Handelssachen in der im Bundesgesetzblatt Teil III, Gliederungsnummer 319-12, veröffentlichten bereinigten Fassung, das zuletzt durch Artikel 23 des Gesetzes vom 27. Juli 2001 (BGBl. I S. 1887) geändert worden ist, und das Verfahren nach § 3 Absatz 2 des genannten Gesetzes;

7. das Verfahren über die Zulassung der Vollziehung einer vorläufigen oder sichernden Maßnahme und das Verfahren über einen Antrag auf Aufhebung oder Änderung einer Entscheidung über die Zulassung der Vollziehung (§ 1041 der Zivilprozessordnung);
8. das schiedsrichterliche Verfahren und das gerichtliche Verfahren bei der Bestellung eines Schiedsrichters oder Ersatzschiedsrichters, über die Ablehnung eines Schiedsrichters oder über die Beendigung des Schiedsrichteramts, zur Unterstützung bei der Beweisaufnahme oder bei der Vornahme sonstiger richterlicher Handlungen;
9. das Verfahren vor dem Schiedsgericht und die gerichtlichen Verfahren über die Bestimmung einer Frist (§ 102 Absatz 3 des Arbeitsgerichtsgesetzes), die Ablehnung eines Schiedsrichters (§ 103 Absatz 3 des Arbeitsgerichtsgesetzes) oder die Vornahme einer Beweisaufnahme oder einer Vereidigung (§ 106 Absatz 2 des Arbeitsgerichtsgesetzes);
10. im Kostenfestsetzungsverfahren und im Verfahren über den Antrag auf gerichtliche Entscheidung gegen einen Kostenfestsetzungsbescheid (§ 108 des Gesetzes über Ordnungswidrigkeiten) einerseits und im Kostenansatzverfahren sowie im Verfahren über den Antrag auf gerichtliche Entscheidung gegen den Ansatz der Gebühren und Auslagen (§ 108 des Gesetzes über Ordnungswidrigkeiten) andererseits jeweils mehrere Verfahren über
    a) die Erinnerung,
    b) den Antrag auf gerichtliche Entscheidung,
    c) die Beschwerde in demselben Beschwerderechtszug;
11. das Rechtsmittelverfahren und das Verfahren über die Zulassung des Rechtsmittels; dies gilt nicht für das Verfahren über die Beschwerde gegen die Nichtzulassung eines Rechtsmittels;
12. das Verfahren über die Privatklage und die Widerklage und zwar auch im Fall des § 388 Absatz 2 der Strafprozessordnung und
13. das erstinstanzliche Prozessverfahren und der erste Rechtszug des Musterverfahrens nach dem Kapitalanleger-Musterverfahrensgesetz.

§ 17 Verschiedene Angelegenheiten

Verschiedene Angelegenheiten sind

1. das Verfahren über ein Rechtsmittel und der vorausgegangene Rechtszug, soweit sich aus § 19 Absatz 1 Satz 2 Nummer 10a nichts anderes ergibt,

1a. jeweils das Verwaltungsverfahren, das einem gerichtlichen Verfahren vorausgehende und der Nachprüfung des Verwaltungsakts dienende weitere Verwaltungsverfahren (Vorverfahren, Einspruchsverfahren, Beschwerdeverfahren, Abhilfeverfahren), das Verfahren über die Beschwerde und die weitere Beschwerde nach der Wehrbeschwerdeordnung, das Verwaltungsverfahren auf Aussetzung oder Anordnung der sofortigen Vollziehung sowie über einstweilige Maßnahmen zur Sicherung der Rechte Dritter und ein gerichtliches Verfahren,

2. das Mahnverfahren und das streitige Verfahren,
3. das vereinfachte Verfahren über den Unterhalt Minderjähriger und das streitige Verfahren,
4. das Verfahren in der Hauptsache und ein Verfahren
    a) auf Anordnung eines Arrests oder zur Erwirkung eines Europäischen Beschlusses zur vorläufigen Kontenpfändung,
    b) auf Erlass einer einstweiligen Verfügung oder einer einstweiligen Anordnung,
    c) über die Anordnung oder Wiederherstellung der aufschiebenden Wirkung, über die Aufhebung der Vollziehung oder über die Anordnung der sofortigen Vollziehung eines Verwaltungsakts sowie
    d) über die Abänderung, die Aufhebung oder den Widerruf einer in einem Verfahren nach den Buchstaben a bis c ergangenen Entscheidung,
5. der Urkunden- oder Wechselprozess und das ordentliche Verfahren, das nach Abstandnahme vom Urkunden- oder Wechselprozess oder nach einem Vorbehaltsurteil anhängig bleibt (§§ 596, 600 der Zivilprozessordnung),

5a. jeweils das Abhilfeverfahren, das Verfahren über die Erhöhung des kollektiven Gesamtbetrags und das Umsetzungsverfahren nach dem Verbraucherrechtedurchsetzungsgesetz,

6. das Schiedsverfahren und das Verfahren über die Zulassung der Vollziehung einer vorläufigen oder sichernden Maßnahme sowie das Verfahren über einen Antrag auf Aufhebung oder Änderung einer Entscheidung über die Zulassung der Vollziehung (§ 1041 der Zivilprozessordnung),
7. das gerichtliche Verfahren und ein vorausgegangenes
    a) Güteverfahren vor einer durch die Landesjustizverwaltung eingerichteten oder anerkannten Gütestelle (§ 794 Absatz 1 Nummer 1 der Zivilprozessordnung) oder, wenn die Parteien den

Einigungsversuch einvernehmlich unternehmen, vor einer Gütestelle, die Streitbeilegung betreibt (§ 15a Absatz 3 des Einführungsgesetzes zur Zivilprozessordnung),
b) Verfahren vor einem Ausschuss der in § 111 Absatz 2 des Arbeitsgerichtsgesetzes bezeichneten Art,
c) Verfahren vor dem Seemannsamt zur vorläufigen Entscheidung von Arbeitssachen und
d) Verfahren vor sonstigen gesetzlich eingerichteten Einigungsstellen, Gütestellen oder Schiedsstellen,
8. das Vermittlungsverfahren nach § 165 des Gesetzes über das Verfahren in Familiensachen und in den Angelegenheiten der freiwilligen Gerichtsbarkeit und ein sich anschließendes gerichtliches Verfahren,
9. das Verfahren über ein Rechtsmittel und das Verfahren über die Beschwerde gegen die Nichtzulassung des Rechtsmittels,
10. das strafrechtliche Ermittlungsverfahren und
a) ein nachfolgendes gerichtliches Verfahren und
b) ein sich nach Einstellung des Ermittlungsverfahrens anschließendes Bußgeldverfahren,
11. das Bußgeldverfahren vor der Verwaltungsbehörde und das nachfolgende gerichtliche Verfahren,
12. das Strafverfahren und das Verfahren über die im Urteil vorbehaltene Sicherungsverwahrung und
13. das Wiederaufnahmeverfahren und das wiederaufgenommene Verfahren, wenn sich die Gebühren nach Teil 4 oder 5 des Vergütungsverzeichnisses richten.

§ 18 Besondere Angelegenheiten

(1) Besondere Angelegenheiten sind
1. jede Vollstreckungsmaßnahme zusammen mit den durch diese vorbereiteten weiteren Vollstreckungshandlungen bis zur Befriedigung des Gläubigers; dies gilt entsprechend im Verwaltungszwangsverfahren (Verwaltungsvollstreckungsverfahren);
2. jede Vollziehungsmaßnahme bei der Vollziehung eines Arrests oder einer einstweiligen Verfügung (§§ 928 bis 934 und 936 der Zivilprozessordnung), die sich nicht auf die Zustellung beschränkt;
3. solche Angelegenheiten, in denen sich die Gebühren nach Teil 3 des Vergütungsverzeichnisses richten, jedes Beschwerdeverfahren, jedes Verfahren über eine Erinnerung gegen einen Kostenfestsetzungsbeschluss und jedes sonstige Verfahren über eine Erinnerung gegen eine Entscheidung des Rechtspflegers, soweit sich aus § 16 Nummer 10 nichts anderes ergibt;
4. das Verfahren über Einwendungen gegen die Erteilung der Vollstreckungsklausel, auf das § 732 der Zivilprozessordnung anzuwenden ist;
5. das Verfahren auf Erteilung einer weiteren vollstreckbaren Ausfertigung;
6. jedes Verfahren über Anträge nach den §§ 765a, 851a oder 851b der Zivilprozessordnung und jedes Verfahren über Anträge auf Änderung oder Aufhebung der getroffenen Anordnungen, jedes Verfahren über Anträge nach § 1084 Absatz 1, § 1096 oder § 1109 der Zivilprozessordnung, jedes Verfahren über Anträge auf Aussetzung der Vollstreckung nach § 44f des Internationalen Familienrechtsverfahrensgesetzes und über Anträge nach § 31 des Auslandsunterhaltsgesetzes;
7. das Verfahren auf Zulassung der Austauschpfändung (§ 811a der Zivilprozessordnung);
8. das Verfahren über einen Antrag nach § 825 der Zivilprozessordnung;
9. die Ausführung der Zwangsvollstreckung in ein gepfändetes Vermögensrecht durch Verwaltung (§ 857 Absatz 4 der Zivilprozessordnung);
10. das Verteilungsverfahren (§ 858 Absatz 5, §§ 872 bis 877, 882 der Zivilprozessordnung);
11. das Verfahren auf Eintragung einer Zwangshypothek (§§ 867, 870a der Zivilprozessordnung);
12. die Vollstreckung der Entscheidung, durch die der Schuldner zur Vorauszahlung der Kosten, die durch die Vornahme einer Handlung entstehen, verurteilt wird (§ 887 Absatz 2 der Zivilprozessordnung);
13. das Verfahren zur Ausführung der Zwangsvollstreckung auf Vornahme einer Handlung durch Zwangsmittel (§ 888 der Zivilprozessordnung);
14. jede Verurteilung zu einem Ordnungsgeld gemäß § 890 Absatz 1 der Zivilprozessordnung;
15. die Verurteilung zur Bestellung einer Sicherheit im Fall des § 890 Absatz 3 der Zivilprozessordnung;
16. das Verfahren zur Abnahme der Vermögensauskunft (§§ 802f und 802g der Zivilprozessordnung);
17. das Verfahren auf Löschung der Eintragung im Schuldnerverzeichnis (§ 882e der Zivilprozessordnung);
18. das Ausüben der Veröffentlichungsbefugnis;
19. das Verfahren über Anträge auf Zulassung der Zwangsvollstreckung nach § 17 Absatz 4 der Schifffahrtsrechtlichen Verteilungsordnung;

20. das Verfahren über Anträge auf Aufhebung von Vollstreckungsmaßregeln (§ 8 Absatz 5 und § 41 der Schifffahrtsrechtlichen Verteilungsordnung) und
21. das Verfahren zur Anordnung von Zwangsmaßnahmen durch Beschluss nach § 35 des Gesetzes über das Verfahren in Familiensachen und in den Angelegenheiten der freiwilligen Gerichtsbarkeit.

(2) Absatz 1 gilt entsprechend für
1. die Vollziehung eines Arrestes und
2. die Vollstreckung

nach den Vorschriften des Gesetzes über das Verfahren in Familiensachen und in den Angelegenheiten der freiwilligen Gerichtsbarkeit.

§ 19 Rechtszug; Tätigkeiten, die mit dem Verfahren zusammenhängen

(1) [1]Zu dem Rechtszug oder dem Verfahren gehören auch alle Vorbereitungs-, Neben- und Abwicklungstätigkeiten und solche Verfahren, die mit dem Rechtszug oder Verfahren zusammenhängen, wenn die Tätigkeit nicht nach § 18 eine besondere Angelegenheit ist. [2]Hierzu gehören insbesondere
1. die Vorbereitung der Klage, des Antrags oder der Rechtsverteidigung, soweit kein besonderes gerichtliches oder behördliches Verfahren stattfindet;
1a. die Einreichung von Schutzschriften und die Anmeldung von Ansprüchen oder Rechtsverhältnissen zum Verbandsklageregister sowie die Rücknahme der Anmeldung;
1b. die Verkündung des Streits (§ 72 der Zivilprozessordnung);
2. außergerichtliche Verhandlungen;
3. Zwischenstreite, die Bestellung von Vertretern durch das in der Hauptsache zuständige Gericht, die Ablehnung von Richtern, Rechtspflegern, Urkundsbeamten der Geschäftsstelle oder Sachverständigen, die Entscheidung über einen Antrag betreffend eine Sicherungsanordnung, die Wertfestsetzung, die Beschleunigungsrüge nach § 155b des Gesetzes über das Verfahren in Familiensachen und in den Angelegenheiten der freiwilligen Gerichtsbarkeit;
4. das Verfahren vor dem beauftragten oder ersuchten Richter;
5. das Verfahren
   a) über die Erinnerung (§ 573 der Zivilprozessordnung),
   b) über die Rüge wegen Verletzung des Anspruchs auf rechtliches Gehör,
   c) nach Artikel 18 der Verordnung (EG) Nr. 861/2007 des Europäischen Parlaments und des Rates vom 13. Juni 2007 zur Einführung eines europäischen Verfahrens für geringfügige Forderungen,
   d) nach Artikel 20 der Verordnung (EG) Nr. 1896/2006 des Europäischen Parlaments und des Rates vom 12. Dezember 2006 zur Einführung eines Europäischen Mahnverfahrens und
   e) nach Artikel 19 der Verordnung (EG) Nr. 4/2009 über die Zuständigkeit, das anwendbare Recht, die Anerkennung und Vollstreckung von Entscheidungen und die Zusammenarbeit in Unterhaltssachen;
6. die Berichtigung und Ergänzung der Entscheidung oder ihres Tatbestands;
7. die Mitwirkung bei der Erbringung der Sicherheitsleistung und das Verfahren wegen deren Rückgabe;
8. die für die Geltendmachung im Ausland vorgesehene Vervollständigung der Entscheidung und die Bezifferung eines dynamisierten Unterhaltstitels;
9. die Zustellung oder Empfangnahme von Entscheidungen oder Rechtsmittelschriften und ihre Mitteilung an den Auftraggeber, die Einwilligung zur Einlegung der Sprungrevision oder Sprungrechtsbeschwerde, der Antrag auf Entscheidung über die Verpflichtung, die Kosten zu tragen, die nachträgliche Vollstreckbarerklärung eines Urteils auf besonderen Antrag, die Erteilung des Notfrist- und des Rechtskraftzeugnisses;
9a. die Ausstellung von Bescheinigungen, Bestätigungen oder Formblättern einschließlich deren Berichtigung, Aufhebung oder Widerruf nach
   a) § 1079 oder § 1110 der Zivilprozessordnung,
   b) § 39 Absatz 1 und § 48 des Internationalen Familienrechtsverfahrensgesetzes,
   c) § 57, § 58 oder § 59 des Anerkennungs- und Vollstreckungsausführungsgesetzes,
   d) § 14 des EU-Gewaltschutzverfahrensgesetzes,
   e) § 71 Absatz 1 des Auslandsunterhaltsgesetzes,
   f) § 27 des Internationalen Erbrechtsverfahrensgesetzes und
   g) § 27 des Internationalen Güterrechtsverfahrensgesetzes;

10. die Einlegung von Rechtsmitteln bei dem Gericht desselben Rechtszugs in Verfahren, in denen sich die Gebühren nach Teil 4, 5 oder 6 des Vergütungsverzeichnisses richten; die Einlegung des Rechtsmittels durch einen neuen Verteidiger gehört zum Rechtszug des Rechtsmittels;
10a. Beschwerdeverfahren, wenn sich die Gebühren nach Teil 4, 5 oder 6 des Vergütungsverzeichnisses richten und dort nichts anderes bestimmt ist oder keine besonderen Gebührentatbestände vorgesehen sind;
11. die vorläufige Einstellung, Beschränkung oder Aufhebung der Zwangsvollstreckung, wenn nicht eine abgesonderte mündliche Verhandlung hierüber stattfindet;
12. die einstweilige Einstellung oder Beschränkung der Vollstreckung und die Anordnung, dass Vollstreckungsmaßnahmen aufzuheben sind (§ 93 Absatz 1 des Gesetzes über das Verfahren in Familiensachen und in den Angelegenheiten der freiwilligen Gerichtsbarkeit), wenn nicht ein besonderer gerichtlicher Termin hierüber stattfindet;
13. die erstmalige Erteilung der Vollstreckungsklausel, wenn deswegen keine Klage erhoben wird;
14. die Kostenfestsetzung und die Einforderung der Vergütung;
15. (weggefallen)
16. die Zustellung eines Vollstreckungstitels, der Vollstreckungsklausel und der sonstigen in § 750 der Zivilprozessordnung genannten Urkunden und
17. die Herausgabe der Handakten oder ihre Übersendung an einen anderen Rechtsanwalt.

(2) Zu den in § 18 Absatz 1 Nummer 1 und 2 genannten Verfahren gehören ferner insbesondere
1. gerichtliche Anordnungen nach § 758a der Zivilprozessordnung sowie Beschlüsse nach §§ 90 und 91 Absatz 1 des Gesetzes über das Verfahren in Familiensachen und in den Angelegenheiten der freiwilligen Gerichtsbarkeit,
2. die Erinnerung nach § 766 der Zivilprozessordnung,
3. die Bestimmung eines Gerichtsvollziehers (§ 827 Absatz 1 und § 854 Absatz 1 der Zivilprozessordnung) oder eines Sequesters (§§ 848 und 855 der Zivilprozessordnung),
4. die Anzeige der Absicht, die Zwangsvollstreckung gegen eine juristische Person des öffentlichen Rechts zu betreiben,
5. die einer Verurteilung vorausgehende Androhung von Ordnungsgeld und
6. die Aufhebung einer Vollstreckungsmaßnahme.

§ 20 Verweisung, Abgabe

[1]Soweit eine Sache an ein anderes Gericht verwiesen oder abgegeben wird, sind die Verfahren vor dem verweisenden oder abgebenden und vor dem übernehmenden Gericht ein Rechtszug. [2]Wird eine Sache an ein Gericht eines niedrigeren Rechtszugs verwiesen oder abgegeben, ist das weitere Verfahren vor diesem Gericht ein neuer Rechtszug.

§ 21 Zurückverweisung, Fortführung einer Folgesache als selbständige Familiensache

(1) Soweit eine Sache an ein untergeordnetes Gericht zurückverwiesen wird, ist das weitere Verfahren vor diesem Gericht ein neuer Rechtszug.

(2) In den Fällen des § 146 des Gesetzes über das Verfahren in Familiensachen und in den Angelegenheiten der freiwilligen Gerichtsbarkeit, auch in Verbindung mit § 270 des Gesetzes über das Verfahren in Familiensachen und in den Angelegenheiten der freiwilligen Gerichtsbarkeit, bildet das weitere Verfahren vor dem Familiengericht mit dem früheren einen Rechtszug.

(3) Wird eine Folgesache als selbständige Familiensache fortgeführt, sind das fortgeführte Verfahren und das frühere Verfahren dieselbe Angelegenheit.

Abschnitt 4

Gegenstandswert

§ 22 Grundsatz

(1) In derselben Angelegenheit werden die Werte mehrerer Gegenstände zusammengerechnet.

(2) [1]Der Wert beträgt in derselben Angelegenheit höchstens 30 Millionen Euro, soweit durch Gesetz kein niedrigerer Höchstwert bestimmt ist. [2]Sind in derselben Angelegenheit mehrere Personen wegen verschiedener Gegenstände Auftraggeber, beträgt der Wert für jede Person höchstens 30 Millionen Euro, insgesamt jedoch nicht mehr als 100 Millionen Euro.

§ 23 Allgemeine Wertvorschrift

(1) [1]Soweit sich die Gerichtsgebühren nach dem Wert richten, bestimmt sich der Gegenstandswert im gerichtlichen Verfahren nach den für die Gerichtsgebühren geltenden Wertvorschriften. [2]In Verfahren, in denen Kosten nach dem Gerichtskostengesetz oder dem Gesetz über Gerichtskosten in Familiensachen

erhoben werden, sind die Wertvorschriften des jeweiligen Kostengesetzes entsprechend anzuwenden, wenn für das Verfahren keine Gerichtsgebühr oder eine Festgebühr bestimmt ist. [3]Diese Wertvorschriften gelten auch entsprechend für die Tätigkeit außerhalb eines gerichtlichen Verfahrens, wenn der Gegenstand der Tätigkeit auch Gegenstand eines gerichtlichen Verfahrens sein könnte. [4]§ 22 Absatz 2 Satz 2 bleibt unberührt.

(2) [1]In Beschwerdeverfahren, in denen Gerichtsgebühren unabhängig vom Ausgang des Verfahrens nicht erhoben werden oder sich nicht nach dem Wert richten, ist der Wert unter Berücksichtigung des Interesses des Beschwerdeführers nach Absatz 3 Satz 2 zu bestimmen, soweit sich aus diesem Gesetz nichts anderes ergibt. [2]Der Gegenstandswert ist durch den Wert des zugrunde liegenden Verfahrens begrenzt. [3]In Verfahren über eine Erinnerung oder eine Rüge wegen Verletzung des rechtlichen Gehörs richtet sich der Wert nach den für Beschwerdeverfahren geltenden Vorschriften.

(3) [1]Soweit sich aus diesem Gesetz nichts anderes ergibt, gelten in anderen Angelegenheiten für den Gegenstandswert die Bewertungsvorschriften des Gerichts- und Notarkostengesetzes und die §§ 37, 38, 42 bis 45 sowie 99 bis 102 des Gerichts- und Notarkostengesetzes entsprechend. [2]Soweit sich der Gegenstandswert aus diesen Vorschriften nicht ergibt und auch sonst nicht feststeht, ist er nach billigem Ermessen zu bestimmen; in Ermangelung genügender tatsächlicher Anhaltspunkte für eine Schätzung und bei nichtvermögensrechtlichen Gegenständen ist der Gegenstandswert mit 5000 Euro, nach Lage des Falles niedriger oder höher, jedoch nicht über 500 000 Euro anzunehmen.

§ 23a Gegenstandswert im Verfahren über die Prozesskostenhilfe

(1) Im Verfahren über die Bewilligung der Prozesskostenhilfe oder die Aufhebung der Bewilligung nach § 124 Absatz 1 Nummer 1 der Zivilprozessordnung bestimmt sich der Gegenstandswert nach dem für die Hauptsache maßgebenden Wert; im Übrigen ist er nach dem Kosteninteresse nach billigem Ermessen zu bestimmen.

(2) Der Wert nach Absatz 1 und der Wert für das Verfahren, für das die Prozesskostenhilfe beantragt worden ist, werden nicht zusammengerechnet.

§ 23b Gegenstandswert im Musterverfahren nach dem Kapitalanleger-Musterverfahrensgesetz

Im Musterverfahren nach dem Kapitalanleger-Musterverfahrensgesetz bestimmt sich der Gegenstandswert nach der Höhe des von dem Auftraggeber oder gegen diesen im Ausgangsverfahren geltend gemachten Anspruchs, soweit dieser Gegenstand des Musterverfahrens ist.

§ 23c Gegenstandswert im Umsetzungsverfahren nach dem Verbraucherrechtedurchsetzungsgesetz

Der Gegenstandswert im Umsetzungsverfahren nach dem Verbraucherrechtedurchsetzungsgesetz ist unter Berücksichtigung des wirtschaftlichen Interesses, das der Auftraggeber im Verfahren verfolgt, nach § 23 Absatz 3 Satz 2 zu bestimmen.

§ 24 Gegenstandswert im Sanierungs- und Reorganisationsverfahren nach dem Kreditinstitute-Reorganisationsgesetz

Ist der Auftrag im Sanierungs- und Reorganisationsverfahren von einem Gläubiger erteilt, bestimmt sich der Wert nach dem Nennwert der Forderung.

§ 25 Gegenstandswert in der Vollstreckung und bei der Vollziehung

(1) In der Zwangsvollstreckung, in der Vollstreckung, in Verfahren des Verwaltungszwangs und bei der Vollziehung eines Arrests oder einer einstweiligen Verfügung bestimmt sich der Gegenstandswert

1. nach dem Betrag der zu vollstreckenden Geldforderung einschließlich der Nebenforderungen; soll ein bestimmter Gegenstand gepfändet werden und hat dieser einen geringeren Wert, ist der geringere Wert maßgebend; wird künftig fällig werdendes Arbeitseinkommen nach § 850d Absatz 3 der Zivilprozessordnung gepfändet, sind die noch nicht fälligen Ansprüche nach § 51 Absatz 1 Satz 1 des Gesetzes über Gerichtskosten in Familiensachen und § 9 der Zivilprozessordnung zu bewerten; im Verteilungsverfahren (§ 858 Absatz 5, §§ 872 bis 877 und 882 der Zivilprozessordnung) ist höchstens der zu verteilende Geldbetrag maßgebend;
2. nach dem Wert der herauszugebenden oder zu leistenden Sachen; der Gegenstandswert darf jedoch den Wert nicht übersteigen, mit dem der Herausgabe- oder Räumungsanspruch nach den für die Berechnung von Gerichtskosten maßgeblichen Vorschriften zu bewerten ist;
3. nach dem Wert, den die zu erwirkende Handlung, Duldung oder Unterlassung für den Gläubiger hat, und
4. in Verfahren über die Erteilung der Vermögensauskunft (§ 802c der Zivilprozessordnung) sowie in Verfahren über die Einholung von Auskünften Dritter über das Vermögen des Schuldners (§ 802l

der Zivilprozessordnung) nach dem Betrag, der einschließlich der Nebenforderungen aus dem Vollstreckungstitel noch geschuldet wird; der Wert beträgt jedoch höchstens 2000 Euro.

(2) In Verfahren über Anträge des Schuldners ist der Wert nach dem Interesse des Antragstellers nach billigem Ermessen zu bestimmen.

§ 26 Gegenstandswert in der Zwangsversteigerung

In der Zwangsversteigerung bestimmt sich der Gegenstandswert

1. bei der Vertretung des Gläubigers oder eines anderen nach § 9 Nummer 1 und 2 des Gesetzes über die Zwangsversteigerung und die Zwangsverwaltung Beteiligten nach dem Wert des dem Gläubiger oder dem Beteiligten zustehenden Rechts; wird das Verfahren wegen einer Teilforderung betrieben, ist der Teilbetrag nur maßgebend, wenn es sich um einen nach § 10 Absatz 1 Nummer 5 des Gesetzes über die Zwangsversteigerung und die Zwangsverwaltung zu befriedigenden Anspruch handelt; Nebenforderungen sind mitzurechnen; der Wert des Gegenstands der Zwangsversteigerung (§ 66 Absatz 1, § 74a Absatz 5 des Gesetzes über die Zwangsversteigerung und die Zwangsverwaltung), im Verteilungsverfahren der zur Verteilung kommende Erlös, sind maßgebend, wenn sie geringer sind;
2. bei der Vertretung eines anderen Beteiligten, insbesondere des Schuldners, nach dem Wert des Gegenstands der Zwangsversteigerung, im Verteilungsverfahren nach dem zur Verteilung kommenden Erlös; bei Miteigentümern oder sonstigen Mitberechtigten ist der Anteil maßgebend;
3. bei der Vertretung eines Bieters, der nicht Beteiligter ist, nach dem Betrag des höchsten für den Auftraggeber abgegebenen Gebots, wenn ein solches Gebot nicht abgegeben ist, nach dem Wert des Gegenstands der Zwangsversteigerung.

§ 27 Gegenstandswert in der Zwangsverwaltung

[1]In der Zwangsverwaltung bestimmt sich der Gegenstandswert bei der Vertretung des Antragstellers nach dem Anspruch, wegen dessen das Verfahren beantragt ist; Nebenforderungen sind mitzurechnen; bei Ansprüchen auf wiederkehrende Leistungen ist der Wert der Leistungen eines Jahres maßgebend. [2]Bei der Vertretung des Schuldners bestimmt sich der Gegenstandswert nach dem zusammengerechneten Wert aller Ansprüche, wegen derer das Verfahren beantragt ist, bei der Vertretung eines sonstigen Beteiligten nach § 23 Absatz 3 Satz 2.

§ 28 Gegenstandswert im Insolvenzverfahren

(1) [1]Die Gebühren der Nummern 3313, 3317 sowie im Fall der Beschwerde gegen den Beschluss über die Eröffnung des Insolvenzverfahrens der Nummern 3500 und 3513 des Vergütungsverzeichnisses werden, wenn der Auftrag vom Schuldner erteilt ist, nach dem Wert der Insolvenzmasse (§ 58 des Gerichtskostengesetzes) berechnet. [2]Im Fall der Nummer 3313 des Vergütungsverzeichnisses beträgt der Gegenstandswert jedoch mindestens 4000 Euro.

(2) [1]Ist der Auftrag von einem Insolvenzgläubiger erteilt, werden die in Absatz 1 genannten Gebühren und die Gebühr nach Nummer 3314 nach dem Nennwert der Forderung berechnet. [2]Nebenforderungen sind mitzurechnen.

(3) Im Übrigen ist der Gegenstandswert im Insolvenzverfahren unter Berücksichtigung des wirtschaftlichen Interesses, das der Auftraggeber im Verfahren verfolgt, nach § 23 Absatz 3 Satz 2 zu bestimmen.

§ 29 Gegenstandswert im Verteilungsverfahren nach der Schifffahrtsrechtlichen Verteilungsordnung

Im Verfahren nach der Schifffahrtsrechtlichen Verteilungsordnung gilt § 28 entsprechend mit der Maßgabe, dass an die Stelle des Werts der Insolvenzmasse die festgesetzte Haftungssumme tritt.

§ 29a Gegenstandswert in Verfahren nach dem Unternehmensstabilisierungs- und -restrukturierungsgesetz

Der Gegenstandswert in Verfahren nach dem Unternehmensstabilisierungs- und -restrukturierungsgesetz ist unter Berücksichtigung des wirtschaftlichen Interesses, das der Auftraggeber im Verfahren verfolgt, nach § 23 Absatz 3 Satz 2 zu bestimmen.

§ 30 Gegenstandswert in gerichtlichen Verfahren nach dem Asylgesetz

(1) [1]In Klageverfahren nach dem Asylgesetz beträgt der Gegenstandswert 5000 Euro, in den Fällen des § 77 Absatz 4 Satz 1 des Asylgesetzes 10 000 Euro, in Verfahren des vorläufigen Rechtsschutzes 2500 Euro. [2]Sind mehrere natürliche Personen an demselben Verfahren beteiligt, erhöht sich der Wert für jede weitere Person in Klageverfahren um 1000 Euro und in Verfahren des vorläufigen Rechtsschutzes um 500 Euro.

(2) Ist der nach Absatz 1 bestimmte Wert nach den besonderen Umständen des Einzelfalls unbillig, kann das Gericht einen höheren oder einen niedrigeren Wert festsetzen.

§ 31 Gegenstandswert in gerichtlichen Verfahren nach dem Spruchverfahrensgesetz

(1) [1]Vertritt der Rechtsanwalt im Verfahren nach dem Spruchverfahrensgesetz einen von mehreren Antragstellern, bestimmt sich der Gegenstandswert nach dem Bruchteil des für die Gerichtsgebühren geltenden Geschäftswerts, der sich aus dem Verhältnis der Anzahl der Anteile des Auftraggebers zu der Gesamtzahl der Anteile aller Antragsteller ergibt. [2]Maßgeblicher Zeitpunkt für die Bestimmung der auf die einzelnen Antragsteller entfallenden Anzahl der Anteile ist der jeweilige Zeitpunkt der Antragstellung. [3]Ist die Anzahl der auf einen Antragsteller entfallenden Anteile nicht gerichtsbekannt, wird vermutet, dass er lediglich einen Anteil hält. [4]Der Wert beträgt mindestens 5000 Euro.
(2) Wird der Rechtsanwalt von mehreren Antragstellern beauftragt, sind die auf die einzelnen Antragsteller entfallenden Werte zusammenzurechnen; Nummer 1008 des Vergütungsverzeichnisses ist insoweit nicht anzuwenden.

§ 31a Ausschlussverfahren nach dem Wertpapiererwerbs- und Übernahmegesetz

[1]Vertritt der Rechtsanwalt im Ausschlussverfahren nach § 39b des Wertpapiererwerbs- und Übernahmegesetzes einen Antragsgegner, bestimmt sich der Gegenstandswert nach dem Wert der Aktien, die dem Auftraggeber im Zeitpunkt der Antragstellung gehören. [2]§ 31 Absatz 1 Satz 2 bis 4 und Absatz 2 gilt entsprechend.

§ 31b Gegenstandswert bei Zahlungsvereinbarungen

Ist Gegenstand der Einigung eine Zahlungsvereinbarung (Gebühr 1000 Nummer 2 des Vergütungsverzeichnisses), beträgt der Gegenstandswert 50 Prozent des Anspruchs.

§ 32 Wertfestsetzung für die Gerichtsgebühren

(1) Wird der für die Gerichtsgebühren maßgebende Wert gerichtlich festgesetzt, ist die Festsetzung auch für die Gebühren des Rechtsanwalts maßgebend.
(2) [1]Der Rechtsanwalt kann aus eigenem Recht die Festsetzung des Werts beantragen und Rechtsmittel gegen die Festsetzung einlegen. [2]Rechtsbehelfe, die gegeben sind, wenn die Wertfestsetzung unterblieben ist, kann er aus eigenem Recht einlegen.

§ 33 Wertfestsetzung für die Rechtsanwaltsgebühren

(1) Berechnen sich die Gebühren in einem gerichtlichen Verfahren nicht nach dem für die Gerichtsgebühren maßgebenden Wert oder fehlt es an einem solchen Wert, setzt das Gericht des Rechtszugs den Wert des Gegenstands der anwaltlichen Tätigkeit auf Antrag durch Beschluss selbstständig fest.
(2) [1]Der Antrag ist erst zulässig, wenn die Vergütung fällig ist. [2]Antragsberechtigt sind der Rechtsanwalt, der Auftraggeber, ein erstattungspflichtiger Gegner und in den Fällen des § 45 die Staatskasse.
(3) [1]Gegen den Beschluss nach Absatz 1 können die Antragsberechtigten Beschwerde einlegen, wenn der Wert des Beschwerdegegenstands 200 Euro übersteigt. [2]Die Beschwerde ist auch zulässig, wenn sie das Gericht, das die angefochtene Entscheidung erlassen hat, wegen der grundsätzlichen Bedeutung der zur Entscheidung stehenden Frage in dem Beschluss zulässt. [3]Die Beschwerde ist nur zulässig, wenn sie innerhalb von zwei Wochen nach Zustellung der Entscheidung eingelegt wird.
(4) [1]Soweit das Gericht die Beschwerde für zulässig und begründet hält, hat es ihr abzuhelfen; im Übrigen ist die Beschwerde unverzüglich dem Beschwerdegericht vorzulegen. [2]Beschwerdegericht ist das nächsthöhere Gericht, in Zivilsachen der in § 119 Absatz 1 Nummer 1 des Gerichtsverfassungsgesetzes bezeichneten Art jedoch das Oberlandesgericht. [3]Eine Beschwerde an einen obersten Gerichtshof des Bundes findet nicht statt. [4]Das Beschwerdegericht ist an die Zulassung der Beschwerde gebunden; die Nichtzulassung ist unanfechtbar.
(5) [1]War der Beschwerdeführer ohne sein Verschulden verhindert, die Frist einzuhalten, ist ihm auf Antrag von dem Gericht, das über die Beschwerde zu entscheiden hat, Wiedereinsetzung in den vorigen Stand zu gewähren, wenn er die Beschwerde binnen zwei Wochen nach der Beseitigung des Hindernisses einlegt und die Tatsachen, welche die Wiedereinsetzung begründen, glaubhaft macht. [2]Ein Fehlen des Verschuldens wird vermutet, wenn eine Rechtsbehelfsbelehrung unterblieben oder fehlerhaft ist. [3]Nach Ablauf eines Jahres, von dem Ende der versäumten Frist an gerechnet, kann die Wiedereinsetzung nicht mehr beantragt werden. [4]Gegen die Ablehnung der Wiedereinsetzung findet die Beschwerde statt. [5]Sie ist nur zulässig, wenn sie innerhalb von zwei Wochen eingelegt wird. [6]Die Frist beginnt mit der Zustellung der Entscheidung. [7]Absatz 4 Satz 1 bis 3 gilt entsprechend.
(6) [1]Die weitere Beschwerde ist nur zulässig, wenn das Landgericht als Beschwerdegericht entschieden und sie wegen der grundsätzlichen Bedeutung der zur Entscheidung stehenden Frage in dem Beschluss zugelassen hat. [2]Sie kann nur darauf gestützt werden, dass die Entscheidung auf einer Verletzung des Rechts beruht; die §§ 546 und 547 der Zivilprozessordnung gelten entsprechend. [3]Über die weitere Be-

schwerde entscheidet das Oberlandesgericht. [4]Absatz 3 Satz 3, Absatz 4 Satz 1 und 4 und Absatz 5 gelten entsprechend.

(7) [1]Anträge und Erklärungen können ohne Mitwirkung eines Bevollmächtigten schriftlich eingereicht oder zu Protokoll der Geschäftsstelle abgegeben werden; § 129a der Zivilprozessordnung gilt entsprechend. [2]Für die Bevollmächtigung gelten die Regelungen der für das zugrunde liegende Verfahren geltenden Verfahrensordnung entsprechend. [3]Die Beschwerde ist bei dem Gericht einzulegen, dessen Entscheidung angefochten wird.

(8) [1]Das Gericht entscheidet über den Antrag durch eines seiner Mitglieder als Einzelrichter; dies gilt auch für die Beschwerde, wenn die angefochtene Entscheidung von einem Einzelrichter oder einem Rechtspfleger erlassen wurde. [2]Der Einzelrichter überträgt das Verfahren der Kammer oder dem Senat, wenn die Sache besondere Schwierigkeiten tatsächlicher oder rechtlicher Art aufweist oder die Rechtssache grundsätzliche Bedeutung hat. [3]Das Gericht entscheidet jedoch immer ohne Mitwirkung ehrenamtlicher Richter. [4]Auf eine erfolgte oder unterlassene Übertragung kann ein Rechtsmittel nicht gestützt werden.

(9) [1]Das Verfahren über den Antrag ist gebührenfrei. [2]Kosten werden nicht erstattet; dies gilt auch im Verfahren über die Beschwerde.

Abschnitt 5
Außergerichtliche Beratung und Vertretung

§ 34 Beratung, Gutachten und Mediation

(1) [1]Für einen mündlichen oder schriftlichen Rat oder eine Auskunft (Beratung), die nicht mit einer anderen gebührenpflichtigen Tätigkeit zusammenhängen, für die Ausarbeitung eines schriftlichen Gutachtens und für die Tätigkeit als Mediator soll der Rechtsanwalt auf eine Gebührenvereinbarung hinwirken, soweit in Teil 2 Abschnitt 1 des Vergütungsverzeichnisses keine Gebühren bestimmt sind. [2]Wenn keine Vereinbarung getroffen worden ist, erhält der Rechtsanwalt Gebühren nach den Vorschriften des bürgerlichen Rechts. [3]Ist im Fall des Satzes 2 der Auftraggeber Verbraucher, beträgt die Gebühr für die Beratung oder für die Ausarbeitung eines schriftlichen Gutachtens jeweils höchstens 250 Euro; § 14 Absatz 1 gilt entsprechend; für ein erstes Beratungsgespräch beträgt die Gebühr jedoch höchstens 190 Euro.

(2) Wenn nichts anderes vereinbart ist, ist die Gebühr für die Beratung auf eine Gebühr für eine sonstige Tätigkeit, die mit der Beratung zusammenhängt, anzurechnen.

§ 35 Hilfeleistung in Steuersachen

(1) Für die Hilfeleistung bei der Erfüllung allgemeiner Steuerpflichten und bei der Erfüllung steuerlicher Buchführungs- und Aufzeichnungspflichten gelten die §§ 23 bis 39 der Steuerberatervergütungsverordnung in Verbindung mit den §§ 10 und 13 der Steuerberatervergütungsverordnung entsprechend.

(2) [1]Sieht dieses Gesetz die Anrechnung einer Geschäftsgebühr auf eine andere Gebühr vor, stehen die Gebühren nach den §§ 23, 24 und 31 der Steuerberatervergütungsverordnung, bei mehreren Gebühren deren Summe, einer Geschäftsgebühr nach Teil 2 des Vergütungsverzeichnisses gleich. [2]Bei der Ermittlung des Höchstbetrags des anzurechnenden Teils der Geschäftsgebühr ist der Gegenstandswert derjenigen Gebühr zugrunde zu legen, auf die angerechnet wird.

§ 36 Schiedsrichterliche Verfahren und Verfahren vor dem Schiedsgericht

(1) Teil 3 Abschnitt 1, 2 und 4 des Vergütungsverzeichnisses ist auf die folgenden außergerichtlichen Verfahren entsprechend anzuwenden:

1. schiedsrichterliche Verfahren nach Buch 10 der Zivilprozessordnung und
2. Verfahren vor dem Schiedsgericht (§ 104 des Arbeitsgerichtsgesetzes).

(2) Im Verfahren nach Absatz 1 Nummer 1 erhält der Rechtsanwalt die Terminsgebühr auch, wenn der Schiedsspruch ohne mündliche Verhandlung erlassen wird.

Abschnitt 6
Gerichtliche Verfahren

§ 37 Verfahren vor den Verfassungsgerichten

(1) Die Vorschriften für die Revision in Teil 4 Abschnitt 1 Unterabschnitt 3 des Vergütungsverzeichnisses gelten entsprechend in folgenden Verfahren vor dem Bundesverfassungsgericht oder dem Verfassungsgericht (Verfassungsgerichtshof, Staatsgerichtshof) eines Landes:

1. Verfahren über die Verwirkung von Grundrechten, den Verlust des Stimmrechts, den Ausschluss von Wahlen und Abstimmungen,
2. Verfahren über die Verfassungswidrigkeit von Parteien,

3. Verfahren über Anklagen gegen den Bundespräsidenten, gegen ein Regierungsmitglied eines Landes oder gegen einen Abgeordneten oder Richter und
4. Verfahren über sonstige Gegenstände, die in einem dem Strafprozess ähnlichen Verfahren behandelt werden.

(2) [1]In sonstigen Verfahren vor dem Bundesverfassungsgericht oder dem Verfassungsgericht eines Landes gelten die Vorschriften in Teil 3 Abschnitt 2 Unterabschnitt 2 des Vergütungsverzeichnisses entsprechend. [2]Der Gegenstandswert ist unter Berücksichtigung der in § 14 Absatz 1 genannten Umstände nach billigem Ermessen zu bestimmen; er beträgt mindestens 5000 Euro.

§ 38 Verfahren vor dem Gerichtshof der Europäischen Gemeinschaften

(1) [1]In Vorabentscheidungsverfahren vor dem Gerichtshof der Europäischen Gemeinschaften gelten die Vorschriften in Teil 3 Abschnitt 2 Unterabschnitt 2 des Vergütungsverzeichnisses entsprechend. [2]Der Gegenstandswert bestimmt sich nach den Wertvorschriften, die für die Gerichtsgebühren des Verfahrens gelten, in dem vorgelegt wird. [3]Das vorlegende Gericht setzt den Gegenstandswert auf Antrag durch Beschluss fest. [4]§ 33 Absatz 2 bis 9 gilt entsprechend.

(2) Ist in einem Verfahren, in dem sich die Gebühren nach Teil 4, 5 oder 6 des Vergütungsverzeichnisses richten, vorgelegt worden, sind in dem Vorabentscheidungsverfahren die Nummern 4130 und 4132 des Vergütungsverzeichnisses entsprechend anzuwenden.

(3) Die Verfahrensgebühr des Verfahrens, in dem vorgelegt worden ist, wird auf die Verfahrensgebühr des Verfahrens vor dem Gerichtshof der Europäischen Gemeinschaften angerechnet, wenn nicht eine im Verfahrensrecht vorgesehene schriftliche Stellungnahme gegenüber dem Gerichtshof der Europäischen Gemeinschaften abgegeben wird.

§ 38a Verfahren vor dem Europäischen Gerichtshof für Menschenrechte

[1]In Verfahren vor dem Europäischen Gerichtshof für Menschenrechte gelten die Vorschriften in Teil 3 Abschnitt 2 Unterabschnitt 2 des Vergütungsverzeichnisses entsprechend. [2]Der Gegenstandswert ist unter Berücksichtigung der in § 14 Absatz 1 genannten Umstände nach billigem Ermessen zu bestimmen; er beträgt mindestens 5000 Euro.

§ 39 Von Amts wegen beigeordneter Rechtsanwalt

(1) Der Rechtsanwalt, der nach § 138 des Gesetzes über das Verfahren in Familiensachen und in den Angelegenheiten der freiwilligen Gerichtsbarkeit, auch in Verbindung mit § 270 des Gesetzes über das Verfahren in Familiensachen und in den Angelegenheiten der freiwilligen Gerichtsbarkeit, dem Antragsgegner beigeordnet ist, kann von diesem die Vergütung eines zum Prozessbevollmächtigten bestellten Rechtsanwalts und einen Vorschuss verlangen.

(2) Der Rechtsanwalt, der nach § 109 Absatz 3 oder § 119a Absatz 6 des Strafvollzugsgesetzes einer Person beigeordnet ist, kann von dieser die Vergütung eines zum Verfahrensbevollmächtigten bestellten Rechtsanwalts und einen Vorschuss verlangen.

§ 40 Als gemeinsamer Vertreter bestellter Rechtsanwalt

Der Rechtsanwalt kann von den Personen, für die er nach § 67a Absatz 1 Satz 2 der Verwaltungsgerichtsordnung bestellt ist, die Vergütung eines von mehreren Auftraggebern zum Prozessbevollmächtigten bestellten Rechtsanwalts und einen Vorschuss verlangen.

§ 41 Besonderer Vertreter

[1]Der Rechtsanwalt, der nach § 57 oder § 58 der Zivilprozessordnung, § 118e der Bundesrechtsanwaltsordnung, § 103b der Patentanwaltsordnung oder § 111c des Steuerberatungsgesetzes als besonderer Vertreter bestellt ist, kann von dem Vertretenen die Vergütung eines zum Prozessbevollmächtigten oder zum Verteidiger gewählten Rechtsanwalts verlangen. [2]Er kann von diesem keinen Vorschuss fordern. [3]§ 126 der Zivilprozessordnung ist entsprechend anzuwenden.

§ 41a Vertreter des Musterklägers

(1) [1]Für das erstinstanzliche Musterverfahren nach dem Kapitalanleger-Musterverfahrensgesetz kann das Oberlandesgericht dem Rechtsanwalt, der den Musterkläger vertritt, auf Antrag eine besondere Gebühr bewilligen, wenn sein Aufwand im Vergleich zu dem Aufwand der Vertreter der beigeladenen Kläger höher ist. [2]Bei der Bemessung der Gebühr sind der Mehraufwand sowie der Vorteil und die Bedeutung für die beigeladenen Kläger zu berücksichtigen. [3]Die Gebühr darf eine Gebühr mit einem Gebührensatz von 0,3 nach § 13 Absatz 1 nicht überschreiten. [4]Hierbei ist als Wert die Summe der in sämtlichen nach § 10 des Kapitalanleger-Musterverfahrensgesetzes ausgesetzten Verfahren geltend gemachten Ansprüche zugrunde zu legen, soweit diese Ansprüche von den Feststellungszielen des Musterverfahrens betroffen

sind, höchstens jedoch 30 Millionen Euro. [5]Der Vergütungsanspruch gegen den Auftraggeber bleibt unberührt.

(2) [1]Der Antrag ist spätestens vor dem Schluss der mündlichen Verhandlung zu stellen. [2]Der Antrag und ergänzende Schriftsätze werden entsprechend § 16 Absatz 2 des Kapitalanleger-Musterverfahrensgesetzes bekannt gegeben. [3]Mit der Bekanntmachung ist eine Frist zur Erklärung zu setzen. [4]Die Landeskasse ist nicht zu hören.

(3) [1]Die Entscheidung kann mit dem Musterentscheid getroffen werden. [2]Die Entscheidung ist dem Musterkläger, den Musterbeklagten, den Beigeladenen sowie dem Rechtsanwalt mitzuteilen. [3]Die Mitteilung kann durch öffentliche Bekanntmachung im Musterverfahrensregister ersetzt werden. [4]Die Entscheidung ist unanfechtbar.

(4) [1]Die Gebühr ist einschließlich der anfallenden Umsatzsteuer aus der Landeskasse zu zahlen. [2]Ein Vorschuss kann nicht gefordert werden.

Abschnitt 7

Straf- und Bußgeldsachen sowie bestimmte sonstige Verfahren

§ 42 Feststellung einer Pauschgebühr

(1) [1]In Strafsachen, gerichtlichen Bußgeldsachen, Verfahren nach dem Gesetz über die internationale Rechtshilfe in Strafsachen, in Verfahren nach dem Deutsch-Schweizerischer-Polizeivertrag-Umsetzungsgesetz, in Verfahren nach dem IStGH-Gesetz, in Freiheitsentziehungs- und Unterbringungssachen sowie in Verfahren nach § 151 Nummer 6 und 7 des Gesetzes über das Verfahren in Familiensachen und in den Angelegenheiten der freiwilligen Gerichtsbarkeit stellt das Oberlandesgericht, zu dessen Bezirk das Gericht des ersten Rechtszugs gehört, auf Antrag des Rechtsanwalts eine Pauschgebühr für das ganze Verfahren oder für einzelne Verfahrensabschnitte durch unanfechtbaren Beschluss fest, wenn die in den Teilen 4 bis 6 des Vergütungsverzeichnisses bestimmten Gebühren eines Wahlanwalts wegen des besonderen Umfangs oder der besonderen Schwierigkeit nicht zumutbar sind. [2]Dies gilt nicht, soweit Wertgebühren entstehen. [3]Beschränkt sich die Feststellung auf einzelne Verfahrensabschnitte, sind die Gebühren nach dem Vergütungsverzeichnis, an deren Stelle die Pauschgebühr treten soll, zu bezeichnen. [4]Die Pauschgebühr darf das Doppelte der für die Gebühren eines Wahlanwalts geltenden Höchstbeträge nach den Teilen 4 bis 6 des Vergütungsverzeichnisses nicht übersteigen. [5]Für den Rechtszug, in dem der Bundesgerichtshof für das Verfahren zuständig ist, ist er auch für die Entscheidung über den Antrag zuständig.

(2) [1]Der Antrag ist zulässig, wenn die Entscheidung über die Kosten des Verfahrens rechtskräftig ist. [2]Der gerichtlich bestellte oder beigeordnete Rechtsanwalt kann den Antrag nur unter den Voraussetzungen des § 52 Absatz 1 Satz 1, Absatz 2, auch in Verbindung mit § 53 Absatz 1, stellen. [3]Der Auftraggeber, in den Fällen des § 52 Absatz 1 Satz 1 der Beschuldigte, ferner die Staatskasse und andere Beteiligte, wenn ihnen die Kosten des Verfahrens ganz oder zum Teil auferlegt worden sind, sind zu hören.

(3) [1]Der Senat des Oberlandesgerichts ist mit einem Richter besetzt. [2]Der Richter überträgt die Sache dem Senat in der Besetzung mit drei Richtern, wenn es zur Sicherung einer einheitlichen Rechtsprechung geboten ist.

(4) Die Feststellung ist für das Kostenfestsetzungsverfahren, das Vergütungsfestsetzungsverfahren (§ 11) und für einen Rechtsstreit des Rechtsanwalts auf Zahlung der Vergütung bindend.

(5) [1]Die Absätze 1 bis 4 gelten im Bußgeldverfahren vor der Verwaltungsbehörde entsprechend. [2]Über den Antrag entscheidet die Verwaltungsbehörde. [3]Gegen die Entscheidung kann gerichtliche Entscheidung beantragt werden. [4]Für das Verfahren gilt § 62 des Gesetzes über Ordnungswidrigkeiten.

§ 43 Abtretung des Kostenerstattungsanspruchs

[1]Tritt der Beschuldigte oder der Betroffene den Anspruch gegen die Staatskasse auf Erstattung von Anwaltskosten als notwendige Auslagen an den Rechtsanwalt ab, ist eine von der Staatskasse gegenüber dem Beschuldigten oder dem Betroffenen erklärte Aufrechnung insoweit unwirksam, als sie den Anspruch des Rechtsanwalts vereiteln oder beeinträchtigen würde. [2]Dies gilt jedoch nur, wenn zum Zeitpunkt der Aufrechnung eine Urkunde über die Abtretung oder eine Anzeige des Beschuldigten oder des Betroffenen über die Abtretung in den Akten vorliegt.

Abschnitt 8

Beigeordneter oder bestellter Rechtsanwalt, Beratungshilfe

§ 44 Vergütungsanspruch bei Beratungshilfe

[1]Für die Tätigkeit im Rahmen der Beratungshilfe erhält der Rechtsanwalt eine Vergütung nach diesem Gesetz aus der Landeskasse, soweit nicht für die Tätigkeit in Beratungsstellen nach § 3 Absatz 1 des

Beratungshilfegesetzes besondere Vereinbarungen getroffen sind. [2]Die Beratungshilfegebühr (Nummer 2500 des Vergütungsverzeichnisses) schuldet nur der Rechtsuchende.

§ 45 Vergütungsanspruch des beigeordneten oder bestellten Rechtsanwalts

(1) Der im Wege der Prozesskostenhilfe beigeordnete oder zum besonderen Vertreter im Sinne des § 41 bestellte Rechtsanwalt erhält, soweit in diesem Abschnitt nichts anderes bestimmt ist, die gesetzliche Vergütung in Verfahren vor Gerichten des Bundes aus der Bundeskasse, in Verfahren vor Gerichten eines Landes aus der Landeskasse.

(2) Der Rechtsanwalt, der nach § 138 des Gesetzes über das Verfahren in Familiensachen und in den Angelegenheiten der freiwilligen Gerichtsbarkeit, auch in Verbindung mit § 270 des Gesetzes über das Verfahren in Familiensachen und in den Angelegenheiten der freiwilligen Gerichtsbarkeit, nach § 109 Absatz 3 oder § 119a Absatz 6 des Strafvollzugsgesetzes beigeordnet oder nach § 67a Absatz 1 Satz 2 der Verwaltungsgerichtsordnung bestellt ist, kann eine Vergütung aus der Landeskasse verlangen, wenn der zur Zahlung Verpflichtete (§ 39 oder § 40) mit der Zahlung der Vergütung im Verzug ist.

(3) [1]Ist der Rechtsanwalt sonst gerichtlich bestellt oder beigeordnet worden, erhält er die Vergütung aus der Landeskasse, wenn ein Gericht des Landes den Rechtsanwalt bestellt oder beigeordnet hat, im Übrigen aus der Bundeskasse. [2]Hat zuerst ein Gericht des Bundes und sodann ein Gericht des Landes den Rechtsanwalt bestellt oder beigeordnet, zahlt die Bundeskasse die Vergütung, die der Rechtsanwalt während der Dauer der Bestellung oder Beiordnung durch das Gericht des Bundes verdient hat, die Landeskasse die dem Rechtsanwalt darüber hinaus zustehende Vergütung. [3]Dies gilt entsprechend, wenn zuerst ein Gericht des Landes und sodann ein Gericht des Bundes den Rechtsanwalt bestellt oder beigeordnet hat.

(4) [1]Wenn der Verteidiger von der Stellung eines Wiederaufnahmeantrags abrät, hat er einen Anspruch gegen die Staatskasse nur dann, wenn er nach § 364b Absatz 1 Satz 1 der Strafprozessordnung bestellt worden ist oder das Gericht die Feststellung nach § 364b Absatz 1 Satz 2 der Strafprozessordnung getroffen hat. [2]Dies gilt auch im gerichtlichen Bußgeldverfahren (§ 85 Absatz 1 des Gesetzes über Ordnungswidrigkeiten).

(5) [1]Absatz 3 ist im Bußgeldverfahren vor der Verwaltungsbehörde entsprechend anzuwenden. [2]An die Stelle des Gerichts tritt die Verwaltungsbehörde.

§ 46 Auslagen und Aufwendungen

(1) Auslagen, insbesondere Reisekosten, werden nicht vergütet, wenn sie zur sachgemäßen Durchführung der Angelegenheit nicht erforderlich waren.

(2) [1]Wenn das Gericht des Rechtszugs auf Antrag des Rechtsanwalts vor Antritt der Reise feststellt, dass eine Reise erforderlich ist, ist diese Feststellung für das Festsetzungsverfahren (§ 55) bindend. [2]Im Bußgeldverfahren vor der Verwaltungsbehörde tritt an die Stelle des Gerichts die Verwaltungsbehörde. [3]Für Aufwendungen (§ 670 des Bürgerlichen Gesetzbuchs) gelten Absatz 1 und die Sätze 1 und 2 entsprechend; die Höhe zu ersetzender Kosten für die Zuziehung eines Dolmetschers oder Übersetzers ist auf die nach dem Justizvergütungs- und -entschädigungsgesetz zu zahlenden Beträge beschränkt.

(3) [1]Auslagen, die durch Nachforschungen zur Vorbereitung eines Wiederaufnahmeverfahrens entstehen, für das die Vorschriften der Strafprozessordnung gelten, werden nur vergütet, wenn der Rechtsanwalt nach § 364b Absatz 1 Satz 1 der Strafprozessordnung bestellt worden ist oder wenn das Gericht die Feststellung nach § 364b Absatz 1 Satz 2 der Strafprozessordnung getroffen hat. [2]Dies gilt auch im gerichtlichen Bußgeldverfahren (§ 85 Absatz 1 des Gesetzes über Ordnungswidrigkeiten).

§ 47 Vorschuss

(1) [1]Wenn dem Rechtsanwalt wegen seiner Vergütung ein Anspruch gegen die Staatskasse zusteht, kann er für die entstandenen Gebühren und die entstandenen und voraussichtlich entstehenden Auslagen aus der Staatskasse einen angemessenen Vorschuss fordern. [2]Der Rechtsanwalt, der nach § 138 des Gesetzes über das Verfahren in Familiensachen und in den Angelegenheiten der freiwilligen Gerichtsbarkeit, auch in Verbindung mit § 270 des Gesetzes über das Verfahren in Familiensachen und in den Angelegenheiten der freiwilligen Gerichtsbarkeit, nach § 109 Absatz 3 oder § 119a Absatz 6 des Strafvollzugsgesetzes beigeordnet oder nach § 67a Absatz 1 Satz 2 der Verwaltungsgerichtsordnung bestellt ist, kann einen Vorschuss nur verlangen, wenn der zur Zahlung Verpflichtete (§ 39 oder § 40) mit der Zahlung des Vorschusses im Verzug ist.

(2) Bei Beratungshilfe kann der Rechtsanwalt aus der Staatskasse keinen Vorschuss fordern.

§ 48 Umfang des Anspruchs und der Beiordnung

(1) [1]Der Vergütungsanspruch gegen die Staatskasse ist auf die gesetzliche Vergütung gerichtet und bestimmt sich nach den Beschlüssen, durch die die Prozesskostenhilfe bewilligt und der Rechtsanwalt beigeordnet oder bestellt worden ist, soweit nichts anderes bestimmt ist. [2]Erstreckt sich die Beiordnung auf

den Abschluss eines Vertrags im Sinne der Nummer 1000 des Vergütungsverzeichnisses oder ist die Beiordnung oder die Bewilligung der Prozesskostenhilfe hierauf beschränkt, so umfasst der Anspruch alle gesetzlichen Gebühren und Auslagen, die durch die Tätigkeiten entstehen, die zur Herbeiführung der Einigung erforderlich sind.

(2) [1]In Angelegenheiten, in denen sich die Gebühren nach Teil 3 des Vergütungsverzeichnisses bestimmen und die Beiordnung eine Berufung, eine Beschwerde wegen des Hauptgegenstands, eine Revision oder eine Rechtsbeschwerde wegen des Hauptgegenstands betrifft, wird eine Vergütung aus der Staatskasse auch für die Rechtsverteidigung gegen ein Anschlussrechtsmittel und, wenn der Rechtsanwalt für die Erwirkung eines Arrests, einer einstweiligen Verfügung oder einer einstweiligen Anordnung beigeordnet ist, auch für deren Vollziehung oder Vollstreckung gewährt. [2]Dies gilt nicht, wenn der Beiordnungsbeschluss ausdrücklich etwas anderes bestimmt.

(3) [1]Die Beiordnung in einer Ehesache erstreckt sich im Fall des Abschlusses eines Vertrags im Sinne der Nummer 1000 des Vergütungsverzeichnisses auf alle mit der Herbeiführung der Einigung erforderlichen Tätigkeiten, soweit der Vertrag

1. den gegenseitigen Unterhalt der Ehegatten,
2. den Unterhalt gegenüber den Kindern im Verhältnis der Ehegatten zueinander,
3. die Sorge für die Person der gemeinschaftlichen minderjährigen Kinder,
4. die Regelung des Umgangs mit einem Kind,
5. die Rechtsverhältnisse an der Ehewohnung und den Haushaltsgegenständen,
6. die Ansprüche aus dem ehelichen Güterrecht oder
7. den Versorgungsausgleich

betrifft. [2]Satz 1 gilt im Fall der Beiordnung in Lebenspartnerschaftssachen nach § 269 Absatz 1 Nummer 1 und 2 des Gesetzes über das Verfahren in Familiensachen und in den Angelegenheiten der freiwilligen Gerichtsbarkeit entsprechend.

(4) [1]Die Beiordnung in Angelegenheiten, in denen nach § 3 Absatz 1 Betragsrahmengebühren entstehen, erstreckt sich auf Tätigkeiten ab dem Zeitpunkt der Beantragung der Prozesskostenhilfe, wenn vom Gericht nichts anderes bestimmt ist. [2]Die Beiordnung erstreckt sich ferner auf die gesamte Tätigkeit im Verfahren über die Prozesskostenhilfe einschließlich der vorbereitenden Tätigkeit.

(5) [1]In anderen Angelegenheiten, die mit dem Hauptverfahren nur zusammenhängen, erhält der für das Hauptverfahren beigeordnete Rechtsanwalt eine Vergütung aus der Staatskasse nur dann, wenn er ausdrücklich auch hierfür beigeordnet ist. [2]Dies gilt insbesondere für

1. die Zwangsvollstreckung, die Vollstreckung und den Verwaltungszwang;
2. das Verfahren über den Arrest, den Europäischen Beschluss zur vorläufigen Kontenpfändung, die einstweilige Verfügung und die einstweilige Anordnung;
3. das selbstständige Beweisverfahren;
4. das Verfahren über die Widerklage oder den Widerantrag, ausgenommen die Rechtsverteidigung gegen den Widerantrag in Ehesachen und in Lebenspartnerschaftssachen nach § 269 Absatz 1 Nummer 1 und 2 des Gesetzes über das Verfahren in Familiensachen und in den Angelegenheiten der freiwilligen Gerichtsbarkeit.

(6) [1]Wird der Rechtsanwalt in Angelegenheiten nach den Teilen 4 bis 6 des Vergütungsverzeichnisses im ersten Rechtszug bestellt oder beigeordnet, erhält er die Vergütung auch für seine Tätigkeit vor dem Zeitpunkt seiner Bestellung, in Strafsachen einschließlich seiner Tätigkeit vor Erhebung der öffentlichen Klage und in Bußgeldsachen einschließlich der Tätigkeit vor der Verwaltungsbehörde. [2]Wird der Rechtsanwalt in einem späteren Rechtszug beigeordnet, erhält er seine Vergütung in diesem Rechtszug auch für seine Tätigkeit vor dem Zeitpunkt seiner Bestellung. [3]Werden Verfahren verbunden und ist der Rechtsanwalt nicht in allen Verfahren bestellt oder beigeordnet, kann das Gericht die Wirkungen des Satzes 1 auch auf diejenigen Verfahren erstrecken, in denen vor der Verbindung keine Beiordnung oder Bestellung erfolgt war.

§ 49 Wertgebühren aus der Staatskasse

Bestimmen sich die Gebühren nach dem Gegenstandswert, werden bei einem Gegenstandswert von mehr als 4000 Euro anstelle der Gebühr nach § 13 Absatz 1 folgende Gebühren vergütet:

Gegenstandswert bis … Euro	Gebühr … Euro	Gegenstandswert bis … Euro	Gebühr … Euro
5 000	284	22 000	399
6 000	295	25 000	414
7 000	306	30 000	453

Gegenstandswert bis … Euro	Gebühr … Euro	Gegenstandswert bis … Euro	Gebühr … Euro
8 000	317	35 000	492
9 000	328	40 000	531
10 000	339	45 000	570
13 000	354	50 000	609
16 000	369	über	
19 000	384	50 000	659

§ 50 Weitere Vergütung bei Prozesskostenhilfe

(1) [1]Nach Deckung der in § 122 Absatz 1 Nummer 1 der Zivilprozessordnung bezeichneten Kosten und Ansprüche hat die Staatskasse über die auf sie übergegangenen Ansprüche des Rechtsanwalts hinaus weitere Beträge bis zur Höhe der Regelvergütung einzuziehen, wenn dies nach den Vorschriften der Zivilprozessordnung und nach den Bestimmungen, die das Gericht getroffen hat, zulässig ist. [2]Die weitere Vergütung ist festzusetzen, wenn das Verfahren durch rechtskräftige Entscheidung oder in sonstiger Weise beendet ist und die von der Partei zu zahlenden Beträge beglichen sind oder wegen dieser Beträge eine Zwangsvollstreckung in das bewegliche Vermögen der Partei erfolglos geblieben ist oder aussichtslos erscheint.

(2) Der beigeordnete Rechtsanwalt soll eine Berechnung seiner Regelvergütung unverzüglich zu den Prozessakten mitteilen.

(3) Waren mehrere Rechtsanwälte beigeordnet, bemessen sich die auf die einzelnen Rechtsanwälte entfallenden Beträge nach dem Verhältnis der jeweiligen Unterschiedsbeträge zwischen den Gebühren nach § 49 und den Regelgebühren; dabei sind Zahlungen, die nach § 58 auf den Unterschiedsbetrag anzurechnen sind, von diesem abzuziehen.

§ 51 Festsetzung einer Pauschgebühr

(1) [1]In Strafsachen, gerichtlichen Bußgeldsachen, Verfahren nach dem Gesetz über die internationale Rechtshilfe in Strafsachen, in Verfahren nach dem Deutsch-Schweizerischer-Polizeivertrag-Umsetzungsgesetz, in Verfahren nach dem IStGH-Gesetz, in Freiheitsentziehungs- und Unterbringungssachen sowie in Verfahren nach § 151 Nummer 6 und 7 des Gesetzes über das Verfahren in Familiensachen und in den Angelegenheiten der freiwilligen Gerichtsbarkeit ist dem gerichtlich bestellten oder beigeordneten Rechtsanwalt für das ganze Verfahren oder für einzelne Verfahrensabschnitte auf Antrag eine Pauschgebühr zu bewilligen, die über die Gebühren nach dem Vergütungsverzeichnis hinausgeht, wenn die in den Teilen 4 bis 6 des Vergütungsverzeichnisses bestimmten Gebühren wegen des besonderen Umfangs oder der besonderen Schwierigkeit nicht zumutbar sind. [2]Dies gilt nicht, soweit Wertgebühren entstehen. [3]Beschränkt sich die Bewilligung auf einzelne Verfahrensabschnitte, sind die Gebühren nach dem Vergütungsverzeichnis, an deren Stelle die Pauschgebühr treten soll, zu bezeichnen. [4]Eine Pauschgebühr kann auch für solche Tätigkeiten gewährt werden, für die ein Anspruch nach § 48 Absatz 6 besteht. [5]Auf Antrag ist dem Rechtsanwalt ein angemessener Vorschuss zu bewilligen, wenn ihm insbesondere wegen der langen Dauer des Verfahrens und der Höhe der zu erwartenden Pauschgebühr nicht zugemutet werden kann, die Festsetzung der Pauschgebühr abzuwarten.

(2) [1]Über die Anträge entscheidet das Oberlandesgericht, zu dessen Bezirk das Gericht des ersten Rechtszugs gehört, und im Fall der Beiordnung einer Kontaktperson (§ 34a des Einführungsgesetzes zum Gerichtsverfassungsgesetz) das Oberlandesgericht, in dessen Bezirk die Justizvollzugsanstalt liegt, durch unanfechtbaren Beschluss. [2]Der Bundesgerichtshof ist für die Entscheidung zuständig, soweit er den Rechtsanwalt bestellt hat. [3]In dem Verfahren ist die Staatskasse zu hören. [4]§ 42 Absatz 3 ist entsprechend anzuwenden.

(3) [1]Absatz 1 gilt im Bußgeldverfahren vor der Verwaltungsbehörde entsprechend. [2]Über den Antrag nach Absatz 1 Satz 1 bis 3 entscheidet die Verwaltungsbehörde gleichzeitig mit der Festsetzung der Vergütung.

§ 52 Anspruch gegen den Beschuldigten oder den Betroffenen

(1) [1]Der gerichtlich bestellte Rechtsanwalt kann von dem Beschuldigten die Zahlung der Gebühren eines gewählten Verteidigers verlangen; er kann jedoch keinen Vorschuss fordern. [2]Der Anspruch gegen den Beschuldigten entfällt insoweit, als die Staatskasse Gebühren gezahlt hat.

(2) [1]Der Anspruch kann nur insoweit geltend gemacht werden, als dem Beschuldigten ein Erstattungsanspruch gegen die Staatskasse zusteht oder das Gericht des ersten Rechtszugs auf Antrag des Verteidigers feststellt, dass der Beschuldigte ohne Beeinträchtigung des für ihn und seine Familie notwendigen Un-

terhalts zur Zahlung oder zur Leistung von Raten in der Lage ist. [2]Ist das Verfahren nicht gerichtlich anhängig geworden, entscheidet das Gericht, das den Verteidiger bestellt hat.

(3) [1]Wird ein Antrag nach Absatz 2 Satz 1 gestellt, setzt das Gericht dem Beschuldigten eine Frist zur Darlegung seiner persönlichen und wirtschaftlichen Verhältnisse; § 117 Absatz 2 bis 4 der Zivilprozessordnung gilt entsprechend. [2]Gibt der Beschuldigte innerhalb der Frist keine Erklärung ab, wird vermutet, dass er leistungsfähig im Sinne des Absatzes 2 Satz 1 ist.

(4) [1]Gegen den Beschluss nach Absatz 2 ist die sofortige Beschwerde nach den Vorschriften der §§ 304 bis 311a der Strafprozessordnung zulässig. [2]Dabei steht im Rahmen des § 44 Satz 2 der Strafprozessordnung die Rechtsbehelfsbelehrung des § 12c der Belehrung nach § 35a Satz 1 der Strafprozessordnung gleich.

(5) [1]Der für den Beginn der Verjährung maßgebende Zeitpunkt tritt mit der Rechtskraft der das Verfahren abschließenden gerichtlichen Entscheidung, in Ermangelung einer solchen mit der Beendigung des Verfahrens ein. [2]Ein Antrag des Verteidigers hemmt den Lauf der Verjährungsfrist. [3]Die Hemmung endet sechs Monate nach der Rechtskraft der Entscheidung des Gerichts über den Antrag.

(6) [1]Die Absätze 1 bis 3 und 5 gelten im Bußgeldverfahren entsprechend. [2]Im Bußgeldverfahren vor der Verwaltungsbehörde tritt an die Stelle des Gerichts die Verwaltungsbehörde.

§ 53 Anspruch gegen den Auftraggeber, Anspruch des zum Beistand bestellten Rechtsanwalts gegen den Verurteilten

(1) Für den Anspruch des dem Privatkläger, dem Nebenkläger, dem Antragsteller im Klageerzwingungsverfahren oder des sonst in Angelegenheiten, in denen sich die Gebühren nach Teil 4, 5 oder 6 des Vergütungsverzeichnisses bestimmen, beigeordneten Rechtsanwalts gegen seinen Auftraggeber gilt § 52 entsprechend.

(2) [1]Der dem Nebenkläger, dem nebenklageberechtigten Verletzten oder dem Zeugen als Beistand bestellte Rechtsanwalt kann die Gebühren eines gewählten Beistands aufgrund seiner Bestellung nur von dem Verurteilten verlangen. [2]Der Anspruch entfällt insoweit, als die Staatskasse die Gebühren bezahlt hat.

(3) [1]Der in Absatz 2 Satz 1 genannte Rechtsanwalt kann einen Anspruch aus einer Vergütungsvereinbarung nur geltend machen, wenn das Gericht des ersten Rechtszugs auf seinen Antrag feststellt, dass der Nebenkläger, der nebenklageberechtigte Verletzte oder der Zeuge zum Zeitpunkt des Abschlusses der Vereinbarung allein auf Grund seiner persönlichen und wirtschaftlichen Verhältnisse die Voraussetzungen für die Bewilligung von Prozesskostenhilfe in bürgerlichen Rechtsstreitigkeiten nicht erfüllt hätte. [2]Ist das Verfahren nicht gerichtlich anhängig geworden, entscheidet das Gericht, das den Rechtsanwalt als Beistand bestellt hat. [3]§ 52 Absatz 3 bis 5 gilt entsprechend.

§ 53a Vergütungsanspruch bei gemeinschaftlicher Nebenklagevertretung

[1]Stellt ein Gericht gemäß § 397b Absatz 3 der Strafprozessordnung fest, dass für einen nicht als Beistand bestellten oder beigeordneten Rechtsanwalt die Voraussetzungen einer Bestellung oder Beiordnung vorgelegen haben, so steht der Rechtsanwalt hinsichtlich der von ihm bis zu dem Zeitpunkt der Bestellung oder Beiordnung eines anderen Rechtsanwalts erbrachten Tätigkeiten einem bestellten oder beigeordneten Rechtsanwalt gleich. [2]Der Rechtsanwalt erhält die Vergütung aus der Landeskasse, wenn die Feststellung von einem Gericht des Landes getroffen wird, im Übrigen aus der Bundeskasse.

§ 54 Verschulden eines beigeordneten oder bestellten Rechtsanwalts

Hat der beigeordnete oder bestellte Rechtsanwalt durch schuldhaftes Verhalten die Beiordnung oder Bestellung eines anderen Rechtsanwalts veranlasst, kann er Gebühren, die auch für den anderen Rechtsanwalt entstehen, nicht fordern.

§ 55 Festsetzung der aus der Staatskasse zu zahlenden Vergütungen und Vorschüsse

(1) [1]Die aus der Staatskasse zu gewährende Vergütung und der Vorschuss hierauf werden auf Antrag des Rechtsanwalts von dem Urkundsbeamten der Geschäftsstelle des Gerichts des ersten Rechtszugs festgesetzt. [2]Ist das Verfahren nicht gerichtlich anhängig geworden, erfolgt die Festsetzung durch den Urkundsbeamten der Geschäftsstelle des Gerichts, das den Verteidiger bestellt hat.

(2) In Angelegenheiten, in denen sich die Gebühren nach Teil 3 des Vergütungsverzeichnisses bestimmen, erfolgt die Festsetzung durch den Urkundsbeamten des Gerichts des Rechtszugs, solange das Verfahren nicht durch rechtskräftige Entscheidung oder in sonstiger Weise beendet ist.

(3) Im Fall der Beiordnung einer Kontaktperson (§ 34a des Einführungsgesetzes zum Gerichtsverfassungsgesetz) erfolgt die Festsetzung durch den Urkundsbeamten der Geschäftsstelle des Landgerichts, in dessen Bezirk die Justizvollzugsanstalt liegt.

(4) Im Fall der Beratungshilfe wird die Vergütung von dem Urkundsbeamten der Geschäftsstelle des in § 4 Absatz 1 des Beratungshilfegesetzes bestimmten Gerichts festgesetzt.

(5) [1] § 104 Absatz 2 Satz 1 und 2 der Zivilprozessordnung gilt entsprechend. [2] Der Antrag hat die Erklärung zu enthalten, ob und welche Zahlungen der Rechtsanwalt bis zum Tag der Antragstellung erhalten hat. [3] Bei Zahlungen auf eine anzurechnende Gebühr sind diese Zahlungen, der Satz oder der Betrag der Gebühr und bei Wertgebühren auch der zugrunde gelegte Wert anzugeben. [4] Zahlungen, die der Rechtsanwalt nach der Antragstellung erhalten hat, hat er unverzüglich anzuzeigen.

(6) [1] Der Urkundsbeamte kann vor einer Festsetzung der weiteren Vergütung (§ 50) den Rechtsanwalt auffordern, innerhalb einer Frist von einem Monat bei der Geschäftsstelle des Gerichts, dem der Urkundsbeamte angehört, Anträge auf Festsetzung der Vergütungen, für die ihm noch Ansprüche gegen die Staatskasse zustehen, einzureichen oder sich zu den empfangenen Zahlungen (Absatz 5 Satz 2) zu erklären. [2] Kommt der Rechtsanwalt der Aufforderung nicht nach, erlöschen seine Ansprüche gegen die Staatskasse.

(7) [1] Die Absätze 1 und 5 gelten im Bußgeldverfahren vor der Verwaltungsbehörde entsprechend. [2] An die Stelle des Urkundsbeamten der Geschäftsstelle tritt die Verwaltungsbehörde.

§ 56 Erinnerung und Beschwerde

(1) [1] Über Erinnerungen des Rechtsanwalts und der Staatskasse gegen die Festsetzung nach § 55 entscheidet das Gericht des Rechtszugs, bei dem die Festsetzung erfolgt ist, durch Beschluss. [2] Im Fall des § 55 Absatz 3 entscheidet die Strafkammer des Landgerichts. [3] Im Fall der Beratungshilfe entscheidet das nach § 4 Absatz 1 des Beratungshilfegesetzes zuständige Gericht.

(2) [1] Im Verfahren über die Erinnerung gilt § 33 Absatz 4 Satz 1, Absatz 7 und 8 und im Verfahren über die Beschwerde gegen die Entscheidung über die Erinnerung § 33 Absatz 3 bis 8 entsprechend. [2] Das Verfahren über die Erinnerung und über die Beschwerde ist gebührenfrei. [3] Kosten werden nicht erstattet.

§ 57 Rechtsbehelf in Bußgeldsachen vor der Verwaltungsbehörde

[1] Gegen Entscheidungen der Verwaltungsbehörde im Bußgeldverfahren nach den Vorschriften dieses Abschnitts kann gerichtliche Entscheidung beantragt werden. [2] Für das Verfahren gilt § 62 des Gesetzes über Ordnungswidrigkeiten.

§ 58 Anrechnung von Vorschüssen und Zahlungen

(1) Zahlungen, die der Rechtsanwalt nach § 9 des Beratungshilfegesetzes erhalten hat, werden auf die aus der Landeskasse zu zahlende Vergütung angerechnet.

(2) [1] In Angelegenheiten, in denen sich die Gebühren nach Teil 3 des Vergütungsverzeichnisses bestimmen, sind Vorschüsse und Zahlungen, die der Rechtsanwalt vor oder nach der Beiordnung erhalten hat, zunächst auf die Vergütungen anzurechnen, für die ein Anspruch gegen die Staatskasse nicht oder nur unter den Voraussetzungen des § 50 besteht. [2] Ist eine Gebühr, für die kein Anspruch gegen die Staatskasse besteht, auf eine Gebühr anzurechnen, für die ein Anspruch gegen die Staatskasse besteht, so vermindert sich der Anspruch gegen die Staatskasse nur insoweit, als der Rechtsanwalt durch eine Zahlung auf die anzurechnende Gebühr und den Anspruch auf die ohne Anrechnung ermittelte andere Gebühr insgesamt mehr als den sich aus § 15a Absatz 1 ergebenden Gesamtbetrag erhalten würde.

(3) [1] In Angelegenheiten, in denen sich die Gebühren nach den Teilen 4 bis 6 des Vergütungsverzeichnisses bestimmen, sind Vorschüsse und Zahlungen, die der Rechtsanwalt vor oder nach der gerichtlichen Bestellung oder Beiordnung für seine Tätigkeit in einer gebührenrechtlichen Angelegenheit erhalten hat, auf die von der Staatskasse für diese Angelegenheit zu zahlenden Gebühren anzurechnen. [2] Hat der Rechtsanwalt Zahlungen empfangen, nachdem er Gebühren aus der Staatskasse erhalten hat, ist er zur Rückzahlung an die Staatskasse verpflichtet. [3] Die Anrechnung oder Rückzahlung erfolgt nur, soweit der Rechtsanwalt durch die Zahlungen insgesamt mehr als den doppelten Betrag der ihm ohne Berücksichtigung des § 51 aus der Staatskasse zustehenden Gebühren erhalten würde. [4] Sind die dem Rechtsanwalt nach Satz 3 verbleibenden Gebühren höher als die im Vergütungsverzeichnis vorgesehenen Höchstgebühren eines Wahlanwalts, ist auch der die Höchstgebühren übersteigende Betrag anzurechnen oder zurückzuzahlen.

§ 59 Übergang von Ansprüchen auf die Staatskasse

(1) [1] Soweit dem im Wege der Prozesskostenhilfe oder nach § 138 des Gesetzes über das Verfahren in Familiensachen und in den Angelegenheiten der freiwilligen Gerichtsbarkeit, auch in Verbindung mit § 270 des Gesetzes über das Verfahren in Familiensachen und in den Angelegenheiten der freiwilligen Gerichtsbarkeit, beigeordneten oder nach § 67a Absatz 1 Satz 2 der Verwaltungsgerichtsordnung bestellten Rechtsanwalt wegen seiner Vergütung ein Anspruch gegen die Partei oder einen ersatzpflichtigen

Gegner zusteht, geht der Anspruch mit der Befriedigung des Rechtsanwalts durch die Staatskasse auf diese über. [2]Der Übergang kann nicht zum Nachteil des Rechtsanwalts geltend gemacht werden.
(2) [1]Für die Geltendmachung des Anspruchs sowie für die Erinnerung und die Beschwerde gelten die Vorschriften über die Kosten des gerichtlichen Verfahrens entsprechend. [2]Ansprüche der Staatskasse werden bei dem Gericht des ersten Rechtszugs angesetzt. [3]Ist das Gericht des ersten Rechtszugs ein Gericht des Landes und ist der Anspruch auf die Bundeskasse übergegangen, wird er insoweit bei dem jeweiligen obersten Gerichtshof des Bundes angesetzt.
(3) Absatz 1 gilt entsprechend bei Beratungshilfe.

§ 59a Beiordnung und Bestellung durch Justizbehörden
(1) [1]Für den durch die Staatsanwaltschaft bestellten Rechtsanwalt gelten die Vorschriften über den gerichtlich bestellten Rechtsanwalt entsprechend. [2]Ist das Verfahren nicht gerichtlich anhängig geworden, tritt an die Stelle des Gerichts des ersten Rechtszugs das Gericht, das für die gerichtliche Bestätigung der Bestellung zuständig ist.
(2) [1]Für den durch die Staatsanwaltschaft beigeordneten Zeugenbeistand gelten die Vorschriften über den gerichtlich beigeordneten Zeugenbeistand entsprechend. [2]Über Anträge nach § 51 Absatz 1 entscheidet das Oberlandesgericht, in dessen Bezirk die Staatsanwaltschaft ihren Sitz hat. [3]Hat der Generalbundesanwalt einen Zeugenbeistand beigeordnet, entscheidet der Bundesgerichtshof.
(3) [1]Für den nach § 87e des Gesetzes über die internationale Rechtshilfe in Strafsachen in Verbindung mit § 53 des Gesetzes über die internationale Rechtshilfe in Strafsachen und den nach § 5 des Deutsch-Schweizerischer-Polizeivertrag-Umsetzungsgesetzes durch das Bundesamt für Justiz bestellten Beistand gelten die Vorschriften über den gerichtlich bestellten Rechtsanwalt entsprechend. [2]An die Stelle des Urkundsbeamten der Geschäftsstelle tritt das Bundesamt. [3]Über Anträge nach § 51 Absatz 1 entscheidet das Bundesamt gleichzeitig mit der Festsetzung der Vergütung.
(4) [1]Gegen Entscheidungen der Staatsanwaltschaft und des Bundesamts für Justiz nach den Vorschriften dieses Abschnitts kann gerichtliche Entscheidung beantragt werden. [2]Zuständig ist das Landgericht, in dessen Bezirk die Justizbehörde ihren Sitz hat. [3]Bei Entscheidungen des Generalbundesanwalts entscheidet der Bundesgerichtshof.

Abschnitt 9
Übergangs- und Schlussvorschriften

§ 59b Bekanntmachung von Neufassungen
[1]Das Bundesministerium der Justiz kann nach Änderungen den Wortlaut des Gesetzes feststellen und als Neufassung im Bundesgesetzblatt bekannt machen. [2]Die Bekanntmachung muss auf diese Vorschrift Bezug nehmen und angeben
1. den Stichtag, zu dem der Wortlaut festgestellt wird,
2. die Änderungen seit der letzten Veröffentlichung des vollständigen Wortlauts im Bundesgesetzblatt sowie
3. das Inkrafttreten der Änderungen.

§ 60 Übergangsvorschrift
(1) [1]Für die Vergütung ist das bisherige Recht anzuwenden, wenn der unbedingte Auftrag zur Erledigung derselben Angelegenheit vor dem Inkrafttreten einer Gesetzesänderung erteilt worden ist. [2]Dies gilt auch für einen Vergütungsanspruch gegen die Staatskasse (§ 45, auch in Verbindung mit § 59a). [3]Steht dem Rechtsanwalt ein Vergütungsanspruch zu, ohne dass ihm zum Zeitpunkt der Beiordnung oder Bestellung ein unbedingter Auftrag desjenigen erteilt worden ist, dem er beigeordnet oder für den er bestellt wurde, so ist für diese Vergütung in derselben Angelegenheit bisheriges Recht anzuwenden, wenn die Beiordnung oder Bestellung des Rechtsanwalts vor dem Inkrafttreten einer Gesetzesänderung wirksam geworden ist. [4]Erfasst die Beiordnung oder Bestellung auch eine Angelegenheit, in der der Rechtsanwalt erst nach dem Inkrafttreten einer Gesetzesänderung erstmalig beauftragt oder tätig wird, so ist insoweit für die Vergütung neues Recht anzuwenden. [5]Das nach den Sätzen 2 bis 4 anzuwendende Recht findet auch auf Ansprüche des beigeordneten oder bestellten Rechtsanwalts Anwendung, die sich nicht gegen die Staatskasse richten. [6]Die Sätze 1 bis 5 gelten auch, wenn Vorschriften geändert werden, auf die dieses Gesetz verweist.
(2) Sind Gebühren nach dem zusammengerechneten Wert mehrerer Gegenstände zu bemessen, gilt für die gesamte Vergütung das bisherige Recht auch dann, wenn dies nach Absatz 1 nur für einen der Gegenstände gelten würde.

(3) In Angelegenheiten nach dem Pflegeberufegesetz ist bei der Bestimmung des Gegenstandswerts § 52 Absatz 4 Nummer 4 des Gerichtskostengesetzes nicht anzuwenden, wenn der unbedingte Auftrag zur Erledigung derselben Angelegenheit vor dem 15. August 2019 erteilt worden ist.

§ 61 Übergangsvorschrift aus Anlass des Inkrafttretens dieses Gesetzes

(1) [1]Die Bundesgebührenordnung für Rechtsanwälte in der im Bundesgesetzblatt Teil III, Gliederungsnummer 368-1, veröffentlichten bereinigten Fassung, zuletzt geändert durch Artikel 2 Absatz 6 des Gesetzes vom 12. März 2004 (BGBl. I S. 390), und Verweisungen hierauf sind weiter anzuwenden, wenn der unbedingte Auftrag zur Erledigung derselben Angelegenheit im Sinne des § 15 vor dem 1. Juli 2004 erteilt oder der Rechtsanwalt vor diesem Zeitpunkt gerichtlich bestellt oder beigeordnet worden ist. [2]Ist der Rechtsanwalt am 1. Juli 2004 in derselben Angelegenheit und, wenn ein gerichtliches Verfahren anhängig ist, in demselben Rechtszug bereits tätig, gilt für das Verfahren über ein Rechtsmittel, das nach diesem Zeitpunkt eingelegt worden ist, dieses Gesetz. [3]§ 60 Absatz 2 ist entsprechend anzuwenden.

(2) Auf die Vereinbarung der Vergütung sind die Vorschriften dieses Gesetzes auch dann anzuwenden, wenn nach Absatz 1 die Vorschriften der Bundesgebührenordnung für Rechtsanwälte weiterhin anzuwenden und die Willenserklärungen beider Parteien nach dem 1. Juli 2004 abgegeben worden sind.

§ 62 Verfahren nach dem Therapieunterbringungsgesetz

Die Regelungen des Therapieunterbringungsgesetzes zur Rechtsanwaltsvergütung bleiben unberührt.

Anlage 1
(zu § 2 Absatz 2)

Vergütungsverzeichnis

Gliederung

Unterabschnitt 1 *Verfahren vor der Verwaltungsbehörde*
Unterabschnitt 2 *Gerichtliches Verfahren*
Abschnitt 2 Disziplinarverfahren, berufsgerichtliche Verfahren wegen der Verletzung einer Berufspflicht
Unterabschnitt 1 *Allgemeine Gebühren*
Unterabschnitt 2 *Außergerichtliches Verfahren*
Unterabschnitt 3 *Gerichtliches Verfahren*
Erster Rechtszug
Zweiter Rechtszug
Dritter Rechtszug
Unterabschnitt 4 *Zusatzgebühr*
Abschnitt 3 Gerichtliche Verfahren bei Freiheitsentziehung bei Unterbringung und bei sonstigen Zwangsmaßnahmen
Abschnitt 4 Gerichtliche Verfahren nach der Wehrbeschwerdeordnung
Abschnitt 5 Einzeltätigkeiten und Verfahren auf Aufhebung oder Änderung einer Disziplinarmaßnahme

Teil 7 Auslagen

Teil 1
Allgemeine Gebühren

Nr.	Gebührentatbestand	Gebühr oder Satz der Gebühr nach § 13 RVG
Vorbemerkung 1:		
Die Gebühren dieses Teils entstehen neben den in anderen Teilen bestimmten Gebühren oder einer Gebühr für die Beratung nach § 34 RVG.		
1000	Einigungsgebühr für die Mitwirkung beim Abschluss eines Vertrags	
	1. durch den der Streit oder die Ungewissheit über ein Rechtsverhältnis beseitigt wird	1,5
	2. durch den die Erfüllung des Anspruchs geregelt wird bei gleichzeitigem vorläufigem Verzicht auf seine gerichtliche Geltendmachung oder, wenn bereits ein zur Zwangsvollstreckung geeigneter Titel vorliegt, bei gleichzeitigem vorläufigem Verzicht auf Vollstreckungsmaßnahmen (Zahlungsvereinbarung)	0,7
	(1) Die Gebühr nach Nummer 1 entsteht nicht, wenn der Hauptanspruch anerkannt oder wenn auf ihn verzichtet wird. Im Privatklageverfahren ist Nummer 4147 anzuwenden.	
	(2) Die Gebühr entsteht auch für die Mitwirkung bei Vertragsverhandlungen, es sei denn, dass diese für den Abschluss des Vertrags im Sinne dieser Vorschrift nicht ursächlich war.	
	(3) Für die Mitwirkung bei einem unter einer aufschiebenden Bedingung oder unter dem Vorbehalt des Widerrufs geschlossenen Vertrag entsteht die Gebühr, wenn die Bedingung eingetreten ist oder der Vertrag nicht mehr widerrufen werden kann.	
	(4) Bei Rechtsverhältnissen des öffentlichen Rechts entsteht die Gebühr, soweit über die Ansprüche vertraglich verfügt werden kann. Absatz 1 Satz 1 und Absatz 2 sind anzuwenden.	

Nr.	Gebührentatbestand	Gebühr oder Satz der Gebühr nach § 13 RVG
	(5) Die Gebühr entsteht nicht in Ehesachen und in Lebenspartnerschaftssachen (§ 269 Abs. 1 Nr. 1 und 2 FamFG). Wird ein Vertrag, insbesondere über den Unterhalt, im Hinblick auf die in Satz 1 genannten Verfahren geschlossen, bleibt der Wert dieser Verfahren bei der Berechnung der Gebühr außer Betracht. In Kindschaftssachen entsteht die Gebühr auch für die Mitwirkung an einer Vereinbarung, über deren Gegenstand nicht vertraglich verfügt werden kann. Absatz 1 Satz 1 ist entsprechend anzuwenden.	
1001	Aussöhnungsgebühr	1,5
	Die Gebühr entsteht für die Mitwirkung bei der Aussöhnung, wenn der ernstliche Wille eines Ehegatten, eine Scheidungssache oder ein Verfahren auf Aufhebung der Ehe anhängig zu machen, hervorgetreten ist und die Ehegatten die eheliche Lebensgemeinschaft fortsetzen oder die eheliche Lebensgemeinschaft wieder aufnehmen. Dies gilt entsprechend bei Lebenspartnerschaften.	
1002	Erledigungsgebühr, soweit nicht Nummer 1005 gilt	1,5
	Die Gebühr entsteht, wenn sich eine Rechtssache ganz oder teilweise nach Aufhebung oder Änderung des mit einem Rechtsbehelf angefochtenen Verwaltungsakts durch die anwaltliche Mitwirkung erledigt. Das Gleiche gilt, wenn sich eine Rechtssache ganz oder teilweise durch Erlass eines bisher abgelehnten Verwaltungsakts erledigt.	
1003	Über den Gegenstand ist ein anderes gerichtliches Verfahren als ein selbstständiges Beweisverfahren anhängig:	
	Die Gebühr 1000 Nr. 1 sowie die Gebühren 1001 und 1002 betragen	1,0
	(1) Dies gilt auch, wenn ein Verfahren über die Prozesskostenhilfe anhängig ist, soweit nicht lediglich Prozesskostenhilfe für ein selbständiges Beweisverfahren oder die gerichtliche Protokollierung des Vergleichs beantragt wird oder sich die Beiordnung auf den Abschluss eines Vertrags im Sinne der Nummer 1000 erstreckt (§ 48 Abs. 1 und 3 RVG). Die Anmeldung eines Anspruchs zum Musterverfahren nach dem KapMuG steht einem anhängigen gerichtlichen Verfahren gleich. Das Verfahren vor dem Gerichtsvollzieher steht einem gerichtlichen Verfahren gleich.	
	(2) In Kindschaftssachen entsteht die Gebühr auch für die Mitwirkung am Abschluss eines gerichtlich gebilligten Vergleichs (§ 156 Abs. 2 FamFG) und an einer Vereinbarung, über deren Gegenstand nicht vertraglich verfügt werden kann, wenn hierdurch eine gerichtliche Entscheidung entbehrlich wird oder wenn die Entscheidung der getroffenen Vereinbarung folgt.	
1004	Über den Gegenstand ist ein Berufungs- oder Revisionsverfahren, ein Verfahren über die Beschwerde gegen die Nichtzulassung eines dieser Rechtsmittel oder ein Verfahren vor dem Rechtsmittelgericht über die Zulassung des Rechtsmittels anhängig:	
	Die Gebühr 1000 Nr. 1 sowie die Gebühren 1001 und 1002 betragen	1,3
	(1) Dies gilt auch in den in den Vorbemerkungen 3.2.1 und 3.2.2 genannten Beschwerde- und Rechtsbeschwerdeverfahren.	

Nr.	Gebührentatbestand	Gebühr oder Satz der Gebühr nach § 13 RVG
	(2) Absatz 2 der Anmerkung zu Nummer 1003 ist anzuwenden.	
1005	Einigung oder Erledigung in einem Verwaltungsverfahren in sozialrechtlichen Angelegenheiten, in denen im gerichtlichen Verfahren Betragsrahmengebühren entstehen (§ 3 RVG):	
	Die Gebühren 1000 und 1002 entstehen	in Höhe der Geschäftsgebühr
	(1) Die Gebühr bestimmt sich einheitlich nach dieser Vorschrift, wenn in die Einigung Ansprüche aus anderen Verwaltungsverfahren einbezogen werden. Ist über einen Gegenstand ein gerichtliches Verfahren anhängig, bestimmt sich die Gebühr nach Nummer 1006. Maßgebend für die Höhe der Gebühr ist die höchste entstandene Geschäftsgebühr ohne Berücksichtigung einer Erhöhung nach Nummer 1008. Steht dem Rechtsanwalt ausschließlich eine Gebühr nach § 34 RVG zu, beträgt die Gebühr die Hälfte des in der Anmerkung zu Nummer 2302 genannten Betrags.	
	(2) Betrifft die Einigung oder Erledigung nur einen Teil der Angelegenheit, ist der auf diesen Teil der Angelegenheit entfallende Anteil an der Geschäftsgebühr unter Berücksichtigung der in § 14 Abs. 1 RVG genannten Umstände zu schätzen.	
1006	Über den Gegenstand ist ein gerichtliches Verfahren anhängig:	
	Die Gebühr 1005 entsteht	in Höhe der Verfahrensgebühr
	(1) Die Gebühr bestimmt sich auch dann einheitlich nach dieser Vorschrift, wenn in die Einigung Ansprüche einbezogen werden, die nicht in diesem Verfahren rechtshängig sind. Maßgebend für die Höhe der Gebühr ist die im Einzelfall bestimmte Verfahrensgebühr in der Angelegenheit, in der die Einigung erfolgt. Eine Erhöhung nach Nummer 1008 ist nicht zu berücksichtigen.	
	(2) Betrifft die Einigung oder Erledigung nur einen Teil der Angelegenheit, ist der auf diesen Teil der Angelegenheit entfallende Anteil an der Verfahrensgebühr unter Berücksichtigung der in § 14 Abs. 1 RVG genannten Umstände zu schätzen.	
1007	(weggefallen)	
1008	Auftraggeber sind in derselben Angelegenheit mehrere Personen:	
	Die Verfahrens- oder Geschäftsgebühr erhöht sich für jede weitere Person um	0,3 oder 30 % bei Festgebühren, bei Betragsrahmengebühren erhöhen sich der Mindest- und Höchstbetrag um 30 %
	(1) Dies gilt bei Wertgebühren nur, soweit der Gegenstand der anwaltlichen Tätigkeit derselbe ist.	
	(2) Die Erhöhung wird nach dem Betrag berechnet, an dem die Personen gemeinschaftlich beteiligt sind.	
	(3) Mehrere Erhöhungen dürfen einen Gebührensatz von 2,0 nicht übersteigen; bei Festgebühren dürfen die Erhöhungen das Doppelte der Festgebühr und bei Betragsrahmengebühren das Doppelte des Mindest- und Höchstbetrags nicht übersteigen.	
	(4) Im Fall der Anmerkung zu den Gebühren 2300 und 2302 erhöht sich der Gebührensatz oder Betrag dieser Gebühren entsprechend.	

Nr.	Gebührentatbestand	Gebühr oder Satz der Gebühr nach § 13 RVG
1009	Hebegebühr 1. bis einschließlich 2 500,00 € 2. von dem Mehrbetrag bis einschließlich 10 000,00 € 3. von dem Mehrbetrag über 10 000,00 € (1) Die Gebühr wird für die Auszahlung oder Rückzahlung von entgegengenommenen Geldbeträgen erhoben. (2) Unbare Zahlungen stehen baren Zahlungen gleich. Die Gebühr kann bei der Ablieferung an den Auftraggeber entnommen werden. (3) Ist das Geld in mehreren Beträgen gesondert ausgezahlt oder zurückgezahlt, wird die Gebühr von jedem Betrag besonders erhoben. (4) Für die Ablieferung oder Rücklieferung von Wertpapieren und Kostbarkeiten entsteht die in den Absätzen 1 bis 3 bestimmte Gebühr nach dem Wert. (5) Die Hebegebühr entsteht nicht, soweit Kosten an ein Gericht oder eine Behörde weitergeleitet oder eingezogene Kosten an den Auftraggeber abgeführt oder eingezogene Beträge auf die Vergütung verrechnet werden.	 1,0 % 0,5 % 0,25 % des aus- oder zurückgezahlten Betrags – mindestens 1,00 €
1010	Zusatzgebühr für besonders umfangreiche Beweisaufnahmen in Angelegenheiten, in denen sich die Gebühren nach Teil 3 richten und mindestens drei gerichtliche Termine stattfinden, in denen Sachverständige oder Zeugen vernommen werden Die Gebühr entsteht für den durch besonders umfangreiche Beweisaufnahmen anfallenden Mehraufwand.	0,3 oder bei Betragsrahmengebühren erhöhen sich der Mindest- und Höchstbetrag der Terminsgebühr um 30 %

Teil 2

Außergerichtliche Tätigkeiten einschließlich der Vertretung im Verwaltungsverfahren

Nr.	Gebührentatbestand	Gebühr oder Satz der Gebühr nach § 13 RVG
Vorbemerkung 2: (1) Die Vorschriften dieses Teils sind nur anzuwenden, soweit nicht die §§ 34 bis 36 RVG etwas anderes bestimmen. (2) Für die Tätigkeit als Beistand für einen Zeugen oder Sachverständigen in einem Verwaltungsverfahren, für das sich die Gebühren nach diesem Teil bestimmen, entstehen die gleichen Gebühren wie für einen Bevollmächtigten in diesem Verfahren. Für die Tätigkeit als Beistand eines Zeugen oder Sachverständigen vor einem parlamentarischen Untersuchungsausschuss entstehen die gleichen Gebühren wie für die entsprechende Beistandsleistung in einem Strafverfahren des ersten Rechtszugs vor dem Oberlandesgericht.		
Abschnitt 1. Prüfung der Erfolgsaussicht eines Rechtsmittels		
2100	Gebühr für die Prüfung der Erfolgsaussicht eines Rechtsmittels, soweit in Nummer 2102 nichts anderes bestimmt ist Die Gebühr ist auf eine Gebühr für das Rechtsmittelverfahren anzurechnen.	0,5 bis 1,0
2101	Die Prüfung der Erfolgsaussicht eines Rechtsmittels ist mit der Ausarbeitung eines schriftlichen Gutachtens verbunden: Die Gebühr 2100 beträgt	 1,3

Nr.	Gebührentatbestand	Gebühr oder Satz der Gebühr nach § 13 RVG
2102	Gebühr für die Prüfung der Erfolgsaussicht eines Rechtsmittels in sozialrechtlichen Angelegenheiten, in denen im gerichtlichen Verfahren Betragsrahmengebühren entstehen (§ 3 RVG), und in den Angelegenheiten, für die nach den Teilen 4 bis 6 Betragsrahmengebühren entstehen Die Gebühr ist auf eine Gebühr für das Rechtsmittelverfahren anzurechnen.	36,00 bis 384,00 €
2103	Die Prüfung der Erfolgsaussicht eines Rechtsmittels ist mit der Ausarbeitung eines schriftlichen Gutachtens verbunden: Die Gebühr 2102 beträgt	60,00 bis 660,00 €

Abschnitt 2. Herstellung des Einvernehmens

Nr.	Gebührentatbestand	Gebühr oder Satz der Gebühr nach § 13 RVG
2200	Geschäftsgebühr für die Herstellung des Einvernehmens nach § 28 EuRAG	in Höhe der einem Bevollmächtigten oder Verteidiger zustehenden Verfahrensgebühr
2201	Das Einvernehmen wird nicht hergestellt: Die Gebühr 2200 beträgt	0,1 bis 0,5 oder Mindestbetrag der einem Bevollmächtigten oder Verteidiger zustehenden Verfahrensgebühr

Abschnitt 3. Vertretung

Vorbemerkung 2.3:

(1) Im Verwaltungszwangsverfahren ist Teil 3 Abschnitt 3 Unterabschnitt 3 entsprechend anzuwenden.

(2) Dieser Abschnitt gilt nicht für die in den Teilen 4 bis 6 geregelten Angelegenheiten.

(3) Die Geschäftsgebühr entsteht für das Betreiben des Geschäfts einschließlich der Information und für die Mitwirkung bei der Gestaltung eines Vertrags.

(4) Soweit wegen desselben Gegenstands eine Geschäftsgebühr für eine Tätigkeit im Verwaltungsverfahren entstanden ist, wird diese Gebühr zur Hälfte, bei Wertgebühren jedoch höchstens mit einem Gebührensatz von 0,75, auf eine Geschäftsgebühr für eine Tätigkeit im weiteren Verwaltungsverfahren, das der Nachprüfung des Verwaltungsakts dient, angerechnet. Bei einer Betragsrahmengebühr beträgt der Anrechnungsbetrag höchstens 207,00 €. Bei einer Wertgebühr erfolgt die Anrechnung nach dem Wert des Gegenstands, der auch Gegenstand des weiteren Verfahrens ist.

(5) Absatz 4 gilt entsprechend bei einer Tätigkeit im Verfahren nach der Wehrbeschwerdeordnung, wenn darauf eine Tätigkeit im Beschwerdeverfahren oder wenn der Tätigkeit im Beschwerdeverfahren eine Tätigkeit im Verfahren der weiteren Beschwerde vor den Disziplinarvorgesetzten folgt.

(6) Soweit wegen desselben Gegenstands eine Geschäftsgebühr nach Nummer 2300 entstanden ist, wird diese Gebühr zur Hälfte, jedoch höchstens mit einem Gebührensatz von 0,75, auf eine Geschäftsgebühr nach Nummer 2303 angerechnet. Absatz 4 Satz 3 gilt entsprechend.

Nr.	Gebührentatbestand	Gebühr oder Satz der Gebühr nach § 13 RVG
2300	Geschäftsgebühr, soweit in den Nummern 2302 und 2303 nichts anderes bestimmt ist (1) Eine Gebühr von mehr als 1,3 kann nur gefordert werden, wenn die Tätigkeit umfangreich oder schwierig war. (2) Ist Gegenstand der Tätigkeit eine Inkassodienstleistung, die eine unbestrittene Forderung betrifft, kann eine Gebühr von mehr als 0,9 nur gefordert werden, wenn die Inkassodienstleistung besonders umfangreich oder besonders schwierig war. In einfachen Fällen kann nur eine Gebühr von 0,5 gefordert werden; ein einfacher Fall liegt in der Regel vor, wenn die Forderung auf die erste Zahlungsaufforderung hin beglichen wird. Der Gebührensatz beträgt höchstens 1,3.	0,5 bis 2,5
2301	Der Auftrag beschränkt sich auf ein Schreiben einfacher Art: Die Gebühr 2300 beträgt	0,3

Nr.	Gebührentatbestand	Gebühr oder Satz der Gebühr nach § 13 RVG
	Es handelt sich um ein Schreiben einfacher Art, wenn dieses weder schwierige rechtliche Ausführungen noch größere sachliche Auseinandersetzungen enthält.	
2302	Geschäftsgebühr in 1. sozialrechtlichen Angelegenheiten, in denen im gerichtlichen Verfahren Betragsrahmengebühren entstehen (§ 3 RVG), und 2. Verfahren nach der Wehrbeschwerdeordnung, wenn im gerichtlichen Verfahren das Verfahren vor dem Truppendienstgericht oder vor dem Bundesverwaltungsgericht an die Stelle des Verwaltungsrechtswegs gemäß § 82 SG tritt Eine Gebühr von mehr als 359,00 € kann nur gefordert werden, wenn die Tätigkeit umfangreich oder schwierig war.	60,00 bis 768,00 €
2303	Geschäftsgebühr für 1. Güteverfahren vor einer durch die Landesjustizverwaltung eingerichteten oder anerkannten Gütestelle (§ 794 Abs. 1 Nr. 1 ZPO) oder, wenn die Parteien den Einigungsversuch einvernehmlich unternehmen, vor einer Gütestelle, die Streitbeilegung betreibt (§ 15a Abs. 3 EGZPO), 2. Verfahren vor einem Ausschuss der in § 111 Abs. 2 des Arbeitsgerichtsgesetzes bezeichneten Art, 3. Verfahren vor dem Seemannsamt zur vorläufigen Entscheidung von Arbeitssachen und 4. Verfahren vor sonstigen gesetzlich eingerichteten Einigungsstellen, Gütestellen oder Schiedsstellen	1,5

Abschnitt 4. (weggefallen)

Abschnitt 5. Beratungshilfe

Vorbemerkung 2.5:

Im Rahmen der Beratungshilfe entstehen Gebühren ausschließlich nach diesem Abschnitt.

2500	Beratungshilfegebühr Neben der Gebühr werden keine Auslagen erhoben. Die Gebühr kann erlassen werden.	15,00 €
2501	Beratungsgebühr (1) Die Gebühr entsteht für eine Beratung, wenn die Beratung nicht mit einer anderen gebührenpflichtigen Tätigkeit zusammenhängt. (2) Die Gebühr ist auf eine Gebühr für eine sonstige Tätigkeit anzurechnen, die mit der Beratung zusammenhängt.	38,50 €
2502	Beratungstätigkeit mit dem Ziel einer außergerichtlichen Einigung mit den Gläubigern über die Schuldenbereinigung auf der Grundlage eines Plans (§ 305 Abs. 1 Nr. 1 InsO): Die Gebühr 2501 beträgt	77,00 €
2503	Geschäftsgebühr (1) Die Gebühr entsteht für das Betreiben des Geschäfts einschließlich der Information oder die Mitwirkung bei der Gestaltung eines Vertrags. (2) Auf die Gebühren für ein anschließendes gerichtliches oder behördliches Verfahren ist diese Gebühr zur Hälfte anzurechnen. Auf die Gebühren für ein Verfahren auf Vollstreckbarerklärung eines Vergleichs nach den §§ 796a, 796b und 796c Abs. 2 Satz 2 ZPO ist die Gebühr zu einem Viertel anzurechnen.	93,50 €
2504	Tätigkeit mit dem Ziel einer außergerichtlichen Einigung mit den Gläubigern über die Schuldenbereinigung auf der Grundlage eines Plans (§ 305 Abs. 1 Nr. 1 InsO):	

Nr.	Gebührentatbestand	Gebühr oder Satz der Gebühr nach § 13 RVG
	Die Gebühr 2503 beträgt bei bis zu 5 Gläubigern	297,00 €
2505	Es sind 6 bis 10 Gläubiger vorhanden: Die Gebühr 2503 beträgt	446,00 €
2506	Es sind 11 bis 15 Gläubiger vorhanden: Die Gebühr 2503 beträgt	594,00 €
2507	Es sind mehr als 15 Gläubiger vorhanden: Die Gebühr 2503 beträgt	743,00 €
2508	Einigungs- und Erledigungsgebühr (1) Die Anmerkungen zu Nummern 1000 und 1002 sind anzuwenden. (2) Die Gebühr entsteht auch für die Mitwirkung bei einer außergerichtlichen Einigung mit den Gläubigern über die Schuldenbereinigung auf der Grundlage eines Plans (§ 305 Abs. 1 Nr. 1 InsO).	165,00 €

Teil 3

Zivilsachen, Verfahren der öffentlich-rechtlichen Gerichtsbarkeiten, Verfahren nach dem Strafvollzugsgesetz, auch in Verbindung mit § 92 des Jugendgerichtsgesetzes, und ähnliche Verfahren

Nr.	Gebührentatbestand	Gebühr oder Satz der Gebühr nach § 13 RVG

Vorbemerkung 3:

(1) Gebühren nach diesem Teil erhält der Rechtsanwalt, dem ein unbedingter Auftrag als Prozess- oder Verfahrensbevollmächtigter, als Beistand für einen Zeugen oder Sachverständigen oder für eine sonstige Tätigkeit in einem gerichtlichen Verfahren erteilt worden ist. Der Beistand für einen Zeugen oder Sachverständigen erhält die gleichen Gebühren wie ein Verfahrensbevollmächtigter.

(2) Die Verfahrensgebühr entsteht für das Betreiben des Geschäfts einschließlich der Information.

(3) Die Terminsgebühr entsteht sowohl für die Wahrnehmung von gerichtlichen Terminen als auch für die Wahrnehmung von außergerichtlichen Terminen und Besprechungen, wenn nichts anderes bestimmt ist. Sie entsteht jedoch nicht für die Wahrnehmung eines gerichtlichen Termins nur zur Verkündung einer Entscheidung. Die Gebühr für außergerichtliche Termine und Besprechungen entsteht für

1. die Wahrnehmung eines von einem gerichtlich bestellten Sachverständigen anberaumten Termins und
2. die Mitwirkung an Besprechungen, die auf die Vermeidung oder Erledigung des Verfahrens gerichtet sind; dies gilt nicht für Besprechungen mit dem Auftraggeber.

(4) Soweit wegen desselben Gegenstands eine Geschäftsgebühr nach Teil 2 entsteht, wird diese Gebühr zur Hälfte, bei Wertgebühren jedoch höchstens mit einem Gebührensatz von 0,75, auf die Verfahrensgebühr des gerichtlichen Verfahrens angerechnet. Bei Betragsrahmengebühren beträgt der Anrechnungsbetrag höchstens 207,00 €. Sind mehrere Gebühren entstanden, ist für die Anrechnung die zuletzt entstandene Gebühr maßgebend. Bei einer wertabhängigen Gebühr erfolgt die Anrechnung nach dem Wert des Gegenstands, der auch Gegenstand des gerichtlichen Verfahrens ist.

(5) Soweit der Gegenstand eines selbstständigen Beweisverfahrens auch Gegenstand eines Rechtsstreits ist oder wird, wird die Verfahrensgebühr des selbstständigen Beweisverfahrens auf die Verfahrensgebühr des Rechtszugs angerechnet.

(6) Soweit eine Sache an ein untergeordnetes Gericht zurückverwiesen wird, das mit der Sache bereits befasst war, ist die vor diesem Gericht bereits entstandene Verfahrensgebühr auf die Verfahrensgebühr für das erneute Verfahren anzurechnen.

(7) Die Verfahrensgebühr für einen Urkunden- oder Wechselprozess wird auf die Verfahrensgebühr für das ordentliche Verfahren angerechnet, wenn dieses nach Abstandnahme vom Urkunden- oder Wechselprozess oder nach einem Vorbehaltsurteil anhängig bleibt (§§ 596 und 600 ZPO).

(8) Die Vorschriften dieses Teils sind nicht anzuwenden, soweit Teil 6 besondere Vorschriften enthält.

Nr.	Gebührentatbestand	Gebühr oder Satz der Gebühr nach § 13 RVG
Abschnitt 1. Erster Rechtszug		
Vorbemerkung 3.1: Die Gebühren dieses Abschnitts entstehen in allen Verfahren, für die in den folgenden Abschnitten dieses Teils keine Gebühren bestimmt sind.		
3100	Verfahrensgebühr, soweit in Nummer 3102 nichts anderes bestimmt ist (1) Die Verfahrensgebühr für ein vereinfachtes Verfahren über den Unterhalt Minderjähriger wird auf die Verfahrensgebühr angerechnet, die in dem nachfolgenden Rechtsstreit entsteht (§ 255 FamFG). (2) Die Verfahrensgebühr für ein Vermittlungsverfahren nach § 165 FamFG wird auf die Verfahrensgebühr für ein sich anschließendes Verfahren angerechnet.	1,3
3101	1. Endigt der Auftrag, bevor der Rechtsanwalt die Klage, den ein Verfahren einleitenden Antrag oder einen Schriftsatz, der Sachanträge, Sachvortrag, die Zurücknahme der Klage oder die Zurücknahme des Antrags enthält, eingereicht oder bevor er einen gerichtlichen Termin wahrgenommen hat; 2. soweit Verhandlungen vor Gericht zur Einigung der Parteien oder der Beteiligten oder mit Dritten über in diesem Verfahren nicht rechtshängige Ansprüche geführt werden; der Verhandlung über solche Ansprüche steht es gleich, wenn beantragt ist, eine Einigung zu Protokoll zu nehmen oder das Zustandekommen einer Einigung festzustellen (§ 278 Abs. 6 ZPO), oder wenn eine Einigung dadurch erfolgt, dass die Beteiligten einen in der Form eines Beschlusses ergangenen Vorschlag schriftlich oder durch Erklärung zu Protokoll in der mündlichen Verhandlung gegenüber dem Gericht annehmen (§ 101 Abs. 1 Satz 2 SGG, § 106 Satz 2 VwGO); oder 3. soweit in einer Familiensache, die nur die Erteilung einer Genehmigung oder die Zustimmung des Familiengerichts zum Gegenstand hat, oder in einem Verfahren der freiwilligen Gerichtsbarkeit lediglich ein Antrag gestellt und eine Entscheidung entgegengenommen wird, beträgt die Gebühr 3100 (1) Soweit in den Fällen der Nummer 2 der sich nach § 15 Abs. 3 RVG ergebende Gesamtbetrag der Verfahrensgebühren die Gebühr 3100 übersteigt, wird der übersteigende Betrag auf eine Verfahrensgebühr angerechnet, die wegen desselben Gegenstands in einer anderen Angelegenheit entsteht. (2) Nummer 3 ist in streitigen Verfahren der freiwilligen Gerichtsbarkeit, insbesondere in Verfahren nach dem Gesetz über das gerichtliche Verfahren in Landwirtschaftssachen, nicht anzuwenden.	0,8
3102	Verfahrensgebühr für Verfahren vor den Sozialgerichten, in denen Betragsrahmengebühren entstehen (§ 3 RVG)	60,00 bis 660,00 €
3103	(weggefallen)	
3104	Terminsgebühr, soweit in Nummer 3106 nichts anderes bestimmt ist	1,2

Nr.	Gebührentatbestand	Gebühr oder Satz der Gebühr nach § 13 RVG
	(1) Die Gebühr entsteht auch, wenn 1. in einem Verfahren, für das mündliche Verhandlung vorgeschrieben ist, im Einverständnis mit den Parteien oder Beteiligten oder gemäß § 307 oder § 495a ZPO oder § 77 Abs. 2 AsylG ohne mündliche Verhandlung entschieden oder in einem solchen Verfahren mit oder ohne Mitwirkung des Gerichts ein Vertrag im Sinne der Nummer 1000 geschlossen wird oder eine Erledigung der Rechtssache im Sinne der Nummer 1002 eingetreten ist, 2. nach § 84 Abs. 1 Satz 1 VwGO oder § 105 Abs. 1 Satz 1 SGG durch Gerichtsbescheid entschieden wird und eine mündliche Verhandlung beantragt werden kann oder 3. das Verfahren vor dem Sozialgericht, für das mündliche Verhandlung vorgeschrieben ist, nach angenommenem Anerkenntnis ohne mündliche Verhandlung endet. (2) Sind in dem Termin auch Verhandlungen zur Einigung über in diesem Verfahren nicht rechtshängige Ansprüche geführt worden, wird die Terminsgebühr, soweit sie den sich ohne Berücksichtigung der nicht rechtshängigen Ansprüche ergebenden Gebührenbetrag übersteigt, auf eine Terminsgebühr angerechnet, die wegen desselben Gegenstands in einer anderen Angelegenheit entsteht. (3) Die Gebühr entsteht nicht, soweit lediglich beantragt ist, eine Einigung der Parteien oder der Beteiligten oder mit Dritten über nicht rechtshängige Ansprüche zu Protokoll zu nehmen. (4) Eine in einem vorausgegangenen Mahnverfahren oder vereinfachten Verfahren über den Unterhalt Minderjähriger entstandene Terminsgebühr wird auf die Terminsgebühr des nachfolgenden Rechtsstreits angerechnet.	
3105	Wahrnehmung nur eines Termins, in dem eine Partei oder ein Beteiligter nicht erschienen oder nicht ordnungsgemäß vertreten ist und lediglich ein Antrag auf Versäumnisurteil, Versäumnisentscheidung oder zur Prozess-, Verfahrens- oder Sachleitung gestellt wird: Die Gebühr 3104 beträgt	0,5
	(1) Die Gebühr entsteht auch, wenn 1. das Gericht bei Säumnis lediglich Entscheidungen zur Prozess-, Verfahrens- oder Sachleitung von Amts wegen trifft oder 2. eine Entscheidung gemäß § 331 Abs. 3 ZPO ergeht. (2) § 333 ZPO ist nicht entsprechend anzuwenden.	

Nr.	Gebührentatbestand	Gebühr oder Satz der Gebühr nach § 13 RVG
3106	Terminsgebühr in Verfahren vor den Sozialgerichten, in denen Betragsrahmengebühren entstehen (§ 3 RVG) Die Gebühr entsteht auch, wenn 1. in einem Verfahren, für das mündliche Verhandlung vorgeschrieben ist, im Einverständnis mit den Parteien ohne mündliche Verhandlung entschieden oder in einem solchen Verfahren mit oder ohne Mitwirkung des Gerichts ein Vertrag im Sinne der Nummer 1000 geschlossen wird oder eine Erledigung der Rechtssache im Sinne der Nummer 1002 eingetreten ist, 2. nach § 105 Abs. 1 Satz 1 SGG durch Gerichtsbescheid entschieden wird und eine mündliche Verhandlung beantragt werden kann oder 3. das Verfahren, für das mündliche Verhandlung vorgeschrieben ist, nach angenommenem Anerkenntnis ohne mündliche Verhandlung endet. In den Fällen des Satzes 1 beträgt die Gebühr 90 % der in derselben Angelegenheit dem Rechtsanwalt zustehenden Verfahrensgebühr ohne Berücksichtigung einer Erhöhung nach Nummer 1008.	60,00 bis 610,00 €

Abschnitt 2. Berufung, Revision, bestimmte Beschwerden und Verfahren vor dem Finanzgericht

Vorbemerkung 3.2:

(1) Dieser Abschnitt ist auch in Verfahren vor dem Rechtsmittelgericht über die Zulassung des Rechtsmittels anzuwenden.

(2) Wenn im Verfahren auf Anordnung eines Arrests, zur Erwirkung eines Europäischen Beschlusses zur vorläufigen Kontenpfändung oder auf Erlass einer einstweiligen Verfügung sowie im Verfahren über die Aufhebung, den Widerruf oder die Abänderung der genannten Entscheidungen das Rechtsmittelgericht als Gericht der Hauptsache anzusehen ist (§ 943, auch i.V.m. § 946 Abs. 1 Satz 2 ZPO), bestimmen sich die Gebühren nach den für die erste Instanz geltenden Vorschriften. Dies gilt entsprechend im Verfahren der einstweiligen Anordnung und im Verfahren auf Anordnung oder Wiederherstellung der aufschiebenden Wirkung, auf Aussetzung oder Aufhebung der Vollziehung oder Anordnung der sofortigen Vollziehung eines Verwaltungsakts. Satz 1 gilt ferner entsprechend in Verfahren über einen Antrag nach § 169 Abs. 2 Satz 5 und 6, § 173 Abs. 1 Satz 3 oder nach § 176 GWB.

Nr.	Gebührentatbestand	Gebühr oder Satz der Gebühr nach § 13 RVG
	Unterabschnitt 1. Berufung, bestimmte Beschwerden und Verfahren vor dem Finanzgericht	
	Vorbemerkung 3.2.1: Dieser Unterabschnitt ist auch anzuwenden in Verfahren 1. vor dem Finanzgericht, 2. über Beschwerden a) gegen die den Rechtszug beendenden Entscheidungen in Verfahren über Anträge auf Vollstreckbarerklärung ausländischer Titel oder auf Erteilung der Vollstreckungsklausel zu ausländischen Titeln sowie über Anträge auf Aufhebung oder Abänderung der Vollstreckbarerklärung oder der Vollstreckungsklausel, b) gegen die Endentscheidung wegen des Hauptgegenstands in Familiensachen und in den Angelegenheiten der freiwilligen Gerichtsbarkeit, c) gegen die den Rechtszug beendenden Entscheidungen im Beschlussverfahren vor den Gerichten für Arbeitssachen, d) gegen die den Rechtszug beendenden Entscheidungen im personalvertretungsrechtlichen Beschlussverfahren vor den Gerichten der Verwaltungsgerichtsbarkeit, e) nach dem GWB, f) nach dem EnWG, g) nach dem KSpG, h) nach dem EU-VSchDG, i) nach dem SpruchG, j) nach dem WpÜG, k) nach dem WRegG, 3. über Beschwerden a) gegen die Entscheidung des Verwaltungs- oder Sozialgerichts wegen des Hauptgegenstands in Verfahren des vorläufigen oder einstweiligen Rechtsschutzes, b) nach dem WpHG, c) gegen die Entscheidung über den Widerspruch des Schuldners (§ 954 Abs. 1 Satz 1 ZPO) im Fall des Artikels 5 Buchstabe a der Verordnung (EU) Nr. 655/2014, 4. über Rechtsbeschwerden nach dem StVollzG, auch i.V.m. § 92 JGG.	
3200	Verfahrensgebühr, soweit in Nummer 3204 nichts anderes bestimmt ist	1,6
3201	Vorzeitige Beendigung des Auftrags oder eingeschränkte Tätigkeit des Anwalts: Die Gebühr 3200 beträgt (1) Eine vorzeitige Beendigung liegt vor, 1. wenn der Auftrag endigt, bevor der Rechtsanwalt das Rechtsmittel eingelegt oder einen Schriftsatz, der Sachanträge, Sachvortrag, die Zurücknahme der Klage oder die Zurücknahme des Rechtsmittels enthält, eingereicht oder bevor er einen gerichtlichen Termin wahrgenommen hat, oder 2. soweit Verhandlungen vor Gericht zur Einigung der Parteien oder der Beteiligten oder mit Dritten über in diesem Verfahren nicht rechtshängige Ansprüche geführt werden; der Verhandlung über solche Ansprüche steht es gleich, wenn beantragt ist, eine Einigung zu Protokoll zu nehmen oder das Zustandekommen einer Einigung festzustellen (§ 278 Abs. 6 ZPO). Soweit in den Fällen der Nummer 2 der sich nach § 15 Abs. 3 RVG ergebende Gesamtbetrag der Verfahrensgebühren die Gebühr 3200 übersteigt, wird der übersteigende Betrag auf eine Verfahrensgebühr angerechnet, die wegen desselben Gegenstands in einer anderen Angelegenheit entsteht.	1,1

Nr.	Gebührentatbestand	Gebühr oder Satz der Gebühr nach § 13 RVG
	(2) Eine eingeschränkte Tätigkeit des Anwalts liegt vor, wenn sich seine Tätigkeit 1. in einer Familiensache, die nur die Erteilung einer Genehmigung oder die Zustimmung des Familiengerichts zum Gegenstand hat, oder 2. in einer Angelegenheit der freiwilligen Gerichtsbarkeit auf die Einlegung und Begründung des Rechtsmittels und die Entgegennahme der Rechtsmittelentscheidung beschränkt.	
3202	Terminsgebühr, soweit in Nummer 3205 nichts anderes bestimmt ist (1) Absatz 1 Nr. 1 und 3 sowie die Absätze 2 und 3 der Anmerkung zu Nummer 3104 gelten entsprechend. (2) Die Gebühr entsteht auch, wenn nach § 79a Abs. 2, § 90a oder § 94a FGO ohne mündliche Verhandlung durch Gerichtsbescheid entschieden wird.	1,2
3203	Wahrnehmung nur eines Termins, in dem eine Partei oder ein Beteiligter, im Berufungsverfahren der Berufungskläger, im Beschwerdeverfahren der Beschwerdeführer, nicht erschienen oder nicht ordnungsgemäß vertreten ist und lediglich ein Antrag auf Versäumnisurteil, Versäumnisentscheidung oder zur Prozess-, Verfahrens- oder Sachleitung gestellt wird: Die Gebühr 3202 beträgt Die Anmerkung zu Nummer 3105 und Absatz 2 der Anmerkung zu Nummer 3202 gelten entsprechend.	0,5
3204	Verfahrensgebühr für Verfahren vor den Landessozialgerichten, in denen Betragsrahmengebühren entstehen (§ 3 RVG)	72,00 bis 816,00 €
3205	Terminsgebühr in Verfahren vor den Landessozialgerichten, in denen Betragsrahmengebühren entstehen (§ 3 RVG) Satz 1 Nr. 1 und 3 der Anmerkung zu Nummer 3106 gilt entsprechend. In den Fällen des Satzes 1 beträgt die Gebühr 75 % der in derselben Angelegenheit dem Rechtsanwalt zustehenden Verfahrensgebühr ohne Berücksichtigung einer Erhöhung nach Nummer 1008.	60,00 bis 610,00 €

Unterabschnitt 2. Revision, bestimmte Beschwerden und Rechtsbeschwerden

Vorbemerkung 3.2.2:

Dieser Unterabschnitt ist auch anzuwenden in Verfahren
1. über Rechtsbeschwerden
   a) in den in der Vorbemerkung 3.2.1 Nr. 2 genannten Fällen,
   b) nach § 23 KapMuG und
   c) nach § 1065 ZPO,
2. vor dem Bundesgerichtshof über Berufungen, Beschwerden oder Rechtsbeschwerden gegen Entscheidungen des Bundespatentgerichts und
3. vor dem Bundesfinanzhof über Beschwerden nach § 128 Abs. 3 FGO.

3206	Verfahrensgebühr, soweit in Nummer 3212 nichts anderes bestimmt ist	1,6
3207	Vorzeitige Beendigung des Auftrags oder eingeschränkte Tätigkeit des Anwalts: Die Gebühr 3206 beträgt Die Anmerkung zu Nummer 3201 gilt entsprechend.	1,1

Nr.	Gebührentatbestand	Gebühr oder Satz der Gebühr nach § 13 RVG
3208	Im Verfahren können sich die Parteien oder die Beteiligten nur durch einen beim Bundesgerichtshof zugelassenen Rechtsanwalt vertreten lassen:	
	Die Gebühr 3206 beträgt	2,3
3209	Vorzeitige Beendigung des Auftrags, wenn sich die Parteien oder die Beteiligten nur durch einen beim Bundesgerichtshof zugelassenen Rechtsanwalt vertreten lassen können:	
	Die Gebühr 3206 beträgt	1,8
	Die Anmerkung zu Nummer 3201 gilt entsprechend.	
3210	Terminsgebühr, soweit in Nummer 3213 nichts anderes bestimmt ist	1,5
	Absatz 1 Nr. 1 und 3 sowie die Absätze 2 und 3 der Anmerkung zu Nummer 3104 und Absatz 2 der Anmerkung zu Nummer 3202 gelten entsprechend.	
3211	Wahrnehmung nur eines Termins, in dem der Revisionskläger oder Beschwerdeführer nicht ordnungsgemäß vertreten ist und lediglich ein Antrag auf Versäumnisurteil, Versäumnisentscheidung oder zur Prozess-, Verfahrens- oder Sachleitung gestellt wird:	
	Die Gebühr 3210 beträgt	0,8
	Die Anmerkung zu Nummer 3105 und Absatz 2 der Anmerkung zu Nummer 3202 gelten entsprechend.	
3212	Verfahrensgebühr für Verfahren vor dem Bundessozialgericht, in denen Betragsrahmengebühren entstehen (§ 3 RVG)	96,00 bis 1 056,00 €
3213	Terminsgebühr in Verfahren vor dem Bundessozialgericht, in denen Betragsrahmengebühren entstehen (§ 3 RVG)	96,00 bis 990,00 €
	Satz 1 Nr. 1 und 3 sowie Satz 2 der Anmerkung zu Nummer 3106 gelten entsprechend.	

Abschnitt 3. Gebühren für besondere Verfahren

Unterabschnitt 1. Besondere erstinstanzliche Verfahren

Vorbemerkung 3.3.1:

Die Terminsgebühr bestimmt sich nach Abschnitt 1.

Nr.	Gebührentatbestand	Gebühr oder Satz der Gebühr nach § 13 RVG
3300	Verfahrensgebühr 1. für das Verfahren vor dem Oberlandesgericht nach § 129 VGG oder § 32 AgrarOLkG, 2. für das erstinstanzliche Verfahren vor dem Bundesverwaltungsgericht, dem Bundessozialgericht, dem Oberverwaltungsgericht (Verwaltungsgerichtshof) und dem Landessozialgericht sowie 3. für das Verfahren bei überlangen Gerichtsverfahren und strafrechtlichen Ermittlungsverfahren vor den Oberlandesgerichten, den Landessozialgerichten, den Oberverwaltungsgerichten, den Landesarbeitsgerichten oder einem obersten Gerichtshof des Bundes	1,6
3301	Vorzeitige Beendigung des Auftrags:	
	Die Gebühr 3300 beträgt	1,0
	Die Anmerkung zu Nummer 3201 gilt entsprechend.	

Nr.	Gebührentatbestand	Gebühr oder Satz der Gebühr nach § 13 RVG
Unterabschnitt 2. Mahnverfahren		
Vorbemerkung 3.3.2:		
Die Terminsgebühr bestimmt sich nach Abschnitt 1.		
3305	Verfahrensgebühr für die Vertretung des Antragstellers Die Gebühr wird auf die Verfahrensgebühr für einen nachfolgenden Rechtsstreit angerechnet.	1,0
3306	Beendigung des Auftrags, bevor der Rechtsanwalt den verfahrenseinleitenden Antrag oder einen Schriftsatz, der Sachanträge, Sachvortrag oder die Zurücknahme des Antrags enthält, eingereicht hat: Die Gebühr 3305 beträgt	0,5
3307	Verfahrensgebühr für die Vertretung des Antragsgegners Die Gebühr wird auf die Verfahrensgebühr für einen nachfolgenden Rechtsstreit angerechnet.	0,5
3308	Verfahrensgebühr für die Vertretung des Antragstellers im Verfahren über den Antrag auf Erlass eines Vollstreckungsbescheids Die Gebühr entsteht neben der Gebühr 3305 nur, wenn innerhalb der Widerspruchsfrist kein Widerspruch erhoben oder der Widerspruch gemäß § 703a Abs. 2 Nr. 4 ZPO beschränkt worden ist. Nummer 1008 ist nicht anzuwenden, wenn sich bereits die Gebühr 3305 erhöht.	0,5
Unterabschnitt 3. Vollstreckung und Vollziehung		
Vorbemerkung 3.3.3: (1) Dieser Unterabschnitt gilt für 1. die Zwangsvollstreckung, 2. die Vollstreckung, 3. Verfahren des Verwaltungszwangs und 4. die Vollziehung eines Arrestes oder einstweiligen Verfügung, soweit nachfolgend keine besonderen Gebühren bestimmt sind. Er gilt auch für Verfahren auf Eintragung einer Zwangshypothek (§§ 867 und 870a ZPO). (2) Im Verfahren nach der Verordnung (EU) Nr. 655/2014 werden Gebühren nach diesem Unterabschnitt nur im Fall des Artikels 5 Buchstabe b der Verordnung (EU) Nr. 655/2014 erhoben. In den Fällen des Artikels 5 Buchstabe a der Verordnung (EU) Nr. 655/2014 bestimmen sich die Gebühren nach den für Arrestverfahren geltenden Vorschriften.		
3309	Verfahrensgebühr	0,3
3310	Terminsgebühr Die Gebühr entsteht für die Teilnahme an einem gerichtlichen Termin, einem Termin zur Abgabe der Vermögensauskunft oder zur Abnahme der eidesstattlichen Versicherung.	0,3
Unterabschnitt 4. Zwangsversteigerung und Zwangsverwaltung		
3311	Verfahrensgebühr	0,4

Nr.	Gebührentatbestand	Gebühr oder Satz der Gebühr nach § 13 RVG
	Die Gebühr entsteht jeweils gesondert 1. für die Tätigkeit im Zwangsversteigerungsverfahren bis zur Einleitung des Verteilungsverfahrens; 2. im Zwangsversteigerungsverfahren für die Tätigkeit im Verteilungsverfahren, und zwar auch für eine Mitwirkung an einer außergerichtlichen Verteilung; 3. im Verfahren der Zwangsverwaltung für die Vertretung des Antragstellers im Verfahren über den Antrag auf Anordnung der Zwangsverwaltung oder auf Zulassung des Beitritts; 4. im Verfahren der Zwangsverwaltung für die Vertretung des Antragstellers im weiteren Verfahren einschließlich des Verteilungsverfahrens; 5. im Verfahren der Zwangsverwaltung für die Vertretung eines sonstigen Beteiligten im ganzen Verfahren einschließlich des Verteilungsverfahrens und 6. für die Tätigkeit im Verfahren über Anträge auf einstweilige Einstellung oder Beschränkung der Zwangsvollstreckung und einstweilige Einstellung des Verfahrens sowie für Verhandlungen zwischen Gläubiger und Schuldner mit dem Ziel der Aufhebung des Verfahrens.	
3312	Terminsgebühr Die Gebühr entsteht nur für die Wahrnehmung eines Versteigerungstermins für einen Beteiligten. Im Übrigen entsteht im Verfahren der Zwangsversteigerung und der Zwangsverwaltung keine Terminsgebühr.	0,4

Unterabschnitt 5. Insolvenzverfahren, Verteilungsverfahren nach der Schifffahrtsrechtlichen Verteilungsordnung, Verfahren nach dem Unternehmensstabilisierungs- und -restrukturierungsgesetz

Vorbemerkung 3.3.5:

(1) Die Gebührenvorschriften gelten für die Verteilungsverfahren nach der SVertO und Verfahren nach dem StaRUG, soweit dies ausdrücklich angeordnet ist.

(2) Bei der Vertretung mehrerer Gläubiger, die verschiedene Forderungen geltend machen, entstehen die Gebühren jeweils besonders. Das Gleiche gilt in Verfahren nach dem StaRUG, wenn mehrere Gläubiger verschiedene Rechte oder wenn mehrere am Schuldner beteiligte Personen Ansprüche aus ihren jeweiligen Beteiligungen geltend machen,

(3) Für die Vertretung des ausländischen Insolvenzverwalters entstehen die gleichen Gebühren wie für die Vertretung des Schuldners.

3313	Verfahrensgebühr für die Vertretung des Schuldners im Eröffnungsverfahren Die Gebühr entsteht auch im Verteilungsverfahren nach der SVertO.	1,0
3314	Verfahrensgebühr für die Vertretung des Gläubigers im Eröffnungsverfahren Die Gebühr entsteht auch im Verteilungsverfahren nach der SVertO.	0,5
3315	Tätigkeit auch im Verfahren über den Schuldenbereinigungsplan: Die Verfahrensgebühr 3313 beträgt	1,5
3316	Tätigkeit auch im Verfahren über den Schuldenbereinigungsplan: Die Verfahrensgebühr 3314 beträgt	1,0
3317	Verfahrensgebühr für das Insolvenzverfahren	1,0

Nr.	Gebührentatbestand	Gebühr oder Satz der Gebühr nach § 13 RVG
	Die Gebühr entsteht auch im Verteilungsverfahren nach der SVertO, in einem Verfahren nach dem StaRUG und im Verfahren über Anträge nach Artikel 36 Abs. 9 der Verordnung (EU) 2015/848.	
3318	Verfahrensgebühr für das Verfahren über einen Insolvenzplan	1,0
3319	Vertretung des Schuldners, der den Plan vorgelegt hat:	
	Die Verfahrensgebühr 3318 beträgt	3,0
3320	Die Tätigkeit beschränkt sich auf die Anmeldung einer Insolvenzforderung:	
	Die Verfahrensgebühr 3317 beträgt	0,5
	Die Gebühr entsteht auch im Verteilungsverfahren nach der SVertO.	
3321	Verfahrensgebühr für das Verfahren über einen Antrag auf Versagung oder Widerruf der Restschuldbefreiung	0,5
	(1) Das Verfahren über mehrere gleichzeitig anhängige Anträge ist eine Angelegenheit.	
	(2) Die Gebühr entsteht auch gesondert, wenn der Antrag bereits vor Aufhebung des Insolvenzverfahrens gestellt wird.	
3322	Verfahrensgebühr für das Verfahren über Anträge auf Zulassung der Zwangsvollstreckung nach § 17 Abs. 4 SVertO	0,5
3323	Verfahrensgebühr für das Verfahren über Anträge auf Aufhebung von Vollstreckungsmaßregeln (§ 8 Abs. 5 und § 41 SVertO)	0,5

Unterabschnitt 6. Sonstige besondere Verfahren

Vorbemerkung 3.3.6:

Die Terminsgebühr bestimmt sich nach Abschnitt 1, soweit in diesem Unterabschnitt nichts anderes bestimmt ist. Im Verfahren über die Prozesskostenhilfe bestimmt sich die Terminsgebühr nach den für dasjenige Verfahren geltenden Vorschriften, für das die Prozesskostenhilfe beantragt wird.

3324	Verfahrensgebühr für das Aufgebotsverfahren	1,0
3325	Verfahrensgebühr für Verfahren nach § 148 Abs. 1 und 2, nach § 246a des Aktiengesetzes (auch i.V.m. § 20 Abs. 3 Satz 4 SchVG), nach § 319 Abs. 6 des Aktiengesetzes (auch i.V.m. § 327e Abs. 2 des Aktiengesetzes) oder nach § 16 Abs. 3 UmwG	0,75
3326	Verfahrensgebühr für Verfahren vor den Gerichten für Arbeitssachen, wenn sich die Tätigkeit auf eine gerichtliche Entscheidung über die Bestimmung einer Frist (§ 102 Abs. 3 des Arbeitsgerichtsgesetzes), die Ablehnung eines Schiedsrichters (§ 103 Abs. 3 des Arbeitsgerichtsgesetzes) oder die Vornahme einer Beweisaufnahme oder einer Vereidigung (§ 106 Abs. 2 des Arbeitsgerichtsgesetzes) beschränkt	0,75
3327	Verfahrensgebühr für gerichtliche Verfahren über die Bestellung eines Schiedsrichters oder Ersatzschiedsrichters, über die Ablehnung eines Schiedsrichters oder über die Beendigung des Schiedsrichteramts, zur Unterstützung bei der Beweisaufnahme oder bei der Vornahme sonstiger richterlicher Handlungen anlässlich eines schiedsrichterlichen Verfahrens	0,75

Nr.	Gebührentatbestand	Gebühr oder Satz der Gebühr nach § 13 RVG
3328	Verfahrensgebühr für Verfahren über die vorläufige Einstellung, Beschränkung, Aussetzung oder Aufhebung der Zwangsvollstreckung oder die einstweilige Einstellung oder Beschränkung der Vollstreckung und die Anordnung, dass Vollstreckungsmaßnahmen aufzuheben sind Die Gebühr entsteht nicht, wenn die Tätigkeit zum Rechtszug gehört (§ 19 Abs. 1 Satz 2 Nr. 12 RVG). Wird der Antrag beim Vollstreckungsgericht und beim Prozessgericht gestellt, entsteht die Gebühr nur einmal.	0,5
3329	Verfahrensgebühr für Verfahren auf Vollstreckbarerklärung der durch Rechtsmittelanträge nicht angefochtenen Teile eines Urteils (§§ 537, 558 ZPO)	0,5
3330	Verfahrensgebühr für Verfahren über eine Rüge wegen Verletzung des Anspruchs auf rechtliches Gehör	in Höhe der Verfahrensgebühr für das Verfahren, in dem die Rüge erhoben wird, höchstens 0,5, bei Betragsrahmengebühren höchstens 260,00 €
3331	Terminsgebühr in Verfahren über eine Rüge wegen Verletzung des Anspruchs auf rechtliches Gehör	in Höhe der Terminsgebühr für das Verfahren, in dem die Rüge erhoben wird, höchstens 0,5, bei Betragsrahmengebühren höchstens 260,00 €
3332	Terminsgebühr in den in Nummern 3324 bis 3329 genannten Verfahren	0,5
3333	Verfahrensgebühr für ein Verteilungsverfahren außerhalb der Zwangsversteigerung und der Zwangsverwaltung Der Wert bestimmt sich nach § 26 Nr. 1 und 2 RVG. Eine Terminsgebühr entsteht nicht.	0,4
3334	Verfahrensgebühr für Verfahren vor dem Prozessgericht oder dem Amtsgericht auf Bewilligung, Verlängerung oder Verkürzung einer Räumungsfrist (§§ 721, 794a ZPO), wenn das Verfahren mit dem Verfahren über die Hauptsache nicht verbunden ist	1,0
3335	Verfahrensgebühr für das Verfahren über die Prozesskostenhilfe	in Höhe der Verfahrensgebühr für das Verfahren, für das die Prozesskostenhilfe beantragt wird, höchstens 1,0, bei Betragsrahmengebühren höchstens 500,00 €
3336	(weggefallen)	
3337	Vorzeitige Beendigung des Auftrags im Fall der Nummern 3324 bis 3327, 3334 und 3335: Die Gebühren 3324 bis 3327, 3334 und 3335 betragen höchstens Eine vorzeitige Beendigung liegt vor, 1. wenn der Auftrag endigt, bevor der Rechtsanwalt den das Verfahren einleitenden Antrag oder einen Schriftsatz, der Sachanträge, Sachvortrag oder die Zurücknahme des Antrags enthält, eingereicht oder bevor er einen gerichtlichen Termin wahrgenommen hat, oder 2. soweit lediglich beantragt ist, eine Einigung der Parteien oder der Beteiligten zu Protokoll zu nehmen oder soweit lediglich Verhandlungen vor Gericht zur Einigung geführt werden.	0,5

Nr.	Gebührentatbestand	Gebühr oder Satz der Gebühr nach § 13 RVG
3338	Verfahrensgebühr für die Tätigkeit als Vertreter des Anmelders eines Anspruchs zum Musterverfahren (§ 13 KapMuG)	0,8
3339	Verfahrensgebühr für das Umsetzungsverfahren nach dem VDuG Bei der Vertretung mehrerer Verbraucher, die verschiedene Ansprüche geltend machen, entsteht die Gebühr jeweils besonders.	0,5

Abschnitt 4. Einzeltätigkeiten

Vorbemerkung 3.4:

Für in diesem Abschnitt genannte Tätigkeiten entsteht eine Terminsgebühr nur, wenn dies ausdrücklich bestimmt ist.

Nr.	Gebührentatbestand	Gebühr oder Satz der Gebühr nach § 13 RVG
3400	Der Auftrag beschränkt sich auf die Führung des Verkehrs der Partei oder des Beteiligten mit dem Verfahrensbevollmächtigten: Verfahrensgebühr Die gleiche Gebühr entsteht auch, wenn im Einverständnis mit dem Auftraggeber mit der Übersendung der Akten an den Rechtsanwalt des höheren Rechtszugs gutachterliche Äußerungen verbunden sind.	in Höhe der dem Verfahrensbevollmächtigten zustehenden Verfahrensgebühr, höchstens 1,0, bei Betragsrahmengebühren höchstens 500,00 €
3401	Der Auftrag beschränkt sich auf die Vertretung in einem Termin im Sinne der Vorbemerkung 3 Abs. 3: Verfahrensgebühr	in Höhe der Hälfte der dem Verfahrensbevollmächtigten zustehenden Verfahrensgebühr
3402	Terminsgebühr in dem in Nummer 3401 genannten Fall	in Höhe der einem Verfahrensbevollmächtigten zustehenden Terminsgebühr
3403	Verfahrensgebühr für sonstige Einzeltätigkeiten, soweit in Nummer 3406 nichts anderes bestimmt ist Die Gebühr entsteht für sonstige Tätigkeiten in einem gerichtlichen Verfahren, wenn der Rechtsanwalt nicht zum Prozess- oder Verfahrensbevollmächtigten bestellt ist, soweit in diesem Abschnitt nichts anderes bestimmt ist.	0,8
3404	Der Auftrag beschränkt sich auf ein Schreiben einfacher Art: Die Gebühr 3403 beträgt Die Gebühr entsteht insbesondere, wenn das Schreiben weder schwierige rechtliche Ausführungen noch größere sachliche Auseinandersetzungen enthält.	0,3
3405	Endet der Auftrag 1. im Fall der Nummer 3400, bevor der Verfahrensbevollmächtigte beauftragt oder der Rechtsanwalt gegenüber dem Verfahrensbevollmächtigten tätig geworden ist, 2. im Fall der Nummer 3401, bevor der Termin begonnen hat: Die Gebühren 3400 und 3401 betragen Im Fall der Nummer 3403 gilt die Vorschrift entsprechend.	höchstens 0,5, bei Betragsrahmengebühren höchstens 250,00 €

Nr.	Gebührentatbestand	Gebühr oder Satz der Gebühr nach § 13 RVG
3406	Verfahrensgebühr für sonstige Einzeltätigkeiten in Verfahren vor Gerichten der Sozialgerichtsbarkeit, wenn Betragsrahmengebühren entstehen (§ 3 RVG) Die Anmerkung zu Nummer 3403 gilt entsprechend.	36,00 bis 408,00 €

Abschnitt 5. Beschwerde, Nichtzulassungsbeschwerde und Erinnerung

Vorbemerkung 3.5:

Die Gebühren nach diesem Abschnitt entstehen nicht in den in den Vorbemerkungen 3.2.1 und 3.2.2 genannten Beschwerdeverfahren.

3500	Verfahrensgebühr für Verfahren über die Beschwerde und die Erinnerung, soweit in diesem Abschnitt keine besonderen Gebühren bestimmt sind	0,5
3501	Verfahrensgebühr für Verfahren vor den Gerichten der Sozialgerichtsbarkeit über die Beschwerde und die Erinnerung, wenn in den Verfahren Betragsrahmengebühren entstehen (§ 3 RVG), soweit in diesem Abschnitt keine besonderen Gebühren bestimmt sind	24,00 bis 250,00 €
3502	Verfahrensgebühr für das Verfahren über die Rechtsbeschwerde	1,0
3503	Vorzeitige Beendigung des Auftrags: Die Gebühr 3502 beträgt Die Anmerkung zu Nummer 3201 ist entsprechend anzuwenden.	0,5
3504	Verfahrensgebühr für das Verfahren über die Beschwerde gegen die Nichtzulassung der Berufung, soweit in Nummer 3511 nichts anderes bestimmt ist Die Gebühr wird auf die Verfahrensgebühr für ein nachfolgendes Berufungsverfahren angerechnet.	1,6
3505	Vorzeitige Beendigung des Auftrags: Die Gebühr 3504 beträgt Die Anmerkung zu Nummer 3201 ist entsprechend anzuwenden.	1,0
3506	Verfahrensgebühr für das Verfahren über die Beschwerde gegen die Nichtzulassung der Revision oder über die Beschwerde gegen die Nichtzulassung einer der in der Vorbemerkung 3.2.2 genannten Rechtsbeschwerden, soweit in Nummer 3512 nichts anderes bestimmt ist Die Gebühr wird auf die Verfahrensgebühr für ein nachfolgendes Revisions- oder Rechtsbeschwerdeverfahren angerechnet.	1,6
3507	Vorzeitige Beendigung des Auftrags: Die Gebühr 3506 beträgt Die Anmerkung zu Nummer 3201 ist entsprechend anzuwenden.	1,1
3508	In dem Verfahren über die Beschwerde gegen die Nichtzulassung der Revision können sich die Parteien nur durch einen beim Bundesgerichtshof zugelassenen Rechtsanwalt vertreten lassen: Die Gebühr 3506 beträgt	2,3
3509	Vorzeitige Beendigung des Auftrags, wenn sich die Parteien nur durch einen beim Bundesgerichtshof zugelassenen Rechtsanwalt vertreten lassen können: Die Gebühr 3506 beträgt	1,8

Nr.	Gebührentatbestand	Gebühr oder Satz der Gebühr nach § 13 RVG
	Die Anmerkung zu Nummer 3201 ist entsprechend anzuwenden.	
3510	Verfahrensgebühr für Beschwerdeverfahren vor dem Bundespatentgericht 1. nach dem Patentgesetz, wenn sich die Beschwerde gegen einen Beschluss richtet, a) durch den die Vergütung bei Lizenzbereitschaftserklärung festgesetzt wird oder Zahlung der Vergütung an das Deutsche Patent- und Markenamt angeordnet wird, b) durch den eine Anordnung nach § 50 Abs. 1 PatG oder die Aufhebung dieser Anordnung erlassen wird, c) durch den die Anmeldung zurückgewiesen oder über die Aufrechterhaltung, den Widerruf oder die Beschränkung des Patents entschieden wird, 2. nach dem Gebrauchsmustergesetz, wenn sich die Beschwerde gegen einen Beschluss richtet, a) durch den die Anmeldung zurückgewiesen wird, b) durch den über den Löschungsantrag entschieden wird, 3. nach dem Markengesetz, wenn sich die Beschwerde gegen einen Beschluss richtet, a) durch den über die Anmeldung einer Marke, einen Widerspruch oder einen Antrag auf Löschung oder über die Erinnerung gegen einen solchen Beschluss entschieden worden ist oder b) durch den ein Antrag auf Eintragung einer geographischen Angabe oder einer Ursprungsbezeichnung zurückgewiesen worden ist, 4. nach dem Halbleiterschutzgesetz, wenn sich die Beschwerde gegen einen Beschluss richtet, a) durch den die Anmeldung zurückgewiesen wird, b) durch den über den Löschungsantrag entschieden wird, 5. nach dem Designgesetz, wenn sich die Beschwerde gegen einen Beschluss richtet, a) durch den die Anmeldung eines Designs zurückgewiesen worden ist, b) durch den über den Löschungsantrag gemäß § 36 DesignG entschieden worden ist, c) durch den über den Antrag auf Feststellung oder Erklärung der Nichtigkeit gemäß § 34a DesignG entschieden worden ist, 6. nach dem Sortenschutzgesetz, wenn sich die Beschwerde gegen einen Beschluss des Widerspruchsausschusses richtet	1,3
3511	Verfahrensgebühr für das Verfahren über die Beschwerde gegen die Nichtzulassung der Berufung vor dem Landessozialgericht, wenn Betragsrahmengebühren entstehen (§ 3 RVG) Die Gebühr wird auf die Verfahrensgebühr für ein nachfolgendes Berufungsverfahren angerechnet.	72,00 bis 816,00 €

Nr.	Gebührentatbestand	Gebühr oder Satz der Gebühr nach § 13 RVG
3512	Verfahrensgebühr für das Verfahren über die Beschwerde gegen die Nichtzulassung der Revision vor dem Bundessozialgericht, wenn Betragsrahmengebühren entstehen (§ 3 RVG) Die Gebühr wird auf die Verfahrensgebühr für ein nachfolgendes Revisionsverfahren angerechnet.	96,00 bis 1 056,00 €
3513	Terminsgebühr in den in Nummer 3500 genannten Verfahren	0,5
3514	In dem Verfahren über die Beschwerde gegen die Zurückweisung des Antrags auf Anordnung eines Arrests, des Antrags auf Erlass eines Europäischen Beschlusses zur vorläufigen Kontenpfändung oder des Antrags auf Erlass einer einstweiligen Verfügung bestimmt das Beschwerdegericht Termin zur mündlichen Verhandlung: Die Gebühr 3513 beträgt	1,2
3515	Terminsgebühr in den in Nummer 3501 genannten Verfahren	24,00 bis 250,00 €
3516	Terminsgebühr in den in Nummern 3502, 3504, 3506 und 3510 genannten Verfahren	1,2
3517	Terminsgebühr in den in Nummer 3511 genannten Verfahren	60,00 bis 610,00 €
3518	Terminsgebühr in den in Nummer 3512 genannten Verfahren	72,00 bis 792,00 €

Teil 4

Strafsachen

Nr.	Gebührentatbestand	Gebühr oder Satz der Gebühr nach § 13 oder § 49 RVG	
		Wahlanwalt	gerichtlich bestellter oder beigeordneter Rechtsanwalt

Vorbemerkung 4:

(1) Für die Tätigkeit als Beistand oder Vertreter eines Privatklägers, eines Nebenklägers, eines Einziehungs- oder Nebenbeteiligten, eines Verletzten, eines Zeugen oder Sachverständigen und im Verfahren nach dem Strafrechtlichen Rehabilitierungsgesetz sind die Vorschriften dieses Teils entsprechend anzuwenden.

(2) Die Verfahrensgebühr entsteht für das Betreiben des Geschäfts einschließlich der Information.

(3) Die Terminsgebühr entsteht für die Teilnahme an gerichtlichen Terminen, soweit nichts anderes bestimmt ist. Der Rechtsanwalt erhält die Terminsgebühr auch, wenn er zu einem anberaumten Termin erscheint, dieser aber aus Gründen, die er nicht zu vertreten hat, nicht stattfindet. Dies gilt nicht, wenn er rechtzeitig von der Aufhebung oder Verlegung des Termins in Kenntnis gesetzt worden ist.

(4) Befindet sich der Beschuldigte nicht auf freiem Fuß, entsteht die Gebühr mit Zuschlag.

(5) Für folgende Tätigkeiten entstehen Gebühren nach den Vorschriften des Teils 3:

1. im Verfahren über die Erinnerung oder die Beschwerde gegen einen Kostenfestsetzungsbeschluss (§ 464b StPO) und im Verfahren über die Erinnerung gegen den Kostenansatz und im Verfahren über die Beschwerde gegen die Entscheidung über diese Erinnerung,
2. in der Zwangsvollstreckung aus Entscheidungen, die über einen aus der Straftat erwachsenen vermögensrechtlichen Anspruch oder die Erstattung von Kosten ergangen sind (§§ 406b, 464b StPO), für die Mitwirkung bei der Ausübung der Veröffentlichungsbefugnis und im Beschwerdeverfahren gegen eine dieser Entscheidungen.

Nr.	Gebührentatbestand	Gebühr oder Satz der Gebühr nach § 13 oder § 49 RVG	
		Wahlanwalt	gerichtlich bestellter oder beigeordneter Rechtsanwalt
Abschnitt 1. Gebühren des Verteidigers			
Vorbemerkung 4.1:			
(1) Dieser Abschnitt ist auch anzuwenden auf die Tätigkeit im Verfahren über die im Urteil vorbehaltene Sicherungsverwahrung und im Verfahren über die nachträgliche Anordnung der Sicherungsverwahrung. (2) Durch die Gebühren wird die gesamte Tätigkeit als Verteidiger entgolten. Hierzu gehören auch Tätigkeiten im Rahmen des Täter-Opfer-Ausgleichs, soweit der Gegenstand nicht vermögensrechtlich ist. (3) Kommt es für eine Gebühr auf die Dauer der Teilnahme an der Hauptverhandlung an, so sind auch Wartezeiten und Unterbrechungen an einem Hauptverhandlungstag als Teilnahme zu berücksichtigen. Dies gilt nicht für Wartezeiten und Unterbrechungen, die der Rechtsanwalt zu vertreten hat, sowie für Unterbrechungen von jeweils mindestens einer Stunde, soweit diese unter Angabe einer konkreten Dauer der Unterbrechung oder eines Zeitpunkts der Fortsetzung der Hauptverhandlung angeordnet wurden.			
Unterabschnitt 1. Allgemeine Gebühren			
4100	Grundgebühr (1) Die Gebühr entsteht neben der Verfahrensgebühr für die erstmalige Einarbeitung in den Rechtsfall nur einmal, unabhängig davon, in welchem Verfahrensabschnitt sie erfolgt. (2) Eine wegen derselben Tat oder Handlung bereits entstandene Gebühr 5100 ist anzurechnen.	44,00 bis 396,00 €	176,00 €
4101	Gebühr 4100 mit Zuschlag	44,00 bis 495,00 €	216,00 €
4102	Terminsgebühr für die Teilnahme an 1. richterlichen Vernehmungen und Augenscheinseinnahmen, 2. Vernehmungen durch die Staatsanwaltschaft oder eine andere Strafverfolgungsbehörde, 3. Terminen außerhalb der Hauptverhandlung, in denen über die Anordnung oder Fortdauer der Untersuchungshaft oder der einstweiligen Unterbringung verhandelt wird, 4. Verhandlungen im Rahmen des Täter-Opfer-Ausgleichs sowie 5. Sühneterminen nach § 380 StPO Mehrere Termine an einem Tag gelten als ein Termin. Die Gebühr entsteht im vorbereitenden Verfahren und in jedem Rechtszug für die Teilnahme an jeweils bis zu drei Terminen einmal.	44,00 bis 330,00 €	150,00 €
4103	Gebühr 4102 mit Zuschlag	44,00 bis 413,00 €	183,00 €
Unterabschnitt 2. Vorbereitendes Verfahren			
Vorbemerkung 4.1.2:			
Die Vorbereitung der Privatklage steht der Tätigkeit im vorbereitenden Verfahren gleich.			

Nr.	Gebührentatbestand	Gebühr oder Satz der Gebühr nach § 13 oder § 49 RVG	
		Wahlanwalt	gerichtlich bestellter oder beigeordneter Rechtsanwalt
4104	Verfahrensgebühr Die Gebühr entsteht für eine Tätigkeit in dem Verfahren bis zum Eingang der Anklageschrift, des Antrags auf Erlass eines Strafbefehls bei Gericht oder im beschleunigten Verfahren bis zum Vortrag der Anklage, wenn diese nur mündlich erhoben wird.	44,00 bis 319,00 €	145,00 €
4105	Gebühr 4104 mit Zuschlag	44,00 bis 399,00 €	177,00 €
Unterabschnitt 3. Gerichtliches Verfahren			
Erster Rechtszug			
4106	Verfahrensgebühr für den ersten Rechtszug vor dem Amtsgericht	44,00 bis 319,00 €	145,00 €
4107	Gebühr 4106 mit Zuschlag	44,00 bis 399,00 €	177,00 €
4108	Terminsgebühr je Hauptverhandlungstag in den in Nummer 4106 genannten Verfahren	77,00 bis 528,00 €	242,00 €
4109	Gebühr 4108 mit Zuschlag	77,00 bis 660,00 €	295,00 €
4110	Der gerichtlich bestellte oder beigeordnete Rechtsanwalt nimmt mehr als 5 und bis 8 Stunden an der Hauptverhandlung teil: Zusätzliche Gebühr neben der Gebühr 4108 oder 4109		121,00 €
4111	Der gerichtlich bestellte oder beigeordnete Rechtsanwalt nimmt mehr als 8 Stunden an der Hauptverhandlung teil: Zusätzliche Gebühr neben der Gebühr 4108 oder 4109		242,00 €
4112	Verfahrensgebühr für den ersten Rechtszug vor der Strafkammer Die Gebühr entsteht auch für Verfahren 1. vor der Jugendkammer, soweit sich die Gebühr nicht nach Nummer 4118 bestimmt, 2. im Rehabilitierungsverfahren nach Abschnitt 2 StrRehaG.	55,00 bis 352,00 €	163,00 €
4113	Gebühr 4112 mit Zuschlag	55,00 bis 440,00 €	198,00 €
4114	Terminsgebühr je Hauptverhandlungstag in den in Nummer 4112 genannten Verfahren	88,00 bis 616,00 €	282,00 €
4115	Gebühr 4114 mit Zuschlag	88,00 bis 770,00 €	343,00 €
4116	Der gerichtlich bestellte oder beigeordnete Rechtsanwalt nimmt mehr als 5 und bis 8 Stunden an der Hauptverhandlung teil: Zusätzliche Gebühr neben der Gebühr 4114 oder 4115		141,00 €
4117	Der gerichtlich bestellte oder beigeordnete Rechtsanwalt nimmt mehr als 8 Stunden an der Hauptverhandlung teil: Zusätzliche Gebühr neben der Gebühr 4114 oder 4115		282,00 €

Nr.	Gebührentatbestand	Gebühr oder Satz der Gebühr nach § 13 oder § 49 RVG	
		Wahlanwalt	gerichtlich bestellter oder beigeordneter Rechtsanwalt
4118	Verfahrensgebühr für den ersten Rechtszug vor dem Oberlandesgericht, dem Schwurgericht oder der Strafkammer nach den §§ 74a und 74c GVG Die Gebühr entsteht auch für Verfahren vor der Jugendkammer, soweit diese in Sachen entscheidet, die nach den allgemeinen Vorschriften zur Zuständigkeit des Schwurgerichts gehören.	110,00 bis 759,00 €	348,00 €
4119	Gebühr 4118 mit Zuschlag	110,00 bis 949,00 €	424,00 €
4120	Terminsgebühr je Hauptverhandlungstag in den in Nummer 4118 genannten Verfahren	143,00 bis 1 023,00 €	466,00 €
4121	Gebühr 4120 mit Zuschlag	143,00 bis 1 279,00 €	569,00 €
4122	Der gerichtlich bestellte oder beigeordnete Rechtsanwalt nimmt mehr als 5 und bis 8 Stunden an der Hauptverhandlung teil: Zusätzliche Gebühr neben der Gebühr 4120 oder 4121		233,00 €
4123	Der gerichtlich bestellte oder beigeordnete Rechtsanwalt nimmt mehr als 8 Stunden an der Hauptverhandlung teil: Zusätzliche Gebühr neben der Gebühr 4120 oder 4121		466,00 €
Berufung			
4124	Verfahrensgebühr für das Berufungsverfahren Die Gebühr entsteht auch für Beschwerdeverfahren nach § 13 StrRehaG.	88,00 bis 616,00 €	282,00 €
4125	Gebühr 4124 mit Zuschlag	88,00 bis 770,00 €	343,00 €
4126	Terminsgebühr je Hauptverhandlungstag im Berufungsverfahren Die Gebühr entsteht auch für Beschwerdeverfahren nach § 13 StrRehaG.	88,00 bis 616,00 €	282,00 €
4127	Gebühr 4126 mit Zuschlag	88,00 bis 770,00 €	343,00 €
4128	Der gerichtlich bestellte oder beigeordnete Rechtsanwalt nimmt mehr als 5 und bis 8 Stunden an der Hauptverhandlung teil: Zusätzliche Gebühr neben der Gebühr 4126 oder 4127		141,00 €
4129	Der gerichtlich bestellte oder beigeordnete Rechtsanwalt nimmt mehr als 8 Stunden an der Hauptverhandlung teil: Zusätzliche Gebühr neben der Gebühr 4126 oder 4127		282,00 €
Revision			
4130	Verfahrensgebühr für das Revisionsverfahren	132,00 bis 1 221,00 €	541,00 €
4131	Gebühr 4130 mit Zuschlag	132,00 bis 1 526,00 €	663,00 €
4132	Terminsgebühr je Hauptverhandlungstag im Revisionsverfahren	132,00 bis 616,00 €	300,00 €
4133	Gebühr 4132 mit Zuschlag	132,00 bis 770,00 €	361,00 €

Nr.	Gebührentatbestand	Gebühr oder Satz der Gebühr nach § 13 oder § 49 RVG	
		Wahlanwalt	gerichtlich bestellter oder beigeordneter Rechtsanwalt
4134	Der gerichtlich bestellte oder beigeordnete Rechtsanwalt nimmt mehr als 5 und bis 8 Stunden an der Hauptverhandlung teil: Zusätzliche Gebühr neben der Gebühr 4132 oder 4133		150,00 €
4135	Der gerichtlich bestellte oder beigeordnete Rechtsanwalt nimmt mehr als 8 Stunden an der Hauptverhandlung teil: Zusätzliche Gebühr neben der Gebühr 4132 oder 4133		300,00 €

Unterabschnitt 4. Wiederaufnahmeverfahren

Vorbemerkung 4.1.4:

Eine Grundgebühr entsteht nicht.

4136	Geschäftsgebühr für die Vorbereitung eines Antrags Die Gebühr entsteht auch, wenn von der Stellung eines Antrags abgeraten wird.	in Höhe der Verfahrensgebühr für den ersten Rechtszug	
4137	Verfahrensgebühr für das Verfahren über die Zulässigkeit des Antrags	in Höhe der Verfahrensgebühr für den ersten Rechtszug	
4138	Verfahrensgebühr für das weitere Verfahren	in Höhe der Verfahrensgebühr für den ersten Rechtszug	
4139	Verfahrensgebühr für das Beschwerdeverfahren (§ 372 StPO)	in Höhe der Verfahrensgebühr für den ersten Rechtszug	
4140	Terminsgebühr für jeden Verhandlungstag	in Höhe der Terminsgebühr für den ersten Rechtszug	

Unterabschnitt 5. Zusätzliche Gebühren

4141	Durch die anwaltliche Mitwirkung wird die Hauptverhandlung entbehrlich: Zusätzliche Gebühr (1) Die Gebühr entsteht, wenn 1. das Strafverfahren nicht nur vorläufig eingestellt wird oder 2. das Gericht beschließt, das Hauptverfahren nicht zu eröffnen oder 3. sich das gerichtliche Verfahren durch Rücknahme des Einspruchs gegen den Strafbefehl, der Berufung oder der Revision des Angeklagten oder eines anderen Verfahrensbeteiligten erledigt; ist bereits ein Termin zur Hauptverhandlung bestimmt, entsteht die Gebühr nur, wenn der Einspruch, die Berufung oder die Revision früher als zwei Wochen vor Beginn des Tages, der für die Hauptverhandlung vorgesehen war, zurückgenommen wird; oder 4. das Verfahren durch Beschluss nach § 411 Abs. 1 Satz 3 StPO endet. Nummer 3 ist auf den Beistand oder Vertreter eines Privatklägers entsprechend anzuwenden, wenn die Privatklage zurückgenommen wird. (2) Die Gebühr entsteht nicht, wenn eine auf die Förderung des Verfahrens gerichtete Tätigkeit nicht ersichtlich ist. Sie entsteht nicht neben der Gebühr 4147.	in Höhe der Verfahrensgebühr	

Nr.	Gebührentatbestand	Gebühr oder Satz der Gebühr nach § 13 oder § 49 RVG Wahlanwalt	gerichtlich bestellter oder beigeordneter Rechtsanwalt
	(3) Die Höhe der Gebühr richtet sich nach dem Rechtszug, in dem die Hauptverhandlung vermieden wurde. Für den Wahlanwalt bemisst sich die Gebühr nach der Rahmenmitte. Eine Erhöhung nach Nummer 1008 und der Zuschlag (Vorbemerkung 4 Abs. 4) sind nicht zu berücksichtigen.		
4142	Verfahrensgebühr bei Einziehung und verwandten Maßnahmen	1,0	1,0
	(1) Die Gebühr entsteht für eine Tätigkeit für den Beschuldigten, die sich auf die Einziehung, dieser gleichstehende Rechtsfolgen (§ 439 StPO), die Abführung des Mehrerlöses oder auf eine diesen Zwecken dienende Beschlagnahme bezieht. (2) Die Gebühr entsteht nicht, wenn der Gegenstandswert niedriger als 30,00 € ist. (3) Die Gebühr entsteht für das Verfahren des ersten Rechtszugs einschließlich des vorbereitenden Verfahrens und für jeden weiteren Rechtszug.		
4143	Verfahrensgebühr für das erstinstanzliche Verfahren über vermögensrechtliche Ansprüche (§ 403 StPO)	2,0	2,0
	(1) Die Gebühr entsteht auch, wenn der Anspruch erstmalig im Berufungsverfahren geltend gemacht wird. (2) Die Gebühr wird zu einem Drittel auf die Verfahrensgebühr, die für einen bürgerlichen Rechtsstreit wegen desselben Anspruchs entsteht, angerechnet.		
4144	Verfahrensgebühr im Berufungs- und Revisionsverfahren über vermögensrechtliche Ansprüche (§ 403 StPO)	2,5	2,5
4145	Verfahrensgebühr für das Verfahren über die Beschwerde gegen den Beschluss, mit dem nach § 406 Abs. 5 Satz 2 StPO von einer Entscheidung abgesehen wird	0,5	0,5
4146	Verfahrensgebühr für das Verfahren über einen Antrag auf gerichtliche Entscheidung oder über die Beschwerde gegen eine den Rechtszug beendende Entscheidung nach § 25 Abs. 1 Satz 3 bis 5, § 13 StrRehaG	1,5	1,5
4147	Einigungsgebühr im Privatklageverfahren bezüglich des Strafanspruchs und des Kostenerstattungsanspruchs: Die Gebühr 1000 entsteht	in Höhe der Verfahrensgebühr	
	Für einen Vertrag über sonstige Ansprüche entsteht eine weitere Einigungsgebühr nach Teil 1. Maßgebend für die Höhe der Gebühr ist die im Einzelfall bestimmte Verfahrensgebühr in der Angelegenheit, in der die Einigung erfolgt. Eine Erhöhung nach Nummer 1008 und der Zuschlag (Vorbemerkung 4 Abs. 4) sind nicht zu berücksichtigen.		

Abschnitt 2. Gebühren in der Strafvollstreckung

Vorbemerkung 4.2:

Im Verfahren über die Beschwerde gegen die Entscheidung in der Hauptsache entstehen die Gebühren besonders.

Nr.	Gebührentatbestand	Gebühr oder Satz der Gebühr nach § 13 oder § 49 RVG	
		Wahlanwalt	gerichtlich bestellter oder beigeordneter Rechtsanwalt
4200	Verfahrensgebühr als Verteidiger für ein Verfahren über 1. die Erledigung oder Aussetzung der Maßregel der Unterbringung a) in der Sicherungsverwahrung, b) in einem psychiatrischen Krankenhaus oder c) in einer Entziehungsanstalt, 2. die Aussetzung des Restes einer zeitigen Freiheitsstrafe oder einer lebenslangen Freiheitsstrafe oder 3. den Widerruf einer Strafaussetzung zur Bewährung oder den Widerruf der Aussetzung einer Maßregel der Besserung und Sicherung zur Bewährung	66,00 bis 737,00 €	321,00 €
4201	Gebühr 4200 mit Zuschlag	66,00 bis 921,00 €	395,00 €
4202	Terminsgebühr in den in Nummer 4200 genannten Verfahren	66,00 bis 330,00 €	158,00 €
4203	Gebühr 4202 mit Zuschlag	66,00 bis 413,00 €	192,00 €
4204	Verfahrensgebühr für sonstige Verfahren in der Strafvollstreckung	33,00 bis 330,00 €	145,00 €
4205	Gebühr 4204 mit Zuschlag	33,00 bis 413,00 €	178,00 €
4206	Terminsgebühr für sonstige Verfahren	33,00 bis 330,00 €	145,00 €
4207	Gebühr 4206 mit Zuschlag	33,00 bis 413,00 €	178,00 €

Abschnitt 3. Einzeltätigkeiten

Vorbemerkung 4.3:

(1) Die Gebühren entstehen für einzelne Tätigkeiten, ohne dass dem Rechtsanwalt sonst die Verteidigung oder Vertretung übertragen ist.

(2) Beschränkt sich die Tätigkeit des Rechtsanwalts auf die Geltendmachung oder Abwehr eines aus der Straftat erwachsenen vermögensrechtlichen Anspruchs im Strafverfahren, so erhält er die Gebühren nach den Nummern 4143 bis 4145.

(3) Die Gebühr entsteht für jede der genannten Tätigkeiten gesondert, soweit nichts anderes bestimmt ist. § 15 RVG bleibt unberührt. Das Beschwerdeverfahren gilt als besondere Angelegenheit.

(4) Wird dem Rechtsanwalt die Verteidigung oder die Vertretung für das Verfahren übertragen, werden die nach diesem Abschnitt entstandenen Gebühren auf die für die Verteidigung oder Vertretung entstehenden Gebühren angerechnet.

4300	Verfahrensgebühr für die Anfertigung oder Unterzeichnung einer Schrift 1. zur Begründung der Revision, 2. zur Erklärung auf die von dem Staatsanwalt, Privatkläger oder Nebenkläger eingelegte Revision oder 3. in Verfahren nach den §§ 57a und 67e StGB Neben der Gebühr für die Begründung der Revision entsteht für die Einlegung der Revision keine besondere Gebühr.	66,00 bis 737,00 €	321,00 €

Nr.	Gebührentatbestand	Gebühr oder Satz der Gebühr nach § 13 oder § 49 RVG – Wahlanwalt	Gebühr oder Satz der Gebühr nach § 13 oder § 49 RVG – gerichtlich bestellter oder beigeordneter Rechtsanwalt
4301	Verfahrensgebühr für 1. die Anfertigung oder Unterzeichnung einer Privatklage, 2. die Anfertigung oder Unterzeichnung einer Schrift zur Rechtfertigung der Berufung oder zur Beantwortung der von dem Staatsanwalt, Privatkläger oder Nebenkläger eingelegten Berufung, 3. die Führung des Verkehrs mit dem Verteidiger, 4. die Beistandsleistung für den Beschuldigten bei einer richterlichen Vernehmung, einer Vernehmung durch die Staatsanwaltschaft oder eine andere Strafverfolgungsbehörde oder in einer Hauptverhandlung, einer mündlichen Anhörung oder bei einer Augenscheinseinnahme, 5. die Beistandsleistung im Verfahren zur gerichtlichen Erzwingung der Anklage (§ 172 Abs. 2 bis 4, § 173 StPO) oder 6. sonstige Tätigkeiten in der Strafvollstreckung Neben der Gebühr für die Rechtfertigung der Berufung entsteht für die Einlegung der Berufung keine besondere Gebühr.	44,00 bis 506,00 €	220,00 €
4302	Verfahrensgebühr für 1. die Einlegung eines Rechtsmittels, 2. die Anfertigung oder Unterzeichnung anderer Anträge, Gesuche oder Erklärungen oder 3. eine andere nicht in Nummer 4300 oder 4301 erwähnte Beistandsleistung	33,00 bis 319,00 €	141,00 €
4303	Verfahrensgebühr für die Vertretung in einer Gnadensache Der Rechtsanwalt erhält die Gebühr auch, wenn ihm die Verteidigung übertragen war.	33,00 bis 330,00 €	
4304	Gebühr für den als Kontaktperson beigeordneten Rechtsanwalt (§ 34a EGGVG)		3 850,00 €

Teil 5

Bußgeldsachen

Nr.	Gebührentatbestand	Gebühr oder Satz der Gebühr nach § 13 oder § 49 RVG – Wahlanwalt	Gebühr oder Satz der Gebühr nach § 13 oder § 49 RVG – gerichtlich bestellter oder beigeordneter Rechtsanwalt
Vorbemerkung 5: (1) Für die Tätigkeit als Beistand oder Vertreter eines Einziehungs- oder Nebenbeteiligten, eines Zeugen oder eines Sachverständigen sind die Vorschriften dieses Teils entsprechend anzuwenden. (2) Die Verfahrensgebühr entsteht für das Betreiben des Geschäfts einschließlich der Information. (3) Die Terminsgebühr entsteht für die Teilnahme an gerichtlichen Terminen, soweit nichts anderes bestimmt ist. Der Rechtsanwalt erhält die Terminsgebühr auch, wenn er zu einem anberaumten Termin erscheint, dieser aber aus Gründen, die er nicht zu vertreten hat, nicht stattfindet. Dies gilt nicht, wenn er rechtzeitig von der Aufhebung oder Verlegung des Termins in Kenntnis gesetzt worden ist.			

Nr.	Gebührentatbestand	Gebühr oder Satz der Gebühr nach § 13 oder § 49 RVG	
		Wahlanwalt	gerichtlich bestellter oder beigeordneter Rechtsanwalt

(4) Für folgende Tätigkeiten entstehen Gebühren nach den Vorschriften des Teils 3:

1. für das Verfahren über die Erinnerung oder die Beschwerde gegen einen Kostenfestsetzungsbeschluss, für das Verfahren über die Erinnerung gegen den Kostenansatz, für das Verfahren über die Beschwerde gegen die Entscheidung über diese Erinnerung und für Verfahren über den Antrag auf gerichtliche Entscheidung gegen einen Kostenfestsetzungsbescheid und den Ansatz der Gebühren und Auslagen (§ 108 OWiG), dabei steht das Verfahren über den Antrag auf gerichtliche Entscheidung dem Verfahren über die Erinnerung oder die Beschwerde gegen einen Kostenfestsetzungsbeschluss gleich,
2. in der Zwangsvollstreckung aus Entscheidungen, die über die Erstattung von Kosten ergangen sind, und für das Beschwerdeverfahren gegen die gerichtliche Entscheidung nach Nummer 1.

Abschnitt 1. Gebühren des Verteidigers

Vorbemerkung 5.1:

(1) Durch die Gebühren wird die gesamte Tätigkeit als Verteidiger entgolten.

(2) Hängt die Höhe der Gebühren von der Höhe der Geldbuße ab, ist die zum Zeitpunkt des Entstehens der Gebühr zuletzt festgesetzte Geldbuße maßgebend. Ist eine Geldbuße nicht festgesetzt, richtet sich die Höhe der Gebühren im Verfahren vor der Verwaltungsbehörde nach dem mittleren Betrag der in der Bußgeldvorschrift angedrohten Geldbuße. Sind in einer Rechtsvorschrift Regelsätze bestimmt, sind diese maßgebend. Mehrere Geldbußen sind zusammenzurechnen.

Unterabschnitt 1. Allgemeine Gebühr

5100	Grundgebühr (1) Die Gebühr entsteht neben der Verfahrensgebühr für die erstmalige Einarbeitung in den Rechtsfall nur einmal, unabhängig davon, in welchem Verfahrensabschnitt sie erfolgt. (2) Die Gebühr entsteht nicht, wenn in einem vorangegangenen Strafverfahren für dieselbe Handlung oder Tat die Gebühr 4100 entstanden ist.	33,00 bis 187,00 €	88,00 €

Unterabschnitt 2. Verfahren vor der Verwaltungsbehörde

Vorbemerkung 5.1.2:

(1) Zu dem Verfahren vor der Verwaltungsbehörde gehört auch das Verwarnungsverfahren und das Zwischenverfahren (§ 69 OWiG) bis zum Eingang der Akten bei Gericht.

(2) Die Terminsgebühr entsteht auch für die Teilnahme an Vernehmungen vor der Polizei oder der Verwaltungsbehörde.

5101	Verfahrensgebühr bei einer Geldbuße von weniger als 60,00 €	22,00 bis 121,00 €	57,00 €
5102	Terminsgebühr für jeden Tag, an dem ein Termin in den in Nummer 5101 genannten Verfahren stattfindet	22,00 bis 121,00 €	57,00 €
5103	Verfahrensgebühr bei einer Geldbuße von 60,00 bis 5 000,00 €	33,00 bis 319,00 €	141,00 €
5104	Terminsgebühr für jeden Tag, an dem ein Termin in den in Nummer 5103 genannten Verfahren stattfindet	33,00 bis 319,00 €	141,00 €
5105	Verfahrensgebühr bei einer Geldbuße von mehr als 5 000,00 €	44,00 bis 330,00 €	150,00 €
5106	Terminsgebühr für jeden Tag, an dem ein Termin in den in Nummer 5105 genannten Verfahren stattfindet	44,00 bis 330,00 €	150,00 €

Unterabschnitt 3. Gerichtliches Verfahren im ersten Rechtszug

Vorbemerkung 5.1.3:

(1) Die Terminsgebühr entsteht auch für die Teilnahme an gerichtlichen Terminen außerhalb der Hauptverhandlung.

Nr.	Gebührentatbestand	Gebühr oder Satz der Gebühr nach § 13 oder § 49 RVG	
		Wahlanwalt	gerichtlich bestellter oder beigeordneter Rechtsanwalt
(2) Die Gebühren dieses Unterabschnitts entstehen für das Wiederaufnahmeverfahren einschließlich seiner Vorbereitung gesondert; die Verfahrensgebühr entsteht auch, wenn von der Stellung eines Wiederaufnahmeantrags abgeraten wird.			
5107	Verfahrensgebühr bei einer Geldbuße von weniger als 60,00 €	22,00 bis 121,00 €	57,00 €
5108	Terminsgebühr je Hauptverhandlungstag in den in Nummer 5107 genannten Verfahren	22,00 bis 264,00 €	114,00 €
5109	Verfahrensgebühr bei einer Geldbuße von 60,00 bis 5 000,00 €	33,00 bis 319,00 €	141,00 €
5110	Terminsgebühr je Hauptverhandlungstag in den in Nummer 5109 genannten Verfahren	44,00 bis 517,00 €	224,00 €
5111	Verfahrensgebühr bei einer Geldbuße von mehr als 5 000,00 €	55,00 bis 385,00 €	176,00 €
5112	Terminsgebühr je Hauptverhandlungstag in den in Nummer 5111 genannten Verfahren	88,00 bis 616,00 €	282,00 €
Unterabschnitt 4. Verfahren über die Rechtsbeschwerde			
5113	Verfahrensgebühr	88,00 bis 616,00 €	282,00 €
5114	Terminsgebühr je Hauptverhandlungstag	88,00 bis 616,00 €	282,00 €
Unterabschnitt 5. Zusätzliche Gebühren			
5115	Durch die anwaltliche Mitwirkung wird das Verfahren vor der Verwaltungsbehörde erledigt oder die Hauptverhandlung entbehrlich: Zusätzliche Gebühr (1) Die Gebühr entsteht, wenn 1. das Verfahren nicht nur vorläufig eingestellt wird oder 2. der Einspruch gegen den Bußgeldbescheid zurückgenommen wird oder 3. der Bußgeldbescheid nach Einspruch von der Verwaltungsbehörde zurückgenommen und gegen einen neuen Bußgeldbescheid kein Einspruch eingelegt wird oder 4. sich das gerichtliche Verfahren durch Rücknahme des Einspruchs gegen den Bußgeldbescheid oder der Rechtsbeschwerde des Betroffenen oder eines anderen Verfahrensbeteiligten erledigt; ist bereits ein Termin zur Hauptverhandlung bestimmt, entsteht die Gebühr nur, wenn der Einspruch oder die Rechtsbeschwerde früher als zwei Wochen vor Beginn des Tages, der für die Hauptverhandlung vorgesehen war, zurückgenommen wird, oder 5. das Gericht nach § 72 Abs. 1 Satz 1 OWiG durch Beschluss entscheidet. (2) Die Gebühr entsteht nicht, wenn eine auf die Förderung des Verfahrens gerichtete Tätigkeit nicht ersichtlich ist. (3) Die Höhe der Gebühr richtet sich nach dem Rechtszug, in dem die Hauptverhandlung vermieden wurde. Für den Wahlanwalt bemisst sich die Gebühr nach der Rahmenmitte.	in Höhe der jeweiligen Verfahrensgebühr	

Nr.	Gebührentatbestand	Gebühr oder Satz der Gebühr nach § 13 oder § 49 RVG	
		Wahlanwalt	gerichtlich bestellter oder beigeordneter Rechtsanwalt
5116	Verfahrensgebühr bei Einziehung und verwandten Maßnahmen (1) Die Gebühr entsteht für eine Tätigkeit für den Betroffenen, die sich auf die Einziehung oder dieser gleichstehende Rechtsfolgen (§ 46 Abs. 1 OWiG, § 439 StPO) oder auf eine diesen Zwecken dienende Beschlagnahme bezieht. (2) Die Gebühr entsteht nicht, wenn der Gegenstandswert niedriger als 30,00 € ist. (3) Die Gebühr entsteht nur einmal für das Verfahren vor der Verwaltungsbehörde und für das gerichtliche Verfahren im ersten Rechtszug. Im Rechtsbeschwerdeverfahren entsteht die Gebühr besonders.	1,0	1,0
Abschnitt 2. Einzeltätigkeiten			
5200	Verfahrensgebühr (1) Die Gebühr entsteht für einzelne Tätigkeiten, ohne dass dem Rechtsanwalt sonst die Verteidigung übertragen ist. (2) Die Gebühr entsteht für jede Tätigkeit gesondert, soweit nichts anderes bestimmt ist. § 15 RVG bleibt unberührt. (3) Wird dem Rechtsanwalt die Verteidigung für das Verfahren übertragen, werden die nach dieser Nummer entstandenen Gebühren auf die für die Verteidigung entstehenden Gebühren angerechnet. (4) Der Rechtsanwalt erhält die Gebühr für die Vertretung in der Vollstreckung und in einer Gnadensache auch, wenn ihm die Verteidigung übertragen war.	22,00 bis 121,00 €	57,00 €

Teil 6

Sonstige Verfahren

Nr.	Gebührentatbestand	Gebühr	
		Wahlverteidiger oder Verfahrensbevollmächtigter	gerichtlich bestellter oder beigeordneter Rechtsanwalt
Vorbemerkung 6: (1) Für die Tätigkeit als Beistand für einen Zeugen oder Sachverständigen in einem Verfahren, für das sich die Gebühren nach diesem Teil bestimmen, entstehen die gleichen Gebühren wie für einen Verfahrensbevollmächtigten in diesem Verfahren. (2) Die Verfahrensgebühr entsteht für das Betreiben des Geschäfts einschließlich der Information. (3) Die Terminsgebühr entsteht für die Teilnahme an gerichtlichen Terminen, soweit nichts anderes bestimmt ist. Der Rechtsanwalt erhält die Terminsgebühr auch, wenn er zu einem anberaumten Termin erscheint, dieser aber aus Gründen, die er nicht zu vertreten hat, nicht stattfindet. Dies gilt nicht, wenn er rechtzeitig von der Aufhebung oder Verlegung des Termins in Kenntnis gesetzt worden ist.			

Nr.	Gebührentatbestand	Gebühr	
		Wahlverteidiger oder Verfahrensbevollmächtigter	gerichtlich bestellter oder beigeordneter Rechtsanwalt
Abschnitt 1. Verfahren nach dem Gesetz über die internationale Rechtshilfe in Strafsachen, Verfahren nach dem Deutsch-Schweizerischer-Polizeivertrag-Umsetzungsgesetz und Verfahren nach dem Gesetz über die Zusammenarbeit mit dem Internationalen Strafgerichtshof			
Unterabschnitt 1. Verfahren vor der Verwaltungsbehörde			
Vorbemerkung 6.1.1: Die Gebühr nach diesem Unterabschnitt entsteht für die Tätigkeit gegenüber der Bewilligungsbehörde in Verfahren nach Abschnitt 2 Unterabschnitt 2 des Neunten Teils des Gesetzes über die internationale Rechtshilfe in Strafsachen oder dem Deutsch-Schweizerischer-Polizeivertrag-Umsetzungsgesetz.			
6100	Verfahrensgebühr	55,00 bis 374,00 €	172,00 €
Unterabschnitt 2. Gerichtliches Verfahren			
6101	Verfahrensgebühr	110,00 bis 759,00 €	348,00 €
6102	Terminsgebühr je Verhandlungstag	143,00 bis 1 023,00 €	466,00 €
Abschnitt 2. Disziplinarverfahren, berufsgerichtliche Verfahren wegen der Verletzung einer Berufspflicht			
Vorbemerkung 6.2: (1) Durch die Gebühren wird die gesamte Tätigkeit im Verfahren abgegolten. (2) Für die Vertretung gegenüber der Aufsichtsbehörde außerhalb eines Disziplinarverfahrens entstehen Gebühren nach Teil 2. (3) Für folgende Tätigkeiten entstehen Gebühren nach Teil 3: 1. für das Verfahren über die Erinnerung oder die Beschwerde gegen einen Kostenfestsetzungsbeschluss, für das Verfahren über die Erinnerung gegen den Kostenansatz und für das Verfahren über die Beschwerde gegen die Entscheidung über diese Erinnerung, 2. in der Zwangsvollstreckung aus einer Entscheidung, die über die Erstattung von Kosten ergangen ist, und für das Beschwerdeverfahren gegen diese Entscheidung.			
Unterabschnitt 1. Allgemeine Gebühren			
6200	Grundgebühr Die Gebühr entsteht neben der Verfahrensgebühr für die erstmalige Einarbeitung in den Rechtsfall nur einmal, unabhängig davon, in welchem Verfahrensabschnitt sie erfolgt.	44,00 bis 385,00 €	172,00 €
6201	Terminsgebühr für jeden Tag, an dem ein Termin stattfindet Die Gebühr entsteht für die Teilnahme an außergerichtlichen Anhörungsterminen und außergerichtlichen Terminen zur Beweiserhebung.	44,00 bis 407,00 €	180,00 €
Unterabschnitt 2. Außergerichtliches Verfahren			
6202	Verfahrensgebühr (1) Die Gebühr entsteht gesondert für eine Tätigkeit in einem dem gerichtlichen Verfahren vorausgehenden und der Überprüfung der Verwaltungsentscheidung dienenden weiteren außergerichtlichen Verfahren. (2) Die Gebühr entsteht für eine Tätigkeit in dem Verfahren bis zum Eingang des Antrags oder der Anschuldigungsschrift bei Gericht.	44,00 bis 319,00 €	145,00 €

Nr.	Gebührentatbestand	Gebühr	
		Wahlverteidiger oder Verfahrensbevollmächtigter	gerichtlich bestellter oder beigeordneter Rechtsanwalt
Unterabschnitt 3. Gerichtliches Verfahren			
Erster Rechtszug			
Vorbemerkung 6.2.3:			
(1) Die nachfolgenden Gebühren entstehen für das Wiederaufnahmeverfahren einschließlich seiner Vorbereitung gesondert.			
(2) Kommt es für eine Gebühr auf die Dauer der Teilnahme an der Hauptverhandlung an, sind auch Wartezeiten und Unterbrechungen an einem Hauptverhandlungstag als Teilnahme zu berücksichtigen. Dies gilt nicht für Wartezeiten und Unterbrechungen, die der Rechtsanwalt zu vertreten hat, sowie für Unterbrechungen von jeweils mindestens einer Stunde, soweit diese unter Angabe einer konkreten Dauer der Unterbrechung oder eines Zeitpunkts der Fortsetzung der Hauptverhandlung angeordnet wurden.			
6203	Verfahrensgebühr	55,00 bis 352,00 €	163,00 €
6204	Terminsgebühr je Verhandlungstag	88,00 bis 616,00 €	282,00 €
6205	Der gerichtlich bestellte Rechtsanwalt nimmt mehr als 5 und bis 8 Stunden an der Hauptverhandlung teil: Zusätzliche Gebühr neben der Gebühr 6204		141,00 €
6206	Der gerichtlich bestellte Rechtsanwalt nimmt mehr als 8 Stunden an der Hauptverhandlung teil: Zusätzliche Gebühr neben der Gebühr 6204		282,00 €
Zweiter Rechtszug			
6207	Verfahrensgebühr	88,00 bis 616,00 €	282,00 €
6208	Terminsgebühr je Verhandlungstag	88,00 bis 616,00 €	282,00 €
6209	Der gerichtlich bestellte Rechtsanwalt nimmt mehr als 5 und bis 8 Stunden an der Hauptverhandlung teil: Zusätzliche Gebühr neben der Gebühr 6208		141,00 €
6210	Der gerichtlich bestellte Rechtsanwalt nimmt mehr als 8 Stunden an der Hauptverhandlung teil: Zusätzliche Gebühr neben der Gebühr 6208		282,00 €
Dritter Rechtszug			
6211	Verfahrensgebühr	132,00 bis 1 221,00 €	541,00 €
6212	Terminsgebühr je Verhandlungstag	132,00 bis 605,00 €	294,00 €
6213	Der gerichtlich bestellte Rechtsanwalt nimmt mehr als 5 und bis 8 Stunden an der Hauptverhandlung teil: Zusätzliche Gebühr neben der Gebühr 6212		147,00 €
6214	Der gerichtlich bestellte Rechtsanwalt nimmt mehr als 8 Stunden an der Hauptverhandlung teil: Zusätzliche Gebühr neben der Gebühr 6212		294,00 €

Nr.	Gebührentatbestand	Gebühr	
		Wahlverteidiger oder Verfahrensbevollmächtigter	gerichtlich bestellter oder beigeordneter Rechtsanwalt
6215	Verfahrensgebühr für das Verfahren über die Beschwerde gegen die Nichtzulassung der Revision Die Gebühr wird auf die Verfahrensgebühr für ein nachfolgendes Revisionsverfahren angerechnet.	77,00 bis 1 221,00 €	519,00 €
Unterabschnitt 4. Zusatzgebühr			
6216	Durch die anwaltliche Mitwirkung wird die mündliche Verhandlung entbehrlich: Zusätzliche Gebühr (1) Die Gebühr entsteht, wenn eine gerichtliche Entscheidung mit Zustimmung der Beteiligten ohne mündliche Verhandlung ergeht oder einer beabsichtigten Entscheidung ohne Hauptverhandlungstermin nicht widersprochen wird. (2) Die Gebühr entsteht nicht, wenn eine auf die Förderung des Verfahrens gerichtete Tätigkeit nicht ersichtlich ist. (3) Die Höhe der Gebühr richtet sich nach dem Rechtszug, in dem die Hauptverhandlung vermieden wurde. Für den Wahlanwalt bemisst sich die Gebühr nach der Rahmenmitte.	in Höhe der jeweiligen Verfahrensgebühr	
Abschnitt 3. Gerichtliche Verfahren bei Freiheitsentziehung, bei Unterbringung und bei sonstigen Zwangsmaßnahmen			
6300	Verfahrensgebühr in Freiheitsentziehungssachen nach § 415 FamFG, in Unterbringungssachen nach § 312 FamFG und in Verfahren nach § 151 Nr. 6 und 7 FamFG Die Gebühr entsteht für jeden Rechtszug.	44,00 bis 517,00 €	224,00 €
6301	Terminsgebühr in den Fällen der Nummer 6300 Die Gebühr entsteht für die Teilnahme an gerichtlichen Terminen.	44,00 bis 517,00 €	224,00 €
6302	Verfahrensgebühr in sonstigen Fällen Die Gebühr entsteht für jeden Rechtszug des Verfahrens über die Verlängerung oder Aufhebung einer Freiheitsentziehung nach den §§ 425 und 426 FamFG oder einer Unterbringungsmaßnahme nach den §§ 329 und 330 FamFG.	22,00 bis 330,00 €	141,00 €
6303	Terminsgebühr in den Fällen der Nummer 6302 Die Gebühr entsteht für die Teilnahme an gerichtlichen Terminen.	22,00 bis 330,00 €	141,00 €

Nr.	Gebührentatbestand	Gebühr	
		Wahlverteidiger oder Verfahrensbevollmächtigter	gerichtlich bestellter oder beigeordneter Rechtsanwalt
Abschnitt 4. Gerichtliche Verfahren nach der Wehrbeschwerdeordnung			
Vorbemerkung 6.4: (1) Die Gebühren nach diesem Abschnitt entstehen in Verfahren auf gerichtliche Entscheidung nach der WBO, auch i.V.m. § 42 WDO, wenn das Verfahren vor dem Truppendienstgericht oder vor dem Bundesverwaltungsgericht an die Stelle des Verwaltungsrechtswegs gemäß § 82 SG tritt. (2) Soweit wegen desselben Gegenstands eine Geschäftsgebühr nach Nummer 2302 für eine Tätigkeit im Verfahren über die Beschwerde oder über die weitere Beschwerde vor einem Disziplinarvorgesetzten entstanden ist, wird diese Gebühr zur Hälfte, höchstens jedoch mit einem Betrag von 207,00 €, auf die Verfahrensgebühr des gerichtlichen Verfahrens vor dem Truppendienstgericht oder dem Bundesverwaltungsgericht angerechnet. Sind mehrere Gebühren entstanden, ist für die Anrechnung die zuletzt entstandene Gebühr maßgebend.			
6400	Verfahrensgebühr für das Verfahren auf gerichtliche Entscheidung vor dem Truppendienstgericht	88,00 bis 748,00 €	
6401	Terminsgebühr je Verhandlungstag in den in Nummer 6400 genannten Verfahren	88,00 bis 748,00 €	
6402	Verfahrensgebühr für das Verfahren auf gerichtliche Entscheidung vor dem Bundesverwaltungsgericht, im Verfahren über die Rechtsbeschwerde oder im Verfahren über die Beschwerde gegen die Nichtzulassung der Rechtsbeschwerde Die Gebühr für ein Verfahren über die Beschwerde gegen die Nichtzulassung der Rechtsbeschwerde wird auf die Gebühr für ein nachfolgendes Verfahren über die Rechtsbeschwerde angerechnet.	110,00 bis 869,00 €	
6403	Terminsgebühr je Verhandlungstag in den in Nummer 6402 genannten Verfahren	110,00 bis 869,00 €	
Abschnitt 5. Einzeltätigkeiten und Verfahren auf Aufhebung oder Änderung einer Disziplinarmaßnahme			
6500	Verfahrensgebühr (1) Für eine Einzeltätigkeit entsteht die Gebühr, wenn dem Rechtsanwalt nicht die Verteidigung oder Vertretung übertragen ist. (2) Die Gebühr entsteht für jede einzelne Tätigkeit gesondert, soweit nichts anderes bestimmt ist. § 15 RVG bleibt unberührt. (3) Wird dem Rechtsanwalt die Verteidigung oder Vertretung für das Verfahren übertragen, werden die nach dieser Nummer entstandenen Gebühren auf die für die Verteidigung oder Vertretung entstehenden Gebühren angerechnet.	22,00 bis 330,00 €	141,00 €

Nr.	Gebührentatbestand	Gebühr	
		Wahlverteidiger oder Verfahrensbevollmächtigter	gerichtlich bestellter oder beigeordneter Rechtsanwalt
	(4) Eine Gebühr nach dieser Vorschrift entsteht jeweils auch für das Verfahren nach der WDO vor einem Disziplinarvorgesetzten auf Aufhebung oder Änderung einer Disziplinarmaßnahme und im gerichtlichen Verfahren vor dem Wehrdienstgericht.		

Teil 7

Auslagen

Nr.	Auslagentatbestand	Höhe
Vorbemerkung 7: (1) Mit den Gebühren werden auch die allgemeinen Geschäftskosten entgolten. Soweit nachfolgend nichts anderes bestimmt ist, kann der Rechtsanwalt Ersatz der entstandenen Aufwendungen (§ 675 i.V.m. § 670 BGB) verlangen. (2) Eine Geschäftsreise liegt vor, wenn das Reiseziel außerhalb der Gemeinde liegt, in der sich die Kanzlei oder die Wohnung des Rechtsanwalts befindet. (3) Dient eine Reise mehreren Geschäften, sind die entstandenen Auslagen nach den Nummern 7003 bis 7006 nach dem Verhältnis der Kosten zu verteilen, die bei gesonderter Ausführung der einzelnen Geschäfte entstanden wären. Ein Rechtsanwalt, der seine Kanzlei an einen anderen Ort verlegt, kann bei Fortführung eines ihm vorher erteilten Auftrags Auslagen nach den Nummern 7003 bis 7006 nur insoweit verlangen, als sie auch von seiner bisherigen Kanzlei aus entstanden wären.		
7000	Pauschale für die Herstellung und Überlassung von Dokumenten: 1. für Kopien und Ausdrucke a) aus Behörden- und Gerichtsakten, soweit deren Herstellung zur sachgemäßen Bearbeitung der Rechtssache geboten war, b) zur Zustellung oder Mitteilung an Gegner oder Beteiligte und Verfahrensbevollmächtigte aufgrund einer Rechtsvorschrift oder nach Aufforderung durch das Gericht, die Behörde oder die sonst das Verfahren führende Stelle, soweit hierfür mehr als 100 Seiten zu fertigen waren, c) zur notwendigen Unterrichtung des Auftraggebers, soweit hierfür mehr als 100 Seiten zu fertigen waren, d) in sonstigen Fällen nur, wenn sie im Einverständnis mit dem Auftraggeber zusätzlich, auch zur Unterrichtung Dritter, angefertigt worden sind:	
	für die ersten 50 abzurechnenden Seiten je Seite	0,50 €
	für jede weitere Seite	0,15 €
	für die ersten 50 abzurechnenden Seiten in Farbe je Seite	1,00 €
	für jede weitere Seite in Farbe	0,30 €
	2. Überlassung von elektronisch gespeicherten Dateien oder deren Bereitstellung zum Abruf anstelle der in Nummer 1 Buchstabe d genannten Kopien und Ausdrucke: je Datei	1,50 €
	für die in einem Arbeitsgang überlassenen, bereitgestellten oder in einem Arbeitsgang auf denselben Datenträger übertragenen Dokumente insgesamt höchstens	5,00 €
	(1) Die Höhe der Dokumentenpauschale nach Nummer 1 ist in derselben Angelegenheit und in gerichtlichen Verfahren in demselben Rechtszug einheitlich zu berechnen. Eine Übermittlung durch den Rechtsanwalt per Telefax steht der Herstellung einer Kopie gleich.	

Nr.	Auslagentatbestand	Höhe
	(2) Werden zum Zweck der Überlassung von elektronisch gespeicherten Dateien Dokumente im Einverständnis mit dem Auftraggeber zuvor von der Papierform in die elektronische Form übertragen, beträgt die Dokumentenpauschale nach Nummer 2 nicht weniger, als die Dokumentenpauschale im Fall der Nummer 1 betragen würde.	
7001	Entgelte für Post- und Telekommunikationsdienstleistungen Für die durch die Geltendmachung der Vergütung entstehenden Entgelte kann kein Ersatz verlangt werden.	in voller Höhe
7002	Pauschale für Entgelte für Post- und Telekommunikationsdienstleistungen (1) Die Pauschale kann in jeder Angelegenheit anstelle der tatsächlichen Auslagen nach 7001 gefordert werden. (2) Werden Gebühren aus der Staatskasse gezahlt, sind diese maßgebend.	20 % der Gebühren – höchstens 20,00 €
7003	Fahrtkosten für eine Geschäftsreise bei Benutzung eines eigenen Kraftfahrzeugs für jeden gefahrenen Kilometer Mit den Fahrtkosten sind die Anschaffungs-, Unterhaltungs- und Betriebskosten sowie die Abnutzung des Kraftfahrzeugs abgegolten.	0,42 €
7004	Fahrtkosten für eine Geschäftsreise bei Benutzung eines anderen Verkehrsmittels, soweit sie angemessen sind	in voller Höhe
7005	Tage- und Abwesenheitsgeld bei einer Geschäftsreise	
	1. von nicht mehr als 4 Stunden	30,00 €
	2. von mehr als 4 bis 8 Stunden	50,00 €
	3. von mehr als 8 Stunden	80,00 €
	Bei Auslandsreisen kann zu diesen Beträgen ein Zuschlag von 50 % berechnet werden.	
7006	Sonstige Auslagen anlässlich einer Geschäftsreise, soweit sie angemessen sind	in voller Höhe
7007	Im Einzelfall gezahlte Prämie für eine Haftpflichtversicherung für Vermögensschäden, soweit die Prämie auf Haftungsbeträge von mehr als 30 Mio. € entfällt Soweit sich aus der Rechnung des Versicherers nichts anderes ergibt, ist von der Gesamtprämie der Betrag zu erstatten, der sich aus dem Verhältnis der 30 Mio. € übersteigenden Versicherungssumme zu der Gesamtversicherungssumme ergibt.	in voller Höhe
7008	Umsatzsteuer auf die Vergütung Dies gilt nicht, wenn die Umsatzsteuer nach § 19 Abs. 1 UStG unerhoben bleibt.	in voller Höhe

Anlage 2
(zu § 13 Absatz 1 Satz 3)

[Gebührentabelle für Gegenstandswerte bis 500 000 Euro]

Gegenstandswert bis … €	Gebühr … €	Gegenstandswert bis …€	Gebühr … €
500	49,00	**50 000**	1 279,00
1 000	88,00	**65 000**	1 373,00
1 500	127,00	**80 000**	1 467,00
2 000	166,00	**95 000**	1 561,00
3 000	222,00	**110 000**	1 655,00
4 000	278,00	**125 000**	1 749,00
5 000	334,00	**140 000**	1 843,00
6 000	390,00	**155 000**	1 937,00
7 000	446,00	**170 000**	2 031,00
8 000	502,00	**185 000**	2 125,00
9 000	558,00	**200 000**	2 219,00
10 000	614,00	**230 000**	2 351,00
13 000	666,00	**260 000**	2 483,00
16 000	718,00	**290 000**	2 615,00
19 000	770,00	**320 000**	2 747,00
22 000	822,00	**350 000**	2 879,00
25 000	874,00	**380 000**	3 011,00
30 000	955,00	**410 000**	3 143,00
35 000	1 036,00	**440 000**	3 275,00
40 000	1 117,00	**470 000**	3 407,00
45 000	1 198,00	**500 000**	3 539,00

Grundgesetz
für die Bundesrepublik Deutschland

Vom 23. Mai 1949 (BGBl. S. 1)
(BGBl. III/FNA 100-1)
zuletzt geändert durch Art. 1 ÄndG (Art. 82) vom 19. Dezember 2022 (BGBl. I S. 2478)

Nichtamtliche Inhaltsübersicht

[Verkündungsformel]

Der Parlamentarische Rat hat am 23. Mai 1949 in Bonn am Rhein in öffentlicher Sitzung festgestellt, daß das am 8. Mai des Jahres 1949 vom Parlamentarischen Rat beschlossene Grundgesetz für die Bundesrepublik Deutschland in der Woche vom 16. bis 22. Mai 1949 durch die Volksvertretungen von mehr als Zweidritteln der beteiligten deutschen Länder angenommen worden ist.
Auf Grund dieser Feststellung hat der Parlamentarische Rat, vertreten durch seine Präsidenten, das Grundgesetz ausgefertigt und verkündet.

Das Grundgesetz wird hiermit gemäß Artikel 145 Abs. 3 im Bundesgesetzblatt veröffentlicht:

Präambel

[1]Im Bewußtsein seiner Verantwortung vor Gott und den Menschen,
von dem Willen beseelt, als gleichberechtigtes Glied in einem vereinten Europa dem Frieden der Welt zu dienen, hat sich das Deutsche Volk kraft seiner verfassungsgebenden Gewalt dieses Grundgesetz gegeben. [2]Die Deutschen in den Ländern Baden-Württemberg, Bayern, Berlin, Brandenburg, Bremen, Hamburg, Hessen, Mecklenburg-Vorpommern, Niedersachsen, Nordrhein-Westfalen, Rheinland-Pfalz, Saarland, Sachsen, Sachsen-Anhalt, Schleswig-Holstein und Thüringen haben in freier Selbstbestimmung die Einheit und Freiheit Deutschlands vollendet. [3]Damit gilt dieses Grundgesetz für das gesamte Deutsche Volk.

I.
Die Grundrechte

Artikel 1 [Schutz der Menschenwürde, Menschenrechte, Grundrechtsbindung]
(1) [1]Die Würde des Menschen ist unantastbar. [2]Sie zu achten und zu schützen ist Verpflichtung aller staatlichen Gewalt.
(2) Das Deutsche Volk bekennt sich darum zu unverletzlichen und unveräußerlichen Menschenrechten als Grundlage jeder menschlichen Gemeinschaft, des Friedens und der Gerechtigkeit in der Welt.
(3) Die nachfolgenden Grundrechte binden Gesetzgebung, vollziehende Gewalt und Rechtsprechung als unmittelbar geltendes Recht.

Artikel 2 [Freie Entfaltung der Persönlichkeit, Recht auf Leben, körperliche Unversehrtheit, Freiheit der Person]
(1) Jeder hat das Recht auf die freie Entfaltung seiner Persönlichkeit, soweit er nicht die Rechte anderer verletzt und nicht gegen die verfassungsmäßige Ordnung oder das Sittengesetz verstößt.
(2) [1]Jeder hat das Recht auf Leben und körperliche Unversehrtheit. [2]Die Freiheit der Person ist unverletzlich. [3]In diese Rechte darf nur auf Grund eines Gesetzes eingegriffen werden.

Artikel 3 [Gleichheit vor dem Gesetz]
(1) Alle Menschen sind vor dem Gesetz gleich.
(2) [1]Männer und Frauen sind gleichberechtigt. [2]Der Staat fördert die tatsächliche Durchsetzung der Gleichberechtigung von Frauen und Männern und wirkt auf die Beseitigung bestehender Nachteile hin.
(3) [1]Niemand darf wegen seines Geschlechtes, seiner Abstammung, seiner Rasse, seiner Sprache, seiner Heimat und Herkunft, seines Glaubens, seiner religiösen oder politischen Anschauungen benachteiligt oder bevorzugt werden. [2]Niemand darf wegen seiner Behinderung benachteiligt werden.

Artikel 4 [Glaubens-, Gewissens- und Bekenntnisfreiheit, Kriegsdienstverweigerung]
(1) Die Freiheit des Glaubens, des Gewissens und die Freiheit des religiösen und weltanschaulichen Bekenntnisses sind unverletzlich.
(2) Die ungestörte Religionsausübung wird gewährleistet.
(3) [1]Niemand darf gegen sein Gewissen zum Kriegsdienst mit der Waffe gezwungen werden. [2]Das Nähere regelt ein Bundesgesetz.

Artikel 5 [Recht der freien Meinungsäußerung, Medienfreiheit, Kunst- und Wissenschaftsfreiheit]
(1) [1]Jeder hat das Recht, seine Meinung in Wort, Schrift und Bild frei zu äußern und zu verbreiten und sich aus allgemein zugänglichen Quellen ungehindert zu unterrichten. [2]Die Pressefreiheit und die Freiheit der Berichterstattung durch Rundfunk und Film werden gewährleistet. [3]Eine Zensur findet nicht statt.
(2) Diese Rechte finden ihre Schranken in den Vorschriften der allgemeinen Gesetze, den gesetzlichen Bestimmungen zum Schutze der Jugend und in dem Recht der persönlichen Ehre.
(3) [1]Kunst und Wissenschaft, Forschung und Lehre sind frei. [2]Die Freiheit der Lehre entbindet nicht von der Treue zur Verfassung.

Artikel 6 [Ehe, Familie, nicht eheliche Kinder]
(1) Ehe und Familie stehen unter dem besonderen Schutze der staatlichen Ordnung.
(2) [1]Pflege und Erziehung der Kinder sind das natürliche Recht der Eltern und die zuvörderst ihnen obliegende Pflicht. [2]Über ihre Betätigung wacht die staatliche Gemeinschaft.
(3) Gegen den Willen der Erziehungsberechtigten dürfen Kinder nur auf Grund eines Gesetzes von der Familie getrennt werden, wenn die Erziehungsberechtigten versagen oder wenn die Kinder aus anderen Gründen zu verwahrlosen drohen.

(4) Jede Mutter hat Anspruch auf den Schutz und die Fürsorge der Gemeinschaft.

(5) Den unehelichen[1)] Kindern sind durch die Gesetzgebung die gleichen Bedingungen für ihre leibliche und seelische Entwicklung und ihre Stellung in der Gesellschaft zu schaffen wie den ehelichen Kindern.

Artikel 7 [Schulwesen]

(1) Das gesamte Schulwesen steht unter der Aufsicht des Staates.

(2) Die Erziehungsberechtigten haben das Recht, über die Teilnahme des Kindes am Religionsunterricht zu bestimmen.

(3) [1]Der Religionsunterricht ist in den öffentlichen Schulen mit Ausnahme der bekenntnisfreien Schulen ordentliches Lehrfach. [2]Unbeschadet des staatlichen Aufsichtsrechtes wird der Religionsunterricht in Übereinstimmung mit den Grundsätzen der Religionsgemeinschaften erteilt. [3]Kein Lehrer darf gegen seinen Willen verpflichtet werden, Religionsunterricht zu erteilen.

(4) [1]Das Recht zur Errichtung von privaten Schulen wird gewährleistet. [2]Private Schulen als Ersatz für öffentliche Schulen bedürfen der Genehmigung des Staates und unterstehen den Landesgesetzen. [3]Die Genehmigung ist zu erteilen, wenn die privaten Schulen in ihren Lehrzielen und Einrichtungen sowie in der wissenschaftlichen Ausbildung ihrer Lehrkräfte nicht hinter den öffentlichen Schulen zurückstehen und eine Sonderung der Schüler nach den Besitzverhältnissen der Eltern nicht gefördert wird. [4]Die Genehmigung ist zu versagen, wenn die wirtschaftliche und rechtliche Stellung der Lehrkräfte nicht genügend gesichert ist.

(5) Eine private Volksschule ist nur zuzulassen, wenn die Unterrichtsverwaltung ein besonderes pädagogisches Interesse anerkennt oder, auf Antrag von Erziehungsberechtigten, wenn sie als Gemeinschaftsschule, als Bekenntnis- oder Weltanschauungsschule errichtet werden soll und eine öffentliche Volksschule dieser Art in der Gemeinde nicht besteht.

(6) Vorschulen bleiben aufgehoben.

Artikel 8 [Versammlungsfreiheit]

(1) Alle Deutschen haben das Recht, sich ohne Anmeldung oder Erlaubnis friedlich und ohne Waffen zu versammeln.

(2) Für Versammlungen unter freiem Himmel kann dieses Recht durch Gesetz oder auf Grund eines Gesetzes beschränkt werden.

Artikel 9 [Vereinigungsfreiheit]

(1) Alle Deutschen haben das Recht, Vereine und Gesellschaften zu bilden.

(2) Vereinigungen, deren Zwecke oder deren Tätigkeit den Strafgesetzen zuwiderlaufen oder die sich gegen die verfassungsmäßige Ordnung oder gegen den Gedanken der Völkerverständigung richten, sind verboten.

(3) [1]Das Recht, zur Wahrung und Förderung der Arbeits- und Wirtschaftsbedingungen Vereinigungen zu bilden, ist für jedermann und für alle Berufe gewährleistet. [2]Abreden, die dieses Recht einschränken oder zu behindern suchen, sind nichtig, hierauf gerichtete Maßnahmen sind rechtswidrig. [3]Maßnahmen nach den Artikeln 12a, 35 Abs. 2 und 3, Artikel 87a Abs. 4 und Artikel 91 dürfen sich nicht gegen Arbeitskämpfe richten, die zur Wahrung und Förderung der Arbeits- und Wirtschaftsbedingungen von Vereinigungen im Sinne des Satzes 1 geführt werden.

Artikel 10 [Brief-, Post- und Fernmeldegeheimnis]

(1) Das Briefgeheimnis sowie das Post- und Fernmeldegeheimnis sind unverletzlich.

(2) [1]Beschränkungen dürfen nur auf Grund eines Gesetzes angeordnet werden. [2]Dient die Beschränkung dem Schutze der freiheitlichen demokratischen Grundordnung oder des Bestandes oder der Sicherung des Bundes oder eines Landes, so kann das Gesetz bestimmen, daß sie dem Betroffenen nicht mitgeteilt wird und daß an die Stelle des Rechtsweges die Nachprüfung durch von der Volksvertretung bestellte Organe und Hilfsorgane tritt.

Artikel 11 [Freizügigkeit]

(1) Alle Deutschen genießen Freizügigkeit im ganzen Bundesgebiet.

(2) Dieses Recht darf nur durch Gesetz oder auf Grund eines Gesetzes und nur für die Fälle eingeschränkt werden, in denen eine ausreichende Lebensgrundlage nicht vorhanden ist und der Allgemeinheit daraus besondere Lasten entstehen würden oder in denen es zur Abwehr einer drohenden Gefahr für den Bestand oder die freiheitliche demokratische Grundordnung des Bundes oder eines Landes, zur Bekämpfung von

1) Der Begriff „unehelich" ist durch Art. 9 § 2 G zur Neuregelung des Rechts der elterlichen Sorge v. 18.7.1979 (BGBl. I S. 1061) in allen Bundesgesetzen mit Ausnahme des GG durch den Begriff „nicht ehelich" ersetzt worden.

Seuchengefahr, Naturkatastrophen oder besonders schweren Unglücksfällen, zum Schutze der Jugend vor Verwahrlosung oder um strafbaren Handlungen vorzubeugen, erforderlich ist.

Artikel 12 [Berufsfreiheit]

(1) [1]Alle Deutschen haben das Recht, Beruf, Arbeitsplatz und Ausbildungsstätte frei zu wählen. [2]Die Berufsausübung kann durch Gesetz oder auf Grund eines Gesetzes geregelt werden.

(2) Niemand darf zu einer bestimmten Arbeit gezwungen werden, außer im Rahmen einer herkömmlichen allgemeinen, für alle gleichen öffentlichen Dienstleistungspflicht.

(3) Zwangsarbeit ist nur bei einer gerichtlich angeordneten Freiheitsentziehung zulässig.

Artikel 12a [Dienstverpflichtungen]

(1) Männer können vom vollendeten achtzehnten Lebensjahr an zum Dienst in den Streitkräften, im Bundesgrenzschutz oder in einem Zivilschutzverband verpflichtet werden.

(2) [1]Wer aus Gewissensgründen den Kriegsdienst mit der Waffe verweigert, kann zu einem Ersatzdienst verpflichtet werden. [2]Die Dauer des Ersatzdienstes darf die Dauer des Wehrdienstes nicht übersteigen. [3]Das Nähere regelt ein Gesetz, das die Freiheit der Gewissensentscheidung nicht beeinträchtigen darf und auch eine Möglichkeit des Ersatzdienstes vorsehen muß, die in keinem Zusammenhang mit den Verbänden der Streitkräfte und des Bundesgrenzschutzes steht.

(3) [1]Wehrpflichtige, die nicht zu einem Dienst nach Absatz 1 oder 2 herangezogen sind, können im Verteidigungsfalle durch Gesetz oder auf Grund eines Gesetzes zu zivilen Dienstleistungen für Zwecke der Verteidigung einschließlich des Schutzes der Zivilbevölkerung in Arbeitsverhältnisse verpflichtet werden; Verpflichtungen in öffentlich-rechtliche Dienstverhältnisse sind nur zur Wahrnehmung polizeilicher Aufgaben oder solcher hoheitlichen Aufgaben der öffentlichen Verwaltung, die nur in einem öffentlichrechtlichen Dienstverhältnis erfüllt werden können, zulässig. [2]Arbeitsverhältnisse nach Satz 1 können bei den Streitkräften, im Bereich ihrer Versorgung sowie bei der öffentlichen Verwaltung begründet werden; Verpflichtungen in Arbeitsverhältnisse im Bereiche der Versorgung der Zivilbevölkerung sind nur zulässig, um ihren lebensnotwendigen Bedarf zu decken oder ihren Schutz sicherzustellen.

(4) [1]Kann im Verteidigungsfalle der Bedarf an zivilen Dienstleistungen im zivilen Sanitäts- und Heilwesen sowie in der ortsfesten militärischen Lazarettorganisation nicht auf freiwilliger Grundlage gedeckt werden, so können Frauen vom vollendeten achtzehnten bis zum vollendeten fünfundfünfzigsten Lebensjahr durch Gesetz oder auf Grund eines Gesetzes zu derartigen Dienstleistungen herangezogen werden. [2]Sie dürfen auf keinen Fall zum Dienst mit der Waffe verpflichtet werden.

(5) [1]Für die Zeit vor dem Verteidigungsfalle können Verpflichtungen nach Absatz 3 nur nach Maßgabe des Artikels 80a Abs. 1 begründet werden. [2]Zur Vorbereitung auf Dienstleistungen nach Absatz 3, für die besondere Kenntnisse oder Fertigkeiten erforderlich sind, kann durch Gesetz oder auf Grund eines Gesetzes die Teilnahme an Ausbildungsveranstaltungen zur Pflicht gemacht werden. [3]Satz 1 findet insoweit keine Anwendung.

(6) [1]Kann im Verteidigungsfalle der Bedarf an Arbeitskräften für die in Absatz 3 Satz 2 genannten Bereiche auf freiwilliger Grundlage nicht gedeckt werden, so kann zur Sicherung dieses Bedarfs die Freiheit der Deutschen, die Ausübung eines Berufs oder den Arbeitsplatz aufzugeben, durch Gesetz oder auf Grund eines Gesetzes eingeschränkt werden. [2]Vor Eintritt des Verteidigungsfalles gilt Absatz 5 Satz 1 entsprechend.

Artikel 13 [Unverletzlichkeit der Wohnung]

(1) Die Wohnung ist unverletzlich.

(2) Durchsuchungen dürfen nur durch den Richter, bei Gefahr im Verzuge auch durch die in den Gesetzen vorgesehenen anderen Organe angeordnet und nur in der dort vorgeschriebenen Form durchgeführt werden.

(3) [1]Begründen bestimmte Tatsachen den Verdacht, daß jemand eine durch Gesetz einzeln bestimmte besonders schwere Straftat begangen hat, so dürfen zur Verfolgung der Tat auf Grund richterlicher Anordnung technische Mittel zur akustischen Überwachung von Wohnungen, in denen der Beschuldigte sich vermutlich aufhält, eingesetzt werden, wenn die Erforschung des Sachverhalts auf andere Weise unverhältnismäßig erschwert oder aussichtslos wäre. [2]Die Maßnahme ist zu befristen. [3]Die Anordnung erfolgt durch einen mit drei Richtern besetzten Spruchkörper. [4]Bei Gefahr im Verzuge kann sie auch durch einen einzelnen Richter getroffen werden.

(4) [1]Zur Abwehr dringender Gefahren für die öffentliche Sicherheit, insbesondere einer gemeinen Gefahr oder einer Lebensgefahr, dürfen technische Mittel zur Überwachung von Wohnungen nur auf Grund richterlicher Anordnung eingesetzt werden. [2]Bei Gefahr im Verzuge kann die Maßnahme auch durch eine

andere gesetzlich bestimmte Stelle angeordnet werden; eine richterliche Entscheidung ist unverzüglich nachzuholen.

(5) [1]Sind technische Mittel ausschließlich zum Schutze der bei einem Einsatz in Wohnungen tätigen Personen vorgesehen, kann die Maßnahme durch eine gesetzlich bestimmte Stelle angeordnet werden. [2]Eine anderweitige Verwertung der hierbei erlangten Erkenntnisse ist nur zum Zwecke der Strafverfolgung oder der Gefahrenabwehr und nur zulässig, wenn zuvor die Rechtmäßigkeit der Maßnahme richterlich festgestellt ist; bei Gefahr im Verzuge ist die richterliche Entscheidung unverzüglich nachzuholen.

(6) [1]Die Bundesregierung unterrichtet den Bundestag jährlich über den nach Absatz 3 sowie über den im Zuständigkeitsbereich des Bundes nach Absatz 4 und, soweit richterlich überprüfungsbedürftig, nach Absatz 5 erfolgten Einsatz technischer Mittel. [2]Ein vom Bundestag gewähltes Gremium übt auf der Grundlage dieses Berichts die parlamentarische Kontrolle aus. [3]Die Länder gewährleisten eine gleichwertige parlamentarische Kontrolle.

(7) Eingriffe und Beschränkungen dürfen im übrigen nur zur Abwehr einer gemeinen Gefahr oder einer Lebensgefahr für einzelne Personen, auf Grund eines Gesetzes auch zur Verhütung dringender Gefahren für die öffentliche Sicherheit und Ordnung, insbesondere zur Behebung der Raumnot, zur Bekämpfung von Seuchengefahr oder zum Schutze gefährdeter Jugendlicher vorgenommen werden.

Artikel 14 [Eigentum, Erbrecht und Enteignung]

(1) [1]Das Eigentum und das Erbrecht werden gewährleistet. [2]Inhalt und Schranken werden durch die Gesetze bestimmt.

(2) [1]Eigentum verpflichtet. [2]Sein Gebrauch soll zugleich dem Wohle der Allgemeinheit dienen.

(3) [1]Eine Enteignung ist nur zum Wohle der Allgemeinheit zulässig. [2]Sie darf nur durch Gesetz oder auf Grund eines Gesetzes erfolgen, das Art und Ausmaß der Entschädigung regelt. [3]Die Entschädigung ist unter gerechter Abwägung der Interessen der Allgemeinheit und der Beteiligten zu bestimmen. [4]Wegen der Höhe der Entschädigung steht im Streitfalle der Rechtsweg vor den ordentlichen Gerichten offen.

Artikel 15 [Sozialisierung, Überführung in Gemeineigentum]

[1]Grund und Boden, Naturschätze und Produktionsmittel können zum Zwecke der Vergesellschaftung durch ein Gesetz, das Art und Ausmaß der Entschädigung regelt, in Gemeineigentum oder in andere Formen der Gemeinwirtschaft überführt werden. [2]Für die Entschädigung gilt Artikel 14 Abs. 3 Satz 3 und 4 entsprechend.

Artikel 16 [Ausbürgerung, Auslieferung]

(1) [1]Die deutsche Staatsangehörigkeit darf nicht entzogen werden. [2]Der Verlust der Staatsangehörigkeit darf nur auf Grund eines Gesetzes und gegen den Willen des Betroffenen nur dann eintreten, wenn der Betroffene dadurch nicht staatenlos wird.

(2) [1]Kein Deutscher darf an das Ausland ausgeliefert werden. [2]Durch Gesetz kann eine abweichende Regelung für Auslieferungen an einen Mitgliedstaat der Europäischen Union oder an einen internationalen Gerichtshof getroffen werden, soweit rechtsstaatliche Grundsätze gewahrt sind.

Artikel 16a [Asylrecht]

(1) Politisch Verfolgte genießen Asylrecht.

(2) [1]Auf Absatz 1 kann sich nicht berufen, wer aus einem Mitgliedstaat der Europäischen Gemeinschaften oder aus einem anderen Drittstaat einreist, in dem die Anwendung des Abkommens über die Rechtsstellung der Flüchtlinge und der Konvention zum Schutze der Menschenrechte und Grundfreiheiten sichergestellt ist. [2]Die Staaten außerhalb der Europäischen Gemeinschaften, auf die die Voraussetzungen des Satzes 1 zutreffen, werden durch Gesetz, das der Zustimmung des Bundesrates bedarf, bestimmt. [3]In den Fällen des Satzes 1 können aufenthaltsbeendende Maßnahmen unabhängig von einem hiergegen eingelegten Rechtsbehelf vollzogen werden.

(3) [1]Durch Gesetz, das der Zustimmung des Bundesrates bedarf, können Staaten bestimmt werden, bei denen auf Grund der Rechtslage, der Rechtsanwendung und der allgemeinen politischen Verhältnisse gewährleistet erscheint, daß dort weder politische Verfolgung noch unmenschliche oder erniedrigende Bestrafung oder Behandlung stattfindet. [2]Es wird vermutet, daß ein Ausländer aus einem solchen Staat nicht verfolgt wird, solange er nicht Tatsachen vorträgt, die die Annahme begründen, daß er entgegen dieser Vermutung politisch verfolgt wird.

(4) [1]Die Vollziehung aufenthaltsbeendender Maßnahmen wird in den Fällen des Absatzes 3 und in anderen Fällen, die offensichtlich unbegründet sind oder als offensichtlich unbegründet gelten, durch das Gericht nur ausgesetzt, wenn ernstliche Zweifel an der Rechtmäßigkeit der Maßnahme bestehen; der Prüfungsumfang kann eingeschränkt werden und verspätetes Vorbringen unberücksichtigt bleiben. [2]Das Nähere ist durch Gesetz zu bestimmen.

(5) Die Absätze 1 bis 4 stehen völkerrechtlichen Verträgen von Mitgliedstaaten der Europäischen Gemeinschaften untereinander und mit dritten Staaten nicht entgegen, die unter Beachtung der Verpflichtungen aus dem Abkommen über die Rechtsstellung der Flüchtlinge und der Konvention zum Schutze der Menschenrechte und Grundfreiheiten, deren Anwendung in den Vertragsstaaten sichergestellt sein muß, Zuständigkeitsregelungen für die Prüfung von Asylbegehren einschließlich der gegenseitigen Anerkennung von Asylentscheidungen treffen.

Artikel 17 [Petitionsrecht]

Jedermann hat das Recht, sich einzeln oder in Gemeinschaft mit anderen schriftlich mit Bitten oder Beschwerden an die zuständigen Stellen und an die Volksvertretung zu wenden.

Artikel 17a [Grundrechtseinschränkungen bei Wehr- und Ersatzdienst]

(1) Gesetze über Wehrdienst und Ersatzdienst können bestimmen, daß für die Angehörigen der Streitkräfte und des Ersatzdienstes während der Zeit des Wehr- oder Ersatzdienstes das Grundrecht, seine Meinung in Wort, Schrift und Bild frei zu äußern und zu verbreiten (Artikel 5 Abs. 1 Satz 1 erster Halbsatz), das Grundrecht der Versammlungsfreiheit (Artikel 8) und das Petitionsrecht (Artikel 17), soweit es das Recht gewährt, Bitten oder Beschwerden in Gemeinschaft mit anderen vorzubringen, eingeschränkt werden.

(2) Gesetze, die der Verteidigung einschließlich des Schutzes der Zivilbevölkerung dienen, können bestimmen, daß die Grundrechte der Freizügigkeit (Artikel 11) und der Unverletzlichkeit der Wohnung (Artikel 13) eingeschränkt werden.

Artikel 18 [Verwirkung von Grundrechten]

[1]Wer die Freiheit der Meinungsäußerung, insbesondere die Pressefreiheit (Artikel 5 Abs. 1), die Lehrfreiheit (Artikel 5 Abs. 3), die Versammlungsfreiheit (Artikel 8), die Vereinigungsfreiheit (Artikel 9), das Brief-, Post- und Fernmeldegeheimnis (Artikel 10), das Eigentum (Artikel 14) oder das Asylrecht (Artikel 16a) zum Kampfe gegen die freiheitliche demokratische Grundordnung mißbraucht, verwirkt diese Grundrechte. [2]Die Verwirkung und ihr Ausmaß werden durch das Bundesverfassungsgericht ausgesprochen.

Artikel 19 [Einschränkung von Grundrechten; Grundrechtsträger; Rechtsschutz]

(1) [1]Soweit nach diesem Grundgesetz ein Grundrecht durch Gesetz oder auf Grund eines Gesetzes eingeschränkt werden kann, muß das Gesetz allgemein und nicht nur für den Einzelfall gelten. [2]Außerdem muß das Gesetz das Grundrecht unter Angabe des Artikels nennen.

(2) In keinem Falle darf ein Grundrecht in seinem Wesensgehalt angetastet werden.

(3) Die Grundrechte gelten auch für inländische juristische Personen, soweit sie ihrem Wesen nach auf diese anwendbar sind.

(4) [1]Wird jemand durch die öffentliche Gewalt in seinen Rechten verletzt, so steht ihm der Rechtsweg offen. [2]Soweit eine andere Zuständigkeit nicht begründet ist, ist der ordentliche Rechtsweg gegeben. [3]Artikel 10 Abs. 2 Satz 2 bleibt unberührt.

II.
Der Bund und die Länder

Artikel 20 [Bundesstaatliche Verfassung; Widerstandsrecht]

(1) Die Bundesrepublik Deutschland ist ein demokratischer und sozialer Bundesstaat.

(2) [1]Alle Staatsgewalt geht vom Volke aus. [2]Sie wird vom Volke in Wahlen und Abstimmungen und durch besondere Organe der Gesetzgebung, der vollziehenden Gewalt und der Rechtsprechung ausgeübt.

(3) Die Gesetzgebung ist an die verfassungsmäßige Ordnung, die vollziehende Gewalt und die Rechtsprechung sind an Gesetz und Recht gebunden.

(4) Gegen jeden, der es unternimmt, diese Ordnung zu beseitigen, haben alle Deutschen das Recht zum Widerstand, wenn andere Abhilfe nicht möglich ist.

Artikel 20a [Schutz der natürlichen Lebensgrundlagen]

Der Staat schützt auch in Verantwortung für die künftigen Generationen die natürlichen Lebensgrundlagen und die Tiere im Rahmen der verfassungsmäßigen Ordnung durch die Gesetzgebung und nach Maßgabe von Gesetz und Recht durch die vollziehende Gewalt und die Rechtsprechung.

Artikel 21 [Parteien]

(1) [1]Die Parteien wirken bei der politischen Willensbildung des Volkes mit. [2]Ihre Gründung ist frei. [3]Ihre innere Ordnung muß demokratischen Grundsätzen entsprechen. [4]Sie müssen über die Herkunft und Verwendung ihrer Mittel sowie über ihr Vermögen öffentlich Rechenschaft geben.

(2) Parteien, die nach ihren Zielen oder nach dem Verhalten ihrer Anhänger darauf ausgehen, die freiheitliche demokratische Grundordnung zu beeinträchtigen oder zu beseitigen oder den Bestand der Bundesrepublik Deutschland zu gefährden, sind verfassungswidrig.
(3) [1]Parteien, die nach ihren Zielen oder dem Verhalten ihrer Anhänger darauf ausgerichtet sind, die freiheitliche demokratische Grundordnung zu beeinträchtigen oder zu beseitigen oder den Bestand der Bundesrepublik Deutschland zu gefährden, sind von staatlicher Finanzierung ausgeschlossen. [2]Wird der Ausschluss festgestellt, so entfällt auch eine steuerliche Begünstigung dieser Parteien und von Zuwendungen an diese Parteien.
(4) Über die Frage der Verfassungswidrigkeit nach Absatz 2 sowie über den Ausschluss von staatlicher Finanzierung nach Absatz 3 entscheidet das Bundesverfassungsgericht.
(5) Das Nähere regeln Bundesgesetze.

Artikel 22 [Bundeshauptstadt, Bundesflagge]

(1) [1]Die Hauptstadt der Bundesrepublik Deutschland ist Berlin. [2]Die Repräsentation des Gesamtstaates in der Hauptstadt ist Aufgabe des Bundes. [3]Das Nähere wird durch Bundesgesetz geregelt.
(2) Die Bundesflagge ist schwarz-rot-gold.

Artikel 23 [Verwirklichung der Europäischen Union; Beteiligung des Bundesrates, der Bundesregierung]

(1) [1]Zur Verwirklichung eines vereinten Europas wirkt die Bundesrepublik Deutschland bei der Entwicklung der Europäischen Union mit, die demokratischen, rechtsstaatlichen, sozialen und föderativen Grundsätzen und dem Grundsatz der Subsidiarität verpflichtet ist und einen diesem Grundgesetz im wesentlichen vergleichbaren Grundrechtsschutz gewährleistet. [2]Der Bund kann hierzu durch Gesetz mit Zustimmung des Bundesrates Hoheitsrechte übertragen. [3]Für die Begründung der Europäischen Union sowie für Änderungen ihrer vertraglichen Grundlagen und vergleichbare Regelungen, durch die dieses Grundgesetz seinem Inhalt nach geändert oder ergänzt wird oder solche Änderungen oder Ergänzungen ermöglicht werden, gilt Artikel 79 Abs. 2 und 3.
(1a) [1]Der Bundestag und der Bundesrat haben das Recht, wegen Verstoßes eines Gesetzgebungsakts der Europäischen Union gegen das Subsidiaritätsprinzip vor dem Gerichtshof der Europäischen Union Klage zu erheben. [2]Der Bundestag ist hierzu auf Antrag eines Viertels seiner Mitglieder verpflichtet. [3]Durch Gesetz, das der Zustimmung des Bundesrates bedarf, können für die Wahrnehmung der Rechte, die dem Bundestag und dem Bundesrat in den vertraglichen Grundlagen der Europäischen Union eingeräumt sind, Ausnahmen von Artikel 42 Abs. 2 Satz 1 und Artikel 52 Abs. 3 Satz 1 zugelassen werden.
(2) [1]In Angelegenheiten der Europäischen Union wirken der Bundestag und durch den Bundesrat die Länder mit. [2]Die Bundesregierung hat den Bundestag und den Bundesrat umfassend und zum frühestmöglichen Zeitpunkt zu unterrichten.
(3) [1]Die Bundesregierung gibt dem Bundestag Gelegenheit zur Stellungnahme vor ihrer Mitwirkung an Rechtsetzungsakten der Europäischen Union. [2]Die Bundesregierung berücksichtigt die Stellungnahmen des Bundestages bei den Verhandlungen. [3]Das Nähere regelt ein Gesetz.
(4) Der Bundesrat ist an der Willensbildung des Bundes zu beteiligen, soweit er an einer entsprechenden innerstaatlichen Maßnahme mitzuwirken hätte oder soweit die Länder innerstaatlich zuständig wären.
(5) [1]Soweit in einem Bereich ausschließlicher Zuständigkeiten des Bundes Interessen der Länder berührt sind oder soweit im übrigen der Bund das Recht zur Gesetzgebung hat, berücksichtigt die Bundesregierung die Stellungnahme des Bundesrates. [2]Wenn im Schwerpunkt Gesetzgebungsbefugnisse der Länder, die Einrichtung ihrer Behörden oder ihre Verwaltungsverfahren betroffen sind, ist bei der Willensbildung des Bundes insoweit die Auffassung des Bundesrates maßgeblich zu berücksichtigen; dabei ist die gesamtstaatliche Verantwortung des Bundes zu wahren. [3]In Angelegenheiten, die zu Ausgabenerhöhungen oder Einnahmeminderungen für den Bund führen können, ist die Zustimmung der Bundesregierung erforderlich.
(6) [1]Wenn im Schwerpunkt ausschließliche Gesetzgebungsbefugnisse der Länder auf den Gebieten der schulischen Bildung, der Kultur oder des Rundfunks betroffen sind, wird die Wahrnehmung der Rechte, die der Bundesrepublik Deutschland als Mitgliedstaat der Europäischen Union zustehen, vom Bund auf einen vom Bundesrat benannten Vertreter der Länder übertragen. [2]Die Wahrnehmung der Rechte erfolgt unter Beteiligung und in Abstimmung mit der Bundesregierung; dabei ist die gesamtstaatliche Verantwortung des Bundes zu wahren.
(7) Das Nähere zu den Absätzen 4 bis 6 regelt ein Gesetz, das der Zustimmung des Bundesrates bedarf.

Artikel 24 [Übertragung von Hoheitsrechten; kollektives Sicherheitssystem; internationale Schiedsgerichtsbarkeit]

(1) Der Bund kann durch Gesetz Hoheitsrechte auf zwischenstaatliche Einrichtungen übertragen.

(1a) Soweit die Länder für die Ausübung der staatlichen Befugnisse und die Erfüllung der staatlichen Aufgaben zuständig sind, können sie mit Zustimmung der Bundesregierung Hoheitsrechte auf grenznachbarschaftliche Einrichtungen übertragen.

(2) Der Bund kann sich zur Wahrung des Friedens einem System gegenseitiger kollektiver Sicherheit einordnen; er wird hierbei in die Beschränkungen seiner Hoheitsrechte einwilligen, die eine friedliche und dauerhafte Ordnung in Europa und zwischen den Völkern der Welt herbeiführen und sichern.

(3) Zur Regelung zwischenstaatlicher Streitigkeiten wird der Bund Vereinbarungen über eine allgemeine, umfassende, obligatorische, internationale Schiedsgerichtsbarkeit beitreten.

Artikel 25 [Allgemeines Völkerrecht als Bestandteil des Bundesrechts]

[1]Die allgemeinen Regeln des Völkerrechtes sind Bestandteil des Bundesrechtes. [2]Sie gehen den Gesetzen vor und erzeugen Rechte und Pflichten unmittelbar für die Bewohner des Bundesgebietes.

Artikel 26 [Verbot des Angriffskrieges]

(1) [1]Handlungen, die geeignet sind und in der Absicht vorgenommen werden, das friedliche Zusammenleben der Völker zu stören, insbesondere die Führung eines Angriffskrieges vorzubereiten, sind verfassungswidrig. [2]Sie sind unter Strafe zu stellen.

(2) [1]Zur Kriegführung bestimmte Waffen dürfen nur mit Genehmigung der Bundesregierung hergestellt, befördert und in Verkehr gebracht werden. [2]Das Nähere regelt ein Bundesgesetz.

Artikel 27 [Handelsflotte]

Alle deutschen Kauffahrteischiffe bilden eine einheitliche Handelsflotte.

Artikel 28 [Verfassung der Länder]

(1) [1]Die verfassungsmäßige Ordnung in den Ländern muß den Grundsätzen des republikanischen, demokratischen und sozialen Rechtsstaates im Sinne dieses Grundgesetzes entsprechen. [2]In den Ländern, Kreisen und Gemeinden muß das Volk eine Vertretung haben, die aus allgemeinen, unmittelbaren, freien, gleichen und geheimen Wahlen hervorgegangen ist. [3]Bei Wahlen in Kreisen und Gemeinden sind auch Personen, die die Staatsangehörigkeit eines Mitgliedstaates der Europäischen Gemeinschaft besitzen, nach Maßgabe von Recht der Europäischen Gemeinschaft wahlberechtigt und wählbar. [4]In Gemeinden kann an die Stelle einer gewählten Körperschaft die Gemeindeversammlung treten.

(2) [1]Den Gemeinden muß das Recht gewährleistet sein, alle Angelegenheiten der örtlichen Gemeinschaft im Rahmen der Gesetze in eigener Verantwortung zu regeln. [2]Auch die Gemeindeverbände haben im Rahmen ihres gesetzlichen Aufgabenbereiches nach Maßgabe der Gesetze das Recht der Selbstverwaltung. [3]Die Gewährleistung der Selbstverwaltung umfaßt auch die Grundlagen der finanziellen Eigenverantwortung; zu diesen Grundlagen gehört eine den Gemeinden mit Hebesatzrecht zustehende wirtschaftskraftbezogene Steuerquelle.

(3) Der Bund gewährleistet, daß die verfassungsmäßige Ordnung der Länder den Grundrechten und den Bestimmungen der Absätze 1 und 2 entspricht.

Artikel 29 [Neugliederung des Bundesgebietes]

(1) [1]Das Bundesgebiet kann neu gegliedert werden, um zu gewährleisten, daß die Länder nach Größe und Leistungsfähigkeit die ihnen obliegenden Aufgaben wirksam erfüllen können. [2]Dabei sind die landsmannschaftliche Verbundenheit, die geschichtlichen und kulturellen Zusammenhänge, die wirtschaftliche Zweckmäßigkeit sowie die Erfordernisse der Raumordnung und der Landesplanung zu berücksichtigen.

(2) [1]Maßnahmen zur Neugliederung des Bundesgebietes ergehen durch Bundesgesetz, das der Bestätigung durch Volksentscheid bedarf. [2]Die betroffenen Länder sind zu hören.

(3) [1]Der Volksentscheid findet in den Ländern statt, aus deren Gebieten oder Gebietsteilen ein neues oder neu umgrenztes Land gebildet werden soll (betroffene Länder). [2]Abzustimmen ist über die Frage, ob die betroffenen Länder wie bisher bestehenbleiben sollen oder ob das neue oder neu umgrenzte Land gebildet werden soll. [3]Der Volksentscheid für die Bildung eines neuen oder neu umgrenzten Landes kommt zustande, wenn in dessen künftigem Gebiet und insgesamt in den Gebieten oder Gebietsteilen eines betroffenen Landes, deren Landeszugehörigkeit im gleichen Sinne geändert werden soll, jeweils eine Mehrheit der Änderung zustimmt. [4]Er kommt nicht zustande, wenn im Gebiet eines der betroffenen Länder eine Mehrheit die Änderung ablehnt; die Ablehnung ist jedoch unbeachtlich, wenn in einem Gebietsteil, dessen Zugehörigkeit zu dem betroffenen Land geändert werden soll, eine Mehrheit von zwei Dritteln der Än-

derung zustimmt, es sei denn, daß im Gesamtgebiet des betroffenen Landes eine Mehrheit von zwei Dritteln die Änderung ablehnt.

(4) Wird in einem zusammenhängenden, abgegrenzten Siedlungs- und Wirtschaftsraum, dessen Teile in mehreren Ländern liegen und der mindestens eine Million Einwohner hat, von einem Zehntel der in ihm zum Bundestag Wahlberechtigten durch Volksbegehren gefordert, daß für diesen Raum eine einheitliche Landeszugehörigkeit herbeigeführt werde, so ist durch Bundesgesetz innerhalb von zwei Jahren entweder zu bestimmen, ob die Landeszugehörigkeit gemäß Absatz 2 geändert wird, oder daß in den betroffenen Ländern eine Volksbefragung stattfindet.

(5) [1]Die Volksbefragung ist darauf gerichtet festzustellen, ob eine in dem Gesetz vorzuschlagende Änderung der Landeszugehörigkeit Zustimmung findet. [2]Das Gesetz kann verschiedene, jedoch nicht mehr als zwei Vorschläge der Volksbefragung vorlegen. [3]Stimmt eine Mehrheit einer vorgeschlagenen Änderung der Landeszugehörigkeit zu, so ist durch Bundesgesetz innerhalb von zwei Jahren zu bestimmen, ob die Landeszugehörigkeit gemäß Absatz 2 geändert wird. [4]Findet ein der Volksbefragung vorgelegter Vorschlag eine den Maßgaben des Absatzes 3 Satz 3 und 4 entsprechende Zustimmung, so ist innerhalb von zwei Jahren nach der Durchführung der Volksbefragung ein Bundesgesetz zur Bildung des vorgeschlagenen Landes zu erlassen, das der Bestätigung durch Volksentscheid nicht mehr bedarf.

(6) [1]Mehrheit im Volksentscheid und in der Volksbefragung ist die Mehrheit der abgegebenen Stimmen, wenn sie mindestens ein Viertel der zum Bundestag Wahlberechtigten umfaßt. [2]Im übrigen wird das Nähere über Volksentscheid, Volksbegehren und Volksbefragung durch ein Bundesgesetz geregelt; dieses kann auch vorsehen, daß Volksbegehren innerhalb eines Zeitraumes von fünf Jahren nicht wiederholt werden können.

(7) [1]Sonstige Änderungen des Gebietsbestandes der Länder können durch Staatsverträge der beteiligten Länder oder durch Bundesgesetz mit Zustimmung des Bundesrates erfolgen, wenn das Gebiet, dessen Landeszugehörigkeit geändert werden soll, nicht mehr als 50 000 Einwohner hat. [2]Das Nähere regelt ein Bundesgesetz, das der Zustimmung des Bundesrates und der Mehrheit der Mitglieder des Bundestages bedarf. [3]Es muß die Anhörung der betroffenen Gemeinden und Kreise vorsehen.

(8) [1]Die Länder können eine Neugliederung für das jeweils von ihnen umfaßte Gebiet oder für Teilgebiete abweichend von den Vorschriften der Absätze 2 bis 7 durch Staatsvertrag regeln. [2]Die betroffenen Gemeinden und Kreise sind zu hören. [3]Der Staatsvertrag bedarf der Bestätigung durch Volksentscheid in jedem beteiligten Land. [4]Betrifft der Staatsvertrag Teilgebiete der Länder, kann die Bestätigung auf Volksentscheide in diesen Teilgebieten beschränkt werden; Satz 5 zweiter Halbsatz findet keine Anwendung. [5]Bei einem Volksentscheid entscheidet die Mehrheit der abgegebenen Stimmen, wenn sie mindestens ein Viertel der zum Bundestag Wahlberechtigten umfaßt; das Nähere regelt ein Bundesgesetz. [6]Der Staatsvertrag bedarf der Zustimmung des Bundestages.

Artikel 30 [Funktionen der Länder]

Die Ausübung der staatlichen Befugnisse und die Erfüllung der staatlichen Aufgaben ist Sache der Länder, soweit dieses Grundgesetz keine andere Regelung trifft oder zuläßt.

Artikel 31 [Vorrang des Bundesrechts]

Bundesrecht bricht Landesrecht.

Artikel 32 [Auswärtige Beziehungen]

(1) Die Pflege der Beziehungen zu auswärtigen Staaten ist Sache des Bundes.

(2) Vor dem Abschlusse eines Vertrages, der die besonderen Verhältnisse eines Landes berührt, ist das Land rechtzeitig zu hören.

(3) Soweit die Länder für die Gesetzgebung zuständig sind, können sie mit Zustimmung der Bundesregierung mit auswärtigen Staaten Verträge abschließen.

Artikel 33 [Staatsbürgerliche Rechte]

(1) Jeder Deutsche hat in jedem Lande die gleichen staatsbürgerlichen Rechte und Pflichten.

(2) Jeder Deutsche hat nach seiner Eignung, Befähigung und fachlichen Leistung gleichen Zugang zu jedem öffentlichen Amte.

(3) [1]Der Genuß bürgerlicher und staatsbürgerlicher Rechte, die Zulassung zu öffentlichen Ämtern sowie die im öffentlichen Dienste erworbenen Rechte sind unabhängig von dem religiösen Bekenntnis. [2]Niemandem darf aus seiner Zugehörigkeit oder Nichtzugehörigkeit zu einem Bekenntnisse oder einer Weltanschauung ein Nachteil erwachsen.

(4) Die Ausübung hoheitsrechtlicher Befugnisse ist als ständige Aufgabe in der Regel Angehörigen des öffentlichen Dienstes zu übertragen, die in einem öffentlich-rechtlichen Dienst- und Treueverhältnis stehen.

(5) Das Recht des öffentlichen Dienstes ist unter Berücksichtigung der hergebrachten Grundsätze des Berufsbeamtentums zu regeln und fortzuentwickeln.

Artikel 34 [Haftung bei Amtspflichtverletzung]

[1]Verletzt jemand in Ausübung eines ihm anvertrauten öffentlichen Amtes die ihm einem Dritten gegenüber obliegende Amtspflicht, so trifft die Verantwortlichkeit grundsätzlich den Staat oder die Körperschaft, in deren Dienst er steht. [2]Bei Vorsatz oder grober Fahrlässigkeit bleibt der Rückgriff vorbehalten. [3]Für den Anspruch auf Schadensersatz und für den Rückgriff darf der ordentliche Rechtsweg nicht ausgeschlossen werden.

Artikel 35 [Rechts- und Amtshilfe]

(1) Alle Behörden des Bundes und der Länder leisten sich gegenseitig Rechts- und Amtshilfe.

(2) [1]Zur Aufrechterhaltung oder Wiederherstellung der öffentlichen Sicherheit oder Ordnung kann ein Land in Fällen von besonderer Bedeutung Kräfte und Einrichtungen des Bundesgrenzschutzes zur Unterstützung seiner Polizei anfordern, wenn die Polizei ohne diese Unterstützung eine Aufgabe nicht oder nur unter erheblichen Schwierigkeiten erfüllen könnte. [2]Zur Hilfe bei einer Naturkatastrophe oder bei einem besonders schweren Unglücksfall kann ein Land Polizeikräfte anderer Länder, Kräfte und Einrichtungen anderer Verwaltungen sowie des Bundesgrenzschutzes und der Streitkräfte anfordern.

(3) [1]Gefährdet die Naturkatastrophe oder der Unglücksfall das Gebiet mehr als eines Landes, so kann die Bundesregierung, soweit es zur wirksamen Bekämpfung erforderlich ist, den Landesregierungen die Weisung erteilen, Polizeikräfte anderen Ländern zur Verfügung zu stellen, sowie Einheiten des Bundesgrenzschutzes und der Streitkräfte zur Unterstützung der Polizeikräfte einsetzen. [2]Maßnahmen der Bundesregierung nach Satz 1 sind jederzeit auf Verlangen des Bundesrates, im übrigen unverzüglich nach Beseitigung der Gefahr aufzuheben.

Artikel 36 [Beamte der Bundesbehörden]

(1) [1]Bei den obersten Bundesbehörden sind Beamte aus allen Ländern in angemessenem Verhältnis zu verwenden. [2]Die bei den übrigen Bundesbehörden beschäftigten Personen sollen in der Regel aus dem Lande genommen werden, in dem sie tätig sind.

(2) Die Wehrgesetze haben auch die Gliederung des Bundes in Länder und ihre besonderen landsmannschaftlichen Verhältnisse zu berücksichtigen.

Artikel 37 [Bundeszwang]

(1) Wenn ein Land die ihm nach dem Grundgesetze oder einem anderen Bundesgesetze obliegenden Bundespflichten nicht erfüllt, kann die Bundesregierung mit Zustimmung des Bundesrates die notwendigen Maßnahmen treffen, um das Land im Wege des Bundeszwanges zur Erfüllung seiner Pflichten anzuhalten.

(2) Zur Durchführung des Bundeszwanges hat die Bundesregierung oder ihr Beauftragter das Weisungsrecht gegenüber allen Ländern und ihren Behörden.

III.
Der Bundestag

Artikel 38 [Wahl]

(1) [1]Die Abgeordneten des Deutschen Bundestages werden in allgemeiner, unmittelbarer, freier, gleicher und geheimer Wahl gewählt. [2]Sie sind Vertreter des ganzen Volkes, an Aufträge und Weisungen nicht gebunden und nur ihrem Gewissen unterworfen.

(2) Wahlberechtigt ist, wer das achtzehnte Lebensjahr vollendet hat; wählbar ist, wer das Alter erreicht hat, mit dem die Volljährigkeit eintritt.

(3) Das Nähere bestimmt ein Bundesgesetz.

Artikel 39 [Zusammentritt und Wahlperiode]

(1) [1]Der Bundestag wird vorbehaltlich der nachfolgenden Bestimmungen auf vier Jahre gewählt. [2]Seine Wahlperiode endet mit dem Zusammentritt eines neuen Bundestages. [3]Die Neuwahl findet frühestens sechsundvierzig, spätestens achtundvierzig Monate nach Beginn der Wahlperiode statt. [4]Im Falle einer Auflösung des Bundestages findet die Neuwahl innerhalb von sechzig Tagen statt.

(2) Der Bundestag tritt spätestens am dreißigsten Tage nach der Wahl zusammen.

(3) [1]Der Bundestag bestimmt den Schluß und den Wiederbeginn seiner Sitzungen. [2]Der Präsident des Bundestages kann ihn früher einberufen. [3]Er ist hierzu verpflichtet, wenn ein Drittel der Mitglieder, der Bundespräsident oder der Bundeskanzler es verlangen.

Artikel 40 [Präsident; Geschäftsordnung]

(1) [1]Der Bundestag wählt seinen Präsidenten, dessen Stellvertreter und die Schriftführer. [2]Er gibt sich eine Geschäftsordnung.

(2) [1]Der Präsident übt das Hausrecht und die Polizeigewalt im Gebäude des Bundestages aus. [2]Ohne seine Genehmigung darf in den Räumen des Bundestages keine Durchsuchung oder Beschlagnahme stattfinden.

Artikel 41 [Wahlprüfung]

(1) [1]Die Wahlprüfung ist Sache des Bundestages. [2]Er entscheidet auch, ob ein Abgeordneter des Bundestages die Mitgliedschaft verloren hat.

(2) Gegen die Entscheidung des Bundestages ist die Beschwerde an das Bundesverfassungsgericht zulässig.

(3) Das Nähere regelt ein Bundesgesetz.

Artikel 42 [Öffentlichkeit der Sitzungen; Mehrheitsprinzip]

(1) [1]Der Bundestag verhandelt öffentlich. [2]Auf Antrag eines Zehntels seiner Mitglieder oder auf Antrag der Bundesregierung kann mit Zweidrittelmehrheit die Öffentlichkeit ausgeschlossen werden. [3]Über den Antrag wird in nichtöffentlicher Sitzung entschieden.

(2) [1]Zu einem Beschlusse des Bundestages ist die Mehrheit der abgegebenen Stimmen erforderlich, soweit dieses Grundgesetz nichts anderes bestimmt. [2]Für die vom Bundestage vorzunehmenden Wahlen kann die Geschäftsordnung Ausnahmen zulassen.

(3) Wahrheitsgetreue Berichte über die öffentlichen Sitzungen des Bundestages und seiner Ausschüsse bleiben von jeder Verantwortlichkeit frei.

Artikel 43 [Anwesenheit der Bundesregierung]

(1) Der Bundestag und seine Ausschüsse können die Anwesenheit jedes Mitgliedes der Bundesregierung verlangen.

(2) [1]Die Mitglieder des Bundesrates und der Bundesregierung sowie ihre Beauftragten haben zu allen Sitzungen des Bundestages und seiner Ausschüsse Zutritt. [2]Sie müssen jederzeit gehört werden.

Artikel 44 [Untersuchungsausschüsse]

(1) [1]Der Bundestag hat das Recht und auf Antrag eines Viertels seiner Mitglieder die Pflicht, einen Untersuchungsausschuß einzusetzen, der in öffentlicher Verhandlung die erforderlichen Beweise erhebt. [2]Die Öffentlichkeit kann ausgeschlossen werden.

(2) [1]Auf Beweiserhebungen finden die Vorschriften über den Strafprozeß sinngemäß Anwendung. [2]Das Brief-, Post- und Fernmeldegeheimnis bleibt unberührt.

(3) Gerichte und Verwaltungsbehörden sind zur Rechts- und Amtshilfe verpflichtet.

(4) [1]Die Beschlüsse der Untersuchungsausschüsse sind der richterlichen Erörterung entzogen. [2]In der Würdigung und Beurteilung des der Untersuchung zugrunde liegenden Sachverhaltes sind die Gerichte frei.

Artikel 45 [Ausschuss für die Angelegenheiten der Europäischen Union]

[1]Der Bundestag bestellt einen Ausschuß für die Angelegenheiten der Europäischen Union. [2]Er kann ihn ermächtigen, die Rechte des Bundestages gemäß Artikel 23 gegenüber der Bundesregierung wahrzunehmen. [3]Er kann ihn auch ermächtigen, die Rechte wahrzunehmen, die dem Bundestag in den vertraglichen Grundlagen der Europäischen Union eingeräumt sind.

Artikel 45a [Ausschüsse für auswärtige Angelegenheiten und für Verteidigung]

(1) Der Bundestag bestellt einen Ausschuß für auswärtige Angelegenheiten und einen Ausschuß für Verteidigung.

(2) [1]Der Ausschuß für Verteidigung hat auch die Rechte eines Untersuchungsausschusses. [2]Auf Antrag eines Viertels seiner Mitglieder hat er die Pflicht, eine Angelegenheit zum Gegenstand seiner Untersuchung zu machen.

(3) Artikel 44 Abs. 1 findet auf dem Gebiet der Verteidigung keine Anwendung.

Artikel 45b [Wehrbeauftragter des Bundestages]

[1]Zum Schutz der Grundrechte und als Hilfsorgan des Bundestages bei der Ausübung der parlamentarischen Kontrolle wird ein Wehrbeauftragter des Bundestages berufen. [2]Das Nähere regelt ein Bundesgesetz.

Artikel 45c [Petitionsausschuss des Bundestages]

(1) Der Bundestag bestellt einen Petitionsausschuß, dem die Behandlung der nach Artikel 17 an den Bundestag gerichteten Bitten und Beschwerden obliegt.

(2) Die Befugnisse des Ausschusses zur Überprüfung von Beschwerden regelt ein Bundesgesetz.

Artikel 45d Parlamentarisches Kontrollgremium

(1) Der Bundestag bestellt ein Gremium zur Kontrolle der nachrichtendienstlichen Tätigkeit des Bundes.

(2) Das Nähere regelt ein Bundesgesetz.

Artikel 46 [Indemnität und Immunität der Abgeordneten]

(1) [1]Ein Abgeordneter darf zu keiner Zeit wegen seiner Abstimmung oder wegen einer Äußerung, die er im Bundestage oder in einem seiner Ausschüsse getan hat, gerichtlich oder dienstlich verfolgt oder sonst außerhalb des Bundestages zur Verantwortung gezogen werden. [2]Dies gilt nicht für verleumderische Beleidigungen.

(2) Wegen einer mit Strafe bedrohten Handlung darf ein Abgeordneter nur mit Genehmigung des Bundestages zur Verantwortung gezogen oder verhaftet werden, es sei denn, daß er bei Begehung der Tat oder im Laufe des folgenden Tages festgenommen wird.

(3) Die Genehmigung des Bundestages ist ferner bei jeder anderen Beschränkung der persönlichen Freiheit eines Abgeordneten oder zur Einleitung eines Verfahrens gegen einen Abgeordneten gemäß Artikel 18 erforderlich.

(4) Jedes Strafverfahren und jedes Verfahren gemäß Artikel 18 gegen einen Abgeordneten, jede Haft und jede sonstige Beschränkung seiner persönlichen Freiheit sind auf Verlangen des Bundestages auszusetzen.

Artikel 47 [Zeugnisverweigerungsrecht der Abgeordneten]

[1]Die Abgeordneten sind berechtigt, über Personen, die ihnen in ihrer Eigenschaft als Abgeordnete oder denen sie in dieser Eigenschaft Tatsachen anvertraut haben, sowie über diese Tatsachen selbst das Zeugnis zu verweigern. [2]Soweit dieses Zeugnisverweigerungsrecht reicht, ist die Beschlagnahme von Schriftstücken unzulässig.

Artikel 48 [Ansprüche der Abgeordneten]

(1) Wer sich um einen Sitz im Bundestage bewirbt, hat Anspruch auf den zur Vorbereitung seiner Wahl erforderlichen Urlaub.

(2) [1]Niemand darf gehindert werden, das Amt eines Abgeordneten zu übernehmen und auszuüben. [2]Eine Kündigung oder Entlassung aus diesem Grunde ist unzulässig.

(3) [1]Die Abgeordneten haben Anspruch auf eine angemessene, ihre Unabhängigkeit sichernde Entschädigung. [2]Sie haben das Recht der freien Benutzung aller staatlichen Verkehrsmittel. [3]Das Nähere regelt ein Bundesgesetz.

Artikel 49 ***[aufgehoben]***

IV.
Der Bundesrat

Artikel 50 [Aufgabe]

Durch den Bundesrat wirken die Länder bei der Gesetzgebung und Verwaltung des Bundes und in Angelegenheiten der Europäischen Union mit.

Artikel 51 [Zusammensetzung]

(1) [1]Der Bundesrat besteht aus Mitgliedern der Regierungen der Länder, die sie bestellen und abberufen. [2]Sie können durch andere Mitglieder ihrer Regierungen vertreten werden.

(2) Jedes Land hat mindestens drei Stimmen, Länder mit mehr als zwei Millionen Einwohnern haben vier, Länder mit mehr als sechs Millionen Einwohnern fünf, Länder mit mehr als sieben Millionen Einwohnern sechs Stimmen.

(3) [1]Jedes Land kann so viele Mitglieder entsenden, wie es Stimmen hat. [2]Die Stimmen eines Landes können nur einheitlich und nur durch anwesende Mitglieder oder deren Vertreter abgegeben werden.

Artikel 52 [Präsident; Beschlussfassung; Bildung einer Europakammer]

(1) Der Bundesrat wählt seinen Präsidenten auf ein Jahr.

(2) [1]Der Präsident beruft den Bundesrat ein. [2]Er hat ihn einzuberufen, wenn die Vertreter von mindestens zwei Ländern oder die Bundesregierung es verlangen.

(3) [1]Der Bundesrat faßt seine Beschlüsse mit mindestens der Mehrheit seiner Stimmen. [2]Er gibt sich eine Geschäftsordnung. [3]Er verhandelt öffentlich. [4]Die Öffentlichkeit kann ausgeschlossen werden.

(3a) Für Angelegenheiten der Europäischen Union kann der Bundesrat eine Europakammer bilden, deren Beschlüsse als Beschlüsse des Bundesrates gelten; die Anzahl der einheitlich abzugebenden Stimmen der Länder bestimmt sich nach Artikel 51 Abs. 2.

(4) Den Ausschüssen des Bundesrates können andere Mitglieder oder Beauftragte der Regierungen der Länder angehören.

Artikel 53 [Teilnahme der Bundesregierung]

[1]Die Mitglieder der Bundesregierung haben das Recht und auf Verlangen die Pflicht, an den Verhandlungen des Bundesrates und seiner Ausschüsse teilzunehmen. [2]Sie müssen jederzeit gehört werden. [3]Der Bundesrat ist von der Bundesregierung über die Führung der Geschäfte auf dem laufenden zu halten.

IVa.
Gemeinsamer Ausschuß

Artikel 53a [Gemeinsamer Ausschuss]

(1) [1]Der Gemeinsame Ausschuß besteht zu zwei Dritteln aus Abgeordneten des Bundestages, zu einem Drittel aus Mitgliedern des Bundesrates. [2]Die Abgeordneten werden vom Bundestage entsprechend dem Stärkeverhältnis der Fraktionen bestimmt; sie dürfen nicht der Bundesregierung angehören. [3]Jedes Land wird durch ein von ihm bestelltes Mitglied des Bundesrates vertreten; diese Mitglieder sind nicht an Weisungen gebunden. [4]Die Bildung des Gemeinsamen Ausschusses und sein Verfahren werden durch eine Geschäftsordnung geregelt, die vom Bundestage zu beschließen ist und der Zustimmung des Bundesrates bedarf.

(2) [1]Die Bundesregierung hat den Gemeinsamen Ausschuß über ihre Planungen für den Verteidigungsfall zu unterrichten. [2]Die Rechte des Bundestages und seiner Ausschüsse nach Artikel 43 Abs. 1 bleiben unberührt.

V.
Der Bundespräsident

Artikel 54 [Wahl durch die Bundesversammlung]

(1) [1]Der Bundespräsident wird ohne Aussprache von der Bundesversammlung gewählt. [2]Wählbar ist jeder Deutsche, der das Wahlrecht zum Bundestage besitzt und das vierzigste Lebensjahr vollendet hat.

(2) [1]Das Amt des Bundespräsidenten dauert fünf Jahre. [2]Anschließende Wiederwahl ist nur einmal zulässig.

(3) Die Bundesversammlung besteht aus den Mitgliedern des Bundestages und einer gleichen Anzahl von Mitgliedern, die von den Volksvertretungen der Länder nach den Grundsätzen der Verhältniswahl gewählt werden.

(4) [1]Die Bundesversammlung tritt spätestens dreißig Tage vor Ablauf der Amtszeit des Bundespräsidenten, bei vorzeitiger Beendigung spätestens dreißig Tage nach diesem Zeitpunkt zusammen. [2]Sie wird von dem Präsidenten des Bundestages einberufen.

(5) Nach Ablauf der Wahlperiode beginnt die Frist des Absatzes 4 Satz 1 mit dem ersten Zusammentritt des Bundestages.

(6) [1]Gewählt ist, wer die Stimmen der Mehrheit der Mitglieder der Bundesversammlung erhält. [2]Wird diese Mehrheit in zwei Wahlgängen von keinem Bewerber erreicht, so ist gewählt, wer in einem weiteren Wahlgang die meisten Stimmen auf sich vereinigt.

(7) Das Nähere regelt ein Bundesgesetz.

Artikel 55 [Berufs- und Gewerbeverbot]

(1) Der Bundespräsident darf weder der Regierung noch einer gesetzgebenden Körperschaft des Bundes oder eines Landes angehören.

(2) Der Bundespräsident darf kein anderes besoldetes Amt, kein Gewerbe und keinen Beruf ausüben und weder der Leitung noch dem Aufsichtsrate eines auf Erwerb gerichteten Unternehmens angehören.

Artikel 56 [Amtseid]

[1]Der Bundespräsident leistet bei seinem Amtsantritt vor den versammelten Mitgliedern des Bundestages und des Bundesrates folgenden Eid:

> „Ich schwöre, daß ich meine Kraft dem Wohle des deutschen Volkes widmen, seinen Nutzen mehren, Schaden von ihm wenden, das Grundgesetz und die Gesetze des Bundes wahren und verteidigen, meine Pflichten gewissenhaft erfüllen und Gerechtigkeit gegen jedermann üben werde. So wahr mir Gott helfe."

[2]Der Eid kann auch ohne religiöse Beteuerung geleistet werden.

Artikel 57 [Vertretung]
Die Befugnisse des Bundespräsidenten werden im Falle seiner Verhinderung oder bei vorzeitiger Erledigung des Amtes durch den Präsidenten des Bundesrates wahrgenommen.

Artikel 58 [Gegenzeichnung]
[1]Anordnungen und Verfügungen des Bundespräsidenten bedürfen zu ihrer Gültigkeit der Gegenzeichnung durch den Bundeskanzler oder durch den zuständigen Bundesminister. [2]Dies gilt nicht für die Ernennung und Entlassung des Bundeskanzlers, die Auflösung des Bundestages gemäß Artikel 63 und das Ersuchen gemäß Artikel 69 Abs. 3.

Artikel 59 [Völkerrechtliche Vertretungsmacht]
(1) [1]Der Bundespräsident vertritt den Bund völkerrechtlich. [2]Er schließt im Namen des Bundes die Verträge mit auswärtigen Staaten. [3]Er beglaubigt und empfängt die Gesandten.
(2) [1]Verträge, welche die politischen Beziehungen des Bundes regeln oder sich auf Gegenstände der Bundesgesetzgebung beziehen, bedürfen der Zustimmung oder der Mitwirkung der jeweils für die Bundesgesetzgebung zuständigen Körperschaften in der Form eines Bundesgesetzes. [2]Für Verwaltungsabkommen gelten die Vorschriften über die Bundesverwaltung entsprechend.

Artikel 59a *[aufgehoben]*

Artikel 60 [Ernennung der Bundesrichter, Bundesbeamten und Soldaten; Begnadigungsrecht]
(1) Der Bundespräsident ernennt und entläßt die Bundesrichter, die Bundesbeamten, die Offiziere und Unteroffiziere, soweit gesetzlich nichts anderes bestimmt ist.
(2) Er übt im Einzelfalle für den Bund das Begnadigungsrecht aus.
(3) Er kann diese Befugnisse auf andere Behörden übertragen.
(4) Die Absätze 2 bis 4 des Artikels 46 finden auf den Bundespräsidenten entsprechende Anwendung.

Artikel 61 [Anklage vor dem Bundesverfassungsgericht]
(1) [1]Der Bundestag oder der Bundesrat können den Bundespräsidenten wegen vorsätzlicher Verletzung des Grundgesetzes oder eines anderen Bundesgesetzes vor dem Bundesverfassungsgericht anklagen. [2]Der Antrag auf Erhebung der Anklage muß von mindestens einem Viertel der Mitglieder des Bundestages oder einem Viertel der Stimmen des Bundesrates gestellt werden. [3]Der Beschluß auf Erhebung der Anklage bedarf der Mehrheit von zwei Dritteln der Mitglieder des Bundestages oder von zwei Dritteln der Stimmen des Bundesrates. [4]Die Anklage wird von einem Beauftragten der anklagenden Körperschaft vertreten.
(2) [1]Stellt das Bundesverfassungsgericht fest, daß der Bundespräsident einer vorsätzlichen Verletzung des Grundgesetzes oder eines anderen Bundesgesetzes schuldig ist, so kann es ihn des Amtes für verlustig erklären. [2]Durch einstweilige Anordnung kann es nach der Erhebung der Anklage bestimmen, daß er an der Ausübung seines Amtes verhindert ist.

VI.
Die Bundesregierung

Artikel 62 [Zusammensetzung]
Die Bundesregierung besteht aus dem Bundeskanzler und aus den Bundesministern.

Artikel 63 [Wahl des Bundeskanzlers]
(1) Der Bundeskanzler wird auf Vorschlag des Bundespräsidenten vom Bundestage ohne Aussprache gewählt.
(2) [1]Gewählt ist, wer die Stimmen der Mehrheit der Mitglieder des Bundestages auf sich vereinigt. [2]Der Gewählte ist vom Bundespräsidenten zu ernennen.
(3) Wird der Vorgeschlagene nicht gewählt, so kann der Bundestag binnen vierzehn Tagen nach dem Wahlgange mit mehr als der Hälfte seiner Mitglieder einen Bundeskanzler wählen.
(4) [1]Kommt eine Wahl innerhalb dieser Frist nicht zustande, so findet unverzüglich ein neuer Wahlgang statt, in dem gewählt ist, wer die meisten Stimmen erhält. [2]Vereinigt der Gewählte die Stimmen der Mehrheit der Mitglieder des Bundestages auf sich, so muß der Bundespräsident ihn binnen sieben Tagen nach der Wahl ernennen. [3]Erreicht der Gewählte diese Mehrheit nicht, so hat der Bundespräsident binnen sieben Tagen entweder ihn zu ernennen oder den Bundestag aufzulösen.

Artikel 64 [Ernennung der Bundesminister]
(1) Die Bundesminister werden auf Vorschlag des Bundeskanzlers vom Bundespräsidenten ernannt und entlassen.

(2) Der Bundeskanzler und die Bundesminister leisten bei der Amtsübernahme vor dem Bundestage den in Artikel 56 vorgesehenen Eid.

Artikel 65 [Verantwortung]

[1]Der Bundeskanzler bestimmt die Richtlinien der Politik und trägt dafür die Verantwortung. [2]Innerhalb dieser Richtlinien leitet jeder Bundesminister seinen Geschäftsbereich selbständig und unter eigener Verantwortung. [3]Über Meinungsverschiedenheiten zwischen den Bundesministern entscheidet die Bundesregierung. [4]Der Bundeskanzler leitet ihre Geschäfte nach einer von der Bundesregierung beschlossenen und vom Bundespräsidenten genehmigten Geschäftsordnung.

Artikel 65a [Befehls- und Kommandogewalt über die Streitkräfte]

(1) Der Bundesminister für Verteidigung hat die Befehls- und Kommandogewalt über die Streitkräfte.
(2)

Artikel 66 [Berufs- und Gewerbeverbot]

Der Bundeskanzler und die Bundesminister dürfen kein anderes besoldetes Amt, kein Gewerbe und keinen Beruf ausüben und weder der Leitung noch ohne Zustimmung des Bundestages dem Aufsichtsrate eines auf Erwerb gerichteten Unternehmens angehören.

Artikel 67 [Misstrauensvotum]

(1) [1]Der Bundestag kann dem Bundeskanzler das Mißtrauen nur dadurch aussprechen, daß er mit der Mehrheit seiner Mitglieder einen Nachfolger wählt und den Bundespräsidenten ersucht, den Bundeskanzler zu entlassen. [2]Der Bundespräsident muß dem Ersuchen entsprechen und den Gewählten ernennen.
(2) Zwischen dem Antrage und der Wahl müssen achtundvierzig Stunden liegen.

Artikel 68 [Auflösung des Bundestages]

(1) [1]Findet ein Antrag des Bundeskanzlers, ihm das Vertrauen auszusprechen, nicht die Zustimmung der Mehrheit der Mitglieder des Bundestages, so kann der Bundespräsident auf Vorschlag des Bundeskanzlers binnen einundzwanzig Tagen den Bundestag auflösen. [2]Das Recht zur Auflösung erlischt, sobald der Bundestag mit der Mehrheit seiner Mitglieder einen anderen Bundeskanzler wählt.
(2) Zwischen dem Antrage und der Abstimmung müssen achtundvierzig Stunden liegen.

Artikel 69 [Stellvertreter des Bundeskanzlers]

(1) Der Bundeskanzler ernennt einen Bundesminister zu seinem Stellvertreter.
(2) Das Amt des Bundeskanzlers oder eines Bundesministers endigt in jedem Falle mit dem Zusammentritt eines neuen Bundestages, das Amt eines Bundesministers auch mit jeder anderen Erledigung des Amtes des Bundeskanzlers.
(3) Auf Ersuchen des Bundespräsidenten ist der Bundeskanzler, auf Ersuchen des Bundeskanzlers oder des Bundespräsidenten ein Bundesminister verpflichtet, die Geschäfte bis zur Ernennung seines Nachfolgers weiterzuführen.

VII.
Die Gesetzgebung des Bundes

Artikel 70 [Gesetzgebung des Bundes und der Länder]

(1) Die Länder haben das Recht der Gesetzgebung, soweit dieses Grundgesetz nicht dem Bunde Gesetzgebungsbefugnisse verleiht.
(2) Die Abgrenzung der Zuständigkeit zwischen Bund und Ländern bemißt sich nach den Vorschriften dieses Grundgesetzes über die ausschließliche und die konkurrierende Gesetzgebung.

Artikel 71 [Ausschließliche Gesetzgebung]

Im Bereiche der ausschließlichen Gesetzgebung des Bundes haben die Länder die Befugnis zur Gesetzgebung nur, wenn und soweit sie hierzu in einem Bundesgesetze ausdrücklich ermächtigt werden.

Artikel 72 [Konkurrierende Gesetzgebung]

(1) Im Bereich der konkurrierenden Gesetzgebung haben die Länder die Befugnis zur Gesetzgebung, solange und soweit der Bund von seiner Gesetzgebungszuständigkeit nicht durch Gesetz Gebrauch gemacht hat.
(2) Auf den Gebieten des Artikels 74 Abs. 1 Nr. 4, 7, 11, 13, 15, 19a, 20, 22, 25 und 26 hat der Bund das Gesetzgebungsrecht, wenn und soweit die Herstellung gleichwertiger Lebensverhältnisse im Bundesgebiet oder die Wahrung der Rechts- oder Wirtschaftseinheit im gesamtstaatlichen Interesse eine bundesgesetzliche Regelung erforderlich macht.

(3) [1]Hat der Bund von seiner Gesetzgebungszuständigkeit Gebrauch gemacht, können die Länder durch Gesetz hiervon abweichende Regelungen treffen über:
1. das Jagdwesen (ohne das Recht der Jagdscheine);
2. den Naturschutz und die Landschaftspflege (ohne die allgemeinen Grundsätze des Naturschutzes, das Recht des Artenschutzes oder des Meeresnaturschutzes);
3. die Bodenverteilung;
4. die Raumordnung;
5. den Wasserhaushalt (ohne stoff- oder anlagenbezogene Regelungen);
6. die Hochschulzulassung und die Hochschulabschlüsse;
7. die Grundsteuer.

[2]Bundesgesetze auf diesen Gebieten treten frühestens sechs Monate nach ihrer Verkündung in Kraft, soweit nicht mit Zustimmung des Bundesrates anderes bestimmt ist. [3]Auf den Gebieten des Satzes 1 geht im Verhältnis von Bundes- und Landesrecht das jeweils spätere Gesetz vor.

(4) Durch Bundesgesetz kann bestimmt werden, daß eine bundesgesetzliche Regelung, für die eine Erforderlichkeit im Sinne des Absatzes 2 nicht mehr besteht, durch Landesrecht ersetzt werden kann.

Artikel 73 [Gegenstände der ausschließlichen Gesetzgebung]

(1) Der Bund hat die ausschließliche Gesetzgebung über:
1. die auswärtigen Angelegenheiten sowie die Verteidigung einschließlich des Schutzes der Zivilbevölkerung;
2. die Staatsangehörigkeit im Bunde;
3. die Freizügigkeit, das Paßwesen, das Melde- und Ausweiswesen, die Ein- und Auswanderung und die Auslieferung;
4. das Währungs-, Geld- und Münzwesen, Maße und Gewichte sowie die Zeitbestimmung;
5. die Einheit des Zoll- und Handelsgebietes, die Handels- und Schiffahrtsverträge, die Freizügigkeit des Warenverkehrs und den Waren- und Zahlungsverkehr mit dem Auslande einschließlich des Zoll- und Grenzschutzes;

5a. den Schutz deutschen Kulturgutes gegen Abwanderung ins Ausland;

6. den Luftverkehr;

6a. den Verkehr von Eisenbahnen, die ganz oder mehrheitlich im Eigentum des Bundes stehen (Eisenbahnen des Bundes), den Bau, die Unterhaltung und das Betreiben von Schienenwegen der Eisenbahnen des Bundes sowie die Erhebung von Entgelten für die Benutzung dieser Schienenwege;

7. das Postwesen und die Telekommunikation;
8. die Rechtsverhältnisse der im Dienste des Bundes und der bundesunmittelbaren Körperschaften des öffentlichen Rechtes stehenden Personen;
9. den gewerblichen Rechtsschutz, das Urheberrecht und das Verlagsrecht;

9a. die Abwehr von Gefahren des internationalen Terrorismus durch das Bundeskriminalpolizeiamt in Fällen, in denen eine länderübergreifende Gefahr vorliegt, die Zuständigkeit einer Landespolizeibehörde nicht erkennbar ist oder die oberste Landesbehörde um eine Übernahme ersucht;

10. die Zusammenarbeit des Bundes und der Länder
    a) in der Kriminalpolizei,
    b) zum Schutze der freiheitlichen demokratischen Grundordnung, des Bestandes und der Sicherheit des Bundes oder eines Landes (Verfassungsschutz) und
    c) zum Schutze gegen Bestrebungen im Bundesgebiet, die durch Anwendung von Gewalt oder darauf gerichtete Vorbereitungshandlungen auswärtige Belange der Bundesrepublik Deutschland gefährden,

    sowie die Einrichtung eines Bundeskriminalpolizeiamtes und die internationale Verbrechensbekämpfung;
11. die Statistik für Bundeszwecke;
12. das Waffen- und das Sprengstoffrecht;
13. die Versorgung der Kriegsbeschädigten und Kriegshinterbliebenen und die Fürsorge für die ehemaligen Kriegsgefangenen;
14. die Erzeugung und Nutzung der Kernenergie zu friedlichen Zwecken, die Errichtung und den Betrieb von Anlagen, die diesen Zwecken dienen, den Schutz gegen Gefahren, die bei Freiwerden von Kernenergie oder durch ionisierende Strahlen entstehen, und die Beseitigung radioaktiver Stoffe.

(2) Gesetze nach Absatz 1 Nr. 9a bedürfen der Zustimmung des Bundesrates.

Artikel 74 [Gegenstände der konkurrierenden Gesetzgebung]

(1) Die konkurrierende Gesetzgebung erstreckt sich auf folgende Gebiete:

1. das bürgerliche Recht, das Strafrecht, die Gerichtsverfassung, das gerichtliche Verfahren (ohne das Recht des Untersuchungshaftvollzugs), die Rechtsanwaltschaft, das Notariat und die Rechtsberatung;
2. das Personenstandswesen;
3. das Vereinsrecht;
4. das Aufenthalts- und Niederlassungsrecht der Ausländer;

4a. *[aufgehoben]*

5. *[aufgehoben]*
6. die Angelegenheiten der Flüchtlinge und Vertriebenen;
7. die öffentliche Fürsorge (ohne das Heimrecht);
8. *[aufgehoben]*
9. die Kriegsschäden und die Wiedergutmachung;
10. die Kriegsgräber und Gräber anderer Opfer des Krieges und Opfer von Gewaltherrschaft;
11. das Recht der Wirtschaft (Bergbau, Industrie, Energiewirtschaft, Handwerk, Gewerbe, Handel, Bank- und Börsenwesen, privatrechtliches Versicherungswesen) ohne das Recht des Ladenschlusses, der Gaststätten, der Spielhallen, der Schaustellung von Personen, der Messen, der Ausstellungen und der Märkte;

11a. *[aufgehoben]*

12. das Arbeitsrecht einschließlich der Betriebsverfassung, des Arbeitsschutzes und der Arbeitsvermittlung sowie die Sozialversicherung einschließlich der Arbeitslosenversicherung;
13. die Regelung der Ausbildungsbeihilfen und die Förderung der wissenschaftlichen Forschung;
14. das Recht der Enteignung, soweit sie auf den Sachgebieten der Artikel 73 und 74 in Betracht kommt;
15. die Überführung von Grund und Boden, von Naturschätzen und Produktionsmitteln in Gemeineigentum oder in andere Formen der Gemeinwirtschaft;
16. die Verhütung des Mißbrauchs wirtschaftlicher Machtstellung;
17. die Förderung der land- und forstwirtschaftlichen Erzeugung (ohne das Recht der Flurbereinigung), die Sicherung der Ernährung, die Ein- und Ausfuhr land- und forstwirtschaftlicher Erzeugnisse, die Hochsee- und Küstenfischerei und den Küstenschutz;
18. den städtebaulichen Grundstücksverkehr, das Bodenrecht (ohne das Recht der Erschließungsbeiträge) und das Wohngeldrecht, das Altschuldenhilferecht, das Wohnungsbauprämienrecht, das Bergarbeiterwohnungsbaurecht und das Bergmannssiedlungsrecht;
19. Maßnahmen gegen gemeingefährliche oder übertragbare Krankheiten bei Menschen und Tieren, Zulassung zu ärztlichen und anderen Heilberufen und zum Heilgewerbe, sowie das Recht des Apothekenwesens, der Arzneien, der Medizinprodukte, der Heilmittel, der Betäubungsmittel und der Gifte;

19a. die wirtschaftliche Sicherung der Krankenhäuser und die Regelung der Krankenhauspflegesätze;

20. das Recht der Lebensmittel einschließlich der ihrer Gewinnung dienenden Tiere, das Recht der Genussmittel, Bedarfsgegenstände und Futtermittel sowie den Schutz beim Verkehr mit land- und forstwirtschaftlichem Saat- und Pflanzgut, den Schutz der Pflanzen gegen Krankheiten und Schädlinge sowie den Tierschutz;
21. die Hochsee- und Küstenschiffahrt sowie die Seezeichen, die Binnenschiffahrt, den Wetterdienst, die Seewasserstraßen und die dem allgemeinen Verkehr dienenden Binnenwasserstraßen;
22. den Straßenverkehr, das Kraftfahrwesen, den Bau und die Unterhaltung von Landstraßen für den Fernverkehr sowie die Erhebung und Verteilung von Gebühren oder Entgelten für die Benutzung öffentlicher Straßen mit Fahrzeugen;
23. die Schienenbahnen, die nicht Eisenbahnen des Bundes sind, mit Ausnahme der Bergbahnen;
24. die Abfallwirtschaft, die Luftreinhaltung und die Lärmbekämpfung (ohne Schutz vor verhaltensbezogenem Lärm);
25. die Staatshaftung;
26. die medizinisch unterstützte Erzeugung menschlichen Lebens, die Untersuchung und die künstliche Veränderung von Erbinformationen sowie Regelungen zur Transplantation von Organen, Geweben und Zellen;
27. die Statusrechte und -pflichten der Beamten der Länder, Gemeinden und anderen Körperschaften des öffentlichen Rechts sowie der Richter in den Ländern mit Ausnahme der Laufbahnen, Besoldung und Versorgung;

28. das Jagdwesen;
29. den Naturschutz und die Landschaftspflege;
30. die Bodenverteilung;
31. die Raumordnung;
32. den Wasserhaushalt;
33. die Hochschulzulassung und die Hochschulabschlüsse.

(2) Gesetze nach Absatz 1 Nr. 25 und 27 bedürfen der Zustimmung des Bundesrates.

Artikel 74a, 75 *[aufgehoben]*

Artikel 76 [Gesetzesvorlagen]

(1) Gesetzesvorlagen werden beim Bundestage durch die Bundesregierung, aus der Mitte des Bundestages oder durch den Bundesrat eingebracht.

(2) [1]Vorlagen der Bundesregierung sind zunächst dem Bundesrat zuzuleiten. [2]Der Bundesrat ist berechtigt, innerhalb von sechs Wochen zu diesen Vorlagen Stellung zu nehmen. [3]Verlangt er aus wichtigem Grunde, insbesondere mit Rücksicht auf den Umfang einer Vorlage, eine Fristverlängerung, so beträgt die Frist neun Wochen. [4]Die Bundesregierung kann eine Vorlage, die sie bei der Zuleitung an den Bundesrat ausnahmsweise als besonders eilbedürftig bezeichnet hat, nach drei Wochen oder, wenn der Bundesrat ein Verlangen nach Satz 3 geäußert hat, nach sechs Wochen dem Bundestag zuleiten, auch wenn die Stellungnahme des Bundesrates noch nicht bei ihr eingegangen ist; sie hat die Stellungnahme des Bundesrates unverzüglich nach Eingang dem Bundestag nachzureichen. [5]Bei Vorlagen zur Änderung dieses Grundgesetzes und zur Übertragung von Hoheitsrechten nach Artikel 23 oder Artikel 24 beträgt die Frist zur Stellungnahme neun Wochen; Satz 4 findet keine Anwendung.

(3) [1]Vorlagen des Bundesrates sind dem Bundestag durch die Bundesregierung innerhalb von sechs Wochen zuzuleiten. [2]Sie soll hierbei ihre Auffassung darlegen. [3]Verlangt sie aus wichtigem Grunde, insbesondere mit Rücksicht auf den Umfang einer Vorlage, eine Fristverlängerung, so beträgt die Frist neun Wochen. [4]Wenn der Bundesrat eine Vorlage ausnahmsweise als besonders eilbedürftig bezeichnet hat, beträgt die Frist drei Wochen oder, wenn die Bundesregierung ein Verlangen nach Satz 3 geäußert hat, sechs Wochen. [5]Bei Vorlagen zur Änderung dieses Grundgesetzes und zur Übertragung von Hoheitsrechten nach Artikel 23 oder Artikel 24 beträgt die Frist neun Wochen; Satz 4 findet keine Anwendung. [6]Der Bundestag hat über die Vorlagen in angemessener Frist zu beraten und Beschluß zu fassen.

Artikel 77 [Verfahren bei Gesetzesbeschlüssen]

(1) [1]Die Bundesgesetze werden vom Bundestage beschlossen. [2]Sie sind nach ihrer Annahme durch den Präsidenten des Bundestages unverzüglich dem Bundesrate zuzuleiten.

(2) [1]Der Bundesrat kann binnen drei Wochen nach Eingang des Gesetzesbeschlusses verlangen, daß ein aus Mitgliedern des Bundestages und des Bundesrates für die gemeinsame Beratung von Vorlagen gebildeter Ausschuß einberufen wird. [2]Die Zusammensetzung und das Verfahren dieses Ausschusses regelt eine Geschäftsordnung, die vom Bundestag beschlossen wird und der Zustimmung des Bundesrates bedarf. [3]Die in diesen Ausschuß entsandten Mitglieder des Bundesrates sind nicht an Weisungen gebunden. [4]Ist zu einem Gesetze die Zustimmung des Bundesrates erforderlich, so können auch der Bundestag und die Bundesregierung die Einberufung verlangen. [5]Schlägt der Ausschuß eine Änderung des Gesetzesbeschlusses vor, so hat der Bundestag erneut Beschluß zu fassen.

(2a) Soweit zu einem Gesetz die Zustimmung des Bundesrates erforderlich ist, hat der Bundesrat, wenn ein Verlangen nach Absatz 2 Satz 1 nicht gestellt oder das Vermittlungsverfahren ohne einen Vorschlag zur Änderung des Gesetzesbeschlusses beendet ist, in angemessener Frist über die Zustimmung Beschluß zu fassen.

(3) [1]Soweit zu einem Gesetze die Zustimmung des Bundesrates nicht erforderlich ist, kann der Bundesrat, wenn das Verfahren nach Absatz 2 beendigt ist, gegen ein vom Bundestage beschlossenes Gesetz binnen zwei Wochen Einspruch einlegen. [2]Die Einspruchsfrist beginnt im Falle des Absatzes 2 letzter Satz mit dem Eingange des vom Bundestage erneut gefaßten Beschlusses, in allen anderen Fällen mit dem Eingange der Mitteilung des Vorsitzenden des in Absatz 2 vorgesehenen Ausschusses, daß das Verfahren vor dem Ausschusse abgeschlossen ist.

(4) [1]Wird der Einspruch mit der Mehrheit der Stimmen des Bundesrates beschlossen, so kann er durch Beschluß der Mehrheit der Mitglieder des Bundestages zurückgewiesen werden. [2]Hat der Bundesrat den Einspruch mit einer Mehrheit von mindestens zwei Dritteln seiner Stimmen beschlossen, so bedarf die Zurückweisung durch den Bundestag einer Mehrheit von zwei Dritteln, mindestens der Mehrheit der Mitglieder des Bundestages.

Artikel 78 [Zustandekommen von Bundesgesetzen]
Ein vom Bundestage beschlossenes Gesetz kommt zustande, wenn der Bundesrat zustimmt, den Antrag gemäß Artikel 77 Abs. 2 nicht stellt, innerhalb der Frist des Artikels 77 Abs. 3 keinen Einspruch einlegt oder ihn zurücknimmt oder wenn der Einspruch vom Bundestage überstimmt wird.

Artikel 79 [Änderungen des Grundgesetzes]
(1) [1]Das Grundgesetz kann nur durch ein Gesetz geändert werden, das den Wortlaut des Grundgesetzes ausdrücklich ändert oder ergänzt. [2]Bei völkerrechtlichen Verträgen, die eine Friedensregelung, die Vorbereitung einer Friedensregelung oder den Abbau einer besatzungsrechtlichen Ordnung zum Gegenstand haben oder der Verteidigung der Bundesrepublik zu dienen bestimmt sind, genügt zur Klarstellung, daß die Bestimmungen des Grundgesetzes dem Abschluß und dem Inkraftsetzen der Verträge nicht entgegenstehen, eine Ergänzung des Wortlautes des Grundgesetzes, die sich auf diese Klarstellung beschränkt.
(2) Ein solches Gesetz bedarf der Zustimmung von zwei Dritteln der Mitglieder des Bundestages und zwei Dritteln der Stimmen des Bundesrates.
(3) Eine Änderung dieses Grundgesetzes, durch welche die Gliederung des Bundes in Länder, die grundsätzliche Mitwirkung der Länder bei der Gesetzgebung oder die in den Artikeln 1 und 20 niedergelegten Grundsätze berührt werden, ist unzulässig.

Artikel 80 [Erlass von Rechtsverordnungen]
(1) [1]Durch Gesetz können die Bundesregierung, ein Bundesminister oder die Landesregierungen ermächtigt werden, Rechtsverordnungen zu erlassen. [2]Dabei müssen Inhalt, Zweck und Ausmaß der erteilten Ermächtigung im Gesetze bestimmt werden. [3]Die Rechtsgrundlage ist in der Verordnung anzugeben. [4]Ist durch Gesetz vorgesehen, daß eine Ermächtigung weiter übertragen werden kann, so bedarf es zur Übertragung der Ermächtigung einer Rechtsverordnung.
(2) Der Zustimmung des Bundesrates bedürfen, vorbehaltlich anderweitiger bundesgesetzlicher Regelung, Rechtsverordnungen der Bundesregierung oder eines Bundesministers über Grundsätze und Gebühren für die Benutzung der Einrichtungen des Postwesens und der Telekommunikation, über die Grundsätze der Erhebung des Entgelts für die Benutzung der Einrichtungen der Eisenbahnen des Bundes, über den Bau und Betrieb der Eisenbahnen, sowie Rechtsverordnungen auf Grund von Bundesgesetzen, die der Zustimmung des Bundesrates bedürfen oder die von den Ländern im Auftrage des Bundes oder als eigene Angelegenheit ausgeführt werden.
(3) Der Bundesrat kann der Bundesregierung Vorlagen für den Erlaß von Rechtsverordnungen zuleiten, die seiner Zustimmung bedürfen.
(4) Soweit durch Bundesgesetz oder auf Grund von Bundesgesetzen Landesregierungen ermächtigt werden, Rechtsverordnungen zu erlassen, sind die Länder zu einer Regelung auch durch Gesetz befugt.

Artikel 80a [Spannungsfall]
(1) [1]Ist in diesem Grundgesetz oder in einem Bundesgesetz über die Verteidigung einschließlich des Schutzes der Zivilbevölkerung bestimmt, daß Rechtsvorschriften nur nach Maßgabe dieses Artikels angewandt werden dürfen, so ist die Anwendung außer im Verteidigungsfalle nur zulässig, wenn der Bundestag den Eintritt des Spannungsfalles festgestellt oder wenn er der Anwendung besonders zugestimmt hat. [2]Die Feststellung des Spannungsfalles und die besondere Zustimmung in den Fällen des Artikels 12a Abs. 5 Satz 1 und Abs. 6 Satz 2 bedürfen einer Mehrheit von zwei Dritteln der abgegebenen Stimmen.
(2) Maßnahmen auf Grund von Rechtsvorschriften nach Absatz 1 sind aufzuheben, wenn der Bundestag es verlangt.
(3) [1]Abweichend von Absatz 1 ist die Anwendung solcher Rechtsvorschriften auch auf der Grundlage und nach Maßgabe eines Beschlusses zulässig, der von einem internationalen Organ im Rahmen eines Bündnisvertrages mit Zustimmung der Bundesregierung gefaßt wird. [2]Maßnahmen nach diesem Absatz sind aufzuheben, wenn der Bundestag es mit der Mehrheit seiner Mitglieder verlangt.

Artikel 81 [Gesetzgebungsnotstand]
(1) [1]Wird im Falle des Artikels 68 der Bundestag nicht aufgelöst, so kann der Bundespräsident auf Antrag der Bundesregierung mit Zustimmung des Bundesrates für eine Gesetzesvorlage den Gesetzgebungsnotstand erklären, wenn der Bundestag sie ablehnt, obwohl die Bundesregierung sie als dringlich bezeichnet hat. [2]Das gleiche gilt, wenn eine Gesetzesvorlage abgelehnt worden ist, obwohl der Bundeskanzler mit ihr den Antrag des Artikels 68 verbunden hatte.
(2) [1]Lehnt der Bundestag die Gesetzesvorlage nach Erklärung des Gesetzgebungsnotstandes erneut ab oder nimmt er sie in einer für die Bundesregierung als unannehmbar bezeichneten Fassung an, so gilt das Gesetz als zustande gekommen, soweit der Bundesrat ihm zustimmt. [2]Das gleiche gilt, wenn die Vorlage vom Bundestage nicht innerhalb von vier Wochen nach der erneuten Einbringung verabschiedet wird.

(3) [1]Während der Amtszeit eines Bundeskanzlers kann auch jede andere vom Bundestage abgelehnte Gesetzesvorlage innerhalb einer Frist von sechs Monaten nach der ersten Erklärung des Gesetzgebungsnotstandes gemäß Absatz 1 und 2 verabschiedet werden. [2]Nach Ablauf der Frist ist während der Amtszeit des gleichen Bundeskanzlers eine weitere Erklärung des Gesetzgebungsnotstandes unzulässig.
(4) Das Grundgesetz darf durch ein Gesetz, das nach Absatz 2 zustande kommt, weder geändert, noch ganz oder teilweise außer Kraft oder außer Anwendung gesetzt werden.

Artikel 82 [Verkündung und Inkrafttreten der Gesetze]

(1) [1]Die nach den Vorschriften dieses Grundgesetzes zustande gekommenen Gesetze werden vom Bundespräsidenten nach Gegenzeichnung ausgefertigt und im Bundesgesetzblatt verkündet. [2]Das Bundesgesetzblatt kann in elektronischer Form geführt werden. [3]Rechtsverordnungen werden von der Stelle, die sie erlässt, ausgefertigt. [4]Das Nähere zur Verkündung und zur Form von Gegenzeichnung und Ausfertigung von Gesetzen und Rechtsverordnungen regelt ein Bundesgesetz.
(2) [1]Jedes Gesetz und jede Rechtsverordnung soll den Tag des Inkrafttretens bestimmen. [2]Fehlt eine solche Bestimmung, so treten sie mit dem vierzehnten Tage nach Ablauf des Tages in Kraft, an dem das Bundesgesetzblatt ausgegeben worden ist.

VIII.
Die Ausführung der Bundesgesetze und die Bundesverwaltung

Artikel 83 [Grundsatz der Landeseigenverwaltung]

Die Länder führen die Bundesgesetze als eigene Angelegenheit aus, soweit dieses Grundgesetz nicht anderes bestimmt oder zuläßt.

Artikel 84 [Landeseigenverwaltung und Bundesaufsicht]

(1) [1]Führen die Länder die Bundesgesetze als eigene Angelegenheit aus, so regeln sie die Einrichtung der Behörden und das Verwaltungsverfahren. [2]Wenn Bundesgesetze etwas anderes bestimmen, können die Länder davon abweichende Regelungen treffen. [3]Hat ein Land eine abweichende Regelung nach Satz 2 getroffen, treten in diesem Land hierauf bezogene spätere bundesgesetzliche Regelungen der Einrichtung der Behörden und des Verwaltungsverfahrens frühestens sechs Monate nach ihrer Verkündung in Kraft, soweit nicht mit Zustimmung des Bundesrates anderes bestimmt ist. [4]Artikel 72 Abs. 3 Satz 3 gilt entsprechend. [5]In Ausnahmefällen kann der Bund wegen eines besonderen Bedürfnisses nach bundeseinheitlicher Regelung das Verwaltungsverfahren ohne Abweichungsmöglichkeit für die Länder regeln. [6]Diese Gesetze bedürfen der Zustimmung des Bundesrates. [7]Durch Bundesgesetz dürfen Gemeinden und Gemeindeverbänden Aufgaben nicht übertragen werden.
(2) Die Bundesregierung kann mit Zustimmung des Bundesrates allgemeine Verwaltungsvorschriften erlassen.
(3) [1]Die Bundesregierung übt die Aufsicht darüber aus, daß die Länder die Bundesgesetze dem geltenden Rechte gemäß ausführen. [2]Die Bundesregierung kann zu diesem Zwecke Beauftragte zu den obersten Landesbehörden entsenden, mit deren Zustimmung und, falls diese Zustimmung versagt wird, mit Zustimmung des Bundesrates auch zu den nachgeordneten Behörden.
(4) [1]Werden Mängel, die die Bundesregierung bei der Ausführung der Bundesgesetze in den Ländern festgestellt hat, nicht beseitigt, so beschließt auf Antrag der Bundesregierung oder des Landes der Bundesrat, ob das Land das Recht verletzt hat. [2]Gegen den Beschluß des Bundesrates kann das Bundesverfassungsgericht angerufen werden.
(5) [1]Der Bundesregierung kann durch Bundesgesetz, das der Zustimmung des Bundesrates bedarf, zur Ausführung von Bundesgesetzen die Befugnis verliehen werden, für besondere Fälle Einzelweisungen zu erteilen. [2]Sie sind, außer wenn die Bundesregierung den Fall für dringlich erachtet, an die obersten Landesbehörden zu richten.

Artikel 85 [Landesverwaltung im Bundesauftrag]

(1) [1]Führen die Länder die Bundesgesetze im Auftrage des Bundes aus, so bleibt die Einrichtung der Behörden Angelegenheit der Länder, soweit nicht Bundesgesetze mit Zustimmung des Bundesrates etwas anderes bestimmen. [2]Durch Bundesgesetz dürfen Gemeinden und Gemeindeverbänden Aufgaben nicht übertragen werden.
(2) [1]Die Bundesregierung kann mit Zustimmung des Bundesrates allgemeine Verwaltungsvorschriften erlassen. [2]Sie kann die einheitliche Ausbildung der Beamten und Angestellten regeln. [3]Die Leiter der Mittelbehörden sind mit ihrem Einvernehmen zu bestellen.

(3) [1]Die Landesbehörden unterstehen den Weisungen der zuständigen obersten Bundesbehörden. [2]Die Weisungen sind, außer wenn die Bundesregierung es für dringlich erachtet, an die obersten Landesbehörden zu richten. [3]Der Vollzug der Weisung ist durch die obersten Landesbehörden sicherzustellen.
(4) [1]Die Bundesaufsicht erstreckt sich auf Gesetzmäßigkeit und Zweckmäßigkeit der Ausführung. [2]Die Bundesregierung kann zu diesem Zwecke Bericht und Vorlage der Akten verlangen und Beauftragte zu allen Behörden entsenden.

Artikel 86 [Bundesverwaltung]

[1]Führt der Bund die Gesetze durch bundeseigene Verwaltung oder durch bundesunmittelbare Körperschaften oder Anstalten des öffentlichen Rechtes aus, so erläßt die Bundesregierung, soweit nicht das Gesetz Besonderes vorschreibt, die allgemeinen Verwaltungsvorschriften. [2]Sie regelt, soweit das Gesetz nichts anderes bestimmt, die Einrichtung der Behörden.

Artikel 87 [Gegenstände der Bundesverwaltung]

(1) [1]In bundeseigener Verwaltung mit eigenem Verwaltungsunterbau werden geführt der Auswärtige Dienst, die Bundesfinanzverwaltung und nach Maßgabe des Artikels 89 die Verwaltung der Bundeswasserstraßen und der Schiffahrt. [2]Durch Bundesgesetz können Bundesgrenzschutzbehörden, Zentralstellen für das polizeiliche Auskunfts- und Nachrichtenwesen, für die Kriminalpolizei und zur Sammlung von Unterlagen für Zwecke des Verfassungsschutzes und des Schutzes gegen Bestrebungen im Bundesgebiet, die durch Anwendung von Gewalt oder darauf gerichtete Vorbereitungshandlungen auswärtige Belange der Bundesrepublik Deutschland gefährden, eingerichtet werden.
(2) [1]Als bundesunmittelbare Körperschaften des öffentlichen Rechtes werden diejenigen sozialen Versicherungsträger geführt, deren Zuständigkeitsbereich sich über das Gebiet eines Landes hinaus erstreckt. [2]Soziale Versicherungsträger, deren Zuständigkeitsbereich sich über das Gebiet eines Landes, aber nicht über mehr als drei Länder hinaus erstreckt, werden abweichend von Satz 1 als landesunmittelbare Körperschaften des öffentlichen Rechtes geführt, wenn das aufsichtsführende Land durch die beteiligten Länder bestimmt ist.
(3) [1]Außerdem können für Angelegenheiten, für die dem Bunde die Gesetzgebung zusteht, selbständige Bundesoberbehörden und neue bundesunmittelbare Körperschaften und Anstalten des öffentlichen Rechtes durch Bundesgesetz errichtet werden. [2]Erwachsen dem Bunde auf Gebieten, für die ihm die Gesetzgebung zusteht, neue Aufgaben, so können bei dringendem Bedarf bundeseigene Mittel- und Unterbehörden mit Zustimmung des Bundesrates und der Mehrheit der Mitglieder des Bundestages errichtet werden.

Artikel 87a [Streitkräfte]

(1) [1]Der Bund stellt Streitkräfte zur Verteidigung auf. [2]Ihre zahlenmäßige Stärke und die Grundzüge ihrer Organisation müssen sich aus dem Haushaltsplan ergeben.
(1a) [1]Zur Stärkung der Bündnis- und Verteidigungsfähigkeit kann der Bund ein Sondervermögen für die Bundeswehr mit eigener Kreditermächtigung in Höhe von einmalig bis zu 100 Milliarden Euro errichten. [2]Auf die Kreditermächtigung sind Artikel 109 Absatz 3 und Artikel 115 Absatz 2 nicht anzuwenden. [3]Das Nähere regelt ein Bundesgesetz.
(2) Außer zur Verteidigung dürfen die Streitkräfte nur eingesetzt werden, soweit dieses Grundgesetz es ausdrücklich zuläßt.
(3) [1]Die Streitkräfte haben im Verteidigungsfalle und im Spannungsfalle die Befugnis, zivile Objekte zu schützen und Aufgaben der Verkehrsregelung wahrzunehmen, soweit dies zur Erfüllung ihres Verteidigungsauftrages erforderlich ist. [2]Außerdem kann den Streitkräften im Verteidigungsfalle und im Spannungsfalle der Schutz ziviler Objekte auch zur Unterstützung polizeilicher Maßnahmen übertragen werden; die Streitkräfte wirken dabei mit den zuständigen Behörden zusammen.
(4) [1]Zur Abwehr einer drohenden Gefahr für den Bestand oder die freiheitliche demokratische Grundordnung des Bundes oder eines Landes kann die Bundesregierung, wenn die Voraussetzungen des Artikels 91 Abs. 2 vorliegen und die Polizeikräfte sowie der Bundesgrenzschutz nicht ausreichen, Streitkräfte zur Unterstützung der Polizei und des Bundesgrenzschutzes beim Schutze von zivilen Objekten und bei der Bekämpfung organisierter und militärisch bewaffneter Aufständischer einsetzen. [2]Der Einsatz von Streitkräften ist einzustellen, wenn der Bundestag oder der Bundesrat es verlangen.

Artikel 87b [Bundeswehrverwaltung]

(1) [1]Die Bundeswehrverwaltung wird in bundeseigener Verwaltung mit eigenem Verwaltungsunterbau geführt. [2]Sie dient den Aufgaben des Personalwesens und der unmittelbaren Deckung des Sachbedarfs der Streitkräfte. [3]Aufgaben der Beschädigtenversorgung und des Bauwesens können der Bundeswehrverwaltung nur durch Bundesgesetz, das der Zustimmung des Bundesrates bedarf, übertragen werden.

[4]Der Zustimmung des Bundesrates bedürfen ferner Gesetze, soweit sie die Bundeswehrverwaltung zu Eingriffen in Rechte Dritter ermächtigen; das gilt nicht für Gesetze auf dem Gebiete des Personalwesens.
(2) [1]Im übrigen können Bundesgesetze, die der Verteidigung einschließlich des Wehrersatzwesens und des Schutzes der Zivilbevölkerung dienen, mit Zustimmung des Bundesrates bestimmen, daß sie ganz oder teilweise in bundeseigener Verwaltung mit eigenem Verwaltungsunterbau oder von den Ländern im Auftrage des Bundes ausgeführt werden. [2]Werden solche Gesetze von den Ländern im Auftrage des Bundes ausgeführt, so können sie mit Zustimmung des Bundesrates bestimmen, daß die der Bundesregierung und den zuständigen obersten Bundesbehörden auf Grund des Artikels 85 zustehenden Befugnisse ganz oder teilweise Bundesoberbehörden übertragen werden; dabei kann bestimmt werden, daß diese Behörden beim Erlaß allgemeiner Verwaltungsvorschriften gemäß Artikel 85 Abs. 2 Satz 1 nicht der Zustimmung des Bundesrates bedürfen.

Artikel 87c [Bestimmungen über Erzeugung und Nutzung der Kernenergie]
Gesetze, die auf Grund des Artikels 73 Abs. 1 Nr. 14 ergehen, können mit Zustimmung des Bundesrates bestimmen, daß sie von den Ländern im Auftrage des Bundes ausgeführt werden.

Artikel 87d [Luftverkehrsverwaltung]
(1) [1]Die Luftverkehrsverwaltung wird in Bundesverwaltung geführt. [2]Aufgaben der Flugsicherung können auch durch ausländische Flugsicherungsorganisationen wahrgenommen werden, die nach Recht der Europäischen Gemeinschaft zugelassen sind. [3]Das Nähere regelt ein Bundesgesetz.
(2) Durch Bundesgesetz, das der Zustimmung des Bundesrates bedarf, können Aufgaben der Luftverkehrsverwaltung den Ländern als Auftragsverwaltung übertragen werden.

Artikel 87e [Eisenbahnen des Bundes]
(1) [1]Die Eisenbahnverkehrsverwaltung für Eisenbahnen des Bundes wird in bundeseigener Verwaltung geführt. [2]Durch Bundesgesetz können Aufgaben der Eisenbahnverkehrsverwaltung den Ländern als eigene Angelegenheit übertragen werden.
(2) Der Bund nimmt die über den Bereich der Eisenbahnen des Bundes hinausgehenden Aufgaben der Eisenbahnverkehrsverwaltung wahr, die ihm durch Bundesgesetz übertragen werden.
(3) [1]Eisenbahnen des Bundes werden als Wirtschaftsunternehmen in privat-rechtlicher Form geführt. [2]Diese stehen im Eigentum des Bundes, soweit die Tätigkeit des Wirtschaftsunternehmens den Bau, die Unterhaltung und das Betreiben von Schienenwegen umfaßt. [3]Die Veräußerung von Anteilen des Bundes an den Unternehmen nach Satz 2 erfolgt auf Grund eines Gesetzes; die Mehrheit der Anteile an diesen Unternehmen verbleibt beim Bund. [4]Das Nähere wird durch Bundesgesetz geregelt.
(4) [1]Der Bund gewährleistet, daß dem Wohl der Allgemeinheit, insbesondere den Verkehrsbedürfnissen, beim Ausbau und Erhalt des Schienennetzes der Eisenbahnen des Bundes sowie bei deren Verkehrsangeboten auf diesem Schienennetz, soweit diese nicht den Schienenpersonennahverkehr betreffen, Rechnung getragen wird. [2]Das Nähere wird durch Bundesgesetz geregelt.
(5) [1]Gesetze auf Grund der Absätze 1 bis 4 bedürfen der Zustimmung des Bundesrates. [2]Der Zustimmung des Bundesrates bedürfen ferner Gesetze, die die Auflösung, die Verschmelzung und die Aufspaltung von Eisenbahnunternehmen des Bundes, die Übertragung von Schienenwegen der Eisenbahnen des Bundes an Dritte sowie die Stillegung von Schienenwegen der Eisenbahnen des Bundes regeln oder Auswirkungen auf den Schienenpersonennahverkehr haben.

Artikel 87f [Post und Telekommunikation]
(1) Nach Maßgabe eines Bundesgesetzes, das der Zustimmung des Bundesrates bedarf, gewährleistet der Bund im Bereich des Postwesens und der Telekommunikation flächendeckend angemessene und ausreichende Dienstleistungen.
(2) [1]Dienstleistungen im Sinne des Absatzes 1 werden als privatwirtschaftliche Tätigkeiten durch die aus dem Sondervermögen Deutsche Bundespost hervorgegangenen Unternehmen und durch andere private Anbieter erbracht. [2]Hoheitsaufgaben im Bereich des Postwesens und der Telekommunikation werden in bundeseigener Verwaltung ausgeführt.
(3) Unbeschadet des Absatzes 2 Satz 2 führt der Bund in der Rechtsform einer bundesunmittelbaren Anstalt des öffentlichen Rechts einzelne Aufgaben in bezug auf die aus dem Sondervermögen Deutsche Bundespost hervorgegangenen Unternehmen nach Maßgabe eines Bundesgesetzes aus.

Artikel 88 [Bundesbank]
[1]Der Bund errichtet eine Währungs- und Notenbank als Bundesbank. [2]Ihre Aufgaben und Befugnisse können im Rahmen der Europäischen Union der Europäischen Zentralbank übertragen werden, die unabhängig ist und dem vorrangigen Ziel der Sicherung der Preisstabilität verpflichtet.

Artikel 89 [Bundeswasserstraßen]

(1) Der Bund ist Eigentümer der bisherigen Reichswasserstraßen.

(2) [1]Der Bund verwaltet die Bundeswasserstraßen durch eigene Behörden. [2]Er nimmt die über den Bereich eines Landes hinausgehenden staatlichen Aufgaben der Binnenschiffahrt und die Aufgaben der Seeschiffahrt wahr, die ihm durch Gesetz übertragen werden. [3]Er kann die Verwaltung von Bundeswasserstraßen, soweit sie im Gebiete eines Landes liegen, diesem Lande auf Antrag als Auftragsverwaltung übertragen. [4]Berührt eine Wasserstraße das Gebiet mehrerer Länder, so kann der Bund das Land beauftragen, für das die beteiligten Länder es beantragen.

(3) Bei der Verwaltung, dem Ausbau und dem Neubau von Wasserstraßen sind die Bedürfnisse der Landeskultur und der Wasserwirtschaft im Einvernehmen mit den Ländern zu wahren.

Artikel 90 [Bundesautobahnen und Bundesstraßen]

(1) [1]Der Bund bleibt Eigentümer der Bundesautobahnen und sonstigen Bundesstraßen des Fernverkehrs. [2]Das Eigentum ist unveräußerlich.

(2) [1]Die Verwaltung der Bundesautobahnen wird in Bundesverwaltung geführt. [2]Der Bund kann sich zur Erledigung seiner Aufgaben einer Gesellschaft privaten Rechts bedienen. [3]Diese Gesellschaft steht im unveräußerlichen Eigentum des Bundes. [4]Eine unmittelbare oder mittelbare Beteiligung Dritter an der Gesellschaft und deren Tochtergesellschaften ist ausgeschlossen. [5]Eine Beteiligung Privater im Rahmen von Öffentlich-Privaten Partnerschaften ist ausgeschlossen für Streckennetze, die das gesamte Bundesautobahnnetz oder das gesamte Netz sonstiger Bundesfernstraßen in einem Land oder wesentliche Teile davon umfassen. [6]Das Nähere regelt ein Bundesgesetz.

(3) Die Länder oder die nach Landesrecht zuständigen Selbstverwaltungskörperschaften verwalten die sonstigen Bundesstraßen des Fernverkehrs im Auftrage des Bundes.

(4) Auf Antrag eines Landes kann der Bund die sonstigen Bundesstraßen des Fernverkehrs, soweit sie im Gebiet dieses Landes liegen, in Bundesverwaltung übernehmen.

Artikel 91 [Abwehr von Gefahren für den Bestand des Bundes oder eines Landes]

(1) Zur Abwehr einer drohenden Gefahr für den Bestand oder die freiheitliche demokratische Grundordnung des Bundes oder eines Landes kann ein Land Polizeikräfte anderer Länder sowie Kräfte und Einrichtungen anderer Verwaltungen und des Bundesgrenzschutzes anfordern.

(2) [1]Ist das Land, in dem die Gefahr droht, nicht selbst zur Bekämpfung der Gefahr bereit oder in der Lage, so kann die Bundesregierung die Polizei in diesem Lande und die Polizeikräfte anderer Länder ihren Weisungen unterstellen sowie Einheiten des Bundesgrenzschutzes einsetzen. [2]Die Anordnung ist nach Beseitigung der Gefahr, im übrigen jederzeit auf Verlangen des Bundesrates aufzuheben. [3]Erstreckt sich die Gefahr auf das Gebiet mehr als eines Landes, so kann die Bundesregierung, soweit es zur wirksamen Bekämpfung erforderlich ist, den Landesregierungen Weisungen erteilen; Satz 1 und Satz 2 bleiben unberührt.

VIIIa.
Gemeinschaftsaufgaben, Verwaltungszusammenarbeit

Artikel 91a [Mitwirkungsbereiche des Bundes bei Länderaufgaben]

(1) Der Bund wirkt auf folgenden Gebieten bei der Erfüllung von Aufgaben der Länder mit, wenn diese Aufgaben für die Gesamtheit bedeutsam sind und die Mitwirkung des Bundes zur Verbesserung der Lebensverhältnisse erforderlich ist (Gemeinschaftsaufgaben):

1. Verbesserung der regionalen Wirtschaftsstruktur,
2. Verbesserung der Agrarstruktur und des Küstenschutzes.

(2) Durch Bundesgesetz mit Zustimmung des Bundesrates werden die Gemeinschaftsaufgaben sowie Einzelheiten der Koordinierung näher bestimmt.

(3) [1]Der Bund trägt in den Fällen des Absatzes 1 Nr. 1 die Hälfte der Ausgaben in jedem Land. [2]In den Fällen des Absatzes 1 Nr. 2 trägt der Bund mindestens die Hälfte; die Beteiligung ist für alle Länder einheitlich festzusetzen. [3]Das Nähere regelt das Gesetz. [4]Die Bereitstellung der Mittel bleibt der Feststellung in den Haushaltsplänen des Bundes und der Länder vorbehalten.

Artikel 91b [Bildungsplanung und Forschungsförderung]

(1) [1]Bund und Länder können auf Grund von Vereinbarungen in Fällen überregionaler Bedeutung bei der Förderung von Wissenschaft, Forschung und Lehre zusammenwirken. [2]Vereinbarungen, die im Schwerpunkt Hochschulen betreffen, bedürfen der Zustimmung aller Länder. [3]Dies gilt nicht für Vereinbarungen über Forschungsbauten einschließlich Großgeräten.

(2) Bund und Länder können auf Grund von Vereinbarungen zur Feststellung der Leistungsfähigkeit des Bildungswesens im internationalen Vergleich und bei diesbezüglichen Berichten und Empfehlungen zusammenwirken.
(3) Die Kostentragung wird in der Vereinbarung geregelt.

Artikel 91c [Informationstechnische Systeme]

(1) Bund und Länder können bei der Planung, der Errichtung und dem Betrieb der für ihre Aufgabenerfüllung benötigten informationstechnischen Systeme zusammenwirken.
(2) [1]Bund und Länder können auf Grund von Vereinbarungen die für die Kommunikation zwischen ihren informationstechnischen Systemen notwendigen Standards und Sicherheitsanforderungen festlegen. [2]Vereinbarungen über die Grundlagen der Zusammenarbeit nach Satz 1 können für einzelne nach Inhalt und Ausmaß bestimmte Aufgaben vorsehen, dass nähere Regelungen bei Zustimmung einer in der Vereinbarung zu bestimmenden qualifizierten Mehrheit für Bund und Länder in Kraft treten. [3]Sie bedürfen der Zustimmung des Bundestages und der Volksvertretungen der beteiligten Länder; das Recht zur Kündigung dieser Vereinbarungen kann nicht ausgeschlossen werden. [4]Die Vereinbarungen regeln auch die Kostentragung.
(3) Die Länder können darüber hinaus den gemeinschaftlichen Betrieb informationstechnischer Systeme sowie die Errichtung von dazu bestimmten Einrichtungen vereinbaren.
(4) [1]Der Bund errichtet zur Verbindung der informationstechnischen Netze des Bundes und der Länder ein Verbindungsnetz. [2]Das Nähere zur Errichtung und zum Betrieb des Verbindungsnetzes regelt ein Bundesgesetz mit Zustimmung des Bundesrates.
(5) Der übergreifende informationstechnische Zugang zu den Verwaltungsleistungen von Bund und Ländern wird durch Bundesgesetz mit Zustimmung des Bundesrates geregelt.

Artikel 91d [Leistungsvergleich]

Bund und Länder können zur Feststellung und Förderung der Leistungsfähigkeit ihrer Verwaltungen Vergleichsstudien durchführen und die Ergebnisse veröffentlichen.

Artikel 91e [Zusammenwirken hinsichtlich der Grundsicherung für Arbeitsuchende]

(1) Bei der Ausführung von Bundesgesetzen auf dem Gebiet der Grundsicherung für Arbeitsuchende wirken Bund und Länder oder die nach Landesrecht zuständigen Gemeinden und Gemeindeverbände in der Regel in gemeinsamen Einrichtungen zusammen.
(2) [1]Der Bund kann zulassen, dass eine begrenzte Anzahl von Gemeinden und Gemeindeverbänden auf ihren Antrag und mit Zustimmung der obersten Landesbehörde die Aufgaben nach Absatz 1 allein wahrnimmt. [2]Die notwendigen Ausgaben einschließlich der Verwaltungsausgaben trägt der Bund, soweit die Aufgaben bei einer Ausführung von Gesetzen nach Absatz 1 vom Bund wahrzunehmen sind.
(3) Das Nähere regelt ein Bundesgesetz, das der Zustimmung des Bundesrates bedarf.

IX.
Die Rechtsprechung

Artikel 92 [Gerichtsorganisation]

Die rechtsprechende Gewalt ist den Richtern anvertraut; sie wird durch das Bundesverfassungsgericht, durch die in diesem Grundgesetze vorgesehenen Bundesgerichte und durch die Gerichte der Länder ausgeübt.

Artikel 93 [Zuständigkeit des Bundesverfassungsgerichts]

(1) Das Bundesverfassungsgericht entscheidet:

1. über die Auslegung dieses Grundgesetzes aus Anlaß von Streitigkeiten über den Umfang der Rechte und Pflichten eines obersten Bundesorgans oder anderer Beteiligter, die durch dieses Grundgesetz oder in der Geschäftsordnung eines obersten Bundesorgans mit eigenen Rechten ausgestattet sind;
2. bei Meinungsverschiedenheiten oder Zweifeln über die förmliche und sachliche Vereinbarkeit von Bundesrecht oder Landesrecht mit diesem Grundgesetze oder die Vereinbarkeit von Landesrecht mit sonstigem Bundesrechte auf Antrag der Bundesregierung, einer Landesregierung oder eines Viertels der Mitglieder des Bundestages;

2a. bei Meinungsverschiedenheiten, ob ein Gesetz den Voraussetzungen des Artikels 72 Abs. 2 entspricht, auf Antrag des Bundesrates, einer Landesregierung oder der Volksvertretung eines Landes;

3. bei Meinungsverschiedenheiten über Rechte und Pflichten des Bundes und der Länder, insbesondere bei der Ausführung von Bundesrecht durch die Länder und bei der Ausübung der Bundesaufsicht;

4. in anderen öffentlich-rechtlichen Streitigkeiten zwischen dem Bunde und den Ländern, zwischen verschiedenen Ländern oder innerhalb eines Landes, soweit nicht ein anderer Rechtsweg gegeben ist;
4a. über Verfassungsbeschwerden, die von jedermann mit der Behauptung erhoben werden können, durch die öffentliche Gewalt in einem seiner Grundrechte oder in einem seiner in Artikel 20 Abs. 4, 33, 38, 101, 103 und 104 enthaltenen Rechte verletzt zu sein;
4b. über Verfassungsbeschwerden von Gemeinden und Gemeindeverbänden wegen Verletzung des Rechts auf Selbstverwaltung nach Artikel 28 durch ein Gesetz, bei Landesgesetzen jedoch nur, soweit nicht Beschwerde beim Landesverfassungsgericht erhoben werden kann;
4c. über Beschwerden von Vereinigungen gegen ihre Nichtanerkennung als Partei für die Wahl zum Bundestag;
5. in den übrigen in diesem Grundgesetze vorgesehenen Fällen.

(2) [1]Das Bundesverfassungsgericht entscheidet außerdem auf Antrag des Bundesrates, einer Landesregierung oder der Volksvertretung eines Landes, ob im Falle des Artikels 72 Abs. 4 die Erforderlichkeit für eine bundesgesetzliche Regelung nach Artikel 72 Abs. 2 nicht mehr besteht oder Bundesrecht in den Fällen des Artikels 125a Abs. 2 Satz 1 nicht mehr erlassen werden könnte. [2]Die Feststellung, dass die Erforderlichkeit entfallen ist oder Bundesrecht nicht mehr erlassen werden könnte, ersetzt ein Bundesgesetz nach Artikel 72 Abs. 4 oder nach Artikel 125a Abs. 2 Satz 2. [3]Der Antrag nach Satz 1 ist nur zulässig, wenn eine Gesetzesvorlage nach Artikel 72 Abs. 4 oder nach Artikel 125a Abs. 2 Satz 2 im Bundestag abgelehnt oder über sie nicht innerhalb eines Jahres beraten und Beschluss gefasst oder wenn eine entsprechende Gesetzesvorlage im Bundesrat abgelehnt worden ist.

(3) Das Bundesverfassungsgericht wird ferner in den ihm sonst durch Bundesgesetz zugewiesenen Fällen tätig.

Artikel 94 [Zusammensetzung des Bundesverfassungsgerichts]

(1) [1]Das Bundesverfassungsgericht besteht aus Bundesrichtern und anderen Mitgliedern. [2]Die Mitglieder des Bundesverfassungsgerichtes werden je zur Hälfte vom Bundestage und vom Bundesrate gewählt. [3]Sie dürfen weder dem Bundestage, dem Bundesrate, der Bundesregierung noch entsprechenden Organen eines Landes angehören.

(2) [1]Ein Bundesgesetz regelt seine Verfassung und das Verfahren und bestimmt, in welchen Fällen seine Entscheidungen Gesetzeskraft haben. [2]Es kann für Verfassungsbeschwerden die vorherige Erschöpfung des Rechtsweges zur Voraussetzung machen und ein besonderes Annahmeverfahren vorsehen.

Artikel 95 [Oberste Gerichtshöfe des Bundes]

(1) Für die Gebiete der ordentlichen, der Verwaltungs-, der Finanz-, der Arbeits- und der Sozialgerichtsbarkeit errichtet der Bund als oberste Gerichtshöfe den Bundesgerichtshof, das Bundesverwaltungsgericht, den Bundesfinanzhof, das Bundesarbeitsgericht und das Bundessozialgericht.

(2) Über die Berufung der Richter dieser Gerichte entscheidet der für das jeweilige Sachgebiet zuständige Bundesminister gemeinsam mit einem Richterwahlausschuß, der aus den für das jeweilige Sachgebiet zuständigen Ministern der Länder und einer gleichen Anzahl von Mitgliedern besteht, die vom Bundestage gewählt werden.

(3) [1]Zur Wahrung der Einheitlichkeit der Rechtsprechung ist ein Gemeinsamer Senat der in Absatz 1 genannten Gerichte zu bilden. [2]Das Nähere regelt ein Bundesgesetz.

Artikel 96 [Weitere Bundesgerichte]

(1) Der Bund kann für Angelegenheiten des gewerblichen Rechtsschutzes ein Bundesgericht errichten.

(2) [1]Der Bund kann Wehrstrafgerichte für die Streitkräfte als Bundesgerichte errichten. [2]Sie können die Strafgerichtsbarkeit nur im Verteidigungsfalle sowie über Angehörige der Streitkräfte ausüben, die in das Ausland entsandt oder an Bord von Kriegsschiffen eingeschifft sind. [3]Das Nähere regelt ein Bundesgesetz. [4]Diese Gerichte gehören zum Geschäftsbereich des Bundesjustizministers. [5]Ihre hauptamtlichen Richter müssen die Befähigung zum Richteramt haben.

(3) Oberster Gerichtshof für die in Absatz 1 und 2 genannten Gerichte ist der Bundesgerichtshof.

(4) Der Bund kann für Personen, die zu ihm in einem öffentlich-rechtlichen Dienstverhältnis stehen, Bundesgerichte zur Entscheidung in Disziplinarverfahren und Beschwerdeverfahren errichten.

(5) Für Strafverfahren auf den folgenden Gebieten kann ein Bundesgesetz mit Zustimmung des Bundesrates vorsehen, dass Gerichte der Länder Gerichtsbarkeit des Bundes ausüben:

1. Völkermord;
2. völkerstrafrechtliche Verbrechen gegen die Menschlichkeit;
3. Kriegsverbrechen;

4. andere Handlungen, die geeignet sind und in der Absicht vorgenommen werden, das friedliche Zusammenleben der Völker zu stören (Artikel 26 Abs. 1);
5. Staatsschutz.

Artikel 97 [Unabhängigkeit der Richter]

(1) Die Richter sind unabhängig und nur dem Gesetze unterworfen.

(2) [1]Die hauptamtlich und planmäßig endgültig angestellten Richter können wider ihren Willen nur kraft richterlicher Entscheidung und nur aus Gründen und unter den Formen, welche die Gesetze bestimmen, vor Ablauf ihrer Amtszeit entlassen oder dauernd oder zeitweise ihres Amtes enthoben oder an eine andere Stelle oder in den Ruhestand versetzt werden. [2]Die Gesetzgebung kann Altersgrenzen festsetzen, bei deren Erreichung auf Lebenszeit angestellte Richter in den Ruhestand treten. [3]Bei Veränderung der Einrichtung der Gerichte oder ihrer Bezirke können Richter an ein anderes Gericht versetzt oder aus dem Amte entfernt werden, jedoch nur unter Belassung des vollen Gehaltes.

Artikel 98 [Rechtsstellung der Richter]

(1) Die Rechtsstellung der Bundesrichter ist durch besonderes Bundesgesetz zu regeln.

(2) [1]Wenn ein Bundesrichter im Amte oder außerhalb des Amtes gegen die Grundsätze des Grundgesetzes oder gegen die verfassungsmäßige Ordnung eines Landes verstößt, so kann das Bundesverfassungsgericht mit Zweidrittelmehrheit auf Antrag des Bundestages anordnen, daß der Richter in ein anderes Amt oder in den Ruhestand zu versetzen ist. [2]Im Falle eines vorsätzlichen Verstoßes kann auf Entlassung erkannt werden.

(3) Die Rechtsstellung der Richter in den Ländern ist durch besondere Landesgesetze zu regeln, soweit Artikel 74 Abs. 1 Nr. 27 nichts anderes bestimmt.

(4) Die Länder können bestimmen, daß über die Anstellung der Richter in den Ländern der Landesjustizminister gemeinsam mit einem Richterwahlausschuß entscheidet.

(5) [1]Die Länder können für Landesrichter eine Absatz 2 entsprechende Regelung treffen. [2]Geltendes Landesverfassungsrecht bleibt unberührt. [3]Die Entscheidung über eine Richteranklage steht dem Bundesverfassungsgericht zu.

Artikel 99 [Landesrechtliche Zuweisung von Streitigkeiten an das Bundesverfassungsgericht oder die obersten Gerichtshöfe des Bundes]

Dem Bundesverfassungsgerichte kann durch Landesgesetz die Entscheidung von Verfassungsstreitigkeiten innerhalb eines Landes, den in Artikel 95 Abs. 1 genannten obersten Gerichtshöfen für den letzten Rechtszug die Entscheidung in solchen Sachen zugewiesen werden, bei denen es sich um die Anwendung von Landesrecht handelt.

Artikel 100 [Verfassungswidrigkeit von Gesetzen]

(1) [1]Hält ein Gericht ein Gesetz, auf dessen Gültigkeit es bei der Entscheidung ankommt, für verfassungswidrig, so ist das Verfahren auszusetzen und, wenn es sich um die Verletzung der Verfassung eines Landes handelt, die Entscheidung des für Verfassungsstreitigkeiten zuständigen Gerichtes des Landes, wenn es sich um die Verletzung dieses Grundgesetzes handelt, die Entscheidung des Bundesverfassungsgerichtes einzuholen. [2]Dies gilt auch, wenn es sich um die Verletzung dieses Grundgesetzes durch Landesrecht oder um die Unvereinbarkeit eines Landesgesetzes mit einem Bundesgesetze handelt.

(2) Ist in einem Rechtsstreite zweifelhaft, ob eine Regel des Völkerrechtes Bestandteil des Bundesrechtes ist und ob sie unmittelbar Rechte und Pflichten für den Einzelnen erzeugt (Artikel 25), so hat das Gericht die Entscheidung des Bundesverfassungsgerichtes einzuholen.

(3) Will das Verfassungsgericht eines Landes bei der Auslegung des Grundgesetzes von einer Entscheidung des Bundesverfassungsgerichtes oder des Verfassungsgerichtes eines anderen Landes abweichen, so hat das Verfassungsgericht die Entscheidung des Bundesverfassungsgerichtes einzuholen.

Artikel 101 [Ausnahmegerichte]

(1) [1]Ausnahmegerichte sind unzulässig. [2]Niemand darf seinem gesetzlichen Richter entzogen werden.

(2) Gerichte für besondere Sachgebiete können nur durch Gesetz errichtet werden.

Artikel 102 [Abschaffung der Todesstrafe]

Die Todesstrafe ist abgeschafft.

Artikel 103 [Grundrechte vor Gericht]

(1) Vor Gericht hat jedermann Anspruch auf rechtliches Gehör.

(2) Eine Tat kann nur bestraft werden, wenn die Strafbarkeit gesetzlich bestimmt war, bevor die Tat begangen wurde.

(3) Niemand darf wegen derselben Tat auf Grund der allgemeinen Strafgesetze mehrmals bestraft werden.

Artikel 104 [Rechtsgarantien bei Freiheitsentziehung]

(1) [1]Die Freiheit der Person kann nur auf Grund eines förmlichen Gesetzes und nur unter Beachtung der darin vorgeschriebenen Formen beschränkt werden. [2]Festgehaltene Personen dürfen weder seelisch noch körperlich mißhandelt werden.

(2) [1]Über die Zulässigkeit und Fortdauer einer Freiheitsentziehung hat nur der Richter zu entscheiden. [2]Bei jeder nicht auf richterlicher Anordnung beruhenden Freiheitsentziehung ist unverzüglich eine richterliche Entscheidung herbeizuführen. [3]Die Polizei darf aus eigener Machtvollkommenheit niemanden länger als bis zum Ende des Tages nach dem Ergreifen in eigenem Gewahrsam halten. [4]Das Nähere ist gesetzlich zu regeln.

(3) [1]Jeder wegen des Verdachtes einer strafbaren Handlung vorläufig Festgenommene ist spätestens am Tage nach der Festnahme dem Richter vorzuführen, der ihm die Gründe der Festnahme mitzuteilen, ihn zu vernehmen und ihm Gelegenheit zu Einwendungen zu geben hat. [2]Der Richter hat unverzüglich entweder einen mit Gründen versehenen schriftlichen Haftbefehl zu erlassen oder die Freilassung anzuordnen.

(4) Von jeder richterlichen Entscheidung über die Anordnung oder Fortdauer einer Freiheitsentziehung ist unverzüglich ein Angehöriger des Festgehaltenen oder eine Person seines Vertrauens zu benachrichtigen.

X.
Das Finanzwesen

Artikel 104a [Ausgabenverteilung; Lastenverteilung]

(1) Der Bund und die Länder tragen gesondert die Ausgaben, die sich aus der Wahrnehmung ihrer Aufgaben ergeben, soweit dieses Grundgesetz nichts anderes bestimmt.

(2) Handeln die Länder im Auftrage des Bundes, trägt der Bund die sich daraus ergebenden Ausgaben.

(3) [1]Bundesgesetze, die Geldleistungen gewähren und von den Ländern ausgeführt werden, können bestimmen, daß die Geldleistungen ganz oder zum Teil vom Bund getragen werden. [2]Bestimmt das Gesetz, daß der Bund die Hälfte der Ausgaben oder mehr trägt, wird es im Auftrage des Bundes durchgeführt. [3]Bei der Gewährung von Leistungen für Unterkunft und Heizung auf dem Gebiet der Grundsicherung für Arbeitsuchende wird das Gesetz im Auftrage des Bundes ausgeführt, wenn der Bund drei Viertel der Ausgaben oder mehr trägt.

(4) Bundesgesetze, die Pflichten der Länder zur Erbringung von Geldleistungen, geldwerten Sachleistungen oder vergleichbaren Dienstleistungen gegenüber Dritten begründen und von den Ländern als eigene Angelegenheit oder nach Absatz 3 Satz 2 im Auftrag des Bundes ausgeführt werden, bedürfen der Zustimmung des Bundesrates, wenn daraus entstehende Ausgaben von den Ländern zu tragen sind.

(5) [1]Der Bund und die Länder tragen die bei ihren Behörden entstehenden Verwaltungsausgaben und haften im Verhältnis zueinander für eine ordnungsmäßige Verwaltung. [2]Das Nähere bestimmt ein Bundesgesetz, das der Zustimmung des Bundesrates bedarf.

(6) [1]Bund und Länder tragen nach der innerstaatlichen Zuständigkeits- und Aufgabenverteilung die Lasten einer Verletzung von supranationalen oder völkerrechtlichen Verpflichtungen Deutschlands. [2]In Fällen länderübergreifender Finanzkorrekturen der Europäischen Union tragen Bund und Länder diese Lasten im Verhältnis 15 zu 85. [3]Die Ländergesamtheit trägt in diesen Fällen solidarisch 35 vom Hundert der Gesamtlasten entsprechend einem allgemeinen Schlüssel; 50 vom Hundert der Gesamtlasten tragen die Länder, die die Lasten verursacht haben, anteilig entsprechend der Höhe der erhaltenen Mittel. [4]Das Nähere regelt ein Bundesgesetz, das der Zustimmung des Bundesrates bedarf.

Artikel 104b [Finanzhilfen für bedeutsame Investitionen der Länder]

(1) [1]Der Bund kann, soweit dieses Grundgesetz ihm Gesetzgebungsbefugnisse verleiht, den Ländern Finanzhilfen für besonders bedeutsame Investitionen der Länder und der Gemeinden (Gemeindeverbände) gewähren, die

1. zur Abwehr einer Störung des gesamtwirtschaftlichen Gleichgewichts oder
2. zum Ausgleich unterschiedlicher Wirtschaftskraft im Bundesgebiet oder
3. zur Förderung des wirtschaftlichen Wachstums

erforderlich sind. [2]Abweichend von Satz 1 kann der Bund im Falle von Naturkatastrophen oder außergewöhnlichen Notsituationen, die sich der Kontrolle des Staates entziehen und die staatliche Finanzlage erheblich beeinträchtigen, auch ohne Gesetzgebungsbefugnisse Finanzhilfen gewähren.

(2) [1]Das Nähere, insbesondere die Arten der zu fördernden Investitionen, wird durch Bundesgesetz, das der Zustimmung des Bundesrates bedarf, oder auf Grund des Bundeshaushaltsgesetzes durch Verwal-

tungsvereinbarung geregelt. [2]Das Bundesgesetz oder die Verwaltungsvereinbarung kann Bestimmungen über die Ausgestaltung der jeweiligen Länderprogramme zur Verwendung der Finanzhilfen vorsehen. [3]Die Festlegung der Kriterien für die Ausgestaltung der Länderprogramme erfolgt im Einvernehmen mit den betroffenen Ländern. [4]Zur Gewährleistung der zweckentsprechenden Mittelverwendung kann die Bundesregierung Bericht und Vorlage der Akten verlangen und Erhebungen bei allen Behörden durchführen. [5]Die Mittel des Bundes werden zusätzlich zu eigenen Mitteln der Länder bereitgestellt. [6]Sie sind befristet zu gewähren und hinsichtlich ihrer Verwendung in regelmäßigen Zeitabständen zu überprüfen. [7]Die Finanzhilfen sind im Zeitablauf mit fallenden Jahresbeträgen zu gestalten.

(3) Bundestag, Bundesregierung und Bundesrat sind auf Verlangen über die Durchführung der Maßnahmen und die erzielten Verbesserungen zu unterrichten.

Artikel 104c [Finanzhilfen für bedeutsame Investitionen der Länder im Bereich der kommunalen Bildungsinfrastruktur]

[1]Der Bund kann den Ländern Finanzhilfen für gesamtstaatlich bedeutsame Investitionen sowie besondere, mit diesen unmittelbar verbundene, befristete Ausgaben der Länder und Gemeinden (Gemeindeverbände) zur Steigerung der Leistungsfähigkeit der kommunalen Bildungsinfrastruktur gewähren. [2]Artikel 104b Absatz 2 Satz 1 bis 3, 5, 6 und Absatz 3 gilt entsprechend. [3]Zur Gewährleistung der zweckentsprechenden Mittelverwendung kann die Bundesregierung Berichte und anlassbezogen die Vorlage von Akten verlangen.

Artikel 104d [Finanzhilfen für bedeutsame Investitionen der Länder im Bereich des sozialen Wohnungsbaus]

[1]Der Bund kann den Ländern Finanzhilfen für gesamtstaatlich bedeutsame Investitionen der Länder und Gemeinden (Gemeindeverbände) im Bereich des sozialen Wohnungsbaus gewähren. [2]Artikel 104b Absatz 2 Satz 1 bis 5 sowie Absatz 3 gilt entsprechend.

Artikel 105 [Gesetzgebungsrecht]

(1) Der Bund hat die ausschließliche Gesetzgebung über die Zölle und Finanzmonopole.

(2) [1]Der Bund hat die konkurrierende Gesetzgebung über die Grundsteuer. [2]Er hat die konkurrierende Gesetzgebung über die übrigen Steuern, wenn ihm das Aufkommen dieser Steuern ganz oder zum Teil zusteht oder die Voraussetzungen des Artikels 72 Abs. 2 vorliegen.

(2a) [1]Die Länder haben die Befugnis zur Gesetzgebung über die örtlichen Verbrauch- und Aufwandsteuern, solange und soweit sie nicht bundesgesetzlich geregelten Steuern gleichartig sind. [2]Sie haben die Befugnis zur Bestimmung des Steuersatzes bei der Grunderwerbsteuer.

(3) Bundesgesetze über Steuern, deren Aufkommen den Ländern oder den Gemeinden (Gemeindeverbänden) ganz oder zum Teil zufließt, bedürfen der Zustimmung des Bundesrates.

Artikel 106 [Verteilung des Steueraufkommens und des Ertrages der Finanzmonopole]

(1) Der Ertrag der Finanzmonopole und das Aufkommen der folgenden Steuern stehen dem Bund zu:

1. die Zölle,
2. die Verbrauchsteuern, soweit sie nicht nach Absatz 2 den Ländern, nach Absatz 3 Bund und Ländern gemeinsam oder nach Absatz 6 den Gemeinden zustehen,
3. die Straßengüterverkehrsteuer, die Kraftfahrzeugsteuer und sonstige auf motorisierte Verkehrsmittel bezogene Verkehrsteuern,
4. die Kapitalverkehrsteuern, die Versicherungsteuer und die Wechselsteuer,
5. die einmaligen Vermögensabgaben und die zur Durchführung des Lastenausgleichs erhobenen Ausgleichsabgaben,
6. die Ergänzungsabgabe zur Einkommensteuer und zur Körperschaftsteuer,
7. Abgaben im Rahmen der Europäischen Gemeinschaften.

(2) Das Aufkommen der folgenden Steuern steht den Ländern zu:

1. die Vermögensteuer,
2. die Erbschaftsteuer,
3. die Verkehrsteuern, soweit sie nicht nach Absatz 1 dem Bund oder nach Absatz 3 Bund und Ländern gemeinsam zustehen,
4. die Biersteuer,
5. die Abgabe von Spielbanken.

(3) [1]Das Aufkommen der Einkommensteuer, der Körperschaftsteuer und der Umsatzsteuer steht dem Bund und den Ländern gemeinsam zu (Gemeinschaftsteuern), soweit das Aufkommen der Einkommensteuer nicht nach Absatz 5 und das Aufkommen der Umsatzsteuer nicht nach Absatz 5a den Gemeinden zugewiesen wird. [2]Am Aufkommen der Einkommensteuer und der Körperschaftsteuer sind der Bund und

die Länder je zur Hälfte beteiligt. [3]Die Anteile von Bund und Ländern an der Umsatzsteuer werden durch Bundesgesetz, das der Zustimmung des Bundesrates bedarf, festgesetzt. [4]Bei der Festsetzung ist von folgenden Grundsätzen auszugehen:

1. [1]Im Rahmen der laufenden Einnahmen haben der Bund und die Länder gleichmäßig Anspruch auf Deckung ihrer notwendigen Ausgaben. [2]Dabei ist der Umfang der Ausgaben unter Berücksichtigung einer mehrjährigen Finanzplanung zu ermitteln.
2. Die Deckungsbedürfnisse des Bundes und der Länder sind so aufeinander abzustimmen, daß ein billiger Ausgleich erzielt, eine Überbelastung der Steuerpflichtigen vermieden und die Einheitlichkeit der Lebensverhältnisse im Bundesgebiet gewahrt wird.

[5]Zusätzlich werden in die Festsetzung der Anteile von Bund und Ländern an der Umsatzsteuer Steuermindereinnahmen einbezogen, die den Ländern ab 1. Januar 1996 aus der Berücksichtigung von Kindern im Einkommensteuerrecht entstehen. [6]Das Nähere bestimmt das Bundesgesetz nach Satz 3.

(4) [1]Die Anteile von Bund und Ländern an der Umsatzsteuer sind neu festzusetzen, wenn sich das Verhältnis zwischen den Einnahmen und Ausgaben des Bundes und der Länder wesentlich anders entwickelt; Steuermindereinnahmen, die nach Absatz 3 Satz 5 in die Festsetzung der Umsatzsteueranteile zusätzlich einbezogen werden, bleiben hierbei unberücksichtigt. [2]Werden den Ländern durch Bundesgesetz zusätzliche Ausgaben auferlegt oder Einnahmen entzogen, so kann die Mehrbelastung durch Bundesgesetz, das der Zustimmung des Bundesrates bedarf, auch mit Finanzzuweisungen des Bundes ausgeglichen werden, wenn sie auf einen kurzen Zeitraum begrenzt ist. [3]In dem Gesetz sind die Grundsätze für die Bemessung dieser Finanzzuweisungen und für ihre Verteilung auf die Länder zu bestimmen.

(5) [1]Die Gemeinden erhalten einen Anteil an dem Aufkommen der Einkommensteuer, der von den Ländern an ihre Gemeinden auf der Grundlage der Einkommensteuerleistungen ihrer Einwohner weiterzuleiten ist. [2]Das Nähere bestimmt ein Bundesgesetz, das der Zustimmung des Bundesrates bedarf. [3]Es kann bestimmen, daß die Gemeinden Hebesätze für den Gemeindeanteil festsetzen.

(5a) [1]Die Gemeinden erhalten ab dem 1. Januar 1998 einen Anteil an dem Aufkommen der Umsatzsteuer. [2]Er wird von den Ländern auf der Grundlage eines orts- und wirtschaftsbezogenen Schlüssels an ihre Gemeinden weitergeleitet. [3]Das Nähere wird durch Bundesgesetz, das der Zustimmung des Bundesrates bedarf, bestimmt.

(6) [1]Das Aufkommen der Grundsteuer und Gewerbesteuer steht den Gemeinden, das Aufkommen der örtlichen Verbrauch- und Aufwandsteuern steht den Gemeinden oder nach Maßgabe der Landesgesetzgebung den Gemeindeverbänden zu. [2]Den Gemeinden ist das Recht einzuräumen, die Hebesätze der Grundsteuer und Gewerbesteuer im Rahmen der Gesetze festzusetzen. [3]Bestehen in einem Land keine Gemeinden, so steht das Aufkommen der Grundsteuer und Gewerbesteuer sowie der örtlichen Verbrauch- und Aufwandsteuern dem Land zu. [4]Bund und Länder können durch eine Umlage an dem Aufkommen der Gewerbesteuer beteiligt werden. [5]Das Nähere über die Umlage bestimmt ein Bundesgesetz, das der Zustimmung des Bundesrates bedarf. [6]Nach Maßgabe der Landesgesetzgebung können die Grundsteuer und Gewerbesteuer sowie der Gemeindeanteil vom Aufkommen der Einkommensteuer und der Umsatzsteuer als Bemessungsgrundlagen für Umlagen zugrunde gelegt werden.

(7) [1]Von dem Länderanteil am Gesamtaufkommen der Gemeinschaftsteuern fließt den Gemeinden und Gemeindeverbänden insgesamt ein von der Landesgesetzgebung zu bestimmender Hundertsatz zu. [2]Im übrigen bestimmt die Landesgesetzgebung, ob und inwieweit das Aufkommen der Landessteuern den Gemeinden (Gemeindeverbänden) zufließt.

(8) [1]Veranlaßt der Bund in einzelnen Ländern oder Gemeinden (Gemeindeverbänden) besondere Einrichtungen, die diesen Ländern oder Gemeinden (Gemeindeverbänden) unmittelbar Mehrausgaben oder Mindereinnahmen (Sonderbelastungen) verursachen, gewährt der Bund den erforderlichen Ausgleich, wenn und soweit den Ländern oder Gemeinden (Gemeindeverbänden) nicht zugemutet werden kann, die Sonderbelastungen zu tragen. [2]Entschädigungsleistungen Dritter und finanzielle Vorteile, die diesen Ländern oder Gemeinden (Gemeindeverbänden) als Folge der Einrichtungen erwachsen, werden bei dem Ausgleich berücksichtigt.

(9) Als Einnahmen und Ausgaben der Länder im Sinne dieses Artikels gelten auch die Einnahmen und Ausgaben der Gemeinden (Gemeindeverbände).

Artikel 106a [Bundeszuschuss für öffentlichen Personennahverkehr]

[1]Den Ländern steht ab 1. Januar 1996 für den öffentlichen Personennahverkehr ein Betrag aus dem Steueraufkommen des Bundes zu. [2]Das Nähere regelt ein Bundesgesetz, das der Zustimmung des Bundesrates bedarf. [3]Der Betrag nach Satz 1 bleibt bei der Bemessung der Finanzkraft nach Artikel 107 Abs. 2 unberücksichtigt.

Artikel 106b [Länderanteil an der Kraftfahrzeugsteuer]

[1]Den Ländern steht ab dem 1. Juli 2009 infolge der Übertragung der Kraftfahrzeugsteuer auf den Bund ein Betrag aus dem Steueraufkommen des Bundes zu. [2]Das Nähere regelt ein Bundesgesetz, das der Zustimmung des Bundesrates bedarf.

Artikel 107[1)] [Finanzausgleich; Ergänzungszuweisungen]

(1) [1]Das Aufkommen der Landessteuern und der Länderanteil am Aufkommen der Einkommensteuer und der Körperschaftsteuer stehen den einzelnen Ländern insoweit zu, als die Steuern von den Finanzbehörden in ihrem Gebiet vereinnahmt werden (örtliches Aufkommen). [2]Durch Bundesgesetz, das der Zustimmung des Bundesrates bedarf, sind für die Körperschaftsteuer und die Lohnsteuer nähere Bestimmungen über die Abgrenzung sowie über Art und Umfang der Zerlegung des örtlichen Aufkommens zu treffen. [3]Das Gesetz kann auch Bestimmungen über die Abgrenzung und Zerlegung des örtlichen Aufkommens anderer Steuern treffen. [4]Der Länderanteil am Aufkommen der Umsatzsteuer steht den einzelnen Ländern, vorbehaltlich der Regelungen nach Absatz 2, nach Maßgabe ihrer Einwohnerzahl zu.

(2) [1]Durch Bundesgesetz, das der Zustimmung des Bundesrates bedarf, ist sicherzustellen, dass die unterschiedliche Finanzkraft der Länder angemessen ausgeglichen wird; hierbei sind die Finanzkraft und der Finanzbedarf der Gemeinden (Gemeindeverbände) zu berücksichtigen. [2]Zu diesem Zweck sind in dem Gesetz Zuschläge zu und Abschläge von der jeweiligen Finanzkraft bei der Verteilung der Länderanteile am Aufkommen der Umsatzsteuer zu regeln. [3]Die Voraussetzungen für die Gewährung von Zuschlägen und für die Erhebung von Abschlägen sowie die Maßstäbe für die Höhe dieser Zuschläge und Abschläge sind in dem Gesetz zu bestimmen. [4]Für Zwecke der Bemessung der Finanzkraft kann die bergrechtliche Förderabgabe mit nur einem Teil ihres Aufkommens berücksichtigt werden. [5]Das Gesetz kann auch bestimmen, dass der Bund aus seinen Mitteln leistungsschwachen Ländern Zuweisungen zur ergänzenden Deckung ihres allgemeinen Finanzbedarfs (Ergänzungszuweisungen) gewährt. [6]Zuweisungen können unabhängig von den Maßstäben nach den Sätzen 1 bis 3 auch solchen leistungsschwachen Ländern gewährt werden, deren Gemeinden (Gemeindeverbände) eine besonders geringe Steuerkraft aufweisen (Gemeindesteuerkraftzuweisungen), sowie außerdem solchen leistungsschwachen Ländern, deren Anteile an den Fördermitteln nach Artikel 91b ihre Einwohneranteile unterschreiten.

Artikel 108 [Finanzverwaltung]

(1) [1]Zölle, Finanzmonopole, die bundesgesetzlich geregelten Verbrauchsteuern einschließlich der Einfuhrumsatzsteuer, die Kraftfahrzeugsteuer und sonstige auf motorisierte Verkehrsmittel bezogene Verkehrsteuern ab dem 1. Juli 2009 sowie die Abgaben im Rahmen der Europäischen Gemeinschaften werden durch Bundesfinanzbehörden verwaltet. [2]Der Aufbau dieser Behörden wird durch Bundesgesetz geregelt. [3]Soweit Mittelbehörden eingerichtet sind, werden deren Leiter im Benehmen mit den Landesregierungen bestellt.

(2) [1]Die übrigen Steuern werden durch Landesfinanzbehörden verwaltet. [2]Der Aufbau dieser Behörden und die einheitliche Ausbildung der Beamten können durch Bundesgesetz mit Zustimmung des Bundesrates geregelt werden. [3]Soweit Mittelbehörden eingerichtet sind, werden deren Leiter im Einvernehmen mit der Bundesregierung bestellt.

(3) [1]Verwalten die Landesfinanzbehörden Steuern, die ganz oder zum Teil dem Bund zufließen, so werden sie im Auftrage des Bundes tätig. [2]Artikel 85 Abs. 3 und 4 gilt mit der Maßgabe, daß an die Stelle der Bundesregierung der Bundesminister der Finanzen tritt.

(4) [1]Durch Bundesgesetz, das der Zustimmung des Bundesrates bedarf, kann bei der Verwaltung von Steuern ein Zusammenwirken von Bundes- und Landesfinanzbehörden sowie für Steuern, die unter Absatz 1 fallen, die Verwaltung durch Landesfinanzbehörden und für andere Steuern die Verwaltung durch Bundesfinanzbehörden vorgesehen werden, wenn und soweit dadurch der Vollzug der Steuergesetze erheblich verbessert oder erleichtert wird. [2]Für die den Gemeinden (Gemeindeverbänden) allein zufließenden Steuern kann die den Landesfinanzbehörden zustehende Verwaltung durch die Länder ganz oder zum Teil den Gemeinden (Gemeindeverbänden) übertragen werden. [3]Das Bundesgesetz nach Satz 1 kann für ein Zusammenwirken von Bund und Ländern bestimmen, dass bei Zustimmung einer im Gesetz genannten Mehrheit Regelungen für den Vollzug von Steuergesetzen für alle Länder verbindlich werden.

(4a) [1]Durch Bundesgesetz, das der Zustimmung des Bundesrates bedarf, können bei der Verwaltung von Steuern, die unter Absatz 2 fallen, ein Zusammenwirken von Landesfinanzbehörden und eine länderübergreifende Übertragung von Zuständigkeiten auf Landesfinanzbehörden eines oder mehrerer Länder im Einvernehmen mit den betroffenen Ländern vorgesehen werden, wenn und soweit dadurch der Vollzug

1) Zur Anwendung von Art. 107 siehe Art. 143g GG.

der Steuergesetze erheblich verbessert oder erleichtert wird. [2]Die Kostentragung kann durch Bundesgesetz geregelt werden.

(5) [1]Das von den Bundesfinanzbehörden anzuwendende Verfahren wird durch Bundesgesetz geregelt. [2]Das von den Landesfinanzbehörden und in den Fällen des Absatzes 4 Satz 2 von den Gemeinden (Gemeindeverbänden) anzuwendende Verfahren kann durch Bundesgesetz mit Zustimmung des Bundesrates geregelt werden.

(6) Die Finanzgerichtsbarkeit wird durch Bundesgesetz einheitlich geregelt.

(7) Die Bundesregierung kann allgemeine Verwaltungsvorschriften erlassen, und zwar mit Zustimmung des Bundesrates, soweit die Verwaltung den Landesfinanzbehörden oder Gemeinden (Gemeindeverbänden) obliegt.

Artikel 109 [Haushaltswirtschaft in Bund und Ländern]

(1) Bund und Länder sind in ihrer Haushaltswirtschaft selbständig und voneinander unabhängig.

(2) Bund und Länder erfüllen gemeinsam die Verpflichtungen der Bundesrepublik Deutschland aus Rechtsakten der Europäischen Gemeinschaft auf Grund des Artikels 104 des Vertrags zur Gründung der Europäischen Gemeinschaft zur Einhaltung der Haushaltsdisziplin und tragen in diesem Rahmen den Erfordernissen des gesamtwirtschaftlichen Gleichgewichts Rechnung.

(3) [1]Die Haushalte von Bund und Ländern sind grundsätzlich ohne Einnahmen aus Krediten auszugleichen. [2]Bund und Länder können Regelungen zur im Auf- und Abschwung symmetrischen Berücksichtigung der Auswirkungen einer von der Normallage abweichenden konjunkturellen Entwicklung sowie eine Ausnahmeregelung für Naturkatastrophen oder außergewöhnliche Notsituationen, die sich der Kontrolle des Staates entziehen und die staatliche Finanzlage erheblich beeinträchtigen, vorsehen. [3]Für die Ausnahmeregelung ist eine entsprechende Tilgungsregelung vorzusehen. [4]Die nähere Ausgestaltung regelt für den Haushalt des Bundes Artikel 115 mit der Maßgabe, dass Satz 1 entsprochen ist, wenn die Einnahmen aus Krediten 0,35 vom Hundert im Verhältnis zum nominalen Bruttoinlandsprodukt nicht überschreiten. [5]Die nähere Ausgestaltung für die Haushalte der Länder regeln diese im Rahmen ihrer verfassungsrechtlichen Kompetenzen mit der Maßgabe, dass Satz 1 nur dann entsprochen ist, wenn keine Einnahmen aus Krediten zugelassen werden.

(4) Durch Bundesgesetz, das der Zustimmung des Bundesrates bedarf, können für Bund und Länder gemeinsam geltende Grundsätze für das Haushaltsrecht, für eine konjunkturgerechte Haushaltswirtschaft und für eine mehrjährige Finanzplanung aufgestellt werden.

(5) [1]Sanktionsmaßnahmen der Europäischen Gemeinschaft im Zusammenhang mit den Bestimmungen in Artikel 104 des Vertrags zur Gründung der Europäischen Gemeinschaft zur Einhaltung der Haushaltsdisziplin tragen Bund und Länder im Verhältnis 65 zu 35. [2]Die Ländergesamtheit trägt solidarisch 35 vom Hundert der auf die Länder entfallenden Lasten entsprechend ihrer Einwohnerzahl; 65 vom Hundert der auf die Länder entfallenden Lasten tragen die Länder entsprechend ihrem Verursachungsbeitrag. [3]Das Nähere regelt ein Bundesgesetz, das der Zustimmung des Bundesrates bedarf.

Artikel 109a [Haushaltsnotlagen]

(1) Zur Vermeidung von Haushaltsnotlagen regelt ein Bundesgesetz, das der Zustimmung des Bundesrates bedarf,

1. die fortlaufende Überwachung der Haushaltswirtschaft von Bund und Ländern durch ein gemeinsames Gremium (Stabilitätsrat),
2. die Voraussetzungen und das Verfahren zur Feststellung einer drohenden Haushaltsnotlage,
3. die Grundsätze zur Aufstellung und Durchführung von Sanierungsprogrammen zur Vermeidung von Haushaltsnotlagen.

(2) [1]Dem Stabilitätsrat obliegt ab dem Jahr 2020 die Überwachung der Einhaltung der Vorgaben des Artikels 109 Absatz 3 durch Bund und Länder. [2]Die Überwachung orientiert sich an den Vorgaben und Verfahren aus Rechtsakten auf Grund des Vertrages über die Arbeitsweise der Europäischen Union zur Einhaltung der Haushaltsdisziplin.

(3) Die Beschlüsse des Stabilitätsrats und die zugrunde liegenden Beratungsunterlagen sind zu veröffentlichen.

Artikel 110 [Haushaltsplan des Bundes]

(1) [1]Alle Einnahmen und Ausgaben des Bundes sind in den Haushaltsplan einzustellen; bei Bundesbetrieben und bei Sondervermögen brauchen nur die Zuführungen oder die Ablieferungen eingestellt zu werden. [2]Der Haushaltsplan ist in Einnahme und Ausgabe auszugleichen.

(2) [1]Der Haushaltsplan wird für ein oder mehrere Rechnungsjahre, nach Jahren getrennt, vor Beginn des ersten Rechnungsjahres durch das Haushaltsgesetz festgestellt. [2]Für Teile des Haushaltsplanes kann vorgesehen werden, daß sie für unterschiedliche Zeiträume, nach Rechnungsjahren getrennt, gelten.
(3) Die Gesetzesvorlage nach Absatz 2 Satz 1 sowie Vorlagen zur Änderung des Haushaltsgesetzes und des Haushaltsplanes werden gleichzeitig mit der Zuleitung an den Bundesrat beim Bundestage eingebracht; der Bundesrat ist berechtigt, innerhalb von sechs Wochen, bei Änderungsvorlagen innerhalb von drei Wochen, zu den Vorlagen Stellung zu nehmen.
(4) [1]In das Haushaltsgesetz dürfen nur Vorschriften aufgenommen werden, die sich auf die Einnahmen und die Ausgaben des Bundes und auf den Zeitraum beziehen, für den das Haushaltsgesetz beschlossen wird. [2]Das Haushaltsgesetz kann vorschreiben, daß die Vorschriften erst mit der Verkündung des nächsten Haushaltsgesetzes oder bei Ermächtigung nach Artikel 115 zu einem späteren Zeitpunkt außer Kraft treten.

Artikel 111 [Ausgaben vor Beschluss des Haushaltsplans]

(1) Ist bis zum Schluß eines Rechnungsjahres der Haushaltsplan für das folgende Jahr nicht durch Gesetz festgestellt, so ist bis zu seinem Inkrafttreten die Bundesregierung ermächtigt, alle Ausgaben zu leisten, die nötig sind,

a) um gesetzlich bestehende Einrichtungen zu erhalten und gesetzlich beschlossene Maßnahmen durchzuführen,
b) um die rechtlich begründeten Verpflichtungen des Bundes zu erfüllen,
c) um Bauten, Beschaffungen und sonstige Leistungen fortzusetzen oder Beihilfen für diese Zwecke weiter zu gewähren, sofern durch den Haushaltsplan eines Vorjahres bereits Beträge bewilligt worden sind.

(2) Soweit nicht auf besonderem Gesetze beruhende Einnahmen aus Steuern, Abgaben und sonstigen Quellen oder die Betriebsmittelrücklage die Ausgaben unter Absatz 1 decken, darf die Bundesregierung die zur Aufrechterhaltung der Wirtschaftsführung erforderlichen Mittel bis zur Höhe eines Viertels der Endsumme des abgelaufenen Haushaltsplanes im Wege des Kredits flüssig machen.

Artikel 112 [Überplanmäßige und außerplanmäßige Ausgaben]

[1]Überplanmäßige und außerplanmäßige Ausgaben bedürfen der Zustimmung des Bundesministers der Finanzen. [2]Sie darf nur im Falle eines unvorhergesehenen und unabweisbaren Bedürfnisses erteilt werden. [3]Näheres kann durch Bundesgesetz bestimmt werden.

Artikel 113 [Ausgabenerhöhungen; Einnahmeminderungen]

(1) [1]Gesetze, welche die von der Bundesregierung vorgeschlagenen Ausgaben des Haushaltsplanes erhöhen oder neue Ausgaben in sich schließen oder für die Zukunft mit sich bringen, bedürfen der Zustimmung der Bundesregierung. [2]Das gleiche gilt für Gesetze, die Einnahmeminderungen in sich schließen oder für die Zukunft mit sich bringen. [3]Die Bundesregierung kann verlangen, daß der Bundestag die Beschlußfassung über solche Gesetze aussetzt. [4]In diesem Fall hat die Bundesregierung innerhalb von sechs Wochen dem Bundestage eine Stellungnahme zuzuleiten.
(2) Die Bundesregierung kann innerhalb von vier Wochen, nachdem der Bundestag das Gesetz beschlossen hat, verlangen, daß der Bundestag erneut Beschluß faßt.
(3) [1]Ist das Gesetz nach Artikel 78 zustande gekommen, kann die Bundesregierung ihre Zustimmung nur innerhalb von sechs Wochen und nur dann versagen, wenn sie vorher das Verfahren nach Absatz 1 Satz 3 und 4 oder nach Absatz 2 eingeleitet hat. [2]Nach Ablauf dieser Frist gilt die Zustimmung als erteilt.

Artikel 114 [Rechnungslegung; Bundesrechnungshof]

(1) Der Bundesminister der Finanzen hat dem Bundestage und dem Bundesrate über alle Einnahmen und Ausgaben sowie über das Vermögen und die Schulden im Laufe des nächsten Rechnungsjahres zur Entlastung der Bundesregierung Rechnung zu legen.
(2) [1]Der Bundesrechnungshof, dessen Mitglieder richterliche Unabhängigkeit besitzen, prüft die Rechnung sowie die Wirtschaftlichkeit und Ordnungsmäßigkeit der Haushalts- und Wirtschaftsführung des Bundes. [2]Zum Zweck der Prüfung nach Satz 1 kann der Bundesrechnungshof auch bei Stellen außerhalb der Bundesverwaltung Erhebungen vornehmen; dies gilt auch in den Fällen, in denen der Bund den Ländern zweckgebundene Finanzierungsmittel zur Erfüllung von Länderaufgaben zuweist. [3]Er hat außer der Bundesregierung unmittelbar dem Bundestage und dem Bundesrate jährlich zu berichten. [4]Im übrigen werden die Befugnisse des Bundesrechnungshofes durch Bundesgesetz geregelt.

Artikel 115 [Kreditbeschaffung]

(1) Die Aufnahme von Krediten sowie die Übernahme von Bürgschaften, Garantien oder sonstigen Gewährleistungen, die zu Ausgaben in künftigen Rechnungsjahren führen können, bedürfen einer der Höhe nach bestimmten oder bestimmbaren Ermächtigung durch Bundesgesetz.

(2) [1]Einnahmen und Ausgaben sind grundsätzlich ohne Einnahmen aus Krediten auszugleichen. [2]Diesem Grundsatz ist entsprochen, wenn die Einnahmen aus Krediten 0,35 vom Hundert im Verhältnis zum nominalen Bruttoinlandsprodukt nicht überschreiten. [3]Zusätzlich sind bei einer von der Normallage abweichenden konjunkturellen Entwicklung die Auswirkungen auf den Haushalt im Auf- und Abschwung symmetrisch zu berücksichtigen. [4]Abweichungen der tatsächlichen Kreditaufnahme von der nach den Sätzen 1 bis 3 zulässigen Kreditobergrenze werden auf einem Kontrollkonto erfasst; Belastungen, die den Schwellenwert von 1,5 vom Hundert im Verhältnis zum nominalen Bruttoinlandsprodukt überschreiten, sind konjunkturgerecht zurückzuführen. [5]Näheres, insbesondere die Bereinigung der Einnahmen und Ausgaben um finanzielle Transaktionen und das Verfahren zur Berechnung der Obergrenze der jährlichen Nettokreditaufnahme unter Berücksichtigung der konjunkturellen Entwicklung auf der Grundlage eines Konjunkturbereinigungsverfahrens sowie die Kontrolle und den Ausgleich von Abweichungen der tatsächlichen Kreditaufnahme von der Regelgrenze, regelt ein Bundesgesetz. [6]Im Falle von Naturkatastrophen oder außergewöhnlichen Notsituationen, die sich der Kontrolle des Staates entziehen und die staatliche Finanzlage erheblich beeinträchtigen, können diese Kreditobergrenzen auf Grund eines Beschlusses der Mehrheit der Mitglieder des Bundestages überschritten werden. [7]Der Beschluss ist mit einem Tilgungsplan zu verbinden. [8]Die Rückführung der nach Satz 6 aufgenommenen Kredite hat binnen eines angemessenen Zeitraumes zu erfolgen.

Xa.
Verteidigungsfall

Artikel 115a [Feststellung des Verteidigungsfalles]

(1) [1]Die Feststellung, daß das Bundesgebiet mit Waffengewalt angegriffen wird oder ein solcher Angriff unmittelbar droht (Verteidigungsfall), trifft der Bundestag mit Zustimmung des Bundesrates. [2]Die Feststellung erfolgt auf Antrag der Bundesregierung und bedarf einer Mehrheit von zwei Dritteln der abgegebenen Stimmen, mindestens der Mehrheit der Mitglieder des Bundestages.

(2) Erfordert die Lage unabweisbar ein sofortiges Handeln und stehen einem rechtzeitigen Zusammentritt des Bundestages unüberwindliche Hindernisse entgegen oder ist er nicht beschlußfähig, so trifft der Gemeinsame Ausschuß diese Feststellung mit einer Mehrheit von zwei Dritteln der abgegebenen Stimmen, mindestens der Mehrheit seiner Mitglieder.

(3) [1]Die Feststellung wird vom Bundespräsidenten gemäß Artikel 82 im Bundesgesetzblatte verkündet. [2]Ist dies nicht rechtzeitig möglich, so erfolgt die Verkündung in anderer Weise; sie ist im Bundesgesetzblatte nachzuholen, sobald die Umstände es zulassen.

(4) [1]Wird das Bundesgebiet mit Waffengewalt angegriffen und sind die zuständigen Bundesorgane außerstande, sofort die Feststellung nach Absatz 1 Satz 1 zu treffen, so gilt diese Feststellung als getroffen und als zu dem Zeitpunkt verkündet, in dem der Angriff begonnen hat. [2]Der Bundespräsident gibt diesen Zeitpunkt bekannt, sobald die Umstände es zulassen.

(5) [1]Ist die Feststellung des Verteidigungsfalles verkündet und wird das Bundesgebiet mit Waffengewalt angegriffen, so kann der Bundespräsident völkerrechtliche Erklärungen über das Bestehen des Verteidigungsfalles mit Zustimmung des Bundestages abgeben. [2]Unter den Voraussetzungen des Absatzes 2 tritt an die Stelle des Bundestages der Gemeinsame Ausschuß.

Artikel 115b [Übergang der Befehls- und Kommandogewalt]

Mit der Verkündung des Verteidigungsfalles geht die Befehls- und Kommandogewalt über die Streitkräfte auf den Bundeskanzler über.

Artikel 115c [Erweiterte Bundesgesetzgebungskompetenz]

(1) [1]Der Bund hat für den Verteidigungsfall das Recht der konkurrierenden Gesetzgebung auch auf den Sachgebieten, die zur Gesetzgebungszuständigkeit der Länder gehören. [2]Diese Gesetze bedürfen der Zustimmung des Bundesrates.

(2) Soweit es die Verhältnisse während des Verteidigungsfalles erfordern, kann durch Bundesgesetz für den Verteidigungsfall

1. bei Enteignungen abweichend von Artikel 14 Abs. 3 Satz 2 die Entschädigung vorläufig geregelt werden,
2. für Freiheitsentziehungen eine von Artikel 104 Abs. 2 Satz 3 und Abs. 3 Satz 1 abweichende Frist, höchstens jedoch eine solche von vier Tagen, für den Fall festgesetzt werden, daß ein Richter nicht innerhalb der für Normalzeiten geltenden Frist tätig werden konnte.

(3) Soweit es zur Abwehr eines gegenwärtigen oder unmittelbar drohenden Angriffs erforderlich ist, kann für den Verteidigungsfall durch Bundesgesetz mit Zustimmung des Bundesrates die Verwaltung und das

Finanzwesen des Bundes und der Länder abweichend von den Abschnitten VIII, VIIIa und X geregelt werden, wobei die Lebensfähigkeit der Länder, Gemeinden und Gemeindeverbände, insbesondere auch in finanzieller Hinsicht, zu wahren ist.
(4) Bundesgesetze nach den Absätzen 1 und 2 Nr. 1 dürfen zur Vorbereitung ihres Vollzuges schon vor Eintritt des Verteidigungsfalles angewandt werden.

Artikel 115d [Vereinfachtes Bundesgesetzgebungsverfahren]

(1) Für die Gesetzgebung des Bundes gilt im Verteidigungsfalle abweichend von Artikel 76 Abs. 2, Artikel 77 Abs. 1 Satz 2 und Abs. 2 bis 4, Artikel 78 und Artikel 82 Abs. 1 die Regelung der Absätze 2 und 3.
(2) [1]Gesetzesvorlagen der Bundesregierung, die sie als dringlich bezeichnet, sind gleichzeitig mit der Einbringung beim Bundestage dem Bundesrate zuzuleiten. [2]Bundestag und Bundesrat beraten diese Vorlagen unverzüglich gemeinsam. [3]Soweit zu einem Gesetze die Zustimmung des Bundesrates erforderlich ist, bedarf es zum Zustandekommen des Gesetzes der Zustimmung der Mehrheit seiner Stimmen. [4]Das Nähere regelt eine Geschäftsordnung, die vom Bundestage beschlossen wird und der Zustimmung des Bundesrates bedarf.
(3) Für die Verkündung der Gesetze gilt Artikel 115a Abs. 3 Satz 2 entsprechend.

Artikel 115e [Aufgaben des Gemeinsamen Ausschusses]

(1) Stellt der Gemeinsame Ausschuß im Verteidigungsfalle mit einer Mehrheit von zwei Dritteln der abgegebenen Stimmen, mindestens mit der Mehrheit seiner Mitglieder fest, daß dem rechtzeitigen Zusammentritt des Bundestages unüberwindliche Hindernisse entgegenstehen oder daß dieser nicht beschlußfähig ist, so hat der Gemeinsame Ausschuß die Stellung von Bundestag und Bundesrat und nimmt deren Rechte einheitlich wahr.
(2) [1]Durch ein Gesetz des Gemeinsamen Ausschusses darf das Grundgesetz weder geändert noch ganz oder teilweise außer Kraft oder außer Anwendung gesetzt werden. [2]Zum Erlaß von Gesetzen nach Artikel 23 Abs. 1 Satz 2, Artikel 24 Abs. 1 oder Artikel 29 ist der Gemeinsame Ausschuß nicht befugt.

Artikel 115f [Erweiterte Befugnisse der Bundesregierung]

(1) Die Bundesregierung kann im Verteidigungsfalle, soweit es die Verhältnisse erfordern,
1. den Bundesgrenzschutz im gesamten Bundesgebiete einsetzen;
2. außer der Bundesverwaltung auch den Landesregierungen und, wenn sie es für dringlich erachtet, den Landesbehörden Weisungen erteilen und diese Befugnis auf von ihr zu bestimmende Mitglieder der Landesregierungen übertragen.

(2) Bundestag, Bundesrat und der Gemeinsame Ausschuß sind unverzüglich von den nach Absatz 1 getroffenen Maßnahmen zu unterrichten.

Artikel 115g [Stellung des Bundesverfassungsgerichts]

[1]Die verfassungsmäßige Stellung und die Erfüllung der verfassungsmäßigen Aufgaben des Bundesverfassungsgerichtes und seiner Richter dürfen nicht beeinträchtigt werden. [2]Das Gesetz über das Bundesverfassungsgericht darf durch ein Gesetz des Gemeinsamen Ausschusses nur insoweit geändert werden, als dies auch nach Auffassung des Bundesverfassungsgerichtes zur Aufrechterhaltung der Funktionsfähigkeit des Gerichtes erforderlich ist. [3]Bis zum Erlaß eines solchen Gesetzes kann das Bundesverfassungsgericht die zur Erhaltung der Arbeitsfähigkeit des Gerichtes erforderlichen Maßnahmen treffen. [4]Beschlüsse nach Satz 2 und Satz 3 faßt das Bundesverfassungsgericht mit der Mehrheit der anwesenden Richter.

Artikel 115h [Wahlperioden und Amtszeiten]

(1) [1]Während des Verteidigungsfalles ablaufende Wahlperioden des Bundestages oder der Volksvertretungen der Länder enden sechs Monate nach Beendigung des Verteidigungsfalles. [2]Die im Verteidigungsfalle ablaufende Amtszeit des Bundespräsidenten sowie bei vorzeitiger Erledigung seines Amtes die Wahrnehmung seiner Befugnisse durch den Präsidenten des Bundesrates enden neun Monate nach Beendigung des Verteidigungsfalles. [3]Die im Verteidigungsfalle ablaufende Amtszeit eines Mitgliedes des Bundesverfassungsgerichtes endet sechs Monate nach Beendigung des Verteidigungsfalles.
(2) [1]Wird eine Neuwahl des Bundeskanzlers durch den Gemeinsamen Ausschuß erforderlich, so wählt dieser einen neuen Bundeskanzler mit der Mehrheit seiner Mitglieder; der Bundespräsident macht dem Gemeinsamen Ausschuß einen Vorschlag. [2]Der Gemeinsame Ausschuß kann dem Bundeskanzler das Mißtrauen nur dadurch aussprechen, daß er mit der Mehrheit von zwei Dritteln seiner Mitglieder einen Nachfolger wählt.
(3) Für die Dauer des Verteidigungsfalles ist die Auflösung des Bundestages ausgeschlossen.

Artikel 115i [Erweiterte Befugnisse der Landesregierungen]

(1) Sind die zuständigen Bundesorgane außerstande, die notwendigen Maßnahmen zur Abwehr der Gefahr zu treffen, und erfordert die Lage unabweisbar ein sofortiges selbständiges Handeln in einzelnen Teilen des Bundesgebietes, so sind die Landesregierungen oder die von ihnen bestimmten Behörden oder Beauftragten befugt, für ihren Zuständigkeitsbereich Maßnahmen im Sinne des Artikels 115f Abs. 1 zu treffen.

(2) Maßnahmen nach Absatz 1 können durch die Bundesregierung, im Verhältnis zu Landesbehörden und nachgeordneten Bundesbehörden auch durch die Ministerpräsidenten der Länder, jederzeit aufgehoben werden.

Artikel 115k [Geltung von Gesetzen und Rechtsverordnungen des Verteidigungsfalls]

(1) [1]Für die Dauer ihrer Anwendbarkeit setzen Gesetze nach den Artikeln 115c, 115e und 115g und Rechtsverordnungen, die auf Grund solcher Gesetze ergehen, entgegenstehendes Recht außer Anwendung. [2]Dies gilt nicht gegenüber früherem Recht, das auf Grund der Artikel 115c, 115e und 115g erlassen worden ist.

(2) Gesetze, die der Gemeinsame Ausschuß beschlossen hat, und Rechtsverordnungen, die auf Grund solcher Gesetze ergangen sind, treten spätestens sechs Monate nach Beendigung des Verteidigungsfalles außer Kraft.

(3) [1]Gesetze, die von den Artikeln 91a, 91b, 104a, 106 und 107 abweichende Regelungen enthalten, gelten längstens bis zum Ende des zweiten Rechnungsjahres, das auf die Beendigung des Verteidigungsfalles folgt. [2]Sie können nach Beendigung des Verteidigungsfalles durch Bundesgesetz mit Zustimmung des Bundesrates geändert werden, um zu der Regelung gemäß den Abschnitten VIIIa und X überzuleiten.

Artikel 115l [Aufhebung von Maßnahmen und Beendigung des Verteidigungsfalls]

(1) [1]Der Bundestag kann jederzeit mit Zustimmung des Bundesrates Gesetze des Gemeinsamen Ausschusses aufheben. [2]Der Bundesrat kann verlangen, daß der Bundestag hierüber beschließt. [3]Sonstige zur Abwehr der Gefahr getroffene Maßnahmen des Gemeinsamen Ausschusses oder der Bundesregierung sind aufzuheben, wenn der Bundestag und der Bundesrat es beschließen.

(2) [1]Der Bundestag kann mit Zustimmung des Bundesrates jederzeit durch einen vom Bundespräsidenten zu verkündenden Beschluß den Verteidigungsfall für beendet erklären. [2]Der Bundesrat kann verlangen, daß der Bundestag hierüber beschließt. [3]Der Verteidigungsfall ist unverzüglich für beendet zu erklären, wenn die Voraussetzungen für seine Feststellung nicht mehr gegeben sind.

(3) Über den Friedensschluß wird durch Bundesgesetz entschieden.

XI.
Übergangs- und Schlußbestimmungen

Artikel 116 [Begriff des „Deutschen“; nationalsozialistische Ausbürgerung]

(1) Deutscher im Sinne dieses Grundgesetzes ist vorbehaltlich anderweitiger gesetzlicher Regelung, wer die deutsche Staatsangehörigkeit besitzt oder als Flüchtling oder Vertriebener deutscher Volkszugehörigkeit oder als dessen Ehegatte oder Abkömmling in dem Gebiete des Deutschen Reiches nach dem Stande vom 31. Dezember 1937 Aufnahme gefunden hat.

(2) [1]Frühere deutsche Staatsangehörige, denen zwischen dem 30. Januar 1933 und dem 8. Mai 1945 die Staatsangehörigkeit aus politischen, rassischen oder religiösen Gründen entzogen worden ist, und ihre Abkömmlinge sind auf Antrag wieder einzubürgern. [2]Sie gelten als nicht ausgebürgert, sofern sie nach dem 8. Mai 1945 ihren Wohnsitz in Deutschland genommen haben und nicht einen entgegengesetzten Willen zum Ausdruck gebracht haben.

Artikel 117 [Übergangsregelung zu Art. 3 Abs. 2 und Art. 11]

(1) Das dem Artikel 3 Abs. 2 entgegenstehende Recht bleibt bis zu seiner Anpassung an diese Bestimmung des Grundgesetzes in Kraft, jedoch nicht länger als bis zum 31. März 1953.

(2) Gesetze, die das Recht der Freizügigkeit mit Rücksicht auf die gegenwärtige Raumnot einschränken, bleiben bis zu ihrer Aufhebung durch Bundesgesetz in Kraft.

Artikel 118 [Neugliederung der badischen und württembergischen Länder]

[1]Die Neugliederung in dem die Länder Baden, Württemberg-Baden und Württemberg-Hohenzollern umfassenden Gebiete kann abweichend von den Vorschriften des Artikels 29 durch Vereinbarung der beteiligten Länder erfolgen. [2]Kommt eine Vereinbarung nicht zustande, so wird die Neugliederung durch Bundesgesetz geregelt, das eine Volksbefragung vorsehen muß.

Artikel 118a [Neugliederung Berlins und Brandenburgs]
Die Neugliederung in dem die Länder Berlin und Brandenburg umfassenden Gebiet kann abweichend von den Vorschriften des Artikels 29 unter Beteiligung ihrer Wahlberechtigten durch Vereinbarung beider Länder erfolgen.

Artikel 119 [Flüchtlinge und Vertriebene]
[1]In Angelegenheiten der Flüchtlinge und Vertriebenen, insbesondere zu ihrer Verteilung auf die Länder, kann bis zu einer bundesgesetzlichen Regelung die Bundesregierung mit Zustimmung des Bundesrates Verordnungen mit Gesetzeskraft erlassen. [2]Für besondere Fälle kann dabei die Bundesregierung ermächtigt werden, Einzelweisungen zu erteilen. [3]Die Weisungen sind außer bei Gefahr im Verzuge an die obersten Landesbehörden zu richten.

Artikel 120 [Kriegsfolge- und Sozialversicherungslasten; Ertragshoheit]
(1) [1]Der Bund trägt die Aufwendungen für Besatzungskosten und die sonstigen inneren und äußeren Kriegsfolgelasten nach näherer Bestimmung von Bundesgesetzen. [2]Soweit diese Kriegsfolgelasten bis zum 1. Oktober 1969 durch Bundesgesetze geregelt worden sind, tragen Bund und Länder im Verhältnis zueinander die Aufwendungen nach Maßgabe dieser Bundesgesetze. [3]Soweit Aufwendungen für Kriegsfolgelasten, die in Bundesgesetzen weder geregelt worden sind noch geregelt werden, bis zum 1. Oktober 1965 von den Ländern, Gemeinden (Gemeindeverbänden) oder sonstigen Aufgabenträgern, die Aufgaben von Ländern oder Gemeinden erfüllen, erbracht worden sind, ist der Bund zur Übernahme von Aufwendungen dieser Art auch nach diesem Zeitpunkt nicht verpflichtet. [4]Der Bund trägt die Zuschüsse zu den Lasten der Sozialversicherung mit Einschluß der Arbeitslosenversicherung und der Arbeitslosenhilfe. [5]Die durch diesen Absatz geregelte Verteilung der Kriegsfolgelasten auf Bund und Länder läßt die gesetzliche Regelung von Entschädigungsansprüchen für Kriegsfolgen unberührt.
(2) Die Einnahmen gehen auf den Bund zu demselben Zeitpunkte über, an dem der Bund die Ausgaben übernimmt.

Artikel 120a [Lastenausgleich]
(1) [1]Die Gesetze, die der Durchführung des Lastenausgleichs dienen, können mit Zustimmung des Bundesrates bestimmen, daß sie auf dem Gebiete der Ausgleichsleistungen teils durch den Bund, teils im Auftrage des Bundes durch die Länder ausgeführt werden und daß die der Bundesregierung und den zuständigen obersten Bundesbehörden auf Grund des Artikels 85 insoweit zustehenden Befugnisse ganz oder teilweise dem Bundesausgleichsamt übertragen werden. [2]Das Bundesausgleichsamt bedarf bei Ausübung dieser Befugnisse nicht der Zustimmung des Bundesrates; seine Weisungen sind, abgesehen von den Fällen der Dringlichkeit, an die obersten Landesbehörden (Landesausgleichsämter) zu richten.
(2) Artikel 87 Abs. 3 Satz 2 bleibt unberührt.

Artikel 121 [Begriff der Mehrheit]
Mehrheit der Mitglieder des Bundestages und der Bundesversammlung im Sinne dieses Grundgesetzes ist die Mehrheit ihrer gesetzlichen Mitgliederzahl.

Artikel 122 [Bisherige Gesetzgebungskompetenzen]
(1) Vom Zusammentritt des Bundestages an werden die Gesetze ausschließlich von den in diesem Grundgesetze anerkannten gesetzgebenden Gewalten beschlossen.
(2) Gesetzgebende und bei der Gesetzgebung beratend mitwirkende Körperschaften, deren Zuständigkeit nach Absatz 1 endet, sind mit diesem Zeitpunkt aufgelöst.

Artikel 123 [Fortgeltung des alten Rechts]
(1) Recht aus der Zeit vor dem Zusammentritt des Bundestages gilt fort, soweit es dem Grundgesetze nicht widerspricht.
(2) Die vom Deutschen Reich abgeschlossenen Staatsverträge, die sich auf Gegenstände beziehen, für die nach diesem Grundgesetze die Landesgesetzgebung zuständig ist, bleiben, wenn sie nach allgemeinen Rechtsgrundsätzen gültig sind und fortgelten, unter Vorbehalt aller Rechte und Einwendungen der Beteiligten in Kraft, bis neue Staatsverträge durch die nach diesem Grundgesetze zuständigen Stellen abgeschlossen werden oder ihre Beendigung auf Grund der in ihnen enthaltenen Bestimmungen anderweitig erfolgt.

Artikel 124 [Altes Recht auf dem Gebiet der ausschließlichen Gesetzgebung]
Recht, das Gegenstände der ausschließlichen Gesetzgebung des Bundes betrifft, wird innerhalb seines Geltungsbereiches Bundesrecht.

Artikel 125 [Altes Recht auf dem Gebiet der konkurrierenden Gesetzgebung]

Recht, das Gegenstände der konkurrierenden Gesetzgebung des Bundes betrifft, wird innerhalb seines Geltungsbereiches Bundesrecht,

1. soweit es innerhalb einer oder mehrerer Besatzungszonen einheitlich gilt,
2. soweit es sich um Recht handelt, durch das nach dem 8. Mai 1945 früheres Reichsrecht abgeändert worden ist.

Artikel 125a [Fortgeltung von Bundesrecht; Ersetzung durch Landesrecht]

(1) [1]Recht, das als Bundesrecht erlassen worden ist, aber wegen der Änderung des Artikels 74 Abs. 1, der Einfügung des Artikels 84 Abs. 1 Satz 7, des Artikels 85 Abs. 1 Satz 2 oder des Artikels 105 Abs. 2a Satz 2 oder wegen der Aufhebung der Artikel 74a, 75 oder 98 Abs. 3 Satz 2 nicht mehr als Bundesrecht erlassen werden könnte, gilt als Bundesrecht fort. [2]Es kann durch Landesrecht ersetzt werden.

(2) [1]Recht, das auf Grund des Artikels 72 Abs. 2 in der bis zum 15. November 1994 geltenden Fassung erlassen worden ist, aber wegen Änderung des Artikels 72 Abs. 2 nicht mehr als Bundesrecht erlassen werden könnte, gilt als Bundesrecht fort. [2]Durch Bundesgesetz kann bestimmt werden, dass es durch Landesrecht ersetzt werden kann.

(3) [1]Recht, das als Landesrecht erlassen worden ist, aber wegen Änderung des Artikels 73 nicht mehr als Landesrecht erlassen werden könnte, gilt als Landesrecht fort. [2]Es kann durch Bundesrecht ersetzt werden.

Artikel 125b [Fortgeltung von Bundesrecht; abweichende Regelungen durch die Länder]

(1) [1]Recht, das auf Grund des Artikels 75 in der bis zum 1. September 2006 geltenden Fassung erlassen worden ist und das auch nach diesem Zeitpunkt als Bundesrecht erlassen werden könnte, gilt als Bundesrecht fort. [2]Befugnisse und Verpflichtungen der Länder zur Gesetzgebung bleiben insoweit bestehen. [3]Auf den in Artikel 72 Abs. 3 Satz 1 genannten Gebieten können die Länder von diesem Recht abweichende Regelungen treffen, auf den Gebieten des Artikels 72 Abs. 3 Satz 1 Nr. 2, 5 und 6 jedoch erst, wenn und soweit der Bund ab dem 1. September 2006 von seiner Gesetzgebungszuständigkeit Gebrauch gemacht hat, in den Fällen der Nummern 2 und 5 spätestens ab dem 1. Januar 2010, im Falle der Nummer 6 spätestens ab dem 1. August 2008.

(2) Von bundesgesetzlichen Regelungen, die auf Grund des Artikels 84 Abs. 1 in der vor dem 1. September 2006 geltenden Fassung erlassen worden sind, können die Länder abweichende Regelungen treffen, von Regelungen des Verwaltungsverfahrens bis zum 31. Dezember 2008 aber nur dann, wenn ab dem 1. September 2006 in dem jeweiligen Bundesgesetz Regelungen des Verwaltungsverfahrens geändert worden sind.

(3) Auf dem Gebiet des Artikels 72 Absatz 3 Satz 1 Nummer 7 darf abweichendes Landesrecht der Erhebung der Grundsteuer frühestens für Zeiträume ab dem 1. Januar 2025 zugrunde gelegt werden.

Artikel 125c [Fortgeltung von Bundesrecht auf dem Gebiet der Gemeindeverkehrsfinanzierung und der sozialen Wohnraumförderung]

(1) Recht, das auf Grund des Artikels 91a Abs. 2 in Verbindung mit Abs. 1 Nr. 1 in der bis zum 1. September 2006 geltenden Fassung erlassen worden ist, gilt bis zum 31. Dezember 2006 fort.

(2) [1]Die nach Artikel 104a Abs. 4 in der bis zum 1. September 2006 geltenden Fassung in den Bereichen der Gemeindeverkehrsfinanzierung und der sozialen Wohnraumförderung geschaffenen Regelungen gelten bis zum 31. Dezember 2006 fort. [2]Die im Bereich der Gemeindeverkehrsfinanzierung für die besonderen Programme nach § 6 Absatz 1 des Gemeindeverkehrsfinanzierungsgesetzes sowie die mit dem Gesetz über Finanzhilfen des Bundes nach Artikel 104a Absatz 4 des Grundgesetzes an die Länder Bremen, Hamburg, Mecklenburg-Vorpommern, Niedersachsen sowie Schleswig-Holstein für Seehäfen vom 20. Dezember 2001 nach Artikel 104a Absatz 4 in der bis zum 1. September 2006 geltenden Fassung geschaffenen Regelungen gelten bis zu ihrer Aufhebung fort. [3]Eine Änderung des Gemeindeverkehrsfinanzierungsgesetzes durch Bundesgesetz ist zulässig. [4]Die sonstigen nach Artikel 104a Absatz 4 in der bis zum 1. September 2006 geltenden Fassung geschaffenen Regelungen gelten bis zum 31. Dezember 2019 fort, soweit nicht ein früherer Zeitpunkt für das Außerkrafttreten bestimmt ist oder wird. [5]Artikel 104b Absatz 2 Satz 4 gilt entsprechend.

(3) Artikel 104b Absatz 2 Satz 5 ist erstmals auf nach dem 31. Dezember 2019 in Kraft getretene Regelungen anzuwenden.

Artikel 126 [Streit über das Fortgelten des alten Rechts]

Meinungsverschiedenheiten über das Fortgelten von Recht als Bundesrecht entscheidet das Bundesverfassungsgericht.

Artikel 127 [Recht des Vereinigten Wirtschaftsgebietes]

Die Bundesregierung kann mit Zustimmung der Regierungen der beteiligten Länder Recht der Verwaltung des Vereinigten Wirtschaftsgebietes, soweit es nach Artikel 124 oder 125 als Bundesrecht fortgilt, innerhalb eines Jahres nach Verkündung dieses Grundgesetzes in den Ländern Baden, Groß-Berlin, Rheinland-Pfalz und Württemberg-Hohenzollern in Kraft setzen.

Artikel 128 [Fortbestehen von Weisungsrechten]

Soweit fortgeltendes Recht Weisungsrechte im Sinne des Artikels 84 Abs. 5 vorsieht, bleiben sie bis zu einer anderweitigen gesetzlichen Regelung bestehen.

Artikel 129 [Fortgeltung von Ermächtigungen zu Rechtsverordnungen]

(1) [1]Soweit in Rechtsvorschriften, die als Bundesrecht fortgelten, eine Ermächtigung zum Erlasse von Rechtsverordnungen oder allgemeinen Verwaltungsvorschriften sowie zur Vornahme von Verwaltungsakten enthalten ist, geht sie auf die nunmehr sachlich zuständigen Stellen über. [2]In Zweifelsfällen entscheidet die Bundesregierung im Einvernehmen mit dem Bundesrate; die Entscheidung ist zu veröffentlichen.

(2) Soweit in Rechtsvorschriften, die als Landesrecht fortgelten, eine solche Ermächtigung enthalten ist, wird sie von den nach Landesrecht zuständigen Stellen ausgeübt.

(3) Soweit Rechtsvorschriften im Sinne der Absätze 1 und 2 zu ihrer Änderung oder Ergänzung oder zum Erlaß von Rechtsvorschriften anstelle von Gesetzen ermächtigen, sind diese Ermächtigungen erloschen.

(4) Die Vorschriften der Absätze 1 und 2 gelten entsprechend, soweit in Rechtsvorschriften auf nicht mehr geltende Vorschriften oder nicht mehr bestehende Einrichtungen verwiesen ist.

Artikel 130 [Überleitung von Verwaltungs- und Rechtspflegeeinrichtungen]

(1) [1]Verwaltungsorgane und sonstige der öffentlichen Verwaltung oder Rechtspflege dienende Einrichtungen, die nicht auf Landesrecht oder Staatsverträgen zwischen Ländern beruhen, sowie die Betriebsvereinigung der südwestdeutschen Eisenbahnen und der Verwaltungsrat für das Post- und Fernmeldewesen für das französische Besatzungsgebiet unterstehen der Bundesregierung. [2]Diese regelt mit Zustimmung des Bundesrates die Überführung, Auflösung oder Abwicklung.

(2) Oberster Disziplinarvorgesetzter der Angehörigen dieser Verwaltungen und Einrichtungen ist der zuständige Bundesminister.

(3) Nicht landesunmittelbare und nicht auf Staatsverträgen zwischen den Ländern beruhende Körperschaften und Anstalten des öffentlichen Rechtes unterstehen der Aufsicht der zuständigen obersten Bundesbehörde.

Artikel 131 [Frühere Angehörige des Öffentlichen Dienstes]

[1]Die Rechtsverhältnisse von Personen einschließlich der Flüchtlinge und Vertriebenen, die am 8. Mai 1945 im öffentlichen Dienste standen, aus anderen als beamten- oder tarifrechtlichen Gründen ausgeschieden sind und bisher nicht oder nicht ihrer früheren Stellung entsprechend verwendet werden, sind durch Bundesgesetz zu regeln. [2]Entsprechendes gilt für Personen einschließlich der Flüchtlinge und Vertriebenen, die am 8. Mai 1945 versorgungsberechtigt waren und aus anderen als beamten- oder tarifrechtlichen Gründen keine oder keine entsprechende Versorgung mehr erhalten. [3]Bis zum Inkrafttreten des Bundesgesetzes können vorbehaltlich anderweitiger landesrechtlicher Regelung Rechtsansprüche nicht geltend gemacht werden.

Artikel 132 [Ausschluss aus dem Öffentlichen Dienst]

(1) [1]Beamte und Richter, die im Zeitpunkte des Inkrafttretens dieses Grundgesetzes auf Lebenszeit angestellt sind, können binnen sechs Monaten nach dem ersten Zusammentritt des Bundestages in den Ruhestand oder Wartestand oder in ein Amt mit niedrigerem Diensteinkommen versetzt werden, wenn ihnen die persönliche oder fachliche Eignung für ihr Amt fehlt. [2]Auf Angestellte, die in einem unkündbaren Dienstverhältnis stehen, findet diese Vorschrift entsprechende Anwendung. [3]Bei Angestellten, deren Dienstverhältnis kündbar ist, können über die tarifmäßige Regelung hinausgehende Kündigungsfristen innerhalb der gleichen Frist aufgehoben werden.

(2) Diese Bestimmung findet keine Anwendung auf Angehörige des öffentlichen Dienstes, die von den Vorschriften über die „Befreiung von Nationalsozialismus und Militarismus" nicht betroffen oder die anerkannte Verfolgte des Nationalsozialismus sind, sofern nicht ein wichtiger Grund in ihrer Person vorliegt.

(3) Den Betroffenen steht der Rechtsweg gemäß Artikel 19 Abs. 4 offen.

(4) Das Nähere bestimmt eine Verordnung der Bundesregierung, die der Zustimmung des Bundesrates bedarf.

Artikel 133 [Rechtsnachfolge, Vereinigtes Wirtschaftsgebiet]
Der Bund tritt in die Rechte und Pflichten der Verwaltung des Vereinigten Wirtschaftsgebietes ein.

Artikel 134 [Rechtsnachfolge in das Reichsvermögen]
(1) Das Vermögen des Reiches wird grundsätzlich Bundesvermögen.
(2) [1]Soweit es nach seiner ursprünglichen Zweckbestimmung überwiegend für Verwaltungsaufgaben bestimmt war, die nach diesem Grundgesetze nicht Verwaltungsaufgaben des Bundes sind, ist es unentgeltlich auf die nunmehr zuständigen Aufgabenträger und, soweit es nach seiner gegenwärtigen, nicht nur vorübergehenden Benutzung Verwaltungsaufgaben dient, die nach diesem Grundgesetze nunmehr von den Ländern zu erfüllen sind, auf die Länder zu übertragen. [2]Der Bund kann auch sonstiges Vermögen den Ländern übertragen.
(3) Vermögen, das dem Reich von den Ländern und Gemeinden (Gemeindeverbänden) unentgeltlich zur Verfügung gestellt wurde, wird wiederum Vermögen der Länder und Gemeinden (Gemeindeverbände), soweit es nicht der Bund für eigene Verwaltungsaufgaben benötigt.
(4) Das Nähere regelt ein Bundesgesetz, das der Zustimmung des Bundesrates bedarf.

Artikel 135 [Vermögen bei Änderung des Gebietsstandes]
(1) Hat sich nach dem 8. Mai 1945 bis zum Inkrafttreten dieses Grundgesetzes die Landeszugehörigkeit eines Gebietes geändert, so steht in diesem Gebiete das Vermögen des Landes, dem das Gebiet angehört hat, dem Lande zu, dem es jetzt angehört.
(2) Das Vermögen nicht mehr bestehender Länder und nicht mehr bestehender anderer Körperschaften und Anstalten des öffentlichen Rechtes geht, soweit es nach seiner ursprünglichen Zweckbestimmung überwiegend für Verwaltungsaufgaben bestimmt war, oder nach seiner gegenwärtigen, nicht nur vorübergehenden Benutzung überwiegend Verwaltungsaufgaben dient, auf das Land oder die Körperschaft oder Anstalt des öffentlichen Rechtes über, die nunmehr diese Aufgaben erfüllen.
(3) Grundvermögen nicht mehr bestehender Länder geht einschließlich des Zubehörs, soweit es nicht bereits zu Vermögen im Sinne des Absatzes 1 gehört, auf das Land über, in dessen Gebiet es belegen ist.
(4) Sofern ein überwiegendes Interesse des Bundes oder das besondere Interesse eines Gebietes es erfordert, kann durch Bundesgesetz eine von den Absätzen 1 bis 3 abweichende Regelung getroffen werden.
(5) Im übrigen wird die Rechtsnachfolge und die Auseinandersetzung, soweit sie nicht bis zum 1. Januar 1952 durch Vereinbarung zwischen den beteiligten Ländern oder Körperschaften oder Anstalten des öffentlichen Rechtes erfolgt, durch Bundesgesetz geregelt, das der Zustimmung des Bundesrates bedarf.
(6) [1]Beteiligungen des ehemaligen Landes Preußen an Unternehmen des privaten Rechtes gehen auf den Bund über. [2]Das Nähere regelt ein Bundesgesetz, das auch Abweichendes bestimmen kann.
(7) Soweit über Vermögen, das einem Lande oder einer Körperschaft oder Anstalt des öffentlichen Rechtes nach den Absätzen 1 bis 3 zufallen würde, von dem danach Berechtigten durch ein Landesgesetz, auf Grund eines Landesgesetzes oder in anderer Weise bei Inkrafttreten des Grundgesetzes verfügt worden war, gilt der Vermögensübergang als vor der Verfügung erfolgt.

Artikel 135a [Verbindlichkeiten des Reichs und anderer Körperschaften]
(1) Durch die in Artikel 134 Abs. 4 und Artikel 135 Abs. 5 vorbehaltene Gesetzgebung des Bundes kann auch bestimmt werden, daß nicht oder nicht in voller Höhe zu erfüllen sind
1. Verbindlichkeiten des Reiches sowie Verbindlichkeiten des ehemaligen Landes Preußen und sonstiger nicht mehr bestehender Körperschaften und Anstalten des öffentlichen Rechts,
2. Verbindlichkeiten des Bundes oder anderer Körperschaften und Anstalten des öffentlichen Rechts, welche mit dem Übergang von Vermögenswerten nach Artikel 89, 90, 134 und 135 im Zusammenhang stehen, und Verbindlichkeiten dieser Rechtsträger, die auf Maßnahmen der in Nummer 1 bezeichneten Rechtsträger beruhen,
3. Verbindlichkeiten der Länder und Gemeinden (Gemeindeverbände), die aus Maßnahmen entstanden sind, welche diese Rechtsträger vor dem 1. August 1945 zur Durchführung von Anordnungen der Besatzungsmächte oder zur Beseitigung eines kriegsbedingten Notstandes im Rahmen dem Reich obliegender oder vom Reich übertragener Verwaltungsaufgaben getroffen haben.

(2) Absatz 1 findet entsprechende Anwendung auf Verbindlichkeiten der Deutschen Demokratischen Republik oder ihrer Rechtsträger sowie auf Verbindlichkeiten des Bundes oder anderer Körperschaften und Anstalten des öffentlichen Rechts, die mit dem Übergang von Vermögenswerten der Deutschen Demokratischen Republik auf Bund, Länder und Gemeinden im Zusammenhang stehen, und auf Verbindlichkeiten, die auf Maßnahmen der Deutschen Demokratischen Republik oder ihrer Rechtsträger beruhen.

Artikel 136 [Erster Zusammentritt des Bundesrates]
(1) Der Bundesrat tritt erstmalig am Tage des ersten Zusammentrittes des Bundestages zusammen.

(2) [1]Bis zur Wahl des ersten Bundespräsidenten werden dessen Befugnisse von dem Präsidenten des Bundesrates ausgeübt. [2]Das Recht der Auflösung des Bundestages steht ihm nicht zu.

Artikel 137 [Beschränkung der Wählbarkeit von Angehörigen des Öffentlichen Dienstes]

(1) Die Wählbarkeit von Beamten, Angestellten des öffentlichen Dienstes, Berufssoldaten, freiwilligen Soldaten auf Zeit und Richtern im Bund, in den Ländern und den Gemeinden kann gesetzlich beschränkt werden.

(2) Für die Wahl des ersten Bundestages, der ersten Bundesversammlung und des ersten Bundespräsidenten der Bundesrepublik gilt das vom Parlamentarischen Rat zu beschließende Wahlgesetz.

(3) Die dem Bundesverfassungsgerichte gemäß Artikel 41 Abs. 2 zustehende Befugnis wird bis zu seiner Errichtung von dem Deutschen Obergericht für das Vereinigte Wirtschaftsgebiet wahrgenommen, das nach Maßgabe seiner Verfahrensordnung entscheidet.

Artikel 138 [Süddeutsches Notariat]

Änderungen der Einrichtungen des jetzt bestehenden Notariats in den Ländern *Baden*, Bayern, *Württemberg-Baden und Württemberg-Hohenzollern* bedürfen der Zustimmung der Regierungen dieser Länder.

Artikel 139 [Entnazifizierungsvorschriften]

Die zur „Befreiung des deutschen Volkes vom Nationalsozialismus[1] und Militarismus" erlassenen Rechtsvorschriften werden von den Bestimmungen dieses Grundgesetzes nicht berührt.

Artikel 140 [Übernahme von Glaubensbestimmungen der Weimarer Reichsverfassung]

Die Bestimmungen der Artikel 136, 137, 138, 139 und 141 der deutschen Verfassung vom 11. August 1919 sind Bestandteil dieses Grundgesetzes.

Artikel 141 [Religionsunterricht]

Artikel 7 Abs. 3 Satz 1 findet keine Anwendung in einem Lande, in dem am 1. Januar 1949 eine andere landesrechtliche Regelung bestand.

Artikel 142 [Grundrechte in Landesverfassungen]

Ungeachtet der Vorschrift des Artikels 31 bleiben Bestimmungen der Landesverfassungen auch insoweit in Kraft, als sie in Übereinstimmung mit den Artikeln 1 bis 18 dieses Grundgesetzes Grundrechte gewährleisten.

Artikel 142a ***[aufgehoben]***

Artikel 143 [Sondervorschriften für neue Bundesländer und Ost-Berlin]

(1) [1]Recht in dem in Artikel 3 des Einigungsvertrags genannten Gebiet kann längstens bis zum 31. Dezember 1992 von Bestimmungen dieses Grundgesetzes abweichen, soweit und solange infolge der unterschiedlichen Verhältnisse die völlige Anpassung an die grundgesetzliche Ordnung noch nicht erreicht werden kann. [2]Abweichungen dürfen nicht gegen Artikel 19 Abs. 2 verstoßen und müssen mit den in Artikel 79 Abs. 3 genannten Grundsätzen vereinbar sein.

(2) Abweichungen von den Abschnitten II, VIII, VIIIa, IX, X und XI sind längstens bis zum 31. Dezember 1995 zulässig.

(3) Unabhängig von Absatz 1 und 2 haben Artikel 41 des Einigungsvertrags und Regelungen zu seiner Durchführung auch insoweit Bestand, als sie vorsehen, daß Eingriffe in das Eigentum auf dem in Artikel 3 dieses Vertrags genannten Gebiet nicht mehr rückgängig gemacht werden.

Artikel 143a [Übergangsvorschriften für Bundeseisenbahnen]

(1) [1]Der Bund hat die ausschließliche Gesetzgebung über alle Angelegenheiten, die sich aus der Umwandlung der in bundeseigener Verwaltung geführten Bundeseisenbahnen in Wirtschaftsunternehmen ergeben. [2]Artikel 87e Abs. 5 findet entsprechende Anwendung. [3]Beamte der Bundeseisenbahnen können durch Gesetz unter Wahrung ihrer Rechtsstellung und der Verantwortung des Dienstherrn einer privatrechtlich organisierten Eisenbahn des Bundes zur Dienstleistung zugewiesen werden.

(2) Gesetze nach Absatz 1 führt der Bund aus.

(3) [1]Die Erfüllung der Aufgaben im Bereich des Schienenpersonennahverkehrs der bisherigen Bundeseisenbahnen ist bis zum 31. Dezember 1995 Sache des Bundes. [2]Dies gilt auch für die entsprechenden Aufgaben der Eisenbahnverkehrsverwaltung. [3]Das Nähere wird durch Bundesgesetz geregelt, das der Zustimmung des Bundesrates bedarf.

---

1) Korrekter Wortlaut gem. BGBl. 1949 S. 18 sowie BGBl. III Folge 6 (Stand 1.8.1959) und Folge 113 (Stand 31.12.1963); im BGBl. III Folge 132 (Stand 1.10.1969) fälschlich „Nationalismus".

Artikel 143b [Umwandlung der Deutschen Bundespost]

(1) [1]Das Sondervermögen Deutsche Bundespost wird nach Maßgabe eines Bundesgesetzes in Unternehmen privater Rechtsform umgewandelt. [2]Der Bund hat die ausschließliche Gesetzgebung über alle sich hieraus ergebenden Angelegenheiten.

(2) [1]Die vor der Umwandlung bestehenden ausschließlichen Rechte des Bundes können durch Bundesgesetz für eine Übergangszeit den aus der Deutschen Bundespost POSTDIENST und der Deutschen Bundespost TELEKOM hervorgegangenen Unternehmen verliehen werden. [2]Die Kapitalmehrheit am Nachfolgeunternehmen der Deutschen Bundespost POSTDIENST darf der Bund frühestens fünf Jahre nach Inkrafttreten des Gesetzes aufgeben. [3]Dazu bedarf es eines Bundesgesetzes mit Zustimmung des Bundesrates.

(3) [1]Die bei der Deutschen Bundespost tätigen Bundesbeamten werden unter Wahrung ihrer Rechtsstellung und der Verantwortung des Dienstherrn bei den privaten Unternehmen beschäftigt. [2]Die Unternehmen üben Dienstherrenbefugnisse aus. [3]Das Nähere bestimmt ein Bundesgesetz.

Artikel 143c [Übergangsvorschriften wegen Wegfalls der Finanzhilfen durch den Bund]

(1) [1]Den Ländern stehen ab dem 1. Januar 2007 bis zum 31. Dezember 2019 für den durch die Abschaffung der Gemeinschaftsaufgaben Ausbau und Neubau von Hochschulen einschließlich Hochschulkliniken und Bildungsplanung sowie für den durch die Abschaffung der Finanzhilfen zur Verbesserung der Verkehrsverhältnisse der Gemeinden und zur sozialen Wohnraumförderung bedingten Wegfall der Finanzierungsanteile des Bundes jährlich Beträge aus dem Haushalt des Bundes zu. [2]Bis zum 31. Dezember 2013 werden diese Beträge aus dem Durchschnitt der Finanzierungsanteile des Bundes im Referenzzeitraum 2000 bis 2008 ermittelt.

(2) Die Beträge nach Absatz 1 werden auf die Länder bis zum 31. Dezember 2013 wie folgt verteilt:

1. als jährliche Festbeträge, deren Höhe sich nach dem Durchschnittsanteil eines jeden Landes im Zeitraum 2000 bis 2003 errechnet;
2. jeweils zweckgebunden an den Aufgabenbereich der bisherigen Mischfinanzierungen.

(3) [1]Bund und Länder überprüfen bis Ende 2013, in welcher Höhe die den Ländern nach Absatz 1 zugewiesenen Finanzierungsmittel zur Aufgabenerfüllung der Länder noch angemessen und erforderlich sind. [2]Ab dem 1. Januar 2014 entfällt die nach Absatz 2 Nr. 2 vorgesehene Zweckbindung der nach Absatz 1 zugewiesenen Finanzierungsmittel; die investive Zweckbindung des Mittelvolumens bleibt bestehen. [3]Die Vereinbarungen aus dem Solidarpakt II bleiben unberührt.

(4) Das Nähere regelt ein Bundesgesetz, das der Zustimmung des Bundesrates bedarf.

Artikel 143d [Übergangsvorschriften zu Konsolidierungs- und Sanierungshilfen]

(1) [1]Artikel 109 und 115 in der bis zum 31. Juli 2009 geltenden Fassung sind letztmals auf das Haushaltsjahr 2010 anzuwenden. [2]Artikel 109 und 115 in der ab dem 1. August 2009 geltenden Fassung sind erstmals für das Haushaltsjahr 2011 anzuwenden; am 31. Dezember 2010 bestehende Kreditermächtigungen für bereits eingerichtete Sondervermögen bleiben unberührt. [3]Die Länder dürfen im Zeitraum vom 1. Januar 2011 bis zum 31. Dezember 2019 nach Maßgabe der geltenden landesrechtlichen Regelungen von den Vorgaben des Artikels 109 Absatz 3 abweichen. [4]Die Haushalte der Länder sind so aufzustellen, dass im Haushaltsjahr 2020 die Vorgabe aus Artikel 109 Absatz 3 Satz 5 erfüllt wird. [5]Der Bund kann im Zeitraum vom 1. Januar 2011 bis zum 31. Dezember 2015 von der Vorgabe des Artikels 115 Absatz 2 Satz 2 abweichen. [6]Mit dem Abbau des bestehenden Defizits soll im Haushaltsjahr 2011 begonnen werden. [7]Die jährlichen Haushalte sind so aufzustellen, dass im Haushaltsjahr 2016 die Vorgabe aus Artikel 115 Absatz 2 Satz 2 erfüllt wird; das Nähere regelt ein Bundesgesetz.

(2) [1]Als Hilfe zur Einhaltung der Vorgaben des Artikels 109 Absatz 3 ab dem 1. Januar 2020 können den Ländern Berlin, Bremen, Saarland, Sachsen-Anhalt und Schleswig-Holstein für den Zeitraum 2011 bis 2019 Konsolidierungshilfen aus dem Haushalt des Bundes in Höhe von insgesamt 800 Millionen Euro jährlich gewährt werden. [2]Davon entfallen auf Bremen 300 Millionen Euro, auf das Saarland 260 Millionen Euro und auf Berlin, Sachsen-Anhalt und Schleswig-Holstein jeweils 80 Millionen Euro. [3]Die Hilfen werden auf der Grundlage einer Verwaltungsvereinbarung nach Maßgabe eines Bundesgesetzes mit Zustimmung des Bundesrates geleistet. [4]Die Gewährung der Hilfen setzt einen vollständigen Abbau der Finanzierungsdefizite bis zum Jahresende 2020 voraus. [5]Das Nähere, insbesondere die jährlichen Abbauschritte der Finanzierungsdefizite, die Überwachung des Abbaus der Finanzierungsdefizite durch den Stabilitätsrat sowie die Konsequenzen im Falle der Nichteinhaltung der Abbauschritte, wird durch Bundesgesetz mit Zustimmung des Bundesrates und durch Verwaltungsvereinbarung geregelt. [6]Die gleichzeitige Gewährung der Konsolidierungshilfen und Sanierungshilfen auf Grund einer extremen Haushaltsnotlage ist ausgeschlossen.

(3) [1]Die sich aus der Gewährung der Konsolidierungshilfen ergebende Finanzierungslast wird hälftig von Bund und Ländern, von letzteren aus ihrem Umsatzsteueranteil, getragen. [2]Das Nähere wird durch Bundesgesetz mit Zustimmung des Bundesrates geregelt.
(4) [1]Als Hilfe zur künftig eigenständigen Einhaltung der Vorgaben des Artikels 109 Absatz 3 können den Ländern Bremen und Saarland ab dem 1. Januar 2020 Sanierungshilfen in Höhe von jährlich insgesamt 800 Millionen Euro aus dem Haushalt des Bundes gewährt werden. [2]Die Länder ergreifen hierzu Maßnahmen zum Abbau der übermäßigen Verschuldung sowie zur Stärkung der Wirtschafts- und Finanzkraft. [3]Das Nähere regelt ein Bundesgesetz, das der Zustimmung des Bundesrates bedarf. [4]Die gleichzeitige Gewährung der Sanierungshilfen und Sanierungshilfen auf Grund einer extremen Haushaltsnotlage ist ausgeschlossen.

Artikel 143e [Übergangsvorschrift wegen Umwandlung der Auftragsverwaltung für die Bundesautobahnen und Bundesstraßen in Bundesverwaltung]

(1) [1]Die Bundesautobahnen werden abweichend von Artikel 90 Absatz 2 längstens bis zum 31. Dezember 2020 in Auftragsverwaltung durch die Länder oder die nach Landesrecht zuständigen Selbstverwaltungskörperschaften geführt. [2]Der Bund regelt die Umwandlung der Auftragsverwaltung in Bundesverwaltung nach Artikel 90 Absatz 2 und 4 durch Bundesgesetz mit Zustimmung des Bundesrates.
(2) Auf Antrag eines Landes, der bis zum 31. Dezember 2018 zu stellen ist, übernimmt der Bund abweichend von Artikel 90 Absatz 4 die sonstigen Bundesstraßen des Fernverkehrs, soweit sie im Gebiet dieses Landes liegen, mit Wirkung zum 1. Januar 2021 in Bundesverwaltung.
(3) Durch Bundesgesetz mit Zustimmung des Bundesrates kann geregelt werden, dass ein Land auf Antrag die Aufgabe der Planfeststellung und Plangenehmigung für den Bau und für die Änderung von Bundesautobahnen und von sonstigen Bundesstraßen des Fernverkehrs, die der Bund nach Artikel 90 Absatz 4 oder Artikel 143e Absatz 2 in Bundesverwaltung übernommen hat, im Auftrage des Bundes übernimmt und unter welchen Voraussetzungen eine Rückübertragung erfolgen kann.

Artikel 143f [Bedingtes Außerkrafttreten des Art. 143d GG, des FAG und sonstiger aufgrund von Art. 107 Abs. 2 GG erlassener Gesetze]

[1]Artikel 143d, das Gesetz über den Finanzausgleich zwischen Bund und Ländern sowie sonstige auf der Grundlage von Artikel 107 Absatz 2 in seiner ab dem 1. Januar 2020 geltenden Fassung erlassene Gesetze treten außer Kraft, wenn nach dem 31. Dezember 2030 die Bundesregierung, der Bundestag oder gemeinsam mindestens drei Länder Verhandlungen über eine Neuordnung der bundesstaatlichen Finanzbeziehungen verlangt haben und mit Ablauf von fünf Jahren nach Notifikation des Verhandlungsverlangens der Bundesregierung, des Bundestages oder der Länder beim Bundespräsidenten keine gesetzliche Neuordnung der bundesstaatlichen Finanzbeziehungen in Kraft getreten ist. [2]Der Tag des Außerkrafttretens ist im Bundesgesetzblatt bekannt zu geben.

Artikel 143g [Anwendung des Art. 107 GG]

Für die Regelung der Steuerertragsverteilung, des Länderfinanzausgleichs und der Bundesergänzungszuweisungen bis zum 31. Dezember 2019 ist Artikel 107 in seiner bis zum Inkrafttreten des Gesetzes zur Änderung des Grundgesetzes vom 13. Juli 2017 geltenden Fassung weiter anzuwenden.

Artikel 143h *[außer Kraft]*

Artikel 144 [Annahme des Grundgesetzes; Beschränkungen in der Anwendung des Grundgesetzes]

(1) Dieses Grundgesetz bedarf der Annahme durch die Volksvertretungen in zwei Dritteln der deutschen Länder, in denen es zunächst gelten soll.
(2) Soweit die Anwendung dieses Grundgesetzes in einem der in Artikel 23 aufgeführten Länder oder in einem Teile eines dieser Länder Beschränkungen unterliegt, hat das Land oder der Teil des Landes das Recht, gemäß Artikel 38 Vertreter in den Bundestag und gemäß Artikel 50 Vertreter in den Bundesrat zu entsenden.

Artikel 145 [Inkrafttreten des Grundgesetzes]

(1) Der Parlamentarische Rat stellt in öffentlicher Sitzung unter Mitwirkung der Abgeordneten Groß-Berlins die Annahme dieses Grundgesetzes fest, fertigt es aus und verkündet es.
(2) Dieses Grundgesetz tritt mit Ablauf des Tages der Verkündung[1)] in Kraft.
(3) Es ist im Bundesgesetzblatte zu veröffentlichen.

1) Verkündet am 23.5.1949.

Artikel 146 [Geltungsdauer des Grundgesetzes]

Dieses Grundgesetz, das nach Vollendung der Einheit und Freiheit Deutschlands für das gesamte deutsche Volk gilt, verliert seine Gültigkeit an dem Tage, an dem eine Verfassung in Kraft tritt, die von dem deutschen Volke in freier Entscheidung beschlossen worden ist.

[Anhang: Gemäß Art. 140 GG weitergeltende Artikel der Weimarer Reichsverfassung]

Artikel 136 WRV [Religionsunabhängigkeit von Rechten und Pflichten]

(1) Die bürgerlichen und staatsbürgerlichen Rechte und Pflichten werden durch die Ausübung der Religionsfreiheit weder bedingt noch beschränkt.

(2) Der Genuß bürgerlicher und staatsbürgerlicher Rechte sowie die Zulassung zu öffentlichen Ämtern sind unabhängig von dem religiösen Bekenntnis.

(3) [1]Niemand ist verpflichtet, seine religiöse Überzeugung zu offenbaren. [2]Die Behörden haben nur soweit das Recht, nach der Zugehörigkeit zu einer Religionsgesellschaft zu fragen, als davon Rechte und Pflichten abhängen oder eine gesetzlich angeordnete statistische Erhebung dies erfordert.

(4) Niemand darf zu einer kirchlichen Handlung oder Feierlichkeit oder zur Teilnahme an religiösen Übungen oder zur Benutzung einer religiösen Eidesform gezwungen werden.

Artikel 137 WRV [Religionsgesellschaften]

(1) Es besteht keine Staatskirche.

(2) [1]Die Freiheit der Vereinigung zu Religionsgesellschaften wird gewährleistet. [2]Der Zusammenschluß von Religionsgesellschaften innerhalb des Reichsgebiets unterliegt keinen Beschränkungen.

(3) [1]Jede Religionsgesellschaft ordnet und verwaltet ihre Angelegenheiten selbständig innerhalb der Schranken des für alle geltenden Gesetzes. [2]Sie verleiht ihre Ämter ohne Mitwirkung des Staates oder der bürgerlichen Gemeinde.

(4) Religionsgesellschaften erwerben die Rechtsfähigkeit nach den allgemeinen Vorschriften des bürgerlichen Rechtes.

(5) [1]Die Religionsgesellschaften bleiben Körperschaften des öffentlichen Rechtes, soweit sie solche bisher waren. [2]Anderen Religionsgesellschaften sind auf ihren Antrag gleiche Rechte zu gewähren, wenn sie durch ihre Verfassung und die Zahl ihrer Mitglieder die Gewähr der Dauer bieten. [3]Schließen sich mehrere derartige öffentlich-rechtliche Religionsgesellschaften zu einem Verbande zusammen, so ist auch dieser Verband eine öffentlich-rechtliche Körperschaft.

(6) Die Religionsgesellschaften, welche Körperschaften des öffentlichen Rechtes sind, sind berechtigt, auf Grund der bürgerlichen Steuerlisten nach Maßgabe der landesrechtlichen Bestimmungen Steuern zu erheben.

(7) Den Religionsgesellschaften werden die Vereinigungen gleichgestellt, die sich die gemeinschaftliche Pflege einer Weltanschauung zur Aufgabe machen.

(8) Soweit die Durchführung dieser Bestimmungen eine weitere Regelung erfordert, liegt diese der Landesgesetzgebung ob.

Artikel 138 WRV [Staatsleistungen; Kirchengut]

(1) [1]Die auf Gesetz, Vertrag oder besonderen Rechtstiteln beruhenden Staatsleistungen an die Religionsgesellschaften werden durch die Landesgesetzgebung abgelöst. [2]Die Grundsätze hierfür stellt das Reich auf.

(2) Das Eigentum und andere Rechte der Religionsgesellschaften und religiösen Vereine an ihren für Kultus-, Unterrichts- und Wohltätigkeitszwecke bestimmten Anstalten, Stiftungen und sonstigen Vermögen werden gewährleistet.

Artikel 139 WRV [Sonn- und Feiertagsruhe]

Der Sonntag und die staatlich anerkannten Feiertage bleiben als Tage der Arbeitsruhe und der seelischen Erhebung gesetzlich geschützt.

Artikel 141 WRV [Religiöse Handlungen in öffentlichen Anstalten]

Soweit das Bedürfnis nach Gottesdienst und Seelsorge im Heer, in Krankenhäusern, Strafanstalten oder sonstigen öffentlichen Anstalten besteht, sind die Religionsgesellschaften zur Vornahme religiöser Handlungen zuzulassen, wobei jeder Zwang fernzuhalten ist.

Gesetz über die Konvention zum Schutze der Menschenrechte und Grundfreiheiten[1)]

Vom 7. August 1952 (BGBl. II S. 685, ber. S. 953)
(FNB 184-1)

Der Bundestag hat das folgende Gesetz beschlossen:

Artikel I [Zustimmung]

Der in Rom am 4. November 1950 von den Regierungen der Mitgliedstaaten des Europarates unterzeichneten Konvention zum Schutze der Menschenrechte und Grundfreiheiten wird zugestimmt.

Artikel II [Veröffentlichung; Anerkennungen]

(1) Die Konvention wird nachstehend mit Gesetzeskraft veröffentlicht.

(2) Die Bundesregierung wird ermächtigt, die Zuständigkeit der Kommission für Menschenrechte nach Artikel 25 der Konvention anzuerkennen.

(3) Die Bundesregierung wird ermächtigt, die Gerichtsbarkeit des Europäischen Gerichtshofes für Menschenrechte nach Artikel 46 der Konvention in allen die Auslegung und Anwendung dieser Konvention betreffenden Angelegenheiten als obligatorisch anzuerkennen.

(4) Der Tag, an dem das Abkommen gemäß seinem Artikel 66 in Kraft tritt, ist im Bundesgesetzblatt bekanntzugeben.[2)]

Artikel III [Geltungsbereich der Konvention]

Die Konvention gilt im gesamten Geltungsbereich des Grundgesetzes.

Artikel IV [Inkrafttreten]

Dieses Gesetz tritt am Tage nach seiner Verkündung[3)] in Kraft.

---

1) Verfahrensordnung hierzu siehe BGBl. 1977 II S. 1277.

2) Die Konvention ist gemäß Bekanntmachung vom 15. 12. 1953 (BGBl. 1954 II S. 14) für die Bundesrepublik am 3. 9. 1953 in Kraft getreten; danach gilt für die Bundesrepublik der Vorbehalt, dass Art. 7 Abs. 2 der Konvention nur in den Grenzen von Art. 103 Abs. 2 GG angewendet wird.

3) Verkündet am 22. 8. 1952.

Konvention zum Schutz der Menschenrechte und Grundfreiheiten

In der Fassung der Bekanntmachung vom 22. Oktober 2010[1] (BGBl. II S. 1198)
(SEV[2] 005)
zuletzt geändert durch 15. EMRK-Protokoll vom 24. Juni 2013[3] (BGBl. 2014 II S. 1034, 1035)

Nichtamtliche Inhaltsübersicht

---

1) Vorbehalte und Erklärungen zu dieser Konvention sind in englischer und französischer Sprache auf der Webseite des Europarats unter www.conventions.coe.int einsehbar. Gleiches gilt für die ggf. gemäß Konvention zu benennenden Zentralen Behörden oder Kontaktstellen.

2) **S**ammlung der **E**uropäischen **V**erträge des Europarates.

3) Die Bundesrepublik Deutschland hat dem Protokoll Nr. 15 zur Konvention zum Schutz der Menschenrechte und Grundfreiheiten zugestimmt, vgl. G v. 2.12.2014 (BGBl. II S. 1034).Das Protokoll tritt für die Bundesrepublik Deutschland am **1.8.2021** in Kraft; siehe hierzu die Bek. v. 3.5.2021 (BGBl. II S. 522) .

(Übersetzung)

Die Unterzeichnerregierungen, Mitglieder des Europarats –

in Anbetracht der Allgemeinen Erklärung der Menschenrechte, die am 10. Dezember 1948 von der Generalversammlung der Vereinten Nationen verkündet worden ist;

in der Erwägung, dass diese Erklärung bezweckt, die universelle und wirksame Anerkennung und Einhaltung der in ihr aufgeführten Rechte zu gewährleisten;

in der Erwägung, dass es das Ziel des Europarats ist, eine engere Verbindung zwischen seinen Mitgliedern herzustellen, und dass eines der Mittel zur Erreichung dieses Zieles die Wahrung und Fortentwicklung der Menschenrechte und Grundfreiheiten ist;

in Bekräftigung ihres tiefen Glaubens an diese Grundfreiheiten, welche die Grundlage von Gerechtigkeit und Frieden in der Welt bilden und die am besten durch eine wahrhaft demokratische politische Ordnung sowie durch ein gemeinsames Verständnis und eine gemeinsame Achtung der diesen Grundfreiheiten zugrunde liegenden Menschenrechte gesichert werden;

entschlossen, als Regierungen europäischer Staaten, die vom gleichen Geist beseelt sind und ein gemeinsames Erbe an politischen Überlieferungen, Idealen, Achtung der Freiheit und Rechtsstaatlichkeit besitzen, die ersten Schritte auf dem Weg zu einer kollektiven Garantie bestimmter in der Allgemeinen Erklärung aufgeführter Rechte zu unternehmen;

in Bekräftigung dessen, dass es nach dem Grundsatz der Subsidiarität in erster Linie Aufgabe der Hohen Vertragsparteien ist, die Achtung der in dieser Konvention und den Protokollen dazu bestimmten Rechte und Freiheiten zu gewährleisten, und dass sie dabei über einen Ermessensspielraum verfügen, welcher der Kontrolle des durch diese Konvention errichteten Europäischen Gerichtshofs für Menschenrechte untersteht –

haben Folgendes vereinbart:

Artikel 1 Verpflichtung zur Achtung der Menschenrechte

Die Hohen Vertragsparteien sichern allen ihrer Hoheitsgewalt unterstehenden Personen die in Abschnitt I bestimmten Rechte und Freiheiten zu.

Abschnitt I

Rechte und Freiheiten

Artikel 2 Recht auf Leben

(1) [1]Das Recht jedes Menschen auf Leben wird gesetzlich geschützt. [2]Niemand darf absichtlich getötet werden, außer durch Vollstreckung eines Todesurteils, das ein Gericht wegen eines Verbrechens verhängt hat, für das die Todesstrafe gesetzlich vorgesehen ist.

(2) Eine Tötung wird nicht als Verletzung dieses Artikels betrachtet, wenn sie durch eine Gewaltanwendung verursacht wird, die unbedingt erforderlich ist, um

a) jemanden gegen rechtswidrige Gewalt zu verteidigen;
b) jemanden rechtmäßig festzunehmen oder jemanden, dem die Freiheit rechtmäßig entzogen ist, an der Flucht zu hindern;
c) einen Aufruhr oder Aufstand rechtmäßig niederzuschlagen.

Artikel 3 Verbot der Folter

Niemand darf der Folter oder unmenschlicher oder erniedrigender Behandlung oder Strafe unterworfen werden.

Artikel 4 Verbot der Sklaverei und der Zwangsarbeit

(1) Niemand darf in Sklaverei oder Leibeigenschaft gehalten werden.

(2) Niemand darf gezwungen werden, Zwangs- oder Pflichtarbeit zu verrichten.

(3) Nicht als Zwangs- oder Pflichtarbeit im Sinne dieses Artikels gilt:

a) eine Arbeit, die üblicherweise von einer Person verlangt wird, der unter den Voraussetzungen des Artikels 5 die Freiheit entzogen oder die bedingt entlassen worden ist;
b) eine Dienstleistung militärischer Art oder eine Dienstleistung, die an die Stelle des im Rahmen der Wehrpflicht zu leistenden Dienstes tritt, in Ländern, wo die Dienstverweigerung aus Gewissensgründen anerkannt ist;
c) eine Dienstleistung, die verlangt wird, wenn Notstände oder Katastrophen das Leben oder das Wohl der Gemeinschaft bedrohen;
d) eine Arbeit oder Dienstleistung, die zu den üblichen Bürgerpflichten gehört.

Artikel 5 Recht auf Freiheit und Sicherheit

(1) [1]Jede Person hat das Recht auf Freiheit und Sicherheit. [2]Die Freiheit darf nur in den folgenden Fällen und nur auf die gesetzlich vorgeschriebene Weise entzogen werden:

a) rechtmäßige Freiheitsentziehung[1)] nach Verurteilung durch ein zuständiges Gericht;
b) rechtmäßige Festnahme oder Freiheitsentziehung[1)] wegen Nichtbefolgung einer rechtmäßigen gerichtlichen Anordnung oder zur Erzwingung der Erfüllung einer gesetzlichen Verpflichtung;
c) rechtmäßige Festnahme oder Freiheitsentziehung[1)] zur Vorführung vor die zuständige Gerichtsbehörde, wenn hinreichender Verdacht besteht, dass die betreffende Person eine Straftat begangen hat, oder wenn begründeter Anlass zu der Annahme besteht, dass es notwendig ist, sie an der Begehung einer Straftat oder an der Flucht nach Begehung einer solchen zu hindern;
d) rechtmäßige Freiheitsentziehung[1)] bei Minderjährigen zum Zweck überwachter Erziehung oder zur Vorführung vor die zuständige Behörde;
e) rechtmäßige Freiheitsentziehung[1)] mit dem Ziel, eine Verbreitung ansteckender Krankheiten zu verhindern, sowie bei psychisch Kranken, Alkohol- oder Rauschgiftsüchtigen und Landstreichern;
f) rechtmäßige Festnahme oder Freiheitsentziehung[1)] zur Verhinderung der unerlaubten Einreise sowie bei Personen, gegen die ein Ausweisungs- oder Auslieferungsverfahren im Gange ist.

(2) Jeder festgenommenen Person muss innerhalb möglichst kurzer Frist in einer ihr verständlichen Sprache mitgeteilt werden, welches die Gründe für ihre Festnahme sind und welche Beschuldigungen gegen sie erhoben werden.

(3) [1]Jede Person, die nach Absatz 1 Buchstabe c von Festnahme oder Freiheitsentziehung[2)] betroffen ist, muss unverzüglich einem Richter oder einer anderen gesetzlich zur Wahrnehmung richterlicher Aufgaben ermächtigten Person vorgeführt werden; sie hat Anspruch auf ein Urteil innerhalb angemessener Frist oder auf Entlassung während des Verfahrens. [2]Die Entlassung kann von der Leistung einer Sicherheit für das Erscheinen vor Gericht abhängig gemacht werden.

(4) Jede Person, die festgenommen oder der die Freiheit entzogen ist, hat das Recht zu beantragen, dass ein Gericht innerhalb kurzer Frist über die Rechtmäßigkeit der Freiheitsentziehung[3)] entscheidet und ihre Entlassung anordnet, wenn die Freiheitsentziehung[4)] nicht rechtmäßig ist.

(5) Jede Person, die unter Verletzung dieses Artikels von Festnahme oder Freiheitsentziehung[2)] betroffen ist, hat Anspruch auf Schadensersatz.

Artikel 6 Recht auf ein faires Verfahren

(1) [1]Jede Person hat ein Recht darauf, dass über Streitigkeiten in Bezug auf ihre zivilrechtlichen Ansprüche und Verpflichtungen oder über eine gegen sie erhobene strafrechtliche Anklage von einem unabhängigen und unparteiischen, auf Gesetz beruhenden Gericht in einem fairen Verfahren, öffentlich und innerhalb angemessener Frist verhandelt wird. [2]Das Urteil muss öffentlich verkündet werden; Presse und Öffentlichkeit können jedoch während des ganzen oder eines Teiles des Verfahrens ausgeschlossen werden, wenn dies im Interesse der Moral, der öffentlichen Ordnung oder der nationalen Sicherheit in einer demokratischen Gesellschaft liegt, wenn die Interessen von Jugendlichen oder der Schutz des Privatlebens der Prozessparteien es verlangen oder – soweit das Gericht es für unbedingt erforderlich hält – wenn unter besonderen Umständen eine öffentliche Verhandlung die Interessen der Rechtspflege beeinträchtigen würde.

(2) Jede Person, die einer Straftat angeklagt ist, gilt bis zum gesetzlichen Beweis ihrer Schuld als unschuldig.

(3) Jede angeklagte Person hat mindestens[5)] folgende Rechte:

a) innerhalb möglichst kurzer Frist in einer ihr verständlichen Sprache in allen Einzelheiten über Art und Grund der gegen sie erhobenen Beschuldigung unterrichtet zu werden;
b) ausreichende Zeit und Gelegenheit zur Vorbereitung ihrer Verteidigung zu haben;
c) sich selbst zu verteidigen, sich durch einen Verteidiger ihrer Wahl verteidigen zu lassen oder, falls ihr die Mittel zur Bezahlung fehlen, unentgeltlich den Beistand eines Verteidigers zu erhalten, wenn dies im Interesse der Rechtspflege erforderlich ist;
d) Fragen an Belastungszeugen zu stellen oder stellen zu lassen und die Ladung und Vernehmung von Entlastungszeugen unter denselben Bedingungen zu erwirken, wie sie für Belastungszeugen gelten;

---

1) Österreich und Schweiz: rechtmäßiger Freiheitsentzug.
2) Österreich und Schweiz: Freiheitsentzug.
3) Österreich und Schweiz: des Freiheitsentzuges.
4) Österreich und Schweiz: der Freiheitsentzug.
5) Der Wortlaut der englischen Fassung ist: „minimum rights“; in der franz. Sprachfassung heißt es: „notamment“.

e) unentgeltliche Unterstützung durch einen Dolmetscher zu erhalten, wenn sie die Verhandlungssprache des Gerichts nicht versteht oder spricht.

Artikel 7 Keine Strafe ohne Gesetz

(1) [1]Niemand darf wegen einer Handlung oder Unterlassung verurteilt werden, die zur Zeit ihrer Begehung nach innerstaatlichem oder internationalem Recht nicht strafbar war. [2]Es darf auch keine schwerere als die zur Zeit der Begehung angedrohte Strafe verhängt werden.

(2) Dieser Artikel schließt nicht aus, dass jemand wegen einer Handlung oder Unterlassung verurteilt oder bestraft wird, die zur Zeit ihrer Begehung nach den von den zivilisierten Völkern anerkannten allgemeinen Rechtsgrundsätzen strafbar war.

Artikel 8 Recht auf Achtung des Privat- und Familienlebens

(1) Jede Person hat das Recht auf Achtung ihres Privat- und Familienlebens, ihrer Wohnung und ihrer Korrespondenz.

(2) Eine Behörde darf in die Ausübung dieses Rechts nur eingreifen, soweit der Eingriff gesetzlich vorgesehen und in einer demokratischen Gesellschaft notwendig ist für die nationale oder öffentliche Sicherheit, für das wirtschaftliche Wohl des Landes, zur Aufrechterhaltung der Ordnung, zur Verhütung von Straftaten, zum Schutz der Gesundheit oder der Moral oder zum Schutz der Rechte und Freiheiten anderer.

Artikel 9 Gedanken-, Gewissens- und Religionsfreiheit

(1) Jede Person hat das Recht auf Gedanken-, Gewissens- und Religionsfreiheit; dieses Recht umfasst die Freiheit, seine Religion oder Weltanschauung zu wechseln, und die Freiheit, seine Religion oder Weltanschauung einzeln oder gemeinsam mit anderen öffentlich oder privat durch Gottesdienst, Unterricht oder Praktizieren von Bräuchen und Riten zu bekennen.

(2) Die Freiheit, seine Religion oder Weltanschauung zu bekennen, darf nur Einschränkungen unterworfen werden, die gesetzlich vorgesehen und in einer demokratischen Gesellschaft notwendig sind für die öffentliche Sicherheit, zum Schutz der öffentlichen Ordnung, Gesundheit oder Moral oder zum Schutz der Rechte und Freiheiten anderer.

Artikel 10 Freiheit der Meinungsäußerung

(1) [1]Jede Person hat das Recht auf freie Meinungsäußerung. [2]Dieses Recht schließt die Meinungsfreiheit und die Freiheit ein, Informationen und Ideen ohne behördliche Eingriffe und ohne Rücksicht auf Staatsgrenzen zu empfangen und weiterzugeben. [3]Dieser Artikel hindert die Staaten nicht, für Hörfunk-[1)], Fernseh- oder Kinounternehmen eine Genehmigung vorzuschreiben.

(2) Die Ausübung dieser Freiheiten ist mit Pflichten und Verantwortung verbunden; sie kann daher Formvorschriften, Bedingungen, Einschränkungen oder Strafdrohungen unterworfen werden, die gesetzlich vorgesehen und in einer demokratischen Gesellschaft notwendig sind für die nationale Sicherheit, die territoriale Unversehrtheit oder die öffentliche Sicherheit, zur Aufrechterhaltung der Ordnung oder zur Verhütung von Straftaten, zum Schutz der Gesundheit oder der Moral, zum Schutz des guten Rufes oder der Rechte anderer, zur Verhinderung der Verbreitung vertraulicher Informationen oder zur Wahrung der Autorität und der Unparteilichkeit der Rechtsprechung.

Artikel 11 Versammlungs- und Vereinigungsfreiheit

(1) Jede Person hat das Recht, sich frei und friedlich mit anderen zu versammeln und sich frei mit anderen zusammenzuschließen; dazu gehört auch das Recht, zum Schutz seiner Interessen Gewerkschaften zu gründen und Gewerkschaften beizutreten.

(2) [1]Die Ausübung dieser Rechte darf nur Einschränkungen unterworfen werden, die gesetzlich vorgesehen und in einer demokratischen Gesellschaft notwendig sind für die nationale oder öffentliche Sicherheit, zur Aufrechterhaltung der Ordnung oder zur Verhütung von Straftaten, zum Schutz der Gesundheit oder der Moral oder zum Schutz der Rechte und Freiheiten anderer. [2]Dieser Artikel steht rechtmäßigen Einschränkungen der Ausübung dieser Rechte für Angehörige der Streitkräfte, der Polizei oder der Staatsverwaltung nicht entgegen.

Artikel 12 Recht auf Eheschließung

Männer und Frauen im heiratsfähigen Alter haben das Recht, nach den innerstaatlichen Gesetzen, welche die Ausübung dieses Rechts regeln, eine Ehe einzugehen und eine Familie zu gründen.

1) Schweiz und Liechtenstein: Radio.

Artikel 13 Recht auf wirksame Beschwerde
Jede Person, die in ihren in dieser Konvention anerkannten Rechten oder Freiheiten verletzt worden ist, hat das Recht, bei einer innerstaatlichen Instanz eine wirksame Beschwerde zu erheben, auch wenn die Verletzung von Personen begangen worden ist, die in amtlicher Eigenschaft gehandelt haben.

Artikel 14 Diskriminierungsverbot
Der Genuss der in dieser Konvention anerkannten Rechte und Freiheiten ist ohne Diskriminierung insbesondere wegen des Geschlechts, der Rasse, der Hautfarbe, der Sprache, der Religion, der politischen oder sonstigen Anschauung, der nationalen oder sozialen Herkunft, der Zugehörigkeit zu einer nationalen Minderheit, des Vermögens, der Geburt oder eines sonstigen Status zu gewährleisten.

Artikel 15 Abweichen im Notstandsfall
(1) Wird das Leben der Nation durch Krieg oder einen anderen öffentlichen Notstand bedroht, so kann jede Hohe Vertragspartei Maßnahmen treffen, die von den in dieser Konvention vorgesehenen Verpflichtungen abweichen, jedoch nur, soweit es die Lage unbedingt erfordert und wenn die Maßnahmen nicht in Widerspruch zu den sonstigen völkerrechtlichen Verpflichtungen der Vertragspartei stehen.
(2) Aufgrund des Absatzes 1 darf von Artikel 2 nur bei Todesfällen infolge rechtmäßiger Kriegshandlungen und von Artikel 3, Artikel 4 Absatz 1 und Artikel 7 in keinem Fall abgewichen werden.
(3) [1]Jede Hohe Vertragspartei, die dieses Recht auf Abweichung ausübt, unterrichtet den Generalsekretär des Europarats umfassend über die getroffenen Maßnahmen und deren Gründe. [2]Sie unterrichtet den Generalsekretär des Europarats auch über den Zeitpunkt, zu dem diese Maßnahmen außer Kraft getreten sind und die Konvention wieder volle Anwendung findet.

Artikel 16 Beschränkungen der politischen Tätigkeit ausländischer Personen
Die Artikel 10, 11 und 14 sind nicht so auszulegen, als untersagten sie den Hohen Vertragsparteien, die politische Tätigkeit ausländischer Personen zu beschränken.

Artikel 17 Verbot des Missbrauchs der Rechte
Diese Konvention ist nicht so auszulegen, als begründe sie für einen Staat, eine Gruppe oder eine Person das Recht, eine Tätigkeit auszuüben oder eine Handlung vorzunehmen, die darauf abzielt, die in der Konvention festgelegten Rechte und Freiheiten abzuschaffen oder sie stärker einzuschränken, als es in der Konvention vorgesehen ist.

Artikel 18 Begrenzung der Rechtseinschränkungen
Die nach dieser Konvention zulässigen Einschränkungen der genannten Rechte und Freiheiten dürfen nur zu den vorgesehenen Zwecken erfolgen.

Abschnitt II
Europäischer Gerichtshof für Menschenrechte

Artikel 19 Errichtung des Gerichtshofs
[1]Um die Einhaltung der Verpflichtungen sicherzustellen, welche die Hohen Vertragsparteien in dieser Konvention und den Protokollen dazu übernommen haben, wird ein Europäischer Gerichtshof für Menschenrechte, im Folgenden als „Gerichtshof" bezeichnet, errichtet. [2]Er nimmt seine Aufgaben als ständiger Gerichtshof wahr.

Artikel 20 Zahl der Richter
Die Zahl der Richter des Gerichtshofs entspricht derjenigen der Hohen Vertragsparteien.

Artikel 21 Voraussetzungen für das Amt
(1) Die Richter müssen hohes sittliches Ansehen genießen und entweder die für die Ausübung hoher richterlicher Ämter erforderlichen Voraussetzungen erfüllen oder Rechtsgelehrte von anerkanntem Ruf sein.
(2)[1)] Die Kandidaten dürfen zu dem Zeitpunkt, zu dem die Liste von drei Kandidaten nach Artikel 22 bei der Parlamentarischen Versammlung eingehen soll, das 65. Lebensjahr nicht vollendet haben.
(3) Die Richter gehören dem Gerichtshof in ihrer persönlichen Eigenschaft an.
(4) Während ihrer Amtszeit dürfen die Richter keine Tätigkeit ausüben, die mit ihrer Unabhängigkeit, ihrer Unparteilichkeit oder mit den Erfordernissen der Vollzeitbeschäftigung in diesem Amt unvereinbar ist; alle Fragen, die sich aus der Anwendung dieses Absatzes ergeben, werden vom Gerichtshof entschieden.

---

1) Gem. Art. 8 Abs. 1 des 15. EMRK-Protokolls gelten die Änderungen in Art. 21 nur für Kandidaten auf Listen, die nach dem Inkrafttreten dieses Protokolls der Parlamentarischen Versammlung gemäß Art. 22 der Konvention vorgelegt werden.

Artikel 22 Wahl der Richter

Die Richter werden von der Parlamentarischen Versammlung für jede Hohe Vertragspartei mit der Mehrheit der abgegebenen Stimmen aus einer Liste von drei Kandidaten gewählt, die von der Hohen Vertragspartei vorgeschlagen werden.

Artikel 23[1)] Amtszeit und Entlassung

(1) [1]Die Richter werden für neun Jahre gewählt. [2]Ihre Wiederwahl ist nicht zulässig.

(2)[2)] [1]Die Richter bleiben bis zum Amtsantritt ihrer Nachfolger im Amt. [2]Sie bleiben jedoch in den Rechtssachen tätig, mit denen sie bereits befasst sind.

(3)[2)] Ein Richter kann nur entlassen werden, wenn die anderen Richter mit Zweidrittelmehrheit entscheiden, dass er die erforderlichen Voraussetzungen nicht mehr erfüllt.

Artikel 24 Kanzlei und Berichterstatter

(1) Der Gerichtshof hat eine Kanzlei, deren Aufgaben und Organisation in der Verfahrensordnung des Gerichtshofs festgelegt werden.

(2) [1]Wenn der Gerichtshof in Einzelrichterbesetzung tagt, wird er von Berichterstattern unterstützt, die ihre Aufgaben unter der Aufsicht des Präsidenten des Gerichtshofs ausüben. [2]Sie gehören der Kanzlei des Gerichtshofs an.

Artikel 25 Plenum des Gerichtshofs

Das Plenum des Gerichtshofs

a) wählt seinen Präsidenten und einen oder zwei Vizepräsidenten für drei Jahre; ihre Wiederwahl ist zulässig;
b) bildet Kammern für einen bestimmten Zeitraum;
c) wählt die Präsidenten der Kammern des Gerichtshofs; ihre Wiederwahl ist zulässig;
d) beschließt die Verfahrensordnung des Gerichtshofs;
e) wählt den Kanzler und einen oder mehrere stellvertretende Kanzler;
f) stellt Anträge nach Artikel 26 Absatz 2.

Artikel 26 Einzelrichterbesetzung, Ausschüsse, Kammern und Große Kammer

(1) [1]Zur Prüfung der Rechtssachen, die bei ihm anhängig gemacht werden, tagt der Gerichtshof in Einzelrichterbesetzung, in Ausschüssen mit drei Richtern, in Kammern mit sieben Richtern und in einer Großen Kammer mit siebzehn Richtern. [2]Die Kammern des Gerichtshofs bilden die Ausschüsse für einen bestimmten Zeitraum.

(2) Auf Antrag des Plenums des Gerichtshofs kann die Anzahl der Richter je Kammer für einen bestimmten Zeitraum durch einstimmigen Beschluss des Ministerkomitees auf fünf herabgesetzt werden.

(3) Ein Richter, der als Einzelrichter tagt, prüft keine Beschwerde gegen die Hohe Vertragspartei, für die er gewählt worden ist.

(4) [1]Der Kammer und der Großen Kammer gehört von Amts wegen der für eine als Partei beteiligte Hohe Vertragspartei gewählte Richter an. [2]Wenn ein solcher nicht vorhanden ist oder er an den Sitzungen nicht teilnehmen kann, nimmt eine Person in der Eigenschaft eines Richters an den Sitzungen teil, die der Präsident des Gerichtshofs aus einer Liste auswählt, welche ihm die betreffende Vertragspartei vorab unterbreitet hat.

(5) [1]Der Großen Kammer gehören ferner der Präsident des Gerichtshofs, die Vizepräsidenten, die Präsidenten der Kammern und andere nach der Verfahrensordnung des Gerichtshofs ausgewählte Richter an. [2]Wird eine Rechtssache nach Artikel 43 an die Große Kammer verwiesen, so dürfen Richter der Kammer, die das Urteil gefällt hat, der Großen Kammer nicht angehören; das gilt nicht für den Präsidenten der Kammer und den Richter, welcher in der Kammer für die als Partei beteiligte Hohe Vertragspartei mitgewirkt hat.

Artikel 27 Befugnisse des Einzelrichters

(1) Ein Einzelrichter kann eine nach Artikel 34 erhobene Beschwerde für unzulässig erklären oder im Register streichen, wenn eine solche Entscheidung ohne weitere Prüfung getroffen werden kann.

(2) Die Entscheidung ist endgültig.

---

1) Durch Prot. Nr. 15 v. 24.6.2013 (BGBl. 2014 II S. 1034, 1035) wird Abs. 2 aufgehoben. Die Änderung gilt nur für Kandidaten auf Listen, die nach dem Inkrafttreten des Protokolls der Parlamentarischen Versammlung gemäß Artikel 22 der Konvention vorgelegt werden.

2) Gem. Art. 8 Abs. 1 des 15. EMRK-Protokolls gelten die Änderungen in Art. 23 nur für Kandidaten auf Listen, die nach dem Inkrafttreten dieses Protokolls der Parlamentarischen Versammlung gemäß Art. 22 der Konvention vorgelegt werden.

(3) Erklärt der Einzelrichter eine Beschwerde nicht für unzulässig und streicht er sie auch nicht im Register des Gerichtshofs, so übermittelt er sie zur weiteren Prüfung an einen Ausschuss oder eine Kammer.

Artikel 28 Befugnisse der Ausschüsse

(1) Ein Ausschuss, der mit einer nach Artikel 34 erhobenen Beschwerde befasst wird, kann diese durch einstimmigen Beschluss

a) für unzulässig erklären oder im Register streichen, wenn eine solche Entscheidung ohne weitere Prüfung getroffen werden kann; oder
b) für zulässig erklären und zugleich ein Urteil über die Begründetheit fällen, sofern die der Rechtssache zugrunde liegende Frage der Auslegung oder Anwendung dieser Konvention oder der Protokolle dazu Gegenstand einer gefestigten Rechtsprechung des Gerichtshofs ist.

(2) Die Entscheidungen und Urteile nach Absatz 1 sind endgültig.

(3) Ist der für die als Partei beteiligte Hohe Vertragspartei gewählte Richter nicht Mitglied des Ausschusses, so kann er von Letzterem jederzeit während des Verfahrens eingeladen werden, den Sitz eines Mitglieds im Ausschuss einzunehmen; der Ausschuss hat dabei alle erheblichen Umstände einschließlich der Frage, ob diese Vertragspartei der Anwendung des Verfahrens nach Absatz 1 Buchstabe b entgegengetreten ist, zu berücksichtigen.

Artikel 29 Entscheidungen der Kammern über die Zulässigkeit und Begründetheit

(1) [1]Ergeht weder eine Entscheidung nach Artikel 27 oder 28 noch ein Urteil nach Artikel 28, so entscheidet eine Kammer über die Zulässigkeit und Begründetheit der nach Artikel 34 erhobenen Beschwerden. [2]Die Entscheidung über die Zulässigkeit kann gesondert ergehen.

(2) [1]Eine Kammer entscheidet über die Zulässigkeit und Begründetheit der nach Artikel 33 erhobenen Staatenbeschwerden. [2]Die Entscheidung über die Zulässigkeit ergeht gesondert, sofern der Gerichtshof in Ausnahmefällen nicht anders entscheidet.

Artikel 30[1)] Abgabe der Rechtssache an die Große Kammer

Wirft eine bei einer Kammer anhängige Rechtssache eine schwerwiegende Frage der Auslegung dieser Konvention oder der Protokolle dazu auf oder kann die Entscheidung einer ihr vorliegenden Frage zu einer Abweichung von einem früheren Urteil des Gerichtshofs führen, so kann die Kammer diese Sache jederzeit, bevor sie ihr Urteil gefällt hat, an die Große Kammer abgeben.

Artikel 31 Befugnisse der Großen Kammer

Die Große Kammer

a) entscheidet über nach Artikel 33 oder Artikel 34 erhobene Beschwerden, wenn eine Kammer die Rechtssache nach Artikel 30 an sie abgegeben hat oder wenn die Sache nach Artikel 43 an sie verwiesen worden ist,
b) entscheidet über Fragen, mit denen der Gerichtshof durch das Ministerkomitee nach Artikel 46 Absatz 4 befasst wird, und
c) behandelt Anträge nach Artikel 47 auf Erstattung von Gutachten.

Artikel 32 Zuständigkeit des Gerichtshofs

(1) Die Zuständigkeit des Gerichtshofs umfasst alle die Auslegung und Anwendung dieser Konvention und der Protokolle dazu betreffenden Angelegenheiten, mit denen er nach den Artikeln 33, 34, 46 und 47 befasst wird.

(2) Besteht Streit über die Zuständigkeit des Gerichtshofs, so entscheidet der Gerichtshof.

Artikel 33 Staatenbeschwerden

Jede Hohe Vertragspartei kann den Gerichtshof wegen jeder behaupteten Verletzung dieser Konvention und der Protokolle dazu durch eine andere Hohe Vertragspartei anrufen.

Artikel 34 Individualbeschwerden

[1]Der Gerichtshof kann von jeder natürlichen Person, nichtstaatlichen Organisation oder Personengruppe, die behauptet, durch eine der Hohen Vertragsparteien in einem der in dieser Konvention oder den Protokollen dazu anerkannten Rechte verletzt zu sein, mit einer Beschwerde befasst werden. [2]Die Hohen Vertragsparteien verpflichten sich, die wirksame Ausübung dieses Rechts nicht zu behindern.

---

1) Gem. Art. 8 Abs. 2 des 15. EMRK-Protokolls gilt die Änderung nicht für anhängige Rechtssachen, bei denen eine der Parteien vor dem Inkrafttreten dieses Protokolls dem Vorschlag einer Kammer des Gerichtshofs widersprochen hat, die Rechtssache an die Große Kammer abzugeben.

Artikel 35 Zulässigkeitsvoraussetzungen

(1)[1)] Der Gerichtshof kann sich mit einer Angelegenheit erst nach Erschöpfung aller innerstaatlichen Rechtsbehelfe[2)] in Übereinstimmung mit den allgemein anerkannten Grundsätzen des Völkerrechts und nur innerhalb einer Frist von vier Monaten nach der endgültigen innerstaatlichen Entscheidung befassen.

(2) Der Gerichtshof befasst sich nicht mit einer nach Artikel 34 erhobenen Individualbeschwerde, die

a) anonym ist oder

b) im Wesentlichen mit einer schon vorher vom Gerichtshof geprüften Beschwerde übereinstimmt oder schon einer anderen internationalen Untersuchungs- oder Vergleichsinstanz unterbreitet worden ist und keine neuen Tatsachen enthält.

(3) Der Gerichtshof erklärt eine nach Artikel 34 erhobene Individualbeschwerde für unzulässig,

a) wenn er sie für unvereinbar mit dieser Konvention oder den Protokollen dazu, für offensichtlich unbegründet oder für missbräuchlich hält oder

b) [1)] wenn er der Ansicht ist, dass dem Beschwerdeführer kein erheblicher Nachteil entstanden ist, es sei denn, die Achtung der Menschenrechte, wie sie in dieser Konvention und den Protokollen dazu anerkannt sind, erfordert eine Prüfung der Begründetheit der Beschwerde.

(4) [1]Der Gerichtshof weist eine Beschwerde zurück, die er nach diesem Artikel für unzulässig hält. [2]Er kann dies in jedem Stadium des Verfahrens tun.

Artikel 36 Beteiligung Dritter

(1) In allen bei einer Kammer oder der Großen Kammer anhängigen Rechtssachen ist die Hohe Vertragspartei, deren Staatsangehörigkeit der Beschwerdeführer besitzt, berechtigt, schriftliche Stellungnahmen abzugeben und an den mündlichen Verhandlungen teilzunehmen.

(2) Im Interesse der Rechtspflege kann der Präsident des Gerichtshofs jeder Hohen Vertragspartei, die in dem Verfahren nicht Partei ist, oder jeder betroffenen Person, die nicht Beschwerdeführer ist, Gelegenheit geben, schriftlich Stellung zu nehmen oder an den mündlichen Verhandlungen teilzunehmen.

(3) In allen bei einer Kammer oder der Großen Kammer anhängigen Rechtssachen kann der Kommissar für Menschenrechte des Europarats schriftliche Stellungnahmen abgeben und an den mündlichen Verhandlungen teilnehmen.

Artikel 37 Streichung von Beschwerden

(1) [1]Der Gerichtshof kann jederzeit während des Verfahrens entscheiden, eine Beschwerde in seinem Register zu streichen, wenn die Umstände Grund zur Annahme geben, dass

a) der Beschwerdeführer seine Beschwerde nicht weiterzuverfolgen beabsichtigt;

b) die Streitigkeit einer Lösung zugeführt worden ist oder

c) eine weitere Prüfung der Beschwerde aus anderen vom Gerichtshof festgestellten Gründen nicht gerechtfertigt ist.

[2]Der Gerichtshof setzt jedoch die Prüfung der Beschwerde fort, wenn die Achtung der Menschenrechte, wie sie in dieser Konvention und den Protokollen dazu anerkannt sind, dies erfordert.

(2) Der Gerichtshof kann die Wiedereintragung einer Beschwerde in sein Register anordnen, wenn er dies den Umständen nach für gerechtfertigt hält.

Artikel 38 Prüfung der Rechtssache

Der Gerichtshof prüft die Rechtssache mit den Vertretern der Parteien und nimmt, falls erforderlich, Ermittlungen vor; die betreffenden Hohen Vertragsparteien haben alle zur wirksamen Durchführung der Ermittlungen erforderlichen Erleichterungen zu gewähren.

Artikel 39 Gütliche Einigung

(1) Der Gerichtshof kann sich jederzeit während des Verfahrens zur Verfügung der Parteien halten mit dem Ziel, eine gütliche Einigung auf der Grundlage der Achtung der Menschenrechte, wie sie in dieser Konvention und den Protokollen dazu anerkannt sind, zu erreichen.

(2) Das Verfahren nach Absatz 1 ist vertraulich.

(3) Im Fall einer gütlichen Einigung streicht der Gerichtshof durch eine Entscheidung, die sich auf eine kurze Angabe des Sachverhalts und der erzielten Lösung beschränkt, die Rechtssache in seinem Register.

(4) Diese Entscheidung ist dem Ministerkomitee zuzuleiten; dieses überwacht die Durchführung der gütlichen Einigung, wie sie in der Entscheidung festgehalten wird.

---

1) Gem. Art. 8 Abs. 3 des 15. EMRK-Protokolls tritt diese Änderung nach Ablauf eines Zeitabschnitts von sechs Monaten nach dem Inkrafttreten dieses Protokolls in Kraft. Die Änderung gilt nicht für Beschwerden, bei denen die endgültige Entscheidung im Sinne des Art. 35 Abs. 1 der Konvention vor dem Inkrafttreten des Art. 4 dieses Protokolls ergangen ist.

2) Vorbehalt Österreichs, „Rechtsmittel" zu setzen.

Artikel 40 Öffentliche Verhandlung und Akteneinsicht

(1) Die Verhandlung ist öffentlich, soweit nicht der Gerichtshof auf Grund besonderer Umstände anders entscheidet.

(2) Die beim Kanzler verwahrten Schriftstücke sind der Öffentlichkeit zugänglich, soweit nicht der Präsident des Gerichtshofs anders entscheidet.

Artikel 41 Gerechte Entschädigung

Stellt der Gerichtshof fest, dass diese Konvention oder die Protokolle dazu verletzt worden sind, und gestattet das innerstaatliche Recht der Hohen Vertragspartei nur eine unvollkommene Wiedergutmachung für die Folgen dieser Verletzung, so spricht der Gerichtshof der verletzten Partei eine gerechte Entschädigung zu, wenn dies notwendig ist.

Artikel 42 Urteile der Kammern

Urteile der Kammern werden nach Maßgabe des Artikels 44 Absatz 2 endgültig.

Artikel 43 Verweisung an die Große Kammer

(1) Innerhalb von drei Monaten nach dem Datum des Urteils der Kammer kann jede Partei in Ausnahmefällen die Verweisung der Rechtssache an die Große Kammer beantragen.

(2) Ein Ausschuss von fünf Richtern der Großen Kammer nimmt den Antrag an, wenn die Rechtssache eine schwerwiegende Frage der Auslegung oder Anwendung dieser Konvention oder der Protokolle dazu oder eine schwerwiegende Frage von allgemeiner Bedeutung aufwirft.

(3) Nimmt der Ausschuss den Antrag an, so entscheidet die Große Kammer die Sache durch Urteil.

Artikel 44 Endgültige Urteile

(1) Das Urteil der Großen Kammer ist endgültig.

(2) Das Urteil einer Kammer wird endgültig,

a) wenn die Parteien erklären, dass sie die Verweisung der Rechtssache an die Große Kammer nicht beantragen werden;

b) drei Monate nach dem Datum des Urteils, wenn nicht die Verweisung der Rechtssache an die Große Kammer beantragt worden ist; oder

c) wenn der Ausschuss der Großen Kammer den Antrag auf Verweisung nach Artikel 43 abgelehnt hat.

(3) Das endgültige Urteil wird veröffentlicht.

Artikel 45 Begründung der Urteile und Entscheidungen

(1) Urteile sowie Entscheidungen, mit denen Beschwerden für zulässig oder für unzulässig erklärt werden, werden begründet.

(2) Bringt ein Urteil ganz oder teilweise nicht die übereinstimmende Meinung der Richter zum Ausdruck, so ist jeder Richter berechtigt, seine abweichende Meinung darzulegen.

Artikel 46 Verbindlichkeit und Durchführung[1] der Urteile

(1) Die Hohen Vertragsparteien verpflichten sich, in allen Rechtssachen, in denen sie Partei sind, das endgültige Urteil des Gerichtshofs zu befolgen.

(2) Das endgültige Urteil des Gerichtshofs ist dem Ministerkomitee zuzuleiten; dieses überwacht seine Durchführung.

(3) [1]Wird die Überwachung der Durchführung eines endgültigen Urteils nach Auffassung des Ministerkomitees durch eine Frage betreffend die Auslegung dieses Urteils behindert, so kann das Ministerkomitee den Gerichtshof anrufen, damit er über diese Auslegungsfrage entscheidet. [2]Der Beschluss des Ministerkomitees, den Gerichtshof anzurufen, bedarf der Zweidrittelmehrheit der Stimmen der zur Teilnahme an den Sitzungen des Komitees berechtigten Mitglieder.

(4) Weigert sich eine Hohe Vertragspartei nach Auffassung des Ministerkomitees, in einer Rechtssache, in der sie Partei ist, ein endgültiges Urteil des Gerichtshofs zu befolgen, so kann das Ministerkomitee, nachdem es die betreffende Partei gemahnt hat, durch einen mit Zweidrittelmehrheit der Stimmen der zur Teilnahme an den Sitzungen des Komitees berechtigten Mitglieder gefassten Beschluss den Gerichtshof mit der Frage befassen, ob diese Partei ihrer Verpflichtung nach Absatz 1 nachgekommen ist.

(5) [1]Stellt der Gerichtshof eine Verletzung des Absatzes 1 fest, so weist er die Rechtssache zur Prüfung der zu treffenden Maßnahmen an das Ministerkomitee zurück. [2]Stellt der Gerichtshof fest, dass keine Verletzung des Absatzes 1 vorliegt, so weist er die Rechtssache an das Ministerkomitee zurück; dieses beschließt die Einstellung seiner Prüfung.

1) Schweiz: Vollzug.

Artikel 47 Gutachten

(1) Der Gerichtshof kann auf Antrag des Ministerkomitees Gutachten über Rechtsfragen erstatten, welche die Auslegung dieser Konvention und der Protokolle dazu betreffen.

(2) Diese Gutachten dürfen keine Fragen zum Gegenstand haben, die sich auf den Inhalt oder das Ausmaß der in Abschnitt I dieser Konvention und in den Protokollen dazu anerkannten Rechte und Freiheiten beziehen, noch andere Fragen, über die der Gerichtshof oder das Ministerkomitee auf Grund eines nach dieser Konvention eingeleiteten Verfahrens zu entscheiden haben könnte.

(3) Der Beschluss des Ministerkomitees, ein Gutachten beim Gerichtshof zu beantragen, bedarf der Mehrheit der Stimmen der zur Teilnahme an den Sitzungen des Komitees berechtigten Mitglieder.

Artikel 48 Gutachterliche Zuständigkeit des Gerichtshofs

Der Gerichtshof entscheidet, ob ein vom Ministerkomitee gestellter Antrag auf Erstattung eines Gutachtens in seine Zuständigkeit nach Artikel 47 fällt.

Artikel 49 Begründung der Gutachten

(1) Die Gutachten des Gerichtshofs werden begründet.

(2) Bringt das Gutachten ganz oder teilweise nicht die übereinstimmende Meinung der Richter zum Ausdruck, so ist jeder Richter berechtigt, seine abweichende Meinung darzulegen.

(3) Die Gutachten des Gerichtshofs werden dem Ministerkomitee übermittelt.

Artikel 50 Kosten des Gerichtshofs

Die Kosten des Gerichtshofs werden vom Europarat getragen.

Artikel 51 Vorrechte[1] und Immunitäten der Richter

Die Richter genießen bei der Ausübung ihres Amtes die Vorrechte[1] und Immunitäten, die in Artikel 40 der Satzung des Europarats und den auf Grund jenes Artikels geschlossenen Übereinkünften vorgesehen sind.

Abschnitt III

Verschiedene Bestimmungen

Artikel 52 Anfragen des Generalsekretärs

Auf Anfrage des Generalsekretärs des Europarats erläutert jede Hohe Vertragspartei, auf welche Weise die wirksame Anwendung aller Bestimmungen dieser Konvention in ihrem innerstaatlichen Recht gewährleistet wird.

Artikel 53 Wahrung anerkannter Menschenrechte

Diese Konvention ist nicht so auszulegen, als beschränke oder beeinträchtige sie Menschenrechte und Grundfreiheiten, die in den Gesetzen einer Hohen Vertragspartei oder in einer anderen Übereinkunft, deren Vertragspartei sie ist, anerkannt werden.

Artikel 54 Befugnisse des Ministerkomitees

Diese Konvention berührt nicht die dem Ministerkomitee durch die Satzung des Europarats übertragenen Befugnisse.

Artikel 55 Ausschluss anderer Verfahren zur Streitbeilegung

Die Hohen Vertragsparteien kommen überein, dass sie sich vorbehaltlich besonderer Vereinbarungen nicht auf die zwischen ihnen geltenden Verträge, sonstigen Übereinkünfte oder Erklärungen berufen werden, um eine Streitigkeit über die Auslegung oder Anwendung dieser Konvention einem anderen als dem in der Konvention vorgesehenen Beschwerdeverfahren zur Beilegung zu unterstellen.

Artikel 56 Räumlicher Geltungsbereich

(1) Jeder Staat kann bei der Ratifikation oder jederzeit danach durch eine an den Generalsekretär des Europarats gerichtete Notifikation erklären, dass diese Konvention vorbehaltlich des Absatzes 4 auf alle oder einzelne Hoheitsgebiete Anwendung findet, für deren internationale Beziehungen er verantwortlich ist.[2]

---

1) Österreich und Schweiz: Privilegien.

2) Die Konvention findet Anwendung auf folgende Gebiete, für deren internationale Beziehungen Vertragsstaaten verantwortlich sind (vgl. BGBl. 1966 II S. 773; 1970 II S. 1016): Surinam und Niederländische Antillen auf Grund einer Erklärung der niederländischen Regierung mWv 31.12.1955 (unter Ausschluss des Art. 6 Abs. 3 Buchst. c); Grönland auf Grund einer Erklärung der dänischen Regierung mWv 3.9.1953; die sog. abhängigen Gebiete Großbritanniens auf Grund einer Erklärung der britischen Regierung v. 3.4.1984 (BGBl. II S. 564).

(2) Die Konvention findet auf jedes in der Erklärung bezeichnete Hoheitsgebiet ab dem dreißigsten Tag nach Eingang der Notifikation beim Generalsekretär des Europarats Anwendung.
(3) In den genannten Hoheitsgebieten wird diese Konvention unter Berücksichtigung der örtlichen Notwendigkeiten angewendet.
(4) Jeder Staat, der eine Erklärung nach Absatz 1 abgegeben hat, kann jederzeit danach für eines oder mehrere der in der Erklärung bezeichneten Hoheitsgebiete erklären, dass er die Zuständigkeit des Gerichtshofs für die Entgegennahme von Beschwerden von natürlichen Personen, nichtstaatlichen Organisationen oder Personengruppen nach Artikel 34 anerkennt.

Artikel 57 Vorbehalte

(1) [1]Jeder Staat kann bei der Unterzeichnung dieser Konvention oder bei der Hinterlegung seiner Ratifikationsurkunde einen Vorbehalt zu einzelnen Bestimmungen der Konvention anbringen, soweit ein zu dieser Zeit in seinem Hoheitsgebiet geltendes Gesetz mit der betreffenden Bestimmung nicht übereinstimmt. [2]Vorbehalte allgemeiner Art sind nach diesem Artikel nicht zulässig.
(2) Jeder nach diesem Artikel angebrachte Vorbehalt muss mit einer kurzen Darstellung des betreffenden Gesetzes verbunden sein.

Artikel 58 Kündigung

(1) Eine Hohe Vertragspartei kann diese Konvention frühestens fünf Jahre nach dem Tag, an dem sie Vertragspartei geworden ist, unter Einhaltung einer Kündigungsfrist von sechs Monaten durch eine an den Generalsekretär des Europarats gerichtete Notifikation kündigen; dieser unterrichtet die anderen Hohen Vertragsparteien.
(2) Die Kündigung befreit die Hohe Vertragspartei nicht von ihren Verpflichtungen aus dieser Konvention in Bezug auf Handlungen, die sie vor dem Wirksamwerden der Kündigung vorgenommen hat und die möglicherweise eine Verletzung dieser Verpflichtungen darstellen.
(3) Mit derselben Maßgabe scheidet eine Hohe Vertragspartei, deren Mitgliedschaft im Europarat endet, als Vertragspartei dieser Konvention aus.
(4) Die Konvention kann in Bezug auf jedes Hoheitsgebiet, auf das sie durch eine Erklärung nach Artikel 56 anwendbar geworden ist, nach den Absätzen 1 bis 3 gekündigt werden.

Artikel 59 Unterzeichnung und Ratifikation

(1) [1]Diese Konvention liegt für die Mitglieder des Europarats zur Unterzeichnung auf. [2]Sie bedarf der Ratifikation. [3]Die Ratifikationsurkunden werden beim Generalsekretär des Europarats hinterlegt.
(2) Die Europäische Union kann dieser Konvention beitreten.
(3) Diese Konvention tritt nach Hinterlegung von zehn Ratifikationsurkunden in Kraft.
(4) Für jeden Unterzeichner, der die Konvention später ratifiziert, tritt sie mit der Hinterlegung seiner Ratifikationsurkunde in Kraft.
(5) [1]Der Generalsekretär des Europarats notifiziert allen Mitgliedern des Europarats das Inkrafttreten der Konvention, die Namen der Hohen Vertragsparteien, die sie ratifiziert haben, und jede spätere Hinterlegung einer Ratifikationsurkunde.
Geschehen zu Rom am 4. November 1950 in englischer und französischer Sprache, wobei jeder Wortlaut gleichermaßen verbindlich[1)] ist, in einer Urschrift, die im Archiv des Europarats hinterlegt wird. Der Generalsekretär übermittelt allen Unterzeichnern beglaubigte Abschriften.[2)]

1) Österreich: authentisch.
2) Die Verkündungsformel ist in der Neubekanntmachung amtlich nicht mehr enthalten. Von der Wiedergabe des in der Neubekanntmachung im Anschluss abgedruckten Zusatzprotokolls sowie der Protokolle Nr. 4 und Nr. 6 wird an dieser Stelle abgesehen.

Nichtamtliche Anlage

Geltungsbereich

Vertragsparteien	Konvention in Kraft am	BGBl.	
		Jg.	S.
Albanien	2. 10. 1996	97 II	1738
Andorra	22. 1. 1996	97 II	733
Armenien	26. 4. 2002	03 II	1575
Aserbaidschan	15. 4. 2002	03 II	1575
Belgien	14. 6. 1955	55 II	832
Bosnien und Herzegowina	12. 7. 2002	03 II	1575
Bulgarien	7. 9. 1992	93 II	808
Dänemark	3. 9. 1953	54 II	14
Estland	16. 4. 1996	97 II	733
Finnland	10. 5. 1990	90 II	806
Frankreich	3. 5. 1974	75 II	1346
Georgien	20. 5. 1999	03 II	1575
Griechenland	28. 11. 1974	75 II	1144
Irland	3. 9. 1953	54 II	14
Island	3. 9. 1953	54 II	14
Italien	26. 10. 1955	55 II	942
Kroatien	5. 11. 1997	98 II	898
Lettland	27. 6. 1997	98 II	898
Liechtenstein	8. 9. 1982	83 II	628
Litauen	20. 6. 1995	97 II	733
Luxemburg	3. 9. 1953	54 II	14
Malta	23. 1. 1967	67 II	2051
Moldau, Republik	12. 9. 1997	98 II	898
Monaco	30. 11. 2005	09 II	358
Montenegro	6. 6. 2006	09 II	358
Niederlande	31. 8. 1954	54 II	1044
Nordmazedonien	10. 4. 1997	97 II	1738
Norwegen	3. 9. 1953	54 II	14
Österreich	3. 9. 1958	59 II	107
Polen	19. 1. 1993	93 II	808
Portugal	9. 11. 1978	79 II	1040
Rumänien	20. 6. 1994	94 II	3623
San Marino	22. 3. 1989	89 II	619
Schweden	3. 9. 1953	54 II	14
Schweiz	28. 11. 1974	75 II	910
Serbien	3. 3. 2004	05 II	87
Slowakei	1. 1. 1993	94 II	352
Slowenien	28. 6. 1994	94 II	3623
Spanien	4. 10. 1979	86 II	78
Tschechische Republik	1. 1. 1993	94 II	352
Tschechoslowakei, ehemalige	18. 3. 1992	92 II	1064
Türkei	18. 5. 1954	54 II	719

Vertragsparteien	Konvention in Kraft am	BGBl.	
		Jg.	S.
Ukraine	11. 9. 1997	98 II	898
Ungarn	5. 11. 1992	93 II	808
Vereinigtes Königreich	3. 9. 1953	54 II	14
Zypern	6. 10. 1962	68 II	847

Gesetz zu dem Protokoll Nr. 13 vom 3. Mai 2002 zur Konvention zum Schutz der Menschenrechte und Grundfreiheiten über die vollständige Abschaffung der Todesstrafe

Vom 5. Juli 2004 (BGBl. II S. 982)

Der Bundestag hat das folgende Gesetz beschlossen:

Artikel 1

[1]Dem in Wilna am 3. Mai 2002 von der Bundesrepublik Deutschland unterzeichneten Protokoll Nr. 13 zur Konvention zum Schutz der Menschenrechte und Grundfreiheiten über die vollständige Abschaffung der Todesstrafe wird zugestimmt. [2]Das Protokoll wird nachstehend mit einer amtlichen deutschen Übersetzung veröffentlicht.

Artikel 2

(1) Dieses Gesetz tritt am Tage nach seiner Verkündung[1)] in Kraft.

(2) Der Tag, an dem das Protokoll nach seinem Artikel 7 Abs. 2 für die Bundesrepublik Deutschland in Kraft tritt, ist im Bundesgesetzblatt bekannt zu geben.

1) Verkündet am 12. 7. 2004.

Protokoll Nr. 13
zur Konvention zum Schutz der Menschenrechte und Grundfreiheiten über die vollständige Abschaffung der Todesstrafe

In der Fassung der Bekanntmachung vom 22. Oktober 2010[1)] (BGBl. II S. 1198, 1226)

(Übersetzung)

Die Mitgliedstaaten des Europarats, die dieses Protokoll unterzeichnen,

in der Überzeugung, dass in einer demokratischen Gesellschaft das Recht jedes Menschen auf Leben einen Grundwert darstellt und die Abschaffung der Todesstrafe für den Schutz dieses Rechts und für die volle Anerkennung der allen Menschen innewohnenden Würde von wesentlicher Bedeutung ist;

in dem Wunsch, den Schutz des Rechts auf Leben, der durch die am 4. November 1950 in Rom unterzeichnete Konvention zum Schutz der Menschenrechte und Grundfreiheiten (im Folgenden als „Konvention" bezeichnet) gewährleistet wird, zu stärken;

in Anbetracht dessen, dass das Protokoll Nr. 6 zur Konvention über die Abschaffung der Todesstrafe, das am 28. April 1983 in Straßburg unterzeichnet wurde, die Todesstrafe nicht für Taten ausschließt, die in Kriegszeiten oder bei unmittelbarer Kriegsgefahr begangen werden;

entschlossen, den letzten Schritt zu tun, um die Todesstrafe vollständig abzuschaffen,

haben Folgendes vereinbart:

Artikel 1 Abschaffung der Todesstrafe

[1]Die Todesstrafe ist abgeschafft. [2]Niemand darf zu dieser Strafe verurteilt oder hingerichtet werden.

Artikel 2 Verbot des Abweichens

Von diesem Protokoll darf nicht nach Artikel 15 der Konvention abgewichen werden.

Artikel 3 Verbot von Vorbehalten

Vorbehalte nach Artikel 57 der Konvention zu diesem Protokoll sind nicht zulässig.

Artikel 4 Räumlicher Geltungsbereich

(1) Jeder Staat kann bei der Unterzeichnung oder bei der Hinterlegung der Ratifikations-, Annahme- oder Genehmigungsurkunde einzelne oder mehrere Hoheitsgebiete bezeichnen, auf die dieses Protokoll Anwendung findet.

(2) [1]Jeder Staat kann jederzeit danach durch eine an den Generalsekretär des Europarats gerichtete Erklärung die Anwendung dieses Protokolls auf jedes weitere in der Erklärung bezeichnete Hoheitsgebiet erstrecken. [2]Das Protokoll tritt für dieses Hoheitsgebiet am ersten Tag des Monats in Kraft, der auf einen Zeitabschnitt von drei Monaten nach Eingang der Erklärung beim Generalsekretär folgt.

(3) [1]Jede nach den Absätzen 1 und 2 abgegebene Erklärung kann in Bezug auf jedes darin bezeichnete Hoheitsgebiet durch eine an den Generalsekretär gerichtete Notifikation zurückgenommen oder geändert werden. [2]Die Rücknahme oder Änderung wird am ersten Tag des Monats wirksam, der auf einen Zeitabschnitt von drei Monaten nach Eingang der Notifikation beim Generalsekretär folgt.

Artikel 5 Verhältnis zur Konvention

Die Vertragsstaaten betrachten die Artikel 1 bis 4 dieses Protokolls als Zusatzartikel zur Konvention; alle Bestimmungen der Konvention sind dementsprechend anzuwenden.

Artikel 6 Unterzeichnung und Ratifikation

[1]Dieses Protokoll liegt für die Mitgliedstaaten des Europarats, welche die Konvention unterzeichnet haben, zur Unterzeichnung auf. [2]Es bedarf der Ratifikation, Annahme oder Genehmigung. [3]Ein Mitgliedstaat des Europarats kann dieses Protokoll nur ratifizieren, annehmen oder genehmigen, wenn er die Konvention gleichzeitig ratifiziert oder bereits zu einem früheren Zeitpunkt ratifiziert hat. [4]Die Ratifikations-, Annahme- oder Genehmigungsurkunden werden beim Generalsekretär des Europarats hinterlegt.

Artikel 7 Inkrafttreten

(1) Dieses Protokoll tritt am ersten Tag des Monats in Kraft, der auf einen Zeitabschnitt von drei Monaten nach dem Tag folgt, an dem zehn Mitgliedstaaten des Europarats nach Artikel 6 ihre Zustimmung ausgedrückt haben, durch das Protokoll gebunden zu sein.

---

1) Neubekanntmachung des Protokolls Nr. 13 v. 3. 5. 2002 (BGBl. 2004 II S. 982, 983) in einer sprachlich überarbeiteten deutschen Übersetzung in der ab 1. 6. 2010 geltenden Fassung.

(2) Für jeden Mitgliedstaat, der später seine Zustimmung ausdrückt, durch dieses Protokoll gebunden zu sein, tritt es am ersten Tag des Monats in Kraft, der auf einen Zeitabschnitt von drei Monaten nach der Hinterlegung der Ratifikations-, Annahme- oder Genehmigungsurkunde folgt.[1)]

Artikel 8 Aufgaben des Verwahrers

Der Generalsekretär des Europarats notifiziert allen Mitgliedstaaten des Europarats

a) jede Unterzeichnung;
b) jede Hinterlegung einer Ratifikations-, Annahme- oder Genehmigungsurkunde;
c) jeden Zeitpunkt des Inkrafttretens dieses Protokolls nach Artikel 4 und 7;
d) jede andere Handlung, Notifikation oder Mitteilung im Zusammenhang mit diesem Protokoll.

Zu Urkund dessen haben die hierzu gehörig befugten Unterzeichneten dieses Protokoll unterschrieben.
Geschehen zu Wilna am 3. Mai 2002 in englischer und französischer Sprache, wobei jeder Wortlaut gleichermaßen verbindlich ist, in einer Urschrift, die im Archiv des Europarats hinterlegt wird.
Der Generalsekretär des Europarats übermittelt allen Mitgliedstaaten des Europarats beglaubigte Abschriften.

---

1) Inkrafttreten für die Bundesrepublik Deutschland gemäß Bek. v. 23. 11. 2004 (BGBl. II S. 1722) am 1. 2. 2005. Zum weiteren Geltungsbereich vgl. BGBl. II Fundstellennachweis B, abgeschlossen am 31. 12. jeden Jahres.
Zum Inkrafttreten des Protokolls in den anderen Vertragsstaaten vgl. die **Bek. über den Geltungsbereich des Protokolls Nr. 13 zur Konvention zum Schutz der Menschenrechte und Grundfreiheiten über die vollständige Abschaffung der Todesstrafe** v. 26. 5. 2014 (BGBl. II S. 435).

Register

Die **fetten** Zahlen verweisen auf die laufenden Nummern der Gesetze (vgl. Inhaltsverzeichnis), die **mageren** auf die Artikel, Paragraphen und Nummern.